DROIT ET PRATIQUE
DES VOIES D'EXÉCUTION

ISBN 978-2-247-23988-7

Tour Lefebvre Dalloz
CS 90358
10, Place des Vosges
92072 Paris La Défense Cedex

SERVICE CLIENTÈLE
+33 (0)1 83 10 10 10
SRC@LEFEBVRE-DALLOZ.FR

WWW.LEFEBVRE-DALLOZ.FR

DALLOZ ACTION

DROIT ET PRATIQUE DES VOIES D'EXÉCUTION

ONZIÈME ÉDITION

À JOUR
JUIN 2025

sous la direction de

SERGE GUINCHARD
TONY MOUSSA
NICOLAS CAYROL
ÉDOUARD DE LEIRIS

Lefebvre Dalloz

ŒUVRE COLLECTIVE SOUS LA DIRECTION DE

SERGE GUINCHARD
Professeur émérite de l'Université Panthéon-Assas (Paris II)
Recteur honoraire (académies de la Guadeloupe et de Rennes)
Directeur honoraire de l'institut d'études judiciaires « Pierre Raynaud »
Doyen honoraire de la faculté de droit de Lyon

TONY MOUSSA
Docteur en droit
Conseiller doyen honoraire à la Cour de cassation
Ancien professeur associé à la faculté de droit de Lyon

NICOLAS CAYROL
Professeur à l'Université de Tours

ÉDOUARD DE LEIRIS
Conseiller à la Cour de cassation

CET OUVRAGE A ÉTÉ RÉDIGÉ PAR
[les *numéros indiquent les chapitres*]

FRÉDÉRIC ARBELLOT *Conseiller à la cour d'appel de Paris | Docteur en droit | Chargé d'enseignement aux universités de Paris 1 (Panthéon-Sorbonne), Paris 2 (Panthéon-Assas) et Paris Saclay*

Ministère public : et surveillance de l'exécution des titres 231/232 | et recherche des informations 024

CYRIL BLOCH *Professeur à l'Université d'Aix-Marseille | Directeur du pôle transports (CDMT-IFURTA)*

Saisie conservatoire : des navires 623/626 | des bateaux 627 | des aéronefs 628
Saisie-exécution : des navires 724 | des bateaux 725 | Saisie-vente des aéronefs 726

CYRIL CARDINI *Magistrat*

Recouvrement des amendes et des condamnations pécuniaires par les comptables de la Direction générale des finances publiques 961/963

NICOLAS CAYROL *Professeur à l'Université de Tours | Codirecteur de l'IRJI François-Rabelais (UR 7496)*

Jurisprudence de référence : texte introductif 002 | Fondamentalisation de l'exécution 101 | Titre exécutoire du créancier 111/112 | Différents titres exécutoires 121/122 et 124

XAVIER DAVERAT *Professeur à l'Université de Bordeaux*

Saisie des droits incorporels : droits d'associé et valeurs mobilières 731 | licences d'exploitation 732 | droits de propriété intellectuelle 733 | fonds de commerce 734

ÉDOUARD DE LEIRIS *Conseiller à la Cour de cassation*

Saisies-attribution de droit commun : conditions 811/813 | procédure 821/822 | effets 831/832 | conséquences des contestations sur la saisie-attribution 841/842
Saisie-attribution : entre les mains d'une personne morale de droit public 911/913 | des comptes bancaires et assimilés 921/923 | Saisie administrative à tiers détenteur 931/935
Procédures de distribution des deniers : provenant d'une saisie immobilière 1511/1513 | provenant d'une saisie mobilière 1521/1523 | en cas de procédure collective 1531/1532 | ne provenant pas d'une procédure d'exécution 1541/1543

ANNE-GAËLLE DUMAS *Magistrate*

Juge de l'exécution 211/215 | Autres juridictions intervenant en matière d'exécution 221/222
Mesures d'expulsion : conditions 511/512 | opérations 521/523 | locaux abandonnés 531/532 | contestations et difficultés d'exécution 541/542 | conséquences 551/552

EMMANUEL GUINCHARD *Principal Lecturer in law à l'Université de Liverpool John Moores (Royaume-Uni)*

Procédures civiles d'exécution en droit international privé 1711/1712

PHILIPPE HOONAKKER *Professeur émérite de l'Université de Strasbourg | Avocat honoraire*

Saisies immobilières spécifiques à l'Alsace-Moselle 1321/1325

OLIVIER HUBERT *Avocat | Docteur en droit*

Saisie-contrefaçon en matière de propriété industrielle 1211/1215 | propriété littéraire et artistique 1221/1222 | Retenue en douane de marchandises contrefaisantes 1231

THURIAN JOUNO *Vice-président du Tribunal administratif de Rennes*

Titres exécutoires des personnes morales de droit public 123

RENÉ LAUBA *Magistrat honoraire*

Saisies-ventes de meubles corporels de droit commun 711/719 | des récoltes sur pied 721 | des biens placés dans un coffre-fort 722 | des véhicules terrestres à moteur 723 | Recouvrement des pensions alimentaires 951/953 | Oppositions à tiers détenteur des organismes de sécurité sociale 971 | Saisies à fin de remise d'un meuble corporel 1011/1012 | Saisie-appréhension 1021/1024 | Saisie-revendication 1031 | Vente des biens abandonnés 1121/1124

ANNE LEBORGNE *Professeur émérite d'Aix-Marseille Université*

Conditions de la saisie immobilière de droit commun 1311/1319 | Procédure de la saisie immobilière issue de l'ordonnance du 21 avril 2006 1331/1339 | Effets de la vente sur saisie immobilière selon l'ordonnance du 21 avril 2006 1341/1343 | Vente d'immeubles d'un débiteur en liquidation judiciaire 1411/1415 | Exécution immobilière contre le titulaire de droits indivis 1421/1423

KEVIN LECLERE VUE *Magistrat | Maître de conférences associé à l'Université de Reims Champagne-Ardenne*

Saisie et cession des rémunérations du travail 941/946

STÉPHANIE LEMOINE *Magistrate*

Astreintes des juridictions civiles 411/412 | Astreintes civiles des juridictions pénales 421/422

GILLES MALFRE *Premier vice-président adjoint au tribunal judiciaire de Paris*

Règles communes aux mesures conservatoires 611/613 | Saisie conservatoire : des créances de sommes d'argent 621 | de meubles corporels 622 | des droits incorporels 629 | Règles spécifiques à chaque sûreté judiciaire provisoire 631/632

MARIE-PIERRE MOURRE-SCHREIBER *Docteur en droit | Diplômée huissier de justice | Titulaire de l'attestation de formation « commissaire de justice » | Directrice juridique du pôle Formation de la Chambre nationale des commissaires de justice*

Frais de l'exécution 311/313

AGNÈS PIC *Conseillère à la Cour de cassation*

Commissaire de justice 251/254 | Inspecteur en charge des fonctions d'huissier des finances publiques 261

OLIVIER SALATI *Maître de conférences HDR à l'Université d'Aix-Marseille | Directeur du master II professionnel Contentieux et procédures civiles d'exécution*

Créancier saisissant et choix de procédure 131/133 | Obstacles à l'exécution forcée 141/144 | Obligations et droits des tiers 151/153

PASCAL TROUILLY *Conseiller d'État*

Mesures d'exécution contre l'État et les autres personnes morales de droit public : obligation d'exécuter la chose jugée 1611/1612 | procédés non juridictionnels contribuant à l'exécution de la chose jugée 1621/1622 | Moyens de contrainte à l'exécution : injonctions et astreintes 1631/1632 | Voies d'exécution forcée contre les personnes publiques 1641/1642 | Responsabilités pour inexécution 1651/1653 | Mesures d'exécution contre les personnes publiques étrangères 1661/1662

Philippe Flores, Vanessa Norguin et Pierre Véron ont été auteurs de contributions dans cet ouvrage jusqu'à la 10e édition.

Avant-propos de la première édition

Le droit des *voies d'exécution* constitue aujourd'hui un droit entièrement renouvelé (ou presque) et marqué du sceau des grandes évolutions de notre système juridique. L'effectivité de l'accès à la justice trouve son prolongement dans l'effectivité de l'exécution des décisions de justice, qu'il s'agisse de son affirmation par l'arrêt Hornsby contre la Grèce du 19 mars 1997 ou de sa consécration par l'article 1er de la loi n° 98-657 du 29 juillet 1998 relative à la lutte contre les exclusions, article qui souligne la nécessité d'assurer l'accès de tous aux droits fondamentaux dans le domaine de la justice.

C'est dans ce contexte que nous avons souhaité publier un ouvrage consacré aux voies d'exécution, qu'elles soient mobilières ou immobilières.

Résolument pratique, tourné vers les praticiens du droit de l'exécution forcée, l'ouvrage n'est pas exempt de discussions doctrinales lorsque celles-ci sont nécessaires à la compréhension des textes nouveaux, à l'explication d'une jurisprudence en formation, encore confuse et contestée.

Une analyse rigoureuse de la jurisprudence, souvent inédite, solidifie le commentaire de textes pour la plupart issus de la réforme opérée par la loi du 9 juillet 1991 et son décret d'application du 31 juillet 1992.

Confiés aux meilleurs spécialistes de la question, qu'il s'agisse de juges de l'exécution, d'avocats ou d'universitaires, ces commentaires couvrent l'ensemble de la discipline, bien au-delà des dispositions de la loi du 9 juillet 1991. C'est en effet tout le droit de l'exécution forcée qui est ici traité, dans ses interférences avec le droit des procédures collectives comme dans ses prolongements vers les régimes spéciaux de mutualité sociale agricole, pour ne prendre que ces deux exemples.

Nous sommes certains que ce Dalloz action *Droit et pratique des voies d'exécution* permettra à chacun de se retrouver aisément dans le maquis de ces procédures, de trouver la solution aux questions qu'il se pose dans l'exercice de sa profession ou dans la recherche d'une réalisation effective de ses droits de créancier ou de la protection de ses garanties liées à sa qualité de débiteur.

Œuvre collective, réunissant pour la première fois les meilleurs spécialistes du droit de l'exécution forcée, le Dalloz action *Droit et pratique des voies d'exécution* deviendra vite, nous en formulons le vœu, l'ouvrage de référence en la matière.

Serge GUINCHARD **Tony MOUSSA**

Avant-propos de la dixième édition

UNE PAGE SE TOURNE, MAIS L'ŒUVRE PERDURE

Le temps a passé ! 23 ans déjà depuis la première édition de cet ouvrage en 1999. Les signataires de cet avant-propos avaient alors l'ambition, avec la confiance des éditions Dalloz, de publier un ouvrage consacré aux voies d'exécution, dans le contexte d'un droit entièrement renouvelé et « *marqué du sceau des grandes évolutions de notre système juridique* », puisque « *l'effectivité de l'accès à la justice trouve son prolongement dans l'effectivité de l'exécution des décisions de justice* ». Cette ambition et ce contexte n'ont pas changé, mais le renouvellement de la matière ne s'est pas arrêté en 1999, avec la loi du 9 juillet 1991 et son décret d'application du 31 juillet 1992, pas plus qu'avec la codification de 2011 (ordonnance n° 2011-1895 du 19 décembre 2011, pour la partie législative) et 2012 (décret n° 2012-783 du 30 mai 2012, pour la partie règlementaire). C'est donc la dixième fois que l'ouvrage est refondu. Ce Dalloz action, à l'instar de la collection à laquelle il appartient, se voulait « *résolument pratique, tourné vers les praticiens du droit de l'exécution forcée, sans être exempt de discussions doctrinales lorsque celles-ci sont nécessaires à la compréhension des textes nouveaux, à l'explication d'une jurisprudence en formation, encore confuse et contestée* ». Cet objectif demeure et il nous semble qu'il a été atteint, à en juger par la nécessité de publier une nouvelle édition à un rythme soutenu et par le succès quc l'ouvrage a rencontré auprès de ses lecteurs. Nous sommes certains, comme nous l'espérions en 1999, que chacun a pu « *se retrouver aisément dans le maquis de ces procédures, trouver la solution aux questions qu'il se pose dans l'exercice de sa profession ou dans la recherche d'une réalisation effective de ses droits de créancier ou de la protection de ses garanties liées à sa qualité de débiteur* ».

Mais, sans les auteurs, les directeurs d'un ouvrage ne sont rien. C'est à eux que vont nos remerciements, avec une pensée particulière pour ceux qui nous ont quittés et pour ceux qui ont dû renoncer à poursuivre leur collaboration pour des raisons professionnelles ou personnelles.

Et, sans un éditeur bienveillant, mettant en place les moyens, humains et techniques, nécessaires à la publication de l'ouvrage, auteurs et directeurs scientifiques n'auraient pu tenir les promesses qui viennent d'être évoquées d'un ouvrage de qualité. La direction des éditions Dalloz est ici remerciée avec un salut particulier à ceux qui ont construit l'ouvrage au quotidien depuis plusieurs éditions, nous voulons parler d'Hani Féghali et de Véronique André.

Le temps qui passe n'est pas seulement le prétexte à une brève évocation de l'ambition initiale et de la manière dont elle a pu être réalisée. Une œuvre collective impose aux directeurs scientifiques de l'ouvrage le devoir moral d'assurer sa pérennité. Pour ce faire, et en accord avec l'éditeur, nous avons choisi de nous adjoindre, dès cette édition, Nicolas Cayrol et Édouard de Leiris, lesquels, le moment venu, assureront seuls la direction scientifique de l'ouvrage. Aux praticiens des voies d'exécution et de la procédure civile, on ne présente pas ces deux éminents juristes qui écrivent en voies d'exécution, dans cet ouvrage ou ailleurs. À tous les autres, on se contentera de signaler que le premier nommé est professeur à la Faculté de droit de Tours et que le second est premier vice-président du tribunal judiciaire de Bordeaux, après avoir été conseiller référendaire à la deuxième chambre civile de la Cour de cassation.

Bienvenue à tous les deux, à nos côtés, et longue vie au Dalloz action *Droit et pratique des voies d'exécution*.

Serge GUINCHARD **Tony MOUSSA**

Sommaire

CHAPITRE

0001. Introduction

0001.01 **Contenu de l'ouvrage.** La réforme des procédures civiles d'exécution mobilière par la loi du 9 juillet 1991 et son décret d'application du 31 juillet 1992 avait profondément bouleversé la réglementation de ce qu'il est convenu d'appeler, en pratique mais aussi à l'université, les voies d'exécution. Des saisies ont disparu (la saisie-arrêt), d'autres sont apparues (la saisie-attribution), des concepts nouveaux ont tenu compte de l'évolution des esprits et des pratiques dans les relations entre les créanciers et les débiteurs. Le rôle respectif de chacun a été mieux mis en valeur, y compris celui des organes des procédures d'exécution que sont le juge, le ministère public, le commissaire de justice, l'avocat et parfois, l'État. Ces textes (et d'autres, par exemple le paiement direct des pensions alimentaires) sont aujourd'hui réunis dans un code unique, le *Code des procédures civiles d'exécution*, entré en vigueur le 1er juin 2012. Le code ne maintient en dehors de son champ que les saisies limitativement énumérées aux articles L. 241-1 et R. 241-1[1], ce qui ne signifie nullement qu'elles ne sont pas traitées ici. Ainsi, une approche de la saisie-contrefaçon et des mesures d'exécution des titres rendus en matière de propriété intellectuelle a été donnée, même si leur réglementation se trouve dans le Code de la propriété intellectuelle ; même remarque pour la saisie des rémunérations et celle des navires et des aéronefs.

En ce qui concerne la saisie immobilière, aujourd'hui intégrée dans le Code des procédures civiles d'exécution, le lecteur trouvera dans cette nouvelle édition le commentaire exhaustif de la réforme applicable depuis le 1er janvier 2007 et qui constitue un bouleversement des pratiques antérieures. Le droit local d'Alsace-Moselle a également été traité.

1. Sur cet aspect, J.-B. Donnier, « Entre accomplissement et inachèvement – À propos de la publication de la partie réglementaire du code des procédures civiles d'exécution », *JCP* 2012, doctr. 754.

Les procédures de distribution des deniers font l'objet d'une attention particulière : non seulement celles qui concernent les deniers provenant d'une saisie immobilière ou mobilière, mais aussi celles qui permettent de distribuer les deniers ne provenant pas d'une procédure d'exécution ou qui sont compris dans une procédure collective.

Enfin, il ne nous a pas paru inutile de terminer ce parcours des voies de droit offertes aux créanciers par une étude des aspects de droit international privé.

Chaque développement de l'ouvrage est précédé d'une indication des sources : textes applicables, jurisprudence de référence et bibliographie. Une analyse de la jurisprudence citée dans l'ouvrage suit immédiatement cette introduction.

Le plan de l'ouvrage tient compte de ces considérations sur son contenu.

0001.02 **Sommaire de l'ouvrage.** La ligne directrice a consisté à partir des dispositions communes à toutes les procédures d'exécution, pour aller progressivement vers la spécificité de chacune, sans opérer de regroupements aussi théoriques qu'artificiels. D'où un nombre important de Livres (dix-sept), expression de la volonté des auteurs de l'ouvrage de permettre à chacun d'entrer aisément dans ce traité pratique des voies d'exécution. Le lecteur trouvera donc :

Livre premier.	**Les parties et les tiers à l'exécution**
Livre deuxième.	**Les organes de l'exécution**
Livre troisième.	**Les frais de l'exécution**
Livre quatrième.	**Les astreintes**
Livre cinquième.	**Les mesures d'expulsion**
Livre sixième.	**Les mesures conservatoires**
Livre septième.	**Les saisies mobilières à fin de vente du bien**
Livre huitième.	**Les saisies mobilières à fin d'attribution : droit commun**

Livre neuvième.	**Les saisies mobilières à fin d'attribution : régimes spécifiques**
Livre dixième.	**Les saisies à fin de remise d'un meuble corporel**
Livre onzième.	**La vente des biens abandonnés**
Livre douzième.	**La saisie-contrefaçon et la retenue en douane de marchandises contrefaisantes**
Livre treizième.	**Les saisies immobilières**
Livre quatorzième.	**L'exécution immobilière en la forme des saisies**
Livre quinzième.	**Les procédures de distribution des deniers**
Livre seizième.	**Les mesures d'exécution contre l'État et les autres personnes morales de droit public**
Livre dix-septième.	**Les procédures civiles d'exécution en droit international privé**

CHAPITRE

0002. Jurisprudence de référence

Nicolas Cayrol
Professeur à l'Université de Tours

0002.01 **Présentation.** Grâce aux réformes de 1991-1992 et de 2006, la France s'est dotée d'un droit des voies d'exécution moderne et de qualité. Pour l'essentiel, ce droit est donc aujourd'hui un droit édicté, légal ou réglementaire. Vues depuis la jurisprudence qu'elles ont suscitée, les règles qui composent ce droit répondent à trois sortes de considérations.

Les plus nombreuses indiquent la marche à suivre. Ce sont des règles de procédure caractérisées par un formalisme très sophistiqué, prescrivant pour chaque acte, son contenu, ses modalités de notification et les délais pour l'accomplir. La jurisprudence à cet égard fait observer le caractère impératif de ce formalisme. Elle veille notamment à ce que chacun reçoive en temps utile toutes les informations nécessaires. Mais elle veille aussi à ce que les manquements à ce formalisme impératif ne soient sanctionnés par la nullité ou la caducité de l'acte que si la sanction ne peut pas être évitée, notamment parce que le manquement fait grief à une partie. On retrouve ainsi le système connu en procédure civile, qui tempère la rigueur du formalisme par l'intelligence des sanctions à mettre en œuvre en cas de manquement[1].

À moins que ce ne soit l'inverse... à moins que le droit du formalisme procédural et son esprit de mesure tel qu'il figure aujourd'hui dans le Code de procédure civile et auquel renvoie formellement le Code des procédures civiles d'exécution ne se soit constitué précisément dans le domaine particulier des voies d'exécution, et que ce qui nous apparaît aujourd'hui comme le droit commun du formalisme procédural ne soit le fils du formalisme des voies d'exécution. Le bel équilibre et la ferme assurance de la jurisprudence relative au formalisme en matière de voies d'exécution portent à cette supposition.

Deuxième catégorie de règles, moins nombreuses mais fondamentales, les règles qui définissent les droits de chacun : droits du créancier titulaire d'un titre exécutoire, droits du débiteur saisi, droits des tiers (tiers saisi, tiers acquéreur, autres créanciers). À cet égard, l'impression qui domine est celle d'une jurisprudence scrupuleusement respectueuse des droits substantiels. Pour les juges, à l'évidence, le droit des voies d'exécution est droit servant, droit ancillaire et dépendant : les saisies sont bornées par leur cause et par leur objet ; la saisine du juge de l'exécution lui interdit de remettre en cause le titre exécutoire ; toutes les modalités des droits substantiels s'imposent aux tribunaux jusque dans leur moindre subtilité. Tout à fait exemplaire de ces scrupules jurisprudentiels : la question de la saisie des créances insaisissables inscrites en compte. Il a fallu deux lois et trois décrets pour paralyser les effets de l'entrée en compte et poser la règle du report de l'insaisissabilité, la jurisprudence n'ayant jamais osé contester les conséquences de la fusion des créances dans le solde prévu par la convention de compte. Autre exemple : la saisie de l'actif patrimonial que représente une assurance-vie. La jurisprudence la juge impossible pour des raisons de fond (au point que le législateur est intervenu pour passer outre en matière pénale). La saisie d'un bien acquis en tontine ? *Idem.* On pourrait multiplier les exemples (en insistant sur l'incidence des régimes matrimoniaux ou du droit des procédures collectives sur les voies d'exécution).

Le respect des droits substantiels est-il absolu ? Si l'on met à part les manifestations d'équité judiciaire, il est arrivé quelquefois à la Cour de cassation de faire prévaloir la logique des voies d'exécution sur le respect des droits substantiels (v. la jurisprudence relative à la prestation compensatoire qui la déclare intégralement insaisissable alors qu'au fond il aurait sans doute été plus exact de distinguer une part

1. V. C. Chainais, « Les sanctions en procédure civile », *in* C. Chainais et D. Fenouillet, *Les sanctions en droit contemporain*, vol. 1, Dalloz, 2012, p. 357.

alimentaire insaisissable et une part compensatoire saisissable, ou encore la jurisprudence relative à la saisie des comptes enregistrant des sommes détenues pour le compte d'autrui). Mais somme toute, cela reste rare. Il est exceptionnel que le droit de l'exécution impose sa marque aux droits substantiels. Il existe un droit à l'exécution effective consacré par l'arrêt *Hornsby* de la Cour européenne des droits de l'homme, mais ce droit fondamental se conjugue avec le strict respect des droits de chacun. La jurisprudence contemporaine relative à la lutte contre les clauses abusives dans les titres exécutoires illustre parfaitement ce propos.

Troisième catégorie de règles, celles qui sanctionnent par la mise en jeu de la responsabilité ou par l'inefficacité de la procédure, une faute, une manœuvre ou une négligence d'un acteur ou d'un agent de l'exécution : créancier saisissant, débiteur saisi, tiers saisi, commissaire de justice, État, etc. À cet égard, l'apport de la jurisprudence apparaît beaucoup plus important que pour les deux autres sortes de règles. Les arrêts cités dans le *Dalloz action* donnent une foule de précisions utiles à la compréhension des textes. Cette importance n'est-elle pas exagérée ? Dira-t-on, paraphrasant Henri Mazeaud[1], qu'il y a, au moins dans une certaine mesure, une sorte d'« absorption » des règles du droit des voies d'exécution par le principe de responsabilité, alors que ce droit est fondamentalement le droit du paiement forcé, donc une branche du droit du paiement ? La tentation affleure peut-être parfois, mais ce serait trop dire. Il n'y a pas de clause générale de responsabilité en droit des voies d'exécution[2]. La Cour de cassation distingue nettement action en paiement et action en réparation du préjudice subi : les prétentions formées sur le fondement de ces actions « *qui n'ont pas le même objet, tendent l'une, au recouvrement de la créance, et l'autre à l'indemnisation du créancier* »[3].

Règles de conduite, règles attributives de droit, règles sanctionnatrices, on retrouve à travers cette typologie suggérée par la jurisprudence citée dans le *Dalloz action* les grandes idées d'Ulpien[4] : bien se conduire, rendre à chacun le sien, ne pas nuire, ou en latin : *Vivere honeste, Suum cuique tribuere, Neminem laedere.* Tout le droit est là. Voilà pourquoi, bien que la source essentielle du droit en la matière soit évidemment la loi, la jurisprudence n'en est pas moins, ici comme ailleurs, le complément nécessaire. Par-delà les réponses et les solutions particulières, c'est elle qui veille à ce que l'esprit ne quitte pas le corps des lois. Ainsi s'explique « *cet apparent paradoxe d'une intense initiative judiciaire dans une matière toute légale par vocation* »[5].

1. V. H. Mazeaud, « L'"absorption" des règles juridiques par le principe de responsabilité civile », *DH* 1935, chron., p. 5.
2. Com. 10 févr. 2015, nº 13-20.150, P IV, nº 26 : l'art. L. 111-10 C. pr. exéc. est « *exclusif de la responsabilité fondée sur l'art. 1382* ».
3. Civ. 2e, 13 janv. 2022, nº 20-11.972.
4. Et celles de J.-L. Sourioux, V. « Les fonctions langagières du droit », *in Par le droit, au-delà du droit*, LexisNexis, 2011, p. 367.
5. Belle formule de Jean Carbonnier à propos d'un autre droit que celui des voies d'exécution (v. « Notes sur la prescription extinctive », *RTD civ.* 1952. 171).

LIVRE

01. LES PARTIES ET LES TIERS À L'EXÉCUTION

SECTION 0

ORIENTEUR

01.00 **Sommaire du livre.**

Division. Les dispositions générales du livre Ier du Code des procédures civiles d'exécution s'ouvrent par un titre premier consacré aux conditions de l'exécution forcée, aussi bien en partie législative qu'en partie réglementaire. Ce sont les dispositions communes à toutes les procédures d'exécution, notamment celles du chapitre premier relatif au créancier et au titre exécutoire (titre 11), qui, des articles L. 111-1 aux articles L. 111-11, déclinent le principe essentiel selon lequel le créancier doit être porteur d'un titre exécutoire (titre 12) pour procéder à l'exécution forcée sur les biens de son débiteur.

Nous verrons donc dans quelles conditions un créancier peut « *contraindre son débiteur défaillant à exécuter ses obligations à son égard* » (C. pr. exéc., art. L. 111-1, al. 1er), les obstacles (titre 14) qu'il peut rencontrer ou les écueils qu'il doit éviter (titre 13) lorsqu'il diligente une mesure d'exécution forcée, et, enfin, la place des tiers (titre 15) lorsqu'une procédure d'exécution ou de conservation requiert leurs concours.

CHAPITRE

0101. Fondamentalisation de l'exécution forcée

Nicolas Cayrol
Professeur à l'Université de Tours

SECTION 0
Orienteur

0101.00 Sommaire du chapitre.

Division. Le droit à l'exécution a été consacré par le droit européen (sect. 1) et le droit constitutionnel (sect. 2).

0101.01 Textes applicables.

- **C. civ.,** art. 1341.
- **Conv. EDH,** art. 6 § 1.
- **DDH,** art. 16 et 17.

0101.02 Jurisprudence de référence.

> Droit à l'exécution effective des décisions de justice.

- **CEDH 19 mars 1997,** *Hornsby c/Grèce*, req. n° 18357/91

* V. s^s n°s 0101.11, 0133.06, 0211.51, 0231.05, 0251.151, 04.05, 0522.23, 1317.11, 16.05, 1711.252, 1711.304

40. La Cour rappelle sa jurisprudence constante selon laquelle l'article 6 par. 1 (art. 6-1) garantit à chacun le droit à ce qu'un tribunal connaisse de toute contestation relative à ses droits et obligations de caractère civil ; il consacre de la sorte le « droit à un tribunal », dont le droit d'accès, à savoir le droit de saisir un tribunal en matière civile, constitue un aspect (arrêt *Philis c/Grèce* du 27 août 1991, série A n° 209, p. 20, par. 59). Toutefois, ce droit serait illusoire si l'ordre juridique interne d'un État contractant permettait qu'une décision judiciaire définitive et obligatoire reste inopérante au détriment d'une partie. En effet, on ne comprendrait pas que l'article 6 par. 1 (art. 6-1) décrive en détail les garanties de procédure – équité, publicité et célérité – accordées aux parties et qu'il ne protège pas la mise en œuvre des décisions judiciaires ; si cet article (art. 6-1) devait passer pour concerner exclusivement l'accès au juge et le déroulement de l'instance, cela risquerait de créer des situations incompatibles avec le principe de la prééminence du droit que les États contractants se sont engagés à respecter en ratifiant la Convention (voir, *mutatis mutandis*, l'arrêt *Golder c/ Royaume-Uni* du 21 février 1975, série A n° 18, pp. 16-18, § 34-36). L'exécution d'un jugement ou arrêt, de quelque juridiction que ce soit, doit donc être considérée comme faisant partie intégrante du « procès » au sens de l'article 6 (art. 6) ; la Cour l'a du reste déjà reconnu dans les affaires concernant la durée de la procédure (voir, en dernier lieu, les arrêts *Di Pede c/Italie et Zappia c/Italie* du 26 septembre 1996, *Recueil des arrêts et décisions* 1996-IV, pp. 1383-1384, § 20-24, et pp. 1410-1411, § 16-20, respectivement).

> Droit au concours de la force publique à l'exécution des décisions de justice.

- **Cons. const. 29 juill. 1998,** n° 98-403 DC

* V. s^s n° 0101.22, 0231.05, 0251.201, 0522.23, 1323.92, 1333.240

46. Toute décision de justice a force exécutoire ; ainsi, tout jugement peut donner lieu à une exécution forcée, la force publique devant, si elle y est requise, prêter main-forte à cette exécution ; une telle règle est le corollaire du principe de la séparation des pouvoirs énoncé à l'article 16 de la Déclaration des droits de l'homme et du citoyen ; si, dans des circonstances exceptionnelles tenant à la sauvegarde de l'ordre public, l'autorité administrative peut, sans porter atteinte au principe sus-évoqué, ne pas prêter son concours à l'exécution d'une décision juridictionnelle, le législateur ne saurait subordonner l'octroi de ce concours à l'accomplissement d'une diligence administrative.

> Droit à l'exécution effective des titres exécutoires notariés.

- **CEDH 21 avr. 1998,** *Estima Jorge c/Portugal*, req. n° 24550/94

* V. s^s n°s 0101.12, 0133.06

35. La Cour rappelle que l'article 6 § 1 de la Convention exige que toutes les phases des procédures judiciaires tendant à vider des « contestations sur des droits et obligations de caractère civil » aboutissent dans un délai raisonnable, sans que l'on puisse excepter les phases postérieures aux décisions sur le fond (arrêt *Robins c/Royaume-Uni* du 23 septembre 1997, *Recueil* 1997-V, p. 1809, § 28). Ainsi, l'exécution d'un jugement ou arrêt, de quelque juridiction que ce soit, doit être considérée comme faisant partie intégrante du « procès » au sens de l'article 6 (arrêt *Hornsby c/Grèce* du 19 mars 1997, *Recueil* 1997-II, pp. 510-511, § 40).

36. La Cour constate que la présente affaire se distingue des affaires dont elle a eu à connaître précédemment (voir, outre les affaires précitées, les arrêts *Martins Moreira c/Portugal* du 26 octobre 1988, série A, n° 143, et *Silva Pontes c/Portugal* du 23 mars 1994, série A, n° 286-A), puisque la procédure litigieuse ne porte pas sur un jugement mais sur un autre titre exécutoire, à savoir un acte notarié garantissant une créance déterminée. La procédure n'en visait que le recouvrement.

37. L'esprit de la Convention commande de ne pas prendre le terme « contestation » dans une acception trop technique et d'en donner une définition matérielle plutôt que formelle ; la version anglaise de l'article 6 n'en renferme du reste pas le pendant (arrêt *Moreira de Azevedo c/Portugal* du 23 octobre 1990, série A, n° 189, p. 17, § 66). Ainsi, la Cour a déjà considéré que c'est au moment où le droit revendiqué trouve sa réalisation effective qu'il y a détermination d'un droit de caractère civil (arrêts *Di Pede c/Italie* du 26 septembre 1996 et *Zappia* précité, *Recueil* 1996-IV, respectivement p. 1384, § 22, et p. 1411, § 18).

> Le droit fondamental à l'exécution limité aux décisions de justice définitives et obligatoires.

• **CEDH 18 avr. 2002,** *Ouzounis c/Grèce*, req. n° 49144/99

* V. s[s] n°s 0101.13, 0133.06

§ 21. La Cour rappelle que le droit d'accès à un tribunal garanti par l'article 6 § 1 de la Convention serait illusoire si l'ordre juridique interne d'un État contractant permettait qu'une décision judiciaire définitive et obligatoire reste inopérante au détriment d'une partie (voir l'arrêt *Hornsby c/Grèce* du 19 mars 1997, *Recueil* des arrêts et décisions 1997-II, pp. 510-511, § 40). Toutefois, pour ce qui est de la présente affaire, la Cour note que la décision du tribunal administratif dont l'inexécution faisait grief aux requérants, n'était pas une décision définitive car elle était rendue en première instance et était susceptible d'être frappée d'appel, ce qui fut d'ailleurs le cas. Or, indépendamment de la question de savoir si le délai et l'exercice de l'appel avaient un effet suspensif, question non résolue en l'espèce, la Cour ne saurait admettre que l'article 6 protège non seulement la mise en œuvre de décisions judiciaires définitives et obligatoires, mais aussi celle de décisions qui peuvent être soumises au contrôle de plus hautes instances et, éventuellement, infirmées. Dès lors, eu égard notamment au fait que la cour d'appel infirma la décision sur laquelle les requérants fondaient leurs prétentions, la Cour ne saurait juger contraire aux exigences de l'article 6 l'omission de l'administration de se plier à cette décision, à supposer même qu'en vertu du droit interne celle-ci ait été tenue de l'exécuter. Partant il n'y a pas eu violation de l'article 6 § 1 de la Convention.

> L'exécution forcée d'un titre exécutoire à titre provisoire est compatible avec l'exigence d'un procès équitable.

• **Civ. 2e, 10 févr. 2005,** n°s 03-15.067 et 03-15.068, P I, n° 28

* V. s[s] n°s 0101.13, 0831.63

L'exécution forcée poursuivie en vertu d'un titre exécutoire à titre provisoire aux risques et périls du créancier, n'est pas contraire aux exigences de l'article 6.1 de la Convention européenne de sauvegarde des droits de l'homme et des libertés fondamentales.

> Saisie immobilière. Adjudication d'office au créancier poursuivant à défaut d'enchérisseur.

• **Cons. const. 16 déc. 2011,** n° 2011-206 QPC

* V. s[s] n°s 0101.23, 014.11, 1333.240, 1335.282, 1339.192

4. Considérant qu'il appartient au législateur, compétent en application de l'article 34 de la Constitution pour déterminer les principes fondamentaux du régime de la propriété, des droits réels et des obligations civiles et commerciales, de définir les modalités selon lesquelles, pour permettre l'exécution des obligations civiles et commerciales, les droits patrimoniaux des créanciers et des débiteurs doivent être conciliés ; que l'exécution forcée sur les biens du débiteur est au nombre des mesures qui tendent à assurer cette conciliation ;

5. Considérant, en premier lieu, que l'article 2190 du Code civil prévoit que la saisie immobilière est une procédure d'exécution forcée sur l'immeuble du débiteur en vue de la distribution de son prix ; qu'elle constitue une modalité de paiement d'une créance exécutoire ; qu'il en résulte que, si l'adjudication conduit à ce que le débiteur soit privé de la propriété de ce bien, cette procédure n'entre pas dans le champ d'application de l'article 17 de la Déclaration de 1789 ;

6. Considérant, en second lieu, que, d'une part, en prévoyant que le montant de la mise à prix est fixé par le créancier poursuivant et en disposant qu'à défaut d'enchère, ce dernier est déclaré adjudicataire, les dispositions contestées ont pour objet d'éviter que la procédure de saisie immobilière demeure suspendue faute d'enchérisseur ; qu'en prévoyant que le créancier poursuivant est déclaré adjudicataire d'office au montant de la première enchère fixée par lui, elles font obstacle à ce que le créancier poursuivant se voie imposer un transfert de propriété moyennant un prix auquel il n'aurait pas consenti ; que l'objectif poursuivi de garantir dans ces conditions l'aboutissement de la procédure constitue un motif d'intérêt général ;

7. Considérant que, d'autre part, les articles 2202 et 2203 du Code civil reconnaissent au débiteur du bien saisi le droit d'obtenir l'autorisation judiciaire de vendre le bien à l'amiable ; qu'à défaut, la vente a lieu par *adjudicatio* ; que les articles 2205 et 2206 disposent que l'adjudication de l'immeuble a lieu aux enchères publiques à l'audience du juge ; que, dans le cadre de cette procédure, le débiteur peut saisir le juge afin de voir fixer une mise à prix en rapport avec la valeur vénale de l'immeuble et les conditions du marché ; que l'enchère est ouverte à toute personne qui justifie de garanties de paiement ; que l'adjudication d'office au créancier poursuivant au montant de la mise à prix initiale n'intervient qu'à défaut de toute enchère ; que, dans ces conditions, l'atteinte portée aux droits du débiteur saisi ne revêt pas un caractère disproportionné au regard du but poursuivi ; [...]

0101.03 Bibliographie indicative.

Ouvrages[1]. S. Guinchard *et alii*, *Droit processuel, droit commun et droit comparé du procès équitable*, 13e éd., « Précis », Dalloz, 2025, n°s 656 s. – A. Leborgne, *Droit de l'exécution*, 3e éd., « Précis », Dalloz, 2019.

1. Les ouvrages dont le nom des auteurs figure en petites capitales en bibliographie seront cités par le seul nom des auteurs en petites capitales en notes de bas de page.

Études. F. Ferrand, « La fondamentalisation de l'exécution forcée », *in* C. Brenner (dir.), *Le droit de l'exécution forcée : entre mythe et réalité*, « Droit et procédures », EJT, 2007 – C. Hugon, « L'exécution des décisions de justice », *in* R. Cabrillac (dir.), *Libertés et droits fondamentaux*, 30e éd., « Spécial CRFPA », Dalloz, 2024, nos 949 s.

0101.05 Caractère fondamental du droit à l'exécution. Plan. L'article 1341 C. civ. consacre un *droit à l'exécution de l'obligation* : « *Le créancier a droit à l'exécution de l'obligation* ». Lorsque l'obligation est constatée par un titre exécutoire, ce droit à l'exécution revêt un caractère fondamental tant en droit européen (sect. 1) qu'en droit constitutionnel (sect. 2)[1].

SECTION 1
DROIT EUROPÉEN

0101.11 Droit à l'exécution effective des jugements. La Cour européenne des droits de l'homme (CEDH) reconnaît un caractère fondamental au droit à l'exécution effective des jugements. L'arrêt de principe à cet égard est l'arrêt *Hornsby c/Grèce* du 19 mars 1997[2]. Cette décision fortement motivée est fondée sur le droit à un procès équitable prévu par l'article 6 § 1er de la Convention européenne des droits de l'homme (Conv. EDH). Selon la Cour, « *le droit d'accès à un tribunal serait illusoire si l'ordre juridique interne d'un État contractant permettait qu'une décision judiciaire définitive et obligatoire reste inopérante au détriment d'une partie. En effet, on ne comprendrait pas que l'article 6 § 1er, décrive en détail les garanties de procédure – équité, publicité et célérité – accordées aux parties et qu'il ne protège pas la mise en œuvre des décisions judiciaires ; si cet article devait passer pour concerner exclusivement l'accès au juge et le déroulement de l'instance, cela risquerait de créer des situations incompatibles avec le principe de la prééminence du droit que les États contractants se sont engagés à respecter en ratifiant la Convention* [...]. *L'exécution d'un jugement ou arrêt, de quelque juridiction que ce soit, doit donc être considérée comme faisant partie intégrante du "procès" au sens de l'article 6* ».

0101.12 Droit à l'exécution des titres exécutoires. Le droit fondamental à l'exécution n'est pas réservé aux seuls jugements ; ce droit vaut pour tous les titres exécutoires, quelle que soit leur nature. Dans un arrêt du 21 avril 1998, *Estima Jorge c/ Portugal*, la CEDH conclut, à propos d'un prêt constaté devant notaire et garanti par une hypothèque, qui n'avait pas été remboursé par les emprunteurs, à l'applicabilité de l'article 6 § 1 de la Convention pour en déduire qu'au vu des circonstances de la cause « *un laps de temps de treize ans pour obtenir une décision définitive sur une demande fondée sur un titre exécutoire ne peut passer pour raisonnable* » (§ 45)[3]. Même solution dans un arrêt du 28 octobre 1998 à propos d'un procès-verbal de conciliation exécutoire[4].

0101.13 Droit à l'exécution des seules décisions définitives et obligatoires. Mais parmi les décisions de justice valant titre exécutoire le droit fondamental à l'exécution est réservé aux seules décisions « *définitives et obligatoires* ». Il ne peut être utilement invoqué à propos des décisions provisoires ou des décisions susceptibles d'un recours ordinaire pouvant aboutir à leur réformation ou à leur annulation. Aux termes de l'arrêt *Ouzounis c/Grèce* du 18 avril 2002, dans une situation où les requérants se plaignaient de ce qu'une décision d'un tribunal administratif, qui avait reconnu leurs droits, n'était pas exécutée, la Cour a considéré que la protection de l'article 6 ne saurait s'étendre aux « *décisions qui peuvent être soumises au contrôle de plus hautes instances et, éventuellement, infirmées* » en appel[5].

Est « **définitive** » la décision qui tranche une contestation au fond, à l'exclusion des décisions « provisoires » n'ayant pas autorité au principal ; est « **obligatoire** » la décision ayant un caractère exécutoire[6]. Les caractères « définitif » et « obligatoire », qui commandent le domaine du droit fondamental à l'exécution, sont cumulatifs. Une décision « obligatoire » sans être « définitive » n'en relève pas, et réciproquement. Ainsi, une ordonnance de référé, même passée en force de chose jugée, n'est pas concernée, de même qu'une décision au fond exécutoire par provision mais encore susceptible d'appel.

À noter cependant que la restriction posée par la CEDH, excluant du champ du droit fondamental à l'exécution les décisions provisoires et les décisions définitives bénéficiant de l'exécution provisoire, ne condamne pas *a contrario* le régime de l'exécution provisoire, qu'il s'agisse du droit d'exécuter à titre provisoire une décision qui n'est pas encore définitive ou de la responsabilité du bénéficiaire de ce type

1. V. F. Ferrand, « La fondamentalisation de l'exécution forcée », *in* C. Brenner (dir.), *Le droit de l'exécution forcée : entre mythe et réalité*, « Droit et procédures », EJT, 2007. 13 s. – V. AUSSI : « Regards croisés sur l'effectivité de l'exécution forcée », Actes du colloque du 22 nov. 2016 à Lyon, *Dr. et proc.* 2017. 1 à 43.
2. CEDH 19 mars 1997, Hornsby c/Grèce, req. no 18357/91, *D.* 1998. 74, note N. Fricero ; *JCP* 1997. II. 22949, note O. Dugrip et F. Sudre ; *RTD civ.* 1997. 1009, obs. J.-P. Marguénaud.
3. CEDH 21 avr. 1998, Estima Jorge c/Portugal, req. no 24550/94 ; *D.* 1998. Somm. 369, obs. N. Fricero.
4. CEDH 28 oct. 1998, Perez de Rada Cavanilles c/Espagne, req. no 28090/95 ; *JCP* 1999. I. 105, no 21, obs. F. Sudre.
5. CEDH 18 avr. 2002, Ouzounis c/Grèce, req. no 49144/99, consid. 21, *D.* 2002. Somm. 2572, obs. N. Fricero.
6. V. GUINCHARD *et alii*, no 660.

de jugement qui poursuit l'exécution provisoire à ses risques et périls. Jugé que « *l'exécution forcée poursuivie en vertu d'un titre exécutoire à titre provisoire aux risques et périls du créancier, n'est pas contraire aux exigences de l'article 6 § 1 de la Convention européenne de sauvegarde des droits de l'homme* »[1].

0101.14 Fondement du droit à l'exécution. Depuis l'arrêt *Hornsby*, le droit à l'exécution est présenté comme une garantie du procès équitable, au sens de l'article 6 § 1[2]. Ce fondement a été réaffirmé à diverses reprises[3]. Où l'on voit que « *au sens de la Convention européenne, le terme* "procès" *englobe en quelque sorte* "l'après procès" »[4]. Mieux : en étendant le droit à l'exécution à tous les titres exécutoires, qu'ils soient judiciaires ou extrajudiciaires, « *les juges de Strasbourg considèrent en définitive que l'exécution est un droit autonome, fondamental, quel que soit le titre qu'invoque le créancier* »[5] ; « *ce qui est important, c'est que le créancier ne voie pas ses droits bafoués* »[6]. Dans ces conditions, on comprend que la CEDH ait parfois motivé ses arrêts en articulant le droit au procès équitable avec d'autres fondements : non seulement le « *droit à un recours* » de l'article 13[7], mais aussi le « *droit au respect des biens* » de l'article 1er du protocole nº 1[8], le « *droit au respect de la vie privée et familiale* » de l'article 8[9] ou la « *liberté d'expression* » de l'article 10[10], selon que l'inexécution du titre exécutoire revenait en définitive à méconnaître l'un ou l'autre de ces droits ou libertés. Au fond, le droit à l'exécution a un double objet : les titres exécutoires et les droits et libertés que ces titres constatent. Brochant le tout, la Cour a expliqué dans un arrêt du 5 octobre 2017 que le droit à l'exécution découlait du « *principe de la sécurité des rapports juridiques* » qui est lui-même un élément fondamental de la « *prééminence du droit* », principe consacré par le préambule de la Convention à l'aune duquel le droit à un procès équitable doit s'interpréter[11].

0101.15 Qualités de l'exécution. L'exécution des droits et obligations constatés par un titre exécutoire doit présenter plusieurs qualités.

Cette exécution à laquelle tout bénéficiaire d'un titre exécutoire a droit requiert **célérité** et elle doit être au moins accomplie dans un **délai raisonnable.** Pour la CEDH, si on peut « *admettre que les États interviennent dans une procédure d'exécution d'une décision de justice, pareille intervention ne peut avoir comme conséquence d'empêcher, d'invalider ou encore de retarder de manière excessive l'exécution, ni moins encore, de remettre en question le fond de cette décision* »[12].

« *L'exécution doit, en outre, être **complète, parfaite** et non partielle* », ce qui concrètement signifie que la seule indemnisation versée par l'État pour refus du concours de la force publique ne suffit pas à compenser la perte subie par le requérant qui « *n'a jamais pu recouvrer la jouissance de son droit de propriété* »[13].

0101.16 Devoirs de l'État en matière d'exécution. Le droit fondamental à l'exécution est donc source de devoirs pour l'État. Celui-ci a l'obligation de prévoir les voies et les moyens permettant à chacun de poursuivre l'exécution effective des droits et libertés constatées par les titres exécutoires. Pour la CEDH, « *les États ont l'obligation positive de mettre en place un système qui soit effectif en pratique comme en droit et qui assure l'exécution des décisions judiciaires définitives entre personnes privées* »[14]. L'effectivité du système mis en place par l'état en matière d'exécution s'apprécie procédure par procédure, « *dans les conditions propres à chaque mesure d'exécution* » (C. pr. exéc., art. L. 111-2).

0101.17 Aide juridictionnelle, recouvrement public et information. Parmi les éléments du système qui démontrent la conscience qu'a l'État de ses devoirs en matière d'exécution, on relève la mise en place d'un dispositif assurant **l'avance des frais de l'exécution forcée.** Aux termes de l'article 10 alinéa 4 de la loi du 10 juillet 1991, l'aide juridictionnelle « *peut également être accordée à l'occasion de l'exécution sur le territoire français, d'une décision de justice ou de tout autre titre exécutoire* »[15]. L'absence

1. V. Civ. 2e, 10 févr. 2005, nos 03-15.067 et 03-15.068, P II, nº 28.
2. V. S. GUINCHARD *et alii*, nº 656.
3. V. NOT., CEDH 27 mai 2004, Metaxas c/Grèce, req. nº 8415/02, § 25 – CEDH 19 févr. 2013, Garcia Mateos c/Espagne, req. nº 38285/09, § 44 – CEDH, 3e sect., 19 juill. 2016, Flores Quiros c/Espagne, req. nº 75183/10, § 33 à 44, *Dr. et proc.* 2016, nº 99, obs. N. Fricero.
4. LEBORGNE, nº 121.
5. LEBORGNE, nº 124.
6. LEBORGNE, *ibid.*
7. CEDH, 1re sect., 30 mars 2017, Avakemyan c/Arménie, req. nº 39563/09 ; *Dr. et proc.* 2017, nº 14, obs. N. Fricero.
8. V. CEDH 1er févr. 2007, Nerumberg c/Roumanie, req. nº 2726/02 – CEDH 17 avr. 2012, Ilyushkin et a. c/Russie, req. nº 5734/08, § 47 – CEDH 9 déc. 2014, Raffineries grecques Stran et Stratis Andreatis c/Grèce, req. nº 13427/87, § 59, *Dr. et proc.* 2017/4, nº 11, obs. N. Fricero.
9. CEDH 7 mars 2013, Raw c/France, req. nº 10131/11, *Dr. et proc.* 2013/9, nº 13, obs. N. Fricero.
10. CEDH, 10 mai 2012, Frasila et Ciocirlan c/Roumanie, req. nº 25329/03, *Procédures* 2012, nº 247, obs. N. Fricero.
11. CEDH 5 oct. 2017, Mazzeo c/Italie, req. nº 32269/09, *Dr. et proc.* 2017/11, nº 2, obs. N. Fricero.
12. CEDH 28 juill. 1999, Immobilare Saffi c/Italie, req. nº 22774/93, § 63 à 66.
13. CEDH 2 mars 2004, Sabin Popescu c/Roumanie, req. nº 48102/99, § 68 à 76 – CEDH 31 mars 2005, Matheus c/France, req. nº 62740/00, § 58.
14. CEDH 7 juin 2005, Fouklev c/Ukraine, req. nº 71186/01, § 84.
15. L. nº 91-647, 10 juill. 1991, relative à l'aide juridique, *JO* 13 juill.

d'obstacles financiers tenant à l'insuffisance des ressources est une condition de l'effectivité que la CEDH a identifiée depuis son célèbre arrêt *Airey c/Irlande* du 9 octobre 1979 [1]. La combinaison de l'arrêt *Airey* et de l'arrêt *Hornsby* conduit à considérer le **système d'aide juridictionnelle en matière d'exécution** sous l'angle des **droits fondamentaux.**

Autres dispositifs remarquables : la procédure de **recouvrement public des pensions alimentaires** instaurée par la loi du 11 juillet 1975 [2] et **l'intermédiation des organismes chargés des prestations familiales** en matière d'aide au recouvrement des pensions alimentaires selon les modalités prévues au chapitre II du titre VIII du livre V du Code de la sécurité sociale (CSS, art. L. 582-1) [3]. On peut y voir des illustrations de « *l'obligation positive de mettre en place un système qui soit effectif en pratique comme en droit et qui assure l'exécution des décisions judiciaires définitives entre personnes privées* ».

À quoi on ajoutera encore l'obligation pour « *les administrations de l'État, des régions, des départements et des communes, les entreprises concédées ou contrôlées par l'État, les régions, les départements et les communes, les établissements publics ou organismes contrôlés par l'autorité administrative* » de **communiquer aux agents de l'exécution diverses informations** utiles à l'exécution sans pouvoir opposer le secret professionnel (C. pr. exéc., art. L. 152-1 – v. s[s] n° 0251.11).

0101.18 Portée. Si les États n'ont pas à garantir la solvabilité des débiteurs, leur responsabilité ne pouvant pas être engagée « *du fait du défaut de paiement d'une créance exécutoire dû à l'insolvabilité d'un débiteur "privé"* » [4], en revanche, « *une autorité de l'État ne saurait prétexter du manque de ressources pour ne pas honorer une dette fondée sur une décision de justice* » [5], qu'il s'agisse d'ailleurs « *de fonds ou d'autres ressources* » [6].

Cependant, pour la CEDH, le droit fondamental à l'exécution « *n'est pas absolu et appelle par sa nature même une réglementation par l'État. Les États contractants jouissent en la matière d'une certaine marge d'appréciation* ». Ainsi, « *un sursis à l'exécution d'une décision de justice pendant le temps strictement nécessaire à trouver une solution satisfaisante aux problèmes d'ordre public peut se justifier dans des circonstances exceptionnelles* » [7]. Mais si la Cour admet des limites au « *droit à la mise en œuvre sans délai d'une décision de justice définitive et obligatoire* », elle veille à ce que « *les limitations mises en œuvre ne restreignent pas l'accès offert à l'individu d'une manière ou à un point tels que le droit s'en trouve atteint dans sa substance même. Pareille limitation ne se concilie avec l'article 6 § 1 que si elle tend à un but légitime, et s'il existe un rapport raisonnable de proportionnalité entre les moyens employés et le but visé* » [8].

SECTION 2
DROIT CONSTITUTIONNEL

0101.21 Valeur constitutionnelle du droit à l'exécution. Le Conseil constitutionnel reconnaît valeur constitutionnelle au droit à l'exécution forcée. Comme la CEDH, le Conseil constitutionnel rattache le droit à l'exécution des décisions de justice au droit fondamental à exercer un recours juridictionnel : « *Le droit des personnes à exercer un recours juridictionnel effectif comprend celui d'obtenir l'exécution des décisions juridictionnelles* » [9]. Comme la CEDH, il a eu recours à des fondements divers.

0101.22 Droit à l'exécution et expulsion. La décision de principe par laquelle le Conseil a consacré le droit à l'exécution forcée fut rendue au visa du principe de la séparation des pouvoirs. Dans sa décision du 29 juillet 1998, le Conseil affirme que le principe de la séparation des pouvoirs énoncé à l'article 16 de la Déclaration des droits de l'homme et du citoyen (DDH) a pour corollaire la règle selon laquelle « *la force publique doit, si elle y est requise, prêter main-forte à l'exécution* [d'un] *jugement* », quel qu'il soit, dès lors qu'il a force exécutoire. Cette règle de valeur constitutionnelle implique en l'espèce que le législateur n'a pas le droit de « *subordonner l'octroi de ce concours à l'accomplissement d'une diligence administrative* » [10]. En l'espèce, le Conseil déclare contraire à la Constitution une disposition de la loi relative à la lutte contre les exclusions qui aurait permis au préfet de refuser le concours de la force publique à l'exécution des jugements d'expulsion au motif qu'une offre

1. CEDH 9 oct. 1979, Airey c/Irlande, série A, n° 32.
2. L. n° 75-618, 11 juill. 1975, relative au recouvrement public des pensions alimentaires, *JO* 12 juill. – V. s[s] n°s 0953.00 s.
3. Réd. L. n° 2019-1446, 24 déc. 2019, de financement de la sécurité sociale pour 2020, *JO* 27 déc., texte n° 1 – Décr. n° 2020-1201, 30 sept. 2020, relatif à l'intermédiation financière des pensions alimentaires prévue à l'article L. 582-1 du Code de la sécurité sociale, *JO* 1er oct., texte n° 40.
4. CEDH 27 mai 2003, req. n° 50342/99, § 39 – CEDH, 1re sect., 10 avr. 2014, Terebus c/Portugal, req. n° 5238/10, *D.* 2015. Pan. 1340, obs. A. Leborgne.
5. CEDH 7 mai 2002, Bourdov c/Russie, req. n° 59498/00, § 35.
6. CEDH 9 avr. 2015, Tchokontio Happi c/France, req. n° 65829/12, § 52 ; *AJDI* 2016. 667, chron. F. Zitouni ; *ibid.* 2018. 97, étude F. Zitouni ; *Dr. soc.* 2016. 697, étude J.-P. Marguénaud et J. Mouly ; *RDSS* 2015. 651, note D. Tharaud (mise à disposition d'un logement).
7. CEDH 28 juill. 1999, Immobilare Saffi c/Italie, req. n° 22774/93, § 69.
8. CEDH 9 avr. 2015, Tchokontio Happi c/France, req. n° 65829/12, § 48.
9. Cons. const. 10 nov. 2017, n° 2017-672 QPC, § 6.
10. Cons. const. 29 juill. 1998, n° 98-403 DC, § 46.

d'hébergement n'aurait pas été préalablement proposée par l'Administration aux personnes menacées d'expulsion.

0101.23 **Droit à l'exécution et expropriation.** Les saisies, principales procédures d'exécution forcée des titres exécutoires, sont par nature des procédures d'expropriation forcée. La question de la conformité de ces procédures au droit de propriété, droit de l'homme consacré par les articles 2 et 17 de la DDH de 1789, a été posée au Conseil constitutionnel. Le Conseil répond en deux temps. Dans un premier temps, il distingue expropriation pour cause d'utilité publique et expropriation pour cause d'utilité privée, les saisies relevant de la seconde espèce. Cette distinction lui permet d'écarter l'article 17 de la DDH, qui ne concerne que les expropriations de la première espèce : « *La propriété étant un droit inviolable et sacré, nul ne peut en être privé, si ce n'est lorsque la nécessité publique, légalement constatée, l'exige évidemment, et sous la condition d'une juste et préalable indemnité* ».

En l'absence de privation du droit de propriété au sens de l'article 17, le Conseil s'attache dans un second temps à vérifier si la privation de la propriété qu'implique toute saisie est justifiée par un motif d'intérêt général et proportionnée à l'objectif poursuivi. Examinant les dispositions relatives à l'exécution forcée sur les biens du débiteur soumises à son contrôle, le Conseil conclut que l'objectif poursuivi de garantir « *l'aboutissement de la procédure* » constitue un motif d'intérêt général et que « *l'atteinte portée aux droits du débiteur saisi ne revêt pas un caractère disproportionné* » au regard de ce but légitime[1].

1. Cons. const. 16 déc. 2011, n° 2011-206 QPC, *D.* 2012. Pan. 1518, obs. Leborgne ; *Dr. et proc.* 2012. 80, note A. Leborgne.

TITRE

011. Le titre exécutoire du créancier

SECTION 0
ORIENTEUR

011.00 **Sommaire du titre.**

Division. Seront successivement étudiées, la notion de titre exécutoire (chap. 111) et la force exécutoire du titre (chap. 112).

011.03 **Bibliographie indicative.**

Actualisable. Rép. pr. civ., v[is] *Exécution des jugements et des actes*, par D. Cholet, avr. 2022 ; *Titre exécutoire européen*, par F. Ferrand, févr. 2019 (actu. juin 2020) – *J.-Cl. Pr. civ., V[is]* Titre exécutoire, par C. Tirvaudey-Bourdin, fasc. 1500-60, 2020 ;Titre exécutoire européen, par H. Péroz, fasc. 2105.

Ouvrages. J.-J. Ansault, *Procédures civiles d'exécution*, 2e éd., « Manuel », LGDJ, 2022 – C. Brenner, *Procédures civiles d'exécution*, 12e éd., « Cours », Dalloz, 2024 – P. Cagnoli, *Procédures civiles d'exécution*, 1re éd., « Droit du paiement », LGDJ, 2019 – N. Cayrol, *Droit de l'exécution*, 3e éd., « Précis Domat », LGDJ, 2019 – G. Couchez et D. Lebeau, *Procédures civiles d'exécution*, Sirey, 13e éd. 2021, par O. Salati – M. et J.-B. Donnier, *Voies d'exécution et procédures de distribution*, 10e éd., LexisNexis, 2020 – N. Fricero, *Procédures civiles d'exécution*, 11e éd., Gualino, 2022 – Ph. Hoonakker, S. Hazoug, N. Pierre et S. Pierre-Maurice, *Procédures civiles d'exécution*, 13e éd., « Paradigme-Manuels », Larcier, 2024 – R. Lauba, *Le contentieux de l'exécution*, 13e éd., LexisNexis-ENM, 2017, avec la participation d'A. Lauba – A. LEBORGNE, *Droit de l'exécution*, 3e éd., « Précis », Dalloz, 2019 – L. Miniato, *Voies d'exécution et procédures de distribution*, 2e éd., « Cours », LGDJ, 2017 – R. Perrot et Ph. Théry, *Procédures civiles d'exécution*, 3e éd., Dalloz, 2013 – S. Piedelièvre, *Procédures civiles d'exécution*, « Corpus », Economica, 2016 – *Code des procédures civiles d'exécution*, 12e éd., Dalloz, 2024, commenté par A. Leborgne et O. Salati, et annoté par P. Guiomard – *Code des procédures civiles d'exécution*, 13e éd., LexisNexis, 2024, commenté et annoté par L. Lauvergnat.

011.05 **Condition fondamentale de l'exécution forcée.** Le chapitre premier du titre premier du livre Ier de la partie législative du Code des procédures civiles d'exécution juxtapose, dans un même intitulé, « Le créancier et le titre exécutoire ». Il résulte des dispositions de ce chapitre que le titre exécutoire constitue la condition fondamentale de l'exécution forcée, celle que le créancier doit absolument remplir s'il veut exercer des poursuites sur les biens d'un débiteur qui ne s'acquitterait pas spontanément de ses obligations. Il convient donc de s'interroger sur la nature juridique de ce titre, et sur les conditions auxquelles il vaut autorisation de recourir à la force pour exécuter.

CHAPITRE

0111. Notion de titre exécutoire

NICOLAS CAYROL
PROFESSEUR À L'UNIVERSITÉ DE TOURS

SECTION 0
ORIENTEUR

0111.00 Sommaire du chapitre.

Division. Aux termes de l'article L. 111-2 C. pr. exéc., le créancier doit être muni d'un titre exécutoire constatant une obligation liquide et exigible pour avoir le droit d'en poursuivre l'exécution forcée. Un titre exécutoire est un acte écrit délivré au nom du souverain qui donne pouvoir à son titulaire de requérir l'exécution forcée du droit qu'il constate (sect. 1). Il convient de les distinguer des titres permettant de pratiquer une mesure conservatoire (sect. 2).

0111.01 Textes applicables.

• **C. pr. exéc.,** art. L. 111-2, L. 111-3, L. 511-1, L. 511-2.

• **C. civ.,** art. 2346.

• **C. com.,** art. L. 511-1 et L. 512-1.

• **C. pr. civ.,** art. 12, 480, 502, 503, 1405, 1422, 1464, 1478, 1482, 1484, 1485, 1487, 1506 et 1516.

• **C. mon. fin.,** art. L. 131-2, L. 131-31, L. 131-47, L. 131-48, L. 131-61, L. 131-62 et R. 131-10.

0111.02 Jurisprudence de référence.

> Mesure conservatoire. Dispense d'autorisation judiciaire pour le créancier qui se prévaut d'une sentence arbitrale.

• **Civ. 2e, 12 oct. 2006,** no 04-19.062, P II, no 270

* V. ss nos 0111.24, 0612.12, 0613.21, 1711.191

1o Est recevable l'action en nullité de la saisie introduite par le tiers saisi contre lequel une demande en paiement est formée à titre reconventionnel.

2o Le créancier qui se prévaut d'une sentence arbitrale peut pratiquer une saisie conservatoire, sans autorisation préalable du juge, en application de l'article 68 de la loi du 9 juillet 1991 [devenu art. L. 511-2 C. pr. exéc.], portant réforme des procédures civiles d'exécution.

> Mesure conservatoire. Dispense d'autorisation judiciaire pour le créancier qui se prévaut d'une ordonnance d'injonction en l'absence d'opposition.

• **Civ. 2e, 13 sept. 2007,** no 06-14.730, P II, no 218

* V. ss nos 0111.24, 0612.12

Une ordonnance portant injonction de payer n'est une décision de justice, au sens de l'article 68 de la loi no 91-650 du 9 juillet 1991 [devenu art. L. 511-2 C. pr. exéc.], qu'en l'absence d'opposition dans le mois de sa signification.

> L'autorisation de pratiquer une mesure conservatoire n'est pas un titre exécutoire.

• **Civ. 2e, 16 mars 2017,** no 16-11.314, P II, no 59

* V. ss no 0111.22, 0152.21, 0251.43, 0311.141, 0612.42, 0621.05, 0621.11, 0821.33

L'ordonnance du juge de l'exécution autorisant à procéder à une saisie conservatoire ne constitue pas le titre exécutoire constatant une créance liquide et exigible.

0111.03 Bibliographie indicative.

* V. bibliographie indicative ss no 011.03.

Ouvrages[1]. P. Cagnoli, *Procédures civiles d'exécution*, 1re éd., « Droit du paiement », LGDJ, 2018 – N. Cayrol, *Droit de l'exécution*, 3e éd., « Précis Domat », LGDJ, 2019 – M. et J.-B. Donnier, *Voies d'exécution et procédures de distribution*, 10e éd., « Manuels », LexisNexis, 2020 – Ph. Hoonakker, S. Hazoug, N. Pierre, S. Pierre-Maurice, *Procédures civiles d'exécution*, 13e éd., « Paradigme-Manuels », Bruylant, 2024 – A. Leborgne, *Droit de l'exécution*, 3e éd., « Précis », Dalloz, 2019 – R. PERROT et Ph. THÉRY, *Procédures civiles d'exécution*, 3e éd., Dalloz, 2013, nos 1143 s. – H. Solus et R. Perrot, *Droit judiciaire privé*, t. 1, Sirey, 1961, nos 466 s., et t. 3, Sirey, 1991, nos 1392 s.

Articles. J.-L. Bergel, « La force exécutoire et le recouvrement des créances », *Procédures* 2008. Dossier « Le titre exécutoire et le recouvrement des créances », p. 14 – N. Casal, « Recouvrement des chèques impayés : une histoire tour-

1. Les ouvrages dont le nom des auteurs figure en petites capitales en bibliographie seront cités par le seul nom des auteurs en petites capitales en notes de bas de page.

mentée », *Dr. et proc.* 2002. 212 – G. Cuniberti, « La mesure conservatoire pratiquée sur le fondement d'un jugement étranger : un nouveau défi pour l'huissier de justice », *Dr. et proc.* 2004. 190 – Y. Desdevises, « Le titre exécutoire requis », *Procédures* 2008, n° 8/9, dossier, p. 3 – O. Fradin, « La hiérarchie des titres exécutoires », *Dr. et proc.* 2017, n° 5, p. 8 – G. Guerlin, « Les nouveaux titres exécutoires », *in* R. Laher (dir.), *Le 10e anniversaire du Code des procédures civiles d'exécution*, LexisNexis, 2023, p. 19. – L. Lauvergnat, « Ce qu'est un titre exécutoire : acte formalisé ou acte finalisé ? », *Procédures* 2024. Alerte 1 – R. Perrot, « Injonction de payer et mesure conservatoire ou un accouplement inattendu », *Procédures* 2005. Étude 3.

SECTION 1
DÉFINITION

0111.11 Définition doctrinale. Dans la loi, les titres exécutoires sont définis en extension, par l'indication des différents actes juridiques susceptibles de justifier l'exécution forcée. C'est l'objet de l'article L. 111-3 C. pr. exéc. aux termes duquel « *seuls constituent des titres exécutoires* », les décisions de justice, les procès-verbaux de conciliation, les actes notariés, *etc.* Cette liste légale fera l'objet d'une étude détaillée dans le titre suivant.

C'est la doctrine qui a proposé une définition synthétique des titres exécutoires : « *On appelle "titre exécutoire", un acte écrit délivré au nom du souverain qui donne pouvoir à son titulaire de procéder à l'exécution forcée du droit qu'il constate* »[1]. Cette définition comprend plusieurs enseignements.

0111.12 Un acte constatant un droit. Abordant la définition par la fin, on relèvera d'abord la proposition selon laquelle le titre exécutoire est un acte qui constate un droit. Il y a du vrai dans cette proposition et sa part de vérité est grande, car elle vaut pour tous les droits, quelle que soit leur nature : il peut s'agir d'un droit patrimonial ou extrapatrimonial, d'un droit personnel ou d'un droit réel.

Cependant, un titre exécutoire constate-t-il toujours un « droit » ? Que penser par exemple du jugement statuant en matière possessoire qui, faisant droit aux prétentions du possesseur, ordonne qu'il soit mis fin au trouble ? Qu'il constate le « droit » du possesseur, sorte de droit subjectif à la possession ? Les titres exécutoires n'échappent pas aux incertitudes qui entourent la théorie des droits subjectifs.

Le titre exécutoire ne fait-il que « constater » ce droit ? Oui dans de très nombreux cas. On considère généralement que les jugements, qui sont une sorte de titre exécutoire, ne font que constater les droits des parties. Mais on se demande si, parfois, le titre n'est pas la source même du droit auquel il convient de se conformer. Certains jugements, dit-on, ne sont pas seulement déclaratifs ; ils sont constitutifs de droit. Si c'est exact, alors il faut conclure qu'il y a des titres qui ne font pas que constater les droits. Les autres variétés de titres exécutoires (actes notariés, titres délivrés par les comptables publics) appellent les mêmes observations.

Quoi qu'il en soit, cette relation entre le titre et le droit qu'il constate fait que celui-ci n'est qu'un **accessoire** de celui-là. Ainsi s'explique que la transmission du droit emporte normalement transmission du titre qui le constate (v. s^s^ n° 0112.120).

0111.13 Un acte ordonnant l'exécution. Le titre exécutoire est un acte juridique. Suivant la définition qu'en a donnée Paul Amselek, l'acte juridique est un « *acte de langage institué par le droit en vertu duquel une ou plusieurs personnes exercent la compétence qui leur est reconnue d'établir une prescription de caractère normatif* »[2]. Un acte juridique est donc un énoncé prescriptif, qui énonce ce qui doit être. Quelle prescription ? La prescription de se conformer au droit constaté par le titre : payer la créance constatée par le jugement, libérer le local conformément à l'accord de conciliation trouvé entre le propriétaire et les occupants, *etc.* Le type de langage propre aux titres exécutoires est de l'ordre de l'action : payer, libérer, restituer, réparer, détruire ce qui a été mal fait, *etc.*

Dans un titre exécutoire, on doit donc trouver deux types de langage : *d'une part*, le constat d'un droit, langage descriptif ; *d'autre part*, l'ordre d'exécution de ce droit, langage prescriptif.

Quelles sont les personnes compétentes pour tenir un tel langage ? Qui a le droit de donner des ordres d'exécution en délivrant des titres exécutoires ? Des personnes dépositaires de prérogatives de puissance publique : magistrats, officiers publics ministériels et administrateurs. Suivant une tradition qui remonte à Rome, la « prérogative » de puissance publique qui correspond à la délivrance de titres exécutoires s'appelle l'*imperium*[3]. Quant à la modernité, elle se caractérise par une tendance à la déjudiciarisation des nouveaux titres exécutoires : il existe aujourd'hui beaucoup plus de titres exécutoires extrajudiciaires qu'hier[4].

1. PERROT et THÉRY, n° 129.
2. P. Amselek, « L'acte juridique à travers la pensée de Charles Eisenmann », *APD*, t. 32, 1987, p. 305 – Sur cette définition, v. P. Jestaz, « Une révolution inaperçue : à propos de l'acte juridique », *RTD civ.* 2014. 67.
3. V. C. Jarrosson, « Réflexion sur l'*imperium* », *Mél. P. Bellet*, Litec, 1991, p. 249 – R. Laher, Imperium *et* jurisdictio *en droit judiciaire privé*, Mare et Martin, 2016.
4. G. Guerlin, « Les nouveaux titres exécutoires », *in* R. Laher (dir.), *Le 10e anniversaire du Code des procédures civiles d'exécution*, LexisNexis, 2023, p. 19, n° 9.

0111.14 **Un acte écrit.** Le titre exécutoire contenant l'ordre d'exécution prend la forme d'un « écrit ». Cette formalité répond à une importante règle procédurale : il est interdit à « l'ordonnateur » de procéder lui-même à l'exécution. Son ordre doit être remis au « titulaire » du droit, bénéficiaire du titre exécutoire, qui décidera librement de le transmettre à son tour aux personnes chargées de l'exécution, c'est-à-dire aux huissiers de justice. Aux termes de l'article L. 122-1 C. pr. exéc., « *seuls peuvent procéder à l'exécution forcée et aux saisies conservatoires les huissiers de justice chargés de l'exécution* ».

Qui ordonne ou qui requiert l'exécution n'exécute jamais lui-même. Ni le juge qui constate la créance, ni le créancier ne procèdent au recouvrement forcé de la créance. Seul l'huissier auquel le titre aura été remis en a le droit. Voilà la raison de la formalité de l'écrit : l'écrit est le support de la transmission de l'ordre et des informations indispensables à l'exécution. En ce qui concerne les créances publiques, la transmission d'un écrit portant l'ordre de recouvrer à la personne chargée du recouvrement s'opère entre les « ordonnateurs » et les « comptables » : « *Les ordonnateurs constatent les droits et les obligations, liquident les recettes et émettent les ordres de recouvrer... Ils transmettent au comptable public compétent les ordres de recouvrer et de payer assortis des pièces justificatives requises, ainsi que les certifications qu'ils délivrent* »[1].

On retrouve ce schéma dans le cas particulier de la procédure simplifiée de recouvrement des petites créances. Une originalité de cette procédure est que le titre exécutoire est délivré par un huissier de justice lorsque celui-ci a reçu l'accord entre le créancier et le débiteur sur le montant et les modalités du paiement (C. pr. exéc., art. L. 125-1). Le titre délivré par l'huissier est remis au créancier (C. pr. exéc., art. R. 125-6) qui décidera seul s'il y a lieu de recourir à l'exécution dans le cas où l'accord ne serait pas respecté. Or, aux termes de l'article R. 125-8 C. pr. exéc., « *l'huissier ayant établi le titre exécutoire ne peut être chargé de la mise à exécution forcée du recouvrement de la créance qui en fait l'objet* ».

0111.15 **Un acte autorisant le recours à la force.** Le titre exécutoire transmis aux huissiers leur donne « *pouvoir de procéder à l'exécution forcée* ». C'est exact, sous le bénéfice de deux observations : 1° pour les huissiers requis, ce « pouvoir » est aussi un devoir, puisqu'« *ils sont tenus de prêter leur ministère* » (C. pr. exéc., art. L. 122-1, al. 2), ce que du reste la formule exécutoire énonce explicitement[2] ; 2° si l'huissier a le droit de procéder lui-même à l'exécution forcée, c'est seulement dans la mesure où il ne rencontre pas de résistance : si l'exécution forcée requiert l'usage de la force, alors l'huissier a « *l'obligation de requérir le concours de la force publique* » (C. pr. exéc., art. R. 153-1). Jugé que « *les huissiers ne peuvent pas user personnellement de violences quelle qu'en soit la nature pour pénétrer au domicile d'une personne contre le gré de celle-ci* »[3].

Où l'on voit que « l'exécution forcée » que le titre exécutoire autorise se dédouble : il y a, *d'une part*, l'exécution forcée *sans* la volonté du débiteur à laquelle l'huissier a le droit de procéder seul ; et il y a, *d'autre part*, l'exécution forcée *contre* la volonté du débiteur pour laquelle l'huissier n'a pas le droit de procéder seul et qui requiert obligatoirement le concours de la force publique.

0111.16 **Un acte délivré au nom du peuple français.** L'autorisation de procéder à l'exécution forcée (quel que soit le degré de la force) est délivrée par les dépositaires de l'*imperium* au nom du souverain, c'est-à-dire, en France, « *au nom du peuple français* ». En droit constitutionnel, le « souverain » est ce qui transcende les particularités de tout un chacun : c'est le nom de ce qui échappe aux individus. Aux termes de l'article 3 de la Constitution du 4 octobre 1958, « *la souveraineté nationale appartient au peuple* [...]. ***Aucune section du peuple ni aucun individu ne peut s'en attribuer l'exercice*** ». Donc il n'appartient à personne en particulier de décider du recours à la force : seul le peuple et ceux qui sont habilités à s'exprimer en son nom en ont le droit. Voilà pourquoi, en France, les titres exécutoires sont délivrés « *au nom du peuple français* » (COJ, art. L. 111-1 ; CJA, art. L. 2[4]).

0111.17 **Prohibition de la clause de voie parée.** Cette conception du titre exécutoire conduit à refuser par principe cette qualification aux conventions contenant une clause stipulant le recours à l'exécution forcée. On rejoint ici la prohibition de la clause de voie parée. Dans une acception large, une clause de voie parée peut se définir comme une stipulation contractuelle par laquelle les parties consentent à l'exécution forcée du contrat en dehors des règles instituées par la loi. Or ces règles ont plusieurs objets : la clause peut ainsi déroger aux règles relatives à la vente forcée des biens du débiteur défaillant ; elle peut déroger aux règles relatives à la saisie des biens du débiteur (prévoyant par exemple la saisie par

1. Décr. n° 2012-1246, 7 nov. 2012, relatif à la gestion budgétaire et comptable publique, *JO* 10 nov., texte 6.

2. « *En conséquence, la République française mande et ordonne à tous huissiers de justice, sur ce requis, de mettre ledit arrêt (ou ledit jugement, etc.) à exécution* [...]. » – V. CJA, art. R. 751-1.
3. Crim. 3 févr. 1972, n° 71-90.963, P, n° 46 ; *D.* 1972. 185.
4. Décr. n° 47-1047, 12 juin 1947, intitulé des expéditions des arrêts, des jugements, des mandats de justice, des grosses, des expéditions des contrats et de tous les actes susceptibles d'exécution forcée, *JO* 13 juin, p. 5487, art. 1er.

d'autres personnes qu'un huissier) ; et elle peut aussi déroger à l'exigence d'un titre exécutoire délivré au nom du souverain.

En droit privé, la prohibition de principe des clauses de voie parée n'est pas douteuse. Toutefois, sa portée n'est pas illimitée. On la trouve en matière immobilière (C. pr. exéc., art. L. 311-3) et en matière civile (C. civ., art. 2346). En revanche, en matière mobilière et dans les relations professionnelles, deux limites peuvent être observées.

Il y a *d'abord* le cas du gage constitué en garantie d'une dette professionnelle (qui succède au traditionnel gage commercial[1]). Aux termes de l'article 2346 alinéa 2 C. civ., « *lorsque le gage est constitué en garantie d'une dette professionnelle, le créancier peut faire procéder à la vente publique des biens gagés par un notaire, un huissier de justice, un commissaire-priseur judiciaire ou un courtier de marchandises assermenté, huit jours après une simple signification faite au débiteur et, le cas échéant, au tiers constituant du gage* »[2], c'est-à-dire sans être tenu de produire un titre exécutoire et sans être tenu de procéder à une saisie des biens gagés. La dérogation aux règles des procédures civiles d'exécution est remarquable : si le créancier gagiste n'est pas libre de faire ce qu'il veut, notamment si la vente des biens de son débiteur doit obligatoirement être une vente publique conduite par une autorité assermentée, l'exécution est poursuivie par le créancier sans titre exécutoire et en dehors du monopole d'exécution des huissiers de justice.

Ensuite, l'observation de la jurisprudence relative aux clauses de voie parée porte à distinguer entre les stipulations insérées d'emblée dans le contrat et les arrangements convenus après coup. Si les premières sont frappées de nullité, les secondes furent généralement jugés valables[3]. Les alternatives de droit privé aux titres exécutoires délivrés au nom du souverain ne sont donc pas radicalement proscrites.

SECTION 2
DISTINCTIONS

0111.21 Titres permettant de pratiquer une mesure conservatoire. Il convient de distinguer les titres exécutoires, ordonnant l'exécution du droit qu'ils constatent et autorisant le recours à la force, des titres requis pour pratiquer les mesures conservatoires, saisies conservatoires ou sûretés judiciaires, par lesquelles un créancier assure « *la sauvegarde de ses droits* » (C. pr. exéc., art. L. 111-1, al. 2).

0111.22 Autorisation judiciaire de pratiquer une mesure conservatoire. Aux termes de l'article L. 511-1 C. pr. exéc., « *toute personne dont la créance paraît fondée en son principe peut solliciter du juge l'autorisation de pratiquer une mesure conservatoire sur les biens de son débiteur, sans commandement préalable, si elle justifie de circonstances susceptibles d'en menacer le recouvrement* ».

Un arrêt du 16 mars 2017 de la Cour de cassation marque une distinction de nature entre l'ordonnance par laquelle un juge autorise une mesure conservatoire et une décision de justice valant titre exécutoire : « *L'ordonnance du juge de l'exécution autorisant à procéder à une saisie conservatoire ne constitue pas le titre exécutoire constatant une créance liquide et exigible* »[4]. Le critère de distinction réside dans l'absence de constatation d'un droit : l'autorisation de saisie « *ne constitue pas un titre au sens usuel de ce terme car elle ne constate aucun droit, le juge se contentant de vérifier que le requérant peut justifier d'une créance paraissant fondée en son principe et menacée dans son recouvrement* »[5].

0111.23 Autres titres permettant de pratiquer une mesure conservatoire. Aux termes de l'article L. 511-2 C. pr. exéc., « *une autorisation préalable du juge n'est pas nécessaire lorsque le créancier se prévaut d'un titre exécutoire ou d'une décision de justice qui n'a pas encore force exécutoire. Il en est de même en cas de défaut de paiement d'une lettre de change acceptée, d'un billet à ordre, d'un chèque, des provisions mentionnées au premier alinéa de l'article 19-2 de la loi n° 65-557 du 10 juillet 1965 fixant le statut de la copropriété des immeubles bâtis, exigibles ou rendus exégibles dans les conditions prévues au même article 19-2, ou d'un loyer resté impayé dès lors qu'il résulte d'un contrat écrit de louage d'immeubles* »[6]. Ce texte est généralement analysé comme portant dispense d'autorisation judiciaire préalable, dont l'interprétation par conséquent est stricte[7].

1. Ex-art. L. 521-3, abr. par Ord. n° 2021-1192, 15 sept. 2021.
2. Réd. Ord. n° 2021-1192, 15 sept. 2021, portant réforme du droit des sûretés, *JO* 16 sept., texte 19.
3. V. Com. 15 oct. 1991, n° 90-10.530, P IV, n° 293 – CAYROL, n° 275.
4. Civ. 2e, 16 mars 2017, n° 16-11.314, P II, n° 59 ; *D.* 2018. 1232, obs. A. Leborgne ; *RTD civ.* 2017. 729, obs. N. Cayrol ; *RTD civ.* 2018. 211, obs. Ph. Théry. En l'espèce, la Cour de cassation en tirait la conséquence que la simple autorisation de saisie conservatoire ne permettait pas à l'huissier de requérir des informations sur les comptes bancaires du débiteur. Cette solution a été remise en cause par L. n° 2021-1729, 22 déc. 2021, art. 58, réformant l'art. L. 125-1 C. pr. exec.
5. Ph. Théry, obs. *RTD civ.* 2018. 212.
6. Réd. L. n° 2024-322, 9 avr. 2024, visant à l'accélération et à la simplification de la rénovation de l'habitat dégradé et des grandes opérations d'aménagement, *JO* 10 avr., texte 2.
7. Paris, 23 févr. 2006, *Dr. et proc.* 2006. 225, obs. J.-J. Bourdillat.

0111.24 Décisions de justice non encore dotées de la force exécutoire. Une décision de justice constatant un droit n'est pas d'emblée un titre exécutoire. Elle ne le devient que lorsqu'elle acquiert « force exécutoire », c'est-à-dire lorsque ayant acquis un caractère exécutoire, elle fait l'objet d'une expédition revêtue formellement de la formule exécutoire portée à la connaissance de son destinataire par voie de signification (sur les conditions de la force exécutoire, v. s^s n°s 0121.21 s.). En attendant ces formalités, elle constitue néanmoins un titre suffisant pour engager une mesure conservatoire sans autorisation préalable du juge.

À cet égard, la jurisprudence a dû régler un certain nombre de difficultés, particulièrement celles posées par l'**ordonnance d'injonction de payer** prévue par les articles 1405 s. C. pr. civ. Le créancier muni d'une ordonnance d'injonction de payer a-t-il le droit de procéder à une saisie conservatoire sans autorisation judiciaire préalable au motif que l'ordonnance est d'ores et déjà assimilable à une décision de justice qui n'a pas encore force exécutoire, sa signification au débiteur étant indifférente à cet égard ? La Cour de cassation a tranché cette question le 13 septembre 2007, jugeant sans ambiguïté qu'une « *ordonnance portant injonction de payer n'est une décision de justice, au sens de l'article* [C. pr. exéc., art. L. 511-2], *qu'en l'absence d'opposition dans le mois de sa signification* », et dans ces conditions « *elle ne* [peut] *servir de fondement à une mesure conservatoire* »[1]. Ce n'est qu'en l'absence d'opposition dans le mois qui suit la signification de l'ordonnance, que celle-ci produit tous les effets d'un jugement contradictoire (C. pr. civ., art. 1422)[2].

Les **sentences arbitrales non encore exequaturées** sont dépourvues de force exécutoire, mais elles sont des décisions de justice permettant au créancier de pratiquer une mesure conservatoire sans autorisation judiciaire préalable[3].

0111.25 Titres cambiaires ou assimilés. Les lettres de change acceptées, billets à ordre et chèques sont des titres constatant une créance de somme d'argent d'un montant déterminé. Mieux : ces titres sont soumis à un régime juridique qui renforce le droit du porteur au paiement, notamment grâce aux règles de l'inopposabilité des exceptions et de l'interdiction des délais de grâce. Pour cette raison, ils constituent des titres permettant de pratiquer une mesure conservatoire sans autorisation judiciaire préalable à l'encontre de tout signataire. Par exemple, il a été jugé à propos d'un billet à ordre que « *le bénéficiaire d'un billet à ordre impayé à son échéance peut, sans avoir à obtenir au préalable l'autorisation d'un juge, pratiquer des mesures conservatoires sur les biens du donneur d'aval pour le compte du souscripteur, tenu de la même manière que celui dont il s'est porté garant* »[4]. La dispense vaut également pour la lettre de change (C. com., art. L. 511-1) et pour le chèque (C. mon. fin., art. L. 131-2), instrument payable à vue (C. mon. fin., art. L. 131-31), une fois le protêt dressé faute de paiement (C. mon. fin., art. R. 131-10)[5]. Mais si ces titres de paiement permettent de pratiquer des mesures conservatoires, ce ne sont pas des titres exécutoires délivrés au nom du souverain.

0111.26 Contrat écrit de louage d'immeubles. La distinction entre un titre exécutoire et un contrat écrit de louage d'immeuble s'opère à deux points de vue. *D'une part*, à la différence du titre exécutoire, il s'agit d'un acte purement privé qui ne présente pas de garantie formelle[6]. *D'autre part*, à la différence du titre exécutoire, mais aussi, sous ce rapport, à la différence des titres cambiaires, il ne permet pas de déterminer la créance de loyer impayé qui constituera l'assiette de la mesure conservatoire que de manière très imparfaite. En réalité, par-delà ce « titre », c'est le bailleur impayé qui détermine unilatéralement le montant de sa créance.

0111.27 Appel des provisions pour charges de copropriété. Aux termes de l'article L. 511-2 C. pr. exéc., un syndic de copropriété est en droit de faire procéder sans autorisation judiciaire préalable à des mesures conservatoires tendant à garantir le paiement « *des provisions mentionnées au premier alinéa de l'article 19-2 de la loi n° 65-557 du 10 juillet 1965 fixant le statut de la copropriété des immeubles bâtis, exigibles ou rendus exégibles dans les conditions prévues au même article 19-2* », c'est-à-dire, suivant ce texte, « *à défaut du versement à sa date d'exigibilité d'une provision due au titre de l'article 14-1, et après mise en demeure restée infructueuse passé un délai de trente jours, les autres provisions non encore échues en application du même article 14-1 ainsi que les sommes restant dues appelées au titre des exercices précédents après*

1. Civ. 2e, 13 sept. 2007, n° 06-14.730, P II, n° 218 ; *RTD civ.* 2007. 813, obs. R. Perrot ; *Dr. et proc.* 2008. 29, obs. Lefort ; *Procédures* 2007, n° 250, note R. Perrot.
2. V. AUSSI, R. Perrot, « Injonction de payer et mesure conservatoire ou un accouplement inattendu », *Procédures* 2005. Étude 3. – *CONTRA*, L. Lauvergnat, « Mesures conservatoires et ordonnance d'injonction de payer : une union attendue ! », *D.* 2011. 1291 ; « La nouvelle procédure d'injonction de payer », *Gaz. Pal.* 26 avr. 2022, p. 69, n° 3.
3. Civ. 2e, 12 oct. 2006, n° 04-19.062, P II, n° 270 ; *RTD civ.* 2007. 183, obs. R. Perrot ; *D.* 2006. Pan. 3028, obs. Th. Clay ; *Dr. et proc.* 2007. 82, note G. Cuniberti.
4. Com. 19 mai 2015, n° 14-17.401, P IV, n° 81 ; *D.* 2015. 1148 ; *Gaz. Pal.* 2015. 3158, obs. L. Lauvergnat ; *Procédures* 2015, n° 223, obs. C. Laporte.
5. Le protêt est un acte authentique qui constate le refus de paiement (C. mon. fin., art. L. 131-47).
6. V. PERROT et THÉRY, n° 1147, p. 901 – L. Lauvergnat, « Le privilège d'exécution du bailleur d'immeuble », *Procédures* 2011. Étude 9.

approbation des comptes deviennent immédiatement exigibles »[1].

Pour être valable, la mise en demeure de payer prévue par ce texte doit répondre à des exigences formelles relatives à sa notification, qui doit être accomplie au moins par lettre recommandée avec accusé de réception (LRAR)[2], et à sa rédaction, la Cour de cassation étant d'avis que « *la mise en demeure visée à l'article 19-2 de la loi nº 65-557 du 10 juillet 1965 doit indiquer avec précision la nature et le montant des provisions réclamées au titre du budget prévisionnel de l'exercice en cours ou des dépenses pour travaux non comprises dans ce budget* »[3]. La mise en demeure est une condition, mais, simple interpellation, elle ne constitue pas un titre. Il appartient donc au syndic qui requiert le ministère du commissaire de justice de produire, outre la mise en demeure, les actes de la copropriété (statuts et délibérations) justifiant l'appel de la provision pour charges[4]. Comme le « contrat écrit de louage d'immeuble », ces documents justificatifs qui commandent l'assiette de la mesure conservatoire n'offrent ni garantie formelle, ni garantie de fond quant au montant de la créance.

1. L. nº 65-557, 10 juill. 1965, art. 19-2.
2. En droit de la copropriété, les mises en demeure « *sont valablement faites par lettre recommandée avec demande d'avis de réception* » (Décr. nº 67-223, 17 mars 1967, art. 64). Mais l'accusé de réception n'est pas requis.
3. Civ. 3ᵉ, 12 déc. 2024, avis nº 24-70.007, *D.* 2024. 2167.
4. V. L. Lauvergnat, « La mesure conservatoire pour charges de copropriété impayées », *Procédures* 2024. Alerte 12.

CHAPITRE

0112. Force exécutoire du titre

NICOLAS CAYROL
PROFESSEUR À L'UNIVERSITÉ DE TOURS

SECTION 0
ORIENTEUR

0112.00 **Sommaire du chapitre.**

Division. La force exécutoire est subordonnée à des conditions relatives à la forme du titre (sect. 1) et au contenu de celui-ci (sect. 2). Elle est opposable par et contre les personnes désignées dans le titre et leurs ayants-cause respectifs (sect. 3). La force exécutoire prend fin en cas de prescription de la créance constatée par le titre, et dans divers autres cas (sect. 4).

0112.01 **Textes applicables.**

• **C. civ.**, art. 220, 877, 1305-2, 1305-4, 1321, 1327, 1343-1, 1343-5 et 1692 et 1700, 2219 et 2242.

• **C. consom.**, art. L. 218-2.

• **C. pr. exéc.**, art. L. 111-2, L. 111-3, L. 111-4, L. 111-6, L. 111-7 et R. 121-1.

• **C. pr. civ.**, art. 30, 502 à 508, 513, 701 s., 748-5, 1435, 1436, 1438 et 1441.

• **C. com.**, art. L. 643-1.

• **Décr. nº 71-941, 26 nov. 1971,** relatif aux actes établis par les notaires, *JO* 3 déc., p. 11795.

• **Décr. nº 47-1047, 12 juin 1947,** intitulé des expéditions des arrêts, des jugements, des mandats de justice, des grosses, des expéditions des contrats et de tous les actes susceptibles d'exécution forcée, *JO* 13 juin, p. 5487.

0112.02 **Jurisprudence de référence.**

> Titre exécutoire à l'égard de la personne même qui doit exécuter. Concours entre créanciers d'une procédure civile d'exécution et ceux d'une procédure collective.

• **Civ. 2e, 19 mai 1998,** nos 96-12.944 et 96-13.268, P II, nº 161

* V. ss nos 0112.103, 0144.81, 0712.11, 0716.45, 0716.82, 0811.13, 1012.152, 1311.92, 1311.94

1º Toute exécution forcée implique que le créancier soit muni d'un titre exécutoire à l'égard de la personne même qui doit exécuter, et que le titre délivré à l'encontre d'une société n'emporte pas le droit de saisir les biens des associés, fussent-ils tenus indéfiniment et solidairement des dettes sociales, à défaut de titre exécutoire pris contre eux.

2° La procédure de saisie-vente ne s'achève que par la vente des biens saisis qui fait sortir ces biens du patrimoine du débiteur, les dispositions de l'article 54 de la loi du 9 juillet 1991 [devenu art. L. 221-5 C. pr. exéc.] n'ayant pour objet que de déterminer les créanciers admis à concourir sur le prix de la vente. Dès lors, la règle d'ordre public de l'arrêt des poursuites individuelles [consécutive à l'ouverture d'une procédure collective] s'applique tant que cette procédure d'exécution n'a pas, par la vente, produit ses effets.

> Titre exécutoire délivré uniquement à l'encontre du conjoint de la personne poursuivie.

• **Civ. 2e, 28 oct. 1999,** n° 97-20.071, P II, n° 163

* V. s^s n°s 0112.102, 0144.141, 0811.13, 0941.81, 1311.92, 1311.93, 1313.172

Toute exécution forcée implique que le créancier soit muni d'un titre exécutoire à l'égard de la personne même qui doit exécuter. Dès lors, le titre exécutoire produit à l'encontre d'un époux en recouvrement d'une dette ayant pour objet l'entretien du ménage ou l'éducation des enfants n'emporte pas le droit de saisir les biens de son conjoint, à défaut de titre exécutoire pris contre celui-ci, les deux époux fussent-ils tenus solidairement des dettes de ménage.

> Titre exécutoire portant condamnation de la personne qui doit exécuter.

• **Civ. 2e, 21 mars 2002,** n° 00-19.051, P II, n° 56

* V. s^s n°s 0112.84, 0214.23, 0941.12, 1311.111

Toute exécution forcée implique que le créancier soit muni d'un titre exécutoire portant condamnation de la personne qui doit exécuter.

> Titre exécutoire. Membres du groupement à l'encontre duquel le titre est délivré.

• **Civ. 2e, 15 janv. 2004,** n° 02-14.547, P II, n° 9

* V. s^s n°s 0112.103, 0811.13

Le titre délivré à l'encontre d'un groupement d'intérêt économique n'emporte pas le droit de saisir, entre les mains d'un tiers, par la voie de la saisie-attribution, les créances des membres du groupement, fussent-ils tenus indéfiniment et solidairement des dettes de ce dernier, à défaut de titre exécutoire pris contre eux.

> Dénomination inexacte de la personne à l'encontre de laquelle la saisie est pratiquée.

• **Civ. 2e, 17 nov. 2005,** n° 04-14.604, P II, n° 298

* V. s^s n°s 0112.106, 0214.23, 1311.91

N'excède pas ses pouvoirs le juge de l'exécution qui, pour rejeter une demande de nullité d'un commandement et d'un procès-verbal de saisie-attribution, constate qu'en dépit d'une dénomination différente, l'entité à l'encontre de laquelle les saisies ont été pratiquées et la personne à laquelle s'appliquait le titre exécutoire ne formaient en réalité qu'une seule et même personne morale.

> Nullité de la saisie signifiée par un clerc.

• **Civ. 2e, 28 juin 2006,** n° 04-17.514, P II, n° 178

* V. s^s n°s 0112.27, 0122.11, 0122.31, 0252.62, 0821.15, 1331.42

Les actes d'exécution forcée sont de la compétence exclusive des huissiers de justice. En conséquence, viole l'article 6 de la loi du 27 décembre 1923 relative à la création de clercs assermentés, ensemble les articles 18 de la loi n° 91-650 du 9 juillet 1991 et 56 du décret n° 92-755 du 31 juillet 1992, la cour d'appel qui refuse d'annuler des actes de saisie-attribution, alors qu'elle avait constaté que ces actes avaient été signifiés par un clerc assermenté.

> Transmission du titre exécutoire avec la créance qu'il constate.

• **Com. 5 févr. 2008,** n° 06-17.029, P IV, n° 26

* V. s^s n°s 0112.131, 0811.14

Il résulte de l'article 1692 du Code civil que la cession de créance transfère au cessionnaire les droits et actions appartenant au cédant et attachés à la créance cédée, notamment le titre exécutoire obtenu par le cédant à l'encontre de la caution garantissant le paiement de la créance.

> Titre exécutoire. Ayant cause universel du bénéficiaire désigné.

• **Com. 21 oct. 2008,** n° 07-19.102, P IV, n° 174

* V. s^s n° 0112.133

En sa qualité d'ayant cause universel de la société absorbée, la société absorbante acquiert de plein droit, à la date d'effet de la fusion, la qualité de partie aux instances antérieurement engagées par la société absorbée et peut se prévaloir des condamnations prononcées au profit de celle-ci.

> Titre exécutoire. Arrêt condamnant le débiteur principal et disant que les cautions sont engagées.

• **Civ. 2e, 23 oct. 2008,** n° 07-20.035, P II, n° 224

* V. s^s n°s 0112.105, 1311.91, 1311.95, 1311.111

L'arrêt condamnant le débiteur principal au paiement d'une certaine somme et disant que les cautions sont engagées vis-à-vis du créancier par un cautionnement simple constitue un titre exécutoire à l'encontre de ces dernières.

Les cautions qui, sur les premières poursuites pénales engagées contre elles, n'ont proposé aucun bien à la discussion du créancier, ni avancé les deniers suffisants pour faire la discussion, ne remplissant pas les conditions de l'article 2300 du Code civil, c'est à bon droit que la cour d'appel en a déduit que le bénéfice de discussion n'était pas valablement requis par elles, de sorte que le titre exécutoire constatait bien une créance liquide et exigible à leur encontre, correspondant au montant de la condamnation prononcée contre le débiteur.

> L'omission de la formule exécutoire constitue une irrégularité de forme.

• **Civ. 2e, 11 févr. 2010,** n° 09-65.404, P II, n° 31

* V. s^s n°s 0112.27, 0511.41, 0511.71, 0719.121, 0719.134, 0719.135, 0811.41

L'irrégularité tenant à l'omission de la mention de la formule exécutoire sur la copie d'un jugement d'adjudication, dont le caractère exécutoire n'est pas contesté, signifiée aux débiteurs saisis dont l'expulsion est sollicitée, constitue une irrégularité de forme ne pouvant entraîner la nullité de la signification qu'au cas où elle a causé à ces derniers un grief.

> Le jugement d'orientation ne constitue pas un titre exécutoire.

• **Civ. 2e, 17 mai 2023,** no 21-17.853, P II, no 31
* V. ss nos 0112.88
Le jugement d'orientation rendu par le juge de l'exécution statuant, à l'occasion de la procédure de saisie immobilière, n'a pas pour objet de constater une créance liquide et exigible, mais de vérifier que le créancier est muni d'un titre exécutoire présentant ces caractéristiques, de statuer sur les éventuelles contestations et demandes incidentes, et de mentionner le montant retenu pour la créance du poursuivant. Par conséquent, il ne constitue pas un titre exécutoire au sens de l'article L. 111-4 du même code.

Le jugement d'orientation, qui ne peut être rendu que lorsque le créancier justifie d'un titre exécutoire constatant une créance liquide et exigible, ne peut se substituer au titre exécutoire initial afin de servir de fondement au recouvrement d'une créance ou constituer lui-même un titre exécutoire.

0112.03 Bibliographie indicative.
* V. bibliographie indicative ss no 011.03.

Ouvrages[1]. J.-J. Ansault, *Procédures civiles d'exécution*, 2e éd., LGDJ, 2022 – P. Cagnoli, *Procédures civiles d'exécution*, 1re éd., « Droit du paiement », LGDJ, 2018 – N. Cayrol, *Droit de l'exécution*, 3e éd., « Domat », LGDJ, 2019 – N. Cayrol, *Procédure civile*, 4e éd., « Cours », Dalloz, 2022 – M. et J.-B. Donnier, *Voies d'exécution et procédures de distribution*, 10e éd., « Manuels », LexisNexis, 2020 – Ph. Hoonakker, S. Hazoug, N. Pierre et S. Pierre-Maurice, *Procédures civiles d'exécution*, 13e éd., « Paradigme-Manuels », Bruylant, 2024 – R. Lauba, *Le contentieux de l'exécution*, 13e éd., LexisNexis-ENM, 2017 – A. Leborgne, *Droit de l'exécution*, 3e éd., « Précis », Dalloz, 2019 – R. Perrot et Ph. Théry, *Procédures civiles d'exécution*, 3e éd., Dalloz, 2013, nos 1143 s.

Actes et dossier. N. Fricero (dir.), *Actes de la 5e édition des Instituts de l'École nationale de procédure*, Paris, 16 sept. 2010, *Dr. et proc.* 2010, suppl. au no 11, « La formule exécutoire : instrument procédural ou clause de style ? » – *Procédures* 2008, no 8/9, Dossier 14, « Le titre exécutoire et le recouvrement des créances ».

Articles. S. Bernigaud, « *Vade-mecum* du titre exécutoire à l'usage de l'huissier de justice », *Dr. et proc.* 2017. 198 – Y. Desdevises, « Le titre exécutoire requis », *in* « Le titre exécutoire et le recouvrement des créances », *Procédures* 2008, no 8/9, Dossier 3, p. 10 s. – G. Guerlin, « Les nouveaux titres exécutoires », *in* R. Laher (dir.), *Le 10e anniversaire du Code des procédures civiles d'exécution*, LexisNexis, 2023, p. 19. – L. Lauvergnat, « Ce qu'est un titre exécutoire : acte formalisé ou acte finalisé ? », *Procédures* 2024. Alerte 1 – S. Poisson, « L'exigence d'une condamnation explicite dans le titre exécutoire », *Dr. et proc.* 2011. 86.

1. Les ouvrages dont le nom des auteurs figure en petites capitales en bibliographie seront cités par le seul nom des auteurs en petites capitales en notes de bas de page.

0112.05 La force exécutoire, attribut des titres exécutoires. L'exécution régulière des titres exécutoires est subordonnée à des conditions diverses. Une importante série de conditions concerne la « force exécutoire » du titre. La force exécutoire est la qualité qui permet à un titre de servir de fondement à une procédure d'exécution forcée. Pour désigner cette qualité, la doctrine parle « d'attribut »[2], notion consacrée par la jurisprudence[3].

La notion d'attribut désigne un effet que la loi prête de manière générale à certains actes juridiques, indépendamment des prescriptions particulières que ces actes contiennent. Les titres que l'on dit exécutoires sont des actes auxquels la loi confère comme attribut la force exécutoire.

À noter que, pour la plupart, les actes exécutoires n'ont pas que ce seul attribut. Beaucoup sont aussi des **actes authentiques**, c'est-à-dire des actes ayant aussi la « **force probante** » comme attribut : ainsi des actes juridictionnels, les actes notariés et des actes d'huissiers de justice. À l'analyse, les actes notariés ont trois attributs : force exécutoire, force probante et aptitude à la publicité[4]. Les actes juridictionnels en ont six : outre la force exécutoire, la force probante et l'aptitude à la publicité, la loi leur prête des intérêts moratoires de droit, une hypothèque et une prescription spécifique[5].

0112.06 Conditions générales de la force exécutoire. Plan. La force exécutoire est subordonnée à des conditions générales, valables pour tous les titres exécutoires, et à des conditions spéciales propres à tel ou tel type de titre exécutoire[6]. Le présent chapitre traitera des seules conditions générales en quatre sections.

La force exécutoire est d'abord subordonnée à des conditions de forme : un titre exécutoire ne peut normalement être mis à exécution que sur présentation d'une expédition revêtue de la formule exécutoire (sect. 1). S'agissant des conditions de fond, le titre ne peut être mis à exécution que pour les prescriptions qu'il ordonne, spécialement pour le paiement des créances liquides et exigibles qu'il constate et à condition que les parties soient identifiées sans confusion possible (sect. 2). Dans certains cas, la force exécutoire peut être dirigée par ou contre un ayant

2. V. C. Bléry, *L'efficacité substantielle des jugements civils*, LGDJ, 2000 – J. Héron, T. Le Bars et K. Salhi, *Droit judiciaire privé*, 7e éd., LGDJ, 2019, no 349.
3. Civ. 2e, 18 févr. 2016, nos 15-13.991, 15-13.945 et 15-15.778, P II, no 51 ; *JCP* 2016. 584, note N. Cayrol ; *JCP* 2016 727, note S. Piedelièvre ; *D.* 2016. 1279, obs. A. Leborgne ; *Gaz. Pal.* 2016, no 18, p. 79, obs. L. Lauvergnat ; *Gaz. Pal.* 2016, no 23, p. 39, obs. C. Brenner ; *RDC* 2016. 456, obs. R. Libchaber ; *RTD civ.* 2016. 442, obs. Ph. Théry.
4. L. Aynès (dir.), *L'authenticité*, Doc. fr., 2013, nos 74 s.
5. Cayrol, 4e éd., 2022, nos 999 s.
6. V. Perrot et Théry, nos 132 s.

cause d'une partie à l'acte, à condition que la transmission du titre ait été régulière (sect. 3). Enfin, l'exécution des titres exécutoires ne peut plus être poursuivie après différents événements qui constituent autant de causes d'extinction de la force exécutoire : paiement, prescription, infirmation, *etc.* (sect. 4.).

SECTION 1
FORME DU TITRE EXÉCUTOIRE

0112.10 Portée des conditions de forme. Plan. Le recours à la force exécutoire suppose que le créancier présente aux personnes chargées de l'exécution un titre exécutoire. Cependant, l'huissier requis n'est tenu de prêter son concours que si le titre qui lui est présenté est un titre exécutoire régulier, répondant aux conditions générales de l'exécution.

Ces « conditions générales de l'exécution » sont régies par les articles 502 à 508 C. pr. civ. Il résulte de ces textes que la force exécutoire des jugements requiert, en principe, la présentation d'une **expédition revêtue de la formule exécutoire**, et seulement si le jugement a été régulièrement **notifié** à ceux à qu'il condamne.

Ces dispositions figurent dans un titre consacré à « l'exécution du jugement », ce qui soulève la question de leur portée à l'égard des autres titres auxquels la loi reconnaît la qualité de titre exécutoire.

On verra que l'exigence d'une expédition revêtue de la formule exécutoire, posée par l'article 502 C. pr. civ., vaut en principe pour tous les titres exécutoires, jugement ou autre (§ 1). En revanche, l'exigence d'une notification préalable, posée par l'article 503, ne concerne pas les titres exécutoires qui résultent d'une convention (§ 2).

§ 1
Expédition revêtue de la formule exécutoire

0112.21 Expédition ou « grosse ». Aux termes de l'article 502 C. pr. civ., « *nul jugement, nul acte ne peut être mis à exécution que sur présentation d'une expédition revêtue de la formule exécutoire, à moins que la loi n'en dispose autrement* ». L'expédition est une copie authentique de l'acte original constatant la créance ou portant la prescription.

Traditionnellement, et encore aujourd'hui dans quelques textes[1], cette copie est appelée la « grosse », quand l'original est appelé la « minute ». Ce vocabulaire traditionnel renvoie à la taille de l'écriture à l'époque où les actes étaient rédigés à la main : la copie était rédigée avec une « grosse » écriture alors que l'original l'était dans une écriture « minuscule ». L'explication de cette différence d'écriture entre l'original et la copie est prosaïque : à l'époque, le tarif des copies était fixé au nombre de pages copiées, alors qu'aucune rémunération n'était prévue pour l'établissement de l'original.

En principe, seules des « expéditions » ou copies peuvent être mises à exécution, hors les cas où la loi en dispose autrement, c'est-à-dire lorsqu'elle admet l'exécution au seul vu de la minute (v. s[s] n° 0112.25). La loi impose en effet aux dépositaires d'acte (greffiers, notaires, commissaires de justice) l'obligation d'en conserver l'original[2].

0112.22 Délivrance de l'expédition. Les expéditions sont délivrées par les dépositaires des actes. Il s'agit pour eux d'une obligation. Aux termes de l'article 1435 C. pr. civ., « *les officiers publics ou ministériels ou les autres dépositaires d'actes sont tenus de délivrer, à charge de leurs droits, expédition ou copie des actes aux parties elles-mêmes, à leurs héritiers ou ayants droit* ». Il leur incombe de mentionner sur la minute la délivrance d'une copie exécutoire[3].

En cas de refus ou de silence du dépositaire, une requête peut être adressée au président du tribunal judiciaire (TJ), ou, si le refus émane d'un greffier, du président de la juridiction auprès de laquelle celui-ci exerce ses fonctions (C. pr. civ., art. 1436 et 1441).

Chaque partie, héritier ou ayant cause a droit à la délivrance d'une expédition, mais n'a droit qu'à un unique exemplaire. Plus exactement, il est interdit aux dépositaires d'acte de délivrer une seconde copie exécutoire sans autorisation judiciaire : « *Aucune autre copie exécutoire ne peut être délivrée aux parties sans une ordonnance du président du tribunal judiciaire laquelle demeure jointe à la minute* »[4]. Ainsi, « *la partie qui veut obtenir une seconde copie exécutoire d'un acte authentique doit en faire la demande au président du tribunal judiciaire* » au moyen d'une requête (C. pr. civ., art. 1438).

La délivrance d'une expédition à d'autres personnes que les parties elles-mêmes, leurs héritiers ou ayants droit sans autorisation du président du TJ expose le dépositaire de l'acte à une amende, sans préjudice de dommages-intérêts et de sanctions disciplinaires[5].

Matériellement, « *les expéditions et copies délivrées par les greffiers, ainsi que les copies d'exploits et les*

1. PAR EX. L. 1er juin, 1924, mettant en vigueur la législation civile française dans les départements du Bas-Rhin, du Haut-Rhin et de la Moselle, *JO* 3 juin, art. 256 – Décr. n° 55-1350, 14 oct. 1955, pour l'application du décret n° 55-22 du 4 janvier 1955 portant réforme de la publicité foncière, *JO* 15 oct., art. 60.
2. Pour les GREFFES, v. COJ, art. R. 123-5, al. 2 – Pour les NOTAIRES, v. Ord. n° 45-2590, 2 nov. 1945, relative au statut du notariat, *JO* 3 nov., p. 7160, art. 1er.
3. Décr. n° 71-941, 26 nov. 1971, relatif aux actes établis par les notaires, *JO* 3 déc., p. 11795, art. 31, al. 1er.
4. Décr. n° 71-941, 26 nov. 1971, art. 31, al. 2.
5. Pour les NOTAIRES, v. L. 25 ventôse an XI, art. 23.

copies de pièces annexées aux exploits d'huissier », doivent être établies de façon lisible. Deux supports sont possibles : ou bien un **papier** d'une qualité offrant toute garantie de conservation à l'encre noire et indélébile [1], ou bien un **support électronique.** Dans ce dernier cas, les « *copies authentiques peuvent être transmises par voie électronique dans des conditions garantissant l'intégrité de l'acte, la confidentialité de la transmission, l'identité de l'expéditeur et celle du destinataire* » [2]. Mais même lorsque ces conditions sont garanties, la **communication par voie électronique** n'est qu'une possibilité : selon l'article 748-5 C. pr. civ., « *l'usage de la communication par voie électronique ne fait pas obstacle au droit de la partie intéressée de demander la délivrance, sur support papier, de l'expédition de la décision juridictionnelle revêtue de la formule exécutoire* ».

0112.23 Intitulé et formule exécutoire. L'expédition délivrée doit comporter un intitulé et être revêtue de la formule exécutoire. La rédaction de cette formule exigée par l'article 502 C. pr. civ. est dictée par l'article 1er du décret du 12 juin 1947 [3] :

« *Les expéditions des arrêts, jugements, mandats de justice, ainsi que les grosses et expéditions des contrats et de tous les actes susceptibles d'exécution forcée, seront intitulées ainsi qu'il suit :*

"République française"

"Au nom du peuple français" et terminées par la formule suivante :

"En conséquence, la République française mande et ordonne à tous huissiers de justice, sur ce requis, de mettre ledit arrêt (ou ledit jugement, etc.) à exécution, aux procureurs généraux et aux procureurs de la République près les tribunaux judiciaires d'y tenir la main, à tous commandants et officiers de la force publique de prêter main-forte lorsqu'ils en seront légalement requis".

"En foi de quoi, le présent arrêt (ou jugement, etc.) a été signé par...". »

Lorsqu'il s'agit d'un acte notarié, la copie exécutoire se termine « *par la même formule que les jugements des tribunaux* » [4], si ce n'est que l'expression « *les présentes* » remplace le terme « *ledit arrêt* ». En outre, le sceau du notaire est apposé sur les copies exécutoires [5]. À propos de la copie exécutoire des actes notariés, il a été jugé que la loi « *n'impose pas que la copie exécutoire soit le fac-similé de l'acte notarié* » [6].

0112.24 Variante propre aux décisions des juridictions de l'ordre administratif. Lorsque l'acte est une décision d'une juridiction de l'ordre administratif, la formule exécutoire est soumise à une autre rédaction. Aux termes de l'article R. 751-1 du CJA, « *les expéditions de la décision délivrées aux parties portent la formule exécutoire suivante* :

« *La République mande et ordonne au* [indiquer soit le ou les ministres, soit le ou les préfets soit le ou les autres représentants de l'État désignés par la décision] *en ce qui le* [les] *concerne ou à tous huissiers de justice à ce requis en ce qui concerne les voies de droit commun contre les parties privées, de pourvoir à l'exécution de la présente décision* ».

0112.25 Exécution au vu de la minute. Par exception, la loi admet dans certains cas l'exécution forcée « *au seul vu de la minute* », c'est-à-dire sur présentation de l'acte original, sans délivrance d'une expédition revêtue de la formule exécutoire.

Il en est ainsi dans différents cas : pour l'exécution des ordonnances sur requêtes (C. pr. civ., art. 495), des ordonnances de référé (C. pr. civ., art. 489), des ordonnances du JEX (C. pr. exéc., art. R. 121-17 et R. 211-12), *etc.* (C. pr. civ., art. 140 et 1061-1 ; C. trav., art. R. 1454-16).

Il y a une différence entre ces différents cas : pour les ordonnances sur requête, l'exécution au seul vu de la minute est de droit (ce qui, toutefois, n'exclut pas la délivrance d'une expédition revêtue de la formule exécutoire) ; pour les ordonnances du juge des référés et celles du JEX, le caractère exécutoire au vu de la minute doit être expressément déclaré par le juge, lorsque celui-ci constate un « cas de nécessité », c'est-à-dire un cas d'urgence incompatible avec les délais, si brefs soient-ils, d'établissement et de délivrance de la copie exécutoire.

Quoi qu'il en soit, on voit par là qu'un titre exécutoire n'est pas nécessairement revêtu de la formule exécutoire : « *Si le jugement est un titre exécutoire, ce n'est pas parce que l'expédition qui en est délivrée est revêtue de la formule exécutoire : c'est parce que toute décision de justice est dotée d'une force exécutoire qui est liée à sa nature propre* » [7].

0112.26 Refus de l'exécution sans titre valable. Sans la délivrance d'une expédition revêtue de la formule exécutoire (ou sans présentation de la minute dans les cas où celle-ci suffit), le titulaire du droit, créancier ou propriétaire, même s'il détient réellement un acte constatant son droit, n'est pas « *muni d'un titre exécutoire* » au sens de l'article L. 111-2 C. pr. exéc. Il n'est, par conséquent, pas en droit de

1. V. Décr. n° 52-1292, 2 déc. 1952, relatif à l'emploi par les officiers publics et ministériels des procédés de reproduction des actes, *JO* 5 déc. – Décr. n° 71-941, 26 nov. 1971, art. 34, al. 1er.
2. Décr. n° 71-941, 26 nov. 1971, art. 37, al. 3, réd. Décr. n° 2020-1422, 20 nov. 2020, instaurant la procuration notariée à distance, *JO* 21 nov., texte 25.
3. Décr. n° 47-1047, 12 juin 1947, relatif à la formule exécutoire, *JO* 13 juin.
4. Décr. n° 71-941, 26 nov. 1971, art. 33, al. 2.
5. Décr. n° 71-941, 26 nov. 1971, art. 34, al. 4.
6. Civ. 2e, 24 juin 2010, n° 09-67.887, NP.
7. Perrot et Théry, n° 129 – V. L. Lauvergnat, « Ce qu'est un titre exécutoire : acte formalisé ou acte finalisé ? », *Procédures* 2024. Alerte 1.

requérir les services d'un commissaire de justice pour procéder à l'exécution forcée.

S'il requiert malgré tout les services d'un commissaire de justice pour procéder à l'exécution forcée, ce dernier, qui a la responsabilité de la conduite des opérations (C. pr. exéc., art. L. 122-2) et est garant de la régularité des poursuites[1], doit refuser de prêter son ministère. Jugé que c'est à bon droit qu'un huissier refuse d'exécuter une décision de justice sur la foi d'une simple « *copie certifiée conforme par l'avocat* » du requérant[2]. En l'espèce, le créancier était porteur d'une ordonnance sur requête, exécutoire par conséquent au seul vu de la minute, mais, pour une raison qu'on ignore, il ne l'avait pas remise à l'huissier.

0112.27 Nullité de l'exécution poursuivie sans titre valable. L'apposition de la formule exécutoire sur l'expédition est une condition de forme substantielle des titres exécutoires, ce qui revient à dire deux choses.

D'abord, en tant qu'il s'agit d'une formalité substantielle, l'absence ou l'irrégularité de la formule exécutoire constitue un vice de forme qui doit être sanctionné par la nullité de la signification de l'acte et par la nullité des actes subséquents même en l'absence de texte prescrivant cette sanction[3].

Ensuite, en tant qu'il s'agit d'une simple condition de forme, la nullité ne doit être prononcée que si le vice a été dénoncé avant toute défense au fond ou fin de non-recevoir, et à charge pour celui qui l'invoque de prouver le grief que lui cause l'irrégularité (C. pr. civ., art. 114). En effet, la démonstration d'un grief est une condition du prononcé de la nullité pour vice de forme « *même lorsqu'il s'agit d'une formalité substantielle* »[4]. Ainsi, « *l'omission dans la formule exécutoire de certains mots sans conséquences sur son sens ni sa portée* » ne fait pas grief et ne justifie donc pas la nullité de la signification d'une décision[5]. En d'autres termes, « *l'incomplétude de la formule exécutoire constitue une irrégularité de forme ne pouvant être annulée que sur la démonstration d'un grief* »[6].

En outre, « *la nullité est couverte par la régularisation ultérieure de l'acte* », pourvu toutefois qu'elle ne laisse subsister aucun grief (C. pr. civ., art. 115).

1. L. Lauvergnat, « L'huissier de justice, garant de la régularité des poursuites », *Dr. et proc.* 2016. 182.
2. Civ. 1re, 1er juill. 1992, no 91-11.434, P I, no 194 ; *RTD civ.* 1993. 657, obs. R. Perrot.
3. Civ. 2e, 28 juin 2006, no 04-17.514, P II, no 178.
4. Civ. 2e, 11 févr. 2010, no 09-65.404, P II, no 31 ; *D.* 2011. 265, obs. N. Fricero ; *Procédures* 2010, no 116, note R. Perrot.
5. Civ. 2e, 11 oct. 1963, P II, no 616 – Soc. 16 juin 1965, P V, no 470 (« *huissier* » au lieu de « *huissier de justice* » et « *procureur de la République* » au lieu de « *procureur de la République près les tribunaux de grande instance* »).
6. Civ. 2e, 5 févr. 2025, no 22-18.527, B : *D. actu.* 12 févr. 2025, obs. K. Castanier.

§ 2
Connaissance du titre

0112.31 Publicité de l'exécution forcée. Un grand principe du droit de l'exécution est que le titre exécutoire doit être connu de ceux à l'encontre desquels l'exécution forcée est requise.

L'explication est évidente : un débiteur ne peut être contraint de s'exécuter que s'il sait qu'il est tenu et à quoi. Cette raison vaut *a fortiori* en matière d'exécution contrainte et forcée : le titre exécutoire est le fondement de l'exécution forcée ; pour savoir si l'exécution forcée est fondée ou non, donc pour savoir s'il faut y déférer ou au contraire la contester, il faut que ceux qui y sont confrontés aient connaissance du titre. Notre droit n'admet pas d'exécution forcée poursuivie pour les motifs occultes ou cachés, quand bien même ces motifs pourraient être légitimes.

Il est permis d'y voir une garantie fondamentale, tiré du droit à un procès équitable au sens où l'entend la Cour européenne des droits de l'homme, c'est-à-dire incluant le droit à l'exécution (v. ss no 0101.11). On dira que la publicité de la procédure, importante garantie procédurale qui commande la publicité des débats et la publicité du jugement[7], doit aussi commander l'exécution forcée.

0112.32 Titres exécutoires réceptices ou conventionnels. L'article 503 C. pr. civ. traduit cette idée. Selon ce texte, « *les jugements ne peuvent être exécutés contre ceux auxquels ils sont opposés qu'après leur avoir été notifiés, à moins que l'exécution n'en soit volontaire.*

En cas d'exécution au seul vu de la minute, la présentation de celle-ci vaut notification ».

La force exécutoire des jugements est donc subordonnée à une notification régulière.

On appelle ces actes juridiques subordonnés à une notification régulière des « *actes réceptices* ».

Cependant, la portée de cette exigence particulière de notification est limitée. Par la nature des choses, une distinction s'impose entre les titres exécutoires tirés d'actes unilatéraux et ceux qui procèdent de conventions[8]. Par hypothèse, une partie à une convention en a connaissance pour y avoir consenti. Sauf cas particulier, il n'y a donc pas lieu de subordonner l'exécution à la notification de ce que les parties connaissent déjà. Les titres exécutoires tirés d'une convention ne sont donc pas réceptices. C'est pourquoi l'étude de la notification du titre exécu-

7. S. Guinchard *et alii*, Droit processuel, 11e éd., « Précis », Dalloz, 2021, nos 580 s.
8. V. Y. Desdevises, « Le titre exécutoire requis », *in* « Le titre exécutoire et le recouvrement des créances », *Procédures* 2008, no 8/9, Dossier 3, no 5.

toire comme condition de l'exécution forcée sera conduite distinctement, à l'occasion de la présentation des différents titres exécutoires (v. ss nos 0121.21 s.).

SECTION 2

CONTENU DU TITRE EXÉCUTOIRE

0112.40 Éléments fondamentaux du titre. Plan. Le titre exécutoire remis à l'huissier contient une **prescription** dont l'exécution est requise à l'encontre de la personne qu'il désigne au bénéfice de la personne qu'il désigne. En langage normativiste, on dira que le titre exécutoire contient **une norme spéciale et personnelle**. Le Code des procédures civiles d'exécution use d'un langage plus traditionnel en exigeant que le titre exécutoire « *constate une créance* ».

Ce contenu précis conditionne de la force exécutoire du titre, suivant ce que le doyen Desdevises a nommé le « *principe de spécialisation* » du titre exécutoire[1], qui comprend, *d'une part*, le constat d'une créance liquide et exigible (§ 1) et, *d'autre part*, la désignation des parties, créancier et débiteur (§ 2).

À ces éléments traditionnels, constituant le contenu positif du titre exécutoire, il convient aujourd'hui d'en ajouter un autre, d'ordre négatif : dans les rapports entre consommateurs et professionnels, la jurisprudence conditionne en effet désormais le contenu du titre exécutoire à l'absence de clause abusive (§ 3).

§ 1

Constatation d'une créance liquide et exigible

0112.51 Créance cause de la saisie. Pour poursuivre l'exécution forcée sur les biens de son débiteur, le créancier doit être « *muni d'un titre exécutoire constatant une créance liquide et exigible* » (C. pr. exéc., art. L. 111-2).

Cette créance constatée par le titre constitue la « cause » de la saisie. Elle est le fondement de la procédure d'exécution. Certains textes la qualifient au pluriel, évoquant « *les causes* » de la saisie (C. pr. exéc., art. L. 123-1, L. 211-2 et R. 221-21).

La notion de créance au sens de ce texte a une acception large, désignant ce qu'une personne est en droit d'exiger d'une autre « *dans les conditions propres à chaque mesure d'exécution* » (C. pr. exéc., art. L. 111-2). En ce sens large, on peut dire que le propriétaire qui poursuit l'expulsion d'occupants sans droit ni titre en vertu d'un jugement ordonnant la libération de l'immeuble a lui aussi une « créance ».

1. V. Y. Desdevises, « Le titre exécutoire requis », *Procédures* 2008. Dossier 3, « Le titre exécutoire et le recouvrement des créances », no 26.

0112.52 Absence de novation. Plan. Il arrive que le titre exécutoire soit la source même de l'obligation qu'il porte. Il est d'usage de parler alors d'acte « constitutif » de droit. Souvent, cependant, le titre ne fait que constater un droit. Sauf exception, les titres exécutoires sont des **actes déclaratifs**. En droit français, ce caractère simplement déclaratif des titres exécutoires signifie que le constat de créance n'emporte pas novation du rapport fondamental. En d'autres termes, il y a « *survie du lien obligataire* »[2].

Il s'ensuit d'importantes conséquences : le droit applicable à l'obligation constatée par le titre continue de la régir : ainsi du régime des intérêts, du régime fiscal ou social. Les sûretés qui garantissent le paiement de l'obligation et, plus généralement, tout ce que l'on appelle les « accessoires » de la créance survivent au « constat » de celle-ci[3].

Mieux : le « constat » de la créance par le titre ne la fige pas. Rien n'empêche les parties de modifier ultérieurement leur rapport d'obligation, sans que cela affecte la force exécutoire du titre. Si les parties conviennent de modifier l'obligation constatée par le titre sans qu'il y ait d'intention novatoire de leur part, alors l'avenant fait corps avec le titre : celui-ci conserve sa force exécutoire et peut encore fonder une procédure d'exécution forcée, alors même que le *quantum* ou les modalités de l'obligation qu'il constate formellement ont été modifiées[4].

C'est ainsi encore que la force exécutoire du titre dépend directement des caractères *liquide* (A) *et exigible* (B) de la créance qu'il constate, caractères qui s'apprécient suivant le droit applicable à obligation.

A.

Liquidité de la créance

0112.61 Créance liquide. La force exécutoire du titre suppose que la créance qu'il constate soit liquide[5]. Aux termes de l'article L. 111-6 C. pr. exéc., « *la créance est liquide lorsqu'elle est évaluée en argent ou*

2. D. Fouchard, « À l'intersection de trois disciplines : l'obligation constatée par une décision », *Mél. J. Boré*, Dalloz, 2007, p. 164.
3. V. C. Juillet, *Les accessoires de la créance*, Defrénois, 2009.
4. Civ. 2e, 1er mars 2018, no 17-10.373, NP ; *RDC* 2018. 570, obs. N. Cayrol – Civ. 2e, 23 mai 2024, no 21-25.084, B ; *RTD civ.* 2024. 721, obs. Ph. Théry ; *Rev. contrats* 2024/3, p. 60, obs. N. Cayrol ; *Defrénois* 19 sept. 2024, p. 20, obs. C. Gijsbers.
5. Ce caractère n'est pas requis pour procéder à une mesure conservatoire : il suffit simplement que la créance paraisse fondée en son principe (C. pr. exéc., art. L. 511-1) lorsque le créancier s'adresse au juge pour obtenir l'autorisation de l'article L. 511-1 C. pr. exéc., et celui-ci, d'ailleurs à peine de nullité de son ordonnance, déterminera le montant des sommes pour la garantie desquelles la mesure conservatoire est autorisée (C. pr. exéc., art. R. 511-4).

lorsque le titre contient tous les éléments permettant son évaluation ». Cette condition se justifie par deux sortes de considérations.

En premier lieu, l'évaluation de la créance indique au commissaire de justice la mesure des opérations qu'il est en droit d'engager. Si le créancier a le choix des mesures propres à assurer l'exécution de sa créance, « *l'exécution de ces mesures ne peut excéder ce qui révèle nécessaire pour obtenir le paiement de l'obligation* » (C. pr. exéc., art. L. 111-7), ce qui suppose que celle-ci ait fait l'objet d'une évaluation[1].

En second lieu, l'évaluation de la créance est nécessaire à l'information du débiteur, qui doit savoir combien il est sommé de payer pour s'y conformer et mettre fin aux mesures engagées à son encontre, ou éventuellement pour exercer un recours s'il conteste l'évaluation du créancier[2].

0112.62 Créance déterminée ou déterminable. La liquidité de la créance est établie lorsqu'elle est évaluée en argent directement dans le titre ou lorsqu'elle est évaluée indirectement sur la base des éléments contenus dans le titre. Dit autrement, il faut mais il suffit que la créance soit d'un montant déterminé ou déterminable.

Pendant quelques années, le caractère simplement déterminable de la créance a posé problème à l'égard des actes notariés propres au droit local d'Alsace et de Moselle : entre 2016 et 2020, rompant avec sa jurisprudence traditionnelle, la Cour de cassation a considéré que les actes notariés alsaciens-mosellans ne pouvaient servir de titre exécutoire que s'ils constataient une créance d'un montant déterminée ; ils étaient privés de force exécutoire lorsque la créance était seulement déterminable[3]. Critiquée par la doctrine[4], cette jurisprudence a été brisée par la loi du 23 mars 2019[5] et la Cour de cassation a opéré un revirement de jurisprudence rétroactif par un arrêt du 25 juin 2020[6].

0112.63 Liquidation suivant une convention. Le cas le plus ordinaire des créances dont le montant est seulement déterminable est celui des prêts notariés assortis d'une convention de taux. La liquidation de la créance suppose alors que déterminer le montant restant dû compte tenu du taux d'intérêt (fixe ou variable), des frais et des indemnités de retard[7], ainsi que des paiements partiels, imputés suivant les règles légales ou conventionnelles sur le principal ou les intérêts. Pour la Cour de cassation, si « *l'acte notarié mentionne le montant et la durée maximum de l'ouverture de crédit autorisée, ainsi que le taux maximum d'intérêt, le taux effectif global, les indemnités de retard et de recouvrement, et que le crédit qui a été accordé et le décompte sont conformes aux stipulations de l'acte autorisant ce crédit* », alors il résulte de ces constatations et énonciations que l'acte contient « *les éléments permettant l'évaluation de la créance* »[8].

Une autre application banale est la détermination de la créance suivant une convention entre époux homologuée par le juge aux affaires familiales[9].

0112.64 Liquidation d'une créance libellée en monnaie étrangère. Lorsque la créance dont le recouvrement est poursuivi est libellée en monnaie étrangère, la force exécutoire du titre est subordonnée à sa liquidation, c'est-à-dire à sa conversion en euros, seule monnaie de paiement ayant cours légal en France. Pas de problème lorsque l'acte contient des stipulations relatives aux modalités de conversion : ces modalités s'imposent.

Pas de problème non plus, selon la Cour de cassation, dans le cas contraire : « *À défaut de stipulations relatives aux modalités de conversion dans le titre exécutoire, la contre-valeur en euros de la créance stipulée en monnaie étrangère pouvait être fixée au jour du commandement de payer à fin de saisie immobilière, qui engage l'exécution forcée, de sorte que la créance, dont le montant était déterminable à cette date, se trouvait, par là même, liquide* »[10]. Dès lors que la créance libellée en monnaie étrangère est déterminable dans cette monnaie, elle est également déterminable, par une opération de conversion en monnaie de paiement suivant le taux de conversion applicable à la date d'engagement de l'exécution forcée.

0112.65 Liquidation d'une créance salariale. Pour la Cour de cassation, le jugement qui ordonne

1. Perrot et Théry, n° 120.
2. Sur cette fonction d'information du titre exécutoire, v. Y. Desdevises, « Le titre exécutoire requis », *in* « Le titre exécutoire et le recouvrement des créances », *Procédures* 2008, n° 8/9, Dossier 3, n° 5.
3. Civ. 1re, 6 avr. 2016, n° 15-11.077, NP – Civ. 3e, 18 mai 2017, n° 16-14.671, NP – Civ. 2e, 19 oct. 2017, n° 16-26.413, NP ; *JCP N* 2018. 1129, note M. Julienne – Civ. 2e, 22 mars 2018, n° 17-10.635, NP ; *JCP N* 2018. 367, obs. M. Julienne.
4. M. Julienne, « Défendre la force exécutoire des actes notariés d'Alsace-Moselle », *JCP N* 2018. 1129.
5. L. n° 2019-222, 23 mars 2019, de programmation 2018-2022 et de réforme pour la justice, *JO* 24 mars, texte 2, art. 108, réformant C. pr. exéc., art. L. 111-5, 1°.
6. Civ. 2e, 25 juin 2020, n° 19-23.219, P ; *D.* 2020. 1409 ; *JCP* 2020. 983, note R. Laher ; *JCP N* 2020. 1211, obs. E. Sander ; *Rev. contrats* 2020/4, p. 69, note N. Cayrol.
7. Civ. 2e, 13 juill. 2006, n° 05-10.273, NP, relevant que « *le titre exécutoire mentionnait le montant de la somme due [...] au titre des dommages-intérêts et que la somme due à titre de remboursement était déterminable* » – Civ. 2e, 8 janv. 2015, n° 13-26.657, P II, n° 2.
8. Civ. 2e, 4 juill. 2007, n° 06-14.003, NP – Civ. 2e, 1er mars 2018, n° 16-28.413, NP.
9. v. par ex., Civ. 2e, 13 oct. 2016, n° 15-24.222, NP.
10. Civ. 2e, 23 juin 2016, n° 15-12.113, P II, n° 173 ; *D.* 2016. 2032, obs. L. d'Avout ; *D.* 2017. 1390, obs. A. Leborgne ; *D. actu.* 26 juill. 2016, obs. M. Kébir ; *RLDC* 2107/49, p. 33, obs. O. Salati ; *JCP E* 2016. 1587, obs. H. Causse.

un rappel de salaires impliquant une reconstitution de la carrière du salarié a force exécutoire : la créance que ce jugement constate est liquide dès lors qu'elle est déterminable suivant les indications de la convention collective relative à l'évolution de carrière et au salaire [1]. Il suffit, pour que la créance de rappel de salaires soit déterminable, que la carrière soit reconstituable, c'est-à-dire que soient connus la convention collective applicable et le classement du salarié selon cette convention à une certaine date.

De même, la créance est liquide et le titre exécutoire contient des éléments suffisamment précis pour permettre d'en déterminer le montant lorsque le jugement retient que les montants versés par l'employeur doivent « *être considérés comme des salaires et réintégrés dans l'assiette des cotisations au régime général de sécurité sociale* », l'employeur devant « *payer toutes les cotisations afférentes à la période d'emploi* » et « *les cotisations et majorations y afférentes, pouvant être calculées par application des règles du Code de la sécurité sociale, de sorte que la créance était déterminable en son montant* » [2].

Cela dit, il n'est pas permis d'extrapoler les termes du jugement. Lorsqu'un employeur est condamné à payer diverses sommes à titre de rappels de salaire pour une période déterminée, la condamnation prononcée ne vaut pas pour une autre période [3].

0112.66 Condamnation de principe. Mais puisque la jurisprudence exige que le titre contienne tous les éléments permettant de déterminer le montant de la créance, il en résulte que le jugement prononçant une condamnation de principe sans les précisions nécessaires est insuffisant et ne vaut pas comme titre exécutoire.

Soit un jugement condamnant une personne pour fraude fiscale sans fixer le montant de la condamnation ; ce jugement détermine l'objet de la fraude (TVA et impôt sur les sociétés) et sa durée ; pour le JEX, saisi d'un recours à l'encontre des poursuites engagées par l'administration fiscale pour un montant que celle-ci a elle-même calculée, les sommes réclamées correspondaient « *aux périodes d'imposition dans la prévention pour délit de fraude fiscale, de sorte que, même si le montant de la créance n'était pas mentionné dans le jugement de condamnation, il était facilement déterminable* ». Mais pour la Cour de cassation, les éléments contenus dans un tel jugement sont insuffisants dans la mesure où « *il n'apporte ni dans ses motifs ni dans son dispositif d'élément permettant d'évaluer la créance de l'administration fiscale* ». Le jugement ne pouvait donc pas constituer un titre exécutoire, « *peu important*, ajoute la Cour, *les montants indiqués dans la mise en demeure* » délivrée ultérieurement par le comptable public, puisque ces montants ont été déterminés avec des éléments qui n'étaient pas contenus dans le jugement. Dans ce cas, pour poursuivre le recouvrement forcé, il appartient à l'administration fiscale « *d'émettre elle-même un titre exécutoire au vu de cette décision* » [4].

0112.67 Transaction de principe renvoyant la liquidation à une expertise. Ne constitue pas non plus un titre ayant force exécutoire, le protocole transactionnel arrêtant le principe d'un accord entre les parties, mais se bornant pour le surplus à décrire la procédure suivant laquelle les experts auront à examiner leur comptabilité et à dresser l'arrêté de leurs comptes. Une telle transaction, qui ne contenait pas « *l'affirmation d'un rapport d'obligation consécutif à la reddition des comptes* », « *ne constatait pas une créance liquide et exigible et ne pouvait donc servir de fondement* » à une procédure d'exécution forcée, « *fût-elle homologuée par le président du tribunal de grande instance* » [5].

0112.68 Titre fixant un plafond de garantie. Lorsque le titre condamne le débiteur à garantir le paiement d'une créance dans une certaine limite, il convient de distinguer selon que la créance garantie est elle-même déterminée ou déterminable.

Jugé que « *la sentence arbitrale condamnant le garant, sans autre condition, à prendre à sa charge, dans une limite fixée, les sommes que les crédit-bailleurs viendraient à obtenir au titre des contrats de crédit-bail et que les crédit-bailleurs avaient obtenu les sommes qu'ils réclamaient à ce titre* » pouvait valablement fonder les poursuites [6].

En revanche, ne constitue pas un titre exécutoire contenant une créance liquide et exigible pouvant fonder valablement les poursuites, l'acte notarié constatant un engagement de caution dès lors que l'acte se bornait à fixer le plafond des dettes garanties sans indiquer les éléments permettant l'évaluation des créances correspondantes [7].

0112.69 Titre ne contenant pas tous les éléments d'évaluation. Lorsque le titre ne contient pas tous les éléments d'évaluation de la créance dont il ordonne le paiement, il ne peut servir de fondement valable aux mesures d'exécution. Le créancier, s'il doit recou-

1. Civ. 2e, 19 nov. 2008, no 07-18.987, P II, no 253 ; *D.* 2008. 3018 ; *Dr. et proc.* 2009. 107, note O. Salati ; *RD banc. fin.* 2009, no 30, obs. S. Piedelièvre.
2. Civ. 2e, 6 juin 2019, no 18-17.019, NP.
3. Civ. 2e, 14 sept. 2023, no 21-21.955, NP ; *Procédures* 2023, no 90, obs. R. Laher.
4. Com. 27 janv. 2021, no 18-20.422, NP. – Com. 18 déc. 2024, nos 22-16.103 et 22-50.016, 2 arrêts, B ; *D. actu.* 20 janv. 2025, obs. X. Delpech ; *Procédures* 2025, no 31, obs. R. Laher.
5. Civ. 2e, 1er févr. 2018, no 16-21.400, NP.
6. Civ. 2e, 8 juill. 2004, no 02-20.213, P II, no 399 ; *Procédures* 2004, no 258, obs. R. Perrot.
7. Civ. 2e, 10 avr. 2014, no 13-15.150, NP.

rir à l'exécution forcée, n'a alors pas d'autre choix que d'aller devant le juge (ou, s'il s'agit d'une personne morale de droit public, d'émettre elle-même un titre, v. s[s] n° 0112.66).

Ainsi, le jugement de divorce prévoyant le paiement d'une pension alimentaire après la majorité des enfants « *jusqu'à la fin effective de leurs études* » ne contient pas tous les éléments nécessaires à l'évaluation de la créance et ne peut donc fonder une procédure d'exécution forcée[1].

De même, le jugement autorisant des travaux, sans en déterminer les limites et la nature précise, ni prévoir de contrôle sur leur montant, ne constate pas une créance déterminable et ne peut servir de fondement à une mesure d'exécution forcée à l'égard de la personne qui a la charge de ces travaux[2].

Il convient toutefois de réserver l'hypothèse de l'avenant du titre exécutoire conventionnel. Lorsque le titre ne contient pas tous les éléments d'évaluation mais que ces éléments figurent dans un avenant qui le complète, les deux font corps. Pour la Cour de cassation, « *la créance est liquide, lorsque l'acte notarié ou l'avenant contient tous les éléments permettant son évaluation* »[3].

0112.70 Liquidation des dépens. La liquidation des dépens obéit aux règles spécifiques des articles 701 s. C. pr. civ. Pour la Cour de cassation, « *une partie ne peut poursuivre, par voie d'exécution forcée, le recouvrement des dépens qu'au vu d'un certificat de vérification ou d'une ordonnance de taxe exécutoires* »[4]. Ainsi, même s'agissant de débours tarifiés et déterminables, la décision de justice rendue à l'issue de l'instance pour laquelle les frais ont été engagés n'est pas un titre suffisant pour déterminer le montant de la créance.

Cependant, « *la décision de condamnation exécutoire permet à elle seule le recouvrement des frais d'exécution, même si l'huissier ne les a pas fait vérifier* »[5].

B. Exigibilité de la créance

0112.81 Créance exigible. La force exécutoire du titre suppose que la créance que celui-ci constate soit exigible. Tout ce qui suspend l'exigibilité de la créance affecte la force exécutoire[6].

Ainsi du **terme** : la créance affectée d'un terme n'est pas susceptible d'exécution forcée tant que le terme n'est pas échu puisque « *ce qui n'est dû qu'à terme ne peut être exigé avant l'échéance* » (C. civ., art. 1305-2). Le titre exécutoire qui constate une créance affectée d'un terme ne devient exécutoire qu'à l'échéance du terme. Mais une fois le terme échu, il est exécutoire. Jugé qu'une « *sentence arbitrale, qui constatait une créance à terme, constituait un titre exécutoire permettant l'engagement d'une procédure d'exécution forcée, une fois le terme échu* »[7]. On tiendra compte cependant des cas de déchéance du terme (C. civ., art. 1305-4 ; C. com., art. L. 643-1).

Ainsi de la **condition suspensive**, sans la réalisation de laquelle l'obligation n'est pas pure et simple (C. civ., art. 1304 et 1304-6), ce qui implique qu'elle n'est pas exigible.

Ainsi encore des **délais de paiement octroyés au débiteur** : délais de grâce octroyés par le juge ou moratoires octroyés par le législateur[8]. Lorsque le délai de paiement qui suspend l'exigibilité de l'obligation est octroyé par le juge après l'engagement des poursuites, l'alinéa 4 de l'article 1343-5 C. civ. dispose que « *la décision du juge suspend les procédures d'exécution qui auraient été engagées par le créancier* ». En revanche, « *le délai de grâce ne fait pas obstacle aux mesures conservatoires* » (C. pr. civ., art. 513).

Pour l'étude détaillée des délais de paiement, v. s[s] n°s 0144.00 s.

0112.82 Exigibilité des frais et des intérêts. Les frais et les intérêts sont des « accessoires » des créances ; ils sont exigibles comme elles. Aux termes de l'article 1343-1 C. civ., « *lorsque l'obligation de somme d'argent porte intérêt, le débiteur se libère en versant le principal et les intérêts* ». S'agissant des frais de recouvrement, l'article L. 111-8 C. pr. exéc. les met, dans une certaine mesure et à certaines conditions, « *à la charge du débiteur* » (v. s[s] n°s 03.00 s., *Livre 3*), lequel ne se libère qu'en les acquittant en même temps que le principal et les intérêts. Jugé, à propos d'une procédure de saisie immobilière, que « *le créancier saisissant, bien qu'ayant été désintéressé des causes du commandement en principal par le saisi, est fondé à continuer les poursuites de saisie immobilière contre celui-ci tant qu'il n'a pas obtenu le règlement desdits frais* »[9].

1. TGI Quimper, 17 févr. 1994, *D.* 1994. Somm. 339, obs. P. Julien.
2. Civ. 2e, 21 févr. 2013, n° 12-13.215, NP.
3. Civ. 2e, 23 mai 2024, n° 21-25.084, B ; *RTD civ.* 2024. 721, obs. Ph. Théry ; *Rev. contrats* 2024/3, p. 60, obs. N. Cayrol ; *Defrénois* 19 sept. 2024, p. 20, obs. C. Gijsbers.
4. Civ. 2e, 3 mai 2007, n° 06-12.485, P II, n° 120 ; *D.* 2007. 1511 ; *Dr. et proc.* 2007. 240.
5. LAUBA, 13e éd., 2017, n° 31.
6. V. B. Grimonprez, *De l'exigibilité en droit des contrats*, préf. C. Ophèle, LGDJ, 2006 – J.-C. Boulay, « Réflexion sur la notion d'exigibilité de la créance », *RTD com.* 1990. 339.
7. Civ. 2e, 30 janv. 2020, n° 18-14.542, *JCP E* 2020. 1339, note P. Casson.
8. V. N. Cayrol, « Délais de paiement », *J.-Cl. Civ.*, art. 1343 à 1343-5, fasc. 50, 2020.
9. Civ. 2e, 22 juin 2017, n° 16-18.901, P II, n° 147 ; *RTD civ.* 2017. 733, obs. N. Cayrol.

0112.83 Condamnation au paiement des accessoires. S'agissant des frais de recouvrement, la décision de justice constatant la créance est un titre suffisant. Pour la Cour de cassation, « *le titre servant de fondement aux poursuites permet le recouvrement des frais de l'exécution forcée qui sont à la charge du débiteur* », ce qui signifie que « *l'huissier de justice* [n'est] *pas tenu préalablement de faire procéder par le greffe à leur vérification* »[1].

S'agissant des intérêts de retard, un arrêt de la première chambre civile de la Cour de cassation du 10 mars 1998 a jugé que « *pour pouvoir être recouvrés par voie d'exécution, les dommages-intérêts prévus à l'article 1153 du Code civil doivent faire l'objet d'une disposition spéciale du titre en vertu duquel est exercée la poursuite* »[2]. Cependant, en supposant que cette décision exprime toujours la doctrine de la Cour de cassation, si l'absence de prescription formelle soulève une contestation, il est toujours possible de soumettre la difficulté au JEX afin qu'il interprète le jugement[3].

0112.84 Condamnation au paiement. Le point de savoir si le titre constatant la créance doit en prescrire explicitement le paiement a posé quelques interrogations à propos des **décisions de justice**. Considérant que « *la force exécutoire d'une décision de justice se limite aux seules condamnations énoncées dans le dispositif* »[4], il a été jugé que « *toute exécution forcée implique que le créancier soit muni d'un titre exécutoire portant condamnation de la personne qui doit exécuter* »[5].

Cependant, la Cour de cassation interprète souplement cette exigence formelle, en admettant que la décision qui se contente de « fixer » le montant de la créance qu'elle constate sans en prescrire formellement le paiement constitue néanmoins un titre exécutoire valable[6], pourvu seulement que la qualité de créancier soit affirmée[7].

0112.85 Fixation d'une créance sans condamnation au paiement. Il arrive que des juges soient conduits à constater ou à fixer une créance sans avoir le droit d'en ordonner l'exécution, c'est-à-dire sans avoir le droit de condamner le débiteur au paiement. La Cour de cassation en déduit que les jugements qui se contentent de fixer une créance à l'encontre d'un débiteur ne constituent pas des titres exécutoires.

Il en est ainsi, *d'abord*, lorsque le juge a été saisi, non pas d'une demande de paiement, mais d'une demande ayant pour unique objet la reconnaissance d'un droit. Par exemple, parce que « *la délivrance d'un legs particulier a pour seul objet la reconnaissance des droits du légataire, permettant l'entrée en possession de l'objet du legs et l'acquisition des fruits, et se distingue du paiement du legs* », il a été jugé que la « *décision accueillant une demande de délivrance d'un legs de somme d'argent ne constitue pas un titre exécutoire autorisant le légataire à procéder à des mesures d'exécution forcée* »[8].

Il en est ainsi, *ensuite*, dans divers cas particuliers.

0112.86 En droit des procédures collectives. L'hypothèse est ordinaire en droit des procédures collectives. Ainsi du « *jugement ouvrant ou prononçant la liquidation judiciaire, qui ne constitue pas un titre exécutoire* »[9].

Ainsi encore des ordonnances du juge-commissaire portant **admission d'une créance au passif** : le créancier dont la créance a été admise et qui demeure impayé à l'issue de la procédure ne peut fonder des mesures d'exécution forcée sur ce genre d'ordonnance. Après la clôture de la procédure de liquidation judiciaire pour insuffisance d'actif, « *les créanciers qui recouvrent leur droit de poursuite individuelle et dont les créances ont été admises ne peuvent exercer ce droit sans avoir obtenu un titre exécutoire ou, lorsqu'ils disposent déjà d'un tel titre, sans avoir fait constater qu'ils remplissent les conditions prévues au présent article. Le président du tribunal, saisi à cette fin, statue par ordonnance* » (C. com., art. L. 643-11, V). Ce texte prouve que l'ordonnance qui fixe la créance et l'admet au passif n'est pas elle-même un titre exécutoire[10].

La même analyse vaut pour les jugements rendus à l'encontre du débiteur en marge de la procédure collective : « *La décision rendue par une juridiction après reprise régulière d'une instance en cours à la date du jugement d'ouverture, laquelle instance tend uniquement à la constatation de la créance et à la fixation de son montant dans le cadre de la procédure collective, à l'exclusion de toute condamnation du débiteur, ne consti-*

1. Civ. 2e, 6 mars 2003, no 01-02.745, P II, no 56 ; *D.* 2004. 1929, note G. Taormina ; *Dr. et proc.* 2003. 310, obs. B. Menut.
2. Civ. 1re, 10 mars 1998, no 95-21.817, P I, no 100 ; *RTD civ.* 1999. 206, obs. R. Perrot.
3. Civ. 2e, 17 juin 1999, no 97-15.151, P II, no 121 ; *RTD civ.* 1999. 706, obs. R. Perrot.
4. Perrot et Théry, no 136.
5. Civ. 2e, 21 mars 2002, no 00-19.051, P II, no 56 ; *D.* 2002. 1325 ; *Dr. et proc.* 2002. 306, note A. Leborgne.
6. Civ. 2e, 19 nov. 2009, no 08-14.325, P II, no 277 ; *D.* 2010. 538, obs. J.-M. Sommer et L. Leroy-Gissinger ; *D.* 2010. 1307, obs. A. Leborgne ; *Gaz. Pal.* 28 mars 2010, p. 15, obs. C. Brenner ; *Dr. et proc.* 2010. 91, obs. C. Lefort.
7. Civ. 2e, 22 oct. 2009, no 08-19.072, P II, no 254 ; *D.* 2010. 1307, obs. A. Leborgne.
8. Civ. 1re, 21 sept. 2022, no 19-22.693, B ; *D.* 2023. 1283, obs. J.-D. Pellier ; *Gaz. Pal.* 22 nov. 2022, p. 2, obs. C. Brenner ; *Procédures* 2022, no 272, obs. R. Laher ; *RTD civ.* 2022. 950, obs. M. Grimaldi, et 960, obs. Ph. Théry.
9. Com. 7 janv. 2016, no 14-24.508, NP ; *RTD com.* 2016. 339, obs. J.-L. Vallens.
10. V. P. Cagnoli, « Prescription et procédures collectives », *Rev. proc. coll.* 2011. Étude 3, no 11.

tue pas un titre exécutoire et ne peut, dès lors, servir de fondement à une mesure d'exécution forcée pratiquée par le créancier à l'égard du débiteur »[1].

0112.87 En matière de partage judiciaire. Hors procédures collectives, on rencontre des jugements fixant ou constatant un droit sans en ordonner le paiement en matière de successions soumises à **partage**. Le jugement qui, après avoir fixé les droits respectifs des parties, désigne un notaire afin d'élaborer un projet de partage ordonne seulement l'élaboration d'un projet de partage. Quoi qu'il ait constaté les droits de chacun, ce jugement ne porte pas de condamnation des parties au paiement. Le jugement constatant la créance d'un héritier à l'encontre d'un autre peut d'ailleurs être rendu dans le cadre d'une autre instance que l'instance en partage. Pour la Cour de cassation, « *est recevable l'action engagée par un héritier à l'encontre d'un seul de ses cohéritiers aux fins de voir fixer sa créance à l'encontre de la succession* », étant précisé que le jugement rendu ne sera opposable aux autres cohéritiers qu'à la condition qu'ils aient été mis en cause[2]. Un tel jugement ne fait que constater une créance sans en prescrire le paiement, la satisfaction du créancier restant subordonnée à la liquidation du partage.

0112.88 En contentieux de l'exécution. En général, les ordonnances du JEX statuant sur les contestations relatives aux procédures civiles d'exécution ne constituent pas non plus des titres exécutoires quoiqu'ils constatent les créances qui en sont l'objet et en fixent le montant. Sauf exception résultant d'un texte, il n'appartient pas au JEX de délivrer un titre exécutoire.

Il a ainsi été jugé que « *le jugement rendu par le juge du tribunal d'instance statuant, à l'occasion de la procédure de saisie des rémunérations, avec les pouvoirs du juge de l'exécution, qui n'a pas pour objet de constater une créance liquide et exigible, mais, à défaut de conciliation, de vérifier le montant de la créance en principal, intérêts et frais et, s'il y a lieu, de trancher les contestations soulevées par le débiteur, ne constitue pas un titre exécutoire. Il ne peut, dès lors, servir de fondement à une mesure d'exécution forcée pratiquée par le créancier à l'égard du débiteur* »[3]. Pour exécuter, le créancier devait se fonder sur son titre exécutoire initial, point sur la décision que le JEX avait pu rendre à son propos.

Même logique en matière de saisie immobilière à propos du jugement d'orientation : « *le jugement d'orientation rendu par le juge de l'exécution statuant, à l'occasion de la procédure de saisie immobilière, n'a pas pour objet de constater une créance liquide et exigible, mais de vérifier que le créancier est muni d'un titre exécutoire présentant ces caractéristiques, de statuer sur les éventuelles contestations et demandes incidentes, et de mentionner le montant retenu pour la créance du poursuivant. Par conséquent, il ne constitue pas un titre exécutoire* »[4].

§ 2
Désignation du créancier et du débiteur dans le titre

A.
Désignation du créancier

0112.91 Refus de la gestion d'affaires. Seules peuvent valablement requérir l'exécution forcée les personnes porteuses d'un titre exécutoire constatant une créance à leur profit et leurs ayants cause pouvant justifier d'une transmission régulière du titre à leur profit. Le jugement rendu au profit d'une filiale ne peut pas servir de fondement à une procédure d'exécution engagée par la société mère ; un mari ne peut pas valablement requérir l'exécution forcée d'un titre qui désigne son conjoint ; *etc.* En droit de l'exécution comme en procédure civile, la gestion d'affaires n'est pas admise.

La mise en œuvre de ce principe simple soulève quelques interrogations. Celles relatives à la transmission du titre à un ayant cause sont examinées dans la section suivante (v. s^{s} n° 0112.120). On se bornera ici à une remarque sur l'hypothèse de la représentation du bénéficiaire du titre, et à quelques observations relatives à l'interprétation des titres qui désignent le créancier bénéficiaire de manière équivoque.

0112.92 Représentation du bénéficiaire du titre exécutoire. En cas de représentation du bénéficiaire du titre exécutoire, lorsque l'exécution du titre est requise par un représentant du bénéficiaire, la régularité de la procédure doit s'apprécier dans la personne du représenté et non dans celle du représentant. Doit être rejetée la contestation formée par le

1. Com. 4 juill. 2018, n° 16-22.986, NP ; *Rev. proc. coll.* 2018, n° 146, obs. P. Cagnoli ; *Gaz. Pal.* 15 janv. 2019, p. 71, obs. J.-M. Le Corre – Com. 8 janv. 2020, n° 18-22.462, NP ; *RD banc. fin.* 2020, n° 61, obs. S. Piedelièvre ; *Rev. proc. coll.* 2020, n° 56, obs. C. Houin-Bressand – Civ. 2e, 14 janv. 2021, n° 18-23.238, P ; *Procédures* 2021, n° 64, obs. R. Laher ; *RD banc. fin.* 2021, n° 34, obs. S. Piedelièvre ; *Gaz. Pal.* 16 mars 2021, p. 28, obs. C. Brenner ; *Act. proc. coll.* 2021. Alerte 58, obs. J. Vallansan ; *RTD civ.* 2021. 484, obs. N. Cayrol.
2. Civ. 1re, 16 déc. 2020, n° 19-16.295, P ; *Gaz. Pal.* 23 mars 2021, p. 66, note A. Dupire.
3. Civ. 2e, 4 mars 2021, n° 19-22.704, P ; *JCP E* 2021, 1164 ; *RTD civ.* 2022. 704, obs. Ph. Théry.
4. Civ. 2e, 17 mai 2024, n° 21-17.853, B ; *D.* 2023. 1969, obs. F. Jollec ; *RTD civ.* 2023. 964, obs. Ph. Théry.

saisi au motif que le titre exécutoire ne désignait pas la personne ayant diligenté les actes de poursuite dès lors que cette personne justifiait avoir opéré en qualité de gérant de tutelle ou de curateur, donc de représentant des personnes bénéficiaires du titre[1].

0112.93 Interprétation du titre exécutoire. Le JEX connaît des difficultés relatives aux titres exécutoires et des contestations qui s'élèvent à l'occasion de l'exécution forcée (COJ, art. L. 213-6). À ce titre, il lui appartient d'interpréter les titres exécutoires. En cas de contestation sur l'identité exacte du ou des bénéficiaires du titre, c'est à lui qu'il revient de statuer[2].

Ainsi en cas de désignation générique du ou des bénéficiaires dans le jugement. Jugé par exemple que le jugement rendu « *au profit des sociétés d'assurances Les Mutuelles du Mans IARD et Vie et Défense automobile et sportive désignées sous le vocable unique "Groupement des Mutuelles du Mans"* » permet à la société Les Mutuelles du Mans IARD de se prévaloir du titre exécutoire contrairement à ce que soutenait le saisi[3].

Jugé encore que le titre condamnant l'emprunteur à rembourser le crédit consenti par un « *pool* » de plusieurs banques doit être interprété comme bénéficiant, non pas uniquement à la banque chef de file du *pool*, mais à « *chaque banque, individuellement, en qualité de créancière* », *chacune d'elles ayant* « *dès lors qualité pour faire délivrer, avec les autres, un commandement aux fins de saisie* »[4].

0112.94 Limites de l'interprétation du titre exécutoire. Deux limites s'imposent au JEX lorsqu'il interprète un titre exécutoire.

La *première* est évidemment l'interdiction de la dénaturation du titre.

La *seconde* est l'interdiction de remettre en cause la chose jugée lorsque le titre à interpréter est une décision de justice. Aux termes de l'article R. 121-1 C. pr. exéc., le JEX ne peut « *modifier le dispositif de la décision qui sert de fondement aux poursuites* ». Méconnaît les limites de sa saisine le JEX qui, sous couvert d'interprétation, consacre comme bénéficiaire du jugement une personne que celui-ci ne désigne pas dans son dispositif[5]. Doit être cassé l'arrêt de la cour d'appel qui, statuant comme JEX, valide une saisie alors que « *le jugement servant de fondement aux poursuites s'était prononcé sur les sommes dues par et aux indivisions post-communautaires et successorales et ne constituait pas un titre exécutoire constatant une créance liquide et exigible au bénéfice des indivisaires poursuivants* »[6].

B. Désignation du débiteur

0112.101 Vérification du titre par l'huissier. La désignation précise de la personne du débiteur est une mention du titre à laquelle l'huissier de justice instrumentaire doit accorder la plus grande attention. Responsable de la conduite des opérations (C. pr. exéc., art. L. 122-2), garant de la légalité des poursuites[7], l'huissier doit vérifier soigneusement que le titre dont il dispose désigne bien la personne même à l'encontre de laquelle il procède[8].

À cet égard, aucune confusion entre les personnes n'est tolérée. La jurisprudence en offre diverses illustrations.

0112.102 Débiteur marié. La personne du débiteur ne doit pas être confondue avec celle de son conjoint[9].

Peu importe à cet égard que la dette du débiteur soit une dette ménagère à laquelle le conjoint est par ailleurs solidairement tenu en vertu de l'article 220 C. civ. Si le titre ne désigne que l'un des époux, aucune exécution forcée n'est possible à l'encontre de l'autre. Pour la Cour de cassation, « *toute exécution forcée implique que le créancier soit muni d'un titre exécutoire à l'égard de la personne même qui doit exécuter, et que le titre délivré à l'encontre d'un époux en recouvrement d'une dette ayant pour objet l'entretien du ménage ou l'éducation des enfants n'emporte pas le droit de saisir les biens de son conjoint, à défaut de titre exécutoire pris contre celui-ci, les deux époux fussent-ils tenus solidairement des dettes de ménage* »[10].

0112.103 Débiteur personne morale. Lorsque le débiteur est une personne morale, sa personnalité ne doit pas être confondue avec celle de ses membres. Le titre délivré exclusivement à l'encontre d'une société personne morale ne permet pas d'engager des poursuites à l'encontre des associés.

1. Civ. 2e, 10 févr. 2005, no 03-11.802, P II, no 29 ; *JCP* 2005. IV. 1613.
2. Com. 21 oct. 2020, no 19-15.545, P ; *Dr. sociétés* 2020, no 148, note J.-P. Legros.
3. Civ. 2e, 19 déc. 2002, no 00-20.774, P II, no 293 ; *RTD civ.* 2003. 356, obs. R. Perrot.
4. Civ. 2e, 24 juin 2004, no 02-18.078, NP.
5. Civ. 2e, 18 oct. 2007, no 06-20.258, P II, no 234.
6. Civ. 2e, 15 nov. 2012, no 11-18.820, P II, no 189 ; *D.* 2012. 2747 ; *Gaz. Pal.* 2013. 1041, obs. C. Brenner.
7. L. Lauvergnat, « L'huissier de justice, garant de la légalité des poursuites », *Dr. et proc.* 2016. 184.
8. S. Bernigaud, « *Vade-mecum* du titre exécutoire à l'usage de l'huissier de justice », *Dr. et proc.* 2017. 198.
9. L. Camensuli-Feuillard, « L'exécution forcée à l'encontre du débiteur marié », *Mél. R. Le Guidec*, 2014, LexisNexis, p. 23. – M. Nicolle, « L'article 1413 du code civil et les voies d'exécution », *D.* 2017. 593.
10. Civ. 2e, 28 oct. 1999, no 97-20.071, P II, no 163 ; *RTD civ.* 2000. 168, note R. Perrot ; *RTD civ.* 2000. 386, obs. B. Vareille.

Peu importe à cet égard que la dette du débiteur soit une dette à laquelle les associés sont solidairement tenus : « *Toute exécution forcée implique que le créancier soit muni d'un titre exécutoire à l'égard de la personne même qui doit exécuter, et* [...] *le titre délivré à l'encontre d'une société n'emporte pas le droit de saisir les biens des associés*[1], *fussent-ils tenus indéfiniment et solidairement des dettes sociales, à défaut de titre exécutoire pris contre eux* »[2].

Pour que le titre soit exécutoire conjointement à l'encontre de la société et des associés, il faut que celui-ci les désigne conjointement[3].

0112.104 Débiteur créancier. La personne du débiteur ne doit pas être confondue avec celle du débiteur de celui-ci, à l'égard duquel le débiteur désigné par le titre est lui-même titulaire d'une créance.

Peu importe que la créance du débiteur soit elle-même constatée par un titre exécutoire : le titre établi à l'encontre du débiteur, qui permet de saisir les biens de celui-ci, ne permet pas de diligenter valablement une procédure d'exécution forcée sur les biens appartenant au débiteur de son débiteur[4]. Il ne faut pas confondre débiteur saisi et tiers saisi[5], ni confondre une voie d'exécution et une action oblique[6].

0112.105 Débiteur principal. Le titre établi exclusivement à l'encontre du débiteur principal ne permet pas d'engager des poursuites à l'encontre de la caution. Jugé, à propos d'un protocole transactionnel homologué, que « *l'engagement de caution* [...], *même intégré dans le protocole, ne* [...] *conférait pas la qualité de partie à la transaction à laquelle il avait été donné force exécutoire* », ce dont il résultait que l'acte de cautionnement nécessitait l'obtention d'un titre exécutoire à l'encontre du dirigeant caution pour permettre l'exercice des voies d'exécution[7].

Pour que le titre permette d'engager des poursuites à l'encontre du débiteur principal et à l'encontre de la caution, voire de la sous-caution[8], il faut que celui-ci les désigne[9].

0112.106 Débiteur équivoque. En cas de doute sur la désignation du débiteur, il appartient au juge d'interpréter le titre, par exemple en levant l'ambiguïté résultant d'une faute d'orthographe portant sur le prénom de la personne[10].

Mieux : en cas de doute sur la personne même du débiteur, lorsque celle-ci est confuse, il appartient au JEX de trancher l'équivoque. Voici un exemple de confusion entre un collège et l'association émanant de ce collège : pour la Cour de cassation, « *justifie légalement sa décision la cour d'appel qui, saisie par l'association Collège Sainte-Famille d'une demande tendant à l'annulation d'un commandement aux fins de saisie-vente, délivré au "Collège Sainte-Famille" sur le fondement d'un jugement portant condamnation du "Collège Sainte-Famille", rejette cette demande en retenant que le créancier qui dispose d'un jugement à l'égard du Collège Sainte-Famille, 22, rue Charles-de-Foucauld à Amiens, signifié au chef d'établissement habilité à recevoir l'acte, est fondé à mettre ce jugement à exécution à l'égard de l'association Collège Sainte-Famille, 22, rue Charles-de-Foucauld à Amiens, dès lors qu'il résulte de ce motif qu'ayant la même dénomination et la même adresse, le Collège Sainte-Famille et l'association Collège Sainte-Famille ne forment qu'une seule et même personne à laquelle s'applique le titre exécutoire* »[11]. La Cour de cassation admet que le JEX statue sur la fictivité d'une personne morale[12].

0112.107 Cas particulier des titres d'expulsion. Les décisions de justice et les procès-verbaux de conciliation exécutoires prescrivant la libération d'un

1. Ce qui comprend leurs créances, v. Com. 26 oct. 1999, n° 97-17.823, NP, à propos d'une saisie-attribution ; *RTD civ.* 2000. 167, obs. R. Perrot.
2. Civ. 2e, 19 mai 1998, n° 96-12.944, P II, n° 161 ; *D.* 1998. 405, concl. P. Tatu ; *RTD civ.* 1998. 750, obs. R. Perrot – V. AUSSI, Com. 3 mai 2006, n° 03-15.462, P IV, n° 112 ; *Dr. et proc.* 2006. 288, note E. Putman, à propos d'un rôle exécutoire visant une société en nom collectif, qui ne permet pas de saisir les biens de ses associés ; *D.* 2006. 1532, note A. Lienhard – Et pour un titre délivré à l'encontre d'un groupement d'intérêt économique, Civ. 2e, 15 janv. 2004, n° 02-14.547, P II, n° 9 – Civ. 2e, 17 nov. 2005, n° 04-14.604, P II, n° 298 ; M. et J.-B. DONNIER, nos 195 et 198.
3. Com. 18 oct. 2011, n° 10-25.932, P IV, n° 66 ; *Procédures* 2011, n° 389, note L. Ayrault.
4. Civ. 2e, 6 mai 2010, n° 09-13.469, P II, n° 89 ; *D.* 2010. 1291 ; *D.* 2011. 1509, obs. A. Leborgne ; *AJDI* 2010. 653, obs. H. Heugas-Darraspen ; *Procédures* 2010. Comm. 269, obs. R. Perrot.
5. Civ. 2e, 6 sept. 2018, nos 17-18.955 et 17-18.953, P ; *RTD civ.* 2019. 393, obs. Ph. Théry.
6. V. Rép. pr. civ., v° *Action en justice*, par N. Cayrol, juin 2019 (actu. avr. 2021), n° 130.
7. Civ. 2e, 8 janv. 2015, n° 13-27.377, P II, n° 5 ; *RTD civ.* 2015. 376, obs. H. Barbier ; *Dr. et proc.* 2015. 37, obs. N. Fricero, et 74, obs. O. Salati ; *D.* 2015. Pan. 1343, obs. A. Leborgne.
8. Civ. 2e, 27 mars 2025, n° 22-11.482, B ; *D. actu* 1er avr. 2025, obs. C. Hélaine.
9. Civ. 2e, 23 oct. 2008, n° 07-20.035, P II, n° 224 ; *D.* 2008. 2802, note I. Gallmeister ; *D.* 2009. Pan. 1172, obs. A. Leborgne ; *Dr. et proc.* 2009. 96, obs. S. Poisson ; *Banque et droit* nov.-déc. 2008. 47, obs. N. Rontchevsky et F. Jacob.
10. Civ. 2e, 6 nov. 2008, n° 07-18.465, NP ; *D.* 2009. 1168, obs. A. Leborgne ; *Procédures* 2009. Comm. 14, obs. R. Perrot.
11. Civ. 2e, 6 mai 2004, n° 02-15.714, P II, n° 219 ; *Procédures* 2004. Comm. 153, note R. Perrot – DANS LE MÊME SENS, Civ. 2e, 17 nov. 2005, n° 04-14.604, P II, n° 298 ; *D.* 2005. 2971 ; *Dr. et proc.* 2006. 163, obs. A. Leborgne ; *Procédures* 2006. Comm. 31, note R. Perrot ; *RD banc. fin.* 2006, n° 34, obs. S. Piedelièvre.
12. Civ. 2e, 22 oct. 2020, n° 19-16.347, P ; *Rev. sociétés* 2021. 314, note R. Laher ; *RTD civ.* 2021. 470, obs. Ph. Théry.

immeuble, terrain ou local, permettent de poursuivre l'expulsion des occupants (C. pr. exéc., art. L. 411-1 – V. s[s] n°s 0511.00 s.).

Ces titres ont ceci d'original qu'ils peuvent être exécutés non seulement à l'encontre de la personne qu'ils désignent mais aussi à l'encontre de « *tout occupant de son chef* » (C. pr. exéc., art. L. 412-1).

§ 3
Absence de clause abusive

0112.111 Exécution forcée des contrats entre consommateur et professionnel. Influence du droit de la consommation sur le droit de l'exécution forcée : désormais, pour poursuivre valablement l'exécution forcée sur les biens de son débiteur, client consommateur ou non-professionnel, le créancier professionnel doit être muni d'un titre exécutoire constatant une créance contractuelle exempte de tout « *déséquilibre significatif* » qui serait caractéristique d'une clause abusive.

À cet égard, la Cour de justice et la Cour de cassation ont développé une jurisprudence remarquable en ce qu'elle poursuit jusque dans les titres exécutoires, y compris les titres judiciaires, la lutte contre les clauses abusives engagée dans les contrats conclus par un professionnel avec un consommateur[1].

Il résulte de l'article L. 212-1 C. consom., transposant la directive européenne n° 93/13/CEE du Conseil du 5 avril 1993, que dans les contrats conclus entre professionnels et non-professionnels ou consommateurs, sont abusives les clauses qui ont pour objet ou pour effet de créer, au détriment du non-professionnel ou du consommateur, **un déséquilibre significatif entre les droits et obligations des parties au contrat.** Or, aux termes de l'article L. 241-1 C. consom., « *les clauses abusives sont réputées non écrites. Le contrat reste applicable dans toutes ses dispositions autres que celles jugées abusives s'il peut subsister sans ces clauses* ». Le texte ajoute que les dispositions qu'il porte sont d'ordre public.

Lorsque le titre exécutoire détenu par un professionnel constate une créance contractuelle affectée d'un désiquilibre significatif au détriment du non-professionnel ou du consommateur, il reste lui aussi « *applicable dans toutes ses dispositions autres que celles jugées abusives* », pourvu toutefois qu'il puisse subsister.

Il convient donc de déterminer les modalités d'application de ce titre applicable mais seulement après avoir été expurgé de ses dispositions abusives.

1. V. G. Poissonnier, « Les nouveaux superpouvoirs du juge de l'exécution en droit de la consommation », *D.* 2022. 1162.

0112.112 Office du juge de l'exécution. L'office du juge sur ce point a été explicité par la Cour de justice de Luxembourg et par la Cour de cassation.

Par l'arrêt *Pannon* du 4 juin 2009, la Cour de justice des Communautés européennes a dit pour droit que « *le juge national est tenu d'examiner d'office le caractère abusif d'une clause contractuelle dès* [lors] *qu'il dispose des éléments de droit et de fait nécessaires à cet effet* » et que, « *lorsqu'il considère une telle clause comme étant abusive, il ne l'applique pas, sauf si le consommateur s'y oppose* »[2].

Puis, par l'arrêt *Banco primus* du 26 janvier 2017, la Cour de justice a précisé que « *dans l'hypothèse où, lors d'un précédent examen d'un contrat litigieux ayant abouti à l'adoption d'une décision revêtue de l'autorité de la chose jugée, le juge national s'est limité à examiner d'office, au regard de la directive 93/13, une seule ou certaines des clauses de ce contrat, cette directive impose à un juge national* [...] *d'apprécier, à la demande des parties ou d'office dès lors qu'il dispose des éléments de droit et de fait nécessaires à cet effet, le caractère éventuellement abusif des autres clauses dudit contrat* »[3].

Articulant la jurisprudence de la Cour de justice avec les dispositions du droit interne, la Cour de cassation a précisé l'office du JEX lorsqu'il est saisi d'une contestation relative à tel titre exécutoire.

Par un arrêt du 13 avril 2023, elle a jugé que « *lorsqu'il est saisi d'une contestation relative à la créance dont le recouvrement est poursuivi sur le fondement d'un titre exécutoire relatif à un contrat, le JEX est tenu* [...] *d'examiner d'office si les clauses insérées dans le contrat conclu entre le professionnel et le non-professionnel ou consommateur ne revêtent pas un caractère abusif* »[4]. La Cour précise que cette vérification s'impose au JEX « *même en présence d'une précédente décision revêtue de l'autorité de la chose jugée sur le montant de la créance, sauf lorsqu'il ressort de l'ensemble de la décision revêtue de l'autorité de la chose jugée que le juge s'est livré à cet examen, et pour autant qu'il dispose des éléments de droit et de fait nécessaires à cet effet* ».

Cette solution avait déjà été dégagée par un arrêt du 8 février 2023, dans une affaire où le JEX était

2. CJCE 4 juin 2009, aff. C-243/8, *Pannon, D.* 2009. 2312, note G. Poissonnier ; *ibid.* 2010. 169, obs. N. Fricero, et 790, obs. E. Poillot ; *RTD civ.* 2009. 684, obs. P. Remy-Corlay ; *RTD com.* 2009. 794, obs. D. Legeais.
3. CJUE 26 janv. 2017, aff. C-421/14, *Banco primus*, § 52, *D.* 2018. 583, obs. N. Sauphanor-Brouillaud ; *AJDI* 2017. 525 , obs. M. Moreau, J. Moreau et O. Poindron.
4. Civ. 2e, 13 avr. 2023, n° 21-14.540, B ; *D.* 2023. 1282, obs. J.-D. Pellier ; *JCP* 2023, 799, note C. Laporte ; *CCC* 2023, n° 105, obs. S. Bernheim-Desvaux ; *Procédures* 2023, n° 172, obs. R. Laher ; *Gaz. Pal.* 4 juill. 2023, p. 8, note S. Piedelièvre ; *Gaz. Pal.* 25 juill. 2023, p. 37, obs. L. Lauvergnat ; *D.* 2023. 796 ; *RTD civ.* 2023. 719, obs. Ph. Théry ; *ibid.* 2023. 730, obs. N. Cayrol.

saisi, dans le cadre d'une procédure de saisie immobilière, d'une contestation relative à la créance de restitution d'un prêt constatée par acte notarié valant titre exécutoire. En l'espèce, la créance litigieuse avait fait l'objet d'une décision d'admission au passif de la procédure collective du débiteur, décision devenue irrévocable. Dans la mesure où le prêt avait été souscrit par le débiteur en qualité de consommateur à l'égard d'un professionnel, la question fut posée de savoir si le JEX devait examiner d'office le caractère éventuellement abusif des clauses de ce prêt, conformément à la jurisprudence de la Cour de justice, nonobstant l'autorité de chose jugée attachée à la décision d'admission et alors que le débiteur n'avait pas soulevé de protestation lors de l'instance qui a précédé cette décision, négligeant ainsi la charge de la concentration des moyens résultant de la jurisprudence *Cesareo* de la Cour de cassation. Écartant ces objections, la Cour de cassation décida que le JEX était « *tenu d'apprécier, y compris pour la première fois, le caractère éventuellement abusif des clauses contractuelles qui servent de fondement aux poursuites, sauf lorsqu'il ressort de l'ensemble de la décision revêtue de l'autorité de la chose jugée que le juge s'est livré à cet examen* »[1].

Invitée à donner son avis sur les conséquences concrètes à tirer de l'office ainsi reconnu au JEX en matière de lutte contre les clauses abusives affectant les créances contractuelles constatées par un titre exécutoire[2], la Cour de cassation a répondu le 11 juillet 2024[3] en trois points :

« *1°/ Le juge de l'exécution peut constater, dans le dispositif de sa décision, le caractère réputé non écrit d'une clause abusive.*

2°/ Le juge de l'exécution, qui répute non écrite une clause abusive, ne peut ni annuler le titre exécutoire, ni le modifier. Il ne peut pas non plus statuer sur une demande en paiement, hors les cas prévus par la loi.

3°/ Le titre exécutoire étant privé d'effet en tant qu'il applique la clause abusive réputée non écrite, le juge de l'exécution est tenu de calculer à nouveau le montant de la créance selon les dispositions propres aux mesures d'exécution forcée dont il est saisi. Il tire ensuite toutes les conséquences de l'évaluation de cette créance sur les contestations des mesures d'exécution dont il est saisi. Lorsqu'il constate que le débiteur ne doit plus aucune somme, il doit ordonner la mainlevée de la mesure. ».

1. Com. 8 févr. 2023, n° 21-17.763, BR ; *D. actu.* 14 févr. 2023, obs. C. Hélaine ; *D.* 2023. 293 ; *ibid.* 1430, chron. S. Barbot ; *ibid.* 1715, obs. P. Cagnoli ; *ibid.* 2024. 650, obs. E. Poillot ; *RTD civ.* 2023. 730, obs. N. Cayrol ; *RTD com.* 2023. 449, obs. A. Martin-Serf.
2. TJ Paris, 11 janv. 2024, n°s 20/81791 et 23/00185, *D. actu.* 23 janv. 2024, obs. C. Hélaine ; *RCJPP* 2024. 38, Pratique G. Sansone.
3. Civ. 2e, 11 juill. 2024, avis n° 24-70.001, B ; *D.* 2024. 1374 ; *RCJPP* 2024. 14, obs. N. Fricero ; *ibid.* 49, chron. F. Kieffer ; *D. actu.* 10 sept. 2024, obs. C. Hélaine ; *RDI* 2024. 622, obs. J. Bruttin ; *Procédures* 2024, n° 225, obs. C. Laporte ; *CCC* 2024, n° 155, obs. S. Bernheim-Desvaux ; *RDBF* 2024, n° 121, note S. Piedelièvre.

SECTION 3
TRANSMISSION DU TITRE EXÉCUTOIRE

0112.120 Exécution par ou contre des ayants cause. Plan. Dans différents cas, un titre exécutoire peut être exécuté par ou contre des ayants cause des personnes qu'il désigne comme créancière et débitrice.

L'explication est la suivante : **accessoire de la créance** qu'il constate, le titre exécutoire suit les mouvements de celle-ci. Nous ne nous étonnons plus que les liens de droit entre les personnes se transmettent à d'autres personnes qui deviennent alors, selon le cas, créancière ou débitrice en lieu et place du créancier (§ 1) ou du débiteur originaire (§ 2).

§ 1
Ayant cause du créancier

0112.131 Cession de créance. La cession de la créance constatée par le titre donne le droit au **cessionnaire**, ayant cause à titre particulier, d'en poursuivre le recouvrement forcé à l'encontre du débiteur cédé.

Pour la Cour de cassation, il résulte de l'article 1692 C. civ. que « *la cession de créance transfère au cessionnaire les droits et actions appartenant au cédant et attachés à la créance cédée, notamment le titre exécutoire obtenu par le cédant à l'encontre de la caution garantissant le paiement de la créance* »[4]. Le cessionnaire est donc en droit de se prévaloir d'un tel titre[5].

La règle figure aujourd'hui également à l'article 1321 C. civ., selon lequel la cession de créance « *s'étend aux accessoires de la créance* », quel que soit d'ailleurs le type de cession de créance. Jugé par exemple que la cession réalisée lors d'une opération de titrisation transfère au fonds commun de titrisation le bénéfice du titre exécutoire constatant la créance cédée[6].

0112.132 Subrogation. Même raisonnement en cas de subrogation du *solvens* dans les droits du créancier titulaire du titre exécutoire. Le *solvens* **subrogé** bénéficie du titre établi au nom du subrogeant : « *la*

4. Com. 5 févr. 2008, n° 06-17.029, P IV, n° 26 ; *D.* 2008. 542, obs. X. Delpech – Com. 27 mars 2007, n° 05-20.696, P IV, n° 99 ; *D.* 2007. 1076, obs. V. Avena-Robardet ; *RDC* 2007. 848, obs. D. Houtcieff ; *JCP* 2007. I. 145, n° 10, obs. Ph. Simler et Ph. Delebecque – Civ. 2e, 17 oct. 2013, n° 12-25.967, NP ; *Dr. et proc.* 2013. 285, obs. F. Vinckel.
5. V. AUSSI, Civ. 2e, 17 déc. 2009, n° 09-11.612, P II, n° 290.
6. Com. 24 mai 2018, n° 17-13.962, NP ; *RTD civ.* 2018. 665, obs. H. Barbier – Com. 25 mai 2022, n° 20-18.857, NP.

subrogation transmet au subrogé la créance et ses accessoires, parmi lesquels le titre exécutoire dont bénéficiait le créancier subrogeant »[1]. Par exemple, « *le Fonds de garantie des victimes des actes de terrorisme et d'autres infractions qui, subrogé dans les droits de la victime, peut se prévaloir de l'arrêt rendu, sur intérêts civils, au profit de cette dernière et prononçant des condamnations assorties des intérêts au taux légal, est fondé à recouvrer sur le fondement de ce titre exécutoire les intérêts courus de plein droit, à compter du paiement subrogatoire, sur les indemnités qu'il a versées* »[2]. Mais la transmission du titre suppose que la subrogation opère[3], et que le titre existe au jour du paiement[4].

0112.133 Ayant cause universel ou à titre universel. L'ayant cause universel ou à titre universel du créancier lui succède dans ses droits et bénéficie du titre exécutoire qui les constate. Ainsi en cas de transmission à cause de mort au profit d'un héritier du créancier titulaire du titre exécutoire. Ainsi encore en cas de fusion absorption : « *En sa qualité d'ayant cause universel de la société absorbée, la société absorbante acquiert de plein droit, à la date d'effet de la fusion, la qualité de partie aux instances antérieurement engagées par la société absorbée et peut se prévaloir des condamnations prononcées au profit de celle-ci* »[5].

0112.134 Opposabilité de la transmission. L'opposabilité de la transmission de la créance obéit au régime propre à chaque mode de transmission. Par exemple, en cas de cession de créance à titre particulier, l'article 1324 C. civ. en subordonne l'opposabilité à une notification au débiteur ou à une prise d'acte de la part de celui-ci. En cas de subrogation, la transmission est opposable de plein droit sans formalité à la date du paiement.

Lorsque la créance cédée est garantie par une caution et que le cédant détient un titre exécutoire à l'encontre de celle-ci, le cessionnaire de la créance, qui bénéficie de tous les accessoires, peut se prévaloir du cautionnement et du titre exécutoire en notifiant la cession à la caution[6].

Mais l'opposabilité de la transmission n'empêche pas parfois des formalités spécifiques complémentaires. Ainsi, par exemple, en matière de saisie immobilière, l'article R. 321-3 C. pr. exéc. dispose que « *si le créancier saisissant agit en vertu d'une transmission, à quelque titre que ce soit, de la créance contenue dans le titre exécutoire fondant les poursuites, le commandement vise l'acte de transmission à moins que le débiteur n'en ait été régulièrement avisé au préalable* ». Il a été jugé que « *la publicité au registre du commerce et des sociétés de la fusion-absorption concernant le créancier poursuivant* » ne suffisait pas à satisfaire aux exigences de ce texte[7].

0112.135 Remise du titre à l'ayant cause. De manière générale, la remise du titre à l'ayant cause du créancier n'obéit à aucune formalité particulière : elle s'opère par simple tradition.

Dans un cas cependant, la remise est soumise à la formalité de l'endossement, et même à un endossement notarié. Pour le recouvrement d'une créance garantie par un privilège spécial immobilier ou par une hypothèque immobilière, la loi du 15 juin 1976[8] permet au notaire d'établir une copie exécutoire à ordre[9]. Dans ce cas, aux termes de l'article 6 de cette loi, le transfert du titre à l'ayant cause se fait par « *endossement de la copie exécutoire à ordre* », lequel « *est obligatoirement constaté par acte notarié et porté sur la copie exécutoire elle-même* », et il doit être notifié par le notaire signataire par lettre recommandée avec demande d'avis de réception, sous peine d'inopposabilité. Ces formalités liées à l'endossement de la copie exécutoire à ordre sont impératives. Viole l'article 6 de la loi du 15 juin 1976 relative à certaines formes de transmission des créances la cour d'appel qui déclare opposable au débiteur saisi la copie exécutoire à ordre d'un acte notarié portant endossement au profit du créancier poursuivant, au motif que le débiteur a été informé de la cession de créance, avant l'endossement des actes notariés et que l'endossement a été mentionné dans un autre acte, « *sans constater que l'acte d'endossement avait été notifié* » au débiteur par lettre recommandée avec demande d'avis de réception par le notaire signataire de l'acte notarié d'endossement[10].

1. Civ. 2e, 20 juin 2024, no 22-15.628, B ; *D. actu* 11 juill. 2024, obs. T. Schérer ; *RTD civ.* 2024. 732, obs. N. Cayrol.
2. Civ. 2e, 29 août 2019, no 17-31.014, P ; *D.* 2019. 1652 ; *Gaz. Pal.* 5 nov. 2019, p. 72, obs. L. Lauvergnat – V. DÉJÀ : Civ. 2e, 9 déc. 2003, no 02-30.647, P II, no 375 ; *Dr. et proc.* 2004. 167, note E. Putman – Civ. 2e, 6 avr. 2004, no 02-13.905, P II, no 158 – Civ. 2e, 2 déc. 2010, no 09-17.194, P II, no 198.
3. Civ. 2e, 13 oct. 2022, no 21-15.035, B ; *JCP S* 2022, 1303, note D. Asquinazi-Bailleux ; *Gaz. Pal.* 21 mars 2023, obs. C. Brenner.
4. Civ. 1re, 13 avr. 2023, no 22-16.060, B ; *D.* 2023. 1283, obs. J.-D. Pellier ; *RTD civ.* 2023. 367, obs. H. Barbier.
5. Com. 21 oct. 2008, no 07-19.102, P IV, no 174 ; *D.* 2008. 2792, obs. A. Lienhard ; *Procédures* 2009, no 328, note R. Perrot.
6. Com. 27 mars 2007, no 05-20.696, P IV, no 99 ; *JCP E* 2007. 1776, no 10, obs. Ph. Simler.
7. Civ. 2e, 29 sept. 2022, no 21-16.146, B ; *D.* 2023. 1242, par A. Leborgne ; *RTD civ.* 2023. 718, obs. Ph. Théry ; *Gaz. Pal.* 21 mars 2023, obs. C. Brenner.
8. L. no 76-519, 15 juin 1976, relative à certaines formes des transmissions des créances, *JO* 16 juin, p. 3611.
9. M. Dagot, « La transmission des créances hypothécaires », *JCP* 1976. I. 2820 – M. Vion, « La suppression des grosses au porteur et le régime des copies exécutoires à ordre », *Defrénois* 1976, art. 31203 – M. Mignard, « La force exécutoire de l'acte notarié. Aspects pratiques », *JCP N* 2019. 1127, nos 31 s. et nos 47 s.
10. Civ. 2e, 22 oct. 2020, no 19-19.999, P ; *JCP N* 2020. Actu. 922.

Cependant, *d'une part*, cette procédure et les formalités qu'elle implique ne sont pas exclusives : si la créance constatée par l'acte notarié ne fait pas l'objet d'une copie exécutoire à ordre soumise aux formalités de la loi du 15 juin 1976, elle peut être cédée suivant le droit commun de la cession de créance ; dans ce cas le cessionnaire devient porteur du titre exécutoire par simple tradition[1]. *D'autre part*, cette procédure et les formalités qu'elle implique ne sont pas applicables en cas de transmission universelle de patrimoine consécutive à la fusion-absorption du bénéficiaire du titre exécutoire[2].

0112.136 **Retrait litigieux.** La cession de la créance constatée par le titre exécutoire expose le cessionnaire au mécanisme du retrait litigieux dès lors, selon les termes de l'article 1700 C. civ., « *qu'il y a procès et contestation sur le fond du droit* ».

Le retrait litigieux est un bénéfice qui permet à celui contre lequel on a cédé un droit litigieux de « *s'en faire tenir quitte par le cessionnaire en lui remboursant le prix réel de la cession avec les frais et loyaux coûts, et avec les intérêts à compter du jour où le cessionnaire a payé le prix de la cession à lui faite* » (C. civ., art. 1699).

Lorsque la créance cédée est l'objet d'un titre exécutoire, le débiteur poursuivi est en principe en droit d'opposer le bénéfice du retrait litigieux.

C'est au juge de l'exécution seul qu'il appartient de statuer sur un retrait litigieux et son incidence sur la créance[3]. Jugé qu'une demande d'exercice d'un droit au retrait litigieux formée devant le juge du contrôle de l'exequatur d'une sentence arbitrale rendue à l'étranger est irrecevable[4].

§ 2
Ayant cause du débiteur

0112.141 **Décès du débiteur personne physique.** L'exécution à l'encontre des héritiers du débiteur désigné dans le titre exécutoire est subordonnée à une formalité de signification préalable[5]. Aux termes de l'article 877 C. civ., « *le titre exécutoire contre le défunt l'est aussi contre l'héritier, huit jours après que la signification lui en a été faite* », même dans l'hypothèse où l'héritier aurait déjà eu connaissance du titre exécutoire établi contre son auteur[6]. À défaut de signification régulière, un créancier ne peut poursuivre sur les droits et biens personnels d'un héritier l'exécution de titres exécutoires prononçant condamnations exclusivement à l'égard du défunt[7].

0112.142 **Fusion absorption du débiteur personne morale.** En cas de fusion absorption, le titre exécutoire établi à l'encontre de la société absorbée est exécutoire à l'encontre de la société absorbante de plein droit et sans formalité. Parmi les dispositions du Code de commerce relatives aux opérations de fusion, il n'existe pas, en effet, de règle équivalente à celle de l'article 877 C. civ. subordonnant la force exécutoire du titre à une notification préalable.

0112.143 **Transmission passive à un ayant cause à titre particulier.** Certaines opérations juridiques particulières emportent transmission passive de l'obligation à un ayant cause à titre particulier ; ces opérations permettent au créancier titré de poursuivre une autre personne que son débiteur originaire désigné par le titre exécutoire.

Ainsi en cas de cession ou d'attribution par partage des immeubles hypothéqués d'une société de construction : il résulte de l'article L. 311-8 du CCH que ces mutations substituent de plein droit l'acquéreur ou l'attributaire à la société dans ses obligations à l'égard de l'établissement de crédit ayant financé la construction. L'accessoire suivant le principal, il a été jugé que le titre du prêteur initialement exécutoire à l'encontre de la société de construction devenait de plein droit exécutoire à l'encontre du débiteur substitué, acquéreur de l'immeuble ou attributaire du partage[8].

0112.144 **Cession de dette.** Les articles 1327 s. C. civ. instituent en droit commun un mécanisme de cession de dette. Aucun de ces textes n'indique si la cession d'une dette constatée par un titre exécutoire permet au créancier de poursuivre le débiteur substitué. Néanmoins, considérant que le titre exécutoire est un accessoire de la créance et que les

1. Civ. 2e, 3 nov. 2005, no 03-14.932, P II, no 280 ; *D.* 2005. 2826.
2. Com. 13 mars 2024, no 21-20.417, B ; *RTD civ.* 2024. 406, obs. H. Barbier.
3. Civ. 2e, 9 juin 2022, no 21-12.941, B ; *Procédures* 2022, no 196, note R. Laher ; *RTD civ.* 2022. 962, obs. Ph. Théry.
4. Civ. 1re, 28 févr. 2024, no 22-16.151, B ; *JCP* 2024. 782, no 5, obs. L. Jandard ; *D.* 2024. 1735, obs. S. Bollée ; *ibid.* 2024. 2207, obs. T. Clay ; *JDI* 2024, no 22, obs. P. Pinsolle ; *Procédures* 2024, no 151, note L. Weiller. REVIREMENT de : Civ. 1re, 28 févr. 2018, no 16-22.112, P I, no 35 ; *RTD civ.* 2018. 411, obs. H. Barbier, et p. 431, obs. P.-Y. Gautier ; *RDC* 2018. 354, obs. R. Libchaber ; *Rev. crit. DIP* 2018. 862, obs. H. Muir Watt ; *Rev. arb.* 2018. 389, note M. Laazouzi.
5. V. Rép. civ., vo *Succession : transmission*, par R. Le Guidec et G. Chabot, sept. 2011 (actu. avr. 2021), no 379.
6. Civ. 1re, 15 janv. 1974, no 72-10.282, P I, no 23 ; *D.* 1974. 307.
7. V. Civ. 1re, 1er févr. 2012, no 10-25.578, P I, no 22 ; *D.* 2012. 436 ; *Dr. et proc.* 2012. 102, obs. O. Salati : en l'espèce, la signification à personne ou à domicile n'ayant pas eu lieu, et l'héritière ayant conservé la faculté de renoncer à la succession de son père, en raison de cette renonciation le créancier ne pouvait poursuivre l'exécution sur les droits et biens personnels de l'intéressée de titres exécutoires prononçant condamnation exclusivement à l'égard de son père.
8. Civ. 1re, 16 déc. 1999, no 97-20.441, P I, no 192 ; *RTD civ.* 2000. 168, obs. R. Perrot.

accessoires suivent les pérégrinations de l'obligation, une réponse positive semble logique, sous réserve peut-être de la distinction suivante. L'article 1328-1 C. civ. distingue en effet selon que la cession de dette décharge ou non le débiteur originaire : si le débiteur originaire est déchargé, les sûretés qui garantissaient le paiement ne subsistent pas ; si, au contraire, le débiteur originaire n'est pas déchargé, les sûretés subsistent. Les sûretés étant des accessoires de la créance, dira-t-on que les autres accessoires relèvent du même distinguo, de sorte qu'en déchargeant le débiteur originaire, le créancier perd en même temps le bénéfice de la force exécutoire de son titre, lequel ne pourrait plus être mis en œuvre à l'encontre du débiteur substitué ? Cela paraît toutefois douteux : les règles du Code civil sont certainement présomptives de volonté ; or, il n'est pas vraisemblable de présumer que le créancier renonce au bénéfice de son titre en acceptant une substitution de débiteurs, même dans le cas où il consent à décharger le débiteur originaire.

SECTION 4
EXTINCTION DE LA FORCE EXÉCUTOIRE DU TITRE

0112.150 Prescription et autres causes d'extinction. Plan. Le Code des procédures civiles d'exécution contient une disposition relative à l'extinction de la force exécutoire : il s'agit de l'important article L. 111-4, aux termes duquel, en principe, l'exécution forcée des décisions de justice et des procès-verbaux de conciliation homologués par le juge « *ne peut être poursuivie que pendant dix ans* ». L'analyse classique de ce texte est qu'il pose un délai de **prescription** à l'expiration duquel le titre n'a plus force exécutoire.

Mais si important qu'il soit, ce texte est loin de répondre à toutes les questions de droit que pose l'extinction de la force exécutoire. Il est revenu à la jurisprudence de statuer sur les questions relatives aux délais d'exécution des autres titres exécutoires (§ 1), ainsi que sur celles relatives aux autres causes d'extinction de la force exécutoire des titres (§ 2).

§ 1
Prescription

0112.161 Prescription des créances constatées par un titre exécutoire. L'article 2219 C. civ., issue de loi du 17 juin 2008, définit la prescription extinctive comme « *un mode d'extinction d'un droit résultant de l'inaction de son titulaire pendant un certain laps de temps* »[1]. En d'autres termes, pour le créancier titulaire du droit, sa créance est soumise à la prescription, c'est-à-dire que son inaction pendant un certain laps de temps aura pour résultat son extinction : le débiteur sera libéré sans que lui-même ait reçu satisfaction.

À cet égard, peu importe que le titulaire du droit bénéficie ou non d'un titre exécutoire : la prescription a pour objet le droit de créance et non pas le titre exécutoire. Il est certes courant de parler de la « *prescription des titres exécutoires* », mais c'est par « *commodité* »[2] ou par facilité, prenant le contenant pour le contenu, ce qui est une figure de rhétorique banale mais approximative.

A fortiori, la prescription n'a pas pour objet la procédure d'exécution par laquelle le titre est mis à exécution[3]. Pour désigner le délai de mise en œuvre d'un titre exécutoire, certains textes particuliers parlent certes du « *délai de prescription de l'action en exécution* » (CSS, art. L. 244-1 [délai pour engager une « contrainte »]) *ou du « délai de prescription de l'action en recouvrement* » (LPF, art. L. 274), désignant par là en réalité le délai de mise en œuvre d'une procédure d'exécution forcée. Mais dans ces textes, le mot d'action n'a pas de sens juridique particulier ; du moins, il ne désigne pas l'action en justice au sens de l'article 30 C. pr. civ., l'action comme « *droit d'être entendu sur le fond de ses prétentions* »[4]. Il faut comprendre simplement que, passé le délai de prescription de la créance, le titre ne constate plus qu'une créance prescrite ; il n'est par conséquent plus exécutoire et ne peut donc plus fonder une procédure d'exécution forcée.

Il n'y a donc pas de lien direct entre les notions de prescription et de titre exécutoire. Ce qui les relie, c'est que l'une et l'autre ont pour objet des créances : **des créances que la prescription éteint et que le titre exécutoire constate.**

0112.162 Créance constatée par un titre exécutoire et interruption de la prescription. Cependant, précisément parce que la prescription et le titre exécutoire ont le même objet, on observe certaines interférences : le fait que la créance soit constatée par un titre exécutoire aura toujours une incidence sur sa prescription.

Ainsi lorsque le titre contient une **reconnaissance de la créance par le débiteur.** Par exemple, que la

1. C. Brenner, « Définition, notions voisines et principes de la réforme du 17 juin 2008 », *Dr. et proc.* 2012. 61.
2. LAUBA, 13e éd., 2017, no 37 – COMP. G. Rebecq et D. Tatoueix, « La prescription des titres exécutoires en matière judiciaire », *Dr. et proc.* 2010. 201.
3. COMP. C. Lefort, « La prescription de l'exécution du titre exécutoire », *Dr. et patr.* nov. 2008. 91 – O. Salati, « Nouvel article 3-1 de la loi du 9 juill. 2008 », *Procédures* déc. 2008. Alerte 45 – Ph. Hoonakker, « La prescription de l'exécution forcée depuis la loi no 2008-561 du 17 juin 2008 », *Dr. et proc.* 2009. 15 – T. Moussa, « Prescription des titres exécutoires et prescription de l'action », *Dr. et proc.* 2011. 284.
4. Rép. pr. civ., vo *Action en justice*, par N. Cayrol, juin 2019 (actu. avr. 2021), no 127.

créance ait été constatée dans un acte notarié signifie que le débiteur l'a reconnue devant un notaire. Même chose si la créance est constatée dans un procès-verbal de conciliation signé par le juge et les parties. Or la reconnaissance par le débiteur du droit de son créancier est une cause d'interruption de la prescription (C. civ., art. 2240).

Autre exemple : dans le cadre de la procédure simplifiée de recouvrement des petites créances, en cas « *d'accord du créancier et du débiteur sur le montant et les modalités du paiement* », l'huissier leur en donne acte et « *délivre, sans autre formalité, un titre exécutoire* » (C. pr. exéc., art. L. 125-1). De la part du débiteur, il y a là encore un acte de reconnaissance d'un droit, acte qui emporte interruption de la prescription.

Lorsque la reconnaissance de la créance ne procède pas du débiteur, mais d'une décision du juge, il y a aussi interruption de la prescription, mais d'une manière encore plus indirecte : s'il y a jugement, c'est parce qu'il y a eu préalablement demande. Or, en droit, c'est la demande en justice qui interrompt la prescription (C. civ., art. 2241), effet interruptif qui produit ses effets jusqu'à l'extinction de l'instance (C. civ., art. 2242). La décision du juge d'adjuger la demande en constatant la créance objet des prétentions ne fait que confirmer l'effet interruptif de cet acte. Si le juge décide au contraire de rejeter la demande, alors « *l'interruption est non avenue* » (C. civ., art. 2243).

0112.163 Créance constatée par un titre exécutoire et délais de prescription. Plan. Le constat de la créance par un titre exécutoire a-t-il une incidence sur la durée de la prescription ?

La question fut vivement discutée avant la réforme de la prescription réalisée par la loi du 17 juin 2008. La loi ne réglait que le cas des créances soumises à une courte prescription. Pour les autres créances, on se demandait si le délai de prescription était toujours commandé par la nature particulière de la créance ou si le fait que la créance avait été constatée dans un titre exécutoire impliquait qu'elle fut soumise au délai de droit commun qui, à l'époque, était de trente ans. En termes techniques, on se demandait si le constat emportait **interversion des prescriptions**, c'est-à-dire substitution du délai de droit commun au délai propre à la nature de la créance[1].

La réforme fut l'occasion de reprendre la question sur de nouvelles bases. Le délai de droit commun ayant été ramené de trente à cinq ans (C. civ., art. 2224), il s'agissait désormais de savoir si le constat de la créance dans un titre exécutoire justifiait l'instauration d'un délai spécial plus long que le délai de droit commun.

La réponse, nuancée, résulte du texte qui figure aujourd'hui à l'article L. 111-4 C. pr. exéc.[2] suivant lequel il y a lieu de distinguer selon que le titre constatant la créance est un titre juridictionnel (A) ou non (B).

A. Créance constatée par un titre juridictionnel

0112.171 Interversion de prescription pour les créances constatées par un titre juridictionnel. Aux termes de l'article L. 111-4 alinéa 1er C. pr. exéc., « *l'exécution des titres exécutoires mentionnés aux 1° à 3° de l'article L. 111-3 ne peut être poursuivie que pendant dix ans, sauf si les actions en recouvrement des créances qui y sont constatées se prescrivent par un délai plus long* ». La règle prescrite par ce texte intervertit les délais de prescription, mais son domaine est limité à certains titres exécutoires, et son application est subordonnée à la condition qu'elle augmente le délai.

Les titres exécutoires mentionnés aux 1° à 3° de l'article L. 111-3 sont « *1° Les décisions des juridictions de l'ordre judiciaire ou de l'ordre administratif ainsi que les transactions soumises au président du tribunal judiciaire lorsqu'elles ont force exécutoire ; 2° Les actes et les jugements étrangers ainsi que les sentences arbitrales déclarés exécutoires par une décision non susceptible d'un recours suspensif d'exécution ; 3° Les extraits de procès-verbaux de conciliation signés par le juge et les parties* ».

Le point commun entre ces différents titres est que la créance y est constatée par un juge : constat de type juridictionnel que le juge judiciaire ou administratif[3] opère seul au moment de sa décision (laquelle peut être une ordonnance d'injonction de payer[4], à condition toutefois que celle-ci n'ait pas été frappée d'opposition[5]), ou constat en forme d'homologation ou d'*exequatur* qu'il ajoute soit à

1. V. R. Libchaber, « Le point sur l'interversion des prescriptions en cas de condamnation en justice », *D.* 2006. Chron. 254.

2. Et qui fut initialement l'article 3-1 de la loi nº 91-650 du 9 juilllet 1991 portant réforme des procédures civiles d'exécution (*JO* 14 juill.), réd. L. nº 2008-561, 17 juin 2008, portant réforme de la prescription en matière civile, *JO* 18 juin, texte nº 1, art. 23 – Sur l'application dans le temps de cette disposition nouvelle, v. L. 17 juin 2008, art. 26, II – V. Civ. 2e, 22 mars 2012, nº 11-12.284, P II, nº 57 ; *RD banc. fin.* 2012, nº 128, obs. S. Piedelièvre – Civ. 2e, 19 mars 2020, nº 18-23.782, P.
3. CE, 9e et 10e ch., 18 juill. 2018, req. nº 406638, *Lebon ; Dr. fisc.* 2019, nº 211, concl. Y. Bénard.
4. Civ. 2e, 8 juin 2023, nº 21-18.615, NP ; *JCP* 2023, 1192, note J.-D. Pellier ; *D.* 2024. 1301, obs. J.-D. Pellier.
5. Civ. 2e, 29 sept. 2022, nº 20-18.772, B ; *JCP* 2022, 1326, obs. L. Lauvergnat ; *RTD civ.* 2022, p. 961, note Ph. Théry ; *Gaz. Pal.* 21 mars 2023, obs. J.-J. Ansault.

celui des parties au litige (transaction et conciliation), soit à celui d'un autre juge (juge étranger[1] ou arbitre privé), soit à celui d'une autorité étrangère (acte étranger)[2].

Pour ces différents titres, l'interversion des délais de prescription apparaît comme une conséquence légale qui opère de plein droit, sans que le juge ait à la préciser, ce qui est la définition d'un « attribut ». On dira donc que l'interversion de la prescription est un attribut des jugements[3] et des actes homologués par les juges[4], attribut dont les autres titres exécutoires ne bénéficient pas.

0112.172 Exclusion des créances soumise à une prescription supérieure à dix ans. Cet attribut est un bénéfice au profit du créancier titré. La formulation négative de l'article L. 111-4, qui dispose que l'exécution « *ne peut être poursuivie que pendant dix ans* », ne doit pas tromper : par l'effet de l'interversion légale des prescriptions, le bénéficiaire du titre exécutoire constatant son droit aura le droit d'en poursuite la réalisation effective plus longtemps : le délai de dix ans posé par le texte est en effet deux fois plus long que le délai de droit commun résultant de l'article 2224.

L'idée que le mécanisme de l'interversion soit un bénéfice au profit du créancier implique que l'interversion de la prescription n'opère pas si elle doit avoir pour effet de réduire le délai de recouvrement de la créance. L'article L. 111-4 l'indique expressément, à la fin de l'alinéa 1er (« [...] *sauf si les actions en recouvrement des créances qui y sont constatées se prescrivent par un délai plus long* »). Exemple de cas où créancier bénéficie d'un délai de prescription de plus de dix ans : l'article 2226 C. civ. dispose que, « *en cas de préjudice causé par des tortures ou des actes de barbarie, ou par des violences ou des agressions sexuelles commises contre un mineur, l'action en responsabilité civile est prescrite par vingt ans* ». La créance de dommages-intérêts en réparation de ce type de préjudice reste soumise à ce délai de vingt ans nonobstant sa consécration par un jugement (lequel jugement aura du moins confirmé l'effet interruptif de la demande formulée par la victime).

La même logique de faveur commande l'alinéa 2 de l'article L. 111-4, aux termes duquel « *le délai mentionné à l'article 2232 du Code civil n'est pas applicable dans le cas prévu au premier alinéa* ». Le délai de l'article 2232 est ce que l'on appelle le « *délai butoir* », suivant lequel « *le report du point de départ, la suspension ou l'interruption de la prescription ne peut avoir pour effet de porter le délai de la prescription extinctive au-delà de vingt ans à compter du jour de la naissance du droit* ». Cette limite est donc inapplicable aux créances constatées par un titre exécutoire judiciaire, pour lesquelles il y a lieu de tenir compte de toutes les causes d'interruption et de suspension de la prescription sans égard pour cette limite de vingt ans.

0112.173 Exclusion des créances à échéances périodiques. L'article L. 111-4 C. pr. exéc. n'est pas applicable aux créances à échéances périodiques constatées par un jugement[5]. Cette solution, qui n'est pas dans la loi, procède de la jurisprudence.

Pour la Cour de cassation, « *si, depuis l'entrée en vigueur de la loi du 17 juin 2008, le créancier peut poursuivre pendant dix ans l'exécution du jugement portant condamnation au paiement d'une somme payable à termes périodiques, le recouvrement des arriérés échus avant la date de sa demande et non encore exigibles à celle arrêtée par le jugement est soumis au délai de prescription applicable en raison de la nature de la créance. Par voie de conséquence, le délai d'exécution d'un titre exécutoire, prévu à l'article L. 111-4 du Code des procédures civiles d'exécution, n'est pas applicable aux créances périodiques nées en application de ce titre exécutoire* »[6].

La logique de cette jurisprudence est la suivante : le jugement qui constate une créance à échéances périodiques n'emporte pas novation : il ne fait que la constater sans en changer la nature. Après le

1. D. Foussard, « Prescription et exécution des condamnations étrangères », *Rev. crit. DIP* 2016. 453.
2. La doctrine critique l'extension du bénéfice de la prescription décennale aux actes étrangers homologués : v. HOONAKKER, 13e éd., 2024, no 256.
3. V. CAYROL, 4e éd., 2022, no 1025.
4. V. T. Goujon-Bethan, *L'homologation par le juge*, th. Nice, 2019, no 596.
5. Civ. 2e, 21 mars 2019, no 17-22.241, P ; *D.* 2019. 1792, obs. S. Lemoine et E. de Leiris ; *D.* 2019. 1306, obs. A. Leborgne ; *Gaz. Pal.* 23 juill. 2019, p. 37, obs. N. Hoffschir ; *RD banc. fin.* 2019, no 135, obs. S. Piedelièvre.
6. Cass., avis, 4 juill. 2016, no 16-70.004, P, no 4 ; *D.* 2017. 539, note E. Poillot ; *D.* 2017. 1390, obs. A. Leborgne ; *Gaz. Pal.* 29 nov. 2016, p. 80, obs. L. Lauvergnat ; *Dr. et proc.* 2016. 115, obs. L. Lauvergnat ; *LPA* 31 mai 2017, p. 7, note L. Andreu – DANS LE MÊME SENS, v. Civ. 1re, 8 juin 2016, no 15-19.614, P ; *D.* 2016. 1881, obs. I. Guyon-Renard ; *D.* 2017. 1390, obs. A. Leborgne ; *RTD civ.* 2016. 593, obs. J. Hauser ; *Gaz. Pal.* 6 déc. 2016, p. 28, obs. J.-J. Ansault ; *ibid.* 13 déc. 2016, p. 70, obs. A. Gailliard ; *RD banc. fin.* 2016, no 174, obs. S. Piedelièvre – Civ. 2e, 26 janv. 2017, no 15-28.173, P II, no 24 ; *D.* 2017. 1390, obs. A. Leborgne ; *Dr. et proc.* 2017. 34, obs. L. Lauvergnat ; *Procédures* 2017, no 63, obs. L. Raschel ; *Gaz. Pal.* 13 juin 2017, p. 34, obs. O. Salati ; *RD banc. fin.* 2017, no 124, obs. S. Piedelièvre – V. DÉJÀ, Cass., ass. plén., 10 juin 2005, no 03-18.922, P, no 6 ; *D.* 2005. 1733, obs. Y. Rouquet ; *RTD civ.* 2006. 320, obs. J. Mestre et B. Fages ; *RTD civ.* 2006. 639, obs. R. Perrot ; *Defrénois* 2005. 1607, obs. J. Massip ; *ibid.* p. 1636, obs. E. Savaux ; *ibid.* p. 1642, obs. A. Bénabent ; *Dr. et proc.* 2005. 273, obs. M. Douchy-Oudot – R. Libchaber, « Le point sur l'interversion des prescriptions en cas de condamnation en justice », *D.* 2006. Chron. 254.

jugement, les échéances à venir restent donc régies par le droit applicable à la créance. Si ces échéances postérieures sont impayées, la prescription applicable ne peut être que celle « *applicable en raison de la nature de la créance* », indépendamment du fait que le créancier bénéficie d'un délai de dix ans pour poursuivre l'exécution forcée depuis qu'il a obtenu son titre.

Pour être parfaitement claire à ce sujet, la Cour de cassation a précisé que dans le cas où la créance à échéance périodique est, par sa nature, soumise à un délai de prescription plus bref que le délai quinquennal de droit commun, c'est bien ce délai dérogatoire qui reste applicable. Elle l'a dit à propos d'une créance de remboursement née d'un crédit détenue par un établissement de crédit à l'encontre d'un consommateur, créance qui est soumise au délai biennal de l'article L. 218-2 C. consom. : « *Les créances périodiques nées d'une créance en principal fixée par un titre exécutoire, en raison de la fourniture d'un bien ou d'un service par un professionnel à un consommateur, sont soumises au délai de prescription prévu à l'article L. 218-2 du Code de la consommation, applicable au regard de la nature de la créance* »[1].

0112.174 Exclusion de l'action en liquidation d'une astreinte. Pour la Cour de cassation, « *l'action en liquidation d'une astreinte n'est pas soumise au délai de prescription prévu à l'article L. 111-4 du code des procédures civiles d'exécution applicable à l'exécution des titres exécutoires, mais au délai de prescription des actions personnelles et mobilières prévu à l'article 2224 du code civil* »[2]. En effet, « *la condamnation, assortie d'une astreinte, prononcée par un juge ne fait pas naître une action en paiement de sommes payables par années ou à des termes périodiques plus courts, mais confère à son bénéficiaire une action en liquidation de cette astreinte, à l'issue de laquelle celui-ci est susceptible de disposer d'une créance de somme d'argent* »[3].

0112.175 Régime du délai décennal. Le délai de dix ans résultant de l'interversion de la prescription est un délai de prescription, susceptible par conséquent de suspension et d'interruption suivant les règles du Code civil[4].

C'est ainsi qu'en cas de jugement rendu à l'encontre d'un époux au profit de l'autre, le cours du délai est suspendu en vertu de l'article 2236.

C'est ainsi également que, conformément à l'article 2244, un acte d'exécution forcée interrompt le délai décennal[5], et que dans le cas d'actes successifs, c'est le dernier acte accompli qui doit être pris en compte pour déterminer le point de départ du nouveau délai[6]. La Cour de cassation a interprété ce texte en reconnaissant un effet interruptif aux actes qui, sans être *stricto sensu* des actes d'exécution forcée, sont du moins des actes engageant une telle procédure d'exécution forcée, tel un commandement de payer avant saisie-vente[7], ou une requête aux fins de saisie des rémunérations[8].

0112.176 Point de départ. Faute de texte pertinent, le point de départ du délai de l'article L. 111-4 C. pr. exéc. est resté longtemps controversé. On hésitait entre le jour du prononcé du jugement, le jour où celui-ci passe en force de chose jugée, celui où il devient irrévocable, celui où il devient exécutoire ou encore le jour où il acquiert force exécutoire[9].

Par un arrêt du 5 octobre 2023, la Cour cassation a décidé que « *le délai de dix ans pendant lequel l'exécution d'une décision de justice mentionnée à l'article L. 111-3, 1°, du code des procédures civiles d'exécution peut être poursuivie court à compter du jour où, ayant acquis force exécutoire, cette décision constitue un titre exécutoire au sens de ce texte* »[10].

La force exécutoire de la décision étant subordonnée à la notification qui en est faite (C. pr. civ., art. 503), c'est donc la date de la signification du jugement qui constitue le point de départ du délai. Cela signifie que le point de départ du délai dépend d'une diligence du bénéficiaire du jugement, de sorte que le délai ne court pas tant que celle-ci n'est pas accomplie.

1. Cass., avis, 4 juill. 2016, n° 16-70.004, préc. s[s] prés[t] n° – V. G. Poissonnier, « L'office du juge en droit de la consommation concerne également l'exécution des décisions de justice », *D.* 2016. 1824
2. Civ. 2e, 21 mars 2019, n° 17-22.241, P ; *D.* 2019. 1792, obs. S. Lemoine et E. de Leiris ; *D.* 2019. 1306, obs. A. Leborgne ; *Gaz. Pal.* 23 juill. 2019, p. 37, obs. N. Hoffschir ; *RD banc. fin.* 2019, n° 135, obs. S. Piedelièvre.
3. Civ. 2e, 1er juill. 2021, n° 20-14.284, P ; *D.* 2021. 1337 ; *JCP* 2021, 948, note N. Cayrol.
4. V. A. Bédon, « Computation des délais et actes interruptifs de prescription », *Dr. et proc.* 2011. 279.
5. L. Lauvergnat, « L'effet interruptif du commandement de payer avant saisie-attribution : le temps presse ! », *Gaz. Pal.* 6 sept. 2013, p. 14.
6. Civ. 2e, 3 déc. 2015, n° 14-27.138, P II, n° 268 ; *D.* 2016. 743, obs. E. de Leiris ; *D.* 2016. 1285, obs. A. Leborgne ; *Dr. et proc.* 2015. 216, obs. L. Lauvergnat.
7. Civ. 2e, 13 mai 2015, n° 14-16.025, P II, n° 113 ; *D.* 2015. 1791, obs. E. de Leiris ; *D.* 2016. 1285, obs. A. Leborgne ; *Procédures* 2015, n° 222, obs. L. Raschel ; *Dr. et proc.* 2015. 104, obs. O. Salati ; *Gaz. Pal.* 2015. 22 sept. 2015, p. 36, obs. L. Lauvergnat ; *LPA* 2 oct. 2015, p. 8, obs. F. Vinckel.
8. Civ. 1re, 19 mars 2015, n° 14-10.972, NP ; *LEDB* mai 2015, p. 2, obs. M. Mignot – V. L. Lauvergnat, « L'interruption de la prescription en matière de saisie des rémunérations », *Dr. et proc.* 2016. 2.
9. V. L. Mayer, « Le point de départ du délai prévu pour l'exécution du jugement », *Gaz. Pal.* 8 sept. 2012, p. 19.
10. Civ. 2e, 5 oct. 2023, n° 20-23.523, B ; *Gaz. Pal.* 23 janv. 2024, p. 57, obs. T. Goujon-Béthan ; *ibid.* 19 mars 2024, p. 1, obs. C. Brenner ; *RTD civ.* 2024. 214, obs. N. Cayrol.

0112.177 **Opposabilité.** L'interversion des délais de prescription au profit du porteur d'un titre exécutoire judiciaire est opposable aux parties ; elle est inopposable aux tiers. Cassation de l'arrêt qui applique « *à l'action des salariés* [...] *la prescription de l'article L. 111-4 du Code des procédures civiles d'exécution alors que ces salariés n'étaient pas parties* » à la décision [1]. Jugé encore que « *l'opposabilité au codébiteur et à la caution solidaires de la substitution de la prescription ne peut avoir eu pour effet de soumettre l'action en paiement du créancier contre le codébiteur et la caution solidaires au délai d'exécution des titres exécutoires* » [2].

B. Créance constatée par un titre extrajudiciaire

0112.181 **Absence d'interversion du délai.** On entend par titres extrajudiciaires, les titres visés aux 4° à 7° de l'article L. 111-3 C. pr. exéc. Les créances constatées par un titre extrajudiciaire restent soumises au délai de prescription qui résulte de leur nature propre.

Ainsi des **actes notariés** revêtus de la formule exécutoire (C. pr. exéc., art. L. 111-3, 4°) ou des **actes délivrés par les huissiers de justice** (C. pr. exéc., art. L. 111-3, 5°). Par exemple, une créance née des rapports entre un professionnel et un consommateur soumise au délai biennal de l'article L. 218-2 C. consom. reste soumise à ce délai même après qu'elle ait été constatée par titre exécutoire notarié [3]. Avant la réforme de 2008, la solution avait déjà été affirmée par la Cour de cassation [4] après une période d'hésitation [5]. Cela dit, rien n'interdit qu'une créance constatée par un acte notarié soit ultérieurement constatée aussi par un acte judiciaire [6]. Dans ce cas, le créancier qui poursuit le recouvrement de sa créance sur le fondement du jugement qu'il a obtenu bénéficie de l'interversion de la prescription et du délai de dix ans [7].

Ainsi des **titres administratifs** délivrés par les personnes morales de droit public qualifiés comme tels par la loi, ou les décisions auxquelles la loi attache les effets d'un jugement (C. pr. exéc., art. L. 111-3, 6°). Par exemple, une **créance fiscale** soumise au délai de prescription de quatre ans de l'article L. 274 du LPF reste soumise à un délai de cette durée même après que le comptable public l'ait constatée formellement dans un avis de mise en recouvrement valant titre exécutoire.

Même chose pour les **créances de cotisations et contributions sociales.** Celles-ci se prescrivent par trois ou cinq ans en vertu des articles L. 244-3 et L. 244-11 du CSS. Lorsqu'elles sont constatées par une contrainte valant titre exécutoire décernée par le directeur d'un organisme de sécurité sociale, les articles L. 244-9 et L. 244-11 prescrivent un délai identique de trois ou cinq ans pour l'exécution de la contrainte [8], délai qui court à l'expiration du délai imparti par la mise en demeure au redevable des cotisations pour régulariser sa situation [9]. Le raisonnement est le même pour les créances en recouvrement des prestations indûment payées, à cette différence près que le délai est alors de deux ans (CSS, art. L. 553-1) [10].

0112.182 **Créances à échéances périodiques.** Le **point de départ** du délai de prescription des créances à échéances périodiques constatée par un titre extrajudiciaire a fait l'objet d'une controverse jurisprudentielle aujourd'hui apaisée. L'hypothèse qui a posé

1. Soc. 8 sept. 2016, n° 15-12.600, P V, n° 156 ; *Dr. et proc.* 2016. 175, note L. Lauvergnat ; *JCP S* 2016. 1356, note S. Brissy.
2. Com. 4 juill. 2018, n° 16-20.205, P IV, n° 79 ; *D.* 2018. 1829, obs. P. Cagnoli ; *AJ contrat* 2018. 438, obs. G. Piette ; *Rev. sociétés* 2018. 534, obs. L.-C. Henry ; *JCP* 2018. 1018, obs. J. Vallansan, et 1221, note P. Simler ; *JCP E* 2019. 1000, obs. Ph. Pétel ; *Gaz. Pal.* 9 oct. 2018, p. 53, note A.-S. Siew-Guillermin ; *RD banc. fin.* 2018, n° 188, obs. D. Legeais ; *LEDB* oct. 2018, p. 5, obs. M. Mignot ; *Procédures* 2018, n° 288, obs. C. Laporte – Com. 3 oct. 2018, n° 16-26.985, P ; *D.* 2018. 1965, obs. A. Lienhard – Com. 16 janv. 2019, n° 17-14.002, P ; *D.* 2019. 124 ; *RTD civ.* 2019. 394, obs. P. Théry.
3. Civ. 1re, 28 nov. 2012, n° 11-26.508, P I, n° 247 ; *D.* 2013. Pan. 1574, obs. A. Leborgne – Civ. 1re, 9 juill. 2015, n° 14-19.101, NP ; *D.* 2016. 449, obs. N. Fricero.
4. Cass., ch. mixte, 26 mai 2006, n° 03-16.800, P, n° 3 ; *D.* 2006. 1793, note R. Wintgen ; *JCP* 2006. II. 19129, note Croze ; *RTD civ.* 2006. 829, obs. R. Perrot.
5. V. Com. 8 oct. 2003, n° 00-18.309, NP ; *JCP* 2004. II. 10096, note F. Descorps-Declère ; *JCP E* 2004. 1194, note M. Billiau ; *RTD civ.* 2004. 778, obs. R. Perrot – Civ. 2e, 9 juin 2005, n° 04-13.182, P II, n° 250 ; *JCP* 2004. II. 10096, note H. Croze ; *RTD civ.* 2005. 638.
6. Civ. 2e, 18 févr. 2016, nos 15-13.945, 15-13.991 et 15-15.778, P II, n° 51 ; *D.* 2016. 491 ; *D.* 2016. 1279, obs. A. Leborgne ; *RTD civ.* 2016. 442, obs. Ph. Théry ; *Dr. et proc.* 2016. 64, obs. F. Vinckel ; *JCP* 2016. 584, note N. Cayrol : « *Un acte notarié, bien que constituant un titre exécutoire, ne revêt pas les attributs d'un jugement et qu'aucune disposition légale ne fait obstacle à ce qu'un créancier dispose de deux titres exécutoires pour la même créance, de sorte que la titularité d'un acte notarié n'était pas en soi de nature à priver la banque de son intérêt à agir à fin de condamnation de son débiteur en paiement de la créance constatée dans cet acte* ».
7. Civ. 2e, 7 janv. 2016, n° 14-28.088, NP.
8. Civ. 2e, 17 mars 2016, n° 14-22.575, P ; *JCP S* 2016. 1169, note E. Jeansen ; *Procédures* 2016, n° 155, obs. L. Raschel – Com. 31 mai 2016, n° 14-20.075, P IV, n° 81 – Civ. 2e, 9 nov. 2017, n° 16-23.662, NP ; *Procédures* 2018, n° 10, obs. L. Raschel – V. L. Lauvergnat, « Exécution d'une contrainte de sécurité sociale : quel délai de prescription ? », *Dr. et proc.* 2016. 82.
9. Civ. 2e, 12 nov. 2020, n° 19-15.239, P.
10. V. JEX Paris, 17 mars 2021, RG n° 2019A3049, *Rev. prat. rec.* avr. 2021. 18, obs. G. Sansone.

problème était celle du prêt bancaire notarié, prêt soumis à la prescription biennale de l'article L. 218-2 C. consom.[1].

Un temps, la Cour de cassation jugea que le point de départ du délai de prescription était celui du jour du premier incident de paiement non régularisé[2], date précoce qui eut d'abord pour conséquence de sanctionner par la prescription le manque de réactivité des établissements de crédit qui avaient fait preuve de mansuétude envers les débiteurs en espérant une régularisation, mais qui eut bientôt pour effet de les inciter à engager systématiquement des procédures de saisie immobilière dès les premiers incidents de paiement. Cette jurisprudence fit l'objet de critiques de la part de la doctrine et se heurta à une résistance des juges du fond.

Finalement, la Cour de cassation, opérant un revirement de jurisprudence, opta pour une analyse des créances à exécution successive fondée sur la divisibilité de la dette et, par suite, du point de départ de la prescription. Aux termes de quatre arrêts rendus en termes identiques la 11 février 2016, elle décide « *qu'à l'égard d'une dette payable par termes successifs, la prescription se divise comme la dette elle-même et court à l'égard de chacune de ses fractions à compter de son échéance, de sorte que, si l'action en paiement des mensualités impayées se prescrit à compter de leurs dates d'échéance successives, l'action en paiement du capital restant dû se prescrit à compter de la déchéance du terme, qui emporte son exigibilité* »[3].

§ 2
Autres causes d'extinction

0112.190 Théorie des causes d'extinction de la force exécutoire. Plan. La prescription de la créance n'est pas la seule cause d'extinction de la force exécutoire du titre. À l'analyse, celle-ci peut être remise en cause selon trois modalités distinctes.

En premier lieu, la force exécutoire du titre peut être remise en cause en conséquence d'un **événement qui affecte la créance (A)**. La logique est la même qu'en matière de prescription : c'est celle d'une relation d'accessoire à principal qui relie le titre à la créance. Ainsi tout ce qui affecte l'existence ou l'exigibilité de la créance affecte la force exécutoire du titre qui la constate.

En deuxième lieu, la force exécutoire du titre peut être remise en cause du fait de **l'anéantissement du titre (B)**. S'il s'agit d'un jugement, qu'il y ait infirmation, rétractation, annulation, cassation, caducité, dans tous les cas, la remise en cause du titre affecte en même temps ses attributs, et au premier chef la force exécutoire. S'il s'agit d'une convention, transaction homologuée ou acte notarié, même logique : l'annulation, la rescision, la résolution, *etc.* de l'acte affecte sa force exécutoire.

En troisième lieu, la force exécutoire peut être remise en cause directement et pour elle-même, c'est-à-dire indépendamment de la remise en cause de la créance constatée par le titre ou du titre lui-même. Le débiteur qui, pour s'opposer à une mesure d'exécution forcée, plaide le caractère irrégulier de la notification du jugement conteste en réalité le **caractère exécutoire du titre (C)**. Ainsi encore en cas d'ouverture d'une procédure de sauvegarde, de redressement ou de liquidation judiciaire, puisque le jugement d'ouverture « *arrête ou interdit* » toute voie d'exécution (C. com., art. L. 622-21), ou lorsqu'un premier président ordonne l'arrêt ou le sursis de l'exécution provisoire d'une décision exécutoire seulement par provision (C. pr. civ., art. 514-3 et 517-1 ; C. pr. exéc., art. R. 121-20). Autre exemple : en cas de décès du débiteur, le titre n'est exécutoire à l'encontre des héritiers du *de cujus* que huit jours après qu'il leur ait été signifié (C. civ., art. 877 – v. s[s] n° 0112.141). En attendant, le décès aura suspendu de plein droit la force exécutoire du titre.

0112.191 Casuistique. La théorie des causes d'extinction de la force exécutoire débouche donc sur une classification très générale. La matière, en réalité, dépend de trop d'éléments pour déboucher sur autre chose qu'une casuistique.

A.
Remise en cause de la créance constatée par le titre

0112.201 Paiement partiel. Le paiement éteint la créance et met fin à la force exécutoire du titre, privant de fondement les procédures d'exécution forcée entreprises, étant précisé « *que le débiteur est fondé à exciper, au soutien d'une demande de mainlevée de la saisie-attribution pratiquée à son encontre, des paiements effectués postérieurement à la saisie en règlement de la créance, cause de la saisie* »[4].

Mais le paiement ne satisfait le créancier et ne libère le débiteur que s'il est complet. Un paiement simplement partiel ne remet pas en cause la force exécutoire du titre. Cela a été jugé à propos d'un paiement pour un montant couvrant uniquement le

1. V. E. Bazin, « De la prescription de l'action en paiement du prêteur en matière de crédit immobilier consenti à un consommateur », *Dr. et proc.* 2014. 210.
2. Civ. 1re, 10 juill. 2014, n° 13-15.511, P I, n° 138 ; *D.* 2014. 1541 ; *D.* 2015. 588, obs. H. Aubry ; *RTD com.* 2014. 675, obs. D. Legeais ; *JCP E* 2014. 948, note J. Lasserre-Capdeville.
3. Civ. 1re, 11 févr. 2016, n°s 14-29.539, 14-27.143, 14-22.938 et 14-28.383, P I, n° 33 ; *D.* 2016. 870, note M. Lagelée-Heymann ; *D.* 2016. 2305, obs. D. R. Martin et H. Synvet ; *D.* 2017. 539, obs. H. Aubry, E. Poillot et S. Sauphanor-Brouillaud ; *AJDI* 2016. 445, obs. G. Valdelièvre ; *RDI* 2016. 269, obs. H. Heugas-Darraspen ; *RTD civ.* 2016. 364, obs. H. Barbier ; *RTD com.* 2016. 314, obs. D. Legeais ; *RD banc. fin.* 2016, n° 56, obs. N. Mathey ; *JCP E* 2016. 1175, obs. R. Loir.
4. Civ. 2e, 16 déc. 2021, n° 20-12.470, NP ; *Gaz. Pal.* 15 mars 2022, p. 4, obs. C. Brenner.

principal, sans les frais de poursuite. Or « *les frais de poursuite sont l'accessoire de la dette pour le paiement de laquelle a été diligentée la procédure de saisie immobilière ; dès lors, le créancier saisissant, bien qu'ayant été désintéressé des causes du commandement en principal par le saisi, est fondé à continuer les poursuites de saisie immobilière contre celui-ci tant qu'il n'a pas obtenu le règlement desdits frais* »[1]. Le paiement partiel n'avait donc pas remis en cause la force exécutoire du titre.

0112.202 Paiement par chèque. Le paiement d'une créance de somme d'argent suppose de la part du débiteur la remise d'une somme d'argent. Diverses modalités sont concevables.

Cette remise peut valablement être faite par le débiteur soit au créancier lui-même soit à une personne que le créancier lui a indiquée pour recevoir le paiement (C. civ., art. 1342-2, al. 1er). L'hypothèse est banale : c'est celle de l'indication au débiteur de l'huissier à qui le créancier a confié le titre exécutoire.

La remise peut valablement être faite en espèces (monnaie fiduciaire) ou par inscription au crédit d'un compte (monnaie scripturale). Cependant, monnaie fiduciaire ou scripturale, il doit s'agir de monnaie. À cet égard, la remise d'une créance en paiement n'emporte pas par elle-même extinction de la dette du cédant envers le cessionnaire[2]. Seule la remise des fonds par le débiteur cédé vaudra paiement, ce qui entraînera la libération du débiteur et éteindra la force exécutoire du titre.

Le paiement par chèque est une variété de paiement au moyen d'une créance, l'endossement du chèque emportant au profit du porteur transfert de la provision, c'est-à-dire de la créance du tireur sur le banquier tiré. C'est la raison pour laquelle, aux termes de l'article L. 131-67 C. mon. fin., en cas de remise d'un chèque en paiement, « *la créance originaire subsiste, avec toutes les garanties qui y sont attachées, jusqu'à ce que ledit chèque soit payé* ». La remise d'un chèque en paiement ne vaut paiement et n'emporte extinction de la force exécutoire du titre « *que sous la condition de son encaissement* »[3]. À noter toutefois qu'en cas d'encaissement du chèque, la date du paiement sera celle de la remise du chèque, et non celle de l'encaissement[4]. Cette solution s'explique par cette considération que l'encaissement du chèque dépend des seules diligences du créancier.

0112.203 L'inscription en compte vaut paiement. En matière de comptes bancaires, la Cour de cassation considère que « *l'inscription en compte au compte vaut paiement* ». Elle en déduit qu'un titre exécutoire ne peut plus servir de fondement à une procédure civile d'exécution lorsque la créance qu'il constate a été inscrite en compte. Cela a été jugé à propos d'une procédure d'exécution diligentée par un banquier porteur d'un titre exécutoire notarié constatant une créance de remboursement d'un prêt, mais créance que le banquier avait soldée et inscrite au débit du compte courant de son client[5]. Précisons que la solution ne concerne que les seuls comptes bancaires, qui sont les seuls à opérer cette « fusion » des créances qui leur fait perdre leurs traits distinctifs et leurs accessoires, rendant sans objet les titres exécutoires qui les constatent. Les comptes de succession ou les comptes de tutelle n'ont pas cette particularité.

0112.204 Extinction de la créance par l'effet du retrait litigieux. L'article 1699 C. civ. dispose que « *celui contre lequel on a cédé un droit litigieux peut s'en faire tenir quitte par le cessionnaire, en lui remboursant le prix réel de la cession avec les frais et loyaux coûts, et avec les intérêts à compter du jour où le cessionnaire a payé le prix de la cession à lui faite* ». Jugé qu'il entre dans les pouvoirs du JEX de statuer sur le retrait litigieux et son incidence sur la créance constaté par le titre exécutoire, privant celui-ci d'objet[6].

0112.205 Extinction de la créance par novation. L'article 1329 dispose que « *la novation est un contrat qui a pour objet de substituer à une obligation, qu'elle éteint, une obligation nouvelle qu'elle crée* ». En cas de novation par les parties de l'obligation constatée par le titre exécutoire, celui-ci n'a donc plus d'objet et ne peut servir de fondement à une procédure d'exécution forcée. Le principe de la solution est classique[7] et actuel[8], mais sa mise en œuvre dépend du point de savoir si les parties ont, en

1. Civ. 2e, 22 juin 2017, no 16-18.901, P II, no 147 ; *D.* 2018. 1223, obs. A. Leborgne ; *Gaz. Pal.* 31 oct. 2017, p. 72, obs. L. Lauvergnat ; *ibid.* 12 déc. 2017, p. 38, obs. C. Brenner, *RD banc. fin.* 2017, no 218, obs. S. Piedelièvre ; *RTD civ.* 2017. 733, obs. N. Cayrol.
2. Com. 23 juin 1992, no 88-15.763, P IV, no 245 ; *RTD civ.* 1993. 357, obs. J. Mestre.
3. Civ. 1re, 4 avr. 2001, no 99-14.927, P I, no 102 ; *D.* 2001. 3323, obs. H. Groutel ; *Defrénois.* 2001, art. 37362, obs. J.-L. Aubert ; *RGDA* 2001. 946, note L. Fonlladosa.
4. V. Civ. 1re, 2 déc. 1968, no 66-12.727, P I, no 301 ; *JCP* 1969. II. 15575, note A. Besson ; *RTD com.* 1969. 550, note H. Cabrillac et J.-L. Rives-Langes.
5. Civ. 2e, 13 nov. 2014, no 13-25.193, P II, no 231 ; *RDC* 2015. 312, note N. Cayrol ; *D.* 2015. 1339, obs. A. Leborgne ; *Gaz. Pal.* 17 mars 2015, p. 21, obs. P. Pailler, et p. 28, obs. A. Bolze ; *ibid.* 5 sept. 2015, p. 12, obs. C. Brenner ; *RD banc. fin.* 2015, no 29, obs. F. Crédot et T. Samin – V. E. Putman, « Inscription d'une créance en compte et perte d'effet de son titre exécutoire », *Mél. P. Serlooten*, Dalloz, 2015, p. 695.
6. Civ. 2e, 9 juin 2022, no 21-12.941, B : *RTD civ.* 2022. 962, obs. Ph. Théry ; *Gaz. Pal.* 22 nov. 2022, p. 4, obs. C. Brenner.
7. Req. 13 juill. 1813, *Rép. Dalloz, Jur. Gén.*, t. 33, 1860, vo Obligations, no 2439 – Com. 8 oct. 1968, P IV, no 259.
8. Civ. 2e, 23 mai 2024, no 21-25.084, B ; *RTD civ.* 2024. 721, obs. Ph. Théry ; *Rev. contrats* 2024/3, p. 60, obs. N. Cayrol ; *Defrénois* 19 sept. 2024, p. 20, obs. C. Gijsbers.

modifiant l'obligation mentionnée par le titre, réellement eu l'intention de nover. En pratique, cela dépend de l'interprétation de l'avenant qu'elles ont joint au titre (v. s^{s} n° 0112.214).

0112.206 Extinction de la créance par effacement. L'article L. 741-4 C. consom. prévoit qu'en l'absence de contestation, le rétablissement personnel sans liquidation judiciaire entraîne l'effacement de toutes les dettes non professionnelles du débiteur, arrêtées à la date de la décision de la commission. L'effacement de la créance constatée par le titre exécutoire affecte la validité de la saisie pratiquée sur son fondement[1].

0112.207 Extinction de la créance faute de déclaration. L'article 792 C. civ. dispose que les créances sur la succession « *sont éteintes* » faute de déclaration dans un délai de quinze mois. Peu importe que ces créances soient constatées par un titre exécutoire. À défaut de déclaration dans le délai imparti, les créances sont éteintes et le titre exécutoire devient sans objet[2].

0112.208 Saisie de la créance constatée par le titre. La saisie-attribution d'une créance constatée par le titre exécutoire a pour effet d'attribuer la créance au saisissant et elle a pour conséquence de priver de son objet le titre détenu par le saisi. Privé d'objet, le titre ne peut plus servir de fondement à une procédure d'exécution forcée de la part du saisi[3].

La solution est différente lorsque la créance constatée par le titre exécutoire est frappée par une simple saisie conservatoire. Il a été jugé dans ce cas que la « *saisie conservatoire d'une créance a pour seul effet de rendre la créance indisponible sans remettre en cause son exigibilité* »[4], ce qui permet d'engager ou de poursuivre une procédure d'exécution sur la foi du titre la constatant.

B.
Remise en cause du titre constatant la créance

0112.211 Anéantissement du titre. Quand bien même la créance serait établie, l'annulation du titre exécutoire qui la constate a pour conséquence de priver de fondement les poursuites engagées[5].

Même chose si le titre est infirmé, rétracté, cassé[6], entaché de faux[7], frappé de caducité, *etc.*

La mainlevée des mesures engagées est alors de droit[8]. L'exécution ayant été poursuivie aux risques du créancier, celui-ci doit « *rétablir le débiteur dans ses droits en nature ou par équivalent* » (C. pr. exéc., art. L. 111-10).

0112.212 Remise en cause totale ou partielle. La remise en cause du titre peut être totale ou partielle : annulation partielle d'un acte notarié, cassation partielle d'un jugement *etc.* Lorsque la remise en cause est partielle, le titre conserve partiellement sa force exécutoire. Ainsi, « *lorsqu'un titre exécutoire sur lequel est fondé un commandement à fin de saisie-vente est annulé partiellement, le commandement demeure valable à concurrence du montant de la créance correspondant à la partie du titre non annulée* »[9]. Dans ce cas, la mainlevée et les restitutions éventuelles se mesurent à l'étendue de la modification du titre.

Lorsque le titre est frappé de **caducité**, en principe, cette sanction emporte son anéantissement rétroactif, exactement comme en cas d'annulation, ce qui implique de procéder aux remises en état nécessaires. Un temps cependant, la Cour de cassation considéra que dans le cas où le titre avait prescrit l'exécution d'une obligation qui s'inscrivait dans le temps, par exemple le paiement d'une pension alimentaire ou d'une rente, « *la caducité ne le privait pas de son efficacité pour la période antérieure à la caducité* »[10]. La remise en cause résultant de la caducité n'était donc que partielle. Mais cette analyse paraît avoir été depuis abandonnée, la Cour de cassation jugeant que « *l'obligation de rembourser résulte de plein droit de la décision qui constate la caducité d'une*

1. Civ. 2e, 23 nov. 2023, n° 22-11.535, B ; *D.* 2023. 2084 ; *Rev. prat. rec.* 2023. 3, chron. A. Alexandre Le Roux ; *RCJPP* 2024, n° 01, p. 55, chron. V. Valette.
2. Civ. 1re, 22 mars 2017, n° 15-25.545, P.
3. Civ. 2e, 30 sept. 2021, n° 20-14.060, P ; *D. actu* 13 oct. 2021, obs. G. Payan.
4. Civ. 1re, 6 sept. 2018, n° 16-26.059, P ; *D.* 2018. 1761 ; *RTD civ.* 2018. 972, obs. N. Cayrol.
5. Civ. 2e, 13 mars 2008, n° 06-21.105, P II, n° 70 ; *D.* 2009. 1168, obs. A. Leborgne ; *RD banc. fin.* 2008, n° 80, obs. S. Piedelièvre. – A PROPOS D'UN ACTE NOTARIÉ (reconnaissance de dette) annulé pour avoir été établi au cours de la période suspecte, v. Com. 1er oct. 2002, n° 01-03.216, P IV, n° 134 ; *RTD civ.* 2003. 146, obs. R. Perrot ; *Dr. et proc.* 2003. 108, note C. Delattre. – A PROPOS D'UN JUGEMENT ÉTRANGER HOMOLOGUÉ EN TITRE EXÉCUTOIRE EUROPÉEN, v. Civ. 2e, 6 janv. 2012, n° 10-23.518, P II, n° 7.
6. V. C. pr. civ., art. 625, al. 2 : la cassation « *entraîne, sans qu'il y ait lieu à une nouvelle décision, l'annulation par voie de conséquence de toute décision qui est la suite, l'application ou l'exécution du jugement cassé ou qui s'y rattache par un lien de dépendance nécessaire* ». – V. Civ. 2e, 11 avr. 2013, n° 12-15.837, P II, n° 76.
7. Civ. 2e, 13 mars 2008, n° 06-21.105, P II, n° 70.
8. V. PERROT et THÉRY, n° 133, p. 144.
9. Civ. 2e, 27 févr. 2020, n° 18-25.382, P ; *D.* 2020. 1380, obs. A. Leborgne ; *Procédures* 2020, n° 61, obs. C. Laporte ; *Gaz. Pal.* 16 juin 2020, p. 35, obs. J.-J. Ansault ; *ibid.* 21 juill. 2020, p. 88, obs. L. Lauvergnat.
10. Civ. 2e, 6 mai 2004, n° 02-18.985, P II, n° 220 ; *D.* 2004. 1564 ; *AJ fam.* 2004. 284, obs. S. David ; *RTD civ.* 2004. 559, obs. R. Perrot – Civ. 1re, 9 févr. 2011, n° 09-72.653, P I, n° 26 ; *D.* 2011. 594 ; *AJ fam.* 2011. 153, obs. S. David ; *RTD civ.* 2011. 329, obs. J. Hauser ; *RTD civ.* 2011. 591, obs. R. Perrot.

prestation compensatoire », sans qu'il y ait lieu de distinguer[1]. On remarquera toutefois l'équivoque relative à l'objet de la sanction, dont on se demande si elle frappe le titre ou la créance que celui-ci constate.

0112.213 Modification et interprétation. En droit, il convient de distinguer modification et interprétation du titre. La modification affecte la force exécutoire du titre relativement aux chefs modifiés. Rien de tel en cas d'interprétation du titre. Bien au contraire, l'interprétation renforce la force exécutoire en levant les équivoques.

La « *décision interprétative s'incorpore à la décision qu'elle interprète* »[2], de sorte que l'exécution de l'une ne peut plus se faire sans l'autre. C'est vrai pour l'interprétation de tous les titres exécutoires, qu'il s'agisse de titres judiciaires ou extrajudiciaires. Mais il est vrai aussi que l'interprète ne doit jamais, sous couvert d'interprétation, modifier les droits et obligations reconnus aux parties par le titre[3].

0112.214 Avenant d'un titre exécutoire conventionnel. Dans le prolongement de cette distinction, on aurait pu penser qu'en cas d'avenant à un titre exécutoire conventionnel, il y avait lieu de distinguer selon que les parties avaient seulement voulu interpréter leur convention (simple « *avenant interprétatif* ») ou si elles avaient voulu modifier leur convention. Mais cette distinction n'est pas la bonne, et d'ailleurs la doctrine doute qu'un avenant interprétatif en soit vraiment un, considérant qu'un avenant véritable modifie toujours les obligations des parties[4].

À cet égard, la distinction qui s'impose est celle entre, *d'un côté*, les avenants qui modifient les obligations préexistantes en conservant leur substance et, *d'un autre côté*, ceux qui font plus que modifier les obligations et qui, en réalité, les remplacent. En termes techniques, la distinction est donc celle entre les avenants qui emportent une simple modification des obligations et ceux qui emportent véritable **novation** : l'avenant qui emporte novation éteint les créances constatées par le titre, lequel n'a plus d'objet ne peut plus servir de fondement à une procédure d'exécution forcée (v. s[s] n° 0112.205).

Au contraire, en cas d'avenant simple, qui se borne à modifier l'obligation constatée par le titre, celui-ci conserve sa force exécutoire et peut encore servir de fondement non seulement aux poursuites déjà engagées mais aussi aux poursuites à venir[5]. L'avenant sous seing privé s'incorpore alors au titre exécutoire : la volonté qu'il traduit bénéficie de la force exécutoire du titre, alors même que le titre n'exprime plus les dernières volontés des parties[6].

Le point de savoir si les parties ont eu l'intention de nover est donc décisif. Il appartient au JEX de procéder à cette recherche. À propos de l'article 1330 C. civ., qui dispose que : « *La novation ne se présume pas ; la volonté de l'opérer doit résulter clairement de l'acte* », on observera que, quoi qu'il paraisse, ce texte « *pose une règle d'interprétation et non de preuve : la rédaction du texte suppose que la preuve de l'acte n'est pas en question ; les parties discutent seulement sur la portée de leur acte, sur leur intention* »[7]. Or, s'agissant d'interprétation de la volonté, les juges du fond disposent d'un pouvoir souverain d'appréciation de l'ensemble de éléments qui leur sont soumis, seulement borné par l'interdiction de dénaturation.

C. Remise en cause du caractère exécutoire du titre

0112.221 Suspension du caractère exécutoire du titre. Le caractère exécutoire du titre peut être remis en cause sans que le titre lui-même ni la créance qu'il constate soient affectés. Ainsi lorsque le débiteur demande l'arrêt de l'exécution provisoire au premier président, ou conteste devant le JEX la réalisation des conditions auxquelles l'exécution provisoire avait été subordonnée[8].

1. Civ. 2e, 22 sept. 2016, n° 15-17.041, P II, n° 214 ; *D.* 2016. 1938 ; *JCP* 2017. 186, obs. H. Bosse-Platière ; *AJ fam.* 2016. 538, obs. J. Casey ; *Dr. fam.* 2016, n° 219, obs. J.-R. Binet ; *Gaz. Pal.* 6 déc. 2016, p. 29, obs. J.-J. Ansault ; *ibid.* 3 janv. 2017, p. 60, note J. Pierrot-Blondeau et A. Bautrait-Lotellier ; *RTD civ.* 2017. 109, obs. J. Hauser.
2. Civ. 3e, 29 mai 1969, P III, n° 247.
3. V. PAR EX., Civ. 2e, 22 mars 2012, n° 11-13.915, P II, n° 56 ; *D.* 2012. 2067, obs. L. Leroy-Gissinger ; *Procédures* 2012, n° 176, obs. R. Perrot ; *Dr. et proc.* 2012. 181, obs. F. Vinckel – Civ. 2e, 22 oct. 2020, n° 19-16.895, P – V. N. Fricero, « Interprétation du jugement », *in* S. Guinchard (dir.), Dalloz action *Droit et pratique de la procédure civile*, 2024/2025, n°s 621.61 s.
4. S. Pellet, *L'avenant au contrat*, préf. P. Stoffel-Munck, IRJS, 2010, n° 5.
5. Civ. 2e, 6 mai 2010, n° 09-67.058, P II, n° 90 ; *D.* 2011. 1509, obs. A. Leborgne ; *Dr. et proc.* 2010, p. 240, obs. A. Leborgne ; *Dr. et patr.* nov. 2010, p. 92, obs. P. Crocq ; *Defrénois* 15 sept. 2010, p. 1706, obs. J.-B. Seube ; *RDBF* 2010, n° 152, obs. S. Piedelièvre – Civ. 1re, 23 nov. 2022, n°s 20-21.282 et 20-21.353, B ; *D.* 2022. 2169 ; *LEDB* janv. 2023, p. 6, obs. M. Mignot.
6. Civ. 2e, 1er mars 2018, n° 17-10.373, NP ; *RDC* 2018. 570, obs. N. Cayrol – Civ. 2e, 23 mai 2024, n° 21-25.084, B ; *RTD civ.* 2024. 721, obs. Ph. Théry ; *Rev. contrats* 2024/3, p. 60, obs. N. Cayrol ; *Defrénois* 19 sept. 2024, p. 20, obs. C. Gijsbers.
7. H., J., L. Mazeaud et F. Chabas, *Leçons de droit civil*, t. 11, vol. 1, Obligations. Théorie générale, 9e éd., 1998, Montchrestien, n° 1213.
8. V. Ph. Hoonakker, « L'exécution provisoire des jugements », *in* S. Guinchard (dir.), Dalloz action *Droit et pratique de la procédure civile*, 2024/2025, n°s 53.00 s.

Ainsi encore lorsque le débiteur conteste la régularité de la notification du jugement, puisque les jugements ne peuvent être exécutés qu'après une notification régulière[1].

1. V. N. Fricero, « Notification de la copie exécutoire », *in* S. Guinchard (dir.), Dalloz action *Droit et pratique de la procédure civile*, 2024/2025, n°s 523.41 s.

TITRE

012. Les différents titres exécutoires

SECTION 0

ORIENTEUR

012.00 Sommaire du titre.

012.03 Bibliographie indicative.

Actualisables. Rép. pr. civ., v^is *Exécution des jugements et des actes*, par D. Cholet, avr. 2022 ; *Titre exécutoire européen*, par F. Ferrand, févr. 2019 (actu. juin 2020) – *J.-Cl. Pr. civ.*, V° Titre exécutoire, par C. Tirvaudey-Bourdin, fasc. 1500-60, 2020 – *Lamy Droit de l'exécution forcée*, V° Titre exécutoire, fasc. 205 et 210, par Y. Desdevises et E. Botrel, 2019.

Ouvrages. J.-J. Ansault, *Procédures civiles d'exécution*, 2e éd., « Manuel », LGDJ, 2022 – P. Cagnoli, *Procédures civiles d'exécution*, 1re éd., « Droit du paiement », LGDJ, 2018 – N. Cayrol, *Droit de l'exécution*, 3e éd., « Précis Domat », LGDJ, 2019 – M. et J.-B. Donnier, *Voies d'exécution et procédures de distribution*, 10e éd., « Manuels », LexisNexis, 2020 – N. Fricero, *Procédures civiles d'exécution*, Gualino, 11e éd., 2022 – Ph. Hoonakker, S. Hazoug, N. Pierre et S. Pierre-Maurice, *Procédures civiles d'exécution*, 13e éd., « Paradigme-Manuels », Larcier, 2024 – R. Lauba, *Le contentieux de l'exécution*, 13e éd., LexisNexis-ENM, 2017, avec la participation d'A. Lauba – A. Leborgne, *Droit de l'exécution*, 3e éd., « Précis », Dalloz, 2019 – L. Miniato, *Voies d'exécution et procédures de distribution*, 2e éd., « Cours », LGDJ, 2017 – R. Perrot et Ph. Théry, *Procédures civiles d'exécution*, 3e éd., Dalloz, 2013 – S. Piedelièvre, *Procédures civiles d'exécution*, « Corpus », Economica, 2016 – *Code des procédures civiles d'exécution*, 12e éd., Dalloz, 2024, commenté par A. Leborgne et O. Salati, et annoté par P. Guiomard – *Code des procédures civiles d'exécution*, 13e éd., LexisNexis, 2024, commenté et annoté par L. Lauvergnat.

012.05 Principe de légalité. Aux termes de l'article L. 111-3 C. pr. exéc. :

« Seuls constituent des titres exécutoires :

1° Les décisions des juridictions de l'ordre judiciaire ou de l'ordre administratif lorsqu'elles ont force exécutoire, ainsi que les accords auxquels ces juridictions ont conféré force exécutoire ;

2° Les actes et les jugements étrangers ainsi que les sentences arbitrales déclarés exécutoires par une décision non susceptible d'un recours suspensif d'exécution, sans préjudice des dispositions du droit de l'Union européenne applicables ;

2° bis Les décisions rendues par la juridiction unifiée du brevet ;

3° Les extraits de procès-verbaux de conciliation signés par le juge et les parties ;

4° Les actes notariés revêtus de la formule exécutoire ;

4° bis Les accords par lesquels les époux consentent mutuellement à leur divorce ou à leur séparation de corps par acte sous signature privée contresigné par avocats, déposés au rang des minutes d'un notaire selon les modalités prévues à l'article 229-1 du code civil ;

5° Le titre délivré par l'huissier de justice en cas de non-paiement d'un chèque ou en cas d'accord entre le créancier et le débiteur dans les conditions prévues à l'article L. 125-1 ;

6° Les titres délivrés par les personnes morales de droit public qualifiés comme tels par la loi, ou les décisions auxquelles la loi attache les effets d'un jugement ;

7° Les transactions et les actes constatant un accord issu d'une médiation, d'une conciliation ou d'une procédure participative, lorsqu'ils sont contresignés par les avocats de chacune des parties et revêtus de la formule exécutoire par le greffe de la juridiction compétente. »

Puisque « *seuls constituent des titres exécutoires* » les titres figurant sur la liste de l'article L. 111-3 C. pr. exéc., à la lettre, il semble qu'il faille considérer cette énumération comme limitative.

En réalité, cette liste n'est pas tout-à-fait exhaustive. Elle doit déjà être complétée par les titres exécutoires propres au droit local alsacien-mosellan de l'article L. 111-5 C. pr. exéc. (v. s[s] n° 132.06). D'autres lois reconnaissent en outre à d'autres actes la qualité de titre exécutoire. Par exemple, ne figure pas dans la liste de l'article L. 111-3 C. pr. exéc., « l'état éxécutoire » délivré par le procureur de la République en matière de recouvrement public des pensions alimentaires[1].

La lettre de ce texte n'est donc pas parfaitement exacte. Ce qui est vrai, en revanche, est qu'un créancier, un auxiliaire de justice ou même un juge ne pourrait pas conférer cette qualité à un titre que le législateur n'a pas élevé au rang de titre exécutoire. Une chose, pour le juge de l'exécution (JEX), est de dire si un acte constitue un titre exécutoire au sens de l'article L. 111-3[2], une autre est de dépasser son pouvoir d'interprétation pour intervenir dans un domaine réservé au législateur[3]. En d'autres termes, les seuls titres exécutoires fondant une exécution forcée sont ceux que la loi reconnaît comme tels.

La signification positive de la formule restrictive de l'article L. 111-3 est donc de poser un principe de légalité des titres exécutoires : **pas de titre exécutoire sans loi.**

012.06 Force exécutoire. Tous les titres exécutoires, ceux de l'article L. 111-3 C. pr. exéc. et les autres, permettent à celui qui est en droit de s'en prévaloir de s'adresser directement à un commissaire de justice pour procéder à l'exécution sans avoir à obtenir l'autorisation d'un juge[4]. Comme l'a souligné l'un des principaux artisans de la réforme de 1991-1992, le juge n'interviendra que pour trancher les éventuels incidents contentieux auxquels la mesure entreprise pourrait donner lieu[5], « *à l'occasion de l'exécution forcée* » pour reprendre les termes de l'article L. 213-6 alinéa 1er du COJ.

012.07 Division. L'étude des titres exécutoires sera conduite en distinguant selon qu'ils sont délivrés par les magistrats (chap. 121), les officiers publics (chap. 122), ou les personnes morales de droit public (chap. 123) et celles de droit privé habilitées à prendre des décisions auxquelles la loi attache les effets d'un jugement (chap. 124).

1. L. n° 75-618, 11 juill. 1975, relative au recouvrement public des pensions alimentaires, *JO* 12 juill., art. 3.
2. Il est compétent pour le faire, v. Civ. 1re, 4 juill. 2007, n° 05-16.586, P I, n° 252.
3. Cassation de l'arrêt qui fait de l'état des créances dressé lors de la liquidation judiciaire du débiteur un titre exécutoire au motif qu'il a été arrêté par le juge de la procédure collective, alors qu'« *un état des créances, même visé par le juge-commissaire, ne confère pas à ce relevé le caractère d'un titre exécutoire* », Com. 2 mai 2001, n° 97-19.536, P IV, n° 82 ; *RTD com.* 2001. 773, obs. J.-L. Vallens.
4. Y. Desdevises, « Le titre requis », *Procédures* 2008. Étude 3, n° 8.
5. V. *J.-Cl. Pr. civ.*, fasc. 2010, 1993, « Présentation générale de la réforme », n° 23, par R. Perrot.

CHAPITRE

0121. Titres exécutoires délivrés par les magistrats

NICOLAS CAYROL
PROFESSEUR À L'UNIVERSITÉ DE TOURS

SECTION 0 ORIENTEUR

0121.00 Sommaire du chapitre.

0121.01 Textes applicables.

• **C. pr. exéc.**, art. L. 111-3, L. 111-4, L. 111-5, L. 111-10, L. 111-11, L. 311-4.

• **C. pr. civ.**, art. 21, 128, 129-1, 465, 503, 514-1 s., 1405 à 1422, 1540, 1541, 1565 à 1567.

• **C. civ.**, art. 2052, 2062 et 2066.

• **CJA**, art. L. 4, R. 751-3, R. 811-17, R. 821-5 et R. 811-14.

• **C. trav.**, art. R. 1454-16.

• **Règl. CE nº 44/2001 du Conseil, 22 déc. 2000,** concernant la compétence judiciaire, la reconnaissance et l'exécution des décisions en matière civile et commerciale, *JOCE* L. 012, 16 janv. 2001, p. 1.

• **Règl. UE nº 1215/2012 du Parlement et du Conseil, 12 déc. 2012,** concernant la compétence judiciaire, la reconnaissance et l'exécution des décisions en matière civile et commerciale, *JOUE* L. 351, 20 déc., p. 1.

• **Accord relatif à la juridiction unifiée du brevet, 19 févr. 2013,** *JOUE* C 175/1, 20 juin 2013.

0121.02 Jurisprudence de référence.

> Procédure d'exécution pratiquée sur la foi d'une ordonnance d'injonction frappée d'opposition.

• **Cass., avis, 8 mars 1996,** nº 09-60.001, P, nº 4

* V. s^s n°s 0121.43, 0143.72, 0214.84, 0811.12

En cas saisie-attribution pratiquée en vertu d'une ordonnance d'injonction de payer revêtue de la formule exécutoire mais frappée d'une opposition recevable, l'opposition ne peut pas conduire à ordonner la mainlevée de la saisie-attribution pratiquée, mais fait obstacle, jusqu'à ce qu'il ait été statué sur l'opposition par la juridiction compétente, au paiement au créancier des sommes rendues indisponibles.

> Saisie pratiquée sur la foi d'une ordonnance d'injonction de payer qui n'a pas été signifiée à personne.

• **Cass., avis, 16 sept. 2002,** n° 02-00.003, P, n° 4

* V. s^s n°s 0121.42, 0822.05

Le délai accordé au débiteur pour former opposition dans les conditions de l'article 1416 du Code de procédure civile court nécessairement, lorsque l'ordonnance portant injonction de payer ne lui a pas été signifiée à personne, à compter du jour où la mesure d'exécution a été portée à sa connaissance. En conséquence, en cas de saisie-attribution, le délai pour former opposition, en l'absence de signification de l'ordonnance à personne, court à compter de la dénonciation de la saisie au débiteur.

> Responsabilité de celui qui poursuit à ses risques et périls l'exécution d'une décision de justice exécutoire à titre provisoire.

• **Civ. 2e, 10 juill. 2003,** n° 01-14.778, P II, n° 244

* V. s^s n°s 0121.55, 0212.92

L'exécution d'une décision de justice exécutoire à titre provisoire n'a lieu qu'aux risques et périls de celui qui la poursuit, à charge par lui d'en réparer les conséquences dommageables. Le droit à réparation n'est, dès lors, pas subordonné à une faute dans l'exécution de la décision.

> Responsabilité de celui qui poursuit à ses risques et périls l'exécution d'une ordonnance de référé exécutoire à titre provisoire.

• **Civ. 2e, 22 janv. 2004,** n° 01-00.580, P II, n° 18

* V. s^s n°s 0121.55, 0212.92

L'exécution d'une décision de référé n'a lieu qu'aux risques et périls de celui qui la poursuit, à charge pour lui de réparer le préjudice qui en résulte, sans qu'il soit nécessaire de relever une faute.

> Réparation des conséquences dommageables de l'exécution d'un titre ultérieurement modifié.

• **Cass., ass. plén., 24 févr. 2006,** n° 05-12.679, P, n° 2

* V. s^s n°s 0121.55, 0143.71, 0212.92, 0613.45, 0712.12

L'exécution d'une décision de justice exécutoire à titre provisoire n'a lieu qu'aux risques de celui qui la poursuit, à charge par lui, si le titre est ultérieurement modifié, d'en réparer les conséquences dommageables.

Viole l'article 31 de la loi n° 91-650 du 9 juillet 1991 [devenu art. L. 111-10 C. pr. exéc.], la cour d'appel qui, pour rejeter la demande d'indemnisation formée par la partie ayant exécuté une décision exécutoire à titre provisoire ultérieurement infirmée, retient que le bénéficiaire de cette décision n'a effectué aucun acte d'exécution forcée, alors que l'ordonnance de référé concernée ayant été signifiée à la requête de son bénéficiaire, la partie condamnée était tenue de l'exécuter.

> Charge de la preuve de la notification régulière du titre, condition du caractère exécutoire.

• **Civ. 2e, 21 déc. 2006,** n° 05-19.679, P II, n° 383

* V. s^s n°s 0121.24, 0412.22, 0811.41, 0952.54

Aucune présomption de l'existence et de la régularité de la notification d'un jugement ne peut résulter de la compétence réglementaire du secrétariat du tribunal des affaires de sécurité sociale pour notifier les jugements.

C'est à bon droit qu'une cour d'appel, constatant que l'organisme de sécurité sociale ne produit pas la justification de la notification à l'assuré des jugements ou arrêts validant les contraintes et retenant qu'il appartient au créancier d'établir la preuve de la notification régulière de la décision dont il se prévaut, et qu'il ne peut, par sa seule affirmation, établir qu'il ne lui a pas été demandé par ce secrétariat de procéder par voie de signification, en déduit, sans encourir le grief d'inverser la charge de la preuve, la nullité des actes de la procédure d'exécution forcée de ces décisions à défaut de preuve de leur caractère exécutoire.

> Office du juge de l'*exequatur.*

• **Civ. 1re, 20 févr. 2007,** n° 05-14.082, P I, n° 68

* V. s^s n° 0121.142, 1712.51

Pour accorder l'*exequatur* hors de toute convention internationale, le juge français doit s'assurer que trois conditions sont remplies, à savoir la compétence indirecte du juge étranger, fondée sur le rattachement du litige au juge saisi, la conformité à l'ordre public international de fond et de procédure et l'absence de fraude à la loi.

> Office du juge à l'égard d'une demande tendant à conférer force exécutoire à une transaction.

• **Civ. 2e, 26 mai 2011,** n° 06-19.527, P II, n° 120

* V. s^s n°s 0121.73, 1513.64

C'est exactement qu'une cour d'appel énonce que lorsque le président du tribunal de grande instance statue en application de l'article 1441-4 du Code de procédure civile [cf. art. 1567], sur une demande tendant à conférer force exécutoire à une transaction, son contrôle ne peut porter que sur la nature de la convention qui lui est soumise et sur sa conformité à l'ordre public et aux bonnes mœurs.

Dès lors, ayant retenu que la transaction litigieuse constituait effectivement une transaction, signée par les parties et présentant toutes les apparences de la régularité formelle, et qu'elle était conforme à l'ordre public et aux bonnes mœurs, la cour d'appel en a déduit à bon droit que le dépôt d'une plainte avec constitution de partie civile, s'il était susceptible de remettre ultérieurement en cause la validité de la transaction, ne justifiait pas en revanche la rétractation de l'ordonnance conférant force exécutoire à cette transaction.

0121.03 Bibliographie indicative.

* V. aussi bibliographie indicative s^s n° 012.03.

Ouvrages[1]. J.-J. Ansault, *Procédures civiles d'exécution*, 2e éd., « Manuel », LGDJ, 2022 – P. Cagnoli, *Procédures civiles d'exécution*, 1re éd., « Droit du paiement », LGDJ, 2019 – N. CAYROL, *Droit de l'exécution*, 3e éd., « Domat », LGDJ, 2019 – R. CHAPUS, *Droit du contentieux administratif*, 11e éd., « Domat droit public », 2004, Montchrestien – C. Chainais, F. Ferrand, L. Mayer et S. Guinchard, *Procédure civile*, 37e éd., « Précis », Dalloz, 2024 – M. et J.-B. Donnier, *Voies d'exécution et procédures de distribution*, 10e éd.,

1. Les ouvrages dont le nom des auteurs figure en petites capitales en bibliographie seront cités par le seul nom des auteurs en petites capitales en notes de bas de page.

LexisNexis, 2020 – T. Goujon-Béthan, *L'homologation par le juge. Essai sur une fonction juridictionnelle*, LGDJ, Bibl. dr. privé, t. 611, préf. N. Fricero, 2021 – S. Guinchard (dir.), Dalloz action *Droit et pratique de la procédure civile*, 2024/2025 – Ph. Hoonakker, S. Hazoug, N. Pierre et S. Pierre-Maurice, *Procédures civiles d'exécution*, 13e éd., « Paradigme-Manuels », Larcier, 2024 – R. Laher, Imperium *et* jurisdictio *en droit judiciaire privé*, « Bibl. thèses », Mare et Martin, préf. G. Decocq, 2016 – R. Lauba, *Contentieux de l'exécution*, LexisNexis-ENM, 13e éd., 2017 – A. Leborgne, *Droit de l'exécution*, 3e éd., « Précis », Dalloz, 2019 – R. Perrot et Ph. Théry, *Procédures civiles d'exécution*, 3e éd., Dalloz, 2013, nos 1143 s. – S. Piedelièvre, *Procédures civiles d'exécution*, « Corpus », Economica, 2016 – J.-P. Tricoit, *Droit de la médiation et des modes amiables de règlement des différends*, 2e éd., « Mémentos », Galino, 2022.

Articles. S. Amrani-Mekki, « Les nouveaux titres exécutoires : les accords amiables homologués », *Dr. et patr.* déc. 2013. 55 – F. Arbellot, « Réflexions sur la procédure de vérification et de recouvrement des dépens », *Procédures* 2004. 13 – L. Boré, « Restitutions et responsabilités après l'anéantissement d'une décision de justice exécutoire », *Mél. S. Guinchard*, Dalloz, 2010, p. 607 – D. Cholet, « L'homologation de l'accord amiable », *in* C. Tirvaudey, *Le rôle du juge en matière de MARD-PRD. Regards croisés Québec, Suisse, Belgique, France*, PU Franche-Comté, 2021 – Y. Desdevises, « Les transactions homologuées : vers des contrats juridictionnalisables ? », *D.* 2000. Chron. 284 – M. Douchy, « Le règlement CE no 1348-2000 du 29 mai 2000 relatif à la signification et à la notification des actes judiciaires et extrajudiciaires en matière civile et commerciale : de nouvelles charges en perspective pour les huissiers de justice », *Dr. et proc.* 2001. 77 – N. Fricero, « Accord des parties, homologation, octroi de la force exécutoire : quel rôle pour le juge ? », *RJPF* 2010. Analyse 1 – G. Guerlin, « L'homologation de la transaction : quelle voie de recours ? », *in* L. Flise et E. Jeuland (dir.), *L'exécution forcée : des procès dans le procès ?*, IRJS, 2017, p. 107 – L. Lauvergnat, « *Le* "pas vu, pas pris" : *une pratique à bannir en matière d'exécution des décisions de justice* », *Procédures* 2021, étude 12. – B. Mathieu, « L'office du juge de l'homologation d'une transaction », *D.* 2018. 2220 – J.-F. Sampieri-Marceau, « Les significations d'actes judiciaires et extrajudiciaires dans la Communauté européenne », *D.* 2006. Chron. 1009 – G. Taormina, « Brèves remarques sur quelques difficultés pratiques rencontrées dans le cadre d'*exequatur* des transactions de l'article 441-4 du Nouveau Code de procédure civile », *D.* 2002. 2353 – X. Vuitton, « Quelques réflexions sur l'office du juge de l'homologation dans le livre V du Code de procédure civile », *RTD civ.* 2019. 771.

0121.05 Présentation. Parmi les actes constituant des titres exécutoires, l'article L. 111-3 C. pr. exéc. indique :

– les décisions des juridictions de l'ordre judiciaire ou de l'ordre administratif lorsqu'elles ont force exécutoire ;

– les accords auxquels ces juridictions ont conféré force exécutoire et les extraits de procès-verbaux de conciliation signés par le juge et les parties ;

– les actes, les jugements étrangers et les sentences arbitrales déclarés exécutoires par un *exequatur* ou exécutoires en vertu des dispositions du droit de l'Union européenne ;

– les décisions rendues par la juridiction unifiée du brevet.

Tous ces titres exécutoires ont en commun d'être délivrés par des magistrats. Ils seront présentés successivement, dans l'ordre indiqué par le texte.

Observation liminaire : ces catégories ne couvrent pas tous les titres exécutoires délivrés par les magistrats. N'y entrent pas ni l'état exécutoire délivré par le procureur de la République en matière de recouvrement public des pensions alimentaires (v. s^s^ no 0124.22), ni la décision par laquelle le président du tribunal judiciaire (TJ) rend exécutoire la décision du bâtonnier statuant sur une contestation en matière d'honoraires (v. s^s^ no 0121.161), décision qui n'est ni un jugement étranger, ni une sentence arbitrale.

SECTION 1

DÉCISIONS DES JURIDICTIONS DE L'ORDRE JUDICIAIRE OU ADMINISTRATIF

0121.10 Plan. Renvoi. Les décisions des juridictions de l'ordre judiciaire ou administratifs constituent des titres exécutoires « *lorsqu'elles ont force exécutoire* ».

Le développement qui suit présentera les conditions de cette « force exécutoire » des décisions de justice (§ 1), en soulignant spécialement les règles propres aux décisions exécutoires par provision (§ 2) et aux ordonnances d'injonction de payer (§ 3), dans la mesure où l'exécution immédiate de ces décisions comporte des risques en cas de remise en cause du titre (§ 4).

S'agissant des conditions communes à tous les titres exécutoires, on renvoie au chapitre précédent, notamment pour ce qui concerne la condition relative à la détermination et à l'exigibilité de la créance constatée par le titre : comme pour tout titre exécutoire, l'exécution forcée des jugements suppose que ceux-ci prescrivent le paiement d'une créance liquide et exigible, ce qui n'est pas le cas des jugements qui se bornent à fixer une créance sans en ordonner le paiement (v. s^s^ no 0112.51 s.).

§ 1

Force exécutoire des décisions de justice

0121.21 Spécificité de la force exécutoire. La force exécutoire des décisions de justice est subordonnée à deux conditions : une **expédition** revêtue de la formule exécutoire et une **notification** régulière. Les autres conditions susceptibles d'affecter l'exécution d'un jugement ne concernent pas la force exécutoire au sens strict. Pour comprendre, il faut articuler la notion de force exécutoire avec trois autres notions, connexes mais distinctes : les notions d'autorité de chose jugée, de caractère exécutoire et de force de chose jugée.

En premier lieu, il faut distinguer la force exécutoire de l'**autorité de chose jugée**. En matière civile comme en matière administrative, l'autorité de chose jugée est de l'essence du jugement : celui-ci « *a, dès son prononcé, l'autorité de la chose jugée relativement à la question qu'il tranche* » (C. pr. civ., art. 480, al. 1er) [1].

Mais le jugement ayant autorité de chose jugée parce qu'il a été régulièrement prononcé n'a pas nécessairement de ce seul fait un **caractère exécutoire**. Il convient de distinguer à cet égard selon que le jugement est exécutoire par provision ou s'il est susceptible d'un recours suspensif d'exécution.

Si le jugement est de ceux qui sont normalement **exécutoires par provision**, il a un caractère exécutoire dès son prononcé sauf si le juge a octroyé un délai de grâce au débiteur (C. pr. civ., art. 501) ou s'il a estimé devoir écarter l'exécution provisoire compte tenu de la nature de l'affaire (C. pr. civ., art. 514-1).

Si le jugement relève d'un recours suspensif d'exécution en vertu d'une disposition particulière, il n'acquiert un caractère exécutoire qu'à partir du moment où il passe en **force de chose jugée** (C. pr. civ. art. 501), c'est-à-dire après épuisement du délai de recours ou du recours lui-même. Si la décision de justice n'est pas susceptible d'un recours suspensif d'exécution, elle a force de chose jugée dès son prononcé.

Le jugement ayant un caractère exécutoire, soit parce qu'il est passé en force de chose jugée, soit parce qu'il bénéficie de l'exécution provisoire, n'acquiert **force exécutoire** qu'à deux conditions formelles supplémentaires : la première est qu'il doit faire l'objet d'une expédition revêtue de la formule exécutoire (C. pr. civ., art. 502), hors les cas où la loi autorise une exécution au seul vu de la minute [2]. La seconde est que le jugement doit avoir fait l'objet d'une notification régulière (C. pr. civ., art. 503).

Voilà pourquoi il convient de distinguer autorité de chose jugée, force de chose jugée, caractère exécutoire et force exécutoire. Chacune de ces notions renvoie à des règles particulières, avec un régime propre [3].

Contester spécifiquement la force exécutoire du jugement, c'est contester la régularité de la notification qui en a été faite ou la régularité de l'expédition qui en a été dressée. Contester le caractère exécutoire d'un jugement, c'est opposer le bénéfice d'un délai de grâce ou d'un délai suspensif d'exécution. Bien sûr, si la contestation est accueillie, le jugement dont le caractère exécutoire a été contesté avec succès sera privé par voie de conséquence de sa force exécutoire, ce qui aura pour effet de priver de fondement juridique les voies d'exécution engagées. Il reste que la distinction entre les notions et les règles s'impose.

0121.22 **Délivrance d'une expédition revêtue de la formule exécutoire.** Une « expédition » du jugement est une copie authentique, et cette copie est « authentique » parce qu'elle est délivrée par la personne dépositaire de l'original, habilitée à établir des copies.

S'agissant des jugements, cette personne est le directeur de greffe. Celui-ci « *est dépositaire, sous le contrôle des chefs de juridiction, des minutes et archives dont il assure la conservation ; il délivre les expéditions et copies et a la garde des scellés et de toutes sommes et pièces déposées au greffe* » (COJ, art. R. 123-5, al. 2). Cette mission lui incombe en propre : « *L'établissement et la délivrance des reproductions de toute pièce conservée dans les services de la juridiction ne peuvent être assurés que par le directeur de greffe* » (COJ, art. R. 123-5, al. 3), ou éventuellement « *à un directeur des services de greffe judiciaires de la même juridiction* » ayant reçu délégation à cette fin (COJ, art. R. 123-7, al. 1er).

Aux termes de l'article 465 C. pr. civ., « *chacune des parties a la faculté de se faire délivrer une expédition revêtue de la formule exécutoire* ». Ce texte s'entend restrictivement : les parties n'ont droit à la délivrance que d'une seule copie, sauf motif légitime : « *S'il y a un motif légitime, une seconde expédition, revêtue de cette formule, peut être délivrée à la même partie par le greffier de la juridiction qui a rendu le jugement. En cas de difficulté, le président de cette juridiction statue par ordonnance sur requête* ».

Dans le cas particulier où le jugement fixe une pension alimentaire, le directeur de greffe doit délivrer en outre une information particulière : « *Lorsqu'un jugement fixe une pension alimentaire ou une des créances prévues aux articles 214, 276 et 342 du Code civil, les parties sont informées par un document joint à l'expédition du jugement des modalités de recouvrement, des règles de révision de la créance et des sanctions pénales encourues* » (C. pr. civ., art. 465-1).

Sur la forme de l'expédition et la formule exécutoire des décisions des juridictions civiles ou administratives, ainsi que sur le contentieux de la délivrance, v. ss nos 0112.21 s.

1. V. Chapus, no 1194, 2o, p. 1019.
2. V. C. pr. civ., art. 140 (ordonnance prescrivant la délivrance d'une pièce détenue par un tiers), 489 (ordonnance de référé), 495 (ordonnance sur requête) et 1061-1 (jugement statuant sur une contestation sur les conditions des funérailles) – C. pr. exéc., art. R. 121-17 et R. 211-12 (ordonnance du JEX).
3. Civ. 2e, 25 mai 2016, no 15-10.788, P II, no 119 ; *AJ fam.* 2016. 386, obs. S. Thouret ; *RTD civ.* 2016. 933, obs. N. Cayrol.

0121.23 Décisions exécutoires sur minute. Dans certains cas où la loi le prévoit, la délivrance d'une expédition n'est pas nécessaire. L'exécution forcée peut être poursuivie au seul vu de l'original du jugement. On parle d'exécution au seul vu de la minute. Il convient de distinguer deux catégories de décisions exécutoires sur minute, celles qui sont exécutoires par le seul effet de la loi et celles qui sont exécutoires par décision du juge.

Sont exécutoires sur minute **de droit** :

– les ordonnances sur requête (C. pr. civ., art. 495, al. 2) dont un exemplaire est conservé par le greffe et l'autre remis au demandeur pour signification (tant du moins qu'elle n'a pas été rétractée).

Sont exécutoires sur minute **sur ordre du juge** :

– les **ordonnances de référé** (C. pr. civ., art. 489, al. 2) ;

– les **décisions du JEX** (C. pr. exéc., art. R. 121-17 et R. 211-12) ;

– les **décisions de délivrance** d'une expédition ou de production d'un acte ou d'une pièce détenu par un tiers, prises par le juge en cours d'instance (C. pr. civ., art. 140) ;

– les **mesures d'instruction** lorsque le juge décide de les exécuter sur-le-champ (C. pr. civ., art. 159) ;

– les **mesures provisoires prises par le bureau de conciliation** du conseil de prud'hommes (C. trav., art. R. 1454-16).

0121.24 Notification d'un jugement judiciaire. En matière judiciaire, l'article 503 alinéa 1er C. pr. civ. pose en principe que « *les jugements ne peuvent être exécutés contre ceux auxquels ils sont opposés qu'après leur avoir été notifiés, à moins que l'exécution n'en soit volontaire* ».

Le préalable d'une notification régulière[1] vaut pour toutes les décisions de justice, y compris pour les ordonnances sur requête exécutoires au seul vu de la minute[2].

Ce préalable s'impose même s'il est établi que le débiteur avait eu connaissance du jugement, et même s'il le débiteur reconnait avoir eu connaissance du jugement[3].

Sous peine de nullité des actes de la procédure d'exécution forcée, il appartient au créancier poursuivant, y compris lorsqu'il s'agit d'une personne publique[4], « *d'établir la preuve de la notification régulière de la décision dont il se prévaut* », sachant par ailleurs qu'aucune présomption de l'existence et de la régularité de cette notification ne pourra résulter de la compétence du greffe du tribunal pour notifier le jugement aux parties par lettre recommandée avec demande d'avis de réception[5].

0121.25 Jugement confirmé en appel. Pour la Cour de cassation, il résulte de l'article 503, alinéa 1er C. pr. civ., que l'exécution forcée des condamnations résultant d'un jugement, confirmées en appel, est subordonnée à la signification de l'arrêt et du jugement[6].

0121.26 Notification d'un jugement administratif. En matière administrative, le principe est le même : la force exécutoire requiert une notification préalable du jugement.

En vertu de l'article R. 751-3 du CJA, « *sauf disposition contraire, les décisions sont notifiées par le greffe le même jour à toutes les parties en cause, et adressées à leur domicile réel par lettre recommandée avec demande d'avis de réception, sans préjudice du droit des parties de faire signifier ces décisions par acte d'huissier de justice* ».

La notification a pour effet de déclencher le cours des délais dont disposent les parties pour exercer les voies de recours contre les décisions administratives.

§ 2
Titres exécutoires à titre provisoire

0121.31 Exécution forcée en vertu d'un titre provisoire. La loi admet en principe la poursuite de l'exécution forcée sur la foi d'un titre exécutoire à titre provisoire. Aux termes de l'article L. 111-10 alinéa 1er C. pr. exéc. : « *Sous réserve des dispositions de l'article L. 311-4, l'exécution forcée peut être poursuivie jusqu'à son terme en vertu d'un titre exécutoire à titre provisoire* ».

1. Sur la régularité de la notification, v. N. Fricero, *in* S. Guinchard (dir.), Dalloz action *Droit et pratique de la procédure civile*, 2024/2025, nos 523.41 s. – L. Lauvergnat, « Le "pas vu, pas pris" : une pratique à bannir en matière d'exécution des décisions de justice », *Procédures* 2021, étude 12. – V. PAR EX., C. pr. civ., art. 678, al. 1er : « *Lorsque la représentation est obligatoire, le jugement doit en outre être préalablement notifié aux représentants dans la forme des notifications entre avocats, faute de quoi la notification à la partie est nulle* […] ».
2. V. Civ. 2e, 1er sept. 2016, no 15-23.326, P II, no 200 – Civ. 2e, 23 févr. 2017, no 16-12.823, NP – Civ. 2e, 30 nov. 2016, no 15-15.035, P II, no 259 ; *RTD civ.* 2017. 484, obs. N. Cayrol.
3. Civ. 2e, 20 mai 2021, no 19-21.994, P ; *D. actu.* 9 juin 2021, obs. T. Goujon-Bethan ; *Gaz. Pal.* 20 juill. 2021, p. 68, obs. N. Hoffschir ; *RD banc. fin.* 2021, no 111, obs. S. Piedelièvre.
4. Com. 23 oct. 2007, no 06-15.994, P IV, no 223 ; *Procédures* 2008. Comm. 14, note R. Perrot : « *Il appartenait à la personne publique poursuivante de rapporter la preuve de la date de réception par le débiteur du titre exécutoire* ».
5. Civ. 2e, 21 déc. 2006, no 05-19.679, P II, no 383 ; *Procédures* 2007. Comm. 86, note R. Perrot.
6. Civ. 2e, 30 juin 2022, no 21-10.229, B ; *D. actu.* 9 sept. 2022, obs. T. Goujon-Bethan ; *Gaz. Pal.* 25 oct. 2022, p. 51, obs. L. Lauvergnat ; *ibid.* 22 nov. 2022, p. 1, obs. C. Brenner ; *JCP* 2022. 1345, no 5, obs. L. Veyre ; *RD banc. fin.* 2022, no 140, obs. S. Piedelièvre ; *RTD civ.* 2023. 190, obs. N. Cayrol.

À plusieurs reprises, la Cour de cassation a donné toute sa portée à cette règle, validant les mesures d'exécution forcée diligentées sur la foi d'ordonnance de référé-provision, exécutoires de droit à titre provisoire, qu'il s'agisse de saisie des rémunérations [1], de saisie des droits d'associés [2], ou de saisie-vente [3].

La réserve de l'article L. 311-4 C. pr. exéc. concerne la seule procédure de saisie immobilière, laquelle, du reste, peut tout de même être engagée avec un titre exécutoire à titre provisoire même si elle ne peut aller à son terme. Selon l'alinéa 1er de ce texte, « *lorsque la poursuite est engagée en vertu d'une décision de justice exécutoire par provision, la vente forcée ne peut intervenir qu'après une décision définitive passée en force de chose jugée* ». Il est donc possible d'engager une saisie immobilière sur la foi d'une ordonnance de référé allouant une provision [4]. La seule interdiction totale de poursuivre une saisie immobilière sur la foi d'un titre exécutoire à titre provisoire frappe uniquement les jugements rendus par défaut : aux termes de l'article L. 311-4 alinéa 2 C. pr. exéc., « *toutefois, pendant le délai de l'opposition, aucune poursuite ne peut être engagée en vertu d'une décision rendue par défaut* ».

0121.32 Caractères de l'exécution provisoire. Un jugement bénéficiant de l'exécution provisoire est un jugement ayant un caractère exécutoire bien qu'il ne soit pas passé en force de chose jugée. L'exécution provisoire peut donc se définir comme le droit pour le bénéficiaire d'un jugement de poursuivre immédiatement l'exécution (ou d'opposer la compensation [5]) alors même que ce jugement n'est pas définitif, parce qu'il est susceptible de recours ou qu'il fait l'objet d'un recours.

Ainsi l'exécution provisoire a deux caractères : elle est immédiate et aléatoire. Elle est **immédiate** en ce qu'elle n'est pas suspendue à l'épuisement d'un délai ou à l'accomplissement d'un acte ; et elle est **aléatoire** en ce que qu'elle est subordonnée à la confirmation pure et simple du jugement. Précisons que l'exécution dite « provisoire » n'est pas nécessairement temporaire. Toute provisoire qu'elle soit au moment où elle est faite, elle sera pérenne si le jugement n'est pas remis en cause par une voie de recours [6].

Mais le titulaire du jugement peut parfaitement vouloir ne pas affronter l'aléa. En principe, l'exécution forcée est toujours **libre** et **facultative** : nul n'est jamais tenu de requérir l'exécution du titre exécutoire dont il dispose [7]. Le principe vaut *a fortiori* lorsque le titre en exécution est un titre qui n'est pas définitif : jugé qu'on ne peut reprocher au bénéficiaire d'un jugement frappé d'appel « *de ne pas avoir mis à exécution la décision assortie de l'exécution provisoire* », quand bien même en l'espèce cette non-exécution avait contribué à l'aggravation d'un dommage [8].

0121.33 Exécution provisoire en matière judiciaire. En matière judiciaire, « *les décisions de première instance sont de droit exécutoires à titre provisoire à moins que la loi ou la décision rendue n'en dispose autrement* » (C. pr. civ., art. 514 [9]).

Au titre des cas où la loi en dispose autrement, citons les jugements en matière d'état des personnes [10], les décisions du juge aux affaires familiales mettant fin à l'instance [11] et les jugements des conseils de prud'hommes (C. trav., art. R. 1454-18). Ces décisions ne sont pas de plein droit exécutoires par provision. Cependant, le juge est en droit d'ordonner l'exécution provisoire « *s'il l'estime nécessaire et compatible avec la nature de l'affaire* » (C. pr. civ., art. 515). On dit alors de l'exécution provisoire qu'elle est « facultative », mais ici au sens où le juge n'est pas tenu de l'ordonner.

Lorsque la décision de première instance est de droit exécutoire à titre provisoire, le juge peut en disposer autrement. Aux termes de l'article 514-1 C. pr. civ. : « *Le juge peut écarter l'exécution provisoire de droit, en tout ou partie, s'il estime qu'elle est incompatible avec la nature de l'affaire* » [12].

Si l'on ajoute encore que le juge peut toujours aménager l'exécution provisoire, que celle-ci soit de droit ou qu'elle soit facultative (C. pr. civ., art. 514-5 et 517), qu'il peut arrêter l'exécution provisoire en cas d'appel (C. pr. civ., art. 514-3, al. 2, et 517-1)

1. Civ. 3e, 8 déc. 2010, no 09-71.124, P III, no 216.
2. Civ. 2e, 7 mai 2008, no 07-12.792, NP : « *Tout créancier muni d'un titre exécutoire, même à titre provisoire, constatant une créance liquide et exigible, peut, à ses risques et périls, faire procéder à la saisie et à la vente des droits incorporels, autres que les créances de sommes d'argent, dont son débiteur est titulaire* » – V. AUSSI : Civ. 2e, 18 oct. 2001, no 00-13.148, NP.
3. Civ. 2e, 28 janv. 1998, no 96-10.110, P II, no 37 – *Adde*, Civ. 2e, 11 oct. 2007, no 06-19.085, NP.
4. Civ. 2e, 17 févr. 1983, no 81-16.274, P II, no 46.
5. Civ. 2e, 13 oct. 2016, no 15-23.437, P II, no 225 ; *RTD civ.* 2017. 151, obs. H. Barbier.
6. V. N. Cayrol, *Procédure civile*, 5e éd., « Cours », Dalloz, 2025, no 1013.
7. V. CAYROL, no 267.
8. Civ. 3e, 4 juin 2008, no 07-14.118, P III, no 100 ; *D.* 2009. Pan. 1174, obs. A. Leborgne.
9. Réd. Décr. no 2019-1333, 11 déc. 2019, réformant la procédure civile, *JO* 12 déc., texte 3.
10. C. pr. civ., art. 1055, 1055-3, 1055-10 (état civil), 1069 (absence), 1175-1 et 1178 (adoption).
11. C. pr. civ., art. 1074-1 : « *Les décisions du juge aux affaires familiales qui mettent fin à l'instance ne sont exécutoires à titre provisoire que si elles l'ordonnent. Par exception, les mesures portant sur l'exercice de l'autorité parentale, la pension alimentaire, la contribution à l'entretien et l'éducation de l'enfant et la contribution aux charges du mariage, ainsi que toutes les mesures prises en application de l'article 255 du Code civil, sont exécutoires de droit à titre provisoire* ».
12. Réd. Décr. no 2019-1333, 11 déc. 2019.

ou d'opposition (C. pr. civ., art. 514-3, al. 3, et 517-1, al. 3), on peut conclure que la matière est dominée par le pouvoir modérateur du juge.

À noter que lorsque le juge a subordonné l'exécution provisoire à la réalisation d'une condition, par exemple à la constitution d'une garantie de restitution, tant que la condition n'est pas remplie, le jugement n'a pas de caractère exécutoire à titre provisoire, et les poursuites engagée sur la foi de ce titre sont dépourvues de fondement[1].

0121.34 Exécution provisoire en matière administrative. En matière administrative, le principe est le même : en principe et sauf exception, les voies de recours et les délais pour les exercer ne sont pas suspensifs d'exécution. Les jugements des juridictions de l'ordre administratif sont exécutoires à titre provisoire. Cela ressort de l'article L. 4 du CJA, aux termes duquel « *sauf dispositions législatives spéciales, les requêtes n'ont pas d'effet suspensif s'il n'en est autrement ordonné par la juridiction* », et de l'article R. 811-14 du même code, selon lequel « *sauf disposition particulières, le recours en appel n'a pas d'effet suspensif s'il n'en est autrement ordonné par le juge d'appel* [...] »[2].

Le principe de l'effet non suspensif des voies de recours contre les décisions juridictionnelles comporte un correctif : le juge peut, sur la demande qui lui est faite, suspendre l'exécution du jugement entrepris[3]. Le pouvoir de connaître des demandes de sursis à exécution appartient principalement aux cours administratives d'appel en ce qui concerne les jugements des tribunaux administratifs, et au Conseil d'État pour ce qui est des juridictions, telles que les cours, qui statuent en dernier ressort et dont les décisions peuvent lui être déférées par la voie du recours en cassation. La demande de sursis doit être l'accessoire d'un recours en annulation ou en réformation du jugement ; toutefois, elle doit, à peine d'irrecevabilité, être formalisée par une requête distincte du recours en appel ou en cassation (CJA, art. R. 811-17-1 et R. 821-5-1).

Le régime général du sursis à exécution des jugements découle des articles R. 811-17 et R. 821-5 du CJA selon que la demande de sursis est présentée au juge d'appel ou au juge de cassation. Si l'on s'en tient aux conditions communes, l'un et l'autre juges pourront accorder le sursis à exécution, *d'une part* lorsque l'exécution du jugement en cause « *risque d'entraîner des conséquences difficilement réparables* », et, *d'autre part*, s'il apparaît que les moyens énoncés dans la requête « *paraissent sérieux* » en l'état de l'instruction. De plus, en cas de demande présentée au juge de cassation, il est nécessaire que ces moyens soient de nature à justifier tant l'annulation de la décision juridictionnelle rendue en dernier ressort, que l'infirmation de la solution retenue par les juges du fond[4].

§ 3
Ordonnance d'injonction de payer exécutoire

0121.41 Acte juridictionnel conditionnel. Régie par les articles 1405 à 1422 C. pr. civ., l'injonction de payer est une procédure simplifiée qui permet à un créancier de somme d'argent d'obtenir la délivrance d'un titre exécutoire[5].

La procédure est initiée unilatéralement par le créancier qui soumet une requête au juge compétent. Si au vu des documents produits, la demande paraît fondée en tout ou en partie, celui-ci rend une ordonnance portant injonction de payer pour la somme qu'il retient (C. pr. civ., art. 1407 et 1409, al. 1er). Cette ordonnance est ensuite signifiée au débiteur (C. pr. civ., art. 1411 à 1413), qui dispose alors d'un mois pour former opposition (C. pr. civ., art. 1412 à 1416).

La délivrance de l'ordonnance d'injonction de payer exécutoire a été réformée par un décret du 11 octobre 2021[6], entré en vigueur le 1er mars 2022.

Depuis le 1er mars 2022, l'ordonnance portant injonction de payer est délivrée par le greffe immédiatement revêtue de la formule exécutoire : « *En cas d'acceptation de la requête, le greffe remet au requérant une copie certifiée conforme de la requête et de l'ordonnance revêtue de la formule exécutoire* » (C. pr. civ., art. 1410, al. 2[7]). Le tout est signifié au débiteur dans les six mois de la délivrance, à peine de caducité (C. pr. civ., art. 1411).

Cependant, l'ordonnance, bien que signifiée et revêtue de la formule exécutoire, ne constitue pas encore un titre exécutoire. Aux termes de l'article 1422

1. Civ. 2e, 19 mai 1999, no 96-22.280, P II, no 95.
2. Sauf disposition contraire, le délai d'appel est de deux mois, et il court contre toute partie à l'instance à compter du jour où la notification a été faite à cette partie ; si le jugement a été signifié par huissier de justice, le délai court à compter de cette signification à la fois contre la partie qui l'a faite et contre celle qui l'a reçue (CJA, art. R. 811-2).
3. V. CHAPUS, nos 1695 s., p. 1418 s.
4. Le sursis à exécution peut également être accordé relativement à l'exécution des ordonnances de référé, et s'agissant par exemple du référé-provision, cette possibilité est organisée par l'article R. 541-6 du CJA ; v. CHAPUS, no 1701, p. 1421.
5. V. H. Solus et R. Perrot, *Droit judiciaire privé*, t. 3, *Procédure de première instance*, Sirey, 1991, nos 1392 s.
6. Décr. no 2021-1322, 11 oct. 2021, relatif à la procédure d'injonction de payer, aux décisions en matière de contestation des honoraires d'avocat et modifiant diverses dispositions de procédure civile, *JO* 13 oct., art. 3 et 8, II, 2o.
7. Réd. Décr. no 2021-1322, 11 oct. 2021, art. 3.

alinéa 1er C. civ., dans sa rédaction issue du décret du 11 octobre 2021, « *l'ordonnance ne constitue un titre exécutoire et ne produit les effets d'un tel titre ou d'une décision de justice qu'à l'expiration* » du délai d'opposition d'un mois prévu au premier alinéa de l'article 1416. Ce n'est qu'à l'expiration de ce délai, et à condition qu'aucune opposition n'ait été formée, que l'ordonnance « *produit alors tous les effets d'un jugement contradictoire* »[1].

0121.42 Incidence des modalités de signification. L'exécution forcée des ordonnances d'injonction de payer soulève des difficultés spécifiques lorsque la signification de l'ordonnance n'a pas été faite à personne.

Lorsque la signification a été faite à domicile ou à l'étude, l'ordonnance qui n'a pas été frappée d'opposition dans le délai d'un mois devient un titre exécutoire susceptible d'exécution forcée. Cependant, il est encore possible de former opposition contre elle : aux termes de l'article 1416 alinéa 2 C. pr. civ., si la signification n'a pas été faite à personne, l'opposition reste « *recevable jusqu'à l'expiration du délai d'un mois suivant le premier acte signifié à personne ou, à défaut, suivant la première mesure d'exécution ayant pour effet de rendre indisponibles en tout ou en partie les biens du débiteur* ».

En cas de saisie-attribution, la Cour de cassation a été d'avis que le délai court à compter du jour où la mesure a été portée à la connaissance de celui-ci, c'est-à-dire à compter de la dénonciation qui lui en a été faite[2].

En cas de saisie des rémunérations, elle a jugé que « *le point de départ de l'opposition à une ordonnance portant injonction de payer qui n'a pas été signifiée à personne est, en cas d'intervention d'un créancier à une procédure de saisie des rémunérations, la date de notification de l'intervention au débiteur* »[3].

0121.43 Opposition formée à la suite d'une mesure d'exécution. Lorsque l'opposition est valablement formée à la suite d'une mesure d'exécution, la question se pose alors de savoir ce que devient cette mesure.

Par un avis du 8 mars 1996, la Cour de cassation a considéré que « *l'opposition régulièrement formée, à la suite d'une mesure d'exécution, contre une ordonnance portant injonction de payer rendue exécutoire, a pour effet de saisir le tribunal de la demande du créancier et de l'ensemble du litige, et affecte ainsi la force exécutoire du titre sur le fondement duquel la mesure a été pratiquée. Elle empêche dès lors la poursuite de la procédure d'exécution sans remettre en cause les effets de l'acte de saisie dont la validité s'apprécie au moment où il a été signifié* ».

Dans l'affaire ayant donné lieu à l'avis, l'opposition était consécutive à un acte de saisie-attribution. Pour la Cour de cassation, « *l'opposition ne* [pouvait] *pas conduire à ordonner la mainlevée de la saisie-attribution pratiquée, mais* [faisait] *obstacle, jusqu'à ce qu'il ait été statué sur l'opposition par la juridiction compétente, au paiement des sommes rendues indisponibles* »[4].

L'opposition n'affecte donc pas les effets attachés à l'acte de saisie-attribution qui ne sont pas remis en cause, le débiteur ne pouvant ainsi pas prétendre à la mainlevée de la saisie et les fonds restant indisponibles. En revanche, l'opposition suspend la poursuite de la mesure d'exécution, c'est-à-dire qu'elle fait obstacle à tout paiement aussi longtemps que le tribunal ne s'est pas prononcé sur la créance cause de la saisie. En d'autres termes, l'ordonnance d'injonction de payer devenue exécutoire est un titre provisoire aussi longtemps qu'elle n'a pas été frappée d'opposition, laquelle produit un effet suspensif et entraîne l'arrêt des poursuites[5].

0121.44 Absence d'opposition. Incidence du droit de la consommation. Lorsque l'ordonnance d'injonction de payer a été signifiée à personne et qu'elle n'a pas été frappée d'opposition dans le délai d'un mois, elle est assimilée à un jugement contradictoire, c'est-à-dire qu'elle est revêtue d'une autorité de chose jugée relativement à la contestation qu'elle tranche.

Cependant, comme pour les jugements contradictoires, l'autorité qui est ainsi prêtée à l'ordonnance ne peut pas couvrir l'illicéité des clauses abusives relatives à l'obligation dont elle enjoint le paiement (v. ss nos 0112.111 s.). Pour la Cour de justice de l'Union européenne, « *lorsqu'une injonction de payer prononcée par un juge à la demande d'un créancier n'a pas fait l'objet d'une opposition formée par le débiteur* », le JEX doit, éventuellement d'office, « *contrôler l'éventuel caractère abusif des clauses du contrat qui ont servi de fondement à ladite injonction* », sans pouvoir considérer que « *l'autorité de la chose jugée dont cette injonction est revêtue couvre implicitement la validité de ces clauses, excluant tout examen de la validité de ces dernières* ». La Cour de justice ajoute encore que « *la circonstance que, à la date à laquelle*

1. Réd. Décr. no 2021-1322, 11 oct. 2021, art. 3 – V. L. Lauvergnat, « La nouvelle procédure d'injonction de payer », *Gaz. Pal.* 26 avr. 2022. 69.
2. Cass., avis, 16 sept. 2002, no 02-00.003, P, no 4 ; *D.* 2002. 2776 – V. DANS LE MÊME SENS, Civ. 2e, 11 déc. 2008, no 08-10.141, P II, no 263 ; *Procédures* 2009, no 71, obs. R. Perrot.
3. Civ. 2e, 24 oct. 2024, no 22-15.682, B ; *D. actu.* 18 nov. 2024, obs. K. Castanier ; *JCP* 2024b. 1451, note A. Yatera ; *Procédures*, no 6, obs. R. Laher.
4. Cass., avis, 8 mars 1996, no 09-60.001, P, no 4 ; *RTD civ.* 1996. 714, obs. R. Perrot.
5. V. R. Perrot, obs. *RTD civ.* 1996. 714.

l'injonction est devenue définitive, le débiteur ignorait qu'il pouvait être qualifié de "consommateur" au sens de cette directive est sans pertinence à cet égard »[1].

Ce contrôle des clauses abusives par le JEX ne concerne que les injonctions relatives à des obligations souscrites par un consommateur ou un non-professionnel envers un professionnel. En outre, selon la Cour de justice elle-même, ce contrôle n'est pas inconditionné, mais subordonné au fait que l'absence de déséquilibre significatif n'a pas déjà été vérifié[2].

§ 4 Risques de l'exécution en cas de modification du titre

0121.51 Infirmation ou annulation d'un jugement. Si l'exécution forcée peut être poursuivie jusqu'à son terme en vertu d'un titre exécutoire à titre provisoire, l'alinéa 2 de l'article L. 111-10 C. pr. exéc. nuance aussitôt le principe en en posant un autre, concurrent, selon lequel « *l'exécution est poursuivie aux risques du créancier* », qui « *rétablit le débiteur dans ses droits en nature ou par équivalent si le titre est ultérieurement modifié* ».

La force exécutoire du titre, en effet, qui par définition existe au jour où la mesure d'exécution forcée est pratiquée, n'est pas toujours constante : le titre peut être annulé, réformé, rétracté ou cassé, et dans la mesure où la saisie a consommé ses effets, des questions de restitution des sommes indûment payées, voire de responsabilité du créancier si l'exécution a causé un dommage au débiteur, se posent[3].

En revanche, si le jugement exécuté par provision est purement et simplement confirmé en appel, celui-ci conserve « *son caractère de titre exécutoire* »[4]. Même chose si une décision au principal intervient après une ordonnance de référé sur la même cause. Si le jugement au principal ne remet pas en cause la chose jugée en référé, l'ordonnance de référé qui a servi de fondement aux poursuites exécutées par provision conserve son caractère de titre exécutoire[5].

1. CJUE, 17 mai 2022, aff. C-693/19 et C-831/19 ; *D.* 2022. 989 ; *ibid.* 1162, point de vue G. Poissonnier ; *D.* 2023. 616, obs. E. Poillot.
2. CJUE, 18 janv. 2024, aff. C-531/22 ; *D.* 2024. 1877, obs. H. Synvet.
3. V. L. Boré, « Restitutions et responsabilités après l'anéantissement d'une décision de justice exécutoire », *Mél. S. Guinchard*, Dalloz, 2010, p. 607.
4. Civ. 2e, 4 juin 2020, no 19-12.727, P ; *JCP* 2020. 751, obs. D. Cholet ; *RTD civ.* 2020. 701, obs. N. Cayrol.
5. Civ. 2e, 8 janv. 2015, no 13-25.786, NP ; *RTD civ.* 2015. 457, obs. N. Cayrol.

0121.52 Retour au *statu quo ante*. S'agissant des restitutions, « *seul un débiteur condamné à exécuter une obligation, exécutoire à titre provisoire, au profit d'un créancier peut agir contre ce dernier, sur le fondement de l'article L. 111-10 du code des procédures civiles d'exécution, en réparation du préjudice résultant de l'exécution du titre ultérieurement modifié* »[6]. Jugé en conséquence qu'une ordonnance de référé ayant désigné un administrateur provisoire ne pouvait être regardée comme ayant condamné la société à exécuter une obligation, de sorte que les demandes indemnitaires formées par la société au titre des frais et honoraires de l'administrateur provisoire n'entraient pas dans les prévisions de l'article L. 111-10 C. pr. exéc.

Lorsqu'une partie a été condamnée à exécuter une obligation, la première chambre civile de la Cour de cassation a affirmé, le 31 mars 2016, qu'« *aux termes de l'article L. 111-10 du Code des procédures civiles d'exécution, l'obligation de restitution des sommes perçues en vertu d'une décision assortie de l'exécution provisoire résulte de plein droit de sa réformation* »[7], employant une formule quasi-analogue à celle de la troisième chambre civile, qui, le 19 février 2002, avait décidé que « *l'obligation de rembourser résultait de plein droit de la réformation de la décision de première instance ayant alloué des sommes* » à un syndicat de copropriétaires[8], pour laquelle l'arrêt infirmatif vaut donc titre exécutoire.

Pour la Cour de cassation, il n'y a pas lieu de distinguer selon que l'infirmation frappe le titre principal du créancier ou un titre dérivé délivré ultérieurement par le JEX[9].

0121.53 Restitutions consécutives à une cassation. À la suite de l'article L. 111-10, l'article L. 111-11 C. pr. exéc. pose une règle similaire à propos du pourvoi en cassation en matière civile. Après avoir rappelé que cette voie de recours n'empêche pas l'exécution de la décision attaquée, afin d'inciter à l'exécution des arrêts d'appel et des jugements de

6. Civ. 2e, 6 mars 2025, no 22-18.209, B ; *JCP* 2025. 466, note N. Cayrol.
7. Civ. 1re, 31 mars 2016, no 14-20.193, P ; *Dr. et proc.* 2016, no 3, p. 69, obs. L. Lauvergnat : une cour d'appel ayant constaté qu'une ordonnance sur requête autorisant le prélèvement d'une provision sur des fonds indivis, ayant été rétractée par un arrêt postérieur, avait ainsi pu rejeter la demande de restitution de la somme au vu de ce que le titre pour l'obtenir existait déjà.
8. Civ. 3e, 19 févr. 2002, no 00-20.665, NP ; *RTD civ.* 2002. 359, obs. R. Perrot – v. AUSSI : Civ. 1re, 30 sept. 2009, no 08-10.865, NP – Civ. 2e, 11 mars 2010, no 09-13.320, NP – Civ. 2e, 24 juin 2010, no 09-67.534, NP – Civ. 2e, 21 oct. 2010, no 09-70.618, NP.
9. Civ. 2e, 17 sept. 2020, no 19-17.721, P ; *Gaz. Pal.* 8 déc. 2020, p. 39, obs. C. Brenner ; *Gaz. Pal.* 26 janv. 2021, p. 83, obs. N. Hoffschir ; *RTD civ.* 2020. 950, obs. N. Cayrol.

première instance rendus en premier et dernier ressort, ce texte ajoute, alinéa 2, que « *cette exécution ne peut donner lieu qu'à restitution* » et ne peut en aucun cas être imputée à faute[1].

S'il s'agit d'une cassation de la décision servant de titre, c'est l'arrêt qui a cassé l'arrêt d'appel qui constitue la décision ouvrant droit à restitution[2].

0121.54 Restitution des intérêts légaux en cas d'infirmation. Lorsque la condamnation assortie de l'exécution provisoire a pour objet le paiement d'une somme d'argent, la question s'est posée de savoir si la partie, qui a perdu devant le premier juge et qui a payé cette somme, gagne en appel, peut exiger de son adversaire, outre la restitution du capital, le paiement d'intérêts depuis le jour du versement, ou si elle doit se contenter des intérêts légaux postérieurs à la signification de l'arrêt infirmatif.

La jurisprudence a évolué. Jusqu'en 1987, elle décidait que les intérêts étaient dus à compter du versement par la partie perdante en première instance. En 1987, opérant un **revirement de jurisprudence**, la Cour de cassation a jugé qu'en cas d'infirmation, le gagnant initial ne devrait restituer que le montant des sommes versées sans être tenu de payer les intérêts légaux courus depuis le jour du versement[3]. Cette solution a été confirmée par l'Assemblée plénière de la Cour de cassation qui, le 3 mars 1995, a posé en principe que « *la partie qui doit restituer la somme qu'elle détenait en vertu d'une décision de justice exécutoire n'en doit les intérêts au taux légal qu'à compter de la notification, valant mise en demeure, de la décision ouvrant droit à restitution* »[4]. Les intérêts légaux ne peuvent donc pas courir avant que n'ait été notifié l'arrêt infirmatif prescrivant la restitution des sommes versées en exécution du jugement assorti de l'exécution provisoire, les conclusions signifiées devant la cour pour soutenir l'infirmation du jugement étant à cet égard inefficaces et ne pouvant valoir sommation de restituer.

0121.55 Responsabilité sans faute. La poursuite de l'exécution d'une décision provisoire n'est pas seulement génératrice de restitutions si le titre est ultérieurement modifié. Elle crée un risque supplémentaire : celui de devoir en réparer les conséquences dommageables. La Cour de cassation l'affirme depuis longtemps, puisqu'un arrêt du 27 avril 1864 a jugé que « *l'exécution, nonobstant appel interjeté, d'un jugement exécutoire par provision constitue une simple faculté dont la partie use à ses risques et périls, et sauf à répondre du préjudice causé par cette exécution en cas d'infirmation* »[5]. Il s'agit d'un cas de responsabilité sans faute : le créancier pourra être condamné à payer des dommages-intérêts « *sans qu'il soit nécessaire de relever une faute à son encontre* » dans l'exécution de la décision[6].

En 2006, la Cour de cassation est allée encore plus loin, appliquant l'article L. 111-10 alinéa 2 C. pr. exéc. même en cas d'exécution volontaire du débiteur, sur signification du jugement par le créancier. Des époux cessionnaires d'un fonds de commerce avaient obtenu une ordonnance de référé enjoignant à l'exploitant d'une activité commerciale de livraison de fuel domestique, de cesser cette activité et d'enlever sous astreinte tout élément permettant de procéder à cette vente. Cette décision ayant ensuite été infirmée, l'exploitant avait fait assigner les époux en réparation de son préjudice né de l'exécution de l'ordonnance, et il obtint gain de cause, au motif que « *l'ordonnance de référé ayant été signifiée à la requête des époux* » à l'exploitant, il n'était pas nécessaire pour la partie gagnante de procéder à des actes d'exécution forcée : « *Ce dernier était tenu de l'exécuter* »[7]. Ainsi la règle selon laquelle celui qui fait exécuter une décision de justice assortie de l'exécution provisoire encourt une responsabilité de plein droit fondée sur le risque s'applique même si le gagnant en première instance s'est borné à signifier l'ordonnance sans avoir procédé lui-même à la moindre mesure d'exécution forcée, voulant simplement la porter à la connaissance de l'adversaire et faire courir les délais de recours : le simple fait de signifier un jugement assorti de l'exécution provisoire suffit, si ce jugement est infirmé, à faire basculer le préjudice résultant de son

1. Civ. 2e, 30 mai 2002, no 00-20.955, P II, no 110 ; *D.* 2002. Somm. 2645, obs. N. Fricero ; *Procédures* 2002, no 154, note R. Perrot – Civ. 2e, 31 janv. 2019, no 17-28.605, P ; *Gaz. Pal.* 26 mars 2019, p. 31, obs. C. Brenner ; *Procédures* 2019, no 108, obs. Y. Strickler ; *RTD civ.* 2019. 405, obs. N. Cayrol.
2. Civ. 2e, 14 avr. 2005, no 03-14.195, P II, no 91 ; *Procédures* 2005. Comm. 149, obs. R. Perrot – Civ. 2e, 8 juill. 2010, no 09-67.093 NP – V. AUSSI : Com. 12 juill. 2011, no 10-16.911, P IV, no 121, relevant que les intérêts au taux légal courent à compter de la date de signification de l'arrêt de cassation.
3. Soc. 16 juill. 1987, no 84-45.608, P V, no 484 – Civ. 3e, 9 déc. 1987, no 86-15.429, P III, no 200 ; *RTD civ.* 1988. 402, no 9, obs. R. Perrot.
4. Cass., ass. plén., 3 mars 1995, no 91-19.497, P, no 1 ; *D.* 1995. 249, concl. M. Jéol ; *JCP* 1995. II. 22482, note Ph. Delebecque ; *RTD civ.* 1995. 687, obs. R. Perrot – Civ. 2e, 6 mai 1999, no 97-10.121, P II, no 86 – Civ. 3e, 2 mars 2017, no 15-24.921, P III, no 32.
5. Req. 27 avr. 1864, *S.* 1864. 1. 157, p. 1014.
6. Civ. 2e, 22 janv. 2004, no 01-00.580, P II, no 18 ; *Procédures* 2004, no 73, obs. R. Perrot – DANS LE MÊME SENS : Civ. 2e, 9 janv. 2003, no 00-22.188, P II, no 3 – Civ. 2e, 10 juill. 2003, no 01-14.778, P II, no 244.
7. Cass., ass. plén., 24 févr. 2006, no 05-12.679, P, no 2 ; *JCP* 2006. II. 10063, note Croze ; *Procédures* 2006, no 96, obs. R. Perrot ; *Gaz. Pal.* 26 févr. 2006, p. 10, concl. R. de Gouttes ; *RTD civ.* 2006. 368, obs. Ph. Théry.

exécution dans une responsabilité sans faute[1]. Dit autrement, toute exécution par la partie condamnée après que la décision lui aura été signifiée, lui permet, en cas d'infirmation, non seulement de demander la restitution de ce qu'il a versé, mais aussi d'être indemnisé du préjudice que cette exécution lui a causé[2].

Cette jurisprudence a été confirmée depuis. Le 9 septembre 2010, la deuxième chambre civile a ainsi relevé qu'une ordonnance de référé suspendant les effets d'un arrêté d'attribution d'une licence de taxi constituait un titre exécutoire, « *et que sa notification avait été ordonnée, en sorte que* [bénéficiaire de l'autorisation] *n'avait pas d'autre choix que d'arrêter son exploitation* »[3] : le titre ayant été anéanti par le jugement rejetant au fond le recours en annulation dirigé contre l'arrêté, le concurrent devait donc restituer la société bénéficiaire dans ses droits. Le 8 septembre 2011, la Cour de cassation a répété une nouvelle fois que le fait pour le gagnant de signifier un jugement assorti de l'exécution provisoire l'expose au risque, si le jugement est infirmé, de voir sa responsabilité engagée, mais dans un contexte différent : une société de boulangerie avait acquis un fonds de commerce comprenant notamment un bail commercial, mais les bailleurs obtinrent ensuite la résiliation du bail, et un jugement assorti de l'exécution provisoire ordonna la libération des locaux commerciaux. Aucune astreinte n'avait été prononcée. Les bailleurs firent signifier le jugement et la société de boulangerie restitua les locaux. Mais après infirmation en appel, celle-ci forma une demande en paiement de dommages-intérêts aux fins de réparation du préjudice résultant de la restitution, demande dont elle fut déboutée aux motifs que les bailleurs, qui n'avaient pas fait procéder à l'exécution forcée du jugement assorti de l'exécution provisoire que la société avait volontairement exécuté, n'avaient commis aucune faute. Cet arrêt a été cassé parce que « *le jugement prononçant la résiliation du bail ayant été signifié* [...] *à la société* [...], *cette dernière était tenue de l'exécuter* »[4]. On le voit, la Cour de cassation fait une application stricte de la règle selon laquelle l'exécution provisoire est poursuivie aux risques du créancier[5].

1. Obs. R. Perrot, *RTD civ.* 2003. 377.
2. V. obs. P. Théry, *RTD civ.* 2006. 369.
3. Civ. 2e, 9 sept. 2010, no 09-68.120, P II, no 148 ; *D.* 2011. Pan. 1509, obs. A. Leborgne ; *RTD civ.* 2011. 584, obs. Ph. Théry.
4. Civ. 2e, 8 sept. 2011, no 10-18.645, NP ; *RTD civ.* 2012. 149, obs. R. Perrot.
5. V. Ph. Théry, « Propos critiques sur la responsabilité pesant sur le bénéficiaire de l'exécution provisoire », *Mél. N. Fricero*, Dalloz-LGDJ, 2024, p. 599.

SECTION 2
ACCORDS AUXQUELS LES JURIDICTIONS ONT CONFÉRÉ FORCE EXÉCUTOIRE ET EXTRAITS DE PROCÈS-VERBAUX DE CONCILIATION SIGNÉS PAR LE JUGE ET LES PARTIES

0121.61 Force obligatoire des accords de règlement des litiges. La loi reconnaît force obligatoire aux accords par lequels les parties mettent fin au différend qui les oppose. Les conditions de la force obligatoire des accords de règlement des litiges varient selon l'objet du litige ou selon les parties.

Lorsque le litige est relatif à des droits dont les parties ont la libre disposition, les conventions par lesquelles celles-ci mettent fin au différend qui les oppose ont en principe force obligatoire *solo consensu*, sous réserve de respecter les conditions générales de validité (cas de la transaction par exemple). Lorsque le litige est relatif à des droits dont les parties n'ont pas la libre disposition, la force obligatoire de l'accord est subordonnée à son homologation par le juge (pactes entre parents relatifs à l'exercice l'autorité parentale par exemple).

Quoi qu'il en soit, l'accord ayant force obligatoire doit être exécuté par les parties, et le plus souvent l'exécution en sera volontaire.

0121.62 Force exécutoire des accords de règlement des litiges. Plan. Dans le but de renforcer l'attrait des règlements volontaires des litiges, le législateur a souhaité que les accords des parties aient, non seulement force obligatoire, mais aussi force exécutoire.

Cette politique est relativement récente. Autrefois, une transaction mettant fin à un litige avait certes force obligatoire, mais, en cas de difficulté, les parties devaient revenir devant le juge pour que celui-ci en ordonne l'exécution par un jugement qui constituait alors le titre exécutoire permettant de requérir l'exécution forcée. Autrefois, sauf dispositions particulières, seuls les règlements volontaires conclus dans le cadre d'une instance et sous l'égide du juge étaient alors dotés de la force exécutoire, d'ailleurs selon des procédés non dénués d'équivoque en fonction de la part prise par le juge. Parfois, le juge constatant l'accord des parties le reprenait purement et simplement à son compte dans un jugement : au fond, l'acte était le produit de la volonté des parties, donc une convention, mais formellement, il se présentait comme un jugement ordinaire, œuvre du juge, et à ce titre obligatoire et exécutoire. On parlait alors de « *jugement d'expédient* » ou de « *jugement convenu* ». D'autres fois, le juge ne faisait que prendre acte solennellement de l'accord des parties. On parlait alors de « *contrat judiciaire* »[6].

6. V. Rép. pr. civ., vo *Contrat judiciaire*, par G. Deharo, déc. 2024.

Aujourd'hui, la loi prévoit que tout accord de règlement d'un différend peut se voir attribuer force exécutoire au terme d'une procédure d'homologation[1]. Pour les accords conclus en dehors du juge, il est possible de les lui soumettre afin de leur conférer force exécutoire. C'est ainsi que l'article L. 111-3 C. pr. exéc. indique parmi les titres exécutoires « *les accords auxquels ces juridictions ont conféré force exécutoire* » (§ 1), ainsi que « *les extraits de procès-verbaux de conciliation signés par le juge et les parties* » (§ 2).

§ 1 Accords auxquels les juridictions ont conféré force exécutoire

0121.71 Présentation et évolution. Aux termes de l'article L. 111-3, 1° C. pr. exéc., constituent des titres exécutoires « *les accords auxquels ces juridictions ont conféré force exécutoire* »[2].

Cette indication ne figurait pas dans la version initiale du texte, issu de l'article 3 de la loi du 9 juillet 1991[3]. Celui-ci a connu une évolution en deux temps.

Dans un premier temps, la loi du 22 novembre 1999[4] a ajouté à la liste des titres exécutoires « *les transactions soumises au président du tribunal de grande instance* », après que le décret du 28 décembre 1998[5] eut introduit un article 1441-4 dans le Code de procédure civile, aux termes duquel « *le président du tribunal de grande instance, saisi sur requête par une partie à la transaction, confère force exécutoire à l'acte qui lui est présenté* »[6]. À l'époque, il s'agissait seulement de conférer force exécutoire aux transactions intervenues avant tout procès[7].

Dans un second temps, l'ordonnance du 16 novembre 2011[8], portant transposition de la directive du Parlement européen et du Conseil sur certains aspects de la médiation en matière civile et commerciale[9], a étendu la liste des titres exécutoires en faisant référence plus largement aux « *accords auxquels* [les] *juridictions ont conféré force exécutoire* ».

Ces « accords » sont, outre ceux résultant d'une transaction, ceux conclus à l'issue d'un processus de médiation, de conciliation ou de procédure participative, processus régis par le livre cinquième du Code de procédure civile consacré à « La résolution amiable des différends », livre créé par le décret du 20 janvier 2012[10].

0121.72 Transaction homologuée. Définie par l'article 2044 C. civ.[11], « *la transaction est un contrat par lequel les parties, par des concessions réciproques, terminent une contestation née, ou préviennent une contestation à naître* ». La conclusion de ce contrat « *fait obstacle à l'introduction ou à la poursuite entre les parties d'une action en justice ayant le même objet* » (C. civ., art. 2052).

La transaction acquiert force exécutoire lorsqu'elle a fait l'objet d'une homologation par le juge[12]. En droit judiciaire privé[13], l'homologation des transactions par le juge est régie par les articles 1565 à 1567 C. pr. civ. issus du décret du 12 janvier 2012[14]. Selon ces textes, « *le juge est saisi par la partie la plus diligente ou l'ensemble des parties à la transaction* » (C. pr. civ., art. 1567) ; il « *statue sur la requête qui lui est présentée sans débat, à moins qu'il n'estime nécessaire d'entendre les parties* » (C. pr. civ., art. 1566).

Si le juge fait droit à la requête et décide d'homologuer la transaction, « *tout intéressé peut en référer au juge qui a rendu la décision* ». À propos de ce « référé », la Cour de cassation a précisé que « *l'ordonnance donnant force exécutoire à une transaction rendue suite au dépôt d'une requête par l'une des parties à un accord, ayant reçu mandat à cet effet des autres parties, qui n'est pas une ordonnance sur requête au sens de l'article 812, alinéa 1er, du Code de procédure civile, ne*

1. Sur cette fonction d'homologation, v. T. Goujon-Bethan, *L'homologation par le juge. Essai sur une fonction juridictionnelle*, LGDJ, Bibl. dr. privé, t. 611, préf. N. Fricero, 2021.
2. V. M. Foulon et Y. Strickler, « Accords et force exécutoire en France », *Gaz. Pal.* 1er sept. 2013, p. 8.
3. L. n° 91-650, 9 juill. 1991, portant réforme des procédures civiles d'exécution, *JO* 14 juill., p. 9228.
4. L. n° 99-957, 22 nov. 1999, portant sur diverses professions relevant du ministère de la Justice, la procédure civile et le droit comptable, *JO* 23 nov., p. 17351, art. 4.
5. Décr. n° 98-1231, 28 déc. 1998, modifiant le Code de l'organisation judiciaire et le Nouveau Code de procédure civile, *JO* 30 déc., p. 19904.
6. Texte abr. par Décr. n° 2012-66, 20 janv. 2012, relatif à la résolution amiable des différends, *JO* 22 janv., p. 1280, et remplacé par les dispositions du livre V du C. pr. civ.
7. L'homologation d'une transaction par jugement « *lui confér*[ant] *force exécutoire* », Civ. 2e, 27 mai 2004, n° 02-18.542, P II, n° 253.
8. Ord. n° 2011-1540, 16 nov. 2011, portant transposition de la directive 2008/52/CE du Parlement européen et du Conseil du 21 mai 2008 sur certains aspects de la médiation en matière civile et commerciale, *JO* 17 nov., p. 19286.
9. Dir. n° 2008/52/CE, Parlement européen et Conseil, 21 mai 2008, sur certains aspects de la médiation en matière civile et commerciale, *JOUE* L. 136.
10. Décr. n° 2012-66, 20 janv. 2012, préc.
11. Réd. L. n° 2016-1547, 18 nov. 2016, de modernisation de la justice du XXIe siècle, *JO* 19 nov., texte 1.
12. V. H. Croze et O. Fradin, « Transaction et force exécutoire », *in* B. Mallet-Bricout et C. Nourrissat (dir.), *La transaction dans toutes ses dimensions*, « Thèmes et commentaires », Dalloz, 2006, p. 93-107.
13. En droit public, v. CJA, art. L. 771-3-2.
14. Décr. n° 2012-66, 20 janv. 2012, préc. – V. F. Marchadier, « L'attribution de la force exécutoire à la transaction après le décret du 20 janvier 2012 », *Gaz. Pal.* 7 déc. 2012, p. 15.

peut faire l'objet d'aucun recours »[1]. Il ne reste plus qu'à signifier la décision d'homologation pour que la transaction ait force exécutoire[2]. Les articles 1565, 1566 et 1567 C. pr. civ. ne prévoient pas, en effet, *« que l'ordonnance d'homologation, rendue à la requête de l'une seule des parties, est exécutoire au seul vu de la minute. Il en résulte que lorsqu'une partie entend poursuivre l'exécution forcée d'une transaction, elle doit saisir le juge d'une requête à fin d'homologation. L'ordonnance d'homologation n'étant pas dissociable de la transaction à laquelle elle confère force exécutoire doit, lorsqu'elle a été rendue à la requête de cette seule partie, être notifiée, conformément aux dispositions de l'article 503 du Code de procédure civile, à la partie contre laquelle l'exécution est poursuivie »*[3].

Dans le cas contraire, « *la décision qui refuse d'homologuer l'accord peut faire l'objet d'un appel* », appel qui, « *formé par déclaration au greffe de la cour d'appel* », sera « *jugé selon la procédure gracieuse* » (C. pr. civ., art. 1566, al. 3).

0121.73 Office du juge de l'homologation. L'étendue exacte du contrôle du juge de l'homologation suscite des interrogations[4]. Il est certain que « *le juge à qui est soumis l'accord ne peut en modifier les termes* » (C. pr. civ., art. 1565, al. 3). Il n'est pas douteux non plus que « *son contrôle peut porter sur la nature de la convention qui lui est soumise et sur sa conformité à l'ordre public et aux bonnes mœurs* »[5]. En revanche, le point de savoir si le juge doit contrôler des modalités de la transaction est discuté. Mais il a été jugé par la Cour de cassation qu'« *il entre dans les pouvoirs du juge de refuser de rendre exécutoire une transaction dont il aurait constaté l'absence de formation* » parce qu'une condition suspensive n'était pas réalisée[6], ou parce qu'il apparaît que la période pendant laquelle sa mise en œuvre devait être demandée est expirée[7].

0121.74 Portée de l'homologation. La portée de l'homologation est limitée : « *L'homologation d'un accord transactionnel qui a pour seul effet de lui conférer force exécutoire ne fait pas obstacle à une contestation de la validité de cet accord devant le juge de l'exécution* »[8]. En effet, « *lorsque le président du tribunal de grande instance statue sur une demande tendant à conférer force exécutoire à une transaction, son contrôle ne porte que sur la nature de la convention qui lui est soumise et sur sa conformité à l'ordre public et aux bonnes moeurs et n'exclut pas celui opéré par le juge du fond saisi d'une contestation de la validité de la transaction* »[9]. En outre, si l'homologation authentifie l'acte, cette authentification ne vaut que pour ce que le juge homologateur a personnellement constaté[10].

L'homologation est **facultative** : le régime de l'homologation judiciaire des transactions ne fait pas obstacle à ce qu'une transaction soit reçue par un notaire et que celui-ci lui confère force exécutoire. Jugé que dès lors que les parties « *avaient déposé la transaction au rang des minutes d'un notaire pour qu'elle acquière tous les effets d'un acte authentique et pour qu'il en soit délivré copie exécutoire, et que ce dépôt avait été reçu en la forme authentique, [...] la copie exécutoire de la transaction pouvait ainsi servir de fondement à une saisie-attribution* »[11].

0121.75 Accords résultant d'un processus structuré. Les parties à un différend peuvent, à leur initiative, tenter de le résoudre de façon amiable suivant un « processus structuré »[12] qu'elles ont mis en place elles-mêmes ou qui leur a été proposé par une organisation. Le Code de procédure civile évoque la **médiation** et la **conciliation conventionnelles**

1. Civ. 2e, 1er sept. 2016, no 15-22.915, P II, no 199 ; *D.* 2017. Pan. 424, obs. N. Fricero ; *D.* 2017. Pan. 1390, obs. A. Leborgne ; *RTD civ.* 2016. 883, obs. P.-Y. Gautier – Revirement par rapport à Civ. 2e, 24 mai 2007, no 06-11.529, P II, no 133 ; *D.* 2008. 129, note P. Julien et J.-B. Racine ; *D.* 2007. 2427, obs. N. Fricero ; *D.* 2008. 180, obs. T. Clay : « *L'ordonnance rendue en application de l'article 1441-4 du nouveau Code de procédure civile est une ordonnance sur requête au sens de l'article 812, alinéa 1er, soumise aux recours prévus par l'article 496 du même code* ».
2. L. Lauvergnat, « Signification de la décision de justice homologuant une transaction », *Procédures* 2016, part. 3.
3. Civ. 2e, 26 oct. 2023, no 21-19.844, B ; *D. actu.* 20 nov. 2023, note N. Hoffschir ; *D.* 2024. 613, obs. N. Fricero ; *ibid.* 2024. 1301, obs. A. Leborgne et J. -D. Pellier ; *JCP* 2024. 80, note T. Goujon-Bethan ; *Gaz. Pal.* 23 janv. 2024, p. 53, note S. Amrani-Mekki ; *RTD civ.* 2024. 205, obs. Ph. Théry.
4. B. Mathieu, « L'office du juge de l'homologation d'une transaction », *D.* 2018. 2220 – X. Vuitton, « Quelques réflexions sur l'office du juge de l'homologation dans le livre V du Code de procédure civile », *RTD civ.* 2019. 771 – T. Goujon-Béthan, *L'homologation par le juge, op. cit.*
5. Civ. 2e, 26 mai 2011, no 06-19.527, P II, no 120 ; *RTD civ.* 2011. 559, obs. P.-Y. Gautier ; *ibid.* 593, obs. R. Perrot.
6. Civ. 1re, 10 sept. 2014, no 13-11.843, P I, no 146 ; *Gaz. Pal.* 14 juin 2015, p. 12 ; *RTD civ.* 2014. 904, obs. P.-Y. Gautier, et 2015. 695, obs. Ph. Théry.
7. Civ. 1re, 3 oct. 2018, no 17-21.879, NP ; *D.* 2018. 2220, note B. Mathieu ; *RTD civ.* 2019. 392, obs. Ph. Théry.
8. Civ. 2e, 28 sept. 2017, no 16-19.184, P II, no 190 ; *D.* 2017. 1983 ; *Dr. et proc.* 2017. 256, obs. B. Gorchs-Gelzer ; *RD banc. fin.* 2017, no 262, obs. S. Piedelièvre ; *RTD civ.* 2018. 220, obs. N. Cayrol.
9. Civ. 1re, 14 sept. 2022, no 17-15.388, B ; *RTD civ.* 2022. 964, obs. Ph. Théry ; *R. contrats* 2023/1. 88, obs. N. Cayrol ; *Gaz. Pal.* 31 janv. 2023, p. 57, obs. L. Mayer.
10. Com. 14 juin 2017, no 12-11.644, P IV, no 82 ; *D.* 2017. 1748, note P. Bouathong ; *JCP* 2017. 866, note Ph. Simler ; *RTD civ.* 2017. 871, obs. H. Barbier ; *ibid.* 2018. 209, obs. Ph. Théry.
11. Civ. 2e, 21 oct. 2010, no 09-12.378, P II, no 173 ; *D.* 2010. 1509, obs. A. Leborgne ; *Dr. et proc.* 2011. 19, obs. E. Putman ; *RTD civ.* 2011. 176, obs. R. Perrot.
12. V. L. no 95-125, 8 févr. 1995, relative à l'organisation des juridictions et à la procédure civile, pénale et administrative, *JO* 9 févr., art. 21, réd. Ord. no 2011-1540, 16 nov. 2011.

ainsi que la **procédure participative** avec l'assistance de leurs avocats dans le cadre d'une procédure participative (C. pr. civ., art. 1528 s.).

Aux termes de l'article 1565 alinéa 1er C. pr. civ., « *l'accord auquel sont parvenues les parties à une médiation, une conciliation ou une procédure participative peut être soumis, aux fins de le rendre exécutoire, à l'homologation du juge compétent pour connaître du contentieux dans la matière considérée* », sachant que le juge à qui est soumis l'accord, qui statue normalement sur la requête qui lui est présentée sans débat[1], ne peut en modifier les termes (C. pr. civ., art. 1565, al. 3)[2].

Issu du décret n° 2022-245 du 25 février 2022, l'alinéa 2 de l'article 1565 dispose que « *l'accord sur la rémunération du médiateur conclu conformément à l'article 131-13 peut être rendu exécutoire dans les mêmes conditions, à la demande d'une partie ou du médiateur, par le juge qui a ordonné la médiation* ».

L'accord peut être une transaction, c'est-à-dire un acte comportant des concessions réciproques. Mais un accord mettant fin au différend sans concession de part et d'autre obtenu dans le cadre de ces « processus structurés » est également susceptible d'homologation.

0121.76 Conciliation extrajudiciaire. En tant que mode de résolution amiable des différends, la conciliation conventionnelle du titre Ier du livre V du Code de procédure civile, est un processus structuré, par lequel deux ou plusieurs parties tentent de parvenir à un accord, en dehors de toute procédure judiciaire en vue de la résolution amiable de leurs différends, avec l'aide d'un tiers choisi par elles qui accomplit sa mission avec impartialité, compétence et diligence (C. pr. civ., art. 1530). L'accord auquel sont parvenues les parties à une conciliation peut, aux termes de l'article 1565 alinéa 1er C. pr. civ., « *être soumis, aux fins de le rendre exécutoire, à l'homologation du juge compétent pour connaître du contentieux dans la matière considérée* », l'article 1566, relatif aux vois de recours, déjà évoqué, étant applicable.

Formellement, l'accord prend la forme d'un **constat**, suivant deux modalités décrites par l'article 1540 C. pr. civ. : « *En cas de conciliation, même partielle, il peut être établi un constat d'accord signé par les parties et le conciliateur de justice. La conciliation peut également être consignée dans un constat signé par le conciliateur et une ou plusieurs des parties lorsque l'une ou plusieurs d'entre elles ont formalisé les termes de l'accord auquel elles consentent dans un acte signé par elles et établi hors la présence du conciliateur de justice ; il incombe alors à ce dernier de viser l'acte dans le constat et de l'annexer à celui-ci. La rédaction d'un constat est requise lorsque la conciliation a pour effet la renonciation à un droit. Un exemplaire du constat est remis à chaque intéressé. Le conciliateur de justice procède également, sans délai, au dépôt d'un exemplaire au greffe du tribunal judiciaire* ».

La **demande d'homologation de l'accord** aux fins de le rendre exécutoire requiert l'accord de toutes les parties. Aux termes de l'article 1541 C. pr. civ., « *la demande tendant à l'homologation de l'accord issu de la conciliation est présentée au juge par requête de l'ensemble des parties à la conciliation ou de l'une d'elles, avec l'accord exprès des autres* ».

0121.77 Médiation conventionnelle. En droit privé, la médiation conventionnelle fait l'objet du chapitre 1er du titre Ier du livre V du Code de procédure civile, et, de la même manière que la conciliation menée par un conciliateur de justice, elle est définie comme un processus structuré par lequel deux ou plusieurs parties tentent de parvenir à un accord, en dehors de toute procédure judiciaire, en vue de la résolution amiable de leurs différends, avec l'aide d'un **tiers choisi par elles**. Lorsqu'un accord est effectivement trouvé, une demande d'homologation de celui-ci peut être présentée au juge compétent par requête de l'ensemble des parties à la médiation ou de l'une d'elles, mais avec l'accord exprès des autres (C. pr. civ., art. 1534).

En droit public, la médiation conventionnelle est définie de la même manière (CJA, art. L. 213-1 et L. 213-5). En cas d'accord, « *saisie de conclusions en ce sens, la juridiction peut, dans tous les cas où un processus de médiation a été engagé en application du présent chapitre, homologuer et donner force exécutoire à l'accord issu de la médiation* » (CJA, art. L. 213-4). Mais la demande d'homologation n'est recevable de plein droit que si l'accord a bien été conclu dans le cadre d'un processus structuré de médiation. En dehors de ce cadre, le Conseil d'État est d'avis que la demande d'homologation est en principe « *irrecevable* », sauf « *lorsque la conclusion d'une transaction vise à remédier à une situation telle que celle créée par une annulation ou la constatation d'une illégalité qui ne peuvent donner lieu à régularisation, ou lorsque son exécution se heurte à des difficultés particulières. Tel peut notamment être le cas en matière de marchés publics et de délégations de service public* »[3].

1. Mais il peut estimer nécessaire d'entendre les parties (C. pr. civ., art. 1566, al. 1er).
2. Comme vu précédemment, s'il est fait droit à la requête, tout intéressé peut en référer au juge qui a rendu la décision, et la décision qui refuse d'homologuer l'accord pourra faire l'objet d'un appel (C. pr. civ., art. 1566, al. 2 et 3).
3. CE, ass., 6 déc. 2002, req. n° 249153, avis, Synd. Intercommunal des établissements du second cycle du second degré du district de L'Haÿ-Les-Roses et Sté C.D.I. 2000, *Lebon*. 433 ; *GACA*, 9e éd. 2024, n° 95.

0121.78 Accords issus d'une procédure participative. L'article 2062 C. civ. définit la convention de procédure participative comme la « *convention par laquelle les parties à un différend s'engagent à œuvrer conjointement et de bonne foi à la résolution amiable de leur différend* [...] », sachant que toute personne, assistée de son avocat, peut conclure une convention de procédure participative sur les droits dont elle a la libre disposition. Or, l'article 2066 C. civ. souligne que « *les parties qui, au terme de la convention de procédure participative, parviennent à un accord réglant en tout ou partie leur différend peuvent soumettre cet accord à l'homologation du juge* », dans les conditions prévues par le Code de procédure civile [1].

En cas d'accord total ou partiel [2], le juge peut être saisi, selon le cas, « *pour homologuer l'accord des parties mettant fin en totalité au différend ou au litige* », ou « *pour homologuer un accord partiel des parties* [...] » (C. pr. civ., art. 1556). Une procédure d'homologation de l'accord mettant fin à l'entier différend est prévue par l'article 1557 C. pr. civ. Comme pour la transaction, et à la différence des accords en cas de médiation ou de conciliation, la requête tendant à l'homologation de l'accord peut être présentée au juge par la partie la plus diligente.

§ 2
Extraits de procès-verbaux de conciliation signés par le juge et les parties

0121.81 Règlement amiable dans le cadre d'une instance. Le Code de procédure civile a toujours envisagé et réglementé la conciliation des parties en cours d'instance. Depuis l'origine, l'article 21 C. pr. civ. décide, au titre des principes directeurs du procès, qu'« *il entre dans la mission du juge de concilier les parties* », mission qu'il peut assurer lui-même ou déléguer à un tiers : soit à un conciliateur ou à un médiateur, soit à un autre juge du tribunal, « *qui ne siège pas dans la même formation de jugement* » que lui, auquel il délègue la charge de tenir une audience de règlement amiable (C. pr. civ., art. 774-1) [3].

0121.82 Conciliation et médiation judiciaire. Les dispositions relatives à la conciliation et à la médiation dans le cadre de l'instance font l'objet des articles 127 à 131-15 qui forment le titre VI du livre 1er, dans leur rédaction issue des décrets du 1er octobre 2010 [4], du 11 mars 2015 [5] et du décret du 30 octobre 2024 [6].

Aux termes de l'article 128 C. pr. civ., « *les parties peuvent se concilier, d'elles-mêmes ou à l'initiative du juge, tout au long de l'instance* » ; selon l'article 129-1, elles « *peuvent toujours demander au juge de constater leur conciliation* ».

Formellement, « *la teneur de l'accord, même partiel, sera consignée dans un procès-verbal signé par les parties et le juge* » (C. pr. civ., art. 130), et « *des extraits du procès-verbal dressé par le juge peuvent être délivrés, qui valent titre exécutoire* » (C. pr. civ., art. 131, al. 1er) [7]. Si l'une des parties n'exécute pas les engagements conclus, l'autre peut donc procéder contre elle par voie d'exécution forcée, sans qu'il soit nécessaire d'obtenir un jugement de condamnation.

En dressant un procès-verbal de conciliation, le juge intervient comme pourrait le faire un officier public [8] pour formaliser l'accord qui a mis fin au litige, en forme de « contrat judiciaire » [9]. En d'autres termes, il l'authentifie, mais cette force probante ne doit pas être confondue avec l'autorité de la chose jugée. Cet acte n'est susceptible d'aucun appel [10], tierce opposition [11] ou pourvoi en cassation [12]. En raison du caractère contractuel de l'acte, seule une action en nullité semble pouvoir être envisagée. Dans ces conditions, le juge qui dresse procès-verbal de l'accord des parties fait-il acte de juridiction ? Pas au sens de juridiction contentieuse, mais on peut y voir une forme de **juridiction volontaire** [13].

0121.83 Audience de règlement amiable. Depuis un décret du 29 juillet 2023, le juge du tribunal judiciaire « *saisi d'un litige portant sur des droits dont les parties ont la libre disposition peut, à la demande de*

1. Sur la procédure participative assistée par avocat, v. D. d'Ambra, *in* S. Guinchard (dir.), Dalloz action *Droit et pratique de la procédure civile*, 2024/2025, nos 438.00 s.
2. Lorsqu'un accord au moins partiel a pu être conclu, il est constaté dans un écrit établi par les parties, assistées de leurs avocats, qui énonce de manière détaillée les éléments ayant permis la conclusion de cet accord (C. pr. civ., art. 1555-1, réd. Décr. no 2019-1333, 11 déc. 2019).
3. Réd. Décr. no 2023-686, 29 juill. 2023.
4. Décr. no 2010-1165, 1er oct. 2010, relatif à la conciliation et à la procédure orale en matière civile, commerciale et sociale, *JO* 3 oct., p. 17986.
5. Décr. no 2015-282, 11 mars 2015, relatif à la simplification de la procédure civile à la communication électronique et à la résolution amiable des différends, *JO* 14 mars, p. 4851.
6. Décr. no 2024-965, 30 oct. 2024, relatif aux attachés de justice et aux assistants spécialisés, *JO* 31 oct., texte 3.
7. V. ÉGAL. C. pr. civ., art. 384, al. 3 : « *Il appartient au juge de donner force exécutoire à l'acte constatant l'accord des parties, que celui-ci intervienne devant lui ou ait été conclu hors sa présence* ».
8. V. G. Cornu et J. Foyer, *Procédure civile*, 3e éd., PUF, 1996, p. 79.
9. V. H. Solus et R. Perrot, *Droit judiciaire privé*, t. 3, *Procédure de première instance*, Sirey, 1991, no 1182, p. 991.
10. Civ. 5 avr. 1957, P II, no 296.
11. Soc. 1er févr. 1957, P IV, no 135 ; *RTD civ.* 1957. 386, obs. P. Hébraud.
12. Soc. 23 oct. 1991, no 90-60.452, P V, no 420.
13. V. cette analyse, *in* R. Laher, Imperium *et* jurisdictio *en droit judiciaire privé*, préf. G. Decocq, avant-propos C. Jarrosson, « Bibliothèque des thèses », Mare et Martin, 2016, no 328.

l'une des parties ou d'office après avoir recueilli leur avis, décider qu'elles seront convoquées à une audience de règlement amiable tenue par un juge qui ne siège pas dans la formation de jugement dans les cas prévus par la loi » (C. pr. civ., art. 774-1) [1].

En cas d'accord entre les parties « *à l'issue de l'audience, les parties peuvent demander au juge chargé de l'audience de règlement amiable, assisté du greffier, de constater leur accord, total ou partiel, dans les conditions de l'article 130 et du premier alinéa de l'article 131* » (C. pr. civ., art. 774-4) [2].

Cette possibilité pour le juge saisi du litige de déléguer sa mission de conciliation et de conférer force exécutoire aux accords conclus par les parties a ensuite été étendue à la procédure devant le tribunal de commerce (C. pr. civ., art. 860-2, al. 2, et 873-2) [3] et à la procédure devant le juge des loyers commerciaux (C. com., art. R. 145-29-1) [4].

0121.84 Conciliateur de justice. Dans le cadre de la conciliation judiciaire, le juge peut déléguer sa mission de conciliation à un conciliateur de justice (C. pr. civ., art. 129-2 à 129-6). Si un accord est trouvé, même partiel, dans ce cadre, sa teneur peut être consignée dans un constat signé par les parties et le conciliateur de justice (C. pr. civ., art. 130), sachant alors qu'à tout moment, les parties, ou la plus diligente d'entre elles, pourront soumettre à l'homologation du juge le constat d'accord établi par le conciliateur de justice. Le juge statuera sur la requête qui lui est présentée sans débat en principe, à moins qu'il n'estime nécessaire d'entendre les parties à l'audience (C. pr. civ., art. 131, al. 2). De toute manière, l'homologation relève de la matière gracieuse.

0121.85 Médiation judiciaire. Aux termes de l'article 131-1, « *le juge saisi d'un litige peut désigner, après avoir recueilli l'accord des parties, une tierce personne afin d'entendre celles-ci et de confronter leur point de vue pour leur permettre de trouver une solution au conflit qui les oppose* ».

À l'expiration de sa mission, le médiateur informera par écrit le juge de ce que les parties ont su trouver une solution au conflit qui les oppose (C. pr. civ., art. 131-11, al. 1er), l'affaire revenant alors devant le juge. Le médiateur constate donc l'accord des parties, mais seul le juge pourra donner force exécutoire à cet accord. En effet, l'article 131-12 alinéa 1er décide que les parties, ou la plus diligente d'entre elles, peuvent, à tout moment, « *soumettre à l'homologation du juge le constat d'accord établi par le médiateur de justice* », le juge statuant sur la requête qui lui est présentée sans débat, à moins qu'il n'estime nécessaire d'entendre les parties à l'audience.

L'alinéa 3 du même texte précise que l'alinéa 1er s'applique aussi à l'accord issu d'une médiation conventionnelle intervenue alors qu'une instance judiciaire est en cours.

0121.86 Expert judiciaire. Aux termes de l'article 240 C. pr. civ., « *le juge ne peut donner au technicien mission de concilier les parties* » [5]. Cela étant, selon l'article 281, « *si les parties viennent à se concilier, l'expert constate que sa mission est devenue sans objet ; il en fait rapport au juge. Les parties peuvent demander au juge de donner force exécutoire à l'acte exprimant leur accord* ».

0121.87 Bordereaux de collocation. Constituent des titres exécutoires les accords entre les créanciers colloqués relatifs à la distribution du prix de vente d'un immeuble, qu'il s'agisse, « *selon le cas, du projet de distribution homologué ou du procès-verbal d'accord revêtu de la formule exécutoire* » (C. pr. exéc., art. R. 334-2). C'est le JEX qui « *confère force exécutoire au projet de distribution après avoir vérifié que tous les créanciers parties à la procédure et le débiteur ont été en mesure de faire valoir leurs contestations ou réclamations* » (C. pr. exéc., art. R. 332-6, al. 2) ou au « *procès-verbal d'accord* » (C. pr. exéc., art. R. 332-8, al. 3).

SECTION 3
ACTES, JUGEMENTS ÉTRANGERS ET SENTENCES ARBITRALES DÉCLARÉS EXÉCUTOIRES

0121.90 Droit commun et droit de l'Union européenne. Plan. Aux termes de l'article L. 111-3, 2°, constituent des titres exécutoires « *les actes et les jugements étrangers ainsi que les sentences arbitrales déclarés exécutoires par une décision non susceptible d'un recours suspensif d'exécution, sans préjudice des dispositions du droit de l'Union européenne applicables* ».

En principe, le droit français n'accepte de conférer force exécutoire à des actes ou à des jugements émanant d'une puissance souveraine étrangère ou d'une juridiction arbitrale instituée par la volonté privée qu'à condition d'un contrôle préalable destiné à vérifier que la décision étrangère ou l'acte n'entre pas en conflit avec l'ordre public français. C'est l'objet de la procédure dite d'**exequatur**.

Cependant, à l'égard des jugements et des actes provenant d'un état membre de l'Union européenne, la création d'un **espace judiciaire européen** (EJE) a conduit à alléger les conditions de l'*exequatur*, voire à le supprimer en matière civile et commerciale depuis l'entrée en vigueur du règlement européen du 12 décembre 2012, dit « Bruxelles I *bis* », le

1. Réd. Décr. n° 2023-686, 29 juill. 2023.
2. Réd. Décr. n° 2023-686, 29 juill. 2023.
3. Réd. Décr. n° 2024-673, 3 juill. 2024.
4. Réd. Décr. n° 2024-673, 3 juill. 2024.
5. V. H. Solus et R. Perrot, *Droit judiciaire privé*, t. 3, *Procédure de première instance*, Sirey, 1991, n° 917.

10 janvier 1015. C'est pour souligner l'importance de ce règlement que la loi du 16 février 2015[1] a ajouté au 2° de l'article L. 111-3 le complément : « *Sans préjudice des dispositions du droit de l'Union européenne applicables* ».

Aujourd'hui, s'agissant des conditions de l'exécution en France des jugements et des actes étrangers ainsi que des sentences arbitrales, la principale distinction à opérer est celle entre les jugements et les actes selon qu'ils proviennent d'un État membre de l'Union (§ 1) ou d'un État extérieur (§ 2). Au regard de l'exécution, la distinction entre jugements émanant d'une juridiction étatique et sentences d'une juridiction arbitrale est secondaire (§ 3).

§ 1
Décisions, actes authentiques et transactions judiciaires provenant d'un État membre de l'Union

0121.100 **Présentation. Plan.** Succédant à la convention de Bruxelles du 27 septembre 1968 et au règlement (CE) n° 44/2001 du 22 décembre 2000[2], dit règlement « Bruxelles I » (A), le règlement (UE) n° 1215/2012 du 12 décembre 2012[3], dit « Bruxelles I *bis* », a marqué une étape importante dans la mesure où il consacre **l'exécution de plein droit des décisions européennes**, tout en préservant la possibilité d'un contrôle juridictionnel ultérieur via une demande de refus d'exécution du débiteur (B). Il convient en outre de faire état des procédures européennes particulières débouchant sur un jugement constituant de plein droit un titre exécutoire dans l'ensemble de l'espace européen (C).

A.
Évolutions antérieures au règlement (UE) n° 1215/2012 du 12 décembre 2012

0121.111 **Approfondissement des rapports de confiance mutuelle.** En se donnant pour objectif de développer un espace de liberté, de sécurité et de justice, l'Union européenne a beaucoup œuvré pour la reconnaissance mutuelle des décisions judiciaires et extrajudiciaires en matière civile et commerciale. Des dispositions permettant d'unifier les règles de conflit de juridictions en ces matières, de garantir la reconnaissance et l'exécution rapides des décisions rendues dans un État membre ont ainsi été jugées indispensables, et il était nécessaire qu'elles soient déterminées par un instrument juridique de l'Union contraignant et directement applicable.

C'est dans ces conditions qu'à l'époque des Communautés européennes, les États membres ont conclu le 27 septembre 1968 la **convention de Bruxelles** concernant la compétence judiciaire et l'exécution des décisions en matière civile et commerciale. En parallèle à cette convention, les États membres ont également conclu le 16 septembre 1988 la **convention de Lugano** qui étend l'application des dispositions de la convention de Bruxelles à certains États membres de l'Association européenne de libre-échange.

Puis, le 22 décembre 2000, le Conseil a adopté le **règlement (CE) n° 44/2001, dit « Bruxelles I »**, remplaçant la convention de Bruxelles en ce qui concerne les territoires des États membres couverts par le Traité sur le fonctionnement de l'Union européenne (TFUE), cependant que la convention de Lugano de 1988 a été révisée par la convention concernant la compétence judiciaire, la reconnaissance et l'exécution des décisions en matière civile et commerciale, signée à Lugano le 30 octobre 2007.

Les principes posés par le règlement (CE) n° 44/2001 se sont largement inspirés de la convention de Bruxelles de 1968, reposant sur l'idée qu'aux fins de la libre circulation des jugements les décisions rendues dans un État membre doivent être reconnues et exécutées dans un autre État membre. S'agissant de la reconnaissance, le considérant n° 16 du règlement insistait sur « *la confiance réciproque dans la justice au sein de la Communauté* », qui justifie que les décisions rendues dans un État membre soient reconnues de plein droit, sans qu'il soit nécessaire de recourir à aucune procédure sauf en cas de contestation. Ainsi l'article 33 du règlement disposait-il que « *les décisions rendues dans un État membre sont reconnues dans les autres États membres, sans qu'il soit nécessaire de recourir à aucune procédure* ».

S'agissant de l'exécution, le considérant n° 17 soulignait que cette même confiance réciproque justifie que la procédure visant à rendre exécutoire dans un État membre une décision rendue dans un autre État membre soit rapide, et à cette fin la déclaration relative à la force exécutoire d'une décision devait être délivrée de manière quasi automatique, après un simple contrôle formel des documents fournis, sans qu'il soit possible pour la juridiction de soulever d'office un motif de non-exécution. Une instance d'*exequatur* simplifiée était donc prévue, le règlement prévoyant par ailleurs que le défendeur puisse former un recours, examiné de façon contradictoire, contre la déclaration constatant la force

1. L. n° 2015-177, 16 févr. 2015, relative à la modernisation et à la simplification du droit et des procédures dans les domaines de la justice et des affaires intérieures, *JO* 17 févr., p. 1961, art. 11, II.
2. Règl. CE n° 44/2001, Conseil, 22 déc. 2000, concernant la compétence judiciaire, la reconnaissance et l'exécution des décisions en matière civile et commerciale, *JOCE* L. 012, 16 janv. 2001, p. 1.
3. Règl. UE n° 1215/2012, Parlement et Conseil, 12 déc. 2012, concernant la compétence judiciaire, la reconnaissance et l'exécution des décisions en matière civile et commerciale, *JOUE* L. 351, 20 déc., p. 1.

exécutoire s'il considérait qu'un des motifs prévus de non-exécution était établi.

On retrouvait ce doublet aux articles 38 et 43 du règlement, l'article 38 disposant que « *les décisions rendues dans un État membre et qui y sont exécutoires sont mises à exécution dans un autre État membre après y avoir été déclarées exécutoires sur requête de toute partie intéressée* », et l'article 43 que « *l'une ou l'autre partie peut former un recours*[1] *contre la décision relative à la demande de déclaration constatant la force exécutoire* », ce qui signifie que la déclaration constatant la force exécutoire devait être signifiée ou notifiée à la partie contre laquelle l'exécution était demandée[2].

0121.112 Projets de refonte du règlement (CE) nº 44/2001 du 22 décembre 2000. Après dix ans de pratique des règles européennes uniformes en matière de compétence judiciaire, de reconnaissance et d'exécution des décisions en matière civile et commerciale, la Commission, le 21 avril 2009, a adopté un rapport concluant à l'amélioration de certaines dispositions du règlement du 22 décembre 2000 afin de réaliser la circulation pleine et entière des décisions de justice, les modifications envisagées aboutissant le 14 décembre 2010 à une proposition de refonte du règlement après que, les 10 et 11 décembre 2009, le Conseil européen eut lui-même adopté le programme dit « de Stockholm » concluant à la suppression de toute instance intermédiaire d'*exequatur* dans le pays requis et à la centralisation dans le pays d'origine des recours visant à obtenir un refus d'exécution[3].

C'est toutefois le Parlement européen qui a eu un rôle moteur dans le texte finalement adopté, en retrait par rapport aux options prises par la Commission dans la mesure où les choix opérés ne tendent pas à l'élimination de tout contrôle juridictionnel de la décision dans le pays requis de l'exécution forcée. L'exposé des motifs du nouveau règlement le montre, où la conservation de l'existant, moyennant une évolution, l'emporte sur la volonté initiale d'abrogation totale de l'*exequatur*.

1. Examiné selon les règles de la procédure contradictoire, et formé dans le délai d'un mois à compter de la signification de la déclaration (Règl. 44/2001, 22 déc. 2000, art. 43, 3 et 5).
2. Règl. nº 44/2001, 22 déc. 2000, préc., art. 42.
3. Sur la reconnaissance et exécution des jugements européens, v. F. Ferrand, *in* S. Guinchard (dir.), Dalloz action *Droit et pratique de la procédure civile*, 2021/2022, nºs 541.210 s. – V. L. d'Avout, « La refonte du règlement Bruxelles I (règl. UE nº 1215/2012 du 12 décembre 2012) », *D.* 2013. 1014.

B. Le règlement (UE) nº 1215/2012 du 12 décembre 2012, concernant la compétence judiciaire, la reconnaissance et l'exécution des décisions en matière civile et commerciale

0121.121 Application du règlement (UE) nº 1215/2012 du 12 décembre 2012. Le règlement Bruxelles I *bis* est entré en vigueur le 10 janvier 2015. Précisément, aux termes de l'article 66, il est applicable « *aux actions judiciaires intentées, aux actes authentiques dressés ou enregistrés formellement et aux transactions judiciaires approuvées ou conclues à compter du 10 janvier 2015* ».

Ne sont concernés que les jugements, actes authentiques et transactions judiciaires entrant dans le champ d'application du règlement, c'est-à-dire globalement la « matière civile et commerciale », sauf exclusions expresses prévues à l'article 1er : état et capacité des personnes physiques, régimes matrimoniaux, testaments et successions, obligations alimentaires, faillites, sécurité sociale et arbitrage.

En outre, selon le considérant 13, « *il doit y avoir un lien entre les procédures relevant du présent règlement et le territoire des États membres. Des règles communes en matière de compétence devraient donc s'appliquer en principe lorsque le défendeur est domicilié dans un État membre* ».

0121.122 Suppression de la déclaration de force exécutoire. Le règlement Bruxelles I *bis* supprime toute déclaration préalable de force exécutoire par une autorité de l'état requis. C'est là son « *innovation majeure* »[4], qui établit une corrélation entre la reconnaissance des actes et leur exécution.

La confiance réciproque dans l'administration de la justice au sein de l'Union justifie déjà le principe selon lequel les décisions rendues dans un État membre doivent être reconnues dans tous les États membres sans qu'une procédure spéciale ne soit nécessaire (consid. 26). Aux termes de l'article 36, « *les décisions rendues dans un État membre sont reconnues dans les autres États membres sans qu'il soit nécessaire de recourir à aucune procédure* ».

Le « coup de tampon » délivré par la juridiction ou l'autorité compétente sur requête de la partie intéressée est donc supprimé, et toute décision – mais aussi toute transaction judiciaire[5] ou acte authentique[6] – exécutoire dans l'État membre d'origine est

4. Sur la reconnaissance et exécution des jugements européens, v. F. Ferrand, *in* S. Guinchard (dir.), Dalloz action *Droit et pratique de la procédure civile*, 2024/2025, nºs 541.251 s.
5. Règl. nº 1215/2012, 12 déc. 2012, art. 59.
6. Règl. nº 1215/2012, 12 déc. 2012, art. 58.

exécutoire directement dans l'État membre requis, selon son droit national[1].

Ainsi, pour peu que le jugement rendu dans un autre État membre réponde aux conditions générales de l'exécution dans l'État requis, et spécialement qu'il constate une créance liquide et exigible[2], la force exécutoire s'ajoute de droit à la reconnaissance : aux termes de l'article 39 du règlement (UE) nº 1215/2012, « *une décision rendue dans un État membre et qui est exécutoire dans cet État membre jouit de la force exécutoire dans les autres États membres sans qu'une déclaration constatant la force exécutoire soit nécessaire* ».

L'article 40 du règlement précise qu'« *une décision exécutoire emporte de plein droit l'autorisation de procéder aux mesures conservatoires prévues par la loi de l'État membre requis* ».

0121.123 Formalités : certification et notification du certificat. Les seules formalités exigées par le porteur du titre qui souhaite en poursuivre l'exécution consistent à en communiquer à l'autorité chargée de l'exécution une copie réunissant les conditions nécessaires pour en établir l'authenticité et le certificat délivré par la juridiction d'origine attestant que la décision est exécutoire[3]. Ce certificat devra être notifié ou signifié « *avant la première mesure d'exécution, à la personne contre laquelle l'exécution est demandée* »[4].

En France, les requêtes aux fins de certification des titres exécutoires français en vue de leur reconnaissance et de leur exécution à l'étranger en application du règlement (UE) nº 1215/2012 du Parlement européen et du Conseil du 12 décembre 2012 concernant la compétence judiciaire, la reconnaissance et l'exécution des décisions en matière civile et commerciale sont présentées au directeur de greffe de la juridiction (C. pr. civ., art. 509-1, I, 1º).

Le créancier aura, en outre, intérêt à remettre au débiteur une traduction de la décision dans sa langue, car, à défaut, celui-ci pourra obtenir la suspension de la mesure d'exécution jusqu'à ce que ladite traduction lui soit fournie[5], seule une mesure conservatoire pouvant alors être prise.

On le voit, l'exécution forcée transfrontière ressort facilitée de la réforme, sachant que le créancier poursuivant ne sera tenu ni d'avoir une adresse postale dans l'État membre requis, ni un « *représentant autorisé sauf si cette représentation est obligatoire indépendamment de la nationalité ou du domicile des parties* »[6].

0121.124 Demande de refus d'exécution d'une décision. La formalité de notification du certificat attestant du caractère exécutoire de la décision permet à la partie poursuivie de s'opposer à l'exécution en formulant une demande de refus d'exécution devant le juge de l'État membre requis.

Aux termes de l'article 46 du règlement : « *À la demande de la personne contre laquelle l'exécution est demandée, l'exécution d'une décision est refusée lorsque l'existence de l'un des motifs visés à l'article 45 est constatée* », c'est-à-dire :

– si la reconnaissance est **manifestement contraire à l'ordre public** de l'État membre requis[7] ;

– dans le cas où la décision a été **rendue par défaut**, si l'acte introductif d'instance ou un acte équivalent n'a pas été notifié ou signifié au défendeur en temps utile et de telle manière qu'il puisse se défendre, à moins qu'il n'ait pas exercé de recours à l'encontre de la décision alors qu'il était en mesure de le faire ;

– si la décision est **inconciliable** avec une décision rendue entre les mêmes parties dans l'État membre requis ;

– si la décision est inconciliable avec une décision rendue antérieurement dans un autre État membre ou dans un État tiers entre les mêmes parties dans un litige ayant le même objet et la même cause, lorsque la décision rendue antérieurement réunit les conditions nécessaires à sa reconnaissance dans l'État membre requis ;

– si la décision méconnaît certaines règles de **compétences** exclusives ou protectrices, en matière d'assurance, de consommation ou de travail.

0121.125 Office du juge saisi d'une demande de refus d'exécution. Saisie d'une demande de refus d'exécution, la juridiction de l'État membre requis pourra soit limiter la procédure d'exécution à de simples mesures conservatoires, soit subordonner cette exécution à la constitution d'une sûreté qu'elle détermine[8], soit, enfin, suspendre, intégralement ou partiellement, la procédure d'exécution[9].

1. Règl. nº 1215/2012, 12 déc. 2012, art. 41 § 1
2. Civ. 2e, 2 déc. 2021, nº 20-14.092, P ; *D.* 2021. 2241 ; JCP 2022. 58, note X. Vuitton.
3. Règl. nº 1215/2012, 12 déc. 2012, art. 42.
4. Règl. nº 1215/2012, 12 déc. 2012, art. 43 § 1.
5. Règl. nº 1215/2012, 12 déc. 2012, art. 43 § 2 ; V. *D.* 2015. Pan. 1339, obs. A. Leborgne.
6. Règl. nº 1215/2012, 12 déc. 2012, art. 41 § 3.
7. V. CJUE, Gr. ch., 4 oct. 2024, aff. C-633/22, *Real Madrid Club de Futbol, AE c/ EE, Société éditrice du Monde SA, D. actu.* 5 nov. 2024, obs. F. Mélin ; *RTD civ.* 2024. 853, obs. F. Marchadier, qui admet la possibilité de « *limiter le refus d'exécution desdites décisions à la partie manifestement disproportionnée, dans l'État membre requis, des dommages-intérêts alloués* » (pt 73).
8. L'article 517 C. pr. civ. prévoit un mécanisme analogue en matière d'exécution provisoire des jugements, laquelle « *peut être subordonnée à la constitution d'une garantie, réelle ou personnelle, suffisante pour répondre de toutes restitutions ou réparations* ».
9. Règl. nº 1215/2012, 12 déc. 2012, art. 44.

Au demeurant, à côté de la demande de refus d'exécution proprement dite, l'article 44 § 2 du règlement permet également à la personne contre laquelle l'exécution est poursuivie de demander à l'autorité compétente de l'État membre requis de suspendre la procédure d'exécution « *si la force exécutoire de la décision est suspendue dans l'État membre d'origine* ».

0121.126 Procédure et recours. L'article 48 du règlement indique que la juridiction saisie « *statue à bref délai sur la demande de refus d'exécution* », et à charge de recours : aux termes de l'article 49, « *l'une ou l'autre partie peut former un recours contre la décision rendue sur la demande de refus d'exécution* ». Par ailleurs, l'article 50 du règlement a, lui, indiqué que la décision rendue sur le recours peut faire l'objet d'un pourvoi si les juridictions devant lesquelles le pourvoi doit être porté ont été indiquées par l'État membre concerné à la Commission[1].

Cette réglementation du refus d'exécution permet de restaurer un débat contradictoire *a posteriori* suivant le schéma d'un contentieux inversé. Suivant un auteur, « *la simplification de l'accès aux procédures d'exécution forcée ne s'opère pas, on le voit, au détriment de la protection du débiteur.* [...] *Par comparaison au système ancien, où la déclaration de force exécutoire relevait le plus souvent du greffier, on fera observer le surcroît de protection offerte à la partie souhaitant se prémunir de la reconnaissance ou de l'exécution. Auparavant, celle-ci ne pouvait efficacement se défendre qu'à partir de l'instance contradictoire d'appel ; désormais, elle le pourra dès la première instance. Loin d'abroger les procédures intermédiaires de protection dans le pays requis, le règlement les a en réalité renforcées* »[2].

C. Titres exécutoires européens

0121.131 Procédure et recours. Quatre règlements européens instituent des procédures débouchant sur des décisions de justice exécutoires dans tout le ressort de l'Union européenne sans qu'une déclaration constatant la force exécutoire soit nécessaire. Il s'agit :

1° du règlement (CE) n° 805/2004 du Parlement européen et du Conseil, du 21 avril 2004, portant création d'un **titre exécutoire européen pour les créances incontestées**[3], dont l'article 5 dispose qu'« *une décision qui a été certifiée en tant que titre exécutoire européen dans l'État membre d'origine est reconnue et exécutée dans les autres États membres, sans qu'une déclaration constatant la force exécutoire soit nécessaire et sans qu'il soit possible de contester sa reconnaissance* » ;

2° du règlement (CE) n° 1896/2006, du Parlement européen et du Conseil, du 12 décembre 2006, instituant une **procédure européenne d'injonction de payer** s'appliquant en matière civile et commerciale dans les litiges transfrontaliers[4], dont les articles 4 et 18 disposent qu'« *il est créé une procédure européenne d'injonction de payer pour le recouvrement de créances pécuniaires liquides et exigibles à la date à laquelle la demande d'injonction de payer européenne est introduite* », et que si, dans un délai de trente jours à compter de la signification ou de la notification de l'injonction au défendeur, « *aucune opposition n'a été formée auprès de la juridiction d'origine, la juridiction d'origine déclare sans tarder l'injonction de payer européenne exécutoire* ». L'article 19 pose qu'une « *injonction de payer européenne devenue exécutoire dans l'État membre d'origine est reconnue et exécutée dans les autres États membres sans qu'une déclaration constatant la force exécutoire soit nécessaire et sans qu'il soit possible de contester sa reconnaissance* »[5] ;

3° du règlement (CE) n° 861/2007 du Parlement européen et du Conseil, du 11 juillet 2007, instituant une **procédure européenne de règlement des petits litiges**[6], qui « en vue de simplifier *et d'accélérer le règlement des petits litiges transfrontaliers et d'en réduire les coûts* » (art. 1er, al. 1er), « *supprime par ailleurs les procédures intermédiaires nécessaires pour qu'une décision rendue dans un État membre dans le cadre de la procédure européenne de règlement des petits litiges soit reconnue et exécutée dans un autre État membre* » (art. 1er, al. 2). L'article 20 du règlement dispose qu'« *une décision rendue dans un État membre dans le cadre de la procédure européenne de règlement des petits litiges est reconnue et exécutée dans un autre État membre sans qu'une déclaration constatant sa force exécutoire soit nécessaire et sans qu'il soit possible de s'opposer à sa reconnaissance* »[7] ;

1. En revanche, l'article 52 du règlement (UE) n° 1215/2012 rappelle qu'« *en aucun cas une décision rendue dans un État membre ne peut faire l'objet d'une révision au fond dans l'État membre requis* ».
2. L. d'Avout, « La refonte du règlement Bruxelles I (règlement UE n° 1215/2012 du 12 décembre 2012) », *D.* 2013. 1014.
3. Règl. CE n° 805/2004, Parlement et Conseil, 21 avr. 2004, portant création d'un titre exécutoire européen pour les créances incontestées *JOUE* L. 143, 30 avr., p. 15.
4. Règl. CE n° 1896/2006, Parlement et Conseil, 12 déc. 2006, instituant une procédure européenne d'injonction de payer s'appliquant en matière civile et commerciale dans les litiges transfrontaliers, *JOUE* L. 339, 30 déc., p. 1.
5. V. C. pr. civ., art. 1424-1 à 1424-15.
6. Règl. CE n° 861/2007, Parlement et Conseil, 11 juill. 2007, instituant une procédure européenne de règlement des petits litiges, *JOUE* L. 199, 31 juill., p. 1 – Mod. par Règl. UE n° 2015/2421, Parlement et Conseil, 16 déc. 2015, modifiant le règlement (CE) n° 861/2007 instituant une procédure européenne de règlement des petits litiges et le règlement (CE) n° 1896/2006 instituant une procédure européenne d'injonction de payer, *JOUE* L. 341, 24 déc., p. 1, applicable à partir du 14 juillet 2017.
7. V. C. pr. civ., art. 1382 à 1391.

4° du règlement (CE) n° 4/2009 du Conseil, du 18 décembre 2008, relatif à la compétence, la loi applicable, la reconnaissance et l'exécution des décisions et la coopération en matière d'**obligations alimentaires**[1], découlant de relations de famille, de parenté, de mariage ou d'alliance, dont l'article 17 dispose qu'« *une décision rendue dans un État membre lié par le protocole de La Haye de 2007 est reconnue dans un autre État membre sans qu'il soit nécessaire de recourir à aucune procédure et sans qu'il soit possible de s'opposer à sa reconnaissance* », et que la même décision « *qui est exécutoire dans cet État jouit de la force exécutoire dans un autre État membre sans qu'une déclaration constatant la force exécutoire soit nécessaire* ».

0121.132 Caractère précurseur du titre exécutoire européen. Avant la réforme ayant abouti au règlement (UE) n° 1215/2012 du 12 décembre 2012, le législateur européen avait déjà souhaité supprimer le principe d'une instance préalable d'*exequatur* dans le domaine des créances incontestées. C'est de cette volonté qu'est né le règlement (CE) n° 805/2004 du 21 avril 2004 portant création d'un titre exécutoire européen[2].

L'idée de base, fondée sur le principe de libre circulation, est qu'une décision ou un acte authentique qui a été certifié en tant que titre exécutoire européen par la juridiction d'origine, ou par l'autorité désignée par l'État membre d'origine[3], doit être traité, en vue des poursuites, comme s'il avait été émis dans l'État membre dans lequel l'exécution est demandée[4]. Aux termes de l'article 20 § 1 du règlement, « *une décision certifiée en tant que titre exécutoire européen est exécutée dans les mêmes conditions qu'une décision rendue dans l'État membre d'exécution* ». Il suffit pour cela que le créancier fournisse aux autorités de cet état d'exécution, une expédition de la décision réunissant les conditions nécessaires pour en établir l'authenticité, une expédition du certificat de titre exécutoire européen dans les mêmes conditions, et au besoin une transcription de ce certificat ou sa traduction dans la langue officielle de l'État membre d'exécution[5].

Mais depuis l'entrée en vigueur du règlement du 12 décembre 2012 accordant la force exécutoire immédiate aux décisions européennes, aux transactions judiciaires et aux actes authentiques sans qu'une déclaration constatant cette force soit donc nécessaire, les avantages relatifs du titre exécutoire européen sont devenus faibles, alors que l'option ouverte par l'article 27 du « règlement titre exécutoire européen » a pris un nouvel intérêt : ce texte prévoit en effet que le règlement du 21 avril 2004 « *n'affecte pas la possibilité de demander la reconnaissance et l'exécution, conformément au règlement (CE) n° 44/2001, d'une décision, d'une transaction judiciaire ou d'un acte authentique portant sur une créance incontestée* ». Or, le règlement (UE) n° 1215/2012 est désormais substitué au règlement (CE) n° 44/2001.

§ 2

Jugements et actes provenant d'un État extérieur à l'Union

0121.141 Nécessité d'un *exequatur*. Aux termes de l'article L. 111-3, 2° C. pr. exéc., « *constituent des titres exécutoires, [...] les actes et les jugements étrangers déclarés exécutoires par une décision non susceptible d'un recours suspensif d'exécution* ».

Il résulte de ce texte que le caractère exécutoire d'un jugement étranger est subordonné à une procédure de déclaration menée devant un juge français[6], procédure dite d'*exequatur*.

L'*exequatur* est donc la condition préalable à toute mesure d'exécution, ce qui signifie que « *l'exequatur n'est pas, en lui-même, un acte d'exécution* »[7]. Au demeurant, la procédure d'exequatur peut avoir pour unique objet la reconnaissance en France d'une décision de justice étrangère, sans que la condamnation portée par celle-ci soit rendue exécutoire[8].

1. Règl. CE n° 4/2009, Conseil, 18 déc. 2008, relatif à la compétence, la loi applicable, la reconnaissance et l'exécution des décisions et la coopération en matière d'obligations alimentaires, *JOUE* L. 7, 10 janv. 2009, p. 1.
2. V. F. Ferrand, *in* S. Guinchard (dir.), Dalloz action *Droit et pratique de la procédure civile*, 2024/2025, n°s 542.00 s., sur le titre exécutoire européen.
3. Règl. n° 805/2004, 21 avr. 2004, art. 25, 1°, pour les actes authentiques, et C. pr. civ., art. 509-3 (v. s^s^ n° 0122.53).
4. V. Civ. 2e, 22 févr. 2012, n° 10-28.379, P II, n° 36, dans lequel la Cour affirme que « *la décision certifiée en tant que titre exécutoire européen dans l'État d'origine est reconnue et exécutée dans les autres États membres sans qu'une déclaration constatant la force exécutoire soit nécessaire et sans qu'il soit possible de contester sa reconnaissance* » ; dans ces conditions, le débiteur était irrecevable à contester, devant le juge de l'exécution, les conditions dans lesquelles la décision étrangère lui avait été signifiée avant d'être certifiée en tant que titre exécutoire européen.
5. V. C. pr. civ., art. 509-1 et 509-3 : les requêtes aux fins de certification des titres exécutoires français en vue de leur reconnaissance et de leur exécution sont présentées au directeur de greffe de la juridiction qui a rendu la décision ; celles aux fins de certification des actes authentiques notariés sont présentées au notaire ou à la personne morale titulaire de l'office notarial conservant la minute de l'acte reçu.
6. V. C. pr. civ., art. 509 : « *Les jugements rendus par les tribunaux étrangers et les actes reçus par les officiers étrangers sont exécutoires sur le territoire de la République de la manière et dans les cas prévus par la loi* ».
7. Civ. 1re, 14 oct. 2009, n° 08-14.978, P I, n° 206.
8. Com. 12 nov. 2020, n° 19-18.849, P ; *RTD civ.* 2021. 486, obs. N Cayrol.

La demande d'*exequatur* est portée devant le tribunal judiciaire du lieu où demeure le débiteur poursuivi, qui connaît, à juge unique, « *des demandes en reconnaissance et en exequatur des décisions judiciaires et actes publics étrangers ainsi que des sentences arbitrales françaises ou étrangères* » (COJ, art. R. 212-8, 2°).

0121.142 **Office du juge de l'*exequatur*.** Il est interdit au juge de l'*exequatur* de réviser ou de modifier les termes du jugement qui lui est soumis[1]. Son office consiste seulement à vérifier la régularité de la décision étrangère au regard de l'ordre juridique français, dont les principes ont été posé par l'arrêt *Cornelissen* de la Cour de cassation le 20 février 2007 : « *Pour accorder l'exequatur hors de toute convention internationale, le juge français doit s'assurer que trois conditions sont remplies, à savoir la compétence indirecte du juge étranger, fondée sur le rattachement du litige au juge saisi, la conformité à l'ordre public international de fond et de procédure et l'absence de fraude à la loi* »[2].

Ces trois conditions sont cumulatives, et elles s'apprécient au regard des règles françaises de droit international privé[3].

Le principe, pour apprécier la compétence du juge étranger, est le suivant : « *Toutes les fois que la règle française de solution des conflits de juridictions n'attribue pas compétence exclusive aux tribunaux français, le tribunal étranger doit être reconnu compétent si le litige se rattache d'une manière caractérisée au pays dont le juge a été saisi et si le choix de la juridiction n'a pas été frauduleux* »[4].

Quant à la conformité à l'ordre public, elle « *doit être vérifiée, non à l'ordre public national, mais à l'ordre public international français* »[5], lequel comprend des aspects procéduraux (par ex., la motivation du jugement d'adoption[6]) et des aspects substantiels (par ex., le contrôle du montant des condamnations prononcées lorsque celui-ci « *est disproportionné au regard du préjudice subi et des manquements aux obligations contractuelles du débiteur* »[7]).

0121.143 **Effet de l'*exequatur*.** Si la demande d'*exequatur* est adjugée, la décision du juge français – dont un appel est toujours possible – doit elle-même remplir les conditions du droit commun pour avoir force exécutoire. Il faut donc que la décision d'exequatur fasse l'objet d'une **notification** au débiteur contre lequel l'exécution est poursuivie (C. pr. civ., art. 503).

Le titre exécutoire constitué par le jugement étranger revêtu de l'*exequatur* bénéficie de la **prescription de dix ans** de l'article L. 111-4 C. pr. exéc.[8]. Le délai court à compter du moment où la décision d'*exequatur* passe en force de chose jugée (v. s^s^ n° 0112.176).

§ 3
Sentences arbitrales

0121.151 **Nécessité d'un *exequatur*.** À l'instar des jugements et des actes étrangers, les sentences arbitrales n'acquièrent force exécutoire et ne sont susceptibles d'exécution forcée qu'en vertu d'une ordonnance d'*exequatur* (C. pr. civ., art. 1487 et 1516), sauf dans un cas : si la sentence arbitrale a fait l'objet d'un recours devant la cour d'appel, « *le rejet de l'appel ou du recours en annulation confère* l'exequatur *à la sentence arbitrale ou à celles de ses dispositions qui ne sont pas atteintes par la censure de la cour* » (C. pr. civ., art. 1498, al. 2, et 1527, al. 2).

Le tribunal compétent est en principe le tribunal judiciaire (TJ) statuant à juge unique (COJ, art. L. 212-8, 2°). Lorsque la sentence a été rendue en France, le juge compétent territorialement est celui dans le ressort duquel elle a été rendue ; lorsque la sentence arbitrale a été rendue à l'étranger, le TJ de Paris est compétent (C. pr. civ., art. 1487, al. 1er, et 1516, al. 1er).

La procédure relative à la demande d'*exequatur* n'est pas contradictoire (C. pr. civ., art. 1487, al. 2, et 1516, al. 2). Le tribunal est saisi par simple requête accompagnée de l'original de la sentence et d'un exemplaire de la convention d'arbitrage ou de leurs copies réunissant les conditions requises pour leur authenticité (C. pr. civ., art. 1487, al. 3, et 1516, al. 3).

0121.152 **Octroi de l'*exequatur*.** Lorsqu'il est accordé, l'*exequatur* est apposé directement sur l'original, ou, si celui-ci n'est pas produit, sur la copie de la sentence arbitrale (C. pr. civ., art. 1487, al. 4, et 1517, al. 1er). En matière d'arbitrage international, « *lorsque la sentence arbitrale n'est pas rédigée en langue française, l'*exequatur *est également apposé sur la tra-*

1. Civ. 1re, 7 janv. 1964, *Munzer, JDI* 1964. 302, note B. Goldman ; *JCP* 1964. II. 13590, note M. Ancel ; *Rev. crit. DIP* 1964. 344, note H. Batiffol.
2. Civ. 1re, 20 févr. 2007, n° 05-14.082, *Cornelissen*, P I, n° 68 ; *D.* 2007. 892, obs. P. Chauvin, et 1115, note L. d'Avout et S. Bollée ; *JDI* 2007. 1195, note F.-X. Train ; *Rev. crit. DIP* 2007. 420, note B. Ancel et H. Muir Watt.
3. V. Civ. 1re, 3 mars 2021, n° 19-19.471, P.
4. Civ. 1re, 6 févr. 1985, n° 83-11.241, P I, n° 55.
5. Civ. 1re, 15 janv. 2020, n° 18-24.261, P.
6. Civ. 1re, 11 déc. 2024, n° 23-15.672, B ; *AJ fam.* 2025. 47, obs. J. Houssier.
7. Civ. 1re, 1er déc. 2010, n° 09-13.303, *Rev. crit. DIP* 2011. 93, note H. Gaudemet-Tallon ; *RTD civ.* 2011. 122, obs. B. Fages ; *ibid.* 317, obs. P. Remy-Corlay ; *RTD com.* 2011. 666, obs. Ph. Delebecque ; *JCP* 2011. 140, note J. Juvénal ; *JDI* 2011. 614, note O. Boskovic – V. D. Sindres, « Le contrôle par le juge de l'*exequatur* des condamnations pécuniaires prononcées par un juge étranger », *Rev. crit. DIP* 2021. 533.
8. D. Foussard, « Prescription et exécution des condamnations étrangères », *Rev. crit. DIP* 2016. 453.

duction » (C. pr. civ., art. 1517). Cependant, précise la Cour de cassation, « *l'*exequatur *est accordé à la sentence arbitrale, non à sa traduction, qui n'est exigée que pour s'assurer de l'intégrité du document présenté* »[1].

L'ordonnance qui accorde l'*exequatur* n'est pas motivée.

En principe, et sauf exception, et l'ordonnance qui accorde l'*exequatur* « *n'est susceptible d'aucun recours* » (C. pr. civ., art. 1499, al. 1er, et 1524) : ni de recours en rétractation auprès du juge de l'*exequatur*[2], ni de recours en réformation ou en annulation auprès de la cour d'appel.

Cependant, si la sentence elle-même est frappée d'un appel ou d'un recours en annulation, cela emporte de plein droit recours contre l'ordonnance du juge ayant statué sur l'*exequatur* (C. pr. civ., art. 1499, al. 2).

D'autre part, par exception, l'appel contre l'ordonnance d'*exequatur* est admis dans deux cas particuliers :

1° en matière d'arbitrage international, si les parties avaient renoncé au recours en annulation contre la sentence, elles peuvent toujours faire appel de l'ordonnance d'exequatur, mais seulement pour les motifs ouvrant droit au recours en annulation (C. pr. civ., art. 1522, al. 2) ;

2° lorsque la sentence a été rendue à l'étranger, toute décision qui statue sur une demande d'*exequatur* est susceptible d'appel, qu'elle l'accorde ou qu'elle le refuse (C. pr. civ., art. 1525, al. 1er).

0121.153 **Refus de l'*exequatur*.** L'ordonnance qui refuse l'*exequatur* est motivée (C. pr. civ., art. 1488, al. 2, et 1517, al. 3).

En matière d'arbitrage interne, aux termes de l'article 1488 C. pr. civ., « *l'*exequatur *ne peut être accordé si la sentence est manifestement contraire à l'ordre public* ». Même idée en matière d'arbitrage international, à ceci près que le refus de l'exequatur doit être motivé par le caractère « *manifestement contraire à l'ordre public international* » (C. pr. civ., art. 1514) de la sentence, étant précisé qu'il convient de distinguer les notions d'ordre public interne et d'ordre public international[3]. Lorsque la sentence a été rendue à l'étranger, le refus de l'*exequatur* peut être motivé par les différents cas qui justifieraient l'annulation de la sentence (C. pr. civ., art. 1525, al. 4).

En principe, l'ordonnance qui refuse l'*exequatur* peut être frappée d'appel dans le délai d'un mois à compter de sa signification (C. pr. civ., art. 1500, al. 1er, 1523, al. 1er, et 1525). À noter qu'en cas d'appel de l'ordonnance d'exequatur, une partie peut demander à étendre la saisine de la cour à une demande de réformation ou d'annulation de la sentence arbitrale elle-même, si le délai pour exercer un tel recours n'est pas expiré (C. pr. civ., art. 1500, al. 2, et 1523, al. 3).

1. Civ. 1re, 14 janv. 2015, no 13-20.350, P I, no 1 ; *D.* 2015. 212.
2. V. TGI Paris, 22 janv. 1997, *Justices* 1997. 219, obs. M.-C. Rivier ; *Rev. arb.* 1997. 569, note M.-C. Rivier.
3. V. Rép. internat., vo *Ordre public*, par P. Lagarde, déc. 1998 (actu. mai 2020), nos 47 s. – F. Mélin, *Droit international privé*, 13e éd., Gualino, 2023, nos 234 et 340.

§ 4
Ordonnances du bâtonnier

0121.161 **Arbitrage du bâtonnier.** Les contestations concernant le montant et le recouvrement des honoraires des avocats sont soumises à la juridiction du bâtonnier de l'ordre des avocats. Aux termes de l'article 178 du décret du 27 novembre 1991 : « *Lorsque la décision prise par le bâtonnier n'a pas été déférée au premier président de la cour d'appel ou lorsqu'il a été fait application des dispositions de l'article 175-1, elle peut être rendue exécutoire par ordonnance du président du tribunal judiciaire à la requête, soit de l'avocat, soit de la partie* »[4].

Il résulte de ce texte que « *la décision du bâtonnier ne constitue pas, tant qu'elle n'a pas été rendue exécutoire, un titre exécutoire* »[5] ; que le bâtonnier ne peut rendre lui-même sa décision exécutoire[6] ; et que seul le président du tribunal judiciaire est habilité à la rendre exécutoire[7].

Jugé que « *la demande tendant à rendre exécutoire la décision du bâtonnier doit être présentée dans le délai de prescription de la créance* », c'est-à-dire, s'agissant de la créance d'un avocat à l'encontre d'un client, dans le délai de deux ans de l'article L. 218-2 C. consom.[8].

À l'analyse, le titre exécutoire que constitue l'ordonnance du bâtonnier rendue exécutoire par le président du TJ n'entre dans aucune des catégories de titres exécutoires listées à l'article L. 111-3 C. pr. exéc., sauf peut-être à assimiler l'ordonnance du bâtonnier à une sentence arbitrale et la juridiction du bâtonnier à une juridiction arbitrale, ce qui prête à discussion tant sur le procédé de l'assimilation[9] que sur la notion d'arbitrage[10].

4. Décr. no 91-1197, 27 nov. 1991, organisant la profession d'avocat, *JO* 28 nov., art. 178.
5. Civ. 2e, 19 déc. 2024, no 23-11.754, B ; *Procédures* 2025, no 29, obs. S. Amrani-Mekki, et no 30, obs. C. Laporte ; *Gaz. Pal.* 1er avr. 2025, p. 1, obs. C. Brenner.
6. V. Civ. 1re, 9 avr. 2002, no 99-19.761, P I, no 113 ; *JCP* 2002. II. 10086, note R. Martin ; *D.* 2002, 1787, note B. Beignier.
7. Civ. 2e, 27 mai 2021, no 17-11.220, P ; *Procédures* 2021, no 187, obs. Y. Strickler ; *JCP* 2021. 862, note H. Herman ; *RTD civ.* 2021. 704, obs. N. Cayrol.
8. Civ. 2e, 19 déc. 2024, no 23-11.754, B, préc.
9. V. E. Nicolas, *L'assimilation en droit*, « Méthodes du droit », Dalloz, 2022.
10. V. Th. Clay, *L'arbitre*, « Nouvelle bibliothèque de thèses », no 2, Dalloz, 2001, no 28 et réf. cit.

SECTION 4

DÉCISIONS DE LA JURIDICTION UNIFIÉE DU BREVET

0121.171 Juridiction européenne spécialisée. Aux termes de l'article L. 111-3, 2 *bis* C. pr. exéc., constituent des titres exécutoires « *les décisions rendues par la juridiction unifiée du brevet* »[1].

Cette juridiction a été instituée par un « Accord » du 19 février 2013[2], entré en vigueur le 1er juin 2023[3]. Elle comprend deux formations juridictionnelles : un tribunal de première instance et une cour d'appel[4], qui ont rapidement rendu leurs premières décisions[5].

L'article 82 de l'Accord traite de l'exécution des décisions. Il dispose :

« 1. Les décisions et ordonnances de la Juridiction sont exécutoires dans tout État membre contractant. Une formule exécutoire est apposée à la décision de la Juridiction.

2. Au besoin, l'exécution d'une décision peut être subordonnée au dépôt d'une caution ou à la constitution d'une garantie équivalente afin d'assurer l'indemnisation de tout dommage subi, en particulier dans le cas d'injonctions.

3. Sans préjudice du présent accord et des statuts, les procédures d'exécution sont régies par le droit de l'État membre contractant dans lequel l'exécution a lieu. Toute décision de la Juridiction est exécutée dans les mêmes conditions qu'une décision rendue dans l'État membre contractant dans lequel l'exécution a lieu.

4. Si une partie ne se conforme pas aux termes d'une ordonnance de la Juridiction, cette partie peut être sanctionnée par une astreinte à payer à la Juridiction. L'astreinte individuelle est proportionnée à l'importance que revêt l'ordonnance à exécuter et est sans préjudice du droit de la partie de réclamer des dommages-intérêts ou une caution. »

Ces dispositions sont reprises et complétées par les règles 352 et 354 du règlement de procédure adopté par décision du Comité administratif de la juridiction le 31 août 2022, et entré en vigueur le 1er septembre 2022.

1. Réd. Ord. n° 2018-341, 9 mai 2018, art. 20.
2. *JO EOB* 2013, 287.
3. V. P. Véron, « 1973-2023 : la longue marche vers la Juridiction unifiée du brevet. De la délivrance européenne du brevet au jugement européen du brevet », *Propriété industrielle*, mai 2023, dossier 2 –. *Adde, Propriété industrielle*, oct. 2024, dossier 7 s.
4. Accord 19 févr. 2023, art. 6.
5. J.-C. Galloux, « Les premières décisions de la juridiction unifiée du brevet », *RTD com.* 2024. 79.

CHAPITRE

0122. Titres délivrés par les officiers publics

Nicolas Cayrol
Professeur à l'Université de Tours

SECTION 0

Orienteur

0122.00 Sommaire du chapitre.

Division. Parmi les titres délivrés par les officiers publics, seront successivement étudiés ceux délivrés par les notaires (sect. 1), ceux délivrés par les huissiers (sect. 2) et ceux délivrés par les greffiers (sect. 3).

0122.01 Textes applicables.

• **C. pr. exéc.**, art. L. 111-3, L. 111-5, L. 125-1, L. 213-1, R. 125-1 à R. 125-8, R. 221-1.

• **C. pr. civ.**, art. 509-1 à 509-4.

• **C. civ.**, art. 229-1, 229-3 et 2238.

• **C. mon. fin.**, art. L. 131-73.

0122.02 Jurisprudence de référence.

> Acte notarié revêtu de la formule exécutoire modifié par des avenants sous seing privé.

• **Civ. 2e, 6 mai 2010**, no 09-67.058, P II, no 90

* V. ss nos 0112.214, 0122.25, 0214.22, 1311.72

Constitue un titre exécutoire, un acte notarié de prêt, revêtu de la formule exécutoire, modifié par des avenants sous seing privé, dès lors que ces avenants n'avaient pas opéré novation.

> Titre exécutoire. Omission des annexes d'un acte authentique notarié.

• **Cass., ch. mixte, 21 déc. 2012**, nos 11-28.688 et 12-15.063, P, nos 3 et 4

* V. ss nos 0122.29, 0214.22, 1311.73

L'inobservation de l'obligation, pour le notaire, de faire figurer les procurations en annexe de l'acte authentique ou de les déposer au rang de ses minutes ne fait pas perdre à l'acte son caractère authentique et, partant, son caractère exécutoire.

> Titre délivré par un huissier. Refus de l'hypothèque judiciaire.

• **Civ. 3e, 21 janv. 2016**, no 14-24.795, P III, no 15

* V. ss no 0122.61

Un titre exécutoire délivré par un huissier de justice, qui n'est pas un jugement, n'autorise pas l'inscription d'une hypothèque judiciaire définitive.

0122.03 Bibliographie indicative.

* V. aussi, bibliographie indicative ss no 012.03.

Ouvrage[1]. L. Aynès (dir.), *L'authenticité*, Doc. fr., 2013.

Articles. J.-J. Barbiéri, « L'acte notarié et le juge de l'exécution », *Defrénois* 2013. 1027 – B. Bédaride, « Le caractère exécutoire de l'acte notarié en droits interne et européen », *Dr. et patr.* oct. 2008. 24 – P. Berlioz, « Limites et difficultés d'exécution de l'acte authentique », *JCP N* 2014. 1252 – J.-J. Bourdillat, « Le titre exécutoire notarié : le consensus exécutoire », *Rev. huiss.* 1994. 679 – P. Callé, « Réflexions sur la

1. Les ouvrages dont le nom des auteurs figure en petites capitales en bibliographie seront cités par le seul nom des auteurs en petites capitales en notes de bas de page.

nature juridique d'un acte sous seing privé déposé au rang des minutes d'un notaire », *JCP N* 2003. 1150 – P. Callé et J. Gasté, « Le notaire et l'exécution forcée », *JCP N* 2019. 1128 – N. Casal, « Recouvrement des chèques impayés : une histoire tourmentée », *Dr. et proc.* 2002. 212 – M. Dagot, « La force exécutoire de l'acte notarié », *LPA* 6 janv. 1993, p. 23 ; « La transmission des créances hypothécaires (analyse de la loi n° 76-519 du 15 juin 1976 relative à certaines formes de transmission des créances) », *JCP* 1976. I. 2820 – C. Gijsbers, « Divorce sans juge : le notaire peut-il apposer la formule exécutoire ? », *Defrénois*, 14 sept. 2017, p. 27 – G. Guerlin, « Les nouveaux titres exécutoires », *in* R. Laher (dir.), *Le 10e anniversaire du Code des procédures civiles d'exécution*, LexisNexis, 2023, p. 19 – M. Goré, « L'acte notarié, instrument de l'exécution forcée », *LPA* 11 août 1997, p. 5 – M. Grimaldi et B. Reynis, « L'acte authentique électronique », *Defrénois* 2003. 1023 – R. Laher, « Brèves réflexions sur la procédure simplifiée de recouvrement des petites créances et la *jurisdictio* de l'huissier de justice », *Dr. et proc.* 2016. 158 – M. Latina, « La force exécutoire de l'acte notarié. Aspects théoriques », *JCP N* 2019. 1126 – L. Lauvergnat, « Titre exécutoire notarié et annexion des procurations : suite et fin... », *Procédures* 2013. Focus 12 ; « Le titre exécutoire notarié sauvé par l'article 1998 du Code civil ? (Titre exécutoire notarié et procurations : acte II) », *Procédures* 2014. Étude 3 ; « Titre exécutoire notarié et procurations : l'histoire sans fin ? », *Dr. et proc.* 2015. 198 ; « Retour sur l'exécution de la convention de divorce par consentement mutuel », *AJ fam.* 2018. 144 – M. Mignard, « La force exécutoire de l'acte notarié. Aspects pratiques », *JCP N* 2019. 1127 – W. Nonnenmacher, « De quelques aspects de la force exécutoire du divorce non judiciaire », *JCP N* 2017. 1338 – H. Péroz, « Le notaire, nouvel acteur du titre exécutoire européen », *JCP N* 2008, n° 505 – J.-F. Sagaut et M. Cagniart, « La circulation de l'acte notarié français et le droit communautaire », *Defrénois* 2005. 291 ; « Regard notarial sur le titre exécutoire européen », *JCP N* 2005, n° 1441 – F. Vinckel, « La portée du "privilège d'action parée", ou l'articulation du droit à l'exécution et du droit d'action, lors de l'exécution du titre exécutoire notarié », *Dr. et proc.* 2014. 158.

SECTION 1
TITRES DÉLIVRÉS PAR LES NOTAIRES

0122.11 **Force exécutoire des actes notariés.** En règle générale, et sauf exception, les actes dressés par les notaires sont exécutoires. La règle est traditionnelle. Elle est inscrite à l'article 19 de la loi du 25 ventôse an XI : « *Tous actes notariés feront foi en justice, et seront exécutoires dans toute l'étendue de la République* ».

Mais il ne suffit pas qu'un acte soit exécutoire pour qu'il ait force exécutoire. Pour qu'un acte exécutoire ait force exécutoire, il faut qu'il soit revêtu de la formule exécutoire. C'est vrai pour les jugements, et c'est vrai aussi pour les actes notariés, qui ne constituent des titres exécutoires que lorsqu'ils ont fait l'objet d'une expédition revêtue la formule exécutoire. Ainsi, aux termes de l'article L. 111-3, 4° C. pr. exéc., seuls « *les actes notariés revêtus de la formule exécutoire* » constituent des titres exécutoires.

Cela dit, à la différence de la copie exécutoire d'un jugement, la copie exécutoire d'un acte notarié a force exécutoire sitôt qu'elle est délivrée, c'est-à-dire sans notification préalable[1]. Cela vient de ce que « *l'acte notarié tire sa force obligatoire de la seule volonté des parties, et sa force exécutoire du fait que le notaire en a authentifié la réalité* »[2].

0122.12 **Plan.** On traitera des qualités attendues de l'original (§ 1), avant d'exposer le régime de la délivrance de la copie (§ 2). Il sera ensuite question de deux points de droit particuliers : l'accord des époux en cas de divorce sans juge (§ 3) et la certification des actes notariés en vue de leur exécution dans l'espace judiciaire européen (§ 4).

§ 1
Qualités de l'acte notarié en minute

0122.21 **Force exécutoire et authenticité.** La force exécutoire de l'acte notarié se déduit en général de son caractère authentique[3]. Comme les jugements, les actes notariés sont des actes authentiques, et ceci commande la force exécutoire qui leur est conférée, comme cela commande également la force probante qui leur est attaché.

Il existe une autre analyse, qui consiste à déduire la force exécutoire de l'acte notarié non pas de l'authenticité de l'acte, mais de la force probante de celui-ci : « *La force exécutoire de l'acte notarié* [...] *s'explique par sa force probante... C'est parce que l'acte authentique fait foi jusqu'à inscription de faux de son origine, de son contenu et de sa date, qu'il a force exécutoire : c'est parce que l'obligation qu'il constate est tenue pour certaine que l'on peut passer immédiatement à l'exécution* »[4]. Au soutien de cette thèse, on peut invoquer l'article 1371 alinéa 2 C. civ., aux termes duquel « *en cas d'inscription de faux,* le juge peut *suspendre l'exécution de l'acte* »[5]. Où l'on voit que la

1. Civ. 2e, 4 déc. 2003, n° 02-11.353, P II, n° 368.
2. R. Perrot et Ph. Théry, *Procédures civiles d'exécution*, 3e éd., Dalloz, 2013, n° 150.
3. Sur l'authenticité, v. J.-L. Sourioux, « Modernité de l'authenticité », *in Par le droit, au-delà du droit*, LexisNexis, 2011, p. 149 – L. Aynès (dir.), *L'authenticité*, Doc. fr., 2013.
4. M. Grimaldi et B. Reynis, « L'acte authentique électronique », *Defrénois* 2003. 1023, n° 4 – en ce sens, J. Flour, « Sur une notion nouvelle de l'authenticité », *Defrénois* 1972. 977 – C. Gijsbers, « Divorce sans juge : le notaire peut-il apposer la formule exécutoire ? », *Defrénois* 14 sept. 2017, p. 27, n° 2.
5. Réd. Ord. n° 2016-131, 10 févr. 2016, portant réforme du droit des contrats, du régime général et de la preuve des obligations, *JO* 11 févr., texte 26 – Ce texte reprend la solution de l'ancien article 1317 C. civ., sur la base duquel s'est ▶

contestation de force probante est susceptible d'affecter le caractère exécutoire de l'acte, ce qui donne prise à l'interprétation selon laquelle celle-ci commande celui-là.

Mais cette thèse alternative a été contestée, considérant que si l'acte notarié a force exécutoire, ce n'est pas parce qu'il fait pleine foi, mais parce qu'il est délivré par un officier public, délégataire de prérogatives de puissance publique[1]. C'est le statut du notariat qui expliquerait le caractère authentique des actes des notaires et les attributs que la loi leur confère. Ainsi s'expliquerait aussi la formule de l'article 19 de la loi du 25 ventôse an XI, qui met la force probante et la force exécutoire sur le même plan. Suivant cette analyse, la procédure d'inscription de faux est une contestation de l'authenticité de l'acte, qui tend par conséquent à remettre en cause sa force probante et qui, incidemment mais nécessairement, affecte aussi sa force exécutoire.

0122.22 Conditions de l'authenticité. Pour être exécutoire, l'acte notarié doit d'abord être authentique, c'est-à-dire qu'il doit avoir été reçu « *avec les solennités requises* » (C. civ., art. 1369). À défaut, aux termes de l'article 1370 C. civ., « *l'acte qui n'est pas authentique du fait de l'incompétence ou de l'incapacité de l'officier ou par un défaut de forme, vaut comme écrit sous signature privée, s'il a été signé des parties* ». Mais si l'acte n'est pas authentique, il ne peut valablement constituer un titre exécutoire.

0122.23 Exclusion des actes délivrés en brevet. Si les actes notariés sont exécutoires de manière générale, il convient toutefois de réserver le cas particulier des actes délivrés par les notaires « *qui, d'après la loi peuvent être délivrés en brevet, notamment les certificats de vie, procurations, actes de notoriété, quittances de fermages, de loyers, de salaires, arrérages de pensions et rente* »[2]. Ces actes ne sont pas susceptibles de constituer des titres exécutoires pour deux raisons également suffisantes.

La première est que les cas d'actes en brevet prévus par la réglementation concernent des actes qui ne constatent pas une obligation ; or seuls les actes constatant une obligation sont exécutoires[3].

La seconde est que ces actes « en brevet » ne sont pas conservés au rang des minutes du notaire puisque celui-ci remet l'original aux parties. Un titre exécutoire étant, par définition, la copie (revêtue de la forme exécutoire) d'un original établi ou reçu par le notaire et conservé au rang de ses minutes, il n'y a pas de copie exécutoire d'un acte en brevet concevable[4].

0122.24 Acte constatant une créance. Pour être exécutoire, l'acte notarié doit, comme tous les titres exécutoires, constater une créance de somme d'argent d'un montant déterminé ou déterminable et en désigner clairement les parties, créancier et débiteur (C. pr. exéc., art. L. 111-2 – v. s^s n°s 0112.40 s.).

Il est admis en jurisprudence que l'acte notarié constatant une simple **ouverture de crédit** puisse constituer un titre exécutoire dès lors que cette ouverture de crédit a donné naissance à un contrat de mise à disposition de fonds : prêt, découvert, escompte, *etc.* Solution remarquable car la convention d'ouverture de crédit ne contient qu'une promesse de conclure un prêt, donc une obligation de

▶ construite la jurisprudence en la matière (v. Civ. 2e, 13 mars 2008, nº 06-21.105, P II, nº 70 ; *RD banc. fin.* 2008, nº 80, obs. S. Piedelièvre), sauf sur un point : l'ancien article 1317, suivant l'article 19 de la loi du 25 ventôse an XI, distinguait selon que la procédure d'inscription de faux contre l'acte authentique était principale ou incidente. Lorsque la procédure d'inscription de faux était principale, l'exécution était suspendue de plein droit ; en cas d'inscription de faux incidente, la suspension de l'exécution était subordonnée à la décision du juge.

1. Ord. nº 45-2590, 2 nov. 1945, relative au statut du notariat, *JO* 3 nov., art. 1er – V. C. Brenner, *in* AYNÈS (dir.), nºs 91 s. – M. Latina, « La force exécutoire de l'acte notarié. Aspects théoriques », *JCP N* 2019. 1126 – M. Mekki, « La force exécutoire : une question de statut et non de compétence », *JCP N* 2020. Édito 1 – COMP. CJUE, 24 mai 2011, Commission européenne c/République française, aff. C-50/08, *D.* 2011. 1401, obs. F. Rome ; *Dr. et patr.* juill.-août 2011, p. 26, note Y. Gaudemet ; *Europe* 2011, nº 248, obs. V. Michel ; *JCP N* 2011. 497, obs. C. Nourissat), jugeant que « *l'établissement d'actes authentiques dotés d'effets juridiques, tels que ceux décrits aux points 90 à 94 du présent arrêt, ne comporte pas une participation directe et spécifique à l'exercice de l'autorité publique au sens de l'article 45, premier alinéa, CE* » (§ 95). S'agissant spécialement de la force exécutoire de l'acte authentique, la Cour relève qu'« *il convient d'indiquer, ainsi que le fait valoir la République française, que celle-ci permet la mise à exécution de l'obligation que cet acte renferme, sans l'intervention préalable du juge* » (§ 93). « *La force exécutoire de l'acte authentique ne traduit cependant pas, dans le chef du notaire, des pouvoirs comportant une participation directe et spécifique à l'exercice de l'autorité publique. En effet, si l'apposition par le notaire de la formule exécutoire sur l'acte authentique confère à ce dernier la force exécutoire, celle-ci repose sur la volonté des parties de passer un acte ou une convention, après vérification de leur conformité avec la loi par le notaire, et de leur conférer ladite force exécutoire* » (§ 94). Par conséquent, dans la mesure où « *l'activité d'authentification confiée aux notaires ne comporte pas une participation directe et spécifique à l'exercice de l'autorité publique* », les activités notariales ne sont exemptées de l'application des dispositions relatives à la liberté d'établissement. La Cour écarte, en raison de son caractère discriminatoire au regard de cette liberté, la condition de nationalité pour l'accès à la profession de notaire.

2. Décr. nº 71-941, 26 nov. 1971, relatif aux actes établis par les notaires, *JO* 3 déc., p. 11795, art. 26.
3. V. C. Brenner, *in* AYNÈS (dir.), nº 86.
4. PERROT et THÉRY, nº 148 – M. Mignard, « La force exécutoire de l'acte notarié. Aspects pratiques », *JCP N* 2019. 1127, nº 10.

faire, laquelle n'est pas susceptible d'exécution forcée et ne peut donner lieu qu'à des dommages-intérêts[1]. Cependant, lorsque « *l'ouverture de crédit, qui constitue une promesse de prêt, donne naissance à un prêt à concurrence des fonds utilisés par le client* »[2], alors cette pluralité d'actes forme un tout, et ce tout profite de l'authenticité de la promesse : pour la Cour de cassation, « *par une interprétation que la pluralité des actes rendait nécessaire et donc exclusive de toute dénaturation, la cour d'appel a estimé que, le billet à ordre étant la représentation d'un prêt octroyé en exécution de l'ouverture de crédit, le contenu de ces deux écrits, dont l'un était la condition de l'autre, ne formait qu'une seule convention* ». Or « *la créance ayant pour base une ouverture de crédit constatée par un titre exécutoire* » notarié, le commandement de payer valant saisie visant ce titre était valable[3].

0122.25 Avenant sous seing privé de l'acte notarié. Les parties à un contrat constaté par l'acte notarié peuvent parfaitement conclure un avenant à ce contrat, soit devant notaire, soit sous signatures privées. La question s'est posée de savoir si l'avenant conclu sous seing privé affectait le caractère exécutoire du titre notarié.

La Cour de cassation a répondu en distinguant selon que l'avenant emportait ou non novation[4]. En cas de **novation**, la créance est éteinte, ce qui emporte extinction du caractère exécutoire du titre qui la constate.

En revanche, dès lors que l'avenant n'opère pas novation, la créance subsiste et l'acte notarié conserve son caractère exécutoire. Celui-ci constitue un titre exécutoire pouvant valablement fonder une procédure d'exécution forcée bien que la créance ait été modifiée et que la détermination de son montant dépende d'un acte sous seing privé. En somme, l'avenant s'incorpore au titre, sauf intention de nover, laquelle ne se présume pas[5].

0122.26 Créance d'un montant déterminé ou déterminable. Pour être exécutoire, l'acte notarié doit constater une créance d'un montant déterminé ou déterminable. En cas de contestation, il appartient au juge de l'exécution de rechercher les éléments permettant la liquidation de la créance lorsque celle-ci n'est que déterminable[6]. Une interprétation littérale de l'article L. 111-6 C. pr. exéc. laisse penser que ces élément permettant l'évaluation de la créance doivent des éléments intrinsèques au titre : « *La créance est liquide lorsqu'elle est évaluée en argent lou lorsque le titre contient tous les éléments permettant son évaluation* ». Mais cette interprétation n'est pas compatible avec les solutions admises à propos des titres notariés constatant des ouvertures de crédit ou complétés par des avenants. En cas de pluralité d'actes, la détermination de la créance doit nécessairement être faite aussi en fonction des éléments extrinsèques pertinents, qu'il s'agisse des actes d'exécution ou d'avenants (v. s^s n°s 0122.24 et 0122.25).

0122.27 Actes notariés de droit local. À cet égard, il n'y a plus lieu de distinguer aujourd'hui les actes notariés dressés dans les départements de la Moselle, du Bas-Rhin et du Haut-Rhin. En droit local comme en droit général, l'acte notarié constitue un titre exécutoire dès lors que la créance qu'il constate est déterminée « *ou déterminable* ». La précision figure aujourd'hui expressément à l'article L. 111-5, 1° dans sa rédaction issue de la loi du 23 mars 2019, qui a ajouté les deux mots « *ou déterminable* »[7].

Auparavant, considérant que l'article L. 111-5, 1° ne visait que le paiement d'une « *somme d'argent déterminée* », la Cour de cassation en avait déduit qu'en Alsace-Moselle, seuls constituaient des titres exécutoires, les actes notariés constatant une créance d'un montant déterminé, et non pas seulement déterminable[8].

Prenant acte de la réforme opérée par la loi du 23 mars 2019 et opérant un revirement de jurisprudence, la Cour de cassation a décidé « *de rapprocher les règles applicables en droit local de celles du droit général et de considérer que constitue un titre exécutoire, au sens de l'article L. 111-5, 1°, du Code des procédures civiles d'exécution, alors applicable, un acte notarié de prêt qui mentionne, au jour de sa signature, outre le consentement du débiteur à son exécution forcée immédiate, le montant du capital emprunté et ses moda-*

1. Civ. 1re, 20 juill. 1981, n° 80-12.529, P I, n° 267 ; *RTD civ.* 1982. 427, obs. Rémy ; *Gaz. Pal.* 1982. 2. 93, obs. Ph. Dupichot.
2. Com. 21 janv. 2004, n° 01-01.129, P IV, n° 13 ; *D.* 2004. 1149, obs. C. Jamin ; *RTD com.* 2004. 352, obs. D. Legeais.
3. Civ. 2e, 10 févr. 1977, n° 75-13.844, P II, n° 32.
4. Civ. 2e, 6 mai 2010, n° 09-67.058, P II, n° 90 ; *D.* 2011. 26, note N. Fricero, et 493, note S. Chassagnard-Pinet ; *RTD civ.* 2011. 176, obs. R. Perrot ; *Dr. et proc.* 2010. 240, note A. Leborgne.
5. Civ. 2e, 1er mars 2018, n° 17-10.373, *RDC* 2018. 570, obs. N. Cayrol – Civ. 2e, 23 mai 2024, n° 21-25.084, B ; *RTD civ.* 2024. 721, obs. Ph. Théry ; *RDC* 2024/3, p. 60, obs. N. Cayrol.
6. Civ. 2e, 8 déc. 2005, n° 04-14.785, P II, n° 314.
7. L. n° 2019-222, 23 mars 2019, de programmation 2018-2022 et de réforme pour la justice, *JO* 24 mars, texte 2, art. 108.
8. Civ. 1re, 6 avr. 2016, n° 15-11.077, NP – Civ. 3e, 18 mai 2017, n° 16-14.671, NP – Civ. 1re, 4 oct. 2017, n° 16-15.458, NP – Civ. 2e, 19 oct. 2017, n° 16-19.675, NP – Civ. 2e, 19 oct. 2017, n° 16-26.413, NP ; *JCP N* 2018. 1129, obs. M. Julienne – Civ. 2e, 22 mars 2018, n° 17-10.635, NP ; *JCP N* 2018. Actu. 367, obs. M. Julienne : en Alsace-Moselle, « *les actes notariés ne peuvent servir de titre exécutoire que s'ils ont pour objet le paiement d'une somme déterminée, et non pas seulement déterminable* » ; v. M. Julienne, « Défendre la force exécutoire des actes notariés d'Alsace-Moselle », *JCP N* 2018. 1129.

lités de remboursement permettant, au jour des poursuites, d'évaluer la créance dont le recouvrement est poursuivi »[1]. Ainsi, quelle que soit la date à laquelle ils ont été dressés, les actes notariés soumis au droit local constituent des titres exécutoires même si la créance qu'ils constatent est seulement déterminable.

Reste cependant, exigence propre du droit local, la nécessité de faire figurer dans l'acte le consentement du débiteur à l'exécution forcée immédiate[2].

0122.28 **Acte dressé ou reçu par un notaire.** Sous le rapport de la force exécutoire des actes notariés, il n'a pas lieu de distinguer selon que l'acte a été directement dressé par devant notaire ou qu'il s'agit d'un acte sous seing privé que les parties viennent déposer pour qu'il acquière tous les attributs d'un acte authentique et qu'il leur soit délivré une copie exécutoire. Il suffit que le dépôt ait été en reçu en la forme authentique[3]. Jugé, à propos d'une transaction sous seing privé déposée au rang des minutes d'un notaire, qu'une cour d'appel retient à bon droit que la copie exécutoire de cette transaction pouvait servir de fondement à une saisie dès lors que « *ce dépôt avait été reçu en la forme authentique* »[4].

0122.29 **Annexes de l'acte notarié.** Lorsqu'il comporte des annexes, l'acte notarié doit en porter mention. En principe, les annexes doivent être jointes à l'acte, à moins qu'elles ne soient déposées aux minutes du notaire rédacteur[5]. L'hypothèse banale des annexes est celle des procurations.

La sanction de cette règle a suscité un important contentieux, aujourd'hui apaisé. À défaut d'annexes, l'acte notarié perd-il son caractère exécutoire[6] ? Une divergence apparut sur ce point au sein de la Cour de cassation[7], justifiant la réunion d'une chambre mixte. Le 21 décembre 2012, celle-ci jugea que « *l'inobservation de l'obligation, pour le notaire, de faire figurer les procurations en annexe de l'acte authentique ou de les déposer au rang de ses minutes ne fait pas perdre à l'acte son caractère authentique, partant son caractère exécutoire* »[8].

Pour la Cour de cassation, si les irrégularités affectant la représentation conventionnelle d'une partie à un acte notarié ne font pas partie de ces défauts susceptibles d'affecter le caractère authentique, et donc exécutoire de cet acte, c'est qu'elles « *sont sanctionnées par la nullité relative de l'acte accompli pour le compte de la partie représentée, qui seule peut la demander, à moins qu'elle ratifie ce qui a été fait pour elle hors ou sans mandat, dans les conditions de l'article 1998, alinéa 2, du Code civil* »[9].

§ 2
Délivrance de la copie exécutoire

0122.31 **Copie exécutoire de l'acte notarié.** L'acte notarié déposé au rang des minutes a un caractère exécutoire mais il ne constitue pas un titre exécutoire : le titre exécutoire sera constitué par la copie exécutoire établie par le notaire, copie qui sera revêtue de la formule exécutoire. Autrefois, on appelait cette copie la « grosse ». C'est depuis une loi du 15 juin 1976 que ce vocabulaire a été abandonné.

0122.32 **Délivrance de la copie exécutoire.** Les règles relatives à la délivrance par les notaires des copies exécutoires figurent dans le décret du 26 novembre 1971[10]. Aux termes de l'article 32 de ce texte, « *le droit de délivrer des copies exécutoires et des copies authentiques appartient au notaire détenteur de la minute ou des documents qui lui ont été déposés*

1. Civ. 2e, 25 juin 2020, no 19-23.219, P ; *D.* 2020. 1409 ; *JCP* 2020. 983, note R. Laher ; *JCP N* 2020. 1211, obs. E. Sander ; *RDC* 2020/4, p. 69, note N. Cayrol.
2. Civ. 2e, 20 mai 2021, no 20-13.633, P ; *Procédures* 2021, no 192, obs. C. Laporte et no 194, obs. R. Laher – V. N. Nonnenmacher, « Note sur la copie exécutoire des actes notariés », *Rev. dr. loc.*, juin 2020, p. 9.
3. V. P. Callé, « Réflexion sur la nature juridique d'un acte sous seing privé déposé au rang des minutes d'un notaire », *JCP N* 2003. 1150.
4. Civ. 2e, 21 oct. 2010, no 09-12.378, P II, no 173 ; *Dr. et proc.* 2011. 19, obs. E. Putman.
5. Décr. no 71-941, 26 nov. 1971, préc., art. 21.
6. COMP. Ph. Delebecque, « L'acte authentique imparfait. Observations sur le défaut d'annexion de procuration dans un acte notarié », *JCP* 2012. I. 263 – L. Aynès, « L'acte notarié et la procuration, *D.* 2012. 890 – P. Théry, Faut-il reproduire les annexes dans les copies exécutoires ? », *JCP* 2012. 471 – C. Vernières, « Les annexes à l'acte notarié », *JCP N* 2012. 1061.
7. EN CE SENS que les actes notariés « *qui ne mentionnaient pas le dépôt des procurations au rang des minutes du notaire en contravention aux prescriptions de l'article 21 du décret du 26 novembre 1971* [...] *étaient entachées d'une irrégularité formelle et ne valaient que comme écritures privées* », v. Civ. 2e, 7 juin 2012, nos 11-15.439, 11-15.112, 11-17.759, 11-15.440, 11-16.107, 5 arrêts, P II, no 102 ; *JCP N* 2012. 1311, chron. Ph. Théry ; *D.* 2012. 1789, note M. Mekki – O. Salati, « Vigilance sur le caractère exécutoire du titre », *Dr. et proc.* 2012. 194 – EN SENS CONTRAIRE, considérant « *que l'obligation, pour le notaire, de faire figurer les procurations en annexe de l'acte authentique ou de les déposer au rang de ses minutes n'est pas sanctionnée par la nullité de l'acte en tant que titre exécutoire* », v. Civ. 1re, 22 mars 2012, no 11-11.925, P I, no 66 ; *D.* 2012. 890, note L. Aynès ; *Dr. et proc.* 2012. 178, obs. C. Lefort.
8. Cass., ch. mixte, 21 déc. 2012, nos 11-28.688, et 12-15.063, P, nos 3 et 4 ; *BICC* 15 févr. 2013, p. 6, rapp. Y. Maunand, avis G. Azibert ; *JCP N* 2013. 1025, obs. Ph. Théry ; *JCP N* 2013. 1026, note Y. Le Magueresse ; *Gaz. Pal.* 3 mars 2013, p. 16, note C. Brenner.
9. Civ. 1re, 2 juill. 2014, no 13-19.626, P I, no 118 – Civ. 1re, 15 janv. 2015, no 13-12.479, P I, no 10 ; *RTD civ.* 2015. 455, obs. N. Cayrol ; *Dr. et proc.* 2015. 198, chron. L. Lauvergnat – Civ. 1re, 10 sept. 2015, no 14-13.237, P I, no 203 ; *Dr. et proc.* 2015. 189, obs. S. Dorol.
10. Décr. no 71-941, 26 nov. 1971, préc., art. 32 s.

pour minute »[1]. Selon l'article 31, les parties n'ont droit à la délivrance que d'une seule copie exécutoire, sauf autorisation formelle du président du tribunal judiciaire en cas de perte (C. pr. civ., art. 1439). Le même article indique que les personnes susceptibles de se faire délivrer une copie sont les « *parties intéressées* », c'est-à-dire d'après la loi du 25 ventôse an XI les « *personnes intéressées en nom direct* », *ainsi que leurs* « *héritiers ou ayants droit* »[2].

0122.33 Formalisme de la copie exécutoire. Le formalisme de la copie de l'acte notarié valant titre exécutoire fait l'objet de dispositions détaillées[3], prescrites par le décret précité du 26 novembre 1971 et par la loi du 15 juin 1976[4]. Aux termes de l'article 1er de cette loi, « *pour permettre au créancier de poursuivre le recouvrement de sa créance, le notaire établit une copie exécutoire, qui rapporte littéralement les termes de l'acte authentique qu'il a dressé. Il la certifie conforme à l'original et la revêt de la formule exécutoire* »[5]. Jugé que cette mention de conformité est une condition de la force exécutoire de la copie, sans laquelle les actes d'exécution n'ont pas de fondement valable[6].

La réglementation exige que la copie respecte « *les paragraphes et les alinéas de la minute* »[7]. Cette exigence ne doit toutefois pas être outrée : cela « *n'impose pas que la copie exécutoire soit le fac-similé de l'acte notarié* »[8].

Autre exigence formelle : « *Les copies exécutoires sont les copies authentiques qui se terminent par la même formule que les jugements des tribunaux* »[9], c'est-à-dire la formule exécutoire de l'article 1er du décret du 12 juin 1947[10] (v. ss no 0112.23), à ceci près que l'expression « *les présentes* » remplace le terme « *ledit arrêt* ». Sans cette formule, l'acte notarié ne vaut pas comme titre exécutoire et ne peut donc servir de fondement aux poursuites[11].

En outre, « *la signature du notaire et l'empreinte du sceau sont apposées à la dernière page* »[12]. Toutefois, la méconnaissance de cette exigence formelle n'est pas sanctionnée par le refus de la force exécutoire : il a été jugé que « *l'irrégularité affectant l'acte dépourvu du sceau du notaire ne relève pas des défauts de forme que l'article 1318, devenu 1370, du Code civil sanctionne par la perte du caractère authentique et partant, exécutoire, de cet acte, lesquels s'entendent de l'inobservation des formalités requises pour l'authentification par l'article 41 du décret du 26 novembre 1971* »[13].

Le notaire doit-il joindre les annexes à la copie exécutoire comme il a l'obligation de les joindre à la minute ? Non : il faut distinguer les exigences formelles relatives à l'original et celles relative à la copie[14]. Pour la Cour de cassation, « *si l'acte notarié doit comporter les procurations en annexe, à moins qu'elles ne soient déposées aux minutes du notaire rédacteur de l'acte, ces exigences ne visent pas la copie exécutoire qu'en délivre celui-ci* »[15].

0122.34 Cas des copies exécutoires à ordre. La loi du 15 juin 1976[16] permet la création d'une sorte particulière de copie exécutoire d'acte notarié : la copie exécutoire à ordre, transmissible par endossement. Cette possibilité est réservée au cas où l'acte notarié constate « *une créance garantie par un privilège spécial immobilier ou par une hypothèque immobilière* »[17]. Ces copies exécutoires à ordre sont soumises à quelques exigences spéciales de forme et de fond.

1. En cas d'exercice en société, « *chaque notaire associé, exerçant au sein d'une société d'exercice libéral, exerce les fonctions de notaire au nom de cette société. Notamment, il dresse et reçoit au nom de celle-ci tous actes et contrats auxquels les parties doivent ou veulent faire conférer l'authenticité ; il scelle et délivre toutes copies exécutoires, toutes copies authentiques et tous extraits d'actes, même des actes reçus par un autre notaire associé en exercice ou par un notaire salarié de la société, ou encore des actes reçus par des notaires n'exerçant plus dans l'office et dont les minutes sont détenues par la société* » (Décr. no 93-78, 13 janv. 1993, pris pour l'application à la profession de notaire de la loi no 90-1258 du 31 décembre 1990 relative à l'exercice sous forme de sociétés des professions libérales soumises à un statut législatif ou réglementaire ou dont le titre est protégé, *JO* 21 janv., art. 39).
2. L. 25 ventôse an XI, art. 23, et C. pr. civ., art. 1435.
3. V. M. Mignard, « La force exécutoire de l'acte notarié. Aspects pratiques », *JCP N* 2019. 1127.
4. L. no 76-519, 15 juin 1976, relative à certaines formes des transmissions des créances, *JO* 16 juin, p. 3611.
5. V. AUSSI Décr. no 71-941, 26 nov. 1971, préc., art. 34, al. 4.
6. Civ. 1re, 30 oct. 2013, no 12-24.448, NP.
7. Décr. no 71-941, 26 nov. 1971, préc., art. 34, al. 2.
8. Civ. 2e, 24 juin 2010, no 09-67.887, NP.
9. Décr. no 71-941, 26 nov. 1971, préc., art. 33, al. 2 – V. M. Latina, « La force exécutoire de l'acte authentique. Aspects théoriques », *JCP N* 2019. 1126.
10. Décr. no 47-1047, 12 juin 1947, relatif à la formule exécutoire, *JO* 13 juin.
11. Civ. 2e, 28 juin 2006, no 04-17.514, P II, no 178 ; *D.* 2007. 1380, obs. P. Julien ; *Dr. et proc.* 2006. 361, note A. Leborgne ; *Procédures* 2006, no 237, obs. R. Perrot.
12. Décr. no 71-941, 26 nov. 1971, préc., art. 34, al. 4.
13. Civ. 2e, 1er févr. 2018, no 16-25.097, P II, no 18 ; *D.* 2018. 1223, obs. A. Leborgne ; *D.* 2019. 157, obs. J.-D. Bretzner et A. Aynès ; *LPA* 24 mai 2018, note Y. Dagorne-Labbe ; *JCP N* 2018, no 1178, note R. Laher.
14. V. Ph. Théry, « Faut-il reproduire les annexes dans les copies exécutoires ? », *JCP* 2012. 471.
15. Civ. 1re, 10 sept. 2015, no 14-13.237, P I, no 203 ; *D.* 2016. Pan. 1281, obs. A. Leborgne ; *Dr. et proc.* 2015. 189, obs. S. Dorol – V. AUSSI, Civ. 1re, 22 mars 2012, no 11-11.925, P I, no 66 ; *D.* 2012. 890, note L. Aynès ; *Dr. et proc.* 2012. 178, obs. C. Lefort ; *RDC* 2012. 1209, obs. R. Libchaber – Civ. 1re, 19 févr. 2013, no 11-24.287, P II, no 17.
16. L. no 76-519, 15 juin 1976, relative à certaines formes des transmissions des créances, *JO* 16 juin, p. 3611.
17. L. no 76-519, 15 juin 1976, art. 1er.

Outre qu'elles ne concernent que les **créances garanties par une sûreté immobilière**, elles ne peuvent être délivrées que si leur création a été prévue dans l'original de l'acte, et en cas de fractionnement de la créance ou de pluralité de créanciers, il faut que l'acte ait prévu le nombre de copies exécutoires et le montant de la somme pour laquelle chacune d'elles sera établie [1]. Quant à la copie exécutoire elle-même, elle doit contenir quelques mentions propres à l'information des tiers, étant précisé qu'en cas d'omission d'une de ces mentions, le titre « *ne vaut pas comme copie exécutoire à ordre* » [2].

§ 3
Accord de divorce par consentement mutuel déposé au rang des minutes d'un notaire

0122.41 **Textes.** La loi du 18 novembre 2016 [3], dite de modernisation de la justice du XXIe siècle, a créé une nouvelle catégorie de titre exécutoire [4] : aux termes de l'article L. 111-3, 4° *bis* C. pr. exéc., constituent des titres exécutoires les « *accords par lesquels les époux consentent mutuellement à leur divorce ou à leur séparation de corps par acte sous signature privée contresigné par avocats, déposés au rang des minutes d'un notaire selon les modalités prévues à l'article 229-1 du Code civil* » [5].

L'article 229-1 C. civ. dispose en effet que « *lorsque les époux s'entendent sur la rupture du mariage et ses effets, ils constatent, assistés chacun par un avocat, leur accord dans une convention prenant la forme d'un acte sous signature privée contresigné par leurs avocats... Cette convention est déposée au rang des minutes d'un notaire, qui contrôle le respect des exigences formelles prévues aux 1° à 6° de l'article 229-3. Il s'assure également que le projet de convention n'a pas été signé avant l'expiration du délai de réflexion prévu à l'article 229-4. Ce dépôt donne ses effets à la convention en lui conférant date certaine et force exécutoire* » [6].

L'application de ces textes soulève des difficultés théoriques et pratiques.

0122.42 **Théorie.** En théorie, il n'y a aucune difficulté à admettre qu'un notaire reçoive un acte sous seing privé, l'authentifie, le dépose au rang de ses minutes et délivre une copie exécutoire. Dès lors que l'acte a été authentifié par le notaire, c'est très naturellement qu'il est paré des attributs des actes authentiques notariés : foi publique, force exécutoire et aptitude à la transcription sur les registres publics.

Mais s'agissant des accords de divorce par consentement mutuel, le législateur a prévu que le dépôt pourrait avoir lieu sans authentification, de sorte que, nonobstant leur dépôt au rang des minutes d'un notaire, ces actes restent ce qu'ils étaient : de simples actes sous signature privée. Certes, ils sont contresignés par les avocats respectifs des époux. Mais ce contreseing ne leur confère pas l'authenticité qui est attachée, comme dit l'article 1369 C. civ., aux seuls actes « *reçus, avec les solennités requises, par un officier public ayant compétence et qualité pour instrumenter* ».

Apparaît alors « *la contradiction profonde que renferment les textes, sur le terrain des principes* », qui consiste à conférer à l'accord de divorce un « *attribut de l'authenticité, à savoir la force exécutoire* » à un acte qui n'a pas été authentifié, dès lors qu'il a été seulement déposé par les parties entre les mains du notaire sans que celui-ci ait procédé aux vérifications et aux solennités nécessaires [7].

Cette contradiction (dont il y a lieu de se demander si elle ne procède pas d'une confusion [8]) se double d'ailleurs d'une équivoque sur le sens du « dépôt » de l'acte au rang des minutes. Lorsqu'un acte sous seing privé est authentifié par un notaire, c'est le notaire instrumentaire lui-même qui dépose l'acte au rang de ses minutes : il est à la fois déposant et dépositaire. Dans le cas de l'accord de divorce, il y a lieu de se demander si le notaire n'est pas, dans ce cas, que le simple dépositaire d'un acte remis par les époux déposants, le dépôt intervenant « *à la requête des parties, par l'avocat le plus diligent* » (C. pr. civ., art. 1146).

Certes, rien n'empêchent les époux de demander librement au notaire d'authentifier leur accord afin qu'il le dépose lui-même au rang des minutes. Mais

1. L. n° 76-519, 15 juin 1976, art. 4.
2. L. n° 76-519, 15 juin 1976, art. 5 – V. M. Mignard, » La force exécutoire de l'acte notarié. Aspects pratiques », *JCP N* 2019. 1127 – Pour une mise en perspective, v. G. Guerlin, « Les nouveaux titres exécutoires », *in* R. Laher (dir.), *Le 10e anniversaire du Code des procédures civiles d'exécution*, LexisNexis, 2023, p. 19.
3. L. n° 2016-1547, 18 nov. 2016, de modernisation de la justice du XXIe siècle, *JO* 19 nov., texte 1.
4. L. Lauvergnat, « Justice du XXIe siècle et voies d'exécution », *Gaz. Pal.* 31 janv. 2017, p. 87.
5. Réd. L. n° 2019-1446, 24 déc. 2019, de financement de la sécurité sociale pour 2020, *JO* 27 déc., texte 1, art. 72, IV, 1°.
6. Réd. L. n° 2016-1547, 18 nov. 2016, préc.
7. S. David et J.-P. Claux, Dalloz référence *Droit et pratique du divorce*, 2024/2025, n° 141.361.
8. Certains auteurs considèrent que le législateur pourrait avoir confondu force exécutoire et force obligatoire, confusion d'ailleurs assez ordinaire parmi les spécialistes de droit public, y compris au Conseil d'État – V. S. Torricelli-Chrifi, « Divorce contractuel : le notaire doit-il fermer les yeux ? », *JCP N* 2017. 1159 ou *Dr. fam.* 2017. Étude 12 – C. Gijsbers, « Divorce sans juge : le notaire peut-il apposer la formule exécutoire ? », *Defrénois* 14 sept. 2017, p. 27, n° 4 – V. M. Grimaldi et C. Gijsbers, « *Negotium* et *instrumentum* », *RTD civ.* 2024. 577, n° 11.

rien ne les y oblige, même dans le cas où la liquidation du régime matrimonial implique des biens soumis à publicité foncière pour lesquels un acte notarié authentique est nécessaire (formule dite parfois de « circuit court »[1]). Si cette démarche d'authentification est assurément la plus sûre[2], elle est toujours facultative[3].

La raison pour laquelle le législateur n'a pas souhaité imposer l'authentification par le notaire de l'accord dont il doit recevoir le dépôt est prosaïque : éviter le coût et les délais qu'impliquent cette formalité, étant précisé qu'en l'état de la réglementation, le dépôt donne lieu à la perception d'un émolument fixe de 41,20 euros (C. com., art. A. 444-173-1).

0122.43 **Pratique.** D'un point de vue pratique, l'exécution de l'accord de divorce par consentement mutuel ne soulève pas de problème pour ce qui concerne la publicité de la dissolution du mariage : aux termes de l'article 1147 C. pr. civ., la **transcription du divorce à l'état civil** ne requiert pas un titre exécutoire, mais seulement la présentation à l'état civil « *d'une attestation de dépôt délivrée par le notaire. L'attestation mentionne l'identité des époux et la date du dépôt* »[4].

Pas de difficulté non plus en ce qui concerne la mise en œuvre de l'**intermédiation financière** mentionnée au II de l'article 373-2-2 C. civ. lorsque la convention de divorce prévoit. Dans ce cas, l'article 1145 C. pr. civ. dispose qu'un « *original supplémentaire est établi* »[5] et cet exemplaire de la convention est transmis par l'avocat du créancier de la pension alimentaire à l'organisme débiteur des prestations familiales avec l'attestation de dépôt délivrée par le notaire et les informations nécessaires à l'instruction et à la mise en œuvre de l'intermédiation financière (C. pr. civ., art. 1146-1[6]).

En revanche, l'exécution forcée des obligations contenues dans l'accord des parties soulève deux séries d'interrogations.

La première concerne le commissaire de justice requis par l'une des parties[7]. Cet officier public ministériel est-il en droit de procéder à des mesures d'exécution forcée sur la foi d'un exemplaire de la convention de divorce, bien complété de l'attestation de dépôt délivrée par le notaire ? Cet exemplaire constitue-t-il un titre valable et suffisant ? Ce qui peut en faire douter, c'est la règle de l'article 502 C. pr. civ., selon laquelle « *nul acte ne peut être mis à exécution que sur présentation d'une expédition revêtue de la formule exécutoire, à moins que la loi n'en dispose autrement* ». Assurément, ce titre n'est pas « *une expédition revêtue de la formule exécutoire* », *d'une part*, parce qu'il n'est pas une copie mais un original et, *d'autre part*, parce qu'il n'est pas revêtu de la formule exécutoire.

S'agit-il alors de l'un de ces cas où la loi en dispose autrement, comme lorsque la loi autorise l'exécution des jugements au seul vu de la minute (v. C. pr. civ., art. 140, 489, 495 et 1061-1 ; C. pr. exéc., art. R. 121-17 et R. 211-12 ; C. trav., art. R. 1454-16) ? Nul texte ne l'affirme expressément. Certes, l'article L. 111-3, 4° *bis* C. pr. exéc. classe les accords des époux parmi les titres exécutoires, et les articles 229-1 alinéa 3 et 229-4 répètent qu'ils ont « *force exécutoire* » dès leur dépôt au rang des minutes du notaire. Mais alors comment expliquer l'interprétation de ces textes qui ressort d'une circulaire de la Chancellerie expliquant que « *le dépôt au rang des minutes du notaire emporte l'obligation d'assurer la conservation de l'acte pendant une durée de soixante-quinze ans et le droit d'en délivrer des copies exécutoires et des copies authentiques* »[8]. Comment expliquer surtout l'article 4 du décret du 30 septembre 2020[9] relatif à l'intermédiation financière des pensions alimentaires qui prévoit incidemment, à propos de la mise en œuvre de l'intermédiation financière des organismes de prestations familiales pour le recouvrement des pensions alimentaires, que « *le notaire transmet la copie exécutoire de l'acte reçu en la forme authentique qui prévoit l'intermédiation financière* » lorsque la pension résulte d'une convention de divorce ?

On en vient donc à se demander si le notaire doit, non seulement attester du dépôt, mais aussi délivrer une copie exécutoire assortie de la formule exécutoire de l'accord qu'il a reçu en dépôt. À première vue, l'article 32 du décret du 26 novembre 1971 le lui permet puisqu'il dispose que « *le droit de délivrer des copies exécutoires et des copies authentiques appartient au notaire détenteur de la minute ou des documents qui lui ont été déposés pour minute* ». Mais la doctrine est unanime pour dire que ce texte ne vise que les actes *authentiques* déposés au rang des minutes, de sorte que s'agissant d'un accord de divorce,

1. V. S. David et J. Casey, « Divorce sans juge : plaidoyer pour un circuit court », *AJ fam.* 2017. 539.
2. C. Blanchard, « La fonction du notaire dans le divorce déjudiciarisé », *JCP N* 2017. 1002.
3. V. J. de Pauw et M. Delplanque, « Une charte commune aux avocats et notaires pour le divorce par consentement mutuel », *AJ fam.* 2021. 118.
4. Réd. Décr. n° 2016-1907, 28 déc. 2016, relatif au divorce prévu à l'article 229-1 du Code civil et à diverses dispositions en matière successorale, *JO* 29 déc., texte 62.
5. Réd. Décr. n° 2020-1201, 30 sept. 2020, relatif à l'intermédiation financière des pensions alimentaires prévue à l'article L. 582-1 du Code de la sécurité sociale, *JO* 1er oct., texte 40.
6. Réd. Décr. n° 2020-1201, 30 sept. 2020, préc.
7. L. Lauvergnat, « Retour sur l'exécution de la convention de divorce par consentement mutuel », *AJ fam.* 2018. 144.
8. Circ. JUSC1638274C, 26 janv. 2017, *BOMJ* n° 2017-06, 30 juin (fiche 6, p. 19).
9. Décr. n° 2020-1201, 30 sept. 2020, préc.

elle doute que le notaire puisse en délivrer une copie revêtue de la formule exécutoire, dès lors que l'accord n'a pas été authentifié par lui avec les solennités requises[1]. On observera en ce sens que l'article 4 précité du décret du 30 septembre 2020 fait uniquement référence à la copie exécutoire d'un acte « *reçu en la forme authentique* ». Ce qui renvoie à la première interrogation : à défaut de copie exécutoire, l'accord est-il exécutoire sur minute ?

La volonté du législateur d'ériger l'accord de divorce par consentement mutuel en titre exécutoire n'est pas douteuse, mais il aurait été préférable que les modalités pratiques à destination des commissaires de justice et des notaires en fussent mieux définies. Le risque est que les époux, qui ont réussi à divorcer sans juge, soient contraints de s'adresser à celui-ci si d'aventure l'un d'eux a besoin d'un titre exécutoire efficace pour faire respecter les termes de l'accord[2].

§ 4
Certification des actes notariés

0122.51 Exécution des actes notariés dans l'espace judiciaire européen. Si les actes dressés ou reçus en minute par les notaires en France sont exécutoires « *dans toute l'étendue de la République* »[3], leur exécution à l'étranger, comme d'ailleurs l'exécution en France des actes notariés étrangers, requiert normalement un *exequatur*.

Toutefois, pour l'exécution dans l'espace judiciaire européen des actes authentiques notariés dressés en Europe, il existe des dispositions spécifiques résultant de divers règlements européens[4]. En vue de faciliter l'exécution des actes notariés, ces textes écartent la formalité de l'*exequatur* au profit d'une autre technique : la **certification** des actes authentiques.

L'intérêt de la certification par rapport à l'*exequatur* est, tout en maintenant un certain contrôle du caractère exécutoire du titre, de subordonner le contrôle juridictionnel à l'élévation d'un contentieux.

Les conditions de fond de certification des actes authentiques dépendent des différents règlements. Quant aux conditions formelles, elles sont prévues par l'article 509-3 C. pr. civ.[5] Ce texte distingue deux procédures de certification, selon qu'il s'agit de la certification des « *actes authentiques notariés étrangers* » en vue de leur exécution en France ou de la certification des actes notariés français en vue de leur exécution en Europe. Il en résulte une dualité de « certifications ».

0122.52 Certification des actes authentiques notariés étrangers en vue d'une exécution en France. L'exécution forcée en France des actes authentiques notariés étrangers est subordonnée à une procédure de certification dont la responsabilité incombe au président de la chambre des notaires.

Aux termes de l'article 509-3, I, C. pr. civ., « *sont présentées au président de la chambre des notaires ou, en cas d'absence ou d'empêchement, à son suppléant désigné parmi les membres de la chambre les requêtes aux fins de reconnaissance ou de constatation de la force exécutoire, sur le territoire de la République, des actes authentiques notariés étrangers* ».

Cette procédure de certification est relative à l'application de la convention de Lugano du 30 octobre 2007 et des **cinq règlements européens suivants** :

– règlement (UE) n° 650/2012 du 4 juillet 2012[6], relatif à la compétence, la loi applicable, la reconnaissance et l'exécution des décisions, et l'acceptation et l'exécution des actes authentiques en matière de **successions** et à la création d'un certificat successoral européen (art. 60) ;

– règlement (UE) n° 2016/1103 du 24 juin 2016[7], mettant en œuvre une coopération renforcée dans le domaine de la compétence, de la loi applicable, de la reconnaissance et de l'exécution des décisions en matière de **régimes matrimoniaux** (art. 59) ;

– règlement (UE) n° 2016/1104 du 24 juin 2016[8], mettant en œuvre une coopération renforcée dans le domaine de la compétence, de la loi applicable, de la reconnaissance et de l'exécution des décisions en

1. V. C. Brenner, « Le nouveau divorce par consentement mutuel : retour à l'an II », *JCP N* 2017. Actu. 262 – C. Gijsbers, « Divorce sans juge : le notaire peut-il apposer la formule exécutoire ? », *Defrénois* 14 sept. 2017, p. 27 – W. Nonnenmacher, « De quelques aspects de la force exécutoire du divorce non judiciaire », *JCP N* 2017. 1338.
2. V. S. Thouret, « L'après-divorce conventionnel : vers le retour au juge ! », *AJ fam.* 2017. 42.
3. L. 25 ventôse an XI, art. 19.
4. V. Rép. internat., v° *Compétence judiciaire européenne, reconnaissance et exécution des décisions en matière civile et commerciale*, par D. Alexandre et A. Huet, oct. 2019 (actu. déc. 2024), n°s 465 s.
5. Réd. Décr. n° 2023-25, 23 janv. 2023.
6. Règl. UE n° 650/2012, Parlement et Conseil, 4 juill. 2012, relatif à la compétence, la loi applicable, la reconnaissance et l'exécution des décisions, et l'acceptation et l'exécution des actes authentiques en matière de successions et à la création d'un certificat successoral européen, *JOUE* L. 201, 27 juill., p. 107.
7. Règl. UE n° 2016/1103, Conseil, 24 juin 2016, mettant en œuvre une coopération renforcée dans le domaine de la compétence, de la loi applicable, de la reconnaissance et de l'exécution des décisions en matière de régimes matrimoniaux, *JOUE* L. 183, 8 juill., p. 1.
8. Règl. UE n° 2016/1104, Conseil, 24 juin 2016, mettant en œuvre une coopération renforcée dans le domaine de la compétence, de la loi applicable, de la reconnaissance et de l'exécution des décisions en matière d'effets patrimoniaux des partenariats enregistrés, *JOUE* L. 183, 8 juill., p. 30.

matière d'**effets patrimoniaux des partenariats enregistrés** (art. 59) ;

– règlement (UE) n° 1215/2012 du 22 décembre 2000, concernant la compétence judiciaire, la reconnaissance et l'exécution des décisions en matière **civile et commerciale** ;

– règlement (CE) n° 4/2009 du 18 décembre 2008[1], relatif à la compétence, la loi applicable, la reconnaissance et l'exécution des décisions et la coopération en matière d'**obligations alimentaires.**

0122.53 Certification des actes notariés français en vue d'une exécution en Europe. En ce qui concerne l'exécution en Europe d'un acte notarié établi en France, l'article 509-3, II et III C. pr. civ.[2] prévoit les formalités particulières de certification que le bénéficiaire du titre doit requérir auprès de l'office notarial dépositaire de la minute.

Ce texte distingue trois types de formalités en fonction du texte applicable.

En premier lieu, « sont présentées au notaire ou à la personne morale titulaire de l'office notarial conservant la minute de l'acte reçu [...] *les requêtes aux fins de certification des actes authentiques notariés en vue de leur acceptation, de leur reconnaissance et de leur exécution à l'étranger* ». Cette procédure de certification est relative à l'application de six règlements européens prévoyant les conditions de forme et de fond de l'exécution des décisions et des actes en Europe :

– règlement (CE) n° 805/2004 du 21 avril 2004 portant création d'un titre exécutoire européen pour les **créances incontestées**[3] ;

– règlement (UE) n° 650/2012 du Parlement européen et du Conseil du 4 juillet 2012 relatif à la compétence, la loi applicable, la reconnaissance et l'exécution des décisions, et l'acceptation et l'exécution des actes authentiques en matière de **successions** et à la création d'un certificat successoral européen (art. 59 et 60) ;

– règlement (UE) n° 2016/1103 du 24 juin 2016 mettant en œuvre une coopération renforcée dans le domaine de la compétence, de la loi applicable, de la reconnaissance et de l'exécution des décisions en matière de **régimes matrimoniaux** (art. 58 et 59) ;

– règlement (UE) n° 2016/1104 du 24 juin 2016 mettant en œuvre une coopération renforcée dans le domaine de la compétence, de la loi applicable, de la reconnaissance et de l'exécution des décisions en matière d'**effets patrimoniaux des partenariats enregistrés** (art. 58 et 59) ;

– règlement (UE) n° 44/2001 du 22 décembre 2000 concernant la compétence judiciaire, la reconnaissance et l'exécution des décisions en matière civile et commerciale (art. 57, § 4) ;

– règlement (UE) n° 1215/2012 du Parlement européen et du Conseil du 12 décembre 2012 concernant la compétence judiciaire, la reconnaissance et l'exécution des décisions en matière civile et commerciale (art. 58) ;

En second lieu, sont présentées au notaire ou à la personne morale titulaire de l'office notarial conservant la minute de l'acte reçu « *les requêtes aux fins d'obtention d'un extrait d'un acte authentique français présentées en application de l'article 48 du règlement (CE) n° 4/2009 du Conseil du 18 décembre 2008 relatif à la compétence, la loi applicable, la reconnaissance et l'exécution des décisions et la coopération en matière d'obligations alimentaires.* »

En troisième lieu, « sont présentées au notaire ou à la personne morale titulaire de l'office notarial ayant reçu en dépôt la convention de divorce ou de séparation de corps par consentement mutuel prévue à l'article 229-1 du code civil les requêtes aux fins de certification du titre exécutoire en vue de sa reconnaissance et de son exécution à l'étranger en application de l'article 39 du règlement (CE) n° 2201/2003 du Conseil du 27 novembre 2003 relatif à la compétence, la reconnaissance et l'exécution des décisions en matière matrimoniale et en matière de responsabilité parentale abrogeant le règlement (CE) n° 1347/2000 »[4].

SECTION 2

TITRES DÉLIVRÉS PAR LES COMMISSAIRES DE JUSTICE

0122.61 Attributs des actes de commissaires de justice. Les commissaires de justice sont habilités à délivrer deux types de titres exécutoires. Aux termes de l'article L. 111-3, 5° C. pr. exéc. constituent des titres exécutoires « *le titre délivré par l'huissier de justice en cas de non-paiement d'un chèque* » et celui délivré « *en cas d'accord entre le créancier et le débiteur dans les conditions prévues à l'article L. 125-1* ».

Exécutoires, ces titres ont donc comme attribut la force exécutoire. Mais ils ne bénéficient pas des autres attributs dont la loi pare les titres exécutoires judiciaires : jugé que « *le titre exécutoire délivré par un huissier de justice, qui n'est pas un jugement, n'autorise*

1. Règl. CE n° 4/2009, Conseil, 18 déc. 2008, relatif à la compétence, la loi applicable, la reconnaissance et l'exécution des décisions et la coopération en matière d'obligations alimentaire, *JOUE* L 7, 10 janv. 2009, p. 1.
2. Réd. Décr. n° 2023-25, 23 janv. 2023, art. 1er.
3. Règl. CE n° 805/2004, Parlement et Conseil, 21 avr. 2004, portant création d'un titre exécutoire européen pour les créances incontestées, *JOCE* L. 143, 30 avr., p. 15.
4. Règl. CE n° 2201/2003, Conseil, dit « Bruxelles II *bis* », 27 nov. 2003, relatif à la compétence, la reconnaissance et l'exécution des décisions en matière matrimoniale et en matière de responsabilité parentale, abrogeant le règlement (CE) n° 1347/2000, *JOCE* L 338, 23 déc., p. 1.

pas l'inscription d'une hypothèque judiciaire définitive »[1], pas plus qu'il ne permet à son titulaire de bénéficier de la majoration de cinq points du taux des intérêts moratoires que l'article L. 313-3 C. mon. fin. réserve aux condamnations judiciaires[2].

§ 1
Titre délivré en cas de non-paiement d'un chèque

0122.71 **Présentation.** C'est l'article 65-3 du décret-loi du 30 octobre 1935, modifié par la loi du 30 décembre 1991[3], qui avait rendu inutile l'engagement d'une procédure judiciaire pour se procurer un titre en cas de non-paiement d'un chèque pour défaut de provision suffisante[4]. L'objectif a été d'offrir au porteur d'un chèque impayé pour défaut de provision suffisante, la faculté d'obtenir, dans un bref délai, un titre exécutoire délivré par un huissier de justice. Aujourd'hui, le texte figure à l'article L. 131-73 C. mon. fin.[5].

Les conditions auxquelles un huissier de justice peut établir ce qu'on appelait autrefois un « *protêt exécutoire* » sont prévues par l'alinéa 3 de l'article L. 131-73. Lorsque le paiement d'un chèque est refusé pour défaut de provision suffisante, un **certificat de non-paiement** peut être délivré, à la demande du porteur, par le banquier tiré au terme d'un délai de trente jours à compter de la première présentation dans le cas où le chèque n'a pas été payé lors de sa seconde présentation ou si une provision n'a pas été constituée pour en permettre le paiement dans ce même délai. Ce certificat doit faire l'objet d'une « *notification effective* » au tireur (C. mon. fin., art. L. 131-73, al. 4), c'est-à-dire être remis à sa personne même, ou, à défaut, lui être signifié par ministère de commissaire de justice[6], sachant que l'une ou l'autre de ces modalités « *vaut commandement de payer* ». L'alinéa 5 de l'article L. 131-73 dispose que « *l'huissier de justice qui n'a pas reçu justification du paiement du chèque et des frais dans un délai de quinze jours à compter de la réception de la notification ou de la signification, délivre, sans autre acte de procédure ni frais, un titre exécutoire* » qui permettra au porteur de procéder à une **mesure d'exécution forcée.**

§ 2
Titre délivré en cas d'accord entre créancier et débiteur dans la procédure simplifiée de recouvrement des petites créances

0122.81 **Accord d'exécution.** L'article 208, II, de la loi du 6 août 2015[7], pour la croissance, l'activité et l'égalité des chances, a ajouté dans le 5° de l'article L. 111-3 C. pr. exéc., un autre titre exécutoire que commissaire de justice peut désormais délivrer à l'issue d'une procédure amiable se déroulant dans un cadre matérialisant l'accord du créancier et du débiteur sur le montant et les modalités de paiement d'une créance d'un montant inférieur à 5 000 euros. C'est la « *procédure simplifiée de recouvrement des petites créances* », qui a son siège aujourd'hui dans les articles L. 125-1, R. 125-1 à R. 125-6 C. pr. exéc.[8]

0122.82 **Déroulement.** La procédure simplifiée de recouvrement des petites créances peut être mise en œuvre par un commissaire de justice, à la demande du créancier[9], pour obtenir le paiement d'une créance ayant une cause contractuelle ou résultant d'une obligation de caractère statutaire et inférieure à un montant défini par décret en Conseil d'État. Initialement de 4 000 euros, ce montant a été porté à 5 000 (principal et intérêts) par le décret du 11 décembre 2019[10].

Cette procédure se déroule dans le délai d'un mois à compter de l'envoi par l'huissier de justice – du ressort de la cour d'appel où le débiteur a son domicile

1. Civ. 3e, 21 janv. 2016, n° 14-24.795, P III, n° 15 ; *D.* 2016. 252 ; *ibid.* 1279, obs. A. Leborgne ; *Procédures* 2016, n° 88, obs. C. Laporte.
2. Civ. 2e, 7 janv. 2016, n° 14-26.449, P II, n° 4 ; *D.* 2016. 124 ; *AJDI* 2016. 216 ; *D.* 2016. 1279, obs. A. Leborgne – Civ. 1re, 1er mars 2023, n° 21-22.091, B ; *D. actu.* 17 mars 2023, obs. N. Allix.
3. L. n° 91-1382, 30 déc. 1991, relative à la sécurité des chèques et des cartes de paiement, *JO* 1er janv. 1992, p. 12.
4. N. Casal, « Recouvrement des chèques impayés : une histoire tourmentée », *Dr. et proc.* 2002. 212.
5. Réd. Ord. n° 2016-1808, 22 déc. 2016, relative à l'accès à un compte de paiement assorti de prestations de base, *JO* 23 déc., texte 17.
6. La chambre commerciale a précisé, dans l'hypothèse où le tireur est décédé avant le paiement du chèque, et où, à la suite du rejet du chèque, deux titres exécutoires ont été émis à l'encontre des héritiers du tireur (Com. 3 juill. 2012, n° 11-14.227, P IV, n° 139), qu'en vertu de l'article L. 131-36 C. mon. fin. « *ni le décès du tireur, ni son incapacité survenant après l'émission ne touchent aux effets du chèque, de sorte que c'est à l'ayant droit du tireur, venant à ses droits et obligations, que le certificat de non-paiement doit être signifié par l'huissier de justice instrumentaire en vue de la délivrance d'un titre exécutoire conformément à l'article L. 131-73 du même code* ».
7. L. n° 2015-990, 6 août 2015, pour la croissance, l'activité et l'égalité des chances économiques, *JO* 7 août, p. 13537.
8. Ces dispositions furent d'abord insérées dans le Code civil, dans un article 1244-4 – V. G. Guerlin, « Les nouveaux titres exécutoires », *in* R. Laher (dir.), *Le 10e anniversaire du Code des procédures civiles d'exécution*, LexisNexis, 2023, p. 19, n° 22.
9. Les frais de toute nature que cette procédure occasionne sont à sa charge exclusive (C. pr. exéc., art. L. 125-1, al. 4).
10. Décr. n° 2019-1333, 11 déc. 2019, réformant la procédure civile, *JO* 12 déc., texte 3.

ou sa résidence (C. pr. exéc., art. R. 125-1, al. 1er) – d'une lettre recommandée avec demande d'avis de réception ou d'un message électronique invitant le débiteur à y participer, sachant qu'à partir de cet envoi « *aucun paiement ne peut avoir lieu avant que l'huissier de justice n'ait constaté l'issue de la procédure* » (C. pr. exéc., art. R. 125-7).

Cette lettre (ou ce message) doit obligatoirement contenir certaines mentions : le nom et l'adresse de l'huissier de justice mandaté pour mener la procédure, le nom ou la dénomination sociale du créancier, son adresse ou son siège social, le fondement et le montant de la somme due en principal et intérêts, en distinguant les différents éléments de la dette (C. pr. exéc., art. R. 125-1, 1° à 3°). En outre, elle doit, notamment, reproduire l'article 2238 C. civ., texte qui dispose que la prescription est suspendue « *à compter de l'accord du débiteur constaté par l'huissier de justice pour participer à la procédure prévue à l'article L. 125-1 du Code des procédures civiles d'exécution* », sachant qu'en cas d'échec de la procédure le délai de prescription recommence à courir à compter de la date du refus du débiteur, constaté par l'huissier, pour une durée qui ne peut être inférieure à six mois.

La lettre doit indiquer à son destinataire qu'il peut accepter ou refuser cette procédure (C. pr. exéc., art. R. 125-1) et lui préciser les termes de l'alternative qui s'offre à lui.

Si le débiteur refuse de participer à la procédure, il pourra manifester ce refus par la remise ou l'envoi d'un formulaire de refus, ou par tout autre moyen, sachant que l'absence de réponse dans le délai d'un mois vaut refus implicite.

Si le débiteur accepte de participer à la procédure simplifiée de recouvrement, il lui appartient de manifester cet accord dans un délai d'un mois à compter de l'envoi de la lettre, soit contre émargement, le cas échéant par toute personne spécialement mandatée, soit par l'envoi, par courrier postal ou par voie électronique, d'un formulaire d'acceptation. Dans ce cas, l'huissier de justice lui propose un accord sur le montant et les modalités du paiement (C. pr. exéc., art. R. 125-4).

Si cet accord est conclu, l'huissier le constate et établit « *sans autre formalité, un titre exécutoire* » (C. pr. exéc., art. L. 125-1, al. 3) [1].

Ce titre est délivré au créancier mandant ; outre les termes de l'accord, il « *récapitule les diligences effectuées en vue de sa conclusion de cet accord. Une copie en est remise sans frais au débiteur* » (C. pr. exéc., art. R. 125-6).

1. V. R. Laher, « Brèves réflexions sur la procédure simplifiée de recouvrement des petites créances et la *jurisdictio* de l'huissier de justice », *Dr. et proc.* 2016. 158.

Pour prévenir les conflits d'intérêts, « *l'huissier ayant établi le titre exécutoire ne peut être chargé de la mise à exécution forcée du recouvrement de la créance qui en fait l'objet* » (C. pr. exéc., art. R. 125-8).

SECTION 3
TITRES DÉLIVRÉS PAR LES GREFFIERS

0122.91 **Certificat de vérification des dépens.** À l'issue du procès, les parties ou les auxiliaires de justice peuvent, en cas de difficultés, demander, sans forme, au greffier de la juridiction compétente, de vérifier le montant des dépens (C. pr. civ., art. 704). Après vérification, et après avoir éventuellement procédé aux redressements nécessaires, le greffier délivre un certificat de vérification (C. pr. civ., art. 705), qui est notifié par la partie poursuivante à l'adversaire, lequel dispose d'un délai d'un mois pour le contester (C. pr. civ., art. 706). « *En l'absence de contestation par l'adversaire dans le délai, le poursuivant peut demander au greffier vérificateur de le mentionner sur le certificat de vérification. Cette mention vaut titre exécutoire* » (C. pr. civ., art. 707).

0122.92 **Certification des titres exécutoires (renvoi).** L'article 509-1 C. pr. civ. confie au directeur des greffes la certification des titres exécutoires en vue de leur exécution dans les différents pays de l'Union européenne. Si utile qu'elle soit, cette formalité ne constitue pas la délivrance d'un titre exécutoire.

Sur l'exécution des titres exécutoires au sein de l'UE, v. ss nos 0121.131 s.

0122.93 **Accord amiable contresigné par les avocats des parties.** L'article 44 de la loi du 22 décembre 2021 [2], pour la confiance dans l'institution judiciaire ajoute à la liste des titres exécutoires de l'article L. 111-3 C. pr. exéc. une nouvelle catégorie de titres « *revêtus de la formule exécutoire par le greffe* ».

Aux termes de ce texte, constituent désormais des titres exécutoires, « 7° *Les transactions et les actes constatant un accord issu d'une médiation, d'une conciliation ou d'une procédure participative, lorsqu'ils sont contresignés par les avocats de chacune des parties et revêtus de la formule exécutoire par le greffe de la juridiction compétente* » [3].

La portée de ce texte est équivoque. A-t-il pour conséquence de rendre sans objet les procédures d'homologation à l'issue desquelles les juridictions

2. L. n° 2021-1729, 22 déc. 2021, pour la confiance dans l'institution judiciaire, *JO* 23 déc., texte 2.
3. Pour une application de ce texte aux accords des parents relatifs à la pension alimentaire due au titre de la contribution à l'entretien et à l'éducation de l'enfant, v. C. civ., art. 373-2-2, I, 6° (réd. L. n° 2021-1729, 23 déc. 2021, art. 100-I).

confèrent force exécutoire aux accords qui leur sont soumis ? C'est douteux[1]. *D'une part*, le 1° de l'article L. 111-3 C. pr. exéc., qui mentionne parmi les titres exécutoire les « *accords auxquels ces juridictions ont conféré force exécutoire* », n'a pas été remis en cause par la loi. *D'autre part* et surtout, l'article 45 de la loi du 22 décembre 2021 précise que c'est « *sans préjudice du 7° de l'article L. 111-3 du code des procédures civiles d'exécution* » que, aux termes de l'article 21-5 de la loi du 8 février 1995, « *l'accord auquel parviennent les parties peut être soumis à l'homologation du juge, qui lui donne force exécutoire* »[2]. Mais un juge saisi d'une demande d'homologation a-t-il le droit de la transmettre au greffe ?

Son domaine d'application n'est pas clair. Est-il possible de soumettre au greffe toute transaction ou tout accord de conciliation à fin d'apposition de la formule exécutoire, même si les parties n'avaient pas d'avocat et donc même si la transaction ou l'accord n'a pas de contreseing ? Pour accréditer cette interprétation littérale, il suffit de soutenir que les contreseings des avocats ne sont nécessaires que pour les seuls accords issus d'une procédure participative, puisque celle-ci est la seule qui requiert l'assistance des parties par leurs avocats respectifs (C. civ., art. 2064). Il semble pourtant que ce texte ne concerne que les accords des parties contresignés par leurs avocats respectifs, quelle que soit leur qualification (transaction ou non) et quelle que soit la procédure aux termes de laquelle ils ont été conclus (conciliation, médiation, procédure participative)[3].

0122.94 **Procédure.** La procédure d'apposition de la formule exécutoire par le greffe est régie par les articles 1568 à 1571 C. pr. civ., issus du décret du 25 février 2022[4], dont les dispositions sont applicables à « *l'accord auquel sont parvenues les parties à une médiation, une conciliation ou une procédure participative prend la forme d'un acte contresigné par les avocats de chacune des parties* » (C. pr. civ., art. 1568, al. 1er), ainsi qu'à « *la transaction* » (C. pr. civ., art. 1571).

Aux termes de l'article 1568, alinéa 2 C. pr. civ., « *la demande est formée par écrit, en double exemplaire, auprès du greffe de la juridiction du domicile du demandeur matériellement compétente pour connaître du contentieux de la matière dont relève l'accord.* » L'initiative de la procédure appartient donc à la partie la plus diligente, mais il faut sans aucun doute admettre aussi une demande conjointe des parties.

Le texte ne précise pas si les règles relatives à la représentation des parties devant la juridiction compétente sont applicables pour former ce type de demande.

0122.95 **Vérifications du greffier.** Aux termes de l'article 1568, alinéa 3 C. pr. civ., le greffier de la juridiction est chargé d'une double vérification : « *le greffier n'appose la formule exécutoire qu'après avoir vérifié sa compétence et la nature de l'acte.* »

Si elle peut soulever des difficultés, la vérification de la compétence n'appelle pas de remarque particulière. En revanche, la vérification de la « *nature* » de l'acte requiert une interprétation[5]. S'agit-il d'une vérification formelle, consistant à s'assurer que l'acte soumis est formellement signé par les parties et contresigné par leurs avocats respectifs ?[6] Si oui, y a-t-il des vérifications relatives aux contreseings ? *Quid*, par exemple, d'une signature illisible ? Ou s'agit-il d'une vérification au fond, consistant à s'assurer que l'acte est une transaction ou un acte constatant un accord issu d'une médiation, d'une conciliation ou d'une procédure participative ? Considérant que pour en être un, un titre exécutoire doit constater une créance (v. ss no 0112.40), le greffier doit-il vérifier que celui-ci constate une créance ? S'il s'agit d'une transaction, le greffier doit-il vérifier qu'elle procède de concessions réciproques ? Que faire si l'acte de transaction n'est pas motivé ?

Une vérification supplémentaire est exigée du greffe lorsque l'accord porte sur les modalités d'exécice de l'autorité parentale. Selon l'article 1568-1 C. pr. civ., « *lorsque l'accord porte sur les modalités d'exercice de l'autorité parentale, il est fait mention dans l'acte de ce que le mineur capable de discernement a été avisé de son droit à être entendu et, le cas échéant, qu'il n'a pas souhaité faire usage de cette faculté. À défaut, le greffier rejette la demande.* »[7] Ce texte clair accrédite l'interprétation selon laquelle, dans ce cas au moins, le greffier ne doit pas seulement vérifier la forme de l'acte qui lui est soumis.

0122.96 **Refus de la demande.** S'il rejette la demande, le greffier notifie la décision de refus par « lettre simple ». Il conserve un double de sa décision, de la demande et de la copie de l'acte (C. pr. civ., art. 1569)[8].

1. V. T. Goujon-Bethan, « L'accord amiable par acte d'avocats rendu exécutoire par le greffe : quelle distribution des rôles ? », *Gaz. Pal.* 27 avr. 2021, p. 49.
2. L. no 95-125, 8 févr. 1995, réd. L. no 2021-1729, 22 déc. 2021, art. 45, I, 2°. Même disposition à l'article 2066 C. civ., à propos des accords obtenus à l'issue d'une convention de procédure participative.
3. V. EN CE SENS, T. Goujon-Bethan, art. cit. – M. Reverchon-Billot, « L'acte contresigné par avocat : un nouveau titre exécutoire de la justice participative », *Procédures* 2022, Étude 6.
4. Décr. no 2022-245, 25 févr. 2022.
5. V. L. Mayer, « Les aspects du décret no 2022-245 du 25 février 2022 relatifs aux modes amiables de résolution des différends », *Gaz. Pal.* 26 avr. 2022, p. 60.
6. EN CE SENS, une dépêche du ministère de la justice du 7 avril 2022, sur la portée de laquelle, v. S. Amrani-Mekki, « Dépêche du 7 avril 2022 : mode d'emploi de l'apposition de la formule exécutoire », *Gaz. Pal.* 26 avr. 2022, p. 34.
7. Réd. Décr. no 2023-25, 23 janv. 2023.
8. Réd. Décr. no 2022-245, 25 févr. 2022.

Aucun recours n'est prévu contre la décision de refus. Si le demandeur soumet ensuite l'accord à l'homologation du juge, cette nouvelle demande n'est pas un recours contre la décision du greffe.

0122.97 Délivrance du titre. S'il accède à la demande, le greffier appose la formule exécutoire sur un exemplaire de l'acte. Aux termes de l'article 1569 C. pr. civ. [1], « *l'acte contresigné par avocats et revêtu de la formule exécutoire* [...] *est remis ou adressé au demandeur par lettre simple. Le double de la demande ainsi que la copie de l'acte* [...] *sont conservés au greffe.* »

L'acte a alors force exécutoire à l'encontre des parties à l'accord. Puisqu'il s'agit d'un titre conventionnel, la formalité de la notification préalable n'est pas nécessaire.

Puisqu'il s'agit d'un titre conventionnel assorti de la force exécutoire sans intervention du juge, l'obligation constatée par le titre reste soumise à son délai de prescription : l'interversion de la prescription de l'article L. 111-4 C. pr. exéc. n'est pas applicable [2].

0122.98 Demande de suppression. L'apposition de la formule exécutoire par le greffe peut être contestée par toute personne intéressée. Aux termes de l'article 1570 C. pr. civ., « *toute personne intéressée peut former une demande aux fins de suppression de la formule exécutoire devant la juridiction dont le greffe a apposé cette formule. La demande est formée, instruite et jugée selon les règles de la procédure accélérée au fond.* »

Toutefois, si la personne intéressée par la suppression de la formule exécutoire a connaissance du titre exécutoire à l'occasion d'une procédure d'exécution diligentée contre elle, le JEX est en principe exclusivement compétent.

Le juge saisi d'une demande de suppression de la formule exécutoire doit vérifier les conditions d'apposition de la formule exécutoire par le greffe. On retrouve ici les interrogations relatives à l'étendue de ces vérifications (v. s[s] nº 0122.95). Le juge saisi d'une simple demande de suppression de la formule exécutoire a-t-il le droit, sans excéder les limites de sa saisine, d'examiner la validité de l'accord qui lui est soumis ? Et si oui, quelle peut être l'autorité de sa décision à cet égard, qu'il rejette la demande de suppression ou qu'il l'accueille ?

1. Réd. Décr. nº 2022-245, 25 févr. 2022.
2. V. Ph. Hoonakker, S. Hazoug, N. Pierre et S. Pierre-Maurice, *Procédures civiles d'exécution*, Bruylant, 13e éd., 2024, nº 219-1.

CHAPITRE

0123. Titres exécutoires délivrés par les personnes morales de droit public

THURIAN JOUNO
VICE-PRÉSIDENT DU TRIBUNAL ADMINISTRATIF DE RENNES

SECTION 0
ORIENTEUR

0123.00 Sommaire du chapitre.

0123.01 Textes applicables.

• **C. pr. exéc.,** art. L. 111-3.

• **LPF,** art. L. 190, L. 252, L. 252 A, L. 256, L. 257-0 A, L. 257-0 B, L. 260, L. 277, L. 281, R. 199-1, R. 256-1 et R. 277-1 s., R. 281-3-1.

• **Décr. n° 2012-1246, 7 nov. 2012,** relatif à la gestion budgétaire et comptable publique, *JO* 10 nov., p. 17713, art. 117 et 118.

• **CGCT,** art. 1617-5.

• **CGPP,** art. L. 2321-4.

0123.02 Jurisprudence de référence.

> Irrecevabilité, en règle générale, devant le juge administratif, des conclusions tendant aux mêmes fins qu'un titre exécutoire.

• **CE 30 mai 1913,** Préfet de l'Eure, req n° 49241, *Lebon* 583.
* V. s^s n° 0123.12

En principe, lorsque, pour obtenir le paiement d'une somme d'argent, une personne publique est en droit d'émettre un titre exécutoire, elle ne peut demander au juge administratif la condamnation du débiteur au versement de cette somme.

> Recevabilité, à titre dérogatoire, devant le juge administratif, des conclusions tendant aux mêmes fins qu'un titre exécutoire, en matière contractuelle.

• **CE 26 déc. 1924,** Ville de Paris c/Chemin de fer métropolitain, req. n° 77229, *Lebon* 1065.
* V. s^s n° 0123.13

Lorsque la créance trouve son origine dans un contrat, la faculté d'émettre un titre exécutoire dont dispose une personne publique ne fait pas obstacle à ce que celle-ci saisisse le juge d'administratif d'une demande tendant aux mêmes fins que ce titre.

> Délais de recours devant le juge administratif : impossibilité de contester indéfiniment une décision individuelle dont son destinataire a eu connaissance (jurisprudence *Czabaj*).

• **CE, ass., 13 juill. 2016,** M. Czabaj, req n° 387763, *Lebon* 340.
* V. s^s n°s 0123.54 et 0123.75

Le principe de sécurité juridique, qui implique que ne puissent être remises en cause sans condition de délai des situations consolidées par l'effet du temps, fait obstacle à ce que puisse être contestée indéfiniment une décision administrative individuelle qui a été notifiée à son destinataire, ou dont il est établi, à défaut d'une telle notification, que celui-ci a eu connaissance. En une telle hypothèse, si le non-respect de l'obligation d'informer l'intéressé sur les voies et les délais de recours, ou l'absence de preuve qu'une telle information a bien été fournie, ne permet pas que lui soient opposés les délais de recours fixés par le code de justice administrative, le destinataire de la décision ne peut exercer de recours juridictionnel au-delà d'un délai raisonnable. En règle générale et sauf circonstances particulières dont se prévaudrait le requérant, ce délai ne saurait, sous réserve de l'exercice de recours administratifs pour lesquels les textes prévoient des délais particuliers, excéder un an à compter de la date à laquelle une décision expresse lui a été notifiée ou de la date à laquelle il est établi qu'il en a eu connaissance.

> Application de la jurisprudence *Czabaj* pour les réclamations contentieuses adressées au service de l'administration fiscale chargé du recouvrement (litiges relevant de l'ordre administratif, cas général).

• **CE, sect., 31 mars 2017,** min. c/Amar, req n° 389842, *Lebon*

* V. s^s n° 0123.75

S'agissant de la réclamation préalable prévue à l'article L. 281 du LPF, relative au recouvrement des impôts, taxes, redevances et sommes quelconques dont la perception incombe aux comptables publics, si la notification de la décision ne comporte pas les mentions prévues par l'article R. 421-5 du CJA ou si la preuve de la notification de cette décision n'est pas établie, le contribuable doit adresser sa réclamation dans un délai raisonnable à compter de la date à laquelle l'acte de poursuite lui a été notifié ou de celle à laquelle il est établi qu'il en a eu connaissance. Sauf circonstances particulières dont se prévaudrait le contribuable, ce délai ne peut excéder un an.

> Application de la jurisprudence *Czabaj* pour les réclamations contentieuses adressées au service de l'administration fiscale chargé du recouvrement (litiges relevant de l'ordre administratif, en cas de décision implicite de rejet).

• **CE, 13 nov. 2020,** Sté des établissements Salvi, req n° 427275, *Lebon T.*

* V. s^s n° 0123.77

Les règles relatives au délai raisonnable au-delà duquel le destinataire d'une décision ne peut exercer de recours juridictionnel sont applicables à la contestation d'une décision implicite rejetant une réclamation relative au recouvrement d'une créance fiscale présentée sur le fondement de l'article L. 281 du LPF.

> Non-applicabilité de la jurisprudence Czabaj devant les juridictions judiciaires.

• **Cass.**, ass. plén., 8 mars 2024, n° 21-21.230, B

• **Cass.**, ass. plén., 8 mars 2024, n° 21-12.560, B

* V. s^s n°s 0123.54 et 0123.75

En l'absence de notification mentionnant de manière exacte les voies et délais de recours, le débiteur peut saisir le juge judiciaire pour contester un titre exécutoire, sans être tenu par le délai de recours fixé par la loi, ni par le délai raisonnable défini par la décision *Czabaj* du Conseil d'État du 13 juillet 2016.

0123.03 **Bibliographie indicative.**

* V. aussi bibliographie indicative s^s n° 012.03.

Articles. P. Cocheteux, « Les conséquences de la création de la direction générale des Finances publiques sur le recouvrement de l'impôt », *LPA* 21 mars 2011, n° 56 – S. Defix, « Appréhender le rôle de l'ordonnateur dans l'exécution des décisions indemnitaires », *AJDA* 2022. 2387 – J.-D. Dreyfus, « Les titres exécutoires émis par les collectivités pour le recouvrement des créances d'origine contractuelle », *AJCT* 2018. 383 – N. Ferreira, « La notion d'exécution d'office », *AJDA* 1999, n° spéc., p. 41 – P.-L. Frier, « L'exécution d'office : principe et évolutions », *AJDA* 1999, n° spéc., p. 45 – B. Mathieu, « Le rôle du comptable principal d'une collectivité territoriale dans l'exécution des décisions indemnitaires », *AJDA*. 2022. 2392 – S. Palmier, « Le contentieux des créances étrangères à l'impôt et au domaine », *Gaz. Pal.* 30 nov. 2000, p. 2.

Conclusions des rapporteurs publics. Les conclusions suivantes sont disponibles en libre accès sur la base de données « Ariane Web », depuis le site internet du Conseil d'État : Concl. G. Pellissier sur CE 24 févr. 2016, req. n° 395194, *Département de l'Eure, Lebon* – Concl. J. Lessi sur CE 31 mars 2017, req. n° 394926, Natanek, *Lebon T.* – Concl. O. Henrard sur CE 15 déc. 2017, req. n° 408550, *Soc. Ryanair Designated Activity Company, Lebon T.* – Concl. C. Barrois de Sarigny sur CE, avis, 9 mai 2019, req. n° 426365, Soc. hospitalière d'assurances mutuelles (SHAM), *Lebon T.* – Concl. E. Bokdam-Tognetti sur CE 30 sept. 2019, req. n° 415333, *Lebon T.* ; *RJF* 12/19, n° 1147.

0123.05 **Domaine couvert par le chapitre.** Aux termes du 6° de l'article L. 111-3 C. pr. exéc., constituent des titres exécutoires « *les titres délivrés par les personnes morales de droit public qualifiés comme tels par la loi, ou les décisions auxquelles la loi attache les effets d'un jugement* ».

Ces dispositions regroupent ainsi, dans ce qui semble constituer une catégorie unique et cohérente, des actes présentant, en réalité, des caractères nettement distincts, à savoir :

– *en premier lieu*, les titres exécutoires émis par les personnes publiques,

– *en second lieu*, des décisions non juridictionnelles de natures diverses, qui ont en commun de s'être vu reconnaître, par détermination de la loi, les mêmes effets qu'un jugement.

La présente étude traitera exclusivement du régime contentieux applicable aux actes relevant de la première de ces deux catégories.

SECTION 1
PROPOS INTRODUCTIFS

§ 1
Le privilège du préalable

0123.11 **Nature et portée du privilège du préalable.** Les personnes publiques disposent du pouvoir exorbitant de se délivrer à elles-mêmes, sans l'intervention préalable d'un officier ministériel ou d'un juge, des titres, pleinement exécutoires dès leur émission, en vue d'obtenir le recouvrement des sommes qui leur sont dues. C'est l'une des manifestations de ce qu'il est courant d'appeler le « **privilège du préalable** ».

Ce privilège est à ce point consubstantiel à la qualité de personne publique qu'une telle personne ne peut renoncer contractuellement à son pouvoir d'émettre un titre exécutoire[1].

Si le privilège du préalable est reconnu aux personnes publiques tant par le juge administratif que par le juge judiciaire[2], les deux ordres de juridiction ne tirent pas de ce principe les mêmes conséquences en matière processuelle.

0123.12 Jurisprudence administrative – cas général. « *Règle fondamentale de droit public* »[3], le « privilège du préalable » emporte des obligations à la charge des personnes publiques. En effet, il est de jurisprudence constante, depuis la **décision *Préfet de l'Eure*** du 30 mai 1913[4], que, sauf s'il en est disposé autrement par la loi, les personnes publiques ne sont pas recevables à demander au juge administratif de prononcer des mesures qu'elles ont le pouvoir de prendre elles-mêmes. Ainsi, lorsque, pour obtenir le paiement d'une somme d'argent, une personne publique est effectivement en droit d'émettre un titre de recette, elle ne peut demander au juge administratif la condamnation du débiteur au versement de cette somme[5]. Pour reprendre les mots du doyen Hauriou[6], elle doit commencer « *par se faire justice elle-même par ses propres moyens, c'est-à-dire par ses propres décisions exécutoires* ».

0123.13 Cas particulier des créances contractuelles. Les spécificités de la matière contractuelle ont justifié qu'en ce domaine, le Conseil d'État écarte l'application pleine et entière de la jurisprudence *Préfet de l'Eure*[7].

Ainsi, la jurisprudence administrative retient que l'Administration qui souhaite recouvrer une créance fondée sur l'application de clauses contractuelles peut, **au choix, soit saisir le juge administratif soit émettre elle-même un titre exécutoire**[8] : le recours direct au juge du contrat ne lui est pas fermé au seul motif qu'elle dispose de la faculté de se « *faire justice par elle-même* » en émettant un titre exécutoire. Il en va ainsi y compris s'il s'agit uniquement d'obtenir le paiement d'intérêts à valoir sur une créance principale[9].

Autrement dit, « *lorsque la créance trouve son origine dans un contrat, la faculté d'émettre un titre exécutoire dont dispose une personne publique ne fait pas obstacle à ce que celle-ci saisisse le juge d'administratif d'une demande tendant à son recouvrement* »[10].

Le Conseil d'État a d'ailleurs entendu largement l'exception ainsi définie. Comme le soulignait le rapporteur public Gilles Pellissier, sa jurisprudence retient qu'elle « *doit jouer lorsque la demande de paiement peut être regardée comme se rattachant à un contrat, alors même que, à strictement parler, la créance dont il est demandé l'exécution ne résulte pas de la méconnaissance d'une obligation contractuelle* »[11]. Ainsi, le Conseil d'État est allé jusqu'à ne pas exiger le recours au procédé du titre exécutoire dans l'hypothèse particulière où la personne publique, agissant en qualité de tiers lésé, exerce, sur le fondement de l'article L. 124-3 C. assur., une action directe à l'encontre de l'assureur garantissant la responsabilité civile de la personne responsable, et ce, au motif que cette action directe « *trouve son origine dans le contrat passé entre le responsable du dommage et son assureur* »[12]. Dans le même ordre d'idées, il est jugé que, lorsqu'une personne publique introduit une action tendant à l'engagement de la responsabilité quasi-délictuelle d'une société en raison d'agissements dolosifs susceptibles de l'avoir poussée à contracter avec celle-ci à des conditions de prix désavantageuses, cette action, qui tend à la réparation d'un préjudice né du contrat lui-même et résultant de la différence éventuelle entre les termes du marché effectivement conclu et ceux auxquels il aurait dû l'être dans des conditions normales, doit être regardée comme trouvant son origine dans le contrat, en sorte qu'il est loisible à la personne publique concer-

1. CE 20 sept. 2019, Société Valéor, req. n° 419381, *Lebon* T. ; *AJDA* 2019. 2450, note L. Richer ; *JCP A* 2019, 2342, note M. Lahouazi.
2. S'agissant de la jurisprudence judiciaire, v. : Civ. 2e, 8 juill. 2010, n° 08-19.414, P II, n° 138 ; *D.* 2011. 1511, obs. A. Leborgne.
3. CE, ass., 2 juill. 1982, Huglo et a, req. n° 25288, *Lebon*.
4. CE 30 mai 1913, Préfet de l'Eure, req. n° 49241, *Lebon*.
5. CE 18 mai 1988, Ville de Toulouse, req. n° 39348, *Lebon* T., pp. 661-939
6. Commentaire décision Préfet de l'Eure, *Recueil Sirey*, 1915, Part III, p. 9 – Notes d'arrêts sur décision CE et T. Confl., réédition des notes publiées au *Recueil Sirey* de 1892 à 1928, t. 2, p. 2, Éd. La mémoire du droit.
7. Sans doute est-ce lié à l'idée, exprimée avec clarté par Marceau Long en 1956, selon laquelle une personne publique, « *en contractant, renonce en partie à l'*imperium » (concl. sur CE 20 avr. 1956, Ville de Nice, req. n° 98637 ; *RDP* 1956. 575).
8. CE 26 déc. 1924, Ville de Paris c/Chemin de fer métropolitain, req. n° 77229, *Lebon* 1065 – CE, sect., 5 nov. 1982, Sté Propétrol, req. n° 19413, *Lebon* 381.
9. CE 8 mai 1961, Jouanneau, *Lebon* T. 1152.
10. S'agissant du cas particulier des référés-provision, v. CE 24 févr. 2016, Dépt de l'Eure, req. n° 395194, *Lebon*, concl. G. Pellissier ; *AJDA* 2016. 407.
11. Concl. G. Pellissier, préc., sur CE 24 févr. 2016, req. n° 395194.
12. CE 15 mai 2013, Cté de communes d'Epinal-Golbey, req. n° 357810, *Lebon*.

née soit d'émettre un titre exécutoire soit de demander au juge administratif la condamnation pécuniaire de la société cocontractante[1]. Cette solution s'applique y compris lorsqu'est recherchée la responsabilité d'une société ayant participé à ces agissements dolosifs sans conclure ensuite avec la personne publique[2]. Mais il a été jugé que le « contrat d'hébergement » conclu en application de l'article L. 342-1 du CASF par un hôpital public avec un patient ne caractérise pas une « *situation contractuelle* », de sorte qu'un hôpital n'est pas recevable à demander en justice le paiement des frais d'hospitalisation[3].

Pour autant, même en matière contractuelle, on retrouve quelques scories de la jurisprudence *Préfet de l'Eure.* Ainsi, dans ce domaine, **une fois que la personne publique a choisi d'émettre un titre exécutoire plutôt que de saisir directement le juge administratif, juge du contrat, elle n'est plus recevable à saisir ce dernier aux mêmes fins**[4], et ce, même si le titre initialement émis a, en définitive, été annulé[5]. En effet, en pareille hypothèse, dès lors que la décision demandée au juge administratif aurait les mêmes effets que le titre émis antérieurement, la demande présentée est regardée comme étant dépourvue d'objet.

Soulignons enfin qu'il est fermement jugé que, si une personne publique peut s'engager, par une convention, à ce que son pouvoir **d'émettre un titre exécutoire** à l'encontre de son cocontractant débiteur ne soit – le cas échéant – exercé qu'après la mise en œuvre d'une procédure de **conciliation**[6], elle **ne peut renoncer contractuellement ni à ce pouvoir** ni d'ailleurs à sa faculté de saisir le juge administratif d'une demande tendant au recouvrement de sa créance[7].

0123.14 Cas de certaines créances indemnitaires.

• Cas des créances détenues par l'Oniam. Des règles particulières s'appliquent également, devant les juridictions administratives, s'agissant de l'Office national d'indemnisation des accidents médicaux, des affections iatrogènes et des infections nosocomiales (Oniam)[8].

L'article R. 1142-53 du CSP permet à cet office d'émettre des titres exécutoires en vue du recouvrement de toute créance dont le fondement se trouve dans les dispositions d'une loi, d'un règlement ou d'une décision de justice, ou dans les obligations contractuelles ou quasi-délictuelles du débiteur. L'Oniam peut notamment émettre un tel titre à l'encontre, par exemple, de la personne responsable du dommage ou de son assureur, afin de recouvrer les sommes versées à la victime, aux droits de laquelle il est subrogé.

Lorsque cet office se saisit de cette faculté, il doit en tirer les conséquences. Ainsi, il n'est pas recevable à saisir le juge d'une requête tendant à la condamnation du débiteur au remboursement de l'indemnité versée à la victime lorsqu'il a, préalablement à cette saisine, émis un titre exécutoire en vue de recouvrer la somme en litige. Réciproquement, il ne peut légalement émettre un titre exécutoire en vue du recouvrement forcé de sa créance s'il a déjà saisi le juge ou s'il le saisit concomitamment à l'émission du titre. Ces règles d'articulation ne trouvent cependant à s'appliquer que lorsqu'est en cause la même créance de l'Oniam sur le responsable du dommage ou son assureur. Ainsi, lorsque l'Office, après avoir indemnisé la victime, l'indemnise à nouveau en raison d'une aggravation de son état de santé, les créances nées de ces deux indemnisations successives sont distinctes et l'Office n'est pas tenu, s'agissant de la deuxième créance, de suivre la même voie procédurale que celle qu'il a retenue pour la première créance[9].

• Cas de certaines créances domaniales. Certaines créances domaniales échappent à la jurisprudence *Préfet de l'Eure.* Ainsi, s'agissant de réparer le dommage causé par l'occupation sans titre du domaine public, les conclusions à fin d'indemnité présentées par une personne morale de droit public devant le tribunal administratif et tendant à la réparation de ce préjudice sont recevables alors même que cette personne aurait eu le pouvoir d'émettre un titre exécutoire à l'effet de fixer le montant des sommes dues[10].

0123.15 Jurisprudence judiciaire.

La jurisprudence judiciaire n'a mis en évidence aucune règle ni aucun principe de portée générale, analogue à la solution dégagée de manière prétorienne par le Conseil d'État dans sa décicion *Préfet de l'Eure.* Ainsi, lorsqu'une personne publique détient une créance dont le bien-fondé ne peut être apprécié que par le juge judiciaire,

1. CE 27 mars 2020, Sté Signalisation France, req. n° 420491, *Lebon.*
2. CE 27 mars 2020, Sté Lacroix Signalisation, req. n° 421758, *Lebon.*
3. CE 3 févr. 2016, Hôpital de Prades, req. n° 388643, *Lebon* T. ; *RDSS* 2016. 332.
4. CE 15 déc. 2017, Société Ryanair Designated Activity Company, req. n° 408550, *Lebon* T., concl. O. Henrard – V. antérieurement, CAA Lyon, 11 juill. 1994, SARL France Chauffage Service, req. n° 94LY00095, *Lebon*. 660.
5. CAA Nantes 16 oct. 2009, EURL Gourion, req. n° 09NT00156, NP (cité par O. Henrard, concl. préc.).
6. CE 28 janv. 2011, Dpt des Alpes-Maritimes, req. n° 331986, *Lebon* T. – V. en matière judiciaire : Civ. 1re, 11 mars 2020, n° 18-26.789, P ; *RTD civ.* 2020. 462, obs. N. Cayrol.
7. CE 20 sept. 2019, req. n° 419381, préc.
8. Cet Office, établissement public créé par la loi n° 2002-303 du 4 mars 2002, a pour mission d'organiser le dispositif d'indemnisation des victimes d'accidents médicaux.
9. CE, avis, 9 mai 2019, Société hospitalière d'assurances mutuelles (SHAM), req. n° 426321, *Lebon.*
10. CE 13 févr. 1991, Thomas, req. n° 78404, *Lebon.*

il lui est, en principe, loisible de saisir ce juge plutôt que de recourir au procédé du titre exécutoire ou bien encore de le saisir consécutivement à l'émission d'un tel titre.

Dans le domaine des **quasi-contrats**, la Cour de cassation a par ailleurs été conduite à préciser que l'impossibilité pour un maire de délivrer un titre exécutoire afin de mettre à la charge d'un propriétaire, sur le fondement de l'article L. 511-4 du CCH, le coût de travaux exécutés d'office, sur le fondement d'un arrêté de péril imminent annulé par la juridiction administrative, ne fait pas obstacle à l'exercice, par cette commune, d'une action fondée sur l'enrichissement sans cause[1].

Enfin, tout comme la jurisprudence du Conseil d'État, celle de la Cour de cassation tient compte des **spécificités de la matière contractuelle.** Ainsi est-il jugé que l'existence d'une stipulation contractuelle prévoyant une conciliation prélable obligatoire entre la personne publique et son débiteur s'oppose à l'émission directe d'un titre exécutoire pour le règlement de sommes dues en exécution du contrat, de la même manière qu'elle fait obstacle à la saisine directe du juge[2].

§ 2
Champ d'application du procédé du titre exécutoire

0123.21 Diversité des titres exécutoires. En vertu tant de l'article 98 de la loi n° 92-1476 du 31 décembre 1992 de finances rectificative pour 1992 que de l'article L. 252 A du LPF, « *constituent des titres exécutoires les arrêtés, états, rôles, avis de mise en recouvrement, titres de perception ou de recettes que l'État, les collectivités territoriales ou les établissements publics dotés d'un comptable public délivrent pour le recouvrement des recettes de toute nature qu'ils sont habilités à recevoir* ».

Ces dispositions soulignent la grande variété des termes susceptibles d'être employés par les personnes publiques pour désigner des décisions qui, intrinsèquement, ont le caractère de titres exécutoires. Pour caractériser un tel titre, le « label » apposé par l'Administration importe peu. Seuls comptent **l'identité de la personne publique émettrice** et, plus encore, **l'objet de la décision administrative.**

0123.22 Domaine du procédé du titre exécutoire. L'article 98 de la loi du 31 décembre 1992 (préc.) et l'article L. 252 A du LPF n'autorisent que trois – vastes – catégories de personnes publiques à émettre des titres exécutoires : **l'État, les collectivités territoriales et les établissements publics disposant d'un comptable public.** Ainsi, un établissement public, qui, à l'image des chambres de commerce et d'industrie ou des chambres de métiers et de l'artisanat, n'est pas doté d'un comptable public, n'a pas compétence pour émettre un titre exécutoire en vue de recouvrer ses créances et doit ainsi recourir aux voies d'exécution de droit commun[3].

Ces mêmes dispositions, qui permettent à ces personnes publiques de recourir à la technique du titre exécutoire pour « *le recouvrement des recettes de toute nature qu'ils sont habilités à recevoir* », définissent de manière particulièrement extensive le **champ d'application matériel** de ce procédé. Ainsi, un titre exécutoire peut être émis quel que soit le fondement de la créance, que celui-ci soit une disposition légale ou réglementaire, une stipulation contractuelle ou bien encore la responsabilité quasi-délictuelle[4], voire la « théorie » de l'enrichissement sans cause[5]. De même, un tel titre peut être délivré quelle que soit la nature de la créance, et notamment en présence d'une créance indemnitaire[6]. Enfin, une personne publique peut émettre un titre exécutoire, qu'elle soit titulaire originelle de la créance ou qu'elle agisse dans le cadre d'une subrogation[7].

L'utilisation, par les personnes publiques, du procédé du titre exécutoire peut néanmoins être « bridée » par des dispositions législatives propres à certains de leurs domaines d'activité. Par exemple, compte tenu du caractère suspensif conféré par l'article L. 262-46 du CASF aux recours dirigés contre les décisions de récupération de sommes perçues indûment par les allocataires du revenu de solidarité active (RSA), l'exercice d'un tel recours, de même d'ailleurs que le dépôt d'une demande de remise gracieuse, fait par lui-même obstacle, aussi longtemps que ce recours est pendant devant l'Administration ou devant les juges du fond, à l'émission, par le département, d'un titre exécutoire[8].

1. Civ. 3e, 26 oct. 2022, req. n° 21-12.674, B.
2. Civ. 1re, 11 mars 2020, n° 18-26.789, P ; *RTD civ.* 2020. 462, obs. N. Cayrol – Cette solution est analogue à celle retenue par le Conseil d'État : CE 20 sept. 2019, req. n° 419381, préc.).
3. S'agissant des CCI, v. CE 27 juin 2008, CCI de Reims et d'Epernay, req. n° 296983, *Lebon* T. – S'agissant des chambres de métiers et de l'artisanat : CE 1er juin 2011, Chambre de métiers et de l'artisanat de la Manche, req. n° 333571, NP.
4. CE 29 juin 2005, Cne de Saint-Clément de Rivière, req. n° 265958, *Lebon*.
5. CE, sect., 14 oct. 1966, Min. Construction c/Ville de Bordeaux, req. n° 64076, *Lebon* – CE, sect., 18 juin 1976, Cne de Vaulx-en-Velin, req. n° 92181, *Lebon*.
6. V. PAR EX. : CE 18 mai 1988, Ville de Toulouse, req. n° 39348, *Lebon* T.
7. CE, avis, 9 mai 2019, req. n° 426365, préc.
8. CE 31 mars 2017, Natanek, req. n° 394926, *Lebon* T. ; *AJDA* 2017. 715, concl. J. Lessi ; *AJCT* 2017. 458 ; *JCP A.* 2017. actu. 276, obs. A. Duranthon ; *ibid.* n° 2203, note H. Habchi.

SECTION 2

RÉGIMES CONTENTIEUX DES TITRES EXÉCUTOIRES DÉLIVRÉS PAR LES PERSONNES PUBLIQUES

0123.31 Typologie des contentieux liés à l'émission de titres exécutoires par des personnes publiques. Le régime contentieux applicable à un titre exécutoire ainsi qu'aux actes de poursuite susceptibles d'en procéder varie suivant la nature de la créance constituant l'objet de ce titre, *d'une part*, et la qualité de son émetteur, *d'autre part*. Il sera abordé, de manière détaillée, dans les parties suivantes de la présente section.

Néanmoins, quelques caractéristiques communes à l'ensemble des titres exécutoires peuvent être dégagées à grands traits dès à présent, afin de permettre au lecteur de comprendre l'architecture commune qui se dissimule derrrière la variété apparente des régimes juridiques applicables.

Ainsi, une **distinction fondamentale** doit être opérée entre deux types de litiges.

1°) **Les litiges tendant, à titre principal, à la remise en cause du bien-fondé de la créance constituant l'objet du titre exécutoire (contentieux du bien-fondé du titre/ contentieux de l'assiette).** Ces litiges relèvent du juge de droit commun de cette créance (juge administratif ou juge judiciaire), lequel doit être déterminé selon les critères habituels de répartition des compétences entre ordres juridictionnels. Il ne s'agira jamais du juge de l'exécution (JEX). Précisons que de tels litiges soit tendent à l'annulation du titre exécutoire soit, comme en matière fiscale, tendent directement à la décharge de la somme mentionnée dans ce titre.

2°) **Les litiges portant sur des actes établis postérieurement à l'émission du titre exécutoire, en vue du recouvrement forcé de la créance qui, à la suite de l'émission de ce titre, n'a toujours pas été acquittée (contentieux du recouvrement).** Dans la généralité des cas, ce contentieux est réparti entre, *d'une part*, le juge de droit commun de la créance concernée (qu'il s'agisse du juge administratif ou du judiciaire) et, *d'autre part*, le JEX. La détermination du juge compétent dépendra de l'argumentation juridique développée par le redevable, le JEX n'étant compétent que pour apprécier la « *régularité en la forme* » de l'acte procédant au recouvrement forcé (LPF, art. L. 281, 1°). Mais, s'agissant des créances non fiscales des collectivités territoriales, des établissements publics locaux et des établissements publics de santé, le JEX a vocation à connaître de l'ensemble du contentieux relatif aux actes tendant à leur recouvrement forcé (LPF, art. L. 281, 1° et 2°-c), de tels actes, soulignons-le à nouveau, étant distincts du titre exécutoire et ne pouvant intervenir que consécutivement à son émission.

§ 1

Contentieux relatifs aux créances fiscales

0123.41 Deux types de titres exécutoires. Deux types de titres exécutoires sont employés, de manière privilégiée, en matière fiscale : les **rôles** et les **avis de mise en recouvrement** (AMR).

0123.42 Rôles. Un **rôle** correspond, dans le cas général, à une liste de contribuables passibles d'un impôt, laquelle comporte notamment, pour chaque contribuable, son identification, la nature de l'impôt, les bases et les taux d'imposition, ainsi que le montant de l'impôt. Il s'agit donc en principe d'un acte à caractère collectif. Selon la nature de l'impôt concerné, le rôle est rendu exécutoire par arrêté du directeur général des finances publiques ou du préfet. Le préfet peut déléguer ses pouvoirs à certains agents des directions départementales des finances publiques ou des services fiscaux à compétence nationale – ce qu'en pratique, il ne manque pas faire (CGI, art. 1658). Pour que le contribuable inscrit au rôle soit informé de l'émission de celui-ci, un **avis d'imposition** lui est adressé par l'administration fiscale sous pli fermé. Si le contribuable a souscrit une option en ce sens, cet avis est mis à sa disposition sous forme dématérialisée dans son compte personnel sur le site internet de l'administration fiscale (LPF, art. L. 253). L'avis d'imposition constitue un extrait du rôle, établi au nom de chaque contribuable figurant au rôle. Il ne constitue en aucun cas, par lui-même, un titre exécutoire et ne doit pas être confondu avec un avis de mise en recouvrement, un tel avis présentant quant à lui le caractère d'un tel titre.

Font notamment l'objet d'un **recouvrement par voie de rôle** (LPF, art. 1658 et 1659) :

- l'impôt sur le revenu ;
- les prélèvements sociaux sur les revenus du patrimoine (CSG notamment) ;
- les impôts directs locaux autres que la cotisation sur la valeur ajoutée des entreprises ;
- l'impôt sur la fortune immobilière.

L'Administration peut également procéder au recouvrement de ces impositions par voie d'avis de mise en recouvrement (AMR). En pratique, cette faculté est mise en œuvre s'agissant d'impositions supplémentaires, consécutives à un contrôle fiscal.

0123.43 Avis de mise en recouvrement (AMR). L'AMR est établi par un comptable de la direction générale des finances publiques (LPF, art. L. 256 et R. 256-8). À la différence du rôle, il est toujours individuel. Il indique, pour chaque impôt ou taxe, le montant global des droits, des pénalités et des intérêts de retard qui font l'objet de cet avis (LPF, art. R. 256-1).

Font notamment l'objet d'un recouvrement par voie d'AMR, **en l'absence de paiement spontané à l'échéance** :

- les taxes sur le chiffre d'affaires, dont la TVA ;
- l'impôt sur les sociétés ;
- les droits d'enregistrement et assimilés ainsi que les droits de timbre.

Le paiement de ces impositions n'est, en principe, pas précédé de l'émission d'un titre exécutoire : l'impôt, dont le quantum a été déterminé par le contribuable lui-même, doit être acquitté spontanément par lui dans les délais impartis. Ce n'est qu'en cas de défaut de paiement à l'échéance que le comptable public est conduit à émettre un AMR. Cela a son importance pour déterminer le point de départ de la prescription[1].

0123.44 Contentieux susceptibles de découler de l'émission de ces titres exécutoires. Plan. Deux grands types de contentieux sont susceptibles d'être engagés consécutivement à l'émission des titres exécutoires propres à la matière fiscale. Il s'agit, d'une part, du **contentieux de l'assiette**, qui tend à titre principal à contester le bien-fondé de la créance fiscale (A), et du **contentieux du recouvrement**, dont l'objet est limité aux mesures de poursuite, destinées à assurer le recouvrement forcé de l'impôt (C). Le premier est, de très loin, le contentieux le plus important en volume. Le second méritera néanmoins une attention renforcée car il s'agit du seul contentieux fiscal dans lequel le JEX intervient. À ces grands contentieux s'ajoutent quelques contentieux plus mineurs (quantitativement), connexes à celui de l'assiette, qui, soit, sont relatifs à l'obtention d'un **sursis de paiement de l'impôt**, soit, tendent à la **remise en cause de mesures conservatoires** prises par le comptable (B).

A.
Le contentieux de l'assiette

0123.51 Réclamation préalable. Tout contribuable peut demander, par la voie contentieuse, une décharge ou une réduction d'impôt s'il se considère imposé à tort ou surimposé, s'il entend obtenir la restitution d'un impôt payé, selon lui, indûment ou bien encore s'il estime avoir droit au bénéfice d'un avantage fiscal (LPF, art. L. 190). La procédure contentieuse implique nécessairement l'introduction d'une réclamation préalable devant l'Administration, laquelle est suivie, le cas échéant, du dépôt d'une requête devant le juge de l'impôt. Le JEX n'est jamais compétent pour connaître de tels litiges, de sorte que lorsqu'il est saisi de telles contestations, celle-ci doivent donner lieu à une question préjudicielle[2].

0123.52 Introduction obligatoire d'une réclamation contentieuse devant l'Administration. Avant de se tourner vers le juge, le contribuable désireux de contester tout ou partie d'un impôt qui le concerne doit d'abord former devant l'Administration une **réclamation contentieuse** (LPF, art. R. 190-1). Celle-ci doit être adressée au **service chargé de l'assiette**, c'est-à-dire de la détermination de la créance fiscale, et non pas au service chargé du recouvrement de celle-ci (ces services relevant en tout état de cause, tous deux, de la direction générale des finances publiques – DGFiP). En cas d'erreur du contribuable sur le service destinataire, la réclamation est néanmoins transmise d'un service à l'autre (LPF, art. R. 190-2).

Pour être recevables, ces réclamations doivent être formées dans les **délais prescrits** par les articles R. 196-1 à R. 196-6 du LPF[3]. Lorsque l'impôt a donné lieu à l'émission d'un rôle ou d'un AMR, le délai de réclamation de droit commun se décompte, en règle générale, à compter de la mise en recouvrement du rôle ou de la notification de l'AMR (LPF, art. R. 196-1, a et LPF, art. R. 196-2, a). S'il s'agit d'un impôt recouvré par voie de rôle, le délai de réclamation court à partir de la mise en recouvrement du rôle, quelle que soit la date à laquelle le contribuable a reçu son avis d'imposition (lequel constitue un simple extrait de rôle)[4]. Une réclamation présentée antérieurement au point de départ du délai est prématurée et doit, à ce titre, être rejetée comme irrecevable par l'administration. Mais elle peut être régularisée par l'intervention, antérieurement à la décision de l'Administration, de la mise en recouvrement[5].

L'objet d'une réclamation contentieuse d'assiette est de contester :

1°) la procédure d'imposition, ayant conduit, en dernier lieu, à l'établissement du rôle ou de l'AMR et/ou ;

2°) le bien-fondé des impositions ou/et ;

3°) les pénalités mises éventuellement à la charge du contribuable.

Dès lors que le titre exécutoire émis par les services fiscaux (rôle ou AMR) constitue le dernier acte d'assiette, sa régularité peut être contestée utilement

1. Cass. ch. mixte, 19 juill. 2024, n° 20-23.527, B ; *RJDA* 12/24 n° 681.

2. Civ. 2e, 16 janv. 2025, n° 22-15.627, B – Com. 3 mai 2018, n° 16-29.055, P IV, n° 47 – Com. 13 mai 1997, n° 95-15.683, P IV, n° 137 – T. confl., 13 avr. 2015, n° 3988, P, n° 11.

3. La question de l'opposabilité d'un délai en cas d'absence de mention des voies et délais de recours dans une décision explicite ne sera pas abordée ici.

4. Jurisprudence constante. V. not. : CE 6 déc. 2006, req. n° 271935, NP, *RJF* 3/07, n° 341.

5. CE, sect., 4 janv. 1974, req. n° 87418, *Lebon*.

dans le cadre d'une réclamation contentieuse d'assiette puis devant le juge de l'impôt[1]. Dans ce même cadre, le contribuable peut utilement invoquer, notamment en cas de redressement fiscal, la prescription d'assiette, c'est-à-dire le caractère tardif de la mise en recouvrement du rôle ou de la notification de l'AMR. En effet, l'une et l'autre doivent intervenir avant l'expiration du délai de reprise, c'est-à-dire du délai imparti au service de l'assiette pour établir l'impôt et éventuellement corriger les omissions ou erreurs commises lors de l'établissement de l'imposition[2].

0123.53 Saisine du juge de l'impôt : détermination du juge compétent. Lorsque l'Administration a rejeté en tout ou partie la réclamation du contribuable ou lorsqu'elle ne s'est pas prononcée sur celle-ci dans un délai de six mois (décision implicite de rejet), les contribuables peuvent saisir le juge de l'impôt.

La juridiction compétente varie suivant la nature de l'impôt en litige (LPF, art. L. 199) :

– les litiges en matière d'impôts directs et de taxes sur le chiffre d'affaires ou de taxes assimilées relèvent de la compétence du tribunal administratif (TA) ;

– ceux en matière de droits d'enregistrement, d'impôt sur la fortune immobilière, de taxe de publicité foncière, de droits de timbre, de contributions indirectes et de taxes assimilées à ces droits, taxes ou contributions sont de la compétence des tribunaux judiciaires (TJ).

En pratique, eu égard à la nature des impôts dont le contentieux relève des juridictions administratives, la très grande majorité du flux contentieux est traité par ces dernières

0123.54 Délais de saisine du juge et voies de recours. Le contribuable dont la réclamation a été rejetée dispose d'un **délai de deux mois** pour saisir le tribunal compétent (LPF, art. R. 199-1, al. 1). Le point de départ de ce délai est le jour où il a reçu notification de la décision de l'administration, statuant sur sa réclamation contentieuse d'assiette. Toutefois, le contribuable qui n'a pas reçu la décision de l'Administration dans un délai de six mois mentionné au premier alinéa peut saisir le tribunal dès l'expiration de ce délai (LPF, art. R. 199-1, al. 2)

Lorsque le tribunal compétent relève de **l'ordre administratif**, le délai de deux mois précité joue en cas de décision expresse de l'administration, assortie de la mention des voies et délai de recours. Dans l'hypothèse particulière où les voies et délais de recours ne figurent pas dans le courrier d'accompagnement de la décision expresse de rejet prise sur la réclamation, un délai raisonnable est applicable, lequel ne peut, sauf circonstance exceptionnelle, excéder un an à compter de la date à laquelle le contribuable a eu connaissance de la décision de l'administration[3]. Enfin, en cas de silence gardé par l'Administration sur la réclamation, si, ainsi qu'il a été dit, le contribuable peut soumettre le litige au TA à l'issue d'un délai de six mois, aucun délai de recours contentieux ne peut courir à son encontre tant qu'une décision expresse de rejet de sa réclamation ne lui a pas été régulièrement notifiée[4]. Notons toutefois que, si une décision expresse de l'Administration intervient postérieurement au délai de six mois précité mais avant que le contribuable ait saisi le tribunal, le délai de recours se limite à deux mois, à compter de la notification de cette décision expresse (assortie des voies et délais de recours)

Dans la généralité des cas[5], la partie intéressée peut interjeter appel des jugements rendus en matière fiscale par le TA devant la cour administrative d'appel (CAA) dont celui-ci relève. Cet appel – qui n'est pas suspensif – doit, s'il est formé par le contribuable, être introduit dans un délai de deux mois à compter de la notification du jugement (CJA, art. R. 811-2 – laquelle est, en règle générale, réalisée au moyen de l'application informatique Télérecours [CJA, art. R. 751-4-1 en combinaison avec CJA, art. R. 414-1], propre à la juridiction administrative, ou plus rarement, lorsque le contribuable n'est pas représenté par un avocat, par voie postale [CJA, art. R. 751-3]). Le délai d'appel de deux mois ouvert au ministre chargé du budget pour saisir la CAA a, quant à lui, pour point de départ soit la date d'expiration du délai de deux mois imparti au directeur du service qui a suivi l'affaire pour transmettre le jugement et le dossier au ministre (ce qui représente un délai global de quatre mois), soit la date à laquelle le contribuable fait signifier au ministre, par un commissaire de justice, le jugement (ce qui en pratique n'arrive que rarement et implique l'application d'un délai de deux mois [LPF, art. R. 200-18]). L'arrêt rendu par la CAA peut faire l'objet d'un pourvoi en

1. POUR UNE ILLUSTRATION RÉCENTE, V. CE 27 janv. 2023, Société Le Saphir, req. nº 462599, *Lebon* T.
2. Sur ces délais de prescription du pouvoir de reprise de l'Administration (à ne pas confondre avec le délai de prescription de l'action en recouvrement) : LPF, art. L. 169 s.
3. V. NOT. : CE, avis, 21 oct. 2020, Sté Marken Trading, req. nº 443327, *Lebon ; RJF* 1/21, nº 83 ; cette décision constitue la déclinaison, en matière de réclamation contentieuse fiscale, de la solution de principe retenue par la décision du Conseil d'État : CE, ass., 13 juill. 2016, Czabaj, req. nº 387763, *Lebon*.
4. Sur l'ensemble de ces points, v. les décisions mentionnées dans la note précédente.
5. Sur les litiges relatifs aux impôts locaux et à la contribution à l'audiovisuel public, à l'exception des litiges relatifs à la contribution économique territoriale, le TA statue en premier et dernier ressort. Seul un pourvoi en cassation peut donc être formé contre les jugements rendus en ces matières (CJA, art. R. 811-1).

cassation devant le Conseil d'État dans un délai de deux mois, qui, au même titre que l'appel, n'a pas d'effet suspensif (CJA, art. R. 821-1)

Lorsque le tribunal compétent relève de l'ordre judiciaire, la règle du délai de recours raisonnable, dégagée de manière prétorienne par le Conseil d'État, n'est pas applicable. Ainsi, en l'absence de notification mentionnant de manière exacte les voies et délais de recours, le contribuable peut saisir le juge judiciaire pour contester sa dette fiscale, sans être tenu par le délai de recours fixé par la loi fiscale, ni par le délai raisonnable d'un an retenu par la jurisprudence du Conseil d'État[1]. Pour le reste, les règles régissant les délais de recours devant l'ordre judiciaire sont analogues à celles applicables devant les juridictions administratives[2]

Les jugements des tribunaux judiciaires (TJ) peuvent faire l'objet d'un appel devant la cour d'appel dont ceux-ci relèvent. L'appel doit, en matière fiscale notamment, être formé dans le délai d'un mois (C. pr. civ., art. 538) à compter de la notification du jugement (C. pr. civ., art. 528). Le jugement du TJ est de droit exécutoire à titre provisoire à moins qu'il n'en dispose autrement (C. pr. civ., art. 514). Mais, en cas d'appel, le premier président de la cour peut être saisi afin d'arrêter l'exécution provisoire de la décision lorsqu'il existe un moyen sérieux d'annulation ou de réformation et que l'exécution risque d'entraîner des conséquences manifestement excessives (C. pr. civ., art. 514-3). Il statue alors en référé (C. pr. civ., art. 514-6). En cas de pourvoi devant la Cour de cassation, la déclaration de pourvoi doit être transmise dans un délai de deux mois (C. pr. civ., art. 612). Le pourvoi en cassation n'a pas d'effet suspensif

B.
La question du paiement de l'impôt durant le contentieux d'assiette

0123.61 Demande de sursis de paiement. Le contribuable qui conteste le bien-fondé ou le montant des impositions mises à sa charge n'est pas dispensé, de droit, de s'acquitter du montant de celles-ci. Mais l'article L. 277 du LPF l'autorise, « *s'il en a expressément formulé la demande dans sa réclamation et précisé le montant ou les bases du dégrèvement auquel il estime avoir droit, à différer le paiement de la partie contestée de ces impositions et des pénalités y afférentes* ». C'est le mécanisme du **sursis de paiement,** sursis qui est de droit, mais doit être demandé.

La demande en sursis de paiement doit être présentée devant l'Administration dans le **délai de réclamation** (car elle en est l'accessoire).

Dès la présentation de cette demande, l'exigibilité de la créance fiscale et la prescription de l'action en recouvrement sont suspendues jusqu'à ce qu'une décision définitive ait été prise sur la réclamation soit par le service de l'assiette, soit par le tribunal compétent, en première instance (LPF, art. L. 277). Ainsi, durant cette période, le comptable public ne peut pas rechercher le paiement de cette créance. Les effets du sursis sont puissants : *d'une part*, la suspension de l'exigibilité des impositions joue aussi à l'égard des codébiteurs solidaires de la personne ayant réclamé et demandé le sursis, y compris s'ils n'ont pas présenté eux-même de demande de sursis[3] ; *d'autre part*, en cas de rejet de la réclamation d'assiette suivi de la saisine du tribunal compétent en première instance, le terme du sursis correspond à la date de la décision de ce tribunal ; si, en définitive, le contribuable ne saisit pas le juge de l'impôt, le sursis perdure jusqu'à l'expiration du délai imparti au contribuable pour le saisir.

0123.62 Constitution de garanties à l'appui de la demande de sursis de paiement et mesures conservatoires du comptable. Lorsque le montant des impositions contestées (hors pénalités) est supérieur à 4 500 euros, le comptable compétent invite le contribuable à présenter des garanties portant sur le montant de ces impositions (caution bancaire, valeurs mobilières, par ex. – Sur la nature des garanties, v. LPF, art. R. 277-1) à l'appui de la demande de sursis (LPF, art. R. 277-7). Le contribuable dispose d'un délai de quinze jours à compter de la réception de l'invitation formulée par le comptable pour faire connaître les garanties qu'il s'engage à constituer (LPF, art. R. 277-1). Si le comptable estime ne pas pouvoir accepter les garanties offertes par le contribuable au motif qu'elles ne répondent pas aux conditions prévues à l'article R. 277-1 du LPF, il lui notifie sa décision par pli recommandé avec demande d'avis de réception postal dans un délai de 45 jours à compter du dépôt de l'offre. À défaut de réponse par le comptable dans ce délai, les garanties offertes sont réputées acceptées.

1. V. Cass., ass. plén., 8 mars 2024, n° 21-21.230, B ; *RJF* 6/24, n° 498 – Cass., ass. plén., 8 mars 2024, n° 21-12.560, B ; *RJF* 6/24 n° 498 ; *AJDA* 2024. 527 ; *ibid*. 1210, chron. A. Goin et L. Cadin ; *D.* 2024. 545 ; *Procédures* 2024. Repère 7, obs. H. Croze ; *JCP* 2024. 557, note C. Froger ; *JCP E* 2024. 1206, note L. Chesneau ; *RCJPP* 2024. 25, obs. S. Pierre-Maurice ; *RTD civ.* 2024. 494, obs. N. Cayrol ; *ibid.* 620, obs. P. Deumier – V. A. Goin et L. Cadin, « Czabaj en terre inconnue », *AJDA* 2024. 1210.
2. S'agissant du délai applicable en cas de survenance d'une décision expresse statuant sur réclamation postérieurement à l'expiration du délai de six mois imparti à l'Administration mais antérieurement à la saisine du juge : Com. 5 mai 1998, n° 96-15.795, NP ; *RJF* 7/98, n° 878.
3. CE 4 déc. 2017, req. n° 394903, 394907, 394908, *Lebon* T. ; *RJF* 3/18, n° 322.

En cas de dépréciation ou d'insuffisance révélée des garanties constituées, l'Administration peut à tout moment demander au redevable un complément de garantie pour assurer le recouvrement de la somme contestée. Si le redevable ne satisfait pas, dans le délai de 45 jours, à cette demande, le comptable peut prendre des mesures conservatoires (saisies mobilières, sûretés judiciaires) jusqu'à ce qu'une décision définitive ait été prise sur la réclamation par l'Administration ou par le tribunal compétent (LPF, art. R. 277-2).

0123.63 **Référé fiscal.** Selon l'impôt concerné, le **juge du référé fiscal** est soit le juge du référé administratif (qui est un membre du TA désigné par le président de ce tribunal) soit le juge du référé judiciaire (qui est un membre du TJ désigné par le président de ce tribunal) (LPF, art. L. 279 et L. 279 A). Ce juge a vocation à intervenir dans deux hypothèses.

1°) Lorsque les **garanties offertes par le contribuable ont été refusées**, ce dernier peut, dans les 15 jours de la réception de la lettre recommandée qui lui a été adressée par le comptable, porter la contestation devant le juge du référé fiscal. Celui-ci décide dans le délai d'un mois si les garanties offertes doivent être acceptées par le comptable. Il peut également, dans le même délai, décider de dispenser le redevable de garanties autres que celles déjà constituées. Sa décision peut faire l'objet d'un appel (selon le cas devant le président de la CAA ou devant le TJ), puis le cas échéant d'un pourvoi en cassation.

Pendant la durée de la procédure de référé, le comptable ne peut exercer sur les biens du redevable aucune action autre que les mesures conservatoires prévues à l'article L. 277 du LPF. C'est ce qu'on appelle parfois le « mini-sursis ».

2°) Lorsque le comptable a fait procéder à une **saisie conservatoire**, le contribuable peut demander au juge du référé fiscal de prononcer la **limitation ou l'abandon de cette mesure** « *si elle comporte des conséquences difficilement réparables* ». La décision prise par le juge du référé fiscal est susceptible d'appel, selon le cas, devant le TA (et non pas le président de la CAA) ou devant le TJ (LPF, art. L. 277).

0123.64 **Éventuelle saisine du juge des référés (TA).** En matière d'impôts directs, de taxes sur le chiffre d'affaires ou de taxes assimilées, le contribuable qui a saisi le juge de l'impôt de conclusions tendant à la décharge de tout ou partie d'une imposition mise à sa charge ou qui justifie en avoir réclamé le dégrèvement auprès des services fiscaux, dans les formes et délais prescrits, n'est recevable à demander au juge des référés administratifs, sur le fondement de l'article L. 521-1 du CJA (référé-suspension de droit commun), la suspension de la mise en recouvrement de cette imposition, qu'à la condition toutefois que celle-ci soit exigible ou qu'elle puisse légalement donner lieu à la prise des mesures conservatoires par le comptable. Il s'ensuit que le dépôt régulier d'une demande de sursis de paiement d'une imposition « *prive d'objet les conclusions tendant à la suspension, sur le fondement de l'article L. 521-1 du CJA, de la mise en recouvrement de cette même imposition, lorsque la saisine du juge des référés est antérieure au dépôt de la demande de sursis* ». De telles conclusions sont également irrecevables lorsqu'elles sont présentées après le dépôt régulier d'une demande de sursis de paiement mais avant que le comptable chargé du recouvrement de l'imposition en cause ait rejeté les garanties offertes par le contribuable à l'appui de sa demande de sursis[1]. En revanche, « *dans le cas où le recouvrement de l'imposition litigieuse a d'ores et déjà fait l'objet de mesures d'exécution forcée* » nonobstant la demande de sursis, la voie du référé-suspension est ouverte[2]. Il en va de même en l'absence de demande de sursis. Le prononcé de la suspension par le juge du référé-suspension est subordonné à la double condition, *d'une part*, qu'il soit fait état d'un moyen propre à créer, en l'état de l'instruction, un doute sérieux sur la régularité de la procédure d'imposition ou sur le bien-fondé de l'imposition et, *d'autre part*, que l'urgence justifie la mesure de suspension sollicitée[3].

C.

Le recouvrement de l'impôt et son contentieux

0123.71 **Double nature des rôles et des avis de mise en recouvrement.** Les rôles et les avis de mise en recouvrement (AMR) sont des actes à « *double visage* »[4] : ils sont à la fois les derniers actes d'assiette, en ce qu'ils authentifient la créance fiscale, et les premiers actes de recouvrement, en ce qu'ils matérialisent la décision de l'administration de rechercher le paiement de l'impôt et déclenchent le délai de prescription de l'action en recouvrement, laquelle est menée par les agents de la Direction générale des finances publiques (DGFiP).

0123.72 **Prescription de l'action en recouvrement.** Pour procéder au recouvrement des créances de toute nature dont la perception leur incombe, les comptables publics disposent d'un **délai de 4 ans** à compter du jour de la mise en recouvrement du rôle ou de l'envoi (et non pas de la réception) du titre

1. CE 30 juill. 2003, Sté Laboratoires Legras, req. n° 254905, *Lebon* T. ; *RJF* 11/03, n° 1311.
2. Même décision.
3. CE, sect., 25 avr. 2001, Min. Économie, Finances et Industrie c/SARL Janfin, req. n°s 230166-230345, *Lebon* ; RJF 7/01, n° 1016.
4. Sur ce point, pour un rappel récent : concl. E. Bokdam-Tognetti sur CE 30 sept. 2019, req. n° 415333, *Lebon* T. ; *RJF* 12/19, n° 1147.

exécutoire, tel que défini à l'article L. 252 A du LPF (LPF, art. L. 274). Le délai de prescription de l'action en recouvrement est porté à 6 ans à l'égard des redevables établis dans un État non membre de l'Union européenne, avec lequel la France ne dispose d'aucun instrument juridique relatif à l'assistance mutuelle en matière de recouvrement ayant une portée similaire à celle prévue par la directive 2010/24/UE du 16 mars 2010[1].

Ces délais de prescription sont susceptibles d'être suspendus (C. civ., art. 2230 et LPF, art. L. 274) ou interrompus (C. civ., art. 2231). Tandis que la principale cause de suspension est la demande de sursis de paiement formée par le contribuable (v. s^{s} n° 0123.53), les causes d'interruption du délai de prescription de l'action en recouvrement sont variées : l'article L. 274 du LPF dispose en effet que ce délai est interrompu « *par tous actes comportant reconnaissance de la part des contribuables et par tous autres actes interruptifs de la prescription* ».

Les actes interruptifs peuvent être proprement fiscaux. Tel est le cas de la notification d'une mise en demeure de payer (LPF, art. L. 257) ou de la mise en œuvre, par le comptable public, de la compensation fiscale de recouvrement (qui constitue l'opération par laquelle le comptable affecte au paiement des impôts ou de pénalités dus par un redevable les remboursements, dégrèvements ou restitutions d'impôts ou pénalités constatés au bénéfice de celuici – LPF, art. L. 257 B).

Par ailleurs, par application de l'article L. 274 du LPF, les actes dont l'effet interruptif est reconnu par le code civil ou bien encore le code de commerce comportent ce même effet en matière de recouvrement de l'impôt. Il en va ainsi des actes suivants :

– les actes portant reconnaissance de la dette fiscale (C. civ., art. 2240 – tels que les demandes de délai de paiement ou bien encore tout versement d'une quote-part de l'impôt dû) ;

– les demandes en justice, même en référé (C. civ., art. 2241) ;

– les mesures conservatoires prises en application du code des procédures civiles d'exécution et les actes d'exécution forcée (C. civ., art. 2244 – tels qu'une saisie administrative à tiers détenteur, un commandement de payer aux fins de saisie-vente[2] ou une saisie-attribution) ;

– toute déclaration, par le comptable chargé du recouvrement, de ses créances à la procédure collective (C. com., art. L. 622-25-1)[3].

Enfin, le Conseil d'État retient qu'est interruptive de la prescription de recouvrement :

– une décision du juge pénal déclarant, sur le fondement de l'article 1745 du CGI, qu'une personne par ailleurs condamnée en application des articles 1741, 1742 ou 1743 du CGI est tenue au paiement solidaire de l'impôt fraudé[4] ;

– une décision juridictionnelle déclarant, sur le fondement de l'article L. 267 du LPF, le dirigeant d'une personne morale tenu au paiement solidaire de l'impôt fraudé par celle-ci[5].

On notera que, dans ces deux derniers cas, la décision juridictionnelle ouvre au comptable un **nouveau délai d'action en recouvrement de 10 ans** (et non plus de 4 ans) dès lors que toute décision juridictionnelle (et notamment celle prévoyant une solidarité de paiement) constitue un titre exécutoire au sens du 1° de l'article L. 111-3 C. pr. exéc., ce qui rend applicable le délai de prescription de 10 ans prévu à l'article L. 111-4 de ce même code[6].

0123.73 Délais de paiement de l'impôt (hors sursis) et incidence de leur méconnaissance. S'agissant des impôts recouvrés par voie de rôle, l'article 1663 du CGI dispose que, sous réserve des cas d'exigibilité immédiate qu'il prévoit, ces impôts sont exigibles 30 jours après la date de mise en recouvrement du rôle.

Cette date doit être distinguée de la date limite de paiement de l'impôt, qui, quant à elle, correspond à la limite permettant, dans le cas général, d'échapper à la majoration de recouvrement de 10 % pour paiement tardif. Cette dernière date est fixée à 45 jours suivant la date de mise en recouvrement du rôle ou de la notification de l'AMR (CGI, art. 1730). On notera que les redevables peuvent, sur demande, obtenir du comptable des délais de paiement plus favorables, et ce, à titre exceptionnel[7].

Le défaut de paiement de l'impôt à l'échéance déclenche l'application de pénalités de recouvrement et surtout l'accomplissement, par le comptable public, d'actes préliminaires aux poursuites.

Pour les impôts qui ne sont pas recouvrés par voie de rôle, la première étape, pour le comptable, est la constitution d'un titre exécutoire, c'est-à-dire la notification d'un avis de mise en recouvrement (LPF, art. L. 256).

1. Dir. 2010/24/UE, Conseil, 16 mars 2010, concernant l'assistance mutuelle en matière de recouvrement des créances relatives aux taxes, impôts, droits et autres mesures, *JO* L 84 31 mars, p. 1-12.
2. Civ. 2e, 13 mai 2015, n° 14-16.025, P II, n° 113 ; *D.* 2015. 1791, n° 8, obs. H. Adida-Canac, T. Vasseur et E. de Leiris, et 1279 obs. A. Leborgne ; *Gaz. Pal.* 5 sept. 2015, n° 248, note C. Brenner ; *Gaz. Pal.* 22 sept. 2015, n° 250, note L. Lauvergnat.
3. En ce cas, le nouveau délai de prescription court à compter de la clôture de cette procédure.
4. CE 4 déc. 2017, req. n°s 394903, 394907, 394908, *Lebon* T. ; *RJF* 3/18, n° 322.
5. CE 18 juill. 2018, req. n° 406638, *Lebon* ; *RJF* 11/18, n° 1178.
6. CE 18 juill. 2018, req. n° 406638, *précité*.
7. *BOI*-REC-PREA-20-10-10

À défaut, *d'une part*, de paiement des sommes mentionnées sur l'avis d'imposition à la date limite de paiement ou de celles mentionnées sur l'AMR, et, *d'autre part*, d'une réclamation contentieuse d'assiette assortie d'une demande de sursis de paiement, le comptable public adresse au redevable une « *mise en demeure de payer* » (LPF, art. L. 257-0 A et L. 257-0 B). Dans certains cas (primo-défaillance du redevable), celle-ci doit néanmoins être précédée de l'envoi infructueux d'une « *lettre de relance* » (LPF, art. L. 257-0 B). À l'inverse, dans les cas d'exigibilité immédiate des impôts directs, prévus au 2 de l'article 1663 du CGI, le comptable public peut notifier une mise en demeure de payer au redevable dès l'exigibilité de l'impôt (LPF, art. L. 260).

0123.74 Engagement des actes de poursuite autres que la mise en demeure. La mise en demeure de payer est un acte de poursuite, mais qui ne donne pas lieu à des frais, au sens de l'article 1912 du CGI. Elle constitue un préalable nécessaire aux poursuites causant de tels frais, tels que les saisies de rémunérations, les saisies sur comptes bancaires ou postaux ou toute autre voie d'exécution de droit commun.

On observera que la saisie administrative à tiers détenteur (SATD) prévue par l'article L. 262 du LPF n'a pas à être précédée d'une mise en demeure, dès lors qu'un tel acte ne donne pas lieu à des frais au sens de l'article 1912 du CGI[1].

Le premier acte de poursuite devant donner lieu à des frais au sens de l'article 1912 du CGI peut être réalisé sans délai après la notification d'une mise en demeure infructueuse. Toutefois, lorsque cette mise en demeure de payer porte, pour la première fois, à la connaissance du redevable des sanctions fiscales, aucune poursuite ne peut être engagée par le comptable public avant l'expiration d'un délai de trente jours à compter de sa notification (LPF, art. L. 257-0 A). À l'inverse, dans les cas d'exigibilité immédiate de l'impôt prévus au 2 de l'article 1663 du CGI, une saisie peut être pratiquée un jour franc après la notification de la mise en demeure de payer (LPF, art. L. 260).

0123.75 Réclamation en matière de recouvrement (opposition aux poursuites). La règle posée, de manière univoque, par l'article L. 281 du LPF est que toute contestation relative au recouvrement des impôts et taxes doit faire l'objet, préalablement à la saisine du juge, d'une **réclamation adressée au service dont dépend le comptable** qui a exercé les poursuites. Une telle réclamation ne peut porter que sur un acte de poursuite. Elle ne peut viser un acte préalable à celles-ci.

Sont recevables à former une telle réclamation tant le redevable légal lui-même que la personne tenue solidairement ou conjointement avec lui au paiement de l'impôt (LPF, art. R. 281-1).

Si l'on s'en tient à la lettre de l'article R. 281-3-1 du LPF, cette réclamation doit, **sous peine d'irrecevabilité**, être présentée dans un délai de deux mois à partir de la notification :

a) soit de l'acte de poursuite dont la régularité en la forme est contestée (litiges de nature à être ensuite soumis au JEX),

b) soit de tout acte de poursuite si le motif invoqué porte sur l'obligation au paiement ou sur le montant de la dette (litiges de nature à être ensuite soumis au juge de l'impôt),

c) soit du premier acte de poursuite permettant de contester l'exigibilité de la somme réclamée (litiges de nature à être ensuite soumis au juge de l'impôt).

Toutefois, les dispositions légales et réglementaires précitées ont fait l'objet d'une interprétation divergente des juridictions administratives et judiciaires.

– Si la Cour de cassation rappelle qu'une contestation en matière de recouvrement relevant de la compétence du juge de l'exécution (JEX) doit, en principe, à peine d'irrecevabilité, être précédée d'une réclamation devant l'administration fiscale, elle juge qu'une telle contestation peut néanmoins être présentée directement devant le JEX, sans risquer de se voir opposer l'exception d'irrecevabilité, dans l'hypothèse particulière où le redevable n'a pas « *été informé du délai de ce recours [devant l'administration], de ses modalités et de son destinataire, ainsi que des dispositions de l'article R. 281-5 du LPF* »[2]. La Cour s'écarte ainsi de la jurisprudence historique du Conseil d'État selon laquelle l'absence de mention, par l'administration, des voies et délais de recours contre une décision rend simplement ces derniers inopposables à l'administré destinataire de cette décision.

– Pour sa part, le Conseil d'État se fonde sur la lettre des articles L. 281 et R. 281-1 du LPF pour juger, de manière constante, qu'un contentieux portant sur le recouvrement ne saurait en aucun cas être présentée directement devant le TA, sans avoir été précédé de l'introduction, devant l'autorité administrative, d'une réclamation préalable[3]. Mais, depuis sa décision de section *Amar* du 31 mars 2017, il a abandonné sa jurisprudence traditionnelle selon laquelle l'absence de mention des voies et délais de recours dans l'acte de poursuite impliquait l'inoppo-

1. Com. 12 oct. 2022, n° 20-17.849, NP ; *RJF* 2/23, n° 158.

2. V. Cass., avis, 14 mai 2001, n° 01-0003, P ; *RJF* 11/01, n° 1451 – V. AUSSI : Com. 4 juin 2002, n° 98-19.511, P IV, n° 99 ; *RJF* 11/02, n° 1320 – Com. 31 mars 2004, *RJF* 8-9/04, n° 939 – Com. 9 déc. 2014, n° 13-24.365 ; *RJF* 3/15, n° 274 – Com. 12 oct. 2022, n° 20-15.605, NP ; *RJF* 2/23, n° 159.

3. CE 29 nov. 1991, Derymacker, req. n° 63218 et 68591, *RJF* 1/92, n° 153.

sabilité du délai de recours à l'encontre de cet acte. Depuis lors, il retient que, s'agissant de la réclamation préalable prévue à l'article L. 281 du LPF, si la notification de la décision ne comporte pas les mentions prévues par l'article R. 421-5 du CJA ou si la preuve de la notification de cette décision n'est pas établie, le contribuable doit adresser sa réclamation dans un « délai raisonnable » à compter de la date à laquelle l'acte de poursuite lui a été notifié ou de celle à laquelle il est établi qu'il en a eu connaissance, un tel délai ne pouvant, sauf circonstances particulières dont se prévaudrait le contribuable, excéder un an[1].

– La Cour de cassation a refusé de suivre cette nouvelle ligne jurisprudentielle, relative au délai raisonnable[2].

0123.76 **Détermination du juge compétent.** En l'absence de décision expresse rendue par l'Administration sur la réclamation préalable ou en cas de rejet, en tout ou partie, de celle-ci par une décision expresse, le redevable peut porter le litige devant le juge compétent (pour les exceptions à cette règle de la réclamation préalable, en cas de saisine du juge judiciaire, v. s^s^ nº 0123.75).

L'article L. 281 du LPF opère, en matière fiscale, un **partage de compétence** original et subtil entre le JEX et le juge de l'impôt (juge administratif ou judiciaire, selon l'impôt concerné – LPF, art. L. 199) : le JEX n'est compétent que pour connaître des litiges portant sur « *la régularité en la forme de l'acte* », tandis que le juge de l'impôt est seul compétent pour connaître des questions relatives : 1) à « *l'obligation au paiement* », 2) au « *montant de la dette compte tenu des paiements effectués* » et 3) à « *l'exigibilité* » de la somme réclamée.

Ce n'est donc pas la nature de la demande faite au juge qui justifie la compétence du JEX ou du juge de l'impôt : tous deux ont vocation à être saisis de conclusions dirigées contre un acte de poursuite. **Ce qui détermine la compétence de l'un ou de l'autre est la nature des moyens présentés à l'appui de cette demande** : l'argumentation juridique développée par le redevable est décisive.

Ont notamment trait à la régularité formelle d'un acte de poursuite, qui ne peut être appréciée que par le JEX, les contestations portant sur :

– le caractère suffisant de la motivation formelle retenue pour appliquer des pénalités de recouvrement[3] ;

– la présence, dans l'acte concerné, d'une simple erreur dans l'orthographe du nom du redevable[4] ;

– la régularité de la procédure, propre au recouvrement, préalable à l'acte de poursuite (absence d'envoi d'une lettre de relance par exemple)[5] ;

– la compétence territoriale d'un comptable public pour procéder à un acte de poursuite[6].

On relèvera que, par contre, la contestation, non pas de la compétence territoriale de l'agent de la DGFiP ayant exercé les poursuites, mais de sa compétence personnelle, au motif qu'il ne dispose pas d'une délégation de signature, ne relève pas de la compétence du JEX mais du juge administratif[7]. En effet, l'acte portant délégation de signature n'est pas un acte de poursuite au sens de l'article L. 281 du LPF.

En revanche, relèvent de la **compétence du juge de l'impôt** (juge administratif ou judiciaire, selon l'impôt en litige) et non pas de celle du JEX :

1° les contestations portant sur **l'obligation de payer l'impôt**, telles que celles relatives à l'existence même d'une créance fiscale susceptible d'être recouvrée[8] ;

2° les litiges relatifs à la **détermination du montant de la dette fiscale à recouvrer compte tenu des paiements effectués** par le redevable, tels que ceux portant sur la fixation du montant des pénalités de recouvrement résultant du paiement tardif de l'impôt[9] ;

3° les litiges relatifs à **l'exigibilité de l'impôt**, et notamment ceux portant sur la prescription de l'action en recouvrement[10]. Cependant, le juge de l'impôt n'est pas compétent pour connaître du moyen tiré de ce qu'un acte de poursuite n'a pu valablement interrompre le cours de la prescription

1. CE, sect., 31 mars 2017, min. c/Amar, req. nº 389842, *Lebon* ; *RJF* 6/17, nº 616 concl. B. Bohnert ; *Dr. fisc.* 2017, nº 24, comm. 351, concl. B. Bohnert, note J.-L. Pierre ; *Procédures* 2017, nº 146, obs. L. Ayrault. Cette décision constitue la déclinaison, dans le contentieux du recouvrement, de la solution de principe retenue par la décision du Conseil d'État : CE, ass.,13 juill. 2016, Czabaj, req. nº 387763, *Lebon*.
2. Cass., ass. plén., 8 mars 2024, nº 21-21.230, B – Cass., ass. plén., 8 mars 2024, nº 21-12.560, B , préc.
3. CE 27 juin 2013, min. c/Haddad, req. nº 349007, NP.
4. Com. 6 mars 2007, nº 05-11.226, NP ; *RJF* 7/07, nº 849
5. T. confl., 13 déc. 2004, Chessa c/trésorier principal de Vitrolles, req. nº 3411 – T. confl., 13 déc. 2004, min. c/Legasse, req. nº 3421 ; *RJF* 4/05, nº 375 – V. AUSSI, en matière de SATD : T. confl., 8 juill. 2024, Sté Bruno Raulet c/Ecole nationale de l'aviation civile (ENAC), req. nº 4318, *Lebon*.
6. T. confl., 23 juin 2003, Montaignac, req. nº 3357 ; *RJF* 11/03, nº 1283.
7. T. confl., 15 mars 2010, req. nº 3706, Mallet c/trésorier payeur général des Yvelines, *Lebon*.
8. Com. 3 déc. 2002, nº 00-21.850, P IV, nº 185 ; *RJF* 4/03, nº 509 (espèce dans laquelle la question était celle de l'incidence d'une compensation entre les créances et les dettes fiscales du redevable) – Com. 31 mars 2004, nº 00-16.092, P IV, nº 70 ; *RJF* 8-9/04, nº 940.
9. Com. 4 févr. 2004, nº 99-17.321, NP ; *RJF* 6/04, nº 654.
10. S'agissant de cas où il était soutenu qu'un acte de poursuite n'avait pas eu d'effet interruptif de prescription : Com. 6 mai 2003, nº 99-17.355, NP ; *RJF* 8-9/03, nº 1048 – Com. 19 déc. 2006, nº 04-19.993 – Com. 7 juill. 2015, nº 14-18.766, NP ; *RJF* 11/15, nº 961.

au motif qu'il est intervenu irrégulièrement[1]. Un tel moyen ne peut être présenté que devant le JEX, juge de la régularité des actes de poursuite. De même, lorsqu'il est soutenu que le comptable ne pouvait procéder à une saisie administrative à tiers détenteur (SATD) au motif que l'impôt avait été contesté et que le sursis de paiement avait été sollicité, la Cour de cassation retient que la contestation porte, non pas sur une question tenant à l'obligation de payer, mais sur la régularité en la forme de l'acte de poursuite, qui ressortit, selon la Cour, à la compétence du JEX[2].

Rappelons, enfin, pour mémoire, la compétence du juge du référé fiscal pour se prononcer :

– sur le bien-fondé de la décision par laquelle le comptable exige des garanties à l'appui d'une demande en sursis de paiement de l'impôt ou refuse celles proposées par le contribuable ;

– sur les mesures conservatoires prises par le comptable.

La compétence du juge du référé fiscal, juge administratif ou judiciaire selon l'impôt concerné, est exclusive de celle du JEX[3] (v. s^{s} n° 0123.63).

0123.77 Délais de recours contentieux en matière de recouvrement. L'article R. 281-4 du LPF dispose que l'Administration, saisie d'une réclamation relative au recouvrement, se prononce dans un **délai de 2 mois** à partir du dépôt de la demande, dont elle doit accuser réception. Si aucune décision n'a été prise dans ce délai ou si la décision rendue ne lui donne pas satisfaction, le redevable ou la personne tenue solidairement ou conjointement au paiement de l'impôt doit, à peine de forclusion, porter l'affaire devant le juge compétent. Il dispose pour cela de **2 mois** à partir soit de la notification de la décision statuant expressément sur la réclamation relative au recouvrement soit de l'expiration du **délai de 2 mois** accordé à l'Administration pour prendre sa décision.

Devant le juge administratif, les règles tenant à l'application d'un délai raisonnable sont applicables à la contestation d'une décision implicite rejetant une réclamation relative au recouvrement d'une créance fiscale présentée sur le fondement de l'article L. 281 du LPF[4]. Précisons à cet égard que le Conseil d'État juge que, si un débiteur saisit la juridiction judiciaire alors que la juridiction administrative était compétente, il conserve le bénéfice de ce délai raisonnable dès lors qu'il a introduit cette instance avant son expiration. Un nouveau **délai de 2 mois** est alors décompté à partir de la notification ou de la signification du jugement par lequel la juridiction judiciaire s'est déclarée incompétente[5].

Pour le reste, et s'agissant notamment des règles particulières applicables devant les juridictions judiciaires, v. s^{s} n° 0123.75.

§ 2 Contentieux des créances étrangères à l'impôt, au domaine et aux amendes (créances ordinaires)

A. Généralités

0123.81 Étapes de la « mise en recouvrement » des créances étrangères à l'impôt. La « mise en recouvrement » d'une créance publique étrangère à l'impôt, au domaine et aux amendes est organisée en deux étapes, qui font intervenir deux catégories d'acteurs distincts, à savoir :

1) les **ordonnateurs**, seuls habilités à prescrire « *l'exécution des recettes et des dépenses* »[6] ainsi qu'à liquider les recettes et à émettre les ordres de recouvrer[7] et ;

2) les **comptables publics**, qui sont des agents de droit public ayant la charge exclusive de manier les fonds et de tenir les comptes des personnes morales de droit public[8].

La première étape est entre les mains de l'ordonnateur, qui émet un « titre exécutoire ». Ce titre a pour double objet, *d'une part*, de constater l'exigibilité de la créance et, *d'autre part*, d'autoriser la personne publique à recourir aux voies d'exécution forcée pour en obtenir le recouvrement[9]. Le titre exécutoire, qui « *fonde l'action de recouvrement* » et « *a force exécutoire dans les conditions prévues par l'article L. 252 A du LPF* »[10], est donc, pour reprendre les mots de Jean Lessi, un acte « 2 en 1 », car il est le remplaçant unique de deux actes distincts qui existaient jusqu'en 1993 : **l'ordre de recette**, qui était un titre non exécutoire, et **l'acte subséquent** rendant ce titre exécutoire[11].

Ensuite, vient une seconde étape, qui fait intervenir le comptable public : celui-ci cherche à obtenir le

1. CE 15 juin 2005, min. c/Pachulski, req. n° 235353, *Lebon* T. ; *RJF* 10/05, n° 1125 – CE 21 mars 2008, Caillieret, req. n° 285448, NP ; *RJF* 6/08, n° 746.
2. Com. 22 mai 2002, n° 98-21.625, NP ; *RJF* 10/02, n° 1187.
3. S'agissant de l'existence de garanties de paiement : Com. 7 mars 2000, n° 97-19.190, NP ; *RJF* 6/00, n° 852.
4. CE 13 nov. 2020, Sté des établissements Salvi, req. n° 427275, *Lebon* T. ; *RJF* 2/21, n° 205.
5. CE 9 mars 2018, Cté d'agglomération du pays ajaccien, req. n° 401386, *Lebon* T. ; *RJF* 6/24, n° 498.
6. Décr. n° 2012-1246, 7 nov. 2012, art. 10.
7. Décr. n° 2012-1246, 7 nov. 2012, art. 11.
8. Décr. n° 2012-1246, 7 nov. 2012, art. 13
9. CE, sect., 15 mars 2002, Office des migrations internationales, req. n° 221020, *Lebon*.
10. Décr. n° 2012-1246, 7 nov. 2012, art. 28
11. V. concl. J. Lessi sur : CE 31 mars 2017, Natanek, req. n° 394926, préc.

versement spontané de la somme due par le destinataire du titre exécutoire et, à défaut, procède à son exécution forcée[1].

0123.82 Nature du titre exécutoire susceptible d'être émis. Ainsi qu'il a déjà été dit (v. s^{s} n° 0123.21), il existe une grande variété de catégories de titres exécutoires susceptibles d'être émis en vue du recouvrement des créances ordinaires des personnes publiques[2]. Mais la catégorie particulière des « titres de perception » est certainement la plus courante en pratique. La présente partie exposera donc à titre principal les règles contentieuses lui étant propres.

Il faut néanmoins garder à l'esprit que les dispositions régissant la contestation des titres de perception ne peuvent être appliquées à d'autres types de mesures administratives à caractère pécuniaire. Ainsi, le recours contre la décision de répéter un indu par voie de retenue sur traitement n'a pas l'effet suspensif que l'article 117 du décret n° 2012-1246 du 7 novembre 2012 attache uniquement à la contestation d'un titre de perception[3].

0123.83 Effets de l'émission d'un titre de perception – Cas général. Si un titre de perception émis par une personne morale de droit public rend la créance exigible dès son émission et autorise l'engagement de mesures conservatoires, l'exercice des voies d'exécution doit toujours être précédé de la notification de ce titre précisant les modalités de recours[4]. À cet égard, notons que la preuve de la notification peut, dans bien des cas, être délicate pour la personne publique : même si la notification par voie électronique est parfois envisageable[5] et si la signification par commissaire de justice est, dans un souci de sécurité juridique, certainement souhaitable, à tout le moins pour les créances les plus importantes[6], le procédé le plus courant consiste encore à notifier les titres relatifs à des créances ordinaires par voie postale sous pli simple[7], cette notification pouvant d'ailleurs être réalisée, suivant les cas, soit par l'ordonnateur, soit par l'agent comptable.

Il importe enfin d'observer que le décès du débiteur ne met pas fin aux effets du titre, qui peut être recouvré contre les héritiers à condition toutefois de leur être signifié[8].

0123.84 Effets de l'émission du titre. Cas particulier des titres émis pour l'exécution de décisions juridictionnelles. Lorsqu'une personne publique obtient du juge la condamnation d'une personne physique ou morale au paiement d'une somme d'argent, il ne lui est aucunement besoin d'émettre elle-même un titre de perception à cette fin, consécutivement à la décision juridictionnelle. En effet, cette dernière constitue déjà un titre exécutoire, au sens du 1° de l'article L. 111-3 C. pr. exéc., dont le recouvrement peut être poursuivi directement[9].

Toutefois, en pratique, dans de nombreux cas, les personnes publiques émettent des titres de perception « *pour l'exécution* » de décisions juridictionnelles ayant trait à des litiges à caractère pécuniaire. De tels titres ne sont alors émis que pour des besoins d'ordre pratique, budgétaires et comptables (ordre de recouvrement donné au comptable et support de comptabilisation), et non pour donner force exécutoire à la créance. Ils n'ont ainsi pas de portée juridique propre et ne peuvent recevoir aucune exécution en cas d'annulation de la décision juridictionnelle par le juge d'appel ou le juge de cassation[10].

Pour autant, une telle pratique est régulière : comme le rappelle la Cour de cassation, « *aucune disposition légale ne fait obstacle à ce qu'un créancier dispose de deux titres exécutoires pour la même créance* »[11].

B. Le contentieux du bien-fondé de la créance mentionnée dans un titre exécutoire (contentieux dirigé contre le titre lui-même)

0123.91 Champ d'application de l'obligation de réclamation préalable obligatoire. S'agissant des créances ordinaires de l'État, l'article 118 du décret

1. Décr. n° 2012-1246, 7 nov. 2012, art. 18.
2. V., les différentes formes de titres exécutoires mentionnées à l'article L. 252 A du LPF.
3. S'agissant d'une mesure de retenue sur solde d'un militaire sans information préalable : CE 25 juin 2018, M. Gallet, req. n° 419227, *Lebon*.
4. Civ. 2e, 1er juill. 1999, n° 97-13.255, P II, n° 130 ; *Gaz. Pal.* 12 févr. 2000, p. 31.
5. On observera par ex. que l'article 77 de la loi n° 2017-1775, du 28 décembre 2017 dispose que : « *Les titres de perception émis par l'Etat à l'encontre des collectivités territoriales et des établissements publics sont transmis sous forme électronique* ». Ce même article souligne que les collectivités territoriales et les établissements publics doivent accepter les titres de perception déposés sous forme électronique sur le portail de facturation « Chorus Pro ».
6. F. Belacel, « De l'utilité du recours aux commissaires de justice par les collectivités territoriales », *AJCT* 2024. 554.
7. PAR EX., l'envoi du titre par pli simple est, avec l'envoi par voie électronique, le seul mode de notification envisagé par l'article 192 du décret n° 2012-1246 du 7 novembre 2012, article qui est applicable aux personnes mentionnées à l'article 1er de ce décret, autres que l'Etat, les collectivités territoriales, leurs établissements publics et les établissements publics de santé.
8. Civ. 2e, 18 mars 1987, n° 85-17.392, P II, n° 69.
9. CE, sect., 7 oct. 2016, Cne de Bordeaux, req. n° 395211, *Lebon* – CE 22 juil. 2020, Sté immobilière Massimi, req. n° 426210, *Lebon* T. ; *JCP A* 2020. 475.
10. S'agissant d'ordonnances du juge du référé provision : CE 22 juill. 2020, Sté immobilière Massimi, req. n° 426210, *Lebon* T.
11. Civ. 2e, 18 févr. 2016, n°s 15-13.991, 15-13.945 et 15-15.778, P II, n° 51 – V. s^{s} n° 0112.181.

n° 2012-1246 du 7 novembre 2012 impose au redevable, avant de saisir la juridiction compétente, d'adresser une réclamation au comptable chargé du recouvrement de la créance faisant l'objet du titre de perception (ordre de recouvrer). Cette réclamation dirigée contre le titre doit être réalisée dans les **2 mois** suivant la notification du titre ou, à défaut, du premier acte de poursuite qui en procède. Le comptable compétent accuse réception de la réclamation et indique, dans l'accusé de réception qu'il établit, la date de réception de celle-ci ainsi que les délais et voies de recours. Il transmet immédiatement la réclamation à l'ordonnateur à l'origine du titre, qui dispose d'un délai pour statuer de **6 mois** à compter de la date de réception de la réclamation par le comptable. À défaut d'une décision notifiée dans ce délai, la contestation est considérée comme rejetée.

S'agissant des **créances ordinaires détenues par les autres personnes publiques**, les dispositions de l'article 118 du décret n° 2012-1246 du 7 novembre 2012 ne sont pas applicables. Le bien-fondé de la créance et la régularité formelle du titre de perception peuvent donc faire l'objet d'une contestation présentée directement devant la juridiction compétente[1]. Il en va ainsi, en particulier, en ce qui concerne les titres émis par les collectivités territoriales, leurs établissements et les établissements publics de santé, régies par l'article 1617-5 du CGCT, dont les dispositions prévoient expressément le recours direct au juge.

0123.92 Délai de saisine du juge compétent. S'agissant des **créances ordinaires de l'État**, l'article 118, alinéa 4, du décret du 7 novembre 2012, précité, permet au redevable de porter le litige devant le juge compétent dans un **délai de 2 mois** à compter de la date de notification de la décision expresse prise par l'ordonnateur sur la réclamation ou, à défaut de cette notification, dans un **délai de 2 mois** à compter de la date d'expiration du **délai de 6 mois** imparti à l'ordonnateur pour prendre une telle décision.

S'agissant des **créances ordinaires détenues par les collectivités locales, leurs établissements publics et les établissements publics de santé**, le recours juridictionnel doit être exercé dans le **délai de 2 mois** à compter de la réception du titre exécutoire ou, à défaut, du premier acte procédant de ce titre ou de la notification d'un acte de poursuite, en vertu de l'article L. 1617-5 du CGCT. Toutefois, ce **délai de 2 mois** peut parfaitement être interrompu par l'exercice d'un recours administratif non obligatoire, qu'il soit gracieux ou hiérarchique[2].

S'agissant des **créances ordinaires des autres personnes publiques**, le délai de recours de droit commun de 2 mois est applicable en l'absence de texte spécial (CJA, art. R. 421-1).

On observera que, lorsque la contestation du titre ressortit à l'ordre administratif, la règle du délai raisonnable d'un an est de nature à être appliquée lorsque, *d'une part*, l'obligation d'informer le redevable sur les voies et les délais de recours n'a pas été respectée ou, *d'autre part*, il n'est pas établi qu'une telle information lui ait bien été fournie[3].

0123.93 Détermination du juge compétent pour se prononcer sur la régularité et le bien-fondé du titre. Un litige portant directement sur un titre de perception n'est **jamais de la compétence du JEX** : il relève du juge de droit commun de la créance objet de cet titre. Selon la nature de celle-ci, il s'agira du juge administratif ou du juge judiciaire, les critères habituel de répartition des compétences entre les deux ordres de juridiction étant applicables. Par exemple, si le titre a pour objet de recouvrer une créance née de l'activité d'un service public industriel et commercial, la compétence sera en principe judiciaire[4]. Si la créance est née de l'activité d'un service public administratif, le litige relèvera en principe de l'ordre administratif.

0123.94 Office du juge du titre de perception. Lorsque le juge administratif est compétent, il statue sur la contestation qui lui est soumise non pas comme juge de l'excès de pouvoir (juge de l'annulation) mais comme juge de plein contentieux[5].

Devant lui tout comme devant le juge judiciaire, lorsque celui-ci est compétent, les titres de perception émis en vue de recouvrer des **créances ordinaires de l'État** peuvent faire l'objet de la part des redevables tant : 1) d'une contestation portant sur l'existence de la créance, son montant ou son exigibilité, que 2) d'une contestation portant sur la régularité en la forme du titre de perception[6].

Par ailleurs, même si l'article L. 1617-5 du CGCT n'évoque pas la contestation des éventuels vices for-

1. V. *mutatis mutandis* la solution de principe, retenue s'agissant du régime antérieur à ce décret : CE 8 juill. 1998, Cne de Bressey-sur-Tille, req. n° 151261, *Lebon* T. – POUR UNE ILLUSTRATION RÉCENTE : CAA Bordeaux, 28 sept. 2022, req. n° 20BX01624, NP.

2. CE 24 juin 2009, Cté d'agglomération de Bourges, req. n° 297636, *Lebon*.
3. Sur les délais de contestation des titres émis par les collectivités territoriales, la décision du Conseil d'État étant néanmoins rédigée en des termes généraux : CE 31 mars 2022, Dépt du Val-d'Oise, req. n° 453904, *Lebon*.
4. V. PAR EX., s'agissant de la redevance d'enlèvement des ordures ménagères prévue désormais à l'article L. 2333-76 du CGCT (à différencier de la taxe d'enlèvement des ordures ménagères, qui constitue une imposition) : CE, avis, sect., 10 avr. 1992, SARL Hofmiller, req. n° 132539, *Lebon*.
5. CE, sect., 27 avr. 1988, Mbakam, req. n° 74319, *Lebon*.
6. Décr. n° 2012-1246, 7 nov. 2012, art. 117.

mels affectant les titres de perception émis en vue de recouvrer des **créances ordinaires des collectivités locales, de leurs établissements ou des établissements publics de santé**, la régularité de tels titres peut être contestée devant le juge. Il en va de même du bien-fondé de la créance, expressément mentionné à l'article L. 1617-5.

Enfin, des règles analogues sont applicables aux titres émis par les autres personnes publiques[1].

0123.95 Moyens opérants – Contestation de la régularité en la forme du titre. Ainsi qu'il vient d'être dit, le recours juridictionnel soumis au juge de la créance peut porter, non pas uniquement sur l'existence de celle-ci, sur son montant ou sur son exigibilité, mais également sur la régularité du titre.

À cet égard, trois types de moyens distincts peuvent notamment être soulevés devant le juge de la créance, le JEX étant, en toute hypothèse, incompétent pour en connaître.

• **Compétence.** Le redevable peut tout d'abord contester utilement la compétence de l'auteur du titre[2]. En cas d'incompétence de ce dernier, le titre de perception doit être annulé[3].

• **Signature.** S'agissant des créances des collectivités territoriales, de leurs établissements et des établissements de santé, l'article L. 1617-5 du CGCT impose, *d'une part*, que le titre de recettes individuel ou l'extrait du titre de recettes collectif adressé au redevable mentionne les nom, prénom et qualité de la personne qui l'a émis et, *d'autre part*, que l'autorité administrative justifie, en cas de contestation, que le bordereau de titre de recettes comporte la signature de l'émetteur[4]. Le redevable peut donc contester utilement devant le juge de la créance le défaut de signature de ce borderau (mais non du titre lui-même).

• **Motivation.** Étant habilitée à fixer, de manière unilatérale, le montant de la créance qu'elle entend recouvrer, toute personne publique est tenue d'indiquer, de manière suffisamment explicite, au débiteur de quelle manière cette créance a été déterminée. Ainsi, tout titre exécutoire émis en vue de recouvrer une créance étrangère à l'impôt doit indiquer « ***les bases de la liquidation*** » de cette créance.

Cette formalité substantielle, exigée à l'origine de manière prétorienne par le Conseil d'État[5], figure désormais à l'article 24 du décret n° 2012-1246 du 7 novembre 2012. Elle doit être observée quelle que soit la personne publique émettrice du titre, d'autant qu'il s'agit du seul élément de motivation exigé d'un titre exécutoire émis en vue de recouvrer une créance ordinaire.

Toutefois, une sorte de « *motivation par référence* » est admise : les bases de la liquidation peuvent ne pas être mentionnées dans le titre exécutoire lui-même, pourvu que celui-ci fasse référence précisément à un document comportant une telle mention et que ce document ait été notifié au redevable antérieurement ou conjointement au titre[6].

On observera que l'annulation par une décision juridictionnelle d'un titre exécutoire pour un motif de régularité en la forme n'implique pas nécessairement, compte tenu de la possibilité d'une régularisation par l'Administration, l'extinction de la créance litigieuse, à la différence d'une annulation prononcée pour un motif mettant en cause le bien-fondé du titre[7]. Par conséquent, lorsqu'une juridiction est saisie de conclusions tendant à ce qu'il soit enjoint à l'administration de restituer des sommes perçues sur le fondement d'un titre de perception ainsi annulé, il lui appartient de prescrire la mesure demandée en fixant le délai au terme duquel l'administration devra restituer ces sommes si elle n'a pas émis, avant l'expiration de ce délai, un nouveau titre de perception dans des conditions régulières[8].

0123.96 Effet suspensif de la réclamation préalable ou du recours juridictionnel.

• **Effet suspensif en cas de contestation du titre lui-même.** S'agissant des créances ordinaires de l'État,

1. L'article 117 du décret n° 2012-1246 du 7 nov. 2012 ne trouve pas à s'appliquer aux établissements publics nationaux. Il en va de même de l'article L. 1617-5 du CGCT. C'est ainsi en vertu d'un principe général dont ces dispositions s'inspirent que le Conseil d'État a jugé que, s'agissant d'un ordre de versement émis par de tels établissements (et plus généralement s'agissant des titres émis hors le champ d'application des articles précités), leur destinataire « *est recevable à contester, à l'appui de son recours contre cet ordre de versement, et dans un délai de deux mois suivant la notification de ce dernier, le bien-fondé de la créance correspondante, alors même que la décision initiale constatant et liquidant cette créance est devenue définitive, comme le prévoient au demeurant, pour les dépenses de l'État, les articles 117 et 118 du décret du 7 novembre 2012 relatif à la gestion budgétaire et comptable publique ou, pour les dépenses des collectivités locales, l'article L. 1617-5 du code général des collectivités territoriales* » (CE 28 sept. 2021, min. c/ Burgaud, req. n°s 437650, 437683, *Lebon*, avec concl. L. Cytermann, ces dernières faisant, seules, référence explicitement à l'existence d'un « principe général »).
2. V. PAR EX., s'agissant d'un arrêté de débet : CE, sect., 13 oct. 1967, Caisse de Crédit municipal de Toulon, req. n° 67627, *Lebon*.
3. POUR UNE ILLUSTRATION : CAA Nantes, 6 oct. 1993, GAEC de Kergoten, *AJDA* 1994. 155. Doctr. 115.
4. CE 17 mars 2016, Mme Didier, req. n° 389069, *Lebon* T.
5. V. CE 5 nov. 2003, Coopérative des agriculteurs de la Mayenne et Coopérative laitière Maine Anjou, req. n°s 224941-224942, *Lebon* – CE 7 janv. 2000, Bergoin, req. n°s 195524-197555, *Lebon*.
6. CE 5 nov. 2003, req. n°s 224941-224942, préc.
7. V. en dernier lieu : CE 5 avr. 2019, Sté Mandataires Judiciaires Associés, mandataire liquidateur de la Société Centre d'exportation du livre français, req. n° 413712, *Lebon*.
8. CE 11 déc. 2006, Mme Mas, req. n° 280696, *Lebon*.

l'article 117 du décret n° 2012-1246 du 7 novembre 2012 prévoit expressément que toute contestation d'un titre de perception, devant l'Administration puis le juge, a pour effet de suspendre le recouvrement de la créance.

S'agissant des créances des collectivités territoriales, de leurs établissements et des établissements publics de santé, l'article L. 1617-5 du CGCT comporte des prévisions analogues, une contestation, devant le juge, d'un titre émis en vue du recouvrement d'une telle créance suspendant, selon les termes de cet article, « *la force exécutoire* » de celui-ci.

En tout état de cause, depuis une décision du 30 avril 2003, le Conseil d'État retient que l'effet suspensif inhérent à la contestation d'un titre exécutoire « *revêt le caractère d'un principe général du droit* »[1]. Ainsi, *d'une part*, cet effet joue même en l'absence de disposition législative le prévoyant expressément. *D'autre part*, le pouvoir réglementaire ne peut priver la contestation d'un titre exécutoire d'un tel effet. Enfin, lorsqu'un texte prévoit l'obligation d'un recours administratif préalable à la saisine du juge, ce recours a le même effet suspensif que le recours juridictionnel (s'agissant du caractère obligatoire de la réclamation s'agissant des titres relatifs aux créances ordinaires de l'État, v. s^s n° 0123.91). Il s'agit là d'une exception remarquable à la règle fondamentale du contentieux administratif, énoncée à l'article L. 4 du CJA, selon laquelle « *les requêtes n'ont pas d'effet suspensif s'il n'en est autrement ordonné par la juridiction* », règle qui est le corrolaire du principe du caractère exécutoire des décisions administratives.

On notera que, par un arrêt du 11 juillet 2002, la deuxième chambre civile de la Cour de cassation a affirmé que, dans le contentieux des titres exécutoires relevant de l'ordre administratif, « *la saisine du tribunal administratif n'avait pas d'effet suspensif, en l'absence de décision expresse du tribunal* »[2]. Toutefois, il nous semble que cette solution n'a désormais plus vocation à prévaloir, compte tenu de l'orientation claire de la juriprudence du Conseil d'État, à tout le moins depuis sa décision, précitée, du 30 avril 2003.

• **Absence d'effet suspensif sur le recouvrement en cas de contestation de la créance objet du titre, mais non du titre lui-même.** On observera que, s'agissant des créances publiques dont l'origine est l'exécution d'un marché public (ou de tout autre contrat), lorsque l'Administration a fait le choix de recourir au titre exécutoire plutôt que de présenter devant le juge du contrat des conclusions à fin de condamnation au paiement de son cocontractant (v. s^s n° 0123.14), le recours introduit par l'entreprise pour contester le décompte général (lequel tend, en substance, à la remise en cause du bien-fondé de la créance pour le paiement de laquelle l'ordonnateur a émis le titre exécutoire) ne vaut pas contestation du titre exécutoire. Ce recours ne suspend donc pas la force exécutoire du titre. Dans ces conditions, si le titre n'a pas été contesté par un recours spécifique, la contestation du décompte général ne fait pas obstacle au recouvrement de la créance authentifiée par le titre[3].

C. Le contentieux du recouvrement des créances ordinaires

0123.101 Objet du contentieux du recouvrement des créances ordinaires. S'agissant des créances publiques ordinaires, tout comme en matière fiscale, on entend par « contentieux du recouvrement » toute contestation relative aux actes de poursuite diligentés en vue d'obtenir le recouvrement forcé d'une créance authentifiée par un titre exécutoire (s'agissant de l'éventuelle phase amiable préalable aux actes de poursuite, les développements relatifs à la matière fiscale, v. s^s n°s 0123.73 et 0123.74).

Le contentieux du recouvrement se distingue du contentieux portant sur le titre exécutoire, étudié ci-dessus.

0123.102 Textes applicables au contentieux du recouvrement des créances ordinaires. L'article 119 du décret n° 2012-1246 du 7 novembre 2012 prévoit que les actes de poursuites délivrés pour le recouvrement des titres de perception afférents à des créances ordinaires de l'État peuvent faire l'objet de la part des redevables d'une contestation conformément aux articles L. 281 et R. 281-1 et suivants du LPF.

Lorsqu'il évoque la contestation des actes de poursuite délivrés pour le recouvrement des titres de perception relatifs à des créances des collectivités territoriales, de leurs établissemnts publics et des établissements publics de santé, l'article L. 1617-5 du CGCT opère un renvoi analogue vers les dispostions de l'article L. 281 du LPF, lesquelles, au demeurant, régissent également les litiges relatifs au recouvrement des créances ordinaires des autres personnes publiques dotées d'un comptable public.

0123.103 Réclamation préalable obligatoire en matière de recouvrement de créances ordinaires. L'article L. 281, alinéa 1er, du LPF dispose que les contestations relatives aux sommes quelconques dont la perception incombe aux comptables publics doi-

1. CE 30 avr. 2003, Union nationale des industries de carrières et des matériaux de construction (UNICEM) et autres, req. n°s 244139, 244186, 244255, *Lebon*.
2. Civ. 2e, 11 juill. 2002, n° 00-22.306, P II, n° 172 ; *Dr. et proc.* 2002. 386.
3. CE 22 févr. 2012, Sté Sceria, req. n° 348211, *Lebon* T.

vent faire l'objet d'une réclamation préalable obligatoire adressée à l'administration dont dépend le comptable qui exerce les poursuites. L'alinéa 2 du même texte pose une règle particulière : lorsque les contestations portent sur le recouvrement de créances détenues par les établissements publics de l'État, par un de ses groupements d'intérêt public ou par les autorités publiques indépendantes, dotés d'un agent comptable, ces contestations sont adressées à l'ordonnateur de l'établissement public, du groupement d'intérêt public ou de l'autorité publique indépendante pour le compte duquel l'agent comptable a exercé ces poursuites.

L'article R. 281-3-1 du LPF précise que le délai de réclamation est de deux mois (s'agissant du point de départ du délai, v. ss no 0123.75).

(Pour un exposé détaillé des questions portant sur les délais, v. ss no 0123.77, relatif au recouvrement des créances fiscales).

0123.104 Détermination du juge compétent. S'agissant du contentieux dirigé contre les actes de poursuite émis en vue du recouvrement de titres exécutoires portant sur des créances ordinaires, l'article L. 281 du LPF opère une répartition des compétences entre, *d'une part*, le JEX, et *d'autre part*, le juge de droit commun de ces créances (qu'il s'agisse du juge administratif ou du juge judiciaire).

Lorsque les contestations portent sur la « *régularité en la forme de l'acte* », les recours contre les actes de poursuite sont toujours portés devant le JEX.

Lorsque les contestations portent sur « *l'obligation au paiement* », le « *montant de la dette compte tenu des paiements effectués* » ou « *l'exigibilité de la somme réclamée* », elles sont portées devant :

– le juge de droit commun de la créance (judiciaire ou administratif) s'il s'agit de créances non fiscales de l'État, des établissements publics de l'État, de ses groupements d'intérêt public et des autorités publiques indépendantes, dotés d'un agent comptable ;

– le JEX s'il s'agit de créances non fiscales des collectivités territoriales, des établissements publics locaux et des établissements publics de santé[1].

Ainsi, hors le cas des créances non fiscales des collectivités territoriales, des établissements publics locaux et des établissements publics de santé, la compétence du JEX dépend des moyens soulevés à l'appui du recours et non de son objet.

§ 3
Contentieux des créances domaniales

0123.111 Particularités des créances relatives au domaine public. Le Code général de la propriété des personnes publiques (CGPPP) prévoit l'émission de titres éxécutoires, au sens de l'article L. 252 A du LPF, en vue du recouvrement des créances domaniales (CGPPP, art. L. 2321-1 à L. 2321-3).

Son article L. 2321-4 précise que les produits et redevances du domaine public ou privé de l'État, des collectivités territoriales, de leurs groupements et des établissements publics se prescrivent par **5 ans**, quel que soit leur mode de fixation et que cette prescription commence à courir à compter de la date à laquelle les produits et redevances sont devenus exigibles. On notera, toutefois, que, s'agissant des demandes d'indemnités au titre de l'occupation sans titre du domaine public, qui ne sont ni des produits, ni des redevances de ce domaine, le délai de prescription prévu par l'article 2224 C. civ. est applicable, en sorte que ces demandes se prescrivent par 5 ans à compter de la date à laquelle le gestionnaire du domaine public a connaissance ou devrait avoir connaissance de cette occupation[2].

Pour le reste, les régimes contentieux applicables aux titres émis en vue du recouvrement des créances domaniales ne sont pas distincts de ceux décrits, ci-dessus, s'agissant des créances ordinaires des personnes publiques (v. ss nos 0123.91 s.).

1. Il s'agit de l'état du droit depuis le 1er janvier 2019, qui résulte de la modification de l'article L. 1617-5 du CGCT par la loi no 2017-1775 du 28 décembre 2017 – Pour la décision de principe, v. T. confl., 14 juin 2021, Dépt du Calvados c/ M. Alexandre Perez, req. no 4212 – Pour la déclinaison au cas des titres émis par les établissements des établissements publics de santé, v. T. confl., 6 févr. 2023, APHP c/Sofaxis, req. no 4262, NP ; *AJDA* 2023. 700.
2. CE 15 avr. 2024, Bajnati, req. no 470475, *Lebon*.

CHAPITRE

0124. Décisions auxquelles la loi attache les effets d'un jugement

NICOLAS CAYROL
PROFESSEUR À L'UNIVERSITÉ DE TOURS

SECTION 0 ORIENTEUR

0124.00 **Sommaire du chapitre.**

0124.01 **Textes applicables.**

• **C. pr. exéc.,** art. L. 111-3.

• **CSS,** art. L. 161-1-5, L. 133-4, L. 133-4-9, L. 244-9, L. 523-1 s., L. 581-2 s., L. 582-2, R. 133-3, R. 133-9-1 et R. 523-1 s.

• **C. trav.,** art. L. 1233-66, L. 1233-69, L. 5422-9 à L. 5422-16, L. 3253-18, R. 5422-1.

• **C. rur.,** art. L. 725-3, L. 725-3-1 et R. 725-5

0124.02 **Jurisprudence de référence.**

> Opposition à contrainte.

• **Soc. 6 févr. 2003,** n° 01-20.534, P V, n° 47

* V. s[s] n°s 0124.15

La contrainte doit permettre à l'intéressé d'avoir connaissance de la nature, de la cause et de l'étendue de son obligation ; l'inobservation de ces prescriptions en affecte la validité sans que soit exigé la preuve d'un grief ; l'exception invoquée peut être proposée en tout état de cause.

> Conditions pour que la contrainte comporte les effets d'un jugement.

• **Conseil constitutionnel, 23 juill. 1999,** n° 99-416 DC

* V. s[s] n°s 0124.14

Si le législateur peut conférer un effet exécutoire à certains titres délivrés par des personnes morales de droit public et, le cas échéant, par des personnes morales de droit privé chargées d'une mission de service public, et permettre ainsi la mise en oeuvre de mesures d'exécution forcée, il doit garantir au débiteur le droit à un recours effectif en ce qui concerne tant le bien-fondé desdits titres et l'obligation de payer que le déroulement de la procédure d'exécution forcée ; [...] ce n'est qu'à l'expiration du délai prévu pour former ce recours que la contrainte comporte les effets d'un jugement et que l'organisme créancier peut procéder à l'opposition à tiers détenteur ; en outre, si la contrainte est contestée, l'opposition à tiers détenteur ne peut être formée qu'une fois rendue une décision juridictionnelle exécutoire fixant les droits de l'organisme créancier ; une telle procédure sauvegarde le droit du débiteur d'exercer un recours juridictionnel ».

> Opposition à contrainte.

• **Civ. 2e, 22 sept. 2022, n° 21-10.105 et 21-11.862, deux arrêts, B**

* V. s[s] n°s 0124.16

Le cotisant qui n'a pas contesté la mise en demeure devant la commission de recours amiable peut, à l'appui de l'opposition à la contrainte décernée sur le fondement de celle-ci, contester la régularité de la procédure et le bien-fondé des causes de la contrainte.

0124.03 **Bibliographie indicative.**

* V. aussi bibliographie indicative s[s] n° 012.03.

Articles. B. Brlayova, L'intermédiation financière des pensions alimentaires, *AJ fam.* 2020. 559 – D. Everarert-Dumont, « Le titre exécutoire délivré par le directeur de l'organisme débiteur de prestations familiales : la pension alimentaire pour enfant sous l'influence du droit social ? », *Dr. fam.* 2019. Étude 10 ; « Le nouveau service public de versement des pensions alimentaires. D'une logique de récupération à une logique de prévention », *Dr. fam.* 2020. Étude 20 – R. Laher, « Les incidences procédurales de l'intermédiation financière des pensions alimentaires », *Procédures* 2020. Étude 25 – L. Lauvergnat, « La fin d'un recouvrement forcé des pensions alimentaires », *AJ* *fam.* 2020. 563 – F. Maisonnasse, « Circulaire de présentation de l'intermédiation financière des pensions alimentaires aux auxiliaires de justice », *Dr. fam.* 2021, n° 35 – M. Saulier, « Libres propos sur la multiplication des autorités en droit de la famille », *Dr. fam.* oct. 2017. Étude 17.

0124.05 **Plan.** Constituent des titres exécutoires « *les décisions auxquelles la loi attache les effets d'un jugement* » (C. pr. exéc., art. L. 111-3, 6°, *in fine*).

Ces « *décisions auxquelles la loi attache les effets d'un jugement* » forment un ensemble hétéroclite. Elles désignent principalement les titres, appelés « contraintes », permettant le recouvrement forcé des cotisations de sécurité sociale et assimilées (sect. 1). À ces titres, il convient d'ajouter aujourd'hui des titres relatifs au recouvrement forcé des créances d'aliments (sect. 2), d'autres relatifs au recouvrement forcé des créances professionnelles des organes représentatifs des professions judiciaires à l'encontre de leurs membres (sect. 3) ainsi que certaines décisions du directeur de l'INPI en matière de brevet et de marque (sect. 4).

SECTION 1
TITRES EXÉCUTOIRES RELATIFS AU RECOUVREMENT DES CRÉANCES DE SÉCURITÉ SOCIALE

0124.11 **Champ d'application.** Divers organismes de droit privé sont habilités à émettre des titres exécutoires pour le recouvrement des cotisations de sécurité sociale, qu'il s'agisse des cotisations du régime général, des régimes spéciaux, du régime des travailleurs non-salariés des professions non agricoles et du régime agricole. La loi leur assimile les cotisations d'assurance chômage (v. s[s] n° 0124.18).

Ces habilitations à émettre des titres exécutoires au profit de personnes morales de droit privé, exorbitantes du droit commun, s'interprètent strictement. L'émisson d'un titre exécutoire pour le recouvrement de l'**indu** suppose un texte spécial[1]. Jugé par exemple qu'un texte prévoyant le recouvrement de cotisations ne permet pas de poursuivre le remboursement d'un indu[2].

0124.12 **Cotisations du régime général.** Les unions pour le recouvrement des cotisations de sécurité sociale et d'allocation familiales (Urssaf) sont notamment chargées d'assurer le recouvrement :

– des cotisations d'assurances sociales, d'accidents du travail et d'allocations familiales dues par les employeurs au titre des travailleurs salariés ou assimilés, par les assurés volontaires et par les assurés personnels (CSS, art. L. 213-1, 1°) ;

– des cotisations d'allocations familiales dues par les employeurs et membres des professions libérales (CSS, art. L. 213-1, 2°) ;

– d'une partie des cotisations et contributions sociales dues par les employeurs et les personnes exerçant les professions artisanales, industrielles et commerciales, dans les conditions prévues aux articles L. 133-6-3, L. 133-6-3 et L. 133-6-4 (CSS, art. L. 213-1, 3°) ;

– le recouvrement des contributions, versements et cotisations mentionnés aux articles L. 1233-66, L. 1233-69, L. 5422-9, L. 5422-11 et L. 3253-18 C. trav. ;

– d'une partie de la contribution sociale généralisée selon les dispositions des articles L. 136-1 et suivants du CSS.

0124.13 **Cotisations des régimes spéciaux.** Outre les Urssaf, il existe d'autres organismes chargés du recouvrement des cotisations. Ainsi par exemple de la caisse nationale des barreaux français, qui « *est une caisse privée dotée de la personnalité civile* » (CSS, art. L. 652-1), chargés de percevoir les cotisations des avocats (CSS, art. L. 652-7).

Ces cotisations sont recouvrées dans les mêmes conditions et sous les mêmes sanctions que les cotisations du régime général (CSS, art. L. 652-10), à ceci près que « *le rôle des cotisations est rendu exécutoire par le premier président de chaque cour d'appel, sur l'avis du procureur général* » (CSS, art. L. 652-11)[3].

Pour le recouvrement des cotisations et des majorations et pénalités de retard dues au titre des régimes de protection sociale agricole, v. s[s] n°s 0124.17 et 0971.21.

0124.14 **Technique de la contrainte.** Pour le recouvrement des cotisations et majorations de retard, le titre décerné est dénommé **contrainte.** Il a, aux termes de l'article L. 244-9 du CSS, « *tous les effets d'un jugement* ». Selon ce texte, « *la contrainte décernée par le directeur d'un organisme de sécurité sociale pour le recouvrement des cotisations et majorations de retard comporte, à défaut d'opposition du débiteur devant le tribunal judiciaire spécialement désigné en application de l'article L. 211-16 du Code de l'organisation judiciaire, dans les délais et selon des conditions fixés par décret,* ***tous les effets d'un jugement***

1. V. PAR EX., CSS, art. L. 161-1-5 et L.133-4, III – C. rur., art. L. 725-3-1 – C. trav. L. 5426-8-2.
2. Civ. 2e, 26 nov. 2020, n° 19-21.731, P ; *JCP S* 2021. 1038, note Frisoni et Delord.
3. Sur la nature de l'ordonnance du premier président, v. Civ. 2e, 12 nov. 2020, n° 19-21.385, P ; *Gaz. Pal.* 26 janv. 2021, p. 85, obs. T. H. Groud ; *RTD civ.* 2021. 706, obs. N. Cayrol. – Civ. 2e, 20 mai 2021, n° 19-22.553, P ; *D. actu.* 1er juin 2021, obs. G. Payan ; *Procédures* 2021, n° 191, obs. R. Laher ; *RTD civ.* 2021. 706, obs. N. Cayrol.

et confère notamment le bénéfice de l'hypothèque judiciaire[1].

Le délai de prescription de l'action en exécution de la contrainte non contestée et devenue définitive est de trois ans à compter de la date à laquelle la contrainte a été notifiée ou signifiée, ou un acte d'exécution signifié en application de cette contrainte ».

Toutefois, au moment où elle est émise, la contrainte n'est pas encore un titre exécutoire : elle ne le deviendra qu'« *a défaut d'opposition* » dans le délai imparti. « *Les contraintes délivrées, par les caisses de securité sociale pour le recouvrement des cotisations, ne constituent pas des actes juridictionnels mais des actes de commandements revêtus de la formule exécutoire et pouvant, le délai d'opposition expiré, faire l'objet d'une execution forcée* »[2].

Sous ce rapport, elle ressemble à l'ordonnance d'injonction de payer. Le caractère nécessairement **conditionnel** de la contrainte a été expliqué par le Conseil constitutionnel en des termes qui renforcent la comparaison, puisqu'il est commandé par « *le droit à un recours à un recours effectif* » : « *si le législateur peut conférer un effet exécutoire à certains titres délivrés par des personnes morales de droit public et, le cas échéant, par des personnes morales de droit privé chargées d'une mission de service public, et permettre ainsi la mise en oeuvre de mesures d'exécution forcée, il doit garantir au débiteur le droit à un recours effectif en ce qui concerne tant le bien-fondé desdits titres et l'obligation de payer que le déroulement de la procédure d'exécution forcée ; [...] ce n'est qu'à l'expiration du délai prévu pour former ce recours que la contrainte comporte les effets d'un jugement et que l'organisme créancier peut procéder à l'opposition à tiers détenteur ; en outre, si la contrainte est contestée, l'opposition à tiers détenteur ne peut être formée qu'une fois rendue une décision juridictionnelle exécutoire fixant les droits de l'organisme créancier ; une telle procédure sauvegarde le droit du débiteur d'exercer un recours juridictionnel* »[3].

Pour la Cour de cassation, les dispositions de l'article L. 244-9 « *ne méconnaissent pas les exigences de l'article 6, § 1er, de la Convention de sauvegarde des droits de l'homme et des libertés fondamentales dès lors* [que le débiteur] *a été dûment informé des voies et délais de recours qui lui sont ouverts devant les juridictions du contentieux général de la sécurité sociale* »[4].

0124.15 Régime de la contrainte. La contrainte ne peut être valablement délivrée qu'à l'issue du délai d'un mois à compter de la notification d'une mise en demeure ou d'un avertissement resté sans effet (CSS, art. R. 133-3, al. 1er).

Formellement, la contrainte doit être signée[5] et motivée de manière à permettre à celui contre lequel elle est émise d'avoir « *connaissance de la nature, de la cause et de l'étendue de son obligation* »[6]. Cette motivation de la contrainte ne peut être suppléée par la motivation de la mise en demeure qui l'a précédée[7].

L'inobservation de ces prescriptions formelles, sanctionnée par la nullité, peut être largement dénoncée. Pour la Cour de cassation, il ne s'agit pas de vices de forme soumis au régime des articles 112 et suivants du Code de procédure civile : l'exception de nullité de la contrainte irrégulière peut être opposée sans grief et en tout état de cause[8].

La contrainte est signifiée au débiteur par acte d'huissier de justice ou notifiée par LRAR. « *À peine de nullité, l'acte d'huissier ou la notification mentionne la référence de la contrainte et son montant, le délai dans lequel l'opposition doit être formée, l'adresse du tribunal compétent et les formes requises pour sa saisine* » (CSS, art. R. 133-3, al. 1er)[9]. À défaut de mention du délai ou de l'indication de la juridiction dans l'acte de signification, le délai ne court pas[10].

0124.16 Opposition à contrainte. Le débiteur peut former **opposition** par inscription au secrétariat du tribunal compétent dans les **quinze jours** à compter de la notification[11].

Pour être valable, l'opposition doit être motivée, et une copie de la contrainte doit, en principe, être jointe. Il appartient au secrétariat du tribunal d'informer l'organisme créancier dans les huit jours de la réception de l'opposition (CSS, art. R. 133-3, al. 3).

La recevabilité de l'opposition fut un temps subordonnée à la contestation préalable de la mise en demeure qui avait précédé la contrainte[12]. Depuis

1. V. Civ. 3e, 13 déc. 2000, no 99-11.822, P II, no 190, qui précise que l'hypothèque dont bénéficie l'Urssaf en application des articles 2123 C. civ. (aujourd'hui art. 2396, al. 2) et L. 244-9 du CSS, « *est l'hypothèque légale attachée de plein droit à tout jugement de condamnation* ».
2. Civ. 2e, 31 janv. 1962, P II, no 130.
3. Cons. const., 23 juill. 1999, no 99-416 DC ; *D.* 2000. 422, obs. L. Gay.
4. Civ. 2e, 16 juin 2016, no 15-12.505, P II, no 159 (en l'occurrence, délai de quinze jours prescrit par l'article R. 133-3 du CSS pour faire opposition à la contrainte, qui devient alors définitive et le cotisant irrecevable à contester la régularité et le bien-fondé des chefs de redressement qui font l'objet de la contrainte) – V. ÉGAL. Civ. 2e, 9 avr. 2009, no 07-21.546, P II, no 92.
5. CSS, art. R. 133-4 – V. Civ. 2e, 28 mai 2020, no 19-11.744, P.
6. Soc. 4 oct. 2001, no 00-12.757, P V, no 298.
7. Civ. 2e, 3 nov. 2016, no 15-20.433, P ; *RDSS* 2017. 185, obs. T. Tauran ; *JCP S* 2016, 1427, note Michalletz.
8. Soc. 6 févr. 2003, no 01-20.534, P V, no 47 ; *D.* 2003. 741 ; *RTD civ.* 2003. 350, obs. R. Perrot.
9. Réd. Décr. no 2022-1144, 10 août 2022.
10. Civ. 2e, 21 juin 2018, no 17-16.441, P II, no 130 ; *JCP E* 2018, 1426, note F. Taquet.
11. Sur la compétence, v. T. Tauran, « Jurisprudence du Tribunal des conflits et contentieux de la sécurité sociale », *RDSS* 2014. 720.
12. Civ. 2e, 4 avr. 2019, no 18-12.014, P ; *JCP S* 2019, 1154, note E. Piekut.

deux arrêts du 22 septembre 2022, opérant un revirement de jurisprudence, la Cour de cassation juge désormais que l'opposition est recevable même si le débiteur n'a pas formellement contesté préalablement la mise en demeure qui lui a été adressée : jugé que « *le cotisant qui n'a pas contesté la mise en demeure devant la commission de recours amiable peut, à l'appui de l'opposition à la contrainte décernée sur le fondement de celle-ci, contester la régularité de la procédure et le bien-fondé des causes de la contrainte* »[1].

Dès que l'organisme créancier a connaissance de l'opposition formée par le débiteur, il lui appartient d'adresser au greffe du tribunal une copie de la contrainte. Il doit y être joint :

– une copie de la mise en demeure comportant l'indication du détail des sommes ayant servi de base à l'établissement de la contrainte[2] ;

– l'avis de réception par le débiteur de la mise en demeure (CSS, art. R. 133-5).

En cas d'opposition, la contrainte ne constitue plus un titre suffisant pour mettre en œuvre une mesure d'exécution[3]. C'est le jugement rejetant l'opposition qui, lorsqu'il aura été notifié, constituera le titre exécutoire. Où l'on voit que la contrainte est un titre exécutoire conditionnel, subordonné à l'absence d'opposition.

0124.17 Cotisations du régime agricole. Il résulte de l'article L. 725-3 C. rur. que « *les caisses de mutualité sociale agricole sont chargées du recouvrement des cotisations et des majorations et pénalités de retard dues au titre des régimes de protection sociale agricole dont elles assurent l'application.* [... Elles] *peuvent recouvrer les cotisations et éventuellement les pénalités dues en utilisant l'une ou plusieurs des procédures suivantes : 1° La* ***contrainte*** *qui comporte,* ***à défaut d'opposition*** *du débiteur* [...], ***tous les effets d'un jugement*** *et qui confère notamment le bénéfice de l'hypothèque judiciaire* [...] ; *2° L'état exécutoire signé par le préfet dans le cadre d'une procédure sommaire dont le recouvrement est effectué comme en matière de contributions directes* », étant précisé que « *toute action de mise en recouvrement est précédée de l'envoi au cotisant d'une mise en demeure de régulariser sa situation* »[4].

La contrainte fait l'objet soit d'une signification par un huissier de justice soit d'une lettre recommandée avec demande d'avis de réception. À peine de nullité, l'acte d'huissier ou la lettre recommandée mentionne la référence de la contrainte et son montant, le délai dans lequel l'opposition doit être formée, l'adresse du tribunal judiciaire compétent et les formes requises pour sa saisine. L'huissier de justice avise dans les huit jours le signataire de la contrainte de la date de sa signification (C. rur., art. R. 725-8)[5].

Comme pour le recouvrement des cotisations de sécurité sociale, le débiteur dispose d'un délai de quinze jours à compter de la signification de la contrainte par huissier de justice ou de la lettre recommandée avec demande d'avis de réception pour former opposition (C. rur., art. R. 725-9[6]).

0124.18 Contributions à l'assurance chômage. Les contributions à l'assurance chômage « *sont recouvrées et contrôlées* [...] *selon les règles et sous les garanties et sanctions applicables au recouvrement des cotisations du régime général de la sécurité sociale assises sur les rémunérations.* [...] *Les différends relatifs au recouvrement de ces contributions relèvent du contentieux de la sécurité sociale* » (C. trav., art. L. 5422-16[7]).

En outre, « *pour le remboursement des allocations, aides, ainsi que de toute autre prestation indûment versées par l'opérateur France Travail pour son propre compte, pour le compte de l'organisme chargé de la gestion du régime d'assurance chômage mentionné à l'article L. 5427-1, pour le compte de l'Etat ou des employeurs mentionnés à l'article L. 5424-1, le directeur général de l'opérateur France Travail ou la personne qu'il désigne en son sein peut, dans les délais et selon les conditions fixés par voie réglementaire, et après mise en demeure, délivrer une contrainte qui, à défaut d'opposition du débiteur devant la juridiction compétente, comporte tous les effets d'un jugement et confère le bénéfice de l'hypothèque judiciaire* » (C. trav., art. L. 5426-8-2[8]).

Le recouvrement des contributions donne donc lieu à la délivrance d'une contrainte, précédée d'une mise en demeure[9].

La juridiction compétente pour connaître de l'opposition formée contre la contrainte dépend de la nature

1. Civ. 2e, 22 sept. 2022, nos 21-10.105 et 21-11.862, deux arrêts, B ; *JCP S* 2022, 1251, note P. Coursier.
2. Soc. 7 déc. 2000, no 98-18.359, NP.
3. Aix-en-Provence, 17 mai 1996, *Rev. huiss.* 1997. 270 – TGI Montpellier, JEX, 15 déc. 1998, *Rev. huiss.* 2000. 167, obs. J.-J. Bourdillat.
4. Réd. L. 2020-1567, 14 déc. 2020, portant diverses dispositions dans le domaine funéraire en raison des circonstances exceptionnelles liées à la propagation de l'épidémie de Covid-19, *JO* 12 déc., texte 25.
5. Réd. Décr. no 2019-966, 18 sept. 2019, portant substitution du tribunal judiciaire au tribunal de grande instance et au tribunal d'instance en application de l'article 95 de la loi no 2019-222 du 23 mars 2019 de programmation 2018-2022 et de réforme pour la justice et diverses dispositions relatives à l'organisation judiciaire et modifiant l'annexe du décret no 2019-913 du 30 août 2019 pris en application de l'article 95 de la loi no 2019-222 du 23 mars 2019 de programmation (2018-2022) et de réforme pour la justice, *JO* 19 sept., texte 7.
6. Réd. Décr. no 2019-966, 18 sept. 2019, préc.
7. Réd. L. no 2023-1196, 18 déc. 2023, pour le plein emploi, *JO* 19 déc., texte 2.
8. Réd. L. no 2023-1196, 18 déc. 2023, préc.
9. V. ENCORE, CSS, art. L. 161-1-5 et C. trav., art. L. 133-8-7, réd. L. no 2020-1576, 14 déc. 2020.

de la créance : juridiction de l'ordre adminsitratif s'il s'agit d'une créance publique[1], juridiction de l'ordre judiciaire s'il s'agit d'une créance de droit privé, telle une allocation d'aide au retour à l'emploi[2].

La juridiction territorialement compétente pour connaître de l'opposition à la contrainte visée à l'article L. 5422-16, lorsque celle-ci a été délivrée pour le recouvrement de contributions relatives à l'emploi de salariés intermittents du spectacle, est, par dérogation à la règle de principe, le « *tribunal dans le ressort duquel l'organisme créancier a son siège* » (C. trav., art. D. 5424-65).

0124.19 Indu de sommes relatives au compte personnel de formation. Aux termes de l'article L. 6323-44 C. trav., « *pour le remboursement des sommes indûment versées par la Caisse des dépôts et consignations, le directeur général de la Caisse des dépôts et consignations peut délivrer une contrainte qui, à défaut d'opposition du prestataire mentionné à l'article L. 6351-1 devant la juridiction compétente, comporte tous les effets d'un jugement* »[3].

SECTION 2 TITRES EXÉCUTOIRES RELATIFS AU RECOUVREMENT DES CRÉANCES D'ALIMENTS

0124.21 Recouvrement forcé des pensions alimentaires. Le créancier d'aliments qui dispose d'un titre exécutoire peut procéder au recouvrement forcé suivant la procédure particulière de paiement direct des pensions alimentaires (C. pr. exéc., art. L. 213-1 s.) et toutes les voies d'exécution de droit privé.

Mais pour lui faciliter le recouvrement, la loi lui offre en outre deux dispositifs particuliers supplémentaires : le recouvrement public des pensions alimentaires et l'intermédiation financière d'un organisme de prestations familiales.

Ces deux procédures donnent lieu à l'édiction de titres exécutoires spéciaux.

0124.22 État exécutoire en vue du recouvrement public des pensions alimentaires. Le créancier d'aliments qui a échoué dans ses tentatives de recouvrement de pension alimentaire peut s'adresser au ministère public de son domicile pour en obtenir un recouvrement public. L'article 1er de la loi du 11 juillet 1975[4] dispose que « *toute pension alimentaire dont le recouvrement total ou partiel n'a pu être obtenu par l'une des voies d'exécution de droit privé peut être recouvrée pour le compte du créancier par les comptables publics compétents lorsque celle-ci a été fixée par :*

1° *Une décision judiciaire devenue exécutoire ;*

1° *bis Une convention homologuée par le juge ;*

2° *Un accord par lequel les époux consentent mutuellement à leur divorce ou à leur séparation de corps par acte sous signature privée contresigné par avocats, déposé au rang des minutes d'un notaire selon les modalités prévues à l'article 229-1 du Code civil ;*

3° *Un acte reçu en la forme authentique par un notaire ;*

4° *Un accord auquel l'organisme débiteur des prestations familiales a donné force exécutoire en application de l'article L. 582-2 du Code de la sécurité sociale* »[5].

À cette fin, le créancier adresse une demande au procureur de la République près le tribunal judiciaire dans le ressort duquel se trouve son domicile en justifiant « *qu'il a eu recours effectivement à l'une des voies d'exécution de droit privé et que ce recours est resté infructueux* »[6].

Il appartient ensuite au procureur de la République d'établir un « **état exécutoire** » actualisé du montant de la pension alimentaire, état qu'il transmet au directeur départemental des finances publiques pour le recouvrement des termes à échoir de la pension alimentaire et, le cas échéant, de ceux qui sont échus à compter du sixième mois ayant précédé la date de la demande[7].

Aux termes de l'article 6 du décret du 31 décembre 1975, cet « état exécutoire » mentionne le titre en vertu duquel la pension est due (jugement, accord, *etc.*) et il « *est revêtu de la mention* "pour valoir titre exécutoire conformément à la loi n° 75-618 du 11 juillet 1975" »[8].

Voilà donc un titre constatant un titre exécutoire et valant lui-même titre exécutoire.

Pour expliquer cet emboîtement de titres, il convient d'observer que la formule exécutoire générale donne ordre aux commissaires de justice de mettre le titre à exécution (et aux procureurs d'y prêter la main), alors qu'il s'agit là de donner l'ordre à l'administration des finances publiques de mettre ses moyens au service du recouvrement d'une créance privée.

0124.23 Accord des parents relatif à l'entretien de l'enfant déclaré exécutoire. Issu de la loi du

1. CE, avis, 15 nov. 2013, req. n° 369051 – V. M.-C. de Montecler, « Le juge administratif est compétent pour juger de la légalité des contraintes délivrées par Pôle emploi », *AJDA* 2013. 2406.
2. Soc., avis, 18 oct. 2018, n° 18-70.009, ; *D.* 2018. 2095 ; *JCP S* 2018, 1411, obs. A. Bugada.
3. Réd. L. n° 2022-1587, 19 déc. 2022.
4. L. n° 75-618, 11 juill. 1975, relative au recouvrement public des pensions alimentaires, *JO* 12 juill.
5. Réd. L. n° 2019-1446, 24 déc. 2019, de financement de la sécurité sociale pour 2020, *JO* 27 déc., texte 1.
6. L. n° 75-618, 11 juill. 1975, art. 2.
7. L. n° 75-618, 11 juill. 1975, art. 3.
8. Décr. n° 75-1339, 31 déc. 1975, relatif aux modalités d'application de la loi n° 75-618 du 11 juillet 1975 relative au recouvrement public des pensions alimentaires, *JO* 3 janv., art. 6.

23 décembre 2016[1], l'article L. 582-2 du CSS permet au directeur d'un organisme de prestations familiales de donner force exécutoire à l'accord par lequel des parents, qui mettent fin à leur vie en concubinage ou qui ont procédé à une dissolution du pacte civil de solidarité qui les liait, fixent le montant de la contribution à l'entretien et à l'éducation en faveur de l'enfant mise à la charge de l'un d'eux[2].

Selon ce texte, la décision de donner force exécutoire à l'accord est subordonnée à trois conditions : 1° Les parents doivent attester qu'aucun d'eux n'est titulaire d'une créance fixée pour cet enfant par un autre titre exécutoire ; 2° Le montant de la contribution, fixé en numéraire, doit être supérieur ou égal à un seuil établi en tenant compte notamment des modalités de résidence retenues pour l'enfant mentionné au premier alinéa, des ressources du débiteur et du nombre d'enfants de ce dernier lorsqu'ils sont à sa charge (v. CSS, art. R. 582-1) ; 3° L'accord doit préciser les informations strictement nécessaires à la détermination du montant de la contribution.

À ces conditions, « *la décision de l'organisme débiteur a les effets d'un jugement et constitue un **titre exécutoire** au sens du 6° de l'article L. 111-3 du Code des procédures civiles d'exécution* » (CSS, art. L. 582-2, 3°, al. 2), c'est-à-dire qu'il permet au créancier de mettre en œuvre toutes les voies d'exécution de droit privé.

Il permet aussi de requérir du procureur le bénéfice du recouvrement public de la pension alimentaire[3]. Ainsi, les organismes débiteurs de prestations familiales ont la mission de délivrer des titres exécutoires, mission pour laquelle ils ont le droit de requérir des informations auprès de l'administration fiscale (LPF, art. L. 152).

Ce titre ouvre encore le bénéfice de l'allocation de soutien familial de l'article L. 523-1, IV, 3° du CSS et celui de l'intermédiation financière de l'article L. 582-1 du même code.

Formellement, aux termes de l'article R. 582-3, le titre exécutoire est « *un courrier signé par le directeur de l'organisme débiteur des prestations familiales* », qui doit comporter diverses mentions, et auquel est annexé la demande conjointe des parents. Le texte indique que « *ce titre acquiert un caractère exécutoire à la date de la signature du courrier par le directeur de l'organisme débiteur des prestations familiales. Un original est délivré à chacun des deux parents et le troisième est conservé par l'organisme* ».

SECTION 3
TITRES EXÉCUTOIRES RELATIFS AU RECOUVREMENT DES CRÉANCES PROFESSIONNELLES DES PROFESSIONS JUDICIAIRES

0124.31 Décision liquidant une astreinte assortissant une injonction disciplinaire. La loi pour la confiance dans l'institution judiciaire[4] consacre une section à la déontologie et à la discipline des officiers ministériels, instituant des règles communes aux avocats au Conseil d'État et à la Cour de cassation, aux commissaires de justice, aux greffiers des tribunaux de commerce et aux notaires. L'article 35 de la loi dispose qu'en cas de manquement d'un professionnel à ses obligations, l'autorité habilitée de chaque profession peut, même d'office, lui adresser une injonction de mettre fin au manquement et assortir cette injonction d'une astreinte, qu'elle est compétente pour liquider. Or, aux termes de l'alinéa 5 de ce texte : « *La décision liquidant l'astreinte a les effets d'un jugement au sens du 6° de l'article L. 111-3 du code des procédures civiles d'exécution* ».

0124.32 Décision du Conseil national des barreaux enjoignant à un avocat le paiement d'une cotisation. L'article 21-1 de la loi du 31 décembre 1971[5], dans sa rédaction issue de la loi pour la confiance dans l'institution judiciaire[6], est complété par un alinéa ainsi rédigé : « *À défaut de paiement de la cotisation annuelle due par les avocats inscrits à un tableau dans un délai d'un mois à compter d'une mise en demeure de payer, le Conseil national des barreaux rend, à l'encontre des avocats redevables, une décision qui, à défaut d'opposition du débiteur devant la juridiction compétente, produit les effets d'un jugement au sens du 6° de l'article L. 111-3 du code des procédures civiles d'exécution.* »

SECTION 4
TITRES EXÉCUTOIRES EN MATIÈRE DE BREVET ET DE MARQUE

0124.41 Décision du directeur général de l'INPI. La décision du directeur général de l'Institut national de la propriété industrielle (INPI), lorsque celui-ci statue sur une opposition formée à l'encontre d'un brevet, a « *les effets d'un jugement au sens du 6° de l'article L. 111-3 du code des procédures civiles d'exécution* » (CPI, art. L. 613-23-2, al. 2[7]).

1. L. n° 2016-1827, 23 déc. 2016, de financement de la sécurité sociale pour 2017, *JO* 24 déc., texte 1.
2. D. Everaert-Dumont, « Le titre exécutoire délivré par le directeur de l'organisme débiteur de prestations familiales : la pension alimentaire pour enfant sous l'influence du droit social ? », *Dr. fam.* 2019. Étude 10.
3. V. L. n° 75-618, 11 juill. 1975, préc., art. 1er, 4°.
4. L. n° 2021-1729, 22 déc. 2021, pour la confiance dans l'institution judiciaire, *JO* 23 déc., texte 2, art. 31 à 41.
5. L. n° 71-1130, 31 déc. 1971, portant réforme de certaines professions judiciaires et juridiques, *JO* 5 janv. 1972.
6. L. n° 2021-1729, 22 déc. 2021, préc., art. 47.
7. Réd. Ord. n° 2020-116, 12 févr. 2020.

De même, la décision du directeur général de l'Institut statuant, au terme d'une procédure contradictoire, sur les demandes en nullité ou en déchéance de marque « *a les effets d'un jugement au sens du 6º de l'article L. 111-3 du code des procédures civiles d'exécution* » (CPI, art. L. 716-1[1]).

Ayant les effets d'un jugement « *au sens du 6º de l'article L. 111-3* », ces décisions sont donc des titres exécutoires. « *La situation créée par les nouveaux textes, tant en matière de marques qu'en matière de brevets, présente néanmoins un caractère baroque qui fait douter de la qualification processuelle* »[2]. Pour l'auteur de cette remarque, il est douteux que les décisions du directeur de l'INPI, si elles ont les « effets d'un jugement », puissent vraiment être assimilées à des jugements. Prolongeant sa remarque, on se demande si ces décisions qui ont les effets d'un jugement peuvent vraiment être assimilées à des titres exécutoires : statuant sur une opposition formée à l'encontre d'un brevet ou d'une marque, les décisions du directeur général de l'INPI commandent le sort d'une demande d'enregistrement soumise à l'INPI et sont transcrites sur les registres de l'Institut (CPI, art. R. 613-44-7). Voilà en quoi consiste leur exécution. Cela dit, quelle exécution forcée de telles décisions qui ne constatent pas une créance peuvent-elle fonder ?

1. Réd. Ord. nº 2019-1169, 13 nov. 2019.
2. V. J.-C. Galloux, « La réforme du droit français des brevets », *RTD com.* 2020. 31.

TITRE

013. Le créancier saisissant et la mise en œuvre d'une procédure

SECTION 0

ORIENTEUR

013.00 Sommaire du titre.

Division. Le créancier saisissant doit être capable ou représenté (chap. 131), et sa créance doit répondre à certains critères (chap. 132). C'est lui qui met en œuvre la procédure d'exécution, mais son choix n'est pas totalement libre, il est encadré (chap. 133).

CHAPITRE

0131. Capacité et représentation

Olivier Salati
Maître de conférences HDR à l'Université d'Aix-Marseille
Directeur du master II professionnel
Commissaire de justice et professions judiciaires

SECTION 0 ORIENTEUR

0131.00 **Sommaire du chapitre.**

Division. Le créancier saisissant doit être capable (sect. 1), ou à défaut représenté (sect. 2).

0131.01 **Textes applicables.**

• **C. pr. exéc.,** art. L. 111-1, L. 111-9, R. 121-7, R. 151-1 s. et R. 321-1, al. 2.

• **ACPC,** art. 673.

• **C. pr. civ.,** art. 122.

• **C. civ.,** art. 217, 218, 382, 387, 388-1-2, 390, 401, 413-1 à 413-8, 425, 428, 433, 435, 437, 440, 444, 454, 458, 459, 467 à 469, 471, 473, 474, 477 s., 486, 490, 493, 496 s., 504, 505, 730-1, 815-3, 883, 1008, 1341-1, 1421, 1428, 1536, 1538, 1569, 1987 et 1988.

• **CASF,** art. L. 471-1.

• **C. com.,** art. L. 622-1, L. 622-3, L. 622-4, L. 622-7, L. 631-1, L. 631-12, L. 631-14 et L. 641-9, I.

0131.02 **Jurisprudence de référence.**

> Déclaration de surenchère.

• **Civ. 2e, 21 mars 2013,** n° 12-10.091, NP

* V. ss n° 0131.06, 1342.43

La déclaration de surenchère constituant un acte de disposition, le maire ne peut l'accomplir que dûment autorisé par le conseil municipal.

> Administrateur judiciaire. Une saisie-attribution est un acte d'administration.

• **Com. 31 mai 2016,** n° 14-28.056, P IV, n° 80

* V. ss nos 0131.15, 0131.31, 0821.14

Lorsque l'administrateur judiciaire a été investi d'une mission d'assistance sans restriction, il en résulte qu'il doit assister le débiteur pour tous les actes d'administration, comme les mesures d'exécution dont font partie les saisies-attributions.

> Directeur général d'une caisse de réunion d'assureurs maladie.

• **Civ. 2e, 15 janv. 2004,** n° 01-17.920, P II, n° 8

* V. ss nos 0131.05, 0821.14

L'exercice par le directeur général d'une mesure d'exécution forcée, considérée comme un acte d'administration, ne justifie pas un pouvoir spécial de représentation.

> Syndic de copropriété.

• **Civ. 3e, 6 déc. 2006,** n° 04-14.175, P III, n° 243

* V. ss nos 0131.31, 0813.21

Une autorisation de l'assemblée générale des copropriétaires n'étant pas nécessaire pour la mise en œuvre des voies d'exécution forcée et pour défendre aux actions intentées contre le syndicat, la contestation par le syndicat débiteur de la saisie-attribution pratiquée à son encontre n'est pas soumise à autorisation.

0131.03 **Bibliographie indicative.**

Ouvrages[1]. A. Leborgne, *Droit de l'exécution*, 3e éd., « Précis », Dalloz, 2019 – R. Perrot et Ph. Théry, *Procédures civiles d'exécution*, 3e éd., Dalloz, 2013.

Article. H. Conchon, « Le mandat de l'huissier de justice dans la conduite des opérations d'exécution », *Dr. et proc.* 2003. 278.

0131.05 **Acte d'administration en principe.** Même si le contentieux est plutôt rare sur la question, la règle posée par l'article L. 111-9 C. pr. exéc., selon laquelle l'exercice d'une mesure d'exécution ou d'une mesure conservatoire est considéré comme un acte d'administration, renvoie aux catégories fondamentales du droit civil. Elle s'explique par le fait **que le recouvrement d'une créance, ou sa conservation, est un acte de gestion courante du patrimoine,**

1. Les ouvrages dont le nom des auteurs figure en petites capitales en bibliographie seront cités par le seul nom des auteurs en petites capitales en notes de bas de page.

économiquement sain dans la mesure où il ne l'engage pas mais au contraire le préserve. Le décret du 22 décembre 2008[1], relatif aux actes de gestion du patrimoine des personnes placées en curatelle ou en tutelle, auquel renvoie l'article 496 alinéa 3 C. civ., dispose ainsi, dans son article 1er alinéa 2, que « *constituent des actes d'administration les actes d'exploitation ou de mise en valeur du patrimoine de la personne protégée dénués de risque anormal* ». Ce texte va même plus loin puisque, dans son annexe 1 énonçant, dans la colonne 1, la liste des actes considérés comme d'administration, il vise précisément, dans la rubrique VIII, les mesures conservatoires et les procédures d'exécution mobilière, en opérant un renvoi à l'article L. 111-9 C. pr. exéc. Cette analyse générale est partagée par la Cour de cassation, la Cour ayant considéré, le 15 janvier 2004[2], que l'exercice, par le directeur d'une caisse d'assurance, d'une mesure d'exécution forcée (saisie-attribution) sur un affilié qui ne payait pas ses cotisations, ne justifiait pas la production, de la part de ce dernier, d'un pouvoir spécial de représentation en justice. La deuxième chambre civile a ainsi censuré une cour d'appel ayant décidé, pour annuler la saisie, que les actes de saisie avaient été effectués à la demande du directeur, sans indication de son nom et sans qu'il soit indiqué que ce dernier soit doté de la « *capacité* » d'agir en justice (entre guillemets dans l'arrêt de la deuxième chambre civile), « *même* – était-il dit par la cour d'appel – *s'il est vrai que les saisies sont de simples actes d'administration* ». C'était aussi oublier qu'en principe, on peut procéder à une saisie sans qu'un juge intervienne, et que ce n'est que si une contestation surgit, nécessitant de trancher un incident, qu'on se trouvera réellement en présence d'une action en justice pour laquelle devront s'appliquer les règles relatives à la représentation, et l'initiateur de la mesure d'exécution être détenteur d'un tel pouvoir. L'attention est également attirée sur la distinction entre la **capacité à agir en justice** et le **pouvoir d'agir** (en l'espèce, le directeur ayant reçu délégation de pouvoir, il était investi, selon les termes de l'arrêt, d'un pouvoir de « *délivrance de contrainte et de gestion courante* »), c'est-à-dire que pour saisir, il faut être capable d'exercer ses propres droits, et, notamment, d'ester en justice. À défaut, un pouvoir de représentation sera donné à un tiers, soit conventionnellement, soit légalement, soit judiciairement. Il importe donc de déterminer les différentes hypothèses de capacité ou d'incapacité du saisissant et les cas de représentation conventionnelle ou légale, étant précisé que le défaut de qualité pour agir constitue une fin de non-recevoir de l'article 122 C. pr. civ.

0131.06 **Saisie immobilière, acte de disposition.** En matière de saisie immobilière, la délivrance du commandement de payer valant saisie a toujours été considérée comme un acte de disposition, raison pour laquelle l'article L. 111-9 C. pr. exéc. réserve l'éventualité d'une disposition contraire. L'article 2 du décret du 22 décembre 2008, relatif aux actes de gestion du patrimoine des personnes placées en curatelle ou en tutelle, définit les actes de disposition comme des actes qui engagent le patrimoine de la personne protégée, pour le présent ou l'avenir, par une modification importante de son contenu, une dépréciation significative de sa valeur en capital ou une altération durable des prérogatives de son titulaire. En effet, le créancier poursuivant est susceptible d'être déclaré adjudicataire de l'immeuble saisi à défaut d'enchère (C. pr. exéc., art. L. 322-6, al. 1er) ; c'est la raison pour laquelle il doit avoir la capacité d'accomplir des actes de disposition, ce que l'article R. 321-1 alinéa 2 C. pr. exéc. souligne en affirmant que la délivrance du commandement de payer valant saisie « *est un acte de disposition, réalisé aux risques du créancier* ». La Cour de cassation a eu l'occasion de rappeler cette règle dans un arrêt du 21 mars 2013, affirmant, dans l'hypothèse d'une surenchère formée à la suite d'un jugement d'adjudication, au visa des articles L. 2241 et L. 2132-3 du CGCT et de l'article R. 322-55 C. pr. exéc., que « *la déclaration de surenchère constitue un acte de disposition que le maire ne peut accomplir que dûment autorisé par le conseil municipal* »[3]. Il n'y a donc rien d'étonnant à ce que la saisie immobilière figure dans les actes de disposition de la colonne 2 de l'annexe 1, rubrique VIII[4].

SECTION 1
CAPACITÉ ET INCAPACITÉ DU SAISISSANT

0131.11 **Rappel des textes.** L'application de ces principes dans les différents régimes de protection ne pose pas de difficultés particulières.

S'agissant de la personne placée sous sauvegarde de justice, elle peut engager librement une mesure d'exécution ou une mesure conservatoire, puisqu'aux termes de l'article 435 alinéa 1er C. civ. elle « *conserve l'exercice de ses* droits », à moins qu'un mandataire spécial lui ait été désigné par le juge « *à l'effet d'accomplir un ou plusieurs actes déterminés, même de disposi-*

1. Décr. n° 2008-1484, 22 déc. 2008, relatif aux actes de gestion du patrimoine des personnes placées en curatelle ou en tutelle, et pris en application des articles 452, 496 et 502 du Code civil, *JO* 31 déc., p. 20631.
2. Civ. 2e, 15 janv. 2004, n° 01-17.920, P II, n° 8 ; *D.* 2004. 471 ; *Procédures* 2004, n° 100, note R. Perrot ; *Dr. et proc.* 2004. 218, obs. Ph. Hoonakker ; *Gaz. Pal.* 21-22 juill. 2004, p. 12, note C. Brenner.
3. Civ. 2e, 21 mars 2013, n° 12-10.091, NP.
4. Décr. n° 2008-1484, 22 déc. 2008, art. 2, al. 3.

tion, rendus nécessaires par la gestion du patrimoine de la personne protégée » (C. civ., art. 437, al. 2), auquel cas seul le mandataire, à peine de nullité, aura le pouvoir de procéder à cette mesure.

En revanche, dans la tutelle, qui est un régime dans lequel le tuteur représente la personne protégée dans les actes nécessaires à la gestion de son patrimoine (C. civ., art. 496, al. 1er), « *le tuteur accomplit seul les actes conservatoires et* [...] *les actes d'administration nécessaires à la gestion du patrimoine de la personne protégée* » (C. civ., art. 504, al. 1er). C'est donc lui qui engage seul une mesure conservatoire ou une mesure d'exécution forcée mobilière, mais pas immobilière puisqu'aux termes de l'article 505 alinéa 1er C. civ., « *le tuteur ne peut, sans y être autorisé par le conseil de famille ou, à défaut, le juge, faire des actes de disposition au nom de la personne protégée* ». Sa liberté d'action est ici restreinte, car l'alinéa 2 précise que « *l'autorisation détermine les stipulations et, le cas échéant, le prix ou la mise à prix pour lequel l'acte est passé* » (on sait, en effet, que le créancier poursuivant peut être déclaré adjudicataire en cas de carence d'enchère), sachant toutefois que l'autorisation ne sera pas exigée « *en cas de vente forcée sur décision judiciaire ou en cas de vente amiable sur autorisation du juge* » (C. civ., art. 505, al. 2). Ces solutions sont éprouvées en jurisprudence, la première chambre civile ayant par exemple rappelé que dans la mesure où le gérant de tutelle a le pouvoir de percevoir, sans l'autorisation du juge des tutelles, les revenus de la personne protégée, l'exercice de cette mission « *implique la faculté de faire tous les actes nécessaires pour parvenir à la perception de ces revenus, notamment en poursuivant les voies d'exécution qui s'avéreraient nécessaires* »[1].

Enfin, dans la curatelle simple, comme le majeur protégé conserve l'aptitude à exercer les actions relatives à ses droits patrimoniaux, il peut toujours faire seul un acte conservatoire et, en principe, passer des actes d'administration sans assistance : les mesures conservatoires et les mesures d'exécution forcée lui resteront donc ouvertes, à cette réserve près de la réception des deniers, c'est-à-dire que la personne en curatelle à qui reviendraient des capitaux ne pourrait, cette fois, « *sans l'assistance du curateur*... [en] *faire emploi* » (C. civ., art. 468, al. 2). Bien entendu, les actes de disposition sont moins largement ouverts au majeur en curatelle, ce qui ressort de l'article 467 alinéa 1er C. civ. aux termes duquel « *la personne en curatelle ne peut, sans l'assistance du curateur, faire aucun acte qui, en cas de tutelle, requerrait une autorisation du juge ou du conseil de famille* ». Il ne pourra donc engager une saisie immobilière qu'avec l'autorisation de son curateur.

Il convient de reprendre avec plus de détails les hypothèses propres au droit des majeurs protégés et des mineurs, celles résultant du dessaisissement du créancier dans le cadre d'une procédure collective, et d'envisager la situation des créanciers indivis et des ayants cause du créancier.

0131.12 Incapacité du mineur. La minorité implique la représentation du mineur par l'administrateur légal dans tous les actes de la vie civile (sauf les cas où, âgé de seize ans révolus, il peut être autorisé, par son ou ses administrateurs légaux, à accomplir seul les actes d'administration nécessaires à la création et à la gestion d'une entreprise individuelle à responsabilité limitée ou d'une société unipersonnelle – C. civ., art. 388-1-2, al. 1er). Tel n'est pas le cas de l'acte d'administration que constitue la mise en œuvre d'une mesure d'exécution ou conservatoire. Les conséquences en sont trop importantes (l'exercice inconsidéré d'une mesure conservatoire ou d'exécution est en effet susceptible d'emporter la responsabilité de son auteur, donc d'entraîner une action en justice devant le JEX...). Seul le représentant légal du mineur est, dès lors, habilité à agir à cette fin, puisque la saisie participe des actes d'administration. Lorsque le mineur est soumis à un régime de tutelle, le tuteur accomplit seul, comme représentant du mineur, les actes d'administration nécessaires à la gestion du patrimoine de la personne protégée, ainsi que les actes conservatoires (C. civ., art. 504, al. 1er).

Il convient également de rappeler que l'article 496 C. civ., commun à la gestion du patrimoine des mineurs et des majeurs en tutelle, intéresse la matière puisqu'il dispose que « *le tuteur représente la personne protégée dans les actes nécessaires à la gestion de son patrimoine* » (al. 1er), et qu'« *il est tenu d'apporter, dans celle-ci, des soins prudents, diligents et avisés, dans le seul intérêt de la personne protégée* (al. 2). *La liste des actes qui sont regardés, pour l'application du présent titre, comme des actes d'administration relatifs à la gestion courante du patrimoine et comme des actes de disposition qui engagent celui-ci de manière durable et substantielle est fixée par décret en Conseil d'État* » (al. 3)[2]. En conséquence de ce texte, le tuteur doit être en mesure d'accomplir seul les **actes d'administration**, c'est-à-dire les **mesures conservatoires** (*adde* : C. civ., art. 504, al. 1er) et les **mesures d'exécution forcée mobilière**. On notera que l'article 401 alinéa 3 C. civ. décide que le conseil de famille prend les décisions et donne au tuteur les autorisations

1. Civ. 1re, 4 mai 1994, no 92-14.767, P I, no 158 ; *RDSS* 1995. 214, obs. P. Chenillet et F. Kessler ; *RTD civ.* 1994. 568, obs. J. Hauser, dans un cas où le gérant de tutelle avait sollicité la vente forcée des biens objets d'une hypothèque judiciaire prise par le créancier avant qu'il soit placé sous tutelle.

2. V. Décr. no 2008-1484, 22 déc. 2008, art. 1 et 2.

nécessaires pour la gestion des biens du mineur, conformément aux dispositions du titre XII (titre qui envisage précisément la gestion du patrimoine des mineurs et majeurs en tutelle : C. civ., art. 496 s.). Enfin, l'article 388-1-2 C. civ. permet, on l'a vu, au mineur âgé de seize ans révolus, d'être autorisé par son ou ses administrateurs légaux, à accomplir seul les actes d'administration nécessaires à la création et à la gestion d'une entreprise individuelle à responsabilité limitée ou d'une société unipersonnelle, cette autorisation prenant la forme d'un acte sous seing privé ou d'un acte notarié, et comportant la liste des actes d'administration pouvant être accomplis par le mineur. Toutefois, les actes de disposition ne peuvent être effectués que par son ou ses administrateurs légaux. Dans la tutelle des mineurs, c'est le conseil de famille, ou à défaut le juge, qui autorise le tuteur à faire des actes de disposition au nom de la personne protégée (C. civ., art. 505, al. 1er).

0131.13 Capacité du mineur émancipé. Une exception au principe d'incapacité du mineur est toutefois admise pour le mineur émancipé, soit de plein droit par l'effet du mariage (C. civ., art. 413-1), soit par décision du juge des tutelles s'il a atteint l'âge de seize ans révolus, à la demande des père et mère ou de l'un d'eux (C. civ., art. 413-2).

Les effets de l'émancipation quant à la capacité civile du mineur sont importants, puisqu'il est capable, comme un majeur, d'accomplir tous les actes de la vie civile. L'article 413-8 C. civ.[1] décide ainsi que le mineur peut être commerçant « *sur autorisation du juge des tutelles au moment de la décision d'émancipation et du président du tribunal judiciaire s'il formule cette demande après avoir été émancipé* ».

0131.14 Incapacités des majeurs protégés. On le sait, la matière a été réformée par la loi du 5 mars 2007[2], entrée en vigueur le 1er janvier 2009. En vertu de l'article 425 alinéa 1er C. civ., « *toute personne dans l'impossibilité de pourvoir seule à ses intérêts en raison d'une altération, médicalement constatée, soit de ses facultés mentales, soit de ses facultés corporelles de nature à empêcher l'expression de sa volonté peut bénéficier d'une mesure de protection juridique* ». Cette protection, qui intervient lorsque les règles du droit civil ne permettent pas ou plus de pourvoir aux intérêts du majeur (v. en ce sens C. civ., art. 428, al. 1er), est instaurée et assurée dans le respect des libertés individuelles, des droits fondamentaux et de la dignité de la personne (C. civ., art. 415, al. 2).

Lorsque le juge des tutelles estime nécessaire d'ouvrir un régime de protection juridique du majeur, plusieurs mesures judiciaires sont susceptibles d'être ordonnées.

1° Quand l'intéressé a besoin d'une protection juridique temporaire ou d'être représenté dans l'accomplissement de certains actes déterminés, le juge peut alors le placer sous **sauvegarde de justice** (C. civ., art. 433). En pareille situation, l'article 435 alinéa 1er décide que l'intéressé conserve l'exercice de ses droits. Il peut donc exercer seul tant une mesure conservatoire qu'une mesure d'exécution mobilière. Néanmoins, le majeur placé sous ce régime « *ne peut, à peine de nullité, faire un acte pour lequel un mandataire spécial a été désigné en application de l'article 437* [du Code civil] ». Le deuxième alinéa de l'article 437 prévoit notamment que le juge peut désigner un mandataire spécial chargé d'accomplir un ou plusieurs actes déterminés, même de disposition, rendus nécessaires par la gestion du patrimoine de la personne protégée.

2° S'il est établi que la sauvegarde de justice ne peut assurer une protection suffisante des intérêts du majeur, le juge peut rendre un jugement portant ouverture de la **curatelle**, lorsqu'il apparaît que l'intéressé a besoin d'être assisté ou contrôlé d'une manière continue dans les actes importants de la vie civile (C. civ., art. 440, al. 1er et 2, et art. 441). L'article 467 alinéa 1er du Code civil dispose que le majeur placé sous ce régime de protection « *ne peut, sans l'assistance de son curateur, faire aucun acte qui, en cas de tutelle, requerrait une autorisation du juge ou du conseil de famille* ». Dans la mesure où les actes visés par ce texte sont essentiellement les actes de disposition, il y a lieu de considérer que l'incapable majeur est habilité à engager une procédure d'exécution ou une mesure conservatoire[3]. Cette solution ne vaut pas, en revanche, pour une saisie immobilière puisqu'il s'agit d'un acte de disposition. On notera qu'en vertu de l'article 469 C. civ., la surveillance qu'exerce le curateur lui permet de saisir le juge afin d'être autorisé par ce dernier à accomplir seul un acte déterminé s'il constate que la personne en curatelle compromet gravement ses intérêts (absence de prise de mesure conservatoire) et, réciproquement, si le curateur refuse son assistance à un acte pour lequel son concours est requis, la personne en curatelle peut demander au juge l'autorisation de l'accomplir seule. Par ailleurs, si aucun des membres de la famille ou proches du majeur incapable ne peut assumer la curatelle, le juge désigne un mandataire judiciaire à la protection des majeurs (sur lequel, v. CASF, art. L. 471-1 s.). Ce mandataire n'a pas la possibilité

1. Réd. L. n° 2010-658, 15 juin 2010, relative à l'entrepreneur individuel à responsabilité limitée, *JO* 16 juin, p. 10984.
2. L. n° 2007-308, 5 mars 2007, portant réforme de la protection juridique des majeurs, *JO* 7 mars, texte 12.
3. Civ. 1re, 22 nov. 2005, n° 03-14.292, P I, n° 439, décidant que « *le majeur en curatelle peut, sauf application des dispositions particulières des articles 511 et 512 du Code civil, exercer seul les actions relatives à ses droits patrimoniaux et défendre à de telles actions* ».

d'accomplir les actes urgents que commande l'intérêt de la personne protégée, notamment les actes conservatoires indispensables à la préservation du patrimoine du majeur : on songe tout particulièrement aux mesures conservatoires dont on sait qu'une des conditions d'autorisation requises est une menace dans le recouvrement de la créance.

3° Si le majeur nécessite une représentation continue dans les actes de la vie civile, il peut être placé sous un régime de **tutelle** (C. civ., art. 440, al. 3), étant précisé que cette dernière mesure ne peut intervenir que s'il est établi que « *ni la sauvegarde de justice, ni la curatelle ne peuvent assurer une protection suffisante* ». Dans cette éventualité, le majeur est représenté par le tuteur dans tous les actes de la vie civile, à l'exception des cas où la loi ou l'usage autorise la personne en tutelle à agir elle-même (C. civ., art. 473, al. 1er) [1]. Ce principe de représentation est expressément consacré par l'article 474 C. civ. s'agissant des « *actes nécessaires à la gestion de son patrimoine* », par le majeur placé en tutelle, ce que confirme l'article 496 alinéa 1er en établissant que « *le tuteur représente la personne protégée dans les actes nécessaires à la gestion de son patrimoine* ». En conséquence, l'incapable ne peut accomplir seul aucune mesure conservatoire, pas plus qu'il ne peut exercer de mesure d'exécution forcée. Cette interdiction est confirmée par l'article 504 alinéa 1er du Code civil qui dispose que « *le tuteur accomplit seul les actes conservatoires* [...] et *les actes d'administration nécessaires à la gestion du patrimoine de la personne protégée* » [2]. Il existe toutefois un tempérament relatif à cette interdiction de principe. Le juge peut en effet, soit dans le jugement d'ouverture de la mesure, soit ultérieurement, énumérer certains actes que la personne en tutelle pourra accomplir seule, soit avec l'assistance du tuteur (C. civ., art. 473, al. 2). Il n'est pas certain que cet assouplissement ait vocation à jouer relativement à la possibilité de prendre une mesure conservatoire, *a fortiori* une mesure d'exécution forcée. S'agissant enfin des actes de disposition susceptibles d'être accomplis au nom de l'incapable majeur (saisie immobilière), le tuteur ne peut les accomplir sans y avoir été préalablement autorisé par le conseil de famille ou le juge (C. civ., art. 505).

Au titre des **dispositions communes à la tutelle et à la curatelle,** on relèvera que si un subrogé curateur ou un subrogé tuteur a été désigné par le juge (C. civ., art. 454, al. 1er), le curateur ou le tuteur, selon les cas, doit informer et consulter le subrogé curateur ou le subrogé tuteur avant l'accomplissement de tout acte grave (C. civ., art. 454, al. 6), situation qui peut très bien s'appliquer à la mise en œuvre d'une mesure d'exécution forcée.

Enfin, si un **mandat de protection future** a été donné (v. C. civ., art. 477 s. : mais ce n'est pas, à proprement parler, ici, d'un cas d'incapacité), celui-ci peut revêtir deux formes : soit il s'agit d'un mandat notarié, soit il s'agit d'un mandat sous seing privé.

Dans le cas du **mandat notarié**, le mandat inclut tous les actes patrimoniaux que le tuteur a le pouvoir d'accomplir seul ou avec une autorisation (C. civ., art. 490, al. 1er). Autrement dit, sont visés tant les actes d'administration (mesure conservatoire et mesures d'exécution forcée, v. aussi implicitement C. civ., art. 486, al. 1er) que les actes de disposition (saisie immobilière).

Dans le cas du **mandat sous seing privé**, le domaine d'application du mandat est plus restreint puisqu'en vertu de l'article 493 alinéa 1er C. civ., « *le mandat est limité, quant à la gestion du patrimoine, aux actes qu'un tuteur peut faire sans autorisation* ». Il s'agit donc des actes d'administration. Néanmoins, si l'intérêt du mandant le justifie, le mandataire peut s'adresser au juge des tutelles pour qu'il l'autorise à accomplir un acte normalement soumis à autorisation, voire qui n'est pas prévu par le mandat (C. civ., art. 493, al. 2, on songe ainsi à la saisie immobilière).

0131.15 Créancier faisant l'objet d'une procédure collective. Depuis l'entrée en vigueur de la loi du 26 juillet 2005 [3], il convient de distinguer, selon le type de procédure ouverte par le tribunal.

1° S'agissant de la **procédure de sauvegarde** (organisée par C. com., art. L. 620-1 s.), l'article L. 622-1, I, C. com., inséré dans un chapitre traitant « *De l'entreprise au cours de la période d'observation* », prévoit que l'administration de l'entreprise est assurée par son dirigeant. Par conséquent, si un ou plusieurs administrateurs sont nommés (sur les seuils permettant cette nomination, tenant au nombre de salariés et au chiffre d'affaires hors taxe, v. Décr. 28 déc. 2005 [4], art. 53), leur mission ne peut, en raison de la règle de principe précédemment évoquée, consister que dans la surveillance de la gestion du débiteur ou en son assistance pour l'accomplissement d'actes de gestion. Ce dispositif est complété par l'article L. 622-3 alinéa 1er qui prévoit que le débiteur continue à exercer sur son patrimoine personnel les actes de disposition et d'administration qui ne sont pas compris dans la mission de l'administrateur. Encore faut-il nuancer cette affirmation,

1. L'art. 475, al. 1er, C. civ. décide que « *la personne en tutelle est représentée en justice par le tuteur* ».
2. Le tuteur agit seul en justice pour faire valoir les droits patrimoniaux de la personne protégée.
3. L. n° 2005-845, 26 juill. 2005, de sauvegarde des entreprises, *JO* 27 juill., p. 12187.
4. Décr. n° 2005-1677, 28 déc. 2005, pris en application de la loi n° 2005-845 du 26 juillet 2005 de sauvegarde des entreprises, *JO* 29 déc., texte 66.

puisque les actes de gestion courante qu'accomplit seul le débiteur sont réputés valables à l'égard des tiers de bonne foi (C. com., art. L. 622-3, al. 2). Il reste à savoir si la mise en œuvre d'une mesure conservatoire, ou d'une mesure d'exécution forcée mobilière, constitue un acte de gestion courante du patrimoine de l'entreprise. La conclusion de contrats participe évidemment de cette activité, mais on peut sans doute en dire autant des mesures conservatoires et d'exécution, qui ont pour objet d'assurer le recouvrement des créances de l'entreprise à un moment où elle en a cruellement besoin. Une réserve à cette règle de capacité concerne la saisie immobilière qui, en raison du risque d'acquisition du bien saisi encouru par le créancier poursuivant en cas d'absence d'enchère, semble constituer un acte de disposition étranger à la gestion courante de l'entreprise. Comme tel, il paraît devoir être interdit à l'entrepreneur agissant seul (C. com., art. L. 622-7, al. 2).

La règle ci-dessus évoquée doit toutefois se combiner avec les dispositions de l'article L. 622-4 C. com., qui envisagent l'hypothèse où l'administrateur peut passer outre l'inaction du débiteur. Ainsi, dès son entrée en fonction, l'administrateur est tenu de requérir du chef d'entreprise, voire d'accomplir lui-même « *tous* [les] *actes nécessaires à la conservation des droits de l'entreprise contre les débiteurs de celle-ci et à la préservation des capacités de production* ». Dans cette hypothèse, l'administrateur semble particulièrement autorisé pour prendre des mesures conservatoires[1]. L'alinéa second de l'article L. 622-4 C. com. le confirme en indiquant que « *l'administrateur a qualité pour inscrire au nom de l'entreprise tous hypothèques, nantissements, gages ou privilèges que le débiteur aurait négligé de prendre ou de renouveler* ». À l'évidence, l'inscription ou le renouvellement des sûretés judiciaires participent de cette faculté, la loi n'ayant pas distingué selon la nature des sûretés.

2° S'agissant plus spécialement du **redressement judiciaire**, qui se distingue de la procédure de sauvegarde par le fait que l'entreprise doit être en état de cessation des paiements (C. com., art. L. 631-1, al. 1er)[2], la question des pouvoirs confiés au chef d'entreprise est réglée par l'article L. 631-12 alinéa 2 C. com. C'est le tribunal qui détermine la mission confiée à l'administrateur. Ce dernier peut avoir la charge d'assister le débiteur pour l'ensemble « *des actes relatifs à la gestion ou certains d'entre eux, ou d'assurer seul, entièrement ou en partie, l'administration de l'entreprise* ». Dans cette dernière hypothèse, seul l'administrateur aura qualité pour procéder à des mesures conservatoires ou d'exécution mobilières, sans autorisation puisqu'il s'agit d'un acte d'administration.

La chambre commerciale a eu l'occasion de faire application de ces règles le 31 mai 2016, dans une affaire où un arrêt du 10 janvier 2012 avait condamné une société à payer une provision à des époux, cette société ayant été mise en redressement judiciaire le 8 janvier 2013, et un administrateur judiciaire désigné avec une mission d'assistance. L'arrêt du 10 janvier 2012 ayant été cassé par la suite, la société, qui avait payé la provision, fit pratiquer plusieurs saisies-attributions en recouvrement de sa créance de restitution, mesures que les époux contestèrent pour défaut d'assistance. La question qui se posait était donc de savoir si la société avait pu diligenter seule ces mesures d'exécution, et jusqu'en appel l'affirmative prévalut. Les juges du second degré estimèrent que l'administrateur judiciaire, désigné par le jugement d'ouverture, avait reçu une mission d'assistance, ce dont il résultait que le débiteur, qui n'était pas dessaisi de l'administration de l'entreprise, pouvait procéder seul au recouvrement de ses créances en recourant à des mesures d'exécution forcée. Cette solution semblait toutefois contraire à l'idée d'intervention conjointe qui préside à la mission d'assistance, surtout lorsque celle-ci est totale. Cet arrêt a donc été cassé, parce qu'en statuant ainsi, « *alors qu'elle avait constaté que l'administrateur judiciaire avait été investi d'une mission d'assistance sans restriction, ce dont il résultait qu'il devait assister le débiteur pour tous les actes d'administration, comme les mesures d'exécution dont font partie les saisies-attributions* », la cour d'appel avait violé les articles L. 111-9 C. pr. exéc. et L. 631-12 C. com.[3].

On notera toutefois l'assouplissement résultant de l'article L. 622-7, II, C. com., qui permet que le juge-commissaire puisse « *autoriser le débiteur à faire un acte de disposition étranger à la gestion courante de l'entreprise* », par exemple à procéder à une saisie immobilière.

0131.16 Créancier en liquidation judiciaire. C'est *a priori* dans la phase de liquidation judiciaire que la situation du « débiteur-créancier » est la plus simple. Aux termes de l'article L. 641-9, I, C. com., en effet, le jugement qui ouvre ou prononce la liquidation judiciaire emporte de plein droit, à partir de sa date, dessaisissement pour le débiteur de l'Administration et de la disposition de ses biens composant le patrimoine engagé par l'activité professionnelle, et

1. L'art. L. 622-6, al. 5, C. com. indique que l'absence d'inventaire des biens constituant le patrimoine du débiteur ne fait pas obstacle à l'exercice des actions en revendication ou en restitution : on songe à la saisie-revendication, voire à la saisie-appréhension si le débiteur dispose d'un titre exécutoire.
2. Sur les personnes susceptibles de faire l'objet d'une telle procédure, v. C. com., art. L. 631-2.
3. Com. 31 mai 2016, nº 14-28.056, P IV, nº 80 ; *Gaz. Pal.* 27 sept. 2016, p. 74, note O. Salati ; *D.* 2016. 1253.

les droits et actions du débiteur concernant son patrimoine sont exercés, pendant toute la durée de la liquidation judiciaire, par le liquidateur. C'est donc ce dernier qui engagera les mesures conservatoires ou d'exécution. L'alinéa 3 de ce texte dispose toutefois que le débiteur peut accomplir les actes et exercer les droits et actions qui ne sont pas compris dans la mission du liquidateur ou de l'administrateur lorsqu'il en a été désigné, ce qui pourra exclure du dessaisissement les mesures conservatoires ou même d'exécution.

0131.17 **Capacité des époux.** Dans le régime de communauté légale, chacun des époux a le pouvoir propre et égal d'administrer seul les biens communs et d'en disposer (C. civ., art. 1421, al. 1er). En vertu de ce principe de gestion concurrente des biens, ils peuvent donc exercer seuls, en demande ou défense, les actions en justice relatives à ces biens[1]. Il en résulte qu'aucune irrecevabilité ne peut être excipée d'un défaut de pouvoir à l'égard du conjoint qui mettrait en œuvre une mesure conservatoire, ou d'exécution forcée mobilière pour recouvrer une créance commune. La saisie pratiquée par l'un des époux sera ainsi opposable à l'autre.

Cette capacité doit toutefois être évaluée en matière de **saisie immobilière**, dont la spécificité est traditionnelle. Un arrêt de la deuxième chambre civile, rendu sous l'empire de l'ancienne législation, avait décidé que « *la demande de conversion en vente volontaire d'une adjudication sur saisie d'un bien immobilier commun à des époux est un acte d'administration qui peut être formé par un seul d'entre eux* »[2]. Aujourd'hui, la saisie immobilière est clairement considérée comme un **acte de disposition**, car le créancier poursuivant qui procède à une telle mesure est engagé par la mise à prix qu'il fixe, de telle sorte qu'à défaut d'enchère, il prend le risque d'être déclaré adjudicataire d'office à ce montant (C. pr. exéc., art. L. 322-6, al. 1er). Dans ces conditions, le concours des deux époux paraît nécessaire pour assurer le recouvrement d'une créance commune par le moyen d'une saisie immobilière. Ceci dit, on n'oubliera pas la faculté offerte par l'article 217 alinéa 1er C. civ., c'est-à-dire que si un époux est hors d'état de manifester sa volonté ou oppose un refus qui n'est pas justifié par l'intérêt de la famille, l'autre pourra être autorisé par justice à y procéder seul ; et un époux peut par ailleurs donner mandat à l'autre de le représenter pour assurer le recouvrement de la créance commune par une saisie immobilière (C. civ., art. 218)[3].

Dans le régime de la séparation de biens, seul l'époux propriétaire de ses biens peut les administrer, et donc engager une saisie mobilière ou immobilière (C. civ. art. 1536, al. 1er, qui décide que « *lorsque les époux ont stipulé dans leur contrat de mariage qu'ils seraient séparés de biens, chacun d'eux conserve l'administration, la jouissance et la libre disposition de ses biens personnels* »). Il en ira cependant différemment si les époux séparés de biens acquièrent ensemble des meubles ou des immeubles. Dans ce cas, ce sont les règles de l'indivision qui s'appliqueront (C. civ., art. 1538, al. 3). En effet, les biens sur lesquels aucun des époux ne peut justifier d'une propriété exclusive sont réputés leur appartenir indivisément, à chacun pour moitié.

De même, si la créance est un propre de l'époux, celui-ci est seul habilité à procéder à une mesure d'exécution forcée en cas de régime communautaire, puisqu'aux termes de l'article 1428 C. civ., chaque époux a l'administration de ses propres.

Enfin, dans le régime de participation aux acquêts, si la créance est un propre de l'époux, seul ce dernier est admis à exercer une mesure d'exécution forcée (C. civ., art. 1569).

0131.18 **Capacité des créanciers en indivision.** En l'absence de convention d'indivision, les actes d'administration et de disposition relatifs aux biens indivis requièrent le consentement des indivisaires titulaires d'au moins deux tiers des droits indivis (C. civ., art. 815-3, al. 1er, réd. L. 23 juin 2006[4] : auparavant il fallait le consentement de tous les indivisaires[5])[6]. Il est donc exclu, sauf mandat général ou spécial d'administration confié par tous les indivisaires à l'un d'entre eux, qu'un indivisaire prétende avoir qualité pour effectuer une mesure con-

1. Civ. 1re, 19 mars 1991, no 88-18.488, P I, no 91 ; *RTD civ.* 1992. 443, obs. F. Lucet et B. Vareille – Cep. pour le cas de biens successoraux indivis recueillis par un époux marié sous le régime de la communauté universelle : Civ. 1re, 2 avr. 2008, no 07-11.254, P I, no 103 ; *AJ fam.* 2008. 258, obs. P. Hilt ; *JCP* 2007. II. 10126, obs. F. Sauvage ; *Dr. et proc.* 2008. 278, obs. C. Lefort.
2. Civ. 2e, 11 janv. 2007, no 04-18.792, P II, no 1 ; *D.* 2007. Pan. 2129, obs. J. Revel ; *Dr. et proc.* 2007. 170, obs. A. Leborgne.
3. Enfin, à défaut de tout mandat, si l'époux titulaire de la créance commune est hors d'état de manifester sa volonté, l'autre peut se faire habiliter en justice à le représenter pour procéder à ladite mesure d'exécution forcée (C. civ., art. 219, al. 1er), étant entendu qu'à défaut de pouvoir légal, de mandat ou d'habilitation par justice, les actes faits par un époux en représentation de l'autre auront effet, à l'égard de celui-ci, suivant les règles de la gestion d'affaires (C. civ., art. 219, al. 2).
4. L. no 2006-728, 23 juin 2006, portant réforme des successions et des libéralités, *JO* 24 juin, art. 145, p. 9513.
5. EN CE SENS, pour l'appel d'un jugement fixant loyer commercial : Civ. 1re, 23 janv. 2008, nos 05-20.438 et 06-13.314, P I, no 16 – V. AUSSI : Civ 1re, 18 mai 2011, no 09-70.261, NP.
6. Civ. 1re, 4 oct. 2005, no 03-12.697, P I, no 359 (ayant décidé que « *si les actes d'administration et de disposition relatifs aux biens indivis requièrent le consentement de tous les indivisaires, chacun d'eux peut librement disposer de sa quote-part de droits sur un bien indivis* »).

servatoire ou une mesure d'exécution au nom de l'indivision, sauf s'il prend en main la gestion des biens indivis au su des autres et sans opposition de leur part, et qu'il est alors censé avoir reçu un mandat tacite couvrant les actes d'administration (et donc les mesures conservatoires et d'exécution), à l'exclusion toutefois des actes de disposition.

S'agissant précisément de ces derniers actes, il faut relever, en effet, que le consentement de tous les indivisaires est requis lorsqu'il s'agit d'effectuer tout acte de disposition autre que celui tendant à la vente des meubles indivis pour payer les dettes et charges de l'exploitation, donc pour diligenter une saisie immobilière.

On peut enfin rappeler que l'indivision n'ayant pas la personnalité morale, il en résulte qu'un commandement de quitter les lieux ne peut être délivré au nom de celle-ci sans être affectée d'une irrégularité de fond entraînant sa nullité à défaut de régularisation[1].

0131.19 **Héritiers.** Ce sont les ayants cause universels ou à titre universel du créancier. S'ils ont vocation à se substituer au défunt pour exercer tous les droits qu'il détient de sa créance (C. civ., art. 724, al. 1er)[2], encore faut-il qu'ils justifient de leur qualité. Pour l'héritier *ab intestat*, ce sera la production de l'acte de décès du créancier et de l'acte de notoriété dressé par le notaire (C. civ., art. 730-1). Pour le légataire universel, dans le cas où, lorsqu'au décès du testateur il n'y a pas d'héritiers auxquels une quotité de ses biens est réservée par la loi, il sera saisi de plein droit par la mort du testateur, sans être tenu de demander la délivrance (C. civ., art. 1008)[3].

Lorsqu'il y a plusieurs héritiers, ceux-ci sont fondés à recouvrer individuellement contre le débiteur la fraction de créance correspondant à leur quote-part successorale. C'est l'application du principe qui veut que chaque cohéritier est censé avoir succédé seul et immédiatement à tous les effets compris dans son lot (C. civ., art. 883). Le paiement partiel par le débiteur est libératoire à l'égard de tous les autres créanciers.

Les légataires à titre particulier sont tenus, pour leur part, de produire l'acte de décès du créancier et le testament. L'acte de délivrance du legs peut ne pas être requis, dès lors que cette délivrance peut être tacite et résulter de la mise en possession du légataire sans opposition des héritiers.

0131.20 **Cas particulier des créanciers du créancier.** En principe, l'action oblique est ouverte au créancier d'un débiteur qui néglige de recouvrer sa créance. La seule justification exigée est celle propre à l'exercice de cette action (C. civ., art. 1341-1).

Toutefois, il a été jugé par la deuxième chambre civile de la Cour de cassation que le titre exécutoire fondant la saisie-attribution permet uniquement à un créancier de saisir les créances de son débiteur, et non celles des débiteurs de celui-ci[4], et cela se comprend. *D'une part*, le mécanisme spécifique de la saisie-attribution, notamment l'effet attributif immédiat de la créance au saisissant, se prête mal à la voie oblique laquelle, par définition, fait entrer les biens saisis dans le patrimoine du débiteur négligent pour en partager le bénéfice avec tous ses autres créanciers. *D'autre part*, on sait que la jurisprudence contemporaine est très stricte sur le principe que seules peuvent être poursuivies les personnes qui sont visées dans le titre exécutoire portant obligation[5].

SECTION 2

Représentation du saisissant

0131.31 **Principes généraux.** Le créancier saisissant n'agit pas toujours lui-même ; il peut être parfois représenté par une personne qui agit en son nom et pour son compte en vertu d'un pouvoir conféré par la convention, la loi ou une décision de justice. Réserve faite de la représentation judiciaire, qui entretient des liens avec les règles posées par le droit des régimes matrimoniaux[6], et des cas de représentation légale les plus courants (mineur non émancipé titulaire de la créance, représenté par ses administrateurs légaux qui peuvent faire seuls les actes d'administration, et majeur en tutelle représenté par son tuteur), deux situations doivent être évoquées ici.

Tout d'abord, celle d'une procédure de sauvegarde, de redressement ou de liquidation judiciaire qui serait ouverte contre le créancier. On sait qu'en cas de sauvegarde, « *l'administration de l'entreprise est assurée par son dirigeant* » (C. com., art. L. 622-1, I), et que l'administrateur n'a qu'un pouvoir de surveillance de sa gestion, ou d'assistance pour certains actes que le tribunal aura déterminés (C. com., art. L. 622-1, II). Ce dernier ne peut pas se voir confier une mission de représentation, raison pour laquelle l'article L. 622-3 alinéa 1er C. com. dispose que « *le débiteur continue à exercer sur son patrimoine les actes de disposition et d'administration, ainsi que les droits et actions qui ne sont pas compris dans la mission de l'administrateur* » (C. com., art. L. 622-3, al. 1er). Le

1. Civ. 2e, 9 juin 2011, no 10-19.241, P II, no 129.
2. Civ. 1re, 23 mars 2011, no 09-72.246, NP.
3. V. AUSSI, C. civ., art. 1007, al. 3, relatif à la procédure d'envoi en possession applicable aux successions ouvertes après le 1er nov. 2017, et les art. 1378-1 s. C. pr. civ.
4. Civ. 2e, 6 mai 2010, no 09-13.469, P II, no 89 ; *Dr. et proc.* juill. 2010, no 269, note R. Perrot.
5. v. par ex. Civ. 2e, 21 mars 2002, no 00-19.051, P II, no 56.
6. V. PERROT et THÉRY, no 242.

chef d'entreprise pourra donc en principe continuer à prendre des mesures conservatoires, ou diligenter des mesures d'exécution contre ses propres débiteurs. Dans le redressement judiciaire, en revanche, même si l'article L. 631-14 alinéa 1er C. com. déclare applicable à cette procédure l'article L. 622-3 précité, il faut tenir compte de l'article L. 631-12 qui décide que la mission de l'administrateur est fixée par le tribunal, lequel peut non seulement le charger d'assister le débiteur pour tous les actes relatifs à la gestion ou certains d'entre eux, mais, aussi et surtout, « *d'assurer seul, entièrement ou en partie, l'administration de l'entreprise* ». Dans ce dernier cas, on est en présence d'une mission de représentation, qui se rapproche sensiblement de celle du liquidateur dans la liquidation judiciaire. Le « *débiteur-créancier* » est donc dessaisi, et seul l'administrateur aura qualité pour procéder à des mesures conservatoires ou d'exécution mobilières, sans autorisation puisqu'il s'agit d'un acte d'administration. La chambre commerciale a eu l'occasion de faire application de ces règles le 31 mai 2016, dans une espèce où un arrêt du 10 janvier 2012 avait condamné une société à payer une provision à des époux, cette société ayant été mise en redressement judiciaire le 8 janvier 2013 et un administrateur judiciaire désigné avec une mission d'assistance. L'arrêt du 10 janvier 2012 ayant été cassé par la suite, la société, qui avait payé la provision, fit pratiquer plusieurs saisies-attributions en recouvrement de sa créance de restitution, mesures que les époux contestèrent pour défaut d'assistance. La question qui se posait était donc de savoir si la société avait pu entreprendre seule ces mesures, et jusqu'en appel il y fut répondu par l'affirmative. La cour estima que l'administrateur judiciaire, désigné par le jugement d'ouverture, avait reçu une mission d'assistance, ce dont il résultait que le débiteur, qui n'était pas dessaisi de l'administration de l'entreprise, pouvait procéder seul au recouvrement de ses créances en recourant à des mesures d'exécution forcée. Cette appréciation semblait toutefois contraire à l'idée d'intervention conjointe qui préside à la mission d'assistance, surtout lorsque celle-ci est totale. Cet arrêt a donc été cassé car, en statuant comme elle l'avait fait, « *alors qu'elle avait constaté que l'administrateur judiciaire avait été investi d'une mission d'assistance sans restriction, ce dont il résultait qu'il devait assister le débiteur pour tous les actes d'administration, comme les mesures d'exécution dont font partie les saisies-attributions* », la cour d'appel avait violé les articles L. 111-9 C. pr. exéc. et L. 631-12 C. com. [1] Par ailleurs, si l'administrateur entend procéder à une saisie immobilière, il devra avoir l'aval du juge-commissaire en vertu de l'article L. 622-7 alinéa 2 C. com., lequel dispose que « *le juge-commissaire peut autoriser* [...] *l'administrateur à faire un acte de disposition étranger à la gestion courante de l'entreprise* » (sachant, encore une fois, que le chef d'entreprise pourra y procéder lui-même, sur autorisation du juge-commissaire également, puisqu'il n'est pas automatiquement dessaisi dans le redressement judiciaire).

C'est *a priori* dans la phase de liquidation judiciaire que la situation du « *débiteur-créancier* » est la plus simple, puisqu'aux termes de l'article L. 641-9, I, alinéa 1er C. com. « *le jugement qui ouvre ou prononce la liquidation judiciaire emporte de plein droit, à partir de sa date, dessaisissement pour le débiteur de l'administration et de la disposition de ses biens* [...] *tant que la liquidation judiciaire n'est pas clôturée. Les droits et actions du débiteur concernant son patrimoine sont exercés pendant toute la durée de la liquidation judiciaire par le liquidateur* ». L'alinéa 3 de ce texte dispose toutefois que « *le débiteur accomplit* [...] *les actes et exerce les droits et actions qui ne sont pas compris dans la mission du liquidateur* », ce qui, dans ce cas, exclut du dessaisissement les mesures conservatoires et d'exécution.

Une autre hypothèse de représentation légale doit aussi être signalée, qui a donné lieu à contentieux : c'est celle du syndic de copropriété représentant le syndicat des copropriétaires. On sait qu'aux termes de l'article 55 alinéa 1er du décret n° 67-223 du 17 mars 1967 [2], le syndic ne peut agir en justice au nom du syndicat sans y avoir été autorisé par une décision de l'assemblée générale. Toutefois, l'alinéa 3 de ce texte affirme qu'« *une telle autorisation n'est pas nécessaire pour les actions en recouvrement de créance, la mise en œuvre des voies d'exécution forcée à l'exception de la saisie en vue de la vente d'un lot, les mesures conservatoires* [...], *ainsi que pour défendre aux actions intentées contre le syndicat* ». La question qui s'est posée était de savoir si un syndic de copropriété avait le pouvoir de saisir le juge de l'exécution d'une demande en annulation d'une saisie-attribution pratiquée à l'encontre du syndicat des copropriétaires, sachant qu'une telle mesure n'est pas une « *action* » au sens strict du terme, sans avoir recueilli au préalable l'autorisation de l'assemblée générale des copropriétaires. Le 6 décembre 2006, la Cour de cassation a logiquement admis que « *la contestation par le syndicat débiteur de la saisie-attribution pratiquée à son encontre n'est pas soumise à autorisation* » [3], considérant ainsi que le pouvoir du syndic de prendre les initiatives requises pour assurer la défense de son mandant puisse revêtir, au-delà de la liste de l'article 55 alinéa 2 du décret de 1967, la forme d'une

1. Com. 31 mai 2016, n° 14-28.056, P (préc., v. ss n° 0131.15).

2. Décr. n° 67-223, 17 mars 1967, portant rap pour l'application de la loi n° 65-557 du 10 juillet 1965 fixant le statut de la copropriété des immeubles bâtis, *JO* 22 mars, p. 2742.
3. Civ. 3e, 6 déc. 2006, n° 04-14.175, P III, n° 243.

contestation de la saisie supposant l'introduction d'une instance devant le JEX au nom du syndicat. La théorie de la représentation en sort renforcée.

0131.32 Représentation conventionnelle du créancier. Toute personne capable peut donner mandat spécial ou général d'administrer ses affaires, ou certaines de celles-ci seulement. Le mandat général ne peut, au demeurant, embrasser que les actes d'administration (C. civ., art. 1987 et 1988, al. 1er). Il en résulte que toute procédure de saisie immobilière diligentée par un mandataire ne peut l'être que sur mandat exprès du mandant[1].

0131.33 Mandat confié au commissaire de justice. (Sur le commissaire de justice, v. ss nos 025.05 à 0254.101). Rappelons simplement ici que le seul fait de confier à cet officier ministériel un titre aux fins d'exécution vaut mandat sans qu'il soit nécessaire de le formaliser par écrit (C. pr. exéc., art. R. 141-1), sous réserve qu'il agisse dans les limites de son ressort territorial[2]. Sous l'empire de l'ancienne procédure de saisie immobilière, la copie – dans le commandement – d'un pouvoir spécial de saisir était exigée afin d'habiliter le commissaire de justice, mandataire du créancier, à procéder à la saisie immobilière diligentée (ACPC, art. 673, al. 2, 2°), acte dont les conséquences sont si graves qu'il n'était pas admis de présumer le pouvoir. Mais cette exigence a disparu, et la question de la preuve du pouvoir de saisir donné par le créancier qui entend engager une procédure de saisie immobilière, s'apprécie désormais selon les règles du mandat[3].

Une exception concerne la difficulté d'exécution (qui entrave le cours des opérations de saisie) rencontrée par le commissaire de justice chargé de procéder à l'exécution d'une décision de justice ou d'un autre titre exécutoire. Dans cette hypothèse, afin de résoudre cette difficulté, il doit mettre en cause immédiatement les parties intéressées par celle-ci (C. pr. exéc., art. R. 151-1 s.). Il n'en demeure pas moins que, même dans cette éventualité, le commissaire de justice, s'il dispose d'un intérêt à intervenir dans une procédure d'exécution civile pour exposer la difficulté à laquelle il se heurte dans l'accomplissement des mesures d'exécution résultant de son mandat, n'intervient qu'à titre accessoire, sans que cette intervention puisse affecter la validité des actes par lui accomplis[4].

1. Civ. 1re, 21 déc. 1976, n° 75-11.964, P I, n° 421.
2. H. Conchon, « Le mandat de l'huissier de justice dans la conduite des opérations d'exécution », *Dr. et proc.* 2003. 278 – En outre, en vertu de l'art. 18 du décret n° 56-222 du 29 févr. 1956, « *en matière de recouvrement amiable et judiciaire, la remise des pièces à l'huissier vaut mandat d'encaisser* ».
3. Sur la disparition de l'exigence de la copie d'un pouvoir spécial, v. LEBORGNE, n° 1872.

0131.34 Représentation du mineur. En vertu de l'article 382 C. civ., ce sont les père et mère du mineur qui ont l'administration et la jouissance des biens de leur enfant[5] et le représentent dans tous les actes de la vie civile, excepté lorsque la loi ou l'usage autorise les mineurs à agir eux-mêmes, ce qui ne paraît pas pouvoir être le cas de la mise en œuvre d'une mesure conservatoire, ni, *a fortiori*, d'une mesure d'exécution forcée. L'administration légale est exercée soit conjointement par les père et mère du mineur, soit par l'un d'entre eux, mais sous le contrôle du juge (C. civ., art. 387).

En cas d'**administration légale pure et simple** (c'est-à-dire quand les deux parents exercent en commun l'autorité parentale), ils sont alors administrateurs légaux des biens du mineur (C. civ., art. 382). Aussi, chacun des parents est réputé, à l'égard des tiers, avoir reçu de l'autre le pouvoir de faire seul les actes d'administration portant sur les biens du mineur pour lesquels un tuteur n'aurait besoin d'aucune autorisation (C. civ., art. 382-1).

Toutefois, un mineur âgé de seize ans révolus pourra être autorisé, par son ou ses administrateurs légaux, « *à accomplir seul les actes d'administration nécessaires à la création et à la gestion d'une entreprise individuelle à responsabilité limitée ou d'une société unipersonnelle* », sachant que les actes de disposition ne pourront ici être effectués que par son ou ses administrateurs légaux (C. civ., art. 388-1-2).

Dans le cas où l'administration légale appartient à celui des parents qui exerce l'autorité parentale (enfant naturel, parent marié décédé, parents divorcés ou séparés de corps, perte de l'exercice de l'autorité parentale par l'un des parents), seul le parent administrateur légal peut accomplir les actes d'exécution ou de conservation. En revanche, l'administrateur doit se pourvoir d'une autorisation du juge des tutelles pour accomplir les actes qu'un tuteur ne pourrait faire qu'avec une autorisation (acte de disposition). Par ailleurs, il faut réserver l'hypothèse où, dans le cadre du divorce ou de la séparation de corps, l'autorité parentale a été confiée conjointement aux parents. L'un ou l'autre peut alors accomplir les actes de conservation ou d'exécution.

Dans le régime de la **tutelle** (qui s'ouvre lorsque le père ou la mère sont tous deux décédés ou se trouvent privés de l'exercice de l'autorité parentale, ou à l'égard de l'enfant dont la filiation n'est pas légalement établie – C. civ., art. 390), la représentation du mineur est assurée par le tuteur, sous le contrôle du conseil de famille et du juge des tutelles. L'article 401 C. civ. dispose, dans son alinéa 3, que le conseil de famille

4. Douai, 22 déc. 1994, *Rev. huiss.* 1995. 498.
5. Elle cesse de plein droit à la majorité du mineur : Civ. 1re, 9 janv. 2008, n° 05-21.000, P I, n° 7 ; *D.* 2008. AJ 353.

« *prend les décisions et donne au tuteur les autorisations nécessaires pour la gestion des biens du mineur conformément aux dispositions du titre XII* »[1]. Ce dernier, intitulé « *De la gestion du patrimoine des mineurs et majeurs en tutelle* », est ouvert par l'article 496 alinéa 1er C. civ., qui énonce, on l'a vu, que « *le tuteur représente la personne protégée dans les actes nécessaires à la gestion de son patrimoine* » ; il accomplit seul les actes conservatoires, et sous réserve des dispositions du second alinéa de l'article 473, les actes d'administration nécessaires à la gestion du patrimoine de la personne protégée (C. civ., art. 504, al. 1er).

Par conséquent, il peut exercer seul des mesures conservatoires, mais aussi des mesures d'exécution forcée. Quant à la saisie immobilière, il est prévu que le conseil de famille ou, à défaut le juge, statue sur les autorisations que le tuteur sollicite pour les actes qu'il ne peut accomplir seul (C. civ., art. 502, al. 1er), c'est-à-dire le cas des actes de disposition (C. civ., art. 505, al. 1er).

0131.35 Représentation du majeur protégé. Il convient d'envisager les différentes hypothèses dans lesquelles le majeur protégé doit être représenté :

– En vertu de l'article 473 alinéa 1er C. civ., **le tuteur représente la personne placée en tutelle dans tous les actes de la vie civile**, excepté pour les cas où la loi ou l'usage autorise la personne à agir seule. Le majeur placé sous un régime de tutelle est représenté par le tuteur dans les actes nécessaires à la gestion de son patrimoine (C. civ., art. 496, al. 1er). Représentant l'incapable en justice, il agit seul pour faire valoir les droits patrimoniaux de la personne protégée. Toutefois, sous réserve de dispositions légales particulières, « *l'accomplissement des actes dont la nature implique un consentement strictement personnel ne peut jamais donner lieu à assistance ou représentation de la personne protégée* » (C. civ., art. 458, al. 1er – V. AUSSI, l'hypothèse envisagée par C. civ., art. 459). Le subrogé tuteur surveille les actes passés par le tuteur en cette qualité et en informe sans délai le juge s'il constate des fautes dans l'exercice de sa mission (C. civ., art. 454, al. 4). Il peut même représenter la personne protégée lorsque les intérêts de celle-ci sont notamment en opposition avec ceux du tuteur (C. civ., art. 454, al. 5). S'agissant de la régularité des actes, on relèvera qu'à compter de la publicité du jugement d'ouverture, si la personne protégée a accompli seule un acte pour lequel elle aurait dû être représentée, « *l'acte est nul de plein droit, sans qu'il soit nécessaire de justifier d'un préjudice* » (C. civ., art. 465, 3°), et si une mesure conservatoire ou d'exécution a été diligentée dans ces conditions, le JEX, saisi par le débiteur, constatera sa nullité et donnera mainlevée de la mesure.

– **Le majeur placé sous curatelle n'est en principe pas représenté par le curateur.** Il peut donc accomplir seul une mesure d'exécution forcée mobilière (arg. C. civ., art. 467, al. 1er, selon lequel la personne en curatelle ne peut, sans l'assistance du curateur, faire aucun acte qui, en cas de tutelle, requerrait une autorisation du juge ou du conseil de famille, c'est-à-dire un acte de disposition). Cette règle de principe vaut sous réserve d'une intervention du juge qui est susceptible d'étendre ou de restreindre le domaine d'application des actes susceptibles d'être réalisés par le majeur seul (C. civ., art. 471). Le curateur dispose également de la faculté de saisir le juge pour être autorisé à accomplir seul un acte déterminé s'il constate que la personne en curatelle compromet gravement ses intérêts (C. civ., art. 469, al. 2).

– Quant au **mandat de protection future**, il a pour objet de charger une personne, par un mandat, d'en représenter une autre pour le cas où elle ne pourrait pourvoir seule à ses intérêts (C. civ., art. 477, al. 1er), notamment pour les actes de gestion du patrimoine dont font partie les mesures conservatoires ou d'exécution.

0131.36 Représentation des personnes morales de droit public. L'État, les régions, les départements, les communes et leurs établissements publics peuvent se faire assister ou représenter devant le juge de l'exécution par un fonctionnaire ou un agent de leur administration (C. pr. exéc., art. R. 121-7, al. 2). Dans cette hypothèse, le représentant, lorsqu'il n'est pas avocat, doit justifier d'un pouvoir spécial, c'est-à-dire d'un mandat donné pour une procédure bien déterminée (C. pr. exéc., art. R. 121-7 *in fine*).

1. Depuis la loi n° 2010-658 du 15 juin 2010, l'article 401 C. civ. comprend un alinéa 4 qui décide que « *le conseil de famille autorise le mineur âgé de seize ans révolus à accomplir seul les actes d'administration nécessaires pour les besoins de la création et de la gestion d'une entreprise individuelle à responsabilité limitée ou d'une société unipersonnelle* ».

CHAPITRE

0132. Créance

Olivier Salati
Maître de conférences HDR à l'Université d'Aix-Marseille
Directeur du master II professionnel
Commissaire de justice et professions judiciaires

SECTION 0

Orienteur

0132.00 Sommaire du chapitre.

Division. Seront abordées la créance (sect. 1) et ses caractéristiques (sect. 2).

0132.01 Textes applicables.

- **C. pr. exéc.,** art. L. 111-2, L. 111-6, L. 111-7, L. 222-2, L. 311-2 et L. 511-1.
- **C. pr. civ.,** art. 510 s.
- **C. civ.,** 1304-6, 1305, art. 1305-2, 1305-4, 1341 et 1343-5.
- **C. com.,** art. L. 611-10-1, L. 622-29, L. 643-1, L. 645-1, L. 721-4, L. 722-2 et L. 733-1 s.
- **C. consom.,** art. L. 218-2.

0132.03 Bibliographie indicative.

Ouvrages. A. Leborgne, *Droit de l'exécution*, 3e éd., « Précis », Dalloz, 2019, nos 403-408 – R. Perrot et Ph. Théry, *Procédures civiles d'exécution*, 3e éd., Dalloz, 2013, nos 117-128.

Articles. J.-J. Bourdillat, « Le titre notarié : un consensus exécutoire », *Rev. huiss.* 1994. 679 – J.-C. Boulay, « Réflexion sur la notion d'exigibilité de la créance », *RTD com.* 1990. 339 s.

SECTION 1

Notion de créance

0132.11 La créance cause de la saisie, source d'un droit à l'exécution et à la conservation. L'obligation étant le rapport juridique qui unit le débiteur au créancier, elle présente, pour ce dernier, un aspect actif, car fort de sa titularité il pourra exiger quelque chose du débiteur. Cette chose que le créancier exige est aujourd'hui appelée par le Code civil la prestation, c'est elle qui constitue l'objet de l'obligation[1], cette prestation pouvant notamment porter sur un service, une somme d'argent ou une indemnité. La distinction, tirée du droit romain, entre les obligations de donner, de faire et de ne pas faire, a donc été abandonnée par l'ordonnance du 10 février 2016[2]. Or, parce qu'elle crée un lien de droit entre les personnes, l'obligation a un caractère personnel, ce pourquoi on qualifie de personnel – ou de créance – le droit du créancier d'une obligation à l'encontre de son débiteur. Susceptible d'être appréciée en argent, l'obligation présente un **caractère patrimonial**, et se trouve également pourvue d'un **caractère contraignant**, c'est-à-dire qu'elle doit être exécutée spontanément par le débiteur sous peine de subir l'une des mesures prévues par le droit des procédures civiles d'exécution une fois sa condamnation au paiement prononcée en justice, ou la créance constatée dans un acte notarié[3] revêtu de la formule exécutoire. L'article 1341 C. civ. en fait une règle de fond : « *Le créancier a droit à l'exécution de l'obligation ; il peut y contraindre le débiteur dans les conditions prévues par la loi* », et l'article L. 111-2 C. pr. exéc. relaie lui-même cette règle dans le plan de l'exécution, en affirmant que le créancier muni d'un titre exécutoire « *constatant une créance liquide et exigible* » peut en poursuivre l'exécution forcée sur les biens de son débiteur dans les conditions propres à chaque mesure d'exécution. La créance fonde également un droit à la conservation, puisqu'aujourd'hui, toute personne « *dont la créance paraît fondée en son principe* » peut solliciter du juge l'autorisation de pratiquer une mesure

1. C. civ., art. 1163, al. 1er : « *L'obligation a pour objet une prestation présente ou future* ».
2. Ord. no 2016-131, 10 févr. 2016, portant réforme du droit des contrats, du régime général et de la preuve des obligations, *JO* 11 févr., texte no 26.
3. Qui constitue une autre variété de titre exécutoire à côté des décisions de justice (C. pr. exéc., art. L. 111-3, 4°).

conservatoire sur les biens de son débiteur, si elle justifie de circonstances susceptibles d'en menacer le recouvrement (C. pr. exéc., art. L. 511-1).

SECTION 2
CARACTÉRISTIQUES DE LA CRÉANCE

0132.21 **Créance cause de la saisie.** Si l'on met à part l'hypothèse où le créancier souhaite prendre une mesure conservatoire pour assurer la sauvegarde de ses droits (C. pr. exéc., art. L. 511-1), dans laquelle il suffit que sa créance paraisse fondée en son principe, pour qu'une mesure d'exécution forcée puisse être pratiquée en droit français, il est nécessaire que la créance cause de la saisie présente certaines caractéristiques, en particulier elle doit être « *liquide et exigible* » (C. pr. exéc., art. L. 111-2) [1]. On rappellera également brièvement que la créance objet de la saisie est susceptible de modalités.

0132.22 **Liquidité.** La créance qui sert de fondement à une mesure d'exécution est liquide lorsqu'elle est évaluée en argent et en son montant, mais si le titre exécutoire ne permet pas encore de déterminer précisément ledit montant, le législateur considère toutefois que celle-ci conserve sa liquidité « *lorsque le titre contient tous les éléments permettant son évaluation* » (C. pr. exéc., art. L. 111-6). Cette condition générale et son assouplissement, réaffirmés par la Cour de cassation le 22 septembre 2016 dans une espèce où une cour d'appel, pour annuler un commandement de payer à fin de saisie-vente, n'avait pas caractérisé l'absence de caractère évaluable de la créance par le JEX [2], correspondent à une exigence d'information du débiteur sur l'étendue de l'obligation à exécuter [3]. En effet, parce qu'un titre exécutoire est porteur d'une autorisation de saisir, on ne peut admettre d'imprécision dans la détermination de la créance qu'il constate. Elles répondent aussi à la volonté de ne pas laisser le créancier appréhender des biens dont la valeur serait hors de proportion par rapport aux causes de la saisie, et ainsi de respecter le **principe de proportionnalité** posé par l'article L. 111-7 C. pr. exéc.

En même temps, on peut aussi comprendre qu'un créancier soit admis à engager une mesure d'exécution à un moment où l'obligation, certaine, n'est pas encore précisément chiffrée, pourvu qu'elle soit au moins déterminable [4]. C'est la raison pour laquelle il suffit que le titre exécutoire contienne les éléments permettant l'évaluation de la créance, assouplissement qui n'est pas dénué de portée en jurisprudence puisque la deuxième chambre civile a admis, le 12 juin 2008, que « *les bénéficiaires d'une condamnation au paiement d'une somme globale peuvent en poursuivre conjointement le recouvrement* », et demander, par un mandataire commun, la saisie des rémunérations du débiteur « *sans que chacun procède préalablement à la détermination de sa propre créance* » [5].

C'est également ainsi qu'à propos d'un acte notarié constatant une ouverture de crédit, qui avait servi de fondement à une saisie-attribution, la deuxième chambre civile a considéré, le 4 juillet 2007, au vu de ce que l'acte mentionnait le montant et la durée maximum de l'ouverture de crédit autorisée, le taux maximum d'intérêt, le taux effectif global et les indemnités de retard et de recouvrement, qu'il « *contenait les éléments permettant l'évaluation de la créance* », laquelle était donc bien liquide [6]. De la même manière, la Cour a estimé déterminables, bien que non chiffrées en leur montant, les sommes allouées par un jugement prud'homal qui avait ordonné à une caisse d'allocations familiales de classer sa salariée au niveau 7 de la convention collective, de reconstituer sa carrière selon ce classement et de lui verser le rappel de salaire sur les cinq années précédant la saisine de la juridiction. La caisse, qui avait obtenu l'infirmation de ce jugement, disposait ainsi d'une créance susceptible d'évaluation l'autorisant à pratiquer une saisie des rémunérations pour recouvrer les sommes versées à sa salariée [7]. Plus récemment, dans une affaire où la caducité d'une prestation compensatoire avait été constatée par un arrêt irrévocable, et où, sur le fondement de celui-ci, un commandement de payer à fin de saisie-vente avait été délivré pour obtenir la restitution d'une certaine somme, la deuxième chambre civile a censuré l'arrêt ayant annulé ledit commandement ; la Cour, en effet, a com-

1. S'agissant de la saisie immobilière, il convient d'attirer l'attention sur le fait que les contestations élevées sur ces questions doivent l'être au plus tard à l'audience d'orientation. La Cour de cassation juge assez souvent, en effet, en application de l'article R. 311-5 C. pr. exéc., qu'à peine d'irrecevabilité prononcée d'office, aucune contestation ni aucune demande incidente ne peut, sauf disposition contraire, être formée après l'audience d'orientation, à moins qu'elle porte sur les actes de procédure postérieurs à celle-ci : Civ. 2e, 14 oct. 2010, no 09-69.580, NP – *Adde* : Civ. 2e, 7 juill. 2011, no 10-23.955, NP – Civ. 1re, 1er déc. 2016, no 14-27.169, P I, no 264.
2. Civ. 2e, 22 sept. 2016, no 15-17.041, P II, no 214 ; *D.* 2016. 1938 ; *AJ fam.* 2016. 538, obs. J. Casey ; *RTD civ.* 2017. 109, obs. J. Hauser.
3. Sur cette fonction d'information du titre exécutoire, v. Y. Desdevises, « Le titre exécutoire requis », *Procédures* 2008, no 8/9, dossier, p. 3, no 5-6, p. 20 s.
4. Civ. 2e, 13 juill. 2006, no 05-10.273, NP, relevant que « *le titre exécutoire mentionnait le montant de la somme due [...] au titre des dommages-intérêts et que la somme due à titre de remboursement était déterminable* ».
5. Civ. 2e, 12 juin 2008, no 07-10.579, P II, no 139.
6. Civ. 2e, 4 juill. 2007, no 06-14.003, NP.
7. Civ. 2e, 19 nov. 2008, no 07-18.987, P II, no 253 ; *Dr. et proc.* 2009. 107, note O. Salati.

mencé par rappeler que « *la créance est liquide lorsqu'elle est évaluée en argent ou lorsque le titre contient tous les éléments permettant son évaluation* », et, considérant que « *l'obligation de rembourser résulte de plein droit de la décision qui constate la caducité d'une prestation compensatoire* » sous la forme d'une rente mensuelle viagère, a cassé l'arrêt d'appel qui n'avait pas caractérisé l'absence de caractère évaluable de la créance par le juge de l'exécution[1].

Le caractère de liquidité valant pour toute mesure d'exécution forcée, la saisie immobilière n'y fait pas exception, puisque l'article L. 311-2 C. pr. exéc. rappelle que pour pratiquer cette mesure, le titre exécutoire du créancier doit constater « *une créance liquide et exigible* ».

Peu d'arrêts avaient porté, jusqu'à présent, sur la condition de liquidité en matière de saisie immobilière, si ce n'est une décision du 8 janvier 2015, dans laquelle la deuxième chambre civile a considéré que les juges du fond, au vu d'une indemnité de recouvrement au taux de 7 % des sommes restant dues, évaluée à la somme de 46 029,65 euros dans le commandement de payer, qui était expressément convenue par les parties en cas de défaillance de l'emprunteur, avaient fait suffisamment ressortir le caractère liquide (et exigible) de la créance, justifiant le rejet de la demande d'annulation du commandement[2]. Aussi, un arrêt du 23 juin 2016 n'en présente-t-il que plus d'intérêt, rendu au visa des articles L. 111-2 et L. 111-6 C. pr. exéc. dans une affaire où un juge de l'exécution puis une cour d'appel avaient annulé un commandement de payer et ordonné la mainlevée de la saisie immobilière, aux motifs que l'acte notarié servant de fondement aux poursuites concernait un prêt libellé en francs suisses et remboursable dans cette monnaie étrangère, avec faculté de conversion à la demande de l'emprunteur, sans stipulation relative aux conditions de conversion en euros, et que la créance, bien que mentionnée en euros dans le commandement de payer valant saisie, n'était pas liquide faute d'éléments dans le contrat permettant de l'évaluer dans la monnaie ayant seul cours légal en France. Sur pourvoi, toutefois, cet arrêt a été cassé par la deuxième chambre civile. En effet, même s'il n'y avait pas de stipulations relatives aux modalités de conversion dans le titre exécutoire, la Cour a relevé que « *la contre-valeur en euros de la créance stipulée en monnaie étrangère pouvait être fixée au jour du commandement de payer à fin de saisie immobilière* [...], *de sorte que la créance, dont le montant était déterminable à cette date, se trouvait, par là même, liquide* »[3].

En revanche, la liquidité n'a pas été jugée suffisante dans une affaire où le créancier avait obtenu en justice, à frais partagés par moitié entre lui et une société civile immobilière (SCI), le droit à la réalisation d'un revêtement compatible avec le gabarit des poids lourds desservant les immeubles implantés sur deux parcelles appartenant à l'un et à l'autre, celle de la SCI étant grevée d'une servitude de passage au profit du premier ; en effet, même si le créancier avait été autorisé par la décision à préfinancer ces travaux, à les achever et à recourir contre la SCI à hauteur de la moitié des dépenses engagées, la Cour de cassation relevait que ni le jugement ni l'arrêt confirmatif servant de fondement à la saisie-vente diligentée afin d'obtenir le paiement de la somme correspondant à la moitié du montant des travaux, « *n'avaient entendu limiter le volume et la nature des travaux à réaliser à l'usage des seuls locataires actuels* [du créancier] et *n'avaient prévu de contrôle sur les sommes engagées par celui-ci au titre des travaux, ce dont il résultait que la somme due par la SCI au titre de sa contribution aux travaux n'était pas déterminable* »[4]. On le voit, dès qu'une véritable imprécision affecte la détermination du montant de l'obligation cause de la saisie, la condition de liquidité fait défaut et la mesure d'exécution est entachée de nullité.

0132.23 **Exigibilité.** L'exigibilité de la créance cause de la saisie est peut-être la condition qui tombe le plus sous le sens ; comment un créancier pourrait-il pratiquer une mesure d'exécution forcée s'il n'est pas en droit d'exiger le paiement de l'obligation ? La mise en œuvre d'une mesure d'exécution ne se conçoit que parce que la créance est exigible, et que le débiteur ne s'est pas exécuté ; il n'y a pas de saisie sans droit préalable d'exiger le paiement de l'obligation, ce qui n'est de toute façon que l'application du droit commun, qui a toujours posé en principe que l'exécution de l'engagement a pour point de départ le terme de l'obligation. L'article 1305-2 C. civ. décide ainsi que « *ce qui n'est dû*

1. Civ. 2e, 22 sept. 2016, no 15-17.041, P II, no 214 – Il ne faut toutefois pas perdre de vue que la décision qui sert de fondement aux poursuites ne doit pas seulement se borner, en principe, à fixer la créance du débiteur à un certain montant (v. toutefois, Civ. 2e, 19 nov. 2009, no 08-14.325, P II, no 277), mais prononcer une véritable condamnation au paiement de ce montant ; c'est ainsi qu'en application des articles L. 111-2 et L. 111-3 C. pr. exéc., la deuxième chambre civile a rappelé, le 14 janvier 2021 (Civ. 2e, 14 janv. 2021, no 18-23.238, P ; *D.* 2021. 141 ; *Rev. prat. rec.* 2021. 13, chron. F. Kieffer ; *RTD civ.* 2021. 484, obs. N. Cayrol), que « *la décision rendue par une juridiction, qui se borne à constater une créance et à en fixer le montant dans le cadre d'une procédure collective, ne constitue pas un titre exécutoire et ne peut, dès lors, servir de fondement à une mesure d'exécution forcée* ».
2. Civ. 2e, 8 janv. 2015, no 13-26.657, P II, no 2 ; *D.* 2015. Pan. 1347, obs. A. Leborgne.
3. Civ. 2e, 23 juin 2016, no 15-12.113, P II, no 173.
4. Civ. 2e, 21 févr. 2013, no 12-13.215, NP.

qu'à terme ne peut être exigé avant l'échéance », donc ne peut donner lieu à aucune mesure d'exécution, sauf à tenir compte d'une éventuelle déchéance du terme qui a pour effet de rendre la créance immédiatement exigible, et dont l'article 1305-4 offre une illustration dans l'hypothèse, soit d'une non-fourniture des sûretés promises au créancier, soit d'une diminution de celles qui garantissent l'obligation. On pense aussi, en matière de liquidation judiciaire, à la règle posée par l'article L. 643-1 alinéa 1er C. com., lequel dispose que « *le jugement qui ouvre ou prononce la liquidation judiciaire rend exigibles les créances non échues* ». En revanche, en matière de sauvegarde des entreprises et de redressement judiciaire (C. com., art. L. 631-14, renvoyant aux articles L. 622-13 et L. 622-33), l'article L. 622-29 décide que « *le jugement d'ouverture ne rend pas exigibles les créances non échues à la date de son prononcé* », toute clause contraire étant réputée non écrite.

Il est vrai qu'à côté de cette situation de base, la question de l'exigibilité de la créance a donné lieu à un abondant contentieux en matière de saisie immobilière, lorsque la mesure est diligentée sur la base d'emprunts contractés auprès d'une banque dont la déchéance du terme a été prononcée. La première chambre civile avait jugé en 2012 que l'article L. 137-2 C. consom., devenu article L. 218-2, qui dispose que l'action des professionnels, pour les biens ou les services qu'ils fournissent aux consommateurs, se prescrit par deux ans, s'appliquait aux crédits immobiliers consentis par des organismes de crédit aux consommateurs, lesquels constituaient des services financiers fournis par des professionnels[1]. Après avoir décidé que le point de départ du délai de prescription biennale se situait au jour où le titulaire du droit a connu ou aurait dû connaître les faits permettant d'exercer l'action concernée, soit, en cas d'action en paiement au titre d'un crédit immobilier consenti par un professionnel à un consommateur, à la date du premier incident de paiement non régularisé[2], la première chambre a opéré un revirement et a jugé qu'à l'égard d'une dette payable par termes successifs, la prescription se divise comme la dette elle-même et court à l'égard de chacune de ses fractions à compter de son échéance, de sorte que si l'action en paiement des mensualités impayées se prescrit à compter de leurs dates d'échéances successives, l'action en paiement du capital restant dû se prescrit à compter de la date d'échéance du terme qui emporte son exigibilité[3].

Aujourd'hui, ce sont plutôt les hypothèses de report de l'exigibilité de la dette qui ont tendance à se multiplier, à partir de textes traditionnels figurant dans le Code civil qui vont conduire à une suspension des poursuites. En effet, l'article 1343-5 alinéa 1er C. civ. permet au juge d'accorder, dettes d'aliments exclues (C. civ., art. 1343-5, dern. al.)[4], un délai de grâce au débiteur[5], en considération de sa situation, dont l'effet direct est un report ou un échelonnement du paiement des sommes dues dans la limite de deux années, et l'article 1343-5 alinéa 4 complète le dispositif en prévoyant que « *la décision du juge suspend les procédures d'exécution qui auraient été engagées par le créancier* »[6], les majorations d'intérêt ou les pénalités encourues à raison du retard cessant également d'être dues pendant le délai fixé par le juge. Dans cette situation, où une mesure d'exécution aurait déjà été entreprise, plus précisément, selon l'article 510 alinéa 3 C. pr. civ., « *après signification d'un commandement ou d'un acte de saisie, selon le cas* », ce n'est plus la décision qui prononce la condamnation qui est compétente pour accorder le délai de grâce (C. pr. civ., art. 510, al. 1er) : la demande doit alors être portée devant le juge de l'exécution. La Cour de cassation a eu l'occasion de souligner, en effet, que c'est seulement lorsqu'il statue après un acte d'exécution forcée que le juge de l'exécution a compétence pour accorder un délai de grâce.[7]

Les dispositions du Code civil trouvent d'ailleurs à s'appliquer dans des domaines assez variés, par exemple en matière de prévention des difficultés des entreprises, et plus particulièrement de conciliation. En effet, une procédure de conciliation a été instituée devant le tribunal de commerce, ayant pour objet de remédier à une difficulté juridique ou économique du bénéficiaire qui ne se trouve pas en état de cessation des paiements depuis plus de quarante-cinq jours, au travers de la conclusion d'un accord amiable (C. com., art. L. 611-4 s.). Or, au cours de la procédure de conciliation, « *le débiteur mis en demeure ou poursuivi par un créancier peut demander au juge qui a ouvert celle-ci de faire application de l'article 1343-5 du Code civil* » (C. com., art. L. 611-7, al. 5). C'est le président du tribunal qui, sur la requête conjointe des parties, constatera leur accord et donnera à celui-ci la force exécutoire

1. Civ. 1re, 28 nov. 2012, no 11-26.508, P II, no 247 ; *D.* 2012. 2885, obs. V. Avena-Robardet ; *D.* 2013. 945, obs. H. Aubry ; *ibid.* 1574, obs. A. Leborgne ; *ibid.* 2420, obs. D. R. Martin.
2. Civ. 1re, 10 juill. 2014, no 13-15.511, P II, no 138 ; *D.* 2014. 1541 ; *ibid.* 2015. 588, obs. H. Aubry ; *RTD com.* 2014. 675, obs. D. Legeais.
3. Civ. 1re, 11 févr. 2016, nos 14-27.143, P, et 14-28.383, P ; *RTD civ.* 2016. 364, obs. H. Barbier.
4. V. Civ. 2e, 22 mars 2012, no 11-13.915, P II, no 56.
5. Mais un tel délai ne pourra pas lui être accordé si ses « *biens sont saisis par d'autres créanciers* », décide l'article 512 C. pr. civ.
6. En revanche, le délai de grâce ne fait pas obstacle aux mesures conservatoires (C. pr. civ., art. 513).
7. Civ. 2e, 16 sept. 2003, no 02-10.909, P II, no 262.

(C. com., art. L. 611-8, I)[1]. L'ordonnance n° 2014-326 du 12 mars 2014 réformant le droit des entreprises en difficulté[2], est venue apporter une modification, en ajoutant un alinéa 2 à l'article L. 611-10-1 C. com., destiné à faciliter l'exécution de l'accord par des délais imposés aux créanciers. Selon ce texte, en effet, si pendant la durée de l'accord le débiteur est mis en demeure ou poursuivi par l'un des créanciers appelés à la conciliation dans le but d'obtenir le paiement d'une créance qui, cette fois, « *n'a pas fait l'objet de l'accord, le juge qui a ouvert la procédure de conciliation peut, à la demande du débiteur* [...] *faire application des dispositions de l'article 1343-5 du Code civil, en prenant en compte les conditions d'exécution de l'accord* ». À l'instar de la procédure de conciliation, la procédure de rétablissement professionnel, prévue pour le débiteur personne physique par les articles L. 645-1 s. C. com.[3], a tiré les conséquences d'un possible report du paiement des sommes dues par celui-ci. En effet, comme la procédure de rétablissement professionnel, destinée à permettre la purge des dettes parce que l'actif du débiteur est inexistant, n'est pas une procédure collective de paiement et que les créanciers ne sont pas soumis à une interdiction individuelle des poursuites, le législateur a imaginé un dispositif limitant leurs initiatives, et c'est ainsi qu'aux termes du premier alinéa de l'article L. 645-6 « *si le débiteur est mis en demeure ou poursuivi par un créancier au cours de la procédure, le juge commis peut* », à sa demande, « *reporter le paiement des sommes dues dans la limite de quatre mois et ordonner, pour cette même durée, la suspension des procédures d'exécution qui auraient été engagées par le créancier* ».

À côté de ces dispositions, il faut également faire état de celles, tirées du Code de la consommation, qui ont réglementé la situation de surendettement des débiteurs en différant l'exigibilité de leurs dettes, et par conséquent des poursuites. Selon l'article L. 722-2 C. consom. en effet, au stade de la demande de traitement de la situation de surendettement, la décision de la commission de surendettement des particuliers déclarant recevable la demande « *emporte suspension et interdiction des procédures d'exécution diligentées à l'encontre des biens du débiteur* »[4], et l'article L. 721-4 alinéa 1er précise pour sa part qu'avant même la décision de recevabilité, et à la demande du débiteur, « *la commission peut saisir* [...] *le juge du tribunal d'instance aux fins de suspension des procédures d'exécution diligentées à l'encontre des biens du débiteur* ». Quant à l'article L. 733-17, il pose lui-même en principe que les créanciers auxquels les mesures imposées par la commission en application de l'article L. 733-1[5] ou les mesures recommandées en application des articles L. 733-7 et L. 733-8, rendues exécutoires par application de l'article L. 733-10 ou de l'article L. 733-15, sont opposables « *ne peuvent exercer des procédures d'exécution à l'encontre des biens du débiteur pendant la durée d'exécution de ces mesures* ». Dans ces hypothèses, il sera donc sursis aux poursuites en principe. Ceci dit, la Cour de cassation a pu estimer qu'un créancier peut, pendant le cours de l'exécution des mesures recommandées par la commission de surendettement des particuliers, saisir le juge du fond pour obtenir un titre exécutoire qui pourra être mis à exécution en cas d'échec du plan[6].

0132.24 Créance objet de la saisie (rappel) : créance à terme, conditionnelle ou à exécution successive. On peut rappeler ici que le Code des procédures civiles d'exécution pose en principe que les saisies peuvent porter sur les créances conditionnelles, à terme ou à exécution successive, les modalités propres à ces obligations s'imposant alors au créancier saisissant (C. pr. exéc., art. L. 112-1, al. 2).

0132.25 Créance conditionnelle ou à terme. S'agissant d'une créance conditionnelle, il faut procéder à une distinction. Affectée d'une condition résolutoire, la créance existe actuellement, et, sous condition suspensive, elle aura existé depuis le jour auquel l'engagement a été contracté, en raison de l'effet rétroactif attaché à l'accomplissement de la condition (l'article 1304-6 C. civ. dispose plus précisément que « *l'obligation devient pure et simple à compter de l'accomplissement de la condition suspensive* » [al. 1er], les parties pouvant toutefois « *prévoir que l'accomplissement de la condition rétroagira au jour du contrat* » [al. 2]). Ces créances peuvent donc être saisies, comme peut également l'être une créance à terme : le terme, en effet, ne diffère que l'exigibilité de la créance, pas son existence (C. civ., art. 1305 et 1305-2). La Cour de cassation a d'ailleurs rappelé ce principe de saisissabilité dans un arrêt du 28 mai 2003, affirmant, à propos d'une saisie-attribution pratiquée entre les mains d'un établissement bancaire, qu'une telle mesure « *peut porter sur des créances conditionnelles ou à terme dès lors que la*

1. Pendant la durée de son exécution l'accord constaté, ou homologué par le tribunal, « *interrompt ou interdit toute action en justice et arrête ou interdit toute poursuite individuelle tant sur les meubles que les immeubles du débiteur dans le but d'obtenir le paiement des créances qui en font l'objet* » (C. com., art. L. 611-10-1).
2. Ord. n° 2014-326, 12 mars 2014, portant réforme de la prévention des difficultés des entreprises et des procédures collectives, *JO* 14 mars, p. 5249.
3. Ouverte à tout débiteur, personne physique, qui ne fait l'objet d'aucune procédure collective en cours, n'a employé aucun salarié au cours des six derniers mois et dont l'actif déclaré a une valeur inférieure à un montant fixé par décret en Conseil d'État.
4. V. PAR EX. Civ. 2e, 28 juin 2018, n° 17-17.481, P II, n° 142.
5. NOT. le rééchelonnement du paiement des dettes de toute nature (1°), et la suspension de l'exigibilité des créances autres qu'alimentaires (4°).
6. Civ. 2e, 28 juin 2006, n° 05-13.619, NP.

créance du débiteur existe au jour de la saisie ». En l'espèce, le virement litigieux ayant été effectué au bénéfice du débiteur avant la saisie, la créance était née « *bien qu'elle ne soit pas encore inscrite en compte* ». Jusqu'à ce moment, il a été titulaire d'une créance conditionnelle, mais une fois inscrite à son compte la somme est considérée comme lui ayant appartenu au jour de la saisie, c'est-à-dire que l'inscription réalise la condition[1].

0132.26 Créance à exécution successive. On sait qu'un contrat est dit successif lorsqu'il comporte l'exécution d'obligations s'inscrivant dans la durée, étant précisé qu'un tel contrat crée un rapport permanent d'obligation, sans intervalles malgré le fractionnement des périodes[2]. Il faut comprendre que les obligations que le contrat renferme prennent naissance dès sa conclusion, et que même si elles doivent être exécutées plus tard, au moment de leur exigibilité, elles trouvent leur cause dans ce seul contrat. La Cour de cassation l'affirme depuis longtemps : « *Les obligations contractuelles prennent naissance, sauf convention contraire, au jour de la conclusion du contrat et non au jour de leur exécution* »[3]. Ramenée à la notion de créance successive elle-même, il s'agit donc d'une créance dérivant d'un contrat unique qui, dès sa formation, engendre des obligations dont l'existence est certaine mais dont l'exécution s'inscrit dans la durée[4]. L'exemple type est la créance de loyer dans le bail : l'engagement du locataire de payer les loyers trouve sa source dans la conclusion de ce seul contrat, lequel servira de cause à l'ensemble des créances à venir[5]. Autrement dit, le bailleur devient, dès la signature, créancier de la totalité des loyers dus par le locataire.

1. Civ. 2e, 28 mai 2003, no 01-12-892, P II, no 166 ; *Procédures* 2003, no 169, note R. Perrot ; *Dr. et proc.* 2003, 371, note E. Putman.
2. V. F. Terré, P. Simler et Y. Lequette, F. Chénedé, *Droit civil, Les obligations*, 13e éd., « Précis », Dalloz, 2022, no 105.
3. Civ. 1re, 16 juill. 1986, no 84-16.631, P I, no 212.
4. V. R. Perrot, obs. ss Cass., ch. mixte, 22 nov. 2002, no 99-13.935, P, no 7 ; *RTD civ.* 2003. 146.
5. V. E. Putman, note *JCP* 1996. II. 22723, ss Civ. 2e, 10 juill. 1996, no 94-19-551, P II, no 209.

CHAPITRE

0133. Mise en œuvre d'une procédure et légalité des poursuites

Olivier Salati
Maître de conférences HDR à l'Université d'Aix-Marseille
Directeur du master II professionnel
Commissaire de justice et professions judiciaires

SECTION 0

Orienteur

0133.00 Sommaire du chapitre.

Division. Muni de son titre exécutoire, le créancier saisissant doit mettre en œuvre une procédure d'exécution sur les biens de son débiteur ; pour ce faire, il a en principe le choix de la mesure (sect. 1), mais ce choix n'est pas totalement discrétionnaire et connaît des limites (sect. 2).

0133.01 Textes applicables.

• **C. pr. exéc.**, art. L. 111-7, L. 111-10, L. 121-2, L. 121-5, L. 141-1, L. 153-1, L. 161-1, L. 211-2, L. 221-2, L. 231-1, L. 311-5, L. 311-8, R. 221-2, R. 221-3, R. 524-1 s. et R. 532-9.

• **C. civ.**, art. 1240, 2439, 1353.

• **C. pr. civ.**, art. 514.

• **C. com.**, art. L. 526-22.

• **Conv. EDH**, art. 6 § 1.

0133.02 Jurisprudence de référence.

> Liberté du créancier dans le choix des mesures d'exécution. Charge de la preuve.

• **Civ. 2e, 15 mai 2014**, no 13-16.016, P II, no 113

* V. ss nos 0133.21, 0212.92, 0311.171, 1317.13, 1331.22

Le créancier ayant le choix des mesures propres à assurer l'exécution de sa créance, il appartient au débiteur, qui en poursuit la mainlevée, d'établir qu'elles excèdent ce qui se révèle nécessaire pour obtenir le paiement de l'obligation.

> Subsidiarité de la saisie-vente. Incidence du silence du débiteur.

• **Cass., avis, 8 déc. 1995**, no 09-50.013, P, no 15

* V. ss nos 0133.34, 0212.144, 0712.46

Il résulte des articles 51 et 39 de la loi du 9 juillet 1991 [devenus art. L. 221-2 et L. 152-1 et L. 152-2 C. pr. exéc.] portant réforme des procédures civiles d'exécution, et des articles 82 et 83 de son décret d'application du 31 juillet 1992 [devenus art. R. 221-2 et R. 221-3 C. pr. exéc.], que le recouvrement forcé d'une créance autre qu'alimentaire et d'un montant en principal inférieur à 3 500 francs [535 €] ne peut, sauf autorisation donnée par le juge de l'exécution, être effectuée par voie de saisie-vente dans le local d'habitation du débiteur que dans la seule mesure où il s'avère impossible de procéder par voie de saisie d'un compte de dépôt ou des rémunérations du travail. L'absence de réponse du débiteur à l'injonction qui lui est faite dans le commandement de communiquer les renseignements utiles à l'exercice de ces dernières voies d'exécution ne fait pas échec à ce principe de subsidiarité, et n'a pour effet, si le recours au procureur de la République s'avère nécessaire pour connaître l'employeur du débiteur ou les établissements où celui-ci a un compte, que de dispenser l'huissier de justice de justifier de recherches infructueuses.

En conséquence, le silence du débiteur ne rend pas possible de ce seul fait la saisie-vente. Il permet à l'huissier de justice de s'adresser immédiatement et sans autre formalité au procureur de la République en vue d'obtenir l'identification de l'employeur ou des comptes de dépôt du débiteur.

> Saisie abusive et contrôle du juge de l'exécution.

• **Civ. 2e, 20 avr. 2017**, no 16-15.936, P II, no 78

* V. ss nos 0133.41, 0212.92

Il résulte de l'article L. 111-7 du Code des procédures civiles d'exécution que le juge du tribunal d'instance – aujourd'hui disparu – exerçant les pouvoirs du juge de l'exécution, dispose de celui de rejeter une requête présentée par un créancier en vue de la saisie des rémunérations de son débiteur, lorsqu'elle procède d'un abus de droit par le créancier, lequel ne saurait, en ce cas, se prévaloir de l'article 6 § 1 de la Convention de sauvegarde des droits de l'homme et des libertés fondamentales qui, s'il tend à la protection effective et concrète que ce texte garantit, n'en permet pas l'abus.

> Droit à l'exécution effective des décisions de justice.

• **CEDH 19 mars 1997,** *Hornsby c/Grèce*, req. n° 18357/91

* V. s[s] n°s 0101.11, 0133.06, 0211.51, 0231.05, 0251.151, 0313.51, 04.05, 0522.23, 1317.11, 16.05, 1711.252, 1711.304

40. La Cour rappelle sa jurisprudence constante selon laquelle l'article 6 par. 1 (art. 6-1) garantit à chacun le droit à ce qu'un tribunal connaisse de toute contestation relative à ses droits et obligations de caractère civil ; il consacre de la sorte le « droit à un tribunal », dont le droit d'accès, à savoir le droit de saisir un tribunal en matière civile, constitue un aspect (arrêt *Philis c/Grèce* du 27 août 1991, série A n° 209, p. 20, par. 59). Toutefois, ce droit serait illusoire si l'ordre juridique interne d'un État contractant permettait qu'une décision judiciaire définitive et obligatoire reste inopérante au détriment d'une partie. En effet, on ne comprendrait pas que l'article 6 par. 1 (art. 6-1) décrive en détail les garanties de procédure – équité, publicité et célérité – accordées aux parties et qu'il ne protège pas la mise en œuvre des décisions judiciaires ; si cet article (art. 6-1) devait passer pour concerner exclusivement l'accès au juge et le déroulement de l'instance, cela risquerait de créer des situations incompatibles avec le principe de la prééminence du droit que les États contractants se sont engagés à respecter en ratifiant la Convention (voir, mutatis mutandis, l'arrêt *Golder c/ Royaume-Uni* du 21 février 1975, série A n° 18, pp. 16-18, § 34-36). L'exécution d'un jugement ou arrêt, de quelque juridiction que ce soit, doit donc être considérée comme faisant partie intégrante du « procès » au sens de l'article 6 (art. 6) ; la Cour l'a du reste déjà reconnu dans les affaires concernant la durée de la procédure (voir, en dernier lieu, les arrêts *Di Pede c/Italie* et *Zappia c/Italie* du 26 septembre 1996, *Recueil des arrêts et décisions* 1996-IV, pp. 1383-1384, § 20-24, et pp. 1410-1411, § 16-20, respectivement).

> La marge d'appréciation dont jouissent les états pour intervenir dans une procédure d'exécution d'une décision de justice, ne peut avoir comme conséquence d'empêcher, d'invalider ou de retarder l'exécution de manière excessive.

• **CEDH, 28 juill. 1999,** *Immobiliare Saffi c/Italie*, req. n° 22774/93

* V. s[s] n°s 0101.15, 0101.18, 0133.06, 1317.11, 16.05

64. La société requérante se plaint que la procédure d'expulsion a duré environ treize ans. De plus, elle dénonce le fait qu'à la suite de l'action du préfet de Livourne et de la commission préfectorale, qui examinent les expulsions au cas par cas afin de déterminer celles qui vont être exécutées, il y a eu méconnaissance de la décision du juge d'instance de Livourne, qui avait statué sur la date d'exécution de l'expulsion lors de la procédure au fond. Immobiliare Saffi n'aurait donc pas eu accès à un tribunal afin d'obtenir satisfaction de son droit à récupérer son appartement et à obtenir l'exécution de l'ordonnance d'expulsion à partir du 30 septembre 1984.

65. La Cour note que le bailleur ne peut demander l'exécution de l'ordonnance d'expulsion d'un locataire qu'à partir de la date que le juge d'instance, tenant compte des exigences particulières du bailleur et du locataire et des raisons de l'expulsion, a fixée dans l'ordonnance. La loi fixe un délai maximum de sursis à l'exécution de six mois, exceptionnellement douze mois, après quoi l'ordonnance doit pouvoir être exécutée (§ 20 ci-dessus). Le juge d'instance de Livourne avait fixé la date d'exécution de l'ordonnance en faveur de I. B. au 30 septembre 1984. Or, les dispositions législatives passées entre décembre 1984 et avril 1989 ont reporté cette date, à chaque fois de quelques mois (§ 23-26 ci-dessus).

66. La Cour rappelle que le droit au tribunal garanti à l'article 6 protège également la mise en œuvre des décisions judiciaires définitives et obligatoires qui, dans un État qui respecte la prééminence du droit, ne peuvent rester inopérantes au détriment d'une partie (voir, *mutatis mutandis*, l'arrêt *Hornsby* précité, p. 510, § 40). Par conséquent, l'exécution d'une décision judiciaire ne peut être retardée de manière excessive.

67. La société requérante, toutefois, ne se plaint pas en particulier de cette suspension législative de l'exécution de son ordonnance d'expulsion. En revanche, elle se plaint que le législateur italien a conféré au préfet et à la commission préfectorale le pouvoir d'examiner les expulsions au cas par cas afin de déterminer celles qui doivent être exécutées, ce qui rend la décision du juge d'instance de Livourne inopérante.

68. Le gouvernement souligne à ce propos que si le préfet, en tant qu'auxiliaire de justice, doit prêter son concours à l'exécution des décisions de justice exécutoires, il a également le pouvoir, dans le cadre de ses fonctions d'autorité administrative chargée de maintenir l'ordre public, de ne pas déférer à une demande de concours de la force publique quand une telle exécution risquerait de provoquer de graves troubles à l'ordre public. Un tel pouvoir ne méconnaîtrait pas le droit au tribunal garanti à l'article 6 § 1 de la Convention, considérant que le respect des critères généraux par le préfet est soumis à un contrôle juridictionnel.

69. La Cour reconnaît qu'un sursis à l'exécution d'une décision de justice pendant le temps strictement nécessaire à trouver une solution satisfaisante aux problèmes d'ordre public peut se justifier dans des circonstances exceptionnelles.

70. Ce qui est en cause en l'espèce n'est cependant pas, comme le gouvernement semble le soutenir, un refus ponctuel opposé par le préfet à la demande de concours de la force publique en raison d'un risque de graves troubles à l'ordre public. Dans la présente affaire, le sursis à l'exécution à partir de janvier 1990 a résulté de l'intervention ultérieure du législateur, qui a remis en cause la décision du juge d'instance quant à la date de la libération des lieux par le locataire. En effet, à partir du 1er janvier 1990 et pendant plus de six

ans, l'exécution de l'ordonnance d'expulsion en faveur de la société I. B. a été reportée à plusieurs reprises (§ 28-29 ci-dessus) et, en fait, n'a jamais eu lieu, Immobiliare Saffi ayant récupéré son appartement à la suite du décès du locataire. Le législateur, présumant la persistance du risque de graves troubles à l'ordre public déjà constaté en 1984, en raison du grand nombre d'expulsions à exécuter en même temps, a conféré au préfet, en tant qu'autorité administrative chargée de maintenir l'ordre public, un pouvoir, voire un devoir, d'intervention systématique dans l'exécution des ordonnances d'expulsion, tout en fixant le cadre dans lequel il devrait exercer ce pouvoir.

71. Or la Cour constate en premier lieu que la remise en cause de la date de la libération des lieux a ôté tout effet utile à la décision du juge d'instance de Livourne sur ce point dans son ordonnance du 21 novembre 1983. Il convient de souligner à cet égard que la décision quant à l'octroi de l'assistance de la force publique est fondée sur les mêmes éléments – situation du bailleur et du locataire ; motif de l'expulsion – pris en compte par le juge d'instance conformément à l'article 56 de la loi n° 392/78.

72. En outre, la Cour observe que l'évaluation de l'opportunité de surseoir ultérieurement à l'exécution de l'ordonnance d'expulsion, donc de proroger de fait le bail, était soustraite à tout contrôle judiciaire effectif, l'étendue du contrôle des décisions du préfet étant limitée au respect de l'application des critères de priorité (paragraphe 42 ci-dessus).

73. De surcroît, la prorogation semestrielle du système d'échelonnement du concours de la force publique durant presque neuf ans (paragraphes 28-34 ci-dessus) donne le sentiment que les autorités italiennes se sont contentées d'avoir recours à ce système plutôt que de rechercher d'autres solutions efficaces aux problèmes d'ordre public liés au domaine du logement.

74. En conclusion, si on peut admettre que les États contractants, dans des circonstances exceptionnelles et, comme en l'espèce, dans le cadre de la marge d'appréciation dont ils jouissent en matière de réglementation de l'usage des biens, interviennent dans une procédure d'exécution d'une décision de justice, pareille intervention ne peut avoir comme conséquence ni d'empêcher, invalider ou encore retarder de manière excessive l'exécution, ni, encore moins, de remettre en question le fond de cette décision.

Dans la présente affaire, comme la Cour l'a exposé aux § 54-56 ci-dessus concernant le grief tiré de l'article 1er du Protocole n° 1, l'appréciation du juge d'instance de Livourne dans son ordonnance du 21 novembre 1983 a été privée de tout effet utile par les dispositions législatives incriminées. De plus, à partir du moment où le préfet est devenu l'autorité ayant compétence pour fixer la date de l'expulsion forcée, et au vu de l'absence d'un contrôle judiciaire effectif de ses décisions, la société requérante a été privée de son droit à ce que la contestation l'opposant à son locataire soit décidée par un tribunal, comme le veut l'article 6 de la Convention. Cela est contraire au principe de la prééminence du droit.

Partant, il y a eu violation de l'article 6 § 1 de la Convention.

75. Quant au grief portant sur la durée de la procédure d'exécution, la Cour estime qu'il doit être considéré comme absorbé par le précédent (paragraphes 64-73 ci-dessus).

> Droit d'accès à un tribunal et droit à un tribunal dont le droit à l'exécution fait partie intégrante.

• **CEDH 11 janv. 2001,** *P. M. Lunari et Tanganelli c/Italie*, req. n° 21463/93

* V. s^s n°s 0133.06, 0522.23, 1317.11

39. La Cour rappelle que dans des affaires italiennes concernant également les retards dans l'expulsion de locataires, elle a examiné les griefs tirés de la durée de la procédure d'expulsion sous l'angle, plus général, du droit à un tribunal, et elle est parvenue à la conclusion que les requérants n'avaient pas bénéficié du droit d'accès à un tribunal (voir les arrêts *Immobiliare Saffi* précité, § 61 ; *Edoardo Palumbo c/Italie*, n° 5919/89, § 42-45).

40. Il s'agissait d'affaires dans lesquelles l'exécution de l'ordonnance d'expulsion avait été retardée de manière excessive en conséquence du refus, opposé par le préfet, d'accorder l'assistance de la force publique. La Cour avait observé en particulier qu'à partir du moment où le préfet était devenu l'autorité ayant compétence pour fixer la date de l'expulsion forcée, et au vu de l'absence d'un contrôle judiciaire effectif de ses décisions, les propriétaires avaient été privés de leur droit à ce que la contestation les opposant à leurs locataires soit décidée par un tribunal, comme le veut l'article 6 de la Convention.

41. La Cour considère que la présente affaire diffère des affaires susmentionnées. En l'occurrence, le requérant a saisi, le 14 décembre 1991, le juge de l'exécution d'une demande visant à obtenir que sa locataire, étant en retard avec le paiement des loyers, ne puisse pas bénéficier de la suspension de l'octroi de la force publique. Ce juge a examiné la question et a ensuite fait droit à cette demande le 17 avril 1993 (voir § 17 ci-dessus). Peu après, le 2 juillet 1993, le requérant a obtenu le concours de la force publique (voir § 20 ci-dessus).

42. Dans ces conditions, la Cour estime que le requérant a bénéficié de son droit d'accès à un tribunal. Il faut encore examiner si le requérant a bénéficié de son droit à un tribunal, dont le droit à l'exécution d'un jugement ou arrêt, de quelque juridiction que ce soit, fait partie intégrante (voir, *mutatis mutandis*, l'arrêt *Hornsby c/Grèce* du 19 mars 1997, *Recueil des arrêts et décisions* 1997-II, p. 510, § 40).

43. La Cour rappelle à cet égard que l'exécution d'une décision judiciaire ne peut être empêchée, invalidée ni retardée de manière excessive (arrêt *Immobiliare Saffi* précité, § 74).

44. En l'espèce, le requérant a obtenu en date du 9 octobre 1987 une ordonnance d'expulsion (voir paragraphe ci-dessus), qui ne fut exécutée que le 2 juillet 1993, soit environ quatre ans après que le requérant eût signifié, le 3 août 1989, à la locataire le commandement de libérer les lieux, en commençant ainsi la procédure d'exécution (voir paragraphe 14 ci-dessus). La Cour souligne à cet égard que le requérant avait le droit d'obtenir l'octroi de l'assistance de la force publique en priorité, la locataire étant en retard dans le paiement des loyers ; environ seize mois durent cependant passer avant que cette priorité ne soit reconnue par le juge d'instance (voir § 17 ci-dessus).

45. La Cour estime que le gouvernement n'a pas démontré que ce sursis à l'exécution n'ait duré que le temps strictement nécessaire à trouver une solution satisfaisante aux problèmes d'ordre public auxquels les autorités italiennes étaient confrontées ; en particulier, la Cour note que le gouvernement, qui fait valoir que la locataire avait un enfant à sa charge et percevait un revenu modeste, n'a pas prouvé que pendant ces quatre années les autorités aient cherché une solution aux problèmes de logement de celle-ci (voir, *mutatis mutandis*, l'arrêt *A. O. c/Italie*, n° 22534/93, § 29).446. Dans ces conditions, la Cour estime qu'il y a eu violation du droit à un tribunal garanti à l'article 6 § 1 de la Convention. Le grief tiré de la durée de la procédure doit être considéré comme absorbé par le précédent.

> Le droit fondamental à l'exécution limité aux décisions de justice définitives et obligatoires.

• **CEDH 18 avr. 2002,** *Ouzounis c/Grèce*, req. n° 49144/99

* V. s[s] n°s 0101.13, 0133.06

§ 21. La Cour rappelle que le droit d'accès à un tribunal garanti par l'article 6 § 1 de la Convention serait illusoire si l'ordre juridique interne d'un État contractant permettait qu'une décision judiciaire définitive et obligatoire reste inopérante au détriment d'une partie (voir l'arrêt *Hornsby c/ Grèce* du 19 mars 1997, *Recueil des arrêts et décisions* 1997-II, pp. 510-511, § 40). Toutefois, pour ce qui est de la présente affaire, la Cour note que la décision du tribunal administratif dont l'inexécution faisait grief aux requérants, n'était pas une décision définitive car elle était rendue en première instance et était susceptible d'être frappée d'appel, ce qui fut d'ailleurs le cas. Or, indépendamment de la question de savoir si le délai et l'exercice de l'appel avaient un effet suspensif, question non résolue en l'espèce, la Cour ne saurait admettre que l'article 6 protège non seulement la mise en œuvre de décisions judiciaires définitives et obligatoires, mais aussi celle de décisions qui peuvent être soumises au contrôle de plus hautes instances et, éventuellement, infirmées. Dès lors, eu égard notamment au fait que la cour d'appel infirma la décision sur laquelle les requérants fondaient leurs prétentions, la Cour ne saurait juger contraire aux exigences de l'article 6 l'omission de l'administration de se plier à cette décision, à supposer même qu'en vertu du droit interne celle-ci ait été tenue de l'exécuter. Partant il n'y a pas eu violation de l'article 6 § 1 de la Convention.

> Droit à la mise en œuvre sans délai d'une décision de justice définitive et obligatoire.

• **CEDH 7 mai 2002,** *Bourdov c/Russie*, req. n° 59498/00

* V. s[s] n°s 0101.18, 0133.06, 0142.11, 0215.14, 1317.11

33. L'article 6 § 1 de la Convention, en ses passages pertinents, se lit ainsi : « Toute personne a droit à ce que sa cause soit entendue équitablement [...] par un tribunal [...] qui décidera [...] des contestations sur ses droits et obligations de caractère civil [...] ».

34. La Cour rappelle que l'article 6 § 1 garantit à chacun le droit à ce qu'un tribunal connaisse de toute contestation relative à ses droits et obligations de caractère civil ; il consacre de la sorte le « droit à un tribunal », dont le droit d'accès, à savoir le droit de saisir un tribunal en matière civile, constitue un aspect. Toutefois, ce droit serait illusoire si l'ordre juridique interne d'un État contractant permettait qu'une décision judiciaire définitive et obligatoire reste inopérante au détriment d'une partie. On ne comprendrait pas que l'article 6 § 1 décrive en détail les garanties de procédure – équité, publicité et célérité – accordées aux parties et qu'il ne protège pas la mise en œuvre des décisions judiciaires ; si cet article devait passer pour concerner exclusivement l'accès au juge et le déroulement de l'instance, cela risquerait de créer des situations incompatibles avec le principe de la prééminence du droit que les États contractants se sont engagés à respecter en ratifiant la Convention. L'exécution d'un jugement ou arrêt, de quelque juridiction que ce soit, doit donc être considérée comme faisant partie intégrante du « procès » au sens de l'article 6 (*Hornsby c/Grèce*, arrêt du 19 mars 1997, *Recueil* 1997-II, p. 510, § 40).

35. Une autorité de l'État ne saurait prétexter du manque de ressources pour ne pas honorer une dette fondée sur une décision de justice. Certes, un retard dans l'exécution d'un jugement peut se justifier dans des circonstances particulières, mais le retard ne peut avoir pour conséquence une atteinte à la substance même du droit protégé par l'article 6 § 1 (*Immobiliare Saffi c/Italie* [GC], n° 22774/93, § 74, CEDH 1999-V). En l'espèce, le requérant n'aurait pas dû se trouver dans l'impossibilité de bénéficier de l'issue heureuse de la procédure, qui portait sur la réparation d'un dommage causé à sa santé à l'occasion d'une participation obligatoire à une opération d'urgence, en raison des difficultés financières que connaîtrait l'État.

36. La Cour relève que les jugements rendus par le tribunal municipal de Chakhty les 3 mars 1997, 21 mai 1999 et 9 mars 2000 sont demeurés inexécutés en tout ou en partie au moins jusqu'au 5 mars 2001, date à laquelle le ministère des Finances a pris la décision de régler intégralement la dette envers le requérant. La Cour constate également que ce dernier paiement n'a eu lieu qu'après la communication de la présente requête au gouvernement.

37. En s'abstenant pendant des années de prendre les mesures nécessaires pour se conformer aux décisions judiciaires définitives rendues en l'espèce, les autorités russes ont privé les dispositions de l'article 6 § 1 de la Convention de tout effet utile.

38. Dès lors, il y a eu violation de cet article.

> Subsidiarité de la saisie-vente dans un local d'habitation. Mesure abusive.

• **Civ. 2e, 18 juin 2009,** n° 08-18.379, P II, n° 169

* V. s[s] n°s 0133.34, 0133.43, 0133.44, 0212.92, 0212.144, 0251.122, 0712.32, 0712.34, 0712.42

1° L'article 51 de la loi du 9 juillet 1991 [devenu art. L. 221-2 C. pr. exéc.] vise tout local d'habitation, qu'elle soit à titre principal ou secondaire.

2° Décide exactement que les dispositions de l'article 51 de la loi du 9 juillet 1991 [devenu art. L. 221-2 C. pr. exéc.] sont applicables, la cour d'appel qui retient le solde de la créance restant dû « au jour de la signification du commandement » ou « au jour où a été pratiquée la saisie-vente » et non le montant initial de la créance constatée dans le titre exécutoire.

3° Apprécie souverainement le caractère abusif du recours à la mesure d'exécution forcée, la cour d'appel qui relève que le montant de la créance à recouvrer était modeste, que le moyen de paiement utilisé par le débiteur informait suffisamment le créancier et l'huissier de justice sur l'existence d'un compte bancaire et l'adresse principale du débiteur permettant la mise en œuvre de mesures d'exécution respectueuses des principes et sans exposer le débiteur à des frais dont la disproportion évidente était perceptible par l'huissier de justice.

0133.03 Bibliographie indicative.

Ouvrages[1]. N. Fricero, *Droit des voies d'exécution*, Gualino, 2008, p. 23 – A. Leborgne, *Droit de l'exécution*, 3e éd., « Précis », Dalloz, 2019, nos 457 à 482 – R. Perrot et Ph. Théry, *Procédures civiles d'exécution*, 3e éd., Dalloz, 2013, nos 236-240.

Articles. J.-J. Bourdillat, « La subsidiarité de certaines saisies-ventes : quand la loi est inique... », *Gaz. Pal.* 7-8 août 1996 – J.-J. Daigre, « Subsidiarité de la saisie-vente : la carence du débiteur récompensée ? », *Rev. huiss.* 1996. 257 – N. Fricero, « Le droit européen à l'exécution des jugements », *Dr. et proc.* 2001. 6 ; « La libre exécution des jugements dans l'espace judiciaire européen : un principe émergent ? », *Études offertes à J. Normand, Justice et droits fondamentaux*, Litec, 2003, p. 173 – L. Lauvergnat, « La subsidiarité de la saisie-vente : chronique d'un principe anachronique », *Dr. et proc.* 2010. 233 – R. Perrot, « La subsidiarité de la saisie-vente », *D.* 1996. Chron. 169 – F. Ruellan et R. Lauba, « La subsidiarité de la saisie-vente : entre équité, justice et réalisme économique », *D.* 1997. 130 – P. Zajac et Ph. Przemyski, « Saisie-vente : la subsidiarité ? », *Rev. huiss.* 1995. 897.

0133.05 Enjeux et garanties de l'exécution forcée. Parce qu'elles participent du droit au recouvrement de la créance, les procédures civiles d'exécution impliquent la mise en œuvre de mesures de contrainte, dont certaines, telles la saisie-vente des biens meubles corporels ou l'expulsion, sont très énergiques, et ainsi susceptibles de heurter un certain nombre de principes protégés tant par le Conseil constitutionnel que par la Cour européenne des droits de l'homme, notamment l'inviolabilité du domicile du débiteur, le droit de mener une vie familiale normale, le droit au logement[2], la dignité, le droit de propriété ou encore le droit au respect de la vie privée[3]. Il était donc nécessaire que les procédures civiles d'exécution réalisent un équilibre entre les droits respectifs du créancier et les obligations du débiteur. De fait, les textes qui régissent la matière sont bien construits.

Parce que la contrainte est, et doit être, un monopole étatique, le législateur de 1991 a souhaité que les pouvoirs publics gardent la main sur la manière dont l'exécution des titres est poursuivie. C'est donc l'État qui, seul, est tenu de prêter son concours à l'exécution des jugements et des autres titres exécutoires (C. pr. exéc., art. L. 153-1)[4], et c'est le ministère public, dans l'article L. 121-5 C. pr. exéc., autrement dit l'autorité judiciaire, qui s'est vu confier la mission de veiller à l'exécution des jugements et des autres titres exécutoires, fonction pour laquelle le procureur de la République peut enjoindre à tous les commissaires de justice de son ressort de prêter leur ministère (C. pr. exéc., art. L. 121-6, al. 1er), et ce sont les commissaires de justice qui ont la responsabilité, en tant qu'officiers publics et ministériels, de la conduite des opérations d'exécution (C. pr. exéc., art. L. 122-2) ; à ce titre, ils doivent s'assurer de la régularité de la mesure qu'ils sont chargés d'entreprendre, sous peine d'engager leur responsabilité civile. C'est ainsi que la première chambre civile, le 28 septembre 2016, dans une affaire où le commissaire de justice, qui avait signifié un commandement aux fins de saisie-vente consécutivement à la signification d'une contrainte pour le recouvrement de cotisations et de majorations de retard, ne s'était pas informé d'une éventuelle opposition du débiteur devant une juridiction de la sécurité sociale, qui avait effectivement été formée, a rappelé, au visa de l'ancien article 1382 C. civ. (devenu C. civ., art. 1240), qu'il « *incombe* [au commissaire] *de justice, garant de la légalité des poursuites, de vérifier que le titre en vertu duquel il pratique la saisie-vente aux risques du créancier mandant reste exécutoire au jour de l'acte de saisie* »[5]. Aujourd'hui, la première chambre civile affirme d'ailleurs clairement, sur le fondement de l'article 1240 C. civ., que « *la responsabilité des professionnels du droit ne présente pas un caractère subsidiaire, de sorte que la mise en jeu de la responsabilité d'un* [commissaire de justice] *n'est pas subordonnée au succès de poursuites préalables contre un autre débiteur et qu'est certain le dommage subi par sa faute, quand bien même la victime aurait disposé, contre un tiers, d'une action consécutive à la situation domma-*

1. Les ouvrages dont le nom des auteurs figure en petites capitales en bibliographie seront cités par le seul nom des auteurs en petites capitales en notes de bas de page.
2. Pour l'expulsion, v. C. pr. exéc., art. L. 412-5 et R. 412-2 – Civ. 3e, 19 mai 2010, no 09-12.424, P III, no 100 ; *D.* 2011. 1520, obs. A. Leborgne.
3. Le 17 septembre 2020, la deuxième chambre civile a ainsi rappelé (Civ. 2e, 17 sept. 2020, no 18-23.626, P ; *D.* 2020. 2046, note M. Barba ; *D.* 2021. 543, obs. N. Fricero ; *D.* 2021. 1353, obs. A. Leborgne ; *Rev. prat. rec.* 2020. 15, chron. R. Laher ; *RTD civ.* 2021. 479, obs. N. Cayrol), en matière de saisie conservatoire, que si le créancier peut faire procéder à la saisie conservatoire des biens de son débiteur situés dans un lieu servant à l'habitation, et, le cas échéant procéder à cet effet à l'ouverture des portes et des meubles, « *le droit, à valeur constitutionnelle, au respect de la vie privée et à l'inviolabilité du domicile, également consacré par l'article 8 de la Convention de sauvegarde des droits de l'homme et des libertés fondamentales, exclut qu'une telle mesure puisse être pratiquée sans une autorisation donnée par un juge* ».
4. L'huissier de justice chargé de l'exécution peut en effet requérir le concours de la force publique (C. pr. exéc., art. L. 153-2).
5. Civ. 1re, 28 sept. 2016, no 14-29.776, P I, no 181 – V. aussi Civ. 2e, 22 mars 2023, no 21-25.336, B.

geable née de cette faute et propre à assurer la réparation du préjudice »[1]. Autrement dit, la responsabilité qu'encourt le commissaire de justice est une responsabilité principale, et non subsidiaire.

C'est encore à ce professionnel qu'appartient la mission de mener à bien les opérations d'exécution proprement dites du titre, et « *d'apprécier l'utilité des moyens à mettre en œuvre pour parvenir aux fins désirées* »[2], opérations qui sont elles-mêmes encadrées par la loi et ne peuvent avoir lieu à n'importe quel moment ni dans n'importe quelles conditions ; on sait qu'aucune mesure d'exécution ne peut être effectuée un dimanche ou un jour férié, sauf autorisation du juge en cas de nécessité (C. pr. exéc., art. L. 141-1, al. 1er), qu'aucune mesure d'exécution ne peut non plus être commencée avant 6 heures et après 21 heures, si ce n'est en vertu d'une autorisation du juge en cas de nécessité et seulement dans des lieux qui ne servent pas à l'habitation (C. pr. exéc., art. L. 141-1, al. 2), et précisément, pour les opérations d'exécution dans les locaux, qui doivent préserver les droits fondamentaux de la personne chez qui une saisie est pratiquée, qu'en cas d'absence de l'occupant du local ou si ce dernier en refuse l'accès, l'huissier de justice chargé de l'exécution ne peut y pénétrer, selon l'article L. 142-1 alinéa 1er C. pr. exéc., qu'en présence du maire de la commune, d'un conseiller municipal ou d'un fonctionnaire municipal délégué par le maire à cette fin, d'une autorité de police ou de gendarmerie, requis pour assister au déroulement des opérations ou, à défaut, de deux témoins majeurs qui ne sont au service ni du créancier ni de l'huissier de justice chargé de l'exécution.

0133.06 L'exécution forcée encadrée par le droit au procès équitable. Parce qu'elles doivent assurer l'effectivité des droits, les procédures d'exécution, on le sait, sont rentrées dans la sphère d'influence de la jurisprudence de la Cour européenne des droits de l'homme (CEDH), sur le fondement de l'article 6 § 1er de la Convention européenne de sauvegarde des droits de l'homme (Conv. EDH) et de l'article 1er du Protocole nº 1 protégeant le droit au respect des biens. **L'arrêt fondateur est bien évidemment l'arrêt *Hornsby c/Grèce* du 19 mars 1997,** dans lequel la Cour a posé en principe que le droit d'accès à un tribunal « *serait illusoire si l'ordre juridique interne d'un État contractant permettait qu'une décision judiciaire définitive et obligatoire reste inopérante au détriment d'une partie. En effet, on ne comprendrait pas que l'article 6, § 1er, décrive en détail les garanties de procédure – équité, publicité et célérité – accordées aux parties et qu'il ne protège pas la mise en œuvre des décisions judiciaires ; si cet article devait passer pour concerner exclusivement l'accès au juge et le déroulement de l'instance, cela risquerait de créer des situations incompatibles avec le principe de la prééminence du droit que les États contractants se sont engagés à respecter* [...]. *L'exécution d'un jugement ou arrêt, de quelque juridiction que ce soit, doit donc être considérée comme faisant partie intégrante du "procès" au sens de l'article 6* »[3].

La mise en œuvre des décisions de justice a constitué une première étape de l'intégration, mais de façon plus générale on a pu estimer que ce qui compte, c'est que les droits du créancier au recouvrement de sa créance ne soient pas amoindris. C'est la raison pour laquelle, le 21 avril 1998, la CEDH a détaché le droit à l'exécution du procès au sens strict, et étendu ce droit aux actes notariés en jugeant que les garanties de l'article 6 § 1er s'appliquaient à l'exécution d'un acte notarié constatant un prêt avec affectation hypothécaire[4]. C'était là considérer que le droit à l'exécution est un droit autonome, fondamental, quel que soit le titre qu'invoque le créancier.

S'agissant des jugements ou arrêts, la Cour a toutefois rappelé en 2002, dans l'affaire *Ouzounis c/Grèce*, à propos d'une décision frappée d'un appel non suspensif, que la protection de l'article 6 ne saurait s'étendre aux « *décisions qui peuvent être soumises au contrôle de plus hautes instances et, éventuellement, infirmées* »[5], ce qui signifie qu'un jugement de première instance, susceptible d'appel, ne fait pas partie du périmètre d'application de l'article 6 § 1er. Il y a là un hiatus regrettable avec le droit français qui, dans l'article L. 111-10 alinéa 1er, prévoit que « *l'exécution forcée peut être poursuivie jusqu'à son terme en vertu d'un titre exécutoire à titre provisoire* », et dans l'article 514 C. pr. civ. que « *les décisions de première instance sont de droit exécutoires à titre provisoire* », c'est-à-dire nonobstant appel, « *à moins que la loi ou la décision rendue n'en dispose autrement* ». Le bénéficiaire d'une ordonnance de référé, exécutoire à titre provisoire par nature, ou d'une décision de première instance, exécutoire à titre provisoire de plein droit, pourra ainsi agir en exécution forcée, et, par exemple, pratiquer une saisie-attribution sur le fondement de l'ordonnance ou de la décision, mais cela n'entraînera en principe pas la responsabilité de l'État français sur le plan européen en cas d'impossibilité d'exécution effective de la décision non définitive. Ce talon d'Achille de la protection conférée par l'article 6 explique peut-être que l'inexécution d'un jugement puisse être sanctionnée sur un autre

1. Civ. 1re, 24 janv. 2024, nº 22-14.748, B ; *D.* 2024. 168 ; *RCJPP* 2024, nº 02, p. 18, obs. N. Bargue.
2. Civ. 1re, 7 févr. 1995, nº 93-10.523, NP.
3. CEDH 19 mars 1997, Hornsby c/Grèce, req. nº 18357/91, *D.* 1998. 74, note N. Fricero ; *Dr. adm.* 1997. 30 ; *JCP* 1997. II. 22949, note O. Dugrip et F. Sudre.
4. CEDH 21 avr. 1998, Estima Jorge c/Portugal, req. nº 24550/94.
5. CEDH 18 avr. 2002, Ouzounis c/Grèce, req. nº 49144/99, consid. nº 21.

fondement, en l'occurrence l'article 1er du Protocole nº 1 aux termes duquel « *toute personne physique ou morale a droit au respect de ses biens* ». La CEDH a en effet estimé, le 17 avril 2012 [1], que « *le retard dans l'exécution d'un jugement peut en outre porter atteinte au droit du justiciable au respect de ses biens, lorsque le jugement en sa faveur fait naître une créance certaine qui doit être qualifiée de "*bien*" au sens de l'article 1er du Protocole nº 1* » (§ 47) [2]. C'est une autre façon de sanctionner le droit à une exécution effective d'une décision définitive, l'impossibilité pour le bénéficiaire de l'obtenir constituant une ingérence dans l'exercice de son droit au respect de ses biens.

D'autres décisions ont conforté l'orientation tracée par l'arrêt *Hornsby*. Par exemple, dans un arrêt du 28 juillet 1999, la Cour de Strasbourg a sanctionné l'inertie de l'État italien ayant permis le maintien dans les lieux pendant de nombreuses années d'occupants pourtant expulsés par une décision de justice devenue irrévocable [3]. De même, aux termes d'un arrêt du 7 mai 2002 déjà évoqué, il a été jugé qu'un État ne saurait prendre prétexte d'une absence de crédit pour refuser d'honorer sa dette ; le retard dans l'exécution ne doit pas être tel qu'il porte atteinte à la substance même du droit protégé par l'article 6 § 1 de la Convention européenne des droits de l'homme. Si tel est pourtant le cas, ce retard prive l'article 6 § 1 de tout effet utile et constitue une atteinte au droit au respect des biens de la victime prévu par l'article 1er du protocole nº 1 [4]. Par ailleurs, cette juridiction a sanctionné l'inaction des autorités roumaines à permettre l'exécution [5], en soulignant que l'État est tenu de prendre toutes mesures nécessaires afin que le commissaire de justice puisse mener à bien sa mission. Cela étant, il faut aussi tenir compte de l'étendue du droit à l'exécution. Ce droit, répétons-le, n'existe que pour les décisions « *définitives et obligatoires* », c'est-à-dire pour les décisions statuant au fond et passées en force de chose jugée [6].

1. CEDH 17 avr. 2012, Ilyushkin e.a. c/Russie, req. nº 5734/08.
2. V. AUSSI : CEDH 7 mai 2002, Bourdov c/Russie, req. nº 59498/00, § 40.
3. CEDH 28 juill. 1999, Immobiliare Saffi c/Italie, req. nº 22774/93, *D.* 2000. Somm. 187, obs. N. Fricero – *Adde* : CEDH, 2e sect., 11 janv. 2001, PM, Lunari et Tanganelli c/Italie, req. nos 24650/94 (déf. 5 sept. 2001), 21463/93 (déf. 11 avr. 2001) et 23424/94 (déf. 11 avr. 2001), obs. J.-P. Marguénaud, *Dr. et proc.* 2001. 170.
4. CEDH, 1re sect., 7 mai 2002, Bourdov c/Russie, req. nº 59498/00 (déf. 4 sept. 2002), *Dr. et proc.* 2002. 290.
5. CEDH 22 juin 2004, Pini et Bertani et Manera et Atripaldi c/Roumanie, req. nos 78028/01 et 78030/01 (déf. 22 sept. 2004), *JCP* 2004. I. 161, nº 7, chron. F. Sudre – *Adde* : CEDH 20 déc. 2007, Kocsis c/Roumanie, req. nº 10395/02 (déf. 20 mars 2008), *Dr. et patr.* 2008. 93, obs. C. Lefort.
6. CEDH 18 avr. 2002, Ouzounis c/Grèce, req. nº 49144/99, *D.* 2002. Somm. 2572, obs. N. Fricero.

En conséquence de ce droit à l'exécution, les États sont tenus d'insérer dans leur ordre juridique interne des dispositions performantes permettant qu'une décision de justice définitive ne soit pas inopérante au détriment de la partie qui en bénéficie [7]. Si les États sont sanctionnés en raison de leur refus d'exécution [8], ceux-ci peuvent même être tenus pour responsables des agissements des agents d'exécution [9].

0133.07 Équilibre du Code des procédures civiles d'exécution. On le voit, le droit à l'exécution du créancier est donc encadré par les textes et la jurisprudence afin d'assurer son **effectivité dans la légalité.** Le Code des procédures civiles d'exécution est tout entier fondé sur ce double objectif : libre choix des mesures appropriées pour obtenir le paiement de la dette, d'un côté, contrôle du juge de l'exécution (JEX), sur saisine du débiteur, de l'autre. Les articles L. 111-7 et L. 121-2 C. pr. exéc. l'affirment : si le créancier a le choix des mesures propres à assurer l'exécution ou la conservation de sa créance, l'exécution de ces mesures ne peut excéder ce qui se révèle nécessaire pour obtenir le paiement de l'obligation, le JEX ayant, en effet, le pouvoir d'ordonner la mainlevée de toute mesure inutile ou abusive et de condamner le créancier à des dommages-intérêts en cas d'abus de saisie.

SECTION 1

LE CRÉANCIER ET LE CHOIX D'UNE MESURE D'EXÉCUTION

§ 1

Effectivité du droit au recouvrement de la créance

0133.11 Diversité des procédures d'exécution. On sait que la réforme des procédures civiles d'exécution, en 1991-1992, a cherché à élargir l'offre de mesures d'exécution forcée à la disposition du créancier titré. Celui-ci pourra, au vu de la composition du patrimoine du débiteur, décider de procéder à une saisie immobilière plutôt qu'à une saisie-attribution sur son compte bancaire, diligenter une saisie-vente de ses biens meubles corporels ou saisir son véhicule, si le débiteur est tenu d'une obligation de livraison ou de restitution de meubles les faire appréhender, ou encore procéder à la saisie et à la vente de

7. CEDH 18 nov. 2010, Romanczyk c/France, req. nº 6718/05, insuffisance des mesures prises dans l'exécution d'un jugement étranger portant sur une pension alimentaire.
8. CEDH, 5e sect., 21 janv. 2010, R. P. c/France, req. nº 10271/07, *Procédures* 2010, nº 71, obs. N. Fricero.
9. CEDH 11 janv. 2001, Platakou c/Grèce, req. nº 38460/97 (déf. 5 sept. 2001), *Dr. et proc.* 2001. 233, obs. J.-P. Marguénaud.

ses éventuels droits incorporels autres que des créances de sommes d'argent, en particulier des valeurs mobilières ou des parts sociales (C. pr. exéc., art. L. 231-1 ; et sur la saisie conservatoire des droits d'associés et des valeurs mobilières, C. pr. exéc., art. R. 524-1 s.). Mais si le créancier opte pour une saisie immobilière, la loi lui offre encore la possibilité, « *dans le cas où la saisie d'un seul ou de certains d'entre eux n'est pas suffisante pour le désintéresser et désintéresser les créanciers inscrits* », d'engager une nouvelle procédure de saisie sur un autre bien du débiteur (C. pr. exéc., art. L. 311-5, al. 1er) ; on le voit, des saisies immobilières simultanées ou successives sont envisageables, mais cette possibilité n'est pas inconditionnée pour autant, le texte l'encadre nettement. Il y a, ici comme de manière plus générale, des restrictions au principe de libre choix des mesures d'exécution.

§ 2
Libre choix du créancier

0133.21 Principe autonome. Les procédures civiles d'exécution mettent le créancier en position de force puisqu'elles tendent à assurer l'effectivité du droit au recouvrement de la créance impayée[1], principe énoncé très clairement par l'article L. 111-7 C. pr. exéc. qui affirme que « *le créancier a le choix des mesures propres à assurer l'exécution (ou la conservation) de sa créance* [...] ».

La deuxième chambre civile a elle-même eu l'occasion de l'affirmer avec force dans un arrêt de cassation du 15 mai 2014, rendu dans une espèce où, sur invocation du principe de proportionnalité des mesures d'exécution par le saisi, une cour d'appel avait ordonné la mainlevée d'un commandement valant saisie immobilière, aux motifs, d'une part, que seul restant dû au jour du commandement une somme de 4 000 euros environ, la saisie immobilière pratiquée sur un bien dont la valeur était estimée par le débiteur à plus de 50 000 euros constituait une mesure d'exécution qui, en raison de la disproportion entre les causes de la saisie et l'assiette de la mesure, excédait ce qui se révélait nécessaire pour obtenir le paiement de l'obligation, et, d'autre part, que le créancier ne justifiait ni ne prétendait avoir tenté la mise en œuvre de voies d'exécution ne portant pas atteinte à la propriété immobilière, telle qu'une saisie-attribution sur le compte bancaire du débiteur ou encore une saisie-attribution sur les loyers commerciaux que percevait ce dernier à la suite de la location du bien saisi. Mais cet arrêt a été censuré au visa de l'article L. 111-7 C. pr. exéc. et de l'ancien article 1315 C. civ. (aujourd'hui article 1353 C. civ.), parce qu'en se déterminant ainsi, sans répondre au moyen du créancier qui faisait valoir qu'il n'existait pas d'autre mesure d'exécution susceptible d'être utilement mise en œuvre pour parvenir au recouvrement de sa créance, « *alors que le créancier ayant le choix des mesures propres à assurer l'exécution de sa créance, il appartient au débiteur, qui en poursuit la mainlevée, d'établir qu'elles excèdent ce qui se révèle nécessaire pour obtenir le paiement de l'obligation, la cour d'appel, qui avait inversé la charge de la preuve* », n'avait pas donné de base légale à sa décision[2].

On le voit, c'est à la partie qui estime que la mesure d'exécution engagée est disproportionnée d'en rapporter la preuve devant le JEX, particulièrement, ici, d'établir qu'une procédure de saisie mobilière, eu égard aux effets mobiliers susceptibles d'être appréhendés, permettait au créancier d'être désintéressé.

SECTION 2
LIMITES AU CHOIX DES MESURES D'EXÉCUTION

§ 1
Adéquation des mesures d'exécution

0133.31 Politique législative. Si le créancier a donc le choix des mesures propres à assurer l'exécution – ou la conservation – de sa créance, l'article L. 111-7 C. pr. exéc. nuance aussitôt le principe en affirmant que « *l'exécution de ces mesures ne peut excéder ce qui se révèle nécessaire pour obtenir le paiement de l'obligation* ». En d'autres termes, même s'il est légitime de saisir pour obtenir le paiement de la créance, l'exécution doit rester équilibrée, proportionnée, le législateur, afin de protéger les intérêts du débiteur, promouvant alors une certaine façon de recourir aux mesures d'exécution, ou créant des « *passages obligés* » pour le créancier saisissant, ce qui se traduit par un certain nombre de textes dirigistes.

0133.32 Principe général de proportionnalité. Il ne faut pas comprendre la proportionnalité dans les procédures d'exécution comme remettant en cause la légitimité du droit de saisir, mais plutôt comme un critère de la « *bonne exécution* » : celle qui n'excède pas « *ce qui se révèle nécessaire pour obtenir le paiement de l'obligation* », qui reste adaptée à ce qui est dû par le débiteur. C'est le paiement qui constitue la mesure de l'excès, impliquant, dans la mesure du possible – si le débiteur n'a dans son patrimoine qu'un immeuble de valeur, la proportionnalité sera en effet difficile à respecter – une adéquation entre la mesure pratiquée et son assiette, et le montant de la créance cause de la saisie.

1. V. J. Mestre, « Réflexions sur l'abus du droit de recouvrer sa créance », *Mél. P. Raynaud*, Dalloz-Sirey, 1985, p. 439 s.

2. Civ. 2e, 15 mai 2014, no 13-16.016, P II, no 113.

L'exigence de l'article L. 111-7 se retrouve ainsi dans un certain nombre de textes, particulièrement, en matière de **saisie-attribution**, dans l'article L. 211-2 alinéa 1er C. pr. exéc., puisque ce n'est qu'« *à concurrence des sommes pour lesquelles elle est pratiquée* » que l'acte de saisie emporte attribution au profit du saisissant de la créance saisie disponible entre les mains du tiers. L'attribution est ainsi directement ajustée au montant de la créance cause de la saisie, et si le montant de la créance du débiteur saisi sur le tiers saisi est supérieur à celui pour lequel la mesure d'exécution a été pratiquée, seule la fraction correspondant aux causes de la saisie sera attribuée au saisissant, le tiers saisi conservant le droit de payer la différence à son créancier « *débiteur saisi* ». L'interdiction faite au tiers saisi de payer le saisi ne porte donc que sur les sommes saisies-attribuées. La limitation formulée par le texte de l'article L. 211-2 a d'ailleurs apporté une réponse à la question de savoir s'il est possible de diligenter une nouvelle mesure pour l'éventuel surplus de créance non inclus dans l'assiette de la première saisie, en particulier les intérêts moratoires ayant couru jusqu'au paiement. La Cour de cassation a en effet rappelé, le 28 juin 2018, que « *l'effet attributif immédiat au profit du créancier saisissant* [...] *ne joue qu'à concurrence des sommes pour lesquelles la saisie est pratiquée en principal, frais et intérêts échus majorés, le cas échéant, en application de l'article R. 211-1* [...], *de la provision pour les seuls intérêts à échoir dans le délai d'un mois prévu pour élever une contestation, de sorte qu'une nouvelle saisie-attribution peut être mise en œuvre pour les intérêts moratoires qui n'étaient pas échus à la date de la première saisie* » [1]. Le créancier est donc en droit de procéder à une seconde saisie-attribution pour la partie de la créance qui n'a pas pu être comprise dans l'assiette de la première saisie.

De la même manière, en matière de **publicité provisoire des sûretés judiciaires**, l'article R. 532-9 C. pr. exéc. a fixé une proportion qui, si elle n'est pas respectée, entraînera une réduction de l'inscription provisoire, à l'issue d'un contrôle de proportionnalité exercé par le JEX sur saisine du débiteur. Selon ce texte, en effet, si le débiteur constate que « *la valeur des biens grevés est manifestement supérieure au montant des sommes garanties* », il pourra s'adresser au juge pour lui demander de limiter les effets de la sûreté provisoire, à condition, toutefois, de démontrer que « *les biens demeurant grevés ont une valeur double du montant de ces sommes* ». Cette possibilité de cantonnement de l'inscription provisoire n'est d'ailleurs pas sans rappeler les règles prévues en matière de réduction des hypothèques légales, figurant à l'article 2439 C. civ. Ce texte prévoit, en effet, que « *lorsque les inscriptions prises en vertu d'une hypothèque légale générale sont excessives, le débiteur peut demander leur réduction* », étant précisé que « *sont réputées excessives les inscriptions qui grèvent plusieurs immeubles lorsque la valeur d'un seul ou de quelques-uns d'entre eux excède une somme égale au double du montant des créances en capital et accessoires légaux, augmenté du tiers de ce montant* ». Pour l'application de l'article R. 532-9 C. pr. exéc., la question s'est toutefois posée de savoir comment opérer le calcul permettant d'établir qu'après réduction de la sûreté provisoire, les biens demeurants grevés conservaient une valeur double du montant des sommes garanties. La jurisprudence ne s'était pas vraiment exprimée sur ce point, et on savait seulement, de façon générale, que « *lorsque la valeur des biens était grevée par d'autres mesures de sûretés au profit de divers autres créanciers* », cette situation pouvait être considérée comme un juste motif de refus de cantonnement [2].

Or, un arrêt de la Cour de cassation rendu le 21 mars 2013 a apporté des éléments de réponse intéressants sur ce mode de calcul [3], dans une affaire où, autorisés par une ordonnance sur requête, des créanciers avaient pris une inscription d'hypothèque provisoire sur des biens appartenant à leur débiteur en garantie d'une créance évaluée provisoirement à la somme de 289 350 euros, et où celui ci avait saisi le JEX d'une demande tendant à la mainlevée de la mesure, et, subsidiairement, à son cantonnement en invoquant la valeur des immeubles, mais avait été débouté.

L'arrêt d'appel avait limité l'inscription provisoire d'hypothèque à certains immeubles, retenant que les biens grevés étaient évalués à la somme de 610 000 euros, que le débiteur demandait la mainlevée de l'inscription prise sur des biens d'une valeur de 78 550 euros, de sorte que la valeur des biens restant après réduction de l'inscription était de plus du double du montant de la créance qui avait été finalement chiffré à la somme de 21 293 euros par un arrêt définitif.

Mais ce raisonnement n'a pas été suivi par la deuxième chambre civile, car, pour effectuer le calcul permettant d'obtenir le cantonnement, c'est au montant des « *sommes inscrites* » qu'il faut se référer. Comme le souligne la Cour, c'est « *lorsque la valeur des immeubles grevés est notoirement supérieure au montant des sommes inscrites,* [que] *le débiteur peut faire limiter les effets de l'inscription d'hypothèque provisoire s'il justifie que ces immeubles ont une valeur double du montant de ces sommes* ». Or, les juges du fond avaient tenu compte du montant de la créance constatée par un titre exécutoire obtenu postérieurement à l'inscription provisoire, lequel ne pouvait déterminer que le montant des sommes garanties par l'inscription définitive de la sûreté. C'est ainsi, relève la Haute Cour, qu'après mainlevée partielle de l'inscription d'hypothèque, « *la valeur des immeubles restant* », s'élevant à la somme de 531 450 euros (610 000 – 78 550), « *ne repré-*

1. Civ. 2e, 28 juin 2018, no 17-13.967, P.

2. Civ. 3e, 7 juill. 2004, no 03-13.533, P III, no 149.
3. V. AUSSI : *D.* 2013. Pan. 1583, obs. A. Leborgne.

sentait pas le double du montant des sommes inscrites pour lequel la mesure conservatoire avait été autorisée », soit 289 350 euros[1]. Cette solution est conforme au texte de l'article R. 532-9.

0133.33 Principe de séparation des patrimoines de l'entrepreneur individuel. L'adéquation d'une mesure d'exécution peut aussi être atteinte au travers d'une règle de séparation des patrimoines du débiteur, en particulier lorsqu'il a la qualité d'entrepreneur individuel exerçant, en tant que personne physique, une activité professionnelle indépendante (C. com., art. L. 526-22, al. 1er).

En effet, aujourd'hui, les biens, droits, obligations et sûretés dont l'entrepreneur individuel est titulaire, et qui sont utiles à son activité professionnelle, constituent son « *patrimoine professionnel* » (C. com., art. L. 526-22, al. 3), et les éléments du patrimoine de l'entrepreneur individuel non compris dans le patrimoine professionnel constituent son « *patrimoine personnel* » (même texte). Il y a distinction des patrimoines personnel et professionnel, et c'est ainsi que par dérogation aux articles 2284 et 2285 C. civ., l'entrepreneur individuel ne sera tenu de remplir son engagement à l'égard de ses créanciers dont les droits sont nés à l'occasion de son exercice professionnel, « *que sur son seul patrimoine professionnel* », sauf s'il consent des sûretés conventionnelles ou renonce à la séparation (C. com., art. L. 526-22, al. 5). Logiquement, seul le patrimoine personnel de l'entrepreneur individuel constituera le gage général des créanciers dont les droits ne sont pas nés à l'occasion de son exercice professionnel (C. com., art. L. 526-22, al. 7), étant précisé que la charge de la preuve incombera à l'entrepreneur individuel pour toute contestation d'une mesure d'exécution forcée ou d'une mesure conservatoire qu'il pourra élever « *concernant l'inclusion ou non de certains éléments d'actif dans le périmètre du droit de gage général du créancier* » (C. com., art. L. 526-22, al. 8)[2].

L'article L. 161-1 C. pr. exéc. en tire la conséquence logique, en disposant qu'une procédure d'exécution à l'encontre d'un débiteur entrepreneur individuel ne pourra porter « *que sur les biens du patrimoine sur lequel le créancier dispose d'un droit de gage général en vertu de l'article L. 526-22 du Code de commerce* » (C. pr. exéc., art. L. 161-1, al. 1er) ; et en admettant que l'entrepreneur individuel ait renoncé au bénéfice de la séparation des patrimoines, il pourra tout de même, s'il établit que la valeur des biens qui constituent son patrimoine professionnel est suffisante pour garantir le paiement de la créance, « *demander au créancier que l'exécution soit en priorité poursuivie sur ces biens* » (C. pr. exéc., art. L. 161-1, al. 2)[3]. C'est un **principe de subsidiarité résiduel**, prévu pour le cas de renonciation à la séparation des patrimoines professionnel et personnel, dont les établissements de crédit finançant l'entrepreneur individuel devraient être friands...

0133.34 Saisie-vente. La subsidiarité trouve également à s'appliquer en matière de saisie-vente dans un local servant à l'habitation du débiteur[4], les articles L. 221-2 et R. 221-2 C. pr. exéc. posant en effet en principe que, lorsque cette mesure tend au recouvrement d'une créance autre qu'alimentaire, dont le montant n'excède pas la somme de 535 euros en principal, elle ne peut être pratiquée, sauf autorisation du JEX donnée sur requête, « *que si ce recouvrement n'est pas possible par voie de saisie d'un compte de dépôt ou des rémunérations du travail* »[5]. L'article R. 221-3, 2° et 3°, C. pr. exéc. précise d'ailleurs que, dans ce cas, le commandement de payer signifié au débiteur doit contenir, à peine de nullité, l'avertissement qu'à défaut de paiement dans un délai de huit jours, « et *si aucune saisie sur un compte de dépôt ou sur les rémunérations n'est possible* », il pourra alors y être contraint par la vente forcée de ses biens meubles, et l'injonction de communiquer au commissaire de justice du poursuivant, dans un délai de huit jours, les nom et adresse de son employeur et les références de ses comptes bancaires ou l'un de ces deux éléments seulement. Cette subsidiarité est d'interprétation stricte, puisque dans un avis du 8 décembre 1995, la Cour de cassation a considéré que l'absence de réponse du débiteur à l'injonction qui lui est faite, dans le commandement de payer, de communiquer les renseignements utiles à l'exercice de ces deux voies d'exécution, n'a pour effet, si le recours au procureur de la République s'avère nécessaire pour connaître l'employeur du débiteur ou les établissements où celui-ci a un compte, que de dispenser l'huissier de justice de justifier de recherches infructueuses ; en d'autres termes, le silence du débiteur ne rend pas possible de ce seul fait la saisie-vente, il permet seulement au commissaire de jus-

1. Civ. 2e, 21 mars 2013, no 12-15.071, P II, no 56.
2. Dans cette hypothèse, la responsabilité du créancier saisissant pourra être recherchée pour abus de saisie lorsqu'il a procédé à une mesure d'exécution forcée ou à une mesure conservatoire sur un élément d'actif ne faisant manifestement pas partie de son gage général (C. com., art. L. 526-22, al. 8).
3. Étant précisé que si le créancier établit que cette proposition met en péril le recouvrement de sa créance, il peut s'opposer à la demande (C. pr. exéc., art. L. 161-1, al. 3).
4. Sur l'application du texte en cas de résidence secondaire : Civ. 2e, 18 juin 2009, no 08-18.379, P II, no 169 ; *Procédures* 2009. Comm. 274, obs. R. Perrot ; *Dr. et proc.* 2009. 353, obs. F. Vinckel.
5. Pour une application : Paris, 8e ch., 7 déc. 1995, *D.* 1996. 203, note J. Prévault, sur le fait de savoir s'il convient ou non de prendre en compte l'indemnité prononcée au titre de l'article 700 C. pr. civ. pour déterminer ce seuil : réponse négative donnée par la cour, seul le principal de la créance (3 000 F à l'époque) devant être retenu.

tice de s'adresser immédiatement et sans autre formalité au procureur[1].

0133.35 **Saisie immobilière.** Enfin, en matière de saisie immobilière, deux textes invitent également à respecter une hiérarchie dans le but de préserver le patrimoine que représente l'immeuble du débiteur. L'article L. 311-5 alinéa 2 C. pr. exéc. tout d'abord, selon lequel le créancier ne peut saisir les immeubles qui ne sont pas hypothéqués en sa faveur « *que dans le cas où l'hypothèque dont il bénéficie ne lui permet pas d'être rempli de ses droits* ». La loi fait ainsi obligation au créancier hypothécaire de saisir prioritairement l'immeuble sur lequel porte sa sûreté. Rien n'interdit en revanche à un créancier hypothécaire de préférer pratiquer une mesure d'exécution mobilière, mais, s'il décide d'agir par voie de saisie immobilière, il devra commencer par l'immeuble grevé en sa faveur. Comme on l'a toutefois relevé[2], la démonstration que le créancier ne pourra pas être rempli de ses droits est délicate, et dépendra de l'appréciation qui sera faite de la valeur de l'immeuble par le JEX lors de l'audience d'orientation, et, en cas de vente forcée, par les enchérisseurs. Ceci dit, rien n'empêchera un créancier disposant déjà d'une sûreté réelle sur un immeuble, d'en obtenir une autre sur un autre bien en garantie de la même dette. La deuxième chambre civile a ainsi jugé, le 10 juin 2010, qu'un prêteur de deniers, qui avait inscrit son privilège sur l'immeuble financé par le contrat de prêt, pouvait engager une saisie immobilière sur un autre bien que celui hypothéqué en sa faveur en vertu de l'acte notarié dont il se prévalait, parce que « *le bien visé par la saisie avait fait l'objet d'une inscription d'hypothèque judiciaire définitive* » à son profit[3]. On trouve ensuite une autre règle de discussion préalable dans l'article L. 311-8 alinéa 1er C. pr. exéc., aux termes duquel « *les immeubles d'un mineur, même émancipé, ou d'un majeur en curatelle ou en tutelle ne peuvent être saisis avant la discussion de leurs meubles* ». Dans cette hypothèse aussi, le principe de libre choix par le créancier des mesures d'exécution connaît une limite. Toutefois, la règle de discussion préalable des meubles cède dans deux cas : *d'une part*, lorsque la saisie porte sur un immeuble indivis entre un majeur et un mineur ou un majeur et une personne protégée dès lors qu'est poursuivi le recouvrement d'une dette qui leur est commune ; *d'autre part*, dans le cas où les poursuites ont commencé lorsque le majeur n'était pas encore placé sous curatelle ou sous tutelle (C. pr. exéc., art. L. 311-8, al. 2).

1. Cass., avis, 8 déc. 1995, nº 09-50.013, P, nº 15 ; *Procédures* 1996, nº 9, note R. Perrot ; *RTD civ.* 1996. 482, obs. R. Perrot – J.-J. Daigre, « Subsidiarité de la saisie-vente : la carence du débiteur récompensée ? », *Rev. huiss.* 1996. 257 ; *D.* 1997. 130, note F. Ruellan et R. Lauba.
2. V. A. Leborgne, *Code des procédures civiles d'exécution, commenté*, 12e éd., 2024, obs. ss art. L. 311-5.
3. Civ. 2e, 10 juin 2010, nº 09-12.565, NP.

§ 2
Sanctions

0133.41 **Place centrale du juge de l'exécution.** Une fois affirmé, dans l'article L. 111-7 C. pr. exéc., que l'exécution ne peut excéder ce qui se révèle nécessaire pour obtenir le paiement de l'obligation, il fallait décider de la sanction de cette règle. Le Code des procédures civiles d'exécution l'a prévue dans l'article L. 121-2, aux termes duquel « *le juge de l'exécution a le pouvoir d'ordonner la mainlevée de toute mesure inutile ou abusive et de condamner le créancier à des dommages-intérêts en cas d'abus de saisie* », étant précisé que pour trancher la demande de mainlevée de la mesure inutile ou abusive, il lui appartient de se placer au jour où il statue, et non au jour, antérieur, où la mesure a été pratiquée, les circonstances postérieures à celle-ci devant être prises en compte pour apprécier la disproportion ou le caractère abusif d'une mesure d'exécution forcée[4]. L'article L. 121-2 C. pr. exéc. est placé dans un titre et au sein d'un chapitre consacrés à l'autorité judiciaire, encore plus particulièrement dans une section consacrée au JEX, le législateur ayant voulu conférer une portée générale au pouvoir de ce magistrat, soit de ne pas autoriser une mesure qu'il estime abusive[5], soit, *a posteriori*, de prononcer toute sanction qu'il estime justifiée. Le JEX apparaît ainsi comme le garant de la nécessité réelle de la mesure, et du fait qu'elle n'a pas été diligentée dans un but frustratoire ou de mauvaise foi ; si tel est le cas, la loi lui ouvre alors la possibilité de choisir entre deux types de sanctions, différentes : la mainlevée de la mesure, qu'elle soit inutile ou abusive, et, spécifiquement, en cas d'abus de saisie, la condamnation du créancier à des dommages-intérêts.

0133.42 **Mainlevée : sanction d'une mesure inutile.** La mainlevée, tout d'abord, pourra être le résul-

4. Civ. 2e, 20 oct. 2022, nº 20-22.801, B ; *D.* 2022. 1914 ; *Rev. prat. rec.* 2022. 8, chron. O. Salati.
5. V. Civ. 2e, 20 avr. 2017, nº 16-15.936, P II, nº 78 : la cour affirme « *qu'il résulte de la combinaison des articles L. 111-7, L. 121-2 du Code des procédures civiles d'exécution et L. 221-8 du Code de l'organisation judiciaire que le juge du tribunal d'instance – aujourd'hui disparu – exerçant les pouvoirs du juge de l'exécution, dispose de celui de rejeter une requête présentée par un créancier en vue de la saisie des rémunérations de son débiteur, lorsqu'elle procède d'un abus de droit par le créancier, lequel ne saurait, en ce cas, se prévaloir de l'article 6, § 1, de la Convention de sauvegarde des droits de l'homme et des libertés fondamentales qui, s'il tend à la protection effective et concrète que ce texte garantit, n'en permet pas l'abus* ».

tat d'une mesure considérée comme inutile, mais la difficulté est alors de savoir ce qu'est une saisie inutile, car l'inutilité est fonction de circonstances de fait variables, et donc soumises à l'appréciation souveraine des juges du fond. On peut estimer qu'on est en présence d'une mesure inutile lorsque, en dehors de toute idée de faute, elle « *ne sert à rien et n'ajoute rien à la sauvegarde des droits du créancier* »[1], en d'autres termes lorsqu'elle n'est pas nécessaire au recouvrement[2]. Ce sera par exemple le cas lorsqu'un créancier, bien que payé du montant de sa facture, laisse se perpétuer les effets d'une saisie « *qu'*[il] *savait inutile* »[3]. Une réponse ministérielle a également estimé que « *dans la mesure où le produit de la saisie est affecté en priorité au paiement des frais nécessaires, une saisie portant sur des biens dont, manifestement, la valeur n'excède pas le montant prévisible de tels frais, doit être considérée comme inutile puisqu'elle ne permettra pas de recouvrer la créance* »[4]. Bien des déclinaisons de la notion d'inutilité sont ainsi concevables, mais la sanction de l'inutilité, elle, est unitaire et homogène : c'est la mainlevée de la mesure prononcée par le JEX, pourvu qu'il en soit saisi.

0133.43 Mainlevée et abus : présentation synthétique. Le JEX a également le pouvoir d'ordonner la mainlevée d'une saisie abusive, mais l'abus, dès lors qu'il est retenu et caractérisé[5], pourra s'accompagner d'une **condamnation du créancier à des dommages-intérêts**. C'est la rançon de la **faute** dans l'utilisation des mesures d'exécution forcée, qu'il s'agisse d'une faute intentionnelle ou, plus simplement, d'une erreur de conduite grave comme une **imprudence** ou une **négligence**. La jurisprudence semble en effet retenir ces deux critères sans s'enfermer dans un schéma type de l'abus, même si le législateur fait parfois référence à la faute intentionnelle. On pense ici à l'article L. 161-1 alinéa 3 C. pr. exéc., qui souligne que la responsabilité du créancier professionnel, qui s'oppose à la demande de l'entrepreneur individuel de faire porter en priorité la saisie sur les biens nécessaires à l'exploitation de l'entreprise, « *ne peut pas être recherchée, sauf intention de nuire* ».

Les décisions subordonnant la condamnation pour abus à l'existence d'une intention de nuire ne sont toutefois pas nombreuses. Par exemple, dans un arrêt du 20 janvier 1976, la chambre commerciale a pu condamner à des dommages-intérêts un créancier qui, pour obtenir l'autorisation de pratiquer une saisie-arrêt d'un montant disproportionné par rapport à l'objet du litige, avait omis de soumettre au juge un élément d'information essentiel, et qui avait fait aussitôt bloquer les comptes bancaires du saisi, en dépit de la demande de mainlevée de celui-ci, dont le saisissant « *ne pouvait ignorer la solvabilité* », de telles circonstances révélant « *une intention de nuire certaine* »[6].

Mais à côté de ces cas particuliers, la jurisprudence relève plus souvent une simple faute dans le comportement du créancier. Constituera ainsi un comportement abusif le fait de pratiquer une saisie pour obtenir paiement d'une créance modeste, comme par exemple dans un arrêt du 13 mai 1991 où la Cour de cassation a estimé qu'il ne pouvait être reproché à une cour d'appel d'avoir pris en considération, pour retenir le caractère abusif de la vente forcée de l'immeuble, le montant minime de la créance du poursuivant « *abstraction faite des frais inhérents à l'affichage de la vente destinée à en assurer le règlement* »[7]. Le même raisonnement a conduit la Haute Cour, le 10 mai 2007, à adopter une position de principe au visa de l'ancien article 1382 C. civ. (devenu C. civ., art. 1240). Dans cet arrêt, la deuxième chambre civile commence par affirmer que « *si le créancier a le choix des mesures d'exécution, l'exécution de cette mesure ne peut excéder ce qui est nécessaire pour obtenir le paiement de l'obligation compte tenu du montant de la créance et de l'attitude du débiteur* », et reproche ensuite aux juges du fond, dans une affaire où un syndicat de copropriétaires avait fait saisir et vendre l'appartement d'un copropriétaire redevable de charges impayées, de n'avoir pas recherché « *si la saisie-vente d'un tel bien était proportionnée au montant de la dette* » alors qu'ils avaient relevé que « *des mesures de saisie sur salaire étaient pratiquées par ailleurs* », qui rendaient la vente forcée manifestement inutile[8]. L'abus, ou son rejet, doit donc être dûment caractérisé par les juges du fond au vu des circonstances particulières de chaque espèce, sous la menace d'une cassation pour manque de base légale, comme il a pu l'être, enfin, dans une décision du 18 juin 2009 relative à une saisie-vente pratiquée dans la résidence secondaire du débiteur. La Cour de cassation a en effet approuvé les juges d'appel d'avoir retenu le caractère abusif du recours à la mesure, attendu que « *le montant de la créance à recouvrer était modeste, que le moyen de paiement utilisé par le débiteur informait suffisamment le créancier et* [le commissaire] *de justice sur l'existence d'un compte bancaire et l'adresse principale du débiteur permettant la mise en œuvre de mesures d'exécution respectueuses des principes – en l'occurrence le principe de subsidiarité de l'article L. 221-2*

1. Perrot et Théry, n° 120, p. 132.
2. Leborgne, n° 479.
3. Civ. 2e, 24 févr. 1982, n° 80-16.527, NP.
4. Rép. min. n° 26545, *JOAN Q* 15 déc. 2003, p. 9962.
5. Civ. 2e, 22 mars 2001, n° 99-14.941 NP : insuffisance du simple constat d'un préjudice « *sans caractériser l'abus commis* […] *dans l'exercice de la saisie* ».
6. Com. 20 janv. 1976, n° 74-13.921, P IV, n° 26.
7. Civ. 2e, 13 mai 1991, n° 90-10.452, P II, n° 150.
8. Civ. 2e, 10 mai 2007, n° 05-13.628, NP.

– et sans exposer le débiteur à des frais dont la disproportion évidente était perceptible par » le commissaire de justice[1].

0133.44 Appréciation souveraine du juge : les différents critères de l'abus. Une jurisprudence constante de la Cour de cassation affirme le pouvoir souverain des juges du fond pour apprécier l'abus de saisie[2], à charge pour eux de relever les éléments dudit abus[3] (en l'espèce, la cour d'appel avait relevé que le montant de la créance à recouvrer était modeste, que le moyen de paiement utilisé par le débiteur informait suffisamment le créancier et le commissaire de justice sur l'existence d'un compte bancaire et l'adresse principale du débiteur permettant la mise en œuvre de mesures d'exécution respectueuses des principes et sans exposer celui-ci à des frais dont la disproportion évidente était perceptible par l'officier public). Cette nécessité de caractériser l'abus est régulièrement rappelée par la Cour de cassation, qui sanctionne pour manque de base légale les juges qui se déterminent sur la seule affirmation que la saisie a été source de préjudice[4]. Une grande latitude est donc laissée au juge pour définir les circonstances caractérisant l'abus de saisie[5]. La jurisprudence dominante dégage néanmoins certains critères, que l'on peut regrouper en cinq catégories, pour caractériser la faute constitutive d'abus de saisie.

0133.45 Erreur inexcusable ou incompréhensible. Elle est sanctionnée par la **nullité de la saisie**. Est ainsi constitutive d'une faute justifiant l'allocation de dommages-intérêts l'erreur commise par une mutuelle qui avait pratiqué, antérieurement à la réforme de 1991-1992, une saisie-arrêt pour obtenir le paiement du coût d'une mesure d'exécution indûment diligentée[6]. Il en ira de même pour la signification d'une ordonnance sommant un débiteur de restituer un véhicule saisi-appréhendé deux mois et demi auparavant, alors qu'il s'était acquitté de sa dette au moment du dépôt de la requête en appréhension[7]. Dans le même ordre d'idées, on relèvera une décision qui impute à faute à un créancier le fait de poursuivre une saisie-attribution au motif que son débiteur a remplacé par un chèque la lettre de change précédemment émise tout en présentant simultanément le chèque à l'encaissement[8]. Commet également une faute le bailleur qui poursuit des actes d'exécution contre la société preneuse postérieurement à l'ouverture de la procédure collective frappant celle-ci[9].

La Cour de cassation a même considéré que lorsqu'un créancier, après avoir accordé à son débiteur un délai d'un mois pour régulariser sa situation, ce qui impliquait un sursis à exécution pendant cette durée, et que le règlement est intervenu dans le délai imparti, une simple mesure conservatoire prise par ce dernier durant ce délai était considérée comme abusive[10] ; cette solution se concilie également malaisément avec les dispositions de l'article 513 C. pr. civ. décidant que le délai de grâce (ce qui semblait être le cas en l'espèce) ne fait pas obstacle aux mesures conservatoires.

0133.46 Faute grossière. Elle est génératrice d'abus de saisie. Ainsi, le fait pour un organisme de sécurité sociale de pratiquer une saisie après le règlement par le redevable de la contrainte afférente à ses cotisations[11]. Dans cette espèce, la chambre sociale relève l'absence totale de « *liaison entre la Caisse et* [le commissaire] *de justice* », négligence fréquemment observée en pratique. Elle stigmatise aussi les conséquences abusives de la saisie, laquelle a jeté « *le discrédit sur la probité morale* » du saisi. De même, le commissaire de justice qui procède à l'exécution d'un jugement de condamnation contre une entreprise placée en redressement judiciaire, sans vérifier sa situation auprès du registre du commerce, et qui n'en informe le créancier que treize mois plus tard, empêchant celui-ci de déclarer sa créance, manque à son obligation de diligence qui lui impose de rechercher tous les renseignements et de procéder à toutes les vérifications nécessaires à la bonne exécution de son mandat. Il en résulte que tous les actes inutiles de procédure effectués par l'officier public sont mis à sa charge ; il doit en outre rembourser au créancier la provision que celui-ci lui avait versée à l'ouverture du dossier[12]. Une autre décision a sanctionné le commissaire de justice chargé de procéder à l'exécu-

1. Civ. 2e, 18 juin 2009, no 08-18.379, P II, no 169 ; *Procédures* 2009. Comm. 274, obs. R. Perrot ; *Dr. et proc.* 2009. 353, obs. F. Vinckel : la SCP d'huissiers, dans cette affaire, a été condamnée à relever et garantir le créancier des condamnations prononcées à son encontre.
2. Civ. 1re, 19 juill. 1977, no 75-15.620, P I, no 348 – Civ. 2e, 7 juill. 2011, no 10-23.955, NP.
3. Civ. 2e, 18 juin 2009, no 08-18.379, P II, no 169 ; *Procédures* 2009. Comm. 274, obs. R. Perrot ; *Dr. et proc.* 2009. 353, obs. F. Vinckel.
4. EN CE SENS : Civ. 2e, 22 mars 2001, no 99-14.941, NP ; *Dr. et proc.* 2001. 255, obs. E. Putman, au visa de l'anc. art. 1382 C. civ.
5. Absence d'abus de saisie immobilière : Com. 15 févr. 2011, no 10-10.677, NP.
6. Civ. 2e, 3 févr. 1982, NP ; *Gaz. Pal.* 1982. 2. Pan. 204 – Civ. 2e, 22 oct. 2009, no 07-18.781, NP (inapplication en l'espèce).
7. TGI Riom, JEX, 23 mars 1993, *Rev. huiss.* 1993. 988.
8. TGI Montluçon, JEX, 17 mars 1993, *Rev. huiss.* 1993. 1058.
9. Com. 28 sept. 2004, no 02-15.818, NP.
10. À propos d'une inscription provisoire d'hypothèque prise par un prêteur sur les biens d'une société civile immobilière : Civ. 2e, 6 juill. 2000, no 98-20.929, NP ; *Dr. et proc.* 2001. 121, obs. C. Brenner.
11. Soc. 11 janv. 1978, no 76-12.475, P V, no 31.
12. Paris, 22 oct. 1996, *Rev. proc. coll.* 1999, no 2/3, p. 98.

tion d'un jugement de condamnation qui, après l'ouverture de la procédure collective du débiteur, avait omis de retourner au créancier le dossier lui permettant de déclarer sa créance dans les délais[1]. On peut encore relever un jugement du TGI de Paris de 1995, qui a condamné un commissaire de justice à payer une somme à titre de dommages-intérêts à une caisse sociale pour avoir omis de l'informer de l'ouverture de la procédure collective de son débiteur, l'empêchant d'effectuer sa déclaration de créance dans les délais légaux[2]. En appel, la cour observa que dans la mesure où l'officier public avait un mandat de recouvrer la créance, celui-ci emportait obligation non seulement d'assigner le débiteur au nom du créancier en ouverture d'une procédure de redressement judiciaire, mais aussi de suivre le déroulement de cette procédure et de l'informer de toutes les décisions susceptibles d'affecter le recouvrement de sa créance. Le créancier s'est vu ainsi allouer une somme de 7 622,45 euros à titre de dommages et intérêts. De la même manière, le commissaire de justice commet une faute engageant sa responsabilité quasi délictuelle lorsqu'il pratique une saisie-vente sur le fondement d'une condamnation non assortie de l'exécution provisoire[3]. L'usage d'une procédure jugée « *irrégulière et trop lourde* » (en l'occurrence une saisie-vente dans un local d'habitation pour une somme inférieure au seul fixé par décret), a également été considéré comme constitutif d'un abus du droit d'agir en justice[4].

0133.47 **Négligence fautive.** On relèvera enfin qu'à la suite d'un arrêt rendu par la deuxième chambre civile de la Cour de cassation le 28 juin 2001, s'il appartient au créancier de donner mainlevée de la saisie, auprès du tiers saisi, d'une saisie-attribution pratiquée sur le fondement d'un titre exécutoire annulé, toutefois, une abstention fautive ne peut lui être reprochée qu'à compter de la signification de la décision portant annulation du titre exécutoire sur le fondement duquel a été pratiquée cette mesure d'exécution forcée[5].

0133.48 **Mauvaise foi du saisissant.** La mauvaise foi, entendue comme la conscience de celui qui se prévaut d'une situation dont il connaît le vice ou le caractère illusoire, est également sanctionnée. C'est le cas lorsque le saisissant sait que le saisi ne lui doit rien[6], lorsque la saisie est effectuée en vertu d'un titre obtenu dans des **conditions dolosives**[7] ou sans justification[8], ou **lorsque le saisissant fait preuve de négligence coupable**, en laissant se perpétuer les effets d'une saisie alors que ses causes ont été réglées[9]. Dans un arrêt rendu au premier degré mais qui n'est pas sans intérêt, un jugement du JEX du TGI de Rennes a aussi pu condamner un commissaire de justice à verser des dommages-intérêts pour avoir recouvré directement contre l'avocat du créancier poursuivant, alors, *d'une part*, que seul ce dernier le mandant pouvait faire l'objet d'une exécution forcée, et, *d'autre part*, que la saisie du compte professionnel de l'avocat était intempestive et brutale, le fait de saisir l'avocat du créancier du chef d'un titre exécutoire visant ce dernier étant assimilable à un acte de mauvaise foi[10].

La disproportion manifeste des moyens mis en œuvre pour recouvrer la créance par rapport à son montant, caractérise encore la mauvaise foi sous l'angle d'un abus de droit. Un arrêt de la cour d'appel de Paris a ainsi pu condamner l'utilisation d'une procédure irrégulière et trop lourde pour recouvrer une créance inférieure à 535 euros dans la mesure où, par l'effet d'une saisie-vente, l'ensemble du mobilier d'une valeur très supérieure à la somme due avait été rendu indisponible[11]. Cette solution s'inscrit dans le sillage de la jurisprudence de la Cour de cassation, qui qualifie d'abusive la saisie immobilière pratiquée pour recouvrer une créance minime[12], mais de la même manière, une saisie-attribution, postérieure à un procès-verbal de saisie-vente de trois véhicules couvrant largement le montant de la créance en principal et accessoires, et jamais suivi d'effet, a pu être déclarée inutile et abusive[13].

On peut enfin relever, dans le cadre de la **procédure de paiement direct des pensions alimentaires**, que l'article R. 213-8 C. pr. exéc., décide que « *le créancier d'aliments qui, de mauvaise foi, fait usage de la procédure de paiement direct peut être condamné à une amende civile* » d'un montant maximum de 10 000 euros.

1. Aix-en-Provence, 31 oct. 1996, *Rev. proc. coll.* 1999, n° 2/3, p. 98.
2. TGI Paris, 6 sept. 1995, et Paris, 2 juill. 1997, *Rev. proc. coll.* 1999, n° 2/3, p. 98.
3. À propos de frais irrépétibles alloués par une ord. de référé : Paris, 18 nov. 1999, *BICC* 15 juin 2000, n° 797.
4. Paris, 8e ch., 7 déc. 1995, *D.* 1996. 203, note J. Prévault.
5. Civ. 2e, 28 juin 2001, n° 99-17.972, P II, n° 125 ; *D.* 2001. 2182 ; *RTD civ.* 2001. 963, obs. R. Perrot ; *Dr. et proc.* 2001. 391, obs. E. Putman.
6. Civ. 1re, 19 juill. 1977, n° 75-15.620, P I, n° 348 – Et Versailles, 8 mars 1983, *Gaz. Pal.* 1984. 1. Somm. 208.
7. Civ. 2e, 17 févr. 1977, n° 75-15.298, P II, n° 36 ; *JCP* 1977. IV. 98.
8. TGI Perpignan, 15 nov. 1989, *JCP* 1990. II. 21444, obs. J. Prévault et J. Villacèque.
9. Civ. 2e, 24 févr. 1982, n° 80-16.527, NP ; *Gaz. Pal.* 1982. 2. Pan. 204.
10. TGI Rennes, JEX, 18 mars 1997, *Rev. proc. coll.* 1999, n° 2/3, p. 99.
11. Paris, 7 déc. 1995, *D.* 1996. 203, obs. J. Prévault.
12. Civ. 2e, 13 mai 1991, n° 90-10.452, P II, n° 150 ; *D.* 1991. 159.
13. TGI Périgueux, JEX, 14 mai 1998, n° 9800336, inéd.

0133.49 Saisies non abusives. Exemples. À l'inverse, n'est pas constitutive d'un abus la saisie mise en œuvre à un moment où la résistance du débiteur était caractérisée[1], ou le retard mis par le créancier à donner mainlevée des mesures conservatoires qu'il jugeait lui-même superflues, alors qu'il appartenait au débiteur de faire exécuter l'ordonnance de référé ordonnant la mainlevée de ces mesures[2]. De la même manière, hors le cas de fraude, la deuxième chambre civile de la Cour de cassation a pu estimer, le 31 mars 2011, que « *l'exercice d'une procédure de saisie immobilière ne peut dégénérer en abus si son irrégularité ou son inutilité n'ont pas été dénoncées par le débiteur saisi, régulièrement sommé, avant l'adjudication définitive* »[3].

La Cour de cassation a par ailleurs considéré qu'il ne pouvait être reproché à un créancier de poursuivre une procédure de saisie immobilière contre un bien appartenant à deux époux[4], alors qu'il avait agréé l'engagement de l'un des conjoints de se libérer de sa dette par versements mensuels pour éviter le maintien d'une saisie sur ses salaires, la stipulation d'un terme entre les parties ne caractérisant pas la volonté d'opérer une novation[5]. Elle a également refusé de sanctionner le créancier saisissant, autorisé à pratiquer une saisie conservatoire sur une cargaison chargée sur un navire, sans avoir pris les précautions nécessaires pour que la saisie ne crée pas de dommages à l'armateur tiers, dont le navire avait été immobilisé du chef d'une saisie qui lui était étrangère[6]. On peut encore relever la décision d'un JEX qui a refusé de donner mainlevée d'une saisie alors que le débiteur avait fait des offres de paiement, au motif que ces offres ne suffisent pas à faire perdre au créancier le bénéfice de son droit de poursuite[7].

Le caractère inutile ou abusif de mesures d'exécution multiples n'est pas non plus démontré lorsque les titres exécutoires leur servant de supports sont anciens, ou que les débiteurs ne justifient pas de l'historique de leur situation financière dans la mesure où ils n'ont versé qu'épisodiquement des acomptes sans respecter un échéancier précis[8] ; il est au demeurant loisible au créancier de procéder à une saisie de meubles corporels déjà saisis par d'autres créanciers, dès lors qu'il n'est pas démontré qu'il a agi par malice ou malveillance[9]. De la même manière, rien n'interdit à un créancier bénéficiant d'une garantie hypothécaire d'utiliser la voie de la saisie-attribution, lorsque le débiteur ne rapporte pas la preuve que la valeur marchande du bien hypothéqué suffit à garantir la créance[10] ; le choix de la mesure propre à assurer l'exécution de sa créance reste souverain. L'objectif d'exécution de l'obligation a par ailleurs pu justifier le fait qu'il n'est pas abusif pour un créancier de multiplier les actes en vue d'obtenir le recouvrement de sa créance, si le débiteur ne s'acquitte que partiellement et sans rapidité particulière de sa dette[11].

Enfin, le fait de délivrer un commandement de saisie immobilière à l'encontre d'un autre immeuble que celui désigné dans la convention de découvert, n'a pas été jugé constitutif d'un abus de saisie[12].

1. Agen, 30 oct. 1995, *Rev. huiss.* 1996. 1381.
2. Com. 20 mai 1980, nº 78-15.182, P IV, nº 211.
3. Civ. 2e, 31 mars 2011, nº 10-13.956, NP.
4. On sait que l'art. L. 311-7 C. pr. civ. dispose que « *la saisie des immeubles communs est poursuivie contre les deux époux* », mais ce texte n'impose cependant pas au poursuivant de signifier son titre aux deux époux. En effet, c'est parce que les biens communs servent de gage pour les dettes contractées par un seul époux que le créancier engage la procédure de saisie du bien commun. Lorsqu'il n'est créancier que de l'un des deux époux, il n'est pas tenu de signifier à l'autre la décision de condamnation qui sert de fondement aux poursuites : Civ. 2e, 15 oct. 2015, nº 14-22.684, P II, nº 232 – V. A. Leborgne, *Code des procédures civiles d'exécution, commenté*, 8e éd. Dalloz, 2020, livre 3, comm. ss art. L. 311-7.
5. Civ. 2e, 29 juin 1994, nº 92-19.532, NP ; *Rev. huiss.* 1994. 1388.
6. Civ. 2e, 19 mars 1997, nº 95-10.771, P II, nº 85.
7. TGI Lyon, JEX, 17 oct. 1995, *Rev. huiss.* 1996. 353.
8. TGI Le Mans, JEX, 27 juin 1995, *Rev. huiss.* 1995. 1388.
9. TGI Rennes, 21 juin 1994, *Rev. huiss.* 1995. 1270.
10. TGI Bobigny, JEX, 13 mai 1997, *Gaz. Pal.* 11 févr. 1998, p. 4.
11. TGI Perpignan, JEX, 2 juin 2004, *Dr. et proc.* 2004. 344, obs. E. Putman, et réf. citées – *Adde* : sur le cumul de mesures d'exécution sans caractère abusif, Paris, 8e ch., sect. B, 14 nov. 2002, *Dr. et proc.* 2003. 170, note J.-J. Bourdillat.
12. Aix-en-Provence, 22 janv. 2003, *LPA* 9 sept. 2004, p. 12, note de A. de Lajartre.

TITRE

014. Les obstacles à l'exécution forcée

SECTION 0
ORIENTEUR

014.00 Sommaire du titre.

Division. Les obstacles que peut rencontrer le créancier dans la mise en œuvre des procédures d'exécution sont de plusieurs ordres : ils peuvent être liés soit au statut des biens (insaisissabilités – chap. 141), soit à la considération des personnes (immunités – chap. 142), soit ponctuels tirés de la relation créancier-débiteur ou environnant l'exécution de la mesure (chap. 143), soit tirés de la situation personnelle du débiteur (chap. 144).

014.03 Bibliographie indicative.

Actualisables. Rép. pr. civ., v° *Saisie (protection du débiteur)*, [insaisissabilité des biens], (janv. 2025), par X. Daverat, n°s 7-76.

Ouvrages[1]. J.-B. et M. Donnier, *Voies d'exécution et procédures de distribution*, 10e éd., LexisNexis, 2020 – A. Leborgne, *Droit de l'exécution*, 3e éd., « Précis », Dalloz, 2019, n°s 141-189 [débiteurs] ; n°s 484-507, 586-646 [insaisissabilités] ; n°s 648-663 [délais de grâce] ; n°s 689-704 [immunités d'exécution] – R. Perrot et Ph. Théry, *Procédures civiles d'exécution*, 3e éd., Dalloz, 2013, n°s 466 s.

1. Les ouvrages dont le nom des auteurs figure en petites capitales en bibliographie seront cités par le seul nom des auteurs en petites capitales en notes de bas de page.

SECTION 1
EFFECTIVITÉ DE L'EXÉCUTION FORCÉE EN QUESTION

014.11 Amoindrissement contemporain ? Le droit de l'exécution forcée, c'est-à-dire l'ensemble des voies de droit offertes à un créancier pour parvenir au recouvrement de sa créance, se présente par définition comme le droit de l'effectivité, libéré de tous les freins qui ne sont pas nécessaires, et c'est en l'envisageant ainsi que les juges de la Cour européenne des droits de l'homme (CEDH) ont élevé le droit à l'exécution du créancier au rang de **droit fondamental**, en 1997, en le rattachant au droit au procès équitable prévu par l'article 6 § 1.

Pourtant, la fin ne peut pas justifier tous les moyens, et le droit à l'exécution de l'obligation prévu par l'article 1341 C. civ. [1] ne peut pas balayer la nécessité de préserver un minimum d'équilibre [2]. Les auteurs de la réforme de 1991-1992 l'ont bien compris, qui ont cherché à renforcer les droits des créanciers titrés (ou non, grâce aux mesures conservatoires) tout en se préoccupant de la personne du débiteur. Dans une discipline qui manquait parfois de ligne conductrice claire, ils ont élaboré des textes qui instaurent une **conciliation des droits des créanciers et des débiteurs**, et offrant une panoplie de mesures d'exécution mobilières et immobilières, adaptées aux éléments que le créancier va trouver dans le patrimoine de son débiteur. Le Conseil constitutionnel a lui-même eu l'occasion de rappeler, dans une décision n° 2011-206 QPC du 16 décembre 2011, qu'« *il appartient au législateur, compétent en application de l'article 34 de la Constitution pour déterminer les principes fondamentaux du régime de la propriété, des droits réels et des obligations civiles et commerciales, de définir les modalités selon lesquelles, pour permettre l'exécution des obligations civiles et commerciales, les droits patrimoniaux des créanciers et des débiteurs doivent être conciliés* », et que « *l'exécution forcée sur les biens des débiteurs est au nombre des mesures qui tendent à assurer cette conciliation* » (consid. n° 4).

Le **respect de la dignité du débiteur et de sa vie privée**, en particulier, font également l'objet des plus grandes attentions. On sait par exemple que la saisie conservatoire peut porter sur tous les biens meubles, corporels ou incorporels, appartenant au débiteur, et que le créancier peut faire procéder à une telle mesure sur ses biens même situés dans un lieu servant à l'habitation, et le cas échéant procéder à cet effet à l'ouverture des portes ; mais en même temps, le droit, à valeur constitutionnelle, au respect de la vie privée et à l'inviolabilité du domicile, « *exclut qu'une telle mesure puisse être pratiquée sans une autorisation donnée par un juge* » en application de l'article R. 121-24 C. pr. exéc. [3] ; à défaut, la mesure sera annulée. Cette volonté de conciliation des droits en présence a encore conduit à allonger la liste des insaisissabilités, à consacrer la faculté du débiteur de solliciter des délais de grâce, et par ailleurs à réaffirmer la nécessité d'immunités d'exécution. La loi du 9 décembre 2016 [4], relative à la transparence, à la lutte contre la corruption et à la modernisation de la vie économique, dite « *loi Sapin II* », a elle-même renforcé le régime de l'immunité d'exécution à l'égard des biens des États étrangers en introduisant trois nouveaux articles dans le Code des procédures civiles d'exécution (C. pr. exéc., art. L. 111-1-1 à L. 111-1-3), qui sont susceptibles d'affaiblir le droit à l'exécution des créanciers [5].

Il y a donc aujourd'hui un certain nombre d'obstacles qui se dressent devant le créancier cherchant à mettre en œuvre son droit « fondamentalisé », par le Conseil constitutionnel, à obtenir l'exécution de sa créance y compris de manière forcée, dont certains sont temporaires et se présentent comme des causes ponctuelles de suspension d'exécution, et d'autres ont un caractère définitif.

S'agissant des **obstacles temporaires**, certaines causes de suspension sont justifiées par des considérations d'humanité, on pense par exemple au délai de grâce de l'article 1343-5 C. civ. [6], à la trêve hivernale de l'article L. 412-6 C. pr. exéc. en matière d'expulsion [7], ou au refus ponctuel de concours de la force publique, dans la mesure où l'État est en principe

1. Selon ce texte, en effet, « *le créancier a droit à l'exécution de l'obligation ; il peut y contraindre le débiteur dans les conditions prévues par la loi* ».
2. A. Leborgne, « Rapport introductif », *in Les obstacles à l'exécution forcée : permanence et évolutions*, colloque organisé par la revue *Dr. et proc.* Aix-en-Provence, 24 avr. 2009, « Droit et procédures », EJT, 2009. 1 s.
3. Civ. 2e, 17 sept. 2020, n° 18-23.626, P ; *D.* 2020. 2046, note M. Barba ; *ibid.* 2021. 543, obs. N. Fricero ; *ibid.* 1353, obs. A. Leborgne ; *AJ fam.* 2020. 536, obs. V. Avena-Robardet ; *RTD civ.* 2021. 479, obs. N. Cayrol.
4. L. n° 2016-1691, 9 déc. 2016, relative à la transparence, à la lutte contre la corruption et à la modernisation de la vie économique, *JO* 10 déc., texte n° 2.
5. V. *D.* 2017. Pan. 1389, obs. A. Leborgne.
6. Selon lequel « *le juge peut, compte tenu de la situation du débiteur* [...] *reporter ou échelonner, dans la limite de deux années, le paiement des sommes dues* » (al. 1er), sachant que « *la décision du juge suspend les procédures d'exécution qui auraient été engagées par le créancier* », et que « *les majorations d'intérêts ou les pénalités prévues en cas de retard ne sont pas encourues pendant le délai fixé par le juge* » (al. 4).
7. D'après ce texte, en effet, nonobstant toute décision d'expulsion passée en force de chose jugée, « *il est sursis à toute mesure d'expulsion non exécutée à la date du 1er novembre de chaque année jusqu'au 31 mars de l'année suivante, à moins que le relogement des intéressés soit assuré dans des conditions suffisantes respectant l'unité et les besoins de la famille* ».

tenu de le prêter au titulaire d'un titre exécutoire qui le lui demande (C. pr. exéc., art. L. 153-1). D'autres obstacles s'expliqueront, eux, par des considérations économiques liées au règlement du passif du débiteur, notamment l'ouverture d'une procédure collective (C. com., art. L. 622-21, II) ou de surendettement (C. consom., art. L. 722-2 not.).

Quant aux **obstacles définitifs**, leur légitimité peut parfois être discutée, par exemple celle des immunités d'exécution. L'**immunité d'exécution**, on le verra, est un privilège qui fait échapper une personne, en raison de sa qualité, à ses obligations, et ce faisant paralyse le droit à l'exécution. Elle interdit au bénéficiaire de recouvrer sa créance de manière forcée à l'encontre du bénéficiaire de l'immunité, et, en tant que telle, constitue, *ab initio*, un obstacle définitif à l'exécution. Le débat est du même ordre pour les insaisissabilités. On sait qu'en raison du droit de gage général de l'article 2284 C. civ., qui veut que quiconque s'est obligé personnellement est tenu de remplir son engagement sur tous ses biens mobiliers, présents et à venir, les insaisissabilités, qui y font exception, ne peuvent résulter que de la loi. Elles sont donc de création stricte, et s'expliquent soit par la volonté du législateur de permettre au débiteur de conserver des biens de première nécessité, soit par la faculté de mettre à l'abri des biens qui ont une vocation particulière. On pense notamment ici à l'entrepreneur individuel, qui, en tant que personne physique exerçant en son nom propre une activité professionnelle indépendante, et au terme d'une évolution engagée par la loi du 1er août 2003 [1], a vu ses droits sur l'immeuble où est fixée sa résidence principale devenir « *de droit insaisissables par les créanciers dont les droits naissent à l'occasion de* [son] *activité professionnelle* » (C. com., art. L. 526-1, al. 1er). Or, si une liste des catégories de biens insaisissables a été insérée dans la loi du 9 juillet 1991 – elle figure aujourd'hui dans les articles L. 112-2 et R. 112-2 C. pr. exéc. –, force est de constater, depuis quelques années, un certain renforcement de tendance : non seulement les insaisissabilités se multiplient, mais surtout le gage des créanciers est de plus en plus souvent cantonné à une portion strictement délimitée du patrimoine du débiteur [2]. On songe notamment ici à l'entrepreneur individuel, qui statutairement, a désormais un « *patrimoine professionnel* », constitué de ses biens, droits, obligations et sûretés, séparé de son patrimoine personnel, constitué, celui-ci, des éléments non compris dans le patrimoine d'activité (C. com., art. L. 526-22, al. 3) ; et c'est ainsi qu'aujourd'hui, par dérogation aux articles 2284 et 2285 C. civ., le droit de poursuite des créanciers est cantonné de plein droit : « *L'entrepreneur individuel n'est tenu de remplir son engagement à l'égard de ses créanciers dont les droits sont nés à l'occasion de son exercice professionnel que sur son seul patrimoine professionnel* » (C. com., art. L. 526-22, al. 5) [3], et « *seul le patrimoine personnel de l'entrepreneur individuel constitue le gage général des créanciers dont les droits ne sont pas nés à l'occasion de son exercice professionnel* » (C. com., art. L. 526-22, al. 7) [4]. L'assiette de la saisie en subit les conséquences...

1. L. n° 2003-721, 1er août 2003, pour l'initiative économique, *JO* 5 août, texte 1.
2. V. C. Brenner, « L'ineffectivité de l'exécution forcée », *in Le droit de l'exécution forcée : entre mythe et réalité*, colloque organisé par la revue *Dr. et proc.*, Paris, Cour de cassation, 27-28 avr. 2007, « Droit et procédures », EJT 2007. 43 s., spéc. n° 78, p. 52.

SECTION 2
RÔLE DE LA JURISPRUDENCE

014.21 Faveur au créancier ou renversement du principe ? Si l'on part du principe que « *tout créancier peut, dans les conditions prévues par la loi, contraindre son débiteur défaillant à exécuter ses obligations à son égard* », principe posé par l'alinéa 1er de l'article L. 111-1 C. pr. exéc., on peut dire, sans risquer de se tromper, que c'est le droit à l'exécution, sous la menace de la contrainte, qui doit guider le juge lorsqu'un contentieux est élevé, y compris en présence d'obstacles ou de situations venant l'affecter ou le « *conditionner* ». C'est là, en effet, qu'est le point de départ du droit moderne de l'exécution, issu de la loi du 9 juillet 1991 [5] et de son décret d'application du 31 juillet 1992 [6], dont le point d'ancrage est constitué par le lien d'obligation. Par principe, le dénouement du rapport créancier-débiteur consiste dans l'exécution de l'obligation sous forme d'un paiement, et lorsque le débiteur y procède volontairement, la force de ce lien n'est pas mise à l'épreuve. Il doit au demeurant le faire, puisqu'aux termes de l'article 1341 C. civ. « *le créancier a droit à l'exécution de l'obligation ; il peut y contraindre le débiteur dans les conditions prévues par*

3. Sauf, ajoute le texte, si l'entrepreneur consent des sûretés conventionnelles ou renonce à la séparation des patrimoines dans les conditions prévues à l'article L. 526-25.
4. Toutefois, ici, si le patrimoine personnel est insuffisant, le droit de gage général des créanciers peut s'exercer sur le patrimoine professionnel, dans la limite du montant du bénéfice réalisé lors du dernier exercice clos (C. com., art. L. 526-22, al. 7).
5. L. n° 91-650, 9 juill. 1991, portant réforme des procédures civiles d'exécution, *JO* 14 juill.
6. Décr. n° 92-755, 31 juill. 1992, instituant de nouvelles règles relatives aux procédures civiles d'exécution pour l'application de la loi n° 91-650 du 9 juillet 1991 portant réforme des procédures civiles d'exécution, *JO* 5 août.

la loi ». De fait, si ce dernier n'exécute pas spontanément ce à quoi il s'est engagé, le créancier devra alors recourir à l'exécution forcée ou aux mesures conservatoires sur les biens composant son patrimoine, « *dans les conditions prévues par la loi* ». Les voies d'exécution sont en effet des procédés de contraintes légalement organisés, et c'est à ce titre que le juge doit en assurer l'efficacité même s'il doit aussi ménager les droits fondamentaux du débiteur dans sa relation avec le créancier. Par exemple, le droit, à valeur constitutionnelle, au respect de la vie privée et à l'inviolabilité du domicile, exclut qu'une mesure conservatoire puisse être pratiquée dans un lieu affecté à l'habitation du débiteur par le créancier sans une autorisation donnée par un juge[1].

Il y a dans la relation créancier-débiteur une inégalité légitime, même si un certain ordre public de protection, garant de la condition sociale et économique du débiteur, vient tempérer ce rapport de force, lequel correspond à l'exigence fondamentale de la réalisation effective des droits. C'est cet esprit qui doit guider la jurisprudence, dont un arrêt du 12 mai 2016, rendu à propos des insaisissabilités énoncées à l'article L. 112-2 C. pr. exéc., visant notamment les biens mobiliers nécessaires à la vie et au travail du saisi et de sa famille, a fourni une bonne illustration[2]. Dans cette affaire, une société avait fait pratiquer, entre les mains d'une bibliothèque, une saisie conservatoire des biens qui lui avaient été confiés par une personne décrite comme le « *fils spirituel* » de Charles Trénet ; il s'agissait de photographies de l'artiste, de lettres et de cartes postales écrites par celui-ci, de coupures de presse ou encore d'un dessin réalisé de sa main représentant le débiteur. Leur propriétaire les présentait comme des souvenirs éminemment personnels et revêtant une grande valeur affective, et en déduisait qu'ils étaient insaisissables sur le fondement de l'article R. 112-2, 13° C. pr. civ., qui, détaillant les dispositions de l'article L. 112-2, exclut les souvenirs à caractère personnel ou familial. Mais pour les juges du fond approuvés par la deuxième chambre civile, « *pas plus la circonstance que les biens saisis aient été légués par Charles Trénet à* [son compagnon], *ni davantage les liens d'affection unissant les deux hommes, ne suffisaient à établir que chacun de ces documents ou objets avait la qualité de souvenir à caractère personnel pour celui-ci* »[3], bon exemple d'interprétation stricte d'une disposition faisant obstacle au droit à l'exécution du créancier impayé.

1. Civ. 2e, 17 sept. 2020, n° 18-23.626, P ; *D.* 2020. 2046, note M. Barba ; *D.* 2021. 543, obs. N. Fricero ; *D.* 2021. 1353, obs. A. Leborgne ; *Rev. prat. rec.* 2020. 15, chron. R. Laher ; *RTD civ.* 2021. 479, obs. N. Cayrol

2. V. *D.* 2017. Pan. 1391, obs. A. Leborgne.
3. Civ. 2e, 12 mai 2016, n° 15-15.158, P II, n° 128.

CHAPITRE

0141. Obstacles liés au statut des biens : les insaisissabilités

Olivier Salati
Maître de conférences HDR à l'Université d'Aix-Marseille
Directeur du master II professionnel
Commissaire de justice et professions judiciaires

Section 0
Orienteur

0141.00 Sommaire du chapitre.

Division. Parmi les insaisissabilités, on distinguera les biens corporels insaisissables par nature (sect. 1), par la volonté de l'homme (sect. 2), ceux nécessaires à la vie du débiteur saisi et de sa famille (sect. 3), par l'effet de dispositions spécifiques dans et hors le Code des procédures civiles d'exécution (sect. 4), et les biens, cette fois incorporels, insaisissables par nature (sect. 5), les provisions, sommes et pensions à caractère alimentaire (sect. 6) et les créances insaisissables figurant sur un compte (sect. 7).

0141.01 Textes applicables.

• **C. pr. exéc.,** art. L. 112-1 à L. 112-4, L. 161-1, L. 162-1, L. 162-2, L. 212-1, L. 213-1 s., L. 231-1, L. 311-1, L. 521-1 ; R. 112-1 à R. 112-5, R. 162-1 à R. 162-9, R. 211-10 à R. 211-13, R. 211-22, R. 213-1 s., R. 213-10, R. 232-1 à R. 232-8, R. 233-1 à R. 233-9.

• **C. civ.,** art. 205, 206, 207, 214, 220, 255, 256, 270, 303, 342, 367, 382, 516 s., 522 s., 900-1, 1343-5, 1400 s., 1414, 2011, 2018, 2024, 2025, 2284 et 2285, 2367 à 2372 et 2454.

• **C. com.,** art. L. 123-10, L. 511-31, L. 512-3, L. 526-1 s., L. 526-2, L. 526-3, L. 526-22, L. 526-25, L. 624-16, L. 632-1, L. 641-9, L. 643-2, L. 643-11, L. 680-1, L. 680-3 et R. 526-8.

• **C. mon. fin.,** art. L. 131-35.

• **C. trav.,** art. L. 2132-4, L. 3252-1 à L. 3252-7, L. 5122-2, L. 5123-4, L. 5423-5, L. 5424-21, L. 5428-1 ; R. 3252-1 s. et R. 3252-5.

• **CASF,** art. L. 222-1 à L. 222-7, L. 262-2 et L. 262-48.

• **CPI,** art. L. 121-1, L. 333-2 et L. 333-3.

• **CSS,** art. L. 321 s., L. 322-7, L. 341-5, L. 433-3, L. 355-2, L. 511-1, L. 541-1, L. 553-2, L. 553-4, L. 634-1, L. 711-1, L. 711-10, L. 815-13, L. 821-5 et L. 922-7.

• **C. pens. retr.,** art. L. 17 et L. 56.

• **CGI,** art. 238 *bis* OA.

• **C. pén.,** art. 314-6 et 314-7.

0141.02 Jurisprudence de référence.

> Saisie-revendication. Personnes apparemment fondées à requérir la délivrance ou la restitution.

• **Civ. 2e, 29 mars 1995,** no 93-18.769, P II, no 115

* V. ss nos 0141.12, 1011.16, 1031.13

La saisie-revendication destinée à rendre un bien meuble indisponible en attendant sa remise est, selon l'article 155 du décret du 31 juillet 1992 [devenu art. R. 222-17 C. pr. exéc.], ouverte à toute personne apparemment fondée à requérir la délivrance ou la restitution d'un bien de cette nature ; il en est ainsi pour les membres de la famille, apparemment titulaires d'un droit à la conservation des souvenirs de famille dans l'intérêt de celle-ci.

> Domaine de la procédure de saisie des rémunérations.

• **Cass., avis, 21 juill. 1995,** no 09-50.010, P, no 11

* V. ss nos 0141.142, 0812.131, 0941.53, 0952.90

La saisie des pensions de vieillesse du régime général de la Sécurité sociale ne peut être effectuée que par la procédure de saisie des rémunérations prévue par les articles L. 145-1 [devenu L. 3252-1] et suivants du Code du travail.

> Insaisissabilité de l'assurance-vie.

• **Civ. 1re, 28 avr. 1998,** no 96-10.333, P I, no 153

* V. ss nos 0141.07, 0141.231, 0812.48

Il résulte des articles L. 132-8, L. 132-9, L. 132-12 et L. 132-14 du Code des assurances qu'en matière d'assurances sur la vie, tant que le contrat n'est pas dénoué, le souscripteur est seulement investi, sauf acceptation du bénéficiaire désigné, du droit personnel de faire racheter le contrat et de désigner ou de modifier le bénéficiaire de la prestation. Il s'ensuit que nul créancier n'est en droit de se faire attribuer immédiatement ce que le souscripteur ne peut recevoir. Dès lors, justifie légalement sa décision la cour d'appel qui, pour ordonner la mainlevée de l'avis à tiers détenteur notifié en cours de contrat à l'assureur par l'administration des Impôts, retient que ce dernier n'était pas débiteur de son assuré à la date de l'avis.

> Saisissabilité d'une licence d'exploitation de débit de boissons.

• **Cass., avis, 8 févr. 1999,** no 98-00.015, P, no 1

* V. ss nos 0141.91, 0629.07, 0711.39, 0732.11, 0733.22

La licence d'exploitation d'un débit de boissons de 4e catégorie constitue un droit incorporel saisissable. En l'absence de texte réglementaire de portée générale applicable à la saisie des droits de cette nature, ou de dispositions spécifiques à la saisie de cette licence qui n'est pas une valeur mobilière, il est possible, sous réserve des adaptations nécessaires contrôlées par le juge de l'exécution de transposer pour les opérations de saisie, la procédure définie aux articles 182 à 184 du décret du 31 juillet 1992, et, pour la vente, les dispositions des articles 189 à 192 du même texte [devenus art. R. 232-5 à R. 232-8, et art. R. 233-5 à 233-8 C. pr. exéc.].

> Une saisie ne peut pas porter sur une créance éventuelle.

• **Civ. 2e, 11 mai 2000,** nos 97-12.362, 97-12.423 et 97-15.736, P II, no 77

* V. ss nos 0141.91, 0812.21, 0812.41

Une saisie ne peut pas porter sur une créance éventuelle. Tel est le cas de saisies-attributions pratiquées ou d'avis à tiers détenteur émis sur une créance représentée par le prix de cession d'un office notarial, alors que l'agrément ministériel constituait un élément légal de la convention intervenue et que la créance saisie n'était pas encore née à la date où les mesures d'exécution forcée avaient été pratiquées.

> Report sur le compte de l'insaisissabilité des créances à échéance périodique.

• **Civ. 2e, 11 mai 2000,** no 98-11.696, P II, no 78

* V. ss nos 0141.161, 0141.201, 0621.11, 0621.31, 0923.101, 0941.64

Il résulte des articles 44 et 45 du décret du 31 juillet 1992 [devenus art. R. 112-5 et R. 213-10 C. pr. exéc.] que lorsque les sommes insaisissables versées sur un compte proviennent de créances à échéance périodique, l'insaisissabilité porte sur l'ensemble des fonds, de même nature, cumulés sur ce compte et non pas seulement sur le dernier versement effectué.

> Compte joint entre époux. Identification de l'origine des fonds. Refus de la saisie par un créancier personnel d'un époux d'un compte joint alimenté par les revenus de chacun des époux.

• **Civ. 1re, 3 avr. 2001,** no 99-13.733, P I, no 92

* V. ss nos 0141.221, 0144.145, 0921.33, 1313.172

Par application de l'article 1415 du Code civil, chacun des époux ne peut engager que ses biens propres et ses revenus par un cautionnement ou un emprunt contractés sans le consentement exprès de l'autre. En conséquence, n'est pas saisissable en exécution d'un cautionnement contracté par un seul des époux le compte alimenté par les revenus de chacun d'eux, faute pour le créancier d'identifier les revenus de l'époux débiteur.

> Saisie d'un compte joint d'époux commun en biens. Responsabilité de l'établissement bancaire en cas de retard dans la mise à disposition des sommes prévues par la loi.

• **Civ. 2e, 27 mai 2004,** no 02-13.896, P II, no 252

* V. ss nos 0141.221, 0141.222, 0144.146, 0923.131

Il résulte de l'article 48 du décret du 31 juillet 1992 [devenu art. R. 162-9 C. pr. exéc.] que, lorsqu'un compte, même joint, alimenté par les gains et salaires d'un époux commun en biens, fait l'objet d'une saisie pour le paiement d'une créance née du chef du conjoint, il est laissé immédiatement à la disposition de l'époux commun en biens une somme équivalant, à son choix, au montant des gains et salaires versés au cours du mois précédant la saisie ou au montant moyen mensuel des gains et salaires versés dans les douze mois précédant la saisie.

Ne donne pas de base légale à sa décision, une cour d'appel qui ne recherche pas, comme elle y était invitée, si, dans une saisie-attribution ayant porté sur un compte joint, le retard de mise à disposition des salaires, par l'établissement bancaire, n'était pas en soi de nature à causer un préjudice à l'époux commun en biens.

> Rémunérations du travail portées en compte. Saisissabilité du compte et report de l'insaisissabilité sur les rémunérations versées au crédit du compte.

• **Civ. 2e, 24 juin 2004,** n° 02-14.813, P II, n° 323

* V. ss nos 0141.123, 0141.161, 0621.07, 0621.31, 0812.121, 0923.102, 0941.13

1° L'article L. 145-6 [devenu L. 3252-7] du Code du travail, selon lequel les rémunérations ne peuvent pas faire l'objet d'une saisie conservatoire, n'est pas applicable aux sommes versées sur un compte bancaire, même si elles proviennent des rémunérations du travail, la saisie de ces sommes étant réglementée par l'article 44 du décret du 31 juillet 1992 [devenu art. R. 112-5 C. pr. exéc.].

2° Lorsque les sommes insaisissables versées sur un compte proviennent de créances à échéances périodiques, l'insaisissabilité porte sur toutes les sommes insaisissables comprises dans le solde créditeur du compte.

> Insaisissabilité de la prestation compensatoire.

• **Civ. 2e, 10 mars 2005,** n° 02-14.268, P II, n° 66

* V. ss nos 0141.05, 0141.08, 0141.111, 0812.121, 0952.33

La prestation compensatoire est insaisissable, par application de l'article 14-2° de la loi n° 91-650 du 9 juillet 1991 [devenu art. L. 112-2 C. pr. exéc.].

Par suite, viole ce texte une cour d'appel qui, pour dire partiellement saisissable une prestation compensatoire, énonce qu'elle a outre un caractère alimentaire, un aspect indemnitaire.

> Biens insaisissables. Biens mobiliers du saisi nécessaires à son travail. Appréciation souveraine des juges du fond.

• **Civ. 2e, 15 déc. 2005,** n° 04-14.600, P II, n° 332

* V. ss nos 0141.05, 0141.37, 0723.14

Les juridictions du fond apprécient souverainement si les biens mobiliers du saisi sont nécessaires à son travail, au sens de l'article 14, 4° de la loi n° 91-650 du 9 juillet 1991.

> Droit exclusif du délégataire acceptant au paiement nonobstant la saisie-attribution de la créance.

• **Com. 14 févr. 2006,** n° 03-17.457, P IV, n° 37

* V. ss nos 0141.91, 0812.169

Si la créance du délégant sur le délégué s'éteint seulement par le fait de l'exécution de la délégation, ni le délégant, ni ses créanciers ne peuvent, avant la défaillance du délégué envers le délégataire, exiger le paiement ; il en résulte que la saisie-attribution effectuée entre les mains du délégué par le créancier du délégant ne peut avoir pour effet de priver le délégataire, dès son acceptation, de son droit exclusif à un paiement immédiat par le délégué, sans concours avec le créancier saisissant.

C'est à bon droit qu'une cour d'appel a retenu que les sommes dues par le délégué au délégant au titre des loyers n'étaient pas saisissables par les créanciers du délégant dont le droit de créance qui demeure dans son patrimoine est indisponible à compter de l'acceptation du délégataire.

> Report d'insaisissabilité sur les sommes insaisissables portées en compte et épargnées.

• **Civ. 2e, 12 juill. 2007,** n° 05-20.911, P II, n° 211

* V. ss nos 0141.161, 0141.201, 0923.91, 0923.102

En application des articles 15 de la loi du 9 juillet 1991, 44 et 47 du décret du 31 juillet 1992, l'insaisissabilité porte sur toutes les sommes insaisissables comprises dans le solde créditeur d'un compte bancaire. Ainsi en est-il de l'allocation de revenu minimum d'insertion, insaisissable en vertu de l'article L. 262-44 du Code de l'action sociale et des familles, même lorsqu'elle est épargnée.

> Domaine de la saisie des rémunérations.

• **Soc. 30 janv. 2008,** n° 06-17.531, P V, n° 29

* V. ss nos 0141.121, 0812.131

L'indemnité de départ en retraite versée au salarié qui quitte volontairement l'entreprise pour bénéficier du droit à une pension de vieillesse n'a pas pour objet de compenser un préjudice et constitue dès lors une rémunération, ce dont il résulte qu'elle est soumise aux règles de saisie prévues par le Code du travail. Prive sa décision de base légale l'arrêt qui ne précise pas si la somme litigieuse a été versée au salarié en raison de son départ volontaire à la retraite ou de sa mise à la retraite par l'employeur.

> Sûreté judiciaire. Inscription provisoire de nantissement sur des parts sociales. Inopposabilité des clauses d'agrément. Inapplicabilité des dispositions relatives à l'insaisissabilité des biens nécessaires à la vie et au travail.

• **Civ. 2e, 2 déc. 2010,** n° 09-17.495, P II, n° 199

* V. ss nos 0141.31, 0632.11, 0731.06

Pour dire qu'une inscription provisoire de nantissement judiciaire sur des parts sociales est valable et régulière, une cour d'appel énonce exactement qu'une telle inscription est une mesure de sûreté judiciaire, et non une saisie, que les dispositions statutaires prévoyant l'agrément des associés en cas de cession des parts sociales nanties ne peuvent entraver la prise de cette sûreté et que l'article 39 du décret n° 92-755 du 31 juillet 1992 [devenu art. R. 112-2] ne s'applique pas aux parts sociales.

> Saisie-attribution. Sanction du défaut de dénonciation au cotitulaire du compte joint.

• **Civ. 2e, 7 juill. 2011,** n° 10-20.923, P II, n° 160

* V. ss n° 0141.221, 0144.145, 0922.82, 0971.351

• **Civ. 2e, 7 juin 2012,** n° 11-19.622, P II, n° 103

* V. ss nos 0141.05, 0141.142, 0141.191, 0812.132, 0923.101

Le défaut de dénonciation de la saisie-attribution au cotitulaire d'un compte joint sur lequel porte la mesure d'exécution n'est pas susceptible d'entraîner la caducité de celle-ci.

Il résulte des dispositions combinées des articles L. 355-2 du Code de la sécurité sociale, 15 de la loi n° 91-650 du 9 juillet 1991 et 44 du décret n° 92-755 du 31 juillet 1992 que les pensions d'invalidité sont cessibles et saisissables dans les mêmes conditions et limites que les salaires, que les créances insaisissables dont le montant est versé sur un compte demeurent insaisissables et que lorsqu'un compte est crédité du montant d'une créance insaisissable en tout ou en partie, l'insaisissabilité se reporte à due concurrence sur le solde du compte. Par suite, méconnaît ces dispositions, la cour d'appel qui rejette une demande de mainlevée d'une saisie-attribution pratiquée sur un compte alimenté par une pension d'invalidité, sans préciser l'étendue de la saisissabilité du compte concerné.

> Bien insaisissable. Instrument nécessaire à l'exercice personnel d'une activité professionnelle.

• **Civ. 2e, 28 juin 2012,** n° 11-15.055, P II, n° 126

* V. ss n° 0141.05, 0141.36

Un ordinateur utilisé pour la recherche d'un emploi doit être assimilé à un instrument nécessaire à l'exercice personnel d'une activité professionnelle ; il s'en suit qu'il est insaisissable en application des articles 14 de la loi n° 91-650 du 9 juillet 1991 et 39 du décret n° 92-755 du 31 juillet 1992.

0141.03 Bibliographie indicative.

* V. ss n° 014.03.

Ouvrages. L. Aynès, P. Crocq et A. Aynès, *Les sûretés*, 17e éd., LGDJ, 2024 – A. Leborgne et E. Putman (dir.), *Les obstacles à l'exécution forcée : permanence et évolution*, « Droit et procédures », EJT, 2009.

Articles. D. Autem, « L'insaisissabilité de la résidence principale de l'entrepreneur individuel », *Defrénois* 2004. 327 ; « Le nouveau droit de l'insaisissabilité », *Defrénois* 2008. 2245 – D. Courtillat et F.-J. Pansier, « La nouvelle saisissabilité des pensions civiles et militaires : présentation de l'article 62 de la loi du 21 août 2003 », *Gaz. Pal.* 20 sept. 2003, p. 2 ; « Naissance du RMI bancaire », *Gaz. Pal.* 11-12 déc. 2002 – T. Deschanels, « Les dernières évolutions jurisprudentielles en matière de saisie de contrats d'assurance-vie », *Rev. huiss.* 2000. 195 – F. Ferrand, « La fondamentalisation de l'exécution forcée », C. Brenner (dir.), *Le droit de l'exécution : entre mythe et réalité*, « Droit et procédures », EJT, 2007, p. 13 – D. Lochouarn, « L'évolution des insaisissabilités professionnelles », *Rev. huiss.* 1997. 9 ; « Les biens professionnels » *Rev. huiss.* 2000. 257 – C. Malecki, « La loi pour l'initiative économique et l'insaisissabilité de la résidence principale de l'entrepreneur individuel », *D.* 2003. Chron. 2200 – T. Moussa et I. de Mersseman, « Le nouveau dispositif d'accès urgent aux sommes à caractère alimentaire figurant sur un compte saisi », *Procédures* 2002. Chron. 11 – S. Piedelièvre, « L'insaisissabilité de la résidence principale de l'entrepreneur individuel », *JCP* 2003. I. 165 – O. Salati, « Modifications apportées au dispositif d'insaisissabilité de la résidence principale de l'entrepreneur individuel », *Procédures* 2008. 2 ; « Présentation du décret du 11 septembre 2002 instituant un dispositif d'accès urgent aux sommes à caractère alimentaire figurant sur un compte saisi », *Rev. huiss.* 2003. 4.

0141.05 Origine légale du principe et de l'exception.

Chacun sait que le patrimoine du débiteur répond de ses dettes, l'article 2284 C. civ. affirmant que « *quiconque s'est obligé personnellement, est tenu de remplir son engagement sur tous ses biens mobiliers et immobiliers, présents et à venir* », et l'article 2285 que « *les biens du débiteur sont le gage commun de ses créanciers* ». Les articles L. 112-1 et R. 112-1 C. pr. exéc. relaient ce texte dans le droit de l'exécution, en posant le principe que les saisies peuvent porter sur tous les biens mobiliers ou immobiliers, corporels ou incorporels, appartenant au débiteur, alors même qu'ils seraient détenus par des tiers. Le principe du droit de gage général a donc un fondement légal, et, pour cette raison, il ne saurait y avoir d'insaisissabilité sans texte en droit français. Faisant application de cette règle, la Cour de cassation a par exemple censuré, le 15 novembre 1995, un arrêt d'appel qui avait donné mainlevée d'une saisie des comptes ouverts au nom d'une caisse d'assurance vieillesse à la Caisse des dépôts et consignations alors qu'« *aucun texte ne déclare insaisissables les comptes d'un organisme de droit privé chargé de la gestion d'un service public* »[1], ou a encore jugé, le 4 novembre 2003, que l'interdiction de donner en nantissement les parts d'une société civile professionnelle titulaire d'un office notarial, ou de les vendre aux enchères publiques, n'emporte pas, par principe, leur insaisissabilité, laquelle ne pourrait résulter que d'une disposition législative[2].

La Cour de cassation ne manque pas non plus l'occasion de souligner qu'une décision de justice ne pourrait pas décider d'octroyer une insaisissabilité. Le juge, a-t-elle rappelé dans une décision du 7 décembre 1988, « *ne peut pas autoriser la saisie de biens insaisissables* », parce que l'origine légale de l'insaisissabilité lui retire toute possibilité de conférer cette qualité à une créance ou à un bien[3]. Ceci dit, il ne faut pas non plus en conclure que les tribunaux ne disposent d'aucun pouvoir d'interprétation pour trancher une question de saisissabilité. C'est ainsi que pour l'application du 3° de l'article L. 112-2 C. pr. exéc., selon lequel ne peuvent être saisies les provisions, sommes et pensions à caractère alimentaire, l'article R. 112-4 alinéa 1er précise que le débiteur, qui prétend que les sommes reçues par lui ont un caractère alimentaire, peut saisir le juge de l'exécution (JEX) pour que celui-ci détermine si « *et dans quelle mesure ces sommes ont un caractère alimentaire* » (l'alinéa 2 de l'article R. 112-4 permet au JEX, à cette fin, de se référer en tant que de besoin au

1. Civ. 2e, 15 nov. 1995, n° 93-13.262, P II, n° 284.
2. Civ. 1re, 4 nov. 2003, n° 99-13.965, P I, n° 222 ; *D.* 2004. 521, note G. Taormina ; *Dr. et proc.* 2004. 104, obs. Ph. Hoonakker ; *Defrénois* 2004. 727, obs. Ph. Théry.
3. Civ. 2e, 7 déc. 1988, n° 87-19.314, P II, n° 247.

barème fixé pour déterminer l'insaisissabilité des rémunérations du travail, prévu aux articles R. 3252-2 et R. 3252-3 C. trav.). On le voit, plutôt que le tout, c'est une proportion insaisissable de la créance que le JEX est en droit de déterminer, mais cela n'a pas empêché la Cour de cassation, sur la base de la rédaction de l'article 43 du décret de 1992, qui faisait alors seulement référence à la détermination de la « *fraction insaisissable* » de la somme (aujourd'hui, v. C. pr. exéc., art. R. 112-4), dans une affaire où une prestation compensatoire avait été versée en capital, et alors que les juges du fond, pour dire valable la saisie-attribution pratiquée sur cette somme, avaient retenu que, si celle-ci revêt un caractère alimentaire, elle présente aussi un caractère indemnitaire qui la rend partiellement saisissable, de poser en principe, au visa des articles 14, 2°, de la loi de 1991 et 43 du décret de 1992, que « *la prestation compensatoire est insaisissable* »[1]. La fraction insaisissable est ici devenue le tout, et même si la solution peut se discuter, elle illustre le pouvoir d'interprétation des textes que le juge se ménage dans chaque cas concret.

On retrouve la même faculté dans une affaire du 7 juin 2012, où des juges du fond avaient refusé de faire droit à la prétention d'un débiteur qui contestait la saisie-attribution de ses produits d'épargne, alimentés par ses pensions d'invalidité, en relevant qu'aucune insaisissabilité ne frappait les livrets d'épargne, et que le fait que ceux-ci soient alimentés par les économies faites sur les pensions d'invalidité perçues ne modifiait pas cette règle, les pensions d'invalidité étant elles-mêmes saisissables en application de l'article L. 355-2 du CSS. Or, cet arrêt a été cassé par la deuxième chambre civile au visa des articles L. 112-4 et R. 112-5 C. pr. exéc., dans la mesure où il résulte de ces textes que si les pensions d'invalidité sont cessibles et saisissables, c'est dans les mêmes conditions et limites que les salaires, c'est-à-dire que « *la saisissabilité des pensions d'invalidité n'est que partielle et qu'une fraction demeure insaisissable comme en matière de salaire* » ; dès lors, les créances insaisissables, dont le montant est versé sur un compte, demeurent insaisissables, et lorsqu'un compte est crédité du montant d'une créance insaisissable en tout ou en partie, l'insaisissabilité se reporte à due concurrence sur le solde du compte. Ainsi, la cour d'appel « *devait examiner l'étendue de la saisissabilité des comptes* » du débiteur, et a été censurée pour ne pas l'avoir fait[2]. L'insaisissabilité peut être amplifiée, mais le phénomène inverse, de lecture stricte, a pu se produire à propos des biens mobiliers nécessaires au travail du saisi figurant dans le 5° de l'article L. 112-2 C. pr. exéc., dans une affaire où il s'agissait de savoir si le véhicule qui permettait à un médecin de se rendre sur son lieu de travail et d'en revenir, ainsi que de se déplacer au domicile des patients, pouvait être considéré, selon les termes de l'article R. 112-2, 16°, comme un instrument de travail nécessaire à l'exercice personnel de l'activité professionnelle. Une cour d'appel ne l'avait pas estimé, et le pourvoi contre son arrêt fut rejeté, dans la mesure où « *c'est dans l'exercice de son pouvoir souverain d'appréciation* [qu'elle avait] *retenu que le véhicule n'était pas un bien nécessaire au travail* » du médecin[3]. L'interprétation la plus stricte a été préférée, consistant à retenir comme instrument de travail insaisissable uniquement celui dont le débiteur se sert pendant le temps de travail et pour l'accomplissement effectif de son activité professionnelle. Cette solution a également été appliquée au matériel informatique ; la deuxième chambre civile a en effet estimé, le 28 juin 2012, au visa des articles L. 112-2 et R. 112-2 C. pr. exéc., qu'un ordinateur « *utilisé pour la recherche d'un emploi doit être assimilé à un instrument nécessaire à l'exercice personnel d'une activité professionnelle* », comme tel insaisissable[4]. D'autres hypothèses ont encore montré que l'interprétation stricte guide par principe les solutions rendues par les tribunaux. C'est ainsi qu'à propos des souvenirs à caractère personnel ou familial, insaisissables comme étant nécessaire à la vie et au travail du saisi et de sa famille (C. pr. exéc., art. R. 112-2, 13°), la Cour de cassation, le 12 mai 2016, a approuvé des juges du fond d'avoir, « *par une appréciation souveraine des éléments de preuve soumis à son examen* », retenu que le débiteur « *n'établissait pas que les objets concernés avaient la qualité de souvenir à caractère personnel* », la circonstance que les biens saisis lui aient été légués et que des liens d'affection unissaient les deux personnes étant insuffisante en l'espèce[5].

0141.06 **Principe de saisissabilité : rappel et évolution.** Avant d'aborder le domaine, assez vaste, des insaisissabilités, un bref retour sur le principe de la saisissabilité paraît nécessaire.

En effet, depuis un certain nombre d'années, des biens nouveaux, de nature incorporelle, issus de la transformation des patrimoines, ont imposé un véritable test d'adaptation au droit de l'exécution, test auquel le législateur de 1991 a fait face en instituant des procédures spécifiques destinées à appréhender la plupart d'entre eux, notamment les valeurs mobilières et les droits d'associés. C'est ainsi que la **saisissa-**

1. Civ. 2e, 10 mars 2005, no 02-14.268, P II, no 66.
2. Civ. 2e, 7 juin 2012, no 11-19.622, P II, no 103 ; *D.* 2012. 1624, et p. 2067, chron. L. Leroy-Gissinger et F. Renault-Malignac ; *D.* 2013. 1578, obs. A. Leborgne.
3. Civ. 2e, 15 déc. 2005, no 04-14.600, P II, no 334.
4. Civ. 2e, 28 juin 2012, no 11-15.055, P II, no 126.
5. Civ. 2e, 12 mai 2016, no 15-15.158, P II, no 128 ; *D.* 2017. Pan. 1391, obs. A. Leborgne.

bilité de tous les droits incorporels, sans distinction, a été affirmée dans l'article L. 231-1 C. pr. exéc., qui dispose que tout créancier muni d'un titre exécutoire constatant une créance liquide et exigible peut faire procéder « *à la saisie et à la vente des droits incorporels, autres que les créances de sommes d'argent, dont son débiteur est titulaire* » (C. pr. exéc., art. L. 231-1), par exemple une licence d'exploitation de débit de boissons, ou une licence de taxi. Les auteurs de la réforme ont également pensé au créancier encore dépourvu de titre exécutoire, désireux d'assurer la conservation de ses droits, et c'est ainsi que l'article L. 521-1 C. pr. exéc. affirme que la saisie conservatoire porte sur tous les biens mobiliers, « *corporels ou incorporels, appartenant au débiteur* », qu'elle rend indisponibles (C. pr. exéc., art. L. 521-1).

La saisissabilité conserve donc sa valeur de principe, mais au-delà – ou à cause – des exceptions de plus en plus nombreuses qui lui sont apportées, c'est peut-être sa signification qui est en train de changer. En effet, si on revient au droit de gage général du Code civil, on peut décrire sa portée traditionnelle en parlant d'un **principe de saisissabilité indifférenciée**, c'est-à-dire que l'ensemble du patrimoine du débiteur, et chacun de ses biens considérés isolément, a vocation à être le gage de tous ses créanciers, ou bien d'un seul d'entre eux, lors de l'exercice des poursuites ; le droit de gage implique la saisissabilité indifférenciée de n'importe quel bien du débiteur. Or, c'est peut-être ce sens premier qui est en train d'évoluer en législation, le principe de saisissabilité indifférenciée marquant peu à peu le pas au profit d'un principe émergent qui est celui de la **saisissabilité différenciée, voire de la saisissabilité séparée.**

Il devient de plus en plus fréquent, aujourd'hui, d'isoler, en faveur de telle catégorie de créanciers, un bien ou une masse de biens qui échappera au gage commun des autres. On pense notamment à l'article L. 526-1 C. com., qui pose en principe, dans son alinéa premier, que, « *par dérogation aux articles 2284 et 2285 du Code civil* », les droits d'un entrepreneur individuel personne physique « *sont de droit insaisissables par les créanciers dont les droits naissent à l'occasion de* [son] *activité professionnelle* », et cette règle vaut pour tout autre « *bien foncier, bâti ou non bâti* », que l'entrepreneur individuel n'aurait pas affecté à son usage professionnel : par dérogation également aux articles 2284 et 2285 C. civ., il peut, cette fois, déclarer insaisissables ses droits, sachant que cette déclaration, publiée au fichier immobilier, n'a d'effet qu'à l'égard des créanciers dont les droits naissent, après sa publication, à l'occasion de l'activité professionnelle du déclarant (C. com., art. L. 526-1, al. 2). Au terme de cette évolution, **une même personne pourrait, soit avoir un patrimoine divisé, soit être à la tête de plusieurs patrimoines, avec des gages communs à des catégories de créanciers.** On peut par exemple imaginer une personne physique constituant une fiducie à côté de son patrimoine ordinaire ; dès lors, une division va s'opérer avec le gage commun « *ordinaire* », d'un côté, et le patrimoine affecté à cette fiducie, de l'autre, qui sera un « *gage commun spécial* » pour la catégorie de créanciers correspondante (puisque, selon l'article 2025 C. civ., « *le patrimoine fiduciaire ne peut être saisi que par les titulaires de créances nées de la conservation ou de la gestion de ce patrimoine* », « *hors les cas de fraude aux droits des créanciers du constituant* »[1]).

C'est l'évolution qui s'est concrétisée avec le nouveau statut de l'entrepreneur individuel dans le Code de commerce, issu de la loi n° 2022-172 du 14 février 2022[2] modifiée par la loi n° 2024-42 du 26 janvier 2024[3], puisque l'entrepreneur individuel, désormais, a de plein droit un « *patrimoine professionnel* », constitué de ses biens, droits, obligations et sûretés, séparé de son patrimoine personnel (C. com., art. L. 526-22, al. 3), constitué, celui-ci, des éléments non compris dans le patrimoine d'activité ; et c'est ainsi qu'aujourd'hui, par dérogation aux articles 2284 et 2285 C. civ., le droit de poursuite de chaque catégorie de créanciers est cantonné : « *L'entrepreneur individuel n'est tenu de remplir son engagement à l'égard de ses créanciers dont les droits sont nés à l'occasion de son exercice professionnel que sur son seul patrimoine professionnel* » (C. com., art. L. 526-22, al. 5)[4], et « *seul le patrimoine personnel de l'entrepreneur individuel constitue le gage général des créanciers dont les droits ne sont pas nés à l'occasion de son exercice professionnel* » (C. com., art. L. 526-22, al. 7)[5]. Il y a ici **pluralité de patrimoines**, qui implique une **saisissabilité différenciée ou séparée.**

On le voit, bien que l'article L. 112-1 C. pr. exéc. affirme que les saisies peuvent porter sur tous les biens appartenant au débiteur, le poursuivant ne peut plus invariablement compter sur un gage commun envisagé comme une universalité homogène ; cette universalité peut aujourd'hui être incomplète, cloisonnée, avec des « *parties* » du patrimoine lui

1. Mais sans préjudice des droits des créanciers du constituant titulaires d'un droit de suite attaché à une sûreté publiée antérieurement au contrat de fiducie, notamment une hypothèque.
2. L. n° 2022-172, 14 févr. 2022, en faveur de l'activité professionnelle indépendante, *JO* 15 févr., texte 2.
3. L. n° 2024-42, 26 janv. 2024, pour contrôler l'immigration, améliorer l'intégration, *JO* 27 janv., texte 1.
4. Sauf, ajoute le texte, si l'entrepreneur consent des sûretés conventionnelles ou renonce à la séparation des patrimoines dans les conditions prévues à l'article L. 526-25 C. com.
5. Toutefois, ici, si le patrimoine personnel est insuffisant, le droit de gage général des créanciers peut s'exercer sur le patrimoine professionnel, dans la limite du montant du bénéfice réalisé lors du dernier exercice clos (C. com., art. L. 526-22, al. 7).

échappant selon la qualité de sa créance, ce qui n'est probablement pas une bonne chose du point de vue de l'effectivité du droit à l'exécution. C'est en tout cas le résultat direct des nouvelles dispositions en la matière, qui implique une évolution du sens de la saisissabilité.

0141.07 Insaisissabilités : exceptions. Le droit de gage général et son corollaire, la saisissabilité, ne sont donc pas absolus. En effet, dans les cas où la loi le prescrit ou le permet, certains éléments du patrimoine du débiteur échappent aux poursuites des créanciers, et sont alors insaisissables. Jusqu'à la codification, ces dérogations avaient leur siège principal dans l'article 14 de la loi du 9 juillet 1991, lequel procédait à une énumération connue et demeurée inchangée. Or, la reprise de ce texte dans le Code des procédures civiles d'exécution a donné lieu à certaines modifications, non seulement de forme mais aussi de fond, qui ne permettent plus de considérer que la codification a eu lieu à droit constant.

Au titre des modifications formelles, la plus importante a consisté dans le détachement du dernier alinéa de l'article 14 et sa « *codification par scission* » dans l'article L. 112-3 C. pr. exéc. Désormais, la règle selon laquelle **les immeubles par destination ne peuvent être saisis indépendamment de l'immeuble**, sauf pour paiement de leur prix, fait l'objet d'une disposition autonome, pour mieux souligner qu'en cette matière, les immeubles par destination, choses mobilières, sont solidaires de l'immeuble auquel ils sont attachés et qu'il faut les traiter comme tels sous l'angle de la saisie. En d'autres termes, en cas de saisie immobilière, l'assiette de la saisie comprend également, de plein droit, les immeubles par destination. Ensuite, sur le fond, le 2° de l'article L. 112-2 C. pr. exéc. a constitué un ajout réalisé pour marquer que « *les biens que la loi rend incessibles* » doivent par ricochet être considérés comme insaisissables, sauf exceptions. L'incessibilité est une notion aux contours mouvants, parfois difficile à distinguer de l'inaliénabilité et de l'indisponibilité, mais qui renvoie au statut de certains biens et aux restrictions que le droit substantiel peut apporter à leur transmission, d'où il en résulte, en pratique, une insaisissabilité. On peut l'expliquer par le fait qu'un certain nombre de droits présentent la caractéristique d'être attachés à la personne de leur titulaire, tout en ayant une valeur pécuniaire quantifiable, et qu'en raison de cet *intuitu personae*, leur cessibilité – et par conséquent leur saisissabilité – est limitée, ou leur appréhension par des créanciers prohibée. Cette façon de concevoir l'incessibilité est celle de la doctrine, qui prend pour exemple les parts d'un associé en industrie : « *Représentatives de l'activité que l'associé consacre à la société, elles sont liées à sa personne et par là même incessibles. Cette incessibilité entraîne leur insaisissabilité* »[1].

Sous ce rapport, on pense aussi à **une certaine catégorie d'épargne**, qu'il est possible de considérer comme une **expression patrimoniale des droits attachés à la personne de l'épargnant, particulièrement à l'assurance-vie**, dans laquelle l'assureur investit, essentiellement en produits boursiers, les sommes que lui confie le souscripteur, à charge, lorsque ce dernier le lui demandera en vertu de sa faculté de rachat, de lui restituer tout ou partie du capital acquis grâce aux résultats de ces placements, ou, s'il venait à décéder, de transmettre ce capital au bénéficiaire désigné. Les prérogatives qu'offre ce contrat sont très attachées à la personne du souscripteur, puisqu'elles concernent soit sa vie, c'est-à-dire son futur patrimonial, qu'il pourra assurer en rachetant le contrat, soit son décès, lorsque les bénéficiaires de l'assurance sont des personnes que l'épargnant souhaite voir accéder à son héritage. Rendre ce type de placement saisissable est juridiquement discutable, et on comprend que la Cour de cassation, *d'une part*, ait qualifié la faculté de rachat de « *droit personnel* » dont est « *seulement investi* » le souscripteur, pour en déduire que « *tant que le contrat n'est pas dénoué* [...] *nul créancier* [de celui-ci] *n'est en droit de se faire attribuer immédiatement ce* [qu'il] *ne peut recevoir* »[2], et que le législateur, *d'autre part*, dans l'article L. 132-14 C. assur., ait décidé que « *le capital ou la rente garantis au profit d'un bénéficiaire déterminé ne peuvent être réclamés par les créanciers du contractant* »[3]. Il y a toutefois une exception à cette règle, au profit du créancier fiscal notamment, puisque le texte réserve l'application des dispositions des articles L. 262, L. 263 B et L. 273 A du LPF, qui permettent de notifier une saisie administrative à tiers détenteur aux dépositaires, détenteurs ou débiteurs de sommes appartenant ou devant revenir aux redevables. Ainsi, une saisie administrative à tiers détenteur (SATD) peut porter sur un contrat d'assurance rachetable, entraînant le rachat forcé dudit contrat. Elle aura pour effet d'affecter aux créanciers mentionnés la valeur de rachat du contrat d'assurance au jour de la notification de la saisie, dans la limite du montant de cette dernière (LPF, art. L. 262, 2)[4].

Il faut ensuite rappeler que l'*intuitu personae* est présent à des degrés variables dans toutes les socié-

1. V. Perrot et Théry, n° 694.
2. Civ. 1re, 28 avr. 1998, n° 96-10.333, P I, n° 153.
3. Ces derniers ont seulement droit au remboursement des primes, dans le cas indiqué par l'article 132-13, deuxième alinéa, en vertu soit de l'article 1341-2 C. civ. (le créancier pouvant agir en son nom personnel pour faire déclarer inopposables à son égard les actes faits par son débiteur en fraude de ses droits, à charge d'établir, s'il s'agit d'un acte à titre onéreux, que le tiers cocontractant avait connaissance de la fraude), soit des articles L. 632-1 et L. 632-2 C. com. – Sur cette question, v. O. Salati, « Comptes et voies d'exécution », *Dr. et proc.* 2002. 203.
4. Même exception dans le Codes des douanes, à l'article 387 *bis* renvoyant à l'article L. 262 du LPF.

tés, même de capitaux, et que cette donnée conduit, sinon à restreindre la cessibilité des parts qui les composent, en tout cas à la mettre sous contrôle, soit des pouvoirs publics, soit des autres associés, au travers de l'exigence d'un agrément. Ainsi, du fait de cette barrière à l'entrée, les parts peuvent devenir de fait insaisissables. La doctrine a souligné depuis longtemps, en effet, que « *le droit des sociétés ne relève pas tout entier d'une patrimonialité totalement objective. Les sociétés de personnes, les sociétés civiles,* a fortiori *les sociétés civiles professionnelles sont marquées par un mélange irréductible de patrimonialité et d'*intuitu personae *qui entrave la transmission des droits et, partant, l'exécution* »[1]. Concrètement, il s'agira d'éviter que la poursuite de l'activité sociale soit troublée par un adjudicataire « intrus », dans la mesure où son intrusion résulte de la poursuite des dettes d'un associé et non de la société elle-même, et cet impératif se traduira par des restrictions légales, statutaires, voire extrastatutaires. L'article R. 233-9 C. pr. exéc. confirme cette **prévalence de l'intérêt sociétaire** – et montre que le droit de l'exécution est sous la dépendance du fond du droit – en décidant qu'en cas de vente par adjudication de droits d'associés et de valeurs mobilières non admises aux négociations sur un marché réglementé ou sur un système multilatéral de négociation, « *les procédures légales et conventionnelles d'agrément, de préemption ou de substitution sont mises en œuvre conformément aux dispositions propres à chacune d'elles* ». Un adjudicataire ne pourra donc pas être « imposé » en cas de vente forcée, et cette cessibilité encadrée des parts tend *de facto* à les rendre insaisissables[2]. On trouve également l'article L. 223-14 alinéa 1er C. com., qui prévoit, en matière de société à responsabilité limitée, que « *les parts sociales ne peuvent être cédées à des tiers étrangers à la société qu'avec le consentement de la majorité des associés représentant au moins la moitié des parts sociales, à moins que les statuts prévoient une majorité plus forte* », l'agrément étant réputé donné à défaut de réponse dans les trois mois de la notification du projet à la société et aux associés. En cas de refus, la société a un délai de trois mois pour racheter ou faire racheter les parts. Les principes sont à peu près les mêmes dans les sociétés par actions dont les titres ne sont pas admis aux négociations sur un marché réglementé (C. com., art. L. 228-23 permettant la stipulation d'une clause statutaire d'agrément), l'article L. 228-24 alinéa 2 C. com. prévoyant expressément qu'il s'agit d'un agrément donné à la personne du « *cessionnaire proposé* », et non simplement à la cession. Quant aux sociétés cotées, elles se sont orientées vers des pactes d'actionnaires extrastatutaires de préférence ou de préemption. La cessibilité est encore plus encadrée dans les sociétés de personnes de nature commerciale, société en nom collectif principalement, puisque les parts sociales « *ne peuvent être cédées qu'avec le consentement de tous les associés* », *toute clause contraire étant réputée non écrite* (C. com., art. L. 221-13, al. 2 et 3). En pratique, cela revient presque à considérer qu'elles sont insaisissables.

Quant aux sociétés civiles, ce sont les **parts de sociétés professionnelles** qui ont suscité le plus d'interrogations. À lire la loi du 29 novembre 1966[3], relative aux sociétés civiles professionnelles, la saisie des parts sociales n'est pas interdite. Au contraire, les articles 15 et 16 de la loi précisent que « *les associés répondent indéfiniment et solidairement des dettes sociales à l'égard des tiers* », et que « *chaque associé répond sur l'ensemble de son patrimoine, des actes professionnels qu'il accomplit* ». Les parts sont donc aussi bien le gage des créanciers personnels de l'associé que des créanciers sociaux. Cela étant, leur cessibilité n'est pas pleine et entière puisque la loi de 1966 subordonne la cession à une demande d'agrément. Aux termes de son article 19 alinéa 1er, en effet, les parts sociales ne peuvent être transmises ou cédées à des tiers qu' » *avec le consentement des associés représentant au moins les trois quarts des voix* », les statuts pouvant même imposer « *l'exigence d'une majorité plus forte ou de l'unanimité des associés* »[4]. Le problème est venu de ce que cette cessibilité, restreinte mais admise par la loi, s'est trouvée neutralisée, s'agissant des parts de sociétés civiles professionnelles (SCP) de notaires, par un décret du 20 janvier 1992[5] modifiant le décret n° 67-868 du 2 octobre 1967 pris pour l'application à la profession de notaire de la loi de 1966, le nouvel article 14 alinéa 1er du décret de 1967 disposant que les parts sociales ne peuvent être ni données en nantissement, ni, surtout, « *vendues aux enchères publiques* »[6]. On s'est alors demandé si des

1. V. Perrot et Théry, n° 624.
2. Sur l'application d'une procédure d'agrément à l'occasion de la saisie de parts d'une SCI, v. Civ. 3e, 14 janv. 2009, n° 07-17.619, P III, n° 12.
3. L. n° 66-879, 29 nov. 1966, relative aux sociétés civiles professionnelles, *JO* 30 nov., p. 10451.
4. V. aussi : C. civ., art. 1861, al. 1er, en matière de société civile.
5. Décr. n° 92-64, 20 janv. 1992, modifiant le décret n° 67-868 du 2 octobre 1967 pris pour l'application à la profession de notaire de la loi n° 66-879 du 29 novembre 1966 relative aux sociétés civiles professionnelles, *JO* 21 janv., p. 976.
6. La même disposition ayant été introduite par Décr. n° 92-680, 20 juill. 1992, pris pour l'application à la profession d'avocat de la loi n° 66-879 du 29 novembre 1966 relative aux sociétés civiles professionnelles, *JO* 22 juill., p. 9799, art. 13, al. 1er – La prohibition se retrouve également pour les sociétés d'exercice libéral de notaires : Décr. n° 93-78, 13 janv. 1993, pour l'application à la profession de notaire de la loi n° 90-1258 du 31 décembre 1990 relative à l'exercice sous forme de sociétés des professions libérales soumises à un statut législatif ou réglementaire ou dont le titre est protégé, *JO* 21 janv., p. 1061, art. 19, al. 2.

parts qui ne peuvent être vendues aux enchères publiques ne devenaient pas, concrètement, insaisissables[1], doutant de la légalité de ces dispositions s'il devait en résulter une insaisissabilité des parts, pour laquelle une loi serait nécessaire parce qu'il s'agit de déroger à l'article 2284 C. civ. et à l'article L. 112-1 C. pr. exéc.[2]. La Cour de cassation aussi, qui, le 4 novembre 2003, a estimé que « *l'interdiction de donner en nantissement les parts d'une société civile professionnelle de notaire ou de les vendre aux enchères publiques n'emporte pas, par principe, leur insaisissabilité qui ne pourrait résulter que d'une disposition législative* »[3].

Il semble que l'article L. 112-2, doté d'une valeur législative, qui décide que ne peuvent être saisis les biens que la loi rend incessibles, a vocation à s'appliquer aux situations que l'on vient d'évoquer : celles où le caractère incessible du droit est formellement consacré[4], mais aussi à orienter les solutions dans les situations intermédiaires où l'incessibilité peut être déduite de l'*intuitu personae* plus ou moins fort attachée au bien ou au droit. Cela expliquerait que la Cour de cassation, dans l'arrêt du 4 novembre 2003, ait malgré tout considéré qu'« *une saisie-vente de parts d'une société civile professionnelle de notaires réalise une cession forcée et que l'exigence de l'agrément préalable du cessionnaire par le garde des Sceaux est incompatible avec une telle cession* ». La vente forcée des parts, en effet, aboutit à présenter un successeur contre la volonté de l'officier public personnellement titulaire de ce droit. Autant que l'agrément du garde des Sceaux, c'est le caractère personnel, donc incessible, du droit de présentation qui n'est pas conciliable avec la vente forcée.

0141.08 Nature des insaisissabilités : insaisissabilités imposées par la loi ou subordonnées à une déclaration de volonté. La lecture de l'article L. 112-2 C. pr. exéc. fait apparaître que, dans la majorité des cas, l'insaisissabilité est établie par le seul effet de la loi ; aucune autre condition n'est requise pour que le bien soit insaisissable. Il existe toutefois une autre hypothèse, prévue par l'article L. 112-2, 4°, dans laquelle l'insaisissabilité, pour être efficace, suppose une manifestation de volonté. Elle ne joue alors plus de plein droit. L'article R. 112-1 semble faire écho à cette distinction en énonçant qu'il est des cas où « *la loi prescrit* » l'insaisissabilité, et d'autres où elle la « *permet* ».

Au titre des insaisissabilités imposées par la loi, l'article L. 112-2, 4° excepté, déroule une liste de biens insaisissables, corporels ou incorporels, qui, on s'en doute, n'est pas exhaustive. Le 1° en témoigne, puisque « *les biens que la loi déclare insaisissables* » sont en réalité tous ceux, disséminés dans des dispositions éparses, qu'il est impossible de rassembler dans un texte unique. Il faut donc envisager ce texte comme une formule de synthèse renfermant toutes les insaisissabilités, présentes et à venir, figurant dans les autres codes et lois non codifiées.

Quant à l'énumération des différents biens insaisissables à laquelle procède l'article L. 112-2, une présentation synthétique permet de considérer que le 1° et le 2°, tout d'abord, regroupent des insaisissabilités assurant la primauté d'un intérêt d'ordre général sur l'intérêt particulier du créancier saisissant, ou la mise en œuvre d'une politique économique. Un intérêt d'ordre général : par exemple, la liberté syndicale, que l'article L. 2132-4 C. trav., qui dispose que « *les meubles et immeubles nécessaires aux syndicats professionnels pour leurs réunions, bibliothèques et formations sont insaisissables* », permet de préserver ; une politique économique : par exemple, celle ayant amené le législateur de 2007 à créer la fiducie, et à prévoir, dans l'article 2025 alinéa 1er C. civ., qu'en principe « *le patrimoine fiduciaire ne peut être saisi que par les titulaires de créances nées de la conservation ou de la gestion de ce patrimoine* », celui-ci étant donc insaisissable pour les créanciers du constituant.

Ensuite, les insaisissabilités figurant aux 3°, 5°, 6° et 7° de l'article L. 112-2 marquent la volonté du législateur d'assurer une protection minimale au débiteur poursuivi. C'est en effet une humanité élémentaire qui justifie que l'on ne puisse pas appréhender des provisions ou des sommes et pensions à caractère alimentaire, des biens mobiliers nécessaires à la vie et au travail du saisi et de sa famille, sauf, pour paiement de leur prix et moyennant certaines exceptions tenant à leur localisation, à leur valeur et à leur quantité (l'article R. 112-2, 1° à 17°, C. pr. exéc. donne d'ailleurs, pour l'application du 5° de l'article L. 112-2, une liste précise de ces biens), enfin des objets indispensables aux personnes handicapées ou destinés aux soins des personnes malades.

S'agissant plus particulièrement des provisions, sommes et pensions à caractère alimentaire, la difficulté essentielle provient de ce que si certaines créances ont une nature alimentaire indiscutable, alors même que le titre en vertu duquel elles sont dues ne les déclarerait pas insaisissables, d'autres, en revanche, ont un caractère alimentaire moins prononcé, et si une contestation est élevée sur ce point, c'est au JEX que reviendra le soin de l'arbitrer (C. pr. exéc., art. R. 112-4). Il y a là une source d'incertitude qui peut être gênante pour un créancier, comme l'ont montré les décisions relatives à la nature de la prestation compensatoire. En effet, alors qu'en 1985 la deuxième chambre civile avait opté pour une analyse

1. V. E. Putman, « Les nouvelles dispositions sur la vente des parts de société civile et d'exercice libéral et leur incidence en matière de saisie », *LPA* 20 avr. 1994, p. 15.
2. Sur cette question, v. PERROT et THÉRY, n° 694.
3. Civ. 1re, 4 nov. 2003, n° 99-13.965, P II, n° 222.
4. PAR EX., aux termes de l'article 14 alinéa 3 du décret du 2 octobre 1967, « *les parts d'intérêts correspondant aux apports en industrie sont incessibles* […] ».

mixte, affirmant que « *si la prestation compensatoire présente un caractère indemnitaire, elle présente aussi un caractère alimentaire* »[1], en 2005 la Cour estimait, à propos d'une prestation compensatoire en capital, présentant donc un caractère alimentaire moins accusé qu'une rente, que « *la prestation compensatoire est insaisissable* »[2]. Ainsi, à chaque fois que l'on sera en présence d'une somme nécessaire à la subsistance du débiteur, pourvoyant à ses besoins élémentaires, il faudrait considérer qu'elle est insaisissable, au moins en partie. On pense notamment aux prestations familiales, encore qu'un texte, l'article L. 553-4, I du CSS, dispose expressément qu'elles sont « *incessibles et insaisissables* »[3]. L'article L. 112-2, 3° précise enfin, à titre d'exception, que les sommes à caractère alimentaire peuvent néanmoins être saisies pour le paiement des aliments déjà fournis par le saisissant à la partie saisie. Une personne ayant fourni certaines sommes à la place de celui qui devait les payer, il est normal qu'elle bénéficie pour son remboursement d'un « *privilège de saisissabilité* » des créances de nature alimentaire.

Au titre des insaisissabilités subordonnées à une déclaration de volonté, l'article L. 112-2, 4° C. pr. exéc. admet qu'échappent aux poursuites les biens disponibles déclarés insaisissables par le testateur ou le donateur, sauf autorisation du juge et pour la portion qu'il détermine, par les créanciers postérieurs à l'acte de donation ou à l'ouverture du legs. En d'autres termes, le texte autorise qu'une dérogation au droit de gage général procède d'une manifestation de volonté, par le jeu d'une clause d'insaisissabilité insérée dans un acte de donation ou dans un testament ; les créanciers du gratifié ne pourront pas saisir le bien en question. Cette faculté paraît exorbitante du droit commun, mais on peut l'expliquer par le fait que le testateur ou le donateur pouvant parfaitement ne rien léguer ou donner, les créanciers du donataire ou du légataire ne pouvaient eux-mêmes pas compter sur le bien qui est entré dans le patrimoine de leur débiteur : ils ne peuvent donc se plaindre de voir un tel bien échapper à leur gage. Cette logique ne vaut toutefois que pour les créanciers antérieurs à la donation ou au legs qui, au moment de la naissance de leur créance, ne pouvaient pas espérer qu'une libéralité serait faite ultérieurement au profit de leur débiteur. Les créanciers postérieurs, en revanche, peuvent légitimement penser que tous les biens du débiteur font partie de son patrimoine saisissable, en application du droit commun. Dès lors, avec l'autorisation du juge et pour la portion que celui-ci déterminera, ils pourront pratiquer une saisie sur le bien déclaré insaisissable. La déclaration du donateur ou du testateur est le seul cas d'insaisissabilité volontaire prévu par l'article L. 112-2, mais il existe d'autres hypothèses de ce type figurant hors du Code des procédures civiles d'exécution.

0141.09 Insaisissabilités hors du Code des procédures civiles d'exécution : l'exemple de la protection de l'entrepreneur individuel par le Code de commerce. On sait que la protection de l'entrepreneur individuel fait partie des préoccupations du législateur depuis une vingtaine d'années[4], et qu'à ce titre la loi initiale du 1er août 2003[5], dans les articles L. 526-1 s. C. com., avait donné la possibilité à l'entrepreneur individuel, par dérogation aux articles 2284 et 2285 C. civ., de déclarer insaisissables ses droits sur l'immeuble où est fixée sa résidence principale. Introduisant en droit positif l'idée de patrimoine d'affectation, cette déclaration a paru toutefois insuffisamment protectrice aux yeux du législateur de 2015, qui lui a substitué, au moins partiellement, dans la loi du 6 août 2015, un système d'insaisissabilité de plein droit. En effet, aux termes de la rédaction modifiée de l'alinéa 1er de l'article L. 526-1 C. com., « [...] *les droits d'une personne physique immatriculée au registre national des entreprises sur l'immeuble où est fixée sa résidence principale sont de droit insaisissables par les créanciers dont les droits naissent à l'occasion de l'activité professionnelle de la personne* [...] »[6]. Il faut préciser ici que

1. Civ. 2e, 27 juin 1985, n° 84-14.663, P II, n° 131 ; *D.* 1986. IR 112, obs. A. Benabent, et p. 230, note Philippe – Caractère alimentaire réaffirmé par : Civ. 1re, 12 nov. 2009, n° 08-15.558, NP, avec comme conséquence que le débiteur ne peut se libérer de son paiement par compensation avec d'autres sommes qui lui seraient dues.
2. Civ. 2e, 10 mars 2005, n° 02-14.268, P (préc., v. ss n° 0141.05).
3. Sauf pour le recouvrement des prestations indûment versées à la suite d'une manœuvre frauduleuse ou d'une fausse déclaration de l'allocataire, v. : Soc. 26 oct. 2000, n° 98-20.809, P V, n° 351.
4. Et même plus, si on intègre la loi n° 94-126 du 11 février 1994 relative à l'initiative et à l'entreprise individuelle (*JO* 13 févr., p. 2493), qui a introduit, dans un article 22-1 de la loi de 1991, depuis C. pr. exéc., art. L. 161-1, une règle de subsidiarité figurant aujourd'hui dans l'alinéa 2 de ce dernier texte, l'entrepreneur individuel ayant renoncé au bénéfice de la séparation des patrimoines pouvant en effet demander à son créancier professionnel que l'exécution forcée soit poursuivie en priorité sur les biens nécessaires à l'exploitation de l'entreprise, s'il parvient à établir que la valeur de ces biens est suffisante pour garantir le paiement de la créance.
5. L. n° 2003-721, 1er août 2003, pour l'initiative économique, *JO* 5 août, p. 13449.
6. V. Com. 11 sept. 2024, n° 22-13.482, B ; *D.* 2024. 1573 ; *AJDI* 2024. 808 ; *AJ fam.* 2024. 527, obs. J. Casey ; *Rev. sociétés* 2024. 741, obs. F. Reille ; *RCJPP* 2024, n° 06, p. 22, obs. N. Bargue ; *ibid.*, n° 06, p. 47, chron. P. Roussel Galle et F. Reille, affirmant que « *les effets de l'insaisissabilité de plein droit "subsistent aussi longtemps que les droits des créanciers auxquels elle est opposable ne sont pas éteints, de sorte que la cessation de l'activité professionnelle de* [l'entrepreneur individuel] *ne met pas fin, par elle-même, à ses effets"* ».

lorsque la résidence principale est utilisée en partie pour un usage professionnel, la partie non utilisée à l'usage professionnel est de droit insaisissable, sans qu'un état descriptif de division soit nécessaire. En revanche, la loi du 6 août 2015 a maintenu le système de la déclaration d'insaisissabilité pour les autres biens de l'entrepreneur individuel, puisque, aux termes de l'alinéa 2 de l'article L. 526-1, « *par dérogation aux articles 2284 et 2285 du Code civil*, [l'entrepreneur individuel] *peut déclarer insaisissables ses droits sur tout bien foncier, bâti ou non bâti*, [qu'il] *n'a pas affecté à son usage professionnel* ». Cette déclaration, reçue par notaire sous peine de nullité (C. com., art. L. 526-2) et publiée au fichier immobilier, ne produit d'effet qu'à l'égard des créanciers dont les droits naissent, postérieurement à sa publication, à l'occasion de l'activité professionnelle du déclarant (C. com., art. L. 526-1, al. 2), sachant que lorsque le bien foncier n'est pas utilisé en totalité pour un usage professionnel, la partie non affectée à cet usage ne pourra faire l'objet de la déclaration qu'à la condition d'être désignée dans un état descriptif de division. Les titulaires de créances nées de l'activité non professionnelle de l'entrepreneur individuel (ainsi que les créanciers professionnels antérieurs, ou postérieurs à condition d'être bénéficiaires, en application de l'article L. 526-3 alinéa 2 d'une renonciation du déclarant) ne sont donc pas affectés par cette insaisissabilité, qui d'ailleurs n'interdit que la saisie du bien objet de la déclaration d'insaisissabilité, non l'inscription d'une hypothèque judiciaire à titre conservatoire qui, elle, pourra continuer à être prise sur ce bien parce qu'elle n'entraîne aucune indisponibilité de l'immeuble[1].

En 2008, le législateur a donc souhaité **renforcer la protection du patrimoine personnel de l'entrepreneur individuel**, et la loi de modernisation de l'économie, du 4 août, a modifié l'article L. 526-1 C. com. en étendant le bénéfice de l'insaisissabilité aux droits détenus par l'entrepreneur individuel « *sur tout bien foncier bâti ou non bâti qu'*[il] *n'a pas affecté à son usage professionnel* »[2] ; la question s'est alors posée de savoir si la déclaration notariée d'insaisissabilité – qui aujourd'hui ne concerne plus la résidence principale de l'entrepreneur individuel, devenue insaisissable de plein droit – pouvait permettre d'échapper aux conséquences d'une procédure collective à venir. La chambre commerciale, dans un arrêt en date du 28 juin 2011, avait estimé que le débiteur pouvait opposer au liquidateur la déclaration d'insaisissabilité qu'il avait effectuée avant qu'il ne soit mis en liquidation judiciaire, et ce en dépit de la règle du dessaisissement[3], cependant que ce même liquidateur s'était vu dénier par la Cour de cassation, non seulement la qualité pour agir en inopposabilité d'une déclaration d'insaisissabilité qui n'avait pas été publiée[4], mais aussi en fraude paulienne, faute de pouvoir prétendre agir dans l'intérêt collectif des créanciers[5]. Les auteurs de l'ordonnance du 12 mars 2014[6] portant réforme de la prévention des difficultés des entreprises et des procédures collectives ont toutefois voulu mettre fin à la pratique consistant, pour le débiteur, quelques jours avant l'ouverture de sa procédure collective, à déclarer insaisissables un ou plusieurs de ses immeubles. L'ordonnance a ainsi créé un nouveau cas de nullité de droit de la période suspecte en insérant un 12° à l'article L. 632-1 : est donc désormais nulle, lorsqu'elle aura été exprimée depuis la date de cessation des paiements, « *la déclaration d'insaisissabilité faite par le débiteur en application de l'article L. 526-1 du Code de commerce* ». L'ordonnance est même allée plus loin puisque, comme pour les actes à titre gratuit, elle fait tomber sous le coup des nullités facultatives de la période suspecte la déclaration qui aurait été effectuée dans les six mois précédant la date de cessation des paiements (C. com., art. L. 632-1, II).

Quant au pouvoir d'agir du liquidateur en la matière, la chambre commerciale, le 15 novembre 2016, a opéré un revirement pour lui permettre de contester une déclaration d'insaisissabilité d'un immeuble appartenant à un débiteur en liquidation judiciaire.

Dans cette affaire, une commerçante exerçant à titre individuel avait publié, au bureau des hypothèques, une déclaration notariée d'insaisissabilité portant sur l'immeuble constituant sa résidence principale – ce qui n'est donc plus nécessaire dans le régime issu de la loi de 2015 – dont elle était propriétaire indivis avec son époux. Mais cette déclaration n'avait pas été publiée au registre du commerce et des sociétés.

1. Com. 11 juin 2014, n° 13-13.643, P IV, n° 106 – Com. 13 sept. 2016, n° 15-14.088, NP – Com. 7 oct. 2020, n° 19-13.560, P ; *D.* 2020. 2007 ; *ibid.* 2021. 1736, obs. F.-X. Lucas et P. Cagnoli ; *Rev. sociétés* 2021. 205, obs. F. Reille ; *RTD com.* 2021. 189, obs. A. Martin-Serf : « *un créancier auquel une déclaration d'insaisissabilité d'un immeuble est inopposable peut exercer son droit de poursuite sur celui-ci indépendamment de ses droits dans la procédure collective du propriétaire de cet immeuble* », « *il en résulte que rien ne lui interdit, tant que sa créance n'est pas prescrite, de faire inscrire une hypothèque provisoire sur ce bien dans les conditions du droit commun, lequel s'applique aussi à la demande de mainlevée d'une telle mesure conservatoire* ».
2. V. A. Leborgne, *D.* 2009. Pan. 1170 – O. Salati, « Modifications apportées au dispositif d'insaisissabilité de la résidence principale de l'entrepreneur individuel par la loi du 4 août 2008 de modernisation de l'économie », *Procédures* 2008, n° 11, p. 2.
3. Com. 28 juin 2011, n° 10-15.482, P IV, n° 109.
4. Com. 13 mars 2012, n° 11-15.438, P IV, n° 53.
5. Com. 23 avr. 2013, n° 12-16.035, P IV, n° 68.
6. Ord. n° 2014-326, 12 mars 2014, portant réforme de la prévention des difficultés des entreprises et des procédures collectives, *JO* 14 mars, p. 5249.

La commerçante fut par la suite mise en redressement puis liquidation judiciaire, et au liquidateur, qui demandait que la déclaration d'insaisissabilité lui soit rendue inopposable pour défaut de publicité au RCS, et qu'il soit procédé à la licitation de l'immeuble indivis, la cour d'appel opposa l'irrecevabilité de la demande conformément à la jurisprudence de la Cour de cassation. En effet, le débiteur ayant des créanciers tant professionnels que non professionnels, et le liquidateur représentant ces deux catégories dont seule la première à intérêt à agir en inopposabilité de la déclaration, il en était jusqu'alors déduit que ce dernier ne pouvait se prévaloir d'une action relevant de l'intérêt collectif de tous les créanciers du débiteur. C'est cette solution, conforme à la jurisprudence antérieure[1], car, a relevé la Cour, elle a « *toutefois* [...] *eu pour effet de priver les organes de la procédure collective de la possibilité de contester l'opposabilité de la déclaration d'insaisissabilité à la procédure* », et « *qu'en outre, par un arrêt du 2 juin 2015, B IV (n° 13-24.714), la chambre commerciale* [...] *a jugé que les organes de la procédure collective avaient qualité à agir pour la protection et la reconstitution du gage commun des créanciers* » ; « *il apparaît donc nécessaire de modifier la solution résultant de l'arrêt du 13 mars 2012 et de retenir désormais que, la déclaration d'inopposabilité n'étant opposable à la liquidation judiciaire que si elle a fait l'objet d'une publicité régulière, le liquidateur, qui a qualité pour agir au nom et dans l'intérêt collectif des créanciers, est recevable à en contester la régularité à l'appui d'une demande tendant à reconstituer le gage commun des créanciers* »[2].

S'agissant du **créancier auquel cette insaisissabilité n'est pas opposable**, par exemple celui qui détient une créance antérieure à la publication de la déclaration d'insaisissabilité, on sait qu'il est en droit de poursuivre la saisie de l'immeuble à titre individuel, pour son propre compte. La chambre commerciale a en effet décidé, le 5 avril 2016, à propos d'un créancier titulaire d'une sûreté réelle à qui la déclaration d'insaisissabilité d'un immeuble appartenant à un débiteur en liquidation judiciaire est inopposable, qu'il « *peut faire procéder à sa vente sur saisie* » ; précision : il ne poursuit pas cette procédure d'exécution dans les conditions prévues par l'article L. 643-2 C. com., qui ne concerne que le cas où un créancier se substitue au liquidateur n'ayant pas entrepris la réalisation des biens grevés dans les trois mois de la liquidation, et non celui où le liquidateur est légalement empêché d'agir par une déclaration d'insaisissabilité qui lui est opposable. Ici, ce créancier n'a pas à être autorisé par le juge-commissaire pour faire procéder à la saisie de l'immeuble, qui n'est pas une opération de liquidation judiciaire[3]. Mais dans le cas où le créancier n'est pas porteur d'un titre exécutoire, peut-il, cette fois, en obtenir un, sachant qu'aux termes de l'article L. 622-21, I, 1° C. com., le jugement d'ouverture d'une procédure de redressement judiciaire comme de liquidation judiciaire interdit toute action en justice tendant à la condamnation du débiteur au paiement d'une somme d'argent ? La chambre commerciale a répondu par l'affirmative le 13 septembre 2017, affirmant, au visa des articles L. 526-1 C. com. dans sa rédaction antérieure à la loi du 6 août 2015, et L. 111-2 C. pr. exéc., que « *le créancier auquel la déclaration d'insaisissabilité est inopposable bénéficie, indépendamment de ses droits dans la procédure collective de son débiteur, d'un droit de poursuite sur cet immeuble, qu'il doit être en mesure d'exercer en obtenant, s'il n'en détient pas un auparavant, un titre exécutoire par une action contre le débiteur tendant à voir constater l'existence, le montant et l'exigibilité de sa créance* »[4]. Il faut également préciser que lorsque l'insaisissabilité de plein droit de la résidence principale est inopposable au créancier dont les droits ne sont pas nés à l'occasion de l'activité professionnelle de l'entrepreneur individuel, il pourra, en cas de liquidation judiciaire de celui-ci, même clôturée pour insuffisance d'actif, exercer son droit de poursuite sur l'immeuble, qui n'est pas entré dans le gage commun des créanciers de la liquidation judiciaire[5] ; en revanche, il ne pourra, après

1. Com. 13 mars 2012, n° 11-15.438, P (préc. s^s prés^t n°).
2. Com. 15 nov. 2016, n° 14-26.287, P IV, n° 142 – En revanche, la Cour n'est pas revenue sur le défaut de qualité à agir du liquidateur s'agissant de procéder à la vente d'un immeuble dont l'insaisissabilité lui est opposable, et le juge-commissaire ne peut pas, sans excéder ses pouvoirs, autoriser, sur sa demande, le liquidateur à procéder à une telle vente : Com. 22 mars 2016, n° 14-21.267, P IV, n° 46 – À propos de la question de savoir lorsque l'immeuble, objet d'une déclaration d'insaisissabilité, est soumis au régime de l'indivision, si le liquidateur peut en demander le partage, v. Com. 14 mars 2018, n° 16-27.302, P IV, n° 32, affirmant que les droits indivis de l'époux n'avaient pas été appréhendés par la procédure collective, et qu'ainsi le liquidateur n'avait pas qualité pour agir en partage sur le fondement de l'article 815 C. civ.
3. Com. 5 avr. 2016, n° 14-24.640, P IV, n° 56.
4. Com. 13 sept. 2017, n° 16-10.206, P IV, n° 110 – Com. 7 oct. 2020, n° 19-13.560, P, présisant que si le créancier auquel la déclaration d'insaisissabilité d'un immeuble est inopposable bénéficie d'un droit de poursuite sur cet immeuble, « *il n'en demeure pas moins soumis au principe d'ordre public de l'arrêt des poursuites ainsi qu'à l'interdiction de recevoir paiement des créances dont la naissance est antérieure au jugement d'ouverture. Il en résulte que, s'il doit être en mesure d'exercer le droit qu'il détient sur l'immeuble en obtenant un titre exécutoire par une action contre le débiteur tendant à voir constater l'existence, le montant et l'exigibilité de sa créance, cette action ne peut tendre au paiement de celle-ci* ».
5. Com. 13 déc. 2023, n° 22-19.749, B ; *D.* 2023. 2236 ; *ibid.* 2024. 1691, obs. F.-X. Lucas et P. Cagnoli ; *ibid.* 1877, obs. D. R. Martin et H. Synvet ; *Rev. sociétés* 2024. 208, obs. F. Reille ; *RCJPP* 2024, n° 02, p. 52, chron. P. Roussel Galle et F. Reille.

cette clôture, en dehors des exceptions prévues à l'article L. 643-11 C. com., recouvrer l'exercice individuel de ses actions, d'où il résulte qu'un commandement de saisie-vente, qui est un acte qui engage la mesure d'exécution forcée, ne peut être délivré par ce créancier, après la clôture pour insuffisance d'actif de la liquidation judiciaire de son débiteur, « *sur les autres biens de ce dernier* »[1].

L'évolution ne s'est pas arrêtée là, puisque le législateur, après l'admission de la notion de patrimoine fiduciaire dans le Code civil par la loi du 19 février 2007[2], a consacré, dans le nouveau statut de l'entrepreneur individuel (C. com., art. L. 526-22 s.), le « *patrimoine professionnel* » dont celui-ci bénéficie de plein droit (C. com., art. L. 526-22, al. 3) à côté de son patrimoine personnel. L'entrepreneur individuel a désormais, en effet, un « *patrimoine professionnel* », constitué de ses biens, droits, obligations et sûretés, séparé de son patrimoine personnel, constitué, celui-ci, des éléments non compris dans le patrimoine d'activité (C. com., art. L. 526-22, al. 3), et c'est ainsi que par dérogation aux articles 2284 et 2285 C. civ., le droit de poursuite des créanciers est cantonné de plein droit : « *L'entrepreneur individuel n'est tenu de remplir son engagement à l'égard de ses créanciers dont les droits sont nés à l'occasion de son exercice professionnel que sur son seul patrimoine professionnel* » (C. com., art. L. 526-22, al. 5)[3], et « *seul le patrimoine personnel de l'entrepreneur individuel constitue le gage général des créanciers dont les droits ne sont pas nés à l'occasion de son exercice professionnel* » (C. com., art. L. 526-22, al. 7)[4]. Il y a ici pluralité de patrimoines, qui implique pour le créancier une insaisissabilité des éléments ne faisant pas partie de l'assiette du droit de gage de la catégorie à laquelle il appartient, personnelle ou professionnelle. Notamment, les créanciers professionnels sont privés de toute possibilité d'exécuter sur le patrimoine personnel de l'entrepreneur individuel. L'article L. 161-2 C. pr. exéc. en tire expressément la conséquence, en indiquant, qu'« *une procédure d'exécution à l'encontre d'un débiteur entrepreneur individuel ne peut porter que sur les biens du patrimoine sur lesquels le créancier a un droit de gage général en vertu de l'article L. 526-22 du Code de commerce* ».

1. Com. 17 janv. 2024, nº 22-20.185, B.
2. L. nº 2007-211, 19 févr. 2007, instituant la fiducie, *JO* 21 févr., p. 3052.
3. Sauf, ajoute le texte, si l'entrepreneur consent des sûretés conventionnelles ou renonce à la séparation des patrimoines dans les conditions prévues à l'article L. 526-25.
4. Toutefois, ici, si le patrimoine personnel est insuffisant, le droit de gage général des créanciers peut s'exercer sur le patrimoine professionnel, dans la limite du montant du bénéfice réalisé lors du dernier exercice clos (C. com., art. L. 526-22, al. 7).

SECTION 1
BIENS CORPORELS INSAISISSABLES PAR NATURE

0141.11 Immeubles par nature et par destination. Certains biens ne peuvent faire l'objet d'une saisie mobilière en raison de leur nature même. Ce sont les **immeubles par nature** (C. civ., art. 516 s., et not. 518 et 519) et les immeubles par destination, c'est-à-dire les effets mobiliers qu'un propriétaire attache à son fonds à perpétuelle demeure (C. civ., art. 522 s.). Toutefois, les immeubles par destination peuvent être saisis indépendamment des immeubles qui les contiennent, pour paiement de leur prix (C. pr. exéc., art. L. 112-3).

On sait que les **immeubles par destination** sont, à l'origine, des meubles qui deviennent immeubles par la volonté de leur propriétaire, lequel va les affecter à un immeuble en les y incorporant.

Cette incorporation doit avoir un caractère indispensable à l'exploitation de l'immeuble.

C'est ainsi qu'un stock d'alcool produit par un domaine viticole ne peut être considéré comme immeuble par destination, dès lors qu'il n'a pas vocation à demeurer dans les cuves mais est destiné à la vente et que l'exploitation du domaine n'est pas empêchée par l'absence de ce stock[5] ; de même, des poissons de pisciculture cédés indépendamment du terrain sur lequel sont implantés les bassins[6]. En revanche, il n'en ira pas de même pour une serre amovible qui devient immeuble par destination en raison de son affectation au service et à l'exploitation d'une entreprise d'horticulture[7].

On voit ainsi se dégager le critère de l'affectation au « *service et à l'exploitation du fonds* », et l'émergence jurisprudentielle de l'exigence de cette condition ainsi que celle de la volonté démontrée du propriétaire[8].

L'affectation du meuble au service et à l'exploitation du fonds doit être physiquement matérialisée. Il faut que cette matérialisation soit l'expression de la volonté du propriétaire de laisser le meuble, en raison de sa spécificité, à perpétuelle demeure. C'est ainsi que des meubles de cuisine de fabrication standardisée, ou des convecteurs électriques simplement vissés et susceptibles d'enlèvement sans détérioration grave, ne constituent pas des immeubles par destination[9]. En revanche, sera assimilée à un immeuble une armoire frigorifique spécialement fabriquée pour une cuisine et dont le moteur est scellé à la cave[10].

5. Civ. 1re, 1er déc. 1976, nº 75-14.882, P I, nº 382 ; *JCP* 1977. II. 18735.
6. Civ. 1re, 11 janv. 2005, nº 01-17.736, P I, nº 25.
7. Civ. 3e, 23 mai 1984, nº 83-10.313, P III, nº 104.
8. TGI Dijon, JEX, 7 nov. 1995, *Rev. huiss.* 1996. 990.
9. Civ. 3e, 7 juill. 1981, nº 80-12.516, NP ; *D.* 1983. 13.
10. Paris, 11 févr. 1982, *D.* 1983. 370.

C'est **en matière d'exploitation agricole et industrielle** que la question de l'immeuble par destination s'est posée avec le plus d'acuité. L'article 522 alinéa 1er C. civ. énonce à cet égard que les animaux que le propriétaire du fonds livre au fermier ou au métayer pour la culture, sont soumis au régime des immeubles tant qu'ils demeurent attachés au fonds par l'effet de la convention. L'article 524 alinéa 1er C. civ. fait pour sa part référence aux objets que le propriétaire d'un fonds y a placés pour le service et l'exploitation de ce fonds. Rappelons cependant que l'immobilisation par destination ne peut être revendiquée que par l'entrepreneur propriétaire, et non s'il détient les biens en vertu d'un contrat de crédit-bail immobilier ou mobilier ou s'ils sont affectés d'une clause de réserve de propriété. Dans ce dernier cas, on se référera à l'article L. 624-16 alinéa 2 C. com.[1] qui définit les conditions de validité de la clause de réserve de propriété (v. ss no 0141.51). Dans tous les cas, il appartiendra à celui qui excipe de l'existence de la clause d'en rapporter la preuve[2].

0141.12 Correspondances et manuscrits. Dans le cadre du respect de la vie privée et du secret des correspondances, les lettres missives et les manuscrits littéraires et musicaux ne peuvent faire l'objet d'aucune saisie (C. civ., art. 9). Dans le même ordre d'idée, l'article R. 112-2, 13o, C. pr. exéc. prévoit l'insaisissabilité des souvenirs à caractère personnel ou familial[3], et à propos de la question de savoir s'ils sont insaisissables comme étant nécessaire à la vie et au travail du saisi et de sa famille, la Cour de cassation, le 12 mai 2016, a approuvé des juges du fond d'avoir, « *par une appréciation souveraine des éléments de preuve soumis à son examen* », retenu que le débiteur « *n'établissait pas que les objets concernés avaient la qualité de souvenir à caractère personnel* », la circonstance que les biens saisis lui aient été légués et que des liens d'affection unissaient les deux personnes étant insuffisante en l'espèce[4].

0141.13 Objets indispensables aux handicapés ou destinés aux soins des malades. La loi pose un principe d'insaisissabilité absolue de ces objets, alors que la législation précédente autorisait leur reprise pour avoir paiement de leur prix, fabrication ou réparation. L'article L. 112-2, 7o C. pr. exéc. dispose, en effet, que ne peuvent être saisis « *les objets indispensables aux personnes handicapées et aux soins des personnes malades* »[5]. Il n'est guère nécessaire d'insister sur les raisons d'humanité élémentaire qui président à cette insaisissabilité.

0141.14 Biens corporels des syndicats professionnels. Aux termes de l'ancien article L. 411-12 C. trav., les immeubles et objets mobiliers nécessaires aux réunions et cours d'instruction professionnelle des syndicats étaient insaisissables. L'article L. 2132-4 C. trav. prévoit aujourd'hui que « *les meubles et immeubles nécessaires aux syndicats professionnels pour leurs réunions, bibliothèques et formations sont insaisissables* ».

En revanche, les biens non strictement indispensables à ces activités restent saisissables, et le bénéfice de cette exception ne s'étend pas aux biens incorporels et notamment aux fonds détenus par les syndicats[6].

SECTION 2

BIENS CORPORELS INSAISISSABLES PAR LA VOLONTÉ DE L'HOMME

0141.21 Cas particulier des biens déclarés insaisissables par un testateur ou un donateur. Une disposition particulière du Code des procédures civiles d'exécution, l'article L. 112-2, 4o, permet à un testateur ou à un donateur (sont donc visés les actes à titre gratuit) de soustraire au principe général de saisissabilité les biens dont il a la libre disposition. On admet classiquement que cette insaisissabilité peut seulement avoir pour objet des biens qui font partie de la quotité disponible. Si cette clause d'insaisissabilité est opposable aux créanciers antérieurs à l'acte de gratification, cette exception est toutefois relative car, avec l'autorisation du JEX et pour la portion qu'il détermine, les créanciers postérieurs à l'acte de donation ou à l'ouverture du legs peuvent saisir lesdits biens entre les mains du gratifié. L'insaisissabilité se consomme avec le décès du gratifié, ou en cas d'aliénation du bien qui demeure disponible entre les mains du gratifié.

A contrario, les créances antérieures à la gratification ne peuvent être recouvrées sur les biens bénéficiant de la clause d'inaliénabilité, qui emporte insaisissabilité.

1. C. com., anc. art. L. 621-122 – L. 25 janv. 1985, anc. art. 121, relative au redressement et à la liquidation judiciaire des entreprises.
2. TGI Lyon, JEX, 17 oct. 1995, *Rev. huiss.* 1996. 475.
3. Sur cette notion v. Civ. 2e, 29 mars 1995, no 93-18.769, P II, no 115 ; *D.* 1995. Somm. 330, note C. Grimaldi – Civ. 2e, 12 mai 2016, no 15-15.158, P II, no 128.
4. Civ. 2e, 12 mai 2016, no 15-15.158, P II, no 128 ; *D.* 2017. Pan. 1391, obs. A. Leborgne.
5. Avant cette prohibition, v. la position de la Cour de cassation sur la possibilité d'exercer un droit de rétention sur une prothèse dentaire : Civ. 1re, 11 déc. 1985, no 84-10.339, P I, no 348 ; *RTD civ.* 1986. 427, obs. R. Perrot.
6. À propos d'une saisie-arrêt pratiquée sur le compte bancaire d'un syndicat, TGI Nanterre, 13 févr. 1989, *D.* 1990. 127, obs. J. Prévault.

L'article 900-1 alinéa 1er C. civ. habilite en effet un testateur ou un donateur à rendre inaliénable un bien dont il a la libre disposition. Étant donné que la clause d'inaliénabilité a pour conséquence de rendre le bien indisponible entre les mains du gratifié, celui-ci échappe dès lors à la saisie diligentée par ces créanciers tant que la clause d'inaliénabilité est en vigueur[1], malgré la levée judiciaire de ladite clause[2]. Ce texte prévoit que la validité de la clause d'inaliénabilité affectant un tel bien est subordonnée au fait qu'elle présente un caractère temporaire et soit justifiée par un intérêt sérieux et légitime, car elle déroge au principe de libre disposition des biens[3]. Même dans ce cas, poursuit le texte, le donataire ou le légataire peut être judiciairement autorisé à disposer du bien si l'intérêt qui avait justifié la clause a disparu ou s'il advient qu'un intérêt plus important l'exige. La Cour de cassation a été saisie, à plusieurs reprises, de la question de savoir si le créancier peut obtenir une autorisation de disposer du bien donné avec clause d'inaliénabilité en agissant par le biais de l'action oblique. Après avoir hésité, la Haute juridiction refuse cette faculté en décidant que l'action ouverte par ce texte était exclusivement attachée à la personne du donataire et ne pouvait, de ce fait, être exercée par le créancier à la place de son débiteur[4]. En revanche, l'inscription d'une hypothèque judiciaire ne tient pas en échec une clause d'inaliénabilité, en ce sens qu'elle ne permet pas la saisie tant que cette clause est en vigueur ; sa mainlevée ne pourra donc pas être ordonnée[5].

0141.22 Entrepreneur individuel : dispositif remanié associant insaisissabilité de plein droit et déclaration d'insaisissabilité. On l'a vu plus haut, la protection de l'entrepreneur individuel fait partie des préoccupations du législateur depuis une vingtaine d'années[6], et à ce titre, la loi du 1er août 2003, dans les articles L. 526-1 et suivants C. com., a donné la possibilité à l'entrepreneur individuel, par dérogation aux articles 2284 et 2285 C. civ., de déclarer insaisissables ses droits sur l'immeuble où est fixée sa résidence principale. Introduisant en droit positif l'idée de **patrimoine d'affectation**, cette déclaration a paru toutefois insuffisamment protectrice aux yeux du législateur de 2015, qui lui a substitué, au moins partiellement, dans la loi du 6 août 2015, un système d'insaisissabilité de plein droit. En effet, aux termes de la rédaction modifiée de l'alinéa 1er de l'article L. 526-1 C. com., « *les droits d'une personne physique immatriculée au registre national des entreprises sur l'immeuble où est fixée sa résidence principale sont de droit insaisissables par les créanciers dont les droits naissent à l'occasion de l'activité professionnelle de la personne* ». Le même texte précise que lorsque la résidence principale est utilisée en partie pour un usage professionnel, **la partie non utilisée pour un usage professionnel est de droit insaisissable, sans qu'un état descriptif de division soit nécessaire.** La domiciliation de la personne dans son local d'habitation, en application de l'article L. 123-10 C. com., ne fait pas non plus obstacle à ce que ce local soit de droit insaisissable, sans qu'un état descriptif de division soit nécessaire.

En revanche, la loi du 6 août 2015 a maintenu le système de la **déclaration d'insaisissabilité pour les autres biens de l'entrepreneur individuel,** l'article L. 526-1 alinéa 2 décidant que « *par dérogation aux articles 2284 et 2285 du Code civil,* [l'entrepreneur individuel] *peut déclarer insaisissables ses droits sur tout bien foncier, bâti ou non bâti,* [qu'il] *n'a pas affecté à son usage professionnel* ». Cette déclaration, reçue par notaire sous peine de nullité, doit contenir la description détaillée des biens et l'indication de leur caractère propre, commun ou indivis, et l'acte est publié au fichier immobilier (C. com., art. L. 526-2, al. 1er). Elle ne produit d'effet qu'à l'égard des créanciers dont les droits naissent, après à sa publication, à l'occasion de l'activité professionnelle du déclarant (C. com., art. L. 526-1, al. 2), sachant ici que lorsque le bien foncier n'est pas utilisé en totalité pour un usage professionnel, la partie non affectée à cet usage ne pourra faire l'objet de la déclaration qu'à la condition d'être désignée dans un état descriptif de division. Les titulaires de créances nées de l'activité non professionnelle de l'entrepreneur individuel (ainsi que les créanciers professionnels antérieurs, ou postérieurs à condition d'être bénéficiaires, en application de l'article L. 526-3 alinéa 2 d'une renonciation du déclarant) ne sont donc pas affectés par cette insaisissabilité, qui d'ailleurs n'interdit que la saisie du bien objet de la déclaration d'insaisissabilité, non l'inscription d'une hypothèque judiciaire à titre conservatoire qui, laquelle, parce qu'elle n'entraîne aucune indisponibilité, pourra conti-

1. Civ. 1re, 15 juin 1994, no 92-12.139, P I, no 211 ; *D.* 1995. 342, note A. Leborgne ; *RTD civ.* 1995. 666, obs. J. Patarin et 919, obs. F. Zenati – V. AUSSI : Civ. 2e, 30 juin 1993, no 91-14.775, P II, no 241.
2. Civ. 2e, 20 oct. 2005, no 03-19.579, NP.
3. Civ. 1re, 8 janv. 2002, no 99-15.547, P I, no 3 ; *D.* 2002. 542.
4. Impossibilité pour un liquidateur à propos d'une action exclusivement attachée au donataire : Com. 9 nov. 2004, no 02-18.617, P IV, no 191 ; *D.* 2004. 3068, obs. A. Lienhard ; *LPA* 13 avr. 2005. 6, note F.-X. Lucas.
5. Civ. 1re, 9 oct. 1985, no 84-13.306, P II, no 252.
6. Et même davantage, si on intègre la loi du 11 février 1994, qui a introduit, dans un article 22-1 de la loi de 1991 (depuis C. pr. exéc., art. L. 161-1, al. 2), une règle de subsidiarité, l'entrepreneur individuel qui a renoncé à la séparation des patrimoines pouvant en effet demander à son créancier professionnel que l'exécution forcée soit poursuivie en priorité sur les biens nécessaires à l'exploitation de l'entreprise, s'il établit qu'ils ont une valeur suffisante pour garantir le paiement de la créance.

nuer à être prise sur ce bien[1]. Il faut rappeler que c'est la loi du 4 août 2008 qui, renforçant la protection du patrimoine personnel de l'entrepreneur individuel, a modifié l'article L. 526-1 C. com. et a étendu le bénéfice de l'insaisissabilité aux droits détenus par l'entrepreneur individuel « *sur tout bien foncier bâti ou non bâti qu'*[il] *n'a pas affecté à son usage professionnel* »[2].

La question s'est alors posée de savoir si la déclaration notariée d'insaisissabilité – qui aujourd'hui ne concerne plus la résidence principale de l'entrepreneur individuel, devenue insaisissable de plein droit – pouvait permettre d'échapper aux conséquences d'une procédure collective. La Cour de cassation, dans un arrêt du 28 juin 2011, avait estimé que le débiteur pouvait opposer au liquidateur la déclaration d'insaisissabilité qu'il avait effectuée avant qu'il ne soit mis en liquidation judiciaire, et ce en dépit de la règle du dessaisissement[3], cependant que ce même liquidateur s'était vu dénier non seulement la qualité pour agir en inopposabilité d'une déclaration d'insaisissabilité qui n'avait pas été publiée[4], mais aussi en fraude paulienne, faute de pouvoir prétendre agir dans l'intérêt collectif des créanciers[5].

Si la Cour de cassation avait jugé, le 28 juin 2011, que le bien objet de la déclaration notariée ne pouvait être vendu par le liquidateur, dès lors que coexistent des créanciers ayant le droit de saisir et d'autres ayant perdu ce droit, solution approfondie le 13 mars 2012, elle n'avait alors pas répondu à la question de savoir si le créancier, auquel la déclaration notariée est inopposable, conservait, pendant la liquidation judiciaire, le droit de saisir l'immeuble. Or, la chambre commerciale y a indirectement répondu dans un arrêt du 5 avril 2016, affirmant, au visa des articles L. 526-1 et L. 643-2 C. com., que « *si un créancier, titulaire d'une sûreté réelle, à qui la déclaration d'insaisissabilité d'un immeuble appartenant à un débiteur en liquidation judiciaire est inopposable* […], *peut faire procéder à sa vente sur saisie, il ne poursuit pas cette procédure d'exécution dans les conditions prévues par* [l'article L. 643-2], *lequel concerne le cas où un créancier se substitue au liquidateur n'ayant pas entrepris la liquidation des biens grevés dans les trois mois de la liquidation et non celui où le liquidateur est légalement empêché d'agir par une déclaration d'insaisissabilité qui lui est opposable* » ; dès lors, ce créancier n'avait pas à être autorisé par le juge-commissaire pour faire procéder à la saisie de l'immeuble qui n'était pas, en ce cas, une opération de liquidation judiciaire[6]. Parce que l'immeuble insaisissable par le liquidateur échappe à l'effet réel de la procédure collective[7], il ne fait donc pas partie du périmètre des biens saisis par celle-ci, et on comprend que le créancier auquel la déclaration notariée d'insaisissabilité est inopposable, qui a conservé le droit de saisir l'immeuble pendant la liquidation judiciaire, n'ait pas besoin de l'autorisation du juge-commissaire, pas plus qu'il n'a besoin d'attendre l'inaction pendant trois mois du liquidateur qui, par hypothèse, ne peut agir sur ce bien (sur tous ces points, v. aussi s^s n° 0141.09).

S'agissant des modalités de l'insaisissabilité, il faut également souligner qu'en cas de cession des droits immobiliers sur la résidence principale, le prix obtenu demeure insaisissable, sous la condition, toutefois, du remploi dans le délai d'un an des sommes à l'acquisition par l'entrepreneur individuel d'un immeuble où est fixée sa résidence principale. L'insaisissabilité des droits sur la résidence principale, et la déclaration d'insaisissabilité portant sur tout bien foncier, bâti on non bâti, non affecté à l'usage professionnel, peuvent encore, à tout moment, faire l'objet d'une renonciation, pouvant porter sur tout ou partie des biens, et ce au bénéfice d'un ou de plusieurs créanciers désignés par l'acte authentique de renonciation, étant précisé que si le bénéficiaire de la renonciation cède sa créance, le cessionnaire pourra se prévaloir de celle-ci (C. com., art. L. 526-3, al. 1er et 2). Enfin, le dernier alinéa de l'article L. 526-3 a opportunément précisé que « *les effets de l'insaisissabilité et ceux de la déclaration subsistent après la dissolution du régime matrimonial lorsque* [l'entrepreneur individuel] *ou le déclarant mentionné au deuxième alinéa du même article L. 526-1 est attributaire du bien* ». Ils subsistent également en cas de décès jusqu'à la liquidation de la succession.

SECTION 3
BIENS CORPORELS INSAISISSABLES NÉCESSAIRES À LA VIE DU DÉBITEUR SAISI ET DE SA FAMILLE

0141.31 **Énumération.** L'article L. 112-2, 5° C. pr. exéc. énonce que les biens mobiliers nécessaires à la vie et au travail du saisi sont insaisissables, et l'article R. 112-2 C. pr. exéc. dévoile plus concrètement une liste des biens mobiliers insaisissables comme étant nécessaires à la vie et au travail du

1. Com. 11 juin 2014, n° 13-13.643, P IV, n° 106.
2. V. A. Leborgne, *D.* 2009. Pan. 1170 – O. Salati, « Modifications apportées au dispositif d'insaisissabilité de la résidence principale de l'entrepreneur individuel par la loi du 4 août 2008 de modernisation de l'économie », *Procédures* 2008, n° 11, p. 2.
3. Com. 28 juin 2011, n° 10-15.482, P IV, n° 109.
4. Com. 13 mars 2012, n° 11-15.438, P IV, n° 53.
5. Com. 23 avr. 2013, n° 12-16.035, P IV, n° 68.
6. Com. 5 avr. 2016, n° 14-24.640, P IV, n° 56 ; *D.* 2016. 1894, obs. P.-M. Le Corre ; *D.* 2017. Pan. 1391, obs. A. Leborgne.
7. Com. 13 mars 2012, n° 10-27.087, NP.

débiteur saisi[1] (qui ne peut être qu'une personne physique[2]) et de sa famille. Cette liste est la suivante :

– les vêtements ;

– la literie ;

– le linge de maison ;

– les objets et produits nécessaires aux soins corporels et à l'entretien des lieux ;

– les denrées alimentaires ;

– les objets de ménage nécessaires à la conservation, à la préparation et à la consommation des aliments ;

– les appareils nécessaires au chauffage ;

– la table et les chaises permettant de prendre les repas en commun ;

– un meuble pour ranger le linge et les vêtements et un autre pour ranger les objets ménagers ;

– une machine à laver le linge ;

– les livres et autres objets nécessaires à la poursuite des études ou à la formation professionnelle ;

– les objets d'enfants ;

– les souvenirs à caractère personnel ou familial ;

– les animaux d'appartement ou de garde ;

– les animaux destinés à la subsistance du saisi, ainsi que les denrées nécessaires à leur élevage ;

– les instruments de travail nécessaires à l'exercice personnel de l'activité professionnelle ;

– un poste téléphonique permettant l'accès au service téléphonique fixe ou mobile.

0141.32 Exceptions et limites à l'insaisissabilité. L'exception à l'insaisissabilité des biens mobiliers nécessaires à la vie du débiteur saisi et de sa famille prend effet « *pour paiement de leur prix* » (C. pr. exéc., art. L. 112-2, 5°). Cela signifie que l'insaisissabilité de ces biens, prévue pour jouer à l'égard de toutes les créances y compris celles de l'État, cesse « *pour paiement des sommes dues à leur fabricant ou vendeur ou à celui qui a prêté pour les acheter, fabriquer ou réparer* » (C. pr. exéc., art. R. 112-3). Il paraît normal, en effet, que les personnes qui vendent un bien de première nécessité, ou qui se substituent au débiteur pour payer le prix d'achat ou de réparation du bien, puisse saisir celui-ci pour se rembourser, et on remarquera que l'exception joue également pour les immeubles par destination qui, aux termes de l'article L. 112-3 C. pr. exéc., « *ne peuvent être saisis indépendamment de l'immeuble, sauf pour paiement de leur prix* ».

Il existe toutefois un cas où ce privilège ne joue pas, dans le cas prévu par l'article L. 112-2, 6°, C. pr. exéc. : en effet, les biens mobiliers nécessaires à la vie du débiteur saisi et de sa famille ne peuvent être saisis, « *même pour paiement de leur prix, lorsqu'ils sont la propriété des bénéficiaires de prestations d'aide sociale à l'enfance prévue aux articles L. 222-1 à L. 222-7 du Code de l'action sociale et des familles* ».

0141.33 Dérogation en raison de la localisation des biens. Les biens mobiliers nécessaires à la vie et au travail du saisi et de sa famille deviennent en effet saisissables « *s'ils se trouvent dans un lieu autre que celui où le saisi demeure ou travaille habituellement* » (C. pr. exéc., art. L. 112-2, 5°). La loi présume ici qu'il n'en a pas vraiment besoin s'il les a laissés, par exemple, dans une résidence secondaire...

0141.34 Dérogation en raison de la valeur des biens. Les mêmes biens deviennent également saisissables « *s'ils sont des biens de valeur, en raison notamment de leur importance, de leur matière, de leur rareté, de leur ancienneté ou de leur caractère luxueux* » (C. pr. exéc., art. L. 112-2, 5°)[3]

0141.35 Dérogation en raison de la quantité et de la nature des biens. Enfin, ces biens mobiliers deviennent « *saisissables s'ils perdent leur caractère de nécessité en raison de leur quantité ou s'ils constituent des éléments corporels d'un fonds de commerce* » (C. pr. exéc., art. L. 112-2, 5°). Cette dernière disposition est importante en pratique, puisqu'elle va permettre de saisir les marchandises constituant le stock ou bien l'outillage, par exemple, et revient indirectement à valoriser l'unité économique plus large qu'est le fonds de commerce.

0141.36 Pouvoir d'appréciation du juge. Dans toutes ces hypothèses, l'appréciation des juges du fond dans la détermination du caractère saisissable ou non de tel ou tel bien sera essentielle. Sous l'empire des dispositions des articles 592 et 592-1 ACPC, avaient été considérés comme insaisissables des éléments de cuisine ou un réfrigérateur, mais avaient en revanche été déclarés saisissables une salle à manger de style Louis XIII, une cafetière, un téléviseur, une encyclopédie ou une bibliothèque[4]. C'est en réalité l'utilité et la valeur des biens qui doivent conduire le commissaire de justice à évaluer l'opportunité d'une mesure d'exécution, et le JEX à exercer son pouvoir d'appréciation en cas de contestation, sous le contrôle de la Cour de cassation. Par exemple, sur pourvoi contre un arrêt d'appel qui avait débouté le débiteur de sa demande tendant à voir déclarer son ordina-

1. Sur l'inapplication de l'article 39 aux parts sociales : Civ. 2e, 2 déc. 2010, n° 09-17.495, P II, n° 199 ; *D.* 2011. 1509, obs. A. Leborgne ; *Rev. sociétés* 2011. 44, obs. A. Lienhard ; *RTD com.* 2011. 377, obs. M.-H. Monsèrié-Bon.
2. Une personne morale ne peut revendiquer un quelconque privilège d'insaisissabilité, v. TGI Lyon, JEX, 14 juin 1994, *D.* 1995. 207, obs. J. Prévault ; *Gaz. Pal.* 1994. 2. Somm. 806 ; *Rev. huiss.* 1994. 1296.
3. La cour d'appel de Paris a par exemple jugé, le 10 août 1987, qu'un matériel de radiologie permettant à un médecin radiologue d'exercer sa profession était saisissable en raison de sa valeur importante, v. Paris, 10 août 1987, *D.* 1987. 603, note J. Prévault.
4. TGI Riom, 31 mars 1978, *D.* 1978. 532, note G. Almairac – TI Caen, 28 oct. 1981, *Rev. huiss.* 1982. 331, note A. Lescaillon.

teur insaisissable au motif qu'étant sans emploi, il s'en servait pour en trouver un, la deuxième chambre civile a estimé, au contraire, qu'« *un ordinateur utilisé pour la recherche d'un emploi doit être assimilé à un instrument nécessaire à l'exercice personnel d'une activité professionnelle* »[1]. On pourrait tenir le même raisonnement, aujourd'hui, pour un « *smartphone* » contenant des applications de recherche d'emploi.

0141.37 Cas particulier des véhicules automobiles. Des difficultés assez sérieuses peuvent également surgir lors de la saisie d'un véhicule automobile, le débiteur pouvant exciper du caractère nécessaire de ce bien pour sa vie quotidienne et son travail en application de l'article R. 112-2, 16°, C. pr. exéc.

À cet égard, il a été jugé qu'un débiteur ne pouvait opposer l'exception d'insaisissabilité au motif qu'il devait impérativement disposer de sa voiture pour suivre un traitement médical régulier en hôpital de jour à cent cinquante kilomètres de son domicile, alors qu'il existait des modes de transport alternatifs lui permettant d'honorer ses rendez-vous médicaux sans mettre en péril la régularité et l'efficacité de ses soins[2]. Le juge appréciera également souverainement si le véhicule d'un débiteur peut être indispensable pour procéder à une recherche d'emploi[3], et c'est ainsi qu'à propos de la saisie du véhicule d'un médecin, dont celui-ci se servait pour effectuer le trajet lui permettant de se rendre à son cabinet, la deuxième chambre civile a estimé, le 15 décembre 2005, que c'était « *dans l'exercice de son pouvoir souverain d'appréciation que la cour d'appel* avaita *retenu que le véhicule n'était pas un bien nécessaire au travail du médecin* » en tant que praticien et « *pourvoyeur* » de diagnostic[4].

SECTION 4
BIENS INSAISISSABLES PAR L'EFFET DE DISPOSITIONS SPÉCIFIQUES DANS ET HORS LE CODE DES PROCÉDURES CIVILES D'EXÉCUTION

0141.41 Disparité des cas. On a eu l'occasion de le souligner à plusieurs reprises, si le Code des procédures civiles d'exécution a vocation à constituer le siège naturel des insaisissabilités, il ne pouvait toutefois pas rassembler de façon exhaustive les très nombreux cas d'insaisissabilité créés et éparpillés dans les autres codes et les textes isolés. Seule une règle de supervision paraissait appropriée, et c'est aujourd'hui dans l'article L. 112-2 qu'elle figure, ce texte posant le principe général que « *ne peuvent être saisis : 1° les biens que la loi rend insaisissables* ». C'est là une manière d'écrire que l'éclatement des cas d'insaisissabilité n'est pas sans fondement normatif, et que la garantie de la loi subsiste dans la mesure où elle est la seule source habilitée à décider quels sont les biens qui méritent d'être protégés par une insaisissabilité. Comme ces biens sont très divers, les insaisissabilités le sont aussi et se retrouvent partout, notamment dans le Code civil et le Code de commerce. Il y a donc des insaisissabilités localisées ailleurs que dans le Code des procédures civiles d'exécution, étant précisé que les insaisissabilités légales ne découlent pas toutes d'un texte décidant directement qu'un bien est insaisissable, mais peuvent résulter, indirectement, de dispositions qui n'ont pas pour objet premier de les créer[5]. C'est sous cet éclairage que les développements suivants doivent être compris.

§ 1
Biens affectés d'une clause de réserve de propriété

0141.51 Biens faisant l'objet d'une clause de réserve de propriété. Les biens saisis qui sont affectés d'une clause de réserve de propriété restent insaisissables si la preuve de la clause légalement convenue est rapportée par le saisi, ou par le tiers revendiquant l'application de la clause. En effet, ne peuvent être saisis que les biens appartenant au débiteur saisi (une saisie peut toutefois être pratiquée contre le tiers acquéreur d'un immeuble hypothéqué : C. pr. exéc., art. L. 311-1, et C. civ., art. 2454, relatif au droit de suite[6]).

Le régime de la clause de réserve de propriété est désormais contenu dans le Code civil (C. civ., art. 2367 à 2372), au titre de la propriété retenue à titre de garantie. La réserve de propriété, notamment, doit avoir été convenue par écrit (C. civ., art. 2368), sachant qu'il faut aussi se référer à l'article L. 624-16 alinéa 2 C. com. en matière de procédure collective qui définit les conditions de validité de la

1. Civ. 2e, 28 juin 2012, n° 11-15.055, ; P (préc., v. ss n° 0141.05) ; *D.* 2013. Pan. 1578, obs. A. Leborgne – À propos du mobilier d'une salle d'attente d'un dentiste, qui n'est pas indispensable à son activité professionnelle : v. TGI Paris, JEX, 17 févr. 1997, *Rev. huiss.* 1997. 1321.
2. TGI Albertville, JEX, RG n° 94/138, Masura c/ Durif, NP.
3. Civ. 2e, 6 avr. 2006, n° 04-16.764, NP.
4. Civ. 2e, 15 déc. 2005, n° 04-14.600, P (préc., v. ss n° 0141.05). Le médecin n'avait malheureusement pas soutenu devant la cour d'appel que les règles déontologiques de la profession qu'il exerçait l'obligeaient à se rendre au domicile de ses patients ni que cette obligation impliquait qu'il dispose d'un véhicule ; la solution aurait en effet peut-être été différente…
5. Sur cette distinction, v. DONNIER, nos 301-302.
6. « *En cas d'aliénation de l'immeuble, l'hypothèque le suit entre les mains du tiers acquéreur* », et « *s'il reste impayé, le créancier hypothécaire peut poursuivre en justice la vente de l'immeuble hypothéqué dans les conditions prévues par le livre III du Code des procédures civiles d'exécution* ».

clause de réserve de propriété. Celle-ci doit figurer dans un écrit régissant un ensemble d'opérations commerciales convenues entre les parties, et doit avoir été convenue dans un acte établi, au plus tard, au moment de la livraison.

Ici, il s'agit d'une insaisissabilité indirecte, c'est-à-dire résultant de textes qui n'ont pas pour objet de rendre le bien insaisissable, mais n'en ont pas moins pour conséquence de faire obstacle à la saisie du bien sur lequel la clause porte par les créanciers de l'acquéreur.

En application du droit commun, il appartiendra à celui qui excipe de l'existence de la clause d'en rapporter la preuve[1], et le mécanisme de la clause pourra alors jouer. En effet, la suspension de l'effet translatif du contrat retarde la transmission de la propriété du bien au débiteur de l'obligation garantie, de sorte que les créanciers de ce dernier ne sauraient saisir entre ses mains un bien qui n'est pas encore entré dans son patrimoine[2].

§ 2
Protection des biens personnels de l'entrepreneur par subsidiarité dans l'exécution

0141.61 **Exécution poursuivie en priorité sur les biens nécessaires à l'exploitation de l'entreprise.** On l'a vu lors de développements antérieurs, l'article L. 161-1 C. pr. exéc., énonce une disposition dérogatoire favorable au débiteur saisi lorsqu'il est entrepreneur individuel et qu'il a renoncé au bénéfice de la séparation des patrimoines professionnel et personnel, c'est qu'il « *peut, s'il établit que la valeur des biens qui constituent son patrimoine professionnel est suffisante pour garantir le paiement de la créance, demander au créancier que l'exécution soit en priorité poursuivie sur ces biens* » (C. pr. exéc., art. L. 161-1, al. 2). Cela veut dire qu'en cas d'échec de l'activité, les biens personnels de l'entrepreneur seront les derniers saisis, uniquement si les biens nécessaires à l'exploitation de l'entreprise ne suffisent pas à payer le passif. L'insaisissabilité est au moins temporaire, et résulte d'une hiérarchisation. Il faut toutefois préciser que si le créancier établit que cette proposition met en péril le recouvrement de sa créance, il peut s'opposer à la demande (C. pr. exéc., art. L. 161-1, al. 3), et dans cette hypothèse, sa responsabilité ne pourra pas être recherchée, sauf limite classique de l'intention de nuire (C. pr. exéc., art. L. 161-1, al. 4). L'absence de responsabilité de principe se comprend, dans la mesure où le créancier a toujours le choix des mesures propres à assurer l'exécution ou la conservation de sa créance (C. pr. exéc., art. L. 111-7).

§ 3
Insaisissabilité résultant d'une fiducie

0141.71 **Patrimoine d'affectation.** La loi du 19 février 2007 a introduit la fiducie en droit français. Celle-ci est définie par l'article 2011 du Code civil comme « *l'opération par laquelle un ou plusieurs constituants transfèrent des biens, des droits ou des sûretés, ou un ensemble de biens, de droits ou de sûretés, présents ou futurs, à un ou plusieurs fiduciaires qui, les tenant séparés de leur patrimoine propre, agissent dans un but déterminé au profit d'un ou plusieurs bénéficiaires* »[3]. Dans la mesure où elle consacre la **création d'un patrimoine d'affectation** – le patrimoine fiduciaire, qui quitte le patrimoine du constituant, devant être séparé du patrimoine personnel du fiduciaire – la fiducie s'harmonise malaisément avec les dispositions des articles 2284 et 2285 C. civ. qui consacrent le **principe du droit de gage général** de tous les créanciers, qui se trouve amoindri par le cloisonnement réalisé par l'opération de fiducie.

Lorsque la fiducie est établie – par la loi ou par convention – la **question de la saisissabilité des biens** constituant le patrimoine fiduciaire a vocation à se poser[4]. Dans la mesure où la fiducie emporte transfert (même s'il est temporaire ; v. C. civ., art. 2018, 2° sur la durée maximale – de quatre-vingt-dix-neuf ans – du contrat de fiducie) d'un bien ou d'un ensemble de biens, il y a lieu de penser que ces biens ne peuvent être ultérieurement saisis par les créanciers personnels du constituant dans la mesure où ils ne sont plus disponibles dans le patrimoine personnel de ce dernier en raison du caractère translatif de propriété. La saisie ne peut dès lors pas prospérer. La règle ne vaut cependant pas dans les cas où les créanciers du constituant peuvent se prévaloir d'un droit de suite attaché à une sûreté publiée antérieurement au contrat de fiducie, précise l'article 2025 alinéa 1er C. civ.

On songe ainsi au créancier bénéficiant d'une hypothèque grevant un immeuble figurant dans le patrimoine fiduciaire. Sans doute en sera-t-il de même

1. TGI Lyon, JEX, 17 oct. 1995, *Rev. huiss.* 1996. 475.
2. Sur la possibilité, en revanche, d'une confiscation pénale du bien, v. Crim. 28 févr. 2024, n° 22-86.392, B ; D. 2024. 1482, chron. L. Ascensi ; *ibid.* 1597, obs. C. Mascala ; *AJ pénal* 2024. 227, obs. S. Douider ; *RTD civ.* 2024. 444, obs. F. Masson.
3. SUR cette innovation, v. par ex. le dossier reproduit au *D.* 2007. 1347.
4. On relèvera qu'en vertu de l'article 1596 C. civ. *in fine*, ne peuvent se rendre adjudicataires, sous peine de nullité, les fiduciaires, des biens ou droits composant le patrimoine fiduciaire.

s'agissant de l'inscription provisoire d'une hypothèque judiciaire, et à cet égard peu importe que l'inscription définitive intervienne postérieurement à la publication du contrat de fiducie, puisque l'on sait que cette seconde inscription rétroagit à la date de la première inscription (c'est tout l'intérêt de la technique de la double inscription, propre aux sûretés judiciaires[1]).

L'article 2025 alinéa 1er C. civ. réserve encore, dans la seconde partie du texte, l'éventualité où l'opération de fiducie serait constitutive d'une fraude aux droits des créanciers du constituant[2]. On peut penser que, dans cette éventualité, le transfert des biens n'est pas opposable à ces créanciers. Dès lors, les biens étant considérés comme la propriété du débiteur, la saisie entre les mains d'un tiers peut prospérer, conformément aux dispositions de l'article L. 112-1 alinéa 1er C. pr. exéc. qui énonce que « *les saisies peuvent porter sur tous les biens appartenant au débiteur alors même qu'ils seraient détenus par des tiers* », le problème étant ici que les biens n'appartiennent plus, au moins temporairement, au débiteur constituant...

Par exception à ces hypothèses, l'article 2025 alinéa 1er C. civ. pose donc le principe que « *le patrimoine fiduciaire ne peut être saisi que par les titulaires de créances nées de la conservation ou de la gestion de ce patrimoine* ». Bien que le texte ne donne pas de précision particulière sur son domaine d'application, il y a lieu de considérer que celui-ci sera large (par ex. une créance née de l'amélioration d'un bien dans le patrimoine fiduciaire). La solution se justifie dans la mesure où, *d'une part*, la créance est née du chef du patrimoine séparé du fiduciaire, et ou, *d'autre part*, les biens constituant le patrimoine fiduciaire ne sont ni dans le patrimoine du constituant ni dans le patrimoine personnel du fiduciaire. Aussi, dès lors que les créanciers du patrimoine fiduciaire disposeront d'un titre exécutoire, ils pourront envisager de procéder à une mesure d'exécution forcée afin d'obtenir le paiement de leur créance née de la conservation ou de la gestion du patrimoine d'affectation. En revanche, seuls les créanciers de la fiducie peuvent agir sur le patrimoine fiduciaire, à l'exclusion des créanciers personnels du fiduciaire. Par ailleurs, en l'absence de titre exécutoire, les créanciers du patrimoine fiduciaire pourront recourir aux mesures conservatoires afin de préserver leur droit de gage. On remarquera aussi qu'en vertu de l'article 2024 C. civ., « *l'ouverture d'une procédure de sauvegarde, de redressement judiciaire ou de liquidation judiciaire au profit du fiduciaire n'affecte pas le patrimoine fiduciaire* ». Une solution analogue devrait logiquement jouer en cas de procédure collective dirigée à l'encontre du constituant en raison du transfert réalisé par l'opération de fiducie[3].

L'alinéa 2 de l'article 2025 poursuit l'exposé des conséquences d'une opération de fiducie, en forme d'atteinte au cloisonnement. En effet, « *en cas d'insuffisance du patrimoine fiduciaire, le patrimoine du constituant constitue le gage commun de ces créanciers, sauf stipulation contraire du contrat de fiducie mettant tout ou partie du passif à la charge du fiduciaire* ». Dans la logique de la suite des alinéas 1er et 2 de l'article 2025, la référence au pronom « *ces* » laisse penser qu'il s'agit des créanciers se prévalant d'une créance née de la conservation ou de la gestion du patrimoine fiduciaire, c'est-à-dire des créanciers fiduciaires. Si tel est bien le cas, le texte les autorise alors à saisir, à titre subsidiaire, les biens composant le patrimoine du constituant. Il peut toutefois être stipulé contractuellement de mettre « *tout ou partie du passif à la charge du fiduciaire* »[4].

Bien que l'article 2025 C. civ. n'envisage pas cette éventualité, il faut néanmoins considérer que les créanciers personnels du fiduciaire ne peuvent saisir les biens constitutifs du patrimoine d'affectation puisqu'ils ne sont pas confondus avec le patrimoine de ce dernier. Ils pourront seulement exercer des poursuites à l'encontre des biens composant le patrimoine personnel du fiduciaire.

§ 4
Nouveau statut de l'entrepreneur individuel

0141.81 Loi no 2022-172 du 14 février 2022[5] : insaisissabilité du patrimoine personnel. On l'a vu, il devient de plus en plus fréquent, aujourd'hui, d'isoler, en faveur de telle catégorie de créanciers, un bien ou une masse de biens qui échappera au gage commun des autres. On pense notamment à l'article L. 526-1 C. com., qui pose en principe, dans son alinéa premier, que, « *par dérogation aux articles 2284*

1. L'article R. 533-1 C. pr. exéc. dispose ainsi que la publicité provisoire doit être confirmée par une publicité définitive, et que « *cette publicité donne rang à la sûreté à la date de la formalité initiale* », dans la limite des sommes conservées par cette dernière.
2. Cette éventualité rappelle l'hypothèse du détournement d'objets susceptibles d'être saisis – Sur la possibilité de recourir à l'action paulienne, v. P. Crocq, « Les montages faisant obstacle à l'exécution : technique sociétaire et technique fiduciaire », *Les obstacles à l'exécution forcée : permanence et évolution*, « Droit et procédures », EJT 2009. 118 s., spéc. nos 261-262.
3. V. AUSSI, C. com., art. L. 622-23-1 et L. 632-1, 9o.
4. Le contrat de fiducie peut également limiter l'obligation au passif fiduciaire au seul patrimoine fiduciaire, mais une telle clause n'est opposable qu'aux créanciers qui l'ont expressément acceptée (C. civ., art. 2025, dern. al.).
5. L. no 2022-172, 14 févr. 2022, en faveur de l'activité professionnelle indépendante, *JO* 15 févr., texte 2.

et 2285 du Code civil », les droits d'un entrepreneur individuel personne physique « *sont de droit insaisissables par les créanciers dont les droits naissent à l'occasion de* [son] *activité professionnelle* », et cette règle vaut pour tout autre « *bien foncier, bâti ou non bâti* », que l'entrepreneur individuel n'aurait pas affecté à son usage professionnel : par dérogation également aux articles 2284 et 2285 C. civ., il peut, cette fois, déclarer insaisissables ses droits, sachant que cette déclaration, publiée au fichier immobilier, n'a d'effet qu'à l'égard des créanciers dont les droits naissent, après sa publication, à l'occasion de l'activité professionnelle du déclarant (C. com., art. L. 526-1, al. 2). Au terme de cette évolution, **une même personne peut, soit avoir un patrimoine divisé, soit être à la tête de plusieurs patrimoines, avec des gages communs à des catégories de créanciers.**

Cette évolution s'est concrétisée avec le nouveau statut de l'entrepreneur individuel dans le Code de commerce, issu de la loi n° 2022-172 du 14 février 2022 modifiée par la loi n° 2024-42 du 26 janvier 2024 [1], puisque l'entrepreneur individuel, c'est-à-dire la personne physique qui exerce en son nom propre une ou plusieurs activités professionnelles indépendantes (C. com., art. L. 526-22, al. 1er), a de plein droit, désormais, un « *patrimoine professionnel* », constitué de ses biens, droits, obligations et sûretés, séparé de son patrimoine personnel (C. com., art. L. 526-22, al. 3), constitué, celui-ci, des éléments non compris dans le patrimoine d'activité ; et c'est ainsi qu'aujourd'hui, par dérogation aux articles 2284 et 2285 C. civ., le droit de poursuite de chaque catégorie de créanciers est cantonné : « *L'entrepreneur individuel n'est tenu de remplir son engagement à l'égard de ses créanciers dont les droits sont nés à l'occasion de son exercice professionnel que sur son seul patrimoine professionnel* » (C. com., art. L. 526-22, al. 5) [2], et « *seul le patrimoine personnel de l'entrepreneur individuel constitue le gage général des créanciers dont les droits ne sont pas nés à l'occasion de son exercice professionnel* » (C. com., art. L. 526-22, al. 7) [3]. Il y a ici pluralité de patrimoines, qui qui implique une saisissabilité différenciée ou séparée. Cela veut dire que sous l'angle du droit de poursuite, « ces » patrimoines obéissent tout de même à des règles classiques, dans la mesure où une éventuelle procédure d'exécution à l'encontre d'un entrepreneur individuel ne pourra porter que sur le ou les biens sur lesquels le créancier professionnel a un droit de gage général.

Plus largement, tous les biens d'un même patrimoine répondent de toutes les dettes de ce patrimoine, et le principe de l'universalité demeure. L'article L. 680-1 C. com. le confirme, en indiquant que lorsque les dispositions du livre 6 relatif aux difficultés des entreprises sont appliquées à raison des activités professionnelles exercées par un entrepreneur individuel, « *elles le sont patrimoine par patrimoine* », et l'article L. 680-3 C. com. précise que ces dispositions s'appliquent « *dans les limites du seul patrimoine* » professionnel.

Les problèmes d'insolvabilité qui frappent les entrepreneurs individuels, sous-tendus par la démarcation « patrimoine professionnel-patrimoine privé », ont d'ailleurs été évoqués en jurisprudence. Le 27 septembre 2018 [4], antérieurement, donc, à la création du nouveau statut de l'entrepreneur individuel, alors qu'en droit le patrimoine de celui-ci était encore un patrimoine simplement « affecté », et non distinct, la Cour de cassation a ainsi considéré qu'il résulte de l'article L. 711-7 C. consom., que « *les dispositions régissant le traitement des situations de surendettement sont applicables au débiteur qui a procédé à une déclaration de constitution de patrimoine affecté conformément à l'article L. 526-7 du Code de commerce* », que « *ces dispositions s'appliquent à raison d'une situation de surendettement résultant uniquement de dettes non professionnelles* », et « *qu'en ce cas, celles de ces dispositions qui intéressent les biens, droits et obligations du débiteur doivent être comprises, sauf dispositions contraires, comme visant les seuls éléments du patrimoine non affecté* », et que « *celles qui intéressent les droits et obligations des créanciers du débiteur s'appliquent dans les limites du seul patrimoine non affecté* ». Cela voulait dire que la circonstance que le patrimoine affecté de l'entrepreneur individuel relève des dispositions relatives au traitement des difficultés des entreprises, n'est pas de nature à exclure le patrimoine non affecté du débiteur de la procédure de traitement des situations de surendettement. Le même raisonnement peut sans doute être tenu aujourd'hui pour les patrimoines distincts de l'entrepreneur individuel.

SECTION 5
BIENS INCORPORELS INSAISISSABLES PAR NATURE

0141.91 **Présentation générale.** Certains biens incorporels ne peuvent faire l'objet d'une saisie en raison de leur nature même. On peut citer les **servi-**

1. L. n° 2024-42, 26 janv. 2024, pour contrôler l'immigration, améliorer l'intégration, *JO* 27 janv., texte 1.
2. Sauf, ajoute le texte, si l'entrepreneur consent des sûretés conventionnelles ou renonce à la séparation des patrimoines dans les conditions prévues à l'article L. 526-25 C. com.
3. Toutefois, ici, si le patrimoine personnel est insuffisant, le droit de gage général des créanciers peut s'exercer sur le patrimoine professionnel, dans la limite du montant du bénéfice réalisé lors du dernier exercice clos (C. com., art. L. 526-22, al. 7).
4. Civ. 2e, 27 sept. 2018, n° 17-22.013, P.

tudes, immeubles par l'objet auquel elles s'appliquent, qui ne peuvent être détachées des immeubles pour le service desquels elles ont été légalement reconnues ou conventionnellement consenties, **l'usufruit des choses immobilières**, les **actions qui tendent à revendiquer un immeuble** (C. civ., art. 526). Il en va de même pour les **effets de commerce** et notamment les lettres de change, billets à ordre[1] et chèques (C. mon. fin., art. L. 131-35, al. 2, chèque – C. com., art. L. 511-31, lettre de change et L. 512-3, billet à ordre, qui renvoie aux dispositions de l'article L. 511-31), ou du **droit de jouissance légal des père et mère** sur les biens de leurs enfants mineurs, qui est strictement attaché à l'autorité parentale et à ses obligations (C. civ., art. 382).

En ce qui concerne les offices ministériels[2], aucune disposition du Code des procédures civiles d'exécution n'en interdit, on s'en doute, la saisie ou celle des parts sociales les représentant même si ces parts ne peuvent être ni données en nantissement, ni vendues aux enchères publiques (à propos des parts d'une société civile professionnelle de notaires[3])[4]. La Cour de cassation a néanmoins pu considérer, à propos de la saisie d'une créance représentée par le prix de cession d'un office notarial, et alors que l'arrêt d'appel avait retenu que ladite créance existait au moins en germe dès la signature du traité de cession, qu'une saisie ne peut porter sur une créance éventuelle, et que l'agrément ministériel constituait un élément légal de la convention intervenue, la créance saisie n'étant pas encore née à la date où les mesures d'exécution forcée avaient été pratiquées[5]. De fait, cet agrément préalable du garde des Sceaux constitue un obstacle à une mesure d'exécution. En effet, dans une autre décision du 4 novembre 2003, tout en rappelant que l'interdiction de nantir ou de vendre aux enchères les parts d'une SCP de notaire n'emporte pas, par principe, leur insaisissabilité en l'absence de disposition législative en ce sens, la Haute juridiction a estimé que la saisie-vente de telles parts réalise une cession forcée, et que l'exigence de l'agrément préalable du cessionnaire par le garde des Sceaux est incompatible avec une telle cession[6].

Cela étant, l'existence d'une saisie des droits incorporels « *autres que les créances de sommes d'argent* » (C. pr. exéc., art. L. 231-1), permet de nuancer le propos relativement à ces droits. L'avis rendu par la Cour de cassation le 8 février 1999, à propos de la licence d'exploitation d'un débit de boissons de 4e catégorie, l'a montré, puisque la Haute Cour a affirmé sans ambiguïté qu' » *en l'absence de texte réglementaire de portée générale applicable à la saisie des droits de cette nature, ou de dispositions spécifiques à la saisie de cette licence qui n'est pas une valeur mobilière, il est possible, sous réserve des adaptations nécessaires contrôlées par le juge de l'exécution de transposer, pour les opérations de saisie, la procédure définie aux articles 182 à 184 du décret du 31 juillet 1992* [devenus C. pr. exéc., art. R. 232-1 à R. 232-8], *et, pour la vente, les dispositions des articles 189 à 192 du même texte* [devenus C. pr. exéc., art. R. 233-1 à R. 233-9] »[7]. Cet avis a rapidement fait école, et la cour d'appel de Versailles, le 4 mai 2006, l'a étendu à la licence de taxi, affirmant notamment qu'« *à défaut de toute disposition spéciale restrictive*, [l']*autorisation administrative de stationnement est saisissable en application* [de] *l'article 59 de la loi du 9 juillet 1991* », devenu aujourd'hui l'article L. 231-1 C. pr. exéc.[8].

En revanche, il est ordinairement admis qu'en raison de son caractère personnel, le droit moral de l'auteur sur son œuvre est insaisissable car inaliénable (CPI, art. L. 121-1, al. 3).

On notera par ailleurs, s'agissant de la délégation imparfaite, que la Cour de cassation, après avoir un temps considéré que les créanciers du délégant peuvent saisir la créance dont celui-ci dispose à l'égard du délégué[9], juge désormais (comme cela fut déjà le cas par le passé[10]) que cette créance est insaisissable[11]. La Cour de cassation considère que si le

1. Sur l'insaisissabilité de la créance cambiaire, v. Com. 27 sept. 2005, n° 02-16.902, P IV, n° 182 ; *D.* 2005. AJ 2672, obs. X. Delpech ; *RTD com.* 2006. 166, obs. D. Legeais ; *D.* 2006. 1614, A. Boujeka, décidant que « *le souscripteur d'un billet à ordre, dispose d'un intérêt à agir pour s'opposer au paiement d'une créance cambiaire par nature insaisissable* ».
2. Décr. n° 67-868, 2 oct. 1967, pris pour l'application à la profession de notaire de la loi n° 66-879 du 29 novembre 1966 relative aux sociétés civiles professionnelles, *JO* 6 oct., art. 14, al. 1er, mod. par Décr. n° 92-64, 20 janv. 1992, modifiant le décret n° 67-868 du 2 oct. 1967 pris pour l'application à la profession de notaire de la loi n° 66-879 du 29 nov. 1966, relative aux sociétés civiles professionnelles, *JO* 21 janv., art. 6.
3. Décr. n° 67-868, 2 oct. 1967, art. 14, mod. par Décr. n° 92-64, 20 janv. 1992, art. 6.
4. TGI Perpignan, 27 févr. 1995, JEX, *Rev. huiss.* 1995. 1142.
5. Civ. 2e, 11 mai 2000, nos 97-12.362, 97-12.423, 97-15.736, P II, n° 77 ; *JCP* 2000. IV. 2134.
6. Civ. 1re, 4 nov. 2003, n° 99-13.965, P I, n° 222 ; *D.* 2003. 2869 ; *D.* 2004. 521, obs. G. Taormina ; *Dr. et proc.* 2004. 104, obs. Ph. Hoonakker.
7. Cass., avis, 8 févr. 1999, n° 98-00.015, P, n° 1 ; *BICC* 1er mai 1999, p. 1 ; *D.* 1999. 287, note C. Brenner.
8. Versailles, 4 mai 2006, *Dr. et proc.* 2007, obs. S. Abbou et M. Nicod – V. AUSSI, TGI Lyon, JEX, 15 mai 2001, *Dr. et proc.* 2002. 39, obs. C. Brenner.
9. Com. 29 avr. 2002, n° 99-15.072, P IV, n° 72 ; *D.* 2002. 2673, note D. Houtcieff ; *Defrénois* 2002. 1239, obs. R. Libchaber.
10. Com. 16 avr. 1996, n° 94-14.618, P IV, n° 120 ; *D.* 1996. 571, note C. Larroumet ; *D.* 1996. Somm. 333, obs. L. Aynès ; *JCP* 1996. II. 22689, note A. Billaud ; *Defrénois* 1996. 1018, obs. D. Mazeaud ; *RTD civ.* 1997. 132, obs. J. Mestre.
11. Com. 14 févr. 2006, n° 03-17.457, P IV, n° 37 ; *D.* 2006. AJ 650, obs. X. Delpech ; *Dr. et patr.* juill.-août 2006. 95, obs. P. Crocq.

droit de créance du déléguant demeure dans le patrimoine de celui-ci, ce droit est néanmoins indisponible à compter de l'acceptation du délégataire.

SECTION 6

PROVISIONS, SOMMES ET PENSIONS À CARACTÈRE ALIMENTAIRE

0141.101 **Définition.** Ne peuvent donc être saisies, en principe, « *les provisions, sommes et pensions à caractère alimentaire, sauf pour le paiement des aliments déjà fournis par le saisissant à la partie saisie* » (C. pr. exéc., art. L. 112-2, 3°). Sachant qu'une créance possède un caractère alimentaire à partir du moment où elle fournit de quoi vivre à son bénéficiaire, l'objet de l'article L. 112-2, 3° C. pr. exéc. est de mettre son paiement à l'abri de toute mesure d'exécution, autrement dit de sécuriser le débiteur qui, quoiqu'il arrive, saura pouvoir compter sur le versement périodique de la somme dont il a besoin pour assurer sa subsistance.

§ 1

Pensions alimentaires *lato sensu*

0141.111 **Énumération.** Il s'agit d'abord de la pension alimentaire fixée par le juge aux affaires familiales, à titre de mesure provisoire dans le cadre de l'instance en divorce ou en séparation de corps au profit de l'un des conjoints (C. civ., art. 255, 6° et 303), de la contribution due pour l'entretien et l'éducation des enfants mineurs avant le prononcé du divorce (C. civ., art. 256 et 296), de la prestation compensatoire (C. civ., art. 270) en raison de son caractère à la fois indemnitaire et alimentaire [1], qu'elle soit versée sous forme de rente ou en capital [2], de la pension alimentaire due au titre du devoir de secours (C. civ., art. 303). Toutefois, s'agissant de la pension alimentaire, par un arrêt du 10 mars 2005, la deuxième chambre civile de la Cour de cassation semble être revenue sur l'analyse du caractère mixte de cette pension en censurant l'arrêt d'une cour d'appel qui, pour admettre la validité d'une saisie-attribution pratiquée sur un compte alimenté par des sommes provenant du versement d'une prestation compensatoire, avait reconnu que celle-ci présentait à la fois un caractère indemnitaire et un caractère alimentaire. La Cour de cassation a cassé l'arrêt en se contentant d'indiquer que la prestation compensatoire est insaisissable [3]. Mais le 29 juin 2011, elle a refusé d'autoriser des délais de paiement sur le fondement de l'article 1244-1 ancien C. civ. – aujourd'hui C. civ., art. 1343-5 nouv. – en raison du caractère mixte de cette prestation, celle-ci étant « *à la fois alimentaire et indemnitaire* » [4] ...

Il s'agit aussi des subsides dus aux enfants dont la filiation paternelle n'est pas légalement établie (C. civ., art. 342), des aliments dus par les enfants à leurs père et mère ou autres descendants dès lors qu'ils sont dans le besoin (C. civ., art. 205), par l'adopté à l'adoptant (C. civ., art. 367), par les gendres et belles-filles à leur beau-père et belle-mère et réciproquement (C. civ., art. 206 et 207), de la contribution des époux aux charges du mariage (C. civ., art. 214).

Cette liste n'est cependant pas exhaustive. Il est en effet loisible au JEX de reconnaître un caractère alimentaire à des sources de revenus autres que celles ci-dessus décrites. Tel pourra être le cas de loyers perçus par un propriétaire qui justifie qu'il s'agit de ses seules ressources [5]. De même, peuvent être déclarées insaisissables les indemnités versées à une personne au titre de son préjudice corporel si ces sommes revêtent un caractère alimentaire en tout ou partie [6]. La notion d'aliments peut ainsi être étendue à des frais d'hospitalisation considérés comme des dépenses nécessaires à la restauration et la protection de la santé [7].

Plus généralement, il appartiendra au JEX de déterminer tant la nature des sommes qui doivent recevoir le qualificatif d'alimentaire que la fraction qu'il déclarera insaisissable (C. pr. exéc., art. R. 112-4). Le juge saisi devra rechercher en quoi les sommes en cause ont un caractère alimentaire. Il ne pourra se borner à procéder par simple affirmation, en déclarant par exemple que les indemnités allouées au débiteur, à la suite d'un accident, compensent des atteintes corporelles et constituent des droits attachés à sa personne qui ne peuvent changer de titulaire en devenant le gage de ses créanciers [8].

1. Sur ce double caractère, s'agissant de la pension alimentaire au sens de l'article 301 C. civ., dans sa rédaction antérieure à la loi du 11 juillet 1975, v. Civ. 1re, 4 juill. 2012, n° 11-14.962, P I, n° 152.
2. Civ. 2e, 27 juin 1985, n° 84-14.663, P II, n° 131 – Versailles, 20 janv. 1989, *D.* 1989. 76.
3. Civ. 2e, 10 mars 2005, n° 02-14.268, P II, n° 66 ; *D.* 2005. Somm. 1604, obs. G. Taormina ; *Procédures* 2005, n° 128, note R. Perrot ; *Dr. et proc.* 2005. 240, obs. C. Lefort.
4. Civ. 1re, 29 juin 2011, n° 10-16.096, P ; *AJ fam.* 2011. 427, obs. S. David ; *RTD civ.* 2011. 524, obs. J. Hauser.
5. Aix-en-Provence, 14 mars 1973, *D.* 1973. 569 – CONTRA, TGI Rennes, JEX, 21 juin 1994, *Rev. huiss.* 1995. 1268.
6. TGI Béthune, JEX, 16 sept. 1993, *Rev. huiss.* 1994. 657.
7. TGI Béthune, JEX, 25 nov. 1993, *Rev. huiss.* 1994. 660.
8. Com. 5 févr. 2002, n° 99-11.903, P IV, n° 28 ; *JCP* 2002. IV. 1496.

§ 2
Rémunérations du travail et assimilées

0141.121 Principe d'insaisissabilité partielle. C'est par renvoi aux dispositions du Code du travail que le Code des procédures civiles d'exécution, évoquant la saisie des rémunérations, fait référence au principe d'insaisissabilité partielle des gains et salaires (C. pr. exéc., art. L. 212-1 et R. 112-4, combinés – C. trav., art. L. 3252-1 s. et R. 3252-1 s.).

C'est ainsi que les rémunérations de toute personne salariée ou travaillant à quelque titre que ce soit, pour un ou plusieurs employeurs, peu important le montant et la nature de la rémunération, la forme et la nature du contrat (C. trav., art. L. 3252-1 [mentionné au C. pr. exéc., art. L. 212-1]), ne sont saisissables ou cessibles que dans des proportions ou seuils de rémunération fixés par un barème révisable annuellement en tenant compte du montant du salaire et du nombre de personnes à charge, y compris les indemnités journalières de maladie[1] (C. trav., art. L. 3252-2 [mentionné au C. pr. exéc., art. L. 212-1] et CSS, art. L. 323-5 [qui vise la saisie-arrêt] – v. s^s n°s 094.05 à 0945.44).

L'article L. 3252-3 alinéa 2 C. trav. [mentionné au C. pr. exéc., art. L. 212-1] énonce qu'il est en outre tenu compte d'une fraction insaisissable, « *égale au montant forfaitaire mentionné au 2° de l'article L. 262-2 du Code de l'action sociale et des familles applicable à un foyer composé d'une seule personne.* ».

Cette insaisissabilité partielle concerne aussi les appointements, traitements et soldes des fonctionnaires civils et militaires et des magistrats (L. 18 janv. 1930 – Décr. 24 août 1974).

Bénéficient aussi de l'exception d'insaisissabilité partielle un certain nombre d'allocations (v. par ex., C. trav., art. L. 5122-2, 2°, L. 5123-4, L. 5424-21, 2° et L. 5428-1, al. 1er).

En application du droit commun, il appartient à celui qui revendique le caractère insaisissable de ses rémunérations d'en rapporter la preuve[2].

Échappent en revanche au principe d'insaisissabilité les indemnités de licenciement, les dommages et intérêts, et l'indemnité compensatrice de préavis en raison de leur caractère indemnitaire[3].

0141.122 Exceptions. Le prélèvement direct du terme mensuel courant et des six derniers mois impayés des pensions alimentaires ou des vingt-quatre derniers mois lorsque l'organisme débiteur des prestations familiales agit pour le compte du créancier peut, en effet, être poursuivi sur l'intégralité de la rémunération, et à ce titre, il est « *d'abord imputé sur la fraction insaisissable* [...] » (C. trav., art. L. 3252-5).

0141.123 Rémunérations et saisie conservatoire. Il faut également rappeler que les rémunérations ne peuvent jamais faire l'objet d'une saisie conservatoire (C. trav., art. L. 3252-7)[4].

0141.124 Qui peut se prévaloir de l'insaisissabilité ? Seul le débiteur est fondé à se prévaloir des dispositions de l'article L. 3252-2 C. trav. [mentionné au C. pr. exéc., art. L. 212-1] relatives à la détermination de la fraction insaisissable des rémunérations, en particulier dans le cadre d'une liquidation judiciaire.

L'exception à la règle du dessaisissement (posée par l'article L. 641-9 C. com.) n'est édictée que dans l'intérêt du débiteur et ne peut être utilement revendiquée par des tiers, sauf en cas de mise en œuvre de l'action oblique prévue par l'article 1341-1 C. civ.[5].

0141.125 Droits d'auteur. Dans la mesure où elles ont un caractère alimentaire, les sommes dues en raison de l'exploitation pécuniaire ou de la cession des droits de propriété littéraire ou artistique aux auteurs, compositeurs ou artistes, à leurs enfants mineurs pris en qualité d'ayants cause, au conjoint non séparé de corps, sont insaisissables dans la proportion de quatre cinquièmes lorsqu'elles sont au plus égales annuellement au palier de ressources le plus élevé prévu en application du chapitre V du titre IV du livre Ier du Code du travail (CPI, art. L. 333-2 et L. 333-3).

Elles sont toutefois entièrement saisissables pour recouvrer des créances d'aliments, en ce compris la prestation compensatoire (CPI, art. L. 333-4).

0141.126 Cas particulier des indemnités des élus. Rappelons que ces indemnités sont fixées par les assemblées délibérantes auxquelles ils appartiennent.

Aucun texte de loi ne tranche la question, de la saisissabilité des indemnités de fonction des élus. Certes, la différence avec les traitements s'est estompée depuis qu'elles sont soumises à l'impôt et aux cotisations de sécurité sociale et qu'elles ont été

1. Pour une indemnité de départ en retraite : v. Soc. 30 janv. 2008, n° 06-17.531, P V, n° 29 ; *RD banc. fin.* 2008, n° 49, obs. S. Piedelièvre ; *Dr. et proc.* 2008. 222, obs. O. Salati ; *Dr. et patr.* nov. 2008. 98, obs. C. Lefort.
2. Rennes, 21 oct. 1993, *Rev. huiss.* 1994. 659.
3. Soc. 18 nov. 1992, n° 91-40.596, P V, n° 555 – TGI Béthune, JEX, 16 déc. 1993, *Rev. huiss.* 1994. 657 – Douai, 10 nov. 1993, *Rev. huiss.* 1994. 1426.
4. Pour une application s'agissant d'une indemnité de non-concurrence, v. Paris, 8e ch. B, 23 févr. 2006, *Dr. et proc.* 2006. 222, obs. C. Lefort – Pour l'inapplication de cette disposition s'agissant de sommes versées sur un compte bancaire, même provenant de rémunérations du travail : Civ. 2e, 24 juin 2004, n° 02-14.813, P II, n° 323.
5. Com. 11 juill. 1995, n° 93-13.195, P IV, n° 209.

revalorisées. Il n'en demeure pas moins qu'à l'origine, elles ont été allouées aux élus pour assurer leur indépendance à l'égard du pouvoir exécutif. À ce titre, elles constituent un élément du mécanisme de la séparation des pouvoirs. Aussi, paraît-il difficile d'admettre leur saisissabilité. C'est en tout cas ce qu'a jugé la cour d'appel de Paris[1] en refusant l'application de la procédure de saisie des rémunérations à un conseiller municipal de Paris au motif qu'il n'y avait pas de lien de subordination entre la ville et le conseiller, que l'indemnité était destinée à réparer le préjudice consécutif à la réduction de l'activité professionnelle au profit des fonctions électives, en l'absence de délivrance de tout bulletin de salaire et de prélèvements sociaux ou fiscaux. Si depuis la loi du 3 février 1992, les indemnités des élus sont soumises à ces retenues, ce seul fait ne suffit pas à les considérer comme des salaires lorsque l'on sait que le moindre placement financier en fait désormais l'objet (compte ou plan d'épargne logement, *etc.*). La question reste cependant posée en ce qui concerne la saisie-attribution. Si aucune décision récente n'a statué sur ce point, on peut signaler un jugement ancien qui a admis la mise en œuvre d'une saisie-arrêt[2].

En ce qui concerne les élus locaux, le ministre de la Justice considère qu'il revient au JEX d'apprécier au cas par cas, en fonction de la situation de l'élu, au regard notamment de la taille de la collectivité territoriale, dans quelle mesure ces indemnités sont ou non totalement ou partiellement saisissables par assimilation aux rémunérations du travail[3]. On ne voit cependant pas en quoi la situation des élus locaux devrait être appréciée différemment de celle des élus issus de la représentation nationale.

§ 3
Prestations à caractère social

0141.131 Prestations familiales. L'article L. 511-1 du CSS, modifié par la loi du 8 juin 2020[4], regroupe aujourd'hui sous ce vocable les prestations suivantes :

– la prestation d'accueil du jeune enfant ;
– les allocations familiales ;
– le complément familial ;
– l'allocation de logement ;
– l'allocation d'éducation de l'enfant handicapé ;
– l'allocation de soutien familial ;
– l'allocation de rentrée scolaire ;
– l'allocation forfaitaire versée en cas de décès d'un enfant ;
– l'allocation journalière de présence parentale.

Les prestations familiales sont ainsi incessibles et insaisissables, sauf pour le recouvrement des prestations indûment versées à la suite d'une manœuvre dolosive ou d'une fausse déclaration de l'allocataire (CSS, art. L. 553-4, I)[5]. Il résulte de ces dispositions que les prestations familiales sont insaisissables pour le recouvrement d'une dette de nature commerciale[6].

En vertu de ce principe général d'insaisissabilité, un blocage de compte courant de dépôt par voie de saisie-attribution ne pourra avoir pour effet de faire obstacle à l'attribution des prestations familiales, et l'allocataire pourra effectuer des retraits chaque mois dans la limite du montant des prestations familiales (CSS, art. L. 553-4, III).

0141.132 Prestations familiales saisissables. L'article L. 553-4 alinéa 2 du CSS prévoit que les prestations familiales peuvent toutefois être saisies dans la limite d'un montant mensuel déterminé dans les conditions prévues à l'article L. 553-2 dudit code (composition de la famille, ses ressources, les charges du logement, les prestations servies par les organismes débiteurs) pour :

– le paiement des dettes alimentaires ou l'exécution de la contribution aux charges du mariage et liées à l'entretien des enfants ou le recouvrement des créances mentionnées aux articles L. 581-1 et L. 581-3 : l'allocation de base et la prestation partagée d'éducation de l'enfant, les allocations familiales, le complément familial, l'allocation de rentrée scolaire, l'allocation de soutien familial ;

– le paiement des frais entraînés par les soins, l'hébergement, l'éducation ou la formation notamment dans les établissements mentionnés à l'article L. 541-1 : l'allocation d'éducation de l'enfant handicapé. En cas de non-paiement de ces frais, la personne physique ou morale ou l'organisme qui assume la charge de l'éducation spéciale, de la formation ou de l'entretien de l'enfant peut obtenir de l'organisme débiteur de l'allocation que celle-ci lui soit versée directement.

En application de ces dispositions, on peut relever une décision qui a assimilé à une dette alimentaire des soins dentaires et autorise de ce chef la saisie-attribution des prestations familiales[7]. De même, le trésorier principal d'un centre hospitalier est a été à pratiquer une saisie-arrêt sur les prestations familiales versées à un allocataire pour des soins prodi-

1. Paris, 25 mai 1988, *D.* 1989. 215, obs. J. Prévault.
2. T. civ. 2 nov. 1893, Seine, *D.* 1894. 2. 415.
3. V. Rép. min., 30 mai 1996, *Rev. huiss.* 1996. 1362.
4. L. n° 2020-692, 8 juin 2020, visant à améliorer les droits des travailleurs et l'accompagnement des familles après le décès d'un enfant, *JO* 9 juin, texte n° 1.
5. Soc. 26 sept. 2002, n° 01-12.178, NP.
6. TGI Amiens, JEX, 4 mars 1993, *D.* 1994. Somm. 341.
7. TGI La Roche-sur-Yon, JEX, 10 févr. 1994, *Rev. huiss.* 1994. 651.

gués à son enfant. La Cour de cassation a en effet considéré en effet qu'en assurant ces soins, l'établissement hospitalier s'est substitué, au moins partiellement aux parents dans leur obligation alimentaire pendant la durée de l'hospitalisation[1].

Les prestations familiales peuvent être saisies par un lycée pour obtenir le paiement des frais de pension réclamés aux parents d'un élève, uniquement pour le principal et non pour les frais d'exécution qui ne constituent pas des frais exposés dans l'intérêt de l'enfant[2].

0141.133 Prestations d'assurance-maladie. Sont regroupées dans cette catégorie les prestations résultant de l'assurance-maladie (CSS, art. L. 321-1 s.) :

– **les indemnités journalières,** qui sont des substituts du salaire, ne sont cessibles et saisissables que dans les limites fixées par le Code du travail (CSS, art. L. 433-3 – C. trav., art. L. 3252-1 [mentionné au C. pr. exéc., art. L. 212-1]) ;

– **les indemnités en capital** ou les rentes attribuées aux victimes d'accident du travail atteintes d'une incapacité permanente inférieure à un pourcentage déterminé, sont totalement incessibles et insaisissables (CSS, art. L. 434-1 et L. 434-18) ;

– **les prestations en nature** visées aux 1°, 2°, 3°, 4° et 6° de l'article L. 321-1 du CSS sont incessibles et insaisissables sauf pour le recouvrement des prestations indûment versées à la suite d'une manœuvre frauduleuse ou d'une fausse déclaration de l'assuré. Les blocages des sommes déposées sur un compte ne peuvent faire obstacle à l'insaisissabilité et à l'incessibilité de ces prestations (CSS, art. L. 322-7).

0141.134 Prestations d'assurance décès. Il s'agit du **capital** versé aux ayants droit de l'assuré dès son décès (sur cette assurance v. CSS, art. L. 361-1). Ce capital est incessible et insaisissable sauf pour le paiement des dettes alimentaires ou le recouvrement du capital indûment versé à la suite d'une manœuvre frauduleuse ou d'une fausse déclaration (CSS, art. L. 361-5).

0141.135 Allocation aux adultes handicapés. Elle est assimilée à une prestation familiale. Elle est incessible et insaisissable sauf pour le paiement des frais d'entretien de la personne handicapée (CSS, art. L. 821-5, al. 1er). En cas de non-paiement de ces frais, la personne physique ou morale ou l'organisme qui en assume la charge peut obtenir de la caisse débitrice de l'allocation que celle-ci lui soit versée directement.

0141.136 Aide personnelle au logement. Cette aide est incessible et insaisissable sauf au profit de l'établissement habilité, du bailleur ou de l'organisme payeur (CCH, art. L. 821-6, al. 6).

1. Soc. 12 mars 1998, n° 96-16.591, P IV, n° 140.
2. Soc. 26 oct. 2000, n° 98-20.809, P IV, n° 351 ; *Gaz. Pal.* 30 nov. 2000, p. 19.

§ 4
Pensions et rentes

0141.141 Pensions de retraite et rentes d'invalidité des fonctionnaires civils et militaires. Elles sont cessibles et saisissables, de même que les rentes viagères d'invalidité, mais dans les conditions prévues à l'article L. 355-2 du CSS (C. pens. retr., art. L. 56, al. 1er).

Sont bénéficiaires de ce régime, les fonctionnaires civils, les magistrats de l'ordre judiciaire, les militaires de carrière servant dans la réserve, ainsi que leur conjoint survivant ou leurs orphelins.

Pendant longtemps, cette immunité d'exécution propre aux fonctionnaires civils et militaires est restée très large puisqu'elle ne souffrait que trois exceptions au profit des personnes morales de droit public, des créanciers privilégiés en vertu de l'ancien article 2101 C. civ. (C. civ., art. 2331) et des créanciers alimentaires. Ce privilège avait suscité un sentiment d'injustice chez les créanciers et les agents d'exécution, relayé sur le plan judiciaire par une résistance jurisprudentielle qui avait conduit la Cour de cassation à rappeler, d'une part que les pensions et les rentes d'invalidité ne pouvaient être saisies que par la voie de la saisie attribution de droit commun[3] et que l'article 56 précité visant « *les pensions et rentes viagères d'invalidité* » ne pouvait être dénaturé par une application restrictive aux sommes allouées au titre de l'invalidité, à l'exclusion de salaires versés à titre de pensions de retraite.

Ce régime de faveur a cessé depuis la loi du 21 août 2003[4] portant réforme des retraites, dont l'article 62 a modifié l'article L. 56 C. pens. retr. afin d'aligner la situation des fonctionnaires sur celle des salariés du secteur privé[5].

Selon les nouvelles dispositions de ce texte, les pensions et les rentes viagères d'invalidité instituées par le présent Code sont cessibles et saisissables dans

3. Civ. 2e, 8 janv. 1992, n° 90-10.894, P II, n° 11.
4. L. n° 2003-775, 21 août 2003, portant réforme des retraites, *JO* 22 août, texte 1.
5. V. *Gaz. Pal.* 16-20 sept. 2003, p. 2 – L'art. L. 30 du C. pens. retr. marins français décide que « *les pensions et secours de la caisse de retraites sont incessibles. Ces pensions ne sont saisissables qu'à concurrence d'un montant fixé par voie réglementaire et qui diffère selon qu'il s'agit, d'une part, de créances de l'État, de l'Établissement national des invalides de la marine ou des créances privilégiées de l'article 2331 du Code civil, d'autre part, des créances d'aliments prévues par les articles 203, 205 à 207 et 214 du Code civil.* » – Pour une application abusive de ce texte, sanctionnée par les juges : Civ. 2e, 3 mai 2007, n° 05-19.439, P II, n° 121.

les conditions prévues à l'article L. 355-2 du CSS, c'est-à-dire, dans les mêmes conditions et limites que les salaires. Seule la quotité saisissable de la pension de retraite ou de la rente d'invalidité pourra être appréhendée par les créanciers des fonctionnaires, et ce, par référence au barème adopté par le Code du travail. Une exception a toutefois été prévue en faveur des établissements hospitaliers et des caisses de sécurité sociale. Dans ce cas, les pensions et rentes civilisées sont cessibles et saisissables dans la limite de 90 % des frais d'hospitalisation. Il existe une autre exception, d'application rare : la saisie peut s'élever à la totalité de la pension, réserve faite d'une somme d'un montant égal au tiers du minimum garanti prévu à l'article L. 17 du présent code, lorsque cette saisie a pour objet l'exécution de condamnations à des réparations civiles ou aux frais dus à une victime, au titre de l'article 375 C. pr. pén., prononcées à l'encontre de personnes jugées auteurs ou complices de crimes contre l'humanité.

Le montant de la saisie sur un rappel de pensions et rentes s'apprécie en rapportant la quotité saisissable au montant dû par échéances mensuelles ou trimestrielles, quelle que soit la période de validité à laquelle se rapporte le rappel[1].

0141.142 Pensions de vieillesse et rentes d'invalidité versées par la sécurité sociale et les pensions de retraite des régimes complémentaires. Le montant de la saisie sur rappel de pension et de rente s'apprécie en rapportant la quotité saisissable au montant dû par échéance mensuelle ou trimestrielle, quelle que soit la période de validité à laquelle se rapporte le rappel (CSS, art. L. 355-2). Toutefois, elles le sont dans la limite de 90 % au profit des établissements hospitaliers et des caisses de sécurité sociale pour le paiement des frais d'hospitalisation. Il est dérogé à la règle de l'insaisissabilité partielle des pensions de vieillesse et des rentes d'invalidité, lorsque la saisie a pour objet des condamnations à l'exécution des réparations civiles ou aux frais dus à la victime au titre de l'article 375 C. pr. pén., prononcées à l'encontre d'une personne jugée auteur ou complice de crime contre l'humanité. Dans ce cas, la totalité de la pension ou de la rente est saisissable, à l'exception cependant d'une somme d'un montant égal au tiers du minimum prévu au premier alinéa de l'article L. 351-10 du CSS (CSS, art. L. 355-2 *in fine*).

Les pensions et rentes d'invalidité, les pensions de vieillesse, les pensions et rentes pour inaptitude au travail, les pensions de réversion versées au conjoint survivant sont cessibles et saisissables dans les mêmes conditions et limites que les salaires (CSS, art. L. 355-2). Cela signifie, en particulier, que « *la saisissabilité des pensions d'invalidité n'est que partielle et qu'une fraction demeure insaisissable comme en matière de salaire* »[2]. Il en va de même pour les retraites complémentaires versées par les institutions de retraite complémentaire (CSS, art. L. 922-7, al. 2, qui renvoie au premier alinéa de CSS, art. L. 355-2)[3].

Un débat est né sur l'interprétation du terme « *condition* ». Devait-on considérer que les textes relatifs à la saisie des rémunérations étant d'application stricte, ces pensions ne pouvaient être assimilées à des salaires, seule la voie de la saisie-attribution entre les mains des caisses de retraite étant alors possible[4] ou que le terme « *condition* » s'entendait comme s'appliquant aux conditions de forme et de fond de la saisissabilité des salaires ? C'est cette dernière interprétation qui a été retenue par la Cour de cassation dans un avis du 21 juillet 1995, énonçant que la saisie des pensions de vieillesse du régime général de la Sécurité sociale ne peut être effectuée que par la procédure de saisie des rémunérations[5].

Ces dispositions s'appliquent aux professions artisanales, industrielles et commerciales (CSS, art. L. 634-1), aux allocations aux vieux travailleurs salariés (AVTS), aux vieux travailleurs non-salariés (AVTNS), aux mères de famille, aux personnes relevant d'un régime spécial de sécurité sociale et aux allocations supplémentaires du fonds national de solidarité (CSS, art. L. 711-1, L. 711-10, et L. 815-13)[6].

La cession ou la saisie est cependant autorisée pour le recouvrement des frais d'hospitalisation au profit des établissements hospitaliers et des caisses de sécurité sociale dans la limite de 90 %, mais sans avoir pour effet de réduire les arrérages de la pension d'invalidité servie au bénéficiaire à un montant inférieur au quart du taux minimum de l'allocation aux vieux travailleurs salariés (CSS, art. L. 341-5 et L. 355-2)[7].

§ 5
Indemnités, traitements et situations diverses

0141.151 Revenu de solidarité active (RSA). En application de l'article L. 262-48 du CASF, le revenu de solidarité active est incessible et insaisissable.

1. D. Courtillat et F.-J. Pansier, « La nouvelle saisissabilité des pensions civiles et militaires : présentation de l'article 62 de la loi du 21 août 2003 », *Gaz. Pal.* 20 sept. 2003, p. 2.

2. Civ. 2e, 7 juin 2012, n° 11-19.622, P (préc., v. ss n° 0141.05).
3. Civ. 2e, 16 mars 2000, n° 98-18.728, P II, n° 50 ; *BICC* 1er juin 2000, n° 704 ; *D.* 2000. 109.
4. EN CE SENS, TGI Paris, JEX, 4 mars 1994, *Rev. huiss.* 1995. 244.
5. Cass., avis, 21 juill. 1995, n° 09-50.010, P, n° 11 – Rennes, 6 oct. 1995, *Rev. huiss.* 1995. 1395 – Paris, 26 oct. 1995, *Gaz. Pal.* 1996. 3-5 mars, p. 14, obs. M. Véron.
6. TGI Rennes, JEX, 21 juin 1994, *Rev. huiss.* 1995. 1268.
7. TGI Grenoble, 24 oct. 1994, *Rev. huiss.* 1995. 1266.

0141.152 **Allocations au titre du régime de solidarité.** Le Code du travail offre à certaines catégories de personnes dans une situation délicate, le droit au bénéfice d'une allocation de solidarité spécifique (C. trav., art. L. 5423-1 à L. 5423-4). En vertu de l'article L. 5423-5 C. trav., non seulement cette allocation est incessible et insaisissable, mais encore aucun blocage de compte courant ou d'avances ne peut avoir pour effet de faire obstacle à cette insaisissabilité. En outre, les bénéficiaires de ces allocations peuvent effectuer mensuellement des retraits de ces comptes dans la limite du montant de leurs allocations.

0141.153 **Indemnités versées aux agriculteurs.** Les indemnités annuelles d'attente et les primes de départ versées aux agriculteurs sont incessibles et insaisissables[1].

Les allocations de préretraite des chefs d'exploitation sont cessibles et saisissables dans les mêmes conditions et limites que les salaires. La cession ou la saisie est cependant autorisée pour le recouvrement des frais d'hospitalisation au profit des établissements hospitaliers et des caisses de sécurité sociale dans la limite de 90 %[2].

Les allocations de préretraite versées aux agriculteurs contraints de cesser leur activité en suite de difficultés financières ou de graves problèmes de santé ne sont pas saisissables par les créanciers des bénéficiaires, quels qu'ils soient[3]. Toutefois, en l'absence de dispositions légales prévoyant expressément leur insaisissabilité, la Cour de cassation a estimé que les primes communautaires telles que la prime à la vache allaitante ne sont pas assimilables à des salaires ou à des aliments et sont donc saisissables[4].

0141.154 **Indemnités versées aux rapatriés.** Les indemnités versées aux personnes physiques personnellement dépossédées de leurs meubles meublant à usage courant et familial par suite d'événements politiques dans un territoire placé antérieurement sous la souveraineté, le protectorat ou la tutelle de la France, sont incessibles et insaisissables[5].

0141.155 **Traitements particuliers.** Les traitements afférents aux décorations militaires, la retraite du combattant[6], les rentes sur l'État, les traitements des ambassadeurs, des ministres plénipotentiaires et des agents diplomatiques, sont incessibles et insaisissables. Il en va de même pour le personnel de l'Unesco[7] et pour les rémunérations des officiers de marine, des quartiers-maîtres de première classe accomplissant leur service légal ainsi que celles des quartiers-maîtres de deuxième classe et des marins[8], pour les primes accordées, en vertu des lois sur le recrutement aux militaires de l'armée de terre (L. 4 août 1930, art. 7), sauf dette alimentaire.

0141.156 **Œuvres culturelles.** Les dons à l'État d'œuvres d'art, de livres, d'objets de collection ou de documents de haute valeur artistique ou historique acquis par des entreprises sont insaisissables et incessibles à compter de l'acceptation par l'État de l'offre de ce don (CGI, art. 238 *bis* OA).

De même, les prêts de biens culturels par une puissance étrangère, une collectivité publique ou une institution culturelle étrangère, destinés à être exposés au public en France, sont insaisissables pour la période de leur prêt à l'État français ou à toute personne morale désignée par lui[9].

SECTION 7
CRÉANCES INSAISISSABLES FIGURANT SUR UN COMPTE

§ 1
Report d'insaisissabilité et mise à disposition d'une somme à caractère alimentaire

0141.161 **Permanence de l'insaisissabilité.** Historiquement, la première question qui s'est posée a été de savoir quel est le sort des créances insaisissables lorsque, totalement ou en partie, elles sont versées sur un compte. Perdaient-elles à cette occasion leur insaisissabilité ? Si oui, le législateur devait alors prévoir une technique permettant de paralyser les effets habituellement attachés au mécanisme du compte bancaire. On sait, en effet, que l'entrée en compte d'une créance a un effet extinctif, dénommé effet novatoire, et, de façon plus générale, qu'une créance inscrite en compte se fond dans celui-ci par un effet de fusion, entraînant la perte de ses caractéristiques particulières en vertu du principe de fongibilité des deniers en compte. Or, le même phénomène de perte d'individualité se produit lorsqu'une créance insaisissable est passée en compte : en principe, le bénéfice de l'insaisissabilité est perdu. C'est la raison pour laquelle le législateur

1. L. nº 91-5, 3 janv. 1991, art. 30 – L. nº 94-114, 10 févr. 1994, art. 35
2. L. nº 92-187, 27 févr. 1992
3. L. 29 juill. 1998, art. 132
4. Civ. 2e, 18 sept. 2003, nº 01-16.176, P II, nº 275 ; *BICC* 2003. 1494 ; *Gaz. Pal.* 21-22 juill. 2004. 9, obs. C. Brenner.
5. L. nº 82-4, 6 janv. 1982, art. 13.
6. L. 27 févr. 1951, art. unique
7. Cass., avis, 8 déc. 1995, nº 09-50.014, P, nº 14 ; *BICC* 1er févr. 1995, p. 4.
8. Décr. 22 oct. 1952, art. 130, mod. par Décr. 20 nov. 1992.
9. L. nº 94-679, 8 août 1994, art. 61, al. 1er – En guise d'exemple : Arr. 8 déc. 2010, relatif à l'insaisissabilité de biens culturels, *JO* 14 déc., p. 21836.

a donc posé le principe selon lequel « *les créances insaisissables dont le montant est versé sur un compte demeurent insaisissables* » (C. pr. exéc., art. L. 112-4), l'article R. 112-5 alinéa 1er C. pr. exéc. disposant plus précisément que « *lorsqu'un compte est crédité du montant d'une créance insaisissable en tout ou partie, l'insaisissabilité se reporte à due concurrence sur le solde du compte* »[1].

Ces dispositions mettent un terme définitif à la fongibilité des créances figurant sur un compte[2]. C'est là le mécanisme initial, prévu dès la loi du 9 juillet 1991 et le décret du 31 juillet 1992, qui permet au débiteur saisi parvenant à démontrer que son compte bancaire est alimenté par des sommes insaisissables, d'exclure ces sommes de l'assiette de la saisie. En effet, la charge de la preuve de l'origine des fonds lui incombe[3], mais si le débiteur arrive à administrer cette preuve la jurisprudence se livre alors à une interprétation du report d'insaisissabilité qui lui est favorable, particulièrement lorsque la créance insaisissable est une créance à échéance périodique, estimant que ce report doit s'étendre à la totalité des fractions insaisissables qui figurent au solde du compte au jour de la saisie, et non se limiter à la fraction insaisissable de la dernière échéance. Pour la deuxième chambre civile, en effet, « *lorsque les sommes insaisissables versées sur un compte proviennent de créances à échéance périodique, l'insaisissabilité porte sur toutes les sommes insaisissables comprises dans le solde créditeur du compte* »[4]. En d'autres termes, même épargnées plutôt que dépensées, les sommes conservent leur caractère insaisissable, solution que la doctrine a regretté parce que le report d'insaisissabilité « *a pour but de permettre au débiteur de subvenir, dans le moment présent, aux nécessités de la vie courante dans l'attente de la prochaine échéance, et non point de se constituer un petit magot à toutes fins* »[5]. Ceci posé, le report d'insaisissabilité doit être combiné avec les règles spécifiques à la saisie des comptes bancaires.

0141.162 **Mécanisme complémentaire.** De fait, le mécanisme de l'article L. 112-4 C. pr. exéc. a été complété par un décret du 11 septembre 2002[6], instituant un dispositif d'accès urgent aux sommes à caractère alimentaire figurant sur un compte saisi lequel, à l'époque, consistait à permettre au débiteur, titulaire du compte sur lequel une saisie est pratiquée, de demander au teneur de compte qu'il mette immédiatement à sa disposition, dans la limite du solde créditeur du compte au jour de la réception de la demande, une somme à caractère alimentaire d'un montant égal au montant forfaitaire du revenu de solidarité active (RSA). Ce dispositif humanitaire a ensuite été modifié par la loi du 12 mai 2009[7], qui, au constat de ce que les demandes de mise à disposition étaient en fait rarement formées par les personnes qui en avaient le plus besoin, a rendu automatique le mécanisme et introduit dans la législation un texte amélioré aux termes duquel « *le tiers saisi laisse à disposition du débiteur personne physique, dans la limite du solde créditeur du ou des comptes au jour de la saisie, une somme à caractère alimentaire d'un montant égal au montant forfaitaire, pour un allocataire seul, mentionné à l'article L. 262-2 du Code*

1. Civ. 2e, 11 mai 2000, no 98-11.696, P II, no 78 ; *RTD civ.* 2000. 641, obs. R. Perrot – Civ. 2e, 27 juin 2002, no 00-17.578, P II, no 150 ; *RTD civ.* 2002. 566, obs. R. Perrot ; *D.* 2003. 1402, obs. G. Taormina – Paris, 8e ch., sect. B, 5 déc. 2002, *Dr. et proc.* 2003. 178, obs. E. Putman – Civ. 2e, 24 mars 2005, no 03-12.836, P II, no 80 ; *Dr. et proc.* 2005. 243, obs. E. Putman.
2. TGI Lyon, JEX, 7 mars 1995, *Gaz. Pal.* 1995. Somm. 511 – Civ. 2e, 22 mai 1995, no 93-13.941, NP ; *Rev. huiss.* 1995. 888, à propos de la non-fongibilité des pensions versées sur un compte bancaire – TI Privas, JEX, 5 juill. 1994, *Rev. huiss.* 1995. 370.
3. Civ. 2e, 7 juin 2006, no 04-19.205, NP, dans une affaire où une saisie conservatoire avait été pratiquée sur tous les comptes d'une locataire en garantie du paiement d'une créance de loyers, et où la demande de mainlevée de la mesure a été rejetée jusque devant la Cour de cassation parce que, ne produisant pas ses relevés de comptes, « *elle ne démontrait pas que ces comptes étaient exclusivement alimentés par des prestations insaisissables, de sorte que l'insaisissabilité de la totalité des comptes n'était pas établie* » – V. AUSSI, Civ. 2e, 24 mars 2005, no 03-12.836, P II, no 80 ; *RTD civ.* 2002. 566, obs. R. Perrot.
4. Civ. 2e, 12 juill. 2007, no 05-20.911, P II, no 211 ; *RTD civ.* 2007. 814, obs. R. Perrot, dans une affaire où la débitrice avait demandé l'annulation d'une saisie-attribution en soutenant que la somme saisie sur son compte était constituée d'allocations de son revenu minimum d'insertion, aujourd'hui revenu de solidarité active, et où le juge d'appel avait, lui, opté pour la saisissabilité en retenant que « *l'allocation de revenu minimum d'insertion devient saisissable dès lors qu'elle a été épargnée* » – DANS LE MÊME SENS : Civ. 2e, 24 juin 2004, no 02-14.813, P II, no 323 ; *RTD civ.* 2004. 780, obs. R. Perrot.
5. V. R. Perrot, obs. *RTD civ.* 2002. 566, ss Civ. 2e, 27 juin 2002, no 00-17.578, P II, no 150.
6. Décr. no 2002-1150, 11 sept. 2002, instituant un dispositif d'accès urgent aux sommes à caractère alimentaire figurant sur un compte saisi et modifiant le décret no 92-755 du 31 juillet 1992, *JO* 13 sept., p. 1533 – T. Moussa et L. de Mersseman, « Le nouveau dispositif d'accès urgent aux sommes à caractère alimentaire figurant sur un compte saisi », *Procédures* 2002. Chron. 11 – V. AUSSI : O. Salati, « Présentation du décret du 11 septembre 2002 instituant un dispositif d'accès urgent aux sommes à caractère alimentaire figurant sur un compte saisi », *Rev. huiss.* 2003. 4.
7. L. no 2009-526, 12 mai 2009, de simplification et de clarification du droit et d'allégement des procédures, *JO* 13 mai, p. 7920 – V. Ph. Hoonakker, « Le revenu de solidarité active bancaire ou la mise à disposition automatique d'une somme à caractère alimentaire sur un compte saisi », *D.* 2010. 1890 – L. Lauvergnat, « Le décret no 2009-1694 du 30 décembre 2009, relatif à la mise à disposition automatique d'une somme à caractère alimentaire sur un compte saisi », *Dr. et proc.* 2010. 76.

de l'action sociale et des familles » (C. pr. exéc., art. L. 162-2, al. 1er) [1].

Il n'y a donc plus aucune demande à formuler pour bénéficier de la mise à disposition, ni aucune justification à fournir. Le débiteur conserve de plein droit une somme d'un montant égal au montant forfaitaire du RSA. L'article R. 162-2 alinéa 1er C. pr. exéc. le confirme, qui dispose qu'« *aucune demande du débiteur n'est nécessaire lorsqu'il est fait application des dispositions de l'article L. 162-2. Le tiers saisi avertit aussitôt le débiteur de la mise à disposition de la somme mentionnée à cet article* », sachant que dans l'éventualité d'une pluralité de comptes, il sera opéré une mise à disposition au regard de l'ensemble des soldes créditeurs du saisi, la somme étant imputée en priorité sur les fonds disponibles à vue (même texte, al. 2). Par ailleurs, si le débiteur a bénéficié d'une mise à disposition à l'occasion d'une première saisie sur son compte, et qu'une nouvelle saisie frappe le même compte, il ne pourra, en application de l'article R. 162-3 C. pr. exéc., obtenir une nouvelle mise à disposition que si un délai d'un mois s'est écoulé depuis la précédente.

0141.163 Pluralité des systèmes de protection. En définitive, le dispositif mis en place dans le Code des procédures civiles d'exécution envisage plusieurs **systèmes de protection.** Ces dispositifs dont les avantages vont en décroissant pour le débiteur concernent donc :

– la quotité insaisissable des rémunérations versées à un compte (alimenté par des rémunérations du travail) objet d'une procédure de paiement direct des pensions alimentaires (C. pr. exéc., art. L. 213-1 s. et R. 213-1 s.), qui doit être laissée en toute hypothèse par le tiers à la disposition du débiteur sans qu'aucune demande soit nécessaire (C. pr. exéc., art. R. 213-10, al. 1er), sachant qu'en cas de pluralité de comptes, cette somme est imputée sur un seul d'entre eux (même texte, al. 2) ;

– la somme à caractère alimentaire d'un montant égal au montant forfaitaire, pour un allocataire seul, du RSA, laissée à disposition du débiteur personne physique (C. pr. exéc., art. L. 162-2, R. 162-2 et R. 162-3), étant précisé que cette somme vient en déduction du montant des créances insaisissables dont le versement pourrait ultérieurement soit être demandé par le titulaire du compte en application des articles R. 162-4 et R. 162-5, soit obtenu par celui-ci en application de l'article R. 112-4 (C. pr. exéc., art. R. 162-7, al. 1er) ;

– les **sommes provenant de créances à échéance périodique** (salaires, allocations familiales, pensions de retraite, sommes payées à titre d'allocations familiales ou d'indemnités de chômage) qui sont remises immédiatement au titulaire du compte sur justification de leur origine, dès lors qu'il a présenté sa demande au tiers avant que le créancier ne sollicite le paiement des fonds saisis (C. pr. exéc., art. R. 162-4 et R. 162-6) ;

– les **sommes provenant de créances à échéance non périodique** (rappel de salaires, capital décès) qui ne sont mises à la disposition du titulaire du compte qu'après l'expiration du délai de régularisation des opérations en cours (quinze jours), sur justification de leur origine et si la demande est présentée avant que le créancier n'ait sollicité le paiement (C. pr. exéc., art. R. 162-5 et R. 162-6).

§ 2
Variété des situations

A.
Paiement direct de pension alimentaire et compte alimenté par un salaire

0141.171 Procédure de paiement direct de pension alimentaire et compte alimenté par un salaire. Dans cette hypothèse (v. ss nos 0951.12 à 0952.314), le tiers saisi doit laisser à la disposition du saisi la somme fixée à l'article R. 3252-5 C. trav., en application de l'article L. 3252-5 dudit code (mentionné au C. pr. exéc., art. L. 212-1). Ces deux dispositions ont trait aux conditions de la saisie des rémunérations (v. ss nos 094.05 à 0945.44). Leur application combinée signifie que le prélèvement direct du terme mensuel courant et des six derniers mois impayés de la pension alimentaire s'effectue sur l'intégralité de la rémunération, d'abord sur la fraction insaisissable puis sur la fraction saisissable, sous réserve de laisser à la disposition du saisi une somme équivalente au montant mensuel du revenu de solidarité active affectée, le cas échéant, des correctifs pour charges de famille.

Si le saisi est titulaire de plusieurs comptes, une seule somme sur un même compte peut être distraite du paiement direct pour être laissée à sa disposition (C. pr. exéc., art. R. 213-10). Cette mise à disposition est de droit.

Soulignons que la somme versée en vertu de l'article R. 213-10 C. pr. exéc. s'analyse en une avance qui devra s'imputer sur celles qui pourront être ultérieurement mises à la disposition du débiteur (C. pr. exéc., art. R. 162-7) en application, soit des articles R. 162-4 et R. 162-5 C. pr. exéc. (créances à échéance périodique et non périodique), soit de l'article R. 112-4 C. pr. exéc. (créances déclarées judiciai-

1. Sachant que lorsque le débiteur est un entrepreneur individuel à responsabilité limitée, le premier alinéa de l'article L. 162-2 ne s'applique qu'à la saisie des comptes afférents à son patrimoine non affecté (C. pr. exéc., art. L. 162-2, al. 2).

rement insaisissables), soit de l'article R. 162-2 C. pr. exéc. (revenu alimentaire d'urgence) du même décret.

B. Solde bancaire insaisissable

0141.181 **Présentation générale.** Nous avons déjà évoqué, à propos de l'article L. 112-4 C. pr. exéc., le système de **mise à disposition automatique qui permet au débiteur saisi de conserver** – de plein droit, dans son compte, pour assurer sa subsistance quotidienne – **une somme égale au montant forfaitaire du revenu de solidarité active (RSA).** C'est l'article L. 162-2 qui en pose le principe, dont une présentation homogène impose d'aborder simultanément les modalités d'application qui figurent dans la partie réglementaire du Code des procédures civiles d'exécution, au titre des articles R. 162-2, R. 162-3, R. 162-7 et R. 162-8, sachant qu'« *aucune demande du débiteur n'est nécessaire lorsqu'il est fait application des dispositions de l'article L. 162-2* » (C. pr. exéc., art. R. 162-2, al. 1er), alors que, dans le système précédent, le titulaire du compte saisi devait formellement réclamer que la somme à caractère alimentaire soit mise à sa disposition immédiate par le teneur de compte. Aujourd'hui, lorsque le tiers saisi laisse cette somme à disposition du débiteur, il doit simplement l'en « [avertir] *aussitôt* » (C. pr. exéc., art. R. 162-2, al. 1er), mais ce n'est pas parce que ce dispositif est automatique qu'il est pour autant inconditionné : l'accès à la somme à caractère alimentaire est certes facilité dans la mesure où celle-ci est sanctuarisée, mais il a obligatoirement une saisie comme condition d'ouverture, c'est-à-dire que le débiteur ne pourra bénéficier d'une autre mise à disposition qu'« *en cas de nouvelle saisie intervenant à l'expiration d'un délai d'un mois après la saisie ayant donné lieu à la précédente mise à disposition* » (C. pr. exéc., art. R. 162-3, al. 1er). En d'autres termes, si le débiteur a obtenu l'« *équivalent-RSA* » à l'occasion d'une première saisie sur son compte, et qu'une nouvelle mesure frappe celui-ci, il ne pourra lui en être laissé un autre que si un délai d'un mois s'est écoulé depuis la précédente mise à disposition.

Il a également fallu prévoir l'hypothèse d'une **pluralité de comptes.** Dans cette situation, c'est « *au regard de l'ensemble des soldes créditeurs* » que la mise à disposition sera opérée (C. pr. exéc., art. R. 162-2, al. 2), et la somme, assez logiquement, devra être « *imputée en priorité sur les fonds disponibles à vue* » (même texte). L'article R. 162-2 alinéa 3 assure ensuite l'information du poursuivant, et prévoit que « *le tiers saisi informe sans délai l'huissier de justice ou le comptable public chargé du recouvrement du montant laissé à disposition du titulaire du compte, ainsi que du ou des comptes sur lesquels* » cette mise à disposition est opérée. Tout repose donc sur la vigilance du tiers saisi en la matière, qui, « *aussitôt* » (C. pr. exéc., art. R. 162-2, al. 1er), doit avertir le débiteur de la mise à disposition, et, « *sans délai* » (C. pr. exéc., art. R. 162-2, al. 3), doit en informer aussi l'huissier de justice ou le comptable public. L'articulation entre ces deux obligations d'information sera sans doute tributaire de la pratique bancaire. Enfin, dans l'hypothèse de saisies de comptes ouverts auprès d'établissements différents, le dispositif redonne logiquement la main à l'huissier ou au comptable public puisque c'est alors à eux de « [déterminer] *le ou les tiers saisis chargés de laisser à disposition la somme* [à caractère alimentaire] *ainsi que les modalités de cette mise à disposition* » (C. pr. exéc., art. R. 162-2, al. 4) ; ils doivent évidemment en informer les tiers saisis.

0141.182 **Combinaison avec la mise à disposition d'autres sommes insaisissables.** Le dispositif de l'article L. 162-2 C. pr. exéc. doit parfois être articulé avec la mise à disposition d'autres sommes insaisissables, et il ressort de cette combinaison que **« l'équivalent-RSA » ne se cumule pas avec celles-ci mais au contraire s'impute sur elles, devant ainsi toujours aboutir à une déduction.** Selon l'article R. 162-7 C. pr. exéc., en effet, les sommes à caractère alimentaire mises à disposition du titulaire du compte en application des articles R. 162-2 et R. 213-10 (compte alimenté par des rémunérations du travail faisant l'objet d'une procédure de paiement direct des pensions alimentaires) « *viennent en déduction du montant des créances insaisissables dont le versement pourrait ultérieurement soit être demandé par le titulaire du compte en application des articles R. 162-4 (sommes insaisissables provenant de créances à échéance périodique) et R. 162-5 (sommes insaisissables provenant d'une créance à échéance non périodique), soit obtenu par celui-ci en application de l'article R. 112-4* ». En d'autres termes, lorsque le titulaire du compte saisi obtient dans un premier temps la mise à disposition de l'« *équivalent-RSA* » puis celle des sommes insaisissables figurant dans le compte à divers titres (fractions insaisissables du salaire, pensions alimentaires, etc.), il faut déduire l'« *équivalent-RSA* » déjà mis à disposition, et réciproquement d'ailleurs : si les sommes insaisissables sont prélevées d'abord, elles viennent en déduction de l'« *équivalent-RSA* » qui serait obtenu ensuite (C. pr. exéc., art. R. 162-7, al. 2).

0141.183 **Sanctions pénales et civiles.** Le dispositif de l'article L. 162-2 C. pr. exéc., enfin, est doté de sanctions à l'encontre du titulaire du compte « *qui se* [verrait] *mettre à disposition une somme d'un montant supérieur à celui auquel il peut prétendre* » en application de l'« *équivalent-RSA* ». Ces sanctions sont prévues par l'article R. 162-8 C. pr. exéc., d'abord pénales : bien que le texte n'énonce pas l'infraction, on pense au **détournement d'objets saisis** (C. pén., art. 314-6), voire à **l'organisation frauduleuse d'insol-**

vabilité (C. pén., art. 314-7). Au plan civil, le débiteur devra « [restituer] *au créancier les sommes indûment perçues ou mises à sa disposition* » (C. pr. exéc., art. R. 162-8), et ce dernier pourra en outre réclamer des dommages et intérêts s'il parvient à démontrer un préjudice distinct. On pourrait hésiter sur le point de savoir si les sanctions de l'article R. 162-8 relèvent, en tant qu'incident de la procédure d'exécution, du JEX, ou d'une action devant le juge compétent en application du droit commun, eu égard à leur fondement tiré des règles des quasi-contrats et de la responsabilité délictuelle. Il semble qu'il n'y ait pas de jurisprudence publiée sur cette question.

C.
Mise à disposition de sommes provenant de créances insaisissables

0141.191 **Règles communes.** Les articles R. 162-4 et R. 162-5 C. pr. exéc. établissent une distinction entre les créances insaisissables à échéance périodique, notamment les rémunérations du travail, les pensions de retraite, les sommes payées à titre d'allocations familiales ou d'indemnités de chômage, et celles à échéance non périodique, mais ces sommes sont toutefois soumises à des règles communes, et les deux textes rédigés de façon assez similaire, moyennant quelques différences concernant l'imputation des opérations de régularisation.

On trouve deux grandes règles communes, qui différencient complètement le régime des sommes provenant de créances insaisissables du système du solde bancaire insaisissable : la première est la **nécessité d'une demande du titulaire du compte** ; la seconde, la **justification de l'origine des sommes par celui-ci.** Toute l'économie du report est là, et particulièrement dans la « demande » que, dans les deux cas, le titulaire du compte doit faire pour que la mise à disposition puisse avoir lieu. C'est l'expression d'un principe d'impulsion, initiative du débiteur protégé par un texte qui devra en solliciter l'application à peine d'être considéré comme ayant renoncé à son bénéfice. « *La demande de mise à disposition de sommes insaisissables* » (C. pr. exéc., art. R. 162-6) doit d'ailleurs être présentée en temps utile, c'est-à-dire « *avant que le créancier saisissant n'ait demandé le paiement des sommes saisies* » (même texte), autrement elle n'aurait plus d'objet, au sens où une demande tardive sera dépourvue de tout intérêt pour le débiteur.

Le titulaire du compte devra ensuite obligatoirement « [justifier] *de l'origine des sommes* », et il faut comprendre cette condition en contemplation de l'article R. 112-5 alinéa 1er qui dispose que l'insaisissabilité se reporte « *à due concurrence sur le solde du compte* », c'est-à-dire à proportion des sommes insaisissables dont celui-ci est crédité. Le bénéfice du report d'insaisissabilité n'est donc pas inconditionné, et repose sur la preuve que le titulaire du compte doit apporter que les sommes provenant de créances insaisissables sont bien les mêmes que celles qui représentent son solde (d'où l'intérêt de conserver tous les éléments de preuve possibles). Précisément, cette question de la preuve de l'origine des fonds comme condition du report d'insaisissabilité sur le solde du compte, fait l'objet d'une jurisprudence soutenue de la Cour de cassation, à laquelle vient se greffer celle de savoir si le report s'applique à tous les comptes bancaires du débiteur, y compris les comptes d'épargne[1], ce qui renvoie plus largement au domaine des créances insaisissables. On peut rappeler ici, que si des opérations sont venues au débit du compte soit « *depuis le dernier versement de la créance insaisissable* » (C. pr. exéc., art. R. 162-4, al. 1er), soit « *depuis le jour où elle y a été inscrite* » (C. pr. exéc., art. R. 162-5, al. 1er), la mise à disposition subira une déduction d'autant, et par ailleurs que si, à l'issue de la période de régularisation des opérations en cours, de quinze jours, le montant des sommes que le débiteur demande au titre de leur insaisissabilité excède le solde disponible au compte, le complément sera « *prélevé* » (C. pr. exéc., art. R. 162-4, al. 2), « *retenu* », dispose pour sa part l'article R. 162-5 alinéa 2, sur les sommes indisponibles à ce jour ou à la même date, autrement dit sur ce que le saisissant réclame. Si tel est le résultat de l'imputation des opérations de régularisation, c'est-à-dire une diminution de la créance attribuée, le tiers saisi doit alors en informer le créancier au moment de sa demande en paiement, ce qui ouvre à ce dernier un délai de quinze jours pour contester l'imputation devant le JEX (à peine d'irrecevabilité, dans le cas de l'art. R. 162-4), sachant, cette fois dans le cas des créances insaisissables non périodiques, que les sommes retenues peuvent être mises à disposition du titulaire du compte dès la fin des opérations de régularisation « *si le créancier saisissant déclare ne pas s'y opposer* » (C. pr. exéc., art. R. 162-5, al. 3), et qu'« *à tout moment* », de toute façon, opposition du créancier à l'imputation ou non, le débiteur peut lui-même saisir le JEX pour lui demander la mise à disposition des sommes (même texte).

D.
Sort des créances insaisissables à échéance périodique

0141.201 **Sort des créances insaisissables à échéance périodique.** Lorsqu'un compte est crédité du montant d'une créance insaisissable en tout ou

1. V. PAR EX. : Civ. 2e, 7 juin 2012, no 11-19.622, P (préc., v. ss nos 0141.05 et 0141.142) ; *Dr. et proc.* 2012. 267, note F. Vinckel.

partie, cette insaisissabilité se reporte à due concurrence sur le solde du compte. Lorsque les sommes insaisissables proviennent de créances à échéance périodique, le titulaire du compte peut en demander la mise à disposition immédiate, déduction faite des opérations venues au débit du compte depuis le dernier versement, sur justification de l'origine des fonds (C. pr. exéc., art. R. 162-4).

Cette demande doit être formée auprès du tiers saisi dans les mêmes formes et conditions que pour les créances insaisissables non périodiques (v. s^s^ n° 0141.211). Il a même été jugé que la saisie-attribution ne pouvait être pratiquée sur des sommes constituant pour le débiteur sa seule rémunération du travail, la procédure idoine étant celle de la saisie des rémunérations[1].

Si, à l'expiration du délai de quinze jours qui suit la saisie (attribution) et pendant lequel les sommes laissées au compte sont indisponibles pour permettre la régularisation des opérations en cours, le montant des sommes demandées par le débiteur en raison de leur insaisissabilité excède le solde disponible sur le compte, le complément est prélevé sur les sommes indisponibles à ce jour.

L'insaisissabilité porte sur la totalité du solde créditeur du compte et pas uniquement sur la dernière échéance[2]. La Haute juridiction est allée à l'encontre de la solution, partagée par un certain nombre de juridictions du fond, selon laquelle les sommes non consommées par le débiteur deviennent des économies saisissables. En dépit des objections de la doctrine, cette analyse a été réitérée par la deuxième chambre civile de la Cour de cassation qui a jugé, par un arrêt du 27 juin 2002, au visa des articles 15 de la loi du 9 juillet 1991 (aujourd'hui C. pr. exéc., art. L. 112-4) et 44 et 45 du décret du 31 juillet. 1992 (aujourd'hui C. pr. exéc., art. R. 112-5 et R. 213-10), que lorsque les sommes insaisissables versées sur un compte proviennent de créances à échéance périodique (il s'agissait du salaire en l'occurrence), l'insaisissabilité porte sur l'ensemble du solde créditeur du compte[3]. Autrement dit, selon la Cour de cassation, l'insaisissabilité ne se limite pas au dernier versement mais porte au contraire sur l'ensemble des fractions insaisissables.

Il convient de signaler que, dans cette espèce, la débitrice faisait verser chaque mois la partie insaisissable de son salaire sur le compte que son créancier (le fisc) prétendait saisir. Le compte objet de la saisie était donc alimenté uniquement par des créances insaisissables. Quelque temps après, dans une espèce où les sommes inscrites en compte semblaient avoir une nature mixte, cette même chambre a jugé que lorsque les sommes insaisissables versées sur un compte proviennent de créances à échéance périodique, l'insaisissabilité se reporte sur le solde du compte à due concurrence des sommes insaisissables versées, et ce, déduction faite des opérations venues en débit du compte depuis le dernier versement[4]. En conséquence, étant donné que les chèques dont les origines n'étaient pas précisées étaient régulièrement versés sur le compte saisi, la Cour de cassation a approuvé les juges du fond qui ont retenu que l'insaisissabilité ne portait pas sur la totalité du solde créditeur. Ceci étant, la deuxième chambre civile a réaffirmé le 12 juillet 2007 que, lorsque les sommes insaisissables versées sur un compte proviennent de créances à échéance périodique (allocation de revenu minimum d'insertion), l'insaisissabilité porte sur toutes les sommes insaisissables comprises dans le solde créditeur du compte[5].

Le tiers saisi doit informer le créancier de ce prélèvement au moment de sa demande en paiement (v. s^s^ n°s 08.05 s.). Il dispose alors, à peine d'irrecevabilité, d'un délai de quinze jours pour contester cette imputation (C. pr. exéc., art. R. 162-9, al. 2, R. 162-4, L. 162-1 et R. 162-1). Rappelons que contrairement à ce qui est prévu pour la remise du minimum d'urgence, le titulaire du compte doit justifier de l'origine de la somme réclamée.

La demande tendant à la mise à disposition des sommes insaisissables à échéance périodique n'est pas enfermée dans le délai de contestation de la saisie attribution ou des mesures assimilées (avis et opposition à tiers détenteur). S'agissant d'une demande non judiciaire, elle peut être présentée au tiers après l'expiration de ce délai tant que le créancier saisissant n'a pas demandé le paiement des sommes saisies.

Si le débiteur a déjà perçu à titre d'avance les sommes à caractère alimentaire visées aux articles R. 213-10 et R. 162-2 C. pr. exéc., celles-ci viennent en déduction du montant de la créance insaisissable à échéance périodique visée à l'article R. 162-4 C. pr. exéc. (C. pr. exéc., art. R. 162-7).

1. À propos d'un contrat de collaboration instituant un lien de dépendance économique : TGI Paris, JEX, 20 nov. 1995, *BICC* 1er juin 1996, n° 639 ; *Rev. huiss.* 1996. 886.
2. Civ. 2e, 27 juin 2002, n° 00-17.578, P II, n° 150 ; *D.* 2002. 2238 – Pour une allocation en faveur d'une personne handicapée, V. AUSSI : Civ. 2e, 11 mai 2000, n° 98-11.696, P II, n° 78 ; *RTD civ.* 2000. 641 ; *Gaz. Pal.* 2001. Somm. 1372, obs. M. Véron.
3. Civ. 2e, 27 juin 2002, n° 00-17.578, P II, n° 150 ; *Procédures* août-sept. 2002, n° 158, obs. R. Perrot ; *RTD civ.* 2002. 566, obs. R. Perrot ; *Dr. et proc.* 2003. 34, obs. E. Putman.
4. Civ. 2e, 14 oct. 2004, n° 03-10.823, P II, n° 461 ; *Dr. et proc.* 2005. 99, obs. O. Salati.
5. Civ. 2e, 12 juill. 2007, n° 05-20.911, P II, n° 211 ; *Dr. et proc.* 2007. 357, obs. O. Salati ; *Procédures* 2008, n° 11, note R. Perrot.

E.
Sort des créances insaisissables à échéance non périodique

0141.211 Sort des créances insaisissables à échéance non périodique. Lorsque les sommes insaisissables proviennent de créances à échéance non périodique (capital-décès, prestation compensatoire, *etc.*), le titulaire du compte peut, sur justification de l'origine des sommes, en demander la mise à disposition immédiate, déduction faite des sommes venues en débit du compte depuis le jour où la créance y a été inscrite (C. pr. exéc., art. R. 162-5). Toutefois, contrairement aux créances insaisissables à échéance périodique, cette mise à disposition ne peut avoir lieu qu'à l'expiration du délai de quinze jours pour la régularisation des opérations en cours. Si, à cette date, le solde disponible est insuffisant pour mettre à la disposition du saisi l'intégralité de la somme insaisissable, le complément est retenu par le tiers sur les sommes indisponibles à la même date.

On relèvera que le texte utilise le terme « *retenue* » et non « *prélèvement* », car, outre le fait que le tiers saisi doit informer le créancier de cette retenue au moment de sa demande en paiement, celui-ci dispose, à peine d'irrecevabilité, d'un délai de quinze jours pour contester cette mise à disposition au profit du saisi (C. pr. exéc., art. R. 162-5, L. 162-1 et R. 162-1).

La contestation paralyse la mise à disposition de la créance prétendument insaisissable et le titulaire du compte saisi peut alors, à tout moment, demander au JEX, le créancier entendu ou appelé (c'est-à-dire dans le cadre d'un débat contradictoire par assignation à l'audience ordinaire), de mettre à sa disposition les sommes saisies, sur justification de leur caractère insaisissable (C. pr. exéc., art. R. 162-5).

Dans cette hypothèse, contrairement aux créances insaisissables à échéances périodiques, c'est le saisi qui doit s'adresser au JEX pour voir lever l'interdiction notifiée au tiers saisi par le créancier.

Si le titulaire a déjà obtenu à titre de provisions les sommes à caractère insaisissable visées aux articles R. 213-10 et R. 162-2 C. pr. exéc., celles-ci devront être obligatoirement déduites des créances à échéance non périodique dont la mise à disposition est demandée en vertu de l'article R. 162-5 C. pr. exéc. (C. pr. exéc., art. R. 162-7).

L'alinéa second de l'article R. 162-7 C. pr. exéc. décide que « *les sommes insaisissables mises à disposition du titulaire du compte en application des articles R. 162-4, R. 162-5 ou R. 213-10 viennent en déduction du montant qui est laissé à disposition en application de l'article R. 162-2* ».

F.
Gains et salaires des époux

0141.221 Sort des gains et salaires de l'époux commun en biens. Les rémunérations de l'époux marié sous le régime de la communauté légale (C. civ., art. 1400 s.) ne peuvent être saisies par les créanciers du conjoint que si l'obligation a été contractée pour l'entretien du ménage ou l'éducation des enfants (C. civ., art. 1414). Encore faut-il que le créancier dispose d'un titre exécutoire portant condamnation des époux. *A contrario* et par application de l'article 220 C. civ. auquel renvoie l'article 1414 dudit code, ces rémunérations sont insaisissables lorsque les dépenses du conjoint sont manifestement excessives eu égard au train de vie du ménage, à l'utilité ou à l'inutilité de l'opération, à la bonne ou mauvaise foi du tiers contractant ou si les contrats qui fondent les poursuites ont été conclus sans le consentement du conjoint en ce qui concerne les achats à tempérament ou les emprunts, sauf lorsqu'ils portent sur des sommes modestes nécessaires aux besoins de la vie courante.

Il convient aussi de rappeler que chacun des époux ne peut engager que ses biens propres et ses revenus, par un cautionnement ou un emprunt, à moins que ceux-ci n'aient été contractés avec le consentement exprès de l'autre conjoint qui, dans ce cas, n'engage pas ses biens propres (C. civ., art. 1415) ; en revanche, le créancier peut appréhender les biens communs. Dans cette hypothèse, il a été jugé que la preuve de ce consentement exprès n'obéissait pas aux règles de forme posées par l'article 1326 ancien C. civ. (aujourd'hui C. civ., art. 1376) [1].

Cette protection des rémunérations de l'époux non débiteur personnel s'applique même au compte joint, lequel s'analyse en un mécanisme de solidarité active. Aussi, afin de permettre au conjoint non débiteur d'être informé de l'existence d'une saisie l'affectant, et, le cas échéant, de solliciter la mainlevée de la saisie, il est expressément prévu que toute saisie-attribution d'un compte joint doit être dénoncée au cotitulaire (C. pr. exéc., art. R. 211-22, al. 1er) [2]. La Cour de cassation se montre relativement sévère à l'égard du créancier lorsque le conjoint débiteur est poursuivi en vertu d'un cautionnement ou d'un emprunt contracté sans le consentement exprès de l'autre. Elle exclut dans ce cas l'application de l'article 1414 C. civ. et R. 162-9 alinéa 1er C. pr. exéc., au seul profit de l'article 1415

1. TGI Lyon, JEX, 7 nov. 1995, *D.* 1996. 270, note J. Prévault.
2. On notera que la Cour de cassation a jugé que le défaut de dénonciation de cette mesure d'exécution forcée au cotitulaire du compte joint sur lequel porte cette dernière n'est pas susceptible d'emporter la caducité de cette saisie : Civ. 2e, 7 juill. 2011, no 10-20.923, P II, no 160.

C. civ. Elle considère désormais que le compte joint alimenté par les revenus des deux époux, mariés sous le régime de la communauté, n'est pas saisissable, faute pour le créancier d'identifier ceux appartenant au conjoint débiteur[1]. En outre, lorsqu'il ne subsiste pas de doute sur le fait que les comptes objets de la saisie sont exclusivement alimentés par les revenus de l'époux débiteur caution, la Cour de cassation semble opérer la distinction suivante : alors qu'un compte chèque postal (compte de dépôt) est saisissable, en revanche, un compte-titres et un plan d'épargne logement ne le sont pas dans la mesure où, estime la Haute juridiction, ils constituent des acquêts que l'époux ne pourrait engager par un cautionnement contracté sans le consentement exprès de l'épouse[2].

On relèvera, par ailleurs, que l'article 1414 alinéa 2 C. civ., qui envisage l'hypothèse où les gains et salaires sont versés à un compte courant ou de dépôt, décide que ces derniers ne peuvent être saisis que dans les conditions définies par décret[3]. En l'occurrence, l'article R. 162-9 alinéa 1er C. pr. exéc., prévoit que lorsqu'un tel compte fait l'objet d'une mesure d'exécution forcée ou d'une mesure conservatoire, pour le paiement ou la garantie d'une créance née du chef du conjoint, il est laissé immédiatement à la disposition de l'époux commun en biens une certaine somme (v. le texte sur les modalités de détermination de cette somme). Faisant une application stricte de cette disposition, la Cour de cassation a décidé que la mise à disposition opérée par le tiers saisi quatre jours après la formulation d'une telle demande est en soi de nature à créer un préjudice dont l'établissement bancaire doit apporter réparation[4].

0141.222 Protection des gains et salaires. Mise en œuvre. Issu de la fusion des articles 48 et 49 du décret du 31 juillet 1992, l'article R. 162-9 C. pr. exéc., qui prévoit une mise à disposition immédiate, au choix de l'époux commun en biens, d'une somme équivalant au dernier mois de salaire ou au montant moyen mensuel des gains et salaires versés dans les douze mois précédant la saisie, doit être lu en se rappelant les règles assurant le fonctionnement de la communauté légale, particulièrement en présence d'un passif.

On l'a vu plus haut, en effet, pendant la communauté, le paiement des dettes dont les époux sont tenus, pour quelque cause que ce soit, peut toujours être poursuivi sur les biens communs (C. civ., art. 1413), y compris, donc, sur les gains et salaires qui deviennent saisissables même pour le paiement des dettes qui auraient été contractées par l'autre époux. Toutefois, pour atténuer la rigueur de cette règle, l'article 1414 C. civ. a prévu que les gains et salaires d'un époux ne peuvent être saisis par les créanciers de son conjoint que si l'obligation a été contractée pour l'entretien du ménage ou l'éducation des enfants, solidairement, conformément à l'article 220 du même code, et particulièrement, lorsque les gains et salaires ont été « *versés à un compte courant ou de dépôt* » (C. civ., art. 1414, al. 2), ils ne peuvent être saisis que dans les conditions prévues aujourd'hui par l'article R. 162-9 C. pr. exéc., moyennant mise à disposition immédiate dans le compte – même joint – de la somme représentative du salaire de l'époux commun en biens, parce qu'elle lui est indispensable pour vivre. Le mécanisme est automatique, mais un arrêt rendu par la cour d'appel de Reims le 13 octobre 2015[5], a pu souligner qu'il appartient toutefois à l'époux non débiteur, pour exercer son option en faveur de l'une ou l'autre modalité de la mise à disposition, de présenter à l'établissement bancaire une demande en ce sens, après la dénonciation de la saisie qui lui a été faite ou à son conjoint, faute de quoi le caractère fongible des fonds versés sur le compte joint ne permet plus de les protéger comme gains et salaires du conjoint. Ce n'est que si cette demande a été faite que le banquier tiers saisi a une obligation de mise à disposition immédiate, sous peine d'engager sa responsabilité sur le fondement de l'ancien article 1382 C. civ., devenu article 1240 dudit code, en cas de préjudice[6].

0141.223 Sort des autres biens de l'époux séparé. Cette hypothèse est marginale, mais néanmoins possible. Dans ce cas de figure, que l'on soit en présence d'un compte propre ou d'un compte joint, il convient de se référer aux règles générales régissant l'insaisissabilité des biens propres d'une personne autre que le débiteur (C. pr. exéc., art. L. 112-1, al. 1er). Se pose alors la question de la preuve de l'affectation patrimoniale de la créance. En applica-

1. Civ. 1re, 3 avr. 2001, no 99-13.733, P I, no 92 ; *JCP* 2002. II. 10080, note crit. C. Bourdaire ; *Defrénois* 2001. 939, obs. P. Théry ; 1129, obs. G. Champenois – V. ULTÉRIEUREMENT DANS LE MÊME SENS : Civ. 1re, 17 févr. 2004, no 02-11.039, P I, no 45 ; *D.* 2004. Somm. 2260, obs. V. Brémond – Civ. 1re, 17 janv. 2006, no 02-20.636, P I, no 13.
2. Civ. 1re, 14 janv. 2003, no 00-16.078, P I, no 2 ; *JCP* 2003. II. 10019, concl. J. Sainte-Rose ; *Defrénois* 2003. 544, obs. G. Champenois.
3. Aux termes de l'art. 1414, al. 1er, C. civ., interprété *a contrario*, les gains et salaires de l'époux non-débiteur ne peuvent faire l'objet d'une mesure d'exécution forcée afin d'obtenir le paiement des dettes du conjoint.
4. Civ. 2e, 27 mai 2004, no 02-13.896, P II, no 252 ; *Dr. et proc.* 2004. 341, note J.-J. Bourdillat ; *Gaz. Pal.* 13-14 avr. 2005. 30, obs. C. Brenner.
5. Reims, 13 oct. 2015, RG no 14/02756 : *Gaz. Pal.* 8 mars 2016, p. 80, obs. O. Salati.
6. Civ. 2e, 27 mai 2004, no 02-13.896, P II, no 252 ; *Gaz. Pal.* 14 avr. 2005, p. 30, obs. C. Brenner.

tion de l'article 9 C. pr. civ., il a été jugé que la preuve que les fonds saisis sont insaisissables revient à celui qui en revendique la propriété ou celle d'un tiers[1]. Cette jurisprudence a été rendue sous l'empire des textes régissant la saisie-arrêt, mais a vocation, *a priori*, à se perpétuer pour les raisons qui viennent d'être évoquées.

G.
Sort des créances du débiteur déposées sur des comptes frappés d'indisponibilité relative

0141.231 Sort des créances du débiteur déposées sur des comptes frappés d'indisponibilité relative. L'hypothèse visée par cette catégorie de créances et qui a donné lieu à une jurisprudence désormais bien établie, est celle des sommes d'argent déposées par le débiteur sur un compte ou un plan d'épargne-logement ou toute autre forme de placement rendant ces sommes momentanément indisponibles. Il est désormais non contestable que ces fonds peuvent faire l'objet d'une procédure de saisie-attribution au profit des créanciers du souscripteur dès lors que le débiteur peut y mettre fin, peu importe qu'il perde les avantages financiers liés à ce placement. En effet, seuls ces avantages financiers peuvent être qualifiés de créances à terme[2]. Il n'en irait pas de même si les fonds versés par le débiteur étaient indisponibles pour une durée déterminée ou ne pourraient être attribués qu'à son décès à un bénéficiaire désigné. Dans cette hypothèse, les sommes versées ne deviennent saisissables que lorsque l'assureur verse le capital à l'assuré, soit en cas de rachat anticipé, soit à l'échéance du contrat.

S'agissant spécialement de l'assurance-vie, la Cour de cassation a décidé, dans une décision du 28 avril 1998, « *qu'il résulte des articles L. 132-8, L. 132-9, L. 132-12 et L. 132-14 du Code des assurances que, tant que le contrat n'est pas dénoué, le souscripteur est seulement investi, sauf acceptation du bénéficiaire désigné, du droit personnel de faire racheter le contrat et de désigner ou de modifier le bénéficiaire de la prestation ; que, dès lors, nul créancier du souscripteur n'est en droit de se faire attribuer immédiatement ce que ce dernier ne peut recevoir* [...] »[3]. La faculté de rachat est donc strictement attachée à la personne du souscripteur du contrat, parce que ce rachat entraîne la révocation du bénéficiaire désigné laquelle n'appartient qu'au seul stipulant en vertu de l'article L. 132-9 alinéa 2 C. assur.[4]

1. Civ. 2e, 24 avr. 1985, no 84-11.234, P II, no 87.

2. TGI Grenoble, 6 mars 1995, *Rev. huiss.* 1995. 1268 – Rennes, 15 févr. 1996, *Rev. huiss.* 1996. 1155 – TGI Bourgoin-Jallieu, 31 janv. 1995, *Rev. huiss.* 1996. 118.
3. Civ. 1re, 28 avr. 1998, no 96-10.333, P I, no 153 ; *JCP* 1998. II. 10112, note C. Bigot ; *Defrénois* 1998. 861, note crit. S. Hovasse-Banget, spéc. nos 7-10 – Formule reprise par Civ. 1re, 2 juill. 2002, no 99-14.819, P II, no 179 – T. Deschanels, « Les dernières évolutions jurisprudentielles en matière de saisie de contrats d'assurance-vie », *Rev. huiss.* 2000. 195.
4. Tant que l'acceptation du bénéficiaire de l'assurance n'a pas eu lieu, « *le droit de révoquer cette stipulation n'appartient qu'au stipulant et ne peut être exercé de son vivant ni par ses créanciers ni par ses représentants légaux* ».

CHAPITRE

0142. Obstacles liés à la considération des personnes : les immunités

Olivier Salati
Maître de conférences HDR à l'Université d'Aix-Marseille
Directeur du master II professionnel
Commissaire de justice et professions judiciaires

SECTION 0

Orienteur

0142.00 Sommaire du chapitre.

Division. Seront étudiées les immunités en droit interne (sect. 1) et en droit international (sect. 2 et 3).

0142.01 Textes applicables.

• **C. pr. exéc.,** art. L. 111-1 et L. 111-1-1 à L. 111-1-3, R. 111-1 s.

• **C. pr. civ.,** art. 495 et 496.

• **COJ,** art. L. 911-5.

• **CGPPP,** art. L. 2311-1.

• **L. n° 80-539, 16 juill. 1980,** relative aux astreintes prononcées en matière administrative et a l'exécution des jugements par les personnes morales de droit public, *JO* 17 juill., p. 1799, art. 2 (mod. par L. n° 87-588, 30 juill. 1987).

• **Conv. EDH,** art. 6.

0142.02 Jurisprudence de référence.

> États étrangers. Immunité d'exécution sauf affectation du bien saisi à une activité économique ou commerciale relevant du droit privé.

• **Civ. 1re, 14 mars 1984,** n° 82-12.462, P I, n° 98

* V. ss nos 0142.21, 1661.51, 1661.61

L'immunité d'exécution dont jouit l'État étranger est de principe, mais elle peut être exceptionnellement écartée. Il en est ainsi lorsque le bien saisi a été affecté à l'activité économique ou commerciale relevant du droit privé qui donne lieu à la demande en justice. N'a pas légalement justifié sa décision la cour d'appel qui, pour donner mainlevée de la saisie conservatoire de la créance d'un État étranger sur l'État français et le C.E.A., se borne à relever que cette créance porte sur les fonds dont ceux-ci sont débiteurs à l'égard de celui-là et qui doivent lui faire retour sans être grevés d'aucune affectation, puisque le gouvernement étranger décidera souverainement de leur utilisation dans l'exercice de ses compétences internes, et que dès lors, la créance porte sur des fonds publics et bénéficie de l'immunité d'exécution ; qu'en effet, la cour d'appel, qui avait constaté qu'en vertu d'accords internationaux liant les deux États la créance avait pour origine des fonds affectés par l'État étranger à la réalisation d'un programme commun, dont la rupture par l'État étranger donnait lieu à la demande, était tenue, pour trancher la question de l'immunité, de rechercher la nature de cette activité.

> Organismes publics distincts des états étrangers. Absence d'immunité d'exécution sauf caractère public de leurs biens.

• **Civ. 1re, 1er oct. 1985,** n° 84-13.605, P I, n° 236

* V. ss nos 0142.21, 1661.46

À la différence des biens de l'État étranger, qui sont en principe insaisissables, sauf exceptions, notamment quand ils ont été affectés à l'activité économique ou commerciale de droit privé qui est à l'origine du titre du créancier saisissant, les biens des organismes publics, personnalisés ou non, distincts de l'État étranger, lorsqu'ils font partie d'un patrimoine que celui-ci a affecté à une activité principale relevant du droit privé, peuvent être saisis par tous les créanciers, quels qu'ils soient de cet organisme, sauf à cet organisme à établir le caractère public de ces biens.

> Immunité d'exécution des personnes publiques exerçant une activité industrielle et commerciale.

• **Civ. 1re, 21 déc. 1987,** n° 86-14.167, P I, n° 348

* V. ss nos 0142.06, 0142.11, 1641.11, 1641.32

Les biens n'appartenant pas à des personnes privées sont administrés et aliénés dans les formes et suivant les règles qui leur sont particulières ; s'agissant des biens appartenant à des personnes publiques, même exerçant une activité industrielle et commerciale, le principe général du droit suivant lequel leurs biens sont insaisissables ne permet pas de recourir aux voies d'exécution du droit privé ; il appartient seulement au créancier bénéficiaire d'une décision juridictionnelle passée en force de chose jugée et condamnant une personne publique au paiement d'une somme d'argent de mettre en œuvre les règles particulières.

> Droit à la mise en œuvre sans délai d'une décision de justice définitive et obligatoire.

• **CEDH 7 mai 2002, *Bourdov c/Russie*,** req. n° 59498/00

* V. ss nos 0101.18, 0133.06, 0142.11, 0215.14, 1317.11

33. L'article 6 § 1 de la Convention, en ses passages pertinents, se lit ainsi : « Toute personne a droit à ce que sa cause soit entendue équitablement [...] par un tribunal [...] qui décidera [...] des contestations sur ses droits et obligations de caractère civil [...] ».

34. La Cour rappelle que l'article 6 § 1 garantit à chacun le droit à ce qu'un tribunal connaisse de toute contestation relative à ses droits et obligations de caractère civil ; il consacre de la sorte le « droit à un tribunal », dont le droit d'accès, à savoir le droit de saisir un tribunal en matière civile, constitue un aspect. Toutefois, ce droit serait illusoire si l'ordre juridique interne d'un État contractant permettait qu'une décision judiciaire définitive et obligatoire reste inopérante au détriment d'une partie. On ne comprendrait pas que l'article 6 § 1 décrive en détail les garanties de procédure – équité, publicité et célérité – accordées aux parties et qu'il ne protège pas la mise en œuvre des décisions judiciaires ; si cet article devait passer pour concerner exclusivement l'accès au juge et le déroulement de l'instance, cela risquerait de créer des situations incompatibles avec le principe de la prééminence du droit que les États contractants se sont engagés à respecter en ratifiant la Convention. L'exécution d'un jugement ou arrêt, de quelque juridiction que ce soit, doit donc être considérée comme faisant partie intégrante du « procès » au sens de l'article 6 (*Hornsby c/Grèce*, arrêt du 19 mars 1997, *Recueil* 1997-II, p. 510, § 40).

35. Une autorité de l'État ne saurait prétexter du manque de ressources pour ne pas honorer une dette fondée sur une décision de justice. Certes, un retard dans l'exécution d'un jugement peut se justifier dans des circonstances particulières, mais le retard ne peut avoir pour conséquence une atteinte à la substance même du droit protégé par l'article 6 § 1 (*Immobiliare Saffi c/Italie* [GC], n° 22774/93, § 74, CEDH 1999-V). En l'espèce, le requérant n'aurait pas dû se trouver dans l'impossibilité de bénéficier de l'issue heureuse de la procédure, qui portait sur la réparation d'un dommage causé à sa santé à l'occasion d'une participation obligatoire à une opération d'urgence, en raison des difficultés financières que connaîtrait l'État.

36. La Cour relève que les jugements rendus par le tribunal municipal de Chakhty les 3 mars 1997, 21 mai 1999 et 9 mars 2000 sont demeurés inexécutés en tout ou en partie au moins jusqu'au 5 mars 2001, date à laquelle le ministère des Finances a pris la décision de régler intégralement la dette envers le requérant. La Cour constate également que ce dernier paiement n'a eu lieu qu'après la communication de la présente requête au gouvernement.

37. En s'abstenant pendant des années de prendre les mesures nécessaires pour se conformer aux décisions judiciaires définitives rendues en l'espèce, les autorités russes ont privé les dispositions de l'article 6 § 1 de la Convention de tout effet utile.

38. Dès lors, il y a eu violation de cet article.

> Portée de l'immunité d'exécution des états étrangers.

• **Civ. 1re, 25 janv. 2005,** n° 03-18.176, P I, n° 39

* V. ss nos 0142.21, 1661.61

Selon les principes de droit international relatif aux immunités, les États étrangers bénéficient, par principe, de l'immunité d'exécution. Il en est autrement lorsque le bien saisi se rattache, non à l'exercice d'une activité de souveraineté, mais à une opération économique, commerciale ou civile relevant du droit privé qui donne lieu à la demande en justice. L'acquisition de biens immobiliers en France par un État étranger, fussent-ils affectés au logement de son personnel diplomatique, ne constitue pas une prérogative ou un acte de souveraineté, mais seulement une opération habituelle de gestion relevant du droit privé. En conséquence, ayant constaté que les biens immobiliers acquis en France par un État étranger et saisis par le syndicat des copropriétaires n'étaient pas affectés aux services de l'Ambassade ou de ses annexes et ne constituaient pas la résidence de l'ambassadeur, puis ayant retenu que l'acquisition impliquait pour l'État étranger le paiement des charges de copropriété, de sorte que la créance du syndicat se rattachait à cette opération, une cour d'appel décide à bon droit que cet État ne peut opposer son immunité d'exécution.

> Responsabilité de l'État en cas de carence d'une collectivité locale à exécuter un jugement.

• **CE 18 nov. 2005,** *Sté fermière de Campoloro et Sté de gestion du port de Campoloro*, req. n° 271898

* V. ss nos 0142.11, 1642.51, 1653.11

Le législateur a entendu donner au représentant de l'État, en cas de carence d'une collectivité territoriale à assurer l'exécution d'une décision juridictionnelle passée en force de chose jugée, et après mise en demeure à cet effet, le pouvoir de se substituer aux organes de cette collectivité afin de dégager ou de créer les ressources permettant la pleine exécution de cette décision de justice ; à cette fin, il lui appartient, sous le contrôle du juge, de prendre, compte tenu de la situation de la collectivité et des impératifs d'intérêt général, les mesures nécessaires ; qu'au nombre de ces mesures, figure la possibilité de procéder à la vente de biens appartenant à la collectivité dès lors que ceux-ci ne sont pas indispensables au bon fonctionnement des services publics dont elle a la charge ; si le préfet s'abstient ou néglige de faire usage des prérogatives qui lui sont ainsi conférées par la loi, le créancier de la collectivité territoriale est en droit de se retourner contre l'État en cas de faute lourde commise dans l'exercice du pouvoir de tutelle ; en outre, dans l'hypothèse où, eu égard à la situation de la collectivité, notamment à l'insuffisance de ses actifs, ou en raison d'impératifs d'intérêt général, le préfet a pu légalement refuser de prendre certaines mesures en vue d'assurer la pleine exécution de la décision de justice, le préjudice qui en résulte pour le créancier de la collectivité territoriale est susceptible d'engager la responsabilité de la puissance publique s'il revêt un caractère anormal et spécial.

> Immunités d'exécution. Immunité diplomatique.

• **Civ. 1re, 28 sept. 2011,** nº 09-72.057, P I, nº 153

* V. s^s n°s 0142.05, 0142.21, 06.09, 1661.61

L'immunité d'exécution dont bénéficient par principe les États étrangers est écartée lorsqu'il est établi que le bien concerné se rattache, non à l'exercice d'une activité de souveraineté, mais à une opération économique, commerciale ou civile relevant du droit privé. Mais une cour d'appel retient exactement, d'abord, que les fonds affectés aux missions diplomatiques bénéficient d'une présomption d'utilité publique, puis, que les comptes bancaires d'une ambassade sont présumés être affectés à l'accomplissement des fonctions de la mission diplomatique de sorte qu'il appartient au créancier qui entend les saisir de rapporter la preuve que ces biens sont utilisés pour une activité privée ou commerciale.

Les missions diplomatiques des États étrangers bénéficient, selon le droit international coutumier, pour le fonctionnement de la représentation de l'État accréditaire et les besoins de sa mission de souveraineté, d'une immunité d'exécution autonome à laquelle il ne peut être renoncé que de façon expresse et spéciale et cette immunité s'étend, notamment, aux fonds déposés sur les comptes bancaires de l'ambassade ou de la mission diplomatique.

Il doit donc être donné mainlevée de la saisie conservatoire, dès lors que les fonds de la mission diplomatique, faisant l'objet de la saisie, bénéficient de cette immunité et qu'aucune renonciation particulière et expresse à celle-ci n'est intervenue.

> Renonciation d'un état au bénéfice de l'immunité d'exécution.

• **Civ. 1re, 28 mars 2013,** nº 11-13.323, P I, nº 64

* V. s^s n°s 0142.05, 0142.21, 0142.22, 0841.24

Selon le droit international coutumier, tel que reflété par la Convention des Nations unies, du 2 décembre 2004, sur l'immunité juridictionnelle des États et de leurs biens, si les États peuvent renoncer, par contrat écrit, à leur immunité d'exécution sur des biens ou des catégories de biens utilisés ou destinés à être utilisés à des fins publiques, il ne peut y être renoncé que de manière expresse et spéciale, en mentionnant les biens ou la catégorie de biens pour lesquels la renonciation est consentie. Le droit d'accès à un tribunal, tel que garanti par l'article 6 de la Convention européenne de sauvegarde des droits de l'homme et des libertés fondamentales, et dont l'exécution d'une décision de justice constitue le prolongement nécessaire, ne s'oppose pas à une limitation à ce droit d'accès, découlant de l'immunité des États étrangers, dès lors que cette limitation est consacrée par le droit international et ne va pas au-delà des règles généralement reconnues en la matière. Dès lors, des saisies conservatoires portant sur des créances fiscales ou parafiscales sont entachées de nullité lorsque l'État étranger contre lequel ces saisies sont pratiquées a renoncé à son immunité d'exécution par des stipulations contractuelles ne comportant aucune mention expresse et spéciale de ces créances.

> Immunité d'exécution dont bénéficient les missions diplomatiques des États étrangers.

• **Civ. 1re, 10 janv. 2018,** nº 16-22.494, P I, nº 2

* V. s^s n°s 0142.05, 0142.21, 0142.32

La loi nº 2016-1691 du 9 décembre 2016 a introduit, dans le Code des procédures civiles d'exécution, deux nouvelles dispositions ; que, selon l'article L. 111-1-2 de ce code, sont considérés comme spécifiquement utilisés ou destinés à être utilisés par l'État à des fins de service public non commerciales les biens, y compris les comptes bancaires, utilisés ou destinés à être utilisés dans l'exercice des fonctions de la mission diplomatique de l'État ou de ses postes consulaires ; qu'aux termes de l'article L. 111-1-3, des mesures conservatoires ou des mesures d'exécution forcée ne peuvent être mises en œuvre sur les biens, y compris les comptes bancaires, utilisés ou destinés à être utilisés dans l'exercice des fonctions de la mission diplomatique des États étrangers ou de leurs postes consulaires, de leurs missions spéciales ou de leurs missions auprès des organisations internationales « *qu'en cas de renonciation expresse et spéciale des États concernés* » ; « *ces dispositions législatives, qui subordonnent la validité de la renonciation par un État étranger à son immunité d'exécution, à la double condition que cette renonciation soit expresse et spéciale* », contredisent la doctrine isolée résultant de l'arrêt du 13 mai 2015, mais consacrent la jurisprudence antérieure (1re civ., 28 sept. 2011, nº 09-72.057 P ; 1re civ., 28 mars 2013, nº 10-25.938 P et nº 11-10.450 P) ; certes, elles concernent les seules mesures d'exécution mises en œuvre après l'entrée en vigueur de la loi ; toutefois, « *compte tenu de l'impérieuse nécessité, dans un domaine touchant à la souveraineté des États et à la préservation de leurs représentations diplomatiques, de traiter de manière identique des situations similaires, l'objectif de cohérence et de sécurité juridique impose de revenir à la jurisprudence confortée par la loi nouvelle* ».

• **Civ. 1re, 2 oct. 2019,** nº 19-10.669, P

* V. s^s n°s 0142.05, 0142.21

Il résulte des arrêts rendus les 10 et 24 janvier 2018 (1re civ., 10 janv. 2018, nº 16-22.494, P I, nº 2 ; 1re civ., 24 janv. 2018, nº 16-16.511) qu'une mesure conservatoire portant sur des comptes bancaires ouverts par l'ambassade en France d'un État étranger, affectés à l'exercice de sa mission diplomatique, ne peut être pratiquée qu'autant que cet État a renoncé expressément et spécialement à son immunité d'exécution.

0142.03 Bibliographie indicative.

* V. s^s nº 014.03.

Articles. H. Chanteloup, « Les immunités de juridiction et le droit d'accès à la justice », *Gaz. Pal.* 14-15 janv. 2005, p. 49 – E. Chevalier et R. Le Cotty, « Reconnaissance internationale d'une immunité d'exécution autonome au profit des États pour le fonctionnement de leur mission diplomatique : étendue, régime et conséquences », *Procédures* mai 2012. 6 –

S. Clamens, « Vers la remise en cause du principe d'insaisissabilité des biens des personnes publiques », *AJDA* 2000. 767 – R. Ducos-Ader, « Le principe de l'insaisissabilité : un principe autonome et général du droit applicable à tous les établissements publics industriels et commerciaux », *Gaz. Pal.* 1986. Doctr. 475 – M. Dymant, « L'immunité d'exécution des biens des banques centrales étrangères : suite et fin ? », *Dr. et proc.* 2006. 259 – J. Maury, « L'incidence de la stipulation d'une clause compromissoire sur l'immunité d'exécution de l'État étranger », *D.* 2001. Chron. 2139 – H. Synvet, « Quelques observations sur l'immunité d'exécution des États étrangers », *JDI* 1985. 865 – G. Taormina, « Les apports de la jurisprudence en matière d'immunité internationale d'exécution forcée », *Études offertes à J. Normand*, Litec, 2003, p. 439.

0142.05 Permanence et évolutions de la matière. L'article L. 111-1 alinéa 3 C. pr. exéc. pose donc le principe que certains débiteurs ne peuvent pas faire l'objet d'une mesure d'exécution forcée, ou d'une mesure conservatoire, parce qu'ils « *bénéficient d'une immunité d'exécution* », privilège fondé, en droit interne, sur la préservation du bon fonctionnement des collectivités publiques – en théorie toujours solvables – qui pourrait être menacée si les biens et deniers affectés à leur gestion pouvaient être appréhendés par un créancier, et, en droit international, par le fait que de telles mesures porteraient atteinte à la souveraineté d'un État étranger, à moins que par contrat écrit celui-ci ait renoncé à son immunité, y compris sur des biens ou des catégories de biens utilisés ou destinés à être utilisés à des fins publiques. Dans ce dernier cas, la Cour de cassation avait précisé, le 28 mars 2013, par trois arrêts rendus au nom du droit international coutumier tel que reflété par la Convention des Nations Unies du 2 décembre 2004 sur l'immunité juridictionnelle des États et de leurs biens, qu'« *il ne peut y être renoncé que de manière expresse et spéciale, en mentionnant les biens ou la catégorie de biens pour lesquels la renonciation est consentie* »[1]. La première chambre civile avait toutefois opéré un revirement de jurisprudence sur ce point le 13 mai 2015, en affirmant que « *le droit international coutumier n'exige pas une renonciation autre qu'expresse à l'immunité d'exécution* »[2], étant précisé, comme on le verra plus loin, que le nouvel article L. 111-1-3 C. pr. exéc., issu de la loi du 9 décembre 2016[3], dite « *loi Sapin 2* », a entériné le principe de la renonciation « *expresse et spéciale* » de l'État étranger comme condition de la prise d'une mesure conservatoire ou d'exécution forcée sur les biens de celui-ci. La jurisprudence de 2015 semblait donc brisée, et ce d'autant que le 10 janvier 2018, la même première chambre civile, dans un arrêt longuement motivé a opéré un revirement de jurisprudence pour revenir à sa jurisprudence antérieure. La Cour a en effet affirmé que la loi du 9 décembre 2016 a introduit, dans le Code des procédures civiles d'exécution, deux nouvelles dispositions ; que, selon l'article L. 111-1-2 de ce code, sont considérés comme spécifiquement utilisés ou destinés à être utilisés par l'État à des fins de service public non commerciales les biens, y compris les comptes bancaires, utilisés ou destinés à être utilisés dans l'exercice des fonctions de la mission diplomatique de l'État ou de ses postes consulaires ; qu'aux termes de l'article L. 111-1-3, des mesures conservatoires ou des mesures d'exécution forcée ne peuvent être mises en œuvre sur les biens, y compris les comptes bancaires, utilisés ou destinés à être utilisés dans l'exercice des fonctions de la mission diplomatique des États étrangers ou de leurs postes consulaires, de leurs missions spéciales ou de leurs missions auprès des organisations internationales « *qu'en cas de renonciation expresse et spéciale des États concernés* » ; « *ces dispositions législatives, qui subordonnent la validité de la renonciation par un État étranger à son immunité d'exécution, à la double condition que cette renonciation soit expresse et spéciale, contredisent la doctrine isolée résultant de l'arrêt du 13 mai 2015, mais consacrent la jurisprudence antérieure (1re civ., 28 sept. 2011, no 09-72.057 P ; 1re civ., 28 mars 2013, no 10-25.938 P et no 11-10.450 P) ; certes, elles concernent les seules mesures d'exécution mises en œuvre après l'entrée en vigueur de la loi ; toutefois, compte tenu de l'impérieuse nécessité, dans un domaine touchant à la souveraineté des États et à la préservation de leurs représentations diplomatiques, de traiter de manière identique des situations similaires, l'objectif de cohérence et de sécurité juridique impose de revenir à la jurisprudence confortée par la loi nouvelle* »[4]. Il semble toutefois que « *la doctrine isolée* » résultant de l'arrêt du 13 mai 2015 ne le soit plus, puisque la première chambre civile, dans un arrêt rendu le 13 mars 2024[5], a réaffirmé le principe que « *la renonciation expresse à l'immunité d'exécution suffit*

1. Civ. 1re, 28 mars 2013, no 11-13.323, P I, no 64 ; *D.* 2013. 1728, note D. Martel ; *Clunet* 2013. 899, note G. Cuniberti – V. AUSSI : Civ. 1re, 5 mars 2014, no 12-22.406, P I, no 28 ; *D.* 2014. 1466, obs. A. Leborgne.
2. Civ. 1re, 13 mai 2015, no 13-17.751, P I, no 107 ; *Dr. et proc.* 2015. 182, obs. G. Cuniberti.
3. L. no 2016-1691, 9 déc. 2016, relative à la transparence, à la lutte contre la corruption et à la modernisation de la vie économique, *JO* 10 déc., texte 2.
4. Civ. 1re, 10 janv. 2018, no 16-22.494, P I, no 2 – V. AUSSI, Civ. 1re, 2 oct. 2019, no 19-10.669, P ; *D.* 2019. 1891 ; *D.* 2020. 1970, obs. E. Farnoux ; *RTD civ.* 2019. 927, obs. Ph. Théry.
5. Civ. 1re, 13 mars 2024, no 21-17.599, B ; D. 2024. 552 ; ibid. 1301, obs. J.-D. Pellier ; *ibid.* 1735, obs. L. d'Avout ; *ibid.* 2207, obs. T. Clay : la renonciation expresse à l'immunité d'exécution consentie par un État suffisait pour que l'actif en cause affecté à la présidence de la République (aéronef) puise faire l'objet d'une mesure d'exécution, sans que soit, en outre, requise une renonciation spéciale.

pour que les biens d'un État, quels qu'ils soient, puissent faire l'objet d'une mesure d'exécution, sans que soit en outre requise une renonciation spéciale ».

Les « *biens étrangers* » ont de toute façon toujours été protégés par le législateur français [1].

0142.06 Droit interne : principes généraux (synthèse). On verra plus en détail dans le développement suivant que les personnes morales de droit public sont protégées par une immunité de saisie assez large, qui a été réaffirmée par un arrêt du 21 décembre 1987 relatif à la question de savoir s'il était possible, à l'époque, de valider des saisies-arrêts pratiquées à l'encontre d'un établissement public à caractère industriel et commercial, qui avait été condamné, par une décision juridictionnelle passée en force de chose jugée, à payer une indemnité provisionnelle à une compagnie d'assurances. À l'appui de la cassation, la première chambre civile avait visé l'article 537 alinéa 2 C. civ., la loi du 16 juillet 1980 [2], relative aux astreintes prononcées en matière administrative et à l'exécution des jugements par les personnes morales de droit public (codifiée depuis dans le Code de justice administrative, v. not. CJA, art. L. 911-5), et, enfin, « *le principe général du droit suivant lequel les biens des personnes publiques sont insaisissables* ». Selon la Haute juridiction, il résultait du premier de ces textes que les biens n'appartenant pas à des personnes privées sont administrés et aliénés dans les formes et suivant les règles qui leur sont particulières, que « *s'agissant des biens appartenant à des personnes publiques même exerçant une activité industrielle et commerciale, le principe de l'insaisissabilité de ces biens ne permet pas de recourir aux voies d'exécution de droit privé* », et qu'il appartenait ainsi seulement au créancier bénéficiaire d'une décision juridictionnelle passée en force de chose jugée, condamnant une personne morale de droit public au paiement, même à titre de provision, d'une somme d'argent, de mettre en œuvre les règles particulières issues de la loi du 16 juillet 1980 admettant le prononcé d'une astreinte en cas d'inexécution de cette décision [3]. Même si elle refuse toute distinction fondée sur l'exercice d'une activité de service public ou simplement commerciale de l'établissement public, la solution reste conforme aux règles du droit public, particulièrement au principe de continuité qui est de l'essence du service public et dont l'intérêt prime sur celui de ses créanciers. Elle ne s'applique pas, toutefois, aux biens des personnes privées gérant un service public dans la mesure, a rappelé la Cour de cassation le 15 novembre 1995, où « *aucun texte ne déclare insaisissable les comptes d'un organisme de droit privé chargé de la gestion d'un* [tel service] » [4]. La possibilité pour les créanciers en attente de mettre en œuvre les dispositions de la loi du 16 juillet 1980, codifiée aujourd'hui dans l'article L. 911-5 du CJA, a d'ailleurs été rappelée par une décision du Tribunal des conflits du 19 mars 2007, affirmant, dans une formule de synthèse assez complète, que « *l'immunité d'exécution dont bénéficie l'État, dont les biens et les créances sont insaisissables, si elle interdit au juge de prendre à son encontre des mesures d'exécution forcée ou des mesures conservatoires, ne s'oppose pas au prononcé d'une astreinte qui est le corollaire de tout pouvoir d'injonction et dont le seul effet est de mettre une somme à sa charge, en cas de retard dans l'exécution volontaire d'une décision de justice* » [5].

SECTION 1

DROIT INTERNE : PERSONNES MORALES DE DROIT PUBLIC ET ORGANISMES DE DROIT PRIVÉ CHARGÉS DE LA GESTION D'UN SERVICE PUBLIC

0142.11 Principe d'immunité. C'est un principe général du droit que l'État et ses services, les collectivités territoriales, leurs groupements, et les établissements à caractère administratif bénéficient d'une immunité d'exécution attachée à leur statut [6]. Cela signifie qu'il ne peut être mis en œuvre de procédure d'exécution à l'encontre de la personne morale de droit public. Cette immunité doit être distinguée de

1. L'art. L. 153-1 C. mon. fin. dispose ainsi que « *ne peuvent être saisis les biens de toute nature, notamment les avoirs de change, que les banques centrales ou les autorités monétaires étrangères détiennent ou gèrent pour leur compte ou celui de l'État ou des États étrangers dont elles relèvent* » (al. 1er), mais « *par exception aux dispositions du premier alinéa, le créancier muni d'un titre exécutoire constatant une créance liquide et exigible peut solliciter du juge de l'exécution l'autorisation de poursuivre l'exécution forcée dans les conditions prévues par la partie législative du Code des procédures civiles d'exécution s'il établit que les biens détenus ou gérés pour son propre compte par la Banque centrale ou l'autorité monétaire étrangère font partie d'un patrimoine qu'elle affecte à une activité principale relevant du droit privé* ».
2. L. n° 80-539, 16 juill. 1980, relative aux astreintes prononcées en matière administrative et à l'exécution des jugements par les personnes morales de droit public, *JO* 17 juill.
3. Civ. 1re, 21 déc. 1987, n° 86-14.167, P I, n° 348 ; au demeurant, lorsqu'une même décision juridictionnelle passée en force de chose jugée a condamné une collectivité locale ou un établissement public au paiement d'une somme d'argent dont le montant est fixé par la décision elle-même, l'art. L. 911-9, al. 5, du CJA pose en principe que « *cette somme doit être mandatée ou ordonnancée dans un délai de deux mois à compter de la notification de la décision* », à défaut, c'est le représentant de l'État dans le département ou l'autorité de tutelle qui procède au mandatement d'office.
4. Civ. 2e, 15 nov. 1995, n° 93-13.262, P II, n° 284.
5. T. confl. 19 mars 2007, n° 07-03.497, P, n° 8.
6. Pour les biens d'un syndicat intercommunal, v. CAA Bordeaux, 31 mai 2011, req. n° 10BX00995, NP.

l'insaisissabilité du bien qui ne fait pas obstacle à la mise en œuvre de la mesure de contrainte, mais empêche de saisir tel ou tel bien spécifique. Si les deux notions doivent être dissociées, il n'en demeure pas moins que l'insaisissabilité des biens des personnes publiques est un corollaire de l'immunité d'exécution.

Un arrêt de la cour administrative d'appel de Paris a ainsi jugé que le principe d'insaisissabilité des personnes publiques s'oppose à ce qu'une société de droit privé, qui a conclu un contrat avec un établissement public industriel et commercial en vue de l'exécution de prestations d'entreposage de matériaux, puisse régulièrement faire usage des voies d'exécution ouvertes par l'article 1948 C. civ. pour contraindre cette personne publique au paiement des prestations réalisées[1].

La règle est plus généralement, mais implicitement, contenue à l'article L. 111-1 alinéa 3 C. pr. exéc.[2].

Désormais, l'article L. 2311-1 du CGPPP consacre explicitement ce principe[3], en décidant que « *les biens des personnes publiques mentionnées à l'article L. 1 sont insaisissables* ». L'article L. 1 visant « *les biens et droits à caractère mobilier ou immobilier, appartenant à l'État, aux collectivités territoriales et leurs groupements, ainsi qu'aux établissements publics* »[4]. Une incertitude demeure toutefois sur le domaine d'application de ce texte ; les personnes publiques qui n'y sont pas mentionnées échappent-elles à cette règle ? On songe notamment aux biens des personnes privées en charge de la gestion d'un service public. La réponse est sans doute négative eu égard aux dispositions de l'article 2 de ce code, qui dispose qu'il « *s'applique également aux biens et droits, à caractère mobilier ou immobilier, appartenant aux autres personnes publiques dans les conditions fixées par les textes qui les régissent* ». À ce propos, on notera, par exemple, que le législateur rend insaisissables certains biens, propriété d'autorités administratives indépendantes, tels notamment les biens immeubles appartenant à l'Autorité des marchés financiers[5].

Quoi qu'il en soit, la solution s'explique par la nécessité de ne pas remettre en cause le fonctionnement et la continuité du service public ; qui plus est, le domaine public est inaliénable[6] et les deniers publics insaisissables[7].

Sans remettre en cause ce principe, un arrêt du Conseil d'État du 18 novembre 2005 a permis aux personnes de droit privé, bénéficiaires d'une décision de condamnation prononcée par une juridiction administrative contre une commune, de solliciter du préfet la vente des biens de cette dernière aux fins de paiement de sa dette[8].

Dans cette affaire, deux sociétés créancières d'une commune sollicitèrent du préfet qu'il fasse procéder à la vente des biens de celle-ci, faute, pour cette dernière, de pouvoir honorer sa dette. Suite au refus opposé par le préfet, les créanciers saisirent le Conseil d'État, lequel jugea, en se fondant sur les dispositions de l'article 1er, II de la loi du 16 juillet 1980 relative aux astreintes prononcées en matière administrative et à l'exécution des jugements par les personnes morales de droit public, que « *lorsqu'une décision juridictionnelle passée en force de chose jugée a condamné une collectivité locale ou un établissement public au paiement d'une somme d'argent dont le montant est fixé par la décision elle-même, cette somme doit être mandatée ou ordonnancée dans un délai de quatre mois à compter de la notification de la décision de justice. À défaut de mandatement ou d'ordonnancement dans ce délai, le représentant de l'État dans le département ou l'autorité de tutelle procède au mandatement d'office. En cas d'insuffisance de crédits, le représentant de l'État dans le département ou l'autorité de tutelle adresse à la collectivité ou à l'établissement une mise en demeure de créer les ressources nécessaires ; si l'organe délibérant de la collectivité ou de l'établissement n'a pas dégagé ou créé ces ressources, le représentant de l'État dans le département ou l'autorité de tutelle y pourvoit et procède, s'il y a lieu, au mandatement d'office ; Considérant que, par ces dispositions, le législateur a entendu donner au représentant de l'État, en cas de carence d'une collectivité territoriale à assurer l'exécution d'une décision juridictionnelle passée en force de chose jugée, et après mise en demeure à cet effet, le pouvoir de se substituer aux organes de cette collectivité afin de dégager ou de créer les ressources permettant la pleine exécution de cette décision de justice ; qu'à cette fin, il lui appartient, sous le contrôle du juge, de prendre, compte tenu de la situation de la collectivité et des impératifs d'intérêt général, les mesures nécessaires ; qu'au nombre de ces mesures, figure la possibilité de procéder à la vente de biens appartenant à la collectivité dès lors que ceux-ci ne*

1. CAA Paris, 14 oct. 2008, req. n° 06PA03339, *Lebon T.*
2. S. Clamens, « Vers la remise en cause du principe d'insaisissabilité des biens des personnes publiques », *AJDA* 2000. 767.
3. *Adde* : CGPPP, art. L. 621-5-2, II, relativement aux biens immobiliers appartenant à l'Autorité des marchés financiers.
4. P. Yolka, « L'insaisissabilité des biens publics », *JCP A* 2007, n° 48.
5. C. mon. fin., art. L. 621-5-2, II.
6. V. CGCT, art. L. 1311, al. 1er, se référant au caractère inaliénable des biens pour les collectivités territoriales – H. de Gaudemard, « L'inaliénabilité du domaine public, une nouvelle lecture », *Dr. et patr.* mars 2009. 74.
7. V. Rép. min. n° 39649, *JOAN Q*, 17 août 2003, p. 6431.
8. CE 18 nov. 2005, S^{té} fermière de Campoloro et S^{té} de gestion du port de Campoloro, req. n° 271898, *Lebon* ; *AJDA* 2006. 137, chron. C. Landais et F. Lenica ; *AJDA* 2007. 1218, étude P. Cassia ; *RFDA* 2006. 341, note P. Bon ; *JCP* 2006. II. 10044, note R. de Moustier et O. Béatrix.

sont pas indispensables au bon fonctionnement des services publics dont elle a la charge ; que si le préfet s'abstient ou néglige de faire usage des prérogatives qui lui sont ainsi conférées par la loi, le créancier de la collectivité territoriale est en droit de se retourner contre l'État en cas de faute lourde commise dans l'exercice du pouvoir de tutelle ; qu'en outre, dans l'hypothèse où, eu égard à la situation de la collectivité, notamment à l'insuffisance de ses actifs, ou en raison d'impératifs d'intérêt général, le préfet a pu légalement refuser de prendre certaines mesures en vue d'assurer la pleine exécution de la décision de justice, le préjudice qui en résulte pour le créancier de la collectivité territoriale est susceptible d'engager la responsabilité de la puissance publique s'il revêt un caractère anormal et spécial ».

Bien entendu, « *le principe d'insaisissabilité des biens des personnes publiques, s'il s'oppose à la mise en œuvre, à leur encontre, des voies d'exécution du droit commun, ne fait obstacle à la cession, fût-elle forcée, des biens dépendant de leur domaine privé* », ainsi que l'a rappelé la chambre commerciale de la Cour de cassation dans un arrêt en date du 21 janvier 2014[1].

En outre, on a vu qu'une décision du Tribunal des conflits du 19 mars 2007 a décidé que l'immunité d'exécution dont bénéficie l'État – qui rend ses biens et créances insaisissables – ne fait toutefois pas obstacle à ce que le juge prononce une astreinte, qui est le corollaire de tout pouvoir d'injonction, et dont le seul effet est de mettre une somme à sa charge en cas de retard dans l'exécution volontaire d'une décision de justice[2].

La question de l'immunité des personnes morales de droit public du chef de leurs dettes fait cependant l'objet de débats, surtout lorsqu'il s'agit d'établissements publics à caractère industriel ou commercial[3].

Après quelques incertitudes liées au fait de savoir si certaines catégories d'établissements publics industriels ou commerciaux (EPIC), telle la Poste[4], pouvaient bénéficier d'une immunité d'exécution[5], la Cour de cassation a finalement mis un terme à la controverse en refusant toute possibilité de saisie à l'encontre des personnes morales de droit public, « *même exerçant une activité industrielle et commerciale* », que ce soit à raison de leur activité relevant du domaine public ou de celle relevant du domaine privé[6], sans distinction donc selon que les biens sont utilisés ou non dans le cadre d'une activité concurrentielle[7]. La Haute juridiction renvoie les créanciers de ces personnes morales à la mise en œuvre des dispositions de l'article 2 de la loi n° 80-539 du 16 juillet 1980, modifiée par la loi n° 87-880 du 30 juillet 1987, relative à l'exécution des jugements par les personnes morales de droit public, aujourd'hui codifiée dans le Code de justice administrative, l'article L. 911-5 donnant la possibilité de solliciter du juge administratif le prononcé d'une astreinte contre toute administration ou établissement public qui n'exécute pas une décision rendue par une juridiction administrative. Le choix d'un critère organique laisse ainsi à penser que les biens appartenant aux personnes privées en charge de la gestion d'un service public sont saisissables[8].

Rappelons en outre que l'État condamné par une décision de justice, ne peut se réfugier derrière un manque de ressources pour ne pas honorer le paiement de sa dette[9].

On notera, enfin, au plan procédural, que si un État ne se prévaut pas d'une immunité d'exécution, le juge n'est pas tenu de la relever d'office[10].

0142.12 Organismes de droit privé chargés de la gestion d'un service public – Principe de saisissabilité. En revanche, le principe de continuité du service public ne s'applique pas aux biens des personnes privées gérant un service public. Pour la Cour de cassation, en effet, « *aucun texte ne déclare insaisissables les comptes des organismes de droit privé chargés de la gestion d'un service public* », tel étant le cas du compte ouvert à la Caisse des dépôts et consignations par une caisse régionale d'assurance vieillesse pour lui permettre de gérer son service[11]. Il en va de même pour les entreprises qui collectent des fonds au titre du 1 % patronal. Ces fonds ne sont nullement publics. Seule leur affectation est obligatoire. Ils peuvent donc faire l'objet d'une voie d'exécution pour le paiement de n'importe quelle dette du collecteur[12]. Aucune immunité d'exécution n'est donc

1. Com. 21 janv. 2014, n° 12-29.475, P IV, n° 10.
2. T. confl. 19 mars 2007, req. n° C3497, *Lebon*.
3. R. Ducos-Ader, « Le principe de l'insaisissabilité : un principe autonome et général du droit applicable à tous les établissements publics industriels et commerciaux », *Gaz. Pal.* 1986. Doctr. 475.
4. Civ. 2e, 18 janv. 2001, n° 98-23.233, P I, n° 13.
5. À propos de la société nationale des entreprises de presse : Civ. 9 juill. 1951, *D.* 1952. 1. 141.
6. Civ. 1re, 21 déc. 1987, n° 86-14.167, P I, n° 348 ; *JCP* 1989. II. 21183, obs. M. Nicod ; *RTD civ.* 1989. 145, obs. R. Perrot : la Cour vise « *le principe général du droit suivant lequel les biens des personnes publiques sont insaisissables* » – Civ. 1re, 6 févr. 2007, n° 04-13.107, NP.
7. F. Beroujon, « Le recul de l'établissement public comme procédé de gestion des services publics », *RFDA* 2008. 26 – F. Blanc, « L'insaisissabilité des biens des établissements publics industriels et commerciaux, éléments pour une évolution », *RD publ.* 2009. 1553.
8. Civ. 2e, 15 nov. 1995, n° 93-13.262, P II, n° 284.
9. CEDH 7 mai 2002, Bourdov c/Russie, req. n° 59498/00 (déf. 4 sept. 2002), *Rec. CEDH ; D.* 2002. 2574, obs. N. Fricero ; *Dr. et proc.* 2002. 290, obs. N. Fricero.
10. Civ. 1re, 12 oct. 1999, n° 97-14.827, P I, n° 262.
11. Civ. 2e, 15 nov. 1995, n° 93-13.262, P II, n° 284 ; *JCP* 1996. IV. 33 ; *Rev. huiss.* 1996. 246.
12. Civ. 3e, 15 févr. 1983, n° 81-15.794, P III, n° 46 ; *RTD civ.* 1983. 601, obs. R. Perrot.

opposable à un créancier par ces catégories de personnes morales, sauf à ce que soit édictée une dérogation (C. patr., art. L. 451-10, al. 2, pour les collections privées des musées de France).

0142.13 Exclusion des sociétés d'économie mixte. Une société d'économie mixte est une entreprise de droit privé soumise comme telle aux procédures d'exécution. Le fait que cette société soit investie d'une mission de service public ou travaille pour le compte d'une collectivité locale n'est pas un motif pertinent pour échapper à une telle mesure[1]. Elle reste soumise au droit privé, et notamment aux dispositions du Code de commerce sur les sociétés commerciales.

SECTION 2

DROIT INTERNATIONAL : PRINCIPE DE L'IMMUNITÉ D'EXÉCUTION

0142.21 Matière régie par la jurisprudence jusqu'à la loi nº 2016-1691 du 9 décembre 2016. Chacun sait que la tradition veut qu'en vertu des « *principes de droit international privé régissant les immunités des États* », les États étrangers et leurs agents diplomatiques jouissent d'une immunité d'exécution « *de principe* », même si celle-ci peut être exceptionnellement écartée, on le verra, lorsque le bien saisi a été affecté à l'activité économique ou commerciale relevant du droit privé qui donne lieu à la demande en justice[2]. Par extension, « *le droit international coutumier* », lui, exige que les missions diplomatiques des États étrangers bénéficient, pour le fonctionnement de la représentation de l'État accréditaire et les besoins de sa mission de souveraineté, d'une immunité d'exécution autonome, et la Cour de cassation a considéré, en 2011, que « *cette immunité s'étend, notamment, aux fonds déposés sur les comptes bancaires de l'ambassade ou de la mission diplomatique* », et a pour conséquence qu'il doit être donné mainlevée de toute saisie portant sur ces fonds[3]. Ceci posé, il peut être renoncé à cette immunité d'exécution par un État, et à la question de savoir si la renonciation devait être spéciale s'agissant d'une mission diplomatique, la Cour de cassation, on l'a vu, a estimé le 13 mai 2015, sans viser la Convention des Nations unies du 2 décembre 2004, que « *le droit international coutumier n'exige pas une renonciation autre qu'expresse à l'immunité d'exécution* », cassant un arrêt d'appel qui, au motif que la lettre de renonciation de l'État n'était nullement spéciale, avait confirmé le jugement d'un juge de l'exécution (JEX) ayant prononcé la mainlevée d'une saisie-attribution pratiquée dans les comptes d'une banque ouverts au nom de la mission diplomatique de cet État à Paris[4]. On a pu se demander si la première chambre civile avait entendu poser en règle qu'aucune renonciation spéciale propre aux immunités des missions diplomatiques des États étrangers n'est requise, ou si, en l'espèce, la clause de renonciation consentie par l'État l'ayant été en 1993, l'exigence quant à la forme de ces clauses ayant été posée pour la première fois par la Cour en 2011, elle ne pouvait s'appliquer. La Cour de cassation a opéré un revirement par rapport à ses trois arrêts rendus, le 28 mars 2013, au visa du droit international coutumier tel que reflété par la Convention des Nations unies du 2 décembre 2004 sur l'immunité juridictionnelle des États et de leurs biens, ayant affirmé qu' » *il ne peut y être renoncé que de manière expresse et spéciale, en mentionnant les biens ou la catégorie de biens pour lesquels la renonciation est consentie* »[5]. L'arrêt du 13 mai 2015 ne disant pas s'appliquer spécialement à un type particulier d'immunité d'exécution, il semblait également que la première chambre civile ne considérait plus que l'immunité diplomatique bénéficierait d'un régime autonome, fondant le régime de celle-ci dans celui de l'immunité générale d'exécution des États étrangers[6]. Ce revirement de 2015 paraissait également dépassé par le nouvel article L. 111-1-3 C. pr. exéc., issu de la loi du 9 décembre 2016, qui a consacré le principe de la renonciation « *expresse et spéciale* » de l'État étranger comme condition de la prise d'une mesure conservatoire ou d'exécution forcée sur les biens de celui-ci. Le 10 janvier 2018, un important arrêt d'annulation de la première chambre civile considérait encore que les dispositions des articles L. 111-1-2 et L. 111-1-3, subordonnant la validité de la renonciation par un État étranger à son immunité d'exécution, à la double condition que cette renonciation soit expresse et spéciale, « *contredisent la doctrine isolée résultant de l'arrêt du 13 mai 2015, mais consacrent la jurisprudence antérieure [...] ; que certes, elles concernent les seules mesures d'exécution mises en œuvre après l'entrée en vigueur de la loi et, dès lors, ne* [s'appliquaient] *pas au présent litige* », *mais* « *que, toutefois, compte tenu de l'impérieuse nécessité, dans un domaine touchant à la souveraineté des États et à la préservation de leurs représentations diplomatiques, de traiter de manière identique des situations similaires,*

1. Versailles, 2 juin 1986, *D.* 1987. 86, obs. J. Prévault.
2. Civ. 1re, 14 mars 1984, nº 82-12.462, P I, nº 98.
3. Civ. 1re, 28 sept. 2011, nº 09-72.057, P I, nº 153.
4. Civ. 1re, 13 mai 2015, nº 13-17.751, P (préc., v. ss nº 0142.05).
5. Civ. 1re, 28 mars 2013, nos 10-25.938, 11-10.450 et 11-13.323, P (préc., v. ss nº 0142.05) ; *D.* 2013. 1728, note D. Martel ; *Clunet* 2013. 899, note G. Cuniberti – V. AUSSI : Civ. 1re, 5 mars 2014, nº 12-22.406, P I, nº 28 ; *D.* 2014. 1466, obs. A. Leborgne.
6. V. *Dr. et proc.* 2015. 182, nº 4, obs. G. Cuniberti.

l'objectif de cohérence et de sécurité juridique impose de revenir à la jurisprudence confortée par la loi nouvelle »[1]. Il semble toutefois que cette « *doctrine isolée* » résultant de l'arrêt du 13 mai 2015 soit revenue sur le devant de la scène, puisque la première chambre civile, dans un arrêt rendu le 13 mars 2024[2], a réaffirmé le principe que « *la renonciation expresse à l'immunité d'exécution suffit pour que les biens d'un État, quels qu'ils soient, puissent faire l'objet d'une mesure d'exécution, sans que soit en outre requise une renonciation spéciale* ».

L'immunité d'exécution connaît de toute façon une inflexion lorsque l'État étranger se comporte non en souverain, mais comme un particulier accomplissant des actes civils. Dans cette hypothèse, il est en effet concevable de limiter la protection conférée par l'immunité d'exécution à ce qui relève de l'activité de puissance publique ou des biens qui sont affectés à celle-ci, et de permettre la saisie lorsqu'il s'agit d'un engagement relevant du droit privé. L'arrêt fondateur en la matière, on l'a vu, est l'arrêt *Eurodif* rendu par la Cour de cassation le 14 mars 1984, dans lequel la première chambre civile a considéré que l'immunité d'exécution qui protège les États étrangers « *peut être exceptionnellement écartée* », particulièrement « *lorsque le bien saisi a été affecté à l'activité économique ou commerciale relevant du droit privé qui a donné lieu à la demande en justice* ». Il appartiendra alors aux juges du fond de rechercher la nature de cette activité pour trancher, au cas par cas, la question de l'immunité d'exécution. C'est depuis lors la jurisprudence constante de la Cour de cassation, qui n'admet l'immunité que lorsque le bien saisi se rattache à l'exercice d'une activité de souveraineté, ce qui n'est pas le cas d'un achat de biens immobiliers par un État étranger, « *fussent-ils affectés au logement de son personnel diplomatique* » : pour la Cour, il ne s'agit pas d'une « *prérogative ou* [d']*un acte de souveraineté mais seulement* [d']*une opération habituelle de gestion relevant du droit privé* », et, dans ces conditions, il n'était pas possible, pour cet État, d'opposer son immunité d'exécution afin d'écarter la saisie diligentée par un syndicat de copropriétaires, tendant à obtenir le paiement des charges de copropriété relatives à cette opération immobilière[3].

1. Civ. 1re, 10 janv. 2018, no 16-22.494, P (préc. v. ss no 0142.05) – DANS LE MÊME SENS, Civ. 1re, 2 oct. 2019, no 19-10.669, P (préc., v. ss no 0142.05).
2. Civ. 1re, 13 mars 2024, no 21-17.599, B (préc., v. ss no 0142.05) : la renonciation expresse à l'immunité d'exécution consentie par un État suffisait pour que l'actif en cause affecté à la présidence de la République (aéronef) puise faire l'objet d'une mesure d'exécution, sans que soit, en outre, requise une renonciation spéciale.
3. Civ. 1re, 25 janv. 2005, no 03-18.176, P I, no 39 – V. AUSSI : Civ. 1re, 19 nov. 2008, no 07-10.570, P I, no 266.

Ce principe de dissociation, **acte de puissance publique/acte ou opération économique relevant du droit privé**, a également été appliqué aux « *biens des organismes publics, personnalisés ou non, distincts de l'État étranger, lorsqu'ils font partie d'un patrimoine que celui-ci a affecté à une activité principale relevant du droit privé* » : l'arrêt *Sonatrach*, rendu par la Cour de cassation le 1er octobre 1985, a en effet admis que ces biens pouvaient « *être saisis par tous les créanciers, quels qu'ils soient, de cet organisme* » dans la mesure où celui-ci ne parvenait pas à établir que les fonds saisis avaient, par leur origine ou leur destination, une affectation publique les assimilant aux « *fonds publics de l'État* » en question[4]. L'utilisation privée ou publique du bien, permettant ou non de diligenter une mesure d'exécution, a été indirectement consacrée par la loi du 9 décembre 2016 qui a introduit un article L. 111-1-2 dans le Code des procédures civiles d'exécution, lequel dispose, dans son 3°, que des mesures conservatoires ou des mesures d'exécution forcée visant un bien appartenant à un État étranger ne peuvent être autorisées par le juge, lorsqu'un jugement ou une sentence arbitrale a été rendu contre l'État concerné, que si « *le bien* [...] *est spécifiquement utilisé ou destiné à être utilisé par ledit État autrement qu'à des fins de service public non commerciales et entretient un lien avec l'entité contre laquelle la procédure a été intentée* ».

0142.22 Immunité d'exécution et droit à un procès équitable. Cette dialectique du principe et de l'exception, en tant qu'elle ménage les droits des créanciers, paraît conforme au droit d'accès à un tribunal tel que garanti par l'article 6 de la Convention européenne des droits de l'homme (Conv. EDH), dont l'exécution d'une décision de justice constitue le prolongement nécessaire. L'immunité des États étrangers limite en effet ce droit d'accès sans le fermer complètement, et semble, dans ces conditions, être en harmonie avec la Convention « *qu'il convient d'interpréter* [...] *de manière à la concilier le plus possible avec les autres règles du droit international, dont cette dernière fait partie intégrante* »[5], en l'occurrence celles relatives aux immunités. De fait, la Cour de cassation suit la suggestion de la Cour européenne des droits de l'homme (CEDH) de concilier la compatibilité de l'immunité d'exécution avec le droit à un procès équitable, en affirmant que le créancier bénéficie d'une action en responsabilité contre l'État français[6].

En effet, dans un arrêt du 25 mai 2016, un salarié d'une organisation internationale, la Banque des

4. Civ. 1re, 1er oct. 1985, no 84-13.605, P I, no 236.
5. Civ. 1re, 28 mars 2013, no 11-13.323, P (préc., v. ss nos 0142.05 et 0142.21).
6. V. obs. G. Cuniberti, *Dr. et proc.* 2016. 142, ss Civ. 1re, 25 mai 2016, no 15-18.646, P I, no 120.

États de l'Afrique Centrale, avait contesté avec succès son licenciement devant le conseil de prud'hommes, et obtenu la condamnation de l'organisation à lui payer des rappels de salaires et des dommages-intérêts pour une somme supérieure à 100 000 euros. Son employeur refusant de s'acquitter de cette somme, le salarié fit pratiquer une saisie-attribution sur un compte de l'organisation, qui se prévalut alors de son immunité d'exécution devant le JEX.

On sait que le **principe du contrôle des immunités des organisations internationales au regard du droit à un procès équitable** a été affirmé par la Cour européenne, celle-ci, dans l'arrêt fondateur du 18 février 1999[1], ayant en effet jugé que le but poursuivi par les immunités souveraines était légitime et pouvait donc restreindre le droit d'accès à un tribunal, mais que cette restriction devait être proportionnée, ce qui impliquait que d'autres voies raisonnables soient disponibles pour mettre en œuvre ce droit. Le 14 octobre 2009[2], la Cour de cassation a repris cette analyse dans une affaire d'exécution en France de jugements étrangers, admettant que l'organisation internationale débitrice puisse bénéficier de son immunité d'exécution au motif que les créanciers « *disposaient d'autres voies pour faire exécuter cette condamnation* », sans toutefois préciser lesquelles.

Or, c'est en 2015[3] que la Cour européenne a suggéré que les créanciers d'un État étranger opposant son immunité d'exécution pouvaient engager la responsabilité de l'État français devant la juridiction administrative, et disposaient ainsi d'une voie de recours. L'arrêt rendu par la première chambre civile le 25 mai 2016 reprend cette solution, et affirme, alors que les juges du fond avaient rejeté la demande de mainlevée et décidé que la mesure produirait ses effets, que « *le justiciable, qui se voit opposer le caractère absolu de l'immunité d'exécution d'une organisation internationale, dispose, par la mise en œuvre de la responsabilité de l'État, d'une voie de droit propre à rendre effectif son droit d'accès à un tribunal, de sorte que le seul fait de ne pouvoir saisir les fonds de* [l'organisation], *en France, ne constituait pas, au préjudice* [du créancier], *une restriction disproportionnée à ce droit, au regard du but légitime poursuivi par l'accord garantissant une immunité d'exécution à cette banque centrale pour faciliter l'accomplissement de ses missions* »[4]. Comme on l'a remarqué[5], le Conseil d'État admet effectivement depuis longtemps que l'État français peut engager sa responsabilité pour les préjudices occasionnés par l'application des conventions internationales régulièrement incorporées dans l'ordre juridique français[6], mais exige toutefois, pour la mise en œuvre de cette responsabilité, que le préjudice revête un caractère grave et spécial, prouvé dans chaque affaire, et ne puisse pas être considéré comme une charge incombant normalement au justiciable.

SECTION 3

Droit international : renforcement légal du régime de l'immunité d'exécution des biens des États étrangers

0142.31 **Restriction à la mise en œuvre de mesures conservatoires ou d'exécution.** Les articles 59 et 60 de la loi du 9 décembre 2016 ont donc renforcé le régime de l'immunité d'exécution à l'égard des biens des États étrangers[7], en introduisant, pour ce qui concerne l'article 59, trois nouveaux articles dans le Code des procédures civiles d'exécution, les articles L. 111-1-1 à L. 111-1-3, qui ont trait aux conditions dans lesquelles des **mesures de contraintes** peuvent être mises en œuvre à l'encontre de ces États, à l'initiative de leurs créanciers, l'article 60 de la loi, quant à lui, n'étant pas appelé à modifier le Code des procédures civiles d'exécution, mais intégrant **une logique d'insolvabilité à l'idée d'immunité proprement dite.** Les dispositions de la loi du 9 décembre 2016 ont été validées par le Conseil constitutionnel sur le fondement du droit à obtenir l'exécution d'une décision juridictionnelle[8]. En effet, même si les textes nouveaux limitent la possibilité pour le créancier d'un État étranger d'obtenir la mise en œuvre de mesures conservatoires ou d'exécution forcée sur un bien appartenant à cet État, la nécessité, désormais, d'obtenir une autorisation du juge, a eu pour objectif de s'assurer que les conditions légales de la mesure souhaitée par le créancier sont réunies, dès lors que l'ordonnance sur requête préserve ce dernier d'un déplacement des biens visés par la mesure conservatoire ou d'exécution forcée tout en étant rendue non contradictoirement.

0142.32 **Les articles L. 111-1-1 à L. 111-1-3 du Code des procédures civiles d'exécution.** Désormais, en effet, le droit de saisir devra être apprécié en amont par le juge, d'où un affaiblissement possible

1. CEDH 18 févr. 1999, Waite et Kennedy c/Allemagne, req. n° 26083/94.
2. Civ. 1re, 14 oct. 2009, n° 08-14.978, P I, n° 206.
3. CEDH 5 févr. 2015, NML Capital LTD c/France, req. n° 23242/12.
4. Civ. 1re, 25 mai 2016, n° 15-18.646 P ; *D.* 2017. Pan. 1391, obs. A. Leborgne ; *Dr. et proc.* 2016. 142, obs. G. Cuniberti.
5. Obs. G. Cuniberti, préc. ss prést n°.
6. CE, ass., 30 mars 1966, Cie générale d'énergie radio-électrique, *Lebon* 257 – CE, sect., 29 oct. 1976, Dame Burgat, *Lebon* 452 ; *D.* 1978. 76, note J. Vier et F. Lamoureux – CE, ss-sect. réun., 11 févr. 2011, Susilawati, req. n° 325253, *Lebon* 36.
7. V. obs. A. Leborgne, *D.* 2017. Pan. 1389.
8. Cons. const. 8 déc. 2016, n° 2016-741 DC.

du droit à l'exécution des créanciers. En effet, le nouvel article L. 111-1-1 C. pr. exéc. décide que des mesures conservatoires ou des mesures d'exécution forcée « *ne peuvent être mises en œuvre sur un bien appartenant à un État Étranger que sur autorisation préalable du juge par ordonnance rendue sur requête* ». L'article R. 111-1 C. pr. exéc. précise que c'est le JEX du tribunal judiciaire de Paris qui est seul compétent pour statuer sur la demande d'autorisation et sur les contestations relatives aux mesures conservatoires et d'exécution forcée mobilières qu'il autorise, ainsi que pour connaître des procédures de saisie immobilière. La requête devra être présentée en double exemplaire, être motivée et comporter l'indication précise des pièces invoquées (C. pr. exéc., art. R. 111-2). Quant à l'ordonnance, conformément au droit commun de l'article 495 C. pr. civ., elle doit être motivée, et est exécutoire au seul vu de la minute (C. pr. exéc., art. R. 111-3), ce qui veut dire que le commissaire de justice pourra procéder à l'exécution sur simple présentation de l'autorisation du juge (C. pr. exéc., art. R. 111-5), étant précisé que lorsque la mesure d'exécution donne lieu à dénonciation à l'État étranger, elle est accompagnée d'une copie de la requête et de l'ordonnance. Enfin, de deux choses l'une, ici : s'il n'est pas fait droit à la requête, un appel peut être interjeté dans le délai de quinze jours, instruit et jugé comme en matière gracieuse ; en revanche, s'il est fait droit à la requête, il est possible d'en référer au juge qui a rendu l'ordonnance, lequel pourra la modifier ou la rétracter (C. pr. exéc., art. R. 111-6). C'est encore une fois le droit commun des ordonnances sur requête qui s'applique (C. pr. civ., art. 496).

À cette première barrière constituée par la demande d'autorisation au juge, viennent s'ajouter des conditions alternatives de délivrance de l'autorisation, prévues par l'article L. 111-1-2. L'autorisation ne pourra ainsi être accordée que si l'État concerné a expressément consenti à l'application d'une telle mesure, ou si cet État a réservé ou affecté ce bien à la satisfaction de la demande qui fait l'objet de la procédure[1], ou, enfin, lorsqu'un jugement ou une sentence arbitrale a été rendu contre l'État concerné et que le bien en question est spécifiquement utilisé ou destiné à être utilisé par ledit État autrement qu'à des fins de service public non commerciales et entretient un lien avec l'entité contre laquelle la procédure a été intentée (Pour l'application de ce 3° de l'article L. 111-1-2, sont considérés comme spécifiquement utilisés, ou destinés à être utilisés par l'État à des fins de service public non commerciales, les comptes bancaires de la mission diplomatique de l'État ou de ses postes consulaires ; la loi instaure ici une présomption d'affectation à l'accomplissement des fonctions de ces missions diplomatiques, et si le créancier veut saisir leur compte bancaire il devra alors rapporter la preuve contraire[2]).

L'article L. 111-1-2 alinéa 2 C. pr. exéc., précise que pour l'application de cette troisième condition, sont notamment considérées comme **spécifiquement utilisés ou destinés à être utilisés par l'État à des fins de service public non commerciales**, cinq catégories de biens :

– 1 les biens, y compris les comptes bancaires, utilisés ou destinés à être utilisés dans l'exercice des fonctions de la mission diplomatique de l'État ou de ses postes consulaires, de ses missions spéciales, de ses missions auprès des organisations internationales, ou de ses délégations dans les organes des organisations internationales ou aux conférences internationales ;

– 2 les biens de caractère militaire ou les biens utilisés ou destinés à être utilisés dans l'exercice des fonctions militaires ;

– 3 les biens faisant partie du patrimoine culturel de l'État ou de ses archives qui ne sont pas mis ou destinés à être mis en vente ;

– 4 les biens faisant partie d'une exposition d'objet d'intérêt scientifique, culturel ou historique qui ne sont pas mis ou destinés à être mis en vente ;

– 5 les créances fiscales ou sociales de l'État[3].

L'article L. 111-1-3 complète le dispositif en achevant de le verrouiller. En effet, ce texte décide que **des mesures conservatoires ou des mesures d'exécution forcée ne pourront être mises en œuvre sur les biens**, y compris les comptes bancaires, utilisés ou destinés à être utilisés dans l'exercice des fonctions de la mission diplomatique des États étrangers ou de leurs postes consulaires, de leurs missions spéciales ou de leurs missions auprès des organisations internationales « *qu'en cas de renonciation expresse et spéciale des États concernés* ». C'est une manière de sanctuariser ces biens sur notre sol national.

0142.33 L'article 60 de la loi n° 2016-1691 du 9 décembre 2016. Le législateur de 2016 a également souhaité protéger **les biens des États bénéficiant de l'aide publique au développement et exposés à des difficultés financières,** pour faire échec aux saisies par des « *fonds vautours* », fonds d'investissement spéculatifs ou *hedge funds*[4]. L'article 60 dispose en effet, dans son paragraphe I, que l'autorisation prévue à l'article L. 111-1-1 C. pr. exéc. ne peut

1. SOLUTION DÉJÀ CONSACRÉE par : Conv. NU, 2 déc. 2004, art. 18, b), et 19, b).

2. Civ. 1re, 10 janv. 2018, n° 16-22.494, P (préc., v. ss nos 0142.05 et 0142.21).
3. V. DÉJÀ : Conv. NU, 2 déc. 2004, art. 21.
4. V. J. Heymann, « La loi Sapin 2 et les immunités d'exécution », *JCP* 2017. 102.

être délivrée par le juge lorsque les trois conditions suivantes sont réunies :

– *d'une part*, le titre de créance justifiant les mesures conservatoires ou d'exécution forcée a été émis par l'État étranger alors que celui-ci figurait sur la liste des bénéficiaires de l'aide publique au développement de l'Organisation de coopération et de développement économique,

– *d'autre part*, lors de l'acquisition du titre de créance, cet État se trouvait en situation de défaut sur ce titre ou en avait proposé une modification des termes,

– *enfin*, la situation de défaut sur le titre de créance date de moins de quarante-huit mois au moment où le détenteur du titre de créance sollicite du juge une ordonnance sur requête l'autorisant à pratiquer une mesure d'exécution forcée ou une mesure conservatoire, ou la première proposition de modification des termes du titre de créance date de moins de quarante-huit mois au moment où le détenteur du titre de créance sollicite du juge une ordonnance sur requête l'autorisant à pratiquer une mesure d'exécution forcée ou une mesure conservatoire, ou une proposition de modification, applicable au titre de créance, a été acceptée par des créanciers représentant au moins 66 % du montant en capital des créances éligibles, indépendamment du seuil requis, le cas échéant, pour l'entrée en vigueur. Ce point est important, car il est par ailleurs prévu au IV de l'article 60 que, dans le cas où le détenteur du titre de créance a sollicité la mise en œuvre de mesures conservatoires ou d'exécution forcée pour des sommes dont le montant total est inférieur ou égal au montant qu'il aurait obtenu s'il avait accepté pareille proposition, le juge pourra autoriser de telles mesures. Le « *comportement manifestement abusif du détenteur du titre de créance* » est aussi pris en compte, puisqu'il est prévu que le juge pourra, face à un tel comportement, porter les deux limites de quarante-huit mois mentionnées au 3° du I à soixante-douze mois[1].

1. L. n° 2016-1691, 9 déc. 2016, art. 60, II.

CHAPITRE

0143. Obstacles ponctuels tirés de la relation créancier-débiteur ou affectant l'exécution de la mesure

OLIVIER SALATI
MAÎTRE DE CONFÉRENCES HDR À L'UNIVERSITÉ D'AIX-MARSEILLE
DIRECTEUR DU MASTER II PROFESSIONNEL
COMMISSAIRE DE JUSTICE ET PROFESSIONS JUDICIAIRES

SECTION 0
ORIENTEUR

0143.00 **Sommaire du chapitre.**

Division. Il existe des obstacles ponctuels à l'exécution forcée, notamment : l'allégation d'un paiement (sect. 1), l'exception de compensation (sect. 2) ou de caducité (sect. 3), les exceptions tirées du calcul des intérêts de retard (sect. 4), l'intention d'exercer un recours (sect. 5), l'hypothèse de l'inscription de faux contre un acte authentique (sect. 6), et, enfin, un certain nombre d'obstacles procéduraux (sect. 7).

0143.01 **Textes applicables.**

• **C. pr. exéc.,** art. L. 111-10, R. 211-1 et R. 211-6.

• **C. civ.,** art. 514, 1103, 1231-1, 1231-2, 1231-6, 1343-1, 1343-2, 1344, 1344-1, 1347, 1347-1, 1347-2, 1348 et 1353.

• **C. trav.,** art. L. 3251-1 à L. 3251-3 et R. 1454-28.

• **C. pr. civ.,** art. 312, 385, 478, 514-3, 528-1 et 1411.

• **C. com.,** art. L. 145-40, L. 511-45, L. 512-3 et L. 622-28.

• **C. consom.,** art. L. 214-2.

• **C. mon. fin.,** art. L. 313-3.

• **COJ,** art. L. 213-6.

• **C. assur.,** art. L. 211-9 et L. 211-13.

• **CGCT,** art. L. 1617-5.

0143.02 **Jurisprudence de référence.**

> Compétence du juge de l'exécution pour déclarer un jugement non avenu.

• **Civ. 2e, 11 oct. 1995,** n° 93-14.326, P II, n° 233

* V. ss nos 0143.34, 0214.22

L'appel tendant à faire réformer ou annuler par la cour d'appel un jugement rendu par une juridiction de première instance, cette voie de recours n'est pas ouverte à la partie défaillante en première instance qui demande, à titre principal, de déclarer non avenu un jugement en application de l'article 478 du nouveau Code de procédure civile. Une personne, non comparante en première instance ayant interjeté appel du jugement qui l'avait condamnée au paiement d'une somme et demandé à la cour d'appel de dire cette décision non avenue, encourt la cassation, l'arrêt qui examine cette demande alors que seul le juge de l'exécution était compétent pour se prononcer.

> Procédure d'exécution pratiquée sur la foi d'une ordonnance d'injonction frappée d'opposition.

• **Cass., avis, 8 mars 1996,** n° 09-60.001, P, n° 4

* V. ss nos 0121.42, 0143.72, 0214.84, 0811.12

En cas saisie-attribution pratiquée en vertu d'une ordonnance d'injonction de payer revêtue de la formule exécutoire mais frappée d'une opposition recevable, l'opposition ne peut pas conduire à ordonner la mainlevée de la saisie-attribution pratiquée, mais fait obstacle, jusqu'à ce qu'il ait été statué sur l'opposition par la juridiction compétente, au paiement au créancier des sommes rendues indisponibles.

> Recouvrement forcé des dommages-intérêts de l'[ancien] article 1153 du Code civil.

• **Civ. 1re, 10 mars 1998,** n° 95-21.817, P I, n° 100

* V. ss nos 0112.83, 0143.51, 0143.62, 0713.46

Pour pouvoir être recouvrés par voie d'exécution, les dommages-intérêts prévus à l'[ancien] article 1153 du Code civil doivent faire l'objet d'une disposition spéciale du titre en vertu duquel est exercée la poursuite.

> Fixation des intérêts légaux par le juge de l'exécution.

• **Civ. 2e, 17 juin 1999,** n° 97-15.151, P II, n° 121

* V. ss nos 0112.83, 0143.62, 0214.64

En apportant à un précédent arrêt, ayant prononcé condamnation au paiement d'une indemnité de licenciement, la simple précision qu'en vertu de l'[ancien] article 1153 du Code civil, cette indemnité avait produit de plein droit intérêts à compter de la demande en justice, une cour d'appel, qui n'a pas modifié le dispositif de cet arrêt, n'a fait qu'user du pouvoir que confère au juge de l'exécution l'article L. 311-12-1 [devenu art. L. 213-6] du Code de l'organisation judiciaire.

> Saisie immobilière. Demande d'aide juridictionnelle.

• **Civ. 2e, 24 juin 2010,** n° 08-19.974, P II, n° 120

* V. ss nos 0143.91, 1331.91, 1333.104, 1334.13, 1341.82

Commet un excès de pouvoir et viole l'article 25 de la loi du 10 juillet 1991 relative à l'aide juridictionnelle et l'article 6 de la Convention de sauvegarde des droits de l'homme et des libertés fondamentales, le juge qui procède à la vente forcée d'un bien, sans s'assurer que le débiteur saisi, qui avait sollicité l'aide juridictionnelle, avait été informé de la décision rendue sur cette demande et du nom de l'avocat désigné à ce titre.

> Mentions relatives aux voies de recours de l'acte de notification d'une mesure d'exécution forcée.

• **Civ. 2e, 8 sept. 2011,** n° 10-23.003, P II, n° 165

* V. ss nos 0143.92, 0621.53, 0714.96, 0714.147, 0841.61

L'article 680 du Code de procédure civile, qui vise la notification des jugements, ne s'applique pas à la notification d'une mesure d'exécution forcée.

0143.03 **Bibliographie indicative.**

* V. ss n° 014.03.

SECTION 1
ALLÉGATION D'UN PAIEMENT

0143.11 **Données de la question.** La détention d'un titre exécutoire ne rend pas *ipso facto* pertinente la mise en œuvre d'une procédure d'exécution. Il se peut, en effet, que postérieurement à l'obtention du titre exécutoire, le principal de la créance ait été payé totalement, ou partiellement par un certain nombre de versements. Cette hypothèse peut se produire lorsque le débiteur a effectué des versements directement entre les mains de l'avocat du créancier, alors que le titulaire du titre avait déjà mandaté un commissaire de justice pour en recouvrer la totalité. L'absence de coordination entre ces différents acteurs du recouvrement de la même dette conduira ici à devoir procéder à une mainlevée au moins amiable de la mesure, sinon judiciaire.

0143.12 **Preuve du paiement.** Si un débat s'instaure devant le juge de l'exécution (JEX), il aura le plus souvent trait aux différents versements prétendument effectués par le débiteur depuis la mesure, que celui-ci devra bien évidemment prouver en application du principe énoncé par l'article 1353 C. civ., en particulier, ici son alinéa 2.

SECTION 2
EXCEPTION DE COMPENSATION

0143.21 **Principe de la compensation de droit.** La compensation, on le sait, est l'extinction simultanée d'obligations réciproques entre deux personnes, qui s'opère, sous réserve d'être invoquée, à due concurrence, à la date où ses conditions se trouvent réunies (C. civ., art. 1347). Il est donc possible pour le débiteur d'opposer au créancier la compensation totale ou partielle avec une créance qu'il détient à son encontre, et qui a pour effet d'éteindre les deux dettes jusqu'à concurrence de la plus faible (C. civ., art. 1347, al. 2). L'avantage de ce mode d'extinction réciproque des obligations est d'éviter deux procédures d'exécution simultanées ou successives, ce qui réduit les coûts et les risques de contentieux propres à cette matière. Son autre attrait réside dans la garantie qu'elle apporte au créancier en lui assurant un privilège sur les autres créanciers de son débiteur par l'effet de l'imputation extinctive, que la créance soit ou non chirographaire.

La Cour de cassation a ainsi considéré qu'encourt une cassation pour manque de base légale, la décision d'une cour d'appel qui, pour débouter de sa demande de compensation, un débiteur ayant fait l'objet d'une saisie-attribution, retient que l'acte de saisie-attribution emporte attribution immédiate de la créance saisie au profit du saisissant et rend impossible la compensation, sans avoir toutefois recherché si la créance du saisissant ne s'était pas trouvée éteinte par l'effet d'une compensation légale intervenue antérieurement à la saisie[1].

Le débiteur d'une obligation constatée par un titre exécutoire pourra donc exciper, à l'occasion

1. Civ. 2e, 16 déc. 2004, n° 03-13.117, P II, n° 533.

d'une procédure d'exécution, d'une exception de compensation afin de faire obstacle ou de réduire le montant de sa dette[1]. En effet, tout juge, y compris le JEX peut constater la compensation[2], dès lors que la demande est formée dans le champ de sa compétence (COJ, art. L. 213-6). À cet égard, on relèvera toutefois un arrêt rendu par la première chambre civile de la Cour de cassation, ayant jugé, le 16 novembre 2004, que le JEX n'est pas en mesure, sous peine de modifier le dispositif de la décision servant de fondement aux poursuites, d'examiner une demande de compensation si celle-ci a déjà été vainement sollicitée devant le juge du fond[3]. Si la solution peut se justifier au regard du respect du principe de l'autorité de la chose jugée attachée à toute décision juridictionnelle, la chambre commerciale de la Cour de cassation a en revanche pu décider, dans le cadre d'un contentieux relatif au droit des procédures collectives, « *qu'en l'absence d'une décision ayant déjà statué sur la compensation judiciaire, le juge de l'exécution est compétent pour se prononcer sur l'exception de compensation présentée à l'appui d'une demande de mainlevée de la saisie* »[4].

0143.22 Conditions de la compensation. Pour pouvoir être mise en œuvre, la compensation ne peut avoir lieu qu'entre deux obligations réciproques, fongibles, certaines, liquides et exigibles (C. civ., art. 1347-1), étant précisé que les obligations de sommes d'argent sont fongibles. Paraît donc exclue l'hypothèse où les parties ne figurent pas en la même qualité[5], et celle où le débiteur prétend opposer au créancier une dette que celui-ci devrait à un tiers.

Lorsque les dettes réciproques des parties ont pour objet une somme d'argent ou une quantité de choses fongibles, et sont liquides et exigibles, la compensation s'opère donc de plein droit sans qu'il y ait à rechercher si elles présentent un lien de connexité. Un débat peut toutefois naître devant le JEX, lors d'une contestation s'élevant à l'occasion de l'exécution forcée, sur le jeu de plein droit de la compensation, lorsque la créance alléguée par le débiteur prête à discussion quant à sa liquidité, son exigibilité et son montant[6] ; lorsque l'un des caractères fait défaut, l'exception de compensation doit alors être rejetée[7]. Cela dit, il faut aussi prendre en compte l'article 1348 C. civ., qui affirme que la compensation peut être prononcée en justice, même si l'une des obligations, quoique certaine, n'est pas encore liquide et exigible, et dans ce cas elle produira alors ses effets à la date de la décision.

0143.23 Effets de la compensation sur les actes précédant l'exécution. La compensation n'a pas pour effet d'invalider les actes précédant l'exécution et réalisés avant son prononcé, dès lors qu'ils ont été accomplis dans les conditions légales[8].

0143.24 Compensation de dettes de montants différents. Dans l'hypothèse d'une compensation entre deux dettes de montant différent, celles-ci s'éteignent réciproquement « *à due concurrence* » ainsi que le précise l'article 1347 C. civ.

0143.25 Compensation et dettes d'aliments. Il convient également de relever qu'aux termes de l'article 1347-2 C. civ., « *les créances insaisissables* [...] *ne sont compensables que si le créancier y consent* », ce qui signifie que le législateur tient compte de la qualité des créances à compenser. Même si ces créances sont réciproques, la compensation, ici, ne pourra avoir lieu sans que le créancier y consente. Sans ce consentement, la compensation ne pourra donc pas avoir lieu avec une dette d'aliments déclarée insaisissable. Cette exception vise, pour l'essentiel, les obligations pécuniaires imposées dans le cadre du divorce et de la filiation, et les créances trouvant leur origine dans la relation de travail. C'est ainsi qu'aucune compensation ne s'opère entre une créance d'aliments et une créance non alimentaire. Il en ira ainsi pour une prestation compensatoire qui a un caractère partiellement alimentaire et dont le débiteur ne peut se prétendre partiellement libéré par le paiement à due concurrence d'autres sommes[9].

De même, les employeurs ne peuvent compenser le montant des salaires dus par eux à leurs salariés et les sommes qui leur seraient dues à eux-mêmes pour diverses fournitures quelle qu'en soit la nature, sauf s'il s'agit d'outils et instruments de travail, de matières ou matériaux dont le salarié a la charge et l'usage ou des sommes avancées pour l'acquisition de ces mêmes objets (C. trav., art. L. 3251-1 et L. 3251-2).

1. POUR DES ILLUSTRATIONS : Civ. 2e, 4 oct. 2005, no 04-12.173, NP – Civ. 2e, 8 déc. 2005, no 04-13.278, NP.
2. À propos de l'existence d'une créance de commissions devant venir en déduction des sommes visées dans la mesure conservatoire : TGI Rennes, JEX, 21 sept. 1993, *Rev. huiss.* 1994. 472 ; Civ. 2e, 15 nov. 2007, no 06-20.057, P II, no 251. – Civ. 2e, 25 févr. 2010, no 09-13.909, NP – Civ. 2e, 17 févr. 2011, no 99-21.718, NP.
3. Civ. 1re, 16 nov. 2004, no 01-03.102, P I, no 271.
4. Com. 21 févr. 2012, no 11-18.027, P IV, no 44 ; *Procédures* 2012, no 145 obs. R. Perrot.
5. À propos d'une créance indemnitaire de la masse des créanciers d'une société en liquidation judiciaire et de la créance contractuelle de la banque sur sa part dans le patrimoine de la masse : Com. 7 févr. 1983, no 81-13.993, P IV, no 49.
6. TGI Rennes, JEX, 27 avr. 1993, *Rev. huiss.* 1994. 640 – TGI Rennes, JEX, 28 juin 1994, *Rev. huiss.* 1995. 1264.
7. Pour une créance de la débitrice étant, apparemment, demeurée litigieuse postérieurement à une saisie-attribution pratiquée par le liquidateur à la liquidation judiciaire : Civ. 2e, 11 mai 2006, no 04-14.618, NP.
8. À propos d'une compensation ordonnée par le JEX après délivrance d'un commandement de payer : Douai, 19 janv. 1995, *Rev. huiss.* 1995. 495.
9. Ce qu'a confirmé la jurisprudence, pour une application : Civ. 1re, 12 nov. 2009, no 08-15.558, NP.

L'employeur qui a fait des avances sur salaires peut néanmoins se rembourser par retenues successives ne dépassant pas le dixième des salaires exigibles sans que ces retenues se confondent avec la partie saisissable ou cessible. En aucun cas, les acomptes sur un travail en cours ne sont considérés comme des avances (C. trav., art. L. 3251-3).

Pour la définition des créances salariales insaisissables, on se reportera aux développements consacrés aux conditions de saisissabilité des biens (v. ss nos 0141.121 s.). Cependant, les créances indemnitaires ou les créances contractuelles étrangères aux relations du travail peuvent faire l'objet d'une compensation dans la limite de la fraction saisissable du salaire[1]. Il n'en ira pas de même pour une rente d'accident du travail dont le caractère incessible et insaisissable fait obstacle à la compensation légale[2]. On peut signaler une décision qui a refusé la compensation entre une créance de salaires définie et rendue exécutoire par un conseil de prud'hommes dans le cadre des pouvoirs qu'il tient de l'ancien article R. 516-37 C. trav. (devenu C. trav., art. R. 1454-28), et les paiements partiels effectués par l'employeur en cours d'exécution du contrat de travail, au motif que cet article ne prévoit pas une telle exception[3]. N'y a-t-il pas cependant risque d'enrichissement sans cause, dès lors que la compensation est une exception légale qui s'opère sans qu'un texte autre que l'article 1347 C. civ. n'ait à l'imposer ?

SECTION 3
EXCEPTION DE CADUCITÉ

0143.31 Intérêt pour le défendeur défaillant. Si la caducité éteint l'instance à titre principal (C. pr. civ., art. 385, al. 1er), elle laisse néanmoins subsister l'action en justice hors acquisition de la prescription entre-temps. Une nouvelle demande peut donc être formée dans le délai de la prescription s'il n'est pas expiré. À cet égard, d'ailleurs, la caducité d'une injonction de payer n'interdit pas au créancier de procéder au recouvrement de sa créance par la voie du droit commun[4].

Plus fréquente est l'hypothèse du jugement rendu par défaut ou du jugement réputé contradictoire au seul motif qu'il est susceptible d'appel. Dans ce cas, il peut être déclaré non avenu s'il n'a pas été notifié dans les six mois de sa date[5].

1. Soc. 6 mars 1980, n° 78-40.491, P V, n° 228.
2. Soc. 27 mars 1985, n° 83-15.283, P V, n° 218.
3. TGI Évreux, JEX, 11 avr. 1997, *Rev. huiss.* 1997. 1259.
4. Civ. 2e, 21 sept. 2000, n° 99-10.011, P II, n° 128.
5. Sur le sens du terme non avenu : Civ. 2e, 22 nov. 2001, n° 99-17.875, P II, n° 171 ; *Dr. et proc.* 2002. 163, obs. M. Douchy.

L'article 478 C. pr. civ. énonce que « *le jugement rendu par défaut ou le jugement réputé contradictoire au seul motif qu'il est susceptible d'appel est non avenu s'il n'a pas été notifié dans les six mois de sa date* », et que « *la procédure peut être reprise après réitération de la citation primitive* »[6]. Cette disposition, qui n'est que la mise en œuvre d'un principe général applicable à toutes les décisions non contradictoires, est à rapprocher de l'article 1411 alinéa 2 C. pr. civ. qui déclare non avenue l'ordonnance portant injonction de payer non signifiée dans les six mois de sa date, et de l'article 528-1 du même code qui prive la seule partie comparante du droit d'exercer un recours à titre principal lorsqu'elle n'a pas notifié le jugement dans les deux ans de son prononcé. L'article 478 C. pr. civ. n'est cependant pas applicable aux arrêts de la Cour de cassation[7]. Elle est protectrice du défendeur défaillant et édictée afin d'éviter une manœuvre du demandeur qui, après avoir obtenu condamnation de son adversaire, chercherait à procéder à une mesure d'exécution en l'absence de tout débat contradictoire. Cette hypothèse peut se produire en cas de changement d'adresse ou de domiciliations multiples (résidence principale et secondaire, adresse commerciale, boîte postale, *etc.*). De même, l'expansion du crédit à la consommation et la massification des impayés de faible montant multiplient les cas d'application de l'article 478.

0143.32 Caducité et intérêt exclusif du non-comparant. Il n'est pas surprenant que l'article 478 qualifie de « *non avenus* » les jugements rendus par défaut ou réputés contradictoires et non signifiés dans les six mois, dans l'intérêt exclusif du défendeur non comparant qui peut cependant renoncer à s'en prévaloir[8]. La Cour de cassation a eu l'occasion de préciser[9] que cette renonciation à invoquer la « péremption » pouvait être implicite et résulter de la signification par le débiteur défaillant de la décision, passé le délai de six mois, à la partie qui avait comparu, manifestation évidente par le défendeur de l'intention de s'en prévaloir. Quant au débiteur défaillant qui interjette appel, il renonce implicitement à se prévaloir du bénéfice de l'article 478 C. pr. civ.[10].

6. Arrêt rappelant que seule la partie non comparante peut se prévaloir du défaut de notification d'un jugement réputé contradictoire : Civ. 2e, 9 nov. 2006, n° 05-18.675, NP.
7. Civ. 2e, 2 mars 2000, n° 97-11.736, P II, n° 37 ; *JCP* 2000. II. 10285, note A. Perdriau ; *RTD civ.* 2000. 637, obs. R. Perrot.
8. Com. 20 févr. 2001, n° 97-18.491, NP ; *Procédures* 2001, n° 122, note R. Perrot.
9. Civ. 3e, 19 juill. 1995, n° 93-19.858, NP ; *Procédures* 1995, n° 258.
10. EN CE SENS, Civ. 2e, 26 oct. 2006, n° 05-11.824, NP ; *Procédures* 2007, n° 5, note R. Perrot.

0143.33 **Signification et appel d'une décision exécutoire par provision.** La Cour de cassation a jugé[1] que l'appel d'une décision exécutoire par provision, interjeté par la partie comparante avant l'expiration du délai de six mois, ne la dispensait pas de signifier la décision déférée dans les six mois de son prononcé et empêchait toute mesure d'exécution (on peut d'ailleurs en déduire *a contrario* que l'appel interjeté dans les délais par la partie non comparante fait obstacle à l'application à son profit des dispositions protectrices de l'article 478).

0143.34 **Compétence exclusive du juge de l'exécution.** Par un arrêt du 11 octobre 1995, la Cour de cassation a affirmé que « *seul le juge de l'exécution* [est] *compétent* » pour se prononcer sur une demande tendant à dire non avenu un jugement en application de l'article 478 C. pr. civ., à l'exclusion de toute autre juridiction, dans la mesure où il s'agit d'une difficulté relative à un titre exécutoire et qu'une mesure d'exécution a été engagée sur le fondement du jugement par défaut ou du jugement réputé contradictoire, ; c'est lui qui, pour dire si les poursuites sont ou non fondées, recherchera si le jugement a été ou non régulièrement notifié dans le délai de six moix, et qui, s'il apparaît que la notification n'a pas été régulière ou que le délai de six mois a été dépassé, donnera mainlevée de la mesure d'exécution après avoir constaté la caducité du jugement[2].

SECTION 4
EXCEPTION TIRÉE DU CALCUL DES INTÉRÊTS DE RETARD

0143.41 **Généralités.** À côté de la situation, spécifique, où le créancier pratique une nouvelle mesure d'exécution pour appréhender des intérêts moratoires qui n'étaient pas échus à la date de la première saisie[3], la contestation du débiteur liée au calcul des intérêts de retard ne doit pas être négligée, car les sommes qui sont réclamées en sus du principal font l'objet d'une demande de paiement à l'occasion de la procédure de saisie. Leur montant s'avère parfois élevé, voire supérieur au principal et les erreurs sont fréquentes, ne serait-ce qu'en raison de la complexité des modes de calcul, ce qui explique le caractère parfois exagéré de certaines demandes contenues dans des procès-verbaux de saisie-attribution ou de saisie-vente[4]. Au demeurant, les décisions de justice ne sont pas toujours explicites quant à la détermination du taux, de l'assiette et du point de départ applicables. On peut en effet rencontrer certains jugements se bornant à condamner au paiement des intérêts de droit sans autre précision, ce qui induit un contentieux élevé par le débiteur devant le JEX, lequel devra alors vérifier la pertinence du chiffrage allégué.

0143.42 **Rappel des textes nouveaux.** On le sait, l'article 1153 C. civ. a été abrogé par l'ordonnance du 10 février 2016[5], et c'est aux articles 1231-6 et 1344-1 C. civ. nouveaux qu'il faut, depuis le 1er octobre 2016, se reporter. L'article 1231-6 alinéa 1er, est relatif à la réparation du préjudice résultant de l'inexécution d'un contrat, et dispose que les dommages et intérêts dus à raison du retard dans le paiement d'une obligation de somme d'argent « *consistent dans l'intérêt au taux légal, à compter de la mise en demeure* », et pour sa part l'article 1344-1 pose en principe que la mise en demeure de payer une obligation de somme d'argent « *fait courir l'intérêt moratoire, aux taux légal, sans que le créancier soit tenu de justifier d'un préjudice* »[6].

On exclura de cette étude les intérêts conventionnels dont le fondement repose sur les articles 1103, 1231-1 et 1231-2 C. civ., et qui sanctionnent à titre de dommages et intérêts l'inexécution de l'obligation ou le retard dans l'exécution. Dans cette hypothèse, la mise en demeure n'est pas une condition du droit aux intérêts conventionnels[7], car le débiteur est mis en demeure de payer, « *si le contrat le prévoit, par la seule exigibilité de l'obligation* » (C. civ., art. 1344).

§ 1
Intérêts moratoires et décisions de justice

0143.51 **Intérêts moratoires et jugement déclaratif.** Lorsque le jugement est déclaratif, c'est-à-dire

1. Civ. 2e, 27 mars 1996, no 94-14.578, P II, no 76 ; *Procédures* 1996, no 174.
2. Civ. 2e, 11 oct. 1995, no 93-14.326, P II, no 233 ; *D.* 1997. 73, obs. F. Ruellan et R. Lauba ; *RTD civ.* 1997. 707, obs. R. Perrot.
3. Ce qui est bien sûr possible, v. Civ. 1re, 28 juin 2018, no 17-13.967, P ; *D.* 2018. 1444 ; *RTD civ.* 2018. 975, obs. N. Cayrol, à propos d'une seconde saisie-attribution pratiquée dans ces conditions.
4. En matière de saisie-attribution, par exemple, le procès-verbal de signification doit contenir, à peine de nullité, le décompte distinct des sommes réclamées en principal, frais « *et intérêts échus, majorées d'une provision pour les intérêts à échoir dans le délai d'un mois prévu pour élever une contestation* » (C. pr. exéc., art. R. 211-1, 3o).
5. Ord. no 2016-131, 10 févr. 2016, portant réforme du droit des contrats, du régime général et de la preuve des obligations, *JO* 11 févr., texte no 26.
6. PAR EXEMPLE, la deuxième chambre civile a jugé, le 7 juin 2006, qu'en cas de saisie-attribution, les intérêts moratoires dus par le débiteur saisi au créancier saisissant sur la partie de sa créance correspondant aux sommes saisies disponibles continuent de courir jusqu'au paiement de ces sommes : Civ. 2e, 7 juin 2006, no 04-15.597, P II, no 151.
7. Civ. 1re, 24 juin 1997, no 95-11.380, P I, no 210.

qu'il se borne à constater une créance stipulée dans un contrat, le point de départ des intérêts est fixé par le juge à compter de la date de la demande en justice ou, le cas échéant, de celle de la mise en demeure, même si le montant de la créance déterminée par le juge est différent de celui initialement réclamé.

En matière civile, la mise en demeure résulte d'une sommation ou d'une lettre missive s'il en ressort une interpellation suffisante (commandement, assignation, lettre recommandée avec accusé de réception [LRAR][1]). La jurisprudence a également admis qu'une demande en justice et une demande additionnelle valaient sommation de payer, sauf assignation périmée. En matière commerciale, la mise en demeure résulte de toute manifestation de volonté du créancier réclamant le paiement (lettre dont il est avéré qu'elle a été reçue par le débiteur ou lettre recommandée).

Il existe cependant des exceptions tenant au fait que la loi fait courir les intérêts moratoires de certaines créances à partir d'un événement différent. C'est ainsi que le point de départ des intérêts moratoires court :

– en matière de chèques impayés, à compter de la présentation au paiement (C. mon. fin., art. L. 131-52, 2) ;

– en matière de lettres de change et billets à ordre, à compter de l'échéance (C. com., art. L. 511-45, 2° et L. 512-3, qui procède par renvoi à la lettre de change[2]) ;

– en matière de répétition de l'indu, à compter du jour du paiement reçu indûment pour celui qui a reçu les intérêts de mauvaise foi, et pour celui qui a reçu de bonne foi, à compter du jour de la demande (C. civ., art. 1352-7) ;

– en matière de cautionnement, à compter du jour où la caution a payé le créancier à la place du débiteur principal (C. civ., art. 2305) ;

– en matière de somme versée d'avance sur le prix d'une vente mobilière ou d'une prestation de service, à compter de l'expiration du délai de trois mois à compter du versement jusqu'à la livraison (C. consom., art. L. 214-2, al. 1er)[3] ;

– en matière de loyers commerciaux, au fur et à mesure des échéances du bail[4] et en matière de dépôt de garantie ou loyers payés d'avance, immédiatement pour les sommes excédant le prix de deux mois de loyer (C. com., art. L. 145-40) ;

– en matière de remboursement de sommes versées suivant quittance subrogatoire en matière de contrat d'assurance, à compter de la date de la quittance[5].

Il convient de préciser que la Cour de cassation exige que pour pouvoir être recouvrés, les intérêts moratoires doivent faire l'objet d'une disposition spéciale du titre en vertu duquel est exercée la poursuite[6]. Elle admet toutefois que le JEX peut, sans pour autant modifier le dispositif du titre fondant la poursuite, pallier les insuffisances de celui-ci relativement aux intérêts de retard, notamment en précisant qu'une indemnité de licenciement a produit des intérêts à compter de la demande en justice[7].

0143.52 Intérêts moratoires et condamnation à une indemnité. On sait qu'en toute matière, la condamnation à une indemnité emporte intérêts au taux légal[8], même en l'absence de demande ou de disposition spéciale du jugement[9]. L'article 1231-7 alinéa 1er C. civ. précise que sauf disposition contraire de la loi, « *ces intérêts courent à compter du prononcé du jugement, à moins que le juge n'en décide autrement* », et en principe sans qu'il soit tenu de motiver sa décision sur ce point[10]. Il s'agit là d'un pouvoir discrétionnaire, comme le rappelle régulièrement la jurisprudence[11].

L'alinéa 2 de l'article 1231-7 C. civ. précise, dans le cas de confirmation pure et simple par le juge d'appel d'une décision allouant une indemnité en réparation d'un dommage, que celle-ci porte de plein droit intérêt au taux légal à compter du jugement de première instance, et que, dans les autres cas, l'indemnité allouée en appel porte intérêt à compter de la décision d'appel, le juge d'appel pouvant toutefois toujours déroger aux dispositions de cet alinéa.

1. Civ. 1re, 29 nov. 2005, n° 03-16.530, P I, n° 449 – Et sur l'affirmation du principe : Civ. 2e, 7 déc. 2006, n° 04-17.322, P II, n° 348.
2. Anc. art. 152 et 185.
3. Et lorsque le contrat porte sur une prestation de services, les sommes versées d'avance portent intérêt au taux légal « *à l'expiration d'un délai de trois mois à compter du versement jusqu'à l'exécution de la prestation* » (C. consom., art. L. 214-2, al. 2).
4. Civ. 3e, 23 mars 1988, n° 86-18.067, P III, n° 62.
5. Civ. 1re, 26 févr. 1991, n° 88-10.189, P I, n° 74 ; *Gaz. Pal.* 10-11 juill. 1991. 12.
6. Civ. 1re, 10 mars 1998, n° 95-21.817, P I, n° 100 ; *RTD civ.* 1999. 206, obs. R. Perrot.
7. Civ. 1re, 17 juin 1999, n° 97-15.155, P I, n° 121 ; *RTD civ.* 1999. 706, obs. R. Perrot.
8. Les sommes allouées au titre de l'article 700 C. pr. civ. sont des condamnations au sens de l'article 1153-1 C. civ. (aujourd'hui C. civ., art. 1236-1) : Civ. 3e, 31 oct. 2007, n° 06-19.128, P III, n° 189 ; *AJDI* 2008. 598, obs. S. Prigent – Et ce texte joue aussi relativement à l'application, en France, d'une condamnation prononcée par une juridiction étrangère reconnue exécutoire : Civ. 1re, 6 mars 2007, n° 04-17.127, P I, n° 96 ; *Dr. et proc.* 2007. 227, note G. Cuniberti.
9. Civ. 2e, 6 mai 1999, n° 96-21.827, P II, n° 80 ; *BICC* 1er août 1999, n° 956, à propos d'une indemnité allouée au titre de l'article 700 C. pr. civ.
10. Civ. 1re, 16 mars 1999, n° 97-12.930, P I, n° 95 ; *Gaz. Pal.* 4-6 juill. 1999. 15 – Civ. 3e, 15 mars 2000, n° 98-13.890, P III, n° 59 ; *Gaz. Pal.* 27-29 avr. 2000. 1.
11. Civ. 1re, 29 nov. 2005, 02-13.550, P I, n° 451 ; *RTD civ.* 2006. 311, obs. J. Mestre et B. Fages.

0143.53 **Intérêts moratoires et restitution des sommes détenues en vertu d'une décision de justice exécutoire.** En vertu de l'ancien article 1153 alinéa 3 C. civ. (aujourd'hui, C. civ., art. 1231-6, al. 1er), la partie qui devait restituer une somme par elle détenue en vertu d'une décision de justice exécutoire, n'en devait les intérêts au taux légal qu'à compter de la notification, valant mise en demeure, de la décision ouvrant droit à restitution[1]. La Cour de cassation a précisé qu'en cas de cassation, c'est l'arrêt de renvoi qui constitue la décision ouvrant droit à restitution[2]. Il en résulte que la partie qui détient une somme en exécution d'un arrêt de cour d'appel ayant infirmé une décision des premiers juges, n'est tenue au paiement des intérêts au taux légal qu'à compter de la notification de l'arrêt de la Cour de cassation ayant censuré l'arrêt de la cour d'appel[3]. Cette notification vaut mise en demeure[4].

§ 2
Intérêts moratoires : calcul et modalités de recouvrement

0143.61 **Calcul des intérêts moratoires.** Les intérêts moratoires[5] sont calculés, sauf clause contractuelle spécifique, au taux légal majoré de cinq points à l'expiration du délai de deux mois à compter du jour où la décision de justice est devenue exécutoire, fût-ce par provision. L'article L. 313-3 alinéa 1er C. mon. fin. décide en effet qu'« *en cas de condamnation pécuniaire par décision de justice, le taux de l'intérêt légal est majoré de cinq points à l'expiration d'un délai de deux mois à compter du jour où la décision de justice est devenue exécutoire, fût-ce par provision. Cet effet est attaché de plein droit au jugement d'adjudication sur saisie immobilière, quatre mois après son prononcé* ». L'alinéa 2 de ce texte souligne que « *toutefois, le juge de l'exécution peut, à la demande du débiteur ou du créancier, et en considération de la situation du débiteur, exonérer celui-ci de cette majoration ou en réduire le montant* ». Le JEX dispose ainsi d'un pouvoir modérateur en fonction de la situation du débiteur, pouvoir modérateur dont la Cour de cassation, le 6 juin 2013, a eu l'occasion de préciser les modalités d'exercice dans une affaire où des débiteurs contestaient une procédure de saisie-vente engagée à leur encontre, le créancier soutenant, lui, que la décision du JEX ne s'appliquait pas aux intérêts échus mais seulement à compter de sa décision pour les seuls intérêts à échoir. La cour d'appel avait retenu une interprétation donnant son plein effet à l'article L. 313-3, exonérant les débiteurs de la majoration et estimant que rien ne permettait d'affirmer que ce texte, qui ne distingue pas entre les intérêts courus et ceux à venir, induisait que le JEX ne pourrait statuer que pour l'avenir alors qu'il est précisément saisi d'une question d'exécution et qu'il doit à ce titre fixer le montant de la créance poursuivie. Or, le pourvoi contre cet arrêt est rejeté ; la Cour de cassation relève en effet que « *l'article L. 313-3, alinéa 2, du Code monétaire et financier ne distingue pas selon que les intérêts sont dus pour la période antérieure ou postérieure à la décision du juge de l'exécution* », et qu'ainsi « *c'est dans l'exercice de son pouvoir souverain d'appréciation que la cour d'appel* [avait] *retenu le décompte excluant en totalité les intérêts au taux majoré* »[6].

Cette majoration ne s'applique qu'aux intérêts dus en vertu d'une condamnation, sous réserve que celle-ci n'ait pas été assortie de la constitution d'une garantie qui n'a pas été réalisée[7]. Elle ne concerne donc pas la liquidation judiciaire ou le renouvellement de loyer fixé par le juge, pas plus que l'exécution tardive d'un acte notarié[8].

La majoration du taux légal ne peut par ailleurs s'appliquer que si les décisions portant condamnation ont été signifiées au débiteur, et ce, même si elles sont exécutoires par provision[9].

0143.62 **Recouvrement des intérêts moratoires des créances fixées par jugement déclaratif.** Un arrêt rendu par la première chambre civile le 10 mars

1. Cass., ass. plén., 3 mars 1995, n° 91-19.497, P, n° 1 ; *Gaz. Pal.* 1995. 17-18 mai. 6 – Com. 24 févr. 1998, n° 95-14.925, NP ; *D. Affaires* 1998. 534 – Civ. 2e, 15 déc. 2005, n° 04-12.299, P II, n° 326 (restitution des sommes détenues en vertu d'une décision exécutoire).
2. Com. 20 janv. 1998, n° 95-20.724, NP ; *D.* 1998. 261, obs. M. Cottin.
3. Civ. 2e, 25 juin 1997, n° 95-12.851, P II, n° 205 ; *Gaz. Pal.* 1997. Pan. 7.
4. Civ. 2e, 9 déc. 1999, n° 98-10.416, P II, n° 188 ; *Procédures* 2000, n° 57, p. 7 – V. AUSSI, Civ. 3e, 12 janv. 2010, n° 08-18.624, P III, n° 6.
5. Qui peuvent être recouvrés par voie de saisie-attribution supplémentaire, lorsqu'à la date de la première saisie ils n'étaient pas encore échus : Civ. 2e, 28 juin 2018, n° 17-13.937, P.
6. Civ. 2e, 6 juin 2013, n° 12-20.129, P II, n° 112 ; *D.* 2014. Pan. 1471, obs. A. Leborgne.
7. Civ. 2e, 19 mai 1999, n° 96-22.280, P II, n° 95 ; *D.* 1999. 164.
8. Mais elle est applicable en cas de contentieux administratif, v. CE 21 mai 1997, req. n° 171000, *Procédures* 1997, n° 279, p. 18, note S. Deygas : « aux termes de l'article 3 de la loi du 11 juillet 1975, relative aux taux de l'intérêt légal : « *en cas de condamnation, le taux de l'intérêt légal est majoré de cinq points à l'expiration d'un délai de 2 mois à compter du jour où la décision de justice est devenue exécutoire, fût-ce par provision* » ; [...] *la décision* [...] *par laquelle le Conseil d'État a renvoyé M. (X) devant le ministre de la Défense, en vue de la liquidation de la somme à laquelle il avait droit, augmentée de l'intérêt au taux légal, doit être regardée comme une condamnation au sens de la loi du 11 juillet 1975* ».
9. Civ. 2e, 4 avr. 2002, n° 00-19.822, P II, n° 69 ; *BICC* 2002, n° 558 ; *Rev. huiss.* 2002. 298, obs. Ph. Hoonakker ; *RTD civ.* 2002. 562, obs. R. Perrot.

1998 a précisé que, « *pour pouvoir être recouvrés par voie d'exécution, les dommages-intérêts prévus à l'article 1153* [ancien] *du Code civil doivent faire l'objet d'une disposition spéciale du titre en vertu duquel est exercée la poursuite* »[1]. Le demandeur au pourvoi, dans cette affaire, prétendait que puisque les intérêts sont dus de plein droit, sans que le créancier ait à les demander, pourquoi, alors, exiger une disposition spéciale du titre (commandement à fin de saisie-vente) ? Mais la Cour de cassation a écarté cette argumentation. Comme on l'a remarqué, le débiteur qui paie spontanément les intérêts indépendamment de toute condamnation ne fait que payer ce qu'il doit, mais autre chose est l'exécution forcée, et sans un titre exécutoire faisant mention sinon du montant des intérêts légaux, impossible à déterminer aussi longtemps que le principal n'aura pas été payé, du moins d'un chef de condamnation au paiement de ceux-ci, aucune exécution forcée n'est possible en ce qui concerne les intérêts moratoires[2]. D'un point de vue pratique, cette solution signifie que si, dans le dispositif de sa décision, le juge omet d'inclure **un chef de condamnation sur les intérêts légaux** (parce que les parties n'ont elles-mêmes pas pensé à en faire mention dans le dispositif de leurs conclusions), la résistance du débiteur à ne pas les payer spontanément oblige le créancier à engager une nouvelle procédure pour obtenir un titre exécutoire relatif aux intérêts.

Néanmoins, dans un arrêt postérieur du 17 juin 1999, rendu par la deuxième chambre civile de la Cour de cassation, un créancier avait fait délivrer un commandement de payer à fin de saisie-vente, et dans ce commandement avait inclus les intérêts légaux à compter du jour de la demande. Sur opposition à commandement formé par le débiteur devant le JEX, la question s'est posée de savoir s'il entrait dans la compétence du juge de fixer lui-même le point de départ des intérêts légaux. La réponse fut affirmative, car « *en apportant à un précédent arrêt* [...] *ayant prononcé condamnation au paiement d'une indemnité de licenciement, la simple précision qu'en vertu de l'article 1153* [ancien] *du Code civil cette indemnité avait produit de plein droit intérêts à compter de la demande en justice, la cour d'appel, qui* [n'avait] *pas modifié le dispositif de cet arrêt,* [n'avait] *fait qu'user du pouvoir que confère au juge de l'exécution l'article L. 311-12-1* [ancien] *du Code de l'organisation judiciaire* »[3]. On le voit, cet arrêt apaise les inquiétudes qu'a suscitées l'arrêt du 10 mars 1998.

1. Civ. 1re, 10 mars 1998, no 95-21.817, P I, no 100 ; *Gaz. Pal.* 19-20 août 1998. Pan. 16 ; *RTD civ.* 1999. 206, obs. R. Perrot.
2. V. obs. R. Perrot, *RTD civ.* 1999. 207.
3. Civ. 2e, 17 juin 1999, no 97-15.151, P II, no 121 ; *RTD civ.* 1999. 706, obs. R. Perrot.

Si le juge omet de se prononcer sur les intérêts légaux et leur point de départ, le créancier qui, pour cette raison, se heurte à une opposition du débiteur condamné pourra obtenir du JEX que cette omission soit réparée[4].

0143.63 Intérêts moratoires et victimes d'accidents de la circulation. Une exception notable concerne les indemnités versées aux victimes d'accidents de la circulation : le taux légal est majoré de moitié pendant deux mois, puis est doublé, lorsque l'offre obligatoire d'indemnité, devenue définitive, n'a pas été versée dans le mois qui suit. Le taux légal est majoré de 50 % à l'expiration d'un délai de deux mois et doublé à l'expiation d'un délai de quatre mois, à compter du jour de la condamnation lorsqu'elle est contradictoire, et dans tous les autres cas, à compter de sa notification[5].

Quant à l'omission de l'offre obligatoire d'indemnité à la victime qui a subi une atteinte à sa personne, qui doit être faite dans les huit mois à compter de l'accident (C. assur., art. L. 211-9, al. 2), elle est sanctionnée par la production d'intérêts au double de l'intérêt légal du chef de l'indemnité ultérieurement offerte ou judiciairement fixée, à l'issue de ce délai de huit mois et jusqu'au jour de l'offre ou du jugement définitif (C. assur., art. L. 211-13). L'assureur ne peut cependant se voir opposer ces majorations de plein droit sans avoir été appelé en la cause.

0143.64 Intérêts moratoires et appel. On l'a vu, lorsque la cour d'appel confirme purement et simplement la décision allouant une indemnité en réparation d'un dommage (créance constitutive), celle-ci porte intérêts de plein droit à compter du jugement de première instance. Dans les autres cas, les intérêts de cette indemnité courent à compter de la décision d'appel (C. civ., art. 1231-7, al. 2). Toutefois, la cour d'appel peut toujours déroger à ce principe sans avoir à motiver particulièrement sa décision de ce chef[6].

0143.65 Intérêts moratoires et ouverture d'une procédure collective. Depuis l'entrée en vigueur de la loi du 26 juillet 2005[7] relative à la sauvegarde des entreprises, aux termes de l'article L. 622-28 alinéa 1er C. com.[8], le jugement d'ouverture arrête le cours des intérêts légaux et conventionnels, ainsi

4. V. obs. R. Perrot, *RTD civ.* 1999. 706.
5. L. no 85-677, 5 juill. 1985, tendant à l'amélioration de la situation des victimes d'accidents de la circulation et à l'accélération des procédures d'indemnisation, art. 21, *JO* 6 juill.
6. Cass., ass. plén., 3 juill. 1992, no 90-83.430, P, no 267 ; *JCP* 1992. II. 21898, obs. A. Perdriau.
7. L. no 2005-845, 26 juill. 2005, relative à la sauvegarde des entreprises, *JO* 27 juill., texte 5.
8. Anc. art. L. 621-48, al. 1er (L. no 85-98, 25 janv. 1985, anc. art. 55, al. 1er).

que de tous les intérêts de retard et majoration, à moins qu'il ne s'agisse des intérêts résultant de contrats de prêt conclus pour une durée égale ou supérieure à un an ou de contrats assortis d'un paiement différé d'un an ou plus. Par ailleurs, « *les personnes physiques coobligées ou ayant consenti une sûreté personnelle ou ayant affecté ou cédé un bien en garantie peuvent se prévaloir des dispositions* » de ce texte, sachant que nonobstant les dispositions de l'article 1343-2 C. civ.[1], les intérêts échus de ces créances ne peuvent produire des intérêts.

0143.66 **Anatocisme.** On peut rappeler qu'en matière de paiement, au titre des dispositions particulières aux obligations de sommes d'argent, lorsqu'une telle obligation porte intérêt, le débiteur se libère en versant le principal et les intérêts, le paiement partiel s'imputant d'abord sur ceux-ci (C. civ., art. 1343-1, al. 1er), et, surtout, si le contrat l'a prévu ou si une décision de justice le précise, que « *les intérêts échus, dus au moins pour une année entière, produisent intérêt* » (C. civ., art. 1343-2). L'anatocisme consiste à intégrer annuellement le montant des intérêts de retard dans le principal restant dû, le cumul de ces sommes produisant lui-même des intérêts.

Il importe peu que la demande soit formulée avant que l'année entière soit échue. Toutefois, le point de départ du calcul des intérêts capitalisés ne peut être antérieur à la demande. Au demeurant, la capitalisation des intérêts s'accomplit sans qu'il soit nécessaire de faire une nouvelle demande à l'expiration de chaque période annuelle[2].

Il s'agit là de dispositions d'ordre public qui s'appliquent aussi bien aux intérêts moratoires d'origine judiciaire que conventionnelle mais qui peuvent être écartées par le juge lorsqu'il constate la faute du créancier ou son retard dans la liquidation de la dette. Cela signifie *a contrario* que le juge ne peut jamais allouer d'office le bénéfice de l'anatocisme à la créance d'une partie. Lorsque la demande de capitalisation a été formée en première instance, la cour d'appel, si elle confirme la créance, est tenue de faire partir le point de départ des intérêts à compter du jour de la demande formée devant le premier juge en raison de l'effet dévolutif de l'appel[3].

0143.67 **Intérêts de droit.** Lorsqu'une condamnation emporte l'allocation d'intérêts de plein droit, il n'est en principe pas nécessaire de solliciter de ce chef le prononcé d'un nouveau titre exécutoire. La mention légale, que l'intérêt visé par la condamnation est produit « *de plein droit* », dispense *a priori* de cette formalité, s'agissant d'un droit que la loi attribue à son bénéficiaire sans manifestation expresse de volonté. Tel est par exemple le cas de l'article L. 211-13 C. assur., qui dispose que, lorsque l'offre d'indemnité n'a pas été faite dans les délais impartis à l'article L. 211-9 du même code, son montant ou celui fixé par le juge produit intérêt de plein droit au double du taux de l'intérêt légal à compter de l'expiration du délai et jusqu'au jour de l'offre ou du jugement devenu définitif. La décision reconnaissant le droit à indemnisation et condamnant l'assureur à indemniser la victime doit constituer un titre suffisant lui permettant de réclamer paiement de l'intérêt susvisé dans le cadre d'une procédure d'exécution, même si le juge du fond n'a pas expressément condamné l'assureur au paiement de cet intérêt. L'arrêt rendu par la première chambre civile le 10 mars 1998 doit toutefois conduire à nuancer cette interprétation (v. ss nº 0143.62), et à distinguer entre ce qui est dû et réglé spontanément, et la situation dans laquelle le débiteur résisterait, et où il faudrait alors procéder à une mesure d'exécution forcée pour recouvrer les intérêts.

SECTION 5

EXCEPTION TIRÉE DE L'INTENTION D'EXERCER UN RECOURS

0143.71 **Principe.** Les titres exécutoires, même provisoires, peuvent toujours faire l'objet d'une exécution forcée, y compris en cas d'appel ou d'opposition. Cette règle est énoncée par l'article L. 111-10 alinéa 1er C. pr. exéc., il suffit simplement que le titre ait force exécutoire, ce qui, aujourd'hui, est devenu le droit commun puisque l'article 514 C. civ. pose le principe que « *les décisions de première instance sont de droit exécutoires à titre provisoire à moins que la loi ou la décision rendue n'en dispose autrement* ». Tel est le cas des ordonnances de référé, ou plus largement de toute décision de première instance. L'appel sur le fond de ces décisions n'en suspend pas pour autant les effets[4], et les créanciers, nonobstant cet appel, peuvent donc diligenter une mesure d'exécution, mais à leurs risques et responsabilité en cas d'infirmation ou d'anéantissement ultérieur de leur titre[5]. Il ne peut donc en principe être excipé devant

1. Lequel dispose que les intérêts échus, dus au moins pour une année entière, produisent intérêt si le contrat l'a prévu ou si une décision de justice le précise.
2. Civ. 2e, 29 avr. 1997, nº 94-20.452, P II, nº 115 ; *D.* 1998. Somm. 114 – Sur la condition de durée des intérêts, v. Civ. 1re, 6 oct. 2011, nº 10-23.742, P I, nº 156.
3. Soc. 6 avr. 1994, nº 92-42.459, P V, nº 135.
4. Le nouvel article 514-3 C. pr. civ. dispose toutefois, dans son alinéa 1er, qu'« *en cas d'appel, le premier président peut être saisi afin d'arrêter l'exécution provisoire de la décision lorsqu'il existe un moyen sérieux d'annulation ou de réformation et que l'exécution risque d'entraîner des conséquences manifestement excessives* ».
5. V. NOT. Cass., ass. plén., 24 févr. 2006, nº 05-12.679, P, nº 2 – Civ. 2e, 8 sept. 2011, nº 10-18.645, NP.

le JEX de la mise en œuvre de voies de recours contre la décision pour obtenir un sursis (lequel, pour éventuellement être obtenu, devant le premier président de la cour d'appel, devra être demandé par la voie spécifique de l'article 514-3 C. pr. civ., dont les conditions, cumulatives, sont assez strictes), un délai de grâce ou l'annulation de la procédure de saisie mise en œuvre tant que la décision sur recours n'a pas été rendue.

Il existe en revanche des hypothèses dans lesquelles le titre, bien que revêtu de la formule exécutoire, n'a pas été obtenu dans le cadre d'un débat contradictoire, et reste susceptible de recours de la part du débiteur. Il s'agit de l'injonction de payer et des titres émis par les collectivités locales.

0143.72 Cas particulier de l'injonction de payer. Dans le cas de l'injonction de payer, la Cour de cassation, par un avis du 8 mars 1996 a considéré que « *l'opposition régulièrement formée, à la suite d'une mesure d'exécution, contre une ordonnance portant injonction de payer rendue exécutoire, a pour effet de saisir le tribunal de la demande du créancier et de l'ensemble du litige, et affecte ainsi la force exécutoire du titre sur le fondement duquel la mesure a été pratiquée. Elle empêche dès lors la poursuite de la procédure d'exécution sans remettre en cause les effets de l'acte de saisie dont la validité s'apprécie au moment où il a été signifié* ; dans ces conditions, « *l'opposition ne* [pouvait] *pas conduire à ordonner la mainlevée de la saisie-attribution pratiquée, mais* [faisait] *obstacle jusqu'à ce qu'il ait été statué sur l'opposition par la juridiction compétente, au paiement des sommes rendues indisponibles* »[1] (v. s^s n°s 0121.41 et 0811.12).

En conséquence, chaque fois que le JEX est saisi d'une exception tirée de l'opposition formée contre l'ordonnance portant injonction de payer contestée, il doit surseoir à statuer dans l'attente de la décision du tribunal statuant sur l'opposition.

0143.73 Cas particulier des titres émis par les collectivités locales. Dans le cas des titres émis par les collectivités locales, il faut se référer au Code général des collectivités territoriales.

En l'absence de contestation, le titre de recette individuel ou collectif émis par la collectivité territoriale ou l'établissement public local permet l'exécution forcée d'office contre le débiteur, mais l'introduction devant une juridiction de l'instance ayant pour objet de contester le bien-fondé d'une créance assise et liquidée par une collectivité territoriale ou un établissement public local suspend, en revanche, la force exécutoire du titre (CGCT, art. L. 1617-5, 1°).

En cas de contestation (CGCT, art. L. 1617-5, 2°), celle qui porte sur la régularité d'un acte de poursuite sera présentée selon les modalités prévues à l'article L. 281 du LPF, lequel effectue une distinction selon le type de contestation : soit celle-ci porte sur la « *régularité en la forme de l'acte* » (1°), soit elle porte sur l'existence de l'obligation de payer, sur le montant de la dette compte tenu des paiements effectués, ou sur l'exigibilité de la somme réclamée (2°). Dans la première hypothèse, les recours contre les décisions prises sur ces contestations sont portés, dans le cas prévu au 1°, devant le JEX, et dans les hypothèses prévues au 2°, mais pour les créances non fiscales des collectivités territoriales et des établissements publics locaux, devant le JEX également[2].

SECTION 6
EXCEPTION TIRÉE DE L'INSCRIPTION DE FAUX CONTRE UN ACTE AUTHENTIQUE

0143.81 Plainte avec constitution de partie civile. Le juge d'instruction saisi d'une plainte pour faux et usage de faux ne peut contraindre le JEX à ordonner le sursis des mesures d'exécution diligentées en vertu du titre exécutoire contesté. La procédure de l'article 312 C. pr. civ., qui concerne l'inscription de faux contre les actes authentiques, soulevée à titre incident devant le tribunal judiciaire (TJ), n'est en effet pas applicable devant le JEX en principe[3].

SECTION 7
OBSTACLES PROCÉDURAUX

0143.91 Aide juridictionnelle. Le JEX ne peut ordonner la vente forcée d'un bien immeuble sans s'assurer que le débiteur, qui avait sollicité le bénéfice de l'aide juridictionnelle[4], ait été informé du sort réservé à sa demande et du nom de l'avocat

1. Cass., avis, 8 mars 1996, n° 09-60.001, P, n° 4 ; *BICC* 15 mai 1996, p. 5 ; *RTD civ.* 1996. 714, obs. R. Perrot. En d'autres termes, l'ordonnance frappée d'opposition n'est pas un titre provisoire permettant de continuer les opérations d'exécution à leur terme nonobstant l'opposition.

2. En revanche, la demande tendant à remettre en cause le bien-fondé de la créance excède l'examen de la simple régularité en la forme de l'acte de poursuite, et relève de la juridiction administrative, v. Civ. 1re, 24 avr. 2013, n° 12-14.374, NP. Ici, le JEX devra donc surseoir à statuer.
3. Civ. 2e, 18 févr. 1999, n° 96-21.045, P II, n° 35 ; *JCP E* 1999. 646 ; *JCP* 1999. IV. 1671 – Pour une illustration de cette procédure s'agissant de la mention de la date par un acte de commissaire de justice : Civ. 3e, 22 févr. 2006, n° 05-12.521, P III, n° 44 ; *D.* 2006. 675.
4. Le bénéficiaire de l'aide juridictionnelle totale condamné aux dépens est dispensé de rembourser au Trésor public les sommes exposées par l'État au titre de l'aide juridictionnelle accordée à son adversaire : Civ. 2e, 17 févr. 2011, n° 10-12.174, P II, n° 41 ; *RDSS* 2011. 374, obs. T. Tauran.

désigné à ce titre. En ne respectant pas cette précaution, le JEX, selon la Cour de cassation, commet un excès de pouvoir, et viole tant les dispositions afférentes à l'aide juridictionnelle[1] que le principe du droit à un procès équitable énoncé à l'article 6 § 1 de la Convention européenne de sauvegarde des droits de l'homme et des libertés fondamentales[2].

0143.92 Notification des mesures d'exécution forcée. La question s'est ici posée de savoir si l'article 680 C. pr. civ., qui édicte des règles particulières à la notification des jugements, pouvait être invoqué devant un JEX dans le cadre d'une contestation d'une mesure d'exécution forcée, en l'occurrence un acte de conversion de saisie conservatoire en saisie-attribution. La deuxième chambre civile de la Cour de cassation ne l'a pas admis, estimant, le 8 septembre 2011, que les dispositions de l'article 680 C. pr. civ., « *qui visent la notification des jugements, ne s'appliquent pas à la notification d'une mesure d'exécution forcée* »[3], dès lors que ce jugement a été préalablement signifié.

1. L. n° 91-647, 10 juill. 1991, relative à l'aide juridique, art. 25, *JO* 13 juill.
2. Civ. 2e, 24 juin 2010, n° 08-19.974, P II, n° 120 ; *D.* 2011. 265, obs. N. Fricero ; 1509, obs. A. Leborgne.
3. Civ. 2e, 8 sept. 2011, n° 10-23.003, P II, n° 165 ; *Procédures* nov. 2011, n° 335, note R. Perrot, à propos de la signification d'un acte de conversion intervenue sur le fondement d'un jugement.

CHAPITRE

0144. Obstacles tirés de la situation personnelle du débiteur

Olivier Salati
Maître de conférences HDR à l'Université d'Aix-Marseille
Directeur du master II professionnel
Commissaire de justice et professions judiciaires

Section 0 Orienteur

0144.00 Sommaire du chapitre.

Division. Certains obstacles à l'exécution forcée proviennent de la situation personnelle du débiteur. Ainsi en est-il des délais de grâce (sect. 1 à 4), de l'ouverture d'une procédure de sauvegarde, de redressement ou de liquidation judiciaire (sect. 5), de l'existence d'une procédure de surendettement ou de rétablissement personnel à son encontre (sect. 6), de sa qualité de conjoint (sect. 7) ou de l'existence d'une indivision (sect. 8).

0144.01 Textes applicables.

• **C. civ.**, art. 215, 515-4, 815-17, 1244-1 à 1244-3, 1342-4, 1343-5, 1353, 1402, 1413, 1415, 1421, 1538 et 2287.

• **C. pr. civ.**, art. 6, 9, 510, 511, 512, 513 et 524.

• **C. pr. exéc.**, art. L. 111-2, L. 111-3, L. 162-1, L. 162-2, L. 211-2, L. 321-2 ; R. 121-1, R. 121-14, R. 162-9, R. 211-2 s., R. 211-11 s., R. 211-22, R. 311-5, R. 322-28, R. 511-4, R. 511-7, R. 522-8 et R. 523-7 à R. 523-9.

• **C. com.**, art. L. 121-3, L. 145-41, L. 511-38, L. 511-50, L. 511-81, L. 526-1 s., L. 611-10-1, L. 622-7, L. 622-14, L. 622-17, L. 622-21 s., L. 622-30, L. 624-5, L. 624-6, L. 624-9, L. 624-10, L. 632-1, L. 632-2, L. 642-2, L. 642-18, L. 643-2, L. 643-11, L. 645-1 s., L. 662-1 ; R. 642-22 à R. 642-36.

• **C. consom.**, art. L. 711-1 s., L. 721-1 s., L. 722-1 s., L. 733-1, L. 733-7, L. 733-8, L. 733-10, L. 733-17, L. 741-1 s., L. 742-1 s. ; R. 721-1 s. et R. 722-1 s.

• **CSS**, art. L. 142-1 et L. 142-8.

• **COJ**, art. L. 213-6.

Les principaux textes déterminant les conditions de l'octroi des délais de grâce sont :

– **les articles 1343-5 et suivants du Code civil en ce qui concerne les délais de paiement**, dispositif complété par les articles 510 à 513 C. pr. civ. [1] ;

– **les articles L. 412-3 et R. 412-3 et suivants C. pr. exéc. en matière d'expulsion** (C. pr. exéc., art. L. 412-4, L. 412-6 et L. 412-7 – sur les mesures d'expulsion, v. s[s] n°s 05.05 à 0552.21)[2], étant précisé que la « *trêve hivernale* » ne fait

1. Sur l'articulation entre ces textes, à propos des pouvoirs du premier président d'une cour d'appel : v. Civ. 2e, 14 sept. 2006, n° 05-21.300, P II, n° 223.
2. Pour une application du délai de trois mois accordé par le juge avant qu'il ne soit procédé à une expulsion : v. TGI Aix-en-Provence, JEX, 24 avr. 2008, *Dr. et proc.* ▶

pas obstacle à ce que l'Administration soit saisie, durant cette période, d'une demande de concours de la force publique[1] (sur la trêve hivernale, v. s[s] n°s 0521.31 à 0521.52) ;

– les articles L. 145-41[2] et L. 642-18 (mod. par Ord. n° 2008-1345, 18 déc. 2008[3]) du Code de commerce ;

– l'article 24 de la loi du 6 juillet 1989 relatif aux baux de locaux d'habitation ;

– les articles L. 721-4 et suivants du Code de la consommation relatifs au surendettement des ménages ;

– l'article L. 314-20 du Code de la consommation réglementant la suspension des crédits mobiliers et immobiliers[4]

0144.02 Jurisprudence de référence.

> Portée de l'effet attributif de la saisie-attribution des créances à exécution successives.

• **Cass., avis, 16 déc. 1994,** n° 09-40.021, P, n° 24

* V. s[s] n°s 0144.87, 0831.91, 0971.312

Une saisie-attribution des créances à exécution successive pratiquée à l'encontre de deux époux, communs en biens et codébiteurs solidaires, antérieurement à la mise en liquidation judiciaire de l'un d'eux sur les loyers d'un immeuble dépendant de la communauté poursuit ses effets sur les loyers échus après le jugement de liquidation.

> Saisie-attribution d'une créance à exécution successive pratiquée avant la survenance d'un jugement portant ouverture d'un redressement ou d'une liquidation judiciaire.

• **Civ. 2e, 10 juill. 1996,** n° 94-19.551, P II, n° 209

* V. s[s] n°s 0144.87, 0831.91, 0832.57, 0952.191, 0971.312

Il résulte des articles 13 et 43 de la loi du 9 juillet 1991 et des articles 69 et suivants du décret du 31 juillet 1992 [devenus art. L. 112-1, L. 211-2 et R. 211-14 s. C. pr. exéc.] que la saisie-attribution d'une créance à exécution successive pratiquée à l'encontre de son titulaire avant la survenance d'un jugement portant ouverture d'un redressement ou d'une liquidation judiciaire de celui-ci poursuit ses effets sur les sommes échues en vertu de cette créance après ledit jugement.

▶ 2008. 284, obs. C. Scordopoulos – *Adde* : Civ. 2e, 4 juill. 2007, n° 06-14.601, P II, n° 202 ; *Procédures* 2007, n° 224, note H. Croze (occupant d'un local à usage commercial) – TGI Aix-en-Provence, JEX, 13 sept. 2007, *Dr. et proc.* 2008. 37, obs. C. Scordopoulos – Le sursis judiciaire à l'exécution des décisions d'expulsion peut être demandé en tout état de cause : Civ. 2e, 10 juill. 2008, n° 07-13.503, P II, n° 182.

1. CE 27 avr. 2007, Min. d'État, min. Intérieur et de l'Aménagement du territoire c/ Csts, req. n° 291410, *Lebon T.* ; *Procédures* 2007, n° 248, note R. Perrot.
2. Anc. Décr. n° 53-96,30 sept. 1953, relatif aux baux de locaux à usage commercial, art. 25.
3. Ord. n° 2008-1345, 18 déc. 2008, portant réforme du droit des entreprises en difficulté, *JO* 19 déc., p. 19462.
4. Sur le domaine d'application de ce texte v. Soc. 27 févr. 2002, n° 00-11.848, NP ; *Gaz. Pal.* 19-20 juill. 2002. Pan. 21.

> Interdiction de la conservation d'une mesure conservatoire après le jugement d'ouverture de la procédure collective du débiteur.

• **Com. 22 avr. 1997,** n° 94-16.979, P IV, n° 100

* V. s[s] n°s 0144.73, 0144.75, 0611.34, 0831.113

Le jugement d'ouverture de la procédure collective du débiteur interdit toute conversion en saisie-attribution de la saisie conservatoire pratiquée antérieurement. Dès lors, une saisie conservatoire signifiée au tiers saisi avant la date de cessation des paiements du débiteur, mais qui n'a pas été convertie en saisie-attribution avant la date du jugement d'ouverture, n'emporte plus affectation spéciale et privilège au profit du créancier saisissant.

> Titre exécutoire à l'égard de la personne même qui doit exécuter. Concours entre créanciers d'une procédure civile d'exécution et ceux d'une procédure collective.

• **Civ. 2e, 19 mai 1998,** n°s 96-12.944 et 96-13.268, P II, n° 161

* V. s[s] n°s 0112.103, 0144.81, 0712.11, 0716.45, 0716.82, 0811.13, 1012.152, 1311.92, 1311.94

1° Toute exécution forcée implique que le créancier soit muni d'un titre exécutoire à l'égard de la personne même qui doit exécuter, et que le titre délivré à l'encontre d'une société n'emporte pas le droit de saisir les biens des associés, fussent-ils tenus indéfiniment et solidairement des dettes sociales, à défaut de titre exécutoire pris contre eux.

2° La procédure de saisie-vente ne s'achève que par la vente des biens saisis qui fait sortir ces biens du patrimoine du débiteur, les dispositions de l'article 54 de la loi du 9 juillet 1991 [devenu art. L. 221-5 C. pr. exéc.] n'ayant pour objet que de déterminer les créanciers admis à concourir sur le prix de la vente. Dès lors, la règle d'ordre public de l'arrêt des poursuites individuelles [consécutive à l'ouverture d'une procédure collective] s'applique tant que cette procédure d'exécution n'a pas, par la vente, produit ses effets.

> Nullité de la saisie conservatoire pratiquée en période suspecte.

• **Com. 12 oct. 1999,** n° 96-13.133, P IV, n° 166

* V. s[s] n°s 0144.77, 0611.31, 0831.112

Une saisie conservatoire effectuée postérieurement à la cessation des paiements est nulle. Cette nullité entraîne l'annulation par voie de conséquence du paiement fait au créancier saisissant, même muni d'un titre exécutoire.

> Titre exécutoire délivré uniquement à l'encontre du conjoint de la personne poursuivie.

• **Civ. 2e, 28 oct. 1999,** n° 97-20.071, P II, n° 163

* V. s[s] n°s 0112.102, 0144.141, 0811.13, 0941.81, 1311.92, 1311.93, 1313.172

Toute exécution forcée implique que le créancier soit muni d'un titre exécutoire à l'égard de la personne même qui doit exécuter. Dès lors, le titre exécutoire produit à l'encontre d'un époux en recouvrement d'une dette ayant pour objet l'entretien du ménage ou l'éducation des enfants n'emporte pas le droit de saisir les biens de son conjoint, à défaut de titre exécutoire pris contre celui-ci, les deux époux fussent-ils tenus solidairement des dettes de ménage.

> Compte joint entre époux. Identification de l'origine des fonds. Refus de la saisie par un créancier personnel d'un époux d'un compte joint alimenté par les revenus de chacun des époux.

• **Civ. 1re, 3 avr. 2001,** nº 99-13.733, P I, nº 92

* V. ss nos 0141.221, 0144.145, 0921.33, 1313.172

Par application de l'article 1415 du Code civil, chacun des époux ne peut engager que ses biens propres et ses revenus par un cautionnement ou un emprunt contractés sans le consentement exprès de l'autre. En conséquence, n'est pas saisissable en exécution d'un cautionnement contracté par un seul des époux le compte alimenté par les revenus de chacun d'eux, faute pour le créancier d'identifier les revenus de l'époux débiteur.

> Refus des délais de grâce en matière de saisie-attribution.

• **Civ. 2e, 4 oct. 2001,** nº 00-11.609, P II, nº 150

* V. ss nos 0144.11, 0144.38, 0212.193, 0831.62, 0971.371

Le juge de l'exécution ne peut accorder des délais de paiement en matière de saisie-attribution qui a pour effet de transmettre la propriété des fonds saisis au créancier.

> Poursuite des effets de la saisie-attribution en cours au jour du jugement d'ouverture d'une procédure collective à l'encontre du débiteur.

• **Cass., ch. mixte, 22 nov. 2002,** nº 99-13.935, P, nº 7

* V. ss nos 0144.87, 0611.34, 0831.91, 0832.57

Il résulte des articles 13 et 43 de la loi du 9 juillet 1991 [devenus L. 112-1 et L. 211-2 du C. pr. exéc.] et des articles 69 [devenu R. 211-14] et suivants du décret du 31 juillet 1992, que la saisie-attribution d'une créance à exécution successive, pratiquée à l'encontre de son titulaire avant la survenance d'un jugement portant ouverture d'un redressement ou d'une liquidation judiciaires de celui-ci, poursuit ses effets sur les sommes échues en vertu de cette créance, après ledit jugement. Dès lors, une cour d'appel, qui retient que la saisie a définitivement produit son effet attributif avant le jugement prononçant la mise en liquidation judiciaire de la société, décide, à bon droit, qu'il n'y a pas lieu d'en ordonner la mainlevée.

> Validité de la saisie conservatoire pratiquée en période suspecte et convertie avant le jugement d'ouverture.

• **Com. 10 déc. 2002,** nº 99-16.603, P IV, nº 191

* V. ss nos 0144.77, 0144.79, 0212.62, 0611.33, 0611.35, 0831.112

Dès lors qu'elle a retenu que la conversion en saisie-attribution d'une créance avait été effectuée avant le jugement d'ouverture de la procédure collective du débiteur, la cour d'appel, juge de l'exécution, qui a fait une exacte application de l'article 43, alinéa 2, de la loi du 9 juillet 1991 [devenu art. L. 211-2 C. pr. exéc.], n'avait pas à se prononcer sur l'application de l'[ancien] article L. 621-107, 7º du Code de commerce [devenu l'article L. 632-1, 7º du Code de commerce].

> Saisie-attribution. Dénonciation au liquidateur.

• **Com. 4 mars 2003,** nº 00-13.020, P IV, nº 34

* V. ss nos 0144.87, 0811.85, 0822.122, 0822.123

La saisie-attribution doit être dénoncée dans le délai de huit jours, à peine de caducité, au débiteur à la tête de ses biens, ou, dès la liquidation judiciaire, à son liquidateur.

Justifie légalement sa décision, la cour d'appel qui, pour décider de la caducité de la saisie-attribution effectuée la veille de la liquidation judiciaire, retient que cette saisie n'a pas été dénoncée au liquidateur, ès qualités, dans le délai de huit jours.

> Saisie d'un compte joint d'époux commun en biens. Responsabilité de l'établissement bancaire en cas de retard dans la mise à disposition des sommes prévues par la loi.

• **Civ. 2e, 27 mai 2004,** nº 02-13.896, P II, nº 252

* V. ss nos 0141.221, 0141.222, 0144.146, 0923.131

Il résulte de l'article 48 du décret du 31 juillet 1992 [devenu art. R. 162-9 C. pr. exéc.] que, lorsqu'un compte, même joint, alimenté par les gains et salaires d'un époux commun en biens, fait l'objet d'une saisie pour le paiement d'une créance née du chef du conjoint, il est laissé immédiatement à la disposition de l'époux commun en biens une somme équivalant, à son choix, au montant des gains et salaires versés au cours du mois précédant la saisie ou au montant moyen mensuel des gains et salaires versés dans les douze mois précédant la saisie.

Ne donne pas de base légale à sa décision, une cour d'appel qui ne recherche pas, comme elle y était invitée, si, dans une saisie-attribution ayant porté sur un compte joint, le retard de mise à disposition des salaires, par l'établissement bancaire, n'était pas en soi de nature à causer un préjudice à l'époux commun en biens.

> Suspension judiciaire des mesures d'exécution en cours pour le recouvrement de dettes fiscales à l'encontre d'un débiteur en situation de surendettement.

• **Civ. 2e, 15 déc. 2005,** nº 04-04.175, P II, nº 335

* V. ss nos 0144.122, 0831.121, 0933.34, 0942.182

Le juge [du tribunal d'instance], qui tient de l'article L. 331-5 du Code de la consommation le pouvoir de suspendre les mesures d'exécution en cours pour le recouvrement de dettes fiscales, peut ordonner la suspension d'un avis à tiers détenteur délivré auprès de l'Assedic pour obtenir, en vue du recouvrement d'impôts sur le revenu impayés, l'attribution des allocations de chômage servies à un débiteur en situation de surendettement.

> Saisie d'un compte ouvert au nom d'un époux commun en bien. Charge pour le créancier personnel de l'époux d'identifier les revenus déposés sur le compte.

• **Civ. 1re, 17 janv. 2006,** nº 02-20.636, P I, nº 13

* V. ss nos 0141.221, 0144.145, 0921.33

Selon l'article 1415 du Code civil, chacun des époux ne peut engager que ses biens propres et ses revenus par un cautionnement ou un emprunt contractés sans le consentement exprès de l'autre conjoint. Il en résulte que les sommes déposées sur un compte ouvert au nom de l'un des époux, présumées communes en vertu de l'article 1402 du Code civil, ne sont pas saisissables, faute pour le créancier d'identifier les revenus de l'époux débiteur.

> Arrêt de l'exécution provisoire. Le premier président n'a pas le pouvoir d'accorder un délai de grâce.

• **Civ. 2e, 14 sept. 2006,** no 05-21.300, P II, no 223

* V. ss nos 0144.01, 0144.42, 0212.194, 0613.46

Le premier président d'une cour d'appel, saisi sur le fondement de l'article 524 du nouveau Code de procédure civile, n'a pas le pouvoir d'accorder un délai de grâce.

> Expulsion. Délai de grâce à l'occupant d'un local commercial.

• **Civ. 2e, 4 juill. 2007,** no 06-14.601, P II, no 202

* V. ss nos 0144.01, 0521.61

Le juge de l'exécution tient des articles L. 613-1 et L. 613-2 du Code de la construction et de l'habitation et de l'article 8 du décret du 31 juillet 1992 le pouvoir d'accorder un délai de grâce à l'occupant d'un local commercial.

> Saisie-vente. Objet de l'action en distraction de biens saisis.

• **Civ. 2e, 25 oct. 2007,** no 06-19.071, P II, no 243

* V. ss nos 0144.90, 0719.61

En matière de saisie-vente, l'action en distraction, prévue à l'article 128 du décret du 31 juillet 1992 relatif aux procédures civiles d'exécution, ne peut porter que sur la propriété des biens saisis, de sorte que le demandeur à l'action ne peut se prévaloir de la prescription de la créance, cause de la saisie.

> Saisie d'un compte joint en époux. Recherche de l'origine des fonds.

• **Civ. 2e, 20 mai 2009,** no 08-12.922, P II, no 102

* V. ss nos 0144.145, 0144.146, 0921.34, 0971.353

Lorsque le créancier d'un époux marié sous le régime de la séparation des biens fait pratiquer une saisie sur un compte ouvert au nom des deux époux, il lui appartient d'identifier les fonds personnels de l'époux débiteur.

> Portée de la suspension des poursuites résultant de l'adoption d'un plan de surendettement.

• **Civ. 2e, 20 janv. 2011,** no 09-72.828, P II, no 20

* V. ss nos 0144.122, 0811.102

La suspension des poursuites résultant de l'adoption d'un plan de surendettement, pendant la durée d'exécution de celui-ci, n'est pas opposable au syndicat des copropriétaires, créancier ayant déclaré une créance incluse dans le plan, pour le recouvrement des charges de copropriété postérieures aux recommandations homologuées par le juge de l'exécution.

> Saisie-attribution. Portée de l'effet attributif au saisissant de la créance et de ses accessoires.

• **Civ. 2e, 7 avr. 2011,** no 10-15.969, P II, no 88

* V. ss nos 0144.87, 0831.57, 0971.281

La saisie-attribution emporte attribution au créancier saisissant de la créance de somme d'argent disponible dans le patrimoine du tiers saisi ainsi que de ses accessoires exprimés en argent. Il s'ensuit que la saisie-attribution ne peut conférer au créancier saisissant le privilège de prêteur de deniers.

> Saisie-attribution. Dénonciation au débiteur ultérieurement placé en redressement judiciaire.

• **Civ. 2e, 8 déc. 2011,** no 10-24.420, P II, no 225

* V. ss nos 0144.87, 0822.111, 0822.132, 0971.193

Il résulte de l'article 58 du décret no 92-755 du 31 juillet 1992 que la saisie-attribution doit être dénoncée au débiteur par acte d'huissier de justice, dans un délai de huit jours, à peine de caducité.

Par suite, viole les dispositions de ce texte, la cour d'appel qui, après avoir relevé qu'un débiteur, auquel une saisie-attribution pratiquée le 15 mai 2008 avait été dénoncée le 19 mai 2008, avait été placé en redressement judiciaire par jugement du 22 mai 2008, ordonne la mainlevée de la mesure d'exécution en retenant que faute d'une nouvelle dénonciation à l'administrateur judiciaire désigné dans le cadre de la procédure collective avec mission d'assistance, la mesure était caduque, alors qu'elle constatait que la saisie-attribution avait été dénoncée dans le délai légal au débiteur à la tête de ses biens.

0144.03 Bibliographie indicative.

* V. ss no 014.03.

Ouvrages[1]. A. Leborgne, *Droit de l'exécution*, 3e éd., 2019, Dalloz – M. et J.-B. Donnier, *Voies d'exécution et procédures de distribution*, 10e éd., 2020, LexisNexis – S. Piedelièvre, *Droit de la consommation*, 3e éd., 2020, Economica.

Articles. J.-C. Boulay, « Les créanciers antérieurs dans les procédures de sauvegarde, de redressement et de liquidation judiciaires », *Rev. proc. coll.* 2006. 135, spéc. 137 *in fine* – P. Canet, « Voies d'exécution », *Réforme des procédures collectives, premières remarques sur la réforme des procédures collectives*, no spéc., *Rev. proc. coll.* 2005. 209 ; « Voies d'exécution », *Rev. proc. coll.* 2005. 209 – N. Cotte, « Le nouveau dispositif de traitement de surendettement des particuliers : titre III de la loi no 2003-710 du 1er août 2003 », *RD banc. fin.* 2003, no 6, p. 339 – J.-L. Courtier, « Action en revendication et droit de propriété dans les procédures collectives », *Rev. huiss.* 1998. 961 – P. Crocq, « La réforme des procédures collectives et le droit des sûretés », *D.* 2006. 1306 – J. Gasti, « La sauvegarde des intérêts des coïndivisaires du débiteur », *JCP E* 1999. 1762 – L. Lauvergnat, « L'annulation de la saisie-attribution pratiquée en période suspecte », *Dr. et proc.* 2007. 254 – P.-M. Le Corre, « Premiers regards sur l'ordonnance du 12 mars 2014 réformant le droit des entreprises en difficulté. Dispositions générales », *D.* 2014. 733 – A. Leborgne, « Deux ans de saisie immobilière », *Procédures* janv. 2009, no 4, p. 7 – A. Lienhard, « Réforme du droit des entreprises en difficulté : présentation de l'ordonnance du 18 décembre 2008 », *D.* 2009. 113 – G. Paisant, « Remarques dubitatives sur le projet de loi visant à instaurer une procédure de rétablissement personnel », *RTD com.* 2003. 574 ; « La réforme de la procédure de surendettement par la loi du 1er août 2003 sur la ville et la rénovation urbaine », *RTD com.* 2003. 671 – S. Piedelièvre, « Le droit à l'effacement des dettes », *Defrénois* 2004. Doctr. 14 – C. Rondey, « La réforme du surendettement

1. Les ouvrages dont le nom des auteurs figure en petites capitales en bibliographie seront cités par le seul nom des auteurs en petites capitales en notes de bas de page.

par la loi Borloo du 1er août 2003 », *D.* 2003. 2162 – C. Saint-Alary Houin, « La date de naissance des créances en droit des procédures collectives », *LPA* 2004, no 224, p. 11 – A. Sériaux, « Réflexions sur les délais de grâce », *RTD civ.* 1993. 789 – P. Serlooten, « Le Trésor public, créancier de l'entreprise en difficulté », *JCP E* 2000. 24 – P. Soustelle, « Le retour de la compétence du juge des référés pour octroyer un délai de grâce », *D.* 2000. Chron. 517 – P. Théry, « Le sort de la créance d'aliment dans les procédures collectives », *Mél. Buffet, La procédure dans tous ses états*, Montchrestien, 2004, p. 433 – V. Vigneau, « La réforme du surendettement », *Dr. et proc.* 2004/2. 67 – G. Wicker, « La période suspecte après la loi de sauvegarde des entreprises », *Rev. proc. coll.* 2006, spéc. no 24, p. 12.

SECTION 1

DÉLAIS DE GRÂCE

0144.11 **Généralités.** On sait que le juge peut différer l'exécution d'une dette en accordant un délai de grâce au débiteur, et que pendant ce temps aucune mesure d'exécution forcée ne pourra être entreprise, ou continuée, pour recouvrer une créance, à condition, toutefois que l'effet attributif de la saisie n'ait pas déjà joué et la mesure d'exécution produit son plein effet[1].

Pour ce faire, il dispose d'un pouvoir souverain, y compris pour le refuser, la deuxième chambre civile de la Cour de cassation ayant affirmé, le 1er février 2001, qu'en refusant d'accorder un délai de paiement au débiteur, le juge ne fait qu'exercer le « *pouvoir discrétionnaire qu'il tient de l'article 1244-1 du Code civil (aujourd'hui article 1343-5), sans avoir à motiver spécialement sa décision* »[2]. Cette faveur faite au débiteur, en considération d'une situation difficile économiquement, vient, en effet, lorsqu'elle est octroyée au stade de l'exécution forcée, remettre en cause le principe du droit à l'exécution et la force du titre exécutoire, et le juge doit pouvoir la refuser lorsqu'elle ne lui paraît pas opportune au regard des circonstances, ou de l'attitude du débiteur lui-même.

Ceci posé, les textes relatifs au délai de grâce se trouvent principalement dans le Code civil et dans le Code de procédure civile. Pour ce qui concerne le Code civil, c'est l'article 1343-5 qui décide que « *le juge peut, compte tenu de la situation du débiteur et en considération des besoins du créancier, reporter ou échelonner, dans la limite de deux années, le paiement des sommes dues* » (al. 1er), sachant que cette décision « *suspend les procédures d'exécution qui auraient été engagées par le créancier* » (al. 4), les majorations d'intérêts ou les pénalités prévues en cas de retard n'étant pas non plus encourues pendant le délai fixé par le juge, et que les dispositions de l'article 1343-5 ne peuvent pas être appliquées aux dettes d'aliments (dern. al.).

Quant à l'article 510 C. pr civ., il précise le **régime procédural du délai de grâce**. D'abord, celui-ci ne peut être accordé que par la décision dont il est destiné à différer l'exécution (C. pr. civ., art. 510, al. 1er), qui prononce la condamnation. Cette situation ne peut cependant pas se retrouver souvent, car dans la majorité des cas, c'est au moment où l'exécution va avoir lieu que le délai de grâce est demandé. La compétence pour statuer sur la demande de délai est alors aménagée par l'article 510 C. pr. civ., qui distingue deux situations en fonction du moment où la demande est présentée. Si aucun acte d'exécution n'a encore été entrepris, c'est le juge des référés qui est compétent, mais seulement « *en cas d'urgence* » (C. pr. civ., art. 510, al. 2). En revanche, « *après signification d'un commandement ou d'un acte de saisie* » (C. pr. civ., art. 510, al. 3), la demande de délai de grâce doit être portée devant le juge de l'exécution (JEX – v. aussi C. pr. exéc., art. R. 121-1, al. 2)[3]. Ces règles de compétence sont d'interprétation stricte. La deuxième chambre civile a ainsi pu décider, dans le cas où une demande de délai de paiement ne se rattachait que pour partie à des mesures d'exécution forcée, et que cette fraction n'avait donné lieu à la délivrance d'aucun commandement, que le JEX n'avait pas compétence pour accorder un délai de grâce[4]. Ceci posé, des mesures de grâce peuvent être sollicitées en tout état de cause, y compris pour la première fois en appel[5]. Enfin, le dernier alinéa de l'article 510 C. pr. civ. précise que « *l'octroi du délai doit être motivé* », pour faire comprendre que cette décision a un caractère exceptionnel. La Cour de cassation veille au respect de cette exigence : elle a ainsi pu casser et annuler une ordonnance rendue par un tribunal d'instance, laquelle avait ordonné l'apposition de la formule exécutoire sur une ordonnance d'injonction de payer, et dit qu'à titre de délai de grâce aucune saisie autre qu'une saisie sur salaire ne pourrait être pratiquée avant un délai (de quatre mois) à compter de l'exécutoire, sans donner de motif à l'appui de sa décision[6]. En revanche, la deuxième chambre civile estime que le juge qui refuse d'accorder un délai de paiement au débiteur ne fait qu'exercer un pouvoir discrétionnaire, il n'a donc pas à motiver sa décision[7].

1. Civ. 2e, 4 oct. 2001, no 00-11.609, P II, no 150, relevant en l'espèce que le JEX ne pouvait accorder des délais de paiement, la saisie-attribution ayant pour effet de transmettre la propriété des fonds saisis au créancier.
2. Civ. 2e, 1er févr. 2001, no 99-15.712, P II, no 22.
3. Civ. 2e, 3 juin 1999, no 97-14.889, P II, no 110.
4. Civ. 2e, 16 sept. 2003, no 02-10.909, P II, no 262 ; *Procédures* 2003, no 253, note R. Perrot.
5. Civ. 1re, 29 juin 2004, no 02-12.598, P I, no 187 ; *Dr. et proc.* 2004. 326, obs. F. Vinckel.
6. Civ. 2e, 11 oct. 1978, no 77-12.629, P II, no 206.
7. Civ. 2e, 1er févr. 2001, no 99-15.712, P (préc. ss prést no).

SECTION 2

DOMAINE D'APPLICATION

0144.21 **Rejet d'une précédente demande.** En principe, la décision qui statue sur une demande de délai est une décision de nature provisoire, et même si elle n'est pas dotée de l'autorité de la chose jugée proprement dite, elle en a tout de même une, « *au provisoire* ». C'est le cas-type de l'ordonnance de référé, qui n'a pas au principal l'autorité de la chose jugée, mais qui ne peut être modifiée ou rapportée en référé qu'en cas de circonstances nouvelles (C. pr. civ., art. 488). On peut penser qu'il en va de même si c'est le JEX qui a accordé le délai : s'il « *statue comme juge du principal* » en principe, l'article R. 121-14 C. pr. exéc. précise que c'est « *sauf dispositions contraires* », et admet donc sur le principe que l'autorité de la décision du JEX peut être restreinte à celle d'une décision provisoire. Dans ces conditions, si une première demande de délai a été rejetée, elle peut être présentée une nouvelle fois mais il faut alors justifier de circonstances nouvelles[1].

0144.22 **Dettes d'aliments.** Le dernier alinéa de l'article 1343-5 C. civ. exclut son application aux dettes d'aliments, dont on conçoit effectivement mal qu'elles ne puissent pas être réglées aux échéances prévues. La Cour de cassation l'a réaffirmé en 2014, dans une affaire où le débiteur avait été condamné à payer une somme à son ex-épouse au titre de la contribution à l'éducation et à l'entretien de leur fille, et où fut engagée à son encontre une procédure de saisie des rémunérations pour obtenir le paiement de la somme due. Le juge du tribunal d'instance avait considéré qu'au regard des charges incombant au débiteur il convenait de lui accorder des délais de paiement pour s'acquitter de sa dette, mais cette décision a été cassée par la deuxième chambre civile au constat de ce que « *l'article 1244-1 du Code civil exclut son application aux dettes d'aliments* »[2]. Aucun délai de grâce ne pourrait être obtenu non plus par le débiteur d'une prestation compensatoire, arguant de son caractère mixte, pour partie alimentaire et indemnitaire, parce que cette fraction alimentaire fait obstacle à l'octroi de tout délai de paiement[3].

On peut en revanche se demander si l'impossibilité d'obtenir un délai de grâce s'étend aux rémunérations au sens large, telles que les salaires ou les indemnités réparatrices liées à la cessation d'un contrat de travail. La chambre sociale de la Cour de cassation a estimé que le juge peut accorder à l'employeur un délai de paiement pour s'acquitter d'une indemnité de licenciement, mais aucun, en revanche, pour des créances salariales proprement dites[4]. Cette jurisprudence est suivie, une décision d'un JEX ayant par exemple refusé d'accorder à un commerçant des délais de paiement du chef d'une dette due à un salarié licencié[5].

0144.23 **Effets de commerce et chèques impayés.** En droit cambiaire, les délais de grâce sont exclus. L'article L. 511-81 alinéa 2 C. com. dispose en effet qu'« *aucun jour de grâce ni légal ni judiciaire* » n'est admis pour les lettres de change et les billets à ordre (C. com., art. L. 511-81 et L. 512-3[6] – C. mon. fin., art. L. 131-66, pour le chèque), sauf dans les cas prévus par les articles L. 511-38 et L. 511-50. L'article L. 511-38 C. com. est relatif à la situation dans laquelle les garants contre lesquels un recours est exercé en cas de redressement ou de liquidation judiciaire du tiré, de cessation de ses paiements même non constatée par un jugement, ou de saisie de ses biens meubles demeurée infructueuse, qui peuvent, dans les trois jours de l'exercice de ce recours, adresser au président du tribunal de commerce de leur domicile une requête pour solliciter des délais, et si la demande est reconnue fondée, l'ordonnance fixera l'époque à laquelle les garants seront tenus de payer les effets de commerce en cause, sans que les délais ainsi octroyés puissent dépasser la date fixée pour l'échéance. Quant à l'article L. 511-50 C. com., il prévoit la situation dans laquelle la présentation de la lettre de change ou la confection du protêt dans les délais prescrits est empêchée par un obstacle insurmontable tel que la prescription légale d'un État quelconque ou tout autre cas de force majeure : ces délais sont alors prolongés (C. com., art. L. 511-50 al. 1er).

0144.24 **Dette de sécurité sociale.** Sous l'empire de l'ancien article 1244 C. civ., avant sa modification par la loi du 9 juillet 1991, la Cour de cassation prohibait toute demande de délai de grâce devant les juridictions, au premier rang desquelles le tribunal des affaires de sécurité sociale. Toutefois, la Haute juridiction admettait une exception en cas « *d'événement de force majeure* » auquel elle n'assimilait pas de simples difficultés financières[7]. Cette jurisprudence est maintenue. L'ancien article 1244-1 C. civ. (aujourd'hui C. civ., art. 1343-5) est inapplicable

1. Douai, 17 mars 1994, *Rev. huiss.* 1995. 237 – Aix-en-Provence, 1re ch. civ., 13 déc. 2007, RG n° 07/07032.
2. Civ. 2e, 10 avr. 2014, n° 13-13.469, P II, 100 ; *D.* 2014. 928.
3. Civ. 1re, 29 juin 2011, n° 10-16.096, P I, n° 128 ; *RTD civ.* 2011. 524, obs. J. Hauser ; *AJ fam.* 2011. 427, obs. S. David ; *Dr. fam.* 2011, n° 124, obs. V. Larribau-Terneyre.
4. Soc. 18 nov. 1992, n° 91-40.596, P V, n° 555.
5. TI Sarreguemines, JEX, 6 juill. 1995, *Rev. huiss.* 1995. 1388.
6. C. com., anc. art. 182 et 185.
7. Soc. 4 nov. 1982, n° 81-16.304, P V, n° 600.

en cette matière[1], sauf après signification d'un commandement ou d'un acte de saisie[2].

Seuls les organismes de Sécurité sociale sont autorisés à différer ou abandonner la mise en recouvrement ou le paiement de leurs créances ou de leurs dettes à l'égard des cotisants ou assurés ou des tiers (CSS, art. L. 133-3, al. 1er) lorsque leur montant est inférieur à un seuil fixé par décret (sur ce point, v. CSS, art. D. 133-1 et D. 133-2-1). Toute demande de délai doit être formée auprès du directeur de l'organisme de recouvrement qui a seule qualité pour ordonner des sursis à poursuites pour le règlement des majorations de retard[3]. La demande doit être accompagnée d'offres de garanties dont le caractère suffisant est laissé à l'appréciation du directeur de l'organisme chargé du recouvrement (CSS, art. R. 243-21, al. 2)[4]. C'est ainsi que le débiteur de majorations de retard ne peut saisir la juridiction contentieuse d'une demande de remise que par la voie d'un recours contre la décision gracieuse ayant rejeté sa requête, après règlement total des cotisations ayant donné lieu à l'application des majorations. Une opposition à contrainte ne peut en aucun cas avoir cet objet[5]. Le tribunal compétent peut décider, avec l'approbation conjointe du trésorier-payeur général et du préfet de région, la remise intégrale des majorations de retard lorsque l'assuré justifie être dans une situation exceptionnelle. Cette décision est elle-même susceptible de recours devant la juridiction administrative[6].

En revanche, en application du 1° des articles L. 142-1 et L. 142-8 du CSS, le juge judiciaire est compétent pour connaître de tous litiges relatifs à une demande de remise de majorations de retard recouvrées par les caisses de mutualité sociale agricole au titre des cotisations de sécurité sociale des personnes relevant du régime agricole ou des cotisations assises sur les salaires de ces personnes[7].

L'impossibilité d'appliquer l'ancien article 1244-1 C. civ. s'étend aux débiteurs avalistes de billets à ordre souscrits par l'employeur qui sont considérés comme solidairement tenus envers l'organisme chargé du recouvrement[8].

De même, lorsque les organismes de sécurité sociale agissent en répétition de l'indu, le recouvrement de l'indu est assimilé à une cotisation sociale (CSS, art. L. 133-4). Il ne pouvait donc être accordé aucun délai de grâce de ce chef par l'ex-tribunal des affaires de sécurité sociale[9]. Il faut cependant préciser que, depuis la loi du 9 juillet 1991, la Cour de cassation reconnaît au JEX, sur le fondement des articles R. 121-1 C. pr. exéc. et 1244-1 ancien C. civ. (aujourd'hui C. civ., art. 1343-5), le pouvoir d'accorder un délai de grâce pour le paiement des cotisations sociales, dès lors qu'une mesure d'exécution a été engagée en vertu d'une contrainte exécutoire[10]. Toutefois, par une décision du 16 septembre 2003, la deuxième chambre civile de la Cour de cassation a décidé qu'une juridiction du fond ne peut accorder de délai de grâce lorsqu'elle est saisie d'une demande présentée hors contentieux de l'exécution forcée[11].

0144.25 Créances fiscales de l'État et des collectivités territoriales. Le principe de la séparation des pouvoirs interdit aux juridictions de l'ordre judiciaire d'accorder des délais de grâce aux débiteurs en matière de recouvrement de dettes fiscales[12]. Toute demande de ce chef doit être présentée au comptable dans le cadre d'une requête gracieuse (LPF, art. L. 247 s.)[13]. Il en ira de même pour une créance d'un Opac[14]. La procédure de remise exclut les droits d'enregistrement, de timbre, de taxe sur le chiffre d'affaires, les contributions indirectes et les taxes assimilées à ces droits, taxes et contributions.

0144.26 Difficultés des entreprises : procédure de conciliation et sauvegarde. S'agissant du droit des procédures collectives, sur le fondement de l'ancien article 36 de la loi du 1er mars 1984, relative à la procédure de règlement amiable des difficultés des entreprises, le président du tribunal de commerce pouvait, lorsqu'un accord était conclu avec les principaux créanciers, l'homologuer et accorder souverainement au débiteur des délais de grâce pour des dettes fiscales, la loi ne distinguant en effet pas entre

1. TGI Saint-Brieuc, JEX, 14 avr. 1994, *Rev. huiss.* 1994. 643.
2. Besançon, 1re ch. A, 7 oct. 2009, RG n° 09/01220.
3. Soc. 3 mars 1994, n° 90-15.524, P V, n° 79.
4. Sur la compétence du JEX pour accorder un délai de grâce, v. Soc. 19 juill. 2001, n° 00-12.917, P V, n° 284.
5. Soc. 23 janv. 1997, n° 94-21.128, P V, n° 34 ; *Gaz. Pal.* 10-11 sept. 1997. 23 – Soc. 17 déc. 1998, n° 97-14.061, P V, n° 573 ; *JCP* 1999. V. 1271.
6. Soc. 25 nov. 1999, n° 98-12.801, P V, n° 460 ; *JCP* 2000. IV. 1082.
7. Soc. 29 oct. 1998, n° 97-10.946, P V, n° 473 ; *BICC* 15 janv. 1999, nos 56 et 57.
8. Soc. 25 mars 1981, n° 79-14.296, P V, n° 256.
9. La loi n° 2016-1547 du 18 novembre 2016 de modernisation de la justice du XXIe siècle (*JO* 19 nov., texte 1) a procédé à la suppression des juridictions spécialisées dans le contentieux de la sécurité sociale pour transférer ces litiges au TGI. Cette réforme est entrée en vigueur le 1er janvier 2019. Aujourd'hui, aux termes de l'article L. 211-16 du COJ, ce sont des TJ spécialement désignés qui connaissent des litiges relevant du contentieux de la sécurité sociale défini à l'article L. 142-1 du CSS.
10. Soc. 19 juill. 2001, n° 00-12.917, P V, n° 284 ; *D.* 2001. 2461 ; *JCP* 2002. II. 10098, note A. Bugada.
11. Civ. 2e, 16 sept. 2003, n° 02-10.909, P II, n° 262 ; *D.* 2003. Somm. 2866, obs. X. Prétot ; *BICC* 2003, n° 1464.
12. Civ. 2e, 14 oct. 2010, n° 09-67.108, NP.
13. TGI Arras, JEX, 16 déc. 1993, *Rev. huiss.* 1994. 642 – Douai, 19 mai 1994, *Rev. huiss.* 1994. 1295 – Dijon, 30 nov. 1994, *Rev. huiss.* 1995. 1014.
14. Dijon, 9 avr. 1997, *BICC* 15 nov. 1997, n° 1331 – À propos d'une dette de loyers : *Rev. huiss.* 1998. 697.

les différentes natures de créances[1]. Depuis l'institution de la nouvelle procédure de conciliation, destinée à bénéficier aux personnes « *exerçant une activité commerciale ou artisanale qui éprouvent une difficulté juridique, économique ou financière avérée ou prévisible, et ne se trouvent pas en état de cessation des paiements depuis plus de quarante-cinq jours* » (C. com., art. L. 611-4), il est prévu que le débiteur mis en demeure ou poursuivi par un créancier au cours de la procédure peut demander au juge qui a ouvert celle-ci de faire application de l'article 1343-5 C. civ. (C. com., art. L. 611-7, al. 5)[2]. Autre exemple, lors de la période d'observation de l'entreprise au cours de la sauvegarde, l'article L. 622-28 alinéa 2 C. com. prévoit que le jugement d'ouverture suspend, jusqu'au jugement arrêtant le plan ou prononçant la liquidation, toute action contre les personnes physiques coobligées ou ayant consenti une sûreté personnelle ou ayant affecté ou cédé un bien en garantie, et que le tribunal peut ensuite leur accorder des délais ou un différé de paiement dans la limite de deux ans.

0144.27 Amende pénale. Le JEX ne peut jamais accorder un délai de grâce du chef du paiement d'une amende pénale[3]. Le recouvrement de ces amendes relève du seul régime de l'exécution des peines[4]. En revanche, il est possible pour le tribunal qui prononce l'amende, de la **fractionner pour motif grave** d'ordre médical, familial, professionnel ou social, pour une période n'excédant pas trois ans. La demande peut être formée même en cours d'exécution auprès du ministère public lorsque l'exécution doit être suspendue moins de trois mois ou auprès du tribunal (correctionnel ou de police) statuant en chambre du conseil sur saisine du parquet lorsque l'exécution doit être suspendue plus ou moins de trois mois (C. pén., art. 132-28 – C. pr. pén., art. 708, al. 3 et 4).

0144.28 Condamnation civile prononcée par une juridiction pénale. Dans cette hypothèse, une jurisprudence constante refuse tout pouvoir modérateur au juge, malgré les critiques de la doctrine[5]. De fait, que le débiteur puisse, lorsqu'il a été condamné pénalement, ne pas être jugé digne de protection au regard de sa dette civile peut se comprendre, mais de là à l'exclure *a priori* de l'article 1343-5 C. civ. paraît contraire à la situation générale du texte ; d'ailleurs, le dernier alinéa de ce texte n'exclut expressément de son champ d'application que les seules dettes d'aliments.

0144.29 Cotisation à l'ordre des avocats. La première chambre civile de la Cour de cassation a jugé que les dispositions de l'article 105, 2° du décret du 27 novembre 1991, prenant en considération l'éventualité d'un motif valable de non-paiement, étaient exclusives de l'application de l'ancien article 1244-1 C. civ.[6]

0144.30 Saisie antérieure, diminution fautive des garanties conventionnelles. Aucun délai de grâce ne peut être accordé au débiteur dont les biens sont saisis par d'autres créanciers, ni à celui qui a, par son fait, diminué les garanties qu'il avait données à son créancier, et dans ces mêmes cas, le débiteur perdra le bénéfice des délais qu'il aurait préalablement obtenu (C. pr. civ., art. 512[7]). Dans un ordre d'idée voisin, il a pu être jugé que des débiteurs qui n'ont pas respecté les délais de grâce qui leur ont été accordés alors qu'ils étaient *in bonis*, ne peuvent exciper de l'ouverture d'une procédure collective à leur égard pour échapper à la déchéance du terme et à l'expulsion subséquente[8].

0144.31 Expropriation. Au nom de l'intérêt général, l'exproprié ne peut bénéficier d'aucun délai de grâce pour vider les lieux, passé le délai d'un mois suivant le paiement ou la consignation de l'indemnité ou de l'acceptation ou la validation de l'offre d'un local de remplacement (C. expr., art. L. 231-1), y compris devant le JEX[9]. Il pourra ainsi être procédé à l'expulsion des occupants.

0144.32 Droit de reprise du bailleur (L. nº 48-1360, 1er sept. 1948). Le locataire bénéficiant d'un loyer soumis aux dispositions de la loi de 1948, ne peut obtenir de délais de grâce lorsque son propriétaire reprend le logement pour y habiter parce qu'il n'a pas trouvé d'autre logement correspondant à ses besoins[10].

1. Com. 16 juin 1998, nos 96-15.525, 96-16.349, P IV, nº 193 ; *JCP* 1998. II. 10218.
2. Civ. 3e, 10 déc. 2008, nº 07-19.899, P III, nº 199 ; *D.* 2009. 16, obs. A. Lienhard.
3. TGI Auch, JEX, 4 janv. 1994, *Rev. huiss.* 1994. 642 – TGI Lyon, JEX, 7 juin 1994, *Rev. huiss.* 1995. 237.
4. Civ. 1re, 17 nov. 1998, nº 96-19.821, P I, nº 325 ; *D.* 1999. 206, obs. F. Chatain et P.-L. Ferrière ; *RTD com.* 1999. 213, obs. G. Paisant : le juge du surendettement ne saurait donc, donc, sans excéder ses pouvoirs, procéder au rééchelonnement du recouvrement d'une amende pénale ni suspendre les voies d'exécution mises en œuvre pour leur recouvrement, en l'occurrence une saisie-vente.
5. Crim. 3 déc. 1981, nº 80-93.994, P, nº 322 – Crim. 17 janv. 1991, nº 90-82.490, P, nº 31 ; *RTD civ.* 1991. 735, obs. J. Mestre.
6. Civ. 1re, 18 oct. 2000, nº 98-15.528, P I, nº 251 ; *D.* 2002. 850, obs. B. Blanchard.
7. RAPPR. C. civ., art. 1305-4, disposant que « *le débiteur ne peut réclamer le bénéfice du terme s'il ne fournit pas les sûretés promises au créancier ou s'il diminue celles qui garantissent l'obligation* ».
8. Douai, 15 déc. 1994, *Rev. huiss.* 1995. 498.
9. TGI Lyon, JEX, 20 déc. 1994, *Rev. huiss.* 1995. 953.
10. L. nº 48-1360, 1er sept. 1948, portant modification et codification de la législation relative aux rapports des bailleurs et locataires ou occupants de locaux d'habitation ou à usage professionnel et instituant des allocations de logement, art. 19, *JO* 2 sept.

0144.33 **Baux commerciaux : résiliation.** On sait que toute clause insérée dans le bail prévoyant la résiliation de plein droit, ne produit effet qu'un mois après un commandement resté infructueux, et que le commandement doit, à peine de nullité, mentionner ce délai (C. com., art. L. 145-41, al. 1er). Toutefois, les juges qui seraient saisis d'une demande présentée dans les formes et conditions prévues à l'article 1343-5 C. civ. peuvent, en accordant des délais, suspendre la réalisation et les effets des clauses de résiliation, lorsque la résiliation n'est pas constatée ou prononcée par une décision de justice ayant acquis l'autorité de la chose jugée (C. com., art. L. 145-41, al. 2) [1].

0144.34 **Résolution de contrats.** À titre de rappel, la vente d'immeubles, la vente à réméré et la vente de denrées et d'effets mobiliers ne peuvent jamais donner lieu à délai de grâce (v. C. civ., art. 1656, 1657, 1661).

0144.35 **Saisie immobilière : commandement.** Antérieurement à la réforme de la procédure de saisie immobilière opérée par l'ordonnance du 21 avril 2006 [2], la jurisprudence avait estimé que l'application de l'ancien article 1244-1 C. civ. à la saisie immobilière était impossible dès lors que la date de l'adjudication était fixée [3]. La solution avait été confirmée par la Cour de cassation, qui avait en outre précisé que le JEX, s'il pouvait être valablement saisi d'une demande de délai et de suspension des poursuites de saisie immobilière, encore fallait-il que cela soit avant la publication du commandement à fin de saisie et qu'il statue avant la fixation de la date d'adjudication [4]. Même saisi antérieurement à sa publication, il ne pouvait accorder aucun sursis sur le fondement du droit commun, après la date de fixation de l'adjudication [5]. L'ancien article L. 331-5 C. consom. (aujourd'hui, C. consom., art. L. 721-7 et L. 722-4) [6] confirmait cette solution en énonçant que seul le juge de la saisie immobilière était compétent, postérieurement à la publication du commandement aux fins de saisie, pour prononcer la suspension de cette procédure. Il en résultait que, dès la publication du commandement, la demande de délais ne pouvait plus être présentée devant le JEX mais devant le juge des criées qui pouvait y faire droit sur le fondement de l'ancien article 1244-1 C. civ., tant que la date de l'adjudication n'avait pas été déterminée [7]. Une fois fixée la date de l'adjudication, le report de la vente ne pouvait être accordé que sur justification d'une cause grave et dans la limite de quatre mois (ACPC, art. 702 et 703 [8] ; textes abrogés par Ord. 21 avr. 2006).

L'ordonnance du 21 avril 2006 n'a pas répondu à la question de savoir si le débiteur pouvait saisir le JEX, après avoir reçu un commandement de payer valant saisie, d'une demande de délai de paiement sur le fondement, désormais, de l'article 1343-5 C. civ., et comme on l'a remarqué, on pouvait alors être tenté d'exclure cette faculté à partir du moment où la vente forcée était ordonnée [9]. Toutefois, comme le JEX a une compétence générale en matière de délai de paiement (C. pr. exéc., art. R. 121-1, al. 2), on pouvait penser que rien n'interdisait de solliciter des délais de paiement jusqu'à l'audience d'orientation [10]. La circulaire d'application du ministère de la justice s'y est montrée favorable [11], ainsi, par la suite, que les juges du fond [12]. En faveur de l'application de l'article 1343-5 C. civ. à la procédure de saisie immobilière, cette demande des délais, consécutive à la délivrance d'un commandement de payer valant saisie, tend à suspendre le cours de cette procédure, et qu'il s'agit donc d'une demande née de la procédure ou s'y rapportant directement au sens de l'article L. 213-6 du COJ [13]. En revanche, les articles R. 311-5 et R. 322-28 C. pr. exéc. ne semblent pas permettre que cette demande puisse être présentée à l'audience d'adjudication, sauf si c'est la commission de surendettement qui la forme, en application des articles L. 721-7 et L. 722-4 C. consom.

1. Civ. 3e, 18 déc. 1991, no 89-19.914, P III, no 327 – Civ. 3e, 13 sept. 2011, no 10-24.862, NP.
2. Ord. no 2006-461, 21 avr. 2006, portant réforme de la saisie immobilière, *JO* 22 avr., p. 6072.
3. TGI Auch, 1er févr. 1994 et TGI Valence, JEX, 4 mars 1994, *Rev. huiss.* 1994. 642 et 643.
4. Cass., avis, 5 mai 1995, no 09-50.005, P no 5 – Civ. 2e, 11 mars 1998, no 95-21.855, P II, no 80 ; *D. Affaires* 1998. 548 – Civ. 2e, 8 avr. 1998, no 96-04.043, P II, no 124 ; *Rev. huiss.* 1998. 1068.
5. Civ. 2e, 12 juin 1991, no 90-14.099, P II, no 181 – Cass., avis, 5 mai 1995, no 09-50.005, P, no 5 ; *BICC* 15 juin 1995, p. 3 – Civ. 2e, 14 mai 1997, no 95-12.946, P II, no 145 ; *BICC* 1er août 1997, no 974, p. 18 ; *Rev. huiss.* 1997. 1374.
6. Au stade de l'examen de la demande de traitement des situations de surendettement, et au titre de la saisine de la commission de surendettement, l'art. L. 721-7 C. consom. dispose qu'« *en cas de saisie immobilière, lorsque la vente forcée a été ordonnée, le report de la date d'adjudication ne peut résulter que d'une décision du juge chargé de la saisie immobilière, saisi à cette fin par la commission, pour causes graves et dûment justifiées* » ; au stade de la recevabilité de la demande, et plus particulièrement des effets de la décision de recevabilité, l'art. L. 722-4 reprend la même rédaction.
7. TGI Rennes, 14 juin 1994, *Rev. huiss.* 1995. 1390.
8. Mod. par L. 29 juill. 1998, art. 106.
9. V. LEBORGNE, no 659.
10. V. LEBORGNE, no 659.
11. Circ. min. Justice no CIV/17/06, 14 nov. 2006, relative à la réforme de la saisie immobilière.
12. Aix-en-Provence, 15e ch. B, 24 sept. 2008, RG no 08/10585 ; et les arrêts cités par LEBORGNE, no 659, note 3 – V. AUSSI, A. Leborgne, note ss Aix-en-Provence, 2 nov. 2007, *JCP* 2007. II. 10209.
13. LEBORGNE, no 659, p. 335.

0144.36 **Surendettement des particuliers et rétablissement personnel.** À la demande du débiteur, la commission peut saisir, à compter du dépôt du dossier et jusqu'à la décision statuant sur la recevabilité de la demande de traitement de la situation de surendettement, le juge des contentieux de la protection (JCP) aux fins de suspension des procédures d'exécution diligentées à l'encontre des biens du débiteur ainsi que des cessions de rémunérations consenties par celui-ci et portant sur les dettes autres qu'alimentaires (C. consom., art. L. 721-4, al. 1er), et la Cour de cassation a eu l'occasion de préciser, le 12 décembre 1995, que la décision par laquelle le juge ordonne sur requête de la commission de surendettement, la suspension provisoire des voies d'exécution diligentées contre le débiteur, n'implique aucune appréciation de la recevabilité de la demande de règlement amiable. En effet, le juge ne statue sur la recevabilité de cette demande que lorsqu'il est saisi du recours dirigé contre la décision de la commission sur la recevabilité de la demande d'ouverture d'une procédure de règlement amiable[1]. En cas d'urgence, la saisine du juge pourra intervenir à l'initiative du président de la commission, laquelle est ensuite informée de cette saisine (C. consom., art. L. 721-4, al. 2).

Il faut rappeler ici qu'en cas de saisie immobilière, lorsque la vente forcée a été ordonnée, le report de la date d'adjudication ne peut résulter que d'une décision du juge chargé de la saisie immobilière, saisi à cette fin par la commission, pour causes graves et dûment justifiées (C. consom., art. L. 721-7)[2]. Le 7 janvier 2016, la Cour de cassation a d'ailleurs souligné, dans une espèce où la vente forcée avait été ordonnée avant que la commission de surendettement ait déclaré recevable la demande formée en vue du traitement de la situation financière du débiteur, que seule la commission de surendettement pouvait saisir le juge de la saisie immobilière d'une demande de report de l'adjudication pour causes graves et dûment justifiées[3].

Une fois que la décision de recevabilité de la demande de traitement de la situation de surendettement est intervenue, la commission peut alors saisir le JCP aux fins de suspension des mesures d'expulsion du logement du débiteur (C. consom., art. L. 722-6)[4] et l'article L. 722-8 C. consom. précise que si la situation du débiteur l'exige, le juge prononce la suspension provisoire des mesures d'expulsion de son logement, à l'exception de celles fondées sur un jugement d'adjudication rendu en matière de saisie immobilière et de celles ordonnées sur le fondement du troisième alinéa de l'article L. 321-2 C. pr. exéc.

Quant au rétablissement personnel avec liquidation judiciaire, le jugement d'ouverture entraîne, jusqu'au jugement de clôture, la suspension et l'interdiction des procédures d'exécution diligentées à l'encontre des biens du débiteur ; il entraîne également la suspension de mesures d'expulsion du logement du débiteur, à l'exception, toutefois, de celles fondées sur un jugement d'adjudication rendu en matière de saisie immobilière (C. consom., art. L. 742-7).

0144.37 **Délais de grâce et sursis à exécution.** Ces deux notions ne doivent pas être confondues ; les délais de grâce ne sont alloués qu'en considération des situations respectives des parties, et non par référence aux conséquences de l'exécution provisoire d'une décision de justice[5].

0144.38 **Délais de grâce et saisie-attribution.** On sait qu'aux termes de l'article L. 211-2 alinéa 1er C. pr. exéc., l'acte de saisie, dans une saisie-attribution, emporte, à concurrence des sommes pour lesquelles elle est pratiquée, « *attribution immédiate au profit du saisissant de la créance saisie, disponible entre les mains du tiers ainsi que de tous ses accessoires* ». Cela veut dire que l'effet légal de la saisie – l'effet attributif – est produit dès l'acte de saisie lui-même auquel il est indissociablement et irrévocablement attaché (malgré l'impossibilité d'exiger le paiement effectif avant l'expiration du délai de contestation, ou l'issue de cette contestation engagée dans le délai légal). Or, c'est pour cette raison que le JEX n'aura pas la possibilité d'accorder des délais de paiement au débiteur saisi sur le fondement de l'article 1343-5 alinéa 1er C. civ., parce que les fonds sont déjà sortis de son patrimoine pour devenir la propriété du créancier et que le paiement fait ne peut plus être remis en cause[6]. Cette instantanéité explique aussi la mise en échec de l'article 1343-5 alinéa 4 selon lequel « *la décision du juge suspend les procédures d'exécution qui auraient été engagées par le créancier* », et pour cause, il n'y a plus rien à suspendre.

1. Civ. 1re, 12 déc. 1995, no 94-04.068, P I, no 462.
2. L'art. R. 721-7, al. 1er, C. consom. indique notamment que la commission saisit le juge chargé de la saisie immobilière aux fins de report de la date d'adjudication, et transmet la demande par lettre recommandée avec demande d'avis de réception ou remise contre émargement au greffe, quinze jours au moins avant la date prévue par la vente.
3. Civ. 2e, 7 janv. 2016, no 14-26.908, P II, no 1.
4. On voit donc que la procédure d'expulsion du débiteur de son logement n'est pas automatiquement suspendue par la décision de recevabilité prononcée par la commission de surendettement ; EN CE SENS, Lyon, 21 oct. 2014, *CCC* 2015. Comm. 48, note G. Raymond.
5. TGI Bobigny, JEX, 15 févr. 1993, *Rev. huiss.* 1995. 113 – Versailles, 11 juill. 1994, *Rev. huiss.* 1995. 236 – Amiens, 5 janv. 1995, *Rev. huiss.* 1995. 1391.
6. Civ. 2e, 4 oct. 2001, no 00-11.609, P (préc. ss no 0144.11) ; *Dr. et proc.* 2002. 50, obs. E. Putman ; D. 2002. 1658, note P. Soustelle ; Procédures 2002, no 207, obs. R. Perrot.

SECTION 3
CRITÈRES D'OBTENTION DU DÉLAI DE GRÂCE

0144.41 Pouvoir souverain du juge de l'exécution. L'article 1342-4 alinéa 1er C. civ. décide que le débiteur ne peut forcer le créancier à recevoir un paiement, même divisible. Toutefois, l'article 1343-5 alinéa 1er C. civ. précise que « *le juge peut, compte tenu de la situation du débiteur et en considération des besoins du créancier, reporter ou échelonner, dans la limite de deux années, le paiement des sommes dues* », toute stipulation contraire étant réputée non écrite (C. civ., art. 1343-5, al. 5).

Selon une jurisprudence constante, la Cour de cassation considère que le juge dispose d'un pouvoir souverain d'appréciation pour accorder ou refuser un délai de grâce[1]. Le refus d'octroyer un délai n'a pas à être motivé, le juge pouvant se contenter d'énoncer que le débiteur ne remplit pas les conditions posées par le texte[2].

0144.42 Exécution du jugement. En matière d'exécution du jugement, toutefois, on sait que le délai de grâce ne peut en principe être accordé que par la décision dont il est destiné à différer l'exécution (C. pr. civ., art. 510, al. 1er), et qu'ici « *l'octroi du délai doit être motivé* » (C. pr. civ., art. 510, dern. al.)[3]. Cette prise en compte des circonstances a pu être rapprochée de la situation prévue par l'ancien article 524 C. pr. civ., qui décidait que l'exécution provisoire ordonnée pouvait être arrêtée, en cas d'appel, par le premier président, « *si elle risque d'entraîner des conséquences manifestement excessives* » (C. pr. civ., anc. art. 524, 2°)[4]. Comme la différence entre le délai de grâce, qui permet d'échelonner le paiement d'une dette, et le fait pour un premier président d'arrêter temporairement l'exécution provisoire, ou la fractionnant au constat de ce que les facultés de paiement d'un débiteur ne lui permettent pas de payer la somme à laquelle il a été condamné sans un risque pour son patrimoine ou celui de son entreprise, n'est pas grande, on aurait éventuellement pu penser qu'un premier président de cour d'appel aurait pu se voir reconnaître le pouvoir d'accorder un délai de grâce. La Cour de cassation l'a toutefois refusé le 14 septembre 2006, et cassé une ordonnance présidentielle qui avait cru pouvoir le faire, pour excès de pouvoir[5]. Cette solution n'est guère contestable car, à partir du moment où une procédure d'exécution a été engagée – ce qui était le cas dans cette affaire – le pouvoir d'accorder des délais de grâce n'appartient qu'au JEX (C. pr. civ., art. 510, al. 3).

On peut également rappeler qu'un délai de grâce ne pourra pas être accordé au débiteur dont les biens sont saisis par d'autres créanciers, ni à celui qui a, par son fait, diminué les garanties qu'il avait données par contrat à son créancier (C. pr. civ., art. 512, al. 1er) ; dans ces mêmes cas, le débiteur perdra le bénéfice du délai de grâce qu'il aurait préalablement obtenu (C. pr. civ., art. 512, al. 2).

0144.43 Délais de grâce accordés « d'office ». Si, en principe, le délai de grâce doit être demandé pour être accordé, on trouve toutefois des situations où le juge dispose d'un pouvoir d'initiative en la matière, comme par exemple dans les rapports locatifs entre bailleurs et locataires, à propos du loyer et des charges. C'est ainsi que la loi du 6 juillet 1989[6], modifiée par la loi du 27 janvier 2017[7], prévoit, dans son article 24 V, que « *le juge peut, même d'office, accorder des délais de paiement dans la limite de trois années, par dérogation au délai prévu au premier alinéa de l'article 1343-5 du Code civil, au locataire en situation de régler sa dette locative* ». Pendant le cours des délais ainsi accordés, les effets de la clause de résiliation de plein droit seront suspendus, sachant que si le locataire se libère dans le délai et selon les modalités fixées par le juge, la clause de résiliation est réputée ne pas avoir joué.

0144.44 Critères de l'appréciation souveraine. L'appréciation des juges du fond étant souveraine, la Cour de cassation refuse de contrôler les critères retenus, en particulier lorsque le débiteur reproche à la juridiction de ne pas avoir tenu compte de sa bonne foi[8] sauf si le débiteur invoque à l'appui de sa demande des moyens de droit susceptibles de mettre à néant la procédure d'exécution.

On a vu que les critères de **bonne ou mauvaise foi du débiteur** ne sont pas énoncés par l'article 1343-5 C. civ. et ne sont donc pas, *a priori*, des conditions d'octroi ou de refus d'un délai. On peut toutefois penser que le juge pourra être influencé par le com-

1. Com. 9 janv. 1974, no 72-13.721, P IV, no 14 – Civ. 2e, 3 juin 1999, no 97-14.889, P II, no 110 ; *Rev. huiss.* 2000. 185 – Civ. 2e, 6 juill. 2000, *Dr. et proc.* 2000. 374 – Civ. 2e, 1er févr. 2001, no 99-15.172, P II, no 22.
2. Com. 10 oct. 1973, no 71-12.439, P IV, no 275 ; *JCP* 1973. IV. 370 – Civ. 1re, 29 oct. 2002, no 00-12.703, P II, no 257 ; *D.* 2003. AJ 1092, obs. V. Avena-Robardet.
3. Civ. 2e, 11 oct. 1978, no 77-12.629, P II, no 206 ; *D.* 1979. 48.
4. Aujourd'hui, s'agissant de l'exécution provisoire facultative, c'est l'article 517-1 nouveau C pr. civ. qui dispose qu'elle ne peut être arrêtée, en cas d'appel, que par le premier président, « *lorsqu'il existe un moyen sérieux d'annulation ou de réformation de la décision et que l'exécution risque d'entraîner des conséquences manifestement excessives* ».
5. Civ. 2e, 14 sept. 2006, no 05-21.300, P II, no 223 ; *Procédures* 2006. Comm. 263, note R. Perrot.
6. L. no 89-462, 6 juill. 1989 tendant à améliorer les rapports locatifs et portant modification de la loi no 86-1290 du 23 décembre 1986, *JO* 8 juill., p. 1989.
7. L. no 2017-86, 27 janv. 2017, relative à l'égalité et à la citoyenneté, *JO* 28 janv., texte 1.
8. Civ. 3e, 5 juill. 1988, no 86-17.768, P III, no 216.

portement du débiteur dans le remboursement de sa dette ou le sérieux de ses propositions de paiement, mais il ne sera pas tenu de l'exprimer dans sa motivation, qui se suffit à elle-même lorsqu'elle prend en considération la situation du débiteur (difficultés passagères, offres de paiement sérieuses et échéancier raisonnables) et les besoins du créancier (bailleur, modeste retraité créancier de loyers, ou banque, compagnie d'assurances, société de crédit, etc.).

La nature de la créance impayée constitue également un critère d'appréciation important (indemnité réparatrice de préjudice, indemnité de licenciement, *etc.*). Assez souvent, cependant, les décisions font état d'un **débiteur de bonne foi**, comportement que n'a par exemple pas eu l'employeur qui a multiplié les procédures dilatoires pour échapper au règlement des sommes dues à son ancien salarié, abusivement licencié[1]. Il en va de même de l'employeur qui a licencié son salarié sans cause réelle et sérieuse, cette seule circonstance lui faisant perdre le bénéfice de la bonne foi, alors qu'il ne démontre pas avoir épuisé sa capacité d'emprunt pour faire face à une créance salariale prioritaire[2].

Les critères d'appréciation du juge sont cependant plus larges que la seule bonne foi et seront discutés parmi les éléments de fait du débat, sous réserve de s'insérer dans les deux paramètres de la « ***situation du débiteur*** » et de « ***besoins du créancier*** ».

0144.45 **Preuve et pièces à l'appui de la demande de délai.** Conformément au principe dispositif et à la charge de la preuve découlant des articles 6 et 9 C. pr. civ., il appartient au débiteur, qui demande un délai, d'alléguer les faits et d'apporter les pièces nécessaires au succès de sa demande, afin que le juge puisse apprécier utilement les circonstances pouvant le déterminer à accorder un délai.

SECTION 4
EFFETS DU DÉLAI DE GRÂCE

0144.51 **Suspension de l'exigibilité de la créance.** L'effet essentiel du délai de grâce est de suspendre l'exigibilité de la créance pour la durée fixée par le juge qui l'accorde. Ses effets sont un peu comparables à ceux du terme de droit, en ce sens qu'il prive le créancier de recourir à l'exécution forcée, ne lui laissant que le droit de recourir aux mesures conservatoires, ainsi que l'admet l'article 513 C. pr. civ. ; si d'aventure une mesure d'exécution a déjà été pratiquée, l'article 1343-5 alinéa 4 C. civ. prévoit que la décision du juge suspend cette exécution. Le délai de grâce entraîne une autre conséquence, relative aux intérêts et pénalités de retard. En effet, s'ils continuaient à courir, leur accumulation pourrait alourdir nettement la dette du débiteur, compromettant encore plus son paiement. C'est la raison pour laquelle l'article 1343-5 décide que « *les majorations d'intérêts ou les pénalités prévues en cas de retard ne sont pas encourues pendant le délai fixé par le juge* ». Par ailleurs, s'agissant des intérêts conventionnels, le juge qui octroie un délai de grâce peut, par décision spéciale et motivée, ordonner que les sommes correspondant aux échéances reportées porteront intérêt à un taux réduit mais au moins égal au taux légal, ou que les paiements s'imputeront d'abord sur le capital (C. civ., art. 1343-5, al. 2).

0144.52 **Point de départ du délai.** Ainsi que l'indique l'article 511 C. pr. civ., le délai de grâce court du jugement lorsque celui-ci est contradictoire[3], et il en est ainsi, a précisé la Cour de cassation, avant même toute signification[4]. Dans les autres cas, il ne court que du jour de la notification du jugement. La décision qui alloue des délais de grâce doit par ailleurs en fixer la durée dans son dispositif[5].

0144.53 **Effet similaire au délai de grâce : l'ouverture d'une procédure de traitement de la situation de surendettement du débiteur.** À l'instar du délai de grâce, la situation de surendettement du débiteur peut avoir pour conséquence de différer l'exigibilité de ses créances.

Sans entrer dans les détails, on peut d'abord rappeler qu'au stade de la saisine de la commission de surendettement des particuliers, à la demande du débiteur, la commission peut saisir, à compter du dépôt du dossier et jusqu'à la décision statuant sur la recevabilité de la demande de traitement de la situation de surendettement, le JCP « *aux fins de suspension des procédures d'exécution diligentées à l'encontre des biens du débiteur* [...] *et portant sur les dettes autres qu'alimentaires* » (C. consom., art. L. 721-4, al. 1er). De fait, « *la recevabilité de la demande emporte suspension – et interdiction – des procédures d'exécution diligentées à l'encontre des biens du débiteur* [...] *et portant sur les dettes autres qu'alimentaires* » (C. consom., art. L. 722-2), l'article L. 722-3 alinéa 1er C. consom. précisant que « *les procédures* [...] *sont suspendues ou interdites, selon les cas, jusqu'à l'approbation du plan conventionnel de redressement prévu à l'article L. 732-1, jusqu'à la décision imposant les mesures prévues aux articles L. 733-1, L. 733-4, L. 733-7 et L. 741-1, jusqu'au jugement prononçant un rétablissement personnel sans liquidation judiciaire ou jusqu'au*

1. TGI Quimper, 19 janv. 1995, *Rev. huiss.* 1995. 1391.
2. TGI Quimper, 18 mai 1995, *Rev. huiss.* 1995. 1392.
3. Civ. 3e, 18 déc. 1991, no 89-19.914, P III, no 327.
4. Civ. 2e, 12 févr. 2004, no 02-13.344, P II, no 56 ; *Dr. et proc.* 2004. 212, obs. Leborgne, pour une ordonnance de référé.
5. Civ. 2e, 7 janv. 1998, no 96-12.979, P II, no 4 – Civ. 1re, 19 sept. 2007, no 06-10.629, P I, no 289.

jugement d'ouverture d'une procédure de rétablissement personnel avec liquidation judiciaire »[1]. L'effet de la suspension est le même qu'en droit commun, c'est-à-dire que le ou les créanciers sont tenus de surseoir à toute poursuite. À l'égard du débiteur lui-même, la suspension et l'interdiction des procédures d'exécution diligentées sur ses biens « *emportent interdiction pour celui-ci de faire tout acte qui aggraverait son insolvabilité, de payer, en tout ou partie, une créance autre qu'alimentaire* [...] *née antérieurement à la suspension ou à l'interdiction, de faire un acte de disposition étranger à la gestion normale du patrimoine* » ; elles emportent également interdiction de prendre toute garantie ou sûreté. Quant aux mesures d'expulsion, l'article L. 722-6 prévoit spécialement que dès que la décision de recevabilité de la demande de traitement de la situation de surendettement est acquise, la commission pourra saisir le JCP aux fins de suspension des mesures d'expulsion du logement du débiteur. Mais ce n'est que « *si la situation du débiteur l'exige* », que le juge prononcera la suspension provisoire des mesures d'expulsion, à l'exception, toutefois, de celles fondées sur un jugement d'adjudication rendu en matière de saisie immobilière (C. consom., art. L. 722-8).

Quant aux mesures imposées ou recommandées par la commission en cas d'échec de sa mission de conciliation, on sait que celle-ci peut imposer de « *rééchelonner le paiement des dettes de toute nature* » (C. consom., art. L. 733-1, 1°), rééchelonnement qui entraîne suspension des procédures d'exécution[2], ou de « *suspendre l'exigibilité des créances autres qu'alimentaires pour une durée qui ne peut excéder deux ans* » (C. consom., art. L. 733-1, 4°), suspension de la créance qui entraîne suspension du paiement des intérêts dus à ce titre. Enfin, à supposer que les mesures imposées ou recommandées fassent l'objet d'une contestation, l'article L. 733-17 C. consom. édicte une suspension des procédures d'exécution, posant en principe que les créanciers auxquels les mesures imposées par la commission en application des articles L. 733-1 ou les mesures recommandées en application des articles L. 733-7 et L. 733-8 et rendues exécutoires par application de l'article L. 733-10 ou de l'article L. 733-15 sont opposables, « *ne peuvent exercer des procédures d'exécution à l'encontre des biens du débiteur pendant la durée d'exécution de ces mesures* » (C. consom., art. L. 733-17). Ceci étant, la deuxième chambre civile a tout de même souligné, le 22 mars 2006, qu'un créancier peut, pendant le cours d'une procédure de surendettement, saisir le juge du fond pour obtenir un titre exécutoire dont l'exécution sera différée pendant la durée du plan[3].

SECTION 5

OUVERTURE D'UNE PROCÉDURE DE SAUVEGARDE, DE REDRESSEMENT OU DE LIQUIDATION JUDICIAIRE

0144.61 Ordonnance n° 2014-326 du 12 mars 2014 portant réforme de la prévention des difficultés des entreprises et des procédures collectives[4]. Dispositions intéressant le droit de l'exécution. L'ordonnance du 12 mars 2014 réformant le droit des entreprises en difficulté, qui s'applique aux procédures ouvertes à compter du 1er juillet 2014, compte un certain nombre d'articles touchant directement le droit de l'exécution qu'il paraît nécessaire d'évoquer en préambule aux développements sur les procédures collectives[5].

Tout d'abord, un certain nombre de dispositions renforcent la **procédure de conciliation** des articles L. 611-4 s. C. com., dans le but d'éviter que des poursuites qu'un créancier exercerait entraînent l'échec de la procédure de conciliation matérialisée, on le sait, par un accord amiable conclu entre le débiteur et ses principaux créanciers et destiné à mettre fin aux difficultés de l'entreprise (C. com., art. L. 611-7, al. 1er). On savait déjà qu'au cours de la procédure, le débiteur mis en demeure ou poursuivi par un créancier pouvait demander au juge ayant ouvert celle-ci de faire application des articles 1244-1 à 1244-3 C. civ., aujourd'hui article 1343-5 C. civ. Désormais, le juge peut subordonner la durée des mesures prises à la conclusion de l'accord de conciliation (même texte, al. 5).

Une autre innovation est intéressante, qui figure dans l'article L. 611-10-2 alinéa 1er C. com. relatif au **bénéfice par les garants des mesures accordées au débiteur principal.** En effet, les personnes coobligées ou ayant consenti une sûreté personnelle ou ayant affecté ou cédé un bien en garantie pourront se prévaloir des mesures accordées au débiteur en application du cinquième alinéa de l'article L. 611-7 C. com., concrètement du délai de grâce, ainsi que des dispositions de l'accord constaté ou homologué.

1. L'article R. 722-5 indique notamment, à cet égard, que « *la lettre notifiant la décision de recevabilité rappelle qu'elle a pour effet de suspendre et d'interdire les procédures d'exécution diligentées à l'encontre des biens du débiteur ainsi que des cessions de rémunération qu'il a consenties et portant sur des dettes autres qu'alimentaires* ».
2. Civ. 1re, 30 mai 1995, n° 93-04.189, P I, n° 228.
3. Civ. 2e, 22 mars 2006, n° 04-15.814, P II, n° 89.
4. Ord. n° 2014-326, 12 mars 2014, portant réforme de la prévention des difficultés des entreprises et des procédures collectives, *JO* 14 mars, p. 5249.
5. V. A. Leborgne, « Droit de l'exécution. Panorama », *D.* 2014. 1466 – P. Crocq, Ph. Roussel-Galle et F. Reille, chron. « Droit des entreprises en difficulté », *Dr. et proc.* 2014, n° 4.

Par ailleurs, l'article L. 611-10-1 modifié par l'ordonnance du 12 mars 2014 rappelle que pendant la durée de son exécution, **l'accord constaté ou homologué arrête ou interdit toute poursuite individuelle** tant sur les meubles que sur les immeubles du débiteur dans le but d'obtenir le paiement des créances qui en font l'objet (al. 1er). Toutefois, au cours de cette période, si le débiteur est mis en demeure ou poursuivi par l'un des créanciers appelés à la conciliation dans le but d'obtenir le paiement d'une créance qui n'a pas fait l'objet de l'accord, le juge qui a ouvert la procédure de conciliation pourra, à la demande du débiteur, faire application de l'article 1343-5 C. civ., sachant, cette fois, que cette disposition n'est pas applicable aux créanciers du troisième alinéa de l'article L. 611-7 C. com. (C. com., art. L. 611-10-1, al. 2).

Au stade de la **liquidation judiciaire**, ensuite, le débiteur en cessation des paiements dont le redressement est manifestement impossible doit réaliser son patrimoine et céder ses actifs, et sur ce point il faut commencer par noter que l'ordonnance du 12 mars 2014 a permis, dans l'article L. 642-18 alinéa 5 C. com., au débiteur personne physique de demander au tribunal, en considération de sa situation personnelle et familiale, de lui accorder des délais de grâce pour quitter sa maison d'habitation principale. Auparavant, cette mesure était réservée aux seuls agriculteurs.

Surtout, l'ordonnance du 12 mars 2014 a institué, au bénéfice du débiteur personne physique, une **procédure nouvelle de rétablissement professionnel** aux articles L. 645-1 et suivants C. com., lorsque la valeur de l'actif déclaré rend illusoire toute liquidation des biens. Cette procédure est ouverte, à la demande du débiteur (C. com., art. L. 645-3), par le tribunal pour une brève durée de quatre mois (C. com., art. L. 645-4, al. 3), et ne se présente pas comme une procédure collective de paiement. Les créanciers ne sont pas assujettis à une discipline collective et la règle de l'arrêt des poursuites individuelles ne les concerne pas[1]. Toutefois, l'article L. 645-6 C. com. permet au débiteur, s'il est mis en demeure ou poursuivi par un créancier au cours de la procédure, de demander au juge commis de reporter le paiement des sommes dues dans la limite de quatre mois « et *d'ordonner, pour cette même durée, la suspension des procédures d'exécution qui auraient été engagées par le créancier* ». Enfin, la clôture de la procédure de rétablissement professionnel entraînera l'effacement des dettes du débiteur à l'égard des créanciers dont la créance est née antérieurement au jugement d'ouverture de la procédure, sachant que ne peuvent être effacées, notamment, les créances salariales et alimentaires (C. com., art. L. 645-11).

1. V. A. Leborgne, pan., préc. ss prést no, p. 1467.

0144.62 **Généralités.** On le sait, le jugement d'ouverture de la procédure de redressement ou de liquidation judiciaire interrompt ou interdit toute action en justice de la part de tous les créanciers de sommes d'argent dont la créance a son origine antérieurement audit jugement (C. com., art. L. 622-21, I[2], applicable par voie de renvoi en vertu de l'article L. 631-14, I[3]). Comme le précise plus particulièrement l'article L. 622-21, II C. com., « *il arrête ou interdit également toute procédure d'exécution de la part de ces créanciers (dont la créance n'est donc pas visée au I de l'article L. 622-17) tant sur les meubles que sur les immeubles ainsi que toute procédure de distribution n'ayant pas produit un effet attributif avant le jugement d'ouverture* ».

Par exemple, lorsqu'une procédure collective est ouverte après qu'un procès-verbal de saisie des droits d'associés a été signifié, mais avant la vente forcée, la procédure doit être stoppée. Or, pour s'opposer à la demande de mainlevée formée par le saisi, une cour d'appel avait considéré que la procédure n'était pas définitivement arrêtée, car « *susceptible d'une reprise ultérieure* » ; mais cet arrêt a été cassé par la deuxième chambre civile le 28 janvier 2016, la Cour rappelant sobrement que « *l'arrêt des procédures d'exécution entraîne la mainlevée d'une procédure de saisie des droits d'associés lorsque, à la date du jugement d'ouverture, cette procédure d'exécution n'a pas, par la vente des droits d'associés, produit ses effets* »[4].

L'arrêt des voies d'exécution implique également la mainlevée d'une procédure de saisie-vente, lorsque, à la date du jugement d'ouverture, cette procédure d'exécution n'a pas, par la vente, produit ses effets[5] ; il interdit encore au JEX de trancher les contestations soulevées, comme l'a souligné un arrêt de la chambre commerciale du 17 novembre 2015, rendu dans une affaire où, alors qu'une saisie immobilière était engagée, le saisi fit l'objet, en octobre 2013, d'une procédure de sauvegarde. Par jugement d'orientation du 4 novembre 2013, le JEX rejeta les contestations soulevées par le saisi, ordonna la vente aux enchères publiques de l'immeuble saisi et fixa la date d'audience d'adjudication au 10 mars 2014. En appel, la cour, estimant que le JEX était valablement saisi de toute contestation relative à la saisie immobilière jusqu'à la clôture des débats, décida de suspendre la saisie, et réforma le jugement d'orientation mais seulement en ce qu'il avait rejeté les contestations du saisi. Mais cet arrêt a été cassé, car la cour d'appel, « *alors que la procédure de saisie immobilière était arrêtée,*

2. C. com., anc. art. L. 621-40 – L. no 85-98, 25 janv. 1985, anc. art. 47.
3. C. com., anc. art. L. 634-12.
4. Civ. 2e, 28 janv. 2016, no 15-13.222, P ; *D.* 2016. Pan. 1282, obs. A. Leborgne.
5. Com. 27 mars 2012, no 11-18.585, P IV, no 69.

[...] *n'avait pas à se prononcer sur les contestations concernant sa régularité* »[1].

Quant aux procédures de distribution, il résulte pareillement des dispositions de l'article L. 622-21, II C. com. qu'« *une procédure de distribution du prix de vente d'un immeuble vendu par adjudication n'ayant pas produit un effet attributif à l'égard des créanciers avant le jugement d'ouverture de la procédure collective du débiteur saisi est caduque* »[2].

En revanche, les procédures de distribution intervenant consécutivement à une mesure d'exécution forcée ayant produit son effet légal avant le jugement d'ouverture de la procédure collective ne seront pas remises en cause, particulièrement la saisie-attribution. Sur ce point, la chambre commerciale, mettant fin à une hésitation jurisprudentielle, a jugé que « *la procédure de distribution du prix de cession d'un fonds de commerce, objet, avant le jugement d'ouverture de la procédure collective du vendeur, d'un séquestre conventionnel en cours à la date de ce jugement, constitue une procédure de distribution du prix de vente d'un meuble ne faisant pas suite à une procédure d'exécution ayant produit un effet attributif avant le jugement d'ouverture au sens des dispositions de l'article R. 622-19 du Code de commerce dans sa rédaction issue du décret du 27 juillet 2006* »[3].

Cette règle de l'arrêt ou de l'interdiction des procédures d'exécution est applicable aussi bien à la procédure de sauvegarde qu'à la procédure de redressement judiciaire (C. com., art. L. 631-14, al. 1er). Plus largement, ces dispositions sont d'ordre public et procèdent de la seule autorité du jugement d'ouverture[4]. Elles doivent être soulevées d'office par le juge[5], et s'appliquent sans distinction au Trésor public[6].

Toute procédure d'exécution mobilière ou immobilière engagée en vertu d'une créance antérieure au jugement d'ouverture[7] est donc interdite, et ce quelle que soit l'origine de la créance (chirographaire, privilégiée, de l'État ou d'un établissement public)[8] ou le mode de saisie[9]. La règle vaut également pour la procédure de liquidation judiciaire puisque « *le jugement qui ouvre la liquidation judiciaire a les mêmes effets légaux que ceux qui sont prévus en cas de sauvegarde* » par l'article L. 622-21 C. com. (C. com., art. L. 641-3, al. 1er ; l'article L. 642-18, al. 2, rappelant pour sa part que lorsqu'une procédure de saisie immobilière engagée avant l'ouverture de la procédure de sauvegarde, de redressement ou de liquidation judiciaires a été suspendue par l'effet de cette dernière, le liquidateur peut être subrogé dans les droits du créancier saisissant pour les actes que celui-ci a effectués, lesquels sont réputés accomplis pour le compte du liquidateur qui procède à la vente des immeubles. La saisie immobilière pourra alors reprendre son cours au stade où le jugement d'ouverture l'avait suspendue).

Depuis l'entrée en vigueur de la loi du 26 juillet 2005[10], ce principe de l'arrêt ou de l'interdiction des procédures d'exécution, qui est applicable à la procédure de conciliation en vertu de l'article L. 611-10-1 C. com.[11] – alors même qu'elle n'est pas une procédure collective –, ne vise plus exactement, comme le faisait l'ancien article L. 621-40 du même code, « *les créanciers dont la créance a son origine antérieurement* » au jugement d'ouverture, mais les créanciers dont la créance « *n'est pas mentionnée au I de l'article L. 622-17* » et tendant à la condamnation du débiteur au paiement d'une somme d'argent ou à la résolution d'un contrat pour défaut de paiement d'une somme d'argent. De cette modification il résulte que, dorénavant, le législateur ne reprend plus de manière aussi systématique que par le passé la distinction traditionnelle fondée sur un critère chronologique entre les créances nées antérieurement au jugement d'ouverture, lesquelles doivent toujours, sauf exceptions, faire l'objet d'une déclaration[12] auprès du

1. Com. 17 nov. 2015, nº 14-18.345, P IV, nº 159 ; *D.* 2016. Pan. 1282, obs. A. Leborgne.
2. Com. 17 avr. 2019, nº 17-15.960, P : par conséquent, dès lors qu'elle a constaté que le prix de vente n'avait pas été réparti entre les créanciers avant l'ouverture du redressement judiciaire, une cour d'appel avait pu décider que la procédure de distribution était caduque et que les fonds séquestrés devaient être remis au mandataire judiciaire pour être répartis conformément aux règles de la procédure collective.
3. Com. 8 juin 2010, nos 09-68.591 et 09-68.594, P IV, nº 109 ; *D.* 2010. 1478, obs. A. Lienhard ; *Rev. sociétés* 2010. 411, obs. Ph. Roussel Galle – *Adde*, C. com., art. R. 622-19.
4. Com. 27 avr. 1993, nº 91-15.372, P IV, nº 147.
5. À propos d'un débiteur mis en redressement judiciaire en cours d'instance d'appel : Com. 12 févr. 1991, nº 89-15.165, P IV, nº 67.
6. Sur cette question, v. P. Serlooten, « Le Trésor public, créancier de l'entreprise en difficulté », *JCP E* 2000. 24.
7. La recherche du fait générateur de la créance peut être source de difficultés en présence d'une créance à exécution successive : v. C. Saint-Alary Houin, « La date de naissance des créances en droit des procédures collectives », *LPA* 2004, nº 224, p. 11.
8. Cass., ass. plén., 13 févr. 1976, nº 74-14.127, P, nº 3 ; *D.* 1976. 237, obs. A. Honorat et F. Derrida.
9. V. TOUTEFOIS, C. com., art. L. 622-23, qui dispose que les procédures d'exécution « *autres que celles visées à l'article L. 622-21 sont poursuivies au cours de la période d'observation à l'encontre du débiteur* ».
10. P. Canet, « Voies d'exécution », *Réforme des procédures collectives, premières remarques sur la réforme des procédures collectives*, nº spéc., *Rev. proc. coll.* 2005. 209.
11. Lequel dispose que « *pendant la durée de son exécution, l'accord constaté ou homologué interrompt ou interdit toute action en justice et arrête ou interdit toute poursuite individuelle tant sur les meubles que les immeubles du débiteur dans le but d'obtenir le paiement des créances qui en font l'objet* [...] ».
12. Pour l'identification du fait générateur de créances impayées des cotisations d'un avocat faisant l'objet d'un redressement judiciaire : Com. 3 juill. 2012, nº 11-22.922, P IV, nº 148.

mandataire judiciaire (C. com., art. L. 622-24, al. 1er), et les créances postérieures, qui permettent à leur titulaire de recouvrer leur droit de poursuite individuelle en cas de non-paiement à l'échéance. En effet, l'article L. 622-17 C. com. détermine celles des créances nées postérieurement au jugement d'ouverture de la procédure qui doivent être payées à leur échéance. Autrement dit, il est des créances qui, bien que nées régulièrement après le jugement d'ouverture de la procédure, ne bénéficient plus de ce traitement privilégié. Pour qu'il en soit ainsi, il faut que la créance soit née « *pour les besoins du déroulement de la procédure ou de la période d'observation, ou en contrepartie d'une prestation fournie au débiteur pendant cette période* » (C. com., art. L. 622-17, I ; en matière de liquidation judiciaire, v. C. com., art. L. 641-13, I). Il résulte de cette précision terminologique que toute créance née régulièrement après le jugement d'ouverture ne bénéficie plus nécessairement du privilège de procédure ; elles sont alors traitées comme des créances antérieures, avec toutes les conséquences y afférentes (C. com., art. L. 622-24).

Il n'est pas besoin d'une décision spécifique du JEX pour constater la suspension des mesures conservatoires ou des procédures d'exécution déjà entamées. La décision d'ouverture du redressement judiciaire suffit à les interrompre de plein droit. Ce n'est que dans l'hypothèse d'un contentieux relatif à la poursuite d'une mesure d'exécution postérieure au jugement d'ouverture que le JEX devra constater la suspension ou la nullité de la procédure.

Quant aux procédures d'exécution autres que celles visées à l'article L. 622-21 C. com., elles seront poursuivies au cours de la période d'observation à l'encontre du débiteur, mais après mise en cause du mandataire judiciaire et de l'administrateur lorsqu'il a une mission d'assistance ou après une reprise d'instance à leur initiative (C. com., art. L. 622-23).

§ 1
Créances nées antérieurement à l'ouverture de la procédure collective

0144.71 Sanction de l'absence de déclaration de créance. Par le passé, les créances nées antérieurement au jugement d'ouverture de la procédure collective et non déclarées à cette dernière, étaient éteintes. Désormais, il est seulement prévu par l'article L. 622-26 alinéa 1er C. com. qu'à défaut de déclaration dans les délais prévus à l'article L. 622-24[1], les créanciers ne sont pas admis dans les répartitions et les dividendes, à moins que le juge-commissaire ne les relève de leur forclusion s'ils établissent que leur défaillance n'est pas due à leur fait ou qu'elle est due à une omission du débiteur lors de l'établissement de la liste prévue au deuxième alinéa de l'article L. 622-26. Ils ne peuvent alors concourir que pour les distributions postérieures à leur demande.

L'alinéa 2 de l'article L. 622-26 renseigne sur les effets de l'absence de déclaration dans le délai légal, précisant que « *les créances non déclarées régulièrement dans ces délais sont inopposables au débiteur pendant l'exécution du plan et après cette exécution lorsque les engagements énoncés dans le plan ou décidés par le tribunal ont été tenus. Pendant l'exécution du plan, elles sont également inopposables aux personnes physiques coobligées ou ayant consenti une sûreté personnelle ou ayant affecté ou cédé un bien en garantie* ».

Outre le fait qu'il a pu être souligné la curieuse inopposabilité au « *débiteur* », plutôt qu'à la procédure, on peut s'interroger sur l'exacte portée de cette inopposabilité. À s'en tenir au texte, elle semble bien s'appliquer durant l'exécution du plan de sauvegarde et de redressement. Cette inopposabilité a sans doute pour conséquence qu'un créancier forclos exerçant un droit de rétention devra se dessaisir de son bien, faute de pouvoir opposer ce droit. De même, en cas de résolution du plan, cette sanction n'apparaît plus avoir vocation à prospérer, ce qui devrait permettre au créancier d'agir en paiement lorsque la clôture de la liquidation judiciaire résulte de l'extinction du passif, sauf à réserver le jeu de la prescription. On notera le fait que l'inopposabilité joue également au bénéfice des garants personnes physiques durant l'exécution du plan dans le cadre de la sauvegarde. En effet, dans le cadre d'un redressement judiciaire, l'article L. 631-20 C. com. y fait obstacle[2].

0144.72 Principe. L'article L. 622-21, II C. com. pose donc le principe de l'arrêt ou de l'interdiction de toute procédure d'exécution de la part des créanciers du I de l'article L. 622-17, tant sur les meubles que sur les immeubles. Il convient d'envisager les différentes hypothèses susceptibles de se produire selon la procédure mise en œuvre ou la créance concernée, en précisant toutefois que l'article L. 632-2 alinéa 1er C. com., qui permet d'annuler les paiements pour dettes échues et les actes à titre onéreux accomplis à compter de la date de cessation des paiements, pendant la période suspecte, est inapplicable aux mesures d'exécution forcée[3], sous réserve

1. Ce délai de déclaration est de deux mois à compter de la publication du jugement d'ouverture au Bulletin officiel des annonces civiles et commerciales (C. com., art. R. 622-24, al. 1er).
2. Ce texte disposant que les coobligés et les personnes ayant consenti une sûreté personnelle ne peuvent se prévaloir des dispositions du plan, par dérogation à l'article L. 626-11.
3. À propos d'un avis à tiers détenteur émis par un comptable public : Com. 16 juin 1998, nº 96-17.050, P IV, nº 200 ; *JCP E* 1998. 1381.

du cas particulier prévu par l'alinéa 2 de ce texte, visant toute saisie administrative ou toute saisie-attribution, annulable lorsqu'elle a été délivrée ou pratiquée par un créancier à compter de la date de cessation des paiements « *et en connaissance de celle-ci* ».

0144.73 Sûretés et mesures conservatoires. L'interdiction de poursuivre les procédures de saisie mobilière et immobilière engagées sur le fondement d'un titre obtenu antérieurement à l'ouverture d'une procédure collective s'applique aussi aux sûretés et aux mesures conservatoires dont la conversion n'a pas été effectuée avant l'ouverture de la procédure collective par application combinée des dispositions de l'article L. 622-21 C. com. et des articles R. 523-7 à R. 523-9 C. pr. exéc., car ce n'est pas la saisie conservatoire qui emporte attribution immédiate mais la demande de paiement contenue dans l'acte de conversion[1]. Il en résulte que la saisie conservatoire et ses conséquences, l'affectation spéciale et le droit de préférence au sens du droit commun du gage (C. civ., art. 2350), sont rétroactivement mis à néant.

0144.74 Mesure conservatoire et cautionnement. La question s'est également posée de savoir comment combiner les alinéas 2 et 3 de l'article L. 622-28 C. com., en d'autres termes la prise d'une mesure conservatoire à l'égard d'une caution personne physique avec la suspension de l'instance jusqu'au jugement statuant sur le sort de l'entreprise. On sait que l'article L. 622-28 alinéa 2 dispose que « *le jugement d'ouverture suspend jusqu'au jugement arrêtant le plan ou prononçant la liquidation toute action contre les personnes physiques* [...] *ayant consenti une sûreté personnelle* », tandis que l'alinéa 3 du même texte permet aux créanciers bénéficiaires de ces garanties de prendre des mesures conservatoires, sachant que l'article R. 511-7 C. pr. exéc. impose au créancier, dans le mois qui suit l'exécution de la mesure, à peine de caducité, d'introduire une procédure ou d'accomplir les formalités nécessaires à l'obtention d'un titre exécutoire. Deux arrêts rendus par la chambre commerciale de la Cour de cassation le 24 mai 2005 ont décidé que le délai de l'article R. 511-7 s'impose au créancier « *même si le débiteur principal a fait l'objet d'un jugement de redressement judiciaire* », mais que, « *dans ce cas, l'instance ainsi engagée est suspendue jusqu'au jugement arrêtant le plan de redressement ou prononçant la liquidation judiciaire du débiteur principal* »[2]. Une autre solution aurait pu consister à admettre que la suspension des poursuites contre la caution impliquait la suspension corrélative du délai de l'article R. 511-7 C. pr. exéc.

Plus récemment, on s'est demandé si le créancier est en droit d'assigner les cautions en paiement pour satisfaire aux exigences du droit de l'exécution, alors que sa créance n'est pas exigible. La réponse, fournie par la Cour de cassation le 1er mars 2016, fut affirmative. Pour rejeter les demandes en paiement formées par les créanciers, les cautions demandaient à bénéficier des dispositions spécifiques du plan de sauvegarde, et notamment des délais de paiement accordés ; elles en déduisaient que leur poursuite ne devenait possible qu'en cas de non-respect par le débiteur de ses engagements. Mais la chambre commerciale a cassé l'arrêt qui avait rejeté la demande en paiement, estimant que la banque prêteuse « *était fondée, afin d'éviter la caducité de sa mesure conservatoire, à obtenir un jugement de condamnation des cautions avant l'exigibilité de sa créance à leur égard* » ; l'obtention d'un titre exécutoire prévue par les articles R. 511-4 et R. 511-7 C. pr. exéc. ne peut donc être subordonnée à l'exigibilité de la créance contre la caution[3]. Il ne faut toutefois pas confondre obtention du titre exécutoire et mise en œuvre d'une mesure d'exécution. Une fois le titre obtenu, l'exécution du titre exécutoire contre la caution est suspendue pendant la durée du plan ou jusqu'à sa résolution[4], ou tant que celui-ci est respecté[5]. Pour poursuivre l'exécution, en effet, le créancier doit être porteur d'un titre exécutoire constatant une créance liquide et exigible, ce qui n'est pas le cas du fait de l'article L. 622-28 C. com. puisque les cautions bénéficient de la suspension de toute action, prévue par l'alinéa 2.

La chambre commerciale de la Cour de cassation a rappelé ces principes le 13 décembre 2023, affirmant que le créancier bénéficiaire d'un cautionnement consenti par une personne physique en garantie de la dette d'un débiteur principal mis ensuite en redressement judiciaire, « *peut prendre de mesures conservatoires sur les biens de la caution et doit, en application des articles L. 511-4 et R. 511-7 du Code des procédures civiles d'exécution, introduire dans le mois de leur exécution une procédure ou accomplir les formalités nécessaires à l'obtention d'un titre exécutoire couvrant la totalité des sommes dues, à peine de caducité de ces mesures* », et que, « *si l'obtention d'un tel titre ne peut être subordonnée à l'exigibilité de la créance*

1. Com. 22 avr. 1997, nº 94-16.979, P IV, nº 100 ; *D.* 1997. 127 – Douai, 19 juill. 1994, *Rev. huiss.* 1994. 838 – Com. 6 mars 2001, nº 98-12.266, P IV, nº 48.
2. Com. 24 mai 2005, nºs 00-19.721 et 03-21.043, P IV, nºs 115 et 116 ; *D.* 2005. 1632, obs. A. Lienhard ; *Dr. et proc.* 2005. 260, obs. P. Crocq ; *RD banc. fin.* 2005, nº 141, obs. S. Piedelièvre.
3. Com. 1er mars 2016, nº 14-20.553, P ; *D.* 2016. Pan. 1283, obs. A. Leborgne.
4. Com. 27 mai 2014, nº 13-18.018, P IV, nº 94 ; *D.* 2016. Pan. 1283, obs. A. Leborgne.
5. Com. 2 juin 2015, nº 14-10.673, P IV, nº 97 ; *D.* 2016. Pan. 1283, obs. A. Leborgne.

contre la caution, le créancier muni de ce titre ne peut toutefois en poursuivre l'exécution forcée contre les biens de la caution qu'à la condition que la créance constatée par le titre soit exigible à l'égard de cette caution et dans la mesure de cette exigibilité », le contrôle de celle-ci relevant de l'appréciation du JEX en cas de contestation soulevée à l'occasion de l'exécution forcée du titre[1].

0144.75 Moment de la mise en œuvre de la saisie conservatoire. Pour produire tous ses effets, une mesure conservatoire doit donc être mise en œuvre avant la date de cessation des paiements et convertie en mesure d'exécution forcée correspondante avant le jugement ouvrant la procédure collective.

La Cour de cassation a ainsi précisé, à propos de l'éventuelle application de l'article 2350 C. civ., qu'« *une saisie conservatoire signifiée au tiers saisi avant la date de cessation des paiements qui n'a pas été convertie en saisie-attribution avant la date du jugement d'ouverture n'emporte plus, dès lors, affectation spéciale et privilège au profit du créancier saisissant* »[2].

La deuxième chambre civile de la Cour de cassation retient la même solution que la chambre commerciale en constatant que seul l'acte de conversion de la saisie conservatoire en saisie-attribution emporte attribution immédiate de la créance saisie, même en présence d'un jugement définitif constatant une créance. Il en résulte que le créancier ne peut se prévaloir d'un droit acquis avant le jugement d'ouverture lorsque la signification de la conversion de la saisie conservatoire est postérieure à ce jugement[3].

0144.76 Moment de la conversion en saisie-vente. Il résulte de la même façon qu'un acte de conversion d'une saisie conservatoire antérieure au jugement ne peut être utilement signifié au tiers saisi postérieurement à ce jugement[4]. Pareillement, la signification de l'acte de conversion de saisie conservatoire en saisie-vente, la veille du prononcé du jugement d'ouverture ouvrant la procédure collective du débiteur, ne fait pas sortir le bien saisi de son patrimoine. La vente ne peut avoir lieu avant l'expiration du délai de huit jours visé à l'article R. 522-8 alinéa 1er C. pr. exéc., à l'issue duquel l'huissier procède à la vérification des biens saisis et dresse acte des biens manquants ou dégradés. Le débiteur dispose en effet d'un délai de huit jours, après commandement, pour procéder au paiement des sommes dues en vertu du titre exécutoire (C. pr. exéc., art. R. 522-7). Au surplus, il bénéficie d'un délai d'un mois pour effectuer une vente amiable des biens saisis (C. pr. exéc., art. R. 522-8, al. 2, R. 221-30 à R. 221-32). Ce n'est qu'à l'issue de ce délai que la vente forcée peut avoir lieu[5]. En conséquence, si la vente est intervenue avant le jugement d'ouverture de la procédure, la mesure d'exécution forcée ne peut être remise en cause par la survenance de la procédure car les biens sont sortis du patrimoine du débiteur.

0144.77 Moment de la conversion en saisie-attribution. On peut déduire *a contrario* de cette solution qu'une saisie conservatoire convertie en saisie-attribution dans les mêmes conditions fait sortir la somme saisie du patrimoine du débiteur par l'effet de l'attribution immédiate attaché à ce mode de saisie. Encore faut-il que la saisie conservatoire convertie en saisie attribution avant l'ouverture de la procédure collective n'ait pas été diligentée en période suspecte.

Dans cette hypothèse, si l'article L. 632-1, I, 7° C. com. considère comme nulle toute mesure conservatoire intervenue depuis la date de cessation des paiements (pour qu'elle soit valide, il faut que l'inscription ou l'acte de saisie soit antérieur à cette date), une difficulté se pose selon que l'on fait prévaloir le droit de l'exécution ou celui des procédures collectives. Dans le premier cas, le « *transfert-cession* » immédiat propre à la saisie-attribution donne à la saisie convertie un effet d'attribution qui valide la procédure[6]. Dans le second cas, la conversion pendant la période suspecte rend la procédure nulle[7]. Dans un premier temps, la Cour de cassation a mis fin à ce débat par un arrêt du 12 octobre 1999, faisant prévaloir l'égalité des créanciers dans le cadre de la procédure collective sur les droits individuels qu'ils détiennent de leurs titres exécutoires. Elle a en effet retenu que la saisie conservatoire effectuée après la date de cessation des paiements est nulle par application des dispositions de l'article L. 621-107, 7° C. com. (désormais C. com., art. L. 632-1, 7°), même si cette saisie conservatoire a été convertie en saisie attribution avant que n'intervienne le jugement d'ouverture[8], obligeant ainsi le créancier saisissant à rembourser les sommes perçues. De même, une saisie conservatoire non convertie en saisie-attribution avant la date du jugement d'ouverture, n'emporte plus affectation

1. Com. 13 déc. 2023, n° 22-18.460, B ; *D.* 2024. 1301, obs. J.-D. Pellier ; *ibid.* 1793, obs. J.-J. Ansault ; *RCJPP* 2024, n° 01, p. 35, obs. J. Laurent.
2. Com. 22 avr. 1997, n° 94-16.979, P IV, n° 100 ; *Rev. huiss.* 1997. 1132 – Com. 31 mars 1998, n° 95-15.749, NP ; *Procédures* 1998, nos 139 et 144.
3. Civ. 2e, 19 mai 1999, n° 97-13.672, P II, n° 97 ; *D.* 1999. 549.
4. TGI Lyon, JEX, 26 sept. 1995, *Rev. huiss.* 1996. 495.
5. Com. 2 févr. 1999, n° 96-17.517, P IV, n° 36 ; *JCP* 1999, n° 13.
6. EN CE SENS, Douai, 8 févr. 1996, *Procédures* 1998, n° 144.
7. EN CE SENS, Rennes, 24 janv. 1996, *Procédures* 1998, n° 144.
8. Com. 12 oct. 1999, n° 96-13.133, P IV, n° 166 ; *D.* 1999. 45 ; *Procédures* 2000, n° 3, note R. Perrot.

spéciale et privilège au profit du créancier saisissant[1] qui ne peut plus produire à la faillite qu'à titre chirographaire. Par la suite, la chambre commerciale est revenue sur sa position d'origine. Aux termes d'une décision du 10 décembre 2002[2], ultérieurement confirmée par un arrêt du 29 avril 2003[3], elle a en effet jugé qu'une saisie conservatoire de créance, alors même qu'elle est intervenue en période suspecte et encourt la nullité, n'affectait pas la validité de la saisie-attribution dès lors que la conversion était intervenue antérieurement au jugement d'ouverture de la procédure.

En revanche, l'article L. 632-2 C. com., relatif aux **nullités facultatives de la période suspecte**, considère que « *toute saisie administrative, toute saisie-attribution ou toute opposition peut également être annulée lorsqu'elle a été délivrée ou pratiquée par un créancier après la date de cessation des paiements et en connaissance de celle-ci* »[4]. La chambre commerciale de la Cour de cassation, faisant application de cette disposition, a jugé qu'« *après avoir constaté que les conditions pour prononcer la nullité d'un avis à tiers détenteur sont réunies* aujourd'hui, saisie administrative à tiers détenteurd, *le juge, saisi d'une action en nullité fondée sur l'article L. 632-2 du Code de commerce dans sa rédaction issue de la loi du 26 juillet 2005 de sauvegarde des entreprises, jouit de la faculté de prononcer ou non cette mesure* »[5], autrement dit conserve un pouvoir d'appréciation souverain.

0144.78 Sûreté judiciaire en période suspecte. Quant à la sûreté souscrite pendant la période suspecte précédant l'ouverture de la procédure collective, elle est également nulle par application de l'article L. 632-1, I, 6° et 7° C. com., le 6° visant spécifiquement les hypothèques judiciaires constituées sur les biens du débiteur pour dettes antérieurement contractées. Dans cette hypothèse, pour apprécier la nullité de la sûreté, il y a lieu de rechercher si sa constitution sur les biens du débiteur, qui résulte non de son inscription mais du jugement de condamnation, est postérieure à la date de cessation des paiements[6], peu importe que la sûreté ait été constituée en vertu d'une promesse consentie avant cette date[7]. *A contrario*, sont régulières les sûretés publiées avant la date de cessation des paiements. De même, la Cour de cassation approuve la **substitution de garantie opérée pendant la période suspecte**, lorsque la première garantie a été fournie avant la date de cessation des paiements du débiteur, dès lors que la sûreté n'est supérieure ni dans sa nature, ni dans son étendue, à la sûreté à laquelle elle s'est substituée[8]. Il convient toutefois d'observer que la Haute juridiction exige une **équivalence en valeur et d'assiette** pour valider cette substitution. Il n'en va pas de même pour la promesse d'hypothèque consentie avant la cessation des paiements. L'ouverture de la procédure collective rend alors impossible la constitution de l'hypothèque pendant la période suspecte. C'est en effet à la date de la rédaction de l'acte notarié d'hypothèque que doit s'apprécier cette constitution[9]. Le même sort est réservé au nantissement judiciaire du fonds de commerce pris après la date de cessation des paiements, sur le fondement de l'article L. 632-1, 7° C. com.[10].

0144.79 Conversion et substitution en période suspecte. Les sûretés et saisies conservatoires sont nulles lorsque l'acte de saisie a été effectué postérieurement à la date de cessation des paiements pour des dettes contractées antérieurement (C. com., art. L. 632-1, 7°)[11]. Cependant, un arrêt de la chambre commerciale a paru nuancer cette solution, affirmant qu'ayant retenu que la conversion en saisie-attribution avait été effectuée avant le jugement d'ouverture, une cour d'appel avait fait une exacte application des dispositions de l'article L. 211-2 C. pr. exéc. et n'avait pas à se prononcer sur l'application de l'article L. 632-1, 7° C. com. pour rejeter une demande de mainlevée d'une saisie conservatoire et de l'acte la convertissant en saisie attribution[12]. Quoi qu'il en soit, la substitution

1. Com. 4 janv. 2000, n° 96-20.390, NP ; *Procédures* 2000, n° 59, note R. Perrot.
2. Com. 10 déc. 2002, n° 99-16.603, P IV, n° 191 ; *Dr. et proc.* 2003. 163, obs. P. Crocq.
3. Com. 29 avr. 2003, n° 00-11.912, P IV, n° 63 ; *D.* 2003. 1364, obs. A. Lienhard ; *RTD com.* 2005. 846, obs. A. Martin-Serf ; *Dr. et proc.* 2003. 263.
4. Sur cette disposition, v. P. Canet, « Voies d'exécution », *Rev. proc. coll.* 2005. 209 – J.-P. G. Wicker, « La période suspecte après la loi de sauvegarde des entreprises », *Rev. proc. coll.* 2006, p. 12, spéc. n° 24 – J.-C. Boulay, « Les créanciers antérieurs dans les procédures de sauvegarde, de redressement et de liquidation judiciaires », *Rev. proc. coll.* 2006. 135, spéc. 137, *in fine* – L. Lauvergnat, « L'annulation de la saisie-attribution pratiquée en période suspecte », *Dr. et proc.* 2007. 254 – Et sur la preuve de cette connaissance, v. : Paris, 3e ch. B, 13 déc. 2007, *D.* 2008. 221, obs. A. Lienhard – *Adde* : *Dr. et patr.* nov. 2007. 95, obs. P. Crocq – *CCC* nov-déc. 2008, n° 158, obs. Blanc.
5. Com. 12 janv. 2010, n° 09-11.119, P IV, n° 5 ; *D.* 2010. 204, obs. A. Lienhard ; 1820, obs. F.-X. Lucas et P.-M. Le Corre ; *D.* 2011. 1509, obs. A. Leborgne ; *RTD civ.* 2010. 102, obs. B. Fages ; 376, obs. R. Perrot ; *RTD com.* 2010. 426, obs. A. Martin-Serf.
6. Com. 25 oct. 1994, n° 91-14.539, P IV, n° 314.
7. Com. 12 nov. 1997, n° 95-14.900, P IV, n° 287.
8. Com. 20 janv. 1998, n° 95-16.402, P IV, n° 28 ; *RTD com.* 1999. 194.
9. Com. 12 nov. 1997, n° 95-14.900, P IV, n° 287 ; *RTD com.* 1999. 196.
10. Com. 1er juill. 1998, *RTD com.* 1999. 194.
11. À propos d'une inscription de nantissement : Com. 1er juill. 1997, n° 95-11.375, P IV, n° 212.
12. Com. 10 déc. 2002, n° 99-16.603, P IV, n° 191 ; *Gaz. Pal.* 9-11 févr. 2003. Pan. 28.

d'hypothèque opérée en période suspecte est admise dès lors qu'elle n'a pas pour effet de modifier son assiette[1].

0144.80 **Cas de l'entrepreneur individuel.** On a déjà vu que le Code de commerce, dans les articles L. 526-1 et suivants, avait donné la possibilité à l'entrepreneur individuel, par dérogation aux articles 2284 et 2285 C. civ., de déclarer insaisissables ses droits sur l'immeuble où est fixée sa résidence principale, et que cette technique de déclaration volontaire a paru insuffisamment protectrice aux yeux du législateur qui lui a substitué, au moins partiellement, dans la loi n° 2015-990 du 6 août 2015[2], un **système d'insaisissabilité de plein droit de la résidence principale.** En effet, aux termes de la rédaction modifiée de l'alinéa 1er de l'article L. 526-1 C. com., « *les droits d'une personne physique immatriculée au registre national des entreprises sur l'immeuble où est fixée sa résidence principale sont de droit insaisissables par les créanciers dont les droits naissent à l'occasion de l'activité professionnelle de la personne* ». En revanche, la loi n° 2015-990 du 6 août 2015 a maintenu le **système de la déclaration d'insaisissabilité pour les autres biens de l'entrepreneur individuel**, puisque, aux termes de l'alinéa 2 de l'article L. 526-1, « *par dérogation aux articles 2284 et 2285 du Code civil*, [l'entrepreneur individuel] *peut déclarer insaisissables ses droits sur tout bien foncier, bâti ou non bâti*, [qu'il] *n'a pas affecté à son usage professionnel* », étant précisé que cette déclaration, reçue par notaire sous peine de nullité (C. com., art. L. 526-2), et publiée au fichier immobilier, ne produit d'effet « *qu'à l'égard des créanciers dont les droits naissent, après sa publication, à l'occasion de l'activité professionnelle du déclarant* » (C. com., art. L. 526-1, al. 2). Les titulaires de créances nées de l'activité non professionnelle de l'entrepreneur individuel (ainsi que les créanciers professionnels antérieurs, ou postérieurs à condition d'être bénéficiaires, en application de l'article L. 526-3 alinéa 2 d'une renonciation du déclarant) ne sont donc pas affectés par cette insaisissabilité, qui d'ailleurs n'interdit que la saisie du bien objet de la déclaration d'insaisissabilité, non l'inscription d'une hypothèque judiciaire à titre conservatoire qui, elle, parce qu'elle n'est créatrice d'aucune emprise, pourra continuer à être prise sur ce bien[3].

La question s'est également posée de savoir si la déclaration notariée d'insaisissabilité – hors résidence principale de l'entrepreneur individuel, donc – pouvait permettre d'échapper aux conséquences d'une procédure collective à venir. La chambre commerciale, dans un arrêt du 28 juin 2011, avait estimé que le débiteur pouvait opposer au liquidateur la déclaration d'insaisissabilité qu'il avait effectuée avant qu'il ne soit mis en liquidation judiciaire, et ce en dépit de la règle du dessaisissement[4], cependant que ce même liquidateur s'était vu dénier par la Cour de cassation, non seulement la qualité pour agir en inopposabilité d'une déclaration d'insaisissabilité qui n'avait pas été publiée[5], mais aussi en fraude paulienne, faute de pouvoir prétendre agir dans l'intérêt collectif des créanciers[6].

Relativement à cette question de pouvoir, la chambre commerciale, le 15 novembre 2016, a toutefois opéré un revirement pour permettre au liquidateur de contester une déclaration d'insaisissabilité d'un immeuble appartenant à un débiteur en liquidation judiciaire.

Dans cette affaire, une commerçante exerçant à titre individuel avait publié, au bureau des hypothèques, une déclaration notariée d'insaisissabilité portant sur l'immeuble constituant sa résidence principale – ce qui n'est donc plus nécessaire dans le régime issu de la loi de 2015 – dont elle était propriétaire indivis avec son époux. Mais cette déclaration n'avait pas été publiée au registre du commerce et des sociétés. La commerçante fut par la suite mise en redressement puis liquidation judiciaire, et au liquidateur, qui demandait que la déclaration d'insaisissabilité lui soit rendue inopposable pour défaut de publicité au RCS, et qu'il soit procédé à la licitation de l'immeuble indivis, la cour d'appel opposa l'irrecevabilité de la demande conformément à la jurisprudence de la Cour de cassation. En effet, le débiteur ayant des créanciers tant professionnels que non professionnels, et le liquidateur représentant ces deux catégories dont seule la première à intérêt à agir en inopposabilité de la déclaration, il en était jusqu'alors déduit que ce dernier ne pouvait se prévaloir d'une action relevant de l'intérêt collectif de tous les créanciers du débiteur. C'est cette solution, conforme à la jurisprudence antérieure[7], car, a relevé la Cour, elle a « *toutefois* [...] *eu pour effet de priver les organes de la procédure collective de la possibilité de contester l'opposabilité de la déclaration d'insaisissabilité à la procédure* », et « *qu'en outre, par un arrêt du 2 juin 2015, B IV (n° 13-24.714), la chambre commerciale* [...] *a jugé que les organes de la procédure collective avaient qualité à agir pour la protection et la reconstitution du gage commun des créanciers* » ; « *il apparaît donc nécessaire de modifier la solution résultant de l'arrêt du 13 mars 2012 et de retenir désormais que, la déclaration d'inopposabilité n'étant opposable à la liquidation judiciaire que si elle a fait l'objet d'une publicité régulière, le liquidateur, qui a qualité pour agir au nom et dans l'intérêt collectif des créanciers, est recevable à en*

1. Com. 20 janv. 1998, n° 95-16.402, P IV, n° 28 ; *JCP* 1998. I. 149.
2. L. n° 2015-990, 6 août 2015, pour la croissance, l'activité et l'égalité des chances économiques, *JO* 7 août, p. 13537.
3. Com. 11 juin 2014, n° 13-13.643, P IV, n° 106.
4. Com. 28 juin 2011, n° 10-15.482, P IV, n° 109.
5. Com. 13 mars 2012, n° 11-15.438, P IV, n° 53.
6. Com. 23 avr. 2013, n° 12-16.035, P IV, n° 68.
7. Com. 13 mars 2012, n° 11-15.438, P (préc. s[s] prés[t] n°).

contester la régularité à l'appui d'une demande tendant à reconstituer le gage commun des créanciers »[1].

0144.81 Cas particulier de la saisie-vente. Sous l'empire de la législation antérieure à 1991, l'ouverture d'une procédure collective par un jugement rendu entre la date de la saisie-exécution et celle fixée pour la vente des meubles saisis, entraînait la suspension de la saisie[2]. Cette solution paraît transposable à la procédure de saisie-vente des biens meubles corporels du débiteur. La Cour de cassation affirme d'ailleurs que la procédure de saisie-vente ne s'achève que par la vente des biens saisis, qui fait sortir les biens du patrimoine du débiteur. Il en résulte que la règle d'ordre public de l'arrêt des poursuites individuelles s'applique tant que cette procédure d'exécution n'a pas, par la vente, produit ses effets[3].

0144.82 Cas particulier de la saisie-appréhension. La saisie-appréhension sur injonction du juge peut-elle prospérer dans l'hypothèse où, à défaut d'opposition, l'injonction est revêtue de la formule exécutoire et mise à exécution après l'ouverture de la procédure collective (C. pr. exéc., art. R. 222-15) ? L'ordonnance ainsi visée produisant tous les effets d'un jugement contradictoire en dernier ressort, elle ne rentre pas dans la liste des actions visées par l'article L. 622-21 C. com., qui interdit toute voie d'exécution de la part des créanciers sur les meubles ou immeubles du débiteur du chef d'une action tendant à la condamnation du débiteur au paiement d'une somme d'argent ou à la résolution d'un contrat pour défaut de paiement d'une somme d'argent. Peut-on dès lors faire application de l'article L. 622-23 C. com. qui permet de poursuivre les procédures d'exécution au cours de la période d'observation à l'encontre du débiteur, après mise en cause de l'administrateur et du mandataire judiciaire ou après une reprise d'instance à leur initiative ? Il semble que la jurisprudence ne s'est pas encore exprimée sur cette question.

1. Com. 15 nov. 2016, n° 14-26.287, P IV, n° 142 – En revanche, la Cour n'est pas revenue sur le défaut de qualité à agir du liquidateur s'agissant de procéder à la vente d'un immeuble dont l'insaisissabilité lui est opposable, et le juge-commissaire ne peut pas, sans excéder ses pouvoirs, autoriser, sur sa demande, le liquidateur à procéder à une telle vente : Com. 22 mars 2016, n° 14-21.267, P IV, n° 46 – À propos de la question de savoir lorsque l'immeuble, objet d'une déclaration d'insaisissabilité, est soumis au régime de l'indivision, si le liquidateur peut en demander le partage, v. Com. 14 mars 2018, n° 16-27.302, P IV, n° 32, affirmant que les droits indivis de l'époux n'avaient pas été appréhendés par la procédure collective, et qu'ainsi le liquidateur n'avait pas qualité pour agir en partage sur le fondement de l'article 815 C. civ.
2. Com. 1er oct. 1991, n° 90-11.126, P IV, n° 271.
3. Civ. 2e, 19 mai 1998, nos 96-12.944 et 96-13.268, P II, n° 161 – Com. 27 mars 2012, n° 11-18.585, P IV, n° 69.

0144.83 Cas particulier de la saisie immobilière. Lorsqu'elle est engagée avant l'ouverture d'une procédure de sauvegarde, de redressement ou de liquidation judiciaires, et que la saisie immobilière est donc en cours, sans qu'il y ait eu transfert de la propriété, la saisie est suspendue par l'effet du jugement d'ouverture (C. com., art. L. 642-18, al. 2 – sur les modalités pratiques, v. C. com., art. R. 642-22 s.). Le principe de la suspension des poursuites individuelles s'applique également lorsque le redressement est ouvert entre la déclaration de surenchère et l'adjudication définitive de l'immeuble du débiteur[4] (pour une étude approfondie de cette question, v. ss nos 141.01 à 1413.71).

0144.84 Durée de la suspension. Les instances en cours sont suspendues jusqu'à ce que le créancier poursuivant ait procédé à la déclaration de sa créance, moyennant quoi elles seront alors reprises de plein droit, le mandataire judiciaire et, le cas échéant, l'administrateur ou le commissaire à l'exécution du plan dûment appelés. Cela étant, elles ne pourront plus tendre qu'à la constatation des créances et à la fixation de leur montant (C. com., art. L. 622-22, al. 1er)[5]. Ces dispositions sont d'ordre public[6]. La Cour de cassation a ainsi rappelé, le 8 janvier 2020, que la décision rendue par une juridiction après reprise régulière d'une instance en cours à la date du jugement d'ouverture, laquelle instance tend uniquement à la constatation de la créance et à la fixation de son montant dans le cadre de la procédure collective, « *à l'exclusion de toute condamnation du débiteur, ne constitue pas un titre exécutoire* » au sens des articles L. 111-2 et L. 111-3 C. pr. exéc., « *et ne peut, dès lors, servir de fondement à une mesure d'exécution forcée pratiquée par le créancier à l'égard du débiteur* »[7].

0144.85 Dérogation en matière prud'homale. Une seule exception au principe de la suspension des actions a trait aux instances prud'homales en cours à la date du jugement d'ouverture. Celles-ci sont poursuivies en présence du mandataire judiciaire et de l'administrateur lorsqu'il a une mission d'assistance, ou ceux-ci dûment appelés (C. com., art. L. 625-3, al. 1er). Le mandataire judiciaire doit informer dans les dix jours la juridiction saisie et les salariés parties à l'instance de l'ouverture de la procédure (C. com., art. L. 625-3, al. 2). À cet égard, la décision du conseil des prud'hommes déclarée opposable à l'AGS et la disant tenue à garantie constitue un titre exécutoire à son égard. Il en va ainsi d'une créance de dommages et intérêts d'un salarié, fixée au passif

4. Civ. 2e, 24 mars 1993, n° 90-18.599, P II, n° 128.
5. Douai, 27 janv. 1994, *Rev. huiss.* 1995. 238.
6. Com. 12 févr. 1991, n° 89-15.165, P IV, n° 67.
7. Com. 8 janv. 2020, n° 18-22.462, NP.

d'un employeur, qui a fait l'objet d'une procédure collective, et qui constitue un titre exécutoire au sens de l'article L. 111-3 C. pr. exéc. En conséquence, l'action du salarié tendant à dire que l'AGS doit faire l'avance de la somme au commissaire à l'exécution du plan de la société, est fondée[1].

0144.86 **Limites de l'exception tirée de l'existence d'une procédure collective.** L'empêchement de diligenter une procédure d'exécution ne s'applique qu'à l'égard du conjoint en redressement ou en liquidation et non à son époux[2] (v. s[s] n°s 0144.151 s.). Il ne s'applique pas non plus à l'action contre l'associé qui ne fait pas lui-même l'objet d'une procédure collective[3], au coobligé solidaire[4] ou à l'assureur du débiteur en faillite[5].

De même, l'ouverture d'une procédure collective ne prive pas le débiteur de la possibilité d'exercer une voie de recours contre la décision statuant sur l'existence ou le montant de la créance déterminée dans le cadre d'une instance en cours à la date du jugement d'ouverture[6].

Il faut également rappeler qu'aux termes de l'article L. 622-28 alinéa 2 C. com., les actions contre les personnes physiques coobligées ou ayant consenti une sûreté personnelle (ou ayant affecté ou cédé un bien garantie) sont suspendues par le jugement d'ouverture jusqu'au jugement arrêtant le plan ou prononçant la liquidation. Les créanciers bénéficiaires de ces garanties peuvent néanmoins prendre des mesures conservatoires (C. com., art. L. 622-28, al. 3) dans les conditions prévues aux articles R. 511-1 s. C. pr. exéc.[7]. Ils doivent alors introduire une procédure dans le mois qui suit l'exécution de la mesure conservatoire à peine de caducité de la mesure[8]. En revanche, les instances et les procédures civiles d'exécution suspendues seront poursuivies à l'initiative des créanciers bénéficiaires des garanties mentionnées au deuxième alinéa de l'article L. 622-28 C. com., sur justification du jugement arrêtant le plan (C. com., art. R. 622-26, al. 1er : solution applicable au redressement judiciaire via C. com., art. R. 631-27).

Sur un plan strictement procédural, on peut rappeler qu'un arrêt rendu par la chambre mixte de la Cour de cassation le 16 novembre 2007, a estimé que l'article L. 622-28 alinéa 2 édicte, dans le seul intérêt de la caution, une fin de non-recevoir dont celle-ci ne peut se prévaloir pour la première fois devant la Cour de cassation[9].

0144.87 **Procédure collective et saisie-attribution.** La saisie-attribution, on le sait, ne peut être remise en cause par la survenance d'un jugement portant ouverture d'une procédure de sauvegarde, de redressement judiciaire ou de liquidation judiciaire, du débiteur, en vertu de l'attribution immédiate de la créance dans le patrimoine du saisissant attachée à l'acte de saisie[10]. Il en résulte que celui-ci n'est pas tenu de déclarer sa créance[11]. Toutefois, la saisie-attribution peut être privée d'effet si elle n'a pas été dénoncée à l'administrateur lorsqu'il a reçu mission d'en recevoir notification dans le cadre de l'assistance de l'administré[12]. L'interdiction de mettre en œuvre une mesure d'exécution postérieurement à l'ouverture d'une procédure collective laissait cependant entière la question de la saisie-attribution d'une créance à exécution successive pratiquée à l'encontre de son titulaire avant la survenance de cette procédure. L'effet attributif de la saisie s'appliquait-il alors aux termes échus après le jugement d'ouverture ? La Cour de cassation a répondu à cette question par un avis et une décision dont il résulte que « *la saisie-attribution des créances à exécution successive pratiquée* [à l'encontre d'un débiteur], *antérieurement à la liquidation judiciaire* [...] *poursuit ses effets sur les* [termes] *échus après le jugement de liquidation* » par application combinée des articles L. 112-1 alinéa 2, L. 211-2 alinéas 1er et 2, et R. 211-14 à R. 211-17 C. pr. exéc.[13].

Toutefois, la chambre commerciale de la Cour de cassation avait rendu une solution contraire à celle de la deuxième chambre civile en se fondant sur la règle de l'interdiction de payer toute créance née antérieurement au jugement d'ouverture[14]. Pour élimi-

1. Civ. 2e, 21 sept. 2000, n° 98-14.151, P II, n° 130.
2. Com. 19 janv. 1993, n° 89-16.518, P IV, n° 25.
3. Com. 9 nov. 1993, n° 91-17.279, NP ; *Rev. huiss.* 1993. 1442.
4. Com. 26 juin 1978, n° 76-14.097, P IV, n° 181.
5. Cass., ch. mixte, 15 juin 1979, n°s 77-14.549 et 77-10.150, P, n°s 1 et 2 ; *D.* 1979 et 561, obs. F. Derrida.
6. Com. 9 nov. 1993, n° 91-16.149, NP ; *Rev. huiss.* 1993. 1442.
7. C. com., art. R. 622-26, al. 2.
8. Com. 1er mars 2016, n° 14-20.553, P : il en résulte également que l'obtention d'un tel titre ne peut être subordonnée à l'exigibilité de la créance *contra* la caution – Com. 13 déc. 2023, n° 22-18.460, B (préc., v. s[s] n° 0144.74).
9. Cass., ch. mixte, 16 nov. 2007, n° 03-14.409, P, n° 11 ; *D.* 2007. AJ 3009, obs. A. Lienhard ; *JCP E* 2008. 1377, note O. Salati.
10. On notera un arrêt de la deuxième chambre civile ayant jugé que cette mesure d'exécution forcée emporte attribution au créancier saisissant de la créance de somme d'argent disponible dans le patrimoine ainsi que de ses accessoires exprimés en argent à l'exclusion des sûretés : Civ. 2e, 7 avr. 2011, n° 10-15.969, P II, n° 88 ; *D.* 2011. 2153, obs. J.-M. Sommer et L. Leroy-Gissinger.
11. Com. 13 oct. 1998, n° 96-14.295, P IV, n° 237.
12. Com. 16 févr. 1999, n° 95-17.928, NP ; *Procédures* 2000, n° 274 – Com. 19 févr. 2002, n° 98-22.727, P IV, n° 37 ; *Procédures* 2002, n° 5, note R. Perrot.
13. Cass., avis, 16 déc. 1994, n° 09-40.021, P, n° 24 ; *D.* 1995. 166, obs. F. Derrida – Civ. 2e, 10 juill. 1996, n° 94-19.551, P II, n° 209.
14. Com. 24 oct. 1995, n° 93-10.351, P IV, n° 255 ; *D.* 1996. 155, obs. F. Derrida.

ner cette divergence, la question a été soumise à la chambre mixte qui, dans un arrêt du 22 novembre 2002[1], a opté pour la solution adoptée par la deuxième chambre civile. La chambre commerciale s'est finalement inclinée dans un arrêt du 8 juillet 2003[2] au terme duquel elle considère qu'en application de l'article L. 263 du LPF, l'avis à tiers détenteur[3] portant sur une créance à exécution successive, pratiqué à l'encontre de son titulaire avant la survenance d'un jugement portant ouverture d'un redressement ou d'une liquidation judiciaire de celui-ci poursuit ses effets sur les sommes échues en vertu de cette créance, après ledit jugement[4].

Par ailleurs, en application de l'article L. 641-9 C. com. et de l'article R. 211-11 C. pr. exéc., la jurisprudence décide que lorsqu'un jugement de liquidation judiciaire est prononcé au cours du délai ouvert pour contester une saisie-attribution, ce délai est interrompu et un nouveau délai commence à courir à compter de la dénonciation faite au liquidateur. Il en résulte que la saisie-attribution doit être dénoncée au liquidateur par l'effet du dessaisissement du débiteur de ses droits et actions, seul le liquidateur pouvant alors les exercer[5]. Cette dénonciation au liquidateur doit intervenir dès la liquidation judiciaire, dans le délai de huit jours prévu, à peine de caducité, par l'article R. 211-3 C. pr. exéc.[6]. L'allégation de l'ignorance de l'identité des organes de la procédure collective ne constitue pas un empêchement légitime pour le créancier qui ne justifie pas avoir dénoncé la saisie dans les huit jours[7]. Cette ignorance n'évite pas la caducité et, par voie de conséquence, la remise en cause de l'effet attributif par le jugement d'ouverture[8]. En revanche, lorsque le débiteur n'a pas été mis en liquidation judiciaire dans le délai de huit jours dans lequel la saisie-attribution doit lui être dénoncée par acte d'huissier de justice à peine de caducité, la chambre commerciale a estimé, le 2 octobre 2012, que cette saisie, si elle lui a été régulièrement dénoncée dans ce délai, ne peut plus encourir la caducité prévue par l'article R. 211-2 C. pr. exéc. Le jugement de liquidation judiciaire qui interviendrait après l'expiration du délai de huit jours ne pourrait avoir pour effet de le faire renaître[9]. La deuxième chambre civile avait elle-même déjà considéré, le 8 décembre 2011, que lorsque la saisie-attribution a été dénoncée, dans le délai légal, au débiteur à la tête de ses biens, cette mesure d'exécution forcée échappe à la caducité même si elle n'a pas été dénoncée aux organes de la procédure collective ayant une mission de représentation ou d'assistance[10].

0144.88 **Cas particulier du paiement direct des créances d'aliments ou assimilés.** On peut ici rappeler que par exception à la règle de la déclaration des créances antérieures au jugement d'ouverture, les créances alimentaires ne sont pas soumises aux dispositions de l'article L. 622-24 C. com. (C. com., art. L. 622-24, dern. al.).

Les aliments constituent en effet une dette personnelle du débiteur en redressement ou en liquidation judiciaire, qui doit être réglée sur les revenus dont il conserve la libre disposition, ou bien recouvrée par la voie de la procédure de paiement direct ou de recouvrement public des pensions alimentaires. À noter que la créance née de la prestation compensatoire qui présente pour partie un caractère alimentaire, n'a pas non plus à être déclarée au passif du débiteur[11].

0144.89 **Cas particulier de l'action en revendication.** Il convient, enfin, de distinguer la procédure de saisie-revendication, qui est une mesure conservatoire et comme telle soumise aux règles générales s'appliquant aux procédures civiles d'exécution, de l'action en revendication qui constitue une action au fond (sur le fondement d'une clause de réserve de propriété par exemple) et qui, comme telle, est sou-

1. Cass., ch. mixte, 22 nov. 2002, n° 99-13.935, P, n° 7 ; *Act. proc. coll.* 2002, n° 262 ; *D.* 2002. 3270, obs. A. Lienhard ; *D.* 2003. 445, note C. Larroumet ; *Procédures* janv. 2003, n° 8, note R. Perrot ; *Dr. et proc.* 2003. 120, obs. E. Putman ; *RTD civ.* 2003. 331, obs. P. Crocq.
2. Com. 8 juill. 2003, n° 00-13.309, P IV, n° 132 ; *Act. proc. coll.* 2003, n° 185.
3. Désormais saisie administrative à tiers détenteur (SATD), depuis la loi n° 2017-1775, 28 déc. 2017, de finances rectificative pour 2017 (*JO* 29 déc., texte 1).
4. *Adde* : Com. 5 nov. 2003, n° 01-00.881, P IV, n° 161 ; *D.* 2003. AJ 2964.
5. Com. 19 janv. 1999, n° 96-18.256, P IV, n° 17.
6. Com. 4 mars 2003, n° 00-13.020, P IV, n° 34 ; *D.* 2003. 907, obs. A. Lienhard, qui relève que « *la saisie doit être dénoncée dans le délai de huit jours, à peine de caducité, au débiteur à la tête de ses biens, ou, dès la liquidation judiciaire, à son liquidateur* » pris « *ès qualités* ».
7. *Adde*, plus généralement sur cette question : J.-P. Spinelli, « Dénonciation de la saisie-attribution et procédure collective », *Dr. et proc.* 2002. 273.
8. Com. 19 févr. 2002, n° 98-22.727, P IV, n° 37 ; *JCP* 2002. IV. 1588.
9. Com. 2 oct. 2012, n° 11-22.387, P IV, n° 178.
10. Com. 8 déc. 2011, n° 10-24.420, P IV, n° 225 ; *D.* 2012. 1509, note A. Leborgne ; *Procédures* févr. 2012, note R. Perrot.
11. Com. 8 oct. 2003, n° 99-21.682, P IV, n° 151 ; *BICC* 2003 ; *D.* 2003. 2637, obs. A. Lienhard – Com. 1er févr. 2005, n° 01-13.943, P IV, n° 18, qui relève que « *si la créance née de la prestation compensatoire, qui présente pour partie un caractère alimentaire, n'a pas à être déclarée au passif du débiteur soumis à procédure collective et échappe ainsi à l'extinction faute de déclaration, cette créance, qui est une dette personnelle du débiteur soumis à une procédure collective, doit être payée sur les revenus dont il conserve la disposition, ou bien être recouvrée par la voie de la procédure de paiement direct ou de recouvrement public des pensions alimentaires* ».

mise aux prescriptions de l'article L. 624-9 C. com.[1] S'agissant d'une action autre que tendant à la condamnation du débiteur au paiement d'une somme d'argent ou à la résolution d'un contrat pour défaut de paiement d'une somme d'argent, elle peut être poursuivie au cours de la période d'observation à l'encontre du débiteur, après mise en cause de l'administrateur et du représentant des créanciers ou après une reprise d'instance à leur initiative[2].

0144.90 Cas particulier de l'action en distraction. Par dérogation à la compétence générale du JEX pour statuer sur les contestations nées à l'occasion de la saisie-vente, notamment sur les demandes en distraction qui ont pour objet de faire reconnaître le droit de propriété d'un tiers sur un bien compris dans la saisie et de le distraire des poursuites (C. pr. exéc., art. R. 221-40)[3], les incidents de ce type nés de la procédure collective lui échappent et relèvent de la seule compétence du juge-commissaire.

0144.91 Reprise des poursuites individuelles : règlement des créanciers. Lorsque le jugement ouvre ou prononce la liquidation judiciaire, l'article L. 643-2 alinéa 1er C. com. offre la possibilité aux créanciers titulaires d'un privilège spécial, d'un gage, d'un nantissement ou d'une hypothèque, d'exercer, dès lors qu'ils ont déclaré leurs créances, même s'ils ne sont pas encore admis, leur droit de poursuite individuelle si le liquidateur n'a pas entrepris la liquidation des biens grevés dans le délai de trois mois à compter de ce jugement.

Si, en vertu de l'article L. 642-2, le tribunal a fixé un délai pour le dépôt des offres de reprise, les créanciers visés à l'alinéa 1er de l'article L. 643-2 C. com. ont la possibilité d'exercer leur droit de poursuite individuelle si, à l'expiration du délai fixé, aucune offre incluant ce bien n'a été présentée.

On notera également l'existence de dispositions spécifiques en cas de vente d'un immeuble (C. com., art. L. 643-2, al. 3).

0144.92 Clôture de la liquidation judiciaire pour insuffisance d'actif et exercice individuel des poursuites. En principe, le jugement de clôture de la liquidation judiciaire pour insuffisance d'actif ne permet pas aux créanciers de recouvrer l'exercice individuel de leurs actions contre le débiteur (C. com., art. L. 643-11, I). Toutefois, parmi les exceptions à cette règle, il faut signaler le V de l'article L. 643-11, qui comporte une distinction selon que la créance de l'intéressé a été admise au passif ou qu'elle n'a pas été vérifiée. Selon ce texte, en effet, « *les créanciers qui recouvrent leur droit de poursuite individuelle et dont les créances ont été admises ne peuvent exercer ce droit sans avoir obtenu un titre exécutoire ou, lorsqu'ils disposent déjà d'un tel titre, sans avoir fait constater qu'ils remplissent les conditions prévues au présent article. Le président du tribunal, saisi à cette fin, statue par ordonnance (al. 1er). Les créanciers qui recouvrent l'exercice individuel de leurs actions et dont les créances n'ont pas été vérifiées peuvent le mettre en œuvre dans les conditions du droit commun* »[4].

Il convient toutefois d'observer que l'interdiction de reprise des poursuites individuelles à la clôture de la liquidation judiciaire n'est prévue que lorsque celle-ci intervient « *pour insuffisance d'actif* » (C. com., art. L. 643-11, I). Cela signifie qu'elle n'existe pas lorsque la clôture de la procédure intervient pour extinction du passif exigible[5].

§ 2
Créances nées postérieurement à l'ouverture de la procédure collective

A.
Principe

0144.101 Privilège de la procédure. Chacun sait que « *les créances nées régulièrement après le jugement d'ouverture pour les besoins du déroulement de la procédure ou de la période d'observation, ou en contrepartie d'une prestation fournie au débiteur pendant cette période*[6] *sont payées à leur échéance* » (C. com., art. L. 622-17, I). Dès lors, comme l'a souligné la Cour de cassation dans un arrêt du 6 juillet 1993, rendu sous l'empire du droit antérieur à la loi du 9 juillet 1991, il n'est pas interdit au créancier « *d'exercer son droit de poursuite individuelle en procédant à une saisie-*

1. Sachant que la revendication des meubles ne peut être exercée que dans le délai de trois mois suivant la publication du jugement ouvrant la procédure – Sur cette question, v. J.-L. Courtier, « Action en revendication et droit de propriété dans les procédures collectives », *Rev. huiss.* 1998. 961.
2. Com. 9 juill. 1996, n° 94-16.708, P IV, n° 208.
3. Pour une précision sur le titulaire du droit d'exercer cette action : Civ. 2e, 25 oct. 2007, n° 06-19.071, P II, n° 243 ; *RD banc. fin.* 2008, n° 19, obs. S. Piedelièvre (seul le débiteur pouvait invoquer le moyen tiré de la prescription de la créance cause de la saisie).
4. Pour une application sous l'empire de l'ancienne législation : Com. 24 mars 2004, n° 00-18.532, P IV, n° 59 ; *RTD com.* 2004. 615, obs. J.-L. Vallens – Com. 16 juin 2004, n° 03-10.544, P IV, n° 126 ; *D.* 2004. AJ 1902, obs. A. Lienhard – V. AUSSI, sur cette question, P.-M. Le Corre, « Les obstacles résultant des procédures collectives », *Les obstacles à l'exécution forcée : permanence et évolution*, (actes du colloque, 24 avr. 2009), « Droit et procédures », EJT 2009. 70.
5. V. P.-M. Le Corre, préc., n° 158, p. 69.
6. Les créances nées irrégulièrement après le jugement d'ouverture sont exclues du domaine d'application du texte : Com. 5 juill. 2005, n° 04-13.266, P IV, n° 152 ; *D.* 2005. AJ 2146, obs. A. Lienhard.

arrêt sur le patrimoine de son débiteur »[1], y compris, a également relevé la Cour à propos d'une saisie conservatoire, dans une décision prononcée sur le fondement de l'article L. 621-32 C. com. dans sa rédaction antérieure à la loi du 26 juillet 2005 de sauvegarde des entreprises (aujourd'hui art. L. 622-17), lorsque la créance dont le paiement est poursuivi subit l'existence d'autres créances bénéficiant d'un rang préférentiel dans l'ordre de classement établi par ce texte[2].

Il en va de même pour les créances nées pendant la période de maintien en activité de l'entreprise en liquidation judiciaire[3]. Cependant, une fois le plan de cession de l'entreprise arrêté par jugement, aucune poursuite n'est possible[4].

Le même régime est applicable à la mise en œuvre des procédures d'exécution, l'article L. 622-23 C. com. visant expressément « *les actions en justice et les procédures d'exécution autres que celles visées à l'article L. 622-21* ». Il en résulte que le droit de poursuite individuel des créanciers n'est pas subordonné à l'établissement, par l'administrateur ou le débiteur, de la liste des créances telle que définie par l'article L. 622-17, III C. com. et, surtout, que l'ordre de paiement par priorité tel qu'édicté par cet article ne leur est pas opposable. Le créancier, dont la créance est née régulièrement après le jugement d'ouverture de la procédure collective, peut donc obtenir un titre exécutoire, conformément à son droit de poursuite individuelle et sans que puisse lui être opposé l'ordre des paiements fixé par l'article L. 622-17 C. com. Toutefois, après le prononcé de la liquidation judiciaire, si le créancier bénéficie toujours du droit de voir reconnaître sa créance née dans le cadre de la poursuite d'activité de l'entreprise, le paiement se fait dans l'ordre prévu par l'article L. 622-17 C. com.[5].

En pratique, le créancier pourra donc diligenter une procédure d'exécution contre l'administrateur ou le liquidateur (saisie-attribution[6] ou saisie administrative à tiers détenteur, par exemple).

Par trois arrêts du 22 avril 1997[7], la Cour de cassation a considéré que le créancier était fondé à diligenter une saisie-attribution ou une saisie administrative à tiers détenteur (SATD) entre les mains du liquidateur qui détenait des sommes appartenant au débiteur en sa qualité d'organe de la procédure, le liquidateur ayant la qualité de tiers saisi, la représentation ne signifiant pas « *assimilation* » avec le débiteur[8]. En revanche, une saisie-attribution diligentée par un créancier entre les mains du liquidateur judiciaire pris personnellement, ne saurait prospérer ; celui-ci ne détient en effet les fonds des débiteurs qu'en sa qualité d'organe de la procédure collective[9].

La saisie attribution (ou la SATD) doit alors être notifiée au liquidateur en sa qualité d'organe de la procédure, dans l'exercice de ses fonctions, lequel mandataire de justice, à la fois représentant légal du débiteur totalement dessaisi, et dépositaire des fonds dans le cadre de sa mission de réalisation de l'actif et de répartition des sommes entre les créanciers, a la qualité de tiers saisi[10]. Les solutions adoptées précédemment relativement à l'ordre des créanciers et à la qualité de tiers du liquidateur ont effectivement été réaffirmées dans l'arrêt du 13 mai 2003, rappelant que l'ordre de paiement des créances prévu par l'article L. 621-32 C. com. (devenu C. com., art. L. 622-17) ne sert qu'à départager les créanciers qui viendraient en concours au même moment, de telle sorte que l'existence d'un créancier de meilleur rang comme l'Unedic-AGS, qui n'a pratiqué aucune saisie avant la notification d'une SATD ne saurait priver celui-ci de son plein effet attributif immédiat[11].

0144.102 **Insaisissabilité des sommes déposées à la Caisse des dépôts et consignations.** On sait que la Caisse des dépôts et consignations est chargée de recevoir les consignations de toute nature, en numéraire ou en titres financiers, prévues par une disposition législative ou réglementaire ou ordonnées soit par une décision de justice soit par une décision administrative (C. mon. fin., art. L. 518-17), et qu'en

1. Com. 6 juill. 1993, n° 91-15.161, P IV, n° 284 – V. AUSSI : Com. 1er avr. 2003, n° 99-18.063, P IV, n° 53, admettant que l'administrateur judiciaire du débiteur est un tiers saisi dans la saisie-attribution, et qu'à ce titre il peut être condamné personnellement, à la demande du créancier, à payer les sommes dues à celui-ci dès lors qu'il n'a pas rempli les obligations prévues aux articles L. 211-3 et R. 211-4 C. pr. exéc.
2. Com. 7 mars. 2006, n° 04-20.106, NP.
3. À propos d'une créance de cotisations de l'Urssaf relative à des indemnités de congés payés et de préavis consécutives à des licenciements effectués après le prononcé de la liquidation judiciaire : Com. 20 févr. 1990, n° 88-17.200, P IV, n° 47.
4. Com. 6 déc. 1994, n° 92-10.008, P IV, n° 366.
5. À propos d'une créance fiscale de TVA afférente à la période de poursuite d'activité : Com. 12 nov. 1997, n° 95-16.758, P IV, n° 288 ; *Rev. huiss.* 1998. 748.
6. L'administrateur judiciaire du débiteur a la qualité de tiers saisi, Com. 1er avr. 2003, n° 99-18.063, P IV, n° 53.
7. Com. 22 avr. 1997, nos 94-21.783 et 94-21.787, NP ; *Procédures* 1997, n° 176 ; *D.* 1997. 371, obs. F. Derrida.
8. Civ. 2e, 5 avr. 2001, n° 98-14.107, P II, n° 73 ; *D.* 2001. AJ 1467, note A. Lienhard ; *Dr. et proc.* 2001. 320, obs. E. Putman ; *Dr. et patr.* nov. 2001. 110, obs. M.-H. Monsérié-Bon ; *RD banc. fin.* 2001, n° 160, obs. J.-M. Delleci – Com. 20 févr. 2001, n° 98-13.049, P IV, n° 43 ; *D.* 2001. AJ 921, obs. A. Lienhard – Com. 13 mai 2003, n° 98-22.741, P IV, n° 72.
9. Com. 3 févr. 1998, n° 96-15.773, P IV, n° 51 ; *JCP E* 1998. IV. Pan. 491.
10. Com. 5 mai 1998, n° 96-15.780, P IV, n° 143 ; *Rev. proc. coll.* 1999, n° 4, p. 159 – Com. 13 mai 2003, n° 98-22.741, P IV, n° 72.
11. Com. 13 mai 2003, n° 98-22.741, préc. ss prést n° ; *D.* 2003. 1763 ; *Procédures* juill. 2003, n° 168, p. 12, note R. Perrot.

cas de procédure collective, prolongeant cette sanctuarisation, l'article L. 662-1 C. com. décide qu'« *aucune opposition ou procédure d'exécution de quelque nature qu'elle soit sur les sommes versées à la Caisse des dépôts et consignations n'est recevable* ».

Un arrêt rendu par la cour d'appel de Reims le 13 septembre 2016 en a fourni une illustration[1], dans une affaire où avait été prononcée, le 26 juin 2012, la clôture pour extinction de passif de la liquidation judiciaire de la plaignante, avec boni de liquidation, et où, par ordonnance de référé du 5 novembre 2014, le président du tribunal de commerce de Reims condamna le liquidateur à restituer à celle-ci une certaine somme au titre de ce boni. Le 14 janvier 2015, la plaignante fit alors pratiquer, entre les mains de la Caisse des dépôts et consignations, une saisie-attribution de toutes les sommes dont cette dernière était personnellement tenue envers le liquidateur, en vertu de l'ordonnance de référé. La Caisse des dépôts répondit que le seul compte attaché au mandataire judiciaire au nom de la plaignante ouvert dans ses livres, était un compte clos depuis le 17 août 2012, et que la saisie ne pouvait donc pas être enregistrée, ce qui lui valut d'être assignée devant le JEX le 27 février 2015. Devant le JEX, la Caisse soutint, avec succès, qu'elle n'avait aucune obligation de déclarer le compte professionnel général du mandataire sur lequel transitent les fonds des différentes liquidations, et que l'article L. 662-1 C. com. faisait de toute façon obstacle à toute saisie du compte professionnel ouvert au nom du mandataire judiciaire. Dans l'instance d'appel qui s'ensuivit, l'appelante prétendait que la Caisse des dépôts, n'ayant pas fait une déclaration exhaustive des comptes qu'elle détenait pour le liquidateur et particulièrement du solde du compte général lors de la saisie, avait manqué à son obligation de renseignement (C. pr. exéc., art. R. 211-4) et devait être condamnée au paiement des causes de la saisie, ou à tout le moins à des dommages et intérêts en réparation des préjudices subis (C. pr. exéc., art. R. 211-5). Elle considérait par ailleurs que l'article L. 662-1 C. com. ne s'applique que lorsqu'une procédure collective est en cours, et que la clôture de la liquidation avait pour effet de ne plus rendre irrecevables les procédures d'exécution mises en œuvre sur les sommes détenues dans les livres de la Caisse des dépôts, sommes dont l'appelante était propriétaire puisque la procédure collective avait généré un boni de liquidation. La Caisse des dépôts fit valoir qu'elle n'avait aucune obligation de déclarer le compte général ouvert au nom du liquidateur, mais qu'elle n'était tenue de déclarer que les sommes mentionnées dans la saisie, c'est-à-dire celles détenues par le liquidateur, et que ce compte avait été fermé ; s'agissant du compte général du liquidateur en particulier, il n'entrait pas dans le périmètre de la saisie laquelle, en tout état de cause, n'était pas valable en vertu des dispositions de l'article L. 662-1 C. com. qui s'applique sans distinction en fonction du calendrier de la procédure. On sait toutefois que depuis le 22 avril 1997, sur le fondement de ce texte, la Cour de cassation affirme que n'est pas recevable la SATD ou la saisie-attribution délivrée au liquidateur, tiers saisi, pour obtenir l'attribution de sommes versées à la Caisse des dépôts[2].

C'est cette restriction du droit de poursuite qu'a confirmé la cour d'appel de Reims, soulignant que l'article L. 662-1 « *n'établit aucune distinction quant à la cause du dépôt, et, en particulier, n'énonce aucune exclusion en ce qui concerne les sommes déposées sur le compte général d'un mandataire judiciaire suivant le stade d'avancement des procédures collectives ni en ce qui concerne les sommes restant éventuellement déposées dans le cadre d'une affaire après la clôture de la liquidation judiciaire* », et qu'« *en conséquence, la saisie-attribution pratiquée n'était pas recevable et ne pouvait, en toute hypothèse, donner lieu à attribution de sommes versées sur un quelconque compte au sein de la Caisse des dépôts et consignations* ».

Concrètement, ces sommes sont, dès leur dépôt, insaisissables, elles échappent aux poursuites individuelles des créanciers postérieurs et sont affectées au règlement des créanciers selon leur rang tel qu'il est fixé par l'article L. 622-17 C. com. L'administrateur ou le mandataire judiciaire ne peut s'en dessaisir.

0144.103 Sort des saisies administratives à tiers détenteur (auparavant ATD). On sait que la Cour de cassation a posé le principe, le 16 juin 1998, que l'avis à tiers détenteur (à l'époque ; aujourd'hui la SATD) délivré en période suspecte emporte néanmoins attribution immédiate de la créance saisie entre les mains du tiers au comptable public qui l'a émis, s'agissant d'une mesure d'exécution forcée et non d'une mesure conservatoire qui ne peut donc être annulée sur le fondement de l'article L. 632-1, 7° C. com. relatif à la nullité des mesures conservatoires intervenues depuis la date de cessation des paiements. Toutefois, en vertu de l'article L. 632-2 alinéa 2 C. com., les SATD peuvent être annulées

1. Reims, ch. civ., 13 sept. 2016, RG n° 15/02405, *Gaz. Pal. dr. banc.* 2017, n° 8, p. 73, note Salati ; l'autre aspect de cette solution concerne la qualité de tiers saisi : puisque la saisie-attribution n'est pas recevable en vertu de l'article L. 662-1 C. com., la cour a relevé qu'« *elle n'a donc pas pu créer de lien de droit entre le saisissant et le tiers auquel était délivré la saisie* », et que la Caisse des dépôts « *n'a, en conséquence, pas acquis la qualité de tiers saisi par la seule délivrance d'un acte de saisie irrecevable et n'était pas tenue aux obligations de renseignements* » prévues par le Code des procédures civiles d'exécution.

2. Com. 22 avr. 1997, n° 94-21.783, NP – V. AUSSI : Com. 22 avr. 1997, n° 94-21.412, P IV, n° 104 ; *Rev. proc. coll.* 1997, n° 176 ; *D.* 1997. 371, obs. F. Derrida.

lorsqu'ils ont été délivrés par un créancier « *à compter de la date de cessation des paiements et en connaissance de celle-ci* ».

La Cour de cassation confirme pour sa part l'efficacité de la SATD en cas de procédure collective, notamment en présence de créanciers privilégiés, rappelant que l'effet d'attribution immédiate que confère l'article L. 211-2 C. pr. exéc. ne peut être remis en cause, même par l'existence de créanciers garantis par le privilège établi aux articles L. 3253-2, L. 3253-3 et L. 7313-8 C. trav. Elle a ainsi cassé, au visa de l'article L. 622-17 C. com. et de l'article L. 211-3 C. pr. exéc., l'arrêt d'une cour d'appel ayant donné mainlevée d'une SATD au motif que les créances avancées par une Assedic, subrogée dans les droits des salariés, bénéficient du super privilège qui leur est accordé par application dc l'article L. 3253-16 C. trav. et prime toutes les autres créances, même postérieurement au jugement d'ouverture, y compris celles détenues par le Trésor public [1].

L'article L. 262-1 alinéa. 5 du LPF, qui définit la SATD comme affectant, dès réception, les sommes dont le versement est demandé au paiement des sommes dues par le redevable, rappelle d'ailleurs également, dans l'alinéa 4, que cette mesure « *emporte l'effet d'attribution immédiate prévu à l'article L. 211-2 du Code des procédures civiles d'exécution* », les dispositions des articles L. 162-1 et L. 162-2 de ce code, relatives aux opérations en cours à la date de la saisie du compte et au solde bancaire insaisissable, étant elles-mêmes applicables.

0144.104 **Cas particulier des sûretés.** Il est prévu par l'article 2287 C. civ., qui souligne que les dispositions du livre quatrième – des sûretés – « *ne font pas obstacle à l'application des règles prévues en cas d'ouverture d'une procédure de sauvegarde, de redressement judiciaire ou de liquidation judiciaire* [...] ».

Suivant cette primauté des règles du droit des procédures collectives, l'article L. 622-30 alinéa 1er C. com. décide que les hypothèques, gages, nantissements et les privilèges ne peuvent plus être inscrits postérieurement au jugement d'ouverture [2]. Seul le Trésor public, aux termes de l'alinéa 2 de ce texte, conserve son privilège pour les créances qu'il n'était pas tenu d'inscrire à la date du jugement d'ouverture, et pour celles mises en recouvrement après cette date, si ces créances sont déclarées dans les conditions prévues à l'article L. 622-24 [3].

Enfin, une exception est faite pour le vendeur de fonds de commerce, qui peut inscrire son privilège par dérogation à l'alinéa 1er de l'article L. 622-30 (C. com., art. L. 622-30, dern. al.).

Au titre des évolutions apportées à l'article L. 622-7 C. com., qui dispose que le jugement ouvrant la procédure emporte interdiction de payer toute créance née antérieurement au jugement d'ouverture, on peut signaler le dernier alinéa du I de ce texte affirmant que ce jugement fait « *obstacle à la conclusion et à la réalisation d'un pacte commissoire* », alors que cette technique a été consacrée en droit des sûretés, en matière de gage (C. civ., art. 2348).

0144.105 **Attribution judiciaire du gage.** L'attribution judiciaire du gage permet au créancier gagiste non payé à l'échéance, de demander au juge que le gage lui soit attribué en paiement (C. civ., art. 2347, al. 1er). En cas de liquidation judiciaire, on sait qu'à défaut de retrait du gage (ou de la chose légitimement retenue), l'alinéa 1er de l'article L. 642-20-1 impose au liquidateur, dans les six mois du jugement de liquidation, de demander au juge-commissaire l'autorisation de procéder à sa réalisation, autorisation que le liquidateur doit notifier au créancier quinze jours avant la réalisation [4]. L'alinéa 2 de ce texte permet toutefois au créancier gagiste, même s'il n'est pas encore admis, de demander au juge-commissaire, avant la réalisation, l'attribution judiciaire du bien gagé, mais si le danger se réalise, que sa créance est rejetée en tout ou en partie, il devra restituer au liquidateur le bien ou sa valeur, sous réserve du montant admis de sa créance.

Le super-privilège des salaires ne peut faire obstacle à cette attribution [5], faculté que le créancier gagiste retrouve après le jugement prononçant la liquidation judiciaire, une fois sa créance définitivement admise [6]. Il doit alors former une nouvelle demande auprès du juge-commissaire.

On notera qu'en cas de vente par le liquidateur, le droit de rétention est de plein droit reporté sur le prix. Quant à l'inscription éventuellement prise pour la conservation du gage, elle est radiée à la diligence du liquidateur (C. com., art. L. 642-20-1, al. 3).

La Cour de cassation a d'abord affirmé que si le créancier gagiste peut, à défaut de paiement, faire ordonner en justice que le bien grevé lui soit attribué jusqu'à due concurrence, en cas de redressement

1. Com. 13 nov. 2002, nº 00-11.200, P IV, nº 164 ; *Gaz. Pal.* 17-18 janv. 2003. Pan. 25.
2. Pour un examen des liens entre sûretés et procédures collectives suite à l'entrée en vigueur de l'ordonnance nº 2006-346 du 23 mars 2006, v. P. Crocq, « La réforme des procédures collectives et le droit des sûretés », *D.* 2006. 1306.
3. Com. 18 févr. 2003, nº 00-12.974, P IV, nº 24.
4. Sur l'inapplication de ce texte aux immeubles : Civ. 3e, 23 oct. 2002, nº 98-18.109, P III, nº 209 ; *D.* 2002. AJ 3144 – Et sur la question de savoir si ce texte peut recevoir application en cas de droit de rétention fictif, v. P. Crocq, « L'ordonnance du 18 décembre 2008 et le droit des sûretés », *Rev. proc. coll.* 2009, nº 43.
5. Com. 6 janv. 1998, nº 95-17.339, P IV, nº 9 ; *Gaz. Pal.* 15 oct. 1998, p. 21.
6. Com. 28 mai 1996, nº 94-16.269, P IV, nº 144.

judiciaire du débiteur il dispose à nouveau de cette faculté après le jugement prononçant la liquidation judiciaire[1]. Par un arrêt du 14 octobre 1997, elle a ensuite confirmé que la demande d'attribution judiciaire du gage, arrêtée par la mise en redressement judiciaire du débiteur, peut être faite après le jugement prononçant la liquidation judiciaire, précisant à cette occasion qu'une demande nouvelle devait être formée devant le juge-commissaire[2].

Quant aux créanciers titulaires d'un privilège spécial, d'un gage, d'un nantissement ou d'une hypothèque, ainsi que le Trésor public pour ses créances privilégiées, dès lors qu'ils ont déclaré leur créance, et même s'ils ne sont pas encore admis, ils peuvent exercer leur droit de poursuite individuelle si le liquidateur n'a pas entrepris la liquidation des biens grevés dans le délai de trois mois à compter du jugement qui ouvre ou prononce la liquidation judiciaire (C. com., art. L. 643-2, al. 1er).

B.
Cas particuliers

0144.111 Liquidation judiciaire et cession des actifs immobiliers du débiteur. Il s'agit de l'hypothèse de la vente d'un immeuble appartenant au commerçant placé en liquidation judiciaire. L'article L. 642-18 alinéa 1er C. com., modifié par l'ordonnance du 18 décembre 2008, dispose que les ventes d'immeubles ont lieu conformément aux articles L. 322-5 à L. 322-13 C. pr. exéc., à l'exception des articles L. 322-6 et L. 322-9 de ce code. Ces deux derniers textes visent, *d'une part*, les modalités de la mise à prix fixée par le créancier poursuivant et la contestation susceptible d'être élevée à cette fin par le débiteur et, *d'autre part*, les modalités de la consignation du prix par l'adjudicataire. L'article L. 642-18 précise toutefois que les dispositions du Code des procédures civiles d'exécution s'appliquent sous réserve qu'elles ne soient pas contraires à celles C. com.[3].

L'article L. 642-18 C. com. envisage deux éventualités de vente de l'immeuble. Celle déjà évoquée au titre de l'alinéa 1er de ce texte. Dans ce cas, c'est le juge-commissaire qui ordonne la vente des immeubles par voie d'adjudication judiciaire ou amiable, et détermine notamment la mise à prix de chacun des biens à vendre et les conditions essentielles de la vente, ainsi que les modalités de la publicité compte tenu de la valeur, de la nature et de la situation des biens (C. com., art. R. 642-22).

Ensuite, l'article L. 642-18 alinéa 2 évoque l'hypothèse d'une procédure de saisie immobilière engagée avant l'ouverture de la procédure de sauvegarde, de redressement ou de liquidation judiciaires, qui a été suspendue par l'effet de celle-ci. Dans cette circonstance, le liquidateur peut être subrogé dans les droits du créancier poursuivant pour les actes que ce dernier a effectués, ces actes étant réputés accomplis pour le compte du liquidateur qui procède à la vente des immeubles. Dans cette éventualité, la saisie immobilière peut alors reprendre son cours au stade où le jugement d'ouverture l'avait suspendue[4].

Dans l'une ou l'autre de ces éventualités, le juge-commissaire peut décider d'une vente par voie judiciaire, mais aussi d'une vente par adjudication amiable du bien ou même de gré à gré, si la consistance des biens, leur emplacement ou les offres reçues sont de nature à permettre de telles cessions amiables dans de meilleures conditions. Les modalités de ce type de vente sont prévues en détail par les articles R. 642-22 à R. 642-36 C. com.

0144.112 Procédure collective et clause résolutoire. Lorsqu'à la date d'ouverture de la procédure, l'acquisition d'une clause résolutoire de plein droit a été constatée pour défaut de paiement des loyers antérieurs à cette ouverture par une décision ayant force de chose jugée, le bailleur peut poursuivre l'action antérieurement engagée. C'est ainsi que, lorsqu'une ordonnance de référé a autorisé un preneur à se libérer en plusieurs mensualités d'un arriéré de loyers en stipulant qu'à défaut de paiement de l'une des échéances accordées le bail sera automatiquement résilié, la réalisation de ce non-paiement intervenu avant l'ouverture du redressement judiciaire du preneur entraîne l'acquisition, avant le prononcé du redressement, de cette clause résolutoire suspendue par l'ordonnance de référé[5].

En revanche, à compter du jugement d'ouverture, si la décision ordonnant la résiliation du bail n'a pas encore été constatée par une décision passée en force de chose jugée, l'action ne peut plus être poursuivie pour des loyers échus antérieurement au jugement d'ouverture par le bailleur[6].

Lorsque le bail se poursuit après le jugement d'ouverture, le bailleur, en application de l'article

1. Com. 6 mars 1990, n° 88-16.036, P IV, n° 67.
2. Com. 14 oct. 1997, n° 95-10.423, P IV, n° 265 ; *Procédures* 1998, n° 11, p. 13.
3. V. AUSSI, sur cette réserve les dispositions analogues de C. com, art. R. 642-27, à propos de la « *vente par voie d'adjudication judiciaire* ».
4. V. Civ. 2e, 7 juin 2012, n° 11-18.426, P II, n° 104, rappelant que les actes et formalités antérieurement effectués bénéficient au liquidateur judiciaire comme au créancier poursuivant dispensés de les accomplir, la vente forcée du bien étant, alors, ordonnée par le juge commissaire qui en fixe la mise à prix et les conditions essentielles.
5. Com. 12 mai 1992, n° 90-17.755, P IV, n° 183 – V. AUSSI Civ. 3e, 21 févr. 1990, n° 88-13.644, P III, n° 52 ; *RTD com.* 1990. 478, obs. Y. Chaput.
6. Com. 12 juin 1990, n° 88-19.808, P IV, n° 172 – Civ. 3e, 27 juin 2006, n° 05-14.329, NP – Com. 28 oct. 2008, n° 07-17.662, P IV, n° 184.

L. 622-14, 2° peut demander ou faire constater la résiliation du bail de l'immeuble utilisé pour l'activité de l'entreprise, pour défaut de paiement des loyers et des charges afférents à une occupation postérieure au jugement d'ouverture. Le bailleur ne peut toutefois agir qu'au terme d'un délai de trois mois à compter dudit jugement.

0144.113 **Procédure collective et astreinte.** Lorsqu'une astreinte est prononcée contre un liquidateur, *ès qualités*, puis fait l'objet d'une liquidation provisoire à son encontre par le JEX, la créance qui en résulte constitue une dette privilégiée de l'article L. 622-17 C. com.

La créance en restitution d'une somme versée à un liquidateur, ensuite d'une décision de justice infirmée par une cour d'appel, ne prend naissance qu'avec l'arrêt infirmatif. Lorsque cet arrêt est postérieur à l'ouverture du redressement judiciaire du débiteur, le liquidateur est tenu de restituer la somme qu'il a reçue au titre de la liquidation de l'astreinte infirmée, sans pouvoir opposer au créancier la règle de l'interdiction de payer toute créance née antérieurement au jugement, énoncée par l'article L. 622-17.

0144.114 **Injonctions de faire et procédure collective.** L'arrêt ou l'interdiction de toute procédure d'exécution énoncé par l'article L. 622-21 C. com. est étendu par la Cour de cassation aux obligations de faire. Certes, l'action visant à l'exécution d'une obligation de faire échappe en principe à l'arrêt des poursuites individuelles, mais la Haute juridiction, considérant que toute obligation de faire se résout en dommages et intérêts en cas d'inexécution de la part du débiteur, en déduit que sous couvert de la condamnation d'une société à procéder à la démolition et à l'enlèvement d'une construction, la demande ne tend qu'au paiement d'une somme d'argent pour une cause antérieure à l'ouverture de la procédure collective[1]. Elle a statué dans le même sens à propos d'une société mise en liquidation judiciaire et condamnée à réaliser un mur de soutènement[2]. La Cour admet cependant la mise en œuvre des titres tendant à la délivrance d'une chose, à la remise d'un objet détenu par le débiteur ou à la résolution pour vice caché (remise au salarié de documents nécessaires pour une prise en charge par les Assedic, pour la recherche d'un emploi, remise des déclarations nominatives annuelles à une caisse de retraite complémentaire, délivrance d'un lot gagné par tirage au sort ou action rédhibitoire en garantie de vices cachés)[3].

1. Com. 9 juill. 1996, n° 94-18.676, P IV, n° 210 ; *RTD com.* 1997. 684.
2. Com. 17 juin 1997, n° 94-14.109, P IV, n° 192 ; *RTD com.* 1997. 684.

SECTION 6

EXISTENCE D'UNE PROCÉDURE DE SURENDETTEMENT

§ 1

Le débiteur surendetté et les procédures civiles d'exécution

0144.121 **Présentation générale.** Dans le Code de la consommation, le traitement des situations de surendettement est réservé, aux termes de l'article L. 711-1 alinéa 1er, aux personnes physiques de bonne foi, sachant que « *la situation de surendettement est caractérisée par l'impossibilité manifeste de faire face à l'ensemble de ses dettes non professionnelles exigibles et à échoir* », et que le seul fait d'être propriétaire de sa résidence principale, dont la valeur estimée à la date du dépôt du dossier de surendettement est égale ou supérieure au montant de l'ensemble des dettes non-professionnelles exigibles et à échoir, ne fait pas obstacle à la caractérisation de la situation de surendettement. Le surendettement constitue, avec le droit des procédures collectives, l'un des deux versants du traitement de l'insolvabilité, et poursuit avec lui l'objectif de ne pas laisser le débiteur démuni face aux initiatives individuelles de ses créanciers[4], en élevant particulièrement un certain nombre d'obstacles aux procédures d'exécution forcée. Ces obstacles peuvent être temporaires, notamment avec la suspension des poursuites individuelles qui donne un répit au débiteur surendetté, ou définitifs si les mesures d'exécution sont arrêtées ou que les créanciers voient leurs créances effacées, partiellement ou totalement, en particulier dans l'hypothèse d'un rétablissement personnel sans liquidation judiciaire du débiteur si sa situation est irrémédiablement compromise (C. consom., art. L. 741-2). Le droit du surendettement se décline ainsi en plusieurs procédures, modifiées par les lois du 26 juillet 2013[5], de séparation et de régulation des activités bancaires, du 17 mars 2014[6], relative à la consommation, et du 24 mars 2014[7], pour l'accès au logement et un urbanisme rénové, dont l'esprit,

3. Soc. 24 janv. 1989, n° 87-42.944, P V, n° 53 – Com. 12 juill. 1994, n° 92-19.745, P IV, n° 261.
4. V. le panorama complet de S. Gjidara-Decaix, « Les obstacles résultant des procédures collectives et du surendettement », *in* A. Leborgne et E. Putman (dir.), *Les obstacles à l'exécution forcée : permanence et évolution*, « Droit et procédures », EJT 2009. 73 s.
5. L. n° 2013-672, 26 juill. 2013, de séparation et de régulation des activités bancaires, *JO* 27 juill., 12530.
6. L. n° 2014-344, 17 mars 2014, relative à la consommation, *JO* 18 mars, p. 5400.
7. L. n° 2014-366, 24 mars 2014, pour l'accès au logement et un urbanisme rénové, *JO* 26 mars, p. 5809.

les modalités et les finalités ne sont pas tout à fait les mêmes. L'ensemble de la matière se retrouve aujourd'hui dans le livre VII du Code de la consommation, aux articles L. 711-1 s. On a déjà eu l'occasion de présenter le surendettement sous l'angle de son impact sur les procédures civiles d'exécution (v. s^{s} n° 0144.53).

0144.122 Description des procédures de surendettement. Passage préalable et obligatoire, la procédure amiable se déroule devant la commission de surendettement des particuliers qui a pour mission de traiter la situation de surendettement des personnes physiques (C. consom., art. L. 712-1) [1], concrètement de concilier les parties en vue de parvenir à la conclusion d'un plan conventionnel de redressement approuvé par le débiteur et ses principaux créanciers (C. consom., art. L. 732-1) [2].

Si la commission n'arrive pas à obtenir un tel accord, la procédure amiable a échoué, mais cela ne met pas fin pour autant à sa mission puisqu'elle peut, à la demande du débiteur, imposer un certain nombre de mesures de nature à permettre l'apurement de son passif (C. consom., art. L. 733-1), ou, par décision spéciale et motivée, en recommander d'autres (C. consom., art. L. 733-7). En ce qui concerne ses pouvoirs propres, la commission peut notamment imposer le rééchelonnement des dettes de toute nature, sans que celui-ci puisse excéder sept ans ou la moitié de la durée de remboursement restant à courir des emprunts en cours (C. consom., art. L. 733-1, 1°), ou suspendre l'exigibilité des créances autres qu'alimentaires [3] pour une durée qui ne peut excéder deux ans (même texte, 4°). Dans le cadre de son pouvoir de recommandation, la commission peut proposer deux catégories de mesures en fonction du degré de gravité du surendettement du débiteur : celles ordinaires de l'article L. 733-7, 1°, ou, lorsque celui-ci est insolvable sans être pour autant dans une situation irrémédiablement compromise, un effacement partiel des créances combiné avec les mesures mentionnées à l'article L. 733-1, 2° C. consom.

S'agissant de leurs effets, les créanciers auxquels les mesures imposées par la commission en application de l'article L. 733-1, ou recommandées en vertu de l'article L. 733-7, et rendues exécutoires par le juge des contentieux de la protection (JCP) (C. consom., art. L. 733-10), sont opposables, « *ne peuvent exercer des procédures d'exécution à l'encontre des biens du débiteur pendant la durée d'exécution de ces mesures* » (C. consom., art. L. 733-17) [4]. Ces procédures de traitement du surendettement ont permis de régler les situations de surendettement simple ou aggravé, lorsque l'apurement des dettes du débiteur est possible, mais se sont révélées insuffisantes pour traiter les situations de surendettement plus critiques encore.

0144.123 Procédure de rétablissement personnel. Par la loi du 1er août 2003 [5], le législateur a ainsi créé une nouvelle procédure, dite de rétablissement personnel, remaniée une première fois par la loi du 1er juillet 2010 [6], portant réforme du crédit à la consommation, puis récemment par la loi du 24 mars 2014, qui peut revêtir deux formes.

Elle peut d'abord être sans liquidation judiciaire. Ici, lorsque le débiteur se trouve dans une situation irrémédiablement compromise caractérisée par l'impossibilité manifeste de mettre en œuvre des mesures de traitement, la commission de surendettement peut en effet, selon l'article L. 741-1 C. consom., recommander un rétablissement personnel sans liquidation judiciaire si elle constate que le débiteur ne possède que des biens meublants nécessaires à la vie courante et des biens non professionnels indispensables à l'exercice de son

1. Sachant qu'une personne physique exerçant une activité professionnelle indépendante, y compris une profession libérale, relève des procédures collectives de la loi du 26 juillet 2005, et se trouve dès lors exclue des dispositions relatives au traitement des situations de surendettement prévues par le Code de la consommation, v. Com. 30 sept. 2008, n° 07-15.446, P IV, n° 163.
2. L'opposabilité de ce plan sur les procédures d'exécution n'est pas toujours absolue. En particulier, lorsqu'une saisie-attribution a été pratiquée sur le fondement d'un arrêt portant sur des charges postérieures aux recommandations de la commission de surendettement, et qu'une cour d'appel a retenu que la suspension des poursuites pendant la durée d'exécution du plan n'était pas opposable au syndicat des copropriétaires qui poursuivait le recouvrement forcé d'une créance née postérieurement aux mesures recommandées homologuées par décision du juge de l'exécution, la Cour de cassation a approuvé les juges du fond d'en avoir déduit que la demande de mainlevée de la mesure de saisie devait être rejetée (Civ. 2e, 20 janv. 2011, n° 09-72.828, P II, n° 20).
3. Sur la notion de dette alimentaire, v. : Cass., avis, 8 oct. 2007, n° 07-00.013, P, n° 9 ; *CCC* déc. 2007, n° 313, obs. Raymond, créances portant sur des frais de restauration scolaire, d'accueil périscolaire ou de centre de loisirs – V. AUSSI : Orléans, 16 oct. 2006, *CCC* mars 2007, n° 81, obs. Raymond – Limoges 17 janv. 2007, *CCC* juin 2007, n° 164, obs. Raymond – *Adde*, à propos de la réparation pécuniaire allouée aux victimes dans le cadre d'une condamnation pénale : Civ. 2e, 24 janv. 2008, n°s 06-19.959 et 06-20.538, P II, n° 23 ; *Rev. proc. coll.* 2008, n° 147, obs. S. Gjidara-Decaix (exclusion).
4. TI Troyes, 10 juin 2008, *CCC* août-sept. 2008, n° 220, obs. Raymond (mainlevée d'une saisie-attibution) – La suspension peut s'appliquer aux dettes fiscales : Civ. 2e, 15 déc. 2005, n° 04-04.175, P II, n° 335 ; *Dr. et proc.* 2006. 172, obs. Bazin.
5. L. n° 2003-710, 1er août 2003, d'orientation et de programmation pour la ville et la rénovation urbaine, *JO* 2 août, p. 13281.
6. L. n° 2010-737, 1er juill. 2010, portant réforme du crédit à la consommation, *JO* 2 juill., p. 12001.

activité professionnelle, ou que l'actif n'est constitué que de biens dépourvus de valeur marchande ou dont les frais de vente seraient manifestement disproportionnés au regard de leur valeur vénale (C. consom., art. L. 724-1, 1°).

Mais la commission de surendettement des particuliers pourra également saisir, avec l'accord du débiteur convoqué, le JCP aux fins d'ouverture d'une procédure de rétablissement personnel avec liquidation judiciaire, si l'examen de la demande de traitement de la situation de surendettement fait apparaître que le débiteur se trouve dans la situation irrémédiablement compromise définie au deuxième alinéa de l'article L. 724-1, et dispose de biens autres que ceux mentionnés au 1° du même article (C. consom., art. L. 742-1). C'est en effet le juge du tribunal d'instance qui depuis la loi du 22 décembre 2010[1], et désormais le JCP, depuis l'ordonnance du 18 septembre 2019, connaît de la procédure de traitement des situations de surendettement devant la commission de surendettement des particuliers et de la procédure de rétablissement personnel (C. consom., art. L. 713-1).

0144.124 Effets du rétablissement personnel sur les procédures d'exécution. D'abord, lorsque la commission de surendettement recommande un rétablissement personnel sans liquidation judiciaire, et en l'absence de contestation, c'est le JCP qui confère force exécutoire à la recommandation (C. consom., art. L. 741-2), et un tel rétablissement personnel entraîne alors l'effacement de toutes les dettes non professionnelles du débiteur, à l'exception, notamment, des dettes visées à l'article L. 711-4 C. consom., particulièrement ses dettes alimentaires (C. consom., art. L. 741-3, al. 1er), et bien sûr des dettes nées après le jugement d'ouverture[2].

Ensuite, aux termes de l'article L. 742-7 C. consom., lorsque le juge saisi aux fins d'ouverture d'une procédure de rétablissement personnel avec liquidation judiciaire rend un jugement prononçant l'ouverture d'une telle procédure, ce jugement « *entraîne, jusqu'au jugement de clôture, la suspension et l'interdiction des procédures d'exécution diligentées à l'encontre des biens du débiteur ainsi que des cessions de rémunération consenties par celui-ci et portant sur les dettes autres qu'alimentaires. Il entraîne également la suspension des mesures d'expulsion du logement du débiteur, à l'exception de celles fondées sur un jugement d'adjudication rendu en matière de saisie immobilière ainsi que de celles ordonnées sur le fondement du troisième alinéa de l'article* [L. 321-2 C. pr. exéc.][3] ».

Signalons ici que l'article R. 724-5 C. consom. décide que la suspension et l'interdiction des procédures d'exécution diligentées à l'encontre des biens du débiteur, ainsi que les cessions de rémunérations qu'il a consenties et portant sur les dettes autres qu'alimentaires, peuvent durer deux ans. Le texte dispose plus précisément que la commission de surendettement qui, dans l'orientation du dossier, fait droit à la demande du débiteur, doit lui notifier sa décision ainsi qu'aux créanciers par lettre recommandée avec demande d'avis de réception, que la lettre de notification indique que la recommandation aux fins de rétablissement personnel sans liquidation judiciaire, ou la saisine du JCP aux fins d'ouverture d'une procédure de rétablissement personnel avec liquidation judiciaire, emportent suspension et interdiction des procédures d'exécution, enfin que cette lettre « *précise que cette suspension et cette recommandation sont acquises jusqu'à l'homologation par le juge de la recommandation ou jusqu'au jugement d'ouverture de la procédure de rétablissement personnel avec liquidation judiciaire, sans pouvoir excéder deux ans* ».

Au stade final de la procédure de rétablissement personnel avec liquidation judiciaire, le juge prononce la liquidation du patrimoine du débiteur, dont seront exclus les biens insaisissables énumérés à l'article L. 112-2 C. pr. exéc. ainsi que les biens non professionnels indispensables à l'exercice de l'activité professionnelle du débiteur et ceux dont les frais de vente seraient manifestement disproportionnés au regard de leur valeur vénale (C. consom., art. L. 742-14, al. 1er). Le jugement de liquidation emporte de plein droit dessaisissement du débiteur de la disposition de ses biens, et le liquidateur désigné par le juge, qui exerce les droits et actions du débiteur sur son patrimoine personnel, peut vendre ses biens à l'amiable ou à défaut organiser une vente forcée dans les conditions relatives aux procédures civiles d'exécution (C. consom., art. L. 742-16), sachant qu'en cas de vente forcée, lorsqu'une procédure de saisie immobilière engagée avant le jugement d'ouverture a été suspendue par l'effet de ce dernier, les actes effectués par le créancier saisissant sont réputés accomplis pour le compte du liquidateur qui procède à la vente des immeubles. La saisie immobilière peut alors reprendre son cours au stade où le jugement d'ouverture l'avait suspendue (C. consom., art. L. 742-17). L'article L. 742-21, enfin, fait la part de deux situations. La première est

1. L. n° 2010-1609, 22 déc. 2010, relative à l'exécution des décisions de justice, aux conditions d'exercice de certaines professions réglementées et aux experts judiciaires, *JO* 23 déc., p. 22552.
2. Civ. 2e, 6 juin 2013, n° 12-19.155, P II, n° 118.
3. Cet alinéa soulignant qu'à moins que le bien soit loué, le saisi en est constitué séquestre sauf à ce que les circonstances justifient la désignation d'un tiers ou l'expulsion du débiteur pour cause grave.

celle où l'actif réalisé est suffisant pour désintéresser les créanciers[1] : le juge prononce alors la clôture de la procédure. La deuxième est celle où, en revanche, l'actif réalisé est insuffisant pour désintéresser les créanciers et que le débiteur ne possède rien d'autre que des biens meublants nécessaires à la vie courante et des biens non professionnels indispensables à l'exercice de son activité professionnelle, ou lorsque l'actif n'est constitué que de biens dépourvus de valeur marchande ou dont les frais de vente seraient manifestement disproportionnés au regard de leur valeur vénale. Ici, le juge prononcera la clôture pour insuffisance d'actif. Dans les deux cas, « *la clôture entraîne l'effacement de toutes les dettes non professionnelles du débiteur, arrêtées à la date du jugement d'ouverture* » (C. consom., art. L. 742-22), à l'exception de celles dont le prix a été payé au lieu et place du débiteur par la caution ou le coobligé, personnes physiques.

0144.125 **Surendettement et procédures collectives : restriction des droits des créanciers.** On l'a vu dans cette présentation générale, les procédures de surendettement utilisent les techniques du droit des procédures collectives pour soustraire le débiteur aux poursuites de ses créanciers[2]. Il s'agit d'élever des barrières à l'exécution forcée, que celles-ci soient temporaires avec la suspension des poursuites individuelles où les créanciers devront renoncer à exécuter leur titre, ou définitives avec l'effacement des créances résultant de la clôture pour insuffisance d'actif. Or cette règle est très proche, dans ses résultats, de celle de l'article L. 643-11, I C. com., qui souligne que le jugement de clôture de la liquidation judiciaire pour insuffisance d'actif ne fait pas recouvrer aux créanciers l'exercice individuel de leurs actions contre le débiteur.

1. Le liquidateur ayant auparavant procédé à la répartition du produit des actifs et désintéressé les créanciers suivant le rang des sûretés assortissant leurs créances (C. consom., art. L. 332-8, al. 5).
2. Les deux disciplines se rejoignent aussi sous l'angle des problèmes d'insolvabilité qui frappent les entrepreneurs individuels à responsabilité limitée, et la démarcation « patrimoine professionnel-patrimoine privé ». Le 27 septembre 2018, la deuxième chambre civile a ainsi considéré qu'il résulte de l'article L. 711-7 C. consom. que « *les dispositions régissant le traitement des situations de surendettement sont applicables au débiteur qui a procédé à une déclaration de constitution de patrimoine affecté conformément à l'article L. 526-7 du Code de commerce ; que ces dispositions s'appliquent à raison d'une situation de surendettement résultant uniquement de dettes non professionnelles* », et « *qu'en ce cas, celles de ces dispositions qui intéressent les biens, droits et obligations du débiteur doivent être comprises, sauf dispositions contraires, comme visant les seuls éléments du patrimoine non affecté* », et que « *celles qui intéressent les droits et obligations des créanciers du débiteur s'appliquent dans les limites du seul patrimoine non affecté* » (Civ. 2e, 27 sept. 2018, no 17-22.013, P). Cela veut dire que la circonstance que le patrimoine affecté de l'entrepreneur individuel relève des dispositions relatives aux traitement des difficultés des entreprises, n'est pas de nature à exclure le patrimoine non affecté du débiteur de la procédure de traitement des situations de surendettement.

§ 2 Le débiteur surendetté face à ses créanciers : renforcement des obstacles à l'exécution forcée

0144.131 **Esprit du dispositif.** On a vu plus haut que les procédures de surendettement soumettent les créanciers à une discipline collective, qui prend notamment corps dans la suspension des procédures d'exécution qu'ils ont individuellement diligentées sur les biens du débiteur[3]. La suspension des procédures d'exécution a pour objectif principal, lorsqu'elle se produit entre la saisine de la commission de surendettement et l'adoption d'un plan conventionnel de redressement, d'éviter que des mesures d'exécution forcée compromettent l'élaboration d'un accord amiable sous les auspices de la commission. En cas d'échec de la conciliation, et durant la phase d'élaboration des recommandations, la suspension et l'interdiction des procédures d'exécution produisent également leurs effets, et peuvent même aller au-delà, après l'adoption du plan de redressement. En effet, tant que ce plan est exécuté, son efficacité ne doit pas être menacée par d'éventuelles initiatives des créanciers. Il en va de même pour l'application des mesures imposées ou recommandées par la commission de surendettement (C. consom., art. L. 722-2 et L. 722-3).

Par ailleurs, les lois du 26 juillet 2013, du 17 mars 2014 et du 24 mars 2014 ont apporté des changements non négligeables en matière de surendettement[4], y compris dans la procédure de rétablissement personnel en complétant le dispositif de base qui avait déjà été modifié par la loi du 22 décembre 2010. L'ensemble de ces textes a depuis été recodifié par l'ordonnance du 14 mars 2016[5] relative à la partie législative du Code de la consommation, et par le décret relatif à la partie réglementaire[6].

0144.132 **Effets de la recevabilité d'une demande de traitement de la situation de surendettement sur les procédures d'exécution.** On sait que la procédure devant la commission de surendettement des parti-

3. V. S. Gjidara-Decaix, préc. (v. ss no 0144.121), nos 164 s.
4. V. NOT., V. Valette-Ercole, chron. « Droit de la consommation », *Dr. et proc.* 2013/7, p. 6, nos 1 à 9.
5. Ord. no 2016-301, 14 mars 2016, relative à la partie législative du Code de la consommation
6. Décr. no 2016-884, relatif à la partie réglementaire, *JO* 16 mars, texte 25.

culiers est engagée à la demande du débiteur[1], et que la commission dispose d'un délai de trois mois pour examiner la recevabilité de la demande (C. consom., art. R. 721-4, al. 2), la notifier, procéder à l'instruction du dossier et décider de son orientation à compter de la date du dépôt du dossier. Elle se prononce par une décision motivée, qu'elle notifie au débiteur, notamment, par lettre recommandée avec demande d'avis de réception (C. consom., art. R. 722-1), sachant que la lettre de notification indique que la décision peut faire l'objet d'un recours, dans un délai de quinze jours, par déclaration remise ou adressée par lettre recommandée avec demande d'avis de réception au secrétariat de la commission.

Or, la décision déclarant la recevabilité de la demande a un effet radical, puisqu'aux termes de l'article R. 722-5 C. consom. (et de l'article L. 722-2 C. consom.) elle a « *pour effets de suspendre et d'interdire les procédures d'exécution diligentées à l'encontre des biens du débiteur ainsi que des cessions de rémunération qu'il a consenties et portant sur des dettes autres qu'alimentaires* » ; la lettre notifiant la décision de recevabilité précise aussi que la suspension ou l'interdiction produit effet, selon les cas, jusqu'à l'approbation du plan conventionnel de redressement prévu à l'article L. 732-1, jusqu'à la décision imposant les mesures prévues à l'article L. 733-1, jusqu'à l'homologation des mesures recommandées en application des articles L. 733-7, L. 733-8 et L. 741-1, ou jusqu'au jugement d'ouverture d'une procédure de rétablissement personnel avec liquidation judiciaire, sans pouvoir excéder deux ans (C. consom., art. L. 722-3 et R. 722-5). Dans cette perspective, la commission ou le greffe du tribunal judiciaire, selon le cas, notifie la décision de recevabilité par lettre recommandée avec demande d'avis de réception, ou remise contre récépissé, aux agents chargés de l'exécution et, le cas échéant, au greffier en chef du tribunal judiciaire en charge de la procédure de saisie des rémunérations ou de la cession des rémunérations, qui en informe le tiers saisi ou le cessionnaire (C. consom., art. R. 722-6). En cas de saisie immobilière, lorsque la vente forcée d'un bien immobilier du débiteur avait été ordonnée et que la commission saisit le juge chargé de la saisie immobilière aux fins de report de la date d'adjudication en application des dispositions de l'article L. 722-4, « *pour causes graves et dûment justifiées* » (C. consom., art. L. 722-4), les dispositions des articles R. 721-7 et R. 721-8 seront applicables.

0144.133 Suspension des mesures d'expulsion. Par ailleurs, dès que la décision de recevabilité de la demande de traitement de la situation de surendettement est intervenue, la commission pourra saisir le JCP aux fins de suspension des mesures d'expulsion du logement du débiteur (C. consom., art. L. 722-6), et si la situation de celui-ci l'exige, le juge prononcera la suspension provisoire des mesures d'expulsion de son logement, à l'exception de celles fondées sur un jugement d'adjudication rendu en matière de saisie immobilière et de celles ordonnées sur le fondement du troisième alinéa de l'article L. 321-2 C. pr. exéc. (C. consom., art. L. 722-8). Cette suspension est acquise, pour une période maximale de deux ans et, selon les cas, jusqu'à l'approbation du plan conventionnel de redressement prévu à l'article L. 732-1, jusqu'à la décision imposant les mesures prévues à l'article L. 733-1, jusqu'à l'homologation des mesures recommandées en application des articles L. 733-7, L. 733-8 et L. 741-1 ou jusqu'au jugement d'ouverture d'une procédure de rétablissement personnel avec liquidation judiciaire (C. consom., art. L. 722-9).

0144.134 Possibilité de saisine du juge des contentieux de la protection avant la décision de recevabilité. Par faveur pour le débiteur, l'article L. 721-4 alinéa 1er C. consom. a prévu qu'à sa demande, la commission peut saisir, à compter du dépôt du dossier et jusqu'à la décision statuant sur la recevabilité, le JCP aux fins de suspension des procédures d'exécution diligentées sur ses biens, ainsi que des cessions de rémunération qu'il aurait consenties et portant sur des dettes autres qu'alimentaires. La lettre par laquelle la commission va saisir le juge doit notamment indiquer la liste des procédures d'exécution exercées contre le débiteur et des mesures d'expulsion de son logement, et joindre la copie de l'acte de poursuite fondant la demande (C. consom., art. R. 721-5). L'ordonnance qui, aux termes de l'article R. 721-6 alinéa 1er suspendrait une ou plusieurs procédures d'exécution sera notifiée par le greffe du TJ par lettre recommandée avec demande d'avis de réception, ou remise contre récépissé, aux créanciers poursuivants et aux agents chargés de l'exécution ou au greffier en chef du TJ en charge de la procédure de saisie des rémunérations ou de la cession des rémunérations, qui en informe alors le tiers saisi ou le cessionnaire, sachant qu'une copie de l'ordonnance par laquelle le juge se prononce sur la demande de suspension est adressée par le greffe par lettre simple à la commission, qui en informe le débiteur (al. 2).

1. Par une importante décision (Civ. 2e, 9 janv. 2014 no 12-28.272, P II, no 6), la deuxième chambre civile s'est prononcée sur l'effet interruptif de prescription de la sollicitation d'un plan conventionnel de redressement, et a approuvé les juges du fond d'avoir jugé qu'« *en sollicitant le plan conventionnel par lequel sa dette avait été aménagée,* [la débitrice] *avait reconnu la créance de la banque, de sorte que le délai de prescription avait été interrompu en application de l'article 2240 du Code civil* », selon lequel la reconnaissance par le débiteur du droit de celui contre lequel il prescrit interrompt le délai de prescription ; sur cet arrêt, v. *D.* 2014. 140, obs. V. Avena-Robardet ; p. 860, note Cattalano-Cloarec, et p. 1469, obs. Leborgne.

Toujours au stade de la saisine de la commission, l'article L. 721-7 prévoit qu'en cas de saisie immobilière, lorsque la vente forcée a été ordonnée, le report de la date d'adjudication ne pourra résulter que d'une décision du juge chargé de la saisie immobilière, saisi à cette fin par la commission, pour causes graves et dûment justifiées.

0144.135 Plan conventionnel de redressement. Rappel. On l'a vu, les procédures d'exécution sont suspendues ou interdites jusqu'à l'approbation du plan conventionnel de redressement prévu à l'article L. 732-1 (C. consom., art. L. 722-3), lequel pourra notamment comporter des mesures de report ou de rééchelonnement des paiements des dettes, de remise des dettes. Il devra également prévoir les modalités de son exécution, sa durée totale ne pouvant toutefois pas excéder sept années.

0144.136 Plan imposé. Rappel. Le principe est le même s'agissant de la décision de la commission imposant des mesures en cas d'échec de sa mission de conciliation, c'est-à-dire que les procédures d'exécution sont suspendues ou interdites jusqu'à cette décision (C. consom., art. L. 722-3). Les mesures imposées peuvent également consister en un rééchelonnement du paiement des dettes de toute nature, sans que le délai de report ou de rééchelonnement puisse excéder sept ans, ou en une suspension de l'exigibilité des créances autres qu'alimentaire pour une durée qui ne peut excéder deux ans (C. consom., art. L. 733-1, 1° et 4°).

0144.137 Mesures recommandées. Rappel. Jusqu'à l'homologation par le juge des mesures recommandées par la commission en application des articles L. 733-7, L. 733-8 et L. 741-1, les procédures d'exécution sont également suspendues ou interdites (C. consom., art. L. 722-3-1).

0144.138 Orientation du dossier : rétablissement personnel sans ou avec liquidation judiciaire. S'il venait à ressortir, lors de l'examen de la demande de traitement de la situation de surendettement, que le débiteur « *se trouve dans une situation irrémédiablement compromise caractérisée par l'impossibilité manifeste de mettre en œuvre des mesures de traitement* [...] », la commission pourra, soit recommander un **rétablissement personnel sans liquidation judiciaire** si elle constate que le débiteur ne possède que des biens meublants nécessaires à la vie courante et des biens non professionnels indispensables à l'exercice de son activité professionnelle, ou que l'actif n'est constitué que de biens dépourvus de valeur marchande, soit saisir, si elle constate que le débiteur n'est pas dans cette situation, et avec l'accord de celui-ci, le juge du TJ aux fins d'ouverture d'une procédure de rétablissement personnel avec liquidation judiciaire (C. consom., art. L. 724-1). Le rétablissement personnel sans liquidation judiciaire sur recommandation, rendu exécutoire par le juge des contentieux de la protection (JCP), entraînera l'effacement de toutes les dettes non professionnelles du débiteur, arrêtées à la date de l'ordonnance conférant force exécutoire à la recommandation (C. consom., art. L. 741-3, al. 1er). Quant à la procédure de **rétablissement personnel avec liquidation judiciaire**, elle emporte, du jugement d'ouverture jusqu'au jugement de clôture, la suspension et l'interdiction des procédures d'exécution diligentées à l'encontre des biens du débiteur, ainsi que la suspension des mesures d'expulsion du logement du débiteur, à l'exception de celles fondées sur un jugement d'adjudication rendu en matière de saisie immobilière ainsi que celles ordonnées sur le fondement du troisième alinéa de l'article L. 321-2 C. pr. exéc. (C. consom., art. L. 742-7). Le juge prononcera la liquidation judiciaire du patrimoine du débiteur, dont seront exclus les biens insaisissables énumérés à l'article L. 112-2 C. pr. exéc., désignera un liquidateur, sachant que le jugement qui prononce la liquidation emporte de plein droit dessaisissement du débiteur de la disposition de ses biens, ses droits et actions sur son patrimoine personnel étant exercés pendant toute la durée de la liquidation par le liquidateur (C. consom., art. L. 742-14 et L. 742-15). Le liquidateur disposera d'un délai de douze mois pour vendre les biens du débiteur à l'amiable, ou, à défaut, organiser une vente forcée dans les conditions relatives aux procédures civiles d'exécution (C. consom., art. L. 742-16). Il faut également savoir qu'en cas de vente forcée, lorsqu'une procédure de saisie immobilière engagée avant le jugement d'ouverture a été suspendue par l'effet de ce dernier, les actes effectués par le créancier saisissant sont réputés accomplis pour le compte du liquidateur qui procédera à la vente des immeubles ; la saisie immobilière pourra reprendre son cours au stade où le jugement d'ouverture l'avait suspendue (C. consom., art. L. 742-17). La clôture entraîne l'effacement de toutes les dettes non professionnelles du débiteur, arrêtées à la date du jugement d'ouverture, à l'exception de celles dont le montant aurait été payé en lieu et place de celui-ci par une caution ou le coobligé, personnes physiques (C. consom., art. L. 742-22, al. 1er).

SECTION 7

QUALITÉ DE CONJOINT

§ 1

Incidences sur le droit de poursuite

0144.141 Principe de solidarité. Quel que soit le régime matrimonial adopté par les époux, ceux-ci s'obligent solidairement lorsqu'ils passent seuls des contrats pour l'entretien du ménage ou l'éducation des enfants (C. civ., art. 220, al. 1er), la jurisprudence admettant que le texte s'applique y compris si la dette ne présente pas de caractère contractuel[1]. En particulier, dans le régime de communauté, tout créancier d'un époux dont la créance est née pendant le mariage peut exercer ses poursuites sur l'intégralité des biens communs, ainsi que sur les biens propres et les revenus de celui des époux qui a fait la dette, étant précisé, donc, que s'il s'agit d'une dette contractée pour l'entretien du ménage ou l'éducation des enfants, les deux époux répondront solidairement de la dette. La jurisprudence décide avec constance que ce principe, comme ses exceptions, ne s'applique pas aux **concubins**[2]. On notera que depuis la loi du 23 juin 2006[3], l'article 515-4 alinéa 2 C. civ., relatif aux relations patrimoniales régissant les **partenaires** ayant conclu un pacte civil de solidarité, décide que ceux-ci « *sont tenus solidairement à l'égard des tiers des dettes contractées par l'un d'eux pour les besoins de la vie courante* ».

Bien entendu, ledit principe de solidarité ne peut, s'agissant des conjoints, être mis en œuvre que si le créancier dispose d'un titre exécutoire contre chacun d'eux, par application du principe que toute exécution forcée implique que le créancier soit muni d'un titre exécutoire à l'égard de la personne même qui doit subir l'exécution. La seule existence d'une solidarité légale entre des époux ne permet pas au créancier d'agir sans titre à l'encontre de l'un d'entre eux (il faut distinguer entre le droit d'exercer une action en justice sur le fondement de la solidarité, et le droit d'agir en exécution forcée, qui impose l'obtention préalable d'un titre exécutoire contre celui qui est tenu d'exécuter). C'est ainsi que la saisie des rémunérations de l'épouse n'est pas possible au visa de factures impayées dues en vertu d'un contrat d'abonnement souscrit par les époux, lorsque le titre émis en vertu de ce contrat ne vise que son conjoint[4]. Cela signifie plus largement que la solidarité au niveau du droit substantiel n'en entraîne aucune dans l'exécution du titre exécutoire pris contre l'un des débiteurs, et ce même en matière familiale où la solidarité est traditionnellement très forte. Dans cette matière aussi, toute exécution forcée implique que le créancier soit muni d'un titre exécutoire à l'égard de la personne même qui doit exécuter, et « *le titre délivré à l'encontre d'un époux en recouvrement d'une dette ayant pour objet l'entretien du ménage ou l'éducation des enfants n'emporte pas le droit de saisir les biens de son conjoint, à défaut de titre exécutoire pris contre celui-ci, les deux époux fussent-ils tenus solidairement des dettes de ménage* »[5]. L'article 1414 alinéa 1er C. civ., qui dispose que les gains et salaires d'un époux peuvent être saisis par les créanciers de son conjoint si l'obligation a été contractée pour l'entretien du ménage ou l'éducation des enfants, est donc ici neutralisé.

0144.142 Exceptions tirées du critère de la dépense. La solidarité de principe des conjoints peut être contestée par l'un des époux devant le JEX lorsque la dépense effectuée par l'un d'eux est manifestement excessive, eu égard au train de vie du ménage, à l'utilité ou à l'inutilité de l'opération ou à la bonne ou mauvaise foi du tiers contractant (C. civ., art. 220, al. 2)[6].

Il en ira ainsi des dépenses de loisir personnel ou des dépenses d'investissement immobilier, même contractées dans l'intérêt de la famille[7]. La même exception s'applique à l'achat à tempérament ou à l'emprunt conclu par un seul des époux[8], à moins qu'il ne porte sur des sommes modestes nécessaires aux besoins de la vie courante (C. civ., art. 220, al. 3)[9]. Tel ne sera pas le cas de l'emprunt à caractère professionnel souscrit par un seul des conjoints[10].

0144.143 Exceptions tirées de la fraude de l'époux débiteur et de la mauvaise foi du créancier. L'article 1413 C. civ. énonce pour sa part que si le paiement des dettes dont chaque époux est tenu, pour quelque cause que ce soit, pendant la communauté, peut être poursuivi sur les biens communs, il n'en va pas de même lorsqu'il y a eu fraude de l'époux débiteur et mauvaise foi du créancier.

Il appartient alors au conjoint qui excipe de l'absence de solidarité, de rapporter la preuve de l'intention frauduleuse et de la mauvaise foi con-

1. Civ. 2e, 17 nov. 2010, no 09-11.979, NP.
2. Pour ces derniers, V. Par ex. : Civ. 1re, 27 avr. 2004, no 02-16.291, P I, no 113 ; *D.* 2004. 2968, obs. D. Vigneau ; *RTD civ.* 2004. 487, obs. J. Hauser ; 510, obs. J. Mestre et B. Fages – Civ. 1re, 23 mars 2011, no 09-71.261, NP.
3. L. no 2006-728, 23 juin 2006, portant réforme des successions et des libéralités, *JO* 24 juin, p. 9513.
4. Civ. 2e, 28 oct. 1999, no 97-20.071, P II, no 163 ; *Gaz. Pal.* 24-25 mars 2000, 27 – *Adde*, s'agissant de l'expulsion de biens communs appartenant aux époux, l'expulsion devant être dirigée à l'encontre de chacun d'eux : Civ. 2e, 21 sept. 2000, no 97-21.905, P II, no 132.
5. Civ. 2e, 28 oct. 1999, no 97-20.071, P (préc. ss prést no).
6. Civ. 1re, 10 mai 2006, no 03-16.593, P I, no 235 ; *D.* 2007. Pan. 1561, obs. J.-J. Lemouland et D. Vigneau – COMP., pour le PACS, C. civ., art. 515-4, al. 2, *in fine*.
7. Civ. 1re, 11 janv. 1984, no 82-15.461, P I, no 13 – Civ. 1re, 4 juill. 2006, no 03-13.936, P I, no 351 ; *D.* 2007. Pan. 1567, obs. J.-J. Lemouland et D. Vigneau – Civ. 1re, 28 nov. 2006, no 05-14.412, NP.
8. Limoges, 30 mars 2011, RG no 10/01344.
9. Sur la nécessité de caractériser ces limites, Civ. 1re, 14 avr. 2010, no 08-15.930, NP.
10. Sur la nécessité pour le juge de préciser en quoi l'achat d'un véhicule automobile par le mari était nécessaire aux besoins de la vie courante : Civ. 1re, 27 nov. 2001, no 99-20.546, P I, no 294 ; *D.* 2002. 2910, note M.-P. Baudin-Maurin ; *RTD civ.* 2002. 558, obs. B. Vareille.

jointe du créancier [1]. Les biens de la communauté et les revenus personnels du conjoint ne peuvent alors faire l'objet d'une procédure d'exécution. Seuls les biens propres et les revenus du conjoint souscripteur du contrat en fraude et avec la complicité du créancier peuvent être saisis.

0144.144 Exception tirée du défaut de consentement à cautionnement ou emprunt. L'article 1415 C. civ. pose le principe que chacun des époux ne peut engager que ses biens propres et ses revenus, par un cautionnement ou un emprunt, à moins que ceux-ci n'aient été contractés avec le consentement exprès de l'autre conjoint qui, dans ce cas, n'engage pas ses biens propres [2]. Les dispositions de ce texte interdisent à tout créancier de chacun des époux d'en poursuivre le paiement sur les biens communs au motif que la dette serait née pendant la communauté [3]. C'est ainsi que le fait que l'époux non débiteur ait consenti à l'affectation hypothécaire du bien constituant le logement de famille ne peut laisser présumer un consentement à l'emprunt effectué par le conjoint [4]. Cette absence de consentement interdit de considérer que les biens meubles de la communauté sont saisissables. Aucune mesure d'exécution ne peut donc être diligentée à leur encontre [5]. De même, aucune hypothèque judiciaire ne peut être inscrite sur immeuble commun [6].

0144.145 Cas du compte joint des époux : l'exemple de la saisie-attribution. En la matière, le droit de poursuite du créancier saisissant est vraiment tributaire du régime matrimonial des époux.

De façon générale, d'abord, on sait que la saisie-attribution d'un compte joint est admise, solution inaugurée sous le prisme de la charge de la preuve. En effet, le 24 avril 1985, dans une hypothèse où, cette fois, les cotitulaires du compte étaient deux associés exerçant la même profession, la deuxième chambre civile de la Cour de cassation a commencé a décidé que ce n'est pas au créancier de prouver que la saisie porte effectivement sur des fonds appartenant à son débiteur, mais à celui des cotitulaires du compte, qui demande la mainlevée au motif qu'il n'est pas le débiteur, « *de rapporter la preuve que les fonds saisis étaient sa propriété ou celle de tiers* » [7]. Cela revenait à considérer qu'un compte joint peut être saisi dans son intégralité, sans que le tiers saisi puisse exiger qu'un titre ait été pris au nom des deux titulaires du compte, sauf la possibilité, pour le cotitulaire étranger à la dette, d'établir que les sommes saisies, ou certaines d'entre, elles lui appartiennent. Une confirmation de cette solution est intervenue le 21 mars 2019, dans le cas d'un compte joint entre concubins, où la charge de la preuve était une nouvelle fois au centre des débats, et où il paraissait logique qu'elle repose sur le demandeur à la mainlevée en application du droit commun (C. civ., art. 1353). C'est bien cette logique que la deuxième chambre civile a suivie, dans une réponse de principe favorable à la saisie intégrale, sous réserve d'un cantonnement. Pour la Cour, en effet, l'acte de saisie-attribution portait sur l'ensemble des comptes du débiteur représentant des créances de sommes d'argent de ce dernier contre l'établissement teneur de compte, et, dans le cas d'un compte joint, « *cet établissement étant débiteur de la totalité du solde de ce compte à l'égard de chacun de ses cotitulaires* », l'effet attributif de la saisie s'étendait, « *sous réserve des règles propres aux régimes matrimoniaux entre époux, à la totalité du solde créditeur, sauf pour le débiteur saisi ou le cotitulaire du compte, avisé de la saisie dans les conditions prévues par l'article R. 211-22 du Code des procédures civiles d'exécution, à établir que ce solde est constitué de fonds provenant de ce dernier, en vue de les exclure de l'assiette de la saisie* » [8].

Lorsque les règles propres aux régimes matrimoniaux reçoivent application, les solutions doivent être adaptées. Le 10 juillet 1996, dans l'hypothèse où le compte joint était ouvert au nom de deux époux séparés de biens, la charge de la preuve a reçu un autre traitement. La deuxième chambre civile a souligné qu'il faut prendre en compte la présomption légale d'indivision édictée par l'article 1538 alinéa 3 C. civ., lequel dispose que « *les biens sur lesquels aucun des époux ne peut justifier d'une propriété exclusive sont réputés leur appartenir indivisément, à chacun pour moitié* », ce qui était le cas en l'espèce où un établissement de crédit, créancier du mari et ayant saisi un compte-titres ouvert au nom de des époux, soutenait, sur la demande de mainlevée de l'épouse étrangère à la dette, que cette dernière devait rappor-

1. Com. 20 févr. 1980, n° 78-14.278, P IV, n° 87 – Civ. 1re, 28 mars 1984, n° 82-15.538, P I, n° 120.
2. Civ. 1re, 29 mai 1996, n° 94-16.615, P I, n° 220.
3. Civ. 1re, 2 juill. 1991, n° 90-12.747, P I, n° 225 ; *JCP* 1992. II. 21830, note Le Guidec – Sur la notion d'acquêt, qui ne peut englober un compte-titres et un plan d'épargne logement, à la différence d'un compte-chèque postal : Civ. 1re, 14 janv. 2003, n° 00-16.078, P I, n° 2 ; *D.* 2003. 2792, note V. Barabé-Bouchard ; *AJ fam.* 2003. 109, obs. S. D.-B. ; *RTD civ.* 2003. 339 et 534, obs. B. Vareille ; *Dr. fam.* 2003, n° 48, obs. B. Beignier.
4. Civ. 1re, 29 mai 1996, n° 94-16.615, P I, n° 220 ; *RTD civ.* 1997. 726, obs. B. Vareille.
5. Paris, 30 juin 1998, *Rev. huiss.* 1998. 1146.
6. Civ. 1re, 18 nov. 1992, n° 91-10.473, P I, n° 280 – Civ. 1re, 29 mai 1996, n° 94-16.615, P I, n° 220 – Civ. 1re, 15 mai 2002, n° 00-13.527, P I, n° 128 ; *D.* 2002. 1790, note C. Barberot ; *RTD civ.* 2002. 546, obs. P. Crocq – Civ. 1re, 11 mars 2003, n° 00-22.208, P I, n° 66.
7. Civ. 2e, 24 avr. 1985, n° 84-11.234, P II, n° 87 ; *RTD civ.* 1986. 645, obs. Perrot – V. AUSSI : Paris, 5 juill. 2001, *D.* 2001. 3308, note P. Julien.
8. Civ. 2e, 21 mars 2019, n° 18-10.408, P.

ter la preuve que les valeurs saisies étaient sa propriété exclusive. Or, la Cour de cassation ne l'a pas admis, estimant que « *les effets de la saisie-arrêt devaient être limités à la moitié indivise des valeurs déposées à ce compte dont la preuve qu'elles fussent la propriété exclusive* [du débiteur] *n'avait pas été rapportée* »[1]. Cette solution a modifié la charge de la preuve au détriment du créancier saisissant. Le cotitulaire, conjoint du débiteur, en était déchargé jusqu'à concurrence de la moitié du solde créditeur, et la charge de prouver que les sommes inscrites au compte lui appartiennent exclusivement, ne lui incombait que pour le surplus[2]. Pour le créancier qui ne se satisfaisait pas de la moitié indivise du solde créditeur du compte, cela signifiait qu'il devait rapporter la preuve que le surplus appartient à son débiteur, et non à son conjoint.

Or, la première chambre civile est allée plus loin le 20 mai 2009, en faisant reposer, en cas de contestation, la charge de la preuve de l'origine des fonds sur le saisissant, dans une affaire où un créancier avait fait pratiquer deux saisies-attributions sur un compte joint, ouvert au nom de son débiteur principal et de son conjoint, mariés sous le régime de la séparation des biens, et où la cour d'appel avait validé les saisies en estimant qu'il appartenait à celui des époux qui n'était tenu à aucune solidarité avec le débiteur saisi, d'établir que les sommes figurant au compte lui appartenaient. Mais par un moyen relevé d'office, et au visa des articles 1315 – 1353 aujourd'hui – et 1538 alinéa 1er C. civ., la Cour a cassé cet arrêt et décidé que « *lorsque le créancier d'un époux marié sous le régime de la séparation de biens fait pratiquer une saisie sur un compte ouvert au nom de deux époux, il lui appartient d'identifier les fonds personnels de l'époux débiteur* »[3].

Au demeurant, dans les régimes de communauté, abstraction faite de l'hypothèse où le compte est exclusivement alimenté par les revenus de l'époux débiteur, auquel cas il est saisissable[4], le sort du saisissant n'est guère plus enviable dans la mesure où, faute pour lui d'arriver à isoler les revenus de celui-ci « *au milieu* » de ceux de son conjoint avec lesquels ils sont fondus, ou des revenus générés par les biens communs, le compte joint échappera à la saisie. C'est l'enseignement d'une décision de la Cour de cassation du 3 avril 2001, dans laquelle un mari commun en biens avait cautionné un prêt sans le consentement de son épouse. La société créancière, pour le poursuivre sur ses revenus en application de l'article 1415 C. civ., avait pratiqué une saisie-attribution sur le compte joint du couple. L'épouse pu obtenir des juges du fond la mainlevée de la mesure sur le fondement de ce texte, « *seul applicable en l'espèce* », et fut approuvée par la première chambre civile qui souligna que « *le compte objet de la saisie* [étant] *alimenté par les revenus de chacun des époux* [...] *faute pour le créancier d'identifier les revenus de l'époux débiteur, ce compte n'était pas saisissable* »[5]. Il faut remarquer que la possibilité, laissée au créancier, d'identifier les revenus de son débiteur, est presque illusoire lorsqu'ils sont fondus dans le même compte joint, car alors ils ont perdu toute nature singulière[6]. Si l'on ajoute à la fongibilité des deniers inscrits en compte, l'application d'une règle spécifique du droit des régimes matrimoniaux, ici la présomption de communauté de l'article 1402 alinéa 1er C. civ., aux termes de laquelle « *tout bien, meuble ou immeuble, est réputé acquêt de communauté si l'on ne prouve qu'il est propre à l'un des époux par application d'une disposition de la loi* », le système est assez verrouillé. Ainsi, la première chambre civile a rappelé, le 17 janvier 2006, dans une affaire où le créancier n'avait saisi que les comptes ouverts au seul nom de l'époux qui, en exécution de deux prêts, s'était porté caution sans le consentement de son épouse commune en biens, à l'exclusion des comptes joints des époux, que « *les sommes déposées sur les comptes litigieux étaient présumées communes en vertu de l'article 1402 du Code civil et que, faute par* [le créancier saisissant], *sur* [lequel] *pesait la charge de*

1. Civ. 2e, 10 juill. 1996, no 94-16.837, P I, no 2 ; *RTD civ.* 1996. 990, obs. R. Perrot ; *Procédures* 1996. Comm. 10, note R. Perrot.
2. Comme une décision l'a d'ailleurs rappelé : Civ. 1re, 22 juin 2004, no 02-20.398, P I, no 179, où la Cour reproche aux juges d'appel de n'avoir pas recherché « *s'il ne résultait pas des pièces produites que* [les] *comptes avaient exclusivement été alimentés par des fonds propres du mari de sorte que la propriété exclusive du mari sur leur solde créditeur aurait été établie* ».
3. Civ. 1re, 20 mai 2009, no 08-12.922, P I, no 102.
4. Civ. 1re, 14 janv. 2003, no 00-16.078, P I, no 2 ; *RTD civ.* 2003. 534, obs. B. Vareille ; *JCP* 2003. II. 10019, concl. Sainte-Rose ; *JCP* 2003. I. 124, no 4, et 158, obs. Ph. Simler ; *JCP N* 2003, no 1605, obs. J. Casey ; *Dr. fam.* 2003, no 49, note B. Beignier ; *Defrénois* 2003. 544, obs. G. Champenois : « *La cour d'appel, après avoir exactement énoncé que selon l'article 1415 du Code civil, chacun des époux ne peut engager que ses biens propres et ses revenus, par un cautionnement ou un emprunt contractés sans le consentement exprès de l'autre conjoint et après avoir relevé que le compte de dépôt, objet de la saisie, n'était alimenté que par les revenus de l'époux débiteur, a décidé à bon droit que ce compte était saisissable* ».
5. Civ. 1re, 3 avr. 2001, no 99-13.733, P I, no 92 ; *RTD civ.* 2001. 943, obs. B. Vareille ; *Defrénois* 2001. 939, obs. Ph. Théry, et 1130, obs. G. Champenois ; *D.* 2001. 2933, obs. M. Nicod ; *Dr. fam.* 2001, no 75, 3e arrêt, p. 23, note B. Beignier ; *JCP* 2002. II. 10080, note Bourdaire – DANS LE MÊME SENS : Civ. 1re, 17 févr. 2004, no 02-11.039, P I, no 45 ; D. 2004. 2260, note V. Brémond ; *JCP* 2004. I. 176, obs. Ph. Simler, cassation de l'arrêt qui a refusé de donner mainlevée d'une saisie-attribution d'un compte joint alimenté par les revenus des deux époux et par ceux générés par les biens communs.
6. DANS LE MÊME SENS, Bordeaux, 5 avr. 2018, RG no 16/00759, *Gaz. Pal.* 12 juin 2018, p. 74, obs. O. Salati.

la preuve contraire, d'identifier les revenus de [l'époux caution], *elles étaient insaisissables* »[1].

Quoi qu'il en soit, l'article R. 211-22 C. pr. exéc. décide logiquement que lorsque la saisie est pratiquée sur un compte joint, elle doit être « *dénoncée à chacun des titulaires du compte* » (C. pr. exéc., art. R. 211-22, al. 1er), et si leur nom et adresse sont inconnus du commissaire de justice, ce dernier doit demander à l'établissement teneur de compte « *de les informer immédiatement de la saisie et du montant des sommes réclamées* » (C. pr. exéc., art. R. 211-22, al. 2). Ce texte, toutefois, ne prévoit pas de sanction en cas de défaut de dénonciation de la saisie aux cotitulaires du compte. Un arrêt de la cour d'appel de Paris du 7 novembre 2002 a pu décider que le cotitulaire du compte joint « *n'est pas fondé à demander la nullité des saisies pratiquées au motif qu'elles ne lui auraient pas été dénoncées, cette formalité, prévue à l'article 77 du décret du 31 juillet 1992* [aujourd'hui art. R. 211-22 C. pr. exéc.] *n'étant sanctionnée par aucun texte* »[2]. Le compte joint étant une manifestation de la solidarité active, cette solution est peut-être inspirée par l'idée de représentation mutuelle des cotitulaires, une dénonciation faite à l'un étant opposable à l'autre. La Cour de cassation a en tout cas confirmé cette solution le 7 juillet 2011, relevant que « *le défaut de dénonciation de la saisie-attribution au cotitulaire d'un compte joint sur lequel porte la mesure d'exécution n'est pas susceptible d'entraîner la caducité de celle-ci* »[3].

0144.146 Conséquences de l'absence de solidarité selon le régime matrimonial. 1) Dans le **régime de la communauté légale**, la dette contractée par un seul des époux, exclue de la solidarité en raison des critères sus-énoncés, et ne peut être poursuivie sur les biens propres de l'autre (C. civ., art. 1418). Elle ne peut l'être, non plus, sur les gains et salaires de l'époux non débiteur (C. civ., art. 1414, al. 1er).

Cette insaisissabilité est renforcée par les dispositions de l'article R. 162-9 alinéa 1er C. pr. exéc., qui a pour domaine d'application le compte joint alimenté par les gains et salaires d'un époux commun en biens, et qui fait l'objet d'une mesure d'exécution forcée ou d'une saisie conservatoire pour le paiement ou la garantie d'une créance née du chef du conjoint. En pareille éventualité, il est laissé immédiatement à la disposition de l'époux commun en biens une somme équivalant, à son choix, au montant des gains et salaires versés au cours du mois précédant la saisie ou au montant moyen mensuel des gains et salaires versés dans les douze mois la précédant[4]. La communauté répond cependant des dettes contractées par le mari ou la femme (C. civ., art. 1421)[5] sauf lorsque l'époux a contracté un cautionnement ou un emprunt sans le consentement exprès de l'autre[6]. Il n'engage alors que ses biens propres et ses revenus (C. civ., art. 1415).

Sur l'application de l'article 1421 C. civ., il convient de signaler une décision de la Cour de cassation qui s'est prononcée sur la nature de la créance de réparation suite à une faute de gestion commise par l'un des époux communs en biens. La Haute juridiction a jugé que « *la responsabilité d'un époux en raison de ses fautes de gestion ayant causé un dommage au patrimoine commun est engagée, sur le fondement de l'article 1421 du Code civil, envers la communauté et non envers son conjoint de sorte que les dommages-intérêts alloués en réparation du préjudice constituent une créance commune et non une créance personnelle de ce conjoint* »[7]. En conséquence, et en l'espèce, les fautes de gestion invoquées par l'épouse à l'encontre de son mari (absence de déclaration de l'état de cessation des paiements), à les supposer fondées, ne pouvaient donner lieu à paiement à son profit.

2) Dans le **régime de la séparation de biens**, le principe étant que chaque époux reste tenu des dettes nées de sa personne, avant ou pendant le mariage. Seules les dettes contractées pour l'entretien du ménage ou l'éducation des enfants les engagent solidaire-

1. Civ. 1re, 17 janv. 2006, no 02-20.636, P (préc., v. ss no 0141.221) ; *RTD civ.* 2006. 359, obs. B. Vareille ; *D.* 2006. 1277, note V. Bonnet ; *JCP* 2006, I, no 193, obs. Ph. Simler ; *Dr. et pr.* 2006. 276, obs. Ph. Hoonakker.
2. Paris, 8e ch., sect. B, 7 nov. 2002, *Dr. et proc.* 2003. 167, obs. P. Caille.
3. Civ. 2e, 7 juill. 2011, no 10-20.923, P II, no 160 ; *Procédures* 2001. Comm. 12, note R. Perrot.
4. Sur la responsabilité encourue par l'établissement de crédit en raison du retard dans la mise à disposition de la somme équivalent au salaire : Civ. 2e, 27 mai 2004, no 02-13.896, P II, no 252 ; *Dr. et proc.* 2004. 341, obs. J.-J. Bourdillat ; *Gaz. Pal.* 13-14 avr. 2005, p. 30, obs. C. Brenner – Reims, ch. civ., JEX, 13 oct. 2015, RG no 14/02756, *Gaz. Pal. dr. banc.* 2016 : lorsque les gains et salaires du conjoint de l'époux débiteur sont versés sur un compte, l'application des art. 1414, al. 2, C. civ. et R. 162-9 C. pr. exéc. aboutit à rendre l'ensemble des fonds versés sur le compte saisissables, à l'exception d'un montant déterminé équivalent au dernier salaire, et il appartient à l'époux non débiteur de présenter une demande à l'établissement bancaire en ce sens après la dénonciation de la saisie, faute de quoi le caractère fongible des fonds versés sur le compte joint ne permet plus de les protéger comme gains et salaires du conjoint.
5. Sur le fait que la demande de conversion en vente volontaire d'une adjudication sur saisie d'un bien immobilier commun à des époux est un acte d'administration susceptible d'être formé par un seul d'entre eux : Civ. 2e, 11 janv. 2007, no 04-18.792, P I, no 1 ; *RD banc. fin.* 2007, no 79.
6. Sur la reconnaissance de la faute de gestion commise par une épouse ayant contracté ving-cinq prêts à la consommation, et qui a notamment laissé son époux dans l'ignorance de cet endettement croissant, v. Civ. 1re, 14 mars 2012, no 11-15.369, P I, no 59.
7. Civ. 1re, 1er févr. 2012, no 11-17.050, P I, no 21.

ment (C. civ., art. 1536). Des difficultés peuvent toutefois surgir du fait qu'un époux oppose au créancier poursuivant la propriété du bien saisi. Pour tenter de limiter ce type de difficulté, le législateur a mis en place une série de mécanismes. Le contrat de mariage peut tout d'abord prévoir, par l'une de ses clauses, que tel bien ou telle catégorie de biens est réputé appartenir à l'un ou l'autre des époux. La présomption qui en résulte reste toutefois simple, ce qui autorise sa preuve contraire par le créancier saisissant. En outre, il se peut que le bien soit acquis, pendant le mariage, par les époux ensemble, auquel cas il est présumé indivis par application de l'article 1538 alinéa 3 C. civ., aux termes duquel « *les biens sur lesquels aucun des époux ne peut justifier d'une propriété exclusive sont réputés leur appartenir indivisément, à chacun pour moitié* ». Lorsque la dette recouvrée est personnelle à l'un des conjoints, il appartiendra alors au créancier de justifier que les biens saisis sont la propriété exclusive de son débiteur[1]. On rappellera enfin qu'à propos de la saisie de comptes bancaires joints, la première chambre civile, le 20 mai 2009[2], a décidé que « *lorsque le créancier d'un époux marié sous le régime de la séparation de biens fait pratiquer une saisie sur un compte ouvert au nom des époux, il lui appartient d'identifier les fonds de l'époux débiteur* » s'il entend faire porter la mesure sur un montant dépassant la moitié du solde. Cette solution rend la situation du créancier saisissant délicate, car il doit donc faire la preuve de ce que les fonds qu'il entend saisir sont la propriété de son débiteur.

3) Dans le **régime de la participation aux acquêts** (C. civ., art. 1569), chacun des époux conserve l'administration, la jouissance et la libre disposition de ses biens personnels, sans distinguer entre ceux qui lui appartenaient au jour du mariage ou lui sont advenus depuis par succession, libéralité ou acquisition. Pendant la durée du mariage, ce régime fonctionne comme si les époux étaient mariés sous le régime de la séparation de biens. Il en résulte que seules les dettes contractées pour l'entretien du ménage ou l'éducation des enfants les engagent solidairement.

0144.147 Sort des dettes antérieures au mariage. Le principe est posé que les dettes, dont chaque époux est tenu à la date de célébration du mariage ou dont se trouvent grevées les successions ou libéralités qui leur échoient pendant le mariage, demeurent personnelles, tant en capitaux qu'en arrérages ou intérêts (C. civ., art. 1410). Il est cependant loisible aux créanciers de saisir les biens de la communauté lorsque le mobilier appartenant au conjoint au jour du mariage, ou qui lui est échu par succession ou libéralité, a été confondu dans le patrimoine commun et ne peut plus être identifiable par inventaire, preuve préconstituée, écrits, documents de banque et factures (C. civ., art. 1411 et 1402)[3].

S'il y a confusion des biens propres du débiteur et des biens communs, hypothèse envisagée par l'article 1402 C. civ., les biens relevant de la communauté pourront alors faire l'objet d'une mesure d'exécution forcée[4].

§ 2
Régimes matrimoniaux et procédures collectives

0144.151 a) Régime de la communauté légale : sort des créanciers du conjoint en liquidation judiciaire. Le gage des créanciers du conjoint en liquidation judiciaire est constitué de ses biens propres et des biens communs, à l'exception des salaires et gains du conjoint *in bonis* (C. civ., art. 1413 et 1414). Le paiement des dettes dont chaque époux est tenu pendant la communauté peut en effet être poursuivi sur les biens communs (sauf fraude de l'époux et mauvaise foi du créancier et sauf la récompense due à la communauté s'il y a lieu). À cet égard, l'article L. 624-5 C. com. décide que le conjoint du débiteur soumis à une procédure de sauvegarde (règle applicable, par renvoi, aux procédures de redressement et de liquidation judiciaire, C. com. anc. art. L. 622-14) établit la consistance de ses biens personnels conformément aux règles des régimes matrimoniaux et dans les conditions prévues par les articles L. 624-9 et L. 624-10 C. com.

L'article L. 624-6 C. com. précise que le mandataire judiciaire ou l'administrateur peut prouver par tous moyens que les biens acquis par le conjoint du débiteur l'ont été avec des valeurs fournies par celui-ci et demander que les acquisitions ainsi faites soient réunies à l'actif[5].

0144.152 Régime de la communauté légale : sort des créanciers du conjoint *in bonis*. En raison de la procédure collective, les créanciers du conjoint de la personne mariée sous un régime de communauté et soumise à cette procédure, voient leurs poursuites limitées en raison de l'application de l'article 1413 C. civ. Cela s'explique puisque les biens sont collec-

1. Paris, 29 oct. 1998, *Gaz. Pal.* 7 mars 2000, p. 4.
2. Civ. 1re, 20 mai 2009, no 08-12.922, P I, no 102 ; *Dr. et proc.* 2009. 278, obs. Vinckel ; *RTD civ.* 2009. 578, obs. R. Perrot ; *Dr. et patr.* déc. 2009. 100, obs. Lefort.
3. Pour l'hypothèse de la production d'un contrat de mariage : Civ. 1re, 28 janv. 2003, no 00-16.748, NP.
4. Sur la présomption de communauté et de confusion : Civ. 1re, 8 avr. 2009, no 08-13.005, NP.
5. Pour une illustration, v. Com. 10 janv. 2006, no 04-18.817, P IV, no 3 ; *D.* 2006. AJ 302, obs. A. Lienhard.

tivement appréhendés par l'effet de la procédure. Il semble que cette limitation subséquente a vocation à s'appliquer à toutes les procédures, et pas uniquement à la liquidation judiciaire.

Un arrêt d'assemblée plénière du 23 décembre 1994 a d'ailleurs décidé que les créanciers de l'époux *in bonis* dont le conjoint fait l'objet d'une liquidation judiciaire ne peuvent, par l'effet du dessaisissement de la personne en liquidation, exercer des poursuites sur les biens communs, hors les cas où les créanciers du conjoint débiteur soumis à la procédure collective peuvent eux-mêmes agir[1]. Les créanciers de l'époux *in bonis* sont donc soumis au régime de l'arrêt des poursuites individuelles énoncé par l'article L. 622-21 C. com., et ce, que le conjoint soit en redressement judiciaire ou en liquidation (C. com., art. L. 622-24)[2]. Poursuivant cette logique, la Cour de cassation a plus récemment jugé que « *les salaires d'un époux marié sous un régime de communauté sont des biens communs frappés par la saisie collective au profit des créanciers de l'époux mis en procédure collective qui ne peuvent être saisis, pendant la durée de celle-ci, au profit d'un créancier de l'époux, maître de ses biens Ils doivent alors déclarer leur créance au représentant des créanciers du conjoint visé par la procédure collective* »[3].

Ils doivent notamment, s'ils sont titulaires d'une sûreté (privilège spécial, nantissement ou hypothèque), respecter les dispositions combinées des articles L. 642-18 et L. 643-2 C. com., relatives à la réalisation de l'actif dans le cadre de la liquidation judiciaire, en présentant une requête au juge-commissaire de l'époux commun en bien qui fait l'objet de la procédure de liquidation afin d'obtenir l'autorisation de procéder à la vente aux enchères. L'ordonnance se substitue au commandement de droit commun à l'égard du conjoint en liquidation. Elle ne dispense cependant pas le créancier de délivrer ce commandement au conjoint *in bonis.*

Les créanciers de l'époux *in bonis* doivent également déclarer leur créance afin de participer à la procédure de répartition du prix de vente du bien grevé par leur sûreté, sans que cette omission n'affecte pour autant l'existence de leurs droits hypothécaires[4]. L'arrêt susvisé précise en effet que si « *la liquidation d'une personne mariée sous le régime de la communauté de biens ne modifie pas les droits que les créanciers de son conjoint tiennent du régime matrimonial* », il n'en demeure pas moins qu'ils ne peuvent poursuivre les biens communs « *en dehors des cas où les créanciers du débiteur soumis à la liquidation judiciaire peuvent eux-mêmes agir* », tant par l'effet du dessaisissement que par la nature indivisible de la sûreté. L'absence de déclaration au passif du conjoint liquidé ne met pas obstacle à la procédure de vente aux enchères. Toutefois, les créanciers ne peuvent obtenir de règlement sur le solde du prix de l'immeuble grevé qu'après paiement des créanciers admis à la procédure collective[5].

Rien n'interdit cependant au créancier du conjoint *in bonis* de constituer une hypothèque sur un immeuble commun, en dépit de la procédure collective ultérieure affectant son époux[6]. Dans ce cas, l'hypothèque constituée est valable jusqu'à concurrence de la part du conjoint *in bonis* dans l'immeuble ultérieurement vendu.

En revanche, si une hypothèque est constituée sur un immeuble commun depuis la date de cessation des paiements du conjoint pour sûreté d'une dette antérieurement contractée par l'époux *in bonis*, cette hypothèque est nulle pour le tout[7]. Il en va de même lorsque la sûreté n'a pas été publiée au jour du jugement d'ouverture de la procédure collective par application de l'article L. 621-48 C. com. (devenu C. com., art. L. 622-28)[8].

Dans la logique de cette jurisprudence, on peut relever une décision qui a rendu opposable aux créanciers du conjoint *in bonis* les termes du plan de continuation lorsque les biens communs sont indispensables à la réussite de ce plan[9].

0144.153 b) Régime de la séparation de biens. Le conjoint débiteur objet de la procédure collective ne peut être dessaisi que de ses biens propres puisque ses dettes professionnelles ne peuvent avoir été engagées pour l'entretien du ménage ou l'éducation des enfants (C. civ., art. 220). Dans l'hypothèse où les époux ont acquis en indivision un immeuble et ont emprunté auprès d'une banque – ce qui rend le conjoint *in bonis* codébiteur solidaire de l'époux en liquidation de biens à l'égard de la banque – celle-ci

1. Cass., ass. plén., 23 déc. 1994, n° 90-15.305, P, n° 7 ; *JCP* 1995. II. 22401, obs. Randoux ; *Rev. huiss.* 1995. 961, obs. Courtier – V. AUSSI, pour le cas où les biens propres d'un époux commun en biens et dont le conjoint fait l'objet d'une procédure collective, Civ. 2e, 10 févr. 2011, n° 10-13.590, NP.
2. À propos d'une hypothèque constituée sur un immeuble commun : Com. 14 oct. 1997, n° 96-12.853, P IV, n° 260 ; *D.* 1998. 134, obs. J. Revel ; 377, obs. S. Piedelièvre ; *Gaz. Pal.* 11 févr. 1998, p. 15 ; *JCP E* 29 janv. 1998, n° 5 ; *JCP* 1998. I. 149.
3. Com. 16 nov. 2010, n° 09-68.459, P IV, n° 476 ; *D.* 2011. 1509, obs. A. Leborgne ; *AJ fam.* 2011. 113, obs. P. Hilt ; *RD banc. fin.* janv. 2011, n° 24, note S. Piedelièvre.
4. Com. 14 mai 1996, n° 94-11.366, P IV, n° 129 ; *D.* 1997. Chron. 117, note F. Derrida.
5. Com. 16 mars 1999, n° 96-18.774, NP ; *Procédures* 2000, n° 156.
6. Com. 20 juin 1995, n° 93-10.331, P IV, n° 183.
7. Com. 2 avr. 1996, n° 93-20.562, P IV, n° 106 ; *D.* 1996. Somm. 340, obs. F. Derrida.
8. Com. 20 mai 1997, nos 95-16.192 et 95-20.943, P IV, n° 153 ; *LPA* 1998, n° 102, p. 21.
9. Agen, 11 sept. 1995, *JCP* 1996. IV. 569.

est tenue de suivre à son encontre la procédure de droit commun en matière de vente immobilière lorsqu'elle souhaite réaliser le bien hypothéqué. Cette procédure diffère de celle prévue par l'article L. 642-18 C. com. qui prévoit une autorisation de vente par le juge-commissaire[1]. Encore faut-il distinguer deux hypothèses.

0144.154 Régime de la séparation de biens (1). Lorsque l'hypothèque a été consentie sans l'accord du conjoint soumis à la procédure collective, celle-ci ne produit effet que sous condition d'attribution de l'immeuble au constituant lors du partage effectué dans les termes de l'article 815-17 alinéa 3 C. civ. (v. s[s] n° 0144.163).

0144.155 Régime de la séparation de biens (2). Lorsque l'hypothèque a été consentie avec l'accord du conjoint soumis à la procédure collective sur l'immeuble qu'ils possèdent en indivision, le créancier peut poursuivre la saisie et la vente de l'immeuble avant le partage[2] et prétendre au paiement intégral de sa créance sur le prix de vente du bien indivis sur le seul fondement de la dette de la caution *in bonis* (C. civ., art. 2414) sans que les organes de la procédure collective puissent prétendre à cantonnement de la partie du prix correspondant à la quote-part du conjoint soumis à la procédure collective[3].

Les dispositions de l'article L. 624-5 C. com. permettant au conjoint du débiteur soumis à une procédure collective de faire établir la consistance de ses biens personnels, s'appliquent également.

Rappelons, à cet égard, que les présomptions de propriété énoncées au contrat de mariage sont opposables aux créanciers de la procédure collective, sauf à ceux-ci à établir la preuve contraire par tous les moyens propres à prouver que les biens n'appartiennent pas à l'époux que la présomption désigne, ou même, s'ils lui appartiennent, qu'il ne les a acquis qu'ensuite d'une libéralité de l'époux soumis à la procédure collective (C. civ., art. 1538).

Lorsque le divorce est transcrit postérieurement à la liquidation judiciaire de l'un des conjoints, le liquidateur, habilité à agir sur l'immeuble litigieux avant la création de l'indivision post-communautaire, est recevable à poursuivre la vente forcée par application de l'article 815-17 alinéa 1er C. civ. À cet égard, la notification de l'ordonnance du juge-commissaire au seul conjoint en liquidation ne peut faire grief à l'autre conjoint puisque les dispositions protectrices de l'article 215 alinéa 3 C. civ. relatives au logement familial sont inapplicables en cas de vente forcée[4].

0144.156 Cas particulier du conjoint collaborateur. L'article L. 121-3 C. com. pose le principe que « *le conjoint d'un commerçant n'est réputé lui-même commerçant que s'il exerce une activité commerciale séparée de celle de son époux* ». Il s'agit d'une présomption irréfragable dont bénéficie le conjoint du commerçant mentionné en qualité de conjoint collaborateur au registre du commerce et au registre national des entreprises. Il ne peut donc lui-même en exciper pour échapper à des voies d'exécution en se plaçant sous la protection d'une procédure collective. Cette présomption peut toutefois être combattue par les tiers qui doivent alors démontrer que l'époux collaborateur a accompli des actes de commerce de façon habituelle et indépendante au sein de l'activité commune du couple, en effectuant notamment des opérations commerciales sur son compte bancaire, en accomplissant des actes de disposition, en souscrivant des engagements personnels auprès de tiers commerçants dans l'intérêt du commerce (avec un franchiseur ou un établissement de crédit, par ex.)[5]. Reste que la jurisprudence de la Cour de cassation est traditionnellement assez stricte pour qualifier l'exercice d'une activité commerciale à titre de profession habituelle par le conjoint collaborateur du commerçant.

SECTION 8

EXISTENCE D'UNE INDIVISION

0144.161 Créanciers de l'indivision. Les créanciers de l'indivision[6] ont le droit saisir les biens indivis afin d'être payés par prélèvement sur l'actif avant le partage. Il reste à déterminer ces créanciers[7]. Aucune distinction n'est faite au sein des créanciers

1. Com. 28 janv. 1997, n° 94-14.763, P IV, n° 37 ; *Rev. huiss.* 1997. 1454, obs. Courtier.
2. Civ. 1re, 20 nov. 1990, n° 89-13.876, P I, n° 259 ; *RTD civ.* 1992. 147, obs. F. Zenati.
3. Civ. 1re, 14 juin 2000, n° 98-10.577, P I, n° 182 ; *D.* 2000. 318, obs. A. Lienhard.
4. Civ. 1re, 21 mai 1997, n° 95-14.102, P I, n° 163 ; *Rev. huiss.* 1997. 252 ; *Gaz. Pal.* 1er mai 1998, p. 28, obs. Véron – Sur la question du changement de régime matrimonial et de la procédure collective concomitante d'un conjoint : *LPA* 26 août 1998, n° 102.
5. Com. 27 mai 1986, n° 85-12.110, P IV, n° 101 ; *RTD com.* 1986. 514, obs. J. Derrupé – Com. 15 juill. 1987, n° 85-17.220, P IV, n° 183 ; *RTD com.* 1988. 421, obs. J. Derrupé – Com. 21 mai 1996, n° 93-18.408, NP ; *D.* 1996. 162 – Douai, 13 mars 1997, *JCP* 1988. I. 111 – Sur les conséquences de l'absence de confusion des patrimoines, Com. 15 mars 2005, n° 03-19.359, P IV, n° 55 ; *D.* 2005. AJ 952, obs. A. Lienhard.
6. Laquelle n'a pas la personnalité juridique ; il s'ensuit, par exemple, qu'un commandement d'avoir à libérer les lieux ne peut pas être délivré au nom de celle-ci : Civ. 2e, 9 juin 2011, n° 10-19.241, P II, n° 129.
7. Pour un liquidateur : Civ. 1re, 21 mai 1997, n° 95-14.102, P I, n° 163.

de l'indivision entre ceux qui auraient pu agir sur les biens indivis avant qu'il y ait eu indivision et ceux qui tiennent leur créance d'un acte de conservation ou de gestion des biens indivis[1]. Dans les deux hypothèses, ils sont payés par prélèvement sur l'actif avant le partage[2]. Ils peuvent en outre poursuivre la saisie et la vente des biens indivis (C. civ., art. 815-17, al. 1er)[3], et ce, même si l'indivision a fait l'objet d'une convention (C. civ., art. 1873-15, al. 1er). La possibilité pour le créancier d'un époux de saisir les biens indivis, même s'ils sont compris dans une indivision post-communautaire, suppose que le fait générateur de la dette soit né avant que cette communauté ne soit dissoute[4]. Tel est notamment le cas lorsque la condamnation à une indemnité prononcée contre l'un des conjoints est postérieure au mariage, mais a pour cause des actes commis durant celui-ci. La dette est commune en vertu de l'article 1409 C. civ. et peut donc être recouvrée sur un immeuble indivis[5].

On relèvera qu'un arrêt de la première chambre civile a jugé, le 13 décembre 2005, s'agissant des créanciers dont la créance est née antérieurement à la dissolution de la communauté, que ces derniers ont la possibilité de poursuivre la saisie et la vente des biens dépendant de l'indivision post-communautaire. Aussi, ces créanciers de l'indivision préexistante à l'ouverture de la procédure collective de l'un des indivisaires, qui auraient pu agir sur les biens indivis avant qu'il y eût indivision, conservent leur droit de poursuivre la saisie de ces biens, en dépit de l'ouverture de cette procédure. En conséquence, « *l'extinction de la créance, faute de déclaration au passif de l'indivisaire soumis à la procédure collective, est sans incidence sur le droit de poursuivre les biens indivis que le créancier de l'indivision tient de l'article 815-17, alinéa 1er, du Code civil* »[6].

Par ailleurs, dans le cadre d'une procédure collective, la jurisprudence a estimé que les créanciers d'une indivision préexistante à cette procédure de l'un des indivisaires, ne sont pas touchés par la règle de l'interdiction des poursuites[7]. La saisie et la vente sont alors possibles.

0144.162 Créanciers personnels de l'indivisaire. La situation des créanciers personnels de l'indivisaire est différente puisqu'ils ne peuvent saisir la part de leur débiteur dans les biens indivis. Il faut distinguer selon qu'il y a ou non convention d'indivision.

Quelle que soit la situation, **les créanciers personnels ne peuvent saisir la part de leur débiteur dans les biens indivis**, meubles ou immeubles (C. civ., art. 815-17, al. 2 et 1873-15, al. 1er)[8]. S'agissant du domaine de la prohibition, la jurisprudence reconnaît que celle-ci s'applique sauf si le créancier est créancier de l'ensemble des coïndivisaires solidairement tenus à son égard. Dans cette éventualité, le créancier n'est dès lors pas tenu de provoquer le partage du bien indivis sur lequel la poursuite s'exerce[9]. Ces dispositions s'appliquent aussi aux saisies conservatoires lorsqu'elles entraînent dépossession de l'indivisaire[10]. Il est néanmoins loisible aux créanciers de procéder à la prise d'une sûreté judiciaire, par inscription d'hypothèque notamment, sur la quote-part de propriété du débiteur indivis, une telle mesure conservatoire n'entraînant pas dépossession de l'indivisaire[11]. Cette sûreté pourra toutefois être dépourvue d'effet utile si le bien grevé n'est pas attribué au débiteur à l'issue du partage. En outre, en vertu de l'article 815-17 alinéa 1er C. civ., les créanciers de l'indivisaire titulaires d'une créance peuvent mettre en œuvre une saisie si la créance résulte de la conservation ou de la gestion des biens indivis, et ce sans être tenus d'attendre l'issue des opérations de partage[12] ; la jurisprudence fait une application large de cette faculté[13].

1. Pour un indivisaire titulaire d'une créance antérieure sur l'indivision : Civ. 1re, 4 juill. 2007, n° 06-13.770, P I, n° 254 ; *D.* 2008. 2249, obs. J. Revel – Pour le titulaire d'une sûreté légale (prêteur) née antérieurement à l'indivision, v. Civ. 1re, 9 janv. 2019, n° 17-27.411, P ; *D.* 2019. 1428, note Ph. Théry et C. Gijsbers ; *RDI* 2019. 211, obs. H. Heugas-Darraspen ; *Rev. prat. rec.* 2020. 19, chron. O. Salati ; *RTD civ.* 2019. 155, obs. P. Crocq : ce privilège grevant de plein droit la totalité de l'immeuble acquis, même s'il est né du chef d'un seul acquéreur, le prêteur peut poursuivre la vente forcée de l'immeuble indivis sans engager préalablement une procédure de partage.
2. Civ. 1re, 20 févr. 2001, n° 98-13.006, P I, n° 41 ; *D.* 2001. 906 ; *Dr. et proc.* 2001. 253, obs. C. Brenner – Pour le liquidateur pouvant agir lorsque la liquidation judiciaire est antérieure à la naissance de l'indivision : Com. 18 févr. 2003, n° 00-13.100, P IV, n° 22 ; *D.* 2003. AJ 766, obs. A. Lienhard.
3. Pour une ILLUSTRATION : Civ. 1re, 13 déc. 2005, n° 02-17.778, P I, n° 494.
4. Civ. 1re, 3 déc. 2008, n° 06-20.150, NP.
5. Civ. 1re, 25 févr. 2003, n° 00-22.672, P I, n° 53 ; *D.* 2003. 805.
6. Civ. 1re, 13 déc. 2005, n° 02-17.778, P I, n° 494 ; *D.* 2006. AJ 302, obs. A. Lienhard.
7. Com. 18 févr. 2003, n° 00-11.008, P IV, n° 21 ; *D.* 2003. 766, obs. A. Lienhard ; 1620, obs. P.-M. Le Corre.
8. Civ. 1re, 15 juill. 1999, n° 97-14.361, P I, n° 243 – V. Civ. 1re, 9 janv. 2019, n° 17-27.411, P (préc., v. s^s^ n° 0144.161) pour un cas de responsabilité du notaire vis-à-vis de la banque prêteuse, qui avait inscrit le privilège du prêteur de deniers sur la seule quote-part indivise de l'emprunteur, la banque ayant de ce fait la qualité de créancier personnel du seul coïndivisaire emprunteur, et se trouvant dans l'impossibilité d'exercer son droit de poursuite sur l'immeuble indivis.
9. Civ. 1re, 6 nov. 2001, n° 98-20.518, P I, n° 271 ; *RTD civ.* 2002. 150, obs. R. Perrot.
10. Civ. 2e, 4 oct. 2001, n° 99-19.986, P II, n° 151 ; *RTD civ.* 2002. 150, obs. R. Perrot.
11. Civ. 3e, 2 nov. 1983, n° 82-11.547, P III, n° 212 ; *RTD civ.* 1984. 174, obs. R. Perrot.
12. Civ. 1re, 20 févr. 2001, n° 98-13.006, P I, n° 41 ; *RTD civ.* 2001. 642, obs. J. Patarin ; p. 916, obs. T. Revet.
13. Civ. 1re, 4 juill. 2007, n° 06-13.770, P I, n° 254 ; *D.* 2008. 2245, obs. V. Brémond, M. Nicod et J. Revel.

0144.163 Prérogatives du créancier personnel d'un indivisaire. Le droit de poursuite des créanciers personnels d'un indivisaire, on le sait, est aménagé par l'article 815-17 C. civ., car s'ils ne peuvent saisir sa part dans les biens indivis, ils ont néanmoins la faculté de provoquer le partage au nom de leur débiteur[1], ou d'intervenir dans le partage provoqué par lui, à condition toutefois que le débiteur indivis puisse lui-même provoquer ce partage[2]. Les coïndivisaires ont alors la possibilité d'arrêter le cours de l'action en partage en acquittant l'obligation au nom et en l'acquit du débiteur. Ils se remboursent alors par prélèvement sur les biens indivis (C. civ., art. 815-17 et 1873-15, al. 3).

En matière de procédure collective, si le passif a été admis, le coïndivisaire n'est pas démuni. Il a ainsi été jugé par la première chambre civile, le 27 mai 2010, que « *viole l'article 815-17, alinéa 3, du Code civil, aux termes duquel les créanciers personnels d'un indivisaire ont la faculté de provoquer le partage au nom de leur débiteur et les coïndivisaires celle d'arrêter le cours de l'action en partage en acquittant l'obligation au nom et en l'acquit du débiteur, l'exercice de cette dernière faculté supposant que les coïndivisaires connaissent le montant de la dette qu'ils doivent payer pour arrêter le cours de l'action, la cour d'appel qui, pour ordonner le partage et la licitation de l'immeuble, retient que le coïndivisaire ne peut arrêter le cours de l'action en partage qu'en acquittant l'obligation du débiteur laquelle s'élève au montant du passif vérifié et admis, régulièrement publié au BODACC, alors que la demande du coïndivisaire visait à déterminer le montant actualisé de la créance, compte tenu des actifs recouvrés et qu'en l'absence de justification par le liquidateur du montant du passif restant dû, le coïndivisaire n'est pas en mesure d'exercer la faculté d'arrêter le cours du partage, étant dans l'ignorance du montant de la somme à acquitter* »[3].

0144.164 Créanciers personnels de l'indivisaire et convention d'indivision. En présence d'une convention d'indivision, les créanciers personnels de l'indivisaire ne peuvent provoquer le partage au nom de leur débiteur que dans les cas où le débiteur indivis pourrait lui-même provoquer ce partage (C. civ., art. 1873-15, al. 2). En cas de convention d'indivision à durée déterminée, les créanciers peuvent provoquer un partage avant terme s'ils justifient de justes motifs tenant de l'indivision elle-même (C. civ., art. 1873-3, al. 1er). Lorsque la convention est à durée indéterminée, le partage peut être provoqué à tout moment par les créanciers, pourvu que ce ne soit pas de mauvaise foi et à contretemps (C. civ., art. 1873-3, al. 2).

En contrepartie de la limitation du droit du créancier individuel du débiteur à provoquer le partage de l'indivision, il lui est permis de poursuivre la saisie et la vente de la quote-part de son débiteur dans l'indivision selon les formes prévues par le Code de procédure civile, c'est-à-dire en mettant en œuvre les procédures d'exécution mobilières (C. civ., art. 1873-15, al. 2, *in fine*).

0144.165 Créancier personnel d'un indivisaire *in bonis* et liquidation judiciaire d'un membre de l'indivision. Le créancier personnel d'un indivisaire *in bonis*, dont l'un des membres de l'indivision est en liquidation judiciaire, ne peut en poursuivre le recouvrement par voie de saisie mobilière ou immobilière : « *Le dessaisissement de la personne interdit aux créanciers de l'indivisaire* in bonis *de poursuivre sur les biens communs en dehors des cas où les créanciers de la liquidation judiciaire peuvent eux-mêmes agir* »[4].

0144.166 Cas particulier de la réalisation d'un bien indivis hypothéqué. Lorsqu'il souhaite poursuivre la réalisation du bien indivis hypothéqué par voie de saisie immobilière, le créancier, même titulaire d'une hypothèque consentie par tous les coïndivisaires, est tenu de présenter requête au juge-commissaire dans les conditions de licitation définies par l'article L. 642-18 C. com.[5]. Cette ordonnance se substitue au commandement de droit commun à l'égard de l'indivisaire liquidé. Le créancier reste toutefois tenu de délivrer un commandement de droit commun aux coïndivisaires *in bonis*, maîtres de leurs biens[6].

Le créancier hypothécaire du coïndivisaire maître de ses biens au titre d'une indivision peut poursuivre la saisie immobilière du bien grevé dès lors que le liquidateur de l'indivisaire soumis à la procédure

1. POUR UN EX. de carence du débiteur susceptible de compromettre les droits du créancier personnel d'un indivisaire : Civ. 1re, 23 mai 2006, n° 05-18.065, P I, n° 263 – Sur la possibilité pour le liquidateur de l'indivisaire de provoquer partage et licitation de l'immeuble indivis : Com. 3 oct. 2006, n° 05-16.463, P IV, n° 194 – Et pour un bien indivis servant au logement de la famille, v. Civ. 1re, 16 sept. 2020, n° 19-15.939, P, affirmant que « *les dispositions protectrices du logement familial de l'article 215, alinéa 3, du Code civil ne peuvent, hors le cas de fraude, être opposées aux créanciers personnels d'un indivisaire usant de la faculté de provoquer le partage au nom de leur débiteur en application de l'article 815-17, alinéa 3, du même code* ».
2. Civ. 1re, 17 mai 1982, n° 81-12.312, P I, n° 176 – Civ. 1re, 11 mars 2003, n° 01-12.170, P I, n° 65.
3. Civ. 1re, 27 mai 2010, n° 09-11.460, P I, n° 123.
4. Cass., ass. plén., 23 déc. 1994, n° 90-15.305, P, n° 7 ; *D.* 1995. 145, rapp. Chartier, note F. Derrida ; *RTD com.* 1995. 657, obs. A. Martin-Serf.
5. L'ordonnance du 18 décembre 2008 en précise les nouvelles modalités, notamment par renvoi aux dispositions du Code civil applicables en la matière – V. AUSSI les dispositions de C. com., art. R. 642-22 s.
6. Com. 22 avr. 1997, n° 94-19.420, P IV, n° 99 ; *Gaz. Pal.* 11 févr. 1998. 15.

collective n'a pas entrepris la liquidation du bien dans les trois mois à compter du jugement ayant prononcé la liquidation par application de l'article L. 643-2 C. com. Le créancier peut poursuivre la saisine et la vente du bien avant le partage de l'indivision en application des dispositions de l'article 2412 C. civ.[1] L'interdiction des procédures d'exécution à l'encontre de la personne en procédure collective est sans effet à l'égard du coïndivisaire, maître de ses biens[2].

0144.167 Créancier personnel d'un indivisaire en liquidation judiciaire. L'article 815-17 alinéa 2 C. civ. énonce un principe d'interdiction de la saisie de la part indivise du débiteur coïndivisaire par un créancier personnel. Cette interdiction s'applique à l'ensemble du bien indivis et non à la seule quote-part de l'indivisaire soumis à la procédure collective.

Lorsque le liquidateur reçoit un bien indivis dans l'actif de la liquidation, ni lui, ni le juge-commissaire n'ont le pouvoir d'imposer au coïndivisaire étranger à la procédure collective les conditions de licitation telles que définies par l'article L. 642-18 C. com. Dans cette hypothèse, le liquidateur est tenu de procéder par les voies du droit commun pour provoquer le partage de l'immeuble conformément à l'article 815-17 alinéa 3 C. civ.[3] Si le mandataire exerce cette action en partage, il ne saurait réclamer un paiement par prélèvement sur les biens indivis, les deux actions ayant une nature différente[4]. Toutefois, les coïndivisaires *in bonis* peuvent s'opposer au partage en acquittant les dettes du coïndivisaire concerné par la procédure collective[5].

Pour arrêter le cours de l'action en partage, les coïndivisaires du débiteur en liquidation doivent attendre la vérification de son passif qui permet de connaître précisément le montant de la dette qu'ils auront à acquitter. La déclaration de créances doit avoir fait l'objet d'une décision définitive d'admission au passif de la liquidation judiciaire de l'indivisaire. À défaut, les coïndivisaires du débiteur en liquidation ne sont pas en mesure de connaître le montant de la dette auxquels ils sont tenus pour arrêter le cours de l'action en partage et celui-ci ne peut, dans cette hypothèse, être ordonné[6].

Lorsque le liquidateur, autorisé par le juge-commissaire, décide de vendre sur saisie immobilière le bien indivis qui se trouve inclus dans l'actif du débiteur en liquidation, il doit adresser à peine de nullité des opérations de saisie un commandement de payer au conjoint coïndivisaire *in bonis*[7]. Les créanciers de l'époux *in bonis* sont alors payés sur le prix de vente de l'immeuble même si l'hypothèque a été prise sur le bien indivis uniquement par un des indivisaires, l'hypothèque étant en effet valable jusqu'à concurrence de la part de l'époux *in bonis* dans l'immeuble vendu[8].

1. Pour une application : Civ. 1re, 28 juin 2005, n° 02-20.452, P I, n° 283.
2. Com. 19 déc. 2000, n° 97-17.728, P IV, n° 202 ; *JCP* 2000. IV. 1344.
3. Rouen, 19 mars 1992, *JCP* 1993. IV. 893.
4. Civ. 1re, 3 déc. 1996, n° 94-19.229, P I, n° 430 ; *LPA* 1996, n° 7, p. 14.
5. Civ. 1re, 20 déc. 1993, n° 92-11.189, P I, n° 378 ; *D.* 1994. 358.
6. Civ. 1re, 20 déc. 1993, n° 92-11.189, P I, n° 378 ; *RTD civ.* 1994. 393, obs. J. Patarin ; *Defrénois* 1998. 254, obs. Sénéchal – SUR CETTE QUESTION, v. J. Gasti, « La sauvegarde des intérêts des coindivisaires du débiteur », *JCP E* 1999. 1762.
7. Com. 28 janv. 1997, n° 94-14.763, P IV, n° 37 ; *LPA* 1998, n° 102.
8. Com. 20 juin 1995, n° 93-10.331, P IV, n° 183 ; *D.* 1997. 1.

TITRE

015. Les tiers et leurs obligations

SECTION 0

ORIENTEUR

015.00 Sommaire du titre.

Division. Les tiers à l'exécution (chap. 151) ont des obligations (chap. 152) et des droits (chap. 153).

015.03 Bibliographie indicative.

Ouvrages[1]. M. et J.-B. DONNIER, *Voies d'exécution et procédures d'exécution*, 10e éd., LexisNexis, 2020 – A. LEBORGNE, *Droit de l'exécution*, 3e éd., « Précis », Dalloz, 2019 – R. PERROT et Ph. THÉRY, *Procédures civiles d'exécution*, 3e éd., Dalloz, 2013 – *Code des procédures civiles d'exécution*, commenté, 13e éd., Dalloz, 2025.

015.05 Présentation générale : les tiers, devoirs et sanctions. Parmi les personnes qui concourent à l'exécution et au recouvrement des créances, le Code des procédures civiles d'exécution, dans le chapitre III du titre II du livre Ier, partie législative et partie réglementaire, a mis les tiers en avant. Deux articles leur sont spécifiquement consacrés, les articles L. 123-1 et R. 123-1. L'article L. 123-1 est le texte le plus général, il définit ce qui est attendu d'eux en termes soit d'abstention, soit de participation ; quant à l'article R. 123-1, il vise la situation particulière dans laquelle une mesure d'exécution forcée ou une mesure conservatoire est pratiquée entre ses mains sur le fondement d'un jugement de condamnation du débiteur, et affirme que dans cette situation, par souci de confidentialité, « *seul le dispositif est porté à sa connaissance* ».

Sur un plan général, en incluant les tiers dans la catégorie des personnes concourant à l'exécution et au recouvrement des créances, le Code des procédures civiles d'exécution a donc choisi de les présenter comme des collaborateurs à l'exécution. Cette expression policée doit cependant être bien comprise, car comme les mesures d'exécution forcée, ou les mesures conservatoires, peuvent impliquer des personnes étrangères à la dette originaire dans une opération devenant triangulaire, il est essentiel que ces tiers ne puissent pas faire obstacle au déroulement de la mesure, et parfois même nécessaire de les obliger à contribuer à sa réalisation en les menaçant de sanctions, en cas d'obstruction ou d'inaction.

En même temps, comme les tiers sont par définition étrangers à la dette, c'est-à-dire extérieurs au rapport de droit principal liant le créancier et le débiteur, il faut éviter les déséquilibres et veiller à ce que d'éventuelles sanctions s'appliquent sans discernement : dans certaines situations, les tiers, on le verra, peuvent n'être pas fautifs de n'avoir pas fait ce qu'on attendait d'eux ; la coopération aux mesures ou aux opérations d'exécution qui doit être la leur n'est pas exclusive d'une certaine compréhension, et les textes admettent, dans la mesure où le tiers parvient

1. Les ouvrages dont le nom des auteurs figure en petites capitales en bibliographie seront cités par le seul nom des auteurs en petites capitales en notes de bas de page.

à démontrer qu'il avait une raison solide de se soustraire à ses obligations, en d'autres termes un « *motif légitime* » (C. pr. exéc., art. L. 123-1, al. 2), qu'il en soit exonéré après coup par le juge de l'exécution, si le créancier a engagé une action contre lui en paiement des causes de la saisie ou en responsabilité. Mais par exemple, ici, la circonstance que le créancier saisissant aura pu obtenir, postérieurement à l'accomplissement de la mesure d'exécution, l'information dont est débiteur à son égard le tiers entre les mains duquel la saisie a été pratiquée, ne peut pas être exonératrice de l'obligation de ce dernier de fournir les renseignements légalement prévus[1].

Sur cette base, l'article L. 123-1 alinéa 1er C. pr. exéc. attend donc des tiers deux types de comportement. Le premier consiste à ne pas faire obstacle à la mesure engagée par le créancier pour recouvrer la créance ; en effet, ne pas gêner l'exécution d'un jugement ou d'un autre titre exécutoire est le minimum qu'on puisse attendre d'un tiers : la mesure d'exécution forcée ou conservatoire ne le concerne peut-être pas directement, mais par exemple, s'il détient entre ses mains les fonds du débiteur, il reste quand même un maillon obligé de la poursuite exercée. Ensuite, portant leur participation à un degré supérieur, le texte exige des tiers qu'ils apportent leur concours lorsqu'ils en sont légalement requis, c'est-à-dire lorsqu'ils sont sollicités pour la réalisation de la mesure d'exécution ou de la mesure conservatoire.

Ne pas faire obstacle, c'est spécifiquement, pour les tiers, ne pas entraver le déroulement de la mesure, d'abord au sens physique du terme. La jurisprudence en a offert une illustration dans une affaire où des membres d'un comité de défense de commerçants avaient envahi et occupé les locaux d'une banque pour empêcher l'exécution de saisies-attributions, contraignant le directeur de l'établissement à leur remettre les fonds déposés sur les comptes des débiteurs saisis, eux-mêmes artisans et commerçants. Le devoir d'abstention interdit évidemment cette obstruction, de nature à constituer un motif légitime exonérant le tiers saisi de ses obligations[2].

Mais **concourir à l'exécution et au recouvrement des créances**, c'est également, pour le tiers, participer à l'accomplissement de la mesure lorsque celle-ci ne peut être réalisée sans son concours.

C'est évident lorsque le tiers est celui entre les mains duquel est pratiquée une mesure d'exécution parce qu'il est le teneur de compte du débiteur ou gère son portefeuille de valeurs mobilières, ou parce qu'il détient un bien corporel propriété de celui-ci, ou que le débiteur est lui-même tenu de livrer ou de restituer au créancier, situation en l'attente de laquelle le bien pourra encore être revendiqué entre ses mains (saisie-attribution des comptes en banque, des droits d'associés et des valeurs mobilières, saisie-vente, saisie-appréhension ou saisie-revendication entre les mains d'un tiers) ; ça l'est également lorsque la conduite des opérations d'exécution exige la participation de personnes qui interviendront à titre de professionnels, d'hommes de l'art, de gardien, de séquestre (v. par ex. : C. pr. exéc., art. R. 211-2, décidant qu'en matière de saisie-attribution tout intéressé peut demander que les sommes saisies soient versées entre les mains d'un séquestre désigné, à défaut d'accord amiable, par le juge de l'exécution ; ou art. R. 224-5, en matière de saisie des biens placés dans un coffre-fort), ou encore de témoins. On songe ici au serrurier qui, lorsque le commissaire de justice aura pénétré dans un local en l'absence du débiteur ou de toute personne s'y trouvant, assurera la fermeture de la porte ou de l'issue par laquelle il est entré (C. pr. exéc., art. L. 142-2), au déménageur auquel il est demandé d'appréhender les meubles (C. pr. exéc., art. L. 221-1), ou encore au garagiste qui procédera à l'enlèvement du véhicule saisi (C. pr. exéc., art. R. 223-9). Quant au gardien, c'est par exemple celui qui aura reçu en dépôt le véhicule enlevé (C. pr. exéc., art. R. 223-8, dern. al.), ou la personne qui, lorsque les opérations de saisie ont lieu entre les mains d'un tiers dans une saisie-vente, aura été désignée par le commissaire de justice en cette qualité parce que le tiers a refusé la garde des biens saisis (C. pr. exéc., art. R. 221-7). S'agissant des témoins, enfin, on sait que lorsque les opérations d'exécution dans les locaux se déroulent en l'absence de l'occupant du local ou si ce dernier en refuse l'accès, le commissaire de justice ne peut y pénétrer qu'en présence des représentants de l'autorité publique ; mais si aucun de ces représentants n'a pu apporter son assistance, l'article L. 142-1 C. pr. exéc. a prévu la possibilité de s'en tenir à « *deux témoins majeurs* » qui, n'étant au service ni du créancier ni du commissaire de justice chargé de l'exécution, pourront attester de la régularité des opérations si une contestation survient par la suite. Requis par le commissaire de justice, ils sont soumis, en tant que tiers, aux dispositions de l'article L. 123-1.

Reste que le concours des tiers ne consiste pas seulement en une aide matérielle dans la conduite d'opérations d'exécution, mais aussi, et peut-être surtout, en la fourniture d'informations prenant la forme d'obligations déclaratives, desquelles dépend

1. Civ. 2e, 4 févr. 2021, no 19-12.424, P ; *D.* 2021. 291 ; *ibid.* 491, chron. S. Lemoine et E. de Leiris ; *Rev. prat. rec.* 2021. 13, chron. O. Salati.
2. Civ. 2e, 11 mars 1999, no 96-20.046, P II, no 50 ; la Cour rappelle en effet qu'en ne recherchant pas si l'invasion des locaux et leur occupation des heures durant, par des manifestants, sous menaces de violence, ne constituaient pas un motif légitime au sens de la loi du 9 juillet 1991, de nature à exonérer le tiers saisi de ses obligations légales, les juges d'appel n'avaient pas donné de base légale à leur décision.

l'efficacité de bon nombre de mesures. Certains tiers, en effet, parce qu'ils sont eux-mêmes débiteurs du débiteur principal, font partie intégrante de la mesure d'exécution ou conservatoire, et il est essentiel qu'au moment où celle-ci est diligentée contre eux en cette qualité, ils communiquent au créancier poursuivant le montant exact des sommes dont ils sont redevables. La loi fait alors peser sur eux une obligation de renseignement dont les textes relatifs à la saisie-attribution fournissent la meilleure illustration, dans la mesure où ils imposent au tiers « saisi », non seulement de « *déclarer au créancier l'étendue de ses obligations à l'égard du débiteur ainsi que les modalités qui pourraient les affecter* » (C. pr. exéc., art. L. 211-3)[1], mais encore de le faire « *sur-le-champ* » (C. pr. exéc., art. R. 211-4, al. 1er)[2] ; et par exemple, si, après avoir exactement répondu sur-le-champ au commissaire de justice de justice, le tiers, entre les mains duquel la saisie a été pratiquée, lui fournissait ultérieurement des informations complémentaires mensongères ou inexactes, il engagerait sa responsabilité aux conditions de l'article 1240 C. civ.[3].

On retrouve les mêmes obligations déclaratives des tiers dans des hypothèses où la mesure ne porte pas sur un bien dématérialisé. Ainsi, en matière de saisie-vente entre les mains d'un tiers, celui-ci doit déclarer les biens qu'il détient pour le compte du débiteur et, parmi eux, ceux qui auraient fait l'objet d'une saisie antérieure (C. pr. exéc., art. R. 221-21, al. 2)[4].

On le voit, les obligations que la loi met à la charge des tiers sont essentielles à la réussite des procédures engagées en vue de l'exécution ou de la conservation des créances, et il était donc nécessaire de prévoir la ou les sanctions adéquates dans les cas où, sans motif légitime, elles resteraient inexécutées. L'article L. 123-1 C. pr. exéc. a édicté deux types de sanctions dans ses alinéas 2 et 3 : la responsabilité civile du tiers, tout d'abord, qui, si son comportement fautif est établi et a causé un préjudice au créancier, pourra être condamné à des dommages-intérêts sur le fondement de l'article 1240 C. civ., et une sanction spécifique, ensuite, applicable aux seuls tiers « saisis » : le paiement des causes de la saisie, qui les obligera à payer le montant de la créance pour laquelle la saisie a été pratiquée à la place du débiteur. Ce n'est pas à dire, toutefois, que la loi a renoncé à imposer aux tiers d'exécuter leurs obligations en se contentant de sanctions *a posteriori* ; l'article L. 123-1 alinéa 2 C. pr. exéc., a en effet également prévu qu'ils puissent y être contraints par une astreinte afin d'obtenir, lorsque la mesure est en cours, les informations, les renseignements ou les pièces nécessaires.

On sait aussi qu'au lendemain de la réforme opérée par la loi du 9 juillet 1991, l'article 24 d'alors, du fait de sa structure rédactionnelle en trois alinéas successifs, a suscité des difficultés de mise en œuvre. On s'est demandé si on devait comprendre les sanctions des alinéas 2 et 3 comme pouvant se cumuler à l'encontre du tiers saisi, en particulier si le créancier pouvait obtenir sa condamnation aux causes de la saisie à chaque fois qu'un manquement lui était imputable, et si l'obligation de garantie était applicable à tous les tiers saisis défaillants ou, s'il était nécessaire que des textes spécifiques prévoient cette sanction. Ces difficultés sont aujourd'hui en grande partie réglées, particulièrement en ce qui concerne la saisie-attribution (C. pr. exéc., art. R. 211-5). On connaît, en effet, les sanctions susceptibles de frapper le tiers saisi qui, sans motif légitime, ne satisfait pas à son obligation légale de renseignement (ou donne une réponse tardive, qui en jurisprudence a été traitée de la même manière[5]) : c'est le paiement des causes de la saisie s'il s'abstient de faire toute déclaration, plus fréquemment la condamnation à des dommages et intérêts si celle-ci est incomplète par négligence fautive, inexacte, voire mensongère. Ce sur quoi il faut revenir, ici, parce que le texte modifié de l'article R. 211-5 alinéa 2 C. pr. exéc. en porte la trace, est le débat qui, dans les années 2000, a porté sur la question de savoir si les deux catégories de sanctions : paiement des causes de la saisie d'un côté, et condamnation à des dommages et intérêts de l'autre, étaient interdépendantes, et par exemple une déclaration inexacte entraîner le paiement des causes de la saisie par le tiers saisi. Cette incertitude est venue d'une imperfection de

1. V. Civ. 2e, 30 sept. 2021, no 20-14.060, B ; *RTD civ.* 2021. 945, obs. N. Cayrol, affirmant que « *l'obligation déclarative du tiers saisi* (naît(*de la saisie, qui entraîne par elle-même effet attributif* » ; autrement dit, l'effet attributif n'est pas subordonné à la déclaration consécutive qu'en application de l'article L. 211-3 C. pr. exéc., le tiers saisi doit faire de l'étendue de ses obligations à l'égard du débiteur.
2. Même obligation en matière de saisie conservatoire des créances (C. pr. exéc., art. R. 523-4), ou pour un établissement habilité par la loi à tenir des comptes de dépôt, qui, lors d'une saisie-attribution de compte bancaire, doit, selon l'art. L. 162-1, al. 1er, C. pr. exéc., « *déclarer le solde du ou des comptes du débiteur au jour de la saisie* », ou encore en cas de saisie des droits d'associés et des valeurs mobilières, l'acte de saisie contenant sommation pour le tiers saisi de « *faire connaître l'existence d'éventuels nantissements ou saisies* » (C. pr. exéc., art. R. 232-5, 5o).
3. Civ. 2e, 4 févr. 2021, no 19-12.424, P (préc. ss prést no).
4. Même obligation pour le détenteur du bien dans la saisie-revendication (C. pr. exéc., art. R. 222-21, al. 1er), et dans le cas d'une saisie des biens placés dans un coffre-fort appartenant à un tiers, ce tiers doit également fournir à l'huissier (commissaire) de justice du créancier saisissant l'identification du coffre (C. pr. exéc., art. R. 224-1, dern. al.).
5. Civ. 2e, 9 juill. 2009, no 08-15.192, P II, no 195.

rédaction de l'article 60 du décret du 31 juillet 1992 qui, après avoir posé dans l'alinéa 1er que le tiers saisi qui ne fournit pas les renseignements prévus est condamné à payer les sommes dues au poursuivant, affirmait dans l'alinéa 2 qu'il « *peut aussi* » être condamné à des dommages et intérêts. Elle a été levée par un des arrêts du 5 juillet 2000, la Cour de cassation affirmant que « *le tiers saisi qui ne fournit pas les renseignements prévus* [...] *est condamné au paiement des causes de la saisie* [et] *qu'une déclaration incomplète, inexacte ou mensongère ne peut que donner lieu à sa condamnation à dommages-intérêts* »[1]. Autrement dit, « *les alinéas premier et second de l'article 60 du décret du 31 juillet 1992 ne sont pas interdépendants* »[2]. Aujourd'hui, l'adverbe « *aussi* » a disparu de l'alinéa 2 de l'article R. 211-5 C. pr. exéc., qui prend acte qu'à chaque catégorie de manquement correspond une sanction précise, le paiement des causes de la saisie et la condamnation à des dommages et intérêts n'étant pas « *interchangeables* ». Quant au motif permettant au tiers saisi de se soustraire à ses obligations, il se présente comme une cause d'exonération – figurant à titre général dans l'article L. 123-1 alinéa 2 C. pr. exéc. - que celui-ci devra invoquer devant le juge de l'exécution[3], lequel en appréciera la légitimité lors de l'action engagée par le créancier poursuivant. S'agissant essentiellement d'une notion de fait, la Cour de cassation en abandonne l'appréciation aux juges du fond qui disposent d'un pouvoir souverain pour apprécier si les causes du retard présentent un caractère exonératoire ou non[4].

1. Civ. 2e, 5 juill. 2000, no 97-22.407, P II, no 116.
2. Civ. 2e, 13 juill. 2005, no 03-19.138, P II, no 204.
3. En effet, aucun texte n'exige que le tiers saisi donne, sur le champ, au commissaire de justice qui l'interpelle le motif légitime l'autorisant à différer sa réponse : Civ. 2e, 7 mars 2002, no 00-12.054, P II, no 36.
4. Civ. 2e, 2 avr. 1997, no 95-13.567, P II, no 107 – Civ. 2e, 18 sept. 2003, no 01-16.981, NP.

CHAPITRE
0151. Définition du tiers

Olivier Salati
Maître de conférences HDR à l'Université d'Aix-Marseille
Directeur du master II professionnel
Commissaire de justice et professions judiciaires

Section 0
Orienteur

0151.00 Sommaire du chapitre.

Division. La notion de tiers à l'exécution doit être définie (sect. 1) et des cas particuliers distingués (sect. 2).

0151.01 Textes applicables.

• **C. pr. exéc.**, art. L. 111-7, L. 121-2, L. 121-3, L. 122-1, L. 123-1, L. 141-2, L. 142-1, L. 142-2, L. 152-1, L. 152-2, L. 162-1, L. 211-3, L. 222-1, L. 311-1 ; R. 152-1, R. 162-1, R. 211-3 à R. 211-5, R. 221-9, R. 221-12, R. 221-27, R. 222-7, R. 222-20, R. 223-9, R. 224-1, R. 232-1, R. 232-2, R. 321-4, R. 321-5, R. 511-7, R. 511-8, R. 523-1 et R. 523-4.

• **C. civ.**, art. 2244

• **C. com.**, art. L. 622-1, L. 631-12 et L. 641-9.

• **C. trav.**, art. R. 3252-1.

• **LPF**, art. L. 262.

0151.02 Jurisprudence de référence.

> Obligations du tiers saisi et responsabilité.

• **Civ. 2e, 4 févr. 2021**, no 19-12.424, P

* V. ss nos 015.05, 0151.12, 0152.21, 0152.32, 0152.33, 0821.81, 0821.82, 0821.111, 0821.151

La circonstance que le créancier saisissant ait obtenu, postérieurement à l'accomplissement de la mesure, l'information dont est débiteur à son égard le tiers entre les mains duquel la saisie a été pratiquée n'exonère pas ce dernier de son obligation de fournir les renseignements légalement prévus.

Il résulte des dispositions des deux derniers alinéas de l'article R. 221-21 du Code des procédures civiles d'exécution, auxquels renvoie l'article R. 522-5 du même code, que si, après avoir exactement répondu sur-le-champ à l'huissier [devenu commissaire] de justice, le tiers entre les mains duquel la saisie est pratiquée lui fournit ultérieurement des informations complémentaires mensongères ou inexactes, il engage sa responsabilité aux conditions de l'article 1240 du Code civil.

• **Com. 13 mai 2003,** no 98-22.741, P IV, no 72

* V. ss nos 0144.101, 0151.22, 0813.21

Après avoir relevé qu'un avis à tiers détenteur (aujourd'hui, saisie administrative à tiers détenteur) peut être valablement notifié à un liquidateur judiciaire, un arrêt retient exactement que ce mandataire de justice, à la fois représentant légal du débiteur totalement dessaisi et dépositaire des fonds dans le cadre de sa mission de réalisation de l'actif et de répartition des sommes entre les créanciers, est un tiers détenteur au sens du Livre des procédures fiscales.

> Saisie-attribution portant sur le compte ouvert par la Carpa pour le compte d'un avocat.

• **Civ. 2e, 9 janv. 2003,** no 00-13.887, P II, no 4

* V. ss nos 0151.23, 0613.45, 0813.23, 0821.131, 0821.134

Il résulte des articles 237 et suivants du décret du 27 novembre 1991, 8 et 11 de l'arrêté du 5 juillet 1996 que la caisse des règlements pécuniaires des avocats (Carpa) est titulaire d'un compte, ouvert auprès d'une banque, sur lequel les avocats ont l'obligation légale de déposer les fonds remis par leurs clients ; que si chaque avocat est titulaire, auprès de la Carpa, d'un compte individuel et de sous-comptes-affaires, il ne dispose de la signature sur son compte individuel qu'en qualité de mandataire du président de la Carpa ; qu'en cas de signification d'une saisie portant sur les fonds déposés par un avocat au nom de son client, la Carpa a seule la qualité de tiers saisi pour l'application des articles 44 de la loi du 9 juillet 1991 et 59 du décret du 31 juillet 1992 [devenus art. L. 211-3 et R. 211-4 C. pr. exéc.]. Et la nécessité d'interroger l'avocat titulaire du compte individuel peut constituer un motif légitime au sens de l'article 60 du même décret [devenu art. R. 211-5 C. pr. exéc.].

> Saisie-attribution. Tiers saisi liquidateur amiable du débiteur saisi. Délivrance d'une assignation au saisissant. Manquement à l'obligation de déclaration.

• **Civ. 2e, 10 nov. 2010,** no 09-71.609, P II, no 185

* V. ss nos 0151.13, 0151.22, 0621.23, 0813.21, 0821.50, 0971.210

C'est à bon droit que la cour d'appel a retenu que le liquidateur amiable de la société débitrice avait la qualité de tiers saisi. La déclaration d'un tiers saisi doit être faite sur-le-champ à l'huissier [devenu commissaire] de justice ; il en résulte que l'assignation délivrée à des sociétés créancières par le représentant légal d'une société débitrice, en cette seule qualité, ne constituait pas la réponse du tiers saisi à l'huissier [devenu commissaire] de justice prévue à l'article 59 du décret du 31 juillet 1992 ; c'est à bon droit que la cour d'appel a décidé que le liquidateur tiers saisi ne justifiait pas d'un motif légitime l'exonérant de ses obligations et devait être condamné au paiement des causes des saisies.

0151.03 Bibliographie indicative.
* V. s[s] n° 015.03.

0151.05 Collaborateurs à l'exécution. La loi du 9 juillet 1991 portant réforme des voies d'exécution mobilières s'est fixé pour objectif de revaloriser le titre exécutoire en facilitant le recouvrement des créances qu'il constate (saisies déjudiciarisées par principe, saisie immobilière exceptée, et intervention du juge de l'exécution [JEX] seulement en cas de difficulté relative au titre exécutoire et à l'occasion d'une contestation s'élevant à l'occasion de l'exécution forcée). Il était donc indispensable que, dans le cadre de la mise en œuvre de ces procédures de saisie, le rôle des tiers soit clairement défini afin de s'assurer, lors du déclenchement d'une mesure, de leur participation, à tout le moins qu'ils ne fassent pas obstacle à la procédure engagée en vue de l'exécution ou de la conservation de la créance.

Cette considération des **tiers comme des personnes concourant à l'exécution et au recouvrement des créances** a été consacrée par le Code des procédures civiles d'exécution, qui la décline dans de nombreux textes. Par exemple, lorsqu'une saisie est pratiquée entre les mains d'un établissement habilité par la loi à tenir des comptes de dépôt, celui-ci est alors tenu de déclarer le solde du ou des comptes du débiteur au jour de la saisie (C. pr. exéc., art. L. 162-1, al. 1er)[1], et de façon plus générale, en matière de saisie-attribution, on sait que le tiers saisi est tenu de déclarer au créancier l'étendue de ses obligations à l'égard du débiteur ainsi que les modalités qui pourraient les affecter (C. pr. exéc., art. L. 211-3), « *sur-le-champ* » précise l'article R. 211-4 alinéa 1er, à peine de devoir payer les sommes dues au créancier (C. pr. exéc., art. R. 211-5, al. 1er). C'est encore le cas en matière de saisie-vente, lorsque les opérations de saisie ont lieu entre les mains d'un tiers, où le commissaire de justice l'invite à déclarer les biens qu'il détient pour le compte du débiteur, avec comme conséquence de l'éventuel refus de déclaration ou d'une déclaration inexacte ou mensongère, la condamnation du tiers au paiement des causes de la saisie, ou à des dommages et intérêts (C. pr. exéc., art. R. 221-21, al. 2 et 3).

SECTION 1
DISTINCTION ET CHAMP D'APPLICATION

0151.11 Distinction tiers-partie. La distinction entre les parties à la mesure et les tiers se déduit de la lecture des articles L. 111-7, L. 121-2, L. 121-3 et L. 123-1 C. pr. exéc. qui évoquent successivement les droits et obligations du créancier, du débiteur et des tiers.

Les parties à la procédure d'exécution sont donc le créancier et le débiteur, en raison du lien de droit consacré dans le titre exécutoire, qui permet l'exercice des poursuites.

Les tiers sont les personnes étrangères à ce lien et à la dette du créancier, mais qui, à des degrés divers, peuvent se retrouver impliqués dans les poursuites. On pense par exemple au « tiers acquéreur » dans la saisie immobilière qu'exerce le créancier titulaire d'un droit de suite, qui a acquis l'immeuble grevé d'une hypothèque, dont la Cour de cassation a précisé qu'il « *n'est pas personnellement obligé à la dette* » mais seulement tenu au paiement des dettes hypothécaires[2].

Il convient donc, en premier lieu, de distinguer les tiers de ceux qui, en raison de leur situation juridique à l'égard de l'une des parties, lui sont assimilables (héritiers, administrateur judiciaire, tuteur, not. – v. s[s] n°s 0131.11 s.).

Il y a lieu aussi de consacrer un développement particulier à la notion de tiers saisi, en raison de la nature juridique originale des relations qui se nouent, à l'occasion des procédures d'exécution, entre ces tiers et les parties. Toutefois, l'étude spécifique des droits et obligations des tiers saisis est renvoyée aux chapitres consacrés aux mesures d'exécution spécifiques les concernant (saisie-attribution, saisie-vente, saisie-appréhension, saisie-revendication, saisie conservatoire, saisie des rémunérations, saisie de meubles placés dans un coffre-fort, saisie des droits d'associés et saisie immobilière).

0151.12 Notion de tiers saisi et conséquences. La saisie, qui est l'acte par lequel le poursuivant appréhende un bien du débiteur pour obtenir l'exécution de son droit, et qui a un double effet : d'**interruption du délai de prescription de la créance** qui sert de

1. Et de fournir au créancier saisissant, par lettre recommandée avec demande d'avis de réception, en cas de diminution des sommes rendues indisponibles, un relevé de toutes les opérations qui ont affecté les comptes depuis le jour de la saisie inclusivement, C. pr. exéc., art. R. 162-1.

2. Civ. 2e, 8 déc. 2022, n° 20-14.302, B ; *D.* 2022. 2023. 2060, obs. S. Godechot-Patris et C. Grare-Didier.

fondement à la mesure (C. civ., art. 2244), et d'**indisponibilité sur les biens qui en sont l'objet** (C. pr. exéc., art. L. 141-2), crée aussi parfois un rapport de droit avec une tierce personne lorsque celle-ci détient le ou les biens du débiteur, ou est elle-même débitrice à son égard. On pense ici à la saisie conservatoire des créances, qui permet à un créancier de rendre indisponibles les créances dont son débiteur est titulaire à l'encontre d'un tiers [1]. C'est à ce dernier que l'acte de saisie sera signifié, signification dont il découlera des obligations bien « tangibles » : défense lui sera désormais faite de disposer des sommes réclamées dans la limite de ce qu'il doit au débiteur (C. pr. exéc., art. R. 523-1), et il sera également tenu de fournir sur-le-champ au commissaire de justice les renseignements prévus à l'article L. 211-3 et de lui communiquer les pièces justificatives (C. pr. exéc., art. R. 523-4), s'exposant, s'il s'abstenait de fournir lesdits renseignements, à devoir payer les sommes pour lesquelles la saisie a été pratiquée, ou à être condamné à des dommages-intérêts en cas de négligence fautive ou de déclaration inexacte ou mensongère (C. pr. exéc., art. R. 523-5).

Dans cette mesure, on ne peut pas dire du tiers qu'il est juridiquement « poursuivi », mais il n'en reste pas moins tenu de certaines obligations, sous peine de sanctions.

La Cour de cassation, à l'occasion d'une demande d'avis (v. s[s] nº 0151.21), a d'ailleurs esquissé une définition du tiers saisi en tant que personne qui « *se trouve dans un rapport de droit avec le débiteur et à qui la mesure* [...] *pratiquée impose des obligations* » [2], en particulier la fourniture de renseignements à peine d'être condamné au paiement des causes de la saisie, ou à des dommages-intérêts [3].

1. Au titre des biens saisissables, l'article L. 112-1 alinéa 1er C. pr. exéc. décide lui-même que les saisies peuvent porter sur tous les biens appartenant au débiteur « *alors même qu'ils seraient détenus par des tiers* ».
2. Cass., avis, 24 janv. 1994, nº 09-30.020, P, nº 4 – Encore faut-il que ce lien de droit existe au jour de la saisie : V. PAR EX., s'agissant d'une saisie-attribution : Civ. 2e, 24 mars 2005, nº 03-15.802, NP – Et sur la preuve de l'obligation : Com. 27 sept. 2005, nº 03-14.400, NP (avis à tiers détenteur).
3. V. PAR EX., Civ. 2e, 4 févr. 2021, nº 19-12.424, P, précisant que « *la circonstance que le créancier saisissant ait obtenu, postérieurement à l'accomplissement de la mesure, l'information dont est débiteur à son égard le tiers entre les mains duquel la saisie a été pratiquée n'exonère pas ce dernier de son obligation de fournir les renseignements légalement prévus* », et que « *si, après avoir exactement répondu sur le champ (au commissaire(de justice, le tiers entre les mains duquel la saisie est pratiquée lui fournit ultérieurement des informations complémentaires inexactes ou mensongères, il engage sa responsabilité aux conditions de l'article 1240 du code civil* » ; *D.* 2021. 291 ; *ibid.* 491, chron. S. Lemoine et E. de Leiris ; *Rev. prat. rec.* 2021. 13, chron. O. Salati.

0151.13 Champ d'application de la notion de tiers saisi. Le rôle accru des tiers depuis la réforme opérée par la loi du 9 juillet 1991 a eu pour conséquence d'élargir le champ d'application de la notion de « *tiers saisi* ». Tel sera le cas du tiers entre les mains duquel est pratiquée une saisie-attribution (C. pr. exéc., art. L. 211-2 et L. 211-3), une saisie-vente (C. pr. exéc., art. R. 221-9), une saisie-appréhension (C. pr. exéc., art. R. 222-7), une saisie-revendication (C. pr. exéc., art. R. 222-20), une saisie conservatoire (C. pr. exéc., art. R. 511-8), ou encore du tiers acquéreur qui a acquis un immeuble grevé d'une hypothèque, lequel pourra faire l'objet d'une saisie immobilière (C. pr. exéc., art. L. 311-1). Il en ira de même pour l'employeur à qui est notifié la saisie des rémunérations de son salarié (C. trav., art. R. 3252-1), de l'établissement financier qui se voit notifier un procès-verbal de saisie de meubles placés dans un coffre-fort (C. pr. exéc., art. R. 224-1), de la personne morale dont sont saisis des droits d'associés (C. pr. exéc., art. R. 232-1), du mandataire gestionnaire de valeurs mobilières (C. pr. exéc., art. R. 232-2).

Ce qui caractérise le tiers saisi est le fait qu'il est destinataire de l'acte de saisie réalisé pour le compte du créancier ; par exemple, la saisie immobilière diligentée par les créanciers titulaires d'un droit de suite « *est poursuivie contre le tiers acquéreur du bien* » (C. pr. exéc., art. R. 321-4), et en cette qualité lui sera signifié, à la diligence du créancier poursuivant, le commandement de payer « *valant saisie* » (C. pr. exéc., art. R. 321-5, al. 2). On conçoit ainsi, de façon plus générale, qu'en tant que partie prenante à une mesure d'exécution ou conservatoire des obligations renforcées lui soient imposées, notamment, en matière de saisies mobilières, une obligation déclarative dont celle prévue dans la saisie-attribution constitue le meilleur exemple. Aux termes de l'article L. 211-3 C. pr. exéc., en effet, « *le tiers saisi est tenu de déclarer au créancier l'étendue de ses obligations à l'égard du débiteur* », sachant, a précisé la Cour de cassation le 21 octobre 2004, que « *le tiers, tenu de déclarer au créancier l'étendue de ses obligations à l'égard du débiteur saisi, est celui qui est tenu d'une obligation portant sur une somme d'argent, envers ce débiteur* » [4] ; par exemple, aura la qualité de tiers saisi le liquidateur amiable de la société débitrice [5].

On le voit, la régularité formelle de la procédure de saisie, et son éventuelle nullité, dépendent de l'accomplissement d'actes impliquant le tiers saisi ou lui incombant. D'où l'intérêt qui s'attache à bien le distinguer des tiers totalement étrangers à la procédure ou des parties elles-mêmes. La question s'est

4. Civ. 2e, 21 oct. 2004, nº 03-10.131, P II, nº 473.
5. Civ. 2e, 10 nov. 2010, nº 09-71.609, P II, nº 185.

notamment posée à propos du conservateur des hypothèques dans le cadre de la prise d'une sûreté, dont on s'est demandé s'il doit, lors de la constitution à titre conservatoire d'une sûreté judiciaire sur un immeuble, être qualifié de tiers envers lequel le créancier doit signifier, à peine de caducité de la mesure, la copie des diligences requises par l'article R. 511-7 C. pr. exéc. Mais la Cour de cassation a répondu, dans un avis du 24 janvier 1994, que la signification prévue par l'article R. 511-8 C. pr. exéc. « *n'est destinée qu'aux personnes qui, se trouvant dans un rapport de droit avec le débiteur et à qui la mesure conservatoire pratiquée impose des obligations, ont intérêt à savoir si le créancier a effectué, dans les délais impartis, les diligences requises par la loi pour que la mesure conservatoire conserve son efficacité* » ; dans ces conditions, en cas d'inscription provisoire d'hypothèque, le conservateur n'est pas un tiers saisi au sens de l'article R. 511-8 C. pr. exéc. [1]

Cette définition du tiers saisi permet ainsi de distinguer, au sein de la catégorie des tiers, entre les **tiers saisis** et les **autres tiers** qui peuvent, à divers titres, participer plus ou moins directement à la mesure d'exécution ou conservatoire. Tel est le cas des témoins requis par le commissaire de justice pour pénétrer dans un local d'habitation en l'absence de l'occupant ou si ce dernier en refuse l'accès (C. pr. exéc., art. L. 142-1 ; et pour la saisie immobilière, v. les deux hypothèses visées par C. pr. exéc., art. L. 322-2, al. 2). Le serrurier et les déménageurs auxquels le commissaire de justice peut, le cas échéant, faire appel, ne peuvent non plus être rattachés à cette catégorie de tiers saisis[2]. Il en est de même des organismes que le commissaire de justice est habilité à interroger pour obtenir des informations (service central gestionnaire du fichier des comptes bancaires et assimilés (Ficoba) : C. pr. exéc., art. R. 152-1).

SECTION 2
CAS PARTICULIERS

0151.21 Cas particulier du gestionnaire professionnel. La notion de tiers étant hétérogène, on avait pu se demander, en matière de saisie des sommes d'argent, si, pour posséder cette qualité, le tiers doit être redevable d'une créance de restitution. La Cour de cassation a répondu à cette question en 2004, affirmant que « *le tiers, tenu de déclarer au créancier l'étendue de ses obligations à l'égard du débiteur saisi, est celui qui est tenu d'une obligation portant sur une somme d'argent, envers ce débiteur* »[3]. De fait, dans un certain nombre de cas, le « tiers saisi » n'est qu'un simple représentant qui ne détient pas les fonds du saisi en vertu d'un pouvoir propre et indépendant, et cette particularité empêche que la sanction de l'inexécution de l'obligation de renseignement puisse consister dans la condamnation personnelle au paiement des causes de la saisie[4].

La Cour de cassation l'a souligné dans une espèce où la gestion d'une association syndicale était assurée par un tiers professionnel dans le cadre d'un contrat de gestion, et où une saisie-attribution ayant été pratiquée entre les mains de ce dernier, la question était de savoir s'il avait bien la qualité de tiers saisi au regard de la sanction de l'obligation de renseignement. La deuxième chambre civile a répondu par la négative le 13 novembre 2014, relevant que « *la société, en sa qualité de gestionnaire professionnel, ne disposait de la signature sur le compte en banque ouvert au nom de l'association que pour permettre l'exécution de décisions qui ne lui appartenaient pas et n'était pas détentrice des fonds pour l'exécution de son contrat de* gestion » ; dans ces conditions, « *n'étant tenue à aucune obligation de restitution à l'égard de l'association syndicale* », la société de gestion n'avait pas la qualité de tiers saisi[5].

Cette solution peut raisonnablement être étendue à tout type de gestionnaire professionnel se trouvant dans la même situation.

0151.22 Cas particulier des mandataires judiciaires dans les procédures collectives. La question de la reconnaissance ou non de la qualité de tiers saisi au mandataire judiciaire désigné dans la procédure collective du débiteur s'est posée à l'occasion des saisies-attributions et des avis à tiers détenteur (aujourd'hui, saisies administratives à tiers détenteur [SATD]) pratiqués par des créanciers entre les mains de ces organes, du chef de créances nées postérieurement à l'ouverture du redressement judiciaire et non payées à leur échéance.

1. Cass., avis, 24 janv. 1994, n° 09-30.020, P, n° 4 ; *RTD civ.* 1994. 428, obs. R. Perrot.
2. Sans doute en est-il de même du « *professionnel qualifié* » susceptible d'assister le commissaire de justice pour procéder à la description des lieux en matière de saisie immobilière : C. pr. exéc., art. R. 322-3.
3. Civ. 2e, 21 oct. 2004, n° 03-10.131, P II, n° 473, précisant que seule une société civile professionnelle, au nom de laquelle chaque notaire associé exerce ses fonctions et qui détient les fonds de ses clients, peut être tenue d'une obligation de paiement, non les notaires associés.
4. En revanche, lorsqu'un bâtonnier de l'ordre des avocats d'un barreau est désigné comme séquestre du prix d'adjudication d'un immeuble, il a la qualité de tiers saisi dans la saisie-attribution portant sur le prix consigné entre ses mains, et sa responsabilité peut être recherchée au titre des obligations pesant sur le tiers saisi, Civ. 2e, 17 mars 2016, n° 14-16.985, P – Peuvent encore avoir la qualité de tiers saisi : les notaires (Civ. 2e, 16 févr. 1978, n° 76-14.367, P), les cautions (Com. 1er févr. 1977, n° 75-12.168, P IV, n° 33), ou les syndics de copropriété (Civ. 2e, 5 avr. 2001, n° 99-10.981, NP).
5. Civ. 2e, 13 nov. 2014, n° 13-25.167, P II, n° 232.

Cette qualité a été reconnue, *d'une part*, au liquidateur judiciaire, pris en qualité d'organe de la procédure qui détient les sommes d'argent appartenant au débiteur, qui lui sont remises dans l'exercice de ses fonctions, et non en son nom personnel[1], ce qui est logique dans la mesure où, par l'effet du dessaisissement qui frappe le débiteur en liquidation judiciaire (C. com., art. L. 641-9, I), le liquidateur peut être considéré comme cumulant deux qualités à la fois, celle de tiers saisi et de représentant du débiteur. C'est ce qu'a affirmé la Cour de cassation en matière de saisie administrative à tiers détenteur, qui pouvait être valablement notifiée au liquidateur judiciaire, parce que « *ce mandataire de justice, à la fois représentant légal du débiteur totalement dessaisi, et dépositaire des fonds dans le cadre de sa mission de réalisation de l'actif et de répartition des sommes entre les créanciers, est un tiers détenteur au sens de l'article L. 262 du Livre des procédures fiscales* »[2]. Plus récemment, la même solution a été appliquée au liquidateur amiable de la société débitrice[3].

L'autre conséquence de la double qualité du liquidateur est qu'il « *est habilité à recevoir l'acte par lequel lui est, à la fois, signifiée la saisie en sa qualité de tiers saisi et lui est dénoncée la saisie en sa qualité de représentant du débiteur* », la dénonce au liquidateur dès la liquidation judiciaire étant une nécessité (sur ce dernier point, à propos de la dénonciation prévue par l'article R. 211-3 C. pr. exéc., v. s[s] n° 0152.31)[4]. En conséquence, une saisie-attribution peut être diligentée entre ses mains, et il est tenu au respect de l'obligation de renseignement incombant à tout tiers saisi[5].

1. Com. 3 févr. 1998, n° 96-15.773, P IV, n° 51 ; *D.* 1998. 62 ; *D. Affaires* 1998. 338, obs. A. Lienhard ; *RTD civ.* 1998, n° 4, p. 426, obs. P. Crocq ; *JCP* 1998. I. 141, n° 7, obs. M. Cabrillac ; *JCP E* 1998, n° 17, p. 654, obs. M. Cabrillac et P. Pétel ; *RTD com.* 1999. 507, obs. A. Martin-Serf ; *Rev. proc. coll.* 1999, n° 23, p. 111, obs. P. Canet : « *Le liquidateur ne détient pas en son nom personnel mais en qualité d'organe de la procédure les sommes d'argent appartenant au débiteur qui lui sont remises dans l'exercice de ses fonctions* » ; la cour d'appel avait donc pu ordonner la mainlevée de la saisie-attribution pratiquée entre les mains du liquidateur pris personnellement.
2. Com. 20 févr. 2001, n° 98-13.049, P IV, n° 43 ; *D.* 2001. AJ 921, obs. A. Lienhard – Com. 13 mai 2003, n° 98-22.741, P IV, n° 72 ; *Procédures* juill. 2003, n° 168, p. 12, note R. Perrot.
3. Civ. 2e, 10 nov. 2010, n° 09-71.609, P II, n° 185 ; *D.* 2010. 2849, obs. V. Avena-Robardet ; *D.* 2011. 1509, obs. A. Leborgne ; *Rev. sociétés* 2010. 568, obs. A. Lienhard ; *RTD com.* 2011. 135, obs. B. Dondero et P. Le Cannu ; *Dr. et proc.* févr. 2011. 46, obs. O. Salati.
4. Com. 4 mars 2003, n° 00-13.020, P IV, n° 34 : « *La saisie doit être dénoncée dans le délai de huit jours, à peine de caducité, au débiteur à la tête de ses biens, ou, dès la liquidation judiciaire, à son liquidateur* ».
5. Versailles, 28 oct. 2004, *Gaz. Pal.* 2004. 1420.

Cette qualité a été reconnue, *d'autre part*, à l'administrateur, lequel, à la différence du liquidateur, n'est pas toujours représentant du débiteur, parce qu'il ne reçoit pas toujours la mission d'assurer seul l'administration de l'entreprise en redressement judiciaire, mission fixée par le tribunal, qui le charge d'assister le débiteur pour tous les actes relatifs à la gestion ou certains d'entre eux, ou d'assurer seul, entièrement ou en partie, l'administration de l'entreprise (C. com., art. L. 631-12).

La chambre commerciale de la Cour de cassation a en effet affirmé, le 1er avril 2003, que « *l'administrateur judiciaire du débiteur* este *un tiers saisi* », et approuvé une cour d'appel d'en avoir déduit qu'il pouvait être condamné personnellement à payer les sommes dues au créancier, dès lors qu'il n'avait pas rempli les obligations prévues par les articles L. 211-3 et R. 211-4 C. pr. exéc.[6]

Ce ne sera pas en revanche le cas du commissaire à l'exécution du plan qui n'exerce qu'un simple rôle de surveillance du débiteur, et non de représentation (C. com., art. L. 626-25).

0151.23 Cas particulier des Caisses des règlements pécuniaires des avocats (Carpa). Quant à la Caisse des règlements pécuniaires des avocats (Carpa), par laquelle transitent les fonds reçus par les avocats pour le compte de leurs clients, la question s'est posée de savoir si, une partie étant condamnée et remettant un chèque à son avocat pour payer le créancier, les créanciers de la partie gagnante doivent procéder à une saisie-attribution auprès de l'avocat ou de la Carpa ; en d'autres termes, qui est débiteur de la partie gagnante ? La deuxième chambre civile y a répondu le 9 janvier 2003, en affirmant que si chaque avocat est titulaire, auprès de la Carpa, d'un compte individuel et de sous-comptes affaires, il ne dispose de la signature sur son compte individuel qu'en qualité de mandataire du président de la Carpa ; dès lors, « *en cas de signification d'une saisie portant sur les fonds déposés par un avocat au nom de son client, la Carpa a seule la qualité de tiers saisi* » pour l'application des articles L. 211-3 et R. 211-4 C. pr. exéc., la Cour ajoutant que « *la saisie n'avait pas à être dénoncée à l'avocat* » titulaire du compte individuel[7]. Étant donné que la qualité de tiers saisi

6. Com. 1er avr. 2003, n° 99-18.063, P IV, n° 53 ; *D.* 2003. 1093, obs. A. Lienhard, et 1624, obs. F.X. Lucas ; *D. Affaires* 2003. 1624 ; *Dr. et proc.* 2003. 318, obs. E. Putman ; *Gaz. Pal.* 5-6 sept. 2003, p. 8, obs. C. Brenner ; *JCP* 2003. I. 174, n° 18, obs. Ph. Pétel.
7. Civ. 2e, 9 janv. 2003, n° 00-13.887, P II, n° 4 ; *D.* 2003. 314 ; *Procédures* mars 2003, n° 62, p. 14, note R. Perrot ; *Dr. et proc.* 2003. 251, obs. E. Putman ; *RD banc. fin.* 2003, n° 84, obs. J.-M. Delleci ; *JCP* 2004. I. 117, obs. R. Martin ; *D.* 2004. Somm. 1495, obs. G. Taormina ; *D.* 2004. Somm. 2825, obs. B. Blanchard.

risque de susciter des difficultés s'agissant de l'obligation d'information mise à la charge de la Carpa, la Haute juridiction a également jugé utile de préciser que la nécessité d'interroger l'avocat titulaire du compte individuel peut constituer un motif légitime au sens de l'article R. 211-5 C. pr. exéc.

Il est en outre nécessaire de signaler un arrêt de la chambre commerciale de la Cour de cassation rendu le 12 avril 2005 à propos de la saisie-attribution pratiquée sur le produit d'adjudication issu d'une saisie immobilière, et consigné à la Carpa. Dans cette espèce, la Haute juridiction a jugé que celle-ci était le seul tiers redevable de la créance de restitution[1]. Par conséquent, la saisie-attribution ultérieurement opérée par le créancier poursuivant entre les mains de l'Ordre des avocats l'avait été auprès d'une personne juridique n'ayant pas qualité pour en être destinataire et utilement la recevoir. Ce faisant, la Cour de cassation attire l'attention sur cette circonstance que, contrairement à ce qu'énoncent les juges du second degré, l'Ordre des avocats est une personne morale distincte de la Carpa désignée séquestre du prix de l'adjudication.

0151.24 Tiers juridiquement étrangers à l'acte de saisie. Ce sont des personnes morales ou physiques (le plus souvent) qui ne se trouvent dans aucun lien de droit direct ou indirect avec le créancier ou le débiteur, mais qui sont appelées à apporter leur concours, à un moment ou un autre, à la mesure d'exécution.

Les hypothèses les plus fréquentes sont celles dans lesquelles le commissaire de justice instrumentant pour le compte du créancier requiert des hommes de l'art pour réaliser concrètement la saisie, tels les serrurier, déménageur, photographe, garagiste, *etc.* (C. pr. exéc., art. L. 142-2 et L. 222-1, R. 221-12 et R. 223-9). On sait, en effet, que le créancier ne peut jamais procéder lui-même aux opérations de la saisie (C. pr. exéc., art. L. 122-1 et R. 122-1).

Ce sont aussi les personnes qui assistent aux opérations de saisie et qui doivent apposer leur signature sur l'original du procès-verbal (C. pr. exéc., art. R. 221-16), celles qui sont désignées gardiens des biens saisis (C. pr. exéc., art. R. 221-27) ou les témoins requis pour pénétrer dans le local d'habitation du saisi (C. pr. exéc., art. L. 142-1 et L. 322-2, pour la saisie immobilière).

On peut enfin mentionner les personnes qui sont susceptibles de renseigner le commissaire de justice sur la situation personnelle du débiteur (emploi, adresse, propriétés, comptes) et dont la collaboration est requise (C. pr. exéc., art. L. 152-1 et L. 152-2).

1. Com. 12 avr. 2005, nº 03-19.293, P IV, nº 88 ; *Procédures* juin 2005, nº 159, p. 17, note J. Junillon.

CHAPITRE

0152. Obligations des tiers

Olivier Salati
Maître de conférences HDR à l'Université d'Aix-Marseille
Directeur du master II professionnel
Commissaire de justice et professions judiciaires

SECTION 0

Orienteur

0152.00 **Sommaire du chapitre.**

Division. Les obligations des tiers à l'exécution consistent à ne pas faire obstacle aux procédures engagées (sect. 1) et à apporter leur concours auxdites mesures (sect. 2), ces obligations étant sanctionnées (sect. 3).

0152.01 **Textes applicables.**

• **C. pr. exéc.,** art. L. 123-1, L. 131-1, L. 141-2, L. 141-3, L. 142-1, L. 142-3, L. 143-1, L. 152-1 et L. 152-2, L. 211-3, L. 212-1, L. 212-8, L. 212-12, L. 212-14 ; R. 211-1, R. 211-4, R. 211-5, R. 211-9, R. 212-1-14, R. 221-21, R. 221-22, R. 222-7, R. 222-8, R. 222-21, R. 232-2, R. 232-5, R. 523-4, R. 523-5 et R. 524-1.

• **C. pén.,** art. 314-6 et 433-5 à 433-10.

• **C. pr. civ.,** art. 16 et 138.

0152.02 **Jurisprudence de référence.**

> Obligations du tiers saisi et responsabilité

• **Civ. 2e, 4 févr. 2021,** n° 19-12.424, P

* V. ss nos 015.05, 0151.12, 0152.21, 0152.32, 0152.33, 0821.81, 0821.82, 0821.111, 0821.151

La circonstance que le créancier saisissant ait obtenu, postérieurement à l'accomplissement de la mesure, l'information dont est débiteur à son égard le tiers entre les mains duquel la saisie a été pratiquée n'exonère pas ce dernier de son obligation de fournir les renseignements légalement prévus.

Il résulte des dispositions des deux derniers alinéas de l'article R. 221-21 du Code des procédures civiles d'exécution, auxquels renvoie l'article R. 522-5 du même code, que si, après avoir exactement répondu sur-le-champ à l'huissier (commissaire) de justice, le tiers entre les mains duquel la saisie est pratiquée lui fournit ultérieurement des informations complémentaires mensongères ou inexactes, il engage sa responsabilité aux conditions de l'article 1240 du Code civil.

> Saisie-attribution. Obligation de renseignement du tiers-saisi. Appréciation souveraine du juge de l'exécution pour apprécier les motifs de retard.

• **Civ. 2e, 2 avr. 1997,** n° 95-13.567, P II, n° 107

* V. ss nos 015.05, 0152.52, 0821.101, 0821.125, 0821.131, 0821.136, 0952.162, 0971.231

1° Le tiers saisi est tenu de fournir sur-le-champ à l'huissier (commissaire) de justice les renseignements prévus à l'article 44 de la loi du 9 juillet 1991 [devenu art. L. 211-3 C. pr. exéc.].

2° Le juge apprécie souverainement si les causes de retard invoquées par le tiers saisi procèdent d'un motif légitime.

> Autonomie de l'avis à tiers-détenteur.

• **Cass., ch. mixte, 26 janv. 2007,** n° 04-10.422, P, n° 1

* V. ss nos 0152.52, 0214.92, 0213.24, 0932.12, 0932.18, 0933.52, 0934.24

1° Les exigences de l'article 56 du décret du 31 juillet 1992 [devenu R. 211-1 C. pr. exéc.] ne sont pas applicables à l'avis à tiers détenteur

2° L'obligation de renseignement incombant au tiers saisi et les sanctions attachées à son inexécution en matière de saisie-attribution sont inapplicables au tiers détenteur.

3° Si l'avis à tiers détenteur comporte l'effet d'attribution immédiate prévu à l'article 43 de la loi n° 91-650 du 9 juillet 1991 [devenu art. L. 211-2 C. pr. exéc.], impliquant le droit pour le comptable public de recourir aux dispositions de l'article 64 du décret n° 92-755 du 31 juillet 1992 [devenu R. 211-9 C. pr. exéc.], aucune disposition légale ne prévoit l'application à l'avis à tiers détenteur des autres règles relatives à la saisie-attribution.

> Saisie-attribution. Responsabilité du tiers saisi pour manquement à son obligation de renseignement même s'il n'est redevable d'aucune somme envers le débiteur saisi.

• **Civ. 2e, 19 mars 2009,** no 08-11.303, P II, no 78

* V. ss nos 0152.52, 0812.43, 0821.113, 0821.153, 0821.154

L'efficacité de la saisie n'est pas une condition d'application de l'alinéa 2 de l'article 60 du décret no 92-755 du 31 juillet 1992. Dès lors, un tiers saisi, même s'il n'est redevable d'aucune somme envers le débiteur saisi, peut être condamné au versement de dommages-intérêts pour manquement à son obligation de renseignement. Justifie légalement sa décision de condamner le tiers saisi à payer des dommages-intérêts sur le fondement de l'alinéa 2 de l'article 60 du décret no 92-755 du 31 juillet 1992, la cour d'appel qui retient que le tiers saisi a donné à l'huissier (commissaire) de justice une réponse inexacte dont est résulté un préjudice.

> Voies d'exécution pratiquée hors de France. Pas de privilège de juridiction pour les plaideurs français.

• **Civ. 2e, 14 avr. 2010,** no 09-11.909, P II, no 91

* V. ss nos 0152.21, 1711.07, 1711.08

L'article 14 du Code civil, qui permet au plaideur français d'attraire un étranger devant les juridictions françaises, doit être exclu pour des demandes relatives à des voies d'exécution pratiquées hors de France. Dès lors, une cour d'appel qui retient que l'action en responsabilité intentée par un créancier français à l'encontre d'une banque étrangère découle directement des voies d'exécution pratiquées entre les mains de cette dernière à l'étranger en sa qualité de tiers saisi, en déduit à bon droit que le créancier ne peut pas se prévaloir de l'article 14 pour attraire la banque devant les tribunaux français, peu important que la régularité de la saisie litigieuse ne soit pas contestée.

> Saisie-attribution. Obligation de renseignement du tiers saisi. Délai imparti par le commissaire de justice.

• **Civ. 2e, 8 sept. 2011,** no 10-17.506, P II, no 169

* V. ss nos 0152.31, 0152.52, 0821.81, 0821.135

L'huissier (commissaire) de justice pratiquant une saisie-attribution ayant indiqué au tiers saisi qu'à défaut de réponse immédiate, il lui était fait sommation d'avoir à répondre sous 48 heures, la cour d'appel en a déduit à bon droit que le créancier avait laissé au tiers saisi un délai de 48 heures pour répondre et a pu retenir que le retard dans la réponse au-delà de 48 heures avait un motif légitime dès lors qu'un délai avait été accepté au lieu d'une réponse sur-le-champ.

0152.03 **Bibliographie indicative.**

* V. ss no 015.03.

Articles. J.-C. Belot, « À propos d'une loi attendue », *Dr. et proc.* 2004-3. 128 – A. Leborgne, « L'obligation de concours des tiers saisis », *Dr. et proc.* 2001. 151 – R. Perrot, « L'huissier de justice et la chasse au trésor », *Procédures* avr. 2004. Chron. 4 – L. Séné, « La responsabilité du tiers saisi », *R.* 2002, Doc. fr., p. 259 – F. Vinckel, « La communication de pièces en droit de l'exécution forcée », *Procédures* mai 2009. 7.

SECTION 1

NE PAS FAIRE OBSTACLE AUX PROCÉDURES ENGAGÉES

0152.11 **Devoir d'abstention.** Ce devoir est expressément énoncé par l'article L. 123-1 C. pr. exéc., qui dispose que « *les tiers ne peuvent faire obstacle aux procédures engagées en vue de l'exécution ou de la conservation de la créance.* »

0152.12 **Abstention physique.** Il est évidemment interdit aux tiers d'opposer une obstruction physique aux opérations d'exécution diligentées par le commissaire de justice du créancier poursuivant, ou plus largement au déroulement de la mesure. La jurisprudence en a offert l'illustration dans une hypothèse où des membres d'un comité de défense des commerçants avaient envahi et occupé les locaux d'une banque pour empêcher l'exécution de saisies-attributions, contraignant ainsi le directeur de l'établissement à leur remettre les fonds déposés sur les comptes des débiteurs saisis, eux-mêmes artisans[1].

Les difficultés qui naissent à l'occasion de ces actes d'obstruction relèvent bien entendu du ministère public, sur saisine du commissaire de justice. Il pourra alors être fait usage des dispositions du Code pénal sanctionnant la rébellion qui consiste à opposer une résistance violente à un dépositaire de l'autorité publique ou chargé d'une mission de service public agissant, dans l'exercice de ses fonctions, pour l'exécution des décisions de justice (C. pén., art. 433-6 à 433-10). De même, les paroles, gestes ou menaces adressés à personne chargée d'une mission de service public dans l'exercice ou à l'occasion de l'exercice de sa mission et de nature à porter atteinte à la dignité ou au respect dû à la fonction dont elle est investie constituent l'infraction d'outrage (C. pén., art. 433-5). C'est ce qu'a pu rappeler la Cour de cassation en énonçant que le commissaire de justice est une personne dépositaire de l'autorité publique au sens de l'article 433-5 C. pén.[2] En outre, le tiers, entre les mains duquel est pratiquée une saisie, peut être poursuivi du chef de détournement d'objets saisis (C. pén., art. 314-6).

0152.13 **Abstention juridique.** C'est cependant l'obstruction juridique qui est la plus courante, sachant qu'il convient de distinguer celle qui relève de l'abus de procéder (saisine du JEX pour empêcher, par des

1. Civ. 2e, 11 mars 1999, no 96-20.046, P II, no 50. La Cour ajoute que la cour d'appel aurait dû rechercher si l'invasion des locaux et leur occupation des heures durant, par ces manifestants, sous menaces de violences, ne constituaient pas un motif légitime de nature à exonérer le tiers saisi de ses obligations légales.
2. Crim. 21 mai 1997, no 96-82.904, P, no 196 ; *BICC* 15 oct. 1997, no 1172.

moyens dilatoires, la mise en œuvre normale de la saisie), de celle qui correspond à une prétention véritable, fondée sur l'allégation d'un droit contre le saisissant ou le débiteur, et constitue alors un obstacle juridique légitime à la mesure (ces hypothèses seront analysées à l'occasion de l'étude de chaque procédure de saisie).

Relevons cependant le refus de remettre une pièce, sanctionné par l'article 138 C. pr. civ. qui permet au JEX d'ordonner la délivrance d'une expédition ou la production de l'acte ou de la pièce. L'article R. 121-5 C. pr. exéc. rend en effet applicables devant le JEX toutes les dispositions du livre Ier de ce code (C. pr. civ., art. 1er à 749), à l'exclusion des articles 481-1 et 484 à 492 C. pr. civ. (jugements en procédure accélérée au fond, et ordonnances de référé).

Le devoir d'abstention impose également au tiers de respecter l'indisponibilité résultant de l'exercice régulier de toute saisie[1], et l'article L. 141-2 alinéa 2 C. pr. exéc. rappelle ainsi que si la saisie porte sur des biens corporels, le tiers détenteur entre les mains de qui la saisie a été effectuée est réputé gardien des objets saisis sous les sanctions prévues par l'article 314-6 C. pén.

SECTION 2
APPORTER LEUR CONCOURS AUX MESURES ENGAGÉES

§ 1
Obligations principales et spécifiques

0152.21 **Obligations générales des tiers.** L'article L. 123-1 alinéa 1er C. pr. exéc. poursuit en décidant que les tiers doivent aussi « *apport*[er] *leur concours* » aux procédures d'exécution « *lorsqu'ils en sont légalement requis* » par le commissaire de justice, et s'ils devaient se soustraire, sans motif légitime, à ces obligations, ils pourraient y être contraints, au besoin à peine d'astreinte, sans préjudice de dommages et intérêts pour le préjudice qu'ils auront pu causer (C. pr. exéc., art. L. 123-1, al. 2)[2]. La jurisprudence veille au respect de ce devoir général, et le sanctionne périodiquement[3].

C'est donc à une véritable obligation de collaboration à l'exécution que sont tenus les tiers, consistant en une aide matérielle mais aussi en une aide juridique (obligations déclaratives), appuyée au besoin par le prononcé de mesures astreignantes prises d'office par le juge ou à la requête du créancier, ou plus gravement encore sanctionnée par l'allocation de dommages-intérêts si le préjudice causé par le refus de collaborer opposé par le tiers est démontré[4].

C'est ainsi que le JEX peut lui-même enjoindre à un tiers de communiquer l'adresse d'un débiteur. L'expression « *légalement requis* » l'autorise en effet à prendre cette initiative sans avoir à s'adresser au commissaire de justice ou au procureur de la République[5].

Un autre exemple est celui des témoins requis pour pénétrer dans un lieu servant à l'habitation, en l'absence de l'occupant du local (C. pr. exéc., art. L. 142-3, L. 142-1 et L. 322-2)[6], mais les circonstances pouvant conduire l'officier public à requérir le concours des tiers sont évidemment multiples et variées.

Il faut également relever (v. ss n° 024.05) que dans le cadre de la recherche des informations, le législateur a progressivement renforcé les prérogatives du commissaire de justice. Ainsi, la loi n° 2004-130 du 11 février 2004, avait déjà confié à l'officier public la possibilité d'obtenir directement de l'administration fiscale, sans passer par le relais du parquet, l'adresse des organismes auprès desquels un compte est ouvert au nom du débiteur. La loi Béteille du 22 décembre 2010[7] a renforcé ces prérogatives,

1. C. pr. exéc., art. L. 141-2, al. 1er, et L. 521-1 – V. TOUTEFOIS et IMPLICITEMENT, pour les sûretés judiciaires : C. pr. exéc., art. L. 531-2, al. 1er.
2. V. TOUTEFOIS, pour le cas où le tiers responsable est une personne morale de droit étranger : Civ. 1re, 14 avr. 2010, n° 09-11.909, P I, n° 91 ; *D.* 2010. 1087, obs. V. Avena-Robardet ; *D.* 2011. 1374, obs. F. Jault-Seseke ; 1509, obs. A. Leborgne ; *Rev. crit. DIP* 2010. 510, note F. Marchadier ; *RTD com.* 2011. 670, obs. P. Delebecque (inapplication de l'article 14 C. civ. pour les voies d'exécution pratiquées hors de France).
3. Récemment, Civ. 2e, 4 févr. 2021, n° 19-12.424, P ; *Rev. prat. rec.* 2021, n° 3, p. 17, obs. O. Salati, rendu au visa de l'article L. 123-1 C. pr. exéc., précisant que « *la circonstance que le créancier saisissant ait obtenu, postérieurement à l'accomplissement de la mesure, l'information dont est débiteur à son égard le tiers entre les mains duquel la saisie a été pratiquée n'exonère pas ce dernier de son obligation de fournir les renseignements légalement prévus* », et que « *si, après avoir exactement répondu sur-le-champ* [au commissaire de justice], *le tiers entre les mains duquel la saisie est pratiquée lui fournit ultérieurement des informations complémentaires mensongères ou inexactes, il engage sa responsabilité aux conditions de l'article 1240 du Code civil* ».
4. SUR LA QUESTION, v. not. A. Leborgne, « L'obligation de concours des tiers saisis », *Dr. et proc.* 2001. 151 – L. Séné, « La responsabilité du tiers saisi », *R.* 2002, Doc. fr., p. 259.
5. Lyon, 2 juill. 1997, RG n° 96/04753, NP.
6. Décidant not. que le recours aux témoins des art. L. 142-1 et L. 322-2 C. pr. exéc. ne se conçoit qu'en l'absence du débiteur ou de toute autre personne à son domicile pour ouvrir les portes : Paris, 30 sept. 1999, *Rev. huiss.* 2000. 237, note J.-J. Bourdillat – Sur l'effectivité de l'assistance des témoins, et sur un procès-verbal entaché de faux, Versailles, 20 nov. 2003, *Dr. et proc.* 2004. 235.
7. L. n° 2010-1609, 22 déc. 2010, relative à l'exécution des décisions de justice, aux conditions d'exercice de certaines professions réglementées et aux experts judiciaires, *JO* 23 déc., p. 22552.

les articles L. 152-1 et L. 152-2 C. pr. exéc. prévoyant que les personnes morales de droit public (v. précisément la liste du texte) sont tenues de communiquer au commissaire de justice chargé de l'exécution « *les renseignements qu'ils détiennent permettant de déterminer l'adresse du débiteur, l'identité et l'adresse de son employeur ou de tout tiers débiteur ou dépositaire de sommes liquides ou exigibles et la composition de son patrimoine mobilier* », à l'exclusion de tout autre renseignement, et sans pouvoir opposer le secret professionnel. La Cour de cassation a eu l'occasion de préciser, le 16 mars 2017, que l'ordonnance du JEX autorisant à procéder à une saisie conservatoire de créance ne constitue pas le titre exécutoire constatant une créance liquide et exigible, dont doit se prévaloir le commissaire de justice à l'occasion de la mise en œuvre d'une mesure d'exécution forcée ou d'une mesure conservatoire pour obtenir l'adresse des organismes auprès desquels un compte est ouvert au nom du débiteur[1].

En outre, les établissements habilités par la loi à tenir des comptes de dépôt ont l'obligation d'indiquer au commissaire de justice en charge de l'exécution si un ou plusieurs comptes, comptes joints ou fusionnés sont ouverts au nom du débiteur ainsi que les lieux où sont tenus les comptes. À nouveau, cette obligation vaut à l'exclusion de tout autre renseignement et sans que ne puisse être opposé le secret professionnel[2].

Conséquence de ce droit d'accès direct aux informations, la mission, initialement confiée au ministère public, d'assistance dans la recherche des éléments permettant de localiser le patrimoine du débiteur, a pris fin. Mais il convient de rappeler que l'article R. 152-1 C. pr. exéc., relatif à la recherche des informations, offre, lui, la possibilité pour le commissaire de justice de saisir les personnes, organismes ou services mentionnés à l'article L. 152-1 pour obtenir lesdites informations.

0152.22 Obligation particulière de communication de pièces. La loi pose un principe de collaboration appuyé sur le principe de la contradiction, dans la mesure où « *toute personne* » – donc un tiers – qui, à l'occasion d'une mesure propre à assurer l'exécution ou la conservation d'une créance, se prévaut d'un document, est tenue de le communiquer ou d'en donner copie[3], si ce n'est dans le cas où il aurait été notifié antérieurement (C. pr. exéc., art. L. 141-3).

1. Civ. 2e, 16 mars 2017, no 16-11.314, P II, no 59.
2. V. AUSSI, LPF, art. L. 151-A.
3. Sur le domaine de cette obligation : Paris, 8e ch. B, 7 juin 2001, *D.* 2001. 2806 – Et plus généralement, v. F. Vinckel, « La communication de pièces en droit de l'exécution forcée », *Procédures* mai 2009. 7.

La particularité de cette disposition est qu'elle s'impose aux tiers à titre de principe général, contrairement aux dispositions identiques énoncées pour la communication de pièces détenues par un tiers dans le cadre d'une instance civile (C. pr. civ., art. 16 et 138). Cela s'explique par le fait qu'un tiers à la procédure d'exécution est toujours susceptible d'en devenir partie, au moins indirectement en qualité de tiers saisi. Il est donc indispensable que le créancier soit informé de tout document susceptible de modifier les droits qu'il tient du titre exécutoire dont il est porteur. Au-delà de la loyauté des relations entre le créancier et le tiers, la nécessité d'instaurer la contradiction se déduit du risque que fait courir un défaut d'information pertinente du créancier qui, ne disposant pas de tous les éléments utiles, peut poursuivre une mesure d'exécution qui s'avérera vouée à l'échec par la production tardive d'un document non porté à sa connaissance. Il en résultera au surplus un coût inutile et non répétible. On comprend dès lors que le législateur ait énoncé ce principe particulier de communication de documents.

0152.23 Obligations spécifiques des tiers saisis. Le concours des tiers à la mise en œuvre de l'exécution des décisions de justice vise, au premier chef, les tiers saisis qui doivent informer le saisissant, sur sa demande, de la réalité et de la consistance des biens mobiliers ou des créances qu'ils détiennent pour le compte du saisi. Ces obligations sont précisées par les dispositions légales et réglementaires contenues dans le Code des procédures civiles d'exécution à propos de chaque saisie impliquant un tiers.

§ 2
Obligation des tiers selon les mesures diligentées

0152.31 En matière de saisie-attribution : obligation de renseignement. La signification de la saisie, outre qu'elle investit le créancier d'un droit exclusif sur la créance saisie, a un effet essentiel sur le tiers saisi, devenu « *personnellement débiteur des causes de la saisie dans la limite de son* obligation » (C. pr. exéc., art. L. 211-2, al. 1er), se trouve tenu par l'article L. 211-3 « *déclarer au créancier l'étendue de ses obligations à l'égard du* débiteur »[4], obligation déclarative laquelle, aux termes de l'article R. 211-4 alinéa 1er,

4. Étant précisé que « *l'effet attributif immédiat de la saisie-attribution n'est pas subordonné à la déclaration du tiers saisi* », « *l'obligation déclarative du tiers saisi naissant de la saisie, qui entraîne par elle-même effet attributif* », Civ. 2e, 30 sept. 2021, no 20-14.060, B (préc., v. ss no 015.05) ; autrement dit, l'effet attributif se produit même en l'absence de déclaration du tiers saisi.

il doit déférer « *sur-le-champ* »[1], c'est-à-dire spontanément[2], sous peine de condamnation, soit du paiement des sommes dues au créancier s'il s'abstenait « *sans motif légitime* » de fournir les renseignements exigés par la loi (C. pr. exéc., art. R. 211-5, al. 1er)[3], soit à des dommages et intérêts si sa déclaration était incomplète du fait d'une « *négligence fautive* », « *inexacte* » ou même « *mensongère* » (al. 2). L'existence d'un terme ou d'un litige, par exemple, ne dispenserait pas le tiers saisi de son obligation de déclarer au créancier l'étendue de ses obligations à l'égard du débiteur[4].

Toutefois, lorsque, par exception, le tiers pourra justifier devant le JEX, au moment de l'action en justice du créancier saisissant, qu'il avait un motif légitime l'autorisant à différer sa réponse lors de la saisie[5] (le tiers n'ayant en effet pas à donner, sur-le-champ, le motif légitime qui l'autorise à différer cette réponse[6]), il n'encourra pas de condamnation au paiement des causes de la saisie, ce qui sera par exemple le cas si le créancier saisissant lui a expressément accordé un délai pour délivrer les informations[7].

0152.32 En matière de saisie conservatoire. Des dispositions identiques s'appliquent à la saisie conservatoire des créances. Le tiers est en effet tenu de déclarer au commissaire de justice l'étendue de ses obligations à l'égard du débiteur ainsi que les modalités qui pourraient les affecter, et, s'il y a lieu, les cessions de créances, délégations ou saisies antérieures, et cela sous peine des mêmes sanctions : paiement des causes de la saisie, ou dommages-intérêts (C. pr. exéc., art. R. 523-4, al. 1er, et R. 523-5)[8].

0152.33 En matière de saisie-vente entre les mains d'un tiers. Le tiers détenteur de biens pour le compte du saisi doit les déclarer au commissaire qui opère une saisie entre ses mains. Il doit également déclarer ceux qui auraient fait l'objet d'une saisie antérieure (C. pr. exéc., art. R. 221-21, al. 2 et 3)[9].

0152.34 En matière de saisie des rémunérations. À l'instar des autres mesures d'exécution ou conservatoires, l'employeur tiers saisi est tenu de déclarer au créancier la situation de droit existant entre lui-même et le débiteur saisi, le montant de la rémunération versée au débiteur, ainsi que les cessions, les saisies, les saisies administratives à tiers détenteur ou les paiements directs des pensions alimentaires en cours d'exécution (C. pr. exéc., art. L. 212-8 nouv., entrant en vigueur au plus tard le 1er juill. 2025). Dans le prolongement de cette obligation, le nouvel article R. 212-1-14 C. pr. exéc., issu du décret n° 2025-125 du 12 février 2025 relatif à la nouvelle procédure de saisie des rémunérations[10], dispose que « *le tiers saisi fournit au commissaire de justice répartiteur, au plus tard dans les quinze jours à compter de la notification de l'acte de saisie, les renseignements mentionnés à l'article L. 212-8* » (C. pr. exéc., art. R. 212-1-14, al. 1er nouv.) ; et de la même manière, l'employeur tiers saisi qui s'abstiendrait, sans motif légitime, de procéder à cette déclaration, ou ferait une déclaration mensongère, pourrait être condamné par le juge, à la demande du créancier saisissant ou intervenant, au paiement d'une amende civile, sans préjudice d'une condamnation à des dommages-intérêts (C. pr. exéc., art. L. 212-14, al. 1er nouv.).

0152.35 En matière de saisie-appréhension en vertu d'un titre exécutoire ou de saisie-appréhension sur injonction du juge. Le tiers saisi dans le cadre d'une procédure de saisie-appréhension en vertu d'un titre exécutoire ou de saisie-appréhension sur injonction du juge doit, dans un délai de huit jours suivant l'acte d'appréhension, remettre le bien désigné ou communiquer au commissaire de justice les raisons

1. Ce texte ajoute qu'il est également tenu de lui communiquer les pièces justificatives ; v. Civ. 2e, 28 janv. 1998, n° 96-12.422, P II, n° 36, à propos de la non-communication au créancier, dans le cas d'une saisie-attribution réalisée auprès d'une SCP à l'encontre de l'un de ses associés, des statuts de la SCP et d'un accord entre associés pour connaître le montant de leur rémunération.
2. Civ. 2e, 28 oct. 1999, n° 98-10.685, P II, n° 162.
3. Ou donnerait une réponse tardive, qui en jurisprudence a été traitée de la même manière, v. Civ. 2e, 9 juill. 2009, n° 08-15.192, P II, n° 195 : « *La réponse tardive du tiers saisi l'expose à payer les causes de la saisie lorsque le retard n'est pas justifié par un motif légitime* ».
4. Civ. 2e, 8 sept. 2011, n° 10-17.506, P II, n° 169 ; *Dr. et proc.* nov. 2011, note F. Vinckel.
5. Civ. 2e, 24 juin 1998, n° 96-14.318, P II, n° 223 : le juge n'a pas à rechercher d'office un tel motif – Le JEX ne contrôle d'ailleurs la valeur et la sincérité de la déclaration du tiers qu'au moment précis de la saisie, il n'entre pas dans ses pouvoirs de contrôler l'évolution des comptes du débiteur saisi au cours des mois ou des années qui ont précédé la mesure : Civ. 2e, 5 juill. 2000, n° 97-21.606, P II, n° 110.
6. Civ. 2e, 7 mars 2002, n° 00-12.054, P II, n° 36 ; *Dr. et proc.* 2002. 242, obs. E. Putman.
7. Civ. 2e, 8 sept. 2011, n° 10-17.506, P (préc. ss prést n°) : le créancier avait laissé au tiers saisi un délai de 48 heures pour répondre, et la cour d'appel avait « *pu retenir que le retard dans la réponse au-delà de 48 heures avait un motif légitime dès lors qu'un délai avait été accepté au lieu d'une réponse sur-le-champ* ».
8. Pour l'exigence d'une réponse sur-le-champ, V. PAR EX. Civ. 2e, 1er févr. 2006, n° 04-11.693, P II, n° 37 ; *Procédures* 2006, n° 135, obs. R. Perrot – Et pour une déclaration incomplète, inexacte ou mensongère, ne pouvant donner lieu qu'à condamnation à des dommages-intérêts, v. Civ. 2e, 26 mai 2011, n° 10-16.343, P II, n° 119 – Plus récemment, v. Civ. 2e, 4 févr. 2021, n° 19-12.424, P (préc., v. ss n° 0152.21).
9. POUR UNE ILLUSTRATION, v. Civ. 2e, 4 févr. 2021, n° 19-12.424, P (préc., v. ss nos 0152.21 et 0152.32).
10. Décr. n° 2025-125, 12 févr. 2025, relatif à la nouvelle procédure de saisie des rémunérations, *JO* 14 févr., texte 1.

pour lesquelles il s'oppose à la remise (C. pr. exéc., art. R. 222-7, al. 2, 2°, et R. 222-16, al. 1er).

Le tiers saisi peut cependant exciper d'un motif légitime pour s'opposer à l'appréhension. Dans ce cas, la difficulté est portée devant le JEX du lieu où il demeure (C. pr. exéc., art. R. 222-7, al. 2, 3°).

0152.36 **En matière de saisie-revendication.** Le tiers saisi dans le cadre de la procédure de saisie-revendication est tenu de déclarer au commissaire de justice toute éventuelle saisie antérieure sur le même bien. Il lui est notifié que le bien saisi est placé sous sa garde et qu'il lui est interdit de l'aliéner ou de le déplacer, sauf cause légitime, laissée à l'appréciation souveraine du juge (C. pr. exéc., art. R. 222-21).

§ 3
Cas particulier des ordonnateurs publics

0152.41 **Obligations particulières des ordonnateurs publics.** L'une des particularités essentielles des titres émis par les personnes publiques consiste dans la distinction entre l'ordonnateur et le comptable.

– **L'ordonnateur** est un fonctionnaire qui émet le titre, a en charge de liquider et d'ordonnancer les dépenses, de constater les droits des organismes publics et de liquider les recettes. Contrairement au comptable, il ne peut manipuler aucune somme d'argent.

– **Le comptable** est chargé de recouvrer les titres émis par les ordonnateurs ; lui seul est habilité à percevoir les sommes correspondant aux créances liquidées par l'ordonnateur (v. la distinction classique entre l'émission de l'impôt, qui relève de la direction des impôts et le recouvrement de l'impôt, qui appartient exclusivement au comptable du Trésor).

Cette distinction s'applique aux sommes dont est redevable l'Administration auprès du débiteur tenu à l'égard de son créancier en vertu d'un titre exécutoire ou d'une autorisation de prendre une mesure conservatoire. Dans cette hypothèse, la difficulté consiste, pour le créancier, à identifier le comptable public assignataire de la dépense. Pour surmonter cette difficulté, il est fait obligation à l'ordonnateur d'indiquer au créancier, porteur d'un titre exécutoire, le comptable public tenu du versement de la dépense, ainsi que de lui donner tous les renseignements nécessaires à la mise en œuvre de la mesure (C. pr. exéc., art. L. 143-1). La Cour de cassation a elle-même rappelé, le 2 juillet 2020, qu'il résulte, notamment, de l'article R. 211-4 alinéa 3 C. pr. exéc.[1], et « *de l'application du principe de séparation de l'ordonnateur et du comptable public, que seul ce dernier est habilité à fournir* [au commissaire] *de justice les renseignements prévus à l'article L. 211-3 du Code des procédures civiles d'exécution et à lui communiquer les pièces justificatives* »[2].

SECTION 3
SANCTIONS DE L'INEXÉCUTION

0152.51 **En matière de communication de pièces.** Lorsque le refus d'un tiers de communiquer un document utile à la mesure d'exécution est porté à la connaissance du juge par le créancier, ce dernier peut ordonner une astreinte pour assurer la remise de cette pièce (C. pr. exéc., art. L. 131-1). Cela dit, la Cour de cassation, dans le cas d'une saisie-attribution, a pu poser en règle que « *le seul manquement à l'obligation de fournir les pièces justificatives ne peut donner lieu qu'au paiement, s'il y a lieu, de dommages-intérêts* »[3].

0152.52 **En matière de saisie-attribution.** Lorsque le tiers refuse (ou fournit tardivement cette information), sans motif légitime, de fournir sur-le-champ au commissaire de justice les renseignements relatifs à l'étendue de ses obligations à l'égard du débiteur, ainsi que les modalités qui pourraient les affecter et, s'il y a lieu, les cessions de créances, délégations ou saisies antérieures, il est alors personnellement condamné, à la demande du créancier, à payer les sommes dues à ce dernier par le saisi. Si sa déclaration est mensongère ou inexacte, il ne s'expose, en revanche, qu'au paiement de dommages-intérêts (C. pr. exéc., art. R. 211-5)[4]. S'agissant de cette dernière condamnation, et en application du droit commun de la responsabilité civile, la Cour de cassation décide que « *la condamnation du tiers saisi à payer des dommages-intérêts exige que soit caractérisé le lien de causalité*

1. Étant précisé qu'aux termes de l'alinéa 2 de ce texte, lorsque la saisie est pratiquée entre les mains d'un comptable public (ou de la Caisse des dépôts et consignations), « *celui-ci dispose d'un délai de vingt-quatre heures pour fournir au commissaire de justice les renseignements prévus à l'article L. 211-3 et lui communiquer les pièces justificatives* ».
2. À l'appui de son pourvoi, l'Urssaf avait fait valoir que, les fonctions d'ordonnateur et de comptable public étant incompatibles, la cour d'appel, en retenant que ces renseignements et pièces justificatives pouvaient être fournies directement par l'ordonnateur ou le sachant contacté par le comptable public, de sorte que l'établissement public tiers saisi n'avait pas manqué à ses obligations, avait violé l'article R. 211-4 alinéa 3 C. pr. exéc. et l'article 9 du décret n° 2012-1246 du 7 novembre 2012 relatif à la gestion budgétaire et comptable publique (*JO* 10 nov., texte 6) ; cassation de l'arrêt d'appel).
3. Civ. 2e, 20 déc. 2001, n° 00-12.798, P II, n° 205 ; *RTD civ.* 2002. 363, obs. R. Perrot – Civ. 2e, 6 mai 2004, n° 02-15.348, P II, n° 218 ; *RTD civ.* 2004. 556, obs. R. Perrot.
4. Lorsque la responsabilité du tiers est recherchée, le juge doit caractériser le lien de causalité entre le préjudice allégué et la faute retenue : Civ. 2e, 3 juill. 2008, n° 07-13.915, P II, n° 164 ; *D.* 2008. 2700, note C. Paul-Loubière ; *D.* 2009. 1168, obs. A. Leborgne ; *RTD civ.* 2008. 727, obs. R. Perrot ; *Dr. et proc.* 2008. 339, obs. L. Lauvergnat ; *RD banc. fin.* 2008, n° 146, obs. S. Piedelièvre.

entre la faute retenue et le préjudice allégué »[1]. Si le débiteur fournit une réponse inexacte ou mensongère, il s'expose donc au paiement de dommages-intérêts, mais uniquement au paiement de dommages-intérêts, non au paiement des causes de la saisie[2]. On notera, en outre, qu'il appartient au créancier qui a fait pratiquer cette mesure d'exécution forcée d'établir que le débiteur est créancier du tiers saisi[3], et que la jurisprudence reconnaît que la réponse inexacte donnée par le tiers saisi au commissaire de justice est de nature à constituer, en elle-même, le préjudice[4].

Le motif légitime du refus de renseigner est laissé à l'appréciation souveraine du JEX, mais le défaut de réponse « *sur-le-champ* » est immanquablement sanctionné[5]. Toutefois, pour que les sanctions puissent être valablement appliquées, encore faut-il que le commissaire de justice ait tout mis en œuvre pour signifier l'acte de saisie à la personne même du tiers. Ainsi, lorsque le tiers est une personne morale, l'officier public doit conduire son interpellation avec un soin particulier, de façon à s'adresser à la personne effectivement en mesure de lui fournir une réponse sur l'étendue de ses obligations[6]. La Cour de cassation juge au demeurant qu'aucun texte n'exige que le tiers saisi donne immédiatement au commissaire de justice le motif légitime qui l'autorise à différer sa réponse ; c'est la fourniture des renseignements qui, s'ils sont connus du tiers, doit être faite immédiatement[7]. Des circonstances particulières sont aussi parfois prises en compte, et c'est ainsi que la Cour de cassation, le 8 septembre 2011, dans une hypothèse où le créancier avait laissé au tiers saisi un délai de 48 heures pour répondre, a pu approuver une cour d'appel d'avoir retenu que le retard dans la réponse au-delà de 48 heures avait un motif légitime, dès lors qu'un délai avait été accepté au lieu d'une réponse sur-le-champ[8].

Si le tiers saisi refusait finalement de payer au créancier les sommes qu'il a reconnu devoir ou dont il a été jugé débiteur, la contestation devrait alors être portée devant le JEX, qui pourra délivrer un titre exécutoire contre lui (C. pr. exéc., art. R. 211-9).

On notera que la sanction prévue à l'article R. 211-5 C. pr. exéc. à l'encontre du tiers défaillant n'est pas applicable à la procédure d'avis à tiers détenteur, aujourd'hui saisie administrative à tiers détenteur, ce qui vient nuancer l'idée que cette mesure d'exécution n'est qu'un « *décalque* » de la saisie-attribution[9].

0152.53 En matière de saisie conservatoire. Des sanctions identiques s'appliquent à la saisie conservatoire des créances.

Le tiers saisi qui, sans motif légitime, ne fournit pas les renseignements demandés (identiques à ceux énumérés au titre de la saisie des rémunérations) s'expose, à l'initiative du saisissant, à devoir payer les sommes pour lesquelles la saisie a été pratiquée si le débiteur est condamné. Il peut cependant exercer son recours contre ce dernier (C. pr. exéc., art. R. 523-5, al. 1er).

De même, la négligence fautive et la déclaration inexacte ou mensongère sont sanctionnées par l'octroi de dommages-intérêts (C. pr. exéc., art. R. 523-5, al. 2).

De même encore, et nonobstant la lettre de l'article R. 523-4 C. pr. exéc. qui ne prévoit pas une communication sur-le-champ des renseignements (à la différence de l'article R. 211-4 C. pr. exéc.), ceux-ci doivent néanmoins être fournis immédiatement dans la mesure où ce texte prévoit que « *les renseignements sont mentionnés sur l'acte de saisie* »[10].

0152.54 En matière de saisie-vente. Le refus de déclaration des biens détenus par le tiers pour le compte du saisi, ou la déclaration inexacte ou mensongère, peuvent être sanctionnés, à l'initiative du saisissant, soit par la condamnation du tiers au paiement des causes de la saisie, soit à des dommages et intérêts dans la seconde situation (C. pr. exéc., art. R. 221-21, al. 3).

1. Civ. 2e, 10 sept. 2009, no 08-18.590, P II, no 211 ; *D.* 2010. 1307, obs. A. Leborgne – Civ. 2e, 14 sept. 2010, no 09-14.182, NP.
2. Civ. 2e, 10 sept. 2009, no 08-18.590 (préc. ss prést no).
3. POUR UNE APPLICATION : Civ. 2e, 17 févr. 2011, no 10-15.115, P II, no 45 ; *RTD civ.* 2011. 389, obs. R. Perrot.
4. Civ. 2e, 19 mars 2009, no 08-11.303, P II, no 78 ; *D.* 2010. 1307, obs. A. Leborgne ; *RTD civ.* 2009. 371, obs. R. Perrot ; *Dr. et proc.* 2009. 224, obs. C. Lefort.
5. Civ. 2e, 2 avr. 1997, no 95-13.567, P II, no 107 ; *Procédures* 1997, no 147 – Civ. 2e, 28 janv. 1998, nos 96-12.422, 96-12.843, P II, no 36 ; *JCP E* 1998, no 12, p. 443 – Civ. 2e, 28 oct. 1999, no 98-10.865, P II, no 162 – Civ. 1re, 16 janv. 2013, no 12-14.105.
6. V. PAR EX. : Civ. 2e, 4 oct. 2001, no 99-20.653, P II, no 152 ; *RTD civ.* 2002. 152, obs. R. Perrot – Civ. 2e, 17 oct. 2002, no 00-21.965, P II, no 231 : acte remis à une hôtesse d'accueil qui n'avait ni la qualité ni le pouvoir de lui répondre – Civ. 2e, 15 déc. 2005, no 04-12.171, P II, no 333 ; *Dr. et proc.* 2006. 118 ; *Procédures* 2006, no 29, note R. Perrot ; *Dr. et patr.* juill. 2006. 98, obs. C. Lefort.
7. Civ. 2e, 7 mars 2002, no 00-12504, P II, no 36 ; *D.* 2002. 117 ; *Rev. huiss.* 2002. 242, obs. E. Putman.
8. Civ. 2e, 8 sept. 2011, no 10-17.506, P II, no 169 ; *Dr. et proc.* nov. 2011. 267, obs. F. Vinckel ; *D.* 2012. 420, note R. Perrot et Ph. Théry ; *D.* 2012. Pan. 1515, obs. A. Leborgne.
9. Cass., ch. mixte, 26 janv. 2007, no 04-10.422, P, no 1 ; *D.* 2007. 451 ; *RD banc. fin.* 2007. 28, obs. S. Piedelièvre ; *Dr. et patr.* nov. 2007. 91, obs. C. Lefort – Com. 6 mai 2008, no 06-15.354, P IV, no 95 – V. AUSSI, Com. 3 oct. 2006, no 01-03.515, P IV, no 199.
10. Civ. 2e, 1er févr. 2006, no 04-11.693, P II, no 37 ; *Procédures* juin 2006, no 137, note R. Perrot ; *Dr. et patr.* juill. 2006. 93, obs. C. Lefort.

Si le tiers déclare ne détenir aucun bien appartenant au débiteur, ou s'il refuse de répondre, il en est dressé acte par le commissaire de justice. Cet acte, qui indique en caractères très apparents les sanctions auxquelles s'expose le tiers saisi, lui est remis en mains propres ou, à défaut, lui est signifié (C. pr. exéc., art. R. 221-22).

0152.55 **En matière de saisie des rémunérations.** L'employeur du salarié faisant l'objet d'une saisie ou cession de ses rémunérations qui s'abstient, sans motif légitime, de déclarer la situation de droit existant entre lui-même et le débiteur (outre les cessions, saisies, saisies administratives à tiers détenteur et paiements directs en cours), peut être condamné par le juge au paiement d'une amende civile et éventuellement d'une condamnation à des dommages-intérêts ; il en va de même, en cas de déclaration mensongère (C. pr. exéc., art. L. 212-14, al. 1er, nouv., en vigueur au plus tard le 1er juill. 2025).

On peut également rappeler que si l'employeur tiers ne procède pas aux versements mensuellement prévus entre les mains du commissaire de justice répartiteur (C. pr. exéc., art. L. 212-12 nouv., en vigueur au plus tard le 1er juill. 2025), il pourra être condamné au paiement des retenues qui auraient dû être opérées (C. pr. exéc., art. L. 212-14, al. 2, nouv., en vigueur au plus tard le 1er juill. 2025).

0152.56 **En matière de saisie-appréhension en vertu d'un titre exécutoire ou de saisie-appréhension sur injonction du juge.** Le défaut de remise volontaire du bien appréhendé par le tiers détenteur peut être sanctionné par la délivrance au créancier d'une ordonnance obligeant le tiers détenteur à le remettre (C. pr. exéc., art. R. 222-8, al. 1er).

Toutefois, le tiers qui refuse de remettre volontairement le bien appréhendé dans le délai imparti peut prendre l'initiative de saisir le JEX afin de lui exposer les motifs de son refus et échapper ainsi à la sanction de l'injonction de remise (C. pr. exéc., art. R. 222-8, al. 1er).

0152.57 **En matière de saisie-revendication.** Le tiers saisi qui aliène ou déplace sans cause légitime le bien revendiqué est passible des sanctions pénales édictées pour le détournement d'objet saisi (trois ans d'emprisonnement et 375 000 euros d'amende ; C. pr. exéc., art. R. 222-21, et C. pén., art. 314-6).

0152.58 **En matière de saisie des droits d'associés et des valeurs mobilières.** La société dont les parts sont saisies en vertu d'un titre ou conservatoirement est tenue de faire connaître au commissaire de justice le nom du mandataire chargé de la tenue de ses comptes et l'existence d'éventuels nantissements ou saisies (C. pr. exéc., art. R. 232-2, et R. 524-1). L'omission de cette information conduit à la condamnation de la société fautive au paiement des causes de la saisie sur le fondement des articles L. 123-1 et R. 232-5 C. pr. exéc.[1].

En revanche, aucune disposition ne fait obligation au tiers saisi d'indiquer au saisissant l'étendue des droits d'associé et des valeurs mobilières dont le débiteur est titulaire, ce dont il résulte que la société ou la personne morale émettrice ne peut être condamnée pour défaut de concours à la procédure d'exécution[2].

1. Civ. 2e, 3 mai 2001, no 99-18.265, P II, no 90.
2. Civ. 2e, 8 avr. 1999, no 97-14.742, P II, no 69 – Civ. 2e, 1er févr. 2001, no 99-11.151, P II, no 23.

CHAPITRE

0153. Droits des tiers

Olivier Salati
Maître de conférences HDR à l'Université d'Aix-Marseille
Directeur du master II professionnel
Commissaire de justice et professions judiciaires

SECTION 0

Orienteur

0153.00 **Sommaire du chapitre.**

Division. Les droits des tiers autorisent un refus de collaboration à la mesure d'exécution lorsque celle-ci est illicite (sect. 1), et permettent d'opposer le droit au respect de la vie privée et de l'inviolabilité du domicile (sect. 2) ; un droit de contestation devant le juge leur est également reconnu (sect. 3).

0153.01 **Textes applicables.**

• **C. pr. exéc.,** art. L. 123-1, L. 221-1, R. 222-20, R. 411-1 s.

0153.02 **Jurisprudence de référence.**

> Le paiement fait au mépris de la saisie par le tiers saisi ne le prive pas de son recours contre le débiteur.

• **Civ. 2e, 8 déc. 2011,** no 10-23.399, P II, no 226

* V. ss nos 0153.31, 0831.58, 0832.53

Il résulte de l'article 24, alinéa 3, de la loi no 91-650 du 9 juillet 1991 [devenu art. L. 123-1 C. pr. exéc.] que le tiers entre les mains duquel est pratiquée une saisie peut être condamné au paiement des causes de la saisie, sauf recours contre le débiteur. Fait une exacte application de ce texte la cour d'appel qui, relevant qu'une société tiers avait, malgré la saisie-attribution pratiquée entre ses mains sur des loyers dus à une société débitrice, continué à régler à cette société les loyers et se trouvait, par l'effet de sa condamnation au paiement au profit du créancier des loyers saisis, avoir payé deux fois la même somme, ce dont il résultait un enrichissement sans cause de la société débitrice, retient que le fait d'avoir versé les loyers saisis à la société débitrice et non au créancier n'était pas constitutif d'une faute dont la société débitrice pouvait se prévaloir pour s'opposer au recours en garantie exercé contre elle.

0153.03 **Bibliographie indicative.**

* V. ss no 015.03.

Ouvrage. A. Leborgne, *Droit de l'exécution*, 3e éd., « Précis », Dalloz, 2019, nos 772 s.

SECTION 1

Refus de collaborer

0153.11 **Refus de collaborer tiré de l'illicéité de la mesure.** On sait que l'obligation de collaboration imposée au tiers ne s'applique que dans le cadre de la mise en œuvre d'une procédure d'exécution, telle que définie par le Code des procédures civiles d'exécution.

Il ne peut dès lors être fait aucun reproche au tiers qui opposerait l'illégalité de la mesure d'exécution engagée pour refuser son concours. Tel sera le cas, par exemple, si le commissaire de justice instrumentait en dehors des heures légales sans justification judiciaire, ou lorsque, même pourvu d'un titre exécutoire, le créancier tenterait de procéder à une opération d'exécution sans dûment mandater un commissaire de justice. Toute réquisition d'un tiers à titre de témoin ou pour aider à l'accomplissement de la mesure serait alors illégale, et il sera du devoir de ce tiers de ne pas prêter assistance à cette entreprise. L'hypothèse n'est pas d'école puisque l'on sait que certaines expulsions peuvent parfois se faire sans respecter la procédure prévue par les articles R. 411-1 s. C. pr. exéc., alors qu'évidemment la présence du commissaire de justice sur les lieux de la saisie est un gage de la légalité de la procédure et de la légitimité de la mesure.

On doit donc supposer qu'il faut réunir des conditions bien particulières pour que le tiers soit en droit de refuser sa collaboration. Une décision du tribunal de Paris en a donné une illustration en annulant une mesure d'expulsion réalisée par un commissaire de justice accompagné de deux témoins, mais s'étant vu préalablement refuser le concours de la force publique par le préfet. La présence des témoins n'est requise que pour représenter la foi publique lors de la pénétration dans le local d'habitation, elle ne saurait servir de caution à l'officier ministériel qui instrumente dans de telles conditions[1].

SECTION 2
RESPECT DE LA VIE PRIVÉE ET DE L'INVIOLABILITÉ DU DOMICILE

0153.21 **Cas de la pénétration chez un tiers.** On sait que des biens peuvent être localisés chez un tiers, et pour procéder à une mesure d'exécution ou à une saisie conservatoire, le commissaire de justice sera alors dans l'obligation de pénétrer dans ce lieu, particulièrement protégé en législation. C'est la raison pour laquelle, en matière de saisie-vente, l'article L. 221-1 alinéa 3 C. pr. exéc. décide que « *lorsque la saisie porte sur des biens qui sont détenus par un tiers et dans les locaux d'habitation de ce dernier, elle est autorisée par le juge de l'exécution* » ; c'est la même chose en matière de saisie-appréhension, puisqu'aux termes de l'article L. 222-1 alinéa 3 C. pr. exéc., « *lorsque le meuble se trouve entre les mains d'un tiers et dans les locaux d'habitation de ce dernier, il ne peut être appréhendé que sur autorisation du juge de l'exécution* ». En matière de saisie-revendication, enfin, l'article R. 222-20 alinéa 2 C. pr. exéc. dispose pareillement que « *si la saisie est pratiquée dans un local servant à l'habitation d'un tiers détenteur du bien, une autorisation spéciale du juge est nécessaire* ». Dans tous ces cas, c'est le JEX qui est le garant du droit du tiers à son intimité et à l'inviolabilité de son domicile[2].

SECTION 3
DROIT DE CONTESTATION

0153.31 **Étendue du droit de contestation.** Lorsque le créancier saisissant sollicite la condamnation du tiers saisi pour manquement à son obligation légale d'information, en lui demandant notamment de payer les causes de la saisie, ce dernier a bien évidemment le droit d'élever une contestation devant le juge, fondée par exemple sur le fait qu'au jour où la saisie a été pratiquée, le débiteur n'était plus tenu à aucune obligation envers le créancier poursuivant[3], que la créance est insaisissable[4], ou que les réquisitions d'un juge d'instruction font obstacle à la libération des fonds[5].

De même, un tiers à un jugement d'adjudication pourra contester ce jugement et la vente subséquente de l'immeuble, en invoquant le fait que les ayants droit du saisi n'ont pu céder des droits dont ils ne disposaient pas sur l'immeuble litigieux[6].

On peut encore relever un arrêt rendu le 8 décembre 2011 par la deuxième chambre civile de la Cour de cassation, qui a apporté une précision sur le recours dont dispose le tiers saisi qui, en dépit d'une saisie-attribution, a continué de régler les loyers au débiteur saisi[7].

En l'espèce, une société créancière avait fait pratiquer au préjudice d'une société civile immobilière (SCI) débitrice, une saisie-attribution entre les mains d'une société tiers saisi. La saisie portait sur les loyers dus par la société tiers saisie à la SCI débitrice. En dépit de la saisie-attribution, le tiers saisi continua de régler les loyers à la SCI. Le tiers saisi fut assigné par le créancier poursuivant en paiement des causes de la saisie. C'est alors que le tiers saisi, se fondant sur l'article L. 123-1 C. pr. exéc., appela la SCI débitrice en garantie des condamnations qui seraient prononcées contre lui ; il obtint gain de cause, et la SCI fut condamnée à le relever et garantir de la condamnation prononcée à son encontre au profit du créancier à hauteur d'une certaine somme.

Devant la Cour de cassation, la société débitrice contesta la décision des juges d'appel l'ayant condam-

1. TGI Paris, JEX, 20 janv. 1997, *Rev. huiss.* 1997. 1197 – *Adde* : Paris, 8e ch. B, 7 févr. 2002, *Dr. et proc.* 2002. 368, obs. B. Menut.
2. Dans l'hypothèse d'une mesure conservatoire pratiquée par un créancier, cette fois, dans le lieu affecté à l'habitation du débiteur, v. Civ. 2e, 17 sept. 2020, no 18-23.626, P : s'il résulte de l'article L. 521-1 C. pr. exéc., selon lequel la saisie conservatoire peut porter sur tous les biens meubles, corporels ou incorporels appartenant au débiteur, « *que le créancier peut faire procéder à la saisie conservatoire des biens de son débiteur situés dans un lieu servant à l'habitation et, le cas échéant procéder à cet effet à l'ouverture des portes et des meubles, le droit, à valeur constitutionnelle, au respect de la vie privée et à l'inviolabilité du domicile, également consacré par l'article 8 de la Convention de sauvegarde des droits de l'homme et des libertés fondamentales, exclut qu'une telle mesure puisse être pratiquée sans une autorisation donnée par un juge* » ; « *une mesure conservatoire ne peut, par conséquent, être pratiquée dans un lieu affecté à l'habitation du débiteur par le créancier sans que le juge de l'exécution l'y ait autorisé en application de l'article R. 121-24 du Code des procédures civiles d'exécution, et ce même dans l'hypothèse prévue à l'article L. 511-2 du même code dans laquelle le créancier se prévaut d'un titre exécutoire ou d'une décision de justice qui n'a pas encore force exécutoire. À défaut, la mesure doit être annulée* ».
3. Civ. 3e, 6 déc. 2006, no 04-14.776, P III, no 246.
4. Com. 27 sept. 2005, no 02-16.902, P II, no 182.
5. Civ. 2e, 21 janv. 2010, nos 08-20.810 et 08-20.811, P II, no 18 ; *Dr. et proc.* 2010. 149, obs. E. Putman.
6. Civ. 3e, 26 sept. 2007, no 06-16.622, NP ; *D.* 2007. 3116, note S. Petit.
7. Civ. 2e, 8 déc. 2011, no 10-23.399, P II, no 226.

née à garantie envers le tiers saisi, et fit valoir que l'action *d'in rem verso* ne peut être exercée lorsque l'appauvrissement résulte d'une faute du demandeur (ici le tiers saisi). En l'espèce, la faute tenait à ce que, dans la mesure où la saisie-attribution emporte attribution immédiate au profit du saisissant de la créance saisie et rend le tiers personnellement débiteur des causes de la saisie dans la limite de son obligation, le tiers saisi commet une faute en se dessaisissant des sommes qu'il doit entre les mains du débiteur saisi, au lieu de le faire entre celles du créancier saisissant ; dès lors, comme la cour d'appel avait considéré que la société tiers saisi n'avait commis aucune faute personnelle et qu'elle pouvait, au titre de l'enrichissement sans cause, ou désormais « *injustifié* » (C. civ., art. 1300), obtenir de la SCI le remboursement du montant versé postérieurement à la saisie, elle avait violé, ce faisant, l'ancien article 1371 C. civ. (v. aujourd'hui C. civ., art. 1300, et 1303 s.), et les articles L. 123-1 et L. 211-2 C. pr. exéc.

L'argumentation développée par le pourvoi a toutefois été rejetée par la Cour de cassation, qui a décidé qu'il résultait de l'article L. 121-3 alinéa 3 C. pr. exéc. que « *le tiers entre les mains duquel est pratiquée une saisie peut être condamné au paiement des causes de la saisie, sauf recours contre le débiteur* » ; en d'autres termes, si le tiers saisi peut être amené à payer la dette du débiteur, il peut également exiger de ce dernier qu'il le rembourse, c'est-à-dire qu'il lui restitue l'excédent qu'il aura versé au regard de sa propre dette.

LIVRE

02. LES ORGANES DE L'EXÉCUTION

SECTION 0

ORIENTEUR

02.00 Sommaire du livre.

Division. Un premier titre (titre 21) sera consacré au juge de l'exécution : seront examinés successivement l'organisation de la juridiction du juge de l'exécution, sa compétence matérielle, sa compétence territoriale, ses pouvoirs lorsqu'il est compétent, et enfin la procédure applicable devant lui. Un second titre (titre 22) traitera des autres juridictions intervenant en la matière. Les autres titres décriront les interventions des autres acteurs de l'exécution : ministère public (titres 23 et 24), commissaires de justice (titre 25), autres agents d'exécution (titre 26).

02.05 L'exécution ici envisagée est celle poursuivie à l'encontre des personnes de droit privé, relevant donc des procédures civiles d'exécution. Le principe de la séparation des pouvoirs a conduit en effet le législateur à organiser d'une manière spécifique l'exécution des décisions de justice rendues à l'encontre de l'État français et des autres personnes morales publiques françaises.

De même, le principe de la souveraineté et de l'indépendance des États et des personnes morales publiques étrangères se traduit par leur immunité d'exécution, qui fait obstacle à toute action contre leurs biens.

Il convient donc de se reporter pour ces questions spécifiques à la partie du traité qui leur est spécialement dédiée.

02.06 Le Code des procédures civiles d'exécution qui a codifié la loi n° 91-650 du 9 juillet 1991 a modifié profondément le rôle et le choix du juge. *D'une part*, le souci du législateur de revaloriser le titre exécutoire a conduit à limiter le rôle du juge à ce qui est strictement nécessaire : à la différence de ce que prévoyait l'ancien Code de procédure civile, les voies d'exécution doivent désormais pouvoir s'exercer normalement sous l'égide des seuls agents d'exécution au vu du titre exécutoire, sans l'intervention du juge, réduite à donner les autorisations préalables qu'exige la protection du débiteur et à trancher les contestations.

D'autre part, le souci d'efficacité a abouti à concentrer sur un même juge l'essentiel du traitement juridictionnel de l'exécution. Déjà la loi de procédure du 5 juillet 1972 avait envisagé le principe d'un bloc de compétence, mais ce texte, faute de décret d'application, était resté lettre morte. La réforme de 1991 institue le juge de l'exécution (JEX) en le dotant d'un statut, d'une compétence propre et d'une procédure particulière qui en font la figure juridictionnelle principale en la matière.

Toutefois, cette réforme n'était pas complète : elle ne concernait pas la saisie immobilière qui restait régie par l'ancien Code de procédure civile. L'ordonnance du 21 avril 2006 [1], aujourd'hui pareillement codifiée dans le Code des procédures civiles d'exécution, a étendu la compétence du JEX aux saisies immobilières.

Pour autant, demeure encore, dans des cas certes limités, l'intervention concurrente d'autres juridictions et le contentieux de certaines saisies spécifiques échappe au juge de l'exécution.

Ce juge, qui a un rôle prépondérant, n'est donc pas la seule juridiction compétente.

02.07 Une dernière remarque préalable s'impose : les textes concernant la matière de l'exécution, comme celle de l'organisation juridictionnelle, sont traditionnellement d'ordre public. Le JEX constitue une juridiction d'exception. Il en résulte des règles précises et contraignantes, touchant notamment à la procédure à suivre et aux compétences respectives des juridictions susceptibles d'intervenir.

02.08 Conséquences à l'égard des autres juges. L'article L. 213-6 du COJ précise que le JEX statue « *de manière exclusive* » et l'article R. 121-1 C. pr. exéc. dispose, en son premier alinéa, que « *tout juge autre que le juge de l'exécution doit relever d'office son incompétence* ». C'est donc une obligation qui s'impose au juge saisi à tort, et non une simple faculté laissée à son appréciation, comme il résulterait normalement des dispositions de l'article 92 C. pr. civ., devenu l'article 76 de ce code. Le principe est repris par divers textes réglementant spécifiquement les diverses mesures d'exécution.

02.09 Conséquences à l'égard du juge de l'exécution. Aux termes des articles R. 121-1 et R. 121-3 C. pr. exéc., les règles de compétence prévues audit décret sont d'ordre public et le juge de l'exécution saisi à tort *peut* relever d'office son incompétence. Pour le juge de l'exécution, il n'est donc pas dérogé aux dispositions des articles 92 et 93 C. pr. civ., devenus les articles 76 et 77 de ce code.

02.10 Nonobstant cet ordre public renforcé, deux hypothèses particulières restent cependant soumises aux solutions traditionnelles. *D'une part*, la décision revêtue de l'autorité de la chose jugée émanant d'un juge « *autre que le juge de l'exécution* », même incompétent, s'impose. Il ne saurait en aller autrement que s'il s'agissait d'une décision prise sur requête n'ayant pas l'autorité de la chose jugée et contestée ensuite dans le cadre de la procédure contradictoire au fond [2].

D'autre part, le juge désigné sur renvoi d'un autre juge, qui s'est préalablement déclaré incompétent, tient alors sa compétence de l'article 96 alinéa 2 C. pr. civ., devenu l'article 81 de ce code, et ne peut se déclarer à son tour incompétent : une telle désignation s'impose donc au JEX.

1. Ord. n° 2006-461, 21 avr. 2006, réformant la saisie immobilière, *JO* 22 avr., texte 30.

2. V. Poitiers, 21 mars 1995, *JCP* 1995. IV. 1643.

TITRE

021. Le juge de l'exécution

SECTION 0

ORIENTEUR

021.00 Sommaire du titre.

Division. Le juge de l'exécution (JEX) est une juridiction qui appartient à l'organisation judiciaire (chap. 211). C'est aussi un juge qui dispose de larges compétences, le plus souvent exclusives de celles d'autres juges (chap. 212). La compétence territoriale du JEX obéit à des règles éparses, même si les textes ont prévu une compétence de principe (chap. 213). S'est également développée une jurisprudence sur l'étendue de ses pouvoirs particuliers dans le cadre de sa compétence d'attribution (chap. 214). Enfin, la procédure applicable devant le JEX est celle du droit commun, bien que de nombreuses dispositions particulières régissent le contentieux de l'exécution (chap. 215).

021.03 Bibliographie indicative.

Actualisables. Rép. pr. civ., v° *Juge de l'exécution*, par L. Feuillard, oct. 2020 (actu. févr. 2025) — *J.-Cl. Pr. civ.*, *V^is* Juge de l'exécution : Généralités, fasc. 1500-10 ; Compétence, fasc. 1500-20 ; Procédure, fasc. 1500-25 ; Décision – Voies de recours, fasc. 1500-30 ; Procédures sur requête, Procédures spéciales, fasc. 1500-40, par J. Normand — Lamy *Droit de l'exécution forcée, V°* Contentieux de l'exécution, par N. Fricero, étude 480.

Ouvrages. C. Brenner, *Procédures civiles d'exécution*, 12e éd., « Cours », Dalloz, 2024 – N. Cayrol, *Droit de l'exécution*, 3e éd., « Précis Domat », LGDJ, 2019 – G. Couchez et D. Lebeau, *Voies d'exécution*, 13e éd., « Sirey Université », Sirey, 2021 – J.-B. et M. Donnier, *Voies d'exécution et procédures de distribution*, 10e éd., « Manuels », LexisNexis, 2020 – L. Flise et E. Jeuland (dir.), *L'exécution forcée : des procès dans le procès ?*, Actes des 7es rencontres de procédure civile, IRJS éd., 2017 – N. Fricero, *Procédures civiles d'exécution*, 11e éd., « Mémentos », Gualino, 2022 – P. Julien et G. Taormina, *Voies d'exécution et procédures de distribution*, 2e éd., « Manuel », LGDJ, 2010 – R. Lauba, *Le contentieux de l'exécution*, LexisNexis, 2017 – A. Leborgne, *Droit de l'exécution*, 3e éd., « Précis », Dalloz, 2019, p. 427 s., n°s 818 s. – L. Miniato, *Procédures civiles d'exécution*, 2e éd., LGDJ, 2017 – R. Perrot et P. Théry, *Procédures civiles d'exécution*, 3e éd., Dalloz, 2013, p. 315-361, n°s 309-361 –

S. Piedelièvre, *Procédures civiles d'exécution*, Economica, 2016 – M. Véron et B. Nicod, *Voies d'exécution et procédures de distribution*, 2e éd., Armand Colin, 1998 – F. Vinckel, *La codification des procédures civiles d'exécution*, LexisNexis, 2013.

Articles. S. Amrani-Mekki et L. Raschel (dir.), colloque « Procédures civiles d'exécution et théorie générale du procès », *Procédures* 2019. Dossier 1 – J.-J. Barbieri, « La compétence d'attribution du juge de l'exécution », *LPA* 17 janv. 1996, p. 8 – P. Brunel, « La juridiction de l'exécution et la responsabilité de l'huissier : compétence et conditions de mise en œuvre », *D.* 1997. Chron. 370 s. – P. Hoonakker, « Le juge de l'exécution », *Gaz. Pal.* 11 mars 1993. Doctr. 321 s. – A. Leborgne, « Le juge de l'exécution confronté à la diversité des difficultés d'exécution », *in* L. Flise et E. Jeuland (dir.), *L'exécution forcée, des procès dans le procès*, Actes des 7es rencontres de procédure civile, IRJS éd., 2017 – S. Lemoine et E. De Leiris, « Le juge de l'exécution, juge du principal », *in* L. Flise et E. Jeuland (dir.), *L'exécution forcée, des procès dans le procès ?*, Actes des 7e rencontres de procédure civile, IRJS éd., 2017 – T. Moussa, « Procédures civiles d'exécution », *Gaz. Pal.* 2000. 491 s. – R. Perrot, « Le contentieux de l'exécution », *Procédures* août-sept. 2008, p. 48 s. – M. Regimbeau, « Revue de quelques problèmes pratiques rencontrés par le juge de l'exécution, ou réflexions sur le fonctionnement de l'institution du juge de l'exécution », *Gaz. Pal.* 1999. Doctr. 1106 s. – L. Séné, « Les difficultés relatives aux titres exécutoires devant le juge de la saisie immobilière et le juge de l'exécution », *Mél. Buffet, La procédure dans tous ses états*, LGDJ, 2004, p. 407 s. – J. Théron et A. Martinel, « Exécution forcée, entre rapports de force et droits fondamentaux du procès », *in* L. Flise et E. Jeuland (dir.), *L'exécution forcée, des procès dans le procès ?*, Actes des 7es rencontres de procédure civile, IRJS éd., 2017, p. 45 s.

CHAPITRE

0211. Organisation de la juridiction du juge de l'exécution

ANNE-GAËLLE DUMAS
MAGISTRAT

SECTION 0
ORIENTEUR

0211.00 **Sommaire du chapitre.**

Division. Le législateur a confié les fonctions de juge de l'exécution (JEX) au président du tribunal de grande instance, devenu tribunal judiciaire (sect. 1), un juge unique (sect. 2) soumis, comme tout juge, à l'exigence d'impartialité (sect. 3). Des dispositions particulières concernent le greffe du JEX (sect. 4).

0211.01 **Textes applicables.**

• **C. pr. exéc.,** art. L. 121-4, L. 511-1, L. 511-3 ; R. 211-12 et R. 442-2.

• **COJ,** art. L. 111-6, L. 111-8, L. 212-2, L. 213-5 à L. 213-7, L. 221-8, L. 441-1, R. 121-1, R. 212-7-1-1, R. 212-17, R. 213-5, R. 213-6, R. 213-9-6, R. 213-10 à R. 213-12 et R. 222-8.

• **C. pr. civ.,** art. 339 et 341 s.

• **C. com.,** art. L. 721-7.

0211.02 **Jurisprudence de référence.**

> Droit à l'exécution effective des décisions de justice.

• **CEDH 19 mars 1997,** *Hornsby c/Grèce*, req. n° 18357/91

• **CEDH 19 juill. 2016,** *Flores Quiros c/Espagne*, req. n° 75183/10

* V. s[s] n°s 0101.11, 0133.06, 0211.51, 0231.05, 0251.151, 0313.51, 04.05, 0522.23, 1317.11, 16.05, 1711.252, 1711.304

40. La Cour rappelle sa jurisprudence constante selon laquelle l'article 6 par. 1 (art. 6-1) garantit à chacun le droit à ce qu'un tribunal connaisse de toute contestation relative à ses droits et obligations de caractère civil ; il consacre de la sorte le « droit à un tribunal », dont le droit d'accès, à savoir le droit de saisir un tribunal en matière civile, constitue un aspect (arrêt Philis c/Grèce du 27 août 1991, série A n° 209, p. 20, par. 59). Toutefois, ce droit serait illusoire si l'ordre juridique interne d'un État contractant permettait qu'une décision judiciaire définitive et obligatoire reste inopérante au détriment d'une partie. En effet, on ne comprendrait pas que l'article 6 par. 1 (art. 6-1) décrive en détail les garanties de procédure – équité, publicité et célérité – accordées aux parties et qu'il ne protège pas la mise en œuvre des décisions judiciaires ; si cet article (art. 6-1) devait passer pour concerner exclusivement l'accès au juge et le déroulement de l'instance, cela risquerait de créer des situations incompatibles avec le principe de la prééminence du droit que les États contractants se sont engagés à respecter en ratifiant la Convention (voir, mutatis mutandis, l'arrêt Golder c/Royaume-Uni du 21 février 1975, série A n° 18, pp. 16-18, § 34-36). L'exécution d'un jugement ou arrêt, de quelque juridiction que ce soit, doit donc être considérée comme faisant partie intégrante du « procès » au sens de l'article 6 (art. 6) ; la Cour l'a du reste déjà reconnu dans les affaires concernant la durée de la procédure (voir, en dernier lieu, les arrêts Di Pede c/Italie et Zappia c/Italie du 26 septembre 1996, *Recueil des arrêts et décisions* 1996-IV, pp. 1383-1384, § 20-24, et pp. 1410-1411, § 16-20, respectivement).

0211.03 **Bibliographie indicative.**
* V. s^s n° 021.03.

0211.05 **Introduction.** Nous ne referons pas ici l'histoire de la juridiction de l'exécution. On rappellera seulement que le législateur s'est emparé de la question au début des années 1970. L'article 9-II de loi du 5 juillet 1972[1] instituant un JEX et relative à la réforme de la procédure civile avait en effet confié au tribunal de grande instance (TGI), statuant à juge unique, tout ce qui avait trait à l'exécution forcée des jugements. Les décrets d'application de cette loi n'ont jamais été pris, tant la nécessité d'une réforme d'ensemble de la matière s'était progressivement révélée évidente. Il a donc fallu attendre la promulgation de la loi du 9 juillet 1991 pour voir consacrer l'apparition effective de la juridiction de l'exécution. L'article L. 311-11 ancien du COJ, issu de l'article 7 de la loi, instituait un JEX. Il fait désormais partie du paysage judiciaire, à telle enseigne que la récente codification du droit de l'organisation judiciaire a supprimé la disposition créant formellement le JEX. L'article L. 213-5 du COJ se borne à présent à rappeler que les fonctions de JEX sont exercées par le président du TGI.

SECTION 1

CHOIX DU PRÉSIDENT DU TRIBUNAL DE GRANDE INSTANCE, DEVENU TRIBUNAL JUDICIAIRE

§ 1

Principe

0211.11 **Raisons du choix.** Les objectifs de la réforme des procédures civiles d'exécution mobilières ont été maintes et maintes fois exposés : revalorisation du titre exécutoire, impliquant un recours limité au juge, selon une procédure simple, rapide et peu coûteuse. La figure du JEX est cependant vite apparue centrale. Il suffit d'ailleurs d'entreprendre la lecture du Code des procédures civiles d'exécution pour en voir apparaître la présence au détour de chaque mesure. Quoi qu'on en ait dit, l'exécution forcée est donc bien placée sous la surveillance d'un juge. Pour lutter contre l'éparpillement du contentieux, la concentration des compétences entre les mains d'une juridiction unique s'imposait tout naturellement. Et le choix du législateur s'est porté sur le président du TGI (désormais TJ). Les fonctions de JEX sont donc exercées par ce magistrat.

Le législateur de 1991 aurait pu s'inspirer du droit local applicable dans les départements d'Alsace et de Moselle et mettre en place un véritable tribunal de l'exécution, doté d'une autonomie fonctionnelle, sinon financière[2]. Cette aventure pouvait apparaître en contradiction avec l'objectif de déjudiciarisation de l'exécution. Le législateur avait aussi un temps envisagé de porter son choix sur le juge d'instance, déjà confronté à certaines matières de l'exécution et somme toute assez proche du justiciable. L'hypothèse a été rejetée, par crainte alors d'une explosion du contentieux soumis à ce juge, qui venait de se voir attribuer le traitement du surendettement des particuliers.

C'est donc le président du TGI (désormais TJ) qui s'est vu confier les fonctions spécialisées de JEX. L'autorité attachée aux fonctions de chef de juridiction et la technicité de la matière de l'exécution, qui mobilise de nombreuses branches du droit, ont, semble-t-il, également guidé le choix du législateur.

0211.12 **Loi n° 2010-1609 du 22 décembre 2010.** Cette loi, issue d'une proposition de loi déposée par le sénateur Laurent Béteille, aurait pu être l'occasion de profondes modifications dans l'organisation de la juridiction de l'exécution. Cette proposition avait pour ambition, à l'origine, de mettre en œuvre la recommandation n° 8 de la commission sur la répartition des contentieux présidée par le recteur Serge Guinchard[3] visant à créer des pôles de l'exécution, spécialisés en matière mobilière et immobilière. Un JEX du tribunal d'instance (TI) se serait vu confier la matière mobilière, un autre JEX du TGI la matière immobilière. Pendant le long examen du texte au Parlement est intervenu l'arrêt de la deuxième chambre civile du 18 juin 2009[4] qui a reconnu au JEX le pouvoir de se prononcer sur la validité d'un engagement résultant d'un **acte notarié**. Cette importante décision a probablement contribué à convaincre le Parlement de renoncer à un transfert de compétences vers le TI. Au résultat, le texte n'apportait guère de changements au droit existant et se bornait à une rationalisation partielle du contentieux de l'exécution[5]. Ainsi, la compé-

1. L. n° 72-626, 5 juill. 1972, instituant un juge de l'exécution et relative à la réforme de la procédure civile, *JO* 9 juill.

2. Selon l'article L. 215-8 du COJ, les fonctions du tribunal de l'exécution, maintenu en vigueur après les lois d'introduction du 1er juin 1924, sont exercées par le TJ qui connaît de l'exécution forcée sur les immeubles, de l'administration forcée des immeubles et de la procédure de purge des hypothèques. Pour le reste, les fonctions de JEX sont exercées, dans les trois départements, dans les conditions du droit commun.
3. http://www.ladocumentationfrancaise.fr/rapports-publics
4. Civ. 2e, 18 juin 2009, n° 08-10.843, P II, n° 165 ; *D.* 2009. 2525, obs. V. Avena-Robardet, note J.-J. Ansault ; *D.* 2009. 2069, chron. J.-M. Sommer et C. Nicolétis ; *D.* 2010. 1307, obs. A. Leborgne ; *Just. et cass.* 2010. 466, rapp. Bardy ; *RTD civ.* 2009. 577, obs. R. Perrot.
5. « Aperçu de la loi n° 2010-1609 du 22 décembre 2010, relative à l'exécution des décisions de justice, aux conditions d'exercice de certaines professions réglementées et aux experts judiciaires », *Dr. et proc.* 2011. 60 – A. Leborgne, « Droit de l'exécution, février 2010-février 2011 », *D.* 2011. Pan. 1511.

tence concurrente du JEX et du président du tribunal de commerce était réaffirmée en matière de conservation de créances relevant de la juridiction commerciale, lorsque ces mesures sont demandées avant tout procès. À cette fin, le Code de commerce se voyait complété par un nouvel article L. 721-7, qui, lui-même actualisé par l'ordonnance du 19 décembre 2011 [1], donne expressément compétence au président du tribunal de commerce, avec plus de précisions que précédemment, concurremment avec le JEX, pour connaître des mesures conservatoires portant sur les meubles et immeubles (dans les cas et conditions prévues par le Code des procédures civiles d'exécution), les navires (dans les cas et conditions prévus par les articles L. 5114-20 et L. 5114-22 C. transports), les aéronefs (dans les cas et conditions prévus par le Code de l'aviation civile) et les bateaux de navigation intérieure d'un tonnage égal ou supérieur à vingt tonnes (dans les cas et conditions prévus par le Code du domaine public fluvial et de la navigation intérieure). L'article L. 721-7 C. com. a surtout une visée pédagogique et il ne remet pas en cause les règles posées par l'article L. 511-3 C. pr. exéc. L'article L. 121-4 C. pr. exéc. est également complété en conséquence, les mots « *vente forcée des immeubles* » étant remplacés par les mots « *saisie des immeubles, navires, aéronefs et bateaux de navigation intérieure d'un tonnage égal ou supérieur à vingt tonnes* ».

La même loi du 22 décembre 2010 confirmait alors la **compétence du juge d'instance** en matière de **saisie des rémunérations**, en modifiant toutefois l'article L. 221-8 du COJ pour y préciser que ce juge connaît de cette procédure, à l'exception des demandes ou moyens de défense qui échappent à la compétence des juridictions de l'ordre judiciaire et qu'il exerce en cette matière les pouvoirs du JEX. Toutefois, la loi du 23 mars 2019 [2], de programmation 2018-2022 et de réforme pour la justice, a modifié ces dispositions. Ainsi, depuis lors, il est prévu, à l'article L. 213-6 du COJ, dans un nouvel alinéa 5, que le JEX connaît de la saisie des rémunérations, à l'exception des demandes ou moyens de défense échappant à la compétence des juridictions de l'ordre judiciaire.

Plus important à signaler est le transfert par cette loi du JEX au juge d'instance des mesures de **traitement des situations de surendettement des particuliers** et de la procédure de **rétablissement personnel,** qui relèvent, depuis la loi du 23 mars 2019, du juge des contentieux de la protection (JCP – COJ, art. L. 213-4-7). Le décret du 28 juin 2011 [3] avait organisé le transfert de ce contentieux et le décret du 23 août 2011 [4], désigné, **certains TI spécialisés dans le ressort de certains TGI** [5]. C'est, depuis la réforme de 2019, l'article R. 213-9-6, qui prévoit cette spécialisation pour les juges des contentieux de la protection de certains TJ et chambres de proximité.

1. Ord. n° 2011-1895, 19 déc. 2011, relative à la partie législative du code des procédures civiles d'exécution, *JO* 20 déc., texte 15.
2. L. n° 2019-222, 23 mars 2019, de programmation 2018-2022 et de réforme pour la justice, *JO* 24 mars, texte 2.

0211.13 Ressort territorial du juge de l'exécution : ressort territorial du tribunal de grande instance, devenu tribunal judiciaire. Les fonctions du JEX ayant été ainsi attribuées au président du tribunal, il en résulte que le ressort territorial de la juridiction de l'exécution est, en principe, celui de ce tribunal. La question de la compétence territoriale du JEX sera examinée plus loin, mais on voit que le choix du ressort du JEX ne coïncidait pas, au moins jusqu'au 1er janvier 2009 [6], avec la compétence territoriale des principaux agents de l'exécution que sont les huissiers de justice, devenus commissaires de justice. Par ailleurs, la disparité de l'étendue des ressorts des TGI, devenus TJ, est telle que, dans les grandes juridictions, le président ne peut évidemment pas assurer à lui seul les fonctions relevant du JEX. Aussi, dès l'instauration du JEX, la possibilité d'en déléguer les fonctions, comme pour ses autres attributions propres, a été donnée au président du tribunal.

§ 2 Délégations

0211.21 Décision de délégation. Le principe de la délégation résulte de l'article R. 213-6 du COJ qui autorise le président du tribunal à déléguer les **fonctions juridictionnelles** qui lui sont spécialement attribuées à **un ou plusieurs juges du tribunal.** Le même article R. 213-6 et l'article R. 213-10 du COJ renvoient à l'article L. 121-3 relatif à la répartition des affaires au sein de la juridiction. L'ordonnance de roulement peut ainsi déléguer chaque année tout

3. Décr. n° 2011-741, 28 juin 2011, relatif au transfert du contentieux du surendettement du juge de l'exécution au juge du tribunal d'instance, *JO* 29 juin, p. 10959.
4. Décr. n° 2011-981, 23 août 2011, relatif à la spécialisation de tribunaux d'instance dans le ressort de certains tribunaux de grande instance pour connaître des mesures de traitement des situations de surendettement des particuliers et des procédures de rétablissement personnel, *JO* 24 août, p. 14296.
5. C. Bléry, « Procédures civiles d'exécution. Transfert du contentieux du surendettement », *JCP* 2011, n° 28, p. 1355.
6. Entrée en vigueur du décret n° 2007-813, du 11 mai 2007, modifiant l'article 5 du décret n° 56-222 du 29 février 1956, relatif au statut des huissiers de justice, qui élargit sauf exceptions la compétence de ces officiers ministériels au tribunal de grande instance : Civ. 2e, 11 déc. 2008, n° 07-19.724, P II, n° 266.

juge du tribunal pour l'exercice des fonctions du JEX. Le président peut aussi déléguer plusieurs juges et, bien entendu, déléguer **un juge chargé du service d'un tribunal d'instance** qui est un juge du TGI à part entière[1] et, depuis 2019, un magistrat exerçant au sein d'une chambre de proximité du TJ. L'article R. 213-10 du COJ précise encore que l'ordonnance de délégation est adressée au bâtonnier de l'Ordre des avocats et au président de la chambre départementale des huissiers de justice et qu'elle est affichée au greffe des juridictions comprises dans le ressort du TJ ainsi que dans les mairies des communes comprises dans ce ressort.

Il est important de souligner que, selon le dernier alinéa de l'article R. 121-1, les mesures de délégation prises par le président sont des **mesures d'administration judiciaire**, ce dont il résulte qu'elles ne sont ni motivées ni susceptibles d'aucun recours.

0211.22 Étendue de la délégation. Le second alinéa de l'article L. 213-5 du COJ énonce que, lorsqu'il délègue les fonctions de JEX, le président du tribunal fixe la **durée** et l'**étendue territoriale** de cette délégation. La liberté donnée par le texte au président déroge à l'article R. 121-1 du COJ, qui prévoit que si l'ordonnance de répartition peut être modifiée en cours d'année, c'est seulement pour prendre en compte un changement dans la composition de la juridiction ou pour prévoir un service allégé pendant la période de congé. Une plus grande souplesse prévaut donc en matière d'exécution, le texte autorisant le président du tribunal à limiter dans le temps la durée de la délégation ou encore à organiser le service de l'exécution par roulements. Cependant, une fois donnée, la délégation ne saurait être retirée discrétionnairement. S'agissant de l'étendue territoriale de la délégation, qui doit être également fixée dans la décision, une liberté entière est encore donnée au président. Le ressort déterminé peut être celui de l'ensemble de la juridiction, celui des chambres de proximité, ou encore celui de plusieurs d'entre eux. À noter qu'un juge dans une chambre de proximité, délégué dans les fonctions de JEX peut ainsi se voir confier un **ressort élargi** puisque c'est en qualité de juge du TJ qu'il est ainsi délégué.

Selon l'article R. 213-11 du COJ, les **incidents relatifs à la répartition des affaires** entre les juges auxquels il a délégué les fonctions de JEX sont tranchés par le président du TJ. Ces décisions sont des **mesures d'administration judiciaire** qui n'ont pas à être motivées et qui ne sont pas susceptibles de recours juridictionnel.

1. Civ. 2e, 9 déc. 1997, no 95-17.751, NP.

SECTION 2
CHOIX D'UN JUGE UNIQUE

§ 1
Principe

0211.31 Raisons du choix. Le JEX statue à juge unique. Ce choix s'explique aisément par la mission même de ce juge qui ne consiste pas à examiner une seconde fois le procès au fond mais à **trancher les difficultés et contestations liées à l'exécution.** Le recours au juge unique s'inscrit aussi dans un mouvement jusqu'à ce jour continu, trop souvent inspiré par des considérations budgétaires.

0211.32 Juge ou juridiction. Il est certain que le JEX, président du TJ, est aussi à lui seul une juridiction de l'ordre judiciaire, comme l'est ce même magistrat lorsqu'il statue en qualité de juge des référés. Le JEX peut donc saisir la Cour de cassation d'une demande d'avis, sur le fondement de l'article L. 441-1 du COJ. La matière de l'exécution a d'ailleurs donné lieu à de nombreux avis depuis la promulgation de la loi du 9 juillet 1991. Le JEX peut aussi saisir la Cour de cassation d'une question prioritaire de constitutionnalité (QPC), dans les conditions prévues à l'article 61-1 de la Constitution dans sa rédaction issue de la réforme du 23 juillet 2008[2].

§ 2
Possibilité de recours à la collégialité

0211.41 Décision de renvoi en formation collégiale. L'article L. 213-7 du COJ prévoit que le JEX peut renvoyer à la formation collégiale du TJ. Ni l'article L. 212-2 du COJ qui, lorsqu'une affaire est portée devant le TJ statuant à juge unique, autorise les parties à demander le renvoi à la formation collégiale, ni l'article R. 212-9, qui donne au président du tribunal le droit de saisir la formation collégiale, ne sont applicables en matière d'exécution. La décision de renvoi appartient au seul JEX. Celui-ci tiendra notamment compte de la difficulté ou de l'importance de l'affaire. Il pourra aussi naturellement prendre en considération une demande des parties, mais cette demande ne s'impose pas à lui. La décision relative au renvoi est, selon l'article R. 213-12 du COJ, une **mesure d'administration judiciaire**, qui n'a pas à être motivée et qui ne peut faire l'objet d'aucun recours.

0211.42 Examen de l'affaire par la formation collégiale. L'ancien article R. 311-29-3 du COJ dis-

2. L. const. no 2008-724, 23 juill. 2008, modernisant les institutions de la Ve République, *JO* 24 juill., p. 11890.

posait qu'en cas de renvoi devant la formation collégiale, l'affaire était inscrite à la première audience utile de cette formation. Inspirée par un souci de célérité mais dépourvue de sanction, cette disposition a été abrogée lors de la dernière codification. Il ne reste du texte que la seconde phrase, remontée désormais au second alinéa de l'article L. 213-7 du COJ, qui énonce que **la formation collégiale comprend le juge qui a ordonné le renvoi.** Il s'agit là d'une précision opportune, qui permet notamment au JEX de s'expliquer, auprès de ses collègues, sur les difficultés rencontrées ou sur les raisons du renvoi.

Aux termes du premier alinéa de l'article L. 213-7, **la formation collégiale statue comme JEX**, ce qui implique qu'elle ne dispose que des compétences et pouvoirs du JEX. Elle n'exerce donc pas la plénitude des compétences de droit commun du TJ.

SECTION 3
UN JUGE IMPARTIAL

§ 1
Règles générales

0211.51 Droit à l'exécution des décisions de justice. On sait que le droit à un tribunal et à un procès équitable inclut le droit à l'exécution des décisions de justice depuis que la Cour européenne des droits de l'homme a jugé, dans l'arrêt *Hornsby c/Grèce* du 19 mars 1997[1], confirmé par l'arrêt *Flores Quiros c/ Espagne* du 19 juillet 2016[2], que l'exécution d'un jugement ou arrêt devait être considérée comme faisant partie intégrante du procès au sens de l'article 6 § 1 de la Convention de sauvegarde des droits de l'homme et des libertés fondamentales. Il s'ensuit notamment que la procédure devant le JEX est soumise aux exigences du procès équitable. L'impartialité du JEX s'apprécie, comme pour tout autre juge, sous l'angle de l'**impartialité objective ou fonctionnelle et** sous celui de l'**impartialité subjective ou personnelle**[3].

§ 2
Spécificité du juge de l'exécution

0211.61 Situations. Le renvoi en collégialité ne devrait, en principe, pas poser de problème particulier, le JEX n'ayant pas eu à connaître préalablement de l'affaire puisqu'il n'a pas pris de décision : **la formation collégiale n'est pas une juridiction de recours.**

Par ailleurs, lorsque le JEX a antérieurement connu de l'affaire, cette circonstance n'établit pas, par elle-même, l'existence d'un doute légitime quant à l'impartialité de ce juge. Il en va ainsi lorsque le JEX est intervenu dans l'affaire en statuant **au fond ou en référé**[4], notamment en prononçant le titre servant de fondement aux poursuites. Ce faisant, le JEX ne préjuge pas du litige relatif à l'exécution du jugement. On peut aussi penser que les interventions successives du JEX à l'occasion de l'exécution forcée ne présument pas par elles-mêmes de la partialité du juge. Il en est de même du cas où le JEX est appelé à liquider une astreinte qu'il a fixée[5]. Cette situation devrait aussi se rencontrer fréquemment en matière d'exécution immobilière, le même juge ayant à connaître de la procédure jusqu'à la distribution des deniers. Réciproquement, si un JEX a autorisé une mesure conservatoire, le fait qu'il juge ensuite de l'affaire au fond ne devrait pas non plus, si l'on s'en tient à la jurisprudence de l'assemblée plénière de la Cour de cassation, impliquer une atteinte à l'exigence d'impartialité[6], sauf à considérer qu'en jugeant qu'une créance paraît fondée en son principe, au sens de l'article L. 511-1 C. pr. exéc., il a connu de l'affaire. En somme, dès lors que le JEX n'a pas été conduit à prendre position ou à émettre une appréciation pouvant constituer un **préjugé**, son impartialité objective ne pourra être mise en doute.

En revanche, si le juge accorde une provision au créancier, comme l'y autorise par exemple l'article R. 211-12 alinéa 2 C. pr. exéc. en matière de saisie-attribution, la jurisprudence actuelle de la Cour de cassation devrait conduire à considérer qu'il ne peut plus statuer ultérieurement sur le fond[7].

0211.62 Abstention, récusation ou suspicion ? La récusation du JEX peut être demandée en application de l'article 341 C. pr. civ. pour les causes prévues à l'article L. 111-6 du COJ. On sait que les neuf cas de récusation prévus par ce texte n'épuisent pas l'exigence d'impartialité requise de toute juridiction[8]. Dans le doute, le JEX peut aussi s'abstenir, conformément à l'article 339 C. pr. civ. La question de savoir si une demande de dessaisissement pour cause de suspicion légitime peut être dirigée contre un JEX n'a pas à ce jour été directement tranchée par la

1. CEDH 19 mars 1997, Hornsby c/Grèce, req. nº 18357/91.
2. CEDH 19 juill. 2016, Flores Quiros c/Espagne, req. nº 75183/10 – N. Fricero, *Dr. et proc.* oct. 2016, suppl. « Droit des procédures internationales », nº 9, p. 9 s.
3. POUR DES EXEMPLES RÉCENTS DE MOTIVATION jetant un doute sur l'impartialité : Civ. 2e, 21 mars 2024, nº 22-21.525, NP – Civ. 2e, 8 juin 2023, nº 19-25.101, B.
4. Civ. 2e, 16 mai 2002, nº 00-18.962, NP – Civ. 2e, 3 avr. 2014, nº 14-01.414, P II, nº 95.
5. Civ. 2e, 8 avr. 1998, nº 96-13.845, P II, nº 122.
6. Cass., ass. plén., 6 nov. 1998, nº 95-11.006, P, nº 4.
7. Cass., ass. plén., 6 nov. 1998, nº 94-17.709, P, nº 5.
8. Civ. 2e, 27 mai 2004, nº 02-15.726, P II, nº 245.

Cour de cassation[1]. Un arrêt de la cour d'appel de Bordeaux avait retenu que le président du TGI exerçant la fonction de JEX ne constituait pas une formation justiciable d'une demande de renvoi pour cause de suspicion légitime et en avait déduit que son abstention ne pouvait être obtenue que pas la voie de la procédure de récusation[2]. On se permettra de douter de la solution, dès lors que le JEX constitue une véritable juridiction, peu important que cette juridiction statue à juge unique. Dans ces conditions, surtout si le président de la juridiction n'a pas délégué ses fonctions à un ou plusieurs juges ou si le renvoi est demandé devant une autre juridiction, on voit mal comment il pourrait ne pas être fait application des dispositions des articles 341 s. C. pr. civ., telles qu'elles ont été modifiées par le décret du 6 mai 2017[3]. Il en va de même si la récusation est faite en la personne de plusieurs juges de la formation collégiale, l'article L. 111-8 du COJ disposant qu'il est alors procédé comme en matière de renvoi pour cause de suspicion légitime. On signalera enfin que les requêtes aux fins de récusation ou de renvoi doivent, aux termes de l'article 342 C. pr. civ., être présentées à peine d'irrecevabilité, dès que la cause de récusation ou de renvoi est connue et avant la clôture des débats, ce qui exclut un recours *a posteriori* contre la décision, pris d'un motif de partialité du juge[4].

SECTION 4
GREFFE DU JUGE DE L'EXÉCUTION

§ 1
Principe

0211.71 Greffe du tribunal de grande instance, désormais tribunal judiciaire. Selon l'article R. 212-17 du COJ, le greffe du JEX est le greffe du TJ. Le rôle de ce greffe est essentiel, puisque c'est lui qui procède aux éventuelles convocations, aux avis, aux notifications des décisions, à la délivrance des expéditions et copies, des certificats de non-contestation de saisies, *etc.* Il était donc nécessaire de prévoir la centralisation de ce service en un lieu unique. Ce n'était que dans l'hypothèse où un juge d'instance était désigné pour exercer les fonctions du JEX que l'article R. 222-8 du COJ confiait au greffe du tribunal d'instance les attributions du greffe du JEX, exception faite de la **procédure de saisie immobilière.** En cette matière en effet, pour des raisons pratiques évidentes, le greffe demeurait celui du TGI où était poursuivie la vente. À noter d'ailleurs que la Cour de cassation a jugé qu'en cas d'appel d'un jugement d'orientation, la dévolution opérée est limitée et qu'il appartient au seul JEX de poursuivre la procédure[5]. La gestion du dossier de la procédure de saisie immobilière continuait par conséquent à relever en ce cas des attributions du greffe du TGI. Désormais, depuis 2019, s'il existe un greffe détaché auprès de chaque chambre de proximité, l'article R. 212-17-1-1 du COJ prévoit que les agents du greffe du TJ reçoivent les actes de procédure pour le compte des chambres de proximité du ressort et vice versa, de sorte que la dérogation n'avait plus lieu d'être.

§ 2
Situations particulières

0211.81 Renvoi en formation collégiale. Il résultait, avant 2019, de l'alinéa 2 de l'article R. 222-8 du COJ qu'en cas de renvoi à la formation collégiale par le juge d'instance exerçant les fonctions de JEX, le dossier était transmis dans les **huit jours** de l'ordonnance de renvoi au greffe du TGI qui pourvoyait au déroulement de l'instance et à la mise en forme du jugement. Le dossier et la minute étaient retransmis dans les **cinq jours** du prononcé au greffe du JEX qui en assurait la conservation et procédait aux notifications.

0211.82 Modification de l'étendue de la délégation. En cas de modification de l'étendue territoriale de la délégation par le président du tribunal, l'article R. 213-10 alinéa 4 du COJ prévoit que le dossier est transmis au greffe de la nouvelle juridiction, les actes et formalités liés au déroulement des mesures d'exécution et des mesures conservatoires déjà engagées continuant à être effectués au greffe de la juridiction initialement désignée qui en assure la transmission. Le juge initialement saisi est ainsi privé, dès la modification de la délégation, des attributions qui lui avaient été confiées.

0211.83 Demande relative à une décision d'expulsion. Lorsque le JEX exerçait aussi les fonctions de juge d'instance, et qu'une demande relative à l'exécution d'une décision de justice ordonnant l'expulsion avait été formée au greffe du TGI, l'article R. 442-2 C. pr. exéc. précisait que la demande était réputée valablement faite et qu'elle était aussi-

1. Pour une demande de dessaisissement de la cour d'appel saisie de l'appel d'un jugement de JEX : Civ. 2e, 3 nov. 2005, no 05-01.543, P II, no 282 – Civ. 2e, 9 oct. 2008, no 08-01.772, NP.
2. Bordeaux, 12 juin 2001, *BICC* 2002, no 59.
3. Décr. no 2017-892, 6 mai 2017, portant diverses mesures de modernisation et de simplification de la procédure civile, *JO* 10 mai, texte no 114.
4. Cass., ass. plén., 24 nov. 2000, no 99-12.412, P, no 10 – Civ. 2e, 8 avr. 2004, no 01-04.196, P II, no 175.
5. Civ. 2e, 23 oct. 2008, no 08-13.404, P II, no 26.

tôt transmise au greffe du tribunal d'instance. Un avis était donné au demandeur par lettre simple. Il s'agissait ici d'une facilité accordée au demandeur dans la seule matière où la demande pouvait être formée par lettre recommandée avec demande d'avis de réception (LRAR) ou par déclaration faite ou remise contre récépissé. Le greffe du TGI était alors un guichet possible sinon unique pour présenter la demande.

CHAPITRE

0212. Compétence matérielle du juge de l'exécution

ANNE-GAËLLE DUMAS
MAGISTRAT

SECTION 0
ORIENTEUR

0212.00 **Sommaire du chapitre.**

Division. Les compétences du juge de l'exécution (JEX) sont définies, comme il convient, par le Code de l'organisation judiciaire. L'article L. 213-6 énumère les attributions de ce juge, qui se voit confier en la matière une compétence générale et exclusive (sect. 1). La loi du 9 juillet 1991, le décret du 31 juillet 1992, désormais codifiés au Code des procédures civiles d'exécution, et des textes particuliers attribuent également au JEX des compétences qui, le plus souvent, se rattachent à celles de l'article L. 213-6 (sect. 2). Le JEX partage enfin avec d'autres juges certaines compétences (sect. 3).

0212.01 **Textes applicables.**

- **C. pr. exéc.,** art. L. 111-7, L. 111-8, L. 111-10, L. 111-11, L. 121-2, L. 121-3, L. 122-1, L. 122-2, L. 123-1, L. 131-1 à L. 131-4, L. 141-1, L. 153-1, L. 211-5, L. 221-1, L. 221-6, L. 222-1, L. 222-2, L. 223-2, L. 322-13, L. 411-1 à L. 451-1, L. 511-1 s., L. 512-1, L. 512-2 ; R. 121-1, R. 121-4, R. 122-1, R. 131-1 à R. 131-4, R. 141-3, R. 151-1 à R. 151-4, R. 211-2, R. 211-5, R. 211-11, R. 211-12, R. 211-16, R. 213-6, R. 221-2, R. 221-19, R. 221-20, R. 221-28, R. 221-55, R. 221-56, R. 221-59, R. 222-11 à R. 222-19 s., R. 223-9 s., R. 224-5, R. 224-11, R. 251-8, R. 411-1 à R. 451-4, R. 511-1 s., R. 512-2, R. 522-4, R. 522-9, R. 523-2, R. 532-9 et R. 533-6.
- **C. civ.,** art. 1240 et 1343-5.
- **COJ,** art. L. 213-6.
- **C. pr. civ.,** art. 52, 76, 77, 81, 478, 510, 524 et 1441-4.
- **C. com.,** art. L. 632-1, L. 632-2 et L. 642-18.
- **C. mon. fin.,** art. L. 153-1, R. 312-4 et L. 313-3.
- **LPF,** art. L. 281 et R.*281-5.
- **C. pr. pén.,** 710.

• **C. transp.**, art. L. 5114-21, L. 6123-2, R. 5114-15 à R. 5114-19, R. 6123-1.

> Dispositions éparses codifiées (v. s[s] n° 0212.151) et non codifiées (v. s[s] n° 0212.152).

0212.02 Jurisprudence de référence.

> Compétence du juge de l'exécution. Frais et dépens antérieurs aux actes d'exécution (non). Contestation de la saisie-attribution hors délai.

• **Cass., avis, 11 mars 1994,** n° 09-40.001, P, n° 8

* V. s[s] n°s 0212.122, 0313.42, 0832.21, 0842.13, 0921.81, 0971.373

De la combinaison des articles 52 du nouveau Code de procédure civile, L. 311-12-1 [devenu L. 213-6] du Code de l'organisation judiciaire et 32 de la loi du 9 juillet 1991 [devenu art. L. 111-8 C. pr. exéc.], il résulte que la compétence du juge de l'exécution se limite aux frais de l'exécution forcée proprement dite, dont ce juge peut, en cas de contestation, déterminer la charge et fixer le montant.

Le saisi peut, même s'il a signé un acte de non-contestation de la saisie, former une demande, conformément à l'article 45, alinéa 3, de la loi du 9 juillet 1991 [devenu art. L. 211-4 C. pr. exéc.]. Cette demande doit être formée devant le juge du fond, ce qui exclut toute compétence du juge de l'exécution.

> Incompétence du juge de l'exécution pour connaître de demandes tendant à remettre en cause le titre exécutoire en son principe.

• **Cass., avis, 16 juin 1995,** n° 09-50.008, P, n° 9

* V. s[s] n°s 0212.51, 0942.87, 1321.32, 1641.54

Le juge de l'exécution ne peut être saisi de difficultés relatives à un titre exécutoire qu'à l'occasion des contestations portant sur les mesures d'exécution forcée engagées ou opérées sur le fondement de ce titre, et n'a pas compétence pour connaître de demandes tendant à remettre en cause le titre dans son principe, ou la validité des droits et obligations qu'il constate.

> Compétence du juge de l'exécution pour déclarer un jugement non avenu.

• **Civ. 2e, 11 oct. 1995,** n° 93-14.326, P II, n° 233

* V. s[s] n°s 0143.34, 0212.52

L'appel tendant à faire réformer ou annuler par la cour d'appel un jugement rendu par une juridiction de première instance, cette voie de recours n'est pas ouverte à la partie défaillante en première instance qui demande, à titre principal, de déclarer non avenu un jugement en application de l'article 478 du nouveau Code de procédure civile. Une personne, non comparante en première instance ayant interjeté appel du jugement qui l'avait condamnée au paiement d'une somme et demandé à la cour d'appel de dire cette décision non avenue, encourt la cassation, l'arrêt qui examine cette demande alors que seul le juge de l'exécution était compétent pour se prononcer.

> Juge de l'exécution. Compétence pour connaître d'une action en responsabilité exercée à l'encontre de l'huissier de justice.

• **Civ. 2e, 24 juin 1998,** n° 96-22.851, P II, n° 222

* V. s[s] n°s 0212.95, 0254.91, 0313.53

À l'occasion de la mise en œuvre d'une procédure d'exécution, le juge de l'exécution peut connaître d'une action en responsabilité exercée par le débiteur à l'encontre de l'huissier de justice sur le fondement du droit commun.

> Compétence du juge de l'exécution pour connaître des contestations relatives à l'exécution forcée.

• **Civ. 2e, 16 déc. 1998,** n° 96-18.255, P II, n° 301

* V. s[s] n°s 0212.61, 0713.22, 0713.153

La signification d'un commandement aux fins de saisie-vente engage la procédure d'exécution. Viole l'article L. 311-12-1 [devenu art. L. 213-6] du Code de l'organisation judiciaire, l'arrêt qui retient qu'il n'y avait pas lieu à saisine du juge de l'exécution, ce juge n'ayant le pouvoir de trancher une difficulté relative à un titre exécutoire que si l'exécution forcée était engagée, ce qui n'était pas le cas par la seule délivrance d'un commandement aux fins de saisie-vente.

> Validité de la saisie conservatoire pratiquée en période suspecte et convertie avant le jugement d'ouverture.

• **Com. 10 déc. 2002,** n° 99-16.603, P IV, n° 191

* V. s[s] n°s 0144.77, 0144.79, 0212.62, 0611.33, 0611.35, 0831.112

Dès lors qu'elle a retenu que la conversion en saisie-attribution d'une créance avait été effectuée avant le jugement d'ouverture de la procédure collective du débiteur, la cour d'appel, juge de l'exécution, qui a fait une exacte application de l'article 43, alinéa 2, de la loi du 9 juillet 1991 [devenu art. L. 211-2 C. pr. exéc.], n'avait pas à se prononcer sur l'application de l'article L. 621-107, 7° du Code de commerce [devenu l'article L. 632-1, 7° du Code de commerce].

> Responsabilité de celui qui poursuit à ses risques et périls l'exécution d'une décision de justice exécutoire à titre provisoire.

• **Civ. 2e, 10 juill. 2003,** n° 01-14.778, P II, n° 244

* V. s[s] n°s 0121.55, 0212.92

L'exécution d'une décision de justice exécutoire à titre provisoire n'a lieu qu'aux risques et périls de celui qui la poursuit, à charge par lui d'en réparer les conséquences dommageables. Le droit à réparation n'est, dès lors, pas subordonné à une faute dans l'exécution de la décision.

> Responsabilité de celui qui poursuit à ses risques et périls l'exécution d'une ordonnance de référé exécutoire à titre provisoire.

• **Civ. 2e, 22 janv. 2004,** n° 01-00.580, P II, n° 18

* V. s[s] n°s 0121.55, 0212.92

L'exécution d'une décision de référé n'a lieu qu'aux risques et périls de celui qui la poursuit, à charge pour lui de réparer le préjudice qui en résulte, sans qu'il soit nécessaire de relever une faute.

> Responsabilité sans faute du créancier en cas de mainlevée de la mesure conservatoire.

• **Civ. 2e, 29 janv. 2004,** n° 01-17.161, P II, n° 35

* V. s[s] n°s 0212.92, 0612.41, 0613.45

L'article 73, alinéa 2, de la loi du 9 juillet 1991 [devenu art. L. 512-2 C. pr. exéc.], selon lequel, lorsque la mainlevée a été ordonnée par le juge, le créancier peut être condamné à réparer le préjudice causé par la mesure conservatoire, n'exige pas, pour son application, la constatation d'une faute.

Dès lors, justifie légalement sa décision de condamner le créancier à payer des dommages-intérêts au saisi, la cour d'appel qui retient que la saisie conservatoire de valeurs mobilières avait entraîné l'indisponibilité de l'ensemble d'un compte-titres, au-delà du montant des sommes garanties, à une période où les valeurs avaient subi une baisse générale, de telle sorte que le préjudice résultait de la perte d'une chance d'avoir pu limiter la diminution de la valeur du portefeuille par une gestion habile.

> Réparation des conséquences dommageables de l'exécution d'un titre ultérieurement modifié.

• **Cass., ass. plén., 24 févr. 2006,** n° 05-12.679, P, n° 2

* V. s^s n°s 0121.55, 0212.92, 0613.45, 0712.12, 0143.71

L'exécution d'une décision de justice exécutoire à titre provisoire n'a lieu qu'aux risques de celui qui la poursuit, à charge par lui, si le titre est ultérieurement modifié, d'en réparer les conséquences dommageables.

Viole l'article 31 de la loi n° 91-650 du 9 juillet 1991 [devenu art. L. 111-10 C. pr. exéc.], la cour d'appel qui, pour rejeter la demande d'indemnisation formée par la partie ayant exécuté une décision exécutoire à titre provisoire ultérieurement infirmée, retient que le bénéficiaire de cette décision n'a effectué aucun acte d'exécution forcée, alors que l'ordonnance de référé concernée ayant été signifiée à la requête de son bénéficiaire, la partie condamnée était tenue de l'exécuter.

> Incompétence du juge de l'exécution pour connaître de l'exécution du mandat confié à un huissier et à un commissaire-priseur.

• **Civ. 2e, 21 févr. 2008,** n° 07-10.417, P II, n° 43

* V. s^s n°s 0212.95, 0254.92, 0313.53

Excède ses pouvoirs le juge de l'exécution qui statue sur l'action engagée par un créancier contre un huissier de justice et un commissaire-priseur fondée sur l'exécution fautive du mandat confié à ces professionnels.

> Subsidiarité de la saisie-vente dans un local d'habitation. Mesure abusive.

• **Civ. 2e, 18 juin 2009,** n° 08-18.379, P II, n° 169

* V. s^s n°s 0133.34, 0133.43, 0133.44, 0212.92, 0212.144, 0251.122, 0712.32, 0712.34, 0712.42

• **Civ. 2e, 11 févr. 2010,** n°s 08-21.787 et 08.21-788, P II, n° 30

* V. s^s n°s 0212.93

1° L'article 51 de la loi du 9 juillet 1991 [devenu art. L. 221-2 C. pr. exéc.] vise tout local d'habitation, qu'elle soit à titre principal ou secondaire.

2° Décide exactement que les dispositions de l'article 51 de la loi du 9 juillet 1991 [devenu art. L. 221-2 C. pr. exéc.] sont applicables, la cour d'appel qui retient le solde de la créance restant dû « au jour de la signification du commandement » ou « au jour où a été pratiquée la saisie-vente » et non le montant initial de la créance constatée dans le titre exécutoire.

3° Apprécie souverainement le caractère abusif du recours à la mesure d'exécution forcée, la cour d'appel qui relève que le montant de la créance à recouvrer était modeste, que le moyen de paiement utilisé par le débiteur informait suffisamment le créancier et l'huissier de justice sur l'existence d'un compte bancaire et l'adresse principale du débiteur permettant la mise en œuvre de mesures d'exécution respectueuses des principes et sans exposer le débiteur à des frais dont la disproportion évidente était perceptible par l'huissier de justice.

> Compétence de pleine juridiction du juge de l'exécution en matière de mesures conservatoires.

• **Civ. 2e, 31 janv. 2013,** n° 11-26.992, P II, n° 19

* V. s^s n°s 0212.73, 0613.44, 1321.32

Le juge de l'exécution connaît des difficultés relatives aux titres exécutoires et des contestations qui s'élèvent à l'occasion des mesures conservatoires, même si elles portent sur le fond du droit, à moins qu'elles n'échappent à la compétence des juridictions de l'ordre judiciaire.

Viole en conséquence l'article L. 213-6 du Code de l'organisation judiciaire l'arrêt qui décide qu'une mesure conservatoire ne constituant pas une mesure d'exécution forcée à l'occasion de laquelle le juge de l'exécution dispose d'une compétence de pleine juridiction pour apprécier la portée et la validité des actes authentiques formalisant un titre exécutoire, il ne lui appartient pas de connaître du fond du droit.

> Contestation du caractère exécutoire du titre. Compétence du juge de l'exécution.

• **Civ. 2e, 16 mai 2013,** n° 12-15.101, P II, n° 94

* V. s^s n°s 0212.52, 0811.51

Le juge de l'exécution est compétent pour se prononcer sur la demande tendant à faire déclarer un jugement non avenu, celle-ci ayant pour objet de lui faire perdre son caractère de titre exécutoire.

> Incompétence du juge de l'exécution pour connaître des contestations relatives à une vente aux enchères publiques ordonnée par le juge-commissaire.

• **Com. 11 févr. 2014,** n° 12-26.208, P IV, n° 35

* V. s^s n°s 0212.62, 0719.11

La vente aux enchères publiques ordonnée par le juge-commissaire ne constitue pas une mesure d'exécution forcée dont les contestations relèvent de la compétence du juge de l'exécution, mais une opération de liquidation des biens du débiteur, prise en application de l'article L. 642-19 du Code de commerce, dans sa rédaction issue de l'ordonnance du 18 décembre 2008.

> Compétence du juge de l'exécution pour connaître des demandes de réparation des conséquences dommageables des mesures d'exécution forcée ou conservatoires.

• **Civ. 2e, 27 févr. 2014,** n° 13-11.788, P II, n° 54

* V. s^s n°s 0212.91, 0254.91, 0313.53, 0841.22, 0921.81

Il résulte de l'article L. 213-6 du Code de l'organisation judiciaire que le juge de l'exécution connaît des demandes en réparation fondées sur l'exécution ou l'inexécution dommageables des mesures d'exécution forcée ou des mesures conservatoires, sans qu'il y ait lieu de distinguer suivant qu'elles sont ou non encore en cours au jour où il est saisi.

> Compétence du juge de l'exécution – difficulté relative à l'implantation de bornes.

• **Civ. 2e, 25 mars 2021,** no 19-25.156, P II, no 156

* V. ss no 0212.51

Une difficulté d'exécution relative à l'implantation de bornes ne relève pas de la compétence du juge de l'exécution, en l'absence de mesure d'exécution.

> Fin du pouvoir juridictionnel du juge de l'exécution.

• **Civ. 2e, 11 janv. 2018,** no 16-22.829, P II, no 5

• **Civ. 2e, 16 mai 2019,** no 18-16.934, P

• **Civ. 2e, 14 janv. 2021,** no 19-20.517, P

* V. ss no 0212.51, 1334.91

En saisie immobilière, le juge de l'exécution n'a plus le pouvoir de statuer sur une contestation de la mesure d'exécution ou une demande incidente s'il a été mis fin à cette mesure.

0212.03 Bibliographie indicative.

* V. ss no 021.03.

0212.05 Pouvoir et compétence. Généralités. La ligne séparant la compétence du juge de ses pouvoirs n'est pas franche et les deux notions sont en pratique délicates à manier. En simplifiant, on pourrait dire que l'incompétence d'un juge suppose celle d'un autre juge[1], tandis que le défaut de pouvoir juridictionnel concerne l'étendue des prérogatives du juge, en somme, ce qu'il peut ou ne peut pas faire à l'intérieur même de son champ de compétence. Le juge excède ses pouvoirs lorsqu'il agit au-delà de ce que la loi l'autorise à faire pour trancher le litige : il s'agit alors d'un **excès de pouvoirs positif**. Si, à l'inverse, il refuse d'exercer ses pouvoirs, il commet un **excès de pouvoirs négatif**.

Au-delà du débat doctrinal, la distinction de la compétence et des pouvoirs du juge a des implications procédurales très pratiques. Ainsi notamment, le moyen tiré du défaut de pouvoir juridictionnel d'une juridiction constitue une fin de non-recevoir et non une exception[2], pouvant donc être soulevée en tout état de cause. La demande faite à un juge n'ayant pas le pouvoir de la trancher est irrecevable[3].

0212.06 Cas particulier du juge de l'exécution. Après quelques flous autour de ces notions, la jurisprudence a établi quelques lignes claires et tiré des dispositions de l'article L. 213-6 du COJ des règles de compétence et de pouvoirs du JEX.

À la différence du juge du fond de droit commun, le JEX n'est pas le juge d'une matière, qui serait le droit de l'exécution, il est le **juge d'une mesure, la mesure d'exécution.** Le JEX n'est compétent que s'il y a une mesure d'exécution en cours, sauf rares cas comme nous le verrons (v. ss no 0212.52). Ainsi, s'il est saisi d'une difficulté ou contestation en dehors de l'existence d'une mesure d'exécution, il doit en principe renvoyer l'affaire à la juridiction compétente en application de l'article 81 C. pr. civ. Un auteur relève toutefois que la désignation du juge compétent ne s'impose pas nécessairement si l'on admet que l'incompétence résulte d'un texte à valeur législative, qui prime de ce fait le Code de procédure civile, y compris concernant le régime des exceptions d'incompétence imposant de désigner le juge que l'on estime compétent[4]. Par ailleurs, en cas de jugement statuant exclusivement sur la compétence, celui-ci ne sera susceptible d'appel que dans les conditions des articles 83 et suivants (jour fixe)[5]. Et si le JEX a statué tant sur la compétence que sur le fond, la cour d'appel sera tenue de statuer sur la demande si elle est juge d'appel de la juridiction estimée compétente[6].

La compétence correspond donc au cadre de son intervention, à savoir l'existence ou non d'une mesure d'exécution. Ensuite, son pouvoir, qui se résout donc, en son absence, en une fin de non-recevoir, avec tout le régime procédural applicable à celle-ci, est relatif à ses attributions, à savoir trancher une contestation relative à la mesure d'exécution. Si la demande faite devant lui correspond bien à une contestation directe de la mesure d'exécution, alors, elle relève de son pouvoir, sinon, une telle demande n'est pas recevable devant lui[7]. Le critère est donc l'effet direct de la contestation sur le sort ou l'étendue de la mesure. Par ailleurs, comme tout autre juge, le JEX dispose de certains pouvoirs spécifiques et de limitations à ce pouvoir qui seront étudiés dans la partie relative à ce pouvoir juridictionnel (v. ss nos 0214.00 s.).

SECTION 1

COMPÉTENCES GÉNÉRALES ET EXCLUSIVES DE L'ARTICLE L. 213-6 DU CODE DE L'ORGANISATION JUDICIAIRE

0212.11 L'article L. 213-6 du Code de l'organisation judiciaire. « *Le juge de l'exécution connaît, de manière exclusive, des difficultés relatives aux titres exécutoires et des contestations qui s'élèvent à l'occasion de l'exécution forcée, même si elles portent sur le fond du*

1. Civ. 2e, 13 juill. 2006, no 05-10.118, P II, no 209.
2. Civ. 2e, 21 avr. 2005, no 03-15.607, P II, no 116.
3. Civ. 2e, 21 avr. 2005, no 03-15.607, P II, no 116.
4. H. Adida-Canac, F. Kieffer et A. Leborgne, « Instance. Regards croisés : l'office du juge de l'exécution dans les procédures civiles d'exécution, pour éclairer la théorie du procès ? », *Procédures* 2019. Dossier 6, p. 4.
5. Civ. 2e, 11 juill. 2019, no 18-23.617, P.
6. C. pr. civ., art. 90 – Civ. 2e, 25 juin 2014, no 13-15.932, P II, no 156.
7. Civ. 2e, 8 janv. 2015, no 13-21.044, P II, no 3 – Civ. 2e, 3 déc. 2015, no 13-28.177, P II, no 265 – Civ. 2e, 19 nov. 2020, no 19-20.700, P – Civ. 2e, 15 avr. 2021, no 19-20.281, P – Civ. 2e, 19 mai 2022, no 20-22.111, NP.

droit à moins qu'elles n'échappent à la compétence des juridictions de l'ordre judiciaire.

Dans les mêmes conditions, il autorise les mesures conservatoires et connaît des contestations relatives à leur mise en œuvre.

Le juge de l'exécution connaît, sous la même réserve, de la procédure de saisie immobilière, des contestations qui s'élèvent à l'occasion de celle-ci et des demandes nées de cette procédure ou s'y rapportant directement, même si elles portent sur le fond du droit ainsi que de la procédure de distribution qui en découle.

Il connaît, sous la même réserve, des demandes en réparation fondées sur l'exécution ou l'inexécution dommageables des mesures d'exécution forcée ou des mesures conservatoires.

Il connaît de la saisie des rémunérations, à l'exception des demandes ou moyens de défense échappant à la compétence des juridictions de l'ordre judiciaire.

Le juge de l'exécution exerce également les compétences particulières qui lui sont dévolues par le Code des procédures civiles d'exécution. »

§ 1
Compétence exclusive

A.
Généralités

0212.21 Généralité. La lecture de l'article L. 213-6 du COJ montre que les compétences du JEX, rassemblées autour de cinq rubriques (difficultés relatives aux titres exécutoires et contestations qui s'élèvent à l'occasion de l'exécution forcée, mesures conservatoires, saisie immobilière, demandes de réparation et saisie des rémunérations) couvrent un vaste champ. La généralité des termes employés englobe de nombreuses compétences, que précisent les textes, divers, régissant les mesures d'exécution forcées ou des procédures spécifiques. Nombre des attributions du JEX, décrites dans ces textes particuliers, obéissent ainsi au régime des compétences générales de l'article L. 213-6, pourvu qu'elles se rattachent par leur nature à ces dernières.

B.
Exclusivité et ordre public

0212.31 Exclusivité. Les compétences générales du JEX sont toutes des compétences exclusives. C'est pourquoi, par exemple, le juge des référés ne peut, sous le couvert d'une demande de provision, accueillir une contestation relative à la mise en œuvre d'une mesure conservatoire[1], ni statuer sur une demande de mesure d'instruction sur le fondement de l'article 145 C. pr. civ. dès lors que la mesure d'instruction porte sur des irrégularités alléguées du titre exécutoire fondant les poursuites de saisie immobilière et peut avoir une incidence sur l'issue de cette procédure[2]. Le principe, qui figure à l'alinéa 1er de l'article L. 213-6 du COJ peut être rapproché de l'article R. 121-4 C. pr. exéc., selon lequel les règles de compétence du JEX sont d'ordre public. L'adjectif « *exclusif* », qui n'apparaissait pas dans la version initiale de l'article L. 311-12-1 du COJ, a été ajouté à l'article L. 213-6 lors de la dernière codification, pourtant effectuée à droit constant, du Code de l'organisation judiciaire. Cet ajout ne doit pas faire illusion. Il semble n'être que la conséquence de l'insertion, à l'article 8 alinéa 1er du décret du 31 juillet 1992 (devenu C. pr. exéc., art. R. 121-1), de la règle de procédure inscrite auparavant dans la loi qui imposait à tout juge autre que le JEX de relever d'office son incompétence.

0212.32 Exclusivité renforcée. La rédaction actuelle des textes confirme donc, sans doute possible, que les **compétences du JEX résultant de l'article L. 213-6 du COJ** sont à la fois **exclusives et d'ordre public**. Que faut-il entendre par là ? L'exclusivité renvoie à la spécialisation du juge. Le JEX est une juridiction d'exception auquel des attributions propres ont été confiées et qui l'ont été à lui seul. Le caractère d'ordre public des compétences du JEX évoque de son côté l'article 76 C. pr. civ., dans sa rédaction issue du décret du 6 mai 2017[3], anciennement article 92, qui autorise le juge à relever d'office la violation d'une règle de compétence d'attribution lorsque cette règle est d'ordre public. Mais les compétences du JEX énumérées à l'article L. 213-6 ne sont pas simplement exclusives et d'ordre public. Tout juge autre que le JEX doit en effet, nous l'avons vu, relever d'office son incompétence[4]. L'exclusivité est en quelque sorte impérative. On parle alors d'une **exclusivité renforcée**[5].

1. Civ. 2e, 16 mai 2002, no 00-11.589, P II, no 99.
2. Civ. 2e, 22 oct. 2020, no 19-19.956, NP.
3. Décr. no 2017-891, 6 mai 2017, relatif aux exceptions d'incompétence et à l'appel en matière civile, *JO* 10 mai, texte 113.
4. L'article R. 131-2 C. pr. exéc. (anct Décr. 31 juill. 1992, art. 52) pose la même règle en matière d'astreinte – V. AUSSI Civ. 2e, 17 déc. 1997, no 95-14.189, P II, no 318.
5. PAR EX. C. Roth et C. Bléry, « La mort du JEX : une annonce tout à fait exagérée », *D. actu.* 17 déc. 2024 : « *Sa compétence d'attribution est d'ordre public* "renforcé" : *en effet,* "en matière de compétence d'attribution, tout juge autre que le juge de l'exécution doit relever d'office son incompétence" *(C. pr. exéc., art. R. 121-1, al. 1er). Le tribunal judiciaire, saisi à tort d'une question relevant du juge de l'exécution, est donc obligé de décliner sa compétence. La compétence territoriale du JEX est d'ordre public* "simple", *le juge saisi à tort ayant une faculté de se déclarer d'office incompétent territorialement (C. pr. exéc., art. R. 121-4). De son côté,* "le juge de l'exécution peut relever d'office son incompétence" *(C. pr. exéc., art. R. 121-1, al. 4)* ».

0212.33 Ordre public. Quant aux **autres compétences du JEX, qui n'entrent pas dans le champ de l'article L. 213-6**, elles demeurent des **compétences d'ordre public**, conformément à l'article R. 121-4 C. pr. exéc. Ce dont il résulte que tout autre juge que le JEX, même s'il ne paraît pas tenu de relever d'office son incompétence, en a néanmoins la faculté. À cela on ajoutera que, conformément au droit commun de l'article 81 *in fine* C. pr. civ., dans sa dernière rédaction, le JEX, s'il est saisi comme juridiction de renvoi pour se prononcer sur un litige, est tenu de statuer[1].

0212.34 Possibilité pour le juge de l'exécution de relever d'office son incompétence. Le dernier alinéa de l'article R. 121-1 C. pr. exéc. permet au JEX de relever d'office son incompétence. La règle doit se comprendre à la lumière de celle posée par l'article R. 121-4 C. pr. exéc. qui énonce que les règles de compétence prévues par le code, sont des règles d'ordre public. Et par l'article R. 121-1 C. pr. exéc. lui-même, qui oblige tout juge autre que le JEX à relever d'office son incompétence. En contrepartie, le JEX s'est vu accorder la possibilité de soulever sans conditions sa propre incompétence. En ce qui concerne la compétence territoriale, les dispositions de l'article R. 121-1 C. pr. exéc. sont aussi plus souples que celles de l'article 77 C. pr. civ., dans sa rédaction issue du décret n° 2017-891 du 6 mai 2017 en ce qu'elles permettent au JEX de relever en toute hypothèse son incompétence, hors même les cas des litiges relatifs à l'état des personnes ou lorsque la loi attribue compétence exclusive à une autre juridiction et où le défendeur ne comparaît pas.

§ 2
Difficultés relatives à l'exécution forcée (alinéa 1er)

0212.41 Une suppression provisoire de la compétence du juge de l'exécution ? Dans le cadre d'un pourvoi contre un arrêt de cour d'appel ayant déclaré une débitrice qui contestait la mise à prix contenue dans le cahier des charges établi en vue de la vente de parts sociales saisies dont elle était propriétaire, la Cour de cassation a été saisie d'une question prioritaire de constitutionnalité (QPC) portant sur l'article L. 213-6 du COJ en ce qu'il ne prévoit pas la compétence du JEX pour statuer sur la mise à prix en cette matière. La Cour a considéré la question sérieuse et transmis celle-ci au Conseil constitutionnel[2] qui, par décision du 17 novembre 2023[3], a retenu que les mots « *des contestations qui s'élèvent à l'occasion de l'exécution forcée* », figurant au premier alinéa de l'article L. 213-6 du COJ, sont contraires à la Constitution, qu'avec les articles L. 231-1 et L. 233-1 C. pr. exéc., ces dispositions sont entachées d'incompétence négative dans des conditions affectant le droit à un recours juridictionnel effectif, et qu'afin de faire cesser l'inconstitutionnalité constatée à compter de la publication de sa décision, il y avait lieu de juger que, jusqu'à l'entrée en vigueur de la nouvelle loi ou, au plus tard, au 1er décembre 2024, le débiteur est recevable à contester le montant de la mise à prix pour l'adjudication des droits incorporels saisis devant le JEX dans les conditions prévues par le premier alinéa de l'article L. 213-6 du COJ.

Suite à cette déclaration d'inconstitutionnalité, une disposition était prévue pour modifier l'article L. 213-6 du COJ ; l'interruption des travaux parlementaires à la suite de la dissolution de l'Assemblée nationale n'a pas permis l'adoption de la loi avant le 1er décembre 2024. La Direction des services judiciaires et la Direction des affaires civiles ont conjointement pris une circulaire le 28 novembre 2024 retenant que le JEX ne serait plus compétent à compter du 1er décembre 2024[4] pour statuer sur les contestations qui s'élèvent à l'occasion de l'exécution forcée d'un titre exécutoire et organiser le transfert du contentieux vers le tribunal judiciaire (TJ).

Toutefois, interrogée sur la persistance de la compétence du JEX en matière de saisie des rémunérations, par un avis rendu le 13 mars 2025, la Cour de cassation a dit que « *dans l'attente de l'adoption d'une disposition législative instaurant le recours du débiteur contre la mise à prix en matière de saisie de droits incorporels, la Cour de cassation est d'avis que le juge de l'exécution demeure compétent, dans les limites de la décision du Conseil constitutionnel du 17 novembre 2023, en application de l'article L. 213-6, alinéa 1er, du Code de l'organisation judiciaire, dans sa rédaction résultant de cette décision, pour connaître des contestations des mesures d'exécution forcée mobilières. / Elle est également d'avis que l'abrogation partielle du premier alinéa de l'article L. 213-6 du Code de l'organisation judiciaire est sans incidence sur le cinquième alinéa de ce*

1. Civ. 2e, 19 mars 2009, n° 08-12.814, P II, n° 77 ; *Procédures* 2009, n° 148, note R. Perrot.
2. Civ. 2e, 12 sept. 2023, n° 23-12.267, NP.
3. Cons. const. 17 nov. 2023, n° 2023-1068 QPC, *JO* 18 nov., texte 73.
4. Circ. n° CIV/06/24, 28 nov. 2024, sur les conséquences de l'abrogation au 1er décembre 2024, par la décision n° 2023-1068 QPC du 17 novembre 2023 du Conseil constitutionnel, des mots « *des contestations qui s'élèvent à l'occasion de l'exécution forcée* » au premier alinéa de l'article L. 213-6 du COJ, *BOMJ*, 29 nov., complétée le 5 décembre 2024 pour confirmer cette position, et le 13 décembre 2024 pour l'étendre à la saisie des rémunérations – Sur cette abrogation, v. C. Bléry et C. Roth, « La mort du JEX : une annonce tout à fait exagérée », *D. actu.* 17 déc. 2024.

texte, aux termes duquel le juge de l'exécution connaît de la saisie des rémunérations »[1]. Autrement dit, la Cour a considéré que le Conseil constitutionnel n'avait pas souhaité mettre un terme à la compétence du JEX mais seulement permettre, au regard de l'incompétence négative retenue par lui, au justiciable de saisir le JEX d'une contestation du montant de la mise à prix en cas de saisie de droits incorporels.

A. Double condition

0212.51 Critères matériel et temporel. Le JEX connaît des difficultés relatives aux titres exécutoires. Certains ont déduit de la formulation de l'article L. 213-6 du COJ la volonté du législateur de consacrer un véritable juge du titre exécutoire, habilité à trancher toute difficulté soulevée, à quelque moment que cette difficulté se présenterait, y compris de façon préventive.

Par un avis rendu le 16 juin 1995[2], la Cour de cassation a mis un terme à une interprétation si extensive du texte : le JEX ne peut être saisi de difficultés relatives à un titre exécutoire qu'à l'occasion des contestations portant sur les mesures d'exécution forcée engagées ou opérées sur le fondement de ce titre. Ainsi la compétence du JEX est-elle déclenchée par un **critère matériel**, lié à l'existence d'une mesure d'exécution[3], mais aussi par un **critère temporel**, le JEX ne pouvant se prononcer avant l'engagement d'une mesure d'exécution forcée (v. s^s n° 0212.61) et ne pouvant le faire que tant que dure cette mesure[4]. Les critères matériel et temporel sont **cumulatifs** et communs aux diverses compétences reconnues au JEX par l'article L. 213-6 du COJ. L'avis de la Cour de 1995 a été confirmé par de nombreuses décisions, si bien qu'il n'y a plus aujourd'hui de discussion sur la solution, qui s'inscrit dans l'esprit de la réforme[5]. Puisqu'il est le juge de la mesure d'exécution forcée, le JEX est compétent si et seulement s'il y a une mesure d'exécution en cours.

0212.52 Exceptions. Il existe quelques exceptions à la règle de principe de l'existence d'une mesure d'exécution. Ainsi le JEX est-il compétent pour la vente d'immeuble en la forme des saisies immobilières dans le cadre d'une liquidation judiciaire (C. com., art. R. 642-29-1). Par ailleurs, seul le JEX est compétent pour constater qu'un jugement rendu par défaut ou réputé contradictoire au motif qu'il est susceptible d'appel est non avenu pour n'avoir pas été signifié dans les six mois de sa date, par application de l'article 478 C. pr. civ.[6], la demande fondée sur ce texte ayant pour objet de faire perdre au titre son caractère exécutoire[7]. Il est ainsi compétent, et c'est une exception à sa compétence habituelle, y compris hors toute mesure d'exécution, lorsque la demande est faite à titre principal, sinon, tout autre juge peut connaître d'une telle demande à titre incident[8]. Et s'il est saisi dans le cadre de la contestation d'une mesure d'exécution, la demande doit alors être faite dans le délai de contestation de ladite mesure[9].

B. Engagement des poursuites

0212.61 Engagement des poursuites. On a vu que la compétence du JEX ne pouvait s'exercer qu'à **l'occasion de l'exécution forcée** et qu'il ne pouvait statuer que sur la contestation d'une mesure d'exécution. Toute difficulté ou contestation soulevée en dehors ou avant l'engagement d'une telle mesure, échappe donc à sa compétence[10].

C'est l'engagement des poursuites qui constitue l'**élément déclencheur de la compétence du juge**. Il a été jugé, même s'il ne constitue pas un acte d'exécution forcée, que le commandement aux fins de

1. Cass. avis, 13 mars 2025, n°s 25-70.004, 25-70.003, 25-70.005, 25-70.006, P.
2. Cass., avis, 16 juin 1995, n° 09-50.008, P, n° 9.
3. AINSI PAR EXEMPLE, une difficulté d'exécution relative à l'implantation de bornes ne relève pas de sa compétence en l'absence de mesure d'exécution : Civ. 2e, 25 mars 2021, n° 19-25.156, P II, n° 156 – Remettant en question une jurisprudence plus ancienne : Civ. 3e, 26 sept. 2001, n° 99-14.330, P III, n° 108.
4. Le JEX n'a plus le pouvoir de statuer sur une demande une fois qu'il a été mis fin à la mesure d'exécution justifiant sa compétence : Civ. 2e, 11 janv. 2018, n° 16-22.829, P II, n° 5 – Civ. 2e, 16 mai 2019, n° 18-16.934, P ; *D.* 2019. 1112 ; ibid. 2020. 1380, obs. A. Leborgne ; *Rev. prat. rec.* 2020. 9, obs. S. Dorol – Civ. 2e, 14 janv. 2021, n° 19-20.517, P ; *Rev. prat. rec.* 2021. 11, chron. M. Draillard – Civ. 2e, 1er juill. 2021, n° 19-17.833, NP – Civ. 2e, 9 juin 2022, n° 21-10.961, NP.
5. Civ. 2e, 11 juin 1997, n° 94-18.263, P II, n° 183 – Civ. 2e, 9 juill. 1997, n° 94-16.194, P II, n° 227 – Civ. 2e, 29 mars 2006, n° 03-17.004, P II, n° 93 – Com. 16 déc. 2008, n° 07-20.939, P IV, n° 213 – Civ. 2e, 8 sept. 2011, n° 10-24.442, NP – Civ. 2e, 2 févr. 2012, n° 11-11.088, NP – Civ. 2e, 5 janv. 2017, n° 15-26.694, NP – Civ. 2e, 8 févr. 2024, n° 21-23.826, B (sur une demande de délais).
6. Civ. 2e, 11 oct. 1995, n° 93-14.326, P II, n° 233 ; *D.* 6 févr. 1997, n° 6, p. 73, note F. Ruellan et R. Lauba – Civ. 2e, 27 janv. 2000, n° 97-22.380, NP – Sur la non-opposabilité d'un titre : Civ. 2e, 30 mars 2000, n° 98-15.177, NP – Civ. 2e, 30 avr. 2009, n° 08-12.422, P II, n° 104.
7. Civ. 2e, 11 oct. 1995, n° 93-14.326, P (préc. s^s prés^t n^o) – Civ. 2e, 16 mai 2013, n° 12-15.101, P II, n° 94 ; *Procédures* juill. 2013, n° 208, note R. Perrot.
8. Civ. 2e, 24 sept. 2015, n° 14-20.456, P II, n° 215.
9. Civ. 2e, 31 janv. 2019, n° 17-28.369, P.
10. Civ. 2e, 25 mars 1999, n° 97-12.427, NP – Civ. 2e, 21 sept. 2000, n° 98-21.279, NP – Civ. 2e, 22 nov. 2001, n° 00-15.179, NP.

saisie-vente engage les poursuites[1] de sorte qu'il permet la compétence du JEX. En revanche, une demande formée après la délivrance d'un simple commandement de payer ne relèvera pas de la compétence du JEX[2]. Il a aussi été jugé que c'est seulement après l'engagement d'une mesure d'exécution forcée que les articles 510 C. pr. civ. et R. 121-1 C. pr. exéc. attribuaient compétence au JEX pour accorder un délai de grâce et qu'un commandement visant la clause résolutoire n'engageait pas une telle mesure[3].

Et certaines mesures **ne relèvent simplement pas des mesures d'exécution** ou **conservatoires** enclenchant la compétence du JEX. Ainsi, la mise en œuvre des conditions de l'exécution par un locataire commercial du dispositif d'un arrêt ayant arrêté un échéancier pour suspendre les effets d'une clause résolutoire ne relève pas davantage de la compétence du JEX en l'absence d'une procédure d'exécution[4]. De la même façon, un simple avis de saisie délivré par un trésorier ne constitue pas un acte d'exécution avant qu'une procédure de saisie n'ait été effectivement mise en œuvre[5]. Dans le même ordre d'idée, seul le TGI, devenu TJ, est compétent pour connaître du contentieux relatif à des titres exécutoires administratifs émis pour recouvrer des astreintes alors qu'aucune mesure d'exécution forcée n'a été engagée ou opérée sur le fondement de ces titres[6]. Ne constitue pas une mesure d'exécution l'implantation de bornes en application d'un jugement[7]. En revanche, la demande tendant à voir autoriser une saisie-revendication n'est pas une action en revendication et constitue la mise en œuvre d'une mesure d'exécution forcée[8].

0212.62 Engagement des poursuites et autres procédures. La coordination de cette règle avec d'autres procédures, comme les **procédures collectives**, le **surendettement des particuliers** ou encore la **saisie immobilière**, peut se révéler délicate. Après avoir rappelé la règle de l'arrêt des mesures d'exécution prévue par les articles L. 622-21 et L. 622-22 C. com., on signalera simplement, en renvoyant pour le reste aux études consacrées à ce sujet, qu'il avait été jugé que, si un arrêt irrévocable consacre une créance, alors même que le débiteur a fait l'objet d'une procédure collective et a bénéficié ensuite d'un plan de continuation, une mesure d'exécution peut être engagée[9]. Toutefois, pour une créance née antérieurement au jugement d'ouverture, le créancier ne peut procéder à aucune mesure d'exécution forcée pendant l'exécution d'un plan de sauvegarde[10]. Ou encore que lorsqu'une conversion de saisie conservatoire en saisie-attribution est intervenue avant le jugement d'ouverture d'une procédure collective, le JEX n'a pas à se prononcer sur l'application de l'article L. 632-1[11] ou L. 632-2[12] C. com. Il peut néanmoins constater qu'une décision, par l'effet de la liquidation judiciaire ouverte à l'égard du débiteur, ne peut donner lieu à des mesures d'exécution forcée[13]. La chambre commerciale a par ailleurs décidé que la vente aux enchères publiques ordonnée par un juge-commissaire ne constituait pas une mesure d'exécution dont les contestations relèvent du juge de la compétence du JEX, mais une opération de liquidation des biens du débiteur[14]. Relevons enfin que l'anéantissement de la mesure pratiquée en violation des règles de la procédure collective, en particulier car pratiquée pendant la période suspecte, ne relève pas de la compétence du JEX car ces actions, bien qu'affectant la saisie-attribution, sont nées de la procédure collective[15]. Le JEX n'est enfin pas compétent pour statuer sur la régularité d'une déclaration de créance, question qui relève de la seule compétence du juge-commissaire[16]. En revanche, il peut se prononcer sur l'extinction d'une créance pour défaut pur et simple de déclaration de créance à la procédure collective dès lors que cela a un effet sur la mesure d'exécution pratiquée[17]. Il a par ailleurs été jugé récemment, au visa des articles L. 722-2 et L. 722-5 C. consom., que la décision de recevabilité à la procédure de surendettement fait obstacle à la prise d'une mesure conservatoire sur les biens du débiteur[18].

1. Civ. 2e, 16 déc. 1998, no 96-18.255, P II, no 301 – Civ. 2e, 3 juin 1999, no 97-14.889, P II, no 110 – Civ. 2e, 27 avr. 2000, no 98-15.087, NP – Civ. 2e, 3 mars 2022, no 20-23.140, NP – Y compris pour une DEMANDE EN RÉPÉTITION DE L'INDÛ : Civ. 2e, 27 févr. 2020, no 18-25.382, P ; *D.* 2020. 493 ; ibid. 1380, obs. A. Leborgne ; *Rev. prat. rec.* 2020. 9, obs. U. Schreiber.
2. Civ. 2e, 11 déc. 2008, no 07-19.411, P II, no 264 ; *Procédures* 2009, no 45, note R. Perrot – Civ. 2e, 16 sept. 2003, no 02-10.909, P II, no 262 – Civ. 2e, 22 juin 2017, no 16-17.277, PII, no 143.
3. Civ. 2e, 23 juin 2011, no 10-18.396, NP – V. AUSSI Civ. 2e, 23 juin 2011, no 10-18.715, NP – En matière de PRESTATION COMPENSATOIRE : Civ. 2e, 8 sept. 2011, no 10-24.442, NP ; dans une affaire relative à un litige portant sur une grille salariale.
4. Civ. 2e, 18 oct. 2012, no 11-25.257, P II, no 176 ; *Procédures* déc. 2012, no 348, note R. Perrot.
5. Com. 25 avr. 2006, no 03-19.836, P IV, no 99 – Com. 7 oct. 2008, no 07-18.421, NP.
6. Com. 16 déc. 2008, no 07-20.939, P IV, no 213.
7. N. Fricero, *Lamy Droit de l'exécution forcée*, fasc. 480, no 40.
8. Civ. 2e, 18 févr. 1999, no 96-21.218, NP.
9. Civ. 2e, 3 oct. 2002, no 00-21.808, NP.
10. Com. 3 avr. 2019, no 18-10.645, P ; *D.* 2019. 757 ; *RTD com.* 2019. 760, obs. A. Martin-Serf.
11. Com. 10 déc. 2002, no 99-16.603, P IV, no 191.
12. Com. 29 avr. 2014, no 13-13.572, NP.
13. Besançon, 18 avr. 2007, RG no 06/02152, NP.
14. Com. 11 févr. 2014, no 12-26.208, P IV, no 35.
15. Com. 29 avr. 2014, no 13-13.572, NP – Civ. 2e, 12 mai 2016, no 15-13.833, P II, no 131.
16. Civ. 2e, 2 mars 2023, no 21-10.465, B.
17. Civ. 2e, 8 déc. 2022, no 20-20.233, B.
18. Civ. 2e, 28 mars 2024, no 22-12.797, B.

En matière de **saisie immobilière**, dans l'ancienne procédure dans laquelle le TGI était compétent en la matière, la Cour de cassation a considéré que le JEX ne pouvait être saisi d'une demande de délai et de suspension d'une procédure d'exécution qu'à la condition d'avoir été saisi avant la publication du commandement à fin de saisie [1]. Il s'agira depuis 2006, entre le JEX mobilier et immobilier, plus d'une question d'application de la bonne procédure que de compétence à proprement parler, s'agissant du même juge.

§ 3
Mesures conservatoires (alinéa 2)

0212.71 **Autorisation et contestation des mesures conservatoires.** Aux termes de l'article L. 213-6 du COJ, le JEX autorise les **mesures conservatoires** et connaît des **contestations relatives à leur mise en œuvre**. Il est ainsi le juge des **saisies conservatoires** portant sur les biens mobiliers et des sûretés judiciaires [2], constituées à titre conservatoire sur les immeubles, les fonds de commerce, les actions, parts sociales et valeurs mobilières. La matière est régie par les articles L. 511-1 et suivants et R. 511-1 et suivants C. pr. exéc. La **saisie-appréhension sur injonction du juge** et la **saisie-revendication**, qui sont réglementées par les articles L. 222-1 et L. 222-2, R. 222-11 et R. 222-17 et suivants C. pr. exéc., constituent aussi des mesures à caractère conservatoire qui relèvent du JEX.

En ces domaines, le rôle du JEX présente un double aspect.

0212.72 **1° Le juge de l'exécution autorise les mesures, lorsque le créancier ne dispose pas de titre.** À cette fin, il exerce un contrôle *a priori*, en vérifiant que les conditions légales de l'article L. 511-1 C. pr. exéc. sont réunies. Saisi par voie de requête, le JEX doit s'assurer que la créance alléguée paraît fondée en son principe et qu'il est justifié de circonstances susceptibles d'en menacer le recouvrement. La Cour de cassation laisse ici une grande liberté au juge puisqu'elle rappelle régulièrement que celui-ci apprécie souverainement si les conditions légales sont remplies [3]. Le juge doit néanmoins exercer ses pouvoirs et ne peut, pour refuser la mesure sollicitée, arguer de l'existence d'une contestation sérieuse, portant sur la créance invoquée ou la propriété des parts saisies ou l'existence d'une confusion de patrimoine [4]. Il peut à tout moment donner mainlevée de la mesure s'il apparaît que ces conditions font défaut. À la demande du débiteur, il peut encore substituer à celle-ci des garanties ou constater qu'une caution a été fournie, conformément aux prescriptions de l'article L. 512-1 C. pr. exéc. Le JEX est même compétent pour autoriser, en l'absence de titre exécutoire, une mesure conservatoire pour le recouvrement d'une créance dont le contentieux échapperait à la compétence des juridictions de l'ordre judiciaire. Il en est ainsi par exemple d'une demande d'autorisation de saisie conservatoire présentée par l'établissement public *Voies navigables de France* en vue du recouvrement de redevances d'occupation domaniale [5]. En revanche, il n'est pas compétent, dès lors qu'il ne s'agit pas d'une mesure conservatoire, pour statuer sur une demande d'interdiction de vendre [6].

0212.73 **2° Le juge de l'exécution tranche les contestations liées à l'exécution de la mesure conservatoire.** À ce titre, il statue notamment sur les contestations relatives à la conversion de cette mesure en mesure d'exécution [7] ou à l'éventuelle caducité de l'inscription d'hypothèque provisoire. Le JEX connaît des contestations qu'il peut être appelé à trancher à cette occasion dans les mêmes conditions que celles relatives aux mesures d'exécution forcée. C'est pourquoi, le revirement de jurisprudence du 18 juin 2009 (v. s^s n° 0212.92) implique que le JEX, compétent pour trancher les contestations qui s'élèvent à l'occasion des mesures conservatoires, même si elles portent sur le fond du droit, puisse connaître aussi des demandes tendant à remettre en cause un titre notarié dans son principe ou la validité des engagements qu'il contient [8]. Ne sont en revanche pas des mesures conservatoires donnant compétence au JEX les mesures d'instruction ordonnées sur le fondement de l'article 145 C. pr. civ., de sorte qu'il ne peut pas statuer sur une demande d'annulation des constatations dressées par l'huissier (commissaire) de justice et de restitution des éléments saisis [9].

1. Cass., avis, 5 mai 1995, n° 09-50.005, P, n° 5 – Civ. 2e, 8 avr. 1998, n° 96-04.043, P II, n° 124.
2. Paris, 28 avr. 2006, RG n° 04/21877, NP.
3. Civ. 2e, 7 juin 2006, n° 04-19.205, NP – Civ. 2e, 28 juin 2006, n° 03-18.461, n° 04-18.598, NP – Civ. 2e, 14 nov. 2019, n° 18-22.500, NP – Civ. 2e, 5 sept. 2019, nos 18-17.141 et 18-13.361, NP.
4. Civ. 2e, 19 déc. 2002, n° 01-03.719, P II, n° 294 – Civ. 2e, 22 févr. 2007, n° 05-21.695, NP.
5. Civ. 2e, 26 oct. 2006, n° 05-19.194, P II, n° 294.
6. Civ. 2e, 8 sept. 2022, n° 20-18.953, NP.
7. V. avis de la Cour de cassation considérant qu'une assignation en divorce ne constitue pas une procédure permettant l'obtention d'un titre exécutoire : Cass., avis, 9 févr. 1998, n° 09-70.011, P, n° 3 – Civ. 2e, 4 juin 2009, n° 08-16.142, P II, n° 143, *D.* 2009. 2250, note C. Cutajar.
8. Civ. 2e, 31 janv. 2013, n° 11-26.992, P II, n° 19 – Civ. 2e, 27 juin 2013, n° 12-18.546, NP – Civ. 2e, 5 déc. 2013, n° 12-27.939, NP – Civ. 2e, 30 janv. 2014, n° 12-29.689, NP.
9. Civ. 2e, 26 oct. 2023, n° 21-21.938, B.

Il a été jugé cependant que le JEX n'est pas compétent pour radier une inscription d'hypothèque judiciaire définitive[1].

On signalera enfin qu'aux termes de l'article L. 511-3 C. pr. exéc., et de l'article L. 721-7 C. com., **la compétence du JEX est partagée avec le président du tribunal de commerce**, lorsque, demandée avant tout procès, la mesure tend à la conservation d'une créance relevant de la juridiction commerciale (v. s[s] n° 0212.171).

0212.74 Cas particulier de la saisie des aéronefs. Les différentes dispositions relatives aux modes de transports par voie fluviale, maritime, ou encore aérienne ont été reprises ces dernières années, par étapes, dans le Code des transports, en ce compris donc les dispositions relatives aux saisies de ces meubles particuliers que sont les bateaux, les navires et les aéronefs. Néanmoins, concernant les aéronefs, seule la partie législative du Code de l'aviation civile avait été recodifiée avant 2023. Ainsi, les dispositions des articles L. 6123-1 et L. 6123-2 de ce code prévoyaient des dispositions spécifiques à la saisie conservatoire d'aéronefs français ou étrangers, affectés à un service d'État ou au transport de passagers et y est mentionné le JEX. En revanche, subsistait l'article R. 123-9 C. aviat. qui disposait que c'était le juge d'instance, puis depuis 2019 le juge du TJ qui était compétent pour autoriser une saisie conservatoire d'aéronef. La Cour de cassation a donc interrogé le Conseil d'État sur la légalité de cet article au regard notamment des dispositions des articles L. 213-6 du COJ, L. 721-7, 3° C. com., et L. 511-2 et L. 511-3 C. pr. exéc.[2]. Le Conseil d'État a déclaré illégales au regard de ces dispositions l'article R. 123-9 C. aviat. en tant qu'elles désignent le juge d'instance puis juge du TJ comme juge compétent pour autoriser la saisie conservatoire des aéronefs de nationalité étrangère ou dont le propriétaire n'est pas domicilié en France[3]. **C'est donc bien le JEX qui est compétent, concurremment avec le président du tribunal de commerce.** Le décret n° 2023-1008 du 31 octobre 2023[4] a, quoi qu'il en soit, supprimé la difficulté puisque c'est désormais l'article R. 6123-1 C. transp. qui prévoit bien la compétence du JEX pour autoriser la mesure conservatoire, l'autorisation préalable étant la règle en la matière. Relevons toutefois que le JEX est désigné par cet article de sorte que l'on peut s'interroger sur la compétence concurrente du président du tribunal de commerce.

1. Civ. 2e, 19 oct. 2000, n° 98-22.328, P II, n° 142 – Paris, 17 avr. 2008, RG n° 07/16778, NP.
2. Civ. 2e, 3 mars 2022, n° 20-10.129, NP.
3. CE 14 oct. 2022, req. n° 462518.
4. Décr. n° 2023-1008, 31 oct. 2023, portant sixième partie réglementaire du Code des transports, *JO* 23 déc., texte 29.

§ 4
Saisie immobilière et procédure de distribution des deniers (alinéa 3)

0212.81 Réforme de la saisie immobilière de 2006. L'article 12 de l'ordonnance du 21 avril 2006[5] et le décret du 27 juillet 2006[6] ont profondément réformé le droit de la saisie immobilière. Les orientations de cette réforme ont été d'instituer un socle commun des règles d'exécution, de garantir l'équilibre entre les droits du débiteur et les intérêts de ses créanciers en renforçant le rôle du juge et en maintenant la représentation obligatoire par avocat, de responsabiliser le débiteur en l'autorisant à procéder à la vente amiable de son bien, de sécuriser la procédure, de la simplifier et de l'accélérer en limitant les contestations dilatoires et en anticipant la procédure de distribution du prix de vente[7].

Loin de l'objectif de déjudiciarisation des voies d'exécution qui avait inspiré la loi du 9 juillet 1991, la nouvelle saisie immobilière met le JEX au centre de la procédure. L'ordonnance du 21 avril 2006 a inséré dans l'article L. 213-6 du COJ un alinéa 3 selon lequel le JEX connaît de la procédure de saisie immobilière, des contestations qui s'élèvent à l'occasion de celle-ci et des demandes nées de cette procédure ou s'y rapportant directement, même si elle porte sur le fond du droit ainsi que la procédure de distribution qui en découle. Les nouvelles dispositions attribuent donc compétence au JEX jusqu'à la répartition du prix, les deux phases de saisie immobilière et de distribution du prix formant désormais une **procédure unique**[8], **placée sous l'autorité du juge.** Le JEX a la responsabilité de cette procédure jusqu'à son terme, la cour d'appel n'étant pas saisie de l'ensemble du dossier de l'affaire par l'effet dévolutif en cas d'appel d'un jugement ayant statué sur une contestation élevée lors de l'audience d'orientation[9]. La compétence du JEX obéit aux mêmes restrictions qu'en matière mobilière, il ne peut trancher les contestations qui échappent à la compétence des juridictions de l'ordre judiciaire. En revanche, les contestations portant sur le fond du droit peuvent porter sur la validité au fond d'un titre notarié (v. s[s] n°s 0214.22 et 0214.24).

5. Ord. n° 2006-461, 21 avr. 2006, réformant la saisie immobilière, *JO* 22 avr., texte 30.
6. Décr. n° 2006-936, 27 juill. 2006, relatif aux procédures de saisie immobilière et de distribution du prix d'un immeuble, *JO* 29 juill., p. 11316.
7. Rapport au président de la République relatif à l'ordonnance n° 2006-461 du 21 avr. 2006, *JO* 22 avr. 2006, p. 6068.
8. Cass., avis, 16 mai 2008, n° 08-00.002, P, n° 3.
9. Civ. 2e, 23 oct. 2008, n° 08-13.404, P II, n° 226 – Elle doit toutefois, saisie de l'appel d'un jugement d'orientation, statuer sur tout ce sur quoi le jugement d'orientation doit statuer : Civ. 2e, 16 mai 2019, n° 18-10.033, P.

À noter, en matière mobilière, que l'article L. 221-6 C. pr. exéc. place la répartition amiable du prix sous la responsabilité de l'agent chargé de la vente et ne prévoit l'intervention du JEX qu'à défaut d'accord entre les créanciers, dans les conditions précisées par l'article R. 251-8 C. pr. exéc.

§ 5
Demandes en réparation (alinéa 4)

0212.91 **Demandes en réparation.** L'article L. 213-6 du COJ prévoit que, sauf lorsqu'elles échappent à la compétence des juridictions de l'ordre judiciaire, le JEX connaît des demandes en réparation fondées sur l'exécution ou l'inexécution dommageable[1] des mesures d'exécution forcée ou des mesures conservatoires. Le champ de compétence octroyé au JEX est vaste ; il vise d'abord l'exécution fautive imputable au créancier, ensuite la résistance abusive du débiteur. Mais il concerne également la responsabilité des tiers tenus d'apporter leur concours aux mesures d'exécution et, sous certaines réserves, la responsabilité civile des agents d'exécution.

Avant d'examiner ces hypothèses, il faut insister sur une règle rappelée par la Cour de cassation. Cette compétence du JEX s'exerce sans qu'il y ait lieu de distinguer suivant que les mesures d'exécution forcée ou les mesures conservatoires sont encore en cours lorsque le juge est saisi[2]. Par ailleurs, la demande peut être formée par un tiers à la mesure d'exécution[3].

0212.92 **Mesure inutile ou abusive.** Le législateur a spécialement envisagé la situation en édictant, à l'article L. 111-7 C. pr. exéc., que, si **le créancier a le choix des mesures propres à assurer l'exécution ou la conservation de sa créance**, l'exécution ne peut excéder ce qui se révèle nécessaire pour obtenir le paiement de l'obligation. L'article L. 121-2 ajoute que le juge a le pouvoir d'ordonner la **mainlevée de toute mesure inutile ou abusive** et de condamner le créancier en cas d'abus de saisie[4]. C'est l'inutilité de la mesure ou son caractère abusif qui pourra engager la responsabilité pécuniaire du créancier, **l'inutilité** résultant notamment du **caractère excessif** de la mesure[5] et le **caractère abusif** de **l'irrégularité de la mesure**, de son maintien malgré l'annulation ou la réformation du titre exécutoire[6] ou encore d'une faute ou d'une intention de nuire du créancier[7], à la condition que la demande de réparation trouve sa source dans l'irrégularité alléguée de la mesure[8]. Il appartient cependant au débiteur qui poursuit la mainlevée de la saisie d'établir que la mesure excède ce qui se révèle nécessaire pour obtenir le paiement de l'obligation, le créancier ayant par principe le choix des mesures propres à assurer l'exécution de sa créance[9]. Sont concernées à la fois les **mesures d'exécution** et les **mesures conservatoires.** S'agissant des mesures conservatoires, l'article L. 121-2 provoque un effet de miroir avec l'alinéa 2 de l'article L. 512-2 C. pr. exéc., qui dispose que lorsque la mainlevée a été ordonnée, le créancier peut être condamné à réparer le préjudice causé par la mesure conservatoire[10]. La Cour de cassation a précisé, en lui consacrant une sorte d'autonomie, que ce texte n'exigeait pas, pour son application, la constatation d'une faute[11]. Et le juge doit se placer au jour où il statue pour apprécier du caractère inutile ou abusif de la mesure[12].

L'obligation de restitution des sommes versées en exécution d'un titre exécutoire à titre provisoire ultérieurement modifié, prévue par l'article L. 111-10 C. pr. exéc. n'est que la conséquence de ce que l'exécution est entreprise aux risques et périls du créancier. Il ne s'agit pas à proprement parler d'un cas de responsabilité civile à raison de la faute du créancier mais d'une responsabilité de caractère objectif[13]. Ce texte est exclusif de la responsabilité fondée sur l'ancien article 1382 C. civ. (devenu C. civ., art. 1240)[14]. La Cour de cassation censure les décisions qui subordonnent le droit à réparation du débiteur à une faute du créancier[15], l'assemblée plénière de la Cour ayant même jugé que ce droit

1. Com. 22 mars 2017, n° 15-15.742, P IV, n° 45.
2. Civ. 2e, 27 févr. 2014, n° 13-11.788, P II, n° 54 ; « Chronique de jurisprudence », *D.* 2014. 1722, H. Adida-Canac, T. Vasseur et E. de Leiris – Civ. 2e, 17 nov. 2022, n° 20-23.120, NP.
3. Civ. 2e, 3 févr. 2022, n° 20-17.235, NP.
4. Civ. 2e, 20 avr. 2017, n° 16-15.936, P II, n° 78 ; *Dr. et proc.* mai 2017, p. 88, note L. Lauvergnat.
5. Pour une saisie-vente exposant le débiteur à des frais disproportionnés : Civ. 2e, 18 juin 2009, n° 08-18.379, P II, n° 169.
6. Civ. 2e, 28 juin 2001, n° 99-17.792, P II, n° 125.
7. À propos d'un avocat ayant fait pratiquer une saisie et qui n'avait pu se méprendre sur la portée de l'ordonnance servant de fondement aux poursuites : Civ. 2e, 10 mars 2004, n° 02-16.900, P II, n° 115.
8. Dans une affaire d'expulsion : Paris, 12 oct. 2006, RG n° 05/24024, NP.
9. Civ. 2e, 15 mai 2014, n° 13-16.016, P II, n° 113 ; « Chronique de droit de l'exécution », *D.* 2015. 1339, obs. A. Leborgne ; *JCP* 2014. 1335, note L. Lauvergnat ; *Dr. et proc.* n° 5, mai 2014. 117, note S. Dorol.
10. Les juges apprécient souverainement le caractère abusif ou non de la saisie : Civ. 2e, 12 oct. 2006, n° 04-11.561, P II, n° 268 – Com. 7 oct. 2008, n° 06-17.943, NP.
11. Civ. 2e, 29 janv. 2004, n° 01-17.161, P II, n° 35 – Civ. 3e, 21 oct. 2009, n° 08-12.687, P III, n° 230.
12. Civ. 2e, 20 oct. 2022, n° 20-22.801, B.
13. Civ. 2e, 14 mai 2009, n° 08-13.848, NP.
14. Com. 10 févr. 2015, n° 13-20.150, P IV, n° 26 ; *Procédures* 2015. Comm. 117, note L. Raschel.
15. Civ. 2e, 10 juill. 2003, n° 01-14.778, P II, n° 244 – Civ. 2e, 22 janv. 2004, n° 01-00.580, P II, n° 18.

pouvant naître de la seule signification d'une ordonnance de référé au débiteur, alors même qu'aucune mesure d'exécution n'avait été mise en œuvre[1]. Relevons que la cassation d'un arrêt rendu en état de référé ne donne lieu qu'à restitution en application de l'article L. 111-11 C. pr. exéc.[2]. Sur le fondement de ce dernier texte, un débiteur ayant exécuté une obligation de faire qui avait été ordonnée sous astreinte, peut demander réparation en cas de cassation ou d'annulation par la Cour de cassation de la décision ayant prononcé l'obligation sous astreinte[3].

0212.93 **Résistance abusive du débiteur.** La responsabilité du débiteur est ici engagée par application de l'article L. 121-3 C. pr. exéc. Selon ce texte, en cas de résistance abusive du débiteur, celui-ci peut être condamné à des **dommages-intérêts** par le JEX. La demande sera présentée à l'occasion d'une contestation portée devant le juge, voire, éventuellement, de façon autonome par le créancier, indépendamment de tout contentieux d'exécution. La question s'est posée de savoir si la compétence du JEX s'exerçait ici dans son cadre normal, et si elle supposait donc l'engagement d'une mesure d'exécution. Un arrêt remarqué de la troisième chambre civile avait jugé à cet égard, en matière d'astreinte, que le JEX qui liquide une astreinte n'a pas le pouvoir d'apprécier le préjudice subi en raison de la résistance abusive du débiteur de l'obligation assortie d'astreinte[4], ce qui pouvait laisser penser que l'engagement de la responsabilité du débiteur ne pouvait prendre place que de façon accessoire à une demande relevant de la compétence du JEX.

La deuxième chambre civile a été saisie à son tour de cette difficulté et a au contraire estimé, toujours dans une affaire d'astreinte, que le JEX tenait de l'article L. 121-3 C. pr. exéc. (anc^t^ L. 9 juill. 1991, art. 23) le pouvoir d'allouer des dommages-intérêts en cas de résistance abusive du débiteur à l'exécution d'un titre exécutoire[5]. Il ne fait guère de doute que cette jurisprudence peut être étendue à d'autres domaines de compétence du JEX. La compétence du JEX suppose donc seulement l'existence d'un titre exécutoire et la preuve d'une résistance du débiteur à l'exécution de ce titre. C'est donc une véritable autonomie de l'article L. 121-3 C. pr. exéc. que la Cour de cassation vient consacrer, notamment au regard des dispositions de l'article L. 213-6 du COJ[6].

1. Cass., ass. plén., 24 févr. 2006, n° 05-12.679, P, n° 2.
2. Civ. 2e, 31 janv. 2019, n° 17-28.605, P.
3. Civ. 2e, 8 févr. 2024, n° 22-10.341, NP.
4. Civ. 3e, 29 avr. 2009, n° 08-12.952, P III, n° 96 ; *Procédures* 2009, n° 190, note R. Perrot.
5. Civ. 2e, 11 févr. 2010, n°s 08-21.787 et 08-21.788, P II, n° 30 ; *Dr. et proc.* 2010. 151, obs. A. Leborgne – Civ. 2e, 17 févr. 2011, n° 10-10.814, NP.
6. Civ. 2e, 13 juill. 2013, n° 12-20.511, NP.

0212.94 **Responsabilité des tiers.** Aux termes de l'article L. 123-1 C. pr. exéc., les tiers ne peuvent faire obstacle aux procédures engagées en vue de l'exécution ou de la conservation des créances et doivent y apporter leur **concours** lorsqu'ils en sont légalement requis. Le second alinéa de l'article L. 123-1 C. pr. exéc. précise que celui qui, sans motif légitime, se soustrait à ses obligations peut être contraint d'y satisfaire, au besoin **sous peine d'astreinte, sans préjudice de dommages-intérêts**. Sur le fondement du dernier alinéa, le tiers entre les mains duquel est pratiquée une saisie peut aussi être condamné au paiement des causes de la créance. L'article L. 123-1 C. pr. exéc. est la base légale de l'article R. 211-5 C. pr. exéc. qui donne lieu à une jurisprudence fournie sur la responsabilité du tiers saisi en matière de saisie-attribution.

La **responsabilité de l'État**, tenu de prêter son concours à l'exécution des jugements et des autres titres exécutoires, peut être recherchée sur le fondement de l'article L. 153-1 C. pr. exéc. qui prévoit expressément que le refus pour l'État de prêter son concours ouvre droit à réparation et de la jurisprudence *Couitéas* du Conseil d'État du 23 novembre 1923[7]. L'action en indemnisation ne relève pas ici du JEX mais, naturellement, du juge administratif. Cet article a été modifié par la loi n° 2023-668 du 27 juillet 2023[8] qui lui a ajouté la phrase suivante : « *Les modalités d'évaluation de la réparation due au propriétaire en cas de refus du concours de la force publique afin d'exécuter une mesure d'expulsion sont précisées par décret en Conseil d'État* ».

Mais **la demande en réparation dirigée contre un notaire**, dont la responsabilité est recherchée du fait de l'inaccomplissement de formalités dans la rédaction de l'acte de vente d'un immeuble saisi, est étrangère aux conditions d'exécution de la saisie immobilière et n'entre pas dans le champ des attributions du JEX[9].

0212.95 **Responsabilité des agents d'exécution.** L'huissier, devenu commissaire, de justice peut voir sa responsabilité engagée par le débiteur devant le JEX, sur le fondement du droit commun de la responsabilité civile, c'est-à-dire sur le fondement d'une **responsabilité délictuelle ou quasi délictuelle**[10].

7. CE 30 nov. 1923, req. n° 38284, Couitéas, *Lebon* 789 ; *GAJA*, Dalloz, 2007, p. 253, n° 41 ; *D.* 1923. 59.
8. L. n° 2023-668, 27 juill. 2023, visant à protéger les logements contre l'occupation illicite, *JO* 28 juill., texte 1.
9. Civ. 2e, 8 janv. 2015, n° 13-21.044, P II, n° 3 ; *Procédures* 2015. Comm. 72, note C. Laporte ; *RD banc. fin.* 2015. Comm. 55, obs. S. Piedelièvre.
10. Civ. 2e, 24 juin 1998, n° 96-22.851, P II, n° 222 – Civ. 2e, 14 mai 2009, n° 08-15.879, *Procédures* 2009, n° 272, note R. Perrot – Civ. 2e, 2 déc. 2010, n° 09-65.951, P II, n° 194 ; *Procédures* 2011, n° 55, note R. Perrot – Civ. 1re, ▶

Il incombe à ce titre au commissaire de justice, garant de la légalité des poursuites, de vérifier que le titre en vertu duquel il pratique une saisie-vente aux risques du créancier mandant reste exécutoire au jour de l'acte[1].

Le JEX est-il également compétent pour juger de la responsabilité d'un agent d'exécution lorsque cette responsabilité est recherchée, non par le débiteur, mais par son mandant, c'est-à-dire par le créancier ?

La question a fait débat[2] avant d'être tranchée par la Cour de cassation, qui a considéré que le JEX ne pouvait statuer, notamment par le biais d'un appel en garantie, sur la demande formée par un créancier contre un huissier de justice et un commissaire-priseur, à raison de l'exécution fautive du mandat confié à ces professionnels[3]. La solution n'allait pas de soi et certains auteurs ont clairement manifesté leur préférence pour une concentration du contentieux de la responsabilité entre les mains du JEX. Plusieurs arguments militaient toutefois en faveur de la solution retenue par la Cour de cassation.

En premier lieu, la responsabilité des professionnels n'est pas la même lorsqu'elle est recherchée par le débiteur ou par le créancier. Elle est de nature extracontractuelle dans le premier cas, contractuelle dans le second. Et même si l'article L. 213-6 du COJ ne distingue pas, il n'est pas sûr que le législateur ait envisagé de confier au JEX un contentieux étranger au débiteur.

Mais, encore et surtout peut-être, l'exclusivité renforcée de la compétence du JEX paraît mal s'accommoder d'une compétence partagée entre le juge de droit commun du mandat et celui de l'exécution pour trancher à titre principal, voire à titre incident, la demande en responsabilité dirigée par le créancier contre l'agent d'exécution. Sauf à considérer, ce qui semble exclu, que le juge de droit commun se verrait privé par l'effet de la loi de sa compétence au seul motif de l'engagement d'une procédure d'exécution. Le JEX peut donc se déclarer d'office incompétent, s'il est saisi d'une demande aux fins de réparation présentée par le créancier contre son mandant.

► 13 mai 2014, n° 12-25.511, P I, n° 84 – Le JEX n'a en principe pas compétence pour statuer sur une demande tendant à voir engager la responsabilité d'un notaire rédacteur d'un acte notarié servant de fondement aux poursuites, mais le notaire peut être attrait à l'instance en déclaration de jugement commun : Civ. 2e, 21 mars 2013, nos 11-22.312 et 11-22.316, NP.

§ 6
Saisie des rémunérations (alinéa 5)

0212.101 **Transfert du contentieux du juge du tribunal d'instance au juge de l'exécution.** La loi du 23 mars 2019[4] de programmation 2018-2022 et de réforme pour la justice a inséré un alinéa 4 à l'article L. 213-6 prévoyant que le JEX est désormais compétent, en lieu et place du juge du tribunal d'instance, pour connaître de la saisie des rémunérations[5].

Ce transfert s'est opéré le 1er janvier 2020. Interrogée par un JEX sur la persistance de cette compétence avec la déclaration d'inconstitutionnalité du premier alinéa de l'article L. 213-6 par le Conseil constitutionnel, la Cour de cassation a répondu que le JEX demeurait compétent[6] (v. ss n° 0212.41). Par ailleurs, la loi n° 2023-1059 du 20 novembre 2023 d'orientation et de programmation du ministère de la justice 2023-2027[7] a supprimé à compter du 1er juillet 2025 cet alinéa, non parce que le JEX ne serait plus compétent pour statuer sur les contestations qui s'élèveront à l'occasion d'une mesure de saisie des rémunérations, mais parce que cette compétence est couverte par le premier alinéa de l'article L. 213-6 du COJ.

Il est ensuite renvoyé aux développements spécifiques à la saisie des rémunérations (v. ss nos 094.00 s.).

SECTION 2
AUTRES COMPÉTENCES EXCLUSIVES DU JUGE DE L'EXÉCUTION

0212.111 **Rappel.** De nombreuses dispositions du Code des procédures civiles d'exécution attribuent au JEX des compétences particulières. La plupart doivent être considérées comme exclusives et d'ordre public, conformément à l'article R. 121-4 C. pr. exéc. S'agit-il de compétences renforcées ? Nombre de ces compétences peuvent se rattacher aux compétences générales de l'article L. 213-6 du COJ. Nous suggérons donc de considérer que,

1. Civ. 1re, 28 sept. 2016, n° 14-29.776 , P I, n° 181 ; *Procédures* 2016. Comm. 325, note L. Raschel.
2. Paris, 5 oct. 2006, RG n° 06/02588, NP.
3. Civ. 2e, 21 févr. 2008, n° 07-10.417, P II, n° 43 ; *RTD civ.* 2008. 546, note P. Théry ; C. Brenner, « Sommaires annotés de la Cour de cassation », *Gaz. Pal.* 28-30 sept. 2008, p. 19 – SOLUTION CONFIRMÉE, Civ. 2e, 1er oct. 2009, n° 08-18.786, NP – Civ. 3e, 5 janv. 2012, nos 10-12.741 et 10-13.777, NP.
4. L. n° 2019-222, 23 mars 2019, de programmation 2018-2022 et de réforme pour la justice, *JO* 24 mars, texte 2.
5. *RD banc. fin.* 2019, n° 3, comm. 94, obs. S. Piedelièvre – *Procédures* juill. 2020. 3, obs. C. Laporte.
6. Civ. 2e, avis, 13 mars 2025, nos 25-70.004, 25-70.003, 25-70.005 et 25-70.006, P.
7. L. n° 2023-1059, 20 nov. 2023, d'orientation et de programmation du ministère de la justice 2023-2027, *JO* 21 nov., texte 2.

dans cette mesure, tout autre juge que le JEX devrait d'office relever son incompétence. Par ailleurs, des dispositions éparses, nichées dans des Codes ou dans des lois particulières, font référence au JEX. Dès lors que l'intervention du JEX s'inscrira dans le cadre général posé par l'article L. 213-6 du COJ, on pourra penser qu'il dispose alors d'une compétence exclusive d'ordre public renforcée.

§ 1
Pouvoir modérateur relatif aux accessoires de la créance

0212.121 Notion. L'expression de pouvoir modérateur, empruntée à M. Normand, traduit bien la dimension humaine de l'activité du JEX. La finalité de l'exécution n'est pas de mettre en difficulté le débiteur, mais de garantir au créancier l'exécution du titre ou la conservation de ses droits. Les dispositions évoquées ci-après permettent au JEX de veiller à l'équilibre des situations des parties et de préserver leurs intérêts légitimes.

0212.122 Recouvrement des frais. Selon l'article L. 111-8 C. pr. exéc., les frais de l'exécution forcée sont à la charge du débiteur[1], sauf s'il est manifeste qu'ils n'étaient pas nécessaires[2] au moment où ils ont été exposés. Le texte fait écho à l'article L. 121-2 C. pr. exéc. dont il a été question plus haut qui autorise le juge à sanctionner le caractère inutile ou abusif d'une mesure. Le deuxième alinéa de l'article L. 111-8 précise que les contestations relatives aux frais d'exécution sont tranchées par le JEX. Un avis de la Cour de cassation, rendu le 11 mars 1994, précise qu'il résulte de la combinaison des articles 52 C. pr. civ., L. 311-12-1 du COJ, alors applicable, et de l'article L. 111-8 C. pr. exéc., que la compétence du JEX se limite aux frais de l'exécution forcée proprement dite dont ce juge peut, en cas de contestation, déterminer la charge et fixer le montant[3]. Il n'est en revanche pas compétent pour statuer sur les contestations relatives aux dépens de l'instance ayant donné lieu à la délivrance du titre, qui relèvent de la procédure de taxe[4]. Au visa de l'article L. 111-8 C. pr. exéc., la Cour de cassation a jugé qu'une cour d'appel, qui avait constaté la nullité de la signification de procès-verbaux de contrainte émis par l'Urssaf, ne pouvait condamner le débiteur au paiement des frais d'huissiers de justice afférents à ces significations[5]. Toutefois, l'article R. 221-55 C. pr. exéc., applicable à la saisie-vente, dispose que le juge qui annule la saisie peut laisser à la charge du débiteur tout ou partie des frais qu'elle a occasionnés si le débiteur s'est abstenu de demander la nullité en temps utile. S'agissant des frais des mesures conservatoires, l'article L. 512-2 C. pr. exéc. les met à la charge du débiteur, sauf disposition contraire du juge. Par hypothèse, pour qu'il y ait frais d'exécution, il faut qu'il y ait eu une mesure d'exécution. En principe la question des frais se posera donc dans le cadre d'une contestation d'une mesure d'exécution.

1. Civ. 2e, 21 nov. 2002, no 01-03.196, NP.
2. Civ. 2e, 28 juin 2001, no 99-20.953, NP.
3. Cass., avis, 11 mars 1994, no 09-40.001, P, no 8.
4. Civ. 2e, 8 juill. 2004, no 02-14.189, NP – Douai, 4 juin 2009, RG no 08/03423, NP.
5. Civ. 2e, 21 févr. 2008, no 07-11.568, P II, no 44.

0212.123 Réduction de la majoration du taux d'intérêt légal. L'article 91 de la loi du 9 juillet 1991, (non repris par ord. de codification du C. pr exéc.), inséré au second alinéa de l'article L. 313-3 C. mon. fin., permet au JEX, à la demande du débiteur mais aussi du créancier, en considération de la situation du débiteur, d'exonérer celui-ci de la majoration de cinq points du taux d'intérêt légal, deux mois après qu'une décision de justice[6] est devenue exécutoire, ou quatre mois après le prononcé d'un jugement d'adjudication, prévue au premier alinéa du texte, ou d'en réduire le montant. Il a été précisé récemment que cette majoration ayant pour finalité d'inciter le débiteur à exécuter sans tarder la décision le condamnant, relève de la situation du débiteur toute circonstance indépendante de la volonté du débiteur de nature à faire obstacle à l'exécution, par ce dernier, de la décision de justice le condamnant au paiement d'une somme d'argent[7]. Ce texte est applicable aux dettes d'aliments, faute d'exclusion expresse, à la différence de l'ancien article 1244-1 C. civ. (devenu C. civ., art. 1343-5) qui exclut son application aux dettes d'aliments[8]. Lorsqu'il fait application de cette disposition, le JEX n'a pas à distinguer selon que les intérêts sont dus pour la période antérieure ou postérieure à la décision de ce juge[9]. Et il a été jugé que la demande de délais de grâce avec réduction de la majoration de l'intérêt légal ne constituant pas une contestation de la saisie-attribution, n'était pas soumise au délai d'un mois prévu à l'article R. 211-11 C. pr. exéc.[10]. Cela semble indiquer que cette compétence pour réduire la majoration des intérêts existe qu'il y ait ou pas une mesure d'exécution en cours.

6. Un titre exécutoire émis par un huissier de justice en application de l'article L. 131-73 C. mon. fin. n'étant pas une décision de justice, la majoration ne lui est pas applicable : Civ. 2e, 7 janv. 2016, no 14-26.449, P II, no 4.
7. Cass., ass. plén., 29 avr. 2022, nos 18-18.542 et 18-21.814, P.
8. Civ. 2e, 22 mars 2012, no 11-13.915, P II, no 56.
9. Civ. 2e, 6 juin 2013, no 12-20.119, P II, no 112 ; *Procédures* août-sept. 2013, no 239, note R. Perrot.
10. Civ. 2e, 17 oct. 2019, no 18-17.830, NP.

§ 2
Demandes urgentes ou provisoires

0212.131 **Appréhension sur injonction.** Les articles R. 222-11 à R. 222-16 C. pr. exéc. régissent la procédure de saisie-appréhension des biens meubles corporels sur injonction du juge. Saisi par voie de requête, le juge peut, en l'absence de titre exécutoire, faire injonction au débiteur d'avoir à délivrer ou restituer un bien meuble déterminé. La finalité de cette procédure est indiscutablement conservatoire, même si elle ne constitue pas à proprement parler une mesure conservatoire. Le détenteur du bien peut faire opposition et saisir le juge du fond compétent, à défaut de quoi le requérant peut faire apposer la formule exécutoire sur l'ordonnance qui a les effets d'un jugement contradictoire en dernier ressort et permet la mise en œuvre d'une saisie-appréhension sur la base d'un titre, qui est alors une mesure d'exécution.

0212.132 **« Référé-provision ».** Selon l'article L. 211-5 C. pr. exéc., en cas de contestation d'une mesure de saisie-attribution, le paiement par le tiers saisi est différé sauf si le juge l'autorise pour la somme qu'il détermine. Le deuxième alinéa de l'article R. 211-12 C. pr. exéc. précise que s'il apparaît que ni le montant de la créance du saisissant ni la dette du tiers ne sont sérieusement contestables, le JEX peut ordonner provisionnellement le paiement d'une somme qu'il détermine en prescrivant, le cas échéant, des garanties. La décision du juge n'a pas, aux termes du troisième alinéa de l'article R. 211-12 C. pr. exéc., autorité de chose jugée au principal. On voit combien cette disposition particulière emprunte à la procédure de référé.

0212.133 **Levée des mesures d'immobilisation.** Les articles L. 223-2 et R. 223-9 s. C. pr. exéc. précisent les conditions dans lesquelles le juge peut ordonner la mainlevée de mesures d'immobilisation des véhicules terrestres à moteur.

0212.134 **Pouvoir de consignation et de séquestre.** Le JEX dispose de la possibilité d'ordonner la consignation ou le séquestre de sommes et ce en vertu des articles L. 512-1, R. 522-4 et R. 523-2 C. pr. exéc., en matière de saisie conservatoire, ou des articles R. 211-2 et R. 211-16 C. pr. exéc., en matière de saisie-attribution, R. 221-19, R. 221-20 et R. 221-28 C. pr. exéc. pour la saisie-vente, R. 221-59 C. pr. exéc. pour la saisie des récoltes, et R. 224-5 et R. 224-11 C. pr. exéc. pour les biens placés dans un coffre-fort.

§ 3
Surveillance et contrôle de la mesure d'exécution

0212.141 **Demandes d'autorisation.** Le commissaire de justice peut, en application combinée des articles L. 122-1 et R. 122-1 C. pr. exéc., en référer au JEX s'il l'estime nécessaire, lorsque la mesure lui paraît revêtir un caractère illicite ou si le montant des frais paraît manifestement susceptible de dépasser le montant de la créance, sauf pour les condamnations symboliques. L'article L. 122-2 C. pr. exéc. lui permet encore de demander au juge de donner les autorisations requises ou de prescrire les mesures nécessaires. Ainsi pour effectuer une mesure d'exécution un dimanche ou un jour férié ou avant six heures et après vingt et une heures (C. pr. exéc., art. L. 141-1), autoriser la saisie-vente et la saisie-appréhension de biens détenus par un tiers dans ses locaux d'habitation (C. pr. exéc., art. L. 221-1 et L. 222-1), la mise en vente des meubles après expulsion (C. pr. exéc., art. L. 433-2, antérieurement à la loi du 23 mars 2019), ou encore autoriser la personne qui a requis la mesure d'assister aux opérations (C. pr. exéc., art. R. 141-3).

0212.142 **Difficultés d'exécution.** Les articles R. 151-1 à R. 151-4 C. pr. exéc. instituent une procédure originale qui permet au commissaire de justice qui rencontre une difficulté dans l'exécution, d'en dresser procès-verbal et de faire trancher cette difficulté par le JEX. L'ordonnance du juge n'a pas en ce domaine autorité de chose jugée au principal. Ainsi, confronté à une incertitude, relativement au recouvrement d'un arriéré de pension alimentaire, sur la portée rétroactive de l'ordonnance d'un conseiller de la mise en état assortissant de l'exécution provisoire la décision de première instance qui avait omis de l'ordonner, l'huissier, devenu commissaire de justice est tenu soit de s'abstenir de procéder à ce recouvrement, soit de soumettre la difficulté au JEX[1].

0212.143 **Mainlevée de mesure inutile ou abusive.** On se bornera à renvoyer aux dispositions des articles L. 111-7 et L. 121-2 C. pr. exéc., le juge exerçant ici des compétences qui se rattachent à celles qu'il tient de l'article L. 213-6 du COJ (v. s[s] n°s 0212.11 s.).

0212.144 **Subsidiarité dans la saisie-vente.** Selon les articles L. 221-2 et R. 221-2 C. pr. exéc., la saisie-vente dans un local servant à l'habitation du débiteur[2], lorsqu'elle tend au recouvrement d'une créance autre qu'alimentaire d'un montant inférieur

1. Civ. 1re, 22 mars 2012, n° 10-25.811, P I, n° 65.
2. Qu'elle soit principale ou secondaire : Civ. 2e, 18 juin 2009, n° 08-18.379, P II, n° 169.

à 535 euros, ne peut être pratiquée, sauf autorisation du JEX, que si ce recouvrement n'est pas possible par voie de saisie d'un compte ou de rémunérations[1].

0212.145 Cantonnement. L'article R. 532-9 C. pr. exéc. permet au JEX de cantonner les effets d'une sûreté judiciaire, lorsque la valeur des biens grevés est manifestement supérieure au montant des sommes garanties, si le débiteur justifie que les biens demeurant grevés ont une valeur double du montant de ces sommes.

§ 4 Dispositions particulières attribuant compétence au juge de l'exécution

0212.151 Dispositions codifiées attribuant compétence au juge de l'exécution.

Mesures de la compétence du JEX	Sources codifiées
Cession des actifs du débiteur en liquidation judiciaire et contestations sur la répartition du produit de la vente	C. com., art. L. 642-18
Contentieux de la régularité des mesures conservatoires	C. douanes, art. 349
Contentieux de la régularité formelle de l'acte de poursuite pour le recouvrement d'une créance territoriale	CGCT, art. L. 1617-5
Contentieux du recouvrement portant sur la régularité en la forme de l'acte	LPF, art. L. 281 et R*. 281-5
Demande en revendication d'objets saisis	LPF, art. L. 283
Exonération ou réduction de la majoration du taux d'intérêt légal	C. mon. fin., art. L. 313-3
Recouvrement des créances en matière de travail illégal	CSS, art. L. 133-1 et R. 133-1-1
Recouvrement des cotisations et versements des prestations	CSS, art. L. 133-4-9 et R. 133-9-7 à R. 133-9-10
Procédure de paiement direct	C. pr. exéc., art. R. 213-6
Reproduction des articles R. 112-5, R. 213-10 et R. 162-2 à R. 162-8 C. pr. exéc.	C. mon. fin., art. R. 312-4
Saisie des biens des banques centrales étrangères	C. mon. fin., art. L. 153-1
Saisie des navires transports	C. transp., art. L. 5114-21 s. et R. 5114-15 s.
Saisie conservatoire des aéronefs	C. transp., art. L. 6123-2
Validité, mainlevée, réduction ou cantonnement des saisies douanières	C. douanes, art. 341 *bis*
Vente des meubles – interdiction d'habiter	CCH, art. L. 542-3

1. Cass., avis, 8 déc. 1995, n° 09-50.013, P, n° 15.

0212.152 Autres dispositions non codifiées attribuant compétence au juge de l'exécution.

Mesures de la compétence du JEX	Sources non codifiées
Publicité foncière, inscription d'hypothèque judiciaire conservatoire	Décr. n° 55-1350, 4 janv. 1955, art. 57-2
Ressources des associations syndicales de propriétaires	Décr. n° 2006-504, 3 mai 2006, art. 54

0212.153 Saisie de licence d'exploitation d'un débit de boissons. On signalera enfin un avis rendu le 8 février 1999 par la Cour de cassation qui, en l'absence de texte de portée générale ou de dispositions spécifiques, transpose, sous réserve des adaptations nécessaires, les dispositions applicables aux saisies de droits d'associés et de valeurs mobilières aux saisies de licence d'exploitation d'un débit de boissons[2].

SECTION 3 COMPÉTENCES PARTAGÉES ET CONCURRENTES

0212.161 Partagées ou concurrentes ? Il est des compétences qui sont **partagées**, au sens où la compétence est répartie, en certaines matières, entre plusieurs juges, en fonction de critères définis par la loi. En considération de ces critères, chacun doit donc y retrouver son juge. Tel est le cas de la liquidation d'une astreinte ou encore de l'octroi de délais de grâce, qu'il convient de solliciter, selon les circonstances, du JEX ou d'un autre juge.

D'autres compétences s'exercent **concurremment**. Ainsi en est-il des mesures conservatoires en matière de créance commerciale, ou de la fixation d'une astreinte, qui peuvent être demandées au président du tribunal de commerce ou au juge de l'injonction, mais aussi au JEX. De même, si l'opposition à une saisie-appréhension sur injonction du juge, autorisée par le JEX, doit en principe être portée devant le juge du fond, rien ne paraît exclure qu'une contestation soit portée devant le JEX par le débiteur de l'obligation de délivrer ou de restituer.

L'intérêt de la distinction est mince mais il permet de conclure que lorsque les compétences sont partagées, le JEX peut relever son incompétence alors que tout autre juge doit relever la sienne. Quand les compétences sont concurrentes, elles sont, par hypothèse, non exclusives, de sorte que le juge ne peut, qu'il soit saisi d'une demande en ce sens ou qu'il agisse d'office, se déclarer incompétent.

2. Cass., avis, 8 févr. 1999, n° 09-80.015, P, n° 1.

§ 1
Mesures conservatoires

0212.171 Créance commerciale. Il résulte de l'article L. 511-3 C. pr. exéc., et de l'article L. 721-7 C. com. qui l'a repris sur ce point, que si l'autorisation aux fins de pratiquer une mesure conservatoire est donnée par le JEX, elle peut être accordée par le président du tribunal de commerce lorsque, demandée avant tout procès, elle tend à la conservation d'une créance relevant de la compétence de la juridiction commerciale. Ce chef de compétence s'explique aisément par le rôle d'alerte du président du tribunal de commerce sur les difficultés financières des entreprises. Le requérant dispose, selon le texte même de l'article L. 511-3 C. pr. exéc., d'une option. Il peut saisir le président du tribunal de commerce mais aussi le JEX. Si donc aucun procès n'est engagé et si la créance relève de la compétence de la juridiction commerciale, le président du tribunal de commerce peut autoriser la mesure. C'est seulement en ce cas qu'il est compétent concurremment avec le JEX.

Quel est le procès visé par l'article L. 511-3 C. pr. exéc. ? À notre sens, la loi ne vise qu'un **procès introduit devant la juridiction commerciale**, que celle-ci soit saisie au fond ou en référé. C'est la justification même du texte qui conduit à cette conclusion. La fonction d'alerte est en effet remplie lorsque le tribunal de commerce est par ailleurs saisi ; elle ne l'est pas en revanche si le litige est porté devant une autre juridiction[1]. Après l'engagement d'un procès, le JEX retrouve naturellement sa compétence. Aux termes de l'article R. 511-2 C. pr. exéc., la demande est portée devant le président du tribunal de commerce du lieu où demeure le débiteur. Quant aux contestations, elles sont portées devant le président du tribunal de commerce qui a autorisé la mesure, par application de l'article R. 512-2 C. pr. exéc. Une règle équivalente est posée par l'article R. 222-18 C. pr. exéc. en matière de saisie-revendication de biens meubles corporels.

0212.172 Publicité des sûretés judiciaires. L'article R. 533-6 C. pr. exéc. dispose que la publicité provisoire des sûretés judiciaires est caduque à défaut de confirmation dans les délais par une publicité définitive. Le JEX est compétent pour statuer sur cette caducité[2]. L'alinéa 2 de ce texte ajoute qu'en cas d'extinction de l'instance introduite par le créancier ou si sa demande est rejetée, la radiation est demandée au juge saisi au fond et, à défaut, elle est ordonnée par le JEX. On s'aperçoit que dans cette hypothèse, très spécifique, le **juge du fond** et le JEX exercent une **compétence concurrente** et peuvent être saisis l'un comme l'autre. En revanche, la radiation d'une inscription d'hypothèque judiciaire définitive échappe à la compétence du JEX[3].

§ 2
Astreinte

0212.181 Nature de l'astreinte. La matière de l'astreinte est régie par les articles L. 131-1 à L. 131-4 et R. 131-1 à R. 131-4 C. pr. exéc. L'astreinte n'est définie par l'article L. 131-1 C. pr. exéc. que par son but, qui est d'assurer l'exécution de la décision. Sa finalité est de contraindre le débiteur à l'exécution volontaire de l'injonction mise à sa charge. Les caractères de l'astreinte sont connus. Elle est **personnelle**[4], **accessoire** et en principe **provisoire.** Elle est **indépendante des dommages-intérêts** et n'a donc pas, sauf en matière d'expulsion[5], de caractère indemnitaire. Elle n'est enfin pas une mesure d'exécution forcée[6]. La réforme des procédures civiles d'exécution a pourtant fait du JEX le juge de l'astreinte. Sa compétence s'exerce concurremment avec celle du juge de l'injonction pour la fixation de l'astreinte. Il la partage avec le juge qui a ordonné l'astreinte en matière de liquidation.

0212.182 Fixation de l'astreinte. Selon l'article L. 131-1 C. pr. exéc., **tout juge** peut, même d'office, ordonner une astreinte pour assurer l'exécution de sa décision. La généralité des termes de la loi autorise donc le juge du fond comme le juge des référés, le juge de première instance comme le juge d'appel, les juridictions de droit commun et les juridictions spécialisées à ordonner une astreinte. Comme tout juge, le JEX peut assortir sa propre décision d'astreinte. Le Code des procédures civiles d'exécution y fait expressément référence en son article L. 123-1, qui autorise le juge à contraindre les tiers s'étant soustraits à leurs obligations par le prononcé d'une astreinte[7] ou encore en son article R. 522-9 qui concerne la conversion en saisie-vente d'une saisie conservatoire, ces dispositions n'excluant bien sûr pas le pouvoir du juge d'ordonner une astreinte en d'autres matières.

Mais l'alinéa 2 de l'article L. 131-1 C. pr. exéc. donne aussi **compétence au JEX pour assortir d'une astreinte une décision rendue par un autre juge,** si les circonstances en font apparaître la nécessité.

1. Lyon, 7 mars 1997, *JCP* 1997. IV. 2574.
2. Civ. 2e, 22 mars 2006, no 04-12.701, NP.
3. Civ. 2e, 14 sept. 2006, no 05-14.629, NP.
4. Civ. 2e, 14 sept. 2006, no 05-17.118, P II, no 218.
5. L. no 49-972, 21 juill. 1949, art. 2 (devenu C. pr. exéc., art. L. 421-2), donnant le caractère comminatoire aux astreintes fixées par les tribunaux en matière d'expulsion, et en limitant le montant, *JO* 22 juill., p. 7183.
6. Civ. 2e, 17 déc. 1997, no 96-13.568, P II, no 319.
7. Com. 28 avr. 1998, no 95-18.132, P IV, no 134.

Le JEX dispose alors d'un pouvoir souverain, il lui suffit de motiver sa décision par les circonstances qui rendent nécessaire le prononcé d'une astreinte, tirées en particulier de la résistance du débiteur à l'exécution de l'obligation[1]. À ce titre, il a été jugé, avant l'abrogation de ce texte, qu'il pouvait assortir d'astreinte une ordonnance rendue en application de l'article 1441-4 C. pr. civ. ayant conféré force exécutoire à une transaction[2]. La Cour de cassation a précisé que le JEX ne pouvait cependant assortir d'astreinte que l'exécution d'une **obligation devenue exécutoire**, fût-ce provisoirement Ainsi une sentence arbitrale frappée d'un recours en annulation suspensif d'exécution ne peut donner lieu à fixation d'une astreinte par le JEX[3]. S'il rejette une demande tendant à assortir d'une astreinte la décision d'un autre juge, le JEX rend une décision dépourvue de l'autorité de la chose jugée[4]. La compétence ainsi reconnue au JEX ne fait pas obstacle à ce que le juge qui a rendu la décision, y compris le juge des référés, soit lui-même saisi en vue d'assortir d'une astreinte sa propre décision[5]. En cela, les **compétences sont concurrentes**, le créancier pouvant s'adresser indifféremment à l'un ou l'autre juge.

Le JEX ne peut toutefois pas, compte tenu du principe de séparation des autorités administratives et judiciaires, assortir d'astreinte une décision d'une juridiction administrative. Il ne peut pas non plus assortir d'astreinte une décision d'injonction prononcée par le Conseil de la concurrence ou par la cour d'appel de Paris, statuant dans le cadre de la procédure de recours formé contre cette décision, pour laquelle il existe un régime juridique de sanction spécifique et exclusif mis en œuvre par l'autorité administrative indépendante[6]. Enfin, il résulte de l'article 710 C. pr. pén. que le JEX n'est pas compétent pour fixer au lieu et place du juge pénal une astreinte pour garantir l'exécution d'une décision d'une juridiction répressive.

0212.183 Liquidation de l'astreinte. Le JEX est, aux termes de l'article L. 131-3 C. pr. exéc., le juge de droit commun de la liquidation de l'astreinte[7]. Ce texte ne comporte que deux exceptions, lorsque le juge qui l'a ordonnée reste saisi de l'affaire ou s'il s'est expressément réservé la possibilité de la liquider[8]. Il en est ainsi par exemple de la liquidation d'une astreinte qu'un juge des référés s'est réservé le pouvoir de liquider[9] ou d'une astreinte ordonnée par un conseiller de la mise en état que celui-ci ou la cour d'appel, selon le cas, qui restent saisis de l'affaire, sont compétents pour liquider[10]. Il en irait de même pour une astreinte ordonnée par le bureau de conciliation d'un conseil de prud'hommes. Il appartient au JEX saisi d'une demande de liquidation de l'astreinte de déterminer les obligations assorties d'astreinte, au besoin en interprétant l'injonction[11] et de liquider le montant de l'astreinte en tenant compte du comportement du débiteur et des difficultés rencontrées. Il peut aussi supprimer l'astreinte en présence d'une cause étrangère. On se bornera ici à signaler que le JEX dispose d'un très large pouvoir d'appréciation, la jurisprudence lui reconnaissant un pouvoir souverain pour fixer le montant de l'astreinte liquidée[12] ou pour retenir l'existence d'une cause étrangère[13]. Il doit néanmoins désormais vérifier d'office qu'existe un **rapport raisonnable de proportionnalité** entre le montant auquel il liquide l'astreinte et l'enjeu du litige[14].

Lorsqu'un juge a été saisi à tort d'une demande de liquidation d'astreinte relevant des attributions du JEX, il doit, en application de l'article R. 131-2 C. pr. exéc., relever d'office son incompétence[15].

§ 3
Délais de grâce et expulsion

A.
Délais de grâce

0212.191 Délais de grâce : généralités. Conformément aux dispositions du deuxième alinéa de l'article R. 121-1 C. pr. exéc., le JEX a compétence

1. Civ. 2e, 20 déc. 2001, no 00-16.474, P II, no 199.
2. Civ. 2e, 8 déc. 2005, no 04-10.444, NP.
3. Civ. 2e, 4 juill. 2007, no 05-16.605, P I, no 252.
4. Civ. 2e, 4 juin 2009, no 08-11.129, P II, no 139.
5. Civ. 2e, 18 févr. 1999, no 97-13.885, P II, no 32.
6. Com. 3 nov. 2004, no 00-19.247, P IV, no 189.
7. La circonstance que la loi du 9 juillet 1991 n'a abrogé ni l'article 137 ni l'article 491 C. pr. civ. est sans effet sur les compétences qui sont désormais celles du JEX – Pour l'exclusion de la compétence du JEX pour la liquidation d'une astreinte « conventionnelle » résultant d'un acte notarié : Colmar, 7 mai 2007, RG no 05/011546, NP.
8. Civ. 2e, 15 janv. 2009, no 07-20.955, P II, no 13 ; *Procédures* 2009, no 113, note R. Perrot.
9. Civ. 2e, 21 févr. 2008, no 07-17.160, P II, no 40 – Civ. 2e, 27 févr. 2014, no 13-12.493, P II, no 52, peu important que la décision de liquidation en référé serait provisoire puisque n'ayant pas autorité de chose jugée au principal.
10. Civ. 2e, 26 mars 1997, no 94-15.992, P II, no 91 – Civ. 2e, 16 déc. 2004, no 03-11.798, P II, no 527 – Civ. 2e, 21 févr. 2008, no 07-17.160, P II, no 40.
11. Civ. 2e, 5 avr. 2007, no 06-12.676, NP – Civ. 2e, 3 avr. 2008, no 07-10.949, NP.
12. Civ. 2e, 20 janv. 2005, no 02-21.350, NP.
13. Civ. 2e, 12 févr. 2004, no 02-13.016, P II, no 53.
14. Civ. 2e, 9 nov. 2023, no 21-25.582, B – Civ. 2e, 9 nov. 2023, no 22-15.810, B – Civ. 2e, 20 janv. 2022, nos 20-15.261, 19-22.435 et 19-23.721, B – Civ. 2e, 15 déc. 2022, no 21-16.416, NP.
15. Civ. 1re, 17 déc. 1997, no 95-14.189, P II, no 318 – Civ. 1re, 21 mars 2000, no 98-14.246, P I, no 98 – Civ. 2e, 20 mars 2003, no 00-13.429, NP.

pour accorder un délai de grâce, après signification du commandement ou de l'acte de saisie. Cette faculté est présentée par le texte comme une dérogation au principe énoncé immédiatement auparavant, selon lequel le JEX ne peut modifier le dispositif de la décision de justice qui sert de fondement aux poursuites ni en suspendre l'exécution. Pour autant, en accordant un délai, le JEX ne porte pas atteinte à l'intangibilité du titre dans la mesure où il n'en suspend pas sans limite l'exécution [1] et où la demande de délai ne tend pas à remettre en cause le bien-fondé de la décision servant de fondement aux poursuites [2].

Le délai de grâce évoque *en premier lieu* l'ancien article 1244-1 C. civ. (devenu C. civ., art. 1343-5), dont la portée est générale et qui autorise le juge à reporter ou échelonner le paiement des sommes dues, dans la limite de deux années, en considération de la situation du débiteur et des besoins du créancier. Pour apprécier si des délais peuvent être accordés au débiteur, les juges du fond disposent d'un pouvoir discrétionnaire [3], certains arrêts considérant toutefois que l'octroi d'un délai relève de leur pouvoir souverain [4]. L'article 510 C. pr. civ. dispose toutefois, en son dernier alinéa, que l'octroi d'un délai doit être motivé. Le même article 1343-5 autorise encore le juge, par décision spéciale et motivée, à prescrire que les sommes correspondant aux échéances reportées porteront intérêt à un taux réduit qui ne peut être inférieur au taux légal, que les paiements s'imputeront d'abord sur le capital, ou à subordonner l'octroi de ces mesures à l'accomplissement par le débiteur d'actes propres à faciliter ou à garantir le paiement de la dette.

Par un arrêt du 14 octobre 2010, la deuxième chambre civile de la Cour de cassation a décidé qu'un délai de grâce ne pouvait être accordé en matière de recouvrement de dettes fiscales [5].

Pour une étude des hypothèses dans lesquelles le juge ne peut accorder de délai, v. s[s] n°s 0144.11 s.

0212.192 **Compétence juridictionnelle pour l'octroi d'un délai de grâce.** La compétence juridictionnelle pour l'octroi d'un délai de grâce est régie par l'article 510 C. pr. civ. Elle est partagée entre **au moins trois juges**. Selon le premier aliéna du texte, le délai de grâce ne peut en principe être accordé que par la décision dont il est destiné à différer l'exécution. Le texte est aussitôt tempéré par les alinéas suivants qui prévoient qu'en cas d'urgence, la même faculté appartient au **juge des référés** et qu'après signification d'un commandement ou d'un acte de saisie, selon le cas, le JEX a compétence pour accorder un délai de grâce, la compétence appartenant, antérieurement à 2020, au **juge d'instance** en matière de saisie des rémunérations.

La rédaction de ce texte, issue du décret du 18 décembre 1996 [6], fait en définitive assez clairement le départ entre juges appelés à octroyer un délai. Et cette **compétence** est en quelque sorte **chronologique**. C'est d'abord le **juge de l'obligation** qui peut accorder le délai, puis, en cas d'urgence, le **juge des référés** et enfin, après l'engagement d'une mesure d'exécution [7], mais seulement après l'engagement d'une mesure d'exécution [8], le JEX. À partir de là, la compétence du JEX est exclusive et tout juge autre que lui nous semble devoir relever d'office son incompétence, en dépit de la localisation de la compétence du JEX dans l'article R. 121-1 C. pr. exéc.

0212.193 **Particularismes.** Il faut encore signaler quelques particularismes, selon la nature des mesures engagées. Ainsi, en matière de **saisie-attribution**, le JEX ne peut accorder de délai car cette mesure a pour effet de transmettre la propriété des fonds saisis au créancier [9]. En matière de **saisie-vente**, le juge ne peut suspendre les opérations en application de l'article R. 221-56 C. pr. exéc. que jusqu'à ce qu'il statue sur la demande en nullité de la vente [10]. En matière de **saisie immobilière**, enfin, la jurisprudence retenait sous l'empire des anciens textes que le JEX n'était plus compétent pour accorder un sursis après la publication du commandement aux fins de saisie, sauf s'il avait été saisi avant cette date et s'il statuait avant que n'ait été fixée la date d'adjudication [11]. Il n'est pas douteux que la réforme de la saisie immobilière ayant confié la procédure au JEX, les modalités de l'octroi d'un délai de grâce devront être à nouveau définies par la jurisprudence [12]. Enfin, le décret du 27 novembre 2020 [13] a tiré les conséquences du

1. Civ. 2e, 7 janv. 1998, no 96-12.979, P II, no 4.
2. Civ. 2e, 14 févr. 2008, no 07-11.980, NP.
3. Civ. 2e, 1er févr. 2001, no 99-15.712, P II, no 22 – Civ. 1re, 24 oct. 2006, no 05-16.517, P I, no 435 – Civ. 2e, 17 oct. 2019, no 18-20.209, NP.
4. Civ. 2e, 3 juin 1999, no 97-14.889, P II, no 110.
5. Civ. 2e, 14 oct. 2010, no 09-67.108, NP.
6. Décr. no 96-1130, 18 déc. 1996, modifiant le décret no 92-755 du 31 juillet 1992 instituant de nouvelles règles relatives aux procédures civiles d'exécution pour l'application de la loi no 91-650 du 9 juillet 1991 portant réforme des procédures civiles d'exécution, *JO* 26 déc.
7. Civ. 2e, 3 juin 1999, no 97-14.889, P II, no 110 – Civ. 2e, 19 juill. 2001, no 00-12.917, P II, no 284 – Civ. 2e, 16 sept. 2003, no 02-10.909, P II, no 262.
8. Civ. 2e, 23 juin 2011, no 10-18.396, NP – Civ. 2e, 22 sept. 2016, no 15-12.328, NP.
9. Civ. 2e, 4 oct. 2001, no 00-11.609, P II, no 150.
10. Civ. 2e, 20 nov. 2003, no 01-17.579, P II, no 352.
11. Civ. 2e, 14 mai 1997, no 95-12.946, P II, no 145 – Civ. 2e, 11 mars 1998, no 95-21.855, P II, no 80.
12. Civ. 2e, 2 juill. 2009, no 08-16.753, NP.
13. Décr. no 2020-1452, 27 nov. 2020, portant diverses dispositions relatives notamment à la procédure civile et à la procédure d'indemnisation des victimes d'actes de terrorisme et d'autres infractions, *JO* 28 nov., texte 2.

transfert de compétence du tribunal d'instance au JEX en matière de saisie des rémunérations, puisqu'il est indiqué, à l'article R. 121-1 C. pr. exéc., qu'en la matière, c'est à compter de l'audience de conciliation que le JEX est compétent pour octroyer des délais de grâce, étant rappelé que l'acte de saisie suit en principe cette audience, voire, n'est jamais établi si les délais sont respectés. ▶ Cela dit, après la réforme de la saisie des rémunérations, qui ne nécessite plus d'autorisation préalable du JEX depuis le décret n° 2025-125 du 12 février 2025[1], le critère temporel de compétence du JEX, saisi sur contestation, devrait être également l'acte de saisie en la matière.

0212.194 **Premier président.** La question s'est enfin posée de savoir si le premier président, saisi d'une demande d'arrêt de l'exécution d'un jugement frappé d'appel, pouvait accorder un délai de grâce, le cas échéant concurremment avec le JEX. Sur le fondement de l'article 524 C. pr. civ., quelques premiers présidents avaient considéré qu'ils en avaient la faculté[2]. Mais, par un arrêt du 14 septembre 2006, la Cour de cassation a jugé que le premier président d'une cour d'appel, saisi sur le fondement de ce texte, n'avait pas le pouvoir d'accorder un délai de grâce[3].

B.
Expulsion

0212.201 **Décision d'expulsion.** Le JEX n'est pas le juge qui décide de l'expulsion. Il ne peut délivrer un titre autorisant l'expulsion, sauf, désormais, en matière de saisie immobilière puisque, selon l'article L. 322-13 C. pr. exéc., le jugement d'adjudication constitue un titre d'expulsion à l'encontre du saisi[4]. Le JEX pourrait néanmoins, nous semble-t-il, trancher une éventuelle contestation qui s'élèverait à l'occasion de la mise à exécution d'une décision ayant suspendu les effets d'une clause résolutoire et subordonné l'expulsion au respect d'un échéancier de paiement et constater que la décision peut prendre effet[5], pourvu toutefois que sa saisine soit postérieure à l'engagement de la mesure. Néanmoins, depuis la loi n° 2023-668 du 27 juillet 2023, l'acquisition de la clause résolutoire est automatique en cas d'impayé d'une seule échéance des délais de paiements accordés par le juge dans le délai et selon les modalités fixées par lui[6].

0212.202 **Mise en œuvre de l'expulsion.** Sont applicables en la matière les articles L. 411-1 à L. 451-1 et R. 411-1 à R. 451-4 C. pr. exéc. Il est renvoyé, sur les règles applicables à l'expulsion, aux développements qui lui sont consacrés (v. s[s] n°s 0511.00 s.). C'est la délivrance du commandement d'avoir à libérer les locaux qui déclenche la compétence du JEX. L'article R. 412-4 C. pr. exéc. édicte en effet qu'à compter de la signification du commandement, toute demande de délais formée en application des articles L. 412-2 à L. 412-6 C. pr. exéc. est portée devant le JEX.

0212.203 **Expulsion et délais de grâce.** Le JEX peut donc être saisi d'une **demande de délais de grâce formée après la délivrance de ce commandement.** Ces délais sont ceux des articles L. 412-3 à L. 412-4 et R. 412-3 C. pr. exéc. Le juge peut octroyer des délais renouvelables aux occupants, chaque fois que le relogement des intéressés ne pourra avoir lieu dans des conditions normales, la durée de ces délais ne pouvant être inférieure à un mois ni supérieure à un an. Il a été jugé que la demande peut être présentée en tout état de cause, y compris donc pour la première fois en cause d'appel sans qu'une telle demande ne soit affectée d'une irrecevabilité pour nouveauté[7]. L'exécution de la décision d'expulsion pendant le délibéré du JEX saisi d'une demande de délai peut constituer une faute engageant la responsabilité du bailleur[8]. On signalera enfin une décision importante de la Cour de cassation, qui met un terme à la question controversée, d'une importance pratique réelle, de savoir si le JEX est compétent pour surseoir à l'expulsion d'un locataire commerçant[9]. Selon cette jurisprudence, qui met fin à des divergences[10], le JEX tient des L. 412-3 à L. 412-4 et R. 412-3 C. pr. exéc., et de l'article R. 121-1 C. pr. exéc., le pouvoir d'accorder un délai de grâce à l'occupant commercial[11].

La compétence pour accorder des délais se trouve donc partagée entre plusieurs juges : le juge qui a ordonné l'expulsion, qui peut même d'office accor-

1. Décr. n° 2025-125, 12 févr. 2025, relatif à la nouvelle procédure de saisie des rémunérations, *JO* 14 févr., texte 1.
2. Aix-en-Provence, ord. 1er prés., 20 oct. 1981, *Bull. ch. avoués* 1982, n° 83, p. 9 – Paris, ord. 1er prés., 8 oct. 1987, *Bull. ch. avoués*, n° 104, p. 191 – Versailles, ord. 1er prés., 29 mars 1989, *Gaz. Pal.* 1989. Somm. 422.
3. Civ. 2e, 14 sept. 2006, n° 05-21.300, P II, n° 223.
4. Pour le régime ancien : Civ. 2e, 10 juill. 2003, n° 00-19.579, P II, n° 247.
5. Paris, 13 oct. 2005, RG n° 05/02701, NP – Paris, 8 juin 2007, RG n° 06/21507, NP.
6. L. n° 2023-668, 27 juill. 2023, art. 24.
7. Civ. 2e, 10 juill. 2008, n° 07-13.503, NP.
8. Civ. 3e, 28 sept. 2005, n° 04-14.882, P III, n° 176.
9. Civ. 2e, 4 juill. 2007, n° 061.14.601, P II, n° 202 ; *Dr. et proc. 2007*, n° 6, p. 353, obs. J.-J. Bourdillat.
10. DANS LE MÊME SENS : TGI Paris, JEX, 9 nov. 1998, Sarl… c/ Snc…, RG n° 98/85379, et TGI Paris, JEX, 13 juill. 1999, Sarl… c/ A…, RG n° 99/82887 – Chron. T. Moussa, « Procédures civiles d'exécution », *Gaz. Pal.* 5-7 mars 2000, p. 27 – *CONTRA*, Paris, 8e ch., sect. B, 26 nov. 1998, *Gaz. Pal.* mars-avr. 2000, p. 499, chron. T. Moussa.
11. Montpellier, 11 juin 2009, RG n° 08/1561, NP.

der de tels délais, **le juge des référés**, s'il est saisi avant la délivrance du commandement, et enfin le JEX[1], après la signification de cet acte. À partir de ce moment, nous pensons que tout juge autre que le JEX devrait d'office relever son incompétence, la demande de délai constituant une demande de délai de grâce entrant dans les pouvoirs exclusifs et renforcés du JEX.

Enfin, le JEX est le **juge des difficultés relatives au titre d'expulsion** et des **contestations** pouvant s'élever à l'occasion de l'exécution forcée, conformément aux dispositions de l'article L. 213-6 du COJ. L'article R. 442-1 C. pr. exéc., qui concerne la compétence territoriale, précise à cet égard que les contestations relatives à l'application des dispositions réglementaires relatives à l'expulsion sont portées devant le JEX **du lieu de situation de l'immeuble.** Le JEX est aussi compétent pour statuer sur les contestations portant sur le sort des meubles garnissant les lieux, dans les conditions prévues par les articles L. 433-1 et R. 433-3 à R. 433-6 C. pr. exéc., sans pouvoir toutefois se prononcer sur la propriété de ces meubles[2].

1. Civ. 2e, 18 sept. 2003, no 01-16.019, P II, no 285.

2. Civ. 2e, 5 mars 2009, no 07-20.677, P II, no 67 – Sur l'impossibilité pour le JEX d'ordonner la réintégration de la personne expulsée, v. Paris, 22 janv. 2009, RG no 08/08391, NP, et Douai, 5 mars 2009, RG no 08/01852, NP.

CHAPITRE

0213. Compétence territoriale du juge de l'exécution

ANNE-GAËLLE DUMAS
MAGISTRAT

SECTION 0

ORIENTEUR

0213.00 Sommaire du chapitre.

Division. La compétence territoriale du juge de l'exécution (JEX) obéit à des règles complexes. Il existe un droit commun (sect. 1) auquel dérogent de très nombreuses dispositions (sect. 2). Deux situations particulières ont fait l'objet d'une attention spéciale des auteurs de la réforme (sect. 3).

0213.01 Textes applicables.

• **C. pr. exéc.**, art. L. 162-1 s., L. 211-2, R. 121-2, R. 211-9, R. 211-12 et R. 213-6.

• **C. pr. civ.**, art. 42 et 77.

• **LPF**, art. L. 263.

> Sur les autres dispositions du décret de 1992, intégré dans la partie réglementaire du Code des procédures civiles d'exécution (v. s^{s} n°s 0213.21 s.).

0213.02 Jurisprudence de référence.

> Mesures conservatoires. Compétence du juge de l'exécution du lieu d'exécution de la mesure lorsque le débiteur demeure à l'étranger.

• **Civ. 2e, 9 nov. 2006,** n° 04-19.138, P II, n° 310

* V. s^{s} n°s 0213.31, 0612.25, 0841.33, 1523.12

La compétence attribuée au juge du domicile du débiteur par l'article 211 du décret du 31 juillet 1992 [devenu art. R. 511-2 C. pr. exéc.] n'est pas exclusive de l'application de l'article 9, alinéa 2, du même décret, dont les dispositions d'ordre public donnent compétence au juge de l'exécution du lieu d'exécution de la mesure lorsque le débiteur demeure à l'étranger. Le juge, dans le ressort duquel est situé l'un des immeubles du débiteur demeurant à l'étranger, est compétent pour autoriser des inscriptions d'hypothèques sur ses biens immobiliers situés en dehors de son ressort.

> Compétence territoriale du juge de l'exécution. Saisie-attribution. Refus de prorogation.

• **Civ. 2e, 4 juill. 2007,** n° 06-13.840, P II, n° 203

* V. s^{s} n°s 0213.23, 0841.32

Les contestations d'une saisie-attribution sont portées devant le juge de l'exécution du lieu où demeure le débiteur. Doit dès lors être cassé l'arrêt d'une cour d'appel qui, pour rejeter une exception d'incompétence territoriale d'un juge de l'exécution saisi par trois débiteurs d'une demande d'annulation des saisies-attribution pratiquées à leur préjudice, retient, par des motifs inopérants, alors que deux des débiteurs saisis ne demeuraient pas dans le ressort du tribunal de grande instance, que les demandes de ces débiteurs tendent aux mêmes fins, qu'elles sont dirigées contre des actes d'exécution identiques et fondés sur le même titre exécutoire et qu'il existe entre elles une connexité qui commande un examen unique de l'affaire.

0213.03 Bibliographie indicative.

* V. s^{s} n° 021.03.

0213.05 Territorialité des procédures civiles d'exécution. Le principe de territorialité, qui n'est qu'une des conséquences du principe de souveraineté et du monopole des États dans l'exercice de la contrainte, signifie que les **mesures d'exécution forcée** s'appliquent aux biens situés en France[1], sous le contrôle du juge français. La question est plus discutée pour les **mesures conservatoires** mais la tendance jurisprudentielle est de soumettre aussi ces mesures au principe de territorialité, sous réserve de

1. POUR UNE APPLICATION RÉCENTE : Civ. 2e, 10 déc. 2020, n°s 19-10.801 et 18-17.937, P ; *D.* 2021. 217, note L. d'Avout ; *ibid.* 1353, obs. A. Leborgne ; *Rev. prat. rec.* 2021. 11, chron. C. Simon ; *RTD civ.* 2021. 195, obs. Ph. Théry.

l'application éventuelle des règles communautaires [1]. Le principe de territorialité implique également que les mesures d'exécution soient régies par la loi française, des adaptations pouvant néanmoins être prévues pour les collectivités territoriales [2]. On n'imagine guère en effet l'application, en France, des règles de contrainte fixées par la loi étrangère. Sur le territoire de la République donc, le JEX appliquera normalement la loi française aux mesures exécutées sur les biens situés en France. La question de la compétence territoriale du juge est alors celle de savoir quel juge le demandeur doit saisir sur le territoire relativement à une mesure mise en œuvre en France.

0213.06 **Ordre public.** Selon l'article R. 121-4 C. pr. exéc., les règles de compétence prévues par le décret sont d'ordre public. Le texte visant le décret dans son ensemble, il faut en déduire que toutes les règles de compétence territoriale énoncées dans ce décret sont **impératives**. Elles sont par conséquent **exclusives** et il n'est pas possible d'y déroger par des conventions particulières. Il s'ensuit aussi que, conformément aux dispositions de l'article 77 C. pr. civ., le JEX, saisi en matière contentieuse en méconnaissance des règles de compétence, peut relever d'office son incompétence territoriale. S'il est saisi en matière gracieuse, on le sait, le juge peut toujours relever d'office l'incompétence territoriale. Dès lors que l'incompétence est soulevée, il appartient bien sûr à celui qui conteste la compétence d'établir que la juridiction est incompétente [3].

SECTION 1
DROIT COMMUN DE LA COMPÉTENCE TERRITORIALE

0213.11 **Compétence de principe ?** Il résulte des dispositions de l'article R. 121-2 C. pr. exéc. que le JEX **territorialement compétent** est, au choix du demandeur, **celui du lieu où demeure le débiteur** ou **celui du lieu d'exécution de la mesure**. Mais, selon le texte même, cette règle de principe ne s'applique qu'à moins qu'il n'en soit disposé autrement. La diversité des mesures d'exécution et la multiplicité des règles de compétence particulières sont telles que la **compétence de principe** énoncée par l'article R. 121-2 C. pr. exéc. n'est en réalité qu'une **compétence résiduelle**. Il s'agit en vérité d'une « *disposition-balai* » qui, bien que placée dans les articles liminaires du décret, vise à couvrir les hypothèses que les auteurs du décret n'auraient pas spécialement envisagées. Il est donc recommandé de se reporter aux **articles réglementaires relatifs à la mesure concernée**, afin de déterminer la règle de compétence pertinente, avant d'appliquer, le cas échéant, les dispositions supplétives ou subsidiaires de l'article R. 121-2 C. pr. exéc.

0213.12 **Compétence optionnelle.** L'alinéa 1er de l'article R. 121-2 C. pr. exéc. offre au demandeur un choix entre le juge du lieu où celui-ci demeure et le juge du lieu d'exécution de la mesure. Deux observations peuvent être faites.

En premier lieu, même si le débiteur se trouve généralement en position de défendeur à l'instance principale, il est souvent l'auteur de la contestation de la mesure d'exécution. Mais s'il est demandeur à l'action devant le JEX, il reste défendeur à l'exécution. C'est pourquoi la compétence première du lieu où demeure le défendeur, consacrée par l'article 42 C. pr. civ., a été écartée en matière de procédure d'exécution.

En second lieu, le lieu de situation des biens saisis peut être éloigné du lieu où demeure le demandeur. Or la proximité du lieu où se trouvent les biens objets de la mesure peut faciliter le règlement de certains litiges. C'est pourquoi une option entre les deux chefs de compétence a été ouverte au demandeur. Et cette option bénéficie au demandeur, que celui-ci soit le débiteur, le créancier ou un tiers. L'option profite-t-elle aussi au créancier qui agit contre un tiers, par exemple contre le tiers saisi, pour obtenir de lui condamnation aux causes de la saisie, à des dommages-intérêts ou pour obtenir contre lui la délivrance d'un titre exécutoire en application de l'article R. 211-12 C. pr. exéc. ? On pourrait être tenté de répondre par la négative, dès lors que le débiteur est le plus souvent absent de cette instance qui est en quelque sorte parallèle à la saisie. Cela étant, la saisie-attribution est réalisée auprès du tiers saisi et on voit mal, alors que la loi ne distingue pas, ce qui justifierait une application de l'article 42 C. pr. civ. par dérogation aux prescriptions de l'article R. 121-2 C. pr. exéc.

Quel est le lieu où demeure le demandeur ? On appliquera à cet égard les solutions retenues pour l'application de l'article 43 C. pr. civ. Pour les personnes physiques, ce lieu est celui où la personne a son **domicile** ou, à défaut, sa **résidence**. Pour les personnes morales, c'est celui où la personne est établie, à savoir en principe son **siège social** ou, éventuellement, **une de ses succursales**, selon la théorie dite des gares principales, encore que la Cour de cassation ne paraisse pas utiliser cette expression [4].

1. Civ. 2e, 30 janv. 2002, no 99-21.278, NP – SUR CE POINT, V. PERROT et THÉRY, nos 44 s.
2. Pour un exemple d'application du C. pr. civ. de la Polynésie française : Civ. 2e, 13 juill. 2005, no 03-19.527, P II, no 198.
3. Civ. 2e, 13 juill. 2006, no 06-13.976, P II, no 210.
4. Civ. 2e, 22 mars 2006, no 05-12.569, P II, no 87 – Civ. 2e, 6 avr. 2006, no 04-17.849, P II, no 100.

0213.13 Compétence alternative. Le premier alinéa de l'article R. 121-2 C. pr. exéc. a cru devoir apporter cette précision que lorsqu'une demande a été portée devant l'un des juges visés par l'option, elle ne peut l'être devant l'autre. Un peu obscure, la règle signifie que **l'option a un caractère alternatif**[1]. Il s'agirait de prévenir la manœuvre consistant pour le demandeur à saisir un second juge pour obtenir de lui ce que le premier aurait refusé. La portée du texte est incertaine. Il ne devrait pas, selon nous, priver un demandeur de saisir un autre juge après un désistement ou un retrait de sa requête. Il ne peut davantage avoir pour conséquence de conférer l'autorité de la chose jugée à une décision qui n'en serait pas pourvue, notamment en matière gracieuse ou d'ordonnance sur requête. Ce que veut, semble-t-il, éviter l'article R. 121-2 C. pr. exéc., c'est une saisine simultanée par le demandeur de deux juges destinée à multiplier ses chances de succès et empêcher ainsi les situations de litispendance.

SECTION 2

RÈGLES PROPRES À CERTAINES MESURES

0213.21 Diversité des situations. Le décret du 31 juillet 1992 avait l'ambition de **fixer la compétence territoriale du juge en adéquation avec la spécificité de chaque mesure.** On appréciera si, au résultat, le choix qui a été fait, aux détriments de la simplicité et de la sécurité juridique, ne se justifie pas par la nécessaire adaptation des règles de compétence au déroulement des différentes procédures d'exécution. Pour certaines mesures, la nature de la contestation a conduit à privilégier plusieurs solutions. Ainsi pour la saisie conservatoire, sont compétents, selon le cas, le juge de la demeure ou du domicile du débiteur, celui qui a autorisé la mesure et celui du lieu de situation des biens. On présentera brièvement ici les règles de compétence par grand type de mesure.

0213.22 Compétence territoriale du juge de l'exécution selon la spécificité de la mesure.

Mesures	JEX compétent	Sources
Astreinte	Pas de règle spécifique (v. ss n° 0213.25)	C. pr. exéc., art. R. 121-2
Avis à tiers détenteur	Pas de règle spécifique (v. ss n° 0213.24)	C. pr. exéc., art. R. 121-2
Distribution des deniers	JEX du lieu de la vente	C. pr. exéc., art. R. 251-8 et R. 251-11
Expulsion	JEX du lieu de situation de l'immeuble	C. pr. exéc., art. R. 412-4
Mesures conservatoires	JEX ou président du tribunal de commerce du lieu où demeure le débiteur	C. pr. exéc., art. R. 511-2
	JEX ou président du tribunal de commerce qui a autorisé la mesure ou du lieu où demeure le débiteur si la mesure a été prise sans autorisation préalable	C. pr. exéc., art. R. 512-2
	JEX du lieu d'exécution de la mesure et donc de situation des biens saisis	C. pr. exéc., art. R. 512-3
	JEX du lieu où demeure le débiteur	C. pr. exéc., art. R. 523-9
	JEX du domicile du débiteur	C. pr. exéc., art. R. 524-2, 3°
Mesures d'exécution sur les véhicules	JEX du lieu où demeure le débiteur	C. pr. exéc., art. R. 223-3
	JEX du lieu d'immobilisation du véhicule	C. pr. exéc., art. R. 223-9, 4°
	JEX du lieu où demeure le débiteur ou du lieu d'immobilisation du véhicule	C. pr. exéc., art. R. 223-10, 4°
	JEX du lieu où demeure la personne tenue de la remise ou du lieu d'immobilisation du véhicule	C. pr. exéc., art. R. 223-12, 3° et R. 223-13, 5°
Saisie des biens placés dans un coffre-fort	JEX du lieu où sont situés les biens saisis	C. pr. exéc., art. R. 224-8, R. 224-10, 6° et R. 525-3
Saisie immobilière	JEX du TGI dans le ressort duquel est situé l'immeuble saisi	C. pr. exéc., art. R. 311-2
	JEX du tribunal dans le ressort duquel est situé l'immeuble saisi où demeure le débiteur ou, à défaut, dans le ressort duquel est situé l'un quelconque des immeubles (au cas de pluralité d'immeubles saisis)	C. pr. exéc., art. R. 311-3
Saisie-appréhension de meubles corporels	JEX du lieu où demeure le destinataire de l'acte	C. pr. exéc., art. R. 222-2, 4° et R. 222-7, 3°
	JEX du lieu où demeure celui auquel le bien est retiré	C. pr. exéc., art. R. 222-3
	JEX du lieu où demeure le tiers détenteur	C. pr. exéc., art. R. 222-8

1. PERROT et THÉRY, n° 330.

Mesures	JEX compétent	Sources
Saisie-appréhension sur injonction	JEX du lieu où demeure le débiteur	C. pr. exéc., art. R. 222-11
	JEX qui a rendu l'ordonnance	C. pr. exéc., art. R. 222-13
Saisie-attribution et saisie des droits d'associés	JEX du lieu où demeure le débiteur[a] (lieu où il est domicilié, s'agissant de la saisie des droits d'associés) – v. aussi s[s] nº 0213.23	C. pr. exéc., art. R. 211-10 et R. 232-6
Saisie-revendication	JEX qui a autorisé la saisie ou du lieu où demeure la personne tenue de délivrer ou de restituer le bien ou président du tribunal de commerce de ce même lieu	C. pr. exéc., art. R. 222-18
	JEX du lieu de situation des biens	C. pr. exéc., art. R. 222-19
	JEX du lieu où demeure le détenteur	C. pr. exéc., art. R. 222-24
Saisie-vente	JEX du lieu de la saisie	C. pr. exéc., art. R. 221-20 et R. 221-40
	JEX du lieu où demeure le tiers	C. pr. exéc., art. R. 221-29
Paiement direct	JEX du lieu où demeure le débiteur	C. pr. exéc., art. R. 213-6

a TGI Paris, JEX, 20 avr. 1999, Gaz. Pal. mars-avr. 2000, p. 498, chron. T. Moussa.

0213.23 Saisie-attribution et saisie des droits d'associés (précision). La Cour de cassation a retenu que la compétence devait être appréciée pour chaque débiteur. Elle a cassé un arrêt qui, pour rejeter une exception d'incompétence territoriale d'un JEX saisi par trois débiteurs d'une demande d'annulation des saisies-attributions pratiquées à leur préjudice, avait décidé, alors que deux des débiteurs ne résidaient pas dans le ressort du TGI, que les demandes de ces débiteurs tendaient aux mêmes fins, qu'elles étaient dirigées contre des actes d'exécution identiques et fondées sur le même titre exécutoire, qu'il existait entre elles une connexité qui commandait un examen unique de l'affaire[1].

0213.24 Avis à tiers détenteur. En cette matière, les textes ne précisent pas quel est le juge territorialement compétent. L'effet attributif de cette mesure la rend comparable à la saisie-attribution, de sorte que la **deuxième chambre civile** avait, par assimilation des deux mesures, étendu à l'avis à tiers détenteur les règles de compétence de la saisie-attribution[2]. Deux avis de la Cour de cassation l'encourageaient dans cette voie, un premier du 7 mars 1997[3], qui avait dit qu'il appartient au comptable public, lorsque le tiers mis en demeure par l'avis refuse de payer la dette ou ne répond pas, de saisir le JEX aux fins de délivrance d'un titre exécutoire contre le tiers, conformément à l'article R. 211-9 C. pr. exéc. Le 9 février 1998[4] ensuite, la Cour avait émis l'avis que la procédure d'ordonnance sur requête prévue à l'article R. 121-23 C. pr. exéc. ne pouvait être poursuivie pour obtenir un titre exécutoire, le comptable devant procéder par voie d'assignation. De son côté, la **chambre commerciale** jugeait que si l'article L. 263 du LPF et l'article 86 de la loi du 9 juillet 1991 (l'ancien article 86 étant désormais intégré à l'article L. 263 du LPF, qui renvoie aux articles L. 162-1 et L. 162-2 C. pr. exéc.) déclarent applicables à l'avis à tiers détenteur l'effet d'attribution institué par l'article L. 211-2 C. pr. exéc., en revanche, aucune disposition de celle-ci, ni du décret du 31 juillet 1992, n'a prévu, pour l'avis à tiers détenteur, une dérogation à la règle générale de compétence territoriale du JEX fixée par l'article 9 du décret de 1992[5] (devenu C. pr. exéc., art. R. 121-2). C'est à cette solution que paraît s'être ralliée une **chambre mixte** de la Cour de cassation, qui a écarté l'application de l'article 56 du décret (devenu C. pr. exéc., art. R. 211-1) à l'avis à tiers détenteur et a relevé qu'aucune disposition ne prévoyait l'application à l'avis à tiers détenteur des autres règles que l'effet d'attribution immédiate attaché à la saisie-attribution[6].

0213.25 Astreinte. Le Code des procédures civiles d'exécution ne prévoit aucune règle spécifique en la matière. Il y a donc lieu de se référer, comme pour l'avis à tiers détenteur, aux dispositions générales de l'article R. 121-2 C. pr. exéc. Bien que l'astreinte ne soit pas une mesure d'exécution forcée, la Cour de cassation a décidé que le JEX territorialement compétent était, au choix du demandeur, soit celui où demeure le débiteur, soit celui du lieu d'exécution de la mesure, c'est-à-dire du lieu d'exécution de la disposition dont était assortie l'astreinte[7].

SECTION 3
SITUATIONS PARTICULIÈRES

0213.31 Débiteur demeurant à l'étranger ou dans un lieu inconnu. Le second alinéa de l'article

1. Civ. 2e, 4 juill. 2007, nº 06-13.840, P II, nº 203 ; *Dr. et proc.* 2007. 300.
2. Civ. 2e, 1er févr. 2001, nº 99-11.896, P II, nº 21 – Civ. 2e, 17 mai 2001, nº 99-13.351, NP – Civ. 2e, 5 juill. 2001, nº 00-12.632, NP.
3. Cass., avis, 7 mars 1997, nº 09-60.015, P, nº 3.
4. Cass., avis, 9 févr. 1998, nº 09-70.013, P, nº 2.
5. Com. 12 mars 2002, nº 99-11.895, P IV, nº 56.
6. Cass., ch. mixte, 26 janv. 2007, nº 04-10.422, P, nº 1.
7. Civ. 2e, 11 mai 2000, nº 98-12.031, NP.

R. 121-2 C. pr. exéc. énonce, dans ces deux situations, que le juge compétent est celui du **lieu d'exécution de la mesure**. On imagine aisément que toute solution retenant la compétence du juge du lieu où demeure le débiteur conduirait à une absence de juge. Il a donc été fait le choix d'une règle simple et unique, qui déroge aux diverses compétences attribuées par les textes spécifiques à chaque mesure d'exécution, à tout le moins à celles qui font référence à la demeure du débiteur. Ainsi la deuxième chambre a-t-elle jugé que la compétence attribuée au juge du domicile du débiteur par l'article 211 alinéa 1er du décret du 31 juillet 1992 (devenu C. pr. exéc., art. R. 511-2) n'était pas exclusive de l'application de l'alinéa 2 de l'article 9 du même décret (devenu C. pr. exéc., art. R. 121-2, al. 2), dont les dispositions d'ordre public donnent **compétence au JEX de la mesure** lorsque le débiteur demeure à l'étranger, en sorte que le juge, dans le ressort duquel est situé l'un des immeubles du débiteur demeurant à l'étranger, était compétent pour autoriser des inscriptions d'hypothèques sur ses biens immeubles situés en dehors de son ressort[1]. En matière d'astreinte, elle a décidé que le JEX compétent pour liquider une astreinte, lorsque le débiteur demeure à l'étranger, était celui du lieu d'exécution de l'injonction[2]. Dans les deux cas visés par l'article 9 (devenu C. pr. exéc., art. R. 121-2), les auteurs du décret ont entendu écarter l'application de l'alinéa 2 de l'article 42 C. pr. civ. qui, lorsque le défendeur n'a ni domicile ni résidence connus, prévoit que le demandeur peut saisir la juridiction du lieu où il demeure ou celle de son choix s'il demeure à l'étranger. À la situation où le lieu où demeure le débiteur est inconnu, il y aurait lieu, selon certains, d'assimiler celle où le litige oppose non pas le créancier au débiteur mais le créancier et un tiers. En l'absence de débiteur, seul le lieu d'exécution de la mesure pourrait être retenu pour critère de compétence territoriale[3].

Relevons que l'article 24-5 du règlement Bruxelles I *bis*, no 1215/2012 du Parlement européen et du Conseil du 12 décembre 2012[4], reprenant l'article 22-5 du règlement Bruxelles I[5], reprenant lui-même en substance l'ancien article 16-5 de la convention de Bruxelles du 27 septembre 1968, prévoit que sont seuls compétents, sans considération de domicile en matière d'exécution des décisions, les tribunaux de l'État membre du lieu d'exécution. Un juge français n'a donc aucune compétence concernant une mesure pratiquée à l'étranger[6] et inversement, seul le juge français est compétent pour se prononcer sur une mesure pratiquée en France[7]. C'est une **application du principe de territorialité des voies d'exécution**[8].

1. Civ. 2e, 9 nov. 2006, no 04-19.138, P II, no 310 ; obs. R. Perrot, *Procédures* 2007, no 40, note R. Perrot – Nancy, 4 mai 2009, RG no 09/00252, NP.
2. Civ. 2e, 6 nov. 2008, no 07-17.445, P II, no 232 ; *D.* 2009. 1168, obs. A. Leborgne ; *Procédures* 2009, no 13, note R. Perrot.
3. Paris, 18 déc. 1997, *Rev. huiss.* 1998. 685 – Paris, 20 juin 2002, RG no 2001/20606, NP.
4. Règl. (UE) no 1215/2012, Parlement et Conseil, 12 déc. 2012, concernant la compétence judiciaire, la reconnaissance et l'exécution des décisions en matière civile et commerciale, *JOUE* L 351, 20 déc., p. 1.
5. Règl. (CE) no 44/2001, Conseil, 22 déc. 2000, concernant la compétence judiciaire, la reconnaissance et l'exécution des décisions en matière civile et commerciale, *JOCE* L 012, 16 janv. 2001, p. 1.
6. Civ. 2e, 21 janv. 2016, no 15-10.193, P II, no 20 – Civ. 1re, 14 avr. 2010, no 09-11.909, P I, no 91.
7. Civ. 1re, 6 nov. 1979, no 77-15.856, P I, no 269.
8. Pour une application et énonciation claire de ce principe récemment : Civ. 2e, 10 déc. 2020, no 19-10.801, P – Civ. 2e, 10 déc. 2020, no 18-17.937, P.

CHAPITRE

0214. Pouvoirs du juge de l'exécution compétent

ANNE-GAËLLE DUMAS
MAGISTRAT

SECTION 0
ORIENTEUR

0214.00 Sommaire du chapitre.

Division. Les pouvoirs du juge de l'exécution sont étendus et touchent à toutes les contestations qui auront un effet direct sur la mesure d'exécution (sect. 1) mais seulement celles-ci, ses pouvoirs connaissant certaines limites (sect. 2).

0214.01 Textes applicables.

• **C. pr. exéc.**, art. L. 111-2 à L. 111-8, L. 112-2, L. 112-3, L. 122-2, L. 1 s. ; R. 112-4, R. 121-1, R. 162-9, al. 2 et 3, R. 211-5, R. 211-9, R. 211-11, R. 221-56.

• **C. civ.**, art. 877, 1128, 1231-5, 1351.

• **COJ**, art. L. 213-6.

• **C. pr. civ.**, art. 52, 49, 286, 312, 462, 480, 1475.

• **C. mon. fin.**, art. L. 312-22.

• **LPF**, art. L. 281.

• **CGPPP**, art. L. 2321-3, R. 2323-1 à R. 2323-3 et R. 2331-7 à R. 2331-11.

• **C. pr. pén.**, art. 4, 530-2, 710, 728-1 et R. 49-6.

0214.02 Jurisprudence de référence.

> Saisie-attribution. Mainlevée de plein droit en cas de perte de fondement juridique.

• **Civ. 2e, 21 janv. 1998,** no 95-20.114, P II, no 24

* V. ss nos 0214.22, 0718.53, 0811.54, 0841.12, 0971.283, 0971.302, 0971.372

L'annulation du titre exécutoire sur le fondement duquel a été pratiquée une saisie-attribution qui, en l'absence de paiement par le tiers saisi, n'a pas produit son plein effet, emporte de plein droit mainlevée de la saisie.

> Saisine du juge de l'exécution. Contestation du caractère exécutoire du titre. Interdiction de se prononcer sur la recevabilité d'un recours suspensif d'exécution.

• **Civ. 2e, 3 juin 1998,** no 95-12.887, P II, no 174

* V. ss nos 0214.84

Il n'appartient pas au juge de l'exécution, saisi d'une demande de mainlevée d'une mesure d'exécution forcée pratiquée en vertu d'un jugement lorsque cette demande est fondée sur l'exercice préalable d'un recours à effet suspensif d'exécution, de se prononcer sur la recevabilité de ce recours.

> Fixation des intérêts légaux par le juge de l'exécution.

• **Civ. 2e, 17 juin 1999,** no 97-15.151, P II, no 121

* V. ss nos 0112.83, 0143.62, 0214.64

En apportant à un précédent arrêt, ayant prononcé condamnation au paiement d'une indemnité de licenciement, la simple précision qu'en vertu de l'[ancien] article 1153 du Code civil, cette indemnité avait produit de plein droit intérêts à compter de la demande en justice, une cour d'appel, qui n'a pas modifié le dispositif de cet arrêt, n'a fait qu'user du pouvoir que confère au juge de l'exécution l'article L. 311-12-1 [devenu art. L. 213-6] du Code de l'organisation judiciaire.

> Titre exécutoire émis par l'État pour le recouvrement d'impôts, taxes, redevances. Compétence du juge de l'exécution pour connaître de la contestation de la régularité de la procédure d'exécution. Recours gracieux préalable.

• **Cass., avis, 14 mai 2001,** n° 01-00.002, P, n° 3

* V. s[s] n°s 0214.41, 0215.61, 0712.42, 0713.163, 0719.51, 0719.104

Dès lors qu'elle ne met pas en cause la créance sur laquelle sont fondées les poursuites dans son existence, son montant ou son exigibilité et qu'elle concerne la régularité de la procédure d'exécution, la contestation relève de l'opposition à poursuites qui ressortit au juge de l'exécution.

S'agissant de titres exécutoires émis par l'État pour le recouvrement d'impôts, taxes, redevances visés par l'article L. 281-1 du Livre des procédures fiscales, une telle contestation doit, à peine d'irrecevabilité, être précédée d'un recours gracieux devant l'administration fiscale, sous réserve que le redevable ait été informé du délai de ce recours, de ses modalités et de son destinataire, ainsi que des dispositions de l'article R. 281-5 du même Livre.

> Saisie-vente. Étendue de la saisine du juge de l'exécution.

• **Civ. 2e, 16 oct. 2003,** n° 01-02.245, P II, n° 308

* V. s[s] n°s 0214.85, 0719.11

Le juge de l'exécution, saisi de contestations relatives à une saisie-vente, n'a pas le pouvoir d'aménager l'exécution de la décision de justice, si ce n'est pour accorder un délai de grâce.

> Dénomination inexacte de la personne à l'encontre de la laquelle la saisie est pratiquée.

• **Civ. 2e, 17 nov. 2005,** n° 04-14.604, P II, n° 298

* V. s[s] n°s 0112.106, 0214.23, 1311.91

N'excède pas ses pouvoirs le juge de l'exécution qui, pour rejeter une demande de nullité d'un commandement et d'un procès-verbal de saisie-attribution, constate qu'en dépit d'une dénomination différente, l'entité à l'encontre de laquelle les saisies ont été pratiquées et la personne à laquelle s'appliquait le titre exécutoire ne formaient en réalité qu'une seule et même personne morale.

> Étendue de la saisine du juge de l'exécution.

• **Civ. 2e, 7 juin 2006,** n° 04-10.326, P II, n° 150

* V. s[s] n°s 0214.64

Le juge de l'exécution peut connaître d'une contestation portant sur l'assujettissement à la CSG et à la CRDS d'une somme allouée à une partie à titre de dommages-intérêts, dès lors que, ne concernant ni l'assiette de l'indemnité allouée, ni la nature de l'indemnisation, elle constitue une difficulté d'exécution.

> Juges pouvant interpréter une décision de justice.

• **Civ. 2e, 11 déc. 2008,** n° 07-19.046, P II, n° 265

* V. s[s] n°s 0214.26

Le pouvoir du juge de l'exécution d'interpréter, s'il y lieu, la décision de justice sur laquelle les poursuites sont fondées, ne fait pas échec au pouvoir reconnu par la loi à tout juge d'interpréter sa décision. Et en cas d'appel, il appartient à la cour d'appel d'interpréter les dispositions ambiguës du jugement critiqué.

> Saisine du juge de l'exécution. Connaissance des contestations de la validité des actes notariés.

• **Civ. 2e, 18 juin 2009,** n° 08-10.843, P II, n° 165

* V. s[s] n°s 0214.24, 0942.87, 1321.32

Aux termes de l'article L. 213-6 du Code de l'organisation judiciaire, le juge de l'exécution, connaît des difficultés relatives aux titres exécutoires et des contestations qui s'élèvent à l'occasion de l'exécution forcée, même si elles portent sur le fond du droit, à moins qu'elles n'échappent à la compétence des juridictions de l'ordre judiciaire. En conséquence, viole ces dispositions le juge de l'exécution qui refuse de se prononcer sur la nullité d'un engagement résultant d'un acte notarié, invoquée pour absence prétendue de l'une des conditions requises par la loi pour la validité de sa formation.

> Acte notarié revêtu de la formule exécutoire modifié par des avenants sous seing privé.

• **Civ. 2e, 6 mai 2010,** n° 09-67.058, P II, n° 90

* V. s[s] n°s 0112.214, 0122.25, 0214.22, 1311.72

Constitue un titre exécutoire, un acte notarié de prêt, revêtu de la formule exécutoire, modifié par des avenants sous seing privé, dès lors que ces avenants n'avaient pas opéré novation.

> Titre exécutoire. Omission des annexes d'un acte authentique notarié.

• **Cass., ch. mixte, 21 déc. 2012,** n°s 11-28.688 et 12-15.063, P, n°s 3 et 4

* V. s[s] n°s 0122.29, 0214.22, 1311.73

L'inobservation de l'obligation, pour le notaire, de faire figurer les procurations en annexe de l'acte authentique ou de les déposer au rang de ses minutes ne fait pas perdre à l'acte son caractère authentique et, partant, son caractère exécutoire.

> Jugement de fixation de créance dans le cadre d'une procédure collective.

• **Com. 4 juill. 2018,** n° 16-22.986, NP

• **Com. 8 janv. 2020,** n° 18-22.462, NP

• **Civ. 2e, 14 janv. 2021,** n° 18-23.238, P

* V. s[s] n°s 0112.86, 0214.22, 1311.74, 1311.111

Le jugement qui fixe une créance dans le cadre d'une procédure collective ne constitue pas un titre exécutoire constatant une créance liquide et exigible et permettant l'exercice d'une mesure d'exécution.

> Caractère exigible d'une créance et prescription.

• **Civ. 2e, 11 janv. 2018,** n° 15-27.941, P II, n° 1

* V. s[s] n°s 0214.61, 1334.61, 1334.143

Si le juge de l'exécution st tenu, par application de l'article R. 322-15 du Code des procédures civiles d'exécution, de vérifier que le créancier poursuivant dispose d'un titre exécutoire constatant une créance liquide et exigible, il n'a pas l'obligation de relever d'office la prescription du titre servant de fondement aux poursuites.

> Pouvoir du juge de l'exécution pour statuer sur une question de fond même lorsque le juge du fond en est saisi.

• **Civ. 2e, 17 mai 2018,** no 16-25.917, P II, no 101

* V. ss nos 0214.51 et 0214.62

Le juge de l'exécution qui, pour trancher la contestation d'une mesure d'exécution, doit statuer sur une question relevant du fond du droit, ne peut refuser de le faire au motif que le juge du fond est déjà saisi de cette question.

> Pouvoir du juge de l'exécution pour statuer sur la modération d'une clause pénale.

• **Civ. 2e, 5 juin 2014,** no 13-16.053, P II, no 127

* V. ss nos 0214.62, 0214.63, 04.06

Lorsqu'il est saisi de la contestation d'une mesure d'exécution, le juge de l'exécution est compétent pour statuer sur une demande de modération d'une clause pénale prévue à l'acte notarié fondant les poursuites.

> Défaut de pouvoir juridictionnel du juge de l'exécution.

• **Civ. 2e, 8 janv. 2015,** no 13-21.044, P II, no 3

• **Civ. 2e, 3 déc. 2015,** no 13-28.177, P II, no 265

• **Civ. 2e, 15 avr. 2021,** no 19-20.281, P

* V. ss nos 0214.11, 0214.81, 1334.91

Une demande qui ne constitue pas une contestation directe de la mesure d'exécution n'est pas recevable devant le juge de l'exécution, celui-ci ne disposant pas du pouvoir juridictionnel de statuer sur celle-ci.

> Pouvoir du juge de l'exécution pour se prononcer sur la validité d'un accord transactionnel homologué.

• **Le juge de l'exécution peut se prononcer sur la validité d'un accord transactionnel**, même homologué par le juge.

• **Civ. 2e, 28 sept. 2017,** no 16-19.184, P II, no 190

* V. ss nos 0214.83, 0811.24

Le juge de l'exécution peut se prononcer sur la validité d'un accord transactionnel, même homologué par le juge.

0214.03 Bibliographie indicative.

* V. ss no 021.03.

SECTION 1

ÉTENDUE DES POUVOIRS RECONNUS AU JUGE DE L'EXÉCUTION

0214.11 Des pouvoirs communs à toutes ses compétences. Comme nous l'avons vu (v. ss nos 0212.51 s.), la compétence correspond donc au cadre de l'intervention du JEX et suppose l'existence d'une mesure d'exécution. Ensuite, son pouvoir, consiste à trancher une contestation et statuer sur une demande qui aura une incidence directe sur le sort de la mesure[1]. Si ça n'est pas le cas, la demande ne sera pas recevable devant lui (v. ss no 0212.06). Ainsi par exemple d'une demande de radiation du fichier des incidents de remboursement des crédits aux particuliers (FICP)[2]. Il est donc juge du sort de la mesure et seulement cela, sous les réserves mentionnées dans la partie compétences (v. ss no 0212.52). Ces pouvoirs, qui pourtant résultent de l'interprétation par la jurisprudence de l'alinéa 1er de l'article L. 213-6 du COJ, s'appliquent à toutes les compétences du JEX prévues par ce texte, comme en matière de saisie immobilière ou de mesures conservatoires.

§ 1

Difficultés relatives aux titres exécutoires

0214.21 Variété des difficultés. Des difficultés relatives aux titres exécutoires de toutes sortes peuvent être présentées au JEX dès lors qu'elles constituent des contestations de la mesure d'exécution. Il peut en relever d'office[3].

0214.22 Existence ou caractère exécutoire du titre. Les premières concernent l'existence même du titre ou son caractère exécutoire[4], y compris lorsque celui-ci est un acte notarié[5]. Ainsi l'annulation du titre sur le fondement duquel a été pratiquée une saisie-attribution qui n'a pas produit son effet emporte-t-elle de plein droit annulation de la saisie[6]. Étant rappelé qu'une décision de justice infirmant ou cassant une décision exécutoire constitue un titre exécutoire en restitution[7]. Il a encore été jugé qu'une décision qui déclare opposable à l'association pour la gestion du régime d'assurance des créances (AGS), en la disant tenue à garantie, le montant d'une créance de dommages-intérêts d'un salarié, consti-

1. Civ. 2e, 8 janv. 2015, no 13-21.044, P II, no 3 – Civ. 2e, 3 déc. 2015, no 13-28.177, P II, no 265 – Civ. 2e, 19 nov. 2020, no 19-20.700, P – Civ. 2e, 15 avr. 2021, no 19-20.281, P – Civ. 2e, 19 mai 2022, no 20-22.111, NP.
2. Civ. 2e, 2 mars 2023, no 21-13.545, B.
3. Civ. 2e, 15 nov. 2012, no 11-18.820, P II, no 189.
4. Civ. 2e, 18 juin 2009, no 08-12.760, P II, no 164 – Civ. 2e, 10 sept. 2009, no 08-19.154, NP – Chambéry, 16 juin 2009, RG no 08/02622, NP.
5. Pour un acte notarié de prêt, revêtu de la formule exécutoire, modifié par des avenants sous seing-privé, v. Civ. 2e, 6 mai 2010, no 09-67.058, P II, no 90 – Civ. 2e, 12 mai 2016, no 15-16.875, NP – Civ. 2e, 23 mai 2024, no 21-25.084, B – S'agissant du contentieux très fourni généré par les affaires dites « *Appolonia* », il a été jugé que l'inobservation de l'obligation, pour le notaire, de faire figurer les procurations en annexe de l'acte authentique ou de les déposer au rang de ses minutes ne fait pas perdre à l'acte son caractère authentique et, partant, son caractère exécutoire : Cass., ch. mixte, 21 déc. 2012, nos 11-28.688 et 12-15.063, P, nos 3 et 4 ; *D.* 2013. 23 – Et une transaction sous seing privé peut se voir conférer force exécutoire par un notaire et constitue alors un titre exécutoire : Civ. 2e, 21 oct. 2010, no 09-12.378, P II, no 173.
6. Civ. 2e, 21 janv. 1998, no 95-20.114, P II, no 24 – Civ. 2e, 28 juin 2001, no 99-17.972, P II, no 125.
7. Civ. 2e, 19 nov. 2008, no 07-18.987, P II, no 253.

tue bien un titre exécutoire[1]. Ou que l'impossibilité matérielle d'exécuter l'obligation de restitution en nature d'une chose vendue ne mettait pas obstacle à l'exécution d'une décision de justice ordonnant la résolution d'une vente constituant le titre fondant une saisie-vente[2]. Jugé aussi que le JEX doit vérifier le caractère exécutoire du titre qui lui est soumis, y compris en se prononçant sur la qualification d'un jugement si celle-ci est contestée[3]. La qualification d'un jugement n'est en effet pas revêtue de l'autorité de la chose jugée[4]. On notera enfin qu'un jugement qui fixe une créance salariale peut constituer un titre exécutoire permettant au salarié de mettre en œuvre des mesures d'exécution forcée[5]. La Cour de cassation n'exige donc pas toujours une condamnation explicite dans le titre exécutoire[6]. La Haute juridiction n'a toutefois pas admis que le jugement rendu à l'occasion de la liquidation d'un régime matrimonial et de la succession des parents qui se borne à se prononcer sur les sommes dues par et aux indivisions post-communautaires et successorales constitue un titre exécutoire au profit des indivisaires[7]. Ni qu'un jugement qui fixe simplement une créance pour les besoins de diverses procédures puisse en constituer un[8].

Le titre judiciaire doit avoir été notifié préalablement à sa mise à exécution, en application de l'article 503 C. pr. civ.[9]. Enfin, il ne doit pas être prescrit.

1. Civ. 2e, 21 sept. 2000, no 98-14.151, P II, no 130 – V. CEP. : Versailles, 5 avr. 2007, RG no 06/00631, NP – Pour un accord non soumis au juge d'instance pour lui donner force exécutoire : Civ. 2e, 1er févr. 2001, no 99-13.600, NP.
2. Civ. 2e, 24 juin 2010, no 09-15.710, P II, no 123 ; *Dr. et proc.* 2010. 296, obs. M. Choquet ; *D.* 2011. Pan. 1516, obs. A. Leborgne.
3. Civ. 2e, 18 juin 2009, no 08-12.760, P II, no 164 ; A. Leborgne, « Droit de l'exécution, févr. 2010-février 2011 », *D.* 2011. Pan. 1315.
4. Civ. 2e, no 12-23.074, P II, no 199, peu important d'ailleurs que la qualification ait fait l'objet d'une demande de rectification d'erreur matérielle.
5. Civ. 2e, 19 nov. 2009, no 08-14.325, P II, no 277 ; *D.* 2010. Pan. 1312, obs. A. Leborgne ; *Dr. et proc.* 2010. 91, obs. C. Lefort.
6. Sur cette question, v. S. Poisson, « L'exigence d'une condamnation explicite dans le titre exécutoire », *Dr. et proc.* 2011. 87.
7. Civ. 2e, 15 nov. 2012, no 11-18.820, P II, no 189.
8. PROCÉDURE COLLECTIVE : Com. 4 juill. 2018, no 16-22.986, NP – Com. 8 janv. 2020, no 18-22.462, NP – Civ. 2e, 14 janv. 2021, no 18-23.238, P ; *D.* 2021. 141 ; *Rev. prat. rec.* 2021. 13, chron. F. Kieffer ; *RTD civ.* 2021. 484, obs. N. Cayrol – SAISIE DES RÉMUNÉRATIONS : Civ. 2e, 4 mars 2021, no 19-22.704, P – JUGEMENT D'ORIENTATION EN SAISIE IMMOBILIÈRE : Civ. 2e, 17 mai 2023, no 21-17.853, B.
9. V. PAR EX., Civ. 2e, 20 mai 2021, no 19-21.994, P – Civ. 2e, 4 juin 2020, no 18-18.385, NP – SIGNIFICATION DE L'ARRÊT ET DU JUGEMENT en cas de confirmation en appel : Civ. 2e, 30 juin 2022, no 21-10.229, B – DÉCISION PÉNALE DE CONDAMNATION SUR INTÉRÊTS CIVILS : Civ. 2e, 15 oct. 2015, no 14-23.370, NP – Civ. 2e, 15 mars 1995, no 93-13.655, P II, no 88.

Il a été récemment jugé que le délai de dix ans pendant lequel l'exécution d'une décision de justice mentionnée à l'article L.111-3, 1o C. pr. exéc. peut être poursuivie court à compter du jour où, ayant acquis force exécutoire, cette décision constitue un titre exécutoire au sens de ce texte[10].

0214.23 Identification des parties. L'identification des parties concernées par le titre exécutoire fait aussi souvent problème. Qu'il s'agisse de déterminer le débiteur visé dans le titre, qui doit porter mention de la personne qui doit exécuter[11] ou d'identifier le débiteur condamné par ce titre[12]. Ainsi a-t-il été considéré qu'était valable la mise à exécution d'un jugement contre une association ayant même dénomination et même adresse que le collège d'enseignement privé visé seulement dans le titre[13]. De même, a-t-il été jugé que n'excédait pas ses pouvoirs le JEX qui, pour rejeter une demande de nullité de mesures d'exécution, constatait qu'en dépit d'une dénomination différente, l'entité à l'encontre de laquelle les saisies avaient été pratiquées et la personne à laquelle s'appliquait le titre ne formaient en réalité qu'une seule et même personne morale[14]. Un arrêt a encore retenu que la province du Chubut ne se confondait pas avec la République d'Argentine désignée dans la décision sur le fondement de laquelle avaient été pratiquées des saisies conservatoires[15]. Ou encore qu'une transaction homologuée qui se borne à constater l'engagement d'une caution, ne suffit pas à la rendre partie à l'acte et ne peut servir de fondement à une saisie-attribution à son encontre[16]. En revanche, une décision affirmant dans son dispositif que les cautions sont engagées vis-à-vis de tel établissement constitue un titre exécutoire pour ce dernier[17]. Pour les débiteurs personnes physiques, on rappellera les dispositions de l'article 877 C. civ., selon lequel le titre exécutoire contre le défunt l'est aussi contre l'héritier, huit jours après

10. Civ. 2e, 5 oct. 2023, no 20-23.523, B.
11. Civ. 2e, 21 mars 2002, no 00-19.051, P II, no 56.
12. Pour la transmission des obligations à l'associé unique d'une SCI après dissolution : Civ. 2e, 6 déc. 2001, no 00-11.067, NP – Pour une erreur sur le prénom du débiteur : Civ. 2e, 6 nov. 2008, no 07-18.465, NP ; *Procédures* 2009, no 14, note R. Perrot.
13. Civ. 2e, 6 mai 2004, no 02-15.714, P II, no 219.
14. Civ. 2e, 17 nov. 2005, no 04-14.604, P II, no 298 – À l'inverse pas de saisie possible entre les mains d'une filiale de la même *holding* puisqu'il s'agit de deux personnalités morales différentes : Civ. 2e, 26 sept. 2019, no 18-18.805, NP.
15. Civ. 2e, 4 sept. 2014, no 13-40.060, NP.
16. Civ. 2e, 8 janv. 2015, no 13-27.377, P II, no 5 ; *JCP* 2015. 400, obs. B. Perrier ; *Dr. et proc.* avr. 2015. 74, obs. O. Salati ; « Chronique de droit de l'exécution », *D.* 2015. 1339, obs. A. Leborgne ; *RD banc. fin.* 2015. Comm. 54, obs. S. Piedelièvre ; *Procédures* mars 2015. Comm. 74, obs. E. Raschel ; *Dr. et proc.* févr. 2015. 37, obs. N. Fricero.
17. Civ. 2e, 23 oct. 2008, no 07-20.035, P II, no 224.

que la signification lui en a été faite. La Cour de cassation a aussi jugé, en matière d'astreinte et dans certaines limites, que l'action aux fins de liquidation de l'astreinte ordonnée pouvait être engagée contre les héritiers du débiteur[1]. La qualité à agir du créancier ayant engagé les poursuites pourra également être discutée, notamment à la suite de cession de créance[2], de changement de dénomination[3], de fusion, d'absorption, de subrogation[4], ou de toute sorte de transmission active ou passive de l'obligation consacrée par le titre[5].

0214.24 **Acte notarié revêtu de la formule exécutoire.** On soulignera enfin, sous les réserves qui seront exposées ultérieurement (v. s[s] n° 0214.61), que le JEX peut être saisi de difficultés relatives non seulement à un jugement, mais encore à un **acte notarié revêtu de la formule exécutoire**, ou à tout titre exécutoire au sens de l'article L. 111-3 C. pr. exéc. Or, concernant les actes notariés, après deux avis rendus par la Cour de cassation les 16 juin 1995[6] et 14 février 1997[7], la Cour de cassation considérait traditionnellement que, si une saisie était engagée sur le fondement d'un acte notarié, le JEX ne pouvait se prononcer sur la nullité de cet acte[8], résultant par exemple d'un vice du consentement, ou sur la caducité d'un engagement de caution par l'effet du contrat principal de prêt[9]. Il apparaissait en effet opportun de refuser au JEX le droit de porter atteinte à la substance originelle du titre servant de fondement aux poursuites, fût-il un acte notarié. Mais s'il est exact que l'acte notarié revêtu de la formule exécutoire est l'un des titres exécutoires visés à l'article L. 111-3 C. pr. exéc., l'interdiction de remettre en cause le titre procède de l'autorité de la chose jugée attachée aux seules décisions de justice, et de l'article R. 121-1 C. pr. exéc., qui fait interdiction au JEX de modifier le dispositif du jugement servant de fondement aux poursuites. Il n'existe aucun équivalent pour les actes notariés. Au contraire, l'article L. 213-6 du COJ, donne compétence exclusive au JEX pour connaître des contestations qui s'élèvent à l'occasion de l'exécution forcée, même lorsque ces contestations portent sur le fond du droit. En réalité, la loi n'apporte pas de limite, s'agissant des actes notariés, à la compétence du JEX. Si bien que la jurisprudence de la Cour apparaissait en contradiction avec la lettre même de la loi.

La Cour de cassation a clairement abandonné sa doctrine le 18 juin 2009 en décidant que le JEX pouvait se prononcer sur la nullité d'un engagement résultant d'un acte notarié, invoquée pour absence prétendue de l'une des conditions requises par la loi pour la validité de sa formation[10]. Il doit même le faire lorsque cela lui est demandé[11]. La formulation de l'arrêt du 18 juin 2009 devrait notamment viser l'ensemble des conditions de fond exigées par l'ancien article 1108 C. civ. (devenu C. civ., art. 1128) pour la validité de toute convention : consentement, capacité et contenu licite et certain, mais aussi des règles de forme comme de fond que des législations particulières peuvent imposer à peine de nullité des contrats. Ce revirement trouve aussi une explication dans la réforme de la saisie immobilière qui a confié au JEX la direction de cette procédure. Sauf à considérer que le JEX disposerait désormais en matière immobilière d'une compétence limitée par rapport à celle de l'ancienne chambre des « *criées* », on ne pouvait que s'étonner de l'écart des compétences reconnues au JEX, selon qu'il intervient en matière mobilière ou en matière immobilière.

0214.25 **Hypothèse des clauses abusives.** Il résulte de la jurisprudence de la Cour de justice de l'Union européenne (CJUE)[12], rendue en application de la directive n° 93/13/CEE du Conseil du 5 avril 1993, concernant les clauses abusives dans les contrats conclus avec les consommateurs[13], que l'autorité de la chose jugée ne fait pas obstacle, en soi, à ce que le juge national soit tenu d'apprécier, sur la demande des parties ou d'office, le caractère éventuellement abusif d'une clause, même au stade d'une mesure d'exécution forcée[14]. Dès lors, lorsqu'il est saisi d'une contestation relative à la créance, le JEX est tenu, même en présence d'une décision revêtue de l'autorité de la chose jugée sur le montant de la créance, d'examiner d'office si les clauses insérées dans le contrat conclu entre le professionnel et le non-professionnel ou consommateur ne revêtent pas un caractère abusif, pour autant qu'il dispose des éléments de droit et de fait nécessaires à cet effet, sauf s'il

1. Civ. 2e, 18 déc. 2008, n° 07-20.562, P II, n° 271.
2. V. par ex., Civ. 2e, 4 mars 2021, n° 19-14.515, NP – Civ. 2e, 9 sept. 2021, n° 20-13.834, NP.
3. Civ. 2e, 19 déc. 2002, n° 00-20.774, P II, n° 293.
4. Pour la subrogation, par une personne privée, dans les droits d'une personne publique pour le recouvrement d'une dette locative : T. confl. 19 févr. 1996, req. n° 09-42.972, P, n° 1 – Civ. 2e, 19 nov. 2008, n° 07-17.704, NP.
5. Civ. 2e, 8 juill. 2004, n° 02-20.213, P II, n° 399.
6. Cass., avis, 16 juin 1995, n° 09-50.008, P, n° 9.
7. Cass., avis, 14 févr. 1997, n° 09-60.014, P, n° 2.
8. Civ. 2e, 3 juin 1999, n° 97-14.666, NP – *A contrario* : Civ. 2e, 8 nov. 2001, n° 00-11.797, NP.
9. Civ. 2e, 3 nov. 2005, n° 03-11.747, NP.
10. Civ. 2e, 18 juin 2009, n° 08-10.843, P II, n° 165 ; *Procédures* 2009, n° 273, note R. Perrot.
11. Civ. 2e, 16 déc. 2021, n° 20-16.713, NP.
12. V. NOT. CJUE 26 janv. 2017, Banco Primus, aff. C-421/14 – CJUE 17 mai 2022, Ibercaja Banco, aff. C-600/19 – CJUE 17 mai 2022, SPV Project 1503, aff. C-693/19 et C-831/19.
13. Dir. n° 93/13/CEE, Conseil, 5 avr. 1993, relative aux clauses abusives dans les contrats entre professionnels et consommateurs, *JOCE* L 95, 21 avr., p. 29.
14. Com. 8 févr. 2023, n° 21-17.763, B, rendu après avis de la 2e chambre civile.

ressort de l'ensemble de la décision revêtue de l'autorité de la chose jugée qu'il a été procédé à cet examen[1]. La Cour de cassation a ensuite précisé que : « *1º Le juge de l'exécution peut constater, dans le dispositif de sa décision, le caractère réputé non écrit d'une clause abusive. / 2º Le juge de l'exécution, qui répute non écrite une clause abusive, ne peut ni annuler le titre exécutoire, ni le modifier. Il ne peut pas non plus statuer sur une demande en paiement, hors les cas prévus par la loi. / 3º Le titre exécutoire étant privé d'effet en tant qu'il applique la clause abusive réputée non écrite, le juge de l'exécution est tenu de calculer à nouveau le montant de la créance selon les dispositions propres aux mesures d'exécution forcée dont il est saisi. Il tire ensuite toutes les conséquences de l'évaluation de cette créance sur les contestations des mesures d'exécution dont il est saisi. Lorsqu'il constate que le débiteur ne doit plus aucune somme, il doit ordonner la mainlevée de la mesure* »[2].

Ainsi, il s'agit d'abord d'un contrôle subsidiaire en ce sens qu'il ne doit être exercé que s'il ne ressort pas de l'ensemble de la décision revêtue de l'autorité de la chose jugée, c'est-à-dire des motifs et du dispositif, qu'il a déjà été procédé à l'examen du caractère abusif de la clause. Par ailleurs, ce contrôle trouve certaines limites. D'abord, cette jurisprudence ne s'applique que pour les consommateurs emprunteurs et donc pas aux sociétés civiles immobilières (SCI) ou aux professionnels. Ensuite, la clause abusive doit être contenue dans le contrat fondant le titre exécutoire. Par ailleurs, il demeure dans les limites de l'objet du litige défini par les parties, en ce sens qu'il doit tendre au même résultat que celui visé par les prétentions des parties. De plus le contrôle ne s'effectue d'office que pour autant que le juge dispose des éléments de droit et de fait nécessaires à cet effet. Enfin, le consommateur, dûment informé par le juge du caractère abusif de la clause, peut renoncer à se prévaloir de ce caractère abusif.

Relevons ensuite que le juge peut constater dans son dispositif le caractère réputé non écrit mais qu'il n'est pas obligé de le faire. Il ne peut d'ailleurs le faire que s'il en est saisi. S'il relève d'office le caractère abusif, cela n'apparaîtra donc en principe que dans ses motifs. Par ailleurs, la décision du JEX ne saurait avoir pour effet de faire disparaître le titre judiciaire et il ne peut statuer sur des demandes en restitution. Il doit seulement rendre effectives les dispositions assurant la protection du consommateur en tirant les conséquences qu'aurait dû tirer le juge du fond s'il avait effectué le contrôle des clauses abusives. Enfin, le titre exécutoire n'est privé d'effet qu'en tant qu'il applique la clause abusive réputée non écrite, et c'est pourquoi le JEX est tenu de calculer à nouveau le montant de la créance. Et lorsqu'il constate que le débiteur ne doit plus aucune somme, il doit ordonner la mainlevée de la mesure.

1. Civ. 2e, 13 avr. 2023, nº 21-14.540, B.
2. Civ. 2e, avis, 11 juill. 2024, nº 24-70.001, B.

0214.26 Possibilité d'interpréter le titre. Interpréter le titre servant de fondement aux poursuites est une tâche habituelle qui incombe au JEX[3]. Lorsqu'il détermine par exemple l'étendue de l'obligation résultant du titre, il peut faire œuvre d'interprétation[4]. Le pouvoir dont il dispose ainsi s'exerce concurremment avec le juge ayant rendu la décision à interpréter[5]. Il ne fait pas échec au pouvoir reconnu à tout juge d'interpréter sa décision[6]. Pour autant, le JEX ne peut interpréter les dispositions ambiguës du titre que dans les limites de sa compétence, soit après l'engagement d'une mesure d'exécution[7]. Ou encore, très souvent, en matière d'astreinte, devra-t-il procéder à l'interprétation de la décision assortie d'astreinte pour préciser le sens ou la portée de l'injonction[8]. En principe, il ne sera dès lors pas saisi d'une demande d'interprétation par voie principale, mais il se livrera à l'interprétation du titre pour trancher la difficulté ou la contestation soulevée. Le JEX n'a cependant pas à interpréter un dispositif clair[9] et il ne peut, sous le couvert d'interprétation, modifier le dispositif de la décision qui sert de fondement aux poursuites ou remettre en cause la chose jugée[10]. En revanche, en cas d'obscurité ou d'ambiguïté, il a le devoir d'interpréter le titre[11]. On signalera enfin un arrêt de la première chambre civile de la Cour de cassation, dont le résumé publié au *Bulletin* laisse entendre que le pouvoir d'interprétation donné par l'article 1475 C. pr. civ. à l'arbitre serait exclusif de celui du JEX. La lecture de l'arrêt invite cependant à la prudence quant à sa portée[12].

0214.27 Pouvoir de rectification d'erreur matérielle. L'article 462 C. pr. civ. permet à la juridiction

3. Civ. 2e, 4 déc. 2014, nº 13-26.963, NP.
4. Civ. 2e, 27 sept. 2012, nº 11-24.734, NP.
5. Civ. 2e, 11 déc. 2008, nº 07-19.046, P II, nº 265 ; *Procédures* 2009, nº 46, note R. Perrot.
6. Civ. 2e, 9 juill. 1997, nº 94-18.320, P II, nº 226 – Civ. 2e, 11 déc. 2008, nº 07-19.046, préc. ss prést nº.
7. Civ. 2e, 7 juin 2007, nº 06-14.084, NP.
8. Civ. 2e, 11 mars 2010, nº 09-13.636, P II, nº 51.
9. Civ. 2e, 14 juin 2001, nº 99-16.704, NP.
10. Civ. 2e, 20 déc. 2001, nº 00-12.926, NP – Civ. 2e, 16 déc. 2021, nº 20-12.262, NP.
11. Civ. 2e, 11 mars 2010, nº 09-13.636, P II, nº 51 – Civ. 2e, 7 avr. 2016, nº 15-17.398, P II, nº 96 – Civ. 2e, 3 févr. 2022, nº 19-17.766, NP.
12. Civ. 1re, 9 janv. 2007, nº 04-10.719, P I, nº 1 – Civ. 1re, 13 juill. 2017, nº 16-16.468, NP, pour un arbitrage international – La deuxième chambre civile a toutefois admis une interprétation souveraine par le juge d'une sentence arbitrale par une cour d'appel statuant comme JEX : Civ. 2e, 30 janv. 2020, nº 18-14.542, NP – À tout le moins, peut-il vérifier que la sentence constitue bien un titre exécutoire constatant une créance liquide et exigible : Civ. 2e, 28 juin 2018, nº 17-17.340, NP.

qui a rendu une décision ou à celle à laquelle le jugement est déféré de rectifier les erreurs matérielles qui l'affectent. Peut-on considérer que le titre servant de fondement aux poursuites est déféré au JEX, au sens de ce texte ? Nous ne le pensons pas. Le juge est au service du titre exécutoire. Pour autant, il nous semble que, dans l'exercice de son pouvoir d'interprétation, rien ne s'oppose à ce que le JEX corrige de lui-même une erreur purement matérielle affectant la décision. Il ne pourrait cependant pas être saisi à titre principal de la rectification. La rectification éventuelle ne devrait donc pas figurer dans le dispositif de la décision du JEX.

§ 2
Contestations qui s'élèvent à l'occasion de l'exécution forcée

0214.31 **Le juge de l'exécution statue au jour de la saisie ou au jour de la mesure.** Bien entendu, le JEX doit se placer **au jour de la saisie** pour statuer sur la **validité** de celle-ci. C'est ainsi que dans le contentieux de la réponse du tiers saisi, en matière de saisie-attribution, c'est au jour de la saisie qu'il conviendra de déterminer l'existence et le montant dû par le tiers saisi au débiteur[1]. Ainsi, si une dette était éteinte au jour de la saisie-attribution par l'effet d'une compensation judiciaire, celle-ci doit être levée, peu important que la décision de compensation ait été ultérieurement annulée[2]. Le juge ne peut par exemple procéder à des investigations visant à vérifier l'évolution des comptes du débiteur[3]. Inversement, il ne peut valider une saisie pour une somme supérieure au montant figurant dans le titre, au prétexte, afin de faire les comptes entre les parties, que la dette se serait depuis lors aggravée. C'est une situation à laquelle il faut prêter attention, que l'on peut voir apparaître dans le contentieux des dettes alimentaires[4], ou encore dans celui du recouvrement des loyers ou des charges de copropriété. Le juge pourra cependant prendre en compte un défaut d'information annuel par un établissement de crédit, postérieurement à la délivrance du titre exécutoire rendu à son profit, pour déclarer celui-ci déchu du droit aux intérêts par application de l'article L. 312-22 C. mon. fin.[5] Ce faisant, si le juge prend en compte des faits postérieurs au jugement, c'est pour vérifier les conditions légales de l'exécution de ce jugement.

Pour se prononcer en revanche sur la **mainlevée** seulement de la mesure en raison d'évènement postérieurs à la mesure d'exécution, notamment lorsque la créance a été payée, il doit alors tenir compte d'évènements postérieurs[6] et uniquement postérieurs.

A.
Contestations des actes d'exécution

0214.41 **Contestations portant sur la régularité des actes et de la procédure.** La validité des actes d'exécution représente le quotidien de l'activité du JEX : qualité à intervenir et compétence territoriale des agents d'exécution, notamment des huissiers, devenus commissaires, de justice[7] ou des comptables publics[8], appréciation de la régularité des actes au regard des mentions obligatoires le plus souvent prescrites à peine de nullité, des procès-verbaux et de leurs significations[9], vérification du respect des délais et des conditions de mise en œuvre des saisies, examen des griefs allégués pour les irrégularités de forme affectant les actes. Le JEX est compétent pour connaître de la régularité de la procédure d'exécution lorsqu'est en cause le recouvrement d'un impôt, d'une taxe, d'une redevance ou d'une somme quelconque dont la perception incombe à un comptable public, dès lors que la contestation ne porte pas sur l'existence, le montant ou l'exigibilité de la créance[10]. Ainsi le JEX est compétent pour connaître de l'action dirigée contre un avis à tiers détenteur ayant permis la saisie du revenu minimum d'insertion (RMI)[11], pour statuer sur une demande d'annulation d'un commandement ou vérifier que le contribuable a reçu la lettre de rappel avant engagement des pour-

1. Civ. 2e, 4 oct. 2001, no 99-11.574, NP – Douai, 28 mai 2009, RG no 07/07952, NP.
2. Civ. 2e, 10 janv. 2019, no 17-25.719, P.
3. Civ. 2e, 5 juill. 2000, no 97-21.606, P II, no 110.
4. Civ. 2e, 23 nov. 2006, no 04-19.720, NP.
5. Civ. 2e, 23 juin 2005, no 03-13.768, NP – Cass., ch. mixte, 17 nov. 2006, no 04-12.863, P, no 9 – Civ. 2e, 4 juill. 2007, no 06-11.910, P II, no 188.
6. Pour la PRESCRIPTION DE LA CRÉANCE ULTÉRIEUREMENT AU TITRE : Civ. 2e, 23 nov. 2023, no 22-15.144, NP
7. Civ. 2e, 12 oct. 2006, no 05-10.850, P II, no 272 ; *Procédures* 2007. 22, obs. R. Perrot – Civ. 2e, 14 févr. 2008, no 05-14.494, P II, no 35.
8. T. confl. 23 juin 2003, req. no 03-03.357, P, no 21 – T. confl. 23 févr. 2004, req. no 04-03.336, P, no 6.
9. Le débiteur ne peut cependant contester devant le JEX les conditions dans lesquelles une décision étrangère lui a été signifiée, avant d'être certifiée en tant que titre exécutoire européen en application du règlement (CE) no 805/2004 du 21 avr. 2004, portant création d'un titre exécutoire européen pour les créances incontestées (*JOUE* L. 143) : Civ. 2e, 2 févr. 2012, no 10-28.379, P II, no 36 – Il a été jugé de même pour l'injonction de payer européenne : Civ. 2e, 27 juin 2019, no 18-14.198, P ; *D.* 2019. 1398 ; *Rev. crit. DIP* 2020. 538, note B. Nicod ; *RTD civ.* 2019. 925, obs. Ph. Théry.
10. Cass., avis, 14 mai 2001, no 01-00.002, P, no 3 – Com. 13 mai 1997, no 95-15.683, P IV, no 137 – Com. 12 févr. 2008, no 06-20.976, P IV, no 35 – Com. 21 oct. 2008, no 07-18.934, NP – Com. 3 juin 2008, no 07-13.385, NP.
11. Com. 20 mars 2007, no 06-11.412, P IV, no 96.

suites[1]. Il ne peut en revanche se prononcer sur la prescription de la créance[2] ou l'absence d'envoi d'extrait du rôle[3] (v. s[s] n°s 0214.91 s.).

B. Contestations sur le fond du droit

0214.51 Contestations portant sur le fond du droit. À l'occasion de l'exécution forcée, le JEX peut être saisi de contestations variées, y compris, dit l'article L. 213-6 du COJ, « *lorsqu'elles portent sur le fond du droit* », et ce y compris si le juge compétent en vertu de la matière a été préalablement saisi[4].

1° Contestations portant sur la créance

0214.61 Contestations portant sur l'exigibilité et l'étendue de la créance constatée par le titre. Il résulte de l'article L. 111-2 C. pr. exéc. que l'exécution forcée peut être poursuivie par un créancier muni d'un **titre exécutoire constatant une créance liquide et exigible**. Il faut donc d'abord qu'existe une créance liquide et exigible constatée par le titre[5]. Le JEX peut être appelé à trancher des contestations portant sur l'existence ou l'étendue de la créance ou de l'obligation consacrée par le titre exécutoire.

Pour être **liquide**, selon l'article L. 111-6 C. pr. exéc., la créance doit être évaluée en argent ou le titre contenir tous les éléments permettant son évaluation[6]. Il n'est pas nécessaire que la créance soit chiffrée dans le titre. Elle peut être simplement déterminable et toute difficulté sur ce point relève du JEX dès lors qu'il y a une mesure d'exécution[7]. La Cour de cassation juge régulièrement qu'il appartient au JEX de déterminer le montant de la créance servant de cause à la saisie[8]. Ainsi un arrêt est-il approuvé de dire que le titre qui condamne le débiteur au paiement d'une somme « *avec intérêts* » doit s'entendre comme mettant à sa charge non des intérêts conventionnels mais des intérêts au taux légal[9]. Le JEX doit encore rechercher si des charges sociales dues doivent être calculées à la date du paiement ou du licenciement[10]. Et cela, quelle que soit la complexité des vérifications ou calculs à effectuer[11] (sur ces points, v. égal. s[s] n°s 0214.64, 0214.26 et 0212.121 s.).

C'est encore le JEX qui peut se prononcer sur l'**exigibilité** de la créance. Ainsi en est-il de l'exgibilité d'une créance résultant d'un acte notarié[12] ou l'exigibilité de la créance de l'épouse résultant d'un jugement de divorce irrévoçable fixée à une certaine somme payable en partie par l'abandon en propriété de la part du mari sur des biens immobiliers évalués par un expert[13]. Il doit aussi vérifier si l'exécution des obligations respectives incombant à chacune des parties n'a pas été subordonnée, par une disposition de la décision à exécuter, à celle de l'autre[14]. Relevons qu'il a été jugé que la prescription de la créance n'affectait pas son exigibilité[15]. La Cour de cassation a par ailleurs jugé qu'en **constatant l'acquisition de plein droit d'une clause résolutoire** qui rendait exigible la créance pour le recouvrement de laquelle des saisies-attributions avaient été pratiquées, figurant dans un acte notarié de crédit-bail, le JEX, saisi d'une contestation dirigée contre ces mesures d'exécution, n'avait fait qu'exercer les pouvoirs qu'il tenait de l'article L. 311-12-1 du COJ, alors applicable[16]. Cette jurisprudence n'autorise pas le JEX à constater l'acquisition de la clause résolutoire d'un bail stipulée dans un acte notarié aux fins d'ordonner l'expulsion, une telle mesure ne pouvant être engagée que sur la base d'une décision de justice préalable rendue dans les conditions des articles L. 411-1 s. C. pr. exéc.[17]. Il peut aussi constater cette fois-ci la résolution d'une vente par adjudication pour défaut de paiement du prix[18].

0214.62 Contestations portant sur les sommes restant dues par le débiteur. Le plus souvent, cependant, les contestations de fond porteront sur le **montant des sommes restant dues par le débiteur**. Le juge est tenu de déterminer le montant de la créance

1. Com. 19 déc. 2014, n° 13-24.365, P IV, n° 182.
2. Com. 3 mai 2018, n° 16-29.055, P IV, n° 47.
3. Com. 19 janv. 2010, n° 09-12.370, P IV, n° 11 – Com. 13 janv. 2012, n° 10-27.994.
4. Civ. 2e, 17 mai 2018, n° 16-25.917, P II, n° 101.
5. Ce que n'est pas un jugement ordonnant la délivrance d'un leg de somme d'argent : Civ. 1re, 21 sept. 2022, n° 19-22.693, B.
6. PAR EX. Civ. 2e, 29 sept. 2011, n° 10-25.500, NP – Civ. 2e, 2 févr. 2012, n° 11-10.037, NP – Civ. 2e, 23 juin 2016, n° 15-12.113, P II, n° 173 – Com., 18 déc. 2024, n° 22-16.103, B.
7. Civ. 2e, 9 nov. 2006, n° 05-18.271, NP – Civ. 2e, 4 juill. 2007, n° 06-14.003, NP – Civ. 2e, 19 nov. 2008, n° 07-18.987, P II, n° 253 – Civ. 2e, 2 juill. 2009, n° 08-15.886, NP.
8. PAR EX. Civ. 2e, 21 mars 2002, n° 00-18.657, P II, n° 51 – Civ. 2e, 15 avr. 2021, n° 20-13.953, NP.
9. Civ. 2e, 7 avr. 2016, n° 15-17.398 P, *Gaz. Pal.* 30 août 2016, p. 78, obs. L. Lauvergnat.
10. Civ. 2e, 21 mars 2002, n° 00-18.657, P II, n° 51 – Pour des sommes plafonnées dues en vertu d'une sentence arbitrale : Civ. 2e, 8 juill. 2004, n° 02-20.213, P II, n° 399.
11. POUR UN EX. en droit du travail concernant la détermination du montant de sommes dues au titre de l'intéressement et de la participation d'un salarié : Civ. 2e, 5 mai 2011, n° 10-17.595, NP.
12. Civ. 2e, 2 déc. 2008, n° 07-13.595, NP.
13. Civ. 2e, 26 juin 2008, n° 07-16.238, NP.
14. Civ. 2e, 2 mars 2000, n° 98-10.637, NP – Besançon, 31 janv. 2007, RG n° 06/01937, NP.
15. Civ. 2e, 11 janv. 2018, n° 15-27.941, P II, n° 1.
16. Civ. 2e, 26 nov. 1997, n° 95-18.138, P II, n° 284.
17. Civ. 2e, 9 juill. 1997, n° 94-16.194, P II, n° 227.
18. Civ. 2e, 23 févr. 2017, n° 16-13.178, P II, n° 37.

cause de la saisie[1], si cela lui est demandé[2], et, à cette fin, de faire, s'il y a lieu, le compte entre les parties, sans pouvoir s'y refuser en se fondant sur l'insuffisance des preuves qui lui sont fournies[3]. Et il peut, en saisie immobilière, fixer la créance du poursuivant à un montant supérieur à celui mentionné dans l'acte de saisie[4]. Encourt également la censure l'arrêt qui, pour confirmer la décision d'un JEX annulant un commandement de payer à fin de saisie-vente pour obtenir le remboursement de prestations compensatoires, retient que la vérification de l'imputation des paiements et la connaissance des exceptions opposées à l'occasion de la répétition de l'indu appartiennent au juge du fond[5]. Le débiteur peut ainsi soumettre au juge toutes les exceptions établissant l'extinction totale ou partielle de la créance[6]. Ces exceptions peuvent résulter d'un paiement[7], d'une novation ou aussi d'une compensation légale[8]. Plusieurs arrêts ont été rendus sur ce point, qui retiennent notamment que le JEX, en refusant d'examiner le bien-fondé d'une **exception de compensation**, méconnaît l'étendue de ses pouvoirs[9]. Toutefois, si la compensation a été vainement sollicitée et débattue devant le juge ayant statué sur le fond, le JEX ne peut plus, sauf à modifier le dispositif de la décision servant de fondement aux poursuites, accueillir l'exception[10]. À l'inverse, si le juge du fond a accueilli l'exception de compensation, cette décision s'imposera tout autant au JEX dans les termes et à la hauteur des montants retenus par le juge qui a délivré le titre exécutoire[11].

1. Civ. 2e, 21 mars 2002, no 00-18.657, P II, no 51 – Civ. 2e, 15 avr. 2021, no 20-13.953, NP.
2. Civ. 2e, 1er juill. 2021, no 20-14.126, NP.
3. Civ. 2e, 11 mai 2017, no 16-16.106, P II, no 95, rendu en matière de saisie immobilière au double visa des articles 4 C. civ. et R. 332-18 C. pr. exéc.
4. Civ. 2e, 24 sept. 2015, no 14-20.009, P II, no 221.
5. Civ. 2e, 22 sept. 2016, no 15-17.041, P II, no 214 ; *Gaz. Pal.* 2016. 29, obs. J.-J. Ansault.
6. Civ. 2e, 13 nov. 2014, no 13-25.193, P II, no 231 ; « Chronique de droit de l'exécution », *D.* 2015. 1339, obs. A. Leborgne ; *RD banc. fin.* 2015. Comm. 16, obs. S. Piedelièvre : arrêt relatif au remboursement partiel et à un solde de prêt inscrits pour partie par une banque au compte courant de l'emprunteur.
7. Civ. 2e, 26 févr. 1997, no 95-13.818, NP – Civ. 2e, 10 mars 2004, no 02-17.011, P II, no 116.
8. Civ. 2e, 5 févr. 2009, no 07-21.724, NP.
9. Civ. 2e, 15 nov. 2007, no 06-20.057, P II, no 251 – Civ. 2e, 8 févr. 2007, no 04-18.871, NP – Civ. 2e, 9 juill. 2009, no 08-14.303, NP – Civ. 2e, 21 janv. 2010, no 09-65.011, P II, no 19 – Civ. 2e, 25 févr. 2010, no 09-13.909, NP ; *Procédures* 2010, no 176, note R. Perrot – Civ. 2e, 17 févr. 2011, no 99-21.718, NP – Civ. 2e, 18 févr. 2016, no 14-29.893, NP ; *Procédures* 2016, no 4, Comm. 124 – Civ. 2e, 18 oct. 2018, no 17-17.315, NP – Y compris judiciaire lorsque la créance du débiteur est certaine : Com. 21 févr. 2012, no 11-18.027, P II, no 44.
10. Civ. 2e, 31 janv. 2002, no 00-17.042, NP – Civ. 1re, 16 nov. 2004, no 01-03.102, P I, no 271 – Civ. 2e, 8 déc. 2005, no 04-13.278, NP.

Il peut également se prononcer, en cas de cession de créance, sur une demande de retrait litigieux[12].

La chambre commerciale a ainsi jugé, dans un arrêt remarqué rendu après avis de la deuxième chambre civile, que le JEX, saisi d'une demande de mainlevée d'une mesure d'exécution, n'était pas compétent pour se prononcer sur une action en responsabilité qui ne serait pas fondée sur l'exécution ou l'inexécution dommageables de cette mesure, cette action serait-elle présentée au soutien d'une exception de compensation[13].

Ensuite, dans l'hypothèse, fréquente, où, notamment en matière de saisie immobilière, le débiteur poursuivi par une banque invoque une faute du créancier, par exemple un manquement à son devoir de conseil et de mise en garde et demande au JEX de fixer la créance de l'emprunteur, de constater la compensation des créances réciproques et d'en tirer les conséquences sur le maintien ou non de la mesure pratiquée, ce juge peut-il se prononcer sur la responsabilité de la banque et fixer une créance ? La deuxième chambre civile ne l'a pas admis[14]. De manière générale, le JEX ne peut pas fixer une créance, comme le montant d'une indemnité d'occupation due, pour ensuite ordonner la compensation[15].Quelle serait la position de la Cour de cassation si le débiteur se bornait à opposer à la banque un moyen de défense tiré de l'exception de compensation ? La jurisprudence ne tire généralement pas de conséquence du choix procédural du défendeur suivant qu'il présente devant le juge du fond une demande reconventionnelle et la compensation des créances réciproques ou qu'il oppose seulement un moyen de défense[16].

Le JEX peut enfin être appelé à se prononcer sur la prescription éventuelle de la créance ou du titre[17], sur la prescription quinquennale des intérêts d'un prêt notarié[18], sur une demande de déchéance des inté-

11. Pour une illustration en droit du travail, Civ. 2e, 27 sept. 2012, no 11-21.926, P II, no 158 ; *Procédures* nov. 2012, no 328, note A. Bugada.
12. Civ. 2e, 9 juin 2022, no 21-12.941, P.
13. Com. 22 mars 2017, no 15-15.742, P IV, no 45 ; *JCP* 2017. 411, note S. Dorol – J.-J. Ansault, *Gaz. Pal.*, no 23, 20 juin 2017, p. 20 – L. Lauvergnat, *Dr. et proc.* mai 2017, p. 88.
14. Civ. 2e, 25 sept. 2014, no 13-20.561, P II, no 195 ; *LPA* 18 déc. 2014, p. 8, obs. F. Vinckel ; « Chronique de jurisprudence », *D.* 2015. 517, H. Adida-Canac, Vasseur et de Leiris ; *RTD civ.* 2015. 192, obs. crit. P. Théry – Civ. 2e, 22 juin 2017, no 15-24.385, NP – Civ. 2e, 19 nov. 2020, no 19-20.700, P – Civ. 2e, 19 mai 2022, no 20-22.111, NP.
15. Civ. 2e, 3 oct. 2024, no 21-24.852, B.
16. Cass., ch. mixte, 21 févr. 2003, no 99-18.759, P, no 3.
17. Versailles, 8 févr. 2007, RG no 06/01613, NP – Civ. 2e, 21 mars 2002, no 00-16.866, P II, no 50 – Civ. 1re, 19 juin 2008, no 07-14.925, NP.
18. Civ. 2e, 9 sept. 2010, no 09-16.538, P II, no 149 ; *Procédures* 2010, no 373, note R. Perrot ; *Dr. et proc.* 2010. 325, obs. P. Hoonakker.

rêts[1], sur le caractère disproportionné de l'engagement de caution si, en matière de mesure conservatoire, cela est de nature à remettre en question l'existence d'une créance paraissant fondée en son principe[2], sur l'existence d'une solidarité entre codébiteurs après divorce[3], ou sur une demande de modération de la clause pénale[4]. Pour faire le compte entre les parties, mais uniquement à cette fin, il est encore compétent pour trancher une contestation portant sur une répétition de l'indu[5], dès lors que cette demande est formulée à l'occasion de l'exécution forcée[6].

0214.63 Possibilité de modérer une clause pénale. Lorsqu'un acte notarié renferme une clause pénale, le débiteur peut être tenté de demander au JEX de la modérer, sur le fondement de l'ancien article 1152 C. civ. (devenu C. civ., art. 1231-5). Considérant que le JEX n'était pas le juge de l'obligation, la Cour de cassation lui refusait le pouvoir de modifier la peine, qu'il s'agisse d'ailleurs de la réduire ou de l'augmenter[7]. La deuxième chambre civile a révisé sa jurisprudence sur ce point et, tirant les conséquences du revirement jurisprudentiel du 18 juin 2009 décidant que le JEX pouvait désormais se prononcer sur la nullité d'un engagement résultant d'un acte notarié, invoquée pour absence prétendue de l'une des conditions requises par la loi pour la validité de sa formation (v. s[s] n° 0214.24), admet à présent que le JEX est compétent pour statuer sur la demande de modération de la clause pénale, contenue dans un acte notarié fondant les poursuites[8]. En revanche, il demeure évidemment impossible pour le JEX de fixer une clause pénale[9].

0214.64 Contestations portant sur les accessoires de la créance. Les accessoires de la créance donnent aussi lieu à de nombreuses contestations, ce d'autant que, comme nous le verrons, le JEX ne peut pas modifier le titre judiciaire fondant les poursuites (v. s[s] n° 0214.82). Il faut donc que l'accessoire en question résulte nécessairement du titre par l'effet de la loi notamment. En particulier, la Cour de cassation considère que, même en l'absence d'une disposition spéciale en ce sens du jugement servant de fondement aux poursuites, la condamnation emporte droit aux intérêts moratoires, dans les conditions prévues par les articles 1153 et 1153-1 C. civ., dans leur rédaction alors applicable[10]. Il entre aussi dans ses compétences de statuer sur la déchéance des intérêts en application de l'article L. 341-6 C. consom[11] (v. s[s] n° 0214.73). De sorte que le JEX peut préciser qu'en vertu de ces textes, le montant d'une condamnation a produit de plein droit des intérêts, sauf si la contestation n'est pas apparue à l'occasion d'une mesure d'exécution forcée, par exemple lors des comptes de liquidation et partage d'une communauté[12]. En revanche, le JEX ne peut ordonner la capitalisation des intérêts, alors que le titre dont l'exécution est poursuivie ne l'a pas prévue[13]. La Cour de cassation a encore décidé que le JEX pouvait retenir que la TVA était due sur le montant de la condamnation prononcée, bien que le jugement servant de fondement aux poursuites ne comportât aucune précision sur ce point[14], qu'il pouvait connaître d'une contestation portant sur l'assujettissement à la CSG et à la CRDS d'une somme allouée, qui constitue bien une difficulté d'exécution[15], ou encore du point de savoir si des sommes allouées par une juridiction prud'homale devaient être considérées comme des sommes brutes ou nettes[16] ou si un conseil de prud'hommes avait ou non mis à la charge de l'employeur le montant de l'impôt sur le revenu afférent à une indemnité contractuelle de licenciement[17]. On signalera encore un arrêt de la deuxième chambre civile qui a cassé un arrêt ayant retenu qu'il n'entrait pas dans les pouvoirs du JEX d'ordonner à une société employeur de délivrer des bulletins de salaire, alors qu'il se trouvait saisi d'une difficulté d'exécution et qu'il résultait nécessairement du titre ayant ordonné le paiement de salaires que les bulletins de paie devaient être délivrés[18].

1. Civ. 2e, 4 juill. 2007, n° 06-11.910, P II, n° 188 – Civ. 2e, 19 nov. 2009, n° 09-10.806, NP – Civ. 2e, 17 mai 2018, n° 16-25.917, P II, n° 101.
2. Civ. 2e, 14 janv. 2021, n° 19-18.844, P.
3. Civ. 2e, 17 juin 1999, n° 97-17.580, NP.
4. Civ. 2e, 5 juin 2014, n° 13-16.053, P II, n° 127 – Civ. 2e, 3 sept. 2015, n° 14-20.431, P II, n° 192.
5. Civ. 2e, 19 déc. 2002, n° 00-20.774, P, préc. (v. s[s] n° 0214.23) – Soc. 21 déc. 2006, n° 04-16.530, NP – V. AUSSI, pour une position plus nuancée, Civ. 2e, 8 févr. 2007, n° 06-10.895, NP.
6. Civ. 2e, 11 déc. 2008, n° 07-19.411, P II, n° 264 [rect. par un arrêt du 30 avr. 2009, n° 07-19.411], NP ; *D.* 2009. 1168, obs. A. Leborgne.
7. Civ. 1re, 4 avr. 2006, n° 01-10.980, NP – Civ. 2e, 20 déc. 2007, n° 06-21.959, NP.
8. Civ. 2e, 5 juin 2014, n° 13-16.053, P (préc. v. s[s] n° 0214.62) – H. Adida-Canac, T. Vasseur et E. De Leiris, « Chronique de jurisprudence », *D.* 2014. 1722, H. Adida-Canac, T. Vasseur et E. de Leiris – Civ. 2e, 3 sept. 2015, n° 14-20.431, P II, n° 192.
9. Civ. 2e, 20 déc. 2007, n° 06-21.959, NP.
10. Civ. 2e, 6 mai 1999, n° 96-20.827, P II, n° 80 – Civ. 2e, 17 juin 1999, n° 97-15.151, P II, n° 121 – Civ. 2e, 20 déc. 2001, n° 00-14.054, NP – Civ. 2e, 30 avr. 2003, n° 01-14.968, NP – Civ. 2e, 23 sept. 2004, n° 02-20.943, P II, n° 416.
11. Civ. 2e, 4 juill. 2007, n° 06-11.910, PII, n° 188 – Civ. 2e, 19 mars 2009, n° 08-12.943, NP.
12. Civ. 1re, 9 janv. 2008, n° 06-21.057, NP.
13. Civ. 2e, 31 janv. 2002, n° 00-12.405, NP – Civ. 2e, 5 févr. 2009, n° 08-10.636.
14. Civ. 2e, 9 nov. 2006, n° 05-12.860, P II, n° 314 ; *Dr. et proc.* 2007. 89, obs. C. Lefort.
15. Civ. 2e, 7 juin 2006, n° 04-10.326, P II, n° 150.
16. Civ. 2e, 7 juin 2006, n° 04-18.445, NP – Civ. 2e, 10 janv. 2013, n° 11-26.779, NP.
17. Civ. 2e, 22 mai 2008, n° 07-10.549, P II, n° 119.
18. Civ. 2e, 1er oct. 2009, n° 08-18.478, P II, n° 231 ; *Dr. et proc.* 2010. 29, obs. A. Leborgne.

En revanche, le JEX n'a pas le pouvoir de trancher les contestations portant sur les **dépens de l'instance**[1], qui relèvent de la compétence exclusive du juge de la taxe, ou sur les honoraires des avocats, qui relèvent du bâtonnier et du premier président. Naturellement, le JEX reste juge des difficultés nées de l'exécution des titres délivrés à l'issue de ces procédures. Il est en revanche compétent pour trancher les contestations portant sur les frais de l'exécution (v. s[s] n° 0212.122).

2°
Autres contestations de fond

0214.71 a) Contestations portant sur les biens saisis. La contestation peut en premier lieu porter sur les **biens saisis.** À cet égard, le JEX est juge de la propriété des biens, en particulier s'il est saisi d'action en distraction[2]. Il est aussi juge de la saisissabilité des biens (C. pr. exéc., art. L. 112-2, L. 112-3, R. 112-4, R. 162-9, al. 2 et 3, et R. 221-53)[3], ou encore de la disponibilité des biens, tenant à l'existence d'un gage ou d'une autre sûreté grevant les biens saisis. Mais il ne peut, sans excéder ses pouvoirs, ordonner la vente forcée de la pleine propriété de biens meubles et immeubles grevés d'un usufruit contre la volonté du nu-propriétaire[4]. De la même façon, lorsqu'il était appelé à statuer sur le sort des meubles après une mesure d'expulsion, le JEX n'a pas à se prononcer sur la propriété des meubles[5].

0214.72 b) Contestations portant sur des immunités d'exécution. Les difficultés d'exécution peuvent ensuite porter sur des **immunités d'exécution,** tenant à la personne du débiteur[6] ou au principe de territorialité des voies d'exécution[7].

0214.73 c) Contestations portant sur les droits invoqués par une personne expulsée. Le JEX modifie-t-il le dispositif de la décision servant de fondement à une procédure d'expulsion en se prononçant sur l'existence d'un droit d'occupation invoqué par la personne expulsée ? Un arrêt mérite à cet égard d'être signalé, qui a retenu que c'était sans modifier le dispositif du titre qu'une cour d'appel, saisie de l'appel d'un jugement d'un JEX compétent pour trancher la contestation qui lui était soumise à l'occasion de la mise en œuvre de ladite procédure, même si elle portait sur le fond du droit et à qui il incombait de se prononcer sur l'existence éventuelle au profit de l'occupant des lieux d'un droit réel l'autorisant à se maintenir dans ceux-ci, a débouté ce dernier de ses demandes faute d'être titulaire d'un tel droit[8]. Il peut aussi se prononcer sur la résolution d'une vente par adjudication pour défaut de consignation du prix[9].

SECTION 2
LIMITES AUX POUVOIRS RECONNUS AU JUGE DE L'EXÉCUTION

§ 1
Limitations générales

0214.81 Limitations à la possibilité de délivrer un titre exécutoire. Le JEX ne peut en principe délivrer de titre exécutoire. En effet, la jurisprudence ne reconnaît pas au JEX, qui n'est tenu de statuer au fond que sur la validité et les difficultés d'exécution des titres exécutoires qui sont directement en relation avec la mesure d'exécution contestée, le pouvoir de se prononcer sur une demande en paiement, laquelle relève du seul juge du fond. Une demande de remboursement formée à l'audience d'orientation en matière de saisie immobilière doit par conséquent être déclarée irrecevable[10]. Par ailleurs, il ne peut pas condamner une banque à des dommages et intérêts ou fixer une créance puis compenser ensuite la créance poursuivie et celle qu'il a fixée dès lors que la demande de condamnation ou fixation n'a pas d'effet direct sur la mesure d'exécution (v. s[s] n° 0214.62).

1. Civ. 2e, 14 déc. 1992, n° 91-16.515, P II, n° 317 – Civ. 2e, 18 janv. 2001, n° 99-15.008, NP.
2. Civ. 3e, 24 juin 2009, n° 08-14.357, P III, n° 154.
3. Civ. 2e, 2 déc. 2004, n° 02-21.381, P II, n° 512 – Pour la contestation relative à la saisissabilité des rémunérations du travail ayant donné lieu à un avis à tiers détenteur, v. *Dr. et proc.* juill.-août 2005, obs. P. Hoonakker et Civ. 2e, 15 janv. 2009, n° 08-11.446, NP – Civ. 2e, 12 mai 2016, n° 15-15.158, P II, n° 128 – Sur la notion de souvenir à caractère personnel à propos de biens légués, v. C. Trenet et L. Raschel, *Procédures* 2016. Comm. 228.
4. Civ. 3e, 18 nov. 2009, n° 08-19.875, P III, n° 255.
5. Civ. 2e, 5 mars 2009, n° 07-20.677, P II, n° 67.
6. PAR EX. Civ. 1re, 28 oct. 2003, n° 01-16.927, P I, n° 212 – Civ. 1re, 28 sept. 2011, n° 09-72.057, P I, n° 153 – Civ. 1re, 5 mars 2014, n° 12-22.406, P I, n° 28. (**Renvoi au chapitre sur les immunités**).
7. TGI Paris, JEX, 20 avr. 1999, *Gaz. Pal.* mars-avr. 2000, chron. T. Moussa, « Procédures civiles d'exécution » – Civ. 2e, 21 janv. 2016, n° 15-10.193, P II, n° 20 : impossibilité pour le juge français d'autoriser une mesure conservatoire à exécuter en Espagne ; « Chronique de jurisprudence de la Cour de cassation », *D.* 2016, n° 13, H. Adida-Canac, G. Vasseur et E. de Leiris ; *JCP N* 2016. Actu. 244 ; *Gaz. Pal.* 21 juin 2016, p. 37, obs. C. Brenner ; *RTD civ.* 2016. 444, obs. Ph. Théry – V. AUSSI Civ. 2e, 10 déc. 2020, n°s 19-10.801 et 18-17.937, P ; *D.* 2021. 217, note L. d'Avout ; *ibid.* 1353, obs. A. Leborgne ; *Rev. prat. rec.* 2021. 11, chron. C. Simon ; *RTD civ.* 2021. 195, obs. Ph. Théry.
8. Civ. 2e, 24 sept. 2015, n° 13-27.364, P II, n° 213.
9. Civ. 2e, 23 févr. 2017, n° 16-13.178, P II, n° 37.
10. Civ. 2e, 3 déc. 2015, n° 13-28.177, P II, n° 265 ; *Gaz. Pal.* 21 juin 2016, p. 38, note C. Brenner.

Mais la loi lui confère la possibilité de délivrer certains titres portant sur le fond du droit, notamment à l'encontre des tiers. On peut ici penser à la condamnation du tiers saisi au paiement des causes de la saisie ou à des dommages-intérêts, dans les conditions prévues par l'article R. 211-5 C. pr. exéc. ou encore à la délivrance d'un titre contre le tiers saisi en application de l'article R. 211-9 C. pr. exéc., cette procédure s'appliquant d'ailleurs à l'avis à tiers détenteur[1]. Il délivrera également un titre exécutoire lorsqu'il statuera en application de l'article L. 213-6 alinéa 4 du COJ (v. s[s] n°s 0212.91 s.).

0214.82 **Interdiction de modifier le titre.** Le deuxième alinéa de l'article R. 121-1 C. pr. exéc. interdit au juge de modifier le dispositif[2] de la décision de justice qui sert de fondement aux poursuites. Le texte décline, en matière d'exécution, l'interdiction générale faite aux juges de méconnaître l'autorité de la chose jugée. Il arrive d'ailleurs à la Cour de cassation de viser aussi bien dans ses arrêts l'ancien article 1351 C. civ. (devenu C. civ., art. 1355) et l'article 480 C. pr. civ.

Le législateur a cependant entendu souligner avec force que le JEX n'était pas une juridiction de recours. Il ne peut ni retrancher ni ajouter au jugement. De très nombreux arrêts rappellent la prohibition. Ainsi une mesure d'expulsion n'emporte-t-elle pas par elle-même obligation des locataires de démolir les constructions qu'ils avaient édifiées[3]. De la même façon, excède ses pouvoirs le JEX qui condamne une bailleresse à payer des dommages-intérêts à des locataires évincés au motif que les locaux ayant fait l'objet d'une relocation, l'obligation en nature de réintégration, ordonnée en justice, ne pouvait être exécutée[4]. Le JEX ne peut pas non plus ordonner la capitalisation des intérêts, alors que le titre dont l'exécution est poursuivie ne l'aurait pas prévu[5]. La jurisprudence a encore considéré que le JEX avait modifié le titre en mettant à la charge d'une partie des frais de gardiennage d'un véhicule alors que la décision servant de fondement aux poursuites n'avait pas statué sur ces frais[6], ou encore lorsqu'il a prononcé une condamnation au paiement de salaires[7] ou également déduit d'un arrêt qui ne l'avait pas décidé une indemnisation au titre non de la maladie simple mais de la maladie professionnelle[8]. Le JEX ne peut pas non plus lever une mesure d'exécution au motif qu'une pension alimentaire aurait été supprimée pour l'avenir par un jugement postérieur alors que la période d'impayés pour laquelle la saisie a été pratiquée demeurait donc due[9], ou tenir compte de sommes versées antérieurement à la décision mise à exécution[10].

Il ne peut ainsi remettre en cause le titre judiciaire, même erroné, car l'autorité de la chose jugée s'attache même à une décision erronée[11].

0214.83 **Interdiction d'annuler le titre.** Saisi d'une contestation formée à l'encontre d'un commandement, le JEX n'a pas le pouvoir, sous le couvert de vérifier que le débiteur a bien fait l'objet d'une condamnation personnelle, de prononcer l'annulation d'une décision de justice[12]. En revanche, il peut statuer sur la validité d'un accord transactionnel même homologué par le juge[13].

0214.84 **Interdiction de statuer sur la recevabilité du recours dirigé contre le titre.** On signalera à cet égard un arrêt important qui, pour casser un arrêt ayant donné effet à des saisies-attributions, a jugé qu'il n'appartenait pas au JEX, saisi d'une demande de mainlevée d'une mesure d'exécution forcée pratiquée en vertu d'un jugement frappé d'un recours suspensif, de se prononcer sur la recevabilité de ce recours[14]. Étant rappelé notamment que si une saisie-attribution est effectuée sur le fondement d'une ordonnance d'injonction de payer et qu'il est formé opposition après celle-ci, le JEX ne pourra que surseoir à statuer en attendant la décision du tribunal saisi de l'opposition qui seule permettra de savoir si la mesure doit être levée ou non[15].

0214.85 **Interdiction de suspendre les poursuites.** Le deuxième alinéa de l'article R. 121-1 C. pr. exéc. fait encore interdiction au JEX de suspendre l'exécution de la décision servant de fondement aux poursuites, si ce n'est pour accorder un délai de grâce. La prohibition procède de cette même idée que le juge ne peut altérer le titre exécutoire ou en paralyser les effets. La décision de justice doit pouvoir être exécutée aussi longtemps qu'elle n'a pas été anéantie et le juge ne peut en suspendre l'exécution, fût-elle frappée de tierce opposition[16].

1. Cass., avis, 7 mars 1997, n° 09-60.015, P, n° 3 – Cass., avis, 9 févr. 1998, n° 09-70.013, P, n° 2.
2. Civ. 1re, 13 mars 2008, n° 07-11.582, NP – Civ. 2e, 22 mars 2012, n° 11-13.184, NP – Civ. 2e, 12 avr. 2012, n° 10-28.238, NP.
3. Civ. 2e, 11 mars 1999, n° 96-16.966, NP.
4. Civ. 3e, 23 mars 2005, n° 03-19.071, P III, n° 72.
5. Civ. 2e, 31 janv. 2002, n° 00-12.405, préc., v. s[s] n° 0214.64 – Civ. 2e, 5 févr. 2009, n° 08-10.636, NP.
6. Civ. 2e, 13 sept. 2007, n° 06-13.672, P II, n° 219.
7. Civ. 2e, 1er oct. 2009, n° 08-18.478, P II, n° 213 – v. AUSSI, en matière de procédure collective : Civ. 2e, 8 sept. 2011, n° 10-24.511, NP.
8. Civ. 2e, 12 avr. 2012, n° 10-28.238, NP.
9. Civ. 2e, 26 oct. 2023, n° 22-17.095, NP.
10. Civ. 2e, 2 mai 2024, n° 21-25.078, NP.
11. Civ. 2e, 3 avr. 2003, n° 01-12.564, P II, n° 93 – Civ. 2e, 27 sept. 2017, n° 16-20.897, NP.
12. Civ. 2e, 25 mars 1998, n° 95-16.913, P II, n° 107.
13. Civ. 2e, 28 sept. 2017, n° 16-19.184, P II, n° 190.
14. Civ. 2e, 3 juin 1998, n° 95-12.887, P II, n° 174.
15. Cass., avis, 8 mars 1996, n° 09-60.001, P, n° 4.
16. Civ. 2e, 27 juin 2002, n° 00-19.202, P II, n° 148.

Le juge ne peut pas non plus aménager l'exécution de la décision, en accueillant la demande d'un débiteur tendant à être autorisé à consigner entre les mains d'un séquestre les sommes dues dans l'attente de l'issue d'un pourvoi formé contre l'arrêt[1]. Par exception, en matière de saisie-vente, le JEX peut, en application de l'article R. 221-56 C. pr. exéc., suspendre les opérations de saisie jusqu'à ce qu'il statue sur la demande en nullité de la vente mais il ne le peut que jusqu'à cette date[2]. Et comme indiqué ci-dessus (v. s[s] n° 0214.84), il surseoira à statuer en cas d'opposition à injonction de payer sur le fondement de laquelle a été pratiquée une saisie-attribution.

0214.86 **Exclusion du sursis de la procédure d'inscription de faux.** La Cour de cassation considère que l'article 312 C. pr. civ., qui concerne l'inscription de faux contre les actes authentiques soulevée incidemment devant le TGI ou la cour d'appel, n'est pas applicable devant le JEX. Ce dernier ne peut donc accueillir une demande de sursis aux poursuites jusqu'à ce qu'il soit statué sur le faux par la juridiction répressive[3]. En revanche, aucune disposition n'exclut la compétence du JEX pour statuer sur une inscription de faux formée incidemment sur le fondement de l'article 286 C. pr. civ.[4].

0214.87 **Exclusion de l'article 4 du Code de procédure pénale.** Animée par le même souci de célérité, la jurisprudence retient de façon constante que le sursis légal de l'article 4 du Code de procédure pénale, qui ne concerne que l'action civile et non la poursuite d'une voie d'exécution sur le fondement d'un titre exécutoire, est sans application devant le JEX[5].

§ 2 Exclusion des contestations qui relèvent de la compétence d'autres juridictions

A. Exclusion des contestations qui échappent à la compétence des juridictions de l'ordre judiciaire

0214.91 **Compétence du juge de l'exécution : contestation de la régularité formelle des poursuites.** Les compétences du JEX trouvent leur limite dans celles qui ne relèvent pas du juge judiciaire. Sont ici essentiellement concernées, en raison du principe de séparation des autorités administratives et judiciaires, les matières dont la compétence est attribuée à la **juridiction administrative.** Les textes relatifs aux créances publiques distinguent les **contestations relatives à la régularité formelle des poursuites** et celles qui portent sur l'obligation de payer, le montant de la dette ou son exigibilité, les premières relevant du JEX, les secondes du juge de la créance[6]. C'est le cas de l'article L. 281 du LPF pour les créances fiscales[7] ; de l'article L. 1617-5 du Code général des collectivités territoriales pour les créances des collectivités autres que l'État[8] ; de l'article 119 du décret n° 2012-1246 du 7 novembre 2012[9] pour les créances ordinaires de l'État, de l'article 9 du décret n° 64-1333 du 22 décembre 1964 pour les amendes et condamnations pécuniaires au profit de l'État ou des articles L. 2321-3, R. 2323-1 à R. 2323-3 et R. 2331-7 à R. 2331-11 du CGPPP (v. s[s] n° 0214.41).

0214.92 **Incompétence du juge de l'exécution : exemples.** Le JEX doit surseoir à statuer en cas de contestation portée devant la juridiction administrative relative à la reconnaissance ou non d'une créance[10]. La Cour de cassation a rappelé que la compétence du JEX était limitée aux contestations concernant la validité en la forme des actes de poursuite, s'agissant notamment d'une créance d'une collectivité publique[11] ou d'un titre émis par une association foncière à l'occasion d'une procédure d'aménagement foncier[12]. Elle a aussi jugé, pour approuver une cour d'appel qui avait dit le JEX incompétent, en matière d'impôts directs, que la contestation par laquelle le redevable faisait valoir que le comptable ne justifiait pas de l'envoi de l'extrait

1. Civ. 2e, 16 oct. 2003, n° 01-02.245, P II, n° 308 ; *Dr. et proc.* 2004. 54.
2. Civ. 2e, 20 nov. 2003, n° 01-17.579, P II, n° 352.
3. Civ. 2e, 18 févr. 1999, n° 96-21.045, P II, n° 35.
4. Versailles, 5 juin 2008, RG n° 08/01820, NP.
5. Civ. 2e, 3 juin 1999, n° 97-19.448, NP – Com. 3 oct. 2006, n° 04-14.611, P IV, n° 203 – Civ. 2e, 23 nov. 2006, n° 06-11.200, NP.
6. Com. 26 mai 2009, n° 08-16.286, P IV, n° 70.
7. Pour un exemple de contestation d'actes de poursuite au motif qu'ils n'ont pas été précédés de la lettre de rappel de l'article L. 255 du LPF (compétence judiciaire) : T. confl. 13 déc. 2004, n° 04-03.421, P, n° 28 – Pour des exemples d'incompétence territoriale du comptable public : T. confl. 23 juin 2003, n° 03-03.357, P, n° 21 – T. confl. 23 févr. 2004, n° 04-03.336, P, n° 6 – Com. 15 déc. 2009, n° 08-21.823, NP – Com. 1er juin 2010, n° 09-17.085, NP, pour une signature illisible et absence d'indication des nom, prénom et qualité de l'auteur d'un commandement émanant d'un trésorier – T. confl. 4 juill. 2011, n° 11-03.803, P, n° 21 : pour une action en répétition de l'indu qui s'analyse en une contestation portant sur l'exigibilité de la créance fiscale acquittée.
8. Mais compétence du juge judiciaire pour connaître des litiges relatifs au paiement de la redevance d'enlèvement des ordures ménagères : Com. 4 févr. 2014, n° 13-12.596, NP.
9. Décr. n° 2012-1246, 7 nov. 2012, relatif à la gestion budgétaire et comptable publique, *JO* 10 nov., p. 17713.
10. Civ. 2e, 14 oct. 1999, n° 97-19.189, P II, n° 156.
11. Civ. 2e, 8 mars 2001, n° 98-23.442, NP – Civ. 2e, 12 juin 2003, n° 01-11.421, NP.
12. Civ. 2e, 8 nov. 2001, n° 00-17.064, NP.

du rôle avait trait, non à la régularité en la forme de l'acte de poursuite, mais à l'exigibilité de l'impôt[1]. À l'opposé, la contestation des conditions posées par le service des impôts à la mainlevée d'une hypothèque légale prise en vue de garantir le recouvrement de créances fiscales porte sur la régularité en la forme de l'acte de poursuite, de sorte que le JEX est seul compétent pour en connaître[2]. La matière de l'avis à tiers détenteur fournit aussi de nombreux exemples de contrôle, par le JEX, de la régularité formelle des poursuites[3]. Dans la droite ligne de sa jurisprudence, la Cour de cassation considère que le JEX ne peut statuer sur la contestation de la régularité de prélèvements effectués par le fonds de garantie, subrogé aux droits de la victime d'infraction, sur la pension de retraite versée sur le compte d'un détenu, qui a pour objet des opérations comptables effectuées par un agent de l'administration pénitentiaire en application de l'article 728-1 C. pr. pén. et qui échappe à la compétence des juridictions judiciaires[4]. Le JEX n'est pas non plus compétent pour apprécier quant au fond la validité d'un titre émis pour le recouvrement de loyers dus pour l'occupation du logement de fonction d'un sapeur-pompier dans une caserne[5] ou d'un titre émis par un hôpital[6]. On notera enfin que, même si l'examen sur le fond de la contestation d'un titre émis par une autorité administrative relève de la compétence du juge judiciaire, le JEX, qui ne peut remettre en cause ce titre, ne peut pas se prononcer sur sa régularité au lieu et place du juge compétent. Ainsi, il ne peut se prononcer sur l'applicabilité au département de La Réunion du régime d'assurance-vieillesse, qui ressortit à la procédure d'opposition à exécutoire apposé sur le rôle des cotisations[7] ou sur une contestation relative à une contrainte d'une caisse de mutualité sociale agricole, en l'absence de saisine du tribunal des affaires de sécurité sociale[8].

0214.93 Question préjudicielle. Pour celles des contestations soulevant une difficulté sérieuse et relevant de la compétence du juge administratif, dès lors que celle-ci a une incidence sur le sort de la mesure d'exécution, il appartient au JEX de transmettre une question préjudicielle à la juridiction administrative compétente, en application de l'article 49 alinéa 2 C. pr. civ.[9].

B. Exclusion des contestations qui relèvent de la juridiction pénale

0214.101 Compétence du juge de l'exécution limitée à l'action et aux intérêts civils. Le JEX est d'abord un juge civil. À ce titre, il est le juge des contestations qui s'élèvent à l'occasion de l'exécution forcée des titres rendus en matière civile. Selon l'article 710 C. pr. pén., les incidents contentieux relatifs à l'exécution d'une décision pénale doivent être portés devant la juridiction qui a prononcé la sentence. Le texte ne vise que l'exécution de la décision statuant sur l'action publique et le JEX demeure compétent pour trancher les **difficultés et contestations nées de l'exécution de la décision statuant sur l'action et les intérêts civils.** Faisant application de l'article 710, la Cour de cassation a jugé que le contentieux du recouvrement de l'astreinte prononcée par une juridiction pénale, assortissant notamment une obligation de démolition, relevait de la compétence de cette juridiction[10] et ce même à l'égard d'une partie qui ne figurait pas à l'instance pénale[11]. Il a été jugé de la même façon plus récemment que la demande d'une commune tendant à la liquidation d'une astreinte assortissant la condamnation d'un prévenu pour infraction aux règles de l'urbanisme et lui ordonnant à titre civil la démolition des ouvrages édifiés irrégulièrement, qui trouve son fondement dans la condamnation, pénale et civile, prononcée par la juridiction répressive, échappait à la compétence du JEX[12].

1. Civ. 2e, 13 janv. 2012, nos 10-27.994 et 10-27.995, NP – Même solution pour l'absence de notification d'un titre de recette émis par l'Assistance publique-Hôpitaux de Paris : Civ. 2e, 11 avr. 2013, no 11-19.513, NP.
2. Civ. 2e, 13 mai 2015, no 14-16.640, P II, no 111 ; *Procédures*, no 7, juill. 2015. Comm. 219, note C. Laporte.
3. Selon la Cour de cassation, aucune disposition ne prévoit cependant l'application à l'avis à tiers détenteur des règles applicables à la saisie-attribution, à l'exception des articles 43 de la loi du 9juillet 1991 (devenu C. pr. exéc., art. L. 211-2) et 64 du décret du 31 juill. 1992 (devenu C. pr. exéc., art. R. 211-9) : Cass., ch. mixte, 26 janv. 2007, no 04-10.422, P, no 1 – Com. 12 févr. 2008, no 06-20.976, P IV, no 35, compétence administrative pour l'absence d'envoi préalable des avis d'imposition – DANS LE MÊME SENS, Com. 9 mars 2010, no 09-13.392, NP – Com. 19 janv. 2010, no 09-12.370, P IV, no 11 – Com. 28 sept. 2010, no 09-68.215, NP.
4. Civ. 2e, 13 déc. 2001, no 00-14.392, P II, no 194.
5. Colmar, 10 mars 2008, RG no 04/04537, NP – Chambéry, 5 mai 2009, RG no 08/00714, NP, pour le recouvrement de travaux de mise en conformité d'un parking sur la base d'un arrêté de péril imminent.
6. Civ. 1re, 24 avr. 2013, no 12-14.374, NP.
7. Civ. 2e, 19 oct. 2000, no 98-22.651, NP.
8. Civ. 2e, 24 mai 2007, no 06-13.561, NP.
9. Civ. 2e, 13 sept. 2022, no 21-15.211, NP – Civ. 2e, 13 juin 2024, no 22-14.415, B – Civ. 2e, 4 juill. 2024, no 21-25.163, NP – Civ. 2e, 16 janv. 2025, no 22-15.627, B : question de la prescription de l'action en recouvrement des impôts directs.
10. Civ. 2e, 12 mars 1997, no 95-11.807, P II, no 71 – Civ. 2e, 5 avr. 2001, no 99-17.193 – Civ. 2e, 10 juill. 2003, no 01-03.770, P II, no 240 – Civ. 2e, 27 mai 2004, no 02-20.644, NP.
11. Civ. 2e, 27 mai 2004, no 02-20.215, P II, no 244.
12. Crim. 24 mars 2015, no 14-84.300, P, no 64.

D'autre part, seul le ministère public apprécie, sous le contrôle du tribunal de police, la recevabilité d'une réclamation formée par un contrevenant en matière d'**amende forfaitaire majorée** et par là même, la validité du titre exécutoire servant de base aux poursuites, à l'exclusion du comptable public chargé du recouvrement des amendes, de sorte qu'un JEX ne peut accueillir une demande tendant à voir prononcer la suspension des poursuites[1]. Le JEX ne peut pas, à défaut de contestation de la régularité formelle des actes de poursuite, apprécier la validité des titres exécutoires relatifs au recouvrement d'amendes forfaitaires majorées[2] ou connaître de contestations portant sur l'existence ou l'exigibilité de la créance, notamment de celles relatives à la prescription de l'action en recouvrement[3]. Jugé également qu'en application combinée des articles 530-2 C. pr. pén. et 9 du décret du 22 décembre 1964[4], le JEX ne connaît que de la régularité en la forme de l'acte de poursuite et ne peut apprécier le respect de l'obligation faite au comptable public par l'article R. 49-6 du même code d'envoyer au contrevenant un avis l'invitant à s'acquitter du montant de l'amende forfaitaire majorée[5].

Il a été encore jugé que la **mise en fourrière d'un véhicule** avait le caractère d'une opération de police judiciaire qui ne procède pas d'une voie d'exécution forcée et qui ne relève donc pas de la compétence du JEX[6].

1. Civ. 2e, 18 oct. 2001, no 00-16.597, P II, no 155.
2. Civ. 2e, 13 juill. 2005, no 03-11.038, NP.
3. Com. 17 janv. 2012, no 11-10.102, P IV, no 6.
4. Décr. no 64-1333, 22 déc. 1964, relatif au recouvrement des amendes et condamnations pécuniaires par les comptables de la direction générale des finances publiques, *JO* 29 déc.
5. Civ. 2e, 1er juin 2017, no 15-18.751, P II, no 111 – Civ. 2e, 19 oct. 2017, no 16-25.765, P II, no 197.
6. Civ. 2e, 11 juin 1997, no 95-13.433, P II, no 184.

CHAPITRE

0215. Procédure devant le juge de l'exécution

Anne-Gaëlle Dumas
Magistrat

SECTION 0
Orienteur

0215.00 **Sommaire du chapitre.**

Division. Le décret du 31 juillet 1992, désormais codifié au Code des procédures civiles d'exécution, définit des règles communes (sect. 1), organise ce qu'il appelle la procédure ordinaire (sect. 2) et décrit des procédures particulières, celle des ordonnances sur requête et la procédure sur difficultés d'exécution (sect. 3). Seront ensuite étudiées la décision du juge de l'exécution (sect. 4) et les voies de recours (sect. 5).

0215.01 **Textes applicables.**

• **C. pr. exéc.,** art. L. 121-4, L. 211-5, R. 121-2 à R. 121-24, R. 131-4, R. 151-1 à R. 151-4, R. 211-12, nouv. R. 212-1-7[1] s., R. 221-49, R. 221-56, R. 311-4, R. 321-3, R. 322-5, R. 322-16, R. 322-17, R. 322-40, R. 332-2, R. 332-9, R. 442-2 à R. 442-4

• **C. pr. civ.,** art. 15, 25 s., 32-1, 47, 56, 91, 114, 117, 416, 446-1, 473, 490, 493, 495, 496, 503, 537, 582 s., 593 s., 618, 677, 682, 696, 700, 812, 827, 828, 852, 905 et 950 s.

• **LPF,** art. L. 281 et R.*281-1 s.

• **C. trav.,** anc. art. L. 3252-11 et anc. art.R. 3252-8.

• **CGCT,** art. L. 1617-5.

0215.02 **Jurisprudence de référence.**

> Compétence du juge de l'exécution pour connaître d'une contestation d'un acte de recouvrement de l'impôt.

• **Com. 12 mars 1996,** n° 94-12.515, P IV, n° 81
* V. ss nos 0215.61, 0934.15

Si le juge de l'exécution est compétent pour statuer sur la régularité en la forme de l'acte de poursuite, conformément à l'article L. 281 du Livre des procédures fiscales, la recevabilité de l'action en contestation de l'acte de recouvrement de l'impôt est, aux termes de l'article R.*281-1 du même livre, subordonnée au dépôt d'une demande présentée au chef de service de l'administration fiscale compétent.

> Saisie-attribution. Conditions de forme de la recevabilité de la contestation du débiteur.

• **Cass., avis, 15 juin 1998,** n° 09-80.004, P, n° 8
* V. ss nos 0215.51, 0612.76, 0841.71, 0841.83, 0971.372

La recevabilité de la contestation du débiteur n'est soumise qu'aux exigences prévues par les articles 19 et 66 du décret du 31 juillet 1992 [devenus art. R. 442-4 et R. 211-11 C. pr. exéc.], c'est-à-dire à la signification, avant l'expiration du délai d'un mois suivant la dénonciation au débiteur de la saisie-attribution, d'une assignation au créancier saisissant, et à l'envoi le même jour à l'huissier de justice qui a procédé à la saisie, par lettre recommandée avec demande d'avis de réception, d'une copie de cette assignation.

1. Créé par Décr. n° 2025-125, 12 févr. 2025, relatif à la nouvelle procédure de saisie des rémunérations, *JO* 14 févr., art. 1er, texte 1.

> Titre exécutoire émis par l'État pour le recouvrement d'impôts, taxes, redevances. Compétence du juge de l'exécution pour connaître de la contestation de la régularité de la procédure d'exécution. Recours gracieux préalable.

• **Cass., avis, 14 mai 2001,** n° 01-00.002, P, n° 3

* V. s^s n°s 0214.41, 0215.61, 0712.42, 0713.163, 0719.51, 0719.104

Dès lors qu'elle ne met pas en cause la créance sur laquelle sont fondées les poursuites dans son existence, son montant ou son exigibilité et qu'elle concerne la régularité de la procédure d'exécution, la contestation relève de l'opposition à poursuites qui ressortit au juge de l'exécution.

S'agissant de titres exécutoires émis par l'État pour le recouvrement d'impôts, taxes, redevances visés par l'article L. 281-1 du Livre des procédures fiscales, une telle contestation doit, à peine d'irrecevabilité, être précédée d'un recours gracieux devant l'administration fiscale, sous réserve que le redevable ait été informé du délai de ce recours, de ses modalités et de son destinataire, ainsi que des dispositions de l'article R.*281-5 du même livre.

> Droit à la mise en œuvre sans délai d'une décision de justice définitive et obligatoire.

• **CEDH 7 mai 2002,** *Bourdov c/Russie*, req. n° 59498/00

* V. s^s n°s 0101.18, 0133.06, 0142.11, 0215.14, 1317.11

33. L'article 6 § 1 de la Convention, en ses passages pertinents, se lit ainsi : « Toute personne a droit à ce que sa cause soit entendue équitablement [...] par un tribunal [...] qui décidera [...] des contestations sur ses droits et obligations de caractère civil [...] ».

34. La Cour rappelle que l'article 6 § 1 garantit à chacun le droit à ce qu'un tribunal connaisse de toute contestation relative à ses droits et obligations de caractère civil ; il consacre de la sorte le « droit à un tribunal », dont le droit d'accès, à savoir le droit de saisir un tribunal en matière civile, constitue un aspect. Toutefois, ce droit serait illusoire si l'ordre juridique interne d'un État contractant permettait qu'une décision judiciaire définitive et obligatoire reste inopérante au détriment d'une partie. On ne comprendrait pas que l'article 6 § 1 décrive en détail les garanties de procédure – équité, publicité et célérité – accordées aux parties et qu'il ne protège pas la mise en œuvre des décisions judiciaires ; si cet article devait passer pour concerner exclusivement l'accès au juge et le déroulement de l'instance, cela risquerait de créer des situations incompatibles avec le principe de la prééminence du droit que les États contractants se sont engagés à respecter en ratifiant la Convention. L'exécution d'un jugement ou arrêt, de quelque juridiction que ce soit, doit donc être considérée comme faisant partie intégrante du « procès » au sens de l'article 6 (Hornsby c/Grèce, arrêt du 19 mars 1997, *Recueil* 1997-II, p. 510, § 40).

35. Une autorité de l'État ne saurait prétexter du manque de ressources pour ne pas honorer une dette fondée sur une décision de justice. Certes, un retard dans l'exécution d'un jugement peut se justifier dans des circonstances particulières, mais le retard ne peut avoir pour conséquence une atteinte à la substance même du droit protégé par l'article 6 § 1 (Immobiliare Saffi c/Italie [GC], n° 22774/93, § 74, CEDH 1999-V). En l'espèce, le requérant n'aurait pas dû se trouver dans l'impossibilité de bénéficier de l'issue heureuse de la procédure, qui portait sur la réparation d'un dommage causé à sa santé à l'occasion d'une participation obligatoire à une opération d'urgence, en raison des difficultés financières que connaîtrait l'État.

36. La Cour relève que les jugements rendus par le tribunal municipal de Chakhty les 3 mars 1997, 21 mai 1999 et 9 mars 2000 sont demeurés inexécutés en tout ou en partie au moins jusqu'au 5 mars 2001, date à laquelle le ministère des Finances a pris la décision de régler intégralement la dette envers le requérant. La Cour constate également que ce dernier paiement n'a eu lieu qu'après la communication de la présente requête au Gouvernement.

37. En s'abstenant pendant des années de prendre les mesures nécessaires pour se conformer aux décisions judiciaires définitives rendues en l'espèce, les autorités russes ont privé les dispositions de l'article 6 § 1 de la Convention de tout effet utile.

38. Dès lors, il y a eu violation de cet article.

> Autorité de la chose jugée au principal.

• **Civ. 2e, 12 avr. 2018,** n° 16-28.530, P II, n° 86

* V. s^s n°s 0215.103, 0613.44

Si le jugement statuant sur une demande de mainlevée d'une mesure conservatoire n'a pas autorité de la chose jugée au principal, le chef de dispositif de cette décision qui statue sur une demande incidente portant sur le fond du droit, fût-elle irrecevable devant le juge de l'exécution faute de constituer une contestation de la mesure conservatoire, est revêtu de cette autorité.

> Autorité de la chose jugée même si la mesure est anéantie par la suite.

• **Civ. 2e, 2 juin 2016,** n° 15-12.828, P II, n° 151

* V. s^s n°s 0215.103, 1331.253, 1339.33

Le prononcé de la caducité du commandement valant saisie immobilière, qui anéantit la mesure d'exécution, ne fait pas perdre son fondement juridique à la disposition d'un jugement, précédemment rendu au cours de cette procédure de saisie immobilière, ayant statué sur une demande en revendication de l'immeuble saisi.

> Concentration des moyens.

• **Civ. 2e, 24 sept. 2015,** n° 14-20.009, P II, n° 221

* V. s^s n°s 0214.62, 0215.103, 0842.12, 1331.24, 1334.50, 1334.91, 1334.104, 1334.152

L'instance introduite par l'assignation du débiteur qui conteste, avant d'être assigné à comparaître à l'audience d'orientation, le bien-fondé du commandement valant saisie est une instance distincte de celle introduite par l'assignation prévue par l'article R. 322-4 du Code des procédures civiles d'exécution.

Dès lors, c'est à bon droit qu'une cour d'appel, qui relève qu'il a été statué sur le bien-fondé du commandement valant saisie, retient que le moyen tiré de la prescription des intérêts devait être présenté lors de l'instance ayant donné lieu à cette décision.

• **Com. 13 sept. 2017,** n° 15-28.833, P IV, n° 109

* V. s^s n°s 0215.103, 1334.142, 1411.71, 1412.22

En procédure de saisie immobilière, le juge de l'exécution, qui statue sur les éventuelles contestations, est tenu de fixer, dans le jugement d'orientation, le montant de la créance du poursuivant. Ses décisions ont, sauf disposition contraire, autorité de la chose jugée au principal et le défendeur doit présenter dès l'instance relative à la première demande l'ensemble des moyens qu'il estime de nature à justifier son rejet total ou partiel.

Il en résulte que le débiteur régulièrement appelé à l'audience d'orientation n'est plus recevable à contester ultérieurement, par de nouveaux moyens, le montant retenu pour la créance du poursuivant, tel qu'il a été mentionné dans le dispositif du jugement d'orientation.

0215.03 Bibliographie indicative.
* V. s[s] nº 021.03.

0215.04 Formulaire de procédure civile (renvois).

- *Juge de l'exécution – Déclaration de difficultés* (Modèle de saisine du juge de l'exécution par l'huissier lors d'une difficulté d'exécution – C. pr. exéc., art. R. 151-1 s.)
- *Juge de l'exécution – Requête à fin d'ordonnance* (Requête à fin d'ordonnance dans un cas prévu par la loi – C. pr. exéc., art. R. 121-23)
- *Juge de l'exécution – Requête à fin d'ordonnance* (Requête afin d'obtenir une mesure urgente lorsque les circonstances exigent qu'elle ne soit pas prise contradictoirement – C. pr. exéc., art. R. 121-23)
- *Juge de l'exécution – Rétractation d'une ordonnance* (Assignation à fin de rétractation d'une ordonnance – C. pr. exéc., art. R. 121-11)
- *Juge de l'exécution – Assignation devant le juge de l'exécution* (Assignation devant le juge de l'exécution – C. pr. exéc., art. R. 121-11)

SECTION 1

RÈGLES COMMUNES JEX

§ 1
Application du droit commun

0215.11 Applicabilité des dispositions procédurales communes à toutes les juridictions aux procédures devant le juge de l'exécution (C. pr. exéc., art. R. 121-5). Selon ce texte, sauf dispositions contraires, les dispositions communes du livre Ier C. pr. civ. sont applicables devant le juge de l'exécution (JEX) aux procédures civiles d'exécution, à l'exclusion des articles 481-1 et 484 à 492. Hormis les règles propres au référé, les dispositions procédurales communes à toutes les juridictions sont, en principe et sauf dérogation, directement applicables aux procédures devant le JEX.

Le renvoi au droit commun permet de constater qu'en dépit d'une volonté certaine de circonscrire à l'essentiel l'examen de la contestation portée devant le JEX, les auteurs de la réforme n'ont ni pu ni voulu renoncer à donner à la phase de l'exécution contentieuse les attributs d'une véritable instance. Il en résulte l'application à la **procédure devant le JEX** des principes directeurs du procès civil, en particulier du **principe d'impulsion**, du **principe du dispositif** et du **principe de la contradiction**. Le JEX ne peut se saisir d'office. Il est tenu par l'objet du litige, tel que déterminé par les parties. Enfin, il doit, en cette matière comme en toute autre, faire respecter et respecter lui-même le principe de la contradiction[1]. En outre, l'article R. 121-13 C. pr. exéc. fait écho à l'article 15 C. pr. civ. en précisant que le JEX s'assure qu'il s'est écoulé un temps suffisant entre la convocation ou l'assignation et l'audience pour que la partie défenderesse ait pu préparer sa défense. Les débats par ailleurs sont publics et il entre dans la mission du juge, le cas échéant, de concilier les parties. Le JEX peut encore ordonner des mesures d'instruction et les incidents d'instance survenant devant lui sont ceux de la procédure civile, à l'exception notable du sursis dans l'attente d'une décision pénale, l'article 4 C. pr. pén. ne concernant que l'action civile et non la poursuite d'une voie d'exécution (v. s[s] nº 0214.87).

0215.12 Exclusion des règles du référé. L'exclusion des règles du référé mérite un commentaire particulier. La procédure devant le JEX obéit à un impératif de célérité. Encore une fois, il n'était pas question pour le législateur de permettre aux parties d'engager une seconde fois le procès sur le fond. Toutefois les deux objectifs ne sont pas antinomiques : on a voulu doter la décision du JEX d'une autorité qui garantisse aux parties une plus grande sécurité juridique qu'auparavant dans le processus d'exécution du titre servant de fondement aux poursuites. L'ancienne procédure, parfois appelée « référé-exécution », a été dès lors clairement abandonnée et il n'en reste plus guère que la possibilité pour le juge d'accorder, dans certaines circonstances, une provision ou de statuer sur un procès-verbal de difficultés. Le JEX est devenu un véritable juge du principal, dont les décisions sont, pour la plupart, revêtues de l'autorité de la chose jugée.

0215.13 Article 47 du Code de procédure civile. Ce texte, qui prévoit que « *lorsqu'un magistrat ou un auxiliaire de justice est partie à un litige qui relève de la compétence d'une juridiction dans le ressort de laquelle celui-ci exerce ses fonctions, le demandeur peut saisir une juridiction située dans un ressort limitrophe* », trouve en matière d'exécution un terrain d'élection, les situations dans lesquelles un huissier, devenu commissaire, de justice est partie à la procédure n'étant pas exceptionnelles[2]. On rappellera à cet

1. Civ. 2e, 2 oct. 2002, nº 01-04-131, P I, nº 228.
2. Pour DEUX EXEMPLES D'APPLICATION de l'article 47 en matière d'exécution : Civ. 2e, 7 juin 2006, nº 04-18.525, P II, nº 145 – Civ. 2e, 7 juin 2006, nº 05-18.531, P II, nº 148.

égard que le ressort territorial des huissiers de justice avait été étendu au tribunal de grande instance par le décret du 11 mai 2007 [1], entré en vigueur le 1er janvier 2009. Depuis le décret n° 2021-1625 du 10 décembre 2021 [2], les commissaires de justice ont une compétence territoriale étendue au ressort de la cour d'appel du siège de leur office et, le cas échéant, du ou des bureaux annexes attachés à l'office. Si la demande de renvoi peut être formée à tous les stades de la procédure, notamment en cause d'appel, elle doit cependant, à peine d'irrecevabilité, être présentée dès que son auteur a connaissance de la cause de renvoi [3].

0215.14 Droit au procès équitable et délai raisonnable. L'instance devant le JEX concerne des contestations portant sur des droits et obligations de caractère civil. Elle entre par conséquent dans le champ d'application de l'article 6 § 1 de la Convention de sauvegarde des droits de l'homme et des libertés fondamentales. Le procès devant le JEX est dès lors soumis à l'ensemble des exigences du procès équitable, notamment au principe d'égalité des armes ou au droit à être jugé dans un délai raisonnable. Le procès ayant bien souvent débuté pour les parties longtemps avant l'engagement de la procédure d'exécution forcée, il est d'autant plus important que le juge statue sans retard. Par un arrêt du 7 mai 2002 [4], la Cour européenne des droits de l'homme a d'ailleurs considéré qu'un retard anormal dans l'exécution constituait pour le bénéficiaire d'une décision une atteinte au droit au respect de ses biens, garanti par l'article 1er du premier protocole additionnel à la Convention.

§ 2
Assistance et représentation des parties

0215.21 Avant 2020 : transposition des règles applicables devant le tribunal d'instance. Pour manifester son attachement à une procédure simple et rapide et pour tenir compte aussi, certainement, des possibilités de délégation au juge d'instance des fonctions de JEX, le législateur avait prévu, aux termes de l'article L. 121-4 C. pr. exéc., que, devant le JEX, les parties avaient la faculté de se faire assister ou représenter selon les règles applicables devant le tribunal d'instance. La loi réservait toutefois les cas des **procédures de saisie immobilière**, des navires, aéronefs et bateaux de navigation intérieure d'un tonnage supérieur à 20 tonnes, pour lesquelles avait été conservé le principe de la **représentation obligatoire** (v. ss n° 0215.25). L'article R. 121-7 C. pr. exéc. reproduisait ainsi l'article 827 C. pr. civ. applicable devant le tribunal d'instance, qui disposait que « *les parties se défendent elles-mêmes. Elles ont la faculté de se faire assister ou représenter* ». Il énumérait ensuite les personnes habilitées à assister ou représenter les parties devant le JEX, étant le décalque pur et simple de l'article 828 C. pr. civ. Les parties pouvaient donc se faire assister par « *un avocat, leur conjoint, leur concubin ou la personne avec laquelle elles ont conclu un pacte civil de solidarité, leurs parents ou alliés en ligne directe, en ligne collatérale jusqu'au troisième degré inclus, les personnes exclusivement attachées à leur service personnel ou à leur entreprise* ». On observera que le texte ne permettait déjà pas au créancier de se faire représenter par l'huissier (devenu commissaire) de justice qu'il avait mandaté. « *L'État, les régions, les départements, les communes et leurs établissements publics peuvent se faire assister par un fonctionnaire ou un agent de leur administration.* » La règle vaut au moins pour tous les établissements publics rattachés à une collectivité. Le texte ajoutait que le représentant devait justifier d'un pouvoir spécial, sauf bien sûr s'il est avocat, conformément aux dispositions de l'alinéa 2 de l'article 416 C. pr. civ. Toute personne éligible peut également bénéficier de l'assistance d'un avocat et de tous auxiliaires de justice nécessaires au titre de l'aide juridictionnelle, dans les conditions posées par la loi du 10 juillet 1990 [5] relative à l'aide juridique et son décret d'application n° 91-1266 du 19 décembre 1991 [6].

0215.22 Depuis 2020 : une représentation obligatoire de principe. La loi du 23 mars 2019 [7], de programmation 2018-2022 et de réforme pour la justice, suivie de l'ordonnance du 18 septembre 2019 [8], prise pour l'application de cette loi, a généralisé devant les tribunaux judiciaires (TJ) la représentation obligatoire par avocat. Dans ce cadre, l'article L. 121-4 C. pr. exéc. a été modifié et dispose désormais que : « *Sans préjudice des dispositions de l'article L. 3252-11 du Code du travail, les parties ont la faculté de se faire assister ou représenter devant le juge de l'exécution selon les règles applicables devant le tribunal*

1. Décr. n° 2007-813, 11 mai 2007, modifiant la compétence territoriale des huissiers de justice, *JO* 12 mai, p. 8712.
2. Décr. n° 2021-1625, 10 déc. 2021, relatif aux compétences des commissaires de justice, *JO* déc., texte 62.
3. Civ. 2e, 7 avr. 2016, n° 15.15.372, P II, n° 95.
4. CEDH 7 mai 2002, Bourdov c/ Russie, req. n° 59498/00, *Dr. et proc.* sept.-oct. 2002, note N. Fricero.
5. L. n° 91-647, 10 juill. 1990, relative à l'aide judiciaire, *JO* 13 juill.
6. Décr. n° 91-1266, 19 déc. 1991, portant application de la loi n° 91-647 du 10 juill. 1991 relative à l'aide juridique, *JO* 20 déc.
7. L. n° 2019-222, 23 mars 2019, de programmation 2018-2022 et de réforme pour la justice, *JO* 24 mars, texte 2.
8. Ord. n° 2019-964, 18 sept. 2019, prise en application de la loi n° 2019-222 du 23 mars 2019 de programmation 2018-2022 et de réforme pour la justice, *JO* 19 sept., texte 5.

judiciaire dans les matières où le ministère d'avocat n'est pas obligatoire devant celui-ci :

1° Lorsque la demande est relative à l'expulsion ;

2° Lorsqu'elle a pour origine une créance ou tend au paiement d'une somme qui n'excède pas un montant déterminé par décret en Conseil d'État ;

Le 2° ne préjudicie par aux dispositions particulières applicables à la saisie des immeubles, navires, aéronefs et bateaux de navigation intérieure d'un tonnage égal ou supérieur à vingt tonnes ».

Par principe donc, la représentation est désormais obligatoire devant lui, malgré le maintien d'une procédure orale, le lien entre procédure orale et représentation étant abandonné.

Il pose donc plusieurs exceptions :

– en matière de **saisie des rémunérations**, puisque l'article L. 3252-11 C. trav. prévoyait, avant son abrogation par la loi n° 2023-1059 du 20 novembre 2023 [1], du fait de la déjudiciarisation de la saisie des rémunérations, que « *les parties peuvent se faire représenter par : 1° un avocat ; 2° un officier ministériel du ressort, lequel est dispensé de produire une procuration ; 3° un mandataire de leur choix muni d'une procuration. Si ce mandataire représente le créancier saisissant, sa procuration doit être spéciale à l'affaire pour laquelle il représente son mandant* » ;

– en matière de **saisie immobilière**, de saisie de navires, aéronefs et bateaux, l'on continue à appliquer les règles qui leur sont propres ;

– en matière d'**expulsion**, la dérogation étant ici assez simple à cerner ;

– et lorsque la demande a pour origine une **créance** ou tend au **paiement d'une somme qui n'excède pas 10 000 euros** (C. pr. exéc., art. R. 121-7).

Si la formulation est un peu ambiguë et que l'on pourrait penser que la créance peut être celle fixée par le titre, on peut retenir, comme le propose un auteur, que la « créance » mentionnée dans le premier item renvoie au montant inscrit dans l'acte de saisie contesté, le montant demeurant dû au stade de l'exécution, principal, intérêts et frais, tandis que la demande qui tend à un paiement renvoie au contentieux de liquidation de l'astreinte, ou de demandes de dommages-intérêts pour procédure et résistance abusive [2].

Ces nouvelles dispositions s'appliquent aux instances introduites à compter du 1er janvier 2020.

0215.23 Depuis 2020 : qui peut représenter ? Malgré la rédaction de l'article L. 121-4 C. pr. exéc. qui pourrait laisser entendre que les règles de représentation devant le TJ sont applicables devant le JEX en certains cas, il faut lire ce renvoi comme un renvoi à la faculté d'être assisté ou représenté ou non. Le décret du 11 décembre 2019 [3], puis le décret du 27 novembre 2020 [4] ont modifié l'article R. 121-7 C. pr. exéc., qui dispose désormais que : « *Lorsque la représentation par avocat n'est pas obligatoire, les parties se défendent elles-mêmes.*

Elles peuvent se faire assister ou représenter par :

1° un avocat ;

2° leur conjoint ;

3° leur concubin ou la personne avec laquelle elles ont conclu un pacte civil de solidarité ;

4° leurs parents ou alliés en ligne directe ;

5° leurs parents ou alliés en ligne collatérale jusqu'au troisième degré inclus ;

6° les personnes exclusivement attachées à leur service personnel ou à leur entreprise.

L'État, les régions, les départements, les communes et leurs établissements publics peuvent se faire assister ou représenter par un fonctionnaire ou un agent de leur administration.

Le représentant, s'il n'est avocat, doit justifier d'un pouvoir spécial ».

Il a été jugé que l'État, les régions, les départements, les communes et leurs établissements peuvent se faire assister ou représenter par un **fonctionnaire** ou un **agent** de leur administration même dans les matières où la représentation par avocat est obligatoire [5].

Rappelons par ailleurs qu'en matière d'ordonnances sur requête, l'article R. 121-23, dans sa version issue du décret du 11 décembre 2019, dispose, en son alinéa 2, que la requête est remise ou déposée par le **requérant** ou par son **mandataire désigné** conformément aux dispositions des articles L. 121-4, que nous avons vu, et L. 122-2, qui prévoit que **l'huissier, devenu commissaire, de justice** peut, lorsque la loi l'exige, demander au juge de donner les autorisations ou de prescrire les mesures nécessaires. Il semble donc que l'huissier, devenu commissaire, de justice puisse ici être le mandataire de la partie.

0215.24 Constitution et postulation. En l'absence de disposition spécifique, sauf en saisie immobilière, la constitution n'a pas de forme et de délai particulier.

On peut ensuite se poser la question de l'application des règles de postulation lorsque la représenta-

1. L. n° 2023-1059, 20 nov. 2023, d'orientation et de programmation du ministère de la justice 2023-2027, *JO* 21 nov., texte 2.
2. A. Leborgne, « Droit de l'exécution », *D.* 2020. 1380.
3. Décr. n° 2019-1333, 11 déc. 2019, réformant la procédure civile, *JO* 12 déc., texte 3.
4. Décr. n° 2020-1452, 27 nov. 2020, portant diverses dispositions relatives notamment à la procédure civile et à la procédure d'indemnisation des victimes d'actes de terrorisme et d'autres infractions, *JO* 28 nov., texte 14.
5. Civ. 2e, avis, 18 févr. 2021, n° 20-70.006, P ; *AJDA* 2021. 426.

tion est obligatoire. En effet, l'article 5 de la loi du 31 décembre 1971[1] portant réforme de certaines professions judiciaires et juridiques, prévoit que les avocats peuvent postuler « *devant l'ensemble des tribunaux judiciaires du ressort de la cour d'appel dans lequel ils ont établi leur résidence professionnelle et devant ladite cour d'appel* ».

Selon la fiche établie par le ministère de la Justice sur la réforme de la représentation obligatoire[2], les dispositions des articles 4 et 5 de cette loi ont vocation à s'appliquer aux procédures avec représentation obligatoire par avocat.

Il est précisé que, dans un avis du 5 mai 2017[3], la Cour de cassation a jugé, en matière prud'homale, que ces règles ne s'appliquaient que lorsqu'était imposée la représentation par avocat uniquement et non par d'autres personnes. Il en est déduit que les règles de la postulation s'appliqueraient pour la procédure ordinaire devant le JEX, hors dispense de représentation bien sûr, mais non pour la procédure sur requête puisque le mandataire peut alors être un huissier, devenu commissaire, de justice. Il a d'ailleurs récemment été jugé que lorsque le JEX est saisi d'une requête, dans les conditions de l'article R. 121-23 alinéa 2 C. pr. exéc., les règles de la postulation ne s'appliquent pas[4].

0215.25 Saisie immobilière. Selon l'article R. 311-4 C. pr. exéc., « *les parties sont, sauf disposition contraire, tenues de constituer avocat* », étant précisé qu'il a été jugé que qu'il doit s'agir d'un avocat inscrit au barreau du TGI, devenu TJ devant lequel la vente est poursuivie[5]. L'article R. 311-6 C. pr. exéc. énonce qu'« *à moins qu'il n'en soit disposé autrement, toute contestation ou demande incidente est formée par le dépôt au greffe de conclusions signées d'un avocat* ». L'article R. 321-3 C. pr. exéc. oblige le créancier poursuivant à constituer avocat. L'article R. 322-5, 7° C. pr. exéc., relatif aux mentions de l'assignation à comparaître du débiteur, comprend l'indication qu'« *à peine d'irrecevabilité, toute contestation ou demande incidente doit être déposée au greffe du juge de l'exécution par conclusions d'avocat* ». L'article R. 322-40 C. pr. exéc. dit enfin que « *les enchères sont portées par le ministère d'un avocat* », le texte apportant cette précision qu'il doit être « *inscrit au barreau du tribunal judiciaire devant lequel la vente est poursuivie* ».

De la combinaison de ces textes, il résulte que la représentation par ministère d'avocat est obligatoire devant le JEX, sauf les exceptions prévues par les articles R. 322-16 et R. 322-17 C. pr. exéc. pour la demande du débiteur aux fins de vente amiable ou tendant à la suspension de la poursuite pour cause de surendettement. Enfin, les parties sont tenues de constituer avocat dans la phase de distribution du prix, la saisie et la distribution constituant une procédure unique soumise aux règles générales. L'article R. 332-2 C. pr. exéc. précise seulement, dans la distribution amiable, que « *le décompte actualisé est produit par conclusions d'avocat* » et l'article R. 332-9 C. pr. exéc. dans la même phase, que « *les notifications et convocations [...] sont faites conformément aux règles applicables aux notifications entre avocats* ».

§ 3
Oralité de la procédure

0215.31 Principe. L'article R. 121-8 C. pr. exéc. énonce que « *la procédure devant le juge de l'exécution est orale* ». Transposé directement de l'article 843 C. pr. civ. applicable devant le tribunal d'instance, l'article R. 121-8 C. pr. exéc. emporte les conséquences attachées à l'oralité de la procédure. En particulier, les présomptions instituées par la jurisprudence selon lesquelles les moyens retenus par le juge sont présumés avoir été débattus contradictoirement par les parties et les pièces produites par elles sont réputées avoir été régulièrement communiquées peuvent être mises en œuvre, pourvu que le défendeur comparaisse à l'audience.

0215.32 Aménagements à l'oralité. Le décret du 1er octobre 2010[6], relatif à la conciliation et à la procédure orale en matière civile, commerciale et sociale, a inséré dans le Code de procédure civile les articles 446-1 à 446-4, qui mettent en place des dispositions propres à la procédure orale permettant notamment aux parties, lorsqu'une disposition particulière le prévoit, d'être autorisées à formuler leurs prétentions et leurs moyens par écrit, sans se présenter à l'audience, Il s'agit là d'un droit commun de la procédure orale, dont l'application est subordonnée à une disposition particulière. Le texte, manifestement inspiré de l'article 14 du décret du 31 juillet 1992[7] (devenu C. pr. exéc., art. R. 121-10) qui, dans sa rédaction issue du décret du 18 décembre 1996[8],

1. L. n° 71-1130, 31 déc. 1971, portant réforme de certaines professions judiciaires et juridiques, *JO* 5 janv.
2. Min. Justice, « Réforme de la procédure civile – La procédure devant le juge de l'exécution », DACS, févr. 2020.
3. Cass., avis, 5 mai 2017, n° 17-70.005, P, n° 5.
4. Civ. 2e, avis, 25 avr. 2024, n° 23-70.020, B.
5. Cass., avis, 16 mai 2008, n° 08-00.003, P, n° 2.
6. Décr. n° 2010-1165, 1er oct. 2010, relatif à la conciliation et à la procédure orale en matière civile, commerciale et sociale, *JO* 3 oct., p. 17986.
7. Décr. n° 92-755, 31 juill. 1992, instituant de nouvelles règles relatives aux procédures civiles d'exécution pour l'application de la loi n° 91-650 du 9 juillet 1991 portant réforme des procédures civiles d'exécution, *JO* 5 août.
8. Décr. n° 96-1130, 18 déc. 1996, modifiant le décret n° 92-755 du 31 juill. 1992 [...], *JO* 26 déc.

avait déjà institué un dispositif original qui autorisait toute partie, en cours d'instance, à exposer ses moyens par lettre adressée au JEX, à condition de justifier que l'adversaire en ait eu connaissance avant l'audience par lettre recommandée avec demande d'avis de réception (LRAR)[1], est rendu applicable devant le JEX. L'alinéa 1er de l'article R. 121-10 C. pr. exéc. est désormais complété par un second alinéa, qui dispose que la partie qui use de cette faculté peut ne pas se présenter à l'audience, conformément au second alinéa de l'article 446-1 C. pr. civ. Le jugement rendu dans ces conditions est contradictoire. Ceci ne dispense évidemment pas le juge de motiver sa décision[2]. L'article 446-1 C. pr. civ. précise encore que le juge a toujours la faculté d'ordonner que les parties se présentent devant lui. Le texte, qui ne distingue pas, profite aussi bien au demandeur qu'au défendeur, au créancier qu'au débiteur ou même à un tiers qui serait partie à l'instance. Il faut donc considérer que le jugement ne sera contradictoire qu'à l'égard de la partie non comparante ayant usé de la faculté prévue par le texte et non à l'égard d'une partie défaillante. Il conviendra dans cette hypothèse de se référer aux règles habituelles de qualification des jugements. On observera ensuite que l'article R. 121-10 n'envisage cette possibilité qu'en cours de procédure. Elle ne concerne donc pas la demande introductive d'instance, qui obéit à des règles propres. Enfin, on constatera que la communication de l'écrit entre les parties est soumise à plus de formalisme que la production de l'écrit entre les mains du juge, aucune forme particulière n'étant ici requise. Par précaution, il apparaît préférable, pour la partie qui utiliserait cette possibilité, de se ménager la preuve de la production de l'exposé écrit de ses moyens en adressant au juge ce document par LRAR. Enfin le texte ne dispense pas de communiquer aux autres parties ses pièces en temps utile, conformément aux prescriptions de l'article 15 C. pr. civ.

Le même décret du 1er octobre 2010 a également inséré dans le décret du 31 juillet 1992 un article 13-1 (devenu C. pr. exéc., art. R. 121-9, mod. en dernier lieu par Décr. 27 nov. 2020[3]), qui prévoit que le JEX peut dispenser une partie qui en fait la demande de se présenter à une audience ultérieure, conformément au second alinéa de l'article 446-1 C. pr. civ. En ce cas, le juge organise les échanges entre les parties et celle-ci est faite par LRAR ou par notification entre avocats et il en est justifié auprès de la juridiction dans le délai qu'elle impartit.

1. Civ. 2e, 9 nov. 2006, no 04-04.189, NP – Civ. 2e, 23 nov. 2006, no 05-04.049, NP.
2. Civ. 1re, 19 déc. 1996, no 95-04-206, NP.
3. Décr. no 2020-1452, 27 nov. 2020, préc.

§ 4
Procédure gracieuse ou contentieuse ?

0215.41 La matière de l'exécution est principalement litigieuse. Le JEX est avant tout le juge des difficultés et des contestations nées à l'occasion de l'exécution forcée. Il intervient lors de la mise en œuvre de la contrainte à l'égard du débiteur, de sorte que son rôle relève principalement de la matière contentieuse. Et cela, même lorsque le juge est saisi par voie de requête. Peu importe que la procédure échappe, au moins dans un premier temps, à l'exigence de la contradiction. C'est ainsi le cas, en règle générale, des mesures conservatoires, mais il en est ainsi de bien d'autres interventions du JEX. Ce n'est en définitive qu'exceptionnellement que le juge sera appelé à statuer dans des hypothèses relevant de la matière gracieuse. On peut songer, à titre d'exemple, aux autorisations données pour procéder à des actes au domicile de tiers, car aucun litige n'oppose ici *a priori* le tiers concerné et le créancier demandeur. Cette qualification de la matière soumise au juge devrait entraîner l'application des textes concernant la matière gracieuse, comme des articles 25 et suivants C. pr. civ., qui donnent de larges pouvoirs d'investigation au juge ou encore des articles 950 et s. du même code, qui régissent la procédure d'appel. Au reste, la question apparaît largement théorique, puisque les voies de recours ouvertes contre les ordonnances rendues sur requête sont les mêmes que celles qui peuvent être formées en matière gracieuse.

SECTION 2
PROCÉDURE ORDINAIRE

§ 1
Demande

0215.51 Principe : l'assignation. Dans sa version d'origine, le décret du 31 juillet 1992 avait prévu que le JEX serait saisi, en toutes matières, de façon simplifiée. Il s'agissait, dans l'esprit du législateur, de ne pas priver les parties, singulièrement le débiteur, d'un accès au juge. Afin que le contentieux de l'exécution soit traité rapidement, sans frais inutiles, il était apparu préférable de ne pas recourir au mode de saisine plus dispendieux et plus solennel qu'est l'assignation. C'est pourquoi, sans exclure le recours à l'assignation, le texte prévoyait que le demandeur pouvait saisir le juge par LRAR ou par déclaration au greffe, à l'instar des modes de saisine simplifiés pratiqués devant d'autres juridictions d'exception. Dès 1996 cependant, l'argument tiré de la crainte de voir augmenter le nombre des demandes, en particulier lorsque le JEX délégué était juge du surendettement, a convaincu le pouvoir réglementaire de généraliser l'assignation.

Ainsi l'article 15 du décret du 31 juillet 1992 (devenu C. pr. exéc., art. R. 121-11), qui inaugurait la section I du chapitre II du décret consacrée à la procédure ordinaire, énonce-t-il, dans sa rédaction issue du décret du 18 décembre 1996[1], que « *la demande est formée par assignation à la première audience utile du juge de l'exécution* ». Ce mode de saisine est exclusif de tout autre.

Aucun texte ne prévoit un **délai** entre l'assignation et l'audience ni entre l'enrôlement et l'audience. On peut cependant penser que l'enrôlement postérieur à l'audience n'aurait pas d'effet utile. Il a aussi été jugé que l'assignation pour une date non utile constituait une irrégularité de forme et non un vice de fond. Par ailleurs, un avis du 15 juin 1998[2] de la Cour de cassation a dit que la **date de saisine du JEX** était la délivrance de l'assignation et non la mise au rôle de celle-ci, pour les contestations formées en matière de saisie-attribution. La solution suppose néanmoins que l'assignation soit effectivement enrôlée et l'article R. 211-11 le prévoit désormais en cas de contestation de saisie-attribution.

Inspiré de la procédure de référé de l'article 485 C. pr. civ., l'article R. 121-2 C. pr. exéc. organise, en cas d'urgence, une **procédure d'assignation d'heure à heure** ainsi que les jours fériés ou chômés, sur autorisation préalable du JEX. Dans tous les cas, le juge doit, conformément à la règle générale que reprend l'article R. 121-13 C. pr. exéc., s'assurer qu'il s'est écoulé un **temps suffisant entre l'assignation et l'audience** pour que la partie assignée ait pu préparer sa défense. Selon le second alinéa de l'article R. 121-11 C. pr. exéc., l'assignation doit contenir, outre les mentions prévues par l'article 56 C. pr. civ., la reproduction, à peine de nullité, des dispositions des articles R. 121-8 à R. 121-10 C. pr. exéc. relatives à l'assistance et à la représentation des parties ainsi que celles concernant l'oralité de la procédure. Elle doit en outre mentionner, sous la même sanction, les conditions dans lesquelles le défendeur peut ou doit se faire assister ou représenter.

Le régime des **nullités de l'assignation** obéit au droit commun des nullités des actes de procédure résultant des articles 114 et 117 C. pr. civ., la nullité pour irrégularité de forme ne pouvant être prononcée qu'à charge pour celui qui l'invoque de prouver le grief que lui cause l'irrégularité[3].

0215.52 Dérogation en matière d'expulsion. À l'invitation précise du législateur, qui, à l'article 118 de la loi du 29 juillet 1998, relative à la lutte contre les exclusions, lui a fait injonction de prévoir la saisine du JEX, pour l'exécution des ordonnances et jugements autorisant l'expulsion, par lettre recommandée avec demande d'avis de réception ou par déclaration faite ou remise contre récépissé, le pouvoir réglementaire a, par un décret du 30 octobre 1998[4], rétabli en ce domaine le mode de saisine du JEX prévu à l'origine. L'article 17 du décret du 31 juillet 1992, devenu l'article R. 442-2 C. pr. exéc., dans sa version issue du décret du 27 novembre 2020[5], prévoit désormais, à titre dérogatoire, que « *la demande relative à l'exécution d'une décision de justice ordonnant l'expulsion peut être formée au greffe du juge de l'exécution par lettre recommandée avec demande d'avis de réception ou par requête remise ou adressée au greffe* ». Ce choix se justifie tout à la fois par la gravité de la mesure d'expulsion et la situation de détresse de certaines des personnes concernées, qui implique de libérer la saisine du juge de toute entrave, financière ou psychologique. Le choix s'explique aussi par la nature des demandes formées à cette occasion, qui tendent principalement à l'obtention de délais de grâce et ne nécessitent pas spécialement le recours à un professionnel qualifié. L'article R. 442-3 C. pr. exéc. dispose toutefois, dans sa version issue du décret du 11 décembre 2019[6], qu'« *à peine de nullité, la demande présentée en application de l'article R. 442-2, outre les mentions prévues à l'article 57 du Code de procédure civile, contient un exposé sommaire des motifs et mentionne le nom et l'adresse du défendeur ou, s'il s'agit d'une personne morale, sa dénomination et son siège social* ». La nullité encourue est une nullité pour vice de forme, qui ne peut être prononcée que si la preuve d'un grief est rapportée. Aux termes de l'article R. 442-4 C. pr. exéc., le greffe avise alors le demandeur de l'audience par tout moyen.

Quant au défendeur, il est convoqué à son tour par LRAR, la lettre contenant une copie de la demande et l'avisant qu'il s'expose, en cas de défaillance, à être jugé sur les seuls éléments fournis par le demandeur. La lettre doit aussi reproduire les dispositions

1. Décr. n° 96-1130, 18 déc. 1996, modifiant le décret n° 92-755 du 31 juillet 1992 instituant de nouvelles règles relatives aux procédures civiles d'exécution pour l'application de la loi n° 91-650 du 9 juillet 1991 portant réforme des procédures civiles d'exécution, *JO* 26 déc.
2. Cass., avis, 15 juin 1998, n° 09-80.004, P, n° 8.
3. Civ. 2e, 4 mars 2021, n° 19-22.193, P ; *Rev. prat. rec.* 2021. 12, chron. A. Alexandre Le Roux – Civ. 2e, 12 déc. 2018, n° 17-17.622, NP – Civ. 2e, 22 mars 2018, n° 17-10.576, P II, n° 61 – Civ. 2e, 20 oct. 2011, n° 10-24.109, P II, n° 194.
4. Décr. n° 98-965, 30 oct. 1998, pris pour l'application de l'article 118 de la loi n° 98-657 du 29 juill. 1998 d'orientation relative à la lutte contre les exclusions et relatif à la saisine du juge de l'exécution en matière d'exécution des décisions d'expulsion, *JO* 31 oct., p. 16442.
5. Décr. n° 2020-1452, 27 nov. 2020, préc.
6. Décr. n° 2019-1333, 11 déc. 2019, réformant la procédure civile, *JO* 12 déc., texte 3.

des articles R. 121-6 à R. 121-10 C. pr. exéc. La convocation peut également être faite verbalement contre émargement. Le recours à la **saisine simplifiée** n'est, bien entendu, qu'une faculté et il est loisible au demandeur, s'il l'estime opportun, de saisir le JEX par voie d'assignation. Selon le dernier alinéa de l'article R. 442-4 C. pr. exéc., le demandeur est invité à procéder de la sorte en cas de retour au greffe de la convocation qui n'aurait pu être remise à son destinataire.

§ 2
Recours gracieux préalable

0215.61 Créances de l'État. Pour le recouvrement des créances de l'État, qu'il s'agisse des créances fiscales (LPF, art. L. 281 et R.*281-1 s.), des amendes ou produits assimilés (Décr. 22 déc. 1964, art. 9[1], par renvoi aux art.s L. 281 et R.*281-1 s. du LPF), des créances domaniales (C. dom. État, art. R. 161) ou des créances ordinaires (Décr. 7 nov. 2012[2], art. 118), les textes organisent un **recours gracieux préalable et obligatoire** devant le supérieur hiérarchique du comptable poursuivant. Le recours doit être formé dans un délai déterminé à peine de forclusion du recours préalable, avant toute saisine du JEX. La réclamation préalable est exigée à peine d'irrecevabilité de la demande présentée au JEX[3].

Dans un avis du 14 mai 2001, la Cour de cassation a confirmé ce point en précisant toutefois que, s'agissant de titres exécutoires émis par l'État pour le recouvrement d'impôts, taxes, redevances visées par l'article L. 281 du LPF, si la contestation devant le JEX doit, à peine d'irrecevabilité, être précédée d'un recours gracieux devant l'administration fiscale, c'est sous réserve que le redevable ait été informé du délai de ce recours, de ses modalités et de son destinataire, ainsi que des dispositions de l'article R.*281-5 du même livre qui interdit au demandeur de faire état d'autres pièces justificatives ou d'invoquer d'autres faits[4]. Cette réserve devrait être d'application générale à tous les recours gracieux préalables effectués auprès du supérieur d'un comptable du Trésor. La saisine du JEX ne peut donc intervenir avant la notification de la décision du chef de service ou l'expiration du délai donné à celui-ci pour prendre sa décision[5]. Elle doit être effectuée, sous la même sanction d'irrecevabilité de la réclamation, dans **un certain délai après la réponse expresse ou tacite de l'Administration.** L'action est dirigée alors contre le comptable chargé du recouvrement et non contre son supérieur hiérarchique ni contre l'ordonnateur de la recette. Le juge ne peut se prononcer qu'au vu des justifications présentées lors du recours gracieux : le débiteur ne peut se fonder sur des pièces et des faits qui n'auraient pas été soumis préalablement à l'Administration. En revanche, il peut soulever des moyens de droit nouveaux[6]. Dans l'hypothèse particulière où l'Administration fiscale attrait le tiers détenteur devant le JEX, en matière d'avis à tiers détenteur, aux fins de délivrance d'un titre exécutoire aux motifs qu'il refuse de payer la dette ou ne répond pas à l'avis qui lui est adressé, la Cour de cassation a jugé que ce tiers n'était pas l'auteur d'une contestation au sens des articles L. 281 et R.*281-1 du LPF, de sorte que la recevabilité des moyens qu'il invoque n'est pas subordonnée à la présentation d'une réclamation préalable à l'administration[7]. De même, une demande de dommages-intérêts fondée sur l'exécution dommageable d'un avis à tiers détenteur ne relève pas des dispositions de l'article L. 281 du LPF et n'est pas soumise à la demande préalable[8].

La **rigueur de la règle du recours préalable à toute action judiciaire** a conduit certains plaideurs à soutenir qu'elle restreignait l'accès au juge dans des conditions qui ne seraient pas conformes aux exigences de la Convention de sauvegarde des droits de l'homme et des libertés fondamentales. La cour d'appel de Paris n'a pas admis l'objection : elle a relevé que le recours gracieux constituait pour l'Administration, en contrepartie de son droit de délivrer un titre exécutoire, la possibilité de revoir aussi sa position avant tout procès[9].

0215.62 Créances des collectivités territoriales et de leurs établissements publics. Il n'existe pas de dispositions analogues s'agissant des créances des collectivités territoriales et des établissements rattachés[10]. Une distinction doit être ici opérée.

Lorsque le recouvrement est effectué sur le fondement des dispositions de l'article L. 281 du LPF, il convient, pour le redevable, de former un recours préalable, comme pour les créances de l'État.

Si, en revanche, la créance est assise et liquidée par la collectivité, l'article L. 1617-5, 1° et 2° CGCT dispose que le débiteur peut contester directement devant le JEX la régularité formelle de l'acte de pour-

1. Décr. n° 64-1333, 22 déc. 1964, relatif au recouvrement des amendes et condamnations pécuniaires par les comptables de la direction générale des finances publiques, *JO* 29 déc.
2. Décr. n° 2012-1246, 7 nov. 2012, relatif à la gestion budgétaire et comptable publique, *JO* 10 nov., p. 17713.
3. Com. 12 mars 1996, n° 94-12.515, P IV, n° 81.
4. Cass., avis, 14 mai 2001, n° 01-00.002, P, n° 3 – Com. 30 mars 2010, n° 08-22.072, NP – Com. 9 déc. 2014, n° 13-24.365, P IV, n° 182.
5. Com. 12 mars 1996, n° 94-16.102, P IV, n° 80.
6. Com. 9 déc. 2014, n° 13-24.365, P IV, n° 182.
7. Com. 2 déc. 2002, n° 00-20.505, P IV, n° 186.
8. Civ. 2e, 22 mars 2018, n° 17-17.312, P II, n° 60.
9. Paris, 8e ch., 7 juin 2001, RG n° 2001/20745, NP.
10. Civ. 2e, 11 sept. 2003, n° 01-13.652, P II, n° 252.

suite diligenté à son encontre, son action se prescrivant alors dans le délai de deux mois suivant la notification de l'acte contesté.

La Cour de cassation a ainsi décidé que la contestation du contribuable relative au recouvrement de la taxe d'habitation était soumise à l'exigence d'un recours gracieux préalable, mais que tel n'était pas le cas de la contestation portant sur la régularité formelle de l'acte de recouvrement d'une facture d'eau émise par une commune[1], quand bien même le recouvrement de ces deux créances serait effectué dans un même acte de poursuite délivré par un même comptable public.

SECTION 3
PROCÉDURES PARTICULIÈRES

§ 1
Ordonnances sur requête

0215.71 **Champ d'application.** Deux articles du Code des procédures civiles d'exécution sont consacrés aux ordonnances sur requête et en délimitent le champ. **L'article R. 121-23 C. pr. exéc.** énonce que « *le juge de l'exécution statue par ordonnance sur requête dans les cas spécifiés par la loi ou lorsque les circonstances exigent qu'une mesure urgente ne soit pas prise contradictoirement* ». Cette disposition reproduit presque à l'identique l'article 845 C. pr. civ. qui régit les ordonnances sur requête rendues par le président du TJ. Ceci ne surprend guère quand on se souvient que le JEX n'est autre que le président du TJ lui-même. Le texte renferme deux hypothèses.

0215.72 **Ordonnance sur requête en vertu d'une disposition spéciale.** *En premier lieu*, le JEX statue par voie d'ordonnance sur requête lorsqu'une disposition le prévoit spécialement. Il en va ainsi par exemple lorsque l'acte envisagé est soumis à autorisation préalable, comme c'est le cas pour les mesures conservatoires ou pour les actes qui seraient de nature à mettre en cause les libertés individuelles, saisies de meubles chez un tiers ou hors des heures légales, ou encore saisie-vente opérée pour le recouvrement de sommes modiques. Plus largement, **l'article R. 121-24 C. pr. exéc.**, qui édicte que l'huissier, devenu commissaire, de justice est habilité, dans tous les cas où, pour exécuter l'opération dont il est chargé, il doit obtenir l'autorisation du juge, à saisir ce juge par voie de requête, institue un cas général d'intervention du juge prévu par la loi.

0215.73 **Ordonnance sur requête en cas d'urgence.** *En second lieu*, le JEX peut toujours statuer par voie de requête lorsqu'une mesure d'urgence doit être prise, dès lors qu'il est justifié de circonstances fondant le requérant à ne pas appeler la partie adverse. Il peut ainsi autoriser un commissaire de justice à constater d'éventuels manquements, avant toute demande de liquidation d'astreinte[2]. C'est la définition même de l'ordonnance sur requête, telle qu'elle résulte des dispositions de l'article 493 C. pr. civ. La jurisprudence fait une interprétation stricte du texte, la règle demeurant le respect du principe de la contradiction. Il importe aussi que le juge constate que la condition d'urgence est remplie. Ainsi, la Cour de cassation a-t-elle jugé que la voie de la requête ne pouvait être utilisée par un comptable public pour obtenir un titre contre le tiers détenteur, la procédure ordinaire par assignation devant être suivie[3].

0215.74 **Procédure.** Selon le deuxième alinéa de l'article R. 121-23 C. pr. exéc., la requête est remise ou adressée au greffe par le requérant ou par tout mandataire désigné conformément aux dispositions des articles L. 121-4 et L. 122-2. Ce texte n'est que la reprise de l'article 852 C. pr. civ. qui concernait les ordonnances sur requête devant le juge d'instance. L'ordonnance du JEX obéit au régime général de l'ordonnance sur requête des articles 494 et suivants C. pr. civ. La **requête** doit être **motivée** et présentée en **double exemplaire** et doit comporter **l'indication précise des pièces invoquées.** L'**ordonnance** elle-même doit être **motivée**. Elle est exécutoire au seul vu de la minute.

Conformément aux dispositions de l'article 496 C. pr. civ., l'ordonnance est susceptible d'**appel**, dans les conditions prévues par ce texte, s'il n'est pas fait droit à la requête, et, s'il est fait droit à la requête, tout intéressé peut en référer au juge, qui peut modifier ou rétracter son ordonnance.

Le troisième et dernier alinéa de l'article R. 121-23 C. pr. exéc. rappelle opportunément que la décision de **rétractation d'une ordonnance sur requête** du JEX n'a pas autorité de chose jugée au principal. La solution, conforme au droit commun, constitue une disposition particulière au regard de l'article R. 121-14 C. pr. exéc. qui pose en principe que le JEX statue comme juge du principal. Il est par conséquent toujours possible de remettre en cause la décision de rétractation. Ceci vaut tout spécialement pour les ordonnances autorisant les mesures conservatoires qui peuvent à nouveau être sollicitées sur d'autres éléments de preuve. La Cour de cassation a jugé qu'il n'entrait pas dans les pouvoirs du premier président de la cour d'appel de suspendre l'exécution d'une mesure judiciaire de sûreté autorisée, sur

1. Com. 14 déc. 2004, n° 02-15.617, P IV, n° 226.

2. Civ. 2e, 27 nov. 1997, n° 95-20.593, P II, n° 286.
3. Cass., avis, 9 févr. 1998, n° 09-70.013, P, n° 2.

requête, par un JEX[1]. Il appartient donc au débiteur de contester l'ordonnance devant le JEX. L'appel d'une ordonnance sur requête ne peut être interjeté que si celle-ci ne fait pas droit à la requête[2].

§ 2 Difficultés d'exécution

0215.81 Champ d'application. La procédure de difficultés d'exécution est une procédure originale, régie par les articles R. 151-1 et s. C. pr. exéc. Elle est l'héritière de l'ancien référé sur procès-verbal. Selon l'article R. 151-1, « *lorsque l'huissier* [le commissaire] *de justice chargé de l'exécution d'un titre exécutoire se heurte à une difficulté qui entrave le cours de ses opérations, il en dresse procès-verbal et peut, à son initiative, saisir le juge de l'exécution* [...] ». C'est le commissaire de justice, en sa qualité d'officier ministériel chargé de mettre à exécution le titre et non en sa qualité de mandataire d'une partie, qui est ici demandeur exclusif à la procédure. Il demande au juge des instructions et lui fait trancher la difficulté à laquelle il se heurte. Les articles R. 151-1 à R. 151-4 C. pr. exéc. réglementent cette procédure. Curieusement, l'article R. 151-1 C. pr. exéc. n'envisage que le cas où le commissaire de justice chargé de l'exécution se heurte à une difficulté qui entraverait le cours de ses opérations. Cette précision, qui ne figure pas dans la loi, devrait à notre sens être interprétée sans trop de rigueur, l'entrave visée par le décret pouvant être aussi bien un **obstacle matériel que juridique**. Ainsi, pour ne pas voir engager sa responsabilité, le commissaire de justice pourrait-il, en cas de doute sérieux sur le sens ou la portée d'un texte, s'adresser au JEX[3].

0215.82 Procédure. La procédure de difficultés d'exécution est soumise, selon le second alinéa de l'article R. 151-1 C. pr. exéc., aux **règles de la procédure ordinaire**, sous quelques réserves apportées par les articles R. 151-2 à R. 151-4 C. pr. exéc.

Aux termes de l'article R. 151-2 C. pr. exéc., le juge est saisi par requête du commissaire de justice au greffe, accompagnée de la présentation du titre et d'un exposé de la difficulté ayant entravé l'opération d'exécution ainsi que, s'il y a lieu, des pièces qui lui ont été communiquées.

L'article R. 151-3 C. pr. exéc. explique les modalités de mise en cause des parties intéressées, qui sont immédiatement informées de la difficulté rencontrée, des lieu, jour et heure de l'audience. Les informations sont données, soit par déclaration verbale consignée au procès-verbal, soit par LRAR. Elles valent assignation à comparaître. Les parties doivent encore être informées des dispositions des articles R. 121-6 à R. 121-10 C. pr. exéc. relatifs à l'assistance et à la représentation des parties devant le JEX. Si la lettre n'est pas remise personnellement à son destinataire, nous pensons qu'il y aurait lieu alors de procéder par voie d'assignation.

L'article R. 151-4 C. pr. exéc. énonce enfin que **la décision n'a pas autorité de chose jugée au principal.** Cette règle, qui déroge à l'article R. 121-14 C. pr. exéc., s'explique aisément par la nature de la procédure, qui s'apparente à certains égards au référé, et qui est destinée à lever un obstacle avec célérité, même si la condition d'urgence ne figure pas dans les textes. **La décision du juge, bien que rendue au provisoire, est susceptible d'appel**, conformément à l'article R. 121-19 C. pr. exéc., de la part des parties intéressées et aussi certainement de la part du commissaire de justice qui, demandeur à l'instance, nous paraît avoir la qualité de partie, cette analyse étant cependant discutée[4].

§ 3 Saisie des rémunérations

0215.91 Renvoi aux règles de procédure applicables devant le tribunal judiciaire. L'article R. 3252-8 C. trav., abrogé par le décret n° 2025-125 du 12 février 2025 en raison de la déjudiciarisation de la saisie des rémunérations[5], renvoyait aux règles de la procédure orale ordinaire devant le TJ. En la matière donc, contrairement à ce qui est prévu pour le JEX avec un seul renvoi au livre 1er du Code de procédure civile, les règles du livre 2 mentionnées, relatives à la procédure orale ordinaire devant le TJ étaient applicables, et non pas celles relatives à la procédure devant le JEX. Les articles R. 212-1-7[6] s. C. pr. exéc. n'ont pas repris cette précision de sorte que les contestations devant le JEX des saisies des rémunérations obéissent désormais aux règles de droit commun de la procédure devant le JEX.

SECTION 4

Décision du juge de l'exécution

0215.101 Effet de la saisine. La saisine du JEX n'a par elle-même aucun effet suspensif sur l'exécution des mesures contestées.

1. Civ. 2e, 8 juill. 2004, n° 02-14.573, P II, n° 372.
2. Civ. 2e, 3 nov. 2005, n° 03-20.714, NP.
3. PERROT et THÉRY, n° 359.
4. PERROT et THÉRY, n° 360.
5. Décr. n° 2025-125, 12 févr. 2025, relatif à la nouvelle procédure de saisie des rémunérations, *JO* 14 févr., texte 1.
6. Créé par Décr. n° 2025-125, 12 févr. 2025, art. 1er.

Toutefois, en matière de **saisie-attribution,** les articles L. 211-5 et R. 211-12 C. pr. exéc. prévoient qu'en cas de contestation devant le JEX, le paiement est différé sauf si le juge autorise le paiement pour la somme qu'il détermine. Il s'ensuit que si la saisie-attribution emporte, à concurrence des sommes pour lesquelles elle est pratiquée, attribution immédiate au profit du saisissant de la créance saisie disponible entre les mains du tiers saisi ainsi que de tous ses accessoires, le paiement est différé en cas de contestation devant le JEX ou, sauf acquiescement, même pendant le délai de contestation [1].

Dans le domaine de la **saisie-vente**, l'article R. 221-49 C. pr. exéc. dispose que les demandes relatives à la propriété ou à la saisissabilité ne font pas obstacle à la saisie mais suspendent la procédure pour les biens saisis qui en sont l'objet. La vente ne peut donc avoir lieu jusqu'à ce que le JEX ait statué sur la demande. Si la contestation est rejetée, le créancier peut sans faute de sa part faire procéder à la vente, sauf décision du premier président prise en application de l'article R. 121-22 C. pr. exéc. [2]. En revanche, il résulte de l'article R. 221-56 C. pr. exéc. que la demande en nullité de la saisie, lorsqu'elle est fondée sur un autre motif que le défaut de propriété du débiteur saisi ou l'insaisissabilité des biens, ne suspend par les opérations de saisie, à moins que le juge n'en dispose autrement.

0215.102 Nature de la décision. Selon l'article R. 121-14 C. pr. exéc., le JEX statue, sauf disposition contraire, comme **juge du principal** : il n'est pas juge du provisoire. Il s'ensuit que les décisions du JEX sont, en principe, des jugements et non des ordonnances. Ce n'est que lorsqu'il prend une décision provisoire, dans les cas prévus par la loi, que le JEX, juge unique, rend des ordonnances [3]. Il en va notamment ainsi lorsque le juge autorise une mesure conservatoire ou lorsqu'il tranche une difficulté d'exécution dont le saisit le commissaire de justice.

0215.103 Autorité de chose jugée. Lorsqu'il statue comme juge du principal, le JEX rend des **jugements pourvus de l'autorité de la chose jugée au principal**, y compris lorsqu'il a excédé ses pouvoirs [4]. Devenue irrévocable, la décision du JEX ne peut plus être remise en cause [5] même si la mesure d'exécution a été anéantie ultérieurement [6]. Le juge statue donc sur les dépens afférents à l'instance devant lui, en application de l'article 696 C. pr. civ. [7] Il peut allouer une indemnité de procédure sur le fondement de l'article 700 C. pr. civ., prononcer une amende civile, voire accorder des dommages-intérêts pour procédure abusive [8], dans les conditions prévues par l'article 32-1 C. pr. civ. Et le principe de concentration des moyens pourra être opposé à une partie devant un autre juge, y compris du fond, si elle s'est abstenue de soulever devant le JEX, relativement à la question de fond tranchée par lui dans son dispositif, un moyen [9].

En revanche, **n'ont pas autorité de chose jugée** les **ordonnances rendues sur requête** ou **sur rétractation** par le JEX, les **ordonnances rendues sur difficultés d'exécution**, ou encore la décision qui ordonne le **paiement provisionnel d'une somme par le tiers saisi** en application de l'article R. 211-12 C. pr. exéc. On rappellera enfin que la disposition par laquelle est prononcée une **astreinte** ne tranche aucune contestation et n'a pas dès lors l'autorité de la chose jugée [10] et qu'il est de même de la décision du JEX qui rejette une demande tendant à assortir d'astreinte la décision d'un autre juge [11].

Si la décision du JEX, statuant en procédure ordinaire, bénéficie donc de l'autorité de la chose jugée dès son prononcé, un dispositif particulier et un peu complexe a été mis en place par l'article R. 121-18 C. pr. exéc. pour la **décision de mainlevée.** Selon ce texte, si une telle décision emporte, dans la limite de son objet, suspension des poursuites dès son prononcé, la suppression de tout effet d'indisponibilité est différée jusqu'à la notification de la décision. L'effet d'indisponibilité est donc maintenu pour préserver les droits du créancier et pour lui permettre, à la condition d'agir sans tarder, de relever appel et de demander un sursis à exécution de la décision de mainlevée. En raison de l'absence d'effet suspensif de l'appel, le débiteur pourrait en effet être tenté de faire disparaître les biens saisis dès la décision de mainlevée.

1. Civ. 2e, 24 janv. 2008, no 07-16.857, P II, no 22 ; *D.* 2008. Chron. 2.
2. Civ. 2e, 27 avr. 2000, no 98-16.187, P II, no 69.
3. L. Cadiet et E. Jeuland, *Droit judiciaire privé*, 5e éd., « Manuel », LexisNexis/Litec, 2006, no 698.
4. Civ. 2e, 12 avr. 2018, no 16-28.530, P II, no 86.
5. Civ. 1re, 17 nov. 1999, no 07-19.595, NP – Civ. 2e, 9 nov. 2000, no 98-20.124, NP – Civ. 2e, 26 juin 2003, no 01-12.675, NP – Civ. 2e, 27 mars 2006, no 04-10.776, P II, no 80 – La décision du JEX qui, tout en ordonnant la mainlevée d'une mesure d'exécution, déboute le débiteur de sa demande de nullité de l'engagement résultant d'un titre notarié au motif erroné qu'il serait incompétent pour en connaître, n'a cependant pas autorité de la chose jugée sur cette demande formulée à l'occasion de la mainlevée d'une nouvelle mesure d'exécution, Civ. 2e, 21 mars 2013, no 11-28.840, P II, no 53.
6. Hypothèse de la caducité du commandement valant saisie immobilière : Civ. 2e, 2 juin 2016, no 15-12.828, P II, no 151.
7. TGI Bastia, JEX, 16 avr. 1993, *BICC*, 15 sept. 1993, no 1039 – Civ. 2e, 1er déc. 2005, no 04-18.291, NP.
8. Civ. 2e, 18 déc. 2008, no 07-21.165, NP.
9. Civ. 2e, 24 sept. 2015, no 14-20.009, P II, no 221 – Civ. 2e, 22 juin 2016, no 15-12.954, NP – Civ. 1re, 29 oct. 2014, no 12-28.292, NP – Com. 13 sept. 2017, no 15-28.833, P IV, no 109.
10. Civ. 2e, 30 avr. 2002, no 00-13.815, P II, no 83.
11. Civ. 2e, 17 nov. 2005, no 03-20.157, P II, no 296 – Civ. 2e, 4 juin 2009, no 08-11.129, P II, no 139.

0215.104 **Notification.** En procédure ordinaire, l'article R. 121-15 C. pr. exéc. prévoit que la décision du JEX est notifiée aux parties elles-mêmes, conformément au principe édicté par l'article 677 C. pr. civ. Cela exclut une notification à un mandataire ou à un domicile élu, même à l'égard du créancier qui, ayant remis son titre à un commissaire de justice, aurait ainsi élu domicile en son étude en application de l'article R. 141-1 C. pr. exéc. Toutefois, l'article 682 C. pr. civ. devrait autoriser une **notification faite au domicile élu en France par la personne demeurant à l'étranger**. L'article R. 121-15 C. pr. exéc. dispose également, par souci de simplicité, que la notification est effectuée par le greffe par LRAR, une copie de la décision étant envoyée le même jour par lettre simple aux parties et au commissaire de justice.

En application de l'article 680 C. pr. civ., l'acte de notification doit indiquer les voies de recours ainsi que les modalités du recours. Si la lettre de notification n'a pu être remise à son destinataire, c'est-à-dire à l'une quelconque des parties, le greffier doit en informer celles-ci afin qu'elles procèdent par voie de signification. La règle est la reprise de celle que pose l'article 670-1 C. pr. civ. On notera que l'alinéa 3 de l'article R. 121-15 C. pr. exéc. autorise toujours les parties à faire signifier directement la décision.

Enfin, l'alinéa 4 de l'article R. 121-15 C. pr. exéc. renferme une disposition originale qui permet à chacune des parties de faire connaître au greffe qu'elle renonce à ce que la décision lui soit notifiée. En ce cas, la décision est réputée notifiée à la date de son prononcé. À défaut de précision apportée par le texte, on peut penser que la renonciation peut intervenir non seulement après le prononcé du jugement mais qu'elle pourrait même être portée à la connaissance du greffe avant que la décision ne soit rendue.

0215.105 **Exécution de la décision.** Le dernier alinéa de l'article L. 311-12-1 ancien du COJ, qui prévoyait que l'appel des décisions du JEX n'était pas suspensif, n'a pas été repris lors de la nouvelle codification des parties législative et réglementaire de ce Code. Il ne faut surtout pas en déduire un rétablissement d'un quelconque effet suspensif. La disposition, de nature réglementaire, ne relevait pas du droit de l'organisation judiciaire et elle figurait déjà à l'article 30 du décret du 31 juillet 1992 (devenu C. pr. exéc., art. R. 121-21). Selon ce dernier texte donc, **le délai d'appel et l'appel lui-même n'ont pas d'effet suspensif**. Il en résulte que la décision du JEX rendue dans la procédure ordinaire est de **plein droit exécutoire**. Et elle devient exécutable **dès sa notification**, conformément à l'article 503 C. pr. civ. En cas de nécessité, l'article R. 121-17 C. pr. exéc. autorise même le juge à déclarer la décision exécutoire au seul vu de la minute.

En matière d'astreinte, la décision du juge est exécutoire par provision en application de l'article R. 131-4 C. pr. exéc. Cet article R. 131-4 C. pr. exéc. concerne au premier chef la décision du JEX qui liquide l'astreinte. Lorsque le JEX ordonne une astreinte, celle-ci court dès lors que la décision qu'elle assortit et dont elle est l'accessoire est elle-même exécutoire. Ce qui devrait concerner toutes les décisions de cette sorte prononcées par le JEX.

Les **ordonnances sur requête** sont **exécutoires au seul vu de la minute**, conformément à l'article 495 C. pr. civ.

Quant aux **décisions rendues sur difficultés d'exécution**, elles relèvent de la procédure ordinaire et sont à ce titre **exécutoires de plein droit.**

Par ailleurs, l'article R. 121-16 C. pr. exéc. permet au JEX de se réserver la possibilité de vérifier l'exécution de sa décision et de prescrire, à cette fin, les mesures nécessaires. Il ne faut pas voir dans cette disposition une entorse au principe de l'autorité de la chose jugée ou à celui du dessaisissement du juge résultant du jugement. Il n'est ici question que d'une faculté laissée au juge de **veiller à la bonne fin de son jugement**. À ce titre, il peut inviter les parties à lui rendre compte des suites de sa décision ou assortir sa décision d'astreinte, sans qu'il soit nécessaire pour le juge de se réserver la liquidation de l'astreinte, celle-ci relevant par principe du JEX. L'article R. 121-16 C. pr. exéc. constitue une innovation qui fait du JEX, s'il le souhaite, le maître d'œuvre de la procédure d'exécution dont il peut assurer le suivi.

SECTION 5
VOIES DE RECOURS

§ 1
Voies ordinaires de recours

0215.111 **Opposition.** L'article 27 du décret du 31 juillet 1992 prévoyait expressément, dans sa version d'origine, que la décision du JEX rendue par défaut n'était pas susceptible d'opposition. La règle pouvait s'expliquer par l'intention des auteurs du décret d'éviter de retarder l'exécution, mais, dès lors que l'article 28 du décret (devenu C. pr. exéc., art. R. 121-19) précise que la décision peut toujours être frappée d'appel, ce dont il résulte qu'elle est rendue en premier ressort, on s'est interrogé sur sa portée au regard des dispositions de l'article 473 C. pr. civ. Aussi le décret n° 96-1130 du 18 décembre 1996 a-t-il abrogé l'article 27 du décret, ce qui, en pratique, ne devrait donc pas modifier l'état antérieur du droit en ce qui concerne la procédure ordinaire devant le JEX. Le jugement du JEX n'est par conséquent pas susceptible d'opposition.

Pour autant, l'arrêt de la cour d'appel qui statue en appel d'un jugement du JEX pourra quant à lui être rendu par défaut, si la citation n'a pas été délivrée à personne.

0215.112 **Appel.** En procédure ordinaire, la décision du JEX peut toujours, selon l'article R. 121-19 C. pr. exéc., être frappée d'appel, à moins qu'il ne s'agisse d'une **mesure d'administration judiciaire.** La réserve des mesures d'administration judiciaire, qui ne fait que rappeler que ces mesures ne sont, en application de l'article 537 C. pr. civ., sujettes à aucun recours, ne s'imposait pas. On notera que les dispositions équivalentes qui figuraient au dernier alinéa de l'article L. 311-12-1 du COJ n'ont pas été reprises, lors de la dernière codification, dans la partie réglementaire du Code de l'organisation judiciaire. Pour le reste, l'utilisation énergique de l'adverbe « *toujours* » manifeste que la voie de l'appel est ouverte quel que soit l'intérêt en litige.

Dans le domaine de l'exécution, les difficultés rencontrées ou les contestations soulevées ne sont que peu souvent en relation avec le montant de la créance ou la valeur des biens saisis. C'est la raison pour laquelle le **droit à un recours effectif et général**, sans considération du taux du ressort, a été privilégié. La solution conduit aussi à centraliser les recours devant la cour d'appel, dès lors que la règle conduit à fermer la voie de l'opposition.

Toutefois, les dispositions du Code de procédure civile, qui prévoient l'**exercice différé de l'appel**, ou qui soumettent l'appel à l'**autorisation préalable du premier président**, comme en matière de sursis à statuer ou d'expertise, s'appliquent aux décisions du JEX. Ainsi l'appel formé contre un jugement qui sursoit à statuer et ordonne la consignation de sommes saisies attribuées n'est pas immédiatement recevable[1]. En revanche, le jugement du JEX qui sursoit à l'exécution d'un acte notarié et d'une saisie, seule demande dont il était saisi, met fin à l'instance et peut faire l'objet d'un appel[2].

Selon l'article R. 121-20 C. pr. exéc., le **délai d'appel** est de **quinze jours**. C'est le délai applicable aux ordonnances de référé en vertu de l'article 490 C. pr. civ. qui a été retenu, ici encore pour des raisons de célérité. Le délai d'appel court à compter de la notification, sauf si les parties y ont renoncé en application de l'article R. 121-15 C. pr. exéc. L'appel est formé au greffe de la cour d'appel. Il est formé, instruit et jugé selon la procédure à bref délai (C. pr. civ., art. 906 s., depuis les décrets n° 2023-1391 du 29 décembre 2023[3] et n° 2024-673 du 3 juillet 2024[4]) ou la procédure à jour fixe (C. pr. civ., art. 917 s.). Des règles plus strictes sont prévues en saisie immobilière aux articles R. 311-7 et R. 311-20 C. pr. exéc. (v. s^s^ n° 1334.201). Aux termes de l'article R. 121-21 C. pr. exéc., le délai d'appel et l'appel lui-même n'ont pas d'effet suspensif. Toutefois, l'article R. 121-22 C. pr. exéc. organise, en **cas d'appel**, une **procédure de sursis à exécution des décisions du JEX**, dont les modalités seront étudiées au chapitre consacré à la juridiction du premier président.

Enfin, l'article R. 121-3 C. pr. exéc., selon lequel les décisions du JEX ne sont pas susceptibles de contredit, a été abrogé par l'article 6 du décret n° 2017-891 du 6 mai 2017[5] qui tire les conséquences de la suppression de cette voie de recours. Pour le même motif, l'article R. 131-2 C. pr. exéc., qui ouvrait au contraire le contredit à l'encontre d'une décision d'un autre juge saisi d'une demande de liquidation d'astreinte, a été modifié par le décret du 6 mai 2017 pour tenir compte de cette suppression.

§ 2
Voies extraordinaires de recours

0215.121 **Tierce opposition.** Cette voie de recours, faute d'avoir été spécialement exclue, peut être exercée dans les conditions des articles 582 s. C. pr. civ.[6], conformément à l'article R. 121-5 C. pr. exéc. qui renvoie aux dispositions communes du livre I du Code de procédure civile.

0215.122 **Révision.** La voie du recours en révision n'est pas envisagée par les textes mais, conformément à l'article R. 121-5 C. pr. exéc., ce recours extraordinaire devrait pouvoir être formé dans les cas et conditions prévus par les articles 593 s. C. pr. civ.

0215.123 **Pourvoi en cassation.** En procédure ordinaire, les décisions du JEX pouvant toujours être frappées d'appel, le pourvoi en cassation n'est en principe pas ouvert directement contre elles, sauf dans l'hypothèse de **contrariété de décisions** visée à l'article 618 C. pr. civ. Certaines décisions du juge en matière de **saisie immobilière** ou encore les **décisions rectificatives**, lorsque la décision rectifiée est passée en force de chose jugée, peuvent aussi faire l'objet d'un pourvoi en cassation.

1. Civ. 2e, 18 févr. 1999, n° 97-11.374, P II, n° 33.
2. Civ. 2e, 15 sept. 2005, n° 03-20.644, P II, n° 217.
3. Décr. n° 2023-1391, 29 déc. 2023, portant simplification de la procédure d'appel en matière civile, *JO* 31 déc., texte 37.
4. Décr. n° 2024-673, 3 juill. 2024, portant diverses mesures de simplification de la procédure civile et relatif aux professions réglementées, *JO* 5 juill., texte 54.
5. Décr. n° 2017-891, 6 mai 2017, relatif aux exceptions d'incompétence et à l'appel en matière civile, *JO* 10 mai, texte 113.
6. Civ. 2e, 13 mars 2008, n° 06-20.589, NP – Civ. 2e, 19 mai 2005, n° 04-04.037, P II, n° 130.

TITRE

022. Les autres juridictions intervenant en matière d'exécution

SECTION 0 ORIENTEUR

022.00 **Sommaire du titre.**

Division. La réforme des procédures civiles d'exécution a concentré la plupart des compétences en matière d'exécution forcée entre les mains du juge de l'exécution. Toutefois, d'autres juridictions du premier degré ont conservé des compétences propres en ce domaine, le plus souvent en raison de la spécialité ou de la technicité de la matière traitée (chap. 221). Le premier président et la cour d'appel, *d'une part*, la Cour de cassation, *d'autre part*, interviennent aussi dans le contentieux de l'exécution (chap. 222).

022.03 **Bibliographie indicative.**

Actualisables. *J.-Cl. Pr. civ.*, *V^{is}* Juge de l'exécution : Généralités, fasc. 1500-10 ; Compétence, fasc. 1500-20 ; Procédure, fasc. 1500-25 ; Décision – Voies de recours, fasc. 1500-30 ; Procédures sur requête, Procédures spéciales, fasc. 1500-40, par J. Normand – Lamy *Droit de l'exécution forcée, V°* Contentieux de l'exécution, par N. Fricero, avr. 2008, étude 480 – Rép. pr. civ., v° *Juge de l'exécution*, par L. Feuillard, oct. 2020 (actu. févr. 2025).

Ouvrages. C. Brenner, *Procédures civiles d'exécution*, 12e éd., « Cours », Dalloz, 2024 – G. Couchez et D. Lebeau, *Voies d'exécution*, 12e éd., « Sirey Université », Sirey, 2017 – R. Lauba, *Le contentieux de l'exécution*, LexisNexis, 2017 – A. Leborgne, *Droit de l'exécution*, 3e éd., « Précis », Dalloz, 2019, p. 476 s., n°s 929 s. – R. Perrot et P. Théry, *Procédures civiles d'exécution*, 3e éd., Dalloz, 2013.

CHAPITRE

0221. Autres juridictions du premier degré

ANNE-GAËLLE DUMAS
MAGISTRAT

SECTION 0
ORIENTEUR

0221.00 **Sommaire du chapitre.**

Division. D'autres juridictions que le juge de l'exécution exercent, en première instance, des compétences en matière d'exécution. Ces compétences concernent l'exécution forcée (sect. 1) et les mesures conservatoires (sect. 2).

0221.01 **Textes applicables.**

- **C. pr. exéc.,** art. L. 212-1 s., R. 212-1 s. et R. 213-6.
- **COJ,** art. R. 212-8, 2°.
- **ACPC,** art. 688.
- **C. trav.,** art. L. 3252-1 s. et R. 3252-1 s. (mentionnés au C. pr. exéc., art. L. 212-1 s.).
- **C. pr. pén.,** art. 710.
- **C. expr.,** art. R. 231-1.
- **C. com.,** art. L. 141-14, L. 143-1 s.
- **CPI,** art. L. 332-1, L. 332-4, L. 521-6, L. 615-5, L. 615-17, L. 716-4-7 et R. 615-4 et R. 623-61.
- **C. douanes,** art. 341 *bis*, 357 *bis* et 378 s.

0221.03 **Bibliographie indicative.**

* V. s^s n° 022.03.

SECTION 1
MESURES RELATIVES À L'EXÉCUTION

0221.11 **Reconnaissance et *exequatur*.** L'ancien article L. 311-11 du COJ, désormais codifié à l'article R. 212-8, 2°, attribue compétence au tribunal judiciaire (TJ), statuant à juge unique, pour connaître des demandes en reconnaissance et en *exequatur* des décisions judiciaires et actes publics étrangers ainsi que des sentences arbitrales françaises ou étrangères. Il ne s'agit nullement d'une mesure d'exécution mais d'un préalable à l'exécution forcée sur le territoire français de certaines décisions étrangères.

0221.12 **Paiement direct et recouvrement public des pensions.** L'article 8 du décret du 29 décembre 2009[1] a abrogé l'article R. 221-8 du COJ qui attribuait compétence au **juge d'instance** pour connaître des contestations relatives à la **procédure de paiement direct** prévue par la loi du 2 janvier 1973[2]. Le même texte a modifié l'article 5 du décret du 1er mars 1973[3] (devenu C. pr. exéc., art. R. 213-6) pour donner désormais compétence en ce domaine au JEX. Pour les contestations relatives au **recouvrement public des pensions alimentaires**, l'article 4 de la loi du 11 juillet 1975[4] attribue compétence au **président du TJ**, qui statue selon la procédure accélérée au fond.

(Sur le paiement direct et le recouvrement public des pensions alimentaires, v. s^s n°s 0952.00 s. et 0953.00 s.)

0221.13 **Saisie des rémunérations : avant le 1er janvier 2020.** La loi du 22 décembre 2010[5], relative à l'exécution des décisions de justice, aux conditions d'exercice de certaines professions réglemen-

1. Décr. n° 2009-1693, 29 déc. 2009, relatif à la répartition des compétences entre le tribunal de grande instance et le tribunal d'instance, *JO* 31 déc., p. 23109.
2. L. n° 73-5, 2 janv. 1973, relative au paiement direct de la pension alimentaire, *JO* 3 janv.
3. Décr. n° 73-216, 1er mars 1973, pris pour l'application de la loi n° 73-5 du 2 janvier 1973 relative au paiement direct de la pension alimentaire, *JO* 2 mars.
4. L. n° 75-618, 11 juill. 1975, relative au recouvrement public des pensions alimentaires, *JO* 12 juill.
5. L. n° 2010-1609, 22 déc. 2010, relative à l'exécution des décisions de justice, aux conditions d'exercice de certaines professions réglementées et aux experts judiciaires, *JO* 23 déc., texte 1.

tées et aux experts judiciaires, avait délibérément laissé au **juge d'instance** la compétence qu'il avait en matière de **saisie des rémunérations du travail**, en considération sans doute de l'expérience pratique acquise en cette matière par ce juge et aussi par le greffe, souvent doté déjà de logiciels de répartition des sommes saisies. L'article L. 221-8 du COJ énonçait que, par dérogation aux dispositions de l'article L. 213-6, le juge du tribunal d'instance était compétent en matière de saisie des rémunérations et exerçait les pouvoirs du JEX, conformément à l'article R. 3252-11 C. trav. Depuis le 1er janvier 2020, c'est le JEX qui est le juge de la saisie des rémunérations. La procédure de saisie des rémunérations est réglementée par les articles L. 3252-1 et s. et R. 3252-1 s. C. trav. (mentionnés au C. pr. exéc., art. L. 212-1 s.), et à compter du 1er juillet 2025, également par les articles L. 212-1 s. et R. 212-1 s. C. pr. exéc.[1]. La procédure est désormais déjudiciarisée mais le JEX demeure compétent pour trancher les contestations (v. ss no 0212.101).

(Sur toutes les questions de saisie et cession des rémunérations du travail, v. ss nos 094.05 à 0945.44).

0221.14 **Exécution des sentences pénales.** On se bornera à rappeler qu'aux termes de l'article 710 C. pr. pén., tous incidents contentieux relatifs à l'exécution des sentences pénales sont portés devant le tribunal ou la cour qui a prononcé la sentence, cette juridiction pouvant également procéder à la rectification des erreurs purement matérielles contenues dans ses décisions. Les contestations qui s'élèvent à l'occasion de **l'exécution forcée des dispositions civiles statuant sur l'action civile** des décisions pénales relèvent toutefois des **compétences du JEX**, y compris, pensons-nous, la possibilité d'interpréter le titre exécutoire, fût-il prononcé par le juge pénal.

0221.15 **Expropriation.** Aux termes de l'article R. 231-1 C. expr. pour cause d'utilité publique, l'expulsion est prononcée en la matière par le juge de l'expropriation statuant en la forme des référés, sauf dans les cas où cette décision relève de la compétence du juge administratif.

0221.16 **Anciennes saisies immobilières.** Aux termes de l'article 168 du décret du 27 juillet 2006[2], maintenu en vigueur par l'article 9, 9° du décret de codification du 30 mai 2012, les procédures de saisie immobilière ayant donné lieu, avant le 1er janvier 2007, au dépôt du cahier des charges prévu à l'article 688 ACPC, demeurent régies par ce code et relèvent de la **compétence du TJ.**

SECTION 2

MESURES CONSERVATOIRES ET AUTRES MESURES PARTICULIÈRES

0221.21 **Opposition du syndic.** L'opposition formée par le syndic de copropriété au versement des fonds lors de la mutation d'un lot est régie par l'article 20 de la loi du 10 juillet 1965[3] dont les dispositions ont un caractère autonome et ne se combinent pas avec les dispositions de la loi du 9 juillet 1991[4]. On devrait en déduire que les contestations relatives à cette opposition, qui ne constitue pas une saisie-attribution[5], relèvent, comme les autres contestations en matière de copropriété, de la compétence générale du TJ.

0221.22 **Opposition sur le prix de vente d'un fonds de commerce.** L'opposition au paiement du prix de vente d'un fonds de commerce, formée en application de l'article L. 141-14 C. com., et les modalités de réalisation du gage et de purge des créances inscrites, qui sont régies par les articles L. 143-1 s. du même code, relèvent de la compétence du tribunal de commerce.

0221.23 **Séquestre.** Les mesures de **séquestre judiciaire**, ordonnées sur le fondement des articles 1961 et suivants du Code civil, sont de la compétence du **juge du fond** ou du **juge des référés**. Il en va de même des contestations portant sur le **séquestre conventionnel**[6] conclu en application de l'article 1956 de ce code. Le JEX n'ordonne un séquestre que dans les cas prévus par le Code des procédures civiles d'exécution.

0221.24 **Saisie en matière de reproduction illicite d'une œuvre.** Cette saisie, réglementée par l'article L. 332-1 du CPI, est effectuée, à la demande de l'auteur d'une œuvre protégée.

0221.25 **Saisie-contrefaçon.** La saisie-contrefaçon est une mesure probatoire spécifique aux divers domaines de la propriété intellectuelle, c'est-à-dire de la propriété industrielle et de la propriété littéraire ou artistique. Plusieurs dispositions du Code de la propriété intellectuelle attribuent compétence au président du TJ dans le ressort duquel les opérations de saisie doivent être effectuées, à savoir les articles :

1. L. no 2023-1059, 20 nov. 2023, d'orientation et de programmation du ministère de la justice 2023-2027, *JO* 21 nov., texte 2 – Décr. no 2025-125, 12 févr. 2025, relatif à la nouvelle procédure de saisie des rémunérations, *JO* 14 févr., texte 1.
2. Décr. no 2006-936, 27 juill. 2006, relatif aux procédures de saisie immobilière et de distribution du prix d'un immeuble, *JO* 29 juill., p. 11316.
3. L. no 65-557, 10 juill. 1965, fixant le statut de la copropriété, *JO* 11 juill.
4. Civ. 2e, 6 mai 1999, no 97-10.121, P II, no 86.
5. Cass., avis, 16 juin 1995, no 09-50.007, P, no 8.
6. Paris, 3 déc. 1998, *Gaz. Pal.* 2000. 500, chron. T. Moussa.

L. 332-4 en matière de logiciels et de bases de données, L. 521-6 en matière de dessins et modèles, L. 615-5, R. 615-4 s. en matière de brevets d'invention, R. 623-51 en matière d'obtentions végétales et L. 716-4-7 en matière de marques. Au reste, l'article L. 615-17 du CPI donne compétence pour l'ensemble du contentieux des brevets à certains TJ.

0221.26 Saisie conservatoire en matière de douanes. Les dispositions de l'article 341 *bis* C. douanes ayant été modifiées par l'article 8 de la loi du 13 décembre 2011[1] relative à la répartition des contentieux et à l'allégement de certaines procédures juridictionnelles, le JEX du lieu de rédaction du procès-verbal est désormais compétent pour connaître des mesures conservatoires à l'encontre des personnes responsables à l'effet de garantir les créances douanières[2]. Mais, selon l'article 357 *bis* C. douanes, modifié par l'ordonnance du 18 septembre 2019[3], c'est à présent le TJ qui connaît des contestations concernant le paiement, la garantie ou le remboursement des créances de toute nature recouvrées par l'administration des douanes et des autres affaires de douane n'entrant pas dans la compétence des juridictions répressives. Enfin, les articles 378 s. C. douanes organisent les mesures propres à assurer l'exécution forcée des jugements en matière de douane.

0221.27 Autres mesures conservatoires. De nombreux textes prévoient des mesures judiciaires qui peuvent s'apparenter à des mesures conservatoires. Notamment, sans prétendre à l'exhaustivité, celles qui sont présentées dans le tableau suivant :

0221.28 Mesures judiciaires pouvant s'apparenter à des mesures conservatoires.

Mesures	Sources
Demandes d'autorisation de consignation de marchandises non conformes	C. consom., art. L. 512-35
Mesures conservatoires sur les biens d'une personne mise en examen	C. pr. pén., art. 706-103 e t 706-166
Demandes d'autorisation et mesures de consignation des biens en cas d'atteinte à l'environnement	C. envir., art. L. 521-11-1 et L. 172-15
Demandes de mesures de consignation de produits dangereux	CSP, art. L. 5127-2
Autorisation des visites domiciliaires et des saisies effectuées par la direction générale des impôts	LPF, art. L. 16 B
Autorisation des visites domiciliaires et des saisies effectuées par les agents des douanes	C. douanes, art. 64
Autorisation des visites domiciliaires et des saisies effectuées par les agents de la direction générale de la consommation, de la concurrence et de la répression des fraudes	C. com., art. L. 450-4
Autorisation des visites domiciliaires effectuées par les enquêteurs de l'autorité des marchés financiers	C. mon. fin., art. L. 621-12
Inscriptions provisoires d'une sûreté au livre foncier dans les trois départements du Bas-Rhin, du Haut-Rhin et de la Moselle	C. pr. exéc., art. R. 534-1

1. L. nº 2011-1862, 13 déc. 2011, relative à la répartition des contentieux et à l'allègement de certaines procédures juridictionnelles, *JO* 14 déc., texte 1.
2. C'était auparavant le juge d'instance : Civ. 2e, 6 mai 1997, nº 95-11.249, P II, nº 134 – Civ. 2e, 6 avr. 2006, nº 04-14.855, P II, nº 107 ; obs. O. Salati ; *Dr. et proc.* 2006. 285.
3. Ord. nº 2019-964, 18 sept. 2019, prise en application de la loi nº 2019-222 du 23 mars 2019 de programmation 2018-2022 et de réforme pour la justice, *JO* 19 sept., texte 5.

CHAPITRE

0222. Juridictions du second degré et Cour de cassation

ANNE-GAËLLE DUMAS
MAGISTRAT

SECTION 0

ORIENTEUR

0222.00 **Sommaire du chapitre.**

Division. Seront étudiées dans ce chapitre les attributions, en matière d'exécution, du premier président de la cour d'appel (sect. 1), de la formation collégiale de la cour d'appel (sect. 2) et de la Cour de cassation (sect. 3).

0222.01 **Textes applicables.**

• **C. pr. exéc.,** art. R. 121-1, R. 121-20, R. 121-22, R. 122-22 et R. 311-5.

• **COJ,** art. L. 213-6 et anc. art. L. 311-12, 1°.

• **C. pr. civ.,** art. 12, 76, 81,90, 91, 496, 514-3, 517-1, anc. 524, 526, 561, 625, 900 à 930 et 950 à 953.

• **C. civ.,** art. 1244-1.

0222.02 **Jurisprudence de référence.**

> Sursis à l'exécution des décisions du juge de l'exécution. Domaine d'application.

• **Civ. 2e, 18 déc. 1996,** n° 95-12.602, P II, n° 305

* V. s^s^ n°s 0222.11, 0842.31, 1334.211

Le premier président de la cour d'appel peut ordonner le sursis à l'exécution de toutes les décisions du juge de l'exécution, à l'exception de celles qui, dans les rapports entre créanciers et débiteurs, statuent sur les demandes dépourvues d'effet suspensif à moins qu'elles n'ordonnent la mainlevée d'une mesure.

> Sursis à exécution des décisions du juge de l'exécution. Appréciation souveraine des moyens d'annulation ou de réformation par le premier président.

• **Civ. 2e, 6 déc. 2001,** n°s 00-13.402 et 00-16.870, P II, n° 185

* V. s^s^ n°s 0222.15, 0842.31

Le premier président de la cour d'appel tient de l'article 31 du décret du 31 juillet 1992 [devenu art. R. 121-22 C. pr. exéc.] le pouvoir d'apprécier souverainement l'existence de moyens sérieux d'annulation ou de réformation du jugement du juge de l'exécution faisant l'objet d'une demande de sursis à exécution.

> Saisie immobilière. Recevabilité des contestations et demandes incidentes formulées après le renvoi de l'audience d'orientation. Saisine de la cour d'appel en cas d'appel contre le jugement d'orientation personnel de l'astreinte.

• **Civ. 2e, 28 oct. 2008,** n° 08-13.404, P II, n° 226

* V. s^s^ n°s 0211.71, 0212.81, 0222.24, 1334.13, 1334.14, 1334.196, 1335.51, 1336.61, 1336.291

1° En cas de renvoi de l'audience d'orientation, les contestations et demandes incidentes formulées au plus tard à l'audience de renvoi sont recevables.

2° Il n'appartient qu'au seul juge de l'exécution de suivre la procédure postérieure à l'autorisation de la vente amiable. En renvoyant l'affaire à son audience pour vérifier les conditions de la réalisation de la vente après avoir autorisé le débiteur à vendre l'immeuble saisi à l'amiable, la cour d'appel viole les articles 54 et 58 du décret du 27 juillet 2006 [devenus art. R. 322-21 et R. 322-25 C. pr. exéc.].

> Sursis sur astreinte ne vaut.

• **Civ. 2e, 10 févr. 2011,** n° 10-14.424, P II, n° 29

* V. s^s^ n°s 0222.13, 0222.14, 0411.113, 0411.114, 0412.34

L'article 524 du Code de procédure civile n'est pas applicable aux demandes de sursis à exécution des décisions rendues par le juge de l'exécution. Le prononcé d'une astreinte ne peut donner lieu à un sursis à exécution.

> Impossibilité pour le premier président de surseoir à l'exécution d'une décision rejetant une demande de délais de grâce.

• **Civ. 2e, 19 nov. 2020,** n° 19-17.931, P

* V. s^s^ n°s 0222.11, 0842.31, 1334.211

Il résulte de l'article R. 121-22 alinéas 1er à 3, du Code des procédures civiles d'exécution que le premier président de la cour d'appel peut ordonner le sursis à l'exécution de toutes les décisions du juge de l'exécution, à l'exception de celles qui, dans les rapports entre créanciers et débiteurs, statuent sur des demandes dépourvues d'effet suspensif à moins qu'elles n'ordonnent la mainlevée de la mesure.

Ayant retenu à bon droit que la saisine du juge de l'exécution d'une demande de délai de grâce était dépourvue d'effet suspensif, une cour d'appel en a exactement déduit que l'article R. 121-22 du code des procédures civiles d'exécution est inapplicable aux jugements du juge de l'exécution déboutant l'appelant d'une demande de délais de grâce.

0222.03 **Bibliographie indicative.**

* V. s^s n° 022.03.

SECTION 1

JURIDICTION DU PREMIER PRÉSIDENT

0222.11 **Demande de sursis à exécution.** On sait que la décision du JEX est exécutoire de plein droit. La dernière phrase du dernier alinéa de l'article L. 311-12, 1° de l'ancien COJ prévoyait que « *le premier président de la cour d'appel* [pouvait] *ordonner qu'il soit sursis à l'exécution de la mesure* ». Cette rédaction avait laissé perplexes un certain nombre de commentateurs, qui s'étaient demandé si ce n'était pas plutôt à l'exécution de la décision du juge de l'exécution (JEX) que le premier président pouvait décider qu'il soit sursis et non à celle de la mesure d'exécution. Cela d'autant que l'article R. 121-22 C. pr. exéc. énonce par ailleurs qu'en cas d'appel, un sursis à l'exécution des décisions prises par le JEX peut être demandé au premier président. La dernière codification du Code de l'organisation judiciaire n'a pas repris le dernier alinéa de l'article L. 311-12, 1°, si bien que **le sursis à exécution vise désormais clairement la décision du juge et non la mesure d'exécution.**

Une autre question est celle de savoir quelles sont les décisions du juge qui peuvent faire l'objet d'un sursis, seulement celles qui accueillent la contestation ou aussi celles qui la rejettent ? Un arrêt du 18 décembre 1996 a levé le doute. Le sursis à exécution est applicable à toutes les décisions du JEX, y compris donc aux **décisions de rejet ou de débouté**, à l'exception toutefois, selon la Cour de cassation, de celles qui, dans les rapports entre créanciers et débiteurs, statuent sur les **demandes dépourvues d'effet suspensif**, à moins qu'elles n'ordonnent la mainlevée d'une mesure[1]. Il n'est en effet pas question que le premier président suspende les poursuites, ce que n'a pas voulu le législateur. Quant aux mesures qui ordonnent la **mainlevée d'une mesure**, la Cour de cassation considère qu'elles peuvent faire l'objet d'un sursis à exécution, afin de prévenir le risque de disparition des biens saisis avant que la cour d'appel ne statue.

L'article R. 121-22 C. pr. exéc. ne s'applique qu'en cas d'appel et il n'entre donc pas dans les pouvoirs du premier président de suspendre l'exécution des mesures judiciaires de sûreté autorisées sur requête par un JEX[2], qui peuvent être rétractées. La procédure sur requête devant le JEX figurant dans un chapitre autonome du Code des procédures civiles d'exécution et l'ordonnance autorisant la mesure étant soumise au recours de l'article 496 C. pr. civ., la jurisprudence considérait même qu'il n'entre pas dans les pouvoirs du premier président de la cour d'appel d'ordonner le sursis à exécution d'une décision donnant mainlevée d'une mesure judiciaire de sûreté, autorisée sur requête, puis rétractée par décision du JEX[3]. Néanmoins, par un récent arrêt, la Cour de cassation est revenue sur cette jurisprudence et il a été jugé que : « *Le premier président de la cour d'appel peut ordonner le sursis à l'exécution de toutes les décisions du juge de l'exécution, à l'exception de celles qui, dans les rapports entre créanciers et débiteurs, statuent sur les demandes dépourvues d'effet suspensif, à moins qu'elles n'ordonnent la mainlevée d'une mesure.*

L'article R. 121-22 du Code des procédures civiles d'exécution ne distingue pas selon que la mesure a été pratiquée avec ou sans autorisation préalable du juge.

Il s'ensuit qu'en cas d'appel du jugement ayant ordonné la mainlevée d'une mesure conservatoire autorisée sur requête, le créancier peut saisir le premier président de la cour d'appel d'une demande de sursis à exécution, cette demande prorogeant, conformément aux dispositions de l'article R. 121-22, alinéa 2, précité, les effets attachés à la mesure »[4].

Enfin, le sursis ne peut pas être demandé à l'égard des décisions qui statuent sur une **demande de délai de grâce**, pour l'admettre ou pour la rejeter[5], car cela reviendrait, pour le premier président, à se substituer à la cour d'appel[6].

Sur le plan procédural, l'article R. 121-22 C. pr. exéc. prévoit que la demande est présentée par voie d'**assignation en référé** délivrée à la partie adverse. L'assignation est dénoncée, s'il y a lieu, au tiers entre

1. Civ. 2e, 18 déc. 1996, n° 95-12.602, P II, n° 305 – Civ. 2e, 25 mars 1999, n° 97-15.645, P II, n° 59 – Civ. 2e, 14 nov. 2013, n° 12-25.526, NP.
2. Civ. 8 juill. 2004, n° 02-14.573, P II, n° 372.
3. Civ. 2e, 11 avr. 2013, n° 12-18.255, P II, n° 78.
4. Civ. 2e, 2 mars 2023, n° 20-21.303, B ; *D.* 2023. 1282, obs. A. Leborgne et J.-D. Pellier ; *Rev. prat. rec.* 2023. 14, chron. O. Salati.
5. Civ. 2e, 19 nov. 2020, n° 19-17.931, P ; *Rev. prat. rec.* 2021. 11, chron. O. Salati.
6. V. CEP., mais en se fondant sur le principe d'efficacité des normes communautaires, Com. 20 oct. 1998, n° 96-19.277, P IV, n° 253.

les mains de qui la saisie a été pratiquée. La procédure est **sans assistance ni représentation obligatoire.**

0222.12 Effet de la demande de sursis. Selon l'article R. 121-22 C. pr. exéc., la demande de sursis à exécution suspend les poursuites, jusqu'au jour du prononcé de l'ordonnance du premier président, si la décision attaquée n'a pas remis en cause leur continuation. À l'inverse, elle proroge les effets attachés à la saisie et aux mesures conservatoires, si la décision attaquée a ordonné la mainlevée [1]. Ainsi l'ordonnance sursoyant à l'exécution d'une décision du JEX ayant annulé un procès-verbal de saisie-vente proroge l'effet d'indisponibilité attaché à la saisie jusqu'à la décision statuant sur l'appel formé contre cette décision [2].

Le débiteur qui conteste la décision de rejet de sa contestation comme le créancier qui conteste la décision de mainlevée ordonnée par le JEX, ont donc intérêt à relever vite appel et à faire assigner en référé aux fins de sursis à exécution, faute de quoi, dans le premier cas, le débiteur pourra disposer des biens saisis et, dans le second, le créancier pourra mener à terme la mesure.

0222.13 Exclusion des dispositions de droit commun du sursis à exécution du Code de procédure civile. Les décisions du JEX étant *de plein droit exécutoires*, la procédure de sursis à exécution de l'article R. 121-22 C. pr. exéc. a été jugée exclusive de celle de l'ancien article 524 C. pr. civ. qui permettait au premier président d'arrêter l'exécution provisoire ordonnée par le premier juge [3]. Relevons en effet que ces dernières dispositions s'appliquaient en matière d'exécution provisoire à l'inverse des décisions du JEX qui sont exécutoires à titre définitif. Il apparaît *a priori* logique que le régime de la suspension soit régi par des règles différentes.

Depuis le décret n° 2019-1333 du 11 décembre 2019 [4], l'exécution *provisoire* est de droit pour toutes les décisions de première instance sauf exceptions pour lesquelles le juge peut toujours ordonner l'exécution provisoire. Les articles 514-3 et 517-1 C. pr. civ., ont remplacé l'ancien article 524 en en modifiant les termes. S'agissant de dispositions propres à l'exécution provisoire, la jurisprudence mentionnée devrait en principe être maintenue.

0222.14 Cas particulier de l'astreinte. L'astreinte n'est pas une mesure d'exécution forcée. La Cour de cassation en tire la conséquence que, ni la décision qui ordonne une astreinte, ni celle qui liquide une astreinte précédemment ordonnée, ni celle qui en modifie la nature ou le taux, ne peuvent donner lieu à un sursis à exécution ordonné dans les conditions de l'article R. 121-22 C. pr. exéc. [5] La solution a été confirmée par un arrêt du 10 février 2011, qui a également jugé que l'article 524 C. pr. civ. relatif à l'arrêt de l'exécution provisoire n'était pas applicable aux demandes de sursis à exécution des décisions rendues par le JEX [6].

0222.15 Décision de sursis à exécution. Dans sa rédaction d'origine, l'article 31 du décret du 31 juillet 1992 (devenu C. pr. exéc., art. R. 121-22) ne précisait pas les critères du sursis à l'exécution de la décision du JEX. Il s'en est suivi des hésitations qui portaient aussi bien sur les conditions mêmes de ce sursis que sur la motivation de l'ordonnance du premier président. Le décret du 18 décembre 1996 [7] a mis un terme à la controverse, dans la ligne d'un arrêt rendu le 30 juin 1996 par la Cour de cassation.

Selon le troisième alinéa de l'article R. 121-22 C. pr. exéc., le sursis à exécution n'est accordé que s'il existe des **moyens sérieux d'annulation ou de réformation de la décision déférée à la cour d'appel.** Il n'y a donc pas lieu de se référer aux conséquences manifestement excessives que l'exécution de la décision pourrait entraîner, ce critère étant étranger au sursis de l'article R. 121-22 C. pr. exéc. Par ailleurs, la Cour de cassation juge désormais que le **premier président** dispose d'un **pouvoir souverain d'appréciation** [8], ce qui ne le dispense donc pas de motiver sa décision, qu'elle accueille ou qu'elle rejette la demande de sursis.

Pour prévenir toute demande de sursis à exécution manifestement abusive, le dernier alinéa de l'article R. 121-22 C. pr. exéc. autorise le premier président à prononcer une amende civile et à accorder, s'il y a lieu, des dommages-intérêts qui pourraient être réclamés. La décision doit caractériser l'abus manifeste [9]. Le montant maximum de l'amende a été porté à la somme de 10 000 euros par le décret du 6 mai 2017 [10].

1. Civ. 2e, 7 juill. 2005, n° 03-15.469, P II, n° 185.
2. Civ. 2e, 2 juin 2015, n° 14-12.230, P II, n° 98.
3. Civ. 2e, 20 juin 1996, n° 93-19.320, P II, n° 177 – Civ. 2e, 10 févr. 2011, n° 10-14.424, P II, n° 29.
4. Décr. n° 2019-1333,11 déc. 2019, réformant la procédure civile, *JO* 12 déc., texte 3.
5. Cass., avis, 27 juin 1994, n° 09-40.008, P, n° 18 – Civ. 2e, 25 juin 1997, n° 95-10.537, P II, n° 206 – Civ. 2e, 10 févr. 2000, n° 98-13.354, P II, n° 28.
6. Civ. 2e, 10 févr. 2011, n° 10-14.424, P II, n° 29 ; *Procédures* 2011, n° 128, note R. Perrot précité – V. AUSSI, sur le sujet P. Gerbay, « Arrêt d'exécution provisoire ou sursis à exécution de l'astreinte liquidée », *Procédures* 2009. Étude 8.
7. Décr. n° 96-1130, 18 déc. 1996, modifiant le décret n° 92-755 du 31 juillet 1992 instituant de nouvelles règles relatives aux procédures civiles d'exécution pour l'application de la loi n° 91-650 du 9 juillet 1991 portant réforme des procédures civiles d'exécution, *JO* 26 déc.
8. Civ. 2e, 6 déc. 2001, n° 00-13.402, P II, n° 185 – Civ. 2e, 20 déc. 2001, n° 00-17.029, P II, n° 201.
9. Civ. 2e, 18 déc. 2003, n° 01-16.617, P II, n° 402.
10. Décr. n° 2017-892, 6 mai 2017, portant diverses mesures de modernisation et de simplification de la procédure civile, *JO* 10 mai, texte 114.

On notera que le cinquième alinéa de l'article R. 121-22 C. pr. exéc., issu du décret du 6 novembre 2014[1], relatif à la procédure civile applicable devant la Cour de cassation, prévoit désormais que la décision du premier président n'est pas susceptible de pourvoi. C'est donc à la jurisprudence des premiers présidents de cours d'appel ou de leur délégataire qu'il conviendra essentiellement de se reporter, la Cour de cassation ne pouvant plus être saisie que pour sanctionner un éventuel excès de pouvoir.

0222.16 **Effet de la décision de sursis.** *Si la décision attaquée a prononcé l'annulation d'une mesure ou en a ordonné la mainlevée*, le sursis à exécution a pour effet d'autoriser la **reprise des poursuites.** La mesure continue ses effets, sous les réserves tenant aux effets attachés à la contestation elle-même, qui se poursuivent pendant la procédure d'appel.

Si, en revanche, la décision frappée d'appel a ordonné la continuation des poursuites, la demande de sursis n'est pas pour autant, comme il a pu être soutenu, dépourvue d'objet. Certes, la décision de sursis ne peut avoir pour effet de suspendre la mesure, le premier président, qui n'est pas juge d'appel du JEX, ne pouvant arrêter l'exécution de la décision servant de fondement aux poursuites. Mais le sursis à l'exécution de la décision de débouté de la contestation peut avoir pour conséquence de **différer l'exigibilité du paiement au créancier**, comme c'est le cas en matière de saisie-attribution, de sorte qu'une telle demande est bien recevable[2]. Si donc le premier président accueille une demande de sursis d'une décision de débouté, cela signifie que les effets attachés par la loi à la contestation perdurent. En particulier, dans l'hypothèse d'une saisie-attribution, le paiement des sommes saisies ne peut intervenir, malgré l'absence d'effet suspensif de l'appel. Toutefois, l'octroi du sursis ne peut remettre en cause les effets des actes d'exécution accomplis et les paiements effectués avant la décision[3].

SECTION 2
COUR D'APPEL

0222.21 **Procédure.** On rappellera qu'en procédure ordinaire, les décisions du JEX peuvent toujours être frappées d'appel et que ni le délai d'appel, ni l'appel lui-même n'ont d'effet suspensif.

Le législateur de 1991 avait imaginé que l'appel serait porté devant une formation de la cour d'appel statuant à bref délai. Cette disposition figurait d'ailleurs au dernier alinéa de l'ancien article L. 311-12, 1° du COJ. On s'est interrogé, si ce n'était sur l'intention des auteurs du texte, à tout le moins sur le sens et la portée de la formulation. Une formation spécialement désignée de la cour devait-elle être constituée, comme le prévoient en d'autres domaines les articles L. 311-10 et suivants du COJ ou l'article L. 312-6 pour la chambre spéciale des mineurs ? La référence au bref délai constituait-elle une invitation à recourir aux procédures d'urgence et à jour fixe des articles 910 et 917 C. pr. civ.[4] ?

Le nouveau Code de l'organisation judiciaire n'a pas repris cette disposition. L'appel est jugé par une **formation ordinaire de la cour**, rien ne s'opposant toutefois à la mise en place dans les cours d'appel de formations spécialisées en droit de l'exécution ou n'interdisant de recourir aux procédures accélérées.

Il résulte du second alinéa de l'article R. 121-20 C. pr. exéc., dans sa rédaction issue du décret du 29 décembre 2023[5], que l'appel est formé, instruit et jugé selon les règles applicables à la **procédure à bref délai ou à la procédure à jour fixe.** On signalera enfin qu'à défaut de texte particulier, l'appel est régi, en **matière gracieuse**, par les articles 950 à 953 C. pr. civ. Il en va de même en matière d'**ordonnance sur requête**, lorsqu'il n'est pas fait droit à la requête, conformément aux dispositions de l'article 496 C. pr. civ. qui renvoient à la procédure applicable à la matière gracieuse.

0222.22 **Rôle de la cour d'appel. Effet dévolutif.** L'appel remet la chose jugée en question devant la cour d'appel pour qu'il soit à nouveau statué en fait et en droit. L'appel d'un jugement du JEX n'échappe pas à la dévolution telle que définie par l'article 561 C. pr. civ. Pourtant, l'étendue de l'effet dévolutif a donné lieu à des divergences de jurisprudence qui ont été aujourd'hui clarifiées.

0222.23 **Effet dévolutif : jurisprudences divergentes.** Par analogie avec la juridiction des référés, à laquelle la juridiction de l'exécution emprunte des règles, certains avaient en effet considéré que la cour d'appel ne pouvait statuer en matière d'exécution qu'avec la même compétence que le JEX. Ils en déduisaient que la cour d'appel pouvait relever d'office son incompétence matérielle, en dépit des dispositions de l'article 76 C. pr. civ.

Dans un premier temps, la *deuxième chambre civile* de la Cour de cassation avait adopté cette thèse. Elle avait jugé qu'une cour d'appel qui avait infirmé la

1. Décr. n° 2014-1338, 6 nov. 2014, relatif à la procédure civile applicable devant la Cour de cassation, *JO* 8 nov., p. 18901.
2. Civ. 2e, 25 mars 1999, n° 97-15.645, P II, n° 59.
3. Civ. 2e, 31 janv. 2002, n° 00-11.88, P II, n° 11.
4. *J.-Cl. Pr. civ.*, V° Juge de l'exécution : Décision. Voies de recours, par J. Normand, fasc. 2060, nos 43 à 46.
5. Décr. n° 2017-891, 6 mai 2017, relatif aux exceptions d'incompétence et à l'appel en matière civile, *JO* 10 mai, texte 113.

décision d'un JEX en retenant l'incompétence de ce juge, excédait ses pouvoirs en se prononçant sur le fond [1]. Un autre arrêt avait rejeté un moyen pris de l'incompétence de la cour d'appel au seul motif que l'incompétence du JEX n'avait pas été soulevée en première instance [2]. La deuxième chambre toujours, en matière de sécurité sociale, avait approuvé une cour d'appel d'avoir refusé d'accorder des délais de paiement à une assurée, au motif que la créance n'avait donné lieu à la délivrance d'aucun commandement et qu'elle n'avait pas compétence pour accorder un délai sur le fondement des articles R. 121-1 C. pr. exéc. et 1244-1 C. civ. [3]

Enfin, un arrêt de la *troisième chambre civile*, rendu après avis de la deuxième chambre, avait cassé l'arrêt d'une cour d'appel statuant en matière d'exécution ayant ordonné la restitution de fruits perçus par le détenteur précaire d'une parcelle, en considérant que le JEX n'était pas compétent pour statuer sur telle demande de restitution car le détenteur n'avait pas été partie au procès en résiliation du bail [4].

De son côté, la *première chambre civile* avait en revanche retenu que si une demande en déchéance des intérêts sanctionnant une offre de prêt irrégulière excédait les attributions du JEX, la cour d'appel, juge de l'exécution et juge des litiges en matière de prêts immobiliers, était pour sa part compétente pour apprécier l'incidence de l'irrégularité invoquée par l'emprunteur [5]. La première chambre avait ainsi fait application, sans l'énoncer expressément, du premier alinéa de l'article 79 C. pr. civ. (devenu C. pr. civ., art. 90), selon lequel si elle doit infirmer la décision du premier juge du chef de la compétence, la cour d'appel statue néanmoins sur le fond du litige si elle est juridiction d'appel relativement à la juridiction qu'elle estime compétente.

0222.24 Effet dévolutif : état actuel de la jurisprudence. Depuis deux arrêts publiés du 8 avril 2004, la *deuxième chambre civile* s'est ralliée à la solution dégagée par la *première chambre civile*. Le premier arrêt a cassé, au visa de l'article 92 alinéa 2 C. pr. civ. (devenu C. pr. civ., art. 76), l'arrêt d'une cour d'appel qui avait relevé d'office l'incompétence du JEX au motif que la contestation soulevée par le débiteur avait été élevée après la publication d'un commandement aux fins de saisie immobilière [6]. Le second arrêt a jugé qu'une cour d'appel, saisie de l'appel d'un jugement d'un JEX qui s'était à tort déclaré compétent pour statuer sur une demande d'indemnisation résultant d'un arrêt condamnant un employeur à une obligation de faire, n'excédait pas ses pouvoirs en se déclarant elle-même compétente pour statuer sur cette demande [7]. La deuxième chambre a considéré que, par l'effet dévolutif, la cour d'appel était saisie de l'entier litige et qu'elle était juridiction d'appel tant du JEX que du conseil de prud'hommes. C'est bien une application de l'article 79 C. pr. civ., dans sa rédaction alors applicable, qu'a fait ici la Cour de cassation, en consacrant la plénitude de juridiction de la cour d'appel, y compris lorsqu'elle est saisie de l'appel d'un jugement du JEX. La solution a depuis été confirmée par plusieurs arrêts [8]. La solution est encore confirmée par un arrêt du 26 juin 2014 qui a jugé que violait l'article L. 213-6 du COJ la cour d'appel ayant retenu qu'un JEX qui statue en l'absence de toute mesure d'exécution forcée commet un excès de pouvoir, alors que, ce juge étant incompétent pour statuer sur la demande, elle devait se prononcer sur le fond du litige en application de l'article 79 alinéa 1er C. pr. civ., devenu l'article 90 alinéa 2 C. pr. civ. [9].

Il convient toutefois d'apporter une précision en matière de **saisie immobilière**. L'économie et l'architecture de la nouvelle procédure consacrent l'existence d'une procédure unique conduite devant et sous l'autorité du JEX. Par un arrêt du 23 octobre 2008 [10], la Cour de cassation a considéré qu'en cas d'infirmation d'un jugement d'orientation ayant rejeté la demande de vente amiable présentée par un débiteur, il appartient au seul JEX de suivre la procédure postérieure à l'autorisation de vente amiable. La même solution devrait valoir en cas d'infirmation d'un jugement ayant autorisé la vente amiable. En la matière, l'appel ne tend qu'à faire trancher un incident de la saisie et la dévolution est en quelque sorte limitée à l'examen de la question litigieuse. Rappelons par ailleurs que l'effet dévolutif de l'appel est limité par l'article R. 311-5 C. pr. exéc. avec une jurisprudence nourrie sur cette disposition (v. ss nos 1318.12, 1334.196, en saisie immobilière).

On peut également signaler le cas particulier de l'astreinte. La cour d'appel, saisie de l'appel du jugement ayant prononcé l'astreinte, n'est pas assimilée au juge de première instance demeurant saisi de l'affaire et ne peut pas liquider l'astreinte prononcée par celui-ci [11]. Par ailleurs, si le premier juge s'est réservé la liquidation de l'astreinte et que la cour

1. Civ. 2e, 24 sept. 1997, no 95-13.386, P II, no 233.
2. Civ. 2e, 3 mai 2001, no 96-21.984, NP.
3. Civ. 2e, 16 sept. 2003, no 02-10.909, P II, no 262.
4. Civ. 3e, 3 juin 2004, no 01-16.049, P III, no 112.
5. Civ. 1re, 16 oct. 2001, no 99-14.711, P I, no 258.
6. Civ. 2e, 8 avr. 2004, no 02-14.498, P II, no 174 – V. AUSSI Civ. 2e, 18 nov. 2004, no 02-20.519, NP.
7. Civ. 2e, 8 avr. 2004, no 01-17.557, P II, no 172 – *RTD civ.* 2004. 544, obs. Ph. Théry ; *Procédures* 2004, no 142, note R. Perrot.
8. Civ. 3e, 25 janv. 2006, no 03-16.517, NP – Civ. 2e, 7 juin 2006, no 04-14.799, NP.
9. Civ. 2e, 26 juin 2014, no 13-15.932, P II, no 156 ; « Chronique de jurisprudence », *D.* 2014. 1722, H. Adida-Canac, T. Vasseur et E. de Leiris.
10. Civ. 2e, 23 oct. 2008, no 08-13.404, P II, no 226.
11. Civ. 2e, 26 mars 1997, no 94-15.992, P II, no 91.

d'appel est saisie de l'appel de cette décision et est saisie d'une demande de liquidation, elle pourra y procéder[1].

0222.25 Résumé : les pouvoirs de la cour d'appel de retenir son incompétence. La cour d'appel ne peut relever d'office son incompétence que si l'affaire ressortit de la compétence d'une juridiction répressive ou administrative ou si elle échappe à la connaissance d'une juridiction française. Par ailleurs, si elle infirme du chef de la compétence du JEX, elle doit néanmoins statuer sur le fond, mais seulement si elle est juridiction d'appel tant du JEX que de la juridiction normalement compétente. La règle ne vaut toutefois que si le JEX s'est déclaré compétent. La dévolution ne s'opère pas en effet lorsque la cour d'appel confirme un jugement par lequel le premier juge s'est déclaré incompétent, même si elle est juridiction d'appel relativement à la juridiction qu'elle estime compétente[2].

Ces solutions s'expliquent par le fait que **le JEX n'est pas, comme le juge des référés, un juge du provisoire. Il statue au principal**. Elles contribuent aussi au respect du délai raisonnable, en évitant un renvoi de l'affaire devant le premier juge compétent. Pour autant, si la cour d'appel n'est pas soumise aux mêmes règles de compétences que le JEX, elle ne peut, lorsqu'elle statue sur une demande relevant de ce juge, en excéder les pouvoirs. Le juge d'appel n'a ici pas plus de pouvoirs que le premier juge. Encore faut-il ne pas confondre **pouvoir** et **compétence** et il est bien des situations où les notions sont imbriquées. En particulier, la cour d'appel ne peut ni modifier le dispositif de la décision servant de fondement aux poursuites ni en suspendre l'exécution. L'article R. 121-1 C. pr. exéc. lui en fait expressément interdiction.

On soulignera enfin qu'en cas d'incompétence territoriale du JEX, il convient encore de faire application des dispositions de l'article 90 C. pr. civ. La cour d'appel, en cas d'appel sur l'ensemble des dispositions du jugement, statue sur le fond, si elle est juridiction d'appel relativement à la juridiction qu'elle estime compétente. À défaut, elle renvoie l'affaire devant la cour qui est juridiction d'appel relativement à la juridiction qui aurait été compétente en première instance. Cette désignation s'impose alors aux parties[3]. Si l'appel est exclusivement limité à la question de compétence, il sera fait application des dispositions de l'article 91 C. pr. civ.

1. Soc. 20 oct. 2015, n° 14-10.725, P V, n° 196.
2. Civ. 2e, 11 mai 2006, n° 04-16.967, P II, n° 123.
3. Civ. 2e, 7 janv. 1998, n° 95-19.549, P II, n° 2.

SECTION 3

COUR DE CASSATION

0222.31 Application des règles ordinaires. À vrai dire, la Cour de cassation n'est pas une juridiction intervenant en matière d'exécution. Les cas et conditions d'ouverture du pourvoi sont ceux du droit commun. Le plus souvent, la Cour de cassation est saisie d'arrêts de cours d'appel. En matière d'**astreinte**, on signalera simplement que la Cour a jugé que le pourvoi formé contre une décision qui ordonne une astreinte au motif d'une simple erreur sur le point de départ de l'astreinte est prématuré et, comme tel, irrecevable faute d'intérêt[4]. Néanmoins, une censure pourrait intervenir à l'occasion du pourvoi formé contre la décision ayant liquidé le montant de l'astreinte.

0222.32 Portée de la cassation. Selon l'article 625 C. pr. civ., sur les points qu'elle atteint, la cassation replace les parties dans l'état où elles se trouvaient avant le jugement cassé. Elle entraîne, sans qu'il y ait lieu à une nouvelle décision, l'annulation par voie de conséquence de toute décision qui est la suite, l'application ou l'exécution du jugement cassé ou qui s'y rattache par un lien de dépendance nécessaire.

Il s'ensuit que les mesures conservatoires ou d'exécution opérées sur le fondement d'une décision de justice cassée doivent être annulées, de même que les décisions qui tranchent les contestations portant sur ces mesures[5]. En revanche, peuvent subsister les effets des mesures prises sur le fondement de la décision exécutoire du premier juge infirmée, s'ils perdurent encore. Ainsi, la cassation d'un arrêt infirmatif ayant donné mainlevée d'une mesure d'exécution ou conservatoire laisse-t-il subsister cette mesure, le jugement produisant ses effets jusqu'à l'intervention de l'arrêt de renvoi, sous réserve des effets éventuels d'un sursis à exécution ordonné par le premier président. Inversement, la cassation d'un arrêt confirmatif d'un jugement de mainlevée ne fait pas revivre la mesure dont le JEX avait donné mainlevée.

En matière d'astreinte, enfin, la réformation d'une décision assortie d'une astreinte entraîne de plein droit, pour perte de fondement juridique, l'anéantissement des décisions prises au titre de la liquidation de l'astreinte, fussent-elles passées en force de chose jugée et ouvre dès lors droit, s'il y a lieu, à restitution[6].

4. Civ. 2e, 23 oct. 2008, n° 07-11.965, P II, n° 219.
5. Civ. 2e, 11 mars 1999, n° 97-11.356, NP – Civ. 2e, 30 avr. 2002, n° 00-12.205, NP – Civ. 2e, 15 janv. 2004, n° 02-12.555, NP.
6. Civ. 2e, 28 sept. 2000, n° 98-16.175, P II, n° 134 – Civ. 2e, 6 janv. 2005, n° 02-15.954, P II, n° 1 – Civ. 2e, 18 oct. 2007, n° 06-18.605, NP – Civ. 2e, 19 nov. 2009, nos 08-17.652 et 08-17.162, NP.

TITRE

023. Le ministère public et la surveillance de l'exécution des titres exécutoires

SECTION 0
ORIENTEUR

023.00 Sommaire du titre.

Division. Seront successivement étudiées la surveillance générale par le ministère public de l'exécution des titres exécutoires (chap. 231) et les interventions spéciales du ministère public dans les procédures concernant l'exécution des titres exécutoires (chap. 232).

CHAPITRE

0231. Surveillance générale par le ministère public de l'exécution des titres exécutoires

FRÉDÉRIC ARBELLOT
CONSEILLER À LA COUR D'APPEL DE PARIS
DOCTEUR EN DROIT
CHARGÉ D'ENSEIGNEMENT
AUX UNIVERSITÉS DE PARIS 1 (PANTHÉON-SORBONNE),
PARIS 2 (PANTHÉON-ASSAS) ET PARIS-SACLAY

SECTION 0 ORIENTEUR

0231.00 Sommaire du chapitre.

Division. La surveillance exercée par le ministère public sur l'exécution des titres exécutoires repose sur des fondements textuels (sect. 1). Pour ce faire, le ministère public dispose de deux pouvoirs : le pouvoir d'injonction (sect. 2) et le pouvoir de surveillance d'office (sect. 3).

0231.01 Textes applicables.

• **C. pr. exéc.,** art. L. 111-3, L. 121-5, L. 121-6, L. 122-2, L. 141-1, al. 1er, L. 153-1 [1] et L. 221-2.

• **C. civ.,** art. 53 [2], 99 [3], 127 [4], 354 [5], 356 et 360.

• **C. pr. civ.,** art. 422, 425, 1° (*mod. par Décr. n° 2019-756, 22 juill. 2019, JO 24 juill., texte 1, art. 2*).

• **L. n° 2015-990, 6 août 2015,** pour la croissance, l'activité et l'égalité des chances économiques, *JO* 7 août, texte 1, spéc. art. 61, III créant la profession de commissaire de justice regroupant les professions d'huissier de justice et de commissaire-priseur judiciaire.

1. Mod. par L. n° 2023-668, 27 juill. 2023, *JO* 28 juill., art. 11.
2. Mod. par L. n° 2016-1547, 18 nov. 2016, *JO* 19 nov., art. 51, V.
3. Mod. par L. n° 2021-1017, 2 août 2021, *JO* 3 août, art. 30, V.
4. Mod. par L. n° 2016-1547, 18 nov. 2016, *JO* 19 nov., art. 55.
5. Mod. par Ord. n° 2022-1292, 5 oct. 2022, *JO* 6 oct., art. 11.

• **Ord. n° 2022-544, 13 avr. 2022,** relative à la déontologie et à la discipline des officiers ministériels, *JO* 14 avr., texte 41, art. 6, 8, 11 et 17.

• **L. n° 95-125, 8 févr. 1995,** relative à l'organisation des juridictions et à la procédure civile, pénale et administrative, art. 34-1, *JO* 9 févr., p. 2175.

• **Décr. n° 47-1047, 12 juin 1947,** relatif à la formule exécutoire, *JO* 13 juin, p. 5487, art. 1er *(mod. par Décr. n° 2019-966, 18 sept. 2019, JO 19 sept, texte 7, art. 8)*.

• **Conv. EDH,** 4 nov. 1950, art. 6 § 1.

• **Ord. n° 45-1418, 28 juin 1945,** relative à la discipline des notaires et de certains officiers ministériels, *JO* 29 juin, p. 3926, art. 6, 6-1, 10, 32 et 33 *(abr. par Ord. n° 2022-544, 13 avr. 2022, JO 14 avr., art. 34)*.

• **L. 20 avr. 1810,** relative à l'organisation de l'ordre judiciaire et l'administration de la justice, art. 45 et 46.

0231.02 Jurisprudence de référence.

> Responsabilité de l'État pour refus du concours de la force publique.

• **CE 30 nov. 1923,** *Couitéas*, req. n° 38284, *Lebon* 789.
* V. s[s] n°s 0212.94, 0231.05, 0522.23, 1653.31

« [...] Le justiciable nanti d'une sentence judiciaire dûment revêtue de la formule exécutoire est en droit de compter sur la force publique pour l'exécution du titre qui lui a été ainsi délivré [...]. »

> Droit à l'exécution effective des décisions de justice.

• **CEDH 19 mars 1997,** *Hornsby c/Grèce*, req. n° 18357/91, § 40
* V. s[s] n°s 0101.11, 0133.06, 0211.51, 0231.05, 0251.151, 04.05, 0522.23, 1317.11, 16.05, 1711.252, 1711.304

« L'exécution d'un jugement ou arrêt, de quelque juridiction que ce soit, doit donc être considérée comme faisant partie intégrante du « *procès* « au sens de l'article 6 [§ 1er de la Convention européenne des droits de l'homme]. »

• **CEDH 31 mars 2005,** *Matheus c/France*, req. n° 62740/00, § 56

* V. s[s] n°s 0101.15, 0231.05, 0522.23, 1317.11, 16.05

« La Cour rappelle également que le droit à l'exécution d'une décision de justice est un des aspects du droit d'accès à un tribunal […]. »

> Refus du concours de la force publique. Le législateur ne saurait subordonner l'octroi de ce concours à l'accomplissement d'une diligence administrative.

• **Cons. const. 29 juill. 1998,** n° 98-403 DC, *JO* 31 juill., p. 11710, consid. n°s 44 à 47, spéc[t] n° 46

* V. s[s] n°s 0101.22, 0231.05, 0251.201, 0522.23, 1323.92, 1333.240

« 46. Considérant que toute décision de justice a force exécutoire ; qu'ainsi, tout jugement peut donner lieu à une exécution forcée, la force publique devant, si elle y est requise, prêter main-forte à cette exécution ; qu'une telle règle est le corollaire du principe de la séparation des pouvoirs énoncé à l'article 16 de la Déclaration des droits de l'homme et du citoyen ; que si, dans des circonstances exceptionnelles tenant à la sauvegarde de l'ordre public, l'autorité administrative peut, sans porter atteinte au principe sus-évoqué, ne pas prêter son concours à l'exécution d'une décision juridictionnelle, le législateur ne saurait subordonner l'octroi de ce concours à l'accomplissement d'une diligence administrative ; »

> Nécessité d'instaurer une voie de recours au débiteur sur la contestation du montant de la mise à prix de ses droits incorporels saisis en cas de vente par adjudication de ceux-ci.

• **Cons. const., 17 nov. 2023,** n° 2023-1068 QPC, *JO* 18 nov., texte 73, consid. n°s 9 à 15, spéc[t] n° 14

* V. s[s] n° 0231.12

« 9. En application de l'article L. 231-1 du Code des procédures civiles d'exécution, un créancier muni d'un titre exécutoire peut faire procéder à la saisie de droits incorporels dont son débiteur est titulaire ainsi qu'à leur vente forcée.

10. Les dispositions contestées de l'article L. 213-6 du Code de l'organisation judiciaire donnent compétence au juge de l'exécution pour connaître des contestations qui s'élèvent à l'occasion de l'exécution forcée.

11. Il résulte de la jurisprudence constante de la Cour de cassation, telle qu'elle ressort de l'arrêt de renvoi de la question prioritaire de constitutionnalité, que, d'une part, en cas de vente par adjudication des droits saisis, le créancier fixe unilatéralement le montant de leur mise à prix et, d'autre part, le juge de l'exécution n'est pas compétent pour connaître de la contestation de ce montant.

12. Or aucune autre disposition ne permet au débiteur de contester devant le juge judiciaire le montant de la mise à prix fixé par le créancier.

13. Au regard des conséquences significatives qu'est susceptible d'entraîner pour le débiteur la fixation du montant de la mise à prix des droits saisis, il appartenait au législateur d'instaurer une voie de recours.

14. Il résulte de ce qui précède que les dispositions contestées [de l'article L. 213-6 du COJ] sont entachées d'incompétence négative dans des conditions affectant le droit à un recours juridictionnel effectif.

15. Par conséquent, sans qu'il soit besoin d'examiner l'autre grief, les dispositions contestées doivent être déclarées contraires à la Constitution [article 16 de la Déclaration de 1789]. »

> Présentation obligatoire d'une expédition revêtue de la formule exécutoire pour mettre à exécution le jugement.

• **Civ. 2e, 30 janv. 2014,** n° 12-29.246, P II, n° 30

* V. s[s] n°s 0231.12, 1311.83

En application de l'article 502 du Code de procédure civile, nul jugement, nul acte ne peut être mis à exécution que sur présentation d'une expédition revêtue de la formule exécutoire à moins que la loi n'en dispose autrement. Il s'ensuit que, faute de constituer une décision à laquelle la loi attache les effets d'un jugement, la décision d'un bâtonnier, même exécutoire de droit à titre provisoire, en application de l'article 153 du décret du 27 novembre 1991, comme portant sur des honoraires dus dans la limite de neuf mois de rétrocession d'honoraires, ne peut faire l'objet d'une mesure d'exécution forcée que sur présentation d'une expédition revêtue de la formule exécutoire.

> Nécessité de l'apposition de la formule exécutoire pour procéder à une mesure d'exécution forcée.

• **Civ. 2e, 20 mai 2021,** n° 19-22.553, P

* V. s[s] n°s 0231.12

À défaut de dérogation légale, la décision d'un premier président de cour d'appel de rendre exécutoire le rôle des cotisations dues à la Caisse nationale des barreaux français (CNBF), en application de l'article L. 723-9 du Code de la sécurité sociale, ne peut faire l'objet d'une mesure d'exécution forcée, sans présentation d'une expédition revêtue de la formule exécutoire.

> Effet procédural de l'apposition de la formule exécutoire sur l'ordonnance portant injonction de délivrer ou restituer.

• **Civ. 2e, 4 nov. 2021,** n° 19-22.832, B

* V. s[s] n°s 0231.12

Il résulte de la combinaison des articles R 233-13, R 222-14 et R 222-15 C. pr. exéc. que, une fois revêtue de la formule exécutoire, l'ordonnance portant injonction de délivrer ou restituer, qui produit tous les effets d'un jugement contradictoire en dernier ressort, n'est pas susceptible de rétractation mais peut faire l'objet d'un pourvoi en cassation pour contester la régularité de la délivrance de la formule exécutoire.

0231.03 Bibliographie indicative.

Actualisables. Rép. pr. civ., v° *Ministère public*, par Ph. Florès, (actu. avr. 2022) par C. Marilly et S. Aparisi (actu. rédaction oct. 2024).

Ouvrages[1]. N. Cayrol, *Droit de l'exécution*, 3e éd., « Précis Domat », LGDJ, 2019, [procureur de la République] n°s 81, 84 et 843, p. 55-57 et 568 – CEDH, *Guide sur l'article 6 de la Convention – Droit à un procès équitable (volet civil)*, mise à jour, 31 déc. 2019, « Exécution des décisions judiciaires »,

1. Les ouvrages dont le nom des auteurs figure en petites capitales en bibliographie seront cités par le seul nom des auteurs en petites capitales en notes de bas de page.

§ 60, p. 19 – A. Leborgne, *Droit de l'exécution*, 3e éd., « Précis », Dalloz, 2019, [concours du ministère public] nos 283 s., p. 155 s., spéct no 285-292, p. 156-160 – Ph. Hoonakker, *Procédures civiles d'exécution*, 13e éd., Bruylant, 2024, [ministère public] – R. Perrot et Ph. Théry, *Procédures civiles d'exécution*, 3e éd., Dalloz, 2013, nos 362-366.

0231.05 Mission traditionnelle du ministère public de veiller à l'exécution des jugements et titres exécutoires. Historiquement, il a toujours été dans les missions dévolues au ministère public de veiller à l'exécution des décisions de justice notamment en matière civile, car l'exécution du jugement, même si elle intervient d'abord dans le cadre de rapports de droit privé qui existent entre un créancier et son débiteur, ne saurait se limiter à ce cadre : « *Les procédures civiles d'exécution ne concernent pas seulement les intérêts privés d'un créancier et d'un débiteur. Dans un domaine où l'essentiel consiste à faire entrer le droit dans les faits, au besoin par la contrainte, afin que soit obéi l'ordre du juge et respectée la force exécutoire des titres, l'ordre public est nécessairement intéressé* » [1]. Pour des raisons évidentes tenant à l'ordre social, l'exécution des décisions de justice, et plus largement des titres exécutoires, est une question fondamentale pour l'État, car elle vise à assurer la crédibilité de ses institutions juridictionnelles à l'égard des justiciables et intéresse, à ce titre, nécessairement l'ordre public. En effet, lorsqu'un débiteur n'exécute pas son obligation, c'est la société tout entière qui s'en trouve affectée et, dans ce cas, il est de la responsabilité de l'État que le créancier qui dispose d'un titre exécutoire puisse compter sur l'assistance de la puissance publique pour obtenir l'exécution forcée de son titre. C'est pour cela que lorsque l'État refuse le concours de la force publique à un justiciable afin d'exécuter un jugement ou tout autre titre exécutoire, il doit l'en indemniser en application des dispositions de l'article L. 153-1 C. pr. exéc. selon lequel : « *L'État est tenu de prêter son concours à l'exécution des jugements et des autres titres exécutoires. Le refus de l'État de prêter son concours ouvre droit à réparation* » [2]. En outre, le ministère public, en tant que garant traditionnel de la bonne exécution des jugements, ne saurait se tenir à l'écart du droit à l'exécution des décisions de justice qui fait désormais partie intégrante, selon la Cour européenne des droits de l'homme, du droit au « *procès équitable* » reconnu par l'article 6 § 1 de la Convention européenne des droits de l'homme [3], tandis que le Conseil constitutionnel reconnaît de son côté que « *toute décision de justice a force exécutoire ; qu'ainsi, tout jugement peut donner lieu à une exécution forcée* » [4].

1. Perrot et Théry, no 362, p. 366.

SECTION 1

Fondements textuels

0231.11 Historique des textes conférant mission au ministère public de veiller à l'exécution des jugements. Depuis longtemps, le ministère public a pour mission de « *tenir la main* » à l'exécution des jugements notamment en matière civile, c'est-à-dire de s'assurer, le cas échéant, de leur bonne exécution par les parties concernées. Déjà, l'article 5 du titre VIII du décret des 16 et 24 août 1790 sur l'organisation judiciaire disposait que « *les commissaires du Roi* [sont] *chargés de tenir la main à l'exécution des jugements dans toutes dispositions qui intéressent l'ordre public ; en ce qui concernera les particuliers ils pourront sur demande qui leur en sera faite soit enjoindre aux huissiers de prêter leur ministère, soit ordonner les ouvertures des portes, soit requérir main-forte lorsqu'elle sera nécessaire* » [5]. Puis, l'article 46 alinéa 2 de la loi du 20 avril

2. Sur les régimes de responsabilité de l'État pour défaut de concours de la force publique en matière de voies d'exécution ; sur la responsabilité sans faute de l'État pour rupture de l'égalité des citoyens devant les charges publiques, v. CE 30 nov. 1923, Couitéas, req. no 38284, *Lebon* 789 ; *S.* 1923. 3. 57, concl. R Rivet, note M. Hauriou ; *DP* 1923. 3. 59, concl. R Rivet ; *RD publ.* 1924. 75 et 208, concl. R Rivet, note G. Jèze ; *GAJA*, 18e éd., Dalloz, 2011, no 40 – TA Paris, 16 déc. 1983, Sté Ballande-Vanuatu, *D.* 1984. 557, note Visconti et Agostini ; *AFDI* 1984. 929 – Cons. const. 29 juill. 1998, no 98-403 DC, sur la loi d'orientation relative à la lutte contre les exclusions, spéct 46e considérant, *JO* 29 juill., p. 11714 ; *Rec. Cons. const.* 276 ; *D.* 1999. 269, note W. Sabete ; *D.* 2000. Somm. 61, obs. J. Tremeau ; *AJDA* 1998. 705, chron. J.-E. Schoettl – Sur la responsabilité de l'État pour faute lourde, v. CE 29 sept. 1982, Min. Intérieur c/Éts Haute clair, *Gaz. Pal.* 1983. 2. Pan. 300 – CE 19 févr. 1986, Sté parisienne de construction immobilière, req. no 51157, NP ; *Gaz. Pal.* 1986. 2. Pan. 489 – CE 2 déc. 1987, Sté SA Anodisation, req. no 58112, NP ; *JCP* 1988. IV. 88 ; *JCP E* 1988. I. 16989.
3. CEDH 19 mars 1997, Épx Hornsby c/Grèce, req. no 18357/91, *Rec. CEDH* 1997-II, § 40 ; *D.* 1998. 74, note N. Fricero : « [...] *L'exécution d'un jugement ou arrêt, de quelque juridiction que ce soit, doit donc être considérée comme faisant partie intégrante du "procès" au sens de l'article* 6 [de la Convention] [...] » ; *AJDA* 1997. 977, chron. J.-F. Flauss ; *RTD civ.* 1997. 1009 s., obs. J.-P. Marguénaud, spéct 1010, sur l'exécution par la force publique des décisions des juridictions civiles – CEDH 18 nov. 2010, Romanczyk c/France, req. no 7618/05, § 53 – v. aussi CEDH 31 mars 2005, Matheus c/France, req. no 62740/00, § 56 : « *La Cour rappelle également que le droit à l'exécution d'une décision de justice est un des aspects du droit d'accès à un tribunal* [...] » – CEDH 11 juill. 2013, Sofiran et bda c/France, req. no 63684/09, § 48 – en doctrine : v. N. Fricero, « Le droit européen à l'exécution des jugements », *Rev. huiss.* 2001. 6 – CEDH, *Guide sur l'article 6 de la Convention – Droit à un procès équitable (volet civil)*, mise à jour, 31 déc. 2019, « Exécution des décisions judiciaires », § 60, p. 19.
4. Cons. const. 29 juill. 1998, no 98-403 DC, consid. no 46 (préc. s prést no).
5. Abr. au 1er janv. 2007 par Ord. no 2006-673, 8 juin 2006, *JO* 9 juin, p. 8710, art. 10.

1810 sur l'organisation de l'ordre judiciaire et l'administration de la justice a repris le principe que le ministère public « *surveille l'exécution des lois, des arrêts et des jugements ; il poursuit d'office cette exécution dans les dispositions qui intéresse l'ordre public* ». Enfin l'article L. 751-2 de l'ancien COJ disposait qu'« *en matière civile, le ministère public agit d'office dans les cas spécifiés par la loi. Il surveille l'application des lois, des arrêts et des jugements. Il poursuit d'office cette exécution dans les dispositions qui intéressent l'ordre public* »[1].

0231.12 **Droit positif : le Code des procédures civiles d'exécution issu de la loi du 9 juillet 1991.** Reprenant la rédaction de l'article 3 de la loi du 9 juillet 1991[2] portant réforme des procédures civiles d'exécution, dans sa rédaction issue de l'ordonnance du 9 mai 2018[3], l'article L. 111-3 C. pr. exéc., confie au ministère public le rôle de veiller à l'exécution des jugements en élargissant au passage sa mission à l'exécution des autres titres exécutoires dont il donne une liste exhaustive : « *Seuls constituent des titres exécutoires : 1° Les décisions des juridictions de l'ordre judiciaire ou de l'ordre administratif lorsqu'elles ont force exécutoire, ainsi que les accords auxquels ces juridictions ont conféré force exécutoire ; 2° Les actes et les jugements étrangers ainsi que les sentences arbitrales déclarés exécutoires par une décision non susceptible d'un recours suspensif d'exécution, sans préjudice des dispositions du droit de l'Union européenne applicables ; 2°* bis *Les décisions rendues par la juridiction unifiée du brevet ; 3° Les extraits de procès-verbaux de conciliation signés par le juge et les parties ; 4° Les actes notariés revêtus de la formule exécutoire ; 4°* bis *Les accords par lesquels les époux consentent mutuellement à leur divorce ou à leur séparation de corps par acte sous signature privée contresigné par avocats, déposés au rang des minutes d'un notaire selon les modalités prévues à l'article 229-1 du Code civil ; 5° Le titre délivré par l'huissier de justice en cas de non-paiement d'un chèque ou en cas d'accord entre le créancier et le débiteur dans les conditions prévues à l'article L. 125-1 ; 6° Les titres délivrés par les personnes morales de droit public qualifiés comme tels par la loi, ou les décisions auxquelles la loi attache les effets d'un jugement ; 7° Les transactions et les actes constatant un accord issu d'une médiation, d'une conciliation ou d'une procédure participative, lorsqu'ils sont contresignés par les avocats de chacune des parties et revêtus de la formule exécutoire par le greffe de la juridiction compétente* ». D'ailleurs, il convient de souligner que les décisions de justice rendues par les juridictions de l'ordre judiciaire contiennent à ce sujet une formule exécutoire explicite[4], issue du décret du 12 juin 1947[5], qui rappelle le rôle du ministère public de tenir la main à l'exécution de celles-ci : « *En conséquence, la République française mande et ordonne à tous huissiers de justice, sur ce requis, de mettre ledit arrêt (ou ledit jugement, etc.) à exécution, aux procureurs généraux et aux procureurs de la République près les tribunaux judiciaires d'y tenir la main, à tous commandants et officiers de la force publique de prêter main-forte lorsqu'ils en seront légalement requis* [...] ». Ainsi, l'article L. 121-5 C. pr. exéc. dispose que : « *Le procureur de la République veille à l'exécution des jugements et des autres titres exécutoires* »[6]. Sa fonction de surveillance générale de l'exécution des titres exécutoires l'oblige uniquement à veiller à la bonne exécution de ceux-ci. En revanche, il ne lui est nullement demandé de venir se substituer au créancier lequel conserve bien évidemment le choix de poursuivre son débiteur et celui de la mesure d'exécution la plus appropriée pour y parvenir. Enfin, l'article L. 122-2 C. pr. exéc. précise que : « *L'huissier de justice chargé de l'exécution a la responsabilité de la conduite des opérations d'exécution. Il est habilité, lorsque la loi l'exige, à deman-*

1. Abr. au 1er janv. 2007 par Ord. n° 2006-673, 8 juin 2006, art. 1er.
2. L. n° 91-650, 9 juill. 1991, portant réforme des procédures civiles d'exécution, *JO* 14 juill.
3. Ord. n° 2018-341, 9 mai 2018, relative au brevet européen à effet unitaire et à la juridiction unifiée du brevet, *JO* 10 mai, texte 20, art. 20, entrée en vigueur le 1er juin 2023.
L. n° 2019-1446, 24 déc. 2019, de financement de la sécurité sociale pour 2020, *JO* 27 déc., texte 1.
4. Civ. 2e, 30 janv. 2014, n° 12-29.246, P II, n° 30 : en application de l'article 502 C. pr. civ., nul jugement, nul acte ne peut être mis à exécution que sur présentation d'une expédition revêtue de la formule exécutoire à moins que la loi n'en dispose autrement – Civ. 2e, 20 mai 2021, n° 19-22.553, P : à défaut de dérogation légale, la décision d'un premier président de cour d'appel de rendre exécutoire le rôle des cotisations dues à la Caisse nationale des barreaux français (CNBF), en application de l'article L. 723-9 du CSS, ne peut faire l'objet d'une mesure d'exécution forcée, sans présentation d'une expédition revêtue de la formule exécutoire – V. Civ. 2e, 4 nov. 2021, n° 19-22.832, B : il résulte de la combinaison des articles R. 233-13, R. 222-14 et R. 222-15 C. pr. exéc. que, une fois revêtue de la formule exécutoire, l'ordonnance portant injonction de délivrer ou restituer, qui produit tous les effets d'un jugement contradictoire en dernier ressort, n'est pas susceptible de rétractation mais peut faire l'objet d'un pourvoi en cassation pour contester la régularité de la délivrance de la formule exécutoire.
5. Décr. n° 47-1047, 12 juin 1947, relatif à la formule exécutoire, art. 1er, *JO* 13 juin, p. 5487, mod. par Décr. n° 2019-966, 18 sept. 2019, portant substitution du tribunal judiciaire au tribunal de grande instance et au tribunal d'instance en application de l'article 95 de la loi n° 2019-222 du 23 mars 2019 de programmation 2018-2022 et de réforme pour la justice et diverses dispositions relatives à l'organisation judiciaire et modifiant l'annexe du décret n° 2019-913 du 30 août 2019 pris en application de l'article 95 de la loi n° 2019-222 du 23 mars 2019 de programmation (2018-2022) et de réforme pour la justice, *JO* 19 sept., texte 7, art. 8 – T. Guinot, « Aperçu historique de la formule exécutoire », *Dr. et proc.* déc. 2010, suppl. au n° 11.
6. L. n° 91-650, 9 juill. 1991, art. 11 (mod. par L. n° 92-644, 13 juill. 1992), devenu C. pr. exéc., art. L. 121-5.

der au juge de l'exécution ou au ministère public de donner les autorisations ou de prescrire les mesures nécessaires ». Ce texte signifie probablement que le ministère public prend les mesures nécessaires à faciliter l'exécution de la décision, tandis que le juge de l'exécution (JEX) se trouve compétent pour donner telle ou telle autorisation à l'huissier de justice (C. pr. exéc., art. L. 141-1, al. 1er, et L. 221-2) et d'une manière générale « *le juge de l'exécution exerce également les compétences particulières qui lui sont dévolues par le Code des procédures civiles d'exécution* » (COJ, art. L. 213-6, al. 6, issu de L. n° 2019-222, 23 mars 2019[1]). En pratique, le procureur de la République pourra interroger l'huissier de justice sur telle ou telle difficulté survenue lors de l'exécution forcée de la décision judiciaire. Enfin, il convient d'ajouter que l'ordonnance du 19 décembre 2011[2] (art. 3) a décidé de confier une mission plus étendue au ministère public quant à l'exécution des décisions de justice relatives au déplacement illicite international d'enfants (v. ss n° 0231.31).

SECTION 2

POUVOIR D'INJONCTION

0231.21 Pouvoir d'injonction aux huissiers de justice. Afin de mener à bien sa mission générale de veiller à l'exécution des titres exécutoires, l'article L. 121-6 alinéa 1er C. pr. exéc. dispose que : « *Le procureur de la République peut enjoindre à tous les huissiers de justice* [commissaires de justice] *de son ressort de prêter leur ministère* »[3]. Ce pouvoir d'injonction sera mis en œuvre par le procureur de la République, lorsque l'huissier de justice refusera sans raison légitime de prêter son concours à une mesure d'exécution forcée d'un titre exécutoire. Il a un effet dissuasif important sur l'huissier récalcitrant dans la mesure où les huissiers de justice sont des officiers ministériels directement placés sous l'autorité hiérarchique du procureur de la République, ainsi que du procureur général, dans le ressort duquel ils exercent leurs fonctions de sorte que tout manquement de ces derniers sera susceptible d'entraîner, le cas échéant, des poursuites disciplinaires de la part de leur autorité de tutelle, qui était historiquement le procureur de la République[4] avant d'être remplacé par le procureur général près la cour d'appel (depuis le 1er juillet 2022) lequel « *exerce l'action disciplinaire à l'encontre des commissaires de justice* [...] *du ressort de la cour d'appel, concurremment avec les autorités de chacune de ces professions compétentes pour l'exercer* »[5] (v. aussi L. 20 avr. 1810, art. 45, toujours en vigueur : « [...] *ils* [les procureurs généraux] *auront la surveillance de tous les officiers de police judiciaire et officiers ministériels du ressort* »). Ainsi, si le procureur général près la cour d'appel a connaissance d'une faute susceptible d'une qualification disciplinaire, il pourra soit en informer l'autorité compétente de la profession (c'est-à-dire le président de la chambre régionale ou interrégionale des commissaires de justice), soit saisir directement la chambre de discipline régionale ou interrégionale des commissaires de justice dont relève celui-ci[6]. En matière de voies de recours, le procureur général, dont relève le commissaire de justice, peut interjeter un appel à l'encontre des jugements rendus par la chambre de discipline régionale ou interrégionale des commissaires de justice devant la Cour nationale de discipline, instituée auprès de la Chambre nationale des commissaires de justice, et il peut également former un pourvoi en cassation à l'encontre des arrêts rendus par cette cour nationale de discipline devant une chambre civile de la Cour de cassation[7]. Enfin, le procureur général peut saisir le président de la juridic-

1. L. n° 2019-222, 23 mars 2019, de programmation 2018-2022 et de réforme pour la justice, *JO* 24 mars, texte 2 – V. AUSSI Cons. const., 17 nov. 2023, n° 2023-1068 QPC, *JO* 18 nov., texte 73, par laquelle le Conseil constitutionnel a déclaré contraire à la Constitution les mots « *des contestations qui s'élèvent à l'occasion de l'exécution forcée* » figurant au premier alinéa de l'article L. 213-6 du COJ, dans sa rédaction résultant de la loi n° 2019-222 du 23 mars 2019. L'abrogation de ces dispositions est toutefois reportée au 1er déc. 2024.
2. Ord. n° 2011-1895, 19 déc. 2011, relative à la partie législative du Code des procédures civiles d'exécution, *JO* 20 déc., texte 15.
3. Cette disposition reprend l'article 5 du décret des 16-24 août 1790 sur l'organisation judiciaire. Il convient de préciser qu'en application de loi n° 2015-990 du 6 août 2015 pour la croissance, l'activité et l'égalité des chances économiques, *JO* 7 août, texte 1 (art. 61, III), le législateur a créé une « *profession de commissaire de justice regroupant les professions d'huissier de justice et de commissaire-priseur judiciaire, de façon progressive, en prenant en considération les règles de déontologie, les incompatibilités et les risques de conflits d'intérêts propres à l'exercice des missions de chaque profession concernée, ainsi que les exigences de qualification particulières à chacune de ces professions* ». Cette nouvelle profession existe depuis le 1er juill. 2022. D'ici 2026, les professions d'huissier de justice et de commissaire-priseur judiciaire seront supprimées et remplacées par la profession de commissaire de justice.
4. Ord. n° 45-1418, 28 juin 1945, relative à la discipline des notaires et de certains officiers ministériels, *JO* 29 juin, art. 35, p. 3927 (abr. par Ord. n° 2022-544, 13 avr. 2022, relative à la déontologie et à la discipline des officiers ministériels, *JO* 14 avr., texte 41, art. 34).
5. Ord. n° 2022-544, 13 avr. 2022, art. 8, entrée en vigueur le 1er juill. 2022.
6. Ord. n° 2022-544, 13 avr. 2022, art. 10.
7. Ord. n° 2022-544, 13 avr. 2022, art. 11 : « *Deux cours nationales de discipline sont instituées, l'une auprès du Conseil supérieur du notariat, l'autre auprès de la Chambre nationale des commissaires de justice. Elles connaissent des appels formés contre les jugements des chambres de discipline de la profession concernée.* [...] *Les arrêts de ces cours nationales de discipline peuvent faire l'objet d'un pourvoi devant la Cour de cassation. Le pourvoi est ouvert au procureur général* ».

tion disciplinaire de première instance pour l'inviter à prendre, en cas d'urgence ou de protection d'intérêts publics ou privés, une décision de suspension provisoire limitée dans le temps (en principe pour une durée maximale de six mois, renouvelable une fois) d'un commissaire de justice de ses fonctions, dès lors que celui-ci fait l'objet d'une enquête ou d'une poursuite disciplinaire ou pénale[1].

SECTION 3

Pouvoir de poursuivre d'office

0231.31 **Pouvoir de poursuivre d'office l'exécution de certains jugements.** L'article L. 121-6 alinéa 2 C. pr. exéc.[2] prévoit même que le procureur de la République « *poursuit d'office l'exécution des décisions de justice dans les cas spécifiés par la loi* ». En pratique, il n'est pas question ici pour le procureur de la République de procéder lui-même à l'exécution forcée de la décision judiciaire, mais plutôt en raison de l'intérêt que présente celle-ci au regard de l'ordre public de prendre une part active à son exécution en donnant des ordres ou des instructions à tel ou tel agent particulier (agent du greffe, *etc.*) relevant de son autorité en vue d'assurer son exécution effective. Il n'est pas aisé de recenser ces « *cas spécifiés par la loi* ». On peut penser en s'inspirant de la rédaction de l'ancien article L. 751-2 du COJ, désormais abrogé, qu'il s'agit de l'exécution des jugements et arrêts « *dans les dispositions qui intéressent l'ordre public* », même s'il est vrai que la rédaction de la loi du 9 juillet 1991 est plus large que celle de l'ancien article L. 751-2 comme de l'article 5 du décret du 16 et 24 août 1790, la référence expresse à l'ordre public n'étant pas formellement requise. Toutefois, il semble difficile d'admettre l'intervention d'office du procureur de la République dans l'exécution de jugements qui n'intéresserait pas l'ordre public, car, dans ce cas, son intervention ne peut relever que de son pouvoir d'injonction aux huissiers de justice prévu par l'article L. 121-6 alinéa 1er C. pr. exéc.[3]. Afin de déterminer les cas spécifiés par la loi, la doctrine songe essentiellement à l'obligation pesant sur le procureur de la République de tenir l'état civil (C. civ., art. 53), c'est-à-dire de vérifier l'état de ces registres pour obtenir, le cas échéant, une rectification ou une annulation judiciaires (C. civ., art. 99, al. 2, issu de L. 18 nov. 2016, mod. L. 2 août 2021[4]) ou de veiller à l'inscription des décisions de justice tenues d'y figurer : il s'agit notamment des jugements d'adoption (C. civ., art. 354[5] ; pour l'adoption plénière, v. C. civ., art. 356 ; pour l'adoption simple, v. C. civ., art. 360), des jugements déclaratifs d'absence (C. civ., art. 127, al. 2, issu de L. 18 nov. 2016). Pour un auteur, l'expression « *cas spécifiés par la loi* » prévus à l'article L. 121-6 alinéa 2 C. pr. exéc. concernerait également l'exécution des décisions de justice touchant à l'état des personnes qui doivent être transcrites sur le registre de l'état civil[6], alors que la loi n'en a pas chargé expressément le ministère public : il s'agit par exemple du cas d'un jugement déclaratif de décès (C. civ., art. 91). Concernant la détermination des « *cas spécifiés par la loi* », il est intéressant d'observer que la rédaction de l'article L. 121-6 alinéa 2 précité est proche de celle de l'article 422 C. pr. civ. qui, concernant son intervention en qualité de partie principale au procès civil, dispose que : « *Le ministère public agit d'office dans les cas spécifiés par la loi* ». Cette proximité de rédaction pourrait signifier que, dans tous ces cas, le parquet disposerait du pouvoir d'agir d'office pour faire exécuter les décisions de justice afférentes à ces instances[7]. Cependant, la poursuite d'office par le procureur de la République de l'exécution des décisions de justice en vertu de l'article L. 121-6 alinéa 2 précité ne semble pas se limiter aux cas prévoyant son action comme partie principale, mais concerne aussi l'exécution des décisions rendues à la suite de ses interventions comme partie jointe au procès civil. Il en est ainsi de son intervention en matière de déplacement illicite international d'enfants que l'article 425 (1°) C. pr. civ. (issu de Décr. 27 janv. 2012[8], mod. par Décr. 22 juill.

1. Ord. n° 2022-544, 13 avr. 2022, art. 17.
2. Anc^t L. n° 91-650, 9 juill. 1991, art. 12, al. 2.
3. Anc^t L. n° 91-650, 9 juill. 1991, art. 12, al. 1er.
4. L. n° 2016-1547, 18 nov. 2016, de modernisation de la justice du XXIe siècle, *JO* 19 nov., texte 1, mod. par L. n° 2021-1017, 2 août 2021, relative à la bioéthique, *JO* 3 août, texte 1, art. 30 (V), entrée en vigueur le 4 août 2021.
5. Ord. n° 2022-1292, 5 oct. 2022, prise en application de l'article 18 de la loi n° 2022-219 du 21 février 2022 visant à réformer l'adoption, *JO* 6 oct., texte 10, art. 11, entrée en vigueur le 1er janv. 2023.
6. R Genin-Méric, *J.-Cl. Pr. civ.*, fasc. 2090, 1993, p. 4, n° 20.
7. Sur une énumération non exhaustive des instances dont la loi prévoit l'intervention du ministère public comme partie principale, v. F. Arbellot, « L'action d'office du ministère public prévue à l'article 423 du Code de procédure civile », *JCP* 2014. 1187, spéc^t n° 3, p. 1188 : « *Ces cas, qui sont rares et strictement énumérés par la loi, relèvent pour l'essentiel soit de matières civiles "substantielles" (nationalité des individus, rectification des actes de l'état civil, opposition ou nullité à mariage, présomption et déclaration d'absence, assistance éducative, protection des majeurs, autorité parentale), soit de matières liées à la discipline de certaines professions réglementées (notaires, greffiers des tribunaux de commerce, avocats, experts judiciaires, administrateurs et mandataires judiciaires, commissaires aux comptes), soit enfin de matières vouées à réguler l'économie comme les procédures collectives dans lesquelles le ministère public a souvent l'initiative de la procédure* ».
8. Décr. n° 2012-98, 27 janv. 2012, relatif à l'exécution par le procureur de la République des décisions de retour prises en application des instruments internationaux et européens relatifs au déplacement illicite international d'enfants, *JO* 28 janv., p. 1645.

2019[1], art. 2)[2] place dorénavant dans la catégorie des actions introduites par le parquet en qualité de partie jointe[3]. Concernant l'exécution des décisions de justice relatives au déplacement illicite international d'enfants, le législateur a assigné au ministère public une mission plus étendue que pour les autres décisions et titres exécutoires. À ce sujet, le droit positif résulte de l'article 34-1 de la loi du 8 février 1995[4] relative à l'organisation des juridictions et à la procédure civile, pénale et administrative (v. titre II *bis* : « Dispositions relatives à l'exécution des décisions rendues en matière de déplacement illicite international d'enfants ») dans la mesure où l'article 12-1 de la loi du 9 juillet 1991, issu de la loi du 22 décembre 2010[5], a été supprimé dans la partie législative du Code des procédures civiles d'exécution avant d'être repris, dans la même rédaction, par l'article 3 de l'ordonnance du 19 décembre 2011[6] puis inséré à l'article 34-1 précité. Ce texte[7], dont la finalité est de lutter contre les déplacements internationaux d'enfants survenus dans le cadre familial, vise à s'assurer du respect des nombreux instruments internationaux de coopération ratifiés par la France au premier rang desquels figure la convention de La Haye du 25 octobre 1980 sur les aspects civils de l'enlèvement international d'enfants[8]. Concrètement, il s'agit pour le parquet de pallier les difficultés d'exécution en France de décisions rendues par des juridictions françaises et étrangères dont l'exécution simultanée s'avère impossible en raison de dispositions de celles-ci inconciliables entre elles. L'article 34-1 précité prévoit que : « *Le procureur de la République peut requérir directement la force publique pour faire exécuter les décisions rendues sur le fondement des instruments internationaux et européens relatives au déplacement illicite international d'enfants, dans des conditions définies par décret en Conseil d'État* ». En application de ce texte, les décrets des 27 janvier 2012, 6 mai 2017[9], 18 septembre 2019 et 23 janvier 2023 ont inséré dans le Code de procédure civile plusieurs articles (C. pr. civ., art. 1210-4 à 1210-12) qui renforcent les pouvoirs du procureur de la République quant à l'exécution des décisions de justice relatives au déplacement illicite international d'enfants[10]. Ainsi, l'article 1210-9 de ce code, issu du décret du 18 septembre 2019, prévoit que : « *En l'absence d'exécution volontaire de la décision de retour, le procureur de la République compétent en application de l'article 34-1 de la loi n° 95-125 du 8 janvier 1995 pour requérir directement la force publique afin de faire exécuter la décision est celui près le tribunal judiciaire spécialement désigné en application de l'article L. 211-12 du Code de l'organisation judiciaire, dans le ressort duquel se trouve l'enfant. Il informe, s'il y a lieu, le procureur de la République près le tribunal judiciaire dans le ressort duquel se trouve l'enfant de son intention de requérir la force publique pour faire exécuter la décision de retour et peut recueillir de ce dernier toutes informations utiles, notamment au regard des risques que l'exécution de la décision pourrait entraîner* ». En outre, l'article 1210-8 du même code, issu du décret du 27 janvier 2012, ajoute qu'« *afin de déterminer les modalités d'exécution de la décision de retour les plus adaptées aux circonstances de l'espèce, le procureur de la République chargé de son exécution peut : – s'attacher les services de toute personne qualifiée aux fins de favoriser*

1. Décr. n° 2019-756, 22 juill. 2019, portant diverses dispositions de coordination de la loi n° 2019-222 du 23 mars 2019 de programmation 2018-2022 et de réforme pour la justice en matière de protection juridique des majeurs, de changement de régime matrimonial, d'actes non contentieux confiés aux notaires et de prorogation de l'attribution provisoire de la jouissance du logement de la famille et mesure relative à la reconnaissance transfrontalière des décisions de protection juridique des majeurs, *JO* 24 juill., texte 1 – Décr. n° 2023-25, 23 janv. 2023, pris pour l'application de règlements européens en matière familiale, d'obtention des preuves et de signification ou notification des actes et portant diverses dispositions relatives au divorce, aux sûretés et à la légalisation et l'apostille, *JO* 25 janv., texte 19, art. 1er.
2. C. pr. civ., art. 425, 1°, mod. par Décr. 22 juill. 2019, art. 2 : « *Le ministère public doit avoir communication : [...] des actions engagées sur le fondement des dispositions des instruments internationaux et européens relatives au déplacement illicite international d'enfants* ».
3. Il convient de préciser qu'avant le décret du 27 janv. 2012, le parquet pouvait intervenir comme partie principale en vertu de l'article 423 C. pr. civ. pour assurer le respect de la convention de La Haye du 25 oct. 1980 sur les aspects civils de l'enlèvement international d'enfant (EN CE SENS, v. Civ. 1re, 19 mars 2002, n° 00-17.692, P I, n° 100). Depuis le 29 janv. 2012, son intervention, dans ce cas, a changé de nature, celui-ci intervenant comme partie jointe en vertu de l'article 425, 1° C. pr. civ. précité.
4. L. n° 95-125, 8 févr. 1995, relative à l'organisation des juridictions et à la procédure civile, pénale et administrative, *JO* 9 févr.
5. L. n° 2010-1609, 22 déc. 2010, relative à l'exécution des décisions de justice, aux conditions d'exercice de certaines professions réglementées et aux experts judiciaires, *JO* 23 déc., p. 22552 – Travaux préparatoires, v. F. Zocchetto, Rapport Sénat n° *161 (2008-2009)* fait au nom de la commission des lois, déposé le 14 janv. 2009, « *Article 6 (art. 12-1 nouveau de la loi n° 91-650 du 9 juillet 1991, portant réforme des procédures civiles d'exécution) – Déplacement illicite international de mineurs* ».
6. Ord. n° 2011-1895, 19 déc. 2011, préc.
7. L. n° 95-125, 8 févr. 1995, art. 34-1.
8. Entrée en vigueur en France le 1er décembre 1983, sur une application de l'article 13 b de cette convention, v. Civ. 1re, 13 févr. 2013, n° 11-28.424, P I, n° 12.
9. Décr. n° 2017-892, 6 mai 2017, portant diverses mesures de modernisation et de simplification de la procédure civile, *JO* 10 mai, texte 114.
10. Sur l'articulation des rôles entre le procureur de la République et l'autorité centrale désignée dans le cadre des instruments internationaux et européens relatifs au déplacement illicite international d'enfants, v. C. pr. civ., art. 1210-4 (réd. Décr. n° 2019-966, 18 sept. 2019).

l'exécution amiable de la décision et de déterminer les modalités du retour de l'enfant ; – requérir toute personne qualifiée afin de vérifier la situation matérielle, familiale et sociale de l'enfant faisant l'objet de la décision de retour ; – faire procéder à tout examen médical, psychiatrique et psychologique de l'enfant qu'il estime nécessaire ». Enfin, même si l'interprétation large de l'expression « *cas spécifiés par la loi* » prévue à l'article L. 121-6 alinéa 2 précité n'a pas encore reçu de consécration jurisprudentielle, si cela devait être le cas, il serait sans doute utile de s'interroger pour savoir si le procureur de la République ne disposerait pas aussi du pouvoir de poursuivre d'office l'exécution des décisions de justice en matière de protection des majeurs, dont il a eu connaissance comme partie jointe à la procédure tutélaire lorsqu'il a fait le choix d'intervenir pour faire connaître son avis (C. pr. civ., art. 424) [1] dans la mesure où l'article 416 alinéa 1er C. civ., issu de la loi du 5 mars 2007 [2] (applicable depuis le 1er janv. 2009), dispose désormais que : « *Le juge des tutelles et le procureur de la République exercent une surveillance générale des mesures de protection dans leur ressort* ».

1. Il convient de préciser qu'avant le décret du 22 juillet 2019, applicable au 25 juillet 2019, l'article 425 (1°) C. pr. civ. prévoyait une communication obligatoire au ministère public : « […] *Des affaires relatives* […] *à l'ouverture ou à la modification des mesures judiciaires de protection juridique des majeurs* ».
2. L. n° 2007-308, 5 mars 2007, portant réforme de la protection juridique des majeurs, *JO* 7 mars, p. 4325.

CHAPITRE

0232. Interventions spéciales du ministère public dans les procédures concernant l'exécution des titres exécutoires

Frédéric Arbellot
Conseiller à la cour d'appel de Paris
Docteur en droit
Chargé d'enseignement
aux Universités de Paris 1 (Panthéon-Sorbonne),
Paris 2 (Panthéon-Assas) et Paris-Saclay

SECTION 0
ORIENTEUR

0232.00 **Sommaire du chapitre.**

Division. Le ministère public peut intervenir à trois titres dans les procédures concernant l'exécution des titres exécutoires : au titre de la défense de l'ordre public (sect. 1), en qualité de partie dans le procès (sect. 2), en qualité d'autorité d'admission du recouvrement public des pensions alimentaires (sect. 3).

0232.01 **Textes applicables.**

• **C. pr. civ.,** art. 421 à 427, spéc. art. 425 (*mod. par Décr. n° 2019-756, 22 juill. 2019, art. 2*).

• **C. pr. exéc.,** art. L. 161-3 (*mod. par L. n° 2019-1446, 24 déc. 2019, art. 72 , V*).

• **COJ,** art. L. 122-2 (*issu de Ord. n° 2006-673, 8 juin 2006, mod. par L. n° 2019-222, 23 mars 2019, art. 95*).

• **L. n° 75-618,** 11 juill. 1975, relative au recouvrement public des pensions alimentaires, *JO* 12 juill., applicable au 1er janv 1976 (*mod par Ord. n° 2010-420, 27 avr. 2010, art. 2, 3, 4, 9, 12 et 13 – Ord. n° 2019-738, 17 juill. 2019, art. 19 – Ord. n° 2019-964, 18 sept. 2019, art. 35 (VD), et L. n° 2019-1446, 24 déc. 2019, art. 72, V, et L. n° 2021-1754, 23 déc. 2021, art. 100, V, en vigueur le 25 déc. 2021*).

• **Décr. n° 75-1339,** 31 déc. 1975, relatif aux modalités d'application de la loi n° 75-618 du 11 juillet 1975, relative au recouvrement public des pensions alimentaires, *JO* 3 janv., p. 166, art. 1er, 2, 3, 8 et 9 (*mod. par Décr. n° 2019-966, 18 sept. 2019, art. 8 – Décr. n° 2019-1419, 20 déc. 2019, art. 15*).

0232.02 **Jurisprudence de référence.**

> Sur la communication en application de l'article 427 C. pr. civ.

• **TGI Paris, 26 juill. 1984,** *Gaz. Pal.* 1985. 152.

* V. ss nos 0232.21

• **En raison de l'intention manifestée par un syndic de ne pas déférer à l'exécution provisoire d'une ordonnance de référé prud'homal exécutoire de plein droit**, il y a lieu d'ordonner la communication de l'affaire au procureur de la République, garant de l'exécution des décisions de justice et de la renvoyer à une audience ultérieure.

• **Paris, 3e ch., sect. B, 17 janv. 2008,** RG n° 07/01401.

* V. ss n° 0232.21

Il entre dans les pouvoirs du juge-commissaire de communiquer d'office une affaire, dans laquelle il entend prononcer une astreinte sur le fondement de l'article 33 de la loi du 9 juillet 1991, au procureur de la République en application de l'article 427 du [nouveau] Code de procédure civile.

« [...] le prononcé d'une astreinte [par le juge-commissaire] comme la communication [d'une affaire] au ministère public relèvent des pouvoirs d'office de tout juge (article 33 de la loi n° 91-650 du 9 juillet 1991 et article 427 du [nouveau] Code de procédure civile). »

> Recouvrement public des pensions alimentaires. Statut procédural du procureur de la République.

• **Civ. 2e, 3 janv. 1979,** n° 77-14.167, P II, n° 4.

* V. ss nos 0232.31, 0953.22, 0953.31

Le procureur de la République, n'étant pas partie à l'instance sur les contestations relatives au recouvrement public des pensions alimentaires, ne saurait être considéré comme défendeur au pourvoi formé contre l'ordonnance rendue sur ces contestations et doit d'office être mis hors de cause.

> Sur le pourvoi direct contre l'ordonnance du président du tribunal statuant sur la contestation relative à l'admission au recouvrement public.

• **Civ. 2e, 3 janv. 1979,** n° 77-14.167, P II, n° 4.

* V. ss nos 0232.31, 0953.22, 0953.31

Conformément à l'article 9 du décret du 31 décembre 1975, l'ordonnance du président peut être déférée à la Cour de cassation par les parties à l'instance dans un délai de deux mois à compter de sa notification par le procureur de la République.

> L'ordonnance statuant sur la contestation relative à l'admission d'une pension au recouvrement public doit être signifiée au débiteur.

• **Civ. 2e, 3 janv. 1979,** n° 77-14.167, P II, n° 4.

* V. ss nos 0232.31, 0953.22, 0953.31

• **Civ. 2e, 9 févr. 1983,** n° 81-15.051, P II, n° 33.

* V. ss n° 0232.31

Selon l'article 1er de la loi du 11 juillet 1975, toute pension alimentaire fixée par une décision judiciaire devenue exécutoire dont le recouvrement total ou partiel n'a pu être obtenu par une voie d'exécution du droit privé, peut être recouvrée pour le compte du créancier par les comptables directs du Trésor. Aux termes de l'article 503 du [nouveau] Code de procédure civile, les jugements ne peuvent être exécutés contre ceux auxquels ils sont opposés qu'après leur avoir été notifiés, à moins que l'exécution soit volontaire. Encourt, par suite, la cassation l'ordonnance qui, pour rejeter la contestation contre l'état exécutoire délivré par le procureur de la République, formée par un débiteur qui objectait que le jugement réputé contradictoire et assorti de l'exécution provisoire l'ayant condamné à verser une pension alimentaire ne lui avait pas été signifié, énonce que l'irrégularité de la signification est sans effet sur le caractère exécutoire du jugement assorti de l'exécution provisoire, alors que la difficulté portait non pas sur le caractère exécutoire du jugement mais sur sa mise à exécution.

> Le débiteur est tenu de prendre un avocat aux conseils pour former un pourvoi contre l'ordonnance statuant sur la contestation relative à l'admission de la pension au recouvrement public.

• **Civ. 2e, 21 juill. 1986,** n° 85-12.075, P II, n° 120.

* V. ss nos 0232.31, 0953.42

N'est pas dispensé du ministère d'un avocat au Conseil d'État et à la Cour de Cassation le pourvoi en cassation formé contre l'ordonnance d'un juge des référés statuant sur une contestation en matière de recouvrement public des pensions alimentaires.

> Recouvrement public des pensions alimentaires. Domaine d'application.

• **Civ. 1re, 11 févr. 2009,** n° 07-16.993, P I, n° 24.

* V. ss nos 0232.31, 0953.22, 0953.32

La procédure de recouvrement public des pensions alimentaires n'est applicable qu'aux termes à échoir ainsi qu'à ceux qui sont arrivés à échéance à compter du sixième mois ayant précédé la date de la demande d'admission.

> Surveillance de l'atteinte à l'ordre public international par le ministère public français.

• **Civ. 1re, 19 oct. 2016,** n° 15-50.098, P I, n° 198

* V. ss n° 0232.21

En vertu des articles 6 du Code civil et 423 du Code de procédure civile, le ministère public peut, en considération de l'atteinte à l'ordre public international causée par le mariage d'un Français à l'étranger sans que sa précédente union n'ait été dissoute, s'opposer à la demande de transcription de cet acte sur les registres consulaires français.

> Sur la communication en application de l'article 424 C. pr. civ.

• **Com. 9 sept. 2020,** nos 18-26.824 et 14-22.222, P

* V. ss n° 0232.21

Le ministère public, étant partie jointe en application de l'article 424 du Code de procédure civile, doit uniquement avoir communication de l'affaire tenant à l'appel du débiteur sur l'ouverture de sa procédure de liquidation judiciaire, mais il n'a pas à être, en outre, intimé par ce débiteur.

0232.03 Bibliographie indicative.

Actualisables. Rép. pr. civ., v° *Ministère public*, par Ph. Florès, (actu. avr. 2022) par C. Marilly et S. Aparisi, (actu. rédaction oct. 2024) – – Rép. pén., v° *Ministère public (matière civile)*, juin 2020, par F. Molins, (actu. sept. 2020), spéct nos 112 s.

Ouvrages[1]. N. Cayrol, *Droit de l'exécution*, 3e éd., « Précis Domat », LGDJ, 2019, [procureur de la République] nos 84, 102 et 270, p. 56-57, 68 et 153, spéct nos 102, p. 68 – Ph. Hoonakker, *Procédures civiles d'exécution*, 13e éd., Bruylant, 2024, [ministère public] – R Perrot et P. Théry, *Procédures civiles d'exécution*, 3e éd., Dalloz, 2013, n° 362, p. 366.

Articles. F. Eudier, « Le recouvrement forcé des créances d'aliments », *LPA* 24 juin 2010, n° 125, p. 41 – D. Lochouarn, « Le rôle du ministère public dans les procédures civiles d'exécution », *Rev. huiss.* 1999. 3 s., spéct 4 et 5.

1. Les ouvrages dont le nom des auteurs figure en petites capitales en bibliographie seront cités par le seul nom des auteurs en petites capitales en notes de bas de page.

SECTION 1
MISSION DE DÉFENSE DE L'ORDRE PUBLIC

0232.11 Mission de surveillance de l'exécution des titres exécutoires au nom de la défense de l'ordre public. Il résulte des dispositions du Code de l'organisation judiciaire que le procureur de République, qui est tenu d'assurer la défense de l'ordre public et la protection des intérêts de la société, peut en toute matière, notamment civile, exercer sa fonction de ministère public devant toutes les juridictions du premier degré relevant du ressort territorial du tribunal judiciaire (TJ) auprès duquel il est compétent (COJ, art. L. 122-2, mod. par L. 23 mars 2019[1], art. 95 – COJ, anc. art. L. 311-15). C'est pour cette raison que le ministère public peut intervenir comme partie, tant principale que jointe, dans le procès civil concernant l'exécution d'un titre exécutoire, notamment devant le juge de l'exécution dont la saisine constitue l'ultime recours pour le justiciable pour obtenir l'exécution de son titre. Le procureur de la République exerce ainsi à côté des compétences juridictionnelles attribuées au juge de l'exécution (COJ, art. L. 213-6, mod. par L. 23 mars 2019, art. 95) une mission complémentaire de surveillance de l'exécution des titres exécutoires : « *Cet allégement judiciaire* [du recours au juge de l'exécution] *implique que, de son côté, le ministère public exerce une vigilance accrue* [quant à l'exécution des titres exécutoires]. *Dans cette redistribution des rôles entre les deux organes-clés que forment le juge de l'exécution et le ministère public, l'esprit des nouveaux textes confère à ce dernier un rôle complémentaire d'autant plus important que le juge du siège sera sollicité de façon moins systématique qu'il ne l'était autrefois* »[2]. À titre exceptionnel, le ministère public a l'obligation de connaître de certaines procédures particulières concernant le recouvrement public des pensions alimentaires.

SECTION 2
INTERVENTION DU MINISTÈRE PUBLIC EN QUALITÉ DE PARTIE DANS LE PROCÈS CONCERNANT L'EXÉCUTION D'UN TITRE EXÉCUTOIRE

0232.21 Ministère public intervenant en qualité de partie principale ou partie jointe. En principe, le droit de l'exécution des titres exécutoires, notamment de l'exécution forcée, ne prévoit pas l'intervention du ministère public dans les contentieux résultant d'une mesure d'exécution ou conservatoire. Cependant, comme cela a été expliqué précédemment (v. s^s n° 0231.05), la défaillance dans l'exécution d'un titre exécutoire intéressant nécessairement l'ordre public, le ministère public peut toujours décider d'intervenir comme partie principale ou comme partie jointe dans un tel procès (C. pr. civ., art. 421). En dehors des cas spécifiés par la loi[3], le ministère public peut agir, c'est-à-dire intervenir comme partie principale, pour la défense de l'ordre public à l'occasion des faits qui portent atteinte à celui-ci (C. pr. civ., art. 423)[4]. À l'inverse, celui-ci peut aussi

1. L. n° 2019-222, 23 mars 2019, de programmation 2018-2022 et de réforme pour la justice, *JO* 24 mars, texte n° 2.
2. PERROT et THÉRY, n° 362, p. 366.
3. Sur l'énumération non exhaustive des instances dont la loi prévoit l'intervention du ministère public comme partie principale : pour les interventions du procureur de la République quant à la nationalité des individus (C. civ., art. 29-3), les rectifications et annulations des actes de l'état civil (C. civ., art. 99), les oppositions ou nullités à mariage (C. civ., art. 175-1 et 184), les présomptions et déclarations d'absence (C. civ., art. 112, 117 et 122), l'assistance éducative (C. civ., art. 375), la protection des majeurs (C. civ., art. 430), l'autorité parentale (C. civ., art. 373-2-8 et 373-2-13), l'ouverture d'un redressement ou d'une liquidation judiciaire (C. com., art. L. 631-5 et L. 640-5) ou encore l'action en responsabilité pour insuffisance d'actif en matière de procédures collectives (C. com., art. L. 651-3) – Pour les interventions du procureur général près la cour d'appel quant à la discipline de certaines professions réglementées comme les commissaires de justice, les greffiers des tribunaux de commerce et les notaires (v. Ord. n° 2022-544, 13 avr. 2022, relative à la déontologie et à la discipline des officiers ministériels, *JO* 14 avr., texte 41, art. 8, art. 10, 11 et 17) – Pour les interventions du procureur général près la Cour de cassation en matière de discipline des avocats au Conseil d'État et à la Cour de cassation en relation avec leur activité devant les juridictions de l'ordre judiciaire, v. Ord. n° 2022-544, 13 avr. 2022, art. 9) – Pour les interventions du procureur général près la cour d'appel pour les avocats (v. L. 31 déc. 1971,art. 23 à 25, mod. par L. n° 2021-1729, 22 déc. 2021, pour la confiance dans l'institution judiciaire, *JO* 23 déc., texte 2, et L. n° 2023-1059, 20 nov. 2023, d'orientation et de programmation du ministère de la justice 2023-2027, *JO* 21 nov., texte 2) – Pour les interventions du procureur général près la cour d'appel ou du procureur général près la Cour de cassation en matière de discipline des experts judiciaires (Décr. n° 2004-1463, 23 déc. 2004, relatif aux experts judiciaires, *JO* 30 déc., texte 63, art. 25, 31 et 32, mod. Décr. n° 2023-468, 16 juin 2023, relatif à l'expertise devant les juridictions administratives et judiciaires, *JO* 18 juin, texte 14) – Pour les interventions du procureur général près la cour d'appel pour les administrateurs et mandataires judiciaires (C. com., art. L. 811-12) –Rép. pr. civ., v^o *Ministère public*, par Ph. Florès, (actu. avr. 2022) par C. Marilly et S. Aparisi, (actu. rédaction oct. 2024) – Rép. pén., v^o *Ministère public (matière civile)*, juin 2020, par F. Molins, (actu. sept. 2020), spéc^t n°s 112 s. – V. AUSSI J.-C. Marin, *Le rôle du ministère public dans les affaires civiles et commerciales*, 11e conférence annuelle de l'Association internationale des procureurs et poursuivants, Paris, 2006, spéc^t p. 3-4.
4. Litige concernant l'exécution en France de jugements étrangers validant une gestation pour le compte d'autrui prohibée en droit interne, v. Civ. 1re, 6 avr. 2011, n° 09-66.486, P I, n° 71 : « *Le ministère public contestait l'opposabilité en France, au regard de la conception française de l'ordre public international, des jugements étrangers validant une* ▶

agir comme partie jointe lorsqu'il intervient pour faire connaître son avis sur l'application de la loi dans une affaire dont il a communication (C. pr. civ., art. 424)[1]. C'est ainsi le cas dans le cadre d'une procédure tutélaire lorsqu'il a fait le choix d'intervenir pour faire connaître son avis[2]. Dans certaines matières, cette communication sera **obligatoire**, c'est le cas des affaires relatives à la filiation, à l'organisation de la tutelle des mineurs, des procédures de sauvegarde, de redressement judiciaire et de liquidation judiciaire, des causes relatives à la responsabilité pécuniaire des dirigeants sociaux et des procédures de faillite personnelle ou relatives aux interdictions de gérer, ainsi que des actions engagées sur le fondement des dispositions des instruments internationaux et européens relatives au déplacement illicite international d'enfants (C. pr. civ., art. 425, 1° et 2°, mod. par Décr. 22 juill. 2019[3], art. 2), alors même qu'il doit également avoir communication de toutes les affaires dans lesquelles la loi dispose qu'il doit faire connaître son avis. L'intervention du ministère public pourra être **facultative** s'il estime devoir intervenir après avoir pris communication du dossier (C. pr. civ., art. 426) ou obligatoire lorsque le juge décidera d'office de lui communiquer une affaire particulière (C. pr. civ., art. 427). On pourrait envisager que le juge de l'exécution le saisisse à l'occasion de l'exécution forcée d'un jugement d'expulsion ayant dégénéré et laissant apparaître des infractions disciplinaires ou pénales. En matière de refus d'exécution par un syndic, mandataire de justice d'une société en liquidation des biens, de l'exécution provisoire de plein droit attachée à une ordonnance de référé prud'homal, il a été ordonné en application de l'article 427 C. pr. civ. par le tribunal, la communication de ce dossier au procureur de la République comme garant de l'exécution de la justice[4].

► *gestation pour le compte d'autrui, la cour d'appel en a exactement déduit qu'il justifiait d'un intérêt à agir pour la défense de l'ordre public, en application de l'article 423 du Code de procédure civile* » – V. Civ. 1re, 19 oct. 2016, n° 15-50.098, P I, n° 198 : en vertu des articles 6 C. civ. et 423 C. pr. civ., le ministère public peut, en considération de l'atteinte à l'ordre public international causée par le mariage d'un Français à l'étranger sans que sa précédente union n'ait été dissoute, s'opposer à la demande de transcription de cet acte sur les registres consulaires français – Sur un litige relatif à une demande du ministère public tendant à voir prononcer par la juridiction de la procédure collective une sanction de faillite personnelle contre un dirigeant social, v. Com. 17 nov. 2015, nos 14-17.607 et 14-22.222, P IV, n° 160 – v. F. Arbellot, « L'action d'office du ministère public prévue à l'article 423 du Code de procédure civile », *JCP* 2014. 1187, spéct n° 11, p. 1191-1192.

1. Com. 9 sept. 2020, nos 18-26.824 et 14-22.222, P : le ministère public, étant partie jointe en application de l'article 424 C. pr. civ., doit uniquement avoir communication de l'affaire tenant à l'appel du débiteur sur l'ouverture de sa procédure de liquidation judiciaire, mais il n'a pas à être, en outre, intimé par ce débiteur.
2. Il convient de préciser qu'avant le décret n° 2019-756 du 22 juillet 2019, portant diverses dispositions de coordination de la loi n° 2019-222 du 23 mars 2019 de programmation 2018-2022 et de réforme pour la justice en matière de protection juridique des majeurs, de changement de régime matrimonial, d'actes non contentieux confiés aux notaires et de prorogation de l'attribution provisoire de la jouissance du logement de la famille et mesure relative à la reconnaissance transfrontalière des décisions de protection juridique des majeurs, *JO* 24 juill., texte 1, applicable au 25 juillet 2019, l'article 425 (1°) C. pr. civ. prévoyait une communication obligatoire au ministère public : « […] *Des affaires relatives* […] *à l'ouverture ou à la modification des mesures judiciaires de protection juridique des majeurs* ».
3. Décr. n° 2019-756, 22 juill. 2019, préc.

SECTION 3

INTERVENTION DU MINISTÈRE PUBLIC EN QUALITÉ D'AUTORITÉ D'ADMISSION DU RECOUVREMENT PUBLIC DES PENSIONS ALIMENTAIRES

0232.31 Pouvoir du procureur de la République d'admission des demandes de recouvrement public des pensions alimentaires. Il s'agit là d'une procédure d'exécution forcée très particulière prévue par la loi du 11 juillet 1975[5], auquel renvoie purement et simplement l'article L. 161-3 C. pr. exéc.[6], par

4. TGI Paris, 26 juill. 1984, *Gaz. Pal.* 1985. 152 – Sur la communication d'un dossier par le juge-commissaire au procureur de la République en application de l'article 427 du [nouveau] Code de procédure civile avant de prononcer une astreinte sur le fondement de l'article 33 de la loi n° 91-650 du 9 juillet 1991, v. AUSSI Paris, 3e ch. sect. B, 17 janv. 2008, RG n° 07/01401.
5. L. n° 75-618, 11 juill. 1975, relative au recouvrement public des pensions alimentaires, applicable au 1er janvier 1976, *JO* 12 juill., p. 7178, mod. par Ord. n° 2019-738, 17 juill. 2019, prise en application de l'article 28 de la loi n° 2019-222 du 23 mars 2019 de programmation 2018-2022 et de réforme pour la justice, *JO* 18 juill., texte 3, art. 19, Ord. n° 2019-964, 18 sept. 2019, prise en application de la loi n° 2019-222 du 23 mars 2019 de programmation 2018-2022 et de réforme pour la justice, *JO* 19 sept., texte 5, art. 35, L. n° 2019-1446, 24 déc. 2019, de financement de la sécurité sociale pour 2020, *JO* 27 déc., texte 1, art. 72, et L. n° 2021-1754, 23 déc. 2021, de financement de la sécurité sociale pour 2022, *JO* 24 déc., texte 1, art. 100 (V), en vigueur le 25 déc. 2021 – J. Vincent et J. Prévault, *Voies d'exécution et procédures de distribution*, 19e éd., Dalloz, 1999, spéct n° 210 : ces auteurs définissent cette procédure atypique comme une « *sorte de saisie-exécution effectuée non pas selon les règles du droit privé, mais selon celles du droit administratif* » – F. Eudier, « Le recouvrement forcé des créances d'aliments », *LPA* 24 juin 2010, n° 125, p. 41.
6. C. pr. exéc., art. L. 161-3, mod. par L. n° 2019-1446, 24 déc. 2019, art. 72 (V) : « *Les sommes dues en exécution d'une décision judiciaire, d'une convention ou d'un acte mentionnés aux 2° à 5° du I de l'article 373-2-2 du Code civil ayant force exécutoire au titre des pensions alimentaires, des* ►

laquelle le procureur de la République, saisi par un créancier alimentaire, va admettre le recouvrement public de sa pension par les comptables publics (anciennement appelés « *comptables directs du Trésor* » ou encore « *agents du Trésor public* »), selon les procédures de droit public, qui se trouvent subrogés dans les droits et actions du créancier en raison de sa demande à charge de lui reverser les sommes ainsi perçues auprès du débiteur[1]. Il convient d'emblée de préciser que cette procédure complexe, qui n'a, en réalité, subi aucune modification substantielle depuis près de cinquante ans, a cependant fait l'objet de quelques modifications sémantiques prévues par l'ordonnance du 27 avril 2010[2] qui a été prise à la suite de la fusion de la Direction générale des impôts et de la Direction générale de la comptabilité publique. L'article 122 de cette ordonnance prévoit ainsi de remplacer les expressions « *comptables "directs du Trésor"* » par « *comptables "publics compétents"* » et « *Trésor* » par « *service compétent de l'État* ». Par ailleurs, cette procédure, qui a été étendue à de nouveaux titres exécutoires fixant les pensions alimentaires (comme les conventions homologuées par le juge et accord par lequel les époux consentent mutuellement à leur séparation de corps par acte sous signature privée contresigné par avocats, déposé au rang des minutes d'un notaire selon les modalités prévues à l'article 229-1 C. civ.[3] et la transaction ou l'acte constatant un accord issu d'une médiation, d'une conciliation ou d'une procédure participative, lorsqu'ils sont contresignés par les avocats de chacune des parties et revêtus de la formule exécutoire par le greffe de la juridiction compétente en application du 7° de l'article L. 111-3 C. pr. exéc.[4]), se déroule désormais devant le président du TJ (et non du TGI)[5], lequel statue selon la procédure accélérée au fond (et non comme en matière de référé)[6]. Dans cette procédure, l'intervention du procureur de la République « *constitue un utile relais de l'ordre public* »[7], car celui-ci a un rôle central dans la mise en place de la mesure d'exécution. Lorsqu'il intervient dans cette procédure spéciale ce n'est pas en qualité de partie (principale ou jointe), mais uniquement en qualité d'autorité chargée d'admettre le recouvrement public de la pension alimentaire. À ce titre, il a été jugé que le procureur de la République, n'étant pas partie à l'instance sur les contestations relatives au recouvrement public des pensions alimentaires, ne saurait être considéré comme défendeur au pourvoi formé contre l'ordonnance rendue sur ces contestations et doit d'office être mis hors de cause[8]. D'abord, la demande de recouvrement public des pensions alimentaires est adressée par le créancier au procureur de la République près le TJ dans le ressort duquel se trouve son domicile (L. 11 juill. 1975, art. 2, al. 1er, mod. par Ord. 18 sept. 2019, art. 35 (VD)[9]). Cette demande peut être présentée par le créancier soit par lettre recommandée avec demande d'avis de réception, soit même par un dépôt direct auprès du parquet qui va y apposer sans délai la date du dépôt. Elle doit comporter un certain nombre de renseignements sur le débiteur de la pension alimentaire (identité et profession du débiteur, situation de son patrimoine, identité et adresse de son employeur, source de ses revenus) et être assortie d'une attestation du greffe ou d'un huissier de justice (commissaire de justice) justifiant qu'une procédure ordinaire d'exécution de droit privé a été vainement tentée pour essayer de recouvrer la pension impayée (L. 11 juill. 1975, art. 2,

► *contributions aux charges du mariage prescrites par l'article 214 du Code civil, des rentes prévues par l'article 276 ou des subsides mentionnés à l'article 342 du même code peuvent être recouvrées pour le compte du créancier par les comptables publics compétents dans les conditions et selon les modalités prévues par la loi n° 75-618 du 11 juillet 1975 relative au recouvrement public des pensions alimentaires* ».

1. L. n° 75-618, 11 juill. 1975, art. 6 – Sur la conciliation entre la procédure de liquidation judiciaire du débiteur et la procédure de recouvrement public des pensions alimentaires, v. Com. 13 juin 2019, n° 17-24.587, P : la créance née d'une prestation compensatoire, qui présente, pour partie, un caractère alimentaire, si elle échappe à la règle de l'interdiction des paiements, demeure soumise à celle de l'interdiction des poursuites. Dès lors, en cas de liquidation judiciaire de son débiteur, elle doit, en principe, être payée hors procédure collective, c'est-à-dire sur les revenus dont celui-ci conserve la libre disposition, ou être recouvrée par la voie de la procédure de paiement direct ou de recouvrement public des pensions alimentaires, sans que son règlement puisse intervenir sur les fonds disponibles dans la procédure.
2. Ord. n° 2010-420, 27 avr. 2010, portant adaptation de dispositions résultant de la fusion de la direction générale des impôts et de la Direction générale de la comptabilité publique, *JO* 30 avr., p. 7839.
3. L. n° 2019-1446, 24 déc. 2019, art. 72 (V).
4. L. n° 2021-1754, 23 déc. 2021, art. 100 (V), entrée en vigueur le 25 déc. 2021.
5. Ord. n° 2019-964, 18 sept. 2019, art. 35.
6. Ord. n° 2019-738, 17 juill. 2019, art. 19.
7. D. Lochouarn, « Le rôle du ministère public dans les procédures civiles d'exécution », *Rev. huiss.* 1999. 3 s., spéc[t] 5.
8. Civ. 2e, 3 janv. 1979, n° 77-14.167, P II, n° 4 ; *D.* 1979. IR 236.
9. V. Décr. n° 75-1339, 31 déc. 1975, relatif aux modalités d'application de la loi n° 75-618 du 11 juill. 1975, relative au recouvrement public des pensions alimentaires, *JO* 3 janv., p. 166, art. 1er, mod. par Décr. n° 2019-966, 18 sept. 2019, portant substitution du tribunal judiciaire au tribunal de grande instance et au tribunal d'instance en application de l'article 95 de la loi n° 2019-222 du 23 mars 2019 de programmation 2018-2022 et de réforme pour la justice et diverses dispositions relatives à l'organisation judiciaire et modifiant l'annexe du décret n° 2019-913 du 30 août 2019 pris en application de l'article 95 de la loi n° 2019-222 du 23 mars 2019 de programmation (2018-2022) et de réforme pour la justice, *JO* 19 sept., texte 7, art. 8.

al. 2[1]). En outre, le créancier doit fournir une expédition, c'est-à-dire une copie certifiée conforme, du jugement fixant la pension alimentaire. Ensuite, le procureur de la République va devoir examiner la régularité de la demande, mais non son opportunité, avant de rendre sa décision de refus ou d'admission de celle-ci. En cas d'admission, le procureur de la République, qui établit un état exécutoire[2] transmis au service compétent de l'État, c'est-à-dire au directeur départemental ou, le cas échéant, régional des finances publiques (ancien trésorier-payeur général) (L. 11 juill. 1975, art. 3), doit notifier cette décision au débiteur par lettre recommandée avec demande d'avis de réception, confirmée par lettre simple, en précisant que les sommes objet du recouvrement public et en lui faisant savoir qu'il ne peut plus se libérer de sa dette qu'entre les mains du comptable public compétent, c'est-à-dire du Trésor public (L. 11 juill. 1975, art. 9). Selon la nature de sa décision, il informe le créancier ou le débiteur de la possibilité de la contester par lettre simple à lui adresser. La contestation formée par le créancier ou le débiteur adressée au procureur de la République est transmise sans délai au président du TJ qui est compétent pour statuer, selon la procédure accélérée au fond, sur celle-ci, après avoir convoqué le créancier et le débiteur (L. 11 juill. 1975, art. 4, mod. par Ord. 17 juill. 2019, art. 19). Son ordonnance est transmise au procureur de la République qui la notifie aux parties et au directeur départemental ou, le cas échéant, régional des finances publiques (ancien Trésorier-payeur général)[3]. Elle n'est pas susceptible d'opposition ou d'appel, mais peut uniquement faire l'objet d'un pourvoi en cassation dans le délai de droit commun de deux mois à compter de sa notification aux parties par le procureur de la République[4]. Ce pourvoi n'est pas dispensé du ministère d'un avocat au Conseil d'État et à la Cour de cassation[5].

0232.32 Pouvoirs du procureur de la République durant la phase d'exécution de la mesure de recouvrement public. Durant l'exécution la mesure de recouvrement public, le procureur de la République intervient de nouveau lorsque les modalités du recouvrement public doivent être modifiées. Ainsi, lorsque le montant de la pension alimentaire vient à être augmenté ou réduit, voire que la pension a été supprimée, il est tenu de modifier en conséquence l'état exécutoire soit de son propre chef, soit sur demande du créancier ou du débiteur[6]. En outre, après avoir acquitté les arriérés de la créance pris en charge par le Trésor et versé pendant douze mois consécutifs le montant des termes courants de la pension à la caisse du comptable public compétent, le débiteur peut demander au procureur de la République de se libérer à l'avenir directement entre les mains de son créancier[7]. Si le procureur de la République décide d'y faire droit, il met fin à la procédure de recouvrement public et décharge le comptable public. En cas de refus, la décision du procureur peut être contestée devant le président du TJ[8]. Enfin, dans le cas d'une nouvelle défaillance du débiteur dans le délai de deux ans après la cessation du recouvrement public, le créancier peut, dès lors que le retard dans le paiement est supérieur à un mois demander à nouveau au procureur de la République la mise en œuvre de la procédure de recouvrement public sans avoir à recourir préalablement à une voie d'exécution de droit privé. Si la nouvelle demande est admise, il est procédé au recouvrement de toutes les sommes dues depuis l'interruption du recouvrement public[9].

1. V. Décr. n° 75-1339, 31 déc. 1975, art. 2 et 3 – Civ. 2e, 6. déc. 1991, n° 89-18.469, P II, n° 327 : le commandement de payer, qui ne constitue qu'une simple formalité préalable à l'exécution, n'est pas suffisant pour permettre au créancier d'une pension alimentaire demandant son recouvrement public de justifier qu'il a eu recours à une voie d'exécution de droit privé et que ce recours est resté infructueux.
2. Comme le souligne un auteur, cette procédure de recouvrement public des pensions alimentaires confère le pouvoir au procureur de la République d'établir « *un état exécutoire* », c'est-à-dire de « *délivrer des titres exécutoires* », de sorte que « *la liste* [des titres exécutoires] *de l'article L. 111-3 du Code des procédures civiles d'exécution n'est pas exhaustive, car l'état exécutoire n'y figure pas* », v. CAYROL, 3e éd., 2019, n° 102, p. 68.
3. V. Décr. n° 75-1339, 31 déc. 1975, art. 8, mod. par Décr. n° 2019-966, 18 sept. 2019, art. 8.
4. V. Décr. n° 75-1339, 31 déc. 1975, art. 9 – Sur le pourvoi direct contre l'ordonnance du président du tribunal : Civ. 2e, 3 janv. 1979, n° 77-14.167, P (préc. ss prést n°) – Civ. 2e, 9 févr. 1983, n° 81-15.051, P II, n° 33 – Civ. 1re, 11 févr. 2009, n° 07-16.993, P I, n° 24 ; *D.* 2010. 1243, obs. G. Serra et L. Williatte-Pellitteri ; *AJ fam.* 2009. 128, obs. S. David ; *RTD civ.* 2009. 302, obs. J. Hauser.
5. Civ. 2e, 21 juill. 1986, n° 85-12.075, P II, n° 120.
6. L. n° 75-618, 11 juill. 1975, art. 3, al. 2
7. L. n° 75-618, 11 juill. 1975, art. 12.
8. L. n° 75-618, 11 juill. 1975, art. 4, mod. par Ord. n° 2019-738, 17 juill. 2019, art. 19.
9. L. n° 75-618, 11 juill. 1975, art. 13.

TITRE

024. Le ministère public et la recherche des informations (avant la loi du 22 déc. 2010)

SECTION 0

ORIENTEUR

024.05 Abandon de la mission du ministère public de recherche des informations nécessaires à l'exécution des titres exécutoires au profit de l'huissier de justice. À compter du 24 décembre 2010, le procureur de la République perd son rôle de filtre en matière de recherche des informations nécessaires à l'exécution des titres exécutoires et il n'a plus désormais pour mission, comme cela a été le cas pendant près de vingt ans, de rechercher ces informations à charge de les restituer à l'huissier de justice, chargé de l'exécution du titre[1]. Désormais en application des articles L. 152-1 et L. 152-2 C. pr. exéc., qui a repris les dispositions de l'article 39 de la loi du 9 juillet 1991[2], dans sa rédaction issue de la loi du 22 décembre 2010[3] (art. 5, I), l'huissier de justice (le commissaire de justice) pourra lui-même accéder à ce type d'informations en questionnant directement les administrations de l'État, des régions, des départements et des communes, les entreprises concédées ou contrôlées par l'État, les régions, les départements et les communes, les établissements publics ou organismes contrôlés par l'autorité administrative, ainsi que les établissements habilités par la loi à tenir des comptes de dépôt. *D'une part*, l'article L. 152-1 C. pr. exéc., dans sa rédaction issue de la loi du 16 février 2015[4], prévoit que : « *Sous réserve des dispositions de l'article 6 de la loi n° 51-711 du 7 juin 1951 sur l'obligation, la coordination et le secret en matière de statistiques, les administrations de l'État, des régions, des départements et des communes, les entreprises concédées ou contrôlées par l'État, les régions, les départements et les communes, les établissements publics ou organismes contrôlés par l'autorité administrative doivent communiquer à l'huissier de justice chargé de l'exécution, porteur d'un titre exécutoire, les renseignements qu'ils détiennent permettant de déterminer l'adresse du débiteur, l'identité et l'adresse de son employeur ou de tout tiers débiteur ou dépositaire de sommes liquides ou exigibles et la composition de son patrimoine immobilier, à l'exclusion de tout autre renseignement, sans pouvoir opposer le secret professionnel* ». *D'autre part*, l'article L. 152-2 C. pr. exéc., dans sa rédaction issue de la loi du 16 février 2015, dispose que : « *Les établissements habilités par la loi à tenir des comptes de dépôt doivent indiquer à l'huissier de justice chargé de l'exécution si un ou plusieurs comptes, comptes*

1. J.-C. Lautru, « Le ministère public à la recherche des informations », *LPA* 6 janv. 1993. 600 – A. Confino, « À propos d'une réforme : le parquet aux trousses des mauvais payeurs », *Gaz. Pal.* 1991. Doctr. 407.
2. L. n° 91-650, 9 juill. 1991, portant réforme des procédures civiles d'exécution, *JO* 14 juill., p. 9228.
3. L. n° 2010-1609, 22 déc. 2010, relative à l'exécution des décisions de justice, aux conditions d'exercice de certaines professions réglementées et aux experts judiciaires, p. 22552, art. 5, I, *JO* 23 déc. – Travaux préparatoires de la loi du 22 déc. 2010, v. Y. Nicolin, Rapport AN n° 2622, Commission des lois, 10 juin 2010, art. 4, « Accès des huissiers de justice aux informations nécessaires à l'exécution d'un titre exécutoire ».
4. L. n° 2015-177, 16 févr. 2015, relative à la modernisation et à la simplification du droit et des procédures dans les domaines de la justice et des affaires intérieures, *JO* 17 févr., p. 2961.

joints ou fusionnés sont ouverts au nom du débiteur ainsi que les lieux où sont tenus les comptes, à l'exclusion de tout autre renseignement, sans pouvoir opposer le secret professionnel ». Il convient d'ajouter que l'article 5, II de la loi du 22 décembre 2010 abroge, à compter du 24 décembre 2010, l'article 40 de la loi du 9 juillet 1991 qui définissait le rôle de filtre du ministère public en matière de recherche des informations nécessaires à l'exécution des titres exécutoires. L'abandon de cette mission de recherche des informations aux fins d'exécution des décisions civiles par le ministère public s'explique, d'une part, par le fait que l'activité des parquets ne leur permettait pas de se consacrer pleinement à cette mission particulière, de nombreuses requêtes adressées par les huissiers de justice n'étant pas traitées faute de temps, et, d'autre part, l'intérêt du filtre était limité dans la mesure où le contrôle opéré par l'autorité judiciaire ne portait que sur l'existence du titre exécutoire et non sur le contenu des renseignements transmis par le détenteur de l'information. Comme le souligne la doctrine, « *la loi du 22 décembre 2010, prenant acte de cette carence* [du ministère public dans la recherche des informations relatives au débiteur] *a finalement renoncé à solliciter le concours des parquets dans la recherche des informations* »[1].

1. PERROT et THÉRY, n° 364, p. 368.

TITRE

025. Le commissaire de justice, principal agent d'exécution

SECTION 0

ORIENTEUR

025.00 Sommaire du titre.

Division. Principal agent d'exécution, le commissaire de justice dispose de pouvoirs (chap. 251) et doit remplir certains devoirs (chap. 252). Il a une compétence territoriale (chap. 253) et encourt une responsabilité civile (chap. 254).

025.01 Textes applicables.

• **Décr. n° 2023-1296, 28 déc. 2023,** relatif au Code de déontologie des commissaires de justice, *JO* 29 déc., texte 27.

• **Décr. n° 2022-900, 17 juin 2022,** relatif à la déontologie et à la discipline des officiers ministériels, *JO* 18 juin, texte 11.

• **Ord. n° 2022-544, 13 avr. 2022,** relative à la déontologie et à la discipline des officiers ministériels, *JO* 14 avr., texte 41.

• **Décr. n° 2021-1625, 10 déc. 2021,** relatif aux compétences des commissaires de justice, *JO* 12 déc., texte 62.

• **Décr. n° 2019-1185, 15 nov. 2019,** relatif à la formation professionnelle des commissaires de justice et aux conditions d'accès à cette profession, *JO* 17 nov., texte 2.

• **Ord. n° 2016-728, 2 juin 2016,** relative au statut de commissaire de justice, *JO* 3 juin, texte 24.

• **L. n° 2015-990, 6 août 2015,** pour la croissance, l'activité et l'égalité des chances économiques, *JO* 7 août, texte 1.

025.02 Jurisprudence de référence.

• **CE, 6e et 1re ch. réun., 28 déc. 2017,** *Conseil supérieur du notariat e. a.*, req. nos 401947, 402067 et 402093, C

* V. ss n° 025.06

Le 2° du I de l'article 1er de l'ordonnance n° 2016-728 du 2 juin 2016 relative au statut de commissaire de justice est annulé en tant qu'il inclut les prisées et inventaires ne correspondant pas à une vente judiciaire de meubles corporels ou incorporels dans le champ matériel du monopole des commissaires de justice.

025.05 Fusion des professions d'huissier de justice et de commissaire-priseur judiciaire. Créée par l'ordonnance n° 2016-728 du 2 juin 2016[1], prise en application de l'article 61, III de la loi n° 2015-

1. Ord. n° 2016-728, 2 juin 2016, relative au statut de commissaire de justice, *JO* 3 juin, texte 24.

990 du 6 août 2015[1] la nouvelle profession de commissaire de justice est issue de la fusion des anciennes professions d'huissiers de justice et de commissaires-priseurs judiciaires.

Le législateur a prévu une mise en œuvre progressive de la réforme en fixant deux dates essentielles : une entrée en vigueur à partir du 1er juillet 2022 puis un achèvement définitif au 1er juillet 2026, date à laquelle les professionnels en exercice, anciens huissiers de justice ou commissaires-priseurs judiciaires, ne remplissant pas les conditions de la formation spécifique à la profession de commissaire de justice devront définitivement cesser d'exercer[2].

Cette profession nouvelle est définie par ses activités dont certaines relèvent d'un monopole. Il s'agit d'une profession réglementée, soumise en tant que telle à des règles statutaires définissant ses conditions d'accès ainsi que ses modes d'exercice et d'organisation.

La réforme a maintenu dans les offices la fonction de clerc assermenté habilité à signifier tous les actes judiciaires et extrajudiciaires ainsi que la fonction de clerc habilité à procéder aux constats.

025.06 Activités des commissaires de justice. Les activités des commissaires de justice sont prévues par l'article 1er de l'ordonnance n° 2016-728 du 2 juin 2016[3]. Ce texte distingue les **activités dites « monopolistiques »** de celles exercées concurremment avec d'autres professions.

Les commissaires de justice ont ainsi seuls qualité pour :

– ramener à exécution les décisions de justice ainsi que les actes ou titres en forme exécutoire ;

– procéder aux inventaires, prisées et ventes aux enchères publiques de meubles corporels ou incorporels prescrits par la loi ou par décision de justice ;

– accomplir les mesures conservatoires après l'ouverture d'une succession dans les conditions prévues par le Code de procédure civile ;

– assurer le service des audiences près les cours et tribunaux ;

– délivrer et mettre à exécution le titre prévu par l'article L. 131-73 C. mon. fin., en cas de non-paiement d'un chèque ;

– mettre en œuvre la procédure simplifiée de recouvrement des petites créances prévue à l'article L. 125-1 C. pr. exéc. ;

– établir les constats d'état des lieux dans les conditions prévues au deuxième alinéa de l'article 3-2 de la loi du 6 juillet 1989[4] ;

– assister le greffier en chef dans sa mission de vérification des comptes de tutelle.

Ils peuvent en outre, concurremment avec d'autres professions :

– procéder au recouvrement amiable ou judiciaire de toutes créances ;

– effectuer, lorsqu'ils sont commis par justice ou à la requête de particuliers, des constatations purement matérielles, exclusives de tout avis sur les conséquences de fait ou de droit qui peuvent en résulter ;

– être désignés à titre habituel en qualité de liquidateur dans certaines procédures de liquidation judiciaire ou d'assistant du juge commis dans le cadre des procédures de rétablissement professionnel, dans les conditions prévues par le titre IV du livre VI et le livre VIII du Code de commerce ;

– être désignés en qualité de séquestre conventionnel régi par les articles 1956 et suivants C. civ. et en remplir les missions dans des conditions fixées par le décret prévu à l'article 22 de l'ordonnance du 2 juin 2016[5] ;

– être commis en qualité de technicien pour éclairer le juge sur une question de fait, notamment en application des articles 232 s. C. pr. civ. et des articles R. 621-1 s. du CJA.

Ces **activités non monopolistiques** comprennent également des activités prévues par le décret n° 2021-1625 du décembre 2021[6] qui peuvent être exercées à titre accessoire. Il s'agit des activités suivantes :

– administrateur d'immeubles ;

– intermédiaire immobilier en vue de la vente d'un bien dont ils assurent déjà l'administration et en vertu d'un mandat écrit aux fins de rechercher un acquéreur, le mettre en relation avec son mandant et négocier les termes de la transaction immobilière ;

– agent d'assurances ;

– médiateur judiciaire ou à titre conventionnel ;

– professionnel qualifié chargé de la vérification et de l'approbation des comptes de gestion de majeurs protégés selon les modalités définies aux articles 1257-1 à 1257-9 C. pr. civ.

La loi autorise par ailleurs les commissaires de justice remplissant les conditions de qualification requises à organiser et réaliser des ventes, inventaires et prisées correspondants relevant de l'activité d'opérateur de ventes volontaires.

Enfin, la loi n° 2023-1059 du 20 novembre 2023 d'orientation et de programmation du ministère de la Justice 2023-2027[7] et ▶ le décret n° 2025-125 du 12 février 2025 relatif à la nouvelle procédure de

1. L. n° 2015-990, 6 août 2015, pour la croissance, l'activité et l'égalité des chances économiques, *JO* 7 août, texte 1.
2. Ord. n° 2016-728, 2 juin 2016, art. 25, IV et V.
3. Ord. n° 2016-728, 2 juin 2016, préc.
4. L. n° 89-462, 6 juill. 1989, tendant à améliorer les rapports locatifs et portant modification de la loi n° 86-1290 du 23 décembre 1986, *JO* 8 juill., p. 8541.
5. Ord. n° 2016-728, 2 juin 2016, préc.
6. Décr. n° 2021-1625, 10 déc. 2021, relatif aux compétences des commissaires de justice, *JO* 12 déc., texte 62, art. 29.
7. L. n° 2023-1059, 20 nov. 2023, d'orientation et de programmation du ministère de la Justice 2023-2027, *JO* 21 nov., texte 2.

saisie des rémunérations[1] ont confié aux commissaires de justice, sous le contrôle du juge de l'exécution (JEX), la nouvelle procédure de saisie des rémunérations. Peuvent ainsi exercer les activités de « **commissaire de justice répartiteur** » habilités à intervenir dans cette procédure les commissaires de justice ayant satisfait à la formation organisée par la Chambre nationale des commissaires de justice.

025.07 **Organisation de la profession.** La profession s'organise autour de deux instances représentatives : la chambre régionale, instituée dans chaque ressort de cour d'appel, et la Chambre nationale instituée auprès du garde des Sceaux.

Des chambres interrégionales qui remplissent le rôle des chambres régionales peuvent être instituées sur plusieurs ressorts de cours d'appel.

025.08 **Déontologie et discipline.** La déontologie et la discipline de la nouvelle profession de commissaire de justice ont également fait l'objet d'une réforme issue de l'ordonnance n° 2022-544 du 13 avril 2022[2] et du décret n° 2022-900 du 17 juin 2022[3], ces deux textes étant relatifs à la déontologie et à la discipline des officiers ministériels. Le contrôle et la discipline des officiers publics et ministériels est désormais exercé par les procureurs généraux.

Un collège de déontologie a été institué auprès de la Chambre nationale des commissaires de justice afin de participer à l'élaboration du Code de déontologie de la profession et émettre des avis et des recommandations sur son application.

Les règles déontologiques auxquelles est soumise la profession sont désormais regroupées dans un code de déontologie entré en vigueur le 1er mars 2024[4].

025.09 **Nomination, entrée en fonction et conditions d'exercice.** Les conditions professionnelles exigées pour être nommé commissaire de justice sont fixées par le décret n° 2019-1185 du 15 novembre 2019[5]. Il s'agit de conditions relatives à l'aptitude, la nationalité, la moralité, l'honorabilité, l'expérience ainsi qu'une obligation d'assurance. Lorsqu'il satisfait à ces conditions, le commissaire de justice est nommé par le garde des Sceaux, soit sur présentation lorsqu'il succède à un précédent titulaire d'une charge, soit à l'occasion d'une création d'office dans les zones dites « de libre installation », soit enfin pour un office vacant, lorsque cet office n'a pu être pourvu par l'exercice du droit de présentation.

Les zones de libre installation, créées par l'article 52, I de la loi n° 2015-990 du 6 août 2015 pour la croissance, l'activité et l'égalité des chances économiques[6] sont déterminées par une carte établie conjointement par les ministres de la Justice et de l'Économie, sur proposition de l'Autorité de la concurrence, en application de l'article L. 462-4-1 C. com. La carte pour la période 2023-2025 est fixée par un arrêté du 26 décembre 2023[7].

La suppression d'un office, l'ouverture ou la suppression d'un bureau annexe, la transformation d'un bureau annexe en office distinct ainsi que le transfert d'un office font l'objet d'un arrêté du garde des Sceaux. La pertinence de ces projets est appréciée à partir de notes d'information et avis adressées chaque année par les chambres régionale ou interrégionale des commissaires de justice à la Chambre nationale.

L'entrée en fonction est subordonnée à une prestation de serment.

La profession peut être exercée individuellement ou sous la forme d'une entité dotée de la personnalité morale, sous réserve cependant que celle-ci ne confère pas aux associés la qualité de commerçant. Il peut s'agir de société civile (SCP, société en participation et société coopérative), de société d'exercice libéral ou de sociétés de participations financières de professions libérales. Ces modalités d'exercice ont été réformées par une ordonnance du 8 février 2023[8] et un décret du 14 août 2024 fixant les nouvelles modalités d'exercice en société des commissaires de justice[9].

La profession peut enfin être exercée en qualité de salarié d'une personne physique ou morale titulaire d'un office de commissaire de justice.

Le commissaire de justice titulaire ou salarié peut, au cours de son exercice professionnel, prétendre à l'obtention d'un certificat pour les spécialisations suivantes :

– administration judiciaire de la preuve ;

– beaux-arts, arts décoratifs et droit du marché de l'art ;

1. Décr. n° 2025-125, 12 févr. 2025, relatif à la nouvelle procédure de saisie des rémunérations, *JO* 14 févr., texte 1.
2. Ord. n° 2022-544, 13 avr. 2022, relative à la déontologie et à la discipline des officiers ministériels, *JO* 14 avr., texte 41.
3. Décr. n° 2022-900, 17 juin 2022, relatif à la déontologie et à la discipline des officiers ministériels, *JO* 18 juin, texte 11.
4. Décr. n° 2023-1296, 28 déc. 2023, relatif au Code de déontologie des commissaires de justice, *JO* 29 déc., texte 27.
5. Décr. n° 2019-1185, 15 nov. 2019, relatif à la formation professionnelle des commissaires de justice et aux conditions d'accès à cette profession, *JO* 17 nov., texte 2.
6. L. n° 2015-990, 6 août 2015, préc.
7. Arr. 26 déc. 2023, pris en application de l'article 52 de la loi n° 2015-990 du 6 août 2015 pour la croissance, l'activité et l'égalité des chances économiques pour la profession de commissaire de justice, NOR : JUSC2326206A, *JO* 28 déc., texte 45.
8. Ord. n° 2023-77, 8 févr. 2023, relative à l'exercice en société des professions libérales réglementées, *JO* 9 févr., texte 3.
9. Décr. n° 2024-874, 14 août 2024, relatif à l'exercice en société de la profession de commissaire de justice, *JO* 17 août, texte 7.

– droit des entreprises en difficulté ;

– droit de l'environnement, droit rural et droit de l'urbanisme ;

– droit immobilier et droit des baux ;

– droit des personnes et de la famille ;

– droit de la propriété intellectuelle ;

– droit des sûretés ;

– médiation judiciaire.

Le nombre de certificats de spécialisation est limité à deux certificats par commissaire de justice.

025.10 Spécificité des départements du Bas-Rhin, du Haut-Rhin et de la Moselle. Pour des raisons historiques, les commissaires de justice sont soumis à une réglementation particulière dans les départements du Bas-Rhin, du Haut-Rhin et de la Moselle, le garde des Sceaux procédant à leur nomination, non pas sur présentation, mais sur proposition d'une commission de présentation dédiée dans les conditions des articles 15 et suivants du décret n° 2022-949 du 29 juin 2022[1] relatif aux conditions d'exercice des commissaires de justice.

Les candidats doivent en outre, dans ces départements, avoir subi avec succès une épreuve spéciale de droit local lors de l'examen d'aptitude aux fonctions de commissaire de justice.

025.11 Officier public et ministériel. Le commissaire de justice est à la fois officier public – puisqu'il donne valeur authentique aux actes qu'il dresse – et officier ministériel dès lors qu'il bénéficie d'une délégation de l'autorité publique. Ces qualités ont des incidences sur l'ensemble des textes qui régissent la profession, la désignation du commissaire de justice étant empreinte d'un fort *intuitus personae* qui justifie à la fois les devoirs auxquels sont soumis ces auxiliaires de justice, la responsabilité qu'ils engagent, le respect de règles de compétence territoriale, mais également les prérogatives dont ils disposent, la première d'entre elles étant l'existence d'un monopole défini à leur profit.

1. Décr. n° 2022-949, 29 juin 2022, relatif aux conditions d'exercice des commissaires de justice, *JO* 30 juin, texte 17.

CHAPITRE

0251. Pouvoirs du commissaire de justice

AGNÈS PIC
CONSEILLÈRE À LA COUR DE CASSATION

SECTION 0
ORIENTEUR

0251.00 Sommaire du chapitre.

Division. Le commissaire de justice dispose de moyens propres pour rechercher des informations (sect. 1). Il a accès aux parties communes d'immeubles collectifs (sect. 2) et a le droit de pénétrer dans un local privé sous conditions (sect. 3). Il peut réquisitionner la force publique (sect. 4), délivrer certains titres exécutoires (sect. 5), saisir le juge de l'exécution (sect. 6) et exercer un droit de rétention (sect. 7).

0251.01 Textes applicables.

- **C. pr. exéc.**, art. L. 142-1, L. 142-2, L. 142-3, L. 152-1, L. 152-2, L. 152-3, L. 153-1, L. 153-2, L. 221-1, L. 222-1, R. 141-3, R. 153-1, R. 221-11, R. 221-16, R. 221-21, R. 221-23, R. 222-20, R. 224-4, R. 322-1, R. 444-3
- **LPF,** art. L. 151 A
- **C. pén,** art. 226-21, 432-8
- **CCH,** art. L. 126-14 (anc.), R. 126-5 à R. 126-7.
- **C. route,** art. L. 330-4

0251.02 Jurisprudence de référence.

> L'ordonnance du juge de l'exécution autorisant à procéder à une saisie conservatoire ne constitue pas le titre exécutoire constatant une créance liquide et exigible dont doit se prévaloir l'huissier (commissaire) de justice à l'occasion de la mise en œuvre d'une mesure d'exécution forcée ou d'une mesure conservatoire pour obtenir l'adresse des organismes auprès desquels un compte est ouvert au nom du débiteur.

- **Civ. 2e, 16 mars 2017,** no 16-11.314, P II, no 59

* V. ss nos 0111.22, 0152.21, 0251.43, 0311.141, 0621.05, 0621.11, 0821.33

> Un débiteur n'est pas en droit de refuser de refuser de faire connaître le lieu de son domicile ou de sa résidence

lorsque cette dissimulation a pour seul dessein de faire échec aux droits de ses créanciers.

• **Civ. 1re, 19 mars 1991,** no 89-19.960, P I, no 96

* V. ss nos 0251.31, 0251.71

> L'huissier (commissaire) de justice confronté à une incertitude quant au caractère exécutoire du titre qui lui a été remis doit s'abstenir de procéder au recouvrement de la créance et soumettre la difficulté au juge de l'exécution.

• **Civ. 1re, 22 mars 2012,** no 10-25.811, P I, no 65

* V. ss nos 0212.142, 0251.74, 0252.71, 0254.22, 0313.53, 0952.136, 0952.314

> La seule constatation du caractère illicite de la reprise d'un logement ouvre droit à réparation par l'huissier (commissaire) de justice du préjudice subi par le locataire expulsé.

• **Civ. 3e, 6 juill. 2017,** no 16-15.752, P III, no 85

* V. ss nos 0251.141, 0522.05

> Si le propriétaire d'un logement peut mandater un huissier (commissaire) de justice de requérir le concours de la force publique en vue de l'exécution d'une décision de justice ordonnant l'expulsion des occupants du logement, aucune disposition n'impose, à peine d'irrégularité, d'agir nécessairement par un tel intermédiaire.

• **CE 10 févr. 2014,** *SA Gecina*, req. no 350265

* V. ss nos 0251.161, 0522.22

> L'Administration n'est pas valablement saisie d'une demande de concours de la force publique présentée avant l'expiration du délai de grâce accordé par le juge ayant ordonné l'expulsion.

• **CE 11 mars 1967,** *Min. Intérieur c/Mme Fiat*, req. no 68583

* V. ss nos 0251.181, 0251.201

> Délai normal d'exécution de l'Administration.

• **CE 7 déc. 2011,** *Mme Dupond*, req. no 343732

* V. ss no 0251.204

Le délai normal dont dispose l'Administration pour exécuter matériellement une décision accordant le concours de la force publique à la suite de la demande de l'huissier (commissaire) de justice est, en l'absence de circonstances particulières, de quinze jours.

> Droit de rétention du commissaire de justice.

• **Civ. 1re, 11 mai 2017,** no 15-26.646, P I, no 107

* V. ss no 0251.231

Le droit de rétention institué au profit de l'huissier de justice, par l'article 22 du décret no 96-1080 du 12 décembre 1996, pour garantir le paiement de sa rémunération et de ses débours, suppose la détention de la chose sur lequel il porte. Exercé sur les clefs d'un immeuble que cet officier ministériel détient pour avoir instrumenté l'expulsion de son occupant, il n'emporte pas la détention de l'immeuble lui-même et, partant, l'obligation pour l'huissier de justice d'assurer la conservation de ce bien.

0251.03 **Bibliographie indicative.**

Actualisables. *J. Cl.* Commissaires de justice, fasc. unique : *Concours de la force publique*, par N. Casal.

Ouvrages[1]. A. Leborgne, *Droit de l'exécution*, 3e éd., « Précis », Dalloz, 2019 – R. Perrot et Ph. Théry, *Procédures civiles d'exécution*, 3e éd., Dalloz, 2013.

Articles. A. Jacquemet-Gauché, « La jurisprudence *Couitéas* : du mythe doctrinal à la réalité indemnitaire », *AJDA* 2014. 1821 – B. Seiller, « L'actualité de l'arrêt *Couitéas* », *RFDA* 2013. 1012, sect. 1.

SECTION 1
RECHERCHE D'INFORMATIONS

0251.11 **Informations diverses sur le patrimoine du débiteur.** Avant de procéder à une mesure d'exécution, le créancier doit pouvoir obtenir des informations sur le **contenu** mais également la **localisation du patrimoine de son débiteur.** Ces informations peuvent, le cas échéant, permettre d'évaluer la mesure d'exécution la plus appropriée.

Certaines informations sont librement accessibles au public. Il en est ainsi, à titre d'exemple, des informations mentionnées au cadastre, au fichier mis à jour par les services de la publicité foncière ou au registre du commerce et des sociétés.

D'autres informations, en revanche, ne sont pas accessibles au public. En leur qualité d'officier public, les commissaires de justice, bénéficient de prérogatives leur permettant d'accéder à certaines de ces informations.

§ 1
Informations concernant les débiteurs d'aliments

0251.21 **Loi de 1973.** La situation particulière du créancier d'aliments, souvent caractérisée par **l'urgence,** a incité le législateur à permettre dès 1973[2], un **accès facilité** aux anciens huissiers **de justice aux informations concernant le débiteur.** L'article 7 de la loi du 2 janvier 1973[3] leur a permis, lorsqu'ils souhaitaient mettre en œuvre un paiement direct, de saisir directement les administrations ou services de l'État et des collectivités publiques, les organismes de sécurité sociale et les organismes assurant la gestion de prestations sociales, afin d'obtenir de ceux-ci l'adresse du débiteur, l'identité et l'adresse de son employeur ou de tout tiers débiteur ou dépositaire de sommes liquides ou exigibles.

1. Les ouvrages dont le nom des auteurs figure en petites capitales en bibliographie seront cités par le seul nom des auteurs en petites capitales en notes de bas de page.
2. L. no 73-5, 2 janv. 1973, relative au paiement direct de la pension alimentaire, *JO* 3 janv., p. 135.
3. L. no 73-5, 2 janv. 1973, préc.

0251.22 **Loi de 2010.** La loi du 22 décembre 2010 [1] ayant **étendu cette saisine à toutes les créances constatées par un titre exécutoire**, les dispositions spécifiques au paiement direct ont été abrogées [2]. Le commissaire de justice souhaitant obtenir des informations relatives au débiteur d'aliments peut désormais agir sur le fondement des articles L. 152-1 et L. 152-2 C. pr. exéc. en s'adressant à l'administration fiscale, aux services de recherches dans l'intérêt des familles, aux organismes de Sécurité sociale, à l'Urssaf, ainsi qu'aux établissements habilités par la loi à tenir des comptes de dépôt.

§ 2 Informations concernant tout débiteur à l'encontre duquel est détenu un titre exécutoire

0251.31 **Suppression du filtre du procureur de la République.** Souhaitant étendre le dispositif prévu pour le recouvrement des pensions alimentaires à tous les débiteurs à l'encontre desquels il doit être procédé à une mesure d'exécution, l'article 40 de la **loi du 9 juillet 1991** [3] a, suite à un avis de la Commission nationale de l'informatique et des libertés (CNIL) ayant exigé que cette **recherche d'information soit entreprise par le relais d'une autorité judiciaire** [4], permis aux anciens huissiers de justice de s'adresser au procureur de la République en joignant à leur demande de recherche une **copie du titre exécutoire** ainsi qu'**un relevé certifié sincère des recherches infructueuses** [5]. Seul le procureur de la République pouvait ainsi, à la demande de l'huissier de justice, requérir des informations auprès des services de police et de gendarmerie, des officiers publics et ministériels, des services de La Poste, des opérateurs de téléphonie et des services de distribution d'électricité, de gaz et d'eau [6]. La loi du 11 février 2004 a ajouté à cet article 40 un deuxième alinéa dérogeant à ce recours obligatoire au procureur de la République en permettant à l'huissier de justice de localiser le ou les comptes bancaires du débiteur en interrogeant directement l'administration fiscale, sans que celle-ci puisse opposer le secret professionnel [7]. Le procureur de la République n'était donc que subsidiairement saisi dans l'hypothèse d'une réponse infructueuse ou négative de l'Administration.

La loi du 22 décembre 2010 [8] **a étendu la faculté d'interroger directement les organismes détenteurs d'informations** relatives au débiteur, en supprimant le filtre du procureur de la République et en modifiant la liste des renseignements qui pouvaient être obtenus, celle-ci incluant désormais l'adresse de tout tiers débiteur ou dépositaire de sommes liquides et exigibles, ainsi que la composition de son patrimoine immobilier.

0251.32 **Conditions de la demande d'information.** Les dispositions relatives à la recherche d'informations sont désormais codifiées aux articles L. 152-1 et L. 152-2 C. pr. exéc. Si la loi du 16 février 2015 [9] a supprimé, les mots « *porteur d'un titre exécutoire* » dans ces deux articles [10], une circulaire du 19 février 2015 [11] a justifié cette modification par la volonté de mettre fin à une divergence d'interprétations entre les administrations, certaines d'entre elles exigeant la production du titre exécutoire sur lequel la demande d'information était fondée. Or, dès lors que seul un

1. L. n° 2010-1609, 22 déc. 2010, relative à l'exécution des décisions de justice, aux conditions d'exercice de certaines professions réglementées et aux experts judiciaires, *JO* 23 déc., p. 22552.
2. La réforme issue de la loi du 22 déc. 2010 a eu pour conséquence de priver les administrations sociales de la possibilité de recevoir communication directe des renseignements nécessaires à l'exécution des créances alimentaires qu'elles détenaient contre certains débiteurs d'aliments. La loi n° 2011-525 du 17 mai 2011 de simplification et d'amélioration de la qualité du droit (*JO* 18 mai, p. 8537) a remédié à cette suppression en permettant aux administrations qui engagent une procédure de paiement direct de se prévaloir des dispositions de l'ex-article 39 de la loi de 1991 relatives à la recherche des informations : C. pr. exéc., art. L. 213-5.
3. Anc^t L. n° 91-650, 9 juill. 1991, portant réforme des procédures civiles d'exécution, *JO* 14 juill., p. 9228, art. 39.
4. CNIL, délib. n° 88-72, 28 juin 1988, portant avis sur un projet de loi portant réforme des procédures d'exécution en matière mobilière.
5. Décr. n° 92-755, 31 juill. 1992, instituant de nouvelles règles relatives aux procédures civiles d'exécution pour l'application de la loi n° 91-650 du 9 juillet 1991 portant réforme des procédures civiles d'exécution, p. 10530, art. 54.
6. Dès avant l'entrée en vigueur de la réforme, la Cour de cassation a refusé puis accepté qu'un employeur puisse être contraint à communiquer l'adresse de la débitrice qu'il emploie : Civ. 1re, 6 nov. 1990, n° 89-15.246, P I, n° I, n° 238 – Civ. 1re, 19 mars 1991, n° 89-19.960, P I, n° 96.
7. L'article 59 de la loi n° 2004-130 du 11 févr. 2004 (réformant le statut de certaines professions judiciaires ou juridiques, des experts judiciaires, des conseils en propriété industrielle et des experts en ventes aux enchères publiques, *JO* 12 févr., p. 2847) a modifié l'article 39 de la loi du 9 juillet 1991 en insérant un deuxième alinéa : « *L'huissier de justice chargé de l'exécution, porteur d'un titre exécutoire, peut obtenir directement de l'Administration fiscale l'adresse des organismes auprès desquels un compte est ouvert au nom du débiteur* ».
8. L. n° 2010-1609, 22 déc. 2010.
9. L. n° 2015-177, 16 févr. 2015, relative à la modernisation et à la simplification du droit et des procédures dans les domaines de la justice et des affaires intérieures, *JO* 17 févr., p. 2961.
10. Ainsi que dans le II de l'article L. 151 A du LPF.
11. Circ. 19 févr. 2015 de présentation des dispositions de la loi n° 2015-177 du 16 février 2015 relative à la modernisation et à la simplification du droit et des procédures dans les domaines de la justice et des affaires intérieures, NOR : JUSC1504802C, *BOMJ*, n° 2015-02, 27 févr.

commissaire de justice chargé de l'exécution, c'est-à-dire ayant reçu mandat par la remise du titre exécutoire en cause, est en mesure de solliciter des informations, la simple mention du titre dans la demande pouvait apparaître suffisante.

Sur le fondement de ces textes, **le commissaire de justice peut effectuer deux types de recherches.**

1° Il peut tout d'abord obtenir l'adresse du débiteur, l'identité et l'adresse de son employeur ou de tout tiers débiteur ou dépositaire de sommes liquides ou exigibles et la composition de son patrimoine immobilier. À cette fin, il peut s'adresser aux administrations de l'État, des régions, des départements et des communes, aux entreprises concédées ou contrôlées par l'État, les régions, les départements et les communes, ainsi qu'aux établissements publics ou organismes contrôlés par l'autorité administrative.

2° Il peut également rechercher si un ou plusieurs comptes, comptes joints ou fusionnés sont ouverts au nom du débiteur ainsi que les lieux où sont tenus ces comptes en interrogeant les établissements habilités par la loi à tenir des comptes de dépôt.

Cette liste des informations prévue par l'article L. 152-1 C. pr. exéc. est exhaustive de sorte que le commissaire de justice ne peut obtenir, sur ce fondement, le solde du compte éventuellement détenu par un débiteur ou la location par ce dernier d'un coffre-fort au sein de l'agence bancaire.

Les modalités de recherche des informations sont précisées par l'article R. 152-1 C. pr. exéc. Il est mentionné qu'il appartient au commissaire de justice de saisir les administrations, entreprises, établissements publics ou les organismes détenant les informations recherchées.

§ 3
Consultation du fichier Ficoba

0251.41 **Contenu du fichier.** Le fichier des comptes bancaire, appelé Ficoba[1], a été créé en 1971. Informatisé depuis 1982 et géré par le ministère chargé des Finances[2], son existence est prévue par l'article 1649 A du CGI[3], qui fait obligation aux administrations, aux établissements ou aux organismes soumis au contrôle de l'autorité administrative ou de toutes personnes qui reçoivent habituellement en dépôt des valeurs mobilières, titres ou espèces, de déclarer à l'administration des impôts l'ouverture et la clôture des comptes[4].

Ce fichier dresse la liste de tous les comptes bancaires et comptes assimilés[5] ouverts en France. La déclaration porte sur les ouvertures et les clôtures de comptes, ainsi que les modifications relatives aux éléments essentiels d'identification du compte (numéro, nature, type, caractéristiques) et de ses titulaires (l'état civil, la raison sociale du titulaire, sa forme juridique ou son numéro SIREN) ainsi que les locations de coffres-forts dans le fichier des comptes bancaires[6]. En revanche, ce fichier n'a pas pour objet de recenser les opérations effectuées sur le compte ou même d'obtenir une information sur son solde.

0251.42 **Accès autorisé.** L'article L. 151-A du LPF habilite les commissaires de justice à interroger ce fichier.

0251.43 **Saisie conservatoire.** Par un arrêt publié du 16 mars 2017[7], la Cour de cassation a jugé, dans une espèce où le juge avait expressément donné autorisation à l'huissier de justice d'interroger le fichier Ficoba afin de déterminer l'identité de tous les tiers débiteurs ou dépositaires de sommes ou la composition des patrimoines et d'exploiter ces renseignements, que **l'ordonnance du juge de l'exécution autorisant à pratiquer une saisie conservatoire ne constitue pas le titre exécutoire** constatant une créance liquide et exigible dont doit se prévaloir l'huissier de justice à l'occasion de la mise en œuvre

1. Ce fichier est distinct du Fichier central de la Banque de France qui recense simplement les incidents de paiement.
2. Ce fichier est géré par la DGFiP.
3. CGI, art. 1649 A : « *Les administrations publiques, les établissements ou organismes soumis au contrôle de l'autorité administrative et toutes personnes qui reçoivent habituellement en dépôt des valeurs mobilières, titres ou espèces doivent déclarer à l'administration des impôts l'ouverture et la clôture des comptes de toute nature. Les personnes physiques, les associations, les sociétés n'ayant pas la forme commerciale, domiciliées ou établies en France, sont tenues de déclarer, en même temps que leur déclaration de revenus ou de résultats, les références des comptes ouverts, utilisés ou clos à l'étranger. Les modalités d'application du présent alinéa sont fixées par décret. Les sommes, titres ou valeurs transférés à l'étranger ou en provenance de l'étranger par l'intermédiaire de comptes non déclarés dans les conditions prévues au deuxième alinéa constituent, sauf preuve contraire, des revenus imposables* ».
4. EN PRATIQUE, sont notamment visés la Banque de France, les comptables publics, les services financiers de La Poste, l'ensemble des établissements visés par la loi bancaire du 24 janv. 1984 (L. n° 84-46, 24 janv. 1984, relative à l'activité et au contrôle des établissements de crédit, *JO* 25 janv., p. 390) modifiée, la Caisse des dépôts et consignations, les sociétés de Bourse.
5. Aucune distinction n'est opérée selon la nationalité ou le domicile du titulaire, ou selon la nature ou la dénomination du compte (compte d'entreprise, compte de particulier, compte à terme, compte sur livret, compte épargne-logement, compte d'épargne à long terme, compte de non-résidents ou de correspondants étrangers…).
6. Décr. n° 2022-782, 4 mai 2022, portant incorporation au Code général des impôts de divers textes modifiant et complétant certaines dispositions de ce code, *JO* 6 mai, texte 8.
7. Civ. 2e, 16 mars 2017, n° 16-11.314, P II, n° 59.

d'une mesure d'exécution forcée ou d'une mesure conservatoire pour obtenir l'adresse des organismes auprès desquels un compte est ouvert au nom du débiteur[1]. La loi du 22 décembre 2021[2] a mis fin à cette jurisprudence en modifiant l'article L. 151 A du LPF prévoyant désormais que le commissaire de justice peut obtenir l'adresse des organismes auprès desquels un compte est ouvert au nom du débiteur « *aux fins d'assurer l'exécution d'un titre exécutoire ou d'une décision de justice autorisant une saisie conservatoire sur comptes bancaires* ».

§ 4
Informations relatives au solde des comptes de dépôt par le tiers saisi

0251.51 **Saisie des comptes de dépôt.** Conformément aux articles L. 162-1 et R. 211-20 C. pr. exéc., à l'occasion de la saisie des comptes de dépôt, le banquier tiers saisi est tenu de déclarer le solde du ou des comptes du débiteur au jour de la saisie. Dans cette hypothèse, le commissaire de justice est donc en mesure d'obtenir, non seulement la **nature des comptes détenus,** mais également le **montant du solde de ces comptes**[3]. L'information obtenue, cependant, n'est pas préalable à l'engagement de la mesure.

§ 5
Informations concernant les véhicules terrestres à moteur

0251.61 **Informations sur les véhicules terrestres à moteur.** L'article L. 330-4 C. route permet aux « *agents chargés de l'exécution d'un titre exécutoire* » d'obtenir, pour l'exercice de leur mission, les informations relatives à l'état civil du titulaire du certificat d'immatriculation, au numéro d'immatriculation et aux caractéristiques du véhicule ainsi qu'aux gages constitués et aux oppositions.

Le commissaire de justice porteur d'un titre exécutoire est considéré comme un « agent » au sens de ce texte.

Les informations sont recensées dans un fichier dénommé « Système d'immatriculation des véhicules » (SIV). Cette communication est faite par le préfet du département dans lequel le véhicule est immatriculé[4].

§ 6
Encadrement du droit à l'obtention d'informations

0251.71 **Droit au respect de la vie privée.** Si l'État, tenu d'apporter son concours à l'exécution des titres exécutoires (C. pr. exéc., art. L. 153-1), doit aider le créancier à obtenir les informations nécessaires à cette exécution, il n'en demeure pas moins que l'obtention de ces informations est de nature à porter atteinte à des libertés fondamentales, notamment le droit au respect de la vie privée. À cet égard, il est admis que si toute personne est en droit, notamment pour échapper aux indiscrétions ou à la malveillance, de refuser de faire connaître le lieu de son domicile ou de sa résidence, de sorte qu'en principe, sa volonté doit être sur ce point respectée par les tiers, il en va autrement lorsque cette dissimulation lui est dictée par le seul dessein illégitime de se dérober à l'exécution de ses obligations et de faire échec aux droits de ses créanciers. Il s'ensuit qu'il appartient au juge des référés de mettre un terme à une telle manœuvre frauduleuse, dès lors que celle-ci est manifeste[5].

0251.72 **Secret professionnel.** Le législateur a expressément prévu que le secret professionnel ne peut être opposé par les administrations fiscales au commissaire de justice qui remplit les conditions pour effectuer une demande (LPF, art. L. 151-A).

0251.73 **Caractère exhaustif de la liste des informations pouvant être recherchées.** La recherche et l'exploitation des informations obtenues ont été encadrées afin de concilier les droits en cause. Le législateur a ainsi précisé le type d'informations pouvant être recherchées en prenant soin de préciser qu'aucun autre renseignement que ceux expressément prévus par les articles L. 152-1 et L. 152-2 C. pr. exéc. ne pouvait être obtenu sur le fondement de ces textes. Il a en outre fait exception aux dispositions de ces textes s'agissant des informations individuelles détenues par les services de l'État pour l'élaboration des statistiques publiques[6].

0251.74 **Exploitation de l'information.** L'article L. 152-3 C. pr. exéc. précise que l'information obtenue par le commissaire de justice ne doit être utilisée que **pour l'exécution du titre pour lequel elle a été**

1. V. S. Dorol, « Créancier conservatoire : pas de loi, pas de Ficoba », *JCP* 30 mars 2017 – S. Piédelièvre, « Mesures conservatoires. Titre exécutoire et consultation du fichier Ficoba », *RD banc. fin.* juill. 2017. Comm. 178.
2. L. n° 2021-1729, 22 déc. 2021, pour la confiance dans l'institution judiciaire, *JO* 23 déc., texte 2.
3. Com. 6 mai 1981, n° 79-16.090, P IV, n° 212, avait déjà posé cette obligation.
4. Un arrêté du 23 mai 2017 modifié a porté création d'un système de téléservices destinés à l'accomplissement de démarches administratives relatives aux certificats d'immatriculation des véhicules, NOR : INTS1715177A, *JO* 1er juin, texte 3.
5. Civ. 1re, 19 mars 1991, n° 89-19.960, P I, n° 96 – Civ. 1re, 30 juin 1992, n° 90-18.458, P I, n° 213.
6. L. n° 51-711, 7 juin 1951, sur l'obligation, la coordination et le secret en matière de statistiques, *JO* 8 juin, p. 6013.

demandée. Ces informations ne peuvent bien évidemment pas être communiquées à des tiers. Dans une espèce où un ancien huissier de justice avait transmis à sa cliente la fiche « Ficoba » obtenue auprès de l'administration fiscale, la Cour de cassation a précisé, que ces renseignements étaient couverts par le secret professionnel auquel l'huissier de justice est tenu, y compris à l'égard de la personne l'ayant requis [1].

Il est également précisé que les informations obtenues ne peuvent faire l'objet d'un fichier d'informations nominatives. La CNIL, dans une délibération du 28 juin 2006 [2], a ainsi sanctionné une ancienne société d'huissiers de justice qui avait constitué des fichiers de débiteurs dans lesquels étaient insérés de nombreux commentaires sans lien direct avec la finalité du traitement.

L'article L. 152-3 C. pr. exéc. dispose enfin que toute violation de ces dispositions est passible des peines encourues pour le délit prévu à l'article 226-21 C. pén. (cinq ans d'emprisonnement et 300 000 euros d'amende), sans préjudice, le cas échéant, de poursuites disciplinaires et de condamnation à dommages-intérêts.

SECTION 2
ACCÈS AUX PARTIES COMMUNES DES IMMEUBLES COLLECTIFS

0251.81 Accès aux parties communes des immeubles collectifs. L'ancien article L. 126-14 du CCH prévoit que le propriétaire ou, en cas de copropriété, le syndicat des copropriétaires représenté par le syndic, doit permettre aux commissaires de justice d'accéder, pour l'accomplissement de leurs missions de signification ou d'exécution, aux parties communes des immeubles d'habitation ainsi qu'aux boîtes aux lettres particulières. Les modalités d'application de cet article sont définies aux articles R. 126-5 à R. 126-7 du CCH. Lorsque les parties communes d'un immeuble d'habitation ne sont pas accessibles librement depuis la voie publique, le commissaire de justice ou le clerc assermenté, adresse, par tout moyen, une demande d'accès au propriétaire ou, en cas de copropriété, au syndic représentant le syndicat des copropriétaires concerné. Le commissaire de justice doit justifier, dans sa demande, de son identité, de sa qualité professionnelle ainsi que de la mission de signification ou d'exécution qui lui a été confiée. Le propriétaire ou le syndic doit remettre au commissaire de justice un moyen matériel d'accès aux parties communes ou lui adresser les codes lui permettant d'y accéder, dans un délai maximal de cinq jours ouvrables à compter de la réception de la demande. La remise ou la transmission s'effectue contre récépissé ou par tout autre moyen propre à en établir la preuve et la date à laquelle celle-ci a eu lieu. Le commissaire de justice doit restituer le moyen matériel d'accès aux parties communes qui lui a été remis, sans délai et contre récépissé.

En pratique, le commissaire de justice est autorisé à accéder aux boîtes aux lettres, aux dispositifs d'appel de type interphone mais également aux portes menant aux parties privatives ou encore dans les garages de l'immeuble.

SECTION 3
DROIT DE PÉNÉTRER DANS UN LOCAL PRIVÉ

0251.91 Droit de pénétrer dans un local privé. Le droit au respect de la vie privée prévu par l'article 9 C. civ. et la Convention européenne des droits de l'homme ainsi que le principe d'inviolabilité du domicile au profit de l'occupant d'un logement constitutionnellement protégé doivent être conciliés avec le **droit à l'exécution reconnu au créancier** sur le fondement de l'article 6 § 1 de cette même convention. C'est au législateur qu'il appartient d'assurer un juste équilibre entre ces droits en organisant et en encadrant les conditions dans lesquelles un commissaire de justice peut, pour accomplir sa mission d'exécution, pénétrer dans un local privé.

Le Code de procédure civile prévoit à cette fin plusieurs procédures.

§ 1
Procédure d'ouverture forcée des portes

0251.101 Primauté du droit à l'exécution. La résistance matérielle du débiteur ou du tiers saisi à l'exécution de la mesure ou même l'absence de ceux-ci ne sauraient remettre en cause l'effectivité du droit à l'exécution. C'est la raison pour laquelle le commissaire de justice doit pouvoir pénétrer dans un local privé lorsque la mesure en cause l'exige.

0251.102 Désignation des témoins. Les articles L. 142-1 à L. 142-3 C. pr. exéc. [3], insérés dans un chapitre général consacré aux opérations d'exécution dans des locaux, exposent la procédure de

1. Civ. 1re, 22 mars 2012, no 10-25.811, P I, no 65.
2. CNIL, délib. no 2006-173, 28 juin 2006.
3. Avant la codification, la pénétration dans un local privé était prévue par les articles 20 et 21 de la loi du 9 juillet 1991, le premier de ces textes ayant à l'origine été conçu pour régir la pénétration dans un local privé en vue d'une saisie-vente. Les dispositions de l'article 21 ont été reprises par l'article L. 142-1 C. pr. exéc. et celles de l'article 21 ont été reprises par l'article L. 142-3 du même code.

pénétration forcée dans un local privé, que celui-ci soit occupé par le débiteur ou par un tiers saisi. Est également prévue l'ouverture des meubles. Ces dispositions sont applicables à l'ensemble des procédures civiles d'exécution, à l'exception de l'expulsion qui bénéficie d'un régime propre (C. pr. exéc., art. L. 431-1), mais il faut sans doute limiter leur portée aux seules procédures nécessitant un accès au local.

Le commissaire de justice, porteur d'un titre exécutoire, qui se heurte à une résistance ou une absence du débiteur, se voit reconnaître le **droit de pénétrer dans un local sous réserve d'être accompagné de plusieurs témoins** : le maire de la commune, un conseiller municipal ou un fonctionnaire municipal délégué par le maire à cette fin, ainsi qu'une autorité de police ou de gendarmerie. À défaut, ces témoins peuvent être deux personnes majeures n'étant pas au service du créancier ou de l'huissier de justice chargé de l'exécution. En revanche, le texte est taisant sur un éventuel lien de dépendance entre les témoins et le débiteur ou le tiers saisi.

0251.103 **Présence du créancier.** Conformément à l'article R. 141-3 C. pr. exéc., le créancier poursuivant ne peut assister à cette ouverture forcée des portes, si ce n'est avec l'autorisation du juge de l'exécution lorsque les circonstances l'exigent (le plus souvent pour permettre l'identification des meubles en cause). Cette interdiction assure la protection du débiteur mais plus généralement le bon déroulement des opérations d'exécution.

0251.104 **Mention de l'identité des témoins.** L'identité des témoins est mentionnée dans le procès-verbal de saisie-vente (C. pr. exéc., art. R. 221-16 et R. 221-23), de saisie-revendication (C. pr. exéc., art. R. 221-21) ou le procès-verbal d'expulsion dans l'hypothèse d'une reprise d'un logement abandonné (C. pr. exéc., art. R. 432-1).

0251.105 **Rôle des témoins.** Ces témoins n'ont qu'un rôle d'assistance : il ne leur est pas demandé de prêter main-forte à l'exécution de la mesure. Cette procédure se distingue donc du concours de la force publique. S'ils doivent signer l'original du procès-verbal, le refus opposé par eux n'est pas de nature à faire échec à la mesure, l'huissier de justice faisant simplement mention de ce refus dans le procès-verbal.

0251.106 **Frais.** L'article R. 444-3 C. com. dispose que constituent des frais et débours dont l'huissier de justice peut demander le remboursement les indemnités versées aux conseillers municipaux, fonctionnaires municipaux, autorités de gendarmerie ou témoins requis en application de l'article L. 142-1 C. pr. exéc.

0251.107 **Fermeture des portes.** Lorsque la saisie a été pratiquée en l'absence du débiteur ou de toute personne se trouvant dans les lieux, l'article L. 142-2 C. pr. exéc. prévoit que le commissaire de justice assure la fermeture de la porte ou de l'issue par laquelle il est entré. Cette obligation, lorsqu'elle n'est pas respectée, permet de fonder l'éventuelle responsabilité civile de l'huissier de justice en cas de disparition ou de dégradation de meubles.

§ 2
Conditions particulières pour pénétrer lorsque le local sert à l'habitation

0251.111 **Conditions pour pénétrer dans un local d'habitation.** L'article L. 142-3 C. pr. exéc. précise les conditions dans lesquelles un commissaire de justice peut pénétrer dans un local servant à l'habitation. Reprenant le principe général de l'article L. 111-2 C. pr. exéc., ces dispositions imposent au commissaire de justice de justifier du titre exécutoire sur le fondement duquel la mesure est pratiquée.

Il est également précisé que le commissaire de justice ne peut pénétrer dans les lieux qu'à l'expiration d'un **délai de huit jours** à compter d'un commandement de payer préalablement signifié. Cette exigence a conduit à s'interroger sur l'applicabilité du texte en matière de saisie conservatoire[1]. La réponse a été apportée par un arrêt de la Cour de cassation[2]. Selon cette décision, le droit, à valeur constitutionnelle, au respect de la vie privée et à l'inviolabilité du domicile, consacré par l'article 8 de la Convention de sauvegarde des droits de l'homme et des libertés fondamentales, exclut qu'une mesure conservatoire puisse être pratiquée sans une autorisation donnée par un juge. Une mesure conservatoire ne peut, par conséquent, être pratiquée dans un lieu affecté à l'habitation du débiteur par le créancier sans que le juge de l'exécution (JEX) l'y ait autorisé en application de l'article R. 121-24 C. pr. exéc., et ce même dans l'hypothèse prévue à l'article L. 511-2 du même code dans laquelle le créancier se prévaut d'un titre exécutoire ou d'une décision de justice qui n'a pas encore force exécutoire. À défaut, la mesure doit être annulée.

§ 3
Application spécifique à certaines saisies

0251.121 **Saisie immobilière.** Le commissaire devant dresser un procès-verbal descriptif de l'immeuble, il doit pouvoir accéder à ce dernier. À cette fin, l'article R. 322-1 C. pr. exéc. dispose qu'à l'expiration d'un **délai de huit jours** à compter de la délivrance du commandement de payer valant saisie et à

1. Sur cette hésitation, v. PERROT et THÉRY, 2013, n° 98.
2. Civ. 2e, 17 sept. 2020, n° 18-23.625, NP.

défaut de paiement, le commissaire de justice peut pénétrer dans les lieux dans les conditions prévues par l'article L. 322-2 du même code. Ce dernier texte renvoie aux articles L. 142-1 et L. 142-2 C. pr. exéc.

L'article L. 322-2 C. pr. exéc. précise que lorsque les lieux sont occupés par un tiers en vertu d'un droit opposable au débiteur, le commissaire de justice ne peut y pénétrer que sur autorisation préalable du juge de l'exécution à défaut d'accord de l'occupant.

0251.122 **Saisies de meubles corporels.** L'accès au local est prévu pour la saisie-vente et la saisie-appréhension dans les conditions de l'article L. 222-1 C. pr. exéc.[1]

Lorsque la saisie-vente porte sur des biens détenus par un tiers et dans des locaux servant à l'habitation de ce dernier, elle doit en outre être autorisée par le juge de l'exécution (C. pr. exéc., art. L. 221-1). Contrairement aux textes relatifs à la saisie immobilière, l'accord du tiers ne paraît pas exonérer le créancier poursuivant de cette autorisation qui tient lieu de titre exécutoire. L'autorisation doit être portée à la connaissance du détenteur et être annexée au procès-verbal de saisie (C. pr. exéc., art. R. 221-11). Des dispositions similaires ont été prévues lorsque la saisie pratiquée est une saisie-appréhension (C. pr. exéc., art. L. 222-1) ou une saisie-revendication (C. pr. exéc., art. R. 222-20).

0251.123 **Biens enfermés dans un coffre-fort.** Lorsque les biens se trouvent dans un coffre-fort, l'article R. 224-4 C. pr. exéc. impose le respect d'un délai de quinze jours à compter de la signification du commandement de payer préalable aux opérations d'exécution et impose la présence du propriétaire du coffre ou de son préposé, lors de l'ouverture forcée. Lorsque le coffre se trouve dans un local servant à l'habitation, il est donc dérogé au délai de huitaine prévu par l'article L. 142-3 C. pr. exéc.

0251.124 **Véhicules terrestres à moteur.** S'agissant de la saisine des véhicules terrestres à moteur, lorsqu'elle se fait par immobilisation, en quelque lieu où se trouve le véhicule, l'article R. 223-7 C. pr. exéc. renvoie expressément aux règles de la saisie-vente lorsque le véhicule est immobilisé dans un local occupé par le débiteur ou entre les mains d'un tiers qui le détient pour le compte de ce dernier.

§ 4
Dispositions propres à l'expulsion

0251.131 **Expulsion.** L'article L. 431-1 C. pr. exéc. écarte expressément en matière d'expulsion l'application des articles L. 142-1 et L. 142-3 du même code. Dans cette hypothèse, en effet, les droits de l'occupant sont renforcés puisque des solutions doivent préalablement être recherchées pour faciliter son relogement. Dès la signification du commandement d'avoir à libérer les locaux, le commissaire de justice chargé de l'exécution de la mesure d'expulsion saisit le représentant de l'État dans le département afin que celui-ci en informe la commission de coordination des actions de prévention des expulsions locatives prévue à l'article 7-2 de la loi du 31 mai 1990[2], visant à la mise en œuvre du droit au logement, et qu'il informe le locataire de la possibilité de saisir la **commission de médiation en vue d'une demande de relogement au titre du droit au logement opposable** (C. pr. exéc., art. L. 412-5).

L'expulsion ne peut en principe avoir lieu qu'à l'expiration d'un **délai de deux mois** suivant la signification d'un commandement d'avoir à quitter les lieux. Le juge peut cependant réduire ou supprimer ce délai dans les conditions de l'article L. 412-1 C. pr. exéc. ou le rallonger dans les conditions de l'article L. 412-2 du même code, l'occupant pouvant alors bénéficier d'un délai total maximal de cinq mois.

Il est en outre **sursis à toute mesure d'expulsion du 1er novembre de chaque année au 31 mars de l'année suivante** (C. pr. exéc., art. L. 412-6), à moins que le relogement des intéressés soit assuré dans des conditions suffisantes respectant l'unité et les besoins de la famille, ce sursis n'ayant pas à être appliqué lorsque les personnes dont l'expulsion est ordonnée sont entrées dans les lieux par voie de fait.

Lorsque l'occupant refuse le libre accès aux locaux, le commissaire de justice doit alors requérir le **concours de la force publique.**

0251.132 **Hypothèse particulière de la reprise de locaux abandonnés.** (V. ss nos 0532.00 s.)

Les dispositions de l'article L. 142-1 C. pr. exéc. retrouvent à s'appliquer lorsque le commissaire de justice intervient pour reprendre des locaux abandonnés dans les conditions de l'article L. 451-1 C. pr. exéc. (c'est-à-dire en cours d'expulsion) ou de l'article 14-1 de la loi du 6 juillet 1989[3] (c'est-à-dire en cours de bail avant toute décision judiciaire)[4]. *Dans la première hypothèse,* le commissaire

1. Civ. 2e, 18 juin 2009, no 08-18.379, P II, no 169 : l'article 51 de la loi du 9 juillet 1991 vise tout local servant à l'habitation, qu'elle soit à titre principal ou secondaire.
2. L. no 90-449, 31 mai 1990, visant à la mise en œuvre du droit au logement, *JO* 2 juin, p. 6551.
3. L. no 89-462, 6 juill. 1989, tendant à améliorer les rapports locatifs et portant modification de la loi no 86-1290 du 23 décembre 1986, *JO* 8 juill., p. 8541.
4. Ne sont pas soumis au bénéfice de ces dispositions les locaux commerciaux, les biens donnés à bail rural, les locations saisonnières, les logements-foyers, les locaux meublés ainsi que les locaux loués en raison de l'exercice d'une activité professionnelle.

de justice peut, après la signification du procès-verbal d'avoir à libérer les locaux, dresser un procès-verbal de reprise, le cas échéant avant même l'expiration du délai fixé dans ledit commandement (C. pr. exéc., art. R. 451-3). *Dans la seconde hypothèse*, lorsque des éléments laissent supposer que le logement a été abandonné par ses occupants, et après mise en demeure adressée au locataire d'avoir à justifier d'une occupation effective restée infructueuse, le commissaire de justice peut pénétrer dans les lieux dans les conditions de l'article L. 142-1 C. pr. exéc., c'est-à-dire sans autorisation donnée à cette fin par un juge, afin de constater l'état d'abandon et procéder à l'inventaire des meubles laissés sur place avec mention de leur valeur marchande. Conformément aux modalités prévues par le décret du 10 août 2011[1], c'est sur le fondement de ce constat que le juge, saisi sur requête adressée par le bailleur, peut par la suite prononcer la résiliation du bail, ordonner la reprise des lieux, déclarer abandonnés les biens qui ne sont pas susceptibles d'être vendus et ordonner la vente aux enchères publiques des biens ayant une valeur marchande non récupérés dans le délai fixé. Les papiers et documents de nature personnelle des anciens occupants sont placés sous enveloppe scellée et conservés pendant deux ans par le commissaire de justice.

§ 5
Sanctions d'une pénétration irrégulière dans un local privé

0251.141 Pénétration irrégulière dans un local privé. Le commissaire de justice qui pénètre de façon illégale dans un local privé commet une faute susceptible d'engager sa responsabilité.

Sont applicables à cette hypothèse les dispositions de l'article 432-8 C. pén. qui prévoit que le fait, par une personne dépositaire de l'autorité publique ou chargée d'une mission de service public, agissant dans l'exercice ou à l'occasion de l'exercice de ses fonctions, de s'introduire ou de tenter de s'introduire dans le domicile d'autrui contre le gré de celui-ci, hors les cas prévus par la loi, est puni de deux ans d'emprisonnement et de 30 000 euros d'amende. L'auteur est passible des peines complémentaires visées à l'article 432-17 C. pén.

Le délit de violation de domicile n'est pas constitué lorsque le commissaire de justice, muni d'un titre exécutoire, pénètre au domicile du débiteur, absent lors de l'exécution de la mesure, suite à l'ouverture volontaire de la porte par l'employée de maison présente sur les lieux et ayant assisté aux opérations de saisie[2].

Le commissaire de justice peut également voir sa responsabilité civile engagée. Ainsi, il a pu être jugé, dans une hypothèse dans laquelle la locataire avait quitté le logement pour un nouveau domicile, que la seule constatation d'une reprise illicite du logement ouvre droit à réparation[3].

Par ailleurs, nonobstant la sanction subie par le commissaire de justice, l'irrégularité en cause peut entraîner la nullité de la mesure exécutée.

SECTION 4
RÉQUISITION DE LA FORCE PUBLIQUE

0251.151 Réquisition de la force publique. (V. s[s] n°s 0522.21 s.).

Bénéficiant d'un monopole pour ramener à exécution les décisions de justice et les autres actes en forme exécutoires, le commissaire de justice est tenu de prêter son concours lorsqu'il est mandaté à cette fin par un créancier muni d'un titre exécutoire. Pour mener à bien cette mission, qui garantit selon la Cour européenne des droits de l'homme le « *droit à un tribunal* »[4], l'article L. 153-2 C. pr. exéc., donne au commissaire de justice la faculté de requérir le concours de la force publique et l'article L. 153-1 du même code impose à l'État de prêter son concours à l'exécution des jugements et des autres titres exécutoires.

Si l'expulsion est le terrain privilégié du recours à la force publique, il convient de relever que ce recours est envisageable pour toutes les mesures d'exécution, notamment les saisies-ventes.

1. Décr. n° 2011-945, 10 août 2011, relatif aux procédures de résiliation de baux d'habitation et de reprise des lieux en cas d'abandon, *JO* 12 août, p. 13848, mod. par Décr. n° 2012-783, 30 mai 2012, relatif à la partie réglementaire du Code des procédures civiles d'exécution, *JO* 31 mai, p. 9375.
2. Crim. 16 juin 2004, n° 03-85.746, NP.
3. Civ. 3e, 6 juill. 2017, n° 16-15.752, P III, n° 85.
4. CEDH 19 mars 1997, Hornsby c/Grèce, req. n° 18357/91 : « *La Cour rappelle sa jurisprudence constante selon laquelle l'article 6 par. 1 (art. 6-1) garantit à chacun le droit à ce qu'un tribunal connaisse de toute contestation relative à ses droits et obligations de caractère civil ; il consacre de la sorte le "droit à un tribunal", dont le droit d'accès, à savoir le droit de saisir un tribunal en matière civile, constitue un aspect (arrêt* Philis *c/Grèce du 27 août 1991, série A n° 209, p. 20, par. 59). Toutefois, ce droit serait illusoire si l'ordre juridique interne d'un État contractant permettait qu'une décision judiciaire définitive et obligatoire reste inopérante au détriment d'une partie* [...]. *L'exécution d'un jugement ou arrêt, de quelque juridiction que ce soit, doit donc être considérée comme faisant partie intégrante du "procès" au sens de l'article 6* ».

§ 1
Auteur de la réquisition

0251.161 Auteur de la réquisition. Les conditions dans lesquelles cette réquisition peut intervenir sont définies par l'article R. 153-1 C. pr. exéc.

C'est en principe **le commissaire de justice** qui doit adresser la réquisition. Il a cependant été jugé, en matière d'expulsion, par une décision du 10 février 2014, que la demande pouvait également être présentée par **le propriétaire** lui-même [1]. Auquel monopole du commissaire de justice ne peut être opposé.

Le commissaire de justice peut par ailleurs recevoir injonction de la part du ministère public pour requérir la force publique.

§ 2
Destinataire de la réquisition

0251.171 Destinataire de la réquisition. La réquisition, qui est adressée au préfet [2], doit contenir une copie du dispositif du titre exécutoire. Le commissaire de justice ne peut engager la procédure qu'en se prévalant d'un titre ayant acquis force exécutoire.

§ 3
Moment de la réquisition

0251.181 Moment de la réquisition. Le texte ne précise pas le moment où cette réquisition doit être adressée. Il est jugé qu'une demande de concours présentée pendant un délai de grâce est prématurée : l'Administration qui n'est alors pas valablement saisie, est légalement fondée à rejeter la demande et une nouvelle demande de réquisition devra être adressée lorsque le jugement qui fonde la demande sera exécutoire [3]. La demande de concours de la force publique ne peut en conséquence être faite le jour de la notification au préfet de la copie du commandement d'avoir à quitter les locaux [4].

Dans l'hypothèse où le juge supprime le délai pour quitter les lieux, la notification du commandement et la réquisition de la force publique peuvent alors être simultanées [5].

S'agissant d'une demande présentée pendant la trêve hivernale, si les dispositions du Code de la construction et de l'habitation exigent des autorités de police qu'elles sursoient, au cours de la période dite de « *trêve hivernale* » allant du 1er novembre de chaque année au 15 mars de l'année suivante, à prêter le concours de la force publique en vue de l'expulsion d'un occupant sans titre ordonnée par l'autorité judiciaire, elles ne font pas obstacle à ce que l'Administration soit valablement saisie pendant cette même période d'une demande de concours de la force publique [6].

§ 4
Contenu de la réquisition

0251.191 Contenu de la réquisition. Seule la copie du dispositif du titre exécutoire est exigée. Il n'est donc pas nécessaire que le commissaire de justice joigne à sa réquisition l'intégralité du jugement ou de l'arrêt s'il s'agit d'une décision de justice.

Il est cependant jugé que le préfet n'est pas régulièrement saisi d'une demande de concours de la force publique faute de se voir adresser copie du commandement de quitter les lieux [7], étant observé qu'il n'appartient pas au préfet, saisi d'une demande d'octroi du concours de la force publique pour l'exécution d'un jugement d'expulsion, d'apprécier la validité du commandement de quitter les lieux [8].

La demande doit être accompagnée d'un exposé des diligences auxquelles le commissaire de justice a procédé et des difficultés d'exécution. Ces difficultés permettent de distinguer les hypothèses dans lesquelles une simple ouverture forcée du local peut être envisagée de celles, plus délicates, dans lesquelles l'huissier de justice pressent ou se heurte à des manifestations agressives ou violentes laissant craindre pour la sécurité des intervenants. Ces difficultés ne consistent pas nécessairement en une tentative préalable infructueuse : la présence d'un débiteur notoirement violent peut ainsi justifier le recours à la force publique.

§ 5
Examen de la demande

0251.201 Appréciation des difficultés rencontrées par le commissaire de justice. Le commissaire

1. CE 10 févr. 2014, SA Gecina, req. n° 350265, confirmant une jurisprudence antérieure à l'entrée en vigueur de l'article 17 de la loi n° 91-650 du 9 juillet 1991. Le fait que ce texte ne vise que l'huissier de justice ne paraît donc pas avoir remis en cause cette jurisprudence.
2. Une réquisition adressée à une autorité de police locale a cependant pu être déclarée valable : CE 27 avr. 2007, Min. Intérieur c/Cts Debost, req. n° 291410.
3. CE 16 déc. 1966, Min. Intérieur c/Caillat, req. n° 68504 – CE 11 mars 1967, Min. Intérieur c/Mme Fiat, req. n° 68583.
4. CE 18 févr. 2010, Sté d'HLM de Guyane, req. n° 316987.
5. CE 18 déc. 2013, Omnium de gestion immobilière d'Île-de-France, req. n° 363126.
6. CE 27 avr. 2007, Min. Intérieur c/Cts Debost, req. n° 291410.
7. CE 30 nov. 2016, Sté Foncière du Colisée, req. n° 389107.
8. CE 29 mai 2019, Cts Alloua, req. n° 414002, *Lebon* T ; *AJDA* 2019. 2032.

de justice étant seul en mesure d'apprécier l'opportunité de sa démarche, l'exposé des difficultés n'a pas pour objet d'habiliter le préfet à porter une appréciation sur la nécessité de demander le concours de la force publique, mais de l'éclairer, le cas échéant, sur la situation et sur les risques de troubles que l'expulsion peut comporter[1]. Le représentant de l'État destinataire de la demande ne peut en conséquence faire dépendre sa décision du défaut de mention dans la requête de ces diligences[2], ou exiger la preuve de tentatives matérielles effectuées par le commissaire pour exécuter le jugement[3].

Le principe de la séparation des pouvoirs s'opposant à ce que le représentant de l'État puisse s'immiscer dans une appréciation qui relève du juge judiciaire, il est jugé que l'octroi du concours de la force publique ne saurait être subordonné à l'accomplissement d'une diligence administrative. Le motif fondé sur l'absence d'offre d'hébergement faite à la personne expulsée ne peut donc en lui-même justifier un refus de concours de la force publique[4]. En revanche ne constitue pas une diligence administrative, mais une formalité dont le non-accomplissement peut être opposé, la saisine du représentant de l'État dans le département préalable à une mesure d'expulsion[5].

0251.202 Critères pouvant être appréciés par le préfet. Le préfet peut vérifier le caractère exécutoire de la décision en cause[6], ou encore sa saisine irrégulière. Il peut surtout apprécier les **troubles éventuels** que pourrait engendrer l'octroi de la force publique[7].

0251.203 Délai de réponse. Le préfet dispose d'un délai de deux mois à compter de la réquisition pour faire connaître sa décision. Posant une exception à la règle selon laquelle le silence de l'Administration vaut acceptation, l'article R. 153-1 C. pr. exéc. prévoit que le défaut de réponse dans le délai de deux mois équivaut à une décision de refus, consacrant ainsi un délai auparavant fixé de façon prétorienne[8].

0251.204 Accueil de la demande. Lorsqu'il accueille la demande, le préfet autorise les autorités de police ou de gendarmerie, selon le lieu où le titre doit être exécuté, à prêter assistance au commissaire de justice à une date qu'il fixe. Il ne s'agit donc plus d'assister le commissaire de justice mais de lui permettre d'accomplir sa mission en lui prêtant main-forte en dépit de la résistance matérielle qui peut lui être opposée.

Le retard à exécuter une décision accordant le concours de la force publique est de nature à engager la responsabilité de l'État. Par une décision du 27 janvier 2010[9], il a été retenu que le délai à l'issue duquel la responsabilité de l'État est engagée était de quinze jours[10], de sorte qu'en l'absence de circonstances particulières, l'administration doit pouvoir exécuter matériellement la décision avant l'expiration de ce délai. L'expiration du délai de quinze jours marque le point de départ de la période d'indemnisation lorsque la responsabilité de l'État est retenue sur ce fondement. Ce retard n'est cependant pas imputable à l'État lorsqu'il résulte de l'inertie du commissaire de justice qui ne prend pas contact avec les forces de police pour organiser l'expulsion[11]. Il importe donc que le commissaire de justice puisse justifier des démarches entreprises par lui, en dépit de l'absence de formalisme dans les textes, le défaut d'accomplissement des démarches nécessaires ou l'impossibilité de prouver ces démarches étant de nature à engager sa responsabilité professionnelle.

SECTION 5
DÉLIVRANCE DE CERTAINS TITRES EXÉCUTOIRES

0251.211 Délivrance de titres exécutoires (V. s[s] n°s 0122.61 s.).

C'est dans un premier temps la recherche d'une alternative à la dépénalisation de l'**émission de chèque sans provision** qui a conduit le législateur à accorder aux anciens huissiers de justice le droit d'émettre des titres exécutoires.

L'article L. 131-73 C. mon. fin. donne ainsi pouvoir au commissaire de justice qui n'a pas reçu justifica-

1. CE 11 mars 1967, Min. Intérieur c/Mme Fiat, req. n° 68583 – CE 25 nov. 2009, Min. Intérieur c/S[té] Orly Parc, req. n° 323359 – CE 14 nov. 2011, Paris Habitat OPH, req. n° 343908.
2. CE 2 juin 2010, Société immobilière d'économie mixte région parisienne secteur Sud-Est, req. n° 316296 – CE 25 nov. 2009, Min. Intérieur c/S[té] Orly Parc, req. n° 323359 – CE 25 nov. 2009, Min. Intérieur c/S[té] France habitation, req. n° 323411.
3. CAA Bordeaux, 24 nov. 2014, n° 12BX01446.
4. Cons. const. 29 juill. 1998, n° 98-403 DC.
5. CE 22 févr. 2012, Cts Hoa, req. n° 352254.
6. CE 28 nov. 2014, Min. Intérieur c/SARL Charlotte Coiffure, req. n° 364391.
7. M. Altwegg-Boussac, « Les décisions préfectorales relatives au concours de la force publique pour l'exécution des décisions judiciaires. Difficultés d'analyse », *RFDA* 2015. 773.
8. CE 14 oct. 1987, SCI du Bois de Grâce, req. n° 71329 – CE 10 mai 1989, SI d'Épinay-Saint-Gratien, req. n° 73146 – CE 5 mai 2006, Min. Intérieur c/SCI de la Terre de Savigny et de Fertot, req. n°s 277632 et 277633.
9. CE 27 janv. 2010, OPAC Habitat Marseille Provence, req. n° 320642.
10. CE 7 déc. 2011, Mme Dupond, req. n° 343732 : « *Considérant que le délai normal dont dispose l'administration pour exécuter matériellement une décision accordant le concours de la force publique à la suite de la demande de l'huissier est, en l'absence de circonstances particulières, de quinze jours* ».
11. CE 14 oct. 1987, SCI du Bois de Grâce, req. n° 71329.

tion du paiement du montant du chèque et des frais dans un délai de quinze jours à compter de la réception de la notification ou de la signification du certificat de non-paiement de délivrer sans autre acte de procédure ni frais, un titre exécutoire.

Ce droit d'émettre un titre exécutoire a été étendu à la **procédure simplifiée de recouvrement des petites créances**. Conformément à l'article L. 125-1 C. pr. exéc., une procédure simplifiée de recouvrement des petites créances peut être mise en œuvre par un commissaire de justice, à la demande d'un créancier, pour le paiement d'une créance ayant une cause contractuelle ou résultant d'une obligation de caractère statutaire et inférieure à 5 000 euros (C. pr. exéc., art. R. 125-1). Cette procédure se déroule dans le délai d'un mois à compter de l'envoi par le commissaire de justice d'une lettre recommandée avec demande d'avis de réception invitant le débiteur à participer à cette procédure, sachant qu'à partir de cet envoi « *aucun paiement ne peut avoir lieu avant que le commissaire de justice n'ait constaté l'issue de la procédure* » (C. pr. exéc., art. R. 125-7). Depuis le 1er janvier 2020[1], la procédure peut être engagée par voie dématérialisée. La conclusion d'un accord entre le créancier et le débiteur portant sur le montant et les modalités du paiement permet au commissaire de justice de délivrer un titre exécutoire qui récapitule les diligences effectuées pour y parvenir (C. pr. exéc., art. R. 125-6).

Ces différents titres ont été ajoutés à la liste des titres exécutoires prévue par l'article L. 111-3 C. mon. fin.

SECTION 6
SAISINE DU JUGE DE L'EXÉCUTION

0251.221 **Saisine du juge de l'exécution (JEX).** Lorsque le commissaire de justice chargé de l'exécution d'un titre exécutoire se heurte à une difficulté qui entrave le cours de ses opérations, il en dresse procès-verbal et peut, à son initiative, saisir le JEX (C. pr. exéc., art. R. 151-1). Cette saisine, qui n'est pas conditionnée par l'urgence ou l'absence de contestation sérieuse, intervient par requête, accompagnée de la présentation du titre et d'un exposé de la difficulté qui a entravé l'opération d'exécution ainsi que, s'il y a lieu, des pièces qui lui ont été communiquées. La difficulté est examinée au cours d'une audience. Il appartient au commissaire de justice d'informer les parties intéressées du lieu, de la date et de l'heure de l'audience, soit par déclaration verbale consignée dans un procès-verbal, soit par lettre recommandée avec avis de réception. Il doit être donné en même temps connaissance aux parties des dispositions des articles R. 121-6 à R. 121-10 C. pr. exéc. et leur être signalé qu'une décision peut être rendue en leur absence.

Le JEX ne peut à cette occasion ni modifier le titre exécutoire fondant la saisine, ni suspendre la force exécutoire de ce titre. Il ne peut donc statuer sur une demande de délais. La décision, qui statue de façon provisoire sur la difficulté en cause, n'a pas autorité de chose jugée au principal. Elle se distingue donc de la décision rendue par le JEX lorsque celui-ci est saisi par les parties d'une contestation suivant les règles de la procédure ordinaire (C. pr. exéc., art. R. 121-14).

SECTION 7
DROIT DE RÉTENTION

0251.231 **Droit de rétention.** Toute somme remise en paiement entre les mains d'un commissaire de justice par un débiteur pour le règlement d'une créance doit, sous peine de poursuites disciplinaires, être reversée au créancier dans un délai maximum de trois semaines si le paiement est effectué en espèces, de six semaines dans les autres cas. Si le débiteur procède à un paiement de la créance par acomptes successifs, ces délais sont respectivement de six semaines et de trois mois.

Cependant, pour garantir le paiement des tarifs et, le cas échéant, le remboursement de ses frais et débours, le commissaire de justice dispose d'un droit de rétention prévu par l'article R. 444-15 C. com.

L'article R. 444-54 C. com. précise que ce droit ne s'applique pas lorsque le recouvrement est effectué sur le fondement d'un titre exécutoire constatant une créance née de l'exécution d'un contrat de travail ainsi que pour les titres délivrés par les personnes morales de droit public qualifiés comme tels par la loi, ou les décisions auxquelles la loi attache les effets d'un jugement. Ce droit de rétention est également exclu lorsque le commissaire de justice instrumente pour le compte d'un comptable public.

Ce droit était auparavant prévu par le décret du 5 janvier 1967[2] pour garantir « *le paiement des émoluments et déboursés prévus par ce texte, à l'exclusion des honoraires particuliers* », puis par le décret du 12 décembre 1996[3], la garantie portant aux termes de ce texte sur le paiement de la rémunération de

1. L. n° 2019-222, 23 mars 2019, de programmation 2018-2022 et de réforme pour la justice, *JO* 24 mars, texte n° 2.

2. Décr. n° 67-18, 5 janv. 1967, portant règlement d'administration publique et fixant le tarif des huissiers de justice en matière civile et commerciale, *JO* 6 janv., p. 317, art. 28.
3. Décr. n° 96-1080, 12 déc. 1996, portant fixation du tarif des huissiers de justice en matière civile et commerciale, *JO* 13 déc., p. 18248, art. 22.

l'huissier de justice et de ses débours. Aucun de ces textes ne précisait sur quels biens ce droit de rétention pouvait s'exercer. La jurisprudence rendue au visa de ces dispositions se référait de façon très générale à la délicatesse dont devaient faire preuve les huissiers de justice dans l'exercice de ce droit[1].

Par un arrêt du 11 mai 2017, rendu au visa de l'article 22 du décret du 12 décembre 1996, la Cour de cassation a précisé que ce droit de rétention supposait la détention de la chose sur lequel il porte et jugé que la simple détention des clefs d'un immeuble n'emportait pas la détention de l'immeuble lui-même et, partant, l'obligation pour les anciens huissiers de justice d'assurer la conservation de ce bien[2].

1. V. Req. 16 mars 1886, *S.* 1890. 1. 507 – Req. 17 juin 1914, *S.* 1920. 1. 201, note E. Naquet.
2. Civ. 1re, 11 mai 2017, no 15-26.646, P I, no 107.

CHAPITRE

0252. Devoirs du commissaire de justice

AGNÈS PIC
CONSEILLÈRE À LA COUR DE CASSATION

SECTION 0

ORIENTEUR

0252.00 **Sommaire du chapitre.**

Division. Parmi les devoirs du commissaire de justice, certains sont inhérents à sa qualité d'officier public et ministériel (sect. 1) alors que d'autres relèvent de l'élaboration de ses actes (sect. 2).

0252.01 **Textes applicables.**

• **C. pr exéc.,** art. L. 111-7, L. 122-1.

• **C. mon. fin.,** art. L. 561-2, L. 561-3.

• **Code de déontologie des commissaires de justice,** titre Ier.

• **Décr. n° 2023-1296, 28 déc. 2023,** relatif au Code de déontologie des commissaires de justice, *JO* 29 déc., texte 27.

• **Circ. min. n° CIV/06/22, 9 nov. 2022,** de présentation de la réforme de la déontologie et de la discipline des officiers ministériels, *BOMJ*, n° 265, 9 nov.

• **Ord. n° 2022-544, 13 avr. 2022,** relative à la déontologie et à la discipline des officiers ministériels, *JO* 14 avr., texte 41.

• **Décr. n° 2021-1625, 10 déc. 2021,** relatif aux compétences des commissaires de justice, *JO* 12 déc., texte 62.

• **Ord. n° 2016-728, 2 juin 2016,** relative au statut de commissaire de justice, *JO* 3 juin, texte 24.

• **Décr. n° 73-1202, 28 déc. 1973,** relatif au statut des officiers publics ou ministériels, *JO* 30 déc.

• **L. 27 déc. 1923,** relative à la suppléance des huissiers de justice blessés et à la création de clercs assermentés.

0252.03 **Bibliographie indicative.**

Actualisables. *J.-Cl. Commissaires de justice*, « Actes de commissaires de justice », fasc. 10, par N. Fricero – Rép. pr. civ., v° *Commissaire de justice – Activités du commissaire de justice*, par M.-P. Mourre-Schreiber, févr. 2023 (actu. avr. 2025).

Article. N. Fricero, « Commissaires de justice : nouvelle profession, nouvelle déontologie », *Procédures* mars 2024. Alerte 9.

Ouvrage[1]. A. LEBORGNE, *Droit de l'exécution*, 3e éd., « Précis », Dalloz, 2019 – R. PERROT et Ph. THÉRY, *Procédures civiles d'exécution*, 3e éd., Dalloz, 2013.

SECTION 1

PRINCIPES ET RÈGLES DU CODE DE DÉONTOLOGIE

0252.11 **Code de déontologie.** Suite à la remise par l'Inspection générale de la justice, le 15 décembre 2020, d'un rapport sur la discipline des professions du droit et du chiffre, la loi n° 2021-1729 du 22 décembre 2021 pour la confiance dans l'institution judiciaire[2] a opéré une réforme de la procédure disciplinaire des officiers ministériels, dont celle des commissaires de justice.

1. Les ouvrages dont le nom des auteurs figure en petites capitales en bibliographie seront cités par le seul nom des auteurs en petites capitales en notes de bas de page.
2. L. n° 2021-1729, 22 déc. 2021, pour la confiance dans l'institution judiciaire, *JO* 23 déc., texte 2.

L'ordonnance n° 2022-544 du 13 avril 2022 [1] et le décret n° 2022-900 du 17 juin 2022 [2] ont mis en œuvre cette réforme tendant à simplifier et clarifier la procédure applicable devant la juridiction disciplinaire, en unifiant ce régime disciplinaire pour les avocats et les officiers ministériels par la création, notamment, de nouvelles juridictions disciplinaires échevinales disposant d'un service d'enquête indépendant. Cette nouvelle procédure s'applique aux procédures disciplinaires engagées et aux réclamations reçues à compter du 1er juillet 2022.

Conformément à l'article 2 de l'ordonnance du 13 avril 2022, relative à la déontologie et à la discipline des officiers ministériels [3], la profession s'est dotée d'un code de déontologie issu du décret n° 2023-1296 du 28 décembre 2023 [4].

Ce Code de déontologie est entré le 1er mars 2024, le décret ayant abrogé à compter de cette date l'arrêté du 18 décembre 2018 valant règlement déontologique national des huissiers de justice [5].

Une circulaire du Garde des sceaux du 9 novembre 2022 est venue présenter l'ensemble de cette réforme.

La violation des principes, règles et devoirs énoncés dans ce présent code constitue une faute pouvant entraîner des sanctions disciplinaires.

§ 1
Principes déontologiques fondamentaux

0252.21 Indépendance, impartialité, probité et confraternité. Le titre Ier du Code de déontologie énonce les devoirs généraux liés à la fonction de commissaire de justice.

En sa qualité d'officier public et ministériel, le commissaire de justice doit conserver en toutes circonstances la plus stricte **indépendance** dans l'exercice de ses missions d'auxiliaire de justice, afin de garantir **l'impartialité subjective et objective** qui est le fondement de la confiance qu'on lui porte. Il doit ainsi **s'interdire tout conflit d'intérêts** et prendre toutes les mesures nécessaires pour le prévenir ou le faire cesser.

1. Ord. n° 2022-544, 13 avr. 2022, relative à la déontologie et à la discipline des officiers ministériels, *JO* 14 avr., texte 41.
2. Décr. n° 2022-900, 17 juin 2022, relatif à la déontologie et à la discipline des officiers ministériels, *JO* 18 juin, texte 11.
3. Ord. n° 2022-544, 13 avr. 2022, préc.
4. Décr. n° 2023-1296, 28 déc. 2023, relatif au Code de déontologie des commissaires de justice, *JO* 29 déc., texte 27.
5. Arr. 18 déc. 2018, portant approbation du règlement déontologique national des huissiers de justice, NOR : JUSC1834142A, *JO* 22 déc., texte 17.

Il doit également exercer ses fonctions avec **probité et rigueur**, dans le strict respect de la règle de droit.

L'article 2 du code rappelle que ce professionnel apporte son concours au service public de la justice, ce qui le soumet à une obligation de veiller au respect du principe du contradictoire ainsi qu'à la préservation de la preuve lorsqu'il procède à des constats. Le code rappelle également, en son article 8, qu'il participe directement au service public de la justice par la mise en œuvre des règles procédurales qui sont d'application stricte et dont il est garant.

Il veille avec humanité à la stricte proportionnalité de ses actes, cette obligation étant en lien avec les dispositions de l'article L. 111-7 C. pr. exéc. posant en principe que l'exécution ne peut excéder ce qui est nécessaire pour obtenir le paiement de l'obligation, ainsi que les dispositions de l'article L. 122-1 du même code précisant que le commissaire de justice peut refuser son ministère si le montant des frais paraît manifestement susceptible de dépasser le montant de la créance réclamée.

La **confraternité** impose, en toutes circonstances, aux commissaires de justice de se comporter avec loyauté et courtoisie envers leurs confrères. Ils se doivent mutuellement conseil, service, soutien et assistance.

0252.22 Secret professionnel. Le commissaire de justice est tenu au secret professionnel, hors les exceptions prévues par la loi. Ce secret couvre tout ce qui a été porté à sa connaissance dans l'exercice de ses fonctions.

Dans le respect du règlement général sur la protection des données (RGPD) [6] et de la loi du 6 janvier 1978, relative à l'informatique, aux fichiers et aux libertés [7], le commissaire de justice veille à ce que les moyens de communication qu'il emploie garantissent la confidentialité des échanges et soient sécurisés. Sauf lorsqu'il recourt à un système fermé sécurisé, il utilise la boîte de messagerie mise à sa disposition ou hébergée par la Chambre nationale lorsqu'il échange par voie électronique avec ses confrères ou avec les instances ordinales et lorsqu'il utilise les services et applicatifs numériques de la Chambre nationale.

L'obligation qui lui est faite de rendre compte au mandant ou au mandataire principal ne le délie pas de son secret professionnel.

6. Règl. UE n° 2016/679 du Parlement européen et du Conseil, 27 avr. 2016, relatif à la protection des personnes physiques à l'égard du traitement des données à caractère personnel et à la libre circulation de ces données, et abrogeant la directive 95/46/CE, *JOUE* L 119, 4 mai, p. 1.
7. L. n° 78-17, 6 janv. 1978, relative à l'informatique, aux fichiers et aux libertés, *JO* 7 janv., p. 227.

Dans le cadre du recouvrement, amiable ou judiciaire, seules les informations concernant la solvabilité du débiteur, les acomptes versés ou les engagements proposés par celui-ci, ainsi que les démarches ou actes accomplis dans l'intérêt du créancier, peuvent être communiqués à ce dernier ou à son représentant.

0252.23 Obligation de dignité et de discrétion professionnelle. Le commissaire de justice respecte en toutes circonstances, y compris dans sa vie extraprofessionnelle, notamment à travers son comportement, ses propos et l'image qu'il renvoie, la dignité et la discrétion professionnelle qu'imposent ses fonctions.

Le commissaire de justice accomplit ses missions avec soin et célérité.

0252.24 Obligation de compétence. Le commissaire de justice, qui participe directement au service public de la justice par la mise en œuvre des règles procédurales qui sont d'application stricte et dont il est garant, s'oblige à un niveau élevé de compétence.

Pour ce faire, il veille à la mise à jour régulière de ses connaissances, notamment dans le cadre de la formation professionnelle continue.

§ 2 Conditions d'exercice professionnel

0252.31 Lutte contre le blanchiment. En application de l'article L. 561-2, 13° C. mon. fin., les commissaires de justice sont, depuis 2014[1], assujettis aux obligations de lutte contre le blanchiment des capitaux et le financement du terrorisme pour les seules activités mentionnées à l'article L. 561-3 du même code. À ce titre, ils doivent déclarer à la cellule de Traitement du renseignement et action contre les circuits financiers clandestins (TRACFIN) les sommes dont ils savent, soupçonnent ou ont de bonnes raisons de soupçonner qu'elles proviennent d'une infraction passible d'une peine privative de liberté supérieure à un an ou sont liées au financement du terrorisme.

Les commissaires de justice ne peuvent se soustraire à ces obligations en se prévalant du secret professionnel, le législateur ayant prévu une dérogation spécifique. Ils ne peuvent également informer leur client ou même le débiteur ou le tiers saisi de l'existence et du contenu de la **déclaration de soupçon** qu'ils auraient faite mais doivent en revanche s'abstenir d'effectuer toute opération (C. mon. fin., art. L. 151-16).

Le Code de déontologie prévoit que le commissaire de justice veille au respect des obligations en matière de lutte contre le blanchiment de capitaux et le financement du terrorisme qui lui incombent conformément aux textes en vigueur. À cette fin, il met en place les procédures adéquates au sein de son office et actualise ses connaissances afin de se conformer à la réglementation française, aux normes européennes et internationales ainsi qu'aux recommandations de la Chambre nationale.

0252.32 Acquisition d'un office. L'acquisition d'un office emporte obligation pour le cédant de remettre les fonds, les minutes et les dossiers, ainsi que les documents administratifs et sociaux, au plus tard le jour de la prestation de serment du cessionnaire.

En cas de suppléance, le commissaire de justice suppléé satisfait à ces obligations à l'égard du suppléant dès la mise en place de la mesure.

0252.33 Exercice en commun de la profession. Dans toutes les formes d'exercice en commun de la profession, les associés respectent les clauses des statuts et exécutent de bonne foi leurs obligations. Ils sont particulièrement attentifs à ne rien accomplir qui soit susceptible de nuire aux intérêts ou à la réputation de la structure collective d'exercice dont ils sont membres.

Ils privilégient toujours entre eux le dialogue et l'entente. En cas de conflit, ils recherchent toutes les solutions permettant un règlement amiable.

Ils peuvent à cet égard solliciter tout médiateur ou demander à la chambre régionale ou interrégionale dont ils relèvent d'en désigner un.

À défaut d'accord, ils soumettent le conflit à la chambre régionale ou interrégionale.

0252.34 Exploitation d'un bureau annexe. La création et l'exploitation d'un bureau annexe ne peuvent avoir pour but ou pour effet de contrevenir aux règles déontologiques. Le bureau annexe ne peut être utilisé que dans le cadre d'une activité locale effective.

0252.35 Relations avec les collaborateurs. Le commissaire de justice veille au respect par ses collaborateurs des obligations déontologiques dans le cadre des fonctions qu'ils exercent.

Lorsqu'il emploie dans son étude un commissaire de justice stagiaire, le commissaire de justice contribue à sa formation professionnelle.

1. La loi n° 2004-130 du 11 févr. 2004 réformant le statut de certaines professions judiciaires ou juridiques, des experts judiciaires, des conseils en propriété industrielle et des experts en ventes aux enchères publiques (*JO* 12 févr., p. 2847), a transposé la directive n° 2001/97/CE du Parlement européen et du Conseil du 4 déc. 2001 relative à la prévention de l'utilisation du système financier aux fins de blanchiment de capitaux (*JOUE*, L 344, 28 déc., p. 76) pour soumettre au dispositif les professions du droit.

De façon plus générale, il s'interdit de demander à ses collaborateurs d'accomplir des missions qu'il ne serait habilité à réaliser lui-même.

0252.36 Substitution d'un confrère. Le commissaire de justice ne peut, sans raison valable, refuser de se substituer à un confrère absent ou momentanément empêché.

Le remplaçant ponctuel d'un commissaire de justice absent, malade ou momentanément empêché ne peut prétendre à aucune vacation ou honoraire de ce chef, sauf accord éclairé entre les parties.

§ 3
Règles relatives à la communication

0252.41 Formes de communication. La publicité fonctionnelle est destinée à faire connaître la profession de commissaire de justice et son organisation. Elle relève de la seule compétence des institutions représentatives de la profession.

L'information professionnelle s'entend de l'utilisation par un commissaire de justice de tout moyen pour faire connaître ses activités au public, notamment les plaques, cartes de visite, documents destinés à la correspondance, sites internet ainsi que toute autre manifestation publique.

La sollicitation personnalisée, définie conformément au chapitre Ier du titre II du décret n° 73-1202 du 28 décembre 1973, relatif au statut des officiers publics ou ministériels [1], n'est autorisée que dans les limites prévues par ce décret et exclut toute autre forme de démarchage.

0252.42 Contenu de la communication. Le commissaire de justice veille, dans toute communication à destination du public, des confrères, et plus particulièrement des élus de la profession, et des magistrats, au respect des principes fondamentaux de la profession et, notamment, à faire preuve de tact et de modération dans son attitude et son expression.

Il s'assure que l'information professionnelle et la sollicitation personnalisée font état de sa qualité de commissaire de justice et permettent, quel qu'en soit le support, y compris les réseaux sociaux, de l'identifier, ainsi que la structure d'exercice à laquelle il appartient et, le cas échéant, le réseau dont il est membre.

Il s'interdit à cet égard toute mention ostentatoire, mensongère ou trompeuse, toute mention comparative, dénigrante ou laudative ainsi que toute référence à des fonctions ou activités sans lien avec l'exercice de la profession de commissaire de justice.

1. Décr. n° 73-1202, 28 déc. 1973, relatif au statut des officiers publics ou ministériels, *JO* 30 déc.

0252.43 Règles relatives à la raison sociale. La raison sociale d'un office de commissaire de justice ne doit pas faire naître dans l'esprit du public une fausse croyance sur une exclusivité de compétence territoriale ou sur un monopole fonctionnel.

SECTION 2
DEVOIRS SPÉCIFIQUES À L'ÉLABORATION DES ACTES

§ 1
Ministère obligatoire

0252.51 Ministère obligatoire. L'article 4 du décret n° 2021-1625 du 10 décembre 2021 [2], impose aux commissaires de justice d'exercer leur ministère toutes les fois qu'ils en sont requis. Cette obligation est cependant limitée aux seules activités énumérées au I de l'article 1er de l'ordonnance n° 2016-728 du 2 juin 2016 [3], c'est-à-dire les activités monopolistiques.

L'article L. 122-1 C. pr. exéc. prévoit quant à lui le ministère **obligatoire** pour les **actes d'exécution forcée** et les **saisies conservatoires**.

0252.52 Limitation du ministère obligatoire. Le ministère obligatoire ne s'exerce que sur un ressort territorial déterminé. L'article 4 du décret n° 2021-1625 du 10 décembre 2021 [4] prévoit en effet que les commissaires de justice sont tenus de prêter leur concours dans le ressort du tribunal judiciaire (TJ) au sein duquel leur office est établi ou, le cas échéant, celui d'un des TJ dont le siège est situé dans le même département que celui au sein duquel leur office est établi.

0252.53 Exceptions au ministère obligatoire. Il est fait exception à cette obligation en cas d'empêchement ou en raison d'un lien de parenté ou d'alliance.

L'article L. 122-1 C. pr. exéc., spécifique à l'exécution forcée et aux saisies conservatoires, dispose en outre qu'il est fait exception au ministère obligatoire lorsque la mesure requise paraît revêtir un caractère illicite ou si le montant des frais paraît manifestement susceptible de dépasser le montant de la créance réclamée.

0252.54 Sanctions. L'obligation résultant du ministère forcé est assortie d'une sanction pénale, l'article R. 198 C. pr. pén. disposant que tout com-

2. Décr. n° 2021-1625, 10 déc. 2021, relatif aux compétences des commissaires de justice, *JO* 12 déc., texte 62.
3. Ord. n° 2016-728, 2 juin 2016, relative au statut de commissaire de justice, *JO* 3 juin, texte 24.
4. Décr. n° 2021-1625, 10 déc. 2021, préc.

missaire de justice qui refusera d'instrumenter dans une procédure suivie à la requête du ministère public ou de faire le service auquel il est tenu près la cour ou le tribunal et qui, après injonction à lui faite par le procureur général ou le procureur de la République, persistera dans son refus, sera destitué, sans préjudice de tous dommages-intérêts et des autres peines qu'il aura encourues.

Il est jugé que le refus de signifier, opposé par l'unique commissaire de justice territorialement compétent, constitue un obstacle invincible, indépendant de la volonté du demandeur, de nature à relever celui-ci de la déchéance encourue[1].

§ 2
Obligation d'instrumenter en personne

0252.61 Obligation d'instrumenter en personne. La délégation d'autorité publique consentie par l'État, qui justifie que les impétrants se soumettent, lors de leur nomination, à des conditions de moralité et de compétence, a pour corollaire l'obligation faite aux commissaires de justice d'instrumenter en personne. L'article 6 du décret n° 2021-1625 du 10 décembre 2021[2] prévoit ainsi que les commissaires de justice sont « *tenus de remettre eux-mêmes les exploits et actes qu'ils sont chargés de signifier* ».

Cette obligation, cependant, connaît des exceptions.

0252.62 Clercs assermentés et clercs habilités. Depuis 1923[3], le commissaire de justice peut déléguer certaines de ses attributions à des clercs assermentés. Cette faculté a été justifiée, lors du vote de la loi, par les nombreuses pertes humaines de la Grande Guerre ayant eu des répercussions directes sur la démographie de la profession.

Le **clerc assermenté** peut ainsi signifier tous actes judiciaires et extrajudiciaires, à l'exception des procès-verbaux de constats et d'exécution et des ventes mobilières judiciaires ou volontaires. L'article 6 de la loi du 27 décembre 1923 précise à cet égard que les procès-verbaux de constats et d'exécution ainsi que les ventes mobilières judiciaires ou volontaires restent de la compétence exclusive des commissaires de justice.

Il est jugé que le commissaire de justice doit procéder en personne à la signification des procès-verbaux de saisie-attribution[4] En revanche, ne constitue pas en soi, un acte d'exécution et peut en conséquence être effectuée par un clerc assermenté la signification d'un jugement ordonnant, avec exécution provisoire, une expulsion[5].

Certains auteurs ont tenté de définir un critère permettant de départager ces différents actes en limitant les actes d'exécution « *aux seuls cas où l'acte produit un effet d'indisponibilité ou de transfert* »[6].

S'agissant de la portée d'un acte irrégulièrement délivré par un clerc assermenté, il a été retenu qu'il s'agissait d'une irrégularité de fond[7].

La loi du 9 juillet 1991[8] a quant à elle institué un clerc habilité à procéder aux constats à la requête d'un particulier. Le commissaire de justice commis par le juge pour réaliser des constatations ne peut donc lui déléguer sa mission.

0252.63 Commissaires de justice salariés. La loi du 22 décembre 2010[9] en créant le statut d'huissier de justice salarié est venue assouplir l'obligation faite aux commissaires de justice d'instrumenter en personne. Le commissaire de justice salarié ne peut procéder seul qu'aux activités prévues aux articles I et II de l'article 1er de l'ordonnance n° 2016-728 du 2 juin 2016[10].

0252.64 Empêchement momentané. En cas d'empêchement momentané ou d'absence pendant la période légale des vacances judiciaires, le commissaire de justice peut, dans la limite de sa compétence territoriale, se faire remplacer pour une durée maximale d'un mois. Il doit alors aviser le procureur de la République ainsi que le président de la chambre régionale de son empêchement ou de son absence en indiquant le nom de son remplaçant[11].

§ 3
Obligation d'établir des actes réguliers et valables

0252.71 Obligation d'établir des actes réguliers et valables. Conformément à l'article 10 de l'ordonnance n° 2016-728 du 2 juin 2016[12], le commissaire de justice est responsable de la rédaction de ses actes, sauf lorsque l'acte a été préparé par un autre

1. Crim. 22 févr. 1978, n° 77-91.684, P, n° 68.
2. Décr. n° 2021-1625, 10 déc. 2021, préc.
3. L. 27 déc. 1923, relative à la suppléance des huissiers de justice blessés et à la création de clercs assermentés.
4. Civ. 2e, 28 juin 2006, n° 04-17.514, P II, n° 178 ; *Procédures* 2006. Comm. 237, obs. R. Perrot – Civ. 1re, 18 févr. 2003, n° 99-20.672, NP.
5. Civ. 2e, 27 févr. 2014, n° 13-11.957, P II, n° 57 ; *Procédures* 2014. Comm. 139, obs. R. Perrot.
6. Perrot et Théry, 3e éd., 2013, n° 272.
7. Com. 17 déc. 2003, n° 02-14.840, P IV, n° 207.
8. L. n° 91-650, 9 juill. 1991, portant réforme des procédures civiles d'exécution, *JO* 14 juill.
9. L. n° 2021-1729, 22 déc. 2021, préc.
10. Ord. n° 2016-728, 2 juin 2016, relative au statut de commissaire de justice, *JO* 3 juin, texte 24.
11. Décr. n° 2021-1625, 10 déc. 2021, art. 7.
12. Ord. n° 2016-728, 2 juin 2016, préc.

officier ministériel, pour les indications matérielles qu'il n'a pas pu lui-même vérifier.

La validité de l'acte de signification suppose à titre d'exemple que cet acte comporte des mentions relatant les diligences accomplies par le commissaire de justice pour effectuer la signification à la personne du destinataire et les circonstances caractérisant l'impossibilité d'une telle signification [1].

De même, l'acte de signification d'un jugement rendu en premier ressort doit comporter l'indication que l'avocat constitué par l'appelant ne peut être qu'un avocat admis à postuler devant un tribunal judiciaire dépendant du ressort de la cour d'appel concernée [2].

De façon plus générale, tout acte de commissaire de justice doit, à peine de nullité indiquer, sa date, si le requérant est une personne physique, ses nom, prénoms, profession, domicile, nationalité, date et lieu de naissance, si le requérant est une personne morale sa forme, sa dénomination, son siège social et l'organe qui la représente légalement, les nom, prénoms, demeure et signature du commissaire de justice. Si l'acte doit être signifié, il doit également indiquer les nom et domicile du destinataire, ou, s'il s'agit d'une personne morale, sa dénomination et son siège social (C. pr. civ., art. 648).

Le commissaire de justice doit par ailleurs se conformer à certaines exigences de forme et aux normes de présentation fixées par un arrêté du 21 mars 2023 fixant les normes de présentation des actes, exploits et procès-verbaux des commissaires de justice [3], pris en application de l'article 14 du décret nº 2021-1625 du 10 décembre 2021 relatif aux compétences des commissaires de justice [4].

En tant qu'il est garant de la légalité des poursuites, il est ainsi tenu de vérifier que le titre en vertu duquel il pratique une saisie reste exécutoire au jour de l'acte de saisie [5]. Il est également tenu de réunir les justificatifs nécessaires à son intervention [6] et, en cas de difficulté, ou d'incertitude, il doit s'abstenir ou soumettre la difficulté au juge de l'exécution [7].

Il n'est, en revanche, pas tenu de vérifier les déclarations factuelles faites par les parties en l'absence d'éléments de nature à éveiller ses soupçons quant à la véracité des renseignements donnés [8].

1. Civ. 2e, 1er juin 2017, nº 16-16.533, NP – Civ. 2e, 11 mai 2017, nº 16-15.500, NP – Civ. 2e, 5 janv. 2017, nº 15-15.040, NP.
2. Civ. 2e, 10 nov. 2016, nº 15-24.490, NP.
3. Arr. 21 mars 2023, fixant les normes de présentation des actes, exploits et procès-verbaux des commissaires de justice, NOR : JUSC2302471A, *JO* 24 mars, texte 9.
4. Décr. nº 2021-1625, 10 déc. 2021, préc.
5. Civ. 1re, 13 mai 2014, nº 12-25.511, P I, nº 84 – Civ. 1re, 28 sept. 2016, nº 14-29.776, P I, nº 181.
6. Civ. 1re, 12 sept. 2019, nº 18-17.783, P.
7. Civ. 1re, 22 mars 2012, nº 10-25.811, P I, nº 65.
8. Civ. 1re, 25 mars 2010, nº 09-12.294, P.

CHAPITRE

0253. Compétence territoriale du commissaire de justice

AGNÈS PIC
CONSEILLÈRE À LA COUR DE CASSATION

SECTION 0

ORIENTEUR

0253.00 Sommaire du chapitre.

Division. La compétence territoriale des commissaires de justice a connu des évolutions (sect. 1) ; elle supporte des aménagements et une exception (sect. 2) comme des sanctions (sect. 3).

0253.01 Textes applicables.

• **C. pr. exéc.,** art. L. 111-1, L. 125-1, R. 213-1, R. 125-1.

• **C. mon. fin.,** art. L. 131-73.

• **C. pr. civ.,** art. 117.

• **Décr. n° 2021-1625, 10 déc. 2021,** relatif aux compétences des commissaires de justice, *JO* 12 déc., texte 62.

• **Ord. n° 2016-728, 2 juin 2016,** relative au statut de commissaire de justice, *JO* 3 juin, texte 24, art. 2.

0253.02 Jurisprudence de référence.

> La partie qui signifie un acte a le choix de l'huissier de justice ; la décision qui désigne nominativement, pour son exécution, un huissier de justice n'a pas, sur ce point, autorité de chose jugée.

• **Civ. 2e, 8 sept. 2011,** n° 10-23.115, P II, n° 167
* V. ss n° 0253.25

0253.03 Bibliographie indicative.

Actualisable. Rép. pr. civ., v° *Commissaire de justice. Activités du commissaire de justice*, par M.-P. Mourre-Schreiber, févr. 2023 (actu. avr. 2025).

SECTION 1

ÉVOLUTIONS DE LA COMPÉTENCE TERRITORIALE DU COMMISSAIRE DE JUSTICE

0253.11 Compétence territoriale du commissaire de justice. La compétence territoriale des huissiers de justice devenus commissaires de justice a fait l'objet de plusieurs évolutions. Dans un premier temps limitée au ressort des anciens tribunaux d'instance[1] puis à celui des tribunaux de grande instance[2], cette compétence territoriale est désormais fixée par l'article 2 de l'ordonnance n° 2016-728 du 2 juin 2016[3] et par l'article 1er du décret n° 2021-1625 du 10 décembre 2021 relatif aux compétences des commissaires de justice[4].

SECTION 2

PORTÉE DU PRINCIPE, AMÉNAGEMENT ET EXCEPTION

0253.21 Limitation de la compétence du commissaire de justice au ressort de la cour d'appel : aménagements. La limitation de la compétence des commissaires au ressort de la cour d'appel au sein

1. Décr. n° 56-222, 29 févr. 1956, portant règlement d'administration publique pour l'application de l'ordonnance du 2 novembre 1945 relative au statut des huissiers de justice, mod. par Décr. n° 59-1217, 23 oct. 1959, modifiant le décret n° 56222 du 29 février 1956 sur le statut des huissiers, *JO* 28 oct., p. 10266.
2. Décr. n° 2007-813, 11 mai 2007, modifiant la compétence territoriale des huissiers de justice, *JO* 12 mai, texte 49.
3. Ord. n° 2016-728, 2 juin 2016, relative au statut de commissaire de justice, *JO* 3 juin, texte 24.
4. Décr. n° 2021-1625, 10 déc. 2021, relatif aux compétences des commissaires de justice, *JO* 12 déc., texte 62.

duquel le siège de leur office est fixé ne s'applique qu'à certains actes énumérés aux 1° à 9°, à l'exception du 4°, du I de l'article 1er de l'ordonnance du 2 juin 2016[1]. Il s'agit en pratique des actes ramenant à exécution les décisions de justice ainsi que des actes ou titres en forme exécutoire, des actes par lesquels il est procédé aux inventaires, prisées et ventes aux enchères publiques de meubles corporels ou incorporels prescrits par la loi ou par décision de justice, des actes de signification ou des actes de notification prescrits par les lois et règlements lorsque le mode de notification n'a pas été précisé, des actes délivrant et mettant à exécution le titre prévu par l'article L. 131-73 C. mon. fin. en cas de non-paiement d'un chèque, des actes mettant en œuvre la procédure simplifiée de recouvrement des petites créances prévue à l'article L. 125-1 C. pr. exéc. et des constats d'état des lieux prévus au deuxième alinéa de l'article 3-2 de la loi n° 89-462 du 6 juillet 1989[2].

Sont également exercés dans ce ressort le service des audiences près les cours d'appel et tribunaux judiciaires ainsi que l'assistance du greffier en chef dans sa mission de vérification des comptes de tutelle.

Les commissaires de justice peuvent en revanche accomplir sur l'ensemble du territoire national les mesures conservatoires après l'ouverture d'une succession dans les conditions prévues par le Code de procédure civile. Il en est de même lorsque le commissaire de justice procède, à titre occasionnel, aux actes aux inventaires, prisées et ventes aux enchères publiques de meubles corporels ou incorporels prescrits par la loi ou par une décision de justice.

La compétence est enfin également nationale pour tous les autres actes mentionnés au II de l'article 1er de l'ordonnance du 2 juin 2016[3], c'est-à-dire ceux accomplis pour l'exercice des **activités dites « concurrentielles »**, notamment le recouvrement de créances impayées ou les constats autres que ceux prévus par le deuxième alinéa de l'article 3-2 de la loi n° 89-462 du 6 juillet 1989[4].

0253.22 Signification par voie électronique. L'article 2 du décret n° 2021-1625 du 10 décembre 2021[5] prévoit que la signification par voie électronique peut être faite par tout commissaire de justice dès lors que l'un des destinataires de l'acte a son domicile ou sa résidence dans le ressort de la cour d'appel où il exerce sa compétence.

Toutefois – et hors les cas où le débiteur a son domicile ou sa résidence à l'étranger – seuls les commissaires de justice qui exercent dans le ressort de la cour d'appel où le débiteur a son domicile ou sa résidence sont compétents pour signifier les actes par voie électronique à un tiers dans le cadre d'une procédure d'exécution ou d'une mesure conservatoire au sens de l'article L. 111-1 C. pr. exéc.

Enfin, la dénonciation par la voie électronique d'un acte peut être faite par le commissaire de justice compétent pour signifier ou établir l'acte.

0253.23 Procédure simplifiée de recouvrement des petites créances. L'article R. 125-1 C. pr. exéc. prévoit, pour la procédure simplifiée de recouvrement des petites créances prévue à l'article L. 125-1 du même code, que celle-ci peut être mise en œuvre par un commissaire de justice du ressort de la cour d'appel où le débiteur a son domicile ou sa résidence.

0253.24 Procédure en paiement direct. L'article R. 213-1 C. pr. exéc. dispose que le créancier de la pension alimentaire peut charger tout commissaire de justice du lieu de sa résidence de notifier la demande de paiement direct au tiers mentionné à l'article L. 213-1, dérogeant ainsi à la règle de la compétence d'un commissaire de justice exerçant dans le ressort du domicile du débiteur.

0253.25 Libre choix du commissaire de justice. La compétence territoriale du commissaire de justice ne remet pas en cause le libre choix du commissaire de justice. Les parties ou leurs conseils peuvent donc librement mandater l'un quelconque des commissaires de justice ayant le droit d'exercer concurremment dans le ressort de la cour d'appel. Ce libre choix est d'ailleurs reconnu par la jurisprudence, un créancier pouvant valablement faire signifier l'ordonnance portant injonction de payer dont il bénéficie par un commissaire de justice territorialement compétent différent de celui désigné par ladite ordonnance[6].

0253.26 Ministère obligatoire. L'extension de la compétence territoriale des commissaires de justice est demeurée sans incidence sur la détermination du ressort dans lequel ces officiers publics et ministériels ont l'obligation d'exercer leur ministère, celui-ci demeurant limité, conformément à l'article 4 du décret n° 2021-1625 du 10 décembre 2021[7], au ressort du tribunal judiciaire au sein duquel leur office est établi ou, le cas échéant, celui d'un des tribunaux judiciaires dont le siège est situé dans le même département que celui au sein duquel leur office est établi.

1. Ord. n° 2016-728, 2 juin 2016, préc.
2. L. n° 89-462, 6 juill. 1989, tendant à améliorer les rapports locatifs et portant modification de la loi n° 86-1290 du 23 décembre 1986, *JO* 8 juill.
3. Ord. n° 2016-728, 2 juin 2016, préc.
4. L. n° 89-462, 6 juill. 1989, préc.
5. Décr. n° 2021-1625, 10 déc. 2021, préc.
6. Civ. 2e, 8 sept. 2011, n° 10-23.115, P II, n° 167.
7. Décr. n° 2021-1625, 10 déc. 2021, préc.

SECTION 3

SANCTIONS DES RÈGLES DE COMPÉTENCE TERRITORIALE

0253.31 **Nullité de l'acte.** Avant 2006, il était jugé que l'acte délivré par un huissier de justice territorialement incompétent était entaché d'une nullité d'ordre public résultant de la violation d'une règle d'organisation judiciaire et que l'irrégularité en cause constituait une irrégularité de fond pouvant être invoquée sans preuve d'un grief. Cependant, par un arrêt de chambre mixte du 7 juillet 2006, la Cour de cassation a distingué, et clarifié, la **distinction entre les nullités de fond et de forme** en jugeant que seules les irrégularités limitativement énumérées par l'article 117 du C. pr. civ. constituent des irrégularités de fond, de sorte que toutes les autres constituent des vices de forme. C'est la raison pour laquelle par un arrêt publié du 5 juin 2014, il a clairement été énoncé que l'irrégularité d'une assignation introductive d'instance délivrée par un huissier (commissaire) de justice territorialement incompétent, qui n'est pas de celles limitativement énumérées à l'article 117 C. pr. civ., constitue une irrégularité de forme.

Il s'évince de cette qualification qu'une telle irrégularité doit être invoquée avant toute défense au fond et que l'irrégularité alléguée doit, pour prospérer, n'avoir causé aucun grief.

CHAPITRE

0254. Responsabilité civile du commissaire de justice

AGNÈS PIC
CONSEILLÈRE À LA COUR DE CASSATION

SECTION 0

ORIENTEUR

0254.00 Sommaire du chapitre.

Division. Seront successivement étudiés les fondements de la responsabilité civile du commissaire de justice (sect. 1) et l'action en responsabilité civile à son encontre (sect. 3), les responsabilités du commissaire de justice salarié et du clerc assermenté (sect. 2) et enfin la garantie de la responsabilité professionnelle (sect. 4).

0254.01 Textes applicables.

- **C. civ.,** art. 1991 s, art. 1240, 1241, 2224, 2225
- **C. pr. exéc.,** art. L. 122-2, R. 141-1.
- **COJ,** art. L. 213-6.
- **C. com.,** art. L. 321-17.
- **Décr. n° 2022-949, 29 juin 2022,** relatif aux conditions d'exercice des commissaires de justice, *JO* 30 juin, texte 17.
- **Ord. n° 2016-728, 2 juin 2016,** relative au statut de commissaire de justice, *JO* 3 juin, texte 24.
- **L. 27 déc. 1923,** relative à la suppléance des huissiers de justice blessés et à la création de clercs assermentés.

0254.02 Jurisprudence de référence.

> Obligation de moyens

- **Civ. 1re, 7 févr. 1995,** n° 93-10.523, NP

* V. ss nos 0133.05, 0254.12

Mandaté pour le recouvrement d'une créance, l'huissier de justice est tenu à une obligation de moyens, celle de mettre en œuvre tous les soins et diligences propres à assurer, dans les conditions prescrites par la loi, l'exécution de son mandat.

- **Civ. 1re, 8 avr. 2010,** n° 09-12.824, P I, n° 85

* V. ss nos 0254.12, 0254.15

Le créancier qui investit un huissier de justice du mandat de recouvrer sa créance se trouve déchargé, quelles que soient ses compétences personnelles, de son obligation de surveiller la situation de son débiteur.

- **Civ. 1re, 25 mars 2010,** n° 09-12.294, P I, n° 72

* V. ss nos 0252.71, 0254.13, 0313.53

Ne commet pas de manquement à son devoir de conseil l'huissier de justice qui rédige un bail commercial sans indiquer que l'une des parties entend agir, non en son nom personnel, mais pour le compte d'une société en formation destinée à reprendre ses engagements, dès lors qu'aucune information ne lui a été donnée sur ce point.

• **Civ. 1re, 20 mars 2013,** no 12-15.749, NP
* V. ss no 0254.15
L'huissier de justice qui pratique une saisie-attribution puis n'accomplit aucune diligence pendant six années prive le créancier du droit de recouvrer une partie de sa créance, ce préjudice justifiant une indemnisation.

• **Civ. 1re, 28 juin 2012,** no 11-11.234, NP
* V. ss no 0254.15
L'erreur commise par l'huissier de justice dans le mode de calcul de la revalorisation de la pension alimentaire ouvrant droit à restitution ne constitue pas en elle-même un préjudice que l'huissier de justice peut être tenu de réparer.

• **Civ. 1re, 28 sept. 2016,** no 14-29.776, P I, no 181
* V. ss nos 0133.05, 0212.95, 0252.71, 0254.22, 0313.53
L'huissier de justice doit vérifier que le titre en vertu duquel il pratique une saisie aux risques du créancier mandant reste exécutoire au jour de l'acte de saisie. Sa responsabilité peut ainsi être recherchée lorsqu'il pratique une saisie-vente sans s'informer sur une éventuelle opposition à la contrainte sur le fondement de laquelle la mesure est engagée.

• **Crim. 9 mars 2016,** no 13-85.943, P, no 71
* V. ss ns 0254.81
La Chambre nationale des huissiers de justice qui se constitue partie civile pour obtenir le remboursement par un huissier de justice coupable d'abus de confiance aggravé des sommes réglées par elle en exécution de sa garantie de représentation des fonds d'une étude placée en liquidation judiciaire ne justifie pas d'un préjudice matériel, distinct de celui subi par les clients de l'étude, susceptible de constituer une atteinte à l'intérêt collectif de la profession.

• **Civ. 2e, 27 févr. 2014,** no 13-11.788, P II, no 54
* V. ss nos 0212.91, 0254.91, 0313.53, 0841.22, 0921.81
Le juge de l'exécution est compétent pour statuer sur une demande d'indemnisation formée à l'encontre d'un huissier de justice pour des fautes délictuelles commises par celui-ci à l'occasion d'une saisie-attribution.

• **Civ. 1re, 13 mai 2014,** no 12-25.511, P I, no 84
* V. ss nos 0252.71, 0254.22
Il incombe à l'huissier de justice, garant de la légalité des poursuites, de vérifier que le titre provisoire, en vertu duquel il pratique la saisie-attribution aux risques du créancier mandant, reste exécutoire au jour de l'acte de saisie.

• **Civ. 1re, 24 janv. 2024,** no 22-14.748, B
* V. ss no 0254.11
La responsabilité des professionnels du droit ne présente pas un caractère subsidiaire, de sorte que la mise en jeu de la responsabilité d'un huissier (commissaire) de justice n'est pas subordonnée au succès de poursuites préalables contre un autre débiteur et qu'est certain le dommage subi par sa faute, quand bien même la victime disposerait, contre un tiers, d'une action consécutive à la situation dommageable née de cette faute et propre à assurer la réparation du préjudice.

• **Civ. 1re, 17 mai 2023,** no 21-23.773, B
* V. ss no 0254.11
Il résulte des articles 1240 du Code civil et L. 122-2 du Code des procédures civiles d'exécution qu'il incombe à l'huissier (commissaire) de justice, garant de la légalité des poursuites, de vérifier que le titre en vertu duquel il pratique une saisie-attribution aux risques du créancier mandant est exécutoire au jour de l'acte de saisie. Dès lors, viole ces textes la cour d'appel qui rejette la demande indemnitaire formée par un débiteur contre l'huissier de justice qui a pratiqué une saisie sur ses biens, alors qu'elle avait constaté que le débiteur n'avait ni reçu notification des jugements dont l'exécution était poursuivie ni été destinataire de la signification de ceux-ci.

0254.03 **Bibliographie indicative.**

Actualisables. Rép. pr. civ., vo *Commissaire de justice*, par M.-P. Mourre-Schreiber, févr. 2023 (actu. avr. 2025), nos 542 s. – *J.-Cl. Commissaires de justice*, Fasc. unique : « Commissaire de justice dans son environnement », par M. Malet ; Fasc. 10 : « Actes de commissaires de justice », par N. Fricero.

Ouvrages. T. Guinot, *L'huissier de justice : normes et valeurs, éthique, déontologie, discipline et normes professionnelles*, « Droit et Procédures », EJT, 2017 – A. Leborgne, *Droit de l'exécution*, 3e éd., « Précis », Dalloz, 2019 – D. Lochouarn, *Profession : huissier de justice*, « Les guides de l'huissier de justice », EJT, 1999 – R. Perrot et Ph. Théry, *Procédures civiles d'exécution*, 3e éd., Dalloz, 2013.

SECTION 1

Fondements de la responsabilité civile du commissaire de justice

§ 1

Responsabilité à l'égard du client

0254.11 **Responsabilité contractuelle fondée sur l'existence d'un mandat.** Lorsqu'il agit en qualité de mandataire, le commissaire de justice est responsable des fautes qu'il commet dans l'exécution de ce mandat par application des articles 1991 et suivants C. civ. Cette responsabilité ne présente pas un caractère subsidiaire et peut donc être exercée alors même que la victime disposerait à l'égard d'un tiers d'une autre action propre à assurer la réparation de son dommage[1].

Tel est le cas lorsqu'il se voit remettre un titre exécutoire, cette remise valant pouvoir pour toute exécution, conformément à l'article R. 141-1 C. pr. exéc.[2] L'article L. 122-2 C. pr. exéc. pose alors le principe que « *l'huissier de justice chargé de l'exécution a la responsabilité de la conduite des opérations d'exécution* ».

1. Civ. 1re, 24 janv. 2024, no 22-14.748, B ; *D.* 2024. 168 ; *RCJPP* 2024, no 02, p. 18, obs. N. Bargue.
2. Ces dispositions ne dispensent cependant par l'huissier de justice de vérifier le mandat de celui qui lui remet l'acte exécutoire pour le compte d'un tiers : Civ. 2e, 30 janv. 2014, no 12-28.918, NP.

Garant de la légalité des poursuites, il lui incombe dès lors de vérifier que le titre en vertu duquel il pratique une saisie aux risques du créancier mandant est exécutoire au jour de l'acte de saisie[1].

Il ne faut cependant pas en déduire que la responsabilité du commissaire de justice serait limitée à cette seule activité, le mandat étant également retenu pour tous les actes dressés à la demande d'un client.

0254.12 Diligences particulières dans l'exécution du mandat. Si les textes appliqués sont ceux du mandat classique, la jurisprudence révèle que la qualité d'officier public et surtout le monopole détenu par celui-ci, justifient que ce mandat soit envisagé de façon particulière, le commissaire de justice étant tenu de l'exécuter avec une diligence renforcée. Il doit ainsi agir avec célérité, au mieux des intérêts de son client[2], de sorte qu'il peut lui être reproché de ne pas avoir pris certaines initiatives.

Ainsi, si la fixation par un commissaire de justice de la date d'une vente sur saisie-exécution est laissée à son initiative et peut être reportée par lui, il lui incombe de fixer cette date de la façon la plus propice aux intérêts du créancier[3]. Cette célérité particulière justifie également que le commissaire de justice signale à son mandant tout événement de nature à interdire ou interrompre la procédure d'exécution, telle la procédure collective du débiteur. Le créancier qui investit un commissaire de justice du mandat de recouvrer sa créance se trouve en conséquence déchargé, quelles que soient ses compétences personnelles, de son obligation de surveiller la situation de son débiteur[4]. Dans le même sens, il a été jugé que le commissaire de justice qui a reçu mandat par un avocat de procéder à l'exécution des décisions de justice accomplit seul sa mission de sorte que la responsabilité de l'avocat ne peut être recherchée pour n'avoir pas réclamé au commissaire de justice le paiement des intérêts des sommes dues[5].

Cependant, lorsqu'il est mandaté pour le recouvrement d'une créance, le commissaire de justice est tenu, non pas à une obligation de résultat, mais à une obligation de moyens[6]. Ces éventuelles initiatives trouvent également leurs limites dans l'obligation qui est faite au commissaire de justice de **ne pas mettre en œuvre une procédure inutile**, l'article 650 C. pr. civ. permettant le cas échéant de laisser à sa charge le coût des actes inutiles ou irréguliers, sans que la preuve d'un préjudice ne soit alors exigée.

1. Civ. 1re, 17 mai 2023, no 21-23.773, B ; *D.* 2024. 1301, obs. J.-D. Pellier ; *Rev. prat. rec.* 2023. 7, chron. O. Salati et C. Simon.
2. Civ. 1re, 7 févr. 1995, no 93-10.523, NP.
3. Civ. 1re, 9 juill. 1985, no 83-12.012, P I, no 219.
4. Civ. 1re, 8 avr. 2010, no 09-12.824, P I, no 85.
5. Civ. 2e, 21 nov. 2002, no 00-20.953, P II, no 269.
6. Civ. 1re, 7 févr. 1995, no 93-10.523 (préc. ss prést no).

0254.13 Exécution défectueuse du mandat et négligence. Le commissaire de justice est responsable de l'exécution défectueuse de son mandat et de ses négligences, que ce soit dans les conditions de délivrance d'une assignation[7], dans les conditions d'établissement d'un constat[8] ou encore dans la mise en œuvre d'une procédure de saisie des rémunérations[9].

Il n'est cependant pas tenu, pour l'exécution de ce mandat, de vérifier les déclarations factuelles faites par les parties en l'absence d'éléments de nature à éveiller ses soupçons sur la véracité de ces renseignements donnés. Ainsi, n'est pas en faute le commissaire de justice qui établit un acte sans indiquer que l'une des parties entendait agir, non en son nom personnel, mais pour le compte d'une société en formation destinée à reprendre ses engagements, dès lors qu'aucune information ne lui a été donnée sur ce point[10].

0254.14 Preuve de l'inexécution du mandat. Lorsqu'est en cause l'inexécution du mandat, il appartient au mandant de prouver celle-ci. Tel est le cas lorsque le mandataire dirige son action en responsabilité contre les héritiers d'un commissaire de justice en prétendant avoir perdu un procès au motif que ce dernier, chargé de dresser un constat, aurait omis de rédiger le procès-verbal et de lui remettre l'original[11].

0254.15 Devoir de conseil. À l'occasion de l'exécution du mandat, les commissaires de justice sont tenus de conseiller leurs clients sur l'utilité et l'efficacité des actes qu'ils sont requis d'accomplir, et doivent rapporter la preuve de l'exécution de cette obligation, cette preuve ne pouvant incomber au client[12]. Il y a sur ce point une **présomption de faute**. Le commissaire de justice doit donc évaluer l'opportunité de la procédure envisagée et ses chances de succès, en tenir informé le créancier et se réserver, le cas échéant, la preuve d'instructions particulières de celui-ci malgré les avertissements donnés. Lorsqu'il apparaît que l'acte a sciemment été établi de façon irrégulière sur l'ordre du client, alors que celui-ci avait dûment été éclairé sur cette irrégularité, un concours des fautes du commissaire de justice et de son client peut être retenu[13]. En revanche, le commissaire de justice ne saurait simplement se prévaloir des compétences personnelles de son mandant pour échapper à son obligation de surveil-

7. Civ. 1re, 3 déc. 1996, no 94-17.671, P I, no 435.
8. Civ. 1re, 22 nov. 1988, no 86-15.858, P I, no 327.
9. Civ. 1re, 17 juill. 2001, no 98-15.434, NP.
10. Civ. 1re, 25 mars 2010, no 09-12.294, P I, no 72.
11. Civ. 1re, 9 nov. 1960, arrêt no 486.
12. Civ. 1re, 15 déc. 1998, no 96-15.321, P I, no 364.
13. Civ. 1re, 24 févr. 2004, no 99-14.443, P I, no 61.

ler la situation du débiteur[1] ou de réclamer le paiement des intérêts des sommes dues[2].

La mise en œuvre de cette responsabilité suppose de façon classique l'existence d'une **faute**, d'un **préjudice subi** par le client[3] et d'un **lien de causalité**. L'inertie du commissaire de justice justifie ainsi l'indemnisation du créancier lorsque celui-ci démontre avoir subi un préjudice matériel constitué par la perte de chance de pouvoir recouvrer une partie de sa créance[4]. En revanche, en présence d'une faute commise dans le mode de calcul de la revalorisation d'une pension alimentaire, la restitution du trop-perçu ne constitue pas en elle-même un préjudice que le commissaire de justice peut être tenu de réparer[5].

0254.16 **Exclusion de la responsabilité du client.** Si le commissaire de justice est mandataire de son client, il n'est pas son préposé, de sorte que le client ne saurait être déclaré responsable des fautes commises par le commissaire de justice, seul responsable envers les tiers des fautes commises dans l'exercice de sa mission légale[6].

§ 2
Responsabilité à l'égard des tiers

0254.21 **Responsabilité délictuelle.** La responsabilité du commissaire de justice à l'égard du débiteur et des tiers est toujours délictuelle fondée sur les dispositions des articles 1240 et 1241 C. civ. Dans cette hypothèse, l'obligation de diligence du commissaire de justice peut également être invoquée.

0254.22 **Vérifications préalables du commissaire de justice.** Garant de la légalité des poursuites, le commissaire de justice doit vérifier que le titre en vertu duquel il pratique une saisie-vente aux risques du créancier mandant reste exécutoire au jour de l'acte de saisie[7]. Il doit en conséquence s'informer de l'existence d'une éventuelle opposition à contrainte[8]. Lorsqu'il se trouve confronté à une incertitude, relativement au recouvrement d'un arriéré de pension alimentaire, sur la portée rétroactive de l'ordonnance du conseiller de la mise en état assortissant de l'exécution provisoire la décision de première instance qui avait omis de l'ordonner, le commissaire de justice est tenu, soit de s'abstenir de procéder à ce recouvrement, soit de soumettre la difficulté au juge de l'exécution[9].

Le commissaire de justice doit personnellement procéder aux vérifications nécessaires à l'identification de la personne contre laquelle l'exécution de la décision est dirigée[10].

Lorsqu'il pratique une saisie conservatoire sur le compte bancaire d'un débiteur, il doit s'assurer de l'existence de circonstances susceptibles de menacer le recouvrement de la créance, nonobstant l'absence d'autorisation nécessaire du juge[11].

Il ne peut s'exonérer de cette charge en alléguant qu'il a exécuté les instructions de son client[12].

La responsabilité est par ailleurs engagée sur un fondement délictuel lorsque le commissaire de justice procède à la vente d'un bien aux enchères publiques d'un véhicule automobile sans remettre à l'adjudicataire les accessoires nécessaires à l'obtention des pièces administratives permettant l'utilisation du véhicule[13]. Toujours en matière de vente publique, un commissaire de justice a pu être déclaré responsable de la chute d'une personne présente à une vente[14].

§ 3
Responsabilité en matière de ventes judiciaires

0254.31 **Responsabilité du commissaire de justice en matière de ventes judiciaires.** Conformément aux dispositions de l'article 21 de l'ordonnance nº 2016-728 du 2 juin 2016[15] et de l'article L. 321-17 C. com., les commissaires de justice engagent leur responsabilité au cours ou à l'occasion des prisées et des ventes de meubles aux enchères publiques.

SECTION 2
RESPONSABILITÉ DU COMMISSAIRE DE JUSTICE SALARIÉ ET DU CLERC ASSERMENTÉ

§ 1
Responsabilité du fait de l'activité du commissaire de justice salarié

0254.41 **Responsabilité du fait du commissaire de justice salarié.** Conformément à l'article 6 de l'ordonnance nº 2016-728 du 2 juin 2016[16] relative

1. Civ. 1re, 8 avr. 2010, nº 09-12.824, P (préc., v. s^s nº 0254.12).
2. Civ. 2e, 21 nov. 2002, nº 00-20.953, P II, nº 269.
3. Civ. 2e, 10 sept. 2009, nº 08-17.567, NP.
4. Civ. 1re, 20 mars 2013, nº 12-15.749, NP.
5. Civ. 1re, 28 juin 2012, nº 11-11.234, NP.
6. Civ. 1re, 28 mars 1984, nº 83-11.659, P I, nº 121.
7. Civ. 1re, 13 mai 2014, nº 12-25.511, P I, nº 84.
8. Civ. 1re, 28 sept. 2016, nº 14-29.776, P I, nº 181.
9. Civ. 1re, 22 mars 2012, nº 10-25.811, P I, nº 65.
10. Civ. 1re, 20 juin 2000, nº 97-22.660, P I, nº 188.
11. Civ. 1re, 12 mai 2011, nº 10-15.700, NP.
12. Civ. 1re, 17 nov. 1993, nº 91-21.010, P I, nº 330.
13. Civ. 1re, 13 janv. 1987, nº 84-15.493, P I, nº 12.
14. Civ. 2e, 16 oct. 1991, nº 90-17.492, P II, nº 260.
15. Ord. nº 2016-728, 2 juin 2016, relative au statut de commissaire de justice, *JO* 3 juin, texte 24.
16. Ord. nº 2016-728, 2 juin 2016, préc.

au statut de commissaire de justice et au décret n° 2022-949 du 29 juin 2022[1], le commissaire de justice peut exercer sa profession en qualité de salarié d'une personne physique ou morale, titulaire d'un office de commissaire de justice. Ces commissaires de justice salariés ne sont habilités à exercer que les activités de la profession mentionnées aux I et II de l'article 1er de l'ordonnance n° 2016-728 du 2 juin 2016[2].

Ils sont, pour l'exercice de ces activités, soumis aux dispositions législatives et réglementaires relatives à l'exercice professionnel, à la déontologie et à la discipline des commissaires de justice.

Le lien de subordination dans lequel le commissaire de justice salarié se trouve à l'égard de son employeur justifie que des dispositions particulières aient été prises s'agissant de la responsabilité civile encourue par ces professionnels.

Le principe est que **la responsabilité civile du commissaire de justice salarié n'est pas engagée du fait de son exercice professionnel.** L'article 35 du décret n° 2022-949 du 29 juin 2022[3] pose ainsi en principe que le titulaire de l'office est civilement responsable du fait de l'activité professionnelle exercée pour son compte par le commissaire de justice salarié.

Cette exclusion ne couvre pas l'hypothèse dans laquelle l'huissier de justice **excède les limites de ses prérogatives.**

§ 2 Responsabilité du fait de l'activité du clerc assermenté

0254.51 Responsabilité du fait du clerc assermenté. Conformément à l'article 6 de la loi du 27 décembre 1923, les clercs assermentés peuvent instrumenter dans le même ressort territorial que le titulaire de l'étude à laquelle ils sont attachés. Ils peuvent signifier tous actes judiciaires ou extrajudiciaires mais ne peuvent pas dresser de procès-verbaux de constats ou d'exécution ni procéder aux ventes mobilières judiciaires ou volontaires.

Le clerc assermenté ne peut cependant signer lui-même les actes de commissaire de justice. Le commissaire de justice titulaire de l'office doit en effet signer l'acte pour lui conférer l'authenticité requise. Il doit également viser les mentions faites sur l'original par le clerc assermenté.

Le commissaire de justice demeure donc civilement responsable du fait de ses clercs assermentés.

0254.52 Constats établis à la requête d'un particulier. Ces constats peuvent être dressés et signés par des clercs habilités à procéder aux constats mais doivent également être contresignés par le commissaire de justice.

Dans cette hypothèse également, le commissaire de justice est civilement responsable du fait du clerc nommé dans son office.

§ 3 Conséquences de l'exercice sous forme sociale

0254.61 Responsabilité en cas d'exercice sous forme sociale. L'exercice de la profession de commissaire de justice sous forme de société ne remet pas en cause la recherche de la responsabilité civile des associés.

Lorsque la profession est exercée au sein d'une société civile professionnelle (SCP) ou d'une société d'exercice libéral (SEL), les associés sont titulaires de l'office et ont seuls la qualité de commissaire de justice. L'ordonnance n° 2023-77 du 8 février 2023[4] pose alors en principe que chaque associé répond sur l'ensemble de son patrimoine des actes professionnels qu'il accomplit, la société étant solidairement responsable avec lui. Les poursuites peuvent en conséquence être dirigées contre le commissaire de justice associé.

SECTION 3 ACTION EN RESPONSABILITÉ CIVILE À L'ENCONTRE DU COMMISSAIRE DE JUSTICE

§ 1 Délai de prescription de l'action en responsabilité civile contre les commissaires de justice

0254.71 Action en responsabilité civile contre les commissaires de justice : délai de prescription quinquennale. L'action en responsabilité contre le commissaire de justice est soumise à la **prescription quinquennale** prévue par l'article 2224 C. civ. Lorsque la responsabilité de l'huissier de justice est recherchée à raison de l'exercice de sa mission de représentation ou d'assistance en justice, c'est la prescription quinquennale de l'article 2225 du même code qui s'applique.

1. Décr. n° 2022-949, 29 juin 2022, relatif aux conditions d'exercice des commissaires de justice, *JO* 30 juin, texte 17.
2. Ord. n° 2016-728, 2 juin 2016, préc.
3. Décr. n° 2022-949, 29 juin 2022, préc.
4. Ord. n° 2023-77, 8 févr. 2023, relative à l'exercice en société des professions libérales réglementées, art. 133 et 134, *JO* 9 févr., texte 3.

Ce **délai de droit commun** doit être écarté chaque fois que la loi en dispose autrement. Tel est le cas pour la perte ou la destruction des pièces confiées au commissaire de justice dans l'exécution d'une commission ou la signification d'un acte, l'action se prescrivant alors par deux ans[1].

§ 2
Possibilité pour les instances représentatives d'obtenir une indemnisation

0254.81 **Indemnisation des instances représentatives.** La jurisprudence admet depuis longtemps que les syndicats et ordres professionnels sont recevables à obtenir réparation du dommage en lien avec les infractions commises par l'un des membres de la profession lorsqu'est constatée une atteinte aux intérêts qu'ils ont la charge de défendre[2].

L'article 16 de l'ordonnance n° 2016-728 du 2 juin 2016 relative au statut de commissaire de justice[3] prévoit désormais que la Chambre nationale peut exercer, devant toutes les juridictions, les droits réservés à la partie civile relativement aux faits portant un préjudice direct ou indirect à l'intérêt collectif de la profession. Cette faculté n'est en revanche pas prévue pour les chambres régionales pour lesquelles la jurisprudence se réfère aux conditions classiques de l'article 2 C. pr. pén.[4].

§ 3
Juridiction compétente

0254.91 **Juge de l'exécution.** L'article L. 213-6 alinéa 4 du COJ[5] dispose que le juge de l'exécution (JEX) connaît, sous la réserve de celles qui échappent à la compétence des juridictions de l'ordre judiciaire, des demandes en réparation fondées sur l'exécution ou l'inexécution dommageables des mesures d'exécution forcée ou des mesures conservatoires.

C'est sur ce fondement que peut être retenue la compétence du JEX pour statuer sur une action en responsabilité formée par un débiteur à l'encontre d'un commissaire de justice[6]. Il a été jugé que cette compétence devait également être retenue dans une hypothèse où ce juge n'avait pas compétence pour statuer sur les contestations relatives à la créance servant de fondement à la saisie (en l'occurrence les contestations relatives au recouvrement d'une pension alimentaire due à compter de l'ordonnance de non-conciliation)[7]. Il importe donc seulement que la responsabilité civile professionnelle soit recherchée à raison de la mesure d'exécution forcée pratiquée par le commissaire de justice.

À la différence du premier alinéa de l'article L. 213-6 du COJ, restreignant la compétence du JEX aux difficultés et contestations s'élevant à l'occasion de l'exécution forcée, le quatrième alinéa ne distingue pas selon que la mesure est ou non en cours au jour de la saisine du juge. Cette absence de précision a permis à la Cour de cassation de retenir la compétence de ce juge pour connaître de demandes en réparation présentées après l'achèvement de la mesure d'exécution[8].

0254.92 **Juge du fond.** Lorsque les conditions de l'article L. 213-6 du COJ ne sont pas réunies, la demande d'indemnisation relève de la compétence du tribunal judiciaire. Tel est le cas lorsque l'action en responsabilité est formée par le créancier puisqu'elle est alors fondée sur l'exécution du mandat liant ces parties[9].

De même, le JEX, saisi d'une demande de mainlevée d'une mesure d'exécution, n'est pas compétent pour se prononcer sur une action en responsabilité qui n'est pas fondée sur l'exécution ou l'inexécution dommageable de cette mesure, cette action seraitelle présentée au soutien d'une exception de compensation[10].

0254.93 **Délocalisation.** Conformément à l'article 47 C. pr. civ., le commissaire de justice, en sa qualité d'auxiliaire de justice partie à un litige, peut, lorsque l'action en responsabilité est portée devant une juridiction dans le ressort de laquelle il exerce ses fonctions, demander le renvoi vers une juridiction située dans un ressort limitrophe.

Il s'agit d'une simple faculté, mais dès lors qu'il fait ce choix, le commissaire de justice ne peut, en cours de procédure, revenir sur l'option retenue. Il est admis que le défendeur doit pouvoir former cette demande de renvoi dès qu'il a connaissance de la cause la justifiant[11]. Cependant, il faut considérer que le commissaire de justice a connaissance des causes de son renvoi – à savoir sa qualité d'auxiliaire de justice – dès qu'il se trouve assigné en responsabilité. Sa demande ne peut donc être déclarée recevable lorsqu'elle est présentée pour la première fois en cause d'appel[12].

1. Ord. n° 2016-728, 2 juin 2016, art. 21.
2. Cass., ch. réun., 5 avr. 1913.
3. Ord. n° 2016-728, 2 juin 2016, préc.
4. Crim. 9 mars 2016, n° 13-85.943, P, n° 71.
5. COJ, art. L. 213-6, al. 4 : « *Il connaît, sous la même réserve, des demandes en réparation fondées sur l'exécution ou l'inexécution dommageables des mesures d'exécution forcée ou des mesures conservatoires* ».
6. Civ. 2e, 24 juin 1998, n° 96-22.851, P II, n° 222.
7. Civ. 2e, 2 déc. 2010, n° 09-65.951, P II, n° 194.
8. Civ. 2e, 27 févr. 2014, n° 13-11.788, P II, n° 54.
9. Civ. 2e, 21 févr. 2008, n° 07-10.417, P II, n° 43.
10. Com. 22 mars 2017, n° 15-15.742, P, n° 45.
11. Civ. 2e, 5 juill. 2000, n° 99-42.965, P II, n° 108.
12. La jurisprudence a retenu ce principe pour un avocat : Civ. 2e, 7 avr. 2016, n° 15-15.372, P II, n° 95.

Lorsque le renvoi est demandé, le juge ne peut, dès lors que les conditions de celui-ci sont réunies, refuser de faire droit à la demande[1], l'accord des autres parties n'étant pas requis[2].

SECTION 4

GARANTIE DE LA RESPONSABILITÉ PROFESSIONNELLE

0254.101 Garantie de la responsabilité professionnelle du commissaire de justice. La condamnation du commissaire de justice sur le fondement de sa responsabilité professionnelle est garantie par la Chambre nationale[3]. Cette garantie porte sur les activités monopolistiques du commissaire de justice, les activités concurrentielles et les activités accessoires.

Cette garantie est mise en œuvre lorsque la responsabilité résulte du fait du commissaire de justice mais également du fait de ses préposés ou de ses clercs. Cette garantie ne peut en revanche couvrir des actes qui ne seraient pas commis à l'occasion de l'exercice de la profession.

Pour garantir cette responsabilité, la Chambre nationale souscrit collectivement un contrat auprès d'une compagnie d'assurances et fixe une cotisation spéciale, due par chaque commissaire de justice, dont le taux est établi chaque année pour l'ensemble de la profession. Le taux de cette cotisation tient compte, dans des proportions déterminées par la Chambre nationale, de la moyenne des produits bruts de chaque office et, le cas échéant, des activités accessoires exercées sur le fondement de l'article 29 du décret du 10 décembre 2021[4], ainsi que du nombre d'actes et de ventes judiciaires moyen accomplis par chacun d'eux au cours des deux années antérieures à celle précédant l'échéance des cotisations[5]. La Chambre nationale des commissaires de justice adresse au procureur général de la cour d'appel dans le ressort duquel est situé le siège de l'office défaillant un état des cotisations impayées. Sur avis du procureur général le premier président de la cour d'appel rend cet état exécutoire par ordonnance sur requête, dans les conditions prévues aux articles 493 à 498 C. pr. civ.

Le commissaire de justice est assuré pendant la durée de ses fonctions. En cas de cessation de fonctions, quelle qu'en soit la cause, la garantie est maintenue pour les faits antérieurs.

1. Civ. 2e, 20 juill. 1987, no 86-10.318, P II, no 171 – Civ. 1re, 15 déc. 1993, nos 91-21.642 et 91-21.643, P I, no 368 – Civ. 2e, 12 janv. 1994, no 92-16.525, P II, no 19.
2. Civ. 2e, 29 janv. 1992, no 90-17.911, P II, no 36.
3. Ord. 2 nov. 1945, art. 2.
4. Décr. no 2021-1625, 10 déc. 2021, relatif aux compétences des commissaires de justice, *JO* 12 déc., texte 62.
5. Décr. no 2022-729 du 28 avril 2022 relatif à l'organisation de la profession des commissaires de justice, *JO* 29 avr., texte 38, art. 16.

TITRE

026. Autre agent d'exécution

SECTION 0

ORIENTEUR

026.00 Sommaire du titre.

CHAPITRE

0261. Inspecteur en charge des fonctions d'huissier des finances publiques

AGNÈS PIC
CONSEILLÈRE À LA COUR DE CASSATION

SECTION 0
ORIENTEUR

0261.00 Sommaire du chapitre.

Division. Dans le cadre de la réforme des agents du Trésor public (sect. 1), les inspecteurs des finances publiques se sont vu confier les fonctions dévolues aux anciens huissiers de justice (sect. 2) avec les attributions et pouvoirs correspondants (sect. 3).

0261.01 Textes applicables.

- **C. pr. exéc.,** art. R. 122-2.
- **LPF,** art. L. 258 A, L. 286.
- **Décr. n° 2011-1501, 10 nov. 2011,** relatif à l'exercice des poursuites par les agents de la Direction générale des finances publiques pour le recouvrement des créances publiques, *JO* 13 nov., p. 19057.
- **Décr. n° 2010-986, 26 août 2010,** portant statut particulier des personnels de catégorie A de la Direction générale des finances publiques, *JO* 28 août, texte 45.

SECTION 1
RÉFORME DES AGENTS DU TRÉSOR PUBLIC

0261.11 Réforme des agents du Trésor public. Par deux décrets du 3 avril 2008[1] est intervenue la fusion de la Direction générale des impôts et de la Direction générale de la comptabilité publique. A ainsi été créée la Direction générale des finances publiques (DGFiP). Cette réforme répondait principalement à la nécessité de créer un guichet fiscal unique. Tirant les conséquences des nouveaux statuts des cadres de cette direction, le décret du 10 novembre 2011[2] a abrogé les anciennes dispositions relatives aux agents huissiers du Trésor public et confié aux inspecteurs des finances publiques les « fonctions d'huissier ». Ces fonctions sont donc désormais exercées par les inspecteurs des finances publiques et ponctuellement par des contrôleurs et contrôleurs principaux des finances publiques. Le décret du 28 mars 2012[3] a adapté les textes suite à la nouvelle dénomination.

1. Décr. n° 2008-310, 3 avr. 2008, relatif à la Direction générale des finances publiques, *JO* 4 avr., texte n° 92 – Décr. n° 2008-309, 3 avr. 2008, portant dispositions transitoires relatives à la Direction générale des finances publiques, *JO* 4 avr., texte 91 (abrogé. le 1er janv. 2015).
2. Décr. n° 2011-1501, 10 nov. 2011, relatif à l'exercice des poursuites par les agents de la Direction générale des finances publiques pour le recouvrement des créances publiques, *JO* 13 nov., p. 19057. Ce décret a abrogé les dispositions du décret n° 2007-260 du 27 févr. 2007, relatif à l'exercice des poursuites par les agents du Trésor public pour le recouvrement des créances publiques, *JO* 28 févr., texte 24.
3. Décr. n° 2012-426, 28 mars 2012, portant adaptation d'une disposition relative au recouvrement des créances publiques pour faire suite à la fusion de la Direction générale des impôts et de la Direction générale de la comptabilité publique, *JO* 30 mars, p. 5766.

Avant la création de cette direction, les agents huissiers du Trésor public intervenaient pour le recouvrement des impôts des particuliers, des produits divers de l'État, des amendes et des produits locaux. L'ancienne Direction générale des impôts mandatait quant à elle dans de nombreuses hypothèses des huissiers de justice. La fusion a permis de recourir aux inspecteurs en charge des fonctions d'huissier des finances publiques pour le recouvrement des impôts, sans distinction selon la nature de la créance. La compétence des huissiers du Trésor a en conséquence en pratique été étendue.

SECTION 2
ACCÈS À LA FONCTION ET COMPÉTENCE TERRITORIALE

0261.21 **Accès à la fonction.** Les inspecteurs des finances publiques sont des fonctionnaires de catégorie A. Ils sont recrutés sur concours dans des conditions fixées par un arrêté du 2 mars 2011 fixant les règles d'organisation générale, la nature et le programme des épreuves des concours pour l'accès au grade d'inspecteur des finances publiques[1].

L'article 4 du décret du 26 août 2010[2] prévoit que les inspecteurs des finances publiques peuvent se voir confier les « fonctions d'huissier » dans les conditions prévues par le décret du 10 novembre 2011. Ces inspecteurs des finances publiques sont commissionnés par le préfet du département de leur résidence administrative, devant lequel ils prêtent serment préalablement à leur entrée en fonction. Ils doivent fournir un cautionnement dont la nature et le montant sont fixés par arrêté du ministre chargé du Budget.

Ils exercent leurs fonctions sous l'autorité du directeur départemental des finances publiques. Ils informent les comptables pour le compte desquels ils instrumentent de la réalisation de leurs actions. Ils peuvent apporter une assistance juridique à l'ensemble des comptables du département.

Lorsque les nécessités du service l'imposent, le directeur départemental des finances publiques peut confier à des contrôleurs des finances publiques, à titre temporaire, l'exercice des poursuites nécessaires au recouvrement des créances publiques.

0261.22 **Compétence territoriale.** Conformément à l'article 2 du décret n° 2011-1501 du 10 novembre 2011[3], ces inspecteurs exercent leurs fonctions dans leur département d'affectation. Ils peuvent également les exercer dans un département limitrophe ou sur le territoire d'une collectivité régie par l'article 73 de la Constitution.

SECTION 3
ATTRIBUTIONS ET POUVOIRS

0261.31 **Attributions et pouvoirs.** Les inspecteurs des finances publiques ont pour mission d'exercer les poursuites au nom du comptable public mentionnés aux articles L. 258 A et L. 286 du LPF (C. pr. exéc., art. R. 122-2).

Ils peuvent se voir confier, à titre accessoire, d'autres activités liées au recouvrement des créances publiques

Le recouvrement des créances se fait dans les conditions de l'article L. 258 A du LPF. Cet article prévoit que sous réserve des dispositions de l'article L. 260, les poursuites prévues au 2 des articles L. 257-0 A et L. 257-0 B sont effectuées dans les formes prévues par le Code de procédure civile pour le recouvrement des créances.

Les poursuites auxquelles ce texte fait référence sont celles engagées par le comptable public qui interviennent après une mise en demeure restée infructueuse ou n'ayant pas donné lieu à une demande de sursis à l'expiration d'un délai de trente jours suivant la notification du commandement.

Ces attributions s'insèrent plus généralement dans la réforme des procédures de recouvrement des créances publiques issue de la loi n° 2020-1721 du 29 décembre 2020 de finances pour 2021[4] et du décret n° 2021-1221 du 23 septembre 2021 relatif aux mesures d'harmonisation des procédures de recouvrement forcé des créances publiques et aux compétences territoriales des huissiers des finances publiques[5].

1. Arr. 2 mars 2011, fixant les règles d'organisation générale, la nature et le programme des épreuves des concours pour l'accès au grade d'inspecteur des finances publiques, NOR : BCRE1030476A, *JO* 6 mars, texte 19.
2. Décr. n° 2010-986, 26 août 2010, portant statut particulier des personnels de catégorie A de la Direction générale des finances publiques, *JO* 28 août, texte 45.
3. Décr. n° 2011-1501, 10 nov. 2011, préc.
4. L. n° 2020-1721, 29 déc. 2020, de finances pour 2021, *JO* 30 déc., texte 1.
5. Décr. n° 2021-1221, 23 sept. 2021, relatif aux mesures d'harmonisation des procédures de recouvrement forcé des créances publiques et aux compétences territoriales des huissiers des finances publiques, *JO* 25 sept., texte 2.

LIVRE

03. LES FRAIS DE L'EXÉCUTION

SECTION 0

ORIENTEUR

03.00 **Sommaire du livre.**

Division. Seront successivement étudiés le régime des frais de l'exécution (chap. 311), le coût des actes et formalités (chap. 312) et le contentieux généré par ces mêmes frais (chap. 313).

03.03 **Bibliographie indicative.**

Actualisables. *Dict. perm. Recouvrement de créances*, « Commissaire de justice », (actu. avr. 2025), chap. 5 – Rép. pr. civ., v[is] *Frais et dépens*, par M. Redon, avr. 2024 (actu. févr. 2025) ; *Commissaire de justice*, par M.-P. Mourre-Schreiber (actu. mars 2025), n°s 493 s.

Articles. L. Lauvergnat, « L'arrêté du 4 mars 2025 relatif à certains tarifs réglementés applicables aux huissiers de justice, commissaires-priseurs judiciaires et commissaires de justice : une mise en conformité encourageante », *RCJPP* mai-juin 2025 – P. Thuet, « La réforme du tarif des huissiers de justice », *Dr. et proc.* 2016. 32 ; « Le nouveau tarif : mode d'emploi », n° 146/2016, p. 4.

03.05 **Présentation et plan.** S'inscrivant dans un contexte conflictuel, l'exécution forcée permet de contraindre un débiteur récalcitrant à exécuter son obligation. Cette exécution, qui contrairement au recouvrement amiable, nécessite que le créancier soit muni d'un titre exécutoire, peut être entreprise sur les biens meubles ou immeubles du débiteur et, dans le cas particulier de l'expulsion, sur la personne poursuivie elle-même. Quelle que soit la procédure d'exécution empruntée, l'exécution forcée est source de frais. Mais toutes les sommes exposées pour parvenir à l'exécution de l'obligation ne sont pas constitutives de frais de l'exécution. Tel est le cas des sommes liées à l'instance. Parce que les dispositions de l'article L. 111-8 C. pr. exéc. font peser sur le débiteur la charge des frais de l'exécution, l'appréhension de ces derniers s'avère essentielle. Une étude particulière leur sera consacrée dans un premier chapitre (chap. 311).

Parmi les différents frais de l'exécution, figure de manière constante la rémunération du commissaire de justice. Cet officier public et ministériel né le 1er juillet 2022 de la fusion des professions d'huissier de justice et de commissaire-priseur judiciaire bénéficie, en effet, d'un monopole notamment pour signifier les actes et ramener à exécution les décisions de justice[1]. Face à un débiteur récalcitrant, son intervention est incontournable et génère des frais. À chaque fois que la prestation accomplie par le commissaire de justice ne peut pas l'être à titre concurrentiel par d'autres professionnels, son coût est soumis à un tarif réglementé fixé par le Code de commerce. Le législateur a, en effet, inséré[2] dans le livre IV[3] de la partie législative du Code de commerce un titre IV *bis* intitulé « De certains tarifs réglementés », dont les articles L. 444-1 et suivants ont vocation à régir les tarifs réglementés applicables aux prestations des commissaires de justice, des greffiers de tribunal de commerce, des administrateurs judiciaires, des mandataires judiciaires et des notaires. Un titre IV *bis* intitulé « De certains tarifs réglementés » a par ailleurs été inséré dans le livre IV de la partie réglemen-

1. V. Ord. n° 2016-728, 2 juin 2016, relative au statut de commissaire de justice, *JO* 3 juin, texte 24.
2. V. L. n° 2015-990, 6 août 2015, pour la croissance, l'activité et l'égalité des chances économiques, *JO* 17 août, texte 1, art. 50.
3. Livre relatif à la liberté des prix et de la concurrence.

taire du Code de commerce[1]. Ce dispositif est compété par les dispositions du titre IV *bis* du livre IV de la partie « Arrêtés ». Cet édifice permet de fixer des règles tarifaires communes à certaines professions juridiques ainsi que des règles spécifiques pour chacune d'elles. Le tarif de la profession de commissaire de justice présente aujourd'hui encore la particularité d'être régi par des textes spécifiques à la profession de commissaire-priseur judiciaire (C. com., art. R. 444-42 à R. 444-48) et à la profession d'huissier de justice (C. com., art. R. 444-49 à R. 444-57), seule la partie législative ayant intégré la fusion réalisée le 1er juillet 2022 entre ces professions.

Le détail du coût des actes et formalités de l'exécution sera abordé dans un deuxième chapitre (chap. 312).

Enfin, les frais exposés lors de l'exécution ainsi que leur montant peuvent être contestés. La contestation peut être portée devant le greffier, voire le juge de la taxe dans le cadre de la procédure de vérification des dépens. Elle peut également, dans certains cas, être portée devant le juge de l'exécution. En outre, le commissaire de justice n'est pas à l'abri d'une mise en jeu de sa responsabilité (chap. 313).

1. Décr. no 2016-230, 26 févr. 2016, relatif aux tarifs de certains professionnels du droit et au fonds interprofessionnel de l'accès au droit et à la justice, *JO* 28 févr., texte 35.

CHAPITRE

0311. Régime des frais de l'exécution

MARIE-PIERRE MOURRE-SCHREIBER
DOCTEUR EN DROIT
DIPLÔMÉE HUISSIER DE JUSTICE
TITULAIRE DE L'ATTESTATION DE FORMATION « COMMISSAIRE DE JUSTICE »
DIRECTRICE JURIDIQUE DU PÔLE FORMATION
DE LA CHAMBRE NATIONALE DES COMMISSAIRES DE JUSTICE

SECTION 0

ORIENTEUR

0311.00 Sommaire du chapitre.

Division. Seront successivement étudiées la consistance (sect. 1) puis la charge des frais de l'exécution (sect. 2).

0311.01 Textes applicables.

• **C. pr. exéc.,** art. L. 111-7, L. 111-8, L. 121-2, L. 122-1, L. 122-2, L. 152-1, L. 152-2, L. 511-2, R. 211-6, R. 221-4, R. 222-2, R. 224-3.

• **C. pr. civ.,** art. 514, 658, 659, 695 s.

• **C. com.,** art. L. 444-1 à L. 444-7, R. 444-1, R. 444-49 à R. 444-57, A. 444-2, A. 444-3, A. 444-4, A. 444-10 à A. 444-52.

• **C. civ.,** art. 2284.

• **L. nº 2015-990, 6 août 2015,** pour la croissance, l'activité et l'égalité des chances économiques, *JO* 17 août, texte 1.

• **Décr. nº 2016-230, 26 févr. 2016,** relatif aux tarifs de certains professionnels du droit et au fonds interprofessionnel de l'accès au droit et à la justice, *JO* 28 févr., texte 35.

• **Arr. 28 févr. 2024,** fixant l'objectif de taux de résultat moyen et les tarifs réglementés des huissiers de justice et commissaires-priseurs judiciaires, NOR : ECOC2403961A, *JO* 29 févr., texte 14.

• **Arr. 21 mai 2024,** fixant les règles applicables à la collecte, la gestion et la répartition des indemnités pour frais de déplacement dues aux commissaires de justice, NOR : JUSC2413612A, *JO* 24 mai, texte 40.

0311.02 Jurisprudence de référence.

> Le coût d'un constat établi par un huissier de justice (devenu commissaire de justice) commis judiciairement en sa qualité de technicien relève des dépens de l'instance.

• **Civ. 2e, 12 janv. 2017,** nº 16-10.123, P II, nº 8

* V. ss nos 0311.32, 0311.34

Le juge du fond « en incluant dans les dépens les frais de constats d'un huissier de justice non désigné à cet effet par décision de justice, […] a violé (l'article 695 du Code de procédure civile) ».

> Charge de la preuve du caractère excessif des mesures d'exécution.

• **Civ. 2e, 15 mai 2014,** no 13-16.016, P II, no 113

* V. ss nos 0133.21, 0212.92, 0311.171, 1317.13, 1331.22

Vu les articles L. 111-7 du Code des procédures civiles d'exécution et 1353 (1315 ancien) du Code civil, le créancier ayant le choix des mesures propres à assurer l'exécution de sa créance, il appartient au débiteur, qui en poursuit la mainlevée, d'établir qu'elles excèdent ce qui se révèle nécessaire pour obtenir le paiement de l'obligation.

> Recouvrement des frais de l'exécution.

• **Civ. 2e, 6 mars 2003,** no 01-02.745, P II, no 56

* V. ss nos 0112.83, 0311.161, 0313.10, 0313.31, 0713.48, 0821.24

Le titre servant de fondement aux poursuites permet le recouvrement des frais de l'exécution forcée qui sont à la charge du débiteur.

0311.03 **Bibliographie indicative.**

* V. ss no 03.03.

SECTION 1
NOTION DE FRAIS DE L'EXÉCUTION

0311.10 **Plan.** L'exécution forcée d'un titre est source de frais. Les frais de l'exécution appartiennent à la catégorie juridique des dépens (§ 1). Ils ne doivent pas être confondus avec d'autres sommes qui, bien qu'exposées pour parvenir à l'exécution de l'obligation, n'entrent pas dans cette catégorie (§ 2). Les frais de l'exécution se composent des émoluments du commissaire de justice ainsi que des frais et débours (§ 3).

§ 1
Nature juridique des frais de l'exécution

0311.21 **Dépens.** Du latin *dispendere* « dépenser », les dépens sont des frais liés à l'instance, aux actes et procédures d'exécution. Ils peuvent être définis comme les frais juridiquement indispensables à la poursuite du procès. Leur montant est tarifé par voie réglementaire ou par décision du juge.

La législation qui leur est afférente est fixée par les dispositions des chapitres du titre XVIII du livre 1er C. pr. civ. Faute d'en définir la notion, cette législation en précise la composition par une liste limitative fournie par l'article 695 C. pr. civ.[1]

Ainsi, sont des dépens :

1° Les droits, taxes, redevances ou émoluments perçus par les greffes des juridictions ou l'administration des impôts à l'exception des droits, taxes et pénalités éventuellement dus sur les actes et titres produits à l'appui des prétentions des parties ;

2° Les frais de traduction des actes lorsque celle-ci est rendue nécessaire par la loi ou par un engagement international ;

3° Les indemnités des témoins ;

4° La rémunération des techniciens ;

5° Les débours tarifés ;

6° Les émoluments des officiers publics ou ministériels ;

7° La rémunération des avocats dans la mesure où elle est réglementée y compris les droits de plaidoirie ;

8° Les frais occasionnés par la notification d'un acte à l'étranger ;

9° Les frais d'interprétariat et de traduction rendus nécessaires par les mesures d'instruction effectuées à l'étranger à la demande des juridictions dans le cadre du règlement (UE) no 2020/1783 du Parlement européen et du Conseil du 25 novembre 2020[2] relatif à la coopération entre les juridictions des États membres dans le domaine de l'obtention des preuves en matière civile et commerciale (obtention des preuves) (*refonte*) ;

10° Les enquêtes sociales ordonnées en application des articles 1072, 1171 et 1221 ;

11° La rémunération de la personne désignée par le juge pour entendre le mineur, en application de l'article 388-1 C. civ. ;

12° Les rémunérations et frais afférents aux mesures, enquêtes et examens requis en application des dispositions de l'article 1210-8.

§ 2
Frais de l'exécution et notions voisines

0311.31 **Définition des frais de l'exécution.** Les frais afférents aux actes et procédures d'exécution entrent dans la catégorie juridique des dépens (C. pr. civ., art. 695). Ils englobent les émoluments perçus par le commissaire de justice en contrepartie des prestations réglementées par un tarif, ainsi que les frais et débours engagés ou avancés par lui pour la réalisation de ces prestations. Ces émoluments, frais et débours sont inhérents aux actes, procès-verbaux, significations et notifications prescrites pour la mise en œuvre des mesures d'exécution forcée et des mesures conservatoires relevant du monopole dont bénéficie cet officier ministériel.

0311.32 **Frais de l'exécution et dépens de l'instance.** Les frais afférents aux actes et procédures

1. Sur le caractère limitatif des dépens énumérés par l'article 695 C. pr. civ., v. Civ. 2e, 6 mai 1987, no 86-10.792, NP.

2. Règl. UE no 2020/1783, Parlement européen et Conseil, 25 nov. 2020 relatif à la coopération entre les juridictions des États membres dans le domaine de l'obtention des preuves en matière civile et commerciale, *JOCE*, L. 405, 2 déc., p. 1.

d'exécution se distinguent des dépens exposés devant la juridiction qui a rendu la décision fondant les poursuites. Ces derniers sont notamment constitués du coût de l'assignation, des droits fiscaux, de la rémunération des techniciens ayant apporté leur concours au procès. Ainsi le coût d'un constat établi par un commissaire de justice commis judiciairement en sa qualité de technicien relève des dépens de l'instance. La Cour de cassation a jugé, sur ce point, que le juge du fond « *en incluant dans les dépens les frais de constats d'un huissier de justice non désigné à cet effet par décision de justice*, [...] *a violé le texte* [l'article 695 C. pr. civ.] »[1].

0311.33 **Frais de l'exécution et honoraires.** Les frais de l'exécution se distinguent également des honoraires qui s'inscrivent dans un cadre concurrentiel et conventionnel, en dépit d'un certain encadrement (C. com., art. L. 444-1). Selon l'article R. 444-2 (5°) C. com., l'honoraire est la somme perçue par le professionnel en contrepartie d'une prestation dont le montant n'est pas régi par le titre IV *bis* du livre IV de la partie législative du Code de commerce. L'honoraire rémunère ainsi les activités accomplies en concurrence avec d'autres professionnels dans la mesure où ces activités ne sont pas soumises à un tarif. En application de l'article R. 444-3, 3° C. com., l'annexe 4-9 fournit une liste indicative des prestations concernées.

Il s'agit :

– des prestations et formalités compatibles avec le statut de commissaire de justice, et n'ayant pas un acte de commissaire de justice pour support. Il peut s'agir des consultations juridiques et de la rédaction d'actes sous seing privé délivrés dans le cadre des prérogatives qui leur sont imparties par l'article 56 de la loi du 31 décembre 1971[2], portant réforme de certaines professions judiciaires et juridiques. Sont aussi concernés, les missions d'assistance ou de représentation devant les juridictions où le commissaire de justice est habilité à représenter les parties, le recouvrement amiable des créances pour le compte d'autrui ou encore les sommations de payer non interpellatives, prévues aux articles 1344 et 1231-6 C. civ. ;

– des activités de ventes volontaires de meubles aux enchères publiques ;

– des sommations interpellatives, notamment de payer ;

– des congés et offres de renouvellement de bail d'habitation prévus à l'article 1736 C. civ., dans la loi du 1er septembre 1948[3], à l'article 15 de la loi du 6 juillet 1989[4], à l'article 57 A de la loi du 23 décembre 1986[5] ;

– des congés et demandes de renouvellement de bail commercial, prévus à l'article L. 145-4 C. com. ;

– de l'établissement d'un constat autre que celui visé au numéro 112 du tableau 3-1 annexé à l'article R. 444-3 ;

– de la rédaction préparatoire à la signification des assignations ou congés ;

– de l'intermédiation immobilière en vue de la vente d'un bien dont le commissaire de justice assure déjà l'administration, et par laquelle ce professionnel, agissant en vertu d'un mandat écrit, recherche un acquéreur, le met en relation avec son mandant et négocie les termes de la transaction immobilière.

Les honoraires rémunérant ces prestations sont fixés librement et contractuellement par les parties, sous certaines réserves. Ils tiennent compte, selon les usages, de la situation de fortune du client, de la difficulté de l'affaire, des frais exposés par le professionnel, de sa notoriété et des diligences accomplies (C. com., art. L. 444-1, al. 3). Le commissaire de justice doit conclure par écrit avec son client une convention d'honoraires, qui précise, notamment, le montant ou le mode de détermination des honoraires couvrant les diligences prévisibles, ainsi que les divers frais et débours envisagés.

0311.34 **Frais de l'exécution et frais irrépétibles.** Les frais de l'exécution forcée, qui sont une catégorie de dépens énumérés de manière exhaustive par l'article 695 C. pr. civ., ne doivent pas être confondus avec certains frais non tarifés, utiles au procès, mais non obligatoires. Ces frais exposés avant ou au cours d'un procès, et non visés par l'article 695 C. pr. civ., sont régis par l'article 700 du même code. Qualifiés d'irrépétibles car pesant originellement sur la partie les ayant engagés, les frais relevant de l'article 700 C. pr. civ. sont, pour la somme que le juge détermine, mis à la charge de la partie tenue aux dépens ou qui perd son procès. Le juge tient compte de l'équité ou de la situation économique de la partie condamnée. Il peut, même d'office, pour des raisons tirées des mêmes considérations, dire qu'il n'y a pas lieu à ces condamnations.

Relève notamment de la catégorie des frais irrépétibles, les honoraires de l'avocat, les frais de trans-

1. Civ. 2e, 12 janv. 2017, no 16-10.123, P II, no 8.
2. L. no 71-1130, 31 déc. 1971, portant réforme de certaines professions judiciaires et juridiques, *JO* 5 janv. 1972.
3. L. no 48-1360, 1er sept. 1948, portant modification et codification de la législation relative aux rapports des bailleurs et locataires ou occupants de locaux d'habitation ou à usage professionnel et instituant des allocations de logement, *JO* 2 sept.
4. L. no 89-462, 6 juill. 1989, tendant à améliorer les rapports locatifs et portant modification de la loi no 86-1290 du 23 décembre 1986, *JO* 8 juill.
5. L. no 86-1290, 23 déc. 1986, tendant à favoriser l'investissement locatif, l'accession à la propriété de logements sociaux et le développement de l'offre foncière, *JO* 24 déc.

port et de séjour pour les besoins du procès, les frais d'expertise amiable. S'agissant du coût des constats produits par les parties en cours d'instance, ils entrent dans la catégorie des frais irrépétibles dès lors que le commissaire de justice qui les a établis n'a pas été commis par le juge[1].

§ 3
Composition des frais de l'exécution

A.
Émoluments du commissaire de justice

0311.41 **Généralités.** Les émoluments du commissaire de justice liés aux actes et procédures d'exécution sont constitutifs de frais de l'exécution. Visés au 6° de l'article 695 C. pr. civ., ils ont la nature juridique de dépens. L'émolument est défini par l'article R. 444-2 C. com. comme « *la somme perçue par l'un* [des professionnels mentionnés au premier alinéa de l'article L. 444-1] *en contrepartie des prestations dont les tarifs sont régis par le titre IV* bis *de la partie législative du Code* [de commerce] ».

Cette rémunération n'est pas contraire au principe de gratuité des actes de justice devant les juridictions civiles et administratives posé par la loi du 30 décembre 1977[2]. En effet, le principe de gratuité concerne l'activité des juridictions non commerciales et de leurs greffes. Mais il ne permet pas au justiciable d'échapper à l'exposition de certains frais engendrés par l'exécution des décisions rendues. À cet égard, en l'absence d'exécution volontaire de la partie condamnée, le demandeur n'a d'autre choix que de mandater un commissaire de justice. Cet officier public et ministériel bénéficie d'un monopole légal pour ramener à exécution les décisions de justice, ainsi que les actes ou titres en forme exécutoire. Cet exercice professionnel, strictement réglementé, est constitutif de frais au titre desquels figure la rémunération du commissaire de justice (pour plus de détail sur la rémunération du commissaire de justice, v. s^s n°s 0312.00 s.). Cette rémunération est composée d'émoluments fixes et proportionnels.

1°
Émoluments fixes

0311.51 **Émoluments fixes du commissaire de justice.** Ils dépendent de la procédure entreprise. Rappelons que le créancier dispose, en application de l'article 2284 C. civ., d'un droit de gage général sur les biens qui composent le patrimoine de son débiteur. Dûment titré, il peut les saisir dans les conditions propres à chaque mesure d'exécution, comme le rappelle l'article L. 111-2 C. pr. exéc.[3]. Le commissaire de justice dispose, à ce titre, d'un panel de mesures pour venir à bout de la résistance du débiteur. De manière générale, la mesure entreprise sur le fondement d'un titre exécutoire constatant une créance liquide et exigible va tendre à la vente des biens saisis afin de permettre au créancier de se faire payer sur le prix de vente, sauf le cas particulier des mesures ayant pour objet une créance de somme d'argent, telle que la saisie-attribution. En revanche, lorsque le créancier est titulaire d'un titre exécutoire prescrivant la délivrance ou la restitution d'un bien, la mesure d'exécution va avoir pour finalité l'appréhension matérielle du bien. L'exécution forcée peut également porter sur la personne du débiteur, lorsque le créancier diligente à son encontre une procédure d'expulsion. Cette dernière consiste à libérer, au besoin par la force, les lieux que l'occupant sans droit ni titre occupe. Elle nécessite que le créancier soit en possession d'une décision de justice ou d'un procès-verbal de conciliation exécutoire (C. pr. exéc., art. L. 411-1.)

Le commissaire de justice est tenu de conseiller son mandant sur le choix de la procédure d'exécution. Il doit notamment l'informer sur l'opportunité de la procédure envisagée, sur sa durée mais aussi sur son coût. Une fois la procédure déterminée le commissaire de justice est tenu d'accomplir son ministère dans le respect des articles 697 et 698 C. pr. civ. Il doit respecter les limites de son mandat. À défaut, il peut être personnellement condamné aux dépens afférents aux instances, actes et procédures d'exécution accomplis en dehors de ces limites. Les frais injustifiés ou liés à l'accomplissement d'actes de procédures d'exécution nuls par l'effet de la faute du commissaire de justice sont à sa charge. En pareille hypothèse, il peut également se voir réclamer des dommages et intérêts (v. s^s n°s 0313.00 s.).

La rémunération du commissaire de justice pour l'accomplissement des actes et formalités de la procédure d'exécution menée est tarifée par le Code de commerce. Pour chaque prestation figurant aux tableaux 3-1 à 3-3 de l'article annexe 4-7 C. com., l'officier public et ministériel a droit à un émolument déterminé conformément aux dispositions des articles A. 444-11 à A. 444-47 C. com. Cet émolument fixe figure parmi les différents postes tarifaires du coût de l'acte.

Lorsque l'acte ou la formalité est relatif à une obligation pécuniaire déterminée, les émoluments

1. Civ. 2e, 12 janv. 2017, n° 16-10.123, P (préc., v. s^s n° 0311.32).
2. L. n° 77-1468, 30 déc. 1977, instaurant la gratuité des actes de justice devant les juridictions civiles et administratives, *JO* 31 déc.
3. Rép. pr. civ., v° *Commissaire de justice*, par M.-P. Mourre-Schreiber, févr. 2023 (actu. mars 2025), n° 356.

fixes sont affectés d'un coefficient multiplicateur. Ce dernier est fonction du montant de l'obligation (v. s^s n° 0312.123). Par exception, les émoluments de certaines prestations ne peuvent se voir appliquer ces coefficients (C. com. art. A. 444-47).

L'émolument afférent aux prestations visées par les articles A. 444-12, A. 444-20, A. 444-25 et A. 444-35 C. com. peut être majoré dans les conditions et limites fixées par l'article R. 444-11 C. com.

Un émolument complémentaire de vacation est également perçu lorsque la réalisation de certaines prestations nécessite un délai d'exécution supérieur à une durée de référence (C. com., art. A. 444-18, A. 444-22, A. 444-26 et A. 444-29). Le coefficient multiplicateur n'est pas applicable aux émoluments complémentaires de vacation (C. com., art. A. 444-47).

0311.52 Émolument fixe perçu par le commissaire de justice instrumentaire par acompte versé par le débiteur lorsque ce dernier s'est vu accorder des délais de paiement dans le cadre de l'exécution forcée. En application de l'article A. 444-44 C. com., la gestion du dossier en cas de versement d'acomptes par un débiteur auquel des délais de paiement ont été accordés donne lieu à la perception, par le commissaire de justice mandataire, d'un émolument fixe de 6,44 euros hors taxe par acompte versé, à l'exception du versement du solde, et dans la limite de 33,07 euros hors taxe. L'émolument n'est dû qu'à l'issue d'un délai de six mois à compter du premier versement effectué par le débiteur après la délivrance du titre.

2°
Émoluments proportionnels

0311.61 Émoluments proportionnels du commissaire de justice : le droit d'engagement de poursuites. Comme cela a été précédemment souligné, la fusion des professions d'huissier de justice et de commissaire-priseur judiciaire opérée le 1er juillet 2022 n'est pas, à ce jour, pleinement intégrée dans les dispositions du Code de commerce relatives au tarif de la nouvelle profession. Cela se traduit au niveau des parties réglementaire et « Arrêtés » par le maintien de dispositions particulières aux huissiers de justice et aux commissaires-priseurs judiciaires.

Il est ainsi prévu dans la partie « Arrêtés » que certaines prestations figurant dans le tarif des huissiers de justice (C. com., art. A. 444-10 s.) donnent lieu à la perception d'un émolument dénommé « droit d'engagement de poursuites » mentionné parmi les différents postes tarifaires du coût de l'acte. Le montant de cet émolument, qui ne peut être perçu qu'une seule fois dans le cadre du recouvrement d'une même créance, varie en fonction du montant de la créance (v. s^s n°s 0312.131 s.). Les formalités et les requêtes ne sont pas concernées par ce droit.

Les dispositions tarifaires, et plus précisément l'article L. 444-2 C. com., ouvrent la possibilité d'une remise sur le droit d'engagement de poursuites.

Enfin, selon que le coût de l'acte est à la charge du débiteur ou du créancier, le droit d'engagement de poursuites s'impute respectivement sur l'émolument proportionnel fixé à l'article A. 444-31 C. com ou sur celui fixé à l'article A. 444-32 du même code.

0311.62 Émoluments proportionnels du commissaire de justice : les droits de recouvrement ou d'encaissement. Certaines dispositions du Code de commerce particulières aux huissiers de justice donnent droit, sous certaines conditions, à la perception d'émoluments proportionnels en sus de l'émolument fixe. Ces émoluments proportionnels sont perçus, à l'occasion du recouvrement ou de l'encaissement effectué par l'huissier de justice (devenu commissaire de justice) dûment mandaté à cet effet. Ils ne figurent donc pas dans le coût de l'acte[1]. Ces émoluments de résultat correspondent aux prestations mentionnées aux articles 128 et 129 du tableau 3-1 de l'article annexe 4-7 C. com. Ils sont à la charge respectivement du débiteur et du créancier.

Ainsi, le commissaire de justice qui, après avoir reçu mandat ou pouvoir, recouvre ou encaisse des sommes dues en application d'une décision de justice, d'un acte ou d'un titre en forme exécutoire, perçoit du débiteur un émolument proportionnel dont les modalités de calculs sont fixées par l'article A. 444-31 C. com. En outre, le commissaire de justice qui recouvre ou encaisse des sommes dues par un débiteur, après avoir reçu mandat ou pouvoir à cet effet, perçoit du créancier un émolument proportionnel dont les modalités de calcul sont fixées par l'article A. 444-32 C. com. En application de l'article R. 444-55 C. com., l'émolument proportionnel à la charge du créancier n'est toutefois pas dû lorsque le recouvrement ou l'encaissement est effectué sur le fondement d'un titre exécutoire mentionné au 6° de l'article L. 111-3 C. pr. exéc., à savoir un titre délivré par les personnes morales de droit public qualifié comme tel par la loi, ou une décision à laquelle la loi attache les effets d'un jugement. Il n'est pas dû non plus lorsque le commissaire de justice agit sur le fondement d'un titre constatant une créance née de l'exécution d'un contrat de travail ou encore d'un titre constatant une créance alimentaire. Par ailleurs, cet émolument est à la charge du contrefacteur lorsque le commissaire de justice recouvre ou encaisse des sommes dues par un contrefacteur condamné dans une procédure de contrefaçon.

1. De même, ne figure pas dans le coût de l'acte, l'émolument fixe perçu par le commissaire de justice instrumentaire par acompte versé par le débiteur lorsque ce dernier s'est vu accorder des délais de paiement dans le cadre de l'exécution forcée (C. com., art. A. 444-44).

Enfin, dès lors qu'ils sont dus, ces émoluments proportionnels à la charge du créancier et du débiteur sont cumulables.

L'article L. 444-2 C. com. permet au praticien de consentir dans les conditions de l'article A. 444-52 des remises sur les émoluments proportionnels de recouvrement et d'encaissement mentionnés à l'article A. 444-32 C. com., c'est-à-dire sur les émoluments à la charge du créancier.

0311.63 Autres émoluments proportionnels : prisée, inventaire et vente judiciaire. Les prestations attribuées par le tableau 1 de l'article annexe 4-7 C. com. au commissaire-priseur judiciaire (devenu commissaire de justice), et visées aux articles A. 444-2, A. 444-3 et A. 444-4 C. com., donnent droit à la perception d'un émolument proportionnel. Sont visés l'acte de prisée, la vente judiciaire aux enchères publiques de meubles corporels ou incorporels, figurant au numéro 4 du tableau 1 précité et le retrait d'un lot, dans l'intérêt du vendeur, figurant au numéro 5 du même tableau.

B. Frais et débours

1° Notion

0311.71 Notion. En application de l'article annexe 4-8, I, 2° et 3° C. com., le commissaire de justice peut demander le remboursement de certains frais et débours. Ce remboursement peut être forfaitaire. Le montant est alors fixé par l'arrêté tarifaire (C. com., art. A. 444-48, A. 444-49 et A. 444-50). Si tel n'est pas le cas, le remboursement doit correspondre au coût réel de la dépense engagée pour la réalisation de la prestation. Les frais et débours concernées sont listés à l'article annexe 4-8, I, 2° C. com. :

a) Les frais de toute sorte, spécifiquement occasionnés par la vente judiciaire, étant entendu que les remboursements de frais non individualisables doivent être répartis entre les vendeurs en tenant compte des montants respectifs des prix d'adjudication, et que le montant total réparti entre les vendeurs ne peut excéder le total des frais effectivement supportés par le commissaire-priseur judiciaire du fait de la vente ;

b) Les droits de toute nature payés au Trésor, respectivement mis à la charge des vendeurs et des acheteurs en application des dispositions du Code général des impôts ;

c) Les frais postaux, de reprographie, de déplacement, et d'hébergement supportés par le commissaire-priseur judiciaire lors de l'accomplissement d'une prestation mentionnée au tableau 1 de l'article annexe 4-7.

Sont également concernés, les frais et débours énumérés à l'article annexe 4-8, I, 3° C. com. :

a) Les frais de déplacement, sauf pour les significations d'avocat à avocat ;

b) Les droits fiscaux de toute nature ;

c) Les frais d'affranchissement des lettres qui constituent des formalités obligatoires de procédure ;

d) Les frais de serrurier, de déménagement, de garagiste et de garde-meubles ;

e) Les indemnités versées aux conseillers municipaux, fonctionnaires municipaux, autorités de gendarmerie ou témoins requis en application de l'article L. 142-1 C. pr. exéc. ;

f) Les indemnités versées aux fonctionnaires de la police nationale requis en application de l'article L. 142-1 C. pr. exéc. ;

g) Les indemnités versées aux conseillers municipaux, fonctionnaires municipaux, autorités de gendarmerie, fonctionnaires de la police nationale ou témoins requis en application de l'article 1309 C. pr. civ. ;

h) Toute somme due à des tiers à l'occasion de l'activité professionnelle de l'huissier de justice, et payée directement par lui ;

i) Les frais engagés pour la recherche des informations auprès du service du fichier des comptes bancaires et auprès des organismes énumérés aux articles L. 152-1 et L. 152-2 C. pr. exéc.

2° Énumération

a. Frais de déplacement

0311.81 Frais de transport. Outre les émoluments perçus par le commissaire de justice pour l'accomplissement des prestations dont les tarifs sont régis par le titre IV *bis* de la partie législative du Code de commerce, les frais de transport doivent être pris en compte au titre des frais de l'exécution. En effet, parmi les différents dépens listés à l'article 695 C. pr. civ. figurent les débours tarifés, lesquels comprennent les frais de transport en application de l'article annexe 4-8, I, 3°, a) C. com.

L'indemnité pour frais de déplacement est collectée et répartie par le service de compensation des frais de déplacement, service administratif de la Chambre nationale des commissaires de justice, dans les conditions fixées par l'arrêté du 21 mai 2024[1].

1. Arr. 21 mai 2024, fixant les règles applicables à la collecte, la gestion et la répartition des indemnités pour frais de déplacement dues aux commissaires de justice, NOR : JUSC2413612A, *JO* 24 mai, texte 40.

Depuis le 1er juin 2024, date d'entrée en vigueur de cet arrêté, seuls les actes tarifés dans le Code de commerce sont soumis au service de compensation des transports (SCT). Les actes non tarifés, à savoir la majorité des procès-verbaux de constat de commissaire de justice, les sommations..., sont soumis à une tarification libre en termes de frais de déplacement. Ces frais facturés sur les actes à tarif libre peuvent être facturés au réel et conservés intégralement par le commissaire de justice.

En application de l'article A. 444-48 C. com. modifié par l'arrêté du 2 juillet 2024 [1], les frais de déplacement font l'objet d'un remboursement forfaitaire égal à vingt fois la valeur mentionnée à l'article 6 B de l'annexe IV du CGI au tableau « Tarif applicable aux automobiles » pour les véhicules d'une puissance administrative de 7 chevaux-vapeur et plus pour une distance parcourue de plus de 20 000 kilomètres, pour chaque acte signifié et pour chaque procès-verbal dressé. Depuis le 7 juillet 2024, le montant du SCT est revalorisé à la somme de 9,40 euros. Pour les significations réalisées exclusivement par voie électronique, l'indemnité de transport dématérialisé est fixée à 8,80 euros.

Dans les départements d'outre-mer, pour tout déplacement à plus de 2 kilomètres des limites de la commune où est situé l'office, les frais de déplacement font l'objet d'un remboursement forfaitaire (v. C. com., art. A. 444-49). Ce dernier dépend de l'éloignement et du mode de transport utilisé.

Chaque trimestre les bordereaux récapitulant les actes signifiés et les procès-verbaux dressés sont adressés par le commissaire de justice au service de compensation des frais de déplacement dans le respect de l'article 20 du décret n° 2022-729 du 28 avril 2022 [2] et de l'article 5 de l'arrêté du 21 mai 2024. Ces bordereaux font apparaître la compensation débitrice ou créditrice entre les indemnités afférentes aux actes déclarés et les frais kilométriques applicables. Si le bordereau atteste d'une situation créditrice envers le service de compensation des frais de déplacement, celui-ci verse les sommes dues à l'office dans le mois de la déclaration. Dans le cas contraire, les sommes dues par l'office seront réglées ou prélevées au plus tard le dixième jour du troisième mois suivant la déclaration du trimestre [3] (v. ss nos 0312.141 s.)

1. Arr. 2 juill. 2024, relatif aux tarifs des huissiers de justice et au dispositif de remboursement des frais de déplacement de certains professionnels du droit, NOR : ECOC2412437A, *JO* 6 juill., texte 15.
2. Décr. n° 2022-729, 28 avr. 2022, relatif à l'organisation de la profession des commissaires de justice, *JO* 29 avr., texte 38.
3. V. Décr. n° 2022-729, 28 avr. 2022, art. 20 – Arr. 21 mai 2024, art. 5.

b.
Droits fiscaux

0311.91 **Taxe sur la valeur ajoutée.** La taxe sur la valeur ajoutée est un droit fiscal généré dans le cadre de l'exécution. Elle entre dans la catégorie des droits fiscaux de toute nature visée par l'article annexe 4-8 I, 2°, b) et 3°, b) C. com. relatif aux frais et débours. Cette taxe est due par le commissaire de justice sur l'ensemble des actes qu'il délivre. Elle a pour assiette l'émolument venant rémunérer les prestations figurant aux tableaux 1 et 3-1 à 3-3 de l'article annexe 4-7 C. com. Elle porte également sur le droit d'engagement de poursuite et sur l'indemnité pour frais de déplacement.

En dehors des actes, la taxe sur la valeur ajoutée porte sur l'émolument visé à l'article A. 444-44 C. com., sur les émoluments proportionnels de recouvrement et d'encaissement visés aux articles A. 444-31 et A. 444-32 C. com. Les débours sont toutefois exonérés de la taxe.

c.
Frais d'affranchissement

0311.101 **Frais d'affranchissement.** Ces frais visés par l'article annexe 4-8, I, 2°, c) C. com. et annexe 4-8, I, 3°, c) C. com. sont des débours. Le commissaire de justice peut en demander le remboursement lorsqu'ils sont exposés à l'occasion de l'accomplissement d'une prestation mentionnée au tableau 1 de l'article annexe 4-7. Il peut également en demander le remboursement à chaque fois que le législateur impose, au titre des formalités obligatoires de procédure, l'envoi d'une lettre.

Tel est le cas de la lettre qui doit être adressée en application de l'article 658 C. pr. civ. lorsque le destinataire de l'acte est une personne morale, lorsque l'acte ne peut pas être remis à la personne même de son destinataire, personne physique ou encore lorsque la signification est faite à domicile élu.

Tel est également le cas de la notification d'une demande de paiement directe au tiers débiteur. Celle-ci doit, en effet, être faite, comme il est dit à l'article R. 213-1 C. pr. exéc., par lettre recommandée avec demande d'avis de réception. Le débiteur en est avisé simultanément dans les mêmes formes.

d.
Frais divers

0311.111 **Frais de serrurier, de déménagement, de garagiste et de garde-meubles.** Ces frais sont des débours en application des dispositions de l'article annexe 4-8, I, 3°, d) C. com. [4]. Ils sont pour la

4. À propos des frais de serrurier et de déménagement qualifiés de débours tarifés : Civ. 2e, 2 mars 2000, n° 97-21.101, P II, n° 39.

plupart engagés lors d'une procédure de saisie-vente, d'expulsion, de saisie-appréhension ou de saisie par immobilisation avec enlèvement d'un véhicule terrestre à moteur. Ces frais font l'objet d'une facture que le commissaire de justice doit pouvoir verser aux débats en cas de contestation de la charge des frais. Entrent également dans cette catégorie les frais visés par l'article annexe 4-8, I, 2°, a) C. com., à savoir les frais de toute sorte spécifiquement occasionnés par la vente judiciaire.

e.
Indemnités diverses

0311.121 Indemnités versées aux conseillers municipaux, fonctionnaires municipaux, autorités de gendarmerie ou témoins requis dans le cadre de l'exécution. Ces frais sont des débours en application des dispositions de l'article annexe 4-8, I, 3°, e) C. com. Leur montant varie selon que les intéressés sont requis pour assister à l'ouverture des portes et des meubles fermant à clef, en application de l'article L. 142-1 C. pr. exéc., ou pour apporter leur concours à une mesure d'expulsion.

0311.122 Indemnités versées aux fonctionnaires de la police nationale requis dans le cadre de l'exécution. Ces frais sont des débours en application des dispositions de l'article annexe 4-8, I, 3°, f) C. com. Là également, le montant de ces indemnités diffère selon que les fonctionnaires de police sont requis pour assister le commissaire de justice sur le fondement de l'article L. 142-1 C. pr. exéc. ou pour prêter main-forte à l'exécution d'une mesure d'expulsion. L'article annexe 4-8, III C. com. précise que le commissaire de justice porte, sur un registre spécial qu'il tient, le nom et le grade du fonctionnaire de la police nationale qui a participé à l'intervention, ainsi que les date et heure de cette dernière.

De plus, en application du IV de l'article annexe 4-8 C. com., le produit de la recette constituée par les indemnités versées aux fonctionnaires de la police nationale est assimilé à un fonds de concours pour dépense d'intérêt public et rattaché au budget du ministère de l'Intérieur dans la limite et selon des modalités fixées par arrêté conjoint du ministre chargé du Budget et du ministre de l'Intérieur.

0311.123 Indemnités versées aux conseillers municipaux, fonctionnaires municipaux, autorités de gendarmerie, fonctionnaires de la police nationale ou témoins dans le cadre des mesures conservatoires après ouverture d'une succession. Au titre des mesures conservatoires prises après l'ouverture d'une succession, le commissaire de justice peut être mandaté pour apposer des scellées. À ce titre, si les locaux sont fermés et que le requérant en demande l'ouverture, le commissaire de justice ne peut y pénétrer, comme il est dit à l'article 1309 C. pr. civ. qu'en présence du maire de la commune, d'un conseiller municipal ou d'un fonctionnaire municipal délégué par le maire à cette fin, d'une autorité de police ou de gendarmerie, requis pour assister au déroulement des opérations ou, à défaut, de deux témoins majeurs qui ne sont pas au service du commissaire de justice et qui déclarent ne pas avoir de lien avec les personnes ayant une vocation successorale. Les indemnités versées aux intéressés sont les mêmes que celles allouées aux personnes assistant le commissaire de justice à l'occasion de l'ouverture des portes et de meubles dans le cadre de l'exécution et diffèrent selon la qualité des personnes concernées.

f.
Somme due à des tiers payée par le commissaire de justice

0311.131 Somme due à des tiers à l'occasion de l'activité professionnelle du commissaire de justice, et payée directement par lui. Ces sommes visées à l'article annexe 4-8, I, 3°, h) C. com. peuvent être constituées des frais payés par le commissaire de justice à la société ADEC[1], pour effectuer, via le système d'immatriculation des véhicules (SIV), une demande d'information, sur le véhicule du débiteur directement en ligne. Les sommes visées à l'article annexe 4-8, I, 3°, h) C. com. peuvent également résulter des transmissions dématérialisées des notifications prévues par la loi au préfet et à la Commission de coordination des actions de prévention des expulsions (CCAPEX) en matière de résiliation de baux d'habitation et d'expulsion des locaux à usage d'habitation. Ces transmissions s'effectuent par le biais de la plateforme électronique EXPLOC qui permet la communication entre les différentes administrations. Il est à noter que l'arrêté du 12 décembre 2022[2], dont l'entrée en vigueur était fixée au 30 juin 2023, puis au 31 décembre 2023, a abrogé l'arrêté du 23 juin 2016 portant création d'un traitement de données à caractère personnel relatif à la prévention et à la gestion des procédures d'expulsions locatives dénommé « EXPLOC »[3]. Cet arrêté du 12 décembre 2022 prévoit que « *les données à caractère personnel et informations enregistrées dans le traitement automa-*

1. SAS ADEC ayant son siège social à Paris (75009), 14 rue de Bruxelles, éditeur de solutions logicielles et de services informatiques à destination du métier de commissaire de justice.
2. Arr. 12 déc. 2022, abrogeant l'arrêté du 23 juin 2016 portant création d'un traitement de données à caractère personnel relatif à la prévention et à la gestion des procédures d'expulsions locatives dénommé « EXPLOC », NOR : IOMA2234713A, *JO* 16 déc., texte 20.
3. Arr. 23 juin 2016, portant création du traitement de données à caractère personnel relatif à la prévention et à la gestion des procédures d'expulsions locatives dénommé « EXPLOC », NOR : INTD1602916A, *JO* 5 juill., texte 30.

tisé de données à caractère personnel dénommé "EXPLOC" *sont transférées dans un traitement du ministère chargé du Logement dont la création doit intervenir avant la date d'entrée en vigueur du présent arrêté selon les conditions fixées par une convention entre le ministre de l'Intérieur et le ministre chargé du Logement.* » Avec un certain retard, l'effectivité de ce transfert est réalisée par le décret n° 2025-348 du 16 avril 2025[1].

Remarque : ne sont pas constitutifs de débours, les frais non engagés spécialement pour un dossier tel le prix d'abonnement au passe Vigik.

g.
Frais liés à la recherche d'informations auprès du service Ficoba et auprès de certains organismes

0311.141 Frais engagés pour la recherche des informations auprès du service du fichier des comptes bancaires et auprès des organismes énumérés aux articles L. 152-1 et L. 152-2 C. pr. exéc. Visés à l'article annexe 4-8, I, 3°, i) C. com., ces frais sont exposés par le commissaire de justice chargé de l'exécution, y compris d'une décision de justice autorisant une saisie conservatoire sur comptes bancaires, lorsqu'il se trouve démuni de l'information nécessaire. En pareille hypothèse, le commissaire de justice peut s'adresser aux administrations, entreprises, établissements publics ou organismes visés à l'article L. 152-1 C. pr. exéc., afin d'obtenir les renseignements qu'ils détiennent. Ces organismes ne doivent communiquer au commissaire de justice que les informations permettant de déterminer l'adresse du débiteur, l'identité et l'adresse de son employeur ou de tout tiers débiteur ou dépositaire de sommes liquides ou exigibles et la composition de son patrimoine immobilier, à l'exclusion de tout autre renseignement, sans pouvoir opposer le secret professionnel.

Sont également visés les frais engagés par le commissaire de justice chargé de l'exécution lorsqu'il n'a pas connaissance de l'établissement bancaire détenteur du ou des comptes du débiteur[2]. En effet, en application de l'article L. 152-2 C. pr. exéc., les établissements habilités par la loi à tenir des comptes de dépôts doivent communiquer au commissaire de justice si un ou plusieurs comptes, comptes joints ou fusionnés sont ouverts au nom du débiteur ainsi que les lieux où sont tenus les comptes, à l'exclusion de tout autre renseignement, sans pouvoir opposer le secret professionnel. Pris pour l'application de ces dispositions, l'article R. 152-1 C. pr. exéc. permet au commissaire de justice d'interroger directement le service central gestionnaire du fichier des comptes bancaires et assimilés (Ficoba) relevant du ministère chargé des finances. Le Ficoba recense toutes les déclarations d'ouverture et de clôture de compte souscrites par les personnes dépositaires de valeurs mobilières, de titres ou d'espèces. Depuis le 1er septembre 2020, date d'entrée en vigueur de l'arrêté du 24 avril 2020 portant modification des articles 164 FB et suivants de l'annexe IV du CGI[3], ce fichier doit recenser également les déclarations de location de coffres-forts. La demande de consultation du fichier des comptes bancaires et assimilés peut être faite de manière dématérialisée en recourant à la solution Ficoba proposée par la société ADEC. La requête est adressée au service de la Direction générale des finances publiques gérant le fichier. La réponse dématérialisée revient dans les vingt-quatre heures, via un espace sécurisé.

La recherche des informations est strictement encadrée. Le commissaire de justice doit notamment être muni d'un titre exécutoire ou encore, depuis la loi du 22 décembre 2021, pour la confiance dans l'institution judiciaire[4], d'une décision de justice autorisant une saisie conservatoire sur des comptes bancaires. Cette nouvelle loi, qui modifie l'écriture des articles L. 152-1 C. pr. exéc. et L. 151 A du LPF, met un terme à la jurisprudence de la Cour de cassation du 16 mars 2017[5]. Elle avait jugé que « *l'ordonnance du juge de l'exécution autorisant à procéder à une saisie conservatoire ne constitue pas le titre exécutoire constatant une créance liquide et exigible dont doit se prévaloir l'huissier de justice à l'occasion de la mise en œuvre d'une mesure d'exécution forcée ou d'une mesure conservatoire pour obtenir l'adresse des organismes auprès desquels un compte est ouvert au nom du débiteur* ». En revanche, les « titres » visés à l'article L. 511-2 C. pr. exéc. permettant la mise en œuvre d'une mesure conservatoire sans autorisation judiciaire ne peuvent servir à la recherche d'informations sur le débiteur. Il s'agit de la décision de justice qui n'a pas encore force exécutoire, de la lettre de change acceptée et non payée, d'un billet à ordre, d'un chèque, des provisions mentionnées au premier alinéa de l'article 19-2 de la loi n° 65-557 du 10 juillet 1965 fixant le statut de la copropriété[6] des immeubles bâtis exi-

1. Décr. n° 2025-348, 16 avr. 2025, portant sur le traitement de données à caractère personnel relatif à la prévention et à la gestion des procédures d'expulsion locative dénommé « EXPLOC », *JO* 17 avr., texte 22.
2. Les frais visés à l'annexe 4-8, I, 3°, i) à l'article R. 444-3 C. com. ne doivent pas être confondus avec la tarification de la requête aux fins de recherche des informations. Cette prestation est désignée sous le numéro 151 au tableau 3-3 de l'article annexe 4-7 C. com. Elle est rémunérée par un émolument fixe visé à l'article A. 444-43 C. com.
3. Arr. 24 avr. 2020, portant modification des articles 164 FB et suivants de l'annexe IV du Code général des impôts, *JO* 6 mai, texte 15.
4. L. n° 2021-1729, 22 déc. 2021, pour la confiance dans l'institution judiciaire, *JO* 23 déc., texte 1.
5. Civ. 2e, 16 mars 2017, n° 16-11.314, P II, n° 59.
6. L. n° 65-557, 10 juill. 1965, fixant le statut de la copropriété, *JO* 11 juill.

gibles ou rendues exigibles dans les conditions prévues au même article 19-2 ou d'un loyer resté impayé dès lors qu'il résulte d'un contrat écrit de louage d'immeubles.

Depuis la loi du 16 février 2015[1] relative à la modernisation et à la simplification du droit et des procédures dans les domaines de la justice et des affaires intérieures, le commissaire de justice n'a pas à produire le titre exécutoire lors d'une requête pour l'obtention d'informations. En effet en application de l'article 11 de cette loi, les mots : « *porteur d'un titre exécutoire* » figurant aux articles L. 152-1 et L. 152-2 C. pr. exéc. ont été supprimés. Ainsi, la demande de renseignements fondée sur les articles L. 152-1 et L. 152-2 C. pr. exéc., n'a pas à être accompagnée d'une copie du titre ou de l'ordonnance d'autorisation de pratiquer une saisie conservatoire bancaire.

SECTION 2
CHARGE DES FRAIS DE L'EXÉCUTION

0311.150 **Plan.** Les frais de l'exécution sont, en principe, à la charge du débiteur (§ 1). Ce dernier s'en trouve néanmoins déchargé dans certains cas (§ 2).

§ 1
Principe

0311.161 **Frais à la charge du débiteur.** Aux termes de l'article L. 111-8 alinéa 1er C. pr. exéc. : « *À l'exception des droits proportionnels de recouvrement ou d'encaissement qui peuvent être mis partiellement à la charge des créanciers dans des conditions fixées par décret en Conseil d'État, les frais de l'exécution forcée sont à la charge du débiteur, sauf s'il est manifeste qu'ils n'étaient pas nécessaires au moment où ils ont été exposés. Les contestations sont tranchées par le juge* ».

Le principe est donc que les frais de l'exécution forcée sont à la charge du débiteur. Il est aisément concevable que la partie qui ne s'est pas exécutée spontanément supporte la charge du coût des actes délivrés pour obtenir l'exécution de l'obligation. Les frais afférents aux procédures d'exécution entrant dans la catégorie juridique des dépens, ce principe s'inscrit dans la logique des dispositions de l'article 696 C. pr. civ. aux termes duquel « *la partie perdante est condamnée aux dépens* ».

La règle selon laquelle la charge des frais de l'exécution pèse sur le débiteur s'applique également aux mesures conservatoires qui, comme leur nom l'indique, permettent au créancier de garantir la conservation de son gage. En effet, aux termes de l'article L. 512-2 C. pr. exéc., « *les frais occasionnés par une mesure conservatoire sont à la charge du débiteur, sauf décision contraire du juge* ».

D'un point de vue pratique, quand bien même la charge des frais de l'exécution incombe au débiteur, le créancier doit, préalablement à l'accomplissement de toute prestation devant être immédiatement réalisée, et sauf exception (v. ss no 0312.53), verser au commissaire de justice qu'il a mandaté une provision suffisante pour couvrir l'émolument correspondant ainsi que les éventuels frais et débours (C. com., art. R. 444-52).

Toujours sur le plan pratique, à l'exception des droits proportionnels pouvant être mis partiellement à la charge des créanciers, les frais sont payés prioritairement sur le premier règlement du débiteur. Dans l'hypothèse où le principal serait acquitté directement par le débiteur entre les mains du créancier, le commissaire de justice instrumentaire dûment titré, est en droit de poursuivre le recouvrement des frais et émoluments qu'il a exposés. Il n'est pas tenu préalablement de faire procéder, par le greffe, à leur vérification[2].

0311.162 **Aide juridictionnelle.** Il ressort de l'article 11 de la loi du 10 juillet 1991[3] relative à l'aide juridique que l'aide juridictionnelle s'applique de plein droit aux procédures, actes ou mesures d'exécution des décisions de justice obtenues avec son bénéfice, à moins que l'exécution ne soit suspendue plus d'une année pour une cause autre que l'exercice d'une voie de recours ou d'une décision de sursis à exécution. En application de l'article 24 de ladite loi, les dépenses qui incomberaient au bénéficiaire de l'aide juridictionnelle s'il n'avait pas cette aide sont à la charge de l'État. Toutefois, l'aide juridictionnelle partielle laisse à son bénéficiaire la charge d'un honoraire fixé par convention avec l'avocat conformément à l'article 35 ou d'un émolument au profit des officiers publics et ministériels qui prêtent leur concours.

L'aide juridictionnelle concerne tous les frais afférents aux instances, procédures ou actes pour lesquels elle a été accordée, à l'exception des droits de plaidoirie. Le bénéficiaire de l'aide est dispensé du paiement, de l'avance ou de la consignation de ces frais[4].

1. L. no 2015-177, 16 févr. 2015, relative à la modernisation et à la simplification du droit et des procédures dans les domaines de la justice et des affaires intérieures, *JO* 17 févr., texte 1.
2. Civ. 2e, 6 mars 2003, no 01-02.745, P II, no 56 – V. ÉGAL. : Civ. 2e, 28 juin 2001, no 99-20.953, NP : le titre servant de fondement aux poursuites permet le recouvrement forcé des frais d'exécution exposés, résultant de démarches rendues nécessaires par la résistance du débiteur.
3. L. no 91-647, 10 juill. 1991, relative à l'aide juridique, *JO* 13 juill.
4. L. no 91-647, 10 juill. 1991, art. 40.

Mais les frais exposés avec le bénéfice de l'aide afférents aux procédures d'exécution et aux instances nées de cette exécution entre le bénéficiaire de l'aide et la partie poursuivie sont, même si ces procédures ou instances ont été discontinuées ou suspendues pendant plus d'une année, réputés dus par la partie poursuivie, sauf justifications ou décisions contraires[1]. La partie condamnée aux dépens qui ne bénéficie pas elle-même de l'aide juridictionnelle est tenue, sauf dispense totale ou partielle accordée par le juge, de rembourser au Trésor public, dans la proportion des dépens mis à sa charge, les sommes avancées par l'État au titre de l'aide juridictionnelle. La partie tenue aux dépens dans les cas prévus par la loi est assimilée à la partie condamnée aux dépens[2].

S'agissant de la tarification applicable en matière d'aide juridictionnelle, elle est fixée par l'article 95 du décret du 28 décembre 2020 portant application de la loi du 10 juillet 1991 relative à l'aide juridique. La rétribution versée par l'État aux huissiers de justice et aux commissaires de justice qui prêtent leur concours au bénéficiaire de l'aide juridictionnelle est de 15 euros hors taxes par acte effectivement délivré et de 33 euros hors taxes par procès-verbal, pour la transmission de la demande de signification ou de notification dans un État étranger ou pour l'exécution d'une décision relative à l'exercice de l'autorité parentale. Toutefois, cette indemnité est de 63 euros hors taxes pour l'exécution d'une décision ordonnant une expulsion.

Pour les commandements aux fins de saisie, il est ajouté à l'indemnité prévue à l'alinéa premier de l'article 95 les trois quarts du droit d'engagement de poursuites prévu par le tarif des huissiers de justice en matière civile et commerciale.

Les indemnités prévues par l'article 95 sont majorées de 6 euros hors taxes lorsque les copies de pièces sont établies par le commissaire de justice pour être annexées à l'acte ou au procès-verbal. Ces mêmes indemnités sont indépendantes du remboursement des frais de transport, des frais d'affranchissement des correspondances postales prévues à l'article 116 du décret du 28 décembre 2020 et des frais postaux engagés aux fins de notification à l'étranger.

Lorsque l'aide juridictionnelle accordée au bénéficiaire est partielle, la part contributive de l'État est déterminée, selon les modalités fixées par l'article 101 du décret susmentionné.

1. Décr. nº 2020-1717, 28 déc. 2020, portant application de la loi nº 91-647 du 10 juillet 1991 relative à l'aide juridique et relatif à l'aide juridictionnelle et à l'aide à l'intervention de l'avocat dans les procédures non juridictionnelles, *JO* 29 déc., texte 32, art. 119.
2. Décr. nº 2020-1717, 28 déc. 2020, art. 121, al. 1er.

§ 2
Exceptions

0311.171 **Charge des frais non nécessaires.** Il ressort de l'article L. 111-8 C. pr. exéc. que les frais de l'exécution forcée ne sont pas à la charge du débiteur lorsqu'il est manifeste qu'ils n'étaient pas nécessaires au moment où ils ont été exposés[3]. Les contestations sont alors tranchées par le juge (v. ss nos 0313.41 s.) Les dispositions de l'article L. 111-8 C. pr. exéc. appellent plusieurs observations.

Tout d'abord, en application de l'article L. 111-7 C. pr. exéc., le créancier est libre de choisir les mesures propres à assurer l'exécution ou la conservation de sa créance. Mais comme le précise le législateur, l'exécution de ces mesures ne peut excéder ce qui se révèle nécessaire pour obtenir le paiement de l'obligation. La procédure utilisée doit demeurer proportionnée au but poursuivi. L'application de cette règle relève du cas par cas, et notamment de la consistance du patrimoine du débiteur.

Afin de respecter le principe de proportionnalité et de protéger le mandant de la charge des frais de l'exécution forcée, le commissaire de justice doit l'accompagner dans le choix de la procédure d'exécution en le conseillant sur l'utilité et l'efficacité des actes. Tenu d'un devoir de mesure, de modération, il ne peut conseiller à son mandant une procédure dont la rigueur serait hors de proportion avec le but à atteindre ou dont le montant dépasserait largement celui des sommes à recouvrer. En cas de contentieux, le commissaire de justice doit être en mesure de rapporter la preuve de l'exécution de son devoir de conseil[4]. En application de l'article 698[5] C. pr. civ., sa responsabilité pourrait être recherchée en raison d'acte ou de procédures d'exécution injustifiée. Le commissaire de justice pourrait également se voir imputer la charge des frais ainsi engagés.

Lorsqu'en dépit de l'accomplissement de son devoir de conseil, le mandant requiert une mesure paraissant revêtir un caractère illicite ou lorsque le montant des frais paraît manifestement susceptible de dépasser le montant de la créance réclamée, à l'exception des condamnations symboliques que le débiteur refuserait d'exécuter, le commissaire de justice doit décliner son ministère (C. pr. exéc., art. L. 122-1).

3. Pour une application jurisprudentielle : Civ. 2e, 28 juin 2006, nº 04-19.165, NP.
4. Civ. 1re, 15 déc. 1998, nº 96-15.321, P I, nº 364.
5. L'article 698 C. pr. civ. dispose : « Les dépens afférents aux instances, actes et procédures d'exécution injustifiés sont à la charge des auxiliaires de justice qui les ont faits, sans préjudice des dommages-intérêts qui seraient réclamés. Il en est de même des dépens afférents aux instances, actes et procédures d'exécution nuls par l'effet de leur faute ».

Dans l'hypothèse d'un abus de saisie, dont la preuve incombe au débiteur[1], le juge de l'exécution a le pouvoir d'ordonner la mainlevée de la mesure inutile ou abusive et de condamner le créancier à des dommages-intérêts (C. pr. exéc., art. L. 121-2).

Au vu de ce qui précède, le commissaire de justice doit donc être attentif au choix des actes que son mandant lui demande de délivrer mais aussi à celui des actes qu'il propose de signifier.

0311.172 Débat sur la nécessité de certains frais. La nécessité de certains frais exposés à l'occasion de l'exécution est parfois incertaine voire contestée. Tel est notamment le cas des frais liés à la signification multiple lorsqu'elle ne s'impose pas. Il a ainsi été jugé à propos d'un procès-verbal de saisie des droits d'associés réalisé pour le compte de cinq créanciers poursuivants qui, bien que n'emportant pas indivisibilité des créances et des procédures, a fait l'objet de cinq dénonciations, qu'un seul acte de dénonciation pour tous aurait dû être délivré[2]. De tels frais jugés non nécessaires sont alors supportés par le créancier.

Sans doute pour limiter la charge des frais de l'exécution forcée, le législateur permet la délivrance d'un acte unique lorsque cela est possible. Le Code des procédures civiles d'exécution ouvre, en effet, la possibilité de signifier le jugement et d'engager la procédure d'exécution dans un seul et même acte. Cette possibilité se retrouve en matière de saisie-vente à l'article R. 221-4 C. pr. exéc., en matière de saisie-appréhension à l'article R. 222-2 C. pr. exéc. ou encore, en matière de saisie des biens placés dans un coffre-fort, à l'article R. 224-3 C. pr. exéc.

Cette possibilité de limiter les frais de l'exécution par la signification d'un seul et même acte était toutefois réduite avant la réforme de la procédure civile opérée par le décret du 11 décembre 2019[3]. Les décisions de justice n'étaient pas, sauf exception, assorties de l'exécution provisoire de plein droit lors de leur prononcé. Pour être ramenées à exécution, il convenait donc de les signifier et d'attendre qu'elles acquièrent force de chose jugée. En pareil cas, la délivrance d'actes distincts pour la signification du jugement et pour la mise en œuvre de la procédure d'exécution s'imposait.

Mais, depuis la réforme de la procédure civile et la modification de l'article 514 C. pr. civ. par l'article 3 du décret du 11 décembre 2019, « *les décisions de première instance sont de droit exécutoires à titre provisoire à moins que la loi ou la décision rendue n'en dispose autrement* ». Par conséquent, lorsque le Code des procédures civiles d'exécution permet de signifier la décision et d'engager l'exécution dans un seul acte, le caractère en principe exécutoire de droit à titre provisoire de la décision ne permet plus au commissaire de justice compétent de justifier de la nécessité de la délivrance d'actes multiples. Les textes du Code des procédures civiles d'exécution n'ont toutefois pas été modifiés, de sorte que la signification dans un acte unique n'est à ce jour qu'une simple possibilité. Il convient cependant d'être attentif à l'application que feront à l'avenir les juges de ces différents textes en cas de contestation portant sur le caractère nécessaire des frais exposés.

En dehors de la difficulté liée à la délivrance d'actes multiples lorsqu'une signification unique est possible, la contestation peut porter sur des frais occasionnés par l'attitude du créancier. Tel est le cas lorsque ce dernier ne délivre aucun acte pendant un délai de deux ans suivant la délivrance du commandement de payer avant saisie-vente. Lorsque la réitération du commandement[4] est la conséquence de la négligence du créancier, les frais en résultant peuvent être mis à sa charge. À cet égard, le juge apprécie souverainement le caractère frustratoire des frais engagés.

Toutefois cette liberté d'appréciation ne doit pas conduire le juge à discuter de la nécessité de la délivrance d'un acte constitutif d'une étape de l'une des procédures d'exécution visée par le code et tarifé par le Code de commerce. Or, certains actes et formalités délivrés licitement sont parfois jugés non-nécessaires, comme par exemple l'acte de signification du certificat de non-contestation ou l'acte de signification d'acquiescement au tiers saisi en matière de saisie-attribution. Ces actes relèvent des dispositions de l'article R. 211-6 C. pr. exéc. : « *Le tiers saisi procède au paiement sur la présentation d'un certificat délivré par le greffe ou établi par le commissaire de justice qui a procédé à la saisie attestant qu'aucune contestation n'a été formée dans le mois suivant la dénonciation de la saisie. Le paiement peut intervenir avant l'expiration de ce délai si le débiteur a déclaré ne pas contester la saisie. Cette déclaration est constatée par écrit* ».

Si la mention d'un acte comme support de la présentation au tiers saisi du certificat de non-contestation ou de l'acquiescement aurait mérité d'être précisée dans cet article, la nécessité d'un acte de signification n'est toutefois pas contestable. En effet, aux termes de l'article L. 122-2 C. pr. exéc., le commissaire de justice chargé de l'exécution a la responsabilité de la conduite des opérations d'exécution. La procédure de saisie-attribution est menée sous sa responsabilité. Il n'est donc pas concevable de prétendre que l'insuffisance rédactionnelle de l'article R. 211-6 C. pr. exéc. permette au créancier d'agir en

1. Civ. 2e, 15 mai 2014, no 13-16.016, P II, no 113.
2. TGI Albertville, JEX, 11 avr. 1996, *Rev. huiss.* 1996. 1483.
3. Décr. no 2019-1333, 11 déc. 2019, réformant la procédure civile, *JO* 12 déc., texte 3.
4. Cette réitération est imposée par l'article R. 221-5 C. pr. exéc.

personne, de manière ponctuelle, au cours de la procédure en présentant lui-même au tiers saisi l'acquiescement du débiteur. Il n'est pas non plus concevable d'imposer au commissaire de justice une telle présentation sans forme.

La délivrance de l'acte est nécessaire pour des raisons probatoires. Elle formalise la demande de paiement et permet de faire condamner le tiers saisi en cas de résistance de sa part.

Enfin ces actes sont expressément prévus par les dispositions tarifaires du Code de commerce. La signification au tiers-saisi de l'acquiescement du débiteur ainsi que la signification au tiers-saisi du certificat de non-contestation sont, en effet, tarifées au n° 6 et au n° 7 du tableau 3-1 de l'article annexe 4-7 C. com. L'application combinée des dispositions du Code des procédures civiles d'exécution avec les règles tarifaires du Code de commerce ne devrait pas permettre de contester la délivrance d'actes constitutifs des étapes d'une procédure d'exécution au coût fixé par le législateur.

0311.173 **Charge des frais des actes nuls.** Outre l'engagement de sa responsabilité, le commissaire de justice peut avoir à supporter la charge des frais des actes nuls par sa faute, en application de l'article 698 C. pr. civ. La condamnation de l'auxiliaire de justice à de tels frais peut être prononcée par le juge même en l'absence de toute demande des parties[1].

Comme l'a rappelé le Conseil d'État saisi d'une requête en nullité de l'article 698 C. pr. civ., ce dernier a pour objet de dissuader les auxiliaires de justice de procéder à des actes qui ne trouvent pas de justification dans les besoins du litige ou sont frappés de nullité. Il ne résulte d'aucune disposition législative ou d'aucun principe général du droit que seule une partie à un procès pourrait être condamnée à l'issue de l'instance. La règle de procédure civile critiquée par la requête en nullité, qui relève de la compétence du pouvoir réglementaire, n'institue pas une sanction mais a pour but d'assurer le bon fonctionnement du service public. Elle ne porte atteinte ni au droit au recours, ni aux prérogatives de la défense. Par suite, elle ne méconnaît pas l'article 6 § 1 de la Convention européenne des droits de l'homme[2].

L'article 698 C. pr. civ. n'a pas lieu de s'appliquer en l'absence de faute du commissaire de justice, s'il a notamment instrumenté de manière attentive, avec diligence et loyauté et s'il a rempli son devoir de conseil et d'information envers son mandant.

0311.174 **Charge de certains frais.** L'article R. 213-7 C. pr. exéc., prévoit que les frais du paiement direct d'une pension alimentaire incombent au débiteur et qu'aucune avance ne peut être demandée au créancier pour la mise en œuvre de la procédure. Les frais de notification de la demande de paiement direct sont, en principe, prélevés par le tiers débiteur à l'occasion de la première retenue effectuée au titre du terme courant.

Mais lorsque le paiement direct ne peut pas être obtenu notamment parce que le tiers n'est plus débiteur du débiteur, ou lorsque le débiteur est introuvable, le commissaire de justice doit s'adresser au Trésor public afin d'obtenir le règlement de ses frais. Pour ce faire, il doit pouvoir recourir au service de Chorus Pro, portail spécifique à la facturation électronique à destination des entités publiques.

0311.175 **Caractère privilégié des frais de l'exécution.** Les frais de l'exécution sont, en application de l'article 2331 C. civ. des créances privilégiées devant être payées en premier rang, avant même les créances hypothécaires (C. civ., art. 2324). Bien entendu le caractère privilégié de ces frais est subordonné à leur utilité. Les frais résultant d'actes inutiles ou nuls par l'effet de la faute du commissaire de justice qui les a faits resteront à sa charge. Une fois les frais de justice réglés, le paiement, lorsqu'il est partiel, s'impute sur les intérêts, puis sur le capital (C. civ., art. 1343-1, al. 1er).

Ces règles d'imputation des paiements diffèrent lorsque le recouvrement porte sur des cotisations ou des contributions sociales. En effet, l'article L. 133-4-11 du CSS, modifié successivement par les lois de financement de la sécurité sociale pour 2021[3] et pour 2022[4], dispose : « *En cas de recouvrement partiel des cotisations et contributions sociales, le paiement est prioritairement imputé sur la créance due au principal, puis le cas échéant sur les majorations de retard et pénalités restant dues et sur les frais de justice. Pour l'affectation du paiement partiel aux sommes dues à titre principal par les employeurs, les cotisations et contributions salariales sont prélevées par priorité et dans des proportions identiques sur les sommes recouvrées. Le solde éventuel est affecté aux autres cotisations et contributions dans des conditions fixées par décret. Les cotisations et contributions dues par les travailleurs indépendants sont prélevées selon un ordre fixé par décret.* »

En application de cet article L. 133-4-11, la jurisprudence de la Cour de cassation en la matière[5], selon laquelle les versements effectués par un débiteur doivent d'abord s'imputer sur les frais exposés par le créancier en vue du recouvrement de sa créance dont ils constituent l'accessoire, n'a plus vocation à s'appliquer.

1. Civ. 2e, 28 mai 2003, n° 01-14.296, P II, n° 164.
2. CE, 6e et 1re ss-sect. réun., 25 mai 2005, req. n° 265719.
3. L. n° 2020-1576, 14 déc. 2020, de financement de la sécurité sociale pour 2021, *JO* 15 déc., texte 1, art. 31.
4. L. n° 2021-1754, 23 déc. 2021, de financement de la sécurité sociale pour 2022, *JO* 24 déc., art. 12.
5. Soc. 1er juin 1995, n° 92-21.833, P V, n° 174.

CHAPITRE

0312. Coût des actes et formalités de l'exécution

Marie-Pierre Mourre-Schreiber
Docteur en droit
Diplômée huissier de justice
Titulaire de l'attestation de formation « commissaire de justice »
Directrice juridique du pôle formation
de la Chambre nationale des commissaires de justice

SECTION 0
Orienteur

0312.00 Sommaire du chapitre.

Division. Le coût des actes et formalités de l'exécution obéit à des principes tarifaires (sect. 1) avant fixation (sect. 2).

0312.01 Textes applicables.

• **C. pr. civ.,** art. 658, 659.

• **C. com.,** art. L. 444-1 s., R. 444-1 s., R. 444-43 s., A. 444-2 s. et A. 444-10 s.

• **Décr. nº 2016-230, 26 févr. 2016,** relatif aux tarifs de certains professionnels du droit et au fonds interprofessionnel de l'accès au droit et à la justice, *JO* 28 févr., texte 35.

• **L. nº 2015-990, 6 août 2015,** pour la croissance, l'activité et l'égalité des chances économiques, *JO* 7 août, p. 13537.

• **Arr. 26 févr. 2016,** fixant les tarifs réglementés des huissiers de justice, NOR : EINC1605791A, *JO* 28 févr., texte 38.

• **Arr. 28 févr. 2020,** fixant les tarifs réglementés des huissiers de justice, NOR ECOC2003885A, *JO* 1er mars, texte 18.

• **Arr. 28 avr. 2020,** modifiant les arrêtés du 28 février 2020 fixant les tarifs réglementés des professions réglementées du droit, NOR ECOC2010166A, *JO* 29 avr., texte 19.

• **Arr. 28 févr. 2024,** fixant l'objectif de taux de résultat moyen et les tarifs réglementés des huissiers de justice et commissaires-priseurs judiciaires, NOR : ECOC2403961A, *JO* 29 févr., texte 14.

• **Arr. 4 mars 2025,** relatif à certains tarifs réglementés applicables aux huissiers de justice, commissaires-priseurs judiciaires et commissaires de justice, NOR : ECOC2421712A, *JO* 14 mars, texte 29.

0312.02 **Jurisprudence de référence.**

> Acte ou formalité tendant au recouvrement d'une dette et obligation pécuniaire déterminée.

• **Cass., avis, 7 mars 2011,** n° 10-00.010, P, n° 3

* V. s[s] n°s 0312.123, 051.06, 0512.71

Parmi les actes et formalités relatifs à la procédure d'expulsion motivée par l'existence d'une dette locative, seuls ceux qui ont également pour finalité le recouvrement de la dette, tels le commandement de payer visant la clause résolutoire ou l'assignation aux fins de résiliation du bail ou la notification au représentant de l'État de cet acte, peuvent se voir appliquer le coefficient multiplicateur de l'article 7 du décret n° 96-1080 du 12 décembre 1996 portant fixation du tarif des huissiers de justice en matière civile et commerciale (actuel art. A. 444-46 C. com.).

0312.03 **Bibliographie indicative.**

* V. s[s] n° 03.03.

SECTION 1

PRINCIPES TARIFAIRES

0312.10 **Plan.** Les principes tarifaires sont énoncés par le Code de commerce. Ce dernier pose dans un premier temps les conditions d'application des tarifs réglementés en réservant la possibilité de perception d'honoraires pour les prestations qui n'y sont pas soumises (§ 1). Après avoir précisé la méthode de fixation des tarifs réglementés (§ 2), le code envisage les différentes modalités tarifaires (§ 3) et détermine les droits et obligations du professionnel (§ 4).

§ 1

Tarif réglementé et honoraires

0312.21 **Tarif réglementé.** Le tarif des huissiers de justice[1] et celui des commissaires-priseurs judiciaires[2] ont été modifiés à la suite de la loi du 6 août 2015[3]. L'article 50 de ladite loi a inséré dans le livre IV C. com., relatif à « la liberté des prix et de la concurrence », un titre IV *bis* intitulé « De certains tarifs réglementés ». Les articles L. 444-1 à L. 444-7 C. com. composant ce titre IV *bis* ont vocation à régir les tarifs réglementés applicables aux prestations des commissaires de justice, des greffiers de tribunal de commerce, des administrateurs judiciaires, des mandataires judiciaires et des notaires. Sont également régis par le titre IV *bis*, les droits et émoluments de l'avocat en matière de saisie immobilière, de partage, de licitation et de sûretés judiciaires mentionnés à l'article 10 de la loi du 31 décembre 1971[4] portant réforme de certaines professions judiciaires et juridiques.

Sauf disposition contraire, lorsqu'un de ces professionnels est autorisé à exercer une activité dont la rémunération est soumise à un tarif propre à une autre catégorie d'auxiliaire de justice ou d'officier public ou ministériel, sa rémunération est arrêtée conformément aux règles dudit tarif. Les prestations accomplies par les personnes mentionnées au deuxième alinéa de l'article L. 811-2 C. com. et au premier alinéa du II de l'article L. 812-2 C. com. sont rémunérées conformément aux tarifs réglementés applicables aux administrateurs et mandataires judiciaires.

0312.22 **Honoraires pour prestations non soumises à un tarif réglementé.** Ne sont pas soumises à un tarif réglementé, les prestations que les professionnels visés au premier alinéa de l'article L. 444-1 C. com. accomplissent en concurrence avec celles, non soumises à un tarif, d'autres professionnels. Comme indiqué à l'article annexe 4-9 C. com, en application de l'article R. 444-3, 3° C. com., sont notamment concernés :

– les prestations et formalités compatibles avec le statut de commissaire de justice, et n'ayant pas un acte de commissaire de justice pour support. Il peut s'agir des consultations juridiques et la rédaction d'actes sous seing privé délivrés dans le cadre des prérogatives qui leur sont imparties par l'article 56 de la loi du 31 décembre 1971[5] portant réforme de certaines professions judiciaires et juridiques. Sont aussi concernés, les missions d'assistance ou de représentation devant les juridictions où le commissaire de justice est habilité à représenter les parties, le recouvrement amiable des créances pour le compte d'autrui ou encore les sommations de payer non interpellatives, prévues aux articles 1231-6[6] et 1344[7] C. civ. ;

1. V. Décr. n° 96-1080, 12 déc. 1996, portant fixation du tarif des huissiers de justice en matière civile et commerciale, *JO* 13 déc., abrogé par Décr. n° 2016-230, 26 févr. 2016, art. 10 (V).
2. V. Décr. n° 85-382, 29 mars 1985, fixant le tarif des commissaires-priseurs judiciaires, abrogé par Décr. n° 2016-230, 26 févr. 2016, art. 10 (V).
3. L. n° 2015-990, 6 août 2015, pour la croissance, l'activité et l'égalité des chances économiques, *JO* 7 août, texte 1.
4. L. n° 71-1130, 31 déc. 1971, portant réforme de certaines professions judiciaires et juridiques, *JO* 5 janv. 1972.
5. L. n° 71-1130, 31 déc. 1971, préc.
6. Créé par Ord. n° 2016-131, 10 févr. 2016, art. 3, et par Décr. n° 2016-1278, 29 sept. 2016, art. 1er, en vigueur le 1er oct. 2016.
7. Mod. par Ord. n° 2016-131, 10 févr. 2016, portant réforme du droit des contrats, du régime général et de la preuve des obligations, *JO* 11 févr., texte 26, art. 3, et par Décr. n° 2016-1278, 29 sept. 2016, portant coordination des textes réglementaires avec l'ordonnance n° 2016-131 portant réforme du droit des contrats, du régime général et de la preuve des obligations, *JO* 30 sept., texte 34, art. 1er, en vigueur le 1er oct. 2016.

– les activités de ventes volontaires de meubles aux enchères publiques ;

– les sommations interpellatives, notamment de payer ;

– les congés et les offres de renouvellement de bail d'habitation prévus à l'article 1736 C. civ., dans la loi du 1er septembre 1948[1], à l'article 15 de la loi du 6 juillet 1989[2], à l'article 57 A de la loi du 23 décembre[3] ;

– les congés et demandes de renouvellement de bail commercial, prévus à l'article L. 145-4 C. com. ;

– l'établissement d'un constat autre que celui visé au n° 112 du tableau 3-1 annexé à l'article R. 444-3 C. com. ;

– la rédaction préparatoire à la signification des assignations ou congés ;

– l'intermédiation immobilière en vue de la vente d'un bien dont le commissaire de justice assure déjà l'administration, et par laquelle ce professionnel, agissant en vertu d'un mandat écrit, recherche un acquéreur, le met en relation avec son mandant et négocie les termes de la transaction immobilière.

Les honoraires rémunérant de telles prestations tiennent compte, selon les usages, de la situation de fortune du client, de la difficulté de l'affaire, des frais exposés par les professionnels concernés, de leur notoriété et des diligences de ceux-ci. Les professionnels concernés concluent par écrit avec leur client une convention d'honoraires, qui précise, notamment, le montant ou le mode de détermination des honoraires couvrant les diligences prévisibles, ainsi que les divers frais et débours envisagés.

§ 2
Méthode de fixation des tarifs réglementés

0312.31 **Coût pertinent et rémunération raisonnable.** L'un des objectifs majeurs poursuivis par la réforme des tarifs réglementés portait sur la fixation de tarifications en corrélation avec la réalité de la tâche accomplie par le praticien. Cet objectif est à l'origine des dispositions de l'article L. 444-2 C. com. imposant la prise en compte, pour les tarifs mentionnés à l'article L. 444-1, des coûts pertinents du service rendu et d'une rémunération raisonnable, définie sur la base de critères objectifs.

L'article R. 444-6 C. com. précise la notion de « coût pertinent ». Dans sa version issue du décret du 26 février 2016[4], cet article R. 444-6 indique que les coûts pertinents pris en compte pour chaque prestation incluent les coûts directs générés par la réalisation de cette prestation par un professionnel diligent ainsi qu'une quote-part des coûts indirects résultant des charges de structure et des frais financiers exposés par ce même professionnel, calculée en proportion de l'activité régulée par rapport à son activité totale.

Dans sa version issue du décret du 28 février 2020[5], l'article R. 444-6 C. com. prévoit une nouvelle méthode de détermination du coût pertinent. Dorénavant, les coûts pertinents sont évalués globalement pour chaque profession comme la différence entre le chiffre d'affaires et le résultat de cette profession, affectée du coefficient correspondant à la part des coûts imputables aux seules activités régulées dans les coûts totaux de la profession. Ce coefficient est réputé égal à la part du chiffre d'affaires régulé dans le chiffre d'affaires de la profession.

Quant à la rémunération raisonnable, autre élément clef de la méthode de fixation des tarifs réglementés, elle est déterminée par l'article R. 444-7 C. com. Dans sa version issue du décret du 26 février 2016, cet article dispose que « *la rémunération raisonnable prend en compte, pour chaque prestation, la durée moyenne nécessaire à la réalisation de cette prestation par un professionnel diligent et la quote-part de la rémunération du capital investi au titre de l'activité régulée de ce professionnel* ». Suite au décret du 28 février 2020, l'article R. 444-7 C. com prévoit que la rémunération raisonnable est déterminée globalement pour chaque profession en appliquant au chiffre d'affaires régulé l'objectif de taux de résultat moyen de cette profession. Cet objectif est déterminé à partir d'un taux de référence égal à 20 %.

L'objectif de taux de résultat moyen est égal au taux de référence susmentionné affecté d'un coefficient correcteur multiplicateur, compris entre 1 et 1,6, afin de prendre en compte :

1° L'écart entre le taux de résultat régulé de la profession, constaté au titre de la dernière année disponible, et le taux de référence de 20 % ;

2° Le résultat moyen régulé des professionnels appartenant aux trois premiers déciles de la profession ;

3° Le cas échéant, les caractéristiques des prestations réalisées par la profession et l'évolution constatée de la qualité du service rendu ;

1. L. n° 48-1360, 1er sept. 1948, portant modification et codification de la législation relative aux rapports des bailleurs et locataires ou occupants de locaux d'habitation ou à usage professionnel et instituant des allocations de logement, *JO* 2 sept.
2. L. n° 89-462, 6 juill. 1989, tendant à améliorer les rapports locatifs et portant modification de la loi n° 86-1290 du 23 décembre 1986, *JO* 8 juill.
3. L. n° 86-1290, 23 déc. 1986, tendant à favoriser l'investissement locatif, l'accession à la propriété de logements sociaux et le développement de l'offre foncière, *JO* 24 déc.
4. Décr. n° 2016-230, 26 févr. 2016, relatif aux tarifs de certains professionnels du droit et au fonds interprofessionnel de l'accès au droit et à la justice, *JO* 28 févr., texte 35.
5. Décr. n° 2020-179, 28 févr. 2020, relatif aux tarifs réglementés applicables à certains professionnels du droit, *JO* 19 févr., texte 2.

4° Le cas échéant, l'évolution constatée au cours des trois dernières années disponibles et l'évolution prévisible du chiffre d'affaires et du résultat moyens par professionnel.

Les tarifs réglementés et l'objectif de taux de résultat moyen sont fixés de manière à ce que le chiffre d'affaires régulé de la profession ne puisse varier de plus de 5 % par rapport à la période de référence précédente. Ces dispositions ne font pas obstacle à ce que l'émolument perçu en contrepartie d'une prestation donnée évolue, en valeur absolue, de plus de 5 % par rapport à la période de référence précédente.

L'objectif de taux de résultat moyen de chaque profession est fixé par l'arrêté prévu à l'article L. 444-3 C. com. L'arrêté du 28 février 2024 [1] a fixé l'objectif de taux de résultat moyen pour les huissiers de justice, à 29,9 % et pour les commissaires-priseurs judiciaires, à 30,6 %.

Le tarif révisé au moins tous les cinq ans (C. com., art. L. 444-3) est fixé par arrêté pour une période de référence (C. com., art. R. 444-4), actuellement de vingt-quatre mois (C. com., art. R. 444-2, 8°). L'arrêté du 28 février 2024 fixe la période de référence des tarifs réglementés du 1er mars 2024 au 28 février 2026. Cet arrêté a légèrement augmenté les tarifs des prestations des huissiers de justice (devenus commissaire de justice) accomplies depuis le 1er mai 2024. Le tarif des commissaires-priseurs judiciaires (devenus commissaire de justice) est quant à lui demeuré identique.

0312.32 **Péréquation des tarifs réglementés.** L'autre point clef de la réforme des tarifs réglementés était d'assurer une péréquation des tarifs applicables à l'ensemble des prestations servies. Le principe est posé par l'article L. 444-2 C. com. La péréquation peut notamment prévoir que les tarifs des prestations relatives à des biens ou des droits d'une valeur supérieure à un seuil fixé par l'arrêté conjoint prévu à l'article L. 444-3 C. com. soient fixés proportionnellement à la valeur du bien ou du droit. La finalité poursuivie est, comme il est dit à l'article R. 444-5 C. com., de favoriser l'accès aux prestations, l'installation des professionnels sur l'ensemble du territoire et l'orientation de l'activité économique.

§ 3
Modalités tarifaires

0312.41 **Structure.** La structure et les modalités tarifaires sont abordées, en termes généraux, aux articles R. 444-8 à R. 444-12 C. com. Les développements portent sur le caractère en principe fixe de l'émolument, sur les possibilités de remise ou de majoration et, enfin, sur le mode de remboursement des frais et débours.

0312.42 **Émoluments fixes.** Aux termes de l'article R. 444-8 C. com., les émoluments sont fixes, sous réserve des dispositions de l'article R. 444-5 du même code.

L'émolument fixe peut, sous certaines conditions, être affecté d'un coefficient multiplicateur. L'article A. 444-46 C. com. précise, en effet, que lorsque les actes, formalités ou requêtes sont relatifs à une obligation pécuniaire déterminée (v. ss n° 0312.123), les émoluments fixes indiqués aux articles A. 444-11 à A. 444-45 C. com. sont multipliés par un coefficient multiplicateur de 0,5, 1 ou 2 selon le montant de l'obligation en question.

0312.43 **Émoluments proportionnels.** La finalité poursuivie par la péréquation des tarifs permet au commissaire de justice, comme il est dit à l'article L. 444-2 C. com., de percevoir des émoluments proportionnels. Plus précisément, ce dernier peut prétendre en plus des émoluments fixes, et sous certaines conditions, à la perception d'un droit proportionnel à la charge du débiteur mais aussi d'un droit proportionnel à la charge du créancier, sur les sommes encaissées ou recouvrées.

0312.44 **Remises.** L'article L. 444-2 C. com. autorise le professionnel à consentir des remises lorsqu'un tarif est déterminé proportionnellement à la valeur d'un bien ou d'un droit. Le régime général est précisé par l'article R. 444-10 C. com., lequel limite le taux de remise que peut consentir un professionnel à 20 % du montant de l'émolument. Certaines prestations ouvrent droit à la possibilité d'un taux de remise allant jusqu'à 40 % de ce montant. Les conditions et modalités de remises sont précisées à l'article A. 444-52 C. com. actuellement inséré dans le tarif spécifique aux huissiers de justice. Elles peuvent être consenties sur le droit d'engagement des poursuites et sur les émoluments proportionnels de recouvrement et d'encaissement. Plus précisément, comme l'indique l'article A. 444-52 précité, dans sa version issue de l'arrêté du 28 février 2020, les remises sur le droit d'engagement de poursuites mentionné à l'article A. 444-15 s'appliquent à la part d'émolument calculée sur les tranches de montants de créance supérieurs ou égaux à 3 040 euros avec un taux de remise maximal de 20 %. Quant aux remises sur les émoluments proportionnels de recouvrement et d'encaissement mentionnés à l'article A. 444-32 C. com., elles s'appliquent à la part d'émolument calculée sur les tranches de montants encaissés ou recouvrés supérieurs ou égaux à 52 400 euros avec un taux de remise maximal de 20 %.

1. Arr. 28 févr. 2024, fixant l'objectif de taux de résultat moyen et les tarifs réglementés des huissiers de justice et commissaires-priseurs judiciaires, NOR : ECOC2403961A, *JO* 29 févr., texte 14.

Les remises prévues à l'article L. 444-2 C. com. sur les émoluments proportionnels mentionnés aux premiers alinéas des articles A. 444-2 à A. 444-4 C. com. sont consenties dans la limite d'un taux qui ne peut excéder 20 %. Ces remises s'appliquent à la part d'émolument calculée sur les tranches d'assiette supérieures ou égales à un seuil ainsi fixé :

1° 1 000 000 euros pour les émoluments prévus à l'article A. 444-2 C. com. ;

2° 6 000 euros pour les émoluments prévus à l'article A. 444-3 C. com.

En application du IV de l'article R. 444-10, les prisées et ventes judiciaires réalisées dans le cadre d'un mandat de justice ne donnent pas lieu à la remise prévue au premier alinéa (C. com., art. A. 444-9).

0312.45 **Majoration.** En application de l'article R. 444-11 C. com., les émoluments afférents à certaines prestations peuvent être majorés. Cette majoration ne peut excéder 150 euros ou, si le montant de l'émolument dépasse 500 euros, 30 % de cet émolument, pour le cas où, à la demande du client, et pour des raisons pouvant tenir notamment à la nécessité de sauvegarder un droit, un bien ou une preuve, le professionnel réalise la prestation prévue dans un délai inférieur à un délai de référence fixé par l'arrêté tarifaire.

0312.46 **Modes de remboursement des frais et débours.** L'article R. 444-12 C. com. précise que le remboursement des frais et débours peut être forfaitaire ou au coût réel de la dépense engagée. Lorsque ce remboursement est forfaitaire, le montant du forfait est fixé par l'arrêté conjoint mentionné à l'article L. 444-3, sur la base d'une évaluation moyenne ou d'une valeur de référence appropriée, selon la nature des frais.

§ 4
Droits et obligations

A.
Droits

0312.51 **Droit au remboursement des frais et débours.** (V. s[s] n° 0311.71). Le commissaire de justice a droit au remboursement des sommes dues à des tiers et qu'il a payées ou avancées, selon le cas, pour le compte du client ou du débiteur (C. com., art. R. 444-13). Les frais et débours dont l'huissier de justice devenu commissaire de justice peut demander le remboursement sont, en application de l'article annexe 4-8 C. com., les suivants :

– les frais de déplacement, sauf pour les significations d'avocat à avocat ;

– les droits fiscaux de toute nature ;

– les frais d'affranchissement des lettres qui constituent des formalités obligatoires de procédure ;

– les frais de serrurier, de déménagement, de garagiste et de garde-meubles ;

– les indemnités versées aux conseillers municipaux, fonctionnaires municipaux, autorités de gendarmerie ou témoins requis en application de l'article L. 142-1 C. pr. exéc. ;

– les indemnités versées aux fonctionnaires de la police nationale requis en application de l'article L. 142-1 C. pr. exéc. ;

– les indemnités versées aux conseillers municipaux, fonctionnaires municipaux, autorités de gendarmerie, fonctionnaires de la police nationale ou témoins requis en application de l'article 1309 C. pr. civ. ;

– toute somme due à des tiers à l'occasion de l'activité professionnelle de l'huissier de justice, et payée directement par lui ;

– les frais engagés pour la recherche des informations auprès du service du fichier des comptes bancaires et auprès des organismes énumérés aux articles L. 152-1 et L. 152-2 C. pr. exéc.

Enfin les frais et débours dont le commissaire-priseur judiciaire, devenu commissaire de justice, peut demander le remboursement sont, en application de l'article annexe 4-8 C. com. :

– les frais de toute sorte spécifiquement occasionnés par la vente judiciaire, étant entendu que les remboursements de frais non individualisables doivent être répartis entre les vendeurs en tenant compte des montants respectifs des prix d'adjudication, et que le montant total réparti entre les vendeurs ne peut excéder le total des frais effectivement supportés par le commissaire-priseur judiciaire du fait de la vente ;

– les droits de toute nature payés au Trésor, respectivement mis à la charge des vendeurs et des acheteurs en application des dispositions du Code général des impôts ;

– les frais postaux, de reprographie, de déplacement, et d'hébergement supportés par le commissaire-priseur judiciaire lors de l'accomplissement d'une prestation mentionnée au tableau 1 de l'article annexe 4-7.

0312.52 **Droit de rétention.** Le commissaire de justice est titulaire d'un droit de rétention pour garantir le paiement des prestations tarifées, et, le cas échéant, le remboursement des frais et débours (C. com., art. R. 444-15).

Par exception, le droit de rétention ne peut être exercé lorsque le recouvrement ou l'encaissement est effectué sur le fondement d'un titre exécutoire constatant une créance alimentaire ou lorsque le commissaire de justice instrumente pour le compte d'un comptable public (C. com., art. R. 444-54).

0312.53 **Droit à la perception d'une provision.** Préalablement à l'accomplissement de toute prestation devant être immédiatement réalisée, la partie qui requiert le commissaire de justice lui verse une provision suffisante pour couvrir l'émolument correspondant ainsi que les éventuels frais et débours (C. com., art. R. 444-52).

Ce droit au versement d'une provision suffisante est toutefois écarté dans certains cas. En application de l'article R. 444-53 C. com., aucune provision ne peut être demandée en cas d'urgence ou en cas d'impossibilité, tenant notamment aux ressources du créancier.

Elle ne peut pas non plus être demandée lorsque le recouvrement ou l'encaissement est effectué sur le fondement de l'un des titres exécutoires mentionné au 6° de l'article L. 111-3 C. pr. exéc. (titres délivrés par les personnes morales de droit public qualifiés comme tels par la loi, ou les décisions auxquelles la loi attache les effets d'un jugement), ou sur le fondement d'un titre exécutoire constatant une créance née de l'exécution d'un contrat de travail ou constatant une créance alimentaire, ou encore lorsque le commissaire de justice instrumente pour le compte d'un comptable public.

B. Obligations

0312.61 **Prohibition des sommes perçues au mépris du tarif.** Le commissaire de justice est soumis à certaines obligations.

Dans le cadre de l'exécution forcée, il ne peut demander ou percevoir, en raison des prestations soumises aux tarifs, une somme autre que celles fixées par ces tarifs (C. com., art. R. 444-13). S'il venait à percevoir une somme, en méconnaissance de ces dispositions, il serait tenu de la restituer, sans préjudice d'éventuelles sanctions disciplinaires (C. com., art. R. 444-14).

Les règles tarifaires portées par le Code de commerce interdisent ainsi au professionnel de solliciter en sus des prestations tarifées des sommes destinées à rémunérer certaines diligences.

0312.62 **Obligation d'affichage du tarif.** L'article L. 444-4 C. com. impose notamment aux commissaires de justice d'afficher « *les tarifs qu'ils pratiquent, de manière visible et lisible, dans leur lieu d'exercice et sur leur site internet, selon des modalités fixées dans les conditions prévues à l'article L. 112-1 du Code de la consommation* ». En application de l'article L. 444-6 C. com., les manquements relatifs à l'affichage du tarif sont passibles de l'amende administrative dont le montant ne peut excéder 3 000 euros pour une personne physique et 15 000 euros pour une personne morale. Ces manquements sont constatés par des agents des services d'instruction de l'Autorité de la concurrence prévus à l'article L. 450-1 C. com.

0312.63 **Autres obligations.** Une approche exhaustive des différents principes tarifaires conduit à évoquer d'autres obligations à la charge du commissaire de justice.

Tout d'abord, lorsque le débiteur s'exécute entre les mains du commissaire de justice suite à la mise en œuvre d'une mesure d'exécution, ce dernier est tenu, en application des dispositions générales de l'article R. 444-56 C. com., de reverser les sommes encaissées à son client dans un certain délai. C'est ainsi que le reversement doit s'effectuer dans un délai maximum de trois semaines si le paiement est effectué en espèces et de six semaines dans tous les autres cas. Si le débiteur procède à un paiement de la créance par acomptes successifs, ces délais sont respectivement de six semaines et de trois mois. L'article R. 444-56 C. com. précise que tout manquement est passible de l'une des sanctions disciplinaires prévues à l'article 3 de l'ordonnance du 28 juin 1945[1], relative à la discipline des notaires et de certains officiers ministériels.

Par ailleurs, le commissaire de justice est tenu de communiquer certaines données et informations statistiques. L'article L. 444-5 C. com. autorise, en effet, les ministres de la justice et de l'économie ainsi que l'Autorité de la concurrence, à recueillir :

– Toute donnée utile, auprès des professionnels mentionnés à l'article L. 444-1 C. com. et donc auprès des huissiers de justice.

– Les informations statistiques définies par voie réglementaire, auprès des instances représentatives de ces professionnels.

Il s'agit, en ce qui concerne les commissaires de justice, et en application de l'article R. 444-17 du code, de la Chambre nationale des commissaires de justice. Ces informations permettent d'obtenir certaines estimations (C. com., art. R. 444-18). En cas de manquement constaté par un agent des services d'instruction de l'Autorité de la concurrence, le contrevenant s'expose à devoir payer, en application de l'article L. 444-6 C. com., une amende administrative dont le montant ne peut excéder 3 000 euros pour une personne physique et 15 000 euros pour une personne morale.

D'autres obligations en lien avec le tarif sont prévues par les articles R. 444-43 C. com. Ces dispositions insérées dans une sous-section spécifique aux commissaires-priseurs judiciaires sont en réalité applicables aux commissaires de justice.

Ainsi, il n'est dû aucune rémunération supplémentaire par les parties lorsque deux ou plusieurs

1. Ord. n° 45-1418, 28 juin 1945, relative à la discipline des notaires et de certains officiers ministériels, *JO* 29 juin.

commissaires de justice interviennent dans une même prisée ou une même vente. Le partage des émoluments, hors remises, suit les prescriptions de l'article 26 de l'arrêté du 27 février 2024[1]. Ainsi les modalités du partage des émoluments visé à l'article R. 444-43 C. com. sont fixés par convention entre les professionnels avant la réalisation de l'opération. À défaut d'établissement d'une telle convention, les émoluments sont partagés à parts égales entre les professionnels, déduction faite des débours. La remise respectivement consentie par chaque intervenant est, le cas échéant, déduite de la part lui revenant (C. com., art. R. 444-43). Lorsque le commissaire de justice est désigné pour une mission d'expertise par une juridiction, ses honoraires sont fixés conformément aux règles applicables à la rémunération des experts (C. com., art. R. 444-44). Il est interdit au commissaire de justice, sous peine de sanction disciplinaire, de partager ses émoluments avec un tiers ou d'accepter qu'un tiers lui remette tout ou partie de la rétribution par lui reçue (C. com., art. R. 444-45). Enfin on relèvera que le commissaire de justice est tenu de déclarer auprès de la chambre régionale chaque trimestre le nombre de ventes réalisées et le montant de chacune d'elles (C. com., art. R. 444-48).

SECTION 2
FIXATION DU COÛT DES ACTES

0312.70 **Plan.** La réforme des tarifs des professions réglementées issue de la loi du 6 août 2015[2] n'a pas modifié la structure du coût des actes. Mais, afin de permettre au législateur de 2015 d'atteindre ses objectifs, les modalités pour chiffrer les prestations ont évolué. De plus, le montant des différentes activités du commissaire de justice est désormais fixé périodiquement par un arrêté tarifaire tous les vingt-quatre mois (C. com., art. R. 444-4, art. R. 444-2, 8°). La dernière modification résulte de l'arrêté du 28 février 2024 fixant la période de référence des tarifs réglementés du 1er mars 2024 au 28 février 2026. Cet arrêté a légèrement augmenté les tarifs des prestations des huissiers de justice (devenus commissaire de justice) accomplies depuis le 1er mai 2024. Le tarif des commissaires-priseurs judiciaires (devenus commissaire de justice) est quant à lui demeuré identique.

Le Code de commerce régissant distinctement, dans sa partie réglementaire et « arrêtés », les tarifs des professions d'huissier de justice et de commissaire-priseur judiciaire, les développements qui vont suivre porteront successivement sur le tarif des commissaires-priseurs judiciaires (§ 1) et sur celui des huissiers de justice (§ 2).

1. Arr. 27 févr. 2024, portant approbation des règles professionnelles des commissaires de justice, NOR : JUSC2405705A, *JO* 28 févr.
2. L. n° 2015-990, 6 août 2015, préc.

§ 1
Coût des actes désignés comme spécifiques aux commissaires-priseurs judiciaires

0312.80 **Plan.** Le tableau 1 de l'article annexe 4-7 C. com. liste les prestations accomplies traditionnellement par le commissaire-priseur judiciaire ; la tarification de ces actes figure aux articles A. 444-2 s. C. com. Elle est composée d'un émolument proportionnel (A), voire d'un émolument de vacation (B).

A.
Émolument proportionnel

0312.91 **Émolument proportionnel.** Au titre des prestations listées au tableau 1 de l'article annexe 4-7 C. com. figure au numéro 1 la prisée. Comme indiqué à l'article A. 444-2 C. com., l'acte de prisée ouvre droit à la perception d'un émolument proportionnel. En cas de liquidation judiciaire, la prisée donne lieu à un émolument proportionnel à la valeur de la réalisation de chaque article. Dans les autres cas, y compris en cas de redressement judiciaire, elle permet de percevoir un émolument proportionnel à la moyenne entre la valeur d'exploitation et la valeur de réalisation. L'émolument est calculé par l'application d'un taux dégressif par tranche d'assiette. Ce taux n'ayant pas été modifié par l'arrêté du 28 février 2024, il est de 1,488 % de 0 à 1 725 euros, de 0,496 % de 1 726 à 4 600 euros, de 0,248 % de 4 601 à 34 500 euros et de 0,099 % à partir de 34 501 euros. En revanche, l'émolument proportionnel ne s'applique pas à l'appréciation des objets remis en gage dans le cadre d'un prêt consenti par une caisse de crédit municipal effectuée dans les conditions prévues à l'article D. 514-2 C. mon. fin., qui est rémunérée selon les modalités prévues à l'article D. 514-5 du même code.

Le tableau 1 de l'article annexe 4-7 C. com. vise également au numéro 4 l'acte de vente judiciaire aux enchères publiques de meubles corporels ou incorporels, lequel donne lieu à la perception d'un émolument proportionnel au produit de chaque lot. Cet émolument est calculé en appliquant un taux de 4,96 % pour la part à la charge du vendeur et un taux de 11,90 % pour la part à la charge de l'acheteur, soit un taux total de 16,86 %. Si le total à la charge des vendeurs est, pour l'ensemble de la vente, inférieur à 45,63 euros, l'émolument est porté à cette somme, et réparti entre les vendeurs. Là encore l'émolument ne s'applique pas à la vente de l'objet gagé dans le cadre d'un prêt consenti par une caisse de crédit municipal dans les conditions prévues à l'article D. 514-17 C. mon. fin., qui est rémunérée selon les modalités prévues aux premier et troisième alinéas de l'article D. 514-18 du même code (C. com., art. R. 444-4).

Enfin, le retrait d'un lot, dans l'intérêt du vendeur, après le commencement des enchères donne lieu à la perception d'un émolument, à la charge du vendeur, proportionnel au chiffre de la dernière enchère portée avant le retrait, à un taux égal au sixième de celui figurant au barème de l'article A. 444-3 C. com.

B. Émolument de vacation

0312.101 Emolument de vacation. Certaines prestations donnent droit à la perception d'un émolument de vacation égal à 22,82 euros par demi-heure, chaque demi-heure supplémentaire étant due en entier. Les prestations concernées par cet émolument sont énumérées par l'article A. 444-5 C. com.

Il s'agit des prestations figurant aux numéros 2, 3, 6 et 7 du tableau 1 de l'article annexe 4-7 C. com., à savoir l'inventaire purement descriptif, le récolement d'inventaire, l'assistance aux référés et enregistrement de l'ordonnance et l'assistance à l'essai et au poinçonnage des matières précieuses.

§ 2 Coût des actes désignés comme spécifiques aux huissiers de justice

0312.110 Structure. Plan. Les actes tarifés accomplis antérieurement à la fusion du 1er juillet 2022 par l'huissier de justice sont listés dans le tableau 3-1 (et 3-2 pour les actes spéciaux aux huissiers de justice des départements du Bas-Rhin, du Haut-Rhin et de la Moselle) de l'article annexe 4-7 C. com. La détermination de leur coût nécessite d'en connaître la structure, rubrique par rubrique.

Mentionné en tête des différents postes tarifaires composant le coût de l'acte, l'émolument fixe éventuellement affecté d'un coefficient, majoré ou remisé permet de rémunérer le professionnel (A). La deuxième et la troisième rubrique du coût sont consacrées au droit d'engagement de poursuites lorsqu'il est perceptible (B) et aux frais de déplacement (C). Constitutive de l'une des rubriques du coût, la taxe sur la valeur ajoutée est applicable aux différents postes tarifaires susmentionnés (D). Enfin, selon les circonstances, certaines sommes constitutives de débours figureront dans la composition du coût de l'acte (E).

Bien que le législateur de 2015 n'ait pas repris les dispositions de l'article 26 du décret du 12 décembre 1996 [1] faisant obligation de mentionner sur l'acte, le coût rubrique par rubrique, le commissaire de justice doit continuer à détailler chacun des postes du coût. Outre le fait que cette présentation demeure à ce jour prévue par l'arrêté du 21 mars 2023 [2] fixant les normes de présentation des actes, exploits et procès-verbaux des commissaires de justice en application de l'article 14 du décret nº 2021-1625 du 10 décembre 2021 [3] relatif aux compétences des commissaires de justice, elle est essentielle pour permettre une vérification aisée du respect du tarif.

A. Émolument fixe

0312.120 Rappel. L'émolument est défini par l'article R. 444-2 C. com. comme « *la somme perçue par l'un* [des professionnels mentionnés au premier alinéa de l'article L. 444-1] *en contrepartie des prestations dont les tarifs sont régis par le titre IV* bis *de la partie législative du code* [de commerce] ». L'article R. 444-8 C. com. précise que : « *Les émoluments régis par le présent titre sont fixes, sous réserve des dispositions de l'article R. 444-5* [péréquation] ».

L'émolument fixe est constitutif de la première rubrique de la structure du coût renseigné sur l'acte. Il est fixé directement en euros (C. com., art. R. 444-2, 3º) et non plus en nombre de taux de base, comme le prévoyait le décret du 12 décembre 1996.

0312.121 Détermination. Pour calculer le montant de l'émolument fixe d'une prestation, il faut rechercher dans l'arrêté tarifaire sa valeur, qui peut faire l'objet dans certains cas d'une majoration, appliquer le coefficient en fonction du montant de l'obligation pécuniaire, et ajouter le cas échéant un émolument complémentaire de vacation.

Plus précisément, pour chaque prestation figurant aux tableaux 3-1 de l'article annexe 4-7 C. com., l'officier public et ministériel a droit à un émolument déterminé conformément aux dispositions des articles A. 444-11 et suivants C. com. La recherche de la détermination du coût applicable est facilitée par la classification des actes en fonction de leurs finalités. Ainsi dans le paragraphe 1 issu de l'arrêté tarifaire est fixé, en euros, le montant des convocations en justice et significations. Le paragraphe 2 fixe le montant des prestations afférentes aux informations des parties et des tiers, le paragraphe 3, celui des mises en demeure et commandements de payer, le paragraphe 4, celui des indisponibilités, nantissements, opposabilités, le paragraphe 5, celui des mises en demeure et commandements d'exécuter une obligation de faire ou de ne pas faire, le paragraphe 6, celui des mises en vente forcée des biens saisis et le paragraphe 7, celui des suspensions des poursuites et difficultés de signification. Enfin le paragraphe 8 fixe le montant de diverses prestations.

1. Décr. nº 96-1080, 12 déc. 1996, préc.
2. Arr. 21 mars 2023, fixant les normes de présentation des actes, exploits et procès-verbaux des commissaires de justice, NOR : JUSC2302471A, *JO* 24 mars, texte 9.
3. Décr. nº 2021-1625, 10 déc. 2021, relatif aux compétences des commissaires de justice, *JO* 12 déc., texte 62.

Par exemple, pour déterminer l'émolument relatif à la régularisation d'un acte de saisie-attribution, il y a lieu de se reporter au paragraphe 4 de l'arrêté tarifaire consacré aux actes ayant pour but l'indisponibilité des biens ou de créances. Dans ce paragraphe, l'article A. 444-16 C. com. mentionne que la prestation « acte de saisie-attribution » portant le n° 50 (numéro attribué dans le tableau 3-1 de l'article annexe 4-7 C. com.) est rémunérée à hauteur de 44,05 euros. Parfois, la détermination du coût de certains actes nécessite un peu plus de recherches. Ainsi le montant de la rémunération afférente à la régularisation d'un procès-verbal d'expulsion ou de reprise des lieux portant le n° 106 dans le tableau 3-1 précité doit être recherché dans le paragraphe 8 « Divers » de l'arrêté tarifaire, à l'article A. 444-24 C. com.

Toutefois, l'application des dispositions tarifaires est parfois source de questionnements. Tel est le cas lorsqu'une saisie-attribution est régularisée sur un compte déclaré créditeur par le tiers mais devenant négatif par exemple par l'effet de l'imputation de la somme à caractère alimentaire. En pareille hypothèse, la question se pose de savoir si l'émolument du commissaire de justice est celui d'un acte de saisie-attribution visé au n° 50 du tableau 3-1 de l'annexe 4-7 à l'article R. 444-3 C. com. ou celui d'un acte de saisie-attribution en cas de compte clôturé ou de solde négatif visé au n° 51 du tableau susvisé. Pour résoudre cette difficulté et déterminer l'émolument adéquat, il convient de prendre en considération le solde du compte lors de la saisie. Si le solde est positif, l'émolument correspondant à la prestation 50 doit être appliqué, peu importe que ce solde devienne ultérieurement négatif.

0312.122 **Majoration.** Après avoir recherché dans l'arrêté la prestation concernée et sa valeur en euros, il y a lieu de vérifier que cette prestation n'ouvre pas droit à une majoration en raison de la célérité avec laquelle elle est accomplie. Les prestations concernées sont celles visées par les articles A. 444-12, A. 444-20, A. 444-25 et A. 444-35 C. com. lorsqu'elles sont réalisées dans un délai inférieur à un délai de référence, et ce pour des raisons pouvant tenir à la nécessité de sauvegarder un droit, un bien ou une preuve.

Il en va ainsi en matière de saisie immobilière, pour l'assignation du débiteur à comparaître à l'audience d'orientation ou encore la dénonciation du commandement de payer aux créanciers inscrits valant assignation à comparaître à l'audience d'orientation, lorsqu'elles sont réalisées dans un délai inférieur au délai de référence de vingt-quatre heures prévu à l'article A. 444-20 C. com. L'émolument fixe pour chacune de ces prestations passe de 26,87 euros à 90,18 euros (avant application du coefficient multiplicateur en fonction du montant de l'obligation), lorsque ces prestations sont réalisées dans les vingt-quatre heures suivant la demande.

0312.123 **Coefficient.** En application de l'article A. 444-46 C. com., lorsque l'acte est relatif à une obligation pécuniaire déterminée, l'émolument fixe rémunérant la prestation du commissaire de justice, même majoré, est affecté d'un coefficient multiplicateur. L'émolument peut ainsi être affecté à la hausse ou à la baisse selon le montant de l'obligation. Si ce dernier est compris entre 0 et 128 euros, un coefficient de 0,5 est appliqué à l'émolument fixe. Entre 128 et 1 280 euros, le coefficient applicable est de 1 ; l'émolument ne varie donc pas. Enfin au-delà de 1 280 euros, l'émolument est doublé.

La notion d'obligation pécuniaire déterminée est source d'incertitudes. S'il est évident que le principal et les intérêts échus doivent être comptabilisés pour déterminer le montant de l'obligation pécuniaire, la question de la prise en compte des frais exposés est plus délicate.

La cour d'appel de Dijon a jugé, dans un arrêt en date du 11 juin 1997, que « *l'obligation pécuniaire doit s'entendre de la somme due par le débiteur qui fait l'objet de la procédure. C'est ainsi que les frais de la procédure constituent au même titre que le principal de la créance ou que les intérêts, une obligation pécuniaire déterminée et doivent entrer dans le calcul des droits fixes de l'huissier de justice* » [1]. Cette solution ancienne n'est toutefois pas retenue dans la pratique professionnelle. Seuls sont pris en compte le principal, les dommages et intérêts, les sommes dues éventuellement en application d'une clause pénale, les frais irrépétibles et les intérêts échus.

Par ailleurs, la Cour de cassation, dans un avis en date du 7 mars 2011 [2] rendu en matière d'expulsion, est venue apporter une précision sur la notion d'acte relatif à une obligation pécuniaire déterminée. « *Parmi les actes et formalités relatifs à la procédure d'expulsion motivée par l'existence d'une dette locative, seuls ceux qui ont également pour finalité le recouvrement de la dette, tels le commandement de payer visant la clause résolutoire ou l'assignation aux fins de résiliation du bail ou la notification au représentant de l'État de cet acte, peuvent se voir appliquer le coefficient multiplicateur de l'article 7 du décret n° 96-1080 du 12 décembre 1996 portant fixation du tarif des huissiers de justice en matière civile et commerciale* » (actuel C. com., actuel art. A. 444-46). Il ressort de cet avis que, dès lors que l'acte ou la formalité tend au recouvrement d'une créance, il est relatif à une obligation pécuniaire déterminée et doit se voir appliquer un coefficient.

1. Dijon, 11 juin 1997, RG n° 42/97.
2. Cass., avis, 7 mars 2011, n° 10-00.0100, P, n° 3.

Par exception, et comme il est dit à l'article A. 444-47 C. com., les émoluments de certaines prestations du tableau 3-1 de l'article annexe 4-7 C. com., alors même qu'elle serait relative à une obligation pécuniaire déterminée, ne peuvent pas se voir appliquer de coefficients multiplicateurs. Il s'agit de :

1° La délivrance du titre exécutoire par le commissaire de justice dans le cadre de la procédure simplifiée de recouvrement de petites créances, prévue à l'article L. 125-1 C. pr. exéc. (acte n° 113 du tableau) ;

2° La signification en France d'un acte en provenance d'un autre État prévue dans le règlement (UE) 2020/1784 du Parlement européen et du Conseil du 25 novembre 2020 relatif à la signification et à la notification dans les États membres des actes judiciaires et extrajudiciaires en matière civile ou commerciale (signification ou notification des actes) (*refonte*) [1] et à l'article 688-2 C. pr. civ. (acte n° 116 du tableau) ;

3° L'assistance du greffier en chef dans sa mission de vérification des comptes de gestion établis dans le cadre d'une mesure de protection juridique (acte n° 127 du tableau) ;

4° L'établissement d'un procès-verbal constatant que le destinataire de la signification est sans domicile, ni résidence ni lieu de travail connus (acte n° 130 du tableau).

0312.124 Émolument complémentaire de vacation. Le Code de commerce permet au commissaire de justice de percevoir en plus, pour certaines prestations seulement, un émolument complémentaire de vacation, lorsque la réalisation de ces prestations nécessite un délai d'exécution supérieur à une durée de référence. Il est important de relever que contrairement à l'émolument fixe de base, et comme le rappelle l'article A. 444-47 C. com., cet émolument complémentaire ne peut être affecté d'un coefficient multiplicateur. Quelle que soit la prestation éligible à l'émolument complémentaire, le délai supplémentaire d'exécution est calculé par tranche de demi-heure, chaque demi-heure commencée étant due en entier. Les heures de début et de fin de réalisation de la prestation sont indiquées par le commissaire de justice sur l'acte qu'il dresse. L'exécution débute lorsque le commissaire de justice arrive sur les lieux de réalisation de la prestation.

Concrètement, lorsque la prestation réalisée consiste en un acte de saisie de récoltes sur pied, un acte de saisie de navire ou aéronef ou un acte de saisie-contrefaçon, l'émolument complémentaire de vacation est dû au-delà de la quarante-cinquième minute. Il est dû au-delà de la vingtième minute lorsque la prestation réalisée est un acte de saisie de droits d'associé et de valeurs mobilières, un acte de saisie conservatoire de droits d'associé et de valeurs mobilières (C. com., art. A. 444-18). Pour l'acte de vérification et d'enlèvement, la durée de référence est fixée à quarante-cinq minutes et pour l'acte de vérification et d'enlèvement des biens placés dans un coffre-fort et le procès-verbal d'inventaire, elle est de trente minutes (C. com., art. A. 444-22). Un émolument complémentaire de vacation est également dû lorsque l'établissement du procès-verbal d'expulsion ou de reprise des lieux requiert un délai d'exécution supérieur à la durée d'exécution de référence fixée à quinze minutes par l'article A. 444-26 C. com. Enfin, le procès-verbal de description des lieux ouvre droit à la perception de l'émolument complémentaire de vacation au-delà de la soixantième minute d'exécution et l'opposition à mariage au-delà de la dixième minute (C. com., art. A. 444-29).

L'application concrète de ces dispositions ne pose guère de difficultés. Prenons l'exemple d'un procès-verbal de description des lieux dans le cadre d'une procédure de saisie immobilière, relatant des opérations réalisées entre 13 heures 30 et 15 heures 25. L'établissement d'un tel acte donne droit à la perception d'un émolument fixé au paragraphe 8 consacré aux actes divers. Dans ce paragraphe, l'article A. 444-28 C. com. mentionne que cette prestation portant le n° 114 est rémunérée à hauteur de 110,68 euros. Cet acte n'étant pas relatif à une obligation pécuniaire déterminée, un coefficient 1 doit lui être appliqué. À cet émolument fixe s'ajoute un émolument complémentaire de vacation au-delà de la soixantième minute d'exécution en application de l'article A. 444-29 C. com. égal à 75,15 euros par demi-heure. Chaque demi-heure supplémentaire étant due en entier et le temps passé au-delà de la durée de référence étant de 55 minutes, l'émolument complémentaire est de 2 × 75,15 euros. La rémunération hors taxe de la prestation est donc de 110,68 + 150,30, soit 260,98 euros.

0312.125 Émolument minoré. Il convient de relever qu'en certaines matières, les émoluments du commissaire de justice sont égaux à la moitié de ceux prévus par le tarif pour des actes de même nature en matière civile et commerciale.

Il en va ainsi en matière prud'homale, en application de l'article R. 1423-53 C. trav. Mais cette minoration de l'émolument ne concerne pas les actes délivrés dans le cadre de l'exécution proprement dite de la décision prud'homale. En d'autres termes, seuls les actes accomplis dans le cadre de l'instance prud'homale sont concernés par la minoration.

1. Règl. UE n° 2020/1784, Parlement et Conseil, 25 nov. 2020, relatif à la signification et à la notification des actes judiciaires et extrajudiciaires en matière civile ou commerciale (« signification ou notification des actes ») (refonte), *JOUE* L 405, 2 déc., p. 40.

En matière d'expropriation pour cause d'utilité publique, les émoluments alloués aux huissiers de justice pour les actes de leur ministère accomplis, sont égaux à la moitié de ceux fixés par leur tarif en matière civile et commerciale (C. expr., art. R. 312-3).

Enfin, en matière de surendettement, dans les procédures d'exécution qui ne font pas l'objet d'une suspension ou d'une interdiction, les émoluments supportés par le débiteur sont égaux à la moitié de ceux prévus par les arrêtés mentionnés à l'article R. 444-4 C. com. pour les actes de même nature effectués par les commissaires de justice (C. consom., art. R. 722-11).

0312.126 Émolument de recherches infructueuses. Lorsque le destinataire de l'acte n'a ni domicile, ni résidence, ni lieu de travail connus ou, s'agissant d'une personne morale, qu'elle n'a plus d'établissement connu au lieu indiqué comme siège social par le registre du commerce et des sociétés, le commissaire de justice dresse, en application de l'article 659 C. pr. civ., un procès-verbal dans lequel il relate avec précision les diligences qu'il a accomplies pour rechercher le destinataire. Le commissaire de justice perçoit alors, à titre de rémunération, l'émolument fixe correspondant à l'acte signifié, affecté le cas échéant d'un coefficient multiplicateur lorsqu'il est relatif à une obligation pécuniaire déterminée, mais aussi l'émolument afférant à l'établissement du procès-verbal de recherches infructueuses, figurant au n° 130 du tableau 3-1 de l'article annexe 4-7 C. com. Cet émolument est fixé par l'article A. 444-33 C. com. à la somme de 15,05 euros et ne peut être affecté d'un coefficient multiplicateur, figurant expressément au titre des exceptions prévues par l'article A. 444-47 C. com.

0312.127 Partage d'émolument. Dans l'hypothèse où le commissaire de justice a, conformément aux dispositions de l'article 6 du décret n° 2021-1625 du 10 décembre 2021[1], confié la signification d'un acte à un confrère dont l'office ou un bureau annexe, situé dans le même ressort de compétence, est plus proche du lieu de signification, l'émolument correspondant est versé au commissaire de justice initialement saisi, puis partagé avec le commissaire de justice significateur selon les règles de l'article R. 444-49 C. com. Ainsi, le commissaire de justice rédacteur de l'acte perçoit un tiers de l'émolument de la prestation. Le commissaire de justice significateur perçoit deux tiers de l'émolument de la prestation, ainsi que la totalité du remboursement des frais de déplacement. La remise (v. s^s n° 0312.44) respectivement consentie par chaque intervenant est, le cas échéant, déduite de la part lui revenant.

1. V. Décr. n° 2021-1625, 10 déc. 2021, art. 6.

B. Droit d'engagement de poursuites[2]

0312.131 Champ d'application. Cet émolument proportionnel, dont la perception est conditionnée, est l'un des postes tarifaires du coût de l'acte. « *Lié au premier acte de procédure délivré par l'huissier de justice* (devenu commissaire de justice) »[3], ce droit ne peut être perçu qu'une seule fois dans le cadre du recouvrement d'une même créance pour l'accomplissement des prestations désignées par les articles A. 444-15 et A. 444-17 C. com. Précisément, le droit d'engagement de poursuites est perçu pour les prestations suivantes :

– injonction de communiquer et commandement de payer ;

– commandement de payer précédant la saisie-vente ;

– signification du certificat de non-paiement valant commandement de payer ;

– commandement de payer les loyers et les charges ;

– commandement de payer les charges de copropriété ;

– protêt ;

– acte de saisie-attribution ;

– acte de saisie-vente ou acte de saisie-vente transformée en réception de deniers ;

– acte de saisie-vente transformée en carence ;

– acte d'opposition-jonction ;

– acte de déclaration à la préfecture ;

– acte de saisie de droits d'associé et de valeurs mobilières ;

– acte de saisie conservatoire sur les biens meubles corporels ;

– acte de saisie conservatoire de créances ;

– acte de saisie conservatoire de droits d'associé et de valeurs mobilières ;

– signification à la société du nantissement des parts sociales ;

2. Le droit d'engagement de poursuites s'impute, selon que le coût de l'acte est à la charge du débiteur ou du créancier, sur le droit proportionnel fixé à l'article A. 444-31 C. com. ou sur celui fixé à l'article A. 444-32 C. com. Le droit de recouvrement ou d'encaissement perçu à l'occasion du recouvrement ou de l'encaissement effectué sur le fondement d'un titre exécutoire et pour lequel le commissaire de justice a été dûment mandaté ne figure pas dans le coût de l'acte. De même, ne figure pas dans le coût de l'acte l'émolument fixe perçu par le commissaire de justice instrumentaire par acompte versé par le débiteur lorsque ce dernier s'est vu accorder des délais de paiement dans le cadre de l'exécution forcée (v. C. com., art. A. 444-44).

3. B. Menut, *Tarifs des huissiers de justice*, « Passerelle », EJT, 2009, n° 143.

– signification à la société ou à la personne morale émettrice du nantissement des valeurs mobilières ;

– acte de saisie des biens placés dans un coffre-fort ;

– commandement de payer valant saisie immobilière ;

– opposition au paiement du prix de cession d'un lot de copropriété ;

– opposition au prix de vente du fonds de commerce ou de cession du droit au bail ;

– opposition à partage (entre les mains d'un notaire).

0312.132 **Modalités de perception.** Le droit d'engagement de poursuites varie en fonction du montant de la créance. Si celle-ci est inférieure ou égale à 76 euros, le droit d'engagement de poursuites est fixé à 4,29 euros. Au-delà du seuil de 76 euros, ce droit est proportionnel au montant de la créance, selon les tranches d'assiette fixées par l'article A. 444-15 C. com.

Ainsi pour une **créance située dans la première tranche**, soit d'un montant inférieur ou égal à 304 euros : le montant du droit d'engagement de poursuites est déterminé en appliquant un taux de 5,66 % au montant de la créance.

Pour une **créance située dans la deuxième tranche**, soit d'un montant supérieur à 304 euros et inférieur ou égal à 912 euros : le montant du droit d'engagement de poursuites est déterminé en appliquant tout d'abord un taux de 5,66 % à l'intégralité de la première tranche d'assiette, puis un taux de 2,83 % au montant de la créance déduction faite de la somme « plafond » de la première tranche d'assiette.

Pour une **créance située dans la troisième tranche**, soit d'un montant supérieur à 912 euros et inférieur ou égal à 3 040 euros : le montant du droit d'engagement de poursuites est déterminé en appliquant tout d'abord un taux de 5,66 % à l'intégralité de la première tranche d'assiette, puis un taux de 2,83 % à l'intégralité de la deuxième tranche d'assiette et, enfin, un taux de 1,41 % au montant de la créance déduction faite de la somme « plafond » de la deuxième tranche d'assiette.

Pour une **créance située dans la dernière tranche,** soit d'un montant supérieur à 3 040 euros : le montant du droit d'engagement de poursuites est déterminé en appliquant tout d'abord un taux de 5,66 % à l'intégralité de la première tranche d'assiette, un taux de 2,83 % à l'intégralité de la deuxième tranche d'assiette, un taux de 1,41 % à l'intégralité de la troisième tranche d'assiette et, enfin, un taux de 0,28 % au montant de la créance déduction faite de la somme « plafond » de la troisième tranche d'assiette. Le droit d'engagement de poursuites ne peut toutefois être supérieur à 268,13 euros.

Concrètement, si un acte de saisie-attribution est délivré pour recouvrer une créance s'élevant à 810 euros, le montant du droit d'engagement de poursuites est obtenu par le calcul suivant :

– pour la première tranche d'assiette : 304 (correspondant à l'intégralité de la première tranche d'assiette) × 5,66 % (correspondant au taux applicable à la première tranche d'assiette), soit 17,21 euros ;

– pour la deuxième tranche d'assiette : 810 – 304 (correspondant au montant de la créance déduction faite de la somme plafond de la première tranche d'assiette) × 2,83 % (correspondant au taux applicable à la deuxième tranche d'assiette), soit 14,32 euros.

Le droit d'engagement de poursuites est de 17,21 + 14,32, soit 31,53 euros hors taxe.

La perception du droit d'engagement de poursuites n'est pas conditionnée par le succès de l'action engagée. Ce droit reste acquis au commissaire de justice même si le recouvrement de la créance échoue.

Contrairement au système tarifaire antérieur à celui issu de la loi du 6 août 2015, une remise sur le droit d'engagement de poursuites est désormais possible en application de l'article L. 444-2 C. com. Cette remise s'applique à la part d'émolument calculée sur les tranches de montants de créance supérieurs ou égaux à 3 040 euros avec un taux de remise maximal de 20 % (C. com., art. A. 444-52).

Le droit d'engagement de poursuites figure parmi les postes tarifaires du coût de l'acte. Il s'impute, selon que le coût de l'acte est à la charge du débiteur ou du créancier, sur le droit proportionnel fixé à l'article A. 444-31 ou sur celui fixé à l'article A. 444-32 C. com. Ces droits proportionnels perçus à l'occasion du recouvrement ou de l'encaissement effectué par le commissaire de justice sous certaines conditions, ne figurent pas, quant à eux, dans le coût de l'acte.

C.
Frais de déplacement

0312.141 **Mécanisme.** Ces frais figurent parmi les différents postes du coût de l'acte. Abrogeant l'arrêté du 16 mai 2022 fixant les règles applicables à la collecte, la gestion et la répartition des indemnités pour frais de déplacement dues aux huissiers de justice[1], l'arrêté du 21 mai 2024[2] fixe les nouvelles règles applicables à la collecte, la gestion et la répartition des indemnités pour frais de déplacement dues

1. Arr. 16 mai 2022, fixant les règles applicables à la collecte, la gestion et la répartition des indemnités pour frais de déplacement dues aux huissiers de justice, NOR : JUSC2214605A, *JO* 17 mai, texte 32.
2. Arr. 21 mai 2024, fixant les règles applicables à la collecte, la gestion et la répartition des indemnités pour frais de déplacement dues aux commissaires de justice, NOR : JUSC2413612A, *JO* 24 mai, texte 40.

aux commissaires de justice. Celles-ci concernent les actes tarifés signifiés par le commissaire de justice. Depuis le 1er juin 2024, les actes non tarifés tels l'essentiel des procès-verbaux de constat sortent du dispositif du service de compensation des transports (SCT) pour être soumis à une tarification libre en termes d'indemnisation de déplacement. Le commissaire de justice peut dorénavant facturer au réel les frais de tels actes et les conserver intégralement.

Pour chaque acte tarifé qu'il signifie, le commissaire de justice a droit à la perception d'une indemnité pour frais de déplacement. Les bordereaux récapitulant les actes signifiés et les procès-verbaux dressés doivent être adressés trimestriellement au service de compensation des frais de déplacement dans le respect de l'article 20 du décret no 2022-729 du 28 avril 2022[1] et de l'article 5 de l'arrêté du 21 mai 2024. Ces bordereaux font apparaître la compensation débitrice ou créditrice entre les indemnités afférentes aux actes déclarés et les frais kilométriques applicables. Ces derniers résultent du produit de la valeur du kilomètre par le cumul des distances effectuées lors des déplacements. Est considérée comme un déplacement la distance séparant l'office du lieu où l'acte est signifié ou le procès-verbal dressé ajoutée à celle séparant le lieu où l'acte est signifié ou le procès-verbal dressé de l'office. Cette distance est arrondie à l'entier supérieur.

Si le bordereau atteste d'une situation créditrice envers le service de compensation des frais de déplacement, celui-ci verse les sommes dues à l'office dans le mois de la déclaration. Dans le cas contraire, les sommes dues par l'office seront réglées ou prélevées au plus tard le dixième jour du troisième mois suivant la déclaration du trimestre[2]. Au vu de l'état récapitulatif annuel des bordereaux de déclaration, la Chambre nationale des commissaires de justice liquide annuellement, après déduction des frais de gestion, le solde excédentaire au profit de l'ensemble des commissaires de justice, des sociétés titulaires d'offices de commissaires de justice et des sociétés de commissaires de justice.

0312.142 **Montant.** L'arrêté du 2 juillet 2024[3] modifie la méthode de calcul du SCT. Il résulte de l'article A. 444-48 C. com. modifié que les frais de déplacement font dorénavant l'objet d'un remboursement forfaitaire égal à vingt fois la valeur mentionnée à l'article 6 B de l'annexe IV du CGI au tableau « Tarif applicable aux automobiles » pour les véhicules d'une puissance administrative de 7 chevaux-vapeur et plus pour une distance parcourue de plus de 20 000 kilomètres, pour chaque acte signifié et pour chaque procès-verbal dressé. Le montant du SCT est revalorisé à la somme de 9,40 euros depuis le 7 juillet 2024. Pour les significations réalisées exclusivement par voie électronique, l'indemnité de transport dématérialisé est fixée à 8,80 euros.

Dans les départements d'outre-mer, pour tout déplacement à plus de 2 kilomètres des limites de la commune où est situé l'office, les frais de déplacement font l'objet d'un remboursement forfaitaire. Ce dernier est égal au prix du billet aller et retour pour la distance parcourue, si le déplacement a lieu par un service de transport en commun. Il est égal à la distance parcourue en kilomètres multipliée par la valeur mentionnée à l'article 6 B de l'annexe IV du CGI au tableau « Tarif applicable aux automobiles » pour les véhicules d'une puissance administrative de 7 chevaux-vapeur et plus pour une distance parcourue de plus de 20 000 kilomètres, si le déplacement a lieu par véhicule automobile. Enfin, il est égal au prix du billet aller et retour, si le déplacement doit avoir lieu obligatoirement par bateau ou avion. Dans ces hypothèses, ce remboursement n'est dû qu'une seule fois pour la totalité des actes délivrés ou dressés par le commissaire de justice lors d'un même déplacement (C. com., art. A. 444-49).

0312.143 **Contrôle.** Les déclarations et les paiements opérés par application de l'article 20 du décret du 28 avril 2022 font l'objet d'un contrôle réalisé par la Chambre nationale des commissaires de justice (CNCJ). Cette dernière peut habiliter à cette fin des contrôleurs choisis parmi les commissaires de justice en activité ou honoraires. Le directeur du service de compensation des frais de déplacement peut provoquer une enquête diligentée par un ou plusieurs contrôleurs agréés par le président de la Chambre nationale. Les opérations de contrôle portent sur tous documents professionnels à l'appui desquels les commissaires de justice établissent leurs bordereaux déclaratifs ainsi que sur tout document se trouvant en la possession des chambres régionales à la suite des vérifications de comptabilité.

La vérification des kilomètres parcourus pour les déplacements est effectuée au niveau national par le service de compensation des frais de déplacement selon les modalités fixées par l'article 6 de l'arrêté du 21 mai 2024. Les états fournis font l'objet de vérifications au niveau national, et dans chaque office, à l'occasion des contrôles de comptabilité. Si la vérification n'a pas pu être diligentée, celle-ci pourra être effectuée par les soins d'un contrôleur assisté obligatoirement du président de la chambre régionale

1. Décr. no 2022-729, 28 avr. 2022, relatif à l'organisation de la profession des commissaires de justice, *JO* 29 avr., texte 38.
2. V. Décr. no 2022-729, 28 avr. 2022, art. 20 – Arr. 21 mai 2024, art. 5.
3. Arr. 2 juill. 2024, relatif aux tarifs des huissiers de justice et au dispositif de remboursement des frais de déplacement de certains professionnels du droit, NOR : ECOC2412437A, *JO* 6 juill., texte 15.

ou de son délégataire. Le contrôle provoqué par le service de compensation des frais de déplacement peut notamment être motivé par un rapport du président de la chambre régionale. En pareille hypothèse, le service de compensation des frais de déplacement suspend provisoirement le reversement de toutes sommes à quelque titre que ce soit, susceptibles de revenir à l'office. Les contrôles peuvent également être effectués de manière inopinée.

Les sommes dues à la Chambre nationale sont recouvrées sur la base d'un état dressé par le président de cette chambre, rendu exécutoire, après visa du procureur général et au vu de toutes les justifications utiles, par le premier président de la cour d'appel dans le ressort duquel est situé le siège de l'office défaillant.

D.
Taxe sur la valeur ajoutée

0312.151 **Assiette.** La taxe sur la valeur ajoutée entre dans la catégorie juridique des dépens et plus précisément des frais et débours visés à l'annexe 4-8 à l'article R. 444-3 C. com. Ce droit fiscal est dû par le commissaire de justice pour les actes qu'il délivre et porte sur l'émolument rémunérant les prestations figurant aux tableaux 3-1 à 3-3 de l'annexe 4-7 à l'article R. 444-3 C. com., sur le droit d'engagement de poursuites lorsqu'il est perceptible et sur l'indemnité correspondant à la rubrique « Frais de déplacement ».

Les débours sont en revanche exonérés de cette taxe. Par conséquent, sont concernés par cette exonération les débours pouvant figurer dans les rubriques du coût de l'acte tels les frais d'affranchissement postal, les droits fiscaux de toute nature, les indemnités versées aux témoins de l'article L. 142-1 C. pr. exéc.

0312.152 **Taux.** Le taux de la taxe sur la valeur ajoutée appliqué à l'émolument fixe, au droit d'engagement de poursuites et aux frais de transport est de 20 % en application de l'article 278 CGI. Dans les départements de la Guadeloupe, de la Martinique et de La Réunion, la taxe sur la valeur ajoutée est perçue au taux de 8,50 % conformément aux dispositions de l'article 296, b du code susvisé. Enfin la taxe sur la valeur ajoutée n'est provisoirement pas applicable dans les départements de la Guyane et de Mayotte en application de l'article 294 du CGI.

E.
Débours

0312.161 **Insertion ou non dans le coût.** Certaines sommes visées à l'article annexe 4-8, I, 3°, h) C. com., avancées par le commissaire de justice à l'occasion de son activité professionnelle, sont portées dans les rubriques du coût de l'acte non soumises à la taxe sur la valeur ajoutée. Sont concernés les frais d'affranchissement des lettres constituant des formalités obligatoires de procédure, des indemnités versées aux témoins de l'article L. 142-1 C. pr. exéc.

Il convient de relever que d'autres sommes constitutives de frais et débours ne sont pas mentionnées dans le coût de l'acte notamment pour des raisons pratiques. Il en va ainsi de celles dont le montant n'est pas forcément déterminé au moment de la délivrance de l'acte. A titre d'exemple, on peut citer les frais de serrurier liés à l'ouverture des portes à l'occasion de la réalisation d'une saisie-vente ou d'une expulsion. En général, ces frais ainsi que ceux de déménagement[1], de garagiste et de garde-meubles, qui sont des débours pouvant être engagés lors d'une procédure de saisie-vente, d'expulsion, de saisie-appréhension ou de saisie par immobilisation avec enlèvement d'un véhicule terrestre à moteur, figureront uniquement sur le décompte des frais. En effet, la facturation du tiers intervient la plupart du temps postérieurement au passage de l'acte au répertoire. En cas de contestation de la charge de ces frais, le commissaire de justice doit pouvoir verser aux débats la facture du tiers.

0312.162 **Frais d'affranchissement.** L'envoi postal constitutif d'une formalité procédurale imposée par le législateur est mentionné dans le coût de l'acte. Ces frais avancés par le commissaire de justice sont constitutifs de débours (C. com., art. ann. 4-8, I, 3°). Il peut donc en demander le remboursement.

Dans la majorité des cas, les frais d'affranchissement portés dans les rubriques du coût résultent de l'envoi de la lettre simple imposée par l'article 658 C. pr. civ., lorsque le destinataire de l'acte est une personne morale ou encore lorsque l'acte ne peut pas être remis à son destinataire, personne physique. Il en va de même en cas de signification à domicile élu. Mais les frais d'affranchissement peuvent également résulter de l'application des dispositions de l'article 659 C. pr. civ. Ainsi, lorsque le destinataire de l'acte n'a ni domicile, ni résidence, ni lieu de travail connus ou, s'agissant d'une personne morale, lorsqu'elle n'a plus d'établissement connu au lieu indiqué comme siège social par le registre du commerce et des sociétés, le commissaire de justice établit un procès-verbal de recherches infructueuses et en adresse copie au destinataire, à la dernière adresse connue, par lettre recommandée avec demande d'avis de réception. Cet envoi est doublé d'un avis adressé par lettre simple.

1. À propos des frais de serrurier et de déménagement : Civ. 2e, 28 sept. 2000, no 98-17.831, NP.

Le montant des frais d'affranchissement est fonction de la nature de l'envoi (lettre simple ou lettre recommandée avec demande d'avis de réception) et de son poids. Sur ce dernier point, la lettre simple adressée au destinataire en application de l'article 658 C. pr. civ. doit contenir une copie de l'acte de signification. Selon le nombre de pages de l'acte, le montant des frais d'affranchissement sera plus ou moins élevé. S'agissant de la lettre adressée au destinataire en recommandé avec demande d'avis de réception au visa de l'article 659 du même code, elle doit contenir une copie du procès-verbal et également une copie de l'acte objet de la signification. Là encore, le poids de l'envoi sera un facteur de la tarification postale.

0312.163 **Indemnités versées aux conseillers municipaux, fonctionnaires municipaux, autorités de police, de gendarmerie ou témoins requis en application de l'article L. 142-1 C. pr. exéc.** Lorsque l'occupant du local dans lequel les opérations d'exécution doivent se dérouler est absent ou qu'il en refuse l'accès, le commissaire de justice doit être assisté, comme il est dit à l'article L. 142-1 C. pr. exéc., du maire de la commune, d'un conseiller municipal ou d'un fonctionnaire municipal délégué par le maire à cette fin, d'une autorité de police ou de gendarmerie ou, à défaut, de deux témoins majeurs qui ne sont au service ni du créancier ni du commissaire de justice chargé de l'exécution. Cette assistance est également requise pour procéder à l'ouverture des meubles.

Le montant de ces débours mentionnés dans le coût de l'acte s'élève à la somme de 6,60 euros lorsque l'assistance est assurée par le maire, un conseiller ou un fonctionnaire municipal, une autorité de gendarmerie ou encore deux témoins majeurs (C. com., art. A. 444-50). Il est de 19,80 euros lorsque l'assistance est apportée par des fonctionnaires de la police nationale (C. com., art. A. 444-51).

0312.164 **Indemnités versées aux autorités de gendarmerie ou aux fonctionnaires de la police nationale requis pour apporter leur concours en application de l'article L. 153-2 C. pr. exéc.** L'article L. 153-1 C. pr. exéc. met à la charge de l'État l'obligation de prêter son concours à l'exécution des jugements et des autres titres exécutoires, précisant que tout manquement ouvre droit à réparation. Il appartient alors au commissaire de justice, au visa de l'article L. 153-2 C. pr. exéc., de requérir le concours de la force publique dans les formes prévues à l'article R. 153-1 du même code.

Le montant des indemnités versées diffère selon que le prêt de main-forte est assuré par une autorité de gendarmerie ou par les fonctionnaires de la police nationale. Il est de 11 euros dans le premier cas (C. com., art. A. 444-50) et de 33 euros dans le second cas (C. com., art. A. 444-51).

0312.165 **Synthèse.** La structure type du coût d'un acte est la suivante :

Coût de l'acte Code de commerce
Émolument fixe – article du C. com. fixant le montant de l'émolument de la prestation concernée.
Frais de déplacement – art. A 444-48 C. com.
Droit d'engagement de poursuites (le cas échéant) – art. A. 444-15 ou A. 444-17 C. com. selon la prestation concernée
Total HT
TVA – art. R. 444-3 annexe 4-8
Affranchissement (le cas échéant) – art. R. 444-3 annexe 4-8
Autres débours (le cas échéant) – art. R. 444-3 annexe 4-8
Total TTC en euros

EXEMPLE : Coût du commandement de payer précédant la saisie-vente (C. pr. exéc., art. R. 221-1), signifié à la personne du débiteur pour le recouvrement d'une somme de 5 000 euros, suivant le tarif fixé par l'arrêté du 28 février 2024[1].

Coût de l'acte Code de commerce		Explications
Émolument fixe – art. A. 444-14 C. com.	40,84	20,42 × 2 Le montant de l'obligation pécuniaire étant supérieur à 1280, il faut appliquer un coefficient 2 à l'émolument fixe
Frais de déplacement – art. A 444-48 C. com.	9,40	Indemnité forfaitaire
Droit d'engagement de poursuites – art. A. 444-15 C. com.	69,91	[304 × 5,66/100] + [(912-304) × 2,83/100] + [(3040 – 912) × 1,41/100] + [(5000 – 3040) × 0,28/100]
Total HT	120,15	40,84 + 9,40 + 69,91
TVA – art. R. 444-3 annexe 4-8	24,03	120,15 × 20/100
Affranchissement – art. R. 444-3 annexe 4-8	0	L'acte étant signifié à la personne du débiteur, aucune lettre simple n'est à prévoir
Autres débours – art. R. 444-3 annexe 4-8	0	La signification d'un commandement de payer n'engendre aucun autre débours
Total TTC en euros	144,18	120,15 + 24,03

1. Arr. 28 févr. 2024, fixant l'objectif de taux de résultat moyen et les tarifs réglementés des huissiers de justice et commissaires-priseurs judiciaires, NOR : ECOC2403961A, *JO* 29 févr., texte 14.

SECTION 3

Fixation du coût des formalités

0312.170 **Plan.** En dépit de la fusion réalisée le 1er juillet 2022 entre les professions d'huissier de justice et de commissaire-priseur judiciaire, le Code de commerce ne fait pas référence dans sa partie réglementaire et « Arrêtés » aux tarifs des commissaires de justice. Il comporte ainsi des dispositions régissant le tarif des huissiers de justice et celui des commissaires-priseurs judiciaires

Dans cette logique, sera abordée la tarification (autrefois) spécifique aux formalités des commissaires-priseurs judiciaires (§ 1) puis celle (autrefois) spécifique aux huissiers de justice (§ 2).

NB : Après une période transitoire, ces professions disparaîtront définitivement le 1er juillet 2026 à la faveur de la profession de commissaire de justice. Les termes « commissaire de justice » seront ainsi privilégiés dans les développements qui vont suivre.

§ 1

Coût des formalités désignées comme spécifiques aux commissaires-priseurs judiciaires

0312.181 **Formalités.** Le tableau 1 de l'article annexe 4-7 C. com. dresse une liste de différentes formalités accomplies par le commissaire-priseur judiciaire (devenu commissaire de justice). Les articles A. 444-6 à A. 444-8 C. com. en fixent le tarif. Ainsi, la délivrance de l'expédition et de l'extrait de procès-verbal de vente donne lieu à la perception d'un émolument de 0,68 euros par page, en application de l'article A. 444-6 C. com.

Le dépôt de sommes à la Caisse des dépôts et consignations, la levée d'état au service d'immatriculation des voitures automobiles, la levée d'état auprès du greffe du tribunal de commerce, la réquisition d'état de situation des contributions donnent droit à la perception d'un émolument fixe de 6,85 euros en application de l'article A. 444-7 C. com.

Quant à la rémunération des diligences effectuées dans le cadre de la procédure de vente forcée, elle est prévue à l'article A. 444-8 C. com. Dans l'hypothèse où le débiteur verse un acompte et sollicite par écrit un report de la vente forcée, le commissaire de justice qui accède à la demande perçoit un émolument fixe de 6,85 euros (par report). Le nombre de reports ne peut être supérieur à cinq. Si la vente n'a pas lieu en raison du paiement par le débiteur de sa dette, le commissaire de justice perçoit un émolument fixe de 68,45 euros.

Ces différents émoluments sont soumis à la taxe sur la valeur ajoutée.

§ 2

Coût des formalités, requêtes et diligences désignées comme spécifiques aux huissiers de justice

0312.190 **Structure. Plan.** Les formalités, requêtes et diligences attribuées par le Code de commerce à l'huissier de justice (devenu commissaire de justice) sont listées dans le tableau 3-3 de l'article annexe 4-7 C. com. et sont tarifées aux articles A. 444-43 à A. 444-45 C. com.

La détermination du coût de ces formalités nécessite d'en connaître la structure, rubrique par rubrique. Ce coût est composé d'un émolument fixe (A). La taxe sur la valeur ajoutée est prise sur cet émolument (B). Selon les circonstances, certaines sommes constitutives de débours figurent dans la composition du coût de la formalité (C).

Bien que le législateur de 2015 n'ait pas repris les dispositions de l'article 26 du décret du 12 décembre 1996[1], le coût apposé sur la formalité doit être détaillé, rubrique par rubrique, avec l'indication de l'article du tarif concerné.

A. Émolument fixe

0312.201 **Absence de classification.** Les prestations listées dans le tableau 3-3 de l'article annexe 4-7 C. com. sont rémunérées par un émolument fixe devant figurer dans les rubriques du coût apposé sur la formalité. Le montant de l'émolument est fixé par les dispositions des articles A. 444-43 et suivants C. com. Contrairement aux tableaux 3-1 et 3-2 de l'article annexe 4-7 C. com., les formalités, requêtes et diligences ne font l'objet d'aucun classement. La recherche du montant de l'émolument peut ainsi s'avérer chronophage. L'émolument est fixé en euros (C. com., art. R. 444-2 3°).

L'arrêté du 4 mars 2025 relatif à certains tarifs réglementés applicables aux huissiers de justice, commissaires-priseurs judiciaires et commissaires de justice[2] a inséré dans le tableau 3-3 de nouvelles prestations. Cet arrêté permet de rémunérer des prestations jusque-là accomplies par le commissaire de justice mais non tarifées. Il permet aussi de prendre en compte de nouvelles diligences imposées au commissaire de justice. Il en va ainsi de la communication par le commissaire de justice à destination du créancier saisissant, des créanciers opposants et créanciers titulaires d'une sûreté publiée, des propositions de vente amiable, prescrite par l'article R. 221-31 C. pr. exéc. Cette prestation donne lieu à la percep-

1. Décr. n° 96-1080, 12 déc. 1996, préc. – V. ss n° 0312.110.
2. Arr. 4 mars 2025, relatif à certains tarifs réglementés applicables aux huissiers de justice, commissaires-priseurs judiciaires et commissaires de justice, NOR : ECOC2421712A, *JO* 14 mars, texte 29.

tion d'un émolument fixé par l'article A. 444-43 C. com. s'élevant à la somme de 21,50 euros.

0312.202 **Coefficient multiplicateur.** En application de l'article A. 444-46 C. com., lorsque la formalité ou la requête est relative à une obligation pécuniaire déterminée (v. s[s] n° 0312.123), l'émolument fixe rémunérant la prestation du commissaire de justice est affecté d'un coefficient multiplicateur. Selon le montant de l'obligation, l'émolument peut être majoré ou minoré. Ainsi, si ce montant est compris entre 0 et 128 euros, un coefficient de 0,5 est appliqué à l'émolument. Entre 128 et 1280 euros, le coefficient appliqué est de 1. Enfin au-delà de 1 280 euros, il y a lieu d'appliquer un coefficient 2. L'article A. 444-47 C. com., qui prévoit certains cas d'exclusion de l'application des coefficients multiplicateurs à l'émolument fixe, ne concerne pas les formalités, requêtes et diligences.

A titre d'exemple, pour déterminer l'émolument dû au commissaire de justice pour la mise en place d'une procédure de paiement direct de pension alimentaire en dehors de tout accord entre les parties, il convient de se reporter au tableau 3-3 de l'article annexe 4-7 C. com. La prestation concernée porte le numéro 200. L'article A. 444-43 du code fixe le montant de l'émolument à 15,05 euros. Le coefficient multiplicateur applicable à cet émolument est fonction du montant de l'arriéré de pension alimentaire, dans la limite de six mois. Ainsi, si l'arriéré est supérieur à 1 280 euros, l'émolument sera porté à 30,10 euros. Ces frais doivent être supportés par le débiteur (C. pr. exéc., art. R. 213-7). Si ce dernier ne peut être retrouvé ou si le paiement direct ne peut être obtenu, les émoluments du commissaire de justice sont avancés par le Trésor public.

B. Taxe sur la valeur ajoutée

0312.211 **Assiette.** La taxe sur la valeur ajoutée a pour assiette les émoluments perçus par le commissaire de justice pour l'accomplissement des prestations listées dans le tableau 3-3 de l'article annexe 4-7 C. com. En revanche, la taxe sur la valeur ajoutée ne peut porter sur les débours mentionnés dans le coût. Elle ne peut, non plus, porter sur des frais de déplacement puisque ce poste tarifaire figure seulement dans le coût des actes signifiés et dans celui des procès-verbaux dressés par le commissaire de justice ouvrant droit à la perception d'émoluments au sens du Code de commerce.

0312.212 **Taux.** Le taux de la taxe sur la valeur ajoutée appliqué à l'émolument fixe est de 20 % en application de l'article 278 du CGI. Dans les départements de la Guadeloupe, de la Martinique et de La Réunion, la taxe sur la valeur ajoutée est perçue au taux de 8,50 % conformément aux dispositions de l'article 296, b du code susvisé. Enfin la taxe sur la valeur ajoutée n'est provisoirement pas applicable dans les départements de la Guyane et de Mayotte en application de l'article 294 du CGI.

C. Débours

0312.221 **Insertion ou non dans le coût.** À l'occasion de l'accomplissement des formalités, requêtes ou diligences, le commissaire de justice peut être amené à avancer certaines sommes qui sont mentionnées dans le coût de la formalité. Ainsi, dans l'hypothèse de la mise en place d'une procédure de paiement direct de pension alimentaire en dehors de tout accord entre les parties, le commissaire de justice avance des frais postaux. La procédure est, en effet, initiée par l'envoi de la demande de paiement direct au tiers, par lettre recommandée avec demande d'avis de réception. Cette notification est accompagnée d'une information adressée simultanément au débiteur, dans les mêmes formes. Ces frais d'affranchissement de lettres constituant des formalités obligatoires de procédure sont portés dans les rubriques du coût non soumises à la taxe sur la valeur ajoutée.

En revanche, d'autres sommes constitutives de débours figureront uniquement sur le décompte des frais. Il en va ainsi, par exemple, des sommes que doit avancer le commissaire de justice à l'occasion de notifications faites au préfet ainsi qu'à la Commission de coordination des actions de prévention des expulsions (CCAPEX) en matière de résiliation de baux d'habitation et d'expulsion des locaux à usage d'habitation. Ces transmissions, que le législateur impose par voie dématérialisée, s'effectuent par le biais de la plateforme électronique, EXPLOC (v. s[s] n° 0311.131).

0312.222 **Synthèse.** La structure type du coût d'une formalité est la suivante :

Coût de la formalité Code de commerce
Émolument fixe – article du C. com. fixant le montant de l'émolument de la prestation concernée
TVA – art. R. 444-3 annexe 4-8
Affranchissement (le cas échéant) – art. R. 444-3 annexe 4-8
Total TTC en euros

EXEMPLE : Coût de la lettre informant le débiteur de l'immobilisation en son absence de son véhicule (C. pr. exéc., art. R. 223-9) pour remise au propriétaire, déposée le jour même dans la boîte aux lettres, suivant le tarif fixé par l'arrêté du 28 février 2024.

Coût de la formalité Code de commerce		Explications
Émolument fixe – art. A. 444-43 C. com.	21,50	L'immobilisation étant faite pour remise au propriétaire, elle ne se rapporte pas à une obligation pécuniaire déterminée. L'émolument n'est donc affecté d'aucun coefficient
TVA – art. R. 444-3 annexe 4-8)	4,30	21,50 × 20/100
Affranchissement (le cas échéant) – art. R. 444-3 annexe 4-8	0	La lettre étant ici déposée dans la boîte aux lettres, aucun affranchissement n'est à prévoir
Total TTC en euros	25,80	21,50 + 4,30

CHAPITRE

0313. Contentieux des frais de l'exécution

MARIE-PIERRE MOURRE-SCHREIBER
DOCTEUR EN DROIT
DIPLÔMÉE HUISSIER DE JUSTICE
TITULAIRE DE L'ATTESTATION DE FORMATION « COMMISSAIRE DE JUSTICE »
DIRECTRICE JURIDIQUE DU PÔLE FORMATION
DE LA CHAMBRE NATIONALE DES COMMISSAIRES DE JUSTICE

SECTION 0
ORIENTEUR

0313.00 Sommaire du chapitre.

Division. Le contentieux des frais de l'exécution peut voir le jour dans différentes hypothèses.

La conformité du montant des frais réclamés au regard du tarif peut être contestée par l'une des parties. Le commissaire de justice peut aussi être confronté au refus d'un client de régler les frais de l'exécution qu'il n'a pu recouvrer auprès du débiteur (sect. 1). Enfin, au-delà du montant, l'une des parties peut contester la nécessité même des frais engagés (sect. 2).

Le contentieux afférent aux frais de l'exécution peut être réglé dans le cadre de la procédure spécifique de vérification des dépens. Selon les circonstances, le juge de l'exécution peut également être saisi de la difficulté dans le cadre de l'exécution. À la suite de la contestation soulevée par une partie, le commissaire de justice peut être condamné aux frais de l'exécution et voir sa responsabilité engagée (sect. 3). Le commissaire de justice qui agit en recouvrement de ses frais doit le faire dans un certain délai (sect. 4).

0313.01 Textes applicables.

• **C. pr. exéc.,** art. L. 111-8.

• **C. pr. civ.,** art. 52, 650, 695, 697, 698, 704 s.

• **C. civ.,** art. 2224, 2241 à 2244, 2247 à 2249.

• **C. com.,** art. L. 321-17, L. 444-1, R. 444-13, R. 444-14 et R. 444-15.

• **C. consom.,** art. L. 137-1, L. 137-2, R. 632-1.

• **COJ,** art. L. 213-6.

• **Arr. 21 mai 2024,** fixant les règles applicables à la collecte, la gestion et la répartition des indemnités pour frais de déplacement dues aux commissaires de justice, NOR : JUSC2413612A, *JO* 24 mai, texte 40.

0313.02 Jurisprudence de référence.

> Compétence du juge de l'exécution. Frais et dépens antérieurs aux actes d'exécution (non). Contestation de la saisie-attribution hors délai.

• **Cass., avis, 11 mars 1994,** n° 09-40.001, P, n° 8

* V. s[s] n°s 0212.122, 0313.42, 0832.21, 0842.13, 0921.81, 0971.373

De la combinaison des articles 52 du Code de procédure civile, L. 311-12-1 [devenu L. 213-6] du Code de l'organisation judiciaire et 32 de la loi du 9 juillet 1991 [devenu art. L. 111-8 C. pr. exéc.], il résulte que la compétence du juge de l'exécution se limite aux frais de l'exécution forcée proprement dite, dont ce juge peut, en cas de contestation, déterminer la charge et fixer le montant.

> Juge de l'exécution. Compétence pour connaître d'une action en responsabilité exercée à l'encontre du commissaire de justice.

• **Civ. 2e, 24 juin 1998,** n° 96-22.851, P II, n° 222

* V. s[s] n°s 0212.95, 0254.91, 0313.53

À l'occasion de la mise en œuvre d'une procédure d'exécution, le juge de l'exécution peut connaître d'une action en responsabilité exercée par le débiteur à l'encontre de l'huissier de justice (désormais du commissaire de justice) sur le fondement du droit commun.

> Condamnation d'office des auxiliaires de justice aux frais de procédure.

• **Civ. 2e, 28 mai 2003,** n° 01-14.296, P II, n° 164

* V. s^s n°s 0311.173, 0313.51, 0313.52

Le juge, qui doit statuer sur les dépens, tient des articles 697 et 698 C. pr. civ., même en l'absence de toute demande des parties, le pouvoir de les mettre à la charge des auxiliaires de justice concernés.

> Condamnation des auxiliaires de justice aux frais de procédure.

• **CE 25 mai 2005,** req. n° 265719, *Lebon*

* V. s^s n°s 0311.173, 0313.52

Les dispositions de l'article 698 C. pr. civ. qui ont pour objet de dissuader les auxiliaires de justice, au nombre desquels les avocats, de procéder à des actes qui ne trouvent pas de justifications dans les besoins du litige ou sont frappés de nullité en mettant à leur charge les dépens afférents à ces actes, sont des règles de procédure civile qui relèvent de la compétence du pouvoir réglementaire et ne contreviennent à aucune disposition législative ni aucun principe général du droit. Par ailleurs, si l'article 698 C. pr. civ. fixe une règle de procédure, ses dispositions n'ont ni pour objet ni pour effet d'en fixer les modalités d'application, notamment au regard des possibilités pour l'auxiliaire de justice de s'expliquer sur les circonstances qui l'ont amené à introduire l'instance, faire l'acte ou diligenter la procédure d'exécution en cause. Enfin, la disposition critiquée, qui n'institue pas une sanction mais a pour but d'assurer le bon fonctionnement du service public, ne porte aucune atteinte ni au droit au recours ni aux prérogatives de la défense, dès lors que ne peuvent être mis à la charge des auxiliaires de justice que les frais correspondant aux actes de procédure que l'exercice normalement attentif, diligent et loyal de leur profession aurait dû les conduire à ne pas faire.

> Procédure de contestation relative aux émoluments dus aux commissaires de justice.

• **Civ. 2e, 2 juill. 2009,** n° 08-16.268, P II, n° 181

* V. s^s n° 0313.22

Les contestations relatives aux émoluments dus aux huissiers de justice (désormais aux commissaires de justice) sont soumises aux règles prévues aux articles 704 à 718 C. pr. civ., lesquelles imposent une vérification préalable des droits contestés par le greffier de la juridiction avant toute saisine du magistrat taxateur.

Doit être relevé d'office le moyen tiré de l'irrecevabilité d'une contestation des émoluments tarifés d'un commissaire de justice, formée directement devant un juge taxateur, résultant de l'absence de vérification préalable, par le greffier de la juridiction, des droits contestés.

> Procédure de condamnation des auxiliaires de justice aux frais de procédure.

• **Civ. 2e, 23 juin 2011,** n° 09-15.572, P II, n° 139

* V. s^s n° 0313.52

La condamnation d'un auxiliaire de justice aux dépens, qui a été demandée sur le fondement de l'article 698 C. pr. civ., ne nécessite pas, contrairement à sa condamnation en paiement de dommages et intérêts, sa mise en cause à titre personnel.

> Commissaire de justice. Office. Secret professionnel. Opposabilité à la personne ayant requis le commissaire de justice.

• **Civ. 1re, 22 mars 2012,** n° 10-25.811, P I, n° 65

* V. s^s n°s 0212.142, 0251.74, 0252.22, 0254.22, 0313.53, 0952.136, 0952.314

1° Confronté à une incertitude, relativement au recouvrement d'un arriéré de pension alimentaire, sur la portée rétroactive de l'ordonnance du conseiller de la mise en état assortissant de l'exécution provisoire la décision de première instance qui avait omis de l'ordonner, l'huissier de justice (dorénavant le commissaire de justice) est tenu, soit de s'abstenir de procéder à ce recouvrement, soit de soumettre la difficulté au juge de l'exécution.

2° Le secret professionnel auquel l'huissier de justice (désormais le commissaire de justice) est tenu couvre, y compris à l'égard de la personne qui l'a requis, les renseignements obtenus, auprès de l'administration fiscale, par la consultation du fichier des comptes bancaires ouverts au nom du débiteur d'une pension alimentaire, en vue de la mise en place d'une procédure de paiement direct de ladite pension pour laquelle ces renseignements ont été demandés.

> Compétence du juge de l'exécution pour connaître des demandes de réparation des conséquences dommageables des mesures d'exécution forcée ou conservatoires.

• **Civ. 2e, 27 févr. 2014,** n° 13-11.788, P II, n° 54

* V. s^s n° 0212.91, 0254.91, 0313.53, 0841.22, 0921.81

Il résulte de l'article L. 213-6 COJ que le juge de l'exécution connaît des demandes en réparation fondées sur l'exécution ou l'inexécution dommageables des mesures d'exécution forcée ou des mesures conservatoires, sans qu'il y ait lieu de distinguer suivant qu'elles sont ou non encore en cours au jour où il est saisi.

> Incompétence du juge de l'exécution pour statuer sur la responsabilité contractuelle du commissaire de justice envers son mandant.

• **Civ. 2e, 21 févr. 2019,** n° 18-10.205, NP

* V. s^s n° 0313.53

Si le juge de l'exécution connaît de manière exclusive des demandes en réparation fondées sur l'exécution ou l'inexécution dommageables des mesures d'exécution forcée ou des mesures conservatoires, il n'est pas compétent pour statuer sur une action en responsabilité formée par le créancier à l'encontre de l'huissier de justice (désormais du commissaire de justice) qu'il a mandaté pour l'exécution d'une décision de justice.

> Saisie-attribution sur soi-même. Vérification du caractère exécutoire du titre.

• **Civ. 1re, 13 mai 2014,** no 12-25.511, P I, no 84

* V. ss no 0212.95, 0254.22, 0313.53, 0712.12, 0811.32, 0812.91, 0813.31, 0971.210

1o Un créancier muni d'un titre exécutoire constatant une créance liquide et exigible dans les termes de l'article 42 de la loi no 91-650 du 9 juillet 1991, devenu l'article L. 211-1 C. pr. exéc., peut pratiquer une saisie-attribution entre ses propres mains, l'effet attributif prévu à l'article 43 de cette même loi, devenu l'article L. 211-2 du code précité, d'une telle saisie, lorsqu'elle porte sur une créance à exécution successive, s'étendant aux sommes échues en vertu de cette créance depuis la signification de l'acte de saisie, et ce jusqu'à ce que le créancier saisissant soit rempli de ses droits et dans la limite de ce qu'il doit au débiteur en tant que tiers saisi.

2o Il incombe à l'huissier de justice (devenu commissaire de justice), garant de la légalité des poursuites, de vérifier que le titre provisoire, en vertu duquel il pratique la saisie-attribution aux risques du créancier mandant, reste exécutoire au jour de l'acte de saisie.

> Saisie-vente. Vérification du caractère exécutoire du titre.

• **Civ. 1re, 28 sept. 2016,** no 14-29.776, P I, no 181

* V. ss nos 0133.05, 0212.95, 0254.22, 0313.53

Il incombe à l'huissier de justice (désormais au commissaire de justice), garant de la légalité des poursuites, de vérifier que le titre en vertu duquel il pratique la saisie-vente aux risques du créancier mandant reste exécutoire au jour de l'acte de saisie. À défaut, il engage sa responsabilité

0313.03 **Bibliographie indicative.**
* V. ss no 03.03.

SECTION 1

CONTESTATION DU MONTANT DES FRAIS DE L'EXÉCUTION ET VÉRIFICATION DES DÉPENS

0313.10 **Plan.** Dans le cadre de l'exécution forcée, le titre exécutoire fondant les poursuites permet de recouvrer les frais de l'exécution contre le débiteur tenu, en principe, d'assumer la charge des dépens. Ces frais n'ont pas à être soumis à la vérification du greffe. Il incombe en revanche à la partie souhaitant contester le montant des frais de prendre l'initiative d'une demande de vérification[1]. La procédure de vérification des dépens est décrite aux articles 704 à 718 C. pr. civ. (§ 1).

Le commissaire de justice peut également avoir recours à cette procédure spécifique pour obtenir un titre exécutoire permettant le recouvrement des frais de l'exécution auprès du créancier (§ 2).

1. Civ. 2e, 6 mars 2003, no 01-02.745, P II, no 56 ; *D.* 2003. IR 863, ndlr ; *D.* 2004. Somm. 1478, obs. Taormina ; *D.* 2004. 1929, note Taormina – Civ. 2e, 7 juill. 2005, no 03-20.553, P II, no 186 ; *D.* 2005. IR 22178.

§ 1
Vérification des dépens à l'initiative d'une partie

0313.21 **Procédure de vérification des dépens.** La partie contestant le montant des frais doit suivre la procédure spécifique de taxe, laquelle débute par la vérification préliminaire, par le greffe de la juridiction, des frais contestés[2]. La procédure se déroule devant le greffier de la juridiction compétente en application de l'article 52[3] C. pr. civ. La demande étant afférente aux frais de l'exécution, c'est-à-dire à des frais, émoluments et débours qui n'ont pas été exposés devant une juridiction, elle doit être portée devant le tribunal judiciaire dans le ressort duquel l'officier public ou ministériel exerce ses fonctions.

L'article 704 C. pr. civ., impose à la partie contestant le montant des frais de les faire vérifier par le greffier de la juridiction. À cet égard, la Cour de cassation a jugé que le certificat de vérification des dépens est un acte de greffe, qui, sans relever des pouvoirs propres du directeur de greffe, est établi sous son autorité. La vérification peut ainsi être effectuée par un greffier de la juridiction[4].

La demande de vérification n'obéit à aucun formalisme. Elle peut donc être adressée par lettre simple ou par lettre recommandée, avec ou sans demande d'avis de réception.

Le greffier de la juridiction vérifie le montant des dépens après avoir, s'il y a lieu, procédé aux redressements nécessaires afin de rendre le compte conforme aux tarifs. Il remet ou adresse par simple lettre à l'intéressé un certificat de vérification.

À ce stade de la procédure, la partie demanderesse à la vérification peut ne pas être satisfaite du compte vérifié. Dans cette hypothèse, elle doit s'abstenir de le notifier[5]. En effet, la notification emporte acceptation par son auteur du compte vérifié en application de l'article 706 C. pr. civ. La partie insatisfaite doit saisir le juge taxateur d'une contestation.

Si au contraire, la partie demanderesse est satisfaite du compte vérifié, elle doit le notifier à l'adversaire. À cet égard, la Cour de cassation a jugé dans un arrêt du 18 janvier 2001[6] que « *la notification du*

2. Civ. 2e, 8 févr. 2007, no 05-20.428, P II, no 23.
3. Mod. par Décr. no 2019-913, 30 août 2019, pris en application de l'article 95 de la loi no 2019-222 du 23 mars 2019 de programmation 2018-2022 et de réforme pour la justice, *JO* 1er sept., texte 3, art. 19.
4. Civ. 2e, 9 oct. 2008, no 07-13.295, P II, no 208 ; *D.* 2008. AJ 2605.
5. L'auteur d'une contestation formée contre un certificat de vérification n'a pas à notifier le certificat à la partie adverse : Civ. 2e, 22 mars 2007, no 06-12.318, P II, no 72 ; *D.* 2007. AJ 1147.
6. Civ. 2e, 18 janv. 2001, no 99-13.716, NP.

compte vérifié des dépens doit être faite à la partie elle-même par voie postale et non pas à son représentant ». L'adversaire dispose d'un délai d'un mois pour contester le compte vérifié. La date de notification par voie postale de la contestation d'un état de vérification des dépens est, à l'égard de celui qui y procède, celle de l'expédition et non celle de la réception par le greffe[1].

La notification par la partie poursuivante du compte vérifié à l'adversaire doit mentionner le délai de contestation et les modalités de son exercice. Elle doit préciser qu'à défaut de contestation dans le délai d'un mois, le certificat de vérification peut être rendu exécutoire.

La notification est effectuée dans les formes de l'article 718 C. pr. civ., c'est-à-dire par lettre recommandée avec demande d'avis de réception (LRAR). Mais, en application de l'article 651 alinéa 3 C. pr. civ., elle peut l'être également par voie de signification. La Cour de cassation[2] a jugé que « *l'article 651 C. pr. civ., dont l'alinéa 3 dispose que la notification peut toujours être faite par voie de signification alors même que la loi l'aurait prévue sous une autre forme, s'applique à toutes les juridictions et autorise la signification par (commissaire) de justice du certificat de vérification des dépens ; qu'il s'agit d'une faculté laissée à la discrétion de la partie qui notifie et dont le coût incombe à la partie qui supporte les dépens* ».

L'article 680 C. pr. civ. ne s'applique pas à la notification du certificat de vérification des dépens, qui n'est pas une décision juridictionnelle[3].

Suite à la notification du certificat à l'adversaire et en l'absence de contestation dans le délai d'un mois, tout recours devient irrecevable comme tardif[4]. Le poursuivant peut demander au greffier vérificateur de le mentionner sur le certificat de vérification. Cette mention vaut titre exécutoire[5].

0313.22 **Procédure de taxe.** La vérification du compte peut être contestée par la partie elle-même ou son représentant. La demande d'ordonnance de taxe est présentée oralement ou par écrit au greffe du tribunal judiciaire ayant vérifié le compte. Elle doit être motivée et être accompagnée du certificat de vérification. Une telle demande n'est recevable qu'à la condition d'avoir été précédée d'une vérification par le greffe des dépens contestés[6].

Le président ou le magistrat délégué à cet effet de la juridiction dont le greffier a vérifié le compte des dépens statue par ordonnance au vu du compte vérifié et de tous autres documents utiles, après avoir recueilli les observations du défendeur à la contestation ou les lui avoir demandées.

Le juge procède, même d'office, à tous les redressements nécessaires afin de rendre le compte conforme au tarif. Il mentionne, s'il y a lieu, les sommes déjà perçues à titre de provision. Si le rôle du magistrat taxateur est principalement de contrôler la conformité du compte au tarif, celui-ci peut également, à titre incident, se prononcer sur le caractère injustifié des frais d'exécution et les mettre à la charge du commissaire de justice[7].

Le juge a la faculté de renvoyer la demande, en l'état, à une audience du tribunal dont il fixe la date. Les parties sont convoquées quinze jours au moins à l'avance par le greffier de la juridiction.

L'ordonnance de taxe est revêtue sur minute de la formule exécutoire par le greffier.

Lorsqu'elle est rendue par le président d'une juridiction de première instance, l'ordonnance de taxe peut être frappée, par tout intéressé, d'un recours devant le premier président de la cour d'appel, indépendamment du montant de la demande. Le pourvoi en cassation ouvert lorsque les autres voies de recours sont fermées n'est pas recevable contre l'ordonnance de taxe susceptible d'appel[8]. Il est, en revanche, possible contre l'ordonnance de taxe rendue par le premier président de la cour d'appel.

La notification de l'ordonnance de taxe susceptible d'appel doit contenir, à peine de nullité, la mention que cette ordonnance deviendra exécutoire si elle n'est pas frappée de recours dans les délais et formes prévus aux articles 714 et 715 C. pr. civ., ainsi que la teneur de ces articles.

Le délai de recours contre l'ordonnance de taxe est d'un mois : il n'est pas augmenté en raison des distances. Ce délai court à compter de la notification de l'ordonnance et non à compter de la date de l'ordonnance[9]. Mais la notification d'une ordonnance de taxe effectuée par lettre recommandée avec demande d'avis de réception qui n'a pas touché son destinataire ne fait pas courir le délai de recours[10].

Le délai de recours et l'exercice du recours dans le délai sont suspensifs d'exécution.

1. Civ. 2e, 26 mars 2015, no 14-50.006, P II, no 77.
2. Civ. 2e, 14 févr. 2008, no 06-19.894, P II, no 32.
3. Civ. 2e, 14 oct. 2004, no 02-14.510, P II, no 458 ; *D.* 2004. IR 2892.
4. Rennes, 1re ch., 3 nov. 2015, RG no 11/05844.
5. Le certificat de vérification des dépens ne vaut titre exécutoire que s'il est revêtu par le greffier vérificateur de la mention de l'absence de contestation par l'adversaire : Angers, 2 mars 2004, *JCP* 2004. IV. 3282.
6. Civ. 2e, 2 juill. 2009, no 08-16.268, P II, no 181 ; *Dr. et proc.* 2009. 302.
7. Civ. 2e, 5 mai 2011, no 10-15.977, NP.
8. Civ. 2e, 7 juill. 2005, no 03-14.520, P II, no 180 ; *D.* 2005. IR 1961.
9. Civ. 2e, 10 mars 1988, no 87-10.793, P II, no 61 ; *Gaz. Pal.* 1988. 1. Pan. 101, obs. S. Guinchard et T. Moussa.
10. Civ. 3e, 7 mai 2014, 13-10.943, P III, no 57 ; *D. actu.* 23 mai 2014, obs. Y. Rouquet.

S'agissant des modalités du recours, celui-ci est formé par la remise ou l'envoi au greffe de la cour d'appel d'une note exposant les motifs du recours. À peine d'irrecevabilité du recours, copie de cette note est simultanément envoyée à toutes les parties au litige principal.

Les parties sont convoquées quinze jours au moins à l'avance par le greffier de la cour d'appel. Le premier président ou son délégué les entend contradictoirement. Il procède ou fait procéder, s'il y a lieu, à toutes investigations utiles.

§ 2
Vérification des dépens à l'initiative du commissaire de justice

0313.31 **Procédure de vérification.** Lorsque les frais de l'exécution ne peuvent pas être recouvrés auprès du débiteur et que le créancier refuse de les acquitter, le commissaire de justice va devoir solliciter du greffe la vérification du montant des dépens. En effet, si le titre servant de fondement aux poursuites permet le recouvrement des frais de l'exécution forcée à l'encontre du débiteur [1] qui en supporte la charge, il ne lui permet pas d'agir à l'encontre du créancier.

La vérification des dépens par le greffe est une étape procédurale obligatoire contrairement à la demande tendant à la taxation des honoraires du commissaire de justice [2]. Le commissaire de justice doit, en application de l'article 704 alinéa 2 C. pr. civ., porter sa demande sans forme auprès du greffier de la juridiction compétente (v. s^s^ nº 0313.21) Mais, à la différence de la procédure de vérification des dépens initiée par une partie, la demande du commissaire de justice doit être accompagnée du compte détaillé qu'il est tenu de remettre aux parties en vertu de la réglementation tarifaire. Ce compte mentionne les provisions reçues.

Le greffier vérifie le montant des frais et peut, si nécessaire, procéder à des redressements pour rendre le compte conforme au tarif. Puis il remet ou adresse au commissaire de justice, par lettre simple, un certificat de vérification.

Le commissaire de justice satisfait de la vérification notifie le certificat à l'adversaire. Cette notification vaut acceptation du compte vérifié. Elle ne doit donc être effectuée que si le commissaire de justice est satisfait de la vérification effectuée. La notification doit être adressée à l'adversaire personnellement [3], c'est-à-dire au client indélicat. Elle doit être conforme aux prescriptions des articles 706 et 718 C. pr. civ. Là encore, la notification effectuée par voie de signification est possible en application de l'article 651 alinéa 3 C. pr. civ. En l'absence de contestation de l'adversaire dans le délai d'un mois, le commissaire de justice demande au greffier de le mentionner sur le certificat de vérification. Cette mention vaut titre exécutoire. Concrètement, le commissaire de justice peut mandater un confrère pour recouvrer les sommes portées sur le titre exécutoire.

0313.32 **Procédure de taxe.** En cas de contestation du compte vérifié, une demande d'ordonnance de taxe est présentée au greffe de la juridiction qui a vérifié le compte. Le président de la juridiction ou le magistrat délégué à cet effet statue par ordonnance selon la procédure de taxe précédemment décrite.

Il a été jugé qu'un certificat de vérification de l'état de frais d'une société civile professionnelle d'huissiers de justice qui, bien que contesté, est revêtu de la formule exécutoire, n'est pas un titre définitif interdisant au juge taxateur de statuer. Pour la Cour de cassation, la mention valant titre exécutoire avait été apposée à tort sur le certificat de vérification en raison de la contestation du compte vérifié. Le juge taxateur qui devait annuler cette mention a violé les articles 706, 707 et 710 C. pr. civ [4].

SECTION 2
CONTESTATION DE LA NÉCESSITÉ DES FRAIS DE L'EXÉCUTION

0313.41 **Nécessité des frais.** En application de l'article L. 111-8 C. pr. exéc., à l'exception des droits proportionnels de recouvrement ou d'encaissement qui peuvent être mis partiellement à la charge des créanciers, les frais de l'exécution forcée sont à la charge du débiteur, sauf s'il est manifeste qu'ils n'étaient pas nécessaires au moment où ils ont été exposés. Les contestations afférentes à la nécessité des frais sont tranchées par le juge.

Ce caractère nécessaire des frais de l'exécution exposés fait écho au caractère nécessaire des mesures d'exécution entreprises, visé par l'article L. 111-7 du code précité. Il est évident que les frais de l'exécution exposés ne sont pas nécessaires lorsque la mesure ne l'est pas elle-même.

Lorsque la mesure est inutile ou abusive, le juge de l'exécution peut sur le fondement de l'article L. 121-2 C. pr. exéc., en ordonner la mainlevée et condamner le créancier à des dommages-intérêts en cas d'abus de saisie. En pareille hypothèse, les frais

1. Civ. 2e, 6 mars 2003, nº 01-02.745, P II, nº 56.
2. En ce sens à propos des honoraires libres du notaire : Civ. 2e, 26 mars 2015, nº 14-14.164, P II, nº 82.
3. Civ. 2e, 18 janv. 2001, nº 99-13.716, NP.
4. Civ. 2e, 26 juin 2008, nº 07-15.579, P II, nº 154.

résultant d'une procédure inutile ou abusive ne sont pas justifiables. Aussi le juge de l'exécution peut-il mettre à la charge du créancier tout ou partie des frais afférents à la mesure inutile ou abusive[1].

Les hypothèses de contestation sur la nécessité des frais portées devant le juge de l'exécution sont diverses. La contestation peut porter sur la signification d'actes multiples lorsqu'elle ne s'impose pas. Elle peut également porter sur des frais exposés en raison de la négligence du créancier (v. s[s] n° 0311.171).

La pertinence de certaines solutions réfutant la nécessité de certains actes pourtant tarifés dans le Code de commerce peut être débattue (v. s[s] n° 0311.171). Tel est notamment le cas de l'acte de signification du certificat de non-contestation et de l'acte de signification d'acquiescement au tiers saisi en matière de saisie-attribution parfois jugés non nécessaires.

0313.42 Compétence. La contestation visée par l'article L. 111-8 C. pr. exéc., relative au caractère nécessaire des frais de l'exécution exposés est tranchée par le juge de l'exécution. De la décision rendue sur la nécessité des frais dépendra leur charge. Cette hypothèse de contestation formulée devant le juge de l'exécution se distingue de la demande portée devant le greffe du tribunal judiciaire destinée à faire vérifier l'adéquation du montant des frais de l'exécution aux règles tarifaires.

Toutefois, dans le cadre de la contestation, le juge de l'exécution peut être amené à connaître du montant des frais de l'exécution. La question de sa compétence en pareille hypothèse a été soumise à la Cour de cassation en ces termes : « *Lorsque l'exécution d'un jugement donne lieu à des frais et dépens, le juge de l'exécution a-t-il compétence pour déterminer la charge et le montant de ces frais, ou bien les procédures des articles 704 à 721 du* [...] *Code de procédure civile s'imposent-elles ?* ». Dans un avis du 11 mars 1994[2], la Haute juridiction a précisé que la compétence du juge de l'exécution se limite aux frais de l'exécution forcée proprement dite, dont ce juge peut, en cas de contestation, déterminer la charge et fixer le montant.

Inversement, dans le cadre de la procédure de vérification des dépens, on relèvera que le juge taxateur peut, à titre incident, se prononcer, comme le fait le juge de l'exécution, sur le caractère injustifié des frais d'exécution et mettre ceux-ci à la charge du commissaire de justice[3].

Le juge de l'exécution territorialement compétent pour trancher la contestation est, au choix du demandeur, et à défaut de disposition spéciale contraire, celui du lieu où demeure le débiteur ou celui du lieu d'exécution de la mesure[4].

SECTION 3

CONDAMNATION DU COMMISSAIRE DE JUSTICE AUX FRAIS DE L'EXÉCUTION ET RESPONSABILITÉ

0313.51 Condamnation aux frais de l'exécution pour dépassement du mandat. Le créancier souhaitant obtenir la réalisation de son droit à l'exécution[5] est dans l'obligation de mandater un commissaire de justice. En effet, ce dernier bénéficie d'un monopole en matière notamment de signification et d'exécution[6]. Régulièrement mandaté, le commissaire de justice doit accomplir sa mission dans le respect à la fois des formes prescrites par le législateur et des droits du débiteur. Il doit également ne pas dépasser les limites de son mandat. Ces limites dépendent de la nature du mandatement du commissaire de justice. Le mandat peut, en effet, être général ou spécial. Il peut également être expressément donné par écrit ou au contraire être tacite et résulter de la remise du titre exécutoire[7]. En toute occurrence, le commissaire de justice est tenu de respecter le mandat qui lui est donné, quelle que soit sa forme.

Dans l'hypothèse où le commissaire de justice accomplirait des actes et procédures d'exécution en dehors des limites de son mandat, il pourrait être condamné personnellement aux frais de l'exécution sur le fondement de l'article 697C. pr. civ. La Cour de cassation a jugé que, sur ce fondement juridique, le juge peut mettre les frais à la charge de l'huissier de justice (et désormais du commissaire de justice), même en l'absence de demande en ce sens des parties[8].

0313.52 Condamnation aux frais de l'exécution non nécessaires. (V. aussi s[s] n° 0311.171) Suite à une contestation, les frais de l'exécution jugés non nécessaires au moment où ils ont été exposés, ne sont pas supportés par le débiteur, en application de

1. Bordeaux, 2e ch. civ., 8 févr. 2018, RG n° 15/05095.
2. Cass., avis, 11 mars 1994, n° 09-40.001, P, n° 8.
3. Civ. 2e, 5 mai 2011, n° 10-15.977, NP ; *Procédures* 2011, n° 224, note R. Perrot.

4. En l'absence de disposition spéciale, l'option de compétence offerte au demandeur est écartée si le débiteur demeure à l'étranger ou si le lieu où il demeure est inconnu. Le juge compétent est celui du lieu d'exécution de la mesure, v. C. pr. exéc., art. R. 121-2.
5. Ce droit à l'exécution a été reconnu par la convention européenne des droits de l'Homme : CEDH 19 mars 1997, req. n° 107/1995/613, Hornsby c/Grèce.
6. Ord. n° 2016-728, 2 juin 2016, relative au statut de commissaire de justice, *JO* 3 juin, texte 24, art. 1er.
7. C. pr. exéc., art. R. 141-1 : « *La remise du titre exécutoire au commissaire de justice vaut pouvoir pour toute exécution pour laquelle il n'est pas exigé de pouvoir spécial* ».
8. Civ. 2e, 28 mai 2003, n° 01-14.296, P II, n° 164 ; *D.* 2003 1604.

l'article L. 111-8C. pr. exéc. Sont concernés, les frais inutiles, injustifiés.

Dans les rapports entre le créancier et le commissaire de justice mandataire, les frais afférents aux actes injustifiés peuvent être mis à la charge de ce dernier, en application de l'article 698 C. pr. civ.[1]. Selon le Conseil d'État, cet article a pour objet de dissuader l'accomplissement d'actes ne trouvant pas leur justification dans les besoins de la procédure et d'assurer le bon fonctionnement du service public de la justice. Il ne méconnaît pas les stipulations de l'article 6 § 1 de la Convention de sauvegarde des droits de l'homme. Le Conseil d'État a ainsi refusé d'annuler ce texte en relevant qu'il ne porte atteinte ni au droit au recours, ni aux prérogatives de la défense dès lors que seuls peuvent être mis à la charge des auxiliaires de justice, les frais que l'exercice normalement diligent, attentif et loyal de leur profession les aurait conduits à ne pas engager[2].

Les frais afférents à des actes inutiles peuvent aussi être mis à la charge du commissaire de justice sur le fondement de l'article 650 C. pr. civ.[3]. Enfin, le commissaire de justice peut se voir imposer la charge des frais afférents aux actes et procédures d'exécution nuls par l'effet de sa faute. Pour mémoire, en application de l'article 649 C. pr. civ., la nullité des actes du commissaire de justice est régie par les dispositions qui gouvernent la nullité des actes de procédure (C. pr. civ., art. 112 s.).

Dans le cadre de la procédure spécifique régie par les articles 704 s. C. pr. civ., le juge taxateur peut, à titre incident, se prononcer sur le caractère injustifié des frais d'exécution et mettre ceux-ci à la charge du commissaire de justice. À titre d'exemple, il a été retenu par la Haute juridiction, dans un arrêt en date du 5 mai 2011, que les frais afférents à la signification d'un commandement de payer avant saisie-vente et à la régularisation subséquente d'un procès-verbal de carence ne pouvaient être supportés par le débiteur dans la mesure où ce dernier avait effectué un paiement partiel et que le montant de la somme restant due était inférieur au seuil de 535 euros visé par l'actuel article R. 221-2 C. pr. exéc. Statuant sur le fondement de l'article 698 C. pr. civ., la Cour de cassation a condamné le commissaire de justice aux dépens[4].

Un arrêt ancien rendu par le premier président de la cour d'appel de Lyon le 10 décembre 1996[5] mérite également d'être cité. Statuant sur appel d'une ordonnance d'un juge taxateur, il énonce que la vérification des frais afférents à des actes d'huissiers de justice et de leur conformité avec le tarif en application de l'article 711[6] C. pr. civ. n'exclut pas que soit appréciée leur utilité au sens de l'article 650 du même code. En l'espèce, l'huissier de justice instrumentaire avait saisi des meubles de faible valeur dont la vente ne pouvait permettre, une fois les frais payés, de remplir le créancier poursuivant de ses droits, même en partie. L'huissier de justice a toutefois poursuivi la procédure de vente. Le premier président de la cour d'appel juge qu'il appartenait à l'huissier de justice de cesser tous autres actes de poursuite, sauf instructions formelles de son mandat qu'il lui appartenait d'informer précisément des risques et des frais à engager. Il confirme l'ordonnance de taxe ayant réduit les frais de l'huissier de justice en écartant ceux exposés ultérieurement à la saisie. Cette solution est bien entendu transposable au commissaire de justice.

La condamnation d'un auxiliaire de justice aux dépens, au visa de l'article 698 C. pr. civ., ne nécessite pas, contrairement à sa condamnation au paiement de dommages et intérêts, sa mise en cause à titre personnel[7]. Le juge a le pouvoir, sur le fondement de ce texte, de mettre les frais à la charge du commissaire de justice, même en l'absence de toute demande en ce sens des parties[8].

0313.53 Responsabilité civile du commissaire de justice. La condamnation du commissaire de justice aux frais de l'exécution ne préjudicie pas à sa condamnation à des dommages et intérêts (C. pr. civ., art. 698 et 650).

La Cour de cassation a jugé dans un arrêt en date du 24 juin 1998[9] que le juge de l'exécution compétent pour connaître des demandes en réparation fondées sur l'exécution dommageable des mesures d'exécution forcée et pour statuer sur le caractère abusif d'une saisie peut, non seulement condamner le créancier à des dommages et intérêts sur fondement de l'article L. 121-2 C. pr. exéc., mais également le com-

1. C. pr. civ., art. 698 : « *Les dépens afférents aux instances, actes et procédures d'exécution injustifiés sont à la charge des auxiliaires de justice qui les ont faits, sans préjudice des dommages-intérêts qui seraient réclamés. Il en est de même des dépens afférents aux instances, actes et procédures d'exécution nuls par l'effet de leur faute* ».
2. CE 25 mai 2005, req. nº 265719, *Lebon* ; *Gaz. Pal.* 3-4 juin 2005, p. 4, concl. comm. gouv. Aguila.
3. C. pr. civ., art. 650 : « *Les frais afférents aux actes inutiles sont à la charge des huissiers de justice qui les ont faits, sans préjudice des dommages-intérêts qui seraient réclamés. Il en est de même des frais afférents aux actes nuls par l'effet de leur faute* ».
4. Civ. 2e, 5 mai 2011, nº 10-15.977, NP ; *Procédures* 2011, nº 224, note Perrot.
5. Lyon, 10 déc. 1996, *Gaz. Pal.* 20 mars 1998, p. 11, obs. Vray.
6. Abr. par Ord. nº 2006-461, 21 avr. 2006, réformant la saisie immobilière, *JO* 22 avr., texte 30, art. 22.
7. Civ. 2e, 23 juin 2011, nº 09-15.572, P II, nº 139.
8. Civ. 2e, 28 mai 2003, nº 01-14.296, P II, nº 164 ; *D.* 2003. 1604.
9. Civ. 2e, 24 juin 1998, nº 96-22.851, P II, nº 222.

missaire de justice sur le fondement du droit commun.

La faute du commissaire de justice, un préjudice et un lien de causalité devront être établis pour engager sa responsabilité.

La nature de la faute alléguée par le débiteur dans le cadre de la mise en jeu de la responsabilité délictuelle du commissaire de justice est variée. Elle peut, par exemple, porter sur l'indisponibilité injustifiée d'un compte bancaire ou encore sur des saisies inutiles, excédant ce qui est nécessaire pour obtenir le paiement de la créance.

Sur le plan de la responsabilité contractuelle, le mandant peut notamment faire état d'erreurs dans la rédaction des actes. Le commissaire de justice est, en effet, responsable de la rédaction de ses actes en application de l'article 10 de l'ordonnance du 2 juin 2016 [1] à moins que l'acte ait été préparé par un autre officier ministériel, pour les indications matérielles qu'il n'a pas pu personnellement vérifier. Si le commissaire de justice rédacteur d'actes doit veiller à réunir les justificatifs nécessaires à son intervention, il n'est, en revanche, pas tenu de vérifier les déclarations d'ordre factuel faites par les parties en l'absence d'éléments de nature à éveiller ses soupçons quant à la véracité des renseignements donnés [2].

En revanche, il incombe au commissaire de justice, garant de la légalité des poursuites, de vérifier que le titre en vertu duquel il pratique la saisie-vente aux risques du créancier mandant reste exécutoire au jour de l'acte de saisie. À défaut, il engage sa responsabilité [3].

Dans le cadre de sa relation avec son mandant, le commissaire de justice, légalement ou contractuellement tenus de le conseiller sur l'utilité et l'efficacité des actes qu'il est requis d'accomplir, doit rapporter la preuve de l'exécution de cette obligation [4].

La Cour de cassation a rappelé dans un arrêt du 26 octobre 2004 [5] que le client poursuivant l'huissier de justice en responsabilité doit démontrer l'existence d'un lien de causalité entre la faute commise et le préjudice allégué. En l'absence de tout élément de preuve fourni en ce sens, le créancier qui n'a invoqué ni la perte d'une chance d'obtenir la condamnation au paiement de sa créance par le tiers saisi, ni réclamé les frais de poursuite exposés pour le recouvrement de sa créance, ne peut voir aboutir sa demande de condamnation de l'huissier de justice aux fins de réparation du préjudice. Cette solution est transposable au commissaire de justice.

Même si le commissaire de justice a commis une faute dans l'exécution de sa mission, dès lors qu'il a respecté les formes prescrites, il n'est tenu de réparer que le seul dommage résultant directement du manquement reproché [6].

La responsabilité du commissaire de justice recherchée sur le fondement de l'exécution ou l'inexécution dommageable des mesures d'exécution ou des mesures conservatoires relève de la compétence du juge de l'exécution (COJ, art. L. 213-6, al. 4). Ce dernier demeure compétent même si la mesure d'exécution à l'occasion de laquelle la responsabilité du commissaire de justice est recherchée n'est plus en cours au moment où il est saisi [7].

En revanche, comme l'a rappelé la Cour de cassation dans un arrêt du 21 février 2019 [8], le juge de l'exécution n'est pas compétent pour statuer sur une action en responsabilité formée par le créancier à l'encontre de l'huissier de justice (et désormais du commissaire de justice) qu'il a mandaté pour l'exécution d'une décision de justice. Dans un arrêt du 21 février 2008 [9], la Haute juridiction s'était déjà prononcée sur l'incompétence du juge de l'exécution pour connaître de l'action engagée par un créancier, fondée sur l'exécution fautive du mandat qu'il a donné à l'huissier de justice instrumentaire. En l'espèce, suite à la demande du débiteur en réparation des préjudices subis à l'occasion d'une procédure de saisie-vente engagée à son encontre, le créancier poursuivant avait appelé en garantie l'huissier de justice ayant procédé à la saisie, lequel avait soulevé l'incompétence du juge de l'exécution pour statuer sur l'appel en garantie. Si la cour d'appel rejette l'exception d'incompétence au motif que le législateur ne distingue pas selon que la demande est dirigée contre le créancier ou contre les professionnels chargés de l'exécution en raison des irrégularités commises par eux dans le cadre d'une procédure de saisie-vente, la Cour de cassation ne valide pas, quant à elle, ce raisonnement. L'arrêt est cassé sur ce point, au motif que le juge de l'exécution n'est pas compétent pour connaître de l'appel en garantie de l'huissier de justice car ce recours est fondé sur la responsabilité contractuelle née du contrat de mandat qui le lie au créancier. La compétence du juge de l'exécution se limite à la connaissance de la responsabilité délictuelle de l'huissier de justice envers le débiteur en raison des dommages subis au cours de l'exécution forcée. En d'autres termes, seul le juge de droit commun est compétent pour statuer sur la respon-

1. Ord. n° 2016-728, 2 juin 2016, préc.
2. Civ. 1re, 25 mars 2010, n° 09-12.294, P I, n° 72.
3. Civ. 1re, 28 sept. 2016, n° 14-29.776, P – Pour un cas de responsabilité dans l'hypothèse d'une saisie-attribution : Civ. 1re, 13 mai 2014, n° 12-25.511, P I, n° 84.
4. Civ. 1re, 15 déc. 1998, n° 96-15.321, P I, n° 364.
5. Civ. 1re, 26 oct. 2004, n° 01-16.523, NP.
6. Civ. 1re, 22 mars 2012, n° 10-25.811, P I, n° 65.
7. Civ. 2e, 27 févr. 2014, n° 13-11.788, P II, n° 54.
8. Civ. 2e, 21 févr. 2019, n° 18-10.205, NP.
9. Civ. 2e, 21 févr. 2008, n° 07-10.417, P II, n° 43.

sabilité contractuelle de l'huissier de justice (et désormais du commissaire de justice) envers son mandant.

0313.54 Responsabilité disciplinaire du commissaire de justice. À l'occasion de la vérification des frais de l'exécution selon la procédure spécifique des articles 704 s. C. pr. civ., le greffier et le juge taxateur peuvent procéder, même d'office, à tous les redressements nécessaires afin de rendre le compte des frais, émoluments et débours conformes au tarif (C. pr. civ., art. 705 et 711).

Le commissaire de justice qui a demandé ou perçu en raison des prestations soumises aux tarifs une somme autre que celles fixées par ces tarifs doit la restituer. Des sanctions disciplinaires[1] peuvent être prononcées sur le fondement de l'article R. 444-14 C. com.

SECTION 4 PRESCRIPTION DE L'ACTION EN PAIEMENT DES FRAIS

0313.61 Prescription quinquennale. L'action des huissiers de justice pour le paiement de leur frais était régie, avant la réforme issue de la loi du 17 juin 2008[2], par l'article 2272 C. civ. Aux termes de cet article, l'action des huissiers, pour le salaire des actes qu'ils signifient et des commissions qu'ils exécutent se prescrivait par un an.

Par l'effet de la loi du 17 juin 2008[3], l'action des huissiers de justice (désormais des commissaires de justice) pour le recouvrement de leurs frais, émoluments et débours, se prescrit par cinq ans[4]. Cette action relève, en effet, des dispositions de l'article 2224 C. civ. , fixant le délai de droit commun de la prescription extinctive pour les actions personnelles ou mobilières à cinq ans.

Dans un souci d'uniformisation, la loi du 17 juin 2008 précitée a également modifié les dispositions spécifiques de la loi du 24 décembre 1897 relative au recouvrement des frais dus aux notaires, avoués et huissiers. C'est ainsi qu'en application de l'article 2 de ladite loi, les demandes en taxe et les actions en restitution de frais dus notamment aux huissiers (devenus commissaires de justice), pour les actes de leur ministère, se prescrivent par cinq ans du jour du paiement ou du règlement par compte arrêté, reconnaissance ou obligation.

L'expiration de ce délai produit un effet extinctif. Toutefois, et comme il est dit à l'article 2249 C. civ., si le débiteur a payé des frais pourtant prescrits, il ne pourra pas se prévaloir de la prescription pour obtenir le remboursement.

0313.62 Prescription biennale. L'action des commissaires de justice pour le paiement des frais dus par leurs clients répondant à la définition du consommateur donné par l'article liminaire du Code de la consommation[5] est soumise au délai de prescription fixé par l'article L. 218-2[6] C. consom., aux termes duquel l'action des professionnels, pour les biens ou les services qu'ils fournissent aux consommateurs, se prescrit par deux ans.

La Cour de cassation avait jugé que la prescription biennale de l'article L. 137-2 C. consom. (devenu l'article L. 218-2 C. consom.) devait s'appliquer à la demande de fixation d'honoraires d'un avocat dirigée contre une personne physique n'agissant pas à des fins professionnelles[7].

Elle avait également jugé qu'était soumise à la prescription biennale de l'article L. 218-2 C. consom., la demande d'un avoué en fixation de ses frais dirigée contre une personne physique ayant eu recours à ses services à des fins n'entrant pas dans le cadre d'une activité commerciale, industrielle, artisanale ou libérale ; en l'espèce cette personne avait été représentée par l'avoué pour sa procédure de divorce, donc en qualité de consommateur[8].

Cette prescription biennale qui a vocation à s'appliquer à la profession de commissaire de justice ne peut pas faire l'objet d'un aménagement conventionnel concernant sa durée ou ses causes d'interruption et de suspension (C. consom., art. L. 218-1[9]). Elle peut, comme toutes les dispositions du Code de la consommation, être soulevée d'office par le juge en vertu de l'article R. 632-1[10] C. consom.[11].

1. V. Ord. n° 2022-544, 13 avr. 2022, relative à la déontologie et à la discipline des officiers ministériels, art. 7 et 16, *JO* 14 avr., texte 41.
2. L. n° 2008-561, 17 juin 2008, portant réforme de la prescription civile, *JO* 18 juin, p. 9856, art. 1er.
3. L. n° 2008-561, 17 juin 2008, art. 1er.
4. L'abrogation de l'article 2272 C. civ. et le souhait de généraliser la prescription quinquennale impliquent que le délai de cinq ans soit applicable aux salaires dus à l'huissier de justice : C. Brenner et H. Lécuyer, « La réforme de la prescription », *JCP N* 2009. 1118.
5. L'article liminaire du Code de la consommation définit le consommateur comme une personne physique agissant à des fins qui n'entrent pas dans le cadre de son activité commerciale, industrielle, artisanale, libérale ou agricole.
6. Créé par Ord. n° 2016-301, 14 mars 2016, relative à la partie législative du Code de la consommation, *JO* 16 mars, texte 29.
7. Civ. 2e, 26 mars 2015, nos 14.11-599, 14-15.013, P II, nos 74 et 75.
8. Civ. 2e, 18 avr. 2019, n° 18-14.202, P.
9. Créé par Ord. n° 2016-301, 14 mars 2016.
10. Créé par Décr. n° 2016-884, 29 juin 2016, relatif à la partie réglementaire du Code de la consommation, *JO* 30 juin, texte 62.
11. Civ. 1re, 9 juill. 2015, n° 14-19.101, NP.

0313.63 Causes d'interruption de la prescription. Les causes d'interruption de la prescription sont prévues par les articles 2240 à 2246 C. civ. La loi du 24 décembre 1897 relative au recouvrement des frais dus aux notaires, avoués et huissiers prévoit certaines dispositions particulières. Ainsi, la prescription a lieu bien qu'il y ait eu continuation d'actes de son ministère par l'huissier de justice (devenu commissaire de justice), comme le précise l'article 1er alinéa 2 de ladite loi, lequel ajoute que la prescription cesse de courir lorsqu'il y a eu compte arrêté, reconnaissance, obligation ou signification de taxe. De plus, aux termes de l'article 4 de la loi, la signification de l'ordonnance de taxe, à la requête des huissiers (devenus commissaires de justice), interrompt la prescription et fait courir les intérêts.

En revanche, la demande de vérification des dépens n'est pas interruptive de prescription. Comme l'a rappelé la Cour de cassation dans un arrêt du 11 septembre 2014[1], une telle demande n'est pas assimilable à une demande en justice au sens de l'article 2241 C. civ. et n'en produit donc pas les effets sur le cours de la prescription.

Les différentes causes d'interruption du délai de prescription font courir un nouveau délai de cinq ans à l'exception de l'ordonnance de taxe qui vaut titre exécutoire et qui lui substitue le délai de dix ans prévu par l'article L. 111-4 C. pr. exéc., pour l'exécution des décisions de justice. En revanche, le certificat de vérification des dépens, qui est un acte administratif, n'opère pas le même effet interruptif[2].

C'est à celui qui se prévaut de la prescription extinctive d'invoquer cette exception devant le juge qui ne peut y suppléer d'office (C. civ., art. 2247). Elle peut être opposée en tout état de cause, même devant la cour d'appel (C. civ., art. 2248).

1. Civ. 2e, 11 sept. 2014, no 13-24.041, P II, no 124 ; *Dr. et proc.* 2015. 8, obs. T. Vinckel.
2. Civ. 2e, 14 oct. 2004, no 02-14.510, P II, no 458 ; *D.* 2004. IR 2892.

LIVRE

04. LES ASTREINTES

SECTION 0
ORIENTEUR

04.00 **Sommaire du livre.**

Titre 041 L'astreinte des juridictions civiles
Chap. 0411 Prononcé de l'astreinte
Chap. 0412 Liquidation de l'astreinte
Titre 042 L'astreinte civile des juridictions pénales
Chap. 0421 Prononcé de l'astreinte
Chap. 0422 Liquidation de l'astreinte

Division. On distingue l'astreinte des juridictions civiles (titre 41) de l'astreinte civile des juridictions pénales (titre 42).

04.02 **Jurisprudence de référence.**

> L'astreinte n'est pas une peine.

• **Civ. 2e, 4 janv. 2012,** no 11-40.081, P II, no 1
* V. ss no 04.05

L'astreinte provisoire, qui a pour finalité de contraindre la personne qui s'y refuse à exécuter les obligations qu'une décision juridictionnelle lui a imposées et d'assurer le respect du droit à cette exécution, ne saurait être regardée comme une peine ou une sanction au sens de l'article 8 de la Déclaration des droits de l'homme et du citoyen.

> L'astreinte n'est pas une mesure d'exécution forcée.

• **Civ. 2e, 17 déc. 1997,** no 96-13.568, P II, no 319
* V. ss no 04.05

Viole les articles 35 et 97 de la loi du 9 juillet 1991, la cour d'appel qui se déclare compétente pour liquider une astreinte en retenant qu'une liquidation d'astreinte pouvant s'assimiler à une mesure d'exécution forcée, les dispositions de l'article 35 précité ne peuvent s'appliquer à une procédure engagée antérieurement à l'entrée en vigueur de la loi, alors que l'astreinte n'est pas une mesure d'exécution forcée.

> Origine nécessairement juridictionnelle de l'astreinte.

• **Civ. 2e, 3 sept. 2015,** no 14-20.431, P II, no 192
* V. ss nos 04.06, 0411.11, 0411.81

En application de l'article 12 C. pr. civ., il appartient au juge de l'exécution, saisi d'une demande de suppression d'astreinte conventionnelle, de requalifier la clause litigieuse en clause pénale et de faire application de l'article 1152 C. civ.

> Caractère comminatoire de l'astreinte.

• **Civ. 2e, 17 avr. 2008,** no 07-10.065, P II, no 88
* V. ss nos 04.06, 0412.33

L'astreinte est indépendante des dommages-intérêts et a, par sa nature même, pour but de contraindre la partie à exécuter une décision judiciaire. Dès lors, la cour d'appel qui a constaté que l'astreinte ne figurait pas dans la définition des risques garantis par le contrat d'assurance responsabilité, en a à bon droit déduit que l'assureur n'avait pas à prendre en charge la condamnation à une astreinte, et n'avait pas à supporter les conséquences de la résistance de son assuré.

> Caractère personnel de l'astreinte.

• **Civ. 2e, 14 sept. 2006,** no 05-17.118, P II, no 218
* V. ss nos 0212.181, 04.06, 0412.06, 0412.21

L'astreinte, mesure de contrainte à caractère personnel, n'ouvre pas droit à un recours en garantie. Dès lors, viole l'article 36 de la loi du 9 juillet 1991, la cour d'appel qui condamne une partie à garantir une autre partie du montant de la condamnation qui pourrait être prononcée à son encontre au titre de la liquidation d'une astreinte.

• **Civ. 2e, 10 janv. 2013,** no 11-26.483, NP
* V. ss nos 04.06, 0412.06

Deux débiteurs condamnés à une même obligation de faire ne peuvent être tenus solidairement au paiement du montant de l'astreinte liquidée.

• **Civ. 2e, 7 juill. 2011,** no 10-20.296, P II, no 157
* V. ss nos 04.06, 0412.06

Le caractère personnel de l'astreinte ne s'oppose pas à ce que des parties conviennent conventionnellement de la cession d'une obligation assortie d'une astreinte, de sorte que le cessionnaire est recevable, à compter de la notification de la cession, à demander la liquidation de l'astreinte, qui est entrée dans son patrimoine avec la créance cédée.

• **Civ. 2e, 1er sept. 2016,** no 15-19.524, P II, no 193

* V. ss nos 04.06, 0412.06, 0412.15

Le caractère personnel de l'astreinte ne s'oppose pas à ce que sa liquidation, qui tend à une condamnation pécuniaire, puisse être poursuivie à l'encontre de la société absorbante pour des faits commis par la société absorbée antérieurement à la date de la publication de la fusion-absorption.

> Caractère accessoire de l'astreinte

• **Civ. 2e, 24 sept. 2015,** nos 14-14.977 et 14-14.978, P II, no 210

* V. ss nos 04.06, 0412.52

L'astreinte est une mesure accessoire destinée à assurer l'exécution d'une condamnation. Dès lors, ayant retenu qu'une décision ordonnant une astreinte avait perdu son fondement juridique, une cour d'appel en a déduit exactement que les sommes versées au titre de la décision ayant liquidé l'astreinte devaient être restituées.

• **Soc. 22 oct. 2014,** no 12-19.587, P V, no 245

* V. ss nos 04.06, 0411.12, 0411.81, 0411.86, 0411.112

L'astreinte, mesure de contrainte destinée à vaincre la résistance opposée à l'exécution d'une injonction, en étant l'accessoire, le jugement rendu sur une demande en paiement d'une somme dont le montant est inférieur au taux du dernier ressort n'est pas susceptible d'appel lorsque celle-ci est assortie d'une demande d'astreinte.

04.03 Bibliographie indicative.

Actualisables. *J.-Cl. Pr. civ., vis* Astreintes, Introduction, fasc. 1500-75 ; Prononcé, fasc. 1500-80 ; Liquidation, fasc. 1500-85, par Y. Desdevises, N. Gerbay – *J.-Cl. Pr. Formulaire*, vo Astreinte judiciaire, fasc. 10, par N. Lesourd, H. Croze ; *Astreinte judiciaire Formules*, fasc. 20, par N. Casal – *J.-Cl. Commissaires de Justice*, vo Astreinte judiciaire, fasc. 10, C. Roth, C. Argouarc'h – Rép. pr. civ., *vo Astreinte*, par F. Guerchoun, nov. 2021 (actu. nov. 2024).

Ouvrages. C. Brenner, *Procédures civiles d'exécution*, 12e éd., « Cours », Dalloz, 2024 – G. Couchez et D. Lebeau, *Voies d'exécution*, 12e éd., Sirey, 2017 – J.-B. et M. Donnier, *Voies d'exécution et procédures de distribution*, 10e éd. Litec, 2020 – S. Hazoug, P. Hoonakker, N. Pierre, S. Pierre-Maurice, *Procédures civiles d'exécution*, 13e éd. Paradigme, 2024 – A. Leborgne, *Droit de l'exécution*, 3e éd., « Précis », 2019, nos 719-741 – R. Perrot et Ph. Théry, *Procédures civiles d'exécution*, 3e éd., Dalloz, 2013 – S. Piedelièvre, *Droit de l'exécution*, « Thémis », PUF, 2009.

Articles. M. Barba, « Astreinte, excès de pouvoir et exécution provisoire », *D. actu.* 1er mars 2024 – S. Bernigaud, *RCJPP* 2024, no 02, p. 33 – J. Boré, « La liquidation de l'astreinte comminatoire », *D.* 1966. Chron. 159 – J. Buffet, « La réforme de l'astreinte, premières applications », *R.* 1997, Doc. fr., 1998, p. 67 – F. Chabas, « La réforme de l'astreinte », *D.* 1972. Chron. 27 ; *D.* 1992. Chron. 300 – D. Cholet, *Rev. prat. rec.* 2022. 10, chron. – P. Esmein, « Les astreintes », *Gaz. Pal.* 1941. 1. Doctr. 8 – B. Louvel, « Une préposition qui change tout : on ne condamne pas à une astreinte mais sous astreinte », *Gaz. Pal.* 1999. 2. Doctr. 1263 – A. Leborgne et J.-D. Pellier, *D.* 2024. 1301 – R. Meurisse, « L'astreinte non comminatoire », *Gaz. Pal.* 1948. 2. Doctr. 11 – R. Perrot, « L'astreinte, ses aspects nouveaux », *Gaz. Pal.* 1991. 2. Doctr. 801 ; « Absence de sursis à exécution », *Procédures*, no 4, avr. 2011, comm. 128 – M.-L. Rassat, « L'astreinte définitive », *JCP* 1967. I. 2069 – M.-H. Renaut, « Astreinte et injonction en matière judiciaire et administrative, une histoire mouvementée », *Rev. huiss.* 1998. 385 – R. Savatier, « L'exécution des condamnations au paiement d'une astreinte », *D.* 1951. Chron. 27 – D. Talon, « L'astreinte », *Gaz. Pal.* 1992. 2. 474 – P. Théry, « *Judex gladii* », *Mél. Perrot*, Dalloz, 1996, p. 482.

Mémoire. T. Sena, *Le rôle du juge de l'exécution en matière d'astreinte*, mémoire DESS, Aix-Marseille III, 1995, 124 p.

04.05 Définitions. Création prétorienne du début du XIXe siècle, l'astreinte a d'abord été sommairement organisée par la loi du 21 juillet 1949[1] relative au délaissement des locaux d'habitation puis par celle du 5 juillet 1972[2]. Depuis la loi du 9 juillet 1991[3] et son décret d'application du 31 juillet 1992[4], elle fait l'objet, en matière civile, d'une réglementation d'ensemble, désormais intégrée au Code des procédures civiles d'exécution, aux articles L. 131-1 à L. 131-4, L. 421-1 et L. 421-2[5] et R. 131-1 à R. 131-4.

Pour reprendre une définition partagée, l'astreinte est une « *condamnation pécuniaire, accessoire et éventuelle, généralement fixée à une somme déterminée par jour de retard, qui s'ajoute à la condamnation principale, pour le cas où celle-ci ne serait pas exécutée dans le délai prescrit par le juge et tend à obtenir du débiteur, par la menace d'une augmentation progressive de sa dette d'argent, l'exécution en nature d'une obligation supposant son fait personnel* »[6]. L'astreinte est donc une technique permettant de faire pression sur le débiteur pour le « convaincre » d'exécuter lui-même la décision qui le condamne. Elle ne devient effective qu'en cas d'inexécution ou d'exécution tardive de l'obligation mise à sa charge, dont elle est l'accessoire. Ainsi, l'astreinte a la particularité de comporter deux phases, une phase de fixation durant laquelle elle n'est qu'une menace et, le cas échéant, une phase de liquidation où elle devient une condamnation pécuniaire.

1. L. no 49-972, 21 juill. 1949, donnant le caractère comminatoire aux astreintes fixées par les tribunaux en matière d'expulsion, et en limitant le montant, *JO* 22 juill.
2. L. no 72-626, 5 juill. 1972, instituant un juge de l'exécution et relative à la réforme de la procédure civile, *JO* 9 juill. – Sur les aspects historiques, v. chron. R. Perrot, *Gaz. Pal.* 1991. 2. Doctr. 801.
3. L. no 91-650, 9 juill. 1991, portant réforme des procédures civiles d'exécution, *JO* 14 juill.
4. Décr. no 92-755, 31 juill. 1992, instituant de nouvelles règles relatives aux procédures civiles d'exécution pour l'application de la loi no 91-650 du 9 juillet 1991 portant réforme des procédures civiles d'exécution, *JO* 5 août.
5. Anct L. no 49-972, 21 juill. 1949, art. 1er et 2, donnant un caractère comminatoire aux astreintes fixées par les tribunaux en matière d'expulsion et en limitant le montant.
6. G. Cornu (dir.), *Vocabulaire juridique*, Association H. Capitant, PUF, *vo* « Astreinte ».

Mais la pression exercée sur le débiteur est plus ou moins forte selon que le juge prononce une **astreinte provisoire** ou une **astreinte définitive** (C. pr. exéc., art. L. 131-1, al. 2). Si le juge prononce une astreinte provisoire, son taux pourra être révisé au moment de la liquidation en tenant compte du comportement du débiteur et des difficultés qu'il a rencontrées pour exécuter l'obligation principale. En revanche, si l'astreinte est définitive, son taux ne peut jamais être modifié lors de sa liquidation, la somme est définitivement fixée dès son prononcé (C. pr. exéc., art. L. 131-4, al. 1er et 2). Compte tenu de la gravité de l'astreinte définitive, l'astreinte provisoire est le principe et l'astreinte définitive l'exception.

En réalité, la loi définit l'astreinte de par sa finalité : « *Assurer l'exécution de la décision* » (C. pr. exéc., art. L. 131-1). Relevons que l'objectif visé consiste donc, au premier chef, à assurer l'exécution de la décision de justice et non celle de l'obligation assortie d'astreinte.

Or, deux arrêts essentiels, l'un du Conseil d'État[1], l'autre de la Cour européenne des droits de l'homme[2], font de l'exécution de la décision de justice un principe général du droit et une composante du « procès équitable ».

À ce titre, l'astreinte concerne d'abord l'État : R. Perrot[3] évoquait une « *mesure administrative plus que juridictionnelle* » et l'on verra que le juge peut l'ordonner d'office et contrôle sa mise en œuvre. Mais l'astreinte intéresse bien entendu aussi le créancier, dont, au-delà du préjudice économique, les droits fondamentaux sont atteints. C'est en cela que le prononcé d'une astreinte a pu être rattaché à l'idée de peine « privée », destinée à sanctionner celui qui ne respecte pas l'ordre du juge au profit d'un créancier et non de l'État (sauf en certaines matières spécifiques comme l'urbanisme). Néanmoins, le 4 janvier 2012[4], en réponse à une question prioritaire de constitutionnalité, la Cour de cassation a dit que l'astreinte provisoire ne constituait pas une peine ou une sanction au sens de l'article 8 de la Déclaration des droits de l'homme et du citoyen.

Si la réglementation de l'astreinte est insérée dans le Code des procédures civiles d'exécution, elle est située dans un titre III relatif à la prévention des difficultés d'exécution. Elle est donc un moyen de pression indirect dont le but est d'éviter le recours à une mesure d'exécution et ne peut donc être assimilée à une mesure d'exécution forcée[5] : le paiement de l'astreinte ne fait pas disparaître l'obligation principale qu'elle assortit et la résistance du débiteur au paiement de l'astreinte liquidée nécessite qu'une mesure d'exécution forcée, telle une saisie, soit pratiquée pour procéder à son recouvrement.

04.06 **Jurisprudence.** Au fil de sa jurisprudence, la Cour de cassation a défini l'astreinte en disant ce qu'elle est ou ce qu'elle n'est pas.

Ainsi qu'il l'a été dit précédemment, l'astreinte ne constitue **pas une mesure d'exécution forcée**[6]. Dès lors, par exemple, le cours de l'astreinte qui assortit un jugement d'expulsion d'un locataire n'est pas suspendu par la « trêve hivernale » prévue aux articles L. 412-3 et R. 412-3 C. pr. exéc. (CCH, anc. art. L. 613-1)[7]. En revanche, comme le prévoient les dispositions de l'article R. 131-3 alinéa 2 C. pr. exéc., la décision qui ordonne l'astreinte « *permet de prendre une mesure conservatoire pour une somme provisoirement évaluée par le juge compétent pour la liquidation* » et pourra donner lieu à une mesure d'exécution forcée après sa liquidation (C. pr. exéc., art. R. 131-3, al. 1er, *a contrario*).

Pour autant, elle est une contrainte indirecte exercée sur la personne du débiteur pour qu'il exécute la condamnation et dispose, à ce titre, d'un **caractère comminatoire**. En conséquence, **l'astreinte n'a pas un caractère réparateur :** elle est indépendante des dommages-intérêts[8], peut se cumuler avec ces derniers[9], son montant, lors de la liquidation, n'est pas fonction du dommage ou de l'absence de dommage[10] causé par l'inexécution de la condamnation mais de la gravité de la faute commise par le débiteur de l'obligation, de la résistance qu'il aura opposée à l'exécution de la condamnation (sur la distinction

1. CE 10 mai 1974, Barre, req. nos 85132 et 85149, *Lebon ; RTD civ.* 1975. 353 ; *AJDA* 1974. 525, note M. Franc ; *AJDA* 1974. 545, note M. Boyon – *Adde*, CE 3 janv. 1975, Sieur Barre Jean-Marc, req. no 88512, *Lebon ; JCP* 1976. II. 18229, note G. Couchez ; *RTD civ.* 1976. 397, note R. Perrot.
2. CEDH 19 mars 1997, Épx Hornsby c/ Grèce, req. no 18357/91, *Rec. CEDH*-II ; *Dr. adm.* 1997, no 185 ; *JCP* 1997. II. 22949, note F. Sudre et O. Dugrip ; *D.* 1998. 74, note N. Fricero.
3. *Gaz. Pal.* 1991. 2. Doctr. 801, note R. Perrot.
4. Civ. 2e, 4 janv. 2012, no 11-40.081, P II, no 1 : « *Et attendu que la question posée ne présente pas un caractère sérieux en ce que l'astreinte provisoire, qui a pour finalité de contraindre la personne qui s'y refuse à exécuter les obligations qu'une décision juridictionnelle lui a imposées et d'assurer le respect du droit à cette exécution, ne saurait être regardée comme une peine ou une sanction au sens de l'article 8 de la Déclaration des droits de l'homme et du citoyen* ».
5. Civ. 2e, 17 déc. 1997, no 96-13.568, P II, no 319.
6. *Ibid.*
7. Civ. 2e, 4 juill. 2007, no 05-15.382, P II, no 183.
8. C. pr. exéc, art. L. 131-1 à L. 131-4 – POUR UNE APPLICATION : Civ. 2e, 17 avr. 2008, no 07-10.065, P II, no 88 (premier moyen), citant comme précédents : Soc. 20 janv. 1993, no 90-42.345, P V, no 20, et Civ. 2e, 9 déc. 1997, no 95-20.144, P II, no 307 – PLUS RÉCEMMENT, Civ. 2e, 7 avr. 2016, no 15-14.825.
9. PAR EX. Civ. 2e, 7 avr. 2016, no 15-14.825, NP.
10. Civ. 2e, 1er oct. 2009, nos 08-18.319 et 08-70.079, NP.

d'avec les dommages-intérêts et la conséquence qui en est tirée quant au paiement de l'astreinte par un assureur, v. s[s] n°s 0411.94 et 0412.33). À noter, cependant, que l'article L. 421-2 C. pr. exéc. prévoit, par exception à ce principe, que le montant de l'astreinte liquidée, lorsqu'elle est destinée à obliger l'occupant d'un local à quitter les lieux, « *ne pourra excéder la somme compensatrice du préjudice effectivement causé* ».

De plus, l'astreinte est une **mesure de contrainte à caractère personnel :** elle n'ouvre pas droit à un recours en garantie[1]. De même, deux débiteurs condamnés à une même obligation de faire ne peuvent être tenus solidairement au paiement du montant de l'astreinte liquidée[2]. On notera cependant que le caractère personnel de l'astreinte ne s'oppose pas à ce que sa liquidation, qui tend à une condamnation pécuniaire, puisse être poursuivie contre les héritiers du débiteur pour la période antérieure à son décès[3] ou de la société absorbante pour des faits commis par la société absorbée antérieurement à la date de la publication de la fusion-absorption[4]. Il ne s'oppose pas non plus, dès lors qu'il s'agit d'un droit disponible, à ce que des parties conviennent conventionnellement de la cession d'une obligation assortie d'une astreinte, de sorte que le cessionnaire est recevable, à compter de la notification de la cession, à demander la liquidation de l'astreinte, qui est entrée dans son patrimoine avec la créance cédée[5] (v. s[s] n°s 0412.06 et 0412.33). De même, la créance de liquidation d'une astreinte n'étant pas un droit réel immobilier, ni l'accessoire d'un tel droit, l'acte prévoyant sa cession ne constitue pas un acte soumis à publicité foncière et son opposabilité aux tiers n'est pas régie par le décret n° 55-22 du 4 janvier 1955 mais suppose la signification de sa cession faite au débiteur, ou son acceptation par celui-ci, conformément à l'article 1690 C. civ.[6].

Enfin, l'astreinte est **une mesure accessoire** à la condamnation qu'elle assortit. Sa finalité est de contraindre à exécuter des obligations consacrées dans une décision judiciaire. Ceci implique, d'abord, que l'astreinte a nécessairement une **origine juridictionnelle** et ne peut en aucun cas résulter d'un contrat, fût-il un acte authentique. En conséquence, « *en application de l'article 12 du Code de procédure civile, il appartient au juge de l'exécution, saisi d'une demande de suppression d'une astreinte conventionnelle, de requalifier la clause litigieuse en clause pénale et de faire application de l'article 1152* [devenu 1231-5] *du Code civil* »[7]. Le caractère accessoire de l'astreinte implique, ensuite, qu'elle **dépend de l'obligation principale** assortie d'astreinte et disparaît avec elle, notamment en cas d'infirmation de la décision sur laquelle elle est fondée (v. s[s] n° 0412.52)[8]. De même, n'est pas recevable devant la cour d'appel de renvoi, après cassation, la demande de suppression ou de modification d'une astreinte assortissant une injonction faite à un débiteur par un arrêt qui a fait l'objet d'une cassation partielle n'affectant pas cette injonction[9] (v. s[s] n°s 0411.103, 0411.112 et 0412.12). Réciproquement, le juge qui liquide une astreinte ne saurait remettre en cause l'obligation judiciairement consacrée[10]. Le caractère accessoire de l'astreinte implique, enfin, que la demande d'astreinte, malgré son caractère indéterminé, n'a pas d'incidence sur le taux de ressort du jugement[11].

1. Civ. 2e, 14 sept. 2006, n° 05-17.118, P II, n° 218, citant comme précédents : Civ. 2e, 30 avr. 2002, n° 00-13.815, P II, n° 83, et Civ. 1re, 3 avr. 2002, n° 00-10.893, P I, n° 104.
2. Civ. 2e, 10 janv. 2013, n° 11-26.483, NP.
3. Civ. 2e, 18 déc. 2008, n° 07-20.562, P II, n° 271.
4. Civ. 2e, 1er sept. 2016, n° 15-19.524, P II, n° 193.
5. Civ. 2e, 7 juill. 2011, n° 10-20.296, P II, n° 157.
6. Civ. 2e, 25 janv. 2024, n° 22-12.307, B ; *AJDI* 2024. 556, obs. F. Cohet ; *RCJPP* 2024, n° 02, p. 29, obs. J.-D. Pellier ; *RTD civ.* 2024. 109, obs. H. Barbier.
7. Sommaire de Civ. 2e, 3 sept. 2015, n° 14-20.431, P II, n° 192 ; *JCP* 2015. II. 1130, note Y. Dagorne-Labbe ; *JCP* 2015. II. 1261, spéc. n° 12, note P. Grosser ; *JCP* 2015. II. 1304, spéc. n° 9, note R. Libchaber ; *RTD civ.* 2016. 102, note H. Barbier ; Dr. et proc. 2016. 42, note L. Lauvergnat ; *RLDC* 2015. Chron. 59, note C. Bléry ; *Gaz. Pal.* 2015. 1. 15, note P. Ansault – v. égal. Com. 29 juin 2010, n° 09-14.123, NP ; *RDC* janv. 2011. 47, note Y.-M. Laithier – Sur la nature juridique de l'« astreinte conventionnelle », rappr. Civ. 1re, 9 mars 1977, n° 75-14.270, P I, n° 126 (rejet) – Il sera en outre rappelé que le JEX est compétent pour réduire ou majorer une clause pénale, même d'office, si son montant apparaît manifestement excessif ou dérisoire ou si l'engagement a été exécuté en partie : Civ. 2e, 5 juin 2014, n° 13-16.053, P II, n° 127 *(rejet)*.
8. Civ. 2e, 6 janv. 2005, n° 02-15.954, P II, n° 1 – Civ. 2e, 24 sept. 2015, n°s 14-14.977 et 14-14.978, P II, n° 210.
9. Plus récemment, et A CONTRARIO : Civ. 2e, 14 oct. 2010, n°s 09-14.938 et 09-66.944, P II, n° 169.
10. Civ. 3e, 10 nov. 2016, n° 15-21.949 P.
11. Soc. 22 oct. 2014, n° 12-19.587, P V, n° 245.

TITRE

041. L'astreinte des juridictions civiles

SECTION 0

ORIENTEUR

041.00 **Sommaire du titre.**

Division. L'astreinte est une mesure qui a la particularité de présenter deux phases : une phase de fixation (chap. 411), qui peut suffire, et une phase de liquidation, emportant condamnation, si la menace n'a pas suffi (chap. 412).

041.05 **Définition de l'astreinte.** Ainsi qu'il a été dit en introduction, l'astreinte est une menace de condamnation pécuniaire, en vue de faire pression sur le débiteur, afin de l'inciter à exécuter lui-même la décision qui le condamne. Elle ne devient effective qu'en cas d'inexécution ou d'exécution tardive de l'obligation mise à la charge du débiteur, dont elle est l'accessoire, et s'ajoute alors à la condamnation principale.

CHAPITRE

0411. Prononcé de l'astreinte

Stéphanie Lemoine
Magistrat

Section 0
Orienteur

0411.00 Sommaire du chapitre.

Division. Avant de prononcer l'astreinte, il faut déterminer quelles sont les décisions de justice (sect. 1), les obligations (sect. 2) et les personnes (sect. 3) susceptibles d'être concernées et quelle procédure doit être appliquée (sect. 4).

0411.01 Textes applicables.

• **C. pr. exéc.,** art. L. 131-1 à L. 131-4, L. 412-3, L. 421-1, L. 511-1 ; R. 121-21, R. 131-1, R. 131-3, R. 131-4, R. 131-22, R. 412-3, R. 511-2, R. 511-4.

• **C. pr. civ.,** art. 134, 139,142, 491.

• **C. civ.,** art. 373-2-6, 1843-3.

• **C. consom.,** art. L. 621-2, L. 621-7 et L. 621-8

• **C. com.,** art. L. 145-30, L. 228-2, L. 238-1, L. 464-2, L. 622-17, L. 622-21.

• **C. mon. fin.,** art. L. 621-13.

• **CPI,** art. L. 331-1-2, L. 343-2, L. 521-6, L. 716-6.

• **C. trav.,** art. L. 2312-59, L. 3132-31, L. 3134-15, L. 3326-2, L. 4732-1 et L. 4732-2, R. 1454-15.

• **CSS,** art. L. 436-1, R. 436-5.

• **C. douanes,** art. 65, 350, 431.

• **Règl. CE n° 3666/93, 15 déc. 1993,** en vue de la mise en œuvre des règles de concurrence établies dans l'accord sur l'Espace économique européen, *JOCE*, n° L 336, 31 déc., p. 0001-0072.

0411.02 Jurisprudence de référence.

> Compétence pour prononcer l'astreinte.

• **Civ. 2e, 15 nov. 2012,** nos 08-11.165 et 08-11.061, P II, n° 187

* V. ss nos 0411.81, 0411.114, 0412.61

Une cour d'appel, saisie d'une requête en interprétation d'une précédente décision dont elle constate l'inexécution, ne fait qu'user du pouvoir qu'elle tient de l'article 33 de la loi du 9 juillet 1991, devenu l'article L. 131-1 C. pr. exéc., sans modifier les droits et obligations précédemment reconnus, en accueillant la demande tendant à assortir cette décision d'une astreinte.

> Arrêt de l'exécution provisoire de droit.

• **Civ. 2e, 18 janv. 2024,** n° 21-17.475, B

* V. ss nos 0222.13, 0222.14, 0411.113, 0412.34

Un jugement, exécutoire de plein droit par provision des chefs liquidant une astreinte et condamnant le débiteur au paiement de l'astreinte liquidée, peut faire l'objet d'une demande d'arrêt de l'exécution provisoire en application de l'article 524 C. pr. civ., dans sa rédaction antérieure à celle issue du décret n° 2019-1333 du 11 décembre 2019.

> Distinction d'avec la clause pénale.

• **Civ. 2e, 3 sept. 2015,** n° 14-20.431, P II, n° 192

* V. ss nos 0214.63, 04.06, 0411.11, 0411.81

La clause d'un acte authentique, imposant aux vendeurs d'un immeuble, dans un certain délai à compter de la signature, de faire enlever une jardinière établie sur le domaine public, sous astreinte journalière, s'analyse en une clause pénale qu'il appartient au juge de qualifier et d'apprécier.

> Point de départ :

– soumis à une formalité.

• **Civ. 2e, 1er févr. 2018,** no 17-11.321, P II, no 17

* V. ss nos 0411.102, 0412.22

En application de l'article R. 131-1 C. pr. exéc., l'astreinte ordonnée par un juge prend effet à la date que celui-ci fixe. Doit par conséquent être approuvé l'arrêt d'une cour d'appel qui, constatant que le point de départ de l'astreinte avait été soumis par le juge l'ayant prononcée à la formalité de la signification de sa décision, retient que cette astreinte n'avait pas couru faute de signification du jugement, alors même que le jugement avait été notifié par le greffe.

– en l'absence de signification.

• **Civ. 2e, 26 juin 2014,** no 13-16.899, P II, no 154

* V. ss nos 0411.102, 0412.22

Viole l'article R. 131-1 C. pr. exéc., dont il résulte que l'astreinte prend effet, au plus tôt, à défaut de date fixée par le juge, à compter de la date où la décision portant obligation devient exécutoire, ensemble l'article 503 C. pr. civ., la cour d'appel qui rejette une demande de liquidation d'astreinte en retenant que l'ordonnance de référé ordonnant l'astreinte n'avait jamais été signifiée, alors que l'arrêt la confirmant l'avait été.

> Effet de l'appel sur le point de départ.

• **Civ. 2e, 11 juin 1997,** no 95-13.961, P II, no 170

* V. ss nos 0411.104, 1612.41

Si l'obligation principale n'est pas exécutoire par provision, la lettre de l'article R. 131-1 C. pr. exéc. conduit à repousser le cours de l'astreinte au jour où la décision de justice devient exécutoire, c'est-à-dire au jour de signification de l'arrêt de la cour confirmant l'obligation et l'astreinte de première instance.

• **Civ. 2e, 18 févr. 2016,** no 14-25.766, P II, no 54

* V. ss no 0411.104

L'astreinte étant une mesure accessoire destinée à assurer l'exécution d'une décision de justice, indépendante des dommages-intérêts, elle ne commence à courir, en cas de confirmation du jugement non exécutoire qui en était assorti, qu'à compter du jour où l'arrêt devient exécutoire, à moins que les juges d'appel ne fixent un point de départ postérieur.

Dès lors, justifie sa décision la cour d'appel qui, pour dire n'y avoir lieu à liquider l'astreinte assortissant un jugement non exécutoire ayant condamné une partie à quitter des locaux dans le délai de quatre mois suivant la signification de la décision, relève que le débiteur de l'obligation était parti dans le délai de quatre mois suivant la signification de l'arrêt confirmatif.

• **Civ. 2e, 21 févr. 2019,** no 18-10.030, P

* V. ss no 0411.103

Il résulte des articles R. 131-1 alinéa 1er C. pr. exéc. et 503 C. pr. civ., qu'en cas d'infirmation de la décision, exécutoire de plein droit par provision en application de l'article R. 131-4 C. pr. exéc., ayant supprimé une astreinte précédemment ordonnée, celle-ci ne recommence à courir qu'à compter de la notification de l'arrêt.

> Taux de ressort.

• **Soc. 22 oct. 2014,** no 12-19.587, P V, no 245

* V. ss nos 04.06, 0411.12, 0411.81, 0411.86, 0411.112

L'astreinte, mesure de contrainte destinée à vaincre la résistance opposée à l'exécution d'une injonction, en étant l'accessoire, le jugement rendu sur une demande en paiement d'une somme dont le montant est inférieur au taux du dernier ressort n'est pas susceptible d'appel lorsque celle-ci est assortie d'une demande d'astreinte.

> Absence d'autorité de la chose jugée et suppression pour l'avenir.

• **Civ. 2e, 21 févr. 2019,** no 17-27.900, P

* V. ss nos 0411.114, 0412.61

La décision prononçant une astreinte étant dépourvue de l'autorité de la chose jugée, le juge peut décider, dans l'exercice de son pouvoir souverain, de la supprimer pour l'avenir sans avoir à relever l'existence d'une cause étrangère, l'article L. 131-4 alinéa 3 C. pr. exéc. n'ayant vocation à s'appliquer qu'à la liquidation d'une astreinte ayant déjà couru.

0411.03 Bibliographie indicative.

* V. ss no 04.03

SECTION 1

DÉCISIONS DE JUSTICE CONCERNÉES

0411.11 Toute décision de justice encore susceptible d'exécution. L'article L. 131-1 C. pr. exéc. pose en règle que tout juge peut ordonner une astreinte pour assurer l'exécution de sa décision. Cette règle ne connaît pratiquement pas d'exception (v. ss no 0411.81).

En revanche, en dehors de législations particulières (comme en matière d'urbanisme par ex.), seules les décisions de justice peuvent en principe être assorties d'une astreinte, et non pas les autres titres exécutoires (cep., à propos des sentences arbitrales, v. ss no 0411.85). En particulier, un contrat ne peut assortir les obligations qu'il prévoit d'une astreinte, celle-ci devant alors être requalifiée en clause pénale[1].

En outre, l'exécution anticipée des obligations consacrées par la décision de justice interdit le prononcé de l'astreinte. Notamment, lorsqu'une provision dûment payée recouvre la totalité de la condamnation définitive et de ses accessoires, une astreinte ne doit pas être prononcée.

Enfin, l'astreinte doit avoir pour finalité d'obtenir l'exécution de la décision de justice sans avoir besoin de recourir à une mesure d'exécution forcée. Mais si cette exécution est juridiquement[2] ou matériellement[3] impossible, l'astreinte ne doit pas non plus

1. Civ. 2e, 3 sept. 2015, no 14-20.431, P II, no 192.
2. L'injonction de communiquer des documents est juridiquement impossible si elle a pour effet de porter atteinte au secret médical : Civ. 1re, 15 juin 2004, no 01-02.338, P I, no 171.
3. L'existence des documents à produire doit être établie : Civ. 2e, 17 nov. 1993, no 92-12.922, P II, no 330.

être prononcée. De même, lorsqu'une décision de justice sanctionne une faute dès à présent commise et insusceptible de se répéter, l'astreinte n'a pas de sens (il en est jugé ainsi pour la production de pièces relatives à un immeuble qui n'intéresse plus les parties[1]). Dans cette dernière hypothèse, la voie des dommages-intérêts paraît seule possible pour le créancier (sur la liberté du juge saisi aux fins d'astreinte de tenir compte de ces éléments, v. s[s] n° 0411.91).

0411.12 **Effets de la réformation ou de l'annulation de la décision.** À titre préalable, il y a lieu d'observer qu'il est jugé depuis un arrêt du 22 octobre 2014[2], qu'une demande d'astreinte n'a pas d'incidence sur le taux de ressort, malgré son caractère indéterminé, car « *l'astreinte, mesure de contrainte destinée à vaincre la résistance opposée à l'exécution d'une injonction, en est l'accessoire* ». Ainsi, la demande d'astreinte n'a pas, en elle-même, pour effet de changer la qualification du jugement, de sorte que « *le jugement rendu sur une demande en paiement d'une somme dont le montant est inférieur au taux du dernier ressort, n'est pas susceptible d'appel lorsque celle-ci est assortie d'une demande d'astreinte* ».

L'infirmation ou l'annulation d'une décision de justice, notamment par voie d'appel ou de cassation, anéantit l'astreinte qui assortissait cette décision. Dès lors, les sommes payées en exécution de cette astreinte doivent être restituées[3]. Mais, la réformation d'une partie du jugement de première instance n'emporte anéantissement de l'astreinte que si celle-ci assortit le chef de jugement qui donne lieu à une modification par la cour.

SECTION 2
OBLIGATIONS CONCERNÉES

0411.21 **Généralités.** Toutes les obligations que consacrent les jugements, ordonnances, arrêts et sentences sont susceptibles d'être assorties d'une astreinte. L'astreinte, qui vise à l'exécution d'un acte d'une juridiction, se cumule sans contradiction avec les sanctions prévues contractuellement entre les parties : intérêts moratoires[4], clause pénale[5]. En revanche, le fait que l'obligation soit solidaire conduira à préciser le(s)quel(s) des débiteurs sera (ou seront) tenu(s) de l'astreinte ; en effet, celle-ci sera liquidée en fonction du comportement strictement individuel de chaque débiteur (v. s[s] n°s 0412.31 et 0412.32)[6].

1. Req. 11 mai 1898, *DP* 1899. 1. 310, obs. Anon.
2. Soc. 22 oct. 2014, n° 12-19.587, P V, n° 245.
3. Com. 3 mai 2006, n° 04-15.262, P IV, n° 106.
4. Com. 3 déc. 1985, n° 83-16.475, P IV, n° 286 ; *RTD civ.* 1986. 745, note J. Mestre – Soc. 29 mai 1990, n° 87-40.182, P V, n° 244 ; *JCP* 1990. IV. 285.
5. Civ. 1re, 12 févr. 1964, P I, n° 82.

§ 1
Obligations de faire ou de ne pas faire

0411.31 **Énoncé.** Les obligations de faire et de ne pas faire sont le domaine privilégié de l'astreinte. Afin d'éviter les difficultés d'exécution et limiter les sources de contentieux, il est recommandé de déterminer clairement et précisément les obligations faisant l'objet d'une astreinte.

Ainsi, est imprécise la condamnation, sous astreinte, à la démolition d'un ouvrage comportant plusieurs parties, qui ne fixe pas les limites exactes de la démolition[7] ou la condamnation, sous astreinte, à prendre « *toutes mesures nécessaires* » à la poursuite d'une activité[8].

Dans ces hypothèses, le juge de la liquidation de l'astreinte a le pouvoir et le devoir d'interpréter la décision de condamnation pour déterminer les obligations qui en étaient assorties (v. s[s] n° 0412.23). Mais le caractère équivoque des obligations à exécuter expose le débiteur au risque de découvrir à l'issue de l'instance en liquidation la mesure exacte de l'injonction.

0411.32 **Droit des personnes et de la famille.** La loi du 23 mars 2019[9], modifiée en dernier lieu par la loi du 19 février 2024[10], a expressément ajouté[11] à l'article 373-2-6[12] alinéas 4 et 5 C. civ., la faculté pour le juge aux affaires familiales de prononcer, d'office, ou à la demande d'un parent, une astreinte pour assurer l'exécution de sa décision mais aussi,

6. EN CE SENS, Paris, 1er avr. 1999, *D.* 1999. 438, note J. Prévault.
7. Civ. 2e, 26 mars 1997, n°s 94-21.590 et 94-21.613, P II, n° 95.
8. Civ. 2e, 14 oct. 2004, n° 02-15.639, P II, n° 454.
9. L. n° 2019-222, 23 mars 2019, de programmation 2018-2022 et de réforme pour la justice, *JO* 24 mars, texte 2.
10. L. n° 2024-120, 19 févr. 2024, visant à garantir le respect du droit à l'image des enfants, *JO* 20 févr., texte 1.
11. Ord. n° 2019-964, 18 sept. 2019, prise en application de la loi n° 2019-222 du 23 mars 2019 de programmation 2018-2022 et de réforme pour la justice, *JO* 19 sept., texte 5, art. 35, et L. 24 déc. 2019, art. 72.
12. L'article 373-2-6 C. civ., entré en vigueur, dans sa dernière version, le 25 décembre 2021 (L. n° 2021-1754, 23 déc. 2021, de financement de la sécurité sociale pour 2022, *JO* 24 déc., texte 1, art. 100) prévoit en ses alinéas 4 et 5 que « [le juge aux affaires familiales] *peut, même d'office, ordonner une astreinte pour assurer l'exécution de sa décision. Si les circonstances en font apparaître la nécessité, il peut assortir d'une astreinte la décision rendue par un autre juge ainsi que l'accord parental constaté dans l'un des titres mentionnés aux 1° et 2° du I de l'article 373-2-2. Les dispositions des articles L. 131-2 à L. 131-4 du* Code des procédures civiles d'exécution *sont applicables. Il peut également, lorsqu'un parent fait délibérément obstacle de façon grave ou renouvelée à l'exécution de l'un des titres mentionnés aux 1° à 5° du I de l'article 373-2-2, le condamner au paiement d'une amende civile d'un montant qui ne peut excéder 10 000 euros* ».

« *si les circonstances en font apparaître la nécessité, il peut assortir d'une astreinte la décision rendue par un autre juge ainsi que l'accord parental* » constaté dans une décision judiciaire ou une convention homologuée par le juge fixant les modalités et les garanties de la pension alimentaire. Il est prévu que les dispositions des articles L. 131-2 à L. 131-4 C. pr. exéc. sont alors applicables.

Auparavant, il avait déjà été jugé que l'astreinte peut assortir l'organisation d'un droit de visite et d'hébergement[1] ou, réciproquement, la fixation du lieu de résidence principale d'un enfant[2]. De même, elle a pu être prononcée pour assortir une obligation de restituer des meubles propres à une épouse séparée[3] ou pour que cesse, après divorce, l'usage du patronyme marital par la femme[4].

0411.33 Procédure civile. Les articles 134, 139 et 142 C. pr. civ. prévoient expressément la possibilité pour le juge, et notamment le juge de la mise en état, le prononcé d'une astreinte pour obtenir la communication des pièces respectivement entre les parties, la production d'une pièce par l'une des parties ou par un tiers.

0411.34 Relations de travail – Louage d'ouvrage. Les applications sont très fréquentes notamment dans le contexte des élections dans l'entreprise ou encore après **rupture du contrat de travail**. Le prononcé d'une astreinte est ainsi possible :

– contre un employeur qui refuse de remettre le certificat de travail[5] ;

– contre un employeur qui refuse de rectifier des fiches de paye[6] ;

– contre un employeur qui refuse de négocier un accord préélectoral[7] ;

– contre un employeur qui refuse de réintégrer un salarié selon les vœux du juge prud'homal[8].

En matière de **discrimination**, lorsqu'un employeur est condamné, sous astreinte, à transmettre à une salariée les documents concernant dix hommes salariés, non anonymes, contenant diverses informations relatives à leur position dans l'entreprise et à leur salaire, cette salariée ne peut être déboutée de sa demande de liquidation de l'astreinte au motif qu'un bulletin de paie comprend des données personnelles, telles que l'âge, le salaire ou l'adresse personnelle, nécessitant que l'employeur sollicite préalablement l'autorisation du salarié concerné, sans rechercher si la communication des informations non anonymisées n'est pas nécessaire à l'exercice du droit à la preuve de la discrimination alléguée et proportionnée au but poursuivi[9].

L'astreinte serait également certainement possible contre un salarié qui refuse d'effectuer sa tâche ; mais un tel refus est, hors le cas de grève licite, justiciable en pratique, soit de l'amende prévue par le règlement intérieur, soit du licenciement ; les tribunaux n'ont donc guère eu l'occasion de consacrer la solution en matière de salariat[10] (sur l'astreinte particulière en matière de sécurité du travail, v. s[s] n° 0411.52).

0411.35 Droit patrimonial. Les obligations de faire ou de ne pas faire sont souvent assorties d'astreinte par les tribunaux dans le domaine de la propriété, des contrats ou des successions. Ainsi :

– pour le respect des servitudes[11] ;

– pour obtenir des démolitions d'ouvrages mal plantés[12] ;

– pour faire cesser une nuisance[13] ;

– pour faire quitter un local à un occupant sans titre[14] (sur les astreintes spéciales en matière de baux d'habitation et de baux commerciaux, v. s[s] n°s 0411.54 et 0411.55) ;

– pour faire exécuter une promesse de signer un acte authentique[15] ;

– pour obtenir d'un bailleur la jouissance paisible ou les grosses réparations[16] ou encore la délivrance de quittances de loyer ;

– pour obtenir d'un copropriétaire le respect de ses obligations[17] ;

1. Paris, 12 janv. 1994, *D.* 1994. Somm. 338, obs. P. Julien ; *Rev. huiss.* 1994. 904 ; *Ann. loyers* 1994. 1309.
2. Civ. 18 mars 1878, *DP* 1878. 1. 201.
3. Aix-en-Provence, 16 mai 1990, cité dans *J.-Cl. Pr. civ.*, *v° Astreinte*, par S. Cimamonti.
4. Civ. 8 juin 1859, *DP* 1859. 1. 248, obs. Anon.
5. Soc. 29 juin 1966, P IV, n° 641.
6. Soc. 17 avr. 1986, n° 83-41.445, P V, n° 151.
7. Soc. 27 nov. 1980, n° 79-60.261, P V, n° 851 ; *JCP* 1981. IV. 36.
8. Soc. 6 nov. 1974, n° 73-13.079, P V, n° 524 ; *JCP* 1975. II. 18188, note D. Berra ; *RTD civ.* 1976. 605, obs. J. Normand.
9. Soc. 16 mars 2021, n° 19-21.063, P ; *D.* 2021. 637 ; *ibid.* 1152, obs. S. Vernac et Y. Ferkane ; *Dr. soc.* 2021. 645, étude P. Adam.
10. Contre un sociétaire de la Comédie française violant une clause d'exclusivité : Civ. 21 avr. 1896, *S.* 1897. 2. 9 ; *DP* 1897. 2. 177, note Pic – À propos d'un groupe de danseuses nues, exonérées d'astreinte pour des raisons morales : TGI Paris, 8 nov. 1973, *D.* 1975. 401, note M. Puech.
11. Bourges, 24 avr. 1912, *Gaz. Pal.* 1912. 1. 35 – Civ. 2e, 12 juin 1991, n° 89-17.764, P II, n° 180 ; *Gaz. Pal.* 1991. 2. Somm. 228.
12. Civ. 14 mars 1927, *S.* 1927. 1. 231 – TGI Marseille, 7 févr. 1968, *JCP* 1968. II. 15600, note Pierron.
13. Arras, 30 janv. 1930, *Gaz. Pal.* 1930. 1. 609 – Montpellier, 10 févr. 1934, *DH* 1934. 275 – Civ. 1re, 5 déc. 1973, n° 72-11.931, P I, n° 339 ; *JCP* 1975. II. 18115.
14. Civ. 3e, 20 avr. 1982, n° 80-15.828, P III, n° 96.
15. Req. 23 juill. 1889, *DP* 1891. 1. 31 – Req. 27 juin 1939, *DH* 1939. 478 – Com. 1er juin 1970, n° 68-11.831, P IV, n° 182 ; *D.* 1971. Somm. 16 – Riom, 24 mai 2007, RG n° 2006/01756.
16. Civ. 3e, 5 juin 1970, P III, n° 386 ; *JCP* 1970. IV. 196 – Civ. 1re, 17 mars 1965, P I, n° 195.
17. P. Capoulade, « La Cour de cassation et la copropriété à l'aube du XXIe siècle », *AJDI* 2002. 675.

– pour obtenir les éléments nécessaires à l'établissement d'un compte[1] ou ce compte lui-même[2] ou la preuve écrite d'une démarche[3].

0411.36 Protection des consommateurs. L'article L. 621-2 C. consom. autorise les associations de consommateurs agréées à demander au juge civil, d'ordonner sous astreinte, « *toute mesure destinée à faire cesser des agissements illicites* ». La même possibilité est offerte pour faire supprimer une clause illicite dans un contrat ou dans un type de contrat (même article), ainsi que pour faire supprimer une clause abusive dans des contrats-types (C. consom., art. L. 621-7 et L. 621-8). Cette astreinte ne présente pas de particularité quant à sa mise en œuvre ni quant à sa liquidation ; le montant de l'astreinte dépend souvent du profit retiré de l'abus ou de l'illicéité des clauses litigieuses.

0411.37 Transparence et démocratie dans les sociétés. Le droit des sociétés contient, depuis la loi n° 2001-420 du 15 mai 2001, sur les nouvelles régulations économiques, dite loi NRE[4], des dispositions qui prévoient expressément le référé aux fins d'astreinte pour permettre une transparence maximale ou une démocratie dans la vie des sociétés civiles ou commerciales (C. civ., art. 1843-3 – C. com., art. L. 228-2, III, L. 238-1, al. 1er et 2 [réd. Ord. 25 mars 2004[5], portant simplification du droit et des formalités pour les entreprises, mod. en dernier lieu par L. 8 oct. 2021[6], art. 38]).

0411.38 Concurrence déloyale – Vie des marchés financiers. L'astreinte est extrêmement fréquente pour faire cesser une concurrence déloyale ou faire respecter une clause de non-réinstallation et cette solution a été approuvée de longue date par la Cour de cassation[7], lors même qu'elle n'est pas prévue par un texte spécial[8].

Parmi les pouvoirs de l'Autorité des marchés financiers (AMF) figure celui de saisir le président du tribunal judiciaire de Paris pour « *astreindre* » en référé toute personne mise en cause à consigner une somme d'argent (C. mon. fin., art. L. 621-13, réd. L. 1er août 2003[9], sur la sécurité financière, mod. en dernier lieu par Ord. 15 oct. 2024[10], art. 22).

0411.39 Droit pénal – Droit administratif. Les astreintes prononcées à titre répressif par le juge pénal (urbanisme, environnement, contrefaçon, consommation…) et les astreintes de droit administratif (droit opposable au logement…) font appel à des mécanismes étrangers au présent ouvrage[11]. Les astreintes prononcées par le juge pénal sur la demande et au profit de la partie civile sont examinées distinctement (v. ss nos 0421.05 s.).

§ 2
Obligations de donner ou de payer

0411.41 Livraisons. Des astreintes sont fréquemment ordonnées pour obtenir la livraison d'une fourniture (électricité[12]) ou d'une marchandise[13] ou la livraison d'un appartement à son acquéreur[14] ou le rétablissement d'un service indûment supprimé[15].

0411.42 Paiements. Une astreinte peut assortir les obligations de payer. La jurisprudence estime l'astreinte compatible avec les intérêts moratoires, les dommages-intérêts ou avec une éventuelle clause pénale (v. ss n° 0411.94). Toutefois, dès lors que l'exécution forcée d'une condamnation pécuniaire peut être assurée par une mesure d'exécution forcée, l'astreinte n'a guère de sens et elle peut même être inopportune si elle revient à alourdir la dette d'un débiteur insolvable.

§ 3
Régimes particuliers

0411.51 Exclusivité. Des lois spéciales ont créé des régimes particuliers d'astreintes civiles pour cer-

1. Civ. 5 juill. 1933, *DH* 1933. 425.
2. Req. 18 déc. 1886, *S.* 1887. 1. 112.
3. Req. 11 mai 1898, *DP* 1899. 1. 310.
4. L. n° 2001-420, 15 mai 2001, relative aux nouvelles régulations économiques, *JO* 16 mai, p. 7776.
5. Ord. n° 2004-274, 25 mars 2004, portant simplification du droit et des formalités pour les entreprises, *JO* 27 mars, p. 5871.
6. L. n° 2021-1308, 8 oct. 2021, portant diverses dispositions d'adaptation au droit de l'Union européenne dans le domaine des transports, de l'environnement, de l'économie et des finances, *JO* 9 oct., texte 1.
7. Com. 19 oct. 1999, n° 97-18.490, P IV, n° 175.
8. C. com., anc. art. 430-8-IV, 2.
9. L. n° 2003-706, 1er août 2003, sur la sécurité financière, *JO* 2 août, p. 13220.
10. Ord. n° 2024-936, 15 oct. 2024, relative aux marchés de crypto-actifs (*JO* 17 oct., texte 17), visant à adapter le droit français à l'entrée en application du règlement (UE) 2023/1114 du Parlement européen et du Conseil du 31 mai 2023 sur les marchés de crypto-actifs, et modifiant les règlements (UE) 1093/2010 et (UE) 1095/2010 et les directives 2013/36/UE et (UE) 2019/1937 (règlement « MiCA »).
11. SUR LE DROIT PÉNAL, PAR EX., T. Fossier, « Les astreintes prononcées par les juridictions pénales : occasions manquées », *JCP* 1998, n° 15, p. 641-645, Étude 126 – Sur le droit public, R. Bonnefont, « Délai raisonnable de jugement et d'exécution : mieux vaut prévenir que guérir », *LPA* 15 oct. 2010, n° 206, p. 5-13.
12. Req. 1er avr. 1897, *DP* 1898. 1. 289, note M. Planiol ; *S.* 1899. 1. 299.
13. Req. 4 août 1947, *Gaz. Pal.* 1947. 2. Somm. 30.
14. Civ. 1re, 12 févr. 1964, P I, n° 82.
15. Com. 31 mai 1976, n° 75-14.625, P IV, n° 186.

taines obligations considérées comme fondamentales. Ces régimes spéciaux sont exclusifs du régime de droit commun.

0411.52 Sécurité du travail et droits fondamentaux du travailleur. Les articles L. 4732-1 et L. 4732-2 C. trav. prévoient que si un chantier présente des risques sérieux pour l'intégrité physique des travailleurs, l'inspecteur du travail peut saisir le juge des référés afin qu'il prononce, le cas échéant, sous astreinte, toutes mesures propres à faire cesser le risque. L'astreinte prononcée est liquidée au profit du Trésor public.

Dans le même domaine, mais hors du champ de la prévention, l'article L. 436-1 du CSS dispose que tout retard injustifié apporté au paiement, soit de l'indemnité journalière, soit de l'indemnité en capital, soit des rentes dues à la suite d'un accident du travail, ouvre aux créanciers droit à une astreinte provisoire par la juridiction compétente dans des conditions fixées par décret en Conseil d'État[1]. Cette astreinte, précise l'article R. 436-5 du même code, est versée à partir du huitième jour de l'échéance de l'indemnité journalière, de l'indemnité en capital ou de la rente. Elle est quotidienne et égale au montant des sommes non payées. La liquidation de cette astreinte particulière ressortit à la compétence exclusive du tribunal des affaires de sécurité sociale[2] et désormais du tribunal judiciaire « *spécialement désigné* » (COJ, art. L. 211-16).

De manière plus générale encore, l'article L. 2312-59 C. trav. prévoit que le conseil des prud'hommes, saisi par le salarié, ou un membre de la délégation du personnel au comité social et économique (CSE) si le salarié intéressé averti par écrit ne s'y oppose pas, peut, sous astreinte, mettre fin aux atteintes aux droits personnels, à la santé, aux libertés individuelles ou aux mesures discriminatoires dans divers domaines, dont seraient victimes un ou plusieurs travailleurs de l'entreprise.

0411.53 Participation des salariés aux résultats de l'entreprise – Rythmes de travail. L'article L. 3326-2 C. trav., qui régit la participation des salariés aux résultats de l'entreprise, prévoit que des astreintes peuvent être prononcées par les juridictions civiles contre les entreprises qui n'exécutent pas leurs obligations en la matière. Le demandeur peut être un salarié mais aussi le procureur de la République. Pour la liquidation, il est tenu compte du préjudice effectivement causé : cette règle, dépassée par l'aspect moderne de l'astreinte, est en outre difficile à appliquer puisqu'il faut évaluer le manque à gagner du salarié privé de participation, au regard des résultats de l'entreprise.

S'agissant des rythmes de travail, notamment du repos hebdomadaire, l'article L. 3132-31 C. trav. (ou pour l'Alsace-Moselle : C. trav., art. L. 3134-15) C. trav. prévoit la saisine du juge judiciaire en urgence pour qu'il mette fin, sous astreinte au besoin, aux comportements illicites de l'employeur. Là encore, l'astreinte est liquidée au profit du Trésor.

0411.54 Obligation de quitter un local. L'article L. 421-1 C. pr. exéc. dispose que les astreintes fixées pour obliger l'occupant d'un local à quitter les lieux ont toujours un caractère provisoire, par exception aux alinéas 1er et 2 de l'article L. 131-2 et doivent être révisées et liquidées par le juge une fois la décision d'expulsion réalisée. Le montant de l'astreinte ne peut excéder la somme compensatrice du préjudice effectivement causé et il doit être tenu compte, pour sa fixation, des difficultés que le débiteur a rencontrées pour s'exécuter. Enfin, l'astreinte n'est pas maintenue, si l'occupant démontre l'existence d'une cause étrangère qui ne lui est pas imputable et a pu retarder ou empêcher l'exécution de la décision. Cette disposition, ancienne et spéciale par rapport aux articles L. 131-1 et suivants C. pr. exéc. donne à cette astreinte un caractère purement indemnitaire.

Ce critère indemnitaire ne s'applique cependant pas aux occupants de logements étudiants ni à l'expulsion du conjoint, du partenaire lié par un pacte civil de solidarité ou du concubin violent ordonnée par le juge aux affaires familiales sur le fondement de l'article 515-9 C. civ. (C. pr. exéc., art. L. 412-7 et L. 412-8).

Enfin, la trêve hivernale, qui suspend l'exécution des mesures d'expulsion du 1er novembre au 31 mars (C. pr. exéc., art. L. 412-3 et R. 412-3 [CCH, anc. art. L. 613-1]), ne suspend pas le cours de l'astreinte assortissant, le cas échéant, une telle mesure[3].

0411.55 Baux commerciaux. L'article L. 145-30 C. com. dispose que si le locataire évincé d'un immeuble commercial ne remet pas les clés à la date fixée et après mise en demeure, le séquestre retient 1 % par jour de retard sur le montant de l'indemnité et restitue cette retenue au bailleur sur sa seule quittance. Il s'agit d'une pénalité qui s'ajoute à l'indemnisation du préjudice et est prévue par la loi. On observe cependant qu'elle échappe au pouvoir modérateur des tribunaux : elle ne peut faire l'objet d'un délai de grâce et ne peut faire l'objet d'une révision judiciaire[4]. Il s'agit donc d'une pénalité définitive qui ne peut pas être assimilée à une astreinte[5]. Elle suppose, en outre, l'existence d'une mise en demeure préalable[6]. Celle-ci n'est soumise à aucune forme dès lors qu'elle est explicite. Une simple lettre recom-

1. Soc. 11 mars 1987, no 85-12.980, P V, no 129 ; *D.* 1988. Somm. 29, obs. X. Prétot.
2. Civ. 2e, 22 juin 2004, no 03-30.031, NP.
3. Civ. 2e, 4 juill. 2007, no 05-15.382, P II, no 183.
4. Com. 21 janv. 1963, *Rev. loyers* 1963. 354 – Civ. 3e, 4 janv. 1977, no 75-13.392, P III, no 2.
5. Civ. 3e, 4 janv. 1977, no 75-13.392, P III, no 2.
6. Com. 12 oct. 1964, P III, no 417.

mandée suffit donc. Elle doit être opérée à la diligence et sous la responsabilité du séquestre[1].

0411.56 Police de la concurrence européenne. L'exécution des décisions prises par les autorités de l'Union européenne peut être assurée par le prononcé d'une astreinte. L'article 17 du règlement du 6 février 1962 dispose que lorsque la Commission est amenée à statuer sur l'application des articles 101 et 102 du Traité sur le fonctionnement de l'Union européenne (TFUE – premier Traité de Lisbonne) concernant les ententes illicites et abus de position dominante, elle peut infliger aux contrevenants des astreintes à raison de 50 pour mille unités de compte par jour de retard à compter de la date qu'elle fixe, pour les contraindre à mettre fin à leurs agissements, à fournir les renseignements qu'elle demande ou à se soumettre à la vérification qu'elle ordonne[2]. Cette disposition a été transposée en droit interne (C. com., art. L. 464-2, II). Ces astreintes sont des mesures conservatoires ou préventives. Il en résulte que le juge de l'exécution (JEX) n'est pas compétent pour assortir d'une astreinte une décision d'injonction prononcée par l'Autorité de la concurrence (ou, sur recours, par la cour d'appel de Paris), pour laquelle il existe un régime juridique de sanction spécifique et exclusif mis en œuvre par cette autorité administrative indépendante[3].

0411.57 Services douaniers. Quelques textes en matière douanière qualifient d'astreintes certaines pénalités de retard dont le caractère est progressif (par ex., C. douanes, art. 431). Dans ce cas, la sanction émane de l'Administration et non du juge : celui-ci ne fixe pas le taux de l'astreinte (par ex., C. douanes, art. 350) et ne fait qu'autoriser la liquidation sans y procéder lui-même. Il s'agit donc bien davantage d'une amende administrative que d'une astreinte proprement dite. La qualification d'astreinte utilisée par les textes tend seulement à exprimer le caractère progressif et contraignant de la sanction qu'ils édictent.

SECTION 3
PERSONNES CONCERNÉES

§ 1
Bénéficiaire de l'astreinte

0411.61 État. Le premier bénéficiaire de l'astreinte devrait être l'État, qui a un intérêt majeur à l'exécution des décisions de justice (v. s[s] n° 04.05). Il serait donc cohérent qu'à l'instar des amendes civiles ou des astreintes du droit public et du droit pénal (v. s[s] n° 0411.39), le produit de l'astreinte civile soit encaissé en tout ou partie par le Trésor public. Le projet qui a débouché sur la loi du 9 juillet 1991[4], désormais codifiée au Code des procédures civiles d'exécution, prévoyait ainsi un partage du produit entre le Fonds national d'action sociale et le créancier poursuivant. Certains parlementaires ont évoqué un reversement aux conseils départementaux d'aide juridique, dont l'Assemblée nationale consacrait la création au même moment[5].

Puis cette voie a été totalement abandonnée : l'astreinte civile est prononcée puis liquidée et payée au profit exclusif du créancier de l'obligation principale que cette astreinte assortit.

0411.62 Créanciers. Toutes les personnes juridiques peuvent être bénéficiaires de l'astreinte, sans exclusive : physique ou morale, de droit privé ou de droit public, française ou étrangère. Il est notamment possible que ce bénéficiaire soit une personne publique, demanderesse en matière civile (expulsions, impôts indirects, dommages subis par les fonctionnaires, *etc.*) ou partie civile devant le tribunal de police (infractions causant un dommage au domaine public) ou encore requérante devant le tribunal administratif (atteintes environnementales commises dans le domaine public, résistance injustifiée d'une entreprise chargée d'une mission de service public, contraventions de grande voirie, celles-ci donnant assez souvent lieu au prononcé d'astreintes en référé[6]). Le Conseil d'État semble cependant estimer que l'administration ne doit solliciter d'astreinte contre une personne privée que si le droit public n'offre pas d'autres moyens de contrainte[7].

§ 2
Défendeur à l'astreinte

0411.71 Personnes publiques, personnes privées. Toutes les personnes juridiques peuvent être soumises à une astreinte, sans immunité : physique ou

1. Com. 7 févr. 1966, P III, n° 73.
2. Règl. CE n° 3666/93, 15 déc. 1993, en vue de la mise en œuvre des règles de concurrence établies dans l'accord sur l'Espace économique européen, *JOCE* L 336, 31 déc., p. 0001-0072.
3. Com. 3 nov. 2004, n° 00-19.247, P IV, n° 189 ; *D.* 2004. 3064, obs. E. Chevrier ; *RTD civ.* 2005. 175-176, obs. Ph. Théry.
4. L. n° 91-650, 9 juill. 1991, portant réforme des procédures civiles d'exécution, *JO* 14 juill.
5. L. n° 91-647, 10 juill. 1991, relative à l'aide juridique
6. PAR EX., CE 30 janv. 1980, Richaud, req. n°s 00561 et 00627, *Lebon ; AJDA* 1980. 426, note J. Lemasurier ; *D.* 1980. 300, note P. Delvolvé – CE 24 juill. 1987, req. n° 44897, *Lebon ; AJDA* 1987. 666, concl. J. Marimbert ; *D.* 1987. 188 – D. Guihal, *Droit répressif de l'environnement*, Economica, 2008, n° 18.424.
7. CE 13 juill. 1956, *RD publ.* 1957. 296, note M. Waline ; *RTD civ.* 1956. 270, note D. Mazeaud ; *Gaz. Pal.* 1956. 2. 148, obs. Anon.

morale, de droit privé ou de droit public, française ou étrangère, *in bonis* ou en redressement judiciaire.

Une astreinte civile peut être prononcée contre une personne publique, indépendamment des astreintes prononcées par les juridictions administratives, examinées dans les ouvrages spécialisés. Les juridictions civiles peuvent en effet avoir à connaître du vaste domaine de la gestion privée des personnes publiques (ainsi, en matière de baux d'habitation[1]).

Cette immixtion du juge judiciaire dans les affaires administratives a entraîné la saisine du Tribunal des conflits. Mais cette instance, stigmatisant le retard de l'État à payer des dommages-intérêts dus à la victime du fonctionnement défectueux des services de l'état civil des étrangers, donc dans une hypothèse pure de service public administratif, a admis le prononcé d'une astreinte par le juge judiciaire contre l'État[2].

0411.72 Sauvegarde, redressement et liquidation judiciaires. Si la demande formée contre le débiteur ou l'un des organes de la procédure collective de voir assortir d'une astreinte une obligation de faire ne tend pas, contrairement à la demande de liquidation d'une astreinte, au paiement d'une somme d'argent (ainsi jugé à propos de condamnations à délivrer des lots[3] ou des documents[4] assorties d'une astreinte provisoire) ni ne constitue une mesure d'exécution forcée, la chambre commerciale de la Cour de cassation juge depuis un arrêt du 21 janvier 2003[5] que « *la fixation d'une astreinte définitive pour contraindre à l'exécution d'une obligation de faire née antérieurement au jugement d'ouverture de la procédure collective du débiteur entraîne pour celui-ci le paiement d'une somme d'argent et est donc soumise à la suspension des poursuites individuelles* » qu'impose l'article L. 622-21 C. com. (réd. L. 26 juill. 2005[6] – Ord.18 déc. 2008[7] – sur les modalités de la liquidation, quand l'astreinte a été licitement décidée, et le régime de la créance dans la procédure collective, v. s[s] n° 0412.16).

Le juge-commissaire lui-même peut prononcer des astreintes dans les strictes limites de sa compétence spéciale (v. s[s] n° 0411.83).

0411.73 Facteur d'extranéité. S'agissant des défendeurs étrangers ou résidant à l'étranger, il ne sera pas rare qu'un tribunal étranger soit intéressé. Les règles du droit international privé en matière de procédures civiles d'exécution sont exposées à la fin du présent ouvrage (v. s[s] n°s 17.00 s.). L'astreinte n'est régie spécialement que dans le périmètre de l'Union européenne, par le règlement communautaire du 22 décembre 2000, qui reprend la convention internationale de Bruxelles du 27 septembre 1968. Celle-ci retenait la compétence du juge du domicile du défendeur (Conv. Bruxelles, 27 sept. 1968, art. 2 – v. cep. les règles importantes dérogations en matière contractuelle, délictuelle et alimentaire, Conv. Bruxelles, 27 sept. 1968, art. 5). L'article 43 de la même convention disposait que les décisions étrangères condamnant à une astreinte ne sont exécutoires dans l'État requis que si le montant en a été définitivement fixé par les tribunaux de l'État d'origine. L'article 49 du règlement du 22 décembre 2000 reproduit cette disposition (sur la compétence pour liquider, v. s[s] n° 0412.13).

SECTION 4
PROCÉDURE

§ 1
Juges compétents

0411.81 Compétence de principe du juge qui consacre l'obligation ou du juge de l'exécution. Moyen de contrainte destiné à assurer l'exécution d'une décision, l'astreinte peut, *en premier lieu*, être prononcée, à la demande des parties ou d'office (C. pr. exéc., art. L. 131-1, al. 1er), par **tout juge**, sans restriction (C. pr. exéc., art. L. 131-1, a. 1er) et ce même si sa compétence est fonction du montant de la demande dont il est saisi[8] : juges professionnels, prud'homaux, consulaires ou échevinaux, dès lors qu'ils consacrent une obligation principale à exécuter. La Cour de cassation admet aussi que le juge saisi d'une requête en interprétation assortisse d'une astreinte la condamnation prononcée par la

1. V. Le Berre, « Les pouvoirs d'injonction et d'astreinte du juge judiciaire à l'égard de l'administration », *AJDA* 1979. 14 – Le point dans Lachaud, note s[s] CAA Marseille, 1re ch., 5 mars 2002, *Gaz. Pal.* 2002. 2. Doctr. 1660 – Pour une application, TGI Lyon, JEX, 28 mars 1994, *Gaz. Pal.* 1994. 1. 243, note Petit.
2. T. confl. 19 mars 2007, n° 07-03.497, Préfet de la Haute-Vienne, P, n° 8.
3. Com. 28 mars 1995, n° 92-17.805, P IV, n° 103 ; *D.* 1995. 107.
4. Soc. 17 oct. 1989, n° 87-45.033, P V, n° 594.
5. Sommaire de Com. 21 janv. 2003, n° 01-01.761, P IV, n° 10 (2e branche du moyen) ; *Act. proc. coll.* 2003, n° 5, p. 1, note D. Voinot ; *Rev. loyers* 2003. 237, obs. C.-H. Gallet – Même solution à propos d'une demande tendant à la fixation d'une nouvelle astreinte provisoire Com. 1er déc. 2009, n° 07-20.571 – Plus récemment : Com. 22 mars 2011, n° 09-71.983, NP.
6. L. n° 2005-845, 26 juill. 2005, de sauvegarde des entreprises, *JO* 27 juill., p. 12187.
7. Ord. n° 2008-1345, 18 déc. 2008, portant réforme du droit des entreprises en difficulté, *JO* 19 déc., p. 19462.
8. EN CE SENS, à propos de l'absence d'incidence d'une demande d'astreinte, sur le taux de ressort du jugement, Soc. 22 oct. 2014, n° 12-19.587, P V, n° 245.

décision interprétée et ce, même si celle-ci l'avait précédemment rejetée[1].

En deuxième lieu, si le juge ayant ordonné l'exécution d'une obligation ne l'a pas assortie d'une astreinte, **le JEX** pourra être saisi à cette fin (C. pr. exéc, art. L. 131-1, al. 2). Il pourra même modifier pour l'avenir une astreinte ordonnée par un autre juge, notamment quant à son taux ou quant à sa durée, puisque la disposition ordonnant l'astreinte ne dispose pas de l'autorité de la chose jugée (sur l'absence d'autorité de la chose jugée de la disposition prononçant ou rejetant une demande d'astreinte, v s[s] n° 0411.114). Le JEX apparaît donc comme **le juge de droit commun** en matière d'astreinte. Sa compétence se substitue à la pratique ancienne du référé aux fins d'astreinte[2]. Cependant, cette compétence n'est pas exclusive de celle du juge dont la décision, précédemment rendue, doit être assortie d'une astreinte, qui peut également être saisi à cette fin[3]. Ainsi, une cour d'appel, saisie d'une requête en interprétation d'une précédente décision dont elle constate l'inexécution, ne fait qu'user du pouvoir qu'elle tient de l'article 33 de la loi du 9 juillet 1991, devenu l'article L. 131-1 C. pr. exéc., sans modifier les droits et obligations précédemment reconnus, en accueillant la demande tendant à assortir cette décision d'une astreinte[4]. Nous verrons que pour liquider l'astreinte, le JEX bénéficie également d'une compétence de droit commun, d'ordre public, dont le domaine est néanmoins limité par la compétence du juge du « principal », si ce dernier reste saisi de l'affaire ou s'il s'est réservé la compétence pour liquider[5] (v. s[s] n° 0411.107).

Bien entendu, il ne faudrait pas, sous couvert de demande d'astreinte, étendre la compétence du JEX à des questions nouvelles qui touchent au fond. Ainsi, une indexation de pension alimentaire n'est pas une astreinte et doit être sollicitée du juge aux affaires familiales[6]. De même, la mainlevée de la consignation du prix de vente d'un immeuble commun après divorce relève du juge qui l'a ordonnée[7].

Par ailleurs, seules les obligations **judiciairement** ordonnées peuvent être assorties d'une astreinte, de sorte que si le JEX ne peut, bien sûr, pas assortir une obligation contractuelle d'une astreinte, il ne le peut pas non plus pour une obligation résultant d'un titre exécutoire autre qu'une décision de justice[8]. Il semble toutefois avoir été considéré qu'il pouvait assortir une sentence arbitrale d'une astreinte[9]. Il doit être précisé que le JEX peut assortir d'une astreinte une ordonnance sur requête ayant conféré force exécutoire à une transaction puisqu'il s'agit bien, dans ce cas, d'une décision de justice[10].

Enfin, le juge saisi à cette fin ne peut assortir d'une astreinte que l'exécution d'une obligation devenue **exécutoire**[11], « *fût-ce provisoirement* »[12].

La compétence conférée au JEX pour assortir d'une astreinte une décision rendue par un autre juge reçoit néanmoins exception en certaines matières particulières (v. s[s] n°s 0411.51 s.).

0411.82 **Juge étranger.** V. ce qui en a été dit à propos du défendeur étranger (v. s[s] n° 0411.73).

0411.83 **Juges du provisoire.** Leur compétence pour prononcer une astreinte afin d'obtenir l'exécution de leurs propres décisions ne fait plus aucun doute.

La règle a été posée pour le **juge des référés** (C. pr. civ., art. 491)[13]. Il arrive même que le juge des référés soit compétent, semble-t-il à l'exclusion du JEX, pour ordonner une astreinte ; ainsi, en droit de la propriété intellectuelle (CPI, art. L. 331-1-2, L. 343-2, L. 521-6, L. 716-6...) ; ainsi encore en droit des sociétés, qui contient, depuis la loi n° 2001-420 du 15 mai 2001, dite loi NRE, des dispositions qui prévoient expressément le référé aux fins d'astreinte pour permettre une transparence maximale de la vie sociale (C. civ., art. 1843-3 – C. com., art. L. 228-2, L. 238-1 – v. s[s] n° 0411.36). On notera que si le juge des référés s'est reconnu compétent pour ordonner l'astreinte et s'en est réservé la liquidation, il ne pourra, à ce second stade (sur lequel, v. s[s] n° 0412.11), décliner sa compétence au motif d'une « *difficulté sérieuse* »[14].

Mais, bien entendu, la décision du juge des référés est rendue à titre provisoire, même s'il est prononcé une astreinte définitive (C. pr. civ., art. 491). Ainsi, lorsqu'une ordonnance de référé assortissant une obligation d'une astreinte est suivie d'un jugement au fond qui fixe une astreinte, sans limitation de durée, sur la même obligation, l'autorité de la chose

1. Civ. 2e, 15 nov. 2012, n°s 08-11.165 et 08-11.061, P II, n° 187 ; *Gaz. Pal.* 2012, n° 344-346, p. 18 à 20, avis G. Azibert.
2. TGI Pointe-à-Pitre, réf., 23 avr. 1993, *BICC* 1993, n° 823.
3. Civ. 2e, 18 févr. 1999, n° 97-13.885, P II, n° 32 ; *D.* 1999. Somm. 218, obs. approb. P. Julien ; *RTD civ.* 1999. 465 ; *Procédures* 1999, n° 88, obs. approb. R. Perrot – V. CEP., s'agissant d'un juge-commissaire, Com. 28 avr. 1998, n° 95-18.132, P IV, n° 134 ; *RTD civ.* 1999. 465, obs. R. Perrot.
4. Civ. 2e, 15 nov. 2012, n°s 08-11061 et 08-11165, P II, n° 187.
5. Civ. 2e, 17 déc. 1997, n° 95-14.189, P II, n° 318.
6. TGI Lyon, JEX, 2 nov. 1993, *BICC* 1994, n° 163.
7. TGI Lyon, JEX, 7 févr. 1995, *RTD civ.* 1996. 135, note J. Hauser.
8. Civ. 2e, 3 sept. 2015, n° 14-20.431, P II, n° 192.
9. Civ. 1re, 4 juill. 2007, n°s 05-16.605 et 05-16.586, P I, n° 252 – Civ. 2e, 4 juin 2009, n° 08-11.129, P II, n° 139.
10. Civ. 2e, 8 déc. 2005, n° 04-10.444, NP.
11. Civ. 2e, 11 juill. 2002, n° 00-20.262, P II, n° 166 – Civ. 1re, 4 juill. 2007, n° 05-16.586, P I, n° 252.
12. Civ. 1re, 4 juill. 2007, n°s 05-16.605 et 05-16.586, P I, n° 252.
13. Civ. 2e, 18 oct. 1978, n° 77-11.008, P II, n° 210 ; *Gaz. Pal.* 1979. 1. 121, note Viatte ; *RTD civ.* 1979. 428, obs. J. Normand ; *JCP* 1980. II. 19299, note Boyer.
14. Civ. 2e, 21 févr. 2008, n° 06-43.046, P II, n° 41.

jugée de la décision au fond s'oppose à ce que le juge des référés se prononce ensuite sur la liquidation de l'astreinte qu'il avait fixée[1]. Bien entendu, si le juge du fond ne statue pas sur la même demande que le juge des référés, l'autorité de la chose jugée attachée au jugement ne fait pas obstacle à la demande de liquidation de l'astreinte formée devant le juge des référés[2].

Cette compétence a été étendue au **juge-commissaire** dans les procédures collectives[3] (v. s^s n°s 0411.81 et 0411.72) et au **juge de la mise en état**[4]. Il est jugé, dans le cas où l'astreinte a été ordonnée par un juge ou un conseiller de la mise en état, que celui-ci demeure compétent pour liquider l'astreinte tant qu'il n'est pas dessaisi[5], c'est-à-dire jusqu'à l'ouverture des débats (C. pr. civ., art. 779). Après son dessaisissement, c'est le tribunal ou la cour qui est compétent, jusqu'à l'issue de l'instance, pour liquider l'astreinte[6].

Des bureaux de conciliation des conseils de prud'hommes peuvent également assortir d'une astreinte leurs décisions (C. trav., art. R. 1454-15). Ce bureau peut liquider ses astreintes à titre provisoire (C. trav., art. R. 1454-15, al. 2). Le procédé est spécialement utile pour la production de pièces. Il a été jugé cependant que le procès-verbal de conciliation du conseil de prud'hommes est un titre exécutoire mais non une « *décision de justice* », ce qui empêche de l'assortir d'une astreinte[7].

Si un juge « du *provisoire* » a refusé de prononcer une astreinte ou que le JEX a refusé d'assortir une décision provisoire d'une astreinte, rien n'interdit de solliciter la même mesure auprès du juge du fond[8], dès lors que « *la décision du juge de l'exécution qui rejette une demande tendant à assortir une ordonnance de référé d'une astreinte ne tranche aucune contestation ; elle n'a pas l'autorité de la chose jugée.* » Nous verrons que la disposition par laquelle est prononcée une astreinte n'a pas plus l'autorité de la chose jugée, dès lors qu'elle ne tranche aucune contestation[9] (sur l'absence d'autorité de la chose jugée de la disposition prononçant ou rejetant une demande d'astreinte, v. s^s n° 0411.114).

1. Civ. 2e, 21 déc. 2023, n° 21-24.853, NP.
2. Civ. 2e, 9 juin 2022, n° 20-11.748, NP.
3. F. Derrida, « Incidence des nouvelles procédures civiles d'exécution sur le redressement et la liquidation judiciaire des entreprises », *LPA* 6 janv. 1993.
4. *Gaz. Pal.* 1991. 2. Doctr. 801, n° 5, note R. Perrot – Rouen, 6 août 1996, *BICC* 1996, n° 1181 – Civ. 2e, 26 mars 1997, n° 94-15.992, P II, n° 91 ; *Gaz. Pal.* 1998. 1. 139 ; *JCP* 1997. IV. 1068.
5. Civ. 2e, 21 févr. 2008, n° 07-17.160, P II, n° 40.
6. Civ. 2e, 26 mars 1997, n° 94-15.992, P II, n° 91 – Civ. 2e, 16 déc. 2004, n° 03-11798, P II, n° 527.
7. TGI Lyon, JEX, 23 févr. 1999, Robert c/ THM, NP.
8. Civ. 2e, 17 nov. 2005, n° 03-20.157, P II, n° 296.
9. Civ. 2e, 30 avr. 2002, n° 00-13.815, P II, n° 83.

0411.84 **Juge pénal.** Lorsqu'elle satisfait à l'action publique, l'astreinte est purement pénale et obéit à un régime particulier (v. s^s n° 0411.39 et le renvoi). Il en est ainsi, même lorsque l'astreinte s'impose à un tiers à l'action publique, dès lors qu'il ne s'agit pas d'une partie civile (ainsi jugé sur la réclamation d'une société dont le dirigeant avait seul été condamné, en tant que personne physique, à une démolition sous astreinte[10]).

Lorsqu'elle est prononcée au soutien de l'action de la partie civile, l'astreinte suit le droit commun ici examiné[11]. Cette hypothèse de l'astreinte civile prononcée par le juge pénal est expressément prévue en droit de la consommation (v. s^s n° 0411.36). Il est conseillé au juge pénal de se réserver la liquidation de l'astreinte, de sorte que le JEX n'ait pas à entrer dans les détails de la culpabilité.

0411.85 **Arbitres – Bâtonnier.** Depuis très longtemps, la jurisprudence reconnaît aux **arbitres** le droit de prononcer une astreinte pour garantir l'exécution de leur sentence[12]. Le juge de l'*exequatur* de la sentence, n'exerce qu'un contrôle limité ; il ne pourrait pas écarter l'astreinte[13] (sur l'interdiction qui est faite en revanche aux arbitres de se réserver la liquidation de leurs astreintes, v. s^s n° 0412.11). En revanche, il semble avoir été considéré que le JEX pouvait assortir une sentence arbitrale d'une astreinte, sous réserve qu'elle soit exécutoire[14].

En matière de contestation des honoraires, la Cour de cassation ne s'est pas encore prononcée sur la faculté pour **le bâtonnier de l'Ordre des avocats** de prononcer des astreintes. Néanmoins, la jurisprudence ayant écarté la nature juridictionnelle de l'office du bâtonnier[15], il serait cohérent qu'il ne puisse pas assortir ses décisions d'une astreinte.

0411.86 **Cour d'appel et Cour de cassation.** Depuis un **arrêt du 22 octobre 2014**[16], **constituant un revirement de jurisprudence**[17], il est jugé qu'une

10. Civ. 2e, 27 mai 2004, n° 02-20.215, P II, n° 244.
11. Crim. 19 janv. 1938, *S.* 1939. 1. 118 ; *Gaz. Pal.* 1938. 1. 702, avec obs. Anon et réf. plus anciennes.
12. Civ. 25 juill. 1882, *DP* 1883. 1. 243 ; *S.* 1883. 1. 345 – Plus récemment : Paris, 11 oct. 1991, *D.* 1991. 277.
13. Sur le principe d'intangibilité, Civ. 1re, 14 déc. 1983, n° 82-14.089, P I, n° 295.
14. Civ. 1re, 4 juill. 2007, n°s 05-16.605 et 05-16.586, P I, n° 252 – Civ. 2e, 4 juin 2009, n° 08-11.129, P II, n° 139.
15. Cass., avis, 16 nov. 1998, n° 09-80.010, P, n° 12 – CE 2 oct. 2006, req. n° 282028 – Cons. const. 29 sept. 2011, n° 2011-171/178 QP – Civ. 2e, 24 mai 2018, n°s 17-18.458 et 17-18.504, P II, n° 106.
16. Soc. 22 oct. 2014, n° 12-19.587, P V, n° 245.
17. Solutions inverses antérieures, par ex. : Soc. 13 févr. 2013, n° 12-10.258, NP – Soc. 8 juill. 2010, n°s 09-40.904, 09-40.905 et 09-40.906, NP – Soc. 1er avr. 1998, n° 95-44.996, NP – Soc. 21 mars 1995, n° 93-44.627, NP – Soc. 21 juill. 1993, n° 90-41.559, NP.

demande d'astreinte n'a pas d'incidence sur le taux de ressort, malgré son caractère indéterminé, car « *l'astreinte, mesure de contrainte destinée à vaincre la résistance opposée à l'exécution d'une injonction, en est l'accessoire* ». Ainsi, la demande d'astreinte n'aura pas, en elle-même, pour effet de changer la qualification du jugement, de sorte que « *le jugement rendu sur une demande en paiement d'une somme dont le montant est inférieur au taux du dernier ressort, n'est pas susceptible d'appel lorsque celle-ci est assortie d'une demande d'astreinte* » (sur les effets d'une réformation ou d'une confirmation sur le cours de l'astreinte, v. s[s] n° 0411.103).

La cour d'appel à qui serait déférée une décision dénuée d'astreinte peut parfaitement en assortir les condamnations qu'elle prononce à son tour, et ceci qu'elle infirme ou qu'elle confirme le jugement de première instance, sans que cela ne contrarie le principe de prohibition des demandes nouvelles[1]. Elle peut également fixer une nouvelle astreinte si l'obligation, assortie d'une astreinte limitée dans le temps, n'a pas été exécutée. Saisie de l'entier litige en raison de l'effet dévolutif de l'appel, c'est au jour où elle statue que la cour doit examiner si l'obligation assortie d'astreinte a été exécutée et non pas au jour où le premier juge a statué[2] (sur la liquidation des astreintes prononcées par la cour, v. s[s] n° 0411.107). Et il en est de même devant la Cour de cassation[3].

0411.87 **Juge de l'exécution.** Le JEX peut, comme tout autre juge, assortir d'astreinte ses propres décisions pour les injonctions éventuelles qu'il prononcerait (sur la compétence de ce magistrat pour assortir d'astreinte des décisions qui ne sont pas les siennes, v. s[s] n° 0411.81).

§ 2
Office et pouvoir du juge

0411.91 **Liberté du juge.** Le juge qui statue sur l'astreinte dispose d'une grande liberté.

Selon la lettre de l'article L. 131-1 C. pr. exéc., le juge saisi aux fins de prononcer une astreinte n'y est jamais contraint[4]. Il peut aussi la prononcer d'office (C. pr. exéc., art. L. 131-1, al. 1er). Dans ce cas, une décision assez ancienne a retenu que le juge n'a pas à provoquer avant-dire droit les explications des parties[5]. Le juge peut enfin retenir un taux inférieur ou même supérieur à celui qui est demandé[6].

0411.92 **Motivation.** L'exigence de motivation n'est pas la même suivant le moment où l'astreinte est prononcée.

Si le juge qui condamne le débiteur à une obligation principale, décide d'assortir cette obligation d'une astreinte ou de rejeter la demande d'astreinte, il dispose d'un **pouvoir discrétionnaire**, ce qui signifie qu'aucune motivation spécifique n'est nécessaire pour la prononcer[7] ou la rejeter[8]. En revanche, la demande d'une partie tendant à assortir d'une astreinte une obligation constitue une prétention à laquelle le juge doit répondre, fût-ce sans motivation[9].

En revanche, le juge qui assortit d'une astreinte une obligation fixée précédemment par un autre juge dispose d'un **pouvoir souverain**, ce qui signifie qu'il doit motiver sa décision mais que son appréciation ne sera pas contrôlée par la Cour de cassation. Ainsi, dans un arrêt du 20 décembre 2001[10], la deuxième chambre civile énonce que « *le moyen* [soutenu devant elle] *ne tend qu'à remettre en cause le pouvoir souverain du juge de l'exécution d'apprécier si les circonstances font apparaître la nécessité d'assortir d'une astreinte la décision rendue par un autre juge* ». Cette liberté du juge est cependant limitée par son **devoir d'impartialité**. Ainsi, pour rejeter une demande d'astreinte, il lui est interdit de se livrer à un jugement de valeur, en prêtant aux demandeurs des intentions mercantiles étrangères à la volonté de faire exécuter l'obligation sous astreinte[11].

L'obligation de motiver l'astreinte dans cette hypothèse s'explique par le fait que le JEX statue en deuxième lieu, alors même que le juge qui a prononcé l'injonction ne l'a pas assortie lui-même d'une astreinte, et parce que la loi (C. pr. exéc., art. L. 131-1, al. 2) fixe un critère dont il est tenu d'examiner l'existence : « *la nécessité* ».

Le juge pourra se fonder sur les risques de dérobade du débiteur de l'obligation principale, son attitude récalcitrante jusqu'alors ou les tensions existant entre les parties. Il appartient naturellement au demandeur à l'astreinte de justifier de ces risques, et non pas au défendeur à l'astreinte de prouver ses bonnes intentions. Cette exigence de preuve n'est pas à négliger : même si l'astreinte va faire l'objet d'un réexamen en vue de sa liquidation et de sa

1. Soc. 20 janv. 1993, n° 90-42.345, P V, n° 20.
2. Civ. 2e, 31 mars 2022, n° 20-21.508, NP.
3. PAR EX. Civ. 1re, 4 févr. 1986, n° 84-14.790, P I, n° 4.
4. Com. 17 févr. 1956, *JCP* 1956. II. 9330, note Veilleux.
5. Civ. 2e, 21 mars 1979, n° 77-15.052, P II, n° 89 ; *D.* 1979. 449, note M. Santa-Croce.
6. Soc. 10 janv. 1980, n° 78-41.250, P V, n° 36 ; *D.* 1980. 463, obs. P. Julien.
7. Civ. 2e, 7 juin 2006, n° 05-18.332, NP – Civ. 1re, 23 févr. 2011, n° 10-15.433, NP.
8. Civ. 3e, 9 nov. 1983, n° 82-14.775, P III, n° 219 – Soc. 20 nov. 2001, n° 99-41.507, P V, n° 351.
9. Civ. 1re, 4 déc. 1961, P I, n° 567.
10. Civ. 2e, 20 déc. 2001, n° 00-16.474, P II, n° 199 – V. ÉGAL. Civ. 2e, 1er sept. 2016, n° 15-18.722, NP – Civ. 2e, 20 avr. 2017, n° 15-26.499, NP – Civ. 2e, 7 déc. 2017, n° 16-20.870, NP.
11. Civ. 2e, 21 mars 2024, n° 22-21.525, B ; *AJDI* 2024. 394.

reconduction (v. s[s] n° 0412.41), des mesures conservatoires sont possibles (v. s[s] n° 0411.111), de sorte que le seul prononcé initial de l'astreinte n'est pas anodin.

0411.93 **Choix du type d'astreinte. Astreinte provisoire ou définitive.** Le juge peut prononcer une astreinte **provisoire** ou **définitive**. Cependant, par principe, l'astreinte est provisoire. Elle ne sera définitive que par exception. D'ailleurs, certaines astreintes civiles spéciales ne peuvent être que provisoires (en matière d'expulsion, v. s[s] n° 0411.54).

L'astreinte provisoire est celle dont le juge peut toujours réviser le montant au moment de sa liquidation. L'astreinte définitive échappe à toute révision au moment de sa liquidation, le juge est lié par le montant de l'astreinte qui a été fixé, et celle-ci ne peut être supprimée en tout ou partie que si le débiteur justifie que l'inexécution ou le retard dans l'exécution est dû à une cause étrangère (C. pr. exéc., art. L.131-4), soit à des circonstances exceptionnelles. En raison de la gravité de l'astreinte définitive, la décision du juge est encadrée par trois conditions cumulatives (C. pr. exéc., art. L.131-2, al. 2 et 3) :

– l'astreinte définitive ne peut être ordonnée qu'après le prononcé d'une astreinte provisoire ;

– la durée de l'astreinte définitive doit être déterminée dans la décision qui la prononce[1] ;

– il doit être expressément précisé par le juge qui prononce une telle astreinte qu'il s'agit d'une astreinte définitive[2].

À défaut d'une seule de ces conditions, l'astreinte prétendument définitive est liquidée comme une astreinte provisoire (C. pr. exéc., art. L. 131-2, al. 3, *in fine*). Si le demandeur sollicite d'emblée une astreinte définitive sans avoir obtenu au préalable une astreinte provisoire, le juge analysera de lui-même l'action en demande d'astreinte provisoire. Si un juge, sur demande ou d'office, prononce d'emblée une astreinte définitive sans qu'ait couru auparavant une astreinte provisoire, le juge chargé de la liquidation opérera comme en matière d'astreinte provisoire et pourra par voie de conséquence en modifier le taux (C. pr. exéc., art. L. 131-2 *in fine*)[3].

0411.94 **Cumul avec une voie d'exécution ou des dommages-intérêts.** Aucun texte n'exige que le créancier de l'obligation principale justifie que l'astreinte serait préférable à d'autres moyens de pression ou même à l'exécution forcée pure et simple ou encore à l'obtention de dommages-intérêts en lieu et place de la bonne exécution de la décision. Le cumul du prononcé d'une astreinte avec une voie d'exécution, en cours ou projetée, ou avec une demande de dommages-intérêts, est d'ailleurs possible.

§ 3
Taux, durée, détermination de la compétence pour liquider

0411.101 **Taux.** Le taux de l'astreinte est librement fixé par le juge (v. s[s] n° 0411.91), qui n'a pas à s'expliquer à ce sujet. On observe cependant que ce taux n'est, pas plus que celui de sa liquidation (v. s[s] n°s 0412.31 s.), fonction du préjudice subi par le créancier, mais dépend de la pression que le juge entend exercer sur le débiteur de l'obligation. Le taux s'exprime le plus souvent, pour les mêmes raisons dissuasives, en euros par jour de retard. Mais d'autres modalités sont possibles : en euros par infraction constatée[4] ; en euros par heure de retard[5] ; en somme forfaitaire[6].

0411.102 **Durée – Point de départ.** L'astreinte **prend effet** à la date fixée par le juge, laquelle ne peut pas être antérieure au jour où la décision portant obligation est devenue **exécutoire**. Toutefois, elle peut prendre effet dès le jour de son prononcé si elle assortit une décision qui est déjà exécutoire (C. pr. exéc., art. R. 131-1). Ainsi, doit être exécutoire, non pas la décision qui ordonne l'astreinte, mais la **condamnation principale**.

Rappelons qu'un jugement est exécutoire à partir du moment où il passe en force de chose jugée (C. pr. civ., art. 501), c'est-à-dire lorsqu'il n'est susceptible d'aucun recours suspensif d'exécution, sauf exécution provisoire (C. pr. civ., art. 500) et que les jugements ne peuvent, en principe, être exécutés contre ceux auxquels ils sont opposés qu'après leur avoir été notifiés (C. pr. civ., art. 503). Dès lors, l'astreinte ne peut prendre effet qu'après que la décision portant condamnation principale a été régulièrement notifiée au débiteur et après expiration du délai d'appel, s'il s'agit d'un jugement rendu en premier ressort, sauf si l'exécution provisoire a été ordonnée ou est de droit, auquel cas l'astreinte pourra commencer à courir dès le jour de la notification du jugement.

La **notification** de la décision portant obligation est donc une formalité impérative. C'est pourquoi, généralement, le juge retient comme point de départ de l'astreinte, la date de notification de la décision

1. Civ. 2e, 3 déc. 2015, n° 14-26.657, NP ; *Procédures* 2016, n° 2, p. 19, note Laporte.
2. Civ. 2e, 20 nov. 1991, n° 90-16.967, P II, n° 307 – Civ. 2e, 23 nov. 1994, n° 92-21.663, P II, n° 237.
3. Pour une application, Civ. 3e, 3 avr. 1996, n° 94-16.647, P III, n° 90 ; *Procédures* 1996, n° 179, note R. Perrot.
4. Com. 31 mars 1965, P III, n° 243 – Paris, 8e ch. B, 19 oct. 2000, *BICC* 15 avr. 2001, n° 429.
5. TGI Paris, 25 mars 1982, *Rev. huiss.* 1982. 843.
6. Civ. 5 juill. 1933, *S.* 1934. 1. 337.

fixant l'obligation principale[1], à laquelle il peut ajouter un nombre de jours suffisant pour permettre à un débiteur de bonne foi de procéder à l'exécution. Mais si l'astreinte est prononcée par une décision postérieure à celle ayant condamné le débiteur à exécuter une obligation, à une date où cette première décision est déjà exécutoire, l'astreinte pourra prendre effet dès le jour de son prononcé (C. pr. exéc., art. R. 131-1, al. 2).

La jurisprudence a déduit de la combinaison des dispositions précitées que[2] :

– si la décision ne fixe pas de date, l'astreinte court à compter du jour où la décision portant obligation a été notifiée[3], sachant que la notification peut être, en l'absence de notification de la décision de première instance, celle de l'arrêt confirmatif[4] ; si les parties sont invitées, après la clôture des débats, à produire l'acte de signification de la décision ordonnant l'astreinte et à formuler toutes observations utiles sur son point de départ, doivent être déclarés recevables les moyens tirés de l'irrégularité et la nullité de la signification de la décision, lesquels ont un lien direct avec la détermination du point de départ de l'astreinte[5] ;

– si la décision donne, par erreur, effet à l'astreinte au jour de sa date, ou à une date antérieure à sa notification, alors qu'elle assortit une décision qui n'est pas déjà exécutoire, l'astreinte ne commence à courir qu'à compter de la date de notification de la décision portant obligation[6] ou de signification s'il s'agit d'une décision qui nécessite d'être signifiée, telle une ordonnance de référé[7] ; d'ailleurs, est irrecevable, devant la Cour de cassation, le moyen fondé sur une erreur quant au point de départ de l'astreinte car cette disposition, qui peut être modifiée, ne fait pas grief au débiteur[8] (v. s^s n° 0411.112) ;

– si la décision portant obligation n'est pas notifiée, l'astreinte ne peut prendre effet, de sorte que le juge n'a pas à vérifier si la décision a commencé à être exécutée volontairement[9]. En effet, la partie peut avoir connaissance de l'obligation qu'elle est tenue d'exécuter, qui est souvent préexistante à la décision, sans être informée de l'astreinte qui l'assortit ;

– si le juge ayant prononcé l'astreinte prévoit qu'elle courra du jour de la signification de la décision portant obligation, celle-ci sera nécessaire pour que l'astreinte produise effet, même si la décision a été régulièrement notifiée par le greffe, car elle constitue alors une modalité particulière fixée par le juge[10].

Par ailleurs, le juge de la liquidation est tenu d'interpréter le chef de dispositif de la décision fixant le point de départ de l'astreinte si celui-ci est ambigu[11].

0411.103 Effets des voies de recours sur le point de départ : obligation principale assortie de l'exécution provisoire. C'est implicitement que l'article R. 131-1 C. pr. exéc.[12] règle les effets, sur le point de départ de l'astreinte, des voies de recours exercées contre la décision qui en est assortie (sur l'astreinte nouvelle en cause d'appel, v. s^s n° 0411.86).

S'agissant, d'abord, de **l'appel**, si la décision fixant l'obligation principale et prononçant l'astreinte est exécutoire de plein droit ou par provision, l'appel est sans effet sur le cours de l'astreinte et sa liquidation pourra même être sollicitée avant que l'obligation principale soit examinée par la Cour. La liquidation de l'astreinte pourra encore être demandée à la cour d'appel elle-même, qui, en vertu des pouvoirs qu'elle tient de l'effet dévolutif de l'appel, pourra y procéder, à la condition toutefois que le premier juge se soit expressément réservé le pouvoir de liquider l'astreinte. À défaut, seul le JEX serait compétent pour y procéder (C. pr. exéc., art. L. 131-3). La Cour de cassation juge[13], en effet, qu'« *il résulte des dispositions de l'article 566 du Code de procédure civile, dans sa rédaction antérieure au décret n° 2017-891 du 6 mai 2017, qu'une cour d'appel saisie d'une demande additionnelle en liquidation d'astreinte exerce les pouvoirs qu'elle tient de l'effet dévolutif de l'appel en liquidant l'astreinte prononcée en première instance, sous le bénéfice de l'exécution provisoire, que le tribunal s'était expressément réservé le pouvoir de liquider* ».

Compte tenu de cette règle, la saisine du premier président pour suspendre le cours de l'astreinte – et dans le même temps, pour suspendre l'exécution provisoire de l'obligation principale qui en est assortie – a été envisagée par la pratique. La question, qui

1. Civ. 2e, 5 mai 1993, n° 91-20.286, P II, n° 158 ; *Ann. loyers* 1994, n° 21580 – Civ. 2e, 1er mars 1995, n° 93-12.690, P II, n° 67 ; *Ann. loyers* 1996, n° 22608 – Civ. 2e, 18 déc. 1996, n° 95-13.292, NP ; *Procédures* 1997, n° 51, note R. Perrot.
2. « L'astreinte », fiche méthodologique en matière civile, *BICC*, n° 680, 15 avr. 2008, p. 12.
3. Soc. 9 févr. 1999, n° 97-44.535, NP – Civ. 2e, 23 juin 2005, n° 03-16.851, P II, n° 171.
4. Civ. 2e, 26 juin 2014, n° 13-16.899, P II n° 154.
5. Civ. 2e, 6 oct. 2022, n° 21-14.996, B ; *AJ fam.* 2022. 516, obs. F. Eudier ; *Rev. prat. rec.* 2022. 10, chron. D. Cholet.
6. Civ. 2e, 23 juin 2005, n° 03-16.851, P II, n° 171 – Civ. 2e, 14 sept. 2006, n° 05-15.370, P II, n° 219.
7. Civ. 2e, 8 avr. 2004, n° 02-15.144, P II, n° 168.
8. Civ. 2e, 23 oct. 2008, n° 07-11.965, P II, n° 219.
9. Civ. 2e, 25 sept. 2014, n° 13-20.724, NP.
10. Civ. 2e, 1er févr. 2018, n° 17-11.321, P II, n° 17.
11. Civ. 2e, 13 janv. 2012, n° 10-26.731, NP.
12. L'astreinte prend effet à la date fixée par le juge, laquelle ne peut pas être antérieure au jour où la décision portant obligation est devenue exécutoire. Toutefois, elle peut prendre effet dès le jour de son prononcé si elle assortit une décision qui est déjà exécutoire.
13. Sommaire de Civ. 2e, 28 juin 2018, n° 17-15.045, P II, n° 139 – V. ÉGAL. Soc. 20 oct. 2015, n° 14-10.725, P V, n° 196 – Civ 2e, 10 févr. 2011, n° 09-16.499, P II, n° 30.

a d'abord reçu une réponse négative quant à la suspension de l'astreinte, a récemment évolué (v. s[s] n° 0411.113). En revanche, il a toujours été admis que l'exécution provisoire de la disposition ordonnant l'obligation principale pouvait faire l'objet d'un arrêt par le premier président si la décision qui la consacre a été frappée d'appel, ce qui suspend de fait, le cours de l'astreinte.

Il a été jugé dans cette hypothèse, que si le premier président subordonne l'exécution provisoire de l'obligation principale et de l'astreinte à une consignation de sommes, alors l'astreinte court normalement depuis la signification du jugement qui l'ordonne jusqu'à la décision du premier président, puis de nouveau à partir du paiement de la consignation[1].

Ultérieurement, si l'arrêt intervenu sur le fond est **confirmatif**, le point de départ de l'astreinte, tel qu'il a été fixé par le premier juge, est maintenu.

En revanche, si la cour d'appel **confirme le principe de l'astreinte mais en modifie le montant**, elle ne peut fixer le point de départ de cette nouvelle astreinte à une date antérieure à son arrêt. Dans l'espèce ayant donné lieu à l'arrêt du 8 juillet 2004[2], qui a énoncé cette règle, la cour d'appel avait retenu que l'astreinte, dont elle avait aggravé le montant, courrait à compter d'un délai de deux mois à compter de la signification du jugement. Son arrêt est censuré au visa de l'article 51 du décret du 31 juillet 1992[3], devenu l'article R. 131-1 C. pr. exéc.

Enfin, un arrêt qui **infirme un jugement ayant prononcé une astreinte** entraîne, de plein droit, pour perte de fondement juridique, l'anéantissement rétroactif de la décision emportant astreinte et ouvre droit à restitution si cette astreinte avait déjà donné lieu à un paiement.

En revanche, en **cas d'infirmation de la décision**, exécutoire de plein droit par provision en application de l'article R. 131-4 C. pr. exéc., **ayant supprimé une astreinte** précédemment ordonnée, celle-ci ne recommence à courir qu'à compter de la notification de l'arrêt infirmatif[4]. Dans la suite logique des arrêts précités, rendus sur le fondement de l'article R. 131-1 C. pr. exéc., il est ici jugé que l'astreinte – antérieurement supprimée par un jugement du JEX – ne peut recommencer à courir qu'à compter du jour où l'arrêt infirmant cette décision peut être mis à exécution. L'appel n'étant pas suspensif en cette matière, le débiteur de l'obligation assortie d'une astreinte n'était plus tenu, dès le prononcé du jugement, par l'astreinte. Cet arrêt s'inscrit ainsi dans la suite de l'arrêt du 8 juillet 2004[5], qui a prohibé l'augmentation rétroactive du montant d'une astreinte.

S'agissant, ensuite, du **pourvoi**, en principe non suspensif, le principe de non-rétroactivité de l'astreinte guide encore les solutions. Ainsi, la Cour de cassation a jugé[6] que si la cassation d'un arrêt ayant infirmé une ordonnance de référé portant condamnation sous astreinte, restitue dès son prononcé à l'ordonnance son caractère exécutoire, elle ne permet pas la liquidation de l'astreinte pour la période comprise entre l'arrêt infirmatif et l'exécution de l'obligation intervenue avant l'arrêt de cassation. Elle approuve ainsi la cour d'appel, qui a constaté que l'obligation qui était assortie de l'astreinte avait été exécutée avant le prononcé de l'arrêt de cassation, d'avoir décidé que le cours de l'astreinte, qui avait débuté huit jours après la notification de l'ordonnance, avait cessé par l'effet de l'arrêt infirmatif et n'avait pas repris.

0411.104 Effets des voies de recours sur le point de départ : obligation principale non assortie de l'exécution provisoire. Si l'obligation principale n'est pas exécutoire par provision ou si l'exécution provisoire de la condamnation principale a été arrêtée par le premier président, la lettre de l'article R. 131-1 C. pr. exéc. conduit à repousser le cours de l'astreinte au jour où la décision de justice devient exécutoire, c'est-à-dire en principe au jour de la signification de l'arrêt de la Cour confirmant l'obligation et l'astreinte de première instance[7]. Les juges d'appel peuvent cependant fixer un point de départ postérieur[8].

Puisque le cours de l'astreinte est suspendu à la purge de l'appel, la **radiation** (C. pr. civ., art. 381) de l'instance d'appel n'a pas pour effet de faire courir l'astreinte[9]. L'astreinte commence en revanche son cours si l'appelant se **désiste** de son recours[10]. L'astreinte court alors dès le désistement, sans avoir

1. Civ. 2e, 8 avr. 1999, n° 96-20.775, NP ; *Procédures* 1999, n° 147, note approb. R. Perrot.
2. Civ. 2e, 8 juill. 2004, n° 02-20.368, P II, n° 355 ; *RTD civ.* 2004. 777, obs. R. Perrot.
3. Décr. n° 92-755, 31 juill. 1992, instituant de nouvelles règles relatives aux procédures civiles d'exécution pour l'application de la loi n° 91-650 du 9 juillet 1991, portant réforme des procédures civiles d'exécution, *JO* 5 août, p. 10530.
4. Civ. 2e, 21 févr. 2019, n° 18-10.030, P II, n° 660.
5. Civ. 2e, 8 juill. 2004, n° 02-20.368, P (préc. s[s] prés[t] n°).
6. Soc. 28 mai 2008, n°s 06-13.043, 06-10.839 et 06-14.556, P V, n° 114.
7. Civ. 2e, 11 juin 1997, n° 95-13.961, P II, n° 170 ; *D.* 1997. 536, 2e arrêt, note P. Julien ; *JCP* 1997. IV. 1621 ; *Procédures* 1997, n° 173, note approb. R. Perrot ; *Rev. huiss.* 1998. 504 ; *Gaz. Pal.* 1998. 1. 133, note T. Moussa – Civ. 2e, 9 déc. 1997, n° 95-20.144, P II, n° 307 ; *JCP* 1998. IV. 1185 – Civ. 2e, 22 mars 2001, n° 98-21.560, P II, n° 58 ; *D.* 2001. 1213 ; *JCP* 2001. IV. 1924 ; *RTD civ.* 2001. 661, obs. R. Perrot – Civ. 2e, 18 févr. 2016, n° 14-25.766, P II, n° 54.
8. Civ. 2e, 11 juin 1997, n° 95-13.961, P II, n° 170.
9. TGI Bobigny, JEX, 16 janv. 1997, *Gaz. Pal.* 1998. 1. 133, note T. Moussa.
10. TGI Bobigny, JEX, 14 oct. 1997, *Gaz. Pal.* 1998. 1. 133, note T. Moussa.

à attendre la signification de l'arrêt qui le constate[1]. Mais, en cas de **péremption** de l'instance d'appel, le jugement prononçant l'astreinte n'acquiert force de chose jugée « *qu'au moment où l'ordonnance constatant la péremption de l'instance en appel acquiert elle-même force de chose jugée*[2] », de sorte que l'astreinte ne peut commencer à courir qu'à compter de cette date.

Enfin, en l'absence de saisine de la cour d'appel de renvoi après cassation, qui confère force de chose jugée au jugement rendu en premier ressort, c'est à l'expiration du délai de saisine de la juridiction de renvoi que l'astreinte prononcée par le premier juge prend effet[3].

0411.105 Durée – Suspension. Précisons que le cours de l'astreinte qui assortit un jugement d'expulsion d'un locataire n'est pas suspendu par la « *trêve hivernale* » prévue aux articles L. 412-3 et R. 412-3 C. pr. exéc. (CCH, anc. art. L. 613-1)[4].

0411.106 Durée – Terme. Quant au terme, le juge est en principe libre de limiter ou non dans le temps le cours de l'astreinte provisoire[5]. Ce n'est que par exception, lorsque l'astreinte est définitive, que le juge est tenu d'en limiter la durée. Il est néanmoins recommandé d'en limiter dans tous les cas la durée, même lorsque l'astreinte est prononcée à titre provisoire, pour éviter des liquidations d'un montant excessif, quitte à en prononcer une nouvelle à l'expiration de la première si l'obligation n'a toujours pas été exécutée.

0411.107 Détermination de la compétence pour liquider. Le juge qui prononce l'astreinte doit enfin se déterminer sur la compétence future en cas de demande de liquidation. L'astreinte est liquidée par le JEX, sauf si le juge qui l'a ordonnée reste saisi de l'affaire ou s'en est expressément réservé le pouvoir (C. pr. exéc., art. L. 131-3). Cette règle (examinée s^s^ n° 0412.11) nécessite que le juge qui ordonne l'astreinte se prononce expressément s'il entend s'en réserver la liquidation, sauf s'il reste saisi de l'affaire auquel cas il demeure de plein droit compétent pour liquider. Cette dernière hypothèse concerne notamment le cas des astreintes assortissant une obligation procédurale, telle que celle de produire des pièces. Il est jugé, dans le cas où l'astreinte a été ordonnée par un juge ou un conseiller de la mise en état, que celui-ci demeure compétent pour liquider l'astreinte tant qu'il n'est pas dessaisi[6], c'est-à-dire jusqu'à l'ouverture des débats (C. pr.civ., art. 779). Après son dessaisissement, c'est le tribunal ou la cour qui est compétent, jusqu'à l'issue de l'instance, pour liquider l'astreinte[7].

Si le juge qui a ordonné l'astreinte ne se réserve pas expressément la liquidation ou ne reste pas saisi de l'affaire, le JEX est par principe compétent.

§ 4
Effets de la décision

0411.111 Contrainte indirecte – Mesure conservatoire. L'astreinte n'est pas une mesure d'exécution forcée mais une contrainte indirecte fondée sur « l'intimidation »[8]. On force la volonté du débiteur, en le menaçant d'une sanction pécuniaire conséquente, afin qu'il exécute volontairement la décision du juge. Le jugement prononçant une astreinte ne permet pas plus d'engager une mesure d'exécution forcée. L'article R. 131-3 C. pr. exéc. dispose : « *Aucune astreinte ne peut donner lieu à une mesure d'exécution forcée avant sa liquidation. La décision qui ordonne une astreinte non encore liquidée permet de prendre une mesure conservatoire pour une somme provisoirement évaluée par le juge compétent pour la liquidation* ». La prohibition des mesures d'exécution forcée se comprend aisément, en raison du caractère non liquide de la créance d'astreinte tant que le juge n'a pas vérifié l'inexécution ni retenu le taux finalement applicable[9]. Il n'est même pas possible de débuter une mesure d'exécution forcée sur le fondement d'un simple prononcé d'astreinte et d'engager parallèlement une action en liquidation qui régulariserait la voie d'exécution[10]. Rappelons en outre que la prohibition des mesures d'exécution forcée avant liquidation est reprise dans l'article 43 de la convention de Bruxelles et du règlement qui fait suite (v. s^s^ n° 0411.73), qui dispose que les décisions étrangères condamnant à une astreinte ne sont exécutoires dans l'État requis que si le montant en a été définitivement fixé par les tribunaux de l'État d'origine (v. s^s^ n° 0411.71).

Des mesures conservatoires sont néanmoins possibles sur le fondement d'une décision ordonnant une astreinte, puisque ces mesures sont licites en droit commun pour les créances non liquides (C. pr.

1. Civ. 2e, 8 juill. 2004, n° 02-15.921, P II, n° 354.
2. Civ. 2e, 10 juin 2021, n° 19-16.222, P (sommaire).
3. Civ. 2e, 16 mars 2000, n° 98-13.128, P II, n° 46.
4. Civ. 2e, 4 juill. 2007, n° 05-15.382, P II, n° 183.
5. Civ. 2e, 20 mai 1972, P II, n° 325.
6. Civ. 2e, 21 févr. 2008, n° 07-17.160, P II, n° 40.
7. Civ. 2e, 26 mars 1997, n° 94-15.992, P II, n° 91 – Civ. 2e, 16 déc. 2004, n° 03-11798, P II, n° 527.
8. R. Perrot et Ph. Théry, *Procédures civiles d'exécution*, 3e éd., Dalloz, 2013, n° 73.
9. Applications en matière de saisie immobilière : Civ. 2e, 7 févr. 1985, n° 83-15.819, P II, n° 34 ; *Gaz. Pal.* 1985. Pan. 142, obs. M. Véron – Civ. 2e, 27 nov. 1985, n° 84-14.862, P II, n° 180 ; *D.* 1986. 169, note J. Prévault ; *Gaz. Pal.* 1986. Somm. 424, note Véron ; *RTD civ.* 1987. 187, obs. R. Perrot.
10. Civ. 2e, 2 avr. 1990, n° 89-11.516, P II, n° 70 ; *RTD civ.* 1990. 556, obs. J. Normand.

exéc., art. L. 511-1 – v. s[s] n°s 06.05 à 0632.52). L'article R. 131-3 C. pr. exéc. prévoit que le jugement prononçant l'astreinte permet de prendre une mesure conservatoire pour un montant provisoirement évalué par le juge compétent pour la liquidation, c'est-à-dire soit celui qui l'a prononcée soit le JEX (sur la compétence pour liquider, v. s[s] n° 0412.11), étant précisé que ce dernier est par ailleurs compétent pour autoriser les mesures conservatoires (v. s[s] n° 0612.21).

0411.112 **Voies de recours contre les condamnations ou les refus de condamner.** Depuis un arrêt du 22 octobre 2014[1], et constituant un revirement de jurisprudence[2], il est jugé qu'une demande d'astreinte n'a pas d'incidence sur le taux de ressort, malgré son caractère indéterminé, en raison de son caractère accessoire à l'injonction qui est prononcée.

Si le jugement est susceptible d'appel, la cour d'appel doit, pour statuer sur l'obligation principale, préserver le droit du créancier de l'astreinte d'en demander séparément la liquidation. Ainsi, par exemple, les juges d'appel peuvent confirmer une injonction assortie d'une astreinte, même si cette injonction est devenue sans objet au jour où ils statuent, dès lors que subsiste le droit pour le bénéficiaire de l'astreinte d'en demander, s'il y a lieu, la liquidation[3] ; par ailleurs, la cour d'appel doit veiller, en cas de modification, notamment du montant de l'astreinte, au point de départ de l'astreinte, qui ne peut être antérieur au jour où la décision portant obligation est devenue exécutoire (v. s[s] n° 0411.103).

Aucun texte n'interdit que l'astreinte elle-même, isolément de l'obligation qu'elle assortit, qu'elle émane du juge de l'injonction ou du juge de l'exécution, soit frappée d'un recours[4], appel ou pourvoi en cassation, selon les cas.

Toutefois, est irrecevable devant la Cour de cassation, le moyen fondé sur une erreur quant au point de départ de l'astreinte car cette disposition, qui est dépourvue de l'autorité de la chose jugée, ne fait pas grief au débiteur et peut donc être modifiée à tout moment[5] (sur l'absence d'autorité de la chose jugée de la disposition assortissant une obligation d'une astreinte, v. s[s] n° 0411.114). Cette solution paraît transposable à l'appel. Il est intéressant d'observer, à cet égard, que la Cour de cassation a jugé, dans le même esprit, que si la décision prononçant l'astreinte prévoit, par erreur, que l'astreinte court de sa date, cette disposition ne peut être suivie d'effet et le juge de la liquidation doit alors retenir que l'astreinte commence à courir seulement à compter de la notification de la décision[6].

0411.113 **Sursis à l'exécution et suspension de l'exécution provisoire.** L'article R. 121-21 C. pr. exéc., prévoyant que l'appel des décisions du JEX n'est pas suspensif, les parties disposent, en application de l'article R. 121-22 C. pr. exéc., de la faculté de demander au premier président, saisi en référé, un sursis à l'exécution de ses décisions, s'il existe des moyens sérieux d'annulation ou de réformation du jugement.

La Cour de cassation a indiqué dans un avis[7] que ces dispositions, relatives au sursis à l'exécution des décisions du JEX, ne sont pas applicables lorsque ce dernier statue en matière de liquidation d'une astreinte, à défaut pour cette dernière de constituer une mesure d'exécution forcée et de relever du pouvoir exclusif du JEX. Selon la doctrine[8], si le mécanisme de sursis à l'exécution ne s'applique pas en matière d'astreinte, c'est parce que la décision est, en vertu de l'article R. 131-4 C. pr. exéc, exécutoire de plein droit par provision, quelle que soit la juridiction dont elle émane, de sorte qu'un régime unitaire, qui préserve l'égalité, doit être retenu[9]. Cette solution a ensuite été appliquée en jurisprudence[10] et étendue de manière générale à toutes les décisions du JEX statuant en matière d'astreinte, que ce soit pour la prononcer[11] ou pour en modifier la nature ou le taux[12].

En cas d'appel spécifique contre l'astreinte, la question s'est donc posée du pouvoir du premier président de suspendre son cours, sur le fondement

1. Soc. 22 oct. 2014, n° 12-19.587, P V, n° 245.
2. SOLUTIONS INVERSES ANTÉRIEURES, par ex. : Soc. 13 févr. 2013, n° 12-10.258, NP – Soc. 8 juill. 2010, n°s 09-40.904, 09-40.905 et 09-40.906, NP – Soc. 1er avr. 1998, n° 95-44.996, NP – Soc. 21 mars 1995, n° 93-44.627, NP – Soc. 21 juill. 1993, n° 90-41.559, NP.
3. Civ. 2e, 9 juill. 2009, n° 08-18.212, P II, n° 190 – Sur les conditions nécessaires à la condamnation à une astreinte, postérieurement à l'exécution de l'injonction : Civ. 3e, 24 nov. 1999, n° 97-10.672, P III, n° 220 (cassation partielle).
4. Civ. 2e, 20 avr. 1983, n° 82-10.195, P II, n° 96.
5. Civ. 2e, 23 oct. 2008, n° 07-11.965, P II, n° 219.
6. Civ. 2e, 14 sept. 2006, n° 05-15.370, P II, n° 219 : encourt la cassation l'arrêt qui donne à une astreinte ordonnée par un conseiller de la mise en état effet à compter de l'ordonnance, quand bien même cette ordonnance disposait que l'astreinte courrait à compter de sa date.
7. Cass., avis, 27 juin 1994, n° 09-40.008, P, n° 18.
8. Ph. Gerbay, « Arrêt d'exécution provisoire ou sursis à exécution de l'astreinte liquidée ? », *Procédures*, n° 10, oct. 2009, étude 8 – V. DANS LE MÊME SENS, L. Feuillard, Rép. pr. civ., *v° Juge de l'exécution*, oct. 2020 (actu. juin 2023), n° 154.
9. SUR LA DIFFÉRENCE DE MÉCANISME entre le défaut d'effet suspensif prévu à l'article R. 121-21 C. pr. exéc. et le caractère exécutoire par provision, v. R. Perrot, « Absence de sursis à exécution », *Procédures*, n° 4, avr. 2011, comm. 128 – V. DANS LE MÊME SENS, Y. Desdevises, N. Gerbay, *J.-Cl. Voies d'exécution*, fasc. 220, astreinte, prononcé, 2 janv. 2020 (actu. 6 déc. 2021), n° 74.
10. Civ. 2e, 25 juin 1997, n° 95-10.537, P II, n° 206.
11. Civ. 2e, 14 juin 2001, n° 99-18.082, P II, n° 119 – Civ. 2e, 12 juin 2003, n° 01-13.670, P II, n° 183 – Civ. 2e, 10 févr. 2011, n° 10-14.424, P II, n° 29.
12. Civ. 2e, 10 févr. 2000, n° 98-13.354, P II, n° 28.

du droit commun alors applicable (C. pr. civ., anc. art. 524). Un auteur avait soutenu qu'un premier président ne pouvait pas se fonder sur les « *conséquences manifestement excessives* » de l'ancien article 524 C. pr. civ. pour ordonner une telle suspension [1], parce que toute astreinte suit le régime de l'obligation qu'elle assortit. Ainsi, seule la suspension de l'exécution provisoire de la disposition ordonnant l'obligation principale permettrait l'arrêt du cours de l'astreinte.

Cette solution semblait avoir été adoptée par la Cour de cassation [2], qui l'a réaffirmée [3] malgré la modification de l'article 524 C. pr. civ. par le décret du 20 août 2004, qui a autorisé l'arrêt de l'exécution provisoire de droit.

Cependant, dans une affaire où une astreinte n'avait pas été liquidée par un JEX, la Cour de cassation a récemment jugé [4], au visa de l'article R. 131-4 C. pr. exéc, que le jugement, exécutoire de plein droit par provision des chefs liquidant une astreinte et condamnant au paiement de l'astreinte liquidée, pouvait faire l'objet d'une demande d'arrêt de l'exécution provisoire, **indépendamment de l'obligation qui lui est associée**, en application de l'article 524 C. pr. civ., dans sa rédaction antérieure à celle issue du décret n° 2019-1333 du 11 décembre 2019 [5]. Il ne fait pas de doute que la solution sera la même sous l'empire du nouvel article 514-3 C. pr. civ. Mais pourra-t-elle aussi être appliquée lorsque c'est le JEX qui liquide l'astreinte (sur la suspension de l'exécution provisoire de la décision de liquidation, v. s^s n° 0412.34) ?

0411.114 Absence d'autorité de la chose jugée – Modification de l'astreinte provisoire pour l'avenir. La décision rejetant une demande tendant à assortir d'une astreinte une obligation ne tranche aucune contestation et n'a dès lors pas autorité de la chose jugée [6].

Identiquement, la décision qui ordonne une astreinte n'a pas autorité de la chose jugée au principal [7] ni même au provisoire [8]. Il a ainsi été jugé que c'est sans méconnaître la chose jugée que, relevant que l'astreinte était une mesure de contrainte à caractère personnel, une cour d'appel a dit qu'une partie, qui avait été condamnée à garantir une autre partie des condamnations assorties d'une astreinte prononcées à son encontre, n'était pas tenue à la garantir du paiement de l'astreinte [9].

En conséquence, sans que ne soit nécessaire de démontrer l'existence d'un fait nouveau, le juge dispose du pouvoir de modifier à tout moment sa décision relative à l'astreinte, pour l'ajouter à une décision qui n'en était pas assortie, à l'occasion par exemple de l'examen d'une requête en interprétation d'une précédente décision dont il constate l'inexécution [10], pour la supprimer ou modifier son montant ou sa durée. Le juge saisi d'une demande de liquidation peut, également, modifier le montant de l'astreinte provisoire [11], prolonger ou réduire sa durée [12]. Il peut encore la supprimer pour l'avenir, sans avoir à relever l'existence d'une cause étrangère, l'article L. 131-4 alinéa 3 C. pr. exéc. n'ayant vocation à s'appliquer qu'à la liquidation d'une astreinte ayant déjà couru [13] (sur la liquidation de l'astreinte provisoire, v. s^s n° 0412.61).

En revanche, l'astreinte n'étant que l'accessoire de la condamnation qu'elle assortit, n'est pas recevable devant la cour d'appel de renvoi la demande de suppression ou de modification d'une astreinte assortissant une injonction faite à un débiteur par un arrêt qui a fait l'objet d'une cassation partielle n'affectant pas cette injonction [14]. En effet, l'astreinte, en raison de son caractère accessoire, est liée à l'injonction du juge. Si celle-ci n'est pas atteinte par la cassation partielle, elle se trouve hors du champ de saisine de la cour d'appel de renvoi, qui n'aura dès lors pas pouvoir pour statuer sur une nouvelle demande liée à la disposition non cassée [15].

Enfin, il doit être précisé que si la disposition du jugement relative à l'astreinte ne bénéficie pas de l'autorité de la chose jugée, la disposition du jugement condamnant le débiteur à exécuter l'obligation dispose bien de l'autorité de la chose jugée, dès lors qu'elle tranche une contestation [16].

1. B. Louvel, « Une préposition qui change tout : on ne condamne pas à une astreinte mais sous astreinte », *Gaz. Pal.* 1999. 2. Doctr. 1263, n° 3102.
2. Civ. 2e, 20 déc. 2001, n° 00-17.029, P II, n° 201.
3. Civ. 2e, 10 févr. 2011, n° 10-14.424, P II, n° 29 ; *Procédures* 2011, n° 128, p. 25, note R. Perrot (absence de sursis à exécution).
4. Civ. 2e, 18 janv. 2024, n° 21-17.475, B ; *RCJPP* 2024, n° 02, p. 33, obs. S. Bernigaud.
5. Depuis le décr. n° 2019-1333 du 11 déc. 2019, réformant la procédure civile (*JO* 12 déc., texte 3), l'arrêt de l'exécution provisoire est régi par l'article 514-3 C. pr. civ. « *lorsqu'il existe un moyen sérieux d'annulation ou de réformation et que l'exécution risque d'entraîner des conséquences manifestement excessives* ».
6. Civ. 2e, 4 juin 2009, n° 08-11.129, P II, n° 139 – Civ. 2e, 17 nov. 2005, n° 03-20.157, P II, n° 296 (cassation).
7. Civ. 2e, 21 févr. 2019, n° 17-27.900, P.
8. EN CE SENS, note P. Hébraud, *RTD civ.* 1951. 284.
9. Civ. 2e, 30 avr. 2002, n° 00-13.815, P II, n° 83 ; *Procédures* 2002, n° 113, note R. Perrot.
10. Civ. 2e, 15 nov. 2012, n°s 08-11.165 et 08-11.061, P II, n° 187.
11. Pour une modération du montant de l'astreinte provisoire par le juge saisi de la liquidation : Com. 14 juin 1988, n° 86-18.087, P IV, n° 198.
12. Pour une modification de la durée de l'astreinte provisoire : Soc. 25 sept. 1990, n° 88-12.227, P V, n° 378.
13. Civ. 2e, 21 févr. 2019, n° 17-27.900, P (préc. s^s prés^t n°).
14. Civ. 2e, 14 oct. 2010, n°s 09-66.944 et 09-14.938, P II, n° 169.
15. Cass., ass. plén., 28 mai 1982, n° 79-13.660, P, n° 3.
16. Civ. 2e, 30 mai 2002, n° 00-15.312, P II, n° 111.

CHAPITRE

0412. Liquidation de l'astreinte

Stéphanie Lemoine
Magistrat

SECTION 0 ORIENTEUR

0412.00 Sommaire du chapitre.

Division. Seront successivement étudiées la compétence du juge chargé de liquider l'astreinte (sect. 1), les conditions de cette liquidation (sect. 2) et la décision liquidant ou supprimant l'astreinte (sect. 3).

0412.01 Textes applicables.

• **C. pr. exéc.,** art. L. 131-1 à L. 131-4 ; R. 121-22, R. 131-2, R. 131-3, R. 131-4.

• **C. com.,** art. L. 622-17.

• **C. trav.,** art. L. 3253-14.

• **C. pr. civ.,** art. 524.

• **COJ,** art. L. 213-6.

0412.02 Jurisprudence de référence.

> Absence d'autorisation du syndic pour demander la liquidation de l'astreinte en référé.

• **Civ. 2e, 10 févr. 2011,** no 10-30.576, P II, no 32
* V. ss nos 0412.05, 0412.14

Si le syndic ne peut agir en justice au nom du syndicat des copropriétaires sans y avoir été autorisé par une décision de l'assemblée générale, il est cependant fait exception à cette règle pour les demandes qui relèvent des pouvoirs du juge des référés. Aussi le syndic peut-il agir sans autorisation en liquidation d'une astreinte prononcée par le juge des référés qui s'est réservé le pouvoir de la liquider.

> L'indivisaire peut demander la liquidation de l'astreinte seul.

• **Civ. 3e, 28 mai 2020,** no 19-14.156, P
* V. ss nos 0412.05, 0412.14

L'action ayant pour objet la liquidation d'une astreinte prononcée en vue d'assurer la remise en état de biens indivis constitue un acte conservatoire que tout indivisaire peut accomplir seul.

> Caractère personnel de l'astreinte. Poursuite contre les héritiers du débiteur.

• **Civ. 2e, 18 déc. 2008,** no 07-20.562, P II, no 271
* V. ss nos 0214.23, 04.06, 0412.06, 0412.15

Le caractère personnel de l'astreinte ne s'oppose pas à ce que sa liquidation, qui tend à une condamnation pécuniaire, puisse être poursuivie contre les héritiers du débiteur pour la période antérieure à son décès.

> Caractère personnel de l'astreinte. Cas de fusion-absorption d'une société condamnée.

• **Civ. 2e, 1er sept. 2016,** no 15-19.524, P II, no 193
* V. ss nos 04.06, 0412.06, 0412.15

>Le caractère personnel de l'astreinte ne s'oppose pas à ce que sa liquidation, qui tend à une condamnation pécuniaire, puisse être poursuivie à l'encontre de la société absorbante pour des faits commis par la société absorbée antérieurement à la date de la publication de la fusion-absorption.

> Compétence du juge qui s'est réservé le pouvoir de liquider l'astreinte.

• **Civ. 2e, 27 févr. 2014,** no 13-12.493, P II, no 52
* V. ss nos 0212.183, 0412.11, 0412.31

Viole l'article L. 131-3 C. pr. exéc. la cour d'appel qui déclare recevable une demande de liquidation d'astreinte provisoire assortissant une condamnation prononcée par un juge des référés adressée au juge de l'exécution alors que le juge des référés s'était expressément réservé le pouvoir de la liquider et l'avait fait par une décision antérieure.

> Compétence de la cour d'appel pour liquider l'astreinte prononcée en première instance.

• **Civ. 2e, 28 juin 2018,** no 17-15.045, P II, no 139

* V. ss nos 0411.103, 0412.11, 0412.12

Il résulte des dispositions de l'article 566 C. pr. civ. dans sa rédaction antérieure au décret no 2017-891 du 6 mai 2017, qu'une cour d'appel saisie d'une demande additionnelle en liquidation d'astreinte exerce les pouvoirs qu'elle tient de l'effet dévolutif de l'appel en liquidant l'astreinte prononcée en première instance, sous le bénéfice de l'exécution, provisoire, que le tribunal s'était expressément réservé le pouvoir de liquider.

> Compétence du juge qui reste saisi de l'affaire.

• **Civ. 2e, 16 déc. 2004,** no 03-11.798, P II, no 527

* V. ss nos 0212.183, 0412.11

La cour d'appel est compétente pour liquider l'astreinte ordonnée par le conseiller de la mise en état.

> Compétence de principe du juge de l'exécution ou de la cour d'appel statuant avec les pouvoirs du juge de l'exécution.

• **Civ. 2e, 10 févr. 2011,** no 09-16.499, P II, no 30

* V. ss nos 0411.103, 0412.11, 0412.12

Confirmant le jugement d'un juge de l'exécution en ses dispositions ayant assorti d'une astreinte une obligation dont elle retient qu'elle n'a pas été exécutée, la cour d'appel, investie des pouvoirs du juge de l'exécution, peut liquider cette astreinte.

> Compétence territoriale. Facteur d'extranéité.

• **Civ. 2e, 6 nov. 2008,** no 07-17.445, P II, no 232

* V. ss nos 0213.31, 0412.13

Le juge compétent pour liquider une astreinte, lorsque le débiteur demeure à l'étranger, est celui du lieu d'exécution de l'injonction.

Un juge de l'exécution du tribunal de grande instance de Paris est donc compétent pour se prononcer sur la demande en liquidation d'une astreinte assortissant une injonction de mettre fin à l'adresse d'un site internet situé à l'étranger mais accessible depuis le territoire français.

En retenant qu'une telle injonction devrait être exécutée en France, la cour d'appel a procédé à une interprétation nécessaire, exclusive de dénaturation, de l'ordonnance ayant fixé l'obligation sous astreinte.

> Prescription de l'action en liquidation.

• **Civ. 2e, 21 mars 2019,** no 17-22.241, P

* V. ss nos 0112.173, 0112.175, 0412.05, 0412.21

L'action en liquidation d'une astreinte n'est pas soumise au délai de prescription prévu à l'article L. 111-4 du code des procédures civiles d'exécution des titres exécutoires, mais au délai de prescription des actions personnelles et mobilières prévu à l'article 2224 du code civil.

• **Civ. 2e, 8 juill. 2021,** no 20-12.005, B.

* V. ss no 0412.21

L'interruption de la prescription ne peut s'étendre d'une action à une autre que lorsque les deux actions, bien qu'ayant une cause distincte, tendent aux mêmes fins.

Dès lors, une cour d'appel, qui considère à juste titre que l'action qui tend à la liquidation, et non à la fixation, de l'astreinte assortissant une obligation de communication de pièces est une action autonome et distincte de l'instance au fond pour les besoins de laquelle ces pièces devaient être communiquées, conclut exactement que l'engagement de l'instance au fond n'a[vait] pas interrompu le délai de prescription de l'action en liquidation de l'astreinte.

• **Civ. 2e, 1er juill. 2021,** no 20-14.284, B.

* V. ss nos 0112.174, 0412.21

Selon l'article 2235 du code civil, dans sa rédaction issue de la loi no 2008-561 du 17 juin 2008, la prescription ne court pas ou est suspendue contre les mineurs non émancipés et les majeurs en tutelle, sauf pour les actions en paiement ou en répétition des salaires, arrérages de rente, pensions alimentaires, loyers, fermages, charges locatives, intérêts des sommes prêtées et, généralement, les actions en paiement de tout ce qui est payable par années ou à des termes périodiques plus courts.

La condamnation, assortie d'une astreinte, prononcée par un juge ne fait pas naître une action en paiement de sommes payables par années ou à des termes périodiques plus courts, mais confère à son bénéficiaire une action en liquidation de cette astreinte, à l'issue de laquelle celui-ci est susceptible de disposer d'une créance de somme d'argent. Il en résulte que cette action en liquidation n'entre pas dans le champ de l'exception apportée par l'article 2235 du code civil au principe selon lequel la prescription ne court pas ou est suspendue contre les mineurs non émancipés et les majeurs en tutelle.

> Office du juge. Vérification du point de départ et du cours de l'astreinte.

• **Civ. 2e, 6 juin 2019,** no 18-15.311, P

* V. ss no 0412.22

Le juge saisi d'une demande de liquidation d'astreinte doit vérifier que l'astreinte a commencé à courir et déterminer son point de départ, même en l'absence de contestation des parties sur ce point, de sorte qu'en procédant d'office à ces vérifications il ne modifie pas l'objet du litige.

C'est par une exacte application de l'article 9 C. pr. civ. et sans inverser la charge de la preuve qu'une cour d'appel retient qu'il appartient à la partie qui sollicite la liquidation d'une astreinte de rapporter la preuve de la date à laquelle le jugement qui l'avait prononcée avait été notifié à la partie contre laquelle l'astreinte courrait, sans qu'aucune conséquence puisse être tirée à cet égard de la date à laquelle la décision avait été notifiée à la demanderesse à la liquidation.

> Point de départ de l'astreinte. Modalité fixée par le juge qui l'a prononcée.

• **Civ. 2e, 1er févr. 2018,** no 17-11.321, P II, no 17

* V. ss nos 0411.102, 0412.22

En application de l'article R. 131-1 C. pr. exéc., l'astreinte ordonnée par un juge prend effet à la date que celui-ci fixe.

Doit par conséquent être approuvé l'arrêt d'une cour d'appel qui, constatant que le point de départ de l'astreinte avait été soumis par le juge l'ayant prononcée à la formalité de la signification de sa décision, retient que cette astreinte n'avait pas couru faute de signification du jugement, alors même que le jugement avait été notifié par le greffe.

> Point de départ de l'astreinte au jour de la signification de l'arrêt confirmatif.

• **Civ. 2e, 26 juin 2014,** nº 13-16.899, P II, nº 154

* V. ss nos 0411.102, 0412.22

Viole l'article R. 131-1 C. pr. exéc., dont il résulte que l'astreinte prend effet, au plus tôt, à défaut de date fixée par le juge, à compter de la date où la décision portant obligation devient exécutoire, ensemble l'article 503 C. pr. civ., la cour d'appel qui rejette une demande de liquidation d'astreinte en retenant que l'ordonnance de référé ordonnant l'astreinte n'avait jamais été signifiée, alors que l'arrêt la confirmant l'avait été.

> Point de départ de l'astreinte en l'absence de fixation.

• **Civ. 2e, 23 juin 2005,** nº 03-16.851, P II, nº 171

* V. ss nos 0411.102, 0412.22

Lorsqu'une décision qui ordonne une astreinte n'en fixe pas le point de départ, celle-ci court à compter du jour où la décision portant obligation a été notifiée.

> Exécution de l'injonction par le débiteur ou par un tiers.

• **Civ. 2e, 10 déc. 2020,** nº 19-16.312, P

* V. ss nº 0412.23

Dès l'instant où l'obligation assortie d'une astreinte a été exécutée, fût-ce par un tiers, l'astreinte ne peut plus donner lieu à liquidation pour la période de temps postérieure à cette exécution, sauf si le créancier justifie d'un intérêt légitime à ce qu'elle soit exécutée par le débiteur lui-même.

> Date d'appréciation du comportement du débiteur et des difficultés qu'il a rencontrées.

• **Civ. 2e, 17 mars 2016,** nº 15-13.122, P II, nº 75

* V. ss nos 0412.23, 0412.32

Le montant de l'astreinte provisoire est liquidé en tenant compte du comportement de celui à qui l'injonction a été adressée et des difficultés qu'il a rencontrées. Le comportement du débiteur doit s'apprécier à compter du prononcé du jugement fixant l'injonction.

Dès lors, viole l'article L. 131-4 C. pr. exéc. la cour d'appel, qui, pour liquider l'astreinte à une certaine somme, se fonde sur des faits antérieurs à l'ordonnance de référé ayant prononcé cette astreinte.

> Interprétation de l'obligation assortie d'une astreinte.

• **Civ. 2e, 11 mars 2010,** nº 09-13.636, P II, nº 51

* V. ss nos 0214.26, 0412.23

Il incombe au juge de l'exécution, lorsqu'il est saisi d'une demande de liquidation du montant d'une astreinte, de procéder, si nécessaire, à l'interprétation de la décision assortie d'astreinte. Dès lors, encourt la cassation l'arrêt d'une cour d'appel qui, pour rejeter une demande de liquidation d'une astreinte, retient que le juge de l'exécution ne peut, compte tenu de l'imprécision des obligations mises à la charge du débiteur, constater que l'injonction n'a pas été respectée.

> Preuve de l'exécution d'une obligation de faire par le débiteur.

• **Soc. 14 déc. 2005,** nº 04-40.561, P V, nº 363

* V. ss nº 0412.24

Lorsqu'une astreinte assortit une décision de condamnation à une obligation de faire, il incombe au débiteur condamné de rapporter la preuve de l'exécution conforme, dans le délai imparti, de cette obligation.

Il s'ensuit qu'encourt la cassation pour violation de l'article 1315 C. civ. l'arrêt qui énonce qu'il incombe à un salarié demandeur à la liquidation de l'astreinte de rapporter la preuve que l'employeur ne lui a pas remis ou lui a remis tardivement le certificat de travail rectifié.

> Preuve de la violation d'une obligation de ne pas faire par le créancier.

• **Soc. 13 nov. 1990,** nº 87-40.890, P V, nº 547

* V. ss nº 0412.24

Il appartient au créancier d'une obligation de ne pas faire, demandeur à la liquidation de l'astreinte, de rapporter la preuve de la violation de l'interdiction mise à la charge du débiteur. Il s'ensuit que lorsqu'une précédente décision a constaté la violation par un salarié de la clause de non-concurrence et a ordonné la cessation de l'activité litigieuse sous astreinte, la cour d'appel, qui déboute la société de sa demande en liquidation de l'astreinte aux motifs qu'elle ne rapportait pas la preuve que le salarié avait poursuivi ses actes de concurrence déloyale postérieurement au jugement ayant ordonné l'astreinte, a, sans renverser la charge de la preuve, justifié sa décision.

> L'instance en liquidation est un procès interdisant de recourir à une mesure d'instruction *in futurum*.

• **Civ. 2e, 21 mars 2019,** nº 18-10.019, P

* V. ss nº 0412.24

Une instance en liquidation d'une astreinte pendante devant un juge de l'exécution fait obstacle à ce qu'une partie saisisse un juge des référés, sur le fondement de l'article 145 C. pr. civ., pour solliciter une mesure d'instruction destinée à établir la preuve de faits dont pourrait dépendre l'issue du litige pendant devant le juge de l'exécution.

> La proportionnalité du montant de l'astreinte liquidée au regard des enjeux du litige.

• **Civ. 2e, 20 janv. 2022,** nos 20-15.261, 19-22.435, 19-23.721, B

* V. ss nº 0412.32

L'astreinte, en ce qu'elle impose, au stade de sa liquidation, une condamnation pécuniaire au débiteur de l'obligation, est de nature à porter atteinte à un intérêt substantiel de celui-ci, de sorte qu'elle entre dans le champ d'application de la protection des biens garantie par le Protocole nº 1 à la Convention de sauvegarde des droits de l'homme et des libertés fondamentales.

Dès lors, si l'astreinte ne constitue pas, en elle-même, une mesure contraire aux exigences du protocole en ce que, prévue par la loi, elle tend, dans l'objectif d'une bonne administration de la justice, à assurer l'exécution effective des décisions de justice dans un délai raisonnable, tout en imposant au juge appelé à liquider l'astreinte, en cas d'inexécution totale ou partielle de l'obligation, de tenir compte des difficultés rencontrées par le débiteur pour l'exécuter et de sa volonté de se conformer à l'injonction, il n'en appartient pas moins au juge saisi d'apprécier encore le caractère proportionné de l'atteinte qu'elle porte au droit de propriété du débiteur au regard du but légitime qu'elle poursuit.

Encourt la cassation l'arrêt qui, pour liquider l'astreinte provisoire à une certaine somme, retient que la disproportion flagrante entre la somme réclamée au titre de l'astreinte et l'enjeu du litige ne peut être admise comme cause de minoration, sans examiner de façon concrète s'il existait un rapport raisonnable de proportionnalité entre le montant auquel il liquidait l'astreinte et l'enjeu du litige.

> Autorité de la chose jugée de la décision de liquidation et nouvelle demande de liquidation.

• **Civ. 2e, 22 mars 2006,** no 04-13.933, P II, no 78
* V. ss no 0412.34, 0412.41

L'autorité de la chose jugée attachée à une décision de liquidation d'astreinte ne fait pas obstacle à la présentation d'une nouvelle demande de liquidation pour une période postérieure, dès lors que l'astreinte n'était pas limitée dans le temps et que l'obligation qui en était assortie n'avait pas été exécutée.

> Autorité de la chose jugée de la décision rejetant la demande de liquidation de l'astreinte.

• **Civ. 2e, 25 févr. 2010,** no 08-21.718, P II, no 44
* V. ss nos 0412.23, 0412.34

Quand une demande de liquidation d'astreinte est rejetée en raison de l'exécution de l'obligation, constatée dans le dispositif, une nouvelle demande de liquidation se heurte à l'autorité de chose jugée attachée à la première décision.

> La décision rejetant la demande de liquidation tranche tout le principal.

• **Civ. 2e, 9 avr. 2015,** no 14-15.789, P II, no 93
* V. ss no 0412.34

L'arrêt rejetant les demandes de liquidation d'astreinte et de prononcé d'une nouvelle astreinte tranche tout le principal. En application de l'article 528-1 C. pr. civ., à défaut de notification dans le délai de deux ans, le pourvoi n'est plus recevable.

> Annulation de la décision de liquidation pour perte de fondement juridique.

• **Civ. 2e, 28 sept. 2000,** no 98-16.175, P II, no 134
* V. ss nos 0222.32, 0412.52, 1631.130

L'astreinte est une mesure accessoire à la condamnation qu'elle assortit Il s'ensuit que la réformation d'une décision assortie d'une astreinte entraîne de plein droit, pour perte de fondement juridique, l'anéantissement des décisions prises au titre de la liquidation de l'astreinte, fussent-elles passées en force de chose jugée, et ouvre dès lors droit, s'il y a lieu, à restitution.

• **Civ. 2e, 6 janv. 2005,** no 02-15.954, P II, no 1
* V. ss nos 0222.32, 04.06, 0412.52

L'astreinte étant une mesure accessoire à la condamnation qu'elle assortit, doivent être annulées, pour perte de fondement juridique, les décisions qui ont liquidé l'astreinte prononcée à l'encontre d'une société condamnée pour contrefaçon d'une marque, dès lors que celle-ci a été annulée par une décision postérieure devenue irrévocable.

> Suppression de l'astreinte pour l'avenir.

• **Civ. 2e, 21 févr. 2019,** no 17-27.900, P
* V. ss nos 0411.114, 0412.61

La décision prononçant une astreinte étant dépourvue de l'autorité de la chose jugée, le juge peut décider, dans l'exercice de son pouvoir souverain, de la supprimer pour l'avenir sans avoir à relever l'existence d'une cause étrangère, l'article L. 131-4 alinéa 3 C. pr. exéc. n'ayant vocation à s'appliquer qu'à la liquidation d'une astreinte ayant déjà couru.

0412.03 Bibliographie indicative.

* V. ss no 04.03

0412.04 Formulaire de procédure civile (renvois).

- *Astreinte – Demande d'astreinte provisoire* (Assignation au fond avec représentation obligatoire comportant une demande d'astreinte provisoire – C. pr. exéc., art. L. 131-1, al. 1er)
- *Astreinte – Demande d'astreinte provisoire* (Assignation au fond sans représentation obligatoire – C. pr. exéc., art. L. 131-1, al. 1er)
- *Astreinte – Demande d'astreinte provisoire* (Demande d'astreinte provisoire par voie de conclusions, quand le juge est déjà saisi – C. pr. exéc., art. L. 131-1)
- *Astreinte – Demande d'astreinte provisoire* (Assignation avec représentation obligatoire devant le juge de l'exécution en vue d'obtenir une astreinte provisoire sur une décision déjà rendue – C. pr. exéc., art. L. 131-1, al. 2)
- *Astreinte – Demande d'astreinte provisoire* (Assignation sans représentation obligatoire devant le juge de l'exécution en vue d'obtenir une astreinte provisoire sur décision déjà rendue – C. pr. exéc., art. L. 131-1, al. 2)
- *Astreinte – Liquidation d'astreinte provisoire* (Assignation avec représentation obligatoire comportant une demande de liquidation d'astreinte provisoire, quand le juge s'en est expressément réservé la compétence – C. pr. exéc., art. L. 131-3)
- *Astreinte – Liquidation d'astreinte provisoire* (Assignation sans représentation obligatoire comportant une demande de liquidation d'astreinte provisoire, quand le juge s'en est expressément réservé la compétence – C. pr. exéc., art. L. 131-3)
- *Astreinte – Liquidation d'astreinte provisoire* (Assignation avec représentation obligatoire devant le juge de l'exécution en vue d'obtenir la liquidation d'une astreinte provisoire – C. pr. exéc., art. L. 131-3)
- *Astreinte – Liquidation d'astreinte provisoire* (Assignation sans représentation obligatoire devant le juge de l'exécution en vue d'obtenir la liquidation d'une astreinte provisoire – C. pr. exéc., art. L. 131-3)
- *Astreinte – Fixation d'une astreinte définitive* (Assignation avec représentation obligatoire en liquidation d'astreinte provisoire avec fixation d'astreinte définitive, quand le juge s'en est expressément réservé la compétence – C. pr. exéc., art. L. 131-2, al. 2)

- *Astreinte – Fixation d'une astreinte définitive* (Assignation sans représentation obligatoire en liquidation d'astreinte provisoire avec fixation d'astreinte définitive, quand le juge s'en est expressément réservé la compétence – C. pr. exéc., art. L. 131-2, al. 2)
- *Astreinte – Fixation d'une astreinte définitive* (Assignation avec représentation obligatoire devant le juge de l'exécution en vue d'obtenir la liquidation d'une astreinte provisoire avec fixation d'une astreinte définitive – C. pr. exéc., art. L. 131-3)
- *Astreinte – Fixation d'une astreinte définitive* (Assignation sans représentation obligatoire devant le juge de l'exécution en vue d'obtenir la liquidation d'une astreinte provisoire avec fixation d'une astreinte définitive – C. pr. exéc., art. L. 131-3)
- *Astreinte – Liquidation d'astreinte définitive* (Assignation avec représentation obligatoire comportant une demande de liquidation d'astreinte définitive quand le juge s'en est expressément réservé la compétence – C. pr. exéc., art. L. 131-3)
- *Astreinte – Liquidation d'astreinte définitive* (Assignation sans représentation obligatoire comportant une demande de liquidation d'astreinte définitive quand le juge s'en est expressément réservé la compétence – C. pr. exéc., art. L. 131-3)
- *Astreinte – Liquidation d'astreinte définitive* (Assignation avec représentation obligatoire devant le juge de l'exécution en vue d'obtenir la liquidation d'une astreinte définitive – C. pr. exéc., art. L. 131-3)
- *Astreinte – Liquidation d'astreinte définitive* (Assignation sans représentation obligatoire devant le juge de l'exécution en vue d'obtenir la liquidation d'une astreinte définitive – C. pr. exéc., art. L. 131-3)

0412.05 **Nécessité d'une saisine.** Si l'obligation principale assortie d'une astreinte n'a pas été exécutée ou a été exécutée de façon incomplète ou avec retard, le créancier qui souhaite obtenir le paiement de l'astreinte, et, le cas échéant, engager une mesure d'exécution forcée, est tenu de **saisir** le juge d'une demande en liquidation de cette astreinte. Tant que l'astreinte n'est pas liquidée, qu'elle soit provisoire ou définitive, elle n'est qu'une menace pour le débiteur de l'obligation principale et ne peut donner lieu qu'à une mesure conservatoire (C. pr. exéc., art. R. 131-3, al. 2). Pour reprendre la formule d'un auteur[1], « *la liquidation de l'astreinte a pour effet essentiel de métamorphoser un droit virtuel en une créance certaine, liquide et exigible* ». Si le juge qui avait prononcé initialement l'astreinte n'est pas resté saisi (v. s^s^ n° 0411.107), le demandeur à la liquidation devra donc engager une nouvelle procédure selon les modalités applicables à la juridiction concernée.

Une jurisprudence ancienne enseigne que l'instance en liquidation de l'astreinte n'est que la continuation de l'instance précédente prononçant l'astreinte. En conséquence, la demande en liquidation n'introduit pas une nouvelle instance[2]. Si cette jurisprudence se justifie lorsque le juge qui liquide est celui qui a prononcé l'astreinte, soit qu'il s'est expressément réservé ce pouvoir, soit qu'il est resté saisi de l'affaire, elle est plus difficilement compréhensible si c'est le JEX qui est saisi d'une demande de liquidation de l'astreinte prononcée par un autre juge. En tout état de cause, la liquidation constitue bien une **demande en justice**. Ceci résulte d'un arrêt[3] ayant retenu que l'action en liquidation d'une astreinte est soumise au délai de prescription des actions personnelles et mobilières prévu à l'article 2224 C. civ. De même, ni le juge ayant prononcé l'astreinte, ni le JEX, ne peuvent liquider d'office une astreinte. Ils doivent nécessairement être saisis à cette fin.

Si la liquidation a lieu avant que le débiteur se soit complètement libéré, il est possible de reconduire l'astreinte provisoire si celle-ci est affectée d'un terme ou de demander sa liquidation pour une nouvelle période si celle-ci a une durée indéterminée (v. s^s^ n° 0412.41) ; mais le créancier demandera souvent, ou le juge prononcera d'office, une astreinte dite « définitive » après une première astreinte provisoire infructueuse (v. s^s^ n° 0411.93).

On notera que si le demandeur à l'astreinte devait se munir d'une autorisation pour agir à cette fin (droit des tutelles, droit des sociétés, copropriété, *etc.*), cette autorisation n'englobe pas nécessairement l'action en liquidation. Il est ainsi jugé en matière de copropriété[4] que le syndic est tenu de se munir d'une autorisation préalable spécifique de l'assemblée générale des copropriétaires pour agir en liquidation de l'astreinte. Cependant, il est fait exception à cette règle pour les demandes qui relèvent du pouvoir du juge des référés. Aussi le syndic peut-il agir sans autorisation en liquidation d'une astreinte prononcée par le juge des référés qui s'est réservé le pouvoir de la liquider[5]. De même, l'action ayant pour objet la liquidation d'une astreinte prononcée en vue d'assurer la remise en état de biens indivis constitue un acte conservatoire que tout indivisaire peut accomplir seul[6].

1. R. Perrot et Ph. Théry, *Procédures civiles d'exécution*, 3e éd. refondue, Dalloz, 2013, n° 87.
2. Cass., ass. plén., 13 mai 1966, n° 62-13.252, P, n° 3 – Civ. 2e, 22 oct. 1969, P II, n° 281 – Civ. 1re, 4 mai 1982, n° 81-11.754, P I, n° 157 – Civ. 2e, 18 oct. 1989, n° 88-16.768, P II n° 182 – Civ. 2e, 1er juin 1992, n° 90-21.140, P II, n° 157 – Soc. 1er juin 2005, n° 03-18.897, P V, n° 188.
3. Civ. 2e, 21 mars 2019, n° 17-22.241, P.
4. Civ. 2e, 11 mars 1999, n° 96-22.211, NP ; *Gaz. Pal.* 2000. 1. Somm. 867, obs. T. Moussa – Civ. 3e, 20 déc. 2000, n° 99-15.236, P III, n° 197.
5. Civ. 2e, 10 févr. 2011, n° 10-30.576, P II, n° 32.
6. Civ. 3e, 28 mai 2020, n° 19-14.156, P.

0412.06 **Parties à l'instance. Le créancier** de l'obligation assortie d'astreinte (v. s[s] n°s 0411.61 s.) est normalement demandeur principal. En effet, l'astreinte ne peut en principe profiter qu'à celui au bénéfice duquel la condamnation a été rendue. Il a d'ailleurs été jugé que l'astreinte étant une mesure accessoire destinée à assurer l'exécution d'une condamnation, les personnes qui n'étaient pas parties à la décision ayant prononcé l'astreinte sont irrecevables à solliciter à leur profit la liquidation de celle-ci ou le prononcé d'une nouvelle astreinte et à intervenir volontairement à l'instance en liquidation à ces fins[1].

Cependant, le caractère personnel de l'astreinte ne s'oppose pas, dès lors qu'il s'agit d'un droit disponible, à ce que des parties conviennent conventionnellement de la cession d'une obligation assortie d'une astreinte, de sorte que le cessionnaire est recevable, à compter de la notification de la cession, à demander la liquidation de l'astreinte, qui est entrée dans son patrimoine avec la créance cédée[2]. En revanche, pour les faits d'inexécution antérieurs à la cession, le cédant conserve intérêt à agir en liquidation de l'astreinte pour la période de temps où il était encore créancier[3].

Le débiteur de l'obligation peut chercher à se dérober à la liquidation de l'astreinte, aux dépens d'un débiteur substitué. Mais, le caractère personnel de l'astreinte (v. s[s] n° 04.06 et les renvois) s'oppose à ce qu'il mette en œuvre un recours en garantie[4]. De même, deux débiteurs condamnés à une même obligation de faire ne peuvent être tenus solidairement au paiement du montant de l'astreinte liquidée[5]. Ainsi, le débiteur de l'obligation assortie d'une astreinte n'est pas tenu s'il s'est exécuté et qu'un tiers, serait-il son codébiteur solidaire, a commis de nouvelles infractions[6].

On notera, cependant, que le caractère personnel de l'astreinte ne s'oppose pas à ce que sa liquidation, qui tend à une condamnation pécuniaire, puisse être poursuivie contre les héritiers du débiteur pour la période antérieure à son décès[7] ou de la société absorbante pour des faits commis par la société absorbée antérieurement à la date de la publication de la fusion-absorption[8].

1. Civ. 2e, 14 nov. 2019, n° 18-22.213, P.
2. Civ. 2e, 7 juill. 2011, n° 10-20.296, P II, n° 157.
3. Civ. 2e, 6 déc. 2012, n° 11-21.517, NP.
4. Civ. 2e, 14 sept. 2006, n° 05-17.118, P II, n° 218, citant comme précédents : Civ. 2e, 30 avr. 2002, n° 00-13.815, P II, n° 83, et Civ. 1re, 3 avr. 2002, n° 00-10.893, P I, n° 104.
5. Civ. 2e, 10 janv. 2013, n° 11-26.483, NP.
6. Paris, 8e ch. B, 1er avr. 1999, *D.* 1999. 438, note J. Prévault.
7. Civ. 2e, 18 déc. 2008, n° 07-20.562, P II, n° 271.
8. Civ. 2e, 1er sept. 2016, n° 15-19.524, P II, n° 193.

SECTION 1
COMPÉTENCE

0412.11 **Compétence du juge de l'exécution ou du juge qui a prononcé l'astreinte.** L'astreinte est liquidée par le JEX, sauf si le juge qui l'a ordonnée reste saisi de l'affaire ou s'est expressément réservé le pouvoir de liquider l'astreinte (C. pr. exéc., art. L. 131-3). Cette règle de compétence est **d'ordre public** et l'incompétence doit être, le cas échéant, relevée d'office[9] (C. pr. exéc., art. R. 131-2).

Il en résulte que le juge de l'exécution (JEX) est en principe compétent pour liquider l'astreinte, sauf dans deux cas :

– Le juge qui a prononcé l'astreinte s'est réservé le pouvoir de la liquider.

La faculté, pour le juge qui a prononcé l'astreinte, de s'en réserver la liquidation, a été jugée conforme à l'article 6, § 1 de la Convention de sauvegarde des droits de l'homme et des libertés fondamentales, comme ne méconnaissant pas les exigences d'impartialité[10].

Dans cette hypothèse, la demande en liquidation présentée au JEX est irrecevable[11] et cette irrecevabilité doit être relevée d'office[12]. Un juge peut se réserver la liquidation lorsqu'il pense appréhender au mieux les faits de la cause (par ex. voisinage, maîtrise d'œuvre, *etc.*), le contexte humain (par ex. prud'hommes). Notons que cette faculté est néanmoins interdite aux arbitres[13].

Le juge des référés, pour sa part, peut se réserver de liquider ses astreintes, mais encore doit-il le faire clairement[14] et n'aura-t-il qu'un pouvoir de liquider à titre provisoire. Pour autant, est irrecevable la demande de liquidation adressée au JEX lorsque le juge des référés, qui s'est expressément réservé le pouvoir de la liquider, l'a fait par une décision antérieure[15]. Par ailleurs, si le juge des référés s'est reconnu compétent pour ordonner l'astreinte et s'en est réservé la liquidation, il ne pourra, à ce second stade, décliner

9. Civ. 2e, 7 janv. 2010, n° 09-12.252, NP.
10. Civ. 2e, 8 avr. 1998, n° 96-13.845, P II, n° 122 ; *D. Affaires* 1998. 908, obs. S. P. ; *Rev. huiss.* 1998. 1145.
11. Civ. 2e, 27 févr. 2014, n° 13-12.493, P II, n° 52.
12. Soc. 9 mai 2007, n° 05-46.029, P V, n° 69.
13. Paris, 11 oct. 1991, *D.* 1991. 277 – CONTRA, mais manifestement erroné, Paris, ch. 1-2, 3 oct. 2013, RG n° 12/04088, *Gaz. Pal.* 16 janv. 2014, p. 10, note D. Bensaude.
14. Le juge des référés n'est compétent pour liquider une astreinte que lorsqu'il reste saisi de l'affaire ou s'il s'en est expressément réservé le pouvoir. Le juge des référés s'étant borné à dire qu'il lui serait référé de toutes les difficultés ne s'est pas expressément réservé le pouvoir de liquider l'astreinte qu'il avait ordonnée. En conséquence, le JEX est seul compétent pour la liquider : Civ. 2e, 15 janv. 2009, n° 07-20.955, P II, n° 13.
15. Civ. 2e, 27 févr. 2014, n° 13-12.493, P II, n° 52.

sa compétence au motif d'une « *difficulté sérieuse* »[1]. Enfin, du fait de l'effet dévolutif de l'appel, la cour d'appel peut liquider l'astreinte prononcée en première instance, sous le bénéfice de l'exécution provisoire, que le tribunal s'était expressément réservé le pouvoir de liquider[2] (en cas d'appel sur l'obligation principale assortie de l'astreinte, v. s[s] n° 0412.12).

– Le juge qui a prononcé l'astreinte reste saisi de l'affaire.

Dans cette hypothèse, le juge est contraint de connaître de la liquidation même s'il ne l'a pas prévu ; ainsi en est-il des juges qui ne sont pas dessaisis par leur décision[3], par exception à l'article 481 C. pr. civ. (JME, juridictions sans mise en état mais qui n'ont pas encore tranché au fond, juges des enfants, *etc.*). Il est jugé, dans le cas où l'astreinte a été ordonnée par un juge ou un conseiller de la mise en état, que celui-ci demeure compétent pour liquider l'astreinte tant qu'il n'est pas dessaisi[4], c'est-à-dire jusqu'à l'ouverture des débats (C. pr. civ., art. 779). Après son dessaisissement, c'est le tribunal ou la cour qui est compétent, jusqu'à l'issue de l'instance, pour liquider l'astreinte[5].

Dans tous les autres cas, le JEX est seul compétent.

Les autres juges doivent relever d'office leur incompétence (C. pr. exéc., art. R. 131-2), l'appel étant alors recevable (C. pr. exéc., art. R. 131-2[6]). Réciproquement, le JEX dûment saisi ne peut se déclarer incompétent au profit du juge qui a prononcé l'astreinte mais ne s'en est pas réservé la liquidation[7]. Le JEX est ainsi compétent pour liquider les astreintes qu'il a prononcées, mais aussi celles ordonnées par les autres juges[8]. Il est en conséquence tenu d'interpréter la décision qui a ordonné l'astreinte, pour expliciter les injonctions ou interdictions qui l'assortissent lorsqu'elles sont ambiguës (v. s[s] n° 0412.31).

La règle de l'article R. 131-2 C. pr. exéc. est applicable à la cour d'appel. *D'une part*, les astreintes provisoires qu'elle prononce pour la première fois ou bien dont elle confirme le prononcé en première instance, sont liquidées par le JEX sauf si la cour s'est réservé ce pouvoir ou reste saisie du litige, auxquels cas le débiteur de l'astreinte perdra le bénéfice d'un degré de juridiction[9]. *D'autre part*, lorsqu'elle confirme le jugement d'un juge de l'exécution en ses dispositions ayant assorti d'une astreinte une obligation dont elle retient qu'elle n'a pas été exécutée, la cour d'appel, investie des pouvoirs du juge de l'exécution, peut liquider cette astreinte[10] (sur la compétence de la cour d'appel v. s[s] n° 0412.12).

La compétence pour supprimer une astreinte est la même que pour la liquider, telle qu'elle vient d'être examinée : c'est à l'occasion d'une demande de liquidation que le débiteur défendeur pourrait solliciter la suppression, ou c'est à l'occasion d'une demande de suppression que le créancier défendeur pourrait solliciter la liquidation. Aussi, un même texte de la loi (C. pr. exéc., art. L. 131-4) réunit-il les deux actions (respectivement C. pr. exéc., art. L. 131-4, al. 1er et 3).

0412.12 Compétence éventuelle de la cour d'appel. Il faut éliminer d'emblée l'hypothèse dans laquelle la décision qui prononce l'astreinte n'était pas assortie de l'exécution provisoire : la liquidation par la cour d'appel est exclue du fait de l'effet suspensif du recours.

Mais si la décision de première instance qui prononce l'astreinte bénéficie de **l'exécution provisoire** (v. s[s] n° 0411.103), l'effet suspensif ne joue plus et la liquidation de cette astreinte par la cour d'appel devient une hypothèse admissible en vertu de **l'effet dévolutif de l'appel**[11], lequel défère au juge toute la connaissance du litige, en ce compris les faits survenus depuis le jugement.

Néanmoins, certaines conditions doivent être remplies. Ainsi, si la cour d'appel statue sur l'appel d'une décision d'un juge des référés[12] ou d'un juge du fond[13] ayant prononcé une condamnation sous astreinte, elle ne pourra liquider cette astreinte si ce juge n'est pas resté saisi de l'affaire ou ne s'en est pas réservé le pouvoir. Dans cette hypothèse, seul le JEX est compétent pour liquider l'astreinte. En revanche, lorsque la cour d'appel confirme une décision du JEX ayant assorti sa décision d'une astreinte, la cour d'appel, saisie d'une demande de liquidation, pourra

1. Civ. 2e, 21 févr. 2008, n° 06-43.046, P II, n° 41.
2. Soc. 20 oct. 2015, n° 14-10.725, P V, n° 196 – Civ. 2e, 28 juin 2018, n° 17-15.045, P.
3. Civ. 2e, 16 déc. 2004, n° 03-11.798, P II, n° 527.
4. Civ. 2e, 21 févr. 2008, n° 07-17.160, P II, n° 40.
5. Civ. 2e, 26 mars 1997, n° 94-15.992, P II, n° 91 – Civ. 2e, 16 déc. 2004, n° 03-11798, P II, n° 527.
6. L'article R. 131-2, qui prévoyait antérieurement le contredit, aujourd'hui supprimé, a été modifié par le décret n° 2017-891 du 6 mai 2017, relatif aux exceptions d'incompétence et à l'appel en matière civile, *JO* 10 mai, texte 113, art. 6.
7. Civ. 1re, 21 mars 2000, n° 98-14.246, P I, n° 98 ; *D.* 2000. 111 ; *JCP* 2000. IV. 1817.
8. Sauf si l'astreinte a été prononcée par une juridiction pénale.
9. Paris, 14e ch., 30 sept. 1994 – Paris, 19e ch., 4 juill. 1995, *Bull. avoués* 1995, n° 84 – Montpellier, 1re ch., 16 juin 1998, *D.* 1999. 100, note approb. J. Prévault.
10. Civ. 2e, 10 févr. 2011, n° 09-16.499, P II, n° 30.
11. S. Guinchard (dir.), Dalloz action *Droit et pratique de la procédure civile*, 2024/2025, n°s 643.20 s., par J. Pellerin.
12. Civ. 2e, 26 mars 1997, n° 94-15.992, P II, n° 91 – Civ. 2e, 20 déc. 2001, n° 98-11.777, NP – Civ. 2e, 20 mars 2003, n° 00-13.429, NP.
13. Civ. 1re, 21 mars 2000, n° 98-14.246, P I, n° 98 – Civ. 2e, 21 mars 2002, n° 00-18.832, NP – Civ. 3e, 11 oct. 2005, n° 04-17.159, NP.

y procéder, « *étant investie des pouvoirs du juge de l'exécution* »[1].

Qu'en est-il si l'astreinte a été prononcée par un juge, autre que le JEX, qui s'est **réservé expressément le pouvoir de la liquider** ? Certains arrêts ont d'abord admis la possibilité, pour la cour d'appel, de statuer sur la liquidation de l'astreinte[2]. La chambre sociale de la Cour de cassation a cependant paru dénier cette possibilité dans un arrêt du 9 mai 2007[3] au motif que le premier juge s'étant réservé le pouvoir de procéder à cette liquidation, il lui appartenait seul d'y procéder. Mais, par un arrêt du 20 octobre 2015[4], la chambre sociale est revenue à la position antérieure, en affirmant qu'en liquidant l'astreinte, « *la cour d'appel n'a fait qu'exercer les pouvoirs qu'elle tenait de l'effet dévolutif de l'appel* », ce qui a été approuvé par la doctrine[5]. Outre le fait que cette solution s'harmonise avec le principe de l'effet dévolutif de l'appel en permettant la transmission de l'entier litige à la juridiction du second degré, elle a l'avantage de diminuer les délais de traitement des affaires. Cette solution a depuis lors été réaffirmée[6].

Enfin, il a été jugé[7] qu'en raison du caractère accessoire de l'astreinte à la condamnation qu'elle assortit, n'est pas recevable devant la cour d'appel de renvoi la demande de suppression d'une astreinte assortissant une injonction faite à un débiteur par un arrêt qui a fait l'objet d'une cassation partielle n'affectant pas cette injonction.

0412.13 Compétence territoriale – Facteur d'extranéité (Sur les conventions ou règlements applicables, v. s[s] n° 0411.73). En principe, le juge français ne peut pas liquider les astreintes prononcées à l'étranger ; il pourra simplement donner son *exequatur* sur les liquidations faites à l'étranger. Inversement, les astreintes prévues par le juge français devront par principe être liquidées par lui avant toute exécution forcée à l'étranger.

Il a cependant été jugé[8] que le juge compétent pour liquider une astreinte, lorsque le débiteur demeure à l'étranger, est celui du lieu d'exécution de l'injonction. Dès lors, les juridictions françaises sont internationalement compétentes dès lors que l'exécution de l'injonction aurait dû ou doit se réaliser sur le territoire français.

0412.14 Demandeur à l'action en liquidation. Le demandeur à l'action en liquidation est normalement la personne au profit de qui cette astreinte a été prononcée (sur les parties à l'instance, v. s[s] n° 0412.06). Lorsque l'obligation assortie d'astreinte porte sur un bien cessible (par ex. travaux à réaliser sur un immeuble), le vendeur reste titulaire de l'action pour la période courant jusqu'à la vente, l'acquéreur le devient pour la période postérieure à la vente jusqu'à l'exécution de l'obligation.

Notons qu'un syndic ne peut engager sans autorisation préalable de l'assemblée générale des copropriétaires une action en liquidation de l'astreinte[9], à défaut de constituer la mise en œuvre d'une voie d'exécution forcée. Une exception est apportée à cette règle si le syndic demande la liquidation d'une astreinte prononcée par un juge des référés qui s'est réservé le pouvoir de la liquider, celui-ci tenant alors son droit d'agir sans l'autorisation préalable de l'assemblée générale de l'article 55 du décret du 17 mars 1967[10].

En matière d'indivision, selon l'article 815-2 C. civ., « *tout indivisaire peut prendre les mesures nécessaires à la conservation des biens indivis même si elles ne présentent pas un caractère d'urgence* ». Les mesures nécessaires à la conservation des biens indivis sont, selon la jurisprudence, les « *actes matériels ou juridiques ayant pour objet de soustraire le bien indivis à un péril imminent sans compromettre sérieusement le droit des indivisaires* »[11]. En application de ces principes, il a été jugé[12] que l'action ayant pour objet la liquidation d'une astreinte prononcée en vue d'assurer la remise en état de biens indivis constitue un acte conservatoire que tout indivisaire peut accomplir seul.

0412.15 Défendeur à l'action en liquidation : sociétés. Dès lors que la condamnation à une astreinte a été prononcée contre une personne en qualité de gérant d'une SARL, le juge chargé de la liquidation ne peut considérer que l'obligation assortie d'astreinte, en l'occurrence celle de transférer le siège social de la société, lui a été imposée à titre personnel[13].

1. Civ. 2e, 10 févr. 2011, n° 09-16.499, P II, n° 30.
2. Civ. 3e, 28 nov. 2001, nos 00-12.053 et 00-12.073, NP – Soc. 12 avr. 2005, nos 03-40.752 et 02-46.323, P V, n° 130 – Soc. 23 mai 2006, n° 05-43.343, NP.
3. Soc. 9 mai 2007, n° 05-46.029, P V, n° 69.
4. Soc. 20 oct. 2015, n° 14-10.725, P V, n° 196.
5. A. Leborgne, *D.* 2016, n° 22 – L. Raschel, *Procédures* 2015, n° 350 – C. Lefort, « La liquidation de l'astreinte provisoire », *D.* 2017. 1855 – V. Orif, « Les incidences de l'effet dévolutif de l'appel sur la liquidation de l'astreinte », *Gaz. Pal.* 2015. 3882 et 3883.
6. Civ. 2e, 28 juin 2018, n° 17-15.045, P II, n° 139.
7. Civ. 2e, 14 oct. 2010, nos 09-66.944 et 09-14.938, P II, n° 169.
8. Civ. 2e, 6 nov. 2008, n° 07-17.445, P II, n° 232, rendu au visa exprès des art. 38 et 39 du règl. (CE) n° 44/2001 du 22 déc. 2000.
9. Civ. 3e, 20 déc. 2000, n° 99-15.236, P III, n° 197.
10. Civ. 2e, 10 févr. 2011, n° 10-30.576, P II, n° 32.
11. Civ. 3e, 25 janv. 1983, n° 80-15.132, P III, n° 24 – Civ. 3e, 6 nov. 1986, n° 85-12.354, P III, n° 151 – Civ. 1re, 7 mars 1989, n° 87-16.296P I, n° 113.
12. Civ. 3e, 28 mai 2020, n° 19-14.156, P.
13. Civ. 2e, 27 juin 2013, n° 12-30.159, NP ; *Procédures* 2013, n° 10, p. 27, obs. R. Perrot.

Par ailleurs, le caractère personnel de l'astreinte ne s'oppose pas à ce que sa liquidation, qui tend à une condamnation pécuniaire, puisse être poursuivie à l'encontre de la société absorbante pour des faits commis par la société absorbée antérieurement à la date de la publication de la fusion-absorption[1].

0412.16 Défendeur à l'action en liquidation : débiteur de l'astreinte soumis à une procédure collective. L'astreinte étant parfois significative de difficultés graves dans les affaires du débiteur, il n'est pas rare que la sauvegarde, le redressement ou la liquidation judiciaire interviennent entre le prononcé de l'astreinte et sa liquidation (sur la possibilité de demander le prononcé d'une astreinte contre un tel débiteur, v. s^s^ n° 0411.72). Il a été jugé que la dette qui naît ainsi relève de l'article L. 622-17 C. com. (réd. L. n° 2005-845, 26 juill. 2005 [anc^t^ L. 25 janv. 1985, art. 40]). Cette solution n'est acceptable que pour l'astreinte qui assortit une obligation née après l'ouverture de la procédure collective. Au contraire, dans les cas où l'astreinte dont il s'agit a couru contre le débiteur avant l'ouverture de la procédure collective, l'action en liquidation d'une astreinte est considérée par la Cour de cassation comme une demande en paiement, donc soumise à la suspension des poursuites individuelles, y compris pour la partie du cours de cette astreinte postérieure au jugement d'ouverture.

Autrement dit, il y a lieu de produire au passif, et l'instance en liquidation ne peut plus être introduite ou, si elle a débuté antérieurement à la procédure collective, se trouve interrompue[2].

On prendra garde à ce que, si l'instance en liquidation d'astreinte provisoire tend à obtenir l'expulsion du débiteur en liquidation judiciaire d'un immeuble d'habitation sur lequel il dispose d'un droit de jouissance attaché à sa personne, elle relève dès lors d'une action dont l'exercice, lui étant personnel, échappe à la règle du dessaisissement[3].

Par ailleurs, il a été jugé que la créance de liquidation d'astreinte née de l'inexécution de la décision de justice ayant condamné un bailleur à exécuter des travaux dans les lieux loués est connexe avec la créance de loyers détenue par ce bailleur, de sorte que le preneur est fondé à opposer la compensation, malgré l'ouverture d'une procédure collective[4].

SECTION 2
CONDITIONS DE LA LIQUIDATION

0412.21 Prescription de l'action en liquidation. Le juge doit s'assurer que l'action aux fins de liquidation n'est pas prescrite, si cette fin de non-recevoir est soulevée devant lui. À défaut, il ne doit pas examiner cette fin de non-recevoir qui appartient aux seules parties[5].

En premier lieu, l'action en liquidation d'une astreinte n'est pas soumise au délai de prescription de dix ans des titres exécutoires prévu à l'article L. 111-4 C. pr. exéc., mais au délai de prescription des **actions personnelles et mobilières** prévu à l'article 2224 C. civ[6]. En retenant cette solution, la Cour de cassation rappelle la nature de l'astreinte, qui n'est pas une mesure d'exécution forcée, et donc, de l'action en liquidation de l'astreinte, qui ne constitue pas l'exécution du titre exécutoire prononçant l'astreinte, mais bien une mesure de contrainte à caractère personnel[7]. Cette action tend à la condamnation du débiteur de l'obligation principale au paiement d'une somme d'argent et la **prescription de droit commun**, de **cinq ans**, de l'article 2224 C. civ. relative aux actions personnelles doit s'appliquer.

En deuxième lieu, en application du principe énoncé à l'article 2235 C. civ.[8], la prescription de l'action en liquidation d'une astreinte **ne court pas ou est suspendue contre les mineurs non émancipés et les majeurs en tutelle**[9]. En effet, la condamnation, assortie d'une astreinte, prononcée par un juge ne fait pas

1. Civ. 2e, 18 déc. 2008, n° 07-20.562, P II, n° 271 – Civ. 2e, 1er sept. 2016, n° 15-19.524, P II, n° 193 ; *JCP* 2016. 1051, spéc. n°s 8 et 12, note M. Billiau ; *Procédures* 2016. Comm. 284, note L. Raschel, *RLDA* 2016, n° 6012 ; *Gaz. Pal.* 2016, n° 38, p. 78, note J.-M. Moulin ; *Rev. sociétés* 2017. 145, note B. Lecourt ; *RJDA* 2017. 26, note X ; *RD banc. fin.* 2016, n° 6, p. 76, note S. Piedelièvre ; *Gaz. Pal.* 2016, n° 42, p. 81, note L. Lauvergnat ; *Dr. sociétés* 2016, n° 11, p. 13, note R. Mortier.
2. Civ. 2e, 11 mai 2006, n° 04-15.918, P II, n° 126 – Com. 26 mars 2013, n° 06-10.602, NP ; *Bull. Joly* 2013, n° 4, p. 238, note S. Benilsi.
3. Com. 17 févr. 2015, n° 13-24.630, NP ; *Bull. Joly* 2015, n° 4, p. 220, note G. Jazottes.
4. Com. 27 sept. 2016, n° 15-10.393, P ; *Bull. Joly* 2017, n° 1, p. 30, note S. Benisi ; *JCP E* 2016, n° 50, p. 18, note P. Petel ; *RJDA* 2016. 931, note X. ; *Ann. Loyers* 2016, n° 12, p. 131, note A. Cerati-Gauthier ; *Dr. et patr.* 2016, n° 262, p. 81, note C. Lefort.
5. Civ. 2^e^, 31 mars 2022, n° 20-22.152, NP.
6. Civ. 2e, 21 mars 2019, n° 17-22.241, P – S. Lemoine et E. de Leiris, « Chronique de jurisprudence de la Cour de cassation », *D.* 2019. 1792.
7. Civ. 2e, 14 sept. 2006, n° 05-17.118, P II, n° 218 – Civ. 1re, 3 avr. 2002, n° 00-10.893, P I, n° 104 – Civ. 3e, 24 févr. 1999, n° 96-21.968, P III, n° 50.
8. Selon l'art. 2235 C. civ., dans sa rédaction issue de la loi n° 2008-561 du 17 juin 2008, la prescription ne court pas ou est suspendue contre les mineurs non émancipés et les majeurs en tutelle, sauf pour les actions en paiement ou en répétition des salaires, arrérages de rente, pensions alimentaires, loyers, fermages, charges locatives, intérêts des sommes prêtées et, généralement, les actions en paiement de tout ce qui est payable par années ou à des termes périodiques plus courts.
9. Civ. 2e, 1er juill. 2021, n° 20-14.284, P.

naître une action en paiement de sommes payables par années ou à des termes périodiques plus courts, mais confère à son bénéficiaire une action en liquidation de cette astreinte, à l'issue de laquelle celui-ci est susceptible de disposer d'une créance de somme d'argent.

Enfin, en application du principe[1] selon lequel l'interruption de la prescription ne peut s'étendre d'une action à une autre que lorsque les deux actions, bien qu'ayant une cause distincte, tendent aux mêmes fins, la Cour de cassation a jugé[2] que le délai de prescription de l'action en liquidation de l'astreinte assortissant une obligation de communication de pièces n'est pas interrompu par l'engagement de l'instance au fond pour les besoins de laquelle ces pièces devaient être communiquées. En effet, l'action qui tend à la liquidation, et non à la fixation, de l'astreinte est une action autonome et distincte de l'instance au fond.

0412.22 Point de départ et cours de l'astreinte. Le juge saisi d'une demande de liquidation d'astreinte doit, d'office, même en l'absence de contestation des parties sur ce point, vérifier que l'astreinte a commencé à courir et déterminer son **point de départ**[3].

En premier lieu, et ainsi qu'il l'a été précédemment vu (v. s[s] n° 0411.102),l'astreinte ne peut pas commencer à courir avant que la décision portant obligation soit devenue **exécutoire**. Toutefois, elle peut prendre effet dès le jour de son prononcé si elle assortit une décision qui est déjà exécutoire (C. pr. exéc., art. R. 131-1). Ainsi, la **notification** de la décision portant l'obligation est une formalité impérative, qui doit toujours être vérifiée par le juge saisi d'une demande de liquidation et ce, même si l'obligation principale a commencé à être exécutée volontairement[4]. En effet, il ne suffit pas que le débiteur ait connaissance de l'obligation.

Il doit être précisé qu'il appartient à la partie qui sollicite la liquidation de l'astreinte de rapporter la preuve de la date à laquelle le jugement a été notifié à la partie contre laquelle l'astreinte court, sans qu'aucune conséquence ne puisse être tirée à cet égard de la date à laquelle la décision a été notifiée à la demanderesse à la liquidation[5]. La charge de la preuve de la date de la notification incombe donc à la partie demanderesse à la liquidation et ce, même si cette notification a été faite par le greffe[6] et la circonstance que la décision lui ait été régulièrement notifiée à une certaine date par le greffe ne permet pas de présumer qu'il en est de même pour le débiteur de l'obligation. Dans cette hypothèse, il semble que le demandeur à la liquidation soit contraint de demander au greffe une copie de l'avis de réception de la lettre de notification adressée à son adversaire.

En second lieu, l'astreinte prend effet à la date fixée par le juge qui la prononce. Le juge de la liquidation devra donc se référer à cette décision pour déterminer son point de départ et est même tenu d'interpréter le chef de dispositif de la décision fixant le point de départ de l'astreinte si celui-ci est ambigu[7]. Notons que si le juge ayant prononcé l'astreinte a prévu qu'elle courra du jour de la signification de la décision portant obligation, c'est bien à compter de cette formalité que l'astreinte commencera à courir, même si la décision devait être notifiée par le greffe en vertu des textes applicables et l'a été, car elle constitue alors une modalité particulière fixée par le juge[8].

Néanmoins, le juge de la liquidation sera parfois tenu de **corriger** le point de départ de l'astreinte fixé par le juge qui l'a prononcée afin qu'elle ne puisse jamais commencer à courir avant que la décision portant l'obligation soit devenue exécutoire. Ainsi, si la décision ayant prononcé l'astreinte n'a pas fixé de date, le juge de la liquidation devra considérer qu'elle a commencé à courir à compter du jour où la décision portant obligation a été notifiée[9], sachant que la notification peut-être, en l'absence de notification de la décision de première instance, celle de l'arrêt confirmatif[10]. Si la décision a donné, par erreur, effet à l'astreinte au jour de sa date, ou à une date antérieure à sa notification, alors qu'elle assortit une décision qui n'est pas déjà exécutoire, il devra être considéré que l'astreinte n'a commencé à courir qu'à compter de la date de notification de la décision portant l'obligation[11].

De même, si l'arrêt fixant l'injonction assortie d'une astreinte, même exécutoire, est ambigu quant aux modalités d'exécution de l'obligation, qui n'ont été précisées que par un arrêt interprétatif rendu postérieurement, le point de départ de l'astreinte ne

1. Pour une explication de ce principe, v. R. Perrot « Interruption de la prescription : extension d'une action à une autre », *RTD civ.* 2011. 387.
2. Civ. 2e, 8 juill. 2021, n° 20-12.005, B.
3. Civ. 2e, 6 juin 2019, n° 18-15.311, P – V. DÉJÀ précédemment : Civ. 2e, 7 mars 2002, n° 00-15.290, NP – Civ. 2e, 28 mai 2003, n° 01-13.156, NP.
4. Civ. 2e, 25 sept. 2014, n° 13-20.724, NP.
5. Civ. 2e, 6 juin 2019, n° 18-15.311, P (préc. s[s] prés[t] n°).
6. Civ. 2e, 21 déc. 2006, n° 05-19.679, P II, n° 383, jugeant qu'il appartient au créancier d'établir la preuve de la notification régulière du titre dont il se prévaut, même en cas de notification par le greffe.
7. Civ. 2e, 13 janv. 2012, n° 10-26.731, NP.
8. Civ. 2e, 1er févr. 2018, n° 17-11.321, P II, n° 17.
9. Soc. 9 févr. 1999, n° 97-44.535 – Civ. 2e, 23 juin 2005, n° 03-16.851, P II, n° 171.
10. Civ. 2e, 26 juin 2014, n° 13-16.899, P II n° 154.
11. Civ. 2e, 23 juin 2005, n° 03-16.851, P (préc. s[s] prés[t] n°) – Civ. 2e, 14 sept. 2006, n° 05-15.370, P II, n° 219 – Civ. 2e, 8 avr. 2004, n° 02-15.144, P II, n° 168.

peut être fixé à l'expiration du délai d'exécution prévu par le premier arrêt[1].

En conséquence de cette règle qui impose au juge de la liquidation de corriger le point de départ de l'astreinte, est irrecevable, devant la Cour de cassation, le moyen fondé sur une erreur quant au point de départ de l'astreinte car cette disposition, qui peut être modifiée, ne fait pas grief au débiteur[2].

0412.23 Inexécution de l'obligation. Interprétation de l'étendue de l'obligation. Le juge doit vérifier que l'obligation assortie d'une astreinte n'a pas été **exécutée**, a été exécutée de façon incomplète ou avec retard. En revanche, il n'importe pas que l'injonction ait été exécutée au moment où le juge statue[3]. C'est seulement si l'obligation a été exécutée dans le délai et les conditions fixés par le juge, qu'il n'y a pas lieu à liquidation[4]. Cependant, à partir du moment où l'obligation a été exécutée, peu importe qu'elle l'ait été par le débiteur lui-même ou par un tiers, sauf si le créancier justifie d'un intérêt légitime à ce qu'elle soit exécutée par le débiteur lui-même[5]. En effet, si l'astreinte est une mesure de contrainte à caractère personnel visant un débiteur, elle est aussi une mesure accessoire dont l'objet est de parvenir à l'exécution d'une obligation. L'identité de celui qui exécute l'obligation apparaît donc très secondaire. La Cour de cassation a néanmoins réservé l'hypothèse où le créancier aurait un « intérêt légitime » à ce que l'obligation soit exécutée par le débiteur lui-même. On pense ici aux obligations à caractère personnel, dont la nature *intuitu personae* les rend peu compatibles avec une exécution par une tierce personne[6] (v. s[s] n° 0411.32).

Le juge qui décide de ne pas liquider doit **motiver**[7] sa décision en énonçant les éléments qui l'ont conduit à retenir que l'obligation a été exécutée selon les prévisions de la décision l'ordonnant. Ainsi, le juge ne peut retenir que le débiteur a fait son possible, dans des délais raisonnables ou a exécuté en partie les obligations mises à sa charge[8] pour ne pas liquider. Il doit clairement identifier les éléments permettant de dire que l'obligation a été parfaitement exécutée[9], même s'il dispose d'un **pouvoir souverain** pour apprécier les éléments de fait et de preuve qui lui sont soumis, tendant à démontrer l'exécution ou l'inexécution[10]. Pour déterminer si l'obligation a été exécutée, le juge doit tenir compte de tous les faits survenus depuis la date du jugement l'ordonnant, et non pas seulement depuis qu'il a été signifié[11]. En revanche, l'autorité de la chose jugée attachée à la décision prononçant l'injonction assortie de l'astreinte exclut de tenir compte de faits antérieurs à cette décision[12].

Ainsi qu'il a été précédemment vu (v. s[s] n° 0411.114) si la disposition du jugement relative à l'astreinte ne bénéficie pas de l'autorité de la chose jugée, celle condamnant le débiteur à exécuter l'obligation dispose bien de **l'autorité de la chose jugée**, dès lors qu'elle tranche une contestation[13]. En conséquence, le juge chargé de la liquidation de l'astreinte doit se référer à la décision d'origine afin de s'assurer des obligations mises à la charge du débiteur, sans pouvoir en méconnaître ou en modifier l'étendue, en décidant, par exemple, que l'astreinte ne s'appliquerait pas à certaines d'entre elles[14], c'est-à-dire en réalité, sans pouvoir dénaturer la décision[15]. Mais si la décision d'origine est **ambiguë**[16], le juge de la liquidation est tenu de l'**interpréter**, afin de définir les obligations assorties d'une astreinte[17], leur sens et leur étendue, au besoin en se référant aux motifs de la décision[18]. Il n'a pas à surseoir à statuer[19] à cet effet et ne peut refuser de liquider l'astreinte en raison de l'imprécision des obligations mises à la charge du débiteur[20]. Pour interpréter la décision qui serait obscure, le juge de la liquidation dispose d'un **pouvoir souverain d'appréciation**[21]. Toutefois, il ne doit jamais en

1. Civ. 2e, 25 janv. 2024, n° 22-17.386, B ; *D.* 2024. 1301, obs. A. Leborgne et J.-D. Pellier ; *RCJPP* 2024, n° 02, p. 32, obs. N. Hoffschir.
2. Civ. 2e, 23 oct. 2008, n° 07-11.965, P II, n° 219.
3. Civ. 2e, 8 déc. 2005, n° 04-12.643, P II, n° 308 – Civ. 2e, 21 mars 2019, n° 18-13.260.
4. Civ. 2e, 11 mai 2006, n° 05-17.402, P II, n° 124 – Civ. 2e, 25 févr. 2010, n° 08-21.718, P II, n° 44 – Civ. 2e, 27 févr. 2014, n° 13-11.997, NP.
5. Civ. 2e, 10 déc. 2020, n° 19-16.312, P ; R. Laher, « Liquidation d'une astreinte », *Procédures* févr. 2021. Comm. 36.
6. A. Lebois, « Les obligations contractuelles de faire à caractère personnel », *JCP* 2008. Doctr. 210, qui relève que « […] *le caractère intuitu personae du contrat de travail ne suffit pas à exclure l'exécution forcée des obligations y afférent* ».
7. Civ. 2e, 22 févr. 2007, n° 03-21.138, NP.
8. Civ. 2e, 8 déc. 2005, n° 03-19.743, P II, n° 307 – Civ. 2e, 17 févr. 2011, n° 10-15.118, NP.
9. Civ. 2e, 11 mai 2017, n° 16-14.994, NP.
10. Civ. 2e, 16 nov. 2017, n° 15-26.310, NP.
11. Civ. 2e, 17 mars 2016, n° 15-13.122, P II, n° 75.
12. Civ. 2e, 18 oct. 2018, n° 17-21.436, NP.
13. Civ. 2e, 30 mai 2002, n° 00-15.312, P II, n° 111.
14. Civ. 2e, 6 avr. 2006, n° 04-19.437, NP – Civ. 2e, 27 févr. 2014, n° 13-15.972, NP – Civ. 2e, 5 juin 2014, n° 13-14.548, NP.
15. Civ. 3e, 10 nov. 2016, n° 15-21.949, P III, n° 151 – Civ. 2e, 11 mai 2017, n° 16-16.096, NP – Civ. 2e, 25 janv. 2024, n° 22-19.852, NP – Civ. 2e, 25 mai 2023, n° 21-25.962, NP.
16. Soc. 20 mars 2013, n° 11-26.444, NP.
17. Civ. 2e, 26 mars 1997, n° 94-21.590 et 94-21.613, P II, n° 95 – Civ. 2e, 11 mai 2006, n° 04-15.213, P II, n° 125.
18. Civ. 2e, 13 févr. 2025, n° 22-11.776, NP.
19. Civ. 2e, 26 mars 1997, n° 94-21.590, P II, n° 95 ; *Gaz. Pal.* 1998. 1. 139 ; *JCP* 1997. IV. 1069 – Civ. 2e, 2 juill. 2009, n° 08-17.335, P II, n° 178 – Civ. 2e, 11 mars 2010, n° 09-13.636, P II, n° 51 ; *Procédures* 2010, n° 174, note R. Perrot (« Astreinte »).
20. Civ. 2e, 11 mars 2010, n° 09-13.636, P (préc. s[s] prés[t] n°).
21. Civ. 2e, 11 mai 2006, n° 04-15.213, P II, n° 125 – Civ. 2e, 17 févr. 2011, n° 10-10.814, NP – Civ. 2e, 22 févr. 2012, n° 11-14.086, NP – Civ. 2e, 12 avr. 2018, n° 17-16.836, NP.

modifier le sens, ce qui porterait atteinte à l'autorité de la chose jugée de la décision[1].

0412.24 Inexécution de l'obligation. Charge de la preuve de l'exécution ou de l'inexécution. Pour déterminer la charge de la preuve de l'exécution ou de l'inexécution, il doit être distingué selon que l'obligation ordonnée est une obligation de faire ou de ne pas faire.

Si l'obligation en cause est une **obligation de faire**, il appartient au débiteur de prouver qu'il a exécuté l'obligation[2]. Cette règle est fondée sur les dispositions de l'article 1315 C. civ., devenu 1353, prévoyant que « *celui qui se prétend libéré doit justifier le paiement ou le fait qui a produit l'extinction de son obligation* ».

À l'inverse, si l'obligation assortie d'astreinte est une **obligation de ne pas faire**, il appartient au créancier de rapporter la preuve de l'inexécution. L'objectif est de ne pas faire supporter au débiteur la preuve négative, et donc souvent impossible, qu'il n'a pas transgressé une interdiction. Il appartient donc au créancier de démontrer que le débiteur, de par son fait, a transgressé l'obligation de ne pas faire[3]. À titre d'exemple, l'obligation de cesser tous travaux en cours est bien une obligation de ne pas faire[4].

Il est précisé qu'à partir de l'instant où le juge de la liquidation est saisi, une instance est en cours, de sorte que la preuve de l'exécution ou de l'inexécution de l'injonction ne peut plus être recherchée par le biais d'une mesure d'instruction *in futurum* fondée sur les dispositions de l'article 145 C. pr. civ.[5]. En revanche, le juge des référés peut, avant toute demande de liquidation, ordonner sur requête la désignation d'un huissier de justice pour constater les éventuels manquements[6]. En outre, rien n'interdit au juge de la liquidation, comme tout juge, d'ordonner une mesure d'instruction, dès lors qu'il ne s'agit pas de suppléer la carence de la partie sur laquelle pèse la charge de la preuve.

Enfin, la pertinence des preuves produites est appréciée de façon souveraine par le juge[7].

1. Civ. 2e, 6 avr. 2006, no 04.19.437, NP – Civ. 3e, 10 nov. 2016, no 15-21.949, P III, no 151.
2. Civ. 2e, 10 févr. 2005, no 03-11.607, NP – Soc. 14 déc. 2005, no 04-40.561, P V, no 363 – Civ. 1re, 28 nov. 2007, no 06-12.897, P – Civ. 2e, 1er déc. 2016, no 15-24.502, NP – Civ. 2e, 12 avr. 2018, no 17-11.437, NP.
3. Soc. 13 nov. 1990, no 87-40.890, P V, no 547 – Civ. 2e, 11 mars 2010, no 09-65.059, NP.
4. Civ. 2e, 16 mai 2024, no 22-24.801, NP.
5. Civ. 2e, 21 mars 2019, no 18-10.019, P.
6. Civ. 2e, 27 nov. 1997, no 95-20.593, P II, no 286 ; *Procédures* 1998, no 32, obs. R. Perrot ; *JCP* 1998. II. 10078, note E. du Rusquec ; *Rev. huiss.* 1998. 414, note Martin.
7. Civ. 2e, 3 juill. 1996, no 94-17.168, P II, no 193 ; *D.* 1997. 231, note L. Boré.

SECTION 3

DÉCISION

§ 1

Liquidation ou rejet de la demande de liquidation de l'astreinte

0412.31 Calcul du montant de l'astreinte. Astreinte provisoire et définitive. Après avoir vérifié que les conditions de la liquidation sont réunies (v. ss nos 0412.21 s. « Conditions de la liquidation »), le juge va liquider l'astreinte, c'est-à-dire qu'il va prononcer une **condamnation à paiement**, effective et exigible. À défaut, la demande de liquidation doit être rejetée.

La liquidation se fait selon les prévisions du jugement qui ordonne l'astreinte[8], c'est-à-dire le plus souvent en multipliant le nombre de jours effectifs de retard par le taux journalier prévu. Lorsque l'obligation est assortie d'une astreinte pour une période limitée, la période postérieure à ce délai ne peut être prise en compte pour la liquidation[9]. Par ailleurs, s'il est impératif que le juge de la liquidation fixe le point de départ de l'astreinte, il doit tout autant faire apparaître la date jusqu'à laquelle il liquide l'astreinte, afin de pouvoir contrôler que le montant total qu'il a retenu ne dépasse pas les prévisions du jugement d'origine[10]. En effet, **le montant de l'astreinte liquidée ne peut jamais être supérieur à celui de l'astreinte fixée par le juge qui l'a ordonnée**[11].

Lorsque la liquidation d'astreinte sanctionne une interdiction de faire plutôt qu'un retard à s'exécuter, elle se fait généralement en fonction du nombre d'infractions constatées, ce qui inclut tous les actes positifs ou d'omission.

Mais, et telle est la caractéristique de **l'astreinte provisoire**, le juge pourra **moduler** son montant[12] (C. pr. exéc., art. L. 131-4, al. 1er – v. ss no 0412.32). En revanche, s'il est saisi de la liquidation d'une **astreinte définitive**, le taux de l'astreinte fixé par le juge qui l'a prononcée ne peut **jamais** être modifié (C. pr. exéc., art. L. 131-4, al. 2). Cette gravité de l'astreinte définitive explique qu'elle ne peut être prononcée que dans certaines conditions strictes (v. ss no 0411.93). Le caractère définitif du montant de l'astreinte doit néanmoins être **tempéré** :

– si l'astreinte définitive a été prononcée par un juge dont les décisions n'ont pas autorité de la chose

8. Civ. 1re, 22 nov. 1988, no 86-18.845, P I, no 323 – Civ. 3e, 14 nov. 1996, no 94-19.900, P III, no 214.
9. Civ. 2e, 15 févr. 2024, no 22-17.925, NP.
10. Civ. 2e, 15 déc. 2022, no 21-16.327, NP.
11. Civ. 2e, 11 mai 2006, no 05-17.402, P II, no 124 – Civ. 2e, 7 juill. 2022, no 19-25.860, NP.
12. Civ. 2e, 6 oct. 2022, no 20-16.342, NP.

jugée au principal, tel un juge des référés, le juge du fond n'est pas lié par le taux qui a été fixé[1] ; néanmoins, est irrecevable la demande de liquidation adressée au JEX lorsque le juge des référés, qui s'est expressément réservé le pouvoir de la liquider, l'a fait par une décision antérieure[2] ;

– si une cause étrangère a rendu impossible l'exécution de l'obligation assortie d'une astreinte, celle-ci pourra être supprimée en tout ou partie (sur la cause étrangère, v. s^s n° 0412.51).

Il a été jugé par un arrêt ancien[3] que cette condamnation peut, par application de l'article 1153-1 [devenu l'article 1231-7] C. civ., être déclarée productive d'intérêts au taux légal à compter du jour de la décision. Néanmoins, il est désormais acquis que l'astreinte est dépourvue de tout caractère indemnitaire, de sorte que cette disposition, qui fixe le point de départ des indemnités au jour du jugement, ne devrait pas être applicable. Il serait en conséquence logique que l'astreinte liquidée produise des intérêts à compter de la signification ou la notification du jugement de liquidation, conformément à l'article 1231-6 C. civ.

0412.32 **Modulation du montant de l'astreinte provisoire.** Pour moduler le montant de l'astreinte provisoire, le juge doit, d'abord, **impérativement** se référer aux critères posés par la loi, laquelle prévoit que « *le montant de l'astreinte provisoire est liquidé en tenant compte du **comportement de celui à qui l'injonction a été adressée** et des **difficultés qu'il a rencontrées pour l'exécuter*** » (C. pr. exéc., art. L. 131-4, al. 1er). Mais, par trois arrêts[4] publiés rendus le 20 janvier 2022, la Cour de cassation a fait évoluer sa jurisprudence de façon remarquable, en énonçant, sur le fondement de l'article 1er du Protocole n° 1 de la Convention de sauvegarde des droits de l'homme et des libertés fondamentales, que le critère du **« *rapport raisonnable de proportionnalité* » entre le montant de l'astreinte liquidée et l'enjeu du litige** devait **également** être pris en compte par le juge qui procède à la liquidation d'une astreinte provisoire.

1) S'agissant, d'abord, du **critère légal** tenant au **comportement du débiteur et des difficultés qu'il a rencontrées**. Son appréciation est **souveraine** et échappe ainsi au contrôle de la Cour de cassation[5].

Néanmoins, le juge ne doit pas se borner à reproduire les dispositions de l'article L. 131-4 sans s'expliquer concrètement sur le comportement du débiteur et les difficultés rencontrées : il doit **motiver** sa décision[6] et la Cour de cassation contrôle que cette motivation est suffisante[7]. Le juge ne doit pas non plus motiver sa décision par référence à un **critère étranger à la loi,** comme le préjudice subi par le créancier ou l'absence d'un tel préjudice[8] (sur le cumul avec les dommages-intérêts, v. s^s n°s 04.06, 0411.94 et 0412.33), sauf en matière d'expulsion (C. pr. exéc., art. L. 421-2), les « *circonstances qui jettent un éclairage nouveau sur les relations entre les parties* »[9], « *au regard de l'ensemble des circonstances de la cause* »[10], « *en raison d'une position d'attente légitime* »[11], d'une « *incompréhension* » du débiteur[12], ou de l'équité. De même, la bonne foi du débiteur est indifférente[13].

Il faut que, dans la décision, soit « *caractérisé un comportement du débiteur de nature à permettre l'exécution par celui-ci de l'injonction mise à sa charge* »[14].

Le « *comportement* » dont le juge de la liquidation doit tenir compte est celui du débiteur de l'astreinte, qui n'est responsable que de lui-même. Ce débiteur n'est pas tenu au paiement de l'astreinte s'il s'est exécuté quant à lui et si c'est un tiers, serait-il son codébiteur solidaire, qui a commis de nouvelles infractions[15] (sur la cause étrangère, v. s^s n° 0412.51).

Ce comportement ou ces difficultés s'apprécient à compter du **prononcé du jugement** fixant l'injonction assortie d'astreinte, et non pas seulement à compter de la date où ce jugement devient exécutoire[16] : de la sorte, les débiteurs les plus diligents peuvent faire valoir toutes les circonstances survenues dès lors que le délibéré a été connu. Réciproquement, le comportement du débiteur ne doit pas s'apprécier à partir des faits antérieurs à la décision ayant prononcé l'astreinte[17].

1. Civ. 2e, 6 févr. 1991, n° 89-16.908, P II, n° 43. (sommaire : « *L'ordonnance de référé n'a pas, au principal, l'autorité de la chose jugée ; dès lors, le juge du principal devant liquider l'astreinte qualifiée de définitive par l'ordonnance de référé qui l'avait fixée, n'était pas lié par le taux de celle-ci.* »).
2. Civ. 2e, 27 févr. 2014, n° 13-12.493, P II, n° 52.
3. Com. 19 mars 1991, n° 89-15.606, P IV, n° 109 – À propos du pouvoir d'appréciation du juge sur ce point, v. J. Normand, *RTD civ.* 1991. 395 – Précédemment, Civ. 1re, 18 oct. 1983, n° 82-11.687, P I, n° 234, avait tranché en faveur du jour de la notification ou de la signification de la décision, selon la procédure applicable à la juridiction qui a liquidé.
4. Civ. 2e, 20 janv. 2022, n°s 20-15.261, 19-22.435, 19-23.721, P ; *D.* 2022. 173.
5. PAR EX. Civ. 2e, 20 déc. 2001, n° 98-23.102, P II, n° 200 – Civ. 2e, 12 févr. 2004, n° 02-13.171, NP – Civ. 2e, 20 janv. 2005, n° 02-21.350, NP – Civ. 2e, 5 janv. 2017, n° 15-29.353, NP – Civ. 2e, 1er févr. 2018, n° 17-11.346, NP – Civ. 2e, 12 avr. 2018, n° 16-24.270, NP.
6. Civ. 2e, 20 déc. 2001, n° 98-23.102, P (préc. s^s prés^t n^o) – Civ. 2e, 16 mai 2012, n° 11-16.390, NP.
7. Civ. 2e, 8 déc. 2005, n° 04-13.236, NP.
8. Civ. 2e, 2 févr. 2012, n° 11-10.897, NP.
9. Civ. 2e, 15 mai 2003, n° 01-11.909, P II, n° 143.
10. Civ. 2e, 7 juin 2012, n° 10-24.967, NP.
11. Civ. 2e, 1er sept. 2016, n° 15-23.067, NP.
12. Civ. 2e, 16 mars 2017, n° 16-13.880, NP.
13. Civ. 2e, 7 mai 2008, n° 03-16.080, P II, n° 102.
14. Civ. 2e, 23 juin 2016, n° 15-20.940, NP.
15. Paris, 8e ch. B, 1er avr. 1999, *D.* 1999. 438, note J. Prévault.
16. Civ. 2e, 9 janv. 2014, n° 12-25.297, P II, n° 3.
17. *Ibid.* – Civ. 2e, 17 mars 2016, n° 15-13.122, P ; *D.* 2016. 722.

Enfin, le juge ne peut, bien entendu, pas liquider l'astreinte à un montant supérieur à celui fixé par le juge qui l'a ordonnée[1].

2) S'agissant, ensuite, du **critère jurisprudentiel** tenant au **rapport raisonnable de proportionnalité entre le montant de l'astreinte liquidée et l'enjeu du litige**. Jusqu'aux trois arrêts précités du 20 janvier 2022, qui ont introduit ce nouveau critère, le montant de l'astreinte liquidée ne pouvait être modéré, ainsi qu'il a été précédemment vu, qu'en considération du comportement du débiteur et des difficultés d'exécution rencontrées par celui-ci dans la mise en œuvre de l'injonction. En conséquence, étaient cassés les arrêts liquidant une astreinte à une somme « *raisonnable et appropriée aux circonstances du différend* »[2], ou prenant en compte la « *disproportion flagrante entre la somme réclamée au titre de l'astreinte et l'enjeu du litige* »[3]. Il en allait de même pour ceux ayant réduit le montant de l'astreinte liquidée en se fondant sur « *l'application du principe de proportionnalité* »[4].

Désormais[5], sur le fondement de l'article 1er du Protocole n° 1 à la Convention de sauvegarde des droits de l'homme et des libertés fondamentales, protégeant le droit au respect des biens de toute personne, « *le juge qui statue sur la liquidation d'une astreinte provisoire doit apprécier le caractère proportionné de l'atteinte qu'elle porte au droit de propriété du débiteur au regard du but légitime qu'elle poursuit.* » Il est précisé que lorsque le juge est saisi par les parties d'une demande de vérification d'un tel rapport de proportionnalité, il ne peut s'y soustraire[6] et lorsqu'il use de ce pouvoir d'office, il doit préalablement le soumettre à la contradiction des parties, en application de l'article 16 C. pr. civ.[7]. Le contrôle auquel il procède s'exerce alors *in concreto*[8], en vérifiant qu'il « *existe un rapport raisonnable de proportionnalité entre le montant auquel il liquide l'astreinte et l'enjeu du litige.* » En revanche, le moyen tiré de la disproportion entre le montant de l'astreinte liquidée et l'enjeu du litige, soutenu pour la première fois devant la Cour de cassation, est mélangé de fait et de droit et, dès lors, irrecevable[9].

Ce contrôle de proportionnalité entre le montant de l'astreinte liquidée et l'enjeu du litige ne doit cependant pas conduire le juge qui liquide l'astreinte à prendre en considération les facultés financières du débiteur de l'obligation assortie d'une astreinte[10].

0412.33 Dommages-intérêts : distinction, cumul. L'astreinte est indépendante des dommages-intérêts (C. pr. exéc., art. L. 131-2, al. 1er), elle n'a pas pour objet de réparer un préjudice[11]. Cette règle permet au créancier de **cumuler** le bénéfice de l'astreinte avec des dommages-intérêts en réparation du préjudice matériel né de l'inexécution ou du retard dans l'exécution (v. ss n° 0411.94) et interdit au juge de lui refuser l'indemnisation de son préjudice au motif que « *la liquidation de l'astreinte sanctionne d'ores et déjà la résistance* » du débiteur[12]. La cause des deux chefs de condamnation n'est pas la même : la sanction du manquement à l'injonction du juge dans le cas de l'astreinte, la faute du débiteur et le préjudice du créancier dans le cas des réparations civiles. Plusieurs conséquences découlent de cette différence de nature des deux créances :

– **le mode d'évaluation n'est pas le même** : en matière de dommages-intérêts, il ne saurait s'agir d'un forfait ou d'une pénalité à tant par jour, mais uniquement de réparations évaluées en fonction du préjudice démontré par le créancier ; à l'inverse, l'absence de préjudice économique ou financier du créancier de l'astreinte ne saurait être invoquée pour le priver du bénéfice de la liquidation[13]. En outre, le montant de la liquidation de l'astreinte ne saurait être diminué au motif que des dommages-intérêts sont accordés par ailleurs[14]. Réciproquement, les dommages-intérêts ne sauraient être refusés au motif que l'astreinte suffit à réparer le préjudice né du retard à exécuter[15] ;

1. Civ. 2e, 11 mai 2006, n° 05-17.402, P II, n° 124 : astreinte fixée à 100 euros par jour pendant un mois, liquidée à 3 300 euros.
2. Civ. 2e, 8 sept. 2011, n° 10-21.827, NP.
3. Civ. 2e, 26 sept. 2013, n° 12-23.900, NP.
4. Civ. 2e, 19 mars 2015, n° 14-14.941.
5. Civ. 2e, 20 janv. 2022, les trois arrêts précités
6. Civ. 2e, 15 déc. 2022, n° 21-16.416, NP – Civ. 2e, 9 nov. 2023, n° 21-25.582, B ; *D.* 2024. 1301, obs. A. Leborgne et J.-D. Pellier ; *RCJPP* 2024, n° 01, p. 26, obs. G. Payan.
7. Civ. 2e, 25 janv. 2024, n° 22-12.307, B ; *D.* 2024. 172 ; *AJDI* 2024. 556, obs. F. Cohet ; *RCJPP* 2024, n° 02, p. 29, obs. J.-D. Pellier ; *RTD civ.* 2024. 109, obs. H. Barbier.
8. Civ. 2e, 20 janv. 2022, n° 20-15.261, B.
9. Civ. 2e, 21 sept. 2023, n° 22-14.747, NP – Civ. 2e, 12 oct. 2023, n° 21-10.282, NP – Civ. 2e, 21 déc. 2023, n° 22-17.313, NP.
10. Civ. 2e, 20 janv. 2022, n° 19-22.435, P.
11. Pour un rappel de la règle, Soc. 14 mai 2002, n° 01-42.324, NP ; *TPS* 2002, n° 282, obs. B. Boubli (v. ss n° 04.06) – Pour une application : Civ. 2e, 17 avr. 2008, n° 07-10.065, P II, n° 88 (1er moyen), citant comme précédents : Soc. 20 janv. 1993, n° 90-42.345, P V, n° 20 – Civ. 2, 9 déc. 1997, n° 95-20.144, P II, n° 307.
12. Civ. 2e, 7 avr. 2016, n° 15-14.825, NP ; *RCA* 2016, n° 7, p. 16, note X. ; *Procédures* 2016, n° 6, p. 18, note L. Raschel.
13. Civ. 2e, 18 sept. 2003, n° 01-17.769, P II, n° 278 – RAPPR. Soc. 27 mai 1999, n° 97-41.283, P V, n° 240.
14. Civ. 2e, 28 oct. 1999, n° 98-14.432, NP ; *RTD civ.* 2000. 162, obs. R. Perrot – Civ. 2e, 20 nov. 1991, n° 90-16.967, P II, n° 307 ; *D.* 1992. Somm. 277, obs. J. Penneau – Soc. 2 avr. 1996, n° 93-42.777, NP ; *Procédures* 1996, n° 178, note R. Perrot.
15. Civ. 2e, 2 déc. 1992, n° 91-16.618, P II, n° 289 ; *D.* 1993. 1 – Civ. 1re, 13 déc. 2012, n° 11-26.019, NP ; *Procédures* 2013, n° 2, p. 11, obs. R. Perrot.

– l'astreinte peut se cumuler avec les dommages-intérêts forfaitaires que constituent les clauses pénales ou les indemnités d'occupation [1] ou, s'agissant d'une obligation de payer, les intérêts moratoires au taux légal ou au taux contractuel [2] ;

– l'instance aux fins d'obtention de dommages-intérêts peut être distincte de l'instance en liquidation de l'astreinte [3] ;

– les assurances de responsabilité peuvent garantir la condamnation à des dommages-intérêts, jamais celle à une astreinte s'il n'y a une clause contraire dans la convention des parties [4] ;

– de même, l'Association pour la garantie des salaires (AGS – C. trav., art. L. 3253-14) [5] ne garantit que la créance salariale et ses accessoires, notamment les indemnités liées à la rupture du contrat de travail ; l'astreinte n'étant pas une indemnité, l'AGS n'en garantit pas le paiement [6].

0412.34 Caractères de la décision de liquidation ou rejetant la demande de liquidation. *En premier lieu*, à la différence de la décision qui prononce une astreinte [7], celle qui la liquide tranche une contestation et bénéficie en conséquence de **l'autorité de la chose jugée** au principal [8]. Il n'est donc pas possible, indépendamment de l'exercice d'une voie de recours, de remettre en cause une telle décision, laquelle est en outre susceptible d'exécution forcée, comme toute autre **condamnation à paiement** exécutoire. Mais cette autorité ne portant que sur ce qui a été jugé, elle ne fait pas obstacle à une **nouvelle demande de liquidation pour une période postérieure** à celle pour laquelle il a déjà été statué, dès lors que l'obligation n'a pas été exécutée et que l'astreinte n'était pas limitée dans le temps [9]. Il est en conséquence recommandé d'indiquer, dans le dispositif de la décision, la période pour laquelle il est procédé à la liquidation.

De même, la décision rejetant la demande de liquidation d'astreinte, tout comme celle supprimant l'astreinte, bénéficie de l'autorité de la chose jugée. Mais la décision de rejet n'a pas, contrairement à la décision de suppression de l'astreinte (sur ce sujet, v. s^s n°s 0412.51 s.), nécessairement pour effet de mettre fin à la mesure, de sorte que le créancier conservera la possibilité de présenter, **pour la période non couverte par la décision de rejet**, une **nouvelle demande de liquidation**, sans que l'on puisse lui opposer l'autorité de la chose jugée de cette précédente décision. Ce sera, par exemple, le cas si la demande de liquidation a été rejetée en raison de l'absence de signification de la décision ordonnant la remise, sous astreinte, de documents [10]. Il doit être rappelé à cet égard que l'autorité de la chose jugée d'une décision n'est attachée qu'à son dispositif, à l'exclusion des motifs [11]. Dès lors, si une nouvelle demande de liquidation d'astreinte portant sur une période postérieure à celle précédemment tranchée est présentée, le juge de la liquidation ne peut la déclarer irrecevable au motif qu'une précédente décision a rejeté la demande de liquidation en raison de l'exécution de l'obligation si cette exécution n'est pas constatée dans le dispositif de la décision [12]. Ce n'est que lorsqu'une demande de liquidation d'astreinte est rejetée en raison de l'exécution de l'obligation, **constatée dans le dispositif**, qu'une nouvelle demande de liquidation se heurte à l'autorité de chose jugée attachée à la première décision [13].

En deuxième lieu, l'article R. 131-4 C. pr. exéc. prévoit que la décision du juge qui statue sur la liquidation de l'astreinte est **exécutoire de plein droit par provision**. La jurisprudence considère en conséquence, malgré des réserves de la doctrine [14], que le sursis à l'exécution des décisions du JEX, sur le fondement de l'article R. 121-22 du même code [15], ne peut être ordonné aux décisions prononçant ou liquidant une astreinte car elle ne constitue pas une mesure d'exécution, de sorte que les dispositions de l'article R. 121-21, qui lui sont associées, qui prévoient que « *le délai d'appel et l'appel lui-même* [des décisions du JEX] *n'ont pas d'effet suspensif* » ne lui sont pas applicables. Il est ainsi jugé [16] que « *les dispositions ouvrant un sursis à l'exécution des décisions rendues par le juge de l'exécution ne s'appliquent pas aux décisions de ce juge statuant en matière d'astreinte, soit pour assortir une*

1. Civ. 2e, 6 déc. 1989, n° 88-18.849, P II, n° 215 ; *D.* 1990. Somm. 312.
2. Soc. 29 mai 1990, n° 87-16.139, NP ; *JCP* 1990. IV. 285 ; *RTD civ.* 1991. 534, obs. J. Mestre.
3. Civ. 1re, 28 févr. 1989, n° 85-16.973, P I, n° 97 ; *D.* 1990. Somm. 117, obs. A. Bénabent ; *RTD civ.* 1991. 534, obs. J. Mestre.
4. Civ. 1re, 20 mars 1989, n° 87-13.774, P I, n° 122 – Civ. 2e, 17 avr. 2008, n° 07-10.065, P II, n° 88 (1er moyen).
5. *JCP E* 2002. 1242, note D. Boulmier.
6. Soc. 7 nov. 1990, nos 88-44.098, 89-43.895 (2 esp.), P V, n° 522 ; *D.* 1990. 285.
7. Civ. 2e, 30 avr. 2002, n° 00-13.815, P II, n° 83.
8. Civ. 2e, 22 mars 2006, n° 04-13.933, P II, n° 78 – Civ. 2e, 8 déc. 2011, n° 10-25.719, P II, n° 223 – Civ. 2e, 25 févr. 2010, n° 08-21.718, P II, n° 44 – Civ. 2e, 1er févr. 2018, n° 16-27.471, NP.
9. Civ. 2e, 22 mars 2006, n° 04-13.933, P (préc. ss prést n°) – Civ. 2e, 8 déc. 2011, n° 10-25.719, P (préc. ss prést n°).
10. Civ. 2e, 14 oct. 1999, n° 97-19.170, NP : dans cette espèce, la demande de liquidation de l'astreinte a été rejetée par une première décision, pour la période antérieure à la date à laquelle elle a été rendue, au motif que les demandeurs n'avaient pas produit la signification de la décision ordonnant la remise, sous astreinte, de quittances de loyers.
11. Cass., ass. plén., 13 mars 2009, n° 08-16.033, P, n° 3.
12. Civ. 2e, 1er févr. 2018, n° 16-27.471, NP.
13. Civ. 2e, 25 févr. 2010, n° 08-21.718, P (préc. ss prést n°).
14. Ph. Gerbay, « Arrêt de l'exécution provisoire ou sursis à exécution de l'astreinte liquidée ? », *Procédures* 2009. Étude 8.
15. Cass., avis, 27 juin 1994, n° 09-40.008, P, n° 18 – Civ. 2e, 25 juin 1997, n° 95-10.537, P II, n° 206.
16. Sommaire de Civ. 2e, 10 févr. 2000, n° 98-13.354, P II, n° 28.

décision d'une astreinte, soit pour liquider une astreinte précédemment ordonnée, soit pour en modifier la nature ou le taux ». La Cour de cassation a paru statuer dans le même sens[1] pour les demandes d'arrêt de l'exécution provisoire des décisions prononçant une astreinte, fondées sur l'ancien article 524 C. pr. civ., devenu l'article 514-3 C. pr. civ.[2], qu'elle a déclaré inapplicable. (sur le sursis à exécution et l'arrêt de l'exécution provisoire des décisions prononçant une astreinte, v. s^s^ n° 0411.113). Cependant, dans une affaire où une astreinte n'avait pas été liquidée par le JEX, la Cour de cassation a récemment admis[3], aux visas de l'ancien article 524 C. pr. civ. et de l'article R. 131-4 C. pr. exéc., qu'à partir du moment où un jugement est exécutoire de plein droit par provision des chefs liquidant une astreinte et condamnant au paiement de l'astreinte liquidée, il pouvait faire l'objet d'une demande d'arrêt de l'exécution provisoire, **indépendamment de l'obligation qui lui est associée**. La même solution ne devrait-elle pas être appliquée lorsque le JEX procède à cette liquidation, soit sur le fondement de l'article R. 121-22 C. pr. exéc., soit sur celui de l'article R. 131-4, sachant que ce dernier texte, qui est spécifique aux astreintes, ne distingue pas selon le juge et que cela permettrait d'obtenir un régime unifié de l'astreinte, sans égard pour la juridiction dont elle émane[4] ? Le fondement qui sera, le cas échéant, choisi aura un intérêt certain, les conditions du nouvel article 514-3 C. pr. civ. n'étant pas celles de l'article R. 121-22 C. pr. exéc.

Enfin, la décision de rejet d'une demande de liquidation **tranche tout le principal**, ce dont il résulte qu'il peut être fait application des dispositions de l'article 528-1 C. pr. civ.[5], qui prévoient que si le jugement n'a pas été notifié dans le délai de deux ans de son prononcé, la partie qui a comparu n'est plus recevable à exercer un recours à titre principal après l'expiration dudit délai.

§ 2
Liquidation à nouveau et reconduction de l'astreinte

0412.41 **Énoncé.** La liquidation de l'astreinte ne postule pas que l'exécution soit enfin complète.

Tant que l'inexécution perdure, le juge peut être saisi à nouveau, période après période, pour liquider l'astreinte. Il a ainsi été jugé que l'autorité de la chose jugée attachée à une première liquidation ne fait pas obstacle à la présentation d'une nouvelle demande de liquidation pour une période postérieure, dès lors que l'astreinte n'était pas limitée dans le temps[6] (v. s^s^ n° 0412.34). Cette nouvelle demande constitue une procédure distincte de la précédente : ainsi, l'avocat chargé de faire liquider une astreinte et dont le mandat a pris fin avec la procédure ayant abouti à une liquidation, ne peut engager une seconde procédure sans nouveau mandat[7].

Mais, confronté à une inexécution persistante, le juge dispose de la possibilité de **prononcer une nouvelle astreinte en la forme provisoire**, si la première était affectée d'un terme ou s'il souhaite en modifier le taux ou les modalités ou de **prononcer une astreinte définitive**, laquelle devient possible puisque, par hypothèse, une astreinte provisoire a antérieurement été prononcée (sur les conditions du prononcé d'une astreinte définitive, v. s^s^ n° 0411.93). De même, s'il est saisi aux fins de liquidation d'une astreinte définitive, le juge peut reconduire pour une nouvelle période l'astreinte définitive selon les mêmes modalités qu'antérieurement, ou bien en modifier les termes, pour une période dont il devra, là encore, déterminer la durée. Ce pouvoir appartient au juge, même d'office (C. pr. exéc., art. L.131-2, al. 2 et 3).

Il n'est pas rare que le juge, craignant les effets puissants de l'astreinte définitive (v. s^s^ n° 0412.31), préfère maintenir une pression sur le débiteur de l'obligation principale en prolongeant encore l'astreinte provisoire, nonobstant la demande du créancier de prononcer une astreinte définitive. Le juge dispose alors des mêmes droits et obligations que lors du prononcé initial (v. s^s^ n° 0411.91), sans être lié par les précédentes prévisions (v. s^s^ n° 0411.114). Mais si le juge prolonge l'astreinte sans préciser qu'il prononce pour l'avenir une astreinte définitive, ou s'il mentionne qu'il prononce une astreinte définitive, mais sans en fixer la durée, il devra être considéré qu'il s'agit de la reconduction d'une astreinte provisoire (v. s^s^ n° 0411.93).

Si le juge ne se prononce pas sur la **reconduction de l'astreinte**, deux partis s'offrent[8] : si la liquidation avait lieu après l'exécution, ou après l'expiration du délai pour lequel l'astreinte avait été fixée, ou encore lorsque l'exécution ne pourrait plus avoir lieu, alors il faut considérer que l'astreinte n'a nullement été reconduite ; dans tout autre cas, il faut estimer qu'elle poursuit son cours dans les termes précédemment énoncés[9].

1. Civ. 2e, 10 févr. 2011, n° 10-14.424, P II, n° 29.
2. Décr. n° 2019-1333, 11 déc. 2019, réformant la procédure civile, *JO* 12 déc., texte 3.
3. Civ. 2e, 18 janv. 2024, n° 21-17.475, B ; *RCJPP* 2024, n° 02, p. 33, obs. S. Bernigaud.
4. EN CE SENS, M. Barba, « Astreinte, excès de pouvoir et exécution provisoire », *D. actu.* 1er mars 2024.
5. Civ. 2e, 9 avr. 2015, n° 14-15.789, P II, n° 93.
6. Civ. 2e, 22 mars 2006, n° 04-13.933, P II, n° 78 (1er moyen).
7. Civ. 1re, 17 mars 2011, n° 10-11.969, P I, n° 55.
8. NOTE CRIT. T. Moussa sous TGI Grenoble, JEX, 26 janv. 1998, *Gaz. Pal.* 1999. 1. 109.
9. EN CE SENS, Civ. 2e, 22 mars 2006, n° 04-13.933, P II, n° 78 ; *BICC* 1er juill. 2006, n° 1355.

§ 3
Suppression de l'astreinte

A.
Suppression pour le passé et pour l'avenir

0412.51 **Cause étrangère.** Selon l'article L. 131-4 alinéa 3 C. pr. exéc., l'astreinte provisoire ou définitive est supprimée en tout ou partie s'il est établi que l'inexécution ou le retard dans l'exécution de l'injonction du juge provient en tout ou partie, d'une cause étrangère. Aucune distinction n'est ici faite par la loi entre l'astreinte provisoire et l'astreinte définitive. Elle a donc toute son importance quand une astreinte définitive a été prononcée et que son taux ne peut pas être révisé. Si l'exécution de l'obligation se heurte à une cause étrangère, l'astreinte qui l'assortit doit être supprimée. Cette suppression peut être totale ou partielle selon que l'inexécution provient « *en tout ou partie* » d'une cause étrangère, mais elle devra toujours être caractérisée[1].

La notion de cause étrangère est plus large que celle de la force majeure, mais plus restrictive que les simples difficultés d'exécution visées à l'alinéa 1er du même article. Elle englobe aussi bien **le cas fortuit, l'impossibilité juridique ou matérielle d'exécution**, que le **fait d'un tiers**[2] ou celui de **la « victime »**. Elle recouvre en réalité toute difficulté insurmontable, qui ne serait pas de la responsabilité du débiteur, rendant impossible l'exécution de l'injonction. Une astreinte a ainsi pu être supprimée aux motifs que, la démolition d'un bien immobilier prescrite par le juge entraînait des difficultés tellement importantes « *qu'elles équivalaient à une impossibilité d'exécution* »[3], ou que l'obligation pour un vendeur de délivrer le bien immobilier vendu ne pouvait être exécutée compte tenu du refus des acquéreurs d'en prendre possession[4], ou que la perte de documents rendait impossible leur remise[5], ou que les droits consentis sur des locaux constituaient un obstacle rendant impossible la réintégration préalablement ordonnée des locataires[6], ou encore que l'exécution de l'obligation de restituer un meuble avait été impossible en raison des restrictions liées au premier confinement instauré pendant la crise sanitaire[7]. En revanche, la liquidation de l'astreinte est justifiée lorsqu'il est constaté qu'il n'existe « *aucun obstacle sérieux ou aucune impossibilité d'exécution* »[8] ou encore « *l'inertie* », ou « *l'absence de diligences* » du débiteur pour se conformer à l'injonction[9]. En effet, le débiteur doit « *tout mettre en œuvre* »[10] pour respecter l'injonction qui lui est faite.

L'appréciation de la cause étrangère relève du **pouvoir souverain des juges du fond**[11]. Mais les juges doivent **motiver** leur décision et cette motivation ne doit pas faire référence à un critère étranger au texte, tel l'absence de préjudice[12]. Les circonstances établissant la cause étrangère doivent être caractérisées[13]. A ainsi été censuré, un arrêt qui, pour rejeter une demande de liquidation d'astreinte d'un salarié bénéficiant d'une décision de réintégration, fait état du refus d'autres salariés de travailler avec lui, sans caractériser « *une impossibilité absolue de réintégrer celui-ci dans son poste* »[14].

L'appréciation de la cause étrangère relevant du pouvoir souverain d'appréciation des juges du fond, la Cour de cassation ne s'est jamais directement prononcée sur la possibilité, pour le débiteur de l'obligation assortie d'une astreinte, d'invoquer au stade de la liquidation une cause étrangère l'empêchant d'exécuter qui existait déjà lorsque le juge de l'obligation s'est prononcé. Ainsi qu'il a été vu précédemment (v. ss no 0412.23), si la disposition du jugement relative à l'astreinte ne bénéficie pas de l'autorité de la chose jugée, celle condamnant le débiteur à exécuter l'obligation dispose bien de l'autorité de la chose jugée[15], de sorte que le juge de la liquidation ne peut la remettre en cause, à l'occasion de l'examen d'une demande de liquidation, par un moyen que le débiteur s'est abstenu d'invoquer à l'occasion du débat sur l'injonction. Il semblerait donc logique que la cause étrangère invoquée par le débiteur pour obtenir la suppression de l'astreinte résulte d'une impossibilité de fait ou juridique survenue postérieurement[16] à la décision portant obligation ou, à tout le moins, qui se serait révélée postérieurement à cette décision[17]. Dans l'hypothèse d'une impossibilité

1. Civ. 2e, 15 déc. 2022, no 21-17.422, NP.
2. Civ. 2e, 20 déc. 2001, no 00-10.599, NP.
3. Civ. 2e, 12 févr. 2004, no 02-13.016, P II, no 53.
4. Civ. 2e, 15 mai 2014, no 13-17.548, NP.
5. Civ. 2e, 14 oct. 1999, no 98-10.990, NP.
6. Civ. 2e, 13 oct. 2016, no 15-25.483, NP.
7. Civ. 2e, 30 mai 2024, no 22-23.135, NP.
8. Civ. 2e, 22 févr. 2007, no 03-21.138, NP.
9. Civ. 2e, 5 juin 2014, no 13-19.573, NP – Civ. 2e, 26 juin 2014, no 13-19.561, NP.
10. Civ. 2e, 5 juin 2014, no 13-19.573 (préc. ss prést no).
11. PAR EX. Civ. 2e, 12 févr. 2004, no 02-13.016, P II, no 53 – Civ. 2e, 10 févr. 2011, no 10-10.028, NP – Civ. 2e, 2 juin 2016, no 15-12.949, NP – Civ. 2e, 26 janv. 2017, no 16-12.527, NP – Civ. 2e, 13 oct. 2016, no 15-25.483, NP – Civ. 2e, 11 janv. 2018, no 16-25.253, NP – Civ. 2e, 11 févr. 2021, no 19-23.240, P – Civ. 2e, 15 sept. 2022, no 21-11.902, NP.
12. Civ. 2e, 18 sept. 2003, no 01-17.769, P II, no 278.
13. Soc. 27 mai 1999, no 97-41.283, P V, no 240 – Civ. 3e, 1er oct. 2003, no 01-11.110, NP.
14. Soc. 24 juin 2014, no 12-24.623, P V, no 156.
15. Civ. 2e, 30 mai 2002, no 00-15.312, P II, no 111.
16. Civ. 2e, 6 déc. 2018, no 17-21.172, NP – Civ. 2e, 16 nov. 2017, no 16-23.571, NP – Civ. 2e, 17 mars 2016, no 15- 13.122, P II, no 75 – Civ. 2e, 9 janv. 2014, no 12-25.297, P II, no 3.
17. V. PAR EX. Civ. 2e, 15 oct. 2015, no 14-20.023, NP, pour une cause étrangère caractérisant une impossibilité juridique de réaliser les travaux auxquels une société avait été condamnée révélée seulement au moment de l'exécution.

d'exécuter résultant d'une cause antérieure à la décision portant obligation, l'astreinte ne paraît pouvoir être supprimée que pour l'avenir (sur la suppression d'une astreinte pour l'avenir, v. ss no 0412.61). Cette suppression pour l'avenir permet d'éviter qu'une astreinte sans limitation de durée court indéfiniment lorsqu'il apparaît que l'injonction qu'elle assortit ne peut pas être exécutée.

Lorsque l'exécution de l'obligation est devenue impossible en raison d'une cause étrangère, notamment lorsqu'elle est liée à la disparition de l'objet de l'obligation, et que l'astreinte doit en conséquence être supprimée, elle peut néanmoins donner lieu à une action en réparation devant le juge du fond[1].

Bien entendu, il appartient au débiteur de l'obligation de rapporter la preuve des circonstances pouvant caractériser la cause étrangère dont il se prévaut[2].

0412.52 **Perte de fondement juridique.** Il découle du caractère accessoire de l'astreinte que la réformation d'une décision assortie d'une astreinte entraîne de plein droit, pour perte de fondement juridique, l'anéantissement des décisions prises au titre de la liquidation de l'astreinte, fussent-elles passées en force de chose jugée, et ouvre dès lors droit, s'il y a lieu, à restitution[3].

A fortiori, la réformation d'une décision assortie d'une astreinte interdit sa liquidation[4].

Mais, l'astreinte perd tout fondement juridique non seulement en cas de réformation de la décision qu'elle assortit, mais également en cas d'anéantissement de l'acte juridique qui sert de fondement à cette décision.

Ainsi, la Cour de cassation a jugé, aux termes d'un arrêt du 6 janvier 2005[5], que « *l'astreinte étant une mesure accessoire à la condamnation qu'elle assortit, doivent être annulées, pour perte de fondement juridique, les décisions qui ont liquidé l'astreinte prononcée à l'encontre d'une société condamnée pour contrefaçon d'une marque, dès lors que celle-ci a été annulée par une décision postérieure devenue irrévocable* ».

Cette jurisprudence, bien que critiquée[6], a été appliquée postérieurement à d'autres situations[7] :

– le jugement qui prive le débiteur de la qualité de locataire commercial avec effet à une certaine date entraîne de plein droit, pour perte de fondement juridique, l'anéantissement de la décision assortissant d'astreinte l'injonction de cesser toute activité susceptible de contrevenir à ses obligations de non-rétablissement et de non-concurrence, dont l'objet a disparu. En conséquence, l'arrêt qui a liquidé l'astreinte pour une période postérieure à cette date est cassé[8] ;

– une décision ordonnant l'exécution d'une injonction assortie d'une astreinte, fondée sur le caractère obligatoire entre les parties d'un pacte de préférence qui sera ultérieurement annulé, et qui est donc réputé n'avoir jamais existé, perd son fondement juridique. En conséquence, les sommes versées au titre de la décision ayant liquidé l'astreinte doivent être restituées[9] ;

– doit être annulé, pour perte de fondement juridique, l'arrêt qui liquide une astreinte prononcée par une décision ayant enjoint à une société de respecter un arrêté préfectoral portant fermeture hebdomadaire de commerces qui a été ultérieurement annulé par la juridiction administrative[10].

Le point commun de ces deux dernières décisions réside dans le fait que l'acte juridique sur le fondement duquel la décision assortie d'astreinte a été prise a été annulé, de sorte que l'acte est réputé, de façon rétroactive, ne jamais avoir existé. En revanche, l'annulation par un jugement du tribunal administratif de la décision du préfet refusant d'abroger un arrêté n'a pas pour effet d'anéantir cet arrêté dont l'abrogation est dépourvue d'effet rétroactif. Il en résulte que l'ordonnance de référé prononçant une injonction assortie d'une astreinte sur le fondement de cet arrêté n'est pas privée de fondement juridique pour la période antérieure à cette abrogation[11].

En conséquence de la perte de fondement juridique de la décision ordonnant l'astreinte, le débiteur peut obtenir la **restitution de plein droit** des sommes qu'il a versées en exécution de cette astreinte[12] et les intérêts sur la créance de restitution courent à compter de la notification de la décision ouvrant droit à restitution[13]. Il doit être précisé que c'est la décision qui fait perdre son fondement juridique à la décision ordonnant l'astreinte qui constitue le titre exécutoire permettant le recouvrement de ces sommes.

1. Civ. 2e, 14 oct. 1999, no 97-19.170, NP.
2. Com. 2 oct. 2001, no 98-21.165, NP – Civ. 2e, 7 juin 2006, no 04-19.249, NP – Civ. 2e, 14 sept. 2006, no 05-15.983, NP.
3. Civ. 2e, 28 sept. 2000, no 98-16.175, P II, no 134 – Com. 3 mai 2006, no 04-15.262, P IV, no 106 – Civ. 2e, 14 janv. 2021, no 19-20.028, NP – La solution est identique lorsque la décision est cassée : Com. 6 mai 2003, no 01-01.118, NP – Civ. 2e, 2 juill. 2020, no 19-15.581, NP.
4. Soc. 23 mars 1989, no 86-42.799, P V, no 247.
5. Civ. 2e, 6 janv. 2005, no 02-15.954, P II, no 1.
6. T. Le Bars, « La perte de fondement juridique en droit judiciaire privé », J. Foyer et C. Puigelier (dir.), *Le Nouveau Code de procédure civile (1975-2005)*, Economica, 2006.
7. V. rapport C. Cardini, sous Civ. 2e, 21 mars 2019, no 18-13.571, NP.
8. Civ. 2e, 7 juill. 2011, no 10-20.628, NP.
9. Civ. 2e, 24 sept. 2015, nos 14-14.977 et 14-14.978, P II, no 210 – V. ÉGAL. Civ. 2e, 31 mars 2011, no 10-10.020, NP.
10. Civ. 2e, 10 juin 2010, no 06-17.827, P II, no 109.
11. Civ. 2e, 21 mars 2019, no 18-13.571, NP.
12. Civ. 2e, 13 juill. 2006, no 04-20.690, NP – Civ. 2e, 24 sept. 2015, nos 14-14.977 et 14-14.978, P II, no 210.
13. Civ. 2e, 28 févr. 2006, no 04-14.851, NP.

B.
Suppression pour l'avenir.

0412.61 **Pouvoir souverain.** La disposition par laquelle est prononcée une astreinte ne tranche aucune contestation et n'a dès lors pas autorité de la chose jugée[1], de même que la décision qui rejette une demande d'astreinte[2]. Il en résulte que le juge dispose du pouvoir de modifier à tout moment sa décision relative à l'astreinte, pour la supprimer, aménager son montant, la prolonger ou réduire sa durée[3].

Lorsqu'il est saisi d'une demande de liquidation, laquelle vise par hypothèse une période de temps écoulée, le JEX ne peut supprimer l'astreinte que s'il est établi que l'inexécution ou le retard dans l'exécution de l'injonction du juge provient, en tout ou partie, d'une cause étrangère (v. s^{s} n° 0412.51).

En revanche, **pour la période de temps future**, le juge peut, dans l'exercice de son **pouvoir souverain**, décider de **supprimer l'astreinte** sans avoir à relever l'existence d'une cause étrangère dès lors que la disposition par laquelle elle a été ordonnée ne bénéficie pas de l'autorité de la chose jugée[4].

Par ailleurs, si une première décision rejette la demande de suppression de l'astreinte pour l'avenir, une nouvelle demande de suppression de cette astreinte peut être formée ultérieurement, à défaut pour cette décision d'être revêtue de l'autorité de la chose jugée[5].

1. Civ. 2e, 30 avr. 2002, n° 00-13.815, P II, n° 83 – Civ. 2e, 29 janv. 2015, n° 14-10.544, NP – Civ. 2e, 13 oct. 2016, n° 15-24.454, NP.
2. Civ. 2e, 17 nov. 2005, n° 03-20.157, P II, n° 296 – Civ. 2e, 4 juin 2009, n° 08-11.129, P II, n° 139 – Civ. 2e, 15 nov. 2012, nos 08-11.165 et 08-11.061, P II, n° 187.
3. « L'astreinte », fiche méthodologique en matière civile, *BICC*, n° 680, 15 avr. 2008, p. 12.
4. Civ. 2e, 2 juill. 2009, n° 08-17.335, P II, n° 178 – Civ. 2e, 21 févr. 2019, n° 17-27.900, P.
5. Civ. 2e, 19 déc. 2024, n° 23-16.368, NP.

TITRE

042. L'astreinte civile des juridictions pénales

SECTION 0
ORIENTEUR

042.00 **Sommaire du titre.**

Division. Seront successivement étudiés le prononcé de l'astreinte civile des juridictions pénales (chap. 421) et sa liquidation (chap. 422).

CHAPITRE

0421. Prononcé de l'astreinte

Stéphanie Lemoine
Magistrat

SECTION 0 Orienteur

0421.01 Textes applicables.

- **C. pén.**, art. 132-67.
- **C. pr. pén.**, art. 569.
- **C. urb.**, art. L. 480-5.
- **C. envir.**, art. L. 173-5.
- **C. consom.**, art. L. 621-3 et L. 621-4.

0421.05 Astreinte pénale et astreinte civile des juridictions pénales. Une injonction assortie d'une astreinte peut être délivrée par le juge répressif dans de nombreux domaines, soit en application des dispositions générales du Code pénal (C. pén., art. 132-67), soit en vertu de dispositions spéciales du droit de l'urbanisme (C. urb., art. L. 480-5), du droit de l'environnement (C. envir., art. L. 173-5), du droit de la consommation (C. consom., art. L. 621-3 et L. 621-4). Le droit de la propriété intellectuelle oriente le plaideur vers le juge des référés (CPI, art. L. 331-1-2, L. 343-2, L. 521-6, L. 716-6...).

En pratique, c'est surtout le **droit pénal de l'urbanisme**, dans lequel la remise en état des lieux sous astreinte constitue l'essentiel de la répression et de la réparation, qui utilise les ressources offertes par le législateur. Il est intéressant de noter à cet égard qu'il est jugé qu'aucune disposition du Code de l'urbanisme ne s'oppose à ce que la remise en état soit ordonnée cumulativement au titre de l'action publique et au titre de l'action civile. En conséquence, a été censuré l'arrêt qui, pour rejeter une demande de remise en état formée par la partie civile, a énoncé qu'il n'y avait pas lieu de faire droit à cette demande dès lors qu'une telle mesure avait déjà été prononcée sur l'action publique[1].

Les astreintes pénales, prononcées au titre de l'action publique, obéissent à des règles distinctes selon l'infraction qui est concernée, sans qu'il n'existe un régime de droit commun au sein du Code pénal. Néanmoins, la chambre criminelle a dégagé, au fil de sa jurisprudence, certaines caractéristiques. Ainsi, **l'astreinte pénale n'est pas une sanction pénale**[2] et ne peut être prononcée à titre de peine principale[3]. Elle n'a pas non plus le caractère de dommages-intérêts[4]. Elle peut être définie comme une mesure comminatoire à caractère réel destinée à mettre un terme à une situation illicite[5], en contraignant le débiteur à exécuter une décision juridictionnelle mettant à sa charge une obligation de faire ou de donner. En conséquence, l'exécution par la voie de l'astreinte, de l'obligation de démolition d'un ouvrage construit sans permis de construire peut être poursuivie même après le décès du condamné, contre chacun de ses ayants cause[6]. De même, à défaut d'être une sanction personnelle, en l'absence de tout texte le prévoyant, l'astreinte n'a pas à être motivée au regard des ressources et des charges du prévenu[7].

Par ailleurs, le juge civil n'est jamais compétent pour prononcer ou liquider une telle astreinte. **La juridiction répressive est compétente pour la prononcer, puis pour la liquider**, pour trancher les difficultés liées à son exécution[8] et à son recouvrement[9] et ce, même après le décès du condamné[10]. Il est

1. Crim. 8 déc. 2020, nº 19-84.245, P.
2. Crim. 28 juin 2016, nº 15-84.968, P, nº 202.
3. Crim. 8 juin 1989, nº 88-86.756, P, nº 248.
4. Crim. 22 mars 1986, nº 85-93.238, P, nº 169.
5. Crim. 28 juin 2016, nº 15-84.968, P, nº 202.
6. Crim. 23 nov. 1994, nº 93-81.605, P, nº 375.
7. Crim. 6 févr. 2024, nº 22-82.833, B ; *AJDA* 2024. 237 ; *RDI* 2024. 216, obs. C. de Jacobet de Nombel ; *AJ pén.* 2024. 151 et obs.
8. Crim. 19 févr. 1964, nºs 63-90.596, 63-92.849, P, nº 060.
9. Civ. 2e, 10 juill. 2003, nº 01-03.770, P II, nº 240.
10. Crim. 6 févr. 2024, nº 22-82.833, B (préc.).

précisé à cet égard que si une astreinte a été ordonnée par un tribunal correctionnel sans fixer le délai imparti pour exécuter la mise en conformité des lieux, exigé par les dispositions de l'article L. 480-7 C. urb., cette juridiction, qui est compétente pour connaître des incidents relatifs à l'exécution de la décision, mais non pour y ajouter ou retrancher, ne peut fixer ce délai. Dès lors, l'astreinte ne pouvant être exécutée, le titre de perception liquidant l'astreinte est dénué de fondement juridique et doit être annulé[1].

La liquidation peut aussi être confiée à l'État, au profit de la personne publique créancière, mais elle devra être contestée devant le juge répressif (C. urb., art. L. 480-7 et L. 480-8).

S'agissant de la procédure de recouvrement, il a été jugé[2] que « *le titre de perception émis* [par le préfet] *pour le recouvrement de l'astreinte assortissant une mesure de remise en état des lieux ordonnée pour infraction au Code de l'urbanisme doit, si les pièces auxquelles il se réfère ne sont pas jointes, comporter lui-même les indications sur les bases de la liquidation de la créance et les éléments de calcul sur lesquels il se fonde. Tel est le cas si le titre fait expressément référence à l'arrêt ayant ordonné la mesure de remise en état sous astreinte et précise le nombre de jours de retard pris en compte pour le calcul de la somme recouvrée. Par ailleurs, en application de l'article 55 de la loi de finances rectificative pour 2010, la signature de l'auteur du titre de perception doit figurer non pas sur l'acte lui-même mais sur un état revêtu de la formule exécutoire, produit en cas de contestation* ».

Le prononcé de l'astreinte par la juridiction pénale au titre de l'action civile est également admis par la jurisprudence[3]. Ainsi, en droit de l'urbanisme, indépendamment de l'article L. 480-5 C. urb., la démolition ou la mise en conformité peut être ordonnée au titre de la réparation sollicitée par la partie civile, que celle-ci soit un particulier, une association agréée ou une commune.

0421.06 Prononcé de l'astreinte civile. Le prononcé de l'injonction avec astreinte au titre des intérêts civils présente de nombreux avantages sur son prononcé au titre de l'action publique :

– lorsque la démolition ou la mise en conformité est sollicitée par la partie civile, l'avis préalable du maire n'est pas requis, ce qui constitue un avantage procédural indéniable pour la partie civile si elle n'est le maire[4] ; néanmoins, si c'est le maire qui exerce l'action civile au nom de la commune, il doit avoir été spécialement habilité par le conseil municipal à cette fin[5] ;

– de plus, conformément à l'article 569 C. pr. pén., lorsque la mesure de mise en conformité des lieux a été prononcée à titre de condamnation civile, il n'est pas sursis à son exécution jusqu'à ce que la décision soit définitive, ce qui constitue à la fois un risque pour la partie civile (obligée à restitution en cas d'infirmation ultérieure) mais aussi un avantage très substantiel ; la remise en état prononcée au titre de l'action publique est, elle, suspendue par l'exercice des recours[6], à moins qu'assortie d'une astreinte, elle soit en outre assortie de l'exécution provisoire. Enfin, le juge répressif n'est pas limité au taux (75 euros par jour jusqu'à la réforme par la loi ALUR en mars 2014, 500 euros depuis[7]) plutôt clément du texte du Code de l'urbanisme[8].

En revanche :

– le principe de la « *réparation intégrale* », qui conduit à indemniser tout le préjudice mais rien que le préjudice, tiré par la jurisprudence[9] de l'article 1240 C. civ. (anc[t] C. civ., art. 1382), n'impose nullement aux juges d'ordonner la démolition réclamée par la partie civile au titre de l'action civile[10] : le juge demeure libre de définir les modalités les plus appropriées de réparation du dommage, et la remise en état peut ne pas être cette modalité, des dommages-intérêts peu-

1. Crim. 26 mars 2024, n° 23-81.499, B.
2. Crim. 27 juin 2017, n° 16-84.189, P, n° 177.
3. PAR EX. Crim. 12 juin 2019, n° 18-81.874, P, n° 109.
4. Crim. 15 sept. 2015, n° 14-88.048, P, n° 200 – V. ÉGAL. sur l'avis préalable du maire : Crim. 20 févr. 1992, n° 91-83.826, P, n° 82 – Crim. 12 oct. 1994, n° 93-85.324, P, n° 331 – Crim. 10 janv. 1996, n° 94-85.938, P, n° 13 – Crim. 16 déc. 2003, n° 02-87.185, P, n° 248 – Crim. 18 nov. 2014, n° 13-88.329, NP.
5. Crim. 16 juin 2015, n° 14-83.990, P, n° 146.
6. Crim. 8 nov. 2016, n° 15-86.889, P, n° 290 ; Sommaire : « *Le délai imparti par le juge pour effectuer des travaux de mise en conformité ne court qu'à compter du jour où la décision, devenue définitive, est exécutoire. À défaut de notification du rejet du formé à son encontre, l'arrêt de la cour d'appel acquiert un caractère exécutoire au jour où les prévenus ont connaissance de ce rejet par tout moyen certain, notamment par la mention qui en est faite dans une décision de justice contradictoire. Encourt la censure l'arrêt qui rejette l'exception d'illégalité d'un arrêté liquidant une astreinte depuis le jour d'un arrêt non notifié de rejet d'un rendu en 1999, alors que seul un arrêt contradictoire rendu en 2005 à l'occasion d'une autre poursuite faisait mention de ce rejet* ».
7. Crim. 28 juin 2016, n° 15-84.968, P, n° 202 ; Sommaire : « *L'astreinte assortissant une remise en état des lieux est une mesure à caractère réel destinée à mettre un terme à une situation illicite et non une peine et les dispositions de l'article L. 480-7 du Code de l'urbanisme, dans leur rédaction consécutive à la loi du 24 mars 2014, entrées en vigueur le 27 mars, portant le montant maximum de l'astreinte à 500 euros par jour de retard, sont applicables aux instances en cours* ».
8. C. urb., art. L. 480-7 – C. envir., art. L. 173-9.
9. Crim. 5 mars 2007, n° 06- 85.791, NP – Crim. 7 déc. 1999, n° 98-87.499, NP – Crim. 18 févr. 2014, n° 12-87.629, P, n° 43.
10. Crim. 1er sept. 2015, n° 14-84.353, P, n° 185 – Crim. 3 nov. 2010, n° 10-80.752, P, n° 172.

vent notamment suffire. La distinction opérée en matière d'astreinte « *purement* » civile (v. s[s] n° 0412.33) et la possibilité de cumul qu'on en déduit, est interdite en cas de constitution de partie civile devant le juge répressif ;

– la raison d'être de l'absence d'avis préalable de l'Administration est que la partie civile ne bénéficiera pas de l'exécution d'office prévue par l'article L. 480-9 C. urb., ce qui n'est certes pas un avantage pour elle ; et que ni la liquidation de l'astreinte ni l'encaissement de son produit ne font intervenir l'autorité publique : l'article L. 480-8 est ici sans application. Une victime, serait-elle une personne publique, ne peut bénéficier des moyens, de fait et de droit, réservés à la puissance publique. La chambre criminelle a eu à le rappeler : la victime de l'infraction de construction sans permis est sans qualité pour demander à mettre elle-même en œuvre une mesure de démolition sous astreinte qui a été ordonnée par le tribunal correctionnel au titre de l'action publique. N'a dès lors méconnu aucun texte la cour d'appel qui a déclaré irrecevable la requête de la partie civile en incident contentieux d'exécution, formée sur le fondement de l'article 710 C. pr. pén., aux fins *d'une part*, de se voir autoriser à procéder elle-même à la démolition de la construction illégale, *d'autre part*, de voir liquider l'astreinte [1].

1. Crim. 16 déc. 2014, n° 13-87.390, P, n° 275.

CHAPITRE

0422. Liquidation de l'astreinte

Stéphanie Lemoine
Magistrat

Section 0
Orienteur

0422.00 Sommaire du chapitre.

Division. La question de la liquidation de l'astreinte prononcée par le juge pénal au titre de l'action civile se démultiplie : quel juge compétent (sect. 1) ? Quel droit applicable (sect. 2) ? Quelle procédure applicable (sect. 3) ?

0422.01 Textes applicables.

- **C. urb.,** art. L. 480-8.
- **C. pr. pén.,** art. 710.

Section 1
Juge compétent

0422.11 Juge compétent. La première des interrogations a été résolue par le Tribunal des conflits, dont les décisions s'imposent à toutes les juridictions. La créance d'une commune, du chef de l'établissement d'états exécutoires émis par le maire pour liquider le produit d'une astreinte assortissant l'arrêt de la chambre correctionnelle d'une cour d'appel condamnant un prévenu à une amende pour infraction aux règles de l'urbanisme et lui ordonnant la démolition des ouvrages édifiés irrégulièrement, trouve son fondement dans la condamnation prononcée par la juridiction répressive. S'il a été procédé à la liquidation de l'astreinte par le maire suite à une délibération du conseil municipal abrogeant une précédente délibération dispensant l'intéressé de l'astreinte en exécution d'un accord intervenu, ces circonstances n'ont pu modifier ni la nature du litige ni la détermination de la compétence, le contentieux du recouvrement de l'astreinte prononcée ressortissant ainsi aux juridictions répressives[1]. Cette décision statuait dans un cas où le maire s'était délivré un titre exécutoire (C. urb., art. L. 480-8) ; mais le Tribunal des conflits ne nuance pas sa proposition de renvoi au juge pénal, pas plus qu'il ne fait la distinction entre les condamnations pénales et les condamnations civiles dudit juge répressif ; il crée, conformément au rôle de cette juridiction mixte, un « *bloc de compétence* ». Ainsi, le juge de l'exécution (JEX) n'a pas de compétence en la matière.

La chambre criminelle a fait application de ces prescriptions du Tribunal des conflits, qu'il s'agisse de réviser l'astreinte, ou de la liquider – ou de contester la liquidation proposée par la partie civile. Elle a ainsi rappelé[2] que la créance d'une commune en liquidation du produit d'une astreinte assortissant la condamnation d'un prévenu pour infraction aux règles de l'urbanisme et lui ordonnant à titre civil la démolition des ouvrages édifiés irrégulièrement trouve son fondement dans la condamnation, pénale et civile, prononcée par la juridiction répressive, pour en déduire qu'encourt la cassation, l'arrêt qui déclare la juridiction répressive incompétente au profit du JEX.

Section 2
Droit applicable

0422.21 Droit applicable. L'astreinte répressive est normalement liquidée, selon l'article L. 480-8 C. urb., non par le juge qui l'a ordonnée mais par l'État pour le compte de la ou des communes aux caisses desquelles sont reversées les sommes perçues, après prélèvement de divers frais. Les juridictions

1. T. confl. 18 déc. 2000, n° 00-03.200, Lambert et C^ne de Domme, P, n° 25.
2. Crim. 24 mars 2015, n° 14-84.300, P, n° 64 – J.-H. Robert, « Astreinte civilo-pénale », *Dr. pénal* 2015, n° 6.

civiles ne peuvent se substituer au maire pour la liquidation de l'astreinte répressive[1].

Mais une partie civile qui avait demandé et obtenu le prononcé d'une astreinte pour assortir la réparation (démolition, par ex.) qui lui est accordée, ne trouve aucune place dans le dispositif de l'article L. 480-8 C. urb. et ceux, comparables du Code pénal, du Code de l'environnement...

Faut-il en déduire que le juge répressif doit appliquer le Code des procédures civiles d'exécution ? En ce sens, il peut être relevé que la chambre criminelle a fait application des dispositions de ce code en jugeant[2] qu'il se déduit de l'article L. 480-7 C. urb. et des articles L. 111-3 et L. 111-4 C. pr. exéc., que lorsque l'astreinte est ordonnée au titre de l'action publique, sa liquidation est soumise à la prescription décennale. Plus récemment[3], elle a complété la solution en ajoutant, au visa de l'article 10 C. pr. pén., selon lequel lorsque l'action civile est exercée devant une juridiction répressive, elle se prescrit selon les règles de l'action publique, que la liquidation de l'astreinte prononcée au titre des intérêts civils est également soumise à la prescription décennale.

SECTION 3
PROCÉDURE APPLICABLE

0422.31 **Procédure applicable.** La troisième et dernière interrogation touche à la procédure : comment une partie civile peut-elle saisir le juge répressif en liquidation ? Il est admissible qu'elle procède par le parquet, sur le fondement de l'article 710 C. pr. pén. (incidents d'exécution d'un jugement rendu par un tribunal répressif, y compris sur les intérêts civils).

À cet égard, il est intéressant de relever le caractère restrictif des dispositions de l'article L. 216-13 C. envir., qui prévoient que toute action relevant de la procédure de référé environnemental ne peut être poursuivie que par le procureur de la République ou la personne concernée. La chambre criminelle en a déduit[4] qu'est irrecevable l'appel formé par une association agréée de protection de l'environnement contre la décision du juge des libertés et de la détention déclarant irrecevable sa requête en liquidation de l'astreinte assortissant des mesures d'urgence que, sur le fondement de ce texte, ce magistrat a antérieurement ordonnées contre une communauté de communes, sur requête du procureur de la République à la demande de cette association.

1. T. confl. 25 avr. 1994, n° 09-42.717, Poujol, P, n° 6 ; *Dr. adm.* 1994. Comm. 325 ; *LPA* 9 nov. 1994, comm. J. Morand-Deviller et D. Moréno.
2. Crim. 8 nov. 2016, n° 15-86.889, P n° 290.
3. Crim. 31 mai 2023, n° 22-81.234, B.
4. Crim. 14 janv. 2025, n° 23-85.490, B ; *AJDA* 2025. 64 ; *Juris Assoc.* 2025, n° 714, p. 12, obs. X. Delpech ; *AJ pénal* 2025. 89 et obs.

LIVRE

05. LES MESURES D'EXPULSION

SECTION 0

ORIENTEUR

05.00 **Sommaire du livre.**

Division. On distinguera successivement les conditions (titre 51) et les opérations (titre 52) d'expulsion. Seront ensuite étudiés le cas particulier des locaux abandonnés (titre 53), les contestations et difficultés d'exécution (titre 54) et les conséquences de la réalisation de l'expulsion (titre 55).

05.03 **Bibliographie indicative.**

Actualisables. Rép. pr. civ., v° *Expulsion*, par A. Gaonac'h, mars 2015 (actu. juill. 2024) – *J.-Cl. Encyclopédie des commissaires de justice, V°* Expulsion, par C. Blondel-Angebault et R. Sihmon, fasc. 10 – *J.-Cl. Pr. civ., V°* Expulsion, par C. Blondel-Angebault et R. Sihmon, fasc. 1500-70.

Ouvrages[1]. A. LEBORGNE, *Droit de l'exécution*, 3e éd., « Précis », Dalloz, 2019, [expulsion], n°s 2487 s. – R. PERROT et P. THÉRY, *Procédures civiles d'exécution*, 3e éd., Dalloz, 2013, n°s 1075-1118.

Articles. F. Andrieux, « État et expulsions : Don Quichotte ou l'impossible rêve », *Dr. et proc.* 2009. 75 – J. Beauchard, « Le logement et les procédures civiles d'exécution », *RTD civ.* 1993, n° spéc., *La réforme des procédures civiles d'exécution*, p. 109 s. – A. Boukris, « Les nouvelles règles applicables en matière d'expulsion », *JCP N* 1993. 58 – J.-J. Bourdillat, « De l'expulsion du conjoint violent dans et après la réforme du divorce », *Dr. et proc.* 2003. 18 – S. Deygas, « La nouvelle procédure contentieuse relative au stationnement des gens du voyage », *Procédures* 2007, n° 204 – L. Gay, « La possibilité de disposer d'un logement, entre normes constitutionnelles et normes européennes », *RDSS* 2006. 395 – E.-P. Guiselin, « L'accès à un logement décent et le droit de propriété : ni vainqueur, ni vaincu », *LPA* 13 mars 2000, p. 6 – Y. Landau-Toutain, « Limiter les expulsions en protégeant à la fois locataires et propriétaires », *Gaz. Pal.* 1991. Doctr. 395 – P. Le Fur, « L'expulsion », *Rev. huiss.* 1993. 217-256 – T. Moussa et J.-J. Bourdillat, « L'expulsion d'un époux du domicile conjugal : des procédures civiles d'exécution au droit pénal », *Procédures* 2002. Chron. 9 – E. Putman, « La réforme des procédures civiles d'exécution et l'expulsion des occupants d'immeubles », *LPA* 21 sept. 1994, n° 113.

05.05 **Définition.** D'après *le Petit Larousse*, l'expulsion est la « *procédure qui a pour but de libérer des locaux occupés sans droit ni titre ou sans droit au maintien dans les lieux* ». Cette définition est un peu restrictive au sens où il n'est pas nécessairement question de locaux. L'expulsion pourrait ainsi plutôt être définie comme étant l'« *action de faire sortir une personne, au besoin par la force, d'un lieu où elle se*

1. Les ouvrages dont le nom des auteurs figure en petites capitales en bibliographie sont cités par le seul nom des auteurs en petites capitales en notes de bas de page.

trouve sans droit »[1]. Ajoutons qu'il ne s'agit pas seulement de faire sortir une personne, mais de libérer totalement les lieux de ses occupants et biens. Ainsi est-il possible également de proposer la définition retenue par MM. Perrot et Théry : « *L'expulsion est une mesure qui a pour objet de libérer un local* [remplaçons ici par "un lieu"] *des personnes qui l'occupent et des biens qui s'y trouvent, au besoin par la force* »[2].

05.06 **Origine de l'occupation.** Le texte de l'article L. 411-1 C. pr. exéc.[3] est très large puisqu'il vise l'expulsion d'un **immeuble** ou d'un **lieu habité**. Il peut donc s'agir de l'expulsion d'un terrain, d'un local fermé, voire d'une caravane sur un terrain[4].

La mesure d'expulsion étant destinée à faire sortir une personne et ses meubles d'un local qu'elle occupe sans droit, la situation peut se présenter de diverses manières. Il se peut que l'occupant soit entré dans les lieux sans titre et n'ait donc aucun titre d'occupation depuis l'origine, ou bien, cas plus fréquent, que l'occupant, qui bénéficiait d'un titre d'occupation, ait perdu le bénéfice de celui-ci par l'effet de la résiliation, l'annulation ou le transfert de celui-ci.

Ainsi, l'expulsion peut porter aussi bien sur des locaux, servant à l'habitation ou à l'exercice d'une activité professionnelle ou commerciale, que sur des terrains, privés ou publics. Elle peut aussi bien concerner des *squatters*, introduits par voie de fait dans des lieux clos, voire sur un terrain, ou encore des grévistes, occupant une usine, que des locataires, des bénéficiaires d'autorisation d'occupation du domaine public, des gens du voyage qui s'établissent sur des terrains mis à leur disposition ou non, ou encore des époux, des enfants ou beaux-enfants qui se maintiennent dans des lieux dont ils ont pu bénéficier de la mise à disposition auparavant.

05.07 **Enjeux.** La mesure d'expulsion est une « *mesure extrême* »[5], irréversible ou presque, comme nous le verrons, qui prive, dans un grand nombre de cas, les personnes de leur logement. La réforme de 1991 a d'ailleurs été conçue en tenant essentiellement compte de l'expulsion du logement[6]. Elle peut également priver l'expulsé de son lieu de travail, et a, dans tous les cas, de **graves conséquences** pour l'individu. Même si la Cour de cassation a pu exclure l'expulsion du champ des voies d'exécution sur les meubles et les immeubles, il n'apparaît pas qu'elle puisse être qualifiée de mesure d'exécution contre une personne en ce sens qu'« *elle ne touche pas à sa liberté* »[7], comme le faisait autrefois la contrainte par corps. Certains ont pu néanmoins considérer qu'elle s'apparentait quand même à une contrainte sur la personne même de l'expulsé. Quelle que soit l'analyse retenue sur la nature même de l'expulsion, il est indéniable qu'elle présente de graves conséquences.

Elle est néanmoins nécessaire à plusieurs titres. Tout d'abord pour que ne soit pas remise en cause la force exécutoire des décisions de justice ; pour ensuite que le droit des contrats soit préservé, en ce sens qu'il faut qu'un manquement contractuel soit effectivement sanctionné[8] ; également pour que le marché locatif ne s'asphyxie pas en dissuadant les investisseurs de mettre des logements en location en raison des trop grandes difficultés qu'ils rencontreraient dans l'expulsion d'un cocontractant non respectueux des termes du contrat[9] ; pour enfin que le droit de propriété soit sauvegardé. Et c'est là la particularité de cette voie d'exécution qu'est l'expulsion. En effet, elle se trouve au point de croisement de plusieurs droits antagonistes, d'inégale valeur, mais entre lesquels le fossé ne cesse de s'amoindrir. Car face à ces droits à l'exécution, au respect du contrat, de propriété, se trouvent le droit au logement, la liberté d'aller et venir, la liberté d'entreprendre, ou encore le droit de grève.

Pour une très grande majorité des expulsions, le duel aura lieu entre le **droit de propriété**, qui bénéficie d'une protection constitutionnelle ancienne[10],

1. G. Cornu, *Vocabulaire juridique*, 9e éd., PUF, 2010.
2. PERROT et THÉRY, n° 1075.
3. Ord. n° 2011-1895, 19 déc. 2011, relative à la partie législative du Code des procédures civiles d'exécution, *JO* 20 déc., p. 21464 (*applicable au 1er juin 2012*).
4. Civ. 3e, 4 avr. 2001, n° 98-15.231, NP – CEDH 17 oct. 2013, req. n° 27013/07, *JCP A* 2013. Actu. 865 ; *Loyers et copr.* 2013. Repère 10 ; *JCP* 2013. 1144, expulsion en raison d'un non-respect du plan d'occupation des sols, condamnation de la France pour non-respect de la vie privée.
5. PERROT et THÉRY, n° 1075.
6. EN CE SENS : V. E. Putman, « La réforme des procédures civiles d'exécution et l'expulsion des occupants d'immeubles », *LPA* 21 sept. 1994, n° 113.
7. Note O. Salati ss Civ. 2e, 13 juill. 2005 ; *Dr. et proc.* 2006. 47.
8. F. Andrieux, « État et expulsions : Don Quichotte ou l'impossible rêve », *Dr. et proc.* 2009. 75.
9. SUR CE POINT, V. conclusions du rapport Attali du 15 oct. 2010, qui proposait pour ce faire d'assouplir les procédures d'expulsion, avec en contrepartie les systèmes de droit au logement opposable et de garantie contre les risques locatifs, *JCP N* 2010. Actu. 757 – V. AUSSI : C.-M. Dubois-Spaenlé et E. Bacqueyrisses, « Crise du logement : la (difficile) recherche d'un équilibre entre bailleur et locataire », *Actes pratiques et ingénierie immobilière* 2024. Dossier 16.
10. V. DDH, art. 2 : « *Le but de toute association politique est la conservation des droits naturels et imprescriptibles de l'homme. Ces droits sont la liberté, la propriété, la sûreté et la résistance à l'oppression* ». La propriété « *étant un droit inviolable et sacré, nul ne peut en être privé, si ce n'est lorsque la nécessité publique, légalement constatée, l'exige évidemment, et sous la condition d'une juste et préalable indemnité* » – Cons. const. 16 janv. 1982, n° 81-132 DC, consid. 16 : « *Les principes mêmes énoncés par la Déclaration des droits de l'homme ont pleine valeur constitutionnelle tant en ce qui concerne le caractère fondamental du droit de propriété dont la conservation constitue l'un des buts de la société politique et qui est mis au même rang que la liberté, la sûreté et la résistance à l'oppression, qu'en ce qui concerne les garanties données aux titulaires de ce droit et les prérogatives de la puissance publique* ».

et d'une protection internationale[1] et le **droit au logement**, objectif de valeur constitutionnelle[2] qui tend à limiter le premier de manière de plus en plus importante[3]. Car ce droit au logement, dont il est précisé qu'il doit être décent, est par ailleurs reconnu de diverses manières par des textes européens et internationaux[4], mais aussi en droit interne par l'effet de plusieurs lois[5], qui l'ont même rendu « opposable » à l'État qui se doit de rechercher des solutions de relogement pour les personnes en difficulté[6]. Il est admis des entorses au droit de propriété, en ce sens que le propriétaire ne peut plus jouir de son bien comme bon lui semble, au nom de ce droit au logement, et parfois même de manière très importante. Ainsi, la Cour européenne des droits de l'homme a-t-elle pu valider le principe d'une loi italienne prévoyant un moratoire sur les expulsions, sous certaines exceptions[7]. Le droit au logement, ces dernières années, a connu un essor certain, essentiellement d'ailleurs avec la loi du 5 mars 2007 prévoyant le droit au logement opposable[8]. La question avait d'ailleurs été posée par la Cour de cassation au Conseil constitutionnel, par la voie d'une question prioritaire de constitutionnalité, en ces termes : « *Les dispositions de l'article 544 du Code civil, telles qu'interprétées de façon constante par la Cour de cassation, portent-elles atteinte aux droits et libertés que la Constitution garantit, et notamment au principe à valeur constitutionnelle de sauvegarde de la dignité de la personne contre toute forme d'asservissement ou de dégradation, au droit de mener une vie familiale normale et à l'objectif à valeur constitutionnelle que constitue le droit au logement ?* ». Cette question a été considérée comme suffisamment sérieuse par la Cour de cassation pour qu'elle en saisisse le Conseil constitutionnel[9]. La question était en réalité de savoir si le fait que la Cour de cassation considère régulièrement que l'occupation sans droit ni titre d'un bien appartenant à autrui constitue un trouble manifestement illicite au sens des dispositions de l'article 809 C. pr. civ., est conforme à l'objectif à valeur constitutionnelle que constitue le droit au logement. Dans la mesure où la question était posée par le prisme de l'interprétation donnée à la loi par cette jurisprudence, le Conseil constitutionnel avait répondu que les dispositions de l'article 544 du Code civil elles-mêmes n'étaient pas contraires à la Constitution[10]. Par ailleurs, la Cour de cassation a refusé de transmettre une question prioritaire de constitutionnalité (QPC) par trois fois, portant notamment sur l'article L. 412-6 C. pr. exéc., relatif à la trêve hivernale, dans deux rédactions différentes, en rappelant la nécessaire conciliation entre le droit à un logement décent, objectif de valeur constitutionnelle, et la protection du droit de propriété, constitutionnellement protégé[11]. Plus récemment, la Cour a refusé de transmettre une question portant sur l'article L. 412-1 alinéa 2, du même code, dans sa rédaction issue de la loi du 23 novembre 2018[12], prévoyant que le délai de deux mois avant l'expulsion d'un lieu habité, ne s'appliquait pas dans l'hypothèse où les personnes sont entrées par voie de fait, et ce sans qu'un juge n'ait à supprimer ce délai dans la mesure où ces dispositions, « ***qui s'inscrivent dans un dispositif global destiné à protéger les locaux servant à l'habitation et à faciliter le relogement des occupants, tendent à assurer la nécessaire conciliation entre le droit de propriété, droit constitutionnel découlant des articles 2 et 17 de la Déclaration des droits de l'homme et du citoyen de 1789, et la possibilité pour toute personne, découlant des exigences constitutionnelles de dignité humaine et de droit à une vie familiale normale, de disposer d'un logement décent, objectif de valeur constitutionnelle, qu'il appartient au législateur de mettre en œuvre*** »[13] Elle a également retenu que « *l'expulsion étant la*

1. V. DDH, art. 17 : « *Toute personne, aussi bien seule qu'en collectivité, a droit à la propriété* ».
2. Cons. const. 19 janv. 1995, nº 94-359 DC, sur la loi relative à la diversité de l'habitat, *JO* 21 janv., p. 1166.
3. SUR CETTE OPPOSITION, v. l'étude réalisée par le service de documentation, d'études et du rapport, bureau du contentieux de la troisième chambre civile de la Cour de cassation, « Confrontation du droit de propriété et du droit au logement », *Communication, BICC* 15 mars 2010. 6-13 – E.-P. Guiselin, « L'accès à un logement décent et le droit de propriété : ni vainqueur, ni vaincu », *LPA* 13 mars 2000, nº 51, p. 6.
4. V. DDH, art. 25 – Charte UE, art. 34.
5. Loi « Quillot », nº 82-526, 22 juin 1982, relative aux droits et obligations des locataires et des bailleurs – L. nº 89-462, 6 juill. 1989, tendant à améliorer les rapports locatifs et portant modification de la loi nº 86-1290 du 23 déc. 1986 – L. nº 90-449, 31 mai 1990, visant à la mise en œuvre du droit au logement – L. nº 2007-290, 5 mars 2007, instituant le droit au logement opposable et portant diverses mesures en faveur de la cohésion sociale.
6. V. SUR LE SYSTÈME FRANÇAIS DE DROIT AU LOGEMENT OPPOSABLE, avec un refus d'indemnisation du requérant : CEDH 9 avr. 2015, Tchokontio Happi c/France, req. nº 65829/12, *RDSS* 2015. 651, obs. D. Tharaud.
7. CEDH 28 sept. 1995, Scollo c/Italie, req. nº 19133/91, *RTD civ.* 1996. 1021, note J.-P. Marguénaud, « De la protection européenne des bailleurs nécessiteux contre les locataires entêtés ».
8. L. nº 2007-290, 5 mars 2007, instituant le droit au logement opposable et portant diverses mesures en faveur de la cohésion sociale, *JO* 6 mars, p. 4190.
9. Civ. 3e, 30 juin 2011, nº 11-40.018, NP ; *D.* 2011. 1898, obs. G. Forest.
10. Cons. const. 30 sept. 2011, nº 2011-169 QPC, *JO* 1er oct., p. 16527 ; *AJDI* 2011. 885, obs. N. Le Rudulier.
11. Civ. 2e, 13 mai 2015, nº 14-25.812, NP – Civ. 2e, 19 janv. 2017, nº 16-40.244, NP ; *AJDA* 2017. 217 – Civ. 2e, 19 sept. 2019, nº 19-40.023, NP.
12. L. nº 2018-1021, 23 nov. 2018, portant évolution du logement, de l'aménagement et du numérique, *JO* 24 nov., texte nº 1.
13. Civ. 3e, 20 juin 2019, nº 19-40.010, P.

seule mesure de nature à permettre au propriétaire de recouvrer la plénitude de son droit sur le bien occupé illicitement, l'ingérence qui en résulte dans le droit au respect du domicile de l'occupant, protégé par l'article 8 de la Convention de sauvegarde des droits de l'homme et des libertés fondamentales, ne saurait être disproportionnée eu égard à la gravité de l'atteinte portée au droit de propriété »[1].

Plus récemment, la loi n° 2023-668 du 27 juillet 2023 visant à protéger les logements contre l'occupation illicite[2] a modifié cet équilibre, certains le considérant comme meilleur[3] et d'autres comme plus favorable aux propriétaires[4], en modifiant les délais d'expulsion, les supprimant en certains cas, en renforçant l'efficacité des clauses de résiliation de bail d'habitation, et en renforçant les mesures contre le « squat » avec la modification de l'article 38 de la loi n° 2007-290 du 5 mars 2007 instituant le droit au logement opposable et l'extension de l'arsenal pénal. Et le Conseil constitutionnel, saisi de la question de l'équilibre de cette loi, a validé cette loi, hormis un article, et émis une réserve d'interprétation[5]. Il s'est également prononcé sur la validité de la loi n° 2024-582 du 24 juin 2024 améliorant l'efficacité des dispositifs de saisie et de confiscation des avoirs criminels[6] et a émis une réserve d'interprétation[7].

La protection du droit au logement est passée également par une politique importante de **prévention des expulsions**[8], passant par une information précoce des services sociaux, en amont de la procédure, avec la transmission du commandement de payer visant la clause résolutoire en certains cas[9] aux commissions de coordination des actions de prévention des expulsions locatives (CCAPEX), de l'assignation au représentant de l'État dans le département, en vue de la réalisation d'une enquête sociale, celle du commandement de quitter les lieux, ou encore les décisions d'octroi de délais de paiement ou pour quitter les lieux à ce même représentant. L'idée est de limiter au maximum les expulsions effectives, notamment aux ménages de mauvaise foi[10], par la mise en place d'aides financières, telles que le fonds de solidarité logement, par des garanties apportées aux propriétaires, telles les garanties contre les risques locatifs, par des conventions passées entre les bailleurs sociaux et les locataires en situation d'impayés pour tenter d'assainir la situation avant toute procédure d'expulsion. Tout cela passe par des délais de procédure difficilement compressibles que le propriétaire doit respecter, prévus par le livre IV du Code des procédures civiles d'exécution.

05.08 **L'expulsion est une procédure civile d'exécution.** L'expulsion consiste comme nous l'avons vu, pour le propriétaire, à reprendre possession des lieux sans l'accord de l'occupant qui peut être parti sans juridiquement ni matériellement libérer les lieux. Il est en effet toujours possible que, malgré une procédure d'expulsion et un jugement contraignant, l'occupant décide de partir de lui-même et restitue les lieux en bonne et due forme au propriétaire, incité qu'il peut être par une astreinte prononcée à son encontre par exemple, astreinte prévue par l'article L. 421-2 C. pr. exéc. qui peut se cumuler avec l'indemnité d'occupation. Il s'agit donc bien de mettre à exécution une décision de justice et ce de manière forcée. Avant, en l'absence de quasi toute réglementation de la matière, puisque seule la période hivernale empêchait l'expulsion, la pratique s'était calée sur les procédures d'exécution existantes et avait prévu la délivrance d'un commandement pour prévenir de l'expulsion imminente, à l'instar du commandement préalable à une saisie-exécution. Le législateur, en 1991, a d'ailleurs intégré cette pratique dans la loi relative aux procédures civiles d'exécu-

1. Civ. 3e, 4 juill. 2019, n° 18-17.119, P ; *Loyers et copr.* oct. 2019. 12, obs. B. Vial-Pedroletti – Pour une étude plus globale de la question, v. Cour de cassation, « La propriété dans la jurisprudence de la Cour de cassation », étude annuelle 2019.
2. L. n° 2023-668, 27 juill. 2023, visant à protéger les logements contre l'occupation illicite, *JO* 28 juill., texte 1.
3. C. Fonteix, « Loi du 24 juin 2024 : une loi drastique pour saisir et confisquer davantage à moindre coût, au prix des droits du propriétaire ? », *D. actu.* 9 sept. 2024.
4. R. Lafore, « Aux confins du droit du logement et du droit au logement : la loi du 27 juillet 2023 visant à protéger les logements contre l'occupation illicite », *RDSS* 2023. 1122 – G. Beaussonie et M. Segonds, « Protéger pénalement la propriété oisive », *RSC* 2023. 833 : « *En définitive, tout semble concorder, par ce nouveau dispositif, à faire de la propriété du bien l'alpha et l'oméga de son appréhension pénale, au détriment, peut-être, de la personne. Alors que plus de 300 000 personnes en France n'ont pas de domicile fixe, renforcer la protection de ceux qui en ont deux apparaît bien anachronique. Au surplus, non seulement, les demandes d'expulsion des squatteurs sont majoritairement portées par des personnes morales, mais surtout, les personnes expulsées sont majoritairement des familles* ».
5. Cons. const., 26 juill. 2023, n° 2023-853 DC, *JO* 28 juill., texte 2.
6. L. n° 2024-582, 24 juin 2024, améliorant l'efficacité des dispositifs de saisie et de confiscation des avoirs criminels, *JO* 25 juin, texte 1.
7. Cons. const., 20 juin 2024, n° 2024-869 DC, *JO* 25 juin, texte 2.
8. V. PAR EX. : QE, AN n° 83213, *JOAN Q* 19 oct. 2010, p. 11447 – QE, AN n° 68976, *JOAN Q* 25 janv. 2011.
9. V. L. n° 89-462, 6 juill. 1989, tendant à améliorer les rapports locatifs et portant modification de la loi n° 86-1290 du 23 décembre 1986, art. 24, mod. par L. n° 2014-366, 24 mars 2014, pour l'accès au logement et un urbanisme rénové : le préfet fixe le montant au-delà duquel les commandements sont envoyés à la CCAPEX.
10. V. Circ. 15 mai 2005, relative à la prévention des expulsions locatives, *BOMJ*, n° 99.

tion, en ses articles 61 à 66 (devenus C. pr. exéc., art. L. 411-1, L. 412-1 à L. 412-2, L. 412-5, L. 433-1 à L. 433-2 et R. 411-3). Comme toute procédure civile d'exécution, elle nécessite donc qu'un titre exécutoire soit délivré et qu'il ait prononcé l'expulsion ; elle doit être exécutée par un huissier de justice, aux heures légales prévues par la loi. Depuis 2007, il existe toutefois deux exceptions à ce principe, puisqu'il est possible de procéder à l'évacuation forcée d'un bien, sans titre exécutoire au sens de la loi de 1991, et sans même le concours d'un huissier de justice. En effet, l'article 9 de la loi n° 2000-614 du 5 juillet 2000 relative à l'accueil et à l'habitat des gens du voyage[1] prévoit que, dans certains cas, le préfet peut mettre en demeure l'occupant d'un terrain de quitter les lieux sous vingt-quatre heures, faute de quoi il peut procéder à l'évacuation forcée des résidences mobiles s'y trouvant. Cette disposition, en ce qu'elle prévoit un recours au juge administratif, a été jugée conforme à la Constitution par le Conseil constitutionnel à l'occasion d'une question prioritaire de constitutionnalité[2]. L'article 38 de la loi n° 2007-290 du 5 mars 2007, instituant le droit au logement opposable et portant diverses mesures en faveur de la cohésion sociale[3], modifié par la loi du 7 décembre 2020[4] puis par la loi n° 2023-668 du 27 juillet 2023, d'accélération et de simplification de l'action publique, prévoit par ailleurs une procédure similaire en cas de squat d'un domicile.

Désormais, et en raison de cette contradiction entre les droits en présence, l'État « *est donc contraint d'occuper simultanément trois positions. Il doit se trouver tout à la fois face à l'expulsion, contre l'expulsion tout en prenant part à la procédure d'expulsion* »[5].

1. L. n° 2000-614, 5 juill. 2000, relative à l'accueil et à l'habitat des gens du voyage, *JO* 6 juill., p. 10189.
2. Cons. const. 9 juill. 2010, n° 2010-13 QPC, *JO* 10 juill., p. 12841 – Comm. par E. Aubin, « L'évacuation forcée des gens du voyage : une décision QPC tombant de Charybde en Scylla », *AJDA* 2010. 2324.
3. L. n° 2007-290, 5 mars 2007, instituant le droit au logement opposable et portant diverses mesures en faveur de la cohésion sociale, *JO* 6 mars, p. 4190.
4. L. n° 2020-1525, 7 déc. 2020, d'accélération et de simplification de l'action publique, *JO* 8 déc., texte 1.
5. F. Andrieux (art. préc., v. s[s] n° 05.07).

TITRE

051. Les conditions de l'expulsion

SECTION 0
ORIENTEUR

051.00 **Sommaire du titre.**

Division. L'expulsion suppose un titre exécutoire la permettant (chap. 511) et un commandement d'avoir à libérer les locaux ou de quitter les lieux (chap. 512).

051.05 **Droit antérieur.** Avant la loi du 9 juillet 1991[1] et son décret d'application du 31 juillet 1992[2], qui a intégré l'expulsion dans le corps des règles relatives aux procédures civiles d'exécution, à la section 8 du chapitre III relatif aux Dispositions spécifiques aux mesures d'exécution forcée (L. 9 juill. 1991, art. 61 à 66 [devenus C. pr. exéc., art. L. 411-1, L. 412-1 à L. 412-2, L. 412-5, L. 433-1 à L. 433-2 et R. 411-3] – Décr. 31 juill. 1992, art. 194 à 209 [devenus C. pr. exéc., art. R. 411-1, R. 411-2 et R. 412-1 à R. 442-1[3]]), il n'existait pour ainsi dire aucune réglementation en la matière. D'aucuns ont d'ailleurs pu parler de « *bricolage improvisé* » dans un domaine « *aussi grave que l'expulsion* »[4]. C'est la pratique, puis la jurisprudence qui en ont défini les contours, contours repris par la suite par la loi. Ainsi, de fil en aiguille, les huissiers de justice ont été requis pour procéder aux expulsions, puis ceux-ci ont raisonné par analogie avec la théorie générale de l'exécution forcée en appliquant des recettes qu'ils connaissaient, à savoir un commandement préalable notamment. Puis la jurisprudence essentiellement criminelle en ce qu'elle a pu considérer qu'une violation de cette pratique pouvait entraîner une violation de domicile, a entériné celle-ci. La loi du 9 juillet 1991 (désormais codifiée au Code des procédures civiles d'exécution) a donc consacré cette qualification de voie d'exécution et en a encadré les contours afin de garantir à la personne expulsée un certain nombre de garanties contre l'arbitraire du propriétaire.

051.06 **Mise en place d'une procédure protectrice.** La mesure d'expulsion doit désormais remplir un certain nombre de conditions formelles pour être valable, faute de quoi le propriétaire s'expose à différentes sanctions. Il doit bénéficier d'un titre exécutoire, délivrer un commandement de libérer les locaux, avertir de la date à laquelle l'expulsion pourra être entreprise, respecter des périodes de suspension qui ont diverses origines, tout cela sans compter sur les garanties procédurales offertes à certains locataires dans le cadre de la procédure en résiliation de bail qui l'a précédée. Certains ont pu parler, eu égard à

1. L. n° 91-650, 9 juill. 1991, portant réforme des procédures civiles d'exécution, *JO* 14 juill., p. 9228.
2. Décr. n° 92-755, 31 juill. 1992, instituant de nouvelles règles relatives aux procédures civiles d'exécution pour l'application de la loi n° 91-650 du 9 juillet 1991 portant réforme des procédures civiles d'exécution, *JO* 5 août, p. 10530.
3. Décr. n° 2012-783, 30 mai 2012, relatif à la partie réglementaire du Code des procédures civiles d'exécution, *JO* 31 mai, p. 9375 (applicable au 1er juin 2012).
4. PERROT et THÉRY, n° 1078.

toutes ces formalités[1] que le propriétaire doit respecter, de « *droit de la non-expulsion, peut-être même un non-droit de l'expulsion* »[2]. À cela s'ajoute que les formalités ont un coût, coût qui, en application des dispositions de l'article L. 111-8 C. pr. exéc., doit en principe rester à la charge de la personne expulsée, sauf abus[3], mais qui est néanmoins avancé par le propriétaire. Et il s'agit fort souvent d'une avance sans espoir de remboursement, eu égard à l'impécuniosité fréquente des personnes expulsées. La Cour de cassation a limité ces frais en répondant à une demande d'avis qui lui était faite, que le coefficient multiplicateur de l'article 7 du décret n° 96-1080 du 12 décembre 1996 portant fixation du tarif des huissiers de justice en matière civile et commerciale[4] ne s'appliquait pas aux actes et formalités n'ayant pas également pour finalité le recouvrement de la dette, ce qui signifie que le commandement d'avoir à libérer les locaux ou encore le procès-verbal d'expulsion ne sont pas soumis à l'application de ce coefficient[5]. Néanmoins, de telles garanties sont nécessaires afin d'assurer à l'expulsé un départ dans les meilleures conditions possibles pour tous.

1. Pour un aperçu de la liste de ces formalités, v. B. Menut, « Le coefficient multiplicateur de la théorie de la relativité au big-bang, à propos de l'avis de la Cour de cassation du 7 mars 2011 », *Dr. et proc.* 2011. 138 s. et not. p. 142.
2. E. Putman, « La réforme des procédures civiles d'exécution et l'expulsion des occupants d'immeubles », *LPA* 21 sept. 1994, n° 113.
3. SUR CE POINT, V. PAR EX. : Civ. 2e, 28 juin 2006, n° 04-19.165, NP ; *Procédures* 2006, n° 234, note R. Perrot – Ou de la personne condamnée aux dépens, V. SUR CE POINT : Civ. 2e, 2 mars 2000, n° 97-21.101, P II, n° 39 ; *Gaz. Pal.* 2000, n° 190, p. 9 – Civ. 2e, 28 sept. 2000, n° 98-17.831, NP.
4. Décr. n° 96-1080, 12 déc. 1996, portant fixation du tarif des huissiers de justice en matière civile et commerciale, *JO* 13 déc., p. 18248.
5. Cass., avis, 7 mars 2011, n° 10-00.010, P, n° 3 ; *D.* 2011. 818 ; *BICC* 1er mai 2011 ; *Dr. et proc.* 2011. 138, note B. Menut – EN CE SENS : Angers, 10 juin 2008, *Juris-Data* n° 371732.

CHAPITRE

0511. Titre exécutoire permettant l'expulsion

ANNE-GAËLLE DUMAS
MAGISTRAT

SECTION 0

ORIENTEUR

0511.00 Sommaire du chapitre.

Division. La liste des titres permettant l'expulsion est restrictive et limitative (sect. 1). Le titre doit être signifié pour acquérir un caractère exécutoire (sect. 2). Son absence expose à une sanction (sect. 3).

0511.01 Textes applicables.

• **C. pr. exéc.,** art. L. 111-3, L. 111-11, L. 121-2, L. 153-1, L. 321-4, L. 322-6, L. 322-13, L. 411-1, L. 412-1, R. 121-1, R. 412-1, R. 441-1, R. 442-1 et R. 322-64.

• **C. pr. civ.,** art. 21, 130, 131, 462, 478, 500, 501, 503, 625, 659, 677, 1113, 1487 et 1567.

• **COJ,** art. L. 213-6.

• **C. civ.,** art. 220-1, 1342-10, 1347, 1690 et 1751.

• **CJA,** art. L. 521-2 et L. 521-3.

• **CCH,** art. L. 511-1 s. et L. 542-1.

• **C. expr.,** art. L. 231-1 et R. 231-1.

• **CSP,** art. L. 1331-1 s.

• **C. com.,** art. L. 145-41 et L. 611-1.

• **C. pén.,** art. 131-21, 226-4, 226-4-2 et 432-8.

L. nº 89-462, 6 juill. 1989, art. 9-1 et 24.

0511.02 Jurisprudence de référence.

> Titres exécutoires permettant de poursuivre une expulsion. Transaction homologuée (non).

• **Cass., avis, 20 oct. 2000,** nº 02-00.013, P, nº 9

* V. s^s nº 0511.32

L'expulsion ne peut pas être poursuivie en vertu d'une transaction rendue exécutoire par ordonnance du président du tribunal de grande instance, ce titre ne constituant aucun des deux titres exécutoires limitativement énumérés par l'article 61 de la loi du 9 juillet 1991 [devenu art. L. 411-1 C. pr. exéc.].

> Titres exécutoires permettant de poursuivre une expulsion. Jugement d'adjudication antérieurement à 2006 (non).

• **Civ. 2e, 7 mars 2002,** nº 99-15.782, P II, nº 28

* V. s^s n°s 0511.41, 0511.61, 1323.141

La décision de justice en vertu de laquelle l'expulsion est poursuivie, doit avoir ordonné ou autorisé l'expulsion et que tel n'est pas le cas d'un jugement d'adjudication.

> Titres exécutoires permettant de poursuivre une expulsion. Pouvoir du juge de l'exécution pour en délivrer un (non).

• **Civ. 2e, 10 juill. 2003,** nº 00-19.579, P II, nº 247

* V. s^s n°s 0212.201, 0511.41, 1323.141

Il n'entre pas dans les pouvoirs du juge de l'exécution de délivrer un titre autorisant une expulsion.

> Transmission du titre exécutoire. Personne investie ultérieurement des droits de la personne bénéficiaire du titre.

• **CE 2 sept. 2009,** req. n°s 297126 et 299478, *Lebon T.*

* V. s^s nº 0511.65

La responsabilité de l'État née du refus de prêter le concours de la force publique pour assurer l'exécution d'une décision de justice ne peut être engagée qu'à l'égard de la personne au profit de laquelle a été rendue cette décision ou de la personne investie ultérieurement de ses droits.

> Occupant du chef de la personne visée au titre. Absence de mention en ce sens dans le jugement. Aucune incidence.

• **CE 22 juin 2011,** req. n° 340614, NP

* V. s[s] n° 0511.66

Même en l'absence d'une telle mention, l'arrêt précité était applicable aux personnes qui occupaient les lieux du chef de Mme A.

> Occupant du chef de la personne visée au titre. Personne tenant ses droits de celle-ci.

• **Civ. 3e, 4 mai 1994,** n° 92-16.071, P III, n° 83

* V. s[s] n° 0511.66

Les intéressés tenaient du locataire, dont l'expulsion avait été ordonnée, leur droit d'occupation en vertu des locations verbales qu'il leur avait consenties.

> Occupant du chef de la personne visée au titre. Signification à l'occupant du jugement prononçant l'expulsion (non).

• **Civ. 3e, 30 nov. 2005,** n° 04-18.686, P III, n° 229

* V. s[s] n°s 0511.66 et 0511.72

M. X..., sous-locataire, tenait son droit d'occupation de la locataire, dont l'expulsion avait été ordonnée et à laquelle l'ordonnance de référé avait été signifiée, de sorte que la cour d'appel a violé l'article 503, ensemble 677 du Code de procédure civile en exigeant la signification au sous-locataire.

0511.03 Bibliographie indicative.

* V. s[s] n° 05.03.

Ouvrages[1]. A. Leborgne, *Droit de l'exécution*, 3e éd., « Précis », Dalloz, 2019, [conditions de l'expulsion], n°s 2497 s. – R. Perrot et Ph. Théry, *Procédures civiles d'exécution*, 3e éd., Dalloz, 2013, [conditions de l'expulsion], n°s 1080-1085.

Articles. J.-J. Bourdillat, « Le titre exécutoire notarié : le consensus exécutoire », *Rev. huiss.* 1994. 679 ; « De l'expulsion du conjoint violent dans et après la réforme du divorce », *Dr. et proc.* 2003. 18 – M. Dagot, « La force exécutoire de l'acte notarié », *LPA* 6 janv. 199, p. 23 – A. Dorange, « La gestion procédurale du squat : la protection du domicile contre l'occupation sans droit ni titre », *RSC* 2011. 371 – G. Huchet, « Retour sur l'article 1441-4 C. pr. civ. », *Gaz. Pal.* 11 déc. 2007, n° 345, p. 6 – L. Isidro, « La grève des travailleurs sans papiers, réflexions sur l'occupation », *RDT* 2011. 363 – A. Leborgne, « Saisie immobilière et expulsion des occupants », *Procédures* 2009. Alerte 1 – L. Leveneur, « Le sort du logement après la rupture », *Gaz. Pal.* 20 sept. 2007, p. 18 – T. Moussa et J.-J. Bourdillat, « L'expulsion d'un époux du domicile conjugal : des procédures civiles d'exécution au droit pénal », *Procédures* 2002. Chron. 9 – C. Puigelier, « La réintégration d'un époux au domicile conjugal lors d'une procédure de divorce devant la Cour de cassation », *Gaz. Pal.* 4 déc. 1993. Doctr. 1331 – M.-H. Renaut, « L'huissier de justice face au droit pénal », *Gaz. Pal.* 12 oct. 2002, p. 3.

1. Les ouvrages dont le nom des auteurs figure en petites capitales en bibliographie seront cités par le seul nom des auteurs en petites capitales en notes de bas de page.

SECTION 1

LISTE RESTRICTIVE ET LIMITATIVE DES TITRES PERMETTANT L'EXPULSION

§ 1

Typologie des titres permettant l'expulsion

A.

Principe

0511.11 Principe. La mesure d'expulsion étant, comme nous l'avons vu, une procédure civile d'exécution, elle implique que l'expulsant soit en possession d'un titre exécutoire. Néanmoins, si l'article L. 111-3 C. pr. exéc. précise la liste des titres exécutoires permettant toute mesure d'exécution, à savoir : « *1° Les décisions des juridictions de l'ordre judiciaire ou de l'ordre administratif lorsqu'elles ont force exécutoire, ainsi que les accords auxquels ces juridictions ont conféré force exécutoire ; 2° Les actes et les jugements étrangers ainsi que les sentences arbitrales déclarées exécutoires par une décision non susceptible d'un recours suspensif d'exécution, sans préjudice des dispositions de l'Union européenne applicables ; 2° bis Les décisions rendues par la juridiction unifiée du brevet ; 3° Les extraits de procès-verbaux de conciliation signés par le juge et les parties ; 4° Les actes notariés revêtus de la formule exécutoire ; 4° bis les accords par lesquels les époux consentent mutuellement à leur divorce par acte sous signature privée contresignée par avocats, déposés au rang des minutes d'un notaire selon les modalités prévues à l'article 229-1 du Code civil ; 5° Le titre délivré par l'huissier de justice en cas de non-paiement d'un chèque ou en cas d'accord entre le créancier et le débiteur dans les conditions prévues à l'article L. 125-1 ; 6° Les titres délivrés par les personnes morales de droit public qualifiés comme tels par la loi, ou les décisions auxquelles la loi attache les effets d'un jugement ; 7° Les transactions et les actes constatant un accord issu d'une médiation, d'une conciliation ou d'une procédure participative, lorsqu'ils sont contresignés par les avocats de chacune des parties et revêtus de la formule exécutoire par le greffe de la juridiction compétente* », l'article L. 411-1 C. pr. exéc. limite les titres qui permettent la réalisation d'une expulsion. Il dispose ainsi que : « *Sauf disposition spéciale, l'expulsion d'un immeuble ou d'un lieu habité ne peut être poursuivie qu'en vertu d'une décision de justice ou d'un procès-verbal de conciliation exécutoire* [...] ». Ce dernier article, qui pose donc le principe de la nécessité même de disposer d'un titre exécutoire pour pouvoir procéder à une mesure d'expulsion, limite par ailleurs les types de titres le permettant, et prévoit une dérogation légale possible. À noter que l'article évoquait, avant la loi du 24 mars 2014[1] pour l'accès au logement et un urbanisme rénové, non seulement l'expulsion, mais aussi l'« évacuation » qui semblait avoir un sens très proche de sorte que le législateur a supprimé cette référence à l'évacuation. La définition de ce mot est extrêmement large puisqu'il s'agit d'une action tendant à faire sortir, transporter quelqu'un dans un autre endroit.

B.
Titres permettant l'expulsion

0511.21 Procès-verbal de conciliation exécutoire. En application des dispositions de l'article 130 C. pr. civ., le procès-verbal de conciliation est le **procès-verbal signé du juge et des parties.** L'article 131 du même code précise que des extraits du procès-verbal peuvent être délivrés. Ils valent alors titre exécutoire. Le procès-verbal qui est ici visé est donc bien celui issu de la conciliation menée par le juge lui-même. Il a ainsi pu s'assurer, tout au long du processus d'élaboration de l'accord que celui-ci recueillait l'accord des parties, à l'inverse de la simple homologation d'une transaction (v. s[s] n° 0511.32). Par ailleurs, sont exclus des titres exécutoires permettant l'expulsion les constats d'accord dressés par le conciliateur de justice, y compris sur délégation du juge, même s'ils ont été homologués par celui-ci. En effet, le législateur a pris le soin de ne retenir que les procès-verbaux de conciliation, à l'exclusion des constats d'accord, qui peuvent pourtant constituer par ailleurs des titres exécutoires, afin de s'assurer, dans une matière aussi grave que l'expulsion, que les parties ont pris la mesure de ce à quoi elles consentaient.

Peuvent ainsi être à l'origine d'une mesure d'expulsion, le procès-verbal de conciliation passé devant le tribunal d'instance en matière locative, le bureau de conciliation du conseil de prud'hommes, le juge aux affaires familiales, ou encore tout juge puisque par l'effet des dispositions de l'article 21 C. pr. civ., il a pour mission de concilier les parties. Il est important ici que le procès-verbal soit rédigé de manière très claire pour permettre une exécution sans difficulté, sans avoir besoin d'interprétation, de ses dispositions. À noter par ailleurs que pour être **opposable** à une partie, le procès-verbal doit bien entendu être **signé** par celle-ci[2].

1. L. n° 2014-366, 24 mars 2014, pour l'accès au logement et un urbanisme rénové, *JO* 26 mars, texte 1.
2. PAR EX. : Civ. 3e, 24 juin 1992, n° 91-10.506, NP.

0511.22 Décisions de justice. Sans grande surprise en revanche, la loi rappelle que l'expulsion peut résulter d'une décision de justice, ce qui renvoie aux décisions des juridictions de l'ordre judiciaire ou de l'ordre administratif de l'article L. 111-3 C. pr. exéc. ci-dessus reproduit. Il existe une multitude de décisions de justice qui peuvent fonder une mesure d'expulsion mais il est vrai que la délivrance d'un titre d'expulsion est le « *royaume des référés* »[3], civil ou administratif, même si d'autres modalités de saisine du juge sont envisageables et pratiquées également.

Et celles-ci interviennent dans de nombreux domaines extrêmement variés.

Il peut y avoir un titre à l'origine de l'occupation, titre de propriété, bail, d'habitation, commercial, rural, prêt à usage, convention d'occupation précaire, devoir de secours dans le sein familial par exemple, ou bien n'y en avoir pas, avec l'occupation sans titre de locaux en vue de leur habitation[4], ou bien de soutenir des revendications professionnelles.

Ainsi, au premier rang des mesures d'expulsion, on trouve les **expulsions locatives**, et notamment faisant suite à une résiliation de bail d'habitation, essentiellement d'ailleurs à la suite d'une acquisition de clause résolutoire prévue au bail pour défaut de paiement du loyer.

Mais on trouve de nombreux autres exemples. Il existe beaucoup de **décisions relatives à des occupations d'usines** notamment, **ou de lieux de travail**, par des salariés en grève ou faisant valoir une revendication. Ainsi, dès 1938, le Conseil d'État avait eu à se pencher sur la question pour indiquer que la force publique se devait d'intervenir pour l'expulsion de grévistes[5]. Et c'est là un domaine où le référé est la règle[6]. Il y a souvent urgence à voir les locaux libérés car les occupations ne permettant souvent pas aux non-grévistes de se rendre sur leur lieu de travail, ou empêchent l'entreprise de fonctionner. Il faut alors faire cesser le trouble manifestement illicite ainsi

3. E. Putman, « La réforme des procédures civiles d'exécution et l'expulsion des occupants d'immeubles », *LPA* 21 sept. 1994, n° 113.
4. Relevons que la Cour de cassation a jugé que l'action en expulsion d'un occupant sans droit ni titre, fondée sur le droit de propriété, constitue une action en revendication qui n'est pas susceptible de prescription : Civ. 3e, 25 mars 2021, n° 20-10.947, P ; *D.* 2021. 1048, obs. N. Damas ; *ibid.* 1509, obs. Y. Strickler ; *AJDI* 2021. 789, obs. J. Mazure ; *RDI* 2021. 348, obs. J.-L. Bergel ; *Rev. prat. rec.* 2021. 23, chron. D. Gantschnig.
5. CE, ass., 3 juin 1938, Ste Cartonnerie Saint-Charles, *Lebon T.* 529 – V. AUSSI, pour des exemples ultérieurs : CE 6 mai 1991, Ste Automobiles Citroën, *Lebon T.* 172 – CE 25 nov. 1994, Cne de Colombes, req. n° 134213, *LPA* 28 mars 1995, n° 25.
6. Pour un exemple de litige en liquidation d'astreinte suite à une ordonnance de référés ordonnant l'évacuation de grévistes, v. Civ. 2e, 23 juin 2011, n° 10-21.329, NP.

constitué. Néanmoins, la jurisprudence, qui tend à considérer l'occupation du lieu de travail comme une modalité d'expression du droit de grève[1] a pu refuser de considérer une occupation d'usine comme un trouble manifestement illicite dès lors qu'il n'y avait pas de fait de dégradation, de violence, séquestration ou autre comportement dangereux à l'égard des personnels, alors même que l'employeur avait lui, fermé une unité de production sans information ni consultation préalable des institutions représentatives du personnel, interdisant aux salariés l'accès à leur lieu de travail en leur notifiant sans autre explication leur mise en disponibilité[2]. Et c'est aussi en ce domaine que l'on trouve des exemples de décisions d'expulsion rendues sur requête lorsque les occupants ne sont pas identifiables (sur ce point, v. *infra*).

On peut également signaler les décisions relatives aux **expulsions de personnes qui tiennent leur titre d'occupation de leur contrat de travail.** Il peut s'agir d'occupation de domaine privé, avec des contentieux relatifs par exemple aux contrats de travail de gardiens d'immeubles. À ce titre il convient de noter que la décision peut être rendue soit par les conseils de prud'hommes lorsque la validité même du licenciement est en cause[3], soit par le juge des référés de droit commun en matière d'expulsion d'occupants sans droit ni titre, c'est-à-dire, depuis 2020, le juge des contentieux de la protection (JCP), lorsque le salarié se maintient dans les lieux malgré un licenciement, fût-il sans cause réelle et sérieuse. Il peut également s'agir d'une occupation du domaine public, avec alors des décisions du juge des référés administratif[4].

C'est d'ailleurs tout un autre pan des expulsions qui est constitué par l'**occupation sans titre du domaine public.** Ces décisions, souvent rendues en référé au visa de l'article L. 521-3 du CJA qui prévoit qu'une décision peut être rendue en référé lorsqu'il y a urgence et que la mesure demandée est utile, concernent également des cas assez variés. Ainsi, ont pu être ordonnées, à titre d'exemples, l'expulsion ou l'évacuation :

– d'élus qui occupaient irrégulièrement des locaux administratifs[5],

– d'une société occupant une case d'usage à l'entrepôt du marché d'intérêt national de Strasbourg, en raison du refus de renouvellement de son contrat de concession[6],

– d'une société occupante sans aucun titre de locaux dans l'enceinte d'un hôpital pour les besoins de l'exploitation d'une cafétéria[7],

– d'une particulière qui, ayant refusé de signer une convention portant autorisation d'occupation du domaine public portuaire pour son bateau, est occupante sans droit ni titre d'un anneau d'amarrage[8],

– ou encore d'une personne dont l'autorisation d'occupation du domaine public portuaire n'ayant pas été renouvelée, s'était retrouvée occupante sans droit ni titre d'un poste d'amarrage[9],

– ou enfin d'une association qui, alors que l'autorisation d'occupation des installations d'un aérodrome n'avait pas été renouvelée, et ayant alors évacué les hangars, mais en transportant certains aéronefs sur une piste de l'aérodrome, s'était retrouvée occupante sans droit ni titre de celle-ci[10].

Avant la loi du 5 mars 2007[11], relative à la prévention de la délinquance, qui a modifié les articles 9 et 9-1 de la loi du 5 juillet 2000[12], relative à l'accueil et à l'habitat des gens du voyage, ces articles prévoyaient, alors même qu'il pouvait s'agir d'une occupation du domaine public, que c'était le président du tribunal de grande instance, et donc une juridiction de l'ordre judiciaire, qui était compétente pour connaître de l'évacuation des résidences mobiles établies sur des terrains communaux. Ce texte concernait en effet aussi bien des terrains de la commune que des terrains privés sur le ressort de la commune et le législateur avait alors créé un bloc de compétence uniforme, ce qui avait été confirmé par la jurisprudence à de nombreuses reprises[13]. Depuis lors, le maire peut même se passer de toute procédure judiciaire puisqu'il lui suffit de faire mettre en demeure les occupants de quitter les lieux par le préfet dans un délai ne pouvant être inférieur à vingt-quatre heures pour pouvoir procéder à l'évacuation forcée du terrain. C'est désormais devant le juge administratif que sont portées les contestations, et il s'agit d'un contentieux inversé puisque c'est à l'occupant de contester la mise en demeure qui lui est adressée.

Dans un tout autre registre que le domaine public, et pourrait-on dire, à son opposé, se trouve le **domaine très privé de la famille,** qui donne également lieu à

1. SUR CE POINT : L. Isidro, « La grève des travailleurs sans-papiers, réflexions sur l'occupation », *RDT* 2011. 363.
2. Soc. 9 mars 2011, n° 10-11.588, P V, n° 68 ; *JCP S* 2011. 1330.
3. Soc. 29 mai 2001, n° 99-17.101, NP.
4. POUR UN EX. : expulsion d'un maître d'internat suite à un arrêté mettant fin à ses fonctions, CE 22 juill. 2011, req. n° 345040, NP.
5. CE 24 nov. 2004, req. n° 274123, NP ; *Gaz. Pal.* 31 mai 205, n° 151, p. 14.
6. CE 16 mai 2003, req. n° 249880, *Lebon T.*, *D.* 2003. 1482.
7. CE 28 mai 2001, Sté Codiam, req. n° 230692, *Gaz. Pal.* 21 mars 2002, n° 80, p. 11.
8. CE 3 févr. 2010, req. n° 330184, NP.
9. CAA Marseille, 7e ch., 10 juin 2011, req. n° 09MA02779, NP.
10. CE 8 juin 2011, req. n° 341682.
11. L. n° 2007-297, 5 mars 2007, relative à la prévention de la délinquance, *JO* 7 mars, p. 4297.
12. L. n° 2000-614, 5 juill. 2000, relative à l'accueil et à l'habitat des gens du voyage, *JO* 6 juill., p. 10189.
13. PAR EX. : CE 8 juin 2007, req. n° 298467, *AJDA* 2007. 1549.

décisions d'expulsion de diverses manières. Ainsi, la **rupture d'un couple** est source de beaucoup de frictions qui peuvent aboutir à l'éviction de l'un du logement familial et ce, depuis l'été 2010, que le couple soit marié ou non. Ainsi, par exemple, lorsque le juge aux affaires familiales statue tout d'abord sur les mesures provisoires dans le cadre d'une demande en divorce, il peut attribuer la jouissance du domicile familial à l'un des époux et dans ce cadre, ordonner, pour assurer l'efficacité de sa décision, l'expulsion de l'autre[1]. Une telle mesure peut également être prise dans le cadre d'une ordonnance de protection. Depuis la loi du 26 mai 2004[2], relative au divorce, l'article 220-1 du Code civil prévoyait la possibilité d'obtenir devant le juge aux affaires familiales l'expulsion de l'époux violent. L'époux demandeur devait ensuite demander le divorce dans les quatre mois, faute de quoi la mesure devenait caduque[3]. La loi du 9 juillet 2010[4] relative aux violences faites spécifiquement aux femmes, aux violences au sein des couples et incidences de ces dernières sur les enfants[5] a renforcé et élargi le dispositif. Elle a créé un titre XIV dans le livre Ier C. civ. relatif aux personnes, qui traite spécifiquement des mesures de protection des victimes de violences[6]. Désormais, le juge aux affaires familiales peut statuer en urgence lorsque des **violences** sont **commises par l'époux ou l'épouse**, mais également par **l'ex-époux ou épouse**, ou encore par **le concubin**, le **partenaire lié par un pacte civil de solidarité** ou **l'ancien concubin ou partenaire**. Tous les couples sont désormais protégés. Dans ce cadre, le juge rend une ordonnance de protection et peut ainsi prononcer un certain nombre d'injonctions à l'encontre de la personne violente, qui encourt, en cas de non-respect de celles-ci, des sanctions pénales. Le domicile familial est, sauf motivation spéciale, automatiquement attribué à l'époux non-auteur des violences et l'expulsion de la personne violente doit donc être ordonnée. Ces mesures sont prises pour une durée de douze mois maximum[7], sauf à ce qu'une requête en divorce, en séparation de corps ou une requête relative à l'exercice de l'autorité parentale soit déposée dans ce délai, auquel cas la durée peut être prolongée. La différence de traitement entre les mesures provisoires classiques et celles concernant l'époux violent réside dans les règles applicables à l'expulsion (v. s^s^ n°s 0521.21, 0521.42 *in fine*, 0521.62 et 0523.06). On voit bien ici que la frontière est mince entre **droit de la famille** et **droit pénal**, l'exécution des décisions du juge aux affaires familiales impliquant plus, au stade de l'exécution, une intervention pénale que civile[8]. Mais l'expulsion peut aussi être prononcée en amont du divorce. Ainsi par exemple lorsqu'un époux, marié sous le régime de la séparation de biens, occupe un immeuble appartenant en propre à l'autre. Dès lors qu'il ne pourra pas obtenir, dans le cadre de la liquidation, l'attribution de ce bien, l'époux propriétaire peut engager une action en expulsion avant même le prononcé du divorce et la liquidation du régime matrimonial[9]. La décision peut enfin être rendue après que le divorce eut été prononcé[10], ce y compris en référé[11]. Mais la matière familiale offre d'autres exemples de décisions d'expulsion, plus rares, qui tendent à l'éviction d'un autre membre de la famille.

Ainsi en est-il, par exemple, de la belle-fille qui se maintient dans le logement prêté par ses beaux-parents après la rupture du couple[12], ou encore du fils de qua-

1. PAR EX. : Paris, 1re ch. A, 26 juill. 2000, RG n° 1999/16355, *D.* 2000. 263 – Civ. 2e, 18 déc. 1996, n° 95-11.003, P II, n° 294 – Dans cette dernière espèce, cassation de l'arrêt qui prononce l'expulsion de la femme du logement du mari dont elle avait la jouissance au titre des mesures provisoires alors qu'un pourvoi était en cours contre le jugement de divorce qui avait finalement attribué le bien à l'époux, en raison de l'effet suspensif de celui-ci – Sur une difficulté posée par un pourvoi contre un jugement refusant le divorce : C. Puigelier, « La réintégration d'un époux au domicile conjugal lors d'une procédure de divorce devant la Cour de cassation (ou l'histoire d'un désert judiciaire) », *Gaz. Pal.* 1993. Doctr. 1331.
2. L. n° 2004-439, 26 mai 2004 relative au divorce, *JO* 27 mai, p. 9319.
3. SUR CE POINT : J.-J. Bourdillat, « De l'expulsion du conjoint violent dans et après la réforme du divorce », *Dr. et proc.* 2005. 18.
4. L. n° 2010-769, 9 juill. 2010, relative aux violences faites spécifiquement aux femmes, aux violences au sein des couples et aux incidences de ces dernières sur les enfants, *JO* 10 juill., p. 12762.
5. POUR UN COMMENTAIRE DE LA LOI : V. Larribau-Terneyre, « Premiers échanges sur l'application de la loi du 9 juillet 2010 dans le temps et au fond », *Dr. fam.* 2011, n° 51 – E. Bazin, « Les nouveaux pouvoirs du juge aux affaires familiales en matière de violence au sein du couple », *JCP* 2010. 957.
6. C. civ., art. 515-9 s, mod. par L. n° 2020-936, 20 juill. 2020, visant à protéger les victimes de violences conjugales, *JO* 31 juill., texte 2, et par L. n° 2024-536, 13 juin 2024, renforçant l'ordonnance de protection et créant l'ordonnance provisoire de protection immédiate, *JO* 14 juin, texte 2.
7. Le délai est de douze mois depuis la loi n° 2024-536 du 13 juin 2024, préc., ce délai était auparavant de six mois par l'effet de la loi n° 2014-873 du 4 août 2014 pour l'égalité réelle entre les femmes et les hommes (*JO* 5 août, p. 12949), et avant encore, de quatre mois.
8. SUR LA QUESTION DU LIEN AVEC LE DROIT PÉNAL : T. Moussa et J.-J. Bourdillat, « L'expulsion d'un époux du domicile conjugal : des procédures civiles d'exécution au droit pénal », *Procédures* 2002. Chron. 9.
9. Civ. 1re, 23 janv. 2007, n° 05-14.311, P I, n° 38.
10. PAR EX. : Civ. 1re, 9 oct. 1991, n° 90-15.073, P I, n° 260.
11. Civ. 1re, 30 janv. 2019, n° 18-12.403, P ; *D.* 2019. 1801, obs. N. Reboul-Maupin ; *AJ fam.* 2019. 155, obs. J. Casey.
12. Civ. 1re, 3 févr. 1993, n° 89-18.467, P I, n° 62, avec cette particularité que la demande d'expulsion avait été rejetée au motif que le prêt à usage n'avait pas été limité dans le temps, que les beaux-parents n'avaient pas besoin de le reprendre, tandis que la belle-fille et les enfants, auxquels le prêt avait également été accordé, en avaient, eux, encore besoin – Pour un commentaire, v. L. Leveneur, « Le sort du logement après la rupture », *Gaz. Pal.* 20 sept. 2007, n° 263, p. 18.

rante-quatre ans qui tarde à quitter le nid familial[1], ou encore de la concubine occupante du logement commun avec le *de cujus*, qui l'a pourtant instituée légataire universelle par un testament qui ne pouvait s'appliquer au détriment des droits de la mère et de la sœur de celui-ci[2].

L'occupation initiale peut également résulter d'un **titre de propriété** qui est **remis en question**, soit par l'effet d'une simple **vente**[3], **soit par l'effet d'une saisie immobilière** (v. s^s n°s 0511.41 et 0511.42), d'une confiscation pénale (v. s^s n° 0511.44), soit encore par l'effet d'une **expropriation.** Dans ce dernier cas, l'article L. 231-1 C. expr. (anc^t C. expr., art. L. 15-1) dispose que « *dans le délai d'un mois, soit du paiement de l'indemnité, ou en cas d'obstacle au paiement, de sa consignation, soit de l'acceptation ou de la validation de l'offre d'un local de remplacement, les détenteurs sont tenus de quitter les lieux. Passé ce délai qui ne peut, en aucun cas, être modifié, même par autorité de justice, il peut être procédé à l'expulsion des occupants* ». L'article R. 231-1 C. expr. (anc^t C. expr., art. R. 15-1) prévoit par ailleurs que : « *Sauf dans les cas où cette décision relève de la compétence du juge administratif, l'expulsion prévue à l'article L. 231-1 est ordonnée par le juge de l'expropriation statuant selon la procédure accélérée au fond* ». S'il est donc possible d'obtenir un titre d'expulsion dans le cadre de la procédure d'expropriation, en revanche, les règles de la partie législative du Code des procédures civiles d'exécution, et notamment celles relatives aux délais ne sont pas applicables à la mesure d'expulsion qui sera pratiquée[4] (sur ce point, v. s^s n°s 0511.62 et 0521.06).

Une dernière question peut être abordée qui est celle de la **nature de la décision de justice.** En effet, on a vu que le législateur avait pris la peine de limiter les titres exécutoires en vertu desquels l'expulsion peut être poursuivie pour ne retenir que ceux ayant fait l'objet d'un passage devant le juge et permis à celui-ci de s'assurer de la portée de sa décision. Nous l'avons vu, la matière appelle souvent le prononcé d'**ordonnances de référé**, au civil comme à l'administratif, mais la question peut se poser de la possibilité de pratiquer une expulsion sur le fondement d'une **décision rendue sur requête.** La pratique s'est développée tout d'abord en matière d'expulsions de grévistes dans la mesure où les personnes occupant les lieux ne sont pas toujours identifiables. Étant dans l'impossibilité de nommer dans un acte introductif d'instance les défendeurs à la procédure, il arrive que les décisions d'expulsion soient rendues en l'absence de toute autre partie que le requérant, dans le cadre d'une procédure sur requête sur le fondement des articles 495 et 812 C. pr. civ. La Cour de cassation, qui en admet le principe, considérant qu'il n'y a pas là violation de l'article 6 de la convention européenne des droits de l'homme et donc du droit au procès équitable à ce titre[5], exige toutefois que la dérogation au respect du contradictoire soit strictement délimitée, à savoir notamment qu'il n'y ait pas de représentants syndicaux identifiables aptes à présenter des moyens de défense communs à tout le personnel, et qu'il y ait urgence[6]. La question a également pu se poser en matière d'expulsion de gens du voyage. Une occupation sans titre de terrain d'une centrale thermique, alors que les occupants refusaient de donner leur identité à l'huissier (commisssaire) de justice venu constater l'état d'occupation, et dans la mesure où cette occupation présentait un danger pour les occupants, a permis au requérant d'obtenir un titre sur requête[7]. La possibilité a également été admise pour l'expulsion de squatters qui refusaient de donner leur identité[8]. Enfin, s'est posée la question pour les locaux abandonnés. Dans ce cadre, il est en effet délicat de nier que le contradicteur est plus que difficile à trouver. La question s'est trouvée en partie résolue par le décret du 10 août 2011[9], relatif aux procédures de résiliation de baux d'habitation et de reprise des lieux en cas d'abandon (v. s^s n°s 0532.21 et 0532.22) qui prévoit une procédure de reprise sur requête dans le cas de locaux d'habitation abandonnés.

C.

Titres ne permettant pas l'expulsion

0511.31 **Acte notarié**[10]. Sans aucune ambiguïté[11], le législateur a exclu de la liste des titres exécutoires permettant l'expulsion l'acte notarié.

1. Pau, 2e ch., 1re sect., 29 oct. 2001, RG n° 00/01855, *LPA* 30 janv. 2002, n° 22, p. 16, note F.-X. Lucas.
2. Paris, 20 juin 2013, RG n° 11/20197, *Dr. fam.* 2013, n° 134, note J.-R. Binet.
3. PAR EX : Civ. 1re, 23 juin 2011, n° 10-20.189, NP : l'arrêt porte sur un problème de prescription, mais il s'agit de l'expulsion de propriétaires qui se croyaient encore propriétaires de leur lot suite à une vente et qui ont tenté d'engager la responsabilité du notaire.
4. Chambéry, 1re ch., 22 mars 2011, RG n° 09/02804.
5. Civ. 2e, 22 janv. 1997, n° 95.12-654, P II, n° 19 – À noter également dans le sens de l'admission de ce type de titres, P. Le Fur, « L'expulsion », *Rev. huiss.* 1993. 225.
6. Civ. 2e, 17 janv. 2011, n° 10-16.737, NP.
7. Paris, 6 mai 2002, RG n° 2002/14126.
8. Chambéry, 18 sept. 2007, RG n° 07/01038, *Loyers et copr.* 2008, n° 3, note B. Vial-Pedroletti.
9. Décr. n° 2011-945, 10 août 2011, relatif aux procédures de résiliation de baux d'habitation et de reprise des lieux en cas d'abandon, *JO* 12 août, p. 13848.
10. POUR UNE ÉTUDE GÉNÉRALE DE L'ACTE NOTARIÉ : M. Dagot, « La force exécutoire de l'acte notarié », *LPA* 1993, n° 3, p. 23.
11. POUR UN AVIS CONTRAIRE CEP. : v. P. Le Fur, p. 217-256 et not. p. 223 (art. préc., v. s^s n° 0511.22) – L'auteur considérait en effet, au moment de l'entrée en vigueur de la réforme du 9 juillet 1991 que le bail authentique était inclus dans le « *sauf dispositions spéciales* » de l'article 61. Il indiquait en effet que « *le bail authentique prévoyant l'expulsion à l'expiration des délais légaux du commandement de quitter les lieux* "sans aucune autre formalité" *paraît satisfaire aux conditions du texte* ».

Celui-ci est en effet une simple convention entre les parties, un acte dressé aux termes d'une négociation[1], et pour lequel le consentement des parties est vérifié par l'officier public et ministériel qu'est le notaire. À ce titre il ne remplit pas le souhait du législateur de voir l'expulsion prononcée par un juge, afin que celui-ci puisse vérifier que les conditions de la résiliation du bail sont bien remplies et qu'il puisse éventuellement accorder des délais de paiement[2].

0511.32 **Transaction.** Là non plus, il n'existe aucune ambiguïté sur l'impossibilité de procéder à une mesure d'expulsion sur le fondement d'une transaction rendue exécutoire par le président du tribunal de grande instance sur le fondement des dispositions de l'ancien article 1441-4 C. pr. civ. En effet, saisie pour avis de la question, la Cour de cassation, dans une décision du 20 octobre 2000 a clairement énoncé que « *l'expulsion ne peut pas être poursuivie en vertu d'une transaction rendue exécutoire par ordonnance du président du tribunal de grande instance, ce titre ne constituant aucun des deux titres exécutoires limitativement énumérés par l'article 61 de la loi du 9 juillet 1991* »[3]. Ce faisant, elle confirme ce que le texte lui-même laissait pressentir par la forme négative de l'article 61 (devenu C. pr. exéc., art. L. 411-1), à savoir qu'il s'agit d'une liste limitative. D'aucuns auraient pu penser qu'il pourrait s'apparenter à un procès-verbal de conciliation exécutoire, mais à l'instar du constat d'accord conclu devant un conciliateur, la transaction nécessite un **accord des parties hors la présence du juge**, ce qu'a voulu proscrire le législateur. Par ailleurs, la force exécutoire de la transaction était acquise au terme d'une **procédure sur requête,** donc non contradictoire, qui ne permettait donc pas au juge de s'assurer du libre consentement des parties alors même que la matière est grave.

Même si le texte a été modifié puisque c'est désormais l'article 1567, par renvoi, qui prévoit l'homologation par le juge compétent au fond, pour homologuer la transaction, celui-ci demeure saisi d'une simple requête et peut homologuer sans avoir vu les parties. Il lui est toutefois possible d'entendre les parties.

0511.33 **Sentence arbitrale.** Une expulsion peut-elle être poursuivie sur le fondement d'une sentence arbitrale et une sentence arbitrale prévoyant une expulsion pourrait-elle bénéficier de l'*exequatur* ? À l'évidence non et pour les mêmes raisons qui commandent d'exclure des titres permettant l'expulsion la transaction exécutoire. Si la Cour de cassation n'a pas eu à se pencher sur cette question, le juge de l'exécution du tribunal de grande instance de Paris s'est en revanche prononcé sur celle-ci et a répondu par la négative de manière très claire[4]. En effet, là encore, il s'agit d'une **procédure qui résulte de l'unique volonté des parties** et qui, pour que la sentence puisse être mise à exécution, nécessite un passage devant le président du tribunal de grande instance. Et si cela n'apparaissait pas clairement auparavant dans le texte de l'article 1477 C. pr. civ., depuis le décret n° 2011-48 du 13 janvier 2011 portant réforme de l'arbitrage[5], l'article 1487 C. pr. civ. énonce que l'*exequatur* résulte d'une procédure non contradictoire. Là encore, et sous les réserves émises concernant les ordonnances sur requêtes dans certains cas particuliers, la mesure d'expulsion nécessite que le juge ait pu apprécier la situation par la voie d'une procédure qui lui permet de rencontrer les deux parties.

D.
Cas particulier du jugement d'adjudication et de la confiscation pénale

0511.41 **Procès-verbal ou jugement d'adjudication sur saisie immobilière. Titre ne permettant pas l'expulsion avant la réforme de 2006.** L'expulsion d'un occupant peut aussi résulter de la perte pour celui-ci de son droit de propriété, soit par l'effet d'une vente volontaire, soit par l'effet d'un transfert forcé de la propriété, expropriation (v. s^s^ n° 0511.22) ou adjudication à la suite d'une procédure de saisie immobilière. Dans tous les cas, il s'agit purement et simplement d'un transfert de propriété, constaté dans une convention par acte authentique ou dans un « *contrat judiciaire* »[6]. Pourtant, la question s'est posée à de nombreuses reprises de la possibilité de pratiquer une mesure d'expulsion sur le fondement d'un jugement d'adjudication. Et la Cour de cassation répondit sans réserve à cette question que « *la décision de justice en vertu de laquelle l'expulsion est poursuivie doit avoir ordonné ou autorisé l'expulsion et* [...] *tel n'est pas le cas d'un jugement d'adjudication, qui n'a aucun caractère contentieux* »[7]. Il n'était donc pas

1. J.-J. Bourdillat, « Le titre exécutoire notarié : le consensus exécutoire » ; *Rev. huiss.* 1994. 679.
2. R. Perrot et P. Théry, n° 1081.
3. Cass., avis, 20 oct. 2000, n° 02-00.013, P, n° 9 ; *Dr. et proc.* 2001. 123, note J.-J. Bourdillat ; *RTD civ.* 2001. 213 ; *JCP* 2001. II. 10479, note Y. Desdevises ; *D.* 2000. IR 296 – Et plus généralement sur la TRANSACTION EXÉCUTOIRE : G. Huchet, « Transaction, retour sur l'article 1441-4 du Code de procédure civile », *Gaz. Pal.* 2007, n° 345, p. 6.
4. TGI Paris, JEX, 30 janv. 1997, RG n°s 97/80061 à 97/80064, *Rev. huiss.* 1997. 1002.
5. Décr. n° 2011-48, 13 janv. 2011, portant réforme de l'arbitrage, *JO* 14 janv., p. 777.
6. TGI Lyon, JEX, ord., 11 oct. 1994, *Gaz. Pal.* 1995. Somm. 210.
7. Civ. 2e, 7 mars 2002, n° 99-15.782, P II, n° 28 ; *D.* 2002. IR 116 ; *RTD civ.* 2002. 364, note R. Perrot.

possible de procéder à une expulsion sur le seul fondement du jugement d'adjudication, à moins, comme cela a pu être jugé, qu'il n'ait statué sur un éventuel incident lié au maintien du saisi dans les lieux[1]. En indiquant que ce jugement n'a aucun caractère contentieux, la Cour de cassation rappelle ainsi qu'il ne s'agit que d'un simple contrat judiciaire qui entraîne transfert de propriété. Les juges du fond ont suivi cette jurisprudence sans difficulté[2]. Et les juridictions administratives, dans le cadre du contentieux de l'octroi du concours de la force publique, ont également appliqué cette règle[3].

Il faut pourtant bien que la personne occupant les lieux puisse être expulsée afin que le nouveau propriétaire puisse entrer effectivement en possession du bien dont il a été déclaré adjudicataire. Il a toujours été admis que le **juge des référés**, là encore, était le juge qui pouvait le plus naturellement prononcer l'expulsion en raison du trouble manifestement illicite que l'occupation représentait[4], et ce même si une action en annulation du jugement d'adjudication était poursuivie par l'occupante, cette action n'ayant aucun caractère suspensif[5].

Certains avaient pu considérer que le **juge de l'exécution** (JEX) était également bien placé pour délivrer un titre d'expulsion à la suite d'un jugement d'adjudication dans la mesure où il s'agirait d'une difficulté d'exécution relative au titre exécutoire que constituerait le jugement d'adjudication.

Une telle interprétation a été fermement rejetée par la Cour de cassation qui a indiqué qu'« *il n'entre pas dans les pouvoirs du juge de l'exécution de délivrer un titre autorisant une expulsion* »[6]. Si le JEX connaît en effet, de manière exclusive, en application des dispositions de l'article L. 213-6 du COJ, « *des difficultés relatives aux titres exécutoires et des contestations qui s'élèvent à l'occasion de l'exécution forcée* », il n'est en principe pas le juge auquel on s'adresse pour obtenir un titre exécutoire impliquant ensuite une mesure d'exécution forcée, sauf à lui demander de liquider une astreinte ou de prononcer une condamnation à des dommages et intérêts. Le prononcé d'une expulsion ne constitue pas seulement une difficulté d'exécution puisqu'aucune mesure contraignante n'a été prononcée contre l'occupant par le jugement d'adjudication. Le raisonnement de ceux qui acceptaient la compétence du JEX était sans doute fondé sur l'ancienne compétence reconnue au président du tribunal de grande instance qui statuait sur les difficultés d'exécution en application des dispositions de l'article 811 de l'ancien C. pr. civ., et qui pouvait prononcer l'expulsion[7].

À noter toutefois que la deuxième chambre civile de la Cour de cassation avait laissé entendre, dans un arrêt du 6 mai 1999[8], que le JEX aurait le pouvoir d'ordonner l'expulsion sur le fondement de la voie de fait.

En effet, dans cette affaire, des occupants d'un bien ayant fait l'objet d'une saisie immobilière et d'un jugement d'adjudication avaient réintégré les lieux après leur expulsion, qui semble-t-il avait eu lieu sur le seul fondement du jugement d'adjudication. La Cour de cassation avait admis alors que le JEX délivre un titre d'expulsion sur le fondement des articles 208 et 209 du décret n° 92-755 du 31 juillet 1992[9] (devenus C. pr. exéc., art. R. 441-1 et R. 442-1), c'est-à-dire sur le fondement des articles qui pour le premier, qualifie la réintégration de la personne expulsée de voie de fait et prévoit que le commandement de quitter les lieux continue alors de produire effet, et pour le second, donne compétence au juge de l'exécution du lieu de situation de l'immeuble pour trancher les contestations relatives à l'expulsion.

L'arrêt précité du 10 juillet 2003 ayant énoncé clairement que le JEX ne pouvait délivrer un titre d'expulsion postérieurement, une telle jurisprudence est fort certainement remise en question.

Mais pour pouvoir obtenir ce titre d'expulsion auprès du juge des référés, il faut avant tout avoir signifié le jugement d'adjudication à l'occupant que l'on envisage de faire expulser, à peine d'irrecevabilité de la demande d'expulsion[10], mais aussi, de voir différer le point de départ des indemnités d'occupa-

1. V. jugement du TGI Lyon, JEX, ord., 11 oct. 1994 (préc. s^s prés^t n^o).
2. PAR EX. : Lyon, 6e ch. civ., 20 janv. 2004, RG n° 02/03682 – Grenoble, ch. des urgences, 14 févr. 2007, RG n° 05/04816.
3. CAA Nantes, 2e ch., 21 déc. 2004, Menut, req. n° 02NT00699, *Gaz. Pal.* 19 nov. 2005, n° 323, p. 29 – CE 29 oct. 2007, req. n° 279147, *Gaz. Pal.* 3 avr. 2008, n° 94, p. 34 – CE 3 févr. 2016, req. n° 380935, *AJDA* 2016. 703.
4. PAR EX. : Civ. 2e, 11 avr. 1986, n° 84-17.210, P II, n° 50 – Civ. 2e, 30 sept. 1999, n° 97-13.008, P II, n° 144 – Civ. 2e, 15 févr. 2001, n° 99-13.829, NP ; *Dr. et proc.* 2001. Actu. 206 – Angers, 1re ch., 3 juill. 2007, RG n° 06/01856.
5. Civ. 2e, 27 juin 2007, n° 06-15.893, P II, n° 117.
6. Civ. 2e, 10 juill. 2003, n° 00-19.579, P II, n° 247 ; *D.* 2003. IR 2053 ; *Dr. et proc.* 2003. 379.
7. Civ. 2e, 11 févr. 1987, n° 85-16.533, P II, n° 44 ; *Gaz. Pal.* 1987. Somm. 488, note S. Guinchard et T. Moussa.
8. Civ. 2e, 6 mai 1999, n° 96-21.081, NP ; *Procédures* 1999, n° 176, note R. Perrot ; *Procédures* 1999, n° 199, note J. Junillon.
9. Décr. n° 92-755, 31 juill. 1992, instituant de nouvelles règles relatives aux procédures civiles d'exécution pour l'application de la loi n° 91-650 du 9 juillet 1991 portant réforme des procédures civiles d'exécution, *JO* 5 août, p. 10530.
10. Civ. 2e, 11 avr. 1986, n° 84-17.210, P II, n° 50 – Civ. 2e, 10 mars 2004, n° 02-17.292, NP ; *Dr. et proc.* 2004. 178 – Civ. 2e, 3 mai 2007, n° 06-10.332, NP – Mais aussi, faute de signification du jugement d'adjudication et du titre d'expulsion, à peine d'être sanctionné pour une voie de fait : Civ. 2e, 7 juin 2007, n° 07-10.601, P II, n° 146 – CONTRA : Civ. 2e, 6 mai 1998, n° 98-13.621, NP.

tion[1]. Toutefois, l'absence de formule exécutoire sur le jugement d'adjudication qui est signifié n'entraîne pas nécessairement la nullité de la signification et par voie de conséquence pas l'irrecevabilité de la demande d'expulsion[2]. Les décisions en ce sens sont rendues au visa de l'article 503 C. pr. civ. qui prévoit que « *les jugements ne peuvent être exécutés contre ceux auxquels ils sont opposés qu'après leur avoir été notifiés* ». Ce qui était singulier, c'est qu'en cas d'adjudication sur saisie immobilière, il fallait donc une double signification, du jugement d'adjudication translatif de propriété, qui avertissait l'occupant qu'il était sans droit ni titre, puis du jugement d'expulsion qui lui enjoignait de quitter les lieux. Fort de ce constat d'inutilité de doubler les procédures, le législateur a remédié à cette situation en 2006.

0511.42 **Titre qui permet désormais l'expulsion : le jugement d'adjudication sur saisie immobilière après la réforme de 2006.** L'ordonnance du 21 avril 2006 réformant la saisie immobilière[3], réformant la saisie immobilière, et le décret du 27 juillet 2006[4] relatif aux procédures de saisie immobilière et de distribution du prix d'un immeuble ont profondément réformé la procédure de saisie immobilière. Sans entrer dans le détail de celle-ci (v. ss nos 133.05 s.), l'article L. 322-13 C. pr. exéc. prévoit que : « *Le jugement d'adjudication constitue un titre d'expulsion à l'encontre du saisi* »[5]. L'article R. 322-64 C. pr. exéc. prévoit quant à lui que « *sauf si le cahier des conditions de vente prévoit le maintien dans les lieux du débiteur saisi, l'adjudicataire peut mettre à exécution le titre d'expulsion dont il dispose à l'encontre du saisi et de tout occupant de son chef n'ayant aucun droit qui lui soit opposable à compter de la consignation du prix et du paiement des frais taxés* ». Sauf donc à ce que l'adjudicataire ait été préalablement averti qu'il allait tenter d'acquérir un bien qui resterait occupé dans le cahier des conditions de vente, il peut poursuivre l'expulsion des occupants du bien acheté sur la base du jugement constatant le transfert de propriété. Mais il y a des conditions. Tout d'abord, il ne peut pas expulser tout le monde : seuls les occupants sans droit ni titre sont expulsables, à l'exclusion des locataires. Par ailleurs, il doit avoir payé la totalité du prix et des frais taxés, ce que le JEX est compétent pour vérifier dans le cadre du litige sur la validité de l'expulsion[6]. Ces nouvelles dispositions amènent quelques questions toutefois. Le jugement doit-il prononcer expressément l'expulsion ? Rien ne l'indique puisqu'il constitue, en soi, un titre d'expulsion. Néanmoins, pour éviter toute difficulté d'exécution et notamment que le nouveau propriétaire se voit opposer un refus de concours de la force publique, il est préférable de l'indiquer clairement, ce d'autant plus que le cahier des conditions de vente peut prévoir que le saisi restera dans les lieux. Par ailleurs, et puisqu'il faut attendre le versement du prix, à quel moment le jugement d'adjudication constitue-t-il un titre d'expulsion lorsque faute d'enchérisseurs, le jugement a déclaré adjudicataire le créancier poursuivant, en application de l'article 2206 C. civ. (devenu C. pr. exéc., art. L. 322-6) ? En effet, il n'est prévu aucune dérogation le concernant. Y aura-t-il consignation du prix de vente ? Une très ancienne jurisprudence sur ce point avait précisé que l'adjudicataire ne pouvait en principe pas compenser avec le débiteur propriétaire du bien vendu. Certains en ont déduit qu'il s'agissait simplement d'une interdiction en l'absence de créanciers de rang supérieur, et d'autres y ont vu une interdiction absolue, le prix de vente n'étant pas à proprement parler exigible par le débiteur tant qu'il y a des créanciers inscrits. Il est toutefois fréquent de trouver une clause dans le cahier des conditions de vente qui prévoit que le créancier poursuivant de premier rang devenu acquéreur, sous réserve des droits des créanciers privilégiés pouvant le primer, aura la faculté, par déclaration au séquestre désigné et aux partis, d'opposer sa créance en compensation légale totale ou partielle du prix, à ses risques et périls, dans les conditions de l'article 1347 C. civ. Si tel est le cas, alors l'adjudicataire n'aura pas à effectuer un versement pour pouvoir procéder à l'expulsion. Enfin, relevons qu'il a été jugé que les indemnités d'occupation du bien adjugé courent du jour de l'adjudication et non pas de sa signification[7]. Ce qui ne signifie pas que ce jugement ne doive pas être signifié pour pouvoir être mis à exécution et donc procéder à l'expulsion sur son fondement[8].

Il convient de préciser que les règles classiques de l'expulsion qui seront exposées ci-dessous sont ensuite applicables à l'exécution de ce titre[9].

1. Civ. 2e, 1er mars 1995, no 93-16.007, P II, no 62 – Civ. 2e, 14 juin 2001, no 99-19.353, NP ; *Dr. et proc.* 2001. 339.
2. Civ. 2e, 11 févr. 2010, no 09-65.404, P II, no 31 ; *D.* 2011. 265, obs. N. Fricero.
3. Ratifiée dernièrement par L. no 2010-1609, 22 déc. 2010, relative à l'exécution des décisions de justice, aux conditions d'exercice de certaines professions réglementées et aux experts judiciaires, *JO* 23 déc., p. 22552.
4. Décr. no 2006-936, 27 juill. 2006, relatif aux procédures de saisie immobilière et de distribution du prix d'un immeuble, *JO* 29 juill., texte 26.
5. A. Leborgne, « Saisie immobilière et expulsion des occupants », *Procédures* 2009. Alerte 1.
6. Civ. 2e, 23 févr. 2017, no 16-13.178, P II, no 37 ; *D. actu.* 10 mars 2017 ; *Procédures* 2017. Comm. 62, obs. C. Laporte.
7. Civ. 2e, 6 juin 2019, no 18-12.353, P ; *RD banc. fin.* sept-oct. 2019. Comm. 169, obs. S. Piedelièvre.
8. *JCP* 2019. 1128, obs. C. Laporte.
9. Rép. QE, AN no 15650, *JOAN Q* 26 août 2008, p. 7419.

0511.43 Titre ne permettant toujours pas l'expulsion : l'adjudication sur licitation. La Cour de cassation a récemment indiqué que, par l'effet des renvois incomplets des textes, les articles 1377, et 1271 à 1281 C. pr. civ. ne renvoyant pas à l'article L. 322-13 C. pr. exéc., le jugement d'adjudication sur licitation ne constituait pas un titre d'expulsion [1].

0511.44 Autre titre permettant l'expulsion : la confiscation pénale. L'article 131-21 C. pén. prévoit la peine complémentaire de confiscation, qui peut porter sur des biens immobiliers. La loi nº 2024-582 du 24 juin 2024 améliorant l'efficacité des dispositifs de saisie et de confiscation des avoirs criminels [2] a ajouté un alinéa à cet article, qui dispose désormais que : « *La décision définitive de confiscation d'un bien immobilier constitue un titre d'expulsion à l'encontre de la personne condamnée et de tout occupant de son chef* ». Il s'agissait de « *répondre aux doléances de l'Agrasc* [Agence de gestion et de recouvrement des avoirs saisis et confisqués] *en qualifiant la décision définitive de confiscation de titre d'exécution afin* "de raccourcir les délais de vente des immeubles confisqués et [...] éviter les manœuvres dilatoires auxquelles se livrent les personnes condamnées dans le seul but de différer la vente de ces biens" *(v. AN, rapp. nº 1911* [3] *), d'autant plus inutiles que, selon l'Agrasc, le juge civil délivrait le titre d'expulsion dans 100 % des cas* » [4]. Le Conseil constitutionnel a validé ce texte, mais avec une réserve d'interprétation, le bien pouvant constituer le domicile des occupants du chef de la personne condamnée, le juge devant, pour que le texte contesté réalise un bon équilibre entre les intérêts en jeu (sauvegarde de l'ordre public et protection de la vie familiale et de l'inviolabilité du domicile), prendre en compte, « *au regard des éléments dont il dispose, la situation personnelle et familiale de la personne condamnée* » [5].

1. Civ. 2e, 17 nov. 2022, nº 20-18.047, B ; *RD banc. fin.* 2023. Comm. 17, obs. S. Piedelièvre – C. Laporte, « Jugement d'adjudication et expulsion », *Procédures* 2023. Comm. 9 – F. Kieffer, « Un jugement de vente sur adjudication par licitation ne vaut pas titre d'expulsion », *D. actu.* 6 janv. 2023 ; *AJ fam.* 2022. 612, obs. F. Eudier.
2. L. nº 2024-582, 24 juin 2024, améliorant l'efficacité des dispositifs de saisie et de confiscation des avoirs criminels, *JO* 25 juin, texte 1.
3. J.-L. Warsmann, rapp. AN nº 1911, sur la proposition de loi améliorant l'efficacité des dispositifs de saisie et de confiscation des avoirs criminels, déposé le 22 nov. 2023.
4. R. Parizot, « Mieux saisir, mieux confisquer. À propos de la loi nº 2024-582 du 24 juin 2024 améliorant l'efficacité des dispositifs de saisie et de confiscation des avoirs criminels », *JCP* 2024. Actu. 1184 – V. AUSSI : C. Fonteix, « Loi du 24 juin 2024 : une loi drastique pour saisir et confisquer davantage à moindre coût, au prix des droits du propriétaire ? », *D. actu.* 9 sept. 2024.
5. Cons. const., 20 juin 2024, nº 2024-869 DC, *JO* 25 juin, texte 2.

La loi a également ajouté une seconde phrase à cet alinéa, qui dispose que « *n'est pas considérée comme occupant du chef du condamné la personne de bonne foi titulaire d'une convention d'occupation ou de louage d'ouvrage à titre onéreux portant sur tout ou partie du bien confisqué* ». Le Conseil constitutionnel, dans cette même décision, a invalidé partiellement la phrase issue de la loi qui disposait que la protection des tiers de bonne foi était subordonnée au fait que la convention devait avoir été conclue avant la décision de saisie et régulièrement exécutée par les deux parties, au motif que ces dispositions pouvaient « *conduire à l'expulsion de l'occupant de bonne foi au motif que la convention a été conclue après une saisie alors que celle-ci n'est pas systématique et qu'il n'en a pas nécessairement connaissance, ainsi que dans le cas où l'inexécution est imputable à la personne condamnée* ».

E.
Dérogations

0511.51 Dérogations à la nécessité d'un titre exécutoire. Après avoir dressé cette liste des titres exécutoires permettant l'expulsion et de ceux ne la permettant pas, il convient de s'interroger sur la dérogation expresse qui se situe en tête de l'article L. 411-1 C. pr. exéc. Il est en effet indiqué que l'expulsion ne peut avoir lieu sans titre exécutoire, « *sauf disposition spéciale* ». Au lendemain de l'entrée en vigueur de la réforme de 1991, d'aucuns ont pu considérer que le bail authentique pouvait être la disposition spéciale visée par le texte [6], ce qui est plus que contestable et n'a d'ailleurs pas été retenu par la jurisprudence (v. ss nº 0511.31). D'autres y ont vu l'occupation illicite du domaine public, l'occupation d'un lieu habité à la suite d'une violation de domicile à condition que la notion de flagrant délit soit établie, ou encore l'occupation d'une partie commune d'un immeuble telle que cage d'escalier, cour commune, etc. Si le premier et le dernier cas retenus par cet auteur sont finalement à exclure puisque l'occupation du domaine public donne lieu à des décisions en référé (v. ss nº 0511.22), et qu'aucune disposition ne permet de dispenser un propriétaire d'un titre pour pouvoir procéder à l'expulsion dans les parties communes par exemple, l'auteur avait quelque peu anticipé la volonté du législateur pour le second cas. En effet, il existe, depuis 2007, **deux nouveaux cas de dispense de titre exécutoire pour pouvoir procéder à une expulsion ou à une évacuation.**

Il existe en effet des cas où l'expulsion peut faire suite à une simple mise en demeure de quitter les lieux (v. ss nos 05.07 et 0511.22).

6. P. Le Fur (art. préc., v. ss nº 0511.22).

– L'article 9 de la loi du 5 juillet 2000[1] relative à l'accueil et à l'habitat des gens du voyage dispose que le préfet peut, sous certaines conditions, délivrer une **mise en demeure de quitter les lieux aux occupants d'un terrain de la commune, voire d'un terrain privé**, et ce dans un délai de vingt-quatre heures minimum. À l'issue de ce délai et sauf recours devant le juge administratif contre cette mise en demeure, le préfet peut procéder à l'évacuation forcée.

– L'article 38 de la loi n° 2007-290 du 5 mars 2007 instituant le droit au logement opposable et portant diverses mesures en faveur de la cohésion sociale, modifiée par la loi n° 2023-668 du 27 juillet 2023 visant à protéger les logements contre l'occupation illicite[2], prévoit par ailleurs une **procédure similaire en cas de squat d'un domicile**[3].

En réalité, ces exceptions sont même plus larges que la simple dérogation à la nécessité d'avoir un titre exécutoire précis pour procéder à une expulsion. En effet **c'est ici le préfet qui procède à l'évacuation forcée** directement, sans que le propriétaire n'ait nécessairement à demander le concours d'un commissaire de justice. Ces mesures sont hors du champ des procédures civiles d'exécution puisqu'il s'agit de **procédures purement administratives.**

Mais à l'origine, quelle a été l'intention du législateur lorsqu'il a prévu cette dérogation ? Ce sont les débats parlementaires qui nous apprennent celle-ci. Cette disposition renvoyait, d'après eux, à l'arrêté de péril. La matière ayant beaucoup évolué depuis 1991, il faut ici distinguer les différentes situations possibles. Il existe en réalité **l'arrêté de péril simple**, imminent, avec ou sans interdiction temporaire ou définitive d'habiter, le texte évoquant désormais l'arrêté de mise en sécurité ou de traitement de l'insalubrité (CCH, art. L. 511-1 s.) mais aussi **la déclaration d'insalubrité** (CSP, art. L. 1331-1 s.). Dans tous les cas, sauf peut-être le tout premier, l'évacuation des lieux pourra être réalisée par le préfet dès lors que la décision prévoira celle-ci. Par ailleurs, le propriétaire et à défaut le préfet, devront trouver des solutions de relogement si toutefois les occupants sont de bonne foi. Il ne s'agit que d'une évacuation provisoire lorsque les occupants ont un titre à l'origine de leur occupation. Dans ce cas en effet, si ceux-ci refusent trois offres de relogement, ils pourront être expulsés, et non plus seulement évacués, en ce sens qu'il n'y aura pas de retour possible dans les lieux, sur décision du juge qui constatera la résiliation du bail. Dans tous les cas où l'évacuation a été poursuivie d'office par le préfet, il est même prévu un dispositif semblable à celui prévu en matière d'expulsion sur le sort des meubles laissés sur place (CCH, art. L. 542-1).

1. L. n° 2000-614, 5 juill. 2000, préc.
2. L. n° 2023-668, 27 juill. 2023, visant à protéger les logements contre l'occupation illicite, *JO* 28 juill., texte 1.
3. Sur cette procédure et plus généralement la PROBLÉMATIQUE DU SQUAT : v. A. Dorange, « La gestion procédurale du squat : la protection du domicile contre l'occupation sans droit ni titre », *RSC* 2011. 371 – Pour les modifications apportées par la loi de 2023, v. G. Sebban, « Décryptage général de la loi du 27 juillet 2023 visant à protéger les logements contre l'occupation illicite », *RLDC*, n° 220, 1er déc. 2023 – R. Parizot, « Mieux saisir, mieux confisquer. À propos de la loi n° 2024-582 du 24 juin 2024 améliorant l'efficacité des dispositifs de saisie et de confiscation des avoirs criminels », *JCP* 2024. Actu. 1184 – H. Matsopoulou, « Loi anti-squat : la protection pénale de la propriété immobilière contre les occupations illicites. Commentaire des dispositions pénales de la loi n° 2023-668 du 27 juillet 2023 visant à protéger les logements contre l'occupation illicite », *Dr. pénal* 2023. Étude 18.

§ 2
Dispositif du titre

0511.61 L'expulsion doit avoir été prononcée explicitement. C'est à l'occasion de l'arrêt relatif à la valeur du jugement d'adjudication que le principe a été posé de manière très solennelle par la Cour de cassation (v. ss n° 0511.41) dans son arrêt du 7 mars 2002 : « *La décision de justice en vertu de laquelle l'expulsion est poursuivie, doit avoir ordonné ou autorisé l'expulsion* ». Le dispositif de la décision doit donc être extrêmement clair. Comme cela a pu être dit, « *la gravité d'une telle mesure suppose un ordre du juge : on ne peut pas procéder à une expulsion, sans qu'un juge l'ait formellement dit* »[4]. Il ne suffit pas par exemple de prononcer la résiliation du bail ni même de dire que les occupants devront quitter les lieux ou « *délaisser l'immeuble* »[5]. Il doit être précisé que s'ils ne le font pas, une mesure d'expulsion pourra être mise en œuvre à leur encontre. Bien entendu, le juge ne peut le faire que si l'expulsion a été demandée par les parties faute de quoi il statuerait *ultra petita*. Cette précision a son importance notamment dans les litiges familiaux car une certaine réserve peut parfois être observée sur ce point par certains époux qui, de peur d'attiser le contentieux, ne tirent pas nécessairement les conséquences de leur demande d'attribution du logement par exemple et sont, au stade de l'exécution, fort embêtés par le titre incom-

4. Note R. Perrot ss Civ. 2e, 7 mars 2002, n° 99-15.782, P II, n° 2 ; *RTD civ.* 2002. 364.
5. CE 29 oct. 2007, req. n° 279147, *Gaz. Pal.* 3 avr. 2008, n° 94, p. 34 – V. AUSSI : Grenoble, ch. des urgences, 14 févr. 2007, RG n° 05/04816 : dans cet arrêt, la Cour rappelle que le jugement d'adjudication ne constitue pas un titre autorisant l'expulsion, mais ajoute « *lorsqu'il n'a pas statué sur la situation de maintien ou non de l'occupant* ». On pourrait plutôt dire : « *lorsqu'il n'a pas ordonné l'expulsion* » car dans l'espèce soumise au Conseil d'État (arrêt du 29 oct. 2007), le juge s'était bien prononcé sur le maintien ou non dans les lieux.

plet dont ils disposent. Il est donc important, pour que la partie adverse sache également exactement à quoi s'attendre une fois la décision rendue et puisse ainsi se défendre utilement, de demander clairement l'expulsion et que celle-ci soit tout aussi clairement prononcée.

En l'absence d'une telle condamnation, l'huissier (commissaire) de justice ne peut procéder à l'expulsion et s'il le faisait, le concours de la force publique lui serait refusé et la validité des actes pourrait être remise en cause. Si toutefois la demande avait été faite et que le juge n'avait pas statué dessus, il est toujours possible de le saisir en omission de statuer sur le fondement de l'article 462 C. pr. civ. Dans l'hypothèse où l'expulsion n'aura pas été demandée, le propriétaire n'aura pour seule option que de saisir le juge pour qu'il prononce l'expulsion en raison de l'absence de titre de l'occupant.

0511.62 Existe-t-il des dérogations à ce principe de clarté ? Tout d'abord, une décision surprenante de la cour d'appel de Toulouse du 27 mars 2007[1] mérite d'être signalée. Celle-ci indique que « *la décision de justice en vertu de laquelle l'expulsion est poursuivie doit avoir ordonné ou autorisé l'expulsion. Cette autorisation est implicitement, mais suffisamment, donnée lorsque le tribunal condamne l'occupant à libérer les lieux sous astreinte* ». Cette analyse semble directement contraire à la jurisprudence de la Cour de cassation précitée, dans la mesure où l'on imagine mal un ordre implicite du juge. Ce d'autant que l'ordre d'expulsion s'adresse non seulement à l'occupant, qui doit effectivement quitter les lieux volontairement, faute de quoi il est averti que la force publique pourra être requise pour procéder à son expulsion forcée, mais aussi et surtout au préfet qui, lorsqu'il va lui être demandé de prêter assistance à l'huissier (commissaire) de justice pour procéder à l'expulsion, doit être sûr que l'ordre a bien été donné de procéder à cette expulsion. Or, l'astreinte qui est ordonnée n'est destinée qu'à l'occupant, en vue de l'inciter à quitter les lieux volontairement. Il n'apparaît donc pas ici qu'il y ait matière à dérogation.

En revanche, on peut s'interroger sur la nécessité de prononcer expressément l'expulsion lorsque la loi elle-même prévoit que le titre vaut titre d'expulsion. Ainsi, par exemple, l'article L. 322-13 C. pr. exéc. prévoyant que le jugement d'adjudication constitue un titre d'expulsion, il est permis de se demander s'il est nécessaire que l'expulsion soit prononcée. Cela est préférable dans la mesure où le cahier des conditions de vente peut prévoir le maintien dans les lieux du saisi, mais aussi où tout juge qui prononce une expulsion a la faculté d'accorder des délais (v. s[s] n° 0511.42). Par ailleurs, l'article R. 231-1 C. expr. (anc[t] C. expr., art. R. 15-1) prévoit, depuis 2005, quel est le juge compétent pour « ordonner » l'expulsion et selon quelle procédure, à la suite d'une ordonnance d'expropriation. Il est donc clair qu'il faut un ordre du juge pour procéder à l'expulsion à la suite d'une procédure d'expropriation. Néanmoins, auparavant la question avait pu se poser de savoir si le fait que l'article L. 231-1 C. expr. (anc[t] C. expr., art. L. 15-1) du même code qui prévoit qu'il « *peut être procédé à l'expulsion des occupants* » passé le délai d'un mois suivant le paiement de l'indemnité, permettait de dire que l'ordonnance d'expropriation constituait un titre d'expulsion en soi, et si donc il était nécessaire que l'expulsion fut prononcée.

En réalité, c'est **devant le Conseil d'État**, dans le cadre d'un contentieux relatif à l'octroi de la force publique que celle-ci s'était posée. Le rapporteur tendait à répondre par la négative en indiquant qu'il était nécessaire qu'il y ait un ordre du juge car c'est à lui d'apprécier la validité du paiement de l'indemnité et s'il souhaite octroyer des délais supplémentaires[2]. Le Conseil d'État, par arrêt du 18 mai 1990, n'avait pas suivi son rapporteur et avait considéré que l'ordonnance d'expropriation pouvait constituer, en soi, un titre d'expulsion. En revanche, la pratique judiciaire était bien de délivrer des titres d'expulsion en référé[3]. C'est la pratique qui a prévalu avec le décret du 13 mai 2005 précité qui a créé l'article R. 15-1 C. expr. (devenu C. expr., art. R. 231-1) (v. s[s] n° 0511.22).

Enfin, la question se pose de manière renouvelée avec le décret n° 2011-945 du 10 août 2011, relatif aux procédures de résiliation de baux d'habitation et de reprise des lieux en cas d'abandon, puisqu'il prévoit que la décision de reprise constitue bien un titre d'expulsion. *A priori*, le juge n'aura qu'à prononcer la reprise et cela aura pour effet de permettre de mettre en œuvre une procédure d'expulsion allégée, mais aussi, en cas d'occupation postérieure au titre, une expulsion complète (v. s[s] n°s 0532.21 et 0532.22).

0511.63 D'autres mentions sont-elles nécessaires ? Le dispositif de la décision d'expulsion se doit d'être le plus clair et précis possible pour permettre au commissaire de justice de procéder à l'expulsion, et au préfet d'apprécier la nécessité ou non d'accorder l'octroi du concours de la force publique. Ainsi, il est préférable d'indiquer clairement de quel bien il s'agit précisément, même s'il a pu être jugé qu'il n'était pas nécessaire de mentionner les réfé-

1. Toulouse, 1re ch., 3e sect., 27 mars 2007, RG n° 05/05583.

2. M. Fornacciari, « L'ordonnance d'expropriation vaut-elle jugement d'expulsion des occupants se maintenant dans les lieux ? », concl. sur CE 18 mai 1990, Ville de Nice c/M. Ferrari, req. n° 64387, *RFDA* 1991. 271.

3. PAR EX. : Civ. 3e, 17 janv. 1990, n° 88-70.369, NP – Civ. 3e, 18 juin 2003, n° 02-70.061, NP.

rences cadastrales du bien expulsé[1]. Dans certains cas, cela est toutefois nécessaire, et parfois même pas suffisant[2]. En revanche, une fois l'expulsion prononcée, cela va avoir des conséquences procédurales prévues par la loi, sur lesquelles le juge qui ordonne l'expulsion n'a pas de prise. La procédure d'expulsion devra être suivie, avec la délivrance du commandement d'avoir à libérer les locaux, la suspension de certaines expulsions en période hivernale, et le concours de la force publique si nécessaire. Si cela rend le dispositif plus clair, il n'est donc pas indispensable d'indiquer que le sort des meubles sera réglé conformément aux dispositions des articles 65 et 66 de la loi du 9 juillet 1991 (devenus C. pr. exéc., art. L. 433-1 et L. 433-2), ni que la force publique devra prêter son concours, qui ne sont que des rappels des effets légalement prévus de la décision.

0511.64 Parties au litige. Les précisions devront évidemment porter également sur les personnes concernées par la procédure d'expulsion, propriétaire titulaire du titre d'expulsion et personnes susceptibles d'être expulsées, comme n'importe quel titre exécutoire, avec toutefois quelques particularités côté titulaire du titre comme côté défendeur au titre ou personne visée par l'expulsion.

0511.65 Titulaire du titre ou problématique de la transmission du bénéfice de celui-ci. Le titulaire du titre est le demandeur dans le cadre de la procédure tendant à son obtention et c'est en principe lui qui pourra mettre en œuvre la procédure d'expulsion subséquente. Néanmoins, il existe des cas où le titre pourra être transmis en même temps que la propriété du bien et il est important de déterminer en ce cas qui pourra procéder à l'expulsion, dédommager la personne expulsée en cas de difficulté, ou requérir la force publique par exemple. Ainsi, il a été jugé que le fait de diligenter une procédure d'expulsion est une action personnelle[3] et qu'elle ne se transmet donc pas automatiquement avec la vente du bien. En conséquence, il faut pour le nouveau propriétaire notifier à l'occupant une cession du titre exécutoire dans les formes prévues à l'article 1690 C. civ. Cependant, contrairement à ce qu'avait pu juger la cour d'appel de Paris dans une affaire où elle avait affirmé cette nature personnelle de l'action, et qui avait retenu comme valable le commandement de quitter les lieux délivrés par l'acquéreur dans la mesure où la notification avait eu lieu en cours de procédure devant elle[4], la Cour de cassation a indiqué que la cession du titre devait avoir été notifiée préalablement à la délivrance du commandement[5]. Ce qui n'implique d'ailleurs pas que l'acte de vente ait déjà été publié[6]. Il faut donc, au préalable bien sûr, que les parties à l'acte de vente se soient mises d'accord sur la cession du titre exécutoire et la poursuite de l'expulsion. Ce qui a d'ailleurs pu poser difficulté dans une affaire où une expropriation avait eu lieu, avec un délai pour quitter les lieux prévu au bénéfice de l'exproprié, qui indiquait quant à lui faire son affaire de la libération effective des lieux alors que s'y trouvaient des occupants sans droit ni titre. L'exproprié avait obtenu, préalablement à l'accord, un titre d'expulsion mais s'était déjà vu refuser le concours de la force publique. Il n'a pu ensuite poursuivre la mesure d'expulsion puisqu'il n'était plus propriétaire des locaux. Il a tenté de faire annuler son obligation de libérer les lieux avant la date fixée et l'avait obtenu en instance d'appel, dans la mesure où il avait été considéré que, simple particulier, il ne pouvait avoir conscience que, dès le jour de l'acte de transfert de propriété, il ne pourrait plus poursuivre l'expulsion. La Cour de cassation a cassé cet arrêt au motif que l'exproprié devait avoir conscience de ce à quoi il s'engageait[7]. Il a donc dû régler les indemnités d'occupation auxquelles il était tenu en vertu de l'accord. Par ailleurs, dans le cas où il n'y a tout simplement pas transfert de propriété, il est certain que le titre d'expulsion n'est pas transmis[8].

La question de la transmission du titre exécutoire a pu également se poser en matière de **demande de concours de la force publique et de responsabilité de l'État.** Dès 1989, le Conseil d'État a considéré qu'un acte de vente de la propriété objet de l'occupation sans titre « *subroge exclusivement l'acquéreur aux droits du vendeur dans l'action que ce dernier pouvait engager contre* [l'occupant] ; *qu'ainsi, le refus de faire droit à la demande de concours de la force publique présentée par le précédent propriétaire, n'a fait naître aucun droit à indemnisation contre l'État, au profit de l'acquéreur* »[9].

1. Saint-Denis de La Réunion, 1re ch. civ., 14 nov. 2008, RG n° 07/01099.
2. Civ. 2e, 14 oct. 2010, n° 09-16.492, NP : les références cadastrales étaient précisément indiquées, mais pas les lots. Or, le titre portait uniquement sur des locaux à usage industriel et pas à ceux à usage d'habitation. La Cour a admis la limitation des effets du commandement.
3. Paris, 8e ch. B, 23 janv. 2003, RG n° 2002/15532, *Dr. et proc.* 2003. 254 – Nancy, 5 nov. 2007, RG n° 06/02709 – Avec REJET DU POURVOI à son encontre : Civ. 3e, 12 mai 2009, n° 08-12.845, NP : dans cette espèce, il s'agissait d'une donation et la Cour de cassation ne s'est pas occupée de la notification à la personne expulsée.
4. Paris, 8e ch. B, 23 janv. 2003, RG n° 2002/15532, *Dr. et proc.* 2003. 254.
5. Civ. 3e, 29 juin 2005, n° 06-14.163, P III, n° 147.
6. Civ. 3e, 4 mai 2000, n° 98-20.136, P III, n° 98 ; *Gaz. Pal.* 8 août 2000, n° 221, p. 17.
7. Civ. 1re, 29 nov. 2005, n° 03-13.574, NP.
8. EN CE SENS : Civ. 3e, 23 juin 1981, n° 79-17.108, P III, n° 132 : dans ce cas, ce sont les locataires qui avaient diligenté la procédure d'expulsion contre les sous-locataires et le propriétaire tentait de s'en prévaloir.
9. CE 21 juill. 1989, req. n° 73430, NP.

Autrement dit, l'acquéreur doit en principe renouveler la demande de concours de la force publique pour son propre compte. À noter que le Conseil d'État ne semblait pas exiger que l'acte ait expressément subrogé l'acquéreur, ni qu'un tel transfert ait été notifié à l'occupant. Il a ensuite clairement énoncé le principe selon lequel : « *La responsabilité de l'État née du refus de prêter le concours de la force publique pour assurer l'exécution d'une décision de justice ne peut être engagée qu'à l'égard de la personne au profit de laquelle a été rendue cette décision* »[1].

Dans cette espèce, l'exploitant d'installations se trouvant sur le terrain du titulaire du titre d'expulsion et donc du propriétaire des lieux, n'a donc pas pu procéder à l'expulsion des occupants sans titre de son exploitation.

Mais le Conseil d'État a ensuite semblé assouplir sa jurisprudence sur ce point puisqu'en 2008, elle a admis que le nouveau propriétaire puisse bénéficier d'une demande de concours de la force publique faite par le précédent propriétaire. Mais la chose fut admise dans le cadre d'une fusion de sociétés qui implique une transmission universelle du patrimoine, contrairement à une vente[2]. Une telle solution devrait pouvoir ainsi s'appliquer également en cas de décès et de reprise de la procédure par les ayants droit du propriétaire. Toutefois, il confirma cette tendance à simplifier la tâche des nouveaux propriétaires en énonçant, dans un considérant de principe repris dans deux arrêts du 2 septembre 2009 que « *la responsabilité de l'État née du refus de prêter le concours de la force publique pour assurer l'exécution d'une décision de justice ne peut être engagée qu'à l'égard de la personne au profit de laquelle a été rendue cette décision ou de la personne investie ultérieurement de ses droits* »[3]. Cela signifie que le nouveau propriétaire doit pouvoir bénéficier des effets de la demande de concours de la force publique de l'ancien propriétaire.

À noter que dans les deux espèces ayant donné lieu à ces arrêts, le bénéfice de ce principe a été refusé. Dans le premier cas en effet, c'est l'ancien propriétaire qui a obtenu le titre exécutoire à un moment où il n'était déjà plus propriétaire et le Conseil d'État a refusé l'indemnisation du nouveau propriétaire qui n'avait engagé aucune démarche en vue de l'expulsion. Dans le second cas, les titulaires de la totalité des parts d'une SCI en liquidation ont tenté d'obtenir une indemnisation pour le refus de concours de la force publique qui avait été opposé à la SCI, indemnisation qui a été refusée. Mais, si l'on regarde la jurisprudence ultérieure, il faut que la transmission soit prévue expressément, par une **clause de subrogation dans l'acte de vente** par exemple[4]. Plus récemment et sur la base de ce même attendu de principe, le Conseil d'État a jugé que l'emphytéose investit le preneur des droits que le propriétaire tire d'une décision d'expulsion et que le refus de concours de la force publique opposée au propriétaire engage la responsabilité de l'État vis-à-vis de l'emphytéote[5]. Il admet également une indemnisation du nouveau propriétaire pour refus de concours de la force publique opposé à l'ancien propriétaire s'il est justifié d'une subrogation dans les droits que ce dernier détenait contre l'État[6].

Quant aux conséquences d'une annulation du titre d'expulsion (v. s^{s} n°s 0511.91 à 0511.93) en cas de transfert de propriété en cours de procédure, une décision de la troisième chambre civile de la Cour de cassation du 11 janvier 2006 mérite ici d'être évoquée[7].

Dans cette affaire, un propriétaire de locaux commerciaux avait délivré un congé portant refus de renouvellement du bail commercial à son locataire. Il lui devait donc une indemnité d'éviction et, dans l'attente du paiement, maintien dans les lieux. Un litige sur le montant de l'indemnité étant en cours, et un arrêt ayant à ce titre condamné le propriétaire au paiement de l'indemnité et prononcé l'expulsion du locataire, le bien a été vendu. Le nouveau propriétaire a réglé l'indemnité d'éviction et a fait procéder à l'expulsion. Mais l'arrêt ayant prononcé l'expulsion a été cassé et le locataire a donc demandé à l'ancienne propriétaire des dommages et intérêts pour le préjudice né de la violation de son droit au maintien dans les lieux. La Cour de cassation, validant ici le raisonnement de la cour d'appel, a décidé que l'action était mal dirigée puisque c'était le nouveau propriétaire qui avait poursuivi l'expulsion. Les demandes relatives aux conséquences dommageables d'une expulsion sont donc à diriger contre celui qui a fait procéder à l'expulsion.

0511.66 Personne à expulser. Notion d'« occupant du chef de... ». Le titre exécutoire à l'origine de l'expulsion vise en général des personnes nommées, occupantes sans droit ni titre d'un local ou d'un terrain. Souvent on trouve également la formule « *ordonne l'expulsion de M. X et de tout occupant de son chef* » dans le dispositif des décisions fondant une expulsion.

1. CE 16 févr. 2000, Gonzales, req. n° 147948, *Gaz Pal.* 28 déc. 2000, n° 363, p. 42.
2. CE 28 nov. 2008, req. n° 301548, *AJDA* 2009. 278.
3. CE 2 sept. 2009, req. n°s 297126 et 299478, *AJDA* 2010. 344, note V. Donier.
4. CE 12 janv. 2011, req. n° 338305, NP.
5. CE 10 oct. 2012, req. n° 352770, Paris Habitat OPH, *Lebon ; AJDA* 2013. 85 ; *JCP N* 2012. Actu. 932.
6. CE 19 oct. 2016, req. n° 383543, *AJDA* 2016. 2016.
7. Civ. 3e, 11 janv. 2006, n° 04-20.791, P III, n° 8 ; *D.* 2006. 369, obs. Y. Rouquet ; *Dr. et proc.* 2006. 42, obs. R.-N. Schütz.

Le **Conseil d'État** a d'ailleurs jugé qu'il n'était pas besoin d'une mention en ce sens dans le dispositif de la décision, l'expulsion des occupants du chef de la personne à expulser étant sous-entendue [1].

On peut s'interroger sur une telle jurisprudence si on la lit en parallèle de celle de la **Cour de cassation** exigeant à juste titre que les choses soient clairement dites en matière d'expulsion.

Quoi qu'il en soit, la notion apparaît par ailleurs à l'article R. 412-1 C. pr. exéc. en ce qu'il contraint le propriétaire à délivrer un commandement comprenant certaines mentions spécifiques aux locaux d'habitation à « *la personne expulsée ou* [...] *tout occupant de son chef* », ou encore l'article L. 412-1 C. pr. exéc. qui prévoit des délais spécifiques lorsque le lieu expulsé constitue l'habitation de la personne expulsée ou des occupants de son chef. Elle apparaît également à l'article R. 322-64 C. pr. exéc. qui prévoit que le jugement d'adjudication constitue un titre d'expulsion à l'encontre du saisi et de tout occupant de son chef, de même qu'à l'article 131-21 C. pén., qui prévoit que la décision de confiscation emporte expulsion du condamné et de toute personne occupante de son chef. Si, sous réserve que le dispositif soit bien sûr suffisamment explicite sur l'identité des défendeurs, par exemple sur les prénoms et noms d'une épouse, la lecture de la décision est aisée en ce qui concerne le défendeur au titre, reste à savoir ce que recouvre la notion d'occupant de son chef qui peut être expulsé sur le fondement d'un titre rendu à l'encontre du seul titulaire du droit d'occupation ou d'un seul des occupants. La question s'est posée sous divers angles, au stade de la délivrance du commandement de quitter les lieux, ou encore au stade du concours de la force publique, dans le cadre de sous-locations notamment, et de contentieux familiaux.

C'est avant tout dans le cadre d'**expulsions d'hôtels** que la problématique s'est posée et que la Cour de cassation a clairement tranché la question. L'occupant du chef de la personne expulsée est celui qui tient ses droits d'occupation de celle-ci [2]. Cette définition a été reprise par le Conseil constitutionnel [3]. Et la Cour de cassation a réaffirmé clairement ce principe dans l'hypothèse d'une tierce opposition des sous-locataires, tierce opposition dont ils ont donc été déboutés [4]. Le fait que le bailleur ait non seulement connaissance, mais même agréé le sous-locataire est indifférent. Il n'a pas à signifier la décision à ceux-ci [5], ni même d'ailleurs à les attraire à la procédure d'expulsion [6], et peut faire procéder à leur expulsion sur le fondement du titre rendu à l'encontre du locataire principal.

Dès lors, ne peut être considéré comme occupant du chef de la société expulsée le cessionnaire d'actif de l'occupante en redressement judiciaire, qui se maintient dans les lieux, le bail résilié ne pouvant avoir été transmis puisque résilié [7].

En **matière familiale**, l'époux ne peut bien sûr pas être considéré comme occupant du chef de l'autre dans la mesure où il a un droit d'occupation personnel opposable au bailleur en vertu de l'article 1751 du Code civil qui dispose que « *le droit au bail du local, sans caractère professionnel ou commercial, qui sert effectivement d'habitation de deux époux est, quel que soit leur régime matrimonial et nonobstant toute convention contraire, et même si le bail a été conclu avant le mariage, réputé appartenir à l'un et à l'autre des époux.* [...] » (à noter toutefois que la cotitularité du bail ne s'applique pas lorsque les locaux sont prêtés [8]).

La question avait déjà été jugée par la cour d'appel administrative de Paris le 20 février 1992, qui indiquait alors que le jugement d'expulsion rendu en l'absence de l'un des époux est inopposable à celui-ci, ce qui fait que si la force publique pouvait être octroyée pour l'expulsion de l'un, elle ne pouvait l'être pour l'autre. Dès lors que celui-ci se maintenant dans les lieux, le préjudice lié à l'occupation des lieux pour le bailleur aurait continué, il ne peut y avoir de préjudice lié à un refus de concours de la force publique en ce cas. En conséquence, l'État ne peut être tenu responsable pour n'avoir pas accordé le concours de la force publique pour l'époux à l'encontre duquel la décision avait été rendue [9]. Le Conseil d'État a confirmé cette analyse. On ne peut expulser l'épouse sur le fondement d'un titre exécutoire rendu contre l'époux [10].

1. CE 22 juin 2011, req. n° 340614 – CE 25 juill. 2013, req. n° 34745, *Dr. et proc.* 2013. 249.
2. Civ. 3e, 4 mai 1994, n° 92-16.071, P III, n° 83 ; *Rev. huiss.* 1994. 1144.
3. Cons. const., 20 juin 2024, n° 2024-869 DC, *JO* 25 juin, texte 2 (préc., v. ss n° 0511.44) : « *Les personnes qui ne disposent pas d'un titre d'occupation et tiennent exclusivement de la personne condamnée leur droit d'occuper le bien* ».
4. Civ. 3e, 4 déc. 2003, n° 02-10.387, P III, n° 366 ; *D.* 2004. IR 252 ; *Gaz. Pal.* 27 mars 2004, n° 87, p. 13.
5. Civ. 3e, 30 nov. 2005, n° 04-18.686, P III, n° 229 ; *AJDI* 2006. 371, note F. de La Vaissière ; *Dr. et proc.* 2006. 228, obs. O. Salati.
6. Civ. 3e, 15 janv. 2003, n° 01-02.677, NP.
7. CE 22 oct. 2010, req. n° 328721, *AJDA* 2010. 2510 ; *Gaz. Pal.* 4 nov. 2010, n° 308, p. 30.
8. Civ. 3e, 13 mars 2002, n° 00-17.707, P III, n° 60 ; *D.* 2003. Somm. 735, note N. Damas.
9. CAA Paris, 1re ch., 20 févr. 1992, req. n° 90PA00673, *Lebon T.*
10. CE 30 août 2006, req. n° 277760, *AJDA* 2006. 1581 ; *Gaz. Pal.* 2007, n° 37, p. 18 ; *Dr. et proc.* 2007. 39, obs. J.-J. Bourdillat.

Et nombre de décisions rappellent que la procédure d'expulsion elle-même doit être menée contre les deux époux[1]. Il faut toutefois faire le lien entre cette dernière affirmation et les dispositions de l'article 9-1 de la loi n° 89-462 du 6 juillet 1989 tendant à améliorer les rapports locatifs et portant modification de la loi n° 86-1290 du 23 décembre 1986[2] qui dispose que : « *Nonobstant les dispositions des articles 515-4 et 1751 du Code civil, les notifications ou significations faites en application du présent titre par le bailleur sont de plein droit opposables au partenaire lié par un pacte civil de solidarité au locataire ou au conjoint du locataire si l'existence de ce partenaire ou de ce conjoint n'a pas été préalablement portée à la connaissance du bailleur* ». Les époux doivent donc informer le bailleur de l'existence du lien juridique qui unit les parties présentes dans le local pour qu'il puisse utilement diriger sa procédure, faute de quoi elle sera réputée avoir été valablement menée à l'encontre d'un seul des membres du couple. À noter que le partenaire lié par un pacte civil de solidarité est également visé.

Deux intéressants arrêts méritent ici d'être signalés. La Cour de cassation a précisé que les dispositions de l'article 1751 C. civ. bénéficient également au nouveau conjoint. Dans les espèces en question, un couple avait pris à bail un local d'habitation puis avait divorcé. Monsieur s'était remarié et le bailleur ignorant cela avait dirigé la procédure d'expulsion contre le couple originel. La Cour de cassation, notant que le bailleur ne s'était pas prévalu des dispositions de l'article 9-1 de la loi du 6 juillet 1989 susmentionnée, ce qu'il aurait pu faire puisqu'il ignorait tout du remariage, a considéré que la procédure d'expulsion n'était pas valable contre la nouvelle épouse[3].

Dans le cadre familial, en revanche, sont bien occupants du chef de la personne expulsée ses enfants[4].

Peut se poser la question ensuite de **l'occupation par un squatter lorsque le locataire a quitté les lieux sans rendre les clefs.** Celui-là est-il occupant du chef de celui-ci ?

La Cour de cassation a considéré que l'introduction de squatters dans le logement que le locataire avait quitté avant la fin du congé qu'il avait donné, mais sans rendre les clefs, pouvait être analysée en un cas de force majeure le dispensant du paiement des loyers après la date d'effet de son congé[5]. Il n'a donc pas été considéré dans ce cadre que les squatters étaient des occupants du chef du locataire. Il est probable que cette jurisprudence soit applicable en cas d'expulsion dans la mesure où les squatters ne tiennent aucun droit d'occupation de la personne expulsée mais l'ont en quelque sorte pris. Une telle interprétation est retenue par le Conseil d'État[6].

Dans le cadre de la **saisie immobilière**, l'article R. 322-64 C. pr. exéc. pose la question de la **notion d'occupant du chef du saisi.**

En effet, ici, la jurisprudence de la Cour de cassation ne s'applique pas puisque celui qui a un droit d'occupation opposable au saisi ne peut être expulsé par l'adjudicataire sur le fondement du jugement d'adjudication qui constitue pourtant un titre d'expulsion. Le locataire n'est donc pas occupant du chef du propriétaire saisi. Néanmoins, l'article L. 321-4 C. pr. exéc. précise que ne sont pas opposables à l'acquéreur les baux conclus après la saisie, et donc le commandement. La jurisprudence postérieure à la réforme, mais portant sur des saisies antérieures à la réforme, a pu préciser que le bail étant inopposable au propriétaire lorsqu'il est conclu après le commandement, les locataires sont occupants sans droit ni titre et doivent être expulsés en raison du trouble manifestement illicite que cela cause à l'acquéreur[7]. Une jurisprudence surprenante a toutefois considéré, pour une saisie antérieure à celle-ci, que le bail conclu après le commandement mais avant l'adjudication était opposable à l'adjudicataire[8]. Plus récemment, il a été jugé que la délivrance d'un commandement de payer valant saisie immobilière n'interdit pas la conclusion d'un bail ou la reconduction tacite d'un bail antérieurement conclu, et le bail, même conclu après la publication d'un tel commandement, est opposable à l'adjudicataire qui en a eu connaissance avant l'adjudication[9].

1. PAR EX. : principe général d'inopposabilité dans le cadre de tierces oppositions : Civ. 3e, 20 janv. 1988, n° 85-17.248, P III, n° 12 (congé et procédure non dirigée contre l'épouse) – Civ. 2e, 21 sept. 2000, n° 97-21.905, P II, n° 132 ; *D.* 2001. 2934, obs. M. Nicod – Paris, 23 oct. 1991, RG n° 90/9938 – Le commandement de payer visant la clause résolutoire doit être délivré aux deux époux : Bordeaux, 3 août 1999, RG n° 97/03600.
2. L. n° 89-462, 6 juill. 1989, tendant à améliorer les rapports locatifs et portant modification de la loi n° 86-1290 du 23 décembre 1986, *JO* 8 juill., p. 8541.
3. Civ. 3e, 9 nov. 2011, n° 11-12.034, NP – Civ. 3e, 9 nov. 2011, n° 10-20.287, P III, n° 188 ; *JCP N* 2012. 1212, obs. L. Mauger-Vielpeau.
4. CE 18 mai 2009, req. n° 308735, *Gaz. Pal.* 2009, n° 356, p. 30.
5. Civ. 3e, 9 janv. 2008, n° 07-11.379, P III, n° 3 ; *Loyers et copr.* 2008-3, n° 48.
6. CE 9 juill. 2014, req. n° 358130, *AJDA* 2015. 132, obs. J. Mazure.
7. Civ. 3e, 16. sept. 2008, nos 07-19.675 et 07-19.963, NP ; *Dr. et proc.* 2009. 40, obs. A. Leborgne.
8. Civ. 3e, 23 mars 2011, n° 10-10.804, P III, n° 43 ; *D.* 2011. 1596, note C. Juillet.
9. Civ. 2e, 27 févr. 2020, n° 18-19.174, P ; *D.* 2020. 1148, obs. N. Damas ; ibid. 1380, obs. A. Leborgne ; *AJDI* 2020. 764, obs. N. Damas ; *Rev. prat. rec.* 2020. 9, obs. U. Schreiber ; ibid. 31, chron. D. Gantschnig ; *RTD civ.* 2021. 200, obs. N. Cayrol

Cette **notion d'occupant du chef de la personne expulsée** aura par ailleurs d'autres incidences, financières cette fois-ci puisque la personne expulsée restera tenue au paiement des indemnités d'occupation mais aussi à une éventuelle pénalité de retard en cas de non-renouvellement d'un bail commercial si des occupants se maintiennent dans les locaux de son chef[1].

SECTION 2

SIGNIFICATION DU TITRE ET CARACTÈRE EXÉCUTOIRE

0511.71 Nécessité d'une signification. En application des dispositions de l'article 503 C. pr. civ. qui dispose que : « *Les jugements ne peuvent être exécutés contre ceux auxquels ils sont opposés qu'après leur avoir été notifiés, à moins que l'exécution n'en soit volontaire. En cas d'exécution au seul vu de la minute, la présentation de celle-ci vaut notification* », il est nécessaire de faire signifier le titre d'expulsion préalablement à toute mesure d'expulsion. En l'absence d'une telle signification, l'expulsant s'expose à l'annulation de la procédure d'expulsion[2]. La nullité n'est en revanche pas systématiquement encourue si la formule exécutoire manque sur la copie du jugement signifiée au locataire[3]. Il faut alors pour la personne expulsée démontrer un grief. Enfin, la signification ne constituant pas, en soi, un acte d'exécution, celle-ci peut être faite par un clerc[4].

0511.72 Destinataire de la signification. D'après l'article 503 C. pr. civ., la signification doit être adressée à ceux auxquels le titre est opposé, donc en principe à ceux à l'encontre desquels la décision va être exécutée. On pourrait alors penser que, si le bailleur a connaissance d'occupants du chef de la personne à expulser, la décision d'expulsion doit leur être signifiée. Ce n'est pourtant pas en ce sens qu'a tranché la Cour de cassation dans l'arrêt précité du 30 novembre 2005.

En effet, le bailleur avait ici signifié l'ordonnance à la locataire, puis un commandement de quitter les lieux à l'occupant de son chef, à savoir le sous-locataire, et avait procédé à l'expulsion. Le sous-locataire arguait de la nullité de la procédure d'expulsion dans la mesure où, alors que le contrat de sous-location avait été agréé par le bailleur, l'ordonnance d'expulsion ne lui avait pas été signifiée. La cour d'appel avait retenu cette argumentation et fut cassée par la Cour de cassation au double visa des articles 503 et 677 C. pr. civ.[5]. Le second de ces textes prévoit en effet que « *les jugements sont notifiés aux parties elles-mêmes* », ce qui exclut donc les occupants du chef d'une partie.

S'il y a ensuite plusieurs destinataires et donc parties au titre, la signification doit être faite à chacun d'entre eux distinctement et il n'est donc pas possible de dresser un procès-verbal unique de signification[6].

Enfin, comme toute signification, celle-ci doit en principe être faite à personne, mais peut en cas d'impossibilité, être délivrée à domicile, à étude ou selon les modalités prévues à l'article 659 C. pr. civ. en l'absence de possibilité d'atteindre le destinataire de la signification. L'on imagine mal, sauf les cas sus-évoqués d'impossibilité même d'identifier les personnes à expulser, qu'une procédure aux fins d'expulsion puisse être menée dans son intégralité selon les modalités du procès-verbal de recherche infructueuse. Cela a pu toutefois arriver pour une société exploitant un restaurant qui était fermé depuis plusieurs semaines. La Cour de cassation a jugé que le bailleur n'était alors pas tenu de signifier à l'adresse personnelle du gérant[7]. Elle avait déjà décidé en ce sens en 2001[8], mais avait pourtant exigé des diligences au domicile du représentant légal en 2004[9].

Pour pouvoir donner lieu à exécution, le titre doit avoir été signifié et être exécutoire.

0511.73 Caractère exécutoire du titre. Toute décision d'expulsion doit, pour pouvoir être mise à exécution, être exécutoire, c'est-à-dire, soit être passée en **force de chose jugée**, et donc insusceptible d'un recours suspensif, à moins que le débiteur ne bénéficie d'un délai de grâce, soit bénéficier de **l'exécution provisoire** (C. pr. civ., art. 500 et 501). Rien n'interdit au créancier, contrairement à ce qui est prévu en matière de saisie immobilière au stade de la vente forcée, de poursuivre une expulsion sur le fondement d'une décision exécutoire par provision. C'est d'ailleurs la majeure partie des cas puisque,

1. Civ. 3e, 28 mai 1997, no 95-18.158, P III, no 119 ; *RDI* 1997. 500, note F. Collart-Dutilleul et J. Derruppé.
2. Civ. 2e, 29 janv. 2004, no 02-15.219, P II, no 33 ; *Gaz. Pal.* 2004, no 139, p. 17 ; *Gaz. Pal.* 12005, no 74, p. 14.
3. Civ. 2e, 11 févr. 2010, no 09-65.404, P II, no 31 ; *Gaz. Pal.* 2010, no 63, p. 25 ; *Procédures* 2010, no 116, note R. Perrot.
4. Civ. 2e, 27 févr. 2014, no 13-11.957, P II, no 57 ; *Procédures* 2014, no 139.
5. Civ. 3e, 30 nov. 2005, no 04-18.686, P III, no 229 (préc., v. ss no 0511.66) ; *AJDI* 2006. 371, note F. de La Vaissière ; *Dr. et proc.* 2006. 228, obs. O. Salati.
6. V. DÉJÀ : Civ. 2e, 8 nov. 2001, no 97-10.767, NP ; *Dr. et proc.* 2002. 106, note B. Menut – Et pour une application à un JUGEMENT D'EXPULSION RENDU À L'ENCONTRE DE DEUX ÉPOUX : Civ. 2e, 15 janv. 2009, no 07-20.472, P II, no 18 ; *Procédures* 2009, no 78, note R. Perrot.
7. Civ. 2e, 11 mars 2010, no 09-65.498, P II, no 52 ; *Loyers et copr.* 2010, no 138, note E. Chavance.
8. Civ. 2e, 8 mars 2001, no 99-13.674, NP ; *Procédures* 2001. Chron. 14, note O. Fradin.
9. Civ. 2e, 14 oct. 2004, no 02-18.540, P II, no 460 ; *Procédures* 2005, no 6.

comme nous l'avons vu, nombre de décisions d'expulsion sont rendues en référé.

Par ailleurs, dans le cas de l'expulsion, notamment locative, il est extrêmement fréquent que les locataires bénéficient de **délais de paiement** qui suspendent non seulement l'exigibilité de la dette locative, mais également les effets d'une clause résolutoire ou d'une résiliation. Ainsi, par exemple, l'article 24 de la loi du 6 juillet 1989, modifié par la loi du 27 juillet 2023[1], prévoit que le juge peut accorder des délais de paiement qui suspendent les effets de la clause résolutoire du bail d'habitation. En matière de baux commerciaux, l'article L. 145-41 C. com. prévoit également que le juge peut accorder des délais qui suspendent la résiliation du bail. En ce cas, il faudra s'assurer que les délais de paiement n'ont pas été respectés avant de poursuivre l'expulsion, faute de quoi la procédure d'expulsion pourra être annulée[2] et le concours de la force publique refusé, le préfet devant vérifier le caractère exécutoire du titre sur le fondement duquel l'expulsion est poursuivie[3]. Ainsi, si les effets de la clause résolutoire ont été suspendus par jugement, et que les délais ne sont pas respectés, la clause résolutoire est définitivement acquise, peu importe la bonne ou mauvaise foi du bailleur[4]. L'expulsion peut également être poursuivie en cas de non-respect des délais alors même que le jugement prononçant l'expulsion n'aurait pas prévu de sanction en ce cas et donc prévu une sorte de clause de déchéance du terme[5]. Celle-ci est sous-entendue puisqu'elle est prévue par la loi. Il n'est question en effet que de suspendre les effets d'une résiliation et celle-ci reprend donc plein effet si les délais ne sont pas respectés. Dans un souci didactique et de clarté notamment à l'attention du débiteur de l'obligation, il est toutefois préférable que les choses apparaissent clairement dans la décision. Néanmoins, la loi du 27 juillet 2023[6] a modifié l'article 24 de la loi du 6 juillet 1989, et prévoit désormais, en son VII, l'automaticité de cette sanction : « *Cette suspension prend fin dès le premier impayé ou dès lors que le locataire ne se libère pas de sa dette locative dans le délai et selon les modalités fixés par le juge* ».

Avant cela, il avait été jugé que le simple non-respect des délais de paiement n'emportait pas mécaniquement le caractère exécutoire de la décision. En effet, le locataire avait mis en place un virement automatique au profit du bailleur pour respecter les échéances fixées par le jugement pour le règlement de l'arriéré de loyer, et ainsi éviter l'expulsion. Or, la banque avait eu un problème informatique ayant entraîné pour le locataire un retard de paiement. Le bailleur avait alors fait délivrer un commandement de quitter les lieux et celui-ci fut annulé, le retard étant uniquement imputable à la banque et constituant un cas de force majeure pour le locataire[7]. On peut s'interroger sur la pérennité de cette jurisprudence au regard de la nouvelle formulation de l'article 24 précité.

On peut ensuite se poser la question dans le cadre d'une expulsion d'un local d'habitation lorsque le débiteur bénéficie, ou bénéficiait d'une allocation logement ou d'une aide personnalisée au logement (APL). Lorsqu'il est prévu dans le dispositif des délais de paiement consistant au paiement du loyer courant plus une certaine somme au titre de l'arriéré de loyer, le locataire peut-il être expulsé s'il y a un retard de paiement de l'APL ? En attendant parfois la remise en place de l'APL qui avait été suspendu en raison des impayés de loyers, le locataire doit-il supporter seul le paiement de l'intégralité du loyer courant ou peut-il être considéré en défaut s'il ne paie que le reste à charge ? *A priori* oui, sauf à ce que le jugement précise que les délais de paiement consisteront dans le paiement de l'arriéré et du reste à charge. Nombre de décisions conditionnent d'ailleurs la suspension au paiement de l'arriéré et du loyer courant. Mais la résiliation ne peut en réalité être acquise que sur la base d'arriérés de loyer.

Pourtant, la Cour de cassation semble avoir admis une telle pratique[8]. Le calcul est en ce cas plus simple car si le locataire ne règle pas le loyer courant plus la somme fixée par le tribunal, il est en défaut et l'expulsion peut être poursuivie. En revanche, si la clause résolutoire ne reprend son plein effet qu'en cas de non-paiement des échéances fixées pour apurement de l'arriéré, il faudra s'interroger, si le locataire fait un règlement qui ne couvre pas à la fois le montant du loyer courant et de l'arriéré, si le versement effectué s'impute d'abord sur le paiement du loyer courant ou sur l'arriéré. Il faut alors se référer aux règles de l'imputation des paiements prévues à l'article 1342-10 C. civ. (anc[t] C. civ., art. 1253

1. L. n° 2023-668, 27 juill. 2023, préc.
2. PAR EX. : Paris, 8e ch. B, 6 sept. 2007, RG n° 06/20763 : dans cette espèce, il s'agissait d'une erreur de calcul du créancier et qui n'a donc pas donné lieu à octroi de dommages et intérêts en sus.
3. CE 28 nov. 2014, req. n° 364391, *Loyers et copr.* 2015. Comm. 8, note B. Vial-Pedroletti.
4. Civ. 3e, 26 oct. 2023, n° 22-16.216, B – J.-P. Blatter, « Clause résolutoire et non-respect des délais de paiement : qu'importe la mauvaise foi du bailleur », *AJDI* 2024. 43 – C. Lebel, « Indifférence de la mauvaise foi du bailleur lorsque la clause résolutoire du bail est définitivement acquise », *Rev. loyers*, n° 1043, 1er janv. 2024.
5. Civ. 3e, 14 mai 2008, n° 07-17.121, NP ; *Loyers et copr.* 2008, n° 222, note P.-H. Brault.
6. L. n° 2023-668, 27 juill. 2023, préc.
7. Civ. 3e, 17 févr. 2010, n° 08-20.943, P III, n° 47 ; *D.* 2010. 653 ; *Gaz. Pal.* 2010, n° 70, p. 26.
8. Civ. 3e, 18 mars 2009, n° 08-10.256, NP ; *AJDI* 2009. 714, obs. F. de La Vaissière.

à 1256)[1]. Cela doit inciter à un maximum de clarté dans la rédaction du dispositif de la décision d'expulsion pour éviter toute ambiguïté au stade de l'exécution. À ce titre, il est également en général préférable de prévoir que les versements de l'arriéré se feront à une date qui soit identique à celle du paiement du loyer prévue par le bail.

Toutefois, depuis la loi de 2023, l'article 24 de la loi de 1989 ne permet d'accorder des délais qu'au locataire qui a repris, avant l'audience, le paiement « intégral » du loyer courant. Par ailleurs, comme il a été indiqué ci-dessus, cet article dispose également désormais que « *cette suspension prend fin dès le premier impayé ou dès lors que le locataire ne se libère pas de sa dette locative dans le délai et selon les modalités fixés par le juge* », laissant entendre que le premier impayé de loyer courant suffit à faire reprendre son plein effet à la clause résolutoire. La question de l'APL n'est cependant toujours pas réglée par le texte.

Enfin, en cas de **non-respect des délais de paiement**, est-il possible d'obtenir de **nouveaux délais suspensifs** ?

La Cour de cassation, dans des hypothèses variées, répond invariablement non à cette question. Notamment, certains locataires qui avaient été condamnés en référé, ont tenté d'obtenir de nouveaux délais suspendant les effets de la résiliation devant les juges du fond. La Haute juridiction répond sur ce point qu'une fois que les délais n'ont pas été respectés, la résiliation est acquise et les juges du fond ne peuvent plus accorder de nouveaux délais[2]. D'autres ont tenté d'obtenir de nouveaux délais dans le cadre de la procédure de conciliation prévue par l'article L. 611-1 C. com. dans le cadre de la réglementation relative à la prévention des difficultés des entreprises. La même réponse fut apportée par la Cour de cassation[3].

Dans un registre similaire, la cour d'appel de Paris avait un temps répondu de manière très surprenante à la question du pouvoir du juge de l'exécution en la matière. Elle avait ordonné la mainlevée d'un commandement de quitter les lieux qui avait été délivré à un locataire n'ayant mathématiquement et objectivement pas respecté les délais de paiement (vingt-six jours, onze jours, douze jours de retard) sur le fondement de l'article L. 121-2 C. pr. exéc., c'est-à-dire en considérant que la mesure d'expulsion était abusive. Elle avait écarté les objections soulevées par le bailleur qui, lui, considérait que cela équivaudrait pour le juge de l'exécution à modifier le dispositif de la décision, ce que lui interdit l'article R. 121-1 C. pr. exéc[4].

1. Sur cette question, v. Grenoble, 28 févr. 2012, *Loyers et copr.* 2012, n° 322, qui considère que les règles du Code de la construction et de l'habitation dérogent aux règles d'imputation du Code civil, les APL devant s'imputer sur les loyers correspondant aux périodes pour lesquelles elles ont été versées.
2. Civ. 3e, 2 avr. 2003, n° 01-16.834, P III, n° 77 ; *LPA* 2003, n° 260, p. 20, note M. Keita – Civ. 3e, 15 oct. 2008, n° 07-16.725, P III, n° 152 ; *D.* 2008. 2719, obs. Y. Rouquet ; *AJDI* 2009. 194, obs. M.-P. Dumont-Lefrand ; *RTD com.* 2009. 81, obs. F. Kendérian ; *Dr. et proc.* 2009. 52.
3. Civ. 3e, 10 déc. 2008, n° 07-19.899, P III, n° 199 ; *Gaz. Pal.* 2009, n° 118, p. 8, note P.-M. Le Corre.

SECTION 3
SANCTION EN L'ABSENCE DE TITRE

0511.80 **Absence de titre régulier dès l'origine ou disparition du titre. Plan.** En l'absence de titre exécutoire régulier, hors les cas bien sûr où la loi en dispose autrement (v. ss n° 0511.51), il est prévu des sanctions civiles et pénales (§ 1). Mais le problème peut se poser de manière moins évidente lorsque le créancier exécute la mesure d'expulsion sur le fondement d'un titre qui disparaît par la suite (§ 2).

§ 1
Sanctions en cas d'expulsion sans titre exécutoire

0511.91 **Nullité de la procédure : réintégration ou dommages et intérêts ?** À proprement parler, il y a rarement nullité de la procédure d'expulsion dans l'hypothèse où le propriétaire agit sans titre puisque s'il le fait, il ne suit en général pas la procédure d'expulsion qui s'ensuit. On ne peut annuler ce qui n'existe pas. Néanmoins, il se peut que la procédure d'expulsion soit suivie sur la foi d'un titre dont le propriétaire pensait qu'il permettait l'expulsion, ou qu'il était valable, parce que rendu à son profit, parce que signifié valablement par exemple, alors que tel n'était pas le cas. En ce cas, la sanction est la nullité de la procédure d'expulsion subséquente, mais une nullité particulière puisqu'elle entraîne fort souvent une indemnisation de la personne expulsée plutôt qu'une réintégration, au demeurant fort difficile à mettre en œuvre notamment si de nouveaux occupants ont été installés par le bailleur dans les lieux. Il n'y a donc pas à proprement parler de remise des parties en l'état antérieur. Si une telle sanction est parfois prononcée[5], c'est plutôt rare notamment parce qu'il est considéré en ce cas que les occupants sont bien sans droit ni titre et qu'ils ne peuvent donc obtenir que des dommages et intérêts[6]. Néanmoins, récemment, la Cour de cassation a précisé qu'un juge ne peut rejeter une demande de réintégration pour un motif tiré de l'absence de droit d'occupa-

4. Paris, 6 mai 1997, *AJDI* 1998. 181.
5. PAR EX. : Paris, 6 sept. 2007, 8e ch. B, RG n° 07/08697 – Civ. 2e, 14 oct. 2010, nos 09-16.695 et 09-16.696, NP, qui portaient sur l'expulsion de caravanes sur un terrain.
6. Com. 16 déc. 1997, n° 95-18.998, NP.

tion de la personne expulsée[1]. Et il est exact que, souvent, il n'y a pas ou plus de titre d'occupation, et refuser la réintégration pour ce seul motif a été considéré comme insuffisant.

0511.92 Voie de fait et dommages et intérêts. En l'absence de titre exécutoire, le fondement retenu pour sanctionner le bailleur est bien plus souvent la voie de fait car il se dispense alors souvent de toute procédure d'expulsion et opère par la force. Ainsi, par exemple, constitue une voie de fait et doit donner lieu à dommages et intérêts :

– le fait pour un propriétaire de changer les serrures alors que le locataire est absent[2], tout en transportant ses meubles sur le parking extérieur de l'immeuble[3] ;

– le fait pour une commune, propriétaire des lieux, de changer les serrures des locaux loués[4], après être entré par effraction dans les lieux et avoir enlevé les meubles[5], même s'il s'agit de l'expulsion de biens stockés dans une crypte[6] ;

– le fait pour un employeur de déplacer le local syndical sans autorisation judiciaire, ce qui porte atteinte à la liberté syndicale[7], ce qui dans ces cas-là donne souvent lieu à réintégration, ou « remise en état » ;

– ou encore le fait pour d'anciens occupants, en l'espèce des radiologues dont le titre d'occupation avait été résilié, et qui avaient dû quitter des locaux dans une clinique, résiliation qui fut par la suite annulée, d'avoir expulsé les nouveaux occupants sans titre d'expulsion[8].

Hormis le cas du local syndical, toutes ces décisions ont donné lieu à condamnation à des dommages et intérêts.

0511.93 Violation de domicile. Le droit pénal n'est pas étranger à la sanction que le propriétaire encourt s'il reprend des lieux loués sans titre d'expulsion. L'article 226-4 C. pén., dans sa version issue de la loi du 27 juillet 2023[9], dispose que : « *L'introduction dans le domicile d'autrui à l'aide de manœuvres, menaces, voies de fait ou contrainte, hors les cas où la loi le permet, est puni*[e] *de trois ans d'emprisonnement et de 45 000 euros d'amende. Le maintien dans le domicile d'autrui à la suite de l'introduction mentionnée au premier alinéa, hors les cas où la loi le permet, est puni des mêmes peines. Constitue notamment le domicile d'une personne, au sens du présent article, tout local d'habitation contenant des biens meubles lui appartenant, que cette personne y habite ou non et qu'il s'agisse de sa résidence principale ou non* »[10]. La loi n° 2014-366 du 24 mars 2014, pour l'accès au logement et un urbanisme rénové, dite loi Alur, a ajouté un article 226-4-2 à sa suite, qui précise que : « *Le fait de forcer un tiers à quitter le lieu qu'il habite sans avoir obtenu le concours de l'État dans les conditions prévues à l'article L. 153-1 du Code des procédures civiles d'exécution, à l'aide de manœuvres, menaces, voies de fait ou contraintes, est puni de trois ans d'emprisonnement et de 30 000 euros d'amende* ». Il y a dans ce dernier cas bien un titre, mais expulsion forcée sans le concours de la force publique. L'article 432-8 du même code dispose par ailleurs que : « *Le fait, par une personne dépositaire de l'autorité publique ou chargée d'une mission de service public, agissant dans l'exercice ou à l'occasion de l'exercice de ses fonctions ou de sa mission, de s'introduire ou de tenter de s'introduire dans le domicile d'autrui contre le gré de celui-ci hors les cas prévus par la loi est puni de deux ans d'emprisonnement et de 30 000 euros d'amende* ». Dès lors qu'il s'agit du domicile de la personne, au sens du droit pénal, c'est-à-dire du lieu où une personne a le droit de se dire chez elle, il y a violation de domicile si le propriétaire s'introduit dans les lieux sans titre exécutoire pour procéder à une reprise de ceux-ci, notamment en changeant les serrures[11].

§ 2
Problème de la disparition du titre postérieurement à la réalisation de l'expulsion

0511.101 Cas de disparition du titre. Réintégration ou dommages et intérêts ? La question de l'annulation du titre exécutoire fondant une expulsion, que celle-ci ait effectivement eu lieu ou que l'occupant ait quitté les lieux volontairement, pose le problème

1. Civ. 2e, 16 mai 2019, n° 18-16.934, P ; *Loyers et copr.* 2019, n° 7-8, p. 16, obs. B. Vial-Pedroletti ; *RD banc. fin.* 2019, n° 5, comm. 170, obs. S. Piedelièvre ; *D.* 2020. 1380, obs. A. Leborgne ; *Rev. prat. rec.* 2020. 9, obs. S. Dorol.
2. Lyon, 10e ch., 16 janv. 2008, *Juris-Data* n° 358685 ; *Loyers et copr.* 2008, n° 123, note B. Vial-Pedroletti.
3. Amiens, 1re ch., 1re sect., 25 sept. 2008, RG n° 07/02293.
4. Civ. 1re, 30 mars 1999, n° 97-15.603, P I, n° 117 ; *D.* 1999. 121.
5. Civ. 1re, 6 juill. 2011, n° 10-24.827, NP.
6. Civ. 3e, 22 nov. 1995, n° 14-11.156, P III, n° 241 ; *D.* 1996. 11.
7. Soc. 26 sept. 2007, n° 06-13.810, P V, n° 143 – Soc. 13 janv. 2010, n° 08-19.917, P V, n° 11 ; *RDT* 2010. 178, note M. Grévy ; *Procédures* 2010, n° 75, note A. Bugada.
8. Civ. 2e, 7 mai 2002, n° 00-15.318, P II, n° 95 ; *Gaz. Pal.* 12 sept. 2002, n° 255, p. 17.
9. L. n° 2023-668, 27 juill. 2023, préc.
10. Dans sa décision du 26 juillet 2023 (Cons. const., 26 juill. 2023, n° 2023-853 DC, *JO* 28 juill., texte 2), le Conseil constitutionnel a émis la réserve d'interprétation suivante : « *la présence de tels meubles ne saurait, sans méconnaître le principe de nécessité des délits et des peines, permettre, à elle seule, de caractériser le délit de violation de domicile. Il appartiendra dès lors au juge d'apprécier si la présence de ces meubles permet de considérer que cette personne a le droit de s'y dire chez elle* ».
11. Paris, 11e ch. A, 9 sept. 1997, *Juris-Data* n° 022193.

de la réintégration éventuelle de celui-ci. Doit-on considérer que le propriétaire avait agi dès le départ sans titre exécutoire ? Cela n'est pas le cas car, au moment où il agissait, il le faisait en exécution d'un ordre ou d'une autorisation donnée par un juge. La question se pose quelque peu différemment selon qu'il s'agit d'une infirmation, d'une cassation, ou éventuellement d'une caducité.

0511.102 **1°) Infirmation de la décision d'expulsion.** L'hypothèse visée ici est celle du jugement assorti de l'exécution provisoire, de plein droit s'il s'agit d'une ordonnance de référé, ou ordonnée s'il s'agit d'un jugement sur le fond. En ce cas, d'une manière générale, il est acquis que l'exécution d'une décision frappée d'appel n'a lieu qu'aux risques et périls de celui qui la poursuit, à charge pour lui de réparer, en cas d'infirmation de la décision, le préjudice qui a pu être causé par cette exécution. Par ailleurs, la jurisprudence a pu juger que l'arrêt infirmatif entraînait de plein droit obligation de rembourser[1], voire qu'il ouvrait « droit à restitution » et constituait un titre exécutoire à cette fin[2].

Peut-on en déduire qu'il constitue en soi un titre de réintégration lorsque le titre exécutoire fondant l'expulsion est infirmé ? La jurisprudence ne semble pas du tout admettre cela et est plutôt rétive à ordonner la restitution en nature et donc la réintégration dans les lieux. Elle le présente parfois comme un principe. Ainsi, à l'occasion de l'instance au fond ayant abouti à l'infirmation, elle a pu préciser qu'en cas d'annulation d'un congé délivré frauduleusement, la loi ne prévoit pas la possibilité de prononcer la réintégration[3], ou simplement, alors que la réintégration ne lui était pas même demandée, énoncer que « *la reconnaissance a posteriori du caractère frauduleux de la reprise pour habiter ne permet pas l'annulation de l'expulsion et la réintégration du locataire* »[4]. D'autres la refusent simplement parce qu'elle n'est pas opportune[5] ou encore « *parce qu'aucun élément postérieur à l'expulsion, relatif à la situation de droit et de fait du logement, n'étant soumis à l'appréciation de la cour, celle-ci ne peut ordonner une mesure éventuellement insusceptible d'exécution* »[6]. À noter toutefois que dans ces deux derniers cas, elle en admet le principe de manière claire, la seconde décision indiquant qu'« *en l'absence d'acquisition de la clause résolutoire, le locataire est fondé à se prévaloir de la poursuite des relations contractuelles pour obtenir sa réintégration* ». Certaines décisions vont même jusqu'à admettre cette réintégration et à l'ordonner[7]. Dans tous les cas, il n'a jamais été considéré que l'arrêt infirmatif vaille en soi titre de restitution en nature.

Mais dans les cas où la réintégration est ordonnée, il faut ensuite que la décision puisse être exécutée si le débiteur de l'obligation tarde à remettre volontairement les locaux à disposition de la personne expulsée. Soit la cour d'appel saisie au fond aura prononcé une astreinte elle-même, soit la personne expulsée pourra saisir le juge de l'exécution à cette fin. Mais dans ce cadre, il ne lui appartient pas de substituer à l'obligation de restitution en nature prononcée par la cour d'appel l'octroi de dommages et intérêts[8]. D'autres ont vu dans le juge des référés une voie pour faire respecter la décision des juges du fond en le saisissant pour qu'il ordonne la remise des clefs sous astreinte[9].

0511.103 **2°) Cassation.** L'hypothèse de la cassation d'un arrêt ayant ordonné l'expulsion est fort différente. En effet, l'article L. 111-11 C. pr. exéc., dispose que « *sauf dispositions contraires, le pourvoi en cassation en matière civile n'empêche pas l'exécution de la décision attaquée. Cette exécution ne pourra donner lieu qu'à restitution ; elle ne pourra en aucun cas être imputée à faute* ». Par ailleurs, l'article 625 C. pr. civ. prévoit que : « *Sur les points qu'elle atteint, la cassation replace les parties dans l'état où elles se trouvaient avant le jugement cassé* ». Dans cette hypothèse, l'arrêt ayant prononcé ou confirmé l'expulsion a force de chose jugée et n'est pas seulement exécutoire. Il peut par principe être exécuté et on ne pourra reprocher aucune faute au créancier qui l'aura exécuté. Enfin, à la différence de la cour d'appel, la Cour de cassation ne pourra pas se prononcer sur une demande de restitution. C'est par l'effet du Code de procédure civile que la restitution s'opère automatiquement une fois l'arrêt rendu, ou plutôt, signifié à la partie à laquelle on l'oppose. Le principe est donc ici clairement, en cas d'annulation de la décision d'expulsion, la restitution en nature et donc la réintégration, sauf impossibilité, auquel cas la réintégration se fera par équivalent. Ainsi en est-il par exemple lorsque les preneurs ont refusé l'offre de réintégration[10], ou simplement parce que le bailleur n'exécu-

1. Civ. 3e, 19 févr. 2002, no 00-20.665, NP ; *Procédures* 2002, no 86, note R. Perrot.
2. Civ. 2e, 10 juill. 2008, no 07-16.802, P II, no 183 ; *D.* 2008. AJ 2226 ; *BICC* 15 déc. 2008, no 1920.
3. Paris, 6e ch. A, 3 juill. 1991, RG no 90/20179, *Loyers et copr.* 1991, no 410.
4. Rouen, 1er mars 2005, RG no 03/03762, *Loyers et copr.* 2005, no 128, note B. Vial-Pedroletti.
5. Paris, 14 oct. 1997, RG no 96/82124.
6. Paris, 2 déc. 2008, RG no 06/15880, *AJDI* 2009. 443.
7. PAR EX. : Paris, 6e ch. C, 25 avr. 2006, RG no 2004/17448 – Paris, 7 juill. 2006, RG no 06/01911, *Loyers et copr.* 2006, no 195, note B. Vial-Pedroletti – Civ. 3e, 23 mars 2005, no 03-19.071, P III, no 72 ; *Procédures* 2005, no 129.
8. Civ. 3e, 23 mars 2005, no 03-19.071, *Procédures* 2005, no 129 (préc. ss prést no).
9. Paris, 14e ch. B, 7 juill. 2006, RG no 06/01911 (préc. ss prést no).
10. Civ. 3e, 13 mai 2009, no 08-12.380, P III, no 106 ; *Gaz. Pal.* 2009, no 265, p. 13.

tait pas volontairement[1]. Et la Cour de cassation a une interprétation large de la notion de restitution puisqu'elle admet que puisse être octroyée une indemnisation liée à la privation de jouissance du bien en matière de baux commerciaux et ruraux[2]. Il sera précisé qu'en cas de cassation d'un arrêt rendu en référé, sur le fondement duquel une mesure d'expulsion a été pratiquée, c'est bien l'article L. 111-11 précité qui s'applique, et non pas l'article L. 111-10 du même code qui prévoit que l'exécution d'un titre provisoire est poursuivie aux risques du créancier, de sorte qu'elle ne peut donner lieu qu'à restitution[3].

Récemment, il a ensuite été précisé que la cassation d'un jugement d'adjudication n'entraîne pas l'annulation par voie de conséquence du jugement d'adjudication sur réitération des enchères qui l'avait suivi et que, dès lors, une procédure d'expulsion et une décision statuant sur le sort des meubles ensuite de celle-ci ne sont pas privées de fondement juridique par l'effet de cette première cassation[4].

En revanche, la cassation de l'arrêt ayant prononcé l'expulsion entraîne, par voie de conséquence, celle de l'arrêt ayant rejeté l'exception de nullité du commandement de quitter les lieux et la demande de délais pour quitter les lieux[5].

0511.104 **3°) Caducité et autres.** Dans le cadre de certaines procédures, on peut s'interroger sur les effets d'une inaction des parties pouvant laisser « périmer » le titre d'expulsion. Ainsi, lorsque la décision réputée contradictoire n'a pas été signifiée dans les six mois de son prononcé, en vertu des dispositions de l'article 478 C. pr. civ., elle est non avenue. Par ailleurs, les mesures provisoires ordonnées par le juge aux affaires familiales étaient caduques en l'absence d'introduction de l'instance en divorce dans les trente mois de l'ordonnance de non-conciliation (C. pr. civ., art. 1113, avant le décret du 17 décembre 2019[6]). La difficulté s'était posée devant la cour d'appel de Paris, qui avait pour cette raison annulé la procédure d'expulsion et ordonné la réintégration de l'époux. Cette décision fut cassée par la Cour de cassation dans la mesure où la partie expulsée avait fait appel de la décision et avait donc renoncé à se prévaloir des dispositions de l'article 478 C. pr. civ. Par voie de conséquence, l'annulation de la procédure d'expulsion fut elle-même annulée[7]. Dans cette hypothèse, la « caducité » était acquise avant la réalisation de l'expulsion, ce qui équivalait à avoir procédé à celle-ci sans titre exécutoire. Mais quelle solution peut être apportée si la caducité intervient, pour diverses raisons, après la réalisation de l'expulsion ? La Cour de cassation juge d'une manière générale que « *la caducité d'un titre exécutoire ne le prive pas de son efficacité pour la période antérieure à la caducité* »[8]. Il ne devrait donc pas y avoir d'annulation de la procédure mais une simple possibilité de réintégration en raison de la renaissance du droit d'occupation qui avait été perdu par l'effet de ce titre. Mais la Cour de cassation juge au contraire que la caducité qui frappe la mesure conservatoire lorsqu'aucune procédure n'a été engagée dans les trois mois de celle-ci, a un effet rétroactif en ce sens que le tiers qui a manqué à ses obligations ne peut plus être condamné aux causes de la saisie[9]. Un auteur fait alors la distinction entre **la caducité qui résulte d'une inaction des parties et** qui est conçue comme une sanction, qui aurait alors un effet rétroactif, et **la caducité qui résulte d'une action positive des parties**, à savoir leur désistement, qui n'aurait un effet que pour l'avenir, ce qui expliquerait la différence de régime. Étant donné la formulation de la Cour de cassation, on peut également penser que le principe de l'absence de rétroactivité de la caducité d'un titre exécutoire a une portée générale. Elle n'est simplement pas la même chose que la caducité d'un acte.

1. Versailles, 3 juill. 1997, RG n° 94/1262, *D. Affaires* 1997. Chron. 1065.
2. Civ. 3e, 11 janv. 2006, n° 04-20.791, P III, n° 8 ; *D.* 2006. 369, obs. Y. Rouquet ; *Dr. et proc.* 2006. 142 – Civ. 3e, 9 mars 2011, n° 10-30.603, P III, n° 33 ; *RD rur.* 2011, n° 89.
3. Civ. 2e, 31 janv. 2019, n° 17-28.605, P ; *D.* 2019. 1306, obs. A. Leborgne ; *RTD civ.* 2019. 405, obs. N. Cayrol.
4. Civ. 2e, 4 juin 2020, n° 18-22.781, NP.
5. Civ. 2e, 1er juill. 2021, n° 20-14.791, P.
6. Décr. n° 2019-1380, 17 déc. 2019, relatif à la procédure applicable aux divorces contentieux et à la séparation de corps ou au divorce sans intervention judiciaire, *JO* 19 déc., texte n° 2.
7. Paris, 8e ch. B, 27 juin 2002, *Dr. et proc.* 2002. Actu. 385 – Civ. 2e, 23 sept. 2004, n° 02-17.882, P II, n° 354 – Civ. 2e, 23 sept. 2004, n° 02-19.258, NP.
8. Civ. 2e, 6 mai 2004, n° 02-18.985, P II, n° 220 ; *RTD civ.* 2004. 559, obs. R. Perrot ; *RD banc. fin.* 2005, n° 25, obs. S. Piedelièvre ; *Gaz. Pal.* 2005. 1426, obs. C. Brenner – Civ. 1re, 9 févr. 2011, n° 09-72.653, P I, n° 26 ; *Dr. et proc.* 2011. 125, obs. C. Lefort.
9. Cass., avis, 21 juin 1999, n° 09-90.008, P, n° 5 ; *JCP* 1999. II. 10160, note V. Croze et T. Moussa.

CHAPITRE

0512. Commandement d'avoir à libérer les locaux ou commandement de quitter les lieux

ANNE-GAËLLE DUMAS
MAGISTRAT

SECTION 0

ORIENTEUR

0512.00 Sommaire du chapitre.

Division. Les commandements d'avoir à libérer les locaux ou de quitter les lieux (sect. 1) concernent un requérant et un destinataire. Les commandements doivent comporter certaines mentions à peine de sanction (sect. 2). Le commandement de quitter l'habitation obéit à certaines règles spécifiques (sect. 3).

0512.01 Textes applicables.

• **C. pr. exéc.**, art. L. 111-4, L. 111-9, L. 411-1, L. 412-1, L. 412-2, L. 412-5, R. 411-1 à R. 411-3, R. 412-1 et R. 412-2.

• **C. pr. civ.**, art. 114, 117 et 649.

L. n° 2017-86, 27 janv. 2017, relative à l'égalité et à la citoyenneté, *JO* 28 janv., texte n° 1.

0512.02 Jurisprudence de référence.

> Expulsion de l'habitation principale. Sanction de l'omission de l'information préalable du préfet.

• **Civ. 2e, 25 juin 1998,** n° 95-10.000, P II, n° 229

* V. s^s n°s 0512.73

En cas d'expulsion d'une personne de son habitation principale, l'huissier (commissaire) de justice doit, dès le commandement d'avoir à libérer les locaux, envoyer une copie de cet acte au préfet du département du lieu de situation de l'immeuble par lettre recommandée avec demande d'avis de réception. L'inobservation de ces prescriptions qui constitue l'omission d'un acte et non un vice de forme, affecte la validité de la procédure d'expulsion subséquente sans que la personne expulsée ait à justifier d'un grief.

> Expulsion. Domaine de la formalité d'information préalable du préfet.

• **Civ. 2e, 23 juin 2011,** n° 10-18.551, P II, n° 143

* V. s^s n° 0512.51

L'huissier (commissaire) de justice n'a pas à procéder aux formalités prévues par l'article 197 du décret du 31 juillet 1992 [devenu art. R. 412-2 C. pr. exéc.] lorsque la personne expulsée ne réside pas dans le local d'habitation accessoire aux locaux à usage professionnel donnés à bail.

> Commandement de quitter les lieux. Durée de validité (non).

• **Civ. 2e, 13 mai 2015,** n° 14-18.859, NP

* V. s^s n° 0512.05

Ayant relevé *d'une part* que le commandement d'avoir à quitter les lieux, délivré en vertu d'une ordonnance exécutoire, n'avait fait l'objet d'aucune contestation et qu'il n'existait ni d'obligation de le réitérer après l'arrêt confirmatif ni de délai légal entre ce commandement et le procès-verbal d'expulsion, *d'autre part* que ce dernier contenait un inventaire des biens laissés sur place et comportait la mention selon laquelle seuls les éléments mobiliers et meublants avaient une valeur marchande conformément aux prescriptions de l'article R. 433-1 du C. pr. exéc. et, alors que n'avait pas été invoquée devant elle la violation des articles R. 433-5 et R. 433-6 du même code, c'est sans encourir les griefs du moyen que la cour d'appel a décidé que la procédure d'expulsion était régulière.

> Commandement de quitter les lieux. Signification à l'occupant du chef de la personne expulsée (non).

• **Civ. 2e, 23 juin 2016,** no 15-21.408, P II, no 165

* V. ss nos 0511.21, 0622.13

Le commandement d'avoir à libérer les lieux, qui doit être signifié, en application de l'article R. 411-1 C. pr. exéc., à la personne dont l'expulsion a été ordonnée, n'a pas à l'être à l'occupant de son chef.

> Commandement de quitter les lieux. Défaut de mentions. Nécessité d'un grief.

• **Civ. 2e, 13 juill. 2006,** no 04-13.248, P II, no 212.

* V. ss nos 0512.41, 0512.61, 1341.333

Ayant constaté, par motifs propres et adoptés, que le commandement d'avoir à libérer les locaux ne comportait pas les mentions prescrites à peine de nullité par les articles 194. 2 et 195 du décret no 92-755 du 31 juillet 1992, et ayant relevé que M. et Mme X... avaient formé, dix jours après la délivrance du commandement, une contestation devant le juge compétent et sollicité des délais, la cour d'appel a pu décider que, les appelants ne prouvant pas le grief que leur causaient ces irrégularités, leur demande de nullité devait être rejetée.

0512.03 Bibliographie indicative.

* V. ss no 05.03.

Ouvrages[1]. A. Leborgne, *Droit de l'exécution*, 3e éd., « Précis », Dalloz, 2019 – R. Perrot et P. Théry, *Procédures civiles d'exécution*, 3e éd., Dalloz, 2013 [conditions de l'expulsion], nos 1080-1085.

Articles. J. Beauchard, « Le logement et les procédures civiles d'exécution », *RTD civ.* 1993. 109 s., no spéc. : *La réforme des procédures civiles d'exécution* – Y. Landau-Toutain, « Limiter les expulsions en protégeant à la fois locataires et propriétaires », *Gaz. Pal.* 1991. Doctr. 395.

> Sur le commandement d'avoir à libérer les locaux.

C. Watin-Drouin, « Le commandement d'avoir à libérer les locaux préalable à l'expulsion », *Rev. huiss.* 1996. 769.

0512.04 Formulaire de procédure civile (renvois).

- *Expulsion – Commandement d'avoir à libérer les locaux* (Commandement pour un local non affecté à l'habitation principale – C. pr. exéc., art. L. 411-1 et R. 411-1 s.)
- *Expulsion – Commandement d'avoir à libérer les locaux* (Commandement d'avoir à libérer les locaux quand ceux-ci sont affectés à l'habitation principale de la personne expulsée ou de tout occupant de son chef – C. pr. exéc., art. L. 412-1 s. et R. 411-1)

0512.05 Nécessité d'un commandement spécifique à l'expulsion. L'exigence d'un commandement préalable à l'expulsion est inscrite dans la loi. L'article L. 411-1 C. pr. exéc., qui exige un titre exécutoire pour pouvoir procéder à une expulsion, précise également que l'expulsion ne peut être poursuivie qu'« *après signification d'un commandement d'avoir à libérer les locaux* ». Autrement dit, l'expulsé doit être averti de la mesure qui l'attend, quel que soit le local occupé, puisqu'il s'agit aussi bien de l'expulsion d'un « immeuble » que d'un « lieu habité », et ce dans les formes prévues aux articles R. 411-1, R. 411-2, R. 412-1 et R. 412-2 C. pr. exéc. Étant précisé que deux de ces articles ne s'appliquent précisément qu'à l'expulsion des lieux habités. La partie législative du Code des procédures civiles d'exécution, en affirmant cette exigence, n'a fait que reprendre une pratique qui s'était développée, à l'instar de ce qui se faisait en matière de saisie-exécution, de délivrer une sommation ou un commandement de déguerpir ou de quitter les lieux. Cela étant, cette pratique n'était pas obligatoire puisqu'elle n'apparaissait dans aucun texte et l'expulsion n'était pas nécessairement invalidée en son absence[2].

Mais **le commandement doit être spécifique à l'expulsion.** En effet, dans la mesure où, dans une grande partie des cas la demande d'expulsion est accompagnée de demandes en paiement de loyers ou charges ou autres sommes dues en vertu du titre d'occupation, certains ont pu être tentés de poursuivre l'expulsion sur le fondement d'un simple commandement de payer aux fins de saisie-vente[3], voire commandement visant la clause résolutoire[4]. D'autres ont pu penser que la présence des parties suppléerait utilement à cette formalité en délivrant une sommation de restituer les clefs du local et d'être présent ou représenté lors de l'état des lieux[5]. Invariablement, la jurisprudence a sanctionné ces pratiques.

À noter que s'agissant d'un acte préparatoire à la mesure d'exécution à proprement parler, il peut être délivré par un clerc assermenté[6]. On peut enfin se poser la question de la durée de validité de celui-ci dans la mesure où le texte n'en limite pas les effets à une certaine période à l'instar de ce qui existe pour le commandement aux fins de saisie-vente. Le bailleur peut-il délivrer un commandement de quitter les lieux puis attendre pendant dix ans parce que le locataire aura apuré la dette par un échéancier amiable scrupuleusement respecté, puis aura connu de nouvelles difficultés financières et cessé de payer à nouveau ce qui constitue donc des indemnités d'occupation ? Aucun texte n'indiquant qu'il perd ses effets, il ne pourra pas être considéré comme caduque. On aurait pu se tourner vers l'éventuelle renonciation

1. Les ouvrages dont le nom des auteurs figure en petites capitales en bibliographie seront cités par le seul nom des auteurs en petites capitales en notes de bas de page.

2. Perrot et Théry, no 1082.
3. Douai, 8e ch. civ., 10 mai 1994, RG no 93/08555, *Rev. huiss.* 1994. 1421 ; *D.* 1994. Somm. 337.
4. Douai, 8e ch. civ., 5 janv. 1995, *Juris-Data* no 600310 ; *Rev. huiss.* 1995. 495.
5. Versailles, 14e ch., 1er juill. 2009, RG no 09/03493, NP, consultable sur le site *legifrance.gouv.fr*.
6. Paris, 8e ch. B, 12 juin 2008, RG no 07/21263.

du bailleur à se prévaloir de l'acte, mais la jurisprudence est très ferme sur ce point et la renonciation souvent refusée (v. s^{s} n° 0521.05) ou encore vers la prescription du titre exécutoire (C. pr. exéc., art. L. 111-4). Mais la Cour de cassation a retenu que l'expulsion menée plusieurs années après la délivrance du commandement de quitter les lieux (cinq ans en l'espèce), était bien valable[1]. Il a été relevé que l'occupant, de bonne foi, pourrait se prévaloir de la conclusion d'un bail verbal, et qu'il était préférable malgré tout de reprendre la procédure[2].

SECTION 1
REQUÉRANT ET DESTINATAIRE

§ 1
Requérant

0512.11 Titulaire du titre exécutoire ou son ayant droit. Celui qui fera délivrer le commandement de quitter les lieux sera le titulaire du titre exécutoire ou celui qui bénéficie de la transmission de celui-ci (v. s^{s} n° 0511.65).

0512.12 Capacité et pouvoir. Le requérant doit par ailleurs avoir la capacité juridique pour pouvoir délivrer un tel acte. Rappelons que l'article L. 111-9 C. pr. exéc. prévoit que l'exercice d'une mesure d'exécution est considéré comme un **acte d'administration**. Ainsi, en principe, le mineur peut utilement être représenté par son tuteur sans besoin d'une autorisation du conseil de famille ou du juge des tutelles, de même que l'un seul de ses parents peut y procéder. De même, le majeur sous curatelle peut délivrer sans l'assistance de son curateur un tel commandement.

Néanmoins, il faut avoir une existence légale et être représenté par la bonne personne. Ainsi, a pu être annulé pour vice de fond, au visa donc de l'article 117 C. pr. civ. qui prévoit que le défaut de capacité ou de pouvoir constitue une cause de nullité de fond, un commandement de quitter les lieux délivré par une indivision, qui n'a pas la personnalité juridique[3]. En matière d'indivision, il a par ailleurs été jugé que la délivrance d'un commandement de quitter les lieux constitue une mesure nécessaire à la conservation du bien indivis qui n'implique donc pas le consentement d'indivisaires titulaires d'au moins deux tiers des droits indivis[4].

1. Civ. 2e, 13 mai 2015, n° 14-18.859, NP ; *AJDI* 2015. 532.
2. M. Aressy et C. Roth, « Le coin du praticien », *RCJPP* 2024. 46.
3. Civ. 2e, 9 juin 2011, n° 10-19.241, P II, n° 129.
4. Civ. 2e, 16 nov. 2017, n° 16-23.173, NP.

§ 2
Destinataire

0512.21 Occupant. L'article R. 411-1 C. pr. exéc. prévoit que le commandement est signifié « *à la personne expulsée* ». On peut s'interroger sur le fait de savoir s'il s'agit de la personne effectivement expulsée ou de celle qui est simplement visée principalement par le titre. Ainsi, l'occupant du chef de la partie au litige (sur cette notion, v. s^{s} n° 0511.66) ayant abouti à l'expulsion doit-il être destinataire du commandement de quitter les lieux ?

Le juge de l'exécution (JEX) d'Angoulême peu de temps après l'entrée en vigueur de la réforme de 1991 et 1992, a considéré que le commandement de quitter les lieux devait être délivré aux personnes effectivement expulsées et donc aux occupants du chef du locataire[5]. En revanche, le JEX de Paris, plus récemment[6], a considéré, dans le cadre de l'expulsion d'une résidence hôtelière, que l'huissier (commissaire) de justice ayant comme seul interlocuteur direct le locataire principal, il ne peut lui être imposé de délivrer un commandement de quitter les lieux aux occupants permanents. Implicitement, il a donc jugé que la « *personne expulsée* » était celle visée par le titre et non la personne effectivement expulsée. Il s'agit d'une interprétation littérale des articles L. 412-1 et R. 412-1 C. pr. exéc. qui précisent que des règles spécifiques doivent être observées lorsque l'habitation « *de la personne expulsée ou de tout occupant de son chef* » est concernée. Il y a donc bien une distinction dans les termes de la loi entre la personne expulsée, qui serait celle destinataire du titre exécutoire et les occupants de son chef et l'on peut effectivement penser que lorsque la loi prévoit que le commandement est signifié à la personne expulsée, cela ne concerne que la personne qui était partie au procès en expulsion.

Pour résoudre cette difficulté, plusieurs voies étaient possibles. On pouvait tout d'abord penser que le législateur avait volontairement précisé que seule la personne expulsée dans le sens de « *personne partie au procès* » devait être destinataire du commandement de quitter les lieux et que cela serait donc plus sécurisant pour le propriétaire et sa procédure d'expulsion[7]. La justification en serait, ce qui se comprend aisément, qu'on ne peut pas forcer le propriétaire à deviner qui se trouve dans les lieux. Néanmoins, il faut aussi éviter toute fraude. En effet, c'est bel et

5. TGI Angoulême, JEX, 4 oct. 1993, *D.* 1994. 337 ; *BICC* 1993, n° 1332.
6. TGI Paris, JEX, 6 avr. 2005, RG n° 05/80867 – V. DÉJÀ EN CE SENS : PERROT et THÉRY, p. 842, n° 1084, puisqu'ils parlent de signification du commandement « à partie ».
7. EN CE SENS : note Choquet sous CE 25 juill. 2013, *Dr. et proc.* 2013. 249.

bien l'occupant effectif des lieux qui détermine, selon les termes des articles L. 412-1, L. 412-2, L. 412-5, R. 412-1 et R. 412-2 C. pr. exéc., le régime applicable à l'expulsion selon que les lieux constituent ou non son habitation principale. Le commandement doit, si c'est le cas, comporter des mentions spécifiques, notamment quant aux droits de l'occupant de demander des délais, le préfet doit être alerté et l'expulsion ne peut avoir lieu moins de deux mois après la délivrance du commandement. C'est donc bien l'occupant qu'on veut ici protéger et non la partie au procès. Ainsi, pour sauvegarder les droits de l'occupant qui doit être informé du délai de deux mois dont il bénéficie pour quitter les lieux et de la possibilité qui lui est offerte de demander des délais, on aurait pu envisager que, dès lors que le propriétaire a connaissance de la présence d'occupants autres que son contradicteur, il signifie le commandement à ceux-ci. Autrement la protection de l'occupant serait illusoire, ce d'autant, rappelons-le, qu'il n'est pas destinataire de la signification du titre exécutoire (v. s^s n° 0511.72). La Cour de cassation a tranché la difficulté de manière pragmatique en jugeant que « *le commandement de quitter les lieux, qui doit être signifié* [...] *à la personne dont l'expulsion a été ordonnée, n'a pas à l'être à l'occupant de son chef* »[1].

0512.22 **Modalités de la signification.** Le commandement prend la forme d'un acte d'huissier (commissaire) de justice signifié à la personne expulsée. Il est donc tout d'abord exclu de le faire par lettre, y compris recommandée avec avis de réception. Par ailleurs, et conformément aux règles générales en matière de signification, le commandement doit en principe être délivré à personne (C. pr. civ., art. 653 s.). Le texte a toutefois expressément prévu des règles particulières en la matière.

Tout d'abord, l'article R. 411-3 C. pr. exéc.[2] prévoit, après avoir énoncé l'exigence d'un titre exécutoire et d'un commandement, si l'expulsion vise des « *personnes non dénommées* » que « *l'acte est remis à parquet à toutes fins* ». Ces cas sont en principe voués à être rares, comme par exemple dans certains cas d'expulsions de grévistes, ou de squats lorsque les personnes refusent de donner leur identité. Cette règle, pragmatique, rend la signification quelque peu fictive car il n'est pas dit que le parquet doive accomplir des diligences particulières[3]. Une fois remise à parquet, la signification est en ce cas valablement faite. Un auteur s'était également posé la question de la portée de cette disposition qui apparaissait en fin d'article 61, dans une phrase distincte. Il en concluait que cette modalité de signification ne concernait pas seulement le commandement de quitter les lieux mais également la signification du titre d'expulsion[4]. La cour d'appel de Chambéry a jugé en ce sens que l'assignation même pouvait être remise à Parquet en cas d'expulsion de squatters, sur le fondement de l'article 61 de la loi[5]. Cette deuxième partie d'article 61, déclassée en partie réglementaire du Code des procédures civiles d'exécution, est désormais devenue l'article R. 411-3 de celui-ci, dans un chapitre relatif aux dispositions générales et dans un titre relatif aux conditions de l'expulsion. Certes, le titre en question ne comprend, en partie réglementaire, que des dispositions relatives au commandement de quitter les locaux, mais en partie législative, il est question à la fois du titre exécutoire et du commandement dans ce même chapitre. On peut en déduire que cette disposition s'applique bien à tout acte délivré dans le cadre d'une procédure d'expulsion et donc y compris à la signification du titre lui-même.

L'article R. 411-2 C. pr. exéc. énonce ensuite que « *le commandement d'avoir à libérer les locaux ne peut être signifié à domicile élu* ». L'élection de domicile dans un contrat tend entre autres à faciliter la signification des actes en cas de litige. Elle peut d'ailleurs faire partie de la négociation dudit contrat puisque les significations qui sont faites au domicile contractuellement élu y seront valablement faites (C. civ., art. 111). Néanmoins, il est important, dans une matière ayant de graves conséquences, que le commissaire de justice tente à tout prix d'atteindre son destinataire pour lui remettre l'acte qui alerte de l'imminence de la mesure à personne.

0512.23 **Signification groupée.** L'article R. 411-1 C. pr. exéc. prévoit que le « *commandement peut être délivré dans l'acte de signification du jugement* ». Il est donc possible de procéder en principe à la signification simultanée du titre fondant l'expulsion et du commandement de quitter les lieux, ce qui peut avoir le mérite de faire le lien entre la décision d'expulsion et le fait qu'il va falloir quitter les lieux, et de limiter les frais puisque la délivrance d'un seul acte pour deux se fait nécessairement à moindre coût, pour le propriétaire dans un premier temps, et pour la personne expulsée *in fine*. On peut signaler que cette possibilité pourtant offerte par la loi n'a pas reçu l'approbation de tous. En effet, il a pu être conseillé de ne pas user de ce type de double significa-

1. Civ. 2e, 23 juin 2016, n° 15-21.408, P II, n° 165 ; *D. actu.* 21 juill. 2016, obs. Melin ; *Procédures* 2016. Comm. 255, obs. L. Raschel ; *RD banc. fin.* 2016. Comm. 205, obs. S. Piedelièvre.
2. Anc. L. n° 91-650, 9 juill. 1991, portant réforme des procédures civiles d'exécution, art. 61, dern. al, *JO* 14 juill.
3. SUR CE POINT, v. E. Putman, « La réforme des procédures civiles d'exécution et l'expulsion des occupants d'immeubles », *LPA* 21 sept. 1994, n° 113.
4. P. Le Fur, « L'expulsion », *Rev. huiss.* 1993. 225.
5. Chambéry, 18 sept. 2007, RG n° 07/01038, *Loyers et copr.* 2008, n° 3, note B. Vial-Pedroletti.

tion, voire triple dans le cas où elle est encore couplée avec un commandement aux fins de saisie-vente, pour deux raisons. La première est le manque de lisibilité. La seconde est le risque de voir annuler deux actes de procédure en même temps et par exemple, de devoir délivrer à nouveau une signification du jugement en faisant courir de nouveaux délais de recours, en raison d'une nullité affectant la partie commandement de l'acte[1]. Par ailleurs, cette modalité de signification ne peut se concevoir en principe que lorsque la décision bénéficie de l'exécution provisoire. En effet, il semble difficile d'admettre la signification d'un jugement non encore exécutoire en même temps qu'un commandement qui ne peut être délivré qu'une fois la décision exécutoire[2].

SECTION 2
CONTENU

§ 1
Mentions

0512.31 Mentions communes à tous les commandements. L'article R. 411-1 C. pr. exéc. dispose que : « *Le commandement d'avoir à libérer les locaux prend la forme d'un acte d'huissier de justice signifié à la personne expulsée et contient, à peine de nullité :*

1° *l'indication du titre exécutoire en vertu duquel l'expulsion est poursuivie ;*

2° *la désignation de la juridiction devant laquelle peuvent être portées les demandes de délais et toutes contestations relatives à l'exécution des opérations d'expulsion ;*

3° *l'indication de la date à partir de laquelle les locaux devront être libérés ;*

4° *L'avertissement qu'à compter de cette date il pourra être procédé à l'expulsion forcée du débiteur ainsi qu'à celle de tout occupant de son chef [...]* ».

Le souci du législateur est là encore la clarté maximale pour que la personne expulsée soit avertie au mieux des conséquences de son abstention, **le mot expulsion devant apparaître** tout aussi clairement que dans le titre exécutoire. Pour faire le lien avec ce titre, il faut bien sûr le mentionner puisque c'est ce qui justifie et valide l'intervention du commissaire de justice et le concours éventuel de la force publique. Par ailleurs, pour permettre au débiteur de faire valoir ses droits au plus vite, et, puisque comme nous l'avons vu et le reverrons il est fort difficile d'obtenir sa réintégration, il faut lui **indiquer devant quel juge il doit porter ses contestations**, si possible avant la réalisation effective de l'expulsion. L'indication doit être, en ce sens, suffisamment précise[3].

Enfin, il faut que le commandement, puisqu'il a pour objet de faire commandement à la personne de partir des lieux, sous-entendu volontairement, indique **la date précise**, et non pas seulement un délai, à partir de laquelle l'expulsion pourra être mise en œuvre et donc le délai dans lequel il doit s'exécuter et la sanction encourue. Hormis le cas des locaux d'habitation pour lesquels il existe un délai légal, comme nous le verrons, il n'existe pas de délai minimal prévu par la loi. Certains ont d'ailleurs vu cela comme une possibilité de prévoir un départ « sans délai », ou encore « sans délai et immédiatement ». Or, la jurisprudence a tendance à considérer que cette formule est quelque peu contraire à l'esprit de la loi. Il a ainsi pu être jugé qu'une telle mention ne constituait nullement une indication de date et que cela ne correspondait pas à l'exigence du texte[4]. Par ailleurs, il a été précisé que **ce délai est soumis à l'appréciation du juge** et qu'il doit être suffisant pour que l'occupant puisse organiser son départ volontaire[5].

§ 2
Sanction

0512.41 Nullité. L'article R. 411-1 C. pr. exéc. lui-même prévoit que les mentions qu'il indique sont prescrites à peine de nullité. Certains arguant du fait que certaines mentions étant fondamentales, leur omission constituait l'omission d'un acte, ou les dispensait de justifier d'un grief, il a régulièrement été jugé que la nullité prévue à l'article R. 411-1 est une nullité de forme soumise comme telle aux dispositions de l'article 114 C. pr. civ., et ne pouvant donc prospérer que par la démonstration d'un grief.

Ainsi, il a pu être jugé que l'omission de l'indication de la juridiction compétente et des mentions de l'article R. 412-1 C. pr. exéc. (v. s[s] n° 0512.61)[6], voire de ces dernières mentions uniquement[7], ou encore des mentions de l'article 649 C. pr. civ.[8], consti-

1. S. Guinchard et T. Moussa (dir.), Dalloz action *Droit et pratique des voies d'exécution*, 2010/2011, n°s 511.43 et 511.44, par J.-J. Bourdillat.
2. EN CE SENS : PERROT et THÉRY, n° 1084.
3. EX. D'ANNULATION D'UN PROCÈS-VERBAL D'EXPULSION qui indiquait que la juridiction compétente était celle du lieu de situation de l'immeuble alors qu'il aurait dû préciser le siège de la juridiction (solution transposable au commandement) : Grenoble, 7 mars 2000, RG n° 99/00442.
4. Paris, 8e ch. B, 25 mars 1999, RG n° 1998/10356, *Gaz. Pal.* 7 mars 2000, n° 67, p. 2.
5. Paris, 21 févr. 2001, RG n° 2001/12656, *Dr. et proc.* 2002. Actu. 195.
6. Civ. 2e, 13 juill. 2006, n° 04-13.248, P II, n° 212 ; *Dr. et proc.* 2006. 369.
7. Civ. 3e, 30 sept. 2009, n° 08-15.203, P III, n° 208 ; *Procédures* 2009, n° 395, note R. Perrot ; *Loyers et copr.* 2009, n° 247, note B. Vial-Pedroletti.
8. Civ. 2e, 2 févr. 2023, n° 21-18.384, NP.

tuaient un vice de forme et nécessitaient la démonstration d'un grief, non faite dans ces espèces, les personnes expulsées ayant formé une contestation ou demandé des délais devant le juge de l'exécution compétent dans les temps. Mais, alors qu'il avait pu être considéré, eu égard à l'importance de cette mention d'alerte, que l'omission de la mention de la date à laquelle les locaux devront être libérés cause nécessairement un grief, qui est donc en quelque sorte présumé, l'absence de cette mention « *ne permettant pas à la personne expulsée de partir avant d'y être contrainte par la force et d'éviter ainsi l'humiliation d'une telle expulsion* »[1], la Cour de cassation a rappelé qu'une telle omission constituait bien aussi un vice de forme, mais qu'il fallait pour la personne expulsée démontrer un grief, ce qui n'est pas le cas lorsque la personne a bénéficié d'un délai suffisant entre le commandement et l'expulsion effective[2].

0512.42 Réintégration ou dommages et intérêts. Là encore, le prononcé de la réintégration est rare et la nullité du commandement se résout fort souvent par l'octroi de dommages et intérêts. Mais contrairement à la problématique de l'absence de titre exécutoire, le motif du refus de réintégration est énoncé plus clairement : l'occupant, malgré une irrégularité de la procédure, est occupant sans droit ni titre et il serait curieux d'ordonner la réintégration d'une personne sans plus aucun droit[3]. La réintégration a toutefois pu être ordonnée en référé, sur le fondement d'un **trouble manifestement illicite**, lorsque la procédure d'expulsion avait été menée en l'absence de commandement de quitter les lieux[4]. A pu également être prononcée, parce que c'était simplement ce qui était demandé, la restitution des meubles aux frais du propriétaire[5].

SECTION 3
RÈGLES SPÉCIFIQUES AU COMMANDEMENT DE QUITTER L'HABITATION

§ 1
Champ d'application : le lieu d'habitation

0512.51 Notion d'habitation principale antérieurement à la loi nº 2017-86 du 27 janvier 2017 relative à l'égalité et à la citoyenneté[6]**.** Les articles L. 412-1, L. 412-2, L. 412-5, R. 412-1 et R. 412-2 C. pr. exéc. prévoyaient des règles spécifiques pour les expulsions portant sur les « *locaux affectés à l'habitation principale de la partie expulsée ou de tout occupant de son chef* ». N'était protégée ici que l'habitation effective de la personne, afin d'éviter qu'elle ne se retrouve sans aucun logement. Ainsi, le local commercial ne bénéficie pas de la protection prévue par ces articles[7]. En revanche, en cas de bail mixte, ladite protection s'applique[8]. Néanmoins, la Cour de cassation a précisé que le simple fait qu'il y ait un bail d'habitation accessoire ne suffisait pas, il faut en sus que les locataires y résident effectivement[9]. L'habitation n'est donc pas conçue comme la destination des lieux qui résulte de la volonté contractuelle des parties, mais comme l'habitation effective et réelle de la personne qui doit bénéficier de la protection[10].

La troisième chambre civile avait déjà clairement statué en ce sens lorsqu'elle avait refusé de casser un arrêt qui avait validé un commandement de quitter des locaux d'habitation ne respectant pas les prescriptions des articles 62 de la loi de 1991 et 208 du décret de 1992 (devenus C. pr. exéc., art. L. 412-1, L. 412-2, L. 412-5, R. 412-1 et R. 412-2), motif pris de ce qu'il était démontré que le local ne constituait pas l'habitation effective des personnes expulsées, le commandement ayant notamment été signifié à personne à une adresse différente de celle des locaux loués[11].

À noter qu'aussi bien pour la trêve hivernale que pour le sursis judiciaire (v. s^s nºs 0521.06, 0521.23, 0521.31 s.) et le délai de deux mois prévu à l'article L. 412-1 C. pr. exéc., la jurisprudence tendait à considérer que la caravane n'est pas une habitation au sens de ces textes, dans la mesure où elle peut être déplacée sans porter atteinte au logement des intéressés. Il ne s'agit pas à proprement parler de l'expulsion d'une habitation mais d'un terrain sur lequel des personnes ont établi leur habitation[12].

Par ailleurs, l'habitation qui est protégée est celle de l'occupant, quel qu'il soit. Ainsi, l'époux expulsé

1. Paris, 8e ch. B, 25 mars 1999, RG nº 1998/10356, *Gaz. Pal.* 7 mars 2000. Doctr. 2, nº 67.
2. Civ. 2e, 8 févr. 2007, nº 05-20.936, P II, nº 25 ; *Dr. et proc.* 2007. 225 – Civ. 2e, 2 juill. 2009, nº 07-19.474, NP.
3. TGI Paris, JEX, 29 mai 1995, RG nº 95/82489.
4. Versailles, 14e ch., 1er juill. 2009, RG nº 09/03493, NP, consultable sur le site legifrance.gouv.fr.
5. Paris, 21 févr. 2001, RG nº 2001/12656, *Dr. et proc.* 2002. Actu. 195.
6. L. nº 2017-86, 27 janv. 2017 relative à l'égalité et à la citoyenneté, *JO* 28 janv., texte nº 1.
7. Civ. 2e, 20 janv. 2005, nº 03-13.138, P II, nº 18 ; *D.* 2005. IR 389 ; *Procédures* 2005, nº 185, note R. Perrot ; *Loyers et copr.* 2005, nº 46, obs. B. Vial-Pedroletti ; *Dr. et proc.* 2005. 177, obs. A. Leborgne – Paris, 21 févr. 2002, RG nº 2001/12656, *Dr. et proc.* 2002. Actu. 195.
8. Paris, 23 mars 2000, RG nº 99/11934 – Civ. 2e, 20 janv. 2005, nº 03-13.138, P (préc. ss prést nº).
9. Civ. 2e, 23 juin 2011, nº 10-18.551, P II, nº 143.
10. AVIS EN SENS CONTRAIRE lors de l'entrée en vigueur de la loi, v. A. Boukris, « Les nouvelles règles applicables en matière d'expulsion », *JCP N* 1993. I. 58.
11. Civ. 3e, 27 mai 1998, nº 96-17.437, NP.
12. Lyon, 10 mai 2011, RG nº 10/07971, *D.* 2011. 1411 – CE 30 nov. 2007, req. nº 311004.

en raison de l'attribution du domicile conjugal à l'autre bénéficie de la protection [1], sauf dans certaines hypothèses que nous verrons (v. s[s] n° 0521.21). La protection bénéficie également à l'occupant du chef de la personne expulsée, qui peut elle-même avoir été liée au propriétaire par un bail commercial [2]. De la même manière, il convient de respecter les formalités protectrices du logement y compris lorsque le locataire est une SCI, dans la mesure où l'objectif est de préserver le logement des occupants [3].

La jurisprudence administrative tend parfois à considérer que cette protection, et plus généralement la protection offerte par le Code des procédures civiles d'exécution en matière d'expulsion, ne s'applique pas à l'expulsion du domaine public [4], ou à l'étranger se maintenant indûment en centre d'hébergement, les dispositions de l'article L. 744-5 CESEDA étant alors applicables [5], ou encore, plus récemment, aux logements d'étudiants dans des centres régionaux des œuvres universitaires et scolaires (CROUS), les dispositions du Code des procédures civiles d'exécution ne s'appliquant pas, en raison des missions de service public assurées par ceux-ci [6].

0512.52 Notion de lieu habité depuis la loi n° 2017-86 du 27 janvier 2017 relative à l'égalité et à la citoyenneté. Contre l'avis du Sénat, qui considérait que cette modification aurait dû faire l'objet d'une étude d'impact, l'Assemblée nationale a adopté à deux reprises un amendement modifiant le texte des articles L. 412-1, L. 412-3 et L. 412-6 C. pr. exéc., remplaçant les termes « *locaux affectés à l'habitation principale* » de la personne expulsée, par les termes « *lieu habité* ». L'amendement, adopté par deux fois en commission, est motivé de la sorte : il « *a pour objectif d'uniformiser les procédures civiles d'exécution dès lors que l'expulsion est exécutée sur un lieu habité, et ce quel que soit le type d'habitat. Cette uniformisation doit mettre fin aux inégalités existantes selon les formes d'habitat, afin que les personnes dont le domicile est un habitat précaire puissent jouir des mêmes droits que les occupants de bâtis. L'article L. 411-1 du Code des procédures civiles d'exécution prévoit que l'expulsion d'un immeuble ou d'un* "lieu habité" *ne peut être poursuivie qu'en vertu d'une décision de justice. Cette formulation légale vise tout type d'habitat, même informel, comme en atteste la jurisprudence ancienne sur ce sujet. Cependant, ce n'est pas le cas de l'octroi de différents délais applicables lors de la poursuite de la procédure d'expulsion, notamment ceux suivant la délivrance d'un commandement de quitter les lieux (L. 412-1) ou ceux pouvant être accordés par le juge pour libérer les lieux (L. 412-3). La Cour européenne des droits de l'homme a précisé que la notion de* "domicile", *telle qu'entendue par l'article 8 de la Convention européenne des droits de l'homme (droit à la vie privée et familiale) ne se limite pas au domicile légalement occupé ou établi* (Winterstein c/France, *17 oct. 2013* [7]). *Cet article est donc nécessaire en ce qu'il harmonise la législation et la jurisprudence interne – encore divergentes – en cohérence avec le droit européen. Il appartiendra au juge, au regard du cas d'espèce, d'octroyer ou non des délais dans le respect du droit de propriété et du droit au logement, dans le cadre d'un nécessaire contrôle de proportionnalité* » [8]. La jurisprudence de la Cour européenne des droits de l'homme (CEDH) qui est mentionnée avait condamné la France pour une expulsion ordonnée contre un campement important de gens du voyage qui était contraire au plan d'occupation des sols, ce qui, d'après la Cour, n'était pas discriminatoire, mais portait atteinte au droit à la vie privée et de famille et du domicile. Il apparaît donc que le législateur a voulu protéger mieux les habitations précaires telles que les caravanes, voulant sans doute lutter contre la jurisprudence qui refuse d'appliquer les délais et la trêve hivernale aux caravanes notamment. Dès lors, la jurisprudence est à construire sur cette nouvelle notion, mais on peut penser que la majeure partie de celle indiquée ci-dessus pourra continuer à s'appliquer. Seule celle qui s'est développée relativement aux caravanes sera peut-être remise en question, eu égard à la volonté affichée du législateur. On peut aussi s'interroger sur la suppression de la notion d'habitation « *principale* », qui implique que la protection pourrait bénéficier à l'expulsion d'un lieu simplement habité de manière temporaire alors que les occupants ont leur habitation principale ailleurs. Si la lettre du texte peut paraître ambiguë, son esprit n'est toutefois pas celui-là et la jurisprudence citée ci-dessous devrait également continuer à s'appliquer.

Relevons qu'une première décision a été rendue sur cette notion par la Cour de cassation, qui a

1. Civ. 2e, 23 nov. 2000, n° 99-14.216, NP ; *Dr. et proc.* 2002. 37, obs. J.-J. Bourdillat – Civ. 2e, 4 juill. 2007, n° 06-19.864, NP ; *Defrénois* 2008. 2405, obs. N. Randoux.
2. TGI Paris, JEX, 6 avr. 2005, RG n° 05/80867 – Aix-en-Provence, 5 mai 2004, RG n° 00/17025.
3. Rouen, 24 févr. 2005, RG n° 03/04021, *Rev. loyers* 2005. 125.
4. CAA Bordeaux, 5 avr. 2007, req. n° 03BX01307 – CAA Marseille, 11 oct. 2011, req. n° 09MA02584, consultables sur LexisNexis.
5. CE 21 avr. 2017, req. n° 405164, Min. Intérieur, *Lebon ; AJDA* 2017. 841 ; *AJDA* 2017. 1338, concl. X. Domino ; *D.* 2018. 313, obs. O. Boskovic, S. Corneloup, F. Jault-Seseke, N. Joubert, K. Parrot.
6. CE 16 avr. 2019, req. n°s 426074 et 426075, *JCP A* 22 juill. 2019, p. 1, obs. P. Moreau, D. Lambert.
7. CEDH, 17 oct. 2013, Winterstein c/France, req. 27013/07.
8. Amendement n° 104, déposé par M. Hammadi, rapporteur général, M. Bies, rapporteur thématique Mme Chapdelaine, rapporteure thématique, et Mme Corre, rapporteure thématique, devant la commission spéciale à l'Assemblée nationale.

considéré, comme auparavant, que le lieu habité était celui qui servait effectivement d'habitation, peu important que le contrat d'occupation interdise une telle habitation[1].

0512.53 **Formalités concernées.** La notion d'habitation va induire l'application de certaines règles spécifiques. Sans aucun doute possible, la protection est assurée par le délai spécifique de deux mois après commandement prévu au à l'article L. 412-1 C. pr. exéc., et les mentions spécifiques que le commandement doit comporter qui se rapportent précisément aux délais et dont les occupants peuvent bénéficier (C. pr. exéc., art. R. 412-1). Il n'y a ici pas d'ambiguïté dans la mesure où les textes eux-mêmes exigent le respect des règles qu'ils édictent pour le « *lieu habité* ».

La question a pu en revanche se poser pour les dispositions de l'article R. 412-2, al. 2 et 3 C. pr. exéc., qui prévoient la dénonciation au préfet du commandement sans préciser si cette formalité s'applique uniquement aux lieux habités. La Cour de cassation, dans un arrêt du 20 janvier 2005, a répondu que ledit article qui parlait alors de « *local affecté à l'habitation principale* », ne s'appliquait « *qu'en cas d'expulsion d'une personne de son habitation principale* »[2]. La lecture de cet article doit donc se faire en lien avec celle des dispositions du premier alinéa de l'article L. 412-5 C. pr. exéc., qui prévoyait cette transmission au préfet également, « *en vue de la prise en compte de la demande de relogement de l'occupant dans le cadre du plan départemental d'action pour le logement des personnes défavorisées* » et depuis 2014, pour que le préfet informe la CCAPEX de la procédure d'expulsion, et l'occupant de la possibilité qu'il a de saisir la commission de médiation en vue d'une demande au titre du droit au logement opposable. L'article R. 412-2 alinéas 2 et 3 C. pr. exéc. n'en est donc qu'une application et le champ de l'article L. 412-1 C. pr. exéc. se limite sans difficulté aux expulsions d'habitations.

§ 2
Mentions spécifiques

0512.61 **Contenu.** L'article R. 412-1 C. pr. exéc. dispose que le commandement doit contenir, à peine de nullité, « *en plus des mentions prévues à l'article R. 411-1, la reproduction des articles L. 412-1 à L. 412-6* ». L'information porte sur les délais applicables. Le délai de prévenance tout d'abord qui est de deux mois pour les lieux habités. Ainsi, la personne aura une double information : au titre de l'article R. 412-1 C. pr. exéc., le délai applicable, et au titre de l'article R. 411-1 C. pr. exéc., la date à laquelle il devra quitter les lieux, ce qui lui permettra de confronter les deux et d'apprécier si ses droits ont été respectés. Les délais facultatifs qui peuvent être demandés au juge et la période de trêve hivernale ensuite, et qui ont pourtant un champ d'application plus large que l'habitation (v. s^s n°s 0521.31 s.). Seul l'occupant d'un lieu habité en est cependant averti.

À noter que la jurisprudence exige là aussi la démonstration d'un grief pour que la nullité puisse être poursuivie en cas d'absence de ces mentions[3].

§ 3
Notification au préfet

0512.71 **Objectif et forme.** L'article R. 412-2 alinéas 2 et 3 C. pr. exéc. prévoit que « *l'huissier de justice envoie au préfet du département du lieu de situation de l'immeuble, par lettre recommandée avec demande d'avis de réception ou par voie électronique, copie du commandement d'avoir à libérer les locaux. Dans toute la mesure du possible, il communique tous renseignements relatifs à l'occupant dont l'expulsion est poursuivie ainsi qu'aux personnes vivant habituellement avec lui* ». L'article L. 412-5 C. pr. exéc., depuis la loi du 24 mars 2014[4], pour l'accès au logement et un urbanisme rénové, et dont on vient de voir qu'il s'agissait de l'application, ce qui est désormais expressément indiqué à l'article R. 412-2 alinéa 2 C. pr. exéc., prévoit quant à lui que : « *Dès le commandement d'avoir à libérer les locaux, l'huissier de justice chargé de l'exécution de la mesure d'expulsion en saisit le représentant de l'État dans le département afin que celui-ci en informe la commission de coordination des actions de prévention des expulsions locatives prévue à l'article 7-2 de la loi n° 90-449 du 31 mai 1990 visant à la mise en œuvre du droit au logement et qu'il informe le ménage locataire de la possibilité de saisir la commission de médiation en vue d'une demande de relogement au titre du droit au logement opposable. À défaut de saisine du représentant de l'État dans le département, le délai avant l'expiration duquel l'expulsion ne peut avoir lieu est suspendu* ». Toute la **politique de prévention des expulsions** passe par l'information le plus en amont possible du représentant de l'État dans le départe-

1. Civ. 2e, 9 janv. 2020, n° 18-23.975, P ; *D.* 2020. 89 ; *Gaz. Pal.* 17 mars 2020, p. 28, obs. C. Brenner ; *RTD civ.* 2020. 193, obs. N. Cayrol ; *JCP* 2020. 156, comm. 88, obs. S. Dorol ; *Loyers et copr.* 2020, n° 3, comm. 25, p. 27, obs. B. Vial-Pedroletti.
2. Civ. 2e, 20 janv. 2005, n° 03-13.138, P (préc., v. s^s n° 0512.51) – EN CE SENS DÉJÀ : Paris, 8e ch. B, 27 juin 2002, *Dr. et proc.* 2002. 385.
3. Civ. 2e, 13. juill. 2006, n° 04-13.248, P II, n° 212 ; *Dr. et proc.* 2006. 369.
4. L. n° 2014-366, 24 mars 2014, pour l'accès au logement et un urbanisme rénové, *JO* 26 mars, texte 1.

ment car celui-ci est au cœur des procédures d'expulsion. Il est averti des procédures d'expulsions locatives **dès l'assignation,** voire du commandement visant la clause résolutoire, et fait déjà diligenter dans ce cadre des enquêtes sociales de nature à prévenir l'expulsion. Il est ensuite averti, et il s'agit bien d'une formalité différente de la précédente et impérative[1], **au stade du commandement de quitter les lieux** afin qu'il informe la CCAPEX de la procédure et le ménage des possibilités offertes par le droit au logement opposable. Depuis la loi du 5 mars 2007[2] instituant le droit au logement opposable, il est averti qu'il pourra être actionné en vue du relogement de la personne et qu'il devra verser des indemnités s'il ne le fait pas. Conscient de l'importance du rôle de l'État dans la prévention des expulsions, le Conseil d'État a d'ailleurs refusé de renvoyer au Conseil constitutionnel une question prioritaire de constitutionnalité qui lui était posée sur la constitutionnalité des dispositions de l'article L. 412-5 C. pr. exéc. Il était argué du fait que la transmission systématique du commandement de quitter les lieux au préfet violait le principe de séparation des pouvoirs, raisonnement qui n'a pas été suivi par le Conseil d'État[3]. Notons que la loi du 24 mars 2014 n'évoque que l'information des ménages « locataires », ce qui semble restreindre le champ de l'article aux expulsions suite à la résiliation d'un bail uniquement, alors que l'occupation pourrait résulter d'un autre type de convention voire n'exister que de fait. Néanmoins, dès lors qu'on ne peut en principe plus parler de locataire à ce stade puisque le bail aura nécessairement été résilié pour pouvoir procéder à une expulsion, il doit s'agir d'une simple maladresse de la loi.

La **dénonciation** consistait jusqu'alors en un courrier recommandé avec demande d'avis de réception (LRAR)[4], dont la justification devait être produite en cas de contestation. Un système informatisé de traitement des expulsions locatives nommé EXPLOC avait toutefois été mis en place[5] et la loi du 27 janvier 2017 relative à l'égalité et à la citoyenneté avait imposé, par le biais des articles L. 412-5 et L. 431-2 C. pr. exéc., une transmission par voie électronique par ce canal des informations et demandes faites au préfet. Pour l'instant, il s'agit enfin d'une formalité tarifée dans le Code de commerce. À l'instar de ce qui a pu être récemment tranché par la Cour de cassation en matière de commandement visant la clause résolutoire, le coût de cette formalité, dans son intégralité[6], c'est-à-dire pas seulement celui de la lettre recommandée avec demande d'avis de réception, est en principe à la charge du débiteur. Ce dispositif a été supprimé au 31 décembre 2023 au profit d'un traitement du ministère du Logement[7]. Les données personnelles et les informations enregistrées dans EXPLOC n'ont été transférées dans un nouveau traitement du ministère chargé du Logement que le 31 décembre 2023, selon des conditions fixées par une convention entre le ministre de l'Intérieur et le ministre chargé du Logement[8].

0512.72 **Destinataire.** La notification doit être faite au préfet du département à l'exception de tout autre.

Ainsi, bien que le préfet lui-même ait invité les huissiers (commissaires) de justice du département à adresser les commandements au service logement de la direction départementale des affaires sanitaires et sociales, tel ne peut pas être le cas. Le commandement se trouverait annulé de ce fait[9]. On peut toutefois s'interroger sur le grief qui peut en résulter pour la personne expulsée puisque la dénonciation est finalement adressée au service le plus à même d'agir.

0512.73 **Sanctions.** Deux sanctions sont prévues en cas d'omission de cette formalité :

– *la première,* qui résulte d'un arrêt de principe de la Cour de cassation du 25 juin 1998, était l'annulation de la procédure d'expulsion pour omission d'un acte[10]. La dénonciation au préfet est un acte à part entière de la procédure d'expulsion. On peut toutefois s'interroger sur la pérennité d'une telle sanction avec la création dans le texte de la seconde, qui ne fait qu'allonger un délai.

Par ailleurs, avec cette jurisprudence, que se passerait-il si la **dénonciation** était **simplement irrégu-**

1. Civ. 3e, 19 mai 2010, nº 09-12.424, P II, nº 100 ; *Loyers et copr.* 2010, nº 213, note B. Vial-Pedroletti ; *D.* 2010. 1350 ; *Gaz. Pal.* 2010, nº 154, p. 28.
2. L. nº 2007-290, 5 mars 2007, instituant le droit au logement opposable et portant diverses mesures en faveur de la cohésion sociale, *JO* 6 mars, p. 4190.
3. CE 22 févr. 2012, req. nº 352254, *Dr. et proc.* avr. 2012. A31.
4. À noter : CE 12 déc. 2008, req. nº 314523 – CE 14 août 2008, req. nº 296859, qui considèrent que l'important est la preuve de la réception et que la demande peut donc être faite dans d'autres formes que la seule lettre recommandée avec demande d'avis de réception.
5. CNIL, délib. nº 2016-15, 28 janv. 2016 – Arr. 23 juin 2016, portant création du traitement de données à caractère personnel relatif à la prévention et à la gestion des procédures d'expulsions locatives dénommé « EXPLOC », NOR : INTD1602916A, *JO* 5 juill., texte 30.
6. Cass., avis, 7 mars 2011, nº 10-00.010, P, nº 3 ; *D.* 2011. 818 ; *BICC* 1er mai 2011 ; *Dr. et proc.* 2011. 138, note B. Menut.
7. Arr. 12 déc. 2022, abrogeant l'arrêté du 23 juin 2016 portant création d'un traitement de données à caractère personnel relatif à la prévention et à la gestion des procédures d'expulsions locatives dénommé « EXPLOC », NOR : IOMA2234713A, *JO* 16 déc., texte 20.
8. Arr. 12 déc. 2023, art. 2.
9. Lyon, 6e ch., 6 janv. 2005, *Dr. et proc.* 2005. 350, obs. J.-J. Bourdillat.
10. Civ. 2e, 25 juin 1998, nº 95-10.000, P II, nº 229 ; *D.* 1998. IR 185 ; *Rev. huiss.* 2000. 153.

lière, parce que faite par lettre simple par exemple ou mal dirigée ? S'agirait-il alors d'une nullité de forme alors même que le texte ne le prévoit pas ? La décision susvisée de la cour d'appel de Lyon (v. s^s n° 0512.72) avait de ce fait annulé la procédure d'expulsion et n'avait exigé la démonstration d'aucun grief.

– *la seconde sanction*, que la jurisprudence avait pu anticiper en octroyant des délais judiciaires facultatifs à l'occupant en cas de manquement à cette formalité[1], a été ajoutée par la loi du 29 juillet 1998[2] d'orientation relative à la lutte contre les exclusions. Elle consiste en la **suspension du délai à l'issue duquel il peut être procédé à l'expulsion**. Autrement dit, le délai de deux mois avant l'issue duquel il ne peut être procédé à l'expulsion ne commence à courir qu'à compter de cette formalité. L'idée est toujours de prévenir les expulsions alors que l'État ne sera pas mis en mesure d'y remédier. Cela implique donc que si l'expulsion est pratiquée pendant ce délai, elle est irrégulière, mais également que la demande de concours de la force publique pendant ce délai prolongé sera irrecevable comme prématurée[3].

1. Toulouse, 15 avr. 1993, *Juris-Data* n° 043418 ; *Rev. huiss.* 1994. 650.
2. L. n° 98-657, 29 juill. 1998, d'orientation relative à la lutte contre les exclusions, *JO* 31 juill., p. 11679.
3. CE 5 mai 2010, req. n° 324272, NP ; *D.* 2011. 1509, obs. A. Leborgne, cas où le propriétaire n'avait pas pu apporter la preuve de cette dénonciation, qui était simplement visée dans le commandement – V. AUSSI, CE 30 déc. 2014, req. n° 353252, Paris Habitat-OPH, *Lebon ; JCP A* 2015. Actu. 71, obs. L. Erstein ; *AJDA* 2015. 555.

TITRE

052. Les opérations d'expulsion

SECTION 0

ORIENTEUR

052.00 **Sommaire du titre.**

Division. Parmi les opérations d'expulsion seront distingués le moment de l'expulsion (chap. 521), la conduite des opérations (chap. 522) et le sort des meubles laissés sur place (chap. 523).

052.05 **Période, autorités en charge de la mesure, et reprise effective des lieux.** Les opérations d'expulsion ne peuvent être menées à tout moment, en tout cas pour certaines d'entre elles et de nombreux délais, qui peuvent se cumuler et coexister sur un même local doivent être respectés, plus spécialement pour les locaux d'habitation. La conduite des opérations se fait sous la responsabilité de l'huissier de justice, devenu commissaire de justice, et avec le concours très fréquent, pour ne pas dire quasi systématique, de la force publique en cette matière. Enfin, le commissaire de justice est tenu de diligenter les opérations de sorte qu'à l'issue, le propriétaire retrouve la pleine jouissance de son bien, ce qui implique qu'il prenne soin également de respecter la procédure prévue pour faire évacuer les biens se trouvant éventuellement encore sur place.

CHAPITRE

0521. Moment de l'expulsion

ANNE-GAËLLE DUMAS
MAGISTRAT

SECTION 0 ORIENTEUR

0521.00 **Sommaire du chapitre.**

Division. L'opération d'expulsion doit respecter plusieurs délais : délai de prévenance (sect. 1), période de l'année ou trêve hivernale (sect. 2), délais judiciaires (sect. 3) et la suspension de l'expulsion en raison de la situation patrimoniale du débiteur (sect. 4).

0521.01 **Textes applicables.**

• **C. civ.,** art. 1343-5.

• **C. pr. exéc.,** art. L. 141-1, L. 412-1 à L. 412-8 et R. 412-1 à R. 412-4.

• **C. pr. civ.,** art. 501, 508, 514-3 et 590.

• **CCH,** art. L. 353-15-2 et anc. art. L. 613-1 à L. 613-5.

• **C. pén.,** art. 226-4 et 315-1.

• **C. trav.,** art. L. 7212-1 et R. 7212-1.

• **C. expr.,** art. L. 231-1.

• **C. com.,** art. L. 622-14, L. 622-13 à L. 622-15, L. 622-15 et L. 642-18.

• **C. consom.,** art. L. 722-6, L. 724-3, L. 724-5, L. 733-9, L. 733-15, L. 741-2, L. 742-7 et R. 713-8.

L. nº 2017-86, 27 janv. 2017, relative à l'égalité et à la citoyenneté, *JO* 28 janv., texte nº 1.

L. nº 2014-366, 24 mars 2014, pour l'accès au logement et un urbanisme rénové, *JO* 26 mars, p. 5809.

L. nº 2010-737, 1er juill. 2010, portant réforme du crédit à la consommation, *JO* 2 juill., texte nº 1.

L. nº 2009-323, 25 mars 2009, de mobilisation pour le logement et de lutte contre l'exclusion, *JO* 27 mars, p. 5408.

0521.02 **Jurisprudence de référence.**

> Expulsion. Délai de grâce à l'occupant d'un local commercial.

• **Civ. 2e, 4 juill. 2007,** nº 06-14.601, P II, nº 202

* V. ss nos 0144.01, 0521.61

Le juge de l'exécution tient des articles L. 613-1 et L. 613-2 du Code de la construction et de l'habitation et de l'article 8 du décret du 31 juillet 1992 le pouvoir d'accorder un délai de grâce à l'occupant d'un local commercial

> Délai de quinzaine pour exécuter matériellement une décision accordant le concours de la force publique.

• **CE 27 janv. 2010,** req. nº 320642, *Lebon*

* V. ss nos 0251.204, 0521.42, 0522.24

Le délai normal dont l'administration dispose pour exécuter matériellement une décision accordant le concours de la force publique à la suite de la demande de l'huissier est, en l'absence de circonstances particulières, de quinze jours.

> Proportionnalité des mesures de suspension temporaire des mesures d'expulsion.

• **Civ. 3e, 11 juill. 2012,** no 12-40.043 QPC, P III, no 109

* V. ss no 0521.111

La suspension temporaire des mesures d'expulsion du débiteur de son logement n'a ni pour effet ni pour objet de priver le propriétaire de l'immeuble de son droit de propriété ; elle répond à l'objectif d'intérêt général de faciliter le traitement des situations de surendettement des particuliers et que les atteintes qui en résultent pour le droit de propriété et la liberté individuelle sont proportionnées à cet objectif dès lors que le prononcé de la suspension de la mesure d'expulsion par le juge est entouré de garanties de fond et de procédure définies par le législateur qui n'est pas demeuré en-deçà de sa compétence.

> Délai légal de deux mois. Réquisition de la force publique pendant le cours de ce délai.

• **CE 18 déc. 2013,** req. no 363126, *Omnium de gestion immobilière d'Île-de-France (OGIF), Lebon*

* V. ss nos 0251.181, 0521.23

Le concours de la force publique ne peut être légalement accordé avant l'expiration d'un délai de deux mois à compter de la réception par le préfet du commandement d'avoir à quitter les lieux antérieurement signifié à l'occupant ; que le préfet saisi d'une demande de concours avant l'expiration de ce délai, qu'il doit mettre à profit pour tenter de trouver une solution de relogement de l'occupant, est légalement fondé à la rejeter, par une décision qui ne saurait engager la responsabilité de l'État, en raison de son caractère prématuré ; que, toutefois, lorsque, à la date d'expiration du délai, la demande n'a pas été rejetée pour ce motif par une décision expresse notifiée à l'huissier, le préfet doit être regardé comme valablement saisi à cette date ; qu'il dispose alors d'un délai de deux mois pour se prononcer sur la demande.

> Trêve hivernale. Réquisition de la force publique pendant cette période.

• **CE 27 avr. 2007,** req. no 291410, *Min. d'État, min. Intérieur et Aménagement du territoire c/Csts Debost, Lebon*

* V. ss nos 0144.01, 0251.171, 0251.181, 0521.51

Si ces dispositions exigent des autorités de police qu'elles sursoient, au cours de cette période, à prêter le concours de la force publique en vue de l'expulsion d'un occupant sans titre ordonnée par l'autorité judiciaire, elles ne font pas obstacle à ce que l'administration soit valablement saisie pendant cette même période d'une demande de concours de la force publique dont le rejet est susceptible d'engager la responsabilité de l'État.

> Trêve hivernale. Lieux abandonnés. Expulsion possible.

• **Civ. 3e, 20 nov. 1991,** no 90-12.491, P III, no 279

* V. ss nos 0521.42, 0531.32, 0532.11

Ayant constaté que le local, dont M. X... était devenu occupant sans droit, ni titre, n'était plus occupé depuis plusieurs mois, et retenu que l'expulsion à laquelle il avait été procédé en période hivernale s'était limitée à l'enlèvement de meubles vides et d'un lit démonté, la cour d'appel, qui, les dispositions de l'article L. 613-3 du Code de la construction et de l'habitation n'étant pas applicables du fait de cette inoccupation prolongée, se trouvait dispensée de vérifier les conditions de relogement de M. X...

> Saisine du juge aux fins de délais pour quitter les lieux. Effet suspensif (non). Abus du propriétaire qui fait procéder à l'expulsion pendant le cours du délibéré (oui).

• **Civ. 3e, 28 sept. 2005,** no 04-14.882, P III, no 176

* V. ss nos 0212.203, 0521.72

Ayant relevé que, malgré un débat contradictoire à l'audience du 28 août et la mise en délibéré de la décision au 8 septembre suivant, le propriétaire, qui avait comparu, n'avait pas avisé le juge que l'expulsion de M. X... était prévue quatre jours plus tard et avait fait procéder à celle-ci le 2 septembre, pendant le cours du délibéré, comme si aucun délai ne pouvait être accordé, la cour d'appel a pu en déduire que l'expulsion pratiquée dans ces circonstances était constitutive d'une faute ouvrant droit à réparation.

0521.03 Bibliographie indicative.

* V. ss no 05.03.

Ouvrages[1]. A. Leborgne, *Droit de l'exécution*, 3 éd., « Précis », Dalloz, 2019, [délais d'expulsion], nos 2516 s. – P.-M. Le Corre, Dalloz action *Droit et pratique des procédures collectives*, 2025/2026 – R. Perrot et Ph. Théry, *Procédures civiles d'exécution*, 3e éd., Dalloz, 2013, [moment de l'expulsion] nos 1086-1097.

Articles. E. Bazin, « Les nouveaux pouvoirs du juge aux affaires familiales en matière de violences au sein du couple », *JCP* 2010. 957 – J. Bourdillat, « De l'expulsion du conjoint violent dans et après la réforme du divorce », *Dr. et proc.* 2005. 18 – M. Douchy-Oudot, « Quelle protection contre les violences au sein des couples ? », *Procédures* 2002. Étude 9, no 12 – F. Ekollo, « Pour l'effectivité des délais de grâce en matière locative », *Gaz. Pal.* 18 avr. 1996. Doctr. 353 – Y. Landau-Toutain, « Limiter les expulsions en protégeant à la fois locataires et propriétaires », *Gaz. Pal.* 1991. Doctr. 395 – V. Larribau-Terneyre, « Premiers éclairages sur l'application de la loi du 9 juillet 2010 dans le temps et au fond », *Dr. fam.* 2011, no 51 – J.-J. Massip, « La protection des victimes de violence au sein des couples », *LPA* 8 nov. 2010, no 222, p. 10 – T. Moussa et J.-J. Bourdillat, « L'expulsion d'un époux du domicile conjugal : des procédures civiles d'exécution au droit pénal », *Procédures* 2002. Chron. 9.

> Sur la réforme du surendettement.

V. Avena-Robardet, « Fiche pratique : suspension des mesures d'expulsion », *AJ fam.* 2011. 28 – E. Russo, « La réforme de la procédure de surendettement des particuliers dans la loi du 1er juillet 2010 », *LPA* 5 juill. 2010, p. 3 – V. Vigneau, « Logement et surendettement », *Loyers et copr.* 2011. Étude 1 – Étude générale : *RD banc. fin.* 2011. Dossiers 34 s. ; *RD banc. fin.* 2012. Dossiers 17 s., not. L. Pellizza, « L'impact de la législation relative au surendettement sur la pratique des voies d'exécution », Dossier 21.

1. Les ouvrages dont le nom des auteurs figure en petites capitales en bibliographie seront cités par le seul nom des auteurs en petites capitales en notes de bas de page.

> Sur les procédures collectives.

G. Teboul, « Comment déjouer les pièges de la procédure collective du locataire », *LPA* 3 avr. 2003, n° 67, p. 3 – J. Varoclier, « Le bailleur, mal-aimé des procédures collectives », *Gaz. Pal.* 2 avr. 2011, n° 92, p. 4.

0521.05 Suspension de l'expulsion. Motifs et cas. Le propriétaire est tenu de respecter des délais, légaux ou judiciaires, pour pouvoir expulser, faute de quoi il s'expose à devoir payer des dommages et intérêts à la personne qui occupe sans droit son bien. Ces délais résultent essentiellement d'une volonté du législateur de protéger le logement de la personne expulsée, afin qu'elle ne se retrouve pas sans toit et ne se désocialise pas. S'appliquent aussi des délais légaux non spécifiques à l'expulsion et ainsi, une expulsion ne peut, comme toute procédure civile d'exécution, avoir lieu qu'entre six heures et vingt et une heures (C. pr. civ., art. 508 – C. pr. exéc., art. L. 141-1).

Mais à ces **délais prévus par la loi** peuvent s'ajouter des **délais qui résultent de la volonté des parties** et que ceux-ci doivent respecter. Ainsi, dans le cadre de la politique de prévention des expulsions, des conventions tripartites sont passées entre l'État, les bailleurs sociaux et les locataires, qui tendent pour le locataire à reprendre le paiement du loyer courant et apurer l'arriéré par des mensualités raisonnables, en contrepartie d'une suspension volontaire de la procédure d'expulsion par le bailleur tant que le plan d'apurement est respecté, le locataire bénéficiant d'un titre d'occupation par l'effet de cette convention, et d'un engagement de l'État à tout faire pour mobiliser les aides auxquelles le locataire a droit, et ce même si les bailleurs disposent d'un titre exécutoire (CCH, art. L. 353-15-2[1]). Si un tel protocole est signé entre les parties, « *l'organisme bailleur manifeste sa volonté de renoncer à faire procéder à l'expulsion du logement* »[2], l'objectif étant ici de régulariser un nouveau bail. L'expulsion ne peut pas être poursuivie, et donc le concours de la force publique demandé, ou la responsabilité de l'État engagée en cas de refus de concours[3], pendant cette période de suspension volontaire des parties. Le bailleur doit alors, si l'accord n'est pas respecté, envoyer au préfet la dénonciation de cet accord et cela vaudra nouvelle demande de concours de la force publique. D'une manière générale, les parties peuvent toujours prendre des accords sur les modalités d'exécution d'une décision et le bailleur peut toujours accorder des délais supplémentaires au locataire et suspendre les effets de la décision d'expulsion de ce fait. Cela doit se faire de manière expresse et claire[4]. Il peut également renoncer purement et simplement au bénéfice du titre d'expulsion, ce qui peut être le cas dans le cadre de l'octroi du paiement d'un arriéré de loyer par le fonds de solidarité logement[5]. Une telle renonciation doit être expresse ou non équivoque, ce que n'est pas un long délai mis à exécuter une décision d'expulsion[6], ni même la remise à l'occupant d'appels d'échéances de « loyers » avec délivrance d'un nouveau commandement visant la clause résolutoire peu de temps avant la délivrance du commandement de quitter les lieux[7].

Le délai peut ensuite résulter d'une **décision judiciaire qui suspend le caractère exécutoire de la décision.** En dehors de l'hypothèse des délais de grâce suspendant les effets d'une clause résolutoire, il est aussi possible, par l'effet des dispositions de l'article 514-3 C. pr. civ., d'obtenir la suspension de l'exécution provisoire en cas d'appel contre la décision d'expulsion. Même si l'on pourrait penser que l'expulsion, une fois réalisée, a nécessairement des conséquences manifestement excessives, en réalité, les premiers présidents apprécient au cas par cas[8]. Ils ont parfois pu l'octroyer, avant même la réforme de 2004, lorsque le juge ayant rendu la décision d'expulsion commettait une grossière erreur de droit[9], commettant parfois à leur tour une erreur de ce genre[10]. L'exécution peut également être stoppée en application des dispositions de l'article 590 C. pr. civ., c'est-à-dire par le juge qui est saisi de la tierce opposition à la décision d'expulsion. Le cas a pu se présenter devant le juge de l'exécution de Paris. Une tierce opposition avait été formée par les occupants du chef du locataire expulsé, qui considéraient que la décision d'expulsion ne leur était pas opposable. Le juge saisi de celle-ci avait effectivement suspendu les effets de ladite décision puis avait accueilli la tierce opposition. Mais cette dernière décision fut cassée. Interrogé sur la question, le juge de l'exécution répondit que la décision ayant stoppé l'exécution provisoire produisait toujours effet tant qu'il n'avait pas été statué de manière définitive sur la tierce opposition[11].

1. Mod. par Ord. n° 2019-770, 17 juill. 2019, relative à la partie législative du livre VIII du Code de la construction et de l'habitation, *JO* 25 juill. texte 52.
2. CE 16 avr. 2008, req. n° 300268, *Lebon T.* ; *AJDA* 2008. 839 ; *Gaz. Pal.* 2008, n° 297, p. 26 ; *Loyers et copr.* 2008, n° 7, note B. Vial-Pedroletti – CE 15 mai 2009, req. n° 316626, NP. – CE 8 juill. 2009, req. n° 316763, NP.
3. CE 27 janv. 2010, req. n° 316576, *Lebon T.* ; *AJDA* 2010. 182 – CE 4 févr. 2015, req. n° 369224, *Lebon T.* ; *JCP* 2015. 190, obs. L. Erstein.
4. EX. D'UN REFUS D'ADMETTRE DES DÉLAIS SUPPLÉMENTAIRES IMPLICITES : Civ. 2e, 22 mars 2001, n° 99-14.295, NP.
5. Civ. 2e, 13 sept. 2007, n° 06-16.648, NP.
6. Civ. 3e, 19 mars 2008, n° 07-11.194, P III, n° 53 ; *Loyers et copr.* 2008, n° 108, note P.-H. Brault ; *Gaz. Pal.* 8 juill. 2008, n° 190, p. 23, note P.-H. Brault ; *Dr. et proc.* 2008. 267, obs. E. Putman.
7. Civ. 3e, 4 avr. 2001, n° 99-12.915, NP.
8. EXEMPLE DE REFUS : Civ. 2e, 5 juill. 2001, n° 99-19.773, NP.
9. Montpellier, 29 oct. 1997, *D.* 1999. 380, note J.-J. Bourdillat.
10. Civ. 2e, 7 juin 2007, n° 07-10.826, *Gaz. Pal.* 2009, n° 13, p. 36.
11. TGI Paris, JEX, 23 avr. 2003, *Dr. et proc.* 2003. 359, obs. J.-J. Bourdillat.

La décision judiciaire peut-elle enfin être fondée sur les dispositions de l'article 1343-5 C. civ. (anc[t] C. civ., art. 1244-1) ? *A priori* non puisque des délais spécifiques sont applicables en matière d'expulsion avec des critères précis d'octroi et surtout une durée bien différente de ceux-là[1]. L'article L. 613-1 du CCH précisait d'ailleurs qu'il s'agissait d'une dérogation aux dispositions de cet article. L'article L. 412-3 C. pr. exéc., qui le recodifie, ne précise plus cette dérogation. Mais pour ceux auxquels aucun des délais prévus ne s'applique, est-il possible d'octroyer des délais pour quitter les lieux sur le fondement de ces dispositions ? Certains ont pu le penser dans la mesure où rien ne l'interdit[2]. Il est toutefois délicat d'appliquer ces articles à l'expulsion dans la mesure où il est question de report ou d'échelonnement du paiement d'une somme. C'est d'ailleurs pour cela que le législateur a supprimé la référence à ces articles dans l'article L. 412-3 C. pr. exéc.

0521.06 Cumul et calcul des délais. Tous ces délais et périodes de suspension se cumulent-ils ? Quel en est le point de départ, et l'issue ? La question s'est posée dès l'origine et il a été considéré alors que le délai de deux mois et la trêve hivernale ne s'ajoutaient pas mais se confondaient tandis que les délais accordés judiciairement s'ajoutaient aux deux premiers[3]. D'autres ont parlé de « *juxtaposition* »[4] des délais, eu égard à la formulation du premier alinéa de l'article L. 412-1 C. pr. exéc. qui prévoit, « *sans préjudice des dispositions des articles L. 412-3 à L. 412-7* », c'est-à-dire des délais judiciairement accordés et de la trêve hivernale, un délai de prévenance de deux mois applicable aux lieux habités. Le cumul, dans le sens où certains peuvent bénéficier à la suite de tous ces délais, est certain. Un cumul existe d'ailleurs également avec le délai prévu par le Code du travail dont bénéficie l'employé d'immeuble pour quitter un logement de fonction[5]. En revanche, il a été jugé de manière constante que le délai d'un mois spécifique à l'expropriation, prévu à l'article L. 231-1 C. expr. (anc[t] C. expr., art. L. 15-1) ne se cumule pas avec ceux de l'expulsion, légaux ou judiciaires[6]. Les termes mêmes dudit article, qui interdisent à l'autorité de justice d'en modifier la durée, explique sans difficulté cette jurisprudence.

Mais se confondent-ils lorsqu'ils couvrent une même période ? Concrètement donc, il existe un délai légal de deux mois pour les locaux d'habitation, une trêve hivernale et éventuellement des délais accordés judiciairement. Ainsi par exemple, si le délai légal de deux mois prend fin pendant la trêve hivernale, il se cumule avec celle-ci dans la mesure où l'expulsion peut reprendre à l'issue de la trêve. Il n'est en revanche nullement suspendu par elle. Si l'on considère que le commandement de quitter les lieux peut être délivré pendant la trêve hivernale (sur ce point, v. s[s] n° 0521.51), la période de deux mois courra bien du commandement et ne sera pas suspendue par l'effet de la trêve. Quel cumul possible ensuite entre le sursis judiciaire prononcé sur le fondement de l'article L. 412-3 C. pr. exéc. et la trêve hivernale également ? Depuis 2009, le juge était limité à un an de délai. Ce délai est passé à trois ans avec la loi n° 2014-366 du 24 mars 2014 puis à nouveau à un an avec la loi n° 2023-668 du 27 juillet 2023[7]. Doit-on décompter le délai de deux mois ou la trêve hivernale, voire les périodes ou rien n'est décidé par le juge et qui bénéficient de fait à l'occupant ou ne doit-on additionner que les suspensions ordonnées par le juge ? *A priori*, c'est cette dernière solution qui prévaut eu égard à la rédaction des dispositions des articles L. 412-3 et L. 412-4 du même code. C'est bien la durée de ces délais accordés judiciairement qui ne doit pas dépasser un an[8]. Mais alors si le juge accorde un délai de trois mois dont deux pendant la trêve hivernale qui débute, peut-il encore accorder neuf mois de délai ou huit seulement ? *A priori* neuf, car l'un ne suspend tout de même pas l'autre.

Ensuite, quel est le point de départ de ces délais ? Pour la trêve hivernale et le délai de deux mois, la réponse est aisée puisque pour le premier la période est de date à date, et pour la seconde, il s'agit de prolonger un délai qui court, selon le cas à compter du commandement de quitter les lieux ou de la dénonciation au préfet si celle-ci a tardé. Pour les délais judiciairement accordés, le texte ne prévoit rien mais la pratique veut que les délais partent du jour où le juge statue, même si le précédent délai s'est terminé bien avant le jugement[9]. En réalité, on doit pouvoir se référer aux dispositions de l'article 511 C. pr. civ. qui prévoit que le délai de grâce, car il s'agit bien de cela, court du jugement lorsqu'il

1. EN CE SENS : PERROT et THÉRY, n° 1093.
2. EN CE SENS : J.-J. Bourdillat, « De l'expulsion du conjoint violent dans et après la réforme du divorce », *Dr. et proc.* 2005. 18.
3. J. Beauchard, « Le logement et les procédures civiles d'exécution », *RTD civ.* 1993, n° spéc., p. 120, *La réforme des procédures civiles d'exécution*, p. 109 s.
4. PERROT et THÉRY, p. 853, n° 1097.
5. Paris, 26 mars 2008, RG n° 07/14837.
6. Civ. 3e, 17 déc. 1980, n° 79-12.807, P III, n° 196 ; *JCP* 1981. IV. 87 – TGI Nanterre, JEX, 9 déc. 1993, RG n° 93/13304, *BICC* 15 avr. 1994, n° 48 ; *D.* 1994. Somm. 337 ; *D.* 1996. Somm. 309 – TGI Lyon, JEX, 20 déc. 2004, *Juris-Data* n° 052923 – *CONTRA* : Versailles, 14 nov. 2000, *Gaz. Pal.* 2002, n° 33, p. 14, note A. Bernard – Civ. 3e, 19 juin 2012, n° 11-19.443, NP.
7. L. n° 2023-668, 27 juill. 2023, visant à protéger les logements contre l'occupation illicite, *JO* 28 juill., texte 1.
8. EN CE SENS : Versailles, 31 janv. 1997, *Rev. huiss.* 1997. 729.
9. POUR UN EX. : Aix-en-Provence, JEX, 24 avr. 2008, *Dr. et proc.* 2008. 284, obs. C. Scordopoulos.

est contradictoire ou de la signification de la décision dans les autres cas. Toutefois, il a pu être également jugé que le point de départ du délai était la décision prononçant l'expulsion elle-même[1]. Enfin, bien sûr, si le juge peut être saisi plusieurs fois aux fins de délais, s'il les a refusés une fois et qu'il n'y a pas de nouvel élément, sa décision a autorité de la chose jugée[2].

SECTION 1
DÉLAI DE PRÉVENANCE

§ 1
Absence de délai de prévenance commun à tous les locaux

0521.11 **Simple avertissement.** La loi ne prévoit pas, d'une manière générale, de délai de prévenance minimal entre le moment où la décision est rendue, le commandement délivré et le moment où l'expulsion a effectivement lieu. Néanmoins, comme nous l'avons vu, la personne expulsée doit être avertie de la date à laquelle l'expulsion pourra être poursuivie et la jurisprudence n'est pas très friande de l'expulsion « sans délai », même si, comme nous le verrons, le juge peut réduire ou « supprimer » le délai de deux mois entre le commandement et l'expulsion d'un local d'habitation (v. s[s] n°s 0512.31 et 0521.22).

§ 2
Délai de prévenance pour les lieux habités

0521.21 **Champ d'application.** L'article L. 412-1 C. pr. exéc., dans sa version issue de la loi du 27 juillet 2023[3], dispose que : « *Si l'expulsion porte sur un lieu habité par la personne expulsée ou par tout occupant de son chef, elle ne peut avoir lieu qu'à l'expiration d'un délai de* **deux mois** *qui suit le commandement, sans préjudice des dispositions des articles L. 412-3 à L. 412-7.* [...]

Le délai prévu au premier alinéa du présent article ne s'applique pas lorsque le juge qui ordonne l'expulsion constate la mauvaise foi de la personne expulsée ou que les personnes dont l'expulsion a été ordonnée sont entrées dans les locaux à l'aide de manœuvres, de menaces, de voies de fait ou de contrainte ».

Il existe donc un délai de prévenance spécifique aux lieux habités pour permettre aux occupants d'organiser leur départ, en prenant contact avec les services sociaux, en recherchant un nouveau logement, et en organisant le déménagement des meubles, notamment. Ce délai s'applique donc en principe uniquement aux habitations principales, notion dont les contours ont été délimités par la jurisprudence (v. s[s] n° 0512.51), étant précisé qu'il s'appliquait également aux occupants qui se sont introduits illégalement dans les lieux et ne devait pas en ce cas être systématiquement supprimé ou réduit, pouvant même être allongé s'il le fallait[4].

Néanmoins, si, avant la loi du 23 novembre 2018[5], il fallait une décision du juge pour exclure du bénéfice des délais les occupants entrés par voie de fait, c'est désormais une exclusion automatique par la loi. Depuis la loi du 27 juillet 2023[6], dite « anti-squat », il s'agit de ceux entrés « *à l'aide de manœuvres, de menaces, de voies de fait ou de contrainte* ». Cette dernière loi a également exclu automatiquement du bénéfice des délais les occupants dont le juge ayant prononcé l'expulsion a constaté la mauvaise foi. Le juge ordonnant l'expulsion a donc un pouvoir sur l'application ou non de ce délai à l'expulsion qu'il ordonne.

Fort curieusement, une décision isolée a pu en revanche considérer que ce délai de deux mois ne s'appliquait pas dans le cadre d'une expulsion faisant suite à une vente par adjudication sur saisie immobilière, le saisi étant d'ores et déjà informé de la précarité de sa possession par le commandement aux fins de saisie[7]. On peut penser qu'une telle jurisprudence n'est pas conforme aux textes et à l'esprit de ceux-ci qui l'appliquent même à des occupations illicites de terrains.

La loi a par ailleurs exclu du bénéfice de ce délai tout d'abord le **conjoint violent**, puis plus largement, le **partenaire ou ex-partenaire violent**. En effet, par l'effet de la loi n° 2004-439 du 26 mai 2004 relative au divorce, un article 220-1 C. civ. permettait au juge aux affaires familiales d'ordonner l'expulsion urgente du conjoint violent. Dès cette date, un article 66-1 était ajouté dans la loi du 9 juillet 1991 (devenu, pour ce qui concerne les délais, C. pr. exéc., art. L. 412-8), tendant à exclure le conjoint ainsi expulsé du bénéfice du délai sus-

1. Paris, 8e ch. D, 3 mars 1999, *Gaz. Pal.* 7 mars 2000, n° 67, p. 2.
2. Civ. 2e, 26 mai 2011, n° 10-14.582, NP.
3. L. n° 2023-668, 27 juill. 2023, préc. – Pour un commentaire des modifications apportées par cette loi aux délais : C.-M. Dubois-Spaenlé et E. Bacqueyrisses, « Crise du logement : la (difficile) recherche d'un équilibre entre bailleur et locataire », *Actes pratiques et ingénierie immobilière* 2024. Dossier 16 – *D.* 2024. 1301, obs. A. Leborgne et J.-D. Pellier.
4. Montpellier, 15 mars 1995, *Juris-Data* n° 600509, *Rev. huiss.* 1995. 587, obs. J.-J. Bourdillat.
5. L. n° 2018-1021, 23 nov. 2018, portant évolution du logement, de l'aménagement et du numérique, *JO* 24 nov., texte n° 1.
6. L. n° 2023-668, 27 juill. 2023, préc.
7. Reims, 20 déc. 2000, RG n° 99/01891.

mentionné notamment. En effet, comme il a pu être écrit, cette procédure tend, contrairement à la procédure d'expulsion qui « *tend à l'évacuation d'un bien*, [...] *plus* [...] *à l'éviction d'une personne physique* »[1]. La loi du 9 juillet 2010[2] relative aux violences faites spécifiquement aux femmes, aux violences au sein des couples et aux incidences de ces dernières sur les enfants[3] a élargi ces dispositions à tous les couples ou ex-couples et le juge aux affaires familiales peut délivrer une ordonnance de protection permettant entre autres, l'expulsion du partenaire ou ex-partenaire violent. L'article L. 412-8 C. pr. exéc. avait été modifié en conséquence et prévoit là encore que la personne en question ne peut pas bénéficier de délais pour quitter les lieux. Certains ont pu considérer que puisque ces délais n'y sont pas applicables, une demande de délais sur le fondement de l'article 1343-5 C. civ. (anc^{t} C. civ., art. 1244-1) serait recevable, faute d'être vraisemblablement fondée, devant un juge des référés (v. s^{s} n° 0521.06).

À noter également qu'il existe un délai spécifique pour l'expulsion d'un logement de fonction pour les employés d'immeubles, qui est de trois mois et est prévu par les dispositions des articles L. 7212-1 et R. 7212-1 C. trav. (v. s^{s} n° 0521.06).

0521.22 **Suppression, allongement, prorogation.** L'article L. 412-1 C. pr. exéc., en sa deuxième phrase, dans sa version issue de la loi du 27 juillet 2023[4], précise, après avoir posé le principe de ce délai que « *toutefois, le juge peut, notamment lorsque la procédure de relogement effectuée en application de l'article L. 442-4-1 du Code de la construction et de l'habitation n'a pas été suivie d'effet du fait du locataire ou lorsque la procédure d'expulsion porte sur un lieu habité en vertu du dispositif visant à assurer la protection et la préservation de locaux vacants par l'occupation de résidents temporaires, régi par l'article 29 de la loi n° 2018-1021 du 23 novembre 2018 portant évolution du logement, de l'aménagement et du numérique, réduire ou supprimer ce délai* ». Rappelons qu'avant la loi du 23 novembre 2018[5], les personnes entrées par voie de fait, et avant celle du 27 juillet 2023[6], les personnes entrées à l'aide de manœuvres, menaces, voie de fait ou contrainte, mais aussi les occupants dont la mauvaise foi a été constatée par le juge ordonnant l'expulsion, bénéficiaient du délai et que seul le juge pouvait réduire ou supprimer ce délai les concernant. Malgré l'importance que la protection du logement a dans toutes les dispositions protectrices, il a été ménagé une marge de manœuvre aux propriétaires pour pouvoir demander au juge la réduction ou suppression du délai de deux mois. Le souci du législateur est ici de protéger le propriétaire contre les locataires difficiles qui n'usent pas paisiblement des lieux loués et auxquels le propriétaire aura fait une offre de relogement ou dans le cadre du dispositif d'occupation des locaux vacants par des résidents temporaires. Mais l'article L. 412-1 C. pr. exéc. use de l'adverbe « notamment » qui laisse à penser qu'il peut y avoir d'autres cas. D'après certains, il serait cependant conforme à l'esprit du texte d'en limiter l'application aux seuls cas où une faute caractérisée serait relevée à la charge de la personne expulsée[7]. La jurisprudence a pu juger en ce sens, avec par exemple un locataire ayant une attitude violente vis-à-vis des voisins[8]. Mais elle semble avoir une vision plus large des choses puisqu'elle admet aussi une suppression du délai pour des raisons qui échappent à la volonté des occupants. Ainsi lorsque l'occupation est dangereuse pour les personnes puisque les lieux avaient fait l'objet d'un arrêté de péril[9], ou encore parce que l'occupation empêchait la restructuration de logements sociaux[10]. À noter qu'en cas de suppression du délai, la réquisition de la force publique peut être faite simultanément à la délivrance du commandement de quitter les lieux[11].

L'article L. 412-2 C. pr. exéc. prévoit ensuite une dérogation dans l'autre sens en indiquant que : « *Lorsque l'expulsion aurait pour la personne concernée des conséquences d'une exceptionnelle dureté, notamment du fait de la période de l'année considérée ou des circonstances atmosphériques, le délai prévu à l'article L. 412-1 peut être prorogé par le juge pour une durée n'excédant pas trois mois* ». Les contours de **l'exceptionnelle dureté** sont difficiles à cerner, mais l'on comprend, étant donné la courte durée des délais que le juge peut ici prononcer – trois mois – que la difficulté doit être ponctuelle, immédiate et urgente. On peut imaginer un hiver particulièrement rigoureux, mais aussi pourquoi pas, le « *notamment* » le permettant, du fait de circonstances personnelles particulières telles que décès, accouchement récent, poursuite des études malgré

1. J.-J. Bourdillat, « De l'expulsion du conjoint violent dans et après la réforme du divorce » (préc., v. s^{s} n° 0521.05).
2. L. n° 2010-769, 9 juill. 2010, relative aux violences faites spécifiquement aux femmes, aux violences au sein des couples et aux incidences de ces dernières sur les enfants, *JO* 10 juill., p. 12762.
3. M. Douchy-Oudot, « Quelle protection contre les violences au sein des couples ? », *Procédures* 2002. Étude 9 – J. Massip, « La protection des victimes de violence au sein des couples », *LPA* 8 nov. 2010, n° 222, p. 10.
4. L. n° 2023-668, 27 juill. 2023, préc.
5. L. n° 2018-1021, 23 nov. 2018, préc.
6. L. n° 2023-668, 27 juill. 2023, préc.
7. Perrot et Théry, n° 1088.
8. Rennes, 8 févr. 2001, RG n° 99/05513 – *contra* : Paris, 14e ch. A, 26 mars 2008, RG n° 07/14835.
9. Paris, 14e ch. B, 24 nov. 1995, RG n° 95/20289.
10. Paris, 9 avr. 2004, 14e ch. B, RG n° 2004/00692, *JCP* 2004. IV. 2445.
11. CE 12 déc. 2014, req. n° 363372, *JCP* 2015, n° 4, p. 98, note L. Lauvergnat.

abandon par la famille[1], *etc.* Mais les décisions rendues sur ce fondement ne sont pas légion. Si un délai est toutefois accordé, là encore dans un souci de prévention de l'expulsion et de relogement de l'intéressé, depuis 1998, la décision peut être transmise, sur décision du juge, au préfet du département (C. pr. exéc., art. R. 412-2, al. 1er). Notons enfin que l'article R. 412-4 C. pr. exéc. précise qu'à compter de la signification du commandement de quitter les lieux, c'est le juge de l'exécution du lieu de situation de l'immeuble qui est exclusivement compétent pour accorder un délai supplémentaire sur ce fondement. Cela signifie en creux qu'avant cela, le juge du fond, prononçant l'expulsion ou non, a la compétence pour accorder un tel délai[2]. Cela semble également signifier, étant donné que l'article R. 412-4 n'a renvoyé qu'aux dispositions de l'article L. 412-2, que le juge de l'exécution n'a pas compétence pour réduire ou supprimer ce délai. Étant donné toutefois la brièveté de celui-ci et malgré une souvent grande rapidité des juges de l'exécution à audiencer, il est toutefois peu probable que la question se présente en pratique.

Enfin, le délai prévu à l'article L. 412-1 C. pr. exéc. peut être, comme nous l'avons vu, à titre de sanction du défaut de dénonciation du commandement de quitter les lieux au préfet, prorogé jusqu'à ce qu'il soit justifié de l'accomplissement de cette formalité (v. ss nos 0512.71 et 0512.73).

0521.23 **Effets.** En principe, le délai prévu au premier alinéa de l'article L. 412-1, qu'il soit tel quel, prolongé ou réduit, court à compter du commandement de quitter les lieux qui peut donc bien être délivré. Mais les effets de celui-ci sont en quelque sorte suspendus et le propriétaire doit attendre l'issue du délai pour procéder à l'expulsion. Le Conseil d'État a jugé que la demande de concours de la force publique pendant le cours de ce délai était prématurée et ainsi irrecevable[3]. L'huissier de justice semblait donc devoir attendre l'expiration de ce délai pour demander le concours de la force publique, ce qui peut poser difficultés lorsque l'issue de ce délai se situe peu avant le début de la trêve hivernale. Si à première lecture une telle décision peut surprendre puisque la Haute juridiction a jugé en 2007 que la demande de concours de la force publique était recevable en période de trêve hivernale (v. ss no 0521.51), elle s'explique en réalité par la différence de régime et d'objectif de ces délais. Le délai de deux mois doit permettre au locataire de quitter les lieux volontairement et l'huissier de justice ne peut rien tenter pendant ce temps-là. Il ne pourra donc pas expliquer en quoi le concours de la force publique est nécessaire puisqu'il ne peut en principe pas savoir si la personne est encore là ou non et si elle entend partir à l'issue du délai qui lui est laissé. Cette jurisprudence a, peu de temps après, été appliquée au cas où le délai avait été prorogé du fait de l'absence de dénonciation au préfet du commandement[4]. Néanmoins, le Conseil d'État semble avoir assoupli sa jurisprudence en considérant que si le préfet pouvait rejeter la demande de concours de la force publique pendant le cours de ce délai, la demande étant prématurée, s'il ne le fait pas, il est réputé avoir été saisi valablement à la fin de ce délai et a donc deux mois pour répondre à partir de cette date[5]. L'huissier de justice n'a donc pas à renouveler sa demande.

En cas de suppression du délai, rappelons que le commandement doit indiquer la date à laquelle la personne doit quitter les lieux et que la mention d'un départ « sans délai », même si conforme en ce cas à la décision du juge, est difficilement admise par la jurisprudence (v. ss no 0512.31).

0521.24 **Sanctions en cas de non-respect.** Avant la jurisprudence du Conseil d'État sur ce point, aucun propriétaire ne se voyait accorder le concours de la force publique pendant le cours de ce délai, il n'y avait pas de jurisprudence publiée sur ce point. Récemment, la Cour de cassation a retenu que justifie légalement sa décision d'annuler la procédure d'expulsion, exécutée moins de deux mois après la délivrance d'un commandement d'avoir à quitter les lieux, une cour d'appel qui retient que l'occupant du chef de la personne expulsée a son domicile dans les lieux sur lesquels porte l'expulsion et y habite effectivement[6]. La sanction de l'annulation est donc bien validée.

SECTION 2

PÉRIODE DE L'ANNÉE OU TRÊVE HIVERNALE

0521.31 **Principe.** L'article L. 412-6 C. pr. exéc., depuis la loi no 2014-366 du 24 mars 2014, dispose que : « *Nonobstant toute décision d'expulsion passée en force de chose jugée et malgré l'expiration des délais accordés en vertu de l'article L. 412-3, il est sursis à toute mesure d'expulsion non exécutée à la date du*

1. Versailles, 30 mars 2011, RG no 10/04117.
2. Paris, 13 oct. 1993, *D.* 1994. 337.
3. CE 18 févr. 2010, req. no 316987, *Lebon T.* ; *Gaz. Pal.* 2010, no 63, p. 31 ; *Procédures* 2010, no 268, note R. Perrot ; *AJDA* 2010. 857, rapp. J.-P. Thiellay – CE 25 juill. 2013, req. no 347456, *Dr. et proc.* 2013. 211.
4. CE 5 mai 2010, req. no 324272, *D.* 2011. Pan. 1509, obs. A. Leborgne.
5. CE 18 déc. 2013, req. no 363126, *JCP A* 2014. Actu. 44 – CE 30 déc. 2014, req. no 353252, *JCP A* 2015. Actu. 71, note L. Erstein.
6. Civ. 2e, 9 janv. 2020, no 18-23.975, P ; *D.* 2020. 89 ; *AJDI* 2020. 613, obs. F. de La Vaissière ; *Rev. prat. rec.* 2020. 14, obs. U. Schreiber ; *RTD civ.* 2020. 193, obs. N. Cayrol.

1er novembre de chaque année jusqu'au 31 mars de l'année suivante, à moins que le relogement des intéressés soit assuré dans des conditions suffisantes respectant l'unité et les besoins de la famille[1] [...] ».

Avant la loi du 24 mars 2014, la trêve s'étendait du 1er novembre au 15 mars. Toutefois, à deux reprises, le ministère de l'Intérieur avait, de fait, prolongé cette trêve par des instructions aux préfets d'attendre le 1er ou le 2 avril pour octroyer de nouveau le concours de la force publique[2].

Relevons que, pendant la crise de Covid, pour 2020, l'ordonnance du 25 mars 2020[3] avait prolongé la trêve hivernale jusqu'au 31 mai suivant.

§ 1
Champ d'application

0521.41 **« Toute mesure d'expulsion » ?** L'article L. 412-6 C. pr. exéc. vise le sursis à « toute mesure d'expulsion » mais précise ensuite qu'il n'a plus vocation à s'appliquer lorsque le relogement est assuré dans des conditions suffisantes. L'utilisation des termes « *toute mesure d'expulsion* » ne doit pas tromper. Sont en principe visées les habitations puisqu'il s'agit finalement d'assurer le relogement des intéressés et que la disposition se situait dans le Code de la construction et de l'habitation. Ainsi, il a été jugé que cet article n'avait pas vocation à s'appliquer aux résidences mobiles[4] qui, si elles peuvent constituer le logement de la personne, ne sont pas une habitation justifiant la protection puisqu'elles peuvent être déplacées. Il est donc clair que l'objectif est bien la protection du logement en ce sens qu'il ne faut pas que l'occupant se retrouve sans rien. La rédaction du second alinéa, devenu alinéa 3, de l'article L. 412-6, prévoyant la suppression du bénéfice de cette trêve avait été modifiée par la loi n° 2017-86 du 27 janvier 2017 relative à l'égalité et à la citoyenneté[5], et, par coordination avec les modifications apportées également aux articles L. 412-1 et L. 412-3, visait les « lieux » et non plus les locaux. L'article visait donc, d'après les motivations de l'amendement adopté, également les **résidences mobiles** de sorte que la jurisprudence de la Cour de cassation sur celles-ci devrait évoluer (v. ss n° 0512.51).

La loi du 27 juillet 2023[6] a de nouveau modifié cet article et ajouté un alinéa 3 à cet article et modifié l'alinéa 2 de sorte qu'il est désormais fait une distinction selon que le lieu en question est le domicile d'une autre personne ou non. En effet, l'alinéa 2 prévoit le cas de l'exclusion automatique du bénéfice de la trêve lorsque « *la mesure d'expulsion a été prononcée en raison d'une introduction sans droit ni titre dans le domicile d'autrui à l'aide de manœuvres, de menaces, de voies de fait ou de contrainte* ». Et l'alinéa 3 prévoit une exclusion sur décision du juge dans le cas où « *les personnes dont l'expulsion a été ordonnée sont entrées dans tout autre lieu que le domicile à l'aide des procédés* » mentionnés à l'alinéa 2 (v. ss n° 0521.42).

Par ailleurs, on peut se poser la question de l'objectif de protection du seul logement puisque la jurisprudence a admis l'application du sursis judiciaire aux locaux commerciaux. L'article L. 412-3 sur le sursis judiciaire évoque cependant le cas des locaux professionnels, ce qui n'est pas le cas de l'article L. 412-6 sur la trêve hivernale.

L'article L. 613-5 du CCH (abrogé par l'ordonnance de codification du Code des procédures civiles d'exécution) précisait par ailleurs que les dispositions de cet article et de l'entier chapitre, qui regroupait également celles relatives au sursis judiciaire, s'appliquaient aux occupants de locaux meublés non situés dans un hôtel de tourisme homologué, qui remplissaient les conditions prévues à l'article 1er de l'ordonnance n° 58-1008 du 24 octobre 1958 modifiant la loi n° 49-458 du 2 mars 1949 accordant le bénéfice du maintien dans les lieux à certains clients des hôtels. Cette précision était curieuse puisque le texte initial sur la trêve hivernale (L. n° 56-1223, 3 déc. 1956) visait les articles 1, 2 et 3 de la loi de 1949, ce qui impliquait que l'occupant avait respecté ses obligations, exercé une activité professionnelle ou fait ses études dans le local et y avait sa résidence principale. Or, l'article 1er de l'ordonnance de 1958 a modifié les articles 1er à 6 de la loi de 1949 et il est donc difficile de savoir à quoi cela renvoyait ce d'autant que l'article premier de celle-ci a épuisé ses effets. Par ailleurs, pourquoi avoir prévu cette précision car si le meublé constitue l'habitation de la personne à expulser, il est bien entendu qu'on appliquera les règles spécifiques en la matière, en ce compris la trêve hivernale. C'est pour ces raisons que l'article a été abrogé dans le cadre de la codification des textes relatifs aux procédures civiles d'exécution.

1. Relevons que le préfet peut refuser le concours de la force publique pour ce dernier motif : CCH, art. L. 613-3 – V. CE 16 mai 2007, req. n° 286847, Min. État, min. Intérieur et Aménagement du territoire c/Mme Homung, épse Halter, *Lebon*.
2. Ainsi en fut-il en 2013 en raison de l'hiver rigoureux (Instr. n° INTK1300206J, 13 mars 2013, *BOMI* 1er mai 2013, n° 2013-04) et en 2014 en raison de l'entrée en vigueur imminente de la loi pour l'accès au logement et un urbanisme rénové (Instr. n° INTK1400251J, 11 mars 2014, *BOMI* 11 avr. 2014, n° 2014-04).
3. Ord. n° 2020-331, 25 mars 2020, relative au prolongement de la trêve hivernale, *JO* 26 mars, texte 77.
4. Civ. 2e, 14 oct. 2010, n° 09-13.800, NP ; *Dr. et proc.* 2010. 334.
5. L. n° 2017-86, 27 janv. 2017 relative à l'égalité et à la citoyenneté, *JO* 28 janv., texte 1.
6. L. n° 2023-668, 27 juill. 2023, préc.

À noter enfin que la jurisprudence administrative a rappelé que la trêve s'appliquait également au cas des époux[1], sauf dérogation légale expresse ci-dessous étudiée. Elle ne s'applique en revanche pas aux lieux d'hébergement pour les demandeurs du droit d'asile prévus par l'ancien article L. 744-5, devenu L. 552-2 et L. 552-15 du CESEDA[2].

0521.42 **Dérogations.** L'article L. 412-6 alinéa 1er C. pr. exéc. prévoit tout d'abord qu'on n'est pas obligé de respecter la trêve lorsque le relogement des intéressés a eu lieu dans de bonnes conditions. Remarquons toutefois que la jurisprudence a admis, dès lors qu'il ne reste plus que quelques meubles sur place et qu'il est donc manifeste que les lieux sont abandonnés, qu'il peut être dérogé à la trêve[3]. On peut comprendre cette jurisprudence comme considérant qu'en cas d'abandon, les lieux ne constituant plus l'habitation de la personne expulsée, la protection ne s'applique plus, ou bien que le relogement est en quelque sorte présumé avoir eu lieu dans de bonnes conditions. La première interprétation est la plus vraisemblable.

Cet article prévoyait ensuite à l'origine que ces dispositions n'étaient pas applicables « *lorsque les personnes dont l'expulsion a été ordonnée sont entrées par voie de fait ou lorsque ceux-ci sont situés dans un immeuble ayant fait l'objet d'un arrêté de péril* ». Que l'occupant soit à l'origine d'un trouble ou qu'il en subisse un, la trêve n'était pas applicable. Ainsi, le concours de la force publique pouvait être requis en période hivernale pour des occupants entrés par voie de fait[4], ce qui d'après une décision du Conseil d'État, recouvre le simple fait d'être entré dans les lieux sans avoir jamais eu l'accord du propriétaire et sans titre[5]. La loi n° 2014-366 du 24 mars 2014 avait toutefois modifié la logique de cet article. Elle avait tout d'abord supprimé la référence à l'arrêté de péril et la trêve s'applique donc bien désormais en ce cas. En outre, l'alinéa 2 de cet article prévoyait ensuite que le juge pouvait supprimer le bénéfice du sursis en ce cas. Par principe donc, ces personnes bénéficiaient de la trêve hivernale et seul le juge pouvait y déroger, celui ayant prononcé l'expulsion ou le juge de l'exécution selon le stade de la procédure auquel la demande est faite. La Cour de cassation avait refusé de transmettre une question prioritaire de constitutionnalité (QPC) sur cette nouvelle dérogation, en retenant que ces dispositions « *tendent à assurer la nécessaire conciliation entre le droit de propriété, droit constitutionnel découlant des articles 2 et 17 de la Déclaration des droits de l'homme et du citoyen de 1789, et la possibilité pour toute personne de disposer d'un logement décent, objectif à valeur constitutionnelle qu'il appartient au législateur de mettre en oeuvre, et que le recours au juge judiciaire qu'elles instaurent pour décider de la suppression ou non du sursis de la trêve hivernale pour les personnes entrées dans les lieux par voie de fait, constitue une garantie suffisante pour que soit assuré le respect des exigences constitutionnelles de dignité humaine et de droit à une vie familiale normale* »[6]. La loi du 23 novembre 2018 portant évolution du logement, de l'aménagement et du numérique[7], avait toutefois rétabli la dérogation automatique issue de la loi de 2014 en prévoyant que « *par dérogation au premier alinéa du présent article, ce sursis ne s'applique pas lorsque la mesure d'expulsion a été prononcée en raison d'une introduction sans droit ni titre dans le domicile d'autrui par voie de fait* ». En introduisant toutefois une nuance, puisque l'introduction par voie de fait qui justifiait la dérogation devait avoir eu lieu au domicile d'autrui, la dérogation étant dès lors moins large que celle précédemment prévue. Comme il a été indiqué ci-dessus (v. ss n° 0521.41), la loi du 27 juillet 2023[8] a de nouveau modifié cet article en distinguant selon que le lieu dans lequel la personne expulsée est entrée par « voie de fait », et désormais également à l'aide de manœuvres, menaces ou contrainte, est le domicile d'une autre personne ou non. Dans le premier cas, le sursis ne s'applique simplement pas. On le comprend aisément puisqu'alors la personne qui sollicite l'expulsion se trouve elle-même sans domicile. Dans le second cas, c'est sur décision du juge que le sursis peut être suppprimé. Le fait d'avoir ajouté les manœuvres, menaces ou contrainte comme modalités d'entrée dans les lieux tient d'un souci de coordination des textes civils et pénaux entre eux, le délit de violation de domicile prévu à l'article 226-4 C. pén., et dont les peines ont été modifiées par cette loi, utilisant ces notions, et au nouvel article 315-1 C. pén., issu de cette loi qui réprime désormais le fait de s'être introduit de cette manière dans un local d'habitation ou à usage économique et de s'y maintenir[9].

Par ailleurs, l'article L. 412-7 C. pr. exéc. prévoit que ces dispositions ne sont pas applicables aux

1. CE 16 mai 2007, req. n° 286847, *Gaz. Pal.* 2007, n° 307, p. 25.
2. CE 21 avr. 2017, req. n° 405164.
3. Civ. 3e, 20 nov. 1991, n° 90-12.491, P III, n° 279 ; *Rev. huiss.* 1992. 277 – POUR UNE APPLICATION EN SAISIE IMMOBILIÈRE, v. Nîmes, 30 janv. 2014, *Juris-Data* n° 006415.
4. CE 29 mars 2002, req. n° 243338, *AJDA* 2003. 345 ; *Gaz. Pal.* 2003, n° 119, p. 9 ; *D.* 2003. 1115 ; *JCP* 2002. II. 10179 ; *Dr. et proc.* 2002. 320.
5. CE 27 janv. 2010, req. n° 320642, *Gaz. Pal.* 2010, n° 56, p. 32.
6. Civ. 2e, 19 janv. 2017, n° 16-40.244, NP ; *AJDA* 2017. 217.
7. L. n° 2018-1021, 23 nov. 2018, préc.
8. L. n° 2023-668, 27 juill. 2023, préc.
9. V. Prop. loi « Protéger les logements contre l'occupation illicite », Sénat, 1re lecture, M. Reichardt, amendement n° COM-34, adopté le 23 janv. 2023 ; Mme Procaccia, amendement n° 83 rect., adopté le 2 févr. 2023.

occupants de locaux spécialement destinés au **logement d'étudiants** lorsque les intéressés cessent de satisfaire aux conditions en raison desquelles le logement a été mis à leur disposition, autrement dit lorsqu'ils cessent d'être étudiants.

Enfin, l'article L. 412-8 C. pr. exéc. prévoit que la trêve hivernale ne s'applique pas au **partenaire violent** qui fait l'objet d'une procédure d'expulsion sur le fondement d'une ordonnance de protection (v. s^s^ n° 0521.21).

La trêve ne s'applique enfin pas aux expulsions du domaine public[1].

§ 2
Effets

0521.51 **Impossibilité de procéder à l'expulsion.** L'expulsion ne peut être réalisée en période de trêve hivernale. En conséquence, le concours de la force publique ne pourra pas être accordé. Il pourra toutefois être valablement demandé[2] et le préfet aura alors deux mois pour répondre. On peut s'interroger sur la possibilité matérielle pour le préfet d'apprécier la nécessité d'octroyer le concours de la force publique alors que les occupants quitteront peut-être les lieux avant la fin de celle-ci. Par ailleurs, le commissaire de justice ne peut en principe rien tenter pendant cette période et il sera donc difficile pour lui de donner des éléments objectifs au préfet sur les difficultés rencontrées. Elles pourront l'avoir été éventuellement avant le début de la période avec une tentative d'expulsion juste avant celle-ci. En revanche, le concours effectif, en cas d'octroi, est reporté à la date du 1er avril suivant et la période de responsabilité de l'État ne court donc qu'à compter de cette date[3]. De la même manière, il a été décidé qu'il n'y avait pas lieu à référés pour statuer sur le rejet d'un préfet d'accorder le concours de la force publique pendant le cours de cette trêve[4].

Puisqu'il est interdit de procéder à l'expulsion, *a priori* on pourrait penser qu'il est interdit de tenter de le faire également car, si tout se passe bien sur place, cela devient vite une véritable expulsion. C'est en ce sens qu'avait répondu le ministre de la justice par une réponse à une question écrite le 29 avril 2008 en indiquant qu'« *un huissier de justice ne peut procéder à une tentative d'expulsion, et dresser le procès-verbal y afférent, que lorsque cette mesure d'exécution forcée peut valablement être poursuivie* »[5]. Le Conseil d'État a toutefois rendu une décision qui laisse à penser qu'une tentative serait possible en cette période. Un huissier de justice avait « *constaté la persistance de l'occupation irrégulière* » le 9 février puis requis la force publique le 12. Le préfet avait alors refusé le concours de la force publique puisque l'huissier avait effectué les démarches en cours de trêve hivernale, et qu'il ne pouvait donc justifier des difficultés effectives rencontrées pour l'expulsion des personnes présentes. Le Conseil d'État décide qu'il n'appartient pas à l'autorité administrative de porter une appréciation sur l'opportunité de saisir celle-ci d'une demande de concours[6]. Ainsi, le concours de la force publique pourrait être accordé alors même que l'huissier de justice aura tenté d'expulser en cours de période hivernale.

0521.52 **Possibilité d'inciter le locataire à partir de lui-même.** Enfin, la trêve, à l'inverse du délai judiciairement accordé ou encore du délai de deux mois, ne dispense pas l'occupant de partir[7]. Il doit en principe quitter les lieux. En conséquence, il a été jugé que la trêve n'empêche nullement le juge de prononcer l'expulsion et d'ordonner la libération des lieux, au besoin sous astreinte[8].

SECTION 3
DÉLAIS JUDICIAIRES FACULTATIFS

§ 1
Champ d'application et durée

0521.61 **Lieu habité ou local professionnel.** L'article L. 412-3 C. pr. exéc., depuis la loi du 27 janvier 2017 relative à l'égalité et à la citoyenneté, prévoit que le juge peut « *accorder des délais renouvelables aux occupants de lieux habités ou de locaux à usage professionnel, dont l'expulsion a été ordonnée judiciairement [...]* ».

Sur la **notion de lieu habité**, il est possible de transposer sans difficulté la jurisprudence qui s'est

1. QE, AN n° 14795, Rép. *JO Sénat Q* 2 déc. 2010, p. 3165 – CAA Nantes, 28 févr. 2002, req. n° 98NT01384 – CONTRA : TA Strasbourg, 4 mars 2010, req. n° 0904631.
2. CE 27 avr. 2007, req. n° 291410, *Procédures* 2007, n° 248, note R. Perrot – DÉJÀ EN CE SENS : CAA Paris, 16 mai 1989, req. n° 89PA00058, *Lebon T* – CE 30 mai 2008, req. n° 301574 – CE 8 févr. 2010, req. n° 324085.
3. PAR EX. CE 9 nov. 2018, req. n° 412696, Min. Intérieur, *Lebon* ; *AJDA* 2018. 2218.
4. CE 13 nov. 2002, req. n° 251611, *Gaz. Pal.* 2003, n° 119, p. 9.
5. QE, AN n° 18682, Rép. *JOAN Q* 29 avr. 2008, p. 3669 ; *Dr. et proc.* 2008. 236.
6. CE 25 nov. 2009, req. n° 323359, *AJDA* 2009. 2257 ; *AJDA* 2011. 294 ; *Dr. et proc.* 2010. 126, obs. A. Leborgne ; *LPA* 14 mai 2010, n° 96, p. 8, concl. rapporteur public, J.-P. Thiellay.
7. V. SUR CE POINT : concl. du rapporteur public J.-P. Thiellay pour CE 25 nov. 2009, req. n° 323359 (préc., v. s^s^ n° 0521.51) – Concl. du même rapporteur pour CE 18 févr. 2010, req. n° 316987, *D.* 2007. 2236, chron. V. Vigneau.
8. Civ. 2e, 4 juill. 2007, n° 05-15.382, P II, n° 183 ; *Dr. et proc.* 2007. 355, obs. J.-J. Bourdillat ; *Gaz. Pal.* 2008, n° 117, p. 19.

développée sur le fondement de l'article L. 412-1 C. pr. exéc. et de l'article R. 412-1 C. pr. exéc. (v. ss n° 0512.51) eu égard à la modification apportée par la loi du 27 janvier 2017 qui vise désormais les « *lieux habités* » à la place des « *locaux d'habitation* ». À noter que l'occupation d'un terrain par des résidences mobiles était exclue du champ de ces dispositions dans la mesure où elles peuvent être déplacées sans porter atteinte à l'habitation même[1]. Par ailleurs, alors même que la doctrine a pu considérer comme antinomique le fait que les squatters, pour lesquels il est prévu la possibilité de réduire voire supprimer le délai de prévenance de deux mois, et en certains cas une suppression automatique de ce délai, puissent bénéficier d'un délai supplémentaire[2], plusieurs cours d'appel avaient jugé que le sursis judiciaire leur était applicable[3]. Cela n'est plus le cas depuis la loi du 27 juillet 2023[4]. En effet, si, à l'origine, l'article prévoyait que ces délais pouvaient être accordés aux occupants sans qu'ils n'aient « *à justifier d'un titre à l'origine de l'occupation* », cette précision a été supprimée par la loi de 2023. Par ailleurs, le dernier alinéa de cet article, issu de cette loi, exclut expressément du champ de cet article les squatters (v. ss n° 0521.62).

Sur la **notion de local professionnel**, si l'idée du législateur est toujours et encore la protection du logement, il a ici pris soin de viser également les locaux professionnels ou plus précisément à usage professionnel. On aurait donc pu penser que les délais ne pouvaient être accordés qu'aux titulaires de baux professionnels et donc de professionnels libéraux notamment. Mais pour quelle raison faire une telle distinction ? Si des délais peuvent être accordés à un médecin, pourquoi pas à un bar restaurant, qui peut également avoir besoin de temps pour libérer les lieux. La Cour de cassation a clairement tranché la question par un arrêt de sa deuxième chambre civile du 4 juillet 2007 qui énonce que « *le juge de l'exécution tient des articles L. 613-1 et L. 613-2 du Code de la construction et de l'habitation* [devenus C. pr. exéc., art. L. 412-3 et L. 412-4] *et de l'article 8 du décret du 31 juillet 1992* [devenu C. pr. exéc., art. R. 121-1] *le pouvoir d'accorder un délai de grâce à l'occupant d'un local à usage commercial* »[5]. La Cour de cassation a donc compris le champ de ces dispositions de manière large. Toute destination professionnelle, y compris commerciale du local permet l'application de ces dispositions. Il avait d'ailleurs été fait, de manière intéressante, par le juge de l'exécution de Paris, un raisonnement par analogie avec d'autres textes qui incluaient de manière expresse les locaux commerciaux dans la notion de locaux à usage professionnel[6].

0521.62 **Exclusions.** L'article L. 412-3 C. pr. exéc. comprend lui-même des exclusions. Ainsi, ne peuvent demander des délais sur ce fondement les locataires dont le propriétaire exerce son **droit de reprise** dans les conditions prévues à l'article 19 de la loi n° 48-1360 du 1er septembre 1948 portant modification et codification de la législation relative aux rapports des bailleurs et locataires ou occupants de locaux d'habitation ou à usage professionnel et instituant des allocations de logement. Il exclut également les locataires par le fait desquels la procédure de relogement prévue à l'article **L. 442-4-1** n'a pas été suivie d'effet. Pour ces derniers, il y a donc un parallélisme entre la réduction ou suppression des délais (v. ss n° 0521.22), pour lesquels ce même cas est visé, et l'impossibilité pour eux de demander des délais supplémentaires. Enfin, depuis la loi du 27 juillet 2023[7], il prévoit que ces délais ne s'appliquent pas « *lorsque les occupants dont l'expulsion a été ordonnée sont entrés dans les locaux à l'aide de manœuvres, de menaces, de voies de fait ou de contrainte* ». Désormais les squatters sont donc exclus automatiquement du bénéfice de ces délais et non plus sur décision du juge. Le Conseil constitutionnel a validé cette exclusion, en considérant qu'il y avait équilibre entre droit de propriété et droit à l'exécution des décisions de justice *d'une part*, le législateur ayant souhaité « *renforcer l'efficacité des procédures judiciaires d'expulsion* », et le droit au respect de la vie privée, *d'autre part*, « *l'exclusion du bénéfice des délais renouvelables ne s'appliqu*[ant], *sous le contrôle du juge qui ordonne l'expulsion, que dans le cas où l'occupant est entré dans des lieux habités ou à usage professionnel à l'aide de manœuvres, menaces, voies de fait ou contrainte* »[8].

Par ailleurs, comme pour la trêve hivernale (v. ss n° 0521.42), l'article L. 412-7 précise que les délais ne sont pas applicables aux occupants de **logements étudiants**. De la même manière, à l'article L. 412-8 C. pr. exéc., il est prévu une exclusive à l'égard du **partenaire violent** qui a fait l'objet d'une ordonnance

1. Civ. 3e, 4 avr. 2001, n° 98-15.231, NP – Lyon, 10 mai 2011, RG n° 10/07971, *D.* 2011. 1411.
2. Perrot et Théry, n° 1095 – Ou encore, dans le même sens pour la prorogation du délai de deux mois : A. Boukris, « Les nouvelles règles applicables en matière d'expulsion », *JCP N* 1993. I. 58.
3. Montpellier, 15 mars 1995, *Juris-Data* n° 600509 ; *Rev. huiss.* 1995. 587, obs. J.-J. Bourdillat – Montpellier, 23 nov. 2006, RG n° 05/06475 – Paris, 2 mars 2000, RG n° 1999/20790, *D.* 2000. IR 103.
4. L. n° 2023-668, 27 juill. 2023, préc.
5. Civ. 2e, 4 juill. 2007, n° 06-14.601, P II, n° 202 ; *Dr. et proc.* 2007. 353, obs. J.-J. Bourdillat ; *Gaz. Pal.* 29 déc. 2007, n° 363, p. 9, note P.-H. Brault ; *Rev. huiss.* 1997. 1466, obs. R. Martin.
6. TGI Paris, JEX, 13 juill. 1999, RG n° 99/82887, *Gaz. Pal.* 7 mars 2000, n° 67, p. 2.
7. L. n° 2023-668, 27 juill. 2023, préc.
8. Cons. const., 26 juill. 2023, n° 2023-853 DC, *JO* 28 juill., texte 2, consid. 18 s.

de protection ordonnant son expulsion, qui ne peut par ailleurs pas non plus bénéficier de la période de trêve hivernale (v. s[s] n°s 0521.21 et 0521.42).

La jurisprudence administrative semble avoir ajouté également une exception qui n'apparaît pas dans le texte, à savoir l'inapplicabilité de ces délais aux **occupants du domaine public**[1].

0521.63 **Durée.** La durée des délais qui peuvent être accordés a été modifiée par la loi du 25 mars 2009[2] de mobilisation pour le logement et la lutte contre l'exclusion puis par la loi du 24 mars 2014, pour l'accès au logement et un urbanisme rénové et enfin par la loi du 27 juillet 2023 visant à protéger les logements contre l'occupation illicite[3]. Le juge pouvait en effet auparavant octroyer des délais allant de trois mois à trois ans, et ils prenaient ainsi en quelque sorte le relais du délai prévu au deuxième alinéa de l'article L. 412-2 C. pr. exéc. Ces délais ont été ensuite réduits et pouvaient être d'un mois à un an. La réduction était justifiée dans le projet par la nécessité d'accélérer les procédures d'expulsion pour améliorer l'offre de relogement, étant donné, en parallèle, que la prévention des expulsions était améliorée par la création des commissions départementales de prévention des expulsions et le développement de la garantie des risques locatifs et compte tenu de la récente procédure de droit au logement opposable. La loi du 24 mars 2014 a rétabli l'ancienne version du texte avec des délais allant de trois mois à trois ans. Et enfin, la loi du 27 juillet 2023[4] a réduit ces délais à nouveau à un mois et à un an. Il a été récemment jugé par la cour d'appel de Paris que ces dispositions s'appliquent aux instances en cours de sorte qu'un occupant ne peut réclamer en appel trois ans de délais pour quitter les lieux alors que depuis le 29 juillet, date d'entrée en vigueur de la loi nouvelle, le délai accordé par le juge ne peut être supérieur à un an[5].

Ces délais sont **renouvelables** et se **cumulent** entre eux (v. s[s] n° 0521.06).

§ 2
Juge compétent et effets

0521.71 **Juge prononçant l'expulsion, juge des référés ou juge de l'exécution.** L'article L. 613-1 du CCH indiquait le juge compétent pour prononcer ces délais. Il s'était construit par petites strates. Ainsi, dès 1980, il était prévu que c'était le juge des référés qui était compétent, ce qui était somme tout logique puisque c'était également lui qui était susceptible de connaître des difficultés d'exécution. En 1990, il a été précisé que le juge qui prononce l'expulsion peut lui-même, *ab initio*, prononcer ces délais. Avec la consécration du juge de l'exécution, celui-ci a été ajouté à la liste en 1991.

Cet article, désormais recodifié à l'article L. 412-3 C. pr. exéc., ne comprend plus la précision du juge compétent. En réalité, les juges naturellement compétents en raison des règles du COJ sont bien toujours les mêmes.

Ainsi, trois juges sont susceptibles d'accorder ces délais. Le juge qui prononce l'expulsion, car en effet, pourquoi attendre et passer devant un autre juge si l'on sait avec certitude dès le départ que la situation du locataire justifie l'octroi de délais. **Le juge des référés**, une fois que la décision a été rendue mais avant qu'un commandement de quitter les lieux ne soit délivré. Mais surtout, et c'est souvent devant lui que la demande est présentée, parfois à titre subsidiaire d'une annulation pure et simple de la procédure d'expulsion, **le juge de l'exécution.** Il a été rappelé, dans l'article R. 412-4 C. pr. exéc. le concernant qu'une fois le commandement de quitter les lieux délivré, il avait compétence pour les accorder, puisqu'alors il s'agit d'une difficulté d'exécution liée à un titre en lien avec une procédure d'exécution, compétence qui est, au regard des règles du Code de l'organisation judiciaire relatives au juge de l'exécution, exclusive[6]. Une fois le commandement délivré, le juge du fond ne peut donc plus statuer sur une demande de délais. Signalons qu'un arrêt a considéré que si le juge des référés avait déjà accordé un délai, le juge de l'exécution ne pouvait le modifier une fois le commandement de quitter les lieux délivré, sans remettre en cause la décision servant de fondement aux poursuites en l'absence d'éléments nouveaux[7].

0521.72 **Aspects proceduraux et effets de la demande sur l'expulsion (suspension ?).** Pour les aspects purement procéduraux tout d'abord, à noter que la demande de délais peut être ordonnée et donc demandée en tout état de cause[8]. Ainsi, s'il n'est pas rare que les délais soient sollicités subsidiairement à une demande en annulation de la procédure d'expulsion, ils peuvent également être demandés en cause d'appel contre une décision ayant rejeté une demande d'annulation de celle-ci. La demande

1. CAA Paris, 4e ch., 21 févr. 1995, req. n° 94PA01884, *Lebon T.* 784 ; *Dr. adm.* 2001, n° 481.
2. L. n° 2009-323, 25 mars 2009, de mobilisation pour le logement et la lutte contre l'exclusion, *JO* 27 mars, texte 1.
3. L. n° 2023-668, 27 juill. 2023, préc.
4. L. n° 2023-668, 27 juill. 2023, préc.
5. Paris, pôle 1, ch. 10, 12 oct. 2023, RG n° 23/06923 – B. Vial-Pedroletti, « Expulsion : application transitoire de la loi du 27 juillet 2023 », *Loyers et copr.* 2023. Comm. 179.
6. Civ. 2e, 18 sept. 2003, n° 01-16.019, P II, n° 285 ; *D.* 2003. IR 2409 ; *JCP* 2003. IV. 2732.
7. Rennes, 19 avr. 2013, RG n°s 13/00776, 13/01646.
8. Civ. 2e, 10 juill. 2008, n° 07-13.503, P II, n° 182 ; *Gaz. Pal.* 2009, n° 101, p. 22 ; *Procédures* 2008, n° 266, obs. R. Perrot.

doit ensuite être portée devant le juge du lieu de situation de l'immeuble. En outre, celui-ci peut décider, depuis 1998, de transmettre sa décision au préfet en vue de la prise en compte de la demande de relogement de la personne expulsée (C. pr. exéc., art. R. 412-2, al. 1er). Il est précisé que c'est la décision qui statue sur une demande de délais si bien que le juge peut décider de transmettre un refus, pour alerter le préfet de l'urgence de la situation. Par ailleurs, une telle transmission ne peut être faite que par le juge ayant prononcé l'expulsion ou celui qui est saisi postérieurement mais avant la délivrance du commandement, ce qui en principe, exclut les décisions du juge de l'exécution. En effet, le commandement de quitter les lieux étant en principe, pour les locaux d'habitation à tout le moins, dénoncé au préfet, il sera alors alerté de l'urgence de la situation par l'effet du commandement, qui doit indiquer la date à laquelle les locaux doivent être libérés et donc l'issue des délais judiciairement accordés. La loi du 24 mars 2014 a enfin apporté une précision afin d'assurer une meilleure articulation entre ces délais et le mécanisme du droit au logement opposable. Ainsi, l'article L. 441-2-3 du CCH prévoit désormais, depuis la loi du 27 janvier 2017 relative à l'égalité et à la citoyenneté, en son VIII, que « *lorsque la commission de médiation reconnaît un demandeur prioritaire auquel un logement doit être attribué en urgence et que celui-ci fait l'objet d'une décision de justice prononçant l'expulsion de son domicile, elle peut saisir le juge afin que celui-ci accorde des délais dans les conditions prévues aux articles L. 412-3 et L. 412-4 du Code des procédures civiles d'exécution* ».

Aucun texte ne prévoit ensuite que la demande aux fins de sursis judiciaire est suspensive d'exécution et la jurisprudence ne le dit d'ailleurs pas comme cela. Néanmoins, la Cour de cassation a, dans un arrêt du 28 septembre 2005, indiqué que le bailleur qui procède à l'expulsion en cours de délibéré du juge de l'exécution saisi d'une demande de délais, et sans avoir averti celui-ci de l'imminence de l'expulsion effective, commet une faute de nature à ouvrir droit à réparation à la personne expulsée[1]. À noter que le bailleur a également été condamné dans cette affaire à une amende civile. On pouvait toutefois se demander si la solution aurait été différente si le bailleur avait pris soin de prévenir le juge de l'exécution avant la date à laquelle l'octroi de la force publique avait été prévu, lui permettant ainsi de fixer en conséquence sa date de délibéré. Relevons que le juge de l'exécution de Nanterre en a décidé autrement puisqu'il a également condamné le bailleur à des dommages et intérêts et à une amende civile alors que celui-ci avait averti le juge de l'imminence de l'expulsion, ce qui, comme le fait remarquer le commentateur de ce jugement, peut surprendre puisque le juge aurait pu aussi bien statuer sur le siège ou approcher la date de son délibéré en conséquence, la période hivernale approchant à grands pas[2]. Et dans ces décisions, il est question de dommages et intérêts et non de réintégration[3], pourtant demandée, puisqu'au moment où le bailleur procède à l'expulsion, en l'absence d'effet suspensif de la saisine du juge, il dispose bien d'un titre exécutoire. C'est ici une sorte de déloyauté procédurale du bailleur que l'on sanctionne. Plus récemment encore, la Cour de cassation a jugé que si le bailleur procédait à l'expulsion de l'occupant, ancien locataire, alors qu'il avait demandé des délais pour quitter les lieux, au demeurant ensuite accordés, il ne pouvait réclamer à celui-ci une indemnisation au titre des réparations locatives, puisque l'occupant n'était dès lors plus en mesure d'y procéder[4].

0521.73 **Effets.** Le délai ainsi accordé interdit bien sûr de procéder à l'expulsion. S'agissant de délais de grâce, ils suspendent en principe le caractère exécutoire du jugement[5] si l'on se réfère à l'article 501 C. pr. civ. Sur cette analyse, il a pu ainsi être jugé qu'aucun commandement de quitter les lieux ne pouvait être délivré pendant le cours de ces délais et devait être annulé de ce fait[6]. Ils suspendent également l'obligation même de partir du locataire et le Conseil d'État juge régulièrement que la demande de concours de la force publique faite avant l'expiration des délais judiciairement accordés ne saisit pas valablement l'administration et doit être réitérée à l'issue desdits délais[7]. De même, l'octroi de ces délais suspend assez logiquement la période de responsabilité de l'État[8]. La solution retenue par la jurisprudence administrative est donc ici différente de celle qu'elle applique à la trêve hivernale, qui, elle ne suspend pas l'obligation du locataire de quitter les lieux et le caractère exécutoire de la décision.

1. Civ. 3e, 28 sept. 2005, no 04-14.882, P III, no 176 ; *AJDI* 2006. 193, note F. de La Vaissière ; *Gaz. Pal.* 4 juill. 2006, no 185, p. 9.
2. TGI Nanterre, JEX, 6 avr. 2010, RG no 10/02339, *AJDI* 2011. 225, note F. de La Vaissière.
3. DANS LE SENS D'UNE RÉINTÉGRATION POURTANT, v. Versailles, 31 janv. 1997, *Rev. huiss.* 1997. 729.
4. Civ. 3e, 14 juin 2018, no 17-11.775, NP.
5. SUR CE POINT : concl. rapporteur public J.-P. Thiellay sur CE 25 nov. 2009 (préc., v. ss no 0521.51) – Concl. même rapporteur sur CE 18 févr. 2010 (préc., v. ss no 0521.23).
6. TGI Paris, JEX, 7 avr. 1999, RG no 99/81240, *Gaz. Pal.* 2000, no 67, p. 2.
7. CE 16 déc. 1966, *Lebon T.* 666 – CE 30 mai 1986, req. no 53625, NP.
8. CE 29 juill. 1983, req. no 38413.

§ 3 Critères d'octroi

0521.81 **Critères.** L'article L. 412-3 C. pr. exéc. lui-même fixe tout d'abord une condition : « *le relogement des intéressés ne peut avoir lieu dans des conditions normales* ». On est loin ici de l'exceptionnelle dureté de l'article L. 412-2 C. pr. exéc. Qu'est-ce qu'un relogement dans des conditions normales ? *A priori*, le simple fait d'avoir retrouvé un logement pour sa famille, dans un bien salubre et pour un loyer tenable sans doute.

L'article L. 412-4 C. pr. exéc. fixe ensuite un certain nombre de critères ou faisceau d'indices permettant non seulement d'apprécier de l'opportunité d'octroyer ces délais, mais aussi d'en moduler la durée : « [...] *Pour la fixation de ces délais, il est tenu compte de la bonne ou mauvaise volonté manifestée par l'occupant dans l'exécution de ses obligations, des situations respectives du propriétaire et de l'occupant, notamment en ce qui concerne l'âge, l'état de santé, la qualité de sinistré par faits de guerre, la situation de famille ou de fortune de chacun d'eux, les circonstances atmosphériques, ainsi que des diligences que l'occupant justifie avoir faites en vue de son relogement* ». La loi du 24 mars 2014 a ajouté qu'« *il est également tenu compte du droit à un logement décent et indépendant, des délais liés aux recours engagés selon les modalités prévues aux articles L. 441-2-3 et L. 441-2-3-1 du Code de la construction et de l'habitation et du délai prévisible de relogement des intéressés* ».

0521.82 **Exemples d'octroi de délais.** Sur le fondement de ces critères, il a pu être octroyé des délais à :

– pour une expulsion prononcée non pour arriéré locatif mais pour manquement à l'obligation d'entretien du logement occupé : l'occupante a été placée sous curatelle renforcée, isolement social, pas de trêve hivernale après la décision à rendre car trop tard, demande de logement social effectuée et priorisée, et, par ailleurs, constat mentionnant que le logement est désormais rangé et plus encombré de détritus. Le délai accordé était de six mois[1] ;

– l'occupante était âgée de 78 ans, de santé très fragile et en difficulté financière, et qui a manifestement besoin d'un accompagnement social et administratif pour organiser son relogement dans des conditions dignes et correctes. Le délai accordé est de six mois[2] ;

– l'occupante, sans droit, puisqu'il s'agissait de la sœur et des enfants du locataire qui les avait installés là en quittant le logement, qui vit seule avec trois enfants en bas âge n'ayant d'autres revenus que le RMI et les prestations familiales, malgré la dette importante (2 530 euros) de loyers et le fait que le bailleur souhaitait récupérer le logement pour y loger sa fille[3]. Le délai accordé était alors de trois mois et s'achevait le 15 décembre, soit en cours de période hivernale. La situation est ici mise en balance, comme l'exige le texte, entre le propriétaire et l'occupant. La situation du bailleur n'est en revanche pas très détaillée et l'on ne sait pas si sa propre fille est elle-même en situation précaire par exemple ;

– l'occupante est âgée de 69 ans, vit seule et perçoit une pension de retraite de 1 000 euros par mois outre l'aide personnalisée au logement et justifie du paiement régulier de l'indemnité d'occupation et qu'elle est accompagnée dans ses démarches de logement qui sont rendues difficiles par la situation très tendue du logement dans la commune. Le délai accordé était de deux ans[4] ;

– l'occupante justifie d'une situation précaire sur le plan financier puisqu'elle perçoit une allocation de solidarité spécifique d'un montant mensuel d'environ 524,21 euros outre une allocation logement d'un montant mensuel de 254 euros versée directement au bailleur, et a d'autre part de graves problèmes de santé. Le délai accordé est ici de six mois[5].

0521.83 **Exemples de refus.** Sur le fondement de ces mêmes critères, il a pu être refusé des délais à :

– l'occupant a entamé des démarches de relogement tardives et trop restreintes géographiquement, et n'expose pas en quoi son handicap empêche concrètement son relogement dans des conditions normales. La dette n'a par ailleurs cessé d'augmenter pour atteindre plus de 100 000 euros[6] ;

– l'occupante dont le comportement est incompatible avec la jouissance paisible des lieux avec notamment des injures et comportements agressifs vis-à-vis des voisins[7] ;

– l'occupant qui ne justifie ni même n'argue de quelconques difficultés ne serait-ce que financières, ce qui a été considéré ici comme un détournement de procédure tendant à contourner le caractère non suspensif du pourvoi en cassation[8] ;

– si le relogement de l'occupant ne peut avoir lieu dans des conditions normales compte tenu de la précarité de sa situation financière et sociale, l'intéressée percevant le revenu de solidarité active avec trois enfants de 4 et 2 ans à charge dont les deux derniers présentent des pathologies nécessitant une prise en charge médicale régulière en milieu hospita-

1. Toulouse, 13 mars 2025, RG n° 24/00012.
2. Paris, 6 mars 2025, RG n° 24/08626.
3. TGI Aix-en-Provence, JEX, 13 sept. 2007, *Dr. et proc.* 2008. 37, obs. C. Scordopoulos.
4. Douai, 31 août 2023, RG n° 22/00811.
5. Basse-Terre, 25 juill. 2022, RG n° 22/00141.
6. Paris, 13 mars 2025, RG n° 24/15262.
7. Paris, 23 mai 2024, RG n° 22/02358.
8. Paris, 8 févr. 2007, *Dr. et proc.* 2007. 282, obs. J.-J. Bourdillat.

lier et qu'elle a obtenu une reconnaissance prioritaire au droit au logement opposable (DALO) le 12 mars 2024, il n'y a pas lieu de faire droit à la demande compte tenu du temps qui s'est écoulé depuis que le commissaire de justice lui a demandé de libérer les lieux, ce dont il résulte que l'occupante a déjà, de fait, bénéficié de larges délais[1] ;

– ou encore, la personne qui ne se trouve plus dans les lieux[2] ; ou un précédent délai d'un an, qui est le maximum prévu par la loi, avait été déjà ordonné[3] ;

– ou enfin, l'occupant qui n'a fait aucune démarche de relogement, aucun versement, même partiel, avec une dette de plus de 20 000 euros, alors qu'il bénéficiait d'une procédure de surendettement, et qui a bénéficié, de fait, de dix-huit mois de délai eu égard au délai d'appel[4].

SECTION 4
SUSPENSION DE L'EXPULSION EN RAISON DE LA SITUATION PATRIMONIALE DU DÉBITEUR

§ 1
Occupant en situation de surendettement

A.
Avant 2007

0521.91 La procédure de surendettement n'a aucun effet sur la procédure d'expulsion. Ou presque. L'idée initiale du législateur de 1989, qui a mis en place la procédure de surendettement était simplement d'instaurer une sorte de procédure collective pour les non-professionnels en vue d'assurer l'apurement des dettes dans les meilleures conditions pour les créanciers et le débiteur.

Dès 1991, la jurisprudence avait considéré que la saisine de la commission en vue d'une procédure de surendettement n'entraînait pas en elle-même suspension des poursuites[5], ce surtout si la demande avait été rejetée par ladite commission[6].

Néanmoins, la procédure de surendettement se poursuivant, un plan conventionnel pouvait tout d'abord être mis en place. En ce cas, comme tout accord exprès de paiement, il suspendait l'exigibilité de la dette et donc l'exécutabilité d'une éventuelle décision rendue préalablement à l'encontre du débiteur. L'article L. 331-9 C. consom. précisait par ailleurs que les créanciers auxquels les mesures recommandées étaient opposables ne pouvaient plus exercer de procédures d'exécution « *à l'encontre des biens du débiteur* » pendant toute la durée d'exécution des mesures. Et l'on comprend aisément cette disposition car la procédure n'aurait eu que peu d'intérêt si le créancier qui arguait d'un refus des mesures pouvait procéder à des mesures d'exécution. Même imposé, l'échelonnement avait un effet suspensif. La Cour de cassation a alors rappelé de manière claire que les échelonnements prévus par les mesures prises dans ce cadre avaient pour effet de suspendre l'exigibilité des dettes et donc les procédures d'exécution « *tendant au recouvrement de la dette* »[7], ce que n'est pas l'expulsion, puisque cette mesure tend à l'exécution d'une obligation de faire qui est la restitution du local occupé sans titre.

Par ailleurs, l'article L. 331-5 C. consom., qui était en substance l'article L. 332-3 avant la réforme de 1995, prévoyait que le juge pouvait être saisi aux fins de suspension des procédures d'exécution pendant le cours de cette procédure. Or, là encore, la Cour de cassation a indiqué dans un attendu de principe au visa de ce second texte, que « *l'ouverture d'une procédure de traitement d'une situation de surendettement ne rend possible que la suspension des procédures d'exécution portant sur les dettes* »[8].

Néanmoins, en amont de la procédure d'exécution d'une décision ordonnant l'expulsion, lorsque celle-ci était fondée sur l'acquisition d'une clause résolutoire incluse dans le bail, la procédure de surendettement pouvait avoir un effet sur la résiliation même du bail. En effet, la suspension de l'exigibilité des dettes résultant d'un échelonnement ou d'un moratoire ne pouvait pas avoir pour effet de suspendre les effets d'une clause résolutoire acquise. Donc, si le moratoire intervenait après l'expiration du délai de deux mois suivant le commandement visant la clause résolutoire du bail d'habitation (L. 6 juill. 1989, art. 24[9]), elle n'avait aucun effet sur le bail[10]. En revanche, si la décision intervenait avant, *a contrario*, elle en suspendait les effets et empêchait son acquisition et par conséquent la procédure d'expulsion qui s'ensuivait.

1. Lyon, 12 mars 2025, RG nº 24/04765.
2. Nancy, 9 sept. 2013, RG nº 12/03085.
3. Paris, 6 mars 2025, RG nº 22/18686.
4. Dijon 18 oct. 2016, RG nº 16/00362, *Loyers et copr.* 2017. Comm. 9, note B. Vial-Pedroletti.
5. Civ. 1re, 19 nov. 1991, nº 90-15.724, P I, nº 321.
6. Civ. 2e, 22 mars 2001, nº 99-18.721, P II, nº 60 ; *RTD com.* 2001. 782, obs. G. Paisant.
7. Civ. 1re, 30 mai 1995, nº 93-04.189, P I, nº 228 ; *RTD com.* 1995. 656, obs. G. Paisant – Civ. 1re, 28 nov. 1995, nº 94-04.017, P I, nº 441 – Civ. 3e, 4 avr. 2001, nº 98-15.231, NP.
8. Civ. 1re, 22 janv. 2002, nº 99-16.752, P I, nº 26.
9. L. nº 89-462, 6 juill. 1989, tendant à améliorer les rapports locatifs et portant modification de la loi nº 86-1290 du 23 décembre 1986, *JO* 8 juill., p. 8541.
10. Civ. 2e, 13 juill. 2005, nº 03-18.293, P II, nº 205 ; *Dr. et proc.* 2006. 47, obs. O. Salati ; *Defrénois* 2005. 1987, note C. Coutant-Lapalus.

Par ailleurs, le Conseil d'État a jugé une affaire, postérieurement à l'entrée en vigueur de la loi du 1er juillet 2010[1], mais pour une procédure de surendettement soumise aux anciennes règles. Et, s'il a considéré, en lien avec la jurisprudence de la Cour de cassation, que la signature d'un plan conventionnel dans ce cadre ne valait pas en soi renonciation du propriétaire à sa demande de concours de la force publique, en revanche, une clause expresse pouvait prévoir le contraire dans le plan ou une clause « *valant, eu égard à son contenu, renonciation à cette demande* »[2]. Et, dans cette décision, il a considéré que le fait que le plan prévoit non seulement l'échelonnement de la dette de loyer, mais aussi le paiement du loyer courant, valait renonciation. Or, ce type de montage dans les plans est pour le moins classique puisqu'il est pratiquement toujours indiqué dans le plan que le paiement du loyer courant doit être fait à bonne date faute de quoi le plan pourra être déclaré caduque.

B.
De 2007 à 2010

0521.101 La saisine du juge aux fins de rétablissement personnel suspend les mesures d'expulsion. Puis l'idée a fait son chemin que « *la perte du logement est souvent le premier maillon de la chaîne vers l'exclusion* » puisque « *de fait, l'expulsé non relogé et sa famille sont exclus de l'accès aux services publics et au monde du travail, ainsi que de l'exercice effectif de la citoyenneté* »[3]. Et la procédure de surendettement a été conçue de plus en plus comme le moyen d'éviter cette exclusion et une procédure tendant à lutter contre celle-ci dans son ensemble. Un premier pas en ce sens, dans la mesure où elle a lié procédure de surendettement et expulsion, a été fait par la loi du 5 mars 2007[4], instituant le droit au logement opposable, et portant diverses mesures en faveur de la cohésion sociale, qui a créé un article L. 331-3-1 dans le Code de la consommation. Cet article disposait que « *la saisine du juge aux fins de rétablissement personnel emporte suspension des voies d'exécution, y compris des mesures d'expulsion du logement du débiteur, jusqu'au jugement d'ouverture* »[5]. La seule saisine du juge de l'exécution emportait suspension, ce qui posait la question de l'exécution par le créancier qui ignorait encore la saisine. Par ailleurs, le débiteur, qui pouvait saisir directement le juge en certains cas, aux fins de rétablissement personnel, pouvait être tenté de le saisir aux seules fins de faire échec à une procédure d'expulsion imminente. À noter que la suspension ne concernait que l'expulsion du logement bien sûr.

On peut signaler ici une décision du Conseil d'État qui a considéré que la période de responsabilité de l'État pour refus de concours de la force publique n'était pas suspendue par l'effet de la suspension des mesures d'expulsion résultant de la procédure de rétablissement personnel, la décision de refus de concours étant intervenue avant la saisine du juge de l'exécution et celle-ci étant indépendante de la volonté du propriétaire[6].

C.
Depuis 2010

0521.111 Effet sur le bail résilié. Suspension sur décision du juge et suspension automatique par l'effet de la loi. Chemin faisant, cette vision des choses a pris de l'ampleur puisque désormais, la procédure de surendettement a sans conteste un effet sur la procédure d'expulsion. Mais le législateur a maintenu la dichotomie entre procédure d'exécution tendant au recouvrement d'une créance et procédure d'expulsion qui sont traitées de manière différente.

Ainsi, la loi n° 2010-737 du 1er juillet 2010[7] portant réforme du crédit à la consommation[8] a refondu les règles applicables en matière de **surendettement** et prévu notamment que la décision de recevabilité suspend les mesures d'exécution. À noter que la suspension peut également avoir lieu sur décision du juge antérieurement à la décision sur la recevabilité si la situation le justifie.

En revanche, pour **l'expulsion**, il faut une décision expresse du juge, et elle ne peut intervenir qu'après décision de recevabilité. L'article L. 722-6 C. consom. (anct C. consom., art. L. 331-3-2, al. 1er), depuis la loi n° 2013-672 du 26 juillet 2013 de séparation et de

1. L. n° 2010-737, 1er juill. 2010, portant réforme du crédit à la consommation, *JO* 2 juill., p. 12001.
2. CE 17 janv. 2011, req. n° 325663, *Lebon T.* ; *AJDA* 2011. 133 ; *RD banc. fin.* 2011, n° 109, note S. Piedelièvre ; *CCC* 2011, n° 129, note G. Raymond.
3. F. Barkat, « Le maintien dans un logement », *RDSS* 1999. 205.
4. L. n° 2007-290, 5 mars 2007, instituant le droit au logement opposable et portant diverses mesures en faveur de la cohésion sociale, *JO* 6 mars, texte 4.
5. SUR CETTE RÉFORME : v. G. Paisant, « Les retouches au droit du surendettement par la loi du 5 mars 2007 sur le droit au logement opposable », *RTD com.* 2007. 611.
6. CE 24 avr. 2012, req. n° 338777, Duquesne, *Lebon ; AJDA* 2012. 916.
7. L. n° 2010-737, 1er juill. 2010, portant réforme du crédit à la consommation, *JO* 2 juill., p. 12001.
8. SUR CETTE RÉFORME : v. V. Avena-Robardet, « Fiche pratique : suspension des mesures d'expulsion », *AJ fam.* 2011. 28 ; V. Vigneau, « Logement et surendettement », *Loyers et copr.* 2011. Étude 1 ; E. Russo, « La réforme de la procédure de surendettement des particuliers dans la loi du 1er juillet 2010 », *LPA* 5 juill. 2010, n° 132, p. 3 – Étude générale : *RD banc. fin.* 2011. Dossiers 34 s. ; *RD banc. fin.* 2012. Dossiers 17 s., not. L. Pellizza, « L'impact de la législation relative au surendettement sur la pratique des voies d'exécution », Dossier 21.

régulation des activités bancaires, prévoit en effet que « *dès lors que la décision de recevabilité de la demande de traitement de la situation de surendettement est intervenue, la commission peut saisir le juge du tribunal d'instance* [devenu juge des contentieux de la protection] *aux fins de suspension des mesures d'expulsion du logement du débiteur* ». L'article L. 722-7 (anc[t] C. consom., art. L. 331-3-2, al. 2) dispose par ailleurs que, « *en cas d'urgence, la saisine du juge peut intervenir à l'initiative du président de la commission, du délégué de ce dernier, du représentant local de la Banque de France ou du débiteur. La commission est informée de cette saisine* ». L'article L. 722-8 C. consom. (anc[t] C. consom., art. L. 331-3-2, al. 3) dispose par ailleurs que « *si la situation du débiteur l'exige, le juge prononce la suspension provisoire des mesures d'expulsion de son logement, à l'exception de celles fondées sur un jugement d'adjudication rendu en matière de saisie immobilière et de celles ordonnées sur le fondement du troisième alinéa de l'article 2198 du Code civil* [devenu C. pr. exéc., art. L. 321-2] ». L'article L. 722-9 C. consom. (anc[t] C. consom., art. L. 331-3-2, 5e phrase) dispose enfin que « *cette suspension est acquise, pour une période maximale de deux ans et, selon les cas, jusqu'à l'approbation du plan conventionnel de redressement prévu à l'article L. 732-1, jusqu'à la décision imposant les mesures prévues aux articles L. 733-1, L. 733-4, L. 733-7 et L. 741-1, jusqu'au jugement prononçant un rétablissement personnel sans liquidation judiciaire ou jusqu'au jugement d'ouverture d'une procédure de rétablissement personnel avec liquidation judiciaire* ». La Cour de cassation a considéré que ce dispositif ne portait pas atteinte au droit de propriété et refusé de transmettre une question prioritaire de constitutionnalité relative à cet article[1].

Sont **exclues du champ de cette suspension**, les expulsions qui font suite à une vente sur adjudication suite à une saisie immobilière, ou, en cours de procédure de saisie, lorsque l'expulsion du débiteur est poursuivie pour cause grave.

Par ailleurs, la **fin de la suspension** est à double détente : elle a une durée maximum de deux ans, et doit donc pouvoir *a contrario* avoir une durée moindre, éventuellement sur décision du juge. Elle se termine avant si l'un des événements suivants se produit avant l'issue du délai précédent :

– approbation d'un plan conventionnel, disposition qui, à compter du 1er janvier 2018, ne s'appliquera plus qu'aux débiteurs propriétaires de biens immobiliers puisque la phase de conciliation disparaît pour les autres débiteurs, selon les nouvelles dispositions induites par la loi n° 2016-1547 du 18 novembre 2016 de modernisation de la justice du XXIe siècle[2],

– décision sur les mesures imposées ;

– ou jugement prononçant un redressement personnel sans liquidation ou d'ouverture d'un rétablissement personnel avec liquidation.

Quid si **le juge statue avant le délai de deux ans** et **valide une procédure de rétablissement personnel sans liquidation ?** On peut considérer, selon la lettre du texte, mais sans que cela n'en soit l'esprit, que la suspension dure alors deux ans malgré l'effacement des dettes et le fait que la procédure de surendettement soit terminée. Dans le dernier cas, d'ouverture d'un rétablissement peronnel avec liquidation, la suspension se poursuit en réalité par l'effet des dispositions de l'article L. 742-7 C. consom. (anc[t] C. consom., art. L. 332-6, al. 2) et la problématique est différente.

On peut également se poser la question du **point de départ de cette suspension**. En effet, sous l'empire de l'ancienne législation, la Cour de cassation avait décidé, pour ce qui est de la suspension des procédures d'exécution, que celle-ci n'était pas opposable au créancier auquel la décision n'avait pas encore été notifiée, sur le fondement de l'article 503 C. pr. civ.[3] Cette jurisprudence peut être transposée sans difficulté à la décision de la suspension des procédures d'expulsion.

Enfin, le texte ne le prévoyant pas, en principe **la saisine du juge aux fins de suspension des procédures d'expulsion n'interdit pas les mesures d'expulsion**. Ce n'est que la décision du juge qui aura cet effet. Toutefois, on peut s'interroger sur l'application de la jurisprudence de la Cour de cassation condamnant le propriétaire ayant pratiqué une mesure d'expulsion pendant le cours du délibéré à ce cas de saisine du juge aux fins de suspension des mesures d'expulsion (v. s[s] n° 0521.72). Rien ne s'y oppose *a priori*.

Plus tard dans la procédure, lorsque la commission décide de l'orientation du dossier en procédure de rétablissement personnel avec liquidation judiciaire, l'article L. 742-7 C. consom. (anc[t] C. consom., art. L. 332-6, al. 2) prévoit par ailleurs que « *le jugement d'ouverture entraîne, jusqu'au jugement de clôture, la suspension et l'interdiction des procédures d'exécution diligentées à l'encontre des biens du débiteur ainsi que des cessions de rémunération consenties par celui-ci et portant sur les dettes autres qu'alimentaires. Il entraîne également la suspension des mesures d'expulsion du logement du débiteur, à l'exception de celles fondées sur un jugement d'adjudication rendu en matière de saisie immobilière ainsi que de celles ordonnées sur le fondement du troisième alinéa de l'article 2198 du Code civil* [devenu C. pr. exéc., art. L. 321-2] ». La sus-

1. Civ. 3e, 11 juill. 2012, n° 12-40.043, P III, n° 109 ; *D.* 2012. 1950 ; *AJDI* 2013. 56, obs. F. de La Vaissière.
2. L. n° 2016-1547, 18 nov. 2016, de modernisation de la justice du XXIe siècle, *JO* 19 nov., texte n° 1.
3. Cass., avis, 29 nov. 1993, n° 09-30.015, P, n° 16.

pension est ici automatique, mais ne part plus, comme avant, de la saisine du juge, mais du jugement d'ouverture. Une telle suspension n'est en revanche plus liée qu'au rétablissement personnel avec liquidation et non à celui sans liquidation. Notons que cette suspension n'aura pour effet que d'inciter le bailleur au maintien dans les lieux par la suite, mais qu'après clôture de la procédure, il pourra toujours poursuivre l'expulsion malgré l'effacement des dettes postérieures à l'acquisition de la clause résolutoire [1].

Les articles L. 724-3 et L. 724-5 C. consom. (anc^{t} C. consom., art. L. 331-7-3, phrases 2 et 4) prévoient ensuite, dans l'hypothèse où le débiteur considère, en cours d'exécution d'un plan conventionnel que sa situation est devenue irrémédiablement compromise et saisit la commission d'une demande de procédure de rétablissement personnel, que la recommandation de rétablissement personnel sans liquidation ou la saisine du juge aux fins de rétablissement personnel avec liquidation qui s'ensuit emporte suspension et interdiction des procédures d'exécution et que la commission peut demander au juge qu'il suspende les procédures d'expulsion. La suspension dure deux ans maximum et jusqu'à l'homologation par le juge de la recommandation ou au jugement d'ouverture (C. consom., art. L. 724-4). Ce délai était, avant la loi du 26 juillet 2013, d'un an. À noter que les mesures recommandées n'existent plus depuis le 1er janvier 2018, au profit des seules mesures imposées.

0521.112 Aspects procéduraux liés. Pour permettre une telle suspension, le décret d'application n° 2010-1304 du 29 octobre 2010 [2] a prévu une **information de la commission et du juge**, d'une manière générale, sur les mesures d'expulsion atteignant le logement du débiteur – au stade du dépôt du dossier (C. consom., art. R. 721-3 [anc^{t} C. consom., art. R. 331-8-1 al. 2 et 3]) ou encore de la demande de suspension des procédures d'exécution (C. consom., art. R. 721-5 et R. 721-7 [anc^{t} C. consom., art. R. 331-11-1, al. 1er, et R. 331-11-2, al. 1er et 2]) – afin qu'ils aient une vision globale de la situation et puissent apprécier de la suite à donner à la demande, étant précisé notamment que c'est la commission qui saisit le juge aux fins de suspension des mesures d'expulsion. **Les créanciers sont ensuite informés**, lorsqu'un plan conventionnel a échoué, de la poursuite des suspensions prononcées et de l'issue de celles-ci (C. consom., art. R. 733-1 [anc^{t} C. consom., art. R. 334-4]). Enfin, **la saisine du juge aux fins de suspension des mesures d'expulsion est faite par la commission** et doit y être jointe **une copie du commandement de quitter les lieux ou de la décision ordonnant l'expulsion** (C. consom., art. R. 722-9 [anc^{t} C. consom., art. R. 331-12]).

On peut ici s'interroger sur la **volonté du législateur.** À quel moment le juge peut-il être saisi d'une demande de suspension des mesures d'expulsion ? On pourrait comprendre, et le fait que le juge de l'exécution était compétent pour s'occuper des procédures de surendettement plaiderait dans ce sens, que le juge ne peut être saisi que lorsqu'il y a eu un premier acte d'exécution, et donc la délivrance d'un commandement. En permettant de saisir le juge avec simplement la copie de la décision, a-t-il été question de simplifier la tâche des commissions, qui n'auront sans doute que cela dans le dossier, ou permettre une saisine du juge lorsque l'expulsion aura été ordonnée mais que le propriétaire n'aura engagé aucune démarche aux fins d'expulsion ? Il est délicat d'adhérer à cette seconde solution car sinon, étant donné qu'une grande partie des débiteurs surendettés a une dette de loyer et a souvent fait l'objet d'une procédure aux fins de résiliation de bail, cela risquerait d'aboutir à une saisine quasi-systématique des juges du surendettement aux fins d'interdire, et non pas d'ailleurs de suspendre, les mesures d'expulsion à venir.

Le texte ne le prévoyant pas, **la saisine du juge n'entraîne pas suspension des procédures d'expulsion.** On peut s'interroger sur une transposition de la jurisprudence relative aux sursis judiciaires (sur ce point, v. s^{s} n° 0521.72). Une fois saisi le juge va rendre sur cette question un jugement. Étant donné la gravité de la décision, pour le débiteur comme pour le propriétaire, même si le juge a la possibilité de statuer sans audience, sur simples observations, il est préférable qu'une audience se tienne. Ensuite de cela, il prendra une décision qui est susceptible d'appel. En cas d'appel, le premier président de la cour d'appel peut suspendre l'exécution de la décision, qui est exécutoire immédiatement, et sa saisine à cette fin entraîne suspension de l'exécution en elle-même. Il a toutefois été précisé par le décret du 28 juin 2011 [3], à l'ancien article R. 331-9-3 alinéa 2 C. consom. (devenu C. consom., art. R. 713-8), que la suspension ne jouait alors pas pour une décision ayant suspendu la procédure d'expulsion car il ne faudrait pas que le propriétaire puisse profiter de ce court temps de procédure pour procéder à l'expulsion.

0521.113 Effets sur le droit d'occupation non encore disparu du débiteur. Lorsque le bail n'a pas encore été résilié ou que la décision de résiliation n'est pas encore exécutoire, ou encore que le droit de

1. Rennes, 26 sept. 2013, RG n° 10/06459.
2. Décr. n° 2010-1304, 29 oct. 2010, relatif aux procédures de traitement des situations de surendettement des particuliers, *JO* 31 oct., p. 19604.
3. Décr. n° 2011-741, 28 juin 2011, relatif au transfert du contentieux du surendettement du juge de l'exécution au juge du tribunal d'instance, *JO* 29 juin, p. 10959.

propriété du débiteur n'a pas encore été transféré par l'effet d'une adjudication, il y a moyen d'éviter l'expulsion en amont. En effet, la suspension des voies d'exécution liée à la décision de recevabilité a un corollaire qui est l'interdiction de payer les créances antérieures à la décision de recevabilité (C. consom., art. L. 722-5 [anc^t C. consom., art. L. 331-3-1, al. 2 et 3]). Si un commandement de payer visant la clause résolutoire a été délivré et que le délai de six semaines (avant la loi du 27 juillet 2023[1], il était de deux mois) qui le suit n'est pas passé, cette interdiction ne pourra que bloquer les effets de la clause résolutoire puisque le débiteur ne sera pas en mesure de payer les causes de celui-ci. En revanche, d'après un auteur, rien n'empêchera le propriétaire de demander une résiliation du bail pour les défauts de paiement antérieurs à la recevabilité[2]. Ensuite, si un jugement constatant l'acquisition de la clause résolutoire a été rendu mais qu'il a accordé des délais et qu'il en a suspendu les effets, il faut en principe que le débiteur demande l'autorisation au juge du surendettement de payer les dettes antérieures pour pouvoir respecter l'échéancier fixé par le juge et il faut que la commission reprenne les délais fixés par le juge dans les mesures de rééchelonnement pour éviter que les effets de la clause ne soient acquis. La loi n° 2017-86 du 27 janvier 2017 relative à l'égalité et à la citoyenneté, a voulu résoudre cette difficulté en excluant de l'interdiction des paiements les dettes locatives lorsqu'une décision judiciaire a accordé des délais de paiement. Les articles L. 733-9 et L. 733-1 C. consom. étaient aussi modifiés en ce sens qu'aux délais de paiement accordés par le juge d'instance, s'agissant de disposition applicables uniquement aux baux d'habitation semble-t-il, étaient substitués ceux prévus par la commission ou le juge du surendettement, avec les mêmes effets sur la suspension de la clause résolutoire. Pour ce qui concerne le rétablissement personnel, l'article L. 741-2 prévoyait qu'au lieu des délais prévus par le jugement, le débiteur devrait, pendant deux ans après le jugement ayant constaté l'effacement, régler le loyer courant, faute de quoi la clause résolutoire pourrait reprendre son plein effet. Le Conseil constitutionnel avait toutefois déclaré ces nouvelles dispositions non conformes à la Constitution[3], comme n'ayant pas été votées à l'issue d'un processus législatif conforme à la Constitution. Ces dispositions ont toutefois été rétablies par la loi du 23 novembre 2018 et il est désormais prévu que l'interdiction de payer ne s'applique pas aux créances locatives lorsqu'une décision judiciaire a accordé des délais de paiement au débiteur en application des V et VI de l'article 24 de la loi du 6 juillet 1989.

Par ailleurs, si le débiteur fait l'objet d'une procédure de saisie immobilière, en principe, tant qu'il n'y a pas eu une décision fixant la date d'adjudication, celle-ci est suspendue par l'effet de la suspension automatique des procédures d'exécution. Si en revanche la date d'adjudication est fixée, il ne peut y avoir report que sur décision du juge de la saisie, alerté par la commission.

D. Cas particulier : désendettement des rapatriés

0521.121 **Problématique similaire.** Depuis la décolonisation, les rapatriés d'outre-mer bénéficiaient de mesures protectrices. Il était notamment prévu une procédure d'aide au désendettement qui entraîne la suspension des poursuites à leur encontre. La Cour de cassation avait jugé que cette suspension ne pouvait pas avoir pour effet d'empêcher le prononcé de l'expulsion d'un débiteur ayant fait l'objet d'une procédure de saisie immobilière et dans laquelle l'adjudication avait eu lieu[4]. En raison du déséquilibre procédural important et notamment de la suspension sans limitation dans le temps, le Conseil constitutionnel a invalidé ce dispositif[5].

§ 2 Occupant en procédure collective

0521.131 **L'arrêt des poursuites et des voies d'exécution est sans effet sur les procédures d'expulsion ou presque.** Lorsque le locataire fait l'objet d'une procédure collective, le jugement d'ouverture de celle-ci emporte continuation des contrats en cours (C. com., art. L. 622-13 à L. 622-15) qui ne peuvent être résiliés que dans certaines conditions, arrêt des poursuites individuelles et interdiction des voies d'exécution. Ainsi, l'article L. 622-21 C. com. dispose que : « *Le jugement d'ouverture interrompt ou interdit toute action en justice de la part de tous les créanciers dont la créance n'est pas mentionnée au I de l'article L. 622-17 et tendant : 1° À la condamnation du débiteur au paiement d'une somme d'argent ; 2° À la résolution d'un contrat pour défaut de paiement d'une somme d'argent* ». Il prévoit par ailleurs que le jugement d'ouverture « *arrête ou interdit toute procédure*

1. L. n° 2023-668, 27 juill. 2023, préc.
2. SUR CE POINT : V. Vigneau, « Logement et surendettement », *Loyers et copr.* 2011. Étude 1.
3. Cons. const. 26 janv. 2017, n° 2016-745 DC, sur la loi relative à l'égalité et à la citoyenneté (www.conseil-consitutionnel.fr).
4. Civ. 2e, 1er déc. 2005, n° 04-13.681, P II, n° 306 ; *Gaz. Pal.* 2006, n° 229, p. 24 ; *Dr. et proc.* 2006. 165, obs. A. Leborgne.
5. Cons. const. 27 janv. 2012, n° 2011-213 QPC, *D.* 2012. 1509, obs. A. Leborgne.

d'exécution tant sur les meubles que sur les immeubles ainsi que toute procédure de distribution n'ayant pas produit un effet attributif avant le jugement d'ouverture ». Les créanciers visés à l'article L. 622-17 sont ceux qu'on appelait auparavant les « *créanciers postérieurs* », c'est-à-dire dont « *les créances* [sont] *nées régulièrement après le jugement d'ouverture pour les besoins du déroulement de la procédure ou de la période d'observation, ou en contrepartie d'une prestation fournie au débiteur pendant cette période* ».

Il est ainsi de jurisprudence constante que le bail commercial qui n'est pas résilié[1] par une décision passée en force de chose jugée[2], et non pas seulement exécutoire[3], au jour du jugement d'ouverture, continue avec interdiction pour le bailleur de poursuivre la procédure. Si toutefois le juge a accordé des délais, il est certain que si ceux-ci ne sont pas respectés avant même le jugement d'ouverture, l'expulsion peut être poursuivie[4], mais que se passe-t-il s'ils sont respectés et que le jugement d'ouverture intervient ? Peut-on considérer que la résiliation a été constatée par une décision passée en force de chose jugée ? La réponse à cette question est moins claire dans la mesure où, si la décision est bien passée en force de chose jugée, elle ne devient en revanche exécutoire qu'après le jugement d'ouverture. Les termes utilisés par la Cour de cassation dans certaines décisions laissent à penser qu'en effet, il faut non seulement que la décision soit passée en force de chose jugée mais également devenue exécutoire avant le jugement d'ouverture[5]. Concrètement, si on dit donc habituellement que la procédure collective n'a pas d'effet sur les procédures d'expulsion, pourtant, le créancier peut se retrouver avec un titre exécutoire prononçant une expulsion qu'il ne pourra pas poursuivre. Quoi qu'il en soit, ces interdictions ne valent que pour les créanciers d'impayés de loyers antérieurs au jugement d'ouverture. Un créancier de loyers impayés postérieurs au jugement d'ouverture peut poursuivre normalement la résiliation du bail et l'expulsion sous réserve de respecter un délai de trois mois après le jugement d'ouverture (C. com., art. L. 622-14)[6].

Ensuite, une fois ce jugement d'expulsion obtenu et passé en force de chose jugée, l'interdiction des procédures d'exécution empêche-t-elle la mise à exécution dudit jugement ? Là encore, la jurisprudence répond de manière constante que l'expulsion n'étant pas une mesure d'exécution sur les meubles et les immeubles, elle n'est pas interdite ni suspendue par l'effet du jugement d'ouverture[7].

Enfin, le débiteur en procédure collective, redressement judiciaire[8] ou liquidation judiciaire[9], s'il perd l'administration et la disposition de ses biens, est recevable à contester un jugement d'expulsion ou à demander des délais pour quitter les lieux.

À noter enfin qu'en cas de liquidation judiciaire et de cession d'un bien immobilier qui constitue à la fois le lieu de travail et l'habitation de l'agriculteur, l'article L. 642-18 C. com. permet au tribunal de lui accorder des délais pour quitter les lieux.

1. Com. 19 déc. 1989, n° 88-10.322, P IV, n° 320 ; *D.* 1990. 450, note F. Derrida – Civ. 3e, 21 févr. 1990, n° 88-13.644, P III, n° 52 ; *RDI* 1990. 419, obs. G. Brière de l'Isle et J. Derruppé ; *RTD civ.* 1991. 115, obs. J. Mestre ; *RTD com.* 1990. 478, obs. Y. Chaput ; *RTD com.* 1991. 569, obs. M. Pédamon.
2. Com. 12 juin 1990, n° 88-19.808, P IV, n° 172 – Com 17 janv. 1995, n° 90-18.439, NP – Com. 3 juill. 2007, n° 05-20.519, NP ; *JCP E* 2007. 221, note J.-P. Rémery – Civ. 3e, 13 mai 1992, n° 90-18.399, P III, n° 146 – Civ. 3e, 27 juin 2006, n° 05-14.329, NP ; *JCP E* 2007. 1523, n° 38, obs. J. Monéger – Com. 2 oct. 2012, n° 11-21.529, NP – Civ. 3e, 25 mai 2016, n° 15-12.750, NP ; *Rev. proc. coll.* juill. 2016. Comm. 117, note F. Macorig Venier.
3. Com. 28 oct. 2008, n° 07-17.662, P IV, n° 184 ; *Procédures* 2009, n° 22, obs. B. Rolland.
4. Com. 12 mai 1992, n° 90-17.755, P IV, n° 183 ; *RDI* 1992. 550, obs. G. Brière de l'Isle et J. Derruppé ; *RTD com.* 1993. 288, obs. M. Pédamon – V. AUSSI : Paris 15 avr. 2015, RG n° 13/12997, *Loyers et copr.* 2015. Comm. 164, note E. Chavance.
5. Civ. 3e, 4 nov. 1998, n° 96-18.554, NP ; *Loyers et copr.* 1999, n° 187 – Civ. 3e, 8 déc. 1999, n° 98-15.025, P III, n° 235 ; *Loyers et copr.* 2000, n° 46.
6. PAR EX. : Civ. 3e, 16 mars 2017, n° 15-29.206, P III, n° 36 ; *Loyers et copr.* mai 2017. Comm. 108, note P.-H. Bruault.
7. Com. 3 déc. 2003, n° 02-13.371, NP ; *Act. proc. coll.* 2004/2, n° 16.
8. Com. 22 févr. 1994, n° 91-20.652, P IV, n° 76 ; *LPA* 12 mai 1994, n° 38.
9. Com. 12 mai 2009, n° 08-12.053, NP ; *Procédures* 2009, n° 281.

CHAPITRE

0522. Conduite des opérations

ANNE-GAËLLE DUMAS
MAGISTRAT

SECTION 0 ORIENTEUR

0522.00 Sommaire du chapitre.

Division. L'opération d'expulsion commence par l'entrée dans les lieux (sect. 1) et se termine par la rédaction du procès-verbal d'expulsion (sect. 2).

0522.01 Textes applicables.

• **C. pr. exéc.,** art. L. 111-6, L. 122-1, L. 122-2, L. 142-1 à L. 142-3, L. 153-1, L. 153-2, L. 412-1, L. 431-1, L. 431-3, L. 433-1, L. 451-1, R. 153-1, R. 432-1, R. 432-2, R. 433-1 et R. 433-7.

• **CJA,** art. L. 521-1 et L. 521-2.

• **C. pr. civ.,** art. 114.

0522.02 Jurisprudence de référence.

> Responsabilité de l'État pour refus du concours de la force publique.

• **CE 30 nov. 1923,** *Couitéas*, req. n° 38284, *Lebon* 789 ; *GAJA*, 19ᵉ éd., Dalloz, 2013, n° 39

* V. sˢ nᵒˢ 0212.94, 0231.05, 0522.23, 1653.31

Le gouvernement français a toujours refusé [au sieur Couitéas] le concours de la force militaire d'occupation, reconnu indispensable pour réaliser cette opération de justice, en raison des troubles graves que susciterait l'expulsion de nombreux indigènes de terres dont ils s'estiment légitimes occupants depuis un temps immémorial. En prenant cette décision, pour les motifs et dans les circonstances ci-dessus rappelées, le gouvernement n'a fait qu'user des pouvoirs qui lui sont conférés en vue du maintien de l'ordre et de la sécurité publique dans un pays de protectorat.

Mais le justiciable nanti d'une sentence judiciaire dûment revêtue de la formule exécutoire est en droit de compter sur la force publique pour l'exécution du titre qui lui a été ainsi délivré ; si, comme il a été dit ci-dessus, le gouvernement a le devoir d'apprécier les conditions de cette exécution et le droit de refuser le concours de la force armée, tant qu'il estime qu'il y a danger pour l'ordre et la sécurité, le préjudice qui résulte de ce refus ne saurait, s'il excède une certaine durée, être une charge incombant normalement à l'intéressé, et il appartient au juge de déterminer la limite à partir de laquelle il doit être supporté par la collectivité ; la privation de jouissance totale et sans limitation de durée résultant, pour le requérant, de la mesure prise à son égard, lui a imposé, dans l'intérêt général, un préjudice pour lequel il est fondé à demander une réparation pécuniaire ; dès lors, c'est à tort que le ministre des affaires étrangères lui a dénié tout droit à indemnité.

> Refus du concours de la force publique. Le législateur ne saurait subordonner l'octroi de ce concours à l'accomplissement d'une diligence administrative.

• **Cons. const. 29 juill. 1998,** n° 98-403 DC, *JO* 31 juill., p. 11710

* V. sˢ nᵒˢ 0101.22, 0231.05, 0251.201, 0522.23, 1323.92, 1333.240

46. Considérant que toute décision de justice a force exécutoire ; qu'ainsi, tout jugement peut donner lieu à une exécution forcée, la force publique devant, si elle y est requise, prêter main-forte à cette exécution ; qu'une telle règle est le corollaire du principe de la séparation des pouvoirs énoncé à l'article 16 de la Déclaration des droits de l'homme et du citoyen ; que si, dans des circonstances exceptionnelles tenant à la sauvegarde de l'ordre public, l'autorité administrative peut, sans porter atteinte au principe sus-évoqué, ne

pas prêter son concours à l'exécution d'une décision juridictionnelle, le législateur ne saurait subordonner l'octroi de ce concours à l'accomplissement d'une diligence administrative ;

47. Considérant qu'il résulte des termes mêmes de l'article L. 613-6 inséré dans le Code de la construction et de l'habitation, et notamment de la deuxième phrase dudit article, que le fait pour le représentant de l'État dans le département de ne pas s'être assuré qu'une offre d'hébergement a été proposée aux personnes expulsées pourrait être un motif spécifique de refus de concours de la force publique à l'exécution d'une décision juridictionnelle émanant du juge judiciaire ; que, s'agissant d'un motif qui ne justifie pas, par lui-même, un refus de ce concours en raison de la nécessité de sauvegarder l'ordre public, le dispositif ainsi institué porte atteinte au principe de la séparation des pouvoirs ; que l'article 119 de la loi déférée est donc contraire à la Constitution.

> Droit d'accès à un tribunal et droit à un tribunal dont le droit à l'exécution fait partie intégrante.

• **CEDH 11 janv. 2001,** *P. M. Lunari et Tanganelli c/Italie*, req. n° 21463/93

* V. s^s n°s 0133.06, 0522.23, 1317.11

43. La Cour rappelle à cet égard que l'exécution d'une décision judiciaire ne peut être empêchée, invalidée ni retardée de manière excessive (arrêt Immobiliare Saffi précité, § 74).

44. En l'espèce, le requérant a obtenu en date du 9 octobre 1987 une ordonnance d'expulsion (voir paragraphe ci-dessus), qui ne fut exécutée que le 2 juillet 1993, soit environ quatre ans après que le requérant eût signifié, le 3 août 1989, à la locataire le commandement de libérer les lieux, en commençant ainsi la procédure d'exécution (voir paragraphe 14 ci-dessus). La Cour souligne à cet égard que le requérant avait le droit d'obtenir l'octroi de l'assistance de la force publique en priorité, la locataire étant en retard dans le paiement des loyers ; environ seize mois durent cependant passer avant que cette priorité ne soit reconnue par le juge d'instance (voir § 17 ci-dessus).

45. La Cour estime que le Gouvernement n'a pas démontré que ce sursis à l'exécution n'ait duré que le temps strictement nécessaire à trouver une solution satisfaisante aux problèmes d'ordre public auxquels les autorités italiennes étaient confrontées ; en particulier, la Cour note que le Gouvernement, qui fait valoir que la locataire avait un enfant à sa charge et percevait un revenu modeste, n'a pas prouvé que pendant ces quatre années les autorités aient cherché une solution aux problèmes de logement de celle-ci (voir, *mutatis mutandis*, l'arrêt A.O. c/Italie, n° 22534/93, § 29).

46. Dans ces conditions, la Cour estime qu'il y a eu violation du droit à un tribunal garanti à l'article 6 § 1 de la Convention. Le grief tiré de la durée de la procédure doit être considéré comme absorbé par le précédent.

> Délai de quinzaine pour exécuter matériellement une décision accordant le concours de la force publique.

• **CE 27 janv. 2010,** req. n° 320642, *Lebon*

* V. s^s n°s 0251.204, 0521.42, 0522.24

Le délai normal dont l'administration dispose pour exécuter matériellement une décision accordant le concours de la force publique à la suite de la demande de l'huissier est, en l'absence de circonstances particulières, de quinze jours.

> Expulsion illicite. Préjudice *de facto*.

• **Civ. 3e, 6 juill. 2017,** n° 16-15.752, P III, n° 85

* V. s^s n°s 0251.141, 0522.05

La seule constatation d'une reprise illicite d'un logement ouvre droit à réparation.

0522.03 Bibliographie indicative.

* V. s^s n° 05.03.

Ouvrages[1]. A. Leborgne, *Droit de l'exécution*, 3e éd., « Précis », Dalloz, 2019, [opérations d'expulsion : entrée dans les lieux et déroulement des opérations], n°s 2532 s. – R. Perrot et P. Théry, *Procédures civiles d'exécution*, 3e éd., Dalloz, 2013, [opérations d'expulsion], n°s 1098-1112.

Article. B. Magerand, « La surprenante subrogation de l'État dans les droits du bailleur en cas de refus d'expulsion des locataires », *LPA* 4 avr. 2002, n° 68, p. 4.

0522.04 Formulaire de procédure civile (renvois).

• *Expulsion – Procès-verbal d'expulsion* (Procès-verbal d'expulsion lorsque les biens situés dans le local ont fait l'objet d'une saisie antérieure – C. pr. exéc., art. R. 432-1 et R. 433-7)

• *Expulsion – Procès-verbal d'expulsion* (Procès-verbal d'expulsion lorsque les biens situés ne sont pas indisponibles – C. pr. exéc., art. R. 432-1 et R. 433-1)

• *Expulsion – Lettre à la préfecture* (Lettre à la préfecture pour l'informer des opérations d'expulsion – C. pr. exéc., art. R. 412-2)

0522.05 Conduite des opérations sous la responsabilité de l'huissier de justice. Tout d'abord, seul un huissier de justice, devenu commissaire de justice depuis le 1er juillet 2022 par l'effet de l'ordonnance n° 2016-728 du 2 juin 2016 relative au statut de commissaire de justice[2], peut procéder à une mesure d'expulsion en application des dispositions de l'article L. 122-1 C. pr. exéc. et de l'article 1er de l'ordonnance du 2 juin 2016[3], à l'exclusion du propriétaire seul, qui commettrait alors une voie de fait[4]. L'article L. 122-2 C. pr. exéc., qui est général et s'applique donc à l'expulsion également, prévoit que : « *Le commissaire de justice chargé de l'exécution a la responsabilité de la conduite des opérations d'exécution* ». Le commissaire de justice mandaté pour mener une expulsion est pleinement responsable de la réalisation de celle-ci et de sa bonne fin. Ainsi, la responsabilité du

1. Les ouvrages dont le nom des auteurs figure en petites capitales en bibliographie seront cités par le seul nom des auteurs en petites capitales en notes de bas de page.
2. Ord. n° 2016-728, 2 juin 2016, relative au statut de commissaire de justice, *JO* 3 juin, texte 24.
3. Ord. n° 2016-728, 2 juin 2016, préc.
4. Crim. 22 juin 1957, P, n° 68.

commissaire de justice peut être engagée par exemple lorsqu'il a personnellement commis une faute :

– il a matériellement repris les lieux dans des conditions discutables : en présence d'un représentant du bailleur ou de maîtres-chiens[1] ;

– il a tardé à mettre en œuvre la procédure d'expulsion de squatter (plus d'un an), malgré une relance[2] ;

– ou encore lorsqu'il s'abstient de réquisitionner la force publique, laisse persister la situation malgré les demandes et relances de son client et abandonne la procédure sans lui en référer pour établir un procès-verbal de tentative d'expulsion[3] ;

– ou même, lorsqu'un tiers requis par lui a commis une faute : ainsi lorsque le déménageur a dégradé des meubles et les locaux[4].

Récemment, la Cour de cassation a précisé que la reprise illicite du logement par l'huissier de justice, qui avait agi en l'espèce sans titre exécutoire ni mise en demeure, cause *de facto* un préjudice à la personne expulsée[5].

Mais il est également le seul responsable. Ainsi, même s'il peut obtenir le concours de la force publique, c'est à lui de prendre les mesures nécessaires à la libération des lieux, par exemple au déplacement de bovins du terrain expulsé[6], et d'apprécier de la nécessité de demander le concours de la force publique[7]. L'État ne sera responsable que de son fait si l'expulsion a lieu dans de mauvaises conditions du fait des policiers intervenant par exemple, mais n'est nullement responsable de la conduite même des opérations. La force publique n'est là que pour « *fournir ce qu'il faut de violence légitime si cela se révèle nécessaire* »[8].

0522.06 Absence de départ volontaire des personnes expulsées. Mais le commissaire de justice est responsable du déroulement des opérations si opérations il y a[9]. Ainsi, l'objectif du commandement de quitter les lieux est le départ volontaire des occupants, qui peut avoir lieu avant l'issue du délai fixé ou pendant celui-ci. Ainsi, l'occupant peut remettre les clefs au propriétaire ou à son mandataire et déménager ses meubles, auquel cas il aura juridiquement et effectivement libéré les lieux. Une difficulté peut d'ailleurs se poser lorsque le propriétaire refuse de reprendre les clefs. Il a été jugé que la remise de celles-ci à un huissier mandaté par le locataire ne valait pas remise[10]. Il faut sans doute en ce cas que le locataire fasse constater le refus par un huissier[11].

Mais dans tous les autres cas, il faudra pour le commissaire de justice procéder à l'expulsion elle-même, avec ou sans le concours de la force publique, et assurer la reprise effective des lieux, c'est-à-dire assurer au propriétaire la pleine jouissance de son bien à nouveau.

SECTION 1
ENTRÉE DANS LES LIEUX ET DÉROULEMENT DES OPÉRATIONS

§ 1
Pénétration dans les lieux par le commissaire de justice et déroulement matériel des opérations

0522.11 Lorsque le commissaire de justice se présente pour procéder à l'expulsion. Une fois le commandement d'avoir à libérer les locaux délivré avec une date butoir pour l'occupant qui doit alors avoir libéré les lieux, le commissaire de justice doit procéder à la **reprise effective des lieux** en procédant à l'expulsion proprement dite. Cela implique pour lui de se rendre sur place pour apprécier de la suite à donner à la procédure. Il peut se présenter alors plusieurs situations qui nécessiteront des réponses diverses.

1) Ainsi tout d'abord, comme nous l'avons vu, les lieux peuvent avoir non seulement été libérés matériellement, de tout meuble et tout occupant, et le locataire avoir rendu les clefs au bailleur. Il n'y a alors pas besoin de procès-verbal d'expulsion, ni même de reprise, puisque les lieux sont déjà libérés au profit du bailleur et l'exécution de la décision d'expulsion en a été volontaire. S'il y a eu, de surcroît, un état des lieux contradictoirement établi, pas de difficultés alors puisqu'en ce cas, propriétaire et locataire ont convenu que les locaux étaient libérés et dans tel état. Si le locataire est parti en remettant les

1. Paris, 8e ch. B, 7 févr. 2002, RG nos 2001/06566 et 2001/06789, *Dr. et proc.* 2002. 85, obs. B. Menut ; *BICC* 2002, no 777 ; *BICC* 2003, no 1176 – TGI Grasse, JEX, 3 mai 2005, RG no 229/2005.
2. Paris, 28 sept. 2010, RG no 09/03701.
3. Paris, 13 déc. 2011, 1re ch., pôle 2, RG no 10/11656.
4. Versailles, 1re ch., 1re sect., 8 juin 2006, RG no 05/03430 (consultable sur *legifrance.gouv.fr*).
5. Civ. 3e, 6 juill. 2017, no 16-15.752, P III, no 85 ; *D. actu.* 28 juill. 2017.
6. CE 5 mai 2006, req. nos 277632 et 277633 – CE 5 mars 2008, req. no 284662, *AJDA* 2008. 1119.
7. CE 25 nov. 2009, req. no 323359, *AJDA* 2009. 2257 ; *AJDA* 2011. 294 ; *Dr. et proc.* 2010. 126, obs. A. Leborgne ; *LPA* 14 mai 2010, no 96, p. 8, concl. rapporteur public, J.-P. Thiellay.
8. Paris, 7 févr. 2002 (préc., v. ss prést no).
9. Récemment, pour une mainlevée d'un commandement de quitter les lieux inutile puisque les personnes avaient quitté les lieux : Civ. 2e, 4 juill. 2024, no 22-24.262, NP.
10. Civ. 3e, 4 févr. 2009, no 07-20.980, P III, no 30 ; *Dr. et proc.* 2009. 143, obs. E. Savaux.
11. PAR EX. : Civ. 3e, 13 nov. 1997, no 96-11.493, NP ; *Loyers et copr.* 1998, no 3, obs. B. Vial-Pedroletti.

clefs au bailleur simplement, il est vrai qu'il faudra s'assurer que les lieux ont bien été vidés mais un procès-verbal d'expulsion n'est pas forcément nécessaire.

2) Le locataire peut ensuite avoir remis les clefs au propriétaire sans avoir libéré matériellement les lieux, soit qu'il y ait des occupants dans les lieux, soit qu'il y ait des meubles. En ce cas, c'est la jurisprudence sur le congé donné par le locataire dans le contentieux locatif qui permet d'apporter un début de réponse.

Ainsi, si la ligne de la jurisprudence est que la remise des clefs au bailleur réalise la libération juridique des lieux [1] et que cesse alors le paiement d'indemnités d'occupation, il faut en principe aussi une libération effective des lieux et donc un déménagement de tous les meubles, faute de quoi le locataire ou ses ayants droit seront tenus du paiement d'indemnités d'occupation [2]. En effet, il a été considéré, dans ce dernier cas, que le fait que le fils de la locataire défunte rende les clefs n'était pas suffisant pour réaliser la libération des lieux et donc le dispenser de payer des indemnités d'occupation, dans la mesure où des biens avaient été laissés sur place. Dans cette affaire, l'huissier de justice avait dressé un procès-verbal de « reprise des lieux », qui est juridiquement bien un procès-verbal d'expulsion. En revanche, le concours de la force publique ne sera bien sûr pas nécessaire [3]. À noter que dans une affaire similaire, la troisième chambre civile a pourtant considéré que le bail étant résilié de plein droit par l'effet du décès de la locataire dont le bail est soumis à la loi du 6 juillet 1989 [4], le légataire universel n'est tenu d'aucun loyer ou indemnités d'occupation à compter de cette date, même si les lieux n'ont pas été vidés des meubles, puisqu'« *il appartenait au bailleur de prendre les mesures nécessaires pour faire libérer les lieux* » [5]. La motivation est quelque peu surprenante car elle implique que c'est au propriétaire de faire évacuer les meubles et reprendre son bien alors même que celui-ci est toujours occupé, certes par des meubles, par le légataire universel dont c'est la propriété.

3) L'occupant peut ensuite n'avoir pas remis les clefs, mais avoir manifestement abandonné les lieux. En ce cas, nous verrons que de nouvelles règles s'appliquent qui permettent une procédure accélérée de reprise, les délais légaux n'ayant plus à être respectés (v. s^s n°s 0532.11 et 0532.21).

4) L'occupant peut ensuite être là lorsque l'huissier se présente pour procéder à l'expulsion. S'il accepte de libérer les lieux, l'expulsion a bien lieu, mais elle se fait sans difficultés. S'il s'oppose à partir, l'huissier peut requérir le concours de la force publique.

5) Enfin, les portes peuvent être closes. Ce sont les dispositions introduites par la loi n° 98-657 du 29 juillet 1998 [6] qui a créé un article 21-1 dans la loi du 9 juillet 1991 (devenu C. pr. exéc., art. L. 431-1 et L. 451-1) qui permet de guider l'huissier de justice dans les modalités de pénétration dans les lieux pour assurer la reprise effective de ceux-ci.

0522.12 Règles particulières à l'entrée dans les lieux. Articles L. 431-1 et L. 451-1 C. pr. exéc. Avant la loi du 9 juillet 1991, en l'absence de règles spécifiques à l'expulsion, la pratique avait utilisé les règles généralement applicables en matière de saisie-exécution. Néanmoins, elle refusait d'étendre à l'expulsion les dispositions qui concernaient l'ouverture des portes en cas d'absence ou de refus de l'occupant. Des doutes étaient permis sur les possibilités offertes à l'huissier de justice pour pénétrer dans les lieux. Devait-il être assisté, de témoins, ou de la force publique ? Ou bien pouvait-il pénétrer seul dans les lieux ? À cette question, la chambre criminelle, dans un arrêt du 3 février 1972 avait répondu qu'il ne pouvait pénétrer seul dans les lieux contre le gré de la personne [7]. Mais l'Assemblée plénière de la Cour de cassation a en revanche répondu par l'affirmative en rejetant un pourvoi contre un arrêt ayant relaxé un huissier de justice du chef de violation de domicile parce qu'il avait pénétré, seul, par la fenêtre, en l'absence de l'occupant dans les lieux, et qu'il avait fait déménager les meubles. La Cour de cassation avait considéré qu'en statuant ainsi, il avait « *accompli sa mission sans méconnaître les formalités expressément prescrites par la loi* » [8]. L'huissier de justice pouvait donc pénétrer seul dans les lieux en l'absence de la personne expulsée et y procéder, ce qui put être confirmé par la suite par d'autres décisions de la Cour de cassation [9].

La loi du 9 juillet 1991, qui a pourtant repris en partie les dispositions C. pr. civ. sur ce point, a précisé, dans les articles 20 et 21 (devenus C. pr. exéc., art. L. 142-1 et L. 142-3), les modalités de pénétration

1. PAR EX. : Civ. 3e, 13 nov. 1997, n° 96-11.493, NP (préc., v. s^s n° 0522.06) – Civ. 3e, 17 déc. 2002, n° 02-10.142, NP ; *AJDI* 2003. 272 – Civ. 3e, 15 juin 2004, n° 03-14.285, NP ; *AJDI* 2005. 135, note V. Zalewski – Civ. 3e, 5 nov. 2003, n° 01-17.530, P III, n° 189 – Civ. 3e, 15 févr. 2018, n° 16-26.787, NP – Civ. 3e, 14 nov. 2019, n° 18-18.857, NP.
2. Civ. 3e, 5 févr. 2003, n° 01-15.982, NP.
3. CE 5 mai 2006, req. n° 276758.
4. L. n° 89-462, 6 juill. 1989, tendant à améliorer les rapports locatifs et portant modification de la loi n° 86-1290 du 23 décembre 1986, *JO* 8 juill., p. 8541.
5. Civ. 3e, 10 déc. 2008, n° 07-19.320, P III, n° 203 ; *D.* 2010. 1168, obs. N. Damas ; *AJDI* 2009. 545, obs. V. Zalewski.
6. L. n° 98-657, 29 juill. 1998, d'orientation relative à la lutte contre les exclusions, *JO* 31 juill., p. 11679.
7. Crim. 3 févr. 1972, n° 71-90.963, P, n° 46.
8. Cass., ass. plén., 16 déc. 1974, n° 73-92.495, P, n° 4 ; *JCP* 1975. II. 17962, note R. Lindon ; *RTD civ.* 1975. 377.
9. Civ. 2e, 29 mars 1989, n° 88-11.151, NP ; *Rev. huiss.* 1990. 452, obs. A. Lescaillon.

de l'huissier de justice dans les locaux dans les dispositions générales. Il est ainsi prévu que l'huissier, devenu commissaire, de justice peut pénétrer dans les lieux servant à l'habitation et le cas échéant, faire procéder à l'ouverture des portes et des meubles, « *À l'expiration d'un délai de huit jours à compter d'un commandement de payer* [...] ». Il est en revanche prévu qu'« *en l'absence de l'occupant du local ou si ce dernier en refuse l'accès* », le commissaire de justice ne peut pénétrer seul dans des locaux et doit être accompagné d'autorités ou de témoins. En l'absence d'exclusive relative aux procédures d'expulsion, et malgré la lettre de l'article L. 142-3 C. pr. exéc. qui parle de « *commandement de payer* », ces dispositions étaient appliquées et l'huissier pouvait donc pénétrer en l'absence de l'occupant, dès lors qu'il était accompagné, éventuellement d'ailleurs par la fenêtre, par l'effet des dispositions de l'article L. 142-2 C. pr. exéc. (anc. L. 1991, art. 30) qui permet de pénétrer par n'importe quelle « *issue* ». Il était donc conclu à une remise en cause de la jurisprudence de l'assemblée plénière[1].

Mais le législateur a souhaité interdire qu'une expulsion puisse avoir lieu en l'absence de l'occupant, à tout le moins sans le concours de la force publique. C'est en tout cas ce qui ressort de la lecture des travaux parlementaires de la loi du 29 juillet 1998[2] d'orientation relative à la lutte contre les exclusions, qui a ajouté un article 21-1 à la loi du 9 juillet 1991 (devenu C. pr. exéc., art. L. 431-1 et L. 451-1). Cet article, qui a légèrement évolué au cours des débats parlementaires, prévoyait alors que « *les dispositions des articles 20 et 21 ne s'appliquent pas en matière d'expulsion. Toutefois, l'huissier de justice chargé de l'exécution de la mesure d'expulsion peut procéder comme il est dit à l'article 21 pour constater que la personne expulsée et les occupants de son chef ont volontairement libéré les locaux postérieurement à la signification du commandement prévu à l'article 61* ». En 1997, le Gouvernement avait déjà proposé une telle disposition afin d'éviter que les expulsions puissent avoir lieu en l'absence des occupants. En effet, il arguait du fait que l'article L. 142-3 C. pr. exéc. (anc. L. 1991, art. 20), qui concerne clairement uniquement la saisie-vente, et l'article L. 142-1 C. pr. exéc. (anc. L. 1991, art. 21), qui lui faisait suite dans le texte de la loi de 1991 et était donc lié à celui-ci, n'avaient pas vocation à s'appliquer aux expulsions et pourtant l'étaient. Mais le gouvernement avait alors prévu de régler la difficulté par voie de circulaire et dans le cadre d'un accord passé avec la profession des huissiers de justice. C'est sur initiative du rapporteur de la commission spéciale de l'Assemblée nationale, en première lecture du projet de texte, que cette disposition a été reprise[3]. L'idée était donc de durcir les modalités d'expulsion en ne permettant à l'huissier de justice de pénétrer dans les lieux accompagné des seuls témoins que pour constater que les lieux ont été libérés, et dans les autres cas, en filigrane, uniquement avec le concours de la force publique. Mais, comme l'indiquent certains auteurs, cette rédaction peut laisser perplexe dans la mesure où elle n'énonce pas clairement, et les débats parlementaires non plus d'ailleurs, cette nécessité de recourir systématiquement à la force publique. On pourrait donc penser que l'huissier peut pénétrer seul en force dans les locaux lorsque l'occupant est là tandis qu'il ne peut le faire qu'accompagné lorsqu'il s'agit simplement de s'assurer que les locaux ont été vidés[4]. Ces mêmes auteurs indiquent d'ailleurs que les débats parlementaires de la loi du 9 juillet 1991 avaient clairement exclu le recours systématique à la force publique pour procéder à une expulsion et en déduisent qu'il ne peut être retenu de cet article que le concours de la force publique doit être requis dès lors que l'occupant est absent ou refuse que l'on pénètre dans les lieux. Car il est admis que si la personne expulsée est présente et consent à ce que l'huissier pénètre dans les lieux, le concours de la force publique n'est ici pas nécessaire[5].

Pourtant, la jurisprudence tend bien à interpréter la volonté du législateur comme imposant à l'huissier de justice de demander le concours de la force publique lorsque l'occupant est absent, et *a fortiori* lorsqu'il est présent et s'oppose à son départ. L'huissier doit en ce cas **requérir le concours de la force publique**[6].

On peut alors s'interroger sur le **cas particulier de l'époux expulsé**. Le concours de la force publique sera-t-il nécessaire si l'autre est présent et consent à l'entrée dans les lieux ? *A priori* oui, si on suit la jurisprudence précitée, car la personne expulsée est bien absente et n'a pas consenti à cette pénétration dans les lieux. Il ne peut alors pas s'assurer que ses biens sont clairement identifiés notamment. Cet époux peut-il d'ailleurs être présent eu égard aux dispositions de l'article L. 111-6 C. pr. exéc. ? Là

1. P. Le Fur, « L'expulsion », *Rev. huiss.* 1993. 237.
2. L. n° 98-657, 29 juill. 1998, d'orientation relative à la lutte contre les exclusions, *JO* 31 juill..
3. Rapp. Comm. spéc., t. III, « dispositions concernant le logement », par M. Alain Cacheux, n° 856, enregistré à la présidence de l'Assemblée nationale le 23 avril 1998.
4. Perrot et Théry, n° 1100.
5. TGI Béthune, JEX, 13 juill. 1999, *Rev. huiss.* 2000. 234, obs. J.-J. Bourdillat.
6. Montpellier, 5e ch. A, 24 juill. 2002, RG n° 02/01978, *Dr. et proc.* 2002. 87, obs. J.-J. Bourdillat – Paris, 8e ch. B, 12 oct. 2006, RG n° 05/24024 – Versailles, 14 nov. 2013, RG n° 12/06749 – v. aussi : Civ. 2e, 16 mai 2012, n° 09-71.793, NP, qui indique la remise des clefs par l'occupant permet à l'huissier de justice de procéder sans le concours de la force publique.

encore, et même au regard de la particularité de la matière et de la difficulté pour le commissaire de justice à déterminer les meubles qui relèvent de la propriété de l'un ou de l'autre, il est préférable, étant donné qu'en cette matière, les risques de réactions violentes sont forts, que l'époux demandeur ne soit pas présent. Dans certains cas graves de violence, il pourra toutefois être difficile d'imaginer exiger de cet époux qu'il soit absent. Il avait été suggéré, puisque le demandeur à l'exécution peut obtenir l'autorisation du juge de l'exécution d'être présent aux opérations d'exécution, que les époux obtiennent directement cette autorisation du juge aux affaires familiales, dans sa décision prononçant l'expulsion[1].

À noter enfin qu'il a été jugé que les articles L. 431-1 et L. 451-1 C. pr. exéc. s'appliquent à toutes les mesures d'expulsion et donc y compris aux expulsions de locaux commerciaux[2], alors même que la disposition était comprise, dans la loi de 1998, dans un chapitre prévoyant des « mesures relatives au maintien dans le logement » et que la volonté du législateur était clairement de protéger le domicile. Ainsi, par l'effet de l'insertion des dispositions de la loi de 1998 dans les dispositions générales de la loi de 1991, cette protection bénéficie aussi à des locaux qui pourraient aisément être expulsés en présence de simples témoins. Pourrait-on toutefois comprendre de l'article L. 451-1 C. pr. exéc., qui permet à l'huissier de pénétrer dans les lieux dans les conditions prévues à l'article L. 142-1 C. pr. exéc. pour constater l'abandon des lieux, que celui-ci peut systématiquement se présenter sur les lieux avec seulement deux témoins, ouvrir la porte « pour voir », et la refermer s'il y a bien des traces d'une occupation ? Rien n'est moins sûr. À notre sens, il faut pour le commissaire avoir des éléments lui laissant penser que les locaux sont abandonnés pour pouvoir procéder de la sorte (v. s^{s} n°s 053.00 s.).

0522.13 Une fois sur place. Le commissaire de justice doit ensuite assurer la reprise effective des lieux, dans les meilleures conditions possibles. Pour ce faire, il ne doit tout d'abord pas venir accompagné du propriétaire ou de l'un de ses représentants[3], en application des dispositions de l'article L. 111-6 C. pr. exéc., qui est d'application générale. Ensuite, il peut et doit se faire assister de personnes dont le concours paraît nécessaire tel un serrurier ou un déménageur. Il procède ensuite aux diligences prévues par les textes – procès-verbal d'expulsion avec ou sans inventaire, remise à la personne expulsée d'une copie du procès-verbal si elle est présente – et fait quitter les lieux à la personne expulsée. Si l'article L. 142-2 C. pr. exéc. prévoit que le commissaire de justice doit assurer la fermeture de l'issue par laquelle il a pénétré, il n'était pas certain là non plus que cet article s'appliquait à l'expulsion dans la mesure où il était question de « saisie » et où il faisait écho aux articles L. 142-1 et L. 142-3 C. pr. exéc. qui permettent une ouverture forcée des portes. Néanmoins, le commissaire de justice est responsable de la reprise effective des lieux et doit donc procéder à toute mesure de nature à éviter que les lieux soient de nouveau occupés, par un changement de serrure notamment lorsque les locaux sont fermés, la condamnation des accès si le local n'est pas fermé par une serrure, ou encore par la mise en place d'une clôture lorsqu'il s'agit d'un terrain par exemple. Les nouvelles place et rédaction de l'article 30 de la loi de 1991 dans le Code des procédures civiles d'exécution, devenu C. pr. exéc., art. L. 142-2, dans une section contenant les dispositions générales d'un chapitre relatif aux opérations d'exécution dans des locaux, avec suppression du terme « *saisie* » laissent à penser que cet article s'applique désormais bien en matière d'expulsion.

§ 2

Concours de la force publique

0522.21 À quel moment faut-il requérir la force publique ? Comme nous l'avons vu, la matière de l'expulsion ne permet pas au commissaire de justice de pénétrer dans les lieux sans l'assentiment de la personne expulsée ni hors de sa présence (v. s^{s} n° 0522.12). En ces cas, il doit demander le concours de la force publique. Il ne peut toutefois le faire, comme nous l'avons vu également, que lorsque la période le lui permet. Ainsi, il peut effectuer la demande pendant le cours de la période hivernale (v. s^{s} n° 0521.51) ou avant l'issue du délai de deux mois en cas d'expulsion d'un local d'habitation notamment mais avec un effet reporté à l'issue de ce délai (v. s^{s} n° 0521.23), mais ne peut la présenter si le propriétaire a accordé des délais de paiement, renonçant ainsi à la procédure d'expulsion, seul ou dans le cadre d'une procédure de surendettement (v. s^{s} n°s 0521.05 et 0521.91 s.). Il ne peut par ailleurs le faire que s'il a d'abord tenté d'expulser lui-même et donc vérifié que la personne expulsée, présente, n'avait pas l'intention de quitter les lieux. Puisque les articles L. 431-1 et L. 451-1 C. pr. exéc. considèrent désormais que la simple absence est bien une difficulté d'exécution, il doit en effet dresser un procès-verbal de tentative d'exécution et donc ici d'expulsion, qui est d'ailleurs prévu par le tarif des commissaires de justice et exigé de l'admi-

1. J.-J. Bourdillat, « De l'expulsion du conjoint violent dans et après la réforme du divorce », *Dr. et proc.* 2005. 18.
2. Montpellier, 24 juill. 2002, – Paris, 12 oct. 2006 (préc. s^{s} prés^{t} n^{o}).
3. TGI Grasse, JEX, 3 mai 2005, RG n° 229/2005.

nistration préfectorale pour l'octroi de la force publique.

Pour donner une idée de l'importance du nombre de demandes, à titre d'exemple, en 2005, il y a eu 54 471 commandements de quitter les lieux délivrés et 42 000 réquisitions, avec une moyenne d'octroi de celle-ci de moitié[1]. Et en dix ans, soit depuis 2001, les demandes de concours de la force publique ont augmenté de 47 %[2]. En 2015, 126 946 décisions ont prononcé une expulsion et 14 127 ont été réalisées avec le concours de la force publique contre 5 936 en 2000[3]. En 2023, 19 023 ménages étaient expulsés avec le concours de la force publique[4].

0522.22 Forme de la demande et de la décision du préfet. L'article L. 153-2 C. pr. exéc. prévoit que le commissaire de justice peut directement requérir le concours de la force publique. Il n'a pas besoin de passer par une autre autorité telle le procureur de la République notamment. Le Conseil d'État a précisé que le créancier n'était pas même tenu de passer par un huissier de justice pour requérir le concours de la force publique[5]. À noter que dans certains cas, le maire ou le préfet peuvent également la requérir directement en matière d'urbanisme notamment[6].

L'article R. 153-1 C. pr. exéc. précise ensuite que « *si l'huissier de justice* [devenu commissaire de justice] *est dans l'obligation de requérir le concours de la force publique, il s'adresse au préfet. La réquisition contient une copie du dispositif du titre exécutoire. Elle est accompagnée d'un exposé des diligences auxquelles l'huissier de justice* [le commissaire de justice] *a procédé et des difficultés d'exécution* [...] ». **Le commissaire de justice s'adresse donc bien au préfet,** qui est le service de l'État désigné par le décret, et non directement au commissaire de police par exemple, comme cela se pratique parfois, quelques fois même en sus de la demande au préfet. Cette pratique s'explique sans doute par le fait qu'avant la loi de 1991, la requête transitait effectivement par les services de police ou de gendarmerie. Rien n'interdit cela dit de doubler la réquisition au préfet d'une demande au commissariat si cela est organisé de la sorte, comme c'est le cas à Paris, mais en ce cas bien sûr, il ne peut être décompté qu'un seul acte. Il adresse en principe une copie uniquement du dispositif, mais rien n'empêche de joindre copie de la décision complète, qui peut parfois révéler, d'ores et déjà un contexte particulier et éclairer la lecture du dispositif. Enfin, le commissaire de justice doit exposer les diligences auxquelles il a procédé. Il va joindre en pratique le procès-verbal de tentative d'expulsion, qui relatera ces diligences, qui n'auront souvent consisté que dans le fait de se présenter sur les lieux de l'expulsion pour constater que la porte était close. Néanmoins, il n'est pas obligé de le faire, ni même, si l'on en croit la jurisprudence du Conseil d'État, de dresser ce procès-verbal. En effet, celui-ci a assoupli les conditions d'application de cet article en énonçant que « *l'existence d'une tentative matérielle d'exécution du jugement d'expulsion de la part de l'huissier à l'issue du délai donné par le commandement de quitter les locaux aux occupants n'est pas une condition légale de l'octroi de la force publique* » et que « *l'absence de mention des diligences faites par l'huissier dans la demande de concours de la force publique pour obtenir le départ des occupants* [...] *n'a pas pour effet de rendre irrégulière la réquisition* »[7]. Il est toutefois rappelé que l'objectif de cette exigence d'accompagner la réquisition d'un exposé des diligences accomplies était d'« *éclairer le préfet le cas échéant sur la situation et sur les risques de troubles que l'expulsion peut comporter* »[8]. Il faut donc relativiser cette jurisprudence, car il est important que le préfet dispose d'éléments suffisants pour pouvoir apprécier de l'opportunité du concours et des conditions dans lesquelles celui-ci doit intervenir. La loi n° 2017-86 du 27 janvier 2017 relative à l'égalité et à la citoyenneté[9] a créé un article L. 431-2 C. pr. exéc. qui impose à l'huissier, devenu commissaire de justice de former sa demande au préfet par voie électronique par l'intermédiaire du système d'information prévu au dernier alinéa de l'article 7-2 de la loi du 31 mai 1990[10], visant la mise en œuvre du droit au logement. Tout devra sans doute être fait via l'outil de traitement du ministère du Logement (v. ss n° 0512.71).

Le préfet a ensuite deux mois pour répondre, faute de quoi il est réputé avoir refusé et la responsabilité de l'État peut être engagée. La décision de refus doit toutefois être motivée, ce qui n'est nécessairement pas formellement le cas lorsque la décision de refus est implicite, mais le préfet doit être en mesure

1. Concl. du rapporteur public, J.-P. Thiellay, sur CE 18 févr. 2010 (préc., v. ss n° 0521.23).
2. F. Zitouni, « Logement social et droit au logement – chronique de jurisprude.nce 2010 », *AJDI* 2011. 421, citant le rapport de la fondation Abbé-Pierre sur l'« État du mal logement en France », 2011.
3. V. Instr. 22 mars 2017, relative à la mise en œuvre du plan interministériel pour la prévention des expulsions locatives, NOR : LHAL1709078C.
4. Fondation pour le logement, « Expulsions locatives : des politiques publiques de plus en plus répressives », en ligne, 31 oct. 2024.
5. CE 10 févr. 2014, req. n° 350265, *Dr. et proc.* 2014. 90 ; *Procédures* 2014, n° 202.
6. Rép. min. n° 05617, *JO Sénat Q* 29 août 13, p. 2511.
7. CE 14 nov. 2011, req. n° 343908, *Dr. et proc.* 2012. 91, note L. Chaquet et A. Léon.
8. SUR cette formule, V. AUSSI : CE 25 nov. 2009, req. nos 323359 et 323411.
9. L. n° 2017-86, 27 janv. 2017 relative à l'égalité et à la citoyenneté, *JO* 28 janv., texte 1.
10. L. n° 90-449, 31 mai 1990, visant à la mise en œuvre du droit au logement, *JO* 2 juin, p. 6551.

de donner ses motifs s'il y a une contestation. La décision de refus est ensuite portée à la connaissance du créancier par le commissaire de justice. Elle était aussi portée à la connaissance du procureur de la République mais dès lors que cette information n'avait aucun effet et surchargeait inutilement les parquets, le décret n° 2017-892 du 6 mai 2017[1], portant diverses dispositions de modernisation et de simplification de la procédure civile, a supprimé cette information. Le préfet peut revenir sur sa décision de refus à tout moment car une telle décision ne crée pas pour l'occupant un droit à se maintenir dans les lieux[2]. Le préfet vérifie, par la voie d'une enquête, que les conditions légales de l'expulsion sont remplies, et notamment qu'il n'y a pas de période de suspension en cours, et doit en principe accorder le concours sauf pour des motifs tenant à l'ordre public. Il doit, depuis la loi du 24 mars 2014[3], informer la commission de coordination des actions de prévention des expulsions (CCAPEX) de toute demande et décision d'octroi[4]. Il a récemment été jugé que le préfet, pour décider de l'octroi ou non de la force publique, n'avait pas à apprécier la validité du commandement de quitter les lieux[5].

0522.23 **Obligation d'intervention.** L'article L. 153-1 C. pr. exéc. pose le principe de **l'obligation pour l'État de prêter son concours pour l'exécution des décisions de justice** et de l'indemnisation automatique en cas de refus, principe qui avait déjà été posé par la jurisprudence *Couitéas* du Conseil d'État le 30 novembre 1923[6]. Cet article est le reflet d'une tendance plus large à l'affirmation, en droit interne et européen, d'un véritable droit à l'exécution[7] que l'État est tenu d'assurer, ainsi que d'une protection du droit de propriété, qui a pris le caractère d'une liberté fondamentale.

En effet, tout d'abord, **la Cour européenne des droits de l'homme** affirme de manière répétée que le protocole n° 1 de la convention, qui garantit le droit de propriété, implique que les États ne doivent y apporter de limitation, notamment en refusant le concours de la force publique, que pour des motifs d'intérêt général, et tout en garantissant un juste équilibre entre celui-ci et les droits fondamentaux, ici le droit de propriété, de l'individu[8]. La France a d'ailleurs elle-même été condamnée de ce fait.

Elle a tout d'abord été condamnée pour une atteinte portée au droit de propriété, alors que le refus de concours de la force publique avait duré seize ans, sans réel motif d'ordre public ou social. Dans cette affaire *Matheus*, congé fut donné sur des terrains agricoles appartenant au requérant et l'expulsion fut ordonnée en 1988. L'occupation se poursuivit, sans paiement d'aucun loyer et une maison y fut même édifiée par les occupants, soit le locataire, son épouse, ses quatre enfants, le petit-fils et la grand-mère. En 2004, le propriétaire, face aux refus répétés de l'administration de prêter son concours à l'exécution de la décision d'expulsion, vendit alors le terrain au locataire mais la France fut condamnée pour son inaction[9]. Elle a également été condamnée non seulement pour une atteinte au droit de propriété, mais également au droit à l'exécution des décisions de justice pour un refus qui avait duré deux ans depuis la décision de justice ordonnant l'expulsion, mais depuis bien plus longtemps en réalité puisque l'installation sur le terrain se produisit plus de dix ans auparavant, dans un contexte de grande tension puisque le domicile personnel des propriétaires subit un attentat. La Cour a ainsi condamné la France qui avait refusé l'octroi de la force publique, au départ pour de vrais motifs d'ordre public, mais sans chercher par la suite de solution pour régler la situation, laissant ainsi s'installer un climat de crainte et d'insécurité non propice au retour des requérants sur leurs terres[10].

Ensuite, **le Conseil d'État** a également affirmé clairement le principe de l'obligation d'intervention et de l'atteinte portée à la « liberté fondamentale » que constitue le droit de propriété en cas de refus de l'administration de porter son concours à l'exécution d'une décision d'expulsion. Cette qualification permet donc l'application des dispositions de l'article L. 521-2 du CJA et justifie ainsi les pouvoirs du juge des référés en la matière[11]. Il faut donc, d'après cette décision du 29 mars 2002, justifier d'un trouble grave à l'ordre public qui risque d'être causé par la décision pour que le concours de la force public puisse être refusé.

1. Décr. n° 2017-892, 6 mai 2017, portant diverses mesures de modernisation et de simplification de la procédure civile, *JO* 10 mai, texte n° 114.
2. CE 5 déc. 2005, req. n° 280050, *AJDA* 2006. 277.
3. L. n° 2014-366, 24 mars 2014, pour l'accès au logement et un urbanisme rénové, *JO* 26 mars, texte 1.
4. L. n° 90-449, 31 mai 1990, art. 7-2.
5. CE 17 juin 2019, req. n° 414002.
6. CE 30 nov. 1923, Couiteas, req. n° 38284, *Lebon ; GAJA*, 18e éd., Dalloz, 2011, n° 40.
7. Sur le principe du droit à l'exécution, qui procède du droit au procès équitable prévu par l'article 6 § 1 de la Conv. EDH : CEDH 19 mars 1997, Hornsby c/Grèce, req. n° 18357/91, *D.* 1996. 74, obs. N. Fricero ; *JCP* 1997. II. 22949, note O. Dugrip et F. Sudre.
8. CEDH 11 janv. 2001, P. M. Lunari c/Italie, req. n° 21463/93, *Dr. et proc.* 2001. 170, obs. J.-P. Marguénaud – CEDH 15 nov. 2002, Cau c/Italie, req. n° 34819/97, *Dr. et proc.* 2003. 87, obs. N. Fricero et B. Menut.
9. CEDH 31 mars 2005, Matheus c/France, req. n° 62740/00, *AJDI* 2005. 928, note J. Raynaud ; *AJDA* 2005. 1886, obs. J.-F. Flauss.
10. CEDH 21 janv. 2010, Barret et Sirjean c/France, req. n° 13829/03, *Procédures* 2010, n° 71, note N. Fricero ; *AJDA* 2010. 125.
11. CE 29 mars 2002, Stephaur, req. n° 243338, *AJDA* 2003. 345, note P. Grosieux ; *Gaz. Pal.* 2003, n° 119, p. 9 ; *D.* 2003. 1115 ; *JCP* 2002. II. 10179 ; *Dr. et proc.* 2002. 320.

Ainsi, il a par exemple été jugé qu'est justifié le refus de concours de la force publique en raison d'un risque de grave trouble à l'ordre public, au motif que la personne expulsée qui présente une situation sociale et financière d'une grande détresse, possède une arme, s'est signalée par un comportement violent et a menacé de commettre des actes graves, y compris contre lui-même pour s'opposer à l'expulsion[1]. Les conflits sociaux donnent également des exemples fréquents de risques de troubles à l'ordre public[2]. Ainsi, alors que plusieurs usines sont occupées et que des négociations sont sur le point d'aboutir avec la direction de celles-ci, une intervention de la force publique pourrait provoquer des troubles encore plus graves[3]. Le préfet peut ensuite invoquer le risque de troubles liés aux réactions de salariés de la société, dont l'emploi pourrait se trouver compromis par l'exécution de la mesure d'expulsion[4].

Ne constituent en revanche pas de justes motifs de refus, fondés sur l'atteinte à l'ordre public par exemple l'intérêt porté aux habitants du quartier par les spectacles organisés par les occupants sans titre[5], le courant de sympathie suscité par la présence d'ateliers d'artistes[6] ou encore la notoriété d'un établissement[7], voire le caractère revendicatif de la démarche d'occupation par des squatters obligeant propriétaires et locataires à agir de concert[8]. Le refus d'octroi de la force publique est également injustifié lorsque l'expulsion est prononcée au profit d'une femme de quatre-vingt-cinq ans, majeure protégée, qui a besoin de vendre sa maison pour régler ses frais de maison de retraite, à l'encontre de son fils de 52 ans, disposant de faibles ressources et malade, alors que le père de celui-ci propose de l'héberger[9].

Si par ailleurs le relogement des personnes expulsées, et donc le droit au logement, ne peut être un motif de refus en soi[10], ce qu'a d'ailleurs affirmé **le Conseil constitutionnel,** dans une décision du 29 juillet 1998 concernant la loi relative à la lutte contre les exclusions qui subordonnait l'octroi du concours de la force publique au relogement des intéressés, disposition invalidée comme étant contraire au principe de séparation des pouvoirs[11], il a pu être considéré que l'absence de relogement pouvait être une composante du trouble à l'ordre public, lorsque par exemple quatre-vingt-quatre personnes et quarante et un enfants dont certains en bas âge se sont installés dans les lieux et n'ont aucune solution de relogement[12]. Faisant par ailleurs le lien avec le droit au logement opposable mis en place par la loi du 5 mars 2007, le Conseil d'État a jugé que l'octroi du concours de la force publique n'était pas entaché d'illégalité même si les personnes expulsées avaient été reconnues prioritaires par la commission départementale de médiation[13]. Le droit au logement n'est donc pas en soi un motif de refus de concours de la force publique.

Pourtant, la jurisprudence, tant interne qu'européenne, tend à assouplir des conditions de refus de concours de la force publique puisque les motifs d'ordres humanitaires ou sociaux peuvent être désormais invoqués pour justifier un refus de concours de la force publique. Ainsi, dès 2005, **la Cour européenne des droits de l'homme,** malgré la condamnation prononcée contre la France, a ouvert une porte en permettant le refus de concours de la force publique pour des « *considérations sérieuses d'ordre public ou social* »[14]. Elle l'appliqua d'ailleurs récemment dans une affaire dirigée contre la France et refusa ainsi de la condamner alors qu'elle avait refusé le concours de la force publique pour l'expulsion de plusieurs familles, parmi lesquelles se trouvaient majoritairement des enfants, ce d'autant que cette occupation s'inscrivait dans le cadre d'une action militante à visée médiatique et que de surcroît, « *les occupants se trouvaient en situation de précarité et de fragilité et apparaissaient mériter, à ce titre, une protection renforcée* »[15]. La jurisprudence administrative admet également ce critère[16]. Rappelant cette juris-

1. CE 15 oct. 2004, req. n° 272934, *Gaz. Pal.* 2005, n° 151, p. 14.
2. SUR CE POINT : v. Rép. min., n° 74628, *JOAN Q* 21 sept. 2010 – V. AUSSI : CEDH 11 juill. 2013, req. n° 63684/09.
3. CE 8 juill. 1992, req. n° 92566, *D.* 1992. 144, note P. Bon et Ph. Terneyre.
4. CE 27 juin 2002, req. n° 247973, *Gaz. Pal.* 2003, n° 119, p. 9.
5. CE 27 nov. 2002, req. n° 251898, *Gaz. Pal.* 2004, n° 36, p. 4.
6. CE 21 nov. 2002, req. n° 251726, *Gaz. Pal.* 2003, n° 119, p. 9.
7. TA Caen 15 mai 2008, req. n° 0801196, *AJDA* 2008. 1911.
8. CE 29 mars 2002, Stephaur, req. n° 243338 (préc., v. s^{s} n° 0522.23).
9. CE 19 oct. 2007, req. n° 310067, *Gaz. Pal.* 17 mai 2008, n° 138, p. 23.
10. CE 27 nov. 2002, req. n° 251898 (préc. s^{s} prés^{t} n°) – CE 30 juin 2010, req. n° 332259, *AJDA* 2010. 1344, *Gaz. Pal.* 2010, n° 203, p. 29 – Avant cela, V. PAR EX. : CAA Paris, 4e ch., 7 nov. 2000, req. n° 97PA01786, *Gaz. Pal.* 2001, n° 338, p. 8.
11. Cons. const. 29 juill. 1998, n° 98-403 DC, loi d'orientation relative à la lutte contre les exclusions, *JO* 31 juill., p. 11710 ; *LPA* 31 juill. 1998, n° 91, p. 3.
12. CE 29 oct. 2003, req. n° 259361, *Gaz. Pal.* 2004, n° 253, p. 11 : dans ce cas, l'immeuble avait été frappé par un arrêté d'insalubrité, ce qui n'empêchait pas en soi le refus de concours – POUR UN AUTRE EX. : CE 21 nov. 2002, req. n° 251726 (préc. s^{s} prés^{t} n°).
13. CE 11 févr. 2010, req. n° 329927, cité par F. Zitouni, « Logement social et droit au logement – chronique de jurisprudence 2010 », *AJDI* 2011. 421.
14. CEDH 31 mars 2005, Matheus c/France, req. n° 62740/00 (préc. s^{s} prés^{t} n°).
15. CEDH 12 oct. 2010, req. n° 23516/08, *AJDI* 2011. 153, note J. Raynaud ; *D.* 2010. 2843, obs. C. de Gaudemont.
16. CAA Versailles, 2e ch., 21 sept. 2006, req. n° 04VE00056, NP ; *Procédures* 2006, n° 280, note S. Deygas – CE 23 avr. 2008, req. n° 309685, *AJDA* 2008. 1511 ; *Gaz. Pal.* 2008, n° 339, p. 16 (affaire ayant donné lieu à l'arrêt de la CEDH du 12 oct. 2010), req. n° 23516/08 (préc. s^{s} prés^{t} n°) – *CONTRA* : TA Toulouse, 23 oct. 2009, *AJDA* 2010. 448, note X. Bioy.

prudence, un récent arrêt du Conseil d'État a rappelé que « *des considérations impérieuses tenant à la sauvegarde de l'ordre public ou à la survenance de circonstances postérieures à la décision judiciaire statuant sur la demande d'expulsion ou sur la demande de délai pour quitter les lieux et telles que l'exécution de l'expulsion serait susceptible d'attenter à la dignité de la personne humaine, peuvent légalement justifier, sans qu'il soit porté atteinte au principe de la séparation des pouvoirs, le refus de prêter le concours de la force publique* »[1]. Cet arrêt a précisé que le juge administratif ne pouvait pas tenir compte d'éléments antérieurs à la décision ayant prononcé l'expulsion.

0522.24 Délais et modalités d'intervention. Une fois la décision du préfet rendue, lorsqu'elle est positive, il prévoit une date à partir de laquelle le concours est accordé. Il appartient au commissaire de justice, responsable de l'organisation matérielle des opérations, de prendre contact avec l'autorité de police pour fixer la date de l'expulsion. À compter de cette date, les autorités saisies ont **quinze jours** pour procéder à l'exécution de la décision du préfet et ce depuis une décision du Conseil d'État du 27 janvier 2010[2]. Avant cela il était considéré que l'État disposait d'un délai de **deux mois** à compter de la saisine du préfet pour assurer l'exécution de la décision[3], ce qui recouvrait en réalité seulement la prise de décision. Ce délai correspondait au délai maximal fixé au préfet pour répondre et la période de responsabilité de l'État courait à compter de la décision ou de l'issue du délai de deux mois suivant la saisine du préfet. Désormais, la période de responsabilité commence à courir **quinze jours** après que l'huissier de justice ait pris contact avec les services de police pour l'exécution de la décision du préfet.

0522.25 Contestations des décisions du préfet et responsabilité de l'État. La décision du préfet, qu'elle octroie[4] ou non la force publique, peut être contestée devant le tribunal administratif[5], après recours gracieux, et ce éventuellement selon la procédure de référés prévue par l'article L. 521-1 du CJA, puisqu'il peut y avoir atteinte à la liberté fondamentale que constitue le droit de propriété. Il faut néanmoins toujours en ce cas justifier d'une urgence[6]. Le tribunal peut alors enjoindre au préfet d'octroyer la force publique ou annuler sa décision d'octroi.

Ensuite, en cas de décision de refus, le propriétaire peut engager une action devant le tribunal administratif pour obtenir réparation. L'État est en effet responsable, sans faute, pour un refus d'octroi de la force publique, ce qui est expressément prévu par l'article L. 153-1 C. pr. exéc., mais résulte également d'une rupture d'égalité devant les charges publiques. Il peut en outre être considéré comme fautif lorsque le refus n'est pas fondé, auquel cas il supportera définitivement l'indemnité fixée par le tribunal. L'occupant n'a pas à être partie à ce litige purement indemnitaire qui ne concerne que la relation entre le propriétaire et l'État[7]. L'État sera en revanche, en cas de responsabilité sans faute, subrogé dans les droits du propriétaire contre le locataire[8], selon une formule fréquente des arrêts de condamnation qui subordonne le versement des indemnités à la subrogation par le propriétaire dans ses droits vis-à-vis de l'occupant[9]. Le Conseil d'État enjoint même aux tribunaux administratifs de prononcer cette subrogation[10].

Le préjudice qui découle directement du refus de concours de la force publique[11], sur la période de

1. CE, 5e et 6e ch. réun., 11 oct. 2023, req. nº 474491, Min. Intérieur c/Frigui, *Lebon ; AJDA* 2023. 1862 ; *D.* 2024. 1301, obs. J.-D. Pellier ; *Rev. prat. rec.* 2023. 9, chron. M. Draillard – B. Poujade, « Dans quels cas peut-on refuser le concours de la force publique pour procéder à une expulsion? », *BJCT* oct. 2023. Comm. 10 – G. Payan, « Expulsion : concours de la force publique, dignité humaine et contrôle du juge administratif », *D. actu.* 20 nov. 2023.
2. CE 27 janv. 2010, req. nº 320642, *Gaz. Pal.* 2010, nº 56, p. 32.
3. CE 27 sept. 2006, req. nº 285279, *Gaz. Pal.* 2007, nº 41, p. 24 – POUR UNE JURISPRUDENCE ANTÉRIEURE À LA LOI DU 9 JUILLET 1991 : CAA Bordeaux, 22 mai 1990, req. nº 89BX00474, *Lebon* T.
4. CE 30 juin 2010, req. nº 332259, *AJDA* 2010. 1344 ; *Gaz. Pal.* 22 juill. 2010, nº 203, p. 29 – DÉJÀ EN CE SENS : CE 9 sept. 1994, req. nos 133682, 135669 et 135670, *LPA* 28 mars 1995, nº 25, obs. H. Moreno (dans cette décision était également affirmée la compétence de la juridiction administrative bien qu'il se soit agi de mettre à exécution une décision judiciaire).
5. Ce peu important que l'expulsion ait été prononcée par le juge judiciaire : N. Chifflot, « Responsabilité de l'État du fait de l'exécution forcée d'une décision d'expulsion prise par le juge judiciaire : le juge administratif est compétent sauf en cas de voie de fait », *Procédures* mai 2024. Comm. 136 – *AJDA* 2024. 526.
6. CE, ord., 3 janv. 2003, req. nº 253001, *AJDA* 2003. 342, note J.-P. Gilli (le nouveau propriétaire connaissait ici la présence de squatters avant son acquisition) – CE 27 nov. 2008, req. nº 322432, *Gaz. Pal.* 2009, nº 183, p. 20 (la procédure avait duré un certain temps).
7. CE 12 mai 2003, req. nº 229448, *Gaz. Pal.* 2004, nº 80, p. 16 ; *D.* 2004. 1630.
8. POUR UN EXEMPLE D'APPLICATION : Com. 11 sept. 2012, nº 11-22.020, NP ; *Loyers et copr.* 2012, nº 323, qui admet le recours de l'État contre un occupant malgré l'absence de condamnation expresse à payer une indemnité d'occupation dans le jugement d'expulsion.
9. SUR CETTE QUESTION : B. Magerand, « La surprenante subrogation de l'État dans les droits du bailleur en cas de refus d'expulsion des locataires », *LPA* 4 avr. 2002, nº 68, p. 4.
10. CE 27 juill. 2016, req. nº 389690, *Lebon* T. ; *AJDA* 2016. 1597.
11. Sauf s'il apparaît finalement que l'occupant n'était pas dépourvu de droit ou de titre suite à un recours en révision contre l'arrêt ayant prononcé l'expulsion : CE 21 juin 2013, Min. Intérieur, outre-mer, collectivités territoriales et immigration c/JPPS (SCI), req. nº 356515, *Lebon ; AJDA* 2013. 1302.

responsabilité retenue[1], qui court, comme nous l'avons vu, depuis la décision de refus ou quinze jours après l'inexécution de cette décision, jusqu'à la décision d'octroi du concours de la force publique ou sa réalisation effective si elle intervient plus de quinze jours après la décision[2], se résout en dommages et intérêts équivalents, en général, au montant de l'indemnité d'occupation qui n'a pas été payée par l'occupant. Ainsi, si le propriétaire a transigé avec l'occupant et renoncé à percevoir toute somme de sa part, l'État n'est tenu d'aucune indemnité[3]. Mais l'indemnité peut également être calculée, par exemple, sur la base du coût de l'immobilisation d'un bien devenu invendable en raison de son occupation par des squatters[4]. Le préjudice doit également résulter directement du refus de concours et il a pu être jugé qu'une explosion liée à une fuite de gaz dont l'origine est indéterminée n'est pas directement imputable à ce refus[5]. Relevons qu'en cas de refus de concours, de départ volontaire puis de réinstallation, il n'y aura pas de responsabilité de l'État pour ce refus tant qu'une nouvelle demande de concours pour la nouvelle occupation n'aura pas été formulée[6]. Relevons que depuis la loi du 27 juillet 2023[7], il est en outre précisé dans une dernière phrase de l'article L. 153-1 C pr. exéc. que « *les modalités d'évaluation de la réparation due au propriétaire en cas de refus du concours de la force publique afin d'exécuter une mesure d'expulsion sont précisées par décret en Conseil d'État* »[8].

La responsabilité de l'État peut également être engagée en cas de concours accordé et de réalisation des opérations dans des conditions dommageables. Il s'agit alors d'une responsabilité pour faute lourde. Ainsi, par exemple, n'est pas fautif le fait de ne pas prévenir avant la réalisation de l'expulsion dès lors qu'un comité avait été créé pour soutenir l'intéressée dans sa résistance, mais l'est le fait d'agir avec « *excès de précipitation et défaut de précautions que ni la nécessité d'une action rapide ni la personnalité de la requérante ne justifiaient* »[9]. De même, constitue une faute lourde, le fait, pour un commissaire de police, condamné pour prise illégale d'intérêts de ce fait, d'avoir appuyé une demande de concours de la force publique pour une SCI dans laquelle il avait des parts, et la précipitation particulière avec des moyens disproportionnés dans la mise en œuvre de l'expulsion, ayant abouti à la chute mortelle d'un des occupants[10].

1. Cette période d'indemnisation n'est pas suspendue par l'octroi de délais de grâce judiciaires, indépendants de la volonté du propriétaire et postérieurs au refus de concours : CE 11 avr. 2014, Min. Intérieur, req. n° 359575, *Lebon* ; *AJDA* 2014. 824 ; *JCP A* 2014. Actu. 352.
2. CE 27 nov. 2015, req. n° 377645, *JCP A* 2015. Actu. 1012, note L. Erstein.
3. CE 29 sept. 2003, req. n° 228051, *Lebon* T.
4. CE 25 juill. 2007, req. n° 293377, *Gaz. Pal.* 2008, n° 66, p. 28.
5. TA Amiens, 12 oct. 2006, req. n° 0402910, *AJDA* 2006. 2358.
6. CE 22 nov. 2019, req. n°s 417631 et 417743.
7. L. n° 2023-668, 27 juill. 2023, visant à protéger les logements contre l'occupation illicite, *JO* 28 juill., texte 1.
8. H. Matsopoulou, « Loi anti-squat : la protection pénale de la propriété immobilière contre les occupations illicites. Commentaire des dispositions pénales de la loi n° 2023-668 du 27 juillet 2023 visant à protéger les logements contre l'occupation illicite », *Dr. pénal* 2023. Étude 18.
9. CE 16 oct. 1987, req. n° 51152, *Lebon* T.
10. CE 2 juin 2010, req. n° 307772, *Procédures* 2010, n° 331.

SECTION 2
FORMALISME DE LA REPRISE : PROCÈS-VERBAL D'EXPULSION

§ 1
Mentions

0522.31 **Informations contenues dans tout procès-verbal d'expulsion.** L'article R. 432-1 C. pr. exéc. prévoit que : « *Le commissaire de justice dresse un procès-verbal des opérations d'expulsion qui contient, à peine de nullité :*

1° *la description des opérations auxquelles il a été procédé et l'identité des personnes dont le concours a été nécessaire ;*

2° *la désignation de la juridiction compétente pour statuer sur les contestations relatives aux opérations d'expulsion.*

Le procès-verbal est signé par toutes les personnes mentionnées au 1°. En cas de refus de signer, il en est fait mention ».

La **description des opérations** comprend les modalités d'entrée dans les lieux, les opérations pour assurer la reprise effective du bien, avec l'éventuelle fermeture des portes à la sortie, *etc.* Elle doit bien entendu être complète pour vérifier que l'huissier de justice a respecté les prescriptions légales. Il a néanmoins été jugé que la mention de l'ouverture forcée des portes n'était pas exigée, ce qui est discutable car il est important que toutes les diligences entreprises apparaissent sur le procès-verbal[11].

L'identité des personnes dont le concours a été nécessaire et la signature de ces personnes doivent également apparaître sur l'acte. Les personnes dont le concours a été nécessaire sont par exemple le serrurier, le déménageur, ou tout autre prestataire qui permet d'assurer la reprise effective des lieux (pour évacuer du bétail, murer un terrain, etc.). Par ailleurs, il s'agit des personnes dont le concours a été nécessaire, parce que légalement exigé, pour pouvoir

11. Paris, 8e ch. B, 6 sept. 2001, RG n° 2000/22968.

pénétrer dans les lieux. Avant 1998, étant donné que les dispositions de l'article L. 142-1 C. pr. exéc. étaient appliquées à l'expulsion, étaient requises les mentions et signature des témoins visés par cet article. Depuis lors, les articles L. 431-1 et L. 451-1 C. pr. exéc. ne laissant au commissaire de justice que l'option entre être seul ou accompagné de la force publique, apparaissent uniquement à ce titre les forces de l'ordre présentes sur les lieux pour l'assister, sauf à ce que le commissaire de justice procède à une reprise des locaux abandonnés, auquel cas les témoins devront également apparaître. Néanmoins, il a été jugé que la mention des témoins, avant 1998 donc, et du remisier pendant toute la durée de l'inventaire n'était pas requise[1]. De même, si l'acte fait suite à une interruption des opérations de déménagement, il a été considéré que le fait qu'il relate leur poursuite avec les mêmes personnes était suffisant, sans besoin à nouveau de la signature de ces personnes[2]. Il a enfin été considéré que le défaut de signature de l'ensemble des personnes ayant assisté aux opérations, par exemple des 18 gardiens de la paix dont le recours a été requis, s'agissant d'auxiliaires, n'était pas de nature à entraîner la nullité du procès-verbal, les signatures du commissaire de police et du serrurier requis étant suffisantes, mais nécessaires[3].

Le procès-verbal doit ensuite indiquer la **juridiction compétente pour connaître des contestations.** L'expulsion est chose trop importante et lourde de conséquences pour la personne expulsée. Elle doit donc immédiatement être en mesure d'identifier la juridiction auprès de laquelle elle peut former un recours. C'est dans cette optique qu'il a pu être décidé que la mention de la juridiction devait être suffisamment précise en ce sens qu'il ne suffit pas d'indiquer qu'il faut s'adresser à la juridiction dans le ressort de laquelle se trouve le bien, mais, *a minima*, le siège de celle-ci[4]. Dans cette affaire, la cour d'appel de Grenoble a même considéré qu'il s'agissait d'une irrégularité de fond, ce qui peut être discuté.

Outre les mentions exigées par l'article R. 432-1 précité, s'agissant d'un acte d'huissier de justice, celui-ci doit en outre comprendre, à peine de nullité, les **mentions prévues par l'article 649 C. pr. civ.**, à savoir sa date, l'identité complète du requérant, de l'huissier de justice qui a instrumenté personnellement – y compris s'il travaille dans une SCP[5], et l'identité du destinataire. Ainsi, l'absence de mention du représentant légal de la société requérante sur le procès-verbal d'expulsion est une irrégularité de forme[6]. À noter que le procès-verbal d'expulsion délivré à la requête d'une société par son gérant alors que la société est en liquidation judiciaire et qu'un mandataire liquidateur a été désigné est nul[7], s'agissant d'un défaut de capacité à mener la procédure d'expulsion.

0522.32 Informations contenues dans le procès-verbal d'expulsion lorsqu'il reste sur place des meubles : les actes préparatoires à l'évacuation des meubles. Les articles R. 433-1 et R. 433-7 C. pr. exéc. prévoient des mentions supplémentaires lorsqu'il reste des biens sur place. Dans le cas particulier des biens qui font l'objet d'une saisie antérieure, il est prévu un **inventaire des biens** et le transport de ceux-ci chez un **séquestre** notamment. Pour les autres biens, il est prévu un inventaire des biens avec l'indication qu'ils paraissent ou non avoir de la valeur marchande, et le lieu où les biens ont été transportés et les conditions d'accès au local, ainsi qu'une **sommation** d'avoir à retirer ces meubles dans un **délai qui était d'un mois et est devenu de deux mois** depuis le décret du 26 septembre 2019[8]. Par ailleurs, avant ce dernier décret, le procès-verbal contenait convocation devant le juge de l'exécution pour qu'il soit statué sur le sort des meubles non retirés dans le délai. En effet, depuis la loi du 23 mars 2019[9], de programmation 2018-2022 et de réforme pour la justice, il n'y a plus d'audience systématique devant le juge de l'exécution pour qu'il soit statué sur le sort des meubles, comme nous le verrons.

Tout d'abord donc, afin de permettre de régler ensuite le sort des meubles laissés sur place, le commissaire de justice doit dresser un **inventaire** de ces biens.

Avant toute chose, cette mention du procès-verbal est fondamentale à un double titre. Tout d'abord, le commissaire de justice est ici le garant, en sa qualité d'officier public et ministériel, du bon déroulement de l'expulsion, qui passe par une absence d'atteinte injustifiée à la propriété de l'expulsé, ou d'ailleurs d'un tiers pour le compte duquel il détient des meubles comme nous le verrons, puisqu'il s'agit avant tout d'une expulsion, et donc de l'évacuation d'un bien,

1. Paris, 13 févr. 1997, RG n° 95/015944.
2. Paris, 8e ch. B, 16 déc. 2004, RG n° 04/02643.
3. Paris, 8e ch. B, 10 nov. 1998, RG n° 1996/81513, *Gaz. Pal.* 2000, n° 67, p. 2 – Paris, 2 sept. 2004, RG n° 04/01847.
4. Grenoble, ch. des urgences, 7 mars 2000, RG n° 99/00442.
5. D'UNE MANIÈRE GÉNÉRALE : Civ. 2e, 7 nov. 2002, n° 01-00.379, P II, n° 245 ; *Dr. et proc.* 2003. 85, obs. P. Hoonakker – Pour une expulsion : Civ. 2e, 2 févr. 2023, n° 21-18.384, NP, étant rappelé qu'il ne s'agit que d'une nullité de forme impliquant la démonstration d'un grief.
6. Paris, 6 sept. 2001 (préc. ss prést n°).
7. Aix-en-Provence, 15e ch. A, 8 juin 2005, RG n° 02/18051.
8. Décr. n° 2019-992, 26 sept. 2019, portant application des articles 14 et 15 de la loi n° 2019-222 du 23 mars 2019 de programmation 2018-2022 et de réforme pour la justice, et relatif à la procédure d'expulsion ainsi qu'au traitement des situations de surendettement, *JO* 28 sept., texte n° 2.
9. L. n° 2019-222, 23 mars 2019, de programmation 2018-2022 et de réforme pour la justice, *JO* 24 mars, texte n° 2.

et non d'une expropriation au bon vouloir du propriétaire des lieux. Ensuite parce que cette indication renseigne sur le fait qu'il y a des meubles sur place et cela va conditionner non seulement le contenu du procès-verbal lui-même, mais aussi la suite de la procédure. Il est donc important que le commissaire de justice indique bien s'il reste des meubles sur place, même en faible nombre et même dépourvus de valeur marchande (sur la problématique des locaux abandonnés, v. s[s] n°s 053.00 s.). Car s'il mentionne qu'il n'y avait aucun meuble, cette affirmation ne pourra être contestée que par la procédure d'inscription de faux[1]. Relevons sur ce dernier point qu'il a été récemment rappelé « *qu'un procès-verbal d'expulsion ne fait foi jusqu'inscription de faux que de ce que l'huissier de justice dit avoir personnellement accompli ou constaté, et non de ce qu'il en déduit* » de sorte que la mention de la volumétrie des meubles déménagés, qu'il avait déduite des moyens nécessaires au déménagement, ne fait donc foi que jusqu'à preuve contraire[2]. L'inventaire doit par ailleurs exister, un album photographique ne pouvant suppléer à la réalisation d'un inventaire précis même si l'état des lieux ne s'y prête pas en raison de l'état de « clochardisation » des locaux, faute de quoi le procès-verbal pourra être annulé. En ce cas, il a en effet été considéré que l'absence d'inventaire précis causait nécessairement un grief à la personne expulsée[3]. Il est toutefois possible d'adjoindre au procès-verbal des photographies des meubles pour illustrer l'inventaire, surtout si ceux-ci ont une grande valeur. Comme a pu l'indiquer un auteur, en indiquant à l'article L. 433-1 C. pr. exéc. que les biens devaient être « décrits avec précision », le législateur a en effet voulu combattre les mentions telles que « *les biens sans valeur marchande ni caractère personnel ont été détruits ; les autres transportés dans un garde-meubles* » qui pouvaient être pratiquées auparavant. Il ajoute que le législateur n'a pas voulu non plus imposer au commissaire de justice de passer des heures à compter le nombre de petites cuillers et propose ce qu'il considère être un juste milieu[4]. Si on peut adhérer à ce raisonnement, le commissaire devra être fort prudent et dresser un procès-verbal aussi précis que possible, avec une description permettant une identification des biens[5], car il est important que la personne expulsée puisse vérifier que ses biens ont été sauvegardés lors des opérations d'expulsion, et ce qui semble n'avoir pas de valeur objective peut en avoir pour la personne qui se retrouve sans domicile. Il doit également être complet, faute de quoi le commissaire de justice pourra voir sa responsabilité engagée[6].

Notons que le commissaire de justice devra être prudent et préparer autant que possible son intervention lorsque les locaux ont été loués meublés ou en location-gérance par exemple. En ces cas, le propriétaire devra indiquer avec précision à celui-ci les biens qui étaient compris dans la location.

L'objectif de cet inventaire était de permettre au juge de l'exécution d'apprécier si les biens doivent être vendus ou déclarés abandonnés mais surtout, de permettre à la personne expulsée de vérifier que tous ses biens sont bien visés, faute de quoi il pourrait y avoir soupçon de distraction.

L'inventaire doit en outre, dans cette même optique, renseigner le lecteur sur le fait de savoir si le bien apparaît avoir une **valeur marchande** ou non. Là encore, il s'agit d'une mention qui permettait au juge de se prononcer sur le sort à réserver à ces meubles, ce que la loi fait désormais elle-même en indiquant que ceux ayant une valeur marchande seront vendus aux enchères publiques et les autres considérés comme abandonnés. L'importance de cette mention est devenue d'autant plus grande, de même que la responsabilité des commissaires de justice à ce titre, qu'il n'y a plus aucune vérification systématique par un juge. Certains arrêts ont pu interpréter cette exigence de manière souple : le commissaire de justice n'a pas l'obligation de cocher la case sur la valeur marchande des biens dans le procès-verbal d'expulsion, ce d'autant que les biens n'avaient pas été vendus[7], ou encore le commissaire de justice a pu indiquer que les biens n'avaient pas de la valeur marchande alors qu'ils en avaient ce qui n'entraîne pas la nullité du procès-verbal mais seulement la responsabilité professionnelle du commissaire de justice[8]. L'on peut d'ailleurs s'interroger sur le fait de savoir si le commissaire doit simplement indiquer que les biens ont une valeur ou si, comme l'ont proposé certains, il doit mentionner une valeur indicative[9]. La pratique semble généralement avoir opté pour la première solution et le texte ne l'interdit pas, même si cela limite le pouvoir d'appréciation du juge de l'exécution. Mais la jurisprudence sera peut-être moins souple à l'avenir dès lors qu'il n'y a plus d'audience systématique.

1. Paris, 14e ch. B, 24 mai 1996, RG n° 95/013234.
2. Civ. 1re, 31 janv. 2024, n° 22-17.117, P.
3. Aix-en-Provence, 15e ch. A, 6 mai 2005, RG n° 04/08282.
4. P. Le Fur, « L'expulsion », *Rev. huiss.* 1993. 247.
5. Civ. 1re, 13 juill. 2004, n° 02-14.061, NP.
6. Civ. 2e, 14 mai 2009, n° 08-13.848, NP, dans cette affaire, les personnes expulsées avaient procédé à la reprise avec un autre huissier de justice qui avait compté plus de meubles que dans le procès-verbal.
7. Paris, 8e ch. B, 2 sept. 2004, RG n° 04/01847.
8. Paris, 12 déc. 2024, RG n° 24/06252 – CONTRA : Aix-en-Provence, 20 déc. 2013, RG n° 11/19683 : le procès-verbal est irrégulier pour défaut de mention de la valeur marchande de biens qui en avaient manifestement.
9. PERROT et THÉRY, n° 1109.

Le procès-verbal doit ensuite indiquer, puisque la personne expulsée, comme nous le verrons, a un mois, désormais deux, pour récupérer ses meubles, et qu'il lui est fait sommation de le faire, **le lieu où les meubles se trouvent et les conditions d'accès au local.** S'il peut donc être utile de l'indiquer dans un souci de précision qui ne peut qu'être encouragé en la matière, il n'est donc pas prévu que le commissaire de justice doive indiquer pour quelle raison certains meubles ont été transportés hors du local et d'autres non. La nullité n'est pas encourue de ce fait[1]. La **mention du garde-meuble** doit en revanche être suffisamment précise pour permettre à la personne expulsée de reprendre ses biens dans les meilleurs délais et dans les meilleures conditions possibles car il est difficile de demander à une personne qui a fait l'objet d'une expulsion et se retrouve dans la quasi-totalité des cas en situation de grande précarité, de devoir faire un grand nombre de démarches pour pouvoir récupérer ses meubles, ce qui constitue, comme nous le verrons, un droit pour elle. On peut alors être surpris qu'il ait pu être considéré que la mention de l'adresse de l'entrepôt, sans mention du nom du garde-meuble ni de son numéro de téléphone, ait été jugée suffisante[2]. Nous adhérons plutôt à l'analyse d'un auteur qui considérait même que devaient être indiqués les horaires d'ouverture précis du garde-meuble[3].

Le procès-verbal comprenait en outre une **convocation devant le juge de l'exécution** pour qu'il soit statué sur le sort des meubles ainsi désignés, ce qui n'est plus le cas, pour les procès-verbaux d'expulsion dressés à compter du 1er janvier 2020.

Le procès-verbal est donc à la fois **l'acte de procédure qui matérialise la reprise des lieux** et décrit avec précision l'intégralité des diligences réalisées par le commissaire de justice, mais il ouvre également une autre phase éventuelle de la procédure, à savoir les modalités d'évacuation des meubles laissés sur place.

§ 2
Signification et information du représentant de l'État et de la Commission de coordination des actions de prévention des expulsions

0522.41 Signification à la personne expulsée. L'article R. 432-2 C. pr. exéc. prévoit ensuite que le procès-verbal doit être remis ou signifié à la personne expulsée. Remis lorsqu'elle est présente lors des opérations d'expulsion ; signifié dans les autres cas. Évidemment, dans ce dernier cas, il est extrêmement fréquent, pour ne pas dire systématique que le procès-verbal soit signifié selon les modalités prévues à l'article 659 C. pr. civ. car au moment de la signification, le débiteur n'a plus d'adresse connue. En effet, si on peut imaginer que la personne alors absente a en réalité quitté les lieux en organisant un véritable déménagement, avec changement d'adresse et en prévenant les voisins, auquel cas une signification à personne ou à domicile est envisageable, dans la majeure partie des cas, même si l'huissier est tenu d'effectuer des recherches en vue d'une signification à personne, il ne trouvera aucune adresse à laquelle signifier utilement et il procédera donc quelque peu fictivement, mais sans autre choix, à une signification à l'adresse des locaux expulsés. Il doit néanmoins, bien sûr, procéder à toute diligence pour rechercher la nouvelle adresse[4].

L'utilité de cette signification est triple. Elle peut permettre de s'apercevoir que l'occupant a finalement une nouvelle adresse, ce qui permettra éventuellement une exécution contre lui en cas d'arriéré de loyers, elle permet, même fictivement, de donner connaissance à la personne expulsée des diligences qui ont été accomplies et lui permet ainsi de contester le déroulement des opérations, et elle constituait enfin, en cas de meubles laissés sur place, une convocation en justice pour qu'il soit statué sur le sort de ceux-ci.

0522.42 Information du représentant de l'État et de la Commission de coordination des actions de prévention des expulsions. La loi du 27 juillet 2023[5] a inséré un article L. 431-3 dans le Code des procédures civiles d'exécution, qui prévoit que lorsque l'expulsion porte sur un lieu habité, le commissaire de justice doit transmettre une copie du procès-verbal d'expulsion au représentant de l'État dans le département et à la CCAPEX.

§ 3
Sanctions

0522.51 Nullité du procès-verbal : réintégration ou dommages et intérêts ? Les articles R. 432-1 et R. 433-1 C. pr. exéc. prévoient que les mentions qu'ils indiquent sont prescrites à peine de nullité. Il est régulièrement rappelé qu'il s'agit d'une **nullité de forme** et que la partie qui conteste le procès-verbal doit donc justifier d'un grief, conformément aux dispositions de l'article 114 C. pr. civ. Néanmoins, des décisions ont pu sanctionner l'absence de certai-

1. Paris, 8e ch. B, 13 févr. 1997, RG no 95/015944.
2. Paris, 8e ch. B, 16 déc. 2004, RG no 04/02643.
3. P. Le Fur, « L'expulsion », *Rev. huiss.* 1993. p. 249.
4. Civ. 2e, 10 janv. 2013, no 11-23.151, P II, no 5 ; *Loyers et copr.* 2013, no 70 ; *JCP* 2013. 142.
5. L. no 2023-668, 27 juill. 2023, préc.

nes mentions par une **nullité de fond**, comme par exemple l'absence de signature du commissaire de police et du serrurier, le procès-verbal ne comprenant que la signature de l'huissier de justice alors même que dix-huit gardiens de la paix avaient été mobilisés pour procéder à l'expulsion [1], ou encore le manque de précision quant à la désignation de la juridiction compétente pour connaître des contestations [2]. D'autres ont considéré que le grief pouvait être présumé en certains cas. Ainsi par exemple lorsque le procès-verbal ne contient aucun inventaire et est remplacé par des photographies [3].

La question se pose ensuite des **effets** d'une telle annulation lorsqu'elle est prononcée. En effet, comme il a pu être noté par certains auteurs lors de la réforme de 1991, il serait paradoxal d'ordonner la réintégration de la personne expulsée pour ensuite recommencer la procédure et la réexpulser quelques semaines plus tard [4]. Il n'y a pas de ligne claire en jurisprudence relativement aux critères retenus pour décider d'une réintégration ou de dommages et intérêts, ce d'autant que la réintégration n'est pas toujours demandée. Ainsi, pour les décisions qui avaient retenu que l'absence ou l'imprécision de certaines mentions constituaient des irrégularités de fond et avaient donc considéré qu'il s'agissait d'omissions graves, certains ont ordonné une réintégration, et d'autres condamné à des dommages et intérêts [5].

Les irrégularités de fond, telles que l'expulsion sans titre exécutoire, en période hivernale ou dans le délai de l'article L. 412-1 C. pr. exéc. ont pu donner lieu plus facilement, encore qu'avec réticence, à réintégration (v. s^s n°s 0511.91 et 0521.72). Les irrégularités de forme étant peu souvent retenues en raison de l'absence de grief, il y a peu de décisions sur ce point. On peut imaginer de moduler la sanction en fonction du préjudice subi, de la gravité du manquement constaté, de la possibilité matérielle de réintégrer, de la nécessité de le faire, ou encore de la période de l'année considérée. Il a pu toutefois être considéré de manière surprenante que malgré l'absence d'inventaire dans le procès-verbal, qui a nécessairement causé un grief à la personne expulsée, le juge de l'exécution avait pu valablement déclarer les biens abandonnés, ce qui n'avait causé aucun préjudice à la personne expulsée. La demande de dommages et intérêts qui était formulée a donc été rejetée [6].

0522.52 Objectif de reprise effective des lieux. L'objectif de cette procédure d'expulsion est, comme nous l'avons vu, la reprise effective par le propriétaire de son bien. Cela implique donc que le commissaire de justice procède à toutes sortes de diligences une fois sur place pour assurer le départ de la personne expulsée, et les relate dans le procès-verbal, mais aussi qu'il assure l'évacuation des biens de tout meuble, car fréquemment, soit que les lieux aient été quittés par le locataire, soit qu'il soit expulsé par la force, il reste des biens sur place, qui sont la propriété de l'expulsé et le restent, et sur le sort desquels il faut se pencher.

1. Paris, 8e ch. B, 10 nov. 1998, RG n° 1996/81513, *Gaz. Pal.* 7 mars 2000, n° 67, p. 2.
2. Grenoble, ch. des urgences, 7 mars 2000, RG n° 99/00442.
3. Aix-en-Provence, 6 mai 2005 (préc., v. s^s n° 0522.32).
4. J. Beauchard, « Le logement et les procédures civiles d'exécution », *RTD civ.* 1993, n° spéc. « La réforme des procédures civiles d'exécution », p. 109 s. – V. AUSSI : A. Boukris, « Les nouvelles règles applicables en matière d'expulsion », article précité, tous deux doutant du fait qu'une personne expulsée puisse arguer d'un grief du seul fait de l'omission d'une mention dans le procès-verbal d'expulsion si le reste de la procédure a par ailleurs été respecté.
5. AINSI PAR EX. : Grenoble, 7 mars 2000 (préc. s^s prés^t n°) : le JEX avait ordonné la réintégration suite au manque de précision sur le juge compétent. Si la décision est infirmée sur ce point c'est uniquement parce que les personnes expulsées ont trouvé à se reloger – Paris, 10 nov. 1998 (préc. s^s prés^t n°) : seuls des dommages et intérêts ont été accordés, s'agissant de l'absence de signature du commissaire de police et du serrurier.
6. Aix-en-en-Provence, 6 mai 2005 (préc., v. s^s n°s 0522.32 et 0522.51).

CHAPITRE

0523. Sort des meubles laissés sur place

ANNE-GAËLLE DUMAS
MAGISTRAT

SECTION 0
ORIENTEUR

0523.00 **Sommaire du chapitre.**

Division. Une fois l'expulsion effectuée, se pose la question du sort des meubles laissés sur place : les meubles peuvent être stockés pendant un délai où la reprise s'impose (sect. 1) ; à défaut ils peuvent être abandonnés ou vendus (sect. 2).

0523.01 **Textes applicables.**

• **C. pr. exéc.,** art. L. 433-1 à L. 433-3, R. 121-15, R. 433-1 à R. 433-7 et R. 442-1.

• **COJ,** art. L. 213-6.

0523.02 **Jurisprudence de référence.**

> Sort des meubles après une expulsion.

• **Civ. 2e, 5 mars 2009,** no 07-20.677, P II, no 67
* V. ss nos 0214.71, 0212.203, 0523.32

Le juge qui, appelé à statuer sur le sort des meubles après une mesure d'expulsion, décide de la mise en vente aux enchères publiques du mobilier laissé sur place, n'a pas à se prononcer sur la propriété des meubles. Dès lors, une cour d'appel qui a relevé que l'huissier de justice avait laissé sur place l'ensemble des biens garnissant les lieux et invité la personne expulsée à les retirer, puis a constaté que cette personne n'avait pas manifesté l'intention de récupérer de mobilier a, par ces seuls motifs, légalement justifié sa décision d'ordonner la vente aux enchères des meubles.

> Expulsion. Droit de la personne expulsée d'obtenir la restitution de ses effets personnels.

• **Civ. 2e, 11 avr. 2013,** nos 12-15.948 et 12-21.898, P II, no 80
* V. ss no 0523.15

La personne expulsée est en droit d'obtenir la restitution de ses effets personnels pendant le délai d'un mois à compter de la signification du procès-verbal d'expulsion et l'huissier de justice, seul responsable de l'exécution de la mesure d'expulsion, reste tenu de l'obligation de restitution.

0523.03 **Bibliographie indicative.**

* V. ss no 05.03.

Ouvrages[1]. A. Leborgne, *Droit de l'exécution*, 3e éd., « Précis », Dalloz, 2019, [opérations d'expulsion : sort des meubles], nos 2536 s. – R. PERROT et P. THÉRY, *Procédures civiles d'exécution*, 3e éd., Dalloz, 2013, [enlèvement des biens], nos 1106-1112.

Article. J.-J. Bourdillat, « Du sort des meubles dans les mesures d'expulsion », *Rev. huiss.* 2001. 355.

0523.05 **Principes posés par le Code des procédures civiles d'exécution.** Avant la loi du 9 juillet 1991, aucun texte ne régissait la matière, pas plus que l'expulsion en général d'ailleurs. Néanmoins, à l'époque et aujourd'hui encore, il est fréquent que l'huissier de justice trouve sur place des meubles appartenant ou non à la personne expulsée, et la reprise effective des lieux nécessite que le sort de ces meubles soit tranché. Non pour tenter de désintéresser le propriétaire qui aurait une créance envers l'occupant, mais avant tout pour assurer la libération effective des lieux. Avant la réforme de 1991, la reprise devait être concomitante au procès-verbal et les meubles étaient donc souvent transportés dans un garde-meuble, sans aucune certitude sur le sort des meubles ainsi distraits. Parfois même sous le constat d'un confrère, l'huissier de justice jetait, sous

1. Les ouvrages dont le nom des auteurs figure en petites capitales en bibliographie seront cités par le seul nom des auteurs en petites capitales en notes de bas de page.

sa responsabilité, les biens qu'ils estimaient sans valeur marchande ni caractère personnel[1]. La difficulté est que l'expulsion permet au propriétaire de reprendre les locaux lui appartenant, mais en revanche, il n'est pas question *a priori* d'une expropriation, et une telle décision ne peut appartenir qu'à un juge, sauf à la loi d'en décider autrement. La loi du 9 juillet 1991 (codifiée au Code des procédures civiles d'exécution) a simplifié, ou à tout le moins clarifié, la tâche des huissiers de justice en prévoyant une procédure permettant d'évacuer y compris les meubles encore présents sur place, avec, alors, l'intervention du juge naturellement compétent en matière d'exécution, à savoir le juge de l'exécution, qui est celui qui tranche le sort à réserver à ces meubles (sauf certains cas de locaux abandonnés – v. s[s] n°s 053.00 s.). Depuis la loi du 23 mars 2019[2], de programmation 2018-2022 et de réforme pour la justice, l'intervention du juge n'est plus systématique.

Ainsi, les articles L. 433-1 et L. 433-2 C. pr. exéc.[3] ont prévu que s'enclenche un dispositif supplémentaire à compter du procès-verbal d'expulsion, s'il s'avère que des meubles sont encore sur place ce jour-là. Et c'est bien de meubles dont il s'agit même si, comme le fait remarquer un auteur, le décret ne parle que de « *biens* »[4]. Et tous les meubles sont concernés : meubles appartenant au débiteur ou simplement présents sur les lieux, qu'ils soient sous sa responsabilité ou non, biens disponibles et indisponibles, même si des règles particulières s'appliquent dans ce dernier cas. L'idée du dispositif est de permettre à la personne expulsée de reprendre ces biens dans un certain délai, faute de quoi le propriétaire pourra en disposer selon la décision qui sera rendue par le juge de l'exécution sur leur sort.

0523.06 Dérogation. Cas du partenaire violent. Ont été exclues du champ d'application de ces dispositions, en application de l'article L. 433-3 C. pr. exéc., les personnes expulsées sur le fondement d'une ordonnance de protection prise par le juge aux affaires familiales (v. s[s] n° 0521.21). Avant la loi du 9 juillet 2010[5], et depuis 2004, cette exclusion valait pour les **époux violents** uniquement et elle a été étendue à tous les **partenaires ou ex-partenaires violents.** Ainsi, le commissaire de justice qui se présente pour expulser un partenaire violent sur le fondement d'une ordonnance de protection n'a pas à se préoccuper du sort des meubles de celui-ci. L'idée en effet est que le but de l'opération est l'éviction d'une personne violente et non la reprise d'un local. On ne peut que conseiller, à l'instar d'un auteur, si toutefois cela est possible eu égard au déroulement matériel de l'expulsion, de laisser la personne expulsée partir avec un minimum d'affaires et d'effets personnels pour qu'il puisse trouver à se reloger dans des conditions normales, et qu'il soit moins tenté, au motif qu'il ne disposerait pas d'affaires suffisantes, de revenir sur les lieux[6].

Mais le problème du **sort des meubles** se pose d'une manière plus générale en cas d'**expulsion d'un époux dont le domicile conjugal a été attribué à l'autre dans le cadre d'un divorce.** En ce cas, l'exclusion n'est pas prévue et les règles de l'expulsion s'appliquent. Néanmoins, comment faire pour déterminer à qui appartient tel meuble ? Surtout alors que le régime matrimonial n'est pas liquidé et qu'il peut y avoir litige sur la propriété de tel ou tel bien. Permettre à l'époux expulsé de partir avec trop est tout aussi gênant que laisser dans les lieux un époux avec tout. Une piste peut être d'**inventorier tout ce qui se trouve sur place,** à charge pour les époux de s'expliquer devant le juge de l'exécution. Mais, comme nous le verrons, celui-ci n'a pas à se soucier de la propriété des biens et liquider le régime matrimonial ne relève pas de ses compétences. Une autre est de demander à ce que l'époux requérant soit autorisé à être présent lors des opérations et qu'il puisse indiquer contradictoirement qu'est-ce qui appartient à qui. Mais là encore, il peut y avoir des débats sans fin sur la propriété des meubles. Le commissaire de justice pourra dresser un **procès-verbal de difficultés** pour en saisir le juge de l'exécution, qui ne pourra alors qu'attendre, pour statuer, la liquidation en question. Quoi qu'il en soit, l'urgence à statuer sur le sort des meubles est ici sans intérêt et une exclusion de la matière aurait pu être faite en général par le législateur puisque là aussi, l'idée et essentiellement d'expulser une personne et non ses meubles.

SECTION 1
STOCKAGE DES MEUBLES ET DÉLAI POUR LES REPRENDRE

0523.11 Cas particulier des biens indisponibles par l'effet d'une saisie antérieure. Tout d'abord, il convient d'évoquer le cas particulier des biens indisponibles, qui est prévu par les dispositions de l'article R. 433-7 C. pr. exéc., car pour ceux-ci, la procédure est particulière puisque les biens ne pourront être

1. P. Le Fur, « L'expulsion », *Rev. huiss.* 1993, spéc. p. 245.
2. L. n° 2019-222, 23 mars 2019, de programmation 2018-2022 et de réforme pour la justice, *JO* 24 mars, texte n° 2.
3. Anc. L. n° 91-650, 9 juill. 1991, portant réforme des procédures civiles d'exécution, art. 65 et 66, *JO* 14 juill.
4. J.-J. Bourdillat, « Du sort des meubles dans les mesures d'expulsion », *Dr. et proc.* 2001. 355.
5. L. n° 2010-769, 9 juill. 2010, relative aux violences faites spécifiquement aux femmes, aux violences au sein des couples et aux incidences de ces dernières sur les enfants, *JO* 10 juill., p. 12762.
6. J.-J. Bourdillat, « De l'expulsion du conjoint violent dans et après la réforme du divorce », *Dr. et proc.* 2005. 18.

vendus par le propriétaire des locaux et le débiteur, qui n'a plus, par définition, la disposition de ces biens, ne pourra pas les récupérer. En conséquence, il est prévu que l'huissier remet les biens « *à un séquestre, à moins que la personne expulsée n'indique le lieu où ils seront transportés* ». Le saisi est en effet gardien des biens saisis et c'est donc en principe à lui de désigner le lieu où ils seront transportés. Il en dresse un **inventaire dans le procès-verbal d'expulsion** avec l'indication du lieu où ils se trouvent et dénonce celui-ci au créancier saisissant. Il peut dans le même acte faire une opposition entre les mains de ce créancier pour se joindre à la saisie.

À noter que cette hypothèse ne concerne que la saisie pratiquée par un autre créancier que le propriétaire des lieux. Dans cette dernière hypothèse, la saisie peut avoir été pratiquée avant ou pendant l'expulsion. Dans ce cas, les biens saisis seront indisponibles et la personne expulsée ne pourra pas les récupérer[1]. Il n'est toutefois pas prévu de dérogation à la procédure de sort des meubles et tout se déroule alors comme prévu ci-dessous.

Ensuite, il est évident que **l'indisponibilité doit être effective et** non seulement menaçante. Ainsi, la menace de saisie par le Trésor public n'empêche pas le déroulement normal de la procédure de détermination du sort des meubles dans le cadre de la procédure d'expulsion[2]. Une fois les biens séquestrés ou transportés selon les indications du débiteur, les biens seront vendus non selon la procédure ci-dessous décrite, mais dans le cadre de la procédure de saisie-vente préalablement diligentée. Il se peut cependant qu'une partie seulement des biens ait été saisie auquel cas il faut pour le commissaire de justice parvenir à distinguer les biens saisis, ce qui est une mission ardue en pratique. Car en effet, comment savoir qu'il y a eu une saisie antérieure ? Soit la personne expulsée n'est pas présente et, à moins que le commissaire de justice n'ait lui-même pratiqué une saisie-vente pour le compte d'un autre créancier, il ne peut savoir qu'il y en a une ; soit la personne est présente et l'information ne sera pas toujours donnée, par rétention d'information ou parce que le débiteur lui-même, parfois surendetté, sera incapable de savoir si des biens sont saisis et par qui. En pratique donc, la situation se présente fort peu.

0523.12 Actes préparatoires : inventaire et sommation de reprendre les biens. Comme nous l'avons vu, la **présence de biens sur place lors des opérations d'expulsion** déclenche une phase supplémentaire sur le sort de ceux-ci. Ainsi, dès le procès-verbal d'expulsion, le commissaire de justice doit procéder à des diligences additionnelles et les indiquer sur ledit procès-verbal. Il doit tout d'abord dresser un **inventaire précis des biens restés sur place,** comme le prévoient les articles L. 433-1 et R. 433-1 C. pr. exéc. (v. s[s] n° 0522.32). Dans ce même procès-verbal, il était fait, lorsqu'il était antérieur au 1er janvier 2020, « *sommation à la personne expulsée, en caractères très apparents, d'avoir à les retirer dans le délai d'**un mois** non renouvelable à compter de la signification de l'acte, faute de quoi les biens qui n'auront pas été retirés pourront être, **sur décision du juge,** vendus aux enchères publiques ou déclarés abandonnés selon le cas* », et pour le procès-verbal postérieur à cette date, « *sommation [...] d'avoir à les retirer dans le délai de **deux mois** non renouvelable à compter de la remise ou de la signification de l'acte, faute de quoi les biens qui n'auront pas été retirés seront vendus aux enchères publiques dans le cas où l'inventaire indique qu'ils paraissent avoir une valeur marchande ; dans le cas contraire, les biens seront **réputés** abandonnés* ». La personne est donc clairement avertie de ses droits et devoirs. Elle doit retirer les meubles dans un certain délai. Elle risque, si elle ne le fait pas, de voir ceux-ci vendus ou évacués. Et, avant 2020, la convocation devant le juge suivait dans l'acte puisqu'il lui était indiqué ensuite qu'elle devait comparaître devant le juge de l'exécution (JEX) à telle date pour qu'il soit statué sur le sort des biens qui n'auraient pas été retirés avant le jour de l'audience. Et l'on voyait déjà un hiatus dans le texte puisqu'il était question des biens non repris dans le délai d'un mois dans le premier cas et de ceux non repris avant l'audience du JEX dans le deuxième item.

0523.13 Transport et stockage des meubles. L'article L. 433-1 C. pr. exéc. prévoit que « *les meubles se trouvant sur les lieux sont remis, aux frais de la personne expulsée, en un lieu que celle-ci désigne. À défaut, ils sont laissés sur place ou entreposés en un autre lieu approprié et décrits avec précision par le commissaire de justice chargé de l'exécution avec sommation à la personne expulsée d'avoir à les retirer dans un délai fixé par voie réglementaire* ». Plusieurs hypothèses sont donc possibles.

Soit la personne expulsée est présente, et elle est prête et en mesure de déménager ses meubles et elle le fait, soit elle sait où elle veut faire transporter ses meubles, mais n'a pas organisé matériellement ce transport, auquel cas elle peut indiquer au commissaire de justice qu'elle souhaite que les meubles soient transportés en ce lieu. Mais cela implique pour elle de régler les frais du déménagement et éventuellement du garde-meuble, faute de quoi le commissaire de justice pourra bien évidemment refuser le transport dans le lieu désigné. Cette première option est la possibilité offerte à la personne expulsée de récupérer immédiatement ses biens le jour même de l'expulsion. Si cette situation se présente, en réalité, la

1. Civ. 2e, 21 mars 2019, n° 18-11.971, P ; *D.* 2019. 1306, obs. A. Leborgne.
2. Paris, 8e ch. B, 17 janv. 2002, RG n° 2001/09537 (à noter que dans cette affaire, la personne expulsée avait d'ailleurs été condamnée à une amende civile).

problématique du sort des meubles est résolue et la procédure s'arrête là. Le commissaire de justice n'a pas même à dresser un inventaire des biens, puisque le local sera bien vidé et les meubles repris par la personne expulsée à l'issue des opérations. L'article R. 433-1 C. pr. exéc., qui prévoit des mentions supplémentaires dans le procès-verbal d'expulsion, ne vise en effet logiquement pas cette situation.

Soit la personne expulsée est présente mais n'a pas les moyens de faire déménager ses meubles, soit elle est absente. En ces cas, c'est le commissaire de justice qui choisit le lieu où les biens seront entreposés durant le délai de reprise d'un mois. À vrai dire, la question s'est posée durant les débats parlementaires sur le fait de savoir si le créancier devait donner son accord dans ce choix mais cette idée a été abandonnée en raison du mandat qui lie le commissaire de justice au propriétaire. Si le commissaire a le moindre doute sur l'exécution du mandat qui le lie à celui-ci, il pourra utilement l'interroger sur ce point en effet. L'option qui s'offre au commissaire de justice est la suivante. Soit il laisse les meubles sur place, soit il les fait transporter dans un lieu approprié.

Tout d'abord, en l'absence de l'occupant, le commissaire de justice n'a pas à rechercher par tout moyen si la personne expulsée souhaite que ses biens soient transportés dans un lieu désigné à ses frais, comme il est prévu à la première phrase de l'article L. 433-1 C. pr. exéc., puisque c'est dès la délivrance du commandement de quitter les lieux que la personne expulsée doit en réalité s'organiser pour libérer les lieux[1]. Ensuite, la Cour de cassation a, dans une décision du 13 juillet 2006[2], indiqué qu'aucune disposition légale n'imposait à l'huissier de justice de procéder au retrait des meubles en une seule fois. Dans cette espèce, l'huissier avait dressé un premier procès-verbal d'expulsion le 16 octobre, puis, ayant « oublié » la cave à vin, un second acte intitulé « *procès-verbal d'enlèvement complémentaire au procès-verbal d'expulsion en date du 16 octobre* ». Or, il ne ressort pas de la lecture de la décision que ce second acte ait donné lieu à signification, ou encore qu'il ait comporté les mentions prévues à l'article R. 433-1 C. pr. exéc. Si on ne peut qu'être d'accord avec le principe énoncé par cette décision, qui permet à l'huissier de procéder en plusieurs fois, surtout si les locaux sont vastes et encombrés, en revanche, on peut émettre une réserve si l'acte ne remplit pas les conditions de forme du procès-verbal d'expulsion. Ainsi, le tout doit à notre sens être correctement signifié à la personne expulsée. On peut également remarquer que rien n'impose à l'huissier de justice de se déplacer avec les meubles. Il doit simplement organiser leur transfert et indiquer le lieu où ils sont transportés[3]. Se pose ensuite la question de savoir ce qu'est un lieu approprié. En effet, l'article L. 433-1 C. pr. exéc. considère tout d'abord que le local expulsé est un lieu approprié[4] puisqu'il indique que les biens sont laissés sur place ou entreposés en « *un autre lieu approprié* ». En pratique, les biens sont souvent transportés dans un garde-meuble ou dans un local dont le propriétaire dispose à cette fin, notamment les bailleurs sociaux. Il a pu être considéré que le garde-meuble ne constituait pas un lieu approprié au sens de ce texte, ou plutôt dans l'esprit de ce texte, en raison de son caractère onéreux[5].

0523.14 Coût et charge des frais afférents au transport et au stockage. En application des dispositions générales de l'article L. 111-8 C. pr. exéc., les frais de transport et de gardiennage sont à la charge de la personne expulsée, sous réserve que ceux-ci soient justifiés, ce qui n'est pas le cas si le propriétaire refuse indûment la restitution des meubles[6].

0523.15 Droit et devoir de l'expulsé de reprendre ses biens dans le délai indiqué au procès-verbal. Cette période de stockage a pour finalité la reprise des biens par la personne expulsée. En effet, il est prévu par les articles L. 433-1 et L. 433-2 C. pr. exéc. que la personne expulsée a un délai pour reprendre les meubles, faute de quoi, avant 2020, sur autorisation du JEX, ils pourront être vendus, ou déclarés abandonnés, et après 2020, sans autorisation du juge, vendus ou réputés abandonnés. L'article R. 433-2 C. pr. exéc. fixait ce **délai**, pour les expulsions antérieures au 1er janvier 2020, **à un mois non renouvelable à compter de la signification du procès-verbal d'expulsion**, et pour les expulsions postérieures à cette date, à **deux mois non renouvelables avec le même point de départ.** En effet, les biens restant sur place restent la pleine et entière propriété de leur propriétaire, personne expulsée ou non, et le procès-verbal d'expulsion n'a nullement pour effet de les rendre indisponibles, ni même d'en transférer la propriété à la personne procédant à l'expulsion. À moins qu'ils ne soient rendus indisponibles par l'effet d'une saisie-vente ou conservatoire pratiquée par le

1. Civ. 3e, 2 juin 1999, no 97-13.776, NP.
2. Civ. 2e, 13 juill. 2006, no 04-19.322, NP ; *Dr. et proc.* 2007. 37, obs. J.-J. Bourdillat.
3. P. Le Fur, « L'expulsion », *Rev. huiss.* 1993. 247.
4. Sur une critique de cette possibilité considérée comme « ubuesque » par l'auteur, qui considère que laisser les biens dans les lieux que l'on vient d'expulser constitue une dangereuse fiction qui peut inciter la personne expulsée à se réinstaller dans ceux-ci : J.-J. Bourdillat, « Du sort des meubles dans les mesures d'expulsion », spéc. p. 359-360 (préc., v. ss no 0523.05).
5. Perrot et Théry, no 1108.
6. Civ. 2e, 28 juin 2006, no 04-19.165, NP ; *Procédures* 2006, no 234, obs. R. Perrot – v. aussi, pour un exemple de frais de garde-meubles injustifiés : Paris, 8e ch. B, 29 mars 2007, RG no 06/15113.

bailleur ou un autre créancier, la personne expulsée doit donc pouvoir reprendre ces biens.

Et la jurisprudence est très claire à ce sujet : il s'agit d'un droit pour elle auquel le propriétaire ne peut pas déroger, directement ou indirectement. Ainsi, peu de temps après l'entrée en vigueur de la loi du 9 juillet 1991, il était décidé par les juridictions du fond que l'huissier de justice commettait une faute s'il dissimulait le lieu où les meubles étaient entreposés[1] et que la personne expulsée avait un véritable droit à reprendre ses meubles[2]. Et la Cour de cassation a eu l'occasion de l'affirmer à son tour, dans un arrêt du 9 juillet 2003, qui énonce que le propriétaire, qui invoquait un droit de rétention en raison de l'arriéré de loyers, « *n'était pas fondé, après avoir fait sommation à (la locataire) de retirer ses meubles et objets personnels, à prétendre simultanément lui interdire l'accès aux locaux pour récupérer des objets restants y compris ses souvenirs personnels* »[3]. Il ne peut non plus indirectement priver la personne expulsée de cet accès aux locaux, par exemple en transportant les meubles dans un local situé à plus de cent cinquante km du lieu de l'expulsion, alors même, note l'arrêt, qu'il existait plus de quarante-huit entreprises de garde-meuble à moins de vingt-cinq km de ce lieu. En raison des très faibles ressources de la personne expulsée, qui a très clairement manifesté son souhait de reprendre ses biens, cette distance a empêché celle-ci de le faire[4]. Avant ces décisions, il avait pu être décidé que le propriétaire des locaux pouvait opposer un droit de rétention sur les meubles tant que la personne expulsée n'avait pas acquitté les frais de garde-meuble[5]. Une telle décision, qui était déjà discutable eu égard à la définition du droit de rétention, est remise en cause à double titre : par la jurisprudence très claire de la Cour de cassation précitée en ce qu'elle crée un droit de la personne expulsée à reprendre les meubles et une obligation pour le bailleur d'assurer cette reprise, et par les dispositions de l'article 2286 modifié du Code civil, dans sa rédaction issue de la réforme des sûretés, qui délimite la notion de droit de rétention auquel le propriétaire ayant réglé les frais de déménagement ne répond nullement.

Mais la personne expulsée a-t-elle également un **devoir de reprendre ses meubles dans ce délai ?** Autrement posée la question est la suivante : le propriétaire et donc le commissaire de justice peut-il s'opposer à ce que la personne expulsée vienne reprendre ses meubles au-delà de ce délai, voire d'ailleurs après la décision du juge de l'exécution statuant sur leur sort, mais non encore exécutée ? On peut en douter. En effet, le texte des articles L. 433-1 et L. 433-2 C. pr. exéc., qui évoquent ce délai, ne parle nullement d'un éventuel transfert de propriété automatique, ni d'indisponibilité des meubles. Ils sont certes gardés par le propriétaire des locaux mais il n'a aucun droit sur eux, sauf à avoir pratiqué une saisie dessus. Les textes eux-mêmes étaient ambigus sur ce point puisque l'article 66 (devenu C. pr. exéc., art. L. 433-2), indiquait qu'à l'issue du délai, les biens étaient mis en vente sur autorisation du juge. Pour ceux des biens qui n'auraient pas de valeur, le juge pouvait, simple faculté, les déclarer abandonnés. Que se passait-il s'il ne le faisait pas ? Et pourquoi cette option ? L'article 201 du décret de 1992 (devenu C. pr. exéc., art. R. 433-1) permettait également quelques hésitations dans la mesure où il était fait sommation à la personne expulsée d'avoir à retirer ses meubles dans le délai d'un mois « *faute de quoi les biens qui n'auront pas été retirés seront* [formule impérative], *sur décision du juge, vendus aux enchères ou déclarés abandonnés* », tandis qu'elle est convoquée pour qu'il soit statué sur le sort des meubles « *qui n'auraient pas été retirés avant le jour de l'audience* ». Or, il se peut que l'audience se tienne plus d'un mois après signification du procès-verbal. Mais alors pourquoi avoir indiqué que le délai était non renouvelable ? À l'occasion de la codification des textes relatifs aux procédures civiles d'exécution et plus particulièrement de ces dispositions, les textes ont légèrement été clarifiés puisque, ensuite, l'article R. 433-1 prévoyait que les meubles non retirés « *pourront être* » vendus, ce qui était plus conforme au texte de la loi. Le juge avait une marge de manœuvre et les parties aussi. À notre sens, la personne expulsée pouvait en réalité retirer ses meubles tant qu'ils n'avaient pas été déclarés abandonnés ou effectivement vendus puisque dans le premier cas, il s'agit d'une sorte d'expropriation prononcée par le juge, et dans le second cas, la vente étant simplement autorisée et les biens restant disponibles, seule la vente pouvait opérer transfert de propriété[6]. Mais depuis la loi du 23 mars 2019, qui a supprimé le passage systématique devant le juge, il est indiqué qu'« *il est procédé à la mise en vente* » des biens ayant une valeur « *à l'expiration du délai* » et que les autres biens « *sont réputés abandonnés* ». Le couperet est plus net pour ce qui est de l'abandon, l'expropriation résulte automatiquement de la loi à l'issue du délai. Pour ce qui

1. Versailles, 14e ch. civ., 20 mai 1994, *Juris-Data* no 606412, *Gaz. Pal.* 1994. Somm. 767.
2. TGI Paris, JEX, 26 juin 1995, RG no 95/945, *BICC* 1er févr. 1996, no 1314.
3. Civ. 3e, 9 juill. 2003, no 01-11.709, NP ; *Dr. et proc.* 2004. 33, obs. J.-J. Bourdillat – V. AUSSI : Civ. 2e, 11 avr. 2013, nos 12-15.948 et 12-21.898, P II, no 80, pour des effets personnels qui avaient fait l'objet de saisies mobilières.
4. Paris, 29 mars 2007, 8e ch. B, RG no 06/15113.
5. Bourges, 29 août 2000, RG no 99/01454.
6. SUR CE SUJET, v. P. Le Fur, spéc. p. 249 (préc., v. ss no 0523.13) : l'auteur considère que la personne expulsée peut reprendre les biens tant qu'ils ne sont pas effectivement jetés ou vendus.

est de la vente, on peut encore hésiter sur le fait que la personne expulsée puisse récupérer ses meubles si le commissaire de justice tarde à organiser la vente.

En pratique, si la personne expulsée souhaite reprendre les meubles, elle devra se rendre sur le lieu de stockage des meubles si ceux-ci ont été transportés hors du local expulsé ou bien prendre contact avec le commissaire de justice pour déménager ses meubles si ceux-ci se trouvent encore dans ce local. C'est bien entendu à elle d'organiser ce déménagement et le commissaire de justice doit lui permettre, si les biens sont restés sur place, d'accéder à ceux-ci. Si la présence du commissaire de justice n'est pas prévue par les textes et qu'aucun acte spécifique n'est prévu à ce titre, celle-ci pourra être utile, notamment dans des cas conflictuels ou en cas de risque de réinstallation de la personne expulsée dans les lieux.

SECTION 2
SORT DES MEUBLES : ABANDON OU VENTE

§ 1
Pour les procès-verbaux d'expulsion dressés avant le 1er janvier 2020

A.
Systématisation du passage devant le juge de l'exécution

0523.21 **Obligation d'obtenir une décision judiciaire sur le sort des meubles.** Comme nous l'avons vu, avant la loi du 9 juillet 1991 (codifiée au Code des procédures civiles d'exécution), l'huissier de justice procédait souvent, sous sa seule responsabilité au débarras des meubles, sans intervention judiciaire. Depuis ladite loi, le passage devant le juge avait été systématisé dès lors qu'il y a sur place des meubles. Ainsi, il était prévu à l'article L. 433-2 C. pr. exéc. que « *sur autorisation du juge* », les biens pouvaient être vendus. C'était également lui qui pouvait « *déclarer abandonnés les biens qui ne sont pas susceptibles d'être vendus* ». Ainsi l'huissier ne pouvait pas se passer d'une autorisation judiciaire pour débarrasser les meubles en les emmenant à la décharge publique, sous prétexte qu'ils étaient en très mauvais état[1].

0523.22 **Compétence du juge de l'exécution.** C'était, selon le texte de l'article 66 de la loi du 9 juillet 1991 (devenu C. pr. exéc., art. L. 433-2), non seulement le **juge de l'exécution,** mais celui **de situation des meubles,** qui était compétent pour statuer sur le sort de ceux-ci. L'article R. 433-1 C. pr. exéc.[2] parlait quant à lui du JEX du lieu de situation de l'immeuble, appliquant ici le critère de compétence posé par l'article R. 442-1 C. pr. exéc.[3] qui prévoit qu'en matière d'expulsion, c'est le juge de situation de l'immeuble qui est compétent. Cette divergence dans les textes ne posait en général pas difficulté puisque les meubles sont souvent laissés sur place ou remisés dans un lieu proche, qui reste dans le ressort du même tribunal. Mais on peut imaginer que les biens sont transportés dans un ressort limitrophe, voire qu'une partie des biens est transportée dans ce ressort limitrophe et le reste laissé sur place et cela compliquait quelque peu la détermination de la juridiction territorialement compétente. L'article 66 de la loi de 1991, désormais codifié à l'article L. 433-2 C. pr. exéc. a été modifié pour réparer cette erreur et clarifier les choses. Tout d'abord, il n'est plus question de JEX car, lorsqu'on est dans le cadre d'une mesure d'expulsion, c'est nécessairement lui qui est compétent sur le fondement des dispositions de l'article L. 213-6 du COJ. Et la compétence territoriale, qui relève au demeurant du domaine réglementaire, n'est plus précisée. On retombe donc bien sur le droit commun de l'expulsion, à savoir la compétence du JEX du lieu de situation de l'immeuble (v. ss no 0541.21).

0523.23 **Convocation devant le juge de l'exécution.** Afin d'assurer la systématisation du passage devant le JEX et éviter la délivrance de nombreux actes, voire d'assurer sa remise à personne, dans une procédure où il sera difficile de le faire une fois la personne expulsée, l'article R. 433-1, 4° C. pr. exéc. prévoyait que le procès-verbal qui est signifié à la personne expulsée contenait « *convocation de la personne expulsée d'avoir à comparaître devant le juge de l'exécution du lieu de la situation de l'immeuble à une date déterminée qui ne peut être antérieure à l'expiration du délai imparti au 3o afin qu'il soit statué sur le sort des biens qui n'auraient pas été retirés avant le jour de l'audience* [...] ». Le procès-verbal valait donc convocation. Et le juge était ensuite saisi par le dépôt au greffe d'une copie dudit procès-verbal (C. pr. exéc., art. R. 433-3).

0523.24 **Déroulement de l'audience.** Tout d'abord, il était prévu que « *si tous les biens ont été retirés avant le jour prévu pour la date de l'audience, le propriétaire du local est tenu d'en informer le juge par tout moyen écrit ou par déclaration au greffe* ». Le

1. Bordeaux, 8 févr. 2000, RG no 97/01890.

2. Anc. Décr. no 92-755, 31 juill. 1992, instituant de nouvelles règles relatives aux procédures civiles d'exécution pour l'application de la loi no 91-650 du 9 juillet 1991 portant réforme des procédures civiles d'exécution, art. 201, *JO* 5 août.

3. Anc. Décr. no 92-755, 31 juill. 1992, art. 209.

propriétaire pouvait donc et devait donc en quelque sorte se désister de sa demande avant l'audience lorsque les biens avaient été retirés. Il n'était prévu aucune sanction à cette obligation, qui avait vraisemblablement été prévue pour inciter les propriétaires à éviter qu'une décision ne soit prise qui ne pourrait plus être exécutée. Car il n'était pas dit ce que le juge en faisait. Il fallait bien qu'il se dessaisisse. Par une décision de caducité ? De désistement ? En ce cas, il le ferait à l'audience alors pourquoi imposer à l'huissier de le faire avant ?

Si la personne expulsée n'avait pas retiré ses meubles avant l'audience, celle-ci se déroulait donc, en général avec simplement un représentant du propriétaire puisque le procès-verbal d'expulsion est souvent signifié par procès-verbal de recherches infructueuses. Le juge pouvait toutefois décider d'entendre l'huissier de justice (C. pr. exéc., art. R. 433-3), notamment s'il avait un doute sur la valeur des biens.

À l'issue, il n'était pas rare que la décision soit rendue sur le siège, ou à bref délai.

B.
Contenu de la décision du juge de l'exécution

0523.31 Appréciation de la valeur marchande des biens : autorisation de vente ou déclaration d'abandon. Le juge pouvait décider soit d'autoriser la vente aux enchères des biens si ceux-ci étaient susceptibles d'être vendus ou les déclarer abandonnés dans le cas contraire. Il fallait donc déterminer si les biens étaient « *susceptibles d'être vendus* », ou, ce qui semble être équivalent dans le décret, s'ils avaient une « *valeur marchande* ». Sur ce point, le contenu de l'inventaire est important puisque c'est lui qui indique au juge ce qui semble avoir de la valeur marchande ou pas (v. s[s] n° 0522.32). Le juge peut également entendre l'huissier s'il a besoin de précisions. Il lui revient *in fine* de déterminer ce qui a de la valeur marchande, et c'est une appréciation qui appartient souverainement aux juges du fond. La Cour de cassation a pu toutefois décider, dans un arrêt du 4 octobre 2007 qu'il peut être considéré que des biens sont dépourvus de valeur marchande lorsque ceux-ci n'ont pas une valeur suffisante pour couvrir les frais d'une vente publique[1]. C'est d'ailleurs sans doute l'esprit de la loi qui ne parle pas de « *valeur marchande* » mais de biens « *susceptibles d'être vendus* ».

0523.32 Le juge ne statue pas sur la propriété des biens. Puisque les biens se trouvant sur place n'appartiennent pas forcément à l'occupant, qui peut les détenir à plusieurs titres, mais qui doit quoi qu'il en soit les retirer des lieux pour assurer la libération effective de ceux-ci, s'est posée la question de savoir si le JEX pouvait statuer sur la propriété des biens et donc faire éventuellement droit à une revendication exercée par un tiers. À cette question la Cour de cassation a répondu par un arrêt du 5 mars 2009, qu'il ne lui appartient pas de trancher la question de la propriété des meubles[2]. Autrement dit, le JEX peut ordonner la vente de biens dont il est argué qu'ils ne sont pas la propriété de la personne expulsée. Et ce parce que le propriétaire des lieux a le droit d'obtenir exécution de la décision qui lui permet de reprendre son bien libre de toute occupation. Il appartient à l'occupant, qui détient ces biens, éventuellement pour autrui, d'en assurer la reprise effective.

0523.33 Octroi de délais supplémentaires à la personne expulsée ? Ou que se passe-t-il à l'issue du délai d'un mois ? Là encore, la différence de vocabulaire entre la loi et le décret permettait de douter des limites de l'intervention du JEX. En effet, l'article 66 de la loi de 1991 (devenu C. pr. exéc., art. L. 433-2) indiquait : « *il est procédé* » à la vente forcée des biens, sur « *autorisation* » du juge. Celui-ci pouvait par ailleurs déclarer abandonnés les biens qui n'étaient pas susceptibles d'être vendus. L'article 206 du décret (devenu C. pr. exéc., art. R. 433-5) était quant à lui plus directif puisqu'il disposait que « *si les biens laissés sur place ou déposés en un lieu approprié ont une valeur marchande, le juge décide qu'ils seront mis en vente aux enchères publiques* ». L'article 207 du décret susmentionné (devenu C. pr. exéc., art. R. 433-6) également en ce qu'il prévoyait que « *les biens n'ayant aucune valeur marchande sont déclarés abandonnés* ». Dans la loi, le juge semblait avoir une simple faculté et d'autoriser la vente et de déclarer les biens abandonnés, tandis que dans le décret, la sanction était automatique : dès lors qu'il constatait que les biens avaient de la valeur, il décidait leur vente, ce qui ressemblait fortement à un ordre, et dans le cas contraire, il les déclarait abandonnés. La souplesse prévue par la loi n'existait pas dans le décret, ce qui n'aurait pas eu d'importance, car, que décider d'autre, si certaines personnes ne demandaient des délais supplémentaires pour retirer leurs meubles. Certaines décisions en accordent[3] et, étant donné qu'il semble que le législateur ait voulu en réalité laisser à la personne expulsée jusqu'à assez tard dans la procédure pour reprendre les meubles (v. s[s] n° 0523.15), de telles décisions apparaissent possibles, si on fait abstraction bien sûr les termes de l'article R. 433-2 C. pr. exéc. qui prévoit un délai d'un mois « non renouvelable » pour reprendre les meubles. À l'occa-

1. Civ. 2e, 4 oct. 2007, n° 06-16.685, P II, n° 224 ; *Procédures* 2008, n° 10, note R. Perrot ; *Gaz. Pal.* 2008, n° 274, p. 18.

2. Civ. 2e, 5 mars 2009, n° 07-20.677, P I, n° 67 ; *Dr. et proc.* 2009. 221, obs. F. Vinckel ; *Procédures* 2009-5, n° 147, obs. R. Perrot ; *Gaz. Pal.* 2009, n° 288, p. 17.

3. PAR EX., Paris, 8e ch. B, 29 mars 2007, RG n° 06/15113.

sion de la codification des textes relatifs aux procédures civiles d'exécution, les termes de la partie législative et de la partie réglementaire ont été mis en cohérence sur ce point. Ainsi, désormais, les articles R. 433-5 et R. 433-6 C. pr. exéc. ne donnent plus un ordre au juge mais lui permettent simplement de décider de l'abandon, de la vente, voire de prendre une autre décision.

C. Effets de la décision du juge de l'exécution

0523.41 Signification préalable. Comme toute décision du JEX, celle-ci est en principe notifiée par le greffe (C. pr. exéc., art. R. 121-15), mais en la matière, puisque la personne expulsée n'a en général plus d'adresse connue, il est fréquent que la décision soit finalement signifiée par le propriétaire, avant d'être mise à exécution. La décision est susceptible d'appel dans les **quinze jours** de sa notification, là encore comme toute décision du juge de l'exécution malgré son caractère immédiatement exécutoire puisque l'appel n'est pas suspensif, sauf à demander au premier président de la cour d'appel un sursis à exécution s'il existe des moyens sérieux d'annulation ou de réformation.

Le juge va dans sa décision décider soit de la vente forcée des biens, soit de leur abandon, avec un sort particulier réservé aux papiers et documents de nature personnelle.

0523.42 Vente forcée. S'il décide de la vente forcée, il ne fait en principe, et c'est ici le principe posé par la loi (sur ce point, v. s^s n° 0523.15) que l'autoriser, ce qui ne signifie pas que le propriétaire peut librement user des meubles ou les débarrasser et que l'exécution n'est qu'optionnelle, mais à notre sens que, la personne expulsée n'ayant pas perdu la propriété ni la disponibilité de ces meubles, peut entendre les reprendre même après la décision du juge, auquel cas la vente n'aura plus lieu d'être.

Si elle ne le fait pas, l'article R. 433-5 C. pr. exéc. prévoit les modalités de cette vente. Il est renvoyé aux règles de la vente forcée sur saisie-vente (v. s^s n°s 0716.05 s.) [1]. Néanmoins, puisque l'objectif premier de cette vente n'est pas le désintéressement du propriétaire des lieux de son éventuelle créance contre l'occupant, mais la libération effective et définitive des lieux, il n'est tout d'abord pas prévu que l'occupant puisse demander une vente amiable. Soit il reprend les biens, soit ils sont vendus aux enchères. Ensuite, il est expressément prévu que même les biens qui sont insaisissables par leur nature peuvent être vendus. Et pour cause, puisqu'ils ne sont pas saisis-vendus, mais vendus pour un autre motif. Tout bien est ainsi « *expulsable* » [2], sauf s'il a préalablement été saisi, auquel cas il est indisponible (v. s^s n° 0523.11). Avant la vente, l'huissier dressera un nouvel inventaire, de récolement.

L'article L. 433-2 C. pr. exéc. prévoit ensuite que « *Le produit de la vente est remis à la personne expulsée après déduction des frais et de la créance du bailleur* ». L'article R. 433-5 C. pr. exéc. ajoute que « *le produit de la vente, après déduction des frais et s'il y a lieu du montant de la créance du bailleur, est consigné auprès de la Caisse des dépôts et consignations au profit de la personne expulsée qui en est informée par l'officier ministériel chargé de la vente au moyen d'une lettre recommandée avec demande d'avis de réception adressée à sa demeure actuelle ou, si celle-ci est inconnue, au lieu de son dernier domicile* ». Le produit de la vente sert donc tout d'abord à payer les frais de la procédure et à désintéresser le propriétaire du local s'il est également créancier de l'occupant, ne serait-ce que d'indemnités d'occupation. Ce n'est que s'il reste quelque chose que les fonds reviennent à l'occupant, qui sera ainsi indemnisé de la perte de ses biens ou, en quelque sorte, de ceux d'autrui, à charge alors pour lui de reverser cette somme aux propriétaires des meubles ainsi vendus. Si le décret prévoit une procédure de nature à prévenir la personne expulsée de la consignation à la Caisse des dépôts et consignations, des fonds lui revenant, il n'est pas prévu de délai maximal dans lequel la personne expulsée peut récupérer les fonds. On peut donc s'interroger sur la fin d'une telle consignation sachant que la question est purement théorique puisque dans la grande majorité des cas, les biens sont sans grande valeur et les arriérés de loyers et d'indemnités d'occupation d'un montant bien supérieur.

0523.43 Déclaration d'abandon. Le juge peut déclarer par ailleurs les biens non susceptibles d'être vendus, abandonnés. À noter que le juge ne constate pas leur abandon car il peut s'agir d'une fiction juridique puisque l'occupant peut souhaiter récupérer les biens mais n'avoir pas les moyens de leur déménagement. Mais quels sont les effets d'une telle déclaration ? D'après certains, les biens deviennent ainsi des *res derelictae* dont n'importe qui pourra se rendre propriétaire par occupation [3]. À partir de ce moment-là, on pourrait donc considérer que la personne expulsée ne peut plus les récupérer. Mais le

1. Pour la question de la vente des biens meubles ayant une valeur marchande, non retirés dans le délai de deux mois à compter de la signification du procès-verbal d'expulsion, alors que la société fait l'objet d'une procédure collective, v. M. Aressy et O. Salati, « Le coin du praticien », *RCJPP* 2024. 44.

2. J.-J. Bourdillat, « Du sort des meubles dans les mesures d'expulsion » (préc., v. s^s n° 0523.05).

3. Perrot et Théry, n° 1112.

propriétaire n'a pas nécessairement intérêt à s'y opposer puisqu'il a intérêt à ce que les locaux soient effectivement libérés, ou à ne plus régler d'éventuels frais de garde-meuble. Mais la question se pose tout de même puisqu'il ne faut pas oublier que des biens ayant une certaine valeur peuvent être déclarés abandonnés puisque le critère de répartition retenu par la Cour de cassation est l'absence de valeur suffisante pour faire face au coût d'une vente forcée. Ainsi, un téléviseur écran plat en bon état ne peut pas être vendu aux enchères, mais a une valeur vénale non négligeable. Le propriétaire pourra alors en théorie, mais cela est quelque peu choquant si l'occupant se manifeste, le conserver ou en faire cadeau. L'idée de cette déclaration d'abandon est que le propriétaire ne doit pas faire un profit sur ce bien en le vendant. Après, le texte est silencieux et ce silence a pu être remplacé un temps par une suggestion dans les décisions des juges de l'exécution de donner les biens à une association caritative par exemple. Mais celles-ci se déplaçant de moins en moins pour reprendre des meubles souvent en mauvais état, la suggestion est moins de mise. Le propriétaire pourra donc soit les jeter à la décharge, soit, comme nous l'avons vu, les conserver, soit, pour le cas où il en trouve une intéressée, donner les affaires à une association caritative.

0523.44 **Cas particulier des papiers et documents de nature personnelle.** L'article R. 433-6 C. pr. exéc. prévoit toutefois une exception à cette déclaration d'abandon, qui n'a qu'un effet différé pour les « *papiers et documents de nature personnelle* », soit les relevés de banque, papiers d'identité, documents médicaux, correspondances, carnet secret, *etc.* Il est prévu que ces biens sont placés sous enveloppe scellée et conservés pendant deux ans par l'huissier de justice. Là encore, l'idée étant que la personne expulsée vienne les récupérer, la personne expulsée en est informée par lettre recommandée avec demande d'avis de réception à son adresse actuelle ou à sa dernière adresse connue. À noter qu'il ne s'agit pas d'une signification, même si l'on sait que la lettre va revenir avec la mention « *boîte non identifiable* ».

À l'issue de ce **délai de deux ans**, l'huissier de justice pourra détruire ces documents, mais il lui faudra dresser un procès-verbal faisant mention des documents officiels et des instruments bancaires, qui, rappelons-le, restent la propriété de leurs émetteurs.

§ 2
Pour les procès-verbaux d'expulsion dressés après le 1er janvier 2020

0523.51 **Procès-verbal d'expulsion dressé après le 1er janvier 2020.** Depuis la loi du 23 mars 2019, l'intervention du juge pour statuer sur le sort des meubles laissés sur place n'est plus systématique mais uniquement sur contestation et le décret du 26 septembre 2019[1] en a tiré les conséquences[2].

Ainsi, l'article L. 433-2 C. pr. exéc. prévoit désormais, comme nous l'avons vu, qu'« *à l'expiration du délai imparti, il est procédé à la mise en vente aux enchères publiques des biens susceptibles d'être vendus. Les biens qui ne sont pas susceptibles d'être vendus sont réputés abandonnés* ». Il prévoit ensuite toujours que le solde du produit de la vente est remis à la personne expulsée. C'est donc désormais la loi qui prévoit que les meubles sont vendus, sur l'initiative du commissaire de justice donc, ou directement « réputés » abandonnés.

Les articles R. 433-1 et suivants déroulent donc ensuite une procédure différente de celle précédemment décrite puisque ce n'est que sur contestation de la valeur des biens que le juge interviendra désormais.

Ainsi, le procès-verbal d'expulsion ne comporte plus de convocation devant le JEX pour qu'il soit statué sur le sort des meubles, mais des informations relatives à un recours possible. En effet, désormais, il est mentionné la « *possibilité, pour la personne expulsée, de contester l'absence de valeur marchande des biens, à peine d'irrecevabilité dans le délai d'un mois à compter de la remise ou de la signification de l'acte* » et est indiqué « *le juge de l'exécution territorialement compétent pour connaître de la contestation* ». En principe, il appartient au juge de vérifier le respect de ce délai d'office. L'article R. 433-3 précise enfin que la saisine du juge « *suspend le délai de deux mois mentionné à l'article R. 433-2 au terme duquel les biens déclarés sans valeur marchande sont réputés abandonnés* », ce qui est prudent, faute de quoi le recours deviendrait sans objet le jour de l'audience dans la majeure partie des cas.

Les conditions de la vente forcée pour les biens ayant une valeur marchande sont inchangées, de même que le sort des papiers et documents personnels.

1. Décr. n° 2019-992, 26 sept. 2019, portant application des articles 14 et 15 de la loi n° 2019-222 du 23 mars 2019 de programmation 2018-2022 et de réforme pour la justice, et relatif à la procédure d'expulsion ainsi qu'au traitement des situations de surendettement, *JO* 28 sept., texte n° 2.
2. V. *RD banc. fin.* nov.-déc. 2019. Comm. 198, obs. S. Piedelièvre ; *Procédures* 2019. Focus 16, p. 2, obs. C. Laporte ; *Procédures* 2019. Étude 10, p. 36, obs. C. Laporte.

TITRE

053. Cas particulier des locaux abandonnés

SECTION 0

ORIENTEUR

053.00 **Sommaire du titre.**

Division. S'agissant des locaux abandonnés, seront évoqués dans un premier temps les critères de l'abandon (chap. 531), puis la procédure applicable à la reprise des locaux abandonnés (chap. 532).

053.01 **Textes applicables.**

• **C. pr. exéc.**, art. L. 142-1, L. 411-1, L. 142-1, L. 431-1, L. 433-1, L. 433-2, L. 451-1, R. 412-4, R. 432-1, R. 441-1 et R. 451-1 à R. 451-4.

• **C. civ.**, art. 534.

053.03 **Bibliographie indicative.**

* V. s[s] n° 05.03.

Articles. J.-J. Bourdillat, « Expulsion d'un logement abandonné : à propos d'une réponse ministérielle », *Gaz. Pal.* 5 févr. 1998, p. 193 – L. Lauvergnat, « Huissiers de justice : à la recherche de l'efficacité perdue ! À propos de la loi du 22 décembre 2010 relative à l'exécution des décisions de justice, aux conditions d'exercice de certaines professions réglementées et aux experts judiciaires », *Gaz. Pal.* 11 janv. 2011, p. 11 ; « La procédure de reprise des locaux abandonnés de l'article 14-1 de la loi du 6 juillet 1989 : le temps des regrets ? », *Procédures* 2011. Étude 12. – A. Léon, « Aperçu de la loi n° 2010-1609 du 22 décembre 2010 relative à l'exécution des décisions de justice, aux conditions d'exercice de certaines professions réglementées et aux experts judiciaires », *Dr. et proc.* 2011. 58, spéc. p. 63 – J. Prigent, « Le droit immobilier et la loi du 22 décembre 2010 sur l'exécution des décisions de justice et l'exercice des professions réglementées », *Gaz. Pal.* 19 févr. 2011, n° 50, p. 31 – B. Vial-Pedroletti, « La loi du 22 décembre 2010 relative à l'exécution des décisions de justice, aux conditions d'exercice de certaines professions réglementées et aux experts judiciaires : incidences en matière de baux d'habitation », *Loyers et copr.* 2011. Alerte 1.

053.05 **Situation fréquente.** Sans que cela puisse être chiffré de manière précise, il suffit d'interroger quelques praticiens pour s'apercevoir que la situation d'abandon du logement n'est pas rare. Ainsi, lorsque le commissaire de justice, accompagné de la force publique ou de témoins, se présente sur place, il se trouve souvent devant des locaux manifestement abandonnés de leurs occupants qui, malgré un départ qui apparaît définitif, n'ont toutefois pas restitué les clefs, pour ceux qui les avaient bien sûr. Le législateur, conscient de la lourdeur de la procédure d'expulsion lorsqu'il n'y a plus personne à protéger, a souhaité faire la distinction entre cette situation de vacance des locaux, et les cas « réels » d'expulsion. Dès 1998, le législateur a donc inséré une distinction dans la loi de 1991 (désormais codifiée au Code des procédures civiles d'exécution) et en 2010, il est allé plus loin en créant une procédure *ad hoc* dans les cas où la situation d'abandon se produit dans le cadre de l'exécution d'un bail d'habitation.

CHAPITRE

0531. Critères de l'abandon

ANNE-GAËLLE DUMAS
MAGISTRAT

SECTION 0
ORIENTEUR

0531.00 Sommaire du chapitre.

Division. Le cas des locaux abandonnés vise le cas de départ volontaire sans remise des clés (sect. 1). L'abandon doit être constaté (sect. 2) et correspondre à des critères objectifs (sect. 3).

0531.01 Textes applicables.

- **C. pr. exéc.**, art. L. 142-1.
- **C. civ.**, art. 534.
- **L. nº 2010-1609, 22 déc. 2010,** relative à l'exécution des décisions de justice, aux conditions d'exercice de certaines professions réglementées et aux experts judiciaires, *JO* 23 déc., p. 22552.

0531.03 Bibliographie indicative.
* V. s^s n°s 05.03 et 053.03.

SECTION 1
HYPOTHÈSE VISÉE

0531.11 Absence de remise des clefs mais départ volontaire. Les locaux sont en principe juridiquement restitués lorsque le locataire remet les clefs au propriétaire des lieux ou à son mandataire (v. s^s nº 0522.11). Lorsqu'il ne le fait pas, il peut néanmoins avoir décidé, sur le commandement qui lui a été fait d'avoir à libérer les locaux, ou avant cela, au stade de la procédure en vue de l'obtention du titre d'expulsion par exemple, de quitter les lieux. Mais plusieurs options sont alors envisageables : soit il a organisé son départ et déménagé l'intégralité de ses meubles, soit il n'a libéré les lieux que de sa personne et des occupants de son chef, en y laissant toutefois des meubles. Il faudra dans tous ces cas que le commissaire de justice assure la **reprise effective des lieux**, en changeant les serrures notamment, ou en prévoyant des mesures de nature à éviter la réintégration. Dans le second cas, il lui faudra aussi régler le sort des meubles laissés sur place.

À noter que, dans le cas de squats ou d'occupation de terrains, il ne peut pas y avoir de restitution des clefs, mais un départ volontaire malgré tout. Dans tous ces cas, il s'agira bien de reprendre des biens abandonnés et d'assurer le non-retour des occupants.

SECTION 2
MOMENT DE L'ABANDON ET CONSTAT DE CELUI-CI

0531.21 Éléments laissant penser au propriétaire que la personne est partie préalablement au constat de l'abandon sur place. L'abandon peut avoir eu lieu à différents stades de la procédure sans qu'il soit possible de le savoir. En effet, le locataire peut avoir quitté les lieux en cours d'exécution du bail, avant[1] ou après un commandement de payer, après l'assignation aux fins d'expulsion, ou après signification du jugement, ou encore après délivrance du commandement de quitter les lieux ou, enfin, après que la préfecture lorsqu'elle le fait, l'a averti que le concours de la force publique a été accordé pour telle date.

Si la loi permet des modalités de pénétration dans les lieux simplifiées en cas d'abandon du logement, encore faut-il pour le propriétaire détenir des éléments préalables au constat matériel d'abandon, lui

1. PAR EX. : Besançon, 28 mai 2014, RG nº 13/02558.

laissant à penser que les occupants sont partis de manière définitive et ont donc bien abandonné les lieux. À quelle occasion et comment s'en apercevoir pour que le commissaire de justice puisse ainsi procéder sans l'assistance de la force publique, comme nous le verrons ? Souvent, c'est tout d'abord à l'occasion d'une **saisie, saisie-vente ou saisie conservatoire,** que l'huissier de justice, assisté de témoins, se sera rendu sur place et aura déjà constaté l'état d'abandon du logement. Cela implique que le propriétaire a une créance à l'encontre de la personne expulsée, ce qui est le cas dans la majorité des situations. Si tel n'est pas le cas, il lui faudra alors d'autres éléments de nature à lui laisser penser que l'occupant est parti sans laisser d'adresse, ou « *à la cloche de bois* ». Il peut s'en apercevoir également au stade de la procédure en vue de l'obtention d'un titre exécutoire. En effet, si toute la procédure est menée avec remise des actes par **procès-verbal de recherches infructueuses,** cela peut être un bon indice du départ de l'occupant. Le propriétaire peut également avoir été informé par le préfet que les lieux sont, d'après les éléments dont il dispose, abandonnés et qu'ils peuvent les reprendre sans assistance de la force publique[1].

SECTION 3
CRITÈRES OBJECTIFS DE L'ABANDON

0531.31 **Absence totale de meubles.** L'hypothèse la plus simple, mais la moins fréquente est celle d'un **abandon total.** L'occupant a déménagé ses meubles et donc vidé les lieux totalement[2]. En ce cas, dès lors que le propriétaire a des éléments lui laissant penser que c'est le cas, il pourra y envoyer le commissaire de justice qui procédera selon les modalités simplifiées de pénétration dans les lieux, sans le concours de la force publique et, une fois sur place, dressera un procès-verbal d'expulsion, dit de « *reprise* », que nous verrons ci-dessous, et la procédure s'arrêtera là.

0531.32 **Présence de meubles.** Mais l'hypothèse la plus fréquente est celle d'un départ « *à la cloche de bois* », non organisé. En ce cas, il reste toujours sur place un certain nombre de meubles, plus ou moins de valeur, meublants ou non, et la jurisprudence a plutôt tendance à accepter la notion d'abandon lorsque des meubles sont encore sur place. Cette interprétation a été retenue, de manière pragmatique, pour que la loi n'ait pas un champ d'application sans intérêt, et dans un souci de protection des propriétaires, par le législateur et le pouvoir réglementaire dans la nouvelle procédure de reprise des locaux abandonnés.

1. Civ. 2e, 25 mars 2010, no 09-10.843, NP.
2. PAR EX. : Chambéry, 8 févr. 2024, RG no 23/00293.

Ainsi, avant 2011, et dès 1991, avant même l'entrée en vigueur de la loi du 9 juillet 1991, la Cour de cassation avait admis une expulsion en période de trêve hivernale lorsque les locaux étaient abandonnés et ce malgré la présence de quelques meubles vides et d'un lit démonté[3]. Elle a plus récemment admis qu'un procès-verbal de reprise soit dressé alors qu'il restait sur place des meubles et effets personnels[4]. Le commissaire de justice doit cependant agir avec la plus grande prudence s'il reste des meubles sur place et bien indiquer les éléments lui ayant permis de penser que les locaux étaient abandonnés[5].

Si la Cour de cassation semble avoir admis le principe même de la possibilité de considérer qu'un bien peut être abandonné malgré la présence de meubles, et y compris d'effets personnels, tant qu'il est démontré que les locataires ont eux-mêmes quitté les lieux, certaines juridictions du fond refusent cette analyse, considérant que, dès lors qu'il y a des biens sur place, il ne peut y avoir abandon[6]. Ainsi par exemple, la cour d'appel de Lyon avait refusé la possibilité de procéder selon les modalités prévues à l'article L. 142-1 C. pr. exéc., alors qu'il y avait sur place, dans les locaux commerciaux expulsés, des « *meubles meublants* »[7]. On peut relever une décision plus récente de la cour d'appel de Douai qui a admis une reprise des locaux en présence de « *trois cartons de nourriture non périssable et de quelques biens sans aucune valeur marchande* »[8].

Rappelons que les meubles meublants sont définis par l'article 534 C. civ. comme étant : « *Les meubles destinés à l'usage et à l'ornement des appartements, comme tapisseries, lits, sièges, glaces, pendules, tables, porcelaines et autres objets de cette nature. Les tableaux et les statues* [...] *mais non les collections de tableaux qui peuvent être dans les galeries ou pièces particulières* » *et* les « *porcelaines* [...] *qui font partie de la décoration d'un appartement* [...] ». La Cour de cassation ne semble pas faire cette distinction quant à elle puisque dans la décision de 1991 précitée, il y avait bien un lit, certes démonté, dans la liste des biens laissés sur place, ce qui ne l'a pas empêchée de considérer que les locaux avaient été abandonnés. La loi du 22 décembre 2010 semble avoir tranché dans le sens de la Cour de cassation puisqu'il est prévu, dans le cas particulier de l'abandon du logement en cours de bail d'habitation, que le commissaire de

3. Civ. 3e, 20 nov. 1991, no 90-12.491, P III, no 279 ; *Rev. huiss.* 1992. 277.
4. Civ. 2e, 25 mars 2010, no 09-10.843, NP (préc., v. ss no 0531.21).
5. M. Aressy et C. Roth, « Le coin du praticien », *RCJPP* 2024. 46.
6. Paris, 26 nov. 1998, RG no 1998/03681, *Gaz. Pal.* 2000, no 67, p. 2.
7. Lyon, 24 sept. 2009, RG no 08/01929, NP, consultable sur le site lexisnexis.fr.
8. Douai, 1er mars 2018, RG no 16/05144.

justice peut, selon certaines modalités pénétrer dans les lieux pour constater l'état d'abandon du logement en dressant un procès-verbal des opérations, qui comprend un inventaire des biens laissés sur place avec indication qu'ils paraissent ou non avoir une valeur marchande.

On peut alors se poser la **question de l'abandon du logement** lorsqu'il y a sur place des **meubles de valeur**. *A priori*, rien ne s'oppose à ce qu'il y ait abandon du logement en présence de meubles de valeur, même si la situation est plus qu'hypothétique. La loi susmentionnée du 22 décembre 2010 semble là encore en avoir admis le principe puisque l'huissier qui constate l'état d'abandon dans certains cas, doit dresser un inventaire des biens laissés sur place en indiquant s'ils ont ou non une valeur marchande. Il est donc possible qu'il y ait des biens de valeur dans les lieux. D'autres éléments doivent donc amener avec certitude à penser que les occupants ont bien quitté les lieux, sans volonté de retour.

Les **autres éléments** dont il doit être tenu compte peuvent être : la coupure de l'électricité et du gaz, l'absence totale de courrier dans la boîte aux lettres (mais en ce cas, on imagine que l'occupant a fait suivre son courrier et que l'huissier est donc à même de découvrir la nouvelle adresse, ce qui d'ailleurs est un bon signe de l'abandon du logement), ou au contraire une boîte aux lettres qui déborde de courrier, ou encore la présence de meubles totalement vides, par exemple. En revanche, s'il y a sur place des vêtements d'enfants, un lit d'enfant, une chaise d'enfants, un lot de couches et des produits de toilette, on peut penser, ce dont d'ailleurs ici la locataire avait justifié, que l'occupant est simplement parti en vacances[1].

Cette situation d'abandon ainsi présumée, et éventuellement déjà constatée, pourra permettre à l'huissier de justice de procéder selon une procédure d'expulsion assouplie.

1. Paris, 8e ch. B, 4 juin 1998, RG n° 97/09112.

CHAPITRE

0532. Procédure applicable à la reprise des locaux abandonnés

ANNE-GAËLLE DUMAS
MAGISTRAT

SECTION 0

ORIENTEUR

0532.00 Sommaire du chapitre.

Division. La pratique du procès-verbal de reprise antérieure à 2011 (sect. 1) a été consacrée par les textes (sect. 2).

0532.01 Textes applicables.

- **C. pr. exéc.,** art. L. 411-1, L. 142-1, L. 431-1, L. 433-1, L. 433-2, L. 451-1, R. 412-4, R. 432-1, R. 441-1 et R. 451-1 à R. 451-4.
- **L. n° 2010-1609, 22 déc. 2010,** relative à l'exécution des décisions de justice, aux conditions d'exercice de certaines professions réglementées et aux experts judiciaires, *JO* 23 déc., p. 22552.

0532.03 Bibliographie indicative.

* V. s^{s} n° 05.03.

SECTION 1

PRATIQUE ANTÉRIEURE À 2011 : LE PROCÈS-VERBAL DE REPRISE

0532.11 Procès-verbal d'expulsion dit « de reprise ». Dès avant la loi du 9 juillet 1991[1], il était pratiqué des procès-verbaux dits de reprise, qui pouvaient intervenir en période de trêve hivernale notamment, puisque, ne s'agissant plus du logement de la personne « expulsée », il n'y avait pas lieu de respecter les dispositions destinées à la protection et au relogement de la personne. Mais comme nous l'avons vu, avant 1991, il n'y avait pas à proprement parler de procédure d'expulsion, si ce n'est empirique, et l'on pourrait arguer de cette absence de texte pour expliquer la liberté prise par la pratique. Néanmoins, la Cour de cassation avat validé cette manière de faire[2].

La loi du 9 juillet 1991 (codifiée à la partie législative du Code des procédures civiles d'exécution) n'a pas fait la distinction entre l'expulsion à proprement parler et la « reprise » puisque rien n'était prévu pour les modalités de pénétration de l'huissier de justice dans les locaux abandonnés, tout le monde appliquant le texte de l'article 21 de la loi (devenu C. pr. exéc., art. L. 142-1) qui permet d'entrer en l'absence de l'occupant en présence de deux témoins notamment. Et la pratique des procès-verbaux de reprise continuait donc. Le décret du 12 décembre 1996[3], portant fixation du tarif des huissiers de justice en matière civile et commerciale, consacra toutefois pour la première fois dans un texte l'existence de cet acte puisque celui-ci est tarifé depuis comme un procès-verbal d'expulsion. Et pour cause, il s'agit bien d'un procès-verbal d'expulsion puisqu'aucune règle dérogatoire n'est prévue sur la

1. L. n° 91-650, 9 juill. 1991, portant réforme des procédures civiles d'exécution, *JO* 14 juill.
2. Civ. 3e, 20 nov. 1991, n° 90-12.491, P III, n° 279 ; *Rev. huiss.* 1992. 277.
3. Décr. n° 96-1080, 12 déc. 1996, portant fixation du tarif des huissiers de justice en matière civile et commerciale, *JO* 13 déc., p. 18248.

forme de l'acte et il convient, quoi qu'il en soit, de respecter les dispositions de l'article R. 432-1 C. pr. exéc.[1] notamment qui prévoit les mentions que doit comporter l'acte.

C'est la loi du 29 juillet 1998[2] d'orientation relative à la lutte contre les exclusions, qui, en ajoutant un article 21-1 à la loi du 9 juillet 1991 (devenu C. pr. exéc., art. L. 431-1 et L. 451-1), a clairement énoncé qu'il devait y avoir une **différence de traitement** entre les **locaux occupés** et **ceux qui ne le sont plus**, même si elle n'est pas allée totalement au bout de la logique. En effet, puisque le nouvel article 21-1 de la loi de 1991 (devenu C. pr. exéc., art. L. 431-1 et L. 451-1) prévoyait, du moins sous-entendait (v. s^s^ n° 0522.12) que l'huissier ne pouvait pas pénétrer dans des locaux en l'absence de l'occupant sans le concours de la force publique, le législateur a pris le soin, pour ne pas pénaliser le propriétaire qui sait que les occupants sont partis, et ne pas mobiliser inutilement le concours de la force publique, de préciser que l'huissier de justice peut procéder selon les modalités prévues à l'article 21 (devenu C. pr. exéc., art. L. 142-1) « *pour constater que la personne expulsée et les occupants de son chef ont volontairement libéré les locaux postérieurement à la signification du commandement prévu à l'article L. 411-1 et pour procéder à la reprise des lieux* ». Il peut donc en ce cas pénétrer dans les lieux en l'absence de l'occupant, et pour cause puisqu'il n'y en a plus, mais en présence « *du maire de la commune, d'un conseiller municipal ou d'un fonctionnaire municipal délégué par le maire à cette fin, d'une autorité de police ou de gendarmerie, requis pour assister au déroulement des opérations ou, à défaut, de deux témoins majeurs qui ne sont au service ni du créancier, ni de l'huissier de justice chargé de l'exécution* ». Mais il n'était pas indiqué qu'il pouvait procéder à la reprise à proprement parler. L'huissier de justice dressait donc un procès-verbal d'expulsion qu'il intitulait « procès-verbal de reprise ».

Le **procès-verbal de reprise**, en l'absence de régime spécifique, était en effet bien un **procès-verbal d'expulsion** et devait donc respecter les règles qui lui sont applicables. La procédure de sort des meubles devait également être respectée. Néanmoins, **l'huissier de justice pouvait donc pénétrer dans les lieux de manière simplifiée** et, d'après la jurisprudence de la Cour de cassation précitée, le faire y compris pendant la période de trêve hivernale. Par ailleurs, même si la jurisprudence ne l'avait pas dit clairement[3], l'huissier de justice pouvait également **procéder à l'expulsion avant l'issue du délai de deux mois** suivant le commandement de quitter les lieux, dès lors que l'abandon du logement impliquait que les locaux ne constituaient plus l'habitation principale de l'occupant.

SECTION 2

CONSÉCRATION DU PROCÈS-VERBAL DE REPRISE PAR LA LOI DU 22 DÉCEMBRE 2010 ET LE DÉCRET DU 10 AOÛT 2011

0532.21 Locaux abandonnés en général. L'article 4 de la loi du 22 décembre 2010[4] relative à l'exécution des décisions de justice, aux conditions d'exercice de certaines professions réglementées et aux experts judiciaires, outre qu'elle a créé une procédure spécifique de reprise des locaux abandonnés lorsqu'ils étaient occupés en vertu d'un contrat de bail d'habitation (v. s^s^ n° 0532.22), a tout d'abord qualifié la **procédure de reprise** de **procédure d'expulsion**. En effet, il a été ajouté, par cet article une partie de phrase à l'article 21-1 de la loi de 1991 (devenu C. pr. exéc., art. L. 431-1 et L. 451-1). Ceux-ci sont donc désormais rédigés de la sorte :

– **C. pr. exéc., art. L. 431-1 :** « *Les dispositions des articles L. 142-1 et L. 142-3 ne s'appliquent pas en matière d'expulsion, sous réserve des dispositions de l'article L. 451-1* » ;

– **C. pr. exéc., art. L. 451-1 :** « *L'huissier* (commissaire) *de justice chargé de l'exécution de la mesure d'expulsion peut procéder comme il est dit à l'article L. 142-1 pour constater que la personne expulsée et les occupants de son chef ont volontairement libéré les locaux postérieurement à la signification du commandement prévu à l'article L. 411-1* et *pour procéder à la reprise des lieux* ». La reprise des lieux est donc clairement désormais visée dans le Code des procédures civiles d'exécution, ce qui avalise totalement la pratique du procès-verbal de reprise, mais elle est également nettement classée dans les mesures d'expulsion. Il ne s'agit pas d'une procédure *sui generis*, mais bel et bien d'une expulsion, même si elle est parfois purement juridique puisque matériellement, l'on expulsera parfois rien, mais souvent que des meubles.

Le décret du 10 août 2011[5], relatif aux procédures de résiliation de baux d'habitation et de reprise des lieux en cas d'abandon, a là encore non seulement précisé la procédure applicable devant le juge

1. Anc. Décr. n° 92-755, 31 juill. 1992, instituant de nouvelles règles relatives aux procédures civiles d'exécution pour l'application de la loi n° 91-650 du 9 juillet 1991 portant réforme des procédures civiles d'exécution, art. 199, *JO* 5 août.
2. L. n° 98-657, 29 juill. 1998, d'orientation relative à la lutte contre les exclusions, *JO* 31 juill., p. 11679.
3. *A CONTRARIO* : v. Paris, 8e ch. B, 4 juin 1998, RG n° 97/09112.
4. L. n° 2010-1609, 22 déc. 2010, relative à l'exécution des décisions de justice, aux conditions d'exercice de certaines professions réglementées et aux experts judiciaires, *JO* 23 déc., texte 1.
5. Décr. n° 2011-945, 10 août 2011, relatif aux procédures de résiliation de baux d'habitation et de reprise des lieux en cas d'abandon, *JO* 12 août, texte 20.

d'instance pour obtenir un titre de reprise dans le cas des locaux d'habitation loués, mais a également, tirant les conséquences de ce nouvel article 21-1 (devenu C. pr. exéc., art. L. 431-1 et L. 451-1), précisé la procédure de reprise effective des lieux et modifié la structure du décret de 1992 (désormais codifié à la partie réglementaire du C. pr. exéc.) en ce qu'il concerne les mesures d'expulsion. Le décret de codification des dispositions relatives aux procédures civiles d'exécution[1] a encore clarifié les choses.

Ainsi, désormais, les règles relatives à l'expulsion sont regroupées dans un livre IV et il comprend un titre V relatif à la reprise des locaux abandonnés, qui regroupe les articles R. 451-1 à R. 451-4 C. pr. exéc.[2] et qui s'appliquent pour certains à la reprise telle qu'elle était et reste prévue par l'article L. 451-1, c'est-à-dire lorsqu'on s'aperçoit de l'abandon en cours de procédure d'expulsion, et pour d'autres uniquement à la procédure spécifique de reprise en cas d'abandon du logement loué, tel que cela sera expliqué ci-dessous. Pour ce qui est de la reprise telle qu'elle existait déjà, le texte n'a fait que préciser ce qui se pratique déjà, à savoir que toutes les règles de l'expulsion s'appliquent. Toutes en effet car si l'article R. 451-3 C. pr. exéc. indique que l'expulsion peut avoir lieu avant l'issue du délai fixé dans le commandement de quitter les lieux et donc, pour les locaux d'habitation, des deux mois suivant celui-ci, c'est que ce délai de prévenance n'a plus lieu d'être puisque les lieux ont été volontairement quittés et qu'il ne s'agit que de le constater. Pour ce qui est du délai de deux mois, rappelons qu'il ne s'applique qu'aux locaux servant à l'habitation principale, ce qui n'est plus le cas du local abandonné. Nous sommes donc bien totalement en présence d'une procédure d'expulsion, mais le décret lui-même rappelle que les délais prévus par la loi n'ont plus lieu d'être respectés.

0532.22 Cas des locaux abandonnés lorsque la convention d'occupation est un bail d'habitation soumis à la loi du 6 juillet 1989. L'article 4 de la loi du 22 décembre 2010 a par ailleurs créé une nouvelle procédure de reprise des locaux abandonnés. Il a en effet créé un article 14-1 à la loi du 6 juillet 1989[3] tendant à améliorer les rapports locatifs et portant modification de la loi n° 86-1290 du 23 décembre 1986. Celui-ci prévoit la procédure applicable en vue de l'obtention d'un titre de « *reprise* » des lieux en cas d'abandon du logement soumis à la loi du 6 juillet 1989. En effet, l'article 14 de cette loi prévoit que le bail se trouve résilié par l'effet de l'abandon du locataire, sauf à ce qu'il existe des occupants qui peuvent prétendre à la poursuite du bail à leur profit. L'article 14-1 de la loi de 1989, tel que modifié par l'article 69 de la loi du 13 décembre 2011[4], relative à la répartition des contentieux et à l'allégement de certaines procédures juridictionnelles, qui permet désormais au juge d'instance de statuer sur l'entier sort des meubles, prévoit une procédure simplifiée de reprise des lieux lorsqu'il est démontré qu'il n'y a plus aucun occupant, avec ou sans droit, dans les lieux. Il dispose, dans sa version issue de la loi n° 2023-668 du 27 juillet 2023[5], que : « *Lorsque des éléments laissent supposer que le logement est abandonné par ses occupants, le bailleur peut mettre en demeure le locataire de justifier qu'il occupe le logement. Cette mise en demeure, faite par acte d'un commissaire de justice, peut être contenue dans un des commandements visés aux articles 7 et 24. S'il n'a pas été déféré à cette mise en demeure un mois après signification, le commissaire de justice peut procéder, dans les conditions prévues aux articles L. 142-1 et L. 142-2 du Code des procédures civiles d'exécution à la constatation de l'état d'abandon du logement. Pour établir l'état d'abandon du logement en vue de voir constater par le juge la résiliation du bail, le commissaire de justice dresse un procès-verbal des opérations. Si le logement lui semble abandonné, ce procès-verbal contient un inventaire des biens laissés sur place, avec l'indication qu'ils paraissent ou non avoir valeur marchande. Le juge qui constate la résiliation du bail autorise, si nécessaire, la vente aux enchères des biens laissés sur place et peut déclarer abandonnés les biens non susceptibles d'être vendus. Un décret en Conseil d'État précise les conditions d'application de cet article* ». La loi n'organise donc que la procédure préalable à l'obtention du titre qui permettra la reprise des lieux. Elle est de nature à garantir que le locataire a bien quitté les lieux, et qu'il existe donc un motif de résiliation du bail, et permet pour ce faire au commissaire de justice de pénétrer dans les lieux pour s'assurer qu'il n'y a plus d'occupants. Ainsi, il est délivré, par la voie d'un commissaire de justice, éventuellement dans le commandement de payer visant la clause résolutoire ou le commandement d'avoir à justifier d'une assurance habitation, une mise en demeure au locataire de justifier qu'il occupe toujours le logement. À noter que ce n'est pas simplement parce qu'il ne l'occupe plus que le bail sera résilié de plein droit, étant donné les critères développés par la jurisprudence sur le fondement de

1. Décr. n° 2012-783, 30 mai 2012, relatif à la partie réglementaire du Code des procédures civiles d'exécution, *JO* 31 mai, p. 9375.
2. Anc. Décr. n° 92-755, 31 juill. 1992, art. 208-1 à 208-4.
3. L. n° 89-462, 6 juill. 1989, tendant à améliorer les rapports locatifs et portant modification de la loi n° 86-1290 du 23 décembre 1986, *JO* 8 juill., p. 8541.
4. L. n° 2011-1862, 13 déc. 2011, relative à la répartition des contentieux et à l'allégement de certaines procédures juridictionnelles, *JO* 14 déc., p. 21105.
5. L. n° 2023-668, 27 juill. 2023, visant à protéger les logements contre l'occupation illicite, *JO* 28 juill., texte 1.

l'article 14 de la loi du 6 juillet 1989, qui sont un abandon en principe brusque, imprévisible, bien que ces deux premières conditions aient été assouplies, et sans intention de retour[1]. Autrement dit, le simple fait de s'installer dans sa maison de campagne ne permet pas une résiliation du bail pour autant. Mais, si l'abandon est total, c'est-à-dire qu'il n'y a plus aucun occupant, en ce cas, si on peut et on doit exiger que le départ soit sans intention de retour, les conditions de brusquerie et d'imprévisibilité, qui ont été développées, rappelons-le à l'occasion de litiges opposant des occupants arguant d'un droit d'occupation au propriétaire, n'auront plus à être vérifiées. Dans le cas prévu à l'article 14-1 de la loi de 1989, il n'y aura plus aucun occupant, peu important donc que le départ ait été brusque ou non. En général, il l'a été si le locataire n'a pas pris soin d'alerter le bailleur et de lui restituer les clefs du local. Un mois après cette mise en demeure, le commissaire de justice pourra pénétrer dans les lieux, sans autorisation préalable, accompagné des personnes mentionnées à l'article L. 142-1 C. pr. exéc. (commissaire de police, témoins, *etc.*), pour constater l'état d'abandon. Il le fait en dressant un procès-verbal qui contient, si le logement lui semble abandonné, et c'est là qu'interviennent les critères susvisés (v. s^s n°s 0531.11 s.), un inventaire des biens laissés sur place avec indication qu'ils paraissent ou non avoir une valeur marchande. Le juge peut ensuite constater la résiliation du bail. Notons ici que la loi considère donc expressément qu'il peut y avoir abandon s'il reste sur place des meubles.

Le décret du 10 août 2011[2] susmentionné, modifié par les décrets du 11 décembre 2019[3] et du 27 novembre 2020[4], précise la procédure applicable devant le juge d'instance compétent en la matière pour délivrer le titre, et de reprise effective des lieux une fois le titre obtenu.

Sans revenir sur le détail de ce texte quant à la partie qui concerne l'obtention du titre de reprise, plusieurs points importants peuvent être soulignés. Tout d'abord, le titre peut être obtenu, outre sur assignation classique, non contradictoirement par une procédure sur requête semblable à celle existant en matière d'injonction de payer. Dans ce cadre, le défendeur pourra d'ailleurs être condamné à payer des arriérés de loyer ou indemnités d'occupation. À noter également que la requête peut être déposée par « tout mandataire » et donc éventuellement par le commissaire de justice ayant procédé au constat d'abandon.

Le juge constate ensuite la résiliation, sur le fondement de l'article 14 de la loi du 6 juillet 1989, si l'abandon est matériellement, par la production du constat d'abandon établi par le commissaire de justice, et juridiquement, par des indices tels que l'inexécution par le locataire de ses obligations, démontré. Le juge constate la résiliation du bail et ordonne alors la « reprise » des lieux et statue sur l'éventuelle demande en paiement. Il est important d'indiquer ici que l'article R. 451-4 C. pr. exéc. prévoit qu'en cas de réoccupation des lieux par le locataire ou tout occupant de son chef postérieurement à la décision, et sans qu'ils n'aient formé un recours contre celle-ci, il peut être procédé à leur expulsion, sans avoir à obtenir de « nouveau titre d'expulsion ». Le jugement de « *reprise* » est donc bien un jugement d'expulsion au sens de l'article L. 411-1 C. pr. exéc. puisque la reprise est bien une mesure d'expulsion et requiert donc bien un titre d'expulsion. Il sera donc à notre sens préférable que les décisions de reprise prononcent par ailleurs clairement l'expulsion ou rappellent à un moment ou à un autre qu'il s'agit bien d'une expulsion pour éviter toute ambiguïté. À noter que ce titre est réputé non avenu s'il n'est signifié dans les deux mois de son prononcé[5], qu'il n'est exécutoire qu'une fois le délai d'opposition d'un mois épuisé[6], et qu'un relevé de forclusion peut être accordé au défendeur défaillant dans l'exercice de ces recours[7]. L'opposition peut être formée un mois après la signification de l'ordonnance, par le locataire ou l'occupant de son chef[8].

Le juge statue également sur le sort des meubles, ce qui demeure inchangé malgré la suppression, pour les mesures d'expulsion dans le Code des procédures civiles d'exécution, de l'intervention systématique du juge, sans doute puisqu'ici, il est statué bien en amont de celle-ci. Le décret de 2011 ne lui permettait à l'origine que de statuer sur le sort de ceux sans valeur, ce qui recouvre la grande majeure partie des cas. Pour les meubles de valeur, s'il y en a, c'était le juge de l'exécution qui pouvait autoriser leur vente, une fois le procès-verbal de reprise signifié et passé le délai pour reprendre les meubles, conformément aux dispositions des articles L. 433-1 et L. 433-2 C. pr. exéc. Ce délai était toutefois réduit par le décret à quinze jours (C. pr. exéc., art. R. 451-4), étant donné que l'occupant avait déjà eu un mois à compter de la signification de l'ordonnance pour reprendre ses meu-

1. Sur la jurisprudence sur ce point, v. A. Djigo, « L'abandon de domicile par le preneur : un départ définitif imposé au co-occupant », *Loyers et copr.* 2009. Étude 12.
2. Décr. n° 2011-945, 10 août 2011, préc.
3. Décr. n° 2019-1333, 11 déc. 2019, réformant la procédure civile, *JO* 12 déc., texte n° 3.
4. Décr. n° 2020-1452, 27 nov. 2020, portant diverses dispositions relatives notamment à la procédure civile et à la procédure d'indemnisation des victimes d'actes de terrorisme et d'autres infractions, *JO* 28 nov., texte n° 14.
5. Décr. n° 2011-945, 10 août 2011, art. 5.
6. Décr. n° 2011-945, 10 août 2011, art. 6.
7. Décr. n° 2011-945, 10 août 2011, art. 8.
8. Décr. n° 2011-945, 10 août 2011, art. 6.

bles[1]. La loi du 13 décembre 2011 précitée *supra* permettant désormais, ce que seule la loi peut faire s'agissant d'une atteinte au droit de propriété, au juge d'instance, devenu juge des contentieux de la protection, de statuer sur l'entier sort des meubles, le décret du 30 mai 2012[2], relatif à la partie réglementaire du Code des procédures civiles d'exécution, en a tiré les conséquences dans la mesure où il n'est plus prévu de délai spécifique pour la reprise des meubles et où seule la procédure de vente aux enchères, qui aura été autorisée par le juge, est précisée.

Pour ce qui est de la procédure de reprise, il est dérogé à l'ensemble des règles relatives au commandement de quitter les lieux puisqu'il n'est point besoin d'en délivrer un, les lieux étant abandonnés. Il est par ailleurs dérogé, et on le comprend aisément, à l'article R. 412-4 C. pr. exéc. qui prévoit la compétence territoriale du juge de l'exécution pour octroyer des délais pour quitter les lieux. *A priori*, il n'y a aucune chance pour qu'une demande de délais soit formée puisque les locaux sont vides. Il n'est en revanche pas dérogé aux dispositions de l'article R. 441-1 C. pr. exéc., mais celles-ci sont aménagées. En effet, cet article prévoit que si la personne expulsée se réinstalle dans les lieux, cela constitue une voie de fait et le commandement de quitter les lieux continue de produire effet. Or, dans l'hypothèse étudiée, il n'y aura pas eu de commandement de quitter les lieux. Par une disposition innovante, le nouvel article R. 451-4, 3° C. pr. exéc. prévoit que la signification de la décision de justice, qui doit par ailleurs être passée en force de chose jugée, vaut commandement de quitter les lieux. Ce qui, puisqu'alors il y aura à nouveau habitation, permet de faire partir le point de départ du délai de deux mois pour quitter les lieux, dès la signification du titre d'expulsion.

Enfin, si, lorsque le commissaire de justice se présente pour procéder à la reprise des lieux et qu'il apparaît que le locataire ou un occupant de son chef se sont réinstallés dans les lieux, cette fois-ci donc, avant réalisation de la mesure d'expulsion-reprise, l'huissier de justice doit procéder selon la procédure d'expulsion classique. Un commandement doit donc être délivré, le délai de deux mois respecté, *etc.*

1. Décr. n° 2011-945, 10 août 2011, art. 5.
2. Décr. n° 2012-783, 30 mai 2012, relatif à la partie réglementaire du code des procédures civiles d'exécution, *JO* 31 mai, texte 1.

TITRE

054. Les contestations et les difficultés d'exécution

SECTION 0
Orienteur

054.00 **Sommaire du titre.**

Division. Les contestations et difficultés d'exécution posent la question de la compétence du juge d'exécution (chap. 541) et de sa saisine (chap. 542).

CHAPITRE

0541. Compétence du juge de l'exécution

ANNE-GAËLLE DUMAS
MAGISTRAT

SECTION 0
ORIENTEUR

0541.00 Sommaire du chapitre.

Division. La compétence du juge de l'exécution se dédouble en une compétence matérielle (sect. 1) et territoriale (sect. 2).

0541.01 Textes applicables.

• **C. pr. exéc.,** art. L. 412-1, R. 121-2, R. 412-4, R. 421-4, R. 433-1 et R. 442-1.

• **COJ,** art. L. 213-6.

0541.03 Bibliographie indicative.

* V. s^{s} n° 05.03.

SECTION 1
COMPÉTENCE MATÉRIELLE

0541.11 Compétence habituelle. L'article L. 213-6 du COJ donne compétence au juge de l'exécution (JEX) pour connaître de manière exclusive notamment des difficultés relatives aux titres exécutoires et des contestations qui s'élèvent à l'occasion de l'exécution forcée. Il est donc naturellement compétent pour connaître de toutes les difficultés rencontrées au stade de l'exécution d'une décision d'expulsion. Il est ainsi compétent pour se prononcer sur la validité des actes délivrés dans le cadre de la mesure d'expulsion, ou accorder des délais et l'article R. 412-4 C. pr. exéc. précise en ce cas qu'il est compétent une fois le commandement de quitter les lieux signifié (v. s^{s} n° 0521.71). Une fois ce commandement délivré, il est également, en vertu de ce texte, compétent pour proroger le délai prévu à l'article L. 412-1 C. pr. exéc. (v. s^{s} n° 0521.22). Conformément aux dispositions de l'article L. 213-6 du COJ, cette compétence est alors exclusive de toute autre[1]. Il est également le juge compétent pour statuer sur le sort des meubles laissés sur place puisqu'il s'agit bien d'une difficulté dont on s'aperçoit une fois sur place, sauf le cas particulier des locaux abandonnés (v. s^{s} n° 0532.22). Dans ce dernier cas en effet, il est reconnu compétence au juge des contentieux de la protection, pour statuer sur le sort des meubles, car il ne s'agit plus là d'une difficulté d'exécution à proprement parler mais cela participe du constat d'abandon des lieux.

À noter toutefois, puisqu'il ne s'agit alors pas d'une difficulté liée à l'exécution forcée d'une décision d'expulsion, qu'il a été décidé que le JEX ne peut connaître d'une demande en restitution des fruits par le détenteur précaire qui n'était pas partie au procès en résiliation opposant le bailleur au preneur[2].

SECTION 2
COMPÉTENCE TERRITORIALE

0541.21 Une double compétence ? L'article R. 121-2 C. pr. exéc. dispose : « *À moins qu'il n'en soit disposé autrement, le juge de l'exécution territorialement compétent, au choix du demandeur, est celui du lieu où demeure le débiteur ou celui du lieu d'exécution de la mesure. Lorsqu'une demande a été portée devant l'un de ces juges, elle ne peut l'être devant l'autre. Si le débiteur demeure à l'étranger ou si le lieu où il demeure est inconnu, le juge compétent est celui du lieu d'exécution de la mesure* ». Il existait, en, matière d'expulsion, trois règles spécifiques.

Tout d'abord, l'article R. 442-1 C. pr. exéc. prévoit que le JEX territorialement en matière d'expulsion, est celui du lieu de situation de l'immeuble. Il s'agit

1. Civ. 2e, 18 sept. 2003, n° 01-16.019, P II, n° 285 ; *D.* 2003. IR 2409 ; *JCP* 2003. IV. 2732.
2. Civ. 3e, 3 juin 2004, n° 01-16.049, P III, n° 112 ; *Gaz. Pal.* 2004, n° 295, p. 17.

bien là d'une règle de compétence dérogatoire dans la mesure où, s'il s'agit en réalité d'une déclinaison du critère de lieu d'exécution de la mesure, il est ici exclusif. Le demandeur ne peut en principe pas former sa demande devant le juge du lieu de son domicile. On pourrait objecter que le lieu du domicile coïncide souvent avec le lieu de situation de l'immeuble mais cela n'est vrai qu'en matière de baux d'habitation et il se peut, même en cette matière, que le locataire ait quitté les lieux et retrouvé un nouveau logement et qu'il conteste ladite mesure. En ces cas, il ne pourra saisir que le juge du lieu de situation de l'immeuble.

Par ailleurs, l'article R. 412-4 susmentionné prévoit en réalité plutôt une règle de compétence territoriale puisque celui qui est désigné par ce texte est le JEX « *du lieu de situation de l'immeuble* ». Il est une simple déclinaison de la règle générale posée à l'article R. 442-1 susvisé.

Enfin, l'article 66 de la loi de 1991 (devenu C. pr. exéc., art. L. 433-2) prévoyait que c'était le juge de l'exécution « *du lieu de situation des meubles* » qui statuait sur le sort de ceux restés dans les lieux expulsés. Néanmoins, l'article R. 433-1 C. pr. exéc. prévoyait que le procès-verbal d'expulsion, lorsqu'il y a des meubles sur place, comporte convocation à comparaître pour qu'il soit statué sur le sort de ces meubles, devant le juge de l'exécution « *du lieu de la situation de l'immeuble* ». Il s'agissait vraisemblablement d'une erreur, réparée par le codificateur des procédures civiles d'exécution. En effet, l'article L. 433-2 C. pr. exéc. [1] ne comporte plus la mention du juge territorialement compétent.

Au final, les trois règles existantes se rejoignent désormais et le seul JEX compétent pour statuer sur les difficultés en matière d'expulsion est celui du **lieu de situation de l'immeuble.**

1. Anc. L. n° 91-650, 9 juill. 1991, portant réforme des procédures civiles d'exécution, art. 66, *JO* 14 juill.

CHAPITRE

0542. Saisine du juge de l'exécution

ANNE-GAËLLE DUMAS
MAGISTRAT

SECTION 0

ORIENTEUR

0542.00 **Sommaire du chapitre.**

Division. En matière d'expulsion la saisine du juge de l'exécution est une saisine dérogatoire (sect. 1) alors que la procédure qui s'ensuit est la procédure habituelle (sect. 2).

0542.01 **Textes applicables.**

- **C. pr. exéc.,** art. L. 121-4, R. 121-11 et R. 442-2 à R. 442-4.
- **C. pr. civ.,** art. 57, 665-1 et 670-1.

0542.03 **Bibliographie indicative.**

* V. s[s] n° 05.03.

Article. C. Lacoste, « Expulsion : dérogation au principe de la saisine du juge de l'exécution par voie d'assignation », *Procédures* févr. 1999.

SECTION 1

SAISINE DÉROGATOIRE

0542.11 **Absence de nécessité d'une assignation.** L'article R. 442-2 C. pr. exéc., dans sa rédaction issue du décret n° 98-965 du 30 octobre 1998[1] pris pour l'application de l'article 118 de la loi n° 98-657 du 29 juillet 1998[2] d'orientation relative à la lutte contre les exclusions et relatif à la saisine du juge de l'exécution en matière d'exécution des décisions d'expulsion, prévoyait que « *par dérogation aux dispositions de l'article R. 121-11, la demande relative à l'exécution d'une décision de justice ordonnant l'expulsion peut être formée au greffe du juge de l'exécution par lettre recommandée avec demande d'avis de réception ou par déclaration faite ou remise contre récépissé* ». Depuis le décret du 27 novembre 2020[3], par une mise en cohérence avec le droit commun, il n'est plus question de « *déclaration faite ou remise contre récépissé* », mais d'une « *requête remise ou adressée au greffe du juge de l'exécution* ». L'article 118 de la loi du 29 juillet 1998 prévoyait en effet que « *dans un délai de trois mois à compter de la publication de la présente loi, un décret en Conseil d'État précise les modalités selon lesquelles l'instance est engagée sur demande formée au secrétariat-greffe du juge de l'exécution, par lettre recommandée avec demande d'avis de réception ou par déclaration faite ou remise contre récépissé, sans le concours d'un officier ministériel, pour l'exécution des ordonnances et jugements autorisant l'expulsion* ». Le législateur lui-même a donc indiqué qu'il fallait que le juge de l'exécution (JEX) puisse être saisi de manière plus accessible dans cette matière délicate. La période durant laquelle les justiciables devaient saisir le juge par assignation en cette matière n'a été que de courte durée puisque c'est depuis un décret du 18 décembre 1996[4] que la règle générale de saisine du JEX par assignation a été posée.

Depuis 1998 donc, le JEX peut être saisi par lettre recommandée avec demande d'avis de réception ou par déclaration au greffe, devenue requête, et non

1. Décr. n° 98-965, 30 oct. 1998, pris pour l'application de l'article 118 de la loi n° 98-657 du 29 juillet 1998 d'orientation relative à la lutte contre les exclusions et relatif à la saisine du juge de l'exécution en matière d'exécution des décisions d'expulsion, *JO* 31 oct.
2. L. n° 98-657, 29 juill. 1998, d'orientation relative à la lutte contre les exclusions, *JO* 31 juill., p. 11679.
3. Décr. n° 2020-1452, 27 nov. 2020, portant diverses dispositions relatives notamment à la procédure civile et à la procédure d'indemnisation des victimes d'actes de terrorisme et d'autres infractions, *JO* 28 nov., texte 14.
4. Décr. n° 96-1130, 18 déc. 1996, modifiant le décret n° 92-755 du 31 juillet 1992, instituant de nouvelles règles relatives aux procédures civiles d'exécution pour l'application de la loi n° 91-650 du 9 juillet 1991, portant réforme des procédures civiles d'exécution, *JO* 26 déc., p. 19120.

par assignation dès lors qu'il s'agit d'expulsion. En effet la formulation est large puisqu'il est question de « *demande relative à l'exécution d'une décision de justice ordonnant l'expulsion* ». *A priori*, toute la matière de l'expulsion est bien visée ici, qu'il s'agisse de demander des délais pour quitter les lieux ou l'annulation du procès-verbal d'expulsion.

Pour faciliter les démarches du justiciable, qui est ici une personne expulsée, l'article R. 442-2 C. pr. exéc. prévoyait par ailleurs que « *lorsque le juge de l'exécution exerce aussi les fonctions de juge d'instance et que la demande a été formée au greffe du tribunal de grande instance, celle-ci est réputée faite valablement et elle est immédiatement transmise au greffe du tribunal d'instance. Avis en est donné au demandeur par lettre simple* ». Une lettre mal dirigée pouvait donc être redirigée correctement par le greffe sans autre démarche de la partie saisissante, qui ne serait pas nécessairement au fait des délégations rendues par le président du tribunal de grande instance en matière d'exécution. Cette disposition a disparu avec le décret du 30 août 2019[1], dans le cadre de la réforme plus globale de la procédure civile.

0542.12 **Contenu de la demande et convocation.** Les articles R. 442-3 et R. 442-4 C. pr. exéc. prévoient ensuite les règles applicables à cette saisine dérogatoire. Ainsi, il est précisé que la demande doit contenir les mentions relatives à l'identité des parties et à l'objet de la demande, c'est-à-dire celles prévues à l'article 57 C. pr. civ. Avant d'être codifié, l'article 18 du décret de 1992 semblait contenir une version allégée des mentions prévues à cet article, car il n'était pas question d'indiquer les date et lieu de naissance du demandeur. Dans un souci d'uniformisation et parce qu'il ne s'agit pas d'informations difficiles à obtenir pour le demandeur puisqu'elles le concernent, l'article R. 442-3 C. pr. exéc. renvoie désormais expressément à ces dispositions. Par ailleurs, étant donné que la demande peut être formée sans le concours d'un professionnel du droit, il n'est exigé, à peine de nullité qu'un « *exposé sommaire des motifs* ». Enfin, il a récemment été précisé que les règles de la postulation ne s'appliquaient pas[2].

Une fois la demande reçue, le greffe procède à la **convocation des parties.** Depuis le décret du 11 mars 2015[3] et dans un souci d'uniformisation des modes de convocation, le demandeur est convoqué par tout moyen, ce qui comprend la lettre simple ou la convocation verbale notamment. Le défendeur reste convoqué par lettre recommandée avec demande d'avis de réception mais qui n'est plus doublée d'une lettre simple.

Enfin, comme cela est prévu d'une manière générale pour toutes les convocations faites par le greffe par les dispositions de l'article 665-1 C. pr. civ., le défendeur est averti que, s'il ne comparaît pas, un jugement pourra être rendu en son absence sur les seuls éléments fournis par le demandeur.

Il est enfin prévu, là encore comme cela est le cas d'une manière générale lorsqu'une notification est faite par le greffe d'une juridiction, qu'en cas de retour au greffe de l'avis de réception non remis à son destinataire, celui-ci invite la partie demanderesse à procéder à la convocation par voie d'assignation conformément aux dispositions de l'article 670-1 C. pr. civ.

SECTION 2

PROCÉDURE DEVANT LE JUGE DE L'EXÉCUTION

0542.21 **Procédure habituelle.** Une fois le juge saisi et les parties convoquées, la procédure applicable habituellement devant le JEX est suivie.

Relevons néanmoins que, depuis l'ordonnance du 18 septembre 2019[4], si la représentation est obligatoire devant le tribunal judiciaire (TJ) et donc devant le JEX, c'est à l'exclusion notamment, en application de l'article L. 121-4 C. pr. exéc. dans sa version modifiée, des demandes relatives à l'expulsion. Dans cette matière donc, la procédure demeure sans représentation obligatoire.

À noter quelques décisions intéressantes en la matière toutefois. Il a été jugé par la Cour de cassation que l'action en contestation de la validité d'un commandement de quitter les lieux est de nature patrimoniale et peut donc être exercée par le majeur en curatelle sans l'assistance de son curateur[5]. Par ailleurs, une personne dont l'expulsion a été réalisée et qui ne conteste pas la validité du procès-verbal d'expulsion, a bien un intérêt à contester la validité du commandement de quitter les lieux[6].

1. Décr. n° 2019-913, 30 août 2019, pris en application de l'article 95 de la loi n° 2019-222 du 23 mars 2019 de programmation 2018-2022 et de réforme pour la justice, *JO* 1er sept., texte n° 3.
2. Civ. 2e, avis, 25 avr. 2024, n° 23-70.020, P ; *D.* 2024. 876 ; *RCJPP* 2024, n° 03, p. 23, obs. A. Léon ; *ibid.*, n° 06, p. 36, chron. S. Pierre Maurice.
3. Décr. n° 2015-282, 11 mars 2015, relatif à la simplification de la procédure civile à la communication électronique et à la résolution amiable des différends, *JO* 14 mars, texte 16.
4. Ord. n° 2019-964, 18 sept. 2019, prise en application de la loi n° 2019-222 du 23 mars 2019 de programmation 2018-2022 et de réforme pour la justice, *JO* 19 sept., texte n° 5.
5. Civ. 1re, 9 déc. 2009, n° 08-16.835, P I, n° 243 ; *Gaz. Pal.* 2010, n° 142, p. 17 ; *Dr. fam.* 2010, n° 50, obs. I. Maria ; *Dr. fam.* 2010, n° 2, p. 4, obs. Gilles.
6. Civ. 2e, 13 févr. 2003, n° 01-03.272, P II, n° 34 ; *Gaz. Pal.* 2003, n° 284, p. 9.

TITRE

055. Les conséquences de la réalisation de l'expulsion

SECTION 0
ORIENTEUR

055.00 **Sommaire du titre.**

Division. La réalisation de l'expulsion produit des effets pour le propriétaire (chap. 551) et pour la personne expulsée (chap. 552).

CHAPITRE

0551. Effets pour le propriétaire

ANNE-GAËLLE DUMAS
MAGISTRAT

SECTION 0 ORIENTEUR

0551.00 Sommaire du chapitre.

Division. La réalisation de l'expulsion provoque la reprise juridique des lieux par le propriétaire (sect. 1) et a donc une incidence fiscale (sect. 2).

0551.01 Textes applicables.

• **CGI,** art. 1686 et 1687.

0551.03 Bibliographie indicative.

* V. s[s] n° 05.03.

SECTION 1 REPRISE JURIDIQUE DES LIEUX

0551.11 Le propriétaire recouvre le plein usage de sa propriété. Une fois les locaux repris, juridiquement et matériellement, le propriétaire recouvre la pleine jouissance et la libre disposition de son bien, car il ne pouvait plus en jouir et en user dans la mesure où la présence d'un tiers s'opposait à son éventuelle mise en location ou occupation par le propriétaire, mais aussi il ne pouvait plus réellement en disposer lorsqu'on sait les difficultés à vendre un bien occupé par un occupant sans droit ni titre, ou à tout le moins les incidences sur l'éventuel prix de vente. Le commissaire de justice ne peut s'opposer à cette pleine reprise en refusant au propriétaire la remise des nouvelles clefs du local, faute d'avoir été payé de ses honoraires par celui-ci. Il verrait alors sa responsabilité professionnelle engagée[1].

C'est aussi à ce moment-là que les indemnités d'occupation cessent d'être dues par l'occupant puisqu'alors il n'occupe juridiquement plus les lieux. De même, l'astreinte éventuellement prononcée trouve en principe son terme à cette même date.

SECTION 2 INCIDENCE FISCALE POUR LE PROPRIÉTAIRE

0551.21 Taxe d'habitation. L'article 1686 du CGI, dans sa rédaction issue de la loi n° 2025-127 du 14 février 2025[2], dispose que : « *Les propriétaires et, à leur place, les principaux locataires, doivent, un mois avant l'époque du déménagement de leurs locataires, se faire représenter par ces derniers les quittances de leur taxe d'habitation sur les résidences secondaires. Lorsque les locataires ne représentent pas ces quittances, les propriétaires ou principaux locataires sont tenus, sous leur responsabilité personnelle, de donner, dans le délai d'un mois, avis du déménagement au comptable public chargé du recouvrement des impôts directs. Dans le cas de déménagement furtif, les propriétaires et, à leur place, les principaux locataires sont responsables des sommes dues au titre de la taxe d'habitation sur les résidences secondaires par leurs locataires s'ils n'ont pas, dans les trois mois, fait donner avis du déménagement au comptable public. Dans tous les cas, et nonobstant toute déclaration de leur part, les propriétaires ou principaux locataires sont responsables de la taxe d'habitation sur les résidences secondaires des personnes logées par eux en garni* ». Il résulte de ce texte que le bailleur doit informer le Trésor public de l'expulsion dans les trois mois de sa date, faute de quoi il sera tenu au paiement de la taxe d'habitation en lieu et place du locataire. Cette information est faite par le commissaire de justice qui en informe le comptable public chargé du recouvrement des impôts directs. Elle est

1. Paris, 1re ch. A, 16 juin 2004, *Gaz. Pal.* 2004, n° 288, p. 20 – Civ. 1re, 11 mai 2017, n° 15-26.646, P I, n° 107.
2. L. n° 2025-127, 14 févr. 2025, de finances pour 2025, *JO* 15 févr., texte 1.

d'ailleurs prévue au tarif des commissaires de justice dans le Code de commerce, dans les formalités, requêtes et diligences, comme notification du procès-verbal d'expulsion au précepteur.

0551.22 Cotisation foncière des entreprises. L'article 1687 du CGI dispose par ailleurs que : « *Les propriétaires et, à leur place, les principaux locataires qui n'ont pas, un mois avant le terme fixé par le bail ou par les conventions verbales, donné avis au comptable public chargé du recouvrement des impôts directs du déménagement de leurs locataires, sont responsables des sommes dues par ceux-ci pour la cotisation foncière des entreprises. Dans le cas où ce terme est devancé, comme dans le cas de déménagement furtif, les propriétaires et, à leur place, les principaux locataires deviennent responsables de la taxe de leurs locataires, s'ils n'ont pas, dans les trois mois, donné avis du déménagement au comptable public. La part de la taxe laissée à la charge des propriétaires ou principaux locataires par les premier et deuxième alinéas comprend seulement la fraction afférente à l'exercice de la profession au cours du mois précédent et du mois courant* ». De cet autre texte il résulte la même obligation pour le bailleur faute de quoi il sera tenu du paiement de la cotisation foncière des entreprises, qui a, en partie, remplacé la taxe foncière depuis la loi de finances pour 2010[1]. Là encore, la formalité est tarifée et incombe au commissaire de justice.

1. L. n° 2009-1673, 30 déc. 2009, de finances pour 2010, *JO* 31 déc., p. 22856.

CHAPITRE

0552. Effets pour la personne expulsée

ANNE-GAËLLE DUMAS
MAGISTRAT

SECTION 0
ORIENTEUR

0552.00 Sommaire du chapitre.

Division. Les conséquences de l'expulsion comprennent la réinstallation de la personne expulsée (sect. 1) et d'autres effets (sect. 2).

0552.01 Textes applicables.

- **C. pr. exéc.**, art. R. 441-1 et R. 451-4.
- **C. pén.**, art. 226-4, 315-1 et 315-2.

0552.03 Bibliographie indicative.

* V. s^s^ n° 05.03.

SECTION 1
PROBLÈME DE LA RÉINSTALLATION DE LA PERSONNE EXPULSÉE

0552.11 Ré-expulsion facilitée. La personne qui a été expulsée commettrait une voie de fait si elle décidait de pénétrer à nouveau dans les lieux une fois l'expulsion réalisée, sauf à bénéficier d'un nouveau titre d'occupation de la part du bailleur bien entendu. C'est ce que rappellent les dispositions de l'article R. 441-1 C. pr. exéc.[1]. En ce cas, la procédure pour procéder à la reprise des lieux est grandement simplifiée, ou plutôt, accélérée puisqu'alors il est prévu que le commandement d'avoir à libérer les locaux initialement signifié continue de produire effet. Ainsi, le délai qui y est fixé pour quitter les lieux, y compris si ce délai est légal, ne court pas à nouveau et l'expulsion peut avoir lieu immédiatement. Le préfet n'a pas non plus à être averti à nouveau de cette nouvelle expulsion. Ne pas quitter un local alors que la justice vous y a contraint est une chose. On peut avoir de nombreuses raisons de se maintenir dans des locaux et le législateur en a tenu compte en permettant l'octroi de délais notamment. En revanche, une fois toutes ces possibilités épuisées, lorsqu'on en arrive à une reprise forcée des locaux, l'occupant n'a plus aucune raison de bénéficier de protection puisque s'il pénètre à nouveau dans les lieux, il commet une voie de fait. Tenant compte de cette situation, le décret du 10 août 2011[2] est même allé plus loin dans le cas de la reprise des locaux abandonnés effectuée sur le fondement de l'article 14-1 de la loi du 6 juillet 1989[3]. Il est en effet prévu, à l'article R. 451-4 C. pr. exéc., que si l'occupant se réintroduit dans les lieux après reprise des lieux effectuée sur ce fondement, la signification de la décision de justice, passée en force de chose jugée, tient lieu de commandement. Rappelons en effet que dans cette procédure, il n'y a pas de délivrance d'un commandement de quitter les lieux. Pour les besoins de l'article R. 441-1 C. pr. exéc., il fallait donc un substitut à celui-ci pour pouvoir mettre fin au plus vite à la voie de fait.

SECTION 2
AUTRES EFFETS

0552.21 Effets divers. Comme nous l'avons rappelé pour le propriétaire, l'expulsion marque également la fin de la période de liquidation de l'astreinte

1. La jurisprudence décidait déjà en ce sens, auparavant : Civ. 1re, 28 juin 1989, n° 87-15.999, P I, n° 267.

2. Décr. n° 2011-945, 10 août 2011, relatif aux procédures de résiliation de baux d'habitation et de reprise des lieux en cas d'abandon, *JO* 12 août, p. 13848.
3. L. n° 89-462, 6 juill. 1989, tendant à améliorer les rapports locatifs et portant modification de la loi n° 86-1290 du 23 décembre 1986, *JO* 8 juill., p. 8541.

et celle de paiement de l'indemnité d'occupation, le préjudice résultant de l'occupation ayant cessé. Par ailleurs, l'une des conditions pour bénéficier du droit au logement opposable et être reconnu prioritaire par les commissions de médiation, est le fait d'être menacé d'expulsion sans solution de relogement ou d'être sans domicile. Le préfet, s'il ne peut pas conditionner l'octroi de la force publique à l'assurance que la personne a bien une solution de relogement (v. s^{s} n° 0522.23), saura derrière que l'État pourra être condamné à une astreinte s'il ne retrouve pas lui-même une solution de relogement adaptée à une personne expulsée. En effet, si une personne est reconnue prioritaire par une commission de médiation, le préfet a alors trois à six mois pour retrouver un logement à ladite personne, faute de quoi l'État pourra être condamné à lui verser une astreinte.

0552.22 **Effets en matière pénale.** Une fois l'expulsion réalisée, les locaux ne constituent plus le domicile du locataire, si toutefois c'était le cas auparavant. Néanmoins, les locaux ne sont pas non plus nécessairement devenus le domicile de quelqu'un d'autre et il n'y a donc pas nécessairement délit de violation de domicile lorsque la personne expulsée se réintroduit dans les lieux [1].

La loi n° 2023-668 du 27 juillet 2023 [2] a toutefois étoffé l'arsenal pénal au profit des propriétaires en cas d'occupation illicite de leur bien [3].

Ainsi, d'abord, elle a modifié les dispositions relatives à la violation de domicile, prévu à l'article 226-4 C. pén. En premier lieu, celui-ci définit désormais la **notion de domicile** comme étant « *tout local d'habitation contenant des biens meubles lui appartenant, que cette personne y habite ou non et qu'il s'agisse de sa résidence principale ou non* ». Le Conseil constitutionnel a émis une réserve d'interprétation sur cette définition en indiquant qu'il « *appartiendra* [...] *au juge d'apprécier si la présence de ces meubles permet de considérer que cette personne a le droit de s'y dire chez elle* » [4]. En second lieu, **les peines ont été aggravées** pour passer à trois ans d'emprisonnement (au lieu d'un an) et à 45 000 euros (au lieu de 15 000 euros) d'amende. Ensuite, cette loi a créé de **nouvelles incriminations** :

– le nouvel article 315-1 C. pén. sanctionne d'une peine de deux ans d'emprisonnement et de 30 000 euros d'amende, l'introduction dans un local à usage d'habitation ou à usage commercial, agricole ou professionnel, à l'aide de manœuvres, de menaces, de voies de fait ou de contrainte, hors les cas où la loi le permet, ainsi que le maintien dans ces locaux à la suite de cette introduction. L'aide à une telle introduction est également sanctionnée.

– le nouvel article 315-2 dudit code réprime d'une amende de 7 500 euros « *le maintien sans droit ni titre dans un local à usage d'habitation en violation d'une décision de justice définitive et exécutoire ayant donné lieu à un commandement régulier de quitter les lieux depuis plus de deux mois* ». Il ne s'applique toutefois pas « *lorsque l'occupant bénéficie des dispositions de l'article L. 412-6 du Code des procédures civiles d'exécution, lorsque le juge de l'exécution est saisi sur le fondement de l'article L. 412-3 du même code, jusqu'à la décision rejetant la demande ou jusqu'à l'expiration des délais accordés par le juge à l'occupant, ou lorsque le logement appartient à un bailleur social ou à une personne morale de droit public* ». Ce texte vise les occupants qui refusent de quitter les lieux alors qu'ils font l'objet d'une décision d'expulsion et que tous les délais susceptibles de leur être accordés par le juge civil ont été épuisés [5].

1. PAR EX. : Crim. 30 oct. 2006, n° 06-80.680, P, n° 261 ; *Gaz. Pal.* 2007, n° 156, p. 25, où la Cour précise en effet que les dispositions de l'art. 226-4 C. pén. n'ont pas pour objet de garantir d'une manière générale les propriétés immobilières contre une usurpation. À noter que dans cette espèce, il s'agissait de l'occupation d'un terrain par une roulotte.
2. L. n° 2023-668, 27 juill. 2023, visant à protéger les logements contre l'occupation illicite, *JO* 28 juill., texte 1.
3. Sur cette réforme, v. G. Dumenil, « Loi visant à protéger les logements contre l'occupation illicite. De l'inflation législative à l'incohérence », *JCP* 2023. Actu. 990, qui fait observer le cumul idéal d'infractions en résultant, et les incohérences possibles avec la procédure prévue par l'article 38 de la loi « DALO » (L. n° 2007-290, 5 mars 2007, instituant le droit au logement opposable et portant diverses mesures en faveur de la cohésion sociale, *JO* 6 mars, p. 4190).
4. Cons. const., 26 juill. 2023, n° 2023-853 DC, *JO* 28 juill., texte 2, consid. 49.
5. H. Matsopoulou, « Loi anti-squat : la protection pénale de la propriété immobilière contre les occupations illicites. Commentaire des dispositions pénales de la loi n° 2023-668 du 27 juillet 2023 visant à protéger les logements contre l'occupation illicite », *Dr. pénal* 2023. Étude 18.

LIVRE

06. LES MESURES CONSERVATOIRES

SECTION 0

ORIENTEUR

06.00 Sommaire du livre.

Division. Seront étudiées, les règles communes à toutes les mesures conservatoires (titre 61), les règles spécifiques à chaque saisie conservatoire (titre 62) et les règles spécifiques à chaque sûreté judiciaire provisoire (titre 63).

06.01 Textes applicables.

• **C. pr. exéc.,** art. L. 111-1-1 à L. 111-1-3, L. 162-1, L. 222-2, L. 511-1 à L. 511-4, L. 512-1 et L. 512-2, L. 521-1, L. 522-1, L. 523-1, L 523-2, L. 531-1 ; R. 162-1, R. 511-1 à R. 524-6, R. 531-1 à R. 533-6.

06.03 Bibliographie indicative.

Actualisables. Rép. pr. civ., v° *Saisies et mesures conservatoires*, juin 2021 (actu. avr. 2024), par S. Piedelièvre et F. Guerchoun – *J.-Cl. Pr. civ.*, vis *Mesures conservatoires, Dispositions communes*, fasc. 1700-10, 2024 ; *Mesures conservatoires, Saisie conservatoire de meubles corporels*, fasc. 1700-15, 2023 ; *Mesures conservatoires, Saisie conservatoire des créances*, fasc. 1700-20, 2023 ; *Mesures conservatoires et d'exécution forcée sur les valeurs mobilières et droits d'associés*, fasc. 1700-25, 2023 ; *Mesures conservatoires – Sûretés judiciaires*, fasc. 1700-30, 2023, par M. Defossez.

Ouvrages[1]. J.-J. ANSAULT, *Procédures civiles d'exécution*, 2e éd., « Manuels », LGDJ, 2022 – G. COUCHEZ, L. LEBEAU et O. SALATI, *Voies d'exécution*, 13e éd., Sirey, 2021 – J.-B. et M. DONNIER, *Voies d'exécution et procédures de distribution*, 10e éd., « Manuels », LexisNexis, 2020 – P. JULIEN et G. TAORMINA, *Voies d'exécution et procédures de distribution*, 2e éd., « Manuels », LGDJ, 2010 – A. LEBORGNE, *Droit de l'exécution*, 3e éd., « Précis », Dalloz, 2019, nos 2592 s. – R. PERROT et Ph. THÉRY, *Procédures civiles d'exécution*, 3e éd., Dalloz, 2013.

06.05 Définition. L'adjectif « *conservatoire* » est si souvent utilisé par le droit positif qu'il était impossible au législateur de 1991 d'en donner une définition unique et cohérente : conserver, ce peut être alternativement ou cumulativement recueillir des preuves (ainsi en matière pénale ou dans le cadre de l'article 145 C. pr. civ.), faire cesser un comportement gênant (ainsi encore en matière pénale de référé ou dans le domaine possessoire), prendre des garanties réelles ou même personnelles (le cautionnement a une indéniable dimension conservatoire), éviter l'aggravation d'un dommage (ainsi en droit

1. Les ouvrages dont le nom des auteurs figure en petites capitales en bibliographie seront cités par le seul nom des auteurs en petites capitales en notes de bas de page.

immobilier ou en droit de la consommation), prendre toute disposition urgente et non préjudiciable (on pense ici aux actes conservatoires qu'accomplissent diverses personnes habilitées par la loi) ou tout simplement attendre l'issue d'un litige et se ménager des facilités d'exécution. Quant à la « *mesure conservatoire* », qui sous-entend un acte juridique, une procédure judiciaire ou extrajudiciaire, elle est présentée très globalement en droit fondamental[1] comme la procédure de sauvegarde d'un bien ou d'un droit.

Finalement renvoyées à une litanie législative, la doctrine et la pratique considèrent comme mesures conservatoires, les saisies conservatoires et les sûretés judiciaires provisoires (C. pr. exéc., art. L. 511-1, al. 2). Sont exclues de cette liste les sûretés conventionnelles, dont l'intérêt a d'ailleurs faibli depuis le remaniement de la loi sur le redressement et la liquidation judiciaires (v. s[s] n° 0611.31) et des mesures diverses examinées ci-après (v. s[s] n° 06.07).

06.06 Place dans la réforme des procédures civiles d'exécution. Les mesures conservatoires sont au cœur du double objectif de la loi : valoriser le titre exécutoire et valoriser l'intervention judiciaire. Le titre exécutoire, s'il existe, se suffit à lui-même pour prendre des mesures conservatoires et aucune phase de validation n'est nécessaire ; la loi y assimile même, sans crainte de dévaloriser à nouveau le concept de titre, divers défauts de paiement, ce qui autorise à parler de « *quasi-titres* » ; mais à l'inverse, en l'absence d'un tel titre ou quasi-titre, il faudra que le créancier en requière un, à peine de caducité de la mesure conservatoire. Quant au juge, il n'intervient plus aussi systématiquement que dans le droit ancien ; mais quand il doit intervenir, son accès est facilité par une information complète des parties, par une concentration presque totale des compétences et par le recours à la procédure orale.

06.07 Place des mesures conservatoires parmi les sûretés non conventionnelles. Le créancier, qui songe à diligenter une mesure conservatoire au sens des articles L. 511-1 s. C. pr. exéc., n'omettra pas d'en comparer les avantages avec :

– les mesures conservatoires prises après l'ouverture d'une succession et les scellés (C. pr. civ., art. 1304 s.)[2] ;

– les missions des administrateurs judiciaires (C. com., art. L. 811-1 à L. 814-13) ;

– les mesures utiles prises par le président du tribunal de commerce à, l'égard des biens de dirigeants ou de leurs représentants en application de l'article L. 651-4 alinéa 2 C. com.[3] ;

– le séquestre judiciaire (C. civ., art. 1961[4]).

06.08 Choix du créancier. Le choix du créancier entre les mesures d'exécution forcée et les mesures conservatoires, dépend avant tout de la possession d'un titre exécutoire : si le créancier ne dispose pas d'un tel titre, les voies d'exécution lui sont interdites, notamment la saisie-attribution (C. pr. exéc., art. L. 211-1). Dans ce cas, la prise d'une mesure conservatoire permet au créancier d'assurer l'exécution de son futur titre exécutoire.

Mais, même muni d'un titre exécutoire, le créancier peut trouver un intérêt à recourir à une mesure conservatoire, en règle générale lorsqu'il n'a aucun intérêt immédiat à accaparer un élément de patrimoine de son débiteur et cherche plutôt à intimider ou à attendre en toute sécurité[5]. Le recours aux mesures conservatoires peut parfois aussi permettre au créancier de bénéficier d'un effet de surprise dans la mesure où celles-ci sont mises en œuvre, selon l'article L. 511-1 C. pr. exéc., sans commandement préalable (pour ce qui concerne la saisie conservatoire de biens meubles corporels, v. par ex. s[s] n° 0622.21).

Parmi les mesures conservatoires possibles, le choix se fera en fonction des disponibilités du débiteur, c'est-à-dire tout à la fois de la proportionnalité entre le montant de la créance et la valeur du bien ainsi que sur la difficulté occasionnée au débiteur récalcitrant. Il est loisible au créancier, si nécessaire, de cumuler plusieurs mesures conservatoires contre un même débiteur (v. s[s] n°s 0133.31, 0611.84 et 0621.45). La limite à cette réflexion « *tactique* » réside dans la notion d'abus de mesure conservatoire, c'est-à-dire de volonté de nuire (sur cette notion, v. s[s] n°s 0133.31 à 0133.49, 0611.72 et 0613.45).

06.09 Droit international[6]. Le droit international (juge compétent, loi applicable, immunités diplomatiques d'exécution[7]) ne présente pas de réelles

1. G. Cornu, *Vocabulaire juridique*, *v°* « *Conservatoire* », PUF, 1994.
2. Dans leur nouvelle rédaction, issue de Décr. n° 2011-1043, 1er sept. 2011, relatif aux mesures conservatoires prises après l'ouverture d'une succession et à la procédure en la forme des référés, *JO* 2 sept., p. 14884.
3. Com. 31 mai 2011, n° 10-18.472, P IV, n° 89 ; *D.* 2011. 1613, obs. A. Lienhard ; *D.* 2011. 2687, chron. F. Arbellot et Guillou ; *Rev. sociétés* 2011. 522, obs. P. Roussel Galle.
4. Civ. 2e, 31 mars 2011, n° 10-30.542, NP.
5. Sur ces considérations, lire E. Regimbeau, « Quelques problèmes pratiques rencontrés par le juge de l'exécution », *Gaz. Pal.* 1999. 2. Chron. 1106, spéc. § 6-1 (*adde* : jurisprudence préc., v. s[s] n° 0133.21).
6. J.-P. Faget, « L'incidence en droit international privé de la saisie conservatoire française », *Rev. huiss.* 1996. 1169 – Civ. 1re, 22 févr. 2000, n° 96-20.567, P I, n° 51 ; *Rev. crit. DIP* 2000. 778, note H. Muir Watt – M. Santacroce, « Les mesures provisoires et conservatoires dans le contentieux international », *Gaz. Pal.* 1er mars 2000. Doctr. 1.
7. Pour une application aux mesures conservatoires : Civ. 1re, 28 sept. 2011, n° 09-72.057, P I, n° 153 ; *D.* 2011. 2412.

spécificités en matière de mesures conservatoires : on se reportera aux explications données *supra* sauf les rappels et adaptations ci-après.

Le **règlement communautaire (UE) n° 1215-2012 du 12 décembre 2012**[1], entré en vigueur le 10 janvier 2015, sur la compétence judiciaire et l'exécution des décisions civiles et commerciales, régit les relations entre États membres de l'Union européenne et opte pour la compétence du juge du domicile du défendeur[2] ; il est possible de solliciter de ce juge toutes mesures conservatoires prévues par la loi de son État[3], donc indépendamment du lieu de leur exécution.

Dans les cas où le règlement ne s'applique pas, il faut se reporter au droit commun : le juge du lieu où demeure le débiteur est compétent pour autoriser une mesure conservatoire[4] (C. pr. exéc., art. R. 511-2[5]). Dans l'hypothèse où le débiteur demeure à l'étranger, le juge du lieu de l'exécution de la mesure devient compétent[6] (C. pr. exéc., art. R. 121-2[7]).

Si, au terme de ces distinctions, le juge français est compétent, s'agissant de mesures conservatoires, il se borne à vérifier selon sa loi nationale (loi du for[8]) l'apparence de fondement de la créance et n'est pas autorisé à trancher un éventuel conflit de lois de fond qui permettra de fixer définitivement la créance[9].

En toute hypothèse, une fois la mesure autorisée par un juge, celui du lieu de la saisie est seul compétent pour en connaître les suites[10]. Ce monopole ne lui permet néanmoins pas de se substituer au juge normalement compétent pour évaluer la créance : par exemple, le juge de l'exécution français devant lequel est contestée une saisie conservatoire faite selon le droit français, devra surseoir à statuer si une instance est pendante à l'étranger pour déterminer la créance ; ce sursis subsistera jusqu'à l'obtention de l'*exequatur* de la décision définitive ; si la décision étrangère supprime finalement la créance qui avait justifié en apparence la mesure conservatoire, le juge de l'exécution français annulera celle-ci[11].

Le règlement communautaire (UE) n° 655/2014 du 15 mai 2014[12] a créé **une procédure d'ordonnance européenne de saisie conservatoire des comptes bancaires,** destinée à faciliter le recouvrement transfrontière de créances en matière civile et commerciale. Aux termes de son article 1er, le règlement a pour objet d'instaurer une procédure permettant à un créancier d'obtenir une ordonnance qui empêche que le recouvrement ultérieur de sa créance ne soit mis en péril par le transfert ou le retrait de fonds jusqu'à concurrence du montant précisé dans l'ordonnance, détenus par le débiteur ou pour le compte du débiteur sur un compte bancaire tenu dans un État membre. Le règlement d'exécution (UE) n° 2016/1823 de la Commission du 10 octobre 2016[13] établit les formulaires nécessaires à une bonne application de ce règlement, prenant la forme d'une ordonnance européenne de saisie conservatoire de comptes bancaires. **Le règlement (UE) n° 655/2014, entré en vigueur le 18 janvier 2017, ne concerne que les litiges transfrontières et** exclut de son champ d'application, outre les créances fiscales, douanières ou administratives, notamment, les régimes matrimoniaux, les testaments et successions, les créances sur un débiteur faisant l'objet d'une procédure collective, la sécurité sociale, l'arbitrage ou encore les comptes insaisissables. Il institue une procédure non contradictoire ainsi que des voies de recours[14].

Enfin la loi du 9 décembre 2016[15], de transparence, lutte contre la corruption et modernisation de la vie économique, a inséré dans le Code des procédures d'exécution les articles L. 111-1-1 à L. 111-1-3 relatifs à la mise en œuvre des mesures conservatoires ou d'exécution sur un bien appartenant à un État étranger.

1. Règl. CE 44-2001, 22 déc. 2000, concernant la compétence judiciaire, la reconnaissance et l'exécution des décisions en matière civile et commerciale, *JOCE* L 12, 16 janv. 2001, p. 1-23 ; *D.* 2001. 440.
2. Règl. UE 1215-2012, 12 déc. 2012, art. 4.
3. Règl. UE 1215-2012, 12 déc. 2012, art. 35.
4. Pour une application : TGI Nîmes, JEX, 9 juin 1998, *D.* 1999. 301, note G. Cuniberti. Pour des applications : Paris, 8e ch. B, 18 déc. 1997, *Rev. huiss.* 1998. 685, note Dahan – Paris, 14e ch., sect. A, 21 mars 2001, *BICC* 1er nov. 2001, n° 1077.
5. Décr. n° 92-755, 31 juill. 1992, instituant de nouvelles règles relatives aux procédures civiles d'exécution pour l'application de la loi n° 91-650 du 9 juillet 1991 portant réforme des procédures civiles d'exécution, art. 211, al. 1er, *JO* 5 août.
6. Pour des applications : Paris, 8e ch. B, 18 déc. 1997, *Rev. huiss.* 1998. 685, note G. Dahan – Paris, 14e ch., sect. A, 21 mars 2001, *BICC* 1er nov. 2001, n° 1077.
7. Décr. n° 92-755, 31 juill. 1992, art. 9, al. 2.
8. TGI Paris, JEX, 15 mars 1995, *JDI* 1997. 813, note Audit.
9. Civ. 1re, 16 avr. 1996, n° 94-15.531, P I, n° 183 ; *D.* 1996. 128 ; *JCP* 1996. IV. 1383 ; *Rev. crit. DIP* 1997. 716, note P. de Vareilles-Sommières ; *RTD civ.* 1996. 717, obs. R. Perrot.
10. TGI Lyon, JEX, 4 mai 1993, *D.* 1994. 55, note J.-P. Rémery.
11. Civ. 2e, 27 avr. 1988, n° 86-14.541, P II, n° 98 ; *Rev. crit. DIP* 1989. 521, note C. Kessedjian.
12. Règl. UE 655/2014, 15 mai 2014, portant création d'une procédure d'ordonnance européenne de saisie conservatoire des comptes bancaires, destinée à faciliter le recouvrement transfrontière de créances en matière civile et commerciale, *JOUE* L 189, 27 juin, p. 59.
13. Règl. UE 2016/1823, Commission, 10 oct. 2016, établissant les formulaires mentionnés dans le règlement (UE) n° 655/2014 du Parlement européen et du Conseil portant création d'une procédure d'ordonnance européenne de saisie conservatoire des comptes bancaires, destinée à faciliter le recouvrement transfrontière de créances en matière civile et commerciale, *JOUE* L 283, 19 oct., p. 1.
14. Paris, 12 oct. 2023, RG n° 23/00288.
15. L. n° 2016-1691, 9 déc. 2016, relative à la transparence, à la lutte contre la corruption et à la modernisation de la vie économique, *JO* 10 déc., texte 2.

TITRE

061. Les règles communes à toutes les mesures conservatoires

SECTION 0

ORIENTEUR

061.00 **Sommaire du titre.**

Division. Seront successivement étudiés les conditions d'emploi des mesures conservatoires (sect. 1), leur mise en œuvre (sect. 2), leurs effets communs (sect. 3) et le contentieux qu'elles génèrent (sect. 4).

CHAPITRE

0611. Conditions d'emploi des mesures conservatoires

GILLES MALFRE
PREMIER VICE-PRÉSIDENT ADJOINT
AU TRIBUNAL JUDICIAIRE DE PARIS

SECTION 0
ORIENTEUR

0611.00 Sommaire du chapitre.

Division. La lecture des textes applicables conduit d'elle-même à définir qui sont les parties à la mesure conservatoire (sect. 1 à 3), quelle créance peut fonder cette mesure (sect. 4) et quels biens peuvent constituer son assiette (sect. 5).

0611.01 Textes applicables.

• **C. pr. exéc.,** art. L. 111-1-1 à L. 111-1-3, L. 111-10, L. 112-1 à L. 112-4, L. 511-1, L. 511-2, L. 521-1, L. 531-1 ; R. 511-1, R. 511-4 et R. 511-7.

• **C. com.,** art. L. 622-8, L. 622-18 à L. 622-22, L. 622-24, L. 622-28, L. 622-30, L. 624-18, L. 626-22, L. 631-14, L. 632-1, L. 641-3, L. 642-20-1, L. 643-2, R. 622-19, R. 642-22 à R. 642-37 et R. 662-3.

• **COJ,** art. L. 213-6.

• **C. pr. pén.,** art. 81.

• **LPF,** art. L. 277.

L'article L. 511-1 alinéa 1er C. pr. exéc. dispose : « Toute personne dont la créance paraît fondée en son principe peut solliciter du juge l'autorisation de pratiquer une mesure conservatoire sur les biens de son débiteur, sans commandement préalable, si elle justifie de circonstances susceptibles d'en menacer le recouvrement ».

0611.02 Jurisprudence de référence.

> Interdiction de la conservation d'une mesure conservatoire après le jugement d'ouverture de la procédure collective du débiteur.

• **Com. 22 avr. 1997,** n° 94-16.979, P IV, n° 100

* V. ss nos 0144.73, 0144.75, 0611.34, 0831.113

Le jugement d'ouverture de la procédure collective du débiteur interdit toute conversion en saisie-attribution de la saisie conservatoire pratiquée antérieurement. Dès lors, une saisie conservatoire signifiée au tiers saisi avant la date de cessation des paiements du débiteur, mais qui n'a pas été convertie en saisie-attribution avant la date du jugement d'ouverture, n'emporte plus affectation spéciale et privilège au profit du créancier saisissant.

> Nullité de la saisie conservatoire pratiquée en période suspecte.

• **Com. 12 oct. 1999,** n° 96-13.133, P IV, n° 166

* V. ss nos 0144.77, 0611.31, 0831.112

Une saisie conservatoire effectuée postérieurement à la cessation des paiements est nulle. Cette nullité entraîne l'annulation par voie de conséquence du paiement fait au créancier saisissant, même muni d'un titre exécutoire.

> Validité de la saisie conservatoire pratiquée en période suspecte et convertie avant le jugement d'ouverture.

• **Com. 10 déc. 2002,** n° 99-16.603, P IV, n° 191

* V. ss nos 0144.77, 0144.79, 0212.62, 0611.33, 0611.35, 0831.112

Dès lors qu'elle a retenu que la conversion en saisie-attribution d'une créance avait été effectuée avant le jugement d'ouverture de la procédure collective du débiteur, la cour d'appel, juge de l'exécution, qui a fait une exacte application de l'article 43, alinéa 2, de la loi du 9 juillet 1991 [devenu art. L. 211-2 C. pr. exéc.], n'avait pas à se prononcer sur l'application de l'article L. 621-107, 7° du Code de commerce [devenu l'article L. 632-1, 7° du Code de commerce].

> Publicité définitive d'une sûreté judiciaire.

• **Civ. 3e, 10 nov. 2021,** n° 20-16.227, NP

* V. ss n° 0611.34

Après le jugement d'ouverture de la procédure collective, l'inscription définitive d'une sûreté judiciaire inscrite antérieurement à ce jugement est possible, du fait du caractère rétroactif des publicités définitives.

> Caution d'un débiteur faisant l'objet d'une procédure collective – action tendant à obtenir un titre exécutoire.

• **Com. 14 juin 2023,** n° 21-24.018, P

• **Com. 8 avr. 2021,** n° 19-25.332, NP

* V. ss n° 0611.32

Le créancier bénéficiaire d'un cautionnement reste tenu d'engager dans le mois de la mesure une action tendant à obtenir un titre exécutoire, même si le débiteur principal a fait l'objet d'une procédure collective, afin d'éviter la caducité de sa mesure conservatoire, mais l'exécution du titre est suspendue par l'effet du jugement d'ouverture. L'obtention de ce titre n'est pas subordonnée à l'exigibilité de la créance contre la caution.

> Décision de recevabilité à une procédure de surendettement – Mesure conservatoire sur les biens du débiteur (non).

• **Civ. 2e, 28 mars 2024,** n° 22-12.797, B

* V. ss n° 0611.41

Par une combinaison des articles L. 722-2 et l'article L. 722-5 alinéa 1er C. consom., lorsque la décision de recevabilité à la procédure de surendettement a été prononcée, il est interdit au créancier de prendre toute garantie, sûreté ou mesure conservatoire sur les biens du débiteur.

> Saisie conservatoire. Manquement du tiers saisi à son obligation de renseignement. Absence de conversion de la saisie. Absence de sanction du tiers saisi.

• **Civ. 2e, 14 sept. 2006,** n° 05-16.584, P II, n° 227

* V. ss nos 0611.34, 0612.78, 0621.23, 0831.113

Une saisie conservatoire qui n'est pas convertie en saisie-attribution ne peut plus produire ses effets. En ce cas, le créancier poursuivant ne peut faire condamner au paiement des sommes pour lesquelles la saisie avait été pratiquée le tiers saisi qui n'aurait pas satisfait à son obligation de renseignement.

> Saisie conservatoire *ut singuli (non).*

• **Civ. 2e, 14 sept. 2006,** n° 05-16.266, P II, n° 228

* V. ss n° 0611.17

Les associés d'une société exerçant *ut singuli* une action sociale en responsabilité contre le dirigeant de celle-ci, ne peuvent faire pratiquer, en leur nom, une saisie conservatoire au préjudice de ce dernier. Il s'en déduit que les associés exerçant l'action sociale *ut singuli* ont la possibilité de mettre en œuvre des mesures conservatoires au profit de la société.

> Saisie conservatoire pratiquée dans le cadre de la procédure de flagrance sociale.

• **Civ. 2e, 22 juin 2023,** n° 21-19.179, B

* V. ss n° 0611.19

La saisie conservatoire pratiquée sur le fondement de la procédure de flagrance sociale n'est pas subordonnée à la justification de circonstances susceptibles de menacer le recouvrement de sa créance par l'organisme de recouvrement, lequel n'est pas tenu non plus de solliciter un titre exécutoire dans les conditions fixées par l'article R. 511-7 C. pr. exéc.

SECTION 1
CRÉANCIER

0611.11 Généralité de la loi. La nature de la créance qui suscite la mise en œuvre de la mesure conservatoire n'est pas détaillée par la loi. Sont concernés aussi bien les créances contractuelles, les créances d'aliments, les droits de créance immobiliers, les créances délictuelles ou encore les droits successoraux qui peuvent tour à tour fonder une telle mesure.

Les mesures conservatoires sont fondamentalement patrimoniales et non point principalement des mesures d'intimidation : les mesures conservatoires sont ouvertes par voie oblique, comme les autres procédés de recouvrement, aux créanciers d'un créancier[1].

0611.12 Action contre la caution. Même titulaire d'une créance non exigible, le créancier a la faculté de prendre une mesure conservatoire contre la caution, conformément aux dispositions de l'article L. 511-1 C. pr. exéc., qui ne subordonne la prise d'une saisie conservatoire ou d'une sûreté judiciaire, qu'à la justification d'une créance paraissant fondée en son principe et de circonstances susceptibles d'en menacer le recouvrement.

Cette possibilité a été clairement affirmée par la deuxième chambre civile de la Cour de cassation, pour une inscription d'hypothèque provisoire, dans un arrêt du 22 mai 1996 qui énonce que : « *Les mesures conservatoires et les sûretés judiciaires peuvent être autorisées ou maintenues si la créance paraît fondée en son principe et si les circonstances sont susceptibles d'en menacer le recouvrement ; qu'après avoir exactement retenu qu'il importait peu que la banque ne puisse se prévaloir de la déchéance du terme du prêt dans ses rapports avec l'emprunteur, c'est dans l'exercice de son pouvoir souverain d'appréciation que la cour d'appel a estimé, hors de toute violation des textes précités* (L. 25 janv. 1985, art. 56, alors applicable – C. civ., art. 2013[2] – C. pr. exéc., art. R. 511-1), *que la créance de celle-ci contre les cautions paraissait fondée, en son principe* »[3].

1. Paris, 31 mai 1990, *D.* 1990. 173 ; *RTD civ.* 1991. 738, obs. J. Mestre.
2. Transféré par Ord. n° 2006-346, 23 mars 2006 (C. civ., art. 2290).
3. Civ. 2e, 22 mai 1996, n° 93-21.398, NP.

À cet effet, un auteur[1] observe que, « *dès l'instant du cautionnement, ou du moins dès l'instant où est née une obligation de règlement, la caution a la qualité de débitrice*[2]. *L'absence d'exigibilité de la dette et le caractère seulement éventuel du paiement, en raison de ce que la caution n'est qu'un débiteur accessoire, sont sans incidence sur cette qualité. Il en résulte que le créancier est en droit, selon les circonstances, de prendre des mesures conservatoires contre la caution* »[3]. Enfin, la Cour de cassation a jugé que l'absence de déchéance du terme en cas de redressement judiciaire n'interdisait pas l'inscription d'une hypothèque judiciaire provisoire[4], si le créancier justifie d'une créance paraissant fondée en son principe et de circonstances susceptibles d'en menacer le recouvrement.

0611.13 **Incapables.** L'assimilation des mesures conservatoires du Code des procédures civiles d'exécution à des actes d'administration détermine les solutions applicables au mineur créancier, comme au majeur protégé créancier (v. s[s] n°s 0131.11 à 0131.14, 0131.34 et 0131.35).

0611.14 **Mandataire.** L'assimilation des mesures conservatoires du Code des procédures civiles d'exécution à des actes d'administration détermine les solutions applicables au mandat conventionnel (v. s[s] n°s 0131.31 s.).

0611.15 **Syndics de copropriété.** Dans la copropriété des immeubles bâtis, le syndic a qualité pour agir en justice tant en demande qu'en défense, pour la sauvegarde des droits afférents à l'immeuble[5]. L'article 55 du décret du 17 mars 1967[6] dispense en effet expressément le syndic de l'obtention d'une autorisation de l'assemblée générale des copropriétaires.

0611.16 **Conjoints.** L'assimilation des mesures conservatoires du Code des procédures civiles d'exécution à des actes d'administration détermine les solutions applicables au conjoint du créancier (v. s[s] n°s 0144.141 à 0144.156).

0611.17 **Action *ut singuli*.** La question s'est posée de savoir si les associés d'une société exerçant *ut singuli* une action sociale en responsabilité contre le gérant avaient qualité pour pratiquer une mesure conservatoire.

L'action sociale est celle qui vise à réparer le préjudice subi par une société en cas de faute commise par un ou plusieurs de ses dirigeants. Elle est, normalement, exercée par la société, représentée par ses dirigeants. Mais, comme il est à craindre que ces derniers négligent d'intenter cette action, dite *ut universali*, dirigée contre eux-mêmes, la doctrine et la jurisprudence, puis la loi, ont admis la possibilité pour les associés de l'exercer eux-mêmes individuellement[7]. Ainsi, l'article 1843-5 C. civ., dans sa rédaction issue de la loi du 5 janvier 1988 qui a étendu à toutes les sociétés l'action *ut singuli* qui n'était prévue jusqu'alors que pour les sociétés anonymes, dispose : « *Outre l'action en réparation du préjudice subi personnellement, un ou plusieurs associés peuvent intenter l'action sociale en responsabilité contre les gérants. Les demandeurs sont habilités à poursuivre la réparation du préjudice subi par la société ; en cas de condamnation, les dommages-intérêts sont alloués à la société* ».

Ce mécanisme, qui constitue une exception à la règle selon laquelle nul ne plaide par procureur[8], en permettant aux actionnaires de se substituer aux organes sociaux défaillants en exerçant l'action sociale à leur place, est assez peu utilisé en pratique. Sa nature est très discutée en doctrine. Elle reste floue, pour ne pas dire mystérieuse[9]. Pour les professeurs Guyon et Constantin, l'action *ut singuli* peut être comparée à l'action oblique qui permet à un créancier d'agir à la place de son débiteur défaillant. Ainsi, de la même manière que les fonds récupérés à l'occasion de l'action oblique viennent augmenter le patrimoine du débiteur au bénéfice de l'ensemble des créanciers de ce dernier, les dommages-intérêts dus par le dirigeant social viennent reconstituer les fonds sociaux, au profit de l'ensemble des associés. Le professeur Schmidt considère pour sa part au contraire que l'associé agit directement, pour le compte de la société dont il représente les intérêts[10]. Cette analyse est partagée par M. Guinchard et Mmes Ferrand et Chainais[11] qui considèrent que l'actionnaire dispose ainsi d'un droit propre à défendre l'intérêt d'autrui. Elle est en outre confortée par la jurisprudence de la chambre commerciale qui, dans un arrêt du 14 décembre 2004, a affirmé que les actionnaires

1. *J.-Cl. Civ.*, fasc. 40, art. 2011 à 2043, P. Simler.
2. Civ. 3e, 4 avr. 1973, n° 72-11.506, P III, n° 258 – Civ. 1re, 13 janv. 1993, n° 91-11.871, P I, n° 5.
3. V. AUSSI Rép. civ., v° *Cautionnement*, anc. éd., par Piette, n°s 117 et 145.
4. Civ. 2e, 22 mai 1996, n° 93-21.398, NP ; *RD bancaire et bourse* 1997. 23, obs. Crédot et Gérard.
5. L. n° 65-557, 10 juill. 1965, fixant le statut de la copropriété des immeubles bâtis, art. 15, *JO* 11 juill.
6. Décr. n° 67-223, 17 mars 1967, portant rap pour l'application de la loi n° 65-557 du 10 juillet 1965 fixant le statut de la copropriété des immeubles bâtis, *JO* 22 mars, p. 2742.
7. *Rev. sociétés* 2001. 325, note A. Constantin.
8. Y. Guyon, *Droit des affaires*, t. 1, 12e éd., Economica, 2003, n° 462, p. 506.
9. *Rev. sociétés* 2001. 325, note A. Constantin.
10. Versailles, 29 mars 1978, *Rev. sociétés* 1978. 723, note Schmidt.
11. C. Chainais, F. Ferrand, L. Mayer, S. Guinchard, *Procédure civile. Droit commun et spécial du procès civil, MARD*, 37e éd., « Précis », Dalloz, 2024, n° 219.

disposaient du droit propre de présenter des demandes en réparation au profit de la société[1].

La deuxième chambre civile de la Cour de cassation a cependant considéré que les associés d'une société exerçant *ut singuli* une action sociale en responsabilité contre le dirigeant de celle-ci, ne peuvent faire pratiquer, en leur nom, une saisie conservatoire au préjudice de ce dernier[2]. Cette décision est logique. En effet, les articles L. 511-1 et R. 511-1 C. pr. exéc. subordonnent l'inscription d'une mesure conservatoire au fait que le demandeur dispose d'une créance paraissant fondée en son principe. Dès lors, faute de bénéficier *in fine* des dommages-intérêts auxquels le dirigeant de société pourrait être condamné, les actionnaires exerçant l'action *ut singuli* ne peuvent revendiquer à leur profit l'application de ces textes pour solliciter l'inscription d'une mesure conservatoire destinée à garantir une telle condamnation. Ainsi, faute de détenir personnellement une créance paraissant fondée en son principe contre le dirigeant de société, l'actionnaire agissant *ut singuli* ne remplit pas les conditions posées par ces textes[3].

0611.18 Comptable public. L'article L. 277 du LPF énonce, dans son quatrième alinéa, qu'à défaut de constitution de garanties ou si les garanties sont estimées insuffisantes, le comptable peut prendre des mesures conservatoires pour les impôts contestés. Il a été jugé que ce texte n'était pas applicable à la saisie conservatoire mise en œuvre par le comptable public en application de l'article L. 511-1 C. pr. exéc. avant que le contribuable ait formé une demande de sursis de paiement sur le fondement de l'article L. 277 précité[4].

0611.19 Union de recouvrement des cotisations de sécurité sociale et d'allocations familiales (Urssaf). Lorsqu'un procès-verbal de travail dissimulé a été établi à l'encontre de la personne contrôlée, l'inspecteur du recouvrement lui remet un document qui comporte l'évaluation des cotisations et contributions éludées. À la suite de cette remise, la personne contrôlée doit produire les éléments justifiant de l'existence de garanties suffisant à couvrir les montants évalués. À défaut, le directeur de l'organisme de recouvrement peut procéder à une mesure conservatoire, sans solliciter l'autorisation du JEX. L'organisme de recouvrement adresse à la personne contrôlée la mise en demeure prévue par les articles R. 244-1 du CSS et R. 725-6 C. rur. et pêche maritime dans les quatre mois qui suivent l'exécution de la mesure conservatoire.

La saisie conservatoire pratiquée sur le fondement de la procédure de « *flagrance sociale* », n'est pas subordonnée à la justification de circonstances susceptibles de menacer le recouvrement de sa créance par l'organisme de recouvrement[5], lequel n'est pas tenu non plus de solliciter un titre exécutoire dans les conditions fixées par l'article R. 511-7 C. pr. exéc.

SECTION 2
DÉBITEUR *IN BONIS*

0611.21 Débiteurs représentés par autrui ou subrogés. La situation du conjoint du débiteur est examinée plus haut (v. s^s n°s 0144.141 à 0144.156), ainsi que celle du mineur ou majeur protégé débiteur (v. s^s n°s 0131.11 s.). L'action oblique exercée directement contre le débiteur d'un débiteur a été évoquée (v. s^s n° 0611.11), de même que celle exercée *ut singuli* contre le gérant d'une société (v. s^s n° 0611.17).

Jugé qu'une mesure conservatoire – en l'occurrence un nantissement – peut être prise sur un bien appartenant à un mineur, sans autorisation judiciaire particulière[6].

Les indivisaires sont également des débiteurs potentiels, qui peuvent être représentés par l'un d'eux. La question est détaillée plus haut (v. s^s n°s 0144.161 à 0144.167).

SECTION 3
DÉBITEUR EN REDRESSEMENT OU LIQUIDATION JUDICIAIRES

0611.31 Mesures initiées postérieurement au jugement de redressement sur le fondement d'une créance antérieure[7]. N'échappent au principe de suspension des poursuites individuelles que les salariés et les créanciers dont le titre est né postérieurement au jugement déclaratif. Leur situation n'est pas spécifique selon qu'ils engagent une mesure con-

1. Com. 14 déc. 2004, n° 04-13.059, P IV, n° 229 ; *D.* 2005. 432, obs. A. Lienhard ; *Rev. sociétés* 2005. 448, note B. Bouloc – EN CE SENS : Crim. 12 déc. 2000, n° 97-83.470, P, n° 372 ; *Rev. sociétés* 2001. 326, note A. Constantin – V. AUSSI : Com. 27 oct. 2009, n° 08-20.473, NP.
2. Civ. 2e, 14 sept. 2006, n° 05-16.266, P II, n° 228 ; *RTD com.* 2007. 183, note M.-H. Monsérié-Bon.
3. Pourtant, en SENS CONTRAIRE : Versailles, 29 mai 1978, *Rev. sociétés* 1978. 716, note J. Schmidt ; *JCP* 1979. II. 19209, note Y. Guyon ; *D.* 1980. 118, note Guyenot.
4. Civ. 2e, 12 mai 2016, n° 15-17.722, P II, n° 127 ; *Gaz. Pal.* 27 sept. 2016, p. 76, note O. Salati.
5. Civ. 2e, 22 juin 2023, n° 21-19.179, B ; *Dr. soc.* 2023. 709, étude R. Salomon.
6. Paris, 8e ch. D, 19 mai 1999, *Gaz. Pal.* 2000. 1. Somm. 867.
7. V. Vaccaro, « Le sort de la saisie conservatoire des créances dans le cadre de la procédure collective », *D. Affaires* 1997. 1409 – B. Théry, « L'incidence d'une procédure collective sur les procédures civiles d'exécution », *Dr. et proc.* 2002. 140.

servatoire ou bien une mesure d'exécution forcée ; elle est examinée par conséquent dans les généralités (v. s^s^ n°s 0144.101 à 0144.105). Les explications données ci-après sont donc propres aux créances nées antérieurement au jugement d'ouverture de la procédure collective.

La présentation globale de la question, dont les termes n'ont pas été modifiés ni par l'entrée en vigueur de la loi de du 26 juillet 2005, de sauvegarde des entreprises [1], ni par l'ordonnance du 18 décembre 2008 [2], portant réforme du droit des entreprises en difficulté, ni par l'ordonnance du 12 mars 2014 [3], portant réforme de la prévention des difficultés des entreprises et des procédures collectives [4], peut être la suivante (*adde*, v. s^s^ n° 0144.161) : l'article L. 622-21, II C. com. pour la sauvegarde, L. 631-14 alinéa 1er pour le redressement judiciaire, L. 641-3 pour la liquidation judiciaire, arrêtent ou interdisent le cas échéant, toute procédure d'exécution de la part des créanciers tant sur les meubles que sur les immeubles ainsi que toute procédure de distribution n'ayant pas produit un effet attributif avant le jugement d'ouverture.

L'ordonnance de 2008, en prescrivant **l'arrêt de toute procédure de distribution**, n'a fait que **consacrer la jurisprudence et** inscrire dans la partie législative du code la règle qui figure encore à l'article R. 622-19 C. com. La sanction de la règle est la nullité des actes contraires (C. com., art. L. 632-1). Les créanciers dont le titre est antérieur au jugement d'ouverture doivent donc se contenter des bons soins des organes de la procédure et des recours offerts par la loi (C. com., art. L. 622-20).

Il n'est pas d'exception, contrairement à ce qu'aurait pu imaginer le législateur, en matière de mesure conservatoire : aucune ne peut être commencée contre le débiteur après le jugement d'ouverture de la procédure collective sur le fondement d'une créance antérieure (ainsi pour un nantissement provisoire [5] – ou pour une saisie conservatoire [6]). Autant que de besoin, l'article L. 622-30 C. com. l'énonce pour les hypothèques de toutes sortes et les nantissements (par ex. pour une application aux dépens des créanciers du conjoint d'un « failli ») [7]. L'article L. 632-1, 5° et 7°, le confirme aussi pour les saisies conservatoires, parce qu'il vise toutes les mesures ayant un effet de consignation. En revanche, le privilège sur un fonds de commerce établi au profit du vendeur de ce fonds reste possible (C. com., art. L. 622-30 – C. com., art. L. 141-6 [8]) : le vendeur du fonds aura donc toujours intérêt à préférer user de ce privilège spécial plutôt que de débuter un nantissement provisoire.

0611.32 Mesures exercées contre la caution. On observera cependant que l'article L. 622-28 C. com., dont l'effet est en quelque sorte d'étendre la suspension des poursuites aux cautions personnes physiques du débiteur en redressement, permet pourtant, en son troisième alinéa, de prendre des mesures conservatoires contre ces mêmes cautions après le jugement d'ouverture de la procédure collective (sur la question des cautions, v. s^s^ n° 0611.12).

Le créancier bénéficiaire d'un cautionnement reste tenu d'engager dans le mois de la mesure une action tendant à obtenir un titre exécutoire, même si le débiteur principal a fait l'objet d'une procédure collective, afin d'éviter la caducité de sa mesure conservatoire, mais l'exécution du titre est suspendue par l'effet du jugement d'ouverture [9]. L'obtention de ce titre n'est pas subordonnée à l'exigibilité de la créance contre la caution [10].

0611.33 Mesures initiées pendant la période suspecte [11]. L'article L. 632-1 C. com. [12], cité au paragraphe précédent, ne serait pas indispensable s'il ne régissait spécialement le cas où la cessation des paiements est fixée antérieurement au jugement d'ouverture. La période suspecte ainsi distinguée par le tribunal suscite aussi la nullité des mesures conservatoires initiées pendant son cours. Une exception fondamentale est cependant admise, par la chambre commerciale de la Cour de cassation, au profit des créances

1. L. n° 2005-845, 26 juill. 2005, de sauvegarde des entreprises, *JO* 27 juill., p. 12187.
2. Ord. n° 2008-1345, 18 déc. 2008, portant réforme du droit des entreprises en difficulté, *JO* 19 déc., p. 19462.
3. Ord. n° 2014-326, 12 mars 2014, portant réforme de la prévention des difficultés des entreprises et des procédures collectives, *JO* 14 mars, p. 5249.
4. Ord. n° 2014-326, 12 mars 2014, portant réforme de la prévention des difficultés des entreprises et des procédures collectives, *JO* 14 mars, p. 5249.
5. Com. 1er juill. 1997, n° 95-11.375, P IV, n° 212 ; *RTD civ.* 1998. 429, obs. P. Crocq ; *RTD com.* 1999. 197, obs. A. Martin-Serf.
6. Com. 12 oct. 1999, n° 96-13.133, P IV, n° 166 ; *D.* 1999. 45, obs. A. Lienhard ; *Procédures* 2000, n° 3, obs. R. Perrot ; n° 14, obs. Laporte ; *LPA* 8 févr. 2000, p. 20, note Courtier ; *RTD com.* 2000. 459, obs. A. Martin-Serf ; *JCP* 2000. I. 233, n° 12, obs. R. Cabrillac.
7. TGI Lyon, JEX, 20 sept. 1994, *Gaz. Pal.* 1994. 2. Somm. 813 ; *RDI* 1994. 685, note Ph. Simler et Ph. Delebecque ; *Rev. huiss.* 1995. 241.
8. L. 17 mars 1909, anc. art. 2, al. 1er.
9. Com. 14 juin 2023, n° 21-24.018, B ; *D.* 2023. 1765, obs. J.-J. Ansault et C. Gijsbers ; *Rev. prat. rec.* 2023. 24, chron. P. Roussel Galle et F. Reille – Com. 8 avr. 2021, n° 19-25.332, NP.
10. Civ. 2e, 1er mars 2016, n° 14-20.553, P ; *D.* 2016. 1279, obs. A. Leborgne ; *Rev. sociétés* 2016. 398, obs. P. Roussel Galle ; *RTD com.* 2016. 330, obs. A. Martin-Serf.
11. C. Lefort, « Le sort d'une saisie conservatoire de créances pratiquée antérieurement au jugement d'ouverture d'une procédure collective », *Dr. et proc.* 2003. 204 et 269, spéc. 270.
12. L. 25 janv. 1985, anc. art. 107.

nées antérieurement à ladite période et qui n'auront fait l'objet d'une mesure conservatoire que pendant cette période : la conversion ou consolidation d'une telle mesure est possible, à condition cependant qu'elle intervienne avant le jugement d'ouverture de la procédure collective[1].

0611.34 Mesures conservatoires initiées antérieurement au jugement d'ouverture du redressement. Par hypothèse, nous n'examinerons ici que les mesures conservatoires converties ou consolidées après le jugement d'ouverture de la procédure collective : si la conversion ou la consolidation interviennent avant ledit jugement, alors la mesure est devenue une voie d'exécution ou une sûreté judiciaire définitive qui emporte affectation spéciale et privilège au profit du créancier saisissant. Il faut d'abord rappeler que les créances assorties de mesures conservatoires au jour du jugement d'ouverture du redressement n'en sont pas moins soumises à l'obligation générale de déclaration dans un délai de deux mois à compter de la publication du jugement d'ouverture (C. com., art. L. 622-24) ; cependant, cette obligation ne court, pour les créanciers titulaires d'une sûreté publiée ou liés au débiteur par un contrat publié, qu'à compter du jour où ils sont avisés, personnellement ou à domicile élu, de la procédure collective.

Demeure la question de la conversion en voie d'exécution ou de la publicité définitive, après jugement d'ouverture du redressement judiciaire. En droit et en fait, la question se dédouble : est-il possible d'introduire, après l'ouverture de la procédure collective, donc malgré le principe de suspension des poursuites individuelles, une action en vue d'obtenir un titre exécutoire ? Est-il concevable qu'une mesure simplement conservatoire au jour où le mandataire de justice débute son œuvre, soit soudain dotée d'un effet attributif qui peut remettre en cause les opérations de redressement ou de liquidation ?

S'agissant des inscriptions provisoires de nantissement ou d'hypothèque, une jurisprudence jamais démentie autorise les consolidations en inscriptions définitives même après le jugement d'ouverture, à la fois en raison du caractère rétroactif des publicités définitives et en raison de l'absence d'effet attributif de ces inscriptions[2,3]. Il n'est fait exception, évidemment, que si la publicité provisoire est ultérieurement annulée[4].

En revanche, un tel mécanisme de rétroactivité est difficilement concevable en matière de saisies conservatoires. En effet, il n'est guère contestable que la conversion constitue non pas la reprise d'une instance en cours au sens de l'article L. 622-22 C. com.[5], mais bien une nouvelle poursuite individuelle distincte en droit de la mesure initiale[6]. Par conséquent, sauf à introduire une exception prétorienne au principe de suspension des poursuites individuelles, il n'est pas possible de délivrer un acte de conversion d'une saisie conservatoire de meubles corporels ou incorporels ou de créances après jugement d'ouverture de la procédure collective[7]. Il est moins possible encore – pour le cas où le créancier a fait une saisie conservatoire sans titre exécutoire –, d'engager une action en paiement comme le lui impose l'article R. 511-7 C. pr. exéc. (v. s^s n° 0612.71). C'est pourquoi, consacrant une évolution jurisprudentielle globalement défavorable au créancier individuel qui s'est laissé surprendre par le redressement ou la liquidation de son débiteur, la Cour de cassation, dans ses deux formations les plus concernées, décide que l'ouverture de la procédure collective impose l'arrêt des voies d'exécution et la mainlevée des saisies conservatoires prises pour des créances antérieures au redressement ou à la liquidation, mais qui n'ont pas encore été converties[8]. Cet agencement juridique a

1. Com. 12 nov. 1991, n° 89-19.454, P IV, n° 342 ; *D.* 1992. 183, note A. Honorat ; *RTD com.* 1992. 668, obs. B. Bouloc ; 691, obs. A. Martin-Serf – Com. 25 oct. 1994, n° 91-14.539, P IV, n° 314 – Puis de nouveau, après un épisode moins favorable ouvert par un arrêt du 12 oct. 1999 : Com. 10 déc. 2002, n° 99-16.603, P IV, n° 191 ; *D.* 2003. 68, NOTE APPROB. A. Lienhard ; *D.* 2003. 1473, obs. G. Taormina ; *RTD civ.* 2003. 147, obs. R. Perrot ; *Act. proc. coll.* 2003, n° 20, obs. Regnault ; *Dr. et proc.* 2003. 163, obs. Crocq ; *JCP* 2003. I. 144, OBS. APPROB. Cabrillac ; *Procédures* 2003, n° 41, obs. Laporte – Com. 29 avr. 2003, n° 00-11.912, P IV, n° 63 ; *D.* 2003. 1364, obs. A. Lienhard.
2. Com. 21 mai 1968, P IV, n° 163 – Com. 19 mai 1980, n° 78-14.307, P IV, n° 204 ; *D.* 1980. 476, obs. A. Honorat – Com. 17 nov. 1992, n° 90-22.058, P IV, n° 358 ; *D.* 1993. 96, note F. Derrida ; *RDI* 1993. 249, obs. Ph. Delebecque et Ph. Simler ; *RTD com.* 1993. 717, obs. A. Martin-Serf – Com. 11 avr. 1995, n° 92-21.563, NP ; *Rev. huiss.* 1996. 964, note D. R. Martin – APPROB. : *J.-Cl. Com.*, fasc. 2720, n° 59, Amlon.
3. Civ. 3^e, 10 nov. 2021, n° 20-16.227, NP.
4. Com. 30 nov. 1965, *D.* 1966. 600, note Pirovano ; *JCP* 1966. II. 14632.
5. L. 25 janv. 1985, anc. art. 48.
6. Com. 14 mars 1995, n° 93-10.927, P IV, n° 76 ; *RTD civ.* 1995. 969, obs. R. Perrot.
7. Civ. 2e, 14 sept. 2006, n° 05-16.584, P II, n° 227 ; *D.* 2006. 2418 ; 2007. 1380, obs. Julien.
8. Com. 22 avr. 1997, n° 94-16.979, P IV, n° 100 ; *Gaz. Pal.* 1998. 2. 141 ; *D.* 1997. 127 ; *Procédures* 1997, n° 156 ; *RTD com.* 1998. 208, obs. A. Martin-Serf ; *JCP* 1997. II.10013, note Grellière – Com. 2 févr. 1999, n° 96-17.517, P IV, n° 36 ; *D.* 1999. 63 ; *JCP* 1999. I. 177, obs. Pétel ; *Gaz. Pal.* 1999. 1. Pan. 121 ; *Rev. huiss.* 1999. 821 – Civ. 2e, 19 mai 1999, n° 97-13.672, P II, n° 97 ; *D.* 1999. 549, note J. Prévault ; *JCP* 1999. IV. 2288 – Com. 4 janv. 2000, n° 96-20.390, NP ; *Procédures* 2000, n° 59, obs. R. Perrot – Com. 6 mars 2001, n° 98-12.266, P IV, n° 48 ; *D.* 2001. 1102, obs. A. Lienhard – Civ. 2e, 20 oct. 2005, n° 04-10.870, P II, n° 267 ; *D.* 2005. 2804, obs. A. Lienhard ; *D.* 2006. 83 obs. P.-M. Le Corre ; *Dr. et proc.* 2006. 106 obs. E. Putman ; *RD banc. fin.* 2006. 26, obs. S. Piedelièvre ; *Dr. et patr.* 2006, chron. « Voies d'exécution », obs. Crocq et Lefort – Com. 3 nov. 2009, n° 08-20.418, NP.

été critiqué[1] mais semble maintenant solidement établi. Concrètement, il ne manque pas de poser difficulté lorsque la saisie conservatoire est à exécution successive (ex. : saisie conservatoire de loyers) ; alors que la jurisprudence s'est fixée clairement en faveur du créancier qui pratique une saisie attribution à exécution successive aux dépens des organes de la procédure collective[2], il est à craindre que la caducité de la mesure conservatoire faute d'avoir obtenu un titre exécutoire, la prive de ses effets rapidement après l'ouverture du redressement ou de la liquidation.

0611.35 Continuation des ventes forcées et ordres engagés avant le jugement d'ouverture. Quel que soit le stade auquel est parvenue la procédure civile d'exécution, elle est arrêtée par l'ouverture du redressement judiciaire, dès lors que le créancier n'a pas encore acquis un droit exclusif sur les sommes mises en distribution. Cette règle, applicable à toutes les saisies à fin d'attribution de fonds ou à fin de vente forcée, ne connaît pas de nuances selon qu'il y aurait eu mesure conservatoire à l'origine ou pas (la chambre commerciale de la Cour de cassation a ainsi jugé que « *dès lors qu'elle a retenu que la conversion en saisie-attribution d'une créance avait été effectuée avant le jugement d'ouverture de la procédure collective du débiteur, la cour d'appel, juge de l'exécution, qui a fait une exacte application de l'article 43, alinéa 2, de la loi du 9 juillet 1991* [devenu C. pr. exéc, art. L. 111-2, al. 2], *n'avait pas à se prononcer sur l'application de l'article L. 621-107, 7° du Code de commerce* »[3]).

0611.36 Périodes d'observation ou continuation ou cession : initiatives du créancier gagiste ou inscrit. Certes, la saisie conservatoire emporte un effet de consignation ou de gage sans dépossession (v. s^s n°s 0621.44, 0622.91 et 0629.31), tandis que la publicité provisoire constitue quant à elle une véritable sûreté. Mais l'attribution (C. civ., art. 2346[4]) des sommes ou du gage ou la vente forcée constitueraient évidemment une nouvelle poursuite individuelle, soumise donc au principe de suspension. L'attribution peut avoir lieu à l'initiative des organes de la procédure (C. com., art. L. 626-22 – v. s^s n° 0611.37) et exclusivement de la sorte[5]. Le créancier saisissant ou nanti ne peut guère, s'il s'impatiente, que provoquer la liquidation judiciaire (C. com., art. L. 626-27). Il n'est d'exception qu'au profit du créancier nanti sur l'outillage ou le matériel, mais celui-ci n'est jamais concerné par le Code des procédures civiles d'exécution et par nos développements.

0611.37 Périodes d'observation ou continuation ou cession : initiatives des organes du redressement. Ces initiatives sont régies par les articles L. 622-8 et L. 626-22 (vente d'un bien pendant la période d'observation ou dans le plan) ou L. 642-12 C. com.[6] (cession de l'entreprise) (lire M. Cabrillac et Ph. Pételᐧ[7]).

Dans le cas de la vente d'un bien grevé ou l'utilisation de sommes saisies, décidées par les organes du redressement judiciaire, le créancier peut accepter une garantie de substitution (C. com., art. L. 626-22). À défaut, la quote-part du prix de vente donne lieu à une consignation, qui n'est pas celle prévue par le Code des procédures civiles d'exécution, et par l'article 2350 C. civ.[8], mais celle, spéciale donc prévalente, de l'article L. 622-18 C. com. S'ouvre ensuite une procédure d'ordre régie par les articles L. 626-22 et R. 622-19 C. com. Le créancier saisissant ou nanti viendra en concours sur le solde disponible, après service des créanciers « *de l'article 40* » (L. 25 janv. 1985, art. 40, devenu C. com., art. L. 622-17) et autres assimilés ; dans ce concours, le créancier saisissant ou inscrit prime évidemment les chirographaires, ce qui confère un certain intérêt aux mesures conservatoires[9].

Dans le cas de la cession, le prix offert par le repreneur étant global, il faut bien qu'une quote-part soit déterminée par le tribunal dans la masse cédée, pour chacun des biens grevés. Le droit de suite disparaît pour ne laisser survivre que le droit de préférence sur cette quote-part. Les règles de consignation et de distribution sont celles exposées pour le cas de vente.

1. C. Lefort, « Le sort d'une saisie conservatoire de créances pratiquée antérieurement au jugement d'ouverture d'une procédure collective », *Dr. et proc.* 2003. 204 et 269, spéc. § 25 à 31.
2. Cass., ch. mixte, 22 nov. 2002, n° 99-13.935, P, n° 7 ; *BICC* 15 janv. 2003, rapp. Foulon, avis Viricelle ; *D.* 2003. 445, note C. Larroumet ; 2002. 3270, obs. Lienhard ; 2003. 1472, obs. G. Taormina ; *JCP* 2003. II. 10033, note J. Houtcieff ; *Dr. et proc.* 2003. 120, obs. Putman ; *RTD civ.* 2003. 146, obs. R. Perrot ; 331, obs. P. Crocq ; *RTD com.* 2003. 148, obs. D. Legeais ; 367, obs. A. Martin-Serf – Com. 3 mai 2011, n° 10-16.155, NP.
3. Com. 10 déc. 2002, n° 99-16.603, P IV, n° 191 ; *Gaz. Pal.* 5 sept. 2003, p. 11 ; *D.* 2003. 68, obs. A. Lienhard ; 1473, obs. G. Taormina ; *RTD civ.* 2003. 147, obs. R. Perrot ; *RTD com.* 2005. 846, obs. A. Martin-Serf.
4. COMP. : C. civ., anc. art. 2078 (avant : Ord. n° 2006-346, 23 mars 2006).
5. Chambéry, 26 sept. 1994, *Gaz. Pal.* 1995. 1. Somm. 195 – Com. 6 mars 1990, n° 88-16.921, P IV, n° 72 ; *D.* 1990. 311, note F. Derrida.
6. L. 25 janv. 1985, anc. art. 34, 78 et 93.
7. M. Cabrillac et P. Pételᐧ, « Juin 94, le printemps des sûretés réelles », *D.* 1994. Chron. 244.
8. COMP. : C. civ., anc. art. 2075-1 (avant : Ord. n° 2006-346, 23 mars 2006).
9. TGI Le Mans, JEX, 12 avr. 1994, *Gaz. Pal.* 1996. 2. Somm. 437, note Vray – TGI Lyon, JEX, 20 févr. 1996, *D.* 1996. 188 – Com. 17 janv. 1995, n° 91-21.671, P IV, n° 17 ; *D.* 1995. 216, note A. Honorat – *Adde* : M. Cabrillac et P. Pételᐧ (chron. préc. s^s prés^t n°), spéc. n°s 16 à 20.

Le créancier hypothécaire dispose en outre du droit, au cours de la procédure de purge, d'exiger la vente aux enchères puis prendre place dans l'ordre spécial susmentionné. Cependant, seule la radiation, qui dépend en partie de son bon vouloir, fait disparaître son droit de suite : un repreneur aura donc intérêt à négocier à ce sujet[1].

Bien entendu, le bénéficiaire d'une mesure conservatoire ne peut participer à la distribution du prix que si cette mesure est convertie ou consolidée. Dans l'attente, la consignation perdure.

0611.38 **Liquidation judiciaire.** Lorsque la liquidation est décidée, l'article L. 642-18 C. com. préconise en principe en matière d'immeubles la vente à la barre du tribunal, mais autorise aussi la vente amiable de l'immeuble grevé. La vente a lieu conformément aux dispositions des articles R. 642-22 à R. 642-37 C. com. qui renvoient notamment aux dispositions relatives aux procédures de saisie immobilière et de distribution du prix d'un immeuble du Code des procédures civiles d'exécution.

En matière de nantissement mobilier, les conditions de retrait et de réalisation du gage sont désormais régies, depuis l'ordonnance du 18 décembre 2008, par les articles L. 641-3 et L. 642-20-1 C. com.

Dans toutes ces opérations, le titulaire d'une mesure conservatoire est en principe substitué par le liquidateur ; mais il conserve un **droit de poursuite individuelle**. L'article L. 643-2 C. com. valide les actes en vue de la vente d'immeuble hypothéqué lorsqu'ils ont été faits avant le jugement d'ouverture de liquidation[2].

Comme dans le redressement, le bénéficiaire d'une mesure conservatoire ne peut participer à ces procédures de vente forcée puis de distribution que si cette mesure est convertie ou consolidée. Dans l'attente, la consignation perdure.

0611.39 **Compétences juridictionnelles.** L'article R. 662-3 C. com. crée au profit du tribunal de la procédure collective et de son juge-commissaire un bloc de compétence exclusive (sur la répartition des rôles entre ces deux organes, v. C. com., art. L. 621-9[3] et R. 621-21). En raison même de la suspension des poursuites individuelles, la notion de difficultés d'exécution n'a plus guère de sens et le JEX, bien que disposant lui aussi d'une compétence exclusive, s'efface. À notre avis, le JEX ne reste compétent que pour juger les mesures engagées avant le jugement d'ouverture ou bien pour juger de la validité formelle des actes postérieurs à ce jugement d'ouverture, sous la condition expresse que le litige se serait posé exactement dans les mêmes termes s'il n'y avait eu une procédure collective. Ainsi à propos d'une distraction d'objets mis en vente par le liquidateur[4]. Le JEX interviendra aussi lors de la vente de biens immobiliers par voie d'adjudication judiciaire et du règlement des créanciers.

SECTION 4
DÉBITEUR FAISANT L'OBJET D'UNE PROCÉDURE DE SURENDETTEMENT

0611.41 **Débiteur soumis à une procédure de surendettement.** La décision de recevabilité à la procédure de surendettement interdit au créancier de prendre une mesure conservatoire sur les biens du débiteur[5].

SECTION 5
CRÉANCE CAUSE DE LA SAISIE

0611.50 **Plan.** Toute personne dont la créance paraît fondée en son principe peut solliciter du juge l'autorisation de pratiquer une mesure conservatoire sur les biens de son débiteur (C. pr. exéc., art. L. 511-1, al. 1er). Ainsi, et contrairement aux procédures d'exécution qui ne peuvent être pratiquées que sur le fondement d'un titre exécutoire, des mesures conservatoires peuvent être mises en œuvre en l'absence de titre à condition de justifier d'une créance apparemment fondée en son principe (§ 1). Cette condition est d'ailleurs légalement présumée satisfaite pour un certain nombre d'hypothèses énumérées à l'article L. 511-2 C. pr. exéc. dans lesquelles le créancier est dispensé d'obtenir au préalable l'autorisation judiciaire.

Dans tous les cas, le créancier doit justifier de circonstances susceptibles de menacer le recouvrement de la créance[6] (§ 2).

§ 1
Apparence de fondement

0611.61 **Terminologie légale.** À l'instar de l'ancien article 48 ACPC, la loi du 9 juillet 1991, désormais codifiée au Code des procédures civiles d'exécution, recourt à la notion d'apparence de créance. La jurisprudence ancienne paraît transposable sans difficulté. Le concept de « *créance paraissant fondée en son principe* » est une exigence moin-

1. F. Cherchève, « Purge et radiation des hypothèques grevant les immeubles cédés en application d'un plan de cession de l'entreprise », *Gaz. Pal.* 1992. 1. Doctr. 109.
2. M. Cabrillac et P. Pétel, « Juin 94, le printemps des sûretés réelles », *D.* 1994. Chron. 244 (préc., v. ss no 0611.37).
3. L. 25 janv. 1985, anc. art. 14.
4. Dijon, 4 oct. 1994, *JCP* 1995. IV. 35.
5. Civ. 2e, 28 mars 2024, no 22-12.797, B ; *D.* 2024. 677 ; *RCJPP* 2024, no 04, p. 42, chron. V. Valette.
6. Civ. 2e, 2 févr. 2012, no 11-13.218, NP.

dre que celle de « *créance fondée en son principe* » et, *a fortiori*, de « *créance certaine, liquide et exigible* ».

0611.62 **Certitude.** L'apparence s'oppose d'abord à la notion juridique de certitude. Non seulement il n'est pas requis, pour mettre en œuvre une mesure conservatoire, que la créance soit certaine, mais le principe de créance lui-même peut être incertain[1]. Dans certains cas, énumérés à l'article L. 511-2 C. pr. exéc., cette apparence résulte de la loi elle-même ; selon ce texte, certains créanciers, essentiellement les porteurs de titres ou de « *quasi-titres* » (v. ss nos 0611.50 et 0612.11)[2] sont dispensés d'obtenir une autorisation judiciaire préalable. Donc, les développements qui vont suivre concernent avant tout le cas où un juge doit être saisi pour autoriser la mesure conservatoire.

La certitude de la créance n'est pas une condition d'emploi des mesures conservatoires. Ainsi, n'empêchent pas en elles-mêmes la mesure conservatoire, la condition résolutoire (arg. C. civ., anc. art. 1180, devenu C. civ., art. 1304 et 1304-3), ou la contestation avérée du futur saisi[3]. Des créances éventuelles ou conditionnelles ont même servi de fondement à des mesures conservatoires[4]. La créance doit simplement être vraisemblable et son montant doit pouvoir être fixé provisoirement[5]. La loi, qui ne limite pas les mesures conservatoires aux seules créances d'origine contractuelle, permet aussi leur mise en œuvre pour des créances d'origine délictuelle dont le principe et l'étendue n'auraient pas encore été constatés par une décision juridictionnelle (par ex. pour une créance pouvant résulter d'une condamnation pénale)[6]. Jugé aussi que lorsque l'apparence de la créance dépend d'une question litigieuse entre les parties, le juge saisi pour autoriser la mesure conservatoire est compétent pour en apprécier le bien-fondé[7]. Lorsque le créancier présente un titre qui n'est pas exécutoire en France et qui est même frappé de pourvoi dans le pays où il a été rendu, le juge peut estimer que la dette a une apparence suffisante[8]. Il est aussi possible de considérer que la créance paraît fondée en son principe lorsqu'elle a été consacrée par un jugement frappé d'appel.

L'expérience du contentieux général dont peut disposer le juge lui permettra, notamment en cas de procès probable, d'évaluer le degré d'incertitude : certaines actions alimentaires, la lésion ou la violence dans les contrats, la nullité de testament ou la révocation de donation pour ingratitude, la demande de salaire différé, pour ne citer qu'elles, introduisent un aléa bien connu des praticiens et qui rendra circonspect (pour une limitation de l'assiette de la mesure conservatoire au vu d'un cautionnement obscur)[9].

À titre d'illustration, peuvent constituer des créances paraissant fondées en leur principe :

– une créance mentionnée dans un jugement, malgré l'appel suspensif interjeté contre ce jugement, du fait de l'autorité de la chose jugée[10] ;

– une créance issue d'un contrat valablement formé ;

– une créance résultant des conclusions d'un rapport d'expertise judiciaire ;

– une créance mentionnée dans un projet d'état liquidatif d'un régime matrimonial ;

– le créancier d'une société civile peut justifier d'une créance paraissant fondée en son principe à l'encontre des associés de cette société, qui sont tenus indéfiniment des dettes sociales, peu important l'application de l'article 1857 C. civ., s'il est retenu contre ladite société une apparence d'une défaillance, cette apparence pouvant résulter du risque d'inexécution du plan de redressement de cette société[11].

Le juge n'est pas ici juge de l'évidence mais juge de l'apparence. Il ne lui est pas demandé d'avaliser une évidence, mais de rechercher de quel côté penche l'apparence.

Le droit de créance permettant la prise de mesures conservatoires se situe entre la créance simplement alléguée, qui n'est pas suffisante, et l'obligation non sérieusement contestable, qui n'est pas nécessaire.

Mais en toute hypothèse, il faut insister sur ce point, le juge qui retiendrait, pour refuser d'autoriser une mesure conservatoire ou pour en ordonner la mainlevée, que le demandeur à la mesure ne justifie pas d'une créance fondée en son principe, s'expose à une censure certaine[12].

0611.63 **Créance publique.** S'il est certain que l'article L. 213-6 du COJ fait interdiction au JEX de se prononcer sur toute question portant sur le fond

1. Civ. 1re, 2 févr. 1999, no 96-16.718, P I, no 37 ; *Procédures* 1999, no 61, comm. R. Perrot – MOINS PRÉCIS : Paris, 18 févr. 1999, *Juris-Data* no 22975.
2. Pour une application au profit du porteur d'un titre impayé : Paris, 8e ch. B, 28 janv. 1999, *Juris-Data* no 20430.
3. Civ. 3e, 27 juin 1978, no 77-12.418, P III, no 270 – Com. 22 mai 1979, no 78-11.782, P IV, no 171.
4. Dijon, 22 déc. 1959, *JCP* 1960. II. 11670, note Rameau – TGI Bayonne, 13 nov. 1971, *JCP* 1972. II. 16967, note R. B.
5. Civ. 2e, 6 sept. 2018, no 17-21.069, NP.
6. Civ. 2e, 20 nov. 2003, no 01-17.713, P II, no 350 ; *Rev. huiss.* 2004, obs. A. Leborgne ; *RTD civ.* 2004, obs. R. Perrot – V. AUSSI : Paris, 8e ch. B, 26 nov. 1998, *Gaz. Pal.* 2000. 1. Somm. 867.
7. Civ. 2e, 19 déc. 2002, no 01-03.719, P II, no 294 ; *JCP* 2003. IV. 1292 ; *RTD civ.* 2003. 357, obs. R. Perrot.
8. Paris, 8e ch. B, 2 oct. 1997, *D.* 1997. 238.
9. Rennes, 18 nov. 1993, *BICC* 1er avr. 1994, no 406.
10. Civ. 2e, 28 juin 2006, no 03-18.461, NP – *CONTRA* : Paris, 8e ch. B, 7 janv. 1999, *Gaz. Pal.* 2000. 1. Somm. 867.
11. Com. 25 mars 2020, no 18-17.924, P ; *Rev. sociétés* 2020. 685, note J.-F. Barbièri ; *Rev. prat. rec.* 2020. 17, chron. O. Cousin ; *RTD com.* 2020. 714, obs. H. Poujade.
12. Civ. 2e, 15 déc. 2009, no 08-19.432, NP ; *Procédures* 2010, no 35, obs. R. Perrot.

du droit qui ne relève pas de la compétence des juridictions de l'ordre judiciaire, ce texte n'a pas pour effet d'empêcher ce magistrat de statuer dans des matières dont le fond relèverait d'un autre ordre de juridiction, dès lors qu'il n'a pas besoin, pour ce faire, de se prononcer sur une question portant sur le fond du droit. La deuxième chambre civile de la Cour de cassation en a déduit à son tour, sous l'empire de la loi de 1991, que le JEX est compétent pour autoriser, en l'absence de titre exécutoire, une mesure conservatoire pour le recouvrement d'une créance dont le contentieux échappe à la compétence des juridictions de l'ordre judiciaire. Il est ainsi même si la créance dont il s'agit relève de la compétence des juridictions de l'ordre administratif[1]. En effet, juger qu'une partie justifie d'une créance paraissant fondée en son principe n'implique pas que l'on se prononce sur le fond du droit. Bien au contraire, cela implique que l'on se borne, par une décision qui n'a pas autorité de chose jugée au principal, à affirmer que la créance semble fondée au simple vu des apparences ou d'un ensemble d'indices concordant, ou, du moins, que son existence ne soulève aucune contestation sérieuse[2]. Ne se prononçant pas sur le fond du droit, le JEX, lorsqu'il recherche si le demandeur aux mesures conservatoires dispose d'une créance paraissant fondée en son principe, n'est donc pas affecté par la limite posée par l'article L. 213-6 du COJ. L'autorisation ainsi donnée par le JEX ne tendant pas à la fixation d'une créance et ne s'imposant pas au juge administratif, elle ne heurte pas le principe de la séparation des ordres juridictionnels.

0611.64 **Liquidité.** Aux termes de l'article R. 511-4 C. pr. exéc., « *le juge détermine le montant des sommes pour la garantie desquelles la mesure conservatoire est autorisée* » : c'est assez dire que la liquidité de la créance n'est pas requise du créancier qui entend pratiquer une mesure conservatoire. La créance doit être exprimée en argent mais n'est pas soumise à davantage de précisions[3]. On peut cependant en déduire que les mesures conservatoires ne sont possibles que pour la conservation d'une obligation de payer et non de faire.

Il ne faut cependant pas que le juge qui autorise la mesure conservatoire se livre à une évaluation hâtive, au risque de gêner le juge du fond qui arrêtera le montant exact de la créance. La mise en garde vaut notamment en matière délictuelle, où l'appréciation de ce juge du fond est des plus libres.

0611.65 **Exigibilité.** Il est parfaitement admis qu'une mesure conservatoire soit obtenue pour un terme non échu[4] ou même pour un redressement fiscal simplement notifié[5] ou bien en cours d'examen par un juge d'instruction[6]. Caractérise d'ailleurs une créance paraissant fondée en son principe la notification de ce redressement fiscal ainsi que l'ouverture d'une information judiciaire pour fraude fiscale.

0611.66 **Pouvoir souverain du juge.** Le contrôle des limites du pouvoir du juge par la Cour de cassation s'exerce surtout lorsque le créancier qui a sollicité la mesure est éconduit et saisit une cour d'appel (v. ss n° 0612.32) ; en effet, s'il est fait droit à la requête, le débiteur déférera la mesure conservatoire au JEX lui-même (v. ss n° 0613.21) et le débat se déplacera sur les caractéristiques de la créance, non sur les pouvoirs du juge qui a autorisé.

La Cour de cassation juge de façon constante et régulière que dans son appréciation de l'apparence de fondement, l'appréciation du juge est souveraine[7].

Dans la pratique, ce pouvoir s'exerce autant en considération de la créance elle-même que des objectifs explicitement ou implicitement poursuivis par le créancier : préparer de bonne foi une exécution conforme à la loi et à l'ordre public, ou au contraire pratiquer l'intimidation sans aucun avantage pour la bonne administration de la justice[8]. Ceci peut conduire à des autorisations étonnamment larges (ainsi pour l'appréciation d'une faute quasi délictuelle[9] – ou pour une autorisation donnée au titulaire de droits conditionnels dans un partage[10]).

§ 2
Menaces sur le recouvrement

0611.71 **Terminologie légale.** Quoique cette exigence soit posée au seul soutien d'une demande d'autorisation judiciaire préalable, elle s'étend manifeste-

1. Civ. 2e, 26 oct. 2006, n° 05-19.194, P II, n° 294 ; *Gaz. Pal.* 2007, n° 280, p. 15, note Brenner ; *D.* 2007. 896, obs. V. Vigneau.
2. PERROT et THÉRY, n° 1128.
3. EN CE SENS : H. Croze, « La loi du 9 juillet 1991 : le nouveau droit de l'exécution », *JCP* 1992. I. 3585 et 3635, note 43 – Com. 14 déc. 1999, n° 97-14.500, P IV, n° 230 ; *JCP* 2000. IV. 1242 ; *RTD com.* 2000. 157, obs. M. Cabrillac ; 372, obs. C. Champaud et D. Danet.
4. Civ. 3e, 19 avr. 1977, n° 75-14.236, P III, n° 169.
5. Civ. 1re, 13 mai 1986, n° 85-10.669, P I, n° 129 ; *D.* 1986. 389, note J. Prévault.
6. Com. 10 nov. 1981, *Gaz. Pal.* 1982. 1. Pan. 156, note A. P.
7. Civ. 2e, 10 déc. 1998, n° 96-21.730, P II, n° 298 – Civ. 2e, 20 nov. 2003, n° 01-17.713, P II, n° 350 ; *Rev. huiss.* 2004, obs. A. Leborgne ; *RTD civ.* 2004, obs. R. Perrot – Civ. 2e, 18 déc. 2008, n° 07-18.013, NP – Civ. 2e, 7 janv. 2010, n° 08-21.441, NP – Civ. 2e, 22 févr. 2012, n° 11-10.254, NP.
8. T. Fossier et A. Gariazzo, « Requête et ordonnance du juge de l'exécution », *Rev. jur. Ouest, Voies d'exécution*, n° spéc., 1994.
9. Amiens, 18 nov. 1997, *Gaz. Pal.* 1998. 1. 141, NOTE CRIT. T. Moussa.
10. Paris, 18 févr. 1999, *Juris-Data* n° 22975.

ment aux créanciers porteurs d'un titre ou dans une situation assimilée[1]. Ces derniers seraient en effet civilement sanctionnés s'ils engageaient une mesure conservatoire alors que le débiteur se libère normalement (arg. C. pr. exéc., art. L. 111-10, al. 2). Tous les commentateurs ont noté l'abandon de l'ancienne notion « *d'urgence et de péril dans le recouvrement* » (ACPC, art. 48). Après un long débat doctrinal, les deux notions avaient fini par être considérées comme indissociables, voire synonymes[2] : était requise la preuve d'une insolvabilité, sinon organisée comme l'exigeait le droit allemand et alsacien[3], en tout cas imminente ou sérieusement à craindre.

La rénovation de la terminologie est généralement présentée comme une libéralisation du recours aux mesures conservatoires[4]. Toute référence au temps qui s'écoule est effacée. La menace de défaut de paiement peut être lointaine, ou encore le besoin d'argent du créancier peut être discutable : la probabilité du péril est suffisante.

0611.72 **Exemples.** Cette condition est de même valeur que la première.

Le JEX pourra faire droit à la requête aux fins de mesure conservatoire soit qu'il ait des craintes sérieuses sur la situation objective du débiteur, soit qu'il tire des conséquences de l'attitude subjective de ce débiteur. Sont ici visés :

– *D'une part*, le défaut de paiement ou au moins l'insolvabilité[5] ou le déficit avéré[6] ou la faiblesse du fonds de roulement au regard de l'importance de la créance[7] ou les difficultés financières notoires d'un architecte débiteur de travaux[8] ou, s'agissant de saisir contre une banque caution, les difficultés financières qu'elle rencontre[9] (on y assimilera les manœuvres malhonnêtes caractérisées, aux dépens d'une personne âgée et de ses héritiers potentiels[10]) ; plus difficile à évaluer est le risque que présente dans une entreprise la faiblesse du capital social, ou la volatilité du patrimoine (dans le cas d'une holding où circulent aisément les participations croisées[11], ou une société civile immobilière dont la garantie consiste exclusivement en immeuble susceptible d'être vendu rapidement[12], ou encore lorsqu'une assurance de responsabilité professionnelle comporte des limitations de garantie trop importantes au regard du montant de la créance).

– *D'autre part*, le silence du débiteur qui ne communique pas son bilan (ainsi pour une note non signée[13]) ou qui ne répond à aucun courrier[14], ni aux mises en demeure[15], hors le cas bien entendu où le créancier dissimule à l'huissier de justice (désormais le commissaire de justice) poursuivant la véritable adresse[16], ou qui contraint son créancier à des voies d'exécution sans obtenir tout son dû[17].

À l'inverse, le juge refusera la mesure sollicitée si le débiteur se libère normalement[18] ou présente manifestement toute garantie[19] ou ne manque ni de revenus ni de droits en capital[20]. De même, il n'y a pas lieu de présumer une intention d'organiser son insolvabilité de la part d'un débiteur à défaut de preuves **matérielles** préparatoires manifestant cette intention, d'autant que le patrimoine de ce débiteur serait suffisant pour permettre le paiement de la somme due[21]. Le seul fait pour le débiteur de contester de bonne foi la créance ne saurait constituer une menace dans le recouvrement. Le plus souvent, ces éléments favorables au débiteur ne sont pas connus du juge, le créancier n'ayant aucun intérêt à les lui dévoiler : le juge va donc autoriser la mesure et c'est en fonction du débat que suscitera le débiteur injustement poursuivi, qu'apparaîtra l'exagération du créancier, voire son abus (v. s^s^ n° 0613.45), qui sera d'autant plus sévèrement sanctionné (ex. pour le cas d'une banque qui, alors qu'elle venait d'accorder un moratoire et percevait les acomptes prévus, a néanmoins inscrit une hypothèque judiciaire provisoire sur les biens de son débiteur)[22].

1. EN CE SENS : H. Croze, « La loi du 9 juillet 1991 : le nouveau droit de l'exécution », *JCP* 1992. I. 3585 et 3635, n° 20 – TGI Bobigny, 27 sept. 1993, *Gaz. Pal.* 1994. 1. 22 – Paris, 8e ch. B, 7 mai 1998, *Rev. huiss.* 1999. 210, note G. Dahan – Civ. 1re, 12 mai 2011, n° 10-15.700, NP.
2. DONNIER, 8e éd., 2009, n° 402, p. 168 ; DONNIER, 10e éd., 2020.
3. M. Boitelle-Coussau et D. Talon, « Les mesures conservatoires », *Gaz. Pal.* 1993. 1. Doctr. 286.
4. H. Croze, « La loi [...] : le nouveau droit de l'exécution » (préc. s^s^ prés^t^ n°) – D. Legeais, « Les mesures conservatoires », *LPA*, n° spéc., 6 janv. 1993.
5. Com. 22 mai 1979, n° 78-11.782, P IV, n° 171 – Sous l'empire de la loi nouvelle : Douai, 18 nov. 1993, *Gaz. Pal.* 1994. 2. Somm. 814 – PLUS NUANCÉ : Douai, 8 juill. 1993, *Rev. huiss.* 1994. 1424 – TGI Arras, JEX, 4 mars 1993, *Rev. huiss.* 1994. 669.
6. Com. 14 déc. 1966, P IV, n° 482.
7. Com. 20 avr. 1982, n° 80-13.785, P IV, n° 132.
8. Paris, 11 févr. 1999, *Juris-Data* n° 20427.
9. Paris, 8e ch. B, 14 janv. 1999, *Juris-Data* n° 20192.
10. Aix-en-Provence, 24 févr. 1999, *Juris-Data* n° 40747.
11. TGI Lyon, JEX, 3 août 1999, Cibil c/ICM, NP.
12. Lyon, 9 oct. 2007, NP.
13. Com. 21 oct. 1964, P II, n° 437 ; *D.* 1965. 239.
14. Colmar, 7 juin 1993, *BICC* 1er oct. 1993 ; *D.* 1994. 346, note P. Julien.
15. Paris, 8e ch., 28 avr. 1998, *Rev. huiss.* 1998. 890.
16. Civ. 2e, 21 déc. 2000, n° 98-23.430, NP ; *Gaz. Pal.* 2001. 1. Somm. 137, obs. P. Véron.
17. Angers, 1re ch. A, 26 janv. 1998, *JCP* 1999. IV. 1373.
18. Caen, 10 déc. 1963, *JCP* 1964. II. 13716, note J. A.
19. Limoges, 15 févr. 1979, *Gaz. Pal.* 1979. 1. Somm. 265.
20. En l'occurrence, dans une SUCCESSION : Paris, 8e ch. D, 21 janv. 1999, *Gaz. Pal.* 2000. 1. Somm. 871.
21. Paris, 16 nov. 2000, *D.* 2001. 284 – Paris, 7 sept. 2000, *Dr. et proc.* 2001. 130, obs. Brenner.
22. Civ. 2e, 6 juill. 2000, n° 98-15.790, NP ; *Dr. et proc.* 2001-2. 120, obs. Brenner.

0611.73 **Pouvoir souverain du juge.** Le juge de la requête ne dispose pas, par postulat, du débat contradictoire pour exercer son appréciation. Cette dernière est, comme il se doit, souveraine[1]. Elle portera en pratique et le plus souvent sur les garanties de substitution que pourrait offrir le débiteur. Ainsi jugé, par exemple, que le salaire d'un fonctionnaire constitue (à propos d'une créance apparemment de faible montant) une garantie, exclusive de la menace[2].

Pour la Cour de cassation, l'existence de circonstances susceptibles de menacer le recouvrement de la créance relève de l'appréciation souveraine des juges du fond. Elle n'exerce donc pas de contrôle sur ce point[3]. À noter que, pour apprécier souverainement les circonstances susceptibles de menacer le recouvrement de la créance contre une caution solidaire, il convient de prendre en considération la seule situation de cette dernière, à l'exclusion par conséquent de celle du débiteur principal[4].

SECTION 6
BIENS ASSIETTE DE LA MESURE

0611.81 **Généralités.** Une saisie conservatoire peut porter sur tous les biens mobiliers[5], corporels ou incorporels, appartenant au débiteur[6] (C. pr. exéc., art. L. 521-1). On exceptera cependant les rémunérations du travail, car leur saisie ne comporte pas de phase conservatoire, les brevets et logiciels ou encore les navires, bateaux et aéronefs (v. s[s] n°s 0724.06 à 0726.66), qui sont régis par des textes spéciaux.

L'hypothèque judiciaire provisoire sur la part indivise du débiteur est possible car elle n'entraîne aucune indisponibilité du bien[7].

Mais l'hypothèque judiciaire provisoire sur un bien immobilier commun des époux n'est pas possible si un seul des deux époux s'est engagé comme caution[8].

Pour les saisies conservatoires, le créancier de l'indivision peut pratiquer ces saisies sur les biens indivis avant le partage, mais le créancier personnel d'un indivisaire ne le peut pas ; il ne peut que provoquer le partage[9].

Le principe de territorialité des procédures civiles d'exécution, celui de l'indépendance et de la souveraineté des États, exclut par ailleurs et sauf convention internationale ou législation communautaire l'y autorisant, que le juge français ordonne ou autorise une mesure conservatoire devant être accomplie à l'étranger[10]. On signalera aussi pour mémoire les dispositions des articles L. 111-1-1 à L. 111-1-3 C. pr. exéc., issues de la loi du 9 décembre 2016[11], qui régit les conditions de mise en œuvre des mesures conservatoires ou des mesures d'exécution sur un bien appartenant à un État étranger. Ces mesures sont subordonnées à une autorisation préalable du juge par ordonnance rendue sur requête.

Une sûreté judiciaire provisoire peut être constituée à titre conservatoire sur les immeubles, les fonds de commerce, les actions, parts sociales et valeurs mobilières (C. pr. exéc., art. L. 531-1). Il apparaît donc que certains biens peuvent faire l'objet d'une saisie conservatoire comme d'une sûreté judiciaire provisoire (les parts sociales et valeurs mobilières, les éléments corporels d'un fonds de commerce), tandis que les autres biens requièrent une mesure conservatoire à l'exclusion de toute autre.

L'examen détaillé des biens ainsi visés par la loi relève de l'étude de chaque mesure au chapitre suivant. Nous ne développerons ici que les notions communes.

0611.82 **Saisissabilité.** Les articles L. 112-1 à L. 112-4 C. pr. exéc. sont d'application générale à toutes les saisies, y compris conservatoires. En revanche, les sûretés, insusceptibles de retirer son bien à la personne poursuivie, y échappent (v. s[s] n°s 0631.05 à 0632.52).

1. Civ. 1re, 19 avr. 1967, *RTD civ.* 1967. 887, note P. Raynaud – Civ. 2e, 20 nov. 2003, n° 01-17.713, P II, n° 350 ; *Rev. huiss.* 2004, obs. A. Leborgne ; *RTD civ.* 2004, obs. R. Perrot– Civ. 2e, 18 déc. 2003, n° 02-11.327, NP.
2. TGI Sarreguemines, JEX, 24 mai 1993, *Rev. huiss.* 1994. 667.
3. Com. 4 nov. 2008, n° 07-19.216, NP – Civ. 2e, 31 mars 2011, n° 10-10.303, NP – Civ. 2e, 7 juin 2012, n° 11-16.106, NP.
4. Civ. 2e, 23 juin 2016, n° 15-18.638, P II, n° 172 ; *Procédures* 2016. Comm. 256, note L. Raschel ; *Gaz. Pal.* 2016, n° 33, p. 69, note Bourassin ; *Gaz. Pal.* 6 déc. 2016, p. 31, note Ansault.
5. Civ. 2e, 12 mai 2016, n° 15-15.158, P ; *Procédures* juill. 2016. Comm. 228, note L. Raschel : saisie conservatoire de biens dont il était allégué qu'ils constituaient des souvenirs à caractère personnel.
6. POUR LA SAISIE CONSERVATOIRE d'un crédit documentaire : Com. 16 déc. 2008, n° 07-18.729, P IV, n° 205 ; *D.* 2009. 161, obs. X. Delpech ; *RTD com.* 2009. 192, obs. D. Legeais ; 647, obs. P. Delebecque – POUR LA SAISIE de bons de capitalisation, considérés comme la saisie de sommes d'argent et non de valeurs mobilières : Civ. 2e, 10 juill. 2008, n° 07-14.658, P II, n° 181 ; *D.* 2009. 1044, obs. D. R. Martin et H. Synvet.
7. Civ. 2e, 17 févr. 1983, n° 81-15.566, P II, n° 42 – Civ. 3e, 2 nov. 1983, n° 82-11.547, P III, n° 212.
8. Civ. 1re, 11 mars 2003, n° 00-22.208, P I, n° 66.
9. Civ. 2e, 4 oct. 2001, n° 00-611.126, NP.
10. POUR UNE SAISIE PRATIQUÉE SUR UN COMPTE BANCAIRE détenu en Espagne : Civ. 2e, 21 janv. 2016, n° 15-10.193, P II, n° 20 ; *D.* 2016. 744, chron. H. Adida-Canac, T. Vasseur et E. De Leiris ; *JCP* 2016. Actu. 110 ; *RD fisc.* 2016, n° 184 ; *JCP N* 2016. Actu. 244 ; C. Brenner, « Chronique de jurisprudence des procédures civiles d'exécution », *Gaz. Pal.* 21 juin 2016, n° 23.
11. L. n° 2016-1691, 9 déc. 2016, relative à la transparence, à la lutte contre la corruption et à la modernisation de la vie économique, *JO* 10 déc., texte 2.

0611.83 **Distraction et cantonnement.** L'erreur sur la propriété du bien qui sert d'assiette à la mesure conservatoire conduit à une action en distraction, comme dans le droit antérieur à 1991. Cette action sera examinée mesure par mesure. Il en sera de même pour le cantonnement qui vise à réduire l'étendue de la saisie en libérant une partie des biens rendus indisponibles.

0611.84 **Concours de mesures.** La question, déjà fort mal résolue sous l'empire du texte de 1955, n'est guère éclaircie par ceux de 1991 et 1992. Elle est abordée dans les chapitres qui suivent (v. s^s^ n°s 0621.45 [saisie conservatoire de sommes d'argent], s^s^ n°s 0622.100 s. [saisie conservatoire de meubles corporels], s^s^ n°s 0629.40 s. [saisie conservatoire de droits incorporels], s^s^ n° 0631.24 [hypothèque judiciaire provisoire], s^s^ n°s 0632.25 et 0632.26 [nantissement judiciaire provisoire]).

0611.85 **Bien bloqué par une juridiction d'instruction.** En vertu des pouvoirs qui lui sont conférés par l'article 81 C. pr. pén., un juge d'instruction peut, par réquisition, interdire à une personne de se dessaisir des sommes, valeurs ou titres qu'il détient pour une autre. Mais aucune disposition n'interdit que ces biens puissent faire l'objet ensuite d'une procédure civile ou d'une mesure conservatoire et le détenteur engagerait sa responsabilité en refusant, négligeant ou omettant de tenir compte de la saisie. Certes, tant que la réquisition pénale reste en vigueur, il ne peut se dessaisir des biens saisis entre les mains du créancier saisissant[1], même avec l'autorisation du débiteur saisi. Mais la saisie n'en produit pas moins son effet d'indisponibilité et retrouve tous ses autres effets dès la mainlevée de la réquisition pénale.

C'est ainsi que, dans une affaire où un juge d'instruction, après avoir fait bloquer les comptes bancaires d'une personne mise en examen, avait autorisé ensuite la liquidation du compte titre et le versement à son titulaire du produit en résultant, la deuxième chambre civile de la Cour de cassation a jugé que la banque, qui n'avait pas informé le magistrat instructeur qu'entre-temps, le compte titre était devenu indisponible par l'effet d'une saisie conservatoire, avait commis une faute de nature à engager sa responsabilité[2].

1. Civ. 2e, 3 mai 2001, n° 98-23.118, P II, n° 88 – La défense faite au tiers saisi de se libérer des fonds saisis s'impose à toutes les parties à la saisie : Civ. 2e, 21 janv. 2010, n°s 08-20.810 et 08-20.811, P II, n° 18 ; *Dr. et proc.* mai 2010, obs. E. Putman.
2. Civ. 2e, 23 nov. 2006, n° 05-10.933, P II, n° 328.

CHAPITRE

0612. Mise en œuvre des mesures conservatoires

Gilles Malfre
Premier vice-président adjoint
au tribunal judiciaire de Paris

Section 0
Orienteur

0612.00 Sommaire du chapitre.

Division. La mise en œuvre des mesures conservatoires suppose une autorisation préalable (sect. 1), un procès-verbal de mesure conservatoire (sect. 2) et l'obtention d'un titre exécutoire (sect. 3).

0612.01 Textes applicables.

• **C. pr. exéc.,** art. L. 111-3, L. 111-9, L. 121-4, L. 122-1, L. 511-1 à L. 511-4, L. 512-2, R. 111-1, R. 121-1, R. 121-2, R. 121-7, R. 121-23, R. 122-1, R. 224-1, R. 511-1 à R. 511-8, R. 521-1, R. 522-1 à R. 522-3, R. 523-1, R. 523-3, R. 523-5, R. 524-1, R. 524-2 et R. 532-5.

• **C. civ.,** art. 220-1, 257 et 2314.

• **C. pr. civ.,** art. 493, 494, 495, 503, 696, 958 et 1484.

• **C. douanes,** art. 341 *bis*.

0612.02 Jurisprudence de référence.

> Dénonciation de la saisie conservatoire. Sanction de l'omission de la copie de la requête et de l'ordonnance autorisant la saisie.

• **Civ. 2e, 6 déc. 2001,** n° 99-19.894, P II, n° 184

* V. ss nos 0612.53, 0621.24

Fait une exacte application des articles 236 du décret du 31 juillet 1992 [devenu art. R. 523-3 C. pr. exéc.] et 495 du nouveau Code de procédure civile la cour d'appel qui retient que le premier de ces textes n'exclut pas l'application du second mentionnant que copie de la requête et de l'ordonnance est laissée à la personne à laquelle elle est opposée. L'omission par l'huissier de justice [désormais commissaire de justice] de signifier la requête en même temps que l'ordonnance du juge autorisant la saisie justifie l'annulation de la dénonciation de la saisie conservatoire.

> Mesure conservatoire. Introduction d'une procédure permettant l'obtention d'un titre exécutoire. Assignation devant une juridiction incompétente.

• **Civ. 2e, 3 avr. 2003,** n° 01-12.032, P II, n° 97

* V. ss n° 0612.74

Satisfait aux exigences de l'article 215 du décret du 31 juillet 1992 [devenu art. R. 511-7 C. pr. exéc.], le créancier qui délivre une assignation dans les délais prévus par ce texte, même devant une juridiction incompétente.

> Portée de la décision du juge de l'exécution d'autoriser une mesure conservatoire.

• **Civ. 2e, 20 nov. 2003,** n° 01-17.713, P II, n° 350

* V. ss nos 0611.62, 0611.66, 0611.73, 0612.45

C'est à juste titre qu'un arrêt retient que l'instance engagée par l'administration des Douanes, invoquant des infractions douanières, qui tend à obtenir d'un juge de l'exécution l'autorisation de pratiquer des mesures conservatoires à l'encontre d'une personne, n'a pas pour objet de déterminer si celle-ci est coupable des infractions reprochées, ni même si l'Administration dispose d'une créance fondée en son principe, mais seulement de rechercher si des mesures conservatoires peuvent être ordonnées au vu de l'apparence d'une telle créance, et que la décision du juge de l'exécution n'a qu'un effet provisoire, ne tend pas à la fixation d'une créance et ne s'impose pas au juge pénal, de sorte que, conforme aux dispositions de l'article 210 du décret n° 92-755 du 31 juillet 1992 [devenu art. R. 511-1 C. pr. exéc.], elle ne heurte pas le principe du respect de la présomption d'innocence.

> Responsabilité sans faute du créancier en cas de mainlevée de la mesure conservatoire.

• **Civ. 2e, 29 janv. 2004,** n° 01-17.161, P II, n° 35

* V. ss nos 0212.92, 0612.41, 0613.45

L'article 73, alinéa 2, de la loi du 9 juillet 1991 [devenu art. L. 512-2 C. pr. exéc.], selon lequel, lorsque la mainlevée a été ordonnée par le juge, le créancier peut être condamné à réparer le préjudice causé par la mesure conservatoire, n'exige pas, pour son application, la constatation d'une faute.

Dès lors, justifie légalement sa décision de condamner le créancier à payer des dommages-intérêts au saisi, la cour d'appel qui retient que la saisie conservatoire de valeurs mobilières avait entraîné l'indisponibilité de l'ensemble d'un compte-titres, au-delà du montant des sommes garanties, à une période où les valeurs avaient subi une baisse générale, de telle sorte que le préjudice résultait de la perte d'une chance d'avoir pu limiter la diminution de la valeur du portefeuille par une gestion habile.

> Saisie conservatoire. Manquement du tiers saisi à son obligation de renseignement. Absence de conversion de la saisie. Absence de sanction du tiers saisi.

• **Civ. 2e, 14 sept. 2006,** n° 05-16.584, P II, n° 227

* V. ss nos 0611.34, 0612.78, 0621.23, 0831.113

Une saisie conservatoire qui n'est pas convertie en saisie-attribution ne peut plus produire ses effets. En ce cas, le créancier poursuivant ne peut faire condamner au paiement des sommes pour lesquelles la saisie avait été pratiquée le tiers saisi qui n'aurait pas satisfait à son obligation de renseignement.

> Mesure conservatoire. Dispense d'autorisation judiciaire pour le créancier qui se prévaut d'une sentence arbitrale.

• **Civ. 2e, 12 oct. 2006,** n° 04-19.062, P II, n° 270

* V. ss nos 0111.24, 0612.12, 0613.21, 1711.191

1° Est recevable l'action en nullité de la saisie introduite par le tiers saisi contre lequel une demande en paiement est formée à titre reconventionnel.

2° Le créancier qui se prévaut d'une sentence arbitrale peut pratiquer une saisie conservatoire, sans autorisation préalable du juge, en application de l'article 68 de la loi du 9 juillet 1991 [devenu art. L. 511-2 C. pr. exéc.], portant réforme des procédures civiles d'exécution.

> Mesures conservatoires. Compétence du juge de l'exécution du lieu d'exécution de la mesure lorsque le débiteur demeure à l'étranger.

• **Civ. 2e, 9 nov. 2006,** n° 04-19.138, P II, n° 310

* V. ss nos 0213.31, 0612.25, 0841.33, 1523.12

La compétence attribuée au juge du domicile du débiteur par l'article 211 du décret du 31 juillet 1992 [devenu art. R. 511-2 C. pr. exéc.] n'est pas exclusive de l'application de l'article 9, alinéa 2, du même décret, dont les dispositions d'ordre public donnent compétence au juge de l'exécution du lieu d'exécution de la mesure lorsque le débiteur demeure à l'étranger. Le juge, dans le ressort duquel est situé l'un des immeubles du débiteur demeurant à l'étranger, est compétent pour autoriser des inscriptions d'hypothèques sur ses biens immobiliers situés en dehors de son ressort.

> Mesure conservatoire. Dispense d'autorisation judiciaire pour le créancier qui se prévaut d'une ordonnance d'injonction en l'absence d'opposition.

• **Civ. 2e, 13 sept. 2007,** n° 06-14.730, P II, n° 218

* V. ss nos 0111.24, 0612.12

Une ordonnance portant injonction de payer n'est une décision de justice, au sens de l'article 68 de la loi n° 91-650 du 9 juillet 1991 [devenu art. L. 511-2 C. pr. exéc.], qu'en l'absence d'opposition dans le mois de sa signification.

> Responsabilité du saisissant pour abus du droit de saisir nonobstant l'autorisation préalable du juge.

• **Com. 23 avr. 2013,** n° 12-12.101, P IV, n° 67

* V. ss nos 0612.51, 0626.41

L'autorisation donnée par le juge de maintenir la saisie conservatoire d'un navire n'exclut pas, par principe, la recherche, en fonction de l'ensemble des circonstances, de la responsabilité du saisissant pour abus du droit de saisir.

0612.04 **Formulaire de procédure civile (renvois).**

• *Saisie conservatoire – Autorisation de saisie sur biens* meubles (Requête à fin d'autorisation de saisie conservatoire sur les biens meubles – C. pr. exéc., art. L. 511-1)

• *Saisie conservatoire – Acte de saisie sur biens meubles* (Acte de saisie conservatoire sur les biens meubles corporels – C. pr. exéc., art. R. 522-1)

• *Saisie conservatoire – Autorisation de saisie sur les créances* (Requête à fin d'autorisation d'une saisie conservatoire sur les créances – C. pr. exéc., art. L. 511-1 et R. 511-1)

• *Saisie conservatoire – Acte de saisie sur créances* (Acte de saisie conservatoire sur une créance – C. pr. exéc., art. L. 521-1)

SECTION 1
AUTORISATION PRÉALABLE

§ 1
Inutilité de l'autorisation en possession d'un titre ou face à certains défauts de paiement

0612.11 **Titres et « *quasi-titres* ».** L'article L. 511-2 C. pr. exéc. dispose que l'autorisation préalable du juge n'est pas nécessaire lorsque le créancier se prévaut d'un titre exécutoire ou d'une décision de justice qui n'a pas encore force exécutoire. Il en est de même en cas de défaut de paiement d'une lettre de change acceptée, d'un billet à ordre, d'un chèque ou d'un loyer resté impayé dès lors qu'il résulte d'un contrat écrit de louage d'immeuble.

Ainsi, le Code des procédures civiles d'exécution assimile au titre ou au document cambiaire impayé le défaut de paiement de chèque ou du loyer. Cette assimilation, qui procède d'amendements parlementaires, a été critiquée[1] parce qu'elle fait perdre au titre exécutoire un peu de sa prééminence.

0612.12 Décisions de justice françaises. La décision de justice est le premier des titres visés par le code (C. pr. exéc., art. L. 111-3 – V. s[s] n°s 0121.10 s.). Bien entendu, il est loisible au porteur d'un titre exécutoire de pratiquer une mesure conservatoire (v. s[s] n° 06.08). Mais l'article L. 511-2 C. pr. exéc. ne requiert pas que le titre soit exécutoire pour engager une mesure conservatoire sans autorisation judiciaire préalable : cette exigence est différée (v. s[s] n°s 0612.71 s.), de sorte que celui dont la créance est menacée peut agir sans subir les lenteurs éventuelles d'un procès au fond.

Sont donc **reçues toutes les décisions des juridictions des deux ordres**, même si ces décisions sont frappées de recours suspensif d'exécution ou sont encore susceptibles de l'être (ainsi pour un arrêt validant une saisie conservatoire pratiquée sans autorisation préalable sur la base d'un jugement frappé d'appel octroyant une prestation compensatoire[2] – De même pour un arrêt de divorce frappé de pourvoi, suspensif en la matière[3], ou encore pour une saisie pratiquée sur la base d'un arrêt de cassation qui constitue le titre exécutoire ouvrant droit à restitution des sommes versées en exécution de l'arrêt cassé[4]). En revanche, ne permettraient pas l'engagement d'une mesure conservatoire, un procès-verbal de conciliation non revêtu de la formule exécutoire ; une décision de juge-commissaire arrêtant les honoraires d'un administrateur judiciaire[5]. On aurait pu penser que la production régulière et l'admission d'une créance au redressement judiciaire suffiraient à pratiquer une mesure conservatoire sans autorisation judiciaire préalable. Pourtant, la Cour de cassation[6] paraît avoir admis le principe d'une autorisation, donc l'insuffisance de la production au passif.

La question pouvait aussi se poser à propos d'une **sentence arbitrale.** Émanant de juges privés, celle-ci peut-elle être considérée comme une décision de justice au sens de l'article L. 511-2 C. pr. exéc. ? La Cour de cassation l'a admis, même pour une décision arbitrale non exequaturée[7], la Haute juridiction considérant que l'expression « *décision de justice* » visée par ce texte était une dénomination générique désignant toute décision, émanant d'une juridiction étatique ou arbitrale. L'article 1484 C. pr. civ. dispose d'ailleurs que la sentence arbitrale a, dès qu'elle est rendue, l'autorité de la chose jugée relativement à la contestation qu'elle tranche.

Clôturant une controverse qui avait un temps opposé les juridictions du fond[8], la Cour de cassation est venue préciser qu'une saisie conservatoire ne peut être pratiquée sans autorisation judiciaire préalable sur le seul fondement d'une ordonnance d'injonction de payer non encore signifiée, une telle décision ne pouvant être assimilée à une décision de justice[9]. Autrement dit, l'acceptation de la requête portant injonction de payer par le juge d'instance ou le président du tribunal de commerce ne peut suppléer l'absence d'autorisation par le juge de l'exécution (JEX). Il est en revanche possible de faire pratiquer une mesure conservatoire sans autorisation judiciaire sur le fondement d'une ordonnance portant injonction de payer signifiée au débiteur, même si celle-ci n'est pas encore exécutoire. Par ailleurs, rien n'interdit à un créancier, après avoir obtenu l'autorisation du JEX de pratiquer une saisie conservatoire, de déposer une requête à fin d'injonction de payer[10].

0612.13 Décisions de justice étrangères. La question de savoir s'il est possible de faire pratiquer une saisie conservatoire sur le fondement d'un jugement étranger sans autorisation préalable du JEX est délicate. S'il est indéniable qu'elle est possible lorsque le créancier dispose d'un jugement étranger revêtu de l'*exequatur*, puisqu'il s'agit, en ce cas, d'un titre exécutoire au sens de l'article L. 111-3 C. pr. exéc., la doctrine est plus partagée, en l'absence de jurisprudence, lorsque la décision n'est pas encore exequaturée. Majoritairement, les auteurs considèrent qu'une décision étrangère non encore revêtue de l'*exequatur* constitue à tout le moins une décision de justice qui n'a pas encore reçu force exécutoire au sens de l'article L. 511-2 C. pr. exéc., puisque c'est le propre de l'*exequatur* que de lui conférer cette qualité. Par conséquent, elle permet au créancier de faire procéder à

1. *RTD civ.* 1994. 688, chron. R. Perrot.
2. Civ. 2e, 17 oct. 2002, n° 01-00.495, P II, n° 230 ; *RTD civ.* 2003. 70, obs. J. Hauser ; *Defrénois* 2003. 123, obs. J. Massip.
3. Paris, 8e ch. B, 4 juin 1998, *Rev. huiss.* 1999. 353, note J.-J. Bourdillat.
4. Civ. 2e, 17 févr. 2011, n° 09-72.964, NP.
5. TGI Senlis, JEX, 6 mai 1993, *D.* 1994. 346, obs. P. Julien.
6. Civ. 3e, 7 oct. 1998, n° 96-20.395, P III, n° 199.
7. Civ. 2e, 12 oct. 2006, n° 04-19.062, P II, n° 270 ; *D.* 2006. 3026, obs. T. Clay ; *D.* 2007. 896, obs. V. Vigneau ; *RTD civ.* 2007. 183, obs. R. Perrot ; *RD banc. fin.* 2007. 118, obs. S. Piedelièvre ; *Gaz. Pal.* 2007, n° 280, p. 16, note Brenner.
8. Chambéry, 23 nov. 2004, RG n° 2003/02109, cité par R. Perrot, « Injonction de payer et mesure conservatoire ou un accouplement inattendu », *Procédures* 2005. Étude 3 – TGI Meaux, JEX, 5 nov. 1999, *BICC* 15 oct. 2000, n° 1179, qui admettent la mesure sur le fondement d'une ordonnance d'injonction de payer non signifiée – Paris, 14e ch. A, 15 déc. 2004, comm. R. Perrot (préc. s[s] prés[t] n°) ; *D.* 2005. 342, note Y. Strickler ; *RD banc. fin.* 2005. Actu. 62, note S. Piedelièvre, au contraire qui la refusent.
9. Civ. 2e, 13 sept. 2007, n° 06-14.730, P II, n° 218 ; *RD banc. fin.* 2007. 227, note S. Piedelièvre ; *D.* 2008. 648, chron. J.-M. Sommer et C. Nicoletis ; *JCP* 2008. I. 138 obs. Y.-M. Serinet ; *RTD civ.* 2007. 813, note R. Perrot.
10. *RTD civ.* 2007. 813, note R. Perrot.

des mesures conservatoires sans être autorisé préalablement par le juge [1]. Cette analyse ne fait cependant pas l'unanimité, certains auteurs considérant qu'elle est contraire au principe selon lequel les voies d'exécution ne peuvent avoir pour fondement qu'un titre émanant d'une autorité française [2] (v. aussi s^s^ n°s 1711.51 s.). On peut d'ailleurs se poser la question du bien-fondé de cette dispense d'autorisation judiciaire préalable face à une décision de justice étrangère dont l'*exequatur* a été refusé car émanant d'ordres juridiques ne respectant pas les standards européens en la matière.

0612.14 **Actes notariés.** S'ils sont revêtus de la formule exécutoire (ce qui est presque toujours le cas au moins en matière de bail, de prêt d'argent et de cautionnement), les actes notariés constituent des titres exécutoires (C. pr. exéc., art. L. 111-3, 4) ; donc, ils peuvent servir de fondement à des mesures conservatoires sans autorisation préalable (rappr. C. pr. civ., art. 502). La difficulté surgit lorsque l'acte notarié est ancien : l'évaluation de la créance par l'huissier [désormais commissaire de justice] poursuivant peut s'avérer aléatoire.

0612.15 **Impayés cambiaires.** (V. s^s^ n° 0111.25).

0612.16 **Chèque impayé.** La question demeure posée de l'exigence du certificat de non-paiement avant que de pratiquer la mesure conservatoire sans autorisation judiciaire. Nous sommes d'avis que ce document n'est pas nécessaire.

0612.17 **Défaut de paiement des loyers.** (V. s^s^ n° 0111.26).

§ 2
Nécessité d'une autorisation en droit commun

0612.21 **Juge de l'exécution, président du tribunal de commerce.** Lorsque le créancier n'est pas dans les cas évoqués précédemment, l'autorisation de pratiquer une mesure conservatoire doit être sollicitée « *du juge* » (C. pr. exéc., art. L. 511-2, al. 1er). Il faut déterminer la compétence d'attribution et la compétence territoriale en la matière.

Les articles L. 511-3 et R. 511-2 C. pr. exéc. énoncent que l'autorisation est donnée par le JEX du lieu où demeure le débiteur. Il s'agit d'une compétence exclusive d'ordre public, de sorte que toute clause contraire est réputée non avenue et que tout autre juge saisi doit relever d'office son incompétence (C. pr. exéc., art. R. 121-1 et R. 511-3). Ces textes prévoient cependant que l'autorisation peut aussi être accordée par le président du tribunal de commerce lorsque, demandée avant tout procès [3], elle tend à la conservation d'une créance relevant de la compétence de la juridiction commerciale. L'utilisation du verbe « *pouvoir* » implique qu'il ne s'agit que d'une possibilité offerte au créancier qui dispose toujours de la faculté de saisir le JEX et que celui-ci n'a pas à se déclarer incompétent au profit du président du tribunal de commerce.

0612.22 **Autres magistrats.** Le juge d'instance a perdu la compétence qu'il avait en matière douanière depuis la modification de l'article 341 *bis* alinéa 2 C. douanes opérées par l'article 8, 3° de la loi du 13 décembre 2011 [4] qui a donné désormais compétence au JEX [5]. De la même façon, le juge des référés (hors le cas de C. pr. pén., art. 5) ou encore le juge de la mise en état (JME – V. s^s^ n° 0612.23) n'ont plus compétence pour autoriser une mesure conservatoire. Le premier président de la cour d'appel ne peut davantage se fonder sur les pouvoirs qu'il tient de l'article 958 C. pr. civ. en matière d'ordonnance sur requête pour autoriser une mesure conservatoire [6]. Le juge aux affaires familiales (JAF) a également perdu au profit du JEX la compétence que la jurisprudence lui reconnaissait d'autoriser des saisies conservatoires à titre de mesure d'urgence (C. civ., art. 220-1 et 257). Plusieurs raisons militent en ce sens, auxquelles la cour d'appel de Paris a fait droit [7] : la qualification d'acte d'administration que le Code des procédures civiles d'exécution donne aux saisies conservatoires (C. pr. exéc., art. L. 111-9) au lieu de celle d'acte conservatoire que visent restrictivement les articles 220-1 et 257 C. civ. ; la compétence d'une

1. G. Cuniberti, « La mesure conservatoire pratiquée sur le fondement d'un jugement étranger : un nouveau défi pour l'huissier de justice », *Dr. et proc.* 2004. 190 – B. Audit, *Droit international privé*, 3e éd., Economica, 2000, n° 448 –Rép. internat., v° *Voies d'exécution*, par Ph. Théry, janv. 2013, n° 115 – G. Couchez, « Les incidences de la réforme des voies d'exécution sur le droit international privé », *Trav. Com. fr. DIP* 1995-1998, p. 123 s. – H. Muir Watt, « Au pays des merveilles : le contentieux du provisoire dans l'ordre international », *Justices* 1997. 179 – Rép. internat., v° *Jugement étranger (matières civile et commerciale)*, par P. de Vareilles-Sommières et F. Marchadier, n°s 69 et 70 – J.-P. Faget, « L'exécution de la saisie conservatoire des meubles corporels effectué sur la base des titres énumérés par l'article 68 de la loi de 1991 », *Rev. huiss.* 1994. 385 s.
2. Perrot et Théry, 3e éd., 2013, n° 1145.
3. Civ. 2e, 22 mars 2012, n° 10-24.778, NP.
4. L. n° 2011-1862, 13 déc. 2011, relative à la répartition des contentieux et à l'allègement de certaines procédures juridictionnelles, *JO* 14 déc., texte 1.
5. Civ. 2e, 6 mai 1997, n° 95-11.249, P II, n° 134 – Civ. 2e, 6 avr. 2006, n° 04-14.855, P II, n° 107.
6. Versailles, req. 1er prés., 12 nov. 2014, Clos du M…
7. Paris, 1er févr. 2001, *Dr. et proc.* 2001. 178, obs. P. Hoonakker – *contra* : Lille, JEX, 19 oct. 1998, Moinot c/ Moinot, NP.

juridiction d'exception, le juge aux affaires familiales, et non plus du président du tribunal de grande instance (L. 8 janv. 1993) pour autoriser les mesures urgentes ; l'absence de recours contre les mesures urgentes prises par le JAF dans le cadre précis de l'article 257 C. civ. (C. pr. civ., art. 1107), inconvénient dont ne souffrent pas les ordonnances du JEX. Après l'ordonnance de non-conciliation, en revanche, le juge aux affaires familiales n'intervient plus que comme juge de la mise en état ou comme juge des référés, et ne pourrait plus être saisi sur requête (v. s[s] n° 0612.23 – sur les conflits de compétence qui peuvent surgir entre le JEX et le JAF, à propos de mesures de nature conservatoire mais non régies par la loi du 9 juillet 1991, désormais codifié au Code des procédures civiles d'exécution, v. les observations de J. Hauser[1]). On signalera néanmoins les dispositions de la loi n° 2010-769 du 9 juillet 2010[2] (C. civ., art. 515-11) qui autorise le juge aux affaires familiales à prendre les mesures de protection des victimes de violences prévues par le titre XIV du livre 1er du Code civil (C. civ., art. 515-9 s.).

0612.23 Identification du juge de l'exécution. L'identification du JEX ne comporte pas de particularités par rapport au droit commun de l'exécution exposé plus haut (v. s[s] n°s 0211.11 s., 0211.22 et 0211.81 s.). Cependant, la mesure conservatoire s'inscrivant souvent dans un contexte précontentieux puis contentieux, des difficultés frontalières ont pu être soulevées, notamment par rapport au **juge de la mise en état** (JME) et par rapport au **juge des référés**. Précisément, ces deux magistrats n'ont pas le pouvoir d'ordonner une mesure conservatoire au sens du Code des procédures civiles d'exécution (C. pr. civ., art. 771, 4°, pour le JME, v. C. Giverdon[3] – pour le juge des référés, v. N. Cayrol[4]) : les « *mesures conservatoires* » qui leur sont accessibles sont d'un autre ordre : séquestre, suspension de travaux ou de poursuites ou de grève...

Lorsqu'une instance est pendante entre poursuivant et poursuivi, la compétence d'ordre public du JEX s'impose au JME et au juge du fond[5].

Les demandes d'autorisation de mesures conservatoires portant sur des biens d'un État étranger relèvent de la compétence exclusive du JEX de Paris (C. pr. exéc., art. R. 111-1).

0612.24 Président du tribunal de commerce. Cette compétence est facultative et limitée par l'article L. 511-3 C. pr. exéc. (v. s[s] n° 0612.21) aux cas où la mesure, demandée avant tout procès, tend à la conservation d'une créance relevant de la compétence de la juridiction commerciale.

Mais il ne s'agit pas d'une compétence exclusive qui exclurait celle du JEX. Il s'ensuit que le JEX, devant qui est invoquée une créance commerciale, n'est pas fondé à relever son incompétence.

En outre, si un tribunal est déjà saisi pour juger la créance, le président de la juridiction consulaire devient incompétent, de sorte qu'il faut en revenir à la compétence de droit commun du JEX[6]. Il a été précisé à cet égard que la constitution de partie civile devant un juge d'instruction n'est pas une « *saisine de la juridiction* » et autorise donc le président du tribunal de commerce à statuer encore[7]. De même, le JEX a compétence, à l'exclusion du président du tribunal de commerce, pour autoriser une saisie conservatoire contre une caution assignée en justice, serait-elle assignée devant le tribunal de commerce[8].

En dernière part, et malgré certaines pressions de prêteurs à la consommation, la compétence consulaire a été restreinte par la loi nouvelle aux créances relevant de la compétence de la juridiction commerciale.

Sous ces réserves, la compétence du président du tribunal de commerce est loin d'être devenue résiduelle, tant en nombre qu'en importance économique[9].

0612.25 Compétence territoriale. (V. s[s] n°s 0213.05 s.). L'article R. 511-2 C. pr. exéc. énonce la règle de droit commun : le juge compétent pour autoriser une mesure conservatoire est le JEX du lieu où demeure le débiteur. L'article R. 511-3 C. pr. exéc. prescrit au juge de soulever d'office son incompétence, à la différence des règles de la saisie-attribution.

Le législateur met ainsi fin à la double possibilité des textes anciens : domicile du débiteur ou situation des biens à grever ou saisir. Il fuit aussi l'inutile complexité à laquelle il a succombé dans d'autres parties du Code des procédures civiles d'exécution[10]. Le lieu d'exécution de la mesure ne détermine plus la compétence que pour le débiteur dont la demeure est inconnue ou située à l'étranger (C. pr. exéc., art. R. 121-2). Toutefois, dans cette dernière hypothèse,

1. *RTD civ.* 1996. 135, note J. Hauser.
2. L. n° 2010-769, 9 juill. 2010, relative aux violences faites spécifiquement aux femmes, aux violences au sein des couples et aux incidences de ces dernières sur les enfants, *JO* 28 juill., p. 13955.
3. *J.-Cl. Pr. civ.*, fasc. 234, n° 9, C. Giverdon.
4. Rép. pr. civ., v° *Référé civil*, anc. éd., n°s 549 s.
5. EN CE SENS : D. Talon et M. Boitelle-Coussau, « Les mesures conservatoires », *Gaz. Pal.* 1993. 1. Doctr. 286 – TGI Chambéry, JEX, 15 juin 1993, *BICC*, n° 1171 ; *D.* 1994. 346, note P. Julien.
6. Paris, 7 sept. 2000, *Rev. huiss.* 2001. 130, obs. Brenner.
7. Lyon, 7 mars 1997, *JCP* 1997. IV. 2574.
8. Paris, 7 sept. 2000, *Dr. et proc.* 2001. 130, obs. Brenner.
9. P. Bénezra, « Les pouvoirs du président du tribunal de commerce en matière de mesures conservatoires », *Gaz. Pal.* 1993. 1. 616.
10. P. Hoonakker, « Le juge de l'exécution », *Gaz. Pal.* 1993. 1. Doctr. 321, § 39.

le juge territorialement compétent est, en vertu du second alinéa de l'article R. 121-2, celui du lieu d'exécution de la mesure. Appliquant ce principe, la deuxième chambre civile en a déduit qu'une demande d'inscription judiciaire d'hypothèque devait être formée auprès du JEX du lieu de situation de l'immeuble. Si le débiteur possède plusieurs immeubles situés dans des circonscriptions judiciaires différentes, la Cour de cassation, adoptant le parti de la simplicité, considère que tout JEX dans le ressort duquel est situé l'un des immeubles du débiteur est compétent pour autoriser la mesure, même si certains des biens sur lesquels celle-ci va porter sont situés dans un autre ressort[1].

En cas de délégation des compétences du JEX par le président du tribunal judiciaire (TJ), ce dernier en fixe l'étendue territoriale (COJ, art. L. 213-5). Il n'est donc pas inconcevable qu'un juge d'un tribunal d'instance connaisse par délégation de mesures conservatoires qui toucheraient un débiteur ne demeurant pas dans le ressort de ce tribunal d'instance.

L'article R. 511-3 C. pr. exéc. énonce que toute clause contraire est réputée non avenue. Le juge saisi (à tort) doit relever d'office son incompétence.

§ 3
Requête

0612.30 Textes applicables. L'article R. 511-1 C. pr. exéc. dispose que le demandeur à la mesure conservatoire doit saisir le juge par requête. À défaut d'une description plus précise de la procédure à mettre en œuvre, il est considéré que l'article R. 511-1 C. pr. exéc. renvoie aux dispositions des articles 493 s. C. pr. civ. qui organisent la procédure sur requête de droit commun. Au demeurant, l'article R. 121-5 C. pr. exéc. prévoit que sauf dispositions contraires, les dispositions du livre 1er du Code de procédure civile sont applicables devant le JEX, à l'exclusion des articles 481-1 et 484 à 492. Pour autant, la mesure conservatoire est par excellence l'hypothèse dans laquelle le requérant est fondé à ne pas appeler la partie adverse, au sens de l'article 493 C. pr. civ. : avertir le débiteur peut suffire à compromettre l'efficacité de la saisie ou de la sûreté, voire à l'empêcher. L'exception au principe de la contradiction et au recours à l'assignation est donc largement justifiée. Telle était déjà naturellement la position du législateur en 1806 et en 1955 et la Cour de cassation a été amenée à rappeler à cette exception[2].

0612.31 Auteur de la requête. Le créancier doit être représenté par un avocat ou un commissaire de justice, pour une créance d'un montant supérieur à 10 000 euros (C. pr. exéc., art. R. 121-23). Pour un montant inférieur, la représentation est régie par l'article R. 121-7.

Lorsque le JEX est saisi par requête, les règles de la postulation ne s'appliquent pas. La requête peut donc être déposée ou remise par un avocat n'ayant pas sa résidence professionnelle dans le ressort de la cour d'appel dans laquelle se trouve le JEX du tribunal saisi[3].

Dans un avis du 18 février 2021[4], la Cour de cassation a rappelé que les nouvelles dispositions relatives à la représentation obligatoire ne modifient pas la faculté pour l'État, les collectivités territoriales et les établissements publics de se faire représenter ou assister par un fonctionnaire ou un agent de leur administration prévue à l'article 2, I de la loi n° 2007-1787 du 20 décembre 2007[5].

En cas de saisine du président du tribunal de commerce, les règles de représentation sont celles du droit commun des requêtes devant cette juridiction (C. pr. civ., art. 874).

0612.32 Contenu. La loi non plus que le décret ne donnent d'indications sur la présentation matérielle de la requête, moins encore sur son contenu. L'article 494 C. pr. civ. constitue en la matière un droit commun transposable[6].

Au titre de cette disposition, la requête doit être présentée en double exemplaire, dont l'un restera aux mains du greffe et l'autre est destiné à la signification du débiteur. Elle doit être motivée : sur les droits et obligations des parties, sur le principe de créance, sur son évaluation provisoire, sur la menace qui affecte le recouvrement, sur les risques de procès, sur les raisons et l'assiette de la mesure conservatoire demandée, en somme sur toutes les conditions de la mesure et sur toutes les circonstances éclairantes. L'exigence de motivation est d'autant plus forte que l'ordonnance va, très généralement, renvoyer par simple visa aux arguments du requérant (v. ss n° 0612.42). Le requérant n'oubliera jamais que le contentieux n'est pas rare en la matière et que les énonciations de sa requête ne doivent pas être mensongères ou elliptiques, pour ne pas engager ultérieurement sa responsabilité.

La requête doit comporter l'indication précise des pièces invoquées. En effet, cette requête sera dénoncée au débiteur, avec l'ordonnance qui y satisfait :

1. Civ. 2e, 9 nov. 2006, n° 04-19.138, P II, n° 310 ; *Procédures* 2007, n° 40, note Perrot ; *RTD civ.* 2007. 187, note R. Perrot ; *JCP* 2006. IV. 3362.
2. Civ. 2e, 5 déc. 2019, n° 18-15.050, P ; *Procédures* févr. 2020. Comm. 39, obs. L. Raschel – Civ. 2e, 19 mars 2020, n° 19-10.615, NP.
3. Civ. 2e, 25 avr. 2024, n° 23-70.020, B ; *D.* 2024. 876 ; *RCJPP* 2024, n° 03, p. 23, obs. A. Léon ; *ibid.*, n° 06, p. 36, chron. S. Pierre Maurice.
4. Cass., avis, 18 févr. 2021, n° 20-70.006, P.
5. L. n° 2007-1787, 20 déc. 2007, relative à la simplification du droit, *JO* 21 févr., texte 2.
6. S. Guinchard (dir.), Dalloz action *Droit et pratique de la procédure civile*, 2024/2025, nos 435.51 s., par Ph. Hoonakker.

c'est par ce biais que le débiteur aura connaissance des documents qui sont invoqués contre lui (v. s[s] nº 0612.53). Mais l'article 494 C. pr. civ. n'exige que cette indication précise des pièces invoquées et non leur communication[1].

Diverses autres mentions formelles sont nécessaires. La requête doit indiquer la juridiction saisie lorsque le créancier, devançant les exigences de l'article R. 511-7 C. pr. exéc., a déjà déféré la question de fond à une juridiction. Bien que le texte ne le dise pas, la requête doit être signée et datée, et le mandataire, s'il en est un et qu'il ne soit pas avocat, doit joindre son mandat.

§ 4
Ordonnance

0612.41 **Examen par le juge.** Le juge qui examine une requête aux fins de mesure conservatoire apprécie souverainement si la créance paraît fondée en son principe[2] et si le créancier justifie de circonstances de nature à en menacer le recouvrement[3] ; cette référence à l'appréciation souveraine peut être étendue, nous semble-t-il, à tous les aspects du contrôle qu'exerce le juge sur la requête. Lorsqu'il examine la requête, le juge est rarement amené à la rejeter (sur l'esprit dans lequel le JEX examine la requête aux fins de mesure conservatoire, le lecteur se reportera s[s] n°s 0611.66 et 0611.73, sur le rôle du juge). La tradition et la raison commandent que s'établisse un dialogue avec le requérant, si le document et les pièces présentés au juge ne suffisent pas ; il est d'ailleurs d'usage devant certaines juridictions que le JEX reçoive le requérant pour qu'il puisse exposer sa demande, en particulier pour des dossiers complexes[4].

Si le rejet s'impose néanmoins, il doit être motivé. En effet, ce rejet est susceptible d'appel dans les conditions de l'article 496 C. pr. civ. Le délai d'appel est de quinze jours. L'appel est formé, instruit et jugé comme en matière gracieuse. La cour d'appel dispose alors des mêmes pouvoirs que le JEX et l'arrêt rendu a la même nature que l'ordonnance du JEX. L'arrêt peut donc éventuellement faire l'objet d'une demande en rétractation formée par le débiteur, devant la cour d'appel.

0612.42 **Motivation.** À la différence de la motivation de la requête, celle de l'ordonnance est régie spécialement par le Code des procédures civiles d'exécution. L'article 495 C. pr. civ. constitue cependant un droit commun transposable et nécessaire[5]. En pratique, le JEX ou président du tribunal de commerce va renvoyer, par simple mention : « *Vu la requête qui précède et les pièces qui y sont jointes* », à la motivation de cette requête. La plupart des professionnels du droit préparent une ordonnance en conséquence, en laissant en blanc la somme, la date et le nom du signataire. Mais il est bien entendu loisible au juge de s'affranchir de ces coutumes, et notamment de motiver spécialement quand il n'avalise pas complètement les propositions du requérant (ex. : diminution de la somme pour laquelle la mesure conservatoire est prise). Dans tous les cas, il appartient au JEX de vérifier que les mentions préremplies du projet d'ordonnance ne sont pas inutiles ou irrégulières.

Quant aux dispositions spéciales, elles exigent que le juge détermine le montant des sommes pour la garantie desquelles la mesure conservatoire est autorisée et précise les biens sur lesquels elle porte (C. pr. exéc., art. R. 511-4). Ainsi, s'il peut autoriser une mesure conservatoire par l'adoption des motifs de la requête qui le saisit, il doit déterminer lui-même le montant des sommes pour la garantie desquelles la saisie est adoptée, la simple référence à la requête ne suffisant pas à satisfaire aux exigences de l'article R. 511-4 C. pr. exéc.[6]

Les tiers chargés de l'exécution de la mesure conservatoire (banquier, service de la publicité foncière, greffe du tribunal de commerce, *etc.*) ont absolument besoin de cette précision ; le débiteur a droit aussi de savoir à quelle hauteur son patrimoine est atteint et quelles prétentions a le poursuivant ; le juge, enfin, doit rapprocher les enjeux des risques de la mesure sollicitée. Ledit juge dispose bien entendu de tout pouvoir pour cantonner, même d'office, les prétentions du poursuivant (en ce sens à propos de l'autorisation préalable à l'ancienne saisie-arrêt, v. Glasson, Morel et Tissier[7], Garsonnet et Cézar-Bru[8])[9].

1. Civ. 2e, 12 avr. 2018, nº 17-15.527, P.
2. Civ. 2e, 10 déc. 1998, nº 96-21.730, P II, nº 298 ; *JCP* 1999. IV. 1187 – Civ. 2e, 29 janv. 2004, nº 01-17.161, P II, nº 35 ; *D.* 2004. 296 ; *RTD civ.* 2004. 353, obs. R. Perrot ; *RTD com.* 2004. 780, obs. M. Storck ; *JCP* 2004. IV. 1565 ; *Procédures* 2004, nº 99, note O. Salati ; *Dr. sociétés* 2004, nº 89, obs. T. Bonneau ; *Dr. et proc.* 2004. 221, obs. S. Piedelièvre ; *Gaz. Pal.* 21-22 juill. 2004. 30, obs. Brenner ; *Banque et Droit* sept.-oct. 2004. 71, obs. M. Storck – Civ. 2e, 8 déc. 2005, nº 04-13.629, NP.
3. Civ. 2e, 18 déc. 2003, nº 02-11.327, NP.
4. T. Fossier et A. Gariazzo, « Requête et ordonnance du juge de l'exécution », *Rev. jur. Ouest, Voies d'exécution*, nº spéc., 1994.
5. S. Guinchard (dir.), Dalloz action *Droit et pratique de la procédure civile*, 2024/2025, n°s 512.212, par N. Fricero.
6. Civ. 2e, 10 juill. 2003, nº 01-15.874, P II, nº 246.
7. D. Glasson, R. Morel et A. Tissier, *Traité théorique et pratique d'organisation judiciaire, de compétence et de procédure civile*, Librairie Recueil Sirey, 1925, nº 1094.
8. E. Garsonnet et C. Cézar-Bru, *Traité théorique et pratique de procédure civile et commerciale*, éd. GALA, MOML, 2013, nº 185.
9. POUR une application après la réforme : TGI Lyon, JEX, 7 nov. 1995, *D.* 1996. 270, note J. Prévault.

L'indication de la nature des biens est une exigence assez faible : le créancier poursuivant n'a pas nécessairement une idée précise des éléments de patrimoine dont il va découvrir l'existence. L'identification complète des comptes bancaires n'est certainement pas requise par le texte et l'ordonnance peut donc viser la saisie de tous les comptes ouverts au nom du saisi dans les livres de tout établissement financier[1]. Le juge peut exiger davantage de précisions, à notre avis, lorsque la mesure conservatoire doit porter sur des éléments clairement identifiables : immeubles, droits d'associés, meubles précieux.

L'ordonnance doit être datée, à peine de nullité[2]. En revanche la signature du greffier est superflue[3].

0612.43 **Débat contradictoire.** L'article R. 511-5 C. pr. exéc. prévoit qu'en autorisant la mesure conservatoire, le juge peut décider de réexaminer sa décision et les modalités de son exécution au vu d'un débat contradictoire. Dans ce cas, le juge fixe la date de l'audience, sans préjudice du droit pour le débiteur de le saisir pour une date plus rapprochée (C. pr. exéc., art. R. 511-5, al. 1er et 2) ; le débiteur est assigné par le créancier, le cas échéant, dans l'acte qui dénonce la saisie (C. pr. exéc., art. R. 511-5, al. 3).

En pratique, il est rare que le juge fixe d'ores et déjà dans son ordonnance la date d'audience. Mais en cas d'une contestation du débiteur, il est alors recommandé de fixer dans les meilleurs délais la date de l'audience, en général sollicitée dans le cadre d'une assignation d'heure à heure de l'article R. 121-12 C. pr. exéc., afin de rétablir au plus vite le contradictoire.

0612.44 **Mentions diverses.** Le JEX ou le président du tribunal de commerce ont, conformément à la doctrine en matière d'ordonnance sur requête (v. ss no 0612.41, à propos de la détermination des sommes), toute latitude pour porter d'autres mentions dans l'ordonnance : conditions particulières de date ou de lieu de mise en œuvre, désignation d'un commissaire de justice déterminé (sous réserve de compétence territoriale ; on pense notamment au président de la chambre départementale pour des saisies très délicates), fixation de délais particuliers[4].

Le juge peut même prévoir à quelles conditions le débiteur pourra se libérer de la mesure conservatoire, notamment en offrant telle garantie ou en consignant telle somme (se prononcent en ce sens, Garsonnet et Cézar-Bru[5] ; ainsi que Glasson, Tissier et Morel[6]. – E. du Rusquec, semble au contraire estimer que le législateur n'a manifestement pas entendu consacrer cette pratique pourtant connue[7]).

Enfin, le juge peut, toujours en vertu de la même liberté d'action propre à la requête, statuer d'avance sur les dépens ; l'avance, en la matière, en sera inévitablement faite par le poursuivant ; mais les articles 696 C. pr. civ. et L. 512-2 C. pr. exéc. les mettent normalement à la charge terminale du débiteur et l'ordonnance pourrait en décider autrement, à la seule condition d'énoncer clairement quels dépens il vise, le surplus étant laissé à la décision du juge du fond.

0612.45 **Mesures conservatoires en matière douanière et présomption d'innocence.** La procédure engagée par l'administration des douanes qui, invoquant des infractions douanières, tend à obtenir d'un JEX l'autorisation de pratiquer des mesures conservatoires à l'encontre d'une personne, n'a pas pour objet de déterminer si celle-ci est coupable des infractions reprochées, ni même si l'administration dispose d'une créance fondée en son principe, mais seulement de rechercher si des mesures conservatoires peuvent être ordonnées au vu de l'apparence d'une telle créance. Par conséquent, la décision du JEX, qui n'a qu'un effet provisoire, ne tend pas à la fixation d'une créance et ne s'impose pas au juge pénal, ne heurte pas le principe du respect de la présomption d'innocence[8].

§ 5
Exécution de l'ordonnance

0612.50 **Plan.** Afin de garantir, mieux encore que dans la législation antérieure, que la mesure conservatoire est un moyen de préparer l'exécution d'un titre et non pas de faire pression sans fin sur un débiteur, la loi exige que le créancier prenne rapidement position : il peut délaisser l'ordonnance rendue si elle ne satisfait pas exactement à ses attentes ; mais, s'il l'utilise, il doit le faire vite et se munir dans les meilleurs délais d'un titre exécutoire.

0612.51 **Exécution facultative.** L'exécution d'une ordonnance d'autorisation judiciaire n'est pas un devoir mais un droit. Cette règle, conséquence traditionnelle du principe dispositif, est surtout vraie en matière de requêtes et s'applique aussi en matière de mesures conservatoires : le créancier peut être payé au dernier moment, modifier sa tactique de recouvrement, trouver un accord avec le débiteur.

1. Civ. 2e, 16 mars 2017, no 16-11.314, P II, no 59 ; *Dr. et proc.* avr. 2017. 69, obs. T. Vinckel ; *Procédures* juin 2017. Comm. 124, note L. Raschel ; *Gaz. Pal.* 20 juin 2017, p. 51, note Ansault.
2. Civ. 2e, 8 juill. 2010, no 09-16.061, NP.
3. Civ. 1re, 17 juill. 1996, no 95-01.002, P I, no 328.
4. Paris, 3 oct. 1891, *S.* 1892. 2. 209.
5. E. Garsonnet et C. Cézar-Bru, *Traité théorique et pratique de procédure civile et commerciale*, éd. GALA, MOML, 2013, no 185.
6. D. Glasson, A. Tissier et R. Morel, *Traité théorique et pratique d'organisation judiciaire, de compétence et de procédure civile*, Librairie Recueil Sirey, 1925, no 1094.
7. *J.-Cl. Pr. civ., Vo Mesures conservatoires – Dispositions communes*, no 146, par E. du Rusquec.
8. Civ. 2e, 20 nov. 2003, no 01-17.713, P II, no 350 ; *Rev. huiss.* 2004, obs. A. Leborgne ; *RTD civ.* 2004. 143, obs. R. Perrot.

La question s'est cependant posée de savoir si le débiteur ou des tiers pouvaient se plaindre de l'inexécution d'une autorisation d'agir et obtenir une indemnité de ce chef. Pour le débiteur, l'hypothèse est peu vraisemblable puisqu'il n'a pas connaissance de cette ordonnance ; à supposer qu'il ait intérêt à subir telle mesure conservatoire, il lui serait opposé sa propre inertie dans le paiement. En revanche, des créanciers pourraient déplorer que leur débiteur, porteur d'une autorisation d'agir contre ses propres débiteurs, n'en use pas ; il leur faudrait alors engager la mesure conservatoire par voie oblique, ce qui est parfaitement possible (v. s[s] n° 0611.11), faire attraire le créancier/débiteur intermédiaire à la cause pour lui réclamer des dommages-intérêts. Pourraient également s'inquiéter de l'immobilisme d'un créancier porteur d'une autorisation de mesure conservatoire les cautions du débiteur principal : l'article 2314 C. civ., qui décharge la caution dans certains cas d'inertie du créancier, a trouvé une application lorsque l'autorisation de mesure conservatoire était d'origine conventionnelle[1], puisqu'en omettant ainsi de mettre en œuvre la mesure, le créancier commet une faute rendant impossible la subrogation des cautions dans cette garantie.

C'est ainsi qu'il a été jugé que le créancier qui, dans le même temps, se garantit par un cautionnement et constitue une sûreté provisoire, s'oblige envers la caution à rendre cette sûreté définitive[2].

En tout cas, s'il procède à l'exécution de l'ordonnance dont il est bénéficiaire, le créancier le fait sous sa seule responsabilité : l'État, du fait du juge, ne peut être poursuivi si cette exécution dégénère en préjudice illégitime. Et l'autorisation donnée par le juge de pratiquer la saisie n'exclut pas, par principe, la recherche, en fonction des circonstances, de la responsabilité du saisissant pour abus de saisie[3].

En revanche, le créancier, s'il exécute, doit le faire dans les termes stricts qui lui ont été réservés par le juge.

0612.52 **Copie exécutoire ou minute.** S'il choisit d'utiliser l'ordonnance rendue, le créancier doit d'abord en demander la minute ; celle-ci suffit à l'exécution sans apposition de la formule exécutoire par exception à l'article 503 alinéa 2 C. pr. civ. (C. pr. civ., art. 495, al. 2 – V. Hébraud[4]).

Au demeurant, il n'est pas interdit au poursuivant de pratiquer sa mesure conservatoire avec une copie revêtue de la formule exécutoire conformément au droit commun des actes juridictionnels (C. pr. civ., art. 465 et 502).

0612.53 **Notification de l'autorisation.** La notification de l'ordonnance qui autorise la mesure conservatoire n'est pas prévue de façon générale au profit du débiteur. Elle est cependant exigée du créancier par les dispositions spécifiques à chaque type de mesures conservatoires : articles R. 522-1 à R. 522-3 C. pr. exéc. pour la saisie conservatoire sur les biens meubles corporels, article R. 523-3 C. pr. exéc. pour la saisie conservatoire de créance, article R. 524-2 C. pr. exéc. pour la saisie conservatoire des droits d'associés et de valeurs mobilières et l'article R. 532-5 C. pr. exéc. pour l'inscription judiciaire provisoire qui prévoient que l'acte par lequel la saisie conservatoire est portée à la connaissance du débiteur contient une copie de l'autorisation du juge.

Cette notification se fait soit au moment où s'exécute la mesure conservatoire, si elle porte sur un bien corporel[5] et se fait en présence du débiteur, soit, dans les autres cas, lors de la dénonciation de la mesure. Cette notification ne s'accomplit pas en dehors des règles de droit commun qui régissent les ordonnances sur requête, et notamment l'article 495 C. pr. civ. qui prévoit, en son troisième alinéa, qu'elle doit être, avec la requête, laissée à la personne à laquelle elle est opposée[6]. Par conséquent, le créancier saisissant est tenu, lorsqu'il signifie au débiteur saisi la décision du juge qui autorise la requête, de remettre aussi au débiteur une copie de cette requête. Ainsi, pour la Cour de cassation « *fait une exacte application des articles 236 du décret du 31 juillet 1992* [devenu C. pr. exéc., art. R. 523-3] *et 495 du nouveau Code de procédure civile la cour d'appel qui retient que le premier de ces textes n'exclut pas l'application du second et que l'omission par l'huissier de justice de signifier la requête en même temps que l'ordonnance du juge autorisant la saisie justifie l'annulation de la dénonciation de la saisie conservatoire* »[7]. Pour autant, l'irrégularité affectant la dénonciation d'une saisie conservatoire de créances, en ce qu'elle ne comporte pas

1. Civ. 1re, 9 mai 1994, n° 91-21.162, P I, n° 169 ; *RTD civ.* 1994. 906, obs. M. Brandac – POUR UNE SOLUTION SIMILAIRE sous le régime antérieur à la loi de 1991 : Civ. 1re, 24 févr. 1982, n° 81-10.163, P I, n° 89.
2. Cass., ch. mixte, 17 nov. 2006, n° 04-19.123, *Bull. ch. mixte*, n° 10 ; *D.* 2006. 2907, obs. V. Avena-Robardet ; *RTD civ.* 2007. 157, note P. Crocq ; *Defrénois* 2007. 688, note S. Piedelièvre ; *RTD com.* 2007. 215, note D. Legeais.
3. À propos de la saisie conservatoire d'un navire : Com. 23 avr. 2013, n° 12-12.101, P IV, n° 67.
4. *RTD civ.* 1959. 159, note P. Hébraud.
5. Si la saisie conservatoire est pratiquée avec un titre, la notification de ce titre n'est pas exigée. POUR UN EXEMPLE en matière de saisie conservatoire d'un navire : Com. 4 mars 2014, n° 13-10.092, P IV, n° 42.
6. POUR l'application de l'article 495 C. pr. civ. à la dénonciation d'inscriptions provisoires d'hypothèques provisoires : Civ. 2e, 4 juin 2009, n° 08-13.498, NP.
7. Civ. 2e, 6 déc. 2001, n° 99-19.894, P II, n° 184 ; *D.* 2002. 258 ; *RTD. civ.* 2002. 362, obs. R. Perrot ; *Procédures* 2002, n° 26, obs. R. Perrot ; *Dr. et proc.* 2002. 178, obs. Dymant – EN CE SENS MÊME SENS : Civ. 2e, 11 mai 2000, n° 98-17.890, NP – *a contrario* : Civ. 2e, 21 mars 2002, n° 00-14.676, NP.

la copie intégrale de la requête, constitue un vice de forme ne pouvant entraîner la nullité de l'acte qu'à charge pour celui qui l'invoque de prouver le grief résultant de cette irrégularité[1].

Le créancier peut enfin être conduit à porter l'ordonnance à la connaissance des tiers : le détenteur d'un bien meuble (C. pr. exéc., art. R. 521-1), le banquier qui tient les comptes ou garde les valeurs mobilières, le service de la publicité foncière, le greffier du tribunal de commerce, les créanciers concurrents, *etc.* Le détail de ces démarches complémentaires est décrit à propos de chaque saisie conservatoire ou sûreté judiciaire.

SECTION 2
PROCÈS-VERBAL DE MESURE CONSERVATOIRE

0612.61 Principe de spécialité. Exécuter une mesure conservatoire consiste successivement en la délivrance d'un acte, dans un délai déterminé s'il a fallu recourir à une autorisation judiciaire préalable, puis en la dénonciation de cet acte au débiteur réel ou prétendu.

L'acte dont il s'agit est en général un procès-verbal de commissaire de justice. Par exception, les sûretés judiciaires provisoires peuvent être inscrites par le créancier personnellement ou par un mandataire (C. pr. exéc., art. L. 122-1 et R. 122-1 – v. ss nos 0631.11 et 0632.11), sur un formulaire le plus souvent fourni par le tiers qui enregistre l'inscription. Le détail de cet énoncé figure dans les chapitres qui suivent.

Il nous semble que l'ordonnance d'autorisation n'est valable que pour une mesure ou série de mesures déterminées ; si le poursuivant a commis une erreur sur les possibilités réelles de mesure conservatoire, il ne pourra pas réitérer la signification plus tard ou ailleurs et devra présenter une nouvelle requête mieux articulée[2].

La Cour de cassation admet cependant[3], qu'un simple changement de tiers saisi ne constitue pas une circonstance qui rendrait nécessaire une ordonnance nouvelle du JEX.

0612.62 Mentions du procès-verbal ou bordereau – Nullités – Frais. Chaque mesure conservatoire est faite selon des modalités qui lui sont propres, qui se réfèrent d'ailleurs le plus souvent aux procès-verbaux de la mesure d'exécution correspondante, et qui seront détaillées par conséquent plus loin mesure par mesure. Il faut signaler cependant dès maintenant que les mentions de ces procès-verbaux sont exigées à peine de nullité (C. pr. exéc., art. R. 522-1, R. 523-1, R. 524-1 al. 2, et R. 224-1) en matière de saisies conservatoires ; les sûretés judiciaires provisoires ne connaissent pas cette sanction (sur les frais des mesures conservatoires, v. ss nos 03.05 s.). Un clerc a, selon la cour d'appel de Paris[4], compétence pour établir le procès-verbal de mesure conservatoire.

0612.63 Délai d'exécution en cas d'ordonnance préalable. L'exécution de la mesure doit être effective dans les trois mois de l'ordonnance (C. pr. exéc., art. R. 511-6), à peine de caducité de celle-ci.

Par un arrêt du 22 mars 2012, la Cour de cassation, après avoir constaté qu'une cour d'appel n'était pas tenue de faire droit à une demande de rétractation d'une autorisation d'inscriptions d'hypothèques provisoires donnée par un président de tribunal de commerce incompétent, au motif que, saisie de l'entier litige par l'effet de la dévolution, cette cour d'appel était juridiction d'appel tant du juge de l'exécution que du président du tribunal de commerce, a considéré que la mesure conservatoire, bien qu'ordonnée par un juge incompétent, avait été exécutée dans le délai légal. La solution peut surprendre mais, dès lors qu'elle approuvait la cour d'appel de n'avoir ni rétracté l'ordonnance ni prononcé la caducité des mesures, la Cour de cassation a naturellement jugé que le délai de trois mois avait été respecté et qu'il n'y avait pas lieu, pour la cour d'appel, d'autoriser le créancier à inscrire de nouvelles hypothèques provisoires[5].

On notera que ce **délai de trois mois** court du jour de l'ordonnance, et non pas de sa signification : bien que la jurisprudence retarde dans ce genre d'hypothèses le point de départ des délais au jour de la remise effective de la copie par le greffe[6], le requérant ne devra pas tarder à lever la copie exécutoire (ou s'il préfère, la minute) auprès du JEX ou du président du tribunal de commerce (sur le cumul de ce délai avec celui d'assignation au fond, sur la computation et sur les avantages de la caducité sur la nullité, v. ss no 0612.77).

0612.64 Dénonciation au débiteur. Le créancier devra sous huit jours, qu'il y ait eu ordonnance préalable ou pas, dénoncer l'exécution de la mesure conservatoire au débiteur[7] (C. pr. exéc., art. R. 523-3 et R. 524-2 – pour les sûretés, C. pr. exéc., art. R. 532-5).

Pour la délivrance de l'acte de dénonciation, les commissaires de justice retrouvent leur monopole (par ex. : C. pr. exéc., art. R. 532-5). Cet acte se

1. Civ. 2e, 22 mars 2018, no 16-23.601, P II, no 62.
2. TGI Grenoble, JEX, 4 mai 1998, no 98-1699, NP.
3. Civ. 2e, 6 juill. 2000, no 98-22.997, P II, no 118.
4. Paris, 8e ch. B, 21 oct. 1999, *BICC* 15 oct. 2000, no 1178.
5. Civ. 2e, 22 mars 2012, no 10-24.778, NP (préc., v. ss no 0612.21).
6. Civ. 2e, 16 juill. 1992, no 90-21.922, P II, no 212 ; *D.* 1993. 186, note P. Julien ; *RTD civ.* 1993. 194, obs. R. Perrot.
7. TGI Clermont-Ferrand, JEX, 1er avr. 1993, *Rev. huiss.* 1994. 670.

confond avec la signification d'ordonnance et avec l'acte de saisie lorsque cette dernière est faite entre les mains du débiteur lui-même (v. s[s] n° 0612.53).

Le créancier peut aussi être contraint de signifier l'acte d'exécution à des tiers. Le même renvoi que dans le numéro précédent sera fait à chaque mesure.

SECTION 3
OBTENTION DU TITRE EXÉCUTOIRE

0612.71 **Nécessité et cas.** Les articles L. 511-4 et R. 511-7 alinéa 1er énoncent que si ce n'est dans le cas où la mesure conservatoire a été pratiquée avec un titre exécutoire, le créancier doit, dans le mois qui suit l'exécution de la mesure, à peine de caducité, engager, poursuivre ou introduire une procédure ou accomplir les formalités nécessaires à l'obtention d'un titre exécutoire à l'encontre du débiteur saisi.

L'obtention d'un titre exécutoire s'impose au créancier qui a pratiqué la mesure sur ordonnance du juge[1] ou bien sur décision de justice non exécutoire, ou défaut de paiement. Seul celui qui avait un véritable titre exécutoire au sens de l'article L. 111-3 C. pr. exéc. est dispensé d'une procédure au fond. On signalera que, selon un arrêt rendu le 17 novembre 2004 par la troisième chambre civile de la Cour de cassation, une transaction non déclarée exécutoire par le juge ne constitue pas un titre exécutoire[2].

Bien entendu, le créancier qui a pratiqué la mesure avec une décision de justice non encore exécutoire doit simplement attendre que cette qualité soit acquise : une nouvelle instance au fond se heurterait à l'autorité de chose jugée. De même, si le créancier a déjà engagé une procédure en vue de l'obtention d'un titre avant d'avoir fait procéder à la saisie, il n'est pas tenu de réitérer son action dans le délai d'un mois. Il lui suffit de justifier dans ce délai de l'accomplissement des formalités accomplies pour l'obtention du titre[3]. Mais il a aussi été jugé que, si le même jour, le créancier pratique une mesure conservatoire entre les mains d'un tiers et accomplit les diligences nécessaires à l'obtention d'un titre exécutoire, il doit, dans les huit jours de leur date et à peine de caducité de la mesure, conformément aux dispositions de l'article 216 du décret du 31 juillet 1992[4] (devenu C. pr. exéc., art. R. 511-8 – v. s[s] n° 0612.78), signifier au tiers une copie des actes attestant lesdites diligences[5].

0612.72 **Rien n'interdit d'obtenir un titre par le biais :**

– d'une **ordonnance de référé** : celle-ci suffira à la conversion ou à la consolidation de la mesure conservatoire. Cependant, dans l'hypothèse où le juge des référés considérerait finalement que la demande excède ses pouvoirs, la procédure n'en est pas moins validée et échappe à la caducité si le saisissant obtient par la suite du juge du fond un titre exécutoire ; la Cour de cassation estime en effet que l'article R. 511-7 C. pr. exéc. vise seulement le délai dans lequel une procédure doit être introduite, et non celui dans lequel un titre exécutoire doit être obtenu[6] ;

– d'une **décision d'arbitrage**[7] ou d'un **jugement étranger**[8] même si de telles procédures requièrent en outre une instance ultérieure en *exequatur* (sur la possibilité de faire pratiquer une saisie conservatoire sans autorisation préalable sur le fondement d'un jugement étranger, v. s[s] n° 0612.13) ;

– d'une **plainte avec constitution de partie civile**, lorsqu'elle permet d'obtenir des dommages-intérêts[9], ce qui n'est pas le cas d'une plainte contre X...[10]. Jugé aussi que la plainte au procureur de la République, émanerait-elle du service des douanes, n'est pas la saisine d'une juridiction[11] ;

– d'une **injonction de payer** (exigeant cependant que la requête soit connue du débiteur dans le délai d'un mois, ce qui implique le rendu de l'ordonnance et sa signification dans ce même délai)[12]. Cette faculté est même expressément prévue par l'article R. 511-7 alinéa 2 C. pr. exéc. ; en cas de rejet de la requête en injonction, le créancier dispose d'un mois supplémentaire pour saisir le juge par un autre moyen, mais il s'agit alors, non plus de l'obtention d'un titre, mais de l'obtention d'une décision de fond, selon la lettre du texte ; il ne suffirait pas de

1. *CONTRA* (peut-être) : TGI Paris, JEX, 25 mars 1996, *BICC* 1996, n° 686.
2. Civ. 3e, 17 nov. 2004, n° 02-10.296, NP.
3. Civ. 2e, 8 déc. 2005, n° 04-14.526, NP.
4. Décr. n° 92-755, 31 juill. 1992, instituant de nouvelles règles relatives aux procédures civiles d'exécution pour l'application de la loi n° 91-650 du 9 juillet 1991 portant réforme des procédures civiles d'exécution, *JO* 5 août, art. 216.
5. Civ. 2e, 15 janv. 2009, n° 07-21.804, P II, n° 19 ; *Procédures* 2009, n° 80, obs. R. Perrot.
6. Civ. 2e, 18 févr. 1999, n° 96-15.272, P II, n° 34 ; *D.* 1999. 218, OBS. APPROB. P. Julien ; *D.* 2000. 813, NOTE APPROB. P. Hoonakker ; *RTD civ.* 1999. 472, NOTE CRIT. R. Perrot – *CONTRA* : Paris, 17 févr. 1997, *D.* 1997. 464, NOTE CRIT. P. Hoonakker.
7. Com. 14 oct. 1997, n° 95-17.706, P IV, n° 259 ; *D.* 1997. 243 ; *RTD civ.* 1998. 483, obs. R. Perrot.
8. Paris, 2 oct. 1997, *D.* 1997. 238.
9. Civ. 2e, 30 mars 2000, n° 98-12.782, P II, n° 58 ; *D.* 2000. 154 ; *JCP* 2000. IV. 1871 ; *Gaz. Pal.* 8 déc. 2000. 21, obs. P. Véron ; *Procédures* 2000, n° 114, obs. R. Perrot.
10. Civ. 2e, 21 nov. 2002, n° 01-02.705, P II, n° 267 ; *Procédures* 2003, n°s 3, 61, p. 13-15, note R. Perrot.
11. Com. 27 juin 2000, n° 98-15.911, P IV, n° 131 ; *D.* 2000. 223.
12. TGI Carpentras, JEX, 20 janv. 1999, *Annonces de la Seine* 3 mai 1999, suppl. p. 16 ; *BICC* 15 juin 1999, n° 785.

saisir le juge des référés pour obtenir une provision[1] ;

– d'une **vérification fiscale de comptabilité**, considérée comme équivalente à une assignation[2] ;

– d'une **notification de redressement fiscal**, avec saisine de la commission *ad hoc*[3] ;

– du dépôt au greffe d'un **procès-verbal de difficultés dressé par un notaire** désigné pour procéder à la liquidation de droits patrimoniaux de deux époux[4] ;

– de l'introduction **d'une procédure de confiscation d'un immeuble** devant une autorité judiciaire étrangère[5] ;

– de la **signification dans le délai d'un mois, de conclusions contenant une demande incidente**, sous réserve, lorsque la procédure est orale, que le créancier ait repris oralement ces conclusions lors de l'audience de plaidoirie ultérieure[6] ;

– de la demande formée par le créancier d'un **prix de cession tendant à la désignation d'un tiers expert** pour en déterminer le montant définitif, dès lors que les parties ont dévolu à un tiers cette détermination.

0612.73 **Le titre recherché doit concerner directement et précisément la créance dont le simple principe fondait la mesure conservatoire.** Ainsi, une assignation en divorce ne satisferait pas à l'exigence de l'article R. 511-7 C. pr. exéc. dans le cas où la créance fondant la mesure conservatoire aurait pour cause les droits patrimoniaux à liquider entre chaque époux[7].

A aussi été jugé que l'exercice d'une action paulienne n'introduit pas non plus une action en vue d'obtenir un titre exécutoire au sens de l'article 215 du décret du 31 juillet 1992[8] (désormais C. pr. exéc., art. R. 511-7)[9].

Ou encore qu'il appartient aux juges du fond de rechercher si une procédure pénale en cours pendant le mois suivant l'exécution de mesures conservatoires, pratiquées sur des comptes ouverts au nom de la personne visée par les poursuites, permettait de justifier que la banque créancière avait, dans ce même délai, introduit une procédure ou accompli les formalités nécessaires à l'obtention d'un titre exécutoire[10].

Toutefois, la condition posée par les articles L. 511-4 et R. 511-7 C. pr. exéc. est remplie par l'assignation, dans le délai prévu, aux fins de condamnation au paiement de la créance revendiquée à l'appui de la requête aux fins de mesure conservatoire, peu important que le fondement juridique de cette action diffère de celui invoqué dans la requête aux fins de mesure conservatoire[11]. Dans l'hypothèse où le titre est recherché pour une créance d'un montant moindre de celui pour lequel la saisie conservatoire a été pratiquée, cette mesure n'est pas pour autant caduque. En effet, alors que la saisie conservatoire rend indisponibles les biens visés sans en attribuer la propriété au saisissant, cette saisie peut dans ce cas, à la demande du saisi, faire l'objet d'une mainlevée partielle ou d'une substitution à la mesure initiale sauvegardant les intérêts des parties[12].

0612.74 ***Quid* de l'hypothèse de saisine d'un juge incompétent ?** Dans l'opinion dominante, cette saisine ne conservait pas le délai et la mesure conservatoire devenait caduque[13]. Mais la Cour de cassation[14] a résolu de prendre le parti inverse, rejoignant ainsi une thèse moins répandue[15] et une option d'un juge du fond[16] : satisfait aux exigences de l'article R. 511-7 C. pr. exéc. le créancier qui délivre une assignation dans les délais prévus par ce texte, même devant une juridiction incompétente. On rapprochera de cette hypothèse le cas où l'assignation au fond porte une date d'audience erronée et où il faut la refaire au-delà du délai d'un mois : nous sommes d'avis qu'un simple avenant à l'assignation d'origine permet de rectifier cette information, l'assignation d'origine conservant alors sa date et donc son effet interruptif.

0612.75 ***Dies a quo.*** L'exécution de la mesure constitue le point de départ du délai d'un mois visé par les textes. La notion a été examinée (v. s[s] n° 0612.63) à propos de la caducité (sur le cumul de ce délai avec celui de l'exécution de la mesure, v. s[s] n° 0612.77).

1. Civ. 2e, 5 juill. 2001, n° 99-19.512, P II, n° 132 ; *D.* 2001. 2563 ; *RTD civ.* 2001. 960, obs. R. Perrot ; *Dr. et proc.* 2002. 42, obs. P. Hoonakker ; *JCP* 2002. II. 10110, note Gentili ; *Procédures* 2001, n° 209, obs. R. Perrot.
2. Civ. 2e, 4 oct. 2001, n° 99-19.986, P II, n° 151 ; *D.* 2001. 3093 ; *JCP* 2001. II. 10023, note Croze et Masson.
3. Paris, 16 nov. 2000, *D.* 2001. 284.
4. Civ. 2e, 20 janv. 2011, n° 10-10.919, NP.
5. Civ. 2e, 4 juin 2009, n° 08-16.142, P II, n° 143 ; *D.* 2009. 2250, note C. Cutajar.
6. Civ. 2e, 13 oct. 2016, n° 15-13.302, P II, n° 231 ; *Procédures* déc. 2016, Comm. 358, obs. L. Raschel ; *Gaz. Pal.* 2 mai 2017, p. 80, obs. Lauvergnat.
7. Cass., avis, 9 févr. 1998, n° 09-70.011, P, n° 3 ; *Rev. huiss.* 1998. 571 ; *Gaz. Pal.* 1999. 1. Somm. 113, NOTE APPROB. T. Moussa ; *Procédures* 1998, n° 143, note H. Croze.
8. Décr. n° 92-755, 31 juill. 1992, art. 215.
9. Montpellier, 15 déc. 2003, *Dr. et proc.* 2004. 169, obs. Lefort.
10. Civ. 2e, 19 févr. 2015, n° 14-10.079, NP ; *Procédures* mai 2015. Comm. 155, obs. L. Raschel.
11. Civ. 2e, 26 sept. 2013, n° 12-23.234, P II, n° 183.
12. Civ. 2e, 12 avr. 2018, n° 17-15.527, P.
13. Talon, note s[s] TGI Paris, JEX, 25 sept. 1997, *Gaz. Pal.* 1998. 2. 369 ; *RTD civ.* 1999. 472, note R. Perrot, et les arrêts cités antérieurs à la réforme.
14. Civ. 2e, 3 avr. 2003, n° 01-12.032, P II, n° 97 ; *D.* 2003. 1138 ; *RTD civ.* 2003. 550, obs. R. Perrot.
15. Soulard, note s[s] TGI Paris, JEX, 25 sept. 1997, *Rev. huiss.* 1999. 201.
16. Toulouse, JEX, 7 avr. 1993, *Rev. huiss.* 1994. 1014.

0612.76 ***Dies ad quem.*** Le Parlement a retenu un terme (« *engager ou poursuivre* ») que le texte réglementaire a tenté de préciser (« *introduire* »).

Il est certain que si la procédure au fond était déjà pendante au jour de l'exécution de la mesure conservatoire, il est superflu de réassigner et il suffit d'accomplir les diligences nécessaires au déroulement de la procédure commencée et de les porter à la connaissance des tiers [1] (dans le cas de procédure orale, la preuve de la reprise de la procédure au fond peut poser quelques difficultés matérielles – dans le cas de procédure écrite, la signification de conclusions démontre les diligences).

Dans tous les autres cas, engager une procédure signifie procéder à l'assignation de l'adversaire. Ainsi que voulait le suggérer la doctrine [2], l'enrôlement n'est pas exigé par la jurisprudence [3] (ainsi pour un créancier bénéficiant du privilège du préalable [4]), à l'instar d'ailleurs de ce qui est décidé en matière de saisie-attribution. De la sorte, le créancier, ou son avocat, peut récupérer posément le second original auprès du commissaire de justice, et ne souffre pas des horaires des greffes, tandis que le commissaire dispose du temps nécessaire pour dénoncer l'assignation au tiers saisi.

Il va de soi que ce qui est exigé du créancier est l'introduction d'une procédure et non point l'obtention du titre, processus qui lui échappe [5].

0612.77 **Cumul des délais, caractères, computation, sanction.** Le délai d'un mois pour engager une procédure ou accomplir les formalités en vue d'obtenir un titre exécutoire court dès l'exécution de la mesure conservatoire. Lorsque celle-ci a été autorisée au préalable par le JEX ou le président du tribunal de commerce, ce délai d'un mois n'est pas retardé jusqu'à l'épuisement de celui de trois mois dont dispose le créancier pour exécuter l'ordonnance d'autorisation.

La sanction du dépassement du délai d'un mois est non pas la nullité de la mesure conservatoire, moyennant la preuve d'un grief, mais sa caducité (C. pr. exéc., art. L. 511-4 et R. 511-7) qui prive rétroactivement la saisie conservatoire de tous ses effets [6]. La première conséquence de cette solution est favorable au débiteur, qui n'a pas à démontrer l'existence d'un grief du fait du dépassement du délai [7]. La seconde conséquence se développe en chaîne : la caducité de la mesure équivaut à l'inexécution en temps voulu de l'ordonnance d'autorisation, laquelle devient à son tour caduque. Par conséquent, elle ne peut plus servir de fondement à une nouvelle mesure conservatoire [8] (v. s^s n° 0612.63).

Il reste possible au destinataire d'une mesure caduque de plaider plutôt la nullité si des motifs (pas de créance, pas de menace, procès-verbal défectueux) en existent. Les réparations éventuelles seront plus intéressantes qu'en cas de caducité.

La computation des délais est celle du droit commun (C. pr. civ., art. 640 à 647).

Le délai de l'article R. 511-7 C. pr. exéc. est un délai pour agir qui ne peut être suspendu. L'ouverture de la procédure collective ne suspend donc pas le délai de l'article R. 511-7 C. pr. exéc. et ne dispense pas le créancier bénéficiaire d'un cautionnement en garantie de la dette d'un débiteur principal placé en procédure collective, d'engager son action dans le délai d'un mois qui suit l'exécution de la mesure conservatoire [9].

0612.78 **Dénonciation de la procédure au tiers.** Dans les cas (nombreux) où la mesure conservatoire est faite entre les mains d'un tiers, ce dernier a un intérêt évident à être avisé de l'introduction de la demande au fond ou des diligences faites pour obtenir le titre, d'autant que le procès au fond peut être long ; l'article R. 511-8 C. pr. exéc. prévoit donc une signification des actes introductifs d'instance et autres diligences dans les huit jours de leur date, à peine là encore de caducité de la mesure conservatoire [10]. La caducité de la saisie conservatoire, qui la prive de tous ses effets, s'oppose donc à ce que le créancier saisissant puisse faire condamner le tiers saisi sur le fondement de l'article R. 523-5 C. pr. exéc. au paiement des sommes pour lesquelles la saisie a été pratiquée dans l'hypothèse où celui-ci n'aurait pas satis-

1. Rép. min. Justice, 4 avr. 1993, *JCP* 1993. V. 125 – *Adde* : à propos du processus comparable de la saisie-contrefaçon : Com. 26 oct. 1993, n° 91-18.049, P IV, n° 357 ; *PIBD* 1994. III. 22.
2. Civ. 3e, 23 juin 1993, n° 91-16.971, P III, n° 97 ; *RTD civ.* 1993. 885, note R. Perrot ; *AJDI* 1994. 41, obs. J.-P. Blatter ; *RDI* 1994. 109, obs. G. Brière de l'Isle et J. Derruppé – Cass., avis, 15 juin 1998, n° 09-80.004, P, n° 8 ; *RTD civ.* 1998. 751, note R. Perrot – CONTRA : Dahan, note s^s TGI Orléans, JEX, 10 oct. 1997, *Rev. huiss.* 1999. 37.
3. Civ. 2e, 4 févr. 1999, n° 96-21.244, P II, n° 24 ; *JCP* 1999. IV. 1582.
4. Civ. 2e, 4 févr. 1999, n° 96-21.244, P (préc. s^s prés^t n°).
5. Civ. 2e, 18 févr. 1999, n° 96-15.272, NP.
6. Cass., avis, 21 juin 1999, n° 09-90.008, P, n° 5 ; *D.* 1999. 206 ; *JCP* 2000. II. 10160, note T. Moussa.
7. TGI Clermont-Ferrand, JEX, 6 mai 1993, *Rev. huiss.* 1994. 668 et 1011.
8. TGI Nice, 20 avr. 1994, *D.* 1994. 347, obs. P. Julien ; *RTD civ.* 1995. 197, obs. R. Perrot.
9. Com. 2 juin 2015, n° 14-10.673, P IV, n° 97 ; *D.* 2015. Somm. 1270, note A. Lienhard – Com. 1er mars 2016, n° 14-20.553, P IV, n° 38 ; *D.* 2016. Somm. 598 ; J.-J. Ansault, « Chronique de jurisprudence des procédures civiles d'exécution », *Gaz. Pal.* 21 juin 2016, p. 41.
10. Pour une application : TGI Béziers, JEX, 10 févr. 1994, *Rev. huiss.* 1994. 667 et 1014 – Pour une décision hostile à la caducité de la mesure conservatoire : TGI Paris, JEX, 14 déc. 1998, *Gaz. Pal.* 2000. 1. Somm. 873.

fait à son obligation légale de renseignement[1] (ainsi pour une caducité provoquée par la mise en redressement judiciaire du débiteur avant la conversion de la saisie-attribution[2]). Une telle solution s'impose même lorsque le défaut de dénonciation de la saisie au débiteur a été provoqué par la déclaration inexacte de la banque tiers saisie qui a faussement indiqué au commissaire instrumentaire qu'elle ne possédait aucun compte au nom du débiteur, de sorte que le saisissant avait légitimement pu croire qu'il n'avait pas intérêt à poursuivre la mesure conservatoire[3]. On notera toutefois que, dans ce cas, le saisissant est bien fondé à rechercher la responsabilité du tiers saisi sur le fondement, non pas du premier, mais du second alinéa de l'article R. 523-5 C. pr. exéc.[4]

Le service de la publicité foncière, le greffier du tribunal de commerce, ne sont pas des tiers à qui il faille dénoncer la continuation des poursuites[5] (v. s^s n°s 0151.21 et 0631.41 et 0632.41).

0612.79 **Pouvoirs du juge saisi de l'instance au fond.** La juridiction saisie de l'instance au fond a tout pouvoir pour confirmer la mesure conservatoire, ou au contraire en donner mainlevée à tous les stades de la procédure[6], notamment dans le jugement qui tranche le fond (v. s^s n° 0613.54). Encore faut-il que cette juridiction soit saisie du sort de la mesure conservatoire. En effet, l'obtention du titre exécutoire va transformer la mesure conservatoire en voie d'exécution ou en inscription définitive. Les praticiens veilleront donc à ce que le jugement au fond valide ou convertisse expressément la mesure conservatoire prise antérieurement (sur les principes généraux de conversion, v. s^s n° 0613.51). Sans constituer une quelconque nécessité de droit, puisque la conjonction de la mesure conservatoire et du titre exécutoire doit suffire, cette précaution évitera des contestations. En revanche, l'assignation ne devra pas être intitulée « *assignation en validité* » selon l'ancienne coutume : la saisine du juge du fond a désormais plus d'ampleur.

Encore faut-il préciser que le juge du fond n'est compétent que pour apprécier le bien-fondé de la mesure au regard de l'existence de la créance. Il n'entre pas, en revanche, dans ses pouvoirs de contester la régularité des opérations de saisie conservatoires qui relèvent des seules attributions du JEX.

C'est ainsi que la deuxième chambre civile de la Cour de cassation a approuvé une cour d'appel qui avait déclaré irrecevable la contestation élevée devant le juge du fond par le saisi qui soutenait que la saisie conservatoire était irrégulière pour avoir été exercée sur des sommes insaisissables[7].

1. Cass., avis, 21 juin 1999, n° 09-90.008, P, n° 5 ; *D.* 1999. 206 ; *JCP* 2000. II. 10160, note T. Moussa – Civ. 2e, 23 nov. 2000, n° 98-22.938, P II, n° 155 ; *Gaz. Pal.* 2001. Somm. 1373, obs. P. Véron ; *RTD civ.* 2001. 667, obs. P. Véron – Civ. 2e, 14 sept. 2006, n° 05-16.584, P II, n° 227 ; *D.* 2007. 1380, obs. P. Julien.
2. Civ. 2e, 20 oct. 2005, n° 04-10.870, P II, n° 267 ; *D.* 2005. 2804, obs. A. Lienhard ; 2006. 79, obs. P.-M. Le Corre et F.-X. Lucas.
3. Civ. 2e, 6 mai 2004, n° 02-12.484, P II, n° 217 ; *Gaz. Pal.* 2005. Somm. 3640, note Brenner.
4. *RTD civ.* 2001. 667, obs. R. Perrot – Perrot et Théry, 3e éd., 2013, n° 1159 – Civ. 2e, 6 mai 2004, n° 02-12.484, P (préc. s^s prés^t n^o), note Brenner.
5. Cass., avis, 24 janv. 1994, n° 09-30.020, P, n° 4 ; *D.* 1994. 348, note P. Julien ; *RTD civ.* 1994. 428, note R. Perrot.
6. Civ. 2e, 18 janv. 2001, n° 98-10.249, P II, n° 12.
7. Civ. 2e, 12 oct. 2006, n° 05-16.986, P II, n° 269 – dans un sens similaire : Civ. 2e, 16 mai 2002, n° 00-11.589, P II, n° 99, qui énonce que « *la contestation relative à la mise en œuvre d'une saisie conservatoire relève de la compétence exclusive du juge de l'exécution* ».

CHAPITRE

0613. Effets communs et contentieux des mesures conservatoires

GILLES MALFRE
PREMIER VICE-PRÉSIDENT ADJOINT
AU TRIBUNAL JUDICIAIRE DE PARIS

SECTION 0
ORIENTEUR

0613.00 Sommaire du chapitre.

Division. L'effet général de toute mesure conservatoire est l'indisponibilité du bien saisi, parfois un simple droit de suite ou de préférence (sect. 1). Le contentieux des mesures conservatoires peut surgir devant la cour d'appel en cas de refus d'autorisation judiciaire préalable (v. s[s] n° 0612.41) ou devant le juge de l'exécution, soit à la demande du poursuivi ou d'un tiers (sect. 2) soit selon la prescription du juge qui a autorisé la mesure (sect. 3). Dans ces deux cas, la compétence et les pouvoirs du juge méritent quelques éclaircissements (sect. 4). À défaut de contentieux, ou après lui, la mesure conservatoire doit être convertie en droit d'exécution (sect. 5).

0613.01 Textes applicables.

• **C. pr. exéc.,** art. L. 121-2, L. 511-1, L. 511-2, L. 512-1, L. 512-2, L. 521-1, L. 522-1, L. 523-1, L. 523-2, R. 121-14, R. 121-20 s., R. 511-5 à R. 512-3, R. 522-7, R. 523-7, R. 524-4, R. 532-1, R. 533-2 et R. 533-3.

• **C. pr. civ.,** art. 1, 481, 496, 513, 514 et 700.

0613.02 Jurisprudence de référence.

> Saisie-attribution. Sanction de l'obligation de renseignement du tiers saisi subordonnée à une saisie valable. Intérêt du tiers saisi à contester la validité de la saisie.

• **Cass., avis, 21 juin 1999,** n° 09-90.008, P, n° 5

* V. s[s] n°s 0511.104, 0612.77, 0612.78, 0613.45, 0621.23, 0621.53, 0821.123, 0841.13

La nullité de la saisie conservatoire, ou sa caducité qui la prive rétroactivement de tous ses effets, s'oppose à ce que le créancier saisissant puisse faire condamner le tiers saisi, sur le fondement de l'article 238 du décret du 31 juillet 1992 [devenu art. R. 523-5 C. pr. exéc.], au paiement des sommes pour lesquelles la saisie a été pratiquée, cette sanction de la méconnaissance par le tiers saisi de son obligation de renseignement s'inscrivant nécessairement dans le cadre d'une saisie valable. Dès lors le tiers saisi, pour s'opposer à la demande en paiement, a un intérêt à se prévaloir des causes d'inefficacité de la saisie.

> Saisie-attribution portant sur le compte ouvert par la Carpa pour le compte d'un avocat.

• **Civ. 2e, 9 janv. 2003,** n° 00-13.887, P II, n° 4

* V. s[s] n°s 0151.23, 0613.45, 0813.23, 0821.131, 0821.134

Il résulte des articles 237 et suivants du décret du 27 novembre 1991, 8 et 11 de l'arrêté du 5 juillet 1996 que la caisse des règlements pécuniaires des avocats (Carpa) est titulaire d'un compte, ouvert auprès d'une banque, sur lequel les avocats ont l'obligation légale de déposer les fonds remis par leurs clients ; que si chaque avocat est titulaire, auprès de la Carpa, d'un compte individuel et de sous-comptes affaires, il ne dispose de la signature sur son compte individuel qu'en qualité de mandataire du président de la Carpa ; qu'en cas de signification d'une saisie portant sur les fonds déposés par un avocat au nom de son client, la Carpa a seule la qualité de tiers saisi pour l'application des articles 44 de la loi du 9 juillet 1991 et 59 du décret du 31 juillet 1992 [devenus art. L. 211-3 et R. 211-4 C. pr. exéc.]. Et la nécessité d'interroger l'avocat titulaire du compte individuel peut constituer un motif légitime au sens de l'article 60 du même décret [devenu art. R. 211-5 C. pr. exéc.].

> Responsabilité sans faute du créancier en cas de mainlevée de la mesure conservatoire.

• **Civ. 2e, 29 janv. 2004,** no 01-17.161, P II, no 35

* V. ss nos 0212.92, 0612.41, 0613.45

L'article 73, alinéa 2, de la loi du 9 juillet 1991 [devenu art. L. 512-2 C. pr. exéc.], selon lequel, lorsque la mainlevée a été ordonnée par le juge, le créancier peut être condamné à réparer le préjudice causé par la mesure conservatoire, n'exige pas, pour son application, la constatation d'une faute.

Dès lors, justifie légalement sa décision de condamner le créancier à payer des dommages-intérêts au saisi, la cour d'appel qui retient que la saisie conservatoire de valeurs mobilières avait entraîné l'indisponibilité de l'ensemble d'un compte titres, au-delà du montant des sommes garanties, à une période où les valeurs avaient subi une baisse générale, de telle sorte que le préjudice résultait de la perte d'une chance d'avoir pu limiter la diminution de la valeur du portefeuille par une gestion habile.

> Réparation des conséquences dommageables de l'exécution d'un titre ultérieurement modifié.

• **Cass., ass. plén., 24 févr. 2006,** no 05-12.679, P, no 2

* V. ss nos 0121.55, 0212.92, 0613.45, 0712.12

L'exécution d'une décision de justice exécutoire à titre provisoire n'a lieu qu'aux risques de celui qui la poursuit, à charge par lui, si le titre est ultérieurement modifié, d'en réparer les conséquences dommageables.

Viole l'article 31 de la loi no 91-650 du 9 juillet 1991 [devenu art. L. 111-10 C. pr. exéc.], la cour d'appel qui, pour rejeter la demande d'indemnisation formée par la partie ayant exécuté une décision exécutoire à titre provisoire ultérieurement infirmée, retient que le bénéficiaire de cette décision n'a effectué aucun acte d'exécution forcée, alors que l'ordonnance de référé concernée ayant été signifiée à la requête de son bénéficiaire, la partie condamnée était tenue de l'exécuter.

> Mesure conservatoire. Dispense d'autorisation judiciaire pour le créancier qui se prévaut d'une sentence arbitrale.

• **Civ. 2e, 12 oct. 2006,** no 04-19.062, P II, no 270

* V. ss nos 0111.24, 0612.12, 0613.21, 1711.191

1o Est recevable l'action en nullité de la saisie introduite par le tiers saisi contre lequel une demande en paiement est formée à titre reconventionnel.

2o Le créancier qui se prévaut d'une sentence arbitrale peut pratiquer une saisie conservatoire, sans autorisation préalable du juge, en application de l'article 68 de la loi du 9 juillet 1991 [devenu art. L. 511-2 C. pr. exéc.], portant réforme des procédures civiles d'exécution.

> Compétence de pleine juridiction du juge de l'exécution en matière de mesures conservatoires.

• **Civ. 2e, 31 janv. 2013,** no 11-26.992, P II, no 19

* V. ss nos 0212.73, 0613.44, 0811.24, 1321.32

Le juge de l'exécution connaît des difficultés relatives aux titres exécutoires et des contestations qui s'élèvent à l'occasion des mesures conservatoires, même si elles portent sur le fond du droit, à moins qu'elles n'échappent à la compétence des juridictions de l'ordre judiciaire.

Viole en conséquence l'article L. 213-6 du Code de l'organisation judiciaire l'arrêt qui décide qu'une mesure conservatoire ne constituant pas une mesure d'exécution forcée à l'occasion de laquelle le juge de l'exécution dispose d'une compétence de pleine juridiction pour apprécier la portée et la validité des actes authentiques formalisant un titre exécutoire, il ne lui appartient pas de connaître du fond du droit.

> Compétence exclusive de l'huissier (désormais commissaire de justice) pour signifier l'acte de conversion d'une saisie conservatoire en saisie-attribution.

• **Civ. 2e, 25 sept. 2014,** no 13-25.552, P II, no 197

* V. ss nos 0613.55, 0821.15

L'acte de conversion d'une saisie conservatoire en saisie-attribution, qui emporte attribution immédiate de la créance saisie au créancier, constitue un acte d'exécution, relevant comme tel de la compétence exclusive de l'huissier de justice [désormais commissaire de justice].

Doit en conséquence être approuvé l'arrêt d'une cour d'appel qui, ayant relevé que la signification au tiers saisi de l'acte de conversion de la saisie conservatoire en saisie-attribution avait été effectuée par un clerc assermenté, a déclaré nul cet acte.

SECTION 1
INDISPONIBILITÉ, SUITE ET PRÉFÉRENCE, EFFET INTERRUPTIF DE LA PRESCRIPTION

0613.11 **Indisponibilité.** Le Code civil fixait comme suit jusqu'en 1991 les droits du débiteur saisi et du tiers détenteur du bien saisi : « Les biens saisis sont indisponibles. Les baux consentis par le saisi sont, quelle que soit leur durée, inopposables aux créanciers poursuivants. Les mêmes règles sont applicables aux biens saisis, hypothéqués ou nantis à titre conservatoire » (C. civ., anc. art. 2092-3) [1].

Mais ce texte a connu des avatars. Très vite, il a été décidé que la prohibition des baux n'obérait pas le droit pour le débiteur de percevoir les fruits [2].

L'indisponibilité a été réaménagée par la loi du 9 juillet 1991 [3], désormais codifiée au Code des procédures civiles d'exécution, mesure par mesure. Dans un souci d'harmonisation avec les règles des sûretés conventionnelles, l'indisponibilité avait été limitée par la jurisprudence aux seules saisies con-

1. Devenu C. civ., art. 2205 (Ord. no 2006-346, 23 mars 2006), puis abrogé.
2. E. Garsonnet et C. Cézar-Bru, *Traité théorique et pratique de procédure civile et commerciale*, éd. GALA, MOML, 2013, no 141.
3. L. no 91-650, 9 juill. 1991, portant réforme des procédures civiles d'exécution, *JO* 14 juill.

servatoires[1]. Cette jurisprudence est consacrée par le code (C. pr. exéc., art. L. 521-1). Encore cet effet est-il cantonné au montant pour lequel la saisie est pratiquée (ou autorisée, en cas d'ordonnance du juge) lorsqu'elle porte sur une créance ayant pour objet une somme d'argent[2] (C. pr. exéc., art. L. 523-1 – la question est examinée : v. s^s n°s 0621.44 et 0622.91).

Au contraire, les biens grevés d'une sûreté judiciaire conservatoire demeurent aliénables (C. pr. exéc., art. L. 531-2, al. 1er). Dans ce cas, seuls demeurent au profit du créancier un droit de préférence et un droit de suite (la question est examinée s^s n°s 0631.05 à 0632.52).

Dans un cas comme dans l'autre, le droit de se faire attribuer la somme saisie ou de vendre de force le bien saisi n'apparaît qu'après la conversion de la saisie conservatoire en voie d'exécution ou après la substitution de l'inscription provisoire par une inscription définitive, grâce à l'obtention du titre. Ainsi jugé que la remise des sommes saisies par le tiers saisi au créancier avant cette conversion, ne libère pas ledit tiers[3] (sur la conversion, plus généralement, v. s^s n°s 0613.51 s.).

0613.12 **Droit de suite et de préférence.** Les droits du créancier poursuivant sur les biens objets de la mesure conservatoire sont selon les cas des droits de paiement par préférence ou des droits de suite sur la chose, examinés plus loin au cas par cas. Ce sont ces droits qui garantissent à la mesure conservatoire son utilité économique.

0613.13 **Effet interruptif de la prescription.** L'ordonnance du 19 décembre 2011[4] a modifié l'article 2244 C. civ. en remplaçant l'ancien article 71 de la loi du 9 juillet 1991[5], qui prévoyait que la notification au débiteur de l'exécution de la mesure conservatoire interrompait la prescription de la créance cause de la saisie, par une disposition selon laquelle le délai de prescription ou de forclusion est également interrompu par une mesure conservatoire prise en application du Code des procédures civiles d'exécution ou par un acte d'exécution forcée. Ainsi que le précise le rapport au président de la République relatif à l'ordonnance, il s'agit ici de regrouper les règles relatives à l'interruption de la prescription en matière de procédures d'exécution et de mesures conservatoires et de calquer le régime des mesures conservatoires sur les **mesures d'exécution forcée** qui, depuis 2008, sont interruptives dès leur accomplissement. Rien n'expliquait en effet une différence de traitement entre les deux types de mesures car la mesure conservatoire manifeste bien en elle-même la volonté du créancier de recouvrer sa créance, sans qu'il soit besoin d'attendre une signification[6].

Tirant les conséquences de l'effet interruptif d'une mesure conservatoire, la Cour de cassation a jugé que la volonté d'un créancier disposant d'un titre notarié d'interrompre le délai de prescription ne saurait justifier, en elle-même, l'introduction d'une action en liquidation de sa créance, dès lors qu'il peut interrompre ce délai par l'engagement d'une mesure conservatoire[7].

SECTION 2
CONTENTIEUX DES MESURES CONSERVATOIRES ÉLEVÉ PAR UN ACTEUR DE LA PROCÉDURE

0613.21 **Processus et finalités.** Les articles L. 512-1 et R. 512-1 et suivants régissent le contentieux de la mesure conservatoire. Ce contentieux peut être élevé par le saisi à tout moment[8] car la mesure conservatoire, à la différence de la voie d'exécution, s'installe dans le temps : ce qui fonde la mesure conservatoire peut être admissible à sa date, contestable plus tard. Le recours est spécifique : ni la possibilité d'en référer au juge de la requête prévue par l'article 496 alinéa 2 C. pr. civ., ni l'appel[9] ne sont recevables, c'est le juge de l'exécution (JEX) qui examine seul l'opportunité et la régularité de la mesure conservatoire. Trois observations s'imposent.

En premier lieu, la saisine du juge est possible lors même que la mesure conservatoire a été prise sans qu'une autorisation judiciaire préalable ait été nécessaire (C. pr. exéc., art. L. 512-1, al. 1er, et R. 512-1, al. 1er). Cette prévision est la rançon normale de l'assouplissement des procédures de mesures conservatoires (v. s^s n°s 0612.11 s.).

1. Civ. 3e, 2 nov. 1983, n° 82-11.547, P III, n° 212 ; *JCP* 1985. II. 20354, note Joly ; *RTD civ.* 1984. 174, note Perrot ; *Defrénois* 1985, art. 33450, note Théry – COMP. : J. Lafond, « L'indisponibilité de l'immeuble grevé d'une inscription d'hypothèque judiciaire provisoire », *JCP N* 1979. I. 109.
2. Civ. 2e, 30 avr. 2009, n° 08-13.219, NP – Civ. 1re, 9 juill. 2009, n° 08-18.908, NP.
3. TGI Lyon, JEX, 5 juill. 1994, *Gaz. Pal.* 1994. 2. Somm. 815 ; *Gaz. Pal.* 28 déc. 94, p. 24 ; *BICC* 1er oct. 94, n° 993.
4. Ord. n° 2011-1895, 19 déc. 2011, relative à la partie législative du code des procédures civiles d'exécution, *JO* 20 déc., texte 15.
5. L. n° 91-650, 9 juill. 1991, art. 71.
6. À noter que le dépôt de la requête en autorisation d'une mesure conservatoire ne constitue en revanche pas une demande en justice au sens de l'article 2241 C. civ. et n'interrompt donc pas la prescription : Civ. 2e, 22 sept. 2016, n° 15-13.034, P II, n° 211 ; *Procédures* 2016. Comm. 321, obs. Y. Strickler.
7. Civ. 1re, 16 oct. 2013, n° 12-21.917, P I, n° 200 ; *JCP N* 1er nov. 2013, p. 8, note Brenner ; *JCP* 9 déc. 2013, p. 2265, note H. Croze ; O. Salati, « Titre exécutoire sur titre exécutoire ne vaut ? », *Dr. et proc.* déc. 2013, n° 4.
8. Civ. 2e, 6 oct. 2005, n° 04-12.063, P II, n° 240.
9. Basse-Terre, 4 janv. 1999, *Juris-Data* n° 40820.

En deuxième lieu, la saisine du juge peut avoir pour objet soit la mainlevée pure et simple de la mesure conservatoire « *s'il apparaît que les conditions prescrites par l'article 67* [devenu C. pr. exéc., art. L. 511-1] *ne sont pas réunies* » (C. pr. exéc., art. L. 512-1, al. 1er), soit la substitution de la mesure conservatoire par « *toute autre mesure propre à sauvegarder les intérêts des parties* » (C. pr. exéc., art. L. 512-1, al. 2). En toute hypothèse, le débiteur poursuivi sera le principal auteur de la saisine, sur le fondement de l'un ou l'autre de ces alinéas.

Le débiteur peut, dans le premier cas, se plaindre de l'absence de fondement de la créance ou de celle de menace sur le recouvrement ou soulever la caducité de la mesure (v. ss no 0612.78) ou l'imperfection du procès-verbal.

Dans le second cas, il reconnaît le principe de créance et les risques d'impayé mais propose une autre garantie que celle choisie par le créancier.

Dans chacun des cas, le JEX apprécie le bien-fondé de la demande au jour où il statue et non au jour où la mesure a été initialement autorisée[1], ce qui peut le conduire à tenir compte de faits, survenus postérieurement à la mesure, qui seraient de nature à remettre en cause l'apparence de fondement de la créance en son principe ou l'existence des menaces sur le recouvrement.

Tel serait le cas, par exemple, d'une éventuelle compensation avec une créance du saisi sur le saisissant. Ainsi, la Cour de cassation a jugé que méconnaissait ses pouvoirs le JEX qui, saisi d'une demande de rétractation d'une ordonnance ayant autorisé une saisie conservatoire, refuse d'examiner le bien-fondé d'une exception de compensation soulevée par le débiteur[2].

En troisième lieu, la contestation du saisi n'a pas pour effet d'inverser la charge de la preuve. Bien que demandeur à l'action, le saisi demeure le débiteur présumé et, conformément au principe général, c'est au créancier de rapporter la preuve de l'obligation qu'il invoque. Autrement dit, c'est toujours à ce dernier qu'il appartient de prouver que les conditions de l'autorisation de procéder à la mesure conservatoire sont toujours réunies et non au débiteur, pourtant auteur de la contestation, de prouver qu'elles ne le sont pas. Comme l'opposition en matière d'injonction de payer, la contestation de la mesure conservatoire n'a pas pour effet d'élever une instance nouvelle, dont le contestant serait le demandeur, mais de conférer une dimension contradictoire à une instance initiée non contradictoirement par le créancier.

1. Civ. 2e, 28 juin 2006, no 04-18.598, NP.
2. Civ. 2e, 15 nov. 2007, no 06-20.057, P II, no 251 ; *D.* 2008. 648, chron. J.-M. Sommer et C. Nicoletis ; *RD banc. fin.* 2008, no 16, obs. S. Piedelièvre.

La Cour de cassation en a déduit que violait l'article 217 du décret du 31 juillet 1992[3] (devenu C. pr. exéc., art. R. 512-1), la cour d'appel qui rejetait la demande de mainlevée d'une inscription provisoire d'hypothèque judiciaire au motif que le débiteur ne rapportait pas la preuve d'un élément nouveau remettant en cause de manière évidente et sans contestation possible le principe de la créance, alors que l'inscription litigieuse avait été prise en vertu d'une autorisation judiciaire non contradictoire[4].

Il est imaginable que, comme en matière de saisie-attribution, le créancier agisse aussi, contre le tiers saisi, pour contester la sincérité de la déclaration de celui-ci[5].

Il ne nous paraît pas douteux qu'un tiers disposant d'un intérêt légitime à agir puisse aussi saisir le JEX ; on pense notamment à une demande de distraction d'un objet saisi à titre conservatoire ou encore à l'inexistence de la créance saisie. Ainsi jugé qu'un débiteur peut encore agir même s'il n'est plus propriétaire du bien grevé d'une sûreté provisoire et s'assimile donc à un tiers[6] (sur les différentes possibilités qui s'offrent alors aux plaideurs et au juge, v. ss no 0613.45). La Cour de cassation a également reconnu le droit du tiers saisi, assigné en paiement par le créancier, de soulever, à titre de moyen de défense, la nullité de la saisie conservatoire ou sa caducité. Elle a même admis la recevabilité de l'action en nullité de la saisie conservatoire introduite par le tiers saisi contre lequel une demande en paiement avait été formée[7].

SECTION 3

CONTENTIEUX DES MESURES CONSERVATOIRES : RÉEXAMEN PAR LE JUGE DE LA REQUÊTE

0613.31 **Champ.** Aux termes de l'article R. 511-5 C. pr. exéc. en autorisant la mesure conservatoire, le juge peut décider de réexaminer sa décision ou les

3. Décr. no 92-755, 31 juill. 1992, instituant de nouvelles règles relatives aux procédures civiles d'exécution pour l'application de la loi no 91-650 du 9 juillet 1991 portant réforme des procédures civiles d'exécution, *JO* 5 août.
4. Civ. 2e, 6 oct. 2005, no 04-12.063, P II, no 240 ; *RD banc. fin.* 2005. 21, obs. S. Piedelièvre ; *Dr. et patr.* 2006, chron. « Voies d'exécution », obs. P. Crocq et C. Lefort.
5. Civ. 2e, 11 mars 1999, nos 96-22.813 et 96-20.046, 2 esp., P II, nos 49, 50 ; *RTD civ.* 1999. 707, obs. R. Perrot ; *RTD com.* 2000. 136, obs. M. Storck.
6. Civ. 2e, 27 nov. 1996, no 94-16.353, NP ; *Procédures* 1997, no 26, note R. Perrot.
7. Civ. 2e, 12 oct. 2006, no 04-19.062, P II, no 270 ; *D.* 2006. 3026, obs. T. Clay ; 2007. 896, chron. V. Vigneau ; *RTD civ.* 2007. 183, obs. R. Perrot.

modalités de son exécution à la suite d'un débat contradictoire.

Dans ce cas, le juge fixe la date de l'audience, sans préjudice du droit pour le débiteur de le saisir pour une date plus rapprochée (C. pr. exéc., art. R. 511-5, al. 2) ; le débiteur est assigné par le créancier, le cas échéant, dans l'acte qui dénonce la saisie (C. pr. exéc., art. R. 511-5, al. 3).

On a vu (v. s^s^ n° 0612.43) que ce mécanisme, mis en œuvre *proprio motu* par le juge et donc sans aucune ressemblance avec un recours, fait manifestement exception aux articles 1 et 481 C. pr. civ., qui respectivement, prohibent la saisine d'office et cantonne la « *saisine à nouveau* » aux cas d'opposition (v. s^s^ n° 0613.21), d'interprétation ou de rectification.

Le dispositif n'est pas non plus réservé, contrairement à ce que laisserait penser la lettre du texte réglementaire (C. pr. exéc., art. R. 511-5, al. 3) aux saisies conservatoires ; il est possible aussi pour les sûretés.

0613.32 **Organisation.** Le juge peut fixer lui-même la date de l'audience (C. pr. exéc., art. R. 511-5) ; il s'agit d'une mention obligatoire de l'ordonnance qu'il rend et il ne nous paraît pas possible que la décision laisse le soin au créancier poursuivant de faire venir la cause à l'audience du JEX de son choix. De même, la dénonciation du procès-verbal de mesure conservatoire au débiteur poursuivi (v. s^s^ n°s 0612.64 et 0621.24, 0622.31, 0622.72, 0629.23, 0631.15 et 0632.14) peut contenir (C. pr. exéc., art. R. 511-5, al. 3), et contient en pratique le plus souvent, l'assignation à comparaître ordonnée par le juge ; il faut évidemment que cette assignation donne la date d'audience.

Le débiteur, mais non le créancier, conserve le droit de saisir le juge (v. s^s^ n° 0613.21) à une date plus rapprochée (C. pr. exéc., art. R. 511-5, al. 2 – sur le déroulement du débat contradictoire, v. s^s^ n° 0612.43).

0613.33 **Objet du réexamen.** Il s'agit de tirer profit du principe de la contradiction (C. pr. exéc., art. R. 511-5). L'article R. 511-5 C. pr. exéc. précise que le juge peut soit réexaminer sa décision, donc la mettre à néant ou en modifier l'un des éléments (v. s^s^ n°s 0612.41 s.) ; soit réexaminer les modalités d'exécution, notamment vérifier que le créancier a bien respecté telle prescription particulière de l'ordonnance d'autorisation en signifiant les actes. Les pouvoirs du juge sont donc en tous points comparables à ceux dont il dispose sur saisine du débiteur et seront examinés à ce titre (v. s^s^ n° 0613.44) à propos des pouvoirs du juge du contentieux.

SECTION 4
CONTENTIEUX DES MESURES CONSERVATOIRES : COMPÉTENCE ET POUVOIRS DU JUGE

0613.41 **Compétence d'attribution.** L'article R. 511-5 C. pr. exéc. prescrit que le réexamen d'office de l'autorisation est l'œuvre de l'auteur de cette décision (adjectif « *sa* » décision). La demande de mainlevée formulée par le débiteur est également déférée, selon l'article R. 512-2 C. pr. exéc., « *au juge qui a autorisé la mesure* ». Il ne nous paraît pas douteux que la même règle s'étend aux demandes de substitution de garantie ; c'est d'ailleurs le principe de droit commun (C. pr. civ., art. 496, al. 2 *in fine*), sur les justifications duquel nous ne reviendrons pas (v. s^s^ n°s 0212.171 et 0212.172). En clair, le JEX ou le président du tribunal de commerce, auteurs de l'ordonnance sur requête, sont ici compétents au contentieux, à l'exclusion de tout autre (à l'exclusion notamment du juge des référés[1], même sous couvert d'obtenir une provision[2]). Il en est ainsi, s'agissant du président du tribunal de commerce, même si une instance au fond a été engagée entre l'autorisation donnée par ce magistrat et la demande de mainlevée qui lui est soumise[3] ; même solution au profit du JEX[4].

Dans les cas fort rares où la mesure conservatoire a été autorisée par la cour d'appel (sur recours contre un refus du JEX), la demande de mainlevée est déférée à ladite cour[5].

Lorsqu'aucune autorisation judiciaire préalable n'a été délivrée, la compétence est naturellement partagée entre les deux mêmes magistrats : si la créance relève de la juridiction commerciale sans qu'aucun procès ne soit encore engagé, le président du tribunal de commerce est compétent[6] ; dans les autres cas (créance civile et/ou procès en cours), le JEX est compétent.

Cette distribution des rôles s'articule dans le détail et se justifie dans le principe, ici comme à propos des pouvoirs d'autorisation[7].

Dans la pratique, les plaideurs ne seront pas certains de se trouver en présence physique du signa-

1. Civ. 2e, 8 juin 1995, n° 93-17.428, P II, n° 176 ; *D.* 1996. 206, note S. Piedelièvre.
2. Civ. 2e, 16 mai 2002, n° 00-11.589, P II, n° 99.
3. Civ. 2e, 26 févr. 1997, n° 94-11.931, NP ; *RTD civ.* 1997. 520, obs. R. Perrot.
4. Dijon, 1re ch., 5 mars 1997, *Rev. huiss.* 1998. 697.
5. TGI Paris, JEX, 16 mars 1993, *Juris-Data*, n° 043730 ; *D.* 1994. 348, note P. Julien ; *Rev. huiss.* 1994. 1015.
6. TGI Pointe-à-Pitre, JEX, 24 mars 1994, *D.* 1994. 347, note P. Julien – Civ. 2e, 26 févr. 1997, n° 94-11.931, NP ; *Procédures* 1997, n° 84, note R. Perrot.
7. R. Bénezra, « Les pouvoirs du président du tribunal de commerce en matière de mesures conservatoires », *Gaz. Pal.* 1993. 1. 616.

taire de l'ordonnance sur requête et ne peuvent d'ailleurs pas l'exiger.

0613.42 Redressement et liquidation judiciaires. Lorsque le JEX, ou le président du tribunal de commerce, est saisi, il peut être amené à surseoir malgré sa plénitude de compétence : la compétence pour juger des conséquences d'une procédure collective sur les mesures en cours appartient au tribunal de la procédure collective et non plus au JEX[1] (v. ss no 0611.39).

0613.43 Compétence territoriale. Elle est celle du juge qui a rendu l'ordonnance d'autorisation lorsqu'il y en a eu une. Dans les autres cas, les règles sont un peu confuses, à la fois mêlées dans l'article R. 512-2 C. pr. exéc. avec les principes de compétence d'attribution, et prescrites dans l'article R. 512-3 C. pr. exéc., spécifique.

Si le débat porte sur la mainlevée de la mesure, il semble que la compétence territoriale soit celle du domicile du débiteur. Les autres contestations relèvent du juge du lieu où sont situés les biens saisis : il s'agit apparemment des cas où le débiteur demande autre chose que la mainlevée, et des cas où un tiers a intérêt à saisir le juge (notamment dans la phase d'exécution puis de conversion de la mesure conservatoire).

0613.44 Pouvoir illimité du juge au contentieux. Il n'est pas aisé de cerner les pouvoirs exacts du juge saisi des mérites d'une mesure conservatoire et il est encore plaidé à tort que ce juge serait juge du principal, comme le JEX dans les autres domaines de sa compétence (C. pr. exéc., art. R. 121-14).

Le juge auquel est déférée une mesure conservatoire se place exactement dans la même position que le juge qui a autorisé cette mesure ou qui aurait pu le faire si cela avait été nécessaire (v. ss no 0611.62). Autrement dit, il examine l'apparence du principe de créance, et non point la certitude, la liquidité, l'exigibilité ni le montant définitif de cette créance. Il évalue la menace qui pèse sur le recouvrement, ce que ne fait pas le juge du fond de la créance. La jurisprudence est maintenant établie en ce sens[2]. Le juge procède à l'examen des mérites de la mesure conservatoire au jour où il statue[3].

Ses pouvoirs sont en eux-mêmes assez considérables ; il est notamment permis au juge, lorsque l'apparence de la créance dépend d'une question litigieuse entre les parties, d'en apprécier le bien-fondé[4]. Et cela, y compris si la contestation porte sur le fond du droit. Le JEX dispose en effet d'une plénitude de compétence pour examiner les contestations portant sur le fond du droit, sauf si elles échappent à la compétence des juridictions de l'ordre judiciaire[5].

Ainsi, il est compétent pour statuer sur une action paulienne[6], sur la validité d'un acte authentique[7], sur une exception de compensation[8], sur une confusion de patrimoines[9], sur une prescription de la créance ou du titre[10], sur une répétition de l'indu[11] ou encore sur le caractère disproportionné d'un engagement de caution[12].

Si le jugement statuant sur une demande de mainlevée d'une mesure conservatoire n'a pas autorité de la chose jugée au principal, le JEX doit prendre garde à la rédaction du dispositif de son jugement. En effet, lors de la contestation de la mesure, le débiteur peut par exemple opposer compensation partielle à la créance alléguée, en soutenant qu'il n'est pas redevable des intérêts contractuels réclamés. Si le JEX statue sur cette compensation partielle au dispositif, en déboutant le débiteur de sa demande de nullité de la clause contractuelle d'intérêts, cette décision a autorité de la chose jugée, ce qui pourra par la suite être opposé au débiteur[13].

Il est par conséquent plus prudent d'envisager les contestations au fond que peut soulever le débiteur comme des moyens de défense et non comme des demandes reconventionnelles, le juge disposant d'un pouvoir souverain dans cette analyse, afin de ne pas statuer au fond, dans le dispositif du jugement.

0613.45 Possibilités offertes au juge. La loi consacre expressément (C. pr. exéc., art. L. 512-1) que **le juge peut substituer une mesure conservatoire à une autre.** Il faudra cependant que l'une des parties (la loi désigne à ce sujet le débiteur ; mais le créancier peut faire aussi des offres) lui suggère cette solution de remplacement ; à notre avis, le juge ne peut pas agir d'office. Elle sera motivée comme toute autorisation de mesure conservatoire : apparence de prin-

1. EN CE SENS : F. Derrida, « Incidences des nouvelles procédures d'exécution sur le redressement et la liquidation judiciaires des entreprises », *LPA* 6 janv. 1993, § 5.
2. Civ. 2e, 20 févr. 1991, no 89-13.954, P II, no 61 ; *RTD civ.* 1991. 605, note R. Perrot – Versailles, 4 mai 1994, *D.* 1994. 149 – COMP. : TGI Montluçon, 19 mai 1993, *Rev. huiss.* 1994. 579, obs. J.-J. Bourdillat.
3. Civ. 2e, 28 juin 2006, no 04-18.598, NP.
4. Civ. 2e, 19 déc. 2002, no 01-02.858, P II, no 297 ; *JCP* 2003. II. 1292.
5. Civ. 2e, 31 janv. 2013, no 11-26.992, P II, no 19 ; *D.* 2013. 1574, obs. A. Leborgne ; *Procédures* avr. 2013, no 103, note R. Perrot.
6. Civ. 2e, 5 sept. 2019, nos 18-17.141 et 18-13.361, NP.
7. Civ. 2e, 18 juin 2009, no 08-10.843, P II, no 165.
8. Civ. 2e, 18 févr. 2016, no 14-29.893, NP.
9. Civ. 2e, 22 févr. 2007, no 05-21.695, NP.
10. Civ. 2e, 21 mars 2002, no 00-16.866, P II, no 50.
11. Civ. 2e, 11 déc. 2008, no 07-19.711, P II, no 262.
12. Civ. 2e, 14 janv. 2021, no 19-18.844, P.
13. Civ. 2e, 12 avr. 2018, no 16-28.530, P ; *D. actu.* 24 mai 2018, note L. Camensuli-Feuillard ; *D.* 2018. 2048, chron. E. de Leiris ; *RD banc. fin.* juill. 2018. Comm. 104, obs. S. Piedelièvre.

cipe de créance, menaces sur le recouvrement. Les délais pour exécuter cette mesure puis pour obtenir un titre exécutoire nous paraissent devoir être ceux des articles R. 511-6 et R. 511-7 C. pr. exéc. (v. s^s^ n°s 0612.63 et 0612.75), car l'instance en contestation a seulement interrompu ces délais.

La mesure conservatoire initiale pourra aussi être maintenue. Le débiteur pourra être débouté de sa contestation (ce qui n'empêchera pas le juge du fond, dont l'optique est différente, d'ordonner finalement la mainlevée de la saisie) [1], ou le juge dire qu'il n'avait finalement pas de raison de prévoir un débat contradictoire.

Le juge pourra aussi modifier un des éléments précis de la mesure : augmenter ou diminuer le montant des causes de la mesure, augmenter ou diminuer la liste des biens saisis ou grevés, modifier les dates des diligences restant à accomplir, *etc.* (v. s^s^ n°s 0612.41 s.). Il lui est même loisible, quoique l'article 513 C. pr. civ. semble affirmer l'inverse, de suspendre les effets de la mesure conservatoire, et d'accorder des délais de paiement au débiteur [2].

La troisième solution est bien sûr le **retrait d'autorisation avec mainlevée immédiate de la mesure conservatoire.** Les motifs de ce retrait tiendront à l'absence de principe de créance, à l'absence de menace sur le recouvrement, à l'inexistence du titre ou de l'impayé qui permettait au créancier d'agir sans autorisation ou à l'irrespect d'une prescription de l'ordonnance ou des textes. Il est renvoyé à ces notions et à ces textes, par *a contrario.* Les critères posés à l'article L. 511-1 C. pr. exéc. étant cumulatifs, le juge peut ordonner la mainlevée au vu de l'absence de menaces sur le recouvrement, sans qu'il soit alors nécessaire de se prononcer sur la créance paraissant fondée en son principe. Il peut d'ailleurs relever d'office cette absence de menaces sans qu'il n'y ait violation du contradictoire, ne faisant que mettre en œuvre les dispositions de l'article L. 511-1. L'article R. 512-1 C. pr. exéc. impute au créancier la charge des preuves nécessaires, ce qui est conforme aux principes du Code civil (en particulier C. civ., art. 1315) et du Code de procédure civile (C. pr. civ., art. 9).

La mainlevée interviendra aussi lorsqu'un tiers ou le débiteur démontreront au juge que le bien saisi appartient à autrui ou que le compte saisi est clôturé (v. s^s^ n° 0613.21).

Le juge peut prendre en compte des faits postérieurs à l'ordonnance ayant autorisé la mesure conservatoire [3].

L'article L. 512-2 C. pr. exéc. autorise le juge, mais à notre avis seulement sur demande du débiteur, à réparer le préjudice causé par une mesure conservatoire dont la mainlevée a été ordonnée. Cette action, qui relève de la compétence du JEX [4], peut être dirigée contre le créancier poursuivant mais aussi, à notre avis, contre le tiers saisi [5]. Contrairement au principe général posé au second alinéa de l'article L. 121-2 C. pr. exéc., selon lequel la condamnation du créancier nécessite la démonstration d'un abus dans l'exercice des voies d'exécution, l'obligation de réparer le préjudice causé par une mesure conservatoire dont la mainlevée a été ordonnée n'exige pas, pour son application, la constatation d'une faute [6]. Comme celui qui met à exécution une décision de justice provisoire [7], le créancier qui met en œuvre d'une mesure conservatoire le fait à ses risques et périls, à charge par lui d'en réparer les conséquences dommageables sans qu'il ne soit nécessaire de démontrer sa faute.

Jugé par ailleurs qu'une saisie conservatoire de compte bancaire peut causer un préjudice, par exemple moral, même si ce compte était en position débitrice [8] de même que la saisie conservatoire de valeur mobilière à une période où les valeurs avaient subi une baisse générale, dans la mesure où l'indisponibilité qui en résultait a causé la perte d'une chance d'avoir pu limiter la diminution de la valeur du portefeuille par une gestion habile [9].

1. Selon, Civ. 2e, 18 janv. 2001, n° 98-10.249, P II, n° 12 – et selon, Civ. 3e, 10 nov. 2009, n° 08-18.782, NP ; le juge saisi de l'instance au fond ne serait pas tenu de statuer sur la demande de mainlevée.
2. Civ. 2e, 3 juin 1999, n° 97-14.889, P II, n° 110 ; *Gaz. Pal.* 2000. 1. Somm. 871, note approb. P. Véron.
3. Civ. 2e, 12 janv. 1994, n° 92-14.605, P II, n° 25 ; *JCP* 1994. IV. 674 ; *RTD civ.* 1994. 426, note R. Perrot.
4. Civ. 2e, 29 janv. 2004, n° 01-17.161, P II, n° 35 – Civ. 2e, 12 oct. 2006, n° 04-11.561, P II, n° 268.
5. EN CE SENS : TGI Paris, JEX, 30 juin 1994, *Gaz. Pal.* 1994. 2. Somm. 812.
6. Civ. 2e, 29 janv. 2004, n° 01-17.161, P II, n° 35 ; *D.* 2004. 296 ; *RTD civ.* 2004. 353, obs. R. Perrot ; *RTD com.* 2004. 780, obs. M. Storck ; *JCP* 2004. IV. 1565 ; *Procédures* 2004, n° 99, note O. Salati ; *Dr. sociétés* 2004, n° 89, obs. T. Bonneau ; *Dr. et proc.* 2004. 221, obs. S. Piedelièvre ; *Gaz. Pal.* 21-22 juill. 2004. 30, obs. C. Brenner ; *Banque et Droit* sept.-oct. 2004. 71, obs. M. Storck – SOLUTION MAINTENUE ultérieurement : Civ. 2e, 7 juin 2006, n° 05-18.038, NP ; *RTD civ.* 2006. 830, note R. Perrot – Malgré une solution divergente de la chambre commerciale, intervenue entre-temps : Com. 14 janv. 2004, n° 00-17.978, P IV, n° 9 – Civ. 3e, 21 oct. 2009, n° 08-12.687, P III, n° 230 ; *D.* 2010. 1307, obs. A. Leborgne ; *Procédures* janv. 2010, obs. R. Perrot.
7. Civ. 2e, 8 déc. 1960, P II, n° 755 – Civ. 2e, 14 mars 1963, P II, n° 149 – Civ. 2e, 12 mai 1971, n° 70-11.191, P II, n° 173 – Civ. 1re, 6 juin 1990, n° 87-19.661, P I, n° 140 – Civ. 2e, 9 janv. 2003, n° 00-13.887, P II, n° 3 ; *D.* 2004. 2825, obs. B. Blanchard ; 1495, obs. G. Taormina – Cass., ass. plén., 24 févr. 2006, n° 05-12.679, P, n° 2.
8. TGI Paris, JEX, 23 juin 1994, *Gaz. Pal.* 1994. 2. Somm. 814.
9. Civ. 2e, 29 janv. 2004, n° 01-17.161, P II, n° 35 ; *D.* 2004. 296 ; *RTD civ.* 2004. 353, obs. R. Perrot ; *RTD com.* 2004. 780, obs. M. Storck ; *JCP* 2004. IV. 1565 ; *Procédures* 2004, n° 99, note R. Perrot ; *Dr. sociétés* 2004, n° 89, obs. T. Bonneau ; *Dr. et proc.* 2004. 221, obs. S. Piedelièvre ; *Gaz. Pal.* 21-22 juill. 2004. 30, obs. C. Brenner ; *Banque et Droit* sept.-oct. 2004. 71, obs. M. Storck.

La **nullité pure et simple de la mesure conservatoire** constitue une quatrième et dernière solution, lorsque les conditions formelles n'en ont pas été respectées. Jugé qu'en pareille hypothèse, le tiers saisi qui n'avait pas fait sa déclaration « *affirmative* » se trouve conforté dans cette résistance et ne peut être condamné à payer personnellement les causes de la saisie[1].

La décision du JEX n'obère pas les pleins pouvoirs du juge de l'instance au fond (v. s[s] n° 0612.79), à ceci près que si le premier saisi de ces deux magistrats donne mainlevée de la mesure conservatoire, on voit mal que le second à se prononcer la rétablisse.

0613.46 Exécution du jugement – Voies de recours – Dépens. L'exécution du jugement rendu nécessitera assez souvent un complément aux significations déjà faites ou aux inscriptions déjà prises, et ce dans les mêmes formes qu'initialement (sur les règles générales d'exécution de la mesure, v. s[s] n° 0612.50). Le juge aura tout intérêt à le prescrire, de façon détaillée au besoin, et à en imputer la charge financière très clairement.

Le jugement rendu sera susceptible d'appel selon le droit commun de l'exécution (C. pr. exéc., art. R. 121-20 s.). L'appel n'a pas d'effet suspensif (C. pr. exéc., art. R. 121-21).

Le premier président de la cour d'appel peut suspendre les effets de la décision du JEX statuant sur le sort d'une mesure conservatoire[2].

En cas d'appel du jugement ayant ordonné la mainlevée d'une mesure conservatoire autorisée sur requête, le créancier peut saisir le premier président de la cour d'appel d'une demande de sursis à exécution, cette demande prorogeant, les effets attachés à la mesure, conformément aux dispositions de l'article R. 121-22 alinéa 2 C. pr. exéc.[3].

L'article L. 512-2 C. pr. exéc. met les dépens à la charge du débiteur, sauf décision contraire du juge à l'issue de la procédure. Le droit commun (C. pr. civ., art. 696) est donc décalqué ici. Le juge aura, là encore, intérêt à se montrer précis. Certes, il ne devra pas adopter la pratique douteuse qui pousse des juges du fond à liquider les dépens au mépris des attributions du chef de greffe, voire à statuer sur les dépens futurs éventuels. Mais le juge devra faire la liste des actes à inclure dans les dépens échus et en attribuer la charge.

Rien n'interdit au juge d'appliquer l'article 700 C. pr. civ.[4]

SECTION 5
PRINCIPES GÉNÉRAUX DE CONVERSION DES MESURES CONSERVATOIRES

0613.51 Nécessité et principes. La conversion (ou, s'agissant des inscriptions de sûretés, la consolidation, selon un terme coutumier non repris par le législateur) de la mesure conservatoire est la suite primordiale de l'obtention du titre. Le droit de se faire attribuer la somme saisie ou de vendre de force le bien saisi n'apparaît qu'après la conversion de la saisie conservatoire en voie d'exécution ; le droit de recevoir une part du prix de la vente éventuelle n'apparaît qu'après la substitution de l'inscription provisoire par une inscription définitive, grâce à l'obtention du titre exécutoire.

Ainsi jugé que la remise des sommes saisies par le tiers saisi au créancier avant cette conversion ne libère pas ledit tiers[5].

Le créancier après conversion ou consolidation peut exercer tous les droits que lui confère sa qualité de créancier muni d'un titre exécutoire : se faire attribuer les sommes saisies ou faire vendre les meubles saisis à titre conservatoire (C. pr. exéc., art. L. 522-1 et L. 523-2), mais aussi pratiquer d'autres saisies ; exercer toutes les prérogatives du bénéficiaire d'un nantissement ou d'une hypothèque dotés de caractère définitif. Quelque importance qu'elle y attache, la loi n'a pas dégagé de principes généraux de conversion ou de consolidation. Il est vrai que les deux mécanismes sont, en pratique, assez dissemblables. La loi du 12 novembre 1955, qui connaissait aussi la conversion et la consolidation, n'avait pas non plus posé de tels principes. Quelques précisions peuvent cependant être données, dans trois hypothèses particulières.

0613.52 Cas où le créancier dispose déjà d'un titre exécutoire. Il faut rappeler qu'une mesure conservatoire peut être choisie alors même que le créancier dispose déjà d'un titre exécutoire : dans cette stratégie particulière, le créancier n'en est pas moins obligé, au moment de son choix, de signifier un acte de conversion de sa mesure conservatoire en saisie ou inscription définitive, s'il veut obtenir un effet

1. Civ. 2e, 5 juill. 2000, n° 98-18.475, P II, n° 111 ; *D.* 2001. 714, chron. R. Perrot et Ph. Théry ; *RTD civ.* 2000. 903, obs. R. Perrot – RAPPR. : Cass., avis, 21 juin 1999, n° 09-90.008, P, n° 5 ; *D.* 1999. 206 ; *JCP* 2000. II. 10160, note T. Moussa – Civ. 2e, 6 mai 2004, n° 02-12.484, P II, n° 217.
2. Civ. 2e, 20 juin 1996, n° 94-16.464, P II, n° 176 ; *RTD civ.* 1996. 989, obs. R. Perrot.
3. Civ. 2[e], 2 mars 2023, n° 20-21.303, P ; *D.* 2023. 1282, obs. A. Leborgne et J.-D. Pellier ; *Rev. prat. rec.* 2023. 14, chron. O. Salati.
4. EN CE SENS : *J.-Cl. Pr. civ.*, Fasc. 1700-10, Mesures conservatoires – Dispositions communes, § 111.
5. TGI Lyon, JEX, 5 juill. 1994, *Gaz. Pal.* 1994. 2. Somm. 815 ; *BICC* 1er oct. 1994, n° 993 – Civ. 2e, 23 nov. 2000, n° 98-22.795, P II, n° 153.

translatif et non plus seulement un effet d'indisponibilité. La liberté du créancier quant au moment de la conversion est totale ; il devra simplement veiller au renouvellement des inscriptions provisoires, comme il sera dit aux chapitres concernés.

0613.53 Cas où le créancier a pratiqué sans titre exécutoire ni autorisation préalable. Lorsque la mesure conservatoire est pratiquée sans titre exécutoire ni autorisation judiciaire préalable, mais avec l'un des « *quasi-titres* » visés à l'article L. 511-2 C. pr. exéc., l'obtention d'un titre exécutoire est évidemment requise, puis la délivrance d'un acte de conversion.

0613.54 Cas où le créancier perd son procès au fond. Lorsque le créancier était soumis à l'exigence d'obtenir un titre exécutoire, et qu'il n'y réussit pas, la question se pose du sort de la mesure conservatoire en cours. Il a été sagement jugé que tout jugement de débouté, avec mainlevée des mesures conservatoires prises antérieurement, est exécutoire de plein droit par provision sur ce chef, conformément aux articles 514 C. pr. civ. et R. 121-21 C. pr. exéc. [1]. Encore faut-il que le débiteur prétendu songe à demander, et que le juge du fond songe à ordonner, la mainlevée des mesures conservatoires prises par celui qui se disait créancier (v. s[s] n° 0612.79).

0613.55 Forme de l'acte de conversion. La conversion ou la consolidation prend toujours la forme d'un acte pris dans la même forme (acte de commissaire de justice ou bordereau, v. chaque mesure) que la mesure conservatoire elle-même. Cet acte comportera la mention (ou un extrait) du titre exécutoire obtenu, la mention de la mesure conservatoire antérieure, un commandement ou une demande d'avoir à se libérer et surtout le décompte précis et à jour des sommes dues en vertu du titre exécutoire (C. pr. exéc., art. R. 522-7, R. 523-7, R. 524-4 et R. 533-2 – qui renvoie not. à l'article 2428 du Code civil – et C. pr. exéc., art. R. 533-3, qui renvoie à C. pr. exéc., art. R. 532-1). Cet acte de conversion ou de consolidation peut, s'il s'agit d'un acte de commissaire de justice [2], se confondre avec la signification du titre exécutoire. Il comportera aussi des mentions spécifiques calquées sur la réglementation de la voie d'exécution précise qui se met en place (saisie-vente, saisie-attribution – V. s[s] n°s 0621.52 et 0621.53 ; 0631.41 s., 0632.42 s.).

1. TGI Paris, JEX, 21 juill. 1998, *Gaz. Pal.* 2000. 1. Somm. 870.

2. L'acte de conversion d'une saisie conservatoire en saisie-attribution, qui emporte attribution immédiate de la créance saisie au créancier, est un acte d'exécution relevant de la compétence d'un huissier de justice [désormais commissaire de justice] et non d'un clerc assermenté : Civ. 2e, 25 sept. 2014, n° 13-25.552, P II, n° 197.

TITRE

062. Les règles spécifiques à chaque saisie conservatoire

SECTION 0
ORIENTEUR

062.00 Sommaire du titre.

Division. Il existe de multiples saisies conservatoires obéissant à des règles spécifiques : saisie conservatoire des sommes d'argent (chap. 621), saisie conservatoire des meubles corporels (chap. 622), saisie conservatoire des navires (chap. 623 à 626), saisie conservatoire des bateaux (chap. 627), saisie conservatoire des aéronefs (chap. 628), saisie conservatoire des droits incorporels (chap. 629).

Inscrit dans un contexte le plus souvent international, l'exercice d'une saisie conservatoire de navire est soumis à la question préalable de la détermination du droit sur le fondement duquel la saisie est pratiquée (chap. 623). Les conditions de fond de la saisie découlent de la réponse donnée à cette question (chap. 624). La procédure de saisie (chap. 625) est en revanche régie par le droit national, ainsi que ses effets (chap. 626).

CHAPITRE

0621. Règles spécifiques à la saisie conservatoire des créances de sommes d'argent

Gilles Malfre
Premier vice-président adjoint
au tribunal judiciaire de Paris

Section 0
Orienteur

0621.00 Sommaire du chapitre.

Division. Seront successivement étudiés, les conditions de la saisie conservatoire de sommes d'argent (sect. 1), ses effets (sect. 2) et son issue (sect. 3).

0621.01 Textes applicables.

• **C. pr. exéc.**, art. L. 111-7, L. 121-2, L. 141-2, L. 152-1, L. 162-1, L. 162-2, L. 211-3, L. 212-1, L. 512-1, L. 521-1, L. 523-1, L. 523-2, R. 112-5, R. 162-2 à R. 162-9, R. 211-1 à R. 211-9, R. 211-14 à R. 211-17, R. 211-20 à R. 211-23, R. 213-10, R. 511-1 à R. 512-3, R. 521-1 et R. 523-1 à R. 523-10.

• **C. civ.**, art. 2333 et 2350.

• **C. pr. civ.**, 680.

• **C. trav.**, art. L. 3252-7.

• **C. assur.**, art. L. 131-1.

• **LPF**, art. L. 151 A.

La saisie conservatoire des créances de sommes d'argent est régie par les articles L. 521-1, L. 523-1, L. 523-2 et R. 523-1 à R. 523-10 C. pr. exéc.

Certaines de ces dispositions régissent particulièrement la saisie conservatoire des créances de sommes d'argent déposées en compte auprès des établissements habilités (v. s^{s} nº 0621.31).

0621.02 Jurisprudence de référence.

> Saisie-attribution. Sanction de l'obligation de renseignement du tiers saisi subordonnée à une saisie valable. Intérêt du tiers saisi à contester la validité de la saisie.

• **Cass., avis, 21 juin 1999**, nº 09-90.008, P, nº 5

* V. s^{s} n°s 0511.104, 0612.77, 0612.78, 0613.45, 0621.23, 0621.53, 0821.123, 0841.13

La nullité de la saisie conservatoire, ou sa caducité qui la prive rétroactivement de tous ses effets, s'oppose à ce que le créancier saisissant puisse faire condamner le tiers saisi, sur le fondement de l'article 238 du décret du 31 juillet 1992 [devenu art. R. 523-5 C. pr. exéc.], au paiement des sommes pour lesquelles la saisie a été pratiquée, cette sanction de la méconnaissance par le tiers saisi de son obligation de renseignement s'inscrivant nécessairement dans le cadre d'une saisie valable. Dès lors le tiers saisi, pour s'opposer à la demande en paiement, a un intérêt à se prévaloir des causes d'inefficacité de la saisie.

> Report sur le compte de l'insaisissabilité des créances à échéance périodique.

• **Civ. 2e, 11 mai 2000**, nº 98-11.696, P II, nº 78

* V. s^{s} n°s 0141.161, 0141.201, 0621.11, 0621.31, 0923.101, 0941.64

Il résulte des articles 44 et 45 du décret du 31 juillet 1992 [devenus art. R. 112-5 et R. 213-10 C. pr. exéc.] que lorsque les sommes insaisissables versées sur un compte proviennent de créances à échéance périodique, l'insaisissabilité porte sur l'ensemble des fonds, de même nature, cumulés sur ce compte et non pas seulement sur le dernier versement effectué.

> Rémunérations du travail portées en compte. Saisissabilité du compte et report de l'insaisissabilité sur les rémunérations versées au crédit du compte.

• **Civ. 2e, 24 juin 2004**, nº 02-14.813, P II, nº 323

* V. s^{s} n°s 0141.123, 0141.161, 0621.07, 0621.31, 0812.121, 0923.102, 0941.13

1° L'article L. 145-6 [devenu L. 3252-7] du Code du travail, selon lequel les rémunérations ne peuvent pas faire l'objet d'une saisie conservatoire, n'est pas applicable aux sommes versées sur un compte bancaire, même si elles proviennent des rémunérations du travail, la saisie de ces sommes étant réglementée par l'article 44 du décret du 31 juillet 1992 [devenu art. R. 112-5 C. pr. exéc.].

2° Lorsque les sommes insaisissables versées sur un compte proviennent de créances à échéances périodiques, l'insaisissabilité porte sur toutes les sommes insaisissables comprises dans le solde créditeur du compte.

> Saisie entre les mains d'un établissement de crédit au siège ou auprès d'une succursale tenant les comptes du débiteur saisi.

• **Civ. 2e, 22 mars 2006,** n° 05-12.569, P II, n° 87

* V. s^s n°s 0213.12, 0621.22, 0621.23, 0922.21, 0922.25

1° Une saisie conservatoire pratiquée entre les mains d'un établissement de crédit n'est régulièrement effectuée qu'au siège social de cet établissement ou auprès de sa succursale qui tient les comptes du débiteur saisi.

2° Seule une saisie conservatoire valable autorise la condamnation du tiers saisi sur le fondement des articles 24 de la loi du 9 juillet 1991 et 238 du décret du 31 juillet 1992 [devenus art. L. 123-1 et R. 523-5 C. pr. exéc.].

> Saisie conservatoire. Manquement du tiers saisi à son obligation de renseignement. Absence de conversion de la saisie. Absence de sanction du tiers saisi.

• **Civ. 2e, 14 sept. 2006,** n° 05-16.584, P II, n° 227

* V. s^s n°s 0611.34, 0612.78, 0621.23, 0831.113

Une saisie conservatoire qui n'est pas convertie en saisie-attribution ne peut plus produire ses effets. En ce cas, le créancier poursuivant ne peut faire condamner au paiement des sommes pour lesquelles la saisie avait été pratiquée le tiers saisi qui n'aurait pas satisfait à son obligation de renseignement.

> Avis à tiers détenteur notifié après une saisie conservatoire mais avant la conversion de celle-ci.

• **Civ. 2e, 18 janv. 2007,** n° 06-10.598, P II, n° 14

* V. s^s n°s 0621.46, 0933.33

Ayant relevé qu'un créancier avait fait procéder à la conversion d'une saisie conservatoire après la notification d'un avis à tiers détenteur, une cour d'appel a exactement retenu que le droit de préférence du créancier saisissant ne pouvait être invoqué à l'égard du trésorier dont la créance fiscale bénéficiait du privilège de l'article 1920 du Code général des impôts.

> Conversion d'une saisie conservatoire en saisie-attribution.

• **Com. 2 mars 2010,** n° 08-19.898, P IV, n° 45

* V. s^s n°s 0621.53, 0831.112

La signification au débiteur, en application de l'article 241 du décret du 31 juillet 1992 [devenu art. R. 523-8 C. pr. exéc.], de la copie de l'acte de conversion d'une saisie conservatoire en saisie-attribution, n'est pas soumise au délai de huit jours prévu, à peine de caducité, par l'article 58 de ce décret [devenu art. R. 211-3 C. pr. exéc.].

Par suite, justifie légalement sa décision la cour d'appel qui rejette la demande de caducité ou de nullité d'une saisie-attribution après avoir constaté que l'acte de conversion de la saisie conservatoire en saisie-attribution avait été signifié au tiers saisi avant l'ouverture du redressement judiciaire de la société débitrice, puis dénoncé à l'administrateur judiciaire.

> Saisie-attribution. Tiers saisi liquidateur amiable du débiteur saisi. Délivrance d'une assignation au saisissant. Manquement à l'obligation de déclaration.

• **Civ. 2e, 10 nov. 2010,** n° 09-71.609, P II, n° 185

* V. s^s n°s 0151.22, 0621.23, 0813.21, 0821.50, 0971.210

C'est à bon droit que la cour d'appel a retenu que le liquidateur amiable de la société débitrice avait la qualité de tiers saisi. La déclaration d'un tiers saisi doit être faite sur-le-champ à l'huissier de justice ; il en résulte que l'assignation délivrée à des sociétés créancières par le représentant légal d'une société débitrice, en cette seule qualité, ne constituait pas la réponse du tiers saisi à l'huissier de justice prévue à l'article 59 du décret du 31 juillet 1992 [devenu art. R. 211-4 C. pr. exéc.] ; c'est à bon droit que la cour d'appel a décidé que le liquidateur tiers saisi ne justifiait pas d'un motif légitime l'exonérant de ses obligations et devait être condamné au paiement des causes des saisies.

> Saisie d'une créance libellée en monnaie étrangère.

• **Civ. 2e, 31 mars 2011,** n° 10-12.269, P II, n° 79

* V. s^s n°s 0621.53, 0812.61, 0832.51, 0923.142, 1711.210

La demande en paiement, faite après conversion d'une saisie conservatoire en saisie-attribution, emporte, par l'effet de la loi, attribution immédiate de la créance saisie jusqu'à concurrence du montant de la condamnation et des sommes dont le tiers saisi s'était reconnu débiteur en euros, y compris lorsque le tiers saisi avait déclaré détenir pour le compte du débiteur une créance libellée en monnaie étrangère correspondant à la contre-valeur en dollars US de la somme pour laquelle la saisie avait été autorisée.

> Mentions relatives aux voies de recours de l'acte de notification d'une mesure d'exécution forcée.

• **Civ. 2e, 8 sept. 2011,** n° 10-23.003, P II, n° 165

* V. s^s n°s 0143.92, 0621.53, 0714.96, 0714.147, 0841.61

L'article 680 du Code de procédure civile, qui vise la notification des jugements, ne s'applique pas à la notification d'une mesure d'exécution forcée.

0621.03 Bibliographie indicative.

* V. s^s n° 06.03

Actualisables. Rép. pr. civ., v° *Saisies et mesures conservatoires*, par S. Piedelièvre et F. Guerchoun, juin 2021 (actu. avr. 2024), « Saisies des créances de sommes d'argent », n°s 195 à 227 – *Dict. perm.* Recouvrement de créances et procédures d'exécution, v° *Saisie conservatoire de créances*.

Articles. Peu d'études spécialisées portent sur la question : G. Dahan, « La saisie conservatoire des créances », *Rev. huiss.* 1994. 249 – Ph. Hoonakker, « La saisie conservatoire de compte bancaire », Actes du VIIIe colloque droit et procédures, *Dr. et proc.* 2010. 10 ; « Le RSA bancaire ou la mise à disposition automatique d'une somme à caractère alimentaire sur un compte saisi », *D.* 2010. 1890 s. – L. Lauvergnat, « Le décret n° 2009-1694 du 30 décembre 2009 relatif à la mise à disposition d'une somme à caractère alimentaire sur un compte saisi, les faux-semblants d'une clarification attendu », *Dr. et proc.* mars 2010. 76 s.

0621.05 **Recherche des informations.** Pour l'exécution d'une ordonnance autorisant une saisie conservatoire de créances entre les mains d'un établissement habilité à tenir des comptes de dépôt, la Cour de cassation a eu l'occasion de rappeler que cette ordonnance ne constitue pas un titre exécutoire dont doit se prévaloir le commissaire de justice pour obtenir l'adresse des organismes auprès desquels un compte est ouvert au nom du débiteur[1]. Cette solution, conforme au texte de l'article L. 152-1 C. pr. exéc., posait cependant difficulté, en ce qu'un créancier relevant des dispositions du règlement (UE) n° 655/2014 du 15 mai 2014[2] portant création d'une procédure d'ordonnance européenne de saisie conservatoire des comptes bancaires pouvait, en vertu de l'article 14 de ce règlement et sans détenir un titre exécutoire, interroger le fichier Ficoba pour connaître les comptes bancaires de son débiteur (v. s^s^ n° 0621.33).

L'article 58 de la loi du 22 décembre 2021[3] a modifié les articles L. 151 A du LPF et L. 152-1 C. pr. exéc., pour permettre au créancier bénéficiant d'une ordonnance l'autorisant à pratiquer une saisie conservatoire sur les comptes bancaires d'obtenir ces informations. Cette disposition est entrée en vigueur le 24 décembre 2021.

0621.06 **Définition et place.** Lorsque la saisie conservatoire porte sur une créance ayant pour objet une somme d'argent, l'acte de saisie la rend indisponible pour le débiteur. La saisie emporte en outre au profit du créancier consignation, c'est-à-dire affectation spéciale et gage, des sommes saisies. Elle ne fait pas, en revanche, sortir la créance du patrimoine du débiteur, de sorte que d'autres mesures peuvent entrer ultérieurement en concours (sur cette question, v. s^s^ n° 0621.45). Une fois muni d'un titre exécutoire, le créancier peut demander le paiement de la somme saisie ; cette demande emporte attribution immédiate de la créance saisie (C. pr. exéc., art. L. 523-1 et L. 523-2 – sur l'intérêt pratique, recouvrement, et surtout stratégique, intimidation, de cette saisie conservatoire, v. s^s^ n° 06.08).

La saisie-attribution est une voie d'exécution très naturelle et fréquente, puisque les sommes d'argent sont une forme de richesse courante. De même, la saisie conservatoire des créances, qui prélude normalement à la saisie-attribution, est la plus simple des mesures conservatoires.

La créance de sommes d'argent s'entend exactement comme en matière de saisie-attribution (v. s^s^ n°s 0812.61 s.).

0621.07 **Saisie des rémunérations.** L'article L. 3252-7 C. trav. (mentionné au C. pr. exéc., art. L. 212-1) dispose que « *les rémunérations ne peuvent faire l'objet d'une saisie conservatoire* ». Ainsi, bien qu'elles entrent dans la catégorie des sommes d'argent, elles obéissent à un régime totalement dérogatoire (v. s^s^ n° 0941.12). Il convient toutefois de noter que ce texte vise « *les rémunérations* », c'est-à-dire la créance que détient le salarié sur son employeur. Il s'ensuit que lorsque celle-ci quitte les mains de l'employeur, notamment pour être versée sur le compte bancaire du salarié, elle cesse d'être une « *rémunération* » pour devenir une « *somme provenant d'une rémunération* », une créance du salarié à l'encontre de sa banque, saisissable, même à titre conservatoire, dans les conditions des articles R. 112-5 et R. 213-10 C. pr. exéc.[4]. Les sommes provenant de la rémunération du travail bénéficient cependant d'un régime dérogatoire en ce qu'une partie d'entre elles sera exclue de l'assiette de la saisie (v. s^s^ n° 0621.31).

0621.08 **Bons de capitalisation.** Contrairement au bon de caisse, qui est une valeur mobilière, le bon de capitalisation, produit d'assurance régi par l'article L. 131-1 C. assur., constitue une créance de somme d'argent à l'égard d'une compagnie d'assurances, que le souscripteur ait choisi le règlement en espèce, en titre ou en part négociable[5]. Sa saisie conservatoire doit par conséquent être réalisée dans les conditions et sous les sanctions prévues pour la saisie de créances de sommes et non pour celles de valeurs mobilières[6].

SECTION 1

CONDITIONS DE FOND ET DE FORME

0621.11 **Conditions préalables de fond.** La saisie conservatoire ne produit aucun effet attributif immédiat mais seulement un effet d'indisponibilité (C. pr.

1. Civ. 2e, 16 mars 2017, n° 16-11.314, P II, n° 59.
2. Règl. UE n° 655/2014, Conseil et Parlement, 15 mai 2014, portant création d'une procédure d'ordonnance européenne de saisie conservatoire des comptes bancaires, destinée à faciliter le recouvrement transfrontière de créances en matière civile et commerciale, *JOUE* L 189, p. 59, 27 juin.
3. L. n° 2021-1729, 22 déc. 2021, pour la confiance dans l'institution judiciaire, *JO* 23 déc., texte 2.
4. Civ. 2e, 24 juin 2004, n° 02-14.813, P II, n° 323 ; *RTD civ.* 2004. 780, obs. R. Perrot.
5. DANS CE SENS : *J.-Cl., V° Banque*, Fasc. 1950 : Bons de caisse, § 72 – T. Bonneau, *Le droit bancaire*, 7e éd., « Précis », Montchrestien, 2007, n° 757 ; « Précis Domat », LGDJ, 2023 – *Mémento Patrimoine*, « Mémento pratique », éd. Francis Lefebvre, 2009, n° 30000 – *CONTRA* : Ph. Delebecque, *JCP* 1998. I. 103, n° 26 – Civ. 2e, 19 oct. 2006, n° 05-16.488, NP ; *RGDA* 2007. 179, note J. Bigot.
6. Civ. 2e, 10 juill. 2008, n° 07-14.658, P II, n° 181 ; *D.* 2009. 1044, obs. D. R. Martin et H. Synvet.

exéc., art. L. 521-1) et de consignation (C. pr. exéc., art. L. 521-1 et L. 523-1).

Il s'ensuit principalement que ses conditions d'engagement ne sont pas les mêmes que celles de la saisie-attribution ; en règle générale, un titre exécutoire n'est pas nécessaire au créancier qui entend pratiquer une saisie conservatoire, mais seulement une autorisation sur requête[1], parfois même facultative. Cette nuance essentielle est étudiée avec les dispositions générales à toutes les mesures conservatoires (v. s[s] n° 0611.50).

En revanche, l'assiette de la saisie (notion de créances de sommes d'argent ; règles d'insaisissabilité) est la même qu'en saisie-attribution, qui constitue le débouché naturel de la saisie conservatoire (ainsi pour une application des règles d'insaisissabilité[2]). On opérera le même renvoi quant à l'identification des trois acteurs de la procédure (v. s[s] n°s 08.05 s.).

0621.12 **Contentieux.** En raison de l'effet limité de la saisie conservatoire, le contentieux qui peut s'élever obéit à une procédure également différente de celle de la saisie-attribution : les règles sont celles du contentieux en matière de mesures conservatoires (v. s[s] n°s 0611.01 à 0613.55).

§ 1
Formes normales du procès-verbal et suites

0621.21 **Formes de la saisie conservatoire de créances en général.** La saisie conservatoire de créances est précédée (C. pr. exéc., art. R. 521-1 – rappr. C. pr. exéc., art. R. 211-1, al. 2, 2°) de la présentation au tiers de l'autorisation du juge ou du titre en vertu duquel la loi permet la mesure. Il n'est pas inconcevable cependant que la saisie soit faite entre les mains du débiteur même.

Pour le surplus, les formes spéciales de l'acte de saisie-attribution sont appliquées aussi à la saisie conservatoire des créances de sommes d'argent ; les articles R. 523-1 à R. 523-5 C. pr. exéc. reproduisent presque textuellement et respectivement les articles R. 211-1 à R. 211-5 du même code.

0621.22 **Procès-verbal et signification au tiers saisi.** Le procès-verbal de saisie conservatoire établi en présence du tiers saisi et signifié à ce tiers comporte des mentions obligatoires étudiées à propos de la saisie-attribution et qu'il suffit de rappeler :

– 1° l'énonciation des nom et domicile du débiteur ou, s'il s'agit d'une personne morale, de sa dénomination et de son siège social ;

– 2° l'indication de l'autorisation ou du titre en vertu duquel la saisie est pratiquée. Ces pièces sont de toute façon présentées au tiers (v. s[s] n° 0621.21) ;

– 3° le décompte des sommes pour lesquelles la saisie est pratiquée ;

– 4° la défense faite au tiers de disposer des sommes réclamées dans la limite de ce qu'il doit au débiteur ;

– 5° la reproduction du troisième alinéa de l'article L. 141-2 et de l'article L. 211-3 C. pr. exéc.

La signification du procès-verbal de la saisie se fait en général en même temps et dans le même acte que la signification de l'ordonnance éventuelle d'autorisation de la mesure (v. s[s] n° 0621.21). S'il s'agit d'une saisie conservatoire pratiquée entre les mains d'un établissement de crédit, elle doit être faite au lieu de son siège social ou de sa succursale qui tient les comptes du débiteur saisi. Par conséquent, une signification faite dans un autre lieu, comme celui d'un service de gestion d'une catégorie précise et limitée d'opérations parmi lesquelles ne figure pas la tenue des comptes, n'est pas valable[3].

0621.23 **Déclaration du tiers.** Le tiers saisi est tenu de déclarer au créancier l'étendue de ses obligations à l'égard du débiteur ainsi que les modalités qui pourraient les affecter et, s'il y a lieu, les cessions de créances, délégations ou saisies antérieures (C. pr. exéc., art. R. 523-4 et L. 211-3). Cette règle, applicable à la saisie-attribution, est examinée plus haut (v. s[s] n°s 0152.11 s., 0152.31 s.). Le tiers doit en outre remettre au commissaire de justice toutes pièces justificatives ; les renseignements sont mentionnés sur l'acte de saisie (C. pr. exéc., art. R. 523-4, al. 2). Le tiers saisi doit, sauf motif légitime, s'exécuter sur-le-champ[4], de sorte qu'il ne peut se borner à indiquer qu'il indiquera ultérieurement les sommes qu'il peut éventuellement devoir au saisi[5]. La circonstance que le créancier saisissant ait obtenu, postérieurement à l'accomplissement de la mesure, l'information dont est débiteur à son égard le tiers entre les mains duquel la saisie a été pratiquée n'exonère pas ce dernier de

1. Une autorisation de pratiquer une saisie conservatoire de comptes bancaires qui détermine le montant de la créance et précise qu'elle pourra porter sur les sommes déposées sur tout compte bancaire est suffisamment précise : Civ. 2e, 16 mars 2017, n° 16-11.314, PII, n° 59 ; *Dr. et proc.* avr. 2017, n° 3, obs. T. Vinckel.
2. Civ. 2e, 11 mai 2000, n° 98-11.696, P II, n° 78 ; *JCP* 2000. IV. 2135 ; *RTD civ.* 2000. 641, obs. R. Perrot.
3. Civ. 2e, 22 mars 2006, n° 05-12.569, P II, n° 87.
4. Civ. 2e, 7 nov. 2002, n° 99-16.322, P II, n° 249 ; *D.* 2003. 1474, note G. Taormina ; *Gaz. Pal.* 2003. 1. Somm. 1272, obs. C. Brenner ; *Gaz. Pal.* 5 sept. 2003. 10, note documentée ; *Dr. et proc.* 2003. 118, obs. Ph. Hoonakker ; *Procédures* 2003, n° 9, obs. R. Perrot.
5. Civ. 2e, 1er févr. 2006, n° 04-11.693, P II, n° 7 – OBS. APPROB. : B. Beignier et L. Miniato, « Actualité jurisprudentielle de la procédure civile et des voies d'exécution », *RLDC* n° 28, p. 59 s.

son obligation de fournir les renseignements légalement prévus. Il résulte par ailleurs de ces dispositions que si, après avoir exactement répondu sur-le-champ au commissaire de justice, le tiers entre les mains duquel la saisie est pratiquée lui fournit ultérieurement des informations complémentaires mensongères ou inexactes, il engage sa responsabilité[1]. Bien entendu, si l'acte du commissaire de justice lui a été signifié dans les formes prévues à l'article 656 C. pr. civ., c'est-à-dire à l'étude du commissaire de justice, le tiers saisi ne saurait être sanctionné pour n'avoir pas donné immédiatement les renseignements qu'attendait le créancier poursuivant[2].

Aux termes de l'article R. 523-5 C. pr. exéc., « *le tiers saisi qui, sans motif légitime, ne fournit pas les renseignements prévus, s'expose à devoir payer les sommes pour lesquelles la saisie a été pratiquée si le débiteur est condamné et sauf son recours contre ce dernier* »[3]. Cette règle est l'adaptation à la saisie conservatoire du principe énoncé à propos de la saisie attribution (v. s^s^ n° 0152.32) dans l'article R. 211-5 C. pr. exéc. Simplement, alors que la saisie attribution est faite pour le recouvrement d'une créance dont on connaît l'exact montant, qui sera aussi la limite de ce que le tiers saisi récalcitrant pourrait avoir à régler, la saisie conservatoire ne repose en général pas sur une condamnation du débiteur, laquelle reste à faire prononcer : le tiers saisi qui n'a pas collaboré ne saura qu'ultérieurement ce qu'il risquait ; il ne saurait d'ailleurs être assigné par le créancier alors que la dette qui fondait la saisie conservatoire n'est pas encore jugée[4] ou si, faute d'avoir obtenu un titre exécutoire, le créancier n'a pu convertir la saisie conservatoire en saisie attribution (ainsi pour la mise en redressement judiciaire du débiteur avant la conversion de la saisie-attribution[5]).

Toujours selon l'article R. 523-5 C. pr. exéc., ce tiers saisi, là encore à l'instar de ce qu'énonce l'article R. 211-5 C. pr. exéc. pour la saisie attribution, peut aussi être condamné à des dommages-intérêts en cas de négligence fautive ou de déclaration inexacte ou mensongère : *a contrario*, la condamnation personnelle du tiers saisi à payer les « *causes* » de la saisie est encourue même en l'absence de négligence fautive ou de déclaration fallacieuse, circonstances qui ouvriront droit à des dommages et intérêts supplémentaires ; il a même été jugé que la négligence fautive ou la déclaration inexacte ou mensongère n'étaient justiciables que des dommages et intérêts et jamais de la condamnation du tiers saisi au paiement personnel des causes de la saisie, sanction réservée à l'omission de fournir les renseignements[6]. Une déclaration fallacieuse n'ouvrira droit à des dommages-intérêts que sur la preuve convaincante d'une faute[7], d'un préjudice et d'un lien de causalité entre la faute retenue et le préjudice allégué[8]. Par exemple, lorsqu'un créancier, mal renseigné par le tiers saisi, abandonne un temps l'obtention d'un titre exécutoire puis reprend la poursuite, mais sans succès parce qu'une procédure collective a finalement été ouverte contre le débiteur, la saisie conservatoire manquée avait bien peu de chance de produire le moindre effet[9].

Une nuance dans le déroulement même de la saisie conservatoire par rapport à la saisie-attribution tient à la rédaction de l'article R. 523-6 C. pr. exéc. : à défaut de contestation avant l'acte de conversion (examiné ci-après), la déclaration du tiers (saisi) est réputée exacte pour les seuls besoins de la saisie. Cette disposition est heureuse car elle fixe au tiers saisi une limite de temps pour compléter ou rectifier sa déclaration auprès du créancier saisissant. Une telle disposition eût pu être imaginée avec bonheur en matière de saisie-attribution. Il s'ensuit que le tiers saisi n'est plus recevable à contester les termes de sa déclaration après avoir reçu signification de l'acte de conversion. C'est ainsi que viole l'article R. 523-6 C. pr. exéc. une cour d'appel qui, pour refuser de condamner le tiers saisi au montant de sa déclaration, se fonde sur ses déclarations, intervenues posté-

1. Civ. 2e, 4 févr. 2021, n° 19-12.424, P ; *D.* 2021. 291 ; *ibid.* 491, chron. S. Lemoine et E. de Leiris ; *Rev. prat. rec.* 2021. 13, chron. O. Salati.
2. Civ. 2e, 13 juin 2002, n° 00-22.021, P II, n° 128.
3. À NOTER que le liquidateur d'une société débitrice a la qualité de tiers saisi et doit faire sur le champ la déclaration à l'huissier de justice (désormais commissaire de justice) : Civ. 2e, 10 nov. 2010, n° 09-71.609, P II, n° 185 ; *D.* 2010. 2849, obs. V. Avena-Robardet ; 2011. 1509, obs. A. Leborgne ; *Rev. sociétés* 2010. 568, obs. A. Lienhard ; *RTD com.* 2011. 135, obs. B. Dondero et P. Le Cannu ; *Procédures* janv. 2011, obs. R. Perrot ; *Dr. et proc.* 2011. 47, obs. O. Salati.
4. Paris, 7 sept. 2000, *Dr. et proc.* 2001. 44, note J.-J. Bourdillat.
5. Civ. 2e, 20 oct. 2005, n° 04-10.870, P II, n° 267 ; *D.* 2005. 2804, obs. A. Lienhard ; *D.* 2006. 79, obs. P.-M. Le Corre et F.-X. Lucas ; *Procédures* 2005, n° 276 – Civ. 2e, 14 sept. 2006, n° 05-16.584, P II, n° 227 ; *D.* 2007. 1380, obs. P. Julien.
6. Civ. 2e, 26 mai 2011, n° 10-16.343, P II, n° 119 ; *D.* 2011. 2150, chron. J.-M. Sommer et L. Leroy-Gissinger – Versailles, 14 mars 1997, *BICC*, n° 1125 ; *Rev. huiss.* 1997. 1512 ; *D.* 2007. 1380, obs. P. Julien.
7. Civ. 2e, 7 nov. 2002, n° 99-16.322, P II, n° 249 ; *D.* 2003. 1474, note G. Taormina ; *Gaz. Pal.* 2003. 1. Somm. 1272, obs. C. Brenner ; *Dr. et proc.* 2003. 118, obs. Ph. Hoonakker ; *Procédures* 2003, n° 9, obs. R. Perrot – *Adde* : Civ. 2e, 4 oct. 2001, n° 99-16.322, P II, n° 151 – Civ. 2e, 30 mai 2002, n° 00-21.675, NP ; *Procédures* 2002, n° 204, obs. R. Perrot – Civ. 2e, 13 févr. 2003, n° 01-00.543, P II, n° 40.
8. Civ. 2e, 10 sept. 2009, n° 08-18.590, P II, n° 211 ; *D.* 2010. 1307, obs. A. Leborgne ; *Procédures* 2009, n° 357, obs. R. Perrot.
9. Sur une hypothèse de ce type : Civ. 2e, 21 déc. 2000, n° 99-11.770, NP ; *JCP* 2001. IV. 1325 – RAPPR. : Lyon, 6e ch., 25 oct. 2000, *BICC* 1er nov. 2001, n° 1078.

rieurement à la dénonciation de l'acte de conversion, dans lesquelles il soutenait que sa première déclaration était erronée et qu'il n'était pas débiteur envers le saisi[1]. Cependant, ce texte ne concerne que la contestation par le tiers saisi de sa déclaration après conversion de la saisie conservatoire, si bien qu'il ne limite pas dans le temps le droit, pour le créancier saisissant, de former une demande en paiement sur le fondement de l'article R. 523-5 C. pr. exéc.[2] Il ne concerne pas non plus les tiers à la saisie, auxquels la présomption n'est pas opposable. Ainsi à l'égard de l'épouse qui conteste le droit pour un organisme bancaire de poursuivre, sur le produit de la vente d'un bien commun, le recouvrement de sa créance résultant d'une dette contractée par son époux au titre d'un engagement de caution sans son consentement[3].

Il faut enfin préciser que la condamnation personnelle d'un tiers saisi défaillant au paiement des causes de la saisie n'est possible que si la saisie est valable ou n'est pas frappée de caducité[4]. La condamnation n'est pas non plus possible si, faute d'avoir obtenu un titre exécutoire, le créancier n'a pu convertir la saisie conservatoire en saisie attribution (ainsi pour la mise en redressement judiciaire du débiteur avant la conversion de la saisie-attribution[5] – sur l'étendue des obligations du tiers saisi en cas de caducité de la saisie, v. s[s] nº 0612.78). Il en résulte que le tiers a un intérêt à se prévaloir des causes d'inefficacité (nullité, caducité) de la saisie conservatoire (sur la condamnation personnelle du tiers saisi en cas d'annulation de la saisie, v. s[s] nº 0613.45) et qu'il est donc recevable à engager une action en nullité de la saisie.

En revanche, le tiers saisi n'est pas fondé à invoquer la caducité d'une mesure conservatoire, pour méconnaissance des articles R. 511-7 et R. 511-8 C. pr. exéc., dès lors qu'il a reçu en temps voulu la signification de l'acte de conversion[6].

0621.24 Dénonciation au débiteur. Aux termes de l'article R. 523-3 C. pr. exéc., dans un délai de huit jours, à peine de caducité, la saisie conservatoire est portée à la connaissance du débiteur par acte du commissaire de justice. Cet acte contient, à peine de nullité :

1° une copie de l'autorisation du juge ou du titre en venu duquel la saisie a été pratiquée. Toutefois, s'il s'agit d'une obligation notariée ou d'une créance de l'État des collectivités territoriales ou de leurs établissements publics, il est seulement fait mention de la date, de la nature du titre ainsi que du montant de la dette ;

2° une copie du procès-verbal de saisie ;

3° la mention, en caractères très apparents, du droit qui appartient au débiteur, si les conditions de validité de la saisie ne sont pas réunies, d'en demander la mainlevée au juge de l'exécution du lieu de son domicile ;

4° la désignation de la juridiction devant laquelle seront portées les autres contestations, notamment celles relatives à l'exécution de la saisie ;

5° la reproduction des articles R. 511-1 à R. 512-3 C. pr. exéc. ;

6° l'indication, en cas de saisie de compte, du montant de la somme à caractère alimentaire laissée à la disposition du débiteur en application de l'article R. 162-2 ainsi que du ou des comptes sur lesquels cette mise à disposition est opérée.

Une erreur dans la désignation de l'auteur de la dénonciation constitue un vice de forme, de sorte que l'acte ne peut être annulé qu'à charge pour celui qui l'invoque de prouver le grief que lui cause l'irrégularité[7].

La jurisprudence rappelle qu'il résulte de l'article R. 523-3, 1° C. pr. exéc. que l'acte de dénonciation contient à peine de nullité une copie de l'ordonnance du juge et de la requête et que l'irrégularité affectant cet acte de dénonciation constitue un vice de forme qui ne peut entraîner sa nullité qu'à charge pour celui qui l'invoque de prouver le grief que lui cause l'irrégularité[8].

§ 2
Particularités

0621.31 Formes particulières de la saisie conservatoire de comptes de dépôt. L'article L. 162-1 C. pr. exéc. soumet aux mêmes règles la saisie conservatoire et la saisie-attribution. Cette assimilation, outre ses avantages pratiques, tient à la philosophie générale de la saisie des comptes : le tiers saisi est ici pris en considération comme déterminant les modalités

1. Civ. 2e, 8 déc. 2005, nº 04-12.954, P II, nº 313.
2. Civ. 2e, 8 déc. 2011, nº 07-13.167, P II, nº 224.
3. Civ. 2e, 27 sept. 2012, nº 11-22.570, P II, nº 157.
4. Cass., avis, 21 juin 1999, nº 09-90.008, P, nº 5 ; *D.* 1999. 206 ; *JCP* 2000. II. 10160, note T. Moussa – Civ. 2e, 23 nov. 2000, nº 98-22.938, P II, nº 155 ; *Gaz. Pal.* 2001. Somm. 1373, obs. P. Véron ; *RTD civ.* 2001. 667, obs. R. Perrot – Civ. 2e, 6 mai 2004, nº 02-12.484, P II, nº 217 ; *Gaz. Pal.* 2005. Somm. 3640, note C. Brenner – Civ. 2e, 22 mars 2006, nº 05-12.569, P II, nº 87.
5. Civ. 2e, 20 oct. 2005, nº 04-10.870, P II, nº 267 ; *D.* 2005. 2804, obs. A. Lienhard ; *D.* 2006. 79, obs. P.-M. Le Corre et F.-X. Lucas ; *Procédures* 2005, nº 276.
6. Civ. 2e, 10 déc. 1998, nº 96-14.862, P II, nº 299 ; *D.* 1999. 216, obs. P. Julien ; *JCP* 1999. IV. 1188.
7. Civ. 2e, 12 juill. 2012, nº 11-21.370, NP.
8. Civ. 2e, 22 mars 2018, nº 16-23.601, P ; *D.* 2018. 675 ; *ibid.* 1223, obs. A. Leborgne ; *ibid.* 2048, chron. E. de Leiris.

de la saisie et précisément, il est le même en saisie-attribution et en saisie conservatoire.

Principalement, les obligations de déclaration qui pèsent sur le tiers saisi (C. pr. exéc., art. L. 162-1, al. 1er, et R. 211-20) sont transposables en totalité à la saisie conservatoire.

Il en est de même des règles d'ajustement des soldes saisis (C. pr. exéc., art. L. 162-1). Cet ajustement ne peut être reporté au moment de la conversion, qui peut survenir très tardivement et dont le moment est en tout cas laissé au choix du créancier. L'affectation des sommes saisies par les effets en circulation et retraits en liquide a donc lieu dans les quinze jours qui suivent l'acte de saisie conservatoire. S'agissant comme on l'a dit d'une saisie de sommes et non de comptes, ces contre-passations seront opérées, quelque difficulté que cela pose en pratique bancaire, sur le compte spécial de consignation qui sera décrit plus loin (v. ss no 0621.44).

Désormais donc, les anciens articles 47 et 47-1 de la loi du 9 juillet 1991[1] (devenus C. pr. exéc., art. L. 162-1 et L. 162-2), qui, jusqu'à présent, figuraient dans la partie relative aux saisies-attributions alors que, par leur nature, elles avaient vocation à régir toutes les procédures portant sur des comptes bancaires, ont été déplacées dans des dispositions générales au chapitre II du titre VI du livre I du Code des procédures civiles d'exécution.

Les aménagements des articles R. 211-21 à R. 211-23 C. pr. exéc. nous semblent également transposables à la saisie conservatoire : cantonnement de la saisie-attribution à certains comptes, garantie de substitution, priorité de la saisie sur les comptes à vue, sort des comptes joints[2], mise à disposition d'un minimum vital.

Doivent aussi s'appliquer aux saisies conservatoires de compte bancaire les dispositions des articles R. 112-5, R. 213-10 et R. 162-2 à R. 162-9 C. pr. exéc. relatifs aux créances insaisissables, en particulier :

– **l'article R. 112-5 C. pr. exéc.**, qui dispose que « *lorsqu'un compte est crédité du montant d'une créance insaisissable en tout ou partie, l'insaisissabilité se reporte à due concurrence sur le solde du compte* » ;

– **l'article R. 162-2 C. pr. exéc.**, qui prévoit la mise à disposition du débiteur personne physique, par le tiers, d'office et dans la limite du solde créditeur au jour de la saisie, d'une somme à caractère alimentaire d'un montant égal au montant forfaitaire, pour un allocataire seul, mentionné à l'article L. 262-2 du CASF (revenu de solidarité active [RSA]) ;

– et **l'article R. 162-4 C. pr. exéc.**, qui précise que « *lorsque les sommes insaisissables proviennent de créances à échéance périodique, telles que rémunérations du travail, pensions de retraite, sommes payées à titre d'allocations familiales ou d'indemnités de chômage, le titulaire du compte peut en demander la mise à disposition immédiate, déduction faite des opérations venues en débit du compte depuis le dernier versement de la créance insaisissable* ».

Interprétant la combinaison de ces textes – qui ne sont certes pas d'une clarté saisissante – sur le point de savoir si l'insaisissabilité est définitivement acquise, quelle que soit la date du versement opéré sur le compte, ou si elle est limitée en fonction de cette date, la Cour de cassation juge que l'insaisissabilité porte sur la totalité du solde créditeur et non sur la dernière échéance[3]. Cette analyse est critiquée par la doctrine, et l'a été notamment le professeur Perrot qui estimait qu'elle aboutit en fin de compte à donner la possibilité au débiteur, en capitalisant des salaires qui, de ce fait ont perdu leur caractère alimentaire, de se constituer au fil des mois un magot insaisissable[4]. Sensible probablement à ces critiques, la deuxième chambre civile a ultérieurement précisé que c'était au débiteur de rapporter la preuve que son compte était composé de sommes insaisissables[5].

(Pour toutes ces questions, v. les développements relatifs aux saisies-attributions de compte bancaire, v. ss nos 0921.11 à 0923.144).

Le décret du 26 septembre 2019[6] portant application de l'article 15 de la loi du 23 mars 2019[7] adapte la procédure de saisie conservatoire des créances à l'obligation faite aux commissaires de justice de transmettre leurs actes par la voie électronique lorsqu'ils sont destinés aux établissements habilités par la loi à tenir des comptes de dépôt. Il complète d'abord les dispositions de l'article R. 523-3 C. pr. exéc. relatives aux mentions de l'acte de dénonciation de la saisie, en précisant que cet acte doit comporter, s'il a été signifié par voie électronique, une copie du procès-verbal de saisie et la reproduction des renseigne-

1. L. no 91-650, 9 juill. 1991, portant réforme des procédures civiles d'exécution, *JO* 14 juill.
2. Sur ce dernier point : TGI Nanterre, JEX, 8 sept. 1994, *Rev. huiss.* 1995. 114 – Paris, 5 oct. 2000, *BICC* 1er mars 2001, no 261.
3. Civ. 2e, 11 mai 2000, no 98-11.696, P II, no 78 ; *RTD civ.* 2000. 641, note crit. R. Perrot – Civ. 2e, 27 juin 2002, no 00-17.578, P II, no 150 ; *RTD civ.* 2002. 566, note R. Perrot ; *Procédures* 2002, no 158 ; *Dr. et proc.* 2003. 35, note E. Putman – Civ. 2e, 24 juin 2004, no 02-14.813, P II, no 323 ; *RTD civ.* 2004. 780, note R. Perrot ; *Procédures* 2004, no 208, note R. Perrot ; *JCP* 2004. IV. 2742 ; *RD banc. fin.* 2004, no 258, obs. S. Piedelièvre.
4. *RTD civ.* 2000. 641, note R. Perrot.
5. Civ. 2e, 24 mars 2005, no 03-12.836, P II, no 80.
6. Décr. no 2019-992, 26 sept. 2019, portant application des articles 14 et 15 de la loi no 2019-222 du 23 mars 2019 de programmation 2018-2022 et de réforme pour la justice, et relatif à la procédure d'expulsion ainsi qu'au traitement des situations de surendettement, *JO* 28 sept., texte 2.
7. L. no 2019-222, 23 mars 2019, de programmation 2018-2022 et de réforme pour la justice, *JO* 24 mars, texte 2.

ments communiqués par le tiers saisi. Ce décret modifie également l'article R. 523-4 C. pr. exéc. qui fixe l'étendue et les modalités de l'obligation déclarative du tiers saisi, en prévoyant l'hypothèse d'une transmission dématérialisée de la saisie.

Ces nouvelles dispositions devaient s'appliquer aux actes de saisie conservatoire de créances signifiés aux tiers à compter du 1er janvier 2021. Le décret du 30 juillet 2020[1] pris en application de la loi du 17 juin 2020[2] a reporté au 1er avril 2021 leur date d'entrée en vigueur.

0621.32 Formes particulières de la saisie conservatoire de créances à exécution successive. Le Code des procédures civiles d'exécution organise spécialement le mode de libération du tiers saisi après la saisie-attribution de créances à exécution successive (C. pr. exéc., art. R. 211-14 à R. 211-17). Ces dispositions ne concernent pas la saisie conservatoire, qui n'emporte pas immédiatement paiement. Le tiers doit simplement conserver les sommes dues à chaque échéance (v. cep. à propos des suites de la conversion s^s^ n° 0621.52).

0621.33 Droit de l'Union européenne. Le Conseil de l'Union européenne et le Parlement ont adopté le 15 mai 2014 le règlement (UE) n° 655/2014[3], portant création d'une ordonnance européenne de saisie conservatoire des comptes bancaires, destiné à faciliter le recouvrement transfrontière de créances en matière civile et commerciale. Ce texte instaure une procédure permettant la délivrance d'une ordonnance européenne de saisie conservatoire de comptes, bénéficiant aux particuliers comme aux entreprises, mais uniquement dans les relations transfrontières. Seront notamment exclues de ce dispositif les créances relatives aux régimes matrimoniaux, aux testaments et successions, aux procédures collectives, à la sécurité sociale ou à l'arbitrage. Le créancier pourra obtenir, sous sa responsabilité, une ordonnance avant d'avoir obtenu un jugement ou après avoir obtenu un titre sur le fond. Il pourra également obtenir des informations sur l'existence de comptes dans un État membre. L'ordonnance sera rendue de façon non contradictoire et sera reconnue et exécutoire dans les États membres, Des voies de recours sont organisées par le texte. Toute question procédurale non réglée par le règlement le sera par le droit national. Le règlement est applicable depuis le 18 janvier 2017 (v. aussi s^s^ n°s 1711.231 s.). Le règlement d'exécution (UE) n° 2016/1823 de la Commission du 10 octobre 2016[4] a établi les formulaires nécessaires à la mise en œuvre du règlement du 15 mai 2014. Les formulaires figurent en annexe de ce règlement d'exécution.

SECTION 2
EFFETS

0621.41 Définition. Selon l'article L. 523-1 C. pr. exéc., lorsque la saisie porte sur une créance ayant pour objet une somme d'argent, l'acte de saisie la rend indisponible à concurrence du montant autorisé par le juge ou, lorsque cette autorisation n'est pas nécessaire, à concurrence du montant pour lequel elle est pratiquée. Elle emporte de plein droit consignation des sommes indisponibles et produit les effets prévus à l'article 2350 C. civ.

Ce dernier texte, qui renvoie à l'article 2333 C. civ., attribue au créancier qui a fait pratiquer la saisie conservatoire les mêmes droits que le créancier gagiste : celui de se faire payer sur la chose qui en est l'objet, par privilège et préférence aux autres créanciers.

0621.42 Cantonnement automatique. La saisie conservatoire des créances diffère sur un point important de la saisie-attribution : la saisie conservatoire, parce que l'indisponibilité n'y est pas limitée dans le temps (à propos de la conversion et paiement, v. s^s^ n° 0621.52), connaît un cantonnement automatique.

Ce cantonnement est pratiqué par le tiers saisi, soit à concurrence du montant qui figure dans l'ordonnance sur requête autorisant la saisie, soit, lorsqu'une telle autorisation n'est pas nécessaire (ex. : existence d'un titre exécutoire, recouvrement de loyers impayés, *etc.*) à concurrence du montant visé par le créancier dans l'acte de saisie conservatoire (C. pr. exéc., art. L. 523-1).

0621.43 Cantonnement sur requête – Garanties de substitution. Le cantonnement automatique conduit à décider que le cantonnement sur requête du commissaire de justice ou sur demande du débiteur (C. pr. exéc., art. L. 111-7 et L. 121-2) n'est pas autorisé (arg. C. pr. exéc., art. L. 162-1 : « *Toutes les*

1. Décr. n° 2020-950, 30 juill. 2020, relatif aux conditions de l'élection des bâtonniers du conseil de l'ordre des avocats et au report de la réforme de la saisie conservatoire des comptes bancaires, de l'extension de l'assignation à date et de la réforme de la procédure applicable aux divorces contentieux, *JO* 1er août, texte 1.
2. L. n° 2020-734, 17 juin 2020, relative à diverses dispositions liées à la crise sanitaire, à d'autres mesures urgentes ainsi qu'au retrait du Royaume-Uni de l'Union européenne, *JO* 18 juin, texte 1.
3. Règl. UE n° 655/2014, Conseil et Parlement, 15 mai 2014, préc.
4. Règl. UE n° 2016/1823, Commission, 10 oct. 2016, établissant les formulaires mentionnés dans le règlement (UE) n° 655/2014 du Parlement européen et du Conseil portant création d'une procédure d'ordonnance européenne de saisie conservatoire des comptes bancaires, destinée à faciliter le recouvrement transfrontière de créances en matière civile et commerciale, *JOUE* L 283, p. 1.

sommes laissées au compte sont indisponibles » – sur l'initiative du créancier, v. s[s] n° 0621.31).

En revanche, rien ne semble interdire la recherche d'une garantie de substitution (C. pr. exéc., art. L. 512-1, al. 2 – v. s[s] n° 0613.21) tandis que la mise à disposition immédiate des sommes insaisissables s'impose purement et simplement, comme en matière de saisie-attribution.

0621.44 Indisponibilité des sommes et consignation. On l'a vu (v. s[s] n° 0621.42), l'indisponibilité (sur les éléments historiques, v. s[s] n° 0613.11) ne frappe pas la créance de sommes d'argent dans sa globalité, mais elle joue à concurrence de la créance à recouvrer. Par conséquent, le Code des procédures civiles d'exécution (C. pr. exéc., art. L. 512-1, al. 1er) prévoit que la saisie emporte de plein droit consignation des sommes indisponibles.

S'agissant de **saisie conservatoire de comptes bancaires**, la consignation a d'abord une dimension matérielle d'affectation spéciale, de façon à permettre le fonctionnement normal des comptes du débiteur : les sommes rendues indisponibles sont simplement mises à l'abri au fur et à mesure des poursuites. Le virement des sommes saisies sur un compte *ad hoc*, vivement conseillé en cas de saisie-attribution, devient ici indispensable et sera réalisé à l'issue du délai de quinze jours pendant lequel la créance saisie est indisponible dans sa totalité pour permettre à l'établissement de procéder aux ajustements prévus par l'article L. 162-1 C. pr. exéc. (v. s[s] n° 0621.31).

Il faut cependant préciser que, selon la chambre commerciale de la Cour de cassation, il ne s'agit pas d'un véritable compte, au sens bancaire du terme, mais d'un « *simple cadre comptable* [...] *dépourvu de caractère contractuel et donc d'autonomie* ». Par conséquent, si la saisie conservatoire n'est pas ensuite convertie, son solde créditeur peut se compenser avec le solde débiteur du compte saisi dont il n'est qu'une simple émanation[1]. Cette solution a été rappelée par la chambre commerciale de la Cour de cassation. L'affectation des sommes sur lesquelles porte une saisie conservatoire, sur un compte *ad hoc*, est une simple opération comptable destinée à les isoler dans l'attente du sort qui leur sera réservé et est donc sans incidence sur les droits des parties[2].

La consignation est en outre un mécanisme juridique précis qui confère un privilège (v. s[s] n° 0621.46).

0621.45 Concours de saisies. L'indisponibilité est un empêchement qui s'impose au débiteur saisi et au tiers qui détient les sommes. Mais, contrairement à la saisie-attribution, qui a un effet attributif immédiat sur les sommes saisies, la saisie conservatoire n'a pour conséquence, tant qu'elle n'est pas convertie, que de rendre les sommes indisponibles par le tiers saisi. L'indisponibilité des sommes que la saisie produit constitue un empêchement qui ne s'impose qu'au débiteur saisi et au tiers qui détient les sommes. Elle n'intéresse pas les autres créanciers et ne suffit donc pas à prohiber le concours de saisies, sous réserve du droit de préférence conférée au premier saisissant[3]. L'indisponibilité dont fait l'objet la créance n'a pas pour effet, comme en matière de saisie-attribution, d'empêcher un autre créancier de faire diligenter une autre voie d'exécution. Toutefois, celle-ci n'aura d'effet que dans l'hypothèse d'une absence de conversion de la première.

0621.46 Fonctionnement du gage. L'article 2350 C. civ.[4] dispose que la consignation de sommes à titre conservatoire emporte affectation spéciale et privilège de l'article 2333[5], c'est-à-dire le droit de se faire payer sur ces sommes par privilège et préférence aux autres créanciers. Ce droit de préférence ne pose pas de difficultés lorsque le créancier second saisissant est un chirographaire, même s'il est muni d'un titre exécutoire : il ne pourrait saisir qu'une créance déjà gagée et son seul espoir serait que la saisie antérieure soit finalement levée amiablement ou judiciairement.

En revanche, le second saisissant peut se prévaloir d'un privilège qui lui soit personnel et de bons rangs et qui concurrencerait le gage légal du premier saisissant ; on pense notamment au Trésor public, au bailleur, au créancier d'aliments, à l'ex-salarié, *etc.* Face à une telle concurrence, le gagiste dispose en droit commun de la consignation, d'une action spéciale en attribution judiciaire (C. civ., art. 2346[6]), qui lui confère une préférence absolue même sur le fisc[7]. En saisie conservatoire, il faut admettre que l'action en conversion de l'article L. 523-2 C. pr. exéc. (sur la conversion et le paiement, v. s[s] n° 0621.52) emporte implicitement mais nécessairement les effets de l'article 2346 C. civ. Encore faut-il cependant que cette conversion intervienne avant l'intervention du second saisissant privilégié. En effet, l'article L. 523-1, qui renvoie à l'article 2350 C. civ., lequel renvoie à l'article 2333, ne confère au créancier qu'un privilège, à l'exclusion du droit de se faire

1. Com. 4 oct. 2005, n° 04-16.356, NP ; *Dr. et patr.* 2006, chron. « Voies d'exécution », note C. Lefort.
2. Com. 25 sept. 2019, n° 18-16.178, P.
3. Civ. 2e, 28 févr. 2006, n° 04-16.396, P II, n° 59.
4. COMP. : C. civ., anc. art. 2075-1 (avant Ord. n° 2006-346, 23 mars 2006).
5. COMP. C. civ., anc. art. 2073 (avant Ord. n° 2006-346, 23 mars 2006).
6. COMP. C. civ., anc. art. 2078 (avant Ord. n° 2006-346, 23 mars 2006).
7. Cass., ass. plén., 26 oct. 1984, n° 83-10.055, P, n° 6 ; *D.* 1985. 33, concl. Cabannes et note Derrida ; *JCP* 1985. II. 20432, rapp. Viennois et note Corlay ; *Gaz. Pal.* 1985. 1. 236, note Y. Chartier.

attribuer judiciairement la créance. Par conséquent, si, postérieurement à la saisie conservatoire, il est confronté à un créancier dont le rang est supérieur au sien, tel le Trésor public, il est nécessairement primé par ce dernier.

La Cour de cassation a ainsi approuvé une cour d'appel qui, ayant relevé qu'un créancier avait fait procéder à la conversion d'une saisie conservatoire après la notification d'un avis à tiers détenteur, en a déduit que le droit de préférence du créancier saisissant ne pouvait être invoqué à l'égard du trésorier dont la créance fiscale bénéficiait du privilège de l'article 1920 du CGI[1].

Ces mécanismes n'ont lieu d'être que si les saisies concurrentes se succèdent dans le temps. Si elles sont de même date, une répartition des sommes saisies au marc-l'euro s'impose, sans qu'il y ait lieu de prendre en compte d'éventuels privilèges comme en matière de saisie-attribution[2].

0621.47 **Concours avec une procédure collective commerciale.** La question est traitée au sein des dispositions applicables à toutes les mesures conservatoires (v. s[s] n°s 0611.31 s.).

0621.48 **Séquestre.** Aux termes de l'article R. 523-2 C. pr. exéc., tout intéressé peut demander que les sommes saisies soient consignées entre les mains d'un séquestre désigné, à défaut d'accord amiable, sur requête par le juge de l'exécution.

La remise des fonds au séquestre arrête le cours des intérêts dus par le tiers saisi. Ce dispositif permet au tiers saisi qui devrait des intérêts tant que les sommes sont entre ses mains (par ex., compte bancaire rémunéré), donc tant que la saisie reste purement conservatoire, de se libérer.

0621.49 **Créances croisées ou réciproques.** Dans la mesure où la saisie conservatoire n'a pas pour effet, avant conversion, de sortir la créance du patrimoine du saisi, rien n'empêche ce dernier, en cas de créances croisées ou réciproques, de faire consacrer sa créance à l'encontre de son débiteur et obtenir un titre à son encontre, même si celui-ci est par ailleurs son saisissant[3].

SECTION 3
ISSUE

0621.51 **Mainlevée ou substitution de garantie.** La mainlevée amiable de saisie conservatoire n'est pas une rareté, les mesures conservatoires étant parfois utilisées comme menace plutôt que pour recouvrer. En outre, la mainlevée peut toujours intervenir sur déclaration écrite du débiteur qu'il ne conteste pas[4] (comp., en saisie-attribution, C. pr. exéc., art. R. 211-6, al. 2). La mainlevée judiciaire, quant à elle, n'obéit pas à des causes ou des formes différentes de celles des mesures conservatoires en général ou bien de la saisie-attribution.

0621.52 **Conversion.** Le créancier, muni d'un titre exécutoire, peut en demander le paiement. Cette demande emporte attribution immédiate de la créance saisie conservatoirement, jusqu'à concurrence du montant de la condamnation obtenue et des sommes dont le tiers saisi s'est reconnu ou a été déclaré débiteur (C. pr. exéc., art. L. 523-2)[5].

Sont ainsi évidemment écartées du champ de la saisie conservatoire les règles de paiement propres à la saisie-attribution à l'issue du ou des délais de régularisations comptables. Un tel paiement ne peut pas intervenir tant que la saisie conservatoire n'a pas été convertie (v. s[s] n° 0613.51). Par suite, et dans le cas particulier de la saisie de créances à exécution successive, le tiers saisi aura conservé les créances au fur et à mesure de leur échéance antérieurement à la conversion ; puis, après l'acte de conversion, le tiers paiera en un seul versement les échéances accumulées et paiera les créances futures au fur et à mesure de leur échéance (C. pr. exéc., art. R. 211-15 et R. 523-10 cumulés – sur la situation en cas de redressement judiciaire[6], v. s[s] n°s 0611.31 et 0611.34).

0621.53 **Formes, contentieux et paiement.** Selon les articles R. 523-7 à R. 523-9 C. pr. exéc., le créancier qui obtient un titre exécutoire constatant l'existence de sa créance est tenu de signifier au tiers saisi un acte de conversion. C'est à compter de cette signification que la saisie produit son effet attributif[7].

L'acte de conversion contient, à peine de nullité :

1° la référence au procès-verbal de saisie conservatoire ;

2° l'énonciation du titre exécutoire ;

3° le décompte distinct des sommes dues en vertu du titre exécutoire, en principal, frais et intérêts échus ainsi que l'indication du taux des intérêts ;

4° une demande de paiement des sommes précédemment indiquées à concurrence de celles dont le tiers s'est reconnu ou a été déclaré débiteur.

1. Civ. 2e, 18 janv. 2007, n° 06-10.598, P II, n° 14 ; *D.* 2007. 2336, obs. V. Vigneau ; *JCP E* 2008. 1036, obs. P. Simler ; *RD banc. fin.* 2007. 74, obs. S. Piedelièvre.
2. Cass., avis, 24 mai 1996, n° 09-60.004, P, n° 5 – TGI Saint-Étienne, JEX, 16 juin 1994, *D.* 1995. 233, note approb. J. Prévault.
3. Civ. 2e, 4 juill. 2007, n° 06-14.825, P II, n° 201 ; *D.* 2008. 648, chron. J.-M. Sommer et C. Nicoletis.
4. Cass., avis, 24 mai 1996, n° 09-60.003, P, n° 6.
5. Civ. 2e, 23 nov. 2000, n° 98-22.795, P II, n° 153 ; *D.* 2001. 284.
6. NOT. : Civ. 2e, 19 mai 1999, n° 97-13.672, P II, n° 97 ; *D.* 1999. 549, note J. Prévault.
7. Civ. 2e, 23 nov. 2000, n° 98-22.795, P (préc., v. s[s] n° 0621.52).

L'acte informe le tiers que, dans cette limite, la demande entraîne attribution immédiate de la créance saisie au profit du créancier.

La copie de l'acte de conversion doit être ensuite signifiée au débiteur (C. pr. exéc., art. R. 523-8). La deuxième chambre civile a jugé que cette signification ne constituait pas la notification d'un jugement, de sorte que les dispositions de l'article 680 C. pr. civ. n'étaient pas applicables[1]. Elle n'est pas non plus soumise au délai de huit jours prévu, à peine de caducité, par l'article R. 211-3 C. pr. exéc. en matière de saisie-attribution[2].

À compter de la signification, le débiteur dispose d'un délai de quinze jours pour contester l'acte de conversion devant le juge de l'exécution du lieu où il demeure. Depuis le décret n° 2005-1678 du 28 décembre 2005 relatif à la procédure civile, à certaines procédures d'exécution et à la procédure de changement de nom[3], ce délai de quinze jours est prescrit à peine d'irrecevabilité de la contestation. Sous la même sanction, le saisi doit dénoncer le même jour ou, au plus tard, le premier jour ouvrable suivant, par lettre recommandée avec demande d'avis de réception, sa contestation au commissaire de justice qui a procédé à la saisie.

Le troisième alinéa de l'article R. 523-9 C. pr. exéc. prévoit que l'auteur de la contestation doit en informer aussi le tiers saisi par lettre simple, mais sans toutefois prévoir de sanction.

En l'absence de contestation, le tiers effectue le paiement sur présentation d'un certificat du greffe ou, depuis le décret du 28 décembre 2005, du commissaire de justice qui a procédé à la saisie, attestant l'absence de contestation dans le délai de quinze jours suivant la dénonciation de l'acte de conversion. Le paiement peut intervenir avant l'expiration de ce délai si le débiteur a déclaré ne pas contester l'acte de conversion. Cette déclaration doit être constatée par écrit.

Le paiement intervient dans les conditions de la saisie-attribution (C. pr. exéc., art. R. 211-7 à R. 211-9 et R. 211-12), auxquels renvoie l'article R. 523-10 du même code : obligation de quittancement, conservation des actions postérieures, condamnation du tiers saisi récalcitrant, possibilité de provision en cas de contentieux.

Le tiers saisi n'est libéré de sa dette à l'égard du débiteur qu'après paiement au créancier saisissant des sommes dont il s'est reconnu ou dont il a été jugé débiteur[4].

La Cour de cassation a considéré, dans une affaire qui se présentait dans une configuration originale, qu'une banque, tiers saisie, qui avait reconnu détenir pour le compte du débiteur une créance libellée en monnaie étrangère, au cas d'espèce en dollars US, correspondant à la contre-valeur de la somme en euros pour laquelle la saisie avait été autorisée, était tenue au paiement de cette dernière somme, peu important la fluctuation du cours du change dont le tiers saisi devait alors supporter le risque[5].

S'agissant de la saisie conservatoire de comptes, à ce délai de quinze jours pour permettre au saisi de contester s'ajoutera un délai de quinze jours de régularisation comptable prévu à l'article L. 162-1 C. pr. exéc. pour permettre d'affecter au crédit du compte les remises faites antérieurement, en vue de leur encaissement, de chèques ou d'effets de commerce non encore portées au compte, et à son débit l'imputation des chèques remis à l'encaissement ou portés au crédit du compte antérieurement à la saisie et revenus impayés, les retraits par billetterie effectués antérieurement à la saisie et les paiements par carte, dès lors que leurs bénéficiaires ont été effectivement crédités antérieurement à la saisie. Cependant, les effets de commerce remis à l'escompte et non payés à leur présentation ou à leur échéance, lorsqu'elle est postérieure à la saisie, peuvent être contre-passés dans le délai d'un mois qui suit la saisie.

Encore ces deux délais cumulés se greffent-ils en général sur le temps nécessaire à l'obtention d'un titre exécutoire pour le créancier qui en est démuni.

Le tiers saisi dispose de certains droits de contester la saisie. Selon un avis de la Cour de cassation[6], la condamnation personnelle d'un tiers saisi défaillant n'est possible que si la saisie est valable (v. s^s n° 0613.45). Il en résulte que le tiers a un intérêt à se prévaloir des causes d'inefficacité (nullité, caducité) de la saisie conservatoire. En revanche, le tiers saisi n'est pas fondé à invoquer la caducité d'une mesure conservatoire, pour méconnaissance des articles R. 511-7 et R. 511-8 C. pr. exéc., dès lors qu'il a reçu en temps voulu la signification de l'acte de conversion[7].

1. Civ. 2e, 8 sept. 2011, n° 10-23.003, P II, n° 165.
2. Com. 2 mars 2010, n° 08-19.898, P IV, n° 45 ; *D.* 2011. 1509, obs. A. Leborgne ; *RTD civ.* 2010. 619, obs. R. Perrot ; *Dr. et proc.* juin 2010. 186, obs. P. Hoonakker.
3. Décr. n° 2005-1678, 28 déc. 2005, relatif à la procédure civile, à certaines procédures d'exécution et à la procédure de changement de nom, *JO* 29 déc., p. 20350.
4. Civ. 2e, 23 nov. 2000, n° 98-22.795, P (préc., v. s^s n° 0621.52).
5. Civ. 2e, 31 mars 2011, n° 10-12.269, P II, n° 79 ; *Dr. et proc.* juill.-août 2011. 182, obs. E. Putman ; *D.* 2011. 2150, chron. J.-M. Sommer et L. Leroy-Gissinger ; *RTD civ.* 2011. 392, obs. R. Perrot.
6. Cass., avis, 21 juin 1999, n° 09-90.008, P, n° 5 ; *D.* 1999. 206 ; *JCP* 2000. II. 10160, note T. Moussa – Civ. 2e, 5 juill. 2000, n° 98-18.475, P II, n° 111 ; *D.* 2001. 714, chron. R. Perrot et Ph. Théry ; *RTD civ.* 2000. 903, obs. R. Perrot.
7. Civ. 2e, 10 déc. 1998, n° 96-14.862, P II, n° 299 ; *D.* 1999. 216, obs. P. Julien ; *JCP* 1999. IV. 1188.

CHAPITRE

0622. Règles spécifiques à la saisie conservatoire de meubles corporels

GILLES MALFRE
PREMIER VICE-PRÉSIDENT ADJOINT
AU TRIBUNAL JUDICIAIRE DE PARIS

SECTION 0
ORIENTEUR

0622.00 Sommaire du chapitre.

Division. La saisie conservatoire de meubles corporels obéit à des règles spécifiques quant aux conditions de fond et au contentieux (sect. 1). Ses règles de forme varient selon que la saisie s'opère entre les mains du débiteur (sect. 2) ou d'un tiers (sect. 3). Le principal effet est l'indisponibilité du bien (sect. 4) et les concours de saisies dont il peut faire l'objet (sect. 5) jusqu'à l'issue finale (sect. 6).

0622.01 Textes applicables.

• **C. pr. exéc.,** art. L. 112-1, L. 142-3, L. 153-1, L. 221-1, L. 221-5, L. 221-6, L. 223-2, L. 511-1, L. 511-2, L. 512-1, L. 521-1, L. 522-1, R. 121-23, R. 153-1, R. 221-2, R. 221-6, R. 221-12 à R. 221-14, R. 221-19, R. 221-21 à R. 221-32, R. 221-36, R. 221-41 à R. 221-56, R. 224-1 à R. 224-12, R. 233-3 à R. 233-9, R. 251-1 à R. 251-11, R. 511-1 à R. 512-3, R. 522-1 à R. 522-14, R. 522-25, R. 525-2 à R. 525-5.

• **C. pén.,** art. 314-6.

La saisie conservatoire des meubles corporels est régie par les articles L. 521-1, L. 522-1 et R. 522-1 à R. 522-14 C. pr. exéc.

0622.03 Bibliographie indicative.

* V. s[s] n° 06.03

Actualisable. Rép. pr. civ., v° *Saisies et mesures conservatoires*, par S. Piedelièvre et F. Guerchoun, juin 2021 (actu. avr. 2024), « Saisies des meubles corporels », n°s 159 à 194.

Article. J.-P. Faget, « L'exécution de la saisie conservatoire des meubles corporels effectuée sur la base des titres énumérés par l'article 68 de la loi du 9 juillet 1991 », *Rev. huiss.* 1994. 385.

0622.04 Formulaire de procédure civile (renvois).

• *Saisie conservatoire – Autorisation de saisie sur biens meubles* (Requête à fin d'autorisation de saisie conservatoire sur les biens meubles – C. pr. exéc., art. L. 511-1)

• *Saisie conservatoire – Acte de saisie sur biens meubles* (Acte de saisie conservatoire sur les biens meubles corporels – C. pr. exéc., art. R. 522-1)

• *Saisie conservatoire – Désignation de séquestre* (Requête à fin de désignation de séquestre dans une saisie conservatoire de biens meubles – C. pr. exéc., art. R. 221-19, al. 2)

• *Saisie conservatoire – Mainlevée de saisie sur biens meubles* (Demande de mainlevée d'une saisie conservatoire sur les biens meubles corporels – C. pr. exéc., art. L. 512-1 et R. 512-1)

• *Saisie conservatoire – Conversion en saisie-vente* (Acte de conversion d'une saisie conservatoire sur les biens meubles en saisie-vente – C. pr. exéc., art. R. 511-7 et R. 522-7)

- *Saisie conservatoire – Conversion en saisie-vente* (Acte de conversion d'une saisie conservatoire en saisie-vente incluant la signification du titre exécutoire – C. pr. exéc., art. R. 522-7, al. 1er et 2)

0622.05 Définition et place. La saisie conservatoire peut porter sur tous les biens mobiliers corporels appartenant au débiteur. Elle les rend indisponibles (C. pr. exéc., art. L. 521-1). Après obtention d'un titre exécutoire, le créancier peut faire procéder à la vente de ces biens (C. pr. exéc., art. L. 522-1). Ainsi présentée, la saisie conservatoire des meubles corporels apparaît comme le prélude normal à la saisie-vente, en l'attente d'un titre exécutoire. Cependant, comme en saisie-vente, un bien peut faire l'objet de plusieurs saisies conservatoires (C. pr. exéc., art. L. 521-1, al. 3) et la loi ne confère ni gage ni préférence au créancier qui se sera manifesté le premier sur le mode conservatoire. Dès lors, cette saisie conservatoire des meubles corporels n'a d'intérêt réel que si elle est rapidement convertie à fin de recouvrement. Elle est parfois utilisée comme stratégie d'intimidation. Elle est surtout utile contre un débiteur qui s'appauvrit rapidement ou, grâce à l'effet de surprise en l'absence de commandement préalable, contre un débiteur qui pourrait dissimuler facilement ses meubles.

SECTION 1

CONDITIONS DE FOND ET CONTENTIEUX

0622.11 Inutilité d'un titre exécutoire. La saisie conservatoire ne procure aucun droit de vendre mais seulement un effet d'indisponibilité (C. pr. exéc., art. L. 521-1).

Il s'ensuit principalement que ses conditions d'engagement ne sont pas les mêmes que celles de la saisie-vente ; en règle générale, un titre exécutoire n'est pas nécessaire au créancier qui entend pratiquer une saisie conservatoire, mais seulement une autorisation sur requête, parfois même facultative. Cette nuance essentielle est étudiée plus haut à propos des dispositions générales (v. ss no 0612.11).

0622.12 Notion de meuble corporel saisissable – Saisie-revendication (renvoi). L'assiette de la saisie (notion de meubles corporels ; règles d'insaisissabilité) est la même qu'en saisie-vente puisque celle-ci constitue le débouché naturel de la saisie conservatoire de meubles corporels (v. ss nos 0711.05 s.).

La saisie conservatoire dont il est ici question porte sur les meubles appartenant au débiteur. Lorsque les meubles saisis conservatoirement auraient dû être délivrés ou restitués au créancier, seule la saisie-revendication trouve à s'appliquer (v. ss nos 1031.05 à 1031.63). La conversion de la saisie-revendication ne se fait pas sous forme de saisie-vente mais sous forme de saisie-appréhension.

Enfin, on notera que certains meubles corporels (automobiles, meubles corporels composant un fonds de commerce, sommes d'argent) sont également traités comme en saisie-vente (v. ss no 0622.33).

0622.13 Contentieux. En raison de l'effet limité de la saisie conservatoire, le contentieux qui peut s'élever obéit à une procédure également différente de celle de la saisie-vente : les règles sont celles du contentieux en matière de mesures conservatoires (v. ss nos 0613.11 s.). L'article R. 522-6 C. pr. exéc. autorise en outre l'utilisation des règles propres au contentieux de la saisie-vente, contenues dans les articles R. 221-49 à R. 221-56 C. pr. exéc. Ainsi, les articles R. 511-5, R. 512-1 à R. 512-3 C. pr. exéc. régissent le contentieux qui peut naître à propos de toute mesure conservatoire : audience convoquée d'office par le juge, substitution de garantie, mainlevée et nullité[1], caducité, contrôle de l'exécution et dommages-intérêts. Les articles R. 221-49 à R. 221-56 C. pr. exéc. régissent le contentieux propre à la saisie de meubles corporels : propriété et saisissabilité des biens (ainsi par exemple à propos de la distraction[2] ou de la saisissabilité d'objets personnels[3]).

SECTION 2

RÈGLES DE FORME EN CAS DE SAISIE ENTRE LES MAINS DU DÉBITEUR

0622.21 Absence de commandement préalable. L'article L. 511-1 C. pr. exéc., qui présente l'ensemble des mesures conservatoires, précise notamment que le commandement préalable, exigé en matière de saisie-vente, n'est pas requis pour la saisie conservatoire. L'article R. 521-1 C. pr. exéc. prescrit seulement au commissaire de justice de présenter l'autorisation de saisie conservatoire des meubles ou le titre de l'article L. 511-2 en vertu duquel il pratique la saisie. Cette présentation se confond en pratique avec la signification de l'ordonnance d'autorisation de la saisie ou même celle du titre exécutoire s'il existe.

§ 1

Contenu du procès-verbal

0622.31 Textes. Le déroulement de la saisie entre les mains du débiteur et le contenu du procès-verbal sont décrits par l'article R. 522-1 C. pr. exéc.

1. Civ. 2e, 23 juin 2016, no 15-21.408, P II, no 165, pour une demande de cantonnement de la mesure.
2. Limoges, 26 mai 1997, *Rev. huiss.* 1998. 60.
3. Civ. 2e, 12 mai 2016, no 15-15.158, P II, no 128.

Après avoir rappelé au débiteur qu'il est tenu de lui indiquer les biens qui auraient fait l'objet d'une saisie antérieure et de lui en communiquer le procès-verbal, le commissaire de justice dresse un acte de saisie.

Cet acte contient, à peine de nullité :

– 1° la mention de l'autorisation du juge ou du titre en vertu duquel la saisie est pratiquée ; ces documents sont annexés à l'acte ; toutefois, s'il s'agit d'une obligation notariée ou d'une créance de l'État, des collectivités territoriales ou de leurs établissements publics, il est seulement fait mention de la date, de la nature du titre, ainsi que du montant de la dette ;

– 2° la désignation détaillée des biens saisis ;

– 3° si le débiteur est présent, sa déclaration au sujet d'une éventuelle saisie antérieure sur les mêmes biens ;

– 4° la mention, en caractères très apparents, que les biens saisis sont indisponibles, qu'ils sont placés sous la garde du débiteur, qu'ils ne peuvent être ni aliénés, ni déplacés, si ce n'est dans le cas prévu au deuxième alinéa de l'article R. 221-13 C. pr. exéc., sous peine des sanctions prévues à l'article 314-6 C. pén., et que le débiteur est tenu de faire connaître la présente saisie à tout créancier qui procéderait à une nouvelle saisie sur les mêmes biens ;

– 5° la mention, en caractères très apparents, du droit qui appartient au débiteur, si les conditions de validité de la saisie ne sont pas réunies, d'en demander la mainlevée au juge de l'exécution du lieu de son domicile ;

– 6° la désignation de la juridiction devant laquelle seront portées les autres contestations, notamment celles relatives à l'exécution de la saisie ;

– 7° l'indication, le cas échéant, des nom, prénom et qualité des personnes qui ont assisté aux opérations de saisie, lesquelles doivent apposer leur signature sur l'original et les copies ; en cas de refus, il en est fait mention dans l'acte ;

– 8° (*mod. par Décr. 20 août 2004*). La reproduction de l'article 314-6 C. pén. et celle des articles R. 511-1 à R. 512-3 C. pr. exéc.

Il peut être fait application des dispositions de l'article R. 221-12 C. pr. exéc.

Cet article R. 221-12 C. pr. exéc. autorise le commissaire de justice à photographier les biens qu'il saisit (notamment) en vue de la vérification de ces biens (sur les opérations de vérification, v. s^{s} n° 0622.152).

0622.32 **Carence.** Si aucun bien n'est susceptible d'être saisi, le commissaire de justice dresse un procès-verbal de carence. Il en est de même si, manifestement, aucun bien n'a de valeur marchande (C. pr. exéc., art. R. 522-4 et R. 221-14). Cette règle, valable aussi pour la saisie-vente, est examinée à son propos dans le chapitre qui lui est consacré.

0622.33 **Sort des meubles particuliers.** Il n'est pas rare que le commissaire de justice découvre parmi les meubles corporels qu'il entend saisir des objets qui obéissent à des règles particulières : une automobile, des éléments corporels d'un fonds de commerce, des sommes d'argent. Bien que l'article R. 522-1 C. pr. exéc. n'en dise rien, les dispositions applicables en pareils cas en matière de saisie-vente sont transposables. Ainsi pour les sommes liquides (v. s^{s} n° 0711.32) ; pour les éléments d'un fonds de commerce (v. s^{s} n° 0711.41).

S'agissant des automobiles, l'article R. 522-4 C. pr. exéc. renvoie expressément à l'article R. 221-19 C. pr. exéc., lequel renvoie à son tour à l'article L. 223-2 C. pr. exéc. Du tout il résulte que le commissaire de justice qui, dans le cours d'une saisie conservatoire de meubles corporels, trouve un véhicule terrestre à moteur, peut l'immobiliser selon le procédé mécanique habituel. Le créancier poursuivant dispose ainsi par exception des prérogatives, en pratique redoutables, du porteur de titre exécutoire. Mais il ne s'agit que d'une faculté et la saisie conservatoire des meubles corporels est applicable aussi aux véhicules.

§ 2
Entrée forcée dans les lieux

0622.41 **Possibilité.** Une mesure conservatoire ne peut pas être pratiquée dans un lieu affecté à l'habitation du débiteur par le créancier sans que le juge de l'exécution (JEX) ne l'y ait autorisé en application de l'article R. 121-24 C. pr. exéc., même dans l'hypothèse prévue à l'article L. 511-2 dans laquelle le créancier se prévaut d'un titre exécutoire ou d'une décision de justice qui n'a pas encore force exécutoire.

En effet, la lettre même de l'article L. 142-3 C. pr. exéc., qui dispose qu'à l'expiration d'un délai de huit jours à compter d'un commandement de payer signifié par un commissaire de justice et resté sans effet, celui-ci peut, sur justification du titre exécutoire, pénétrer dans un lieu servant à l'habitation et, le cas échéant, faire procéder à l'ouverture des portes et des meubles, exclut son application à une mesure conservatoire, qui, en application de l'article L. 511-1, ne nécessite pas la délivrance préalable d'un commandement et peut être accomplie sans titre exécutoire. S'il résulte de l'article L. 521-1 que la saisie conservatoire peut porter sur tous les biens meubles, corporels ou incorporels appartenant au débiteur, que le créancier peut faire procéder à la saisie conservatoire des biens de son débiteur situés dans un lieu servant à l'habitation et, le cas échéant procéder à cet effet à l'ouverture des portes et des meubles, le droit, à valeur constitutionnelle, au respect de la vie privée et à l'inviolabilité du domicile, également consacré par l'article 8 de la Convention de sauvegarde des droits de l'homme et des libertés fondamentales, exclut qu'une telle mesure puisse être pratiquée sans une autorisation donnée par un juge[1].

§ 3
Présence ou absence du débiteur aux opérations de saisie

0622.51 **Débiteur présent.** Si le débiteur est présent aux opérations de saisie, le commissaire de justice lui rappelle verbalement le contenu des mentions des 4° et 5° de l'article R. 522-1 C. pr. exéc. Une copie de l'acte portant les mêmes signatures que l'original lui est immédiatement remise ; cette remise vaut signification (C. pr. exéc., art. R. 522-2).

0622.52 **Débiteur absent.** L'hypothèse est celle d'une saisie faite entre les mains (c'est-à-dire au domicile) du débiteur mais en l'absence de celui-ci et ne se confond pas avec le cas où la saisie est faite auprès d'un tiers, le plus souvent aussi en l'absence du débiteur (v. s[s] n° 0622.61). Lorsque le débiteur n'a pas assisté aux opérations de saisie, une copie de l'acte lui est signifiée, en lui impartissant un délai de huit jours pour qu'il porte à la connaissance du commissaire de justice toute information relative à l'existence d'une éventuelle saisie antérieure et qu'il lui en communique le procès-verbal (C. pr. exéc., art. R. 522-3).

SECTION 3
RÈGLES DE FORME EN CAS DE SAISIE ENTRE LES MAINS D'UN TIERS

0622.61 **Droit de saisir entre les mains d'un tiers.** Les saisies sont possibles alors même que les biens du débiteur seraient détenus par des tiers (C. pr. exéc., art. L. 112-1, al. 1er). Ce droit est réaffirmé par le Code des procédures civiles d'exécution en matière de saisie conservatoire (C. pr. exéc., art. R. 521-1). Compte tenu de l'effet de surprise ici recherché, la saisie conservatoire des meubles corporels fait volontiers usage du procédé. La notion de détention précaire par un tiers ne diffère pas de ce qu'elle est en saisie-vente ; on s'y reportera. Il en est de même des dispositions à prendre en cas d'absence du tiers détenteur des meubles.

§ 1
Cas général

0622.71 **Signification et procès-verbal.** Les opérations de saisie entre les mains d'un tiers débutent nécessairement et réglementairement (C. pr. exéc., art. R. 521-1) par la présentation de l'autorisation judiciaire de saisir ou par celle du titre en vertu duquel va être pratiquée la saisie. Cette signification équivaut à la présentation du commandement prévue par l'article R. 221-21 alinéa 1er C. pr. exéc. en matière de saisie-vente. Elle se fait en général en même temps et dans le même acte que la signification de la saisie elle-même.

Aux termes de l'article R. 522-5 alinéa 1er C. pr. exéc., le procès-verbal de saisie obéit aux règles prescrites pour la saisie-vente (C. pr. exéc., art. R. 221-21 à R. 221-29), sauf ce qui touche au commandement préalable (C. pr. exéc., art. R. 221-21, al. 1er) et à la phase de vente amiable (C. pr. exéc., art. R. 221-26 – cette phase n'est déclenchée qu'après conversion) : déclaration affirmative du tiers saisi, inventaire, mention des droits du tiers, gardiennage, séquestre et revendication par le tiers saisi obéissent aux règles vues lors de l'étude de la saisie-vente.

0622.72 **Dénonciation au débiteur.** L'acte de saisie est signifié au débiteur dans un délai de huit jours à peine de caducité[2]. Il contient en outre, à peine de nullité :

1° une copie de l'autorisation du juge ou du titre, selon le cas, en vertu duquel la saisie a été pratiquée ;

2° la mention, en caractères très apparents, du droit qui appartient au débiteur si les conditions de validité de la saisie ne sont pas réunies, d'en demander la nullité au juge de l'exécution du lieu de son propre domicile ;

3° la reproduction des articles R. 511-1 à R. 512-3 C. pr. exéc. (C. pr. exéc., art. R. 522-5, al. 2).

§ 2
Saisie de biens placés dans un coffre-fort

0622.81 **Adaptation des règles de la saisie-vente.** La saisie conservatoire de biens meubles corporels déposés dans un coffre-fort obéit au même schéma d'ensemble que la saisie-vente de tels meubles : la saisie consiste premièrement en une interdiction pour le débiteur d'accéder au coffre-fort, ensuite en une opération contradictoire d'ouverture du coffre suivie d'inventaire. Après obtention d'un titre exécu-

1. Civ. 2e, 17 sept 2020, n° 18-23.626, P ; *D.* 2020. 2046, note M. Barba ; *D.* 2021. 543, obs. N. Fricero ; *D.* 2021. 1353, obs. A. Leborgne ; *Rev. prat. rec.* 2020. 15, chron. R. Laher ; *RTD civ.* 2021. 479, obs. N. Cayrol.

2. Civ. 2e, 12 mai 2016, n° 15-15.158, P (préc., v. s[s] n° 0622.13) : absence de caducité.

toire, la conversion consiste en une saisie-vente, de droit commun si les biens ont été retirés du coffre ou selon des règles particulières si les biens sont toujours au coffre. Cependant, pour tenir compte tout à la fois de l'absence de commandement préalable et du droit du débiteur de résilier la location du coffre-fort, les articles R. 525-2 à R. 525-5 C. pr. exéc. énoncent quelques règles particulières.

Un acte de commissaire de justice est signifié au débiteur le premier jour ouvrable suivant l'acte de saisie prévu à l'article R. 224-1 C. pr. exéc. Cet acte contient, à peine de nullité :

1° la dénonciation de l'acte de saisie ;

2° la mention de l'autorisation du juge ou du titre en vertu duquel la saisie est pratiquée ; ces documents sont annexés à l'acte ; toutefois, s'il s'agit d'une obligation notariée ou d'une créance de l'État, des collectivités territoriales ou de leurs établissements publics, il est seulement fait mention de la date, de la nature du titre, ainsi que du montant de la dette ;

3° l'indication que l'accès au coffre lui est interdit, si ce n'est, sur sa demande, en présence du commissaire de justice ;

4° la mention, en caractères très apparents, du droit qui appartient au débiteur, si les conditions de validité de la saisie ne sont pas réunies, d'en demander la mainlevée au juge de l'exécution du lieu de son domicile ;

5° la reproduction des articles R. 511-1 à R. 512-3 C. pr. exéc.

À tout moment, le débiteur peut demander l'ouverture du coffre en présence du commissaire de justice. Ce dernier procède alors à l'inventaire détaillé des biens qui sont saisis à titre conservatoire ou appréhendés au titre d'une saisie-revendication. Ces biens sont immédiatement enlevés pour être placés sous la garde du commissaire de justice ou d'un séquestre désigné, à défaut d'accord amiable, sur requête par le JEX du lieu de la saisie. Le cas échéant, le commissaire de justice peut photographier les objets retirés du coffre, dans les conditions prescrites par l'article R. 221-12 C. pr. exéc.

Une copie de l'acte de saisie est remise ou signifiée au débiteur, avec la désignation, à peine de nullité, du JEX du lieu de la saisie devant lequel seront portées les contestations relatives aux opérations de saisie. Il est procédé ensuite comme il est dit en matière de saisie conservatoire des meubles ou en matière de saisie-revendication, selon le cas.

En cas de résiliation du contrat de location du coffre, le propriétaire de celui-ci en informe immédiatement le commissaire de justice. Ce dernier signifie au débiteur une sommation d'être présent aux lieu, jour et heure indiqués, en personne ou par tout mandataire, pour qu'il soit procédé à l'ouverture du coffre, avec l'avertissement que, en cas d'absence ou de refus d'ouverture, elle aura lieu par la force et à ses frais. L'ouverture du coffre ne peut intervenir avant l'expiration d'un délai de quinze jours à compter de la signification de la sommation, sauf au débiteur à demander que cette ouverture ait lieu à une date plus rapprochée.

Il est fait application des dispositions des deuxième et troisième alinéas de l'article R. 224-4 et des articles R. 224-5 à R. 224-7 C. pr. exéc.

Le créancier qui obtient un titre exécutoire à un moment où les biens ont déjà été retirés du coffre, procède comme il est dit aux articles R. 522-7 à R. 522-14 C. pr. exéc., si le titre constate l'existence d'une créance, ou conformément aux dispositions de l'article R. 222-25 C. pr. exéc., si le titre prescrit la délivrance ou la restitution du bien saisi. Mais si le coffre n'a pas encore été ouvert, il est fait application des dispositions des articles R. 224-3 à R. 224-9 C. pr. exéc. ou R. 224-10 à R. 224-12 du même code selon le cas.

SECTION 4
EFFETS – INDISPONIBILITÉ

0622.91 **Énoncé.** La saisie conservatoire des meubles corporels rend ceux-ci indisponibles (C. pr. exéc., art. L. 521-1). Cette règle, générale à toutes les saisies conservatoires (sur les aspects historiques de l'indisponibilité et ses effets, v. ss nos 0613.11 s.), est aménagée en matière de meubles corporels par les articles R. 221-13 alinéa 2 et R. 221-19 C. pr. exéc., eux-mêmes édictés pour la saisie-vente mais auxquels renvoient les articles R. 522-1 alinéa 2, 4° et R. 522-4 C. pr. exéc., propres à la saisie conservatoire. Ainsi le déplacement d'objet saisi à la requête du gardien, le droit d'usage des objets saisis laissés au débiteur, la possibilité dérogatoire de séquestre[1] ou, pour les véhicules, d'immobilisation, sont exactement les mêmes que dans la saisie-vente. Il en est de même du droit de revendication des tiers (v. ss no 1012.34)[2].

SECTION 5
CONCOURS DE SAISIES

0622.100 **Absence de gage. Plan.** L'indisponibilité est le seul effet immédiat de la saisie conservatoire de meubles corporels : celle-ci n'emporte ni gage ni *a fortiori* transfert de

1. Civ. 2e, 16 mars 2017, no 16-12.915, NP, pour une demande de séquestre.
2. POUR UNE APPLICATION PRATIQUE : Com. 26 nov. 2002, no 01-03.980, P IV, no 176 ; *RTD civ.* 2003. 316, obs. T. Revet ; *RTD com.* 2003. 570, obs. A. Martin-Serf ; *Gaz. Pal.* 5 sept. 2003, p. 9, avec note documentée.

propriété. Dès lors, le concours de saisies qui auraient le même type d'effets limités sur les mêmes meubles peut se produire sans que l'antériorité en date confère un quelconque avantage (§ 1). La question est plus complexe lorsque les différentes saisies n'ont pas les mêmes effets, c'est-à-dire lorsqu'une saisie-vente ou bien une procédure commerciale collective concurrencent une saisie conservatoire (§ 2). En cas de concours entre une saisie conservatoire et une autre saisie, quel qu'en soit le type, une collaboration des co-saisissants est exigée par les textes (§ 3).

§ 1
Concours de saisies conservatoires

0622.111 **Concours entre saisies conservatoires.** L'hypothèse est expressément admise par les articles L. 521-1 et R. 521-1 C. pr. exéc. Elle donne lieu à une communication forcée entre co-saisissants (C. pr. exéc., art. R. 522-11 à R. 522-14 – v. s[s] n° 0622.131) puis à une participation à la vente et à la distribution des deniers (C. pr. exéc., art. L. 221-5 et L. 221-6). Le concours ici examiné ne concerne que des saisies conservatoires : si l'une d'elles est faite postérieurement à la conversion d'une autre, il s'agira d'un concours entre une saisie conservatoire et une saisie-vente (examiné s[s] n°s 0622.122 s.) et réglé aux dépens de la mesure conservatoire.

0622.112 **Significations supplémentaires.** Le commissaire de justice qui procède à une saisie conservatoire sur des biens rendus indisponibles par une ou plusieurs saisies conservatoires antérieures signifie une copie du procès-verbal de saisie à chacun des créanciers dont les diligences sont antérieures aux siennes. De même, l'acte de conversion d'une saisie conservatoire en saisie-vente doit être signifié aux créanciers qui, avant cette conversion, ont saisi les mêmes biens à titre conservatoire (C. pr. exéc., art. R. 522-11 et R. 522-12, al. 2).

0622.113 **Distribution des deniers.** Les saisies conservatoires concurrentes, dûment converties, permettent de faire valoir des droits sur le prix de la vente, amiable ou forcée, exactement dans les mêmes conditions qu'en cas de concours de saisies-ventes entre elles (arg. C. pr. exéc., art. L. 221-5). L'agent chargé de la vente propose une répartition amiable (C. pr. exéc., art. L. 221-6) : il ne tient aucun compte de l'antériorité d'une saisie conservatoire par rapport à une autre mais tient évidemment compte des privilèges et sûretés qui affecteraient certains des meubles saisis.

§ 2
Concours d'une saisie conservatoire avec d'autres procédures civiles d'exécution

0622.121 **Antériorité nécessaire de la saisie conservatoire.** Si un même meuble peut faire l'objet de plusieurs saisies, c'est à la condition expresse (C. pr. exéc., art. L. 521-1, R. 221-6 et R. 521-1) que la saisie conservatoire soit antérieure à toute autre. Une solution différente anéantirait l'avantage du titre exécutoire.

On rappellera d'ailleurs que les procès-verbaux des saisies-ventes ultérieures doivent mentionner les saisies conservatoires antérieures.

Une saisie conservatoire sur des meubles corporels qui auraient auparavant fait l'objet d'une saisie-vente n'est pas nulle mais ne produirait effet qu'en cas de mainlevée de cette première saisie-vente. Pour obtenir la mainlevée, le créancier second saisissant dispose d'une action oblique à partir du moment du moins où sa créance aura acquis les caractères de certitude, de liquidité et d'exigibilité requis pour une telle action[1].

Cette hypothèse, assez rare, montre combien l'antériorité de la saisie conservatoire est précieuse ; mais l'antériorité s'apprécie selon une chronologie complexe : le procès-verbal de chaque saisie, la date de l'acte de conversion de saisie conservatoire en saisie-vente, enfin la date de vérification des biens saisis, entrent en ligne de compte.

0622.122 **Conversion avant la saisie-vente.** Si le procès-verbal de saisie conservatoire puis l'acte de sa conversion sont antérieurs au procès-verbal de saisie-vente, il s'agit d'un concours de saisies-ventes, réglé dans les formes particulières de l'opposition (C. pr. exéc., art. L. 221-1, al. 2, et R. 221-41 à R. 221-48) et examiné comme tel plus loin (v. s[s] n°s 071.05 s.).

0622.123 **Conversion entre la saisie-vente et la vérification.** L'article R. 522-12 alinéa 1er C. pr. exéc. envisage expressément ce cas, pour imposer à l'auteur de la saisie-vente de « *signifier son procès-verbal aux créanciers qui ont antérieurement pratiqué les saisies conservatoires* ». Quant au créancier qui avait saisi conservatoirement et qui convertit ensuite, il doit à notre avis procéder à une opposition, malgré l'imprécision de l'article R. 221-41 C. pr. exéc. ; mais, à notre avis encore, son antériorité ne lui donne pas la maîtrise de la vente, car il n'est pas « *premier saisissant* » au sens de l'article R. 221-42 alinéa 3 C. pr. exéc. Ainsi autorisée, l'opposition se traduit par un

1. EN CE SENS : *J.-Cl. Pr. civ.*, Fasc. 1700-15 : *Mesures conservatoires – Saisie conservatoire des meubles corporels*, § 46, par Defossez.

droit à la distribution des deniers après la vente forcée : l'article L. 221-5 C. pr. exéc. l'énonce.

0622.124 **Conversion après la vérification.** Si la conversion de la saisie conservatoire intervient après la vérification sur saisie-vente en vue de la vente forcée (C. pr. exéc., art. R. 221-36), l'opposition n'est plus ouverte à l'auteur de la saisie conservatoire convertie (C. pr. exéc., art. R. 221-41, al. 2). Nonobstant, l'article L. 221-5 C. pr. exéc. accepte que ce saisissant participe sur le prix de la vente, à la condition bien entendu d'avoir converti.

§ 3
Communication forcée entre co-saisissants jusqu'à la vente

0622.131 **Nécessité et contenu.** Lorsque le concours est admis, les articles R. 522-13 et R. 522-14 C. pr. exéc. exigent que les créanciers co-saisissants collaborent jusque et y compris la vente. Si le débiteur présente des propositions de vente amiable, le créancier saisissant qui les accepte en communique la teneur, par lettre recommandée avec demande d'avis de réception, aux créanciers qui ont saisi les mêmes biens à titre conservatoire, soit avant l'acte de saisie, soit avant l'acte de conversion, selon le cas. À peine de nullité, l'acte reproduit en caractères très apparents les alinéas 2, 3 et 4 de l'article R. 522-13 C. pr. exéc., à savoir :

« *Chaque créancier, dans un délai de quinze jours à compter de la réception de l'acte, prend parti sur les propositions de vente amiable et fait connaître au créancier saisissant la nature et le montant de sa créance.*

À défaut de réponse dans le délai imparti, le créancier est réputé avoir accepté les propositions de vente.

Si, dans le même délai, il ne fournit aucune indication sur la nature et le montant de sa créance, il perd le droit de concourir à la distribution des deniers résultant de la vente amiable, sauf à faire valoir ses droits sur un solde éventuel après la répartition ».

Le créancier saisissant qui fait procéder à l'enlèvement des biens en vue de leur vente forcée doit en informer, par lettre recommandée avec demande d'avis de réception, les créanciers qui ont pratiqué une saisie conservatoire sur les mêmes biens avant l'acte de saisie ou l'acte de conversion selon le cas. À peine de nullité, cette lettre indique le nom et l'adresse de l'officier ministériel chargé de la vente et reproduit en caractères très apparents l'alinéa qui suit : « *Chaque créancier doit, dans un délai de quinze jours à compter de la réception de la lettre, faire connaître à l'officier ministériel chargé de la vente, la nature et le montant de sa créance au jour de l'enlèvement. À défaut de réponse dans le délai imparti, il perd le droit de concourir à la distribution des deniers résultant de la vente forcée, sauf à faire valoir ses droits sur un solde éventuel après répartition* » (C. pr. exéc., art. R. 522-14).

§ 4
Concours d'une saisie conservatoire de meubles corporels avec une procédure de redressement ou de liquidation judiciaires

0622.140 **Renvoi.** V. s[s] n°s 0611.31 s.

SECTION 6
ISSUE

0622.151 **Mainlevée et garanties de substitution.** La mainlevée amiable de saisie conservatoire de meubles corporels n'est pas très fréquente pour les raisons exposées (v. s[s] n° 0622.05). La mainlevée judiciaire, quant à elle, n'obéit pas à des causes ou des formes différentes de celles des mesures conservatoires en général ou bien de la saisie-vente (ainsi pour un cas de distraction d'objets saisis[1]). Quant aux garanties de substitution que pourrait offrir le débiteur pour recouvrer la disposition des biens saisis, elles ne font pas l'objet de dispositions spécifiques (comp., saisie conservatoire des créances et saisie conservatoire des droits incorporels) : l'article L. 512-1 alinéa 2 C. pr. exéc. est cependant d'application générale (v. s[s] n° 0613.21).

0622.152 **Conversion en saisie-vente et vérification.** Le créancier qui a obtenu ou possède un titre exécutoire constatant une créance liquide et exigible peut faire procéder à la vente des biens qui ont été rendus indisponibles jusqu'à concurrence du montant de sa créance (C. pr. exéc., art. L. 522-1).

Les articles R. 522-7 à R. 522-9 C. pr. exéc. prescrivent : le créancier qui obtient un titre exécutoire constatant l'existence de sa créance signifie au débiteur un acte de conversion qui contient, à peine de nullité :

1° la référence au procès-verbal de saisie conservatoire ;

2° l'énonciation du titre exécutoire ;

3° le décompte distinct des sommes à payer, en principal, frais et intérêts échus, ainsi que l'indication du taux des intérêts ;

4° un commandement d'avoir à payer cette somme dans un délai de huit jours, faute de quoi il sera procédé à la vente des biens saisis.

1. Limoges, 26 mai 1997, *BICC* 1997, n° 1406.

La conversion peut être signifiée dans le même acte que le jugement.

Si la saisie a été effectuée entre les mains d'un tiers, une copie de l'acte de conversion est dénoncée à ce dernier.

À l'expiration d'un délai de huit jours à compter de la date de l'acte de conversion, le commissaire de justice procède à la vérification des biens saisis. Il est dressé acte des biens manquants ou dégradés.

Dans cet acte, il est donné connaissance au débiteur qu'il dispose d'un délai d'un mois pour vendre à l'amiable les biens saisis dans les conditions prescrites aux articles R. 221-30 à R. 221-32 C. pr. exéc. qui sont reproduits.

Si les biens ne se retrouvent plus au lieu où ils avaient été saisis, le commissaire de justice fait injonction au débiteur de l'informer dans un délai de huit jours du lieu où ils se trouvent et, s'ils ont fait l'objet d'une saisie-vente, de lui communiquer le nom et l'adresse, soit du commissaire de justice qui y a procédé, soit du créancier pour le compte de qui elle a été diligentée.

À défaut de réponse, le créancier saisit le JEX qui peut ordonner la remise de ces informations sous astreinte le tout sans préjudice d'une action pénale pour détournement de biens saisis.

0622.153 **Vente.** La vente est effectuée selon les modalités fixées aux articles R. 233-3 à R. 233-9 C. pr. exéc. (C. pr. exéc., art. R. 522-10). Ces modalités sont étudiées s[s] n°s 071.01 s. à 0719.159.

0622.154 **Distribution du prix.** Le débouché naturel de la saisie-vente est la distribution dans les conditions des articles R. 251-1 à R. 251-11 C. pr. exéc.

CHAPITRE

0623. Saisie conservatoire des navires : droit applicable

Cyril Bloch
Professeur à l'Université d'Aix-Marseille
Directeur du pôle transports (CDMT-IFURTA)

SECTION 0 Orienteur

0623.00 **Sommaire du chapitre.**

Division. Le droit applicable à la saisie conservatoire des navires dépend de plusieurs facteurs : champ d'application matériel de la convention de Bruxelles (sect. 1), champ d'application en fonction de la nationalité du navire (sect. 2), application de la loi du for à la responsabilité du saisissant et aux règles de forme de la saisie (sect. 3) et loi applicable en dehors de la convention de Bruxelles au bien saisissable et de la créance source de la saisie (sect. 4).

0623.01 **Textes applicables : présentation et évolution.**

Comme a pu le souligner le professeur Bonassies, la saisie conservatoire du navire est avec l'assurance maritime, la limitation de responsabilité de l'armateur et la théorie des avaries communes, l'un des piliers de la pratique maritime : « *Malgré sa noblesse foncière, le navire est chose évanescente, chose fuyante. En quelques minutes, il peut appareiller, ne laissant au port que le souvenir de ses dettes. Lorsque c'est un navire étranger, il est souvent le seul gage des créanciers. Il est donc essentiel que ceux-ci bénéficient de prérogatives spécifiques leur permettant d'exercer concrètement leurs droits* »[1].

Dans les rapports de son propriétaire ou de son exploitant avec ses créanciers, le navire représente à la fois l'élément essentiel, sinon unique de leur droit de gage, mais aussi un élément particulièrement fuyant de ce gage, en ce qu'il est très souvent affecté à un commerce international, l'amenant à naviguer dans des eaux ne relevant de la souveraineté d'aucun État ou des eaux étrangères. Le recouvrement des créances contre les armateurs est donc difficile et incertain en raison de la nature physique et de la fonction du navire.

Des obstacles d'ordre plus juridique au recouvrement sont en outre apparus avec le développement des pavillons de libre immatriculation (dits aussi de complaisance), qui regroupent aujourd'hui la majeure partie de la flotte de commerce mondiale.

S'y est ajouté le développement des *single ship companies* (sociétés d'un seul navire), permettant au propriétaire de scinder son patrimoine en autant de sociétés qu'il possède de navires, chaque société possédant une participation dans plusieurs autres sociétés, de sorte que le gage des créanciers se trouve réduit au navire auquel se rapporte la créance[2].

Il était donc nécessaire de munir les créanciers de moyens d'exécuter et surtout de garantir le recouvrement de leurs créances contre les exploitants de navire.

Pendant longtemps, la pratique s'est satisfaite des dispositions générales de l'ancien Code de procédure civile sur la saisie conservatoire. Mais, avec le développement du commerce international, il est apparu nécessaire à la communauté maritime internationale, qui ne connaissait pas encore le phénomène de la complaisance, de se doter d'une convention internationale unifiant les règles en matière de saisie conservatoire. Cette unification a donc été réalisée, sous l'impulsion du Comité maritime international (CMI), avec la

1. P. Bonassies, obs. ss Aix-en-Provence, 6 févr. 2020, RG nº 18/18966, navire M/Y Lady Jersey, *DMF* 2020, nº 824.
2. Pour un bon exemple, v. la description faite dans le roman de Tom Wolfe, *Un homme un vrai*, Laffont, 1999, p. 60.

convention de Bruxelles du 10 mai 1952 pour l'unification de certaines règles sur la saisie conservatoire des navires de mer, ratifiée par la majorité des pays maritimes, dont la France[1].

Plus récemment, la conférence diplomatique des Nations Unies et de l'Organisation maritime internationale (OMI) a adopté à Genève une nouvelle convention internationale, le 12 mars 1999[2], qui était censée remplacer la convention de Bruxelles du 10 mai 1952. Cette convention est entrée en vigueur le 14 septembre 2011, l'Albanie y ayant adhéré le 14 mars 2011, devenant ainsi le dixième État à avoir exprimé son consentement à être lié par elle. La France n'étant ni signataire ni partie à cette convention, nous ne lui consacrerons dans cette édition, compte tenu de sa portée pratique limitée en France, que quelques développements succincts. Au demeurant, il convient de relever que la convention de Genève, ratifiée par quelques États dotés de pavillons maritimes de premier plan comme le Liberia et la Norvège, n'a qu'une portée pratique très réduite, car aucun État portuaire d'importance majeure ne l'a ratifiée[3].

Le législateur français a entrepris dans les années 60 une refonte complète des textes du droit maritime, pratiquement inchangés depuis l'ordonnance de la Marine d'août 1681.

Celui-ci a néanmoins manifesté peu d'intérêt pour les saisies conservatoires de navires, ne leur consacrant que deux articles dans le **décret du 27 octobre 1967**[4] et aucun dans la **loi du 3 janvier 1967**[5] portant statut des navires et autres bâtiments de mer, alors que la saisie-exécution, pourtant aussi rare en pratique que la saisie conservatoire est fréquente, faisait l'objet d'une réglementation détaillée dans le décret du 27 octobre 1967.

Les textes internes ont fait l'objet d'une recodification par **l'ordonnance du 28 octobre 2010**[6], laquelle a abrogé la loi du 3 janvier 1967, à l'exception des articles 2 et 4, et un certain nombre d'articles du décret du 27 octobre 1967, et reclassé les dispositions réglementaires issues du décret de 1967 dans la partie législative du nouveau Code des transports, cinquième partie, livre premier, titre premier sur le statut des navires.

Le décret n° 2016-1893 du 28 décembre 2016[7], relatif à la cinquième partie réglementaire du Code des transports, a parachevé cette codification en intégrant à la partie réglementaire du Code des transports le reste des dispositions décret du 27 octobre 1967 et en y introduisant, surtout, un certain nombre de dispositions nouvelles quant aux modalités de la saisie conservatoire.

RÉCAPITULATIF DES TEXTES APPLICABLES

> TEXTES DE DROIT INTERNE

• **L. n° 67-5, 3 janv. 1967,** portant statut des navires et autres bâtiments de mer, *JO* 4 janv., p. 106.

• **Décr. n° 67-967, 27 oct. 1967,** d'application de la loi n° 67-5 du 3 janvier 1967, relatif au statut des navires et autres bâtiments de mer, *JO* 4 nov., p. 10836.

• **Ord. n° 2010-1307, 28 oct. 2010,** relative à la partie législative du Code des transports, *JO* 3 nov., p. 19645.

Cette ordonnance abroge les dispositions de la loi du 3 janv. 1967, à l'exception des articles 2 à 4 relatifs à la francisation du navire, ainsi qu'un certain nombre d'articles du décret du 27 oct. 1967 qui ont été reclassées à la partie législative du Code des transports.

• **L. n° 2010-1609, 22 déc. 2010,** dite loi Béteille, relative à l'exécution des décisions de justice [...], *JO* 23 déc., p. 22552.

Cette loi modifie les articles 120 à 131 du Code du domaine public fluvial.

De nombreux articles du Code du domaine public fluvial ont aussi été abrogés par l'ordonnance du 28 octobre 2010 mais maintenus en vigueur jusqu'à publication des dispositions réglementaires du Code des transports. La plupart de ces dispositions ont été adoptées depuis par le décret n° 2013-253 du 25 mars 2013 relatif aux dispositions de la quatrième partie réglementaire du Code des transports, publié au JO du 27 mars 2013.

• **Décr. n° 2016-1893, 28 déc. 2016,** relatif aux dispositions du livre Ier, du livre IV, à l'exception de son titre IV, ainsi que des chapitres Ier et IV des titres Ier à IX du livre VII de la cinquième partie réglementaire du Code des transports, et portant diverses mesures d'adaptation relatives à l'outre-mer, *JO* 29 déc., texte n° 13

Ce décret abroge les dispositions du décret du 27 oct. 1967, à l'exception de quelques articles, pour les reclasser à la partie réglementaire du Code des transports. Mais il complète surtout le droit positif en introduisant un certain nombre de dispositions nouvelles quant aux modalités de la saisie conservatoire de navire (C. transp., art. *R. 5114-15 à R. 5114-19).*

• **C. transp.,** art. L. 5114-20 à L. 5114-22 et R. 5114-15 à R. 5114-19.

> TEXTES DE DROIT INTERNATIONAL

• **Conv. Bruxelles, 10 mai 1952,** convention internationale pour l'unification de certaines règles sur la saisie conservatoire des navires de mer, ratifiée par la majorité des pays maritimes (à l'exception notable des États-Unis et de la plupart des États de libre immatriculation), dont la France.

1. Décr. n° 58-14, 4 janv. 1958, portant publication de la Convention internationale pour l'unification de certaines règles sur la saisie conservatoire des navires de mer et de la Convention internationale pour l'unification de certaines règles relatives à la compétence civile en matière d'abordage, signées à Bruxelles le 10 mai 1952, *JO* 14 janv., p. 515.
2. Conv. CNUCED, 12 mars 1999, Doc. A/CONF. 188/L. 2 ; *DMF* 1999. 418.
3. Sur la convention du 12 mars 1999, v. Berlingieri, « Analyse de la convention du 12 mars 1999 sur la saisie conservatoire des navires », *DMF* 1999. 403 ; *CMI newsletter* 1999, n° 1.
4. Décr. n° 67-967, 27 oct. 1967, d'application de la loi 67-5 du 3 janvier 1967, *JO* 4 nov., p. 10836.
5. L. n° 67-5, 3 janv. 1967, portant statut des navires et autres bâtiments de mer, *JO* 4 janv., p. 106.
6. Ord. n° 2010-1307, 28 oct. 2010, relative à la partie législative du Code des transport, *JO* 3 nov., p. 3.
7. Décr. n° 2016-1893, 28 déc. 2016, relatif [...] aux dispositions [...] de la cinquième partie réglementaire du code des transports, et portant diverses mesures d'adaptation relatives à l'outre-mer, *JO* 29 déc., texte 13.

• **Conv. CNUCED Genève, 12 mars 1999,** sur la saisie conservatoire des navires, non ratifiée par la France. Cette convention visant à remplacer la convention de Bruxelles du 10 mai 1952, n'a été ratifiée que par douze États.

• **Conv. Nations Unies, 2 déc. 2004,** sur l'immunité juridictionnelle des États et de leurs biens.

0623.03 Bibliographie indicative.

Actualisables. *J.-Cl. Transport*, fasc. 1128, « Saisie conservatoire du navire », par Y. Tassel et A. Montas, mars 2022 – *J.-Cl. Procédures*, fasc. 10, « Navire et bateau, Mesures conservatoires », par Y. Tassel et L. Lauvergnat, 2019 – Rép. pr. civ., v° *Saisie des bateaux, navires et aéronefs*, par J.-B. Racine et G. Payan, déc. 2014 (actu. avr. 2024), [saisie des navires] n°s 12 à 175.

Ouvrages[1]. P. Chaumette (dir.), Dalloz action *Droits maritimes*, 2021/2022, n°s 323.00 s., par C. Devaux – P. Bonassies, C. Scapel et C. Bloch, *Traité de droit maritime*, 4e éd., LGDJ, 2022, n°s 648 s. – Ph. Delebecque, *Droit maritime*, 14e éd., « Précis », Dalloz, 2020, n°s 249 s. – A. LEBORGNE, *Droit de l'exécution*, 3e éd., « Précis », Dalloz, 2019, p. 1146 s., n°s 2835 s. – C. Navarre-Laroche, *La saisie conservatoire des navires en droit français*, éd. Moreux, 2001 – G. Piette, *Droit maritime*, « Traité », Pedone, 2023, n°s 429 s. – A. Rossi, *La saisie conservatoire de navire*, préf. H. Muir Watt, « Droit maritime », PUAM, 2006.

Articles. « La saisie des navires. Colloque franco-belge », *DMF* 2010. 549 – Ph. Delebecque, « La saisie des navires », *LPA* 22 déc. 1999, p. 56 – G. Piette, « La saisie de navire : état des lieux et perspectives », *DMF* 2018. 483 ; « La notion de créance maritime », *Mél. Delebecque*, Dalloz, 2023, p. 831.

0623.05 La saisie conçue comme un moyen de pression. L'effet recherché par le créancier saisissant est d'imposer une contrainte sur son débiteur afin que celui-ci s'acquitte immédiatement de sa dette ou lui octroie une sûreté personnelle garantissant l'exécution du titre exécutoire qu'il doit poursuivre en assignant le débiteur au fond dans un délai d'un mois suivant la saisie (v. s^{s} n° 0612.71).

L'immobilisation de son instrument d'exploitation entraîne pour l'armateur des conséquences très dommageables d'un point de vue commercial qui font de la saisie conservatoire un puissant instrument de pression pour les créanciers.

En immobilisant le navire et en le rendant temporairement inexploitable pour son propriétaire ou son exploitant, le saisissant espère ainsi contraindre son débiteur à s'acquitter de sa dette.

Lorsque l'immobilisation ne risque pas d'entraîner la perte ou la dépréciation de la marchandise (marchandises périssables), la saisie compromet l'exécution par son exploitant de ses obligations envers les chargeurs et/ou affréteurs. Ainsi, l'armateur peut être tenu envers le chargeur de réparer les conséquences dommageables du retard à la livraison des marchandises. Une telle saisie peut en outre entraîner pour l'affréteur le droit de résilier la charte lorsque le navire n'est pas prêt (apte à la navigation) au moment prévu par la charte partie, entraînant ainsi une perte de fret précieuse pour le fréteur.

Ainsi, dans la plupart des litiges relatifs à des créances de fournisseurs du navire ou aux rémunérations des marins ou des auxiliaires terrestres de l'armateur, la saisie conservatoire s'avère décisive en provoquant le paiement avant même qu'une action au fond ne soit intentée ou en mettant le créancier saisissant en position de force pour contraindre son débiteur à transiger.

En revanche, dans les litiges relatifs, notamment à des événements de mer, à des droits réels sur le navire ou à des contrats de transport ou d'affrètement, l'exploitant donnera à son créancier la garantie que celui-ci exige, le plus souvent sous la forme d'une lettre de garantie délivrée par le P & I Club (mutuelle d'armateurs) de l'armateur ou (mais plus rarement) d'une garantie bancaire à première demande délivrée par une banque de premier rang de l'État dans lequel la mesure conservatoire est pratiquée, dont la réalisation est soumise à la présentation d'un jugement exécutoire sur le fond de la créance.

Le débiteur saisi peut aussi saisir le juge ayant rendu l'ordonnance autorisant la saisie afin qu'il rétracte son ordonnance, s'il estime que la saisie a été pratiquée en vertu d'une créance contestable dans son principe ou, lorsque la saisie a été autorisée sur le fondement de la convention de Bruxelles du 10 mai 1952, en vertu d'une créance non maritime (v. s^{s} n°s 0625.111 s.).

0623.06 Caractère non exclusif de la saisie conservatoire des navires. Les dispositions propres à la saisie conservatoire contenues dans le Code des transports et la convention de Bruxelles du 10 mai 1952 excluent-elles la possibilité de recourir à d'autres mesures conservatoires que la saisie conservatoire ? La question a été discutée en doctrine. Elle est désormais clairement tranchée par la Cour de cassation, qui admet qu'un navire puisse faire l'objet d'une saisie-revendication de droit commun, motifs pris que « *si des dispositions spéciales régissent la saisie conservatoire et la saisie-exécution des navires, aucune n'exclut la possibilité de leur saisie-revendication dans les conditions du droit commun* »[2]. La solution est justifiée dans la mesure où la saisie-revendication

1. Les ouvrages dont le nom des auteurs figure en petites capitales en bibliographie seront cités par le seul nom des auteurs en petites capitales en notes de bas de page.

2. Com. 16 sept. 2014, n° 13-17.892, navire Lamera, NP ; *DMF* 2015. 140, obs. P. Bonassies – DANS LE MÊME SENS : Com. 15 déc. 2015, n° 14-12.348, navire Shangaï Belle IV, P IV, n° 170 ; *DMF* 2016, n° 778, rapp. Lecaroz, obs. P. Bonassies ; *Procédures* 2016. Comm. 46, obs. L. Raschel, rejetant le pourvoi dirigé contre Bordeaux, 4 déc. 2013, RG n° 13/05060, *DMF* 2014. 146, obs. P. Bonassies ; *DMF* 2014, suppl. « Le droit maritime français en 2014 », n° 18, obs. Ph. Delebecque.

répond à un but allogène à celui de la saisie conservatoire ou de la saisie-exécution du navire : celui de permettre à toute personne apparemment fondée à requérir la délivrance ou la restitution d'un bien meuble corporel de le rendre indisponible en attendant sa remise[1].

0623.07 Pluralité de sources d'inspirations différentes. Les saisies conservatoires de navires pratiquées dans des ports français sont soumises, quant au fond, à une dualité de régimes d'inspirations différentes selon que le navire est saisi sur le fondement du droit interne ou du droit international.

La saisie conservatoire de navire en droit français interne, réglementée par le Code des transports, s'inscrit dans la logique patrimoniale et personnaliste des voies d'exécution héritée de la tradition juridique continentale.

Ainsi, la saisie conservatoire, prolongement du droit de gage général de l'article 2284 C. civ., permet au créancier justifiant d'une créance « *paraissant fondée dans son principe* », de quelque nature que ce soit, « *terrestre* » ou « *maritime* », de saisir à titre conservatoire tous navires appartenant à son débiteur.

Le droit international, d'inspiration plus anglo-saxonne, a consacré une logique *in rem*, tendant à donner la qualité de débiteur au navire et non plus à son propriétaire ou exploitant, dont l'identité devient une question secondaire. La convention du 10 mai 1952 limite son champ d'application aux droits réels sur le navire ou aux créances nées de l'exploitation du navire (c'est-à-dire aux créances maritimes), mais est plus favorable pour le créancier lorsque sa créance s'inscrit parmi les cas limitativement énumérés par la convention. Il n'a plus alors qu'à alléguer de l'existence d'une créance énumérée dans la convention du 10 mai 1952 pour saisir un navire dont son débiteur était propriétaire au moment où la créance maritime est née, ou le navire auquel se rapporte la créance lorsque le créancier entend faire valoir un droit réel sur le navire[2].

En résumé, la saisie conservatoire répond à des **conditions différentes en droit français et en droit international** :

– s'agissant de la créance cause de la saisie, le droit interne permet la saisie quelle que soit la nature de la créance tandis qu'en droit international, la convention de Bruxelles du 10 mai 1952 autorise la saisie conservatoire de navire uniquement pour les **créances maritimes**, énumérées par son article 1er ;

– s'agissant toujours de la créance, le droit français, comme le droit international, se contentent tous deux d'une **apparence de créance**, mais le degré d'exigence de cette apparence n'y est pas le même : en droit interne, il faut une créance « *paraissant fondée en son principe* » (le juge contrôle donc la vraisemblance de la créance), tandis qu'en droit international, la convention de Bruxelles se contente d'une simple « *allégation de créance* » (le juge n'a pas ici à contrôler la vraisemblance de la créance) ;

– s'agissant du navire saisi, le droit français et le droit international permettent au créancier de saisir tout navire appartenant au débiteur ou sur lequel le créancier dispose d'un privilège avec droit de suite, mais la convention de 1952 lui permet en outre de saisir le navire affrété par le débiteur pourvu que la créance maritime se rapporte à l'exploitation de ce navire.

0623.08 Critères de détermination du droit applicable. Ces différences de régimes entre le droit français et le droit international confèrent une importance particulière à la question de la **détermination du droit applicable** à la saisie conservatoire du navire.

Liée à une activité particulièrement internationale, la détermination du droit applicable à une saisie conservatoire pratiquée en France se fait par référence à la convention de Bruxelles du 10 mai 1952, ratifiée par soixante-dix États, parmi lesquels figurent les principales nations maritimes, à l'exception, notable, de la plupart des pavillons de libre immatriculation et des États-Unis d'Amérique. Le droit français n'est donc que d'application résiduelle par rapport à la convention.

0623.09 Plan. La convention détermine elle-même limitativement son champ d'application matériel (sect. 1), précise de manière généreuse les hypothèses de son application selon la nationalité du navire (sect. 2), renvoie à la *lex fori* s'agissant des règles de procédure applicables à la saisie et à la responsabilité du saisissant (sect. 3). À défaut d'application de la convention, la loi applicable sera déterminée par référence aux règles classiques de conflits de lois (sect. 4).

SECTION 1
CHAMP D'APPLICATION MATÉRIEL DE LA CONVENTION DE BRUXELLES DU 10 MAI 1952

0623.11 Limitation aux saisies conservatoires pratiquées par des personnes de droit privé. La convention précise qu'elle ne s'applique qu'aux sai-

1. Le caractère exclusif de la saisie conservatoire du navire doit en revanche retrouver toute son emprise lorsque la fonction de la mesure conservatoire sollicitée est la même que celle de la saisie conservatoire : Aix-en-Provence, 20 déc. 2018, n° 18/06096, navire Boreal II, *DMF* 2018, n° 810, obs. G. Piette : « *S'abstenir volontairement de respecter les textes de la saisie-conservatoire pour obtenir, par une immobilisation de celui-ci les mêmes effets que la saisie-conservatoire […], constitue un détournement de procédure qui en vicie l'autorisation donnée sur ce fondement* ».
2. Conv. Bruxelles, 10 mai 1952, art. 3, 1.

sies conservatoires, excluant expressément de son champ d'application la saisie-exécution[1].

La convention exclut en outre de son champ d'application les détentions de navires par les États, autorités portuaires ou publiques, en précisant qu'elle n'a pas pour effet d'étendre ou de restreindre leurs droits de saisir ou détenir le navire[2].

En effet, de telles détentions sont, en droit français, soumises à l'autorisation du juge administratif, le plus souvent dans le cadre de contraventions de grande voirie dressées par le Préfet en cas de dommage aux installations portuaires ou au domaine public.

0623.12 Convention de Genève du 12 mars 1999. Censée remplacer la convention de Bruxelles de 1952, la convention de Genève de 1999 n'a reçu que peu de ratifications (douze seulement). Comme la convention de Bruxelles, la convention de Genève, en vigueur au plan international mais non ratifiée par la France, s'applique aux créances maritimes[3]. La convention exclut expressément de son champ d'application les « *navires de guerre, navires de guerre auxiliaires, et autres navires appartenant ou à un État ou exploités par lui et exclusivement affectés, jusqu'à nouvel ordre, à un service public non commercial* »[4], ainsi que les détentions de navires effectuées par les États, administrations, établissements publics et autorités portuaires[5].

SECTION 2
CHAMP D'APPLICATION EN FONCTION DE LA NATIONALITÉ DU NAVIRE

0623.20 Critère de la nationalité du navire. Plan. Le principal critère d'application géographique de la Convention est celui du lieu de la saisie : la convention n'a vocation à s'appliquer que lorsque la saisie est pratiquée dans un État contractant. La convention de Bruxelles de 1952 pose ensuite un principe d'évidence (§ 1) : elle s'applique lorsque le navire saisi dans un État contractant bat lui-même le pavillon d'un État contractant[6]. Elle est également applicable mais dans des conditions plus originales à la saisie dans un état contractant d'un navire battant pavillon d'un État non contractant (§ 2).

§ 1
Saisie d'un navire battant pavillon d'un État contractant

0623.31 Principe – Application de la convention du 10 mai 1952. La convention doit en principe recevoir application lorsque le navire que le créancier maritime envisage de saisir bat le pavillon d'un État partie à la convention de Bruxelles du 10 mai 1952.

0623.32 Exclusion – Personne n'ayant pas sa résidence habituelle ou son principal établissement dans un État contractant (Conv. Bruxelles, 10 mai 1952, art. 8, 3). La convention du 10 mai 1952 comporte une disposition particulière par laquelle les États contractants peuvent refuser tout ou partie des avantages de la convention à toute personne qui n'a pas, au jour de la saisie, sa résidence habituelle ou son principal établissement dans un État contractant.

Cette disposition comporte une ambiguïté. Il n'est en effet pas possible, à la lecture du texte, de déterminer si la partie qui peut se voir refuser les avantages de la convention est le créancier saisissant ou le débiteur saisi, ou bien encore les deux.

Quelle que soit l'interprétation retenue, cette possibilité de refus n'est offerte, selon la lettre du texte, qu'aux États, et non au juge.

Les dispositions relatives à l'article 8 (3) de la convention ne figurant pas parmi les réserves de l'article 10, les États contractants devraient donc pouvoir intégrer à tout moment des dispositions dans leur législation mettant en œuvre cette possibilité.

La France n'en a jamais usé. C'est ce qu'a rappelé la chambre commerciale de la Cour de cassation dans son arrêt du 30 octobre 2000[7]. Le saisissant avait procédé à la saisie du navire *Sargasso*, battant pavillon panaméen, en garantie d'une créance qu'il détenait à l'encontre de l'affréteur coque nue du navire. La cour d'appel d'Aix-en-Provence, relevant que le Panama n'avait pas ratifié la convention du 10 mai 1952, avait rétracté la saisie sous le visa de l'ancien article 2092 C. civ.[8], qui limite aux seuls biens du débiteur le gage des créanciers, au motif que, bien que le saisissant justifiât d'une créance certaine à l'encontre de l'affréteur, il ne rapportait pas la preuve que le navire était la propriété du débiteur. La chambre commerciale de la Cour de cassation a cassé l'arrêt de la cour d'appel d'Aix-en-Provence sous le visa de l'article 8 (3) de la convention du 10 mai 1952 au motif que le saisissant n'avait pas établi que les avantages de la convention sont refusés au Panama en vertu d'une disposition légale ou réglementaire.

Il était tout à fait surprenant de parler d'avantages puisqu'en l'espèce, l'application de la convention de Bruxelles du 10 mai 1952 permettait préci-

1. Conv. Bruxelles, 10 mai 1952, art. 1er, 2.
2. Conv. Bruxelles, 10 mai 1952, art. 2.
3. Conv. Genève, 12 mars 1999, art. 2, 1.
4. Conv. Genève, 12 mars 1999, art. 8, 2.
5. Conv. Genève, 12 mars 1999, art. 8, 4.
6. Conv. Bruxelles, 10 mai 1952, art. 8, 1.
7. Com. 30 oct. 2000, nº 98-10.500, navire Sargasso, P IV, nº 168 ; *DMF* 2000. 1012, obs. Rémery.
8. Devenu C. civ., art. 2284 (Ord. nº 2006-346, 23 mars 2006, *JO* 24 mars, p. 4475).

sément au créancier de maintenir la saisie du navire panaméen. En effet, l'article 3 (1) de la convention de Bruxelles du 10 mai 1952, relatif aux saisies de navires affrétés selon la charte partie coque nue pour dettes de l'affréteur, autorise la saisie du navire auquel se rapporte la créance, même si celui-ci n'appartient pas au débiteur, dès lors que la créance est maritime. En fait d'avantages, il s'agissait plutôt d'un inconvénient pour le débiteur et pour l'État du Panama. Sans surprise, la cour d'appel de renvoi, soulignant que la France n'avait pas exclu l'application de la convention à l'égard des navires battant pavillon panaméen, a confirmé la saisie au motif que « *la condition nécessaire et suffisante pour saisir un navire affrété coque nue est de pouvoir invoquer une créance relative au navire figurant dans la liste des créances permettant la saisie sur le fondement de la convention du 10 mai 1952* »[1].

0623.33 Exclusion – Défaut d'extranéité (Conv. Bruxelles, 10 mai 1952, art. 8, 4). La convention exclut son application à une saisie pratiquée dans un État contractant sur un navire battant le pavillon du même État. Ainsi, un Français souhaitant saisir à titre conservatoire un navire battant pavillon français ne peut le faire que sur le fondement du droit français interne[2].

0623.34 Tiers ressortissant d'un État non contractant bénéficiant d'une créance maritime par l'effet d'une subrogation ou d'une cession (Conv. Bruxelles, 10 mai 1952, art. 8, 5). L'article 8 (5) de la convention dispose que ce tiers sera réputé avoir la même résidence habituelle ou le même établissement principal que son auteur. Une personne subrogée dans les droits du ressortissant d'un État contractant peut donc revendiquer les mêmes droits que ceux que son auteur détient en vertu de la convention de Bruxelles.

§ 2
Saisie d'un navire battant pavillon d'un État non contractant

0623.41 Panachage de la loi du for et de la convention de 1952 en ce qui concerne les créances éligibles à la saisie (Conv. Bruxelles, 10 mai 1952, art. 8, 2). L'article 8 (2) de la convention de Bruxelles de 1952 stipule qu'« *un navire battant pavillon d'un État non contractant peut être saisi dans l'un des États contractants, en vertu d'une des créances énumérées à l'article 1er, ou de toute autre créance permettant la saisie d'après la loi de cet État* ». Cette disposition originale consacre donc une sorte de « panachage » entre la loi du *for* et la Convention en ce qui concerne la définition des créances éligibles à la saisie conservatoire. La portée de ce panachage est cependant controversée.

0623.42 Application partielle ou totale de la convention ? (Conv. Bruxelles, 10 mai 1952, art. 8, 2). Schématiquement, l'article 8 (2) de la convention donne lieu à deux interprétations très différentes[3].

Selon la première, l'article 8 (2) donnerait **compétence générale à la loi du *for***, tout en imposant aux États membres de permettre la saisie du navire en présence d'une **créance maritime** au sens de l'article 1er de la convention. Ainsi, la convention ne trouverait ici à s'appliquer que pour rendre les créances maritimes éligibles à la saisie. La loi du *for* s'appliquerait pour tout le reste : éligibilité d'autres créances, degré d'exigence de l'apparence de créance et, surtout, modalités de la saisie incluant la question des navires saisissables.

Selon une seconde lecture, l'article 8 (2) donnerait au contraire **compétence générale à la convention**, tout en permettant néanmoins à l'État du *for* de rendre éligibles à la saisie conservatoire des **créances non maritimes**. Dans cette perspective, c'est la loi du *for* qui ne trouverait à s'appliquer que pour définir les créances éligibles à la saisie en sus des créances maritimes de l'article 1er de la convention et la convention qui s'appliquerait pour tout le reste, en particulier pour régler la question des navires saisissables.

0623.43 Incertitude du droit positif. Cette divergence d'interprétation n'a cependant pas été clairement tranchée par la Cour de cassation. Deux arrêts de la chambre commerciale se sont prononcés sur la question mais dans un sens contradictoire.

Un arrêt rendu le 26 octobre 1999 a d'abord paru accréditer la première analyse[4], tandis qu'un autre du 30 octobre 2000 a au contraire fait prévaloir la seconde interprétation[5].

Cette seconde interprétation est plus conforme à la *ratio legis* du texte, dont l'objectif est d'éviter que les navires étrangers battant pavillons d'États non contractants (souvent des navires de libre immatriculation) ne puissent bénéficier d'un régime de saisie

1. Montpellier, 1er déc. 2003, navire Sargasso, *DMF* 2004. 435, obs. Esnard et Rémery ; *DMF* 2005, HS, n° 60, obs. P. Bonassies.
2. Civ. 1re, 20 déc. 2023, n° 22-23.068, B ; *DMF* 2024. 229, obs. S. Sana Chaillé-de-Néré – *Adde* : Nouméa, 26 févr. 2024, RG n° 23/00043, *DMF* 2024. 437, obs. J.-P. Remery.
3. Sur la question, v. P. Bonassies, C. Scapel et C. Bloch, *Traité de droit maritime*, 4e éd., LGDJ, 2022, n° 648.
4. Com. 26 oct. 1999, n° 97-18.679, navire Mediterranea, NP ; *DMF* 2000. 709, rapp. Rémery, obs. Vialard.
5. Com. 30 oct. 2000, n° 98-10.500, navire Sargasso, P IV, n° 168 ; *DMF* 2000. 1012, obs. J.-P. Rémery ; *DMF* 2001, HS, n° 43, obs. P. Bonassies.

plus favorable que les navires des États contractants. Or, ce résultat ne peut en pratique être atteint que si l'on admet l'application générale de la convention de 1952 aux navires arborant des pavillons d'États non contractants. À l'inverse, la première interprétation conduirait à faire bénéficier les navires d'États non contractants du régime plus favorable que la loi française offre au débiteur en s'opposant, contrairement à la convention, à la saisie des navires qu'ils affrètent[1].

0623.44 Convention de Genève du 12 mars 1999. La convention de Genève, non ratifiée par la France, étend expressément son application « *à tout navire relevant de la juridiction d'un État partie* [...] et *battant ou non pavillon d'un État partie* »[2]. La convention de Genève s'applique donc indifféremment à tout navire étranger saisi dans un État contractant, sans distinction selon qu'il arbore ou pas le pavillon d'un État contractant. Le panachage du droit interne et du droit international permis par la rédaction de l'article 8 (2) de la convention de Bruxelles est donc ici écarté au profit d'une application pure et simple du droit international.

SECTION 3
APPLICATION DE LA LOI DU FOR À LA RESPONSABILITÉ DU SAISISSANT ET AUX RÈGLES DE FORME ENCADRANT LA SAISIE

0623.51 Responsabilité du saisissant (Conv. Bruxelles, 10 mai 1952, art. 6, al. 1). La convention de Bruxelles du 10 mai 1952[3] dispose que les contestations relatives à la responsabilité du saisissant pour les dommages causés à la suite de la saisie seront réglées par la loi du for, au sens de loi du lieu d'exécution de la mesure.

0623.52 Règles de procédure (Conv. Bruxelles, 10 mai 1952, art. 6, al. 2). De même, la convention du 10 mai 1952 dispose[4] que les règles de procédure relatives à la saisie d'un navire, à l'obtention de l'autorisation visée à l'article 4 et à tous autres incidents de procédure qu'une saisie peut soulever sont régies par la *lex fori*.

S'agissant des règles de forme, la solution est évidente. Le juge français, rendant la Justice au nom de la souveraineté française, ne saurait en effet déterminer sa compétence par référence à une loi étrangère ou statuer selon des règles de procédure étrangères.

SECTION 4
LOI APPLICABLE, À DÉFAUT DE LA CONVENTION DU 10 MAI 1952, À LA DÉTERMINATION DU BIEN SAISISSABLE ET DE LA CRÉANCE EN VERTU DE LAQUELLE LA SAISIE PEUT ÊTRE PRATIQUÉE

0623.61 Unilatéralisme de la convention. Il a été évoqué (v. s^s n°s 0623.41 et 0623.42) que la convention prévoit elle-même qu'elle peut être applicable à la saisie de navires battant pavillons d'États non contractants, même lorsque la créance invoquée ne fait pas partie de la liste de l'article 1er (1) de la convention et que la jurisprudence a considéré qu'il pouvait être fait une application distributive à la fois du droit français interne et de la convention internationale à la saisie d'un navire battant pavillon d'un État non contractant. La jurisprudence applique donc toujours la convention ou la loi française lorsque le navire saisi bat pavillon d'un État non contractant. Il est dès lors très peu probable que des juges français se prononcent pour l'application d'une loi étrangère. Mais cette application systématique de la convention ou de la loi française n'a pas été exempte de critiques. Il n'est donc peut-être pas complètement inutile d'analyser brièvement les autres facteurs de rattachement, ainsi que les arguments en leur faveur, pour le cas où la convention serait écartée.

0623.62 Défaut d'application de la convention. Si la convention est écartée, le juge saisi dispose de trois rattachements possibles :

– la loi du lieu de naissance de la créance (*lex causae*) : la loi d'autonomie, la loi du lieu d'exécution de l'obligation conventionnelle s'il s'agit d'une créance de nature contractuelle, la *lex loci delicti*, s'il s'agit d'une créance de nature délictuelle ;

– la loi du pavillon ;

– la loi du juge auquel la mesure conservatoire est demandée (*lex fori*).

0623.63 *Lex causae.* Si elle permet d'appliquer une loi unique au régime du contrat international[5], elle est cependant inappropriée, en ce qu'elle peut conduire à appliquer une loi qui ne serait ni la loi nationale du créancier, ni celle du débiteur, si la créance est née dans un pays tiers.

0623.64 Loi du pavillon. La loi du pavillon a elle aussi ses partisans[6].

Son application s'imposerait, selon ses partisans, pour des questions de simplicité, en ce qu'elle créerait les conditions d'une prévisibilité et d'une unité de la

1. EN CE SENS : P. Bonassies, C. Scapel et C. Bloch, *Traité de droit maritime*, 4e éd., LGDJ, 2022, n° 648 – P. Bonassies, obs. *DMF* 2001, HS n° 5, n° 44 – Ph. Delebecque, *Droit maritime*, 14e éd., « Précis », Dalloz, 2020, n° 255.
2. Conv. Genève, 12 mars 1999, art. 8, 1.
3. Conv. Bruxelles, 10 mai 1952, art. 6, al. 1er.
4. Conv. Bruxelles, 10 mai 1952, art. 6, al. 2.
5. R. Rodière, *Traité de droit maritime*, t. 1, *Le navire*, Dalloz, 1980, n° 195.
6. Rép. internat., v° *Navire*, par P. Cordier, déc. 1998 [actu. janv. 2024], n°s 29 s. – A. Vialard, « La saisie conservatoire du navire pour dettes de l'affréteur à temps », *DMF* 1985. 586.

loi applicable, celle du pavillon, quel que soit le lieu où la saisie est pratiquée. Ainsi l'application de la loi du pavillon empêcherait les créanciers d'avoir recours au *forum shopping* afin d'appliquer à la saisie conservatoire un droit qui leur serait plus favorable. Enfin, la saisie conservatoire participerait du statut réel du navire, soumis à la loi du pavillon.

S'agissant de la détermination du navire saisissable, le tribunal de grande instance de Brest a considéré, à propos de la saisie-exécution du navire-école *Sedov* pendant la manifestation nautique « Brest 2000 », que la loi compétente pour déterminer le caractère saisissable d'un navire n'est pas la loi du for, mais la loi du statut réel du navire, la loi du pavillon[1]. Dans cette espèce, le juge brestois avait accordé la mainlevée la saisie en se fondant sur la loi russe, laquelle déclare insaisissable les biens affectés à une personne morale sous la forme d'un droit de gestion économique ou de direction opérationnelle[2]. La cour d'appel de Rennes, saisie de cette affaire, a rendu un arrêt confirmatif dont la motivation mérite d'être saluée. Après avoir rappelé qu'« *en vertu du principe de territorialité de l'exécution, la détermination des biens saisis appartient à la loi française lorsque les biens sont situés en France* », elle a, pour déterminer le problème de l'appartenance du navire *Sedov*, fait application de la loi du pavillon, loi réelle du navire « *seule apte pour rechercher dans quel patrimoine se trouve le Sedov* ». Or le droit russe admet la constitution d'un patrimoine d'affectation au profit de personnes morales (en l'espèce l'Université de Murmansk), qu'elle a reconnu conforme à l'ordre public international[3]. Elle ne fait donc application de la loi du pavillon que pour déterminer l'appartenance du bien saisi lorsque cette question constitue un préalable nécessaire à l'examen de la validité de la saisie, question qui ne pouvait se poser, devant les tribunaux français, que dans l'hypothèse d'une saisie sur le fondement des dispositions internes, et non de la convention du 10 mai 1952. L'arrêt de la cour d'appel de Rennes renforce ainsi la solution classique du recours à la loi du for.

0623.65 ***Lex fori.*** Son application découlerait en premier lieu du principe de territorialité de l'exécution (v. s^s^ n°s 1711.05 s.) qui commande l'application de la loi du lieu de la situation effective du bien, à l'exclusion de tout autre droit, notamment celui du pavillon (v. s^s^ n° 1711.12).

Le principe de territorialité peut ainsi amener à autoriser le juge français à saisir un navire insaisissable à l'épreuve du droit régissant le statut réel du navire, dès lors qu'aucune disposition interne ou internationale intégrée dans l'ordre juridique du for ne s'y oppose expressément.

Cette solution est d'ailleurs confirmée par l'interprétation de la convention par référence au texte anglais, du reste conforme à l'esprit de la convention[4]. Celui-ci désigne en effet expressément l'État contractant comme étant le substantif auquel se réfère le pronom « cet » du texte français : « *Un navire battant le pavillon d'un État non contractant peut être saisi dans l'un des États contractants en vertu d'une des créances énumérées à l'article premier, ou de toute autre créance permettant la saisie d'après la loi de cet État* ». [« *A ship flying the flag of a non contracting state may be arrested in the jurisdiction of any contracting State in respect of any of the maritime claims enumerated in Article 1 or of any other claim for which the law of the contracting state permits the arrest* »].

Certains auteurs se sont attachés à donner une assise doctrinale à la solution de la *lex fori*. Ils ont notamment considéré que la loi du pavillon tendait à devenir un rattachement artificiel avec le développement des pavillons de complaisance[5]. Ainsi, aux partisans de l'application de la loi du pavillon pour éviter le « *forum shopping* des créanciers », ceux de la *lex fori* opposent les inconvénients d'un *forum shopping* inversé pratiqués par les armateurs par le choix d'un statut réel du navire plus favorable leur permettant de faire échapper le navire à ses futurs créanciers.

Les partisans de l'application de la loi du pavillon ne remettent d'ailleurs pas en question la détermination de la procédure applicable par référence à la loi du for, solution qui s'impose pour les raisons évoquées plus haut. Le *forum shopping* est cependant là encore inévitable. Ainsi, le créancier peut décider, s'il en a le choix, d'attendre de saisir un navire en France, où la seule contrainte est de présenter une requête devant le président du tribunal de commerce, plutôt qu'à sa précédente escale en Espagne, où le juge autorisant la saisie conditionne la délivrance du titre exécutoire à la remise par le créancier saisissant d'une garantie bancaire émise par une banque espagnole de premier rang à hauteur d'une somme que le juge détermine et pouvant atteindre 100 % du montant pour lequel la saisie est pratiquée, pour prévenir les dommages éventuels causés au saisi, dans l'hypothèse où la saisie serait déclarée abusive.

1. TGI Brest, 27 juill. 2000, *DMF* 2001, HS, n° 46, n° 45 *bis*, obs. P. Bonassies.
2. OBS. CRIT. Bonassies, *DMF* 2001, HS, n° 46.
3. Rennes, 27 juin 2002, navire Sedov, *DMF* 2002. 734.
4. F. Berlingieri, *Arrest of ship*, Lloyd's of London Press, 1992, p. 21-22.
5. P. Bonassies, *Cours de DESS*, Aix-en-Provence – P. Pestel-Debord et P. Garo, *La saisie conservatoire de navires*, chap. 1, *Les textes applicables*, Pratic-Export, 1994, p. 8.

CHAPITRE

0624. Saisie conservatoire des navires : conditions de fond

CYRIL BLOCH
PROFESSEUR À L'UNIVERSITÉ D'AIX-MARSEILLE
DIRECTEUR DU PÔLE TRANSPORTS (CDMT-IFURTA)

SECTION 0
ORIENTEUR

0624.00 Sommaire du chapitre.

Division. Les conditions de fond sont de deux ordres. Certaines se rapportent à la nature de la créance ou à la personne du créancier (sect. 1), les autres concernent la détermination des navires saisissables (sect. 2).

0624.01 Textes applicables.

TEXTES DE DROIT INTERNE

* Pour l'historique, v. s^s^ n° 0623.01, le récapitulatif des textes applicables.

• **C. pr. exéc.**, art. L. 512-2 et R. 112-2.

• **C. transp.**, art. L. 5114-1 à L. 5114-22.

TEXTES DE DROIT INTERNATIONAL

* V. s^s^ n° 0623.01, récapitulatif des textes applicables.

• **Conv. Genève, 12 mars 1999** *(non ratifiée par la France).*

0624.02 Jurisprudence de référence.

> Saisie conservatoire des navires. Caractère de la créance alléguée comme cause de la saisie.

• **Com. 26 mai 1987**, n° 86-11.400, P IV, n° 123

* V. s^s^ n°s 0624.11, 0624.31

Viole les articles 1 et 2 de la convention internationale de Bruxelles du 10 mai 1952 pour l'unification de certaines règles sur la saisie conservatoire des navires de mer, la cour d'appel qui subordonne l'autorisation d'une telle saisie au caractère certain et sérieux de la créance maritime dont se prévaut le demandeur.

> Saisie conservatoire des navires. Caractère simplement probable de la créance alléguée comme cause de la saisie.

• **Com. 7 mars 2006**, n° 05-15.906, P IV, n° 57

* V. s^s^ n°s 0624.31, 0625.113

Il suffit, pour que la saisie conservatoire d'un navire puisse être ordonnée, que le demandeur se prévale d'une créance maritime au sens de l'article 1er de la convention de Bruxelles du 10 mai 1952. Doit dès lors être cassé l'arrêt qui refuse d'ordonner la saisie conservatoire d'un navire motif pris de ce que la créance du demandeur serait prescrite.

> Saisie conservatoire des navires. Caractère de la créance alléguée. Créance disponible ou menacée dans son recouvrement. Nécessité (non).

• **Com. 5 oct. 2010**, n° 09-13.092, P IV, n° 148

* V. s^s^ n° 0624.31

Ni l'indisponibilité de la créance cause de la saisie, ni l'absence de circonstances susceptibles d'en menacer le recouvrement ne font obstacle à la saisie conservatoire d'un navire.

Dès lors, justifie légalement sa décision d'autoriser la saisie conservatoire d'un navire, la cour d'appel qui retient que le saisissant alléguait une créance maritime qui, au sens de l'article 1er § 1, q de la convention de Bruxelles du 10 mai 1952 portant unification de certaines règles sur la saisie conservatoire des navires, avait pour cause un mort-gage.

0624.03 **Bibliographie indicative.**
* V. ss no 0623.03

SECTION 1
CONDITIONS RELATIVES À LA CRÉANCE

0624.11 **Vraisemblance de la créance.** S'agissant d'une mesure conservatoire qui ne préjudicie pas au fond, le premier effet recherché est l'efficacité, dont le corollaire est la rapidité. Aussi, ni le droit international, ni le droit interne, depuis le décret du 24 février 1971, ayant réformé l'ancien article 29 du décret de 1967 (devenu C. transp., art. L. 5114-22[1]), n'imposent au créancier de faire valoir une créance certaine liquide et exigible. Une créance simplement vraisemblable suffit, ce que la jurisprudence a affirmé avec force[2].

L'autorisation judiciaire de la saisie conservatoire est nécessaire même lorsque le créancier dispose d'un titre exécutoire[3]. Le créancier peut donc pratiquer une saisie conservatoire sans notification préalable de son titre exécutoire[4].

0624.12 **Exclusion de la condition de menaces sur le recouvrement des textes sur la saisie conservatoire des navires.** À l'instar du droit commun des mesures conservatoires (v. ss no 0611.71), les textes sur la saisie conservatoire des navires n'imposent pas au créancier saisissant de démontrer une urgence. En outre, ni le droit international, ni le législateur interne n'imposent au créancier de démontrer que sa créance est en péril pour obtenir la mesure qu'il demande, à la différence du droit commun qui en fait une condition.

La menace sur le recouvrement est en fait présumée, en raison du risque constant que fait peser sur le droit du créancier le caractère itinérant du navire, élément de gage principal, sinon unique du créancier[5].

La jurisprudence a rappelé fermement que l'urgence et les menaces de recouvrement ne sont pas des conditions de la saisie[6].

0624.13 **Indifférence de la proportion entre la créance en jeu et la valeur du navire.** Bien que la jurisprudence n'ait jamais eu l'occasion de se prononcer sur le sujet[7], il y a tout lieu de penser que la saisie conservatoire d'un navire peut être pratiquée quel que soit le montant de la créance sur laquelle s'appuie le requérant. Rien dans les dispositions de droit interne comme dans celles de la convention de 1952 ne permet d'écarter une saisie conservatoire au motif d'une disproportion entre le faible montant de la créance en cause et la valeur élevée du navire. Au demeurant, cette disproportion n'est-elle pas inhérente à la saisie conservatoire des navires, qui, du moins pour les navires de commerce et les navires de grande plaisance, ont presque toujours une valeur sans commune mesure avec le montant des créances en jeu ?

0624.14 **Créances causes de la saisie – Droit interne et droit international. Plan.** Les critères retenus en droit interne et en droit international diffèrent radicalement. Alors que la convention de Bruxelles du 10 mai 1952 dresse une liste exhaustive des créances autorisant la saisie, dont il suffit d'alléguer l'existence (§ 1), le droit interne l'autorise quelle que soit la nature de la créance mais conditionne l'autorisation de saisir à la démonstration d'une créance paraissant fondée en son principe (§ 2).

§ 1
Droit international

0624.21 **Une simple allégation de créance maritime.** L'article 1er de la convention de 1952 définit la notion de créance autorisant la saisie, dans sa

1. Ord. no 2010-1307, 28 oct. 2010, *JO* 3 nov., p. 3.
2. SUR LA CERTITUDE DE LA CRÉANCE : Com. 26 mai 1987, no 86-11.400, navire African Star, P IV, no 123 ; *DMF* 1987. 645 – Com. 12 janv. 1988, no 85-17.890, navire Nora, P IV, no 15 ; *DMF* 1992. 134 – Aix-en-Provence, navire Friday Star, *DMF* 1997. 591, obs. Y. Tassel ; *DMF* 1998. 47, no 63, obs. P. Bonassies – SUR LE CARACTÈRE LIQUIDE ET EXIGIBLE DE LA CRÉANCE : T. mixte Nouméa, 17 nov. 1979, *DMF* 1980. 223 – T. com. Rouen, ord. réf., 11 janv. 1991, navire Noblesse, *DMF* 1993. 58 – Rouen, 12 juin 1992, navire Maipo et navire Roman, *Juris-Data* no 050824.
3. Com. 1er oct. 1997, no 95-15.499, navire *Secil Angola*, P IV, no 234.
4. Com. 4 mars 2014, no 13-10.092, navires Cayenne-Géraldine et Yutaku-Manu 35, P IV, no 42 ; *DMF* 2014. 759, rapp. J.-P. Remery ; *RD transp.* 2014, no 24, obs. M. Ndendé.
5. V. la position intéressante du juge Anversois : T. com. Anvers, 29 mars 1988, *Jurispr. du Port d'Anvers* 1988. 119.
6. Prononcé sous le visa de l'article 29 du décret du 27 octobre 1967 : Civ. 1re, 18 nov. 1986, no 85-11.324, P I, no 269 ; *DMF* 1987. 697, note Jarosson et Rémond-Gouilloud ; *JCP* 1987. IV. 37 ; *Rev. crit. DIP* 1987. 760, note B. Audit ; *JDI* 1987. 125, note Gaillard – Faisant application de la convention de Bruxelles du 10 mai 1952 : Aix-en-Provence, 26 janv. 1990, navire Mont Blanc Maru, *DMF* 1992. 354, note Achard et Aix-en-Provence, 24 sept. 1992, navire Hassi R'Mel, *Rev. Scapel* 1992. 89.
7. Sur ce point, v. J.-P. Remery, « Saisie conservatoire, proportion entre la créance prétendue et la valeur du navire », *DMF* 2023. 1058.

consistance et son contenu : « *L'allégation d'un droit ou d'une créance ayant l'une des causes suivantes* ». S'ensuit une énumération de créances de a) à q).

A. Allégation d'un droit ou d'une créance

0624.31 Notion : apparence de réalité ou de vraisemblance. La notion d'allégation, extrêmement souple, permet au créancier saisissant, dès lors que la créance qu'il allègue entre dans la liste exhaustive de l'article 1er de la convention, de saisir sur le fondement d'une apparence de réalité et ouvre très largement le droit de pratiquer une saisie conservatoire [1].

La Cour de cassation a jugé que l'allégation prévue par la convention du 10 mai 1952 se distingue de la condition de créance paraissant fondée en son principe du droit interne en ce qu'elle comporte un degré moindre de probabilité [2].

Les juges rennais avaient tenté de définir l'allégation de créance en référence à un critère de vraisemblance. Ainsi, le juge de la saisie ne devait donc refuser d'autoriser la saisie qu'en l'absence d'éléments de preuve rendant vraisemblable l'existence de la créance [3]. Par exemple, la cour d'appel de Rouen avait refusé de donner mainlevée d'une saisie conservatoire pratiquée à la requête d'assureurs facultés au motif qu'une juridiction arbitrale les avait déclarés prescrits en leur action au fond contre le transporteur contractuel [4].

Dans son dernier état, la jurisprudence de la chambre commerciale de la Cour de cassation va cependant bien plus loin. La Cour de cassation indique en effet que l'office du juge est limité à la constatation que la créance est une créance énumérée par l'article 1er de la convention de Bruxelles du 10 mai 1952. Dans cette espèce, la chambre commerciale de la Cour de cassation a, sous le visa de l'article 2 de la convention de Bruxelles du 10 mai 1952, cassé un arrêt de la cour d'appel d'Aix-en-Provence ayant retenu que la demande au fond était prescrite lorsque les créanciers ont présenté leur requête aux fins de saisie conservatoire au motif que les demandeurs alléguaient une créance maritime [5]. Cette position très libérale s'est ensuite confirmée, la Cour de cassation jugeant que « *la simple allégation par le saisissant de l'existence, à son profit, de l'une des créances maritimes visées à l'article 1er, 1 de ce traité suffit à fonder son droit de saisir le navire auquel cette créance se rapporte* [tout autre navire appartenant au même propriétaire] » [6]. Ainsi, comme l'a ensuite bien résumé la cour d'appel d'Aix-en-Provence, « *il suffit au créancier* [...] *d'affirmer qu'il est titulaire* [d'une créance maritime], *sans avoir à justifier de l'existence ou même de la vraisemblance de cette créance. Et l'office du juge se borne à la constatation que la créance est une créance énumérée à l'article 1er de la convention de Bruxelles du 10 mai 1952* » [7].

Allant dans le même sens, dans une espèce dans laquelle la créance alléguée correspondant à la partie impayée d'un prêt garanti par un *mortgage* et était indisponible du fait d'une saisie par un tiers, la chambre commerciale de la Cour de cassation a affirmé que « *ni l'indisponibilité de la créance cause de la saisie, ni l'absence de circonstances susceptibles d'en menacer le recouvrement ne font obstacle à la saisie conservatoire d'un navire* » [8].

0624.32 Palliatif et sanction. Une telle souplesse n'est permise qu'accompagnée de palliatifs et de menaces de sanction.

Ainsi, le saisi est-il investi de la possibilité de saisir de nouveau le juge ayant rendu l'ordonnance autorisant la saisie, statuant en référé, selon la procé-

1. PAR EX. : Aix-en-Provence, 24 sept. 1992, navire Hassi R'Mel, *Rev. Scapel* 1992. 89, nº 22 – Aix-en-Provence, 3 déc. 2015, nº 14-13940, navire Kilebo, *DMF* 2016, nº 780.425, obs. G. Piette – Poitiers, 9 juin 2015, nº 14-04570, navire Enigma, *DMF* 2017 nº 787., obs. F.-X. Balme – Et, sur recours en cassation, Com. 8 mars 2017, nº 15-21.571, NP ; *DMF* 2017. 721, obs. F.-X. Balme – Aix-en-Provence, 6 févr. 2020, navire M/Y Lady Jersey, nº 18/18966, *DMF* 2020, nº 824, obs. P. Bonassies – Pour une vue synthétique, G. Piette, « La saisie des navires : état de lieux et perspectives », *DMF* 2018. 483.
2. Com. 26 mai 1987, nº 86-11.400, navire African Star, P IV, nº 123 ; *DMF* 1987. 645 ; *DMF* 1988. 86, obs. P. Bonassies.
3. Caen, 9 oct. 2003, navire Clipper Cheyenne, *DMF* 2006. 131, obs. Rossi – POUR UNE AUTRE ILLUSTRATION : Aix-en-Provence, 16 oct. 2014, navire Martha Ann, *DMF* 2015. 766, obs. Lootgieter : « *L'allégation c'est-à-dire l'affirmation d'une créance signifie que les éléments fournis par le prétendu créancier doivent rendre vraisemblable celle-ci, mais sans qu'elle ait besoin d'être formellement établie* ».
4. Rouen, 2 avr. 1992, navire Repubblica-di-Amalfi, *DMF* 1993. 245, note Y. Tassel ; *DMF* 1994. 84, obs. P. Bonassies – *CONTRA* : Com. 7 mars 2006, nº 05-15.906, navire Larbi Ben M'Hidi, P IV, nº 57 ; *RTD com.* 2006. 518, obs. Ph. Delebecque ; dans cette espèce, la prescription n'avait cependant pas fait l'objet d'une adjudication au fond.
5. Com. 7 mars 2006, nº 05-15.906, navire Larbi Ben M'Hidi (préc. s[s] prés[t] nº).
6. Com. 8 mars 2017, nº 15-21.571, NP (préc. s[s] prés[t] nº) – Com. 13 sept. 2023, nº 20-21.546, B ; *DMF* 2023. 921, obs. G. Piette.
7. Aix-en-Provence, 17 févr. 2022, RG nº 21/04194, *DMF* 2022. 821, obs. J. Ha Ngoc – Cette position libérale suscite néanmoins des résistances auprès de certaines cours d'appel (EN CE SENS, v. Montpellier, 3 mars 2022, RG nº 21/07099, *DMF* 2022. 616, obs. C. Bourayne, mainlevée d'une saisie conservatoire soumise à la convention de 1952, au motif que la créance alléguée apparaissait aléatoire et éventuelle et, dès lors, non fondée en son principe).
8. Com. 5 oct. 2010, nº 09-13.092, navire Blue Shadow, P IV, nº 148 ; *DMF* 2010. 917, obs. P. Bonassies ; *JCP* 2011. 147, note Lauvergnat.

dure d'heure à heure, pour obtenir mainlevée de la saisie (v. ss nos 0626.12 s.).

Surtout, le saisi peut, dans le cadre de l'instance au fond, demander de lourds dommages-intérêts pour le dommage que lui a causé la saisie pratiquée abusivement (C. pr. exéc., art. L. 512-2).

Ces palliatifs ne vont cependant pas jusqu'à permettre au juge de subordonner l'autorisation ou le maintien de la saisie conservatoire à la fourniture d'une contre-garantie par le créancier saisissant pour le cas où la créance maritime alléguée s'avérait par la suite infondée[1].

B. Une créance maritime

0624.41 Catégories de créances. Trois groupes de créances peuvent être dégagés de l'énumération de l'article 1er de la convention :

– **les droits et créances de nature délictuelle :**

a) dommages causés par un navire soit par abordage, soit autrement ;

b) pertes de vies humaines ou dommages corporels causés par un navire ou provenant de l'exploitation d'un navire ;

c) avaries communes.

– **les droits et créances de nature contractuelle :**

a) assistance et sauvetage ;

b) contrats relatifs à l'utilisation ou à la location d'un navire par charte-partie ou autrement ;

c) contrats relatifs au transport des marchandises par un navire en vertu d'une charte-partie, d'un connaissement ou autrement ;

d) pertes ou dommages aux marchandises et bagages transportés par un navire ;

e) prêt à la grosse ;

f) remorquage ;

g) pilotage ;

h) fournitures, quel qu'en soit le lieu, de produits ou de matériel, faites à un navire en vue de son exploitation ou de son entretien ;

i) construction, réparations, équipement d'un navire ou frais de cale ;

j) salaires des capitaines, officiers et hommes d'équipage ;

k) débours du capitaine et ceux effectués par les chargeurs, les affréteurs ou les agents pour le compte du navire ou de son propriétaire.

– **les droits réels sur le navire :**

a) la propriété contestée d'un navire ;

b) la copropriété contestée d'un navire ou sa possession, ou son exploitation, ou les droits aux produits d'exploitation d'un navire en copropriété ;

c) toute hypothèque maritime et tout *mortgage* (crédit hypothécaire).

0624.42 Exhaustivité de la liste. La question s'est posée de savoir si la liste de l'article 1er de la convention était indicative ou exhaustive. Les travaux préparatoires à la convention[2] et la jurisprudence[3], se sont très clairement prononcés en faveur de l'exhaustivité.

0624.43 Difficultés d'interprétation. Plusieurs cas ont donné lieu à des interprétations prétoriennes à partir du texte de la convention.

La question s'est notamment posée à propos des frais de récupération engagés par la Marine nationale, de conteneurs renfermant des produits toxiques, transportés à bord d'un navire marocain et tombés en mer au large d'Ouessant. La cour d'appel de Rennes[4] a considéré qu'il s'agissait de « *dommages causés par un navire* »[5].

De même, les **créances** suivantes ont été jugées être **de nature maritime :**

– une créance de courtage sur un contrat d'affrètement à temps pouvait être rattachée à l'article 1er de la convention en tant que « *contrat relatif à l'utilisation ou la location d'un navire par charte-partie ou autrement* »[6] ;

– la livraison par le transporteur au destinataire des marchandises, payées au moyen d'un crédit documentaire, sans remise des connaissements, autorise la banque porteur des connaissements, disposant d'une créance relative « *au transport des marchandises par un navire en vertu d'un connaissement* » à saisir le navire à titre conservatoire[7] ;

– l'impossibilité pour le transporteur maritime de délivrer une marchandise de même nature que celle décrite au connaissement équivaut à une perte de marchandise, cas visé expressément à l'article 1er (1)

1. Aix-en-Provence, 6 févr. 2020, navire M/Y Lady Jersey, *DMF* 2020, nº 824, obs. P. Bonassies – DANS LE MÊME SENS au Royaume Uni : London Court of appeal, 11 déc. 2018, *The Alcyon, Lloyd's Law Report* (2019) 1. 406, *DMF* 2020, nº 820, nº 64, obs. P. Bonassies.

2. *CMI Bulletin*, nº 105, p. 5.
3. Poitiers, 13 nov. 1985, navire African Star, *DMF* 1987. note Vialard – Rouen, 15 avr. 1982, navire GME Atlantico, *DMF* 1982. 744, note Marguet – Aix-en-Provence, 26 oct. 2001, navire Canmar Supreme 30, *DMF* 2002. 20 et 265, obs. Rémery ; *DMF* 2003, HS, nº 48, obs. P. Bonassies – Aix-en-Provence, 30 oct. 2002, navires Tablat et Tlemcen, *DMF* 2003. 78, obs. Pestel-Debord.
4. Rennes, 23 sept. 1992, navire Azizal, *DMF* 1995. 301, note Tantin ; *DMF* 1996. obs. P. Bonassies.
5. Conv. Bruxelles, 10 mai 1952, art. 1er, a.
6. T. com. Ajaccio, 19 oct. 1999, navire Islandbreeze, *DMF* 2000. 32, obs. Gauthier.
7. Com. 3 févr. 1998, nº 95-20.474, navire Yildiran, NP ; *DMF* 1998. 255, rapp. Remery – SUR POURVOI contre Montpellier, 1er juin 1995, *DMF* 1995. 918, obs. Y. Tassel.

e de la convention : « *Contrats relatifs au transport des marchandises par un navire en vertu* [...] *d'un connaissement* » ;

– la créance d'un armateur en remboursement du solde d'un compte d'escale à l'encontre de son agent maritime entrait dans la catégorie des « *débours du capitaine et ceux effectués par les chargeurs, les affréteurs ou les agents pour le compte du navire ou de son propriétaire* »[1]. *À cet égard, le tribunal de commerce de Marseille a poussé la logique plus loin en jugeant que la créance née du* « *risque d'impossibilité de régler les fournisseurs* », en l'espèce une créance déjà exigible de l'entreprise de manutention tombait à la charge de l'agent comme un débours de l'article 1 (n) de la convention du 10 mai 1952[2] ;

– la notion de salaires des capitaines, officiers et hommes d'équipage, qui se rattache au fonctionnement et à l'exploitation du navire, doit s'entendre comme un terme générique couvrant l'ensemble des créances liées au contrat d'engagement. Dès lors les accessoires du salaire des capitaines, officiers ou hommes d'équipage, ainsi que les indemnités liées à la rupture du contrat d'engagement sont des créances maritimes au même titre que les salaires[3] ;

– la créance d'une société de *ship management* liée à l'équipage et à l'entretien du navire[4] ;

– la créance de dommages-intérêts liés à la rupture anticipée et abusive du contrat de travail, le solde de congés payés, la prime de précarité et l'indemnité forfaitaire de travail dissimulé[5] ;

– les dépenses d'entretien destinées au maintien de la sécurité et de l'amarrage d'un navire échoué et renfloué en vue de son remorquage, ont été liées à l'exploitation ultérieure du navire et partant, constituent des créances maritimes[6] ;

– la créance ayant pour cause un contrat de location d'un navire de compétition sportive[7] ;

– la créance des liquidateurs du fonds spéculatif de Bernard Madoff envers un chantier de construction navale portant sur des sommes ayant servi à l'acquisition d'un *yacht*, s'agissant d'une créance ayant pour cause la propriété contestée du navire[8, 9] ;

– la créance pour fourniture de gasoil à un navire en vue de son exploitation[10] ;

– la créance née de la défaillance alléguée du débiteur d'une obligation contenue dans un accord intitulé « *sale agreement* » de faire construire un *yatch* conformément à certaines spécifications a été qualifiée de créance relative à la construction d'un navire maritime en application de l'article 1er, 1, l) de la convention de Bruxelles, et non de créance relative à l'exécution d'un contrat de vente, non prévue dans l'énumération des créances maritimes par les rédacteurs du texte[11] ;

– la créance de dommages et intérêts due en raison des dommages provoqués par une explosion survenue à bord d'un navire à la suite d'un transbordement de marchandises explosives à partir d'un navire pétrolier (application de l'article 1er, 1, a)[12] ;

– le droit de propriété de l'acquéreur du navire pratiquant la saisie conservatoire pour s'opposer à la remise en vente du navire par le vendeur[13].

Lorsque la **créance** n'est que **partiellement maritime**, la jurisprudence accorde au créancier le **bénéfice de la convention du 10 mai 1952**. Ainsi, la saisie pratiquée par un maître d'œuvre en garantie du recouvrement de sa rémunération de maître d'œuvre, qui n'est pas une créance maritime au sens de la convention, et du prix de fournitures faites au navire[14], a été autorisée pour la totalité de la créance[15]. En revanche, dans une espèce dans laquelle plusieurs postes de la créance invoquée n'avaient pas le caractère de créances maritimes, le tribunal de commerce de Marseille a autorisé la mainlevée contre remise d'une garantie cantonnée à un montant équivalent à la somme des créances maritimes[16].

0624.44 Créances maritimes n'entrant pas dans le champ d'application de la convention. Malgré

1. Com. 10 mai 1989, no 87-11.779, P IV, no 146 ; *DMF* 1989. 704, note P. Bonassies.
2. T. com. Marseille, 4 juin 2003, navire Peljasper, *Rev. Scapel* 2003. 108 ; *DMF* 2004, HS, nos 49 et 50, obs. P. Bonassies.
3. Aix-en-Provence, 13 avr. 2004, navire Wedge One, *DMF* 2004. 1012, note Chaumette ; *DMF* 2005, HS, no 60, obs. P. Bonassies.
4. T. com. Toulon, 15 janv. 2020, no 2019R00134, *DMF* 2020, no 821, no 158, obs. G. Piette.
5. Aix-en-Provence, 6 févr. 2020, RG no 18/18966, *DMF* 2020, no 824, 417, obs. P. Bonassies – *Adde* Aix-en-Provence, 17 févr. 2022, RG no 21/04194, *DMF* 2022. 821, obs. J. Ha Ngoc (accueillant l'indemnité forfaitaire de travail dissimulé dans les créances maritimes, mais excluant l'indemnité au titre des frais irrépétibles qui ne découle pas du contrat d'engagement maritime).
6. Caen, 9 oct. 2003, navire Clipper Cheyenne, *DMF* 2006. 131, obs. Rossi.
7. Rouen, 8 avr. 2004, navire Spirit of Race, *DMF* 2005. 124, note M. Ndendé.
8. Conv. Bruxelles, 10 mai 1952, art. 1er, 1, o.
9. Aix-en-Provence, 27 mai 2010, navire Bull, *DMF* 2011. 340, obs. Y. Tassel ; *DMF* 2011, HS, no 58, obs. P. Bonassies.
10. Aix-en-Provence, 8e ch. A, 16 juin 2011, RG no 10/09500, M. Pipolo c/ Sarl Fioul 83, *DMF* 2012, suppl. « Le droit positif français en 2011 », no 16.
11. Aix-en-Provence, 29 janv. 2008, navire I'm no Lady, *DMF* 2008. 734, note Vialard ; *DMF* 2009, HS, no 54, obs. P. Bonassies.
12. Douai, 2e ch., 15 mars 2012, navires *Don Rodrigo et Bourbon Opale, DMF* 2013. 341, obs. crit. Rémond-Gouilloud ; *DMF* 2013, suppl. « Le droit positif français en 2012 », no 17, obs. approb. Ph. Delebecque.
13. Rennes, 9 mars 2015, *DMF* 2015. 695, obs. Bourayne.
14. Conv. Bruxelles, 10 mai 1952, art. 1er, 1, k.
15. Com. 3 févr. 1998, no 96-11.744, navire Vendredi 13, P IV, no 50 ; *DMF* 1998. 258, rapp. Rémery et obs. P. Bonassies ; *DMF* 1999, HS, nos 43 et 44, obs. P. Bonassies.
16. T. com. Marseille, 4 juin 2003, navire Peljasper, *DMF* 2004. 47, obs. J.-P. Rémery ; *DMF* 2005, HS, no 61, obs. P. Bonassies.

l'exhaustivité de la liste de l'article 1er de la convention, des créanciers maritimes du navire se trouvent exclus du bénéfice de la convention.

Il en est ainsi notamment des créances nées d'une inexécution du contrat de vente du navire [1], y compris lorsque la vente porte sur un navire de série à fabriquer (qu'il importe de distinguer du contrat de construction de navire) [2], de la rupture des pourparlers pour la vente d'un navire [3], d'un contrat de crédit [4], des actes de baraterie du capitaine [5], d'une créance née de la location de conteneurs [6], du non-paiement de primes d'assurances [7], de créances nées de prestations commerciales sans lien direct avec l'utilisation ou la location du navire [8], de la résiliation d'un contrat d'agence maritime [9] ou bien encore de créances nées de l'exécution d'un contrat de réservation d'un certain nombre de places pour un ou plusieurs voyages sur un paquebot, un tel contrat ne pouvant s'analyser comme un contrat relatif à l'utilisation ou à la location d'un navire par charte-partie ou autrement au sens de l'article 1er, d de la convention de Bruxelles de 1952 [10].

De même, le droit d'action directe de l'assureur, s'étant engagé à payer l'indemnité d'assistance à une société de remorquage, contre le tiers responsable de l'événement de mer ayant donné lieu à l'assistance des remorqueurs, ne constitue pas, pour la chambre commerciale de la Cour de cassation, une créance maritime entrant dans le champ d'application de la convention [11].

1. Com. 9 mai 1990, no 88-17.137, P IV, no 138 ; *JCP* 1990. IV. 258 ; *Gaz. Pal.* 1990. Pan. 173 – Sur pourvoi contre Rouen, 4 août 1988, *DMF* 1989. 586 – Rouen, 15 avr. 1982, navire GME Atlantico, *DMF* 1982. 744, note Marguet – Aix-en-Provence, 22 mai 1997, navire Mediterranea, *DMF* 1998. 692, note Bourayne ; *DMF* 1999, HS, no 3, p. 43, no 50, obs. P. Bonassies – T. com. Antibes, 27 nov. 1998, navire Turquoise, *DMF* 1999. 917.
2. Aix-en-Provence, 3 oct. 2014, Navire Jabberwocky, *DMF* 2015. 766, obs. Lootgieter (vente en l'état futur d'achèvement).
3. Douai, 12 sept. 1996, navire River Asab, *DMF* 1997. 36, obs. Gauthier.
4. Aix-en-Provence, 20 avr. 1990, *Juris-Data* no 051696 – Aix-en-Provence, 14 nov. 1996, navire Zamoura, *DMF* 1997. 608, obs. Y. Tassel ; *DMF* 1998. 48, no 63, obs. P. Bonassies – Aix-en-Provence, 26 oct. 2001, navire Canmar Supreme 30, *DMF* 2002. 20 et 265, obs. Rémery ; *DMF* 2003, HS, no 48, obs. P. Bonassies.
5. Com. 21 juin 1983, no 82-10.418, P IV, no 179 ; *DMF* 1985. 154.
6. Aix-en-Provence, 30 oct. 2002, navires Tablat et Tlemcen, *DMF* 2003. 78, obs. Pestel-Debord ; *DMF* 2004, HS, nos 50 et 51, obs. P. Bonassies.
7. T. com. Le Havre, 4 mars 1981, navire Aifanourios, *DMF* 1981. 740.
8. Aix-en-Provence, 3 déc. 2015, navire Okilebo, *DMF* 2016. 425, obs. G. Piette.
9. T. com. Marseille, 4 juin 2003, navire Peljasper, *Rev. Scapel* 2003. 108 ; *DMF* 2004, HS, nos 49 et 50, obs. P. Bonassies.
10. T. com. Marseille, 5 févr. 2013, navire Princess Danaé, *DMF* 2013. 753, obs. S. Goulet.

0624.45 Convention de Genève du 12 mars 1999. La convention de Genève du 12 mars 1999, que la France n'a ni signée, ni ratifiée, élargit la liste à cinq types d'autres créances relatives au navire non comprises dans cette liste.

Ainsi, la convention a modifié la liste et ajouté, parmi les créances autorisant la saisie :

– **alinéa d) :** « *dommages causés ou risquant d'être causés par le navire au milieu, au littoral ou à des intérêts connexes ; mesures prises pour prévenir, réduire ou éliminer ces dommages ; indemnisation de ces dommages ; coût des mesures raisonnables de remise en état du milieu qui ont été effectivement prises ou qui le seront ; pertes subies ou risquant d'être subies par des tiers en rapport avec ces dommages ; et dommages, coûts ou pertes de nature similaire à ceux qui sont indiqués dans le présent alinéa d* » ;

– **alinéa e) :** « *frais et dépenses relatifs au relèvement, à l'enlèvement, à la récupération, à la destruction ou à la neutralisation d'un navire coulé, naufragé, échoué ou abandonné, y compris tout ce qui se trouve ou se trouvait à bord de ce navire, et frais et dépenses relatifs à la conservation d'un navire abandonné et à l'entretien de son équipage* » ;

– **alinéa q) :** « *primes d'assurance* [y compris cotisations d'assurance mutuelle] *en relation avec le navire, payables par le propriétaire du navire ou par l'affréteur en dévolution ou pour leur compte* » ;

– **alinéa r) :** « *frais d'agence ou commissions de courtage ou autres en relation avec le navire, payables par le propriétaire du navire ou par l'affréteur en dévolution ou pour leur compte* » ;

– **alinéa v) :** « *tout litige découlant d'un contrat de vente du navire* » [12].

§ 2
Droit interne

0624.51 Conception personnaliste. À la différence du droit international, le droit français autorise la saisie conservatoire, quelle que soit la nature de la créance et sur tous les biens du débiteur.

Ainsi, un navire peut être saisi sur le fondement des textes internes, non seulement pour les créances « maritimes » exclues du champ d'application de la convention du 10 mai 1952 [13], mais aussi pour toute créance, quelle que soit sa nature.

11. Com. 23 nov. 1993, no 91-17.258, navire Heidberg, P IV, no 418 ; *JCP* 1994. IV. 274 ; *D.* 1994. IR 11 ; *DMF* 1994. 23, obs. P. Bonassies – T. com. Bordeaux, 23 sept. 1993, *DMF* 1993. 95, obs. P. Bonassies.
12. Conv. Genève, 12 mars 1999, art. 1er.
13. POUR UNE APPLICATION DU DROIT FRANÇAIS À UNE DE CES CRÉANCES : Paris, 21 oct. 1994, *DMF* 1995. 833.

En outre, en application de l'article 2284 C. civ., le droit français permet au créancier de saisir n'importe quel navire appartenant à son débiteur, à condition de démontrer l'existence d'une créance paraissant fondée en son principe (C. transp., art. L. 5114-22).

0624.52 Une créance paraissant fondée en son principe. En revanche, le droit français se montre plus restrictif quant au degré de probabilité requis pour que le créancier soit autorisé à pratiquer la saisie.

Ainsi, à l'instar du droit commun des mesures conservatoires, le demandeur doit-il démontrer qu'il détient une créance paraissant fondée en son principe (C. transp., art. L. 5114-22 – sur cette notion, v. s^s n°s 0611.61 à 0611.66) [1].

Le Code des transports est cependant plus souple que la loi du 9 juillet 1991 [2], désormais codifiée au Code des procédures civiles d'exécution, en ce qu'il n'impose pas au créancier de démontrer l'existence de menaces sur le recouvrement de la créance.

SECTION 2

CONDITIONS RELATIVES AU BIEN OBJET DE LA SAISIE

0624.60 Navires saisissables. Plan. La convention de Bruxelles du 10 mai 1952 et les textes internes sont exclusivement applicables aux navires, à l'exclusion de tout autre engin flottant (§ 1), mais diffèrent dans leur mise en œuvre selon la personne du débiteur (§ 2).

§ 1

Détermination des biens saisissables suivant le régime spécifique institué par la convention du 10 mai 1952, et la loi et le décret de 1967 portant statut des navires

0624.71 Distinction du navire et des autres engins flottants. Le législateur définit le navire comme « *tout engin flottant, construit et équipé pour la navigation maritime de commerce, de pêche ou de plaisance, et affecté à celle-ci* » (C. transp., art. L. 5000-2, I, 1°) ou pour « *pour la navigation maritime, affecté à des services publics à caractère administratif ou industriel et commercial* » (C. transp., art. L. 5000-2, I, 2°), mais exclut les navires de guerre français et étrangers (C. transp., art. L. 5000-2, II).

La convention de Bruxelles du 10 mai 1952 s'intitule quant à elle « *Convention internationale pour l'unification de certaines règles sur la saisie conservatoire des navires de mer, signée à Bruxelles* ».

Cette définition exclut donc d'emblée du champ d'application des règles faisant l'objet du présent chapitre les bateaux de rivières, soumis à une réglementation spécifique (v. s^s n°s 0627.10 s.).

Selon le critère de l'affectation à une navigation maritime, doivent être exclus de la qualification de navire et, partant, des biens saisissables au sens de la convention de Bruxelles et des textes internes portant statut du navire, les engins flottants tels que plates-formes pétrolières, pontons fixes, chalands [3], usines ou hôtels flottants, etc. L'exercice d'une mesure conservatoire sur ces biens est soumis au droit commun.

En revanche, l'affectation du navire et son tonnage importent peu. Il peut s'agir, selon la définition retenue par le législateur et la jurisprudence, d'un navire de commerce, de pêche, de plaisance, et « *de navigation sportive ou scientifique* » [4]. Pour mémoire, la chambre commerciale de la Cour de cassation a affirmé qu'en cas d'abordage en eaux fluviales entre deux jet skis, est seule applicable la loi du 5 juillet 1934 relative à l'abordage en navigation intérieure, à l'exclusion de l'article 1384-1 C. civ. [5] La conclusion logique de la qualification de bateau d'un jet-ski en eau douce est celle de navire en eau salée.

0624.72 Insaisissabilité du navire instrument de travail (navires de pêche). L'article R. 112-2 C. pr. exéc. déclare insaisissables « *les instruments de travail nécessaires à l'exercice personnel de l'activité professionnelle* ». En se fondant sur cette disposition, les tribunaux ont considéré que les navires affectés à l'exercice de l'activité professionnelle des personnes physiques et des artisans, sont insaisissables [6]. Le navire n'est en revanche déclaré insaisissable que si le saisi démontre que le navire est indispensable à son activité professionnelle. Cette disposition et son interprétation jurisprudentielle visent ainsi surtout les artisans pêcheurs, les promenades en mer, les navires des ostréiculteurs ou encore les voiliers des écoles de voiles.

0624.73 Navire devenu épave. Le navire abandonné et devenu épave perd la qualification de navire et retombe ainsi dans le giron du droit commun.

1. POUR UN EX. de refus de saisie conservatoire en l'absence de créance paraissant fondée en son principe, v. Aix-en-Provence, 11 mai 2023, *DMF* 2024. 442, obs. P. Chaumette (créance de salaires hypothétique).
2. L. n° 91-650, 9 juill. 1991, portant réforme des procédures civiles d'exécution, *JO* 14 juill.
3. T. com. Arles, 14 déc. 2004, *DMF* 2006. 134.
4. E. du Pontavice, *Le statut des navires*, Litec, 1976, n° 304.
5. Com. 5 nov. 2003, n° 00-19.521, NP ; *DMF* 2004. 331, rapp. de Monteynard, obs. P. Bonassies.
6. TGI Lyon, JEX, 14 juin 1994, *BICC* 15 sept. 1994, p. 51 – Aix-en-Provence, 19 févr. 1982, *JCP* 1984. II. 20174, note Prévault.

0624.74 **Navire prêt à faire voile.** La convention du 10 mai 1952 précise, en son article 3 que le navire est saisissable, alors même qu'il est prêt à faire voile, ce que le Code de commerce interdisait jadis (C. com., anc. art. 215 [1]). Il faut entendre par « *navire prêt à faire voile* » celui qui a « *reçu ses expéditions pour le départ, congé, patente de santé* » [2], c'est-à-dire que le navire est prêt à appareiller.

0624.75 **Insaisissabilité des navires d'État.** La convention de Bruxelles du 10 avril 1926 pose un principe d'immunité dès lors que le navire « *est affecté exclusivement, au moment de la naissance de la créance, à un service gouvernemental et non commercial* », mais cette convention n'a vocation à s'appliquer qu'entre États et ne concerne pas les particuliers.

L'application des principes du droit international public conduit à la même solution, le privilège de juridiction de l'article 14 ne s'appliquant pas aux rapports entre les ressortissants français et les États étrangers, qui bénéficient d'une immunité d'exécution.

Mais la jurisprudence a admis que les émanations des États n'ont pas d'immunité lorsqu'elles se prêtent à des activités commerciales [3].

Dans les rapports entre les ressortissants français et l'État français, aucune voie d'exécution et aucune mesure de contrainte ne peut être exercée contre l'État, et partant contre les navires dont il est propriétaire, excluant ainsi notamment toute la flotte militaire.

0624.76 **Contenu et accessoires du navire.** La question s'est posée de la détermination du régime applicable à la saisie de la marchandise et des soutes.

La saisie de la marchandise et des créances de fret demeure soumise, selon la jurisprudence, au droit commun [4].

En revanche, s'agissant de la saisie des soutes, la chambre commerciale de la Cour de cassation a, dans son arrêt du 13 janvier 1998, considéré que les soutes sont un élément du navire et obéissent donc au même régime que la saisie conservatoire du navire lui-même [5].

§ 2
La saisie analysée, à l'épreuve de la personne du débiteur et du navire sur lequel elle est pratiquée

0624.80 **Créance maritime ou lien. Plan.** Le droit français, de conception personnaliste, confère au créancier un droit de gage général sur tout le patrimoine de son débiteur. Ainsi, le créancier peut, si le débiteur est propriétaire d'une flotte de navire, saisir indifféremment l'un ou l'autre navire la composant. En revanche, si le navire passe en d'autres mains, le créancier ne pourra plus le saisir, à moins qu'il ne justifie d'un privilège assorti d'un droit de suite.

Le droit international a intégré la conception *in rem* inspirée du droit anglais, qui tend à personnifier le navire au point de donner à son créancier un droit personnel contre lui, peu importent les mains entre lesquelles il se trouve.

Ainsi, la saisie doit être analysée à la fois à l'épreuve du navire sur lequel elle est pratiquée et de la personne du débiteur.

La saisie peut donc être pratiquée sur le navire auquel se rapporte la créance, pour obtenir sûreté et garantie d'une créance détenue contre son propriétaire, sur le fondement du droit français ou du droit international (A).

Elle peut être pratiquée sur tout autre navire appartenant au débiteur, quelle que soit la nature de la créance invoquée, sur le fondement du droit français et, selon certaines conditions, sur le fondement du droit international (B).

La saisie peut aussi être pratiquée sur le navire auquel se rapporte la créance, passé entre-temps en d'autres mains (C), lorsque le créancier dispose d'un droit réel sur le navire ou d'un privilège assorti d'un droit de suite.

A.
Saisie du navire, propriété du débiteur et cause de la créance

0624.91 **Fondements possibles.** Cette hypothèse est la plus simple. Le débiteur peut alors saisir à la fois sur le fondement du droit international et du droit français.

B.
Saisie de l'un des navires appartenant au débiteur

0624.101 **Saisie possible sur le fondement du droit français.** En raison de la théorie du patrimoine,

1. Abrogé par la réforme de 1967.
2. R. Rodière, *Droit maritime*, Traité, t. I, *Le navire*, Dalloz, 1980, n° 190.
3. Rouen, 16 juin 1988, navire Filaret, *DMF* 1988. 604, obs. Achard – Civ. 1re, 4 févr 1986, n° 84-16.453, navire Ghat, P I, n° 7 ; *Rev. crit. DIP* 1986. 718, note Mayer ; *DMF* 1986. 346 – Sur pourvoi contre Aix-en-Provence, 20 sept. 1984, *Rev. crit. DIP* 1985. 358, note Rémond-Gouilloud ; *DMF* 1986. 16, obs. P. Bonassies – Rennes, 29 nov. 1995, navire Secil Angola, *DMF* 1996. 298, note Morin ; *DMF* 1997. 25, obs. P. Bonassies – V. AUSSI l'affaire du navire *Sedov*, J.-P. Rémery, « Pour une insaisissabilité temporaires des navires invités à une manifestation nautique », *DMF* 2001. 3 – Rennes, 27 juin 2002, navire Sedov, *DMF* 2002. 734.
4. Com. 13 janv. 1998, n° 95-15.497, navire Saint Pierre, P IV, n° 16 ; *DMF* 1998. 823 et 771, note M. Ndende ; *DMF* 1999. 51, obs. P. Bonassies – Sur pourvoi contre Rouen, 24 mai 1995, *DMF* 1996. 717, obs. Y. Tassel.
5. Com. 13 janv. 1998, n° 95-15.497, navire Saint Pierre (préc. ss prést n°) – *Adde*, Douai, 18 avr. 2014, *DMF* 2014. 726, obs. Ph. Delebecque.

le créancier peut saisir n'importe quel bien appartenant à son débiteur, pour obtenir sûreté et garantie d'une créance paraissant fondée en son principe. Le créancier peut donc saisir indifféremment n'importe quel navire appartenant à son débiteur si celui-ci exploite une flotte de navires.

0624.102 Saisie sur le fondement du droit international. La convention de Bruxelles contient une disposition conférant un vrai droit de suite aux créanciers chirographaires : « *Sans préjudice des dispositions du paragraphe 4, tout demandeur peut saisir soit le navire auquel la créance se rapporte, soit tout autre navire appartenant à celui qui était, au moment où est née la créance maritime, propriétaire du navire auquel cette créance se rapporte, mais aucun navire ne pourra être saisi pour une créance prévue aux alinéas o), p) ou q) de l'article premier à l'exception du navire même que concerne la réclamation* ».

Le créancier peut donc saisir, à l'instar du droit français, n'importe quel navire appartenant à son débiteur, pour une créance maritime, mais lorsque sa créance repose sur un droit réel sur le navire, son gage est réduit au navire sur lequel il peut exercer ce droit[1].

Ainsi, le créancier hypothécaire bénéficie certes sur le navire objet de la créance d'un privilège assorti d'un droit de suite, mais son droit de gage sera limité au navire objet de la saisie.

C. Saisie du navire appartenant à un tiers

0624.111 Droit français et droit international. Le droit français s'oppose en principe à la saisie d'un bien qui n'appartient pas au débiteur, sauf si le créancier bénéficie d'un privilège assorti d'un droit de suite. À l'opposé, le droit international privilégie l'exercice d'une action contre le navire objet de la créance, même s'il n'appartient pas au débiteur.

0624.112 Hypothèses d'application. La saisie d'un navire appartenant à un tiers se conçoit en droit interne si le créancier bénéficie d'un privilège sur le navire, en droit international lorsque la dette a été contractée par l'affréteur du navire, ou lorsque le navire objet de la créance a été cédé à un tiers, ou encore, lorsque, derrière la personne morale propriétaire du navire dont on envisage la saisie, se dissimule en fait le débiteur.

1. Pour des ex. d'application de l'article 3 (1) : Com. 10 mai 1989, n° 87-11.779, navire Tébessa, P IV, n° 146 ; *DMF* 1989. 704, obs. P. Bonassies – Aix-en-Provence, 11 mars 1988, navires Hakki-Morgul er Morgul, *DMF* 1989. 367 – Rennes, 21 juin 1989, navires Brave Mother et Brave Themis, *DMF* 1989. 649 – Douai, 8 févr. 1990, navire Gallia, *DMF* 1992. 359.

1° Saisie du navire appartenant à un tiers en vertu d'un privilège maritime

0624.121 Liste des privilèges. L'article L. 5114-8 C. transp. définit les privilèges des créanciers non seulement sur le navire, mais aussi sur le fret du voyage pendant lequel est née la créance privilégiée et sur les accessoires du navire et du fret acquis depuis le début du voyage définis à l'article L. 5114-10 C. transp.

Ainsi, sont privilégiés :

– les frais de justice exposés pour parvenir à la vente du navire et à la distribution de son prix ;

– les droits de tonnage ou de port et les autres taxes et impôts publics de mêmes espèces, les frais de pilotage, les frais de garde et de conservation depuis l'entrée du navire dans le dernier port ;

– les créances nées du contrat d'engagement du capitaine, de l'équipage et du contrat de travail des autres personnes employées à bord ;

– les rémunérations dues pour sauvetage et assistance et la contribution du navire aux avaries communes ;

– les indemnités pour abordage ou autres accidents de navigation, ou pour dommages causés aux ouvrages d'art des ports et des voies navigables, les indemnités pour lésions corporelles aux passagers et aux équipages, les indemnités pour pertes et avaries de cargaison ou de bagages ;

– les créances provenant de contrats passés ou d'opérations effectuées par le capitaine hors du port d'attache, en vertu de ses pouvoirs légaux, pour les besoins de la conservation du navire ou de la continuation du voyage, sans distinguer si le capitaine est ou non en même temps propriétaire du navire et s'il s'agit de sa créance ou de celles de fournisseurs, réparateurs, prêteurs ou autres contractants. Il en est de même pour les créances que font naître contre l'armateur les actes du consignataire, lorsqu'il pourvoit aux besoins normaux du navire au lieu et place du capitaine.

Ces différents privilèges sont d'interprétation stricte[2].

0624.122 Force des privilèges maritimes. L'article L. 5114-13 C. transp. dispose que les créanciers privilégiés de l'article L. 5114-8 priment les créanciers bénéficiaires d'une hypothèque maritime, qui priment eux-mêmes les créanciers bénéficiant de privi-

2. V. PAR EX., à propos de la preuve de l'engagement des dépenses par le capitaine du navire : Nouméa 14 oct. 2010, navire King Tamato, *DMF* 2011. 721, obs. Ph. Delebecque – T. com. Marseille, 4 avr. 2013, n° 2013R00161, navire Princess Danaé, *DMF* 2014. 754, obs. Goulet.

lèges de droit commun sur le navire (C. transp., art. L. 5114-14).

0624.123 **Droit de suite.** L'article L. 5114-18 C. transp. dispose que les privilèges prévus à l'article L. 5114-8 suivent le navire en quelques mains qu'il passe.

0624.124 **Extinction des privilèges.** Les privilèges sur le navire ont cependant une durée de vie relativement courte. En effet, si ces privilèges naissent sans formalisme particulier, ils s'éteignent automatiquement à l'expiration d'un délai d'un an pour les privilèges énoncés aux alinéas 1 à 5 de l'article L. 5114-8 C. transp., et dans un délai de six mois pour les privilèges garantissant les créances visées à l'alinéa 6 (C. transp., art. L. 5114-17).

De même, les privilèges de l'article L. 5114-8 C. transp. s'éteignent par la confiscation du navire pour infraction aux lois de douane, de police ou de sûreté, par la vente du navire en justice, y compris en vertu d'une décision de justice étrangère indépendamment d'une vérification de la régularité internationale du jugement étranger par la procédure de reconnaissance ou d'*exequatur*[1] ou, en cas de transfert volontaire du navire, deux mois après la publication de l'acte de transfert (C. transp., art. L. 5114-19).

En revanche, s'agissant du privilège sur le fret et les accessoires, l'article L. 5114-9 C. transp. dispose que le privilège peut être exercé tant que le fret est encore dû ou que le montant du fret se trouve entre les mains du capitaine ou de l'agent du propriétaire.

0624.125 **Application aux navires exploités par une personne autre que son propriétaire.** L'article L. 5114-7 C. transp. étend les privilèges aux navires exploités par un armateur non-propriétaire (affréteur coque nue ou *manager* du navire), par un affréteur principal (affréteur à temps) ; mais exclut le bénéfice des privilèges lorsque le propriétaire s'est trouvé dessaisi de son navire par un acte illicite et que le créancier est de mauvaise foi.

2°
Saisie du navire affrété pour dette de l'affréteur

0624.131 **Droit français – Refus de la saisie.** Le droit français refusant l'idée d'un patrimoine d'affectation, une telle saisie n'est en principe pas possible, dès lors que l'affrètement n'est pas un contrat translatif de propriété, sauf lorsque le créancier bénéficie d'un privilège sur le navire.

1. À CET ÉGARD : v. Com. 4 oct. 2005, n° 02-18.201, navire R One, P IV, n° 189 ; *DMF* 2006. 47, rapp. de Monteynard, obs. P. Bonassies.

0624.132 **Droit international.** La convention de Bruxelles du 10 mai 1952 précise en son article 3 quels navires peuvent être saisis.

Elle dispose notamment[2] que « *tout demandeur peut saisir* [...] *le navire auquel la créance se rapporte* ». Dès lors, il importe peu, lorsque la saisie est pratiquée sur le navire qui se rapporte à la créance, que la dette ait été contractée par une personne autre que le propriétaire, en l'occurrence l'affréteur. Ainsi, par l'effet de cette disposition, le créancier bénéficie en principe d'un droit personnel contre le navire, qualifié de « maritime lien ».

La convention précise en outre en son article 3 (4) alinéa 1er que le créancier de l'affréteur coque nue du navire « *peut saisir ce navire* » (c'est-à-dire, celui auquel se rapporte la créance), *et* l'article 3 (4) alinéa 2 ajoute que cette règle « *s'applique également à tous les cas où une personne autre que le propriétaire est tenu d'une créance maritime* ».

0624.133 **Position du problème.** L'affrètement est le mode de transfert d'exploitation consacré du navire. Son économie est très variable selon que l'on est en présence d'un **contrat d'affrètement coque nue** (transfert par le fréteur de la gestion commerciale et nautique du navire à l'affréteur), d'un **contrat d'affrètement à temps** (transfert de la seule gestion commerciale du fréteur à l'affréteur) ou d'un **contrat d'affrètement au voyage** (simple mise à disposition à l'affréteur de la capacité commerciale du navire, le fréteur conservant pour sa part la gestion commerciale du navire).

Souvent, le véritable exploitant du navire, ou armateur non-propriétaire, est un affréteur soit coque nue, soit à temps (encore qu'il faille ici distinguer l'exploitation nautique, que le fréteur à temps conserve, de l'exploitation commerciale du navire, qui est dévolue à l'affréteur à temps), l'affréteur coque nue pouvant d'ailleurs lui-même fréter le navire à temps à un sous-affréteur.

En sa qualité d'exploitant commercial, l'affréteur coque-nue ou à temps conclut des contrats de transport si le navire est un navire de ligne régulière (ou des contrats d'affrètement au voyage si le navire est un navire exploité au *tramping*). Pour l'ayant droit à la marchandise, le débiteur est alors le transporteur contractuel (ou le fréteur au voyage), affréteur coque-nue ou à temps du navire.

La convention de Bruxelles, en mentionnant les litiges nés de contrats de transports et d'affrètement dans la liste des créances maritimes et en précisant que « *tout demandeur peut saisir* [...] *le navire auquel la créance se rapporte* », a ainsi voulu permettre au créancier de saisir l'instrument d'exploitation de son

2. Conv. Bruxelles, 10 mai 1952, art. 3, 1.

débiteur, peu importe que celui-ci en soit propriétaire ou non.

0624.134 Contrats d'affrètement coque nue. S'agissant des dettes contractées par l'affréteur, la convention établit une distinction importante : « *Dans le cas d'un affrètement d'un navire avec remise de la gestion nautique, lorsque l'affréteur répond, seul, d'une créance maritime relative à ce navire, le demandeur peut saisir ce navire ou tel autre appartenant à l'affréteur, en observant les dispositions de la présente convention, mais nul autre navire appartenant au propriétaire ne peut être saisi en vertu de cette créance maritime* »[1].

Cette limite ne concerne que les contrats d'affrètements coque nue, dont l'économie est celle d'un contrat de location (le navire est mis à la disposition de l'affréteur sans équipage). Cette précision est importante en ce que toutes les créances visées à l'article 1er (1) de la loi, à l'exception des alinéas (e) et (f) qui concernent la gestion commerciale, se réfèrent à la gestion nautique du navire, que conserve le fréteur dans les contrats d'affrètement au voyage et à temps, mais qu'il cède lorsqu'il frète son navire coque nue.

Ainsi, lorsque la dette a été contractée par l'affréteur coque nue, le créancier pourra saisir le navire objet de la créance, propriété d'un tiers, mais dont l'affréteur supporte seul le risque d'exploitation[2]. Cette possibilité n'a cependant pas pour effet de rendre le propriétaire du navire saisi personnellement débiteur du créancier saisissant sur la seule allégation d'une créance maritime relative au navire saisi, sauf si la créance alléguée était privilégiée sur le navire[3].

Le créancier peut aussi saisir un autre navire appartenant à l'affréteur coque nue, ce qui est conforme aussi bien à la théorie du patrimoine du droit français qu'à l'article 3 (1) de la convention du 10 mai 1952.

En revanche, le créancier ne pourra pas saisir un autre navire appartenant au propriétaire du navire, celui-ci étant totalement étranger à la créance.

0624.135 Autres types d'affrètement. L'article 3 (4) de la convention du 10 mai 1952 dispose en outre que la règle selon laquelle le demandeur peut saisir le navire frété coque nue pour une dette de l'affréteur relative à « *ce navire* [...] *s'applique également à tous les cas où une personne autre que le propriétaire est tenu d'une créance maritime* ». Cette disposition concerne principalement les autres modes de transfert d'exploitation du navire, notamment les autres formes d'affrètement.

La saisie du navire affrété pour une dette de l'affréteur à temps est donc possible, mais à la condition que la créance soit maritime et relative au navire saisi.

S'agissant de l'**affrètement à temps**, la saisie apparaît complètement justifiée lorsque le saisissant invoque une créance maritime à l'encontre de l'affréteur, dès lors qu'en principe, une telle saisie ne nuit pas aux intérêts du fréteur qui continue à percevoir le fret alors que l'affréteur subit une perte d'exploitation du fait de l'immobilisation du navire.

L'hypothèse d'une saisie du **navire affrété au voyage** en garantie d'une créance maritime de l'affréteur au voyage relative au navire est une hypothèse d'école dès lors qu'un tel affrètement se rapproche dans son économie d'un contrat de transport : l'affréteur au voyage n'exploite pas le navire, ni d'un point de vue nautique ni d'un point de vue commercial ; il ne fait que disposer d'une capacité de chargement sur le navire commercialement exploité par le fréteur.

0624.136 Saisies d'autres navires pour des dettes de l'affréteur. L'article 3 (4) de la convention du 10 mai 1952 prévoit que le créancier maritime de l'affréteur peut saisir « *ce navire ou tel autre appartenant à l'affréteur* ».

Ainsi, le créancier peut saisir d'autres navires pour obtenir sûreté et garantie de créances qu'il détient contre l'affréteur, mais à la seule condition que ces autres navires soient eux-mêmes la propriété de l'affréteur.

Doivent donc être exclues les saisies sur d'autres navires frétés au même affréteur.

0624.137 Saisie du navire pour une dette de l'affréteur après l'expiration de la charte. La possibilité de pratiquer une saisie après l'expiration de l'affrètement est liée à l'existence d'un privilège du créancier sur le navire, lui conférant un droit de suite[4]. Dans son arrêt du 28 février 1996, la cour d'appel d'Aix-en-Provence a visé l'article 9 de la convention

1. Conv. Bruxelles, 10 mai 1952, art. 3, 4.
2. Montpellier, 1er déc. 2003, navire Sargasso, *DMF* 2004. 435, obs. Esnard et Rémery ; *DMF* 2005, HS, nº 60, obs. P. Bonassies.
3. Rouen, 22 mai 2003, navire Skaufast, *DMF* 2003. 737, obs. Pestel-Debord.
4. Aix-en-Provence, 28 févr. 1996, navire Cordigliera, *Rev. Scapel* 1996. 154 ; *DMF* 1997. 594, obs. Y. Tassel – V. AUSSI : T. com. Nantes, 3 sept. 1991, navire Trident Beauty, *DMF* 1991. 726, note Y. Tassel ; *DMF* 1992. 86, obs. P. Bonassies – Montpellier, 17 mai 1992, navire Linden, *BTL* 1992. 671, obs. Guérin ; *DMF* 1993. 79, obs. P. Bonassies – Rouen, 22 mai 2003, navire Skaufast, *DMF* 2003. 737, obs. Pestel-Debord – Saint-Denis de La Réunion, 9 août 2012, navire Komodo, *DMF* 2013. 746, obs. Ph. Delebecque – Pau, 15 sept. 2015, Navire HC Nadja Maria, *DMF* 2016. 112, note Cachard – Saint-Denis de La Réunion, 13 déc. 2016, Navire Murou, *DMF* 2017. 127, obs. P. Bonassies – Rouen, 17 févr. 2017, Navire Alhani, *DMF* 2017, nº 790, note G. Piette – Rouen, 17 août 2017, Navire Calisto, *DMF* 2017, nº 795, obs. P. Bonassies.

de Bruxelles du 10 mai 1952 qui dispose : « *Rien dans cette convention ne doit être considéré comme créant un droit ou une action qui, en dehors des stipulations de cette convention, n'existerait pas d'après la loi à appliquer par le tribunal saisi du litige.*

La présente convention ne confère aux demandeurs aucun droit de suite, autre que celui accordé par cette dernière loi ou par la convention internationale sur les privilèges et hypothèques maritimes, si celle-ci est applicable ».

Se fondant sur ces dispositions, la cour d'appel d'Aix-en-Provence a décidé :

« *Il découle de ces dispositions qui renvoient à la loi à mettre en œuvre par la juridiction saisie, que la saisie conservatoire d'un navire pour une dette de l'affréteur, après redélivraison ne peut être autorisée que si le saisissant se prévaut d'une créance privilégiée au sens de la loi applicable, en l'occurrence la loi française* ».

Ainsi, la saisie du navire redélivré à son propriétaire pour dettes de l'affréteur n'est possible que si le créancier dispose d'un privilège sur le navire assorti d'un droit de suite. Telle est du moins la position la plus communément admise tant par la jurisprudence précitée que par la doctrine[1]. Elle ne fait cependant pas l'unanimité[2], ce qui conduit certaines juridictions à admettre la saisie du navire en l'absence de créance privilégiée, motifs pris que l'article 3.4 de la convention ne limite pas la possibilité de saisir le navire affrété à la seule période de l'affrètement et que l'article 9 concerne uniquement l'aliénation du navire et la faculté de saisir entre les mains de l'acquéreur[3].

0624.138 **Droit interne.** S'agissant des navires battant pavillon français, la charte-partie coque nue, comme élément relatif au statut réel du navire, doit être publiée (C. transp., art. L. 5114-1). Dans une espèce concernant un navire francisé, la chambre commerciale de la Cour de cassation a, considéré que, en l'absence de publication de la charte, celle-ci était inopposable au créancier, en l'espèce un vendeur de soute, privilégié en application de l'article 31, 6° de la loi du 3 janvier 1967 (devenu C. transp., art. L. 5114-8). Celui-ci a donc été autorisé à saisir le navire pour obtenir garantie de sa créance, bien qu'il ait contracté avec l'affréteur coque nue[4].

Dans un arrêt du 24 septembre 1998, la cour d'appel de Douai a cependant autorisé la saisie d'un navire pour dettes de l'affréteur après redélivraison au fréteur, au profit d'un fournisseur de soutes, sans référence à l'existence d'un privilège, ce qui est un danger considérable pour le propriétaire et, éventuellement pour le nouvel affréteur du navire, qui subiraient ainsi, seuls, les conséquences de la saisie[5].

0624.139 **Convention de Genève du 12 mars 1999.** La convention de Genève du 12 mars 1999, que la France n'a pas ratifiée, contient un article 3 intitulé « exercice du droit de saisie », lequel, après avoir affirmé que le navire peut être saisi en garantie d'une créance contre son propriétaire[6], dispose en un alinéa b) que le navire peut être saisi en garantie d'une créance contre l'affréteur coque nue, mais renvoie quant aux conditions d'une telle saisie au paragraphe 3 qui dispose que « *la saisie d'un navire qui n'est pas propriété d'une personne prétendument obligée à raison de la créance ne peut être autorisée que si, selon la loi de l'État où la saisie est demandée, un jugement rendu en vertu de cette créance peut être exécuté contre ce navire par une vente judiciaire ou forcée de ce navire* ». Ainsi, le navire ne peut être saisi à titre conservatoire que si une saisie-exécution est possible contre le navire, redonnant ainsi à la saisie du navire qui n'appartient pas au débiteur un caractère exceptionnel.

L'article 3 (1) alinéa e) précise cependant que, la saisie conservatoire est possible, sans qu'il soit nécessaire de satisfaire aux conditions du paragraphe 3 précité, lorsque le créancier dispose d'une créance contre le propriétaire, l'affréteur coque nue, l'armateur gérant ou l'exploitant du navire garantie par un privilège maritime accordé ou applicable en vertu de la législation de l'État dans lequel la saisie est demandée.

Enfin, la convention ajoute, dans un paragraphe 2, que le créancier peut être autorisé à saisir à titre conservatoire :

« *Tout autre navire ou tous autres navires qui, au moment où la saisie est pratiquée est, ou sont propriété*

1. P. Bonassies, C. Scapel et C. Bloch, *Traité de droit maritime*, 4e éd., LGDJ, 2022, nos 664 s. – Ph. Delebecque, *Droit maritime*, « Précis », Dalloz, 14e éd., 2020, no 251 – G. Piette, *Droit maritime*, « Traité », Pedone, 2023, no 468 – A. Vialard, « La saisie conservatoire des navires affrétés », *DMF* 1994. 305.
2. EN CE SENS, v. O. Cachard, note ss Poitiers, 31 mars 2015, navire London 2012, *DMF* 2016. 112 – Sur cette controverse, V. NOT. Ph. Delebecque, *DMF* 2013. 746, obs. ss Saint-Denis de La Réunion, 9 août 2012, et Rennes, 25 sept. 2012 – G. Piette, note ss Rouen, 17 févr. 2017, Navire Alhani, préc. ss prést no – G. Brajeux, « Saisie conservatoire du navire affrété et redélivré, sans créance privilégiée », *DMF* 2018, no 801.
3. Rennes, 25 sept. 2012, navire Pioneer Atlantic, *DMF* 2013. 746, obs. Ph. Delebecque – *Adde* : Rouen 19 juin 1984, *DMF* 1985. 167, obs. Achard – Douai 24 nov. 1998, navire Epic, *DMF* 1998. 1049, obs. Favarel-Veidig – Poitiers, 31 mars 2015, navire London 2012, *DMF* 2016. 112, note Cachard, et 180, obs. Ph. Delebecque – Saint-Denis de La Réunion, 18 mai 2016, no 15/00302, navire Reecon Emre.
4. Com. 28 avr. 1998, no 97-11.795, navire Trident V, P IV, no 140 ; *Rev. Scapel* 1998. 51, obs. Rémery.
5. Douai, 24 sept. 1998, navire Épic, *DMF* 1998. obs. Favarel-Veigig ; *DMF* 1999. 46, obs. P. Bonassies.
6. Conv. Genève, 12 mars 1999, art. 3 (1), al. a.

de la personne qui est obligée à raison de la créance maritime et qui, au moment où la créance est née, était : [...]

b) affréteur en dévolution (coque nue), affréteur à temps ou affréteur au voyage du navire auquel la créance se rapporte.

Cette disposition ne s'applique pas aux créances relatives à la propriété ou à la possession d'un navire ».

Ainsi, la convention du 12 mars 1999 reprend, de manière moins claire les dispositions de la convention du 10 mai 1952, qui donnaient un droit de gage au créancier sur tous les navires appartenant à l'affréteur pour obtenir garantie d'une créance contractée contre celui-ci alors qu'il n'était qu'affréteur du navire auquel la créance maritime se rapporte.

3°
Saisie du navire vendu

0624.141 Interdiction de principe en droit français interne. S'agissant d'un bien n'appartenant plus au débiteur, une objection de principe s'oppose à la saisie, du moins dans la conception « personnaliste » que le droit français se fait de la saisie (à la différence du droit anglais, qui en a une conception « réaliste »).

Ainsi, à l'instar de la saisie pour une créance contre l'affréteur après redélivraison, le droit du créancier de pratiquer une telle saisie est conditionné par l'existence d'un privilège assorti d'un droit de suite. Et la saisie d'un navire vendu par un créancier ne bénéficiant pas d'un droit de suite est sanctionnée par des dommages-intérêts pour saisie abusive[1].

0624.142 Autorisation de principe par le droit international et tempéraments. En se fondant sur les dispositions précitées de l'article 3 (1) de la convention du 10 mai 1952 (v. s[s] n° 0624.102), des décisions ont autorisé la saisie du navire passé en d'autres mains que celles du débiteur[2].

La jurisprudence, influencée par certains auteurs[3], a cependant jugé utile d'apporter des correctifs à cette autorisation de principe, en se référant notamment à l'article 9 de la convention qui prévoit que « *rien dans cette convention ne doit être considéré comme créant un droit à une action qui, en dehors des stipulations de cette convention, n'existerait pas d'après la loi à appliquer par le tribunal saisi du litige. La présente convention ne confère au demandeur aucun droit de suite, autre que celui accordé par cette dernière loi ou par la convention internationale sur les privilèges et hypothèques maritimes, si celle-ci est applicable* ». Sur cette base, la Cour de cassation a décidé que le droit du créancier saisissant ne subsiste en cas de vente du navire que si le créancier-saisissant se prévaut d'une créance privilégiée au sens de la loi du for, c'est-à-dire, s'agissant de la France, d'un privilège maritime reconnu par le droit français[4].

0624.143 Convention de Genève du 12 mars 1999. Non ratifiée par la France, la convention de Genève de 1999 restreint les droits du créancier à la saisie :

– d'un navire appartenant à son débiteur[5] ;

– ou au navire auquel se rapporte la créance si le créancier dispose d'une hypothèque, d'un « mort gage » ou un autre droit réel sur le navire[6] ou si la créance est relative ou à la propriété ou à la possession du navire[7] ou encore si le créancier dispose d'un privilège maritime applicable ou reconnu par l'État dans lequel la saisie est pratiquée[8].

En outre, la convention de Genève prévoit que le créancier peut saisir tout navire appartenant à son débiteur qui était propriété du navire objet de la créance au moment de la naissance de celle-ci, à l'exception des créances relatives à la propriété ou la possession du navire.

4°
Saisie des navires apparentés

0624.151 Navires apparentés. Il a été ajouté dans l'article 3 de la convention de Bruxelles du 10 mai 1952 un alinéa (2) censé expliciter les dispositions de l'article 3 (1) sur la notion de propriétaire du navire : « *Des navires seront réputés avoir le même propriétaire lorsque toutes les parts de propriété appartiendront à une même ou aux mêmes personnes* ».

Face à la complexité croissante des montages adoptés par les armateurs pour échapper à leurs créanciers, consistant à scinder la propriété des flottes de navire en plusieurs compagnies, en règle générale implantées dans des paradis fiscaux, n'exploitant qu'un seul navire (*single ship companies*), « *l'ensemble de la flotte étant regroupé sous la direction d'une société de management qui gère les navires appartenant à différents propriétaires, en conservant ainsi les avantages de la collectivité de la flotte, tout en évitant les*

1. Paris, 2 juill. 2008, navire Petunia, *DMF* 2009. 160, obs. Sana-Chaillé de Néré.
2. Com. 31 mars 1992, n° 90-17.337, navire Earl Saphir ex-Costa Rica, P IV, n° 137 ; *DMF* 1992. 321, obs. Y. Tassel.
3. F. Berlingieri, *Arrest of ship*, Lloyd's of London Press, p. 67 – *DMF* 1993. 78, obs. P. Bonassies.
4. Com. 4 oct. 2005, n° 02-18.201, navire R One, P IV, 189 ; *DMF* 2006. 47, rapp. de Monteynard, obs. Rémery – Montpellier, 31 juill. 1996, navire Zaher, *DMF* 1997. 31, obs. Arnaud ; *DMF* 1998. 49, obs. P. Bonassies – EN CE SENS : Aix-en-Provence, 15 mai 1996, navire Taabo, *DMF* 1997. 598, obs. Y. Tassel – Aix-en-Provence, 29 oct. 2020, navire *M/V Tiara*, RG n° 19/19929, *DMF* 2021, 250, obs. C. Bourayne.
5. Conv. Genève, 12 mars 1999, art. 3, 1, a.
6. Conv. Genève, 12 mars 1999, art. 3, 1, al. c.
7. Conv. Genève, 12 mars 1999, art. 3, 1, al. d.
8. Conv. Genève, 12 mars 1999, art. 3, 1, al. e.

inconvénients de l'unité de patrimoine »[1], l'article 3 (2) s'est avéré précieux pour les créanciers pour rétablir leurs droits rendus inefficaces.

0624.152 Intérêt du recours à l'article 3 (2). À travers cette disposition, les créanciers ont cherché à atteindre les navires qui sont la propriété de sociétés distinctes du propriétaire du navire objet de la créance, mais qui présentent entre elles des liens très étroits, en ayant recours à la théorie de l'apparence.

Les créanciers et la jurisprudence se sont ainsi engagés dans la brèche ouverte par la convention dans le flanc des montages de sociétés d'armateurs et des pavillons de complaisance.

0624.153 Frénésie de saisie. Il s'est ensuivi un mouvement qualifié de « frénésie de saisie »[2].

La jurisprudence a ainsi eu recours de façon généreuse à la fois à la **théorie de l'apparence et de la fictivité** afin de faire tomber les écrans existant entre la société propriétaire du navire objet de la créance et une autre *single ship company* dont on soupçonne l'apparentement avec la première, le lien entre les différentes *single ship companies* et le véritable exploitant des navires étant le plus souvent le gestionnaire technique de la flotte (*manager*).

0624.154 Apparence. S'agissant de l'apparence, deux critères déterminants ont été dégagés par la jurisprudence : une **unité financière de gestion entre la société débitrice et la société propriétaire du navire** dont la saisie est demandée, ayant entraîné une apparence de confusion[3].

Pour déterminer les conditions de l'apparence, la jurisprudence s'est référée à un faisceau d'indices[4], portant sur le navire (même armateur gérant, même pavillon, noms similaires), sur les relations entre l'armateur du navire objet de la créance et celui du navire que l'on envisage de saisir (actionnaires communs, sièges sociaux à la même adresse, lignes téléphoniques et télex communs, mêmes dirigeants, même administrateur gérant, même avocat, même nom commercial) et sur les actionnaires de ces sociétés (même adresse postale des actionnaires, actionnaires majoritaires membres d'une même famille, majorité des actions détenues par les mêmes personnes majoritaires au sein du conseil d'administration).

L'utilisation du critère de l'apparence avait donc conduit à une véritable présomption de fraude dès lors que le débiteur était une *single ship company*, de sorte qu'il a fallu démontrer qu'en plus de la confusion apparente, les différentes sociétés étaient en outre fictives.

0624.155 Fictivité. Un recours extensif a été fait à la notion de fictivité des sociétés. À la différence de l'apparence, qui conduit à envisager la situation en se plaçant dans la perspective que peut avoir le créancier, la fictivité est centrée sur le débiteur. Il s'agit de « *démontrer la confusion réelle entre deux personnes morales, soit parce qu'il s'établit que l'une est purement fictive, n'offre qu'une façade juridique, soit parce qu'il est constaté que l'autre détient à elle seule tout le pouvoir de contrôle et de direction sur l'ensemble* ».

Ce recours à la notion de fictivité pour déjouer ainsi le gage des créanciers a été encouragé par la Cour de cassation[5].

S'agissant de dépasser le stade des apparences pour apprécier la réalité des liens existants entre les différentes sociétés, la notion est plus lourde à manier, de sorte que la référence à la fictivité dans les décisions ayant autorisé la saisie prenait bien souvent la forme d'affirmations velléitaires, laissant augurer un mouvement de modération[6].

0624.156 Modération et apaisement. Le mouvement est venu de la nécessité de préciser le contour de la notion de fictivité des sociétés, avec l'arrêt *Osiris I*[7].

La chambre commerciale de la Cour de cassation a ainsi défini la fictivité : « *La fictivité des sociétés se déduit du défaut d'*affectio societatis *que caractérise un*

1. T. com. Dunkerque, 24 mai 1982, *DMF* 1988. 499.
2. J.-S. Rohart, « Faut-il se méfier de l'apparence ou la saisie conservatoire de navires apparentés ? », *DMF* 1988. 499 – T. com. Nantes, 22 mai 1984, navire Achillet, *DMF* 1988. 564 – T. com. Cherbourg, 24 nov. 1986, navire Sandy-Trader, *DMF* 1988. 562 – Caen, 26 déc. 1985, navire Achilles, *DMF* 1987. 654 – Rennes, 21 juin 1989, navires Brave Mother et Brave Thémis, *DMF* 1989. 649 ; *DMF* 1990. 60, obs. P. Bonassies – CONFIRMÉ PAR : Com. 12 févr. 1991, n° 89-16.771, NP ; *DMF* 1991. 315 ; *DMF* 1992. 84, obs. P. Bonassies – Bordeaux, 13 juin 1990, navire Osiris I, *DMF* 1991. 174, note Vialard – CONFIRMÉ PAR : Com. 27 nov. 1991, n° 90-16.214, P IV, n° 359 ; *DMF* 1992. 488, note Pestel-Debord – Bordeaux, 2 juillet 1992, *DMF* 1992. 510 et 623, note Vialard.
3. Rouen, 26 mars 1992, navire Christel, *DMF* 1992. 574, note Y. Tassel – DANS LE MÊME SENS : Rouen, 6 janv. 1994, navires Eurojoy et Trovatore, *DMF* 1994. 559, note Y. Tassel.
4. T. com. Saint Nazaire, 31 oct. 1985, navire Baltic Mermaid, *DMF* 1988. 558 – Anvers, 14 mai 1985, *JPA* 1989-1990. 308.
5. Com. 15 oct. 1991, n° 89-21.972, navire Ore Stream, NP ; *DMF* 1992. 512 ; *BTL* 1992. 103.
6. Pour des ex. de décisions ayant reconnu la fictivité : Com. 27 nov. 1991, n° 90-16.214, navire Osiris I, P IV, n° 359 ; *DMF* 1992. 488, note Pestel-Debord – SUR RENVOI, Bordeaux, 2 juill. 1992, *DMF* 1992. 510, 623, note Vialard – Paris, 1er juin 1987, navire El Jumbo, *DMF* 1989. note Achard.
7. Com. 15 nov. 1994, n° 92-19.155, P IV, n° 338 ; *DMF* 1995. 135, rapp. Nicot, obs. Y. Tassel – Censurant Bordeaux, 2 juill. 1992 (préc., v. ss n° 0624.155), faute d'avoir caractérisé la fictivité des sociétés en cause – DANS LE MÊME SENS : Com. 19 mars 1996, n° 94-10.838, navire Alexander III, P IV, n° 89 ; *DMF* 1996. 467, obs. Vialard ; *DMF* 1997, HS, n° 33, n° 31, obs. P. Bonassies.

ensemble d'indices : absence de participation aux bénéfices et aux pertes de la société, associés ayant la qualité de salarié d'une société elle-même fictive, répartition très inégalitaire du capital social, aveu de l'actionnaire massivement majoritaire »[1].

La Cour de cassation a renforcé cette nouvelle position en affirmant que la preuve simple d'une communauté d'intérêts, non accompagnée de la démonstration de la fictivité des sociétés ne suffit plus pour remplir le critère de l'article 3 de la convention de Bruxelles du 10 mai 1952[2]. Dans cette dernière espèce, la Cour de cassation a affirmé que la circonstance que les sociétés propriétaires des navires soient des filiales à 100 % du vendeur/affréteur coque nue et de ne pas justifier de la réalité du paiement du prix de vente sont des motifs impropres à caractériser la fictivité.

La cour de Rouen a en outre durci les conditions nécessaires pour démontrer l'unité de gestion : « *La communauté d'intérêt qui découle d'une activité complémentaire et l'existence d'administrateurs communs en partie ne suffisent pas à démontrer l'unité de gestion* »[3].

Il semble que les juges du fond aient parfaitement assimilé les critères posés par la Cour de cassation, ce qui n'a pas manqué d'apaiser le mouvement. Ainsi, la cour d'appel de Rouen, caractérisant une dépendance financière entre deux sociétés « *telle qu'elles n'ont qu'un seul patrimoine et forment une seule entité* », et relevant une absence d'autonomie financière et commerciale et un défaut d'*affectio societatis*, a déclaré fictives deux sociétés et confirmé une ordonnance autorisant la saisie d'un navire appartenant à l'une d'entre les deux pour une dette de l'autre entité[4]. De même, la cour d'appel de Versailles, ayant à statuer sur la validité d'ordonnances ordonnant des saisies conservatoires sur les comptes d'une société française, filiale d'un groupe chinois, a considéré que la filiale n'avait aucune autonomie par rapport à la société mère en se fondant sur un faisceau d'indices pour le moins probant : les statuts de la société avaient été écrits et signés en Chine, au siège du groupe, la société comptait seulement deux actionnaires lesquels étaient des entités du groupe, qui détenaient l'intégralité du capital social, les parts ne pouvaient être librement cédées à des tiers, le gérant était une personne de nationalité chinoise domiciliée à Shanghai, les transactions étaient faites au nom du groupe, le journal des ventes et achats révélait un mouvement constant de fonds avec le groupe et enfin, la modestie des effectifs ne paraissait pas correspondre au volume d'affaires[5]. C'est encore à un faisceau d'indices que la cour d'appel de Rennes a eu recours pour admettre la fictivité de la société tierce, propriétaire apparent d'un navire saisi, et refuser ainsi la mainlevée de la mesure, évoquant notamment : l'absence de réalité physique à défaut d'autre adresse qu'une boîte postale ou celle du gérant technique du navire ; l'absence d'indépendance de direction puisque les dirigeants étaient communs avec l'autre société ; l'absence d'indépendance financière puisque l'acquisition du navire s'est opérée avec les deniers de l'autre société et que celle-ci exerce ses droits sur le navire par l'intermédiaire d'une troisième société[6].

La Cour de cassation a cependant, en même temps qu'elle condamnait définitivement la théorie de l'émanation de l'État, redonné une lecture plus conforme à la lettre du texte de l'article 3 (2) de la convention de Bruxelles, qui ne visait que les navires en copropriété, à l'exclusion des navires en société. Elle a ainsi jugé que la détention de l'intégralité du capital d'une société d'armement n'équivaut pas à la détention de l'ensemble des parts de copropriété d'un navire. Certains auteurs ont ainsi considéré que le créancier dont la saisie serait levée, conserverait la faculté de plaider la fictivité des sociétés en cause[7].

0624.157 Immunités d'exécution – L'émanation maritime. Un raisonnement comparable a été tenu à propos des navires affectés au commerce, appartenant à une flotte étatique.

Les navires appartenant à un État étranger sont en principe insaisissables (v. s[s] n° 0624.75), lorsqu'ils sont affectés à un service public « *gouvernemental et*

1. Com. 30 juin 1998, n° 96-20.536, NP ; *DMF* 1998. 1035, obs. Pestel-Debord et obs. Y. Tassel ; *DMF* 1999, HS, n° 3, p. 44, obs. P. Bonassies.
2. Com. 21 janv. 1997, n° 94-19.585, navire Cast Husky, NP ; *DMF* 1997. 612, obs. Vialard ; *DMF* 1998. 48, obs. P. Bonassies – Com. 15 oct. 2002, n° 99-17.236, navires Taganroga et Razna, NP ; *DMF* 2003. 756, obs. Simon.
3. Rouen, 3 nov. 1998, navire Pom Thule, *DMF* 1999. 123, obs. Y. Tassel.
4. Rouen, 14 sept. 2000, navire Oradana, *DMF* 2001. 1928, obs. Marguet ; *DMF* 2002, HS, n° 10, obs. P. Bonassies.
5. Versailles, 19 févr. 2003, navire Arti, *DMF* 2003. 763, obs. Nicolas.
6. Rennes, 4 févr. 2014, navire AG Vartholomeos, *DMF* 2014. 759, obs. G. Piette – APPROUVÉ PAR Com. 14 juin 2016, n° 14-18.671navire Ag Vartholomeos, P IV, n° 87 ; *DMF* 2016. 1014, rapp. Lecaroz et obs. Rohart et Loogieter – *Adde* : Rouen, 15 nov. 2018, n° 18/01177, *DMF* 2019, n° 810, p. 128, obs. Cachard – TJ La Rochelle, 8 mars 2024, *DMF* 2024. 433, obs. P. Simon et S. Lootgieter (société propriétaire du navire filiale à 100 % de la société poursuivie, ces deux sociétés ayant de plus les mêmes dirigeants et la même adresse de siège social, sans compter que les dirigeants ne perçoivent aucune rémunération de la société filiale et que l'acquisition du navire saisi a été financée par un prêt accordé par la société mère, et qu'enfin l'examen des comptes bancaires de la société propriétaire apparente établit qu'elle ne dispose d'aucune liquidité).
7. Com. 23 nov. 1999, n° 97-18.916, navire Karelya, P IV, n° 204 ; *DMF* 2000. 719, note N. Molfessis ; *DMF* 2001, HS, n° 47, n° 46, obs. P. Bonassies.

non commercial » (Conv. Bruxelles, 10 avr. 1926, pour l'unification de certaines règles concernant les immunités des navires d'État[1]). *A contrario*, cette disposition a permis de saisir les navires affectés à une activité commerciale d'un État et interdit aux sociétés privées émanant de cet État d'invoquer l'immunité d'exécution dont bénéficie celui-ci pour échapper à la saisie.

La jurisprudence, ayant eu à se prononcer sur le caractère saisissable des navires composant les flottes commerciales des États socialistes a consacré la théorie de l'émanation d'État.

Cette doctrine repose sur un argument empruntant à la théorie politique des États socialistes, postulant la propriété collective de l'ensemble des biens et moyens de production, parmi lesquels les navires de commerce. Ainsi, les sociétés commerciales exploitant les navires battant pavillon d'un État socialiste ne pouvaient être que des émanations de l'État.

Le premier arrêt marquant a été rendu par la cour d'appel de Rouen le 23 décembre 1985[2].

Dans cette espèce, une société panaméenne avait fait saisir un navire roumain dans le port de Rouen, en garantie d'une créance contre une autre société roumaine étrangère à la personne du propriétaire du navire, la société Navrom.

La cour d'appel de Rouen, saisie par l'armateur d'une demande de rétractation, a décidé de maintenir la saisie au motif que, pour le monde extérieur, les navires battant pavillon roumain sont la propriété de l'État, celui-ci étant, comme tous les États socialistes, propriétaire de tous les moyens de production.

Par un arrêt du 6 juillet 1988, la chambre commerciale de la Cour de cassation a cassé cet arrêt pour manque de base légale, sur visa de l'ancien article 2092 C. civ. (devenu C. civ., art. 2284[3]), en précisant que le créancier n'avait pas démontré que la société débitrice n'avait pas de patrimoine propre[4].

Les juges du fond ont ensuite tenté de se référer à la théorie de l'apparence[5] puis à la propriété des sociétés[6] pour justifier de telles saisies.

La Cour de cassation, dans le même temps qu'elle appelait à la modération s'agissant des navires apparentés, a posé des critères restreignant la possibilité de saisir les navires des États socialistes.

Ainsi a-t-elle décidé que le créancier devait démontrer que la société ne disposait pas d'un patrimoine propre[7]. Elle a ajouté que « *le contrôle d'un État sur une personne morale, ainsi que la mission de service public qui lui est dévolue, ne suffisent pas à la faire considérer comme une émanation de l'État impliquant son assimilation à celui-ci et aux autres organismes placés dans la même situation qu'elle par rapport à cet État* »[8].

La Cour de cassation a réaffirmé que c'est l'inexistence d'un patrimoine propre qui justifie le critère de l'émanation, et que la simple démonstration de l'existence d'un tel patrimoine implique nécessairement que la société propriétaire du navire que l'on entend saisir n'est pas fictive[9]. En ce sens, dans un litige relatif à une saisie attribution, la cour d'appel de Paris a refusé d'admettre la qualité d'émanation de l'État à une société de droit privé dans le patrimoine de laquelle un État avait une participation minoritaire. Les juges du fond ont relevé que la participation de cet État, qui ne disposait d'aucun pouvoir propre pour imposer ses décisions, ne portait pas atteinte à l'indépendance juridique de la société ainsi qu'à sa capacité à être titulaire de droits et d'obligations propres[10].

Ces restrictions sont justifiées, car de nombreux abus ont été commis. Ainsi, un navire appartenant à une société chypriote, a été saisi en garantie de créances détenues contre des sociétés de nationalités cubaines au motif que toutes ces sociétés seraient en réalité fictives et ne seraient que des émanations de l'État cubain. Saisie de cette affaire, la cour d'appel de Rennes, relevant que la Constitution cubaine et de nombreux articles du Code civil et du Code de commerce de cet État reconnaissaient l'autonomie de la personne morale de sociétés privées, que toutes les sociétés prétendument débitrices et le propriétaire du navire étaient dotées d'un patrimoine propre et d'une existence réelle, a confirmé l'ordonnance ordonnant la mainlevée de la saisie au motif que les sociétés créancières, n'étant créancières ni de l'État cubain ni du propriétaire, ne pouvaient saisir le navire[11].

La saisie pratiquée sur le navire *Sedov* pendant l'été 2000 a fait resurgir la question des émanations de l'État dans le cadre des manifestations nautiques[12].

1. Conv. Bruxelles, 10 avr. 1926, art. 3.
2. Rouen, 23 déc. 1985, navire Filaret, *DMF* 1986. 349 ; *DMF* 1986. 333 ; *DMF* 1987. 68, obs. P. Bonassies.
3. Ord. n° 2006-346, 23 mars 2006, *JO* 23 mars, p. 4475.
4. Civ. 1re, 6 juill. 1988, n° 86-11.153, navire Filaret, P I, n° 227 ; *DMF* 1988. 595, note Warot.
5. Rouen, 28 nov. 1991, navire Yumuri, *DMF* 1991. 689.
6. Aix-en-Provence, 20 mars 2002, navire Morgol, *DMF* 1992. 693 ; *DMF* 1993. 22, obs. P. Bonassies.
7. Civ. 1re, 6 juill. 1988, n° 86-11.153, navire Filaret, P (préc. s^s prés^t n°).
8. Com. 1er oct. 1997, n° 95-15.499, navire Secil Angola, P IV, n° 234 ; *Rev. crit. DIP* 1997. 751, rapp. Rémery ; *JCP* 1998. I. 103, obs. Ph. Delebecque ; *Rev. Scapel* 1997. 186.
9. Com. 23 nov. 1999, n° 97-18.916, navire Kareliya, P IV, n° 204 ; *DMF* 2000. 719, note N. Molfessis ; *DMF* 2001, HS, n° 33, n° 24, obs. P. Bonassies.
10. Paris, 23 mai 2002, *DMF* 2002. 711, obs. Dibas-Franck.
11. Rennes, 24 avr. 2002, navire Leo T, *DMF* 2003. 747, obs. Navarre-Laroche.
12. J.-P. Rémery, « Pour une insaisissabilité temporaire des navires invités à une manifestation nautique », *DMF* 2001. 611.

Dans le cadre de la manifestation nautique « Brest 2000 », une société suisse créancière de l'État russe en vertu d'une sentence arbitrale exécutoire en France, a fait pratiquer la saisie-exécution du navire *Sedov*.

Le juge de l'exécution du tribunal de grande instance de Brest a jugé que le bien, appartenant à la fédération de Russie, qui en avait confié la gestion économique et la direction opérationnelle à l'Université de Murmansk, émanation de l'État russe, échappait à l'immunité d'exécution, au motif que l'État russe avait, en acceptant de participer à un arbitrage commercial, refusé à se prévaloir de son immunité d'exécution.

Le juge de l'exécution a cependant ordonné la mainlevée de la saisie en se fondant sur l'article 126 § 1 du Code civil russe qui dispose que « *la Fédération de Russie, les sujets de la Fédération de Russie, les municipalités, répondent de leurs obligations sur les biens dont ils sont propriétaires, à l'exception des biens affectés sous forme d'un droit de gestion économique ou de direction opérationnelle au profit de personnes morales qu'ils ont constituées* ».

La cour d'appel de Rennes, confirmant le jugement du juge de l'exécution, lui a cependant donné un fondement plus solide. En effet, le premier juge avait eu recours à la loi russe afin de déterminer si le navire était saisissable, ce qui est contraire à la solution classique selon laquelle cette question est réglée par référence à la loi du for (v. s^s^ n° 0623.64). Ainsi, les juges rennais ont jugé, en se référant au droit russe que l'attribution d'un droit de direction opérationnelle, réglée par le Code civil russe, opérait transfert de propriété au profit de l'Université de Murmansk. Déclarant que ce transfert de propriété n'était pas contraire à l'ordre public international, la cour d'appel de Rennes a confirmé la mainlevée ordonnée par le juge de l'exécution[1].

0624.158 **Immunités d'exécution – La convention des Nations Unies sur l'immunité juridictionnelle des États et de leurs biens.** La ratification par la France[2] de la convention des Nations Unies sur l'immunité juridictionnelle des États et de leurs biens[3] a permis de clarifier la question des navires appartenant à des États ou exploités par eux. En effet, la convention prévoit « *qu'un État propriétaire ou exploitant d'un navire ne peut invoquer l'immunité de juridiction devant un tribunal d'un autre État, compétent en l'espèce, dans une procédure se rapportant à l'exploitation du navire si, au moment du fait qui a donné lieu à l'action, le navire était utilisé autrement qu'à des fins de service public non commerciales* »[4]. La convention adopte la même règle aux procédures se rapportant au transport d'une cargaison « *à bord d'un navire dont un État est le propriétaire ou l'exploitant si, au moment du fait qui a donné lieu à l'action, le navire était utilisé autrement qu'à des fins de service public non commerciales* »[5]. En logeant tous les États, y compris socialistes, à la même enseigne, la nouvelle convention devrait conforter la position de la Cour de cassation en dispensant les juges du fond de rechercher si le propriétaire ou l'exploitant ne disposait pas d'un patrimoine propre. En revanche, l'exception est limitée, s'agissant des créances touchant au navire même, à celles se rapportant à l'exploitation du navire, c'est-à-dire que les créances se rapportant à la propriété du navire ou à sa construction seraient écartées de l'exception et devraient être couvertes par l'immunité juridictionnelle.

1. Rennes, 27 juin 2002, navire Sedov, *DMF* 2002. 734.
2. L. n° 2011-734, 28 juin 2011, autorisant la ratification de la convention des Nations unies sur les immunités juridictionnelles des États et de leurs biens, *JO* 29 juin, p. 10953.
3. Conv. Nations unies, sur les immunités juridictionnelles des États et de leurs biens, 2 déc. 2004, Annexe, UN-Doc. A/RES/59/38.
4. Conv. Nations unies, 2 déc. 2004, art. 16, 1.
5. Conv. Nations unies, 2 déc. 2004, art. 16, 3.

CHAPITRE

0625. Saisie conservatoire des navires : procédure

CYRIL BLOCH
PROFESSEUR À L'UNIVERSITÉ D'AIX-MARSEILLE
DIRECTEUR DU PÔLE TRANSPORTS (CDMT-IFURTA)

SECTION 0
ORIENTEUR

0625.00 Sommaire du chapitre.

Division. Il sera renvoyé donc à la partie du présent ouvrage sur les règles de forme applicables aux mesures conservatoires pour ne s'attacher qu'aux spécificités de la saisie conservatoire des navires, notamment quant aux règles de compétence en ce qui concerne la saisie et ses suites (sect. 1 à 5), à la mise en œuvre de la saisie (sect. 6) et aux voies de recours (sect. 7) offertes au demandeur contre l'ordonnance refusant la saisie et surtout au saisi contre l'ordonnance ayant autorisé la saisie.

0625.01 Textes applicables.

TEXTES DE DROIT INTERNE

* Pour l'historique, v. s^{s} n° 0623.01, le récapitulatif des textes applicables.

• **C. pr. exéc.**, art. L. 123-1, L. 511-1, L. 511-3, L. 512-1 ; R. 121-2, R. 511-2, R. 511-3, R. 511-5, R. 511-7, R. 512-2.

• **C. transp.**, art. L. 5114-1 à L. 5114-22 ; R. 5114-15 à R. 5114-19

TEXTES DE DROIT INTERNATIONAL

* V. s^{s} n° 0623.01, récapitulatif des textes applicables.

• **Conv. Genève, 12 mars 1999** *(non ratifiée par la France).*

0625.02 Jurisprudence de référence.

> Compétence internationale des juridictions françaises pour statuer sur la validité d'une saisie pratiquée en France et compétence pour se prononcer sur le fond de la créance.

• **Civ. 1re, 17 janv. 1995,** n° 92-10.165, P I, n° 34

* V. s^{s} n°s 0625.42, 1711.213, 1711.216

Si les juridictions françaises sont seules compétentes pour statuer sur la validité d'une saisie pratiquée en France et apprécier, à cette occasion, le principe de la créance, elles ne peuvent se prononcer sur le fond de cette créance que si leur compétence est fondée sur une autre règle. Dès lors une cour d'appel énonce à juste titre que le lieu de la saisie ne peut fonder la compétence internationale pour connaître du fond d'un litige qui ne présente aucun rattachement avec la France.

> Saisie conservatoire des navires. Caractère simplement probable de la créance alléguée comme cause de la saisie.

• **Com. 7 mars 2006,** n° 05-15.906, P IV, n° 57

* V. s^{s} n°s 0624.31, 0625.113

Il suffit, pour que la saisie conservatoire d'un navire puisse être ordonnée, que le demandeur se prévale d'une créance maritime au sens de l'article 1er de la Convention de Bruxelles du 10 mai 1952. Doit dès lors être cassé l'arrêt qui refuse d'ordonner la saisie conservatoire d'un navire motif pris de ce que la créance du demandeur serait prescrite.

0625.03 Bibliographie indicative[1].

* V. s[s] n° 0623.03

0625.05 Convention internationale de Bruxelles du 10 mai 1952. La convention de Bruxelles du 10 mai 1952 ne pose que très peu de conditions de forme. Elle se contente de poser qu'« *un navire ne peut être saisi qu'avec l'autorisation d'un tribunal ou de toute autre autorité judiciaire compétente de l'État contractant dans lequel la saisie est pratiquée* ». Elle donne, en outre, compétence aux autorités judiciaires des États contractants pour autoriser la mainlevée si une garantie est donnée par le débiteur[2] et pour statuer sur toutes contestations relatives à la responsabilité du demandeur.

0625.06 Application des règles de procédure de la loi de l'État contractant dans lequel la saisie est pratiquée ou demandée. La convention dispose[3] que les règles de la procédure relatives à la saisie d'un navire, à l'autorisation nécessaire et tous autres incidents de procédure que la saisie peut soulever, sont régies par la loi de l'État contractant dans lequel la saisie est pratiquée ou demandée. La convention de Genève du 12 mars 1999, qui n'est pas encore applicable, comporte une disposition semblable[4].

0625.07 Compétence des tribunaux de l'État contractant pour statuer sur le fond. Enfin, la convention détermine les conditions dans lesquelles les tribunaux de l'État dans lequel la saisie a été pratiquée sont compétents[5].

0625.08 Textes internes applicables. La procédure de saisie conservatoire est donc soumise au droit français. Le particularisme du droit maritime conduit tout d'abord à se référer aux textes propres à la matière. Les parties législative et réglementaire du Code des transports ne contiennent qu'une poignée de dispositions encadrant la saisie conservatoire (C. transp., art. L. 5114-22 et R. 5114-15 à R. 5114-19). Dans le silence du texte, la procédure est régie par les **textes de droit commun sur les procédures civiles d'exécution.** L'article R. 5114-15 C. transp., introduit par le décret du 28 décembre 2016[6] portant codification de la cinquième partie réglementaire du Code des transports[7], prévoit à cet égard que « *les modalités selon lesquelles les navires peuvent faire l'objet de saisies conservatoires sont régies par les dispositions générales du Code des procédures civiles d'exécution, sous réserve de l'application des conventions internationales et des dispositions particulières de la présente sous-section* ».

SECTION 1
COMPÉTENCE D'ATTRIBUTION POUR ORDONNER LA SAISIE

0625.11 Option de compétence entre le juge de l'exécution et le président du tribunal de commerce. L'ancien article 29 du décret du 27 octobre 1967[8] prévoyait que : « *La saisie conservatoire est autorisée par ordonnance rendue sur requête par le président du tribunal de commerce* ». Ainsi, sous l'empire des anciens textes, la compétence pour ordonner la saisie revenait au président du tribunal de commerce dans ses attributions de juge des requêtes, ou, à défaut, au juge d'instance, qui n'intervenait qu'à titre subsidiaire, lorsqu'il n'existait pas de tribunal de commerce dans le ressort du port dans lequel la saisie était pratiquée. La solution a été bouleversée à l'occasion de la codification du droit des transports de 2010. **L'ordonnance du 28 octobre 2010**[9], relative à la partie législative du Code des transports, a abrogé l'article 29 du décret du 27 octobre 1967. Quant au Code des transports, son article L. 5114-22[10] se contente d'énoncer que le créancier « *dont la créance paraît fondée en son principe peut solliciter du juge l'autorisation de pratiquer une saisie conservatoire d'un navire* », visant ainsi « *le juge* » sans plus de précision (v. aussi C. transp., art. R. 5114-16). La jurisprudence n'a pas tardé à en déduire que la saisie conservatoire des navires obéissait désormais aux règles de compétence de droit commun applicables aux saisies conservatoires de biens meubles[11].

1. Les ouvrages dont le nom des auteurs figure en petites capitales en bibliographie seront cités par le seul nom des auteurs en petites capitales en notes de bas de page.
2. Conv. Bruxelles, 10 mai 1952, art. 5.
3. Conv. Bruxelles, 10 mai 1952, art. 6.
4. Conv. Genève, 12 mars 1999, art. 2, par. 4.
5. Conv. Bruxelles, 10 mai 1952, art. 7.
6. Décr. n° 2016-1893, 28 déc. 2016, relatif aux dispositions [...] de la cinquième partie réglementaire du Code des transports, et portant diverses mesures d'adaptation relatives à l'outre-mer, *JO* 29 déc., texte 13.
7. Décr. n° 2016-1893, 28 déc. 2016, relatif aux dispositions du livre Ier, du livre IV, à l'exception de son titre IV, ainsi que des chapitres Ier et IV des titres Ier à IX du livre VII de la cinquième partie réglementaire du Code des transports, et portant diverses mesures d'adaptation relatives à l'outre-mer, *JO* 29 déc., texte 13.
8. Décr. n° 67-967, 27 oct. 1967, d'application de la loi 67-5 du 3 janvier 1967, *JO* 4 nov., p. 10836.
9. Ord. n° 2010-1307, 28 oct. 2010, relative à la partie législative du Code des transport, *JO* 3 nov., p. 3.
10. L. n° 2010-1609, 22 déc. 2010, relative à l'exécution des décisions de justice, aux conditions d'exercice de certaines professions réglementées et aux experts judiciaires, dite loi Béteille, *JO* 23 déc., p. 22552.
11. Aix-en-Provence, 11 oct. 2012, navire Nomade, *DMF* 2013. 746, obs. S. Lootgieter ; *DMF* 2013, suppl. « Le droit positif français en 2012 », n° 17, obs. Ph. Delebecque (admettant néanmoins, au visa de l'article 218 du décret du 31 juill. 1992, le maintien de la compétence du président du tribunal de commerce pour statuer sur une demande de mainlevée de la saisie conservatoire qu'il avait précédemment autorisée sous l'empire de l'article 29 du décret du 27 oct. 1967).

Dorénavant, la compétence pour ordonner une mesure conservatoire revient donc concurremment au juge de l'exécution (JEX) et, avant tout procès, au président du tribunal de commerce lorsque la créance dont la conservation est recherchée relève de la compétence de la juridiction commerciale[1] (C. pr. exéc., art. L. 511-3, et R. 511-5, et C. com., art. L. 721-7[2]). Cette évolution n'est pas sans susciter la critique. Le passage de la compétence générale du président du tribunal de commerce au JEX ne joue pas en faveur de la célérité de la procédure en raison de l'encombrement fréquent des rôles des JEX[3]. Quant à la compétence concurrente du président du tribunal de commerce en cas de créance commerciale et « *avant tout procès* » (C. com., art. L. 721-7)[4], elle risque de favoriser les « *manœuvres procédurières* »[5] : un saisissant peu scrupuleux pourrait aller au même moment devant le JEX et devant le tribunal de commerce présenter la même requête afin de multiplier ses chances d'obtenir gain de cause.

En présence d'une créance commerciale, le président du tribunal de commerce reste, de loin, le mieux placé pour ordonner la saisie conservatoire d'un navire dans le délai extrêmement court qu'exige souvent la réalisation d'une telle saisie. Quelques heures suffiront pour l'obtenir devant lui, là où plusieurs jours seraient, en pratique, nécessaires pour que le JEX en fasse autant. Or, ces quelques jours d'attente s'avèrent incompatibles avec la saisie conservatoire d'un navire en escale, qui n'est que de passage dans le port. Cette place de choix qu'occupaient jusqu'à présent les juridictions commerciales dans la mise en œuvre des saisies conservatoires de navires a cependant été mise à mal par l'expérimentation, depuis le 1er janvier 2025, des « tribunaux des activités économiques » (TAE) dans certains territoires, au premier rang desquels Marseille, qui accueille le premier port de commerce français[6]. Cette expérimentation a en effet introduit une « contribution pour la justice économique » dont les modalités de calcul reposent sur la production et l'examen préalable de différentes pièces : chiffres d'affaires et bénéfices des trois derniers exercices comptables pour les personnes morales et revenu fiscal de référence pour les personnes physiques[7]. Or, le temps nécessaire à la réunion de ces pièces (d'autant plus long lorsque le demandeur est étranger), à leur analyse par le greffe du TAE et au versement de la contribution, apparaît bien peu compatible avec l'exigence de rapidité des procédures de saisie conservatoire de navires... Gageons que le gouvernement en prendra conscience et qu'il exonèrera les mesures conservatoires de cette chronophage contribution...

0625.12 **Clause compromissoire.** La compétence du président du juge de l'exécution ou du président du tribunal de commerce n'est pas déjouée par l'existence d'une clause compromissoire, par exemple dans une charte-partie, dont l'effet est circonscrit au fond du litige et n'empêche pas, même après la saisine de la juridiction arbitrale, d'exercer une mesure conservatoire dans les conditions requises par la loi du lieu de la saisie. En revanche, le président du tribunal de commerce, dont la saisine n'est possible qu'« *avant tout procès* », voit sa compétence cesser d'être une option au moment de la saisine de la juridiction arbitrale.

Il a cependant été rappelé par la jurisprudence que la compétence pour autoriser la saisie ne permet pas au juge de se prononcer sur le montant de la créance du saisissant, qui n'est qu'un élément d'appréciation du montant de la caution que le saisi pourra verser pour obtenir mainlevée[8].

SECTION 2
COMPÉTENCE TERRITORIALE POUR ORDONNER LA SAISIE

0625.21 **Absence de disposition spéciale.** Les textes spécifiques sur les saisies de navires ne comportaient jusqu'au décret du 28 décembre 2016 aucune disposition relative à la compétence territoriale. Il convenait donc de se reporter sur ce point au droit commun. La situation a cependant évolué grâce au décret du 28 décembre 2016 qui pose clairement la compétence exclusive du juge du lieu de la mesure d'exécution.

0625.22 **Difficultés d'interprétation avant le décret du 28 décembre 2016.** L'article R. 511-2 C. pr. exéc. prévoit que « *le juge compétent pour autoriser*

1. Ce qui n'est pas le cas, par exemple, des créances salariales de l'équipage du navire : Aix-en-Provence, 9 mars 2023, RG no 22/08919, *DMF* 2023. 926, obs. C. Bourayne.
2. Créé par L. no 2010-1609, 22 déc. 2010, art. 9.
3. S. Lootgieter, obs. ss Aix-en-Provence, 11 oct. 2012, préc. ss prést no.
4. L'Association française de droit maritime (AFDM) préconise *a minima* la suppression de cette restriction qui empêche inopportunément le Président du tribunal de commerce de statuer sitôt qu'une action au fond a été engagée (*DMF* 2011. 725) – V. AUSSI : Ph. Delebecque, *Droit maritime*, « Précis », Dalloz, 14e éd., 2020, no 252, note subpaginale no 3.
5. S. Lootgieter, préc. ss prést no.
6. Décr. no 2024-674, 3 juill. 2024, relatif à l'expérimentation du tribunal des activités économiques, *JO* 5 juill., texte 55 (pris en application de l'art. 26 de la loi no 2023-1059, 20 nov. 2023).
7. Décr. no 2024-1225, 30 déc. 2024, relatif à l'expérimentation de la contribution pour la justice économique, *JO* 31 déc., texte 11.
8. Rouen, 27 avr. 1990, *DMF* 1992. 363, note Achard.

une mesure conservatoire est celui du lieu où demeure le débiteur » *et* l'article R. 511-3 C. pr. exéc. que « *toute clause contraire aux articles L. 511-3 ou R. 511-2 est réputée non avenue. Le juge saisi doit relever d'office son incompétence* ».

Cette disposition n'a pas empêché la chambre commerciale de la Cour de cassation, à propos de la saisie des soutes du navire, de trancher en faveur de la compétence du juge du lieu de la saisie, en se fondant sur les dispositions combinées de l'article R. 121-2 C. pr. exéc. qui autorise à saisir le juge de l'exécution du lieu de la mesure d'exécution lorsque le débiteur réside à l'étranger, et les articles R. 511-2 et R. 511-3 C. pr. exéc. précités[1].

La chambre commerciale a confirmé sa position très pragmatique dans un arrêt du 5 janvier 1999[2]. La Cour de cassation s'est fondée sur les articles 4 et 5 de la convention de Bruxelles du 10 mai 1952, qui attribuent compétence à l'autorité judiciaire française pour autoriser dans un port français la saisie conservatoire d'un navire ou en ordonner la mainlevée, même si le débiteur demeure à l'étranger.

Mais la règle ci-dessus énoncée ne concernait que les saisies pratiquées sur le fondement de la convention du 10 mai 1952. En droit français interne, la règle de l'article R. 511-2 C. pr. exéc. demeurait[3].

0625.23 Clarification apportée par le décret du 28 décembre 2016. Le décret du 28 décembre 2016 portant codification de la cinquième partie réglementaire du Code des transports a finalement clarifié la situation en droit interne en donnant expressément compétence au juge du lieu de l'exécution de la saisie conservatoire (C. transp., art. R. 5114-16) et en écartant corrélativement l'application de l'article R. 511-2 C. pr. exéc. aux saisies conservatoires de navires (C. transp., art. R. 5114-17). La règle est donc désormais claire : le juge du lieu d'exécution est seul compétent pour autoriser la saisie conservatoire d'un navire.

0625.24 Clause attributive de juridiction. À l'instar de la clause compromissoire, une telle clause ne concerne que le fond du litige et ne saurait déjouer la compétence du tribunal du lieu de la saisie[4].

1. Com. 13 janv. 1998, n° 95-15.497, P IV, n° 16.
2. Com. 5 janv. 1999, n° 93-19.688, navire Gure Maiden, P IV, n° 2 ; *DMF* 1999. 130, rapp. Rémery, note A. Vialard – V. AUSSI : Aix-en-Provence, 29 janv. 2008, navire I'm n° Lady, *DMF* 2008. 734, obs. A. Vialard ; *DMF* 2009, HS, obs. P. Bonassies.
3. POUR UNE APPLICATION : TGI Nîmes, *DMF* 2000. 804, obs. Pestel-Debord ; *DMF* 2001, HS, n° 50, obs. P. Bonassies.
4. Civ. 2e, 8 juin 1995, n° 93-11.446, navire Hassi R'Mel, P II, n° 170.

SECTION 3
COMPÉTENCE POUR ORDONNER LA MAINLEVÉE DE LA SAISIE

0625.31 Compétence concurrente du juge ayant prononcé la saisie et des juges du fond. Lorsque le saisi entend rétablir la contradiction, il peut former opposition. S'agissant d'une voie de recours en rétractation contre une ordonnance de requête ayant autorisé la saisie, le juge compétent est bien évidemment celui qui a autorisé la mesure (C. pr. exéc., art. R. 512-2), peu importe que le juge du fond ait été saisi[5].

Ce principe est on ne peut plus logique, dès lors que la procédure de requête utilisée est non contradictoire. Aussi, la voie de recours naturelle contre une décision non contradictoire est une voie de rétractation, c'est-à-dire devant le juge qui a autorisé la saisie.

Mais le juge de la saisie étant en règle générale saisi en référés, sa décision n'a pas autorité de la chose jugée au fond et n'empêche pas les juges du fond, lorsque ceux-ci considèrent que la créance n'est pas fondée, de prononcer très logiquement la mainlevée de la saisie[6].

Conformément à l'article 33.1 du règlement (CE) n° 44/2001[7], la décision de mainlevée d'une saisie prise dans un État de l'Union européenne s'impose dans les autres États membres, en sorte que le juge français ne peut faire droit à une demande de saisie qui a été refusée ou dont la mainlevée a été prononcée par le juge d'un autre État membre, à moins que soit établi un fait nouveau[8].

SECTION 4
COMPÉTENCE DU JUGE DE LA SAISIE POUR STATUER SUR LE FOND

0625.41 Convention de Bruxelles du 10 mai 1952. La convention de Bruxelles du 10 mai 1952 prévoit en son article 7 § 1 que le juge ayant ordonné la saisie est compétent pour statuer sur le fond soit si ces tribunaux sont compétents en vertu de la loi interne de l'État dans lequel la saisie est prati-

5. Civ. 2e, 26 févr. 1997, n° 94-18.899, NP ; *RGDP* 1998. 152, obs. Putman ; *Procédures* 1997, n° 84, obs. R. Perrot ; *RTD civ.* 1997. 520, obs. R. Perrot – Com. 7 juin 1994, n° 92-15.108, navire Heidberg, P IV, n° 206 ; *D.* 1994. 179.
6. Civ. 2e, 18 janv. 2001, n° 98-10.249, P II, n° 12.
7. Règl. CE n° 44/2001, Conseil, 22 déc. 2000, concernant la compétence judiciaire, la reconnaissance et l'exécution des décisions en matière civile et commerciale, *JOCE* L. 12.
8. Com. 8 mars 2011, n° 09-13.830, navire Mastrogiorgis, NP ; *DMF* 2011. 629, rapp. Potocki, obs. de Corbière.

quée, soit dans certains autres cas, nommément définis :

a) Si le demandeur a sa résidence habituelle ou son principal établissement dans l'État dans lequel la saisie a été pratiquée ;

b) Si la créance maritime est elle-même née dans l'État contractant dont dépend le lieu de la saisie ;

c) Si la créance maritime est née au cours d'un voyage pendant lequel la saisie a été faite ;

d) Si la créance provient d'un abordage ou de circonstances visées par l'article 13 de la convention internationale pour l'unification de certaines règles en matière d'abordage, signée à Bruxelles le 23 septembre 1910 ;

e) Si la créance est née d'une assistance ou d'un sauvetage ;

f) Si la créance est garantie par une hypothèque maritime ou un *mortgage* sur le navire saisi.

La compétence ainsi reconnue au juge de la saisie pour statuer sur le fond du procès n'est pas remise en cause par la mainlevée de la saisie d'un navire moyennant la constitution d'une garantie[1].

0625.42 Abandon du *forum arresti*. Outre les cas définis par la convention de Bruxelles, le droit positif français a pendant longtemps reconnu au créancier étranger la possibilité de donner compétence au juge français pour statuer sur le fond par l'effet de la saisie conservatoire.

Par un arrêt du 17 janvier 1995, la Cour de cassation a fermement condamné ce forum de compétence : « *Si les juridictions françaises sont seules compétentes pour statuer sur la validité d'une saisie pratiquée en France et apprécier, à cette occasion, le principe de la créance, elles ne peuvent se prononcer sur le fond de cette créance que si leur compétence est fondée sur une autre règle* »[2].

La jurisprudence a cependant été amenée à donner des précisions, dont certaines ont nuancé la position exprimée par la Cour de cassation le 17 janvier 1995.

Ainsi, la cour d'appel de Rennes a rappelé que « *si les juridictions françaises sont seules compétentes pour statuer sur la validité d'une saisie de navire pratiquée en France et apprécier, à cette occasion, le principe de la créance, elles ne peuvent se fonder sur le fond de cette créance que si leur compétence est fondée sur une autre règle* »[3].

Dans cette espèce, une société réclamait à un armateur roumain le paiement de factures de fournitures de lubrifiant, dont une partie avait été fournie au port de Dunkerque à un autre navire exploité par l'armateur. La cour d'appel de Rennes a relevé qu'une partie de la créance était née en France, ce qui justifierait la compétence du juge français pour connaître du fond.

0625.43 Créances nées du contrat d'engagement et créances nées au cours du voyage. La cour d'appel de Rennes, saisie du problème de la compétence du juge français pour statuer sur des créances salariales de marins se fondant sur la présence du navire dans le port de Nantes, à la suite d'une saisie pratiquée à la requête de créanciers ayant fourni des lubrifiants au port de Dunkerque, pour tenter de justifier la compétence au fond du tribunal du port dans lequel le navire se trouve immobilisé, a suivi la jurisprudence de la Cour de cassation en rappelant que la seule présence d'un navire étranger dans un port français, fût-il l'objet d'une saisie, ne suffit pas à donner compétence aux juridictions françaises pour connaître les litiges nés de son exploitation[4].

Les marins ont alors fait procéder personnellement à la saisie du navire sur le fondement de la convention du 10 mai 1952 et ont assigné l'armateur au fond devant le tribunal du lieu de la saisie qui leur a opposé l'autorité de la chose jugée de l'arrêt du 21 octobre 1998. La cour d'appel de Rennes, saisie par les marins, a évoqué l'affaire au fond, en se fondant sur les dispositions de l'article 7-1 de la convention de Bruxelles du 10 mai 1952 qui donne compétence aux tribunaux de l'État dans lequel la saisie d'un navire a été opérée pour statuer sur le fond du procès, lorsque la créance maritime est née au cours du voyage pendant lequel la saisie a été pratiquée. Elle justifiait cette évocation par le fait que les marins, dont au moins une partie des salaires impayés étaient échus au cours du voyage pendant lequel la saisie a été pratiquée, avaient fait personnellement procéder à la saisie.

La Cour de cassation a confirmé cette tendance jurisprudentielle en décidant, sous le visa de l'article 7-1 de la convention de Bruxelles que « *les tribunaux de l'État dans lequel la saisie a été opérée sont compétents pour statuer sur le fond du procès lorsque la créance maritime est née au cours du voyage pendant lequel la saisie a été faite* »[5]. Plusieurs cours d'appel,

1. Soc. 26 oct. 2022, n° 20-12.067, NP ; *DMF* 2022. 978, obs. P. Chaumette.
2. Civ. 1re, 17 janv. 1995, n° 92-10.165, navire Ganvié, P I, n° 34 ; *JCP* 1995. II. 22430, note H. Muir-Watt ; *DMF* 1996. 119, obs. P. Bonassies ; *DMF* 1996. 815 – M. Rémond-Gouilloud, « *Forum arresti*, le jusant », *DMF* 1996. 787.
3. Rennes, 8 juill. 1998, navire Oscar Jupiter, *DMF* 1999. 437.
4. Rennes, 21 oct. 1998, navire Oscar Jupiter, *DMF* 1999. 438, obs. P. Chaumette.
5. Concernant une CRÉANCE SALARIALE : Civ. 1re, 18 juill. 2000, n° 97-22.448, navire Obo Basak, P I, n° 218 ; *DMF* 2000. 607, obs. Y. Tassel – Concernant une ACTION FONDÉE SUR UNE AVARIE SURVENUE EN COURS DE TRANSPORT MARITIME : Com. 7 déc. 2004, n° 02-19.825, navire Jerba, P IV, n° 215 ; *DMF* 2005. 133, obs. J.-P. Rémery.

dont bien entendu la cour de renvoi de l'arrêt de la Cour de cassation du 7 décembre 2004, ont suivi le mouvement[1].

0625.44 Créances non salariales nées au cours du voyage. S'agissant de créances non salariales nées au cours du voyage, la cour d'appel d'Angers a jugé qu'une créance aux fins d'indemnisation de marchandises endommagées au cours du voyage justifiait la compétence du tribunal du lieu de la saisie en application de l'article 7-1 de la convention de Bruxelles du 10 mai 1952, et ce alors même que le demandeur au fond, l'assureur subrogé dans les droits du destinataire, n'était pas le saisissant (le chargeur)[2].

0625.45 Convention de Genève du 12 mars 1999. La convention du 12 mars 1999, que la France n'a pas encore ratifiée, rétablit le *forum arresti*, reconnu au demeurant dans de nombreux états signataires de la convention du 10 mai 1952 comme critère de compétence des juges nationaux pour statuer sur le fond.

SECTION 5
COMPÉTENCE DU JUGE DE LA SAISIE POUR DONNER UNE AUTORISATION DE VOYAGE

0625.51 Autorisation de voyage. Les anciens articles 26 et 27 du décret du 27 octobre 1967 (devenus C. transp., art. L. 5114-21) prévoyaient une mesure d'aménagement des effets de la saisie permettant au saisi de demander une autorisation d'effectuer un ou plusieurs voyages. Une telle demande est désormais de la compétence exclusive du juge de l'exécution (C. transp., art. L. 5114-21, al. 1er). Ce droit est ouvert à tout intéressé, et non pas seulement au saisi, à la condition qu'une garantie suffisante soit fournie. Il est à cet égard important de noter que l'immobilisation forcée d'un navire dans un port peut entraîner des encombrements pour celui-ci, voire une congestion.

La cour d'appel de Papeete avait à cet égard rejeté une demande du port de Papeete, dans lequel deux paquebots appartenant à une société d'armement en liquidation judiciaire, visant à obtenir l'autorisation de déplacer les navires dans un port moins encombré, fondée, non sur les anciens articles 26 et 27 du décret du 27 octobre 1967, mais sur l'ancien article 403-1 C. pr. civ. de la Polynésie française, qui reprend les dispositions de l'article 809 C. pr. civ. La Cour a rejeté cette demande au motif que le port n'établissait pas le péril imminent dont il se prévalait, et que le déplacement des deux navires dans un port moins sûr et moins bien équipé mettrait en danger les navires, et partant, les intérêts des saisissants en même temps qu'il entraînerait un surcoût important, rompant ainsi l'équilibre des intérêts en présence[3]. La question demeure entière de savoir s'il appartient alors au port de justifier d'une garantie suffisante ou si le saisi doit fournir une telle garantie pour permettre un déplacement effectué pour les besoins de désencombrement du port à la requête de celui-ci.

SECTION 6
MISE EN ŒUVRE DE LA SAISIE CONSERVATOIRE

0625.61 Renvoi au droit commun. La procédure de mise en œuvre de la saisie est pour l'essentiel régie par le droit commun des mesures conservatoires (C. transp., art. R. 5114-15). Nous renvoyons donc le lecteur au chapitre du présent ouvrage sur la mise en œuvre des mesures conservatoires (v. ss nos 0612.11 s.).

0625.62 Signification de l'autorisation de saisir aux autorités portuaires. La saisie ayant pour effet d'immobiliser le navire dans le port, il apparaît donc logique de la notifier non seulement au capitaine du navire saisi mais également aux autorités portuaires. La notification se fait dans la pratique entre les mains du commandant de port à la capitainerie. La règle est désormais posée à l'article R. 5114-19 C. transp., introduit par le décret du 28 décembre 2016, qui dispose que « *l'acte de saisie est notifié à la capitainerie du port* ». L'ancien article 26 du décret du 27 octobre 1967 posait que, lorsqu'il était avisé d'une saisie par la notification de la décision qui l'a autorisée, le service du port refusait le départ du navire. Sous l'empire des nouveaux textes recodifiés dans le Code des transports, les autorités portuaires doivent être considérées comme des tiers concourant à l'exécution et au recouvrement des créances qui doivent apporter leur concours lorsqu'ils en sont légalement requis (C. pr. exéc., art. L. 123-1) et peuvent le cas échéant faire l'objet de sanctions pouvant aller jusqu'au paiement des causes de la saisie.

0625.63 Mentions obligatoires de l'acte de saisie. Par dérogation aux dispositions de l'article R. 522-1 C. pr. exéc., l'article R. 5114-18 C. transp., intro-

1. Angers, 11 sept. 2007, navire Jerba, *DMF* 2008. 627, obs. Y. Tassel – Concernant une CRÉANCE SALARIALE : Aix-en-Provence, 13 avr. 2004, navire Wedge One, *DMF* 2004. 1012, obs. P. Chaumette, et Rennes, 30 nov. 2004, navire Zamoura of Zermatt, *DMF* 2005. 151, obs. P. Chaumette.
2. Angers, 11 sept. 2007, navire Jerba, *DMF* 2008. 627, obs. Y. Tassel.
3. Papeete, 28 déc. 2001, navires R2 et R3, *DMF* 2002. 371, obs. Michel ; *DMF* 2003, HS, no 50, obs. P. Bonassies.

duit par le décret du 28 décembre 2016, impose, à peine de nullité, un certain nombre de mentions à l'acte de saisie. Celui-ci doit contenir :

1° La mention de l'autorisation du juge en vertu de laquelle la saisie est pratiquée ; ce document est annexé à l'acte ;

2° Les nom, prénom et domicile du créancier pour qui est engagée l'action ;

3° La somme en principal, intérêts et frais dont le paiement est poursuivi ;

4° L'élection de domicile, le cas échéant, faite par le créancier dans le lieu où siège le juge compétent (le texte évoque malencontreusement le « *juge de l'exécution* », oubliant que le président du tribunal de commerce peut aussi être compétent) ;

5° Les nom, type, jauge, port d'attache et nationalité du bâtiment ;

6° La mention que le navire ne peut plus quitter le port et la reproduction de l'article L. 5114-21 C. transp. ;

7° L'indication que le débiteur peut contester la saisie et ses conditions d'exécution devant le juge qui l'a ordonnée.

0625.64 Désignation et signature du gardien. Conformément à la pratique antérieure (qui n'était cependant que facultative), le dernier alinéa de l'article R. 5114-18 C. transp., introduit par le décret du 28 décembre 2016, impose la désignation d'un gardien, qui doit signer l'acte de saisie. En pratique, l'huissier confie souvent cette garde au capitaine du navire, s'il est présent (ce qui est généralement le cas s'agissant des navires de commerce) et, à défaut, au commandant du port. Confier la garde du navire au commandant du port est cependant une pratique discutable et risquée, car le Conseil d'État a clairement jugé qu'il n'entre pas dans les attributions de l'autorité portuaire d'assurer le gardiennage de navires saisis. Le commandant du port qui accepte de se voir confier la garde du navire le fait donc en tant que personne privée et non en qualité de préposé du port. Les négligences qui pourraient lui être reprochées dans l'exécution de sa mission de gardien devraient donc être regardées comme une faute civile personnelle, dépourvue de tout lien avec le service et qui ne pourrait donc engager la responsabilité administrative de l'autorité portuaire [1]. La désignation et la signature du gardien sont-elles requises à peine de nullité de l'acte de saisie, comme c'est le cas des mentions obligatoires envisagées dans les premiers alinéas de l'article R. 5114-18 ? La réponse n'est pas si évidente car l'article R. 5114-18, *in fine*, C. transp. ne le précise pas, contrairement à un texte comparable que l'on trouve en matière de saisies de bateaux de rivière (C. transp., art. R. 4123-4, *in fine*). On peut néanmoins penser que la sanction de la nullité de l'acte prévue dans le premier alinéa de l'article R. 5114-18 s'étend au dernier alinéa.

1. CE 20 janv. 1989, req. n° 60269, Biales, *D.* 1989. 619, note Grellois.

SECTION 7

VOIES DE RECOURS ET AMÉNAGEMENTS

0625.70 Débiteur saisi et créancier saisissant. Plan. Une distinction doit être faite entre les voies de recours offertes au saisissant lorsque la saisie lui est refusée (§ 1) et celles qui sont accordées au débiteur saisi (§ 2).

§ 1
Recours du demandeur en cas de refus d'autorisation de saisir

0625.81 Appel de l'ordonnance de requête. Lorsque le juge saisi de la demande d'autorisation refuse d'accorder la saisie, le demandeur dispose, conformément à l'article 496 C. pr. civ. d'un délai de quinze jours à compter de la notification de l'ordonnance par le secrétaire de la juridiction pour interjeter appel par déclaration auprès de la juridiction qui a rendu la décision.

La saisie conservatoire du navire étant une question d'urgence et la décision de rejet de la requête étant dépourvue de l'autorité de la chose jugée, le demandeur préférera se représenter devant le juge des requêtes avec de nouvelles pièces le cas échéant, plutôt que d'interjeter un appel.

§ 2
Recours du débiteur saisi contre l'ordonnance ayant autorisé la saisie

0625.91 Options du débiteur saisi. Lorsque le navire est saisi, le débiteur a le choix entre plusieurs attitudes :

– Dans la situation la plus simple, le débiteur peut décider d'acquiescer purement et simplement à la saisie et payer sa dette entre les mains de son créancier qui, à la réception des fonds ou sur présentation d'une preuve qu'il juge suffisante pour garantir le paiement, donne mainlevée de la saisie en adressant une notification au capitaine du navire et au service du port, qui autorise le départ du navire.

– Le débiteur peut aussi choisir de donner à son créancier une garantie, le plus souvent sous la forme d'une lettre de garantie d'un P & I Club (mutuelle d'armateurs) ou d'une banque.

– Le débiteur peut décider de saisir le juge ayant rendu la saisie afin de substituer une mesure propre à sauvegarder les intérêts des parties à la saisie conservatoire ou mettre en place une caution irrévocable, ainsi que le lui permet l'article L. 512-1 alinéa 3 C. pr. exéc., ou de demander la mainlevée au juge de l'exécution, conformément à l'article L. 512-1 alinéa 1er du même code.

– Le débiteur peut aussi demander à bénéficier d'aménagements de la mesure conservatoire, ce qui est d'une grande utilité pratique pour le débiteur lorsque son navire est saisi sur le fondement d'un des droits réels mentionnés aux alinéas o, p et q de l'article 1er (1) de la convention du 10 mai 1952.

A. Mainlevée accordée par le juge contre substitution d'une mesure propre à sauvegarder les intérêts du créancier ou remise d'une caution irrévocable

0625.101 Substitution d'« *une mesure propre à sauvegarder les intérêts des parties* ». L'article L. 512-1 C. pr. exéc. prévoit la possibilité pour le débiteur de demander la mainlevée de la saisie contre la substitution d'une mesure propre à sauvegarder les intérêts des parties. Dans la même veine, l'article 5 de la convention de Bruxelles du 10 mai 1952 prescrit la mainlevée de la saisie « *lorsqu'une caution ou une garantie suffisantes auront été fournies* ». Ainsi, le débiteur peut par exemple saisir le juge pour demander à substituer à la saisie une garantie P & I ou bancaire ou encore la consignation de la somme demandée entre les mains d'un tiers désigné en qualité de séquestre. Si le juge estime que la garantie proposée par le débiteur est suffisante, et après avoir entendu le créancier, il accorde la mainlevée.

0625.102 Mise en place d'une caution irrévocable conforme à la mesure sollicitée dans la saisie (C. pr. exéc., art. L. 512-1). Le juge ne dispose en revanche plus d'aucun pouvoir d'appréciation lorsque le débiteur met en place une caution irrévocable pour le montant figurant dans l'ordonnance ordonnant la saisie. Il est alors obligé de donner mainlevée de la saisie, sous l'unique réserve de la constatation que le créancier ait engagé ou poursuivi une procédure demandant d'obtenir un titre exécutoire s'il n'en possède pas un. La convention du 10 mai 1952 contient une disposition analogue. En revanche, elle l'exclut lorsque la saisie a été pratiquée en vertu d'un droit réel du créancier sur le navire[1].

Ainsi, il a été jugé, sur le fondement de l'article 5 de la convention du 10 mai 1952, que le juge était dans l'obligation d'ordonner la mainlevée lorsque le débiteur fournit une caution[2], la constitution d'une consignation[3] ou la constitution d'un fonds de limitation[4] à la condition qu'il ait été constitué dans l'un des ports mentionnés à l'article 13 de la convention de Londres de 1976[5].

0625.103 Nature de la décision exigée pour réaliser la garantie. De même que l'article R. 511-7 C. pr. exéc. prévoit qu'il suffit d'exercer une procédure tendant à l'obtention d'un titre exécutoire pour que la saisie soit validée, une décision simplement exécutoire, mais non définitive, et encore moins irrévocable, permet d'obtenir la réalisation de la garantie[6].

0625.104 Montant de la garantie. Le montant de la garantie est en principe fonction du montant de la créance en vertu de laquelle la saisie est pratiquée.

Il faut cependant réserver l'hypothèse de la constitution d'un fonds de limitation de responsabilité par le propriétaire du navire, conformément à la convention de Londres de 1976. Si le fonds de limitation est opposable au créancier et inférieur au montant de la créance, la garantie devra être plafonnée à cette somme.

En revanche, si la créance excède la valeur du bien saisi, il a été jugé que le montant de la garantie est fixé par référence à la valeur de la saisie[7].

0625.105 Effet de la mainlevée sur la compétence que la convention de 1952 accorde au juge de la saisie pour statuer sur le fond du litige. La mainlevée de la saisie d'un navire moyennant la constitution d'une garantie ne remet pas en cause les différents chefs de compétence que l'article 7 § 1 de la convention de 1952 reconnaît au juge de la saisie pour statuer sur le fond du procès[8].

0625.106 Effets de la garantie sur la compétence du juge pour statuer sur le fond de la créance. La lettre de garantie émise désigne souvent la juridic-

1. Conv. Bruxelles, 10 mai 1952, art. 5.
2. Poitiers, 23 sept. 1992, Sté Selico Lines c/Sté Azov shipping, cité dans *J.-Cl. Com.*, fasc. 1128, Y. Tassel.
3. T. com. Nanterre, 9 mai 1994, Collardo c/Assoc. Amis de Jeudi Dimanche, *Juris-Data* no 043739.
4. Com. 23 nov. 1993, no 91-17.258, navire Heidberg, P IV, no 418 ; *DMF* 1994. 36.
5. Com. 5 janv. 1999, no 93-19.688, navire Gure Maiden, P IV, no 2 ; *DMF* 1999. 130, rapp. Rémery, obs. A. Vialard.
6. Com. 27 oct. 1998, no 96-11.339, P IV, no 257 ; *DMF* 1999. 51, obs. Rémery, obs. Y. Tassel – SUR POURVOI contre : Saint-Denis de La Réunion, 17 oct. 1995, *DMF* 1996. 494, obs. Y. Tassel – Rouen, 22 juin 1994, navire Motru, *DMF* 1995. 465, obs. Y. Tassel – Aix-en-Provence, 7 mai 1997, navire Klim Voroshilov, *DMF* 1998. 29, obs. Nicolas ; *DMF* 1999. 49, obs. P. Bonassies – T. com. Marseille, 11 sept. 1998, navire Zulfikar, *Rev. Scapel* 1998. 161 ; *DMF* 1999. 49, obs. P. Bonassies.
7. Rouen, 28 janv. 1992, navire Alkmini, *Juris-Data* no 040657.
8. Soc. 26 oct. 2022, no 20-12.067, NP ; *DMF* 2022. 978, obs. P. Chaumette.

tion compétente pour statuer sur le fond du litige. Or, lorsque le litige est relatif à un transport sous connaissement, un conflit risque de se poser entre la désignation de la juridiction compétente dans la lettre de garantie et la clause attributive de compétence figurant au connaissement.

La Cour de cassation a une position classique. La clause attributive de compétence figurant dans la lettre de garantie émise par le garant au profit du créancier du transporteur maritime est inopposable à ce dernier car elle se trouve dans une convention distincte[1].

Deux cours d'appel ont cependant adopté une position divergente. Ainsi, la cour d'appel de Rouen a fait prévaloir la clause contenue dans la lettre de garantie sur celle du connaissement au motif que le garant avait reçu « *instruction irrévocable des propriétaires et/ou armateurs du navire d'accepter de soumettre le litige au tribunal de commerce de Rouen* »[2]. La cour d'appel de Paris a statué dans le même sens en relevant que la lettre de garantie est délivrée dans l'intérêt et sur instructions de l'armement, peu important qu'il n'en soit pas le signataire, dès lors que le garant s'est engagé en son nom à accepter la compétence de la juridiction désignée dans la garantie[3]. Cette position est éminemment critiquable, dès lors qu'elle tend à faire du garant un représentant de l'armateur dans la conclusion de la sûreté personnelle. Or seul le garant est engagé par la sûreté.

B. Référé rétractation

0625.111 **Fondements.** L'article L. 512-1 C. pr. exéc. dispose : « *Même lorsqu'une autorisation préalable n'est pas requise, le juge peut donner mainlevée de la mesure conservatoire s'il apparaît que les conditions prescrites par l'article L. 511-1 ne sont pas réunies* ».

En outre, l'article 496 alinéa 2 C. pr. civ. prévoit : « *S'il est fait droit à la requête, tout intéressé peut en référer au juge qui a rendu l'ordonnance* ».

0625.112 **Application.** La saisie étant autorisée, soit par le juge de l'exécution, soit par le président du tribunal de commerce statuant dans le cadre de sa juridiction de juge des requêtes et avant tout procès, de manière non contradictoire, la voie de recours ouverte contre son ordonnance est le référé rétractation de l'article 496 C. pr. civ.

Dans une espèce de 2009, la cour d'appel d'Aix-en-Provence a jugé que l'article L. 512-1 C. pr. exéc., droit spécial par rapport à l'article 496 alinéa 2 C. pr. civ., ne dérogeait pas au droit commun et ne l'excluait pas[4]. Dans cette espèce, liée au recouvrement des dettes de Bernard Madoff, un *yatch* appartenant à l'épouse de M. Madoff avait été saisi successivement par un investisseur floué et par les liquidateurs du fonds spéculatif. Prétendant tirer avantage de l'article L. 512-1 C. pr. exéc., l'épouse avait soutenu que les liquidateurs étaient irrecevables à agir, invoquant l'exclusivité de l'article 72 de la loi du 9 juillet 1991[5] par rapport à l'article 496 alinéa 2 C. pr. civ. Si elle avait été retenue, cette interprétation aurait eu pour effet de limiter l'action en rétractation au profit du seul débiteur, c'est-à-dire le propriétaire de navire. La cour d'Aix-en-Provence, relevant que la contestation de la saisie par le débiteur avait un tout autre fondement que la contestation d'un tiers auquel la saisie peut porter grief, a jugé que les textes n'étaient pas exclusifs l'un de l'autre et validé la saisie pratiquée par les liquidateurs en application de l'article 496 alinéa 2 C. pr. civ.

0625.113 **Office du juge.** Le régime de la saisie relève, non de l'article L. 511-1 C. pr. exéc., mais de l'article L. 5114-22 C. transp., lorsque la saisie a été pratiquée sur le fondement du droit français, et des articles 1 et 2 de la convention du 10 mai 1952, lorsque la saisie est pratiquée sur le fondement du droit international.

Ainsi, l'office du juge de la rétractation est de vérifier que les conditions posées par le texte autorisant la saisie sont remplies.

Lorsque la saisie a été pratiquée sur le fondement du droit interne, le juge doit vérifier qu'il a été justifié d'une créance paraissant fondée en son principe. Les pouvoirs du juge de la rétractation sont ni plus ni moins ceux du juge ayant ordonné la mesure en sorte qu'« *il doit se placer au jour du dépôt de la requête initiale pour apprécier la créance et déterminer si elle est fondée en son principe* »[6]. En revanche, l'article L. 5114-22 C. transp. n'ayant pas repris la condition des circonstances susceptibles de menacer le recouvrement de la créance, le juge n'aura pas à examiner cette condition.

La détermination de l'office du juge ayant à statuer lorsqu'il est saisi en référé pour rétracter son ordonnance de saisie est en revanche plus difficile lorsque

1. Com. 13 nov. 2002, n° 00-19.340, NP ; *BTL* 2002. 340.
2. Rouen, 17 janv. 2002, *BTL* 2002. 241.
3. Paris, 19 mars 2003, *BTL* 2003. 291, obs. Tilche ; *DMF* 2003. 597, obs. Coste.
4. Aix-en-Provence, 10 déc. 2009, navire Bull, *DMF* 2010. 128, obs. M. Rémond-Gouilloud ; *DMF* 2010, HS, n° 54, obs. P. Bonassies.
5. L. n° 91-650, 9 juill. 1991, portant réforme des procédures civiles d'exécution, *JO* 14 juill.
6. Aix-en-Provence, 9 janv. 2020, n° 19/07135, *DMF* 2020, n° 822, n° 247, obs. A. Lemarié – *Adde* : Civ. 2e, 27 sept. 2018, n° 17-20.127, P : « *L'instance en rétractation ayant pour seul objet de soumettre à un débat contradictoire les mesures initialement ordonnées à l'initiative d'une partie en l'absence de son adversaire, la saisine du juge de la rétractation se trouve limitée à cet objet* ».

la saisie a été pratiquée sur le fondement de la convention de Bruxelles du 10 mai 1952. L'office du juge consiste-t-il uniquement à vérifier que la créance alléguée est une créance maritime faisant partie de la liste de l'article 1er (1) ou le juge doit-il apprécier le principe de la créance. La chambre commerciale de la Cour de cassation a tranché la question dans son arrêt du 7 mars 2006 en se fondant sur l'article 2 de la convention de Bruxelles du 10 mai 1952 qui autorise la saisie sur le fondement d'une simple allégation de créance maritime énumérée en son article 1er. L'office du juge est donc limité à la constatation que la créance entre dans la liste des créances maritimes figurant à l'article 1er de la convention de Bruxelles du 10 mai 1952[1].

0625.114 **Procédure.** Le référé rétractation est soumis aux règles de la procédure du référé, mais la charge de la preuve pèse sur le saisissant, c'est-à-dire le défendeur à l'opposition, auquel il appartient d'établir le bien-fondé de la mesure contestée[2].

En raison de l'urgence particulière pour le saisi, dont l'instrument d'exploitation est immobilisé, les demandes de référé rétractation sont le plus souvent formées selon la procédure de l'article 485 C. pr. civ. autorisant le demandeur à assigner d'heure à heure[3]. Dans ce cas, en application de l'article 858 C. pr. civ., il n'est théoriquement même pas nécessaire, en cas d'urgence ou lorsque l'une des parties n'est pas domiciliée, d'obtenir l'autorisation du président du tribunal afin d'assigner d'heure à heure. Pratiquement, il est cependant préférable de présenter une requête au président du tribunal, pour des motifs évidents d'emploi du temps.

Dans l'hypothèse d'une ordonnance confirmant la saisie, le débiteur saisi peut bien entendu interjeter appel ou solliciter du premier président de la cour d'appel l'arrêt de l'exécution provisoire de droit en cas de violation manifeste du principe du contradictoire ou lorsque l'exécution risque d'entraîner des conséquences manifestement excessives en application de l'article 524 C. pr. civ. modifié par le décret du 20 août 2004[4].

La possibilité de solliciter l'arrêt de l'exécution provisoire de droit semble cependant être une arme encore plus efficace pour le créancier saisissant dans l'hypothèse où l'ordonnance autorisant la saisie est rétractée. En effet, l'exécution de l'ordonnance de rétractation conduit à relâcher le navire si celui-ci est toujours immobilisé ou à restituer la garantie donnée afin d'obtenir la mainlevée de la saisie. Une telle application est lourde de conséquence en présence d'un débiteur de nationalité étrangère le plus souvent établi dans un paradis fiscal. Il peut alors être opportun de solliciter l'arrêt de l'exécution provisoire de droit de l'ordonnance de rétractation en arguant du risque réel de conséquences manifestement excessives consistant à priver le créancier saisissant de la possibilité d'exécuter à l'encontre du débiteur en même temps qu'un appel est interjeté contre l'ordonnance de rétractation.

C.
Autorisation de voyage du navire saisi

0625.121 **Textes.** Cette possibilité d'aménagement est prévue par la convention du 10 mai 1952, uniquement lorsque la saisie est la conséquence de l'exercice d'un des droits réels mentionnés aux alinéas o, p et q de la convention, pour lesquels la mainlevée est exclue.

Le Code des transports aménage aussi cette possibilité (C. transp., art. L. 5114-21). La demande doit être formée devant le juge de l'exécution, qui l'accorde contre remise d'une garantie suffisante et fixe le délai dans lequel le navire devra regagner le port de la saisie.

0625.122 **Intérêt.** Cette possibilité n'a bien évidemment d'intérêt, ainsi que le précise la convention du 10 mai 1952, que lorsque la mainlevée n'est pas possible contre remise d'une garantie. Il serait en effet tout à fait surprenant qu'un débiteur dont le navire est saisi sur le fondement d'un droit personnel préfère demander une autorisation de voyage contre remise d'une garantie plutôt que la mainlevée de la saisie contre remise de la même garantie.

1. Com. 7 mars 2006, n° 05-15.906, navire Larbi Ben M'Hidi, P IV, n° 57.
2. Civ. 2e, 21 oct. 1987, n° 86-14.978, P II, n° 209 – Civ. 2e, 9 déc. 1987, n° 86-18.139, P II, n° 262 – Civ. 2e, 9 mai 1988, n° 87-12.495, P II, n° 113.
3. T. com. Marseille, 16 nov. 1990, *DMF* 1992. 129, note Arnaud.
4. Décr. n° 2004-836, 20 août 2004, portant modification de la procédure civile, *JO* 22 août, p. 15032 ; *D.* 2004. 2199.

CHAPITRE

0626. Saisie conservatoire des navires : effets de la saisie

CYRIL BLOCH
PROFESSEUR À L'UNIVERSITÉ D'AIX-MARSEILLE
DIRECTEUR DU PÔLE TRANSPORTS (CDMT-IFURTA)

SECTION 0
ORIENTEUR

0626.00 **Sommaire du chapitre.**

Division. Doivent être appréhendés les effets directs de la saisie (sect. 1) et les conséquences de ses effets : caducité (sect. 2), garde du navire (sect. 3), saisie abusive (sect. 4) et effets de mainlevée de la saisie (sect. 5).

0626.01 **Textes applicables.**

TEXTES DE DROIT INTERNE

* Pour l'historique, v. s^s^ n° 0623.01, le récapitulatif des textes applicables.

• **C. pr. exéc.,** art. L. 121-2, L. 512-2, L. 521-1 ; R. 221-19, R. 511-7.

• **C. transp.,** art. L. 5114-1 à L. 5114-22.

TEXTES DE DROIT INTERNATIONAL

* V. s^s^ n° 0623.01, récapitulatif des textes applicables.

0626.02 **Jurisprudence de référence.**

> Contestation du caractère exécutoire du titre. Compétence du juge de l'exécution.

• **Com. 23 avr. 2013,** n° 12-12.101, P IV, n° 67

* V. s^s^ n°s 0612.51, 0626.41

Le juge de l'exécution est compétent pour se prononcer sur la demande tendant à faire déclarer un jugement non avenu, celle-ci ayant pour objet de lui faire perdre son caractère de titre exécutoire.

0626.03 **Bibliographie indicative[1].**

* V. s^s^ n° 0623.03

SECTION 1
EFFETS DE LA SAISIE EN ELLE-MÊME

0626.11 **Effet principal : immobilisation (matérielle) du navire.** L'article L. 5114-21 C. transp. définit l'effet principal de la saisie conservatoire : le navire saisi ne peut quitter le port, sauf autorisation donnée par le juge de l'exécution sur justification d'une garantie suffisante. C'est l'effet recherché par le créancier dans le but de faire pression sur le débiteur, dans l'espoir qu'il s'acquitte de sa dette ou lui donne une garantie.

Cet effet déroge aux dispositions générales sur les procédures civiles d'exécution. Ainsi, l'article L. 521-1 C. pr. exéc. énonce que la saisie « *rend indisponibles* » les biens saisis et l'article R. 221-19 C. pr. exéc. dispose que « *le débiteur conserve l'usage des biens rendus indisponibles par la saisie* ». Dans un arrêt du 3 septembre 2002, la chambre criminelle de la Cour de cassation a fait prévaloir les dispositions générales. Dans cette espèce, le gérant de la société d'armement, qui avait été constitué gardien du navire, avait continué à exploiter le navire en eaux locales. La chambre criminelle de la Cour de cassation a cassé l'arrêt de la cour d'appel de Basse-Terre le condamnant pour détournement d'objet saisi au motif que la saisie conservatoire, si elle rend l'objet saisi indisponible, n'en interdit pas l'usage[2]. Il est cependant probable que la portée de cet arrêt soit limitée aux circonstances de l'espèce, dans lesquelles le navire s'était borné à quelques excursions en eaux locales, de sorte que la Cour de cassation, cassant pour manque de bases légales, a

1. Les ouvrages dont le nom des auteurs figure en petites capitales en bibliographie seront cités par le seul nom des auteurs en petites capitales en notes de bas de page.
2. Crim. 3 sept. 2002, n° 01-86.798, navire Lynndy, NP ; *DMF* 2003. 82, obs. J.-P. Rémery ; *DMF* 2004, HS, n° 55, obs. P. Bonassies.

relevé que les juges du fond n'avaient pas caractérisé que les déplacements effectués étaient de nature à faire échec à la représentation du navire, de sorte que l'élément moral de l'infraction faisait défaut.

Afin de ne pas nuire à l'activité portuaire, la capitainerie peut néanmoins, dans le cadre de son pouvoir de police, autoriser les mouvements du navire à l'intérieur du port. L'article L. 5114-21 C. transp. ne s'y oppose pas puisqu'il défend simplement au navire de « *quitter le port* ». Le plus souvent, afin d'éviter d'être tenu responsable si le navire venait à s'enfuir pendant les mouvements portuaires, le commandant du port sollicite une autorisation judiciaire *ad hoc*.

0626.12 Effet recherché : l'exécution du débiteur ou la délivrance d'une garantie. Le créancier saisissant espère le plus souvent que son débiteur, après un rapide calcul coût/avantage, s'acquittera de sa dette afin de pouvoir faire repartir le navire sans que l'immobilisation ne lui ait coûté d'autres frais que l'acquittement de sa dette envers le créancier saisissant.

S'agissant d'une saisie exercée à titre conservatoire, l'effet atteint par la saisie est le plus souvent la mise en place d'une garantie personnelle généralement émise par un tiers. Au navire, élément mobile et soumis aux périls de la mer, se substitue ainsi une banque ou l'assureur *P & I* de l'armateur tenus personnellement envers le créancier saisissant en vertu d'une lettre de garantie exécutoire à première demande.

0626.13 Autre effet : indisponibilité (juridique) du navire ? Au-delà de l'immobilisation (matérielle) du navire, la saisie conservatoire du navire emporte-t-elle aussi son indisponibilité (juridique), comme c'est le cas en droit commun des mesures conservatoires (C. pr. exéc., art. L. 521-1) ? L'article 30 du décret du 27 octobre 1967 [1] n'était pas sur cette ligne, précisant que la saisie conservatoire « *ne porte aucune atteinte aux droits du propriétaire* », laissant ainsi au propriétaire la possibilité d'aliéner ou d'hypothéquer le navire saisi. L'abrogation pure et simple de ce texte par le décret du 28 décembre 2016 [2] pourrait remettre en cause cette solution, à moins de considérer que l'abrogation s'est faite par mégarde et qu'en vertu du principe de neutralité de la codification à droit constant, la règle que renfermait l'ancien article 30 du décret du 27 octobre 1967 doit être maintenue [3].

0626.14 Épuisement du droit de saisir. L'article 3.3 de la convention de Bruxelles du 10 mai 1952 interdit qu'un navire soit saisi plus d'une fois dans la juridiction d'un ou plusieurs des États contractants, pour la même créance et par le même demandeur. La convention précise en outre que, dans l'hypothèse où une telle saisie viendrait à être pratiquée, celle-ci serait levée par le tribunal saisi d'une demande de rétractation, à moins que le créancier ne démontre que la garantie obtenue à l'issue de la première saisie n'ait été libérée avant que la saisie subséquente soit pratiquée ou qu'il y ait une autre raison valable pour la maintenir.

À cet égard, il a été jugé que, une saisie ayant déjà été pratiquée pour garantir une créance en principal et intérêts, une autre saisie ne peut pas être pratiquée pour obtenir une garantie complémentaire destinée à couvrir les intérêts moratoires de l'obligation [4].

De même, la cour d'appel de Rouen, faisant prévaloir l'interprétation du texte anglais sur celui du texte français, a proclamé que l'article 3 (3) de la convention de Bruxelles doit être compris comme prohibant une seconde saisie conservatoire pour une même créance lorsqu'une première saisie a déjà été pratiquée ou qu'une offre ou proposition de garantie a été formulée à la suite de cette première saisie conservatoire [5].

En revanche, l'interdiction des saisies multiples ne concerne que la situation où les saisies sont pratiquées dans des États contractants de la convention de 1952, en sorte que la saisie d'un navire battant pavillon d'un État contractant pratiquée dans un État non contractant n'empêche pas la juridiction d'un État contractant de pratiquer une autre saisie sur le même navire, pour la même créance et par le même demandeur [6].

Un arrêt de 2009 rendu sous le visa de l'article 33-1 du règlement (CE) n° 44/2001 du Conseil de l'Union européenne du 22 décembre 2000 [7] devrait inciter les créanciers à la prudence dans l'espace judiciaire européen. Dans cette espèce la cour d'appel de Rouen a infirmé une ordonnance autorisant une saisie dans le port de Rouen pour avoir ignoré une précédente saisie en Grèce, laquelle avait fait l'objet d'une mainlevée. La cour, rappelant que le règle-

1. Décr. n° 67-967, 27 oct. 1967, d'application de la loi 67-5 du 3 janvier 1967, *JO* 4 nov., p. 10836.
2. Décr. n° 2016-1893, 28 déc. 2016, relatif aux dispositions [...] de la cinquième partie réglementaire du Code des transports, et portant diverses mesures d'adaptation relatives à l'outre-mer, *JO* 29 déc., texte 13.
3. EN CE SENS : Ph. Delebecque, *Droit maritime*, « Précis », Dalloz, 14e éd., 2020, n° 253.
4. Rouen, 2 avr. 1992, navire Repubblidi Amalfi, *DMF* 1993. 245, obs. Y. Tassel.
5. Rouen, 19 mai 2000, navire Dunlin, *DMF* 2001. 379 ; note C. Humann ; *DMF* 2001. 371.
6. Com. 8 mars 2011, n° 10-11.958, navire Indian Empress, P IV, n° 32 ; *DMF* 2011. 424, rapport Potocki, obs. Y. Tassel ; *RD transp.* 2011, n° 84, obs. M. Ndendé ; *JDI* 2011. 631, note G. Cuniberti – Rejetant le pourvoi dirigé contre Aix-en-Provence, 12 nov. 2009, navire Indian Empress, *DMF* 2010. 52, obs. M. Rémond-Gouilloud ; *DMF* 2010, n° HS, 56, obs. P. Bonassies.
7. Règl. CE n° 44/2001, Conseil, 22 déc. 2000, concernant la compétence judiciaire, la reconnaissance et l'exécution des décisions en matière civile et commerciale, *JOCE* L. 12.

ment CE, qui prévoit que les décisions rendues dans un État membre de l'Union européenne sont reconnues dans les autres États membres sans qu'il soit nécessaire de recourir à aucune procédure, a précisé fort justement que le règlement CE ne vise pas à unifier les règles des États contractants, mais simplement à assurer le fonctionnement harmonieux de la justice dans la communauté. En conséquence, elle a jugé indifférent que les conditions de la saisie conservatoire en droit grec diffèrent de celles existant en droit français et ainsi invalidé la seconde saisie[1].

0626.15 **Détournement d'objet saisi.** Bien que la saisie des navires soit régie par des textes spéciaux, son encadrement pénal, à l'exception des navires de pêches[2], est régi par le droit commun, et notamment par l'article 314-6 C. pén. réprimant le détournement d'objet saisi de trois ans d'emprisonnement et de 375 000 euros d'amende[3].

SECTION 2

CADUCITÉ DE LA SAISIE

0626.21 **Effets de l'inaction du créancier après la saisie : caducité de la saisie.** (Sur cette question, v. s[s] n°s 0612.71 s.).

La jurisprudence a établi une distinction en matière de saisie pratiquée sur le fondement de la convention du 10 mai 1952. Ainsi, après avoir énoncé que la règle posée par l'article R. 511-7 C. pr. exéc. selon laquelle, après une saisie conservatoire, l'action doit être exercée dans le délai d'un mois, s'appliquait à la saisie des navires[4], la Cour de cassation en a exclu son application pour une saisie pratiquée sur le fondement de la convention du 10 mai 1952, sous le visa de l'article 7 paragraphe 3 de la convention précitée, lequel prévoit que le juge de la saisie « *pourra fixer un délai dans lequel le demandeur devra engager son action au fond* ». Dans cette espèce, la cour d'appel d'Aix-en-Provence avait déclaré prescrit le privilège dont se prévalait le saisissant au motif que l'assignation n'avait pas été délivrée dans le délai d'un mois suivant la saisie, et que la déclaration de créance du créancier était elle aussi intervenue plus d'un mois après la saisie. La Cour de cassation, relevant que la convention des parties contenait une clause attributive de compétence à une autre juridiction que le tribunal dans le ressort duquel le navire a été saisi, a censuré l'arrêt des juges du fond, qui auraient dû rechercher si « *l'autorité judiciaire qui avait autorisé cette saisie, avait fixé un délai dans lequel la société Hallmark devait engager son action au fond, et si, dans ce cas, le défendeur avait demandé et obtenu la mainlevée de cette saisie en raison du non-respect de ce délai* »[5]. Dans l'hypothèse où le saisissant a procédé à la saisie d'un navire afin d'obtenir garantie d'une créance à l'encontre de l'affréteur du navire, la cour d'appel de Montpellier a précisé qu'il n'est pas nécessaire d'engager une action au fond à l'encontre de l'armateur propriétaire pour éviter la caducité de la saisie[6]. Dans cette espèce, le créancier saisissant avait initié une instance arbitrale à l'encontre de l'affréteur avant de pratiquer la saisie. Devant la cour d'appel de renvoi, l'armateur propriétaire du navire a invoqué la caducité de la saisie au motif qu'il n'avait pas été assigné au fond dans un délai d'un mois suivant la saisie. La cour d'appel de Montpellier a jugé que le créancier saisissant n'est pas tenu d'assigner au fond l'armateur du navire dès lors que le saisissant a déjà engagé, ou engage dans le mois suivant la saisie, une action au fond à l'encontre du débiteur de la créance en vertu de laquelle la saisie est pratiquée.

Dans une espèce plus récente, la cour d'appel de Douai a, au motif de la prééminence des dispositions de la convention de Bruxelles du 10 mai 1952, écarté l'application de l'article R. 511-7 C. pr. exéc. et appliqué l'article 7 paragraphe 2 de la convention, lequel prévoit que l'autorité judiciaire qui autorise la saisie doit fixer le délai à l'intérieur duquel le demandeur devra introduire une action devant le tribunal compétent[7].

Dans cette espèce, le litige concernait un navire battant pavillon polonais et un réceptionnaire de marchandises français pour une cargaison livrée à Dunkerque. La France et la Pologne étant toutes deux signataires de la convention de Bruxelles du 10 mai 1952, son application était dès lors impérative. Or, le demandeur avait demandé la saisie sous le seul visa des articles 29 et suivants du décret du 27 octobre 1967, que l'ordonnance avait repris, sans mentionner de délai pour l'introduction de l'action au fond. Constatant que l'ordonnance avait été rendue sous un visa erroné, la cour d'appel a très justement décidé qu'en l'absence d'un délai pour introduire l'action au fond dans l'ordonnance autorisant

1. Rouen, 24 mars 2009, navire Mastrogiorgis, *DMF* 2009. 884, obs. M. Rémond Gouilloud.
2. L. n° 83-582, 5 juill. 1983, relative au régime de la saisie et complétant la liste des agents habilités à constater les infractions dans le domaine des pêches maritimes, art. 9, devenu C. rur., art. L. 945-1 (deux ans d'emprisonnement et 375 000 euros d'amende).
3. POUR UNE APPLICATION, Aix-en-Provence, 17 févr. 2009, navire Magia, *DMF* 2009. 725, obs. M. Bernié ; *DMF* 2010, HS, n° 56.
4. Com. 14 oct. 1997, n° 95-17.706, navire Marine Évangeline, P IV, n° 259 ; *DMF* 1998. 24, rapp. J.-P. Rémery.
5. Com. 17 sept. 2002, n° 00-11.024, navire Regent Spirit, P IV, n° 124 ; *DMF* 2002. 975 ; *DMF* 2003, HS, n° 50.
6. Montpellier, 1er déc. 2003, navire Sargasso, *DMF* 2004. 435, obs. Esnard et J.-P. Rémery.
7. Douai, 29 sept. 2005, navire Lublin II, *DMF* 2007. 517, obs. P. Pestel-Debord.

la saisie, et alors que la juridiction du fond avait été saisie moins d'un an après la saisie conservatoire, « *la caducité non prévue par le texte international n'est pas encourue* ».

0626.22 Effet de la mainlevée préalable à la constitution d'une sûreté personnelle. La caducité ne peut être invoquée que pour faire échec à une sûreté consentie sous la pression de la saisie. C'est ce qu'a affirmé la Cour de cassation dans une espèce dans laquelle une banque française avait accordé un cautionnement quatorze jours après la mainlevée d'une saisie autorisée contre remise d'une lettre de garantie par l'assureur en responsabilité de l'armateur. La banque ayant consenti le cautionnement avait invoqué la caducité de la saisie pour obtenir sa libération. Très justement, la chambre commerciale de la Cour de cassation a jugé le moyen inopérant, relevant que la mainlevée avait été autorisée contre remise d'une garantie distincte[1].

SECTION 3

GARDE DU NAVIRE

0626.31 Garde du navire saisi. Le navire étant immobilisé dans le port pendant la saisie, on a pu s'interroger afin de savoir qui en a la garde. Cette question conditionne en effet la détermination de la personne responsable des dommages que peut causer le navire, par exemple en cas de dommages causés aux installations portuaires pendant l'immobilisation du navire à quai, ou de la personne responsable en cas de dommage causé au navire.

En l'absence de constitution d'un gardien, le Conseil d'État a exclu que l'autorité portuaire puisse être qualifiée de gardien de la chose[2].

Un arrêt de la Cour de cassation[3] a considéré que le propriétaire du navire « *est dessaisi de la possession de son bâtiment* », donnant ainsi une part de responsabilité au créancier saisissant[4].

SECTION 4

SAISIE ABUSIVE

0626.41 Effets de la saisie abusive. L'article 6 alinéa 1er de la convention du 10 mai 1952 renvoie à l'application de la *lex fori* pour toutes contestations relatives à la responsabilité du demandeur pour les dommages causés à la suite de la saisie du navire ou pour frais de caution ou de garantie fournies en vue de le libérer ou d'en empêcher la saisie.

Les textes du droit maritime français ne comportent aucune disposition sur ce point.

L'éventuelle responsabilité du saisissant sera donc réglée par application du droit commun. On pourra donc se reporter à l'article L. 121-2 C. pr. exéc., rédigé en termes très généraux et qui pourrait, semble-t-il, justifier une compétence très générale du juge de l'exécution pour ordonner « *la mainlevée de toute mesure inutile ou abusive et de condamner le créancier à des dommages-intérêts en cas d'abus de saisie* », et à l'article L. 512-2 C. pr. exéc. qui prévoit que, lorsque la mainlevée a été accordée par le juge, le créancier peut être condamné à réparer le préjudice causé par la mesure conservatoire.

Ainsi, le juge saisi par la voie du référé rétractation peut, lorsqu'il lui apparaît que la créance n'est manifestement pas fondée dans son principe et que le créancier saisissant a été de mauvaise foi ou a fait preuve de légèreté blâmable, condamner le créancier saisissant à payer au saisi des dommages-intérêts pour abus du droit de saisir[5]. Au demeurant, l'autorisation donnée par le juge de maintenir la saisie conservatoire d'un navire n'exclut pas la recherche de la responsabilité du saisissant pour abus du droit de saisir[6]. Le créancier qui saisit un navire peut cependant être condamné à payer des dommages-intérêts pour saisie abusive indépendamment de la question de savoir si sa créance était fondée en son principe. C'est notamment ce qui a été décidé par la cour d'appel d'Aix-en-Provence le 10 mars 1987, sur le fondement de la notion de détournement de procédure et de l'obligation de bonne foi. Dans cette espèce, un navire en partance pour l'Algérie avec 1 500 pas-

1. Com. 11 déc. 2007, nº 06-14.923, navire Lublin II, NP ; *DMF* 2008. 260, obs. J.-P. Rémery.
2. CE 20 janv. 1989, req. nº 60269, Alonzo, *Lebon ; D.* 1989. 619, note Grellois.
3. Civ. 2e, 11 févr. 1987, nº 85-17.763, P II, nº 46 ; *JCP* 1987. IV. 131.
4. V. CEP. la position crit. de Y. Tassel, *J.-Cl. Com.*, fasc. 1128, nº 103.
5. Bordeaux, 1er févr. 2000, navire J.-B. Salcantay, *DMF* 2000. 442, obs. A. Vialard ; *DMF* 2001, HS, nº 49, obs. P. Bonassies – Civ. 2e, 19 mars 1997, nº 95-10.771, P II, nº 85 ; *DMF* 1998. 1024, obs. Bourayne – Com. 19 mars 1996, navire Alexandre III, *DMF* 1996. 503, obs. A. Vialard – Aix-en-Provence, 21 sept. 2011, navire *Scandinavia*, *DMF* 2012. 807, obs. S. Lootgieter ; *DMF* 2013, suppl. « Le droit positif français en 2012 », nº 17, obs. Ph. Delebecque (la faute du créancier consistait ici à ne pas s'être assuré de l'identité du propriétaire du navire, ce qui est sévère en l'absence de mauvaise foi de sa part) – Douai, 8 nov. 2011, navire Berling Wind, *DMF* 2012. 813, obs. Lecat ; *DMF* 2013, suppl. « Le droit positif français en 2012 », nº 17, obs. Ph. Delebecque ; *BTL* 2011. 700 et 691, obs. Tilche.
6. Com. 23 avr. 2013, nº 12-12.101, navire Bering Wind, P IV, nº 67 ; *DMF* 2014. 132, rapp. J.-P. Rémery, obs. M. Rémond-Gouilloud ; *DMF* 2014, suppl. « Le droit maritime français en 2013 », nº 18, obs. Ph. Delebecque ; *RD transp.* 2013, nº 20, obs. M. Ndendé ; *RLDC* 2013. 106, obs. J.-Ph. B.

sagers à son bord avait été saisi dans les minutes précédant le départ. La cour d'Aix-en-Provence a jugé qu'il s'agissait d'un détournement de procédure, le débiteur saisi n'ayant d'autre choix que de verser immédiatement la somme demandée pour obtenir mainlevée de la saisie. Le créancier saisissant a donc été condamné, sous astreinte, à restituer à son débiteur les sommes perçues[1]. Dans cette espèce, les parties étaient en pourparlers quant à l'émission d'une garantie. Ceux-ci n'aboutissant pas, le créancier a procédé à la saisie du navire. Le saisi a invoqué le caractère abusif de la saisie au motif de sa solvabilité alléguée et de la rupture des pourparlers par le créancier. La cour d'appel, relevant que le saisi avait fourni une garantie dans les deux jours, a refusé l'appel à la théorie de l'abus de droit au motif que la circonstance que le saisi ait pu débloquer une garantie dans les deux jours suivant la saisie démontrait qu'il aurait pu le faire dès l'origine. Ainsi, la disparition de l'article 215 C. com. qui interdisait la saisie d'un navire prêt à faire voile est-il tempéré par la loyauté contractuelle.

La Cour de cassation a par ailleurs jugé, au visa du principe « compétence-compétence », que le tribunal arbitral ayant compétence pour se prononcer sur un litige opposant les parties à un contrat de vente est également compétent pour se prononcer sur les conséquences préjudiciables pour le vendeur de la saisie conservatoire du navire et de la cargaison entreprise par l'acheteur[2].

La question de l'abus du droit de saisir a fait l'objet d'un développement sur le droit commun dans le présent ouvrage auquel nous renvoyons (v. s^{s} n°s 0133.31 s.).

SECTION 5
EFFETS DE LA MAINLEVÉE

0626.51 **Mainlevée contre remise d'une garantie.** La mainlevée de la saisie a pour effet de libérer le navire qui est alors libre de reprendre la mer, le saisi ayant dû fournir au créancier saisissant une garantie qui peut prendre la forme d'une somme séquestrée entre les mains d'un tiers de confiance (avocat, bâtonnier de l'Ordre des avocats, Carpa, huissier de justice...) ou d'une garantie autonome ou d'un acte de cautionnement émis par une banque ou par l'assureur *P & I* de l'armateur débiteur.

0626.52 **Rétractation de la saisie.** L'instance en rétractation a pour seul objet de soumettre à un débat contradictoire les mesures initialement ordonnées à l'initiative d'une partie en l'absence de son adversaire[3]. L'office du juge de la rétractation est donc ni plus ni moins celui du juge ayant ordonné la mesure. Par suite, lorsque la saisie est pratiquée en vertu du droit français, le juge doit se placer au jour du dépôt de la requête initiale pour apprécier si la créance paraît fondée en son principe[4]. Symétriquement, lorsque la saisie intervient sous l'égide de la Convention de Bruxelles du 10 mai 1952 – qui se contente d'une simple allégation de créance maritime –, l'office du juge de la rétractation se borne à apprécier si la créance alléguée entre dans la liste des créances maritimes figurant à l'article 1er de la Convention de Bruxelles du 10 mai 1952.

La rétractation de la saisie ordonnée par le juge ayant rendu l'ordonnance de saisie a pour effet de lever les effets de la saisie, sans que le débiteur n'ait à fournir une quelconque garantie au créancier saisissant. Il en va différemment s'il est fait appel de l'ordonnance du juge des référés ayant maintenu la saisie, et que la cour d'appel infirme sa décision. L'ordonnance étant assortie de l'exécution provisoire de droit, le débiteur saisi peut avoir fourni une garantie au créancier saisissant pour obtenir l'autorisation de faire partir le navire. La décision de la cour d'appel a alors pour effet d'anéantir les effets de la garantie ainsi émise.

1. Aix-en-Provence, 10 mars 1987, 2 arrêts, navire Tipasa, *DMF* 1988. 545, note Tassy – V. AUSSI : navire Tebessa, *DMF* 1988. 549, note H. Tassy – *CONTRA* : Rouen, 24 oct. 2002, navire Tanabata, *DMF* 2003. 770, obs. C. Navarre-Laroche.
2. Com. 23 avr. 2013, n° 12-12.101, navire Bering Wind, P IV, n° 67 ; *DMF* 2014. 132, rapp. J.-P. Rémery, obs. M. Rémond-Gouilloud ; *DMF* 2014, suppl. « Le droit maritime français en 2013 », n° 18, obs. Ph. Delebecque ; *RD transp.* 2013, n° 20, obs. M. Ndendé ; *RLDC* 2013. 106, obs. J.-Ph. B.
3. Civ. 2e, 27 sept. 2018, n° 17-20.127, NP ; *D.* 2020. 170, obs. J.-D. Bretzner.
4. Aix-en-Provence, 9 janv. 2020, RG n° 19/07135, *DMF* 2020, n° 822, p. 247, obs. A. Lemarié et HS n° 24, au n° 73, obs. Ph. Delebecque, d'où, en l'espèce, le rejet de la demande qui était faite au juge de la rétractation d'ordonner l'exécution forcée de l'accord qu'avaient conclu le créancier saisissant avec l'armateur du navire saisi fixant les conditions dans lesquelles il serait procédé à la mainlevée de la saisie.

CHAPITRE

0627. Saisies conservatoires des bateaux

Cyril Bloch
Professeur à l'Université d'Aix-Marseille
Directeur du pôle transports (CDMT-IFURTA)

SECTION 0
Orienteur

0627.00 Sommaire du chapitre.

Division. L'appréhension du régime juridique (sect. 1) des saisies conservatoires de bateaux comprend, outre le droit interne émanant du Code des transports, la référence à la convention de Genève (sect. 2). Le protocole nº 2 à cette convention distingue les voies d'exécution pratiquées sur les bateaux (sect. 3) de leur saisie conservatoire (sect. 4).

0627.01 Textes applicables.

- **C. transp.,** art. L. 4122-15, L. 4122-16, L. 4123-1 et R. 4123-1.
- **Conv. Genève, 25 janv. 1965,** et protocole nº 2.

0627.03 Bibliographie indicative [1].

Actualisables. *J.-Cl. Procédures*, fasc. 10, « Navire et bateau, Mesures conservatoires », par Y. Tassel et L. Lauvergnat, 2019 – Rép. pr. civ., vº *Saisie des bateaux, navires et aéronefs*, par J.-B. Racine et G. Payan, déc. 2014 (actu. avr. 2024), nºs 176 à 196.

* V. aussi ss nº 0623.03.

SECTION 1
Régime juridique

0627.10 Textes applicables. En règle générale, le transport fluvial est national et effectué par des ressortissants nationaux. Le droit majoritairement applicable à la saisie des bateaux est donc le droit français interne. Le droit fluvial est régi par le Code des transports, lequel ne consacre qu'un article à la saisie civile des bateaux (C. transp., art. L. 4123-1). En revanche, la saisie par les voies navigables de France pour les infractions commises lors de navigation fluviale (C. transp., art. L. 4472-3 à L. 4472-8) fait l'objet d'une réglementation plus étoffée. La saisie conservatoire des bateaux ne fait l'objet d'aucune réglementation particulière dans la partie législative du Code des transports. C'est donc le droit commun des mesures conservatoires qui a vocation à s'appliquer dans l'hypothèse de la saisie conservatoire de bateaux, et non la réglementation sur la saisie conservatoire de navires [2]. La solution a été expressément consacrée à l'occasion de la publication de la partie réglementaire du Code des transports : sous réserve de l'application des conventions internationales, les modalités selon lesquelles les bateaux peuvent faire l'objet de mesures conservatoires sont régies par le Code des procédures civiles d'exécution (C. transp., art. R. 4123-1).

Mais la France a ratifié en 1970 la convention de Genève du 25 janvier 1965 relative à l'immatriculation des bateaux de navigation intérieure et ses protocoles, qui n'est entrée en vigueur à l'égard de la France que le 24 juin 1982 [3]. Cette convention comporte un protocole nº 2 consacré à la saisie conservatoire et à l'exécution forcée concernant les bateaux de navigation intérieure. Ce protocole prévoit son application à « *la saisie conservatoire et à l'exécution forcée concernant tout bateau de navigation intérieure, même en construction, échoué ou coulé, qui est immatriculé sur un registre d'une partie contractante* » [4]. À la différence de la convention de Bruxelles du 10 mai 1952 sur la saisie conservatoire des navires, la convention de Genève n'exclut pas son application en cas d'absence d'élément d'extranéité. On peut donc concevoir que les règles du protocole nº 2 s'appliquent à la saisie en France d'un bateau immatriculé en France par un créancier français.

1. Les ouvrages dont le nom des auteurs figure en petites capitales en bibliographie seront cités par le seul nom des auteurs en petites capitales en notes de bas de page.
2. TGI Paris, ord. réf., 19 janv. 1990, *Juris-Data* nº 040153.
3. Publiée par Décr. nº 83-209, 10 mars 1983, portant publication de la convention relative à l'immatriculation des bateaux de navigation intérieure, ensemble deux protocoles annexes, faite à Genève le 25 janvier 1965, *JO* 10 mars, p. 826.
4. Conv. protocole nº 2, art. 2.

SECTION 2

CONTENU DE LA CONVENTION

0627.20 **Renvoi.** Les règles applicables à la saisie conservatoire des bateaux étant très proches de celles relatives à la saisie conservatoire des navires, il convient de consulter les développements traitant de ce point (v. s[s] n°s 0623.01 s.). Ne seront développés que certains points précis caractéristiques de la saisie des bateaux.

SECTION 3

DISPOSITIONS GÉNÉRALES RELATIVES AUX VOIES D'EXÉCUTION PRATIQUÉES SUR LES BATEAUX

0627.31 **Le protocole n° 2 comporte un premier chapitre intitulé « Dispositions générales ».** Il est notamment prévu à l'article 5 de ce chapitre que la saisie conservatoire doit faire l'objet d'une inscription au registre d'immatriculation du bateau, de même que la mainlevée de la saisie. Le requérant et les bénéficiaires d'inscriptions antérieures doivent être informés de cette inscription. Lorsque le bateau saisi est immatriculé dans un État contractant autre que celui sur le territoire duquel la saisie est pratiquée, l'officier ministériel ayant effectué la saisie doit demander que cette inscription soit effectuée.

Le protocole prévoit que la saisie conservatoire ne confère aucun droit réel au saisissant sur le bateau et que les droits inscrits postérieurement à l'inscription de la saisie ne sont pas opposables au saisissant[1].

La convention dispose qu'un droit de rétention sur le bateau ne fait pas obstacle à la saisie.

SECTION 4

DISPOSITIONS SPÉCIALES À LA SAISIE CONSERVATOIRE DES BATEAUX

0627.41 **Le chapitre 2 du protocole n° 2, comportant neuf articles, est exclusivement consacré à la saisie conservatoire des bateaux.** Sur le plan international, le protocole prévoit[2] la reconnaissance par tous les États contractants des saisies pratiquées dans un État contractant, sauf lorsque la saisie est pratiquée postérieurement à une décision passée en force de chose jugée constatant l'inexistence du droit fondement de la saisie.

Le protocole prévoit que la saisie ne peut être pratiquée qu'en vertu d'une autorisation judiciaire[3], le juge de la saisie ayant à apprécier la vraisemblance de la créance alléguée[4] et devant indiquer le montant pour lequel la saisie est autorisée dans son ordonnance[5].

Les « *cas, conditions et délais dans lequel le requérant doit faire valoir son droit en justice* » sont déterminés par la législation du pays dans lequel la saisie est pratiquée[6], de même que la procédure de mainlevée[7]. S'agissant des conditions de la saisie conservatoire, l'article 11 § 1 précise que le requérant doit établir, *d'une part*, « *la vraisemblance de son droit* » et, *d'autre part*, l'existence d'un « *danger que, faute de mesures immédiates, il ne devienne aléatoire ou sensiblement plus difficile pour le requérant de sauvegarder la réalisation de son droit* ». Néanmoins, si les circonstances sont telles que le requérant ne peut, au moment où il présente sa demande, établir la vraisemblance de son droit, l'autorité judiciaire peut autoriser la saisie conservatoire en subordonnant cette autorisation à des garanties à fournir par le requérant[8].

La saisie doit être inscrite au registre d'immatriculation du bateau. Il en est de même lorsque la saisie est levée ou qu'il est mis fin à l'exécution.

Le protocole prévoit que le juge donne mainlevée de la saisie lorsqu'une caution ou garantie qu'il estime suffisante a été fournie[9]. Pour être suffisante, la caution ou garantie doit être au moins égale au montant de la limitation de responsabilité que pourrait invoquer le débiteur.

L'exercice d'une saisie vaut épuisement du droit de pratiquer une nouvelle saisie pour obtenir garantie du droit fondement de la première saisie sur tout le patrimoine du débiteur[10] sauf s'il est estimé par le juge du fond que la saisie n'a pas ou plus l'efficacité qu'elle avait au moment où elle a été autorisée par le juge d'un autre État contractant.

La fourniture d'une garantie ne vaut pas reconnaissance de responsabilité[11] et le juge de la saisie peut autoriser le propriétaire à exploiter son bateau, contre remise d'une garantie qu'il détermine, sans pour autant lever la saisie[12].

0627.42 **Ordre des privilèges en application des articles L. 4122-15 et L. 4122-16 du Code des transports.** Les seules dispositions spéciales applicables aux saisies pratiquées en application du droit commun interne concernent l'ordre des privilèges. Ainsi, l'article L. 4122-15 C. transp.[13] prévoit que « *sous*

1. Conv. protocole n° 2, art. 6.
2. Conv. protocole n° 2, art. 9.
3. Conv. protocole n° 2, art. 10.
4. Conv. protocole n° 2, art. 11.
5. Conv. protocole n° 2, art. 12.
6. Conv. protocole n° 2, art. 13.
7. Conv. protocole n° 2, art. 14.
8. Conv. protocole n° 2, art. 11 § 2.
9. Conv. protocole n° 2, art. 15.
10. Conv. protocole n° 2, art. 16.
11. Conv. protocole n° 2, art. 17.
12. Conv. protocole n° 2, art. 18.
13. C. transp., art. L. 4122-15, issu de Ord. n° 2010-1307, 28 oct. 2010 (C. dom. publ. fluv., anc. art. 91).

réserve des dispositions de l'article L. 4122-16, les créances sont privilégiées dans l'ordre fixé par les articles 2331 à 2332-3 du Code civil. Toutefois, les privilèges mentionnés aux articles 2331 à 2332-3 du Code civil ne prennent rang avant l'hypothèque que si les faits constitutifs de la créance sont antérieurs à l'inscription de l'hypothèque et si le créancier est en possession du bateau ou l'a fait saisir à titre conservatoire, avant cette inscription ». La mise en œuvre d'une saisie conservatoire sur un bateau permet ainsi à un créancier privilégié de primer un créancier hypothécaire si les faits constitutifs de la créance privilégiée sont antérieurs à l'inscription de l'hypothèque.

Quant à l'article L. 4122-16 C. transp., il fournit la liste des créances dont le privilège prime sur celui des créances mentionnées aux articles 2331 et 2332 C. civ. :

1° En cas de saisie, les frais de conservation depuis la saisie ;

2° Les créances résultant du contrat d'engagement du conducteur, des membres d'équipage et des autres personnes engagées par le propriétaire ou par le conducteur pour le service du bord, pour une durée de six mois au plus en ce qui concerne les traitements, salaires ou rémunérations ;

3° Les rémunérations dues pour sauvetage et assistance, ainsi que la contribution du bateau aux avaries communes ;

4° Les taxes de navigation, les droits de port et de pilotage ;

5° Les indemnités dues pour dommages causés par abordage ou autre accident de navigation à des navires ou bateaux, à des personnes ou biens autres que les personnes ou biens se trouvant à bord du bateau, y compris les dommages causés aux ouvrages et installations des ports et du domaine public fluvial, à condition que les faits constitutifs de ces créances soient antérieurs à l'inscription de l'hypothèque.

CHAPITRE

0628. Saisie conservatoire des aéronefs

Cyril Bloch
Professeur à l'Université d'Aix-Marseille
Directeur du pôle transports (CDMT-IFURTA)

Section 0 Orienteur

0628.00 Sommaire du chapitre.

Division. Distincte des autres formes de saisies à titre conservatoire (sect. 1), la saisie conservatoire des aéronefs obéit à des conditions de fond (sect. 2), une procédure (sect. 3) et des effets (sect. 4) spécifiques.

0628.01 Textes applicables.

• **C. transp.,** art. L. 6123-1 et R. 6123-1 et R. 6123-17.

• **C. pr. exéc.,** art. L. 121-4, L. 511-3, L. 521-1, L. 521-3, R. 121-2, R. 121-4, R. 121-15, R. 511-2, R. 511-3, R. 512-2, R. 522-1, R. 522-7, R. 522-8, R. 522-10 et R. 522-16.

• **Conv. Rome, 29 mai 1933,** pour l'unification de certaines règles relatives à la saisie conservatoire des aéronefs, en vigueur mais non ratifiée par la France.

0628.03 Bibliographie indicative.

Actualisables. C. Brenner et P. Crocq (dir.), *Lamy Droit de l'exécution forcée*, « Saisies des navires, bateaux et aéronefs » [saisies exécutoires], étude 445, par M. Douchy-Oudot – Rép. pr. civ., v° *Saisie des bateaux, navires et aéronefs*, par J.-B. Racine et G. Payan, déc. 2014 (actu. avr. 2024), n°s 197 s.

Ouvrages[1]. A. Leborgne, *Droit de l'exécution*, 3e éd., « Précis », Dalloz, 2019, n°s 1785-1822 ; [saisie conservatoire de l'aéronef], p. 1158-1165, n°s 2872-2895. – R. Perrot et Ph. Théry, *Procédures civiles d'exécution*, 3e éd., Dalloz, 2013 [saisie conservatoire de l'aéronef] n°s 1305 à 1310, p. 1006 à 1010 ; [saisie-vente de l'aéronef] n°s 682 à 686, p. 598 à 601.

Article. C. Brenner, « La saisie conservatoire de l'article L. 6123-2 du Code des transports », *Mél. Ph. Théry*, LGDJ-Dalloz, 2022, p. 105.

0628.05 Définition. La saisie conservatoire d'un aéronef est une mesure d'urgence qui permet à un créancier même dépourvu de titre exécutoire mais dont le recouvrement de la créance est menacé de faire immobiliser le bien de son débiteur. La saisie conservatoire est autorisée par le juge si la créance lui paraît fondée en son principe.

L'article L. 6100-1 C. transp. définit l'aéronef comme « *tout appareil capable de s'élever ou de circuler dans les airs* ». Cette large définition englobe en conséquence les avions, hydravions, hélicoptères, autogires, ultralégers motorisés (ULM), planeurs, ballons dirigeables. L'article 16 de la convention de Genève du 19 juin 1948 relative à la reconnaissance des droits sur aéronef précise que l'aéronef comprend « *la cellule, les moteurs, hélices, appareils de radio et toutes pièces destinées au service de l'aéronef, qu'elles fassent corps avec lui ou en soient temporairement séparées* ».

Tout aéronef doit être immatriculé sur le registre d'immatriculation d'un (et d'un seul) État, dont il

1. Les ouvrages dont le nom des auteurs figure en petites capitales en bibliographie seront cités par le seul nom des auteurs en petites capitales en notes de bas de page.

acquiert ainsi la nationalité et dont les lois régissent tant l'immatriculation que l'inscription de tous les privilèges, hypothèques et les actes portant transfert de droits réels (C. transp., art. L. 6111-2 – Conv. Chicago, 7 déc. 1944[1], art. 17 s.). En France, ce registre est tenu par le Bureau d'immatriculation des aéronefs dépendant de la Direction générale de l'Aviation civile à Paris[2].

0628.06 Règle commune aux saisie conservatoire et saisie-vente : exclusion des aéronefs militaires ou appartenant à l'État français. Les aéronefs militaires et ceux appartenant à l'État français, s'ils sont « *exclusivement affectés à un service public* », ne sont pas soumis aux règles édictées par le Code des transports et le Code de l'aviation civile, à l'exception de celles relatives à la responsabilité du propriétaire ou de l'exploitant (C. transp., art. L. 6100-1, al. 2 [anc[t] C. aviat., art. L. 110-2]). Il s'ensuit que ces aéronefs ne peuvent faire l'objet de saisie en France, qu'il s'agisse de saisie conservatoire ou de saisie-vente.

0628.07 Textes. Sur le plan international, la saisie conservatoire des aéronefs a fait l'objet de la convention de Rome le 29 mai 1933 tendant à l'unification de certaines règles relatives à la saisie conservatoire des aéronefs. Cette convention n'a cependant été ratifiée que par une vingtaine d'États dont la France ne fait pas partie.

En France, les règles applicables à la saisie conservatoire des aéronefs sont donc de pur droit interne. Les dispositions qui y sont spécialement consacrées se résument à deux articles : les articles L. 6123-1 et R. 6123-1 C. transp. (C. aviat., art. R. 123-9 anc.), auxquels s'ajoute l'article R. 6123-17 (C. aviat., art. R. 123-8 anc.) en cas de saisie conservatoire d'un aéronef pour contrefaçon d'un brevet, dessin ou modèle. Il convient pour le reste d'appliquer le droit commun des saisies conservatoires.

SECTION 1 DISTINCTION DE LA SAISIE CONSERVATOIRE AVEC D'AUTRES FORMES DE SAISIES À TITRE CONSERVATOIRE DE L'AÉRONEF

0628.11 Saisie aéroportuaire. En marge de la saisie conservatoire civile des aéronefs dont il sera seule question dans les développements qui suivent, l'article L. 6123-2 C. transp. organise une procédure spéciale de saisie aéroportuaire en vue du paiement d'un certain nombre de redevances et amendes en lien avec l'utilisation des aérodromes.

Cette saisie conservatoire administrative peut être diligentée par : 1°) l'exploitant d'aérodrome pour le paiement des redevances aéroportuaires ; 2°) le ministre des Transports pour le paiement de la redevance de route ou de la redevance pour services terminaux de la circulation aérienne ou pour la restitution d'une aide d'État ayant fait l'objet d'une décision de récupération de la part des autorités de l'Union européenne ; 3°) l'Autorité de contrôle des nuisances aéroportuaires (dite ACNUSA) pour le paiement des amendes administratives qu'elle prononce.

Après mise en demeure infructueuse du redevable, l'autorité administrative créancière requiert la saisie conservatoire auprès du juge de l'exécution (JEX) du lieu où se trouve l'aéronef.

La mise en œuvre de la saisie est simplifiée : l'ordonnance de saisie est transmise aux autorités en charge de la circulation aérienne de l'aérodrome aux fins d'immobilisation de l'aéronef. Elle est parallèlement notifiée au redevable et au propriétaire de l'aéronef.

Les frais entraînés par la saisie sont à la charge du redevable.

Le paiement des sommes dues entraîne la mainlevée de la saisie conservatoire.

Relevant d'une procédure spéciale, la saisie aéroportuaire de l'article L. 6123-2 C. transp. a l'immense avantage de ne pas être soumise aux restrictions de l'article L. 6123-1 C. transp., en sorte qu'elle peut être pratiquée sur des aéronefs affectés à des transports publics.

0628.12 Retenue forcée au sol. L'ancien article R. 123-9 alinéa 3 C. aviat. prévoyait par ailleurs qu'en cas de dommages causés à la surface par la chute d'un aéronef étranger ou dont le propriétaire est domicilié à l'étranger, les agents publics visés à l'article L. 6142-1 C. transp. (anc[t] C. aviat., art. L. 150-13), et spécialement le maire de la commune d'atterrissage, pouvaient faire appel à la force publique pour retenir l'aéronef pendant quarante-huit heures, afin de permettre au juge compétent de se rendre sur les lieux et d'arbitrer le montant des dommages causés. Cette retenue forcée au sol visait en pratique à ménager aux victimes le temps nécessaire pour requérir la saisie conservatoire de l'aéronef.

Cette disposition désuète a été abrogée par le décret n° 2023-1008 du 31 octobre 2023, portant création de la sixième partie réglementaire du Code des transports[3], sans être reprise dans le Code des transports.

1. Décr. n° 47-974, 31 mai 1947, portant publication de la convention relative a l'aviation civile internationale signée à Chicago le 7 décembre 1944, ratifiée par la France le 13 novembre 1946 et entrée en vigueur le 25 mars 1947, en ce qui concerne la France, *JO* 3 juin, p. 5091.
2. Direction générale de l'Aviation civile, 50 rue Henry Farman, 75 720 Paris cedex 15.
3. Décr. n° 2023-1008, 31 oct. 2023, portant création de la sixième partie réglementaire du Code des transports, *JO* 1er nov., texte 27.

SECTION 2

CONDITIONS DE FOND

§ 1

Restrictions relatives à l'affectation de l'aéronef objet de la saisie

0628.21 Aéronefs affectés à des transports publics ou à un service d'État. La possibilité de pratiquer une saisie conservatoire sur un aéronef est considérablement limitée par l'article L. 6123-1 C. transp. (anc[t] C. aviat., art. L. 123-2) qui, s'agissant des aéronefs français et étrangers, affectés à un service d'État ou à des transports publics, cantonne la saisie conservatoire aux créances portant sur les sommes dues par le propriétaire à raison de l'acquisition de ces aéronefs ou de contrats de formation ou de maintenance liés à leur exploitation.

0628.22 Justification de la restriction. Cette disposition, issue de la loi n° 87-424 du 19 juin 1987[1], fut adoptée à la suite de plusieurs saisies conservatoires qui ont valu de délicats problèmes diplomatiques à la France, telles que la saisie en 1983 d'un Boeing 727 d'Air Algérie à Orly avec 120 passagers à son bord[2] ou la saisie en 1984 d'un DC-10 d'Air Zaïre à Nice, avec le président Mobutu à son bord[3]. Elle se justifie, au-delà, par les besoins de fluidité du trafic aérien.

La solution n'est d'ailleurs pas sans rappeler celle retenue par la convention de Rome du 29 mai 1933 pour l'unification de certaines règles relatives à la saisie conservatoire des aéronefs, non ratifiée par la France, qui exempte de saisie conservatoire les aéronefs dont l'immobilisation risquerait d'entraver le trafic aérien ou l'exécution d'un service d'État[4].

0628.23 Objet de la créance. À la différence de la convention de Rome du 29 mai 1933 qui exclut toute possibilité de saisir ce type d'aéronefs, le droit français se contente d'en restreindre l'accès aux détenteurs de certaines créances en lien direct avec l'exploitation de l'aéronef. La restriction n'en est pas moins drastique puisque seules les créances se rapportant au financement de l'appareil, à la formation de son personnel de bord ou à sa maintenance peuvent justifier une saisie conservatoire[5].

1. L. n° 87-424, 19 juin 1947, relative a la saisie conservatoire des aéronefs, *JO* 20 juin, p. 6650.
2. L'affaire s'était soldée un mois plus tard par une rétractation de l'ordonnance de saisie par la cour d'appel : Civ. 1re, 13 mars 1985, n° 83-14.004, P I, n° 95, rejetant le pourvoi dirigé contre l'arrêt d'appel.
3. Ass. nat., seconde session ordinaire de 1986-1987, CR de la 2e séance du 15 juin 1987, *JOAN CR*, n° 39, p. 2406.
4. Conv. Rome, 29 mai 1933, art. 3.

0628.24 Indifférence de la nationalité de l'aéronef. La restriction de l'article L. 6123-1 C. transp. s'applique aussi bien aux aéronefs français qu'étrangers. Il n'y a pas lieu de tenir compte ici de l'article R. 6123-1 alinéa 1er C. transp. (C. aviat., anc. art. R. 123-9, al. 1er) qui continue pour sa part d'énoncer de façon trop générale que : « *Lorsque le propriétaire de l'aéronef n'est pas domicilié en France ou que l'aéronef est de nationalité étrangère, tout créancier a le droit de pratiquer une saisie conservatoire avec l'autorisation du juge de l'exécution du lieu où l'appareil a atterri* ». En raison de la hiérarchie voulue au sein du Code de l'aviation civile (qui n'était pas un code « compilation » mais une codification réfléchie), il est logique de décider que l'article R. 123-9 (devenu C. transp., art. R. 6123-1), prenant place dans la partie réglementaire, ne déroge pas à la restriction générale édictée par l'article L. 123-2 (devenu C. transp., art. L. 6123-1). C'est cette solution qui a été retenue par la cour d'appel de Paris, dans l'affaire dite « Crossair » : « *L'article R 123-9 ne déroge pas à la restriction édictée par l'article L. 123-2 du Code de l'aviation civile* [devenu C. transp., art. 6123-1] ; *il résulte* [donc] *de la combinaison de ces deux articles que la saisie conservatoire d'un aéronef affecté à un service de l'État ou à des transports publics, dont le propriétaire est de nationalité étrangère ou quel que soit le propriétaire si l'aéronef est de nationalité étrangère, n'est possible que si le créancier saisissant est détenteur d'une créance garantie par l'aéronef* »[6].

0628.25 Objet de l'affectation de l'aéronef. La restriction de l'article L. 6123-1 C. transp. s'applique aux aéronefs « *affectés à un service d'État ou à des transports publics* ».

L'exclusion des aéronefs affectés à un service d'État n'appelle pas de longs développements puisqu'elle ne fait que formaliser le principe d'immunité d'exécution dont bénéficient les États étrangers (sur ce principe et ses applications, v. s[s] n°s 1661.00 s.).

Beaucoup plus originale est la protection offerte à la seconde catégorie d'aéronefs, ceux affectés à un transport public, qui couvre l'ensemble des aéronefs embarquant des passagers, du fret ou du courrier à titre onéreux[7].

La jurisprudence en retient une interprétation large : la restriction bénéficie ainsi aux aéronefs affectés au transport pour le compte d'autrui, même s'ils se trouvent en visite de maintenance ou d'entretien au moment de la saisie. C'est ce que la Cour de cassation a jugé à propos de la saisie conservatoire d'un Boeing 747 de la compagnie Air Gabon qui se trou-

5. PAR EX. Paris, 8e ch. D, 4 avr. 2002, RG n° 2002/01613, S[té] Holco c/S[té] Crossair, *D.* 2002. IR 1533.
6. Paris, 8e ch. D, 4 avr. 2002, préc., v. s[s] n° 0628.23.
7. *JOAN CR*, n° 39, p. 2406, préc., v. s[s] n° 0628.22.

vait, lors de la saisie, dans les hangars de l'aéroport d'Orly Sud, pour subir une opération de grande visite, dite « *grand entretien D 2* ». La société Air Gabon avait demandé la mainlevée de la saisie conservatoire. Le 13 janvier 1998, un arrêt de la cour d'appel de Paris[1] annula la saisie conservatoire motifs pris que l'opération de maintenance était temporaire et que l'avion devait ensuite reprendre ses vols à destination du Gabon, en sorte que le fait de subir une « *grande visite* » n'avait pas fait perdre à l'appareil son affectation aux transports publics. L'analyse de la cour de Paris fut approuvée par la Cour de cassation[2].

Il en va différemment d'un appareil en attente de livraison à son nouveau propriétaire[3] ou de celui destiné au transport public mais dépourvu des autorisations de circulation nécessaires[4].

0628.26 **Saisie d'aéronef et saisie de carburant.** Pour tenter de contourner ces restrictions applicables aux aéronefs affectés à un transport public, certains ont eu l'idée de saisir non l'aéronef mais le carburant embarqué dans ses soutes. La saisie du carburant d'un aéronef revient-elle à saisir celui-ci ou s'agit-il d'une mesure distincte ? Pour comprendre l'enjeu de la discussion, il importe de préciser qu'il est techniquement très difficile de vider les réservoirs d'un avion à l'arrêt. L'affaire *Flash Airlines* a été l'occasion pratique de ce débat. Les soutes liquides d'un avion de ligne avaient fait l'objet d'une saisie conservatoire de droit commun en vue du recouvrement d'une créance de 360 000 euros. La compagnie exploitant l'aéronef sollicitait la mainlevée de la mesure sur le fondement de l'article L. 123-2 C. aviat. (devenu C. transp., art. L. 6123-1). Sa demande avait été rejetée par le juge des référés du tribunal de commerce de Bobigny, la saisie de carburant relevant, à ses yeux, d'une voie d'exécution indépendante de celle de la saisie d'aéronefs[5]. L'ordonnance fut infirmée en appel, la cour de Paris jugeant au contraire que la saisie du carburant d'un aéronef revient à saisir l'aéronef lui-même et doit donc se plier aux règles spécifiques applicables à la saisie d'aéronefs. La motivation fouillée de l'arrêt mérite d'être reproduite : « [...] *la disproportion manifeste existant entre la créance, d'un montant particulièrement important, et la valeur du carburant révèle que la seule garantie utile pour la société* [créancière] *est l'immobilisation de l'avion lui-même et que la saisie du carburant ne présente pour elle aucun autre intérêt que cette immobilisation ;* [...] *ces circonstances établissent, non seulement que le créancier a cherché à garantir sa créance par une mesure affectant l'avion lui-même, mais aussi qu'il existe un lien de dépendance, pour l'exploitation de l'appareil, entre l'avion et son carburant ;* [...] *ce lien est d'autant plus évident qu'aucun élément de la procédure ne permet de contredire l'analyse d'un expert consulté par l'appelante indiquant qu'une vidange de carburant ne peut en principe être effectuée, compte tenu des risques encourus pour la sécurité de l'appareil et de ses utilisateurs, sur un avion en exploitation normale ;* [...] *il apparaît ainsi que, contrairement à ce qu'a retenu le juge des référés, le carburant est un accessoire nécessaire au fonctionnement de l'aéronef et appartient à la catégorie des éléments qui lui confèrent son aptitude à circuler ;* [...] *le carburant étant l'une des composantes de la même unité juridique, sa saisie devait dès lors relever des mêmes règles que la saisie de l'aéronef lui-même ;* [...] *les conditions de celle-ci n'étant pas réunies dans cette affaire, la demande de mainlevée doit être accueillie* »[6].

§ 2
Conditions relatives à la créance

0628.31 **Créance.** Sous l'importante réserve des restrictions applicables aux aéronefs affectés à un transport public (v. s^s n°s 0628.21 s.), la saisie conservatoire d'un aéronef est ouverte à tout créancier pouvant justifier d'une apparence de créance et d'une menace dans le recouvrement, conformément aux exigences du droit commun (C. pr. exéc., art. L. 511-1)[7]. Le juge qui autorise la saisie a le pouvoir souverain d'apprécier si la créance invoquée paraît fondée en son principe[8].

0628.32 **Absence de titre exécutoire.** Naturellement, la saisie conservatoire est autorisée par le juge, qui n'exigera pas un titre exécutoire, puisqu'il s'agit de permettre une mesure provisoire, c'est-à-dire d'empêcher la disparition – le départ à l'étranger – d'un aéronef, qui dispose d'une mobilité difficile à prévenir et à maîtriser.

0628.33 **Présence de titre exécutoire.** L'article L. 6123-1 C. transp. subordonnant la saisie conser-

1. Paris, 6e ch., sect. D, 13 janv. 1998, NP.
2. Civ. 2e, 25 nov. 1999, no 98-12.758, NP ; *Gaz. Pal.* 3 août 2000, p. 24.
3. Paris, 14e ch. B, 5 oct. 2001, RG no 2001-08497, SA Kamair c/Babel, *Juris-Data* no 176614.
4. Montpellier, 2e ch. B, 20 févr. 2001, RG no 00/03703, Ardennes alpha Ltd c/Air Méditerranée, *Juris-Data* no 144816.
5. T. com. Bobigny, ord. réf., 29 avr. 2003, *Gaz. Pal. Rec.* 2003. 3018.
6. Paris, 14e ch. A, 7 mai 2003, *Gaz. Pal.* 2003. 2. 3020, note C. Brenner.
7. V. PAR EX. : Paris, 1re ch. A, 23 juin 2003, *Gaz. Pal.* 2003. 2. 3007 (saisie conservatoire pratiquée à l'initiative de l'avocat de l'exploitant de l'aéronef en vue du paiement de ses honoraires).
8. Civ. 2e, 10 déc. 1998, no 96-21.730, P II, no 298 ; *Gaz. Pal.* 1999. 1 84 ; *JCP* 1999. IV. 1187 – Civ. 1re, 2 févr. 1999, no 96-16.718, P I, no 37 ; *Gaz. Pal.* 1999. 1. 120 ; *JCP* 1999. IV. 1578.

vatoire des aéronefs à une ordonnance de saisie, il s'ensuit que le créancier saisissant doit obtenir l'autorisation du juge même s'il est muni d'un titre exécutoire[1]. Le droit aérien déroge ici à l'article L. 511-2 C. pr. exéc.

SECTION 3
PROCÉDURE

§ 1
Juridictions compétentes

0628.41 **Compétence d'attribution.** Conformément à l'article L. 511-3 C. pr. exéc., la saisie conservatoire de l'aéronef est de la compétence du JEX, mais elle peut aussi être accordée par le président du tribunal de commerce lorsqu'elle porte sur une créance relevant de la compétence de la juridiction commerciale.

L'ancien article R. 123-9 alinéa 1er C. aviat. dérogeait à ces règles de droit commun lorsque le propriétaire de l'aéronef n'était pas domicilié en France ou que l'aéronef était de nationalité étrangère. Le cas échéant, l'article R. 123-9 alinéa 1er C. aviat., modifié par le décret du 18 septembre 2019[2], donnait compétence « au juge du tribunal judiciaire » du lieu où l'appareil avait atterri. La situation était encore plus singulière avant le décret du 18 septembre 2019 portant substitution du tribunal judiciaire (TJ) au tribunal de grande instance (TGI), puisque l'article R. 123-9 C. aviat. renvoyait à la compétence du « tribunal d'instance », ce qui était devenu totalement anachronique depuis la création du JEX en 1991, postérieurement à la loi de 1967 dont l'article R. 123-9 était issu. Au point que certains auteurs avaient avancé l'idée que cette disposition du Code de l'aviation civile avait été implicitement abrogée[3]. La question de la légalité de l'article R. 123-9 C. aviat. a fini par être tranchée par le Conseil d'État, en réponse à une question préjudicielle de la Cour de cassation. Par une décision du 14 octobre 2022, le Conseil d'État a jugé que l'introduction du JEX par la loi du 9 juillet 1991[4] a conféré au JEX une compétence exclusive en matière d'autorisation des saisies conservatoires, y compris en matière de saisie des aéronefs étrangers, sous réserve de la compétence concurrente du président du tribunal de commerce en cas de créance commerciale. Par suite, les dispositions de l'article R. 123-9 C. aviat., dans leur version antérieure au décret du 18 septembre 2019, doivent être déclarées illégales en tant qu'elles désignent le juge d'instance du lieu où l'appareil a atterri comme juge compétent pour autoriser la saisie conservatoire des aéronefs de nationalité étrangère ou dont le propriétaire n'est pas domicilié en France[5]. La Cour de cassation en a tiré la conséquence que les saisies conservatoires portant sur les aéronefs étrangers ou dont le propriétaire n'est pas domicilié en France sont de la compétence exclusive du JEX sous réserve de la compétence facultative, concurremment reconnue au président du tribunal de commerce[6].

Le décret du 31 octobre 2023 portant création de la sixième partie réglementaire du Code des transports a été l'occasion de mettre à jour le texte. L'article R. 6123-1 C. transp., qui remplace l'ancien article R. 123-9 C. aviat., renvoie désormais au « *juge de l'exécution* ». Le texte nouveau ne lève cependant pas toute incertitude. La compétence qu'il reconnaît au « *juge de l'exécution* » doit-elle être interprétée comme un simple renvoi aux dispositions de procédure civile d'exécution de droit commun ? Le cas échéant, la nouvelle disposition n'entraverait pas la compétence concurrente du président du tribunal de commerce lorsque la créance est commerciale. Ou bien, doit-on interpréter le renvoi à la compétence du « *juge de l'exécution* » comme absolument exclusive de toute autre, ce qui disqualifierait désormais le président du tribunal de commerce pour statuer sur des saisies conservatoires d'aéronefs présentant un élément d'extranéité ? La première branche de l'option serait de loin préférable, ne serait-ce que par souci de continuité avec la solution dégagée par le Conseil d'État sous l'empire de l'ancien article R. 123-9 C. aviat., mais elle demande à être confirmée.

0628.42 **Compétence géographique.** La question de la compétence territoriale n'est spécifiquement abordée que lorsque le propriétaire de l'aéronef n'est pas domicilié en France ou que l'aéronef est de nationalité étrangère. L'article R. 6123-1 C. transp. (C. aviat., anc. art. R. 123-9, al. 1er) attribue alors compétence au JEX « *du lieu où l'appareil a atterri* ».

1. Civ. 2e, 25 nov. 1999, no 98-12.758, NP (préc., v. ss no 0628.25) ; *Gaz. Pal.* 3 août 2000, p. 24.
2. Décr. no 2009-966, 18 sept. 2019, portant substitution du tribunal judiciaire au tribunal de grande instance et au tribunal d'instance en application de l'article 95 de la loi no 2019-222 du 23 mars 2019 de programmation 2018-2022 et de réforme pour la justice et diverses dispositions relatives à l'organisation judiciaire et modifiant l'annexe du décret no 2019-913 du 30 août 2019 pris en application de l'article 95 de la loi no 2019-222 du 23 mars 2019 de programmation (2018-2022) et de réforme pour la justice, *JO* 19 sept., texte no 7.
3. V. PERROT et THÉRY, no 1308, p. 1009.
4. L. no 91-650, 9 juill. 1991, portant réforme des procédures civiles d'exécution, *JO* 14 juill.
5. CE, 2e et 7e ch. réun., 14 oct. 2022, req. no 462518, *Lebon ; Procédures* 2023. Alerte 4, obs. L. Lauvergnat – SUR RENVOI de : Civ. 2e, 3 mars 2022, no 21-17.459, NP ; *Procédures* 2022. Comm. 124, obs. C. Laporte.
6. Civ. 2e, 2 févr. 2023, no 21-17.459, B ; *D.* 2023. 302 ; *JCP* 2023. Actu. 601, obs. Ph. Delebecque.

Cette compétence territoriale au profit du juge du lieu d'exécution de la mesure mériterait de notre point de vue de déborder le champ étroit de cette disposition. Le Code des procédures civiles d'exécution n'est cependant pas sur cette ligne, qui renvoie, s'agissant des mesures conservatoires, au lieu où demeure le débiteur (C. pr. exéc., art. R. 511-2), à moins que le débiteur demeure à l'étranger ou que le lieu où il demeure soit inconnu (C. pr. exéc., art. R. 121-2, al. 2 - arg., v. s[s] n° 0625.22)[1].

0628.43 **Caractère d'ordre public.** Les règles de compétence, en matière de saisie, sont d'ordre public et appliquées d'office (C. pr. exéc., art. R. 121-4).

§ 2
Procédure préalable par requête ou ordonnance d'autorisation

0628.51 **Requête aux fins de saisie conservatoire.** La procédure n'est pas contradictoire ; elle doit être discrète. Le requérant se gardera donc bien de convoquer la partie adverse (qui ainsi avertie aurait le temps de faire disparaître l'aéronef).

L'identification de l'aéronef peut poser problème, si l'on n'arrive pas à déterminer les dates de son passage à l'aéroport français. Il est admis que l'on puisse viser plusieurs types d'avions utilisés par la compagnie aérienne, en citant les vols et les dates (par ex., Boeing, Airbus de la Cie X, qui fera escale tels et tels jours de la semaine, pour assurer les vols entre les villes Y et Z).

La procédure devant le tribunal de commerce est régie par les articles 853 s. C. pr. civ., qui autorisent les parties à se faire représenter par une personne de leur choix, munie d'un pouvoir spécial. Seuls les avocats peuvent toutefois le faire à titre habituel[2].

Dans le cas où c'est le président du TJ qui doit être saisi en tant que JEX, les parties peuvent se faire représenter ou assister comme prévu par l'article 828 C. pr. civ., auquel renvoie l'article L. 121-4 C. pr. exéc.

0628.52 **Ordonnance d'autorisation.** L'ordonnance sur requête portant autorisation n'est pas contradictoire, puisque le débiteur saisi n'a pas reçu signification de la requête, ni été convoqué. Elle est en principe motivée.

L'autorisation mentionnera les types d'appareils à saisir, les jours et heures des saisies, celles-ci étant effectuées selon les événements et circonstances, aux risques et périls du saisissant.

1. V. PERROT et THÉRY, n° 1308, p. 1007.
2. Civ. 1re, 7 avr. 1999, n° 97-10.656, P I, n° 120 ; *D.* 1999. IR 119 ; *Gaz. Pal.* 1999. 2. 163 ; *JCP* 1999. II. 10107, note Martin.

Si elle est fondée sur un titre exécutoire, elle en fera mention. Un tel titre n'est nullement obligatoire. Dans le cas où au contraire le juge considère que la créance n'est pas certaine, faute de titre exécutoire ou de décision ayant acquis l'autorité de la chose jugée, il évaluera le montant provisoire de la créance apparente et impartira au créancier un délai, pour saisir d'une demande en paiement de la créance le juge compétent.

0628.53 **Mentions de l'ordonnance d'autorisation (C. pr. exéc., art. R. 522-1).** L'ordonnance indiquera que, si cette saisine n'a pas été opérée dans ledit délai, l'autorisation de saisie sera nulle et non avenue ; dans le cas contraire, la procédure de saisie se poursuivra, mais la vente ne pourra avoir lieu avant la fixation du montant de la créance par une décision judiciaire définitive. L'ordonnance indiquera également, par anticipation, que mainlevée de la saisie sera obligatoirement donnée en cas de paiement de la créance, de caution ou de garantie bancaire, d'un montant égal à celui de la créance. L'ordonnance réservera encore aux parties le droit d'en référer en cas de difficultés (ce qui est nécessaire, aucun débat contradictoire n'ayant eu lieu). Elle est exécutoire sur minute (elle est d'ailleurs revêtue de la formule exécutoire).

§ 3
Mise en œuvre de la saisie

0628.61 **Immobilisation de l'aéronef.** La grande mobilité des aéronefs donne pour finalité essentielle à la saisie conservatoire l'immobilisation de l'appareil. En pratique, l'huissier réalisant la saisie procède à deux interventions :

– *d'une part*, il demande à ce que l'aéronef soit placé de telle façon à ce que la tête de l'appareil soit face à un bâtiment ; en effet, les appareils aéronautiques ne disposent pas de marche arrière ; afin de quitter illicitement le territoire français et pour décoller, l'aéronef nécessite une machine qui le tractera en arrière jusqu'à ce qu'il puisse s'engager sur le tarmac en marche avant ;

– *d'autre part*, l'huissier notifie la saisie à l'autorité aéroportuaire (afin d'éviter que celle-ci ne fournisse à l'appareil une machine pouvant le tracter en arrière et lui permettre de décoller) et aux autorités de l'aviation civile (afin d'éviter que la tour de contrôle ne puisse accorder une autorisation de décoller), auxquelles il déclarera que l'appareil est placé sous main de justice, qu'il doit être mis obstacle à son envol, qu'il doit être garé en un lieu ne permettant pas un départ clandestin, et, au besoin, qu'il convient d'enlever et de garder en lieu sûr une pièce indispensable à sa navigation (autrement dit, un « blocage » de l'avion).

C'est surtout la première des sécurités qui est la plus efficace : on a vu un aéronef décoller en « empruntant » l'identité d'un autre aéronef non saisi ; dans les grands aéroports, les aiguilleurs du ciel n'ont pas la possibilité de vérifier *de visu* la concordance de l'appareil sollicitant l'autorisation de décoller avec la réalité de l'appareil réellement engagé sur la piste. Aussi, les huissiers spécialistes de cette saisie pratiquent-ils en faisant positionner l'appareil saisi face à un bâtiment et en interdisant à l'autorité aéroportuaire la fourniture de tout moyen de traction arrière.

0628.62 **Désignation d'un gardien.** Le gardien voit sa tâche facilitée par la sanction pénale encourue en cas de détournement d'objet saisi (C. pén., art. 314-5 : trois ans d'emprisonnement et 375 000 euros).

Le gardien sera choisi par l'officier ministériel, qui indiquera son identité sur le procès-verbal de saisie, dont copie sera remise au gardien, et qui mentionnera l'acceptation de ses fonctions par celui-ci.

0628.63 **Notification de la saisie au débiteur.** La notification de la saisie est bien entendu indispensable, puisque, jusqu'à cette notification, le propriétaire de l'aéronef n'a théoriquement pas été informé de la saisie, et surtout elle permettra au débiteur de contester la saisie, s'il le juge opportun.

L'article R. 121-15 C. pr. exéc. énonce que l'ordonnance est notifiée par le greffe au moyen d'une lettre recommandée avec avis de réception (LRAR), aux parties, et que simultanément une copie est adressée par lettre simple tant aux parties qu'à l'huissier de justice chargé de l'exécution forcée ; si cette lettre ne parvient pas aux destinataires, il appartient aux parties, informées par le greffe, de procéder par voie de signification.

0628.64 **Recours à un débat contradictoire.** L'article L. 511-3 C. pr. exéc. permet au juge, lorsqu'il autorise la saisie, à titre provisoire, de décider que l'affaire sera réexaminée, tant sur le bien-fondé de l'autorisation que sur les modalités d'exécution, au cours d'une audience comportant un débat contradictoire.

Il lui est également loisible de mentionner dans son ordonnance qu'il lui en sera référé en cas de difficulté (l'initiative du débat contradictoire est en ce cas laissée aux parties).

§ 4
Voies de recours

0628.71 **Rôle du ministère public.** La procédure ayant en cette matière un caractère d'ordre public, le procureur de la République a la possibilité d'intervenir, non seulement en tant que partie jointe, mais aussi, comme le prévoit l'article 423 C. pr. civ., en qualité de partie principale, par exemple en usant du référé.

0628.72 **Recours du débiteur saisi.** Ils seront émis par la voie de demandes en rétractation, ou en utilisant celle du référé, et tendent à la mainlevée totale, ou partielle de la saisie ; ils sont fondés sur deux moyens principaux.

La contestation peut être basée en premier lieu sur un moyen de nullité de la saisie, au motif que la créance invoquée ne satisfait pas aux exigences légales, comme par exemple à la lourde restriction posée par l'article L. 6123-1 C. transp. L'action en nullité relève de la seule compétence du JEX.

Ou bien le propriétaire de l'aéronef, dont il désire recouvrer la disposition, fait signifier des offres réelles de paiement, consistant dans la consignation d'une somme égale au montant de la créance, une inscription hypothécaire, un cautionnement, une garantie bancaire.

Enfin, le juge peut accorder la mainlevée d'une saisie abusive. Les abus de saisie sont sanctionnés comme en droit commun (notamment si le montant de la créance est disproportionné avec le préjudice occasionné par l'immobilisation de l'aéronef). Sur les conditions de la mainlevée d'une saisie conservatoire portant sur un *Boeing* au Bourget : si le *Boeing*, objet de la saisie, est la propriété d'une société, intimement liée d'intérêts au débiteur qui ne méconnaît pas en être le principal actionnaire, si le principe de la créance n'est pas contesté, mais son montant l'est de telle façon qu'il n'appartient pas à la juridiction saisie, en l'état, d'en évaluer le montant pour déterminer la somme à consigner afin de garantir les causes de la saisie, dans ces conditions, c'est à bon droit que le premier juge a dit n'y avoir lieu à mainlevée de la saisie conservatoire[1].

Quant à la revendication par un tiers du droit de propriété sur l'appareil saisi, elle s'exercera par une action dirigée tant contre le poursuivant que contre le saisi.

Aux termes de l'article L. 6121-1 C. transp. (anc^{t} C. aviat., art. 121-10), l'inscription au registre d'immatriculation vaut titre et il s'agit d'un registre public dont toute personne peut obtenir copie conforme. Si un aéronef a été immatriculé au nom de la société débitrice puis au nom de son président et principal actionnaire sans que celui-ci produise aucun document sur la vente ou la cession à son profit de l'avion litigieux et alors qu'il résulte des

1. Paris, 21 juill. 1982, *D.* 1982. IR 429 ; *Rev. huiss.* 1983. 502 – Et Paris, 7 déc. 1982, *Gaz. Pal.* 1983. 245, note Bertin – P. Bertin, « Le Boeing du pharaon, variations sur le problème du cautionnement de la saisie conservatoire », *Gaz. Pal.* 1983. Doctr. 15.

pièces communiquées qu'il existe une confusion d'intérêts entre l'une et l'autre, il y a lieu de dire que le propriétaire apparent est la société et de maintenir la saisie. Il n'y a pas lieu d'imposer au créancier, même s'il avait envisagé un moment de le faire, d'accepter une caution bancaire au lieu et place d'une consignation. Ces deux arguments ne suffisent pas pour permettre la mainlevée de la saisie[1].

0628.73 **Mainlevée.** Le juge ayant autorisé la saisie est compétent pour connaître des demandes de rétractation ou pour ordonner la mainlevée de la saisie (C. pr. exéc., art. R. 512-2). En revanche, seul le JEX est compétent pour statuer sur une demande de nullité de la saisie (C. pr. exéc., art. R. 512-3).

L'article R. 6123-1 C. transp., applicable en cas de saisie d'un aéronef immatriculé à l'étranger ou dont le propriétaire est domicilié à l'étranger, ne déroge pas à ces principes de droit commun, puisqu'il donne compétence au juge saisi – c'est-à-dire le « *juge de l'exécution du lieu où l'appareil a atterri* » – pour ordonner la mainlevée de cette saisie s'il est versé un cautionnement à la Caisse des dépôts et consignations, d'un montant égal à celui de la créance. En cas de contestation, ce montant est arbitré par le juge.

1. Paris, 20 janv. 1983, *D.* 1984. IR 243, note P. Julien ; *Gaz. Pal.* 1983. 246, note P. Bertin.

0628.74 **Appel.** L'appel est recevable dans les conditions ordinaires.

SECTION 4

EFFETS DE LA SAISIE CONSERVATOIRE

0628.81 **Effet conservatoire.** Les biens saisis (aéronefs et accessoires), sauf mainlevée de la saisie conservatoire, sont indisponibles entre les mains du débiteur, qui en conserve la jouissance limitée (C. pr. exéc., art. L. 521-1 et R. 522-1).

0628.82 **Immobilisation.** L'immobilisation de l'aéronef constitue, eu égard aux frais qui en résultent (perte de recettes, alors que continuent à courir les salaires, l'amortissement des capitaux, des frais généraux et l'atteinte à la notoriété de la compagnie), un moyen de pression très efficace, qui aboutit presque toujours au paiement de la dette ou à la constitution d'une garantie bancaire sans qu'il soit besoin de recourir à la vente forcée aux enchères, à moins, bien sûr, que le débiteur ne soit totalement insolvable.

CHAPITRE

0629. Règles spécifiques à la saisie conservatoire des droits incorporels

GILLES MALFRE
PREMIER VICE-PRÉSIDENT ADJOINT
AU TRIBUNAL JUDICIAIRE DE PARIS

SECTION 0
ORIENTEUR

0629.00 Sommaire du chapitre.

Division. La saisie conservatoire de droits incorporels obéit à des règles spécifiques quant aux conditions de fond et au contentieux (sect. 1), comme aux conditions de forme (sect. 2). Le principal effet est l'indisponibilité du droit (sect. 3) et les concours de saisies dont il peut faire l'objet (sect. 4) jusqu'à l'issue finale (sect. 5).

0629.01 Textes applicables.

• **C. pr. exéc.**, art. L. 211-3, L. 221-5, L. 221-6, L. 521-1, L. 522-1, L. 523-1, L. 523-2, R. 221-30 à R. 221-32, R. 232-1 à R. 232-8, R. 233-2 à R. 233-9, R. 251-1 à R. 251-11, R. 511-1 à R. 512-3, R. 521-1, R. 522-1 à R. 522-14, R. 523-9 et R. 524-1 à R. 524-6.

• **C. mon. fin.**, art. L. 211-1 et L. 211-2.

La saisie conservatoire des droits incorporels est traitée aux articles L. 523-1 à L. 523-2 et art. R. 523-1 à R. 524-6 C. pr. exéc. Le chapitre IV du titre II du livre 5 du code intitulé « La saisie conservatoire des droits d'associé et des valeurs mobilières » ne comprend pas de dispositions législatives.

0629.02 Jurisprudence de référence.

> Saisissabilité d'une licence d'exploitation de débit de boissons.

• **Cass., avis, 8 févr. 1999,** n° 98-00.015, P, n° 1

* V. s^s n°s 0141.91, 0629.07, 0711.39, 0732.11, 0733.22

La licence d'exploitation d'un débit de boissons de 4e catégorie constitue un droit incorporel saisissable. En l'absence de texte réglementaire de portée générale applicable à la saisie des droits de cette nature, ou de dispositions spécifiques à la saisie de cette licence qui n'est pas une valeur mobilière, il est possible, sous réserve des adaptations nécessaires contrôlées par le juge de l'exécution de transposer pour les opérations de saisie, la procédure définie aux articles 182 à 184 du décret du 31 juillet 1992, et, pour la vente, les dispositions des articles 189 à 192 du même texte [devenus art. R. 232-5 à R. 232-8, et art. R. 233-5 à 233-8 C. pr. exéc.].

> Saisie conservatoire des droits d'associés. Indisponibilité des droits pécuniaires du débiteur

• **Civ. 2e, 21 juin 2007,** n° 06-13.386, P II, n° 170

* V. s^s n°s 0629.31, 0731.06

La saisie conservatoire des droits d'associés rend indisponibles les droits pécuniaires du débiteur, en particulier les bénéfices distribuables attachés aux parts détenues par un notaire dans une société civile professionnelle.

0629.03 Bibliographie indicative.

* V. s^s n° 06.03

Actualisables. Rép. pr. civ., v° *Saisies et mesures conservatoires*, par S. Piedelièvre et F. Guerchoun, juin 2021 (actu. avr. 2024), « Saisies des valeurs mobilières et des droits d'associé », n°s 228 à 250.

Ouvrage[1]. J.-M. DELECCI, *La réforme des procédures civiles d'exécution, son application aux opérations de banque*, 2e éd., Éd. Banque, 1997.

Articles. G. Dahan, « La saisie des droits incorporels n'est pas un long fleuve tranquille… », *Ann. loyers* 2001. 528 – F.-X. Lucas, « La nécessaire distinction entre une mesure de séquestre (C. civ., art. 1961) et une saisie, conservatoire ou attributive, d'actions », *Bull. Joly* 2000, n° 452.

0629.04 **Formulaire de procédure civile (renvoi).**

• *Saisie conservatoire – Saisie des droits incorporels* (Acte de conversion d'une saisie conservatoire de droits incorporels en saisie-vente – C. pr. exéc., art. R. 524-4)

0629.05 **Utilité.** Comme en saisie conservatoire des meubles corporels, un bien peut faire l'objet de plusieurs saisies conservatoires (C. pr. exéc., art. L. 521-1) et la loi ne confère ni gage ni préférence au créancier qui se sera manifesté le premier sur le mode conservatoire. Dès lors, cette saisie conservatoire n'a d'intérêt réel que si elle est rapidement convertie à fin de recouvrement et n'est guère utilisée comme stratégie d'intimidation : elle est utile notamment contre un débiteur qui s'appauvrit rapidement ou qui userait de mauvaise foi des facilités du droit des sociétés.

0629.06 **Définition et place – Ampleur théorique.** La saisie conservatoire peut porter sur tous les biens mobiliers, même incorporels, qui appartiennent au débiteur (C. pr. exéc., art. L. 521-1). Ces droits incorporels regroupent théoriquement :

– les créances de sommes d'argent, en ce compris les effets de commerce ;

– les parts de sociétés (commerciales, civiles immobilières, civiles professionnelles) et plus généralement tous les droits d'associés qui ne sont pas représentés par des titres négociables ;

– les valeurs mobilières (admises ou pas à une cote officielle ; pour un descriptif exhaustif[2]) ;

– les droits de propriété intellectuelle ou industrielle (dès lors du moins qu'ils représentent une valeur patrimoniale) : marques et dessins, logiciels, brevets ;

– les éléments incorporels des fonds de commerce : droit au bail, licences, enseigne, clientèle, droits de propriété industrielle ci-dessus cités pour peu qu'ils appartiennent à un fonds de commerce ;

– les démembrements de ces divers droits et les revenus que procurent ces démembrements.

0629.07 **Restriction aux droits d'associés et valeurs mobilières.** Il faut indiquer d'emblée qu'après obtention d'un titre exécutoire, le créancier peut faire procéder à la vente des biens saisis de façon conservatoire (C. pr. exéc., art. L. 522-1). Par conséquent, la saisie conservatoire des droits incorporels apparaît comme le prélude normal à une saisie-vente, en l'attente d'un titre exécutoire. Il en résulte que la saisie conservatoire des droits incorporels ne concerne finalement que les droits d'associés et les valeurs mobilières et leurs démembrements (usufruit, nue-propriété). Les valeurs mobilières sont définies par les articles L. 211-1 et L. 211-2 C. mon. fin.

Ainsi en décident les articles R. 524-1 à R. 524-6 C. pr. exéc., qui n'évoquent aucun des autres droits incorporels.

S'agissant de certains de ces autres droits (ex., créances de sommes d'argent, bons de caisse laissés en dépôt à la banque émettrice, avantages cessibles du plan épargne logement, revenus des valeurs mobilières et parts sociales, *etc.*), la forme de la saisie conservatoire de créances s'impose, car la vente forcée n'aurait aucun sens.

Inversement, certains droits incorporels ne peuvent légalement faire l'objet d'aucune mesure conservatoire, notamment pas d'une saisie conservatoire : ainsi en est-il des brevets, régis par des dispositions particulières (CPI, art. L. 613-21) qui n'admettent pas de phase conservatoire[3] ; ou encore, des effets de commerce, insaisissables (C. com., art. L. 511-31 pour la lettre de change, L. 512-3 pour le billet à ordre – C. mon. fin., art. L. 131-35, al. 2, pour le chèque). Il est généralement proposé d'étendre le raisonnement aux marques (CPI, art. R. 714-4)[4].

De manière intermédiaire, les éléments, notamment incorporels, du fonds de commerce peuvent faire l'objet d'une adjudication forcée, laquelle comporte bien une phase conservatoire, mais régie par d'autres textes que ceux qui vont être analysés (pour les créanciers, C. com., art. L. 143-3 à L. 143-7 – pour le tribunal agissant d'office, C. com., art. L. 143-8 – C. com., art. L. 143-10, autorisant la saisie d'éléments séparés). Cette procédure est inusitée depuis la réorganisation des procédures collectives[5].

Une fois éliminées ces diverses pistes, le créancier est démuni. Il en est même ainsi lorsque le bien incorporel convoité fait partie d'un fonds ; la doctrine ancienne[6] ou plus récente[7] considère que la saisie, entre autres conservatoire, ne peut pas frapper isolément un des éléments incorporels d'un fonds de commerce, qui tire précisément sa valeur de l'unicité de ces éléments. Un jugement unique[8] avait pourtant

1. Les ouvrages dont le nom des auteurs figure en petites capitales en bibliographie seront cités par le seul nom des auteurs en petites capitales en notes de bas de page.
2. DELECCI, nos 401 à 420.
3. TGI Paris, JEX, 10 nov. 1994, *Rev. huiss.* 1995. 732, note Faget.
4. J.-P. Faget, « La saisie des marques », *Rev. huiss.* 1997. 70.
5. EN CE SENS : G. Ripert et R. Roblot, *Traité élémentaire de droit commercial*, t. 1, 10e éd., LGDJ, 1980, n° 649.
6. RIPERT et ROBLOT (préc. ss prést n°).
7. *JCP E*, fasc. 3230, nos 39 à 41, Bouttier.
8. T. civ. Versailles, 27 avr. 1964, *JCP* 1965. II. 14299, note P. Raynaud.

admis la saisissabilité de la propriété commerciale (droit au bail). Assez hardiment, la Cour de cassation a admis, dans un simple avis cependant[1], que la licence numéro IV d'un débit de boissons était assimilable aux droits d'associés et valeurs mobilières des articles R. 232-5 à R. 232-8 C. pr. exéc. (anc[t] Décr 31 juill. 1992, art. 182 à 184), lesquels ne diffèrent pas de ceux qui nous occupent ici.

En réparation de ces disparités ou restrictions, la saisie conservatoire n'est pas la seule mesure conservatoire possible en matière de droits incorporels. Ainsi, recoupant en bonne part le champ de la saisie conservatoire ici étudiée, des sûretés judiciaires provisoires sont possibles, la finalité n'étant plus la vente forcée mais un privilège sur le prix en cas de vente : sur des parts sociales, sur des valeurs mobilières ou sur un fonds de commerce, en ce compris ses éléments incorporels (marques, enseignes, brevets, bail, *etc.* – v. s[s] n°s 0632.06 s.).

SECTION 1
CONDITIONS DE FOND ET CONTENTIEUX

0629.11 Inutilité d'un titre exécutoire. La saisie conservatoire ne procure aucun droit de vendre mais seulement un effet d'indisponibilité (C. pr. exéc., art. L. 521-1).

Il s'ensuit principalement que ses conditions d'engagement ne sont pas les mêmes que celles de la saisie-vente ; en règle générale, un titre exécutoire n'est pas nécessaire au créancier qui entend pratiquer une saisie conservatoire, mais seulement une autorisation sur requête, parfois même facultative. Cette nuance essentielle est étudiée à propos des dispositions générales (v. s[s] n°s 0612.11 s.).

0629.12 Insaisissabilités de droit. Des règles d'insaisissabilité, outre celles qui s'appliquent à toutes les saisies (v. s[s] n°s 0611.21 s., consacrés au débiteur), sont propres aux droits d'associés : il s'agit notamment de certains éléments constitutifs des clientèles libérales. Inversement, certaines valeurs mobilières, qui sont juridiquement des indivisions (fonds communs de placement, fonds communs de créances), sont néanmoins saisissables par les créanciers de l'un des indivisaires seulement (C. mon. fin., art. L. 214-8).

0629.13 Insaisissabilités de fait ? La saisie conservatoire des droits incorporels, comme la saisie-vente de ces mêmes biens, s'opère auprès de la société ou de la personne morale émettrice (v. s[s] n° 0629.21). Ce mécanisme est très difficilement adapté aux valeurs mobilières émises à l'étranger.

Il en est de même quant aux valeurs mobilières non dématérialisées. La dématérialisation est générale, depuis la loi de finances pour 1982 (Décr. 2 mai 1983, d'application), mais certains titres n'ont pas encore subi cette opération ; il faut alors suggérer le recours à la saisie conservatoire des meubles corporels[2].

0629.14 Contentieux. En raison de l'effet limité de la saisie conservatoire, le contentieux qui peut s'élever obéit à une procédure différente de celle de la saisie-vente : les règles sont celles du contentieux en matière de mesures conservatoires (v. s[s] n°s 0613.11 s.). L'article R. 524-3 C. pr. exéc. autorise en outre par renvoi de texte la substitution de garantie (v. s[s] n° 0629.91), comme en matière de saisie-vente de droits incorporels (C. pr. exéc., art. R. 232-8) mais ne précise pas de règles procédurales. Par suite, les articles R. 511-5 et R. 512-1 à R. 512-3 C. pr. exéc. régissent tout le contentieux qui eut pu naître à propos de toute mesure conservatoire (audience convoquée d'office par le juge, substitution de garantie, mainlevée et nullité, caducité, contrôle de l'exécution et de la conversion et dommages-intérêts) mais aussi (à la différence de la saisie conservatoire des meubles corporels) le contentieux propre à la saisie de droits incorporels (propriété et saisissabilité des biens). Celui-ci échappe de la sorte au délai d'un mois de l'article R. 232-6 alinéa 2, 4° C. pr. exéc.

SECTION 2
CONDITIONS DE FORME

0629.21 Procès-verbal. L'article R. 524-1 C. pr. exéc. dispose : le créancier procède à la saisie par la signification d'un acte à l'une des personnes mentionnées aux articles R. 232-1 à R. 232-4 C. pr. exéc. selon le cas. Cet acte contient, à peine de nullité :

1° les nom et domicile du débiteur ou, s'il s'agit d'une personne morale, sa dénomination et son siège social ;

2° l'indication de l'autorisation ou du titre en vertu duquel la saisie est pratique ;

3° le décompte des sommes pour lesquelles la saisie est pratiquée ;

4° l'indication que la saisie rend indisponibles les droits pécuniaires attachés à l'intégralité des parts ou valeurs mobilières dont le débiteur est titulaire ;

1. Cass., avis, 8 févr. 1999, n° 98-00.015, P, n° 1 ; *D.* 1999. 287, NOTE APPROB. C. Brenner ; *Rev. huiss.* 1999. 454, chron. approb. 301 et 454.

2. EN CE SENS : DELECCI, n° 427 – Sur le cas particulier des titres de créances négociables : DELECCI, n°s 419 et 426 – Sur celui des instruments financiers, au sens de la loi du 2 juillet 1996 : DELECCI, n° 420 *bis*.

5° la sommation de faire connaître l'existence d'éventuels nantissements ou saisies.

Ce texte, qui reproduit à peu près l'article R. 232-5 C. pr. exéc. sur la saisie-vente des droits incorporels, est manifestement bâti à l'imitation de l'article R. 523-1 C. pr. exéc. sur la saisie conservatoire des créances entre les mains d'un tiers (v. s^s n° 0621.22). Seules les obligations d'information du tiers sont différentes, l'article L. 211-3 C. pr. exéc., applicable pour les créances, étant plus large que l'article R. 524-1, 5° C. pr. exéc. susvisé.

En revanche, le procès-verbal de saisie conservatoire de droits incorporels est assez différent de celui qui est prescrit pour les meubles corporels (C. pr. exéc., art. R. 522-1) : aucune mention sur le détournement des biens saisis, aucune mention sur le gardiennage de ces biens (C. pr. exéc., art. R. 522-1, al. 2, 4°, 5°, 6°) n'est ici prescrite, puisque les droits incorporels ne risquent rien jusqu'à leur vente. Les règles du contentieux n'apparaissent que sur la dénonciation au débiteur (v. s^s n° 0629.23), ce qui est regrettable (comp., C. pr. exéc., art. R. 522-1, al. 2, 8°).

0629.22 Identification et rôle du tiers saisi. Les articles R. 232-1 à R. 232-4 C. pr. exéc. sur l'identification du tiers saisi, auxquels renvoie l'article R. 524-1 C. pr. exéc. sont d'application complexe. Ils font l'objet d'une étude détaillée (v. s^s n°s 073.05 à 0734.41). Quant au rôle de ce tiers saisi en matière de saisie conservatoire des droits d'associés et des valeurs mobilières, il est très réduit ; sa seule obligation énoncée par les textes est de faire connaître d'éventuels nantissements ou saisies (v. s^s n° 0629.52). Mais ce tiers n'est tenu d'aucune autre sorte d'information au saisissant[1].

0629.23 Dénonciation du procès-verbal au débiteur. Dans un délai de huit jours, à peine de caducité, la saisie conservatoire est portée à la connaissance du débiteur par acte de commissaire de justice. Cet acte contient à peine de nullité :

1° une copie de l'autorisation du juge ou du titre en vertu duquel la saisie a été pratiquée ; toutefois, s'il s'agit d'une obligation notariée ou d'une créance de l'État des collectivités territoriales ou de leurs établissements publics, il est seulement fait mention de la date, de la nature du titre ainsi que du montant de la dette ;

2° une copie du procès-verbal de saisie ;

3° la mention, en caractères très apparents, du droit qui appartient au débiteur, si les conditions de validité de la saisie ne sont pas réunies, d'en demander la mainlevée au juge de l'exécution du lieu de son domicile ;

4° la désignation de la juridiction devant laquelle seront portées les autres contestations, notamment celles relatives à l'exécution de la saisie ;

5° la reproduction des articles R. 511-1 à R. 512-3 C. pr. exéc. (C. pr. exéc., art. R. 524-2).

SECTION 3
EFFETS – INDISPONIBILITÉ

0629.31 Énoncé. La saisie conservatoire des droits incorporels rend ceux-ci indisponibles (C. pr. exéc., art. L. 521-1). Cette règle, générale à toutes les saisies conservatoires (sur les aspects historiques de l'indisponibilité et ses effets, v. s^s n° 0613.11), est aménagée en matière de droits incorporels par les articles R. 524-3 et R. 232-8 alinéa 1er C. pr. exéc. L'indisponibilité laisse au saisi le droit à l'information sociale (C. com., art. L. 225-117) et l'exercice de ses droits de vote. Elle préserve aussi pour le saisi, à moins que la mesure conservatoire ne les englobe expressément, la jouissance attachée aux parts (cas des SCI). En revanche, en vertu de l'article R. 232-8 C. pr. exéc., la saisie rend indisponibles les droits pécuniaires du débiteur. Ces droits pécuniaires comprennent non seulement la valeur patrimoniale des droits d'associé, mais aussi, selon la Cour de cassation[2], les dividendes auxquels ils donnent droit ; selon nous, aussi le droit de céder les parts ou valeurs et celui de les nantir conventionnellement[3]. Les droits personnels de souscription ou d'option sont en général purement personnels et potestatifs : ils échappent, bien que manifestement pécuniaires, à la saisie (pour de plus amples informations, v. s^s n°s 073.05 s.).

SECTION 4
CONCOURS DE SAISIES

0629.40 Plan. Absence de gage. L'indisponibilité est le seul effet immédiat de la saisie conservatoire de droits incorporels : celle-ci n'emporte ni gage ni *a fortiori* transfert de propriété. Dès lors, le concours de saisies qui auraient le même type d'effets limités sur les mêmes biens peut se produire sans que l'antériorité en date confère un quelconque avantage (§ 1). La question est plus complexe lorsque les différentes saisies n'ont pas les mêmes effets, c'est-à-dire lorsqu'une saisie-vente (§ 2) ou bien une procédure commer-

1. Paris, 28 oct. 1999, *D.* 2000. 281 – Paris, 7 sept. 2000, *D.* 2000. 270.

2. Civ. 2e, 21 juin 2007, n° 06-13.386, P III, n° 170 ; *D.* 2008. 1167, obs. A. Leborgne – Civ. 2e, 21 oct. 2010, n° 09-69.867, NP ; *Rev. sociétés* 2011. 356, note J.-F. Barbièri ; *RTD com.* 2011. 377, obs. M.-H. Monsèrié-Bon.

3. COMP. pour un nantissement judiciaire : Civ. 2e, 30 mai 2002, n° 99-21.597, NP ; *Procédures* 2002, n° 160, obs. R. Perrot.

ciale collective concurrencent une saisie conservatoire (§ 3) ; ou encore lorsque la saisie concourt avec une sûreté (§ 4). On notera qu'en cas de concours entre une saisie conservatoire et une autre saisie, quel qu'en soit le type, aucune collaboration des co-saisissants n'est exigée par les textes, contrairement au cas de la saisie conservatoire de meubles corporels (C. pr. exéc., art. R. 522-11 à R. 522-14) ; en effet, la saisie conservatoire de droits incorporels se fait nécessairement entre les mains d'un tiers, toujours le même, qui maîtrise ainsi naturellement la situation et concentre toutes les informations, qu'il a d'ailleurs obligation de donner aux concurrents (v. s[s] n° 0629.21).

§ 1
Concours de saisies conservatoires

0629.51 **Présentation.** L'hypothèse est expressément admise par l'article L. 521-1 alinéa 2 et R. 521-1 C. pr. exéc. Elle donne lieu à une participation à la vente et à la distribution des deniers (C. pr. exéc., art. L. 221-5, L. 221-6 et R. 233-2, al. 2). Le concours ici examiné ne concerne que des saisies conservatoires : si l'une d'elles est faite postérieurement à la conversion d'une autre, il s'agira d'un concours entre une saisie conservatoire et une saisie-vente (v. s[s] n°s 0629.61 s.) et réglé aux dépens de la mesure conservatoire.

0629.52 **Obligations d'informations pesant sur le tiers saisi.** Dans le procès-verbal qui lui est remis, le tiers est sommé de faire connaître l'existence d'éventuels nantissements ou saisies (C. pr. exéc., art. R. 524-1, al. 2, 5°). Le dispositif est plus sommaire qu'en matière de meubles corporels puisqu'il n'opère qu'à la saisie, et non pas lors de la conversion et qu'en outre, il ne requiert pas de dénonciation du procès-verbal aux autres saisissants (v. s[s] n° 0622.112).

0629.53 **Distribution des deniers.** Les saisies conservatoires concurrentes, dûment converties, permettent de faire valoir des droits sur le prix de la vente, amiable ou forcée, exactement dans les mêmes conditions qu'en cas de concours de saisies-ventes entre elles (arg. C. pr. exéc., art. L. 221-5). L'agent chargé de la vente propose une répartition amiable (C. pr. exéc., art. L. 221-6) : il ne tient aucun compte de l'antériorité d'une saisie conservatoire par rapport à une autre, mais tient évidemment compte des privilèges et sûretés qui affecteraient certains des meubles saisis (v. s[s] n°s 0724.06 s.).

§ 2
Concours d'une saisie conservatoire avec d'autres procédures civiles d'exécution

0629.61 **Antériorité nécessaire de la saisie conservatoire.** Si un même meuble peut faire l'objet de plusieurs saisies, c'est à la condition expresse (C. pr. exéc., art. L. 521-1 et R. 521-1) que la saisie conservatoire soit antérieure à toute autre. Une solution différente anéantirait l'avantage du titre exécutoire.

Une saisie conservatoire sur des droits incorporels qui auraient auparavant fait l'objet d'une saisie-vente n'est pas nulle mais ne produirait effet qu'en cas de mainlevée de cette première saisie-vente. Pour obtenir la mainlevée, le créancier second saisissant dispose d'une action oblique à partir du moment du moins où sa créance aura acquis les caractères de certitude, de liquidité et d'exigibilité requis pour une telle action : la même règle est applicable en matière de meubles corporels (v. s[s] n° 0622.121).

Cette hypothèse, assez rare, montre combien l'antériorité de la saisie conservatoire est précieuse ; l'antériorité s'apprécie selon une chronologie moins complexe qu'en matière de meubles corporels puisque les droits incorporels ne nécessitent pas de phase de vérification : le procès-verbal de chaque saisie, la date de l'acte de conversion de saisie conservatoire en saisie-vente, entrent seuls en ligne de compte.

0629.62 **Conversion avant la saisie-vente.** Si le procès-verbal de saisie conservatoire puis l'acte de sa conversion sont antérieurs au procès-verbal de saisie-vente, il s'agit d'un concours de saisies-ventes, examiné comme tel dans la saisie-vente des droits incorporels.

0629.63 **Conversion après la saisie-vente.** L'article R. 233-2 alinéa 2 C. pr. exéc. prévoit que le créancier qui opère une saisie conservatoire de droits incorporels avant une saisie-vente sur les mêmes biens, prend part à la distribution du prix mais les sommes qui lui reviennent sont consignées jusqu'à ce qu'il ait obtenu un titre exécutoire. La consignation a lieu bien évidemment entre les mains du tiers saisi, qui offre toute garantie. La consignation présente un double avantage : elle permet de servir sans attendre les créanciers qui avaient déjà un titre ; elle permet de protéger l'auteur de la saisie conservatoire.

0629.64 **Paiement des saisies-ventes.** La consignation est faite à la hauteur visée dans l'autorisation judiciaire de saisie conservatoire ou énoncée par le quasi-titre dont se prévaudrait le saisissant ; lorsque le titre exécutoire aura été obtenu, un ajustement sera opéré et le surplus éventuel sera restitué au débiteur saisi. Une difficulté survient lorsque le produit de la saisie est inférieur au total des créances des divers saisissants : la répartition au marc-l'euro sera faite en fonction des montants prévisionnels et devra être si possible revue après obtention des titres exécutoires.

§ 3
Concours d'une saisie conservatoire de droits incorporels avec une procédure de redressement ou de liquidation judiciaires

0629.70 **Renvoi.** V. s[s] n°s 0611.31 s.

§ 4
Concours entre une saisie conservatoire de droits incorporels et une sûreté judiciaire provisoire sur les mêmes droits

0629.81 **Énoncé.** La saisie conservatoire se produit sur le bien en l'état où il se trouve. Si le bien est nanti, le créancier saisissant en sera nécessairement avisé (v. s[s] n° 0629.52). Inversement, un nantissement ne saurait être inscrit sur un bien rendu indisponible par une saisie antérieure, serait-elle conservatoire[1].

SECTION 5
ISSUE

0629.91 **Mainlevée.** La mainlevée amiable de saisie conservatoire de meubles incorporels est sans doute plus fréquente qu'en matière de meubles corporels, les débiteurs étant ici le plus souvent des hommes d'affaires conscients des risques de l'impayé. La mainlevée judiciaire, quant à elle, n'obéit pas à des causes ou des formes différentes de celles des mesures conservatoires en général ou bien de la saisie-vente. La mainlevée peut être le résultat d'une simple substitution de garantie : l'article R. 524-3 C. pr. exéc. renvoie à ce sujet à l'article R. 232-8 C. pr. exéc. : le débiteur saisi doit offrir, amiablement ou à défaut devant le juge qui a autorisé la mesure ou devant le juge de l'exécution, une somme suffisante pour désintéresser le créancier ; cette somme est spécialement affectée au profit du créancier saisissant. Ce mécanisme est le même qu'en saisie-vente des droits incorporels et transpose une règle générale à toutes les mesures conservatoires (C. pr. exéc., art. L. 512-1, al. 2 – v. s[s] n° 0613.21).

0629.92 **Conversion en saisie-vente.** Le créancier qui a obtenu ou possède un titre exécutoire constatant une créance liquide et exigible peut faire procéder à la vente des biens qui ont été rendus indisponibles jusqu'à concurrence du montant de sa créance (C. pr. exéc., art. L. 522-1).

Aux termes des articles R. 524-4 et R. 524-5 C. pr. exéc., le créancier qui obtient un titre exécutoire constituant l'existence de sa créance signifie au débiteur un acte de conversion qui contient à peine de nullité :

1° la référence au procès-verbal de saisie conservatoire ;

2° l'énonciation du titre exécutoire ;

3° le décompte distinct des sommes à payer en principal frais et intérêts échus, ainsi que l'indication du taux des intérêts[2] ;

4° un commandement d'avoir à payer cette somme, faute de quoi il sera procédé à la vente des biens saisis ; on observera à ce sujet qu'aucun délai de huitaine n'est ici prescrit, comme en d'autres saisies ;

5° l'indication, en caractères très apparents, que le débiteur dispose d'un délai d'un mois pour procéder à la vente amiable des valeurs saisies dans les conditions prescrites soit à l'article R. 233-3 C. pr. exéc., soit, s'il s'agit de droits d'associés ou de valeurs mobilières non admises à la cote officielle ou à celle du second marché, aux articles R. 221-30 à R. 221-32 C. pr. exéc. ;

6° si la saisie porte sur des valeurs mobilières cotées, l'indication qu'il peut, en cas de vente forcée et jusqu'à la réalisation de celle-ci, faire connaître au tiers saisi l'ordre dans lequel elles devront être vendues ;

7° la reproduction des articles R. 221-30 à R. 221-32 et R. 233-3 C. pr. exéc. Une copie de l'acte de conversion est signifiée au tiers saisi.

0629.93 **Vente.** La vente est effectuée selon les modalités fixées aux articles R. 233-3 à R. 233-9 C. pr. exéc. (C. pr. exéc., art. R. 524-6 – ces modalités sont étudiées s[s] n°s 073.05 s.). La vente n'est évidemment pas précédée d'une vérification des biens saisis conservatoirement, leur dégradation ou leur disparition étant une hypothèse absurde.

0629.94 **Distribution du prix.** Le législateur aurait pu concevoir de renvoyer à l'attribution du prix de la vente (comp. C. pr. exéc., art. R. 523-9), mais il a opté, s'agissant du débouché naturel de la saisie-vente, pour une distribution dans les conditions des articles R. 251-1 à R. 251-11 C. pr. exéc. La question est examinée plus loin (v. s[s] n°s 073.05 s.).

1. Civ. 2e, 30 mai 2002, n° 99-21.597, NP ; *Procédures* 2002, n° 160, obs. R. Perrot.

2. Sur l'exigence seulement d'un décompte : Civ. 2e, 26 juin 2008, n° 07-16.199, NP.

TITRE

063. Les règles spécifiques à chaque sûreté judiciaire provisoire

SECTION 0

Orienteur

063.00 **Sommaire du titre.**

Division. Seront successivement étudiées les règles spécifiques à l'hypothèque judiciaire provisoire (chap. 631) et celles spécifiques au nantissement judiciaire provisoire (chap. 632).

CHAPITRE

0631. Règles spécifiques à l'inscription d'hypothèque judiciaire provisoire

GILLES MALFRE
PREMIER VICE-PRÉSIDENT ADJOINT
AU TRIBUNAL JUDICIAIRE DE PARIS

SECTION 0

ORIENTEUR

0631.00 Sommaire du chapitre.

Division. L'inscription d'hypothèque judiciaire provisoire obéit à des règles spécifiques concernant les formalités de publicité provisoire et sa signification (sect. 1), ses effets (sect. 2) et les trois issues possibles (sect. 3 à 5).

0631.01 Textes applicables.

• **C. pr. exéc.,** art. L. 122-1, L. 511-1 à L. 511-4, L. 512-1 et L. 512-2, L. 531-1, L. 531-2, L. 532-1 et L. 533-1 ; R. 511-7, R. 511-8, R. 512-1, R. 512-2, R. 531-1, R. 532-1 à R. 532-5 à R. 532-9 et R. 533-1 à R. 533-6.

• **C. civ.,** art. 2401, 2408, 2423, 2429, 2435, 2436, 2439, 2463, 2464, 2467.

• **Décr. n° 55-22, 4 janv. 1955,** portant réforme de la publicité foncière, *JO* 7 janv., p. 346, mod. par Décr. n° 98-516, 23 juin 1998 et Ord. n° 2006-346, 23 mars 2006.

• **Décr. n° 55-1350, 14 oct. 1955,** pris pour l'application du décret n° 55-22 du 4 janvier 1955 portant réforme de la publicité foncière, *JO* 25 oct., p. 10125.

0631.03 Bibliographie indicative.

* V. ss n° 06.03

Actualisable. *J.-Cl. Civ.*, art. 2408 – Fasc. unique : Hypothèques – Hypothèque judiciaire conservatoire, par O. Maraud, 29 août 2023.

Ouvrages[1]**.** C. MOULY, M. CABRILLAC, S. CABRILLAC et Ph. PÉTEL, *Droit des sûretés*, 11e éd., « Manuels », LexisNexis, 2022.

Articles et chroniques. P. Chevalier, « La dispense de publicité définitive au profit du créancier hypothécaire inscrit provisoirement sur un immeuble, dans le cadre d'une procédure d'ordre judiciaire », *D.* 1998. Chron. 425 – P. Coudert, M. Dagot et X. Daverat, *JCP N* 1994. Prat. 2670, 3052, 2953 – P. Delebecque et P. Simler, « Hypothèque judiciaire conservatoire, réforme », *RDI* 1992. 236 et 532 – J. Delga, « Disponibilité d'un immeuble grevé d'une hypothèque judiciaire provisoire », *Gaz. Pal.* 1994. 1. Doctr. 154 – J.-L. Meunier, « L'inscription provisoire d'hypothèque », *Defrénois* 1994, art. 35688 – J.-C. Woog, « L'inscription d'une hypothèque provisoire en l'absence de décision judiciaire, ou : pourquoi faire simple quand on peut faire compliqué ? », *Gaz. Pal.* 1994. 2. Doctr. 1091.

0631.04 Formulaire de procédure civile (renvois).

• *Sûretés judiciaires – Autorisation de sûretés judiciaires* (Requête à fin d'autorisation d'une sûreté judiciaire – C. pr. exéc., art. L. 531-1 et R. 531-1)

• *Sûretés judiciaires – Inscription provisoire d'hypothèque* (Dénonciation au débiteur d'une inscription provisoire d'hypothèque – C. pr. exéc., art. R. 532-5)

• *Sûretés judiciaires – Mainlevée de sûreté* (Demande de mainlevée de sûreté judiciaire – C. pr. exéc., art. R. 512-1)

0631.05 Définition. Une sûreté judiciaire peut être constituée à titre conservatoire sur les immeubles (C. pr. exéc., art. L. 531-1 et R. 531-1). Elle prend la forme d'une publicité provisoire à la conser-

1. Les ouvrages dont le nom des auteurs figure en petites capitales en bibliographie seront cités par le seul nom des auteurs en petites capitales en notes de bas de page.

vation des hypothèques (C. pr. exéc., art. R. 532-1), notifiée ensuite au débiteur (C. pr. exéc., art. R. 532-5) et confirmée enfin par une publicité définitive (C. pr. exéc., art. R. 533-1). Les biens grevés d'une sûreté judiciaire demeurent aliénables (C. pr. exéc., art. L. 531-2). Les créanciers ayant une hypothèque inscrite sur un immeuble le suivent en quelques mains qu'il passe, pour être colloqués et payés suivant l'ordre de leur inscription (C. civ., art. 2461) ; ils peuvent aussi poursuivre l'expropriation forcée (C. pr. exéc., art. L. 311-2 et L. 311-4) sous la forme exclusive de saisie immobilière.

0631.06 **Cumul possible avec les autres hypothèques.** Une première hypothèque est **l'hypothèque légale de plein droit** attachée aux jugements de condamnation ou aux décisions arbitrales ou étrangères exécutoires (C. civ., art. 2401). On voit mal dans quel cas le créancier qui pourrait se réclamer de l'article 2401, préférerait l'inscription provisoire ; réciproquement, celui qui n'a pu prendre qu'une hypothèque provisoire la consolidera selon l'article R. 533-1 C. pr. exéc. après obtention du titre exécutoire, plutôt que de recourir à l'hypothèque légale. Mais le cumul n'est pas interdit par la loi. Depuis la réforme issue de l'ordonnance n° 2021-1192 du 15 septembre 2021[1], la seule hypothèque judiciaire est celle que le juge peut accorder à titre conservatoire dans les conditions du Code des procédures civiles d'exécution, ce que rappelle le nouvel article 2408 C. civ.

Les textes prévoient d'autres hypothèques ordonnées par les juges (C. civ., art. 2394 à 2408, entre époux, pour le paiement des sommes qu'ils pourraient se devoir l'un à l'autre – C. civ., art. 2398, en matière de tutelle – C. pr. exéc., art. L. 512-1, al. 2, pour les garanties de substitution des mesures d'exécution, *etc.*) ; ces hypothèques, qui demeurent à notre avis de nature conventionnelle, ne sont pas incompatibles avec une inscription provisoire mais ne les priment d'aucune manière et réciproquement : chacune prend rang à sa date (v. s^s^ n° 0631.24).

0631.07 **Immeubles concernés.** Sont seuls susceptibles d'hypothèque les droits réels immobiliers qui sont dans le commerce (C. civ., art. 2388). À noter que l'article L. 526-1 C. com., d'interprétation stricte, interdit la saisie du bien objet de la déclaration d'insaisissabilité, mais non l'inscription d'une hypothèque judiciaire à titre conservatoire sur ce bien[2]. L'hypothèque ayant comme issue normale la saisie immobilière, la notion d'immeubles et accessoires est commune aux deux institutions.

Le juge qui autorise la mesure veillera à ne pas l'étendre sans nécessité par une formule trop générale (« *tous les immeubles du débiteur* »), qui ne manquerait pas de susciter du contentieux, il devra indiquer avec précision les immeubles concernés (dans la même perspective, v. s^s^ n° 0631.33, à propos du cantonnement).

0631.08 **Droit international.** Le lieu de situation de l'immeuble étant sans importance aux termes du Code des procédures civiles d'exécution, le droit international ne diffère pas ici de ce qu'il est pour toutes les mesures conservatoires (v. s^s^ n° 06.09).

SECTION 1
FORMALITÉS DE PUBLICITÉ PROVISOIRE ET SIGNIFICATION

0631.11 **Mentions principales.** La publicité provisoire ne relève pas du monopole des commissaires de justice, n'étant pas un acte d'exécution (C. pr. exéc., art. L. 122-1 – v. s^s^ n° 0612.61, dispositions applicables à toutes les mesures conservatoires).

L'article R. 532-1 C. pr. exéc. énonce : « *L'inscription provisoire d'hypothèque est opérée par le dépôt au service de la publicité foncière de deux bordereaux dans les conditions prévues par l'article 2428 du Code civil* [devenu l'article 2423]. *Elle contient, en outre, l'indication du capital de la créance et de ses accessoires* ».

0631.12 **Mentions complémentaires.** L'article R. 532-1 C. pr. exéc. ne se contente pas des indications susdites dans les termes habituels pour d'autres mesures conservatoires ; il renvoie aux conditions de l'article 2423 C. civ. Ces dispositions très formalistes sont manifestement inadaptées au contexte précontentieux ou contentieux de la sûreté judiciaire. L'identité des parties doit être fournie selon le décret du 4 janvier 1955[3] : pour les personnes physiques[4], nom, prénoms dans l'ordre de l'état civil, date et lieu de naissance, domicile, profession, nom du conjoint ; pour les personnes morales[5], dénomination, forme sociale exacte, siège, numéro d'immatriculation au registre du commerce (ou date et lieu de la déclaration pour une association ou du dépôt des statuts pour un syndicat). Ces renseignements doivent en outre être certifiés par un officier ministériel, avocat, administrateur judiciaire, liquidateur ou représentant de créanciers ou par une autorité administrative. À défaut de toutes ces indications, le

1. Ord. n° 2021-1192, 15 sept. 2021, portant réforme du droit des sûretés, *JO* 16 sept., texte 19.
2. Com. 11 juin 2014, n° 13-13.643, P IV, n° 106 ; *D.* 2014. 1613, note P. Crocq ; *Gaz. Pal.* 13-17 juill. 2014, p. 10 à 12, note Mignot.
3. Décr. n° 55-22, 4 janv. 1955, portant réforme de la publicité foncière, *JO* 7 janv.
4. Décr. n° 55-22, 4 janv. 1955, art. 5.
5. Décr. n° 55-22, 4 janv. 1955, art. 6.

dépôt du bordereau est refusé (C. civ., art. 2423, al. 5).

La désignation de l'immeuble grevé doit être individuelle, avec indication de la commune de situation (C. civ., art. 2423). Le décret du 4 janvier 1955[1] est plus exigeant encore : nature, situation, contenance, désignation cadastrale (section, numéro du plan et lieudit ou rue et numéro) ; en cas d'hypothèque sur une partie seulement d'un immeuble ou sur une partie d'un lot dûment identifié dans un immeuble, désignation des fractions grevées selon un état descriptif de division[2].

Si les manquements passent provisoirement inaperçus, une faculté de régularisation est ouverte (C. civ., art. 2423, al. 6).

Enfin, le bordereau est obligatoirement établi sur un formulaire de l'administration, à peine de rejet du dépôt (C. civ., art. 2423).

0631.13 Exigences jurisprudentielles. La Cour de cassation a rappelé qu'aucune publicité provisoire ne peut avoir lieu si, avant cette formalité, le titre de propriété du débiteur sur l'immeuble convoité n'a pas été publié[3]. Cette décision étend à l'inscription d'hypothèque judiciaire provisoire le principe dit de l'« *effet relatif* »[4] : un immeuble ne peut être grevé qu'autant qu'il appartient bien au débiteur et que le fichier immobilier en porte la preuve. Elle contraint le créancier poursuivant à s'assurer de la publication du titre de propriété du débiteur.

0631.14 Contentieux du rejet. En cas de refus de dépôt ou de rejet d'une formalité de publicité, un recours contre la décision du service de la publicité foncière est possible. Il est porté, dans les huit jours de la notification de cette décision, devant le président du tribunal judiciaire dans le ressort duquel est situé l'immeuble. Il est statué selon la procédure accélérée au fond, mais l'ordonnance du président n'est pas susceptible d'exécution provisoire[5].

En cas d'annulation d'un refus de dépôt, le nouveau dépôt ne prendra rang qu'à sa date, sans effet rétroactif, à la différence de l'annulation du rejet de la formalité[6]. À défaut de précision contraire, cette disposition est applicable en matière d'hypothèque judiciaire provisoire. Le juge de l'exécution n'a ici aucune compétence.

0631.15 Signification au débiteur. Le commissaire de justice retrouve ici un monopole d'action, et l'article 648 C. pr. civ. trouve à s'appliquer.

À peine de caducité, huit jours au plus tard après le dépôt des bordereaux d'inscription, le débiteur en est informé par acte de commissaire de justice. Cet acte contient, à peine de nullité :

1° Une copie de l'ordonnance du juge ou du titre en vertu duquel la sûreté a été prise ; toutefois s'il s'agit d'une obligation notariée ou d'une créance de l'État, des collectivités territoriales ou de leurs établissements publics, il n'est fait mention que de la date, de la nature du titre et du montant de la dette (conformément aux dispositions de l'article 495 C. pr. civ., doit aussi être remis au saisi une copie de la requête comportant l'indication précise des pièces invoquées de façon à faire respecter le principe de la contradiction[7]) ;

2° L'indication, en caractères très apparents, que le débiteur peut demander la mainlevée de la sûreté comme il est dit à l'article R. 512-1 C. pr. exéc. ;

3° La reproduction des articles R. 511-1 à R. 512-3 et R. 532-6 C. pr. exéc. (C. pr. exéc., art. R. 532-5).

Cette règle est prescrite à peine de caducité de la publicité provisoire[8].

Par un arrêt du 2 février 2012, la deuxième chambre civile de la Cour de cassation a jugé que, si l'acte de signification au débiteur de l'ordonnance autorisant l'inscription ne mentionne pas que le créancier a procédé à l'inscription provisoire, la caducité de l'inscription est encourue en raison du défaut d'information du débiteur sur l'existence de l'inscription, de sorte qu'il y a lieu de donner mainlevée de la mesure[9].

La Cour de cassation combine ces exigences de forme avec celles résultant de l'article 495 alinéa 2 C. pr. civ. Elle en déduit que la dénonciation au débiteur de l'inscription provisoire d'hypothèque doit comporter également la copie de la requête indiquant les pièces invoquées[10].

0631.16 Péremption et renouvellement. À la différence notable des saisies conservatoires, les sûretés se périment et il faut donc les renouveler (C. pr. exéc., art. L. 533-1)[11]. L'article 2429 C. civ. précise la durée de l'inscription...

1. Décr. n° 55-22, 4 janv. 1955, art. 7, al. 1er.
2. Décr. n° 55-22, 4 janv. 1955, art. 7, al. 3.
3. Civ. 3e, 13 mai 1987, n° 85-13.572, P III, n° 103 ; *Gaz. Pal.* 1988. 1. 100, note S. Piedelièvre – SUR RENVOI : Limoges, 14 mars 1990, *D.* 1991. 161, note S. Piedelièvre.
4. Décr. n° 55-22, 4 janv. 1955, art. 3 – Décr. n° 55-1350, 14 oct. 1955, art. 32.
5. Civ. 3e, 10 déc. 2015, n° 14-26.895, P III, n° 134.
6. Civ. 3e, 4 nov. 2004, n° 03-12.755, P III, n° 192.
7. Civ. 2e, 13 juill. 2006, n° 05-13.976, P II, n° 210 ; *D.* 2007. 1380, obs. P. Julien.
8. TGI Nancy, JEX, 10 janv. 1994, *Rev. huiss.* 1994. 669.
9. Civ. 2e, 2 févr. 2012, n° 11-12.308, P II, n° 21.
10. Civ. 2e, 13 juill. 2006, n° 05-13.976, P (préc. ss prést n°).
11. Sur l'absence de responsabilité d'un avocat qui avait omis de faire procéder au renouvellement d'une inscription initiale prise au nom d'une société inexistante : Civ. 1re, 16 sept. 2010, n° 09-65.909, P I, n° 172 ; *Rev. sociétés* 2011. 159, note Y. Saintourens.

Cependant, dès que l'inscription provisoire a produit son effet légal, son renouvellement n'est pas nécessaire, en particulier lorsque le prix de vente du bien donné en garantie a été consigné[1].

SECTION 2

EFFETS DE L'INSCRIPTION D'HYPOTHÈQUE JUDICIAIRE PROVISOIRE

0631.21 Aliénabilité du bien grevé. Déjà posée par la jurisprudence avant la réforme de 1991, la règle est édictée par l'article L. 531-2 C. pr. exéc.

Si le bien est vendu avant que la publicité définitive ait été accomplie, le créancier titulaire de la sûreté judiciaire jouit des mêmes droits que le titulaire d'une sûreté conventionnelle ou légale. Toutefois, la part qui lui revient dans la distribution du prix est consignée (C. pr. exéc., art. R. 532-8, al. 1er).

Ainsi, en cas de vente, la sûreté opère théoriquement le même effet de consignation que la saisie conservatoire (v. ss no 0621.46, *Saisies conservatoires des créances, fonctionnement du gage*)[2]. Cette consignation dure tant que le créancier n'a pas justifié de l'accomplissement de la publicité définitive ; à défaut de cette suite, la somme provenant de la vente est remise aux autres créanciers en ordre de la recevoir ou au débiteur (C. pr. exéc., art. R. 532-8, al. 2).

À vrai dire, dans le cas particulier de l'hypothèque judiciaire provisoire, la consignation est de toute façon prévue : le mécanisme de la purge (C. civ., art. 2463 et 2464 s.)[3], qui vise à la fois à libérer l'immeuble de la sûreté réelle, à permettre aux créanciers inscrits de requérir la vente aux enchères si le prix amiable paraît trop faible, enfin d'être payés sur le prix de la vente dans l'ordre de la loi, comporte une phase de consignation au moins lorsque plusieurs créanciers concourent (C. civ., art. 2467 *in fine*), alors même que la purge ne serait pas faite, selon une pratique assez courante[4], le notaire qui instrumente la vente séquestrera les fonds, qui seront nantis au profit des créanciers hypothécaires pour n'être pas saisissables par saisie-attribution d'autres créanciers ; puis il servira les créanciers hypothécaires[5].

La vente après la publicité provisoire rend évidemment sans intérêt la mise en œuvre de la publicité définitive. Si après la vente du bien, le prix en a été régulièrement consigné pour être distribué, la publicité définitive est remplacée par la signification du titre du créancier à la personne chargée de la répartition du prix, dans le délai de deux mois prévu à l'article R. 533-4 C. pr. exéc. (C. pr. exéc., art. R. 533-5).

0631.22 Date d'opposabilité. Les sûretés judiciaires sont opposables aux tiers du jour de l'accomplissement des formalités de publicité (C. pr. exéc., art. L. 532-1).

0631.23 Concours avec une procédure commerciale collective. V. ss no 0611.31, les dispositions applicables à toutes les mesures conservatoires.

0631.24 Concours avec une autre inscription d'hypothèque. Les créanciers hypothécaires sont colloqués et payés suivant l'ordre de leur inscription (C. civ., art. 2461). L'inscription d'hypothèque judiciaire provisoire prend rang à la date de la formalité initiale, sous réserve d'être confirmée par une publicité définitive (C. pr. exéc., art. R. 533-1), examinée ci-après.

Contrairement à ce qui était prévu dans le régime de la saisie immobilière antérieure au décret du 27 juillet 2006 (not. ACPC, art. 686, al. 2), les créanciers qui ont inscrit leur sûreté sur l'immeuble après la publication d'un commandement valant saisie mais avant la publication de la vente, peuvent intervenir dans la procédure en déclarant leur créance, arrêtée en principal frais et intérêts échus au jour de la déclaration.

À peine d'irrecevabilité, la déclaration est faite par acte d'avocat déposé au greffe du juge de l'exécution dans un délai de quinze jours suivant l'inscription et est accompagnée d'une copie du titre de créance, du bordereau d'inscription et d'un état hypothécaire levé à la date de l'inscription. La déclaration est dénoncée, dans les mêmes formes, le même jour ou le premier jour ouvrable suivant, au créancier poursuivant et au débiteur (C. pr. exéc., art. R. 322-13).

SECTION 3

ISSUE DE LA PUBLICITÉ PROVISOIRE : AMÉNAGEMENTS OU DISPARITION

0631.31 Compétence. La compétence du juge qui a autorisé la mesure conservatoire ou à défaut du JEX (C. pr. exéc., art. R. 512-2) ne reçoit pas ici exception. La plénitude de juridiction du JEX ne doit pas tromper : il se contentera d'examiner si les condi-

1. Civ. 1re, 22 mars 2012, no 11-11.081, P I, no 64 ; *JCP* 2012. 1029, note P. Simler.
2. Exposé par J. Delga, « Disponibilité d'un immeuble grevé d'une hypothèque judiciaire provisoire », *Gaz. Pal.* 1994. 1. Doctr. 154, § II, B.
3. MOULY, CABRILLAC, CABRILLAC et PÉTEL, 2007, no 1011 [11e éd., 2022].
4. MOULY, CABRILLAC, CABRILLAC et PÉTEL, 2007, no 1021 [11e éd., 2022].
5. Autorisant cette pratique : Civ. 3e, 17 janv. 1978, no 76-12.442, P III, no 38 ; *D.* 1978. 605, note I. Souleau ; *RDI* 1979. 366, note M. Dagot – Civ. 3e, 8 janv. 1980, no 78-13.257, P III, no 7 ; *D.* 1980. 368, concl. Franck ; *RDI* 1980. 193, note M. Dagot.

tions des mesures conservatoires en général, et celles de l'inscription d'hypothèque judiciaire en particulier, sont réunies ; il n'aura pas l'occasion d'approfondir les questions de propriété immobilière. Il est un cas, enfin, où le juge qui a ordonné la mesure ne sera pas celui qui en ordonnerait la radiation : le juge saisi du fond a en effet compétence à cette fin, lorsqu'il a examiné la créance qui fondait l'hypothèque provisoire (v. ss no 0631.34).

0631.32 **Mainlevée, substitution.** La **mainlevée amiable** de l'hypothèque judiciaire provisoire n'est pas rare : la menace est sérieuse et conduit fréquemment le débiteur à se libérer dès que possible. Cette mainlevée, qui n'appelle pas de commentaires juridiques pose des difficultés bien connues des praticiens : le créancier tarde volontiers à accomplir la radiation (C. civ., art. 2435 et 2436[1]).

La **mainlevée judiciaire**, quant à elle, n'obéit pas à des causes ou des formes différentes de celles des mesures conservatoires en général[2]. Les juges devront être extrêmement précis dans leur dispositif ; non seulement ils devront ordonner expressément la radiation mais ils devront le faire de façon que le service de la publicité foncière trouve dans le jugement même tous les renseignements utiles et ne rejette pas la formalité. Les parties devront donc donner ces renseignements dans leurs pièces de procédure. La formalité ne peut en outre être engagée qu'en vertu d'un jugement rendu en dernier ressort ou passé en force de chose jugée[3].

Quant aux garanties de substitution que pourrait offrir le débiteur pour recouvrer la disposition des biens saisis, elles ne font pas l'objet de dispositions spécifiques (comp. saisie conservatoire des créances et saisie conservatoire des droits incorporels) : l'article L. 512-1 alinéa 2 C. pr. exéc. est d'application générale (sur ces questions, v. ss no 0613.21).

Il doit être rappelé enfin qu'il résulte des articles R. 532-5, R. 532-6 et R. 533-4 C. pr. exéc. que le JEX ne peut plus statuer sur la demande de mainlevée d'une inscription d'hypothèque provisoire alors que l'inscription définitive de l'hypothèque est intervenue. Cette fin de non-recevoir peut-être opposée en tout état de cause[4].

0631.33 **Cantonnement.** L'article R. 532-9 C. pr. exéc. dispose que lorsque la valeur des biens grevés est manifestement supérieure au montant des sommes garanties, le débiteur peut faire limiter par le juge les effets de la sûreté provisoire s'il justifie que les biens demeurant grevés ont une valeur double du montant de ces sommes.

Cette disposition s'inspire largement de l'article 2439 C. civ., mais ne se réfère pas à cet article quant à la compétence. Mais les juges doivent indiquer pourquoi la sûreté est excessive et s'expliquer sur les éléments de fait qui permettent leur estimation[5]. Ils doivent également s'assurer que la valeur des biens grevés représente bien le double du montant des sommes inscrites pour lequel la mesure avait été autorisée et non le double du montant de la créance résultant du titre exécutoire obtenu[6].

0631.34 **Caducité.** Contrairement aux saisies conservatoires, les inscriptions d'hypothèque provisoire sont frappées de caducité dans certains cas. La caducité de la publicité provisoire intervient dans deux hypothèses : le défaut de renouvellement (v. ss no 0631.16) et le défaut de publicité définitive (en principe, dans un délai de deux mois après obtention du titre exécutoire, v. ss no 0631.42). À défaut de confirmation dans le délai, la publicité provisoire est caduque et sa radiation peut être demandée au juge de l'exécution (C. pr. exéc., art. R. 533-6).

En cas d'extinction de l'instance introduite par le créancier ou si sa demande est rejetée, la radiation est demandée au juge saisi du fond ; à défaut, elle est ordonnée par le juge de l'exécution. La radiation est effectuée sur présentation de la décision passée en force de chose jugée. Les frais sont supportés par le créancier.

Si la part du créancier titulaire de la sûreté provisoire a été consignée, elle est remise, selon le cas, aux créanciers en ordre de la recevoir ou au débiteur.

SECTION 4
ISSUE DE LA PUBLICITÉ PROVISOIRE : CONSOLIDATION EN PUBLICITÉ DÉFINITIVE

0631.41 **Obtention du titre exécutoire et signification.** Si ce n'est dans le cas où l'inscription d'hypothèque judiciaire provisoire a été pratiquée avec un titre exécutoire, le créancier doit, dans le mois qui suit la publicité provisoire, à peine de caducité, introduire une procédure ou accomplir les formalités nécessaires à l'obtention d'un titre exécutoire (C. pr. exéc., art. R. 511-7). Cette disposition, générale à toutes les mesures conservatoires, mais source de difficultés notoires, a déjà été examinée (v. ss nos 0612.71 à

1. Décr. no 55-22, 4 janv. 1955, art. 5, 6 et 7.
2. Civ. 2e, 13 nov. 2014, no 13-25.193, P II, no 231 – A. Leborgne, « Chronique de droit de l'exécution », *D.* 2015. 1339 ; *RD banc. fin.* 2015. Comm. 16, obs. S. Piedelièvre : arrêt relatif au remboursement partiel et à un solde d'un prêt inscrits pour partie par une banque au compte courant de l'emprunteur.
3. Civ. 3e, 15 mai 1974, no 73-11.349, P III, no 199 ; *D.* 1975. 147, note Franck.
4. Civ. 2e, 25 juin 2015, no 14-18.924, P II, no 174 ; *Dr. et. proc.* sept. 2015. 163, obs. L. Lauvergnat.
5. Civ. 2e, 15 juin 1973, no 72-11.048, P II, no 195 ; *Gaz. Pal.* 1973. 2. Somm. 185.
6. Civ. 2e, 21 mars 2013, no 12-15.071, P II, no 56.

0612.78). On se bornera ici à rappeler qu'une transaction non déclarée exécutoire par le juge ne permet pas de prendre une inscription définitive[1].

La signification du titre exécutoire, prévue par l'article R. 511-8 C. pr. exéc., n'est destinée qu'aux personnes qui se trouvent dans un rapport de droit avec le débiteur et à qui la mesure conservatoire pratiquée impose des obligations. Le service de la publicité foncière n'en fait pas partie[2].

0631.42 **Délai de la publicité définitive.** Le texte de l'article R. 533-4 C. pr. exéc. distingue trois situations.

Si la **publicité provisoire** a été prise **sans titre exécutoire** (donc sur autorisation du juge ou avec l'un des quasi-titres de l'article L. 511-2 C. pr. exéc.), ou encore avec un titre exécutoire provisoire, la publicité définitive doit être effectuée dans un délai de deux mois du jour où le titre constatant définitivement les droits du créancier est passé en force de chose jugée[3].

Si la **publicité provisoire** a été prise avec un **titre dont le caractère exécutoire est subordonné à une procédure d'*exequatur***, la publicité définitive doit être effectuée dans un délai de deux mois du jour où la décision d'*exequatur* est passée en force de chose jugée.

Enfin, si la **publicité provisoire** a été mise en œuvre avec un **titre exécutoire irrévocable**, la publicité définitive doit être effectuée un mois au moins après la signification de la publicité provisoire au débiteur (qui dispose ainsi d'un délai minimal pour réagir) et trois mois au plus après cette signification.

On notera avec soin la nuance, qui ne se retrouve pas en matière de saisies conservatoires, entre titre exécutoire et titre bénéficiant de la force de chose jugée (C. pr. civ., art. 501). Notamment, si le jugement qui profite au créancier est frappé d'appel suspensif, la publicité définitive peut être considérablement retardée[4] et la péremption de la publicité provisoire (v. s[s] n° 0631.16) devient un risque réel[5]. Inversement, si le débiteur bénéficie de délais de paiement aux termes d'un jugement définitif, celui-ci n'est pas exécutoire immédiatement et il faudra pourtant bien procéder à la publicité définitive sans attendre le terme prévu par les juges.

Si le titre est constitué par un arrêt de cour d'appel, et sauf dans les cas où le pourvoi en cassation est suspensif, le délai court à compter du prononcé de l'arrêt[6].

Si le titre est constitué par un jugement correctionnel statuant sur l'action civile, le délai court à compter du jour où ce jugement est devenu irrévocable en ses dispositions civiles, soit, s'il s'agit d'un jugement contradictoire, dix jours après son prononcé[7].

Rappelons aussi qu'un arrêt infirmatif constitue le titre permettant le recouvrement des sommes versées en vertu de la décision de première instance, sans qu'une mention expresse de l'arrêt en ce sens soit nécessaire, de sorte que la cour d'appel qui relève que sont mentionnées, dans le bordereau d'inscription d'hypothèque, les deux décisions donnant naissance à l'hypothèque et que la créance ressort de la comparaison entre les deux titres, en déduit exactement que l'hypothèque est valablement inscrite[8].

En raison du caractère contraignant de ces délais, le débiteur ne peut pas retarder la publicité définitive une fois que le titre est obtenu. Ainsi jugé qu'en cas de publicité provisoire sur un immeuble appartenant à une succession, le bénéfice d'inventaire imposé par les héritiers n'empêchait pas la publicité définitive[9].

Il ne sert à rien, pour éviter ces divers périls, de prendre une inscription définitive avec un titre encore susceptible de recours au fond : une telle inscription précoce ne se substituerait pas rétroactivement à une inscription provisoire antérieure[10]. Il n'est même pas possible de pratiquer avec un titre disposant de la force exécutoire provisoire mais non encore de la force de chose jugée[11].

0631.43 **Formes de la publicité définitive.** L'inscription d'hypothèque judiciaire définitive est opérée conformément à l'article 2423 C. civ.[12] (C. pr. exéc., art. R. 533-2). Les formalités sont donc exac-

1. Civ. 3e, 17 nov. 2004, n° 02-10.296, NP.
2. Cass., avis, 24 janv. 1994, n° 09-30.020, P, n° 4 ; *D.* 1994. 347, obs. P. Julien ; *JCP* 1995. II. 22392, note M. Dagot et F. Malbosc-Cantegril ; *RTD civ.* 1994. 428, obs. R. Perrot.
3. Civ. 3e, 16 janv. 2008, n° 07-10.084, P III, n° 10.
4. Civ. 3e, 3 janv. 1979, n° 77-13.175, P III, n° 2 ; *D.* 1979. 213, note Franck – Civ. 3e, 10 mars 1981, n° 79-13.168, P III, n° 53 ; *JCP* 1982. II. 19719, obs. Thuillier.
5. Retenant la responsabilité de l'avocat : Civ. 1re, 22 févr. 1968, *RTD civ.* 1968. 588, obs. P. Raynaud.
6. Civ. 2e, 12 oct. 2006, n° 05-10.511, P II, n° 271 ; *JCP E* 2006. 2824, obs. P. Simler et P. Delebecque.
7. Civ. 2e, 6 mai 2004, n° 02-17.180, P II, n° 212.
8. Civ. 3e, 15 sept. 2016, n° 15-21.483, P III, n° 111 ; *JCP* 2016. Actu. 1034, note S. Dorol ; *Procédures* 2016. Comm. 326, note Laporte ; *Gaz. Pal.* 6 déc. 2016, p. 29, obs. J.-J. Ansault.
9. Civ. 2e, 30 juin 1993, n° 91-11.787, P II, n° 242 ; *Gaz. Pal.* 1994. 1. Pan. 16.
10. En matière de nantissement, mais transposable à l'hypothèque : Com. 27 mai 1997, n° 94-15.838, P IV, n° 158 ; *RTD com.* 1997. 628, obs. J. Derruppé ; *RTD com.* 1998. 194, obs. B. Bouloc.
11. Civ. 2e, 24 juin 1998, n° 96-14.579, NP ; *RTD civ.* 1999. 210, obs. R. Perrot – TGI Lyon, JEX, 18 mai 1999, NP – CONTRA, *RTD civ.* 1997. 755, note R. Perrot.
12. C. civ., anc. art. 2148 (mod. par Ord. n° 2006-346, 23 mars 2006).

tement de même teneur et de même complexité que celles examinées à propos de la publicité provisoire (v. s[s] n°s 0631.11 s.).

0631.44 **Effet de la publicité définitive.** La publicité définitive donne rang à la publicité provisoire à la date de la formalité initiale, dans la limite des sommes conservées par cette dernière (C. pr. exéc., art. R. 533-1). Tel est le seul effet de la publicité définitive : l'aliénabilité de l'immeuble, l'opposabilité de l'hypothèque, les concours avec d'autres poursuites, s'analysent par rapport à la publicité provisoire, dûment consolidée. La mainlevée de l'hypothèque définitive, sa substitution par d'autres garanties, sa péremption, sont régies comme pour toute hypothèque définitive[1]. Notamment, le juge de l'exécution n'a plus aucune compétence à partir de la publicité définitive[2].

Une inscription définitive qui interviendrait au-delà du délai examiné (v. s[s] n° 0631.42) serait valable mais ne prendrait rang qu'à sa date, et non à celle de l'inscription provisoire devenue caduque[3].

SECTION 5

ISSUE DE LA PUBLICITÉ PROVISOIRE : RÉALISATION DE LA SÛRETÉ

0631.50 **Renvoi.** La question est examinée dans les chapitres consacrés à la saisie immobilière (v. s[s] n°s 1301.11 s.). Cette saisie ne présentera pas de particularités au motif que l'hypothèque qui la précède aura été une hypothèque judiciaire provisoire.

1. MOULY, CABRILLAC, CABRILLAC et PÉTEL, 2007, n°s 964 s [11e éd., 2022].
2. Civ. 2e, 5 juin 1996, n° 94-17.089, NP ; *Procédures* 1996, n° 216, note R. Perrot.
3. Dans une affaire où était recherchée la responsabilité d'un notaire : Civ. 1re, 23 juin 2011, n° 10-17.244, NP.

CHAPITRE

0632. Règles spécifiques à l'inscription de nantissement judiciaire provisoire

GILLES MALFRE
PREMIER VICE-PRÉSIDENT ADJOINT
AU TRIBUNAL JUDICIAIRE DE PARIS

SECTION 0
ORIENTEUR

0632.00 Sommaire du chapitre.

Division. L'inscription de nantissement judiciaire provisoire obéit à des règles spécifiques concernant les formalités de publicité provisoire et sa signification (sect. 1), ses effets (sect. 2) et ses trois issues possibles (sect. 3 à 5).

0632.01 Textes applicables.

- **C. pr. exéc.,** art. L. 122-1, L. 511-1 à L. 511-4, L. 512-1 et L. 512-2, L. 531-1, L. 531-2, L. 532-1 et L. 533-1 ; R. 232-1 à R. 232-4, R. 511-1 à R. 512-3, R. 531-1, R. 532-2 à R. 533-6.
- **C. civ.,** art. 2355 à 2366.
- **C. com.,** art. 143-3 s.
- **C. mon. fin.,** art. L. 211-20.

0632.02 Jurisprudence de référence.

> Sûreté judiciaire. Inscription provisoire de nantissement sur des parts sociales. Inopposabilité des clauses d'agrément. Inapplicabilité des dispositions relatives à l'insaisissabilité des biens nécessaires à la vie et au travail.

- **Civ. 2e, 2 déc. 2010,** n° 09-17.495, P II, n° 199

* V. s^s n°s 0141.31, 0632.11, 0731.06

Pour dire qu'une inscription provisoire de nantissement judiciaire sur des parts sociales est valable et régulière, une cour d'appel énonce exactement qu'une telle inscription est une mesure de sûreté judiciaire, et non une saisie, que les dispositions statutaires prévoyant l'agrément des associés en cas de cession des parts sociales nanties ne peuvent entraver la prise de cette sûreté et que l'article 39 du décret n° 92-755 du 31 juillet 1992 [devenu art. R. 112-2] ne s'applique pas aux parts sociales.

0632.03 Bibliographie indicative.

* V. bibliographie indicative sur les dispositions applicables à toutes les mesures conservatoires s^s n° 06.03.

Ouvrages[1]. J.-M. DELECCI, *La réforme des procédures civiles d'exécution, son application aux opérations de banque*, 2e éd., Éd. Banque, 1997 – C. MOULY, M. CABRILLAC, S. CABRILLAC et Ph. PÉTEL, *Droit des sûretés*, 11e éd., « Manuels », LexisNexis, 2022.

Articles. D. Baraderie, « Le nantissement de droits d'associés et de valeurs mobilières », *Gaz. Pal.* 1993. 2. Doctr. 910 – H. Symet, « Le nantissement de biens incorporels », *Dr. et patr.* sept. 2007. 75.

0632.04 Formulaire de procédure civile (renvois).

- *Sûretés judiciaires – Autorisation de sûretés judiciaires* (Requête à fin d'autorisation d'une sûreté judiciaire – C. pr. exéc., art. L. 531-1 et R. 531-1)
- *Sûretés judiciaires – Nantissement de fonds de commerce* (Dénonciation au débiteur d'une inscription provisoire de nantissement sur un fonds de commerce – C. pr. exéc., art. R. 532-5)
- *Sûretés judiciaires – Nantissement de parts sociales* (Dénonciation au débiteur d'un nantissement provisoire de parts sociales – C. pr. exéc., art. R. 532-5)

1. Les ouvrages dont le nom des auteurs figure en petites capitales en bibliographie seront cités par le seul nom des auteurs en petites capitales en notes de bas de page.

• *Sûretés judiciaires – Nantissement de valeurs mobilières* (Dénonciation au débiteur d'un nantissement provisoire de valeurs mobilières – C. pr. exéc., art. R. 532-5)

0632.05 **Intérêt pratique.** Le nantissement judiciaire provisoire de fonds de commerce souffre certainement du privilège du Trésor public sur les créanciers nantis[1]. Les autres nantissements, créés par l'article L. 531-1 C. pr. exéc. paraissent recueillir davantage l'adhésion.

0632.06 **Définition.** Une sûreté judiciaire peut être constituée à titre conservatoire sur les fonds de commerce, les actions, les parts sociales et valeurs mobilières (C. pr. exéc., art. L. 531-1 et R. 531-1). Elle prend la forme d'une publicité provisoire selon le cas, au tribunal de commerce, à la société émettrice des parts ou auprès des mandataires et intermédiaires agréés (C. pr. exéc., art. R. 532-2 à R. 532-4), notifiée ensuite au débiteur (C. pr. exéc., art. R. 532-5) et confirmée enfin par une publicité définitive (C. pr. exéc., art. R. 533-1). Les biens grevés d'une sûreté judiciaire demeurent aliénables (C. pr. exéc., art. L. 531-2).

Avant l'ordonnance du 23 mars 2006, les effets du nantissement étaient ceux du gage dont il était une forme spécifique appliquée à des meubles incorporels.

L'ordonnance du 23 mars 2006 réserve désormais le terme de gage aux seules sûretés portant sur des biens corporels (C. civ., art. 2333) et le nantissement fait l'objet de règles qui lui sont spécifiques aux articles 2355 à 2366 C. civ. Cependant, lorsqu'il porte sur un bien autre qu'une créance, et c'est le cas lorsqu'il est effectué à titre conservatoire, il obéit, à défaut de dispositions spéciales, aux règles prévues pour le gage de meubles corporels, auxquelles s'ajoutent celles prévues par les dispositions applicables aux voies d'exécution lorsqu'il est judiciaire (C. civ., art. 2355).

0632.07 **Cumul possible avec les autres mesures conservatoires.** Nonobstant son faible champ d'application, la saisie conservatoire est aussi possible sur certains droits incorporels. La finalité est alors la vente forcée et non pas, comme en matière de nantissements, un privilège sur le prix en cas de vente : la saisie conservatoire est admise sur les parts sociales, sur des valeurs mobilières, mais non sur un fonds de commerce, sinon pour ses éléments corporels (v. s[s] n° 0622.33).

0632.08 **Biens concernés.** Les nantissements judiciaires provisoires concernent, aux termes légèrement divergents des articles L. 531-1 et R. 531-1 C. pr. exéc., les fonds de commerce, les actions, les parts sociales et les valeurs mobilières. La formulation vise :

– les **parts de sociétés** (commerciales, civiles immobilières, civiles professionnelles) et plus généralement tous les droits d'associés qui ne sont pas représentés par des titres négociables ;

– les **valeurs mobilières** (admises ou pas à une cote officielle – la définition en est donnée par L. 23 déc. 1988[2], art. 1er, codif. à C. mon. fin., art. L. 211-2) ; il ne semble pas que la notion plus large d'instruments financiers de l'article L. 211-1 C. mon. fin. puisse se substituer dans le Code des procédures civiles d'exécution, à celle de valeurs mobilières[3] ; nous verrons cependant que les formalités de gage conventionnel des instruments financiers sont en partie applicables au nantissement qui nous occupe ici ;

– les **éléments des fonds de commerce** ; une première difficulté surgit à propos des marchandises, traditionnellement exclues des nantissements[4] à la différence des autres éléments corporels (matériels, mobilier) – pour les immeubles, la seule sûreté judiciaire provisoire admissible est l'hypothèque – une autre difficulté tient au régime des éléments incorporels relevant de la propriété industrielle, car l'Institut national de la propriété industrielle (Inpi) est ici chargé des formalités, à l'exclusion des greffes. Pourtant, le nantissement judiciaire provisoire ne peut pas frapper isolément un des éléments incorporels d'un fonds de commerce, qui tire précisément sa valeur de l'unicité de ces éléments. Nous verrons quelles conséquences en tirer sur le plan des formalités, malgré le silence du Code des procédures civiles d'exécution ;

– enfin les démembrements de ces divers droits.

SECTION 1

FORMALITÉS DE PUBLICITÉ PROVISOIRE ET SIGNIFICATION

0632.11 **Mentions principales.** La publicité provisoire ne relève pas du monopole des commissaires de justice, n'étant pas un acte d'exécution (C. pr. exéc., art. L. 122-1 – v. s[s] n° 0612.61).

L'inscription provisoire de nantissement sur un fonds de commerce est opérée par le dépôt au greffe du tribunal de commerce de deux bordereaux sur papier libre contenant :

1° La désignation du créancier, son élection de domicile dans le ressort du tribunal de commerce où

1. Com. 26 oct. 1971, n° 69-10.826, P IV, n° 255 ; *D.* 1972. 61, note F. Derrida.
2. L. n° 88-1201, 23 déc. 1988, relative aux organismes de placement collectif en valeurs mobilières et portant création des fonds communs de créances, *JO* 31 déc.
3. Mouly, Cabrillac, Cabrillac et Pétel, 2007, n°s 779 s. [11e éd., 2022].
4. Paris, 18 oct. 1990, *Juris-Data* n° 026076.

se trouve situé le fonds et la désignation du débiteur ;

2° L'indication de l'autorisation ou du titre en vertu duquel l'inscription est requise ;

3° L'indication du capital de la créance et de ses accessoires (C. pr. exéc., art. R. 532-2).

On remarquera que la désignation précise du fonds, requise en matière de nantissement conventionnel ne l'est pas en matière de nantissement judiciaire provisoire ; cette exigence ne réapparaît qu'au stade de la publicité définitive (v. s^s n° 0632.43).

Le nantissement des parts sociales est opéré par la signification à la société d'un acte contenant :

1° La désignation du créancier et celle du débiteur ;

2° L'indication de l'autorisation ou du titre en vertu duquel la sûreté est requise[1] ;

3° L'indication du capital de la créance et de ses accessoires.

En outre, s'il s'agit d'une société civile immatriculée, l'acte de nantissement est publié au registre du commerce et des sociétés.

Le nantissement grève l'ensemble des parts à moins qu'il ne soit autrement précisé dans l'acte (C. pr. exéc., art. R. 532-3).

En matière de sociétés civiles, les modalités formelles de transcription du nantissement sont celles de l'article 1866 C. civ. ; il n'existe pas de texte comparable pour les sociétés commerciales ; les praticiens suggèrent généralement d'opérer comme en matière de sociétés civiles.

Le nantissement des valeurs mobilières est opéré par la signification d'une déclaration à l'une des personnes mentionnées aux articles R. 232-1 à R. 232-4 C. pr. exéc. selon le cas.

Cette déclaration contient :

1° La désignation du créancier et du débiteur ;

2° L'indication de l'autorisation ou du titre en venu duquel la sûreté est requise ;

3° L'indication du capital de la créance et de ses accessoires.

Le nantissement grève l'ensemble des valeurs mobilières à moins qu'il ne soit autrement précisé dans l'acte.

Le nantissement prend la forme d'un compte spécial ouvert au nom du débiteur et tenu par le tiers détenteur dans les conditions prévues à l'article L. 211-20 C. mon. fin.

1. Le nantissement étant une mesure de sûreté judiciaire et non une saisie, les dispositions statutaires prévoyant l'agrément des associés en cas de cession des parts nanties ne peuvent entraver la prise de cette sûreté : Civ. 2e, 2 déc. 2010, n° 09-17.495, P II, n° 199 ; *D.* 2011. 1509, obs. A. Leborgne ; *Rev. sociétés* 2011. 44, obs. A. Lienhard ; *RTD com.* 2011. 377, obs. M.-H. Monsèrié-Bon ; *Procédures* 2011, n° 56, obs. R. Perrot.

0632.12 Formalités complémentaires – Cas particulier des droits de propriété industrielle. Sur production du certificat du greffier qui aura reçu l'acte de nantissement du fonds de commerce, l'Inpi devra être avisé conformément à l'article L. 143-17 C. com., transposable à notre avis du nantissement conventionnel au nantissement judiciaire. Malheureusement, bien souvent, le créancier n'aura pas les éléments requis par l'INPI et le nantissement sur les éléments du fonds tels que brevets, marques, dessins, risque de rester lettre morte.

0632.13 Contentieux du rejet. En matière de fonds de commerce, le rejet de la formalité est en principe une hypothèse d'école, le greffier n'ayant aucun droit de retarder ou refuser les inscriptions. Mais dans les autres cas, le réceptionnaire de la publicité provisoire est un tiers, dont l'attitude peut être récalcitrante. En toute hypothèse, le contentieux est porté devant le juge de l'exécution (cep. en cas de difficulté née d'une procédure collective, v. s^s n°s 0611.31 s.).

0632.14 Signification au débiteur. Le commissaire de justice retrouve ici un monopole d'action, et l'article 648 C. pr. civ. trouve à s'appliquer.

À peine de caducité, huit jours au plus tard après le dépôt des bordereaux d'inscription ou la signification du nantissement, le débiteur en est informé par acte de commissaire de justice. Cet acte contient, à peine de nullité :

1° une copie de l'ordonnance du juge ou du titre en venu duquel la sûreté a été prise ; toutefois s'il s'agit d'une obligation notariée ou d'une créance de l'État, des collectivités territoriales ou de leurs établissements publics, il n'est fait mention que de la date, de la nature du titre et du montant de la dette ;

2° l'indication, en caractères très apparents, que le débiteur peut demander la mainlevée de la sûreté comme il est dit à l'article R. 512-1 C. pr. exéc. ;

3° la reproduction des articles R. 511-1 à R. 512-3 et R. 532-6 C. pr. exéc. (C. pr. exéc., art. R. 532-5).

0632.15 Péremption et renouvellement. À la différence notable des saisies conservatoires, les sûretés se périment et il faut donc les renouveler (C. pr. exéc., art. L. 533-1). La publicité provisoire conserve la sûreté pendant trois ans ; elle peut être renouvelée dans la même forme et pour la même durée (C. pr. exéc., art. R. 532-7).

SECTION 2
EFFETS DE L'INSCRIPTION DE NANTISSEMENT JUDICIAIRE PROVISOIRE

0632.21 Aliénabilité du bien grevé. Déjà posée par la jurisprudence avant la réforme de 1991 (v. s^s n° 0613.11), la règle est édictée par l'article L. 531-2 C. pr. exéc.

Si le bien est vendu avant que la publicité définitive ait été accomplie, le créancier titulaire de la sûreté judiciaire jouit des mêmes droits que le titulaire d'une sûreté conventionnelle ou légale. Toutefois, la part qui lui revient dans la distribution du prix est consignée (C. pr. exéc., art. R. 532-8, al. 1er).

Ainsi, en cas de vente, la sûreté opère théoriquement le même effet de consignation que la saisie conservatoire. Cette consignation dure tant que le créancier n'a pas justifié de l'accomplissement de la publicité définitive ; à défaut de cette suite, la somme provenant de la vente est remise aux autres créanciers en ordre de la recevoir ou au débiteur (C. pr. exéc., art. R. 532-8, al. 2).

La vente après la publicité provisoire rend évidemment sans intérêt la mise en œuvre de la publicité définitive. Si après la vente du bien, le prix en a été régulièrement consigné pour être distribué, la publicité définitive est remplacée par la signification du titre du créancier à la personne chargée de la répartition du prix, dans le délai de deux mois prévu à l'article R. 533-4 C. pr. exéc. (C. pr. exéc., art. R. 533-5).

0632.22 Conservation des droits de vote. Les droits de vote ne sont pas obérés par le nantissement des parts sociales ou des valeurs mobilières (comp., en matière de saisie conservatoire, avec la saisie conservatoire des droits incorporels, v. ss no 0629.31).

0632.23 Date d'opposabilité. Les sûretés judiciaires sont opposables aux tiers du jour de l'accomplissement des formalités de publicité (C. pr. exéc., art. L. 532-1 – sur l'effet rétroactif de la publicité définitive, v. ss no 0632.45).

0632.24 Concours avec une procédure commerciale collective. (V. ss nos 0611.31 s.).

0632.25 Concours avec un autre nantissement. Les créanciers nantis sont colloqués et payés suivant l'ordre de leur inscription (application combinée de C. pr. exéc., art. R. 532-8, et C. civ., art. 2340, al. 1er, et 2355, al. 5). L'inscription d'un nantissement judiciaire provisoire prend rang à la date de la formalité initiale, sous réserve d'être confirmée par une publicité définitive, examinée ci-après. On notera que la date d'effet du nantissement judiciaire de valeurs mobilières est celle de signification au tiers, alors que celle du nantissement conventionnel est celle de la déclaration de constitution de gage[1].

0632.26 Concours avec une saisie. La saisie, qu'elle soit conservatoire ou acte d'exécution à fin de vente forcée, se produit sur le bien en l'état où il se trouve. Si le bien est nanti, le créancier saisissant en sera nécessairement avisé. Inversement, un nantissement ne saurait être inscrit sur un bien rendu indisponible par une saisie antérieure, serait-elle conservatoire. La question est détaillée aux chapitres susdits.

SECTION 3

ISSUE DE L'INSCRIPTION DE NANTISSEMENT JUDICIAIRE PROVISOIRE : AMÉNAGEMENTS OU DISPARITION

0632.31 Compétence. La compétence du juge qui a autorisé la mesure conservatoire ou à défaut du juge de l'exécution (C. pr. exéc., art. R. 512-2) ne reçoit pas ici exception. La plénitude de juridiction du juge de l'exécution ne doit pas tromper : il se contentera d'examiner si les conditions des mesures conservatoires en général, et celles du nantissement judiciaire en particulier, sont réunies. Il est un cas, enfin, où le juge qui a ordonné la mesure ne sera pas celui qui en ordonnerait la radiation : le juge saisi au fond a en effet compétence à cette fin, lorsqu'il a examiné la créance qui fondait le nantissement provisoire (v. ss no 0632.34).

0632.32 Mainlevée, substitution. La **mainlevée amiable** de nantissement judiciaire provisoire n'est pas rare : la menace est sérieuse et conduit fréquemment le débiteur à se libérer dès que possible. Cette mainlevée n'appelle pas de commentaires juridiques.

La **mainlevée judiciaire**, quant à elle, n'obéit pas à des causes ou des formes différentes de celles des mesures conservatoires en général. Les juges devront être extrêmement précis dans leur dispositif, de façon que le tiers y trouve tous les renseignements utiles et ne rejette pas la demande de radiation.

Quant aux **garanties de substitution** que pourrait offrir le débiteur pour recouvrer la disposition des biens saisis, elles ne font pas l'objet de dispositions spécifiques (comp. saisie conservatoire des créances et saisie conservatoire des droits incorporels) : l'article L. 512-1 alinéa 2 C. pr. exéc. est cependant d'application générale (sur ces questions, v. ss no 0613.21).

0632.33 Cantonnement. L'article R. 532-9 C. pr. exéc. dispose que lorsque la valeur des biens grevés est manifestement supérieure au montant des sommes garanties, le débiteur peut faire limiter par le juge les effets de la sûreté provisoire s'il justifie que les biens demeurant grevés ont une valeur double du montant de ces sommes.

Les juges doivent indiquer pourquoi la sûreté est excessive et s'expliquer sur les éléments de fait qui permettent leur estimation[2].

1. DELECCI, no 556.

2. À propos d'une hypothèque mais transposable sans difficultés aux nantissements : Civ. 2e, 15 juin 1973, no 72-11.048, P II, no 195 ; *Gaz. Pal.* 1973. 2. Somm. 185.

0632.34 **Caducité.** Contrairement aux saisies conservatoires, les inscriptions de nantissement provisoire sont frappées de caducité dans certains cas. La caducité de la publicité provisoire intervient dans deux hypothèses : le défaut de renouvellement avant la fin de la troisième année (v. s[s] n° 0632.15) et le défaut de publicité définitive (en principe, dans un délai de deux mois après obtention du titre exécutoire – v. s[s] n° 0632.42).

À défaut de confirmation dans le délai, la publicité provisoire est caduque et sa radiation peut être demandée au juge de l'exécution (C. pr. exéc., art. R. 533-6).

En cas d'extinction de l'instance introduite par le créancier ou si sa demande est rejetée, la radiation est demandée au juge saisi du fond ; à défaut, elle est ordonnée par le juge de l'exécution. La radiation est effectuée sur présentation de la décision passée en force de chose jugée. Les frais sont supportés par le créancier.

Si la part du créancier titulaire de la sûreté provisoire a été consignée, elle est remise, selon le cas, aux créanciers en ordre de la recevoir ou au débiteur.

Contrairement à une thèse soutenue avant la réforme de 1991, il n'est pas possible de procéder valablement à une publicité définitive alors que la publicité provisoire est caduque, même en ne réclamant d'effets face aux tiers qu'à la date de la publicité définitive.

SECTION 4
ISSUE DE L'INSCRIPTION DE NANTISSEMENT JUDICIAIRE PROVISOIRE : CONSOLIDATION EN PUBLICITÉ DÉFINITIVE

0632.41 **Obtention du titre exécutoire et signification.** Si ce n'est dans le cas où l'inscription de nantissement judiciaire provisoire a été pratiquée avec un titre exécutoire, le créancier doit, dans le mois qui suit la publicité provisoire, à peine de caducité, introduire une procédure ou accomplir les formalités nécessaires à l'obtention d'un titre exécutoire (C. pr. exéc., art. R. 511-7). Cette disposition, générale à toutes les mesures conservatoires, mais source de difficultés notoires, est examinée plus haut (v. s[s] n°s 0612.71 s.).

La signification du titre exécutoire, prévue par l'article R. 511-8 C. pr. exéc., n'est destinée qu'aux personnes qui se trouvent dans un rapport de droit avec le débiteur et à qui la mesure conservatoire pratiquée impose des obligations. Il a été dit que le service de la publicité foncière n'en fait pas partie[1] et cet avis semble transposable sans difficultés aux tiers chargés de répertorier les différents nantissements ici examinés.

0632.42 **Délai de la publicité définitive.** Le texte de l'article R. 533-4 C. pr. exéc. distingue trois situations.

Si la **publicité provisoire** a été prise **sans titre exécutoire** (donc sur autorisation du juge ou avec l'un des quasi-titres de l'article L. 511-2 C. pr. civ.), ou encore avec un titre exécutoire provisoire, la publicité définitive doit être effectuée dans un délai de deux mois du jour où le titre constatant définitivement les droits du créancier est passé en force de chose jugée.

Si la **publicité provisoire** a été prise avec un **titre dont le caractère exécutoire est subordonné à une procédure d'*exequatur***, la publicité définitive doit être effectuée dans un délai de deux mois du jour où la décision d'*exequatur* est passée en force de chose jugée.

Enfin, si la **publicité provisoire** a été mise en œuvre avec un **titre exécutoire irrévocable**, la publicité définitive doit être effectuée un mois au moins après la signification de la publicité provisoire au débiteur (qui dispose ainsi d'un délai minimal pour réagir) et trois mois au plus après cette signification.

On notera avec soin la nuance, qui ne se retrouve pas en matière de saisies conservatoires, entre titre exécutoire et titre bénéficiant de la force de chose jugée (C. pr. civ., art. 501). Notamment, si le jugement qui profite au créancier est frappé d'appel, la publicité définitive peut être considérablement retardée[2] et la péremption de la publicité provisoire (v. s[s] n° 0632.15) devient un risque réel[3].

En raison du caractère contraignant de ces délais, le débiteur ne peut pas retarder la publicité définitive une fois que le titre est obtenu. Ainsi jugé qu'en cas de publicité provisoire sur un immeuble appartenant à une succession, le bénéfice d'inventaire imposé par les héritiers n'empêchait pas la publicité définitive[4].

Le délai ne semble pas préfix ; il nous semble qu'il faille permettre les relevés de forclusion.

Il ne sert à rien, pour éviter ces divers périls, de prendre une inscription définitive avec un titre encore susceptible de recours au fond : une telle inscription précoce ne se substituerait pas rétroactivement à une inscription provisoire antérieure[5]. Il n'est même

1. Cass., avis, 24 janv. 1994, n° 09-30.020, P, n° 4 ; *D.* 1994. 347, obs. P. Julien ; *JCP* 1995. II. 22392, note M. Dagot et F. Malbosc-Cantegril ; *RTD civ.* 1994. 428, obs. R. Perrot.
2. Civ. 3e, 3 janv. 1979, n° 77-13.175, P III, n° 2 ; *D.* 1979. 213, note Franck – Civ. 3e, 10 mars 1981, n° 79-13.168, P III, n° 53 ; *JCP* 1982. II. 19719, obs. Thuillier.
3. Retenant la responsabilité de l'avocat : Civ. 1re, 22 févr. 1968, *RTD civ.* 1968. 588, obs. P. Raynaud.
4. Civ. 2e, 30 juin 1993, n° 91-11.787, P II, n° 242 ; *Gaz. Pal.* 1994. 1. Pan. 16.
5. Com. 27 mai 1997, n° 94-15.838, P IV, n° 158 ; *RTD com.* 1997. 628, obs. J. Derruppé ; *RTD civ.* 1997. 755, note R. Perrot ; *RTD com.* 1998. 194, obs. B. Bouloc.

pas possible de pratiquer avec un titre disposant de la force exécutoire provisoire mais non encore de la force de chose jugée[1].

0632.43 **Formes de la publicité définitive.** L'inscription de nantissement judiciaire définitive sur un fonds de commerce est opérée conformément aux articles L. 143-16 et R. 521-1 et suivants C. com. (C. pr. exéc., art. R. 533-2). Les formalités sont donc sensiblement de même teneur que celles examinées à propos de la publicité provisoire (v. ss nos 0632.11 s.) ; la désignation du fonds se fera cependant plus précise au niveau de la publicité définitive.

L'article R. 533-3 C. pr. exéc. indique le même parallélisme des formes pour les autres types de nantissements. Ce qui a été dit du rôle de l'INPI se transpose également.

0632.44 **Agrément.** Dans tous les cas où le nantissement conventionnel nécessiterait un agrément, la publicité définitive est l'occasion de requérir cet agrément en matière de nantissement judiciaire. L'article R. 533-3 alinéa 2 C. pr. exéc. le précise. C'est en effet nécessaire pour le cas où le créancier poursuivant deviendrait associé en remplacement du débiteur défaillant. La formalité est commune à tous les cas de vente forcée de parts sociales et ne peut remettre en cause les droits du poursuivant (pour les SARL, C. com., art. L. 223-15 – pour les SA, C. com., art. L. 228-26 – pour les sociétés civiles, C. civ., art. 1867).

0632.45 **Effet de la publicité définitive.** La publicité définitive donne rang à la publicité provisoire à la date de la formalité initiale, dans la limite des sommes conservées par cette dernière (C. pr. exéc., art. R. 533-1). Tel est le seul effet de la publicité définitive : l'aliénabilité de l'immeuble, l'opposabilité du nantissement, les concours avec d'autres poursuites, s'analysent par rapport à la publicité provisoire, dûment consolidée. La mainlevée du nantissement définitif, sa substitution par d'autres garanties, sa péremption, sont régies comme pour tout autre nantissement[2]. Notamment, le juge de l'exécution n'a plus aucune compétence à partir de la publicité définitive[3].

Une inscription définitive qui interviendrait au-delà du délai examiné (v. ss no 0632.42) serait valable mais ne prendrait rang qu'à sa date, et non à celle de l'inscription provisoire devenue caduque.

SECTION 5
ISSUE DE L'INSCRIPTION DE NANTISSEMENT JUDICIAIRE PROVISOIRE : RÉALISATION DE LA SÛRETÉ

0632.51 **Attribution.** L'article 2347 C. civ.[4] permet, en règle générale, l'attribution du bien nanti au créancier poursuivant. Cette disposition est transposable à tous les nantissements judiciaires provisoires, dûment consolidés en publicité définitive, à l'exception notable du nantissement de fonds de commerce (C. com., art. L. 142-1). Au demeurant, l'attribution intéresse rarement le créancier.

0632.52 **Vente forcée.** Les nantissements sont des sûretés qui confèrent un droit de préférence sur le prix. Ils ne débouchent pas, par un quelconque mécanisme de conversion, sur une vente forcée. Le créancier nanti devra donc, s'il entend faire vendre, procéder à une saisie-vente. Par postulat, s'il a obtenu la publicité définitive de son nantissement, c'est qu'il dispose du titre nécessaire pour cette voie d'exécution. On rappellera que dans le cas du fonds de commerce, la saisie prend une forme très particulière (C. com., art. L. 143-3 à L. 143-15).

1. Civ. 2e, 24 juin 1998, no 96-14.318, P II, no 223 – TGI Lyon, JEX, 18 mai 1999, NP – *CONTRA*, *RTD civ.* 1997. 755, note R. Perrot.
2. MOULY, CABRILLAC, CABRILLAC et PÉTEL, 2007, nos 766 s. [11e éd., 2022].
3. À propos d'une hypothèque, mais transposable sans difficultés : Civ. 2e, 5 juin 1996, no 94-17.089, NP – Civ. 2e, 19 oct. 2000, no 98-22.328, P II, no 142 ; *Gaz. Pal.* 2001. 1. Somm. 1374, obs. P. Véron.
4. Une règle équivalente était édictée, avant l'ordonnance du 23 mars 2006, à l'art. 2078 C. civ.

LIVRE

07. LES SAISIES MOBILIÈRES À FIN DE VENTE DU BIEN

SECTION 0
ORIENTEUR

07.00 **Sommaire du livre.**

Division. La saisie de droit commun applicable aux meubles corporels est en principe la saisie-vente. Les règles de celle-ci s'appliquent également, sous réserve de certaines dispositions particulières, à des biens mobiliers ayant une certaine spécificité, tels que les récoltes sur pied, les objets placés dans un coffre-fort et les véhicules terrestres à moteur.

Mais d'une manière générale, la saisie des meubles corporels d'une certaine importance est soumise, par l'article 531 C. civ., à des formes particulières. Il en est ainsi de la saisie des navires, bateaux et aéronefs.

Il convient de distinguer, *d'une part*, la saisie de meubles corporels de droit commun (titre 71) et les saisies de meubles corporels spécifiques (titre 72), et *d'autre part*, les saisies de droits incorporels (titre 73).

TITRE

071. La saisie-vente de meubles corporels de droit commun

SECTION 0
ORIENTEUR

071.00 Sommaire du titre.

Division. La saisie de droit commun applicable aux meubles corporels est en principe la saisie-vente qui fait l'objet de ce titre et dont seront successivement étudiés : le domaine d'application (chap. 711), les conditions d'ouverture (chap. 712), les formalités préalables (chap. 713), les opérations de saisie (chap. 714), de vente amiable (chap. 715) et de vente forcée (chap. 716), la distribution du prix de vente (chap. 717), les incidents de saisie, telles que l'opposition des créanciers (chap. 718) et la contestation du débiteur ou des tiers (chap. 719).

Les règles de celle-ci s'appliquent également, sous réserve de certaines dispositions particulières, à des biens mobiliers ayant une certaine spécificité, tels que les récoltes sur pied, les objets placés dans un coffre-fort et les véhicules terrestres à moteur.

Mais d'une manière générale, la saisie des meubles corporels d'une certaine importance est soumise, par l'article 531 C. civ., à des formes particulières. Il en est ainsi de la saisie des navires, bateaux et aéronefs.

071.01 Textes applicables.

• **C. pr. exéc.,** art. L. 221-1 à L. 221-6 ; R. 221-1 à R. 221-61.

071.03 Bibliographie indicative.

Ouvrages[1]. A. LEBORGNE, *Droit de l'exécution*, 3e éd., « Précis », Dalloz, 2019, [saisie-vente de meubles corporels], p. 645-674, nos 1329 s. – R. PERROT et Ph. THÉRY, *Procédures civiles d'exécution*, 3e éd., Dalloz, 2013, [mesures d'exécution forcée sur les biens soumis à une vente : saisie-vente], nos 617-686.

071.05 Intérêt pratique. À l'origine, la saisie des meubles corporels était considérée comme la mesure d'exécution mobilière la plus intéressante pour les créanciers. C'était à une époque où les meubles corporels, qui constituaient une partie importante des patrimoines, conservaient une valeur relativement stable. Mais à partir des temps modernes, la composition des patrimoines s'est profondément modifiée, les créances et les valeurs mobilières prenant une place prépondérante, tandis que les meubles corporels, qui ont changé de nature, se sont rapidement dépréciés sous les effets conjugués de l'usure, de l'obsolescence et des caprices de la mode.

Aujourd'hui, la saisie-vente s'avère être d'un rapport aléatoire. Elle n'est efficace que si elle porte sur des biens de valeur (objets d'art, meubles anciens, voitures de luxe) ce qui est rarement le cas, la plupart des débiteurs ne possédant que des meubles de qualité ordinaire qui sont, au moment de la saisie, fréquemment usagés ou déclassés par l'évolution des techniques. Il s'agit le plus souvent en effet, de véhicules courants ou d'appareils ménagers ou audiovisuels. La saisie-vente a par ailleurs l'inconvénient d'être assez longue à porter ses fruits, puisque le créancier ne peut espérer être désintéressé qu'à l'issue d'une procédure complexe qui ne se dénoue que par la vente amiable ou aux enchères publiques des biens saisis. Elle peut s'avérer très onéreuse car elle nécessite la délivrance et l'accomplissement d'actes et de formalités nombreux et tarifés à un coût élevé. Il faut en outre relever que le créancier qui a recours à une saisie-vente ne bénéficie pas, comme c'est le cas pour celui qui pratique une saisie-attribution, du privilège du premier saisissant. Il peut donc subir la loi du concours et être contraint, en cas de survenance d'un ou plusieurs créanciers opposants, de partager avec eux le produit de la vente et ce, à l'issue d'une procédure de répartition des deniers relativement lourde.

En fait, cette mesure est plutôt utilisée comme un moyen de pression. L'objectif recherché n'est pas la vente, mais l'obtention d'un paiement volontaire, chaque acte pouvant provoquer le versement d'un acompte. Cependant, en cas d'insolvabilité du débiteur, cette méthode devient une source de frais inutiles. C'est une des raisons pour lesquelles le législateur a préféré faire de la saisie-vente, lorsqu'elle vise au recouvrement d'une petite créance, une mesure d'exécution subsidiaire qui ne peut être pratiquée qu'après l'échec d'une tentative de saisie-attribution sur un compte bancaire ou d'une saisie des rémunérations du travail.

La saisie-vente conserve néanmoins tout son intérêt et mérite d'être poursuivie jusqu'à son terme, lorsque le patrimoine du débiteur comprend des meubles corporels d'une certaine valeur.

071.06 Définition. La saisie-vente est la procédure par laquelle un créancier muni d'un titre exécutoire constatant une créance liquide et exigible, met sous main de justice les biens meubles corporels de son débiteur, même s'ils sont détenus par un tiers, afin de les faire vendre amiablement ou aux enchères publiques et de se payer sur le prix obtenu. Elle a pour effet de dessaisir le débiteur jusqu'à la vente en le privant du droit de disposer et, sur décision du juge, de se servir des objets saisis, puis de l'exproprier par l'effet de leur réalisation.

Avant la réforme opérée par la loi du 9 juillet 1991[2], elle était désignée sous le nom générique de saisie-exécution et était réglementée par les articles 583 à 625 ACPC. Il n'existe pas de différences fondamentales entre la saisie-vente et la saisie-exécution, car toutes deux ne peuvent être pratiquées qu'en vertu d'un titre exécutoire et sur les seuls meubles corporels, les immeubles et les créances étant exclus de leur champ d'application. Elles débutent l'une et l'autre par un commandement de payer et débouchent sur une vente des objets saisis. Les différences essentielles tiennent au fait que la saisie-exécution, contrairement à la saisie-vente, ne pouvait être pratiquée entre les mains d'un tiers et ne prévoyait pas, au bénéfice du débiteur, la faculté de vendre amiablement des objets saisis. Enfin, la saisie-exécution était de droit pour le créancier, quel que soit le montant de la somme qui lui restait due, tandis que la saisie-vente est, en principe, exclue pour le recouvrement des créances modiques, lorsqu'elle doit être pratiquée dans un local d'habitation. Ces innovations ont été inspirées par soucis d'efficacité, d'humanité et d'économie.

Il est essentiel de souligner les similitudes entre l'ancienne saisie-exécution et la saisie-vente, car un bon nombre de solutions doctrinales et jurisprudentielles demeurent transposables de l'une à l'autre.

1. Les ouvrages dont le nom des auteurs figure en petites capitales en bibliographie seront cités par le seul nom des auteurs en petites capitales en notes de bas de page.

2. L. no 91-650, 9 juill. 1991, portant réforme des procédures civiles d'exécution, *JO* 14 juill.

CHAPITRE

0711. Domaine d'application de la saisie-vente

René Lauba
Magistrat honoraire

Section 0
Orienteur

0711.00 Sommaire du chapitre.

Division. La saisie-vente de meubles corporels de droit commun exclut certains meubles corporels (sect. 1), inclut certains immeubles (sect. 2) et certains meubles incorporels (sect. 3). Des cas particuliers concernent les éléments corporels du fonds de commerce (sect. 4), les meubles du débiteur (sect. 5) et ceux n'appartenant pas au débiteur (sect. 7), les meubles en indivision (sect. 6) et des cas échappant à la saisie-vente (sect. 8).

0711.01 Textes applicables.

• **C. pr. exéc.,** art. L. 112-2 et L. 112-3, L. 221-1, L. 231-1 s., L. 321-3, R. 112-2, R. 112-3, R. 221-6, R. 221-20, R. 221-57 à R. 221-61, R. 231-1 s., R. 232-5 à R. 232-8, R. 233-5 à R. 233-8, R. 522-12 à R. 522-14.

• **C. civ.,** art. 520, 521, 524, 525, 529, 532, 815-17, 877, 1344-1, 1411, 1538 et 2276.

• **C. pr. civ.,** art. 659.

• **C. com.,** art. L. 143-3 et L. 143-10.

• **C. envir.,** art. L. 431-3, 431-6 et L. 431-7.

• **CPI,** art. L. 613-21, R. 714-4.

• **C. pr. pén.,** art. R. 15-33-66-1.

0711.02 Jurisprudence de référence.

> Procédure d'exécution applicable à l'immeuble dont la démolition a été ordonnée.

• **Civ. 3e, 10 juin 1981,** n° 79-15.907, P III, n° 119

* V. s^s n°s 0711.23, 1316.46

Le bâtiment que le constructeur sur le terrain d'autrui a été condamné à enlever par une décision devenue irrévocable, ne prend pas juridiquement le caractère de meubles. Par suite il ne peut pas faire l'objet dans les rapports entre le propriétaire du sol et le constructeur, d'une saisie mobilière.

> Saisie des meubles par anticipation.

• **Com. 24 nov. 1981,** n° 80-13.395, P IV, n° 408

* V. s^s n°s 0711.22, 0721.33, 1316.84

Un tribunal ayant retenu qu'un exploitant forestier n'avait eu, de l'acquisition d'un bois, en vue, que l'exploitation de sa superficie, a pu en déduire que les arbres à abattre avaient été mobilisés par anticipation peu important que certains de ces arbres fussent de haute futaie.

> Saisissabilité d'une licence d'exploitation de débit de boissons.

• **Cass., avis, 8 févr. 1999,** n° 98-00.015, P, n° 1

* V. s^s n°s 0141.91, 0629.07, 0711.39, 0732.11, 0733.22

La licence d'exploitation d'un débit de boissons de 4e catégorie constitue un droit incorporel saisissable. En l'absence de texte réglementaire de portée générale applicable à la saisie des droits de cette nature, ou de dispositions spécifiques à la saisie de cette licence qui n'est pas une valeur mobilière, il est possible, sous réserve des adaptations nécessaires contrôlées par le juge de l'exécution de transposer pour les opérations de saisie, la procédure définie aux articles 182 à 184 du décret du 31 juillet 1992, et, pour la vente, les dispositions des articles 189 à 192 du même texte [devenus art. R. 232-5 à R. 232-8, et art. R. 233-5 à 233-8 C. pr. exéc.].

0711.03 Bibliographie indicative.

Actualisables. Rép. pr. civ., v° *Saisie-vente*, par N. Fricero, déc. 2011 (actu. mars 2025), n°s 7 à 63 – *J.-Cl. Proc. civ.*, V° Saisie-vente, fasc. 1600-60, Conditions, par N. Casal – *J.-Cl. Proc. civ.*, *V°* Saisie-vente, n° 380, Synthèse, par N. Casal.

Ouvrages[1]. A. LEBORGNE, *Droit de l'exécution*, 3e éd., « Précis », Dalloz, 2019, [saisie-vente de meubles corporels : domaine d'application], nos 1329 s. – R. PERROT et Ph. THÉRY, *Procédures civiles d'exécution*, 3e éd., Dalloz, 2013, [saisie-vente : domaine d'application], nos 618-620.

0711.05 **Biens susceptibles de saisie-vente.** Le domaine d'application de la saisie-vente est déterminé par l'article L. 221-1 C. pr. exéc. rédigé comme suit :

« *Tout créancier muni d'un titre exécutoire constatant une créance liquide et exigible peut, après signification d'un commandement, faire procéder à la saisie et à la vente des biens meubles corporels appartenant à son débiteur, qu'ils soient ou non détenus par ce dernier* ».

Il résulte de ce texte que la saisie-vente ne peut porter que sur les meubles corporels, les immeubles et les meubles incorporels faisant l'objet de procédures particulières, la saisie immobilière, la saisie-attribution et la saisie des droits d'associé et des valeurs mobilières.

Les biens meubles placés sous main de justice dans le cadre de poursuites pénales sont, quant à eux vendus selon des modalités spécifiques prévues par le décret du 5 mai 2009[2] relatif à la vente des biens meubles saisis au cours des enquêtes.

Seuls les biens du débiteur peuvent en principe être saisis et ce, où qu'ils se trouvent.

Certains meubles corporels saisissables par voie de saisie-vente, sont soumis à des formalités particulières qui seront exposées ultérieurement. Il s'agit, des récoltes sur pied (v. ss nos 0721.05 s.), des véhicules terrestres à moteur (v. ss nos 0723.05 s.) et des biens placés dans un coffre-fort (v. ss nos 0722.05 s.).

0711.06 **Notion de meubles.** Seuls les meubles peuvent être l'objet d'une saisie-vente, les bâtiments et les fonds de terre étant exclus du champ d'application de cette mesure d'exécution. Le critère de distinction adopté par l'article 528 C. civ., le transport d'un lieu à un autre, est d'ordre public. Seule la loi détermine la nature mobilière ou immobilière d'un bien et la convention des parties n'a pas d'incidence à cet égard[3]. Toutefois, le critère général de distinction, la mobilité, est parfois écarté par le législateur qui prend en compte, dans une certaine mesure, la volonté humaine. Certains meubles par nature peuvent être immobilisés en raison de la destination que leur a donnée leur propriétaire, tandis que certains immeubles par nature sont mobilisés par anticipation par l'effet de l'accord des parties à un contrat. La saisie-vente peut être pratiquée sur cette dernière catégorie de biens. Mais pour les meubles incorporels, qui sont des meubles par détermination de la loi en vertu de l'article 529 C. civ., le législateur a envisagé d'autres mesures d'exécution. Cette exclusion des créances s'étend, en principe aux titres qui les constatent, sauf si elles se trouvent incorporées dans ceux-ci.

SECTION 1
EXCLUSION DE CERTAINS MEUBLES CORPORELS

0711.11 **Meubles immobilisés en raison de leur destination.** L'exclusion des immeubles s'étend aux immeubles par destination, bien qu'il s'agisse de meubles dont l'immobilisation est purement fictive. Ils ne peuvent être saisis, selon l'article L. 112-3 C. pr. exéc. indépendamment de l'immeuble auquel ils se rattachent, sauf pour le paiement de leur prix. Dans cette hypothèse, la saisie-vente bénéficie semble-t-il au seul vendeur. Le fabricant impayé paraît pouvoir être assimilé au vendeur puisqu'il est créancier du prix du bien lui-même. En revanche celui qui a prêté de l'argent pour l'acquisition d'un meuble devenu immeuble par destination ou celui qui l'a réparé, semble ne pouvoir le saisir isolément par voie de saisie-vente. En effet, cette faculté leur était expressément réservée, avant le décret modificatif du 24 mars 1977, par les dispositions combinées des articles 592-1° et 593 ACPC, aujourd'hui abrogés. Le texte actuel, l'article L. 112-3 C. pr. exéc., n'a pas repris l'expression « *si ce n'est pour paiement des sommes dues* [...] *à celui qui aura prêté pour les acheter, fabriquer ou réparer* » que l'on ne retrouve que dans l'article R. 112-3 du code précité relatif aux exceptions à l'insaisissabilité des biens nécessaires à la vie et au travail du débiteur.

L'ordonnance du 15 septembre 2021[4], en son article 3, 1°, a complété l'article L. 112-3 C. pr. exéc. pour ajouter une exception à l'interdiction de saisir les meubles immobilisés par destination indépendamment du fonds auquel ils sont attachés. Ils peuvent également être saisis en vue de la réalisation du gage dont ils sont grevés, à condition que leur séparation d'avec l'immeuble puisse intervenir sans dommage pour les biens.

L'immobilisation par destination est la mise en application de la maxime « *l'accessoire suit le principal* », au terme de laquelle le bien accessoire emprunte la condition juridique de celui à l'utilité duquel il est affecté. La loi distingue deux rapports de destina-

1. Les ouvrages dont le nom des auteurs figure en petites capitales en bibliographie seront cités par le seul nom des auteurs en petites capitales en notes de bas de page.
2. Décr. no 2009-511, 5 mai 2009, relatif à la vente des biens meubles saisis au cours des enquêtes, *JO* 7 mai, p. 7761.
3. Civ. 3e, 26 juin 1991, no 89-18.638, P III, no 197 ; *D.* 1993. 93, note I. Freij-Dalloz.
4. Ord. no 2021-1192, 15 sept. 2021, portant réforme du droit des sûretés, *JO* 16 sept., texte 19.

tion : le placement au service d'un fonds et l'attachement à celui-ci à perpétuelle demeure, rapports qui doivent être pris en considération pour déterminer le champ de la saisie-vente.

0711.12 Placement pour le service et l'exploitation d'un fonds par son propriétaire. Il est envisagé par l'article 524 C. civ., lequel dispose que les biens que le propriétaire a placés pour le service et l'exploitation d'un fonds sont immeubles par destination. Le texte précise que les animaux que le propriétaire a placés aux mêmes fins, sont soumis au statut des immeubles. Cet article contient en outre une liste non limitative des biens susceptibles d'affectation.

Il s'agit des instruments aratoires, des semences données au fermier ou au colon partiaire, des ruches à miel, des poissons des eaux non visés à l'article L. 431-3 C. envir. et des plans d'eau visés aux articles L. 431-6 et L. 431-7 du même code, des pressoirs, chaudières, alambics, cuves et tonnes, des ustensiles nécessaires à l'exploitation des forges, papeteries et autres usines, des pailles et engrais.

Le but recherché est le maintien de l'unité économique de l'entreprise. Le texte vise essentiellement les fonds ruraux et plus accessoirement les fonds industriels. Mais son application aux fonds de commerce n'est pas exclue[1].

Ont été considérés comme des immeubles par destination : de la terre de bruyère mise dans des serres ou dans des bacs placés au service d'un fonds horticole[2], le mobilier et le matériel d'un hôtel[3], des emballages et récipients (tonneaux d'une brasserie) dès lors que les produits ne pourraient sortir de l'usine sans eux[4], les serres affectées au service d'un fonds rural[5], les sacs d'une usine de phosphates ou d'une cimenterie[6], sauf s'ils sont facturés au client[7]. Mais l'immobilisation n'a pas été retenue pour le stock de bouteilles de cognac d'un domaine viticole destiné à être vendu[8].

0711.13 Attachement du bien à un fonds à perpétuelle demeure. Ce rapport de destination est prévu par l'article 524 dernier alinéa C. civ. L'article 525 C. civ. précise dans quelles conditions le propriétaire du fonds est censé y avoir attaché des effets à perpétuelle demeure.

Il faut qu'ils y soient scellés en plâtre, à chaux ou à ciment, ou qu'ils ne puissent être détachés sans être fracturés et détériorés ou sans briser ou détériorer la partie du fonds à laquelle ils sont attachés. Le texte précise qu'indépendamment de ces marques « *les glaces d'un appartement sont censées mises à perpétuelle demeure, lorsque le parquet sur lequel elles sont attachées fait corps avec la boiserie. Il en est de même des tableaux et autres ornements. Quant aux statues, elles sont immeubles, lorsqu'elles sont placées dans une niche pratiquée exprès pour les recevoir, encore qu'elles puissent être enlevées sans fracture ou détérioration* ».

La jurisprudence apporte quelques précisions sur la condition de liaison matérielle avec l'immeuble ou d'aménagement spécial. Ne sont pas attachées à perpétuelle demeure, des boiseries qui n'adhèrent pas au mur et sont simplement posées sur le sol, même si par endroits elles sont unies au gros œuvre par de simples clous, dès lors qu'elles peuvent être arrachées sans dommage ni pour elles ni pour l'immeuble[9]. Solution inverse pour une importante bibliothèque construite aux dimensions exactes de la pièce et fixée à l'immeuble où elle a été placée[10]. Des vases non scellés et posés seulement sur des socles, mais destinés à former avec ceux-ci un ensemble ornemental pour la décoration du parc d'un château ont été considérés comme des immeubles par destination, de même que des plaques de cheminées qui ont pu être enlevées sans détérioration des murs sur lesquels elles étaient scellées, mais pas un trumeau posé à une époque récente sur un emplacement jusqu'alors recouvert de papier peint et seulement fixé au mur par quelques pitons[11]. Des éléments préfabriqués de cuisines n'ont pas été compris parmi les meubles attachés à perpétuelle demeure, même s'ils ont été fixés par des crampons dans un mur, car celui qui les emporte peut aisément, sans altérer la substance de l'immeuble, les détacher en effectuant, au besoin, de légers travaux de replâtrage sur le mur auquel ils étaient accrochés[12].

En revanche, des bas-reliefs en marbre ont le caractère d'immeuble par nature et non d'immeuble par destination, dès lors qu'ils forment avec le bâtiment auquel ils ont été, dès l'origine, intimement et spécialement incorporés, un tout indivisible. En conséquence, le classement comme monument historique du château dans lequel ils se trouvent s'étend à ses bas-reliefs[13].

1. Civ. 27 juin 1944, *DP* 1944. 1. 93, note A. C. – Com. 30 juin 1966, P III, n° 334.
2. Civ. 3e, 5 mai 1981, n° 79-15.966, P III, n° 89 ; *RTD civ.* 1982. 164, obs. C. Giverdon.
3. Civ. 3e, 29 oct. 1984, n° 82-14.037, P III, n° 177 ; *RTD civ.* 1985. 79, obs. C. Giverdon et P. Salvage-Gerest.
4. Civ. 24 janv. 1912, *DP* 1913. 1. 337, note F. P.
5. Civ. 3e, 23 mai 1984, n° 83-10.313, P III, n° 104.
6. Chambéry, 19 janv. 1904, *DP* 1907. 2. 361, note Poncet.
7. Civ. 8 févr. 1926, *DH* 1926. 162.
8. Civ. 1re, 1er déc. 1976, n° 75-14.882, P I, n° 382 ; *JCP* 1977. II. 18735, concl. Gulphe.
9. Civ. 2e, 5 avr. 1965, *JCP* 1965. II. 14233.
10. Civ. 1re, 5 mars 1991, n° 89-14.626, P I, n° 81 ; *D.* 1991. IR 86 ; *Defrénois* 1991. 735, obs. Souleau.
11. Poitiers, 23 avr. 1968, *JCP* 1969. II. 15857.
12. TI Lille, 7 mars 1975, *Gaz. Pal.* 1975. 2. 579, note Raymond – Civ. 3e, 8 juin 1982, *Gaz. Pal.* 1982. 2. Pan. 351, obs. A. P.
13. CE 24 févr. 1999, req. n° 191317, *Lebon* ; *JCP* 1999. IV. 2008, obs. H. Périnet-Marquet.

0711.14 Conditions de l'immobilisation. L'immobilisation des objets énumérés par l'article 524 ne se produit que s'il est établi que le propriétaire a réellement eu l'intention de leur conférer le caractère d'immeuble par destination[1]. Toutefois peut seul conférer à des objets mobiliers le caractère d'immeuble par destination, celui qui est à la fois propriétaire de ces objets et de l'immeuble au service duquel il les a placés[2]. Cependant, la volonté du propriétaire est impuissante, à elle seule, à créer arbitrairement des immeubles par destination[3]. Il faut en effet que les biens au service du fonds soient absolument indispensables et directement affectés à son exploitation[4] (toutefois, des matériels industriels mis en place pour l'amélioration de la productivité et des conditions de travail ont été jugés immeubles par destination comme faisant partie intrinsèque de l'exploitation par l'effet de la volonté du propriétaire, bien que n'étant pas indispensables à cette exploitation[5]).

Comme pour le placement au service du fonds, la volonté du propriétaire est requise pour les biens visés à l'article 525 C. civ.[6]. Cette intention d'en faire des accessoires de l'immeuble peut résulter de la manière dont les objets sont agencés et fixés dans les locaux (pour une installation sanitaire et de chauffage central)[7]. L'unicité de propriétaire est également exigée. Par suite, il ne peut y avoir immobilisation lorsque la personne qui a procédé à des aménagements (scellement de casiers dans un magasin) n'a pu être identifiée et qu'on ignore donc s'ils ont été faits par le propriétaire ou par le locataire[8]. Ainsi, les créanciers (autres que le propriétaire) du locataire d'un immeuble peuvent saisir par voie de saisie-vente (l'accession ne se produisant qu'à l'expiration du bail) les objets installés par celui-ci à perpétuelle demeure.

0711.15 Cessation de l'immobilisation. Les immeubles par destination deviennent saisissables par voie de saisie-vente lorsque leur immobilisation a disparu. L'immobilisation ne peut cesser par la seule volonté du propriétaire. Il y faut, soit séparation effective entre l'immeuble par nature et l'immeuble par destination, soit aliénation de l'un ou de l'autre[9]. Perd ainsi le caractère d'immeuble par destination, l'installation frigorifique mise en place par le propriétaire d'un fonds de commerce exploité dans un immeuble lui appartenant, lorsqu'il vend l'immeuble et le fonds comprenant cette installation, à des acquéreurs différents[10]. Il en est également ainsi, lorsqu'une bête faisant partie du cheptel vif d'une ferme a été séparée de celui-ci pour être vendue comme animal de boucherie. Toutefois, en l'absence d'enlèvement effectivement réalisé, l'immobilisation de machines industrielles ne cesse qu'après leur vente séparée[11].

0711.16 Fruits immobilisés par l'effet d'une saisie immobilière. Selon l'article L. 321-3 C. pr. exéc., « *la saisie d'un immeuble emporte saisie de ses fruits, sauf l'effet d'une saisie antérieure* ». Le commandement de payer valant saisie immobilière doit comporter l'indication qu'il vaut également saisie des fruits et que le débiteur ou le tiers détenteur en est séquestre (C. pr. exéc., art. R. 321-3, 7° et R. 321-32). L'immobilisation se produit à compter de la signification de cet acte au débiteur. Les fruits sont distribués avec le prix de l'immeuble et selon le même ordre que celui-ci (C. pr. exéc., art. R. 321-16).

Avant la réforme opérée par l'ordonnance du 21 avril 2006 et le décret du 27 juillet 2006, l'immobilisation des fruits, leur vente et la distribution de leur prix, étaient réglementées par l'article 682 ACPC.

Le créancier saisissant peut autoriser le débiteur à vendre les fruits à l'amiable ou faire procéder lui-même sur autorisation du juge de l'exécution (JEX), à leur coupe et à leur vente aux enchères ou par tout autre moyen, dans le délai fixé par le magistrat. Le prix obtenu est déposé entre les mains du séquestre désigné par le créancier poursuivant ou à la Caisse des dépôts et consignations (C. pr. exéc., art. R. 321-17).

Il faut préciser que l'immobilisation des fruits est inopposable au créancier ayant pratiqué une saisie antérieure (C. pr. exéc., art. L. 321-3). Cette saisie peut être une saisie-vente de droit commun, si cette mesure porte sur des fruits déjà détachés du sol, ou une saisie-vente des récoltes sur pied réglementée par les articles R. 221-57 à R. 221-61 C. pr. exéc. L'inopposabilité de l'immobilisation ne profite au créancier auteur d'une saisie-vente que si cette mesure est antérieure à la publication au bureau des hypothèques, du commandement valant saisie immobilière. Les effets de cet acte concernant l'indisponibilité du bien, la saisie de ses fruits, et la réduction des droits du débiteur ne courent, à l'égard des tiers, qu'à compter de l'accomplissement de cette formalité de publicité (C. pr. exéc., art. L. 321-13).

1. Civ. 1re, 3 juin 1958, P I, n° 283 – Civ. 1re, 18 mars 1968, P I, n° 101.
2. Civ. 3e, 5 mars 1980, n° 78-15.535, P III, n° 51 ; *D.* 1980. IR 477, obs. A. Robert – À propos d'une véranda, TI Pau, 3 oct. 1996, *D.* 1998. Somm. 55, obs. A. Robert.
3. Civ. 27 juin 1944, *DP* 1944. 1. 93, note A. C.
4. Req. 23 mars 1926, *DP* 1928. 1. 22.
5. Agen, 1er déc. 1988, *Defrénois* 1989. 1213, note Vialard.
6. Paris, 27 mars 1963, *D.* 1964. 27.
7. Civ. 1re, 19 mars 1957, P I, n° 145.
8. Reims, 1er déc. 1975, *JCP N* 1977. II. 154.
9. Civ. 27 juin 1944, *DP* 1944. 1. 93, note A. C.
10. Civ. 1re, 4 juin 1962, P I, n° 284.
11. V. AUSSI, à propos de la détermination de l'officier ministériel compétent pour la vente de machines devant être détachées de l'usine à laquelle elles étaient affectées : Civ. 1re, 7 avr. 1998, n° 95-20.504, P I, n° 143 ; *Gaz. Pal.* 1998. Pan. 243.

0711.17 Biens meubles saisis au cours d'une enquête pénale. La loi du 9 juillet 2010[1], visant à faciliter la saisie et la confiscation en matière pénale, étend la saisissabilité des biens confiscables à tous les stades de l'enquête pénale[2]. Elle crée une procédure de saisie pénale aux fins de confiscation, qui a vocation à s'appliquer à l'ensemble des procédures, y compris celles mises en œuvre dans le cadre de la coopération judiciaire européenne et internationale. Elle institue un nouvel établissement public administratif chargé de gérer, sur mandat de la justice, les biens saisis, **l'Agence de gestion et de recouvrement des biens saisis et confisqués.**

La vente des effets mobiliers placés sous main de justice à l'occasion d'une enquête pénale obéit à des règles particulières contenues dans les articles R. 15-33-66-1 et suivants C. pr. pén. Ils sont réunis, sur autorisation de juge des libertés et de la détention, à l'agence de gestion et de recouvrement qui procède à leur aliénation selon les formes prévues pour le mobilier de l'État. Le produit de la vente est consigné à la Caisse des dépôts et consignations au profit du propriétaire qui doit être informé de son droit par le procureur de la République qui a dirigé l'enquête (en cas de classement) ou par celui de la juridiction saisie des poursuites (en cas d'acquittement, de relaxe ou de condamnation). Ce droit à restitution doit être exercé dans les deux mois de la réception de la notification faite par le procureur. Les fonds déposés et les intérêts qu'ils ont produits sont versés au propriétaire des biens, sur autorisation du parquet.

SECTION 2
INCLUSION DE CERTAINS IMMEUBLES

0711.21 Immeubles mobilisés par anticipation. Exceptionnellement, certains biens immobiliers peuvent être l'objet d'une saisie-vente. Il s'agit des immeubles mobilisés par anticipation. Pour l'utilité des affaires, on écarte le caractère immobilier actuel d'un bien pour ne considérer que son état futur de meuble.

0711.22 Arbres, récoltes et matériaux vendus avant d'être séparés du sol. D'une manière générale, la mobilisation anticipée des immeubles résulte de leur vente en vu d'être séparés du sol auquel ils sont encore attachés. Ces biens passent donc, par l'effet du transfert de propriété, dans le patrimoine de leur acheteur, de telle sorte que les créanciers de celui-ci peuvent les saisir par voie de saisie-vente. Il en est ainsi des récoltes sur pied, des coupes de bois et des matériaux à extraire ou de démolition qui, en vertu des articles 520, 521 et 532 C. civ., ne deviennent des meubles qu'après avoir été détachés. Ils sont considérés comme des meubles par anticipation après leur vente, alors même qu'ils sont encore solidaires du sol (sable et gravier d'une carrière, lorsque le droit d'exploitation a été cédé[3] ; herbe d'une prairie[4] ; arbres vendus en vue de leur abattage[5]).

Il convient par ailleurs de préciser qu'indépendamment de toute vente, les récoltes sur pied qui arrivent à maturité, deviennent des meubles par anticipation alors même qu'elles sont encore rattachées au sol par les branches ou par les racines et qu'elles sont des immeubles en vertu de l'article 520 C. civ. Leur saisie et leur vente sont spécialement réglementées par les articles R. 221-57 à R. 221-61 C. pr. exéc. (v. s[s] n°s 0721.05 s.).

0711.23 Immeubles dont la démolition a été ordonnée. L'immeuble construit sur le terrain d'autrui et dont la démolition a été ordonnée par une décision irrévocable (insusceptible de pourvoi en cassation ou dont le pourvoi a été rejeté), a été longtemps considéré par la Cour de cassation comme un amoncellement de matériaux constituant intellectuellement des meubles pouvant faire l'objet, non d'une saisie immobilière, mais d'une saisie-exécution. Il en était de même pour un bâtiment vendu en vue de sa démolition[6].

Mais la Haute juridiction est revenue sur cette jurisprudence en 1981, en affirmant que les pierres d'un bâtiment ne deviennent meubles et ne peuvent être l'objet d'une saisie-exécution (saisie-vente), qu'à partir de sa démolition effective[7]. Cependant, en l'absence de décisions ultérieures dans le même sens et compte tenu du caractère décousu de la jurisprudence en la matière, certains commentateurs ont pensé qu'il ne s'agissait pas d'un véritable revirement mais d'un simple cas d'espèce. Certains ont pensé que la Cour de cassation admettait que l'anticipation était toujours opposable entre les parties mais qu'à l'égard des tiers, la mobilisation anticipée devait être normalement attendue et prévisible par tous.

Quoi qu'il en soit, les matériaux provenant de la démolition de l'édifice et ceux assemblés pour en construire un nouveau, restent meubles, jusqu'à ce

1. L. n° 2010-768, 9 juill. 2010 visant à faciliter la saisie et la confiscation en matière pénale, *JO* 10 juill., p. 12753.
2. C. Cutajar, « Commentaire des dispositions de droit interne de la loi du 9 juillet 2010 visant à faciliter la saisie et la confiscation en matière pénale », *D.* 2010. 2305.
3. Civ. 3e, 30 mai 1969, *JCP* 1970. II. 16173, note Hubrecht.
4. Riom, 21 mars 1988, *Gaz. Pal.* 1989. 2. 537, note Prévault.
5. Com. 24 nov. 1981, n° 80-13.395, P IV, n° 408.
6. Civ. 25 janv. 1886, *DP* 1886. 5. 39.
7. Civ. 3e, 10 juin 1981, n° 79-15.907, P III, n° 119 ; *Gaz. Pal.* 1981. 2. Pan. 383, note A. P. ; *RTD civ.* 1982. 164, obs. C. Giverdon.

qu'ils soient employés dans une autre construction, conformément à l'article 532 C. civ.

À noter qu'un cabanon susceptible d'être détaché du sol par de puissants moyens modernes, soit en un seul tenant, soit en éléments importants, a été considéré comme un meuble par anticipation[1].

SECTION 3 INCLUSION DE CERTAINS MEUBLES INCORPORELS

0711.31 En présence de créances incorporées dans le titre qui les constate. Les meubles incorporels absolus qui sont détachés de tout support matériel, comme les créances ou les valeurs mobilières, ne sont des meubles que par la pure détermination de la loi. Ils ne peuvent faire l'objet d'une saisie-vente, le législateur ayant prévu d'autres modalités d'appréhension. L'exclusion des créances s'étend aux titres qui les constatent.

Seuls les titres dans lesquels la créance se trouve incorporée peuvent être saisis par voie de saisie-vente.

0711.32 Billets de banque. Ils sont saisissables lorsqu'ils sont découverts à l'occasion d'une saisie-vente pratiquée dans les locaux du saisi. Cependant, leur nature particulière rend leur vente sans intérêt. Ils sont en effet remis au saisissant à concurrence du montant de sa créance.

Dans l'hypothèse où des sommes en espèces sont découvertes, l'article R. 221-20 C. pr. exéc. prévoit des modalités particulières de saisie et de contestation (v. s[s] n°s 0714.111 s.).

0711.33 Titres au porteur. Les titres au porteur qui comportent les mêmes caractéristiques que les espèces, peuvent également être l'objet d'une saisie-vente. Ils ont en effet la nature de meubles corporels et leur transmission s'opère par simple tradition.

Cependant, leur dématérialisation par l'article 94-II de la loi de finances du 30 décembre 1981[2] et par son décret d'application du 2 mai 1983[3], a très sensiblement réduit le domaine de cette catégorie particulière de meubles corporels. Ces textes imposent en effet, depuis le 3 mai 1984, leur inscription en compte chez l'émetteur ou chez l'intermédiaire habilité, inscription qui constitue désormais leur seul mode de détention. Leur transmission s'effectue donc par virement de compte à compte sans tradition manuelle.

Les titres non dématérialisés constituent un domaine résiduel comprenant notamment, certaines obligations émises avant l'entrée en vigueur du décret de 1983[4]. On cite également les bons du Trésor, souvent détenus à leur domicile par leurs titulaires et les bons de caisse émis par les banques pour des placements à court terme.

0711.34 Connaissement et lettre de voiture. Le connaissement délivré par le capitaine d'un navire pour attester du chargement à son bord, représente les marchandises qui y sont décrites. Sa remise peut valoir dépôt à titre de gage ou transmission de la propriété desdites marchandises (C. transp., art. L. 5422-3). Il semble donc constituer un titre au porteur susceptible de saisie-vente indépendamment de la cargaison qu'il représente. Le transporteur maritime ne peut d'ailleurs remettre les marchandises que sur présentation de l'original du connaissement même lorsque celui-ci est à personne dénommée et dépourvu de mention à ordre, sauf convention contraire des parties[5]. Il devrait en être de même pour les lettres de voiture qui peuvent être aussi au porteur et remises en gage ou à titre de transfert de propriété. À noter que la saisie conservatoire des créances de fret n'est pas réglementée par le décret du 27 octobre 1967[6] portant statut des navires[7].

0711.35 En l'absence de procédure adéquate. Il peut arriver qu'il n'existe aucune procédure de saisie adaptée à la nature de certains biens. Le juge peut alors suppléer l'absence de mesure adéquate.

0711.36 Droit au bail. Ainsi un tribunal a pu ordonner la vente aux enchères publiques d'un droit au bail (librement cessible) alors qu'une telle procédure d'exception n'était envisagée par aucun texte particulier et que, s'agissant d'un droit incorporel qui n'était pas une créance, aucune des voies d'exécution spéciales prévues par l'ancien Code de procédure civile ne s'appliquait à une telle appréhension[8]. Le commentateur de la décision estime que la saisie-exécution (en vigueur à l'époque) est envisageable pour la vente d'un droit de bail pris isolément. On peut cependant se demander si, depuis la réforme des voies d'exécution, la Cour de cassation et le commentateur auraient opté pour les règles de la saisie-vente.

1. Aix-en-Provence, 12 févr. 1985, *Gaz. Pal.* 1985. 2. 442, note Dubreuil.
2. L. n° 81-1160, 30 déc. 1981, de finances pour 1982, *JO* 31 déc., p. 3539.
3. Décr. n° 83-359, 2 mai 1983, relatif au régime des valeurs mobilières, *JO* 3 mai, p. 1359.
4. Décr. n° 83-359, 2 mai 1983, art. 20.
5. Com. 19 juin 2007, n° 05-19.646, P IV, n° 171 ; *JCP* 2007. II. 10165.
6. Décr. n° 67-967, 27 oct. 1967, relatif au statut des navires et autres bâtiments de mer, *JO* 4 nov.
7. Com. 13 janv. 1998, n° 95-15.497, P IV, n° 16 ; *D.* 1998. IR 43 ; *JCP* 1998. IV. 1487.
8. T. civ. Versailles, 27 avr. 1964, *JCP* 1965. II. 14299, note P. Raynaud.

0711.37 Marque. Dans le même esprit, par une décision constatant, *d'une part*, que l'autorisation de saisir et de vendre les droits incorporels du débiteur est érigée en principe général par l'article 59 de la loi du 9 juillet 1991 (devenu C. pr. exéc., art. L. 231-1) et, *d'autre part*, que cette mesure d'exécution n'a été spécialement organisée que pour les parts d'associés et les valeurs mobilières par le titre VIII du décret du 31 juillet 1992 (devenu C. pr. exéc., livre II, titre III, art. R. 231-1 s. et L. 231-1 s.), une juridiction du fond[1] a estimé que le meuble incorporel que constitue la marque ne pouvait être saisi et vendu que selon les modalités prévues par le titre V du même décret consacré à la saisie-vente des meubles corporels.

Cette décision a été critiquée au motif qu'elle méconnaît les dispositions de l'article R. 714-4 CPI qui permet la saisie isolée de la marque selon une procédure originale et dérogatoire, qui n'a pas été abrogée par la réforme des voix d'exécution[2]. Il s'agit, selon l'expression du commentateur, d'une procédure *sui generis* qui a une certaine ressemblance avec l'ancienne saisie-arrêt et qui ne se rattache à aucune des mesures organisées par les nouveaux textes. Elle comporte en effet une phase conservatoire et une phase d'exécution et débute par un acte de saisie qui doit être publié à l'Institut national de la propriété industrielle (INPI) et suivi d'une instance en validité devant le tribunal judiciaire (TJ). La décision validant la saisie (qui vaut titre exécutoire) ou en donnant mainlevée doit être également inscrite à l'INPI.

On est cependant frappé par le laconisme de l'article R. 714-4 CPI qui ébauche, plus qu'il n'organise, la saisie et la vente forcée de la marque. Le *modus operandi* devrait alors être déterminé par analogie avec l'article L. 613-21 du même code réglementant la saisie des brevets d'invention, qui prévoit une procédure manifestement identique dont il décrit avec plus de détails la mise en œuvre et les effets (saisie par acte extrajudiciaire signifiée au propriétaire du brevet, à l'INPI et aux personnes possédant des droits sur le brevet, inopposabilité au créancier saisissant de toute modification ultérieure des droits attachés au brevet, action en validité et aux fins de mise en vente dans le délai prescrit à peine de nullité)[3].

Il est en l'état, difficile de prévoir qu'elle pourrait être la position de la Cour de cassation. Il est cependant indispensable que les praticiens soient fixés rapidement sur la mesure appropriée à la saisie de la marque, meuble incorporel qui, tout en garantissant aux tiers consommateurs l'origine d'un produit ou d'un service, constitue aussi, même pris isolément, un gage substantiel pour les créanciers de l'entreprise industrielle ou commerciale.

On constate en effet que si le Code de la propriété intellectuelle autorise la cession et la mise en gage des marques par les entreprises qui les exploitent (CPI, art. L. 714-1), il envisage leur saisie, ou plus exactement celle des produits et services frauduleusement imités, essentiellement sous l'angle de leur protection contre les contrefacteurs (CPI, art. L. 716-7 et L. 716-8-1).

0711.38 Quote-part d'indivision. Dans le régime de l'indivision conventionnelle, les créanciers d'un indivisaire sont autorisés, s'ils ne peuvent agir en partage, à poursuivre la saisie et la vente de la quote-part de leur débiteur dans l'indivision (C. civ., art. 1873-15 – v. s[s] n°s 0711.61 s.). Ils détiennent dans ce cas une créance contre l'indivision qui constitue un meuble incorporel même si, au moment du partage, c'est un meuble corporel qui échoit à l'indivisaire débiteur. Cependant, à la différence des marques et des brevets, il n'existe aucune procédure réglementant spécialement, même d'une manière embryonnaire, la saisie et la vente des quotes-parts indivises. L'article L. 231-1 C. pr. exéc. érigeant la saisie et la vente des meubles incorporels en principe général, n'a pas été complété sur ce point par les dispositions réglementaires qui n'ont envisagé que le cas des droits d'associés et des valeurs mobilières.

0711.39 Licence d'un débit de boissons. La Cour de cassation est d'avis que la licence d'exploitation d'un débit de boissons de 4e catégorie est un meuble incorporel. Mais en l'absence de texte réglementaire de portée générale applicable à la saisie des droits de cette nature, la Haute juridiction écarte les règles de la saisie-vente au profit de celles de la saisie des droits d'associés et des valeurs mobilières. Elle estime en effet qu'il est possible, sous réserve des adaptations nécessaires, de transposer la procédure définie aux articles 182 à 184 du décret du 31 juillet 1992 (devenus C. pr. exéc., art. R. 232-5 à R. 232-8), pour les opérations de saisie, et celle prévue aux articles 189 à 192 du décret (devenus C. pr. exéc., art. R. 233-5 à R. 233-8), pour la vente forcée[4]. La Haute juridiction tire de cette nature particulière la conséquence que la licence de débit de boissons de 4e catégorie n'est pas susceptible de possession[5].

Ce régime prétorien adopté avant la codification de 2012 demeure en vigueur dès lors que le Code des

1. TGI Paris, 20 sept. 1994, *Rev. huiss.* 1995. 234.
2. J.-P. Faget, « La saisie des marques », *Rev. huiss.* 1998. 70.
3. TGI Paris, JEX, 10 nov. 1994, *Rev. huiss.* 1995. 732, obs. J.-P. Faget.
4. Cass., avis, 8 févr. 1999, n° 98-00.015, P, n° 1 ; *Gaz. Pal.* 5-7 mars 2000, p. 3 – J.-J. Daigre, « La saisie d'une licence de débit de boissons est admise par la Cour de cassation », *Rev. huiss.* 1999. 301.
5. Com. 7 mars 2006, n° 04-13.569, P IV, n° 62 ; *JCP* 2006. IV. 1759.

procédures civiles d'exécution ne réglemente toujours pas, d'une manière spécifique, la saisie de la licence IV[1].

SECTION 4

CAS PARTICULIERS DES ÉLÉMENTS CORPORELS D'UN FONDS DE COMMERCE

0711.41 **Meubles compris dans un fonds de commerce.** Le matériel et les marchandises constituant les éléments corporels d'un fonds de commerce sont en principe saisissables par voie de saisie-vente. C'est ce qui résulte des dispositions relatives à la vente et au nantissement des fonds de commerce des articles L. 143-3 et L. 143-10 C. com.[2]

Cependant, le fonds de commerce peut faire l'objet d'une procédure d'exécution particulière, la vente globale, qui fait alors obstacle à la saisie séparée des meubles corporels qui le composent. Il s'agit d'éviter une dissociation des différents éléments du fonds susceptibles d'entraîner sa dépréciation.

Il n'y a pas lieu ici d'examiner la procédure de vente globale du fonds de commerce (sur la *saisie du fonds de commerce*, v. s[s] n°s 0734.05 s.) mais seulement de préciser en quoi elle peut avoir une incidence sur la saisie séparée de ses éléments corporels.

Ainsi, tout créancier qui exerce des poursuites de saisie-vente peut demander devant le tribunal de commerce la conversion de la saisie en vente globale du fonds avec son matériel et ses marchandises (C. com., art. L. 143-3[3]). Cette conversion peut également être demandée par le débiteur lui-même.

L'ordonnance du 15 septembre 2021 a modifié les articles L. 143-3 et L. 143-10 C. com régissant les modalités de conversion de la saisie-vente en vente globale du fonds. Ces modalités qui sont exposées ci-après sont entrées en vigueur à une date fixée par décret. Ce décret est celui du 29 décembre 2021[4] instituant, au sein des articles R. 521-1 s. C. com., le registre général des sûretés mobilières et dont l'application a été fixée au 1er janvier 2023. Lorsque le créancier saisissant introduit l'instance devant le tribunal de commerce, il renonce définitivement à la procédure de saisie-vente. Le tribunal ordonna alors la vente du fonds à la requête du créancier et ce, à défaut de paiement de sa dette par le débiteur dans le délai qui lui a été imparti.

Dans le cas où c'est le débiteur qui demande la vente globale du fonds, le jugement qui l'ordonne celle-ci suspend la procédure de saisie-vente. Si à cette occasion le créancier n'intervient pas pour demander que la vente ait lieu à sa requête, le tribunal fixe un délai au débiteur pour qu'il la poursuive lui-même. Celui-ci doit, dans ce cas, procéder à la vente dans le délai imparti par le tribunal faute de quoi, les poursuites par voie de saisie-vente peuvent reprendre leur cours sur les derniers errements.

Les comptables compétents de la direction générale des finances publiques peuvent aussi faire ordonner la vente globale par le président du TJ (LPF, art. L. 268).

Il convient de relever que lorsque le fonds est grevé d'inscription, la vente séparée de ses éléments corporels ne peut avoir lieu que dix jours au plus tôt après la notification de la poursuite aux créanciers inscrits depuis quinze jours au moins et ce, afin de leur permettre de demander la conversion en vente globale. Le tribunal peut ordonner la vente du fonds si la vente séparée d'un ou plusieurs de ces éléments met en péril sa valeur (C. com., art. L. 143-10[5]).

À noter que la vente globale est opposable même en cas de saisie par un créancier nanti sur le matériel d'équipement[6].

SECTION 5

MEUBLES APPARTENANT AU DÉBITEUR

0711.51 **Meubles dont le débiteur est propriétaire.** La saisie-vente est l'un des procédés permettant la mise en œuvre effective du droit de gage général dont dispose le créancier sur tous les biens de son débiteur. Il peut donc les appréhender même s'ils sont détenus par un tiers ou saisis conservatoirement et même après le décès du débiteur. La saisie-vente ne peut porter, en principe, que sur les meubles corporels dont le débiteur est propriétaire ; mais exceptionnellement, le créancier peut saisir des biens appartenant à une autre personne.

0711.52 **Meubles détenus par un tiers.** Tous les biens meubles corporels du débiteur peuvent être appréhendés dans le cadre d'une saisie-vente même s'ils sont détenus par un tiers (C. pr. exéc., art. L. 221-1 et R. 221-9). Il s'agit d'une innovation de la réforme des voies d'exécution. S'ils se trouvent dans les locaux d'habitation de celui-ci, l'obtention préalable d'une autorisation de la part du JEX sera nécessaire (v. s[s] n°s 0714.121 s.). Le tiers visé par les textes est donc un détenteur précaire et non un

1. O. Blanchet, « Acte de saisie d'une autorisation fiscale et administrative de débit de boissons », *Procédures* 2013. 31.
2. L. 17 mars 1909, relative à la vente et au nantissement des fonds de commerce, anc. art. 15 et 20.
3. L. 17 mars 1909, anc. art. 15.
4. Décr. n° 2021-1887, 29 déc. 2021, relatif au registre des sûretés mobilières et autres opérations connexes, *JO* 30 déc., texte 52, art. 1er et 15.
5. L. 17 mars 1909, anc. art. 20.
6. Com. 3 nov. 1970, n° 68-11.793, P IV, n° 287 ; *RTD com.* 1971. 654, obs. Jauffret.

possesseur susceptible de se prévaloir de la présomption de l'article 2276 C. civ. [anc. art. 2279], pour s'opposer à une revendication autant qu'à une saisie. Ce tiers détenteur tenu d'une obligation de restituer un bien qui n'est pas sorti du patrimoine du débiteur peut être un locataire, un dépositaire, un commodataire ou encore un gagiste.

0711.53 Meubles déjà saisis conservatoirement. Tous les biens mobiliers corporels saisissables appartenant au débiteur peuvent faire l'objet d'une saisie-vente, y compris ceux qui ont été saisis antérieurement à titre conservatoire. Dans ce dernier cas, il est fait application des articles R. 522-12 à R. 522-14 C. pr. exéc. (C. pr. exéc., art. R. 221-6). Le commissaire de justice est notamment tenu de signifier le procès-verbal de saisie-vente aux créanciers qui ont pratiqué les saisies conservatoires, de leur communiquer par lettre recommandée avec demande d'avis de réception, les propositions de vente amiable du débiteur si elles sont acceptées et de les informer, également par lettre recommandée avec avis de réception, de l'enlèvement des biens en vue de la vente avec indication du nom et de l'adresse de l'officier ministériel chargé de celle-ci.

En retour, le créancier qui a pratiqué la saisie-vente doit recevoir signification des actes de conversion des saisies conservatoires en saisie-vente et être informé, dans les quinze jours de la réception de sa lettre recommandée, de la nature et du montant au jour de l'enlèvement, des créances causes des saisies conservatoires et ce, à peine de déchéance du droit de concourir à la distribution des deniers (sur la saisie conservatoire des meubles corporels, v. ss nos 0622.05 s. – sur la procédure de distribution, v. ss nos 1541.11 s.).

0711.54 Meubles compris dans la succession du débiteur. Les meubles corporels du débiteur décédé peuvent être saisis par voie de saisie-vente entre les mains de ses héritiers. L'article 877 C. civ. dispose en effet que les titres exécutoires contre le défunt le sont aussi contre l'héritier personnellement. Le créancier ne peut cependant en poursuivre l'exécution que huit jours après leur signification à l'héritier. À l'origine, le texte exigeait que cette signification soit effectuée au domicile de la personne ou au domicile de l'héritier. La Cour de cassation considère que la signification selon un procès-verbal de recherche infructueuse dressé conformément à l'article 659 C. pr. civ. ne constitue pas un mode de signification efficace faisant obstacle à la faculté de renonciation à la succession ouverte à l'héritier[1]. Elle estime par ailleurs que lorsque le défunt est décédé au cours de l'instance d'appel, concernant le titre rendu contre lui et un autre co-débiteur, ce décès a eu pour effet de rendre son recours sans objet s'il n'a pas été repris par sa succession. Elle considère, en conséquence, que le jugement critiqué n'a pas été anéanti par l'arrêt confirmatif rendu contre l'autre codébiteur et constitue bien un titre opposable à la succession du co-débiteur décédé[2]. Le créancier peut demander, en vertu de l'article 878 C. civ., contre les créanciers personnels de l'héritier, la séparation de son patrimoine d'avec celui du défunt, sauf en cas d'acceptation sous bénéfice d'inventaire qui fait obstacle de plein droit à la confusion des patrimoines.

En cas d'indivision, les créanciers successoraux peuvent poursuivre la saisie et la vente des biens indivis (C. civ., art. 815-17).

SECTION 6

MEUBLES EN INDIVISION

0711.61 Meubles compris dans une indivision. Il convient de distinguer selon les différents types d'indivision.

0711.62 Indivision ou copropriété ordinaire. Elle résulte, soit d'un défaut de partage successoral ou matrimonial, soit de l'acquisition en commun d'un ou de plusieurs biens ou des règles de l'accession mobilière. Elle résulte aussi de l'application de l'article 1538 C. civ. selon lequel les biens sur lesquels aucun des époux séparés de bien ne peut justifier d'une propriété exclusive sont réputés leur appartenir indivisément (C. civ., art. 1538, al. 3). Elle ne peut se maintenir que du consentement de tous les indivisaires.

Les créanciers qui auraient pu agir sur les biens indivis avant qu'il y eût indivision et ceux dont la créance résulte de la conservation ou de la gestion de ces biens peuvent poursuivre leur saisie et leur vente. Il s'agit des créanciers qui avaient un droit de gage général sur le patrimoine d'où est issue l'indivision (créanciers du défunt ou de la communauté dissoute) et de ceux dont la créance a pris naissance après celle-ci, à la suite de son fonctionnement (gérant ou administrateur des immeubles indivis). L'indivisaire lui-même, quoique copropriétaire de la masse indivise, peut également devenir créancier de l'indivision s'il acquitte de ses deniers personnels, une dette afférente à la conservation d'un bien indivis. Il est alors en droit de pratiquer une saisie sur le patrimoine de l'indivision sans être tenu d'attendre le partage[3].

1. Civ. 1re, 1er févr. 2012, no 10-25.578, P I, no 22 ; *Dr. et proc.* 2012. 102, obs. O. Salati ; *D.* 2012. 436 ; *JCP* 13 févr. 2012, no 163, p. 297.

2. Civ. 2e, 8 déc. 2011, no 10-25.719, P II, no 223 ; *Nouv. Journ. huiss.* janv.-févr. 2012, p. 50, note Périnet ; *Dr. et proc.* 2012. 54.

3. Civ. 1re, 20 févr. 2001, no 98-13.006, P I, no 41 ; *D.* 2001. 906.

Les biens de l'indivision sur lesquels ils peuvent exercer leurs poursuites pour la totalité de leur créance sont, non seulement ceux compris dans la masse indivise, mais également les fruits que ces biens ont produits (C. civ., art. 815-10). L'indivision n'ayant pas la personnalité juridique, la saisie doit être dirigée contre chacun des indivisaires[1].

Cependant, les créanciers personnels d'un indivisaire ne peuvent saisir sa part dans les biens indivis meubles ou immeubles. Ils ont seulement la faculté de provoquer le partage au nom de leur débiteur ou d'intervenir dans le partage provoqué par lui (C. civ., art. 815-17). Ces créanciers ne sont même pas autorisés à rendre les biens indivis, tels que des meubles meublants appartenant à des époux, indisponibles par une saisie conservatoire[2].

La sanction de la violation de l'article 815-17 C. civ. est la nullité de la saisie[3].

0711.63 Indivision conventionnelle. Les indivisaires peuvent décider de structurer l'indivision en lui donnant des organes de gestion et de représentation et en renonçant au partage pour une durée déterminée. En la matière l'article 815-17 précité est applicable aux créanciers de l'indivision et aux créanciers personnels des indivisaires. Toutefois, ces derniers ne peuvent provoquer le partage que dans les cas où leur débiteur pourrait lui-même le provoquer. Dans les autres cas, ils peuvent poursuivre la saisie et la vente de la quote-part de celui-ci dans l'indivision (C. civ., art. 1873-15). La quote-part indivise s'analyse en une créance sur l'indivision et a une nature mobilière. Sa saisie et sa vente devraient pouvoir être poursuivies, en l'absence de texte particulier, selon les règles de la saisie-vente. Les parts indivises ont cependant une mauvaise valeur marchande en raison des aléas du partage.

0711.64 Communauté légale. Le paiement des dettes dont chaque époux est tenu pour quelque cause que ce soit pendant la communauté, peut toujours être poursuivi sur les biens communs, sauf en cas de fraude de l'époux débiteur et de mauvaise foi du créancier (C. civ., art. 1413) ou en cas de cautionnement ou d'emprunt contracté sans le consentement express de l'autre conjoint (C. civ., art. 1415). L'article 1415 C. civ. est applicable à la communauté universelle[4].

1. Bourges, 5 mars 1986, *Juris-Data* n° 043255.
2. Civ. 2e, 4 oct. 2001, n° 00-11.126, NP ; *Rev. huiss.* 2002. 59.
3. Civ. 1re, 15 juill. 1999, n° 97-14.361, P I, n° 243 ; *Gaz. Pal.* 1999. Pan. 264 – Civ. 1re, 1er déc. 1999, n° 97-20.965, P I, n° 331 ; *D.* 2000. IR 6 ; *JCP* 2000. IV. 1099 ; *Gaz. Pal.* 2000. Pan. 26.
4. Civ. 1re, 3 mai 2000, n° 97-21.592, P I, n° 125 ; *D.* 2000. 546, note J. Thierry.

SECTION 7
MEUBLES N'APPARTENANT PAS AU DÉBITEUR

0711.71 Meubles appartenant au débiteur du débiteur. Sur le fondement de l'action oblique de l'article 1341-1 C. civ., un créancier doit pouvoir saisir les biens corporels appartenant au débiteur de son débiteur si ce dernier fait preuve d'inertie. La jurisprudence en vigueur sous l'empire de l'ancienne réglementation des voies d'exécution autorisait le créancier à procéder ainsi sans avoir obtenu préalablement une subrogation judiciaire dans les droits de son débiteur[5]. L'article 1344-1 C. civ. (C. civ., anc. art. 1166) ne prescrit pas que le créancier qui veut exercer les droits et actions de son débiteur soit muni d'un titre exécutoire[6].

L'article 1341-1 C. civ., en autorisant expressément les créanciers à exercer les droits et actions de leur débiteur négligent, les subroge de plein droit et leur permet de recourir directement à toutes voies d'exécution au lieu et place de celui-ci, dans le but de recouvrer toute somme devant lui revenir[7]. Ainsi l'article 1341-1 n'autorise pas que l'exercice direct des actions en justice *stricto sensu*. On considère que le débiteur qui fait preuve d'immobilisme n'est plus juge de l'opportunité de pratiquer une saisie, de telle sorte que ses créanciers, s'ils souffrent de cette inertie, ont le droit de se substituer à lui. Mais si le créancier saisissant peut, pour se substituer à son débiteur, se passer de titre exécutoire dans ses rapports avec celui-ci, il faut néanmoins qu'un tel titre ait été pris par ce dernier (ou en son nom), à l'encontre de son propre débiteur.

0711.72 Meubles confondus dans un autre patrimoine. Lorsque les meubles du débiteur sont confondus dans un autre patrimoine, ses créanciers peuvent être autorisés à saisir tous les biens qui s'y trouvent compris.

Le cas est expressément prévu par l'article 1411 C. civ. au profit des créanciers personnels de l'un des époux au titre des dettes contractées avant la célébration du mariage ou grevant les successions et les libéralités qui lui échoient pendant celui-ci, lorsque son mobilier propre sur lequel ils peuvent seuls poursuivre leur paiement, a été confondu dans le patrimoine commun et ne peut être identifié selon les règles de l'article 1107 du même code. Ils sont alors autorisés à saisir les meubles de la communauté.

La jurisprudence a, dans des circonstances de confusion de patrimoine très particulières, validé une saisie-vente pratiquée sur des biens appartenant

5. T. civ. Seine, 25 avr. 1899, *Journ. avoués* C. CXXIV, p. 290.
6. Req. 8 juill. 1901, *DP* 1901. 1. 498.
7. Civ. 25 sept. 1940, *DC* 1943. 133, 1re esp., note J. Carbonnier.

à un tiers[1]. Il s'agissait d'une saisie faite sur le mobilier d'une société par les créanciers personnels de son dirigeant. Cette société exerçait son activité sous une enseigne qui était à l'origine, celle de son gérant lequel, frappé d'une interdiction bancaire, se servait de son compte courant dans la société pour acquitter ses propres dettes. La décision a considéré que la personne morale n'était qu'une fiction juridique utilisée par le débiteur pour poursuivre son activité personnelle.

SECTION 8

CAS ÉCHAPPANT À LA SAISIE-VENTE

0711.81 **Meubles abandonnés.** Lorsque des effets mobiliers ont été abandonnés chez des professionnels de l'hébergement, du dépôt, de la réparation ou du nettoyage, les créances nées des prestations de service ou des impenses de ces professionnels peuvent être recouvrées, sans saisie préalable, selon des procédures de vente simplifiées réglementées par des textes spéciaux tels que les lois du 31 mars 1896 et du 31 décembre 1903 (v. s[s] n°s 11.05 s., 1121.05 s. et 1122.05 s.). Il n'est donc pas nécessaire de recourir à la saisie vente dans cette circonstance.

0711.82 **Meubles insaisissables.** L'article R. 221-6 C. pr. exéc. précise que les meubles du débiteur peuvent être l'objet d'une saisie-vente dès lors qu'ils sont saisissables.

Il convient à cet égard de rappeler que plusieurs catégories de meubles corporels sont insaisissables. Il s'agit notamment des objets nécessaires aux handicapés, à la vie familiale et au travail personnel du saisi. La liste complète en est donnée par les articles L. 112-2, L. 112-3 et R. 112-2 C. pr. exéc. (sur ce point, v. s[s] n°s 0141.05 s.).

0711.83 **Avoirs mobiliers gelés.** Dans le cadre de la politique étrangère et de sécurité commune, l'Union européenne a adopté des mesures restrictives contre l'Iran, concrétisées par le gel des fonds et des ressources économiques des personnes et entités dépendant de cet État.

Saisie d'une question préjudicielle transmise par la Cour de cassation[2], la Cour de justice de l'Union européenne a répondu que les dispositions de la réglementation adoptant ces mesures restrictives devaient être interprétées en ce sens qu'elles s'opposent à ce que soient diligentées sur des avoirs gelés, sans autorisation préalable de l'Autorité nationale compétente, des mesures conservatoires instaurant, au profit du créancier, un droit d'être payé par priorité par rapport aux autres créanciers, même si de telles mesures n'ont pas pour effet de faire sortir des biens du patrimoine du débiteur[3]. La Haute juridiction déduit de cette réponse, qu'*a fortiori*, aucune mesure d'exécution forcée qui, à la différence des mesures conservatoires, entraîne un transfert de la propriété des biens saisis du patrimoine du débiteur à celui du créancier, ne peut être réalisée sur des avoirs gelés, sans l'autorisation préalable de l'Autorité française compétente. Elle en conclut également, lorsque la saisie-vente de ces avoirs est impossible parce que leur déblocage n'est pas autorisé ou que les conditions de cette autorisation ne sont pas réunies pour certains biens, que le créancier disposant d'un titre exécutoire n'est pas tenu de délivrer le commandement de payer préalable à cette mesure dans l'unique but d'interrompre la prescription de sa créance. Dans ce cas, la prescription extinctive est suspendue pendant toute la durée de la mesure de gel[4].

1. Fort-de-France, 30 juin 1995, *Juris-Data* n° 042619.

2. Cass., ass. plén., 10 juin 2020, n°s 18-18.542 et 18-21.814, P ; *D. actu.* 20 juill. 2020, obs. J.-D. Pellier ; *RTD civ.* 2020. 623, obs. H. Barbier ; *ibid.*, 895, obs. P. Jourdain.
3. CJUE 11 nov. 2021, Bank Sepah, aff. C-340/20.
4. Cass., ass. plén., 29 avr. 2022, n°s 18-18.542 et 18-21.814, P ; *D.* 2022. 131, obs. A. Leborgne ; *RTD civ.* 2022. 620, obs. H. Barbier.

CHAPITRE

0712. Conditions d'ouverture de la saisie-vente

René Lauba
Magistrat honoraire

SECTION 0
Orienteur

0712.00 **Sommaire du chapitre.**

Division. La saisie-vente de meubles corporels est autorisée par certains titres (sect. 1) ou certaines créances (sect. 2) et revêt un caractère subsidiaire (sect. 3 à 5).

0712.01 **Textes applicables.**

• **C. pr. exéc.**, art. L. 111-3, L. 111-7, L. 111-8, L. 111-10, L. 111-11, L. 121-2, L. 122-1, L. 152-1, L. 152-2, L. 213-1, L. 221-1, L. 221-2, L. 221-4, R. 121-23, R. 121-24, R. 221-2 et R. 221-3.

• **C. pr. civ.**, art. 502 et 700.

• **C. civ.**, art. 214, 276, 342, 410, 558, 1240.

• **LPF**, art. L. 252 A.

• **C. mon. fin.**, art. L. 131-73.

0712.02 **Jurisprudence de référence.**

> Subsidiarité de la saisie-vente. Incidence du silence du débiteur.

• **Cass., avis, 8 déc. 1995,** n° 09-50.013, P, n° 15
* V. s^s n°s 0133.34, 0212.144, 0712.46

Il résulte des articles 51 et 39 de la loi du 9 juillet 1991 [devenus art. L. 221-2 et L. 152-1 et L. 152-2 C. pr. exéc.] portant réforme des procédures civiles d'exécution, et des articles 82 et 83 de son décret d'application du 31 juillet 1992 [devenus art. R. 221-2 et R. 221-3 C. pr. exéc.], que le recouvrement forcé d'une créance autre qu'alimentaire et d'un montant en principal inférieur à 3 500 francs [535 €] ne peut, sauf autorisation donnée par le juge de l'exécution, être effectuée par voie de saisie-vente dans le local d'habitation du débiteur que dans la seule mesure où il s'avère impossible de procéder par voie de saisie d'un compte de dépôt ou des rémunérations du travail. L'absence de réponse du débiteur à l'injonction qui lui est faite dans le commandement de communiquer les renseignements utiles à l'exercice de ces dernières voies d'exécution ne fait pas échec à ce principe de subsidiarité, et n'a pour effet, si le recours au procureur de la République s'avère nécessaire pour connaître l'employeur du débiteur ou les établissements où celui-ci a un compte, que de dispenser l'huissier de justice de justifier de recherches infructueuses.

En conséquence, le silence du débiteur ne rend pas possible de ce seul fait la saisie-vente. Il permet à l'huissier de justice de s'adresser immédiatement et sans autre formalité au procureur de la République en vue d'obtenir l'identification de l'employeur ou des comptes de dépôt du débiteur.

> Titre exécutoire à l'égard de la personne même qui doit exécuter. Concours entre créanciers d'une procédure civile d'exécution et ceux d'une procédure collective.

• **Civ. 2e, 19 mai 1998,** n°s 96-12.944 et 96-13.268, P II, n° 161

* V. s^s n°s 0112.103, 0144.81, 0712.11, 0716.45, 0716.82, 0811.13, 1012.152, 1311.92, 1311.94

1° Toute exécution forcée implique que le créancier soit muni d'un titre exécutoire à l'égard de la personne même qui doit exécuter, et que le titre délivré à l'encontre d'une société n'emporte pas le droit de saisir les biens des associés, fussent-ils tenus indéfiniment et solidairement des dettes sociales, à défaut de titre exécutoire pris contre eux.

2° La procédure de saisie-vente ne s'achève que par la vente des biens saisis qui fait sortir ces biens du patrimoine du débiteur, les dispositions de l'article 54 de la loi du 9 juillet 1991 [devenu art. L. 221-5 C. pr. exéc.] n'ayant pour objet que de déterminer les créanciers admis à concourir sur le prix de la vente. Dès lors, la règle d'ordre public de l'arrêt des poursuites individuelles [consécutive à l'ouverture d'une procédure collective] s'applique tant que cette procédure d'exécution n'a pas, par la vente, produit ses effets.

> Titre exécutoire émis par l'État pour le recouvrement d'impôts, taxes, redevances. Compétence du juge de l'exécution pour connaître de la contestation de la régularité de la procédure d'exécution. Recours gracieux préalable.

• **Cass., avis, 14 mai 2001,** n° 01-00.002, P, n° 3

* V. s[s] n°s 0214.41, 0215.61, 0712.42, 0713.163, 0719.51, 0719.104

Dès lors qu'elle ne met pas en cause la créance sur laquelle sont fondées les poursuites dans son existence, son montant ou son exigibilité et qu'elle concerne la régularité de la procédure d'exécution, la contestation relève de l'opposition à poursuites qui ressortit au juge de l'exécution.

S'agissant de titres exécutoires émis par l'État pour le recouvrement d'impôts, taxes, redevances visés par l'article L. 281-1 du Livre des procédures fiscales, une telle contestation doit, à peine d'irrecevabilité, être précédée d'un recours gracieux devant l'administration fiscale, sous réserve que le redevable ait été informé du délai de ce recours, de ses modalités et de son destinataire, ainsi que des dispositions de l'article R. 281-5 du même Livre.

> Réparation des conséquences dommageables de l'exécution d'un titre ultérieurement modifié.

• **Cass., ass. plén., 24 févr. 2006,** n° 05-12.679, P, n° 2

* V. s[s] n°s 0121.55, 0212.92, 0613.45, 0712.12

L'exécution d'une décision de justice exécutoire à titre provisoire n'a lieu qu'aux risques de celui qui la poursuit, à charge par lui, si le titre est ultérieurement modifié, d'en réparer les conséquences dommageables.

Viole l'article 31 de la loi n° 91-650 du 9 juillet 1991 [devenu art. L. 111-10 C. pr. exéc.], la cour d'appel qui, pour rejeter la demande d'indemnisation formée par la partie ayant exécuté une décision exécutoire à titre provisoire ultérieurement infirmée, retient que le bénéficiaire de cette décision n'a effectué aucun acte d'exécution forcée, alors que l'ordonnance de référé concernée ayant été signifiée à la requête de son bénéficiaire, la partie condamnée était tenue de l'exécuter.

> Subsidiarité de la saisie-vente dans un local d'habitation. Mesure abusive.

• **Civ. 2e, 18 juin 2009,** n° 08-18.379, P II, n° 169

* V. s[s] n°s 0133.34, 0133.43, 0133.44, 0212.92, 0212.144, 0251.121, 0712.32, 0712.34, 0712.42

1° L'article 51 de la loi du 9 juillet 1991 [devenu art. L. 221-2 C. pr. exéc.] vise tout local d'habitation, qu'elle soit à titre principal ou secondaire.

2° Décide exactement que les dispositions de l'article 51 de la loi du 9 juillet 1991 [devenu art. L. 221-2 C. pr. exéc.] sont applicables, la cour d'appel qui retient le solde de la créance restant dû « au jour de la signification du commandement » ou « au jour où a été pratiquée la saisie-vente » et non le montant initial de la créance constatée dans le titre exécutoire.

3° Apprécie souverainement le caractère abusif du recours à la mesure d'exécution forcée, la cour d'appel qui relève que le montant de la créance à recouvrer était modeste, que le moyen de paiement utilisé par le débiteur informait suffisamment le créancier et l'huissier de justice sur l'existence d'un compte bancaire et l'adresse principale du débiteur permettant la mise en œuvre de mesures d'exécution respectueuses des principes et sans exposer le débiteur à des frais dont la disproportion évidente était perceptible par l'huissier de justice.

> Saisie-attribution sur soi-même. Vérification du caractère exécutoire du titre.

• **Civ. 1re, 13 mai 2014,** n° 12-25.511, P I, n° 84

* V. s[s] n°s 0212.95, 0254.22, 0313.53, 0712.12, 0811.32, 0812.91, 0813.31, 0971.210

1° Un créancier muni d'un titre exécutoire constatant une créance liquide et exigible dans les termes de l'article 42 de la loi n° 91-650 du 9 juillet 1991, devenu l'article L. 211-1 du Code des procédures civiles d'exécution, peut pratiquer une saisie-attribution entre ses propres mains, l'effet attributif prévu à l'article 43 de cette même loi, devenu l'article L. 211-2 du Code précité, d'une telle saisie, lorsqu'elle porte sur une créance à exécution successive, s'étendant aux sommes échues en vertu de cette créance depuis la signification de l'acte de saisie, et ce jusqu'à ce que le créancier saisissant soit rempli de ses droits et dans la limite de ce qu'il doit au débiteur en tant que tiers saisi.

2° Il incombe à l'huissier de justice, garant de la légalité des poursuites, de vérifier que le titre provisoire, en vertu duquel il pratique la saisie-attribution aux risques du créancier mandant, reste exécutoire au jour de l'acte de saisie.

0712.03 Bibliographie indicative.

Actualisables. Rép. pr. civ., v° *Saisie-vente*, par N. Fricero, déc. 2011 (actu. mars 2025), n°s 7 à 63 – *J.-Cl. Pr. civ.*, V° Saisie-vente, fasc. 1600-60, Conditions, par N. Casal.

Ouvrages[1]. A. LEBORGNE, *Droit de l'exécution*, 3e éd., « Précis », Dalloz, 2019, [saisie-vente de meubles corporels : domaine d'application], n°s 1333 s. – R. PERROT et Ph. THÉRY, *Procédures civiles d'exécution*, 3e éd., Dalloz, 2013, [saisie-vente : conditions], n°s 618-620.

SECTION 1

TITRES AUTORISANT LA SAISIE-VENTE

0712.11 **Titres exécutoires en général.** L'article L. 221-1 alinéa 1er C. pr. exéc. dispose que la saisie-vente peut être engagée par tout créancier muni d'un titre exécutoire. Il s'agit d'une condition indispensable, la saisie-vente étant une mesure d'exécution forcée dont la mise en œuvre porte atteinte à des droits fondamentaux comme l'inviolabilité du domicile ou la propriété privée. Le titre exécutoire garantit en principe, que l'existence, l'exigibilité et le montant de la créance ont été vérifiés, au moins provisoirement, par l'autorité habilitée à le délivrer.

1. Les ouvrages dont le nom des auteurs figure en petites capitales en bibliographie seront cités par le seul nom des auteurs en petites capitales en notes de bas de page.

On reconnaît le titre exécutoire à la formule solennelle qui le termine. La présence de la formule exécutoire est exigée par l'article 502 C. pr. civ. lequel dispose que « *nul jugement, nul acte ne peut être mis à exécution que sur présentation d'une expédition revêtue de la formule exécutoire, à moins que la loi n'en dispose autrement* ». Ces expéditions sont les copies intégrales et certifiées conformes des contrats en la forme authentique, des procès-verbaux de conciliation et des décisions de justice détenues en minute, par les notaires et les greffiers des tribunaux de l'ordre judiciaire. Les jugements des tribunaux administratifs et les arrêts des cours administratives d'appel doivent également être revêtus de la formule exécutoire (CJA, art. R. 751-1[1] – Ord. 31 juill. 1945[2], art. 70). Les personnes publiques et les organismes parapublics peuvent émettre eux-mêmes des titres exécutoires en vertu du privilège du préalable qui les dispense de faire liquider leurs créances par un organe juridictionnel pour procéder à leur recouvrement forcé. Ces titres particuliers (rôles des impôts directs, avis de mise en recouvrement des contributions indirectes, ordres de recette et états exécutoires des créances de l'État non fiscales ou des produits des collectivités locales et de leurs établissements publics, contraintes des organismes de sécurité sociale), n'ont pas besoin d'être revêtus de la formule exécutoire, en raison du privilège d'exécution d'office dont bénéficie l'administration.

La liste limitative des différents titres exécutoires est contenue dans l'article L. 111-3 C. pr. exéc. L'article L. 252 A du LPF énumère plus spécialement ceux qui permettent le recouvrement des créances publiques.

Le titre exécutoire est la condition nécessaire mais suffisante de l'exécution forcée puisqu'il permet l'exercice direct des voies d'exécution, sans formalités ni autorisation préalable. Le créancier doit détenir un titre exécutoire à l'égard de la personne même qui est tenue d'exécuter. Le titre délivré à l'encontre d'une société n'emporte pas le droit de saisir les biens des associés même tenus indivisément et solidairement des dettes sociales, à défaut de titre exécutoire pris contre eux[3].

Toutefois, en cas de cession de créance, le titre exécutoire détenu par le cédant à l'encontre d'une caution peut être invoqué par le cessionnaire pour saisir les biens de celle-ci. La subrogation résultant de cette opération transfère, non seulement la créance et le cautionnement qui en est l'accessoire, mais encore le titre exécutoire obtenu contre la caution qui constitue lui-même un accessoire de cette garantie[4]. De même, le codébiteur solidaire, subrogé de plein droit dans les droits du créancier en application de l'article 1346 C. civ., peut agir en recouvrement forcé contre ses codébiteurs, sur le fondement de la décision ayant prononcé la condamnation solidaire[5]. Le titre exécutoire doit prononcer une condamnation au paiement ou constater une obligation de payer. La décision accueillant la demande de délivrance d'un legs de sommes d'argent ne constitue pas un titre exécutoire autorisant le légataire à procéder à l'exécution forcée par voie de commandement aux frais de saisie-vente. En effet, la délivrance d'un legs particulier a pour seul objet la reconnaissance des droits du légataire. Elle permet l'entrée en possession de l'objet dudit legs ainsi que l'acquisition des fruits et se distingue du paiement de ce legs[6].

Il n'y a pas lieu, ici, de rappeler les caractéristiques des différents titres exécutoires déjà exposés dans la première partie de cet ouvrage à laquelle il convient de se reporter (v. s^s n°s 0101.11 à 0124.41).

0712.12 **Titre exécutoire à titre provisoire.** Il est cependant utile de rappeler que, selon l'article L. 111-10 C. pr. exéc., l'exécution forcée peut être poursuivie jusqu'à son terme en vertu d'un titre exécutoire à titre provisoire. Le texte précise, dans son alinéa 2, que le créancier agit à ses risques et péril. Si le titre est ultérieurement modifié, il devra restituer le débiteur dans ses droits, en nature ou par équivalent. Ces dispositions revêtent une importance toute particulière en matière de saisie-vente où le terme de l'exécution est l'aliénation des objets saisis. Si elle n'a pas encore eu lieu, le créancier devra les rendre au saisi. S'ils ont été vendus, il devra lui verser, non seulement le prix obtenu, mais également une indemnité représentant la différence entre leur valeur réelle et le produit de la cession amiable ou de l'adjudication aux enchères. La Cour de cassation l'a constamment jugé à propos de la saisie-exécution[7]. Il s'agit d'une responsabilité de plein droit exclusive de la responsabilité fondée sur l'article 1382 C. civ., devenu l'article 1240[8].

Il incombe au commissaire de justice, garant de la légalité des poursuites, de vérifier que le titre provi-

1. CJA, anc. art. R. 209.
2. Ord. n° 45-1708, 31 juill. 1945, portant sur le Conseil d'État, *JO* 1er août, p. 4770.
3. Civ. 2e, 19 mai 1998, n° 96-12.944, P II, n° 161 ; *D.* 1998. 405, concl. P. Tatu.
4. Com. 27 mars 2007, n° 05-20.696, P IV, n° 99 ; *Procédures* 2007, n° 167, note R. Perrot.
5. Civ. 2e, 2 déc. 2010, n° 09-17.194, P II, n° 198 ; *Dr. et proc.* 2011. 53.
6. Civ. 1re, 21 sept. 2022, n° 19-22.693, B ; *D.* 2022. 171 ; *AJ fam.* 2022. 494, obs. F. Eudier ; *Procédures* 2022, n° 272, obs. R. Laher.
7. Civ. 30 août 1870, *DP* 1871. 1. 45 – Civ. 30 août 1882, *DP* 1883. 1. 244 – Paris, 9 déc. 1932, *S.* 1933. 2. 118.
8. Com. 10 févr. 2015, n° 13-20.150, P IV, n° 26 ; *Procédures* 2015, n° 117, note L. Raschel ; *JCP E* 2015. 1603, note N. Binctin – Civ. 1re, 31 mars 2016, n° 14-20.193, P ; *Dr. et proc.* 2016. 69, note L. Lauvergnat ; *Gaz. Pal.* 25 oct. 2016, p. 77, note Ben Simon.

soire, en vertu duquel il a pratiqué la saisie aux risques du créancier mandant, restait exécutoire au jour de l'acte de saisie [1].

L'article L. 111-10 C. pr. exéc. [2] ne distinguant pas selon que le titre est une ordonnance de référé ou un jugement sur le fond exécutoire par provision, il a été jugé, qu'une demande en annulation d'un commandement aux fins de saisie-vente fondé sur le caractère provisoire de l'ordonnance de référé, était injustifiée [3]. Le fait que l'ordonnance de référé ne bénéficie pas, au principal, de l'autorité de la chose jugée, est sans incidence sur le droit pour le créancier d'engager une procédure de saisie-vente.

La Cour de cassation estime que doit être débouté de sa contestation, le débiteur qui, au soutien de son opposition à un commandement aux fins de saisie-vente, relève que l'ordonnance de référé ayant accordé une provision à son créancier n'a pas autorité de la chose jugée au fond [4].

Il faut cependant préciser que, si l'ordonnance est ultérieurement réformée, le créancier qui a manifesté l'intention de s'en prévaloir en la faisant signifier, doit assumer le risque résultant de cette démarche dès lors qu'elle a provoqué l'exécution et ce, même en l'absence de toute saisie [5].

0712.13 Régime de la responsabilité née d'une exécution précipitée. La Cour de cassation applique l'article L. 111-10 C. pr. exéc. de façon extensive puisqu'elle retient la responsabilité du créancier qui a poursuivi la vente en dépit de l'appel interjeté à l'encontre, non du jugement de condamnation fondant la poursuite qui était définitif, mais d'une décision du juge de l'exécution (JEX) ayant rejeté une contestation invoquant l'insaisissabilité du bien appréhendé. La mainlevée de la saisie ayant été ordonnée par la cour d'appel après la vente, l'indemnisation du débiteur a été admise sans qu'il soit tenu de démontrer la faute du créancier qui a exécuté jusqu'à son terme le jugement du JEX assorti de l'exécution provisoire [6].

Avec l'extension de l'exécution provisoire de droit à tous les jugements de première instance, résultant du décret du 11 décembre 2019 [7], ce régime de responsabilité sans faute trouve à s'appliquer plus souvent en jurisprudence [8]. Précisons que l'article L. 111-11 du code précité, le pourvoi en cassation en matière civile n'empêche pas, sauf dispositions contraires, l'exécution de la décision, jugement en dernier ressort ou arrêt d'appel, qui en est l'objet. En cas de cassation, cette exécution ne peut donner lieu qu'à restitution, sans pouvoir être imputée à faute, peu important, précise la Haute juridiction, que la décision cassée (ici un arrêt) ait été rendue en matière de référé [9]. Pour que l'article L. 111-11 susvisé soit applicable, il faut que ce soit le jugement ou l'arrêt objet du pourvoi qui ait été mis à exécution et ultérieurement cassé. Lorsque c'est un jugement revêtu de l'exécution provisoire qui a été exécuté puis infirmé par la cour d'appel de renvoi, à la suite de la cassation de l'arrêt qui l'avait confirmé, c'est l'article L. 111-10 C. pr. exéc. qui doit s'appliquer, de telle sorte que le créancier est tenu de réparer les conséquences dommageables de ses poursuites, sans qu'il soit nécessaire de relever une faute à son encontre [10].

SECTION 2
CRÉANCES AUTORISANT LA SAISIE-VENTE

0712.21 Créance liquide et exigible inférieure à 535 euros. Selon les dispositions combinées des articles L. 221-1 et L. 221-2 C. pr. exéc., seuls peuvent engager une saisie-vente les créanciers titulaires d'une créance liquide et exigible supérieure à une somme fixée par décret (535 euros).

Il n'y a pas lieu de s'étendre sur les conditions de liquidité et d'exigibilité qui ont déjà été examinées dans la première partie de cet ouvrage (v. s[s] n°s 0132.11 à 0132.26). Seule est étudiée ici la condition relative au montant de la créance qui est spécifique à la saisie-vente et qui constitue l'une des principales innovations de la loi du 9 juillet 1991, désormais codifiée dans le Code des procédures civiles d'exécution (v. s[s] n°s 0712.31 s.).

Il convient seulement de rappeler que la justification d'une créance liquide et exigible est une condition incontournable. Le protocole d'accord transactionnel, même homologué, n'autorise pas l'engagement

1. Civ. 1re, 13 mai 2014, n° 12-25.511, P I, n° 84 ; *Procédures* 2014. 204, note R. Perrot – Civ. 1re, 28 sept. 2016, n° 14-29.776, P ; *D.* 2016. Actu. 205 ; *JCP* 2016. 1097, obs. S. Dorol ; *Procédures* 2016, n° 325, note L. Raschel.
2. Anc[t] L. n° 91-650, 9 juill. 1991, portant réforme des procédures civiles d'exécution, art. 31, *JO* 14 juill.
3. TGI Lyon, 15 juin 1993, *Rev. huiss.* 1993. 1438, note J. Prévault.
4. Civ. 2e, 28 janv. 1998, n° 96-10.290, NP ; *Gaz. Pal.* 1998. 2. Pan. 183.
5. Cass., ass. plén., 24 févr. 2006, n° 05-12.679, P, n° 2 ; *JCP* 2006. II. 10063, note H. Croze.
6. Civ. 2e, 17 sept. 2020, n° 19-17.721, P ; *Gaz. Pal.* 8 déc. 2020, p. 39, obs. C. Brenner.
7. Décr. n° 2019-1333, 11 déc. 2019, réformant la procédure civile, *JO* 12 sept., texte 3.
8. Civ. 2e, 13 janv. 2022, n° 20-17.814, NP – Civ. 2e, 13 avr. 2023, n° 21-11.716, B ; *Gaz. Pal.* 25 juill. 2023. Chron. 39, note N. Hoffschir.
9. Civ. 2e, 31 janv. 2019, n° 17-28.605, B ; *D.* actu 15 févr. 2019, obs. G. Payan ; *D.* 2019. Pan. 1310, obs. A. Leborgne ; *RTD civ.* 1029 ; *Gaz. Pal.* 19 mars 2019, p. 82, note Conseil ; *Dr. et proc.* 2019, p. 29, note O. Salati ; *Procédures* 2019, n° 108, note Y. Strickler.
10. Civ. 2e, 13 avr. 2023, n° 21-11.716, B (préc. s[s] prés[t] n° 0712.13).

d'une saisie-vente si, en raison de ses termes ambigus, il ne constate pas une créance liquide et exigible (l'acte se bornant à déterminer la procédure à suivre par les experts chargés d'établir les comptes entre les parties) [1]. Les dépens d'une instance en justice ne peuvent être recouvrés par un commandement aux fins de saisie-vente que si la décision fondant la poursuite en fixe le montant. À défaut, leur recouvrement forcé n'est possible qu'en vertu d'un certificat de vérification ou d'une ordonnance de taxe exécutoire les liquidant [2].

Rappelons également que, même consacrée par un titre exécutoire portant condamnation au paiement, la créance née avant le jugement d'ouverture d'une procédure collective est soumise à la règle de l'interdiction des voies d'exécution même s'il s'agit d'une créance salariale dispensée de déclaration au passif, étant précisé que le JEX est tenu, au besoin d'office, d'ordonner la mainlevée des saisies irrégulières [3].

SECTION 3
SUBSIDIARITÉ DE CERTAINES SAISIES-VENTES : DOMAINE

0712.31 **Exposé du principe de subsidiarité.** L'article L. 221-2 C. pr. exéc. dispose que « *la saisie-vente dans un local servant à l'habitation du débiteur, lorsqu'elle tend au recouvrement d'une créance autre qu'alimentaire, inférieure à un montant fixé par décret, ne peut être pratiquée, sauf autorisation du juge de l'exécution donnée sur requête, que si ce recouvrement n'est pas possible par voie de saisie d'un compte de dépôt ou des rémunérations du travail* ».

L'article R. 221-2 C. pr. exéc. fixe à 535 euros le chiffre au-dessus duquel la saisie-vente est ouverte sans restriction, ni autorisation.

Le législateur a ainsi décidé que pour le recouvrement des créances d'un faible montant, la saisie-vente ne doit être qu'une mesure d'exécution subsidiaire. Cette subsidiarité est fondée sur le souci d'éviter, compte tenu de la modicité de l'enjeu financier, de traumatiser le débiteur par une pénétration dans son habitation et d'engager des frais hors de proportion avec le montant de la somme réclamée. Il tend à inciter le créancier à opter pour des mesures jugées moins brutales, moins onéreuses et souvent plus efficaces (v. s[s] n°s 0712.51 s.).

La portée de ce principe est cependant sensiblement atténuée en raison du domaine étroit qui a été imparti à la subsidiarité.

0712.32 **Local d'habitation.** Seul le mobilier situé dans le local servant à l'habitation du débiteur ne peut être l'objet d'une saisie-vente. Celui qui se trouve dans des locaux annexes à l'intérieur desquels on peut accéder sans pénétrer dans l'habitation (garage, remise, grange) paraît de prime abord susceptible d'être saisi. Il en irait de même pour les objets que le débiteur a déposés dans un jardin, dans une cour ou sur la voie publique (meubles d'extérieur, véhicules, remorques, *etc.*). Cependant, leur situation de dépendance à l'égard de l'habitation, conduit le plus souvent le commissaire de justice à pénétrer dans le logement pour rencontrer le débiteur.

Selon certains commentateurs [4], seul le mobilier garnissant l'habitation principale serait insaisissable par voie de saisie-vente. Celui qui se trouve dans une résidence secondaire pourrait en revanche en être l'objet. La Cour de cassation estime toutefois que l'article 51 alinéa 1er de la loi du 9 juillet 1991 (devenu C. pr. exéc., art. L. 221-2) vise tout local servant à l'habitation, que celle-ci soit principale ou secondaire. Ce texte qui n'opère aucune distinction prend en compte l'**affectation et non l'utilisation effective des lieux** ou la saisie peut être pratiquée [5].

Mais la subsidiarité ne s'applique pas lorsque la saisie doit être pratiquée dans l'habitation d'un tiers sous réserve de l'autorisation prévue par l'article L. 221-4 *in fine* C. pr. exéc., ce qui paraît pour le moins paradoxal, la sphère d'intimité du tiers étranger à l'affaire étant moins bien protégée que celle du débiteur.

0712.33 **Créances non alimentaires.** Seules les créances non alimentaires inférieures à 535 euros sont insusceptibles d'être recouvrées par voie de saisie-vente. Les créanciers d'aliments peuvent donc pratiquer cette mesure d'exécution sans restriction ni autorisation préalable, même dans le local d'habitation de leur débiteur.

Il s'agit assurément des créanciers visés par l'article 1er de la loi du 2 janvier 1973 relative au paiement direct des pensions alimentaires (devenu C. pr. exéc., art. L. 213-1), c'est-à-dire de ceux qui bénéficient d'une pension alimentaire *stricto sensu*, de la

1. Civ. 2e, 1er févr. 2018, no 16-21.400, NP ; B. Gorchs-Gelzer, chron. « Mode amiable de règlement des différends », *Dr. et proc.* mai 2018. 7, IV, no 9.
2. Civ. 2e, 3 mai 2007, no 06-12.485, P II, no 20 ; *D.* 2007. IR 1511 ; *D.* 2008. Pan. 1169, obs. A. Leborgne ; *Gaz. Pal.* 9 oct. 2007, p. 17, note C. Brenner – V. ÉGAL. : Civ. 2e, 17 mars 2016, no 15-10.564, NP ; *Procédures* 2016, no 153, note L. Raschel.
3. Com. 30 juin 2021, no 20-15.690, *D.* 2021. 1333 ; *ibid.* 1736, obs. F.-X. Lucas et P. Cagnoli ; *Gaz. Pal.* 26 oct. 2021, p. 72, obs. Lafaurie ; *Gaz. Pal.* 30 nov. 2021, p. 27, obs. J.-J. Ansault ; *Rev. proc. coll.* 2021. Comm. 129, obs. F. Macorig-Venier.
4. *J.-Cl. Pr. civ.*, fasc. 2320, p. 8, no 23, par Goichot.
5. Civ. 2e, 18 juin 2009, no 08-18.379, P II, no 169 ; *Dr. et proc.* 2009. 353, obs. Vinckel ; *D.* 2009. 1769, note V. Avana-Robardet ; *Procédures* 2009, no 274, note R. Perrot ; *Gaz. Pal.* 4-5 sept. 2009, p. 25, note L. Lauvergnat.

contribution aux charges du ménage de l'article 214 C. civ., de la prestation compensatoire sous forme de rente de l'article 276 et des subsides de l'article 342 du même code. La jurisprudence assimile d'ailleurs la prestation compensatoire à la pension alimentaire en ce qui concerne l'insaisissabilité[1]. Mais on peut légitimement se demander, compte tenu du caractère très large de l'expression « créances alimentaires », si l'exception ne doit pas également bénéficier aux salariés ou aux victimes d'un dommage corporel ayant obtenu une indemnité compensatrice de la rémunération perdue.

0712.34 Créances inférieures à 535 euros. Il s'agit du montant de la créance en principal. Les accessoires tels que les frais, les intérêts moratoires échus et les majorations ou pénalités de retard, ne peuvent être pris en compte. Il doit en être de même pour les dépens.

Il a été jugé que l'indemnité allouée au titre des frais irrépétibles, ne peut également être prise en considération pour la détermination du montant de la créance, car elle est traditionnellement assimilée aux dépens par la Cour de cassation[2]. Celle-ci estime que la demande fondée sur l'article 700 C. pr. civ. ne constitue pas une prétention dont la valeur est susceptible de s'ajouter à celle de la demande principale pour la détermination du taux du ressort[3]. Elle estime encore que les articles 410 et 558 C. pr. civ. respectivement relatifs à l'acquiescement et à la renonciation implicites, ne sont pas applicables en cas d'exécution des condamnations aux dépens et aux sommes allouées en vertu de l'article 700[4].

Le montant en principal de la créance qui doit être pris en compte n'est pas celui qui est initialement mentionné sur le titre exécutoire mais celui qui reste à recouvrer après déduction des acomptes versés ultérieurement[5]. Il faut préciser que pour le calcul du seuil de 535 euros en principal, la Haute juridiction considère qu'il faut appliquer les modalités d'imputation des acomptes versés par le débiteur. Ainsi, lorsque celui-ci est poursuivi pour le recouvrement d'une créance augmentée de divers accessoires, les règlements partiels doivent d'abord être déduits des frais de poursuite avant de pouvoir entamer le capital[6]. Bien entendu, les frais accessoires sur lesquels s'imputent prioritairement les acomptes sont ceux qui ont été exposés avant l'engagement de la procédure par la signification du commandement. En définitive, ce n'est pas le montant initial de la créance qui doit être pris en considération, pour déterminer le seuil de 535 euros, mais celui qui reste dû par le débiteur après la déduction des versements qu'il a effectués. Si la procédure est engagée alors que le solde est inférieur à ce seuil, celle-ci est irrégulière et les actes injustifiés, comme le commandement de payer et le procès-verbal de carence subséquents, sont mis à la charge du commissaire de justice qui les a faits[7].

0712.35 Autorisation du juge de l'exécution. Exceptionnellement, une autorisation du JEX donnée sur requête dans les conditions prévues aux articles R. 121-23 et R. 121-24 C. pr. exéc., permet l'engagement immédiat d'une saisie-vente pour le recouvrement d'une créance non alimentaire dont le montant ne dépasse pas 535 euros[8] en principal et ce, même si la mesure doit être pratiquée dans l'habitation du débiteur (C. pr. exéc., art. L. 221-2).

L'article L. 221-2 C. pr. exéc. ne précise pas sur quels critères le juge donne son accord. Mais on peut imaginer que les besoins du créancier, les atermoiements du débiteur ou son refus de déférer à un commandement signifié à personne, pourraient justifier sa décision d'autoriser la saisie-vente. On a également cité le risque, pour le salarié d'une petite entreprise au service comptabilité rudimentaire, d'être licencié par un employeur peu disposé à voir compliquer sa gestion des salaires par une saisie des rémunérations[9]. On peut surtout subodorer, en présence d'un débiteur chômeur de longue durée, que son compte bancaire est exclusivement alimenté par des sommes insaisissables (RSA [revenu de solidarité active], prestations familiales) et, par conséquent, qu'une saisie-attribution sera sans doute infructueuse. Le juge pourra, dans ce cas, autoriser le passage immédiat à la saisie-vente.

Il est cependant certain que, s'il est d'ores et déjà établi que le recouvrement s'avère impossible par voie de saisie d'un compte de dépôt ou des rémunérations, le créancier n'a besoin d'aucune autorisation pour pratiquer une saisie-vente.

SECTION 4
SUBSIDIARITÉ DE CERTAINES SAISIES-VENTES : MISE EN ŒUVRE

0712.41 Impossibilité d'une saisie bancaire ou salariale. La saisie-vente peut être engagée d'emblée s'il est impossible d'effectuer un recouvrement par

1. Civ. 2e, 27 juin 1985, no 84-14.663, P II, no 131 ; *D.* 1986. 230, note Philippe.
2. Paris, 7 déc. 1995, *D.* 1996. 203, note J. Prévault.
3. Civ. 3e, 6 janv. 1981, no 79-10.651, P III, no 4.
4. Civ. 2e, 26 févr. 1997, no 95-13.876, P II, no 57.
5. Civ. 2e, 18 juin 2009, no 08-18.379, P (préc., v. ss no 0712.32).
6. Civ. 2e, 19 févr. 2009, no 08-10.004, *Procédures* 2009, no 149, note R. Perrot.
7. Civ. 2e, 5 mai 2011, no 10-15.977, NP ; *Procédures* 2011, no 224, note R. Perrot.
8. Anct 3 500 F.
9. M. Dymant, « De la saisie des meubles en général et du domicile en particulier », *Gaz. Pal.* 1996. 2. Doctr. 894.

voie de saisie sur les comptes ou sur les rémunérations du débiteur.

Il en est ainsi lorsque celui-ci n'a pas de compte en banque (ce qui se produit encore parfois) ou n'a pas d'employeur (artisan, commerçant, membre d'une profession libérale, demandeur d'emploi), lorsque la créance à recouvrer est le montant d'un chèque sans provision (ce qui condamne d'avance à l'échec une tentative de saisie bancaire), lorsqu'une précédente saisie sur comptes ou sur rémunérations s'est révélée infructueuse (compte au solde débiteur, dérisoire ou insaisissable, défaut d'employeur, quotité disponible insuffisante ou absorbée par des créanciers privilégiés).

L'échec d'une première tentative caractérise l'impossibilité envisagée par l'article L. 221-2 C. pr. exéc., même si elle visait au recouvrement d'une autre créance, et même si elle émanait d'un autre créancier ayant le même commissaire de justice que le poursuivant. Il suffit qu'elle soit récente et révèle effectivement l'inutilité d'une nouvelle tentative par d'autres voies que la saisie-vente. Cette circonstance peut, en tout cas, justifier l'autorisation du JEX.

0712.42 Sanctions du recours injustifié à la saisie-vente. La saisie-vente pratiquée alors même que celle du compte de dépôt ou des rémunérations du débiteur était possible, est fondamentalement nulle pour violation d'une interdiction légale d'ordre public[1].

Il appartient au créancier qui veut éviter d'être sanctionné, de rapporter la preuve de l'impossibilité d'engager une de ces mesures[2]. Lorsque la saisie-vente est pratiquée pour le recouvrement d'une créance de l'État, la contestation fondée sur la violation des articles L. 221-2 et R. 221-2 C. pr. exéc. porte sur la régularité de la procédure d'exécution et relève de l'opposition à poursuite qui ressortit, sous réserve de l'exercice préalable du recours gracieux devant l'administration fiscale, à la compétence du JEX[3].

Le recours à la saisie-vente peut aussi être déclaré abusif lorsque le moyen de paiement utilisé pour régler un acompte informait suffisamment le créancier sur l'existence d'un compte et sur l'adresse principale du débiteur en permettant ainsi l'engagement d'une mesure d'exécution respectueuse des principes et propre à éviter des frais dont la disproportion évidente était prévisible[4].

Le contrôle juridictionnel s'effectue *a posteriori*, à l'occasion de la contestation élevée par le débiteur.

1. TGI Troyes, JEX, 20 oct. 2004, *Rev. huiss.* 2005. 101, obs. A. Leborgne.
2. Douai, 22 déc. 1994, *Rev. huiss.* 1995. 593, note G. Dahan.
3. Cass., avis, 14 mai 2001, n° 01-00.002, P, n° 3 ; *BICC* n° 539, concl. Kessous, rapp. Serre.
4. Civ. 2e, 18 juin 2009, n° 08-18.379, préc. (v. s^s n°s 0712.32 et 0712.34).

Le créancier doit alors justifier qu'en dépit de ses recherches auprès des administrations et des organismes sociaux en consultant les fichiers Ficoba, il n'a pu identifier la banque ou l'employeur de son débiteur[5]. Il pourra également produire les actes de procédure établissant qu'il a préalablement tenté une saisie-attribution ou une saisie des rémunérations qui s'est révélée infructueuse. Il pourra aussi démontrer, avec le concours de son commissaire de justice, que ces mesures étaient d'avance vouées à l'échec, puisqu'un autre créancier les avait engagées sans succès à une époque récente.

À titre d'exemple, il a été jugé qu'un commandement délivré en vertu des articles 82 et 83 du décret du 31 juillet 1992[6] (devenus C. pr. exéc., art. R. 221-2 et R. 221-3), signifié en mairie mais n'ayant pas été réitéré alors même que le débiteur, médecin, pouvait aisément être touché à personne pendant les heures de consultation, ne peut permettre au créancier de se prévaloir de l'impossibilité de saisir le compte bancaire[7]. Le créancier ne peut par conséquent poursuivre la procédure de saisie-vente, sans avoir au préalable tenté d'obtenir des administrations et des établissements habilités par la loi à tenir des comptes, les informations lui permettant d'identifier l'employeur et les comptes ouverts au nom du débiteur comme l'y autorisent les articles L. 152-1 et L. 152-2 C. pr. exéc. Avant la réforme résultant de la loi du 22 décembre 2010[8], l'huissier (commissaire de justice) ne pouvait accéder à ces informations qu'en passant par l'intermédiaire de l'administration fiscale et à défaut, par celui du procureur de la République.

0712.43 Commandement-injonction. Afin de faciliter l'application du principe de subsidiarité, l'article R. 221-3 C. pr. exéc. dispose que le créancier doit, préalablement à l'exécution, délivrer un commandement contenant injonction au débiteur de communiquer, dans les huit jours, les nom et adresse de son employeur et les références de ses comptes bancaires ou l'un de ces éléments seulement. Cette alternative permet au débiteur, s'il accepte de collaborer à la saisie, d'opter pour la mesure qui lui causera le moins de désagrément.

Cette injonction doit également figurer dans le commandement délivré pour le recouvrement d'une

5. Douai, 22 déc. 1994, préc. s^s prés^t n°.
6. Décr. n° 92-755, 31 juill. 1992, instituant de nouvelles règles relatives aux procédures civiles d'exécution pour l'application de la loi n° 91-650 du 9 juillet 1991 portant réforme des procédures civiles d'exécution, *JO* 5 août.
7. Douai, 22 déc. 1994, *Rev. huiss.* 1995. 593, obs. G. Dahan.
8. L. n° 2010-1609, 22 déc. 2010, relative à l'exécution des décisions de justice, aux conditions d'exercice de certaines professions réglementées et aux experts judiciaires, *JO* 23 déc., texte 1.

créance publique d'un montant ne dépassant pas 535 euros (C. pr. exéc., art. R. 221-7, III, 3°). Elle devait également apparaître dans la notification ou la signification au tireur d'un chèque sans provision n'excédant pas la même somme, du certificat de non-paiement valant commandement de payer conformément à l'article L. 131-73 C. mon. fin.[1]. Toutefois, l'article 298 du décret du 31 juillet 1992 qui prévoyait cette injonction n'a pas été repris dans le décret relatif à la partie réglementaire du Code des procédures civiles d'exécution ; il est possible qu'elle réapparaisse ultérieurement dans le Code monétaire et financier.

0712.44 Silence du débiteur. Lorsque le débiteur gardait le silence sur les références de ses comptes ou de son employeur, le dernier alinéa de l'article 51 de la loi du 9 juillet 1991, abrogé depuis la loi du 22 décembre 2010, invitait l'huissier (commissaire de justice) à s'adresser au procureur de la République pour qu'il demande ces renseignements aux administrations et aux organismes bancaires. Il pouvait toutefois interroger directement l'administration des impôts pour obtenir l'adresse des organismes auprès desquels un compte était ouvert au nom du débiteur. Si l'administration fiscale ne possédait pas ces informations, le procureur de la République entreprenait alors, à la requête de l'officier ministériel porteur du titre exécutoire et de la réponse négative du fisc, les diligences nécessaires pour connaître ces organismes. En revanche, lorsque les renseignements recherchés tendaient à l'engagement d'une saisie des rémunérations, l'officier ministériel était tenu de passer systématiquement par l'entremise du ministère public. À l'issue d'un délai de trois mois, l'absence de réponse du procureur valait réquisition infructueuse.

Depuis la réforme opérée par la loi du 22 décembre 2010, le commissaire de justice peut interroger directement les administrations de l'État et des collectivités territoriales, les établissements publics et les organismes contrôlés par l'autorité administrative pour connaître l'adresse du débiteur, l'identité et l'adresse de son employeur ou de tout tiers débiteur ou dépositaire de sommes liquides ou exigibles à l'exclusion de tout autre renseignement et sans que l'on puisse lui opposer le secret professionnel. Il peut aussi s'adresser directement aux établissements teneurs de comptes de dépôt pour qu'ils lui indiquent si un ou plusieurs comptes, comptes joints ou fusionnés, sont ouverts au nom du débiteur ainsi que les lieux où ils sont tenus, à l'exclusion de tout autre renseignement, sans se voir opposer le secret professionnel[2].

1. Décr.-L. 30 oct. 1935, anc. art. 65-3.
2. L. n° 2010-1609, 22 déc. 2010, art. 39 mod.

La question se pose de savoir si toutes ces démarches et recherches destinées à favoriser une saisie bancaire ou salariale, constituent une étape obligatoire avant l'engagement de la saisie-vente alors même que le débiteur, qui ne défère pas à l'injonction de communiquer les références de ses comptes ou de son employeur, fait délibérément obstacle aux mesures d'exécution que la législation a voulu privilégier. En d'autres termes, le mutisme du débiteur fait-il perdre à la saisie-vente son caractère subsidiaire ou, en tout cas, démontre-t-il l'impossibilité de pratiquer une saisie sur compte ou sur rémunération ? Deux grands courants d'opinion opposés ont divisé doctrine et jurisprudence. Un avis de la Cour de cassation a consacré l'un d'eux pour l'essentiel.

0712.45 Opinions doctrinales. *Un premier courant* a soutenu que le silence du débiteur, tenu à un devoir de collaboration, devait être sanctionné par l'engagement immédiat de la saisie-vente à son domicile et ce, sans avoir besoin de rechercher ces renseignements, ni demander l'autorisation au juge. Pour les tenants de cette thèse, le silence révélait, non seulement la mauvaise foi du débiteur ou, en tout cas, son intention de renoncer à la subsidiarité, mais encore l'impossibilité absolue de pratiquer une saisie-attribution ou des rémunérations. Ils ont considéré en outre que le recours au procureur de la République pour rechercher les informations dissimulées n'était pas obligatoire, l'article 51 de la loi du 9 juillet 1991, dans sa rédaction antérieure à la loi du 22 décembre 2010, utilisant dans son troisième alinéa (aujourd'hui abrogé) le mot « *peut* » et non « *doit* » à propos de la saisine du ministère public[3].

Un second courant d'opinion a estimé que le silence du débiteur ne caractérisait pas l'impossibilité de saisir ses comptes ou ses salaires, le créancier pouvant, par l'intermédiaire de son mandataire, soit effectuer les recherches pour obtenir les renseignements relatifs à son employeur ou à ses comptes bancaires, soit solliciter une autorisation spéciale du JEX. Les tenants de cette thèse ont observé que le texte de l'article 51 ne prévoyait pas que le mutisme du débiteur permettait d'engager directement la saisie-vente et ont relevé que, s'il en était ainsi, le renvoi par son troisième alinéa au service du Parquet comme l'autorisation du juge, n'auraient aucun sens. Ils ont considéré que l'intention du législateur exprimée par le principe de subsidiarité était d'écarter la pénétration dans les locaux d'habi-

3. J.-J. Daigre, « À propos de l'exception de subsidiarité de la saisie-vente », *Rev. huiss.* 1992. 1041 – H. Croze, « Commentaire du décret du 31 juillet 1992 », *JCP* 1992. I. 3635 – J.-P. Faget et D.-R. Martin, « Subsidiarité de la saisie-vente et carence du débiteur saisi », *JCP* 1993. I. 3711.

tation du débiteur pour le recouvrement des petites créances[1].

0712.46 Jurisprudence. Il semble acquis aujourd'hui que le défaut de réponse du débiteur à l'injonction contenue dans le commandement, ne suffit pas à lui seul à caractériser l'impossibilité de procéder à une saisie sur compte bancaire ou sur rémunération du travail et que, dans cette hypothèse, la saisie-vente pratiquée sans rechercher les informations nécessaires à l'engagement de ces mesures ou sans autorisation du juge doit être annulée en principe.

Plusieurs juridictions se sont prononcées dans ce sens sous l'empire de l'article 51 de la loi de 1991 (devenu C. pr. exéc., art. L. 221-2) dans sa rédaction antérieure à celle du 22 décembre 2010[2].

La Cour de cassation a confirmé cette analyse dans un avis du 8 décembre 1995 abondamment et diversement commenté[3].

La Haute juridiction a observé dans ses motivations, que l'absence de réponse du débiteur à l'injonction qui lui avait été faite dans le commandement de communiquer les renseignements utiles à l'exercice d'une saisie sur ses comptes de dépôt ou sur ses rémunérations du travail, ne faisait pas échec au principe de subsidiarité posé par l'article 51 de la loi du 9 juillet 1991 (devenu C. pr. exéc., art. L. 221-2) et n'avait pour effet, si le recours au procureur de la République s'avérait nécessaire pour connaître l'employeur du débiteur ou les établissements où celui-ci avait ses comptes, que de dispenser l'huissier de justice (devenu commissaire de justice) de justifier des recherches infructueuses. Selon l'avis de la Haute juridiction, le silence du débiteur ne rendait pas possible, de ce seul fait, la saisie-vente. Il permettait à l'officier ministériel de s'adresser immédiatement et sans autre formalité, au procureur de la République en vue d'obtenir l'identification de l'employeur ou des comptes de dépôt du débiteur. La portée de cet avis n'a pas été remise en cause par la loi du 22 décembre 2010 qui a permis aux huissiers (commissaires de justice) de s'adresser directement aux administrations et aux organismes bancaires pour identifier l'employeur du débiteur ou localiser ses comptes bancaires. Il appartient au commissaire de justice de justifier du caractère infructueux de ses recherches en produisant, en cas de contestation, tout document établissant que le débiteur n'a pas d'employeur connu ou de compte dont le solde est susceptible d'être saisi.

Il est également logique de considérer que le créancier peut se passer d'effectuer des recherches auprès des administrations ou des organismes teneurs de comptes lorsqu'il a d'ores et déjà tous les éléments lui permettant de conclure à l'impossibilité de pratiquer une saisie bancaire ou salariale (v. s[s] n° 0712.41).

Il va également de soi, bien que la Cour de cassation ne le précise pas, que le créancier qui n'obtient aucune réponse du débiteur, notamment s'il a été personnellement touché par le commandement injonction, peut solliciter du juge l'autorisation de pratiquer immédiatement la saisie-vente (v. s[s] n° 0712.35).

On observe que les renseignements fournis ne sont pas une panacée en l'absence de transparence patrimoniale, puisqu'ils permettent seulement d'identifier des sources de revenus, sans toutefois garantir que le compte bancaire est approvisionné ou que la quotité saisissable est suffisante ou non absorbée par des créanciers privilégiés. Il convient cependant de relever que la même incertitude existe lors de l'engagement direct d'une saisie-vente, puisque le poursuivant ne sait pas à l'avance, si les meubles sont saisissables, s'ils ont une valeur suffisante, s'ils sont déjà saisis ou encore s'ils appartiennent bien au débiteur.

SECTION 5

SUBSIDIARITÉ DE CERTAINES SAISIES-VENTES : FINALITÉS ET PORTÉE

0712.51 Éviter le traumatisme de l'introduction dans le logement familial. C'est le motif le plus souvent avancé pour expliquer l'adoption du principe de subsidiarité. « *Il est inutile de forcer les portes pour récupérer une somme inférieure à 3 000 francs* » (soit 457,35 euros) déclarait le rapporteur de la commission des lois du Sénat au cours des travaux parlementaires. À cet égard, ce n'est peut-être pas une survalorisation de la notion de domicile privé qui a motivé le législateur, mais plutôt la conscience aiguë que cette intrusion, certes légale et le plus souvent

1. Y. Desdevises, « L'influence du silence du débiteur sur la subsidiarité de certaines saisies-ventes », *D.* 1993. Chron. 160 – J. Beauchard, « Le logement et les procédures civiles d'exécution », *RTD civ.* 1994, n° spécial, n°s 27 à 32 – *J.-Cl. Pr. civ., v° Saisie-vente*, vol. 9, fasc. 2320, n°s 21 s., par Goichot – R. Perrot, « La réforme des procédures civiles d'exécution », *RTD civ.* 1993, n° spécial, présentation, p. IX.
2. Douai, 22 déc. 1994, *Rev. huiss.* 1995. 593 – Rennes, 2 juin 1995, *BICC* 1er févr. 1996, n° 129 – Besançon, 12 sept. 1995, *Rev. huiss.* 1996. 1287 – TOUTEFOIS, EN SENS CONTRAIRE : Angers, 11 juill. 1995, *Rev. huiss.* 1996. 610, note J.-J. Daigre.
3. J.-J. Bourdillat, « La subsidiarité de certaines saisies-ventes : quand la loi est inique… », *Gaz. Pal.* 1996. 2. Doctr. 900 – J.-J. Daigre, « Subsidiarité de la saisie-vente : la carence du débiteur récompensée ? », *Rev. huiss.* 1996. 257 – P. Przemyski-Zajac et P. Przemyski, « Saisie-vente : la subsidiarité ? », *Rev. huiss.* 1996. 897 – R. Perrot et Ph. Théry, « La subsidiarité de la saisie-vente », *D.* 1996. Chron. 169 – F. Ruellan et R. Lauba, note s[s] Cass., avis, 8 déc. 1995, n° 09-50.013, P, n° 15 ; *D.* 1997. 130.

justifiée, peut exacerber les réactions de justiciables fréquemment plongés dans la précarité ou en situation de détresse sociale. La pénétration peut être alors mal vécue même si la saisie consiste, dans l'immédiat, en un simple inventaire des meubles dont l'enlèvement est différé jusqu'à la vente.

Cependant, l'intrusion dans la sphère familiale ne justifie pas à elle seule, la subsidiarité de la saisie-vente.

0712.52 Orienter vers les mesures les plus idoines. En dépit des apparences, la subsidiarité n'est sans doute pas une faveur exceptionnelle accordée au débiteur. Elle pourrait bien apparaître, selon l'analyse de Y. Desdevises, comme l'expression d'un principe non écrit de hiérarchie des voies d'exécution implicitement contenu dans la loi du 9 juillet 1991, aujourd'hui incorporée dans la partie législative du Code des procédures civiles d'exécution.

0712.53 Hiérarchie des voies d'exécution. Il est certain que l'objectif du réformateur était la revalorisation des titres exécutoires, notamment par l'adoption de mesures d'exécution mieux adaptées à la composition actuelle des patrimoines. Dans cette optique, les notions de frais inutiles ou de procédures injustifiées jouent un rôle manifestement incitateur, orientant les créanciers vers les mesures les plus efficaces et les moins onéreuses.

C'est dans ce cadre qu'il faut apprécier l'émergence légale du principe de subsidiarité.

À cet égard, les dispositions législatives du Code des procédures civiles d'exécution précisent (C. pr. exéc., art. L. 111-7 et L. 121-2) que si le créancier a le choix des mesures propres à assurer l'exécution ou la conservation de sa créance, l'exécution de ces mesures ne doit pas excéder ce qui se révèle nécessaire pour le paiement de l'obligation. Elles précisent également (C. pr. exéc., art. L. 122-1) que le commissaire de justice chargé du recouvrement peut refuser de prêter son ministère lorsque la mesure requise lui paraît illicite ou devoir engendrer des frais susceptibles de dépasser le montant de la créance réclamée. Elles ajoutent enfin (C. pr. exéc., art. L. 111-8, al. 1er) que les frais de l'exécution forcée sont à la charge du débiteur, sauf s'il est manifeste qu'ils n'étaient pas nécessaires au moment où ils ont été engagés. Toutes ces règles figurent dans le livre Ier consacré aux dispositions générales lequel est naturellement suivi du livre II concernant les dispositions spécifiques aux mesures d'exécution forcée. Or, ce livre II énonce les diverses mesures dans un ordre particulier (saisie-attribution, saisie des rémunérations, paiement direct des pensions alimentaires [PAL], saisie-vente), qui est fidèlement repris par le décret de codification et qui ne doit manifestement rien au hasard car il laisse transparaître l'intention d'établir une certaine hiérarchie des voies d'exécution.

On devine ainsi la préférence du législateur pour les saisies les plus rapides, les plus économiques et les mieux adaptées à l'immatérialisation constante des fortunes.

0712.54 Place occupée par la saisie-vente. Or, nul n'ignore combien la saisie-vente est longue à porter ses fruits, peu rentable et très aléatoire, le créancier ne pouvant espérer être désintéressé qu'à l'issue d'une procédure assez complexe et à condition d'avoir saisi des biens de valeur.

Elle est relativement onéreuse puisqu'elle nécessite de nombreux actes et formalités tarifés : commandement de payer, procès-verbal de saisie, publicité par affichage et voie de presse, acte de vérification des objets manquants ou dégradés, acte de vente, frais de transport, parfois de serrurier et de garde-meuble, indemnité aux fonctionnaires municipaux ou de police.

Le créancier peut, en outre, subir la loi du concours et être ainsi contraint de partager avec les créanciers opposants le maigre produit de la vente, après une procédure de distribution des deniers relativement lourde. Le patrimoine de la plupart des débiteurs se composant de meubles de qualité courante, souvent démodés, d'appareils ménagers ou audiovisuels usagés, sinon obsolètes, le rapport de la saisie-vente est bien souvent décevant au regard du coût global de la procédure.

En réalité, la saisie-vente est plutôt utilisée comme moyen de pression. L'objectif du commissaire de justice n'est pas la vente, mais l'obtention d'un paiement total ou partiel, sous forme d'acompte à la délivrance de chaque acte, quitte à suspendre puis reprendre la procédure au gré du respect des engagements du débiteur. Si cette technique de recouvrement peut être admise, on doit relever qu'elle a l'inconvénient d'aboutir en pratique, à une multiplication des actes souvent réitérés inutilement. On constate ainsi qu'en cas d'insolvabilité du débiteur, cette méthode devient une source de frais excessifs sinon frustratoires, qui restent à la charge définitive du créancier. Or s'il est juste de prémunir les créanciers de sommes modiques contre les risques d'impayés systématiques, encore faut-il ne pas les leurrer en diligentant en leur nom une voie d'exécution dont le coût risque rapidement de dépasser le principal dû et de rester finalement à leur charge en présence de débiteurs impécunieux.

Certains commentateurs ont pu relever avec une certaine pertinence que la pratique consistant à se servir de l'indisponibilité des biens saisis comme d'un gage de bonne fin de l'exécution, pouvait aboutir à vider complètement la saisie-vente de sa substance. En effet, dans la mesure où le créancier n'a pas véritablement l'intention de vendre, il empêche cette mesure de déboucher sur le résultat qui lui a été assigné par la loi, à savoir l'exécution forcée[1].

On comprend dès lors que, sans interdire l'usage de la saisie-vente, le législateur ait tenu à restreindre celui-ci pour les créances d'un faible montant.

Il n'a fait que prendre en compte l'évolution du patrimoine de nos concitoyens constitué de plus en plus souvent, de salaires, de dépôts en banque et de valeurs mobilières. À cet égard, le Code des procédures civiles d'exécution fait de la saisie-attribution un instrument de recouvrement particulièrement rapide et efficace puisqu'aucune vente n'est nécessaire, que le procès-verbal emporte attribution immédiate des sommes interceptées au créancier qui ne subit pas la loi du concours, même en cas de procédure collective ultérieure. Le législateur considère, en outre que la saisie des rémunérations peut, en dépit de l'insaisissabilité partielle des salaires, s'avérer intéressante pour les petites créances en raison de son moindre coût et de la durée raisonnable du recouvrement.

Ainsi, contrairement à ce qu'a relevé un commentateur[2], l'avis de la Cour de cassation, en explicitant le principe de subsidiarité, ne privilégie pas l'analyse politique et sociologique de la réforme au détriment de l'analyse économique. Il fait en réalité coïncider ces deux pôles.

On a toutefois relevé que si la relégation de la saisie-vente au second plan pouvait se justifier par la création de mesures plus efficaces, comme les saisies bancaire et salariale, l'évolution législative et jurisprudentielle a rendu celles-ci moins opérantes de telle sorte que le principe de subsidiarité devait être repensé[3].

0712.55 **Portée réelle de la subsidiarité.** L'affirmation du principe de subsidiarité n'aboutit pas à interdire le recours à la saisie-vente. Il ne fait que différer sa mise en œuvre.

Par ailleurs, l'usage de la faculté de saisir le JEX par requête pour obtenir son accord à l'engagement à procéder d'emblée à une saisie-vente devrait favoriser l'émergence d'une jurisprudence relative aux cas d'autorisation.

Quoi qu'il en soit, on constate que si le législateur a estimé que dans la société actuelle, les meubles corporels représentent de moins en moins un gage de bon aloi, il n'est cependant pas allé au bout de cette conclusion en érigeant la subsidiarité de la saisie-vente en principe général. Il a en effet opté pour une réforme limitée, restreignant la subsidiarité aux recouvrements des seules créances modiques. Or, la faible rentabilité de la saisie-vente, qui fonde essentiellement l'adoption du principe de subsidiarité, est une caractéristique permanente qui ne dépend, ni du montant, ni de la nature de la créance, ni même du lieu où la mesure est pratiquée.

1. N. Monachon-Duchêne, « Les limites de la saisie-vente », *JCP* 1997. I. 4044.
2. J.-J. Bourdillat, « La subsidiarité de certaines saisies-ventes : quand la loi est inique… », *Gaz. Pal.* 1996. 2. Doctr. 900.
3. L. Lauvergnat, « La subsidiarité de la saisie-vente : chronique d'un principe anachronique », *Dr. et proc.* 2010. 223.

CHAPITRE

0713. Formalité préalable à la saisie : commandement de payer

René Lauba
Magistrat honoraire

Section 0
Orienteur

0713.00 **Sommaire du chapitre.**

Division. Le commandement de payer est le préalable à la saisie-vente de meubles corporels. Seront successivement étudiés les caractéristiques (sect. 1), la notification (sect. 2), le contenu (sect. 3), les effets (sect. 4) de ce commandement, avant d'envisager l'opposition à commandement (sect. 5).

0713.01 **Textes applicables.**

- **C. pr. exéc.,** art. L. 111-8, L. 141-2, L. 142-3, L. 152-1, L. 152-2, L. 221-1, L. 221-2, R. 121-1, R. 122-2, R. 121-24, R. 141-1, R. 141-2, R. 152-1, R. 211-3, R. 221-1 à R. 221-5, R. 221-7, R. 221-8, R. 221-10, R. 221-11, R. 221-40, R. 221-41 s., R. 222-1, R. 223-10 et R. 224-3.
- **C. pr. civ.,** art. 510, 641 à 644, 648, 651, 680, 659, 695 et 703 à 719.
- **C. civ.,** art. 1231-6, 1231-7, 1244-1, 1343-5 et 2244.
- **COJ,** art. L. 213-6.
- **C. com.,** art. L. 145-41.
- **LPF,** art. L. 252 A, L. 257-0 A, L. 257-0 B, L. 258 A, L. 260, L. 277, L. 281, L. 286 C ; R.*256-6, R.*256-7, R. 257-0 A-1, R.*257-0 B-1, R.*277-7 et R.*281-1 à R.*281-5 ; anc. art. L. 255 à L. 259.
- **CGCT,** art. L. 1617-5.
- **CGPPP,** art. L. 2323-2 s.
- **C. mon. fin.,** art. L. 131-73, L. 313-2 et L. 313-3.
- **CGI,** art. 396 C Annexe II, 415 et 416 Annexe III, 1663, 1727 et 1912.
- **CSP,** art. L. 6145-9.
- **CRPA,** art. L. 212-2, L. 412-3.

0713.02 Jurisprudence de référence.

> Recouvrement forcé des dommages-intérêts de l'article 1153 du Code civil.

• **Civ. 1re, 10 mars 1998,** n° 95-21.817, P I, n° 100

* V. s^s n°s 0112.83, 0143.51, 0143.62, 0713.46

Pour pouvoir être recouvrés par voie d'exécution, les dommages-intérêts prévus à l'article 1153 du Code civil doivent faire l'objet d'une disposition spéciale du titre en vertu duquel est exercée la poursuite.

> Validité du commandement fait pour une somme supérieure au montant réel.

• **Civ. 3e, 6 mai 1998,** n° 96-14.339, P III, n° 92

* V. s^s n° 0713.49

Le commandement fait pour une somme supérieure au montant réel de la dette demeure valable à concurrence de ce montant.

> Compétence du juge de l'exécution pour connaître des contestations relatives à l'exécution forcée.

• **Civ. 2e, 16 déc. 1998,** n° 96-18.255, P II, n° 301

* V. s^s n°s 0212.61, 0713.22, 0713.153

La signification d'un commandement aux fins de saisie-vente engage la procédure d'exécution. Viole l'article L. 311-12-1 [devenu art. L. 213-6] du Code de l'organisation judiciaire, l'arrêt qui retient qu'il n'y avait pas lieu à saisine du juge de l'exécution, ce juge n'ayant le pouvoir de trancher une difficulté relative à un titre exécutoire que si l'exécution forcée était engagée, ce qui n'était pas le cas par la seule délivrance d'un commandement aux fins de saisie-vente.

> Titre exécutoire émis par l'État pour le recouvrement d'impôts, taxes, redevances. Compétence du juge de l'exécution pour connaître de la contestation de la régularité de la procédure d'exécution. Recours gracieux préalable.

• **Cass., avis, 14 mai 2001,** n° 01-00.002, P, n° 3

* V. s^s n°s 0214.41, 0215.61, 0712.42, 0713.163, 0719.51, 0719.104

Dès lors qu'elle ne met pas en cause la créance sur laquelle sont fondées les poursuites dans son existence, son montant ou son exigibilité et qu'elle concerne la régularité de la procédure d'exécution, la contestation relève de l'opposition à poursuites qui ressortit au juge de l'exécution.

S'agissant de titres exécutoires émis par l'État pour le recouvrement d'impôts, taxes, redevances visés par l'article L. 281-1 du Livre des procédures fiscales, une telle contestation doit, à peine d'irrecevabilité, être précédée d'un recours gracieux devant l'administration fiscale, sous réserve que le redevable ait été informé du délai de ce recours, de ses modalités et de son destinataire, ainsi que des dispositions de l'article R. 281-5 du même Livre.

> Recouvrement des frais de l'exécution.

• **Civ. 2e, 6 mars 2003,** n° 01-02.745, P II, n° 56

* V. s^s n°s 0112.83, 0311.161, 0313.10, 0313.31, 0713.48, 0821.24

Le titre qui sert de fondement aux poursuites permet le recouvrement des frais de l'exécution qui sont à la charge du débiteur.

0713.03 Bibliographie indicative.

Actualisables. Rép. pr. civ., v° *Saisie-vente*, déc. 2011 (actu. mars 2025), n°s 36 à 54 – *J.-Cl. Pr. civ., V°* Saisie-vente, fasc. 1600-60, Conditions, par N. Casal – *J.-Cl. Pr. civ., V°* Saisie-vente, fasc. 1600-70, Procédure, par N. Casal – J.-Cl. Soc. Form., *V°* Saisie-vente, fasc. K-102, Comentaires, par C. Tirvaudey-Bourdin et H. Croze.

Ouvrages[1]. A. LEBORGNE, *Droit de l'exécution*, 3e éd., « Précis », Dalloz, 2019, [saisie-vente de meubles corporels : commandement de payer], n°s 1347 s. – R. PERROT et PH. THÉRY, *Procédures civiles d'exécution*, 3e éd., Dalloz, 2013, [saisie-vente : commandement de payer], n°s 622-624.

0713.04 Formulaire de procédure civile (renvois).

- *Saisie-vente – Commandement de payer* (Modèle général de commandement de payer – C. pr. exéc., art. L. 221-1 et R. 221-1)
- *Saisie-vente – Commandement de payer* (Saisie dans le local d'habitation du débiteur pour une créance autre qu'alimentaire n'excédant pas 535 euros – C. pr. exéc, art. R. 221-2)
- *Saisie-vente – Commandement de payer* (Signification d'un jugement avec commandement de payer – C. pr. exéc., art. R. 221-4)
- *Saisie-vente – Commandement de payer* (Signification de jugement avec commandement de payer pour une saisie dans le local d'habitation du débiteur pour une créance autre qu'alimentaire n'excédant pas 535 euros – C. pr. exéc., art. R. 221-2 et R. 221-4)

0713.05 Définition. Le commandement de payer est l'ultime coup de semonce qui doit précéder toute saisie-vente. Il a pour objectif de provoquer, de la part du débiteur qui veut éviter les inconvénients et les frais engendrés par la saisie, un paiement total ou partiel ou, tout au moins, une offre de paiement échelonnée. Tous les commandements de payer, même s'ils sont délivrés par un créancier détenteur d'un titre exécutoire, ne sont pas des commandements aux fins de saisie-vente. Pour être identifiés comme tels et justifier, en cas de contestation, la compétence du juge de l'exécution (JEX), ces actes doivent préciser qu'ils sont signifiés en vue de pratiquer une saisie-vente ou, à tout le moins, contenir les mentions prescrites par les textes régissant cette mesure (v. s^s n° 0713.22).

1. Les ouvrages dont le nom des auteurs figure en petites capitales en bibliographie seront cités par le seul nom des auteurs en petites capitales en notes de bas de page.

SECTION 1
CARACTÉRISTIQUES DU COMMANDEMENT

§ 1
Caractère obligatoire

0713.11 Principe du commandement préalable. Le commandement est requis par l'article L. 221-1 alinéa 1er C. pr. exéc. ainsi rédigé : « *Tout créancier muni d'un titre exécutoire constatant une créance liquide et exigible peut, après signification d'un commandement, faire procéder à la saisie et à la vente des biens meubles corporels appartenant à son débiteur, qu'ils soient ou non détenus par ce dernier* ». Cette obligation est rappelée par les articles R. 221-1, R. 221-3 et R. 221-7 C. pr. exéc.

L'exigence d'un commandement préalable n'est que l'application en matière de saisie-vente, du principe général posé par l'article L. 142-3 C. pr. exéc. selon lequel : « *À l'expiration d'un délai de huit jours à compter d'un commandement de payer signifié par un huissier* (commissaire) *de justice et resté sans effet, celui-ci peut, sur justification du titre exécutoire, pénétrer dans un lieu servant à l'habitation et, le cas échéant, faire procéder à l'ouverture des portes et des meubles* ».

On peut cependant relever que le domaine de l'article L. 221-1 précité est plus large que celui de l'article L. 142-3 C. pr. exéc. puisqu'il prévoit la délivrance d'un commandement quel que soit le lieu où la mesure doit être pratiquée, sans limiter cette formalité à la seule saisie dans un local d'habitation.

La saisie qui serait pratiquée en l'absence de commandement serait nulle.

0713.12 Sanction du défaut de commandement. La saisie-vente qui n'est pas précédée d'un commandement contenant, à peine de nullité, diverses indications et invitant le débiteur à se libérer dans un délai de huit jours, est irrégulière. Aucun texte ne dispense l'État et les établissements publics de respecter les dispositions de l'article R. 221-1 C. pr. exéc. Il ne s'agit pas d'une nullité de forme mais de fond[1].

La production de l'original du commandement ne peut être valablement remplacée par celle de l'état collectif des poursuites par voie de commandement dressé par le percepteur[2].

0713.13 Dispense légale en cas d'opposition-jonction. Il semble que le commandement n'est pas exigé par les articles L. 221-1 et R. 221-41 s. C. pr. exéc., lorsque le créancier entend se joindre à une saisie déjà pratiquée par un prédécesseur en faisant opposition au prix de la vente, ou étendre cette saisie à de nouveaux biens, au moyen d'un inventaire complémentaire (v. ss no 0718.27).

0713.14 Impossibilité d'une dispense judiciaire. On a relevé que le commandement a l'inconvénient d'alerter le débiteur qui peut tenter de dissimuler ou de dilapider son patrimoine mobilier. À cet égard certains auteurs[3], avaient souhaité que l'on profite de la réforme en cours pour ouvrir au créancier, à l'instar de ce qui existait en matière de saisie-gagerie (ACPC, art. 819), la faculté de se faire dispenser par le juge, en présence d'un débiteur retord, de délivrer préalablement commandement de payer. La loi du 9 juillet 1991 et son décret d'application, constituant aujourd'hui les parties législative et réglementaire du Code des procédures civiles d'exécution, n'ont cependant pas adopté cette solution.

Le JEX n'a donc pas le pouvoir d'autoriser le créancier à ne pas remplir cette formalité substantielle.

Toutefois, dans les cas où le risque de disparition est le plus grand, soit parce que le bien est précieux (objet placé dans un coffre-fort), soit parce qu'il peut être facilement déplacé (véhicule terrestre à moteur), le législateur permet au créancier de délivrer commandement après l'acte de saisie et de profiter ainsi de l'effet d'indisponibilité qu'il a produit (C. pr. exéc., art. R. 224-3 et R. 223-10 – v. ss nos 0722.41 s. et 0723.111 s.).

Certains commentateurs[4] ont relevé que le créancier pouvait se ménager un effet de surprise en pratiquant d'abord une saisie conservatoire, mesure pour laquelle aucun commandement préalable n'est requis, ni aucune autorisation judiciaire si le saisissant est titulaire d'un titre exécutoire. Le débiteur institué gardien des objets saisis serait ainsi dans l'incapacité de les soustraire et ce, jusqu'à ce qu'ils fassent l'objet d'une saisie-vente, ce qui est possible en vertu de l'article R. 221-11 C. pr. exéc., ou d'un acte de conversion en saisie-vente.

Cependant, ce dispositif adopté par la pratique en présence de débiteurs retardataires, pourrait perdre une partie de son attrait depuis que la Cour de cassation juge de manière prétorienne, au visa de l'article R. 121-24 C. pr. exéc., qu'avant de pratiquer une saisie conservatoire sur des meubles situés dans un lieu affecté à l'habitation du débiteur, le commissaire de justice doit présenter au JEX, à peine de nullité de la mesure, une requête aux fins d'être autorisé à pénétrer dans ce domicile et ce, même si le créancier qui le mandate détient un titre exécu-

1. TGI Toulon, JEX, 12 oct. 1994, *Rev. huiss.* 1996. 118 – TGI Albertville, JEX, 23 mai 1995, *Gaz. Pal.* 1996. 1. 136, note Véron.
2. Com. 16 févr. 1967, *JCP A* 1967. IV. 5064.
3. J. Vincent, *Voies d'exécution*, 14e éd., « Précis », Dalloz, 1981, no 51.
4. *J.-Cl. Pr. civ.*, vol. 9, fasc. 2320, p. 12, no 66, par Goichot.

toire ou une décision de justice qui n'a pas encore force exécutoire[1].

0713.15 Impossibilité de suppléer par un commandement aux fins de saisie-exécution. Il ne pourrait être suppléé à l'absence d'un commandement conforme à l'article R. 221-1 C. pr. exéc., par un commandement aux fins de saisie-exécution délivré en vertu de l'article 583 ACPC.

La Cour de cassation est en effet d'avis qu'un commandement de payer aux fins de saisie-exécution délivré antérieurement au 1er janvier 1993 (date d'entrée en vigueur de la réforme) ne constituant pas une mesure d'exécution forcée, seul un commandement répondant aux conditions de forme exigées par le décret du 31 juillet 1992 peut engager la nouvelle procédure de la saisie-vente[2]. Le décalage entre les formalités de l'ancien Code de procédure civile et celle du décret du 31 juillet 1992 est tel, que cela reviendrait, selon l'expression d'un commentateur, « *à marier la carpe et le lapin* »[3].

Compte tenu du temps écoulé depuis l'entrée en vigueur de la réforme, ce problème de droit transitoire est aujourd'hui dépassé. Cependant, les commentaires précités conservent tout leur intérêt en ce qui concerne la nature et la place du commandement aux fins de saisie-vente.

§ 2
Nature et place du commandement

0713.21 Le commandement n'est pas un acte d'exécution. Traditionnellement le commandement de payer qui doit précéder la saisie des meubles corporels, n'est pas considéré comme un acte d'exécution car il n'implique par lui-même aucune indisponibilité. Il n'est d'ailleurs pas systématiquement suivi d'une saisie et produit des effets indépendants de celle-ci (mise en demeure, interruption de la prescription).

Il s'analyse en une simple mise en demeure, en un acte préparatoire. Il peut donc être fait dans l'exploit portant signification du jugement dont l'exécution est poursuivie[4].

La Cour de cassation a eu l'occasion de rappeler cette analyse en précisant que l'interdiction des voies d'exécution de la part des créanciers dont la créance est née antérieurement au jugement d'ouverture d'une procédure collective, n'a pas pour effet d'entraîner l'annulation d'un commandement à fin de saisie-exécution, quand bien même celle-ci ne pourrait être poursuivie après ledit jugement[5].

Bien que se rapportant à l'ancienne saisie-exécution ces arrêts sont parfaitement valables pour le commandement aux fins de saisie-vente.

Plus récemment, la Haute juridiction a rappelé que la demande en répétition d'un paiement indu effectué à la suite d'un commandement n'était pas formulée à l'occasion de l'exécution forcée d'un titre exécutoire et ne pouvait donc relever de la compétence du JEX[6].

Il convient cependant de relever que la Cour de cassation semble vouloir modifier sa position puisqu'elle juge que la suspension et l'interdiction des mesures d'exécution forcée résultant de la décision déclarant recevable une demande de traitement d'une situation de surendettement, empêchent le créancier de délivrer un commandement aux fins de saisie-vente pour interrompre la prescription[7]. La Haute juridiction paraît vouloir renforcer le lien unissant le commandement à l'acte de saisie afin qu'ils constituent un tout indissociable (v. ss no 0713.22).

0713.22 Le commandement engage la procédure. Bien que ne constituant pas, en lui-même un acte d'exécution, le commandement n'est pas une formalité extérieure à la procédure de saisie. En effet, la saisie ne peut exister valablement sans lui. Il engage donc la procédure de saisie-vente dont il est indissociable[8]. Pour cette raison, il interrompt la prescription de la créance que la saisie engagée tend à recouvrer[9].

1. Civ. 2e, 17 sept. 2020, no 18-23.626, B ; *JCP* 2020. 1281, note N. Cayrol ; *Procédures* 2020. Comm. 196, obs. M. Laporte ; *Rev. prat. rec.* 2020, no 11, p. 15, obs. R. Laher ; *Gaz. Pal.* 8 déc. 2020, p. 41, note C. Brenner.
2. Cass., avis, 14 juin 1993, nos 09-30.003 et 09-30.008, P, no 8 ; *D.* 1993. 394, note J.-P. Ménabé ; *D.* 1993. Somm. 283, obs. P. Julien ; *RTD civ.* 1993. 892, obs. R. Perrot – Ph. Théry, « Saisie sur saisie ne vaut », *D.* 1993. Chron. 213.
3. Ph. Théry, préc.
4. Civ. 2 mai 1854, *DP* 1854. 1. 227 – Civ. 1re, 14 nov. 1984, no 83-13.333, P I, no 304 – Civ. 1re, 10 juill. 1996, no 94-17.141, P I, no 308.
5. Com. 14 mars 1995, no 93-10.927, P IV, no 76 ; *D.* 1995. IR 112 ; *RTD civ.* 1995. 969, note R. Perrot.
6. Civ. 2e, 11 déc. 2008, no 07-19.411, P II, no 264 ; *Procédures* févr. 2009, p. 15, note R. Perrot.
7. Civ. 2e, 28 juin 2018, no 17-17.481, P ; *Dr. et proc.* 2018. 157, obs. O. Salati.
8. Cass., avis, 14 juin 1993, nos 09-30.003 et 09-30.008, P (préc., v. ss no 0713.15) ; *D.* 1993. 394, note J.-P. Ménabé ; *D.* 1993. Somm. 283, obs. P. Julien ; *RTD civ.* 1993. 892, obs. R. Perrot – Civ. 2e, 16 déc. 1998, no 96-18.255, P II, no 301 ; *D.* 1999. Somm. 221, obs. crit. P. Julien.
9. Civ. 2e, 13 mai 2015, no 14-16.025, P II, no 113 ; *Procédures* 2015. Comm. 222, note L. Raschel ; *Dr. et proc.* 2015. 104, obs. O. Salati, et p. 184, obs. L. Lauvergnat ; *Gaz. Pal.* 2015, no 248, p. 15, note C. Brenner – V. ÉGAL. : Civ. 2e, 1er juin 2017, no 16-17.589, NP ; *AJDI* 2017. 611 ; *Procédures* 2017, no 183, note L. Raschel ; *RD banc. fin.* 2017, no 214, note. S. Piedelièvre.

Il convient de relever que dans l'esprit des rédacteurs du décret du 18 décembre 1996[1] qui a modifié le texte des articles 8 de l'ancien décret du 31 juillet 1992 (devenu C. pr. exéc., art. R. 121-1) et 510 C. pr. civ., le commandement fait partie intégrante de la procédure de saisie-vente, puisque sa délivrance permet au débiteur de saisir le JEX afin d'obtenir un délai de paiement qui va suspendre le processus de saisie qui commençait à s'amorcer. Plus généralement, la Cour de cassation admet que la délivrance du commandement permet la saisine du JEX aux fins de trancher une difficulté d'exécution[2]. Ainsi, dès lors que le commandement engage la saisie-vente, toute contestation portant sur ses effets, telle qu'une demande en restitution d'un paiement effectué après sa délivrance, relève de la compétence du JEX même si ce paiement n'a pas été fait en exécution d'une saisie[3]. Pour le même motif, la Cour de cassation juge que le JEX est compétent pour statuer sur la contestation d'un commandement délivré en exécution d'une transaction conclue devant notaire à l'occasion d'un partage successoral[4].

Il faut cependant, pour que l'acte qualifié de commandement justifie la compétence du JEX, qu'il puisse être rattaché à une mesure d'exécution forcée. Or tel n'est pas le cas de l'acte qui se borne à réclamer le paiement d'une créance sans énoncer qu'en cas de refus ou d'inertie du débiteur, une saisie sera pratiquée sur ses biens, ni comporter les mentions d'information requises. Même si le créancier au nom duquel ce commandement est délivré détient un titre exécutoire, le processus de saisie qui, seul, justifie la saisine du JEX, n'est pas valablement engagé. Par conséquent, la contestation tendant à voir constater la prescription de la créance réclamée et, subsidiairement, à obtenir des délais de paiement, doit être portée devant le juge du fond[5].

SECTION 2
NOTIFICATION DU COMMANDEMENT

0713.31 **Forme de la notification.** Selon les articles L. 221-1 et R. 221-1 C. pr. exéc., le créancier peut faire procéder à la saisie-vente, après « *signification* » d'un commandement de payer. Le commandement est donc, conformément à l'article 651 C. pr. civ., notifié par un acte du commissaire de justice qui doit contenir les mentions communes à tous les exploits, mentions qui sont prescrites par l'article 648 du même code.

L'officier ministériel est, en principe, seul compétent pour accomplir cette formalité substantielle comme le prescrivent les articles 6 de la loi du 27 décembre 1923 et 1er de l'ordonnance du 2 novembre 1945, qui a été remplacée, à partir du 1er juillet 2022 par l'ordonnance du 2 juin 2016[6], article 1er, I, 1° et 3°. Il peut néanmoins être suppléé par un clerc assermenté de son étude puisque le commandement aux fins de saisie-vente n'est pas un acte d'exécution relevant des attributions exclusives qu'il tient du second alinéa de l'article 6 précité[7]. Précisons que selon l'article 7 de la loi du 27 décembre 1923 précitée, relative à la suppléance des commissaires de justice et à la création des clercs assermentés, l'acte à signifier doit être préalablement signé par le commissaire de justice qui, après la signification, vise les mentions faites par le clerc assermenté, le tout à peine de nullité. Toutefois, l'omission de cette signature préalable ne constitue qu'une irrégularité de forme qui n'entraîne la nullité du commandement et de la saisie subséquente qu'à la charge pour celui qui invoque cette sanction, de justifier d'un grief[8]. La notification du commandement par voie de signification est ainsi la règle générale.

Toutefois, lorsque le recouvrement est effectué par un comptable public, le commandement peut prendre la forme d'une mise en demeure qui en tient lieu et qui est notifiée selon les modalités prévues par l'article L. 257 du LPF, pour les créances de l'État, les produits du domaine public, les créances des collectivités territoriales et de leurs établissements publics, ainsi que des créances des autres personnes morales de droit public (C. pr. exéc., art. R. 221-7).

La mise en demeure est alors notifiée par voie postale à la diligence du comptable chargé du recouvrement. Dans ce cas, la mise en demeure de payer n'est pas soumise aux conditions générales de validité des actes des commissaires de justice (LPF, art. R. 257-0 A-1 et R. 256-6 ; CGCT, art. L. 1617-5, 5°).

En matière de chèque impayé, la notification du certificat de non-paiement au tireur vaut commandement (Décr.-L. 30 oct. 1935, art. 65-3, devenu

1. Décr. n° 96-1130, 18 déc. 1996, modifiant le décret n° 92-755 du 31 juillet 1992 instituant de nouvelles règles relatives aux procédures civiles d'exécution pour l'application de la loi n° 91-650 du 9 juillet 1991 portant réforme des procédures civiles d'exécution, *JO* 26 déc.
2. Civ. 2e, 16 déc. 1998, n° 96-18.255, P (préc., v. ss n° 0713.22) – Civ. 2e, 3 juin 1999, n° 97-14.889, P II, n° 110 ; *Gaz. Pal.* 1999. Pan. 249.
3. Civ. 2e, 27 févr. 2020, n° 18-25.382, P ; *Gaz. Pal.* 16 juin 2020, p. 35, chron. C. Brenner et J.-J. Ansault.
4. Civ. 2e, 3 mars 2022, n° 20-23.140, NP.
5. Civ. 2e, 22 juin 2017, n° 16-17.277, P II, n° 143 ; *Dr. et proc.* janv. 2018. 13, obs. F. Vinckel.
6. Ord. n° 2016-728, 2 juin 2016, relative au statut du commissaire de justice, *JO* 3 juin, texte 24.
7. Civ. 2e, 13 mai 2015, n° 14-12.089, P II, n° 112 ; *BICC* 2015, n° 1008, note sous l'arrêt ; *Dr. et proc.* 2015. 184, obs. L. Lauvergnat ; *Gaz. Pal.* 2015. 1. 12, note S. Dorol ; *Procédures* 2015. Comm. 221, nota L. Raschel.
8. Civ. 2e, 6 févr. 2025, n° 22-19.586, B ; *D. actu.* 18 févr. 2025, note. M. Dochy-Confland.

C. mon. fin., art. L. 131-73 – v. s[s] n°s 0713.121 et 0713.122).

0713.32 **Lieu de notification.** Selon l'article R. 221-4 C. pr. exéc., « *le commandement ne peut être signifié à domicile élu* ». C'est au domicile réel ou au lieu de travail du débiteur qu'il doit être signifié. À cet égard, le lieu de travail n'est pas considéré comme un domicile élu[1]. Si l'acte ne peut être délivré à personne, à domicile ou en son étude, le commissaire de justice doit procéder selon les modalités prévues à l'article 659 C. pr. civ. et dresser un procès-verbal de recherche. Si en dépit de ses investigations infructueuses, il entend toujours poursuivre la procédure de saisie engagée, il peut effectuer les recherches auprès des administrations, des entreprises publiques et des organismes de sécurité sociale pour retrouver l'adresse du débiteur conformément aux articles L. 152-1, L. 152-2 et R. 152-1 C. pr. exéc.

Les formalités prescrites par l'article 659 C. pr. civ. sont applicables même si le débiteur est une personne morale qui n'a plus d'établissement connu au lieu indiqué comme siège social par le registre du commerce et des sociétés.

0713.33 **Moment de la notification.** Le commandement se situe, dans le processus d'exécution, entre la signification du titre et l'acte de saisie qu'il doit précéder d'au moins huit jours. Exceptionnellement le commandement peut être délivré après le procès-verbal de saisie : c'est dans l'hypothèse de la saisie-vente des véhicules terrestres à moteur (C. pr. exéc., art. R. 223-10) et dans celle des biens placés dans un coffre-fort (C. pr. exéc., art. R. 224-3).

0713.34 **Signification préalable de la décision.** Le commandement de payer doit être délivré, si le titre exécutoire fondant la poursuite est une décision judiciaire, après la signification de celle-ci (C. pr. exéc., art. R. 221-4 – C. pr. civ., art. 503). Cette formalité est obligatoire même si la décision mise à exécution est passée en force de chose jugée[2]. La signification au débiteur s'impose, même si c'est celui-ci qui a pris l'initiative de signifier la décision au créancier[3]. Lorsque la poursuite envisagée repose sur une décision de première instance non revêtue de la force exécutoire, qui a été confirmée en appel, ce sont le jugement et l'arrêt confirmatif qui doivent être signifiés, le cas échéant par le même acte, avant toute exécution forcée[4].

Le créancier n'est dispensé de signifier la décision de justice que si le débiteur y a acquiescé, soit expressément, soit implicitement en exécutant volontairement la condamnation (C. pr. civ., art. 503).

Toutefois, si c'est le commandement qui provoque le paiement de la créance, ce paiement n'est pas considéré comme un acte volontaire et par conséquent, comme un acquiescement du débiteur à la décision servant de base à la poursuite. Il n'empêche donc pas celui-ci de contester l'absence de signification de la décision fondant la saisie-vente et la régularité de toute la procédure[5].

Il convient de relever que l'article R. 221-4 C. pr. exéc. précise cependant, *in fine*, que le commandement peut être délivré dans l'acte de signification du jugement. Cette faculté s'explique par le fait que le commandement n'est pas un acte d'exécution, mais une simple mise en demeure préparatoire. La Cour de cassation a eu l'occasion de se prononcer en ce sens sous l'empire des dispositions de l'ancien Code de procédure civile relatives à la saisie-exécution[6].

La faculté d'accomplir deux formalités substantielles dans un seul et même exploit offre l'avantage de gagner du temps et de réduire les frais de la procédure d'exécution.

Dans cette hypothèse l'acte doit contenir, non seulement les mentions requises pour le commandement, mais encore celles exigées par l'article 680 C. pr. civ. pour la notification des jugements à partie. Il doit également, en cas de procédure avec représentation obligatoire, avoir été préalablement notifié au représentant du débiteur par acte d'avocat à avocat (C. pr. civ., art. 678). À défaut, la notification à la partie et, partant, le commandement qu'elle contient, sont entachés de nullité. Cette sanction est prononcée sans qu'il y ait lieu de rechercher si l'omission a causé un grief puisqu'il s'agit de l'omission d'un acte et non de vice de forme[7].

Lorsque le titre exécutoire a été émis par une personne morale de droit public, il doit avoir été préalablement notifié au débiteur par une lettre précisant les modalités de recours. La preuve de cette formalité incombe à l'Administration qui, si elle ne peut en justifier, voit sa saisie annulée[8].

Selon une jurisprudence antérieure à la réforme des voies d'exécution[9], la Cour de cassation estimait

1. TGI Paris, JEX, 16 mars 1995, *Rev. huiss.* 1996. 366.
2. Civ. 2e, 25 févr. 1998, n° 96-12.438, P II, n° 60 ; *Rev. huiss.* 1998. 951.
3. Civ. 2e, 4 juin 2020, n° 18-18.385, NP.
4. Civ. 2e, 30 juin 2022, n° 21-10.229, B ; *Gaz. Pal.* 31 janv. 2023, p. 33, obs. F. Kieffer – *Lettre C. cass.* n° 5, janv. 2023, comm., p. 17.
5. Civ. 2e, 9 sept. 2010, n° 09-15.728, P II, n° 153 ; *Dr. et proc.* 2010. 330, obs. C. Lefort ; *Procédures* 2010, n° 404, note R. Perrot.
6. Civ. 1re, 14 nov. 1984, n° 83-13.333, P I, n° 304.
7. Civ. 3e, 6 déc. 1978, n° 77-12.650, P III, n° 365 ; *RTD civ.* 1979. 835, obs. R. Perrot – Civ. 2e, 15 févr. 1995, n° 93-15.459, P II, n° 52 ; *JCP* 1995. II. 22506, note E. du Rusquec.
8. Civ. 2e, 1er juill. 1999, n° 97-13.255, P I, n° 130 ; *Gaz. Pal.* 1999. Pan. 264 s.
9. Civ. 2e, 28 mars 1973, n° 72-10.661, P II, n° 120 ; *JCP* 1973. IV. 190.

que l'article 583 ACPC n'exigeait pas, lorsque le titre avait déjà été notifié, que le commandement contienne mention de cette notification. Cette solution est transposable en matière de saisie-vente, dès lors que les articles 81 et 83 du décret du 31 juillet 1992 (devenus C. pr. exéc., art. R. 221-1 et R. 221-3) qui énumèrent le contenu du commandement, ne prescrivent pas que celui-ci doit comporter, en sus du titre exécutoire en vertu duquel les poursuites sont exercées, mention de la signification de ce titre.

0713.35 **Délai de huit jours.** Le commandement doit être délivré au moins huit jours avant la saisie. L'article R. 221-10 C. pr. exéc. précise à cet égard que « *les opérations de saisie ne peuvent commencer qu'à l'expiration d'un délai de huit jours à compter de la signification du commandement de payer* ».

C'est le délai accordé au débiteur par les articles R. 221-1 et R. 221-3 C. pr. exéc. pour payer sa dette. La saisie-vente pratiquée prématurément est nulle car elle fait grief au débiteur qui n'a pas bénéficié de tout le temps nécessaire pour s'exécuter volontairement.

Sous l'empire de l'ancienne saisie-exécution, le créancier ne devait attendre qu'un jour, ce qui était insuffisant pour que le débiteur concrétise un paiement ou une offre.

Le délai de huit jours doit être calculé conformément aux dispositions des articles 641 et 642 C. pr. civ. Le jour de la signification de l'exploit ne s'y trouve pas compris. Le délai expire le huitième jour suivant la signification, à minuit. Lorsque le dernier jour est un samedi, un dimanche ou un jour férié ou chômé, le délai est prorogé jusqu'au premier jour ouvrable suivant. Il semble que les prorogations en raison de la distance prévue par les articles 643 et 644 du code précité, sont inapplicables, même lorsque créancier et débiteur ne résident pas tous deux en France métropolitaine, car ces textes ne concernent que les délais de comparution et de recours.

SECTION 3
CONTENU DU COMMANDEMENT

§ 1
Mentions communes

0713.41 **Mentions obligatoires.** L'article R. 221-1 C. pr. exéc. précise que le commandement doit contenir à peine de nullité :

« *1° Mention du titre exécutoire en vertu duquel les poursuites sont exercées, avec le décompte distinct des sommes réclamées en principal, frais et intérêts échus ainsi que l'indication du taux des intérêts ;*

2° Commandement d'avoir à payer la dette dans un délai de huit jours, faute de quoi il pourra y être contraint par la vente forcée de ses biens meubles ».

0713.42 **Mention de la signification-commandement.** Avant de revenir en détail sur les mentions précitées, il apparaît utile de rappeler que lorsque le commandement et la décision fondant les poursuites sont notifiés dans le même exploit, ce dernier doit en outre comporter les mentions requises par l'article 680 C. pr. civ.

Il doit également avoir été préalablement notifié, si la décision a été rendue dans le cadre d'une procédure avec représentation obligatoire, au conseil du débiteur dans la forme des notifications entre avocats et ce, à peine de nullité (C. pr. civ., art. 678). Il convient de relever que mention de cette formalité doit être portée dans l'acte de notification destinée à la partie, donc dans le commandement de payer. Faute de mention dans la notification à partie, de la notification préalable à l'avocat, la preuve de cette notification et de son caractère préalable incombe à la partie qui a notifié[1].

0713.43 **Mention du titre exécutoire.** Le terme « *mention* » permet de conclure que le commandement n'a pas à reproduire le titre. Il doit seulement indiquer tous les éléments permettant l'identification de celui-ci, comme sa date et sa nature (acte notarié, décision de justice, procès-verbal de conciliation, rôle des impôts directs, avis de mise en recouvrement d'une contribution indirecte, état ou titre de perception exécutoire relatif aux recettes étrangères à l'impôt, contraintes des organismes de sécurité sociale). La Cour de cassation estime néanmoins qu'en cas de pluralité de titres visés dans le même acte (dix avis de mise en recouvrement et quatre mises en demeure), ces mentions doivent être suffisamment précises (date et numéro des pièces) pour permettre au débiteur de savoir en vertu de quels titres exécutoires il est poursuivi et d'identifier les créances réclamées en vertu de ces derniers. La Cour considère que l'insuffisance des mentions constitue une irrégularité qui cause grief en ce qu'elle prive le débiteur de faire des offres de paiement ou d'exercer les voies de recours utiles[2]. C'est le titre exécutoire idoine qui doit être visé.

Ainsi, le commandement signifié à une caution ne peut se borner à faire référence à l'acte de prêt notarié sans mentionner également l'acte de cautionnement souscrit séparément, sous peine d'être annulé[3]. Si le

1. Civ. 2e, 4 juill. 1984, no 83-12.362, P II, no 129 ; *Gaz. Pal.* 1984. 2. Pan. 291, obs. S. Guinchard ; *RTD civ.* 1985. 214, obs. R. Perrot.
2. À PROPOS de l'annulation des actes d'une saisie-exécution : Com. 4 févr. 1997, no 95-12.179, NP ; *Rev. huiss.* 1998. 122.
3. Civ. 2e, 15 mai 2014, no 13-13.728, NP.

créancier agit en vertu d'une transmission, à quelque titre que ce soit, de la créance contenue dans le titre exécutoire, le commandement de payer doit viser l'acte de transmission, à moins que le débiteur n'en ait été avisé régulièrement au préalable. La publicité au registre du commerce et des sociétés de la fusion-absorption concernant le créancier poursuivant ne peut y suppléer[1].

Il convient de préciser que si le commandement de payer doit viser le titre exécutoire idoine, ce n'est pas toujours chose aisée lorsque la créance réclamée est la restitution d'une somme versée en exécution d'une décision judiciaire ultérieurement réformée ou cassée. Il faut déterminer avec certitude quelle est, parmi toutes les décisions successivement rendues (jugement de première instance, arrêt d'appel, arrêt de cassation ou arrêt sur renvoi) celle qui ouvre droit à restitution[2].

Le défaut de toute référence au titre exécutoire constitue l'absence d'une condition de validité au fond de l'exercice des poursuites qui justifie l'annulation du commandement[3]. S'agissant d'une nullité de fond, l'allégation d'un grief n'est pas requise. Toutefois si le commandement vise un état exécutoire émis par l'administration fiscale sans en préciser les références, il est seulement entaché d'un vice de forme nécessitant la justification d'un préjudice[4].

Lorsque le titre exécutoire fondant la poursuite est partiellement annulé, le commandement qui le vise demeure valable à concurrence du montant de la créance correspondant à la partie du titre non annulée, le JEX étant compétent pour ordonner la restitution de l'excédent versé par le débiteur[5].

Il convient de relever que, lorsque le commandement est délivré en vertu d'une décision de justice, l'acte doit également viser, s'il tend au recouvrement des dépens du procès, le certificat de vérification valant titre exécutoire, établi par le greffier de la juridiction dans les conditions des articles 703 à 707 C. pr. civ. ou l'ordonnance de taxe délivrée en vertu des articles 708 à 718 du même code. Il en va de même pour le recouvrement de frais exposés en dehors de toute instance, l'article 719 C. pr. civ. renvoyant aux règles prévues aux articles 704 à 718, pour les frais, émoluments et débours qui ne sont pas compris dans les dépens mentionnés à l'article 695 C. pr. civ. Il faut toutefois préciser que le titre exécutoire fondant les poursuites permet le recouvrement direct des frais de l'exécution qui constituent les dépens énumérés par l'article 695 C. pr. civ. Le commissaire de justice n'est pas préalablement tenu de les faire vérifier par le greffe. La Cour de cassation estime que c'est au débiteur qui conteste le montant des frais de prendre l'initiative de demander un contrôle (v. ss no 0713.48).

Il suffit que le commandement mentionne le titre exécutoire. L'article R. 221-1 C. pr. exéc. n'exige pas qu'il indique, s'il s'agit d'une décision de justice préalablement notifiée, que cette notification a été effectuée. La Cour de cassation avait estimé, à propos de l'ancienne saisie-exécution, que lorsque le titre exécutoire a déjà été notifié, l'article 583 ACPC n'exigeait pas que le commandement contienne mention de cette notification[6]. Certains auteurs estiment toutefois que la référence à l'acte de signification du jugement est nécessaire[7].

0713.44 Décompte distinct des sommes réclamées. Cette exigence s'explique par le fait que la saisie-vente ne peut être pratiquée que pour le recouvrement d'une créance liquide et exigible. Elle s'explique aussi par la nécessité de permettre au débiteur d'exercer un contrôle effectif sur les sommes réclamées. Il est certain que la réclamation d'une somme globale incluant le principal et les accessoires, ne permettrait aucun contrôle. Une telle présentation du compte de la créance est donc désormais prohibée.

Lorsque la saisie envisagée est fondée sur plusieurs titres exécutoires constatant des créances distinctes, le commandement de payer devrait contenir un décompte détaillé en principal et accessoire pour chacune des créances. La Cour de cassation l'exige, à peine de nullité, lorsqu'un procès-verbal de saisie-attribution tend au recouvrement de plusieurs créances constatées dans des titres distincts (des actes notariés). Cette position de la Haute juridiction qui a manifestement une portée générale, devrait logiquement être valable pour le commandement aux fins de saisie-vente[8].

Toutefois, les intérêts capitalisés n'ont pas à être distingués dans un commandement valant saisie immobilière. Selon la Cour de cassation, ces intérêts changent de nature et s'ajoutent au capital qui les a produits. Cette analyse de la Haute juridiction a semble-t-il une portée générale de telle sorte qu'elle vaut pour tous les actes dans lesquels le détail de la

1. Civ. 2e, 29 sept. 2022, no 21-16.146, B ; *Rev. prat. rec.* 2022/10, p. 10, obs. M. Draillard ; *Procédures* 2022, no 271, obs. C. Laporte.
2. Civ. 2e, 11 sept. 2003, no 01-16.703, P II, no 257 ; *D.* 2004. Somm. 1497, doctr. G. Taormina ; *Procédures* déc. 2003, no 10, note R. Perrot.
3. Civ. 2e, 22 janv. 1997, no 94-19.021, P II, no 16 ; *Gaz. Pal.* 1997. 2. Pan. 229.
4. Com. 3 oct. 2006, no 01-03.515, P IV, no 199 ; *Procédures* 2007, no 25, note Pierre.
5. Civ. 2e, 27 févr. 2020, no 18-25.382, P (préc., v. ss no 0713.22).
6. Civ. 2e, 28 mars 1973, no 72-10.661, P II, no 120 ; *JCP* 1973. IV. 190.
7. *J.-Cl. Form. anal. Pr. civ.*, *Vo* Saisie-vente, fasc. 10, no 14, par Beauchard – *J.-Cl. Pr. civ.*, fasc. 2320, no 62, par Goichot.
8. Civ. 2e, 23 févr. 2017, no 16-10.338, P II, no 42 ; *Dr. et proc.* 2017. 39, obs. L. Lauvergnat.

créance doit figurer, notamment pour le commandement aux fins de saisie-vente [1]. Cette solution n'est cependant pas conforme à l'esprit des dispositions imposant la décomposition de la créance car elle prive le débiteur de la possibilité de vérifier comment le créancier a calculé, à partir du capital initial, les intérêts dus au titre de la clause d'anatocisme, puis ceux non encore inclus dans le capital majoré, ces sommes parvenant de faits générateurs distincts.

0713.45 **Principal.** Si le principal est constitué par les échéances d'un prêt, par des loyers ou des fermages, par les arrérages d'une rente ou d'une pension alimentaire, l'acte doit donc nécessairement préciser la date, le montant et le nombre des échéances impayées, ainsi que le mode d'imputation des acomptes [2].

Le commandement ne justifie pas, à lui seul, de la réalité de la créance réclamée. La Cour de cassation a ainsi jugé que le propriétaire qui délivre à son locataire un commandement de payer doit justifier du montant des sommes réclamées [3]. Si les renseignements joints au commandement de payer ne permettent ni d'identifier le bénéficiaire des soins, ni d'en connaître la date, la haute juridiction estime que la preuve de l'obligation de rembourser alléguée par un hôpital n'est pas rapportée [4].

0713.46 **Intérêts.** En ce qui concerne les intérêts, l'acte doit faire référence à leur mode de calcul (assiette, point de départ taux) avec indication des conditions dans lesquelles les acomptes ont été imputés. S'il s'agit des intérêts légaux, l'acte doit faire ressortir le taux simple et le cas échéant, le taux majoré, année par année et semestre par semestre depuis le 1er janvier 2015, avec indication du point de départ de la majoration de cinq points prévue par l'article L. 313-3 C. mon. fin. [5].

Il faut préciser que, jusqu'à l'ordonnance du 20 août 2014 [6] qui a pris effet le 1er janvier 2015, le taux légal était unique et annuel. Depuis cette ordonnance qui a modifié l'article L. 313-2 C. mon. fin., le taux légal varie chaque semestre et diffère selon que le créancier est ou non une personne physique n'agissant pas pour des besoins professionnels. Le taux est plus élevé dans le premier cas que dans le second (C. mon. fin., art. R. 313-1-A). Il convient d'ajouter qu'il existe un taux particulier pour les créances de nature fiscale qui est fixé à 0,4 % par mois de retard par l'article 1727 du CGI. Ce taux qui est en vigueur depuis le 1er janvier 2006 n'est pas susceptible de se voir appliquer la majoration de 5 % prévue par le Code monétaire et financier [7]. Les intérêts dus au fisc peuvent faire l'objet d'une demande de remise, de modération ou de transaction (LPF, art. L. 24-7 ; L. 30 déc. 2003 [8], art. 35).

À noter que le commandement de payer une créance publique doit mentionner les pénalités éventuelles (C. pr. exéc., art. R. 221-7, II et III).

Le commandement de payer qui omet de mentionner le taux des intérêts est nul aux termes de l'article R. 221-1 C. pr. exéc. [9, 10]. La jurisprudence a appliqué cette sanction à propos d'un procès-verbal de saisie des droits d'associés et valeurs mobilières par une décision qui est transposable au commandement aux fins de saisie-vente [11]. Lorsque le commandement ne mentionne pas les intérêts, la saisie pratiquée pour le recouvrement de ceux-ci est nulle [12]. Il en va de même lorsque le point de départ et les taux successifs des intérêts ne sont pas spécifiés [13] ou lorsque leur assiette ainsi que les autres éléments permettant leur vérification ne figurent pas dans le commandement [14].

La Cour de cassation estime que, pour pouvoir être recouvrés par voie d'exécution, les dommages-intérêts prévus par l'article 1153 C. civ., devenu C. civ., art. 1231-6 (c'est-à-dire les intérêts dus en raison du retard) doivent faire l'objet d'une disposition spéciale du titre en vertu duquel est exercée la poursuite [15].

Cependant, l'article 1231-7 du code précité (C. civ., anc. art. 1153-1) dispose qu'en toute matière, la condamnation à une indemnité emporte intérêts au taux légal, même en l'absence de demande ou de disposition spéciale du jugement. Ces intérêts courent du jour de la décision à moins que la loi ou le juge n'en décide autrement.

0713.47 **Intérêts majorés.** Il convient de relever que la mention des intérêts et de leur taux, notamment de la majoration de 5 % applicable au taux légal, apparaît d'autant plus nécessaire que le débiteur a la possibilité de demander au JEX, en application de l'article L. 313-3 alinéa 2 C. mon. fin., la

1. Civ. 2e, 8 janv. 2015, no 13-26.657, P II, no 2 ; *Dr. et proc.* 2015. 57, obs. A. Leborgne.
2. POUR une pension alimentaire : Douai, 23 déc. 1993, *Rev. huiss.* 1994. 1422.
3. Civ. 3e, 23 juin 1981, no 79-14.605, P III, no 131 ; *Rev. huiss.* 1982. 679, note Lescaillon.
4. Soc. 27 mars 1997, no 95-17.025, P V, no 128.
5. L. 11 juill. 1975, anc. art. 3.
6. Ord. no 2014-947, 20 août 2014, relative au taux de l'intérêt légal, *JO* 23 août, p. 14007.
7. CE, 10e et 9e ss-sect., 26 déc. 2012, req. no 331672, *Procédures* mars 2013. 31, note Negrin.
8. L. no 2003-131, 30 déc. 2003, relative au taux de l'intérêt légal, *JO* 23 août, p. 14007.
9. Anct Décr. no 92-755, 31 juill. 1992, art. 831 juill. 1992, art. 81.
10. TI Sarreguemines, 25 févr. 1993, *Juris-Data* no 042422 ; *Rev. huiss.* 1994. 662.
11. Civ. 2e, 31 mai 2001, *Rev. huiss.* 2001. 341.
12. Versailles, JEX, 24 févr. 1994, RG no 94-585, *Rev. huiss.* 1994. 662.
13. Douai, 22 déc. 1994, *Rev. huiss.* 1995. 502.
14. Paris, 8 janv. 1998, *Rev. huiss.* 1998. 377.
15. Civ. 1re, 10 mars 1998, no 95-21.817, P I, no 100 ; *Gaz. Pal.* 1998. 2. Pan. 216.

réduction ou l'exonération de cette majoration au regard de sa situation personnelle. Cette réduction ou cette exonération des intérêts résultant de la majoration peut porter sur la période antérieure, comme la période postérieure à la décision du JEX[1].

En l'absence d'exclusion expresse, le bénéfice de l'article L. 313-3 C. mon. fin. précité peut être invoqué par un débiteur d'aliments[2].

Seules les décisions de justice portant condamnation ouvrent droit à la majoration du taux légal à l'expiration d'un délai de deux mois suivant le jour où elles sont devenues exécutoires, fût-ce par provision. Les autres titres exécutoires, notamment ceux émis par les commissaires de justice en matière de chèque impayé ou de recouvrement simplifié des petites créances, ne peuvent déclencher le jeu de cette majoration[3]. Rappelons également que le Conseil d'État juge que le taux de l'intérêt fiscal n'est pas susceptible de se voir appliquer la majoration prévue par l'article L. 313-3 C. mon. fin.

0713.48 **Frais.** Quant aux frais, ils ne peuvent être valablement réclamés que dans la mesure où ils ont été liquidés, soit dans le jugement, soit dans un titre exécutoire distinct établi par le greffier de la juridiction dans les conditions des articles 702 et 703 C. pr. civ., ou dans celles des articles 704 à 707 du même code. Le jugement qui se borne à prononcer condamnation aux dépens sans en fixer le montant, ne peut à lui seul fonder une procédure d'exécution forcée relative à ces dépens ; il constate en ce qui les concerne, une créance certaine et exigible, mais qui n'est pas liquide. Il a ainsi été jugé qu'à défaut de vérification des dépens d'un avocat, il n'existait pas de titre exécutoire autorisant la réclamation du paiement forcé des débours et droits de plaidoirie. La procédure de saisie-vente ainsi engagée par le commandement a été déclarée nulle et non avenue[4]. Même si le recouvrement forcé porte sur les dépens d'appel correspondant à des débours tarifés et déterminables, la Haute juridiction exige la présentation d'un certificat de vérification ou d'une ordonnance de taxe exécutoire. À défaut, le commandement aux fins de saisie-vente et le procès-verbal d'indisponibilité de carte grise ne peuvent tendre qu'au paiement du principal à l'exclusion des dépens[5]. Il convient toutefois de relever que la Cour de cassation admet que le titre servant de fondement aux poursuites autorise le recouvrement direct des frais de l'exécution forcée, lesquels sont à la charge du débiteur en vertu de l'article L. 111-8 alinéa 1er C. pr. exéc.[6], sans que le commissaire de justice soit préalablement obligé d'en faire vérifier le montant par le greffier. La Haute juridiction considère que c'est au débiteur qui entend contester ce montant de prendre l'initiative de saisir le juge[7].

Naturellement les frais exposés et les intérêts échus au jour du commandement ne peuvent faire l'objet d'une mention pour mémoire.

0713.49 **Plus pétition (demande excessive).** La question se pose de savoir quelle est la validité d'un commandement contenant une plus pétition, c'est-à-dire réclamant une somme excessive. Sous l'empire des dispositions réglementant l'ancienne saisie-exécution, la Cour de cassation estimait depuis toujours que la plus pétition n'était pas, en principe, une cause de nullité du commandement de payer ; il y avait seulement lieu, pour le juge, d'en limiter les effets et l'exécution au montant des sommes dues[8]. La Haute juridiction continue à se prononcer dans ce sens en matière de clause résolutoire contractuelle[9], ainsi qu'en matière de saisie-vente[10]. La Cour énonce dans ce dernier arrêt que « *le commandement fait pour une somme supérieure au montant de la dette demeure valable à concurrence de ce montant* ». La Haute juridiction précise, dans un autre arrêt[11] que le commandement délivré en vertu d'un contrat exécutoire reste valable pour la partie non contestable de la dette, dès lors qu'il vise la clause résolutoire.

Toutefois, cette jurisprudence est critiquable dans l'hypothèse d'une saisie-vente, dans la mesure où les articles 81 et 83 du décret du 31 juillet 1992 (devenus C. pr. exéc., art. R. 221-1 et R. 221-3) exigent, à peine de nullité, la mention du détail des sommes réclamées. Cette mention n'est pas requise dans les commandements, aux fins de saisie-exécution et dans ceux destinés à faire jouer une clause résolutoire. Il va de soi qu'il ne peut s'agir que de l'indication de sommes justes et vérifiables, faute de quoi le contrôle du débiteur serait illusoire. Une telle irrégularité fait nécessairement grief, puisque le débiteur risque de payer plus qu'il ne doit s'il veut éviter la saisie. Il est, en tout cas, immanquablement contraint, faute de pouvoir vérifier le bien-fondé de la réclamation, d'élever une contestation devant le JEX. Plusieurs juridictions

1. Civ. 2e, 6 juin 2013, no 12-20.129, P II, no 112 ; *D.* 2013. 1486.
2. Civ. 2e, 22 mars 2012, no 11-13.915, P II, no 56 ; *D.* 2012. 945.
3. Civ. 2e, 7 janv. 2016, no 14-26.449, P II, no 4 ; *Dr. et proc.* 2016. 21, obs. L. Lauvergnat ; *BICC* 2016, no 765.
4. Angers, 23 mars 1994, *JCP* 1995. IV. 2466.
5. Civ. 2e, 3 mai 2007, no 06-12.485, P II, no 20 ; *Rev. huiss.* 2007. 240 ; *D.* 2007. AJ 1511 ; *JCP* 2007. IV. 2132.
6. Anct L. 9 juill. 1991, art. 32, al. 1er.
7. Civ. 2e, 6 mars 2003, no 01-02.745, P II, no 56 ; *D.* 2003. IR 863, ndlr.
8. Civ. 18 mai 1903, *DP* 1904. 1. 239 – Soc. 31 juill. 1949, *D.* 1950. Somm. 16 – Civ. 3e, 29 mai 1985, *JCP* 1985. IV. 279.
9. Civ. 1re, 2 juill. 1996, no 94-17.530, P I, no 283.
10. Civ. 3e, 6 mai 1998, no 96-14.339, P III, no 92 ; *D.* 1999. 172, NOTE CRIT. F. Ruellan et R. Lauba.
11. Civ. 1re, 4 mai 1999, no 97-14.803, P I, no 145 ; *Rev. huiss.* 2000. 118.

du fond ont statué dans le sens de l'annulation du commandement fait pour une somme supérieure à la créance (le calcul inexact porte grief au débiteur[1] ; le décompte erroné en raison de l'omission d'une compensation entraîne la nullité du commandement[2]).

La Cour de cassation maintient néanmoins sa position dans des décisions plus récentes, confirmant que le commandement, fait pour une somme supérieure au montant réel de la créance, reste valable à concurrence de ce montant[3].

Il convient de préciser que lorsque le commandement a provoqué, par suite de l'annulation partielle ultérieure du titre qui fondait sa délivrance, le paiement d'une somme excessive, le JEX est compétent pour ordonner la restitution de ce qui a été versé en trop. Le commandement demeure néanmoins valable, mais à concurrence du montant de la créance correspondant à la partie du titre non annulée. Bien que ne constituant pas un acte d'exécution, ce commandement contenait une injonction de payer sous la menace d'une saisie-vente dont il était indissociable, de telle sorte que le versement excédentaire avait été effectué à l'occasion de l'engagement d'une mesure d'exécution forcée. Ce paiement indu conférait donc au JEX le pouvoir d'ordonner les restitutions découlant, de plein droit, de l'arrêt de cassation partielle[4].

0713.50 Commandement de payer dans les huit jours. L'acte doit contenir commandement de payer la dette dans un délai de huit jours, faute de quoi le débiteur sera contraint par la vente de ses biens meubles. Cette mention essentielle (v. s[s] n° 0713.35) doit être clairement portée dans l'acte.

Est nul l'acte intitulé commandement aux fins de saisie-vente qui manifeste de nombreuses incohérences quant aux délais de paiement mentionnés (évocation en même temps d'un délai de vingt-quatre heures, d'un délai de huit jours et de l'obligation de payer immédiatement et sans délai[5].

§ 2 Mentions particulières aux créances modiques

0713.61 Subsidiarité. Il convient de rappeler, que selon les articles L. 221-2 et R. 221-2 C. pr. exéc., la saisie-vente dans un local servant à l'habitation du débiteur, lorsqu'elle tend au recouvrement d'une créance autre qu'alimentaire inférieure à 535 euros[6], ne peut être pratiquée, sauf autorisation du JEX, que si ce recouvrement n'est pas possible par voie de saisie d'un compte de dépôt ou des rémunérations du travail.

0713.62 Commandement-injonction. Pour les créances modiques, le commandement doit comporter des mentions complémentaires prescrites par l'article R. 221-3, 2° et 3°, C. pr. exéc. Ces mentions supplémentaires, qui sont requises à peine de nullité, sont :

– l'avertissement qu'à défaut de paiement et si aucune saisie sur un compte de dépôt ou sur les rémunérations du travail n'est possible, le débiteur pourra être contraint au paiement par la vente forcée de ses biens meubles ;

– l'injonction de communiquer au commissaire de justice du poursuivant dans un délai de huit jours, les noms et adresse de son employeur et les références de ses comptes bancaires, ou l'un de ces deux éléments seulement.

L'article R. 221-7, III du code précité prescrit que le commandement délivré pour le recouvrement d'une **créance publique inférieure à 535 euros** doit comporter des mentions analogues, à savoir :

– commandement de payer dans un délai de huit jours les sommes indiquées, avec l'avertissement qu'à défaut de paiement et si aucune saisie sur un compte de dépôt ou sur les rémunérations n'est possible le redevable pourra y être contraint par la vente forcée de ses biens meubles ;

– injonction au redevable de communiquer, dans un délai de huit jours, au comptable poursuivant les nom, adresse de l'employeur et les références de ses comptes bancaires ou postaux, ou l'un de ces éléments seulement.

0713.63 Silence du débiteur. Le silence gardé par le débiteur en dépit de cette injonction, ne rend pas possible de ce seul fait, la saisie-vente. Il permet au commissaire de justice de s'adresser immédiatement et sans autres formalités aux administrations et organismes bancaires en vue de l'identification de l'employeur ou des comptes de dépôt du débiteur.

C'est la mise en œuvre du principe de subsidiarité adopté par la réforme des procédures civiles d'exécution (v. s[s] n°s 0712.31 s.).

§ 3 Mentions particulières aux créances publiques

0713.71 Observations liminaires. La loi de finances rectificative du 29 décembre 2010[7] a sensible-

1. Douai, 19 mai 1994, *Rev. huiss.* 1994. 1424.
2. Paris, JEX, 16 juin 1994, *Rev. huiss.* 1994. 1294.
3. Civ. 1re, 17 mai 2017, n° 16-21.907, P ; *AJDI* 2017. 538.
4. Civ. 2e, 27 févr. 2020, n° 18-25.382, P (préc., v. s[s] n°s 0713.22 et 0713.43) ; *Gaz. Pal.* 16 juin 2020, p. 35, chron. C. Brenner et J.-J. Ansault.
5. TGI Lille, 21 avr. 1993, *Rev. huiss.* 1993. 1443.
6. Anc[t] 3 500 F.
7. L. n° 2010-1658, 29 déc. 2010, de finances rectificative pour 2010, *JO* 30 déc., texte 2.

ment modifié le régime du recouvrement des créances publiques en unifiant celui-ci pour toutes les **créances de nature fiscale**. Elle prévoit, pour les produits des collectivités territoriales et des établissements publics locaux et de santé, un mode de recouvrement légèrement différent de celui des créances de l'État. Dans tous les cas, les poursuites sont effectuées par un comptable public et le commandement préalable peut être remplacé par une mise en demeure qui tient lieu de commandement aux fins de saisie-vente. Les anciennes dispositions sont demeurées en vigueur jusqu'au 1er octobre 2011, pour les créances de l'État de nature fiscale, et jusqu'au 31 décembre 2012, pour les créances de l'État étrangères à l'impôt ainsi que pour les produits des collectivités territoriales et des établissements publics locaux.

Ce processus d'harmonisation du recouvrement forcé des créances publiques s'est poursuivi, avec la loi de finances du 29 décembre 2020[1] et les décrets des 24 juin et 23 septembre 2021 qui ont étendu l'utilisation de la mise en demeure aux amendes et aux créances douanières ainsi que la compétence des huissiers des finances publiques[2]. Ces dispositions sont entrées en vigueur le 1er juillet 2021 et le 1er janvier 2022.

A. Particularisme de la procédure de recouvrement

0713.81 **Personnes chargées du recouvrement.** En cette matière, les commissaires de justice n'ont pas le monopole de l'exercice des poursuites. L'article R. 122-2 C. pr. exéc. dispose en effet, dans sa rédaction issue du décret du 23 septembre 2021[3] : « *Outre les huissiers* (commissaires) *de justice, les personnes chargées des mesures d'exécution forcée et des mesures conservatoires nécessaires au recouvrement des créances par les comptables publics, sont les agents de la direction générale des finances publiques chargés de procéder aux poursuites nécessaires au recouvrement des créances publiques dans les conditions prévues par les articles L. 258 A et L. 286 C du Livre des procédures fiscales* ». Selon ces textes, les poursuites sont exercées par un huissier (commissaire) de justice ou par tout agent de l'Administration habilité à exercer des poursuites au nom du comptable. Elles sont effectuées dans les formes prévues par le Code des procédures civiles d'exécution pour le recouvrement des créances, étant précisé que la notification de la mise en demeure tient lieu de commandement aux fins de saisie-vente.

0713.82 **Émission du titre exécutoire.** Les poursuites s'effectuent en vertu de titres aux dénominations diverses (rôles, avis de mise en recouvrement, arrêtés, états, titres de perception ou de recette, contraintes), qui sont qualifiés d'exécutoires par l'article 98 de la loi de finances rectificative pour 1992 du 31 décembre 1992[4] et l'article L. 252 A du LPF.

Ces titres sont émis directement par les personnes morales de droit public et certains organismes parapublics en vertu du privilège du préalable, qui les dispense de faire liquider leurs créances par un organe juridictionnel, pour procéder à leur recouvrement forcé (v. ss nos 0123.11 s.). Ces titres doivent néanmoins être notifiés aux redevables avant l'engagement des mesures d'exécution forcée. Cette notification préalable doit indiquer les modalités de recours. C'est à l'organisme public créancier de justifier de l'envoi et du contenu de la lettre de notification sous peine de voir sa procédure annulée[5]. Pour pallier cette difficulté, les titres et les actes de procédure peuvent toujours être signifiés par l'officier ministériel ou par tout agent de l'Administration habilité à exercer des poursuites au nom du comptable public créancier (LPF, art. L. 286 C).

0713.83 **Phase du recouvrement amiable.** Selon l'ancienne procédure, les poursuites étaient précédées par une phase de recouvrement amiable qui débutait par l'envoi d'une lettre de rappel (recouvrement des impôts directs par les comptables du Trésor) ou par une lettre recommandée avec demande d'avis de réception (recouvrement des contributions indirectes par les comptables de la Direction générale des impôts, la DGI), adressée au moins vingt jours à l'avance (LPF, anc. art. L. 255, L. 257 et L. 258).

Selon la procédure actuellement en vigueur, cette phase amiable commence par une lettre de relance qui peut être remplacée, pour les produits des collectivités territoriales et de leurs établissements publics, par une tentative de recouvrement comminatoire confié à un commissaire de justice (LPF, art. L. 257-0 B – CGCT, art. L. 1617-5, 6°). À défaut de paiement par le redevable, le comptable public peut lui adresser une mise en demeure qui ne génère aucun frais à sa charge. Si cette démarche reste sans effet, les poursuites sont engagées par la notification du premier acte donnant

1. L. n° 2020-1721, 29 déc. 2020, de finances pour 2021, *JO* 30 déc., texte 1.
2. Décr. n° 2021-800, 24 juin 2021, fixant les dates d'entrée en vigueur des 4° et 8° du I et du 1° du II de l'article 160 de la loi n° 2020-1721 du 29 décembre 2020 de finances pour 2021, *JO* 25 juin, texte 12 – Et Décr. n° 2021-1221, 23 sept. 2021 relatif aux mesures d'harmonisation des procédures de recouvrement forcé des créances publiques et aux compétences territoriales des huissiers des finances publiques, *JO* 25 sept., texte 2.
3. Décr. n° 2021-1221, 23 sept. 2021, art. 1er, 1°.
4. L. n° 92-1476, 31 déc. 1992, de finances rectificative pour 1992, *JO* 4 janv.
5. Civ. 2e, 1er juill. 1999, n° 97-13.255, P II, n° 130 ; *Gaz. Pal.* 5-7 déc. 1999. Pan. 264.

lieu à des frais (LPF, art. L. 277 et R. 257, R. 257-0 B – CGCT, art. L. 1617-5, 6°).

B. Formalités préalables au recouvrement forcé

1° Règles communes à toutes les créances publiques

0713.91 Notification d'un commandement ou d'une mise en demeure. Pour les créances recouvrées par les comptables publics, l'article R. 221-7, I, C. pr. exéc., dispose que la saisie-vente doit être précédée d'un commandement de payer ou d'une mise en demeure en tenant lieu.

Si le comptable public décide de recourir au commandement, cet acte doit comporter des mentions presque identiques à celles prescrites pour les créances civiles (v. s^s n° 0713.92). Ce commandement constitue le premier acte d'exécution donnant lieu à des frais au sens de l'article 1912 du CGI qui en tarifie le montant.

Si le comptable public préfère utiliser la mise en demeure valant commandement aux fins de saisie-vente, celle-ci est effectuée selon un formalisme simplifié et des modalités qui diffèrent selon la personne publique créancière. Cette démarche ne génère aucun frais au sens de l'article 1912 du CGI.

En vertu de l'article R. 141-2 C. pr. exéc., le commandement et la mise en demeure doivent préciser que les notifications relatives à l'exécution des titres exécutoires des personnes morales de droit public sont faites au comptable chargé du recouvrement.

Rappelons que les poursuites peuvent être opérées par un commissaire de justice ou par tout agent de l'Administration habilité à exercer celles-ci au nom du comptable chargé du recouvrement.

0713.92 Forme du commandement. Si le comptable public opte pour la notification d'un commandement, celui-ci doit comporter, à peine de nullité, les mentions prescrites par les paragraphes II et III de l'article R. 221-7 C. pr. exéc. qui reprennent, avec quelques légères différences, celles prévues pour l'exécution des titres de droit commun (C. pr. exéc., art. R. 221-1 et R. 221-3) :

– pour le recouvrement des créances supérieures à 535 euros :

• mention du titre exécutoire en vertu duquel les poursuites sont exercées avec le décompte distinct des sommes réclamées en principal, frais et intérêts échus, ainsi que l'indication du taux des intérêts et des pénalités éventuelles. Cette dernière information relative aux pénalités n'a pas à figurer dans les commandements ordinaires ;

• commandement d'avoir à payer la dette dans un délai de huit jours, faute de quoi le redevable pourra y être contraint par la vente forcée de ses biens meubles ;

– pour le recouvrement des créances d'un montant inférieur ou égal à 535 euros, outre les précisions susmentionnées :

• avertissement que le redevable sera contraint au paiement par la vente forcée de ses meubles, si aucune saisie sur un compte de dépôt ou sur les rémunérations n'est possible ;

• injonction au redevable de communiquer, dans un délai de huit jours au comptable poursuivant, les noms, adresse de son employeur et les références de ses comptes bancaires ou postaux ou l'un de ces éléments seulement.

Dès lors qu'il n'est pas exigé que le commandement indique que le procureur de la République peut être saisi pour effectuer des recherches et qu'il est justifié que les investigations du trésorier ne lui ont pas permis d'obtenir les informations nécessaires à l'engagement d'une saisie bancaire ou salariale, la saisie-vente pratiquée pour une somme inférieure à 535 euros est régulière[1]. Lorsque les références de l'état exécutoire fondant la poursuite ne figurent pas sur le commandement de payer, cette irrégularité constitue un vice de forme qui n'entraîne la nullité de l'acte que sur la justification d'un grief[2].

Si le commandement est signifié par un commissaire de justice, l'acte doit comporter, outre les mentions prescrites par l'article R. 221-7 C. pr. exéc. précité, celles requises à peine de nullité par l'article 648 C. pr. civ. relatif à tous les exploits. La sanction n'est cependant encourue que si celui qui l'invoque justifie d'un préjudice[3]. Le défaut de signature de l'acte par le commissaire de justice qui a instrumenté n'entraîne pas son inexistence, mais seulement sa nullité pour vice de forme[4]. À noter toutefois que sous l'empire de l'ancien article L. 259 du LPF, le commandement notifié par voie postale par le comptable public était déclaré inexistant en l'absence de signature de son auteur.

En effet, dans un arrêt de sa chambre commerciale[5], la Haute juridiction estimait que le comman-

1. Civ. 2e, 19 sept. 2002, n° 00-20.587, P II, n° 185 ; *Gaz. Pal.* 14-15 mars 2003, p. 17, obs. C. Brenner ; *Dr. et proc.* 2003. 43, obs. J.-J. Bourdillat.
2. Com. 3 oct. 2006, n° 01-03.515, P (préc., v. s^s n° 0713.43) ; *D.* 2006. IR 2693.
3. Civ. 2e, 9 févr. 1983, *Gaz. Pal.* 1984. 1. Pan. 17 obs. S. Guinchard – Civ. 2e, 24 mai 1984, PII, n° 820 ; *Gaz. Pal.* 1984. 2. Pan. 27, obs. S. Guinchard (omission d'une mention concernant l'identification du requérant) – Civ. 2e, 15 janv. 2009, n° 08-11.446, NP ; *D.* 2010. Pan. 1307, obs. A. Leborgne ; *Procédures* 2009, n° 79, note R. Perrot (omission des nom et prénom de l'huissier instrumentaire).
4. Civ. 2e, 19 janv. 1977, n° 75-40.578, P II, n° 13 ; *D.* 1977. IR 232, obs. P. Julien.
5. Com. 26 nov. 1996, n° 94-21.236, P IV, n° 288 ; *Gaz. Pal.* 1996. 2. Somm. 461.

dement non signé violait les dispositions de l'ancien article L. 259 du LPF et n'avait aucune valeur procédurale. Il ne constituait pas un commandement de telle sorte que le destinataire qui en demandait la nullité n'avait pas à alléguer de grief. Toutefois, le défaut de mention des noms, prénoms et qualité de l'auteur du commandement ainsi que le caractère illisible de sa signature n'entraînaient pas nécessairement l'inexistence ou la nullité de l'acte, dès lors que l'adresse du trésorier en cause y était indiquée et que la signature critiquée avait été apposée sous l'intitulé « le comptable du Trésor ». Il appartenait au juge de rechercher si ces précisions ne permettaient pas au contribuable d'identifier le signataire et de vérifier sa compétence. Un tel commandement ne constituait pas une décision administrative au sens de l'article 4 alinéa 2 de la loi du 12 avril 2000[1], relative aux droits des citoyens dans leurs relations avec les administrations, de telle sorte qu'il ne pouvait être annulé, sur le fondement de ce texte, pour absence d'identification de son auteur[2].

0713.93 Forme de la mise en demeure. Si le comptable choisit de faire précéder la saisie-vente d'une mise en demeure de payer valant commandement, les formalités à accomplir sont différentes selon que le recouvrement concerne une créance de l'État ou une créance d'une collectivité territoriale ou d'un établissement public local.

Dans tous les cas, la mise en demeure peut être précédée d'une lettre de relance dont le comptable peut être dispensé dans des conditions qui varient selon la personne publique créancière (v. s^s^ n°s 0713.101 s.).

0713.94 Modalités de la notification de la mise en demeure Lorsque le comptable public envisage de diligenter une saisie-vente, il peut préférer notifier au redevable une mise en demeure de payer tenant lieu du commandement prescrit aux articles L. 142-3 et L. 221-1 C. pr. exéc. Ce procédé peut être utilisé par le comptable pour toutes les créances dont il a la charge qu'elles soient recouvrées pour le compte de l'État, d'une collectivité locale, d'un établissement public ou d'une autre personne publique. Cette faculté lui est ouverte par l'article L. 257 du LPF[3] auquel renvoient les textes relatifs au recouvrement des différentes créances publiques (C. douanes, art. 345-*ter* – CGPPP, art. L. 2323-2 – CGCT, art. L. 1617-5, 5° – Décr. 22 déc 1964, art. 6 – Décr. 7 nov. 2012, art. 192).

Cette mise en demeure est notifiée en la forme ordinaire au domicile ou à la résidence du redevable, à son siège social si c'est une personne morale ou à l'adresse qu'il a lui-même fait connaître au service concerné.

Il convient de préciser que la notification à une adresse erronée est nulle qu'elle ait été faite par LRAR ou par exploit[4]. Cette sanction est prononcée lorsque l'Administration connaissait l'adresse personnelle et celle de l'employeur du redevable au moment de la notification.

La mise en demeure peut être contestée dans les conditions prévues à l'article L. 281 du LPF. Ce texte prévoit, lorsque la contestation porte sur la régularité en la forme de l'acte, un recours administratif préalable à la saisine du JEX.

0713.95 Mention de la mise en demeure valant commandement. Selon l'article R. 257-1 du LPF, la mise en demeure de payer indique les références du ou des titres exécutoires dont elle procède ainsi que le montant des sommes restant dues. Elle doit également indiquer que lorsqu'un titre est remis en vue de son exécution à l'un des agents de la direction générale des finances publiques, les notifications relatives à son exécution sont faites au comptable chargé du recouvrement (C. pr. exéc., art. R. 141-2, al. 2). Quelles que soient les modalités selon lesquelles elle est portée à la connaissance de l'intéressé, la mise en demeure est dispensée de la signature de son auteur, si ses prénom, nom et qualité ainsi que le service auquel il appartient y sont mentionnés (CRPA, art. L. 212-2, 3°).

Dès lors que la mise en demeure de payer tient lieu de commandement aux fins de saisie-vente, il était logique de penser qu'elle devait contenir toutes les mentions d'information prévues par les dispositions générales du Code des procédures civiles d'exécution réglementant tous les commandements. Toutefois, l'article R. 221-7 C. pr. exéc., relatif aux créances des personnes publiques, ne prévoit ces mentions que lorsque la saisie-vente est précédée d'un commandement de payer de type classique et non par une mise en demeure en tenant lieu.

La Cour de cassation juge à cet égard que si la mise en demeure tient lieu de commandement de payer, lorsque le comptable public agit par voie de saisie mobilière, elle ne perd pas pour autant sa nature d'acte administratif et échappe ainsi aux conditions de validité de cet acte, de même qu'aux formalités et diligences auxquelles donne lieu sa signification[5].

1. L. n° 2000-321, 12 avr. 2000, relative aux droits des citoyens dans leurs relations avec les administrations, *JO* 13 avr., texte 1.
2. Com. 17 janv. 2006, n° 03-13.643, P IV, n° 10 ; *D.* 2006. IR 396 ; *JCP* 2006. IV. 1311.
3. Texte rétabli par L. n° 2020-1721, 29 déc. 2020, art. 160, I, 1°.
4. Com. 26 janv. 1993, n° 91-14.934, NP ; *RJF* 1993. 600.
5. Com. 6 févr. 2007, n°s 07-60.1123 et 07-60.113, S^té^ d'Aubusson, NP ; *RJF* 2007, n° 623.

2°
Formalités préalables au recouvrement des créances de l'État

0713.101 Notification d'une mise en demeure de payer. Cette procédure concerne toutes les créances de l'État, qu'elles soient de nature fiscale ou étrangères à l'impôt, y compris les créances domaniales.

À défaut de règlement de l'acompte mentionné à l'article 1663 du CGI, des sommes mentionnées sur l'avis d'imposition à la date limite de paiement ou de celles mentionnées sur l'avis de mise en recouvrement, le comptable public adresse au redevable une mise en demeure de payer avant la notification du premier acte de poursuite devant donner lieu à des frais au sens de l'article 1912 du CGI (LPF, art. L. 257-0 A ; CGPPP, art. L. 2323-2 et L. 2323-4-1). Ces frais sont tarifés aux articles 396 C annexe II ainsi qu'aux articles 415 et 416 annexe III du CGI. Lorsque la mise en demeure n'a pas été suivie d'un paiement, le comptable public peut engager des poursuites génératrices de frais, par voie de commandement ou de saisie. Lorsque la mise en demeure porte à la connaissance du redevable des sanctions fiscales, aucune poursuite ne peut être entreprise avant l'expiration d'un délai de trente jours suivant sa notification.

Lorsque ces poursuites prennent la forme d'une saisie-vente, la mise en demeure tient lieu de commandement préalable (LPF, art. L. 257).

0713.102 Modalités de la notification de la mise en demeure. Lorsque la mise en demeure était notifiée par LRAR, l'article R.*257-0 A-1 du LPF renvoyait aux modalités prévues par l'article R.*256-6 du même code pour la notification des avis de mise en recouvrement. L'article R.*257-0 A-1 précité ayant été abrogé par le décret du 23 septembre 2021[1], il semble que cette notification doive se faire en la forme ordinaire.

0713.103 Envoi d'une lettre de relance. La mise en demeure de payer est précédée d'une lettre de relance lorsqu'aucune autre défaillance n'a été constatée pour un même contribuable au titre d'une même catégorie d'impositions au cours des trois années précédant la date limite de paiement ou la date de mise en recouvrement de l'imposition dont le recouvrement est poursuivi. Selon l'article R.*257-0 B-1, constitue une même catégorie d'impositions :

– l'impôt sur le revenu, les prélèvements sociaux recouvrés comme en matière d'impôt sur le revenu, la taxe d'habitation, les taxes foncières sur les propriétés bâties et non bâties, les impositions recouvrées comme les impositions précitées ainsi que l'impôt de solidarité sur la fortune ;

– les droits d'enregistrement, la taxe de publicité foncière et les droits de timbre ;

– les autres impositions.

Le comptable est dispensé d'envoyer la lettre de relance lorsque les impositions recouvrées résultent d'une procédure de rectification ou d'imposition d'office, lorsqu'il s'agit de créances supérieures à 15 000 euros ou nées postérieurement au jugement d'ouverture d'une procédure collective ainsi que pour les créances des entreprises tenues de souscrire leurs déclarations de résultats auprès du service chargé des grandes entreprises.

Lorsque cette lettre n'a pas été suivie d'un versement le comptable public peut, à l'expiration d'un délai de trente jours, adresser la mise en demeure de payer. Dans ce cas, les poursuites peuvent être engagées dans un délai de huit jours suivant la notification de celle-ci (LPF, art. L. 257-0 B).

Il convient de relever que les jurisprudences concernant la lettre de rappel devaient être transposables à la lettre de relance. Ainsi, l'envoi de la lettre de rappel était indispensable. À défaut de justification de l'accomplissement de cette formalité, le caractère exigible de la créance n'était pas établi et la saisie ne pouvait être valablement pratiquée[2]. Si la lettre de rappel avait été adressée avant que le redevable n'eut élevé une réclamation et bénéficié d'un sursis de paiement, elle devait être réitérée dès que la juridiction administrative avait rejeté le recours et mis fin au sursis. En effet, le sursis de paiement rendait caducs la lettre de rappel et les actes de poursuite qui l'avaient précédée. Si une nouvelle lettre n'était pas adressée au redevable, le commandement aux fins de saisie-vente et le procès-verbal de saisie signifié à celui-ci après l'échec de sa réclamation étaient entachés de nullité[3].

La lettre de relance doit contenir des informations permettant l'identification de son auteur. Dès lors qu'elle mentionne lisiblement les nom, prénom et qualité de celui-ci, ainsi que le service auquel il appartient, elle est dispensée de signature et, quelles que soient les modalités de sa notification (CRPA, art. L. 212-2, 3°).

0713.104 Effets de la mise en demeure valant commandement. La mise en demeure de payer permet l'engagement direct de la saisie-vente. En effet, l'article L. 257 du LPF retient que lorsque le comptable public veut engager les poursuites par voie de saisie-vente, la mise en demeure de payer tient lieu

1. Décr. n° 2021-1221, 23 sept. 2021, art. 2, 2°.

2. Civ. 2e, 8 oct. 1997, n° 95-18.005, P ; *D.* 1988. 476, note F. Ruellan et R. Lauba.

3. Com. 3 oct. 2006, n° 01-03.515, P (préc., v. ss nos 0713.43 et 0713.92) ; *Procédures* 2007, n° 25, note Pierre.

de commandement préalable. La saisie peut être pratiquée sans autre formalité à l'expiration d'un délai de trente jours si la mise en demeure n'a pas été précédée d'une lettre de relance ou de huit jours si une telle lettre a été envoyée au redevable (LPF, art. L. 257-0 B – C. pr. exéc., art. R. 221-1, 2°). Les poursuites sont effectuées dans les formes prévues par le Code des procédures civiles d'exécution et notamment par son article R. 221-7, pour le recouvrement des créances. Ces poursuites sont opérées par commissaire de justice ou par tout agent de l'Administration habilité à exercer des poursuites au nom du comptable (LPF, art. L. 257 et L. 274).

La mise en demeure interrompt la prescription de l'action en recouvrement du comptable public qui est de quatre ans (LPF, art. L. 257-0 A, 3°).

0713.105 Cas particuliers des impositions, contributions et taxes immédiatement exigibles. L'article L. 260 du LPF dispose que dans les cas mentionnés au 2° de l'article 1663 du CGI, le comptable public peut faire notifier une mise en demeure de payer au contribuable dès l'exigibilité de l'impôt sur le revenu, des contributions sociales recouvrées comme en matière d'impôt sur le revenu, de la taxe d'habitation, des taxes foncières sur les propriétés bâties et non bâties et des impositions recouvrées comme les impositions précitées. La saisie peut alors être pratiquée un jour franc après la signification de la mise en demeure de payer. Il s'agit d'un régime dérogatoire au droit commun de la saisie-vente qui prévoit que cette mesure d'exécution ne peut être pratiquée que huit jours après le commandement de payer.

Le 2° de l'article 1663 du CGI, auquel fait référence l'article L. 260 du LPF, retient que le délai de trente jours prévu pour le paiement des impositions, contributions et taxes susmentionnées est supprimé lorsque le contribuable a déménagé hors du ressort du service chargé du recouvrement sans lui avoir signalé son nouveau domicile, lorsqu'il y a eu vente volontaire ou forcée de ses biens ou encore, lorsqu'il s'est vu appliquer une majoration pour non-déclaration ou déclaration tardive ou insuffisante des revenus et bénéfices imposables.

3°
Formalités préalables au recouvrement des produits des collectivités territoriales et des établissements publics locaux et de santé

0713.111 Champ d'application. La procédure concernant le recouvrement des produits des collectivités territoriales et des établissements publics locaux est prévue par l'article L. 1617-5 du CGCT. Ce texte s'applique également au recouvrement des créances des établissements publics de santé (CSP, art. L. 6145-9), aux produits et redevances du domaine des collectivités locales (CGPPP, art. L. 2323-5), aux recettes des groupements de coopération sociale ou médico-sociale (CASF, art. L. 312-7, 3°), aux créances des associations syndicales de propriétaires (Ord. 1er juill. 2004, art. 34) et aux recettes des groupements d'intérêt public dans le capital desquels les collectivités territoriales et leurs établissements publics détiennent la majorité (L. 29 déc. 2010, art. 55, I, i). Il prévoit la notification d'une mise en demeure tenant lieu de commandement aux fins de saisie-vente qui peut être précédée soit par une lettre de relance, soit par une phase comminatoire confiée à un commissaire de justice.

0713.112 Mise en demeure valant commandement. En l'absence de contestation, le titre de recettes individuel ou collectif émis par une collectivité territoriale ou un établissement public permet l'exécution forcée d'office contre le débiteur après la notification d'une mise en demeure de payer. Lorsque cette mise en demeure n'a pas été suivie de paiement, le comptable public peut, à l'expiration d'un délai de huit jours suivant sa notification, engager des poursuites devant donner lieu à des frais mis à la charge du redevable dans les conditions fixées à l'article 1912 CGI. L'envoi de la mise en demeure tient lieu du commandement prescrit par le Code des procédures civiles d'exécution préalablement à une saisie-vente (CGCT, art. L. 1617-5, 5° – LPF, art. L. 257).

La mise en demeure interrompt la prescription de l'action en recouvrement du comptable qui est de quatre ans (CGCT, art. L. 1617-5, 3°).

0713.113 Lettre de relance ou phase comminatoire. Pour les créances d'un montant inférieur à 15 000 euros, la mise en demeure de payer est précédée d'une lettre de relance adressée par le comptable public compétent ou d'une phase comminatoire, par laquelle il demande à un commissaire de justice d'obtenir qu'il s'acquitte auprès de lui du montant de sa dette. Les frais de recouvrement sont versés directement par le redevable à l'officier ministériel.

Lorsque la lettre de relance ou la phase comminatoire n'a pas été suivie de paiement, le comptable public compétent peut notifier immédiatement la mise en demeure. Dans ce cas, l'exécution forcée des poursuites donnant lieu à des frais, notamment par voie de saisie-vente, peut être engagée à l'expiration d'un délai de huit jours suivant cette notification (CGCT, art. L. 1617-5, 6°).

0713.114 Notification et contenu de la mise en demeure. L'article 1617-5 du CGCT n'indique pas les modalités de la notification ainsi que le contenu de la mise en demeure et de la lettre de relance.

Néanmoins, ces formalités peuvent être effectuées par voie postale (par lettre simple ou LRAR), ou par un procédé électronique. La mise en demeure de payer et la lettre de relance relative au recouvrement doivent mentionner les prénom, nom et qualité de leur auteur ainsi que le service auquel il appartient. Dès lors que ces précisions sont lisiblement indiquées, mise en demeure et lettre de relance sont dispensées de la signature de leur auteur et ce, quelles que soient les modalités selon lesquelles elles sont portées à la connaissance des intéressés (CRPA, art. L. 212-2, 3°). Il convient de rappeler, qu'en application de l'article L. 141-2 alinéa 2 C. pr. exéc., la mise en demeure doit indiquer que les notifications relatives à la mise à exécution d'un titre concernant une créance publique doivent être faites au comptable chargé de son recouvrement.

§ 4
Mentions particulières en cas de chèque impayé

0713.121 Notification ou signification du certificat de non-paiement valant commandement. La loi du 30 décembre 1991 [1], qui a modifié l'article 65-3 du décret-loi du 30 octobre 1935 devenu l'article L. 131-73 C. mon. fin., a rendu inutile l'engagement d'une procédure judiciaire pour se procurer un titre exécutoire en cas de défaut de paiement d'un chèque. Désormais, lorsque le chèque n'est pas réglé dans un délai de trente jours suivant sa première présentation ou à défaut de constitution de sa provision dans le même délai et après une nouvelle présentation, le tiré adresse un certificat de non-paiement au porteur du chèque qui en fait la demande. Le certificat est alors notifié par lettre recommandée avec avis de réception ou signifié par exploit de commissaire de justice. Cette notification ou signification vaut commandement de payer. À défaut de règlement du montant du chèque augmenté des frais, dans un délai de quinze jours à compter de la réception, le commissaire de justice délivre sans autre formalité un titre exécutoire.

0713.122 Mention de la notification ou de la signification. La notification ou la signification au tireur, du certificat de non-paiement valant commandement de payer devait, lorsqu'elle était faite en vue de pratiquer une mesure d'exécution forcée, comporter les mentions requises par l'ancien article 298 du décret du 31 juillet 1992 pour la mesure envisagée. Si cette mesure était une saisie-vente, la notification ou la signification devait donc énoncer les mentions prévues par l'article 81 (devenu C. pr. exéc., art. R. 221-1) relativement au titre exécutoire, à la créance réclamée et au risque de vente en cas de non-paiement [2]. Si la somme à recouvrer ne dépassait pas 535 euros, il fallait ajouter les informations prescrites par l'article 83 (devenu C. pr. exéc., art. R. 221-3), notamment l'injonction au débiteur de communiquer les références de ses comptes ou de son employeur (v. s[s] n° 0712.43).

Lors de l'incorporation du décret du 31 juillet 1992 dans la partie réglementaire du Code des procédures civiles d'exécution, l'article 298 précité n'a pas été repris, de telle sorte, qu'en l'état des textes en vigueur, la notification ou la signification du certificat de non-paiement valant commandement ne comporte aucune mention particulière. On peut toutefois considérer que ces actes, dès lors qu'ils vont engager une saisie-vente, demeurent soumis aux dispositions générales du Code des procédures civiles d'exécution gouvernant la forme du commandement de payer auquel ils sont assimilés par l'article L. 131-73 C. mon. fin. Ils devraient donc contenir les mentions prescrites par les articles R. 221-1 et R. 221-3 C. pr. exéc. et être réitérés en l'absence de saisie dans les deux ans, en vertu de l'article R. 221-5 du même code.

Il convient de préciser que la signification ou la notification du certificat de non-paiement ne déclenche pas, même après l'émission par le commissaire de justice du titre exécutoire, l'application au taux des intérêts de retard, de la majoration de cinq points prévue par l'article L. 313-3 alinéa 3 C. mon. fin. en cas de condamnation par une décision de justice. En effet, la Cour de cassation rappelle que ce titre exécutoire ne constitue pas une décision juridictionnelle autorisant, à l'expiration d'un délai de deux mois suivant sa signification, la mise en œuvre de la majoration [3].

SECTION 4
EFFETS DU COMMANDEMENT

§ 1
Énoncé des effets

0713.131 Effets comme acte de la procédure de saisie-vente. Le commandement ne produit, par lui-même, aucun effet d'indisponibilité. Son principal effet est de permettre la saisie-vente huit jours après sa délivrance. Il « *engage la procédure* » selon l'expression de la Cour de cassation dans ses deux avis du 14 juin 1993 (cités s[s] n° 0713.15). Bien que ne s'analysant pas en un acte d'exécution, il ne consti-

1. L. n° 91-1382, 30 déc. 1991, relative à la sécurité des chèques et des cartes de paiement, *JO* 1er janv. 1992.
2. SUR CE POINT, v. note P. Julien s[s] Paris, 5 juill. 2001, *D.* 2001. 3308.
3. Civ. 2e, 7 janv. 2016, n° 14-26.449, P (préc., v. s[s] n° 0713.47) ; *Dr. et proc.* 2016. 21, obs. L. Lauvergnat.

tue pas moins une étape essentielle et incontournable de la procédure de la saisie-vente.

En matière de recouvrement des créances publiques, la mise en demeure de payer prévue par les articles L. 257 du LPF et L. 1617-5 du CGCT qui tient lieu de commandement préalable à la saisie-vente permet également l'engagement de celle-ci à l'expiration d'un délai de huit jours.

0713.132 Effets propres. Le commandement fait courir les intérêts moratoires si, avant sa délivrance, aucune mise en demeure n'a été notifiée au débiteur par lettre recommandée ou par exploit de commissaire de justice (C. civ., art. 1231-6 et 1244-1[1]). Il peut en être ainsi lorsque le titre fondant les poursuites est un procès-verbal de conciliation ou un acte notarié en forme exécutoire.

0713.133 Effet interruptif de prescription. Peut-on considérer que le commandement interrompt le cours de la prescription comme le prévoyait l'ancien article 2244 C. civ. ? Il faut en effet relever que depuis la réforme opérée par la loi du 17 juin 2008[2], l'article 2244 ne vise plus le « *commandement* » ou la « *saisie* » mais « *l'acte d'exécution forcée* ». Or, même s'il engage la saisie-vente dont il est indissociable, le commandement n'est pas un acte d'exécution puisqu'il n'a pas pour conséquence de rendre indisponible les biens du débiteur. On peut toutefois considérer que cet effet interruptif de prescription lui est implicitement conféré par les articles R. 221-5 et R. 221-8 C. pr. exéc., selon lesquels cet effet demeure même si le commandement doit être réitéré faute d'engagement d'une mesure d'exécution dans les deux ans de sa délivrance. Cette analyse ne vaut que si l'on considère que les textes précités qui sont d'origine réglementaire n'ont pas été tacitement abrogés par la suppression, par la loi du 17 juin 2008, du commandement dans la liste des actes interruptifs de prescription contenue dans l'article 2244 C. civ. Il convient toutefois de relever que lors de l'adoption de la partie réglementaire du Code des procédures civiles d'exécution, par le décret du 30 mai 2012[3], les dispositions relatives à la persistance de l'effet interruptif de prescription produit par le commandement non suivi d'une saisie dans les deux ans ont été reprises dans les articles R. 221-5 et R. 221-8 de ce code.

L'examen des travaux préparatoires de la loi du 13 juin 2008 donne d'ailleurs à penser que la suppression du mot « *commandement* » dans l'article 2244 C. civ. a été dictée, non par la volonté de dénier à cet acte tout effet interruptif, mais par le souci de simplification et de clarification sémantique, le commandement étant assimilé à l'acte de saisie dont il est indissociable. À cet égard, le terme « *commandement* » n'est pas dépourvu d'ambiguïté car le législateur l'emploie pour désigner, non seulement les mises en demeure conditionnant l'engagement des voies d'exécution, mais encore de simples sommations comme les commandements déclenchant le jeu des clauses résolutoires contenues dans les contrats de location. Ces pseudo-commandements, qui ne sont pas fondés sur un titre exécutoire, ne sont pas interruptifs de prescription[4]. De surcroît, le commandement aux fins de saisie immobilière vaut saisie et rend le bien indisponible dès la signification au débiteur et à l'égard des tiers, dès sa publication au fichier immobilier (C. pr. exéc., art. 321-13)[5].

La Cour de cassation a finalement levé le doute en jugeant que le commandement aux fins de saisie-vente qui, sans être un acte d'exécution forcée, engage cette mesure, interrompt la prescription de la créance qu'il tend à recouvrer. Cette décision prise au visa des dispositions combinées des articles 2244 C. civ., L. 221-1 et R. 221-5 C. pr. exéc. a fait l'objet d'un commentaire lors de sa publication au *Bulletin d'information* du 1er novembre 2015. Dans ce commentaire, la Haute juridiction explique que « *les termes de l'article 2244 du Code civil sont ainsi compris comme marquant le choix, pour le législateur, de conférer aux mesures d'exécution forcée un effet interruptif de prescription, sans pour autant désigner exclusivement l'acte qui, à l'occasion de l'accomplissement d'une mesure en particulier, opère la saisie* »[6].

0713.134 Condition de l'effet interruptif de prescription. Dès lors que le commandement de payer n'interrompt la prescription que parce qu'il engage la saisie-vente dont il est indissociable, le commandement qui ne précise pas que le débiteur est sous la menace d'une mesure d'exécution forcée ne devrait pas produire cet effet interruptif. La Haute juridiction a jugé que, faute de faire référence à une saisie, un tel acte ne pouvait relever de la compétence du JEX en cas de contestation[7].

1. Anc. C. civ., art. 1153.
2. L. n° 2008-561, 17 juin 2008, portant réforme de la prescription en matière civile, *JO* 18 juin, p. 9856.
3. Décr. n° 2012-783, 30 mai 2012, relatif à la partie réglementaire du code des procédures civiles d'exécution, *JO* 31 mai, texte 1.
4. Civ. 3e, 25 mai 2013, n° 12-10.157, P III, n° 64 ; *D.* 2013. 1356.
5. L. Lauvergnat, « L'effet interruptif du commandement de payer aux fins de saisie-vente », *Gaz. Pal.* 2013. Doctr. 14.
6. Civ. 2e, 13 mai 2015, n° 14-16.025, P (préc., v. ss n° 0713.22) ; *Procédures* 2015. Comm. 222, note L. Raschel ; *Dr. et proc.* 2015. 104, obs. O. Salati, et p. 184, obs. L. Lauvergnat ; *Gaz. Pal.* 2015, n° 248, p. 15, note C. Brenner – V. ÉGAL. : Civ. 2e, 1er juin 2017, n° 16-17.589, NP (préc., v. ss n° 0713.22) ; *AJDI* 2017. 611 ; *Procédures* 2017, n° 183, note L. Raschel ; *RD banc. fin.* 2017, n° 214, note. S. Piedelièvre.
7. Civ. 2e, 22 juin 2017, n° 16-17.277, P (préc., v. ss n° 0713.22) ; *Dr. et proc.* janv. 2018. 13, obs. F. Vinckel.

Le commandement interrompt la prescription, même s'il n'a pas été signifié au siège social de la société débitrice, mais à la personne de son gérant, présent en un autre lieu. Le fait que celui-ci ait refusé l'acte est sans incidence sur la validité de cette signification[1].

0713.135 Effet interruptif de la mise en demeure valant commandement. Par ailleurs, lorsque la poursuite d'exécution porte sur une créance publique, les articles L. 257 du LPF et L. 1617-5, 5° du CGCT disposent expressément que la mise en demeure tenant lieu de commandement aux fins de saisie-vente interrompt le cours du délai par lequel se prescrit l'action en recouvrement du comptable. Ce délai qui est de 4 ans, court à partir de la mise en recouvrement du titre exécutoire pour les créances publiques de toutes natures (LPF, art. L. 274)[2] et de la prise en charge du titre de recette pour les produits des collectivités territoriales et de leurs établissements publics (CGCT, art. L. 1617-5, 3°).

§ 2
Durée des effets

0713.141 Réitération du commandement. Le commandement de payer se trouve privé de certains effets si, à l'expiration d'un délai de deux ans suivant sa signification, aucun acte d'exécution n'est intervenu. Le commandement périmé n'autorise plus la saisie-vente et les poursuites ne peuvent être engagées que par un nouveau commandement (C. pr. exéc., art. R. 221-5). L'expression « *aucun acte d'exécution* » est très large et ne vise pas seulement le procès-verbal de saisie-vente. Elle recouvre aussi tout autre acte de saisie tel qu'un procès-verbal de saisie-attribution par exemple.

On présume que le créancier qui a fait preuve d'inertie pendant deux ans n'avait pas sérieusement l'intention de pratiquer une saisie. Toutefois, l'attentisme du créancier peut s'expliquer par un accord de règlement de longue durée, en vertu duquel le débiteur a versé des acomptes avec plus ou moins de régularité. Il peut aussi avoir pour cause la disparition du débiteur après réception du commandement.

0713.142 Réitération en matière de créance publique. En vertu de l'article R. 221-8 alinéa 1er C. pr. exéc., la même inefficacité frappe, à l'expiration du même délai de deux ans, le commandement ou la mise en demeure en tenant lieu délivré pour le recouvrement d'une créance de l'État, des collectivités territoriales et des établissements publics locaux dotés d'un comptable public. Ce texte substitue à l'expression « *si aucun acte d'exécution n'est intervenu* », retenue par l'article R. 221-5 C. pr. exéc. pour le commandement de droit commun, celle de « *si aucun acte de poursuite quel qu'il soit ou règlement partiel n'est intervenu* ». Ainsi, les créanciers publics bénéficient d'une cause d'interruption du délai de deux ans, le paiement partiel, que les créanciers ordinaires ne peuvent invoquer.

0713.143 Nature et limites de la sanction. L'obligation de réitérer le commandement ou la mise en demeure non suivie d'exécution dans les deux ans ne remet pas en cause les effets propres au commandement, à savoir l'interruption de la prescription (C. pr. exéc., art. R. 221-5, al. 2, et R. 221-8, al. 2[3]). La Haute juridiction rappelle que cette sanction de l'inertie du créancier n'est pas assimilable à une péremption. Par conséquent, la procédure de saisie-vente peut être réengagée par la signification d'un nouveau commandement ou pour les créances publiques, d'une nouvelle mise en demeure, pourvu que cette formalité ne se heurte pas à une prescription qui pourrait être acquise entre-temps. Le créancier qui s'est abstenu pendant plus de deux ans, n'est donc pas présumé avoir définitivement renoncé aux poursuites, la renonciation à un droit ne se déduisant pas de l'inaction ou du silence de son titulaire[4].

Le commandement non suivi d'exécution dans les deux ans de sa délivrance n'est pas non plus frappé de caducité. La Cour de cassation relève que cette sanction n'est pas prévue par l'article R. 221-5 C. pr. exéc., lequel contraint seulement le créancier à recommencer la procédure s'il entend procéder par voie de saisie-vente[5].

Le commandement ou la mise en demeure en tenant lieu n'est privé que d'un seul de ses effets, l'ouverture de la saisie-vente, mais conserve son **effet interruptif de prescription**. Cet effet demeure d'ailleurs, même s'il n'est pas réitéré à l'expiration du délai de deux ans, à charge pour le créancier de reprendre ses poursuites d'exécution à l'intérieur du nouveau délai de prescription. Pour cette raison, le débiteur a toujours intérêt, s'il justifie d'une cause d'irrégularité et d'un grief, d'agir en nullité contre le commandement non suivi d'exécution dans les deux ans car il n'est ni périmé ni caduc.

1. Civ. 2e, 12 mai 2016, no 15-15.969, NP ; *Dr. et proc.* 2016. 110, obs. S. Dorol.
2. SUR L'EFFET INTERRUPTIF du commandement irrégulier ou mal fondé, v. note L. Ayrault ss CE, 9e et 10e ss sect., 30 déc. 2009, req. no 308242, *Procédures* 2010, no 105.
3. Anct Décr. no 92-755, 31 juill. 1992, art. 85, *in fine*, et 297, al. 2.
4. Civ. 1re, 4 oct. 2005, no 03-13.375, P I, no 350 ; *Dr. et proc.* 2005, no 278, note R. Perrot.
5. Civ. 2e, 16 mars 2017, no 16-12.610, P I, no 60 ; *Dr. et proc.* 2017. 67, obs. S. Dorol ; *JCP* 2017. Actu. 365, note. C. Laporte.

0713.144 Conséquence de la nullité sur les effets du commandement. L'annulation du commandement pour une irrégularité de forme ou de fond prive le commandement aux fins de saisie-vente de tous ses effets, y compris de son effet interruptif de prescription. En effet, le second alinéa de l'article 2241 C. civ. ne laisse subsister cet effet interruptif qu'en faveur des actes saisissant les juridictions qui sont entachés d'un vice de procédure. Ce texte ne s'applique pas aux actes d'exécution forcée qui n'y sont pas visés et auxquels doit être assimilé le commandement de payer engageant la saisie-vente[1].

SECTION 5

OPPOSITION À COMMANDEMENT

§ 1

Poursuites par une personne privée

0713.151 Notion et effet. L'expression « *opposition à commandement* » recouvre toutes les contestations auxquelles donne lieu le commandement de payer et, notamment, les demandes en nullité pour irrégularité de forme ou de fond (v. s[s] n°s 0719.122 s.) et les demandes de délai de grâce.

L'acte intitulé ainsi n'a cependant aucun effet s'il ne contient pas assignation du créancier à comparaître devant la juridiction compétente pour trancher la contestation. Mais l'opposition à commandement portant assignation a pour seule conséquence d'investir le juge du pouvoir de trancher la difficulté portée devant lui. Elle n'a pas pour conséquence d'interrompre le cours de la procédure et, notamment, d'interdire au créancier de pratiquer la saisie à l'expiration du délai de huit jours, puis d'engager les formalités requises pour la vente forcée à l'expiration du délai d'un mois dont dispose le débiteur pour proposer un acheteur. Seul le juge peut décider la suspension de la procédure (C. pr. exéc., art. R. 221-56 – v. s[s] n° 0719.152).

0713.152 Recevabilité. L'action en nullité du commandement n'est enfermée dans aucun délai de forclusion. On ne peut considérer que le délai de huit jours est imparti au débiteur non seulement pour payer sa dette, mais encore pour faire opposition au commandement. La Cour de cassation s'était prononcée en ce sens sous l'empire de l'article 583 ACPC, qui stipulait que le commandement précédant la saisie-exécution devait impartir au débiteur un délai d'un jour pour acquitter la somme due[2]. Cette solution est transposable aux articles R. 221-1, 2° et R. 221-3, 2° C. pr. exéc., relatifs au commandement aux fins de saisie-vente. La nullité du commandement entraînant obligatoirement celle de la saisie subséquente, il semble que les dispositions de l'article R. 221-54 du même code, selon lesquelles la nullité de la saisie pour un vice de forme ou de fond peut être demandée jusqu'à la vente, est applicable à la contestation portant sur la validité du commandement (sur les conséquences de l'annulation prononcée après la vente, v. s[s] n°s 0719.155 s.). Quoi qu'il en soit, la demande en nullité du commandement doit être formée contre le créancier lui-même[3].

0713.153 Juge compétent. Le juge compétent pour connaître de la validité du commandement est le JEX. En effet au terme de l'article L. 213-6 du COJ (COJ, anc. art. L. 311-12-1), le JEX connaît des contestations qui s'élèvent à l'occasion de l'exécution forcée. À cet égard, le commandement visé aux articles 81 et 83 du décret du 31 juillet 1992 (devenus C. pr. exéc., art. R. 221-1 et R. 221-3) est la première étape de la mesure d'exécution qu'est la saisie-vente[4]. Le commandement de payer « *engage* » la saisie-vente, selon l'expression de la Cour de cassation dans ses avis du 14 juin 1993 déjà cités (v. s[s] n° 0713.15) et, partant, fait indissociablement corps avec elle.

La Haute juridiction estime à cet égard que la signification du commandement engageant la procédure de saisie-vente, elle autorise du même coup la saisine du JEX aux fins de trancher une difficulté élevée à l'occasion de sa délivrance[5]. Ainsi, toute contestation portant sur les effets du commandement relève de la compétence du JEX. Tel est le cas de la demande de restitution d'un paiement fait à la suite d'un commandement, mais avant qu'un acte de saisie ne soit établi[6]. C'est également le cas de la demande en constatation de l'interruption d'une prescription[7].

1. À propos d'un COMMANDEMENT VALANT SAISIE IMMOBILIÈRE, Civ. 2e, 1er mars 2018, n° 16-25.746, P II, n° 37 ; *JCP* 2018. II. 388, note C. Laporte ; *Gaz. Pal.* 2018, n° 17, p. 63, note L. Lauvergnat.
2. Civ. 2e, 7 mars 1985, *D.* 1985. 345, note J. Prévault ; *Gaz. Pal.* 1985. 2. Pan. 218, obs. Véron.
3. Civ. 2e, 18 avr. 1980, n° 77-13.207, NP ; *Gaz. Pal.* 1980. 2. 524.
4. Angers, 1re ch., 2 mars 1994, *JCP* 1995. IV. 2466.
5. Civ. 2e, 16 déc. 1998, n° 96-18.255, P II, n° 301 – Civ. 2e, 3 juin 1999, n° 97-14.889, P II, n° 110 ; *Gaz. Pal.* 1999. Pan. 249.
6. Civ. 2e, 27 févr. 2020, n° 18-25.382, P (préc., v. s[s] n°s 0713.22, 0713.49 et 0713.49) ; *Gaz. Pal.* 16 juin 2020, p. 35, chron. C. Brenner et J.-J. Ansault.
7. Civ. 2e, 13 mai 2015, n° 14-16.025, P II, n° 113 (préc., v. s[s] n°s 0713.22 et 0713.133) ; *Procédures* 2015. Comm. 222, note L. Raschel ; *Dr. et proc.* 2015. 104, obs. O. Salati, et p. 184, obs. L. Lauvergnat ; *Gaz. Pal.* 2015, n° 248, p. 15, note C. Brenner – V. ÉGAL. : Civ. 2e, 1er juin 2017, n° 16-17.589, NP (préc., v. s[s] n°s 0713.22 et 0713.133) ; *AJDI* 2017. 611 ; *Procédures* 2017, n° 183, note L. Raschel ; *RD banc. fin.* 2017, n° 214, note. S. Piedelièvre.

On peut enfin relever que depuis la réforme procédurale entreprise par le décret du 18 décembre 1996 [1], le JEX est désormais compétent pour accorder un délai de grâce, dès la signification d'un commandement (Décr. 31 juill. 1992, art. 8, al. 2 [devenus C. pr. exéc., art. R. 121-1, al. 2] – et C. pr. civ., art. 510). Cette réforme tend à corroborer le principe général selon lequel c'est la délivrance du commandement qui détermine la compétence matérielle du JEX [2]. À noter qu'en matière de saisie-vente, le JEX est reconnu compétent pour accorder un délai de grâce sur le fondement de l'ancien article 1244-1 C. civ., devenu l'article 1343-5, même lorsque le créancier est un organisme de sécurité sociale [3].

Cependant, toutes les oppositions à commandement ne relèvent pas de la compétence du JEX. En effet, de nombreux actes qui sont qualifiés de « *commandement de payer* » n'ont pas pour objet l'engagement d'une saisie-vente. Ce sont les commandements qui tendent à faire produire leurs effets aux clauses résolutoires contractuelles. Ils ne nécessitent pas toujours la préexistence d'un titre exécutoire et s'assimilent en réalité à des sommations [4]. Ces commandements sont prévus par toutes les dispositions régissant les différentes catégories de baux, notamment par l'article L. 145-41 C. com. concernant le bail commercial [5].

En ce qui concerne la compétence territoriale, l'article R. 221-40 C. pr. exéc. dispose que « *les contestations relatives à la saisie-vente sont portées devant le juge de l'exécution du lieu de la saisie* ».

0713.154 **Pouvoir du juge de l'exécution.** Il faut relever que le JEX saisi d'une opposition à commandement ne peut ni modifier le dispositif de la décision de justice servant de fondement aux poursuites, ni en suspendre l'exécution sans violer les articles L. 213-6 du COJ et R. 121-1 alinéa 2 C. pr. exéc.

Il lui est notamment interdit d'ajouter une disposition supplémentaire à la décision fondant la poursuite, même indirectement en validant un commandement de payer une créance sur laquelle la juridiction ne s'est pas prononcée. Il ne peut donc refuser d'annuler un commandement aux fins de saisie-vente réclamant au vendeur d'un véhicule, non seulement le remboursement de son prix, mais encore celui de ses frais de gardiennage dès lors que la décision ayant prononcé la résolution du contrat pour vice caché, n'avait pas statué sur la charge de ces frais. L'acte portant sur une créance non visée dans le titre exécutoire était nécessairement irrégulier et le juge ne pouvait, sous prétexte que la résiliation était imputable au vendeur, se substituer au juge du fond et s'abstenir de l'annuler [6].

1. Décr. n° 96-1130, 18 déc. 1996, modifiant le décret n° 92-755 du 31 juillet 1992 instituant de nouvelles règles relatives aux procédures civiles d'exécution pour l'application de la loi n° 91-650 du 9 juillet 1991 portant réforme des procédures civiles d'exécution, *JO* 26 déc.
2. EN CE SENS, Civ. 2e, 3 juin 1999, n° 97-14.889, P II, n° 110 ; *Rev. huiss.* 2000. 185.
3. Soc. 19 juill. 2001, n° 00-12.917, P V, n° 284 ; *D.* 2001. IR 2461.
4. TI Moutiers, 13 août 1997, et TGI Albertville, JEX, 13 mai 1997, *Procédures* 1997, n° 234, note H. Croze.
5. À PROPOS d'un commandement délivré en vertu de Décr. n° 53-960, 30 sept. 1953, art. 25, devenu C. com., art. L. 145-41, TGI Tarascon, JEX, 12 mai 1995, *Rev. huiss.* 1996. 245.

§ 2
Poursuites par une personne publique

0713.161 **Créances publiques.** Dans ce domaine, l'opposition au commandement ou à la mise en demeure en tenant lieu s'inscrit dans le cadre des oppositions à poursuites qui sont ouvertes à tous les redevables de sommes recouvrées par les comptables publics. Les modalités des contestations relatives au recouvrement des créances publiques sont prévues par les articles L. 281 et R.*281-1 du LPF. Ces contestations peuvent être élevées par le redevable lui-même ou par la personne tenue solidairement ou conjointement (LPF, art. R.*281-1). Elles comportent une phase préalable obligatoire devant l'Administration dont dépend le comptable poursuivant ou devant l'ordonnateur de l'organisme public (établissement ou groupement) au nom duquel la créance est recouvrée, si les poursuites sont exercées par un agent comptable. Cette phase est suivie, le cas échéant, d'un recours devant la juridiction compétente qui varie selon l'objet de la contestation et selon que le recouvrement porte sur des contributions directes ou indirectes, des créances de l'État non assimilables à l'impôt ou des produits des collectivités territoriales et des établissements publics locaux et de santé (v. ss nos 0713.162 et 0713.163). Quelle que soit la nature de la créance publique, la demande en annulation du commandement ou de la mise en demeure en tenant lieu ne relève de la compétence du JEX que si elle est fondée sur une irrégularité de forme de cet acte. La Haute juridiction s'est ainsi prononcée en ce sens à propos d'un commandement délivré par le receveur général des finances à un fils au titre de sa participation aux frais de séjour de sa mère admise au titre de l'Aide sociale dans une maison de retraite [7].

0713.162 **Recours administratif.** Les contestations relatives au recouvrement des impôts, taxes et redevances, amendes, condamnations pécuniaires et sommes quelconques perçues par les comptables

6. Civ. 2e, 13 sept. 2007, n° 06-13.672, P II, n° 219 ; *D.* 2007. 2395, note V. Avena-Robardet.
7. Civ. 1re, 30 juin 1998, n° 96-13.069, P I, n° 232 ; *D.* 1998. IR 189.

publics sont portées devant l'Administration dont dépend le comptable qui exerce les poursuites (LPF, art. L. 281). Cette administration est soit la Direction générale des finances publiques, soit la Direction des douanes et droits indirects dont les chefs de service ou les responsables compétents sont mentionnés à l'article R.*281-1 du LPF (al. 2, a et b).

Toutefois, lorsque le recouvrement contesté concerne des créances détenues par un établissement public de l'État, par l'un de ses groupements d'intérêt public ou par une autorité publique indépendante, doté d'un agent comptable, la contestation doit être adressée à l'ordonnateur de l'établissement, du groupement ou de l'autorité, pour le compte duquel l'agent comptable intervient (LPF, art. L. 281, al. 2).

Les contestations ne peuvent pas remettre en cause le bien-fondé de la créance recouvrée. Elles peuvent porter :

– sur la régularité en la forme de l'acte ;

– à l'exclusion des amendes et condamnations pécuniaires, sur l'obligation au paiement, sur le montant de la dette compte tenu des versements effectués et sur l'exigibilité de la somme réclamée (LPF, art. L. 281, 1° et 2°).

La contestation fait l'objet d'une demande qui doit être adressée, accompagnée de toutes les justifications, au chef de service ou à l'ordonnateur dans un délai de 2 mois à peine de forclusion. Ce délai court à partir de la notification :

– de l'acte de poursuite dont la régularité formelle est contestée ;

– de tout acte de poursuite si le motif invoqué porte sur l'obligation de payer ou sur le montant de la dette ;

– du premier acte de poursuite permettant de contester l'exigibilité de la somme réclamée (LPF, art. R.*281-3-1).

Le chef de service ou l'ordonnateur se prononce dans les 2 mois suivant le dépôt de la demande dont il doit accuser réception. L'absence de réponse, dans ce délai, équivaut à un rejet implicite. Il faut préciser que toute demande adressée à l'Administration, même par voie électronique, doit faire l'objet d'un accusé de réception (CRPA, art. L. 112-3 et L. 112-11). Cet accusé de réception doit notamment mentionner la date de réception de la demande et la date à laquelle, à défaut de décision expresse, celle-ci sera réputée rejetée. Il doit également préciser, si la demande est susceptible de donner lieu à une décision implicite de rejet, les délais et voies de recours contre la décision (CRPA, art. R. 112-5 et R. 112-11-1). Les délais de recours ne sont pas opposables à l'auteur d'une demande lorsque l'accusé de réception ne lui a pas été transmis ou ne compte pas les mentions informatives exigées par la réglementation. Mais le défaut de délivrance de l'accusé de réception est sans incidence sur l'opposabilité des délais de recours, si une décision expresse a été régulièrement notifiée avant l'expiration du délai au terme duquel est susceptible de naître une décision implicite (CRPA, art. L. 112-6 et L. 112-12 ; v. égal. s^s n° 0719.96). En l'absence de décision ou si celle-ci ne lui donne pas satisfaction, le redevable ou la personne tenue solidairement ou conjointement peut porter l'affaire devant le juge compétent (LPF, art. R.* 281-4).

Cette phase préalable devant l'Administration étant obligatoire, la saisine directe du juge est irrecevable (v. s^s n°s 0713.163 et 0719.104 ; sur la régularisation des demandes mal dirigées incomplètes ou irrégulières, v. s^s n° 0719.97).

0713.163 **Recours contentieux.** L'article L. 281 du LPF ménage au contestant qui n'a pas reçu de réponse ou qui est mécontent de la décision rendue, un recours juridictionnel dont l'exercice ne lui est donc ouvert qu'après l'utilisation de la voie administrative. Le recours devant l'Administration est un préalable obligatoire dont l'inobservation est sanctionnée par l'irrecevabilité du recours contentieux, sous réserve que le redevable ait été informé, dans l'acte de poursuite, de l'existence et du caractère incontournable du recours devant le chef de service, de son destinataire, de son délai et de ses modalités d'exercice ainsi que de la sanction encourue et des dispositions des articles R.*281-4 et R.*281-5 du LPF[1].

Le CRPA prescrit d'ailleurs, dans son article L. 412-3 que la décision soumise à un recours administratif préalable obligatoire doit mentionner cette obligation ainsi que les voies et délais d'exercice de ce recours dans sa notification.

L'information doit être précise et complète de telle sorte qu'elle ne peut se borner à faire état d'une possibilité de recours auprès de l'Administration ou à viser des textes sans en expliciter le contenu[2].

Pour exercer son recours devant le juge, le redevable ou la personne tenue solidairement ou conjointement dispose d'un délai de 2 mois qui doit être respecté à peine de nullité. Ce délai court à partir :

– soit de la notification de la décision critiquée ;

– soit de l'expiration du délai de 2 mois accordé au chef de service ou à l'ordonnateur pour prendre sa décision.

1. CE. 25 mai 2007, req. n° 285747, *Dr. fisc.* 2007, n° 37, comm. 838 ; *RJF* 2007, n° 1167 – Cass., avis, 14 mai 2001, n° 01-00.002, P, n° 3 ; *BICC*, n° 539, concl. Kessous ; rapp. Serre ; *D.* 2001. IR 2362 – Com. 4 juin 2002, n° 98-19.511, P IV, n° 99 – Com., 9 juin 2009, n° 08-16.556 ; *RJF* 2009, n° 885.
2. Com. 4 juin 2002, n° 98-19.511 P (préc. s^s prés^t n°) – Civ. 2e, 12 oct. 2006, n° 05-14.726 ; *RJF* 2008, n° 228 – Com. 20 mars 2007, n° 05-19.860, NP ; *RJF* 2007, n° 848.

La procédure ne peut, sous peine d'être déclarée irrecevable, être engagée avant ces dates (LPF, art. R.*281-4). La demande en justice introduite en l'absence de réponse et avant l'expiration du délai de 2 mois imparti à l'Administration pour se prononcer doit être rejetée comme prématurée et irrecevable[1]. Toutefois, l'irrecevabilité prévue par l'article R.*281-4 du LPF n'est opposable au demandeur que si l'acte de poursuite critiqué mentionne les modalités et les délais de recours ainsi que les dispositions (et non pas seulement le visa) de ce texte[2].

L'auteur du recours juridictionnel doit également avoir été avisé que le juge saisi se prononce exclusivement en considération des justifications et faits précédemment soumis au chef de service ou à l'ordonnateur, tout autre élément étant écarté. Cette irrecevabilité ne peut donc lui être opposée que s'il a été informé des dispositions de l'article R.*281-5 du LPF lui prescrivant de ne présenter au juge que les seuls éléments de fait et pièces justificatives invoqués au soutien du mémoire transmis à l'Administration[3]. Le redevable peut toutefois soulever devant le JEX des moyens de droit nouveaux, à condition qu'ils n'impliquent pas l'appréciation de pièces de circonstances de fait omises dans la demande préalable présentée au chef de service[4]. Il convient de se reporter, pour les délais et la procédure applicable, aux explications contenues dans le livre 2 de cet ouvrage (v. s^s^ n°s 0215.11 s.).

0713.164 **Juge compétent.** La juridiction devant laquelle doit être porté le recours contentieux ouvert au redevable déçu par le résultat de sa réclamation dépend de l'objet de la contestation et de la nature de la créance à recouvrer.

L'article L. 281 du LPF dispose à cet égard que les décisions prises par l'Administration sur les contestations sont portées devant le JEX si elles concernent la régularité en la forme de l'acte (le commandement ou la mise en demeure).

Lorsqu'elles sont relatives à l'obligation de payer, au montant de la dette ou à l'exigibilité de la somme réclamée, le juge compétent est :

– le juge de l'impôt pour les créances fiscales ;

– le juge de droit commun, selon la nature de la créance, pour les créances non fiscales de l'État, de ses établissements publics et groupements d'intérêt public et des autorités publiques indépendantes ;

– le JEX pour les créances non fiscales des collectivités territoriales et des établissements publics locaux et de santé.

Il ressort de cette dernière disposition que le JEX est compétent, non seulement lorsque la régularité formelle du commandement (ou de la mise en demeure en tenant lieu) est contestée, mais encore, lorsque la créance qu'il tend à recouvrer appartient à une collectivité locale ou à l'un de ses établissements publics et fait l'objet de critiques concernant son montant ou son exigibilité.

Lorsque le JEX est compétent, l'affaire est instruite en suivant les règles de la procédure à jour fixe (LPF, art. R.*281-5, al. 2). Cette disposition paraît faire référence à la procédure d'urgence de l'article R. 121-12 C. pr. exéc.

0713.165 **Recours relevant du juge de l'exécution.** La jurisprudence relative au commandement de payer qui est également applicable à la mise en demeure en tenant lieu permet de préciser quels sont les litiges relevant du JEX.

En matière fiscale, la contestation d'un commandement de payer une dette d'impôt sur le revenu motivé par le défaut d'envoi préalable de la lettre de rappel visée à l'ancien article L. 255 du LPF porte sur la régularité ou la forme d'un acte de poursuite et relève de la compétence de la juridiction judiciaire : le JEX[5]. Cette jurisprudence est transposable à la mise en demeure de payer valant commandement lorsqu'elle doit être précédée par une lettre de relance. L'article L. 257 du LPF, issu de l'article 160-1, 1° de la loi de finances rectificative du 29 décembre 2020, dispose d'ailleurs que cette mise en demeure peut être contestée dans les conditions prévues à l'article L. 281 du même code.

Le JEX est également compétent pour se prononcer sur la demande en nullité d'un commandement de payer fondée sur le défaut de publication de la nomination du comptable public ayant engagé les poursuites. La Haute juridiction retient que l'absence de publicité de cet acte administratif à caractère réglementaire ne constitue pas un vice propre de cet acte mais une irrégularité de forme dont la constatation ressortit à la compétence des juridictions de l'ordre judiciaire[6].

S'agissant des actes de poursuites délivrés pour le recouvrement des titres de perception afférents aux créances non fiscales de l'État, leur contestation est formée conformément aux articles L. 281 et

1. CE. 12 févr. 1990, req. n° 57658, *RJF* 1990, n° 295 – Com. 12 mars 1996, n° 94-16.102, P IV, n° 80 ; *D.* 1996. IR 133 – Com. 7 juill. 2009, n° 08-18.275, NP ; *RJF* 2009, n° 1167.
2. Com. 4 juin 2002, n° 98-19.511, P (préc. s^s^ prés^t^ n°) – Com. 31 mars 2004, *RJF* 2004, n° 939 – Com. 20 mars 2007, n° 05-19.860, NP ; *RJF* 2007, n° 848.
3. Cass., avis, 14 mai 2001, n° 01-00.002, P (préc. s^s^ prés^t^ n°) ; *BICC*, n° 539, concl. Kessous, rapp. Serre.
4. Com. 9 déc. 2014, n° 13-24.365, P IV, n° 182 – Com. 14 avr. 2015, n° 13-28.797, P IV, n° 68 ; *RD fisc.* 2015. Comm. 436, note J.-P. Maublanc.
5. CE, 9e et 10e s^s^-sect., 13 janv. 2006, req. n° 250332, NP ; *Procédures* 2006, n° 171, note Pierre.
6. Com. 9 déc. 2014, n° 13-24.365, P IV, n° 182 ; *Dr. et proc.* 2015. 43.

R. 281-1 s. du LPF (Décr. 7 nov. 2012[1], art. 119). Le JEX est donc compétent lorsque la régularité formelle de ces actes est mise en cause.

L'action en annulation d'un commandement aux fins de saisie-vente au motif que le comptable public ayant engagé les poursuites serait territorialement incompétent ne remet en cause ni l'existence, ni le montant, ni l'exigibilité de la créance de l'État. Une telle opposition à poursuite porte sur la régularité en la forme de l'acte litigieux et, par conséquent, relève de la compétence du JEX[2].

Concernant les créances des collectivités territoriales et des établissements publics locaux et de santé, la régularité de l'acte de poursuite, tant au regard de sa forme que du montant ou de l'exigibilité de la créance qu'il tend à recouvrer, peut être contestée selon les modalités prévues à l'article L. 281 du LPF (CGCT, art. 1617-5, 2°).

Seul le juge judiciaire peut connaître de la validité en la forme d'un commandement de payer ou d'une mise en demeure en tenant lieu.

Lorsque la créance à recouvrer (un rappel de consommation d'eau) trouve son origine dans des relations locatives de droit privé (résultant d'un bail conclu avec l'office de l'habitat), l'opposition à commandement ou à la mise en demeure en tenant lieu est de la compétence des juridictions judiciaires, quel que soit le mode de recouvrement de cette créance (par le Trésor public pour le compte de l'office)[3]. C'est toutefois le juge des contentieux de la protection (JCP) et non le JEX qui doit connaître du litige si l'opposition à la mise en demeure valant commandement a pour cause une contestation relative au fond et non à la forme de l'acte, au montant ou à l'exigibilité de la somme due.

0713.166 Recours relevant du juge administratif En matière d'impôts directs, la contestation par laquelle le redevable fait valoir que le comptable ne justifie pas de l'envoi de l'extrait de rôle a trait, non à la régularité en la forme de l'acte de poursuite, mais à l'exigibilité de l'impôt[4].

La demande en annulation d'un commandement au motif que le titre de recette n'indique pas les bases de la liquidation de la créance porte, non sur la régularité en la forme de l'acte, mais sur l'existence même du titre exécutoire fondant la poursuite. Elle constitue une opposition à exécution relevant de la juridiction du fond qui peut être le tribunal administratif si la créance est de cette nature[5].

En cas de poursuite pour le compte d'une collectivité locale, le juge administratif est seul compétent dès lors que la créance invoquée est de nature administrative et que la contestation met en cause, non pas la validité en la forme du commandement mais le bien-fondé de la créance administrative elle-même. La Haute juridiction s'est prononcée en ce sens à propos d'une redevance due au Port autonome de Paris pour le stationnement d'un bateau[6].

Le JEX ne peut se prononcer sur la prescription de l'action en recouvrement d'un comptable public et sur la validité du titre exécutoire fondant le recouvrement d'une amende forfaitaire majorée, ces questions ayant trait, non à la régularité ou la forme d'un acte de poursuite, mais à l'existence et l'exigibilité de la créance[7]. Lorsque la prescription de l'action précitée est soulevée à l'occasion d'une procédure de saisie-vente, le JEX doit renvoyer les parties à saisir la juridiction administrative dont relève cette question préjudicielle et sursoir à statuer sur la mesure d'exécution en cours[8]. Précisons que le juge civil qui se déclare incompétent au profit du juge administratif ne peut, en application de l'article 96 C. pr. pén., désigner la juridiction à saisir. En revanche, cette interdiction n'écarte pas l'obligation faite par l'article 76 du même code, à la partie qui soulève l'exception d'incompétence, d'indiquer devant quelle juridiction administrative l'affaire doit être portée[9].

1. Décr. n° 2012-1246, 7 nov. 2012, relatif à la gestion budgétaire et comptable publique, *JO* 10 nov., texte 6.
2. T. confl. 23 févr. 2004, req. n° 04-03.336, P, n° 6.
3. T. confl. 25 mai 1998, req. n° 98-03.096, NP ; *D.* 1998. IR 182.
4. Com. 19 janv. 2010, n° 09-12.370, P IV, n° 11 ; *JCP* 15 févr. 2010, p. 352.
5. Com. 26 mai 2009, n° 08-16.286, P IV, n° 70.
6. Civ. 1re, 14 nov. 1984, n° 83-13.333, P I, n° 304 ; *JCP* 1985. IV. 30.
7. Com. 17 janv. 2012, n° 11-10.102, P ; *JCP* E 2012, 1452, note. J.-P. Maublanc.
8. Com. 7 juill. 2015, n° 14-18.766, P ; *D.* 2016, Pan. 1284, obs. A. Leborgne.
9. Civ. 2e, 21 févr. 2019, n° 17-28.857, *BICC* 1er juill. 2019, n° 671 ; *JCP* 2019, act. 265, note. T. Hermann.

CHAPITRE

0714. Opérations de saisie

René Lauba
Magistrat honoraire

SECTION 0 ORIENTEUR

0714.00 Sommaire du chapitre.

Division. Les opérations de saisie-vente de meubles corporels donnent lieu à des opérations de saisie (sect. 1), entre les mains du débiteur (sect. 2) ou entre les mains d'un tiers (sect. 3).

0714.01 Textes applicables.

• **C. pr. exéc.,** art. L. 111-7, L. 121-2, L. 122-1, L. 122-2, L. 141-1, L. 141-2, L. 142-1 à L. 142-3 ; L. 221-1 à L. 221-2, L. 221-3, L. 223-2, R. 121-24, R. 123-1, R. 141-3, R. 141-4, R. 221-9 à R. 221-29, R. 221-2 à R. 221-32, R. 221-41 à R. 221-48 et R. 223-9.

• **C. pr. civ.,** art. 642, 650, 680, 698 et 708 à 721.

• **C. civ.,** art. 1948, 2276, 2285, 2286 et 2340.

• **CCH,** art. L. 111-6-6, L. 126-14, R. 111-17-1 à R. 111-17-3, R. 126-5 à R. 126-7.

• **C. pén.,** art. 314-6.

• **C. com.,** art. A. 444-10 s., R. 444-3, R. 521-1.

Les opérations de saisie-vente ne sont pas réglementées par les articles L. 221-1 à L. 221-6 C. pr. exéc. spécialement consacrés à cette mesure d'exécution. Elles sont régies par les articles L. 142-3, L. 142-1, L. 141-1 à L. 141-2 et L. 142-2 du même code en ce qui concerne l'ouverture des portes, les jours et heures pendant lesquelles la pénétration au domicile est autorisée, les effets de la saisie et la fermeture des locaux en l'absence du débiteur. Les articles R. 221-9 à R. 221-29 C. pr. exéc. déterminent plus particulièrement la rédaction du procès-verbal, la garde des objets saisis et les opérations entre les mains d'un tiers.

0714.02 Jurisprudence de référence.

> Pénétration de l'huissier dans les locaux.

• **Cass., ass. plén., 16 déc. 1974,** n° 73-92.495, P, n° 4

* V. s^s n°s 0522.12, 0714.25

Ne commet pas un abus d'autorité par violation de domicile l'huissier de justice, qui, agissant pour l'exécution d'une décision judiciaire d'expulsion revêtue de la formule exécutoire, a pénétré par une fenêtre ouverte au rez-de-chaussée, dans un domicile dont les occupants sont absents et dont les portes sont fermées et a accompli sa mission sans méconnaître les formalités prescrites par la loi en cette matière.

> Inscription de faux contre un procès-verbal de saisie.

• **Civ. 1re, 7 mars 2006,** n° 04-11.542, P I, n° 134

* V. s^s n°s 0714.23, 0714.93

En cas d'inscription de faux, seule la véracité des énonciations portées par l'officier public est contestée et l'exactitude de la mention d'un procès-verbal de saisie relatant les opérations, arguée de faux, doit s'apprécier, indépendamment de la validité de la saisie, en considération de la réalité des diligences et formalités décrites et non de leur nécessité ou de leur inutilité.

> Mentions relatives aux voies de recours de l'acte de notification d'une mesure d'exécution forcée.

• **Civ. 2e, 8 sept. 2011,** no 10-23.003, P II, no 165

* V. ss nos 0143.92, 0621.53, 0714.96, 0714.147, 0841.61

L'article 680 du Code de procédure civile, qui vise la notification des jugements, ne s'applique pas à la notification d'une mesure d'exécution forcée.

0714.03 **Bibliographie indicative.**

Actualisables. Rép. pr. civ., vo *Saisie-vente*, déc. 2011 (actu. mars 2025), nos 65 à 115 –*J.-Cl. Pr. civ., Vo* Saisie-vente, fasc. 1600-70, Procédure, par N. Casal.

Ouvrages[1]. A. Leborgne, *Droit de l'exécution*, 3e éd., « Précis », Dalloz, 20192014, [saisie-vente : opérations de saisie], nos 1346 s. – R. Perrot et Ph. Théry, *Procédures civiles d'exécution*, 3e éd., Dalloz, 2013, [saisie-vente : opérations de saisie], nos 625-638.

0714.04 **Formulaire de procédure civile (renvois).**

- *Saisie-vente – Acte de saisie sur les biens meubles* (Acte de saisie sur les biens meubles quand la saisie est opérée entre les mains du débiteur – C. pr. exéc., art. R. 221-6)
- *Saisie-vente – Acte de saisie sur les biens meubles* (Acte de saisie sur les biens meubles lorsque la saisie est opérée entre les mains d'un tiers – C. pr. exéc., art. R. 221-21)
- *Saisie-vente – Dénonciation de saisie* (Signification de l'acte de saisie au débiteur lorsque la saisie a été opérée entre les mains d'un tiers – C. pr. exéc., art. R. 221-26)
- *Saisie-vente – Désignation de séquestre* (Requête à fin de désignation de séquestre – C. pr. exéc., art. R. 221-19)

SECTION 1

DISPOSITIONS COMMUNES

§ 1
Conditions d'exécution de la saisie

A.
Conditions de temps

0714.11 **Moment de la saisie.** L'huissier ne peut instrumenter immédiatement après la délivrance du commandement. Il ne peut non plus intervenir en dehors des jours et des heures autorisés par la loi.

1. Les ouvrages dont le nom des auteurs figure en petites capitales en bibliographie seront cités par le seul nom des auteurs en petites capitales en notes de bas de page.

0714.12 **Délai de huit jours.** Selon l'article R. 221-10 C. pr. exéc., « *les opérations de saisie ne peuvent commencer qu'à l'expiration d'un délai de huit jours à compter de la signification du commandement de payer* ». Il s'agit de laisser au débiteur le temps de réunir les fonds nécessaires s'il entend s'exécuter volontairement en tout ou en partie ou, en tout cas, de formuler des offres de règlements. Il est certain que l'obligation de mentionner ce délai dans le commandement, à peine de nullité de cet acte, révèle la volonté du législateur de faire respecter ce temps de répit. La mesure d'exécution pratiquée prématurément est nulle. Il s'agit d'une nullité de fond car l'irrégularité réside, non dans la forme de l'acte de saisie, mais dans la violation d'une interdiction légale. Elle atteint directement la saisie elle-même. Le débiteur peut donc invoquer la sanction sans avoir à justifier d'un grief. Le délai de huit jours peut être prorogé jusqu'au premier jour ouvrable suivant, s'il expire un samedi, un dimanche ou un jour férié ou chômé.

Cette prorogation résulte de l'article 642 C. pr. civ. qui est d'application générale. Elle pourrait aussi s'induire des dispositions de l'article L. 141-1 C. pr. exéc. qui interdit toute mesure d'exécution le dimanche ou un jour férié. Mais ce texte est plus restrictif que l'article 642 précité, puisqu'il ne comprend ni le samedi ni les jours chômés et prévoit l'autorisation du juge de l'exécution (JEX). Quoi qu'il en soit, le délai de huit jours est un délai minimum. Le commissaire de justice peut laisser au débiteur plus de temps pour réunir les fonds et concrétiser un paiement ou proposer un échéancier. Dans ce dernier cas, il est préférable que l'échéancier accepté arrive à terme avant l'expiration de l'effet principal du commandement dont la durée est de deux ans à compter de sa délivrance. En cas de défaut de respect de l'accord de règlement, la saisie pourra être effectuée sur la base de cet acte sans avoir besoin de réitérer (v. ss no 0713.141).

0714.13 **Dimanche et jours fériés.** Aucune mesure d'exécution ne peut être effectuée un dimanche ou un jour férié, si ce n'est en cas de nécessité et en vertu d'une autorisation spéciale du juge (C. pr. exéc., art. L. 141-1, al. 1er). Cette autorisation vaut même pour une saisie dans un local d'habitation sous réserve du respect des heures légales.

0714.14 **Heures légales.** Le texte de l'article L. 141-1 alinéa 2 C. pr. exéc. précise qu'aucune mesure d'exécution ne peut être commencée avant 6 heures et après 21 heures, sauf en cas de nécessité et avec l'autorisation du juge et seulement dans les lieux qui ne servent pas à l'habitation. Aucune dérogation n'est donc possible en ce qui concerne le domicile. Il ressort *a contrario* du texte de l'article L. 141-1 C. pr. exéc., qu'une saisie commencée à l'intérieur de l'horaire légal, peut se poursuivre après vingt et une heures si elle n'a pas été terminée avant.

0714.15 **Délai d'efficacité du commandement.** À l'expiration du délai d'efficacité du commandement qui est de deux ans, la saisie qui n'a pas été pratiquée dans ce délai ne peut plus l'être sans un nouveau commandement (v. s^s n°s 0713.141 s.).

B. Conditions de lieu

0714.21 **Lieu de la saisie.** « *La saisie peut être faite en tout lieu où se trouvent les biens mobiliers appartenant au débiteur, même s'ils sont détenus par un tiers* » (C. pr. exéc., art. R. 221-9).

Les effets mobiliers du débiteur peuvent se trouver le plus souvent, dans des locaux ou sur un terrain dont il est propriétaire. Ils peuvent aussi avoir été placés en un endroit dont il est locataire et dont il dispose seul des clés, tels qu'un appartement, un hangar, un entrepôt, un garage ou un stand d'exposition. Dans ce cas, la saisie-vente devra respecter les formes prévues par les articles R. 221-15 à R. 221-20 C. pr. exéc. pour les opérations entre les mains du débiteur, le bailleur n'apparaissant pas comme un tiers dépositaire tenu d'une obligation de restitution à l'égard du débiteur locataire, pour les objets remisés ou exposés (v. s^s n°s 0714.81 s. et 0714.121).

Si les biens doivent être saisis dans des locaux occupés par un tiers détenteur débiteur de leur restitution, il faut alors opérer selon les modalités prévues aux articles R. 221-21 à R. 221-29 C. pr. exéc. (v. s^s n°s 0714.121 s.).

L'expression « *en tout lieu* » retenue par l'article R. 221-9 du même code autorise la saisie des biens du débiteur même s'ils se trouvent sur la voie publique. Le législateur a envisagé cette hypothèse à propos de la saisie des véhicules terrestres à moteur (C. pr. exéc., art. R. 223-9, 3°). Le principe posé par l'article R. 221-9 C. pr. exéc. comporte cependant des restrictions lorsque les biens se situent dans un local d'habitation.

0714.22 **Local d'habitation.** Si la saisie-vente est pratiquée en vue du recouvrement d'une créance non alimentaire inférieure ou égale à 535 euros[1], elle ne peut être diligentée dans le local d'habitation du débiteur que si le recouvrement n'est pas possible sur les rémunérations ou sur les comptes de celui-ci, sauf autorisation du JEX (C. pr. exéc., art. L. 221-2 et R. 221-2 – v. s^s n°s 0712.31 s.).

Si la saisie doit être pratiquée dans les locaux d'habitation d'un tiers, elle doit être préalablement autorisée par le JEX (C. pr. exéc., art. L. 221-1).

1. Selon Décr. n° 2001-373, 27 avr. 2001, art. 3, IV.

0714.23 **Pénétration dans les lieux.** Le commissaire de justice peut commencer à instrumenter à l'expiration du délai de huit jours suivant la signification du commandement de payer resté infructueux. Il est autorisé à pénétrer dans un lieu servant à l'habitation et, le cas échéant, à faire procéder à l'ouverture des portes et des meubles par un serrurier (C. pr. exéc., art. L. 142-3). En l'absence de l'occupant du local ou si celui-ci en refuse l'accès, le commissaire de justice ne peut y entrer seul. Cette interdiction vaut même si les portes (ou d'autres issues comme les fenêtres) sont ouvertes, s'agissant d'un local d'habitation, dès lors que l'occupant n'est pas là ou qu'il refuse verbalement de laisser entrer l'agent d'exécution. L'article L. 142-1 alinéa 1er C. pr. exéc. vise l'absence ou l'opposition de l'occupant et non du débiteur. Le commissaire de justice peut donc entrer seul dès lors qu'une personne présente (co-locataire, concubin, membre de la famille, employé de maison, *etc.*) lui ouvre volontairement la porte[2].

Les personnes dont la présence doit être requise pour assister aux opérations sont le maire de la commune, un conseiller municipal ou un fonctionnaire municipal délégué à cette fin, une autorité de police ou de gendarmerie. À défaut, on peut recourir à deux témoins majeurs qui ne sont au service ni du créancier ni de l'officier ministériel.

Le texte de l'article L. 142-1 alinéa 1er C. pr. exéc. ne détermine pas d'ordre de priorité entre ces intervenants, sauf pour les témoins. Le serrurier ou le déménageur accompagnant le commissaire de justice ne devraient cependant pas pouvoir remplir cette dernière fonction en raison du lien existant avec l'officier ministériel[3].

Il peut être procédé à l'ouverture des meubles dans les mêmes conditions que l'ouverture des portes (C. pr. exéc., art. L. 142-1, al. 2). Les autorités ou les personnes susmentionnées doivent assister à toutes les opérations de saisie puisqu'elles sont tenues de signer le procès-verbal. Leurs nom, prénom et qualité doivent également être mentionnés dans l'acte, avec, le cas échéant, indication de leur refus de signer (C. pr. exéc., art. R. 221-16, 7° et R. 221-23, 9°). Cette mention doit permettre de les identifier et de les entendre en cas de contestation sur la régularité des opérations. Les deux témoins doivent assister le commissaire de justice par une présence effective à ses côtés. Si un seul d'entre eux était présent, l'autre étant resté à l'extérieur du lieu où se déroulait la saisie, la mention de l'acte contraire à cette

2. Paris, 30 sept. 1999, *Rev. huiss.* 2000. 237.
3. SUR LES AVANTAGES ET INCONVÉNIENTS du recours à l'une ou l'autre des personnes visées à l'article 21, v. F. Leghait-Georget, « L'incidence de la loi du 21 janvier 1995 sur l'assistance prêtée aux huissiers lors des ouvertures des portes », *Rev. huiss.* 1999. 637.

réalité peut être déclarée fausse, même si cette mention n'était pas nécessaire[1].

0714.24 **Accès aux immeubles collectifs.** La pénétration du commissaire de justice dans les immeubles collectifs dont les entrées sont souvent sécurisées, devait être facilitée par l'article L. 111-6-6 du CCH prescrivant aux propriétaires et aux syndics de copropriété de lui permettre d'accéder aux parties communes pour l'exercice de ses missions de signification et d'exécution. Cette disposition devait, s'agissant des saisies-vente, faciliter la délivrance des commandements et l'appréhension ou l'immobilisation des véhicules stationnés dans les garages collectifs. Cette disposition n'a pas eu l'efficacité espérée faute d'adoption du décret prévoyant ses modalités d'application.

Pour améliorer les choses, notamment l'accès aux boîtes aux lettres particulières, la loi Elan du 23 novembre 2018[2] avait, dans son article 123, inséré à l'article L. 111-6-6 précité, un alinéa permettant à l'huissier (commissaire) de justice d'accéder aux boîtes aux lettres selon les mêmes modalités que les agents chargés de la distribution à domicile et les titulaires d'une autorisation à cet effet. Cet alinéa a cependant été déclaré inconstitutionnel.

Le décret d'application de l'article L. 111-6-6 précité a finalement été pris le 27 juin 2019 afin d'introduire, dans la partie réglementaire du Code de la construction et de l'habitation les articles R. 111-17-1 à R. 111-17-3 fixant les modalités de remise et de restitution des codes et moyens matériels permettant à l'officier ministériel ou à son clerc assermenté d'accéder aux parties communes[3].

Les dispositions légales et réglementaires précitées ont été abrogées en 2020 et 2021 pour reparaître, avec certaines modifications, dans les articles L. 126-14, R. 126-5 à R. 126-7 du CCH[4].

1. Versailles, 20 nov. 2003, *Dr. et proc.* 2004. 235 – Civ. 1re, 7 mars 2006, n° 04-11.542, P I, n° 134 ; *D.* 2006. IR 947.
2. L. n° 2018-1021, 23 nov. 2018, portant évolution du logement, de l'aménagement et du numérique, *JO* 24 nov., texte 1.
3. Décr. n° 2019-650, 27 juin 2019, portant diverses mesures relatives au fonctionnement des copropriétés et à l'accès des huissiers de justice aux parties communes d'immeubles, *JO* 28 juin, texte 5, art. 14 – Sur ce point, v. M.-P. Mourre-Schreiber, « L'accès aux parties communes des immeubles : le dénouement d'un long processus », *Dr. et proc.* oct. 2018. 175.
4. Ord. n° 2020-71, 29 janv. 2020, relative à la réécriture des règles de construction et recodifiant le livre Ier du code de la construction et de l'habitation, annexe, *JO* 31 janv., texte 62, mod. par L. n° 2021-1729, 22 déc. 2021, pour la confiance dans l'institution judiciaire, *JO* 23 déc., texte 2, art. 9 – Décr. n° 2021-872, 30 juin 2021, recodifiant la partie réglementaire du livre Ier du code de la construction et de l'habitation et fixant les conditions de mise en œuvre des solutions d'effet équivalent, *JO* 1er juill., texte 43.

Dans sa rédaction actuelle, en vigueur depuis le 24 décembre 2021, l'article L. 126-14 du CCH dispose : « *Le propriétaire ou, en cas de copropriété, le syndicat des copropriétaires représenté par le syndic permet aux commissaires de justice d'accéder, pour l'accomplissement de leurs missions de signification ou d'exécution, aux parties communes des immeubles d'habitation, dans des conditions fixées par décret en Conseil d'État. Les commissaires de justice ont accès aux boîtes aux lettres particulières selon les mêmes modalités que les agents chargés de la distribution au domicile agissant pour le compte des opérateurs mentionnés à l'article L. 126-12* ».

Pour l'application de ce texte, l'article R. 126-5 du même code prévoit que lorsque les parties communes d'un bâtiment d'habitation ne sont pas accessibles librement depuis la voie publique, le commissaire de justice, ou le clerc assermenté, adresse, par tout moyen, une demande d'accès à celles-ci au propriétaire ou au syndic de la copropriété en justifiant de son identité, de sa qualité professionnelle et de sa mission de signification ou d'exécution. Le propriétaire ou le syndic doit lui remettre un moyen matériel ou lui adresser les codes permettant l'accès aux parties communes et ce, dans un délai maximal de cinq jours ouvrables à compter de la réception de la demande.

La réalité et la date de la remise ou de la transmission sont constatées par un reçu ou tout moyen propre à les prouver (CCH, art. R. 126-6).

Le moyen matériel d'accès est restitué sans délai et contre récépissé après l'accomplissement de la mission (CCH, art. R. 126-7).

0714.25 **Local non affecté à l'habitation.** Sous l'empire de la loi du 9 juillet 1991, l'ordre d'exposition des formalités requises pour la pénétration dans les lieux, avait été à l'origine d'une controverse sur la procédure à mettre en œuvre en cas d'absence ou de refus de l'occupant d'un local non affecté à l'habitation. En effet, l'article 20 de la loi précité (devenu C. pr. exéc., art. L. 142-3) subordonnant la pénétration dans un local habité à la présentation d'un titre exécutoire et à la signification d'un commandement de payer dans les huit jours, paraissait devoir être complété, en cas d'absence ou de refus de l'occupant, par l'article 21 de la même loi (devenu C. pr. exéc., art. L. 142-1) imposant, dans cette hypothèse, la présence d'une autorité ou de deux témoins. D'aucuns avaient donc considéré que ces deux textes constituaient un ensemble cohérent réglementant la seule pénétration dans un lieu servant à l'habitation, l'article 20 s'appliquant en présence d'un occupant coopératif et l'article 21 en l'absence de l'occupant ou en cas de refus d'ouverture des portes. L'accès aux autres locaux devait échapper au formalisme prescrit par ces deux articles.

Dès lors qu'il trouvait les portes ouvertes, l'officier ministériel devait pouvoir entrer dans les lieux non affectés à l'habitation, même en l'absence de l'occupant. La solution admise sous l'empire des textes réglementant l'ancienne saisie-exécution devait alors être maintenue. Ainsi, une cour d'appel avait déclaré valable une saisie pratiquée dans les locaux d'un groupement syndical de producteurs de fruits dont les portes étaient ouvertes et qui étaient vides de tout occupant[1]. L'introduction de l'huissier par une fenêtre ouverte, en l'absence d'un locataire frappé d'expulsion, n'avait pas été considérée comme une violation de domicile[2]. La Chancellerie estimait pour sa part que l'article 21 ne s'appliquait que pour la pénétration dans les locaux servant à l'habitation car il avait pour seul objet de prévoir les modalités d'application de l'article L. 142-3 en cas de refus ou d'absence de l'occupant de ce type de locaux[3].

Mais une telle solution ne valait pas si l'on considérait que les articles 20 et 21 de la loi du 9 juillet 1991, devenus les articles L. 142-3 et L. 142-1 alinéas 1er et 2 C. pr. exéc., étaient dissociables, le premier se rapportant spécialement aux locaux d'habitation et le second concernant tous les locaux quelle que fût leur affectation. On relevait à cet égard certain que dans l'article 21 de la loi du 9 juillet 1991 il n'était question que « *du local* » sans autre précision, d'où la tendance de certains à reconnaître une portée générale aux formalités qu'il prescrivait.

La controverse a perdu tout intérêt depuis l'adoption du Code des procédures civiles d'exécution dans lequel l'ordre d'exposition des formalités relatives à la pénétration dans les lieux a été interverti par rapport à celui de la loi de 1991. L'article 21 sus-évoqué, devenu l'article L. 142-1 C. pr. exéc., imposant l'assistance d'une autorité ou de témoins en cas d'absence ou de refus d'accès de l'occupant, a été inséré dans le chapitre consacré aux dispositions générales réglementant les opérations d'exécution dans les locaux, quelle que soit leur affectation, tandis que l'article 20, devenu l'article L. 142-3 prévoyant la signification d'un commandement de payer dans les huit jours, a été intégré dans le chapitre concernant les dispositions particulières aux locaux d'habitation. Par conséquent, en l'absence de l'occupant d'un local quelconque, même non affecté à l'habitation, ou si cet occupant en refuse l'accès, le commissaire de justice ne peut y pénétrer qu'en présence des personnes visées à l'article L. 142-1 C. pr. exéc.

0714.26 Nécessité de pénétrer dans les lieux. La pénétration du commissaire de justice à l'intérieur du lieu où la saisie va être pratiquée est indispensable car il doit pouvoir apprécier la nature, l'état et la valeur des objets découverts sur place. Il doit aussi pouvoir vérifier leur saisissabilité, notamment au regard de leur multiplicité. Cette nécessité rend critiquable la pratique consistant à opérer la saisie, par la simple énumération sur le procès-verbal, des biens aperçus à travers la vitre du local. Cette manière de procéder, certes plus douce puisqu'elle respecte l'inviolabilité du domicile, ne paraît cependant pas compatible avec l'établissement d'un inventaire fiable. Elle ne peut que susciter les contestations les plus diverses car l'officier ministériel instrumentaire n'a pas été en mesure de se rendre compte du mérite ou de la régularité de la saisie envisagée[4].

En toute hypothèse, lorsque la saisie est diligentée en l'absence du débiteur ou de toute personne se trouvant dans les lieux, le commissaire de justice assure la fermeture de la porte ou de l'issue par laquelle il y est entré (C. pr. exéc., art. L. 142-2)[5].

C.
Cas particuliers

0714.31 Objets portés sur la personne du débiteur. La question se pose de savoir si les objets que le débiteur, présent aux opérations porte sur lui, peuvent être saisis. Les décisions à ce sujet sont rares et anciennes. Il a notamment été jugé que s'il n'est pas permis au commissaire de justice saisissant de fouiller le débiteur en raison des inconvénients, luttes et violences auxquels ce procédé pourrait donner lieu, cependant un bijou ou d'autres objets précieux peuvent être valablement saisis lorsqu'ils sont ostensiblement portés par celui-ci[6]. Il suffit que l'officier ministériel qui aperçoit l'objet le mentionne dans l'inventaire. Si, au moment de la vente, le débiteur refuse de s'en dessaisir, il pourra encourir les sanctions prévues pour le détournement d'objets saisis.

0714.32 Assistance aux opérations. Le créancier n'est pas autorisé à assister aux opérations, qu'elles aient pour objet une mesure conservatoire ou d'exécution. On peut craindre en effet que sa présence n'exaspère le débiteur et ne provoque des réactions d'hostilité. Il peut cependant être autorisé à venir sur place si les modalités de l'appréhension l'exigent

1. Nîmes, 9 avr. 1975, *Rev. huiss.* 1976. 27, note J.-P. Faget.
2. Cass., ass. plén., 16 déc. 1974, n° 73-92.495, P, n° 369 ; *JCP* 1975. II. 17962, note Lindon.
3. Rép. min. *JOAN* 1er mars 1999, p. 1269.
4. TGI Périgueux, JEX, 17 févr. 1994, *D.* 1994. Somm. 344, obs. P. Julien.
5. Bibl. Soulard, *Rev. huiss.* 1993. 1075 : ouvertures des portes.
6. Toulouse, 17 avr. 1874, *DP* 1876. 5. 391.

(C. pr. exéc., art. R. 141-3). Il peut arriver que sa présence soit techniquement nécessaire (saisie par le vendeur d'un logiciel impayé).

§ 2
Formalités préalables à la saisie

0714.41 Communication des autorisations requises. Selon l'article R. 221-11 C. pr. exéc., lorsqu'une autorisation du juge doit être obtenue avant la saisie, l'huissier (commissaire) de justice doit la porter à la connaissance du débiteur ou au tiers détenteur de ses biens (saisie dans un local d'habitation du débiteur pour une créance modique et non alimentaire, saisie dans le local d'habitation d'un tiers, saisie en dehors des jours ou des heures légaux). Il doit en conséquence lui présenter l'ordonnance sur requête obtenue en vertu des articles L. 122-2 et R. 121-24 C. pr. exéc. Il doit l'annexer, à la fin des opérations, au procès-verbal de saisie. La rédaction de l'article R. 221-11 du même code laisse supposer qu'il s'agit de l'original de l'ordonnance d'autorisation. Si un jugement doit être produit au tiers, seul le dispositif peut lui être communiqué (C. pr. exéc., art. R. 123-1).

0714.42 Obligation d'information incombant au débiteur et au tiers. Le débiteur dont les biens ont déjà été saisis est tenu de faire connaître à tout nouveau créancier saisissant les mêmes biens, l'existence d'une précédente saisie et l'identité de celui qui l'a pratiquée. Il doit également produire l'acte de saisie. La même obligation s'impose au tiers qui détient des biens pour le compte du débiteur. Le créancier ainsi informé, doit communiquer à ses prédécesseurs tous actes et informations que la loi lui fait obligation de leur communiquer (C. pr. exéc., art. R. 141-4). Cette obligation doit leur être rappelée par une mention spéciale de l'acte de saisie (C. pr. exéc., art. R. 221-16, 4° et R. 221-23, 5°). Le commissaire de justice doit en outre les inviter verbalement s'ils sont présents aux opérations (C. pr. exéc., art. R. 221-15 et R. 221-21, al. 2) ou dans la signification du procès-verbal s'ils sont absents (C. pr. exéc., art. R. 221-18 et R. 221-25), à déclarer toute saisie antérieure éventuelle.

0714.43 Consultation du registre des sûretés. Le commissaire de justice qui a procédé à la saisie des biens consulte le registre des sûretés mobilières et des autres opérations connexes prévu par l'article R. 521-1 C. com. Il signifie le procès-verbal de saisie, dans les huit jours de son établissement, aux créanciers ayant publié une sûreté sur les biens saisis, afin qu'ils puissent faire valoir leurs droits sur le produit de vente amiable ou par adjudication (C. pr. exéc., art. R. 221-14-1 – V. s[s] n°s 0714.114, 0715.34, 0716.47 et 0717.21).

§ 3
Mise en œuvre de la saisie

0714.51 Procès-verbal de carence. Selon l'article R. 221-14 C. pr. exéc., le commissaire de justice doit dresser un procès-verbal de carence si, au moment d'instrumenter, il se rend compte qu'aucun bien n'est susceptible d'être saisi. Il en est de même si, manifestement, aucun bien n'a de valeur marchande en raison de son état d'usure, de son caractère démodé ou obsolète, du peu d'amateurs susceptibles de vouloir l'acquérir, ou de toute autre cause.

0714.52 Caractère obligatoire. L'officier ministériel ne peut donc saisir des biens insaisissables, même s'il n'a pas l'intention de les vendre, la saisie étant alors conçue comme un moyen de pression. Il ne peut non plus engager une mesure d'exécution sur des effets dont le prix de cession suffirait à peine à couvrir le coût de la procédure, du transport et de la vente. Cette disposition qui tend à éviter les frais inutiles, est à rapprocher de l'article L. 122-1 C. pr. exéc. qui permet au commissaire de justice de refuser de prêter son ministère si le montant des frais paraît manifestement susceptible de dépasser celui de la créance réclamée et des articles L. 111-7 et L. 121-2 du même code donnant au JEX le pouvoir d'ordonner la mainlevée de toute mesure inutile ou abusive. L'officier ministériel qui ne dresserait pas un procès-verbal de carence en présence de biens insaisissables ou sans valeur, engagerait sa responsabilité personnelle à l'égard du débiteur dans le premier cas et à celui du créancier dans le second. Il a en effet la responsabilité de la conduite des opérations (C. pr. exéc., art. L. 122-2). Il devrait également supporter personnellement la charge des frais exposés inutilement en vertu des articles 650 et 698 C. pr. civ.

0714.53 Intérêt pratique. Par ailleurs l'établissement du procès-verbal de carence est destiné à permettre au commissaire de justice de prouver à son mandant qu'il a tenté de pratiquer la saisie. Il dégage sa responsabilité tout en lui permettant d'être rétribué pour ses démarches. Le procès-verbal de carence fait l'objet d'une tarification dans le tableau 3-1 annexé à l'article R. 444-3 et l'article A. 444-16 C. com. Il est moins coûteux que le procès-verbal de saisie.

Le procès-verbal de carence n'est pas à proprement parler un acte d'exécution car il rend compte de la tentative d'une mesure impossible. Il n'y a rien à saisir et donc rien à vendre. Il a cependant un effet juridique. Il permet l'engagement d'autres poursuites qui ne peuvent avoir lieu qu'après l'échec d'une poursuite sur les meubles du débiteur. Ainsi, lorsque le privilège du créancier porte à la fois sur la généralité des meubles et des immeubles du débiteur, ce n'est qu'à défaut de mobilier suffisant que ce privilège peut s'exercer sur les immeubles (C. civ., art. 2376) [1]. De même, les immeubles d'un mineur, même émancipé, ou d'un majeur protégé ne peuvent être saisis avant la discussion du mobilier (C. pr. exéc., art. L. 311-8 [anc^t^ C. civ., art. 2197]) [2]. Il en est de même pour le recouvrement public des pensions alimentaires par l'intermédiaire des comptables directs du Trésor, qui ne peut avoir lieu que si son recouvrement total ou partiel n'a pu se faire par l'une des voies d'exécution du droit privé (L. 11 juill. 1975, art. 1er).

En pratique, le procès-verbal de carence est dressé par conversion du procès-verbal de saisie établi à l'avance. Il comporte donc les mêmes mentions que celui-ci hormis l'indication qu'aucun bien saisissable ou ayant quelque valeur, n'a pu être appréhendé.

0714.54 **Procès-verbal de saisie.** L'acte de saisie est un inventaire des objets que le commissaire de justice dresse au fur et à mesure qu'il les découvre. Il en donne une description suffisante pour permettre leur identification. Il peut compléter cette description par des photographies (v. s^s^ n° 0714.55). L'inventaire comporte également des mentions d'information qui varient selon que la saisie est pratiquée entre les mains du débiteur ou entre celles d'un tiers détenteur (v. s^s^ n°s 0714.93 s. et 0714.143 s.).

Les articles R. 221-16, 2° et R. 221-23, 4° C. pr. exéc. qui prévoient cet inventaire, se bornent à indiquer qu'il doit contenir la désignation détaillée des objets saisis, sans toutefois fournir de précision sur la méthode d'identification à employer. Il en était autrement sous l'empire des dispositions de l'ancien Code de procédure civile qui réglementaient la saisie-exécution. Les articles 588 à 590, aujourd'hui abrogés, prévoyaient que les marchandises devaient être pesées, mesurées ou jaugées selon leur nature, l'argenterie spécifiée par pièce et poinçon et les deniers comptants mentionnés selon le nombre et la qualité des espèces. Il semble que si le réformateur n'a pas insisté sur les modalités d'identification, c'est en raison de la possibilité de compléter l'inventaire par des photographies (v. s^s^ n° 0714.55).

Il faut cependant que la liste des objets saisis les désigne et les décrive avec un minimum de précision, afin de faciliter la vérification, au moment de la vente, des éventuels manquants, substitutions ou détériorations. Les détournements et les dégradations engageront la responsabilité civile et pénale du saisi ou du gardien. Il a été jugé à propos de l'ancienne saisie-exécution que le défaut de désignation précise de quelques objets ne viciait pas l'ensemble du procès-verbal mais les soustrayait à la vente [3].

Sous l'empire de la nouvelle législation, il a été jugé [4] que les biens saisis ayant été désignés par lots et le lot étant une quantité imprécise, la saisie ne répond pas aux exigences du 2° de l'article R. 221-16 C. pr. exéc. et, en conséquence, est frappée de nullité.

La simple mention, sur le procès-verbal, de la saisie d'une collection de livres comportant cinq cents unités, ne constitue pas une description détaillée au sens de l'article R. 221-16 C. pr. exéc. et justifie l'annulation de la mesure [5].

En revanche la mention des numéros d'immatriculation des véhicules saisis suffit à leur identification par le débiteur professionnel de l'automobile [6].

0714.55 **Photographies.** Le commissaire de justice peut utilement compléter son inventaire par les photographies des biens saisis (C. pr. exéc., art. R. 221-12). Ces photographies sont conservées par l'huissier en vue de la vérification des biens avant leur vente. Les objets manquants ou détériorés doivent être mentionnés dans un acte (C. pr. exéc., art. R. 221-36). Il est en effet certain que les descriptions figurant sur le procès-verbal, qui ne peuvent être que sommaires, ne peuvent prévenir des substitutions d'objets. Certaines descriptions sont susceptibles de s'appliquer à des effets de même nature et d'aspect semblable, mais de valeur très différente en raison du matériau, de l'ancienneté ou de leur réalisateur. Les photographies permettent aussi de fixer l'état du mobilier au jour de la saisie et de déterminer les responsabilités en cas de dégradation ultérieure, selon qu'elles surviennent au domicile du débiteur ou du tiers, s'ils sont restés gardiens, dans les locaux du garde-meuble, ou au dépôt de l'étude s'ils y ont été transportés.

Le commissaire de justice ne peut communiquer les photographies qu'à l'occasion d'une contestation portée devant le juge (C. pr. exéc., art. R. 221-12). Il faut donc que la contestation soit formalisée par la saisine de la juridiction.

1. C. civ., anc. art. 2105 (Ord. n° 2006-346, 23 mars 2006).
2. C. civ., anc. art. 2206 (Ord. n° 2006-461, 21 avr. 2006).
3. T. civ. Grenoble, 27 déc. 1881, *Journ. avoués* 1882, n° 5804, p. 498.
4. TGI Lyon, ord., 2 nov. 1993, *Gaz. Pal.* 1994. 1. Somm. 235.
5. Civ. 2e, 30 sept. 1999, n° 97-18.424, P II, n° 146 ; *D.* 1999. IR 249 ; *Procédures* 1999, n° 246, note R. Perrot.
6. Civ. 2e, 30 sept. 1999, n° 97-21.908, P II, n° 148 ; *D.* 1999. IR 249 ; *Gaz. Pal.* 24-25 mars 2000. Somm. 27, note Véron.

§ 4
Effets de la saisie

A.
Conséquences et obligations

0714.61 **Indisponibilité des biens saisis.** Cette conséquence est logique puisque les biens saisis ne sont pas enlevés immédiatement en raison du délai d'un mois prévu pour leur vente amiable. Elle résulte de l'article L. 142-2 alinéa 1er C. pr. exéc., texte applicable à toutes les mesures d'exécution, qui dispose : « *L'acte de saisie rend indisponibles les biens qui en sont l'objet* ». Le texte précise que si la saisie porte sur des biens corporels, le débiteur ou le tiers détenteur est réputé gardien des objets appréhendés sous les sanctions prévues par l'article 314-6 C. pén. L'indisponibilité est rappelée, en ce qui concerne la saisie-vente, par l'article R. 221-13 alinéa 1er C. pr. exéc.

Cet effet d'indisponibilité est prorogé par le sursis à l'exécution du jugement ayant annulé le procès-verbal de saisie-vente, jusqu'à ce qu'il soit statué sur l'appel formé contre cette décision [1].

À ce stade des opérations, la saisie ne porte atteinte qu'au droit de disposition. Il s'ensuit, *a contrario*, que le débiteur conserve la propriété des effets mobiliers mis sous main de justice et ce, jusqu'à la vente qui consomme son expropriation. Jusque-là il continue à en assumer les risques (C. civ., art. 1196, al. 3). Mais il perd certains attributs de son droit.

0714.62 **Perte du droit d'aliénation.** Le débiteur ne peut ni détruire, ni aliéner les objets saisis, même s'il en est le gardien. Si la vente amiable reste possible pour le débiteur qui a trouvé un acheteur, elle ne peut être conclue qu'avec l'accord exprès ou implicite du créancier et selon les formes prévues aux articles R. 221-30 à R. 221-32 C. pr. exéc. (v. ss nos 0715.05 s.). La vente consentie irrégulièrement est inopposable au créancier. Elle reste cependant valable entre le débiteur et l'acquéreur et peut donc produire ses effets en cas de mainlevée ultérieure de la saisie. Toutefois, si la vente a été suivie de la délivrance du bien à l'acheteur, la revendication du saisissant va se heurter aux dispositions de l'article 2276 C. civ. Il faut que le tiers acquéreur soit de bonne foi. Celle-ci est toujours présumée (C. civ., art. 2274) et ce, d'autant plus qu'il n'existe aucun système de publication des saisies susceptibles d'avertir l'acheteur. S'il connaissait l'existence de la saisie, il est réputé de mauvaise foi, puisqu'il ne peut sérieusement prétendre avoir pleinement et entièrement cru au droit de son vendeur au moment de l'aliénation. Il devra restituer le bien délivré, sans pouvoir en répéter le prix auprès du créancier (sur la bonne foi, v. ss no 0719.70). L'interdiction d'aliéner doit être rappelée verbalement par le commissaire de justice au débiteur ou au tiers, s'il est présent aux opérations (C. pr. exéc., art. R. 221-17 à R. 221-25). L'acte de saisie doit également la mentionner en caractères très apparents (C. pr. exéc., art. R. 221-16, 4o et R. 221-23, 2o).

L'interdiction d'aliéner, qui découle de l'effet d'indisponibilité, cesse avec la mainlevée ou l'annulation de la saisie-vente. Rappelons cependant que le sursis à l'exécution de la décision annulant le procès-verbal de saisie proroge l'effet d'indisponibilité attaché à cette mesure, jusqu'à ce qu'il soit statué sur la décision d'annulation [2].

0714.63 **Prise de la qualité de gardien.** Le débiteur ou le tiers saisi est réputé gardien des objets saisis. Il doit veiller à leur conservation et s'abstenir de tout détournement ou destruction sous peine des sanctions prévues par l'article 314-6 C. pén. (trois ans d'emprisonnement et une amende de 375 000 euros). La tentative de détournement est également punie. Le commissaire de justice doit leur rappeler verbalement, s'ils sont présents à la saisie, que les objets appréhendés sont placés sous leur garde (C. pr. exéc., art. R. 221-17 à R. 221-24). L'acte de saisie le mentionne en outre et en caractères très apparents (C. pr. exéc., art. R. 221-16, 4o et R. 221-23, 5o).

Cette solution évite la recherche d'un candidat, souvent difficile, et le surcoût entraîné par sa rémunération. Le tiers a cependant la faculté de refuser la charge de gardien. Dans ce cas, le commissaire de justice doit pourvoir à son remplacement (v. ss no 0714.151).

0714.64 **Perte partielle ou réduction du droit d'usage et de déplacement.** Selon l'article R. 221-19 C. pr. exéc., le débiteur conserve, en principe, l'usage des objets rendus indisponibles par la saisie.

Il ne bénéficie cependant pas de ce droit s'il s'agit de biens consomptibles, si le JEX a ordonné sur requête leur remise à un séquestre ou enfin, si la mesure a porté sur un véhicule terrestre à moteur que le commissaire de justice a jugé bon d'immobiliser par l'un des procédés autorisés par la loi (v. ss nos 0714.102 à 0714.104).

D'autre part, le débiteur ne peut déplacer librement les objets mis sous main de justice dont il a le droit de se servir. Il doit justifier d'une cause légitime rendant ce déplacement nécessaire et en informer préalablement le créancier en lui indiquant le lieu où les objets seront placés (C. pr. exéc., art. R. 221-13, al. 1er). Peut constituer une cause légitime de

1. Com. 2 juin 2015, no 14-12.230, P IV, no 98 ; *D.* 2015. Actu. 126 ; *JCP E* 2015. 144, note C. Lebel ; *Dr. et patr.* nov. 2015. 79, obs. C. Lefort.

2. Com. 2 juin 2015, no 14-12.230, P (préc., v. ss no 0714.61).

déplacement le déménagement du débiteur ou du tiers saisi, le transport d'un objet chez un réparateur ou encore, la nécessité d'enlever les biens d'un local sinistré ou menacé de l'être, pour les installer dans un lieu où ils seront en sécurité. C'est toutefois au créancier qui conteste la légitimité du déplacement porté à sa connaissance, de saisir le JEX pour qu'il interdise le transport ou ordonne la réintégration des biens dans leur local d'origine.

Le commissaire de justice doit rappeler verbalement au débiteur ou au tiers, s'il est présent, les conditions dans lesquelles les biens peuvent être déplacés et les sanctions encourues en cas de déplacement irrégulier (C. pr. exéc., art. R. 221-17 à R. 221-24). L'acte de saisie les mentionne en caractères très apparents (C. pr. exéc., art. R. 221-16, 4° et R. 221-23, 5°).

0714.65 Séquestre ou gardien judiciaire. La remise des biens saisis à un séquestre est une mesure complémentaire qui, lorsqu'elle est ordonnée en vertu de l'article R. 221-19 alinéa 2 C. pr. exéc., apporte au droit du débiteur, par l'effet du transfert de la détention au tiers séquestre, une restriction sérieuse. L'article R. 221-19 précité ne fait d'ailleurs que reprendre les dispositions de l'article 1961 C. civ. selon lesquelles la justice peut ordonner le séquestre des meubles saisis sur un débiteur.

Le gardien choisi par le commissaire de justice en vertu de l'article R. 221-27 C. pr. exéc. pour remplacer le tiers saisi qui a refusé la garde est considéré comme un séquestre judiciaire (C. civ., art. 1962). Le texte le qualifie de « *gardien judiciaire* ».

0714.66 Personnes pouvant être nommées. Les textes ne précisent rien à ce sujet. Le séquestre peut être, selon la nature des biens, le commissaire de justice lui-même s'il dispose de locaux appropriés, un garde-meuble, un garagiste, un établissement bancaire louant des coffres-forts ou toute personne solvable et digne de confiance susceptible de conserver les objets séquestrés dans de bonnes conditions. En dépit de l'abrogation de l'article 598 de l'ancien Code de procédure civile (ACPC) qui interdisait au saisissant ou aux membres de sa famille d'être gardiens, il ne semble pas psychologiquement opportun de désigner le créancier comme séquestre ou gardien judiciaire.

L'établissement d'un gardien judiciaire produit entre le saisissant et le gardien des obligations réciproques.

0714.67 Obligations du gardien. Il doit tout d'abord apporter à la conservation des effets saisis les soins d'une personne raisonnable (C. civ., art. 1962, al. 1er). Il doit notamment les surveiller pour éviter leur détournement. Un huissier (devenu commissaire de justice) nommé séquestre de marchandises saisies a été déclaré responsable du préjudice résultant de leur enlèvement par le saisi qui avait toujours accès à son entrepôt. La Cour a écarté dans ce cas la force majeure exonératoire[1]. Il appartient au gardien ou au séquestre judiciaire de faire constater l'état des biens saisis au moment où il les reçoit. À défaut de cette précaution, il risque d'être tenu pour responsable de leur détérioration faute de pouvoir démontrer que celle-ci existait déjà au moment où ils lui ont été confiés.

C'est ainsi que le gérant d'un chai dans lequel du vin avait été saisi a été déclaré responsable, en sa qualité de gardien, de ce que ce vin était piqué et ce, faute d'avoir pu établir qu'il n'était pas de qualité loyale et marchande au moment où il l'avait reçu[2].

Le séquestre ou gardien judiciaire doit enfin représenter les biens qui lui ont été confiés, soit à la décharge du saisissant (ou de son mandataire) en vue de la vente, soit à celle de la partie contre laquelle l'exécution a été faite, en cas de mainlevée (C. civ., art. 1962, al. 2). Dans ce dernier cas, la décision doit lui être produite (sur la responsabilité civile du gardien, v. ss no 0716.51).

0714.68 Obligations du saisissant. L'obligation du saisissant consiste à payer au séquestre ou au gardien le salaire fixé par la loi. L'ancien tarif des huissiers[3] prévoyait les conditions de rémunération du gardien. Mais le tarif résultant du décret du 12 décembre 1996 puis de celui des commissaires de justice des articles A. 444-10 s. C. com., n'a pas envisagé cette rémunération. Celle-ci doit donc être taxée. La jurisprudence estime à cet égard qu'un séquestre judiciaire a, à titre occasionnel, la qualité d'auxiliaire de justice au sens de l'article 719 C. pr. civ. et que les règles relatives à la taxe posées par les articles 708 à 718 du même code doivent lui être appliquées[4]. Lorsque ces honoraires ne sont pas déterminés par une disposition réglementaire, le juge doit statuer selon la nature et l'importance des activités, des difficultés qu'elles présentent et de la responsabilité qu'elles peuvent entraîner (C. pr. civ., art. 720 et 721). Aucun texte n'interdit au juge d'allouer une provision à un séquestre[5], provision que le juge doit mentionner lors de la taxe (C. pr. civ., art. 721 *in fine*). Le séquestre a également droit au remboursement des frais qu'il a avancés pour la conservation des biens. En cas de contestation, le juge est souverain pour apprécier s'ils ont été nécessaires à la conservation de la chose[6]. Lorsque le séquestre ou

1. Civ. 2e, 16 juin 1982, *D.* 1983. 237, note Y. Desdevises.
2. Civ. 1re, 15 mai 2008, no 07-11.250, P I, no 138 ; *JCP* 2008. IV. 2079.
3. Décr. no 67-18, 5 janv. 1967, fixant le tarif des huissiers de justice en matière civile et commerciale, *JO* 6 janv.
4. Civ. 2e, 3 févr. 1983, no 81-16.758, P II, no 32.
5. Civ. 2e, 3 févr. 1983, no 81-16.758, P (préc. ss prést no).
6. Civ. 1re, 20 nov. 1961, P I, no 536.

gardien judiciaire est un professionnel (garagiste, garde-meuble), sa facture ne devrait pas excéder le prix habituellement pratiqué[1], à propos de l'intervention d'une entreprise de déménagement. Le tiers détenteur entre les mains duquel une saisie est pratiquée ne semble pas pouvoir être assimilé à un séquestre judiciaire et pouvoir ainsi prétendre à une rémunération. Il est en effet un gardien légal qui n'est pas complètement étranger à la situation litigieuse et pour lequel l'article 1962 C. civ. n'a prévu aucune rétribution[2]. Si la garde lui cause une gêne, il peut demander à en être déchargé (v. s[s] n° 0714.151).

La Cour de cassation reconnaît au séquestre, sur le fondement de l'article 1948 C. civ., le même droit de rétention que le dépositaire pour obtenir paiement de ses frais et salaires[3]. Si le commissaire de justice a fait l'avance de frais de séquestre ou de garde (transport, garde-meuble, garagiste), il peut en obtenir le remboursement en vertu des dispositions combinées de l'article R. 444-3, 2° C. com. et de son annexe 4-8, 3° ainsi que des articles A. 444-12, A. 444-13, III et A. 444-48 s. du même code[4].

B.
Effets non produits par la saisie

0714.71 Effets que la saisie-vente ne produit pas. La saisie-vente ne crée aucun privilège sur le prix de la vente, au bénéfice du créancier qui se présente le premier. Elle ne produit pas par elle-même l'expropriation du débiteur.

0714.72 Absence de privilège du premier saisissant. Contrairement à ce qui se produit en matière de saisie-attribution (sauf dans l'hypothèse où plusieurs saisies sont pratiquées le même jour), le créancier qui a recours à la saisie-vente doit subir la loi du concours avec les créanciers opposants qui se sont manifestés après lui. L'article L. 221-1 C. pr. exéc. permet en effet à tout autre créancier de se joindre aux opérations de saisie par voie d'opposition sur le prix et selon des formes définies par les articles R. 221-41 à R. 221-48 C. pr. exéc. Ce droit d'intervention leur est ouvert jusqu'à la vérification de la nature et de la consistance des biens qui doit précéder la vente (C. pr. exéc., art. L. 221-5 et R. 221-41, al. 2). Sa qualité de premier saisissant ne lui donne aucun privilège sur le prix obtenu. Elle ne lui donne que le droit de poursuivre seul la vente pour le compte de tous (C. pr. exéc., art. R. 221-42, al. 3).

C'est l'application à la saisie-vente, du **principe général d'égalité** entre les créanciers qui résulte de l'article 2285 C. civ.[5] Le créancier saisissant et les créanciers opposants ayant des droits égaux sur les biens compris dans la saisie, il s'ensuit que si le prix de vente est insuffisant pour les désintéresser tous intégralement, ce prix doit se partager entre eux au marc-l'euro, c'est-à-dire au prorata de leurs créances respectives, le premier saisissant étant traité de la même manière que les opposants. Chaque créancier chirographaire devra subir proportionnellement la même perte. Mais s'il existe parmi eux des créanciers privilégiés, ils primeront les autres selon leur rang, au risque de ne rien leur laisser si le prix obtenu est trop faible. La distribution du prix se fera dans le cadre d'une procédure comportant une phase amiable et, à défaut d'accord, une phase contentieuse devant le JEX (v. s[s] n°s 15.00 s.).

Exceptionnellement cependant, le créancier qui saisit des sommes en espèces paraît bénéficier d'un droit exclusif au versement de celles-ci, jusqu'à concurrence de ce qui lui est dû. L'article R. 221-20 C. pr. exéc. dispose en effet qu'à défaut de contestation du débiteur dans le mois de la signification du procès-verbal, ces sommes lui sont immédiatement versées. Il en est de même lorsque la contestation est tranchée en sa faveur (v. s[s] n°s 0714.111 s.). L'hypothèse d'un concours entre créanciers paraît donc exclue en ce qui concerne les sommes en espèces, les oppositions ne portant que sur le prix de la vente. Il en était autrement dans l'ancienne saisie-exécution où les deniers devaient être remis à la Caisse des dépôts et consignations ou en un lieu choisi d'un commun accord par le saisissant, la partie saisie et les opposants éventuels (ACPC, art. 590).

0714.73 Absence d'expropriation du débiteur. L'acte de saisie-vente n'emporte pas expropriation du débiteur. Celui-ci conserve la propriété des biens appréhendés jusqu'à leur vente. Il continue donc à supporter la charge des risques, sauf son recours si les biens périssent du fait du séquestre ou du tiers gardien. Il s'ensuit qu'en cas d'ouverture d'une procédure collective avant la vente, la saisie est paralysée par l'article L. 622-21 C. com.[6] En matière de vente amiable le transfert de propriété et la délivrance s'opèrent dès la consignation du prix entre les mains de l'huissier du créancier (C. pr. exéc., art. R. 221-32, al. 2 et L. 221-3). En cas de vente forcée le transfert de propriété se produit le jour des enchères, par l'effet de l'adjudication au plus offrant suivie du

1. Civ. 2e, 28 sept. 2000, n° 98-17.831, NP ; *Rev. huiss.* 2001. 34, obs. Y. Desdevises.
2. À PROPOS D'UNE SAISIE REVENDICATION entre les mains d'un tiers, v. Orléans, 3 mai 2001, *RJDA* juill. 2001, n° 809.
3. Civ. 1re, 22 mai 1962, P I, n° 258 ; *D.* 1965. 58, note Rodière.
4. Anc[t] Décr. n° 96-1080, 12 déc. 1996, portant fixation du tarif des huissiers de justice en matière civile et commerciale, art. 20, 3° et 6°, *JO* 13 déc.
5. C. civ., anc. art. 2093.
6. L. 25 janv. 1985, anc. art. 159, devenu C. com., anc. art. L. 621-40.

paiement comptant (R. 221-38). Sa date est celle du procès-verbal dressé par l'officier public vendeur en vertu de l'article R. 221-39 C. pr. exéc.

SECTION 2
OPÉRATIONS DE SAISIE ENTRE LES MAINS DU DÉBITEUR

§ 1
Formalités applicables à tous les meubles corporels

A.
Formalités préalables

0714.81 **Réitération de la demande de paiement.** Avant de commencer ses opérations le commissaire de justice doit, si le débiteur est présent, réitérer verbalement la demande de paiement (C. pr. exéc., art. R. 221-15). Cette formalité est requise dès lors que le débiteur est sur place, quel que soit le lieu où est effectuée la saisie. Elle a pour finalité d'inciter celui-ci, s'il veut éviter l'appréhension de son mobilier, à payer sa dette ou, à tout le moins, à verser un acompte substantiel, voire à proposer à l'officier ministériel un plan d'apurement satisfaisant.

La réitération de la demande de paiement appelée en pratique « *itératif commandement* », doit être effectuée verbalement. Il n'est pas requis de l'huissier, qu'il dresse un acte particulier, distinct du procès-verbal de saisie, pour constater son accomplissement. Un tel acte serait inutile et devrait rester à sa charge en vertu de l'article 650 C. pr. civ. Il peut simplement mentionner, en tête de l'exploit de saisie, que cette formalité a été accomplie. Quoi qu'il en soit, le défaut d'itératif commandement n'est pas sanctionné par la nullité de la saisie, pas plus d'ailleurs que l'absence de mention de cette formalité dans le procès-verbal. Cette irrégularité « *dans le cas très invraisemblable où elle causerait préjudice au saisi, ouvrirait seulement à son profit une action en dommages-intérêts contre l'huissier* (commissaire) de justice. »[1].

L'usage s'est instauré de rappeler dans le procès-verbal, ensuite de la mention relative à l'itératif commandement, le montant actualisé de la créance réclamée, afin de prendre en considération les acomptes ainsi que les intérêts et les frais postérieurs au commandement initial. Cette précision non requise est néanmoins utile au saisi s'il veut bien faire offre de paiement.

1. J. Vincent et J. Prévault, *Voies d'exécution*, 14e éd., « Précis », Dalloz, 1981, p. 87.

0714.82 **Rappel au débiteur de son obligation de faire connaître les précédentes saisies.** Avant de procéder à la saisie, l'huissier doit également informer oralement le débiteur qu'il est tenu de lui faire connaître les biens qui auraient fait l'objet d'une saisie antérieure (C. pr. exéc., art. R. 221-15). Il s'agit de rappeler expressément à celui-ci l'obligation que lui impose l'article R. 141-4 C. pr. exéc. au terme duquel le débiteur dont les biens ont déjà été saisis doit faire connaître à tout nouveau créancier saisissant les mêmes biens, l'existence de la précédente saisie et l'identité de celui qui y a procédé, tout en produisant l'acte de saisie dressé à cette occasion. L'existence de ce devoir a, en principe, déjà été indiquée en caractères très apparents, en application de l'article R. 221-16, 4o C. pr. exéc., dans le procès-verbal établi au cours de la saisie originaire. Il est cependant utile de rappeler cette obligation juridique très spécifique avec laquelle le débiteur n'est pas familiarisé et qu'il peut avoir tendance à oublier. Sa déclaration au sujet d'une éventuelle saisie antérieure doit être mentionnée, à peine de nullité, dans le procès-verbal dressé par le commissaire de justice (C. pr. exéc., art. R. 221-16, 3o) et ce, quelle que soit sa réponse. Si une saisie antérieure est signalée, le créancier ainsi informé doit porter à la connaissance de ses prédécesseurs, tous actes et informations que la loi lui impose de leur communiquer (C. pr. exéc., art. R. 141-4, al. 3).

B.
Acte de saisie

0714.91 **Acte ou procès-verbal de saisie.** Il se présente sous la forme d'un inventaire des biens mis sous main de justice qui contient en outre, à peine de nullité plusieurs mentions d'information relatives aux droits et aux devoirs du débiteur.

0714.92 **Inventaire des biens.** L'article R. 221-16, 2o C. pr. exéc. qui le prévoit indique qu'il doit contenir la désignation détaillée des objets saisis. Il s'agit d'une description sommaire mais suffisamment précise qui peut être complétée par des photographies (v. ss nos 0714.54 et 0714.55).

0714.93 **Mentions obligatoires à peine de nullité.** Elles sont destinées à informer pleinement le débiteur sur ses obligations, notamment en ce qui concerne la garde et le déplacement des biens saisis, sur les sanctions encourues en cas de manquement à ses devoirs et enfin sur ses droits en matière de vente amiable et de contestation. Ces mentions sont complétées par la reproduction des articles incriminant et réprimant le détournement d'objets saisis et de ceux exposant les modalités de la vente amiable.

Il convient de reproduire les dispositions de l'article R. 221-16 C. pr. exéc. :

« L'acte de saisie contient, à peine de nullité :

1° la référence au titre en vertu duquel la saisie est pratiquée ;

2° l'inventaire des biens saisis comportant une désignation détaillée de ceux-ci ;

3° si le débiteur est présent, la déclaration de celui-ci au sujet d'une éventuelle saisie antérieure des mêmes biens ;

4° la mention, en caractères très apparents, que les biens saisis sont indisponibles, qu'ils sont placés sous la garde du débiteur, qu'ils ne peuvent être ni aliénés ni déplacés, si ce n'est dans le cas prévu au deuxième alinéa de l'article R. 221-13, sous peine des sanctions prévues à l'article 314-6 du Code pénal et que le débiteur est tenu de faire connaître la présente saisie à tout créancier qui procéderait à une nouvelle saisie des mêmes biens ;

5° l'indication, en caractères très apparents, que le débiteur dispose d'un délai d'un mois pour procéder à la vente amiable des biens saisis dans les conditions prescrites aux articles R. 221-30 à R. 221-32 ;

6° la désignation de la juridiction devant laquelle seront portées les contestations relatives à la saisie-vente ;

7° l'indication, le cas échéant, des nom, prénom et qualité des personnes qui ont assisté aux opérations de saisie, lesquelles doivent apposer leur signature sur l'original et les copies ; en cas de refus, il en est fait mention dans l'acte ;

8° la reproduction des dispositions de l'article 314-6 du Code pénal et celles des articles R. 221-30 à R. 221-32 ».

Lorsque le procès-verbal comporte la mention et la signature de deux témoins, il faut que ceux-ci aient effectivement assisté aux opérations. Si un seul d'entre eux était présent, l'autre étant resté à l'extérieur du lieu de la saisie, l'acte contenant des énonciations contraires à la réalité peut être déclaré entaché de faux et ce, même si l'assistance de ces témoins n'était pas nécessaire[1].

0714.94 Mentions non sanctionnées par la nullité. L'acte doit enfin contenir mention de la déclaration verbale de l'huissier au débiteur présent à la clôture des opérations, lui rappelant le contenu du 4° de l'article R. 221-16, 4° C. pr. exéc. et la faculté de procéder à la vente amiable dans les conditions prescrites aux articles R. 221-30 à R. 221-32 C. pr. exéc. (C. pr. exéc., art. R. 221-17). L'huissier est ainsi appelé à faire preuve de pédagogie en attirant l'attention du débiteur sur ses devoirs et sur le risque encouru en cas de manquement à ceux-ci, ainsi que sur la faculté qui lui est ouverte par la loi, de proposer un acquéreur dans le mois de la saisie. L'omission de cette déclaration orale ou de sa mention dans l'exploit de saisie n'est pas sanctionnée par la nullité. Elle peut cependant justifier une action en responsabilité contre l'officier ministériel, si le saisi établit que le défaut d'explications lui a causé un préjudice.

0714.95 Mentions non requises. Le procès-verbal n'a pas à viser le commandement préalable, les articles R. 221-15 et suivants C. pr. exéc. (anc[t] Décr. 31 juill. 1992, art. 93 s.) n'exigeant pas ce visa. La Cour de cassation s'était déjà prononcée dans ce sens à propos des articles 585 et suivants de l'ACPC relatifs au procès-verbal de saisie-exécution[2]. Il a été jugé[3] que l'article 94 (devenu C. pr. exéc., art. R. 221-16) est applicable en cas de saisie-vente pratiquée par l'administration des impôts, en l'absence d'une disposition particulière du Livre des procédures fiscales. Dans ce cas, l'acte de saisie doit indiquer aussi que, préalablement à la saisine du JEX, le débiteur devait soumettre sa contestation à l'administration. Il a également été jugé qu'un procès-verbal portant la mention (ancienne) « saisie-exécution » et ne comportant pas l'indication du délai pour procéder à la vente amiable ni celle de la juridiction devant laquelle doivent être portées les contestations, la nullité de l'acte doit être prononcée[4].

0714.96 Signification du procès-verbal. Une copie de l'acte de saisie portant les mêmes signatures que l'original, est remise immédiatement au débiteur présent lors de sa clôture. Cette remise vaut signification (C. pr. exéc., art. R. 221-17 *in fine*).

Lorsque le débiteur n'était pas sur place, l'acte de saisie doit lui être signifié. Cette signification doit lui impartir un délai de huit jours pour faire connaître au commissaire de justice l'existence d'une saisie antérieure sur les mêmes biens. Il doit en outre lui communiquer dans le même délai, le procès-verbal dressé à l'occasion de cette mesure. Cet acte doit être délivré conformément aux règles du droit commun de la signification des actes des commissaires de justice. Il a été jugé[5] que le non-respect de cette formalité constitue un vice de forme qui n'entraîne la nullité de l'acte de saisie que si le saisi établit avoir subi un grief. Cette décision paraît discutable car le défaut de signification de la copie contenant injonction de signaler une saisie antérieure, équivaut à l'absence totale de signification de l'acte de saisie

1. Versailles, 20 nov. 2003, *Rev. huiss.* 2004. 235 – Civ. 1re, 7 mars 2006, n° 04-11.542, P I, n° 134 ; *D.* 2006. IR 947 ; *D.* 2007. Pan. 1387. 5, note P. Julien.

2. Civ. 2e, 3 juill. 1974, n° 73-11.483, P II, n° 212.
3. TGI Lyon, JEX, 7 déc. 1993, *BICC* 1994, n° 742.
4. TGI Paris, JEX, 23 mars 1993, *D.* 1994. Somm. 344, obs. P. Julien.
5. TGI Lyon, 7 déc. 1993, *BICC* 1994, n° 742 ; *RTD civ.* 1995. 195, obs. crit. R. Perrot.

qui n'a pu être remis au débiteur absent, ce qui constitue une irrégularité de fond.

Il convient de relever que, selon la Cour de cassation, les dispositions de l'article 680 C. pr. civ. prescrivant l'indication des délais et des voies de recours ne s'appliquent qu'à la notification des jugements et non à celle des mesures d'exécution[1].

C. Effets sur les biens

0714.101 **Usage des objets saisis.** L'acte de saisie rend indisponibles les biens qui en sont l'objet et le débiteur entre les mains duquel ils sont saisis en est réputé gardien (C. pr. exéc., art. L. 141-2). Celui-ci ne peut les déplacer sans cause légitime et sans en avoir informé le créancier et lui avoir indiqué le lieu où ils seront placés (C. pr. exéc., art. R. 221-13 – v. s^s n° 0714.64). Il en conserve cependant l'usage jusqu'à leur enlèvement en vue de leur vente (C. pr. exéc., art. R. 221-19, al. 1er). Le droit d'usage conservé par le saisi doit, en principe, être entendu comme un droit de jouissance personnel qui lui interdit de consentir à des tiers des droits nouveaux sur les objets saisis, par un prêt ou par une location. Seuls les biens précisément destinés à être loués, pourraient faire exception.

Ce droit de continuer à utiliser les objets saisis est exclu ou peut être retiré dans trois hypothèses :

0714.102 **Biens consomptibles.** L'article R. 221-19 C. pr. exéc. exclut toute possibilité pour le débiteur de se servir des biens consomptibles par l'usage, ce qui est logique puisque cet usage aboutit à la disparition du gage du créancier.

0714.103 **Biens sous séquestre.** Lorsque le créancier justifie qu'il a de bonnes raisons de soupçonner le débiteur d'un détournement ou, tout simplement, si les biens saisis, sans être consomptibles, vont se déprécier rapidement par l'usage, ou encore, si cet usage les expose à des risques de détérioration, il peut demander au JEX d'ordonner, sur requête, leur remise à un séquestre qu'il désigne (C. pr. exéc., art. R. 221-19, al. 2). Il peut présenter cette requête **à tout moment**, même avant les opérations de saisie. Il peut aussi la présenter postérieurement si l'évolution des circonstances justifie que les biens soient mis à l'abri (sur le séquestre ou gardien judiciaire, choix et obligations v. s^s n°s 0714.65 s. – sur la responsabilité civile et pénale, v. s^s n°s 0716.51 s.).

0714.104 **Véhicule terrestre à moteur.** Si parmi les biens se trouve un tel véhicule, celui-ci peut être **immobilisé** jusqu'à son enlèvement en vue de la vente, par l'un des procédés prévus pour l'application des articles L. 223-2 et R. 221-19 alinéa 3 C. pr. exéc. Il est certain que la mise en place d'un « sabot de Denver » a pour effet de priver le débiteur de son droit d'usage. Le commissaire de justice peut ainsi estimer, si le véhicule a quelque valeur, que son maintien en circulation peut précipiter sa dépréciation et l'exposer inutilement à des risques d'accident. Il peut recourir à l'un des procédés d'immobilisation sans avoir besoin de solliciter l'autorisation du juge (v. s^s n°s 0723.81 s.).

§ 2 Formalités particulières à certains meubles

0714.111 **Sommes en espèce.** Les sommes en espèces découvertes sur les lieux, dans un meuble ou dans un tiroir-caisse ou dans un coffre appartenant au débiteur, peuvent être saisies dans le cadre de la saisie-vente. C'est la conséquence logique du principe selon lequel les créances, lorsqu'elles sont incorporées dans le titre qui les constate, sont saisissables selon les mêmes modalités que les meubles corporels. Ces sommes peuvent être saisies à concurrence du montant de la créance du saisissant et sont provisoirement consignées entre les mains du commissaire de justice. Le débiteur en perd nécessairement l'usage qui aboutirait à leur disparition.

0714.112 **Contestation.** L'acte de saisie doit mentionner les sommes en espèce et indiquer, à peine de nullité, que le débiteur dispose d'un délai d'un mois à compter de la signification de l'acte, pour élever une contestation devant le JEX du lieu de la saisie. L'exploit doit également désigner ce juge sous peine de la même sanction. Le débiteur peut notamment prétendre que les espèces saisies ne lui appartiennent pas parce qu'il les a reçues en dépôt ou en gage, soit en qualité de créancier, soit en celle de tiers convenu.

En cas de contestation le juge peut ordonner, soit le versement des sommes au créancier si les motifs invoqués ne lui paraissent pas fondés, soit leur restitution au débiteur s'il admet ses arguments. Il peut aussi ordonner leur consignation s'il ne s'estime pas en mesure de trancher immédiatement la contestation ou compétent pour en connaître. À défaut de contestation dans le délai imparti, les sommes en espèces sont immédiatement versées au créancier et viennent en déduction de ce qu'il a réclamé.

0714.113 **Privilège sur les sommes en espèce.** Il semble résulter des observations qui précèdent que les sommes en espèces sont nécessairement acquises au saisissant, soit à l'expiration du délai de contestation si le débiteur n'en élève aucune, soit à l'issue de l'instance en contestation si celle-ci est tranchée en

1. Civ. 2e, 8 sept. 2011, n° 10-23.003, P II, n° 165 ; *Procédures* nov. 2011, p. 14.

faveur du créancier. Elles échappent ainsi à la loi du concours, de telle sorte que l'on pourrait considérer qu'en ce qui les concerne, la saisie-vente crée un privilège au bénéfice du premier saisissant. L'opposition d'un nouveau créancier n'est d'ailleurs possible que sur le prix de la vente, seul visé par l'article L. 221-1 C. pr. exéc., mais pas sur les sommes en espèce saisies au cours des opérations.

La consignation des sommes saisies paraît n'être envisagée que pour les besoins de la contestation du saisi. Le réformateur n'a pas repris les dispositions antérieures (ACPC, art. 590) prévoyant la consignation des deniers saisis jusqu'à la vente en un lieu choisi, le cas échéant, d'un commun accord avec les créanciers opposants.

0714.114 Véhicule terrestre à moteur. Si parmi les biens se trouve un véhicule terrestre à moteur (automobile, motocyclette, engin de travaux publics, machine agricole, *etc.*) celui-ci peut être immobilisé jusqu'à son enlèvement en vue de la vente par l'un des procédés prévus pour l'application de l'article L. 223-2 C. pr. exéc. (C. pr. exéc., art. R. 221-19, al. 3). Cette immobilisation peut se faire par tout moyen n'entraînant aucune détérioration (C. pr. exéc., art. L. 223-2). L'article R. 223-6 du code précité précise les mentions que doit porter l'appareil utilisé (empreinte officielle et numéro de téléphone du commissaire de justice). Si l'immobilisation a lieu à l'occasion d'une saisie-vente pratiquée dans les locaux du débiteur ou entre les mains d'un tiers détenteur, il est procédé selon les modalités prévues pour cette mesure d'exécution particulière (v. s^s^ n°s 0723.81 s. et 0723.91 s.). L'immobilisation à laquelle l'officier ministériel peut recourir pour éviter l'usure du véhicule et le risque d'accident a pour effet de priver le débiteur saisi du droit d'usage que lui réserve l'article R. 221-19 alinéa 1er C. pr. exéc. Celui-ci a donc la possibilité, en vertu de l'article L. 223-2 alinéa 2 du même code, de demander au JEX de lever l'immobilisation. Il doit justifier d'un motif sérieux tel que le transport sur son lieu de travail.

0714.115 Biens sur lesquels une sûreté a été inscrite. Selon l'article R. 221-14-1 C. pr. exéc. issu du décret du 29 décembre 2021 et dont l'entrée en vigueur a été fixée au 1er janvier 2023, l'officier ministériel qui a procédé à la saisie consulte le registre général des sûretés mobilières prévu à l'article R. 521-1 C. com. afin de vérifier qu'une sûreté, tel qu'un gage ou un warrant agricole, a été ou non inscrite sur les biens appréhendés. Dans l'affirmative, il signifie le PV de saisie dans les huit jours de son établissement, aux créanciers qui ont publié une sûreté sur ces biens et ce, afin de leur permettre de concourir à la distribution de leur prix après leur vente amiable ou forcée[1].

SECTION 3
OPÉRATIONS ENTRE LES MAINS D'UN TIERS

0714.121 Notion de tiers. La saisie-vente peut être pratiquée sur tous les biens mobiliers du débiteur, où qu'ils se trouvent et « *même s'ils sont détenus par un tiers* » (C. pr. exéc., art. R. 221-9). Le terme « détenus » retenu par les rédacteurs du texte de l'article 87, permet de cerner avec précision la notion de tiers. C'est un simple détenteur précaire et non un possesseur de bonne foi susceptible de faire échec à la saisie en invoquant la présomption édictée par l'article 2276 C. civ. Le tiers détenteur est donc tenu d'une obligation de restitution à l'égard du débiteur dans le patrimoine duquel le bien détenu est toujours demeuré. Ce tiers qui détient le bien en vertu d'un pouvoir propre résultant d'un contrat, peut être un réparateur, un vendeur qui n'a pas encore délivré la chose, un locataire, un dépositaire, un commodataire ou encore, un créancier gagiste. Il pourra, le cas échéant, se prévaloir d'un droit d'usage consenti par le débiteur ou de rétention garantissant sa propre créance contre celui-ci (v. s^s^ n°s 0714.152 et 0714.153 s.). N'est donc pas un tiers le bailleur qui se borne à mettre à la disposition du débiteur un local, un emplacement ou un endroit quelconque pour y déposer ou y exposer ses effets mobiliers, car il n'est personnellement tenu d'aucune obligation de remise ou de restitution. Dans cette hypothèse, ce sont les formalités édictées pour la saisie entre les mains du débiteur par les articles R. 221-15 à R. 221-20 C. pr. exéc.[2], qui devront être respectées. La jurisprudence s'est déterminée en ce sens, sous l'empire de l'ancienne législation en écartant la saisie-arrêt des meubles corporels au profit de la saisie-exécution, à propos des valeurs placés dans le coffre-fort d'une banque dont le débiteur avait la clé[3] et des véhicules garés dans un box ou sur un emplacement réservé dont le débiteur saisi détenait seul la clé[4].

Une controverse en grande partie dépassée depuis la réforme des voies d'exécution, avait longtemps divisé la doctrine sur le point de savoir si, dans ces hypothèses, le bailleur était un tiers ou un dépositaire[5]. Elle conserve cependant un certain intérêt pour le choix des formalités prescrites, selon que la mesure est faite entre les mains du débiteur ou d'un tiers.

1. Décr. n° 2021-1888, 29 déc. 2021, art. 2 et 7.
2. Anc^t^ Décr. n° 92-755, 31 juill. 1992, instituant de nouvelles règles relatives aux procédures civiles d'exécution pour l'application de la loi n° 91-650 du 9 juillet 1991 portant réforme des procédures civiles d'exécution, art. 93 à 98, *JO* 5 août.
3. Civ. 1re, 21 mai 1957, *JCP A* 1957. IV. 97.
4. T. civ. Seine, 15 janv. 1951, *JCP* 1951. II. 6549, note Joly – Paris, 9 juill. 1952, *JCP* 1952. II. 7137, note Joly.
5. J. Vincent, *Voies d'exécution*, 14e éd., « Précis », Dalloz, 1981, n° 104 *bis*.

§ 1
Formalités et mise en œuvre

A.
Formalités préalables

0714.131 **Autorisation préalable.** Elle doit être donnée, sur requête, par le JEX lorsque la saisie doit porter sur des biens détenus dans les locaux d'habitation du tiers (C. pr. exéc., art. L. 221-1). Si la permission du juge doit être obtenue avant de pratiquer la saisie, elle peut cependant l'être après la délivrance du commandement de payer au débiteur. L'ordonnance d'autorisation doit être portée à la connaissance du tiers et annexée à l'acte de saisie (C. pr. exéc., art. R. 221-11). La saisie-vente pratiquée sans autorisation préalable est nécessairement nulle, la formalité omise étant substantielle (sur la notion de local d'habitation, v. s^s^ nº 0712.32).

0714.132 **Présentation du commandement.** Dès qu'il se trouve en présence du tiers, le commissaire de justice lui présente le commandement de payer délivré au débiteur huit jours auparavant (C. pr. exéc., art. R. 221-21, al. 1er). Il s'agit d'une formalité purement matérielle qui ne requiert pas une signification.

0714.133 **Interrogation du tiers.** Le tiers n'étant qu'un détenteur précaire tenu d'une obligation de restitution à plus ou moins long terme, l'huissier a intérêt à vérifier que les biens appartenant au débiteur sont toujours en sa possession. Il doit donc l'inviter à déclarer les objets qu'il détient pour le compte de celui-ci et, parmi ces objets, ceux qui auraient déjà été saisis (C. pr. exéc., art. R. 221-21). Cette demande est formulée verbalement. Toutefois, la réponse est consignée par écrit, dans le procès-verbal de saisie si elle est positive (C. pr. exéc., art. R. 221-23, 3°) ou dans un acte spécial si elle est négative ou inexistante (C. pr. exéc., art. R. 221-22).

En cas de refus de déclaration ou de déclaration inexacte ou mensongère, le tiers s'expose à être condamné au paiement des causes de la saisie et à des dommages-intérêts. Cette sanction doit lui être rappelée dans le procès-verbal de saisie (C. pr. exéc., art. R. 221-23, 3°). Le tiers conserve cependant un recours contre le débiteur pour le remboursement de ce qu'il a dû payer à sa place itre de la créance (C. pr. exéc., art. R. 221-21 *in fine*[1]). Mais les dommages-intérêts doivent, en principe, rester à sa charge définitive, car ils trouvent leur cause dans une faute qui lui est personnelle. On ne peut toutefois reprocher à une personne ou à un tiers de n'avoir pas formulé une déclaration sur l'existence d'une saisie antérieure, si cette obligation ne lui a pas été rappelée par le commissaire de justice[2].

0714.134 **Acte constatant l'absence de biens à saisir.** Lorsque le débiteur déclare ne détenir aucun bien appartenant au débiteur ou refuse de répondre, le commissaire de justice doit en dresser acte. Celui-ci indique en caractères très apparents, les sanctions édictées par l'article R. 221-21 C. pr. exéc. Il est remis au tiers (s'il est présent) ou lui est signifié (C. pr. exéc., art. R. 221-22). Cet acte s'analyse en fait en un procès-verbal de carence constatant que rien n'a pu être saisi. Il doit être tarifé comme tel (C. com., art. A. 444-16, tableau 3-1, acte nº 53[3] – V. s^s^ n°s 0714.51 à 0714.53).

B.
Acte de saisie

0714.141 **Acte de saisie.** Selon l'article R. 221-23 C. pr. exéc., si le tiers déclare détenir des biens pour le compte du débiteur, il est dressé un inventaire qui contient, à peine de nullité, plusieurs mentions destinées à informer le tiers de ses obligations et de ses droits.

0714.142 **Inventaire des biens.** Il contient la désignation détaillée des objets saisis (C. pr. exéc., art. R. 221-23, 4° – V. s^s^ nº 0714.54).

0714.143 **Mentions obligatoires à peine de nullité.** Ce sont en grande partie, les mêmes que celles requises pour la saisie entre les mains du débiteur. Mais certaines sont spécifiques et portent essentiellement sur les droits particuliers du tiers (possibilité de refuser la garde ou d'invoquer un droit de rétention ou d'usage).

« *L'acte de saisie doit donc contenir :*

1° *La référence au titre en vertu duquel la saisie est pratiquée.*

2° *La mention des nom et domicile du tiers.*

3° *La déclaration du tiers et, en caractères très apparents, l'indication que toute déclaration inexacte ou mensongère l'expose à être déclaré garant des sommes réclamées au débiteur sans préjudice d'une condamnation à des dommages-intérêts.*

4° *L'inventaire des biens saisis comportant la désignation détaillée de ceux-ci.*

5° *La mention, en caractères très apparents, que les objets saisis sont indisponibles, qu'ils sont placés sous la garde du tiers, qu'ils ne peuvent être ni aliénés, ni déplacés, si ce n'est dans le cas prévu au deuxième alinéa de l'article R. 221-13, sous peine des sanctions prévues à l'article 314-6 du Code pénal et que le tiers est tenu de*

1. Anc^t^ Décr. nº 92-755, 31 juill. 1992, art. 99 *in fine*.
2. TGI Toulon, JEX, 30 juin 1993, *Rev. huiss.* 1996. 119.
3. Anc^t^ Décr. nº 96-1080, 12 déc. 1996, tableau I, acte nº 52.

faire connaître la présente saisie à tout créancier qui procéderait à une saisie sur les mêmes biens.

6° *La mention que le tiers peut se prévaloir des dispositions de l'article R. 221-27 qui est reproduit dans l'acte.*

7° *L'indication que le tiers peut faire valoir ses droits sur les biens saisis, par déclaration ou par lettre recommandée avec demande d'avis de réception adressée à l'huissier de justice et du créancier saisissant.*

8° *La désignation de la juridiction devant laquelle seront portées les contestations relatives à la saisie-vente.*

9° *L'indication, le cas échéant, des nom, prénom et qualité des personnes qui ont assisté aux opérations de saisie, lesquelles doivent apposer leur signature sur l'original et sur les copies ; en cas de refus, il en est fait mention dans l'acte.*

10° *La reproduction des dispositions du troisième alinéa de l'article 314-6 du Code pénal* ».

0714.144 **Mentions non sanctionnées par la nullité.** L'acte doit également contenir mention de la déclaration verbale du commissaire de justice au tiers présent à la clôture des opérations, lui rappelant la teneur des 3°, 5° et 6° de l'article R. 221-23, 3°, 5° et 6° (C. pr. exéc., art. R. 221-24).

0714.145 **Signification du procès-verbal.** L'acte de saisie doit être remis ou signifié au tiers ainsi qu'au débiteur.

0714.146 **Signification au tiers.** Si le tiers est présent à la clôture des opérations, une copie de l'acte de saisie portant les mêmes signatures que l'original lui est immédiatement remise. Cette remise vaut signification (C. pr. exéc., art. R. 221-24).

Lorsque le tiers n'a pas assisté aux opérations, la copie de l'acte lui est signifiée en lui impartissant un délai de huit jours pour qu'il porte à la connaissance du commissaire de justice l'existence d'une éventuelle saisie antérieure sur les mêmes biens et qu'il lui en communique le procès-verbal (C. pr. exéc., art. R. 221-25).

0714.147 **Signification au débiteur.** La saisie-vente entre les mains du tiers est ignorée du débiteur à l'insu duquel elle a été pratiquée. Il faut donc la porter à sa connaissance en lui indiquant ses droits et devoirs. Une copie de l'acte de saisie doit lui être signifiée huit jours au plus tard après la saisie, par un acte mentionnant, à peine de nullité, qu'il dispose d'un délai d'un mois pour recourir à la vente amiable dans les conditions prévues par les articles R. 221-30 à R. 221-32 C. pr. exéc. Ces textes doivent, sous la même sanction, être reproduits (C. pr. exéc., art. R. 221-26). Le texte précise que la sanction du défaut de signification au débiteur dans les huit jours est la caducité.

Il convient de relever que, selon la Cour de cassation, les dispositions de l'article 680 C. pr. civ. prescrivant l'indication des délais et des voies de recours ne s'appliquent qu'à la notification des jugements et non à celle des mesures d'exécution[1].

§ 2
Respect des droits du tiers

0714.151 **Droit de refuser la garde.** Selon l'article L. 141-2 C. pr. exéc., le tiers détenteur entre les mains duquel la saisie est pratiquée est, en principe, réputé gardien des biens meubles corporels qu'elle a rendus indisponibles. Cette charge et les obligations qu'elle entraîne, lui sont rappelées en caractères très apparents dans le procès-verbal (C. pr. exéc., art. R. 221-23, 5°). Le tiers peut cependant refuser d'être gardien dès le jour de la saisie. Il peut notifier verbalement son refus au commissaire de justice. Même s'il a accepté cette mission au départ, il peut demander, à tout moment, à en être déchargé soit en écrivant à l'officier ministériel, soit en cas d'inertie de ce dernier, en saisissant le JEX. Cette faculté lui est rappelée dans le procès-verbal de saisie (C. pr. exéc., art. R. 221-23, 6°). Le commissaire de justice doit alors pourvoir à la nomination d'un nouveau gardien et à l'enlèvement des biens saisis pour être transportés chez ce dernier (C. pr. exéc., art. R. 221-27).

Même si le tiers se déclare disposé à accepter la garde, le saisissant peut toujours faire ordonner, sur requête, la remise d'un ou plusieurs objets à un séquestre désigné par le JEX. Cette désignation peut intervenir à tout moment, même avant la saisie si le tiers n'apparaît pas digne de confiance (C. pr. exéc., art. R. 221-28). L'officier ministériel peut aussi immobiliser le bien, si c'est un véhicule, pour empêcher son utilisation (C. pr. exéc., art. R. 221-28).

0714.152 **Droit d'usage.** Le saisissant peut parfois être contraint de tenir compte du droit d'usage consenti par son débiteur au tiers détenteur. L'article R. 221-28 C. pr. exéc. dispose en effet que si les biens saisis peuvent être remis à un séquestre sur décision du JEX, c'est sous réserve du droit d'usage dont le tiers serait titulaire.

Ce droit d'usage peut résulter d'un usufruit (qui peut être institué sur un meuble en vertu de C. civ., art. 581), d'un prêt à usage ou d'un contrat de location. Le créancier qui ne peut avoir plus de droits que son débiteur est tenu de respecter ces conventions jusqu'au terme prévu (C. civ., art. 617, 1709 et 1888). Il pourra, cependant, sur le fondement de l'action oblique (C. civ., art. 1341-1), exercer le droit du

1. Civ. 2e, 8 sept. 2011, no 10-23.003, P II, no 165 ; *Procédures* nov. 2011, p. 14.

débiteur de demander la résiliation du contrat pour abus de jouissance de l'usufruitier (C. civ., art. 618), pour besoin imprévu et pressant de la chose prêtée (C. civ., art. 1889) ou pour manquement du locataire à ses obligations (C. civ., art. 1217 et 1224 et suivants). Il pourra aussi, si l'usufruit, le bail ou le commodat a été conclu en fraude de ses droits, attaquer ces actes sur le fondement de l'action paulienne de l'article 1341-2 C. civ. Le droit d'usage du tiers fait obstacle à l'immobilisation du véhicule saisi au moyen de l'un des procédés prévus aux articles L. 223-2 et R. 221-28 C. pr. exéc. [1].

Si le séquestre a été ordonné en dépit de son droit d'usage, le tiers peut toujours se pourvoir devant le JEX en rétractation de sa décision.

0714.153 **Droit de rétention.** Le saisissant peut se voir opposer par le tiers, un droit de rétention susceptible de contestation dans un délai d'un mois.

0714.154 **Définition.** « *Le droit de rétention est le droit reconnu dans certains cas à un créancier détenteur d'une chose qu'il est tenu de rendre, de refuser sa restitution aussi longtemps qu'il n'est pas payé* » [2]. Il constitue un moyen de pression sur le débiteur et, en cas de saisie-vente, sur ses autres créanciers, de nature à les inciter à payer le rétenteur pour qu'il accepte de se dessaisir.

Avant la réforme résultant de l'ordonnance du 23 mars 2006 [3] relative aux sûretés, le Code civil n'édictait aucune disposition de principe concernant le droit de rétention. Il en prévoyait seulement quelques cas d'application dispersés. La jurisprudence avait généralisé le droit de rétention en le reconnaissant, en l'absence de tout texte, dans des circonstances déterminées. Elle exigeait la justification d'un lien de connexité juridique ou matériel entre la chose retenue et la créance réclamée. Désormais l'article 2286 C. civ. détermine trois grandes catégories de situations dans lesquelles un droit de rétention est reconnu au créancier (ces différentes hypothèses sont examinées, v. s[s] n° 0714.155).

Le droit de rétention peut exister à l'état pur ou comme élément d'une sûreté réelle avec ou sans dépossession, telle qu'un gage ordinaire ou sur véhicule. Dans ce cas, il renforce, selon l'opinion de Jacques Mestre, le droit de préférence du gagiste « *dont il améliore sensiblement le rang* », notamment face au Trésor [4].

La Haute juridiction estime, quant à elle, qu'il s'agit d'un droit réel opposable à tous, y compris aux tiers non tenus à la dette, notamment au sous-acquéreur de bonne foi qui a payé le prix au vendeur intermédiaire et ce, même si celui-ci est en liquidation judiciaire [5].

0714.155 **Principaux cas de rétention.** Il apparaît utile d'énumérer les principales hypothèses dans lesquelles le créancier pratiquant une saisie-vente risque de se voir opposer par le tiers un droit de rétention. Selon l'article 2286 C. civ. :

« *Peut se prévaloir d'un droit de rétention sur la chose :*

1° *Celui à qui la chose a été remise jusqu'au paiement de sa créance ;*

2° *Celui dont la créance impayée résulte du contrat qui l'oblige à la livrer ;*

3° *Celui dont la créance impayée est née à l'occasion de la détention de la chose ;*

4° *Celui qui bénéficie d'un gage sans dépossession* [...] ».

Ce quatrième cas résulte de la loi du 4 août 2008 [6] de modernisation des entreprises qui est venue compléter les trois hypothèses initialement retenues par l'article 2286 C. civ., lesquelles étaient fondées sur trois formes de lien de connexité volontaire, juridique et matérielle.

Ces trois catégories de situations recouvrent en réalité l'ensemble des hypothèses dans lesquelles des textes spéciaux et la jurisprudence ont reconnu au créancier le droit de retenir le bien qu'il était tenu de restituer ou de livrer. Peuvent ainsi se prévaloir d'un droit de rétention, le vendeur au comptant d'une chose mobilière pour le paiement de son prix (C. civ., art. 1612), le dépositaire pour ce qui lui est dû en vertu du dépôt comme ses impenses ou ses salaires (C. civ., art. 1948), l'acquéreur de bonne foi d'un meuble perdu ou volé, acheté dans une foire ou sur un marché, pour le remboursement de son prix d'achat par le propriétaire revendiquant (C. civ., art. 2277), l'artisan ou l'ouvrier spécificateur qui a façonné une chose d'une nouvelle espèce avec une matière fournie par son client, pour le remboursement du prix de la main-d'œuvre (C. civ., art. 570 – et C. trav., anc. art. L. 143-12), le créancier gagiste pour la dette en garantie de laquelle le gage a été donné (C. civ., art. 2339) [7], le cohéritier tenu de rapporter un bien

1. Sur l'attribution d'un véhicule en jouissance au bénéfice de l'un des conjoints par un jugement de divorce, Paris, 23 nov. 1995, *Rev. huiss.* 1996. 986.
2. *J.-Cl. Civ.*, n°s 2092 à 2094, fasc. 10, n° 2, par J. Mestre.
3. Ord. n° 2006-346, 23 mars 2006, relative aux sûretés, *JO* 24 mars, p. 4475.
4. *J.-Cl. Civ.*, n°s 2092 à 2094, fasc. 10, n° 32.
5. Civ. 1re, 24 sept. 2009, n° 08-10.152, P I, n° 178 ; *JCP* 26 oct. 2009, p. 380, note Aynès ; *CCC* déc. 2009, n° 284, note Leveneur ; V. ÉGAL. : Ph. Simler et Ph. Delebecque, *JCP* 23 nov. 2009, p. 43.
6. L. n° 2008-776, 4 août 2008, de modernisation des entreprises, *JO* 5 août, p. 12471.
7. C. civ., anc. art. 2082 (mod. par Ord. n° 2006-346, 23 mars 2006).

en nature à la succession, pour le remboursement de ses impenses ou améliorations (C. civ., art. 862).

La jurisprudence reconnaît un droit de rétention au séquestre qui a engagé des frais pour la conservation de la chose[1], au réparateur ou au façonnier[2], au transporteur de marchandises[3], au garagiste pour ses frais de réparation, d'entretien ou de garage[4].

Le droit de rétention porte sur toutes sortes de biens corporels (marchandises, colis, meubles, véhicules). Il peut aussi porter sur des documents[5] et même sur un fichier sur bandes magnétiques[6].

Lorsque le droit de rétention porte sur des documents administratifs et plus spécialement sur des cartes grises, il ne s'étend cependant pas aux véhicules auxquels ces documents se rapportent et au produit de la vente de ces véhicules[7] ; il ne permet donc pas d'exiger leur remise ni le paiement du prix obtenu. Le droit de rétention d'une chose est en effet, la conséquence de sa détention matérielle ou fictive (résultant d'une inscription), si ce mode de détention est permis. Or le certificat d'immatriculation détenu par le rétenteur, même s'il lui a été remis à titre de garantie de paiement, demeure un document administratif qui ne représente pas le véhicule qu'il concerne comme le ferait un connaissement pour les marchandises qui y sont inscrites[8].

0714.156 Conditions. Il faut justifier d'une créance certaine, c'est-à-dire d'une créance non sérieusement contestée[9], exigible[10] et rendue liquide par la décision validant le droit de rétention. L'exigence de la liquidité avait suscité des critiques, le droit de rétention devant justement servir à attendre la liquidation de la créance. La Cour de cassation a finalement estimé que le droit pouvait être exercé jusqu'à la fixation du montant de la créance[11]. Selon le commentateur de cet arrêt, le droit de rétention ne peut cependant être réduit à un simple moyen d'attendre la liquidation car il demeure avant tout un procédé permettant d'obtenir le paiement.

1. Civ. 1re, 22 mai 1962, *D.* 1965. 58, note Rodière.
2. Com. 29 janv. 1974, *D.* 1974. 245.
3. Civ. 9 mai 1944, *JCP* 1944. II. 2728, note P. L. P.
4. Civ. 1re, 6 févr. 1974, no 72-13.823, P I, no 47.
5. Com. 14 avr. 1992, no 90-14.002, P IV, no 164 ; *JCP* 1992. I. 3623, no 20.
6. Com. 8 févr. 1994, no 92-14.484, P IV, no 56 ; *JCP* 1994. IV. 973.
7. Com. 23 avr. 2013, no 12-13.690, P IV, no 66 ; *BICC* 2013. 1116 ; *D.* 2013. 1129.
8. Com. 11 juill. 2000, no 97-12.374, P IV, no 142 ; *D.* 2000. IR 251 ; *JCP* 2000. I. 259 – Ph. Simler et Ph. Delebecque, *Droit des sûretés. Publicité foncière*, 5e éd., « Précis », Dalloz, 2009, no 146 ; *D.* 2001. 441, note S. Piedelièvre.
9. Com. 14 juin 1988, no 86-15.640, P IV, no 199.
10. Com. 7 janv. 1992, no 89-20.968, P IV, no 10 ; *JCP* 1993. I. 3680, no 19, obs. Ph. Simler et Ph. Delebecque.
11. Civ. 3e, 12 mars 1985, no 83-16.548, P III, no 50 ; *RTD civ.* 1986. 377, obs. P. Salvage-Gerest.

Le rétenteur ne doit pas avoir commis de faute[12]. Il faut qu'il existe, entre la chose retenue et la créance du rétenteur, un lien de connexité matériel (lorsque la créance prend naissance à propos de la chose comme une impense) ou bien purement juridique (lorsque la créance et la détention de la chose procèdent du même contrat).

0714.157 Mise en œuvre. Le droit de rétention n'a pas besoin, pour être opposé, d'une procédure judiciaire. Son régime ressemble à celui de l'exception d'inexécution. C'est la raison pour laquelle l'article R. 221-29 C. pr. exéc. dispose que le tiers qui se prévaut d'un tel droit peut se borner à en informer le commissaire de justice par une simple déclaration au moment de la saisie ou, s'il n'était pas présent aux opérations, par une lettre recommandée avec demande d'avis de réception. C'est au créancier qui conteste le droit de rétention d'engager une procédure dans laquelle le rétenteur occupe la place de défendeur.

Toutefois, il appartient au rétenteur de se prévaloir de son droit devant le juge qui n'est pas tenu de se prononcer d'office sur la légitimité d'un tel droit[13].

0714.158 Contestation. Le fait que le droit de rétention ne soit pas soumis à une autorisation judiciaire préalable ne le soustrait cependant pas à tout contrôle. Le saisissant qui soutient que le rétenteur ne remplit pas les conditions requises, peut élever une contestation devant le JEX du lieu où demeure le tiers. Cette contestation doit être formée dans un délai d'un mois (à compter de la saisie ou de la réception de la lettre recommandée). À défaut, la prétention du tiers est réputée fondée pour les besoins de la saisie. Cela signifie que le droit de rétention n'est reconnu qu'à l'égard du saisissant mais pas à l'égard du débiteur ou des tiers qui peuvent encore contester ce droit. En cas de contestation, le bien demeure indisponible durant l'instance. Le juge se prononcera après avoir vérifié les conditions d'exercice du droit.

0714.159 Effets. À défaut de contestation ou si celle-ci est déclarée mal fondée, le droit produit tous ses effets.

Le rétenteur peut donc refuser la restitution. Toute l'efficacité du droit réside dans son inertie. Le droit de rétention est indivisible et peut, en conséquence, être opposé quelle que soit la valeur respective de la chose retenue et de la créance garantie. Le rétenteur peut ainsi continuer à retenir le bien même s'il reçoit un paiement partiel. Il peut refuser de le rendre même si sa créance est minime, sans commettre un

12. Civ. 3e, 20 nov. 1970, no 69-11.312, P III, no 624.
13. Civ. 1re, 9 juin 2011, no 10-14.414, NP ; *JCP* 14 nov. 2011, p. 2267 note Ph. Delebecque.

abus de droit[1]. Toutefois, en cas de disproportion flagrante, il peut y avoir abus[2]. Cette analyse pourrait être renforcée par la loi de modernisation des entreprises du 4 août 2008 qui est venue compléter l'énumération des hypothèses dans lesquelles un droit de rétention peut être invoqué en y ajoutant le gage sans dépossession.

Le droit de rétention est opposable aux créanciers du débiteur qui doivent composer avec son titulaire. Il ne fait pas obstacle à la saisie et à la vente, mais le rétenteur n'est pas tenu de délaisser le bien au profit de l'adjudicataire tant qu'il n'est pas désintéressé. Si les créanciers veulent poursuivre la vente, ils ne peuvent donc que l'autoriser à prélever sur le prix, le montant de sa créance.

Cette opposabilité a un caractère quasi général et peut être invoquée à l'encontre des créanciers chirographaires et privilégiés. Le droit peut ainsi être opposé au fisc[3] ou à un créancier gagiste. La Cour de cassation a notamment fait prévaloir le droit de rétention du réparateur d'un véhicule sur celui d'un créancier titulaire d'un gage sans dépossession sur le même véhicule, la détention matérielle ayant été préférée à la détention fictive[4]. La portée de cette jurisprudence sera peut-être reconsidérée au regard des dispositions de l'article 2340 alinéa 2 C. civ., issu de la loi du 23 mars 2006[5], selon lesquelles le gage sans dépossession régulièrement publié prévaut sur le gage avec dépossession constitué ultérieurement sur le même bien et ce, nonobstant le droit de rétention du créancier gagiste postérieur. Certains auteurs estiment toutefois que la solution traditionnelle sera maintenue dans l'hypothèse où le bien objet du gage sans dépossession serait, postérieurement à la constitution de celui-ci, régulièrement et effectivement détenu par un autre créancier, tel qu'un réparateur ou un dépositaire[6].

Le droit de rétention confère donc un véritable droit de préférence à son titulaire tout au moins s'il n'a pas pris l'initiative de la vente, car il est reporté sur le prix obtenu[7]. Le principe de ce report a été légalement consacré en cas de réalisation forcée par le liquidateur judiciaire (C. com, art. L. 642-20-1 [anc. C. com, art. L. 642-25][8]).

Le droit de rétention à l'état pur, c'est-à-dire qui n'est pas la conséquence d'une sûreté réelle, n'est pas assimilable au gage et, par conséquent, ne permet pas au rétenteur d'invoquer l'article 2347 C. civ.[9] pour demander l'attribution de la propriété de la chose retenue[10].

0714.160 Obligation du rétenteur. Le rétenteur est tenu de prendre soin de la chose[11]. Le droit de retenir les biens ou les marchandises jusqu'à complet paiement ne dispense pas le rétenteur de procéder aux **diligences nécessaires à leur conservation**, dès lors qu'il a la possibilité de réclamer au débiteur le remboursement des frais entraînés par ces diligences. Ainsi, lorsque des fruits présentent, lors de restitution, une infection par des excréments d'insectes, le rétenteur qui les a laissés exposés à l'extérieur pendant plusieurs mois a commis une faute engageant sa responsabilité à l'égard de son débiteur[12].

0714.161 Perte. Si le rétenteur se dessaisit volontairement du bien, il perd le droit de le reprendre ultérieurement (C. civ., art. 2286 *in fine*). La jurisprudence assimile à un abandon volontaire, l'initiative du rétenteur de saisir la chose[13]. À noter cependant que lorsque la rétention résulte d'un gage, l'engagement des procédures tendant à la vente des objets retenus ne s'analyse pas en une renonciation au droit de rétention[14].

Certains auteurs considèrent à juste titre, que si le rétenteur, dûment informé par les mentions de l'acte de saisie, ne se prévaut pas de son droit auprès du commissaire de justice du saisissant, il perd le bénéfice de celui-ci. « *La perte doit alors se situer au jour de la vente, l'acquéreur ne pouvant se voir opposer un droit de rétention dont il n'a pas eu connaissance* »[15].

En l'absence de délai prévu par l'article R. 221-29 C. pr. exéc., on doit admettre que le tiers peut faire valoir son droit jusqu'à la vente ou, plus exactement, jusqu'à l'enlèvement des biens qui lui fera perdre la détention réelle. S'il laisse l'enlèvement s'opérer sans se prévaloir de son droit selon les formes requises, il perd définitivement celui-ci.

1. Civ. 1re, 17 juin 1969, *JCP* 1970. II. 16162, note P. Catala.
2. Com. 8 janv. 1974, *RTD com.* 1975. 175, obs. Hémard.
3. Aix, 31 janv. 1952, *D.* 1952. Somm. 67.
4. Com. 11 juin 1969, *D.* 1970. 244, note Ph. Bihr.
5. Ord. n° 2006-346, 23 mars 2006, préc.
6. S. Piedelièvre, « Le nouvel article 2286, 4°, du Code civil », *D.* 2008. 2950.
7. Com. 4 juill. 1962, *JCP* 1962. II. 12885, note Nectoux.
8. C. com., anc. art. L. 622-21 – L. 25 janv. 1985, anc. art. 159, al. 4 – V. Ph. Simler et Ph. Delebecque, « Droit des sûretés », *JCP* 2009. I. 150, n° 21.
9. C. civ., anc. art. 2078.
10. Com. 20 mai 1997, n° 95-11.915, P IV, n° 141 ; *D.* 1998. Somm. 115, obs. R. Libchaber – Com. 9 juin 1998, n° 96-12.719, P IV, n° 181 ; *JCP* 1999. I. 116, obs. Ph. Simler et Ph. Delebecque.
11. Civ. 1re, 4 juin 1971, n° 69-14.278, P I, n° 178 ; *JCP* 1971. II. 16913, note Durand et Ph. le Tourneau.
12. Civ. 1re, 7 nov. 2006, n° 05-12.429, P I, n° 459 ; *D.* 2006. IR 2947.
13. Com. 19 févr. 1958, P III, n° 82 – Civ. 1re, 6 oct. 1962, *JCP* 1962. II. 12926, note J. A.
14. Com. 18 déc. 1990, n° 89-16.260, P IV, n° 329 ; *RTD com.* 1992. 465, obs. A. Martin-Serf.
15. *J.-Cl. Civ.*, nos 2092 à 2094, fasc. 10, n° 2, par J. Mestre.

CHAPITRE

0715. Opérations de vente amiable

René Lauba
Magistrat honoraire

Section 0 Orienteur

0715.00 Sommaire du chapitre.

Division. Les opérations de vente amiable peuvent suivre les opérations de saisie (sect. 1) sauf refus des créanciers (sect. 2) et entraîner des conséquences (sect. 3).

0715.01 Textes applicables.

• **C. pr. exéc.,** art. L. 221-3, R. 121-11, R. 121-12, R. 151-1 à R. 151-4, R. 221-13, R. 221-30 à R. 221-32, R. 221-45, R. 221-49, et R. 522-13.

• **C. civ.,** art. 1641, 1649 et 1684.

• **C. pr. civ.,** art. 668 et 670-1.

• **C. com.,** art. A. 444-43.

0715.03 Bibliographie indicative.

Actualisables. Rép. pr. civ., v° *Saisie-vente*, par N. Fricero, déc. 2011 (actu. mars 2025), n°s 118 à 133 – *J.-Cl. Pr. civ.*, *V°* Saisie-vente, fasc. 1600-75, Vente, par N. Casal.

Ouvrages[1]. A. Leborgne, *Droit de l'exécution*, 3e éd., « Précis », Dalloz, 2019, [saisie-vente : vente amiable], n°s 1388 s. – R. Perrot et Ph. Théry, *Procédures civiles d'exécution*, 3e éd., Dalloz, 2013, [saisie-vente : vente amiable], n°s 640-642.

0715.05 Principe et intérêt pratique. Le principe selon lequel le débiteur a le droit de vendre volontairement les biens saisis, est posé par l'article L. 221-3 alinéa 1er C. pr. exéc. ainsi rédigé :

« *La vente forcée des biens a lieu aux enchères publiques après un délai d'un mois à compter du jour de la saisie pendant lequel le débiteur peut procéder à une vente amiable dans les conditions prévues au présent article* ».

Le prix de cette vente volontaire est destiné à être affecté au paiement des créanciers qui peuvent refuser l'offre s'ils établissent qu'elle est insuffisante.

Cette faculté accordée au débiteur, qui n'existait pas dans l'ancienne saisie-exécution, constitue l'une des principales innovations de la réforme opérée par la loi du 9 juillet 1991[2] (désormais codifiée dans le Code des procédures civiles d'exécution). Elle prend en compte les résultats décevants de la vente aux enchères publiques qui avait progressivement conduit les huissiers (devenus commissaires de justice) à renoncer à poursuivre la vente et à utiliser la saisie comme un moyen de pression destiné à obtenir le paiement d'acomptes. Le législateur a ainsi estimé que les offres amiables seraient plus intéressantes pour les créanciers et aussi pour le débiteur, que le prix obtenu dans le cadre d'une adjudication aux enchères. Il apparaît cependant, que depuis l'entrée en vigueur de la réforme (1er janv. 1993), les débiteurs ont fort peu utilisé la faculté de vendre amiablement les objets saisis et ce, en dépit des informations sur ses modalités d'exercice, contenues dans l'acte de saisie.

1. Les ouvrages dont le nom des auteurs figure en petites capitales en bibliographie seront cités par le seul nom des auteurs en petites capitales en notes de bas de page.

2. L. n° 91-650, 9 juill. 1991, portant réforme des procédures civiles d'exécution, *JO* 14 juill., p. 9228.

SECTION 1

EXERCICE DE LA FACULTÉ DE VENTE AMIABLE

§ 1

Conditions d'exercice

0715.11 Information du débiteur. Le débiteur doit être informé de l'existence et des modalités d'exercice, de la faculté de vendre amiablement les biens saisis.

0715.12 Information du débiteur en cas de saisie entre ses mains. Si le débiteur assiste aux opérations, le commissaire de justice doit lui rappeler verbalement qu'il a la possibilité de rechercher lui-même un acquéreur, ainsi que les conditions pour le faire (C. pr. exéc., art. R. 221-17). L'exécution de cette formalité est rappelée dans l'acte de saisie. L'omission de cette déclaration ou celle de sa mention dans l'acte, n'est pas sanctionnée par la nullité.

En toute hypothèse (que le débiteur soit présent ou absent), la copie du procès-verbal qui lui est remise ou signifiée selon le cas, contient à peine de nullité, l'indication en caractères très apparents qu'il dispose d'un délai d'un mois pour procéder à la vente amiable des objets saisis dans les conditions des articles R. 221-30 à R. 221-32 C. pr. exéc. dont le texte est reproduit dans l'acte (C. pr. exéc., art. R. 221-16).

0715.13 Information du débiteur en cas de saisie entre les mains d'un tiers. L'acte de signification au débiteur, de la copie du procès-verbal de saisie, doit mentionner la faculté de vente amiable et reproduire les articles R. 221-30 à R. 221-32 C. pr. exéc. (C. pr. exéc., art. R. 221-26).

0715.14 Délai pour procéder à la vente. Le débiteur dispose d'un délai d'un mois à compter de la notification de l'acte de saisie pour procéder lui-même à la vente (C. pr. exéc., art. R. 221-30). S'agissant d'une faculté, il n'est pas tenu de mettre à profit ce laps de temps pour rechercher un acquéreur. Mais s'il entend le faire, il lui appartient de conclure la vente et de la notifier au commissaire de justice du saisissant, avant l'expiration du délai. Le commissaire de justice doit impérativement attendre cette expiration, avant de procéder à la vente forcée faute de cession amiable.

0715.15 Point de départ du délai d'un mois. Le point de départ du délai sera, selon que le débiteur aura ou non, assisté aux opérations, le jour de l'établissement du procès-verbal dont une copie doit être immédiatement remise au saisi, ou le jour de la signification de cette copie (C. pr. exéc., art. R. 221-17 et R. 221-18). Il expire le jour du mois suivant portant le même quantième, selon le cas, que l'acte de saisie ou que l'acte de signification de celui-ci. Il est prolongé jusqu'au premier jour ouvrable suivant lorsqu'il expire un dimanche ou un jour férié ou chômé (C. pr. civ., art. 642). Mais l'augmentation des délais en raison des distances instituée par l'article 643 C. pr. civ., est seulement applicable à des délais de comparution ou de recours et non aux délais fixés dans le cadre de la procédure de saisie-vente pour l'exercice de la faculté de vente amiable[1].

0715.16 Suspension du délai d'un mois. Le cours du délai est suspendu par une éventuelle contestation sur la propriété ou sur la saisissabilité des effets saisis, l'article R. 221-49 C. pr. exéc. disposant qu'une telle contestation, si elle ne fait pas obstacle à la mesure, suspend la procédure pour ceux des biens qui en sont l'objet. Cette suspension dure jusqu'à la décision du JEX. L'appel contre la décision rejetant la contestation et le délai pour l'exercer n'ont pas d'effet suspensif et n'empêchent pas la vente forcée[2].

Il est certain que la faculté de rechercher un acquéreur ne peut être exercée tant qu'il n'a pas été statué sur la revendication ou la saisissabilité. En revanche, la demande en nullité pour vice de forme ou de fond, ne suspend pas les opérations de saisie, sauf décision contraire du juge (C. pr. exéc., art. R. 221-56).

0715.17 Cumul de délais. En cas d'extension de la saisie initiale à d'autres biens par l'effet d'un ou plusieurs inventaires complémentaires, il n'est procédé à la vente forcée sur l'ensemble des biens saisis, qu'à l'expiration du dernier délai en date imparti pour leur vente amiable (C. pr. exéc., art. R. 221-45, al. 1er). Les délais doivent donc s'ajouter en principe. Toutefois il peut être procédé à la vente forcée immédiate de ceux des biens pour lesquels le délai imparti est expiré, avec l'accord du débiteur ou l'autorisation du juge de l'exécution (JEX) et même sans accord ni autorisation, si les formalités de publicité avaient déjà été effectuées au moment de l'opposition du nouveau créancier.

§ 2

Mise en œuvre

0715.21 Cadre de la vente amiable. Elle reste une vente effectuée dans le cadre d'une saisie. Le débiteur ne dispose pas d'une marge de manœuvre totale pour la négocier en raison du droit de regard des créanciers qui peuvent refuser les propositions de l'acheteur.

1. Blois, JEX, 15 mars 1994, *Rev. huiss.* 1994. 662.
2. Civ. 2e, 27 avr. 2000, no 98-16.187, P II, no 69 ; *RTD civ.* 2000. 642, obs. R. Perrot.

0715.22 Modalités de la vente. La vente peut porter sur tous les objets saisis ou sur certains d'entre eux. Plusieurs acquéreurs peuvent se présenter. Ils doivent être informés de ce que la vente est conclue sous la double condition de la consignation du prix dans un certain délai et de l'acceptation du ou des créanciers. La vente n'est soumise à aucune forme particulière de telle sorte qu'elle peut être conclue verbalement. Mais un écrit apparaît souhaitable pour en fixer clairement les éléments essentiels (identification de la chose, montant du prix et époque de sa consignation). L'acheteur peut proposer un paiement échelonné, ce qui ne serait pas possible en cas de vente aux enchères.

0715.23 Effet de la vente. Toutefois, l'accord de volontés entre le saisi vendeur et le tiers acquéreur n'emporte pas, par lui-même, transfert de propriété et obligation de délivrance. L'un et l'autre sont subordonnés à la consignation du prix dans le délai proposé et à l'accord des créanciers qui disposent d'un délai de quinze jours pour se prononcer. La vente amiable n'est donc pas parfaite par le seul échange des consentements ; elle est conclue sous les deux conditions suspensives susmentionnées.

0715.24 Garantie des vices cachés. On peut se demander si le vendeur doit la garantie des vices cachés. En effet, l'article 1649 C. civ. dispose que cette garantie n'a pas lieu dans les ventes faites par autorité de justice. Les décisions relatives à l'application de ce texte sont rares ; elles ne concernent d'ailleurs que les ventes sur adjudication et tendent à l'exonération du créancier poursuivant. Il n'existe pas, à notre connaissance, d'arrêts de cassation appliquant l'article 1649 précité à la vente volontaire ; mais on peut lui transposer la jurisprudence concernant l'interprétation de l'article 1684 excluant la rescision pour lésion en faveur du vendeur, dans les ventes immobilières judiciaires. La Cour de cassation estime à cet égard, que la conversion en vente volontaire ne retire pas à une vente sur saisie immobilière son caractère de vente forcée par autorité de justice et, par conséquent, n'est pas rescindable pour lésion de plus des sept douzièmes[1]. La Cour considère que, même dans ce cas, le débiteur n'est pas libre de céder son bien car il n'est pas en position de s'opposer au principe de la cession.

Après des hésitations[2], la Haute juridiction décide, en matière de liquidation judiciaire, que la vente des immeubles du débiteur par le liquidateur, fût-elle de gré à gré, est une vente qui ne peut être faite que d'autorité de justice et qui n'est donc pas susceptible de rescision pour lésion[3]. On peut ainsi légitimement penser que la garantie des vices cachés doit être exclue en cas de cession amiable dans le cadre d'une saisie-vente. Toutefois, si le créancier a donné mainlevée de la saisie-vente, la vente amiable qui n'a plus véritablement lieu par autorité de justice, devrait pouvoir entrer dans le champ de l'article 1641 C. civ.

La Haute juridiction en a décidé ainsi à propos de la rescision pour lésion d'une vente amiable d'un immeuble effectué avec l'accord du créancier qui avait ultérieurement demandé la radiation de la saisie après avoir donné mainlevée du commandement[4].

Précisons que si celui qui a acquis un bien aux enchères publiques n'a pas d'action en garantie contre le saisi, qui est son vendeur immédiat, il ne lui est pas interdit d'agir directement contre le fabricant (ou son représentant en France), lequel ne peut lui opposer les dispositions de l'article 1649 C. civ.[5].

§ 3
Communication de l'offre d'achat

0715.31 Maintien de l'indisponibilité. Selon l'article R. 221-30 alinéa 2 C. pr. exéc., « *les biens saisis restent indisponibles sous la responsabilité du gardien. En aucun cas ils ne peuvent être déplacés avant la consignation du prix* ». Le transfert de propriété et la délivrance sont en outre subordonnés, non seulement à l'agrément du saisissant et des opposants, mais également à cette consignation entre les mains du commissaire de justice (C. pr. exéc., art. L. 221-3, al. 3 et R. 221-32).

L'interdiction de déplacement édictée par l'article R. 221-30 C. pr. exéc., ne devrait être strictement entendue que pour la mise en possession de l'acheteur. Elle ne semble pas viser le déplacement pour cause légitime (risque de destruction ou nécessité d'une réparation), autorisée par l'article R. 221-13 alinéa 2 du même code, faute de quoi elle se retournerait contre les créanciers qui risqueraient de voir leur gage disparaître ou se déprécier. Le JEX pourrait, en tout cas, être saisi pour contrôler le motif de déplacement allégué.

0715.32 Information des créanciers. Celle-ci est assurée par l'intermédiaire du commissaire de justice chargé de l'exécution qui retransmet aux créanciers la proposition d'achat.

0715.33 Communication de l'offre à l'huissier. Le débiteur informe le commissaire de justice par

1. Civ. 1re, 27 avr. 1964, *D.* 1964. 413.
2. Com. 8 juill. 1980, n° 77-13.164, P IV, n° 290 ; *D.* 1981. 24, note F. Derrida.
3. Com. 16 juin 2004, n° 01-17.185, P IV, n° 125 ; *JCP* 2004. II. 1173, note Rakotovahiny.
4. Civ. 3e, 4 juin 2008, n° 07-13.479, P III, n° 102 ; *D.* 2008. 2480, note L. Mauger-Vielpeau.
5. Civ. 1re, 3 mars 1992, n° 90-17.040, NP ; *CCC* 1992, n° 112, note L. Leveneur.

écrit des propositions qui lui sont faites par le (ou les) acheteur(s), en indiquant son nom et son adresse ainsi que le délai dans lequel il offre de consigner le prix (C. pr. exéc., art. L. 221-3, al. 3, et R. 221-31, al. 1er). Cet écrit peut être adressé par la poste, par lettre simple ou recommandée, ou remis en main propre à l'officier ministériel avant l'expiration du délai d'un mois.

Celui-ci communique ces indications aux créanciers concernés, par lettre recommandée avec demande d'avis de réception afin de les informer et de les inviter à prendre parti.

Ainsi, le débiteur n'a pas une marge de manœuvre totale. Elle est limitée à la négociation des conditions de la vente (montant et modalités de paiement du prix).

0715.34 **Transmission de l'offre aux créanciers.** Le commissaire de justice communique les indications relatives à l'offre d'achat aux créanciers saisissants et opposants, par lettre recommandée avec demande d'avis de réception. Ceux-ci disposent d'un délai de quinze jours pour prendre parti, le défaut de réponse valant acceptation tacite (C. pr. exéc., art. R. 221-31). Il convient de relever que le créancier saisissant qui accepte les propositions du débiteur doit en communiquer la teneur, par lettre recommandée avec demande d'avis de réception, aux créanciers qui ont saisi les mêmes biens à titre conservatoire, soit avant l'acte de saisi, soit avant l'acte de conversion selon le cas. Chaque créancier doit prendre parti dans un délai de quinze jours à compter de la réception de la lettre, faute de quoi il est réputé avoir accepté les propositions de vente.

L'officier ministériel communique également les propositions du débiteur aux créanciers qui ont publié une sûreté sur les biens saisis. Cette communication est faite par une LRAR reproduisant les dispositions prescrivant à chaque créancier titulaire d'une sûreté publiée de faire connaître, dans les quinze jours de la réception de cette lettre, son avis sur les propositions du débiteur ainsi que la nature et le montant de sa créance, sous peine d'être réputé acceptant et de perdre son droit à concourir à la distribution des deniers résultant de la vente amiable. Dans ce dernier cas, il pourra toujours faire valoir ses droits sur un solde éventuel après la répartition. Ces formalités ont été introduites dans l'article R. 221-31 C. pr. exéc. par un décret du 29 décembre 2021[1], entré en vigueur le 1er janvier 2023.

Il convient de noter que la communication aux créanciers des propositions de vente amiable est une diligence tarifée par l'article A. 444-43 C. com. (tableau 3-3, formalité no 164[2]).

0715.35 **Délai pour prendre parti.** Le point de départ du délai de quinze jours est la date de la réception de la lettre recommandée, conformément aux dispositions de l'article 668 C. pr. civ. La date de la réception comme point de départ du délai, est d'ailleurs expressément retenue par les articles R. 221-31 et R. 522-13 alinéa 2 C. pr. exéc. relatifs à la réponse des créanciers ayant pratiqué une saisie conservatoire. Par conséquent, s'il existe plusieurs créanciers saisissants et opposants, le délai aura plusieurs points de départ si les accusés de réception des lettres recommandées adressées à chacun d'eux sont signés à des dates différentes. Le délai a donc un caractère individuel et court pour chaque créancier séparément, du jour où il a reçu personnellement la lettre lui transmettant les propositions du débiteur et non du jour de la dernière communication de ces informations. On peut transposer ici la jurisprudence adoptée par la Cour de cassation à propos du délai de quarante jours imparti aux créanciers par l'article 754 ACPC, pour produire à un ordre[3].

Lorsque la lettre recommandée n'a pu être remise à son destinataire ou à une personne habilitée par lui, il est impossible de déterminer le point de départ du délai qui est normalement (C. pr. civ., art. 669, al. 3) la date apposée par l'administration des postes lors de la remise de la lettre recommandée. Le seul moyen de le faire courir est de procéder selon les modalités prévues par l'article 670-1 du même code, c'est-à-dire par voie de signification, ce qui a pour effet d'alourdir les frais de la procédure.

SECTION 2

DROIT DE REFUS DES CRÉANCIERS

0715.41 **Acceptation de l'offre.** L'acceptation des créanciers peut être expresse ou implicite. En effet, en l'absence de réponse dans le délai de quinze jours, ils sont réputés avoir accepté la proposition (C. pr. exéc., art. R. 221-31). Il a également été jugé[4] que les créanciers sont réputés avoir accepté la proposition de vente amiable, s'il apparaît que le commissaire de justice n'a pas communiqué à tous ceux qui sont en concours sur les biens saisis, les indications du débiteur quant à une offre d'achat et qu'il n'a pas respecté le délai de quinze jours qui lui est imparti pour faire connaître leur position.

1. Décr. no 2021-1888, 29 déc. 2021, pris en application de l'ordonnance no 2021-1192 du 15 septembre 2021 portant réforme du droit des sûretés, *JO* 30 déc., texte 53, art. 2, 2o et 7, I.
2. Anct Décr. no 96-1080, 12 déc. 1996, portant fixation du tarif des huissiers de justice en matière civile et commerciale, tableau II, formalité no 10.
3. Civ. 30 avr. 1890, *DP* 1890. 1. 461.
4. TGI Paris, JEX, 9 févr. 1995, *BICC* 1995, no 1201.

Si le créancier saisissant accepte les propositions de vente amiable, il doit en communiquer la teneur, par lettre recommandée avec demande d'avis de réception, aux créanciers qui ont saisi les mêmes biens à titre conservatoire, soit avant l'acte de saisie, soit avant l'acte de conversion selon le cas. Cette lettre doit reproduire à peine de nullité, le texte de trois alinéas de l'article R. 522-13 C. pr. exéc. qui est le suivant :

« *Chaque créancier, dans un délai de quinze jours à compter de la réception de la lettre, prend parti sur les propositions de vente amiable et fait connaître au créancier saisissant la nature et le montant de sa créance.*

À défaut de réponse dans le délai imparti le créancier est réputé avoir accepté les propositions de vente.

Si, dans le même délai, il ne fournit aucune indication sur la nature et le montant de sa créance, il perd le droit de se concourir à la distribution des deniers résultant de la vente amiable, sauf à faire valoir ses droits sur un solde éventuel après la répartition ».

Il résulte de l'ensemble des dispositions relatives à l'acceptation de la vente amiable, que la proposition du débiteur doit recevoir l'agrément de tous les créanciers. Si un seul d'entre eux la refuse, la procédure de la vente forcée doit être mise en œuvre.

0715.42 Refus de l'offre. Il fait obstacle à la vente amiable et autorise l'enlèvement immédiat des biens saisis en vue de leur vente forcée. Il doit être exprès et formulé avant l'expiration du délai de quinze jours. Le refus manifesté postérieurement est inopérant.

La décision du créancier doit être motivée. Il lui faut établir que la proposition est insuffisante.

0715.43 Forme du refus. Le silence du créancier valant acceptation, son refus doit être nécessairement exprès. Il peut théoriquement être verbal mais pour des raisons de preuves, il devra être exprimé par écrit, de préférence par lettre recommandée.

0715.44 Motif du refus. Le droit d'opposition n'est pas discrétionnaire. Le créancier doit établir que les propositions du débiteur sont « *insuffisantes* » (C. pr. exéc., art. L. 221-3, al. 3[1]). L'insuffisance s'apprécie au regard du délai de consignation qui peut être jugé trop long. Lorsque celui-ci n'est pas indiqué, les créanciers peuvent légitimement refuser la proposition[2]. Elle s'apprécie également en considération du prix d'achat.

L'insuffisance du prix peut être examinée en considération de la ou des créances. La proposition est suffisante lorsqu'elle couvre le montant des créances en principal et accessoire même si elle est inférieure à la valeur du bien. Elle est insuffisante lorsqu'elle ne permet pas aux créanciers d'être remplis de leurs droits, même si elle correspond à la valeur vénale du bien. Il suffit de constater, par un simple rapprochement de la somme offerte avec le montant des créances, que le prix est inférieur à celles-ci, pour s'opposer valablement à la vente amiable. Mais dans ce cas, le créancier n'est pas véritablement astreint à démontrer l'insuffisance de la proposition, contrairement à ce que laisse entendre l'expression « *si le créancier établi que ces propositions sont insuffisantes* » employée par l'article L. 221-3 alinéa 3 C. pr. exéc. Ce critère a par ailleurs l'inconvénient d'empêcher la plupart des ventes amiables, car rares sont les acheteurs disposés à payer un prix déterminé par la seule référence au montant d'une ou de plusieurs créances, sans aucune considération pour la valeur du bien. L'insuffisance du prix peut être examinée en considération de la valeur vénale du ou des biens. Il paraît cependant difficile d'exiger du créancier qu'il apporte la preuve manifeste que la somme proposée est inférieure à ce que pourrait rapporter une vente de gré à gré. Plusieurs auteurs[3] ont relevé qu'en l'absence de mercuriales ou de cotes officielles pour la plupart des biens, il serait contraint de recourir à une estimation à dire d'expert, ce qui paraît incompatible avec l'esprit de la loi qui tend à simplifier et à accélérer la procédure, tout en limitant les frais.

C'est vers une comparaison avec ce que pourrait produire une vente aux enchères publiques qu'il faut s'orienter, en se référant à une « *valeur relative et très approximative du bien dont chacun peut se faire une idée* » selon la formule de J. Beauchard[4].

0715.45 Contestation du refus. En l'absence d'organisation d'une procédure spécifique par les articles R. 221-30 à R. 221-32 C. pr. exéc., le débiteur ou le créancier ayant accepté la proposition d'achat qui entend contester le bien-fondé du refus, doit saisir directement le JEX selon la procédure de droit commun des articles R. 121-11 et R. 121-12 C. pr. exéc. (assignation à la première audience utile ou à heure fixe en cas d'urgence). Le débiteur et le créancier acceptant doivent être informés par le commissaire de justice, de l'opposition et du motif de celle-ci. Ils peuvent aussi, notamment les créanciers acceptants, porter la difficulté devant l'officier ministériel qui saisira le JEX, dans le cadre des articles R. 151-1 à R. 151-4 C. pr. exéc. (dépôt d'une déclaration écrite au greffe) pour qu'il tranche le litige qui entrave le cours de ses opérations. Il semble que l'huissier puisse, de son propre chef, ne pas tenir compte d'un refus non motivé.

1. Anc^{t} L. n° 91-650, 9 juill. 1991, art. 52, al. 3.
2. Châlons-sur-Marne, JEX, 23 nov. 1993, *Rev. huiss.* 1994. 663.
3. *J.-Cl. Pr. civ.*, vol. 9, fasc. 2340, n° 55, par Goichot.
4. *J.-Cl. Form. anal. Pr. civ.*, V° Saisie-vente, fasc. 30, n° 30.

L'acquéreur qui justifie d'un intérêt légitime à voir reconnaître la validité de son offre devrait pouvoir saisir le juge, sauf à considérer qu'il lui appartient de réitérer sa proposition dans le cadre de la vente aux enchères.

Il semble bien que l'instance en contestation suspende le cours des opérations car tant que le juge ne s'est pas prononcé, le créancier n'a pas établi que les propositions sont insuffisantes. Or, ce n'est que s'il établit cette insuffisance que la personne chargée de l'exécution peut, selon l'article L. 221-3 alinéa 3 C. pr. exéc., procéder à l'enlèvement des biens en vue de leur vente aux enchères.

SECTION 3
CONSÉQUENCE DE L'ABSENCE OU DE L'EXISTENCE D'UNE VENTE AMIABLE

0715.51 Conséquence de l'absence de vente amiable. Cette situation peut résulter soit du défaut d'offre d'achat, soit du refus dûment motivé de cette proposition.

0715.52 Défaut d'offre d'achat. Lorsque le débiteur ne transmet pas de proposition d'achat du commissaire de justice, l'alinéa R. 221-31 alinéa 4 C. pr. exéc. dispose qu'il ne peut être procédé à la vente forcée qu'après l'expiration du délai d'un mois prévu à l'article R. 221-30 C. pr. exéc. pour rechercher un acquéreur.

L'article R. 221-45 C. pr. exéc. précise qu'en cas d'extension de la saisie initiale par une ou plusieurs saisies complémentaires, il n'est procédé à la vente forcée sur l'ensemble des biens, qu'après l'expiration du dernier délai en date imparti pour leur vente amiable. Toutefois ceux des biens pour lesquels ce délai est déjà expiré peuvent être vendus immédiatement si le débiteur ou, à défaut, le JEX l'autorise ou bien si les formalités de publicité étaient déjà effectuées lors de l'opposition du nouveau créancier.

Il résulte de l'ensemble de ces dispositions que le délai d'un mois imparti pour la vente amiable n'est pas susceptible d'une renonciation de la part du débiteur qui ne peut autoriser préalablement le commissaire de justice à engager prématurément la vente forcée.

0715.53 Refus de l'offre d'achat. Dans ce cas, l'article R. 221-31 alinéa 4 dispose qu'« *il ne peut être procédé à la vente forcée qu'après l'expiration du délai d'un mois* ».

Lorsque l'offre d'achat rejetée a été remise du commissaire de justice le dernier jour du délai d'un mois, il faut attendre, s'il y a plusieurs créanciers ayant reçu la notification de la proposition à une date différente, l'expiration du délai de quinze jours imparti au créancier informé le dernier.

0715.54 Responsabilité du créancier qui a refusé l'offre. Selon l'article L. 221-3 alinéa 4 C. pr. exéc., « *sauf si le refus d'autoriser la vente est inspiré par l'intention de nuire au débiteur, la responsabilité du créancier ne peut être recherchée* ». Il s'ensuit que s'il s'avère que le produit de la vente aux enchères est inférieur au prix offert par l'acheteur amiable, le créancier qui s'est opposé à la vente ne peut être condamné à des dommages-intérêts. Seule la démonstration, difficile, de l'intention de nuire permet de rechercher sa responsabilité.

0715.55 Effet de la vente amiable. Lorsque les créanciers ont accepté expressément ou implicitement l'offre d'achat, la vente ne devient cependant parfaite qu'après paiement du prix par l'acheteur. Le transfert de la propriété et la délivrance sont en effet suspendus à ce paiement (C. pr. exéc., art. R. 221-32, al. 2). À défaut, il est procédé à la vente forcée.

0715.56 Paiement du prix. Il doit être effectué entre les mains du commissaire de justice du créancier saisissant, sous la forme de dépôt d'espèces ou de la remise, sous réserve d'encaissement, d'un chèque bancaire ou postal. Il est remis un reçu auquel est annexé un extrait des inscriptions au registre des sûretés mentionné à l'article R. 521-1 C. com. et qui a été levé en application de l'article R. 221-14-1 C. pr. exéc. Les sûretés qui auraient été prises sur les biens vendus, du chef du débiteur, sont radiées sur justification du paiement du prix[1]. Ce paiement opère transfert de propriété au bénéfice de l'acheteur et autorise le gardien à lui délivrer le ou les biens vendus, sur présentation du reçu délivré par le commissaire de justice. Le gardien peut aussi avoir été directement informé du paiement par une lettre de l'officier ministériel. Le paiement du prix emporte distraction du bien vendu de l'assiette de la saisie et les créanciers qui ne s'étaient pas manifestés avant celle-ci ne devraient pas pouvoir participer à la distribution du prix.

L'article R. 221-32 C. pr. exéc. ne prévoit l'établissement d'aucun acte à l'occasion du paiement. S'il intervient trop tôt, les conséquences du paiement peuvent être remises en question par le refus d'un créancier opposant dont le délai d'opposition n'est pas encore expiré (sur la garantie des vices cachés : application éventuelle de C. civ., art. 1649 – v. s[s] n° 0715.24).

0715.57 Défaut de paiement du prix. Le dernier alinéa de l'article R. 221-32 C. pr. exéc. dispose : « À

1. Ces dispositions relatives au registre et à la radiation des sûretés, issu de l'art. 2, 2° du Décr. n° 2021-1888, 29 déc. 2021, sont entrées en vigueur le 1er janv. 2023.

défaut de paiement dans le délai convenu, il est procédé à la vente forcée ». Ce texte vise donc aussi bien l'absence totale de paiement que le paiement tardif, mais dans cette dernière hypothèse, les créanciers saisissants et opposants peuvent toujours accepter que le paiement produise ses effets, s'ils estiment que cela est conforme à leur intérêt commun.

Ce défaut de paiement fait ainsi obstacle à la réalisation de la vente amiable et ce, bien que l'offre d'achat ait été acceptée par le débiteur.

Lorsque l'acquéreur éventuel a offert de payer immédiatement le prix de vente, il doit y procéder à l'expiration du délai d'un mois prévu à l'article R. 221-30 C. pr. exéc. augmenté du délai de quinze jours imparti aux créanciers pour prendre parti, sans attendre la dénonciation d'une absence d'opposition de leur part. À défaut, il n'y a pas transfert de la propriété et il peut être procédé à la vente forcée[1].

L'acquéreur qui n'a pas payé ou qui a payé tardivement peut voir sa responsabilité engagée à l'initiative du débiteur ou des créanciers, s'il apparaît que le produit de l'adjudication aux enchères est inférieur au prix de la vente amiable devenue caduque par sa faute.

1. Civ. 2e, 21 janv. 1999, no 96-19.047, P II, no 17 ; *D.* 1999. IR 41 ; *Gaz. Pal.* 1999. Pan. 120.

CHAPITRE

0716. Opérations de vente forcée

RENÉ LAUBA
MAGISTRAT HONORAIRE

SECTION 0 ORIENTEUR

0716.00 Sommaire du chapitre.

Division. La vente de meubles corporels de droit commun peut prendre la forme d'une vente forcée : seront successivement étudiés le moment de cette vente (sect. 1), sa préparation (sect. 2), la vente aux enchères elle-même (sect. 3) et les conséquences de cette vente (sect. 4).

0716.01 Textes applicables.

• **C. pr. exéc.,** art. L. 111-7, L. 122-1, L. 122-2, L. 142-1, L. 142-3, L. 221-1, L. 221-3 à L. 221-5, R. 121-16, R. 122-1, R. 122-2, R. 122-12, R. 151-3, R. 221-12, R. 221-16, R. 221-19, R. 221-23, R. 221-31 à R. 221-39, R. 223-4 et R. 522-14.

• **C. pr. civ.,** art. 114.

• **C. civ.,** art. 1240.

• **C. pén.,** art. 314-4, 314-5 et 314-6, anc. art. 400.

• **C. com.,** art. L. 622-21 et R. 622-19.

• **LPF,** art. 286 D.

0716.02 Jurisprudence de référence.

> L'huissier de justice, officier ministériel, n'est pas un mandataire dépourvu de toute initiative.

• **Civ. 1re, 9 juill. 1985,** n° 83-12.012, P I, n° 219

* V. s^s^ n°s 0254.12, 0716.13

Si la fixation par un huissier de la date d'une vente sur saisie-exécution est laissée à son initiative et peut être reportée par lui, en dehors même de la survenance de difficultés insurmontables, cet officier ministériel n'en demeure pas moins tenu d'exécuter au mieux des intérêts de son client le mandat dont celui-ci l'a investi. L'huissier n'étant pas un mandataire dépourvu de toute initiative, il lui incombe, sauf instructions formelles de son client quant à la date de la vente, de fixer cette date de la façon la plus propice aux intérêts de celui-ci et de la déplacer ou de la maintenir en fonction de ces seuls mêmes intérêts.

> Titre exécutoire à l'égard de la personne même qui doit exécuter. Concours entre créanciers d'une procédure civile d'exécution et ceux d'une procédure collective.

• **Civ. 2e, 19 mai 1998,** n°s 96-12.944 et 96-13.268, P II, n° 161

* V. s^s^ n°s 0112.103, 0144.81, 0712.11, 0716.45, 0716.82, 0811.13, 1012.152, 1311.92, 1311.94

1° Toute exécution forcée implique que le créancier soit muni d'un titre exécutoire à l'égard de la personne même qui doit exécuter, et que le titre délivré à l'encontre d'une société n'emporte pas le droit de saisir les biens des associés, fussent-ils tenus indéfiniment et solidairement des dettes sociales, à défaut de titre exécutoire pris contre eux.

2° La procédure de saisie-vente ne s'achève que par la vente des biens saisis qui fait sortir ces biens du patrimoine du débiteur, les dispositions de l'article 54 de la loi du 9 juillet 1991 [devenu art. L. 221-5 C. pr. exéc.] n'ayant pour objet que de déterminer les créanciers admis à concourir sur le prix de la vente. Dès lors, la règle d'ordre public de l'arrêt des poursuites individuelles [consécutive à l'ouverture d'une procédure collective] s'applique tant que cette procédure d'exécution n'a pas, par la vente, produit ses effets.

0716.03 Bibliographie indicative.

Actualisables. Rép. pr. civ., v° *Saisie-vente*, par N. Fricero, déc. 2011 (actu. mars 2025), n°s 134 à 162 –*J.-Cl. Pr. civ., V°* Saisie-vente, fasc. 1600-75, Vente, par N. Casal.

Ouvrages[1]. A. LEBORGNE, *Droit de l'exécution*, 3e éd., « Précis », Dalloz, 2019, [saisie-vente : vente forcée], n°s 1394 s. –

1. Les ouvrages dont le nom des auteurs figure en petites capitales en bibliographie seront cités par le seul nom des auteurs en petites capitales en notes de bas de page.

R. Perrot et Ph. Théry, *Procédures civiles d'exécution*, 3e éd., Dalloz, 2013, [saisie-vente : vente forcée], nos 643-649.

0716.05 Caractère d'ordre public. À défaut de vente amiable, la vente forcée des biens saisis a lieu aux enchères publiques (C. pr. exéc., art. L. 221-3, al. 1er et 3). La vente forcée aux enchères publiques est une voie légale d'exécution qui s'impose au créancier en raison de son caractère d'ordre public. Celui-ci ne peut donc convenir qu'il deviendra propriétaire des biens de son débiteur par suite du défaut de paiement ou encore, qu'il pourra le faire vendre sans respecter les formes prescrites.

Le **pacte commissoire** est toutefois autorisé pour les biens gagés (C. civ., art. 2348), sauf en matière de crédit à la consommation (C. consom., art. L. 312-38) et après l'ouverture d'une procédure collective (C. com., art. L. 622-7).

En revanche la **clause de voie parée** demeure interdite, la vente du gage devant avoir lieu selon les modalités prévues par le Code des procédures civiles d'exécution sans que la convention puisse y déroger ou s'effectuer aux enchères publiques après une simple signification lorsque la sûreté garantit une dette professionnelle (C. civ., art. 2346). Ces dispositions ont pour but d'éviter, *d'une part*, une expropriation expéditive et, *d'autre part*, une vente à vil prix par un créancier peu soucieux de céder le bien au meilleur prix et ce, au détriment du débiteur et de ses autres créanciers.

À noter que lorsque des biens meubles ont été saisis pour le recouvrement d'une créance publique, leur vente ne peut avoir lieu qu'après autorisation du directeur départemental des finances publiques (LPF, art. R.*260 A-1).

SECTION 1
MOMENT DE LA VENTE FORCÉE

0716.11 Expiration des délais relatifs à la vente amiable. Les formalités qui conduisent à la vente aux enchères, notamment la publicité, ne peuvent commencer avant l'expiration du délai d'un mois, prévu pour la vente amiable augmenté, le cas échéant, du délai de 15 jours impartis aux créanciers pour accepter ou refuser celle-ci (C. pr. exéc., art. R. 221-34, al. 2). Ces délais doivent être impérativement respectés par le créancier poursuivant. Une juridiction du fond a pu ainsi décider[1] que doit être annulée une signification de vente notifiant une date d'enchères ne respectant pas ce délai. Le défaut de respect du délai d'un mois pour la vente amiable doit être relevé d'office par le juge[2].

La date de la vente doit nécessairement être arrêtée avant l'accomplissement des formalités de publicité qui doivent annoncer le jour et l'heure de celles-ci. La vente proprement dite ne peut avoir lieu que huit jours après toutes ces formalités (affichage et avis au débiteur).

0716.12 Fixation de la date de la vente. Les textes ne déterminent pas de délai maximum dans lequel la vente forcée doit être effectuée. Mais les circonstances peuvent commander que les opérations soient rapidement menées. Dans ce cas, l'inertie du commissaire de justice ou du créancier poursuivant peut être sanctionnée.

0716.13 Carence du commissaire de justice. Une fois les divers délais expirés, il appartient à l'officier ministériel de fixer rapidement en accord avec le créancier poursuivant, les jour, heure et lieu de la vente. S'il tarde trop, notamment lorsque la situation du débiteur saisi est très compromise, il risque de se heurter à une suspension des poursuites consécutive à l'ouverture d'une procédure collective et de voir sa responsabilité engagée à l'égard du saisissant. Il a ainsi été jugé à propos d'une saisie-exécution, qu'en omettant de fixer la date de la vente dans le procès-verbal (ce que prévoyait l'ACPC, art. 595, en l'absence de faculté de vente amiable), un huissier (commissaire de justice) commet une faute professionnelle et ses atermoiements contraires aux instructions reçues de ses clients, constituent autant de négligences graves dont il est responsable lorsque la liquidation des biens du débiteur, ultérieurement prononcée, est venue suspendre toutes poursuites individuelles[3]. Commet également une faute par manque de diligence qui engage sa responsabilité, le commissaire de justice qui en modifiant la date de la vente, rend celle-ci ultérieurement impossible, du fait de l'admission du débiteur, quelques jours plus tard, au bénéfice de la suspension des poursuites[4].

Le commissaire de justice ne peut donc surseoir à la poursuite des opérations ou interrompre celles-ci que s'il survient une cause légitime. Ne peut s'exonérer de sa responsabilité, l'officier ministériel qui, sans en avoir préalablement informé son client, n'a pas donné suite aux opérations de vente prévues pour une certaine date[5].

0716.14 Carence du créancier. À défaut par le créancier premier saisissant, d'avoir fait procéder aux formalités de la mise en vente forcée à l'expiration des délais prévus, tout créancier opposant peut

1. TGI Paris, JEX, 30 mars 1995, *Rev. huiss.* 1996. 727, note G. Dahan.
2. Nancy, JEX, 29 janv. 1993, *D.* 1994. Somm. 343, obs. P. Julien.
3. TGI Lille, 22 déc. 1970, *JCP A* 1971. IV. 5919.
4. Civ. 1re, 9 juill. 1985, no 83-12.012, P I, no 219 ; *D.* 1986. 118, note J. Prévault ; *JCP* 1985. IV. 326 ; *Gaz. Pal.* 1986. Somm. 86, obs. S. Guinchard et T. Moussa.
5. Paris, 4 juill. 1997, *Gaz. Pal.* 1998. 1. Somm. 12.

lui faire sommation d'y procéder dans les huit jours. À défaut, il lui est subrogé de plein droit et doit se voir remettre les pièces utiles (C. pr. exéc., art. R. 221-46). Si l'inertie du premier saisissant est à l'origine d'un préjudice pour les autres créanciers, il peut être condamné à des dommages-intérêts dans les mêmes conditions que le commissaire de justice.

0716.15 **Péremption de la saisie ?** Un commentateur a soutenu avec une certaine sagacité que les dispositions combinées des articles L. 221-1 et L. 221-3 C. pr. exéc. imposent la vente forcée dans un laps de temps impérativement fixé. À l'expiration de tous les délais prévus pour la vente amiable, la saisie devrait avoir obligatoirement abouti faute de quoi, elle serait frappée de péremption. Ainsi, à l'expiration du délai d'un mois et, le cas échéant, du délai de quinze jours, le commissaire de justice devrait vérifier l'état et la consistance des biens, faire publier la vente et enfin, huit jours après ces formalités, procéder aux enchères publiques[1].

Ce commentateur tire argument des dispositions prévoyant expressément la réitération, en cas d'inertie du créancier pendant deux ans, du commandement de payer (C. pr. exéc., art. R. 221-5) et de la saisie par déclaration à l'autorité administrative relative aux véhicules (C. pr. exéc., art. R. 223-4). Il relève que par là, le législateur manifeste sa défaveur pour les procédures qui traînent en longueur sans déboucher sur le résultat qui leur est assigné par la loi, à savoir l'exécution forcée. La péremption a ainsi le mérite de mettre fin aux saisies pratiquées sans intention réelle de vendre qui perdurent indéfiniment pendant que les biens rendus indisponibles se déprécient progressivement par l'usage et l'obsolescence en faisant perdre chaque jour de son intérêt à la vente.

Sans partager totalement cette analyse, car les textes n'imposent pas un délai butoir pour la vente forcée, on doit effectivement considérer que la saisie doit rapidement atteindre, si elle mérite d'être poursuivie, l'objectif pour lequel elle a été conçue.

0716.16 **Causes légitimes de suspension.** Certains événements de fait ou juridiques peuvent justifier ou imposer la suspension du cours des opérations.

0716.17 **Offre de paiement.** Les poursuites ne sont pas interrompues en cas d'offre de paiement faite au commissaire de justice, sauf si les sommes proposées sont à la disposition immédiate du créancier[2]. Mais si la somme proposée est insuffisante, l'officier ministériel ne peut différer la poursuite des opérations qu'avec l'accord du créancier qui peut consentir un délai pour le règlement du solde. En toute hypothèse, même si l'article L. 122-2 C. pr. exéc. précise que l'huissier (commissaire de justice) a la responsabilité de la conduite des opérations d'exécution, cette responsabilité n'implique pas qu'il puisse se substituer au créancier dans le choix de poursuivre ou non le débiteur, de lui accorder ou non des délais de paiement. Le commissaire de justice qui agit à l'encontre de son mandant peut être condamné à des dommages-intérêts sur le fondement de l'article 22 de la loi du 9 juillet 1991[3] (devenu C. pr. exéc., art. L. 111-7 et L. 121-2).

0716.18 **Contestations du débiteur ou des tiers.** Le créancier poursuivant doit également attendre, s'il y a lieu, que le juge de l'exécution (JEX) ait statué sur les contestations relatives à la propriété ou la saisissabilité des biens, ces incidents suspendant la procédure pour ceux qui en sont l'objet (C. pr. exéc., art. R. 221-49). Cependant les contestations relatives à la nullité ne suspendent le cours des opérations que si le JEX le décide (C. pr. exéc., art. R. 221-56). La demande de délai de grâce n'a, par elle-même, aucun effet suspensif.

0716.19 **Délai de grâce.** Il faut également différer les formalités de ventes pendant le délai de grâce éventuellement obtenu par le débiteur après la saisie, l'article 1343-5 C. civ. disposant que la décision du juge suspend les procédures d'exécution qui auraient été engagées par le créancier. Les opérations de vente forcée ne peuvent reprendre leur cours que si le débiteur est défaillant et perd le bénéfice du terme de grâce par l'effet, soit d'une déchéance automatique prévue par le jugement ayant accordé ce délai, soit d'une décision ultérieure.

L'ouverture d'une procédure collective ou d'une procédure de surendettement à l'égard du débiteur entraîne également la suspension des mesures d'exécution en cours.

SECTION 2
PRÉPARATION À LA VENTE

§ 1
Lieu de la vente

0716.21 **Lieu de la vente.** Le choix du lieu de la vente appartient au créancier sous réserve du monopole des commissaires-priseurs et de la compétence territoriale de l'officier ministériel chargé d'y procéder (C. pr. exéc., art. R. 221-33, al. 2). Elle peut être effectuée soit au lieu où se trouvent les objets saisis,

1. N. Monachon-Duchêne, « Les limites de la saisie-vente », *JCP* 1997. I. 4044.
2. T. civ. Seine, 24 janv. 1952, *Gaz. Pal.* 1952. 1. 170.
3. TGI Angoulême, 3 janv. 1994, *Rev. huiss.* 1994. 660.

soit dans une salle des ventes, soit enfin, sur un marché public dont la situation géographique est la plus appropriée pour solliciter la concurrence à moindres frais (C. pr. exéc., art. R. 221-33, al. 1er).

0716.22 Vente sur place. C'est la formule la plus économique puisque les biens saisis, qui sont, en principe, restés sous la garde du débiteur ou du tiers saisi, n'ont pas besoin d'être transportés. Elle est cependant difficilement envisageable au domicile d'un particulier en raison, notamment, de l'inadaptation des locaux et de l'atteinte qui serait portée à sa réputation. Elle est, en revanche, parfaitement concevable si les biens saisis se trouvent dans des bâtiments à usage professionnel (entrepôt, magasin).

0716.23 Vente en salle des ventes. Elle est adaptée aux agglomérations d'une certaine importance qui, généralement, disposent d'une telle salle.

0716.24 Vente sur marché public. Elle convient aux zones rurales où les marchés hebdomadaires et les foires attirent de nombreux chalands.

§ 2 Publicité

0716.31 Information des amateurs. Les candidats acquéreurs sont avisés des enchères par une publicité obligatoire qui peut être complétée par une publicité facultative. L'huissier doit certifier l'accomplissement de ces formalités.

0716.32 Publicité obligatoire. Elle est effectuée par voie d'affiches annonçant les jour, lieu et heure de la vente ainsi que la nature des biens saisis. Aucune autre précision n'est requise, notamment en ce qui concerne l'identité du débiteur ou des créanciers. Aucun formalisme n'est imposé quant aux formes ou à la présentation des affiches.

Celles-ci doivent être apposées en deux endroits : à la mairie de la commune où demeure le débiteur et au lieu de la vente. Cette publicité obligatoire ne peut être faite qu'à l'expiration du délai prévu au dernier alinéa de l'article R. 221-31 C. pr. exéc. (un mois et quinze jours – v. ss nos 0715.14 s. et 0715.35) et huit jours au moins avant la vente.

0716.33 Publicité facultative. Elle peut être effectuée par voie de presse (C. pr. exéc., art. R. 221-34, al. 3) afin de rabattre le maximum d'amateurs. Elle sera fonction de la valeur des biens mis en vente qui seule peut justifier l'engagement de frais supplémentaires. La nature de certains biens peut nécessiter une insertion dans des revues spécialisées afin de toucher certaines catégories d'acheteurs potentiels. Le coût de cette publicité facultative doit être à la charge du saisissant sauf à justifier qu'elle a été utile (C. pr. exéc., art. L. 111-8 et L. 124-1).

0716.34 Certificat du commissaire de justice. Le commissaire de justice doit certifier qu'il a accompli les formalités de publicité. L'article R. 221-34 alinéa 4 C. pr. exéc. n'impose aucune forme particulière. Il peut établir un simple certificat ou dresser un procès-verbal. Cette certification est tarifée par le Code de commerce (C. com., art. A. 444-21, tableau 3-1, acte no 93). Selon une jurisprudence ancienne mais qui demeure valable, l'apposition des placards (des affiches selon la nouvelle terminologie) est constatée par le commissaire de justice) alors même que c'est un autre officier ministériel (commissaire-priseur par ex.) qui procède à la vente[1].

Toutefois, le défaut d'accomplissement des formalités de publicité n'est pas sanctionné par la nullité mais par l'octroi d'une indemnité au débiteur ou aux créanciers opposants, s'ils justifient que leur inobservation n'a pas permis de vendre les biens saisis dans de bonnes conditions[2].

Plus récemment, la Haute juridiction a rappelé que la publicité préalable à la vente n'étant pas prescrite à peine de nullité, il appartient au juge qui entend prononcer cette sanction, de rechercher en quoi son défaut d'accomplissement constitue la violation d'une formalité substantielle ou d'ordre public au sens de l'article 114 C. pr. civ. À défaut, celui-ci ne peut annuler le procès-verbal d'enlèvement des meubles saisis et ordonner la restitution de ces derniers[3]. En fait, si l'accomplissement de la publicité obligatoire est indiscutablement une formalité substantielle qui conditionne la validité de la vente, rien dans les dispositions réglementaires n'impose qu'elle soit effectuée avant, plutôt qu'après, l'enlèvement des biens en vu de leur adjudication. Ce qui est essentiel, c'est que la publicité ait été faite 8 jours au moins avant les enchères, peu important qu'elle ait précédé ou suivi l'enlèvement dont elle n'est pas une condition préalable. Il faut cependant observer, comme le relève le professeur Perrot dans le commentaire de l'arrêt précité, que l'enlèvement prématuré des meubles sans avoir l'intention sérieuse de procéder rapidement à leur vente mais dans le seul but de provoquer un paiement, serait contraire à l'esprit des articles 97 et 113 du décret de 1992 (devenus C. pr. exéc., art. R. 221-19 et R. 221-36) et pourrait être jugé abusif.

0716.35 Information du débiteur. Le débiteur doit être avisé par le commissaire de justice ayant pratiqué la saisie, au moins huit jours à l'avance, des lieu, jour et heure de la vente. Cette formalité est

1. Req. 23 juin 1852, *DP* 1854. 1. 360.
2. Req. 13 avr. 1943, *DA* 1943. 51 – Paris, 19 mars 1952, *D.* 1952. 326.
3. Civ. 2e, 30 avr. 2002, no 99-17.111, P II, no 86 ; *D.* 2002. IR 1734 ; *Procédures* 2002, no 161, note R. Perrot.

destinée à lui permettre de faire une ultime offre de paiement pour éviter la vente ou, en tout cas, d'assister à celle-ci et de se porter lui-même enchérisseur. Ces informations peuvent être communiquées par lettre simple ou par tout moyen approprié, c'est-à-dire même verbalement ou par un message téléphonique. Cette absence de formalisme a l'avantage de limiter les frais, surtout lorsque, par suite d'une ou plusieurs suspensions successives provoquées par des incidents devant le JEX, l'avis initial périmé doit être réitéré une ou plusieurs fois. L'avis par lettre simple fait d'ailleurs l'objet d'une tarification réduite dans le Code de commerce (C. com., art. A. 444-43, tableau 3-3, acte n° 165). Sa signification par acte extrajudiciaire est également envisagée par le tarif, même si l'article R. 221-35 C. pr. exéc. ne le prévoit pas (C. com., art. A. 444-13, tableau 3-1, acte n° 12). Mais la délivrance d'un tel acte n'est utile que dans l'hypothèse où le débiteur ne peut être touché, ni par lettre, ni oralement, afin de pouvoir dresser un procès-verbal de recherches infructueuses. Le commissaire de justice doit mentionner que le débiteur a été effectivement avisé, dans le certificat attestant de l'accomplissement des formalités de publicité (C. pr. exéc., art. R. 221-35).

Le défaut d'avis ou l'avis notifié moins de huit jours avant la vente devrait entraîner sa nullité et la responsabilité du créancier poursuivant, car il est susceptible de faire grief au débiteur. Mais la question reste théorique car en l'absence de formalisme obligatoire, le saisi pourra difficilement prouver contre le certificat attestant qu'il a été avisé. Seul le défaut de mention de l'accomplissement de cette formalité dans le certificat pourrait renverser en sa faveur, la charge de la preuve.

Quoi qu'il en soit, si la notification est faite par un acte du commissaire de justice, celui-ci doit comporter, à peine de nullité, le lieu, le jour et l'heure de la vente. La seule indication de la date est insuffisante[1].

§ 3 Vérification

0716.41 **Vérification des biens.** Avant la vente, l'officier ministériel chargé de celle-ci vérifie la nature et la consistance des biens saisis et dresse un acte constatant cette opération (C. pr. exéc., art. R. 221-36, al. 1er).

0716.42 **Qualité du vérificateur.** Cette mission incombe désormais, non plus à la personne chargée de l'exécution, mais à l'agent chargé de la vente (c'est le plus souvent le même officier ministériel, si le commissaire de justice du poursuivant procède lui-même aux enchères). La question se pose, en pratique, de savoir si l'agent chargé de la vente peut, lorsqu'il n'est pas le commissaire de justice qui procède à la saisie, pénétrer seul au domicile du saisi ou du tiers pour procéder à la vérification et à l'enlèvement des meubles.

L'application combinée des dispositions des articles L. 142-3 et R. 221-36 C. pr. exéc. conduit à distinguer entre la vérification proprement dite et l'ouverture forcée des portes[2]. La vérification des biens ne relève du commissaire de justice que s'il procède ensuite à la vente, dès lors que cette opération incombe, en vertu de l'article R. 221-36 C. pr. exéc., à tout officier ministériel chargé de la vente qui peut aussi être un notaire ou un courtier de marchandises assermenté. Cependant, lorsqu'à l'occasion de cette vérification, l'officier n'obtient pas le consentement du saisi pour pénétrer dans les lieux, soit parce qu'il est absent, soit parce qu'il en refuse l'accès, l'ouverture forcée de la porte ou la réduction de la résistance du saisi ne peut être que du ressort du commissaire de justice.

Avant la fusion des professions d'huissier de justice et de commissaire-priseur, il existait, à Paris, un usage en vertu duquel les commissaires-priseurs procédaient eux-mêmes à l'enlèvement des biens saisis ainsi qu'à la réquisition d'un serrurier si nécessaire, pratique tout à fait critiquable lorsque le débiteur refusait l'entrée de son domicile[3]. Le JEX du TGI de Paris avait annulé, à juste titre, un procès-verbal de vérification et un procès-verbal d'enlèvement en relevant, entre autres irrégularités, que le commissaire-priseur ne pouvait pénétrer par la force au domicile d'un saisi pour y exercer son ministère[4].

Les observations qui précèdent et la jurisprudence précitée ont perdu l'essentiel de leur intérêt avec la fusion des huissiers de justice et des commissaires-priseurs au sein de la profession de commissaire de justice à compter du 1er juillet 2022[5].

Ainsi tout agent habilité à procéder à la vente, autre qu'un commissaire de justice (notaire ou courtier assermenté) qui se heurte au double **principe de l'inviolabilité du domicile et du respect de la vie privée** ne peut se prévaloir de la qualité de personne chargée de l'exécution au sens des articles L. 122-1 et R. 122-1, L. 122-2 et R. 151-3, L 142-1, L. 142-3 et R. 122-2 C. pr. exéc., pour s'introduire par la

1. TGI Lyon, 17 oct. 1995, *Rev. huiss.* 1996. 475, note G. Dahan.
2. J.-P. Faget, « Le régime du procès-verbal de vérification des biens saisis », *Rev. huiss.* 1995. 1153.
3. V. J.-P. Faget, « Le régime du procès-verbal de vérification des biens saisis », *Rev. huiss.* 1995. 1153.
4. TGI Paris, JEX, 7 janv. 2000, *D.* 2000. 751, note J.-J. Bourdillat.
5. Ord. n° 2016-728, 2 juin 2016, relative au statut de commissaire de justice, *JO* 3 juin, texte 24, art. 25, IV.

contrainte chez le débiteur saisi ou chez un tiers. Seul le commissaire de justice peut requérir le concours de la force publique pour ouvrir les portes d'un local en l'absence ou contre le gré de l'occupant.

0716.43 **Modalités de la vérification.** La vérification consiste à s'assurer que tous les objets mentionnés dans l'inventaire dressé lors de la saisie, sont présentés par le gardien. L'agent chargé de la vente vérifie que leur nature, leur aspect et leur état correspondent bien à la dénomination et à la description qui sont données par le procès-verbal. Il peut s'aider des photographies éventuellement prises par le commissaire de justice en vertu de l'article R. 221-12 C. pr. exéc. que celui-ci devrait pouvoir lui remettre afin de faciliter sa tâche. Certes, l'article R. 221-12 C. pr. exéc. prévoit que ces photographies ne peuvent être communiquées qu'à l'occasion d'une contestation devant le JEX. Mais cette interdiction ne vise manifestement que la communication au débiteur ou au tiers. Il serait en effet absurde de considérer qu'elle s'applique aussi au notaire ou au courtier assermenté alors que, comme le commissaire de justice chargé de l'exécution, l'un et l'autre concourent aux opérations dans l'intérêt de leur mandant commun, à savoir le créancier saisissant. Cette opération pourra ainsi mettre en évidence des disparitions, substitutions ou dégradations commises par le gardien. L'officier vendeur pourra lui-même prendre des photographies pour fixer l'état des biens avant la vente (C. pr. exéc., art. R. 221-36, al. 2).

0716.44 **Acte de vérification.** Il est imposé par l'article R. 221-36 alinéa 1er C. pr. exéc. et ne doit mentionner que les biens manquants ou dégradés. Cet article qui régit la rédaction de l'acte de vérification n'exige aucune mention particulière à peine de nullité. Celui qui demande son annulation doit donc démontrer le grief que lui cause l'irrégularité dont il fait état[1].

Bien que l'article R. 221-36 C. pr. exéc. ne le précise pas, il paraît aller de soi que l'acte de vérification établi par l'officier vendeur (notaire, commissaire de justice ou courtier assermenté), doit être porté à la connaissance de la personne qui assume les fonctions de gardien (débiteur, tiers saisi ou séquestre), car les mentions qu'il comporte peuvent avoir une incidence sur ses obligations et sa responsabilité. Cette notification devrait pouvoir se faire en la forme ordinaire, soit par simple remise contre émargement ou récépissé si le destinataire est présent, soit par voie postale, par lettre recommandée avec demande d'avis de réception, s'il est absent. Elle devrait contenir les indications prescrites par l'article 665 C. pr. civ. (identité et adresse de la personne dont elle émane ainsi que du destinataire), auxquelles il faudrait ajouter, en raison de la nature particulière de l'acte notifié (C. pr. civ., art. 666) et à l'instar de ce qui est prévu pour l'information des créanciers ayant pratiqué une saisie conservatoire (C. pr. exéc., art. R. 121-16), les références de l'officier vendeur, du titre exécutoire fondant la poursuite et du procès-verbal de saisie vente. Certains auteurs estiment que la notification de l'acte de vérification ne pourrait être effectuée, la signification étant le mode normal de notification en l'absence de précision, que par un exploit comportant les mentions prescrites par l'article 648 C. pr. civ., sauf à les adapter lorsqu'il n'a pas été établi par un commissaire de justice, ainsi que celles requises pour tous les actes se rattachant à une mesure d'exécution[2].

L'acte de vérification a pour effet, s'il ne constate aucune disparition ou détérioration, de mettre fin aux fonctions du gardien et de le décharger de sa responsabilité.

Dans le cas contraire, le gardien peut être poursuivi pénalement sur le fondement des articles 314-4 et 314-5 C. pén. et civilement, sur celui de l'article 1240 C. civ. (C. civ., anc. art. 1382). Sur le plan pénal, l'officier chargé de la vente doit transmettre le procès-verbal au parquet.

Compte tenu de ses conséquences, l'acte doit être dressé à un moment aussi proche que possible de la vente, soit au moment de l'enlèvement du mobilier, soit le jour même des enchères. À noter que le tarif des commissaires de justice qualifie l'exploit d'« *acte de vérification et d'enlèvement* » et en fixe le coût (C. com., art. A. 444-21, tableau 3-1, acte no 94).

Les pertes ou dégradations qui surviendraient entre la vérification et la vente engageraient la responsabilité de l'officier ministériel chargé de celle-ci, tant à l'égard des créanciers que du saisi.

0716.45 **Effets.** Le procès-verbal de vérification fait obstacle à l'intervention de nouveaux créanciers et limite ainsi les hypothèses de concours. Seuls les créanciers saisissants et opposants qui se sont manifestés avant la vérification des biens et ceux qui, avant la saisie, ont procédé à une mesure conservatoire sur les mêmes biens, sont autorisés à faire valoir leurs droits sur le prix de la vente (C. pr. exéc., art. L. 221-5).

La vérification qui serait effectuée sans intention sérieuse de vendre mais dans le seul but d'empêcher toute nouvelle saisie ou opposition, serait constitutive d'un abus de droit[3].

1. Civ. 2e, 20 nov. 2003, no 01-17.579, P II, no 352 ; *D.* 2004. 1492, obs. G. Taormina ; *Dr. et proc.* 2004. 160, obs. Salvati.
2. V. J.-J. Bourdillat, note ss TGI Paris, JEX, 7 janv. 2000, *D.* 2000. 751.
3. J.-P. Faget, « Le régime du procès-verbal de vérification des biens saisis », *Rev. huiss.* 1995. 1153.

Toutefois, le droit de participer à la distribution du produit de la vente à venir n'est pas définitivement acquis aux créanciers saisissants et opposants qui se sont manifestés avant la vérification des biens.

Le procès-verbal de vérification prévu par l'article L. 221-5 C. pr. exéc. n'a pour effet que la détermination des créanciers admis à concourir sur le prix de la vente, laquelle marque seule le terme de la procédure de saisie. Celle-ci ne s'achève qu'avec la vente effective qui fait sortir les biens saisis du patrimoine du débiteur. La règle de l'arrêt des poursuites individuelles s'applique donc tant que la procédure d'exécution n'a pas, par la vente, produit son effet[1].

0716.46 Information des créanciers ayant pratiqué une saisie conservatoire. Le créancier saisissant qui fait procéder à l'enlèvement des biens en vue de leur vente forcée doit en informer, par lettre recommandée avec demande d'avis de réception (LRAR), les créanciers qui ont pratiqué une saisie conservatoire sur les mêmes biens avant l'acte de saisie ou l'acte de conversion (C. pr. exéc., art. R. 522-14). Cette lettre doit indiquer, à peine de nullité, le nom et l'adresse de l'officier ministériel chargé de la vente et reproduire en caractères très apparents le texte suivant : « *Chaque créancier, dans un délai de quinze jours à compter de la réception de la lettre, fait connaître à l'officier ministériel chargé de la vente, la nature et le montant de sa créance au jour de l'enlèvement. À défaut de réponse dans le délai imparti, il perd le droit de concourir à la distribution des deniers résultant de la vente forcée, sauf à faire valoir ses droits sur un solde éventuel après répartition* ».

0716.47 Information des créanciers ayant publié une sûreté. Le créancier qui procède à l'enlèvement des biens en informe également, par LRAR, les créanciers ayant fait publier une sûreté sur ces mêmes biens. Cette lettre doit, à peine de nullité, mentionner les nom et adresse de l'officier ministériel chargé de la vente et reproduire, en caractères très apparents, les dispositions de l'article R. 221-36-1 C. pr. exéc. leur prescrivant de faire connaître à cet officier, la nature et le montant de leur créance au jour de l'enlèvement. Cette information doit être transmise dans les quinze jours de la réception de cette lettre faute de quoi le créancier taisant ou retardataire perd son droit à concourir à la distribution du prix, sauf à faire valoir ses droits sur un solde éventuel après la répartition[2].

1. Civ. 2e, 19 mai 1998, no 96-12.944, P II, no 161 ; *D.* 1998. 405, concl. Tatu.
2. Cette démarche supplémentaire imposée au saisissant par l'art. R. 221-36-1 C. pr. exéc. résulte de l'art. 2, 4o du Décr. no 2021-1888, 29 déc. 2021, pris en application de l'ordonnance no 2021-1192 du 15 septembre 2021 portant réforme du droit des sûretés, *JO* 30 déc., texte 53 (entré en vigueur au 1er janv. 2023) (art. 7, I).

§ 4
Responsabilité

0716.51 Responsabilité civile du gardien. Sous l'empire de l'ancien Code de procédure civile le gardien était considéré comme un séquestre judiciaire et sa responsabilité était appréciée au regard de l'article 1962 C. civ., le gardien étant tenu, pour la conservation des effets saisis, des soins raisonnables, expression substituée par la loi du 4 août 2014[3] (art. 26) à celle de « bon père de famille »[4]. Cette solution paraît devoir être transposée en matière de saisie-vente. Le gardien répond de sa faute[5] mais non de la force majeure[6], sous réserve que l'événement fût imprévisible et irrésistible[7] (tel n'est pas le cas d'une tempête ayant détruit un navire lorsqu'elle a été annoncée). En cas de détérioration, le gardien peut s'exonérer en établissant que celle-ci résulte de l'usure normale et par conséquent, qu'il s'est servi des biens saisis (dont il a conservé l'usage en vertu de l'article R. 221-19 C. pr. exéc.) comme doit le faire une personne raisonnable. Viole les articles 1962 alinéa 2 et 1240 C. civ. (C. civ., anc. art. 1382), la cour d'appel qui, pour retenir la responsabilité d'un séquestre, énonce que celui-ci est responsable du fait de la disparition des objets saisis sauf cas de force majeure, alors qu'il peut se dégager par la seule preuve de son absence de faute[8]. En cas d'exercice de l'action civile devant le tribunal correctionnel le préjudice résultant du délit ne se confond pas avec la créance préexistante que garantissait la saisie[9]. (Pour les obligations et la rémunération du séquestre ou gardien judiciaire, v. ss nos 0714.65 s.)

0716.52 Responsabilité pénale du gardien. Selon l'article 314-6 C. pén. : « *Le fait, par le saisi, de détruire ou de détourner un objet saisi entre ses mains en garantie des droits d'un créancier et confié à sa garde ou à celle d'un tiers est puni de trois ans d'emprisonnement et de 375 000 euros d'amende. La tentative de l'infraction prévue au présent article est punie des mêmes peines* ».

Ce texte est rappelé et même reproduit dans les actes de saisie entre les mains du débiteur et d'un

3. L. no 2014-873, 4 août 2014 pour l'égalité réelle entre les femmes et les hommes, *JO* 5 août, texte 4.
4. Civ. 2e, 16 juin 1982, *D.* 1983. 237, note Y. Desdevises ; *Gaz. Pal.* 1983. Pan. 21, obs. Véron ; *RTD civ.* 1983. 797, obs. R. Perrot.
5. Req. 9 juin 1902, *DP* 1902. 1. 300.
6. Poitiers, 25 oct. 1965, *JCP* 1966. II. 14507, note J. A.
7. Com. 6 mars 1973, *D.* 1973. 544.
8. Civ. 2e, 2 juill. 1997, no 95-20.154, P II, no 213 ; *Gaz. Pal.* 1998. 1. Pan. 107.
9. Crim. 13 nov. 1969, *JCP* 1969. IV. 304 – Crim. 11 oct. 1972, no 70-93.022, P, no 280 ; *JCP* 1972. IV. 257 – Crim. 9 juin 1980, no 79-91.758, P, no 179 ; *Rev. huiss.* 1982. 210, note Lescaillon.

tiers, en application des articles R. 221-16 (4° et 8°) et R. 221-23 (5° et 10°) C. pr. exéc.

L'article 314-6 C. pén. a remplacé, à partir du 9 mars 1994, les articles 400 et 406 du même code relatifs, respectivement, à l'incrimination et aux sanctions du **détournement** ou de la **destruction d'objets saisis**. À noter que la Cour de cassation considère que cet article 400 de l'ancien Code pénal (C. pén., art. 314-6) est applicable en cas de séquestre judiciaire[1].

0716.53 Responsabilité pénale et nullité de la saisie. Pour que l'infraction soit constituée, il faut qu'une saisie existe au moment de la destruction ou du détournement. La saisie n'est à cet égard accomplie qu'à partir du moment où le procès-verbal contenant l'inventaire des biens et les diverses mentions obligatoires est dressé par le commissaire de justice (C. pr. exéc., art. R. 221-16 et R. 221-23). L'officier ministériel qui effectue une saisie purement orale, accomplit un acte sans valeur juridique[2]. Mais si l'existence d'une saisie est nécessaire, en revanche sa validité importe peu. À cet égard, l'article 314-6 C. pén. est applicable, même lorsque le débiteur qui a détruit ou détourné les biens saisis soutient que la mesure est entachée de nullité et partant, qu'il a conservé son droit de disposition. Le délit est ainsi consommé alors même que les formalités de procédure exigées par la loi pour que l'acte produise tous ses effets, n'ont pas été accomplies[3]. Il suffit que l'acte ait donné au prévenu pleinement connaissance de la décision du juge autorisant la saisie[4], les effets de cette saisie devant être maintenus tant que le tribunal n'en a pas prononcé la nullité[5]. Le délit existe du seul fait de la dissimulation des objets saisis, peu importe que la mesure ait été annulée ultérieurement par une décision de justice[6].

La position de la Cour de cassation est constante. Elle rappelle ainsi, dans un arrêt du 6 mai 1998, que l'indisponibilité des biens saisis se poursuivant tant qu'une décision n'a pas prononcé la nullité ou la mainlevée de la mesure, il suffit, pour que le délit soit caractérisé, que le détournement ait été commis en connaissance de cause par le débiteur, après un acte de saisie dressé selon les formes prescrites par la loi[7].

0716.54 Personnes susceptibles d'être pénalement poursuivies. L'article 314-6 C. pén. est applicable au saisi lui-même, qu'il ait été institué gardien ou que cette fonction ait été confiée à un tiers. Il est également applicable à son complice, notamment à l'acquéreur de mauvaise foi.

Le tiers saisi peut également être poursuivi pour détournement, l'article R. 221-23 C. pr. exéc. relatif au procès-verbal de saisie entre les mains d'un tiers, renvoyant aux dispositions de l'article 314-6.

Lorsque le saisi est une société, seul le mandataire peut être poursuivi comme auteur principal[8]. Ne peut donc posséder la qualité de saisi, le simple préposé d'une société qui n'a reçu copie du procès-verbal qu'en tant que représentant local de ladite société dont il n'était ni l'administrateur, ni le gérant[9]. Mais le représentant qui détourne des marchandises pour le compte de la société en sachant qu'elles sont saisies, se rend coupable du délit[10]. De même pour le gérant d'une société qui a détourné des marchandises dont le séquestre a été ordonné[11].

0716.55 Élément matériel de l'infraction. Le détournement des biens rendus indisponibles par la saisie peut résulter de leur vente au préjudice du créancier[12]. L'infraction est également constituée en cas d'affectation de l'objet saisi en gage au profit d'un tiers[13] ou du placement du mobilier saisi dans un garde-meubles, sans avoir informé le saisissant de ce déplacement[14].

Il y a aussi détournement en présence d'une simple opposition à la remise des biens saisis.

La rétention ou le refus de représenter des biens ne suffit pas à caractériser le délit lorsque la saisie ou la nomination du séquestre est postérieure à l'enlèvement de ces objets[15].

Le délit est constitué dès qu'une résistance non motivée et persistante est opposée[16]. Il l'est également, même en l'absence de dissipation lorsque le saisi a déplacé l'objet et s'est opposé à sa représentation afin de faire échec à l'adjudication[17]. Mais le déplacement matériel n'est pas indispensable[18].

0716.56 Intention frauduleuse. Le caractère frauduleux du détournement doit être constaté, le saisi

1. Crim. 6 nov. 1956, P, n° 711 ; *D.* 1957. 38 – Crim. 14 avr. 1961, P, n° 197.
2. Montpellier, 13 juin 1960, *Gaz. Pal.* 2, *V° Saisie-conservatoire*, n°s 24 à 27.
3. Crim. 8 nov. 1894, *DP* 1896. 1. 55.
4. Crim. 4 nov. 1921, *DP* 1922. 1. 21.
5. Crim. 18 avr. 1961, P, n° 209.
6. T. corr. Saint-Pôl, 7 sept. 1934, *DH* 1934. 584.
7. Crim. 6 mai 1998, n° 97-82.940, P, n° 156, *D.* 1998. IR 185.
8. Crim. 7 nov. 1973, n° 72-91.463, P, n° 406 ; *D.* 1974. 456, note Robert.
9. Crim. 10 oct. 1974, *Gaz. Pal.* 1975. 1. Somm. 97.
10. Crim. 16 avr. 1980, n° 79-90.615, P, n° 106.
11. Crim. 19 févr. 1958, P, n° 170.
12. Crim. 1er sept. 2004, n° 03-86.497, P, n° 191 ; *D.* 2004. IR 2549 ; *JCP* 2004. IV. 3081 ; *Dr. pénal* 2004. Comm. 171, note M. Véron.
13. Crim. 17 févr. 1844, *S.* 1844. 1. 282.
14. Crim. 28 avr. 1982, n° 81-90.839, P, n° 107.
15. T. corr. Seine, 4 juill. 1946, *D.* 1946. 355.
16. Crim. 6 nov. 1956, P, n° 711.
17. Crim. 20 juin 1963, P, n° 218.
18. À PROPOS DES ÉLÉMENTS D'UN FONDS DE COMMERCE vendus avec celui-ci à l'insu du créancier : Crim. 1er avr. 1954, P, n° 137.

devant avoir été de mauvaise foi[1]. L'intention frauduleuse est caractérisée dès lors que le prévenu savait que l'objet détourné par lui avait été placé sous main de justice[2]. Justifient ainsi leur décision, les juges qui relèvent que le prévenu a autorisé le fournisseur d'un mobilier saisi et confié à sa garde, à le reprendre en s'abstenant volontairement de lui faire connaître l'existence de la saisie dont il était frappé[3]. Le prévenu qui a déplacé puis vendu à son père des meubles saisis par plusieurs créanciers, dont le Trésor public, ne peut être relaxé pour défaut d'élément intentionnel au motif, inopérant, que cette vente a été constatée par une décision du JEX ayant donné mainlevée de l'une des saisies. En effet, cette saisie n'était pas celle pratiquée par le fisc à l'égard de laquelle la décision de mainlevée n'avait pu produire aucun effet[4].

À noter que le paiement postérieur au détournement ne fait pas disparaître le délit ni le préjudice en résultant lequel ne se confond pas avec la créance préexistante. Cette solution adoptée à propos du gage est transposable aux biens saisis[5].

SECTION 3
VENTE AUX ENCHÈRES

§ 1
Acteurs de la vente

0716.61 **Agent chargé de la vente.** C'est un officier ministériel habilité par son statut à procéder à des ventes aux enchères publiques de meubles corporels et, dans les cas prévus par la loi, un courtier assermenté (C. pr. exéc., art. R. 221-37 et R. 221-38). Les officiers ministériels habilités étaient, à l'origine, les commissaires-priseurs, les huissiers de justice et les notaires. A partir du 1er juillet 2022, les huissiers et les commissaires-priseurs judiciaires ont été remplacés, à la suite de la réunion de ces deux professions, par les commissaires de justice qui cumulent les opérations d'exécution et celles de ventes aux enchères publiques. Concurremment avec ces officiers ministériels, les agents de l'Administration, habilités à cette fin, peuvent vendre aux enchères les biens meubles qu'ils saisissent au nom et pour le compte des comptables publics (LPF, art. 286 D). Ces agents sont les inspecteurs des finances auxquels les fonctions de commissaire de justice sont attribuées par l'article 4 du décret du 26 août 2010[6].

Le choix du lieu de la vente et par conséquent, de l'officier auquel elle est confiée appartient au créancier, sous réserve des conditions prescrites par l'article 2 de l'ordonnance du 2 juin 2016 instituant les commissaires de justice[7] et de la compétence territoriale de l'officier ministériel (C. pr. exéc., art. R. 221-33). À noter que lorsque l'officier ministériel a été désigné dans le dispositif de la décision ordonnant la vente, le JEX ne peut lui substituer un autre officier ministériel[8].

Comme tout mandataire, l'agent chargé de la vente ne peut se rendre adjudicataire, sous peine de nullité de la vente, ni par lui-même ni par personne interposée (C. civ., art. 1596). Plus précisément, les commissaires de justice ainsi que les dirigeants, associés et salariés de leurs offices, ne peuvent directement ou indirectement acheter, pour leur propre compte, les biens proposés lors des ventes aux enchères publiques qu'ils organisent ou réalisent[9]. Une prohibition analogue s'applique aux courtiers de marchandises assermentés (C. com., art. L. 131-30).

La loi du 10 juillet 2000[10] sépare désormais nettement les ventes volontaires de meubles aux enchères publiques qui sont organisées et réalisées par des opérateurs exerçant à titre individuel ou sous la forme juridique de leur choix (C. com., art. L. 321-2[11]), des prisées et ventes judiciaires aux enchères publiques qui relèvent exclusivement des commissaires de justice dont le statut est fixé par l'ordonnance du 2 juin 2016[12], ainsi que des autres officiers publics ou ministériels et des personnes légalement habilitées[13].

Sont considérés comme judiciaires, les ventes de meubles aux enchères publiques prescrites par la loi ou par décision de justice, ainsi que les inventaires et prisées correspondants[14].

Les officiers publics ou ministériels compétents pour procéder aux ventes judiciaires de meubles

1. Crim. 15 avr. 1930, P, n° 128 – Crim. 17 juill. 1931, P, n° 206.
2. Crim. 28 avr. 1982, n° 81-90.839, P, n° 107.
3. Crim. 10 oct. 1973, *Gaz. Pal.* 1974. 1. 8.
4. Crim. 1er sept. 2004, n° 03-86.497, P n° 191 ; *D.* 2004. IR 2549 ; *JCP* 2004. IV. 3081 ; *Dr. pénal* 2004. Comm. 171, note M. Véron.
5. Crim. 16 mai 2001, n° 00-84.780, P, n° 125.
6. Décr. n° 2010-982, 26 août 2010, portant statut particulier du corps des contrôleurs des finances publiques […], *JO* 28 août, art. 4 – Mod. par Décr. n° 2011-1501, 10 nov. 2011, relatif à l'exercice des poursuites par les agents de la direction générale des finances publiques pour le recouvrement des créances publiques, art. 1, *JO* 13 nov., texte 13.
7. Ord. n° 2016-728, 2 juin 2016, préc.
8. Paris, 17 oct. 1995, *Rev. huiss.* 1996. 375.
9. Ord. n° 2016-728, 2 juin 2016, art. 8, al. 3 et 4.
10. L. n° 2000-642, 10 juill. 2000, portant réglementation des ventes volontaires de meubles aux enchères publiques, *JO* 11 juill., p. 10474.
11. L. n° 2000-642, 10 juill. 2000, anc. art. 2.
12. Ord. n° 2016-728, 2 juin 2016, préc.
13. L. n° 2000-642, 10 juill. 2000, art. 29, non codifié –Ord. n° 2016-728, 2 juin 2016, art. 2, III.
14. L. n° 2000-642, 10 juill. 2000, art. 29 – Ord. n° 2016-728, 2 juin 2016, art. 1er, I, 2°.

engagent leur responsabilité au cours ou à l'occasion de ces ventes, conformément aux règles applicables à celles-ci. Les clauses qui visent à écarter ou à limiter cette responsabilité sont interdites et réputées non écrites. Les actions en responsabilité civile précitées se prescrivent par cinq ans à compter de l'adjudication ou de la prisée (Ord. 2 juin 2016, art. 21, al. 3 et C. com., art. L. 321-17[1]). Les actions en cours à la date de la promulgation de la loi du 10 juillet 2000 se prescrivent par dix ans à compter de cette date, à moins que la prescription ne soit acquise, selon les règles applicables antérieurement, avant le délai précité[2].

0716.62 Commissaire de justice. La profession de commissaire de justice résulte de la réunion des professions d'huissier de justice et de commissaire-priseur judiciaire. Ce sont des officiers publics et ministériels dont le statut est régi par l'ordonnance du 2 juin 2016 dont l'entrée en vigueur a été fixe au 1er juillet 2022. Les commissaires de justice ont seuls qualité, dans les conditions fixées par les lois et règlements en vigueur, pour ramener à exécution les décisions de justice et les autres titres exécutoire ainsi que pour procéder aux inventaires, prisées et ventes aux enchères publiques, de meubles corporels et incorporels, prescrites par la loi ou une décision de justice. Ils exercent leurs compétences dans le ressort de la cour d'appel du siège de leur office et, le cas échéant, du ou des bureaux annexes attachés à cet office.

Ils peuvent aussi, mais à titre occasionnel, procéder sur tout le territoire national aux inventaires, prisées et ventes judiciaires de meubles. Les autres officiers publics et ministériels statutairement autorisés à effectuer les mêmes opérations peuvent y procéder dans leur ressort d'instrumentation, sauf dans les communes où est établi un office de commissaire de justice. Cette exception ne s'applique pas en Alsace-Moselle[3].

0716.63 Commissaires-priseurs judiciaires. Le statut de ces officiers ministériels était régi par une ordonnance du 2 novembre 1945[4]. Les commissaires-priseurs pouvaient exercer leurs fonctions sur tout le territoire national à l'exception des villes où il existait un mont-de-piété, des départements du Bas-Rhin, du Haut-Rhin, de Mayotte ainsi que de la collectivité territoriale de Saint-Pierre-et-Miquelon[5].

Dans les villes où il existait des monts-de-piété, des commissaires-priseurs spécialement choisis parmi ceux résidant dans ces villes, par les administrateurs de ces établissements publics, étaient exclusivement chargés de toutes les opérations de prisées et de ventes[6].

La compétence générale sur le territoire était est toutefois limitée aux ventes occasionnelles. Les commissaires-priseurs ne pouvaient procéder à titre habituel, à des ventes publiques aux enchères de meubles en dehors du siège de leur office et, le cas échéant, d'un bureau annexe attaché à celui-ci.

Les autres officiers publics ou ministériels habilités, pouvaient procéder à de telles ventes dans leur ressort d'instrumentation, à l'exception des communes où était établi un office de commissaire-priseur[7].

Le tarif des commissaires-priseurs judiciaires était applicable aux autres officiers publics ou ministériels vendeurs de meubles, notamment aux huissiers de justice et aux notaires (C. com., art. L. 444-1, al. 2, R. 444-42 et A. 444-1).

0716.64 Huissiers. Les huissiers de justice pouvaient procéder aux prisées et aux ventes publiques de meubles en vertu des articles 1er (al. 2) de l'ordonnance du 2 novembre 1945 et 19 du décret du 29 février 1956. Ils devaient alors se conformer aux lois et règlements relatifs aux commissaires-priseurs, mais sous le contrôle de la Chambre régionale des huissiers[8]. Le droit de se livrer à cette activité concurremment entre eux, ne leur était ouvert que dans les lieux où il n'était pas établi de commissaire-priseur[9]. Pour l'exercice de cette activité de vente judiciaire ou volontaire de meubles, leur compétence s'étendait à tout le territoire national[10]. Avant le 1er janvier 2017, cette activité s'exerçait dans les limites de leur ressort territorial qui était celui du tribunal d'instance jusqu'au 31 décembre 2008, puis celui du TGI (aujourd'hui tribunal judiciaire [TJ]) depuis le 1er janvier 2009[11].

Les huissiers ne pouvaient prétendre, à l'encontre des notaires, au monopole exclusif des ventes sur saisie-exécution[12].

1. L. n° 2000-642, 10 juill. 2000, anc. art. 30.
2. L. n° 2000-642, 10 juill. 2000, art. 52.
3. Ord. n° 2016-728, 2 juin 2016, art. 1er, I, 1° et 2°, 2, I et III.
4. Ord. n° 45-2593, relative au statut des commissaires-priseurs judiciaires, *JO* 3 nov. 1945, p. 7164 – Abr. par Ord. n° 2016-728, 2 juin 2016, art. 24, 3°.
5. Ord. 26 juin 1816, art. 3, al. 1er.
6. Ord. 26 juin 1816, art. 5, al. 1er.
7. Ord. 26 juin 1816, art. 3, al. 2 et 3.
8. Décr. n° 56-222, 29 févr. 1956, pris pour l'application de l'ordonnance du 2 novembre 1945 relative au statut des huissiers de justice, art. 19, *JO* 3 mars.
9. Ord. n° 45-2592, 2 nov. 1945, art. 1er (abr. par Ord. n° 2016-728, 2 juin 2016, art. 24, I, 2°).
10. Ord. n° 45-2592, 2 nov. 1945, art. 3 (mod. par L. n° 2015-990, 6 août 2015, pour la croissance, l'activité et l'égalité des chances économiques, art. 54, *JO* 7 août, p. 13537).
11. Décr. n° 56-222, 29 févr. 1956, art. 5 (mod. par Décr. n° 2007-813, 11 mai 2007, modifiant la compétence territoriale des huissiers de justice, *JO* 12 mai, n° 110, p. 8712).
12. Poitiers, 9 janv. 1911, *DP* 1913. 2. 110.

0716.65 **Notaires.** Les notaires sont des officiers publics et ministériels habilités à procéder à des ventes aux enchères publiques, volontaires ou judiciaires, de meubles corporels (C. com., art. L. 321-2, al. 2, R. 321-18-1, L. 322-1, L. 322-2, al. 2). Ils sont donc compétents pour effectuer la vente forcée des effets mobiliers appréhendés dans le cadre d'une saisie-vente (C. pr. exéc., art. R. 221-37). Toutefois, ils ne peuvent procéder à des ventes de meubles que dans les communes où il n'existe pas de commissaire de justice.

Lorsque les biens saisis sont des marchandises devant être vendues en gros, les notaires ne sont compétents que dans les lieux où il n'y a pas de courtier assermenté (C. com., art. L. 322-7 – V. ss nº 0716.66).

0716.66 **Courtiers de commerce.** Dans les cas prévus par la loi, la vente forcée peut être faite par des courtiers de marchandises assermentés (C. pr. exéc., art. R. 221-37). Une liste des courtiers assermentés est établie auprès de chaque cour d'appel. Pour y être inscrit, ces courtiers doivent justifier de conditions de moralité, de qualifications professionnelles, d'expérience, de garanties financières et d'assurance. Ils sont spécialisés par catégorie de marchandises (C. com., art. L. 131-12 s. et R. 131-1 s.).

Les courtiers assermentés peuvent être désignés pour procéder aux ventes publiques aux enchères de marchandises en gros ayant fait l'objet d'une saisie administrative ou judiciaire (C. com., art. L. 131-29, 1º). Hors le cas de désignation par le tribunal, ils sont compétents sur tout le territoire national, dans la branche d'activité correspondant à leur spécialité professionnelle (C. com., art. L. 131-23, al. 2).

Si les ventes aux enchères publiques de marchandises en gros sont faites en application de la loi ou ordonnées par la justice, celles-ci sont confiées aux courtiers assermentés. Les notaires et les commissaires de justice peuvent également y procéder dans les lieux où il n'en existe pas et ce, conformément aux dispositions légales et réglementaires régissant leurs interventions. Pour ces ventes, ces officiers ministériels sont soumis aux formalités, conditions et tarifs imposés aux courtiers (C. com., art. L. 322-4 et L. 322-7). Précisons cependant que dans le cas d'une vente judiciaire ou forcée, la rémunération des courtiers de marchandises assermentés est fixée par le tarif des commissaires de justice (C. com., art. L. 131-31, al. 2).

La loi du 10 juillet 2000[1] portant réforme des ventes aux enchères publiques, n'a pas remis en cause la compétence particulière des courtiers assermentés[2], notamment pour la réalisation des biens gagés en garantie de dettes professionnelles et ce, concurremment avec les autres officiers ministériels (C. civ., art. 2346). Plus précisément, le courtier assermenté est compétent pour procéder à la vente du gage aux enchères publiques sous réserve que le tribunal n'ait pas désigné un commissaire de justice ou un notaire (C. com., art. L. 131-28, 3º).

1. L. nº 2000-642, 10 juill. 2000, préc.
2. L. nº 2000-642, 10 juill. 2000, art. 58.

§ 2
Déroulement des enchères

0716.71 **Modalités de la vente.** Les textes ne prévoient aucun formalisme particulier pour le déroulement des enchères. La vente publique est ouverte à tout enchérisseur, lequel doit avoir libre accès au local où elle se déroule. Les enchérisseurs sont obligatoirement mis en concurrence, les biens proposés à la vente au détail, par lots ou en gros, étant adjugés au mieux-disant, lequel est tenu d'en payer le prix (sur les éléments constitutifs des ventes aux enchères publiques, v. C. com., art. L. 320-2).

0716.72 **Organisation des enchères.** L'officier public vendeur a toute liberté pour déterminer l'ordre dans lequel les objets doivent être proposés, fixer leur mise à prix, apprécier le temps pendant lequel une enchère peut rester sans être couverte. Aucun système de chronométrage n'est imposé. L'officier vendeur assure la police et la liberté des enchères. Il peut, à cette fin, faire toute réquisition pour y maintenir l'ordre[3]. Il doit aussi garantir la régularité de la vente, notamment en obtenant les certificats de conformité exigés par la réglementation applicable à la commercialisation du bien concerné et ce, même si elle a été ordonnée par autorité de justice[4].

L'officier public ou le courtier assermenté ne peut comprendre, dans la vente sur saisie, des marchandises neuves ne faisant pas partie du mobilier mis aux enchères, sous peine de confiscation et d'amende (C. com., art. L. 322-6).

0716.73 **Adjudication.** Il n'est pas nécessaire de passer par l'intermédiaire d'un avocat pour se porter enchérisseur. Les intéressés peuvent enchérir directement, verbalement ou par geste (hochement de la tête).

L'agent chargé de la vente, s'il ne peut enchérir pour lui-même, est autorisé à le faire pour le compte d'autrui. Chaque offre nouvelle anéantit l'offre inférieure qui ne peut plus renaître. L'adjudication est faite au plus offrant, après trois criées (C. pr. exéc., art. R. 221-38). C'est celui qui a porté la dernière enchère qui est déclaré adjudicataire et toute offre,

3. Ord. nº 2016-728, 2 juin 2016, art. 12.
4. Com. 9 janv. 2001, nº 97-17.599, P IV, nº 2 ; *D.* 2001. 3071, note S. Crevel.

même supérieure, formulée après cette déclaration est inopérante. À noter que la dernière enchère n'est pas, à elle seule, translative de propriété ; c'est le paiement du prix qui opère ce transfert (C. pr. exéc., art. L. 221-3, dern. al.).

0716.74 **Paiement du prix.** Le prix est payable comptant (C. pr. exéc., art. R. 221-38), ce qui suppose un règlement en espèces ou par carte bancaire. La remise d'un chèque ne vaut pas paiement immédiat et son acceptation par l'officier vendeur est à ses risques et périls. Il devra payer le prix de ses propres deniers si l'effet n'est pas provisionné, puisqu'il est responsable de la représentation du prix (C. pr. exéc., art. L. 221-4, al. 2).

À noter que la délivrance de la chose à l'adjudicataire fait présumer le paiement et prive le commissaire de justice de l'action en paiement[1].

0716.75 **Réitération des enchères.** Faute de paiement, l'objet est revendu sur réitération des enchères, expression substituée à celle, plus ancienne de « *à la folle enchère de l'adjudicataire* » (C. pr. exéc., art. R. 221-37 et R. 221-38). Le bien est aussitôt remis en vente, la mise à prix étant du montant de la folle enchère. Si celui-ci est revendu pour une somme inférieure, le premier adjudicataire ayant refusé de payer comptant est redevable de la différence à titre de dommages-intérêts[2]. Le commissaire de justice n'est pas responsable de cette différence de prix[3].

0716.76 **Arrêt de la vente.** L'agent habilité à procéder à la vente arrête les opérations lorsque le prix des biens vendus atteint un montant suffisant pour payer en principal, intérêts et frais, les créanciers saisissants et opposants (C. pr. exéc., art. L. 221-4). Il est en effet inutile et préjudiciable au débiteur de vendre plus que nécessaire.

C'est au commissaire-priseur de décider du moment où les opérations doivent être arrêtées en comptabilisant les sommes dues aux créanciers saisissants (et opposants qui se sont manifestés avant la vérification des biens). La jurisprudence antérieure à la réforme estimait qu'il avait une marge d'appréciation de la valeur des biens saisis. Elle retenait une marge d'un tiers du produit de la saisie sur ses causes[4].

Précisons qu'en cas de vente forcée, l'officier public chargé d'y procéder peut, sur demande écrite du débiteur, accepter de reporter celle-ci lorsqu'un acompte est versé. Il ne peut y avoir plus de cinq reports. Ceux-ci donnent lieu à perception, pour chacun d'eux, d'un émolument fixe. La vente n'a pas lieu si la dette est totalement payée (C. com., art. A. 444-8).

Précisions que les ventes aux enchères publiques de marchandises en gros faites en application de la loi ou ordonnées par décision de justice sont confiées aux courtiers de marchandises assermentés. Les commissaires de justice peuvent toutefois procéder à ces ventes dans les lieux où il n'y a pas de tels courtiers (C. com., art. L. 322-4 et L. 322-7). Il convient de relever que jusqu'au 30 juin 2022, les professions d'huissier de justice et de commissaire-priseur judiciaire sont restées distinctes, leurs membres ayant exercé, jusqu'à cette date, les activités auxquelles ils pouvaient se livrer en vertu de leurs statuts respectifs, notamment en ce qui concerne les ventes judiciaires de meubles corporels. À partir du 1er juillet 2022, les professionnels en exercice ayant suivi une formation spécifique sont devenus des commissaires de justice sans réitération de leur nomination. Ceux qui, à cette date, ne remplissaient pas les conditions de formation à la nouvelle profession de commissaire de justice ont néanmoins conservé, jusqu'au 30 juin 2026, leur titre d'huissier ou de commissaire-priseur et ont pu continuer d'exercer les activités mentionnées aux I et II de l'article 1er de l'ordonnance du 2 juin 2016, auxquelles ils pouvaient se livrer avant la fusion des deux professions. À compter du 1er juillet 2026, les professionnels n'ayant pas satisfait aux conditions de formation précitées devront cesser d'exercer[5]. Il apparaît ainsi utile de rappeler ci-après les attributions respectives des huissiers de justice et des commissaires-priseurs judiciaires en matière de vente publique de meubles.

0716.77 **Procès-verbal de vente et radiation des sûretés.** L'officier ministériel doit dresser un acte de vente qui contient la désignation des biens vendus, le montant de l'adjudication et l'énonciation déclarée du nom et prénom des adjudicataires (C. pr. exéc., art. R. 221-39).

À ce PV est annexé un extrait des inscriptions au registre des sûretés mobilières mentionnées à l'article R. 521-1 C. com. Cet extrait a été relevé par l'officier ministériel qui a pratiqué la saisie, lors de la consultation du registre précité qui est prescrite par l'article R. 221-14-1 C. pr. exéc. Sur justification du paiement du prix, les inscriptions prises sur les biens vendus du chef du débiteur sont radiées[6].

0716.78 **Indication de l'identité de l'acquéreur.** Elle permet à chaque adjudicataire de justifier de son

1. Civ. 1re, 4 nov. 1970, no 69-13.044, P I, no 297.
2. Civ. 19 mai 1886, *S.* 1886. 1. 263 – Civ. 2e, 12 juin 2003, no 01-13.069, P II, no 193 ; *D.* 2003. IR 2054, ndlr.
3. TGI Paris, 3 juin 1982, *Journ. commissaires-priseurs* 1982. 177.
4. Civ. 2e, 3 juill. 1953, P II, no 228.
5. Ord. no 2016-728, 2 juin 2016, art. 25, III, 2o, IV, 3o et 6o dern. al., et V.
6. Ces dispositions relatives au relevé et à la radiation des inscriptions de sûreté ont été ajoutées à l'art. R. 221-39 C. pr. exéc, par l'art. 2, 5o, de Décr. no 2021-1888, 29 déc. 2021, préc. (entré en vigueur le 1er janv. 2023) (art. 7, I).

droit de propriété sur le bien et, le cas échéant, d'exercer son droit de rétention en cas de revendication par l'ancien propriétaire dépossédé par la perte ou le vol.

À noter que les dispositions légales et réglementaires ne font pas obligation au commissaire-priseur de vérifier l'identité de l'acheteur et la mention du nom de celui-ci sur le procès-verbal d'adjudication ne vaut pas jusqu'à inscription de faux. Il s'ensuit que la partie poursuivie pour être inscrite comme adjudicataire sur l'acte peut prouver par tout moyen qu'elle n'a pas manifesté sa volonté d'acquérir[1].

0716.79 Indication de la nature du bien et du montant de l'adjudication. Elle facilite la détermination, lors de la distribution des deniers, des sommes sur lesquelles devront s'exercer les privilèges invoqués par certains créanciers (gagiste, vendeur d'effets mobiliers impayés, bailleur, Trésor, conservateur, voiturier, *etc.*)[2].

SECTION 4
CONSÉQUENCES DE LA VENTE

0716.81 Représentation du prix par l'officier vendeur. Il est responsable de la représentation du prix de la vente (C. pr. exéc., art. L. 221-4, al. 2). Il peut donc être tenu, sur le fondement de ce texte, d'indemniser les créanciers lorsqu'il a accepté de consentir un délai à l'adjudicataire pour le paiement du prix, ou de recevoir un chèque sans provision. Il a été jugé que le commissaire-priseur ne peut s'exonérer qu'en rapportant la preuve que les délais de paiement ont été accordés à l'adjudicataire à la demande expresse du vendeur et sous sa seule responsabilité[3]. En l'absence d'une telle demande, il le fait à ses risques et périls même si l'acheteur est connu de lui[4]. En cas de défaut de versement par l'acquéreur, l'action du créancier vendeur contre le commissaire-priseur doit prendre la forme d'une demande en paiement de dommages-intérêts et non en paiement du prix non réglé, le procès-verbal d'adjudication n'ayant pas eu pour effet de mettre à sa charge une obligation de nature contractuelle[5]. La prescription de l'action en responsabilité est de 5 ans à compter de l'adjudication (v. s^s^ n° 0716.61).

0716.82 Transfert de propriété. L'adjudicataire qui a payé le prix devient propriétaire du bien. L'annulation postérieure de la saisie n'a pas pour effet de remettre en question le transfert de la propriété, le débiteur pouvant seulement réclamer la restitution du produit de la vente (C. pr. exéc., art. R. 221-54, al. 2). L'adjudicataire ne peut être évincé, s'il est entré en possession, que par un propriétaire victime d'un vol ou d'une perte, à condition que celui-ci lui rembourse le prix que le bien lui a coûté. Il en est ainsi même si le revendiquant est un bailleur d'immeuble invoquant le privilège que lui accorde l'article 2332 C. civ.[6], sur les meubles déplacés sans son consentement (C. civ., art. 2277, al. 1er et 2 [anc. art. 2280]). Il peut cependant opposer au propriétaire originaire son droit de rétention jusqu'au remboursement du prix.

La procédure de saisie s'achève par la vente des biens saisis qui fait sortir ceux-ci du patrimoine du débiteur. C'est la vente effective et non le procès-verbal de vérification des biens qui marque le terme de la mesure d'exécution[7]. Par conséquent, tant que la vente n'est pas consommée, la règle de la suspension des poursuites individuelles doit s'appliquer en cas de survenance d'une procédure collective[8]. Par la vente du bien, la saisie produit un effet attributif qui, s'il intervient avant le jugement d'ouverture, fait obstacle à la règle de l'arrêt des voies d'exécution et celle de la caducité des procédures de distribution n'ayant pas produit cet effet attributif antérieurement à la décision de sauvegarde ou de redressement tels que prévus par les articles L. 622-21 (II) et R. 622-19 (al. 1er) C. com.[9]

1. Civ. 1re, 10 févr. 1998, no 96-11.868, P I, no 54 ; *JCP* 1998. IV. 1713.
2. Sur la responsabilité civile du commissaire-priseur en cas d'erreur sur la description des objets mis en vente : S. Crevel, « Le commissaire-priseur face à ses responsabilités », *Rev. huiss.* 1998. 1153.
3. Paris, 26 mai 1937, *DH* 1937. 369.
4. Versailles, 22 oct. 1984, *Gaz. Pal.* 1985. 1. 13, note A. Damien.
5. Civ. 1re, 30 juin 1998, no 96-19.631, P I, no 230 ; *Gaz. Pal.* 1998. Pan. 308.
6. C. civ., anc. art. 2102 (mod. par Ord. no 2006-346, 23 mars 2006).
7. Civ. 2e, 19 mai 1998, no 96-12.944, P II, no 161 ; *D.* 1998. 405, concl. Tatu.
8. V. AUSSI : Com. 2 févr. 1999, no 96-17.517, P IV, no 36 ; *D.* 1999. IR 63.
9. Com. 27 mars 2012, no 11-18.585, P IV, no 69 ; *D.* 2012. 942, obs. A. Lienhard ; *Dict. perm. diff. entreprises, Bull.* no 336, obs. Bémery ; *Act. pr. coll.* 2012, p. 141, obs. P. Cagnoli.

CHAPITRE

0717. Distribution du prix provenant de la vente amiable ou forcée

René Lauba
Magistrat honoraire

SECTION 0
Orienteur

0717.00 Sommaire du chapitre.

Division. Le prix résultant de la vente amiable ou forcée, caractérisée par son insaisissabilité, fait l'objet d'une distribution simplifiée ou complexe selon qu'elle se déroule en présence d'un ou de plusieurs créanciers (sect. 1) et dans ce dernier cas, après une répartition amiable ou judiciaire (sect. 2).

0717.01 Textes applicables.

• **C. pr. exéc.,** art. L. 221-4 à L. 221-6, L. 251, R. 251-1 à R. 251-10.

0717.03 Bibliographie indicative.

Actualisable. Rép. pr. civ., v° *Saisie-vente*, par N. Fricero, déc. 2011 (actu. mars 2025), n°s 116 à 162.

Ouvrages[1]. A. Leborgne, *Droit de l'exécution*, 3e éd., « Précis », Dalloz, 2019, [distribution amiable] n°s 1646 s., [distribution judiciaire] n°s 1658 s. – R. Perrot et Ph. Théry, *Procédures civiles d'exécution*, 3e éd., Dalloz, 2013, [répartition des deniers], n°s 751-763.

1. Les ouvrages dont le nom des auteurs figure en petites capitales en bibliographie seront cités par le seul nom des auteurs en petites capitales en notes de bas de page.

SECTION 1
Distribution en présence d'un ou plusieurs créanciers

0717.11 Règles applicables. Les dispositions du Code des procédures civiles d'exécution concernant la saisie-vente, notamment ses articles L. 221-5 et L. 221-6, n'abordent que succinctement les conditions dans lesquelles les deniers provenant de la vente amiable ou forcée doivent être distribués. Il faut donc également se référer aux articles L. 251-1 s., surtout, R. 251-5 s. du même code qui régissent la distribution des produits issus des procédures d'exécution mobilières dont la portée est générale.

Les modalités de cette distribution étant étudiées de façon détaillée aux n°s 1521.00 s. du présent ouvrage, seules sont examinées ci-après les règles intéressant plus particulièrement la saisie-vente. Il ressort des dispositions spéciales et générales des textes susvisés, que le prix de la vente amiable ou forcée est strictement réservé au créancier saisissant, s'il est seul dans la procédure, ou à tous ceux qui ont manifesté l'intention, dans les délais impartis, de participer à sa distribution. Dans ce dernier cas, la procédure se complexifie car il faut organiser entre les créanciers saisissants, opposants et éventuellement titulaires d'une sûreté, une répartition qui peut être consensuelle ou, à défaut, judiciaire.

0717.12 Insaisissabilité du prix. Sauf disposition contraire, il ne peut être procédé à aucune saisie sur le prix de la vente (C. pr. exéc., art. L. 221-4, al. 2). Il s'agit d'éviter qu'un *outsider* procédant par voie de saisie-attribution ou de saisie administrative à tiers détenteur, ne se fasse attribuer le produit de la vente amiable ou de l'adjudication, en ruinant ainsi les efforts de ceux qui, jusque-là, ne pouvaient compter que sur les meubles corporels pour recouvrer leur créance. Il faut toutefois préciser que le produit de la vente peut être distrait au profit d'un tiers qui justifie être propriétaire du bien vendu si sa demande est formée avant sa distribution aux créanciers (v. s^s n° 0719.68).

0717.13 Remise du prix à un unique créancier. S'il n'y a qu'un seul créancier, le produit de la vente lui est simplement remis, à concurrence de ce qui lui est dû en principal et accessoires, au plus tard dans le mois de la vente forcée ou du paiement du prix de vente amiable. Dans ce même délai, le solde éventuel est versé au débiteur (C. pr. exéc., art. R. 251-1, al. 1er). À l'expiration du délai d'un mois précité et jusqu'à leur remise, les sommes dues produisent intérêt au taux légal (C. pr. exéc., art. R. 251-1, al. 2). Ce délai peut être prorogé par un accord des parties ou par une ordonnance du JEX (C. pr. exéc., art. R. 251-9). Cette procédure de distribution simple se complexifie en présence de plusieurs créanciers en concours.

0717.14 Répartition du prix entre plusieurs créanciers. En cas de concours entre les créanciers ayant fait valoir leur droit sur le prix, l'agent chargé de la vente leur propose une répartition amiable qui prend la forme d'un projet soumis à leur agrément dans le mois de la vente forcée ou du paiement, dans l'hypothèse d'une vente amiable. Ce délai peut être prorogé par un accord des parties ou par une ordonannce du JEX (C. pr. exéc., art. L. 221-6, al. 1er, R. 251-2, al. 1er, R. 251-3 et R. 251-9).

Lorsque le projet de répartition a été contesté et que la tentative de conciliation qui s'en est suivie n'a pas abouti à un accord, l'agent précité consigne les fonds et saisit le JEX pour qu'il procède à la répartition du prix (C. pr. exéc., art. L. 221-6, al. 2, R. 251-6, al. 1er, et R. 251-8, al. 1er et 2). Celui-ci peut également être saisi lorsque les délais de préparation du projet de répartition ne sont pas respectés (C. pr. exéc., art. R. 251-10, al. 1er – Sur les modalités de la répartition, v. s^s n°s 0717.21 s.).

SECTION 2
RÉPARTITION AMIABLE OU JUDICIAIRE

0717.21 Personnes admises à participer à la distribution du prix. Seuls sont admis à faire valoir leurs droits sur le prix de la vente, les créanciers saisissants ou opposants qui se sont manifestés avant la vérification des biens et ceux qui, avant la saisie, ont procédé à une mesure conservatoire sur les mêmes biens (C. pr. exéc., art. L. 221-5). Cette liste a été complétée par l'ordonnance du 15 septembre 2021[1] (art. 30, 3°) qui y a ajouté les créanciers ayant publié une sûreté sur le bien vendu avant qu'il ne soit saisi.

Rappelons à cet égard que les créanciers ayant pratiqué une saisie conservatoire ou inscrit une sûreté sur les biens vendus avant qu'ils ne soient saisis perdent leur droit de concourir à la distribution du prix s'ils n'ont pas fait connaître la nature et le montant de leur créance dans les quinze jours de la réception de la LRAR les informant de la proposition de vente amiable du débiteur ou de l'enlèvement en vue de la vente forcée. Ils peuvent cependant faire valoir leur droit sur un solde éventuel après la répartition (v. s^s n° 0716.46 et 0716.47).

À noter que le projet de répartition est notifié, à tous les créanciers y compris ceux qui ne seraient pas compris dans ladite répartition faute de s'être manifestés dans les délais impartis (C. pr. exéc., art. R. 251-4, al. 1er).

Ces dispositions s'appliquent lorsque le produit de l'adjudication est insuffisant pour les désintéresser tous. Ils doivent alors contribuer à la perte, chacun à proportion du montant de sa créance, sauf à invoquer une cause légitime de privilège (v. s^s n°s 15.00 s.).

0717.22 Projet de répartition, élaboration et contestation. Lorsque plusieurs créanciers se sont manifestés dans les délais prescrits pour participer à la distribution du prix de leur gage commun, l'agent chargé de la vente élabore un projet de répartition au vu des indications figurant dans le commandement et dans les actes d'opposition, ainsi que de celles prescrites par les articles L. 522-13 et L. 522-14 C. pr. exéc. dans l'hypothèse d'une saisie conservatoire antérieure. Ce projet est établi et communiqué par LRAR, au débiteur et à chacun des créanciers, y compris à ceux qui se sont manifestés tardivement, dans le délai d'un mois (C. pr. exéc., art. R. 251-2, R. 251-3 et R. 251-4, al. 1er).

À défaut de contestation dans les quinze jours de sa réception par ses destinataires, le projet est réputé accepté et les paiements sont effectués (C. pr. exéc., art. R. 251-4, al. 2, 1° et 2°, et R. 251-5).

En cas de contestation, l'agent chargé de la vente convoque les parties à une tentative de conciliation. La copie de l'acte constatant l'accord leur est remise ou adressée par lettre simple (C. pr. exéc., art. R. 251-6 et R. 251-7).

En l'absence de conciliation, le dossier est transmis au JEX du lieu de la vente, accompagné des pièces nécessaires et du procès-verbal exposant les difficultés rencontrées. Les sommes à répartir sont consignées à la Caisse des dépôts et consignations (C. pr. exéc., art. R. 251-8).

Par ailleurs, si les délais impartis pour la préparation du projet de répartition ne son tpas respectés,

1. Ord. n° 2021-1192, 15 sept. 2021, portant réforme du droit des sûretés, *JO* 16 sept., texte 19, art. 30, 3°.

tout intéressé peut saisir le JEX pour qu'il procède à la répartition (C. pr. exéc., art. R. 251-10, al. 1er).

0717.23 Paiement des créanciers en concours. Lorsque le projet de répartition est devenu définitif, faute de contestation dans le délai prescrit, l'agent chargé de la vente paie les créanciers ayant mis en œuvre une mesure d'exécution forcée (saisie-vente, opposition-jonction), ceux titulaires d'un gage garantissant une dette professionnelle et ceux qui ont publié une autre sûreté, s'ils disposent d'un titre exécutoire. Il consigne à la Caisse des dépôts et consignations les sommes revenant aux créanciers ayant pratiqué une mesure conservatoire et à ceux ayant publié une sûreté sans disposer d'un titre exécutoire. Ces sommes sont payées, aux premiers après signification d'un acte de conversion et aux seconds, après obtention du titre dont ils étaient dépourvus (C. pr. exéc., art. R. 251-5).

Les sommes versées sont celles retenues par le projet, y compris les frais encourus et les intérêts échus depuis le commandement de payer ou les actes d'opposition-jonction (C. pr. exéc., art. R. 251-2, al. 2).

Lorsque la tentative de conciliation consécutive à la contestation du projet de répartition a abouti à un accord, les sommes dues aux créanciers en principal, intérêts et frais, sont payées dans un délai d'un mois au plus tard, sous peine de porter intérêt au taux légal, passé ce délai. Il en est de même pour le solde éventuel revenant au débiteur (C. pr. exéc., art. R. 251-7 et R. 251-1).

Lorsqu'en cas d'inertie de l'agent chargé de la vente dans la préaparation du projet, le JEX a dû procéder à la répartition, les paiements sont effectués huit jours, au plus tard, après que celle-ci est devenue définitive, faute de quoi les sommes dues portent intérêt au taux légal (C. pr. exéc., art. R. 251-10, al. 1er et 2).

CHAPITRE

0718. Incidents de saisie : opposition des créanciers

René Lauba
Magistrat honoraire

Section 0
Orienteur

0718.00 **Sommaire du chapitre.**

Division. La saisie-vente de meubles corporels de droit commun peut faire l'objet d'incidents de saisie émanant d'une opposition des créanciers : après un aperçu des généralités de cette opposition (sect. 1), nous en étudierons les conditions et formalités (sect. 2), la mise en œuvre (sect. 3), les conséquences (sect. 4) puis les relations inter-saisies (sect. 5).

0718.01 **Textes applicables.**

• **C. pr. exéc.**, art. L. 111-7, L. 121-2, L. 142-3, L. 221-1 à L. 221-5, R. 141-4, R. 221-1 à R. 221-3, R. 221-12, R. 221-16, R. 221-23, R. 221-31, R. 221-41 à R. 221-48.

0718.02 **Jurisprudence de référence.**

> Saisie-attribution. Mainlevée de plein droit en cas de perte de fondement juridique.

• **Civ. 2e, 21 janv. 1998,** n° 95-20.114, P II, n° 24

* V. ss nos 0214.22, 0718.53, 0811.54, 0841.12, 0971.283, 0971.302, 0971.372

L'annulation du titre exécutoire sur le fondement duquel a été pratiquée une saisie-attribution qui, en l'absence de paiement par le tiers saisi, n'a pas produit son plein effet, emporte de plein droit mainlevée de la saisie.

0718.03 **Bibliographie indicative.**

Actualisables. Rép. pr. civ., v° *Saisie-vente*, par N. Fricero, déc. 2011 actu. (mars 2025), nos 166 à 183 –*J.-Cl. Pr. civ.,* V° Saisie-vente, fasc. 1600-80, Incidents, par. N. Casal.

Ouvrages[1]. A. Leborgne, *Droit de l'exécution*, 3e éd., « Précis », Dalloz, 2019, [incidents de la saisie-vente : opposition-jonction des créanciers], nos 1410 s. – R. Perrot et Ph. Théry, *Procédures civiles d'exécution*, 3e éd., Dalloz, 2013, [incidents de la saisie-vente : opposition des créanciers], nos 651-657.

0718.05 **Nature et compétence.** La saisie-vente ne crée aucun privilège au profit du créancier premier saisissant (v. ss n° 0714.72). Il est donc permis aux créanciers postérieurs de se joindre à la saisie déjà faite pour participer aux fruits qu'elle aura produits et même de l'enrichir, en y ajoutant d'autres biens. C'est l'application à la saisie-vente, du principe selon lequel le débiteur répond de ses obligations sur tous ses biens, lesquels constituent le gage commun de l'ensemble de ses créanciers qui viennent en concours sur leur prix de cession, amiable ou forcée.

Les rapports entre ces créanciers concurrents qui peuvent parfois se trouver en opposition d'intérêts, sont régis dans la partie réglementaire du Code des procédures civiles d'exécution. Toutefois, cette concurrence ne retarde pas le cours des opérations car le règlement des conflits éventuels, le plus souvent nés de l'invocation d'un privilège, est différé jusqu'à la distribution des deniers, l'opposition donnant seulement à l'intervenant le droit de surveiller la procédure.

Section 1
Généralités

0718.11 **Saisie sur saisie ne vaut.** Cet adage signifie que les biens saisis ne peuvent l'être une seconde fois par une saisie distincte. Le nouveau créancier ou le créancier originaire qui veut recouvrer une nouvelle créance, peut seulement se joindre à la première saisie par une opposition qui lui permet de

1. Les ouvrages dont le nom des auteurs figure en petites capitales en bibliographie seront cités par le seul nom des auteurs en petites capitales en notes de bas de page.

participer à la distribution du prix de la vente[1]. Mais l'adage ne fait pas obstacle à l'extension de l'assiette de la saisie initiale à des biens qui n'y étaient pas compris, par l'établissement d'un inventaire complémentaire.

0718.12 Auteur de l'opposition. L'opposition peut émaner d'un nouveau créancier qui se présente pour saisir les mêmes biens que ceux objet de la saisie originaire. Il peut en profiter pour y ajouter de nouveaux biens que son prédécesseur n'avait pas découverts ou qui ne se trouvaient pas encore dans le patrimoine du débiteur lors de la première mesure. Il n'y a pas d'abus pour un nouveau créancier, à saisir des meubles déjà rendus indisponibles par un prédécesseur[2].

Elle peut aussi émaner du créancier premier saisissant s'il veut assurer le recouvrement d'une nouvelle créance, non visée par le commandement relatif à la mesure initiale ou étendre l'assiette de celle-ci à d'autres biens.

0718.13 Information de l'opposant. L'article R. 141-4 C. pr. exéc. met à la charge du débiteur dont les biens sont déjà saisis, un devoir général d'information qui l'oblige à faire connaître à tout nouveau créancier saisissant les mêmes biens, l'existence d'une saisie antérieure ainsi que l'identité de celui qui y a procédé. Il est également tenu de lui communiquer l'acte de saisie. Ce devoir d'information qui pèse également sur le tiers, doit être rappelé aux intéressés par le commissaire de justice qui pratique une saisie-vente, verbalement s'ils sont présents aux opérations (C. pr. exéc., art. R. 221-15 et R. 221-21) et par écrit dans l'acte leur signifiant la saisie, s'ils sont absents (C. pr. exéc., art. R. 221-18 et R. 221-25). C'est donc le plus souvent à l'occasion d'une tentative de saisie que les nouveaux créanciers apprendront l'existence d'une saisie antérieure. Dans cette hypothèse, qui sera la plus fréquente, l'article R. 221-44 C. pr. exéc. prévoit que le créancier auquel le débiteur présente l'acte établi lors de la précédente saisie procède par voie d'opposition et peut pratiquer sur-le-champ une saisie complémentaire. Il doit concrètement convertir en acte d'opposition le procès-verbal préparé à l'avance.

En pratique rares seront les cas dans lesquels un nouveau créancier saura à l'avance qu'il devra procéder par voie d'opposition et préparer, *ab initio*, un projet d'acte comportant les mentions particulières prévues par l'article R. 221-42 C. pr. exéc. Il pourra notamment connaître l'existence de la première mesure s'il a recours au même huissier que le créancier originaire.

S'il s'avère que le débiteur garde le silence et laisse le nouveau créancier saisir des biens précédemment appréhendés, le procès-verbal dressé à cette occasion ne devrait pas être nul mais vaudrait comme acte d'opposition et, le cas échéant, comme inventaire complémentaire.

SECTION 2
CONDITIONS ET FORMALITÉS

0718.21 Condition de recevabilité. Aucune opposition ne peut être reçue après la vérification des biens (C. pr. exéc., art. R. 221-41, al. 2). Le créancier saisissant ou opposant qui se manifeste après l'acte de vérification n'est pas admis à faire valoir ces droits sur le prix de la vente (C. pr. exéc., art. L. 221-5).

0718.22 Condition de fonds. Selon l'article R. 221-41 alinéa 1er C. pr. exéc., tout créancier réunissant les conditions prescrites par l'article L. 221-1 du même code, peut se joindre à une saisie déjà pratiquée au moyen d'une opposition, en procédant au besoin à une saisie complémentaire.

0718.23 Titre exécutoire constatant une créance liquide et exigible. La référence à l'article L. 221-1 C. pr. exéc. suppose donc que le créancier opposant doit détenir un titre exécutoire constatant une créance liquide et exigible. Elle exclut par conséquent, toute possibilité pour celui qui ne justifie pas d'un tel titre, de faire opposition même à titre conservatoire. Seul le créancier qui aurait pratiqué une saisie conservatoire avant le procès-verbal de saisie-vente du premier saisissant, pourra participer à la distribution des deniers (C. pr. exéc., art. L. 221-4).

0718.24 Subsidiarité. Bien que l'article R. 221-41 C. pr. exéc. ne fasse pas référence à l'article L. 221-2 du même code, on doit considérer que l'opposition (ou la saisie complémentaire), pour le recouvrement d'une créance autre qu'alimentaire inférieure à 535 euros[3,4] ne peut être pratiquée, dans un local servant à l'habitation du débiteur, qu'avec l'autorisation préalable du juge de l'exécution (JEX) ou que si aucune mesure d'exécution n'est possible sur les salaires ou sur les comptes bancaires du débiteur.

Le principe de subsidiarité adopté par l'article L. 221-2 C. pr. exéc. a une portée générale et s'applique aussi bien à la saisie initiale qu'à la saisie complémentaire.

1. Paris, JEX, 15 janv. 1996, *Juris-Data* nº 042636.
2. TGI Rennes, JEX, 21 juin 1994, *Rev. huiss.* 1995. 1270.
3. Anc[t] 3 500 F.
4. Selon Décr. nº 2001-373, 27 avr. 2001, portant adaptation de la valeur en euros de certains montants exprimés en francs (dispositions réglementaires issues de décrets en Conseil d'État : justice), art. 3, IV, *JO* 29 avr., texte nº 15.

0718.25 Formalités préalables. (V. s[s] n°s 0718.26 et 0718.27).

0718.26 Commandement. La référence aux conditions prescrites par l'article L. 221-1 C. pr. exéc. peut donner à penser de prime abord, que l'acte d'opposition doit être précédé d'un commandement délivré huit jours à l'avance et comportant les mentions requises par l'article R. 221-1 C. pr. exéc. Cependant, la lecture de l'article R. 221-42 du même code énumérant les mentions obligatoires de l'acte d'opposition pourrait laisser penser le contraire. Ces mentions sont justement celles prescrites pour le commandement de payer, notamment l'indication du décompte détaillé de la créance en principal et accessoires, y compris le taux d'intérêt appliqué. Ces informations qui ne sont pas exigées par les articles R. 221-16 et R. 221-23 C. pr. exéc. pour l'acte de saisie-vente initial, n'auraient pas besoin de figurer dans l'acte d'opposition si celui-ci devait être précédé par un commandement de payer.

Il convient en outre de relever que lorsque l'opposition émane du créancier originaire qui entend augmenter, en saisissant de nouveaux biens, ses chances de recouvrer les sommes réclamées dans le commandement afférent à la saisie initiale, on voit mal l'intérêt de le contraindre à réitérer celui-ci et ce, alors même qu'il a une durée de validité de deux ans.

En fait, le commandement de payer préalable, qui a pour seul objet de ménager au débiteur une ultime chance d'éviter la saisie par un règlement immédiat total ou partiel, deviendrait inutile lorsque cette saisie est déjà pratiquée. C'est un constat du même ordre qui a conduit le législateur, en matière de saisie des rémunérations, à limiter la tentative de conciliation devant le juge à la seule saisie initiale, en l'excluant en cas d'intervention ultérieure (C. trav., art. R. 3252-30).

Quoi qu'il en soit, la question présente un intérêt limité en pratique car la plupart des créanciers opposants auront déjà délivré leur commandement lorsqu'ils apprendront l'existence de la saisie antérieure (sauf à le convertir en acte d'opposition en cas de découverte de la première saisie à ce stade).

Il reste cependant que l'article L. 142-3 C. pr. exéc. dont la portée est générale, dispose que la pénétration dans un lieu servant à l'habitation ne peut se faire qu'à l'expiration d'un délai de huit jours à compter d'un commandement de payer. Certains commentateurs pensent d'ailleurs que la référence à l'article L. 221-1 C. pr. exéc. oblige le créancier opposant à délivrer ce commandement au débiteur, avec toutes les mentions d'informations obligatoires requises par l'article R. 221-1 C. pr. exéc. Il considère que cette formalité est notamment indispensable lorsqu'il s'agit d'ajouter une nouvelle créance à celle déjà garantie par la saisie initiale. Elle le serait tout autant lorsque l'opposition vise à étendre la mesure à d'autres biens, car il s'agit en fait d'une nouvelle saisie.

Quoi qu'il en soit, si la nouvelle créance est inférieure à 535 euros, il faudra sans doute délivrer, dans le cadre de la mise en œuvre du principe de subsidiarité, le commandement-injonction prévu par l'article R. 221-3.

0718.27 Autorisation de pénétrer dans l'habitation d'un tiers. Il faudra également solliciter au préalable, l'autorisation du JEX si la mesure doit être pratiquée dans le local d'habitation d'un tiers. En effet, l'opposition-jonction comme l'inventaire complémentaire vont nécessairement le troubler à nouveau dans l'intimité de sa vie privée et ce, de la même manière que l'avait fait la saisie initiale. Il n'y a donc pas de raison, alors qu'il est étranger aux relations existant entre le créancier opposant et le débiteur, de supprimer en l'occurrence l'autorisation préalable du JEX.

SECTION 3
MISE EN ŒUVRE

0718.31 Opposition-jonction. Elle consiste à se joindre à une saisie déjà faite. Elle prend la forme d'un acte extrajudiciaire par lequel le nouveau créancier manifeste l'intention de participer à la distribution du prix de la vente des biens saisis. Si elle influence le déroulement des opérations, elle ne tend pas à les interrompre ou à remettre en cause les conséquences qu'elles ont produites.

0718.32 Forme et mentions. L'opposition est formée par un acte du commissaire de justice qui contient à peine de nullité, l'indication du titre exécutoire en vertu duquel elle est formée, le décompte distinct des sommes réclamées en capital, frais et intérêts échus, avec mention du taux appliqué (C. pr. exéc., art. R. 221-42, al. 1er).

Le commissaire de justice n'a donc pas à dresser un nouvel inventaire des biens déjà saisis avant son intervention. Toutefois, l'inventaire précédemment établi doit avoir été dressé à l'occasion d'une saisie-vente et non d'une procédure collective. Ainsi, un procès-verbal de récolement établi à partir d'un inventaire dressé dans le cadre d'une procédure collective a été jugé irrégulier dès lors que ce procès-verbal ne se référait pas à un acte de saisie antérieure [1].

0718.33 Signification au premier saisissant. Cette formalité est nécessaire car le créancier premier saisissant a intérêt à connaître l'intervention

1. TGI Périgueux, JEX, 17 févr. 1994, *D.* 1994. Somm. 344, obs. P. Julien.

du nouveau créancier afin de pouvoir en tenir compte lors de la distribution du prix. Il doit aussi être informé de l'opposition-jonction de ce concurrent pour pouvoir vérifier sa régularité et demander, le cas échéant, son annulation au JEX. Le créancier premier saisissant peut ainsi contester la validité de l'acte d'opposition au motif qu'il ne mentionne pas les références précises des titres exécutoires (numéros d'articles et date de mise en recouvrement des rôles d'imposition) fondant les poursuites engagées par le Trésor public. Toutefois, cette irrégularité peut être couverte par la production de ces titres en cours d'instance, dès lors que ceux-ci indiquent la base, la nature, le montant de chaque imposition ainsi que la date de sa mise en recouvrement[1]. Bien évidemment, cette information est sans objet si l'opposition émane du premier saisissant qui entend ajouter une nouvelle créance ou saisir de nouveaux biens (C. pr. exéc., art. R. 221-42, al. 2).

0718.34 Signification au débiteur. Celui-ci a également intérêt à être informé pour le cas où il aurait des motifs de contestation à faire valoir (C. pr. exéc., art. R. 221-42, al. 2).

0718.35 Extension de la saisie initiale. Tout créancier opposant peut étendre la saisie initiale à d'autres biens qui n'y étaient pas compris. Ces derniers peuvent avoir été omis dans l'inventaire dressé par le premier saisissant en raison, soit de leur dissimulation par le débiteur, soit de leur entrée dans son patrimoine à une date ultérieure. C'est par l'examen de l'inventaire initial remis par le débiteur que le commissaire de justice peut déterminer les nouveaux effets mobiliers à saisir.

0718.36 Inventaire complémentaire. L'extension de la saisie initiale prend la forme d'un inventaire complémentaire dressé dans les conditions des articles R. 221-12, R. 221-16, R. 221-43 C. pr. exéc.

Cet inventaire vient s'ajouter à l'acte d'opposition relatif aux biens déjà saisis. Il convient de se reporter à la section relative aux opérations de saisie (v. s[s] n°s 0714.01 s. et 0714.54)[2].

0718.37 Signification de l'inventaire. L'inventaire complémentaire doit être signifié au débiteur et au créancier premier saisissant (C. pr. exéc., art. R. 221-43, al. 2). Mais cette formalité est sans objet si c'est le premier saisissant qui a étendu sa saisie initiale à d'autres biens. L'acte d'opposition et l'inventaire complémentaire seront signifiés séparément s'ils sont établis à des dates différentes. Ils devront l'être en même temps et dans le même exploit, s'ils sont contemporains. L'article R. 221-44 C. pr. exéc. le prévoit d'ailleurs expressément lorsque, à l'occasion d'une saisie, le débiteur présente au créancier l'acte établi lors d'une précédente saisie.

SECTION 4
CONSÉQUENCES DE L'OPPOSITION

0718.41 Poursuite de la vente par le seul premier saisissant. L'opposition n'a pas de conséquence fondamentale sur la suite des opérations. « *Le créancier premier saisissant poursuit seul la vente* » (C. pr. exéc., art. R. 221-43 *in fine*). Il s'agit d'une mesure d'ordre et de simplification qui dispense les créanciers opposants de procéder aux formalités préparatoires. Ils peuvent se contenter d'attendre de pouvoir participer à la distribution des deniers tout en surveillant le bon déroulement de la suite des opérations. Le commissaire de justice du premier saisissant doit leur communiquer les propositions de vente amiable du débiteur (C. pr. exéc., art. R. 221-31).

0718.42 Vente de l'ensemble ou vente séparée. En cas d'extension de la saisie initiale, le créancier premier saisissant procède à la vente de l'ensemble des biens saisis par lui-même et les opposants. Toutefois, la vente forcée de l'ensemble de ces objets ne peut avoir lieu qu'à l'expiration de tous les délais impartis pour leur vente amiable (C. pr. exéc., art. R. 221-45, al. 1er). Le défaut de respect de l'article 122 et notamment, l'enlèvement des biens le jour même de la saisie complémentaire, justifie la restitution de ceux-ci au débiteur[3]. Afin d'éviter des contretemps trop importants, l'article R. 221-45 C. pr. exéc. permet la vente séparée et immédiate, de ceux des biens pour lesquels les délais de vente amiable sont expirés avec l'accord du débiteur ou avec l'autorisation du JEX. Cet accord ou cette autorisation ne sont pas nécessaires si les formalités de publicité avaient déjà été effectuées au moment de l'opposition. Il est en effet normal de ne pas multiplier les débours et d'éviter de faire déplacer inutilement les amateurs déjà avertis par les affiches et annonces.

0718.43 Substitution d'un créancier opposant. Lorsque, à l'expiration des délais prévus le créancier premier saisissant fait preuve d'inertie dans la poursuite des opérations, tout créancier opposant peut le sommer de procéder aux formalités de publicité requise et, en cas de persistance, se substituer à lui (C. pr. exéc., art. R. 221-46). Une telle attitude peut être observée lorsque le créancier originaire se rend compte qu'il sera primé par un ou plusieurs créanciers ultérieurs bénéficiant d'un privilège. Le manque de zèle peut aussi s'expliquer par un accord de règlement

1. Com. 3 mars 2004, n° 01-12.450, NP ; *Dr. et proc.* 2004. 178.
2. POUR UNE APPLICATION de ces dispositions, TGI Dijon, 1er févr. 1994, *Rev. huiss.* 1994. 700, obs. G. Dahan.
3. TGI Dijon, JEX, 15 mars 1994, *Rev. huiss.* 1994. 664.

avec le débiteur qui ne profite pas aux créanciers opposants, lesquels pâtissent, au contraire, du délai octroyé.

0718.44 **Sommation.** Le créancier qui entend être substitué dans les poursuites doit délivrer au premier saisissant une sommation de procéder, dans un délai de huit jours, aux formalités de la mise en vente forcée. À défaut de déférer à cette mise en demeure, l'opposant lui est subrogé de plein droit.

0718.45 **Remise de pièces.** La substitution a pour effet de décharger le créancier originaire de ses obligations et d'investir l'opposant de la conduite des opérations. Le premier saisissant doit mettre les pièces utiles à sa disposition.

SECTION 5
RELATIONS INTER-SAISIES

0718.51 **Mainlevée et nullité, notions respectives.** Certains incidents, comme la mainlevée ou l'annulation de la saisie initiale, peuvent avoir un certain retentissement sur l'ensemble de la procédure de saisie-vente, notamment en ce qui concerne les oppositions-jonction. Il apparaît donc utile de définir les notions respectives de « *mainlevée* » et de « *nullité* », les rédacteurs du décret de 1992 ayant pris soin de réglementer dans deux articles distincts, les conséquences produites par l'une et par l'autre.

La nullité est la sanction d'un vice de forme ou de fond qui fait disparaître rétroactivement l'acte judiciaire ne remplissant pas les conditions requises pour sa validité, tandis que la mainlevée est une conséquence de la volonté du créancier ou de l'ordre du juge qui arrête les effets d'une saisie ou d'une opposition, indépendamment de toute irrégularité formelle ou de toute absence de fondement.

0718.52 **Mainlevée de la saisie-vente.** Elle ne peut résulter que d'une décision du juge ou de l'accord du créancier saisissant et des créanciers opposants (C. pr. exéc., art. R. 221-47)[1].

En employant le terme « saisie-vente » et non l'expression « première saisie » comme il l'a fait dans l'article R. 221-48 C. pr. exéc. relatif à la nullité, le réformateur a entendu montrer que la saisie-vente constitue un tout, un ensemble solidaire comportant la saisie initiale, les oppositions et les saisies complémentaires. Sa mainlevée ne peut donc être que globale.

0718.53 **Mainlevée judiciaire.** D'une manière générale, la mainlevée ordonnée par le juge est fondée sur la constatation d'un paiement postérieur à la saisie qui rend celle-ci sans objet. Quoique régulière et fondée au moment où elle a été pratiquée, le créancier qui a reçu un paiement intégral ultérieur, n'a plus aucune raison de la laisser persister.

Elle peut être également fondée sur le caractère inutile ou abusif de la saisie (C. pr. exéc., art. L. 111-7 et L. 121-2).

Le juge estime que même régulière en la forme et fondée sur un titre exécutoire constatant une créance liquide et exigible, la mesure pratiquée ne peut être maintenue parce qu'elle est superflue ou préjudiciable au débiteur sans intérêt sérieux (saisie de bien sans valeur marchande ou dont la valeur excède de beaucoup le montant de la créance réclamée). S'il est fréquent qu'après avoir annulé une saisie le juge en donne mainlevée, cette disposition apparaît surabondante, la saisie irrégulière ou mal fondée disparaissant, avec tous ses effets, du seul fait de son annulation[2]. Si la cause de mainlevée ne se retrouve que dans la seule saisie initiale, le juge ne doit prononcer qu'une mainlevée partielle laissant subsister la saisie-vente au profit des créanciers opposants qui peuvent la poursuivre jusqu'à son terme.

0718.54 **Mainlevée amiable.** Le créancier premier saisissant peut, pour des raisons très diverses (réception d'un paiement postérieur à la saisie, accord de règlement avec le débiteur, reconnaissance de l'irrégularité soulevée par le saisi), accepter de donner mainlevée de la mesure sans attendre la saisine ou la décision du JEX. Cette mainlevée suppose l'accord du créancier saisissant et des créanciers opposants. En effet, le premier saisissant chargé de conduire la suite des opérations pour le compte de tous n'est plus libre de disposer de sa propre saisie. Il peut seulement renoncer à se prévaloir des effets qu'elle a produits à son égard. Mais, il ne peut en donner mainlevée si les autres créanciers déclarent vouloir en profiter. La procédure revêt ainsi un caractère collectif souligné par la plupart des commentateurs. L'accord de l'ensemble des créanciers saisissants et opposants fait donc disparaître la saisie-vente tout entière, saisie initiale, oppositions et saisies complémentaires.

La mainlevée ne se présume pas. Elle doit être formulée d'une manière expresse qu'elle résulte d'une décision unilatérale du saisissant ou d'un accord transactionnel entre le saisissant, les opposants et le débiteur. L'acte de mainlevée n'est cependant soumis à aucune forme de telle sorte que le recours à l'exploit de commissaire de justice n'est pas obligatoire. L'intervention d'un officier ministériel peut

1. SUR LA NOTION, LA FORME ET LES EFFETS DE LA MAINLEVÉE, v. D. Lebeau, « La mainlevée », *Rev. huiss.* 2004. 249.

2. Civ. 2e, 21 janv. 1998, no 95-20.114, P II, no 24 ; *D.* 1999. 233, note J.-J. Bourdillat ; *RTD civ.* 1998. 484, obs. R. Perrot.

s'avérer utile si la situation est complexe (pluralité de créanciers, présence d'un tiers-saisi).

0718.55 **Nullité de la saisie initiale.** La saisie-vente devient commune à tous les créanciers qui s'y sont joints par voie d'opposition. Par conséquent, les oppositions qui ne s'expliquent que par la saisie initiale devraient suivre le sort de la mesure principale sur laquelle elles reposent, lorsque celle-ci est annulée. Toutefois pour éviter qu'ils ne pâtissent d'un vice trouvant son origine en dehors de la procédure elle-même, l'article R. 221-48 C. pr. exéc. dispose que « *la nullité de la première saisie n'entraîne pas la caducité des oppositions si ce n'est lorsqu'elle résulte d'une irrégularité dans le déroulement des opérations de saisie* ». Par conséquent si la saisie initiale est annulée pour une cause tenant à l'absence de droits du créancier premier saisissant (parce qu'il a été intégralement réglé par suite d'une compensation ou de la déduction d'un acompte originairement omis, ou parce que son titre exécutoire à titre provisoire a été réformé), les oppositions peuvent lui survivre, la plus ancienne d'entre elles se substituant à la saisie initiale.

En revanche, lorsque l'irrégularité trouve sa source dans le déroulement des opérations de saisie (nullité du procès-verbal pour vice de forme tel que l'absence d'une mention obligatoire, défaut d'accomplissement d'une formalité prescrite, insaisissabilité ou appartenance à un tiers des biens saisis), l'annulation de la première saisie entraîne la caducité des oppositions.

Le commandement de payer n'est pas inclus dans la section II du chapitre I du titre II du Code des procédures civiles d'exécution, dans les opérations de saisie. Dans ces conditions, les irrégularités susceptibles de l'affecter ne peuvent avoir de retentissement sur la validité des oppositions.

Quoi qu'il en soit, que la nullité trouve son origine dans la créance du premier saisissant ou dans le déroulement des opérations, elle est dépourvue de conséquences sur la saisie complémentaire à laquelle l'article R. 221-48 alinéa 2 C. pr. exéc. reconnaît un caractère autonome.

CHAPITRE

0719. Incidents de saisie : contestation du débiteur ou des tiers

RENÉ LAUBA
MAGISTRAT HONORAIRE

SECTION 0
ORIENTEUR

0719.00 Sommaire du chapitre.

0719.01 Textes applicables.

• **C. pr. exéc.,** art. L. 112-2, L. 112-3, L. 122-1 ; R. 112-2, R. 121-2 à R. 121-5, R. 121-12 s., R. 121-22, R. 151-1 à R. 151-4, R. 221-1, R. 221-3, R. 221-5, R. 221-16, R. 221-23, R. 221-40, R. 221-48 à R. 221-56, R. 251-1 et R. 442-4.

• **C. civ.,** art. 544, 815-17, 1353, 1358, 1402, 1538, 1873-3 s., 1873-15, 2276, 2277, 2279 et 2332.

• **C. pr. civ.,** art. 112 à 121, 177, 643, 648, 654 s., 811, 840 et 841.

• **LPF,** art. L. 281, L. 283, R.*281-1 à R.*281-5 et R.*283-1.

• **CRPA,** art. L. 112-12, L. 114-2, L. 114-3, L. 114-5, L. 114-6, L. 412-3, R. 112-5, R. 112-11-1, R. 112-11-4, R. 114-4, R. 114-5.

• **CGCT,** art. L. 1617-5.

• **C. com.,** art. L. 642-19.

0719.02 Jurisprudence de référence.

> Saisie-vente. Action en distraction. Preuve par la possession. Caractère équivoque de la possession. Qualité pour agir en nullité.

• **Civ. 2e, 10 nov. 1998,** no 96-18.740, P II, no 270

* V. ss nos 0719.44, 0719.53, 0719.53, 0719.63, 0719.151

1o Justifie légalement sa décision de rejeter une demande de distraction de biens saisis formée par un locataire, la cour d'appel qui retient souverainement que la possession des meubles revendiquée par le locataire est équivoque du fait de sa cohabitation avec le débiteur propriétaire des lieux loués où se trouvent lesdits meubles.

2o Le locataire, tiers aux poursuites de saisie, n'est pas recevable à invoquer la nullité de la saisie prévue à l'article 131 du décret du 31 juillet 1992 [devenu art. R. 221-54 C. pr. exéc.] pour un vice de forme ou de fond autre que l'insaisissabilité du bien saisi.

> Action en distraction. Preuve de la propriété des meubles saisis.

• **Civ. 1re, 11 janv. 2000,** no 97-15.406, P I, no 5

* V. ss nos 0719.32, 0719.44

La propriété d'un bien se prouve par tous moyens ; doit être cassé l'arrêt qui pour rejeter la demande de mainlevée de la saisie énonce que la seule production des factures d'achat ne suffit pas à établir le droit de propriété et qu'il doit être exigé la production de pièces justifiant le paiement effectif des meubles ; [...].

> Titre exécutoire émis par l'État pour le recouvrement d'impôts, taxes, redevances. Compétence du juge de l'exécution pour connaître de la contestation de la régularité de la procédure d'exécution. Recours gracieux préalable.

• **Cass., avis, 14 mai 2001,** n° 01-00.002, P, n° 3

* V. s[s] n°s 0214.41, 0215.61, 0712.42, 0713.163, 0719.51, 0719.104

Dès lors qu'elle ne met pas en cause la créance sur laquelle sont fondées les poursuites dans son existence, son montant ou son exigibilité et qu'elle concerne la régularité de la procédure d'exécution, la contestation relève de l'opposition à poursuites qui ressortit au juge de l'exécution.

S'agissant de titres exécutoires émis par l'État pour le recouvrement d'impôts, taxes, redevances visés par l'article L. 281-1 du Livre des procédures fiscales, une telle contestation doit, à peine d'irrecevabilité, être précédée d'un recours gracieux devant l'administration fiscale, sous réserve que le redevable ait été informé du délai de ce recours, de ses modalités et de son destinataire, ainsi que des dispositions de l'article R. 281-5 du même Livre.

> Saisie-vente. Étendue de la saisine du juge de l'exécution.

• **Civ. 2e, 16 oct. 2003,** n° 01-02.245, P II, n° 308

* V. s[s] n°s 0214.85, 0719.12

Le juge de l'exécution, saisi de contestations relatives à une saisie-vente, n'a pas le pouvoir d'aménager l'exécution de la décision de justice, si ce n'est pour accorder un délai de grâce.

> Saisie-vente. Objet de l'action en distraction de biens saisis.

• **Civ. 2e, 25 oct. 2007,** n° 06-19.071, P II, n° 243

* V. s[s] n°s 0144.90, 0719.62

En matière de saisie-vente, l'action en distraction, prévue à l'article 128 du décret du 31 juillet 1992 relatif aux procédures civiles d'exécution, ne peut porter que sur la propriété des biens saisis, de sorte que le demandeur à l'action ne peut se prévaloir de la prescription de la créance, cause de la saisie.

> Force exécutoire subordonnée à une notification régulière.

• **Civ. 2e, 15 janv. 2009,** n° 07-20.472, P II, n° 18

* V. s[s] n°s 0511.72, 0719.131

Pour l'application de l'article 656 du Code de procédure civile, la mention « nom sur la boîte aux lettres », ne constitue pas à elle seule, une vérification suffisante de ce que le destinataire de l'acte demeure bien à l'adresse de signification, alors qu'une précédente signification a été effectuée à une autre adresse.

Les jugements doivent être notifiés aux parties elles-mêmes et lorsque la décision concerne plusieurs personnes, la notification doit être faite séparément à chacune d'elles, même si la décision qui leur est signifiée les condamne solidairement et si elles habitent à la même adresse.

> L'omission de la formule exécutoire constitue une irrégularité de forme.

• **Civ. 2e, 11 févr. 2010,** n° 09-65.404, P II, n° 31

* V. s[s] n°s 0112.27, 0511.41, 0511.71, 0719.121, 0719.134, 0719.135, 0811.41

L'irrégularité tenant à l'omission de la mention de la formule exécutoire sur la copie d'un jugement d'adjudication, dont le caractère exécutoire n'est pas contesté, signifiée aux débiteurs saisis dont l'expulsion est sollicitée, constitue une irrégularité de forme ne pouvant entraîner la nullité de la signification qu'au cas où elle a causé à ces derniers un grief.

> Incompétence du juge de l'exécution pour connaître des contestations relatives à une vente aux enchères publiques ordonnée par le juge-commissaire.

• **Com. 11 févr. 2014,** n° 12-26.208, P IV, n° 35

* V. s[s] n°s 0212.62, 0719.12

La vente aux enchères publiques ordonnée par le juge-commissaire ne constitue pas une mesure d'exécution forcée dont les contestations relèvent de la compétence du juge de l'exécution, mais une opération de liquidation des biens du débiteur, prise en application de l'article L. 642-19 du Code de commerce, dans sa rédaction issue de l'ordonnance du 18 décembre 2008.

0719.03 Bibliographie indicative.

Actualisables. Rép. pr. civ., v° *Saisie-vente*, par N. Fricero, déc. 2011 (actu. mars 2025), n°s 184 à 200 –*J.-Cl. Pr. civ.*, V° Saisie-vente, fasc. 1600-80, Incidents, par N. Casal.

Ouvrages[1]. A. LEBORGNE, *Droit de l'exécution*, 3e éd., « Précis », Dalloz, 2019, [incidents de la saisie-vente], n°s 1408 s. – R. PERROT et Ph. THÉRY, *Procédures civiles d'exécution*, 3e éd., Dalloz, 2013, [incidents de la saisie-vente : contestations du débiteur ou des tiers], n°s 658-665.

SECTION 1

RÉGIME DES CONTESTATIONS

0719.11 Auteurs des contestations. Même si le créancier saisissant détient un titre exécutoire, il n'est pas à l'abri des contestations que pourrait élever le débiteur ou des tiers, relativement à la propriété ou à la saisissabilité des biens mis sous main de justice ou encore, à la régularité formelle de la procédure de saisie. Ces incidents qui entravent parfois le cours des opérations sont également réglementés par le Code des procédures civiles d'exécution.

0719.12 Juridiction compétente. L'article R. 221-40 C. pr. exéc. attribue au JEX une compétence exclusive pour statuer sur les contestations élevées par le débiteur ou les tiers relativement à la saisie-vente, qu'elles portent sur la propriété ou la saisissabilité

1. Les ouvrages dont le nom des auteurs figure en petites capitales en bibliographie seront cités par le seul nom des auteurs en petites capitales en notes de bas de page.

des biens appréhendés, ou sur la régularité ou l'utilité des actes de la procédure (C. pr. exéc., art. R. 221-49 à R. 221-56). Notamment, le débiteur destinataire d'un commandement lui réclamant une somme qui a été jugée ultérieurement excessive, peut demander au JEX d'ordonner la répétition de ce qui a été payé indûment[1]. Le débiteur peut en outre solliciter un délai de grâce devant le JEX qui est compétent pour connaître d'une telle demande (C. civ., art. 1343-5 s. ; C. pr. exéc., art. R. 121-1, al. 2 ; C. pr. civ., art. 510). Il peut également demander à ce magistrat de prononcer l'exonération ou la réduction de la majoration de 5 % applicable aux intérêts légaux (C. mon. fin., art. L. 313-3, al. 2). Le JEX n'a cependant pas le pouvoir d'aménager l'exécution de la décision fondant la poursuite en autorisant la consignation des sommes dues entre les mains d'un séquestre dans l'attente du résultat d'un pourvoi en cassation[2] (v. s^s n°s 0144.11 s.). Il convient de relever que la vente aux enchères publiques ordonnée par le juge-commissaire ne constitue pas une mesure d'exécution forcée dont les contestations relèvent de la compétence du JEX, mais une opération de liquidation des biens du débiteur, prise en application de l'article L. 642-19 C. com., dans sa rédaction issue de l'ordonnance du 18 décembre 2008[3].

Selon l'article R. 221-40 C. pr. exéc., la juridiction territorialement compétente pour connaître de toutes ces difficultés est le juge de l'exécution (JEX) du lieu de la saisie. Ce texte déroge aux dispositions de l'article R. 121-2 C. pr. exéc. qui permet au demandeur de choisir entre le juge du lieu où demeure le débiteur et celui du lieu d'exécution de la mesure. Il s'agit d'une règle de compétence d'ordre public (C. pr. exéc., art. R. 121-4).

0719.13 **Objet de la contestation.** La contestation peut porter sur la propriété des biens saisis qui peut être déniée par le débiteur ou revendiquée par un tiers. Elle peut porter sur leur saisissabilité, le débiteur invoquant une immunité réelle fondée sur leur affectation, leur nature ou leur utilité professionnelle. Elle peut également concerner la validité de la mesure dont on prétend qu'elle est entachée d'un vice de forme ou de fond. Elle peut enfin avoir pour objet l'obtention d'un délai de paiement. Cette dernière contestation qui est traitée aux n°s 0144.11 s. ne sera pas examinée ici.

0719.14 **Recevabilité de la contestation.** Les conditions de la recevabilité varient selon l'objet de la contestation.

Le débiteur qui invoque l'insaisissabilité des biens compris dans la saisie doit agir, à peine d'irrecevabilité, dans le mois de la signification de l'acte de saisie (C. pr. exéc., art. R. 221-53, al. 2)[4]. Il faut cependant qu'il ait été informé, par cet acte, du délai et des modalités de la contestation[5].

Le tiers qui demande la distraction d'un bien saisi doit, à peine d'irrecevabilité, indiquer dans cette demande, les éléments sur lesquels se fonde la propriété qu'il invoque. Cette action en distraction cesse d'être recevable après la vente des biens saisis (C. pr. exéc., art. R. 221-51 et R. 251-52, al. 1er).

La nullité de la saisie pour vice de forme ou de fond, autre que l'insaisissabilité des biens, peut être demandée jusqu'à la vente (C. pr. exéc., art. R. 221-54).

L'assignation en contestation n'a pas, en matière de saisie-vente, à être dénoncée, le jour même, au commissaire de justice chargé de l'exécution. Cette condition de recevabilité de l'action ne s'applique qu'à la saisie-attribution[6].

Lorsque la saisie-vente a été pratiquée par un comptable public, les demandes en nullité des actes de poursuite ou en revendication des objets saisis doivent être, à peine d'irrecevabilité, présentées à l'administration avant toute saisine du JEX. Sous la même sanction, la contestation est adressée à l'Administration dans les deux mois :

– de la notification de l'acte argué d'irrecevabilité en la forme par le redevable ou la personne tenue solidairement ou conjointement avec lui (LPF, art. L. 281, 1°, et R. 281-3, a) ;

– de la date à laquelle le tiers qui revendique la propriété a eu connaissance de la saisie (LPF, art. L. 283 et R. 283-1).

Le recours contre la décision de l'administration doit être engagé devant le JEX, à peine d'irrecevabilité, dans les deux mois :

– de la notification de la décision lorsqu'elle ne donne pas satisfaction ;

– de l'expiration du délai de deux mois accordé à l'administration pour prendre sa décision en l'absence de réponse de sa part (LPF, art. R. 281-4 et R. 283-1).

0719.15 **Effet suspensif de la contestation.** La contestation peut dans certains cas et sous certaines conditions suspendre le cours de la saisie.

0719.16 **Suspension en cas de contestation relative aux biens.** Selon l'article R. 221-49 C. pr. exéc., les demandes relatives à la propriété ou à la saisissa-

1. Civ. 2e, 27 févr. 2020, n° 18-25.382, P ; *Gaz. Pal.* 16 juin 2020, p. 35, chron. C. Brenner et J.-J. Ansault.
2. Civ. 2e, 16 oct. 2003, n° 01-02.245, P II, n° 308.
3. Com. 11 févr. 2014, n° 12-26.208, P IV, n° 35.
4. Civ. 2e, 24 juin 2004, n° 02-20.764, P II, n° 322 – Civ. 2e, 30 sept. 1999, n° 97-17.180, P II, n° 149 ; *D.* 1999. IR 249 ; *Gaz. Pal.* 25 mars 2000, comm. M. Véron.
5. Civ. 2e, 16 déc. 2004, n° 03-12.430, P II, n° 534 ; *D.* 2005. IR 246 ; *RD banc. fin.* 2005. 63, obs. S. P.
6. Civ. 2e, 8 févr. 2007, n° 05-13.037, P II, n° 25 ; *D.* 2008. Pan. 1173, obs. A. Leborgne.

bilité ne font pas obstacle à la saisie, mais suspendent la procédure pour les biens qui en sont l'objet.

Cet effet suspensif qui se produit de plein droit dès l'assignation devant le JEX, a donc une portée limitée. Il ne remet pas en cause la saisie qui poursuit son cours pour les biens non concernés par la contestation et n'empêche pas les nouveaux créanciers de faire opposition. En revanche la demande suspend la procédure pour les biens qui en sont l'objet au stade d'avancement où elle se trouve et fait obstacle, soit à la publicité si elle n'a pas encore été faite, soit à l'enlèvement des biens ou à la vente forcée. Elle suspend aussi le cours du délai prévu par l'article R. 221-23 C. pr. exéc. pour la vente amiable, ainsi que les formalités qui s'y rapportent si elle a été proposée.

C'est la délivrance de l'assignation à la première audience utile, et non son dépôt au greffe, qui suspend la procédure, à charge pour le créancier saisissant qui reçoit cet exploit, d'informer immédiatement le commissaire de justice chargé de l'exécution ou l'officier ministériel chargé de la vente. La vente faite en dépit de cet effet suspensif est entachée de nullité, sous réserve du cas où la demande a été formée *in extremis*.

En cas de saisie pratiquée pour le recouvrement d'une créance publique, la demande du tiers revendiquant suspend également de plein droit les poursuites sur les biens saisis, mais seulement à partir de son dépôt auprès de l'Administration (LPF, art. R.*283-1).

Les demandes relatives à la propriété des biens saisis ne suspendent les opérations que jusqu'à ce que le JEX ait statué. S'il rejette la demande, le créancier est fondé à poursuivre la vente forcée même en cas de recours. En effet, le délai d'appel et l'appel lui-même ne sont pas suspensifs en matière de jugement d'exécution. Seule une décision du premier président prise en vertu de l'article R. 121-22 C. pr. exéc. peut produire un tel effet[1]. Dans cette hypothèse, la Cour de cassation n'avait pas retenu la faute du saisissant qui avait poursuivi la vente malgré l'appel du jugement ayant débouté le débiteur de sa contestation. En revanche, dans une espèce où l'insaisissabilité d'un véhicule était invoquée, la Haute juridiction a retenu la responsabilité du créancier qui avait fait vendre ce bien malgré l'appel contre le jugement de rejet rendu par le JEX dès lors que la Cour avait finalement accueilli la contestation et donné mainlevée de la saisie après l'adjudication. La réparation du préjudice subi par le débiteur du fait de cette vente forcée a été admise par la Cour de cassation sur le fondement de l'article L. 111-10 C. pr. exéc., bien que la saisie-vente ait été menée à son terme, non sur la base du jugement de condamnation au paiement, devenu définitif avant la vente, mais en vertu de la décision du JEX ayant rejeté la contestation et dont l'exécution n'avait pas été suspendue par l'appel[2].

0719.17 **Suspension en cas de contestation relative à la validité de la saisie.** Selon l'article R. 221-56 C. pr. exéc., la demande en nullité ne suspend pas les opérations de saisie, à moins que le juge n'en dispose autrement. Le JEX peut ordonner cette suspension si la complexité de l'instance ne lui permet pas de retenir l'affaire immédiatement et s'il lui apparaît, compte tenu des éléments d'ores et déjà fournis que la contestation a des chances d'aboutir. L'article R. 221-56 C. pr. exéc. n'autorise le juge à suspendre les opérations de saisie que jusqu'à ce qu'il statue sur la demande en nullité. Dès lors qu'il s'est prononcé sur cette demande en la rejetant, la suspension devient sans objet et n'a plus à être ordonnée[3].

En revanche, lorsque la saisie est pratiquée par un comptable public, les contestations élevées dans les délais prévus, peuvent avoir des effets suspensifs.

Ainsi l'instance en contestation portant sur le titre de perception ou le bien-fondé de la créance (dite opposition à exécution) emporte suspension du recouvrement (créance de l'État non assimilable à l'impôt, Décr. 7 nov. 2012[4], art. 117, 2° et dern. al.) ou la force exécutoire du titre (créance des collectivités territoriales ou des établissements publics locaux ou de santé, CGCT, art. L. 1617-5, 1° – et CSP, art. L. 6145-9).

L'instance ayant pour objet la contestation de la régularité ou de la validité en la forme d'un acte de poursuite (dite opposition à poursuite) ne suspend pas l'obligation de payer le montant ou l'exigibilité de la créance – v. s[s] n°s 0123.75 et 0123.95 s.).

SECTION 2

CONTESTATION RELATIVE À LA PROPRIÉTÉ

0719.20 **Présentation. Plan.** Les actions en contestation portant sur la propriété des biens saisis obéissent au même régime en ce qui concerne la preuve du droit de propriété (§ 1). La procédure à mettre en œuvre est en revanche différente selon que la contestation émane du saisi qui dénie sa

1. Civ. 2e, 27 avr. 2000, n° 98-16.187, P II, n° 69 ; *D.* 2000. IR 158 ; *JCP* 2000. IV. 1962.

2. Civ. 2e, 17 sept. 2020, n° 19-17.721, P ; *Gaz. Pal.* 8 déc. 2020, p. 39, obs. C. Brenner.
3. Civ. 2e, 20 nov. 2003, n° 01-17.579, P II, n° 352 ; *D.* 2004. 1492, obs. G. Taormina ; *Rev. huiss.* 2004. 160, obs. Salvati.
4. Décr. n° 2012-1246, 7 nov. 2012, relatif à la gestion budgétaire et comptable publique, *JO* 10 nov., p. 17713.

qualité de propriétaire (§ 2) ou d'un tiers qui revendique cette qualité (§ 3). Elle diffère aussi selon que la mesure a été pratiquée par un créancier privé ou par le comptable public (§ 4).

§ 1
Preuve de la propriété

A.
Principe et présomptions légales

0719.31 **Mode de preuve.** En matière de propriété mobilière, la preuve est libre. Elle est facilitée par des présomptions légales.

0719.32 **Principe de la liberté de la preuve.** Il est admis d'une manière constante que celui qui se prétend propriétaire d'objets saisis et en demande la distraction, peut administrer la preuve de son droit par tous les moyens, lesquels sont abandonnés à l'appréciation des juges du fond [1].

En l'absence de texte de portée générale, la Cour de cassation a tout d'abord fondé le principe de la liberté de la preuve de la propriété mobilière sur les dispositions de l'ancien article 1315 C. civ., devenu article 1353 C. civ., relatives à la preuve des obligations et du paiement, lequel ne privilégie aucun mode particulier [2]. Cependant, la référence à ce texte semblait suggérer qu'il ne pouvait y avoir de propriété mobilière sans paiement. La Haute juridiction a donc récemment abandonné tout renvoi à l'article 1315 C. civ. (devenu C. civ., art. 1353) pour ne viser que l'article 544 du même code qui fonde traditionnellement l'absolutisme du droit de propriété et qui vient aujourd'hui corroborer la liberté de sa preuve [3]. Comme le relève la commentatrice de cette décision, l'article 544 C. civ. est parfaitement muet sur cette question ; mais par le renvoi à ce texte, la Cour suprême entend clairement dissocier la preuve du droit de propriété de celles des moyens (actes translatifs ou faits de possession) ayant permis de l'obtenir. Depuis la réforme du droit des obligations résultant de l'ordonnance du 10 février 2016 [4], le Code civil, dans son article 1358, contient une disposition générale consacrant le principe de la liberté probatoire : « *Hors les cas où la loi en dispose autrement, la preuve peut être apportée par tout moyen* ».

1. Civ. 3e, 20 déc. 1977, n° 76-11.369, P III, n° 460 ; *JCP* 1978. IV. 60 – Civ. 1re, 14 janv. 1959, *JCP* 1959. IV. 23 – SUR L'APPRÉCIATION DES PREUVES PRODUITES : Paris, 8 févr. 1996, *Rev. huiss.* 1996. 501.
2. Civ. 1re, 20 juin 1995, n° 93-15.371, P I, n° 271 ; *D.* 1997. Somm. 21, obs. A. Robert.
3. Civ. 1re, 11 janv. 2000, n° 97-15.406, P I, n° 5 ; *D.* 2001. 890, note A. Donnier.
4. Ord. n° 2016-131, 10 févr. 2016, portant réforme du droit des contrats, du régime général et de la preuve des obligations, *JO* 11 févr., texte 26.

Tous les procédés probatoires sont ainsi admissibles. Compte tenu de la diversité des modes d'acquisition de la propriété mobilière (vente, échange, donation, legs, *etc.*) les moyens de preuve dont dispose le revendiquant sont nécessairement très variés (acte d'achat, testament, possession, présomption de l'homme). Mais il ne peut exister aucune hiérarchie entre ces différents procédés (hiérarchie au sommet de laquelle se trouverait le titre), car il appartient au juge de retenir, dans chaque espèce, celui qui lui apparaît le plus probant.

La loi a cependant mis en relief un mode de preuve particulier qui joue un rôle primordial dans les litiges relatifs à la propriété des meubles corporels saisis.

0719.33 **Rôle de la possession.** « *En fait de meubles, la possession vaut titre.* » Cette maxime contenue dans l'article 2276 alinéa 1er C. civ., a deux fonctions selon que le revendiquant est un tiers ou l'auteur du possesseur.

0719.34 **Fonction acquisitive.** En matière mobilière, la possession vaut titre de propriété et le possesseur est regardé comme le propriétaire légitime. Il s'ensuit que celui qui a reçu un meuble corporel d'un non-propriétaire en devient cependant propriétaire, le véritable titulaire du droit n'étant pas autorisé à rapporter la preuve contraire. La possession fait ainsi acquérir la propriété et interdit en principe l'action en revendication contre l'acquéreur de bonne foi qui est entré en possession réelle.

La règle ne reçoit d'exception que dans deux cas :

– lorsque le possesseur est de mauvaise foi c'est-à-dire s'il savait que celui qui lui a remis la chose n'en était pas le propriétaire mais un simple détenteur précaire (locataire, dépositaire, emprunteur) ;

– lorsque le véritable propriétaire a perdu involontairement sa possession à la suite d'une perte ou d'un vol. Il doit agir dans les trois ans de cet événement (C. civ., art. 2276, al. 2, et 2279 [anc. art. 2279, al. 2 et 2280]).

Les points de détail de l'action en revendication sont examinés à propos de la revendication contre l'acheteur amiable ou l'adjudicataire (v. ss nos 0719.69 s. – v. aussi, ss nos 1012.05 s.).

0719.35 **Fonction probatoire.** La maxime signifie également que la possession fait présumer jusqu'à preuve contraire, l'acquisition régulière de la propriété par le possesseur. Cette présomption est opposable au propriétaire (ou aux héritiers de celui-ci) de qui le possesseur prétend tenir son droit. Le revendiquant est autorisé à démontrer que la possession est viciée, notamment par l'équivoque, ou précaire et résulte d'une remise à titre de gage, de dépôt ou de prêt à usage.

C'est surtout cette fonction probatoire qui joue un rôle dans les actions en nullité ou en distraction des biens saisis.

0719.36 Rôle des autres présomptions. Outre celle de l'article 2276, le Code civil prévoit d'autres présomptions, notamment en matière de régimes matrimoniaux (C. civ., art. 1538 et 1411) qui peuvent être invoquées par un époux, à l'occasion des contestations relatives à la propriété des biens saisis par les créanciers personnels de son conjoint.

B. Charge de la preuve

0719.41 Charge de la preuve. Elle est induite par la présomption de l'article 2276 C. civ. et varie selon que les objets litigieux sont ou non entre les mains du tiers qui prétend en être propriétaire et selon que celui-ci cohabite ou non avec le saisi. Ce qui constitue essentiellement le nœud du conflit, c'est la cause en vertu de laquelle le bien se trouve entre les mains du possesseur.

0719.42 Biens entre les mains du tiers qui s'en prétend propriétaire. Le tiers qui est en possession des meubles corporels saisis bénéficie de la présomption de l'article 2276 C. civ., à condition que sa possession soit utile (de bonne foi[1]) et exempte de vice (non équivoque[2]).

Il appartient au créancier de prouver le vice ou la précarité de la possession[3].

Ainsi, le possesseur qui prétend avoir reçu une chose à titre de don manuel bénéficie d'une présomption. C'est donc au créancier qui veut saisir cette chose en prétendant qu'elle appartient au débiteur, de rapporter la preuve de l'absence d'un tel don ou de démontrer que la possession du détenteur ne réunit pas les conditions légales pour être efficace[4]. C'est au jour du prétendu don manuel qu'il convient de se placer pour déterminer si les qualités de la possession permettent de présumer son existence[5].

Il faut notamment que la possession invoquée par le tiers soit exercée à titre de propriétaire, ce qui n'est pas le cas lorsque la détention d'un objet par une personne résulte de ses fonctions salariées[6]. Il y a également détention précaire lorsque le tiers saisi qui se prétend propriétaire exerce une profession dont les usages font présumer la précarité de la remise[7].

0719.43 Biens entre les mains du débiteur. Lorsque les biens saisis sont en possession du débiteur parce qu'ils se trouvent dans un local ou sur un terrain lui appartenant ou occupé par lui, il appartient à celui qui en demande la distraction, ou au débiteur lui-même s'il prétend ne pas en être propriétaire, de faire tomber la présomption édictée par l'article 2276 C. civ. Il doit prouver le vice ou la précarité de la possession, en produisant notamment le contrat de prêt, de location, de dépôt ou de mandat à l'origine de la remise du bien ou encore, le contrat de vente expliquant la perte de la propriété et l'obligation de délivrer.

C'est au tiers qui se prétend propriétaire (ou au débiteur qui dénie cette qualité malgré les apparences), qu'incombe la charge de faire tomber la présomption[8].

La démonstration de la précarité peut être faite par tout moyen. Ainsi, un acte de dépôt produit par le revendiquant peut constituer en lui-même, un élément de preuve de la propriété du mobilier (et de la cause de sa remise), même s'il n'a pas date certaine au jour du procès-verbal de saisie. Il a en a été ainsi à propos d'un inventaire dressé entre le saisi et les revendiquants, n'ayant acquis date certaine que postérieurement au titre exécutoire et d'un document constatant la remise d'une somme au saisi en contrepartie d'une vente, dès lors que celui-ci est dépourvu de date certaine et a été rédigé et signé par les demandeurs à la contestation eux-mêmes[9].

Une collusion frauduleuse est cependant toujours possible entre le débiteur et le revendiquant.

Ainsi, bien que justifiant de son acquisition par la production d'un procès-verbal établi par un commissaire-priseur, un revendiquant a été considéré comme étant de collusion avec l'ancien propriétaire, débiteur saisi, dans la mesure où il était resté sans demander la délivrance pendant plus de dix ans en laissant le bien à la disposition du saisi, lequel n'avait jamais cessé de le détenir pour son propre compte[10].

A également été écarté en raison de son caractère suspect, un acte constatant la dation en paiement de divers meubles enregistrée avant la saisie mais après l'émission du titre exécutoire, au motif que les meubles étaient restés en la possession du saisi qui les

1. Civ. 2e, 18 févr. 1976, no 74-10.915, P II, no 61.
2. Civ. 2e, 29 janv. 1986, no 83-16.232, P II, no 3 ; *D.* 1986. IR 396.
3. Civ. 1re, 8 déc. 1987, no 86-12.124, P I, no 338.
4. Civ. 1re, 28 avr. 1986, no 82-16.347, P I, no 106 – Civ. 1re, 30 mars 1999, no 97-11.948, P I, no 112 ; *D.* 1999. IR 124.
5. Civ. 1re, 4 avr. 1984, no 83-10.635, P I, no 130.
6. Soc. 3 janv. 1964, P IV, no 9.
7. POUR DES OBJETS PRÉCIEUX remis à un orfèvre ou à un bijoutier, Com. 25 févr. 1981, no 79-11.644, P IV, no 107.
8. Paris, 3 oct. 1990, *Gaz. Pal.* 1991. 1. 113, note Frémond.
9. Civ. 1re, 4 nov. 1987, *Gaz. Pal.* 1998. 1. Somm., *Vo Saisie*, obs. Véron – CONTRA : Limoges, 26 mai 1997, *Rev. huiss.* 1998. 60.
10. Paris, 18 déc. 1981, *Gaz. Pal.* 1982. 1. Somm. 105 – V. AUSSI : TGI Chalon-sur-Saône, 3 juin 1980, *Rev. huiss.* 1983. 14, note J.-P. Faget.

avait cédés à sa sœur, laquelle ne demeurait pas avec lui [1].

Il faut préciser que, même si le tiers établit son droit de propriété, notamment en produisant un contrat contenant une clause de réserve de propriété, sa demande en distraction peut se heurter au privilège du saisissant si celui-ci est le bailleur de l'immeuble occupé par le débiteur. En effet, le bailleur bénéficie, en vertu de l'article 2332, 1° C. civ., d'un privilège qui porte sur tous les biens garnissant les lieux loués même s'ils appartiennent à un tiers, sauf s'il connaissait l'origine de ceux-ci lorsqu'ils ont été introduits dans les locaux [2].

Cette jurisprudence paraît devoir être abandonnée depuis la réécriture de l'article 2332 C. civ., par l'ordonnance du 15 septembre 2021 qui précise que les créances nées d'un bail ou de l'occupation d'un immeuble sont privilégiées sur le mobilier garnissant les lieux qui appartient au débiteur (locataire ou occupant) [3].

0719.44 Hypothèse de la cohabitation. Il est fréquent que le saisi cohabite avec un conjoint, un concubin, un parent ou un ami susceptible d'être propriétaire de tout ou partie des meubles appréhendés. Dans ce cas, la possession est rarement exclusive les meubles étant le plus souvent d'usage commun. Cette promiscuité rend la possession équivoque et empêche celui qui l'invoque de l'opposer efficacement [4]. L'article 2276 est inapplicable même si la cohabitation a cessé, s'il est établi que le bail et la taxe d'habitation étaient au nom du saisi [5]. C'est souverainement que les juges du fond retiennent que la possession est équivoque du fait de la cohabitation du revendiquant avec le débiteur [6].

A ainsi été écartée la demande en distraction de la mère du saisi, bien que propriétaire de l'immeuble dans lequel la mesure avait été pratiquée, dès lors qu'elle cohabitait avec le débiteur [7]. Même solution en cas de cohabitation d'un gendre avec sa belle-mère [8].

1. Dijon, JEX, 1er févr. 1994, *Rev. huiss.* 1994. 700, note G. Dahan.
2. Civ. 3e, 24 juin 2009, n° 08-14.357, P III, n° 154 ; *D.* 2009. AJ 1888, ndlr, Prégent – Com. 16 nov. 2010, n° 09-70.765, P IV, n° 178 ; L. Lauvergnat, « Le privilège d'exécution du bailleur d'immeuble », *Procédures* août-sept. 2011, p. 5.
3. Ord. n° 2021-1192, 15 sept. 2021, portant réforme du droit des sûretés, art. 7, IV, *JO* 16 sept., texte 19.
4. Civ. 2e, 29 janv. 1986, n° 83-16.232, P II, n° 3 ; *D.* 1986. IR 396.
5. Paris, 1re ch. B, 28 juin 1988, *D.* 1988. IR 232.
6. Civ. 2e, 10 nov. 1998, n° 96-18.740, P II, n° 270 ; *Rev. huiss.* 1999. 438.
7. Montpellier, 20 févr. 1952, *Gaz. Pal.* 1952. 1. 305.
8. Civ. 2e, 29 janv. 1986, n° 83-16.232, P II, n° 3 ; *Gaz. Pal.* 1986. 1. Somm. 422, obs. Véron.

En revanche, la revendication d'une épouse séparée de biens a été admise, même pour les biens pour lesquels elle ne pouvait produire de factures, dès lors que son mari invalide de guerre et totalement incapable de travailler n'avait aucun revenu [9]. Il faut alors produire les factures d'achat, inventaires successoraux ou actes de partage établissant le droit de propriété sur le ou les biens dont la distraction est demandée.

La production d'une facture d'achat au nom du revendiquant suffit à faire la preuve de sa propriété exclusive. Il n'est pas en outre tenu de justifier qu'il a effectivement payé les meubles saisis [10]. Décider le contraire reviendrait à affirmer qu'il ne peut y avoir de propriété sans paiement et à priver le bénéficiaire d'une donation de la qualité de propriétaire.

Dans ce contexte certaines présomptions résultant des règles des régimes matrimoniaux peuvent être invoquées.

0719.45 Époux séparés de biens. Lorsque les meubles saisis garnissent le logement de deux époux séparés de biens dont un seul est débiteur, le conjoint en la personne duquel la dette n'est pas née est fondé à prouver par tout moyen au tiers créancier, qu'il a la propriété exclusive d'un ou de plusieurs de ces biens (C. civ., art. 1538). Il lui appartient de produire la facture d'achat, l'inventaire successoral ou le contrat de partage démontrant que le bien revendiqué est bien sa propriété. Les biens sur lesquels aucun des époux ne peut justifier d'une propriété exclusive sont réputés leur appartenir indivisément.

Cependant la vie commune entre époux séparés de biens entraîne inévitablement une certaine confusion des meubles corporels composant leur patrimoine ainsi qu'une déperdition des documents susceptibles d'établir leur provenance. Les époux peuvent donc régler à l'avance ce problème de preuve en stipulant, dans leur contrat de mariage, des présomptions conventionnelles de propriété (par ex., en disposant que les meubles sont réputés appartenir à l'époux propriétaire de l'immeuble dans lequel ils se trouvent ou encore, que les ustensiles de cuisine et les meubles meublant sont présumés appartenir à l'épouse ou à chacun des époux pour moitié). Dans cette hypothèse, les présomptions de propriété énoncées au contrat de mariage ont effet à l'égard des tiers aussi bien que dans les rapports entre époux (C. civ., art. 1538, al. 2). La saisie-vente peut ainsi être annulée si le débiteur séparé de biens rapporte la preuve que les objets saisis appartiennent à son con-

9. Civ. 28 janv. 1953, *Gaz. Pal.* 1953. 1. 218.
10. À PROPOS DE LA REVENDICATION D'UNE CONCUBINE : v. Civ. 1re, 11 janv. 2000, n° 97-15.406, P I, n° 5 ; *D.* 2001. 890, note A. Donnier ; *D.* 2000. IR 39 ; *JCP* 2000. I. 265, obs. H. Périnet-Marquet.

joint[1]. Certaines juridictions du fond[2] ont estimé que ces présomptions pouvaient s'avérer insuffisantes pour justifier la demande en revendication du conjoint du saisi, dès lors qu'aucun inventaire n'avait été dressé dans le contrat de mariage.

La preuve contraire étant cependant de droit, les créanciers peuvent par la voie oblique, tenter par tous moyens, d'établir que les biens saisis n'appartiennent pas à celui que la présomption désigne si c'est l'époux non débiteur. Ils peuvent aussi se prévaloir de la présomption adoptée par le contrat de mariage, si c'est le conjoint débiteur qu'elle désigne comme propriétaire.

La Cour de cassation estime que la production d'une facture est de nature à démontrer, sauf preuve contraire, l'acquisition d'un bien par celui au nom duquel elle est établie[3]. À noter que sous le régime de la séparation de biens, un époux qui acquiert un bien à son nom (un véhicule par ex.) en devient propriétaire même s'il l'a acheté avec des deniers appartenant à l'autre[4].

La présomption de propriété résultant du contrat de mariage pouvait être renversée en invoquant l'article 2276 C. civ., si la possession dont l'époux se prévalait était exempte de vices[5]. Mais la haute juridiction estime désormais que les règles de preuve de l'article 1538 excluent l'application de l'article 2276 C. civ.[6].

La Cour de cassation considère par ailleurs que dans l'exercice de leur pouvoir souverain d'appréciation des pièces produites, les juges du fond peuvent estimer que la confusion des patrimoines des époux fait tomber les présomptions inscrites au contrat de mariage[7]. Dans ces hypothèses la confusion des patrimoines est caractérisée par le fait que les biens ou les titres acquis au nom d'un conjoint ont été payés avec des fonds provenant des comptes de l'autre. Les biens sont alors réputés indivis.

1. Toulouse, 26 mars 1996, *Juris-Data* n° 042203.
2. Paris, 3 juin 1981, *D.* 1982. IR 108.
3. Civ. 1re, 10 mars 1993, n° 91-13.923, P I, n° 107 ; *RTD civ.* 1993. 872, obs. F. Lucet et B. Vareille ; *JCP* 1994. I. 3733, n° 22, obs. M. Storck.
4. Civ. 1re, 17 déc. 1991, n° 89-20.219, P I, n° 362 ; *D.* 1993. 580, note Courtine ; *JCP N* 1992. II. 213, n° 19, obs. M. S. – Civ. 1re, 9 oct. 1991, n° 90-15.073, P I, n° 260 ; *Defrénois* 1992. 1558, obs. G. Champenois.
5. Civ. 1re, 2 mars 1976, n° 74-11.618, P I, n° 89 ; *D.* 1977. 353, note A. Donnier.
6. Civ. 1re, 7 nov. 1995, n° 92-10.051, P I, n° 395 ; *JCP* 1996. I. 3908, n° 16, obs. M. Storck ; *Defrénois* 1996. 409, obs. G. Champenois – Civ. 1re, 27 nov. 2001, n° 99-10.633, P I, n° 297 ; *D.* 2002. 119, note Y. Chartier – Civ. 1re, 8 oct. 2014, n° 13-22.938, NP ; *D.* 2014. 2047.
7. Civ. 1re, 30 nov. 1976, n° 76-10.105, P I, n° 377 – Civ. 1re, 21 juin 1983, n° 82-13.542, P I, n° 180 – Civ. 1re, 5 oct. 1994, n° 92-19.169, P I, n° 273 ; *JCP N* 1995. II. 698, obs. M. Storck.

Les biens sur lesquels aucun des époux séparés de biens ne peut justifier d'une propriété exclusive sont réputés leur appartenir indivisément (C. civ., art. 1538, al. 3). Dans ce cas, ils obéissent au régime des biens indivis et ne peuvent être saisis par les créanciers personnels de l'un des époux coïndivisaires qu'après le partage s'ils sont mis dans son lot (v. ss n° 0719.47). La présomption légale de propriété indivise ne joue que si la preuve de la propriété exclusive n'a pu être rapportée par tous moyens[8]. Mais la saisie des biens présumés indivis ne peut prospérer si elle est pratiquée par un créancier personnel de l'époux débiteur séparé de biens[9].

0719.46 **Époux communs en biens.** Lorsque le débiteur est marié sous le régime légal, ses créanciers personnels, au titre des dettes antérieures au mariage ou grevant les successions qui lui échoient pendant celui-ci, ne peuvent saisir que ses biens propres à l'exclusion des biens communs et des biens propres de son conjoint (C. civ., art. 1410 et 1411). Si ces derniers ont néanmoins été mis sous main de justice, l'époux non débiteur peut en demander la distraction en se prévalant de l'article 1402 C. civ. selon lequel tout bien meuble ou immeuble est présumé acquêt de communauté si l'on ne prouve qu'il est propre par application de la loi, l'appartenance personnelle du bien ne portant ni preuve ni marque de son origine devant être établie par écrit.

À défaut d'inventaire ou d'autre preuve préconstituée, le juge peut prendre en considération tout écrit, notamment titre de famille, registres et papiers domestiques, documents de banque et factures. Il peut même admettre la preuve par témoignage ou présomption, si l'époux a été dans l'impossibilité matérielle ou morale de se procurer un écrit.

Toutefois, les créanciers personnels de l'époux débiteur peuvent aussi saisir les biens communs, quand le mobilier lui appartenant au jour du mariage ou qui lui est échu par succession ou libéralité pendant celui-ci, a été confondu dans le patrimoine commun et ne peut plus être identifié selon les règles de l'article 1402 C. civ. (C. civ., art. 1411, al. 2).

C'est au créancier qui entend se prévaloir de cette exception d'apporter la preuve de la confusion[10].

Cependant, lorsqu'un procès-verbal établi au jour du mariage a dressé l'inventaire du seul patrimoine de l'épouse et que le mari débiteur n'a pas démontré l'existence d'un mobilier qui lui fût propre, la Cour de cassation estime que son créancier est fondé à

8. Civ. 1re, 10 mars 1993, n° 91-13.923 (préc. ss prést n°).
9. Civ. 1re, 1er déc. 1999, n° 97-20.965, P I, n° 331 ; *D.* 2000. IR 6 ; *JCP* 2000. IV. 1099 ; *Gaz. Pal.* 2000. Pan. 26 – Civ. 1re, 31 mai 2005, n° 02-20.553, P I, n° 236 ; *Dr. fam.* 2005, n° 168, note B. Beigner.
10. Lyon, 16 oct. 1975, *Defrénois* 1977. 1579, note crit. G. Champenois.

saisir le véhicule immatriculé au nom des deux conjoints[1].

Seul le recouvrement des dettes personnelles nées avant la célébration ou grevant les successions et libéralités échues à l'époux au cours du mariage, est limité à ses biens propres. En revanche, le paiement des dettes dont chaque époux est tenu, pour quelque cause que ce soit, pendant la communauté, peut toujours être poursuivi sur les biens communs, à moins qu'il n'y ait fraude du conjoint débiteur et mauvaise foi du créancier (C. civ., art. 1413). Par conséquent, la saisie-vente pratiquée par le créancier d'un époux est valable, sans que l'on puisse opposer à ce créancier le caractère indivis des effets appréhendés[2].

Toutefois, l'époux qui contracte un cautionnement ou un emprunt sans le consentement exprès de son conjoint n'engage que ses biens propres. L'accord de l'autre époux étend le gage des créanciers aux seuls biens communs (C. civ., art. 1415)[3]. En l'absence de ce consentement, l'époux a le droit d'agir en restitution des biens communs irrégulièrement saisis[4].

0719.47 Biens en copropriété. Le débiteur peut demander la nullité de la saisie lorsque les biens saisis par un créancier personnel ne sont pas sa propriété exclusive, mais font partie d'une indivision. Tout indivisaire peut également revendiquer ce bien. L'indivision ou copropriété ordinaire résulte soit d'un défaut de partage successoral ou matrimonial, soit de l'acquisition de biens en commun, soit de l'application des règles de l'accession mobilière. Elle ne peut se maintenir que du consentement de tous les indivisaires.

Selon l'article 815-17 C. civ., relatif à l'indivision successorale mais étendue à toutes les indivisions inorganisées, y compris les indivisions post-communautaires et celles qui résultent de la présomption de l'article 1538 troisième alinéa C. civ. (C. civ., art. 1542), les créanciers personnels d'un indivisaire ne peuvent saisir sa part dans les biens indivis meubles ou immeubles et, *a fortiori*, les biens indivis eux-mêmes. Ils peuvent seulement provoquer le partage ou intervenir dans celui provoqué par leur débiteur. Ils pourront alors saisir les biens mis dans son lot.

Si le bien est compris dans une indivision conventionnelle conclue par écrit avec indication de sa durée, des biens indivis et de la quote-part de chacun des co-indivisaires, l'article 1873-15 C. civ. prévoit que les créanciers personnels du co-indivisaire ne peuvent provoquer le partage que dans le cas où leur débiteur pourrait lui-même le faire. En effet, si dans l'indivision inorganisée, tout co-indivisaire peut exiger le partage en vertu du principe selon lequel « *nul n'est tenu de rester dans l'indivision* », en revanche dans l'indivision conventionnelle, le partage ne peut être demandé que dans les cas et conditions prévues par le contrat et dans les limites définies par les articles 1873-3 et suivants C. civ. Dans les autres cas, les créanciers peuvent saisir et faire vendre la quote-part de leur débiteur dans les biens indivis en suivant les formes prévues par le Code de procédure civile.

Toutefois, l'existence d'une convention d'indivision limitant le droit des créanciers personnels des indivisaires de provoquer le partage, ne saurait découler de la simple présomption de propriété indivise résultant d'une clause du contrat de mariage adoptant la séparation de biens[5].

Une ancienne jurisprudence décidait que le créancier d'un copropriétaire de meubles pouvait, pendant l'indivision, faire saisir ces derniers afin de prévenir la disparition du gage de sa créance ; mais tant que durait l'indivision, il ne pouvait faire procéder à la vente[6]. Mais depuis la réforme de l'indivision résultant de la loi du 31 décembre 1976, cette jurisprudence ne devrait plus avoir cours. Désormais en l'absence de partage, les créanciers personnels de l'indivisaire ne peuvent saisir les biens indivis[7].

À noter que la contestation relative à des biens indivis peut s'analyser, aussi bien en une contestation sur la propriété que sur la saisissabilité.

§ 2
Nullité demandée par le débiteur

0719.51 Nullité demandée par le débiteur non-propriétaire. Le débiteur peut demander la nullité de la saisie portant sur un bien dont il n'est pas propriétaire (C. pr. exéc., art. R. 221-50). Il peut avoir intérêt à le faire lorsqu'il vient de les vendre et qu'il ne les a pas encore livrés. La saisie l'empêche d'exécuter, à l'égard de l'acheteur, son obligation de délivrance. Il a également intérêt à agir sans attendre la réaction du propriétaire, s'il détient les biens saisis à titre précaire, en qualité de locataire, de dépositaire ou d'emprunteur, car la mesure d'exécution met obstacle à leur restitution.

1. Civ. 1re, 16 mai 2000, no 98-17.409, P I, no 141 ; *D.* 2000. IR 174 ; *JCP* 2000. IV. 2170.
2. Civ. 2e, 10 mars 2004, no 02-18.612, NP ; *Rev. huiss.* 2004. 179.
3. Com. 22 févr. 2017, no 15-14.915, P ; *D.* 2014. 2119, obs. V. Brémond ; *ibid.* 2176, obs. D. Martin et H. Synvet – Civ. 2e, 15 oct. 2015, no 14-22.684, P II, no 232.
4. Civ. 1re, 20 mai 2003, no 01-12.436, P I, no 118 ; *D.* 2003. IR 1665 ; *JCP* 2044. I. 129, no 15, obs. Ph. Simler.
5. Civ. 1re, 28 févr. 1984, no 83-10.403, P I, no 76.
6. Civ. 29 mars 1887, *DP* 1887. 1. 454 – Paris, 31 mai 1979, *Rev. huiss.* 1979. 416, note Decheix.
7. Dôle, JEX, 18 janv. 1994, *Rev. huiss.* 1994. 663 – SUR LE CARACTÈRE INDIVIS D'UN VÉHICULE : TGI Blois, JEX, 20 oct. 1995, *Rev. huiss.* 1996. 860.

Il convient de préciser que lorsque la saisie-vente a été pratiquée par un comptable public pour le recouvrement d'une créance d'impôt, le Livre des procédures fiscales n'envisage que l'action en revendication du tiers qui se prétend propriétaire et ne fait aucune référence à l'action en nullité du débiteur qui affirme n'avoir aucun droit sur les biens appréhendés (v. s[s] n°s 0719.68 s.). La Cour de cassation estime cependant qu'en cette matière, l'action en nullité est ouverte au saisi qui dénie sa qualité de propriétaire. Elle précise que sa contestation relève du contentieux du recouvrement régi par le Livre des procédures fiscales (LPF, art. L. 281 à L. 283 et R.*281-1 à R.*283-1) et s'analyse en une opposition à poursuite entrant dans le champ de l'article L. 281, 1° de ce même code[1]. Le redevable saisi qui critique ainsi la régularité du procès-verbal doit alors se conformer aux formalités spécifiques au contentieux du recouvrement fiscal en saisissant d'abord le chef de service du comptable ayant pratiqué la mesure. C'est la phase dite « *gracieuse* » ou « *du mémoire préalable* » qui s'impose au redevable en raison de son caractère d'ordre public. La saisine prématurée du JEX, qui ne peut intervenir qu'après l'échec de cette première demande, est frappée d'irrecevabilité. Il faut toutefois, pour que cette fin de non-recevoir puisse lui être opposée, qu'il ait été informé du délai de recours, de ses modalités, de son destinataire ainsi que des dispositions de l'article R.*281-5 du LPF[2].

0719.52 **Régime de la demande en nullité.** L'article R. 221-50 C. pr. exéc. se borne à ouvrir l'action en nullité au débiteur non-propriétaire, sans toutefois préciser le régime de cette action. Celle-ci qui a pour cause un vice fondamental, l'absence de tout droit réel sur le ou les objets saisis, est nécessairement réglementée par les articles R. 221-54 et suivants C. pr. exéc. relatifs à toutes les nullités, à l'exception de l'effet suspensif de la demande qui résulte des dispositions particulières de l'article R. 221-49 du même code.

0719.53 **Recevabilité et modalités.** La possibilité de demander la nullité de la saisie est réservée au débiteur qui dénie sa qualité de propriétaire. L'action en nullité exercée par le tiers qui prétend que les biens saisis lui appartiennent est irrecevable[3]. Notamment, en tant que tiers aux poursuites, la concubine n'a pas qualité pour invoquer la nullité de la saisie mais peut engager l'action en distraction[4]. Le débiteur peut réagir au moment même de la saisie et soulever la difficulté devant le commissaire de justice, lequel a la faculté de la porter devant le JEX (C. pr. exéc., art. L. 122-2) ; en le saisissant selon les modalités prévues aux articles R. 151-1 à R. 151-4 C. pr. exéc. Mais si le commissaire de justice ne bouge pas, le débiteur peut toujours assigner le créancier saisissant conformément aux articles R. 151-1 à R. 151-4 C. pr. exéc., et ce jusqu'à la vente (C. pr. exéc., art. R. 221-54).

0719.54 **Contenu de la demande.** L'article R. 221-50 C. pr. exéc. n'exige pas que le débiteur qui agit en nullité précise, dans sa demande, les éléments établissant qu'il n'est pas propriétaire, contrairement à ce qui est requis à peine d'irrecevabilité par l'article R. 221-51 C. pr. exéc., pour la demande en distraction formée par le tiers.

En effet, le débiteur ne détient pas toujours, au moment où il introduit sa demande, notamment s'il est emprunteur ou dépositaire de biens appartenant à des amis ou à des parents, les éléments et documents fondant le droit de propriété du tiers. Ces preuves pourront être fournies en cours d'instance avec le concours du véritable propriétaire s'il intervient aux débats.

0719.55 **Mises en cause.** Le créancier saisissant met en cause les créanciers opposants (C. pr. exéc., art. R. 221-54) : il n'est pas exigé que le propriétaire prétendu soit entendu ou appelé. Mais toute partie peut estimer utile de l'assigner en intervention forcée. Il peut aussi intervenir spontanément à la procédure car il y est directement intéressé.

Si le débiteur établit que les biens saisis ou certains d'entre eux, ne lui appartiennent pas, la saisie doit être totalement ou partiellement annulée.

La décision de nullité met fin de plein droit à l'indisponibilité, à moins que celle-ci ne soit, en cas d'appel, prorogée par le premier président sur le fondement de l'article R. 121-22 C. pr. exéc.

Le juge qui annule la saisie peut laisser à la charge du débiteur tout ou partie des frais qu'elle a occasionnés s'il s'est abstenu de demander la nullité en temps utile (C. pr. exéc., art. R. 221-55).

§ 3
Distraction demandée par un tiers

0719.61 **Titulaire de l'action en distraction.** L'article R. 221-51 C. pr. exéc. prévoit que le tiers qui se prétend propriétaire d'un bien peut demander

1. Com. 4 juin 2002, n° 98-19.342, P IV, n° 100 ; *D.* 2002. IR 2101 ; *Rev. huiss.* 2002. 377, obs. J.-J. Bourdillat.
2. Cass., avis, 14 mai 2001, n° 01-00.002, P, n° 3 ; *Rev. huiss.* 2001, n° 5 A 138, p. 340.
3. Com. 12 juill. 2012, n° 11-10.624, P IV, n° 118 ; *Gaz. Pal.* 2012. 2816, note. C. Bléry ; *RD banc. fin.* 2012. 157, obs. S. Piedelièvre.
4. Civ. 2e, 10 nov. 1998, n° 96-18.740, P (préc., v. s[s] n° 0719.44) ; *Gaz. Pal.* 25 févr. 1999. Pan. 42, I ; *Gaz. Pal.* 2 sept. 1999, n° 245, note M. Véron ; *Revue générale des procédures* 1999. 267, obs. E. Putman.

au JEX d'en ordonner la distraction, c'est-à-dire sa mise à l'écart de la procédure, son exclusion de l'assiette de la saisie. Cette action particulière ne fait pas double emploi avec l'action en nullité appartenant au débiteur, car, elle permet au tiers, en cas d'inertie de ce dernier, de saisir lui-même le juge.

Le tiers peut, d'ailleurs, prendre l'initiative de cette saisine dès le jour de la saisie, si celle-ci est pratiquée entre ses mains.

L'action en distraction n'appartient qu'au tiers et ne peut être exercée par le débiteur[1].

Le tiers peut demander la distraction des biens dont il est propriétaire, même s'il ne les a pas revendiqués au cours de la procédure collective ouverte contre le débiteur saisi. Ce défaut de revendication n'a pour seul effet que de rendre son droit de propriété inopposable à la procédure collective ; il n'a pas pour effet de transférer au débiteur la propriété des biens saisis et partant de les rendre saisissables par le créancier saisissant. L'action en distraction permet au tiers de s'opposer au droit du saisissant, sans préjudice au droit de gage général des créanciers antérieurs au jugement d'ouverture[2].

0719.62 **Objet de l'action en distraction.** Il faut préciser que l'action prévue par l'article R. 221-51 C. pr. exéc. ne peut porter que sur la propriété des biens saisis. Par conséquent, le tiers est irrecevable à agir sur le fondement de ce texte pour soulever la prescription de la créance cause de la saisie. Seul le débiteur est recevable à invoquer ce moyen[3]. De même, le tiers qui exerce l'action en distraction est seulement autorisé à s'opposer à la vente des biens et à réclamer leur restitution, sans pouvoir remettre en cause la validité de la mesure[4].

Le droit de propriété invoqué par le tiers peut porter sur des objets ou sur des marchandises déposés, prêtés, loués ou vendus avec réserve de propriété. Toutefois le droit de propriété du tiers, y compris lorsqu'il résulte d'une clause de réserve de propriété, était inopposable au créancier saisissant lorsque celui-ci était un bailleur d'immeuble invoquant le privilège dont il bénéficiait sur tous les biens mobiliers garnissant les lieux loués. La Cour de cassation considérait que ce privilège avait pour assiette l'ensemble des effets mobiliers contenus dans les locaux, même s'ils appartenaient à un tiers, sauf s'il était établi que le bailleur connaissait leur origine[5]. Cette jurisprudence ne semble pas avoir été maintenue depuis la réécriture, par l'ordonnance du 15 septembre 2021[6], de l'article 2332 C. civ., lequel dispose que le privilège dont bénéficient les créances nées d'un bail ou de l'occupation d'un immeuble, s'exercent sur le mobilier appartenant au débiteur, locataire ou occupant, étant précisé que ce privilège ne confère aucun droit de suite mais seulement un droit de préférence sur le prix de vente (C. civ., art. 2330[7]).

0719.63 **Faculté de choisir entre les actions en distraction et en nullité.** Sous le régime de l'ancienne saisie-exécution, la jurisprudence admettait que le tiers pouvait, lorsque les biens saisis étaient en sa possession, exercer l'action en nullité au motif qu'il ne pouvait être soumis à une procédure qui l'obligerait à établir son droit de propriété alors que cette preuve est réputée faite, aux termes de l'article 2276 C. civ. (anc. C. civ., art. 2279)[8]. En revanche, lorsque le revendiquant cohabitait avec le saisi, il devait exercer, nécessairement, l'action en distraction[9].

Cette jurisprudence ne peut être transposée, dans la mesure où le réformateur a maintenu, en les différenciant nettement, deux actions distinctes selon l'auteur et la nature de la demande. On doit surtout relever qu'à la différence de l'article 608 ACPC, l'article R. 221-51 C. pr. exéc. n'exige pas l'énonciation des preuves de la propriété, mais requiert seulement que la demande précise les éléments sur lesquels se fonde le droit invoqué (parmi lesquels peut figurer la présomption de l'article 2276 C. civ.).

À cet égard, la Cour de cassation juge qu'en tant que tiers aux poursuites, la concubine ne peut invoquer la nullité de la saisie, mais peut exercer l'action en distraction des biens dont elle se prétend propriétaire[10]. À noter que le bénéfice de l'action en distraction a été refusé au débiteur au motif implicite qu'il dispose de l'action en nullité[11].

0719.64 **Mode de saisine.** La demande en distraction est formée par une assignation délivrée au créancier saisissant. Mais le commissaire de justice de celui-ci est également habilité à constater cet

1. Orléans, JEX, 20 oct. 1993, *Rev. huiss.* 1994. 660.
2. Com. 26 nov. 2002, nº 01-03.980, P IV, nº 176 ; *D.* 2003. AJ 67 ; *Dr. et proc.* 2003, 175, note J.-J. Bourdillat ; *Gaz. Pal.* 5-6 sept. 2003, p. 9, obs. C. Brenner.
3. Civ. 2e, 25 oct. 2007, nº 06-19.071, P II, nº 243 ; *JCP* 2007. IV. 3119 ; *D.* 2007. 2281 ; *Procédures* 2008, nº 13, note R. Perrot ; *Dr. et proc.* 2008. 53.
4. Com. 12 juin 2012, nº 11-10.624, P IV, nº 118.
5. Civ. 3e, 24 juin 2009, nº 08-14.357, P III, nº 154 ; *D.* 2009. AJ 1888, ndlr – Com. 16 nov. 2010, nº 09-70.765, P IV, nº 178 ; *Dr. et proc.* 2011. 25.
6. Ord. nº 2021-1192, 15 sept. 2021, art. 7, IV.
7. Mod. par Ord. nº 2021-1192, 15 sept. 2021, art. 7, I.
8. Civ. 31 janv. 1900, *DP* 1900. 1. 281, note Poncet – Montpellier, 17 mars 1949, *JCP A* 1949. IV. 1232, obs. Madray – *CONTRA* : Civ. 23 mai 1945, *RTD civ.* 1947. 226, obs. P. Raynaud.
9. TGI Paris, 19 nov. 1980, *Rev. huiss.* 1982. 352, note Sevestre – Paris, 3 juin 1981, *D.* 1982. IR 108.
10. Civ. 2e, 10 nov. 1998, nº 96-18.740, P (préc., v. ss nos 0719.44 et 0719.53) ; *Gaz. Pal.* 25 févr. 1999. Pan. 42, I ; *Gaz. Pal.* 2 sept. 1999, nº 245, note M. Véron ; *Revue Générale des procedures*, 1999. 267, obs. E. Putman.
11. TGI Orléans, JEX, 20 oct. 1993, *Rev. huiss.* 1994. 660.

incident dans son procès-verbal, lorsqu'il est formé par le tiers entre les mains duquel la saisie est pratiquée, et à le faire trancher par le juge dans le cadre de la procédure sur difficulté d'exécution. La jurisprudence antérieure à la réforme permettait d'ailleurs de recourir au référé sur difficulté d'exécution organisé par l'article 811 C. pr. civ., aujourd'hui abrogé, plutôt que de s'adresser au tribunal[1].

0719.65 **Mises en cause.** Le créancier saisissant doit mettre en cause les créanciers opposants afin qu'ils puissent faire valoir leurs droits. Il doit aussi informer le commissaire de justice chargé de l'exécution ou l'agent chargé de la vente pour qu'il puisse suspendre les opérations. Le débiteur est entendu ou appelé (C. pr. exéc., art. R. 221-51, al. 2). C'est logiquement au tiers d'assigner le débiteur en intervention forcée. Il peut le faire dans le même exploit que celui délivré au créancier ou dans un acte séparé ultérieur. Rien n'empêche cependant le créancier d'appeler lui-même en cause le débiteur qui peut toujours comparaître volontairement, l'article R. 221-54 C. pr. exéc. employant l'expression « *entendu ou appelé* ».

La présence du saisi à la procédure en distraction était jugée nécessaire, comme constituant une condition substantielle de sa validité, sous l'empire de l'ancienne saisie-exécution[2]. Mais il était également jugé que l'omission de l'assignation de la partie saisie, dès lors que celle-ci était présente aux débats, ne constituait que l'inobservation d'une formalité de procédure susceptible de régularisation au sens de l'article 116 C. pr. civ.[3]

Aujourd'hui la procédure est valable, dès lors que le débiteur comparaît, volontairement sur assignation, ou, s'il est absent, dès lors qu'il a été assigné.

0719.66 **Motivation de l'assignation.** À peine d'irrecevabilité (et non plus de nullité comme c'était le cas sous l'empire de ACPC, art. 608), la demande doit préciser les éléments sur lesquels se fonde le droit de propriété invoqué (C. pr. exéc., art. R. 221-51, al. 2). Cette fin de non-recevoir peut être relevée d'office par le juge, la matière des voies d'exécution étant d'ordre public (C. pr. civ., art. 125). Le tiers peut, cependant, se contenter d'énoncer dans sa demande, les titres, pièces ou circonstances susceptibles de justifier sa qualité de propriétaire. Il n'est pas astreint à fournir dans l'exploit, la preuve complète de son droit[4]. Il a été jugé, à l'époque de l'ancienne saisie-exécution, que la motivation n'est pas nécessaire lorsque les meubles revendiqués sont en la possession du revendiquant qui bénéficie de la présomption de l'article 2276 C. civ.[5] (anc. C. civ., art. 2279).

0719.67 **Recevabilité de l'action.** L'action en distraction cesse d'être recevable après la vente des biens saisis (C. pr. exéc., art. R. 221-52). La demande peut donc être formée le jour même de la vente, quelques instants avant la consignation du prix (vente amiable) ou l'adjudication (vente forcée). Toutefois, pour l'interrompre efficacement, la demande *in extremis* doit être dénoncée concomitamment à l'officier ministériel chargé, selon le cas, de coordonner la vente amiable ou de procéder à la vente forcée.

Si la vente a pu être suspendue par la demande et le droit de propriété du tiers finalement reconnu, le ou les biens lui appartenant sont distraits de la saisie et laissés (ou remis s'ils avaient été enlevés) à sa disposition ou à celle du débiteur s'il en était détenteur à un titre quelconque.

0719.68 **Distraction du prix.** Lorsque l'action en distraction engagée *in extremis* n'a pu être portée en temps utile à la connaissance de l'officier ministériel, celui-ci n'a pas été en mesure de suspendre la vente amiable ou forcée relativement aux biens réclamés par le tiers. Si celui-ci en est, par la suite, reconnu propriétaire, il ne peut plus en obtenir la distraction en nature, bien que sa demande ait été jugée tout à la fois recevable (car engagée avant la vente) et bien fondée (car reposant sur un droit de propriété démontré). Il peut cependant distraire le produit de la vente non diminué des frais, à condition, que la distribution des deniers aux créanciers n'ait pas encore été effectuée (C. pr. exéc., art. R. 221-52, al. 2). Il convient de relever que lorsqu'il n'existe qu'un seul créancier, l'article R. 251-1 C. pr. exéc.[6] prévoit que le produit de la vente lui est remis dans la limite du montant de la créance et dans un délai d'un mois, au plus tard, à compter de l'adjudication. La Cour de cassation juge que la demande en distraction du prix formé après l'expiration de ce délai demeure recevable si le créancier n'a pas encore perçu la somme lui revenant[7]. Cette décision a été rendue à propos de l'action en distraction exercée par un organisme de financement subrogé dans une clause de réserve de propriété. Il semble que ce droit de préférence sur le prix de la vente puisse profiter au tiers ayant agi après celle-ci, mais ayant été reconnu propriétaire avant la répartition.

1. Paris, 19 juin 1985, *D.* 1985. IR 434.
2. Req. 13 août 1878, *DP* 1879. 1. 359 – Paris, 24 févr. 1983, *D.* 1983. IR 296.
3. Civ. 2e, 16 nov. 1983, no 82-12.900, P II, no 181 ; *D.* 1984. 370, obs. crit. P. Julien – Paris, 16 janv. 1983, *Rev. huiss.* 1987. 535, note J.-P. Faget.
4. Req. 28 avr. 1938, *S.* 1938. 1. 220 – Req. 13 déc. 1943, *S.* 1944. 1. 109, note Batiffol – Com. 12 juill. 1948, *S.* 1949. 1. 19 – Montpellier, 20 févr. 1952, *JCP A* 1952. IV. 10888, obs. Madray ; *RTD civ.* 1952. 418, obs. Mazeaud.
5. Civ. 31 janv. 1900, *DP* 1900. 1. 281, note Poncet.
6. Anct Décr. no 92-755, 31 juill. 1992, art. 283.
7. Civ. 2e, 8 avr. 2004, no 02-16.842, P II, no 188 ; *Rev. huiss.* 2004. 238 et 276, obs. E. Putman ; *Gaz. Pal.* 11-13 sept. 2005. Somm. 18, note C. Brenner ; *Procédures* 2004, no 152, note R. Perrot.

Quoi qu'il en soit, l'action en distraction du prix est recevable tant que sa distribution n'a pas été réalisée même s'il n'existe qu'un seul créancier et même si le délai d'un mois prévu par l'article R. 251-1 C. pr. exéc. pour la remise des fonds se trouve expiré lors de l'engagement de cette action. Si les sommes produites par la vente ont déjà été distribuées, elles restent acquises aux créanciers et il appartient au tiers d'exercer l'action en revendication et de se retourner contre le débiteur ou le saisissant, s'il peut établir à l'encontre de l'un ou de l'autre, une faute à l'origine de sa perte. Il pourra, également, si le prix qu'il a pu distraire est inférieur à la valeur du ou des objets vendus, agir contre eux en paiement de la différence. Il aura enfin la faculté, si parmi ces biens se trouvait un objet auquel il attachait une valeur affective particulière (tableau, souvenir de famille), de demander des dommages-intérêts au titre de son préjudice moral.

0719.69 **Revendication.** L'action en distraction engagée après la vente étant irrecevable, seule l'action en revendication peut être exercée (C. pr. exéc., art. R. 221-52, al. 1er). En effet, la distraction avait pour objet de rétablir le tiers dans sa possession perdue par l'effet d'indisponibilité attaché à la saisie. Mais la vente a abouti à son expropriation au profit de l'adjudicataire ou de l'acheteur amiable qui a consigné le prix et est entré en possession. Il lui faut, désormais, s'il est également trop tard pour distraire le prix, tenter de recouvrer sa propriété par la revendication dans les conditions du droit commun. La mise en cause du saisi ou sa présence à la barre, n'est requise par l'article R. 221-51 C. pr. exéc. que pour l'action en distraction et non pour l'action en revendication. Cette solution était déjà admise sous l'empire de l'article 608 ACPC[1].

La revendication du ou des biens vendus est pratiquement impossible en vertu des dispositions combinées des articles 2276 et 2279 C. civ. qui garantissent le droit acquis par l'acheteur ou l'adjudicataire de bonne foi qui est entré en possession.

0719.70 **Mauvaise foi du possesseur.** La revendication n'est efficace qu'à l'encontre de l'acquéreur de mauvaise foi[2], c'est-à-dire qui savait que le saisi n'était pas propriétaire ou qui pouvait sérieusement douter de son droit. La bonne foi est toujours présumée et relève de l'appréciation souveraine des juges du fond[3]. L'existence de la bonne foi de l'acquéreur *a non domino* s'apprécie au jour où il entre effectivement en possession et non à celui où il donne son consentement[4]. Lorsque l'acquéreur est de mauvaise foi, la revendication peut s'exercer sur toutes les catégories de choses (même non perdues ou non volées) et sans condition de délai[5].

0719.71 **Perte ou vol.** La revendication est également admise en cas de perte ou de vol, dans les trois ans de cet événement (C. civ., art. 2276, al. 2). Il s'agit d'un délai préfix insusceptible de suspension ou d'interruption[6].

Le revendiquant victime de la perte ou du vol n'est pas astreint à prouver que la possession de celui qui détient le bien est entachée de vice[7].

L'article 2276 alinéa 2 C. civ. ne s'applique pas en cas d'abus de confiance[8] et d'escroquerie[9] car dans ces hypothèses, le revendiquant s'est dessaisi volontairement de sa chose.

Mais lorsque la chose perdue ou volée a été acquise dans une vente aux enchères, le propriétaire originaire ne peut se la faire rendre qu'en remboursant au possesseur le prix qu'elle lui a coûté (C. civ., art. 2277). L'acquéreur justifie ainsi, selon l'expression du professeur Carbonnier, d'« *une bonne foi renforcée* », les circonstances de la vente étant de nature à laisser croire à la provenance régulière du bien acheté. Compte tenu de ce fondement, l'article 2277 C. civ. qui s'applique aussi en cas d'acquisition sur un marché, dans une foire ou chez un commerçant vendant des choses identiques, devrait également bénéficier à l'acheteur amiable présenté par le saisi sous réserve de démontrer qu'il avait connaissance de l'origine frauduleuse du bien.

S'il n'a pas pu se faire remettre son bien ou s'il a dû en rembourser le prix d'achat, le revendiquant ne peut se retourner que contre le saisissant, s'il a commis une faute ou contre le saisi, s'il a omis ou négligé de faire annuler la saisie ou de le prévenir de celle-ci. Le tiers peut aussi recouvrer son bien si la vente a été annulée (sur les détails de la revendication mobilière, v. ss nos 1012.05 s.).

§ 4
Revendication d'objets saisis par le comptable public

0719.81 **Procédure dérogatoire.** « *Lorsqu'il a été procédé, en vue du recouvrement des impôts, taxes, redevances, amendes, condamnations pécuniaires et som-*

1. Req. 23 mai 1938, *DH* 1938. 438.
2. Req. 21 nov. 1927, *DP* 1928. 1. 172, rapp. Bricou – Civ. 1re, 7 févr. 1989, no 85-17.531, P I, no 57 ; *RTD civ.* 1990. 109, obs. F. Zenati (à propos d'un vol de luzerne).
3. Civ. 1re, 23 mars 1965, P I, no 206.
4. Civ. 1re, 27 nov. 2001, no 99-18.335, P I, no 295 ; *D.* 2002. 671, note J.-P. Gridel.
5. Civ. 1re, 15 janv. 1965, P I, no 30 – Paris, 22 mars 1983, *Gaz. Pal.* 1983. 1. Somm. 207.
6. Crim. 30 oct. 1969, *JCP* 1970. II. 16333, note Goubeaux.
7. Civ. 10 mai 1950, *D.* 1950. 429 – Civ. 1re, 1er juin 1977, no 99-18.335, P I, no 261.
8. Civ. 1re, 9 janv. 1996, no 93-16.700, P I, no 22.
9. Civ. 19 janv. 1928, *DP* 1929. 1. 45.

mes quelconques dont la perception incombe aux comptables publics, à une saisie mobilière et que la propriété de tout ou partie des biens saisis est revendiquée par une tierce personne, celle-ci peut s'opposer à la vente de ces biens en demandant leur restitution. À défaut de décision de l'administration sur cette demande ou si la décision rendue ne donne pas satisfaction au demandeur, celui-ci peut assigner devant le juge de l'exécution, le comptable qui a fait procéder à la saisie » (LPF, art. L. 283).

Les dispositions précitées s'appliquent également aux demandes en revendication présentées à l'occasion de saisies mobilières pratiquées pour le recouvrement des créances non fiscales de l'État[1] des produits des collectivités territoriales et des établissements publics locaux et de santé (CGCT, art. L. 1617-5, 2°) ainsi que des redevances domaniales (CGPPP, art. L. 2323-13 et R. 2323-5). Elles sont toutefois inapplicables aux contestations élevées lors du recouvrement des créances des établissements et des groupements d'intérêt public de l'État ainsi que des autorités publiques indépendantes, lorsque ces organismes sont dotés d'un agent comptable (LPF, art. L. 283).

Il existe ainsi, lorsque la saisie vise au recouvrement d'une créance publique, une procédure particulière pour régler les incidents portant sur la propriété des biens saisis. La saisine du JEX doit être précédée du dépôt d'un mémoire préalable devant le chef de service concerné. Elle est soumise à des délais particuliers. L'action en revendication n'est pas recevable à défaut de mémoire préalable au directeur des services fiscaux[2] ou au trésorier-payeur général[3], aujourd'hui à l'une des autorités mentionnées à l'article R.*283-1 du LPF (v. s^s n° 0719.92).

Le terme revendication employé par le Livre des procédures fiscales recouvre à la fois les notions de distraction et de revendication.

A. Demande adressée à l'Administration

0719.91 Bénéficiaire de l'action en revendication. Le tiers visé par l'article L. 283 du LPF peut être la personne qui cohabite avec le redevable et dont les biens personnels ont été saisis ou celle qui lui a remis des effets mobiliers au titre d'un dépôt, d'un prêt à usage ou d'une location. Ce peut être aussi le tiers entre les mains duquel la saisie a été pratiquée et qui prétend posséder les biens appréhendés à titre de propriétaire[4]. L'article L. 283 du LPF ne régit que l'action en revendication exercée par le tiers qui fait valoir son droit de propriété. Il a donc été jugé que le redevable qui soutient que les biens saisis ne lui appartiennent pas ne peut demander la nullité de la mesure[5]. Toutefois, la Cour de cassation accueille la contestation par laquelle le redevable fait valoir que les biens saisis entre ses mains sont la propriété d'un tiers. Elle considère qu'il s'agit d'une opposition à poursuite qui doit être préalablement présentée, à peine d'irrecevabilité, à l'Administration dont dépend le comptable qui exerce les poursuites[6].

0719.92 Autorité compétente. Selon l'article R.*283-1 du LPF, la demande en revendication d'objets saisis prévue par l'article L. 283 du même code est adressée, suivant le cas, au directeur départemental ou régional des finances publiques du département dans lequel a été prise la décision de pratiquer la saisie ou au responsable du service à compétence nationale, ou au directeur interrégional des douanes et droits indirects, au responsable du service des douanes à compétence nationale ou, en Guadeloupe, en Guyane, à La Réunion et à Mayotte, au directeur régional des douanes et droits indirects, pour les poursuites émises dans leur ressort territorial.

Elle est adressée, le cas échéant, au directeur régional des douanes et droits indirects de la région dans laquelle a été pratiquée la saisie (LPF, art. R.*283-1).

Le mémoire mal dirigé doit être transmis, par celui qui l'a reçu, au chef de service compétent. L'article L. 114-2 du CRPA dispose à cet égard que l'Administration qui reçoit une demande pour laquelle elle est incompétente, doit la transmettre à l'Administration compétente et en aviser l'intéressé (v. s^s n° 0719.97).

0719.93 Délai de la demande. La demande doit, sous peine d'irrecevabilité, être présentée dans un délai de deux mois à partir de la date à laquelle le revendiquant a eu connaissance de la saisie (LPF, art. R.*283-1).

0719.94 Effet de la demande. La demande reçoit une suite dans les conditions prévues aux articles R.*281-4 et R.*281-5 du LPF.

Son dépôt suspend de plein droit les poursuites sur les biens saisis dont la propriété est discutée (LPF, art. R.*283-1). La saisie-vente peut suivre son cours pour les autres.

Le tiers qui exerce l'action en distraction est seulement autorisé à s'opposer à la vente des biens et à

1. Décr. n° 2012-1246, 7 nov. 2012, art. 119, al. 2.
2. Com. 11 juin 1981, n° 80-12.081, P IV, n° 266 – TGI Angoulême, 14 juin 1993, *BICC* 15 janv. 1994, n° 78.
3. Civ. 2e, 15 juin 1973, n° 70-13.476, P II, n° 197 – CE 3 déc. 1986, req. n° 50058, NP ; *RJF* 1987. 144 – Versailles, JEX, 24 févr. 1994, *Rev. huiss.* 1994. 662 – Com. 4 févr. 2004, n° 01-02.160, P IV, n° 22 ; *Dr. fisc.* 2004. Comm. 624.
4. Com. 29 nov. 1988, n° 87-10.549, P IV, n° 330 ; *Dr. fisc.* 1990. Comm. 2019.
5. Paris, 8e ch., 30 avr. 1998, Trésor principal de Paris XIV c/ Scitivaux, *D.* 1998. IR 150.
6. Com. 4 juin 2002, n° 98-19.342, P (préc., v. s^s n° 0719.51).

réclamer leur restitution, sans pouvoir remettre en cause la validité de la mesure[1].

0719.95 Instruction de la demande. Le chef de service compétent se prononce dans un délai de deux mois à partir du dépôt de la demande dont il doit accuser réception.

Si aucune décision n'a été prise dans ce délai ou si la décision rendue ne lui donne pas satisfaction, le revendiquant doit, à peine de forclusion, porter l'affaire devant le juge compétent (LPF, art. R.*281-4). Ce juge est le JEX visé à l'article L. 283 du LPF.

0719.96 Mention de l'accusé de réception. Ce document est délivré par l'Administration compétente pour instruire la demande, même si cette dernière a été initialement adressée à une administration incompétente (CRPA, art. R. 114-4). Il peut être transmis par voie postale ou électronique. Dans tous les cas, l'accusé ainsi délivré mentionne la date de la réception de la demande, la date (à défaut de décision expresse) à laquelle celle-ci est réputée rejetée, la désignation et les références du service chargé de traiter le dossier. Si la demande est susceptible d'une décision implicite de rejet, l'accusé de réception précise les délais et les voies de recours à son encontre (CRPA, art. R. 112-5 et R. 112-11-1). Il contient, s'il y a lieu, la liste des pièces et informations manquantes, le délai fixé pour leur production et précise que ce délai suspend celui accordé à l'administration pour prendre sa décision (CRPA, art. R. 114-5).

Les délais de recours ne sont pas opposables à l'auteur d'une demande si l'accusé de réception ne lui a pas été transmis, à moins qu'une décision expresse lui ait été régulièrement notifiée avant l'expiration du délai au terme duquel est susceptible de naître une décision implicite. En toutes hypothèses, la même inopposabilité s'applique lorsque le document délivré ne comporte pas les informations exigées par la réglementation (CRPA, art. L. 112-6 et L. 112-12)[2].

0719.97 Régularisation des demandes mal dirigées, incomplètes ou irrégulières. Lorsqu'une demande est adressée à une Administration incompétente, cette dernière la transmet à l'administration compétente et en avise l'intéressé (CRPA, art. L. 114-2)[3]. Dans ce cas, le délai au terme duquel est susceptible d'intervenir une décision implicite de rejet court à compter de la date de réception de la demande par l'administration initialement saisie (CRPA, art. L. 114-3).

Lorsqu'une demande est incomplète, l'Administration indique à son auteur, dans l'accusé de réception ou dans un envoi ultérieur, les pièces et informations manquantes ainsi que le délai pour les produire. Le délai au terme duquel, à défaut de décision expresse, la demande est réputée rejetée, est suspendu pendant celui imparti au demandeur pour compléter son dossier. La production des éléments exigés par les textes avant l'expiration du délai fixé pour les communiquer met fin à cette suspension (CRPA, art. L. 114-5 et R. 112-11-4).

Lorsqu'une demande est affectée d'un vice de forme ou de procédure faisant obstacle à son examen et que ce vice est susceptible d'être couvert dans les délais légaux, l'Administration invite l'auteur de cette demande à la régulariser dans le délai qu'elle fixe, en lui précisant les formalités ou les procédures à respecter ainsi que les textes qui les prévoient. Les délais de recours ne sont pas opposables au revendiquant lorsque la réponse de l'Administration ne comporte pas ces informations (CRPA, art. L. 114-6).

B.
Contestation devant le juge de l'exécution

0719.101 Délai. Le revendiquant doit porter l'affaire devant le JEX dans un délai de deux mois à partir :

– soit de la notification de la décision du chef de service si elle ne lui donne pas satisfaction ;

– soit de l'expiration du délai de deux mois accordé au chef de service pour prendre sa décision.

La procédure ne peut, à peine d'irrecevabilité, être engagée avant ces dates (LPF, art. R.*281-4).

Le défaut de respect de ces délais est sanctionné par la Cour de cassation[4].

0719.102 Demande tardive. L'action judiciaire est irrecevable même à défaut de décision expresse sur la demande préalable, dès lors que le comptable n'a pas été assigné dans le délai d'un mois (aujourd'hui deux mois) suivant l'expiration de celui qui lui est imparti pour se prononcer[5].

L'irrégularité d'une notification ultérieure de la décision du chef de service, à la supposer établie, est sans influence sur la recevabilité de l'action (même arrêt). Le revendiquant ne peut échapper à la forclusion prévue à l'article R.*281-4, en invoquant comme constitutives de la force majeure, des circonstances personnelles au saisi auquel il avait donné mandat d'engager la procédure[6]. Il convient de relever que, même engagée dans un délai de deux mois, l'action en revendication devant le JEX est irrecevable, dès

1. Com. 12 juin 2012, n° 11-10.624, P IV, n° 118.
2. Douai, 23 mars 2000, RG n° 97/93, *RJF* 2001, n° 106 – Paris, 10 déc. 2004, RG n° 03/3200, *RJF* 2005. 399 – TA Nantes, 13 juill. 2005, req. n° 05-138, *Dr. fisc.* 2006. Comm. 349, concl. Quillévéré.
3. CE 18 févr. 2004, req. n° 230257, *RJF* 2004, n° 551 – CE 17 oct. 2007, req. n° 293973, *Dr. fisc.* 2007. Comm. 1019.
4. Com. 18 déc. 1986, n° 85-13.242, P IV, n° 250.
5. Com. 2 déc. 1986, n° 85-12.189, P IV, n° 231.
6. Com. 10 oct. 1989, *RJF* 1989. 742.

lors que la demande préalable à l'administration fiscale est nulle pour avoir été présentée tardivement[1] (v. s^s n° 0719.93).

0719.103 **Demande prématurée.** Doit être rejetée comme prématurée la requête introduite par le contribuable en l'absence de réponse du chef de service et avant l'expiration du délai de deux mois imparti à celui-ci pour statuer[2].

0719.104 **Saisine directe du juge de l'exécution.** Le recours devant le chef de service étant un préalable obligatoire, la saisine directe du JEX est irrecevable[3]. Cette fin de non-recevoir peut être opposée en tout état de cause[4]. Toutefois, l'irrecevabilité du recours juridictionnel est inopposable au demandeur s'il n'a pas été informé de l'existence du caractère obligatoire du délai et des modalités d'exercice du recours administratif ainsi que de la sanction encourue et des dispositions des articles R.*281-4 et R.*281-5 du LPF[5]. Cette jurisprudence adoptée à l'occasion des contestations relatives à la régularité des actes de poursuites devrait également être appliquée aux actions en revendication car elles sont, elles aussi, soumises à la formalité du mémoire préalable. Il faut préciser que l'article L. 412-3 du CRPA prescrit que la décision soumise à un recours administratif préalable obligatoire (RAPO) est notifiée avec indication de cette obligation ainsi que des voies et délais d'exercice de ce recours.

0719.105 **Défendeur à la revendication.** La procédure doit être dirigée contre le comptable qui a procédé à la saisie (LPF, art. L. 283) auquel l'assignation doit être délivrée.

L'action mal dirigée est irrecevable, seul le comptable chargé du recouvrement de l'imposition en cause ayant légalement qualité pour y défendre. Ainsi l'assignation délivrée contre le receveur général des finances de Paris et non contre le trésorier principal d'un arrondissement de la même ville qui recouvrait une taxe foncière, a été déclarée irrecevable[6]. Il en a été de même à propos d'un trésorier-payeur général assigné à tort à la place du comptable poursuivant[7]. L'autorité assignée à tort n'est pas tenue de transmettre l'exploit au comptable ayant qualité pour défendre à l'action, dans la mesure où l'assignation en justice n'est pas assimilable à une simple demande adressée à l'administration. Une telle transmission serait, au surplus, inopérante[8].

Le fait que l'action judiciaire du revendiquant soit subordonnée à une décision implicite ou explicite de rejet de sa demande préalable au chef de service, ne confère pas à ce revendiquant la qualité de défendeur à une action engagée contre lui[9]. Il s'ensuit qu'il ne peut bénéficier des délais spéciaux prévus par l'article 643 C. pr. civ., concernant les personnes résidant à l'étranger.

0719.106 **Procédure.** La demande est formée par voie d'assignation (LPF, art. L. 283). Elle est instruite en suivant les règles de la procédure à jour fixe (LPF, art. R.*281-5 *in fine*).

Ce texte ne peut que renvoyer, pour la détermination des jours, heure, lieu et organisation de l'audience, aux dispositions des articles R. 121-12 s. C. pr. exéc. qui sont spécifiques à la procédure devant le JEX. À cet égard, l'article R. 121-12 du code précité dispose qu'en cas d'urgence, le JEX peut permettre d'assigner à l'heure qu'il indique, même d'heure à heure et les jours fériés ou chômés. Il s'assure néanmoins qu'il s'est écoulé un délai suffisant entre l'assignation et l'audience pour permettre au défendeur de préparer sa défense. En revanche le contenu de la requête et de l'assignation, ainsi que les modalités de communication des pièces ne semblent pas devoir être réglementées par les articles 840 et 841 C. pr. civ., car ces textes relatifs à la procédure contentieuse en vigueur devant le tribunal judiciaire, sont sans objet et inapplicables devant le JEX. En effet, selon l'article R. 121-5 du code précité, seules les dispositions communes du livre premier du Code de procédure civile sont applicables devant le JEX. Or, les articles 840 à 844 relatifs à la procédure à jour fixe ne font pas partie de ce livre premier de telle sorte que leur application devant le JEX est douteuse.

La revendication d'objets saisis, lorsqu'elle est portée devant le tribunal de grande instance (aujourd'hui le JEX) obéit nécessairement aux règles de la procédure civile et notamment aux dispositions des articles R. 221-51 et R. 221-52 C. pr. exéc. (ACPC, art. 608, puis Décr. 31 juill. 1992, art. 128 et 129) prescrites à peine d'irrecevabilité (autrefois de nullité)[10].

0719.107 **Pièces justificatives.** Le juge se prononce exclusivement au vu des justifications qui ont été présentées au chef de service. Les redevables qui l'ont saisi ne peuvent, ni lui soumettre des pièces

1. Com. 4 févr. 2004, n° 01-02.160, P (préc., v. s^s n° 0719.81) ; *D.* 2004. IR 540.
2. CE 12 févr. 1990, req. n° 57.658, *RJF* 1990. 295.
3. Com. 2 déc. 1986, n° 84-16.275, *Dr. fisc.* 1988. Comm. 785 — V. ÉGAL, note s^s n° 0719.81.
4. Com. 4 juin 2002, *RJF* 2002, n° 1318.
5. CE 25 mai 2007, req. n° 285747, *Dr. fisc.* 2007. Comm. 838 – Cass., avis, 14 mai 2001, n° 01-00.002, P, n° 3 ; *BICC* 2001, n° 539, concl. Kessous, rapp. Serre ; *D.* 2001. IR 2362, avec note – Com. 4 juin 2002, n° 98-19.511, P IV, n° 99.
6. Com. 28 juin 1988, n° 86-17.360, P IV, n° 223.
7. Com. 16 juin 1998, n° 96-18.113, P IV, n° 199 ; *JCP* 1998. IV. 2803.
8. Com. 28 juin 1988, n° 86-17.360, P (préc. s^s prés^t n°).
9. Com. 18 déc. 1986, n° 85-13.242, P IV, n° 250.
10. Paris, 1re ch. B, 23 juin 1988, *D.* 1988. IR 232.

autres que celles qu'ils ont déjà produites à l'appui de leurs mémoires, ni invoquer des faits autres que ceux exposés dans ces documents (LPF, art. R.*281-5).

L'obligation de respecter cette règle est constamment rappelée par la Cour de cassation. Il a ainsi été jugé que le juge ne peut, à l'appui de sa décision, faire état de pièces justificatives non produites par les revendiquants dans le mémoire préalable[1].

Viole l'article L. 283 du LPF (anc[t] CGI, art. 1910) la juridiction (cour d'appel) qui énonce que ce texte n'exige pas que les pièces justificatives soient annexées au mémoire préalable et que l'administration avait eu connaissance, en temps utile, du document invoqué par le revendiquant, non joint à ce mémoire[2].

La Cour de cassation estime que le litige porté devant le tribunal (aujourd'hui le JEX) est délimité par le contenu de la demande préalable adressée à l'administration et, par conséquent, que la juridiction appelée à statuer sur la validité de la décision administrative intervenue sur cette demande, ne peut accueillir un moyen de droit nouveau qui n'a pas été soumis à l'administration[3].

La Haute juridiction a cependant nuancé cette position en précisant que le redevable qui conteste la régularité formelle d'une mesure d'exécution, peut soulever des moyens de droit nouveaux devant le JEX à condition qu'ils n'impliquent pas l'examen de pièces ou de circonstances de fait omises dans le mémoire préalable présenté au chef de service[4]. Cette précision devrait pouvoir être étendue à la revendication des effets mobiliers saisis par l'Administration fiscale.

0719.108 Administration de la preuve de la propriété. Le revendiquant doit joindre à sa demande les éléments de fait et de droit justifiant de sa propriété. Celui qui se prétend propriétaire d'objets saisis et en demande la distraction peut administrer la preuve de sa propriété par tous moyens, lesquels sont abandonnés à l'appréciation souveraine des juges du fond[5]. La production d'un contrat de dépôt de meubles, même enregistré, ne constitue pas la preuve d'un dépôt si sa date s'avère proche de la notification du redressement fiscal[6]. Le seul fait que la saisie ait été pratiquée au domicile du revendiquant ne lui permet pas de se prévaloir de la présomption de l'article 2276 C. civ., dès lors que sa possession est viciée par l'équivoque résultant de sa déclaration de cohabitation avec le redevable (v. s[s] n°s 0719.31 s.).

0719.109 Responsabilité de l'Administration. Il incombe au comptable public de vérifier que les biens qu'il saisit appartiennent effectivement à son débiteur. S'il ne pouvait ignorer qu'ils étaient la propriété d'un tiers, il s'expose à une condamnation à des dommages-intérêts. Il en est notamment ainsi lorsqu'un trésorier appréhende dans les locaux de son débiteur, locataire-gérant, des effets mobiliers appartenant au bailleur alors que, par un examen de l'inventaire annexé au contrat de location-gérance publié au registre du commerce et enregistré à la recette principale des impôts, il aurait pu se rendre compte de son erreur et éviter une vente préjudiciable au véritable propriétaire[7].

SECTION 3
CONTESTATIONS RELATIVES À LA SAISISSABILITÉ

0719.111 Biens insaisissables. Les contestations relatives à la saisissabilité des meubles corporels relèvent de la compétence du JEX (C. pr. exéc., art. R. 221-53, al. 1er) et nécessitent pour être tranchées, la mise en œuvre des dispositions des articles L. 112-2, L. 112-3 et R. 112-2 C. pr. exéc. qui déterminent la liste des biens insaisissables et les conditions de cette insaisissabilité (v. s[s] n°s 0141.11 à 0141.81). Seules sont examinées dans cette étude, les règles de procédure particulières aux contestations qui s'élèvent à l'occasion d'une saisie-vente.

0719.112 Contestation élevée par le commissaire de justice. Si au moment de la saisie ou quelques jours après, le commissaire de justice a connaissance d'une contestation qui lui paraît sérieuse, il peut porter celle-ci devant le juge en agissant comme en matière de difficulté d'exécution (C. pr. exéc., art. R. 221-53, al. 1er) : cette faculté appartient tant à l'officier ministériel du créancier premier saisissant qu'à celui de l'opposant qui a pratiqué une saisie complémentaire étendant l'assiette de la saisie originaire à de nouveaux biens.

Dans cette hypothèse, la contestation n'est enfermée dans aucun délai, le commissaire de justice ayant intérêt à agir au plus vite. Il doit saisir le juge en déposant au greffe une déclaration écrite accompagnée de la présentation du titre et d'un exposé de la difficulté, ainsi que des pièces qui ont été éventuellement communiquées (C. pr. exéc., art. R. 151-1). Il met en cause les parties intéressées en les informant de la difficulté rencontrée, des jour, heure et lieu de

1. Com. 25 janv. 1972, n° 70-12.031, P IV, n° 33 – Com. 6 mars 1985, n° 83-14.765, P IV, n° 89.
2. Com. 6 mars 1985, n° 83-14.765, P (préc. s[s] prés[t] n°).
3. Com. 31 janv. 1989, n° 87-16.182, P IV, n° 43.
4. Com. 9 déc. 2014, n° 13-24.365, P IV, n° 182 ; *BICC* 15 mars 2015, n° 331 ; *Dr. et proc.* 2015. 44 – Com. 14 avr. 2015, n° 13-28.797, P IV, n° 68 ; *RD fisc.* 2015. Comm. 436, note. J.-P. Maublanc.
5. Com. 15 déc. 1987 ; *Dr. fisc.* 1988. Comm. 976.
6. Com. 15 févr. 1994, Roine ; *RJF* 1994, n° 952.
7. Civ. 2e, 23 sept. 2004, n° 02-21.141, P II, n° 409 ; *JCP* 2004. IV. 3060 ; *Rev. huiss.* 2005. 33, obs. N. Fricero.

l'audience, soit par une déclaration verbale consignée au procès-verbal, soit par lettre recommandée avec demande d'avis de réception. Ces informations valent assignation à comparaître (C. pr. exéc., art. R. 151-3).

0719.113 Contestation élevée par le débiteur. Si le commissaire de justice ne prend pas en compte l'insaisissabilité invoquée ou s'il n'est pas informé de celle-ci, le débiteur peut lui-même saisir le juge (C. pr. exéc., art. R. 221-53, al. 2). Il doit le faire par voie d'assignation à la prochaine audience utile (C. pr. exéc., art. R. 121-11).

0719.114 Délai de contestation. Lorsque l'insaisissabilité est invoquée par le débiteur, la procédure doit être introduite dans le délai d'un mois à compter de la signification de l'acte de saisie (C. pr. exéc., art. R. 221-53, al. 2). Cette signification se fait par la remise immédiate de la copie du procès-verbal si le débiteur est présent aux opérations (C. pr. exéc., art. R. 221-17 *in fine*) ou par la notification de cette copie par un exploit distinct, si celui-ci n'était pas sur place (C. pr. exéc., art. R. 221-18) ou si la saisie a été pratiquée entre les mains d'un tiers (C. pr. exéc., art. R. 221-26).

La contestation élevée par le débiteur relativement à la saisissabilité des biens saisis est exclusivement réglementée par les dispositions de l'article R. 221-53 C. pr. exéc., de telle sorte que sa demande doit, à peine d'irrecevabilité, être obligatoirement introduite dans le mois de la signification de l'acte de saisie[1].

0719.115 Fondement et caractère d'ordre public. Ce délai de forclusion a été adopté pour éviter les contestations purement dilatoires. Le débiteur qui n'agit pas dans le mois de la signification de la saisie est réputé avoir renoncé à se prévaloir de la cause d'insaisissabilité dont il ne fait pas cas. S'il se manifeste après l'expiration de ce délai, ce ne peut être que pour retarder le cours des opérations.

Le juge devra relever d'office la fin de non-recevoir tirée de l'introduction tardive de la contestation, toute la matière des voies d'exécution étant d'ordre public (C. pr. civ., art. 125).

Est notamment bien fondée à déclarer la contestation irrecevable, la juridiction qui constate qu'elle a été élevée plus d'un an après la signification du procès-verbal[2]. Cependant, l'irrecevabilité de la contestation relative à la saisissabilité ne peut être opposée au débiteur que s'il a été informé par l'acte de saisie des modalités et du délai du recours qui lui est ouvert devant le JEX[3]. En exigeant cette information, la Haute juridiction ne fait qu'expliciter les dispositions des articles R. 221-16, 6° et R. 221-23, 8° C. pr. exéc. selon lesquelles l'acte de saisi contient la désignation de la juridiction devant laquelle sont portées les contestations relatives à la saisie-vente.

0719.116 Parties à la contestation. Le débiteur est nécessairement partie à l'instance en qualité de demandeur, même si ce n'est pas lui qui saisit le juge mais le commissaire de justice agissant comme en matière de difficulté d'exécution. En effet, c'est lui qui, dans tous les cas, est à l'origine de l'incident. Il doit rapporter la preuve de la cause d'insaisissabilité. Toutefois le problème peut se poser différemment lorsque l'incident est initié par l'officier ministériel qui estime, en dépit des instructions de son mandant, devoir refuser de prêter son concours à une saisie manifestement illicite en raison de l'insaisissabilité évidente des biens du débiteur (C. pr. exéc., art. L. 122-1).

Le créancier doit être « *entendu ou appelé* » (C. pr. exéc., art. R. 221-53, al. 3). Il suffit donc qu'il soit présent à l'instance ou, s'il ne comparaît pas, qu'il ait été mis en mesure d'y faire valoir ses arguments. En revanche, l'article R. 221-53 C. pr. exéc. n'exige pas que les créanciers opposants soient mis en cause.

0719.117 Conséquence de l'insaisissabilité. La décision du juge qui constate l'insaisissabilité de certains biens doit prononcer la nullité de la saisie en ce qui les concerne. L'insaisissabilité constitue en effet un vice de fond qui entraîne la nullité de la mesure (C. pr. exéc., art. R. 221-54). La décision fait recouvrer au débiteur ou au tiers saisi la libre disposition du ou des objets déclarés insaisissables.

0719.118 Cas particulier de la saisie par l'administration fiscale. La contestation portant sur la saisissabilité des biens saisis à la requête d'un comptable public qui ne remet pas en cause l'existence, le montant ou l'exigibilité de la créance fondant cette mesure d'exécution, s'analyse en une opposition à poursuite régie par les articles L. 281, 1° et R.*281-1 du LPF. La contestation doit donc être préalablement portée, à peine d'irrecevabilité, devant le chef de service compétent. Ce n'est que si sa décision ne donne pas satisfaction que le JEX peut être valablement saisi[4]. Il en va de même lorsque l'Administration n'a pas répondu dans le délai de deux mois qui lui est accordé pour prendre la décision (v. s[s] n°s 0719.92 s. et 0719.101 s.).

1. Civ. 2e, 24 juin 2004, n° 02-20.764, P II, n° 322 ; *JCP* 2004. IV. 2743.
2. Civ. 2e, 30 sept. 1999, n° 97-17.180, P II, n° 149 ; *D.* 1999. IR 249 ; *Gaz. Pal.* 25 mars 2000, comm. M. Véron.
3. Civ. 2e, 16 déc. 2004, n° 03-12.430, P II, n° 534 ; *D.* 2005. IR 246, ndlr.
4. Civ. 2e, 10 juin 2004, n° 03-11.003, P II, n° 283 ; *JCP* 2004. IV. 2620 ; *Gaz. Pal.* 11-13 sept. 2005. Somm. 18.

SECTION 4
CONTESTATION RELATIVE À LA VALIDITÉ DE LA SAISIE : CAUSES DE NULLITÉ

0719.121 Sanction des irrégularités : nullité ou inexistence. Quelle que soit la gravité de l'irrégularité affectant l'acte, la sanction prononcée ne peut être qu'une **nullité de forme ou de fond**. La notion jurisprudentielle d'inexistence de l'acte vicié a été abandonnée par la Cour de cassation qui estime qu'une assignation délivrée pour une date erronée (un jour férié) ne peut être affectée que d'une irrégularité de forme nécessitant la preuve d'un grief[1]. De même, l'omission de la formule exécutoire dans la copie d'un jugement signifié n'entraîne pas l'inexistence de l'acte de signification mais sa nullité pour vice de forme sous réserve de démontrer un préjudice[2]. Est également susceptible d'entraîner la nullité de l'acte pour vice de forme ou de fond et non son inexistence, l'irrégularité résultant de la signification d'une ordonnance d'injonction de payer en un lieu autre que ceux désignés par la loi[3].

0719.122 Réglementation applicable. L'article R. 221-54 C. pr. exéc. envisage la nullité pour vice de forme et de fond. Ces deux causes de nullité obéissent à des régimes différents (notamment en ce qui concerne l'exigence d'un grief) qui résultent des articles 112 à 116 (irrégularité de forme) et 117 à 121 C. pr. civ. (irrégularités de fond) relatifs à la nullité des actes de procédure et applicables aux exploits du commissaire de justice, aux significations comme aux notifications, en vertu de l'article 649 et 693 du même code. Ce texte précise expressément que leur nullité est régie par les dispositions qui gouvernent la nullité des actes de procédure. La doctrine et la jurisprudence s'accordent d'ailleurs à reconnaître que le régime résultant des articles 112 à 121 précités concerne également les actes d'exécution des décisions de justice[4].

La Cour de cassation applique également la théorie des nullités contenue dans les articles 112 et suivants aux actes de procédure fiscale chaque fois qu'un texte fiscal particulier n'en dispose pas autrement[5]. La Haute juridiction reconnaît au juge saisi d'une demande en nullité le pouvoir de rechercher le régime juridique de celle-ci et de vérifier l'absence ou la réunion de ses conditions d'application. Il peut le faire sans être obligé d'inviter les parties à présenter leurs observations[6].

Il convient de préciser que depuis la réforme de la prescription instituée par la loi du 17 juin 2008[7], la demande en justice interrompt le cours de la prescription même si elle est annulée à la suite d'un vice de procédure, qu'il soit de forme ou de fond (C. civ., art. 2241)[8].

§ 1
Nullité pour irrégularité de forme

0719.131 Vice de forme. La nullité pour vice de forme atteint l'acte qui contrevient aux dispositions régissant sa rédaction ou sa délivrance.

La forme des actes de commissaire de justice est réglementée par l'article 648 C. pr. civ. qui énumère les mentions obligatoires communes à tous les exploits. Les modalités de leur délivrance sont déterminées par les articles 654 et suivants du même code. Cependant, en matière d'exécution, les actes doivent comporter des précisions supplémentaires, spécifiques à chacun d'eux selon leur nature. C'est le texte qui prévoit l'acte ou la formalité, qui en détermine le contenu particulier (par ex., C. pr. exéc., art. R. 221-23, pour le procès-verbal de saisie-vente entre les mains d'un tiers).

Il convient de préciser que tout exploit de commissaire de justice devant être signifié à plusieurs personnes est un acte unique comportant autant de copies qu'il y a de destinataires. L'officier ministériel doit délivrer une copie à chacun d'eux en constatant les modalités de cette remise, soit sur deux procès-verbaux distincts, soit sur un seul procès-verbal mentionnant pour chaque destinataire les conditions de la remise[9].

0719.132 Domaine de l'irrégularité de forme. La Cour de cassation estime que les articles 112 à 116 C. pr. civ. ne concernent que les nullités de formes des actes effectivement accomplis et sont sans application lorsque l'acte a été omis[10]. Il a cependant été

1. Cass., ch. mixte, 7 juill. 2006, n° 03-20.026, P, n° 6 ; *JCP* 2006. Actu. 1434 ; *Procédures* 2006, note R. Perrot ; *JCP* 2006. II. 1014, note Patman ; *D.* 2006. 1084, note E. Pahlawan.
2. Civ. 2e, 11 févr. 2010, n° 09-65.404, P II, n° 31 ; *D.* 2011. 265, obs. N. Fricero ; *Procédures* 2010, n° 116, note R. Perrot.
3. Civ. 2e, 4 sept. 2014, nos 13-18.487 et 13-24.748, NP ; *Procédures* 2014, n° 290, note H. Croze.
4. Civ. 2e, 16 nov. 1983, n° 82-12.900, P II, n° 181 ; *D.* 1984. 370, obs. P. Julien – Civ. 2e, 14 janv. 1987, n° 85-15.200, P II, n° 4 ; *D.* 1987. Somm. 363, obs. P. Julien.
5. Com. 1er déc. 1987, n° 86-12.729, P IV, n° 254.
6. Civ. 2e, 17 nov. 2005, n° 04-10.741, P II, n° 297.
7. L. n° 2008-561, 17 juin 2008, portant réforme de la prescription en matière civile, *JO* 18 juin, p. 9856.
8. J.-P. Chazal, « Prescription et vices de procédure : contrariété entre le Code civil et le Code de procédure civile », *Procédures* nov. 2009, p. 2.
9. Civ. 2e, 15 janv. 2009, n° 07-20.472, P II, n° 18 ; *Procédures* 2009. Comm. 78, note R. Perrot ; *Dr. et proc.* 2009. 157, note M. Douchy-Oudot ; *Gaz. Pal.* 17-18 juin 2009, p. 20, note L. Lauvergnat – Civ. 2e, 31 mars 2011, n° 09-17.376, P I, n° 78 ; *Procédures* juin 2011, p. 3, note L. Lauvergnat.
10. Civ. 2e, 12 mai 1976, n° 75-10.413, P II, n° 154 ; *RTD civ.* 1976. 825, obs. R. Perrot.

jugé que l'omission par le demandeur en distraction d'assigner le saisi ne constitue, dès lors que celui-ci est présent aux débats, que le défaut d'accomplissement d'une formalité de procédure au sens de l'article 116 C. pr. civ.[1]

0719.133 **Initiative de la demande.** Seul le destinataire d'un acte affecté d'un vice de forme est recevable à se prévaloir de la nullité sanctionnant ce vice[2]. Celui à la requête duquel l'acte irrégulier a été fait ne peut en invoquer la nullité à titre principal ou d'exception[3].

Le juge lui-même ne peut relever d'office l'exception de nullité tiré de l'irrégularité d'un acte[4].

0719.134 **Nécessité d'un texte prévoyant la nullité.** Selon l'article 114 C. pr. civ., « *aucun acte de procédure ne peut être déclaré nul pour vice de forme si la nullité n'en est pas expressément prévue par la loi* ». Le vice de forme ne suffit donc pas à lui seul à entraîner la nullité de l'acte. Il faut qu'elle ait été prévue par un texte approprié. En ce qui concerne le contenu et les modalités de notification et de signification communes à tous les actes de commissaire de justice, la sanction des irrégularités commises est prévue par les articles 648 et 693 C. pr. civ. Pour ce qui concerne les mentions particulières aux voies d'exécution, la sanction de leur omission est spécialement prévue pour chaque acte, par le Code des procédures civiles d'exécution (ex., C. pr. exéc., art. R. 221-1 et R. 221-3, pour le commandement de payer – C. pr. exéc., art. R. 221-16 et R. 221-23, pour l'acte de saisie-vente). Constituent ainsi un vice de forme entraînant la nullité de l'exploit, le défaut de signature par le commissaire de justice instrumentaire de la copie de l'acte de signification[5] ou sur le procès-verbal de saisie-vente[6] l'absence de date sur un acte extrajudiciaire[7], le défaut de mention dans la signification à domicile ou en mairie, des diligences de l'officier ministériel pour remettre la copie de l'acte à la personne de son destinataire[8] ; le défaut d'indication dans l'acte de saisie, du taux des intérêts réclamés[9]. Plus généralement, l'irrégularité de la notification d'un acte, notamment d'un commandement de payer, constitue un vice de forme[10].

Toutefois, l'article 114 C. pr. civ. prévoit à titre exceptionnel que même en l'absence de texte, l'omission d'une formalité peut entraîner la nullité de l'acte. Il faut qu'elle revête un caractère substantiel ou d'ordre public. La formalité substantielle est celle qui donne à l'acte sa nature, ses caractères, qui en constitue la raison d'être[11]. Ainsi, l'omission de la formule exécutoire sur la copie d'un jugement signifié constitue, dès lors que le caractère exécutoire de cette décision n'est pas contesté, un vice de forme entraînant la nullité de l'acte de signification sous réserve de la justification d'un grief[12].

N'est pas substantiel le défaut de paraphe d'une mention marginale contenue dans un exploit de commissaire de justice et qui fait partie du corps même de l'exploit[13]. De même, l'absence de mention du nom du clerc significateur, qui n'est requise par aucun texte, n'entraîne pas la nullité de l'acte de signification qui doit uniquement comporter, à peine de nullité, la signature préalable et l'identité de l'officier ministériel ainsi que le visa des mentions portées par le clerc assermenté[14]. L'omission de la signature préalable du commissaire de justice ne constitue qu'un vice de forme qui n'entraîne la nullité du commandement et de la saisie-vente subséquente que sous réserve de la preuve d'un grief[15].

N'est pas non plus une formalité substantielle, l'indication du nom du représentant légal d'une personne morale dans une assignation[16].

D'une manière générale, la Cour de cassation se montre particulièrement pointilleuse sur le respect du contenu et des modalités de remise des notifications et des significations des jugements et des actes de procédure, notamment en ce qui concerne les mentions relatives aux diligences et aux vérifications du commissaire de justice. Ainsi, en cas de signification « *à l'étude* » qui s'analyse en une signi-

1. Civ. 2e, 16 nov. 1983, no 82-12.900, P II, no 181 ; *D.* 1984. 370, obs. P. Julien ; *RTD civ.* 1984. 570, obs. R. Perrot.
2. Civ. 2e, 1er sept. 2016, no 15-16.918, P.
3. Civ. 2e, 3 mai 1990, no 88-20.484, P II, no 87 ; *JCP* 1990. IV. 244.
4. Civ. 2e, 21 juill. 1986, no 84-16.110, P II, no 132 ; *D.* 1987. Somm. 359, obs. P. Julien – Civ. 2e, 23 oct. 1991, no 90-14.334, P II, no 276.
5. Civ. 2e, 19 janv. 1977, no 75-40.578, P II, no 13 ; *Gaz. Pal.* 1977. 1. 348, note Viatte.
6. Civ. 2e, 15 janv. 2009, no 08-11.446, NP ; *Procédures* 2009, no 79, note R. Perrot.
7. Civ. 2e, 9 févr. 1983, no 81-16.047, P II, no 36 ; *Gaz. Pal.* 1983. 1. Pan. 177, obs. S. Guinchard – Civ. 2e, 12 déc. 1990, no 89-18.876, P II, no 267 ; *Gaz. Pal.* 1991. 1. Pan. 107.
8. Civ. 1re, 12 janv. 1988, no 86-16.473, P I, no 3 ; *Gaz. Pal.* 1988. 2. Somm. 318, obs. S. Guinchard et T. Moussa.
9. Civ. 2e, 31 mai 2001, no 99-20.170, NP ; *Rev. huiss.* 2001. 340.
10. Civ. 2e, 17 nov. 2005, no 04-10.741, P II, no 297 ; *Procédures* 2006, no 4, obs. R. Perrot.
11. S. Guinchard et F. Ferrand, *Procédure civile. Droit interne et droit communautaire*, 29e éd., « Précis », Dalloz, 2008, nos 810 s. – Civ. 2e, 3 mars 1955, *JCP* 1955. II. 8654.
12. Civ. 2e, 11 févr. 2010, no 09-65.404, P II, no 31 ; *Procédures* 2010, no 116, note Perrot ; *Dr. et proc.* 2009. 174.
13. Civ. 2e, 11 oct. 1989, no 88-15.552, P II, no 172.
14. Civ. 2e, 11 avr. 2019, no 17-23.272, P ; *Dr. et proc.* juill-août 2019. 100.
15. Civ. 2e, 6 févr. 2025, no 22-19.586 ; *D. actu.* 18 févr. 2025, note M. Dochy-Confland.
16. Civ. 3e, 6 mai 1998, no 96-15.696, P III, no 96 ; *JCP* 1998. IV. 2429.

fication à domicile, la seule indication dans l'acte que le nom de la société destinataire figure bien sur la boîte aux lettres est impropre à établir, en l'absence d'autres diligences, la réalité de l'adresse du siège social de la personne morale dont l'extrait K *bis* mentionne qu'il est situé à une autre adresse[1].

0719.135 **Existence d'un grief.** Quelle que soit la gravité de l'irrégularité commise, celui qui l'invoque doit justifier d'un grief (C. pr. civ., art. 114, al. 2). La Cour de cassation censure les décisions qui prononcent la nullité d'un acte pour vice de forme sans rechercher en quoi l'irrégularité constatée a causé un grief[2]. Tel est le cas de l'arrêt d'appel qui annule pour défaut de signature préalable du commissaire de justice, un commandement aux fins de saisie-vente signifié par un clerc assermenté, alors que cette irrégularité de forme ne pouvait être sanctionnée que sur justification d'un grief[3]. La notion de grief se confond avec celle de préjudice et relève de l'appréciation souveraine du juge du fond[4]. Il y a grief lorsque celui qui allègue l'irrégularité a été empêché d'invoquer un droit (droit d'usage ou de rétention du tiers saisi, droit du débiteur de proposer la vente amiable). La Cour de cassation a estimé que l'imprécision des mentions relatives aux titres visés dans des actes relatifs à une saisie-exécution et aux créances réclamées en vertu de ces titres (dix avis à tiers détenteur et quatre mises en demeure) causait grief comme privant le débiteur de la possibilité de faire toute offre de paiement ou d'exercer les voies de recours utiles[5]. Le dommage justifiant l'annulation peut résulter en cas d'absence ou d'inexactitude de la mention relative au domicile de l'appelant dans l'acte d'appel, de l'impossibilité d'exécuter le jugement déféré à la Cour[6]. Il n'y a pas de grief lorsqu'en dépit de l'irrégularité de l'acte, le destinataire a pu, de lui-même, en corriger les mentions erronées[7], lorsque l'erreur ne pouvait échapper à son attention[8], ne pouvait prêter à confusion[9] ou se trouvait rectifiée par le contexte[10]. Ainsi, lorsque la signification d'un jugement mentionne par erreur que celui-ci n'est pas susceptible d'appel, la nullité de l'acte n'est pas prononcée, faute de grief, lorsque son destinataire savait, dès l'origine, que la décision rendue était susceptible d'appel et n'avait pas exercé ce recours[11]. L'irrégularité tenant à l'omission de la formule exécutoire sur la copie du jugement signifiée au débiteur ne constitue un vice de forme que si elle lui a causé un grief. Tel n'est pas le cas lorsque le caractère exécutoire du jugement n'est pas contesté par celui-ci[12].

Le défaut de signature du procès-verbal de saisie-vente par le commissaire de justice constitue une irrégularité de forme qui entraîne la nullité de l'acte que si elle a causé un préjudice au saisi[13].

Le juge peut relever d'office l'absence de grief. Ce faisant, il ne soulève pas un moyen de droit au sens de l'article 16 alinéa 3 C. pr. civ.[14]. On ne peut lui reprocher d'écarter l'exception de nullité, lorsque la partie qui l'oppose ne soutient pas dans ses conclusions, que l'irrégularité lui a causé grief[15]. Le juge ne peut se substituer à celui qui agit en nullité et relever d'office le grief causé au destinataire d'un acte irrégulier, dès lors que celui-ci n'invoque aucun préjudice[16]. Il ne peut non plus retenir d'office un grief non invoqué[17].

Ont été considérés comme faisant grief, l'absence d'un compte détaillé des sommes réclamées dans un commandement aux fins de saisie-vente[18], ainsi que le calcul inexact des intérêts moratoires[19] ou encore, le défaut d'indication de leur assiette et de leurs modalités de calcul[20].

0719.136 **Couverture de la nullité.** La nullité est couverte par la régularisation ultérieure de l'acte si aucune forclusion n'est intervenue et s'il ne subsiste aucun grief (C. pr. civ., art. 115). La régularisation agit rétroactivement en faisant perdre tout intérêt au débat sur l'irrégularité.

Il appartient au créancier de compléter la mention omise dans un acte ultérieur ou de réitérer l'acte irrégulier. La procédure peut alors reprendre

1. Civ. 2e, 15 nov. 2015, no 14-22.732, P II, no 250 ; *Dr. et proc.* 2016. 24.
2. Civ. 2e, 22 nov. 1989, *Gaz. Pal.* 1990. 2. Somm. 360, obs. S. Guinchard et T. Moussa.
3. Civ 2e, 6 févr. 2025, no 22-19.586, préc. (v. ss no 0719.134).
4. Civ. 2e, 21 oct. 1982, no 81-13.543, P II, no 129 ; *D.* 1983. IR 139, obs. P. Julien.
5. Com. 4 févr. 1997, no 95-12.179, NP ; *Rev. huiss.* 1998. 122.
6. Civ. 2e, 14 juin 2001, no 99-16.582, P II, no 117 ; *D.* 2001. 3075, note D. Cholet.
7. Soc. 22 avr. 1982, no 80-40.073, P V, no 260.
8. Civ. 2e, 20 nov. 1985, no 84-13.239, P II, no 175 ; *Gaz. Pal.* 1986. 2. Somm. 322, obs. S. Guinchard et T. Moussa.
9. Soc. 18 févr. 1982, no 81-60.823, P V, no 116 ; *JCP* 1982. IV. 160.
10. Paris, 3 oct. 1986, *D.* 1987. Somm. 357, obs. P. Julien.
11. Civ. 2e, 20 mars 2014, no 13-14.053, NP ; *Dr. et proc.* 2014. 123.
12. Civ. 2e, 11 févr. 2010, no 09-65.404, P II, no 31 ; *D.* 2010. 589 ; *D.* 2011. 265, obs. N. Fricero.
13. Civ. 2e, 15 janv. 2009, no 08-11.446, NP ; *Procédures* 2009, no 79, note R. Perrot ; *D.* 2010. Pan. 1307, obs. A. Leborgne.
14. Civ. 2e, 16 oct. 1974, no 73-11.484, P II, no 269 ; *RTD civ.* 1975. 365, obs. R. Perrot.
15. Civ. 2e, 16 juill. 1982, no 81-11.174, P II, no 107 ; *D.* 1983. IR 139, obs. P. Julien.
16. Civ. 3e, 22 mars 1995, no 93-18.111, P III, no 82 ; *Rev. huiss.* 1995. 821, obs. Martin.
17. Civ. 3e, 9 mars 1994, no 91-16.941, P III, no 49.
18. TGI Verdun, JEX, 9 sept. 1993, *Rev. huiss.* 1994. 661.
19. Douai, 19 mai 1994, *Rev. huiss.* 1994. 1424.
20. Paris, 8 janv. 1998, *Rev. huiss.* 1998. 377.

son cours. Mais pour qu'un nouveau procès-verbal de saisie puisse remplacer celui qui est entaché d'un vice de forme, encore faut-il que celui-ci soit dressé avant que le commandement préalable, dont la validité est de deux ans (C. pr. exéc., art. R. 221-5), ne soit pas devenu caduc entre-temps. Dans le cas contraire, il faut reprendre toute la procédure depuis son point de départ.

§ 2
Nullité pour irrégularité de fond

0719.141 **Vice de fond.** L'article 117 C. pr. civ. précise les hypothèses constitutives d'irrégularité de fond susceptibles d'atteindre la validité de l'acte. Ces hypothèses sont en principe limitativement énumérées. Cependant, en matière de voie d'exécution la notion de vice de fond est entendue plus largement et comprend les irrégularités portant atteinte à des droits fondamentaux. Dans ce cas c'est la saisie elle-même et non pas seulement l'acte qui en constitue le support, qui se trouve viciée.

0719.142 **Cas prévus par l'article 117 du Code de procédure civile.** « *Constituent des irrégularités de fond affectant la validité de l'acte :*

Le défaut de capacité d'ester en justice ; le défaut de pouvoir d'une partie ou d'une personne figurant au procès comme représentant soit d'une personne morale, soit d'une personne atteinte d'une incapacité d'exercice ; le défaut de capacité ou de pouvoir d'une personne assurant la représentation d'une partie en justice. »

La Cour de cassation interprète restrictivement l'article 117 C. pr. civ. en énonçant que seules affectent la validité d'un acte indépendamment du grief qu'elles ont pu causer, les irrégularités de fond limitativement énumérées par ce texte[1].

Les conditions dans lesquelles le commissaire de justice instrumente peuvent être à l'origine d'une nullité de fond lorsqu'elles sont assimilables à un défaut de pouvoir. Tel est le cas lorsqu'il intervient pour le compte d'une personne avec laquelle il a un lien de parenté à un degré prohibé. Cette absence de pouvoir d'instrumenter, comparable au défaut de pouvoir du représentant d'une partie, constitue une irrégularité de fond qui peut être invoquée en tout état de cause en application de l'article 118 C. pr. civ.[2].

Précisons cependant que le défaut de désignation de l'organe habilité à représenter une personne morale, lorsque cette mention est prescrite à peine de nullité, constitue une irrégularité de forme de l'acte qui en est affecté, sous réserve de la justification d'un grief[3].

L'examen détaillé des exemples tirés de l'application pratique de ce texte relève de l'étude de la procédure civile. Il convient de citer ici les décisions pouvant avoir une incidence sur les procédures d'exécution.

Ainsi, le commandement de payer délivré par une société au nom d'une autre, qu'elle n'avait pas le pouvoir de représenter, est entaché d'une nullité de fond insusceptible de régularisation[4]. De même, le commandement de payer signifié à la requête d'une personne morale dont le représentant était décédé à la date de délivrance de l'acte, est affecté d'une irrégularité de fond qui n'est pas susceptible d'être couverte et entraîne la nullité de tous les actes subséquents[5].

Le critère de distinction entre **nullité de forme** et **nullité de fond** ne réside donc pas dans la gravité du vice invoqué, mais dans la liste limitative contenue dans l'article 177 C. pr. civ[6]. Précision que le défaut de capacité est entendu restrictivement par la Haute juridiction qui juge que la nullité d'un commandement de payer, qui n'indique pas le véritable nom du créancier, n'est pas une nullité de fond car la capacité d'ester en justice s'attache à une personne en tant que sujet de droit, quelle que soit son identité[7]. Toutefois, certaines décisions montrent que la Cour de cassation ne se révèle pas toujours aussi stricte.

En outre, est entaché d'une nullité de fond l'acte signifié par un commissaire de justice instrumentant hors de son ressort territorial sans habilitation spéciale ou par un clerc non assermenté ou incompétent pour l'acte considéré[8].

La jurisprudence estime que dans ces hypothèses il est fait violation d'une règle d'organisation judiciaire enlevant à l'acte son caractère authentique. Il convient de préciser à cet égard que si l'acte de saisie doit être impérativement dressé par le commissaire de justice, sa remise en mairie dans les conditions de l'article 656 C. pr. civ. dans sa rédaction antérieure

1. Civ. 2e, 15 mars 1989, no 87-19.599, P II, no 72 ; *D.* 1989. Somm. 275, obs. P. Julien ; *RTD civ.* 1990. 140, obs. R. Perrot – Civ. 3e, 3 oct. 1991, no 89-12.943, P III, no 227 ; *JCP* 1991. IV. 416 – Civ. 2e, 30 nov. 1977, no 76-12.305, P II, no 225 ; *Gaz. Pal.* 1978. 1. 291, note Viatte.
2. Civ. 1re, 31 mai 2007, no 06-12.173, P II, no 214 ; *Dr. et proc.* janv.-févr. 2008, p. 22, obs. E. Putman.
3. Civ. 2e, 14 nov. 2019, no 18-20.303, P ; *D. actu.* 11 déc. 2019, note U. Schreiber ; *D.* 2020. 576, note N. Fricero ; *Gaz. Pal.* 29 janv. 2020, p. 48, note P. Guez.
4. Civ. 3e, 29 oct. 2008, no 07-14.242, P III, no 165 ; *BICC* 1er mars 2009. 271.
5. Civ. 2e, 21 mars 2013, no 12-17.107, P II, no 58 ; *RJDA* 2013. 469.
6. Civ. 3e, 24 oct. 2007, no 06-19.379, P III, no 184 ; *Procédures* 2007. Comm. 272, note. R. Perrot.
7. Civ. 2e, 3 mai 1990, no 88-19.396, P II, no 80.
8. Civ. 2e, 20 mai 1976, no 75-11.401, P II, no 168 ; *JCP* 1976. IV. 6635, p. 305, obs. J. A. ; *D.* 1977. 125, note Cornu ; *Gaz. Pal.* 1977. 1. 182, note Viatte ; *RTD civ.* 1976. 618, obs. R. Perrot – Aix-en-Provence, 22 nov. 1989, et TI Menton, 12 juin 1990, *D.* 1990. Somm. 339, obs. P. Julien.

au décret du 28 décembre 2005, peut être effectuée par un clerc assermenté sans que la validité de l'exploit soit affectée. En effet, cette formalité ne constitue pas un acte d'exécution et son accomplissement ne nécessite pas le concours de l'officier ministériel lui-même. Il suffit qu'il ait procédé à la saisie et établi le procès-verbal pour que la mesure soit régulière[1]. Cette jurisprudence demeure applicable aux formalités substituées à la remise en mairie par le décret précité.

Selon une décision plus discutable, la Haute juridiction considère que l'omission de la signature du commissaire de justice sur le procès-verbal de saisie-vente constitue, non un vice de fond, mais une irrégularité de forme dont la sanction suppose la démonstration d'un grief. En effet, la signature de l'acte permet d'authentifier son auteur et de vérifier ainsi qu'il avait bien qualité pour le dresser. Selon la formule du professeur R. Perrot dans son commentaire très critique, « *à travers le défaut de signature se profile un défaut de pouvoir* » qui aurait dû inciter la Cour de cassation à annuler l'exploit sur le fondement de l'article 117 C. pr. civ[2].

0719.143 **Cas particuliers aux voies d'exécution.** En cette matière l'irrégularité de fond s'entend aussi de l'atteinte portée à des droits fondamentaux particulièrement protégés tels que la propriété ou l'inviolabilité du domicile. L'article R. 221-54 C. pr. exéc. vise expressément l'insaisissabilité des biens compris dans la saisie (pour préciser qu'elle ne fait pas partie des causes de nullité pouvant être invoquée jusqu'à la vente). Mais il existe plusieurs situations dans lesquelles la mesure peut être annulée pour violation d'une règle de fond telle que l'absence de titre exécutoire ou de créance liquide et exigible, la saisie de biens appartenant à un tiers ou la pénétration au domicile du débiteur pour le recouvrement d'une créance non alimentaire inférieure à 535 euros[3]. La nullité atteint directement la saisie elle-même indépendamment de l'acte qui lui sert de support. Il faut préciser que la réformation ultérieure du titre en vertu duquel la saisie a été pratiquée invalide celle-ci rétroactivement. Ainsi la cassation de l'arrêt sur lequel sont fondés les actes d'une saisie-vente emporte annulation de ces actes pour défaut de titre et ce, même si la décision de première instance confirmée par l'arrêt est assortie de l'exécution provisoire[4].

1. Civ. 2e, 4 oct. 2007, n° 06-17.879, P II, n° 225 ; *JCP* 2007. IV. 2976.
2. Civ. 2e, 15 janv. 2009, n° 08-11.446, NP ; *D.* 2010. 1307, obs. A. Leborgne ; *Procédures* 2009, n° 79, note Perrot.
3. Selon Décr. n° 2001-373, 27 avr. 2001, art. 3 IV.
4. Civ. 2e, 11 juill. 2002, n° 01-00.269, P II, n° 162 ; *Rev. huiss.* 2002. 366, obs. M. Douchy.

0719.144 **Absence d'exigence d'un texte et d'un grief.** La nullité pour vice de fond doit être accueillie sans que celui qui l'invoque ait à justifier d'un grief et alors même que la nullité ne résulte d'aucune disposition expresse (C. pr. civ., art. 119).

0719.145 **Sanction de l'intention dilatoire.** La nullité pour irrégularité de fond peut être proposée en tout état de cause, sauf la possibilité pour le juge de condamner à des dommages-intérêts celui qui se sera abstenu, dans une intention dilatoire de la soulever plus tôt (C. pr. civ., art. 118).

En matière de saisie-vente, la demande en nullité est recevable jusqu'à la vente, sauf si elle est fondée sur l'insaisissabilité des biens saisis (dans cette dernière hypothèse la nullité ne peut être demandée que dans le mois de la signification de la mesure – C. pr. exéc., art. R. 221-54 et R. 221-53 – v. ss n° 0719.114).

Les dispositions de l'article 118 C. pr. civ. relatives aux dommages-intérêts sont manifestement applicables lorsque l'irrégularité de fond est invoquée *in extremis* et doivent être rapprochées de celles de l'article R. 221-55 C. pr. exéc. prévoyant la condamnation du débiteur dont la contestation est accueillie, à supporter les frais de la saisie annulée s'il s'est abstenu d'agir en temps utile. Le seul fait de demander tardivement la nullité ne suffit pas. Il faut établir l'intention de retarder l'issue de la procédure.

0719.146 **Initiative du moyen.** Le JEX saisi d'une demande en nullité pour vice de forme a l'obligation tout en déclarant ce moyen inopérant, de relever d'office une irrégularité de fond non soulevée par le débiteur. En effet l'article 120 C. pr. civ. dispose que « *les exceptions de nullité fondées sur l'inobservation des règles de fond relatives aux actes de procédure doivent être relevées d'office lorsqu'elles ont un caractère d'ordre public* ».

Ainsi est entaché d'une nullité d'ordre public qui aurait dû être relevée d'office par le juge, l'avis d'audience adressé par un commissaire de justice à un défendeur demeurant hors du canton dans lequel il est territorialement compétent[5].

Le juge a, par ailleurs, la faculté et non l'obligation, de relever d'office la nullité pour défaut de capacité d'ester en justice.

0719.147 **Couverture de la nullité.** « *Dans le cas où elle est susceptible d'être couverte, la nullité ne sera pas prononcée si sa cause a disparu au moment où le juge statue* » (C. pr. civ., art. 121). Ce texte n'exige pas que la régularisation ne laisse subsister aucun grief comme en matière de vice de forme.

La nullité ne peut plus être couverte lorsque l'acte a été fait par une personne physique décédée ou une

5. Paris, 13 juin 1986, *Gaz. Pal.* 1986. 2. 450, note X. Paire – Paris, 29 nov. 1995, *Rev. huiss.* 1996. 225.

personne morale absorbée[1], lorsqu'une prescription est intervenue[2], ou lorsque le juge a statué[3].

La réitération du commandement de payer irrégulier n'est pas possible si la saisie-vente a déjà été faite. Elle n'empêche pas le procès-verbal d'être frappé par la nullité puisqu'au moment où il a été dressé, aucun commandement valable délivré dans le délai minimum de huit jours, ne l'avait précédé.

SECTION 5
CONTESTATION RELATIVE À LA VALIDITÉ DE LA SAISIE : PROCÉDURE DE NULLITÉ

0719.151 **Recevabilité de la demande.** Le débiteur peut demander la nullité de la saisie pour vice de forme ou de fond autre que l'insaisissabilité des biens qui y sont compris, jusqu'à la vente c'est-à-dire, jusqu'à ce qu'elle soit consommée par la consignation du prix (vente amiable) ou par l'adjudication au plus offrant (vente forcée). Le juge doit relever d'office la fin de non-recevoir tirée de la demande en nullité tardive, toute la matière des voies d'exécution étant d'ordre public (C. pr. civ., art. 125).

La nullité de la saisie pour vice de forme ou de fond ne peut être demandée que par le débiteur lui-même. La personne qui cohabite avec lui est tiers aux poursuites et n'est donc pas recevable à invoquer cette nullité[4].

0719.152 **Absence d'effet suspensif.** Il convient de rappeler que la demande en nullité ne suspend pas, de plein droit, les opérations de saisie (C. pr. exéc., art. R. 221-56). Il s'agit d'éviter les contretemps liés à la réitération, à l'occasion de chaque étape de la procédure, des incidents de nullité.

Cependant, le JEX peut, si le motif d'annulation lui paraît sérieux, ordonner la suspension des opérations. Cette demande peut être formée, en cas d'urgence, par une assignation spéciale délivrée selon les modalités prévues par l'article R. 121-13 C. pr. exéc. pour la procédure à heure fixe. Elle peut aussi être formée, dans le cadre de la procédure ordinaire, dans l'exploit introductif d'instance ou dans des conclusions ultérieures développées verbalement ou par écrit. Elle donne lieu à une décision distincte du jugement qui sera rendu sur la contestation.

Le commissaire de justice peut aussi prendre l'initiative d'interrompre la poursuite de la procédure.

0719.153 **Mises en cause.** L'assignation est délivrée au créancier saisissant qui doit mettre en cause les créanciers opposants en raison des conséquences que peut avoir une annulation éventuelle (C. pr. exéc., art. R. 221-54).

0719.154 **Conséquence de la nullité.** La nullité remet en cause la validité des actes postérieurs à l'exploit irrégulier mais pas celle des actes qui l'ont précédée. Elle n'a pas d'incidence sur la vente et n'affecte que la distribution du prix. Elle peut être à l'origine d'une condamnation à des dommages-intérêts et aux frais de la procédure. Il faut cependant préciser que l'irrégularité d'un acte ne le prive pas forcément de tous ses effets. Il est des cas où l'acte défectueux n'est pas complètement anéanti et continue de produire certaines conséquences. Ainsi, la notification d'une ordonnance de taxe qui n'indique pas la voie de recours ouverte contre cette décision, ne fait pas courir le délai de recours, mais n'est pas pour autant frappée de nullité en l'absence de preuve d'un grief. Elle peut constituer la mise en demeure préalable à une exécution forcée par voie de saisie-vente[5].

0719.155 **Conséquence sur les actes postérieurs à l'acte nul.** L'annulation d'un acte entraîne celle de tous les actes subséquents qui prennent appui sur lui. Ainsi, l'annulation du commandement, qui engage la procédure de saisie-vente, entraîne celle de la saisie ultérieure. La décision annulant le procès-verbal de saisie remet en question toute la procédure de saisie.

En vertu de l'article R. 221-48 C. pr. exéc., la nullité de la première saisie n'entraîne la caducité des oppositions que lorsqu'elle résulte d'une irrégularité dans le déroulement des opérations de saisie et n'a, de toutes façons, aucune incidence sur les saisies complémentaires (v. s[s] n° 0718.55).

0719.156 **Conséquence sur les actes antérieurs à l'acte nul.** L'annulation d'un acte n'a aucun retentissement sur les actes antérieurs qui ne reposent pas sur lui. Ceux-ci restent valables et continuent à produire leurs effets. À noter cependant que si le procès-verbal annulé est réitéré après le délai de péremption du commandement qui est de deux ans, ce commandement doit également être réitéré (v. s[s] n°s 0713.141 s.).

1. Civ. 2e, 13 janv. 1993, n° 91-17.175, P II, n° 15 ; *D.* 1993. Somm. 181 – Com. 7 déc. 1993, n° 91-19.339, P IV, n° 462 ; *JCP* 1994. IV. 418.
2. Civ. 3e, 14 févr. 1990, n° 88-18.422, P III, n° 50.
3. Jurisprudence divergente sur la RÉGULARISATION EN CAUSE D'APPEL : EN CE SENS : Civ. 3e, 10 mai 1991, n° 89-16.057, P III, n° 132 – *CONTRA* : Com. 7 déc. 1993, n° 91-19.339, P IV, n° 462 ; *JCP* 1994. II. 22285, note Putman.
4. Civ. 2e, 10 nov. 1998, n° 96-18.740, P (préc., v. s[s] n°s 0719.44, 0719.53 et 0719.63) ; *Rev. huiss.* 1999. 438.
5. Civ. 2e, 14 févr. 2008, n° 06-20.988, P II, n° 33 ; *Procédures* 2008. Comm. 105, p. 12, note. R. Perrot.

0719.157 Conséquence sur la vente. Selon l'article R. 221-54 C. pr. exéc., « *si la saisie est déclarée nulle après la vente, mais avant la distribution du prix, le débiteur peut demander la restitution du produit de la vente* ».

Cela signifie que la décision prononçant la nullité de la saisie n'a aucune incidence sur la validité de la vente et ce, même si la demande a été introduite avant celle-ci. Le débiteur ne peut plus prétendre à une restitution en nature mais à une restitution en deniers.

Si la décision du juge intervient avant la distribution des sommes qu'elle a produites, sa notification à l'officier ministériel vendeur permet au débiteur de les récupérer sans être obligé d'engager une procédure particulière. Si la décision intervient trop tard, celui-ci doit s'adresser directement aux créanciers auxquels le prix a été distribué, le cas échéant en les assignant en paiement.

0719.158 Dommages-intérêts. Le créancier responsable de l'irrégularité à l'origine de la décision d'annulation, peut être condamné à des dommages-intérêts, notamment si le prix récupéré par le débiteur est inférieur à la valeur du bien vendu ou si celui-ci avait une valeur affective. Si la nullité incombe plus particulièrement au commissaire de justice, celui-ci peut être condamné sur le fondement des articles 650 et 698 C. pr. civ.

0719.159 Charge des frais. Il appartient en principe au créancier qui est à l'origine de la nullité de supporter les frais afférents aux actes nuls. Si les actes sont nuls par l'effet de la faute de l'huissier, c'est à lui que doit incomber la charge définitive des dépens y afférent (C. pr. civ., art. 650 et 698).

Exceptionnellement, le juge qui annule la saisie peut laisser le débiteur supporter tout ou partie des frais qu'elle a occasionnés, s'il s'est abstenu de demander la nullité en temps utile (C. pr. exéc., art. R. 221-55).

Cette disposition est la mise en œuvre en matière de voies d'exécution, du principe général de procédure civile selon lequel les moyens de nullité doivent être soulevés au fur et à mesure de l'accomplissement des actes et ce, dans l'intérêt de toutes les parties.

Il est normal que le débiteur qui a tardé à invoquer une irrégularité remontant aux origines de la procédure, assume la charge des frais se rapportant aux actes et aux formalités qu'il a laissé s'accomplir sans rien dire. Les dispositions de l'article R. 221-55 C. pr. exéc. sont à rapprocher de celles de l'article 118 C. pr. civ., permettant au juge qui accueille une nullité pour vice de fond, de condamner à des dommages-intérêts celui qui s'est abstenu, dans une intention dilatoire, de la soulever plus tôt (sur le particularisme des demandes en nullité contre les saisies pratiquées par un comptable public, v. s^{s} n°s 0123.05 s.).

0719.160 Procédure en cas de poursuite par un comptable public. Les contestations portant sur la régularité en la forme des actes de poursuites (commandement, mise en demeure en tenant lieu, PV de saisie, *etc.*) délivrés par les comptables publics sont soumises à une procédure particulière prévue par les articles L. 281 et R.*281-1 à R.*281-5 du LPF. Le redevable doit d'abord présenter à l'Administration, dans les deux mois de l'acte critiqué, une demande sous la forme d'un mémoire accompagné de toutes les justifications utiles. Le chef de service ou l'ordonnateur compétent dispose d'un délai de deux mois à compter de la réception de la demande pour prendre sa décision.

À défaut de réponse dans ce délai, ce qui équivaut à un refus implicite, ou si la décision ne lui donne pas satisfaction, le redevable peut saisir le JEX d'un recours juridictionnel. Ce recours doit être exercé, à peine de forclusion, dans les deux mois de la notification de la décision expresse ou, à défaut, de l'expiration du délai accordé à l'administration pour se prononcer. La saisine tardive ou prématurée est irrecevable.

L'assignation directe devant le JEX est également irrecevable car la demande adressée à l'Administration est un préalable obligatoire. Les contestations relatives à la régularité formelle des actes de poursuite sont élevées à l'occasion du recouvrement forcé des créances publiques les plus diverses (impôts, créances de l'État non fiscales, produits des collectivités territoriales, des établissements publics ou de l'État, redevances du domaine public...).

Cette procédure spécifique est exposée, de façon détaillée, à propos des oppositions à commandement (v. s^{s} n°s 0713.161 s.) et des demandes en revendication (v. s^{s} n°s 0719.81 s.)[1].

1. V. ÉGAL., sur le recouvrement des créances publiques, s^{s} n°s 0123.05 s.

TITRE

072. Les saisies-ventes de meubles corporels spécifiques

SECTION 0

ORIENTEUR

072.00 **Sommaire du titre.**

Division. La saisie de droit commun applicable aux meubles corporels est en principe la saisie-vente. Les règles de celle-ci s'appliquent également, sous réserve de certaines dispositions particulières, à des biens mobiliers ayant une certaine spécificité, tels que les récoltes sur pied (chap. 721), les objets placés dans un coffre-fort (chap. 722) et les véhicules terrestres à moteur (chap. 723).

Mais d'une manière générale, la saisie des meubles corporels d'une certaine importance est soumise, par l'article 531 C. civ., à des formes particulières. Il en est ainsi de la saisie-vente des navires (chap. 724), la saisie-exécution des bateaux (chap. 725) et la saisie-vente des aéronefs (chap. 726).

CHAPITRE

0721. Saisie-vente des récoltes sur pied

René Lauba
Magistrat honoraire

SECTION 0
Orienteur

0721.00 Sommaire du chapitre.

Division. La saisie-vente des récoltes sur pied suppose des conditions générales d'ouverture (sect. 1) et des conditions spéciales (sect. 2, 3 et 4). Seront ensuite étudiés sa mise en œuvre (sect. 5), les opérations de vente (sect. 6) et les incidents susceptibles de l'affecter (sect. 7).

0721.01 Textes applicables.

• **C. pr. exéc.,** art. L. 111-8, L. 112-3, L. 124-1, L. 221-1 à L. 221-3, L. 321-3 ; R. 112-2, R. 221-1 s., R. 221-16 à R. 221-18, R. 221-30 à R. 221-32 et R. 221-57 à R. 221-61.

• **C. civ.,** art. 520, 593, 1591 et 1873-15.

0721.02 Jurisprudence de référence.

> Saisie des meubles par anticipation.

• **Com. 24 nov. 1981,** n° 80-13.395, P IV, n° 408

* V. s^s n°s 0711.22, 0721.33, 1316.84

Un tribunal ayant retenu qu'un exploitant forestier n'avait eu, de l'acquisition d'un bois, en vue, que l'exploitation de sa superficie, a pu en déduire que les arbres à abattre avaient été mobilisés par anticipation peu important que certains de ces arbres fussent de haute futaie.

0721.03 Bibliographie indicative.

Actualisables. Rép. pr. civ., v° *Saisie des récoltes sur pieds*, par R. Bour, oct. 2024 – *J.-Cl. Pr. civ.*, V° Saisie-vente, fasc. 1600-85, Récoltes sur pied, par N. Casal.

Ouvrages[1]**.** A. Leborgne, *Droit de l'exécution*, 3e éd., « Précis », Dalloz, 2019, [saisie-vente des récoltes sur pied], n°s 1433 s. – R. Perrot et Ph. Théry, *Procédures civiles d'exécution*, 3e éd., Dalloz, 2013 [saisie des récoltes sur pied], n°s 666-668.

0721.05 Définition et spécificité. La saisie des récoltes sur pied s'entend de celle des fruits proches de la maturité non encore récoltés et adhérant toujours à la terre, soit directement par leur racine, soit indirectement par les branches des arbres qui les ont produits. Cette définition donnée par J. Vincent à propos de l'ancienne saisie-brandon[2] reste toujours valable, la réforme des procédures civiles d'exécution n'ayant pas, au-delà du changement de terminologie, fondamentalement transformé les règles de cette mesure particulière.

Selon l'article 520 C. civ., les récoltes pendantes par les racines et les fruits non encore cueillis sont des immeubles par nature. Ils ne deviennent des meubles qu'après avoir été détachés du sol. Par conséquent, les récoltes sur pied devraient être saisies avec le terrain sur lequel elles ont poussé, selon les formes requises pour la saisie immobilière. Il s'agit pourtant d'une saisie mobilière qui repose sur une fiction, la mobilisation anticipée des récoltes quelques semaines avant leur maturité. À l'instar de la vente sur pied, la saisie les convertit en meubles en anticipant leur coupe et leur cueillette.

La saisie des récoltes sur pied est une variété particulière de la saisie-vente. Elle est, en effet, réglementée dans le chapitre V du titre V du décret du 31 juillet 1992 entièrement consacré à la saisie-vente, désormais codifié dans la partie réglementaire du Code des procédures civiles d'exécution (livre II,

1. Les ouvrages dont le nom des auteurs figure en petites capitales en bibliographie seront cités par le seul nom des auteurs en petites capitales en notes de bas de page.
2. J. Vincent, *Voies d'exécution*, 14e éd., « Précis », Dalloz, 1981, n° 69.

titre II, chapitre I, section V). Elle obéit donc à toutes les conditions générales compatibles avec les dispositions spéciales inspirées par son particularisme. Les règles nouvelles adoptées par les articles R. 221-57 à R. 221-61 C. pr. exéc. sont très voisines de celles établies par les articles 626 à 635 de l'ancien Code de procédure civile (ACPC), de telle sorte que la jurisprudence antérieure est, pour l'essentiel, transposable. La plupart des commentateurs de la réforme ont relevé que la saisie des récoltes sur pied n'était pas très utilisée de nos jours, les créanciers préférant saisir le prix de leur vente par voie de saisie-attribution.

SECTION 1
CONDITIONS GÉNÉRALES D'OUVERTURE

0721.11 **Conditions identiques à celles de la saisie-vente.** Ce sont celles de la saisie-vente (L. 9 juill. 1991[1], art. 50 [devenu C. pr. exéc., art. L. 221-1] – et C. pr. exéc., art. R. 221-1 s.). Le créancier doit détenir un titre exécutoire constatant une créance liquide et exigible[2] et délivrer huit jours au moins avant la saisie, un commandement de payer comportant les mentions requises par l'article R. 221-1 C. pr. exéc. (v. s^s n°s 0713.05 s. et 0713.41 s.). La mesure n'étant pas pratiquée dans un local d'habitation, le principe de subsidiarité adopté par les articles L. 221-2 et R. 221-2 C. pr. exéc. et mis en œuvre par l'article R. 221-3 du même code, n'a pas lieu de s'appliquer en principe.

SECTION 2
CONDITIONS SPÉCIALES D'OUVERTURE QUANT AU DÉBITEUR SAISI

0721.21 **Détermination du propriétaire des récoltes.** Selon l'article R. 221-57 C. pr. exéc, les récoltes sur pied « *appartenant au débiteur* » peuvent être saisies. Le saisi est donc toute personne ayant un droit sur la récolte, que ce soit à titre de propriétaire du fonds, d'usufruitier, de fermier ou d'acquéreur.

0721.22 **Propriétaire exploitant.** Les récoltes appartiennent au propriétaire du terrain sur lequel elles prennent racine si celui-ci en est l'exploitant. Ses créanciers peuvent donc les saisir, à moins qu'elles n'aient été vendues à un tiers auquel cas ils peuvent en saisir le prix entre ses mains.

1. L. n° 91-650, 9 juill. 1991, portant réforme des procédures civiles d'exécution, *JO* 14 juill., p. 9228.
2. Civ. 4 janv. 1961, *JCP* 1961. IV. 23.

0721.23 **Usufruitier.** Selon l'article 585 C. civ., « *les fruits naturels ou industriels, pendants par branches ou par racines au moment où l'usufruit est ouvert, appartiennent à l'usufruitier. Ceux qui sont dans le même état au moment où finit l'usufruit appartiennent au propriétaire* ». Entre ces deux périodes les créanciers de l'usufruitier peuvent les saisir. En revanche, ceux du nu-propriétaire ne le peuvent pas et ce, jusqu'à la fin de l'usufruit.

0721.24 **Acquéreur.** Les récoltes vendues sur pied appartiennent à celui qui les a achetées et ce, dès l'échange des consentements. Les créanciers de l'acquéreur sont ainsi en droit de les saisir. Toutefois, ils peuvent se heurter au droit de rétention du vendeur si celui-ci n'a pas été payé.

0721.25 **Fermier.** Il est titulaire du droit d'exploiter et partant, propriétaire de la récolte. Ses créanciers peuvent la saisir sauf s'il l'a vendue à un tiers. Ceux du bailleur qui n'ont aucun droit sur la récolte, ne peuvent l'appréhender.

0721.26 **Métayer.** Le débiteur métayer est propriétaire de sa part de récolte. La récolte elle-même, tant qu'elle est sur pied, appartient indivisément au propriétaire et au métayer. En application de l'article 815-17 alinéa 1er C. civ., seuls les créanciers dont la créance résulterait de sa conservation ou de sa gestion, pourraient la saisir (fournisseur d'engrais, salarié de l'exploitation). Quant aux créanciers personnels du métayer (ou ceux du propriétaire) ils ne peuvent saisir sa quote-part de la récolte indivise en vertu du deuxième alinéa du même texte.

0721.27 **Indivisaires ordinaires.** L'indivision ordinaire (ou copropriété ordinaire) résulte le plus souvent du décès du propriétaire qui laisse plusieurs héritiers, ou de l'achat d'un bien en commun par plusieurs personnes. Elle est caractérisée par le fait que chaque indivisaire peut y mettre fin à tout moment en réclamant le partage (C. civ., art. 815). Lorsque la récolte sur pied appartient à des indivisaires ordinaires, elle n'est saisissable que par les créanciers de l'indivision, c'est-à-dire, par ceux qui auraient pu agir sur les biens indivis avant celle-ci et ceux dont la créance résulte de la conservation ou de la gestion de ces biens indivis (C. civ., art. 815-17, al. 1er). Mais les créanciers personnels d'un indivisaire ne peuvent saisir sa part dans les biens indivis. Ils ont seulement la faculté de provoquer le partage au nom de leur débiteur ou d'intervenir dans celui provoqué par lui (C. civ., art. 815-17, al. 2 et 3).

0721.28 **Indivisaires conventionnels.** Les indivisaires peuvent structurer l'indivision en lui donnant des organes de gestion et de représentation et en renonçant au droit de demander le partage pour une durée déterminée. L'article 1873-15 alinéa 1er C. civ. dispose que l'article 815-17 est applicable aux créanciers de l'indivision ainsi qu'aux créanciers personnels des indivisaires. Mais l'alinéa 2 du même texte précise que les créanciers personnels dont le droit de provoquer le partage se trouve ainsi limité au cas où leur débiteur pourrait lui-même le provoquer, sont autorisés, dans les autres cas, à saisir et à vendre sa quote-part dans l'indivision.

SECTION 3
CONDITIONS SPÉCIALES D'OUVERTURE QUANT AUX BIENS SAISIS

0721.31 Fruits naturels et industriels. Le terme « *récolte sur pied* » évoque les fruits de la terre renouvelables suivant une périodicité régulière. Il s'agit, selon la distinction de l'article 583 C. civ., des fruits naturels issus spontanément du sol et des fruits industriels obtenus par la culture d'un fonds. On envisage immédiatement les céréales des champs, les fruits des vergers ou les légumes des jardins maraîchers. Mais la notion de récolte peut être étendue à tous les produits de la terre susceptibles d'être mobilisés par anticipation en raison de leur maturité prochaine (champignons, baies sauvages).

0721.32 Herbe à faucher. L'herbe destinée à être fauchée, qui peut faire l'objet d'une vente sur pied peut ainsi être saisie selon les modalités prévues aux articles R. 221-57 à R. 221-61 C. pr. exéc. À noter que les ventes d'herbes successives peuvent constituer une utilisation répétée du fonds justifiant l'application du statut du fermage[1].

0721.33 Arbres à abattre. Les arbres à abattre compris dans les bois, taillis et futaies mises en coupe réglée, peuvent être mobilisés par anticipation[2] et par conséquent, sont saisissables selon les modalités de la saisie des récoltes sur pied. La mobilisation périodique à un certain stade de développement ou la mise en coupe réglée annuellement par zone déterminée, permet de fixer le point de départ du délai de six mois précédant l'époque de la maturité.

0721.34 Produits. Les produits qui épuisent la substance du sol d'où ils sont extraits, tels que les pierres d'une carrière ou les minerais, ne peuvent entrer dans le champ d'application de la saisie des récoltes. Leur nature se prête d'ailleurs mal aux conditions et modalités prévues par les articles R. 221-57 à R. 221-61 C. pr. exéc.

0721.35 Récoltes saisies immobilièrement. La saisie immobilière de l'immeuble portant les récoltes sur pied incorpore celles-ci dans son assiette et fait obstacle à leur saisie ultérieure dans les conditions des articles R. 221-57 à R. 221-61 C. pr. exéc. Elle emporte d'ailleurs, à l'égard des tiers, immobilisation des fruits naturels et industriels recueillis après le dépôt du commandement aux fins de publicité (C. pr. exéc., art. L. 321-3). En revanche, la saisie des récoltes sur pied demeure valable, si elle a été pratiquée avant que le commandement de saisie immobilière ait été transcrit[3].

0721.36 Récoltes vendues sur pied. La vente de récoltes sur pied opère au profit de l'acheteur, transfert de leur propriété dès l'accord des parties sur la chose et sur le prix. L'acquéreur ne peut se contenter de produire un document, même enregistré, qui ne comporte pas un prix déterminé ou déterminable au sens de l'article 1591 C. civ.[4] Les créanciers du vendeur propriétaire originaire, ne peuvent donc plus les saisir. Il faut cependant qu'il y ait eu individualisation des fruits dès le jour de la vente, par exemple par leur cession en bloc et en totalité, pour que l'acquéreur puisse se prévaloir de la création d'un droit réel à son profit[5].

0721.37 Récoltes warrantées. Le *warrant* agricole est une sûreté réelle conventionnelle qui permet à tout agriculteur d'emprunter sur les biens de son exploitation, notamment sur les récoltes pendant par les racines et sur les fruits non encore recueillis (C. rur., art. L. 342-1, 4°) ainsi que sur les récoltes futures[6]. Il s'agit d'un gage sans dépossession qui est opposable aux tiers, après son inscription, sur un registre spécial (C. rur., art. L. 342-4[7]). En cas de saisie, le porteur du *warrant* peut faire valoir son privilège sur le prix d'adjudication des récoltes.

0721.38 Récoltes coupées. Une fois détachés ou coupés, même non encore enlevés, les fruits, récoltes et bois deviennent des meubles par nature (C. civ., art. 520 et 521). Ils ne peuvent donc être saisis que selon les modalités prévues pour la saisie-vente de droit commun. Ceux qui sont immobilisés par destination (semences et pailles, C. civ., art. 524) ou par l'effet d'une saisie immobilière (C. civ., art. 2194[8] [devenu C. pr. exéc., art. L. 321-3]) ne peuvent être appréhendés qu'avec l'immeuble qui les a produits

1. Civ. 3e, 2 juin 1993, n° 91-14.521, P III, n° 77.
2. Com. 24 nov. 1981, n° 80-13.395, P IV, n° 408.
3. Civ., 23 févr. 1892, *DP* 1893. 1. 425.
4. Civ. 1re, 30 nov. 1982, NP ; *D.* 1983. IR 399, obs. P. Julien.
5. Civ. 25 févr. 1896, deux arrêts, *DP* 1897. 1. 69 – *CONTRA* : Montpellier, 23 juin 1927, *DH* 1927. 472.
6. Civ. 1re, 12 nov. 2015, n° 14-23.106, P I, n° 273 ; *D.* 2016. 178, note. P. Julien ; *RTD civ.* 2016. 45, obs. P. Crocq.
7. Mod. par Ord. n° 2021-1192, 15 sept. 2021, portant réforme du droit des sûretés, *JO* 16 sept., texte 19, art. 31, VII, 3°.
8. Inséré dans le Code civil, par Ord. n° 2006-461, 21 avr. 2006 [entrée en vigueur par Décr. 27 juill. 2006, art. 25] – Abrogation de ACPC, art. 682, par la même ordonnance [entrée en vigueur par le même décret].

(ainsi pour les foins et aliments pour animaux[1]). Cependant les meubles immobilisés par destination sont saisissables indépendamment de l'immeuble auquel ils sont attachés, soit pour le paiement de leur prix, soit pour la réalisation du gage dont ils sont l'objet s'ils peuvent être détachés sans dommage (C. pr. exéc., art. L. 112-3).

0721.39 **Poissons des étangs.** Les anciens auteurs admettaient qu'ils pouvaient constituer des fruits susceptibles de pouvoir faire l'objet d'une saisie-brandon[2]. Cependant, la nouvelle terminologie employée rend désormais difficile leur rattachement à la nouvelle procédure.

0721.40 **Denrées alimentaires.** Selon l'article R. 112-2 C. pr. exéc, sont insaisissables les denrées nécessaires à l'alimentation du saisi et de sa famille, ainsi que des animaux destinés à leur subsistance. Par conséquent, une fraction des fruits récoltés peut-être frappée d'insaisissabilité dès lors qu'elle doit assurer la nourriture du débiteur et des bêtes élevées pour sa subsistance.

SECTION 4
CONDITIONS SPÉCIALES D'OUVERTURE QUANT AU DÉLAI

0721.51 **Durée du délai.** Les récoltes sur pied peuvent être saisies dans les six semaines qui précèdent l'époque habituelle de la maturité (C. pr. exéc., art. R. 221-57).

0721.52 **Époque de la maturité.** L'époque habituelle de la maturité varie selon les diverses espèces de fruits, les techniques agricoles et les conditions climatiques. Les usages locaux prennent en compte tous ces éléments pour déterminer, pour certains végétaux, une durée théorique de la maturité.

C'est le juge qui, en cas de litige, doit fixer souverainement le point de départ du délai, en tenant compte des conditions culturales locales (sur la détermination de l'époque de la maturité, v. D. Lochouarn[3]).

0721.53 **Sanction.** La saisie ne peut intervenir trop longtemps à l'avance car elle risque d'inciter le débiteur à négliger la récolte dont il va être privé. Il est en outre difficile d'obtenir un prix convenable lorsque la récolte est vendue prématurément. La solution adoptée sous l'empire de l'article 626 ACPC, était que l'observation du délai de six semaines était prescrite à peine de nullité[4]. L'article R. 221-57 reprenant, pour l'essentiel, le texte de l'article 626, on peut considérer encore aujourd'hui, que la saisie faite avant les six semaines précédant la maturité des récoltes est entachée de nullité. Le saisi devrait pouvoir, comme par le passé, renoncer à invoquer cette nullité, expressément ou tacitement par des actes révélant cette intention avec certitude[5].

Le commandement de payer qui engage la procédure de saisie mais qui ne constitue pas un acte d'exécution, peut être signifié avant le délai de six semaines.

SECTION 5
MISE EN ŒUVRE

0721.61 **Procès-verbal.** À peine de nullité, le procès-verbal de saisie doit être établi conformément aux dispositions de l'article R. 221-16 C. pr. exéc., à l'exception de celles relatives à la désignation des biens saisis. Cette désignation est remplacée par la description du terrain où sont situées les récoltes avec sa contenance, sa situation et l'indication de la nature des fruits (C. pr. exéc., art. R. 221-58). Cette disposition doit permettre l'identification précise des parcelles et comporter, afin d'éviter les erreurs, leurs références cadastrales.

0721.62 **Autres formalités.** La saisie des récoltes sur pied n'étant qu'une variété de saisie-vente, toutes les formalités compatibles avec la spécificité de cette mesure sont applicables. Ainsi, la copie du procès-verbal de saisie doit être remise au débiteur s'il est présent aux opérations, ou doit lui être signifiée (C. pr. exéc., art. R. 221-17 et R. 221-18). Le commissaire de justice doit lui rappeler ses droits et ses obligations. Il convient de se reporter aux développements relatifs à la saisie-vente de droit commun (v. s[s] n°s 0714.41 s.).

À noter que dans le tarif des commissaires de justice, le coût du procès-verbal de saisie des récoltes sur pied est plus élevé que celui de l'acte de saisie-vente (C. com., art. A. 444-16, tableau 3-1, actes 52 et 55).

0721.63 **Gardien.** Les récoltes sont placées sous la garde du débiteur qui en est constitué gardien (C. pr. exéc., art. R. 221-59). Il ne peut plus en disposer en les vendant ou en user pour lui-même, s'agissant de biens consomptibles. Il est tenu d'en prendre soin jusqu'à la vente sous peine d'engager sa responsabilité civile. S'il ne peut être tenu pour respon-

1. Rennes, JEX, 30 mars 1993, *Rev. huiss.* 1994. 661.
2. E. Garsonnet et C. Cézar-Bru, *Traité théorique et pratique de procédure civile et commerciale, en justice de paix et devant les conseils de prud'hommes*, 3e éd., 1912-1925, Sirey, t. IV, n° 164.
3. D. Lochouarn, « La saisie des récoltes sur pieds », *Rev. huiss.* 1998. 200.
4. Civ. 29 août 1853, *DP* 1853. 1. 258.
5. Montpellier, 17 janv. 1924, *DH* 1924. 253.

sable de la destruction des fruits due aux intempéries[1], il est cependant en faute s'il a négligé de les assurer ou de payer les primes les garantissant contre les risques de grêle ou de tempête.

0721.64 **Gérant à l'exploitation.** À la demande du créancier, le juge de l'exécution peut désigner un gérant à l'exploitation (C. pr. exéc., art. R. 221-59, al. 2). Cette mesure peut s'avérer indispensable lorsque le débiteur néglige d'apporter les soins nécessaires ou se révèle incapable de le faire (par ex., pour des raisons de santé). Le débiteur est entendu ou appelé à l'audience. La décision devant avoir pour conséquence d'augmenter les frais et de confier la récolte aux soins d'un tiers, il a intérêt à donner son avis sur l'opportunité de la mesure et sur le choix du gérant. Le gérant à l'exploitation pourra être un agriculteur voisin, un professionnel de l'agriculture, ou encore un membre de la famille du saisi vivant sur l'exploitation (s'il est remplacé pour des raisons de santé). Le gérant à l'exploitation devra assurer la récolte et son transport sur le lieu de la vente, si celle-ci n'est pas faite sur place. Il devra être rémunéré.

SECTION 6
OPÉRATIONS DE VENTE

0721.71 **Vente amiable.** La saisie des récoltes sur pied étant une variété de la saisie-vente, le débiteur bénéficie de la faculté de vente amiable prévue par les articles L. 221-3 et R. 221-30 à R. 221-32 C. pr. exéc. L'article R. 221-58 C. pr. exéc. relatif à l'établissement du procès-verbal, renvoie d'ailleurs aux dispositions de l'article R. 221-16 du même code réglementant l'acte de saisie-vente, lequel doit reproduire le texte des articles R. 221-30 à R. 221-32 C. pr. exéc. Le débiteur dispose donc d'un délai d'un mois pour proposer un acquéreur, auquel peut s'ajouter, si une offre est faite dans ce délai, celui de quinze jours imparti aux créanciers saisissant et opposant pour prendre parti, étant précisé que la vente forcée ne peut avoir lieu qu'après l'expiration de tous les délais.

On a relevé la difficulté de concilier, en pratique, ces délais avec celui de six semaines prévu par l'article R. 221-57 C. pr. exéc.[2]. Le commentateur précité a fait ressortir les problèmes de calendrier et de computation soulevés par le fait que ces délais sont exprimés selon le cas, en jours, en semaines ou en mois. Leur addition qui nécessite une conversion au plus petit dénominateur commun (le jour), aboutit à un total de soixante-deux jours (délai de commandement et de publicité compris). Selon la date de la saisie et la présence ou non d'une proposition d'achat valable, le temps nécessaire à l'organisation de la vente aux enchères risque d'être très réduit, l'époque de la maturité des récoltes pouvant même être dépassée. Dans cette dernière hypothèse, le juge de l'exécution devrait pouvoir être saisi de la difficulté afin qu'il autorise la cueillette, la vendange ou la moisson, avant que la récolte ne pourrisse sur pied et qu'il ordonne son stockage, le cas échéant entre les mains d'un séquestre, jusqu'à ce qu'il ait été pris parti sur la proposition amiable. Mais des pertes peuvent difficilement être évitées si les fruits sont rapidement périssables.

1. Dijon, 28 déc. 1891, *DP* 1892. 2. 119.
2. V. R. Martin, « La saisie impossible des récoltes sur pied », *Rev. huiss.* 1993. 1142.

0721.72 **Vente forcée.** Celle-ci obéit aux règles applicables en matière de saisie-vente. Elle ne peut avoir lieu qu'après l'expiration des délais de vente amiable. Elle est effectuée aux enchères publiques par un officier ministériel habilité (v. s[s] n°s 0716.05 s. et 0716.61 s.). Sont seules examinées, ici, les dispositions particulières aux récoltes sur pied.

0721.73 **Publicité.** La vente est annoncée par des affiches apposées à la mairie et au marché le plus proche du lieu où se trouvent les récoltes (C. pr. exéc., art. R. 221-60, al. 1er). Celles-ci doivent mentionner les jour, heure et lieu de la vente et indiquer le terrain où sont situées les récoltes, sa contenance et la nature des fruits (C. pr. exéc., art. R. 221-60, al. 2). Le commissaire de justice certifie l'accomplissement de cette formalité (C. pr. exéc., art. R. 221-60, al. 3). La publicité facultative, notamment par des insertions dans des journaux, n'est pas envisagée expressément. Elle est possible aux frais du saisissant qui n'y est pas obligé, sauf pour celui-ci à justifier qu'elle a été utile (C. pr. exéc., art. L. 111-8 et L. 124-1).

0721.74 **Lieu de la vente.** Selon l'article R. 221-61 C. pr. exéc, la vente est faite sur le terrain où se trouvent les récoltes (si elles sont encore sur pied) ou au marché le plus voisin (si elles ont été coupées).

0721.75 **Enlèvement.** En cas de vente sur place c'est l'adjudicataire qui achète la récolte sur pied qui se charge de la coupe ou de la cueillette et du transport. En cas de vente sur le marché, la récolte et son acheminement peuvent être effectués par le saisi (sous la direction du commissaire de justice), s'il dispose du matériel approprié. À défaut, ces opérations peuvent être assurées par une entreprise de battage au frais du saisi.

SECTION 7
INCIDENTS

0721.81 **Inventaire complémentaire.** L'époque habituelle de la maturité pouvant être différente selon les espèces de fruits, il est certain que le créancier devra s'y reprendre à plusieurs fois pour saisir les récoltes d'une même exploitation. Il pourra procéder à des inventaires complémentaires afin d'étendre l'assiette de sa saisie initiale à d'autres récoltes devenues saisissables entre-temps (C. pr. exéc., art. R. 221-43). Ces inventaires devront être dressés suivant les dispositions combinées des articles R. 221-16 et R. 221-58 C. pr. exéc.

0721.82 **Distraction.** Un tiers acquéreur de la récolte peut toujours intenter une action en distraction, si la vente est antérieure à la saisie ; mais il doit produire un acte établissant que la vente est parfaite, c'est-à-dire qu'elle comporte un prix déterminé ou déterminable au sens de l'article 1591 C. civ. Une simple attestation, même enregistrée, est insuffisante si elle ne comporte pas ces éléments[1].

0721.83 **Autres incidents.** Il convient de se reporter aux règles relatives aux incidents de la saisie-vente (v. s[s] n°s 0718.05 s.). Il convient cependant de relever que le jugement sur incident peut intervenir après la maturité des fruits. Le juge devrait donc pouvoir autoriser leur vente immédiate, si ceux-ci sont rapidement périssables et ce, en dépit de l'effet suspensif de certaines contestations. Il pourrait ordonner la consignation du prix au bénéfice de qui il appartiendra. Il faut souligner qu'en matière de saisie de récoltes sur pied, la vente prématurée est moins lourde de conséquence qu'en matière de saisie-vente ordinaire. Les récoltes ont en effet vocation à être vendues et à entrer dans le circuit économique, ce qui n'est pas le cas des meubles saisis chez les particuliers ou du matériel saisi au détriment des professionnels. Le préjudice n'existe en général que si la vente est effectuée en dessous du cours.

0721.84 **Distribution du prix.** Seuls sont autorisés à faire valoir leurs droits sur le prix de vente des récoltes les créanciers saisissants ou opposants qui se sont manifestés avant la vérification de ces biens et ceux qui, avant la saisie, ont pratiqué des mesures conservatoires sur ces mêmes biens. Cette liste contenue dans l'article L. 221-5 C. pr. exéc. a été complétée par l'ordonnance du 15 septembre 2021[2] qui a ajouté les créanciers ayant inscrit une sûreté sur les récoltes saisies, qui peuvent être un créancier warranté ou un porteur du *warrant* au profit duquel il l'a endossé. Il faut toutefois que le créancier ayant pratiqué une mesure conservatoire ou inscrit une sûreté ait fait connaître dans les quinze jours de la LRAR l'informant de l'enlèvement des récoltes en vue de leur vente, la nature et le montant de sa créance et ce, sous peine de perdre son droit de concourir à la distribution du prix, sauf à faire valoir ses droits sur un solde éventuel après la distribution (v. s[s] n°s 0716.46, 0716.47 et 0717.21). L'agent chargé de la vente répartit le prix amiablement entre les créanciers en concours. À défaut d'accord, il consigne les fonds à la Caisse des dépôts et consignations et saisit le JEX à l'effet de procéder à leur répartition (C. pr. exéc. art. L. 221-6).

1. Civ. 1re, 30 nov. 1982, NP ; *D.* 1983. IR 399, obs. P. Julien.

2. Ord. n° 2021-1192, 15 sept. 2021, art. 30, 3°.

CHAPITRE

0722. Saisie-vente des biens placés dans un coffre-fort

René Lauba
Magistrat honoraire

Section 0 Orienteur

0722.00 Sommaire du chapitre.

Division. La saisie-vente des biens placés dans un coffre-fort obéit à des conditions générales (sect. 1) et des conditions particulières (sect. 2) d'ouverture. Seront successivement étudiées la mise en œuvre de la saisie (sect. 3), la dénonciation avec commandement de payer (sect. 4), les formalités d'ouverture du coffre (sect. 5) et celles d'enlèvement des biens (sect. 6), et enfin la vente des biens et la contestation de la saisie (sect. 7).

0722.01 Textes applicables.

• **C. pr. exéc.**, art. L. 111-8, L. 124-1, L. 141-1, L. 142-1, L. 142-3, L. 221-1, L. 221-2 ; R. 213-4, R. 221-2, R. 221-3, R. 221-12, R. 221-30 à R. 221-56 et R. 224-1 à R. 224-9.

• **C. civ.**, art. 1962.

0722.03 Bibliographie indicative.

Actualisables. Rép. pr. civ., v° *Saisie des biens placés dans un coffre-fort*, par N. Fricero, mars 2015 (actu. déc. 2019), n°s 14 à 33 – *J.-Cl. Not. Form., V°* Saisie des biens placés dans un coffre-fort, fasc. 10, Commentaires, par C. Laporte et H. Croze – *J.-Cl. Pr. civ., V°* Saisie des biens placés dans un coffre-fort, fasc. 2410, Exécution forcée. Saisie conservatoire, par P. Julien.

Ouvrages[1]. A. Leborgne, *Droit de l'exécution*, 3e éd., « Précis », Dalloz, 2019, [saisie-vente des biens placés dans un coffre-fort], nos 1439 s. – R. Perrot et Ph. Théry, *Procédures civiles d'exécution*, 3e éd., Dalloz, 2013 [saisie des biens placés dans un coffre-fort], nos 1067-1074.

0722.04 Formulaire de procédure civile (renvois).

• *Saisie-vente – Saisie dans un coffre-fort* (Commandement à signifier au débiteur lorsque la procédure de saisie tend à la vente des biens qui sont placés dans le coffre-fort – C. pr. exéc., art. R. 224-3)

• *Saisie-vente – Saisie dans un coffre-fort* (Procès-verbal des opérations d'inventaire avant la vente des biens placés dans le coffre-fort signifié au débiteur – C. pr. exéc., art. R. 224-6)

0722.05 Intérêt pratique. Jusqu'à la réforme des voies d'exécution, cette mesure n'était pas réglementée par un texte particulier. Cette lacune importante avait été à l'origine d'une longue controverse doctrinale et jurisprudentielle qui portait, non sur le droit de saisir les valeurs enfermées dans un coffre-fort, mais sur la procédure à employer pour les mettre sous main de justice.

Une partie importante de la doctrine[2] soutenait que le banquier apparaissait comme un tiers dépositaire, tenu d'une obligation de surveillance et partant, de restitution à l'égard du client, de telle sorte que l'ancienne saisie-arrêt qui pouvait porter sur des meubles corporels était seule envisageable. D'autres auteurs[3], considéraient que le banquier était un bail-

1. Les ouvrages dont le nom des auteurs figure en petites capitales en bibliographie seront cités par le seul nom des auteurs en petites capitales en notes de bas de page.
2. P. Esmein, « La location de coffre-fort et la saisie des objets qu'ils contiennent », *RTD civ.* 1992. 347 – A. Tunc, *Le contrat de garde*, th. Paris, 1942, p. 24 s. – A. Robert, « Le contrat dit de coffre-fort », *JCP* 1959. I. 1507.
3. R. Ripert et G. Roblot, *Traité élémentaire de droit commercial*, 8e éd., LGDJ, 1974 – R. Rodière et J.-L. Rives-Lange, *Droit bancaire*, 2e éd., Dalloz, 1975, n° 392 et la jurisprudence *Rabat*, 29 avr. 1955, *Banque* 1955. 794 – Civ. 21 mai 1957, *JCP* 1957. IV. 97.

leur qui se bornait à mettre un coffre à la disposition du client sans être débiteur à son égard d'une obligation de restitution. Il ne pouvait donc avoir la qualité de tiers et par conséquent, la saisie-exécution qui ne pouvait être pratiquée qu'entre les mains du client débiteur, apparaissait comme étant la seule mesure idoine. L'enjeu était important car seule la saisie-exécution devait être précédée d'un commandement qui était susceptible d'alerter le débiteur. La saisie-arrêt qui en était dispensée, avait l'avantage de ménager un effet de surprise et d'éviter la disparition des valeurs avant la saisie.

La réforme a rendu la controverse sans objet en permettant la saisie-vente entre les mains des tiers et surtout, en autorisant le créancier, dans le cas particulier de la saisie du contenu d'un coffre-fort, à délivrer le commandement de payer le lendemain du procès-verbal (C. pr. exéc., art. R. 224-1 et R. 224-3). La saisie a pour effet immédiat d'interdire tout accès au coffre (C. pr. exéc., art. R. 224-2).

Une autre particularité réside dans le fait que l'inventaire des biens n'est pas effectué en même temps que l'acte de saisie mais plusieurs jours après (C. pr. exéc., art. R. 224-5 et R. 224-6).

L'acte de saisie comporte les mêmes mentions et les mêmes effets quelle que soit la mesure envisagée par le créancier (saisie-vente, saisie-appréhension ou saisie conservatoire).

SECTION 1
CONDITIONS GÉNÉRALES D'OUVERTURE

0722.11 Application des règles de la saisie-vente. La saisie-vente des biens placés dans un coffre-fort obéit aux conditions d'ouverture de la saisie-vente de droit commun (détention d'un titre exécutoire constatant une créance liquide et exigible). Il convient de se reporter sur ce point aux développements antérieurs (v. s[s] n°s 0712.11 s.).

0722.12 Levée du secret bancaire. Depuis un arrêté du 24 avril 2020[1] qui a modifié les articles 164 FB s. de l'annexe 4 du CGI, le commissaire de justice chargé de l'exécution peut obtenir les informations lui permettant d'identifier les établissements loueurs de coffres-forts et les personnes titulaires des contrats de location. En conséquence de ce texte publié au *Journal officiel* du 6 mai 2020, les contrats de location de coffres conclus à compter du 1er septembre 2020, doivent être déclarés en vue de leur inscription au fichier informatisé des comptes bancaires (Ficoba). Pour les contrats antérieurs à cette date, l'obligation de déclaration incombant aux établissements loueurs de coffres a été reportée au 31 décembre au plus tard. Le commissaire de justice qui recherche des informations sur l'existence d'un coffre-fort loué au nom du débiteur poursuivi, ne peut donc être gêné par le secret bancaire pour accéder aux données du fichier.

1. Arr. 24 avr. 2020, portant modification des articles 164 FB et suivants de l'annexe IV du Code général des impôts, NOR : ECOT2010494A, *JO* 6 mai, texte 15.

SECTION 2
CONDITIONS PARTICULIÈRES D'OUVERTURE

0722.21 Spécificités tenant au propriétaire du coffre. Les dispositions spéciales des articles R. 224-1 à R. 224-9 C. pr. exéc. s'appliquent à la saisie des biens placés dans un coffre-fort appartenant à un tiers (C. pr. exéc., art. R. 224-1). Ce tiers peut être un banquier (ou un établissement assimilé) ou l'exploitant d'un hôtel. Ce peut être aussi un bijoutier ou un joaillier auquel des objets précieux ont été confiés pour être réparés, nettoyés ou transformés.

Les objets contenus dans un coffre situé dans les locaux du débiteur sont saisissables selon les modalités prévues pour la saisie-vente ordinaire, sauf pour le commissaire de justice à faire procéder à l'ouverture dans les conditions des articles L. 142-3, L. 142-1 alinéas 1er et 2 C. pr. exéc. La saisie étant pratiquée dans les locaux d'un tiers et non du débiteur, le principe de subsidiarité adopté par les articles L. 221-2, R. 221-2 et R. 221-3 C. pr. exéc. n'a pas lieu de s'appliquer. Ces locaux ne servant pas à l'habitation du tiers propriétaire du coffre, l'autorisation préalable du JEX requise par l'article L. 221-1 du même code, n'a pas besoin d'être sollicité.

SECTION 3
MISE EN ŒUVRE

0722.31 Acte de saisie. La saisie n'est pas précédée d'un commandement. Elle s'effectue par un acte de commissaire de justice signifié au tiers propriétaire du coffre (C. pr. exéc., art. R. 224-1).

0722.32 Mentions obligatoires. Selon l'article R. 224-1 C. pr. exéc., cet acte mentionne à peine de nullité :

« 1° *Les nom et domicile du débiteur et, s'il s'agit d'une personne morale, sa dénomination et son siège social.*

2° *La référence au titre en vertu duquel la saisie est pratiquée.*

3° *Une injonction d'interdire tout accès au coffre, si ce n'est en présence de l'huissier* [commissaire] *de justice* ».

0722.33 **Effets.** Toute saisie a pour effet immédiat d'interdire l'accès au coffre sans la présence de du commissaire de justice (C. pr. exéc., art. R. 224-1, 3° et R. 224-2). Cette disposition permet de prévenir tout risque de détournement. Le débiteur sera en effet, rapidement avisé de la mesure prise contre lui par le commandement de payer qui doit lui être signifié le premier jour ouvrable suivant l'acte de saisie. La tentation de venir retirer les valeurs contenues dans le coffre sera grande.

Le débiteur ne pourra donc accéder seul au coffre. Toutefois, s'il a besoin d'y prendre ou d'y consulter certains documents, il pourra le faire sous le contrôle du commissaire de justice.

Il faut considérer que l'acte prévu par l'article R. 224-1 C. pr. exéc. opère une saisie provisoire (ou préventive) de tout le contenu du coffre sans distinguer selon que les biens qui le composent ont ou non une valeur marchande ou sont ou non saisissables. La saisie définitive aura lieu lors de l'ouverture du coffre qui ne pourra intervenir avant l'expiration d'un délai de quinze jours suivant la signification du commandement (C. pr. exéc., art. R. 224-4) et qui permettra de retenir dans l'inventaire les seuls biens susceptibles d'être saisis ou méritant d'être enlevés (C. pr. exéc., art. R. 224-5). Ce sera donc l'inventaire qui tiendra lieu d'acte de saisie définitif. L'article R. 224-3, 3° C. pr. exéc. le laisse d'ailleurs entendre puisqu'il dispose que le commandement doit impartir au débiteur, soit de payer sa dette avant la date prévue pour l'ouverture du coffre, soit d'assister à cette ouverture « *aux fins de saisie des biens qui s'y trouvent* ».

0722.34 **Scellés.** Le commissaire de justice peut, si nécessaire, apposer des scellés sur le coffre (C. pr. exéc., art. R. 224-2 *in fine*).

0722.35 **Obligation du tiers.** Le tiers reçoit injonction d'interdire l'accès au coffre hors de la présence du commissaire de justice. Il est ainsi investi d'un rôle de gardien.

Le tiers est également tenu de fournir à l'officier les éléments d'identification du coffre, sans pouvoir lui opposer le secret professionnel. Ces éléments doivent être mentionnés dans l'acte de saisie (C. pr. exéc., art. R. 224-1).

SECTION 4
DÉNONCIATION DE LA SAISIE AVEC COMMANDEMENT DE PAYER

0722.41 **Commandement.** Lorsque la procédure tend à la vente des biens, un commandement de payer est signifié au débiteur le premier jour ouvrable suivant l'acte de saisie.

0722.42 **Délai du commandement.** Cet acte vaut sommation de payer mais aussi dénonciation au débiteur de la mesure pratiquée à son insu. La brièveté du délai révèle l'attachement du législateur à l'information du débiteur. On peut donc considérer sous réserve de ce que décidera la Cour de cassation que, bien qu'aucune sanction n'ait été expressément prévue, la saisie non dénoncée dans le délai devrait être frappée de caducité.

0722.43 **Signification.** Le commandement peut être signifié dans l'acte de signification du jugement.

0722.44 **Mentions obligatoires.** Selon l'article R. 224-3 C. pr. exéc., le commandement doit contenir à peine de nullité :

– « *1° La dénonciation de l'acte de saisie.*

– *La mention du titre exécutoire en vertu duquel les poursuites sont exercées.*

– *Le décompte distinct des sommes réclamées en principal, frais et intérêts échus, ainsi que l'indication du taux des intérêts.*

– *Un commandement d'avoir à payer la dette avant la date fixée pour l'ouverture du coffre ou d'assister, en personne ou par mandataire, à son ouverture aux fins de saisie des biens qui s'y trouvent, avec l'avertissement qu'en cas d'absence ou de refus d'ouverture, le coffre sera ouvert par la force et à ses frais.*

– *L'indication des lieu, jour et heure fixés pour l'ouverture du coffre.*

– *La désignation du juge de l'exécution du lieu où sont situés les biens saisis devant lequel seront portées les contestations* ».

(Sur le régime général du commandement, v. la saisie-vente de droit commun s[s] n°s 0713.05 s., les mentions requises et sanctions de leur omission s[s] n°s 0713.41 s., l'opposition à commandement s[s] n° 0713.151).

SECTION 5
FORMALITÉS D'OUVERTURE DU COFFRE

0722.51 **Ouverture du coffre.** C'est cette opération qui va permettre de mesurer l'intérêt du contenu du coffre et de sélectionner les objets qui sont saisissables ou qui valent la peine d'être enlevés.

0722.52 **Délai.** L'ouverture du coffre ne peut intervenir avant l'expiration d'un délai de quinze jours à compter de la signification du commandement de payer (C. pr. exéc., art. R. 224-4). Cette disposition déroge au droit commun de la saisie-vente qui prévoit un délai de huit jours.

Le débiteur qui est avisé des jour, heure et lieu de l'ouverture dans le commandement (C. pr. exéc., art. R. 224-3, 5°), peut toutefois demander que celle-ci ait lieu à une date plus rapprochée (C. pr. exéc., art. R. 224-4).

0722.53 **Personnes présentes.** La présence du débiteur est éminemment souhaitable car elle facilitera l'ouverture du coffre dont il détient les clefs. Il est invité à y assister, soit en personne, soit par mandataire, par l'article R. 224-3, 4° C. pr. exéc., à défaut d'avoir réglé sa dette.

En son absence, l'ouverture forcée ne peut intervenir qu'en présence du propriétaire du coffre ou de son préposé dûment mandaté (C. pr. exéc., art. R. 224-4, al. 2). Il remplace les deux témoins majeurs mentionnés dans l'article L. 142-1 C. pr. exéc.

La présence du créancier n'est pas nécessaire. Elle est même interdite en vertu de l'article R. 213-4 C. pr. exéc. selon lequel la personne qui a requis l'exécution forcée ne peut assister aux opérations, sauf si les modalités de l'appréhension l'exigent. Il est donc représenté par son commissaire de justice dont la présence est indispensable pour tout accès au coffre (C. pr. exéc., art. R. 224-1, 3° et R. 224-2).

0722.54 **Frais.** Les frais de l'ouverture du coffre sont avancés par le créancier. Ces frais seront exposés si, en l'absence du débiteur, il est nécessaire de recourir à un spécialiste pour forcer le coffre. Ils devront, en définitive, être assumés par le débiteur comme frais de l'exécution (C. pr. exéc., art. R. 224-3, 4°, L. 111-8 et L. 124-1).

0722.55 **Carence.** Si à l'ouverture du coffre il apparaît qu'aucun bien n'est saisissable ou n'a de valeur marchande, le commissaire de justice devra convertir l'acte de saisie initial en procès-verbal de carence (C. pr. exéc., art. R. 221-14). Cette disposition de droit commun doit s'appliquer même si les textes particuliers à la saisie des meubles placés dans un coffre-fort n'y font pas expressément référence (v. s[s] n°s 0714.51 s.).

SECTION 6
FORMALITÉS D'ENLÈVEMENT DES BIENS

0722.61 **Inventaire.** Au jour fixé il doit être procédé à l'inventaire des biens qui doivent être décrits de façon détaillée.

Il semble bien que c'est cet inventaire qui opère après leur sélection, saisie définitive des objets méritant d'être appréhendés ou pouvant l'être.

0722.62 **Inventaire en présence du débiteur.** Si le débiteur est sur place, l'inventaire peut se limiter aux seuls biens saisis. Tout le contenu du coffre n'est pas forcément digne d'intérêt. Il peut aussi arriver que, compte tenu du montant de la dette, l'appréhension de quelques valeurs suffise à désintéresser le créancier.

Les biens sont immédiatement enlevés pour être placés sous la garde du commissaire de justice (disposition dérogatoire à C. pr. exéc., art. L. 141-1) ou d'un séquestre désigné, à défaut d'accord amiable, sur requête par le JEX (C. pr. exéc., art. R. 224-5, al. 2). Dans cette hypothèse les obligations du séquestre sont celles de l'article 1962 C. civ.

0722.63 **Inventaire en l'absence du débiteur.** Si le débiteur est absent il est dressé un inventaire de tous les biens contenus dans le coffre. Bien que le texte de l'article R. 224-5 C. pr. exéc. ne le précise pas, il paraît indispensable que l'inventaire distingue clairement les objets saisis de ceux qui ne le sont pas.

Ceux qui sont saisis sont enlevés immédiatement par le commissaire de justice. Les autres sont remis au tiers qui a la garde du coffre ou à un séquestre désigné sur requête par le JEX, à charge de les représenter sur simple réquisition du débiteur (C. pr. exéc., art. R. 224-5, al. 3).

0722.64 **Photographies.** Le commissaire de justice peut, s'il l'estime nécessaire, photographier les objets retirés du coffre dans les conditions prévues aux articles R. 221-12 et R. 224-5 alinéa 4 C. pr. exéc. Il doit ainsi conserver les photographies en vue de la vérification des objets saisis qui doit précéder la vente. Il ne peut les communiquer qu'en cas de contestation portée devant le juge (C. pr. exéc., art. R. 221-12 – v. s[s] n°s 0714.55 et 0716.43).

0722.65 **Acte des opérations.** Il est dressé un acte des opérations qui contient à peine de nullité, les nom, prénom et qualité des personnes qui y ont assisté et de celles entre les mains de qui les objets ont été remis. Ces personnes doivent apposer leur signature sur l'original et les copies de l'acte qui doit mentionner, le cas échéant leur refus de signer (C. pr. exéc., art. R. 224-6).

0722.66 **Signification de l'acte.** Une copie de l'inventaire est remise au débiteur s'il est présent, ou lui est signifiée s'il est absent. Les personnes auxquelles des biens ont été remis doivent également recevoir une copie (C. pr. exéc., art. R. 224-7).

La copie destinée au débiteur doit mentionner à peine de nullité :

– le lieu où les biens saisis sont déposés ;

– en caractères très apparents, le délai d'un mois dont il dispose pour procéder à leur vente amiable dans les conditions prévues aux articles R. 221-30 à R. 221-32 C. pr. exéc. dont le texte est reproduit ;

– la date à partir de laquelle, à défaut de vente amiable, il pourra être procédé à la vente forcée.

0722.67 **Recouvrement du libre accès au coffre.** Du jour de l'enlèvement des biens, le débiteur recouvre libre accès au coffre (C. pr. exéc., art. R. 224-9).

SECTION 7

VENTE DES BIENS ET CONTESTATION DE LA SAISIE

0722.71 **Vente.** La saisie des meubles placés dans un coffre-fort étant une variante de la saisie-vente, il doit être fait application des articles R. 221-30 à R. 221-32 C. pr. exéc. relatifs à la vente amiable (auxquels fait référence le C. pr. exéc., art. R. 224-7, al. 2) et, à défaut, des articles R. 221-33 à R. 221-39 du même code (auxquels renvoie le C. pr. exéc., art. R. 224-8). Il convient de se reporter sur ces deux points, aux observations concernant la saisie-vente de droit commun (v. s^s^ n°s 0715.05 s. et 0716.05 s.).

0722.72 **Incidents.** Pour la même raison, l'article R. 224-8 C. pr. exéc. renvoie aux dispositions des articles R. 221-40 à R. 221-56 du même code pour le règlement des incidents (v. s^s^ n°s 0718.05 s.).

CHAPITRE

0723. Saisie-vente des véhicules terrestres à moteur

René Lauba
Magistrat honoraire

SECTION 0 Orienteur

0723.00 Sommaire du chapitre.

Division. Une fois défini le domaine d'application de la saisie-vente des véhicules terrestres à moteur (sect. 1), nous étudierons les deux formes de saisie qu'elle recouvre : la saisie par déclaration auprès de l'autorité administrative (sect. 2 à 6) et la saisie par immobilisation (sect. 7 à 9).

0723.01 Textes applicables.

• **C. pr. exéc.,** art. L. 111-7, L. 112-2, L. 121-2, L. 141-2, L. 221-1, L. 223-1, L. 223-2, L. 433-1, R. 112-2, R. 221-12 s., R. 221-28, R. 221-30 à R. 221-32, R. 221-41 s., R. 223-1 à R. 223-13 et R. 433-2.

• **C. civ.,** art. 2332-4, 2333, 2337, 2338.

• **C. route,** art. L. 110-1, L. 322-1, L. 325-1, L. 325-7, L. 325-13, L. 330-1, R. 311-1, R. 322-7, R. 322-16 s., R. 325-1, R. 325-12, R. 325-23, R. 325-32, R. 325-43, R. 325-47, R. 325-332.

• **C. pr. civ.,** art. 662-1 s., 700, 748-1 s.

• **C. com.,** art. R. 521-1 s.

0723.02 Jurisprudence de référence.

> Biens insaisissables. Biens mobiliers du saisi nécessaires à son travail. Appréciation souveraine des juges du fond.

• **Civ. 2e, 15 déc. 2005,** n° 04-14.600, P II, n° 332

* V. s^s^ n°s 0141.05, 0141.37, 0723.14

Les juridictions du fond apprécient souverainement si les biens mobiliers du saisi sont nécessaires à son travail, au sens de l'article 14, 4° de la loi n° 91-650 du 9 juillet 1991.

0723.03 Bibliographie indicative.

Actualisable. Rép. pr. civ., v° *Saisie des véhicules terrestres à moteur*, par R. Bour, oct. 2024.

Ouvrages[1]. A. Leborgne, *Droit de l'exécution*, 3e éd., « Précis », Dalloz, 2019, [mesures d'exécution sur les véhicules terrestres à moteur], n°s 1461 s. – R. Perrot et Ph. Théry, *Procédures civiles d'exécution*, 3e éd., Dalloz, 2013 [saisie-vente des véhicules terrestres à moteur], n°s 1051-1066.

0723.04 Formulaire de procédure civile (renvois).

• *Saisie des véhicules terrestres à moteur – Déclaration de saisie* (Saisie des véhicules terrestres à moteur par déclaration à la préfecture – C. pr. exéc., art. L. 223-1)

• *Saisie des véhicules terrestres à moteur – Procès-verbal de saisie* (Procès-verbal de saisie des véhicules terrestres à moteur par immobilisation du véhicule – C. pr. exéc., art. R. 223-8)

• *Saisie des véhicules terrestres à moteur – Dénonciation au débiteur* (Lettre simple adressée par le commissaire de justice, pour information, au débiteur si celui-ci n'était pas

1. Les ouvrages dont le nom des auteurs figure en petites capitales en bibliographie seront cités par le seul nom des auteurs en petites capitales en notes de bas de page.

présent lorsque son véhicule a été immobilisé – C. pr. exéc., art. R. 223-9)

- *Saisie des véhicules terrestres à moteur – Commandement de payer* (Commandement de payer signifié par le commissaire de justice au débiteur quand le véhicule a été immobilisé pour obtenir le paiement d'une somme d'argent – C. pr. exéc., art. R. 223-10)
- *Saisie des véhicules terrestres à moteur – Acte de remise de véhicule* (Injonction de remise à signifier à la personne tenue de la remise lorsque le véhicule a été immobilisé pour être remis à son propriétaire – C. pr. exéc., art. R. 223-12)
- *Saisie des véhicules terrestres à moteur – Acte de remise de véhicule* (Injonction de remise d'un véhicule au créancier gagiste – C. pr. exéc., art. R. 223-13)

0723.05 **Spécificité.** La saisie-vente des véhicules terrestre à moteur a ceci de particulier qu'elle s'accompagne de mesures complémentaires, adaptées à la nature spécifique de ces biens, qui en favorisent ou facilitent l'exercice. Ces mesures originales sont entièrement nouvelles, aucun précédent n'existant dans la législation antérieure à la réforme des voies d'exécution. Elles sont d'ailleurs communes à la saisie-vente et à la saisie-appréhension et sont qualifiées par le législateur de « mesures d'exécution ». Elles peuvent d'ailleurs être utilisées d'une manière autonome, à titre de moyen de pression sur le débiteur, puisqu'elles ne tendent par elles-mêmes, ni à la vente, ni à l'appréhension.

Ces mesures visent à rendre le véhicule indisponible soit juridiquement en empêchant sa vente, soit matériellement en faisant obstacle à son utilisation. Elles peuvent soit précéder la saisie-vente en facilitant son engagement, soit être pratiquées en même temps qu'elle pour en compléter l'efficacité[1].

SECTION 1
DOMAINE D'APPLICATION

0723.11 **Notion de véhicule terrestre à moteur.** Le Code des procédures civiles d'exécution ne précise pas ce que recouvre la notion de véhicules terrestres à moteur. Cependant ceux-ci peuvent être définis comme les engins motorisés se déplaçant par eux-mêmes sur la terre ferme. Selon l'article L. 110-1, 1° C. route, le terme « véhicule terrestre à moteur » (VTM) désigne tout véhicule terrestre pourvu d'un moteur à propulsion, y compris les trolleybus, et circulant sur route par ses moyens propres à l'exclusion des véhicules qui se déplacent sur rails. Cette définition permet ainsi d'embrasser tout à la fois les voitures de tourisme, les camions et camionnettes, les fourgons et fourgonnettes, les cyclomoteurs, vélomoteurs et motocyclettes, les tracteurs routiers et agricoles, les engins de travaux publics et agricoles de toute nature (pelles mécaniques, excavatrices, bulldozers, moissonneuses) dès lors qu'ils peuvent circuler par leurs propres moyens. On pourrait y ajouter les chariots élévateurs et certains motoculteurs conçus pour véhiculer leur utilisateur car le Code des procédures civiles d'exécution ne restreint pas la mesure d'immobilisation aux seuls engins motorisés aptes à la circulation routière. Cette liste recoupe en partie celle de l'ancien article 1er du décret du 30 septembre 1953[2] relatif à la vente à crédit des véhicules automobiles. Mais elle est à la fois plus large, dans la mesure où elle n'est pas limitée aux seuls véhicules assujettis à la déclaration de mise en circulation et à l'immatriculation et plus restrictive, puisqu'elle ne prend pas en compte les remorques tractées ou semi-portées qui ne sont pas équipées d'un moteur.

0723.12 **Remorques.** L'article R. 311-1, 3.5 C. route définit la remorque comme étant un véhicule non automoteur sur roues destiné à être tracté par un autre véhicule. Il ne s'agit donc pas d'un VTM susceptible de saisie par immobilisation tel que visé par le chapitre III du titre II du livre II du Code des procédures civiles d'exécution. Encore que l'on puisse sérieusement se demander au vu de la jurisprudence adoptée par la Cour de cassation en matière d'accidents de la circulation[3], si les remorques attelées à leurs tracteurs ne sont pas saisissables au même titre et en même temps que ceux-ci, selon les modalités particulières adoptées par le Code des voies d'exécution. Certains auteurs défendent cette position en raisonnant par analogie avec les solutions dégagées à propos de la loi du 5 juillet 1985[4]. Seules les remorques non attelées seraient exclues du champ de la saisie des VTM. Ce rapprochement doit cependant être effectué avec prudence, la loi du 5 juillet 1985 et le Code des procédures civiles d'exécution poursuivant des objectifs très différents.

1. Doctrine : F. Chapuisat, « Les voies d'exécution : les véhicules terrestres à moteur », *Rev. huiss.* 1996. 129 – J.-J. Bourdillat, « Les mesures d'exécution sur les véhicules terrestres à moteur », *Rev. huiss.* 1993. 297 – P. Le Fur, « L'exécution forcée sur les véhicules terrestres à moteur », *Nouv. journ. huiss.* sept.-oct. 1995, p. A à J – G. Dahan, « La saisie des véhicules terrestres à moteur : une mesure parfois délicate à mettre en œuvre », *Rev. huiss.* 1999. 516 – G. Eid, « Mesures d'exécution sur les véhicules terrestres à moteur : moyen de protection du créancier », *Rev. huiss.* 2001. 73.
2. Décr. n° 53-968, 30 sept. 1953, relatif à la vente à crédit des véhicules automobiles, *JO* 1er oct., p. 4628.
3. Civ. 2e, 7 juin 1989, n° 88-14.121, P II, n° 121 ; *D.* 1990. 116, note G. Legier.
4. L. n° 85-677, 5 juill. 1985, tendant à l'amélioration de la situation des victimes d'accidents de la circulation et à l'accélération des procédures d'indemnisation, *JO* 6 juill. – *J.-Cl. Form. anal. Pr. civ.*, partie alphabétique, fasc. 10, n° 15, par Ph. Delebecque.

Quoi qu'il en soit, il est certain que les remorques ou les caravanes non accrochées sont insusceptibles d'être saisies selon les modalités particulières des articles L. 223-1 et L. 223-2 C. pr. exéc.

0723.13 **Véhicules immatriculés.** Des deux mesures d'exécution spécifiques aux VTM, la saisie par immobilisation est celle qui peut s'appliquer à tous les véhicules qu'ils soient immatriculés ou non. Si les véhicules non immatriculés sont susceptibles d'une saisie par immobilisation, ils ne peuvent être, en revanche, l'objet d'une saisie par déclaration auprès de l'autorité administrative qui vise à faire obstacle à la mutation de la carte grise.

0723.14 **Véhicules saisissables.** Compte tenu des importants services qu'ils rendent aux particuliers et aux entreprises, les véhicules terrestres à moteur sont parmi les meubles corporels, ceux dont on invoque le plus souvent l'insaisissabilité sur le fondement des L. 112-2, 5° et R. 112-2, 16° C. pr. exéc. La Haute juridiction considère que la détermination du caractère saisissable ou insaisissable d'un véhicule est une question de fait relevant de l'appréciation souveraine des juges du fond[1]. Cette appréciation est très variable selon les cas d'espèces et il s'avère difficile de déterminer des critères généraux. On ne peut que fournir des exemples particuliers tirés de la jurisprudence. Ainsi, dès lors qu'un médecin n'a pas allégué que ses règles déontologiques l'obligent à se rendre au domicile de ses patients, ni que cette obligation implique qu'il dispose d'un véhicule, une cour d'appel a pu estimer souverainement que celui-ci n'était pas un bien nécessaire à son travail[2].

La jurisprudence antérieure et postérieure à la réforme tend à considérer que le véhicule automobile d'un artisan constitue un instrument de travail insaisissable. Ainsi pour la voiture d'un chauffeur de taxi[3] ou pour le véhicule professionnel d'un artisan[4].

Mais l'insaisissabilité a été écartée en raison du caractère luxueux d'un véhicule utilisé par un non-artisan[5] (il en est jugé ainsi à propos d'un représentant de commerce[6]) ou de ce qu'il constituait un élément corporel d'un fonds de commerce (une décision de la cour d'appel de Grenoble a limité l'insaisissabilité au bénéfice des seuls professionnels de la route[7]).

Certaines décisions retiennent une conception extensive de la notion d'instrument de travail insaisissable, notamment lorsque le véhicule sert à effectuer le trajet pour se rendre sur le lieu de travail (par ex. lorsqu'il est utilisé pour des permanences de nuit[8]). Cependant, ne peut constituer un outil de travail, un véhicule servant à des trajets quotidiens sur une voie où d'autres moyens de transport sont à la disposition du saisi[9]. A également été considéré comme ne constituant pas un instrument de travail, en dépit de sa commodité, le véhicule d'un agent d'assurances[10].

0723.15 **Exclusion des véhicules abandonnés.** Il convient de préciser que lorsque le véhicule a été abandonné depuis plus de trois mois chez un professionnel de l'automobile auquel il a été confié en dépôt ou en vue d'être réparé, la créance née de cette prestation de service peut être recouvrée sans saisie préalable, selon une procédure de vente simplifiée réglementée par la loi du 31 décembre 1903 (v. s^s n°s 1122.05 s.). Cette procédure spéciale rend inutile l'engagement d'une saisie vente ou d'une mesure d'immobilisation ou d'opposition à mutation de carte grise.

Les véhicules laissés en fourrière sont réputés abandonnés lorsque leur propriétaire ne les a pas retirés dans les quinze jours d'une mise en demeure notifiée par LRAR à l'adresse indiquée sur le certificat d'immatriculation. Cette notification est également faite au créancier ayant régulièrement inscrit un gage sur le véhicule. Le délai précité est réduit à dix jours pour les véhicules déclarés sans valeur ou hors d'état de circuler. À défaut de retrait, les véhicules sont remis au domaine en vue de leur aliénation ou livrés à la destruction. Le produit de la vente est tenu, après déduction des divers frais, à la disposition du propriétaire ou de ses ayants droits ou du créancier gagiste s'il justifie de sa sûreté. Il est acquis à l'État s'il n'est pas réclamé dans le délai de deux ans (C. route, art. L. 325-7 s., R. 325-332 et R. 325-43). Les véhicules laissés sans droit dans les lieux publics ou privés où ne s'applique pas le Code de la route peuvent, à la demande et sous la responsabilité du propriétaire des lieux, être mis en fourrière, aliénés ou détruits. Les propriétaires, s'ils sont connus, doivent être préalablement mis en demeure (C. route, art. L. 325-13, R. 325-47 s.).

Il faut préciser que ces mesures d'immobilisation, de mise en fourrière, de retrait de la circulation et de destruction prises par l'autorité administrative, ne font pas obstacle aux saisies ordonnées par l'autorité judiciaire (C. route, art. R. 325-1).

1. Civ. 2e, 15 déc. 2005, n° 04-14.600, P II, n° 332 ; *JCP* 2006. IV. 1117 ; *Dr. et proc.* 2006. 170, obs. O. Salati.
2. Civ. 2e, 15 déc. 2005, n° 04-14.600, préc.
3. Lyon, 16 oct. 1968, *D.* 1969. 549, note Prévault.
4. TGI Dôle, 8 févr. 1994, *Rev. huiss.* 1994. 661.
5. Civ. 2e, 18 févr. 1981, n° 79-12.369, P II, n° 37 ; *Gaz. Pal.* 1981. 1. 396, note J. Viatte.
6. TGI Fontainebleau, 4 déc. 1978, *Rev. huiss.* 1979. 134, note A. Lescaillon.
7. Grenoble, 10 juill. 1995, *Rev. huiss.* 1995. 127.
8. TGI Poitiers, 30 mars 1995, *Nouv. journ. huiss.* juill.-août 1995, p. 28.
9. Rennes, 9 juin 1994, *Rev. huiss.* 1995. 233 – Amiens, 31 janv. 1995, *Rev. huiss.* 1995. 1396.
10. TGI Grenoble, JEX, 12 déc. 1994, *Rev. huiss.* 1995. 1270.

SECTION 2
SAISIE PAR DÉCLARATION AUPRÈS DE L'AUTORITÉ ADMINISTRATIVE : NATURE ET INTÉRÊT PRATIQUE

0723.21 **Nature juridique.** Cette mesure est instituée par l'article L. 223-1 C. pr. exéc. et réglementée par les articles R. 223-2 à R. 223-5 du même code. Bien que la loi lui fasse produire tous les effets d'une saisie (C. pr. exéc., art. L. 223-1) et même d'une saisie d'exécution, puisqu'elle ne peut être pratiquée qu'en vertu d'un titre exécutoire, elle ne débouche pas directement sur la vente ou sur l'appréhension du véhicule qui en est l'objet, mais a seulement pour conséquence d'interdire la délivrance par l'autorité administrative d'un nouveau certificat d'immatriculation (C. pr. exéc., art. R. 223-4) et, partant, de paralyser toute aliénation à titre onéreux ou gratuit, ainsi que toute constitution de gage.

Plusieurs auteurs considèrent donc qu'elle s'analyse en réalité en une **mesure de sûreté par inscription**[1] ou en **une mesure conservatoire** destinée à préparer une future saisie-vente ou appréhension[2].

Quoi qu'il en soit, elle provoque l'immutabilité de la carte grise et tend à rendre le véhicule indisponible pour le saisi et inutilisable pour son acquéreur qui ne peut circuler dans des conditions régulières.

En tout cas, la saisie par déclaration à la préfecture ne paraît pas avoir été conçue comme une sûreté à l'origine d'un droit de préférence pour le saisissant puisqu'elle ne peut préjudicier au créancier gagiste régulièrement inscrit (C. pr. exéc., art. R. 223-5). Cependant, en pratique, le déclarant risque de « monnayer » la mainlevée de la mesure contre un paiement préférentiel, lorsque d'autres créanciers ont pratiqué des saisies-ventes ou appréhensions sur le même véhicule (v. s[s] n° 0723.64).

Elle peut être rapprochée du droit de rétention admis par la jurisprudence sur les documents administratifs nécessaires à la circulation des véhicules.

C'est toutefois le **caractère conservatoire** de cette saisie qui semble, de prime abord, avoir été retenu[3] car elle ne tend ni à l'indisponibilité matérielle, ni à la réalisation du véhicule. Si celui-ci devient juridiquement indisponible, c'est indirectement par l'effet de l'immutabilité administrative de sa carte grise sans laquelle il ne peut régulièrement circuler. Par ailleurs, comme toutes les mesures conservatoires, la saisie par déclaration auprès de l'autorité administrative n'a pas vocation à perdurer car, soit elle s'éteint d'elle-même lorsqu'elle n'est pas renouvelée à l'expiration d'un délai de deux ans, soit elle est relayée par une mesure d'exécution forcée telle qu'une saisie-vente ou une saisie-appréhension[4]. En l'état, les juridictions du fond tendent à consacrer ce caractère conservatoire, notamment à l'occasion des demandes de suspension des voies d'exécution formées au cours des procédures de surendettement.

La Cour de cassation semble avoir finalement considéré que la saisie par déclaration est une mesure d'exécution qui rend le véhicule indisponible, vraisemblablement en raison de ce qu'elle ne peut être pratiquée qu'en vertu d'un titre exécutoire. Elle a ainsi jugé que sa dénonciation au débiteur, même non signifiée à la personne de celui-ci, fait courir le délai d'opposition à une ordonnance d'injonction de payer, lequel ne peut débuter qu'à compter du premier acte signifié à personne ou, à défaut, du premier acte d'exécution ayant pour effet de rendre indisponibilité tout ou partie des biens du débiteur[5]. Une cour d'appel a également retenu le caractère de mesure d'exécution de la saisie par déclaration en excluant qu'elle puisse être pratiquée à titre conservatoire même en vertu d'une ordonnance d'autorisation du JEX[6].

0723.22 **Intérêt pratique.** On peut se demander quel est l'intérêt pour le créancier titulaire d'un titre exécutoire d'opter pour la saisie par déclaration à l'autorité administrative plutôt que pour une saisie par immobilisation qui empêche toute utilisation, même de la part du saisi, ou une saisie-vente ou appréhension de type classique. En effet, cette mesure n'empêche pas le saisi de continuer à se servir du véhicule et, par conséquent de l'user et de l'exposer aux risques de la circulation. Elle n'aboutit directement ni à la réalisation, ni à la mise en possession.

Elle a en fait pour intérêt de rendre le véhicule indisponible alors même qu'il ne peut être matériellement immobilisé ou appréhendé, du fait du débiteur qui le dissimule et refuse de révéler le lieu où il est garé. Elle cause ainsi une gêne certaine pour le débiteur qui serait tenté de mettre à profit la longueur des recherches entreprises par son créancier, pour disposer du bien à son insu et avant l'engagement d'une véritable mesure d'exécution. Elle présente ainsi une utilité toute particulière pour le créancier qui envisage de pratiquer une saisie-vente ou une saisie-appréhension sur un gage qu'il entend réaliser. Elle s'analyse donc en une véritable mesure

1. J.-J. Bourdillat, « Les mesures d'exécution sur les véhicules terrestres à moteur », *Rev. huiss.* 1993. 297.
2. *J.-Cl. Form. anal. Pr. civ.*, partie alphabétique, fasc. 10, par Ph. Delebecque.
3. Grenoble, 22 sept. 2004, RG n° 03/01.583, *Juris-Data* n° 256689.
4. L. Lauvergnat, « La qualification de la saisie par déclaration : pour une approche finaliste », *Rev. huiss.* 2008. 255.
5. Civ. 2e, 18 févr. 2016, n° 14-26.395, NP ; *Dr. et proc.* 2016. 97, obs. S. Dorol ; *Procédures* 2016. Comm. 18, note. Y. Strickler.
6. Aix-en-Provence, 1er avr. 2016, RG n° 15/21903, *Juris-Data* n° 007219.

conservatoire qui lui permet d'attendre que le véhicule réapparaisse et puisse être matériellement saisi. Elle perd une grande partie de son intérêt lorsque le bien est localisé et peut donc d'emblée, soit être immobilisé, soit être l'objet d'une saisie-vente ou d'une saisie appréhension.

SECTION 3
SAISIE PAR DÉCLARATION AUPRÈS DE L'AUTORITÉ ADMINISTRATIVE : CONDITIONS D'OUVERTURE

0723.31 **Titre exécutoire.** Selon l'article L. 223-1 C. pr. exéc., la saisie par déclaration à l'autorité administrative est ouverte au créancier détenteur d'un titre exécutoire. Ce texte ne précise pas, délibérément d'ailleurs, s'il s'agit d'un titre constatant une créance liquide et exigible ou prescrivant la remise du véhicule visé par la déclaration. La mesure est donc envisageable, aussi bien pour préparer une saisie-vente qu'une saisie-appréhension (sur les différents titres exécutoires, v. s[s] n°s 012.06 à 0124.41).

Si la saisie par déclaration se combine avec une procédure de saisie-vente, le titre exécutoire doit constater une créance liquide, c'est-à-dire dont le montant est chiffré. Ainsi, la partie qui, pour recouvrer les dépens d'une instance, signifie un procès-verbal d'indisponibilité des certificats d'immatriculation de deux véhicules et un commandement aux fins de saisie-vente, ne peut se borner à produire, au soutien de ces mesures d'exécution, une décision de justice prononçant une condamnation au titre de l'article 700 C. pr. civ. sans toutefois fixer le montant de ces dépens. Dans ce cas, ceux-ci ne peuvent faire l'objet d'un recouvrement forcé qu'en vertu d'un certificat de vérification du greffier ou d'une ordonnance du juge taxateur les liquidant[1].

0723.32 **Véhicule appartenant au débiteur.** Pour être l'objet d'une saisie par déclaration auprès de l'autorité administrative, le véhicule doit être la propriété du débiteur. Seul le débiteur titulaire d'un droit de propriété sur ce bien est en mesure d'en disposer en l'aliénant ou en le constituant en gage.

C'est en principe, au nom de celui-ci que le véhicule est immatriculé. Afin de faciliter les recherches et les vérifications du créancier, l'article R. 223-1 C. pr. exéc. dispose que l'autorité administrative doit communiquer au commissaire de justice qui en fait la demande les mentions portées sur le registre prévu à l'article 1er du décret n° 2023-97 du 14 février 2023 relatif à l'inscription du gage portant sur un véhicule terrestre à moteur ou une remorque immatriculés[2]. Il s'agit non seulement des mentions portées sur le registre des inscriptions de gage mais encore, de « *tous renseignements relatifs aux droits du débiteur sur le véhicule* ».

La saisie par déclaration est donc exclue contre le crédit-preneur, la carte grise mentionnant l'identité du crédit-bailleur auquel cette mesure est inopposable. Elle est également inopposable au vendeur bénéficiant d'une clause de réserve de propriété ou au prêteur subrogé dans celle-ci. Il faut cependant que la clause soit valable, c'est-à-dire constatée dans un écrit quelconque établi au plus tard au moment de la livraison (v. s[s] n°s 1011.61 s.).

La saisie par déclaration est, en outre, exclue contre le propriétaire apparent. Or, si d'une manière générale les véhicules sont immatriculés au nom de leur propriétaire, il peut cependant arriver qu'il n'y ait pas toujours coïncidence parfaite entre titulaire de la carte grise et titulaire du véhicule. Il peut en être ainsi lorsque le véhicule est un bien de communauté et se trouve immatriculé au nom du conjoint contre lequel le titre n'a pas été délivré.

Le bien peut également appartenir à des co-indivisaires mais n'être immatriculé que sous le nom d'un seul, celui contre lequel le titre détenu par le créancier a été établi.

Il faut rappeler ici que le certificat d'immatriculation qui n'est qu'un simple document administratif ne fait pas la preuve de la propriété. Il constitue seulement un indice permettant de présumer que celui au nom duquel il est établi est vraisemblablement le propriétaire du véhicule.

Il est donc possible de démontrer qu'en dépit de l'apparence créée par ce document, son titulaire n'a aucun droit sur le bien immatriculé. Cette preuve contraire peut être rapportée par tout moyen : inventaire, contrat de partage, facture, certificat de vente, contrat de prêt…

SECTION 4
SAISIE PAR DÉCLARATION AUPRÈS DE L'AUTORITÉ ADMINISTRATIVE : MISE EN ŒUVRE

0723.41 **Absence de commandement préalable.** Les textes n'exigent pas que la mesure soit précédée d'un commandement de payer.

0723.42 **Recherche des informations.** Avant d'engager la saisie par déclaration, le commissaire de justice doit vérifier, sauf s'il détient déjà ces rensei-

1. Civ. 2e, 3 mai 2007, n° 06-12.485, P II, n° 120 ; *D.* 2007. IR 1511 ; *D.* 2008. Pan. 1169, obs. A. Leborgne ; *Gaz-Pal.* 9 oct. 2007, p. 17, obs. C. Brenner.

2. Décr. n° 2023-97, 14 févr. 2023, relatif à la publicité du gage portant sur un véhicule terrestre à moteur ou une remorque immatriculés, *JO.* 16 févr., texte 16 – Anc[t] Décr. n° 53-968, 30 sept. 1953, relatif à la vente à crédit des véhicules automobiles, *JO* 1er oct., p. 4628, art. 2.

gnements, quels sont les droits du débiteur sur le véhicule concerné et les sûretés dont ce bien peut être grevé. À cet égard, l'article. R. 223-1 C. pr. exéc. retient que l'autorité administrative doit communiquer au commissaire de justice qui en fait la demande, les mentions portées sur le registre prévu à l'article 1er du décret du 14 février 2023[1] relatif à la publicité d'un gage sur un véhicule terrestre à moteur ou une remorque immatriculés. Il lui transmet également tous renseignements concernant les droits du débiteur sur le véhicule dont la saisie est envisagée. Le registre des gages précité, qui est tenu par le ministre de l'Intérieur, est dématérialisé et intégré au traitement destiné à l'enregistrement des informations concernant les pièces exigées pour la circulation des véhicules (notamment le certificat d'immatriculation) ou affectant sa disponibilité (gage, saisie, opposition au transfert de la carte grise)[2]. Cet enregistrement de données est effectué par les services de l'État sous l'autorité et le contrôle du ministre précité, en application de l'article L. 330-1 C. route. Les agents chargés de l'exécution d'un titre exécutoire peuvent recevoir, pour l'exercice de leur mission, communication de l'identité du titulaire du certificat d'immatriculation, du numéro et des caractéristiques du véhicule ainsi que des informations relatives à l'existence d'un gage ou d'une opposition (C. route, art. L. 330-4-10). La communication de ces informations est faite, à la demande de l'agent d'exécution, par l'intermédiaire du ministre de l'Intérieur, par voie électronique ou des services de la police ou de la gendarmerie territorialement compétents (C. route, art. R. 330-5).

Ce dispositif d'enregistrement des informations intègre le système d'immatriculation des véhicules (SIV) qui a remplacé en 2009, le fichier national des immatriculations (FNI), sur lequel demeurent cependant inscrits, jusqu'à leur cession ou leur destruction, les véhicules mis en circulation avant 2009

Afin de permettre aux commissaires de justice d'accéder au SIV, leur chambre nationale a signé avec le ministre de l'Intérieur une convention cadre et mis en place un concentrateur destiné à compiler les demandes d'information de ses membres et à les transmettre au SIV. Pour consulter et télétransmettre dans le SIV par l'intermédiaire du concentrateur, chaque office membre de la Chambre nationale des commissaires de justice doit se rattacher à la convention cadre par une convention individuelle d'habilitation conclue avec le ministre de l'Intérieur

0723.43 Destinataire de la déclaration. Initialement, la déclaration aux fins de saisie devait être faite au préfet du département d'immatriculation du véhicule du débiteur[3]. Aujourd'hui, cette déclaration est effectuée auprès de l'autorité administrative compétente (C. pr. exéc., art. L. 223-1), c'est-à-dire le ministre de l'Intérieur qui gère le système d'immatriculation des véhicules (SIV). Les commissaires de justice ont accès à ce système pour recevoir des informations sur le véhicule dont la saisie est envisagée (C. route, art. L. 330-1 et L. 330-4, 1° – V s^s^ n° 0723.42)

La déclaration valant saisie est établie conformément aux dispositions de l'article R. 223-2 C. pr. exéc. et signifiée par voie électronique dans les conditions prévues par les articles 662-1 s., 748-1 s. C. pr. civ., ainsi que par l'arrêté du 28 août 2012, textes régissant ce mode de communication et son usage par les commissaires de justice (v. ss nos 0723.44 et 0723.45)

0723.44 Contenu de la déclaration valant saisie. La déclaration prend la forme d'un acte extrajudiciaire signifié à l'autorité administrative compétente (C. pr. exéc., art. R. 223-2 *in fine*).

Selon l'article R. 223-2 C. pr. exéc., elle contient, à peine de nullité :

– « *1° Les nom et adresse du débiteur ou, s'il s'agit d'une personne morale, sa dénomination et son siège social.*

– *2° Le numéro d'immatriculation et la marque du véhicule saisi.*

– *3° La mention du titre exécutoire dont se prévaut le créancier* ».

Le numéro d'immatriculation et la nature du véhicule peuvent être connus du créancier en interrogeant, par l'intermédiaire du commissaire de justice, l'autorité administrative détentrice de ces informations (v. ss n° 0723.43). Mais pour la plupart des créanciers qui sont le plus souvent des gagistes, des assureurs ou des garagistes, ces renseignements leur sont fournis par le contrat de prêt, la police d'assurance ou la fiche de réparation.

Le titre exécutoire doit être simplement mentionné, terme qui exclut la reproduction du titre dans la déclaration ou son annexion à celle-ci. L'autorité administrative ne peut d'ailleurs exercer aucun autre contrôle que la vérification de la présence des mentions requises.

0723.45 Signification à l'autorité compétente par voie électronique. Selon l'article 662-1 C. pr. civ., la signification par voie électronique est faite par la transmission de l'acte à son destinataire dans les conditions prévues par le titre XXI du livre premier du même code dont les dispositions générales des

1. Décr. n° 2023-97, 14 févr. 2023, préc.
2. Décr. n° 2023-97, 14 févr. 2023, art. 1er.
3. Décr. n° 92-755, 31 juill. 1992, instituant de nouvelles règles relatives aux procédures civiles d'exécution pour l'application de la loi n° 91-650 du 9 juillet 1991 portant réforme des procédures civiles d'exécution, *JO* 5 août.

articles 748-1 s. réglementent ce mode de communication.

En application de ces textes, la notification des actes de procédure des procès-verbaux ou des décisions de justice revêtues de la formule exécutoire, peut être effectuée par voie électronique, avec le consentement du destinataire, à moins qu'une disposition spéciale n'impose l'usage de ce procédé de communication.

La notification fait l'objet d'un avis électronique de réception indiquant la date et, le cas échéant, l'heure de celle-ci. Cet avis tient lieu de visa, cachet ou signature, dont l'apposition sur l'acte peut être exigée à titre de mention de réception.

Les procédés techniques utilisés doivent garantir, dans des conditions fixées par arrêté, la fiabilité de l'identification des parties, l'intégrité des documents adressés, la sécurité des échanges, la conservation des transmissions opérées ainsi que la certitude des dates d'envoi et de réception (C. pr. civ., art. 748-6). Lorsque l'acte devant être accompli avant l'expiration d'un certain délai ne peut être transmis par voie électronique le dernier jour de ce délai, pour une cause étrangère à son auteur, le délai est prorogé jusqu'au premier jour ouvrable qui suit (C. pr. civ., art. 748-7). Cette disposition présente un intérêt certain lors du renouvellement de la déclaration qui doit être effectué avant l'expiration de ses effets, dont la durée est de deux ans à compter de sa signification.

Ces règles générales sont complétées par des dispositions particulières à la signification électronique. L'article 662-1 C. pr. civ. précise que l'acte de signification mentionne que le destinataire consent à la recevoir par voie électronique. La signification est faite à personne lorsque le destinataire de l'acte en a pris connaissance le jour de sa transmission. Dans ce cas, l'original de l'acte indique la date et l'heure de cette prise de connaissance.

Dans les autres cas, la signification est faite à domicile et le commissaire de justice doit en aviser l'intéressé le premier jour ouvrable qui suit, par une lettre simple mentionnant la délivrance de la signification, la nature de l'acte et le nom du requérant (C. pr. civ., art. 662-1 et 663-2).

Les dates et l'heure de la signification électronique faite à personne ou à domicile sont celles de l'envoi de l'acte à son destinataire (C. pr. civ., art. 664-1, al. 2).

L'entrée en vigueur des dispositions particulières à la signification électronique était subordonnée à la parution d'un arrêté définissant les garanties présentées par les procédés utilisés par les commissaires de justice pour signifier les actes par voie électronique[1]. Cet arrêté a été publié le 28 août 2012[2] et le dispositif est entré en application dès le 1er septembre 2012.

Tout commissaire de justice peut donc signifier un acte par voie électronique dès lors que l'un des destinataires a son domicile ou sa résidence dans le ressort de la cour d'appel où il exerce sa compétence. Toutefois, si l'acte doit être signifié à un tiers dans le cadre d'une mesure d'exécution ou conservatoire, seul un commissaire exerçant dans le ressort de la cour d'appel du débiteur, sauf si ce dernier est domicilié ou réside à l'étranger, est compétent pour instrumenter par voie électronique. La dénonciation d'un acte au moyen de ce procédé peut être faite par l'officier ministériel compétent pour le signifier ou l'établir[3].

0723.46 **Signification au débiteur.** Selon l'article R. 223-3 C. pr. exéc., une copie de la déclaration est signifiée au débiteur dans les huit jours qui suivent, afin de porter à sa connaissance la mesure qui a été pratiquée à son insu.

La conséquence de la saisie par déclaration, à savoir l'impossibilité d'obtenir la délivrance d'un nouveau certificat d'immatriculation, lui est à cet égard indiquée par la reproduction de l'article R. 223-4 du code précité dans l'acte de signification.

Cette signification a également pour objectif de l'inciter au paiement s'il veut éviter de subir les effets de la déclaration. C'est la raison pour laquelle, depuis le 1er septembre 2012, cet acte doit également contenir le décompte distinct des sommes réclamées, en principal, frais et intérêts échus, cette mention ayant été supprimée de la déclaration valant saisie faite à l'autorité administrative[4].

La signification au débiteur a enfin pour but de lui fournir les informations lui permettant d'élever une éventuelle contestation. Elle indique en caractères très apparents que les contestations peuvent être portées devant le JEX du lieu où il demeure.

Bien que le texte ne précise pas que ces mentions sont requises à peine de nullité, il va de soi que leur omission constitue une irrégularité de forme qui est susceptible de causer un grief. Ces mentions ont en effet, notamment celle relative au droit de contestation devant le JEX, un caractère substantiel ou d'ordre public, au sens de l'article 114 C. pr. civ.

Quant à la non-observation du délai de huit jours, elle ne paraissait pas devoir entraîner une sanction. Le texte initial de l'article R. 223-3 C. pr. exéc. ne

1. Décr. nº 2012-366, 15 mars 2012, art. 3 à 5 et 4 – C. pr. civ., art. 748-6.
2. Arr. 28 août 2012, portant application des dispositions du titre XXI du livre Ier du Code de procédure civile aux huissiers de justice, *JO* 31 août, p. 14049.
3. Décr. nº 2021-1625, 10 déc. 2021, relatif aux compétences des commissaires de justice, *JO* déc., texte 62, art. 2.
4. Décr. nº 2012-783, 30 mai 2012, relatif à la partie réglementaire du code des procédures civiles d'exécution, *JO* 31 mai, texte 1, art. 13, 4º et 5º.

prévoyait pas la caducité de la mesure et ne comportait même pas l'expression « *au plus tard* ».

À l'occasion de la codification, les mots « *à peine de caducité* » ont été introduits au début de l'article.

Le terme « *signification* » implique la délivrance d'un exploit de commissaire de justice. Toutefois, pour le recouvrement des amendes forfaitaires majorées, il peut être dérogé aux dispositions de l'article R. 223-3 C. pr. exéc. [1]. Le comptable de la Direction générale des finances publiques peut notifier au débiteur, par lettre recommandée avec demande d'avis de réception, la copie de la déclaration valant saisie du véhicule [2].

0723.47 Cas des amendes forfaitaires majorées. À coté des poursuites par voie de saisie par déclaration à l'autorité administrative qu'il exerce avec le concours d'un commissaire de justice ou d'un agent de la direction des finances publiques chargé des mêmes fonctions [3], le comptable public qui recouvre le montant d'amendes forfaitaires majorées peut utiliser, contre le contrevenant, l'opposition au transfert du certificat d'immatriculation de son véhicule. Cette mesure de pression, qui ne s'analyse pas en une saisie, est régie par les articles L. 322-1 et R. 322-16 s. C. route.

L'opposition peut être effectuée lorsque le contrevenant :

– soit n'habite plus à l'adresse enregistrée par le service en charge de l'immatriculation des véhicules ;

– soit n'a pas acquitté l'amende dans les quatre mois de l'avertissement qui lui a été adressé à son domicile.

La demande d'opposition est adressée au ministre de l'Intérieur, soit par l'intermédiaire du préfet du département, soit directement par voie électronique. Le comptable public remet au titulaire du certificat d'immatriculation, sur sa demande, un avis récapitulatif détaillé des amendes ayant entraîné l'opposition (C. route, art. R. 322-16 et R. 322-17). Le comptable informe également le procureur de la République de la demande d'opposition, laquelle suspend la prescription de la peine (C. route, art. L. 322-1).

La levée de l'opposition intervient, soit à la suite du règlement des amendes impayées, soit sur décision du procureur de la République lorsque l'intéressé a formé une réclamation recevable et régulière et a justifié avoir déclaré son nouveau domicile à l'autorité administrative, conformément à l'article R. 322-7 C. route (C. route, art. L. 322-1, al. 3, et R. 322-18).

1. Anc^t Décr. n° 92-755, 31 juill. 1992, art. 166.
2. Décr. n° 64-1333, 22 déc. 1964, art. 6, al. 4 ; mod. par Décr. n° 2021-1221, 23 sept. 2021, relatif aux mesures d'harmonisation des procédures de recouvrement forcé des créances publiques et aux compétences territoriales des huissiers des finances publiques, art. 5, *JO* 25 sept., texte 2.
3. Décr. n° 64-1333, 22 déc. 1964, art. 5 et 6.

SECTION 5
SAISIE PAR DÉCLARATION AUPRÈS DE L'AUTORITÉ ADMINISTRATIVE : EFFETS

0723.51 Point de départ des effets. La déclaration vaut saisie. Le Code des procédures civiles d'exécution le précise, dans ses articles L. 223-1 et R. 223-2 (al. 2). Ces textes sont toutefois en contradiction sur le point de départ de cette saisie. Cette contradiction a été relevée par plusieurs auteurs [4].

L'article L. 223-1 du code précité est clair : « *La notification au débiteur produit tous les effets d'une saisie* ». C'est donc la notification au débiteur qui, selon la loi, rend la saisie effective.

L'article R. 223-2 [5] laisse néanmoins entendre que la déclaration vaut saisie par elle-même, indépendamment de sa signification au débiteur, puisqu'il utilise, à propos des mentions qu'elle doit contenir, l'expression « *la déclaration valant saisie prévue à l'article L. 233-1 du Code des procédures civiles d'exécution* ». Cette idée paraît corroborée par le premier alinéa de l'article R. 223-4 C. pr. exéc. qui dispose que c'est à partir de la signification de la déclaration (qui ne peut être faite qu'auprès de l'autorité administrative, le débiteur n'ayant droit qu'à la signification d'une copie, C. pr. exéc., art. R. 223-3) qu'aucun certificat d'immatriculation ne peut plus être délivré. On voit d'ailleurs mal comment le refus de délivrance d'une nouvelle carte grise qui ne relève que des pouvoirs de l'autorité administrative, pourrait être mis en œuvre à partir de la signification de la copie au débiteur, alors même que les textes ne prévoient pas que l'accomplissement de cette formalité soit porté à la connaissance de l'administration.

Il n'en reste cependant pas moins que l'article L. 223-1 C. pr. exéc. existe et qu'il est hiérarchiquement supérieur aux dispositions réglementaires qui lui sont contraires. Le seul moyen de résoudre la contradiction est de considérer que la signification de la déclaration à l'autorité administrative produit un effet d'indisponibilité immédiat mais provisoire. Elle investit d'emblée celle-ci de la mission de s'opposer à toute mutation de la carte grise. Mais la déclaration ne vaut saisie qu'à compter de la signification de sa copie au débiteur, formalité qui confirme l'obligation faite à l'Administration, de refuser toute nouvelle délivrance.

À défaut d'accomplissement de cette formalité dans les huit jours de la déclaration, celle-ci est frappée de caducité. L'effet provisoire produit par la déclaration à l'autorité administrative disparaît et il

4. J.-J. Bourdillat, « Les mesures d'exécution sur les véhicules terrestres à moteur », *Rev. huiss.* 1993. 297 – *J.-Cl. Form. anal. Pr. civ.*, partie alphabétique, fasc. 10, par Ph. Delebecque.
5. Anc^t Décr. n° 92-755, 31 juill. 1992, art. 165.

appartient au débiteur de s'en prévaloir devant le JEX afin qu'il prenne une décision de mainlevée.

0723.52 **Nature des effets.** L'effet immédiat de la déclaration auprès de l'autorité administrative est d'empêcher, à compter de sa signification, la délivrance de tout certificat d'immatriculation, sauf mainlevée donnée par le créancier ou ordonnée par le juge (C. pr. exéc., art. R. 223-4). La déclaration valant saisie entraîne cependant d'autres conséquences qui, par la gêne qu'elles provoquent, sont de nature à inciter le débiteur à s'exécuter.

0723.53 **Obstacle à la mutation du certificat d'immatriculation.** Dès sa signification, la déclaration vaut opposition au transfert du certificat d'immatriculation. Celui-ci ne peut plus être délivré à un nouveau titulaire, acquéreur ou donataire. Or, le nouveau propriétaire d'un véhicule déjà immatriculé doit, s'il veut le maintenir en circulation, faire établir, dans le mois de la cession, un certificat à son nom. Il ne peut le faire circuler sans avoir effectué cette démarche sous peine d'être sanctionné par une amende (C. route, art. R. 322-5). De surcroît, préalablement à la vente d'un véhicule d'occasion, le propriétaire est tenu de remettre à l'acquéreur, un certificat de moins de quinze jours, attestant de l'absence d'opposition au transfert de la carte grise (C. route, art. L. 322-2).

Cette mesure constitue ainsi un obstacle sérieux à toute transaction sur le véhicule dont le certificat d'immatriculation est considéré comme un accessoire indispensable au sens de l'article 1615 C. civ., qui doit être impérativement délivré à l'acheteur [1] ou au créancier gagiste, notamment lorsque la dépossession porte sur les documents administratifs.

0723.54 **Indisponibilité du véhicule.** Indépendamment de l'interdiction du transfert du certificat d'immatriculation à un nouveau titulaire, la déclaration produit tous les effets d'une saisie dès sa notification au débiteur (C. pr. exéc., art. L. 223-1, al. 2). Comme toute saisie, elle devrait normalement, en vertu des dispositions générales de l'article L. 141-2 C. pr. exéc., rendre le véhicule indisponible, non seulement administrativement, mais aussi juridiquement en interdisant au débiteur de le détourner, le dégrader, le dissimuler et de constituer de nouveaux droits sur lui en le vendant (à un tiers qui accepte le risque de circuler sans carte grise), en l'affectant d'un gage ou en le louant (sur les obligations du saisi, v. s^{s} n°s 0714.61 s.).

0723.55 **Obligation de garde.** La déclaration valant saisie à compter de sa signification au débiteur, on doit considérer que cette saisie est pratiquée entre les mains de celui-ci. Le débiteur devrait donc, en vertu de l'article L. 141-2 alinéa 2 C. pr. exéc. applicable à toutes les saisies, être réputé gardien du véhicule sous les sanctions prévues à l'article 314-6 C. pén. Ces dispositions apparaissent cependant difficiles à mettre en application dans le cas particulier de la saisie par déclaration, car les textes n'ont pas prévu, comme pour les autres saisies, l'information du débiteur sur ses obligations et sur les sanctions encourues.

Pour que **l'infraction de destruction ou de détournement d'objet saisi** soit constituée et poursuivie, il faut établir que le gardien a agi de mauvaise foi, c'est-à-dire en connaissance de cause. Certes, les mentions portées dans l'acte de signification de la déclaration au débiteur, notamment, la reproduction de l'article R. 223-4 C. pr. exéc. précisant expressément que cette déclaration « *vaut saisie sur le véhicule* », paraissent fournir une information claire sur la nature de la mesure qui lui est notifiée. Il n'est cependant pas certain, en l'absence d'indications sur les devoirs du saisi et de leur sanction, que l'intention frauduleuse puisse être retenue (v. s^{s} n° 0716.56). Mais, même si sa responsabilité pénale n'est pas engagée, le débiteur peut être poursuivi devant la juridiction civile s'il a commis une faute à l'origine de la détérioration ou de la perte du véhicule saisi (sur la responsabilité civile du gardien, v. s^{s} n° 0716.51).

0723.56 **Maintien du droit d'usage.** Le débiteur peut continuer à se servir de son véhicule. Il peut le déplacer librement sous réserve d'avertir son créancier et de lui indiquer le nouveau lieu où il est remisé.

0723.57 **Durée des effets.** L'opposition au transfert du certificat d'immatriculation produite par la déclaration a une durée limitée dans le temps. La déclaration cesse de produire effet à l'expiration d'un délai de deux ans suivant sa signification (C. pr. exéc., art. R. 223-4, al. 2). Elle peut cependant être renouvelée dans les formes de la déclaration initiale (même art.).

S'agissant en réalité d'une nouvelle déclaration, sa copie devrait être signifiée au débiteur et sa durée limitée à deux ans.

L'article R. 223-4 C. pr. exéc. n'interdit pas plusieurs renouvellements successifs.

SECTION 6

SAISIE PAR DÉCLARATION AUPRÈS DE L'AUTORITÉ ADMINISTRATIVE : INCIDENTS

0723.61 **Mainlevée.** La mainlevée de la saisie par déclaration peut être amiable ou judiciaire (C. pr. exéc., art. R. 223-4, al. 1er).

1. Com. 8 nov. 1972, n° 71-14.334, P IV, n° 277 – Civ. 1re, 22 janv. 1991, n° 89-12.593, P I, n° 23.

0723.62 **Mainlevée amiable.** Le créancier peut donner mainlevée de la déclaration valant saisie, s'il est désintéressé par le débiteur ou si celui-ci a pris des engagements. Le décompte des sommes réclamées mentionné dans la copie de la déclaration signifiée au débiteur a pour finalité de favoriser un tel règlement.

0723.63 **Mainlevée judiciaire.** Le débiteur peut demander au JEX de donner mainlevée de la saisie par déclaration. Cette mainlevée peut être la conséquence d'une nullité de forme (absence des mentions requises) ou de fond, (insaisissabilité du véhicule, appartenance de celui-ci à un tiers) ou d'un abus de saisie. La mainlevée peut aussi être demandée lorsque la déclaration a été faite en vertu d'un titre exécutoire à titre provisoire ultérieurement annulé ou réformé.

0723.64 **Conflit avec un créancier gagiste.** La saisie par déclaration n'est pas une sûreté et ne confère au saisissant aucun privilège particulier. L'article R. 223-5 C. pr. exéc. précise à cet égard que les effets de la déclaration ne préjudicient pas au créancier titulaire d'un gage régulièrement inscrit conformément aux dispositions du décret du 30 septembre 1953 [1] remplacé par celui du 14 février 2023 [2]. Les effets des gages inscrits sous l'empire de l'ancien décret ayant été prorogés pour une durée de cinq ans à compter de l'entrée en vigueur du nouveau texte, il paraît utile de rappeler les principaux aspects de la réglementation abrogée, avant d'évoquer les modalités actuellement applicables à la publicité du gage sur le véhicule.

0723.65 **Inscription du gage selon le décret du 30 septembre 1953.** Le décret de 1953 précité, théoriquement abrogé depuis le 1er juillet 2008 [3] mais dont l'article 2 avait été modifié en 2009 [4], organisait au profit des vendeurs, cessionnaires de créance, escompteurs et prêteurs de deniers pour l'achat de véhicules automobiles assujettis à la déclaration de mise en circulation et à l'immatriculation, un gage sans dépossession ou plus exactement, avec dépossession fictive, celle-ci résultant d'une mention sur un registre spécial à souches ouvert dans toutes les préfectures. Cette mention qui rappelait la constitution de gage dont le véhicule était l'objet ainsi que le nom de l'acheteur, celui du créancier et la date d'enregistrement du contrat, donnait lieu à la délivrance d'un reçu par laquelle le créancier gagiste était réputé avoir conservé le bien en sa possession. La déclaration conservait le gage pendant cinq ans et pouvait être renouvelée une seule fois pour la même durée [5].

Il faut préciser que faute d'avoir été remplacé par un nouveau texte, le décret du 30 septembre 1953, notamment son article 2, a continué d'être appliqué aux inscriptions de gage postérieures à son abrogation. L'insécurité pouvant résulter de ce vide juridique [6] a été prise en compte par l'ordonnance du 15 septembre 2021 [7], laquelle a prévu que les modalités de l'inscription du gage portant sur un VTM ou une remorque immatriculés sont fixées par un décret pris le 14 février 2023 [8] et dont l'article 11 a prorogé pour cinq ans à compter de sa promulgation, les effets des gages publiés antérieurement, mais en leur appliquant la nouvelle réglementation.

0723.66 **Publicité du gage selon le décret du 14 février 2023.** La parution de ce décret était une condition de l'entrée en vigueur du second alinéa de l'article 2338 C. civ. qui pose le principe de la publicité du gage automobile sur un registre tenu par l'autorité administrative dans des conditions déterminées par voie réglementaire.

Il s'agit d'un registre dématérialisé géré par le ministre de l'Intérieur et intégré au traitement de l'enregistrement des informations exigées pour la circulation des véhicules ou affectant leur disponibilité [9]. Le gage n'est inscrit que si le constituant est propriétaire du véhicule et titulaire ou cotitulaire d'un certificat d'immatriculation portant un numéro définitif.

La demande d'inscription est adressée par le créancier gagiste, soit directement par voie électronique, soit par l'intermédiaire d'un établissement de crédit ou d'une société de financement. Elle contient la désignation du constituant, du créancier et du véhicule avec son numéro d'immatriculation, ainsi que la date de l'acte constitutif du gage. Si elle est adressée directement par voie électronique, le créancier doit y joindre, sauf s'il est un établissement de crédit ou une société de financement habilité, une copie de l'acte constitutif et du certificat d'immatriculation [10].

Le ministre de l'Intérieur inscrit sur le registre les informations transmises ainsi que la date et le numéro d'ordre de l'inscription. Il dispose d'un délai de sept

1. Décr. nº 53-968, 30 sept. 1953, préc.
2. Décr. nº 2023-97, 14 févr. 2023, préc.
3. Ord. nº 2006-346, 23 mars 2006, relative aux sûretés, *JO* 24 mars, texte 29, art. 58.
4. Décr. nº 2009-136, 9 févr. 2009, portant diverses dispositions relatives aux plaques et aux inscriptions, à la réception et l'homologation et l'immatriculation des véhicules, *JO* 11 févr., p. 2379.
5. Décr. nº 53-968, 30 sept. 1953, anc. art. 2.
6. V. NOT. E. Le Corre-Broly, « Le gage sur véhicule automobile, une source d'interrogation », *D.* 2014. 440.
7. Ord. nº 2021-1192, 15 sept. 2021, portant réforme du droit des sûretés, *JO* 16 sept., texte 19, art. 8, IV et 37, I.
8. Décr. nº 2023-97, 14 févr. 2023, préc.
9. Décr. nº 2023-97, 14 févr. 2023, art. 1er.
10. Décr. nº 2023-97, 14 févr. 2023, art. 2 et 3.

jours à compter de la réception de l'ensemble des éléments requis pour inscrire le gage. Il transmet au créancier, par voie électronique, un reçu d'inscription comportant les mêmes informations que celles qu'il a inscrites[1].

Cette inscription fait obstacle à toute nouvelle inscription sur le même bien. Les flottes de véhicules soumises à l'article 2342 C. civ. ne sont pas inscrites sur ce registre spécial qui ne concerne que le gage portant sur un seul véhicule. La sûreté les concernant doit être publiée sur le registre général devant réunir les inscriptions de toutes origines.

L'inscription produit effet pendant cinq ans et peut être prorogée pour la même durée sans limitation du nombre de prorogations. La demande doit être formulée sept jours au plus tard avant l'expiration de l'inscription à proroger. Chaque prorogation prend effet à l'expiration de la précédente[2]. Les prorogations et les cessions de gage sont soumises aux mêmes formalités que l'inscription initiale[3]. Les inscriptions qui ont cessé de produire effet au terme des délais réglementaires sont radiées.

Le droit du créancier gagiste n'est opposable aux tiers qu'à compter de l'inscription de gage (C. civ, art. 2337, al. 1er). Lorsque le créancier gagiste n'a pas inscrit la sûreté dont il bénéficie, il ne peut plus se prévaloir, à l'égard des tiers et notamment du créancier ayant pratiqué une saisie par déclaration, des avantages qu'elle lui confère tels que son droit de rétention et son privilège (v. ss nos 1024.131 s.). Le gage dont l'inscription n'a pas été prorogée dans le délai et qui est radié d'office du registre de publicité est également inopposable aux tiers. Par conséquent, l'immutabilité du certificat d'immatriculation peut être opposée au gagiste au moment de la réalisation du véhicule sauf à ce qu'il accepte que le créancier déclarant participe à la distribution du prix. La déclaration joue en fait, dans cette hypothèse, le rôle d'un droit de rétention, le déclarant n'acceptant d'en donner mainlevée que s'il est désintéressé.

0723.67 **Pluralité de saisie.** En l'absence d'interdiction particulière, la saisie par déclaration auprès de l'autorité administrative n'empêche pas l'engagement d'autres procédures de saisie.

0723.68 **Concours de saisie par déclaration.** Plusieurs créanciers peuvent pratiquer en même temps ou successivement, des saisies par déclaration sur le même véhicule. On peut même concevoir que le créancier originaire procède à une seconde saisie par déclaration en se prévalant d'une nouvelle créance. Rien n'y fait obstacle dès lors que la mesure ne vise pas la vente. Une procédure d'opposition analogue à celle prévue par les articles R. 221-41 s. C. pr. exéc. en matière de saisie-vente, n'est donc pas envisageable, puisque l'opposition ne peut avoir lieu que sur un prix de vente.

0723.69 **Cumul d'une saisie par déclaration et d'une saisie par immobilisation.** Le cumul par le même créancier d'une saisie par déclaration et d'une saisie par immobilisation est possible en théorie, mais inutile en pratique. Si l'emplacement du véhicule est connu dès l'origine, il suffit de l'immobiliser ce qui empêchera tout à la fois, son utilisation par le saisi et sa cession ou sa constitution en garantie au profit d'un tiers.

0723.70 **Concours d'une saisie par déclaration et d'une saisie-vente ou appréhension.** Même si la saisie par déclaration ne paraît pas avoir été conçue comme une sûreté créatrice d'un privilège, il n'en reste pas moins qu'en pratique elle risque d'être utilisée par le déclarant, si le véhicule fait également l'objet d'une saisie-vente ou d'une saisie-appréhension, comme un moyen d'obtenir un paiement préférentiel.

En effet, la vente amiable ou forcée, ou bien la remise au revendiquant, ne peuvent avoir lieu que si le déclarant accepte de donner mainlevée de la mesure d'immutabilité de la carte grise. Si les créanciers veulent obtenir cette mainlevée ils doivent, soit accepter de désintéresser le déclarant, soit saisir le JEX directement ou par l'intermédiaire du débiteur, pour qu'il déclare le procédé abusif ou, tout au moins contraire aux articles R. 223-2 à R. 223-5 C. pr. exéc., si tant est d'ailleurs que ces textes excluent bien toute idée de privilège.

SECTION 7

SAISIE PAR IMMOBILISATION : NATURE, CONDITIONS ET MISE EN ŒUVRE

0723.81 **Nature et utilité.** La saisie par immobilisation est instituée par l'article L. 223-2 C. pr. exéc. et réglementée par les articles R. 223-6 à R. 223-13 du même code.

Elle s'analyse en une mesure d'exécution puisqu'elle ne peut être engagée sans titre exécutoire et qu'elle débouche directement, soit sur la réalisation du véhicule au profit du créancier d'une somme d'argent, soit sur sa remise au créancier de sa délivrance ou de sa restitution.

Elle complète ou prépare efficacement la saisie-vente puisqu'elle empêche, par l'installation d'un dispositif approprié, l'utilisation matérielle du véhicule en vue de prévenir son détournement ou sa détérioration. Cette immobilisation peut avoir lieu n'importe où, même sur la voie publique.

1. Décr. no 2023-97, 14 févr. 2023, art. 5.
2. Décr. no 2023-97, 14 févr. 2023, art. 5 et 6.
3. Décr. no 2023-97, 14 févr. 2023, art. 6 à 8.

La mesure peut être pratiquée à l'occasion d'une saisie-vente dans des locaux appartenant au débiteur ou entre les mains d'un tiers détenteur. La saisie par immobilisation peut encore être mise en œuvre dans des locaux dont le débiteur est locataire et ce, au cours de son expulsion. Il suffit que le titre exécutoire autorisant cette mesure contienne en outre une condamnation de l'expulsé au paiement de diverses sommes (loyers, charges ou indemnités d'occupation). Le débiteur expulsé ne peut se prévaloir, pour s'opposer à l'immobilisation, du droit de retirer les biens découverts sur place qui lui est ouvert, dans les deux mois de la notification ou de la signification du procès-verbal d'expulsion, par les articles L. 433-1 et R. 433-2 C. pr. exéc.[1].

Elle peut aussi être mise en œuvre à titre autonome, afin de faire pression sur le débiteur et en cas d'échec, aboutir à la saisie-vente. Dans cette hypothèse, la saisie n'est pas précédée d'un commandement préalable ce qui permet de ménager un effet de surprise. Le commandement requis par la loi est délivré *a posteriori*, une fois le véhicule immobilisé (C. pr. exéc., art. R. 223-10).

0723.82 Titre exécutoire. Le commissaire de justice chargé de l'exécution muni d'un titre exécutoire peut saisir le véhicule du débiteur en l'immobilisant (C. pr. exéc., art. L. 223-2).

Si cette mesure est destinée à se combiner avec une saisie-vente, il ne peut s'agir que d'un titre exécutoire constatant une créance liquide et exigible comme l'exige l'article L. 221-1 C. pr. exéc. pour la saisie-vente de droit commun (v. s[s] n°s 012.05 à 0124.41, et s[s] n° 0712.11).

0723.83 Subsidiarité et autorisation préalable. Le véhicule objet de l'immobilisation se trouvant soit dans un garage, soit sur la voie publique, c'est-à-dire hors de l'habitation du débiteur ou du tiers détenteur, l'engagement préalable d'une saisie bancaire ou des rémunérations (recouvrement des créances modiques) ou l'obtention d'une autorisation spéciale du juge (saisie entre les mains d'un tiers) n'est pas exigé en principe, sauf si le garage est attenant à l'habitation (v. s[s] n°s 0712.32 et 0714.21 s.).

Toutefois, le principe de proportionnalité adopté par les articles L. 111-7 et L. 121-2 C. pr. exéc. est de nature à faire obstacle à l'engagement d'une saisie par immobilisation pour le recouvrement d'une somme modique, cette saisie pouvant, selon les circonstances, être jugée abusive.

0723.84 Procédé d'immobilisation. L'article L. 223-2 C. pr. exéc. dispose que le commissaire de justice peut immobiliser le véhicule « *par tout moyen n'entraînant aucune détérioration* ». Certains auteurs estiment que le démontage d'une pièce, telle qu'une roue ou une source d'alimentation[2], peut constituer l'un des moyens visés par l'article 58 de la loi du 9 juillet 1991[3] (devenu C. pr. exéc., art. L. 223-2).

L'article R. 223-6 C. pr. exéc. fait implicitement référence au « *sabot de Denver* »[4]. L'appareil employé doit indiquer de façon très apparente le numéro de téléphone du commissaire de justice et comporter une empreinte officielle dont les caractéristiques sont déterminées par un arrêté du garde des Sceaux[5].

0723.85 Lieu de l'immobilisation. Le véhicule peut être immobilisé « *en quelque lieu qu'il se trouve* » (C. pr. exéc., art. L. 223-2), même s'il se trouve sur la voie publique (C. pr. exéc., art. R. 223-9). Mais dans ce cas l'immobilisation soulève des problèmes spécifiques liés au stationnement payant ou à la fourrière. L'article R. 223-8, 3° C. pr. exéc. permet de pallier cette difficulté par l'enlèvement du véhicule et son transport chez un dépositaire. À noter que la mise en fourrière d'un véhicule a le caractère d'une opération de police judiciaire en vertu des articles L. 325-1 et R. 325-12 C. route et ne procède pas d'une voie d'exécution forcée. Elle ne relève donc pas de la compétence du JEX[6].

Rappelons toutefois que la mise en fourrière d'un véhicule ne fait pas obstacle à une saisie ordonnée par l'autorité judiciaire qui doit être notifiée au gardien sous la responsabilité juridique duquel ce véhicule est placé jusqu'à la date d'effet de la mainlevée de la prescription de mise en fourrière (C. route, art. R. 325-1 et R. 325-23). L'enlèvement du véhicule saisi devrait se faire dans les conditions et selon les modalités prescrites pour la mainlevée de la mesure et pour le retrait par le propriétaire (C. route, art. R. 325-32 s.).

0723.86 Enlèvement. Il s'impose dans les quarante-huit heures lorsque le véhicule a été immobilisé sur la voie publique et ce, pour des raisons de police (C. pr. exéc., art. R. 223-9, 3°). En dehors de cette hypothèse, le véhicule peut être enlevé dans un délai que le commissaire de justice détermine librement selon les circonstances. La Cour de cassation considère qu'il a le choix entre l'immobilisation et le

1. Civ. 2e, 21 mars 2019, n° 18-11.971, P ; *Dr. et proc.* mai-juin 2019, 87.
2. M. Donnier, *Voies d'exécution et procédures de distribution*, 3e éd., Litec, 1993, n° 1258.
3. L. n° 91-650, 9 juill. 1991, portant réforme des procédures civiles d'exécution, *JO* 14 juill., p. 9228.
4. F. Puyatrer, « Le sabot de Denver : un sabot au-dessus de tout soupçon », *Nouv. journ. huiss.* sept. 1992, p. A à L.
5. Pour les huissiers, Arr. 23 déc. 1992, *JO* 6 janv. 1993 – Pour les agents de poursuite du Trésor, Arr. 5 avr. 1994, *JO* 22 avr.
6. Civ. 2e, 11 juin 1997, n° 95-13.433, P II, n° 184 ; *Rev. huiss.* 1997. 1512 ; *Gaz. Pal.* 1998. 1. Pan. 42.

transport immédiat[1]. Le véhicule enlevé est mis en dépôt jusqu'à l'expiration des délais prévus pour les propositions de vente amiable.

Toutefois, lorsque l'immobilisation a lieu à l'occasion des opérations d'une saisie-vente déjà engagée, les articles R. 221-19 et R. 221-28 C. pr. exéc. paraissent n'autoriser que l'enlèvement en vue de la vente.

0723.87 **Photographies.** L'article R. 223-6 *in fine* C. pr. exéc. précise qu'il peut être fait application des dispositions de l'article R. 221-12 du même code qui autorise le commissaire de justice à photographier les biens saisis, précaution qui peut s'avérer utile en cas de contestation sur l'état du véhicule (v. ss nos 0714.55 et 0716.43).

SECTION 8
SAISIE PAR IMMOBILISATION À L'OCCASION D'UNE SAISIE-VENTE

0723.91 **Absence de formalités spécifiques.** « *Si le véhicule est immobilisé à l'occasion des opérations d'une saisie-vente pratiquée dans les locaux occupés par le débiteur ou entre les mains d'un tiers qui le détient pour le compte de ce dernier, il est procédé comme en matière de saisie-vente* » (C. pr. exéc., art. R. 223-7). L'expression « à l'occasion des opérations de saisie-vente » laisse penser que le commandement de payer a déjà été signifié et que le délai minimum de huit jours est expiré au moment de l'immobilisation. Ainsi, hormis l'installation du dispositif d'immobilisation, rien ne diffère de la procédure de saisie-vente sur les biens ordinaires. Notamment le procès-verbal d'immobilisation prévu par l'article R. 223-8 C. pr. exéc. n'a pas lieu d'être dressé. C'est un procès-verbal de saisie-vente répondant aux exigences, selon le cas, de l'article R. 221-16 du même code (saisie entre les mains du débiteur) ou R. 221-23 (saisie entre les mains d'un tiers) qui doit être établi. L'immobilisation apparaît comme une précaution supplémentaire destinée à éviter un éventuel détournement ou les risques d'usure ou d'accident liés à l'utilisation du véhicule.

0723.92 **Immobilisation dans les locaux du débiteur.** En vertu de l'article R. 221-19 C. pr. exéc., le débiteur conserve l'usage des biens saisis et par conséquent, celui de son véhicule s'il est compris dans la saisie. Ce texte prévoit cependant que le véhicule peut être immobilisé selon l'un des procédés envisagés à l'article L. 223-2 dudit code. Cette mesure complémentaire est facultative et le créancier saisissant peut ne pas vouloir en faire usage.

À noter que l'article R. 221-19 C. pr. exéc. précise que le véhicule peut être immobilisé jusqu'à son enlèvement en vue de la vente, ce qui paraît exclure son enlèvement le jour même de la saisie.

0723.93 **Immobilisation entre les mains d'un tiers.** Selon l'article R. 221-28 C. pr. exéc., le créancier saisissant doit respecter le droit d'usage dont le tiers bénéficie sur les biens saisis. Ce droit peut résulter d'un contrat de location, d'un usufruit ou d'un prêt à usage. Dans une telle hypothèse, l'immobilisation du véhicule n'est pas envisageable car elle entraverait l'exercice de ce droit. Le créancier saisissant ne peut en effet avoir sur le véhicule saisi, plus de droit que le saisi lui-même (v. ss nos 0714.151 s. et 0714.153 s.).

L'article R. 221-28 *in fine* du code précité, prend d'ailleurs soin de réserver le droit du tiers. Lorsque le débiteur n'a pas constitué de droit d'usage sur le véhicule, son immobilisation est possible si le créancier juge bon de recourir à cette mesure. Il peut notamment en être ainsi lorsque le tiers est un dépositaire à titre onéreux ou gratuit (propriétaire d'un garage ou d'un emplacement loué au débiteur, propriétaire d'un parking de supermarché ou d'aéroport).

SECTION 9
SAISIE PAR IMMOBILISATION PRÉALABLE À UNE SAISIE-VENTE

§ 1
Procédure d'immobilisation

0723.101 **Combinaison avec la saisie-vente.** L'immobilisation matérielle du véhicule peut être utilisée comme une mesure autonome destinée à faire pression sur le débiteur en vue de provoquer un paiement total ou partiel ou encore une offre de règlement échelonné ou la substitution d'une autre garantie. Elle peut même être mise en œuvre au cours d'une expulsion, si des véhicules sont découverts sur les lieux, dès lors que le titre fondant cette mesure contient une condamnation au paiement contre l'expulsé (v. ss no 0723.81).

Mais lorsque cette menace s'avère inefficace, le créancier d'une somme d'argent peut la combiner avec une procédure de saisie-vente qui relaye l'immobilisation tout en profitant de ses effets.

Le procès-verbal d'immobilisation qui vaut saisie, n'est pas un procès-verbal de saisie-vente même s'il en tient lieu. Celle-ci n'est donc pas précédée, dans cette hypothèse, du commandement préalable requis

1. Civ. 2e, 7 juin 2006, no 04-19.001, P II, no 152 ; *D.* 2006. IR 1638 ; *Procédures* 2006, no 180 ; *Dr. et proc.* 2006. 300 ; *JCP* 2006. IV. 2460.

par l'article L. 221-1 C. pr. exéc. Cet acte est néanmoins délivré au débiteur, mais *a posteriori*, après que le commissaire de justice a rendu préventivement et par surprise, le véhicule inutilisable.

Il faut insister sur le fait que la saisie par immobilisation est au départ une procédure bien distincte de la saisie-vente avec laquelle elle ne peut être confondue.

En effet, le véhicule objet d'une saisie par immobilisation et d'un procès-verbal d'enlèvement en vue du recouvrement d'une somme d'argent est seulement rendu indisponible par le créancier. Les deux procédures ne se rejoignent qu'au moment de la vente forcée pour laquelle il est fait renvoi aux règles de la saisie-vente par les dispositions relatives à la saisie par immobilisation. Par conséquent, un véhicule immobilisé et enlevé peut faire l'objet d'un acte de saisie-vente entre les mains du gardien auquel il a été remis en dépôt, soit de la part du créancier originaire s'il se prévaut d'un titre exécutoire constatant une créance supplémentaire, soit de la part d'un autre créancier. Dans ce cas, il n'y aura pas lieu de dresser un procès-verbal d'opposition-jonction qui suppose une saisie-vente antérieure, mais un véritable procès-verbal de saisie-vente [1].

0723.102 **Procès-verbal.** Une fois le véhicule immobilisé, le commissaire de justice dresse un procès-verbal constatant cette opération. Cet acte est dressé lorsque la saisie-vente n'est pas encore engagée. Il l'est également lorsque celle-ci est en cours si elle n'est pratiquée, ni dans les locaux occupés par le débiteur, ni entre les mains d'un tiers c'est-à-dire si le véhicule se trouve sur la voie publique.

0723.103 **Mentions.** Selon l'article R. 223-8 C. pr. exéc., le procès-verbal contient à peine de nullité :

– « *1° La mention du titre exécutoire en vertu duquel le véhicule a été immobilisé.*

– La date et l'heure de l'immobilisation du véhicule.

– L'indication du lieu où il a été immobilisé et, le cas échéant, de celui où il a été transporté pour être mis en dépôt.

– La description sommaire du véhicule, avec notamment l'indication de son numéro minéralogique, de sa marque, de sa couleur et, éventuellement, de son contenu apparent et de ses détériorations visibles.

– La mention de l'absence ou de la présence du débiteur ».

Ces mentions d'information ne suscitent pas de commentaires particuliers. Il convient seulement d'insister sur l'intérêt de la description de l'état du véhicule en cas de contestation. Le nombre de kilomètres enregistré au compteur, qui n'est pas exigé par l'article R. 223-8 du même code, pourrait cependant être indiqué utilement.

0723.104 **Information du débiteur présent.** Le texte de l'article R. 223-8 C. pr. exéc. ne prévoit pas que le procès-verbal d'immobilisation doit être remis au débiteur s'il est présent. Comment les diverses mentions figurant sur cet exploit peuvent-elles être portées à sa connaissance ? Certaines sont essentielles comme le lieu où le véhicule a été mis en dépôt, s'il a été enlevé ou encore l'indication que l'immobilisation vaut saisie sous la garde du propriétaire.

Il faut considérer que toutes ces informations doivent être indiquées verbalement par le commissaire de justice au débiteur qui se trouve sur place. L'absence totale de formalisme de l'information du débiteur absent (par une lettre simple adressée ou seulement déposée au lieu où il demeure) permet de présumer que le législateur a entendu alléger au maximum les formalités d'immobilisation. Il faut dire que dans les huit jours suivant celle-ci, copie du procès-verbal est notifiée au débiteur dans le commandement ou dans l'injonction qui doit lui être délivré par le commissaire de justice, selon que la mesure se combine avec une saisie-vente ou une saisie-appréhension.

0723.105 **Information du débiteur absent.** Le procès-verbal doit mentionner sa présence ou son absence (C. pr. exéc., art. R. 223-8, 5°). Si le véhicule est immobilisé en son absence, le commissaire de justice l'en informe le jour même, par une lettre simple adressée ou déposée (dans la boîte aux lettres, voire glissée sous la porte) au lieu où il demeure (C. pr. exéc., art. R. 223-9).

Selon l'article R. 223-9 C. pr. exéc., cette lettre contient :

– « *1° La mention du titre exécutoire en vertu duquel le véhicule a été immobilisé.*

– L'indication du lieu où il a été immobilisé et, le cas échéant, de celui où il a été transporté pour être mis en dépôt.

– L'avertissement que l'immobilisation vaut saisie et que, si le véhicule a été immobilisé sur la voie publique, il pourra être procédé à son enlèvement dans un délai de quarante-huit heures à compter de son immobilisation pour être transporté en un lieu qui doit être indiqué.

– La mention, en caractères très apparents, que, pour obtenir une éventuelle mainlevée de l'immobilisation, le destinataire peut soit s'adresser au commissaire de justice dont le nom, l'adresse et le numéro de téléphone sont indiqués, soit contester la mesure devant le juge de l'exécution du lieu d'immobilisation du véhicule dont le siège est indiqué avec l'adresse de son greffe ».

1. Civ. 2e, 20 nov. 2003, n° 01-15.192, P II, n° 353 ; *Rev. huiss.* 2004. 162, obs. J.-J. Bourdillat ; *D.* 2004. Somm. 1493, obs. G. Taormina ; *Procédures* 2004, n° 26, note R. Perrot – V. ÉGAL. Nîmes, 14 juin 2001, *Dr. et proc.* 2001. 388, obs. J.-J. Bourdillat.

Cette lettre communiquée de manière très informelle, paraît avoir pour objectif essentiel d'inciter le débiteur à prendre contact avec l'officier ministériel pour lui faire des propositions de règlement amiable.

Elle vise également l'information du débiteur sur les modalités de contestation de la saisie lorsque celle-ci ne tend pas à se combiner ultérieurement avec une saisie-vente ou avec une saisie-appréhension.

Aucune sanction n'est prévue pour le défaut de respect de l'article R. 223-9 C. pr. exéc. [1] qui ne semble pas exiger une formalité substantielle. Compte tenu du mode de notification retenu par cet article, on voit difficilement d'ailleurs comment on pourrait exiger du commissaire de justice qu'il se ménage une preuve de l'accomplissement de cette notification. Ainsi, une juridiction du fond a estimé que les mentions prévues dans la lettre simple envoyée par le commissaire de justice par l'article précité, notamment celles du titre exécutoire justifiant l'immobilisation, ne sont pas prescrites à peine de nullité (absence de référence à l'ordonnance exécutoire du juge de l'exécution [2]).

0723.106 **Effets.** L'immobilisation vaut saisie sous la garde du propriétaire du véhicule ou après son enlèvement, sous la garde de celui qui l'a reçu en dépôt (C. pr. exéc., art. R. 223-8 *in fine*).

0723.107 **Garde.** L'article R. 223-8 C. pr. exéc. substitue, en ce qui concerne le gardien légal, la notion de propriétaire à celle de saisi ou de tiers retenue par l'article L. 141-2 du même code. En cas d'immobilisation en vue d'une saisie-vente, la notion de propriétaire recouvre nécessairement celle de débiteur saisi. Cela dispense donc le tiers détenteur de l'obligation de garde, lorsque la mesure a été pratiquée entre ses mains. Cette disposition qui fait du propriétaire le gardien du véhicule est particulièrement opportune lorsque le tiers saisi n'est pas aisément joignable et, de surcroît, en mesure d'assurer une surveillance effective (immobilisation sur le parking d'un supermarché). Le seul tiers susceptible d'être gardien est le dépositaire chez lequel le véhicule a été transporté en cas d'enlèvement immédiat. Ce dépositaire est généralement un garagiste professionnel qui, s'il se fait rémunérer, assumera les obligations d'un dépositaire salarié ou d'un gardien judiciaire (v. s[s] n°s 0714.65 s., 0714.151, 0716.51 et 0716.52).

0723.108 **Indisponibilité.** L'immobilisation rend le véhicule, non seulement matériellement inutilisable, mais encore juridiquement indisponible (C. pr. exéc., art. L. 141-2 et R. 221-13). Elle rend d'ailleurs concrètement difficile la disposition juridique autant que la disposition matérielle impliquant un déplacement. Le débiteur ne peut donc ni s'en servir ou le dissimuler, ni le vendre, ni le constituer en gage, ni même le prêter ou le louer.

Si la saisie par immobilisation a pour conséquence l'indisponibilité du véhicule, elle n'a pas pour effet de le rendre insaisissable par les autres créanciers du débiteur. En cas de pluralité de saisies, il est procédé, après la vente, par voie de distribution par contribution, sauf justification d'un privilège [3].

§ 2
Procédure de saisie-vente

0723.111 **Commandement de payer.** L'immobilisation ayant produit son effet préventif, la suite de la procédure va se dérouler comme en matière de saisie-vente. L'article R. 223-10 alinéa 1er C. pr. exéc. dispose à cet égard que lorsque le véhicule a été immobilisé pour obtenir le paiement d'une somme d'argent, le commissaire de justice signifie au débiteur, huit jours au plus tard après l'immobilisation, un commandement de payer contenant diverses mentions et notamment, copie du procès-verbal prévu à l'article R. 223-8 du même code. Ces informations regroupent la plupart de celles qui doivent figurer dans un commandement et un procès-verbal aux fins de saisie-vente de droit commun (v. s[s] n°s 0713.05 s., not. s[s] n°s 0713.41 s. et 0713.151 s.).

Le commandement n'est plus exigé par l'article R. 223-10 C. pr. exéc. en cas d'inscription d'un gage garantissant une dette professionnelle sur le véhicule immobilisé [4].

0723.112 **Mentions du commandement.** Selon l'article R. 223-10 C. pr. exéc., l'acte contient à peine de nullité :

– « *1° La copie du procès-verbal d'immobilisation.*

– Un décompte distinct des sommes réclamées en principal, frais et intérêts échus, ainsi que l'indication du taux des intérêts.

– L'avertissement qu'à défaut de paiement, et passé le délai d'un mois pour vendre le véhicule à l'amiable conformément aux dispositions des articles R. 221-30 à R. 221-32, celui-ci sera vendu aux enchères publiques.

– L'indication que les contestations doivent être portées, au choix du débiteur, devant le juge de l'exécution du lieu où il demeure ou du lieu d'immobilisation du véhicule.

– La reproduction des articles R. 221-30 à R. 221-32 ».

1. Anc[t] Décr. n° 92-755, 31 juill. 1992, art. 170.
2. Lyon, 20 déc. 1995, *D.* 1996. Somm. 349, obs. P. Julien.
3. Nîmes, 14 juin 2001, *Dr. et proc.* 2001. 388, obs. J.-J. Bourdillat.
4. C. pr. exéc., art. R. 223-10, mod. par Décr. n° 2021-1888, 29 déc. 2021, art. 2, 7° et 7, I.

0723.113 **Délai de huit jours.** Le commandement doit être délivré huit jours au plus tard après l'immobilisation. L'article R. 223-10 C. pr. exéc. ne prévoit pas expressément que le commandement tardif est frappé d'inefficacité. Cependant, les mots « *au plus tard* » permettent de penser que c'est cette sanction qui doit être prononcée.

0723.114 **Vente en l'absence d'un créancier gagiste.** L'article R. 223-11 C. pr. exéc. précise que le véhicule est vendu « *comme il est dit en matière de saisie-vente* ».

Le débiteur bénéfice donc de la faculté de vendre amiablement le véhicule dans un délai d'un mois augmenté des délais accordés aux créanciers pour prendre parti. Le commandement prévu à l'article R. 223-11 C. pr. exéc. contient des mentions destinées à l'informer de cette faculté et reproduit les articles R. 221-30 à R. 221-32 du même code relatifs aux modalités de la vente amiable.

À défaut de proposition d'un acheteur ou en cas de refus de l'offre de celui-ci par le ou les créanciers, le véhicule est vendu aux enchères publiques (pour la vente amiable, v. s^s n°s 0715.05 s. – pour la vente forcée, v. s^s n°s 0716.05 s.).

0723.115 **Vente en présence d'un créancier gagiste.** Lorsqu'un gage a été inscrit sur le véhicule, le créancier gagiste est informé, selon le cas, des propositions de vente amiable qui sont faites par le débiteur ou de la mise en vente forcée.

Il s'agit de donner au créancier gagiste dont la créance devient exigible du fait de la saisie, l'occasion de se prévaloir de son privilège, privilège qui s'impose au saisissant s'il ne peut invoquer une cause de préférence de meilleur ou de même rang (C. civ., art. 2332-4 et 2333).

La prise en compte des droits du créancier gagiste suppose que son gage ait été régulièrement publié par une inscription sur le registre en vigueur au jour de sa constitution et correspondant au véhicule concerné selon qu'il est ou non immatriculé (C. civ., art. 2337 et 2338 – V. s^s n°s 0723.65 et 0723.66). À défaut, la publicité requise n'a pas pu avoir lieu, de telle sorte que la sûreté est inopposable au tiers et notamment au saisissant (C. civ., art. 2337, al. 1er et 3). L'inscription produit ses effets pendant une durée de cinq ans et doit être prorogée avant l'expiration de ce délai sous peine de radiation. La preuve de l'inscription, de sa prorogation ou de son renouvellement résulte de l'accusé ou du récépissé délivré par l'autorité responsable du registre concerné (registre prévu par le décret du 14 février 2023 pour un véhicule immatriculé non inclus dans une flotte ou celui organisé par les articles R. 521-1 s. C. com. pour les autres véhicules).

0723.116 **Modalités de la vente du véhicule gagé.** À l'origine, la vente d'un véhicule immobilisé sur lequel un gage a été régulièrement inscrit ou renouvelé avait lieu, quelle que soit la qualité du débiteur (civile ou commerciale), selon les modalités prévues par le Code des procédures civiles d'exécution. Les articles R. 223-10 et R. 223-11 du code précité prescrivaient, quelle qu'était la nature de la dette garantie, la délivrance d'un commandement de payer préalable (v. s^s n° 0723.111 et 0723.112) et l'application des règles de la saisie-vente, étant précisé que le commissaire de justice du créancier à l'origine de l'immobilisation devait informer le gagiste des propositions de vente amiable du débiteur ou à défaut, de la vente forcée. La procédure de vente simplifiée qui était prévue en matière de gage commercial était donc exclue[1].

Les modalités qui viennent d'être exposées ont été modifiées par l'ordonnance du 15 septembre 2021 et son décret d'application du 29 décembre 2021 dont les dispositions sont entrées en vigueur, pour la plupart, le 1er janvier 2023[2].

Les nouvelles modalités de la vente diffèrent selon que le gage a été ou non constitué pour sûreté d'une créance professionnelle.

Lorsqu'un gage garantissant une dette professionnelle a été inscrit sur le ou les véhicules immobilisés, le créancier gagiste bénéficie, en vertu du second alinéa de l'article 2246 C. civ., d'une procédure de réalisation simplifiée. Il peut faire procéder à la vente publique du gage, huit jours après une signification au débiteur et le cas échéant, au tiers ayant constitué ce gage, par un officier ministériel ou un courtier de marchandises assermenté. Le commandement de payer préalable n'est pas requis dans le cas d'une dette professionnelle, par l'article R. 223-10 alinéa 1 C. pr. exéc. tel que modifié par l'article 2, 7° du décret précité du 29 décembre 2021[3]. Cette procédure expéditive exclut la faculté de vente amiable ouverte au débiteur au préjudice duquel le véhicule a été immobilisé et mis en vente.

Lorsque cette procédure simplifiée n'est pas mise en œuvre, ce qui est le cas si le gage ne garantit pas une dette professionnelle, il est procédé comme en matière de saisie-vente (C. civ., art. 2338, al. 1er ; C. pr. exéc., art. R. 223-11[4]). Dans ce cas, le commandement de payer prescrit par l'article R. 223-10

1. Cass., avis, 5 mai 1995, n° 09-50.004, P, n° 4 ; *D.* 1995. 618, note A.-M. Morgan de Rivery-Guillaud ; *JCP* 1995. II. 22488, note H. Croze et T. Moussa.
2. Ord. n° 2021-1192, 15 sept. 2021, art. 8, 30 et 37, I – Décr. n° 2021-1888, 29 déc. 2021, art. 2 et 7, I.
3. Décr. n° 2021-1888, 29 déc. 2021, pris en application de l'ordonnance n° 2021-1192 du 15 septembre 2021 portant réforme du droit des sûretés, *JO* 30 déc., texte 53.
4. Mod. par Décr. n° 2021-1888, 29 déc. 2021, art. 2, 8°.

est signifié au débiteur huit jours après l'immobilisation au plus tard (v. s^{s} n°s 0723.111 à 0723.113).

La faculté de vente amiable est ouverte au débiteur dont l'offre est transmise par l'officier ministériel qui a pratiqué la saisie, à tous les créanciers concernés et ce, par une LRAR leur impartissant un délai de quinze jours pour prendre parti, faute de quoi ils sont réputés avoir accepté la proposition. Le gagiste est en outre invité à faire connaître, dans le même délai, la nature et le montant de sa créance sous peine de perdre son droit à concourir à la distribution du prix, sauf à faire valoir ses droits sur un solde éventuel après la restitution (C. pr. exéc., art. R. 222-31[1]).

En l'absence de vente amiable, il est procédé à la vente forcée aux enchères publiques. Lors de l'enlèvement du ou des véhicules en vue de cette vente, le créancier saisissant invite le titulaire de la sûreté, selon les mêmes modalités, délai et sanction qu'en cas de vente amiable, à faire connaître à l'officier chargé de la vente, la nature et le montant de sa créance (C. pr. exéc., art. R. 221-36-1[2]).

Un extrait des inscriptions au registre mentionné à l'article R. 521-1 C. com., levé en application de l'article R. 221-14-1 C. pr. exéc., est annexé au récépissé du paiement en cas de vente amiable ou au PV d'adjudication en cas de vente forcée. Il est ensuite procédé, quelles que soient les modalités de vente, à la radiation des inscriptions prises sur le ou les véhicules vendus (C. pr. exéc., art. R. 221-32 et R. 221-39[3]).

0723.117 **Incidents de saisie.** Il convient de se reporter aux explications relatives à la saisie-vente de droit commun (v. s^{s} n°s 0718.05 s.).

1. Mod. par Décr. n° 2021-1888, 29 déc. 2021, art. 2, 2°.
2. Créé par Décr. n° 2021-1888, 29 déc. 2021, art. 2, 3° et 4°.
3. Mod. par Décr. n° 2021-1888, 29 déc. 2021, art. 2, 3° et 5°.

CHAPITRE

0724. Saisie-exécution des navires

CYRIL BLOCH
PROFESSEUR À L'UNIVERSITÉ D'AIX-MARSEILLE
DIRECTEUR DU PÔLE TRANSPORTS (CDMT-IFURTA)

SECTION 0
ORIENTEUR

0724.00 **Sommaire du chapitre.**

Division. Les textes sur la saisie-exécution ne posent qu'une condition de fond : un titre exécutoire (sect. 1). En revanche, le Code des transports pose de nombreuses conditions de forme (sect. 2 à 6).

0724.01 **Textes applicables.**

À la différence de la saisie conservatoire, qui bénéficie de la convention de Bruxelles du 10 mai 1952, la saisie-exécution des navires n'a fait l'objet d'aucune convention internationale. Cette situation est néanmoins en passe d'évoluer avec l'adoption par l'Assemblée générale des Nations Unies le 7 décembre 2022 de la Convention des Nations Unies sur les effets internationaux des ventes judiciaires de navires, dite « convention de Pékin (Beijing) sur la vente judiciaire de navires ». Cette convention traite des effets internationaux de la vente judiciaire d'un navire et vise à assurer aux ventes judiciaires une reconnaissance internationale permettant à l'adjudicataire d'acquérir un navire libre de tout droit et de le mettre ainsi à l'abri de toute revendication en raison de créances nées antérieurement à la vente forcée. Elle entrera en vigueur 180 jours après la date de dépôt du troisième instrument de ratification. À l'heure où nous écrivons ces lignes, elle a été ratifiée par un État, mais il est très probable qu'elle atteindra rapidement les trois ratifications requises et qu'elle sera prochainement ratifiée par l'Union européenne.

Mais en attendant l'entrée en vigueur de cette convention et sa ratification par l'Union européenne, le droit international ne réglemente pas la saisie-exécution, la convention de Bruxelles du 10 mai 1952 excluant elle-même son application aux saisies pratiquées en exécution d'un titre exécutoire[1]. On se limitera donc à l'analyse des textes internes.

La saisie-exécution des navires est réglementée par les articles L. 5114-23 à L. 5114-29 et R. 5114-20 à R. 5114-47 du Code des transports, par les (très rares) dispositions non codifiées et non abrogées du décret du 27 octobre 1967, et par le droit commun des voies d'exécution dans le silence des textes spéciaux (Code de procédures civiles d'exécution).

• **L. n° 67-5, 3 janv. 1967,** portant statut des navires et autres bâtiments de mer, *JO* 4 janv., p. 106.

• **Décr. n° 67-967, 27 oct. 1967,** d'application de la loi n° 67-5 du 3 janvier 1967, relatif au statut des navires et autres bâtiments de mer, *JO* 4 nov., art. 31 à 58, p. 10836.

• **Ord. n° 2010-1307, 28 oct. 2010,** relative à la partie législative du Code des transports, *JO* 3 nov., p. 19645.

> *Cette ordonnance abroge la loi du 3 janvier 1967, à l'exception des articles 2 à 4, ainsi qu'un certain nombre d'articles du décret du 27 octobre 1967 ; certaines dispositions concernant la saisie issues de ce décret (art. 26 à 30) ont été reclassées à la partie législative du Code des transports.*

• **L. n° 2011-94, 25 janv. 2011,** portant réforme de la représentation devant les cours d'appel, art. 31 et 32, *JO* 26 janv., p. 1544.

• **Décr. n° 2016-1893, 28 déc. 2016,** relatif à la cinquième partie réglementaire du Code des transports, *JO* 29 déc. 2016, texte n° 13.

> *Ce décret abroge l'essentiel des dispositions du décret du 27 octobre 1967 pour les reclasser à la partie réglementaire du Code des transports. Mais il modernise aussi le droit positif en introduisant un certain nombre de dispositions nouvel-*

1. Conv. Bruxelles, 10 mai 1952, art. 2.

les, notamment quant à la procédure de répartition du prix de vente du navire.

• **C. transp.,** art. L. 5114-1, L. 5114-7L. 5114-20, L. 5114-21, L. 5114-23 à L. 5114-29, L. 5114-47 et R. 5114-20 à R. 5114-47, R. 5123-5, R. 5123-6.

• **C. pr. exéc.,** art. L. 121-1 et L. 241-1.

• En cours de ratification : Convention des Nations Unies sur les effets internationaux des ventes judiciaires de navires (New York, 2022), dite « convention de Pékin (Beijing) sur la vente judiciaire de navires » (v. *supra*).

0724.03 Bibliographie indicative.

Actualisables. *J.-Cl. Transports*, fasc. 1135, « Navire et autres bâtiments de mer, Vente forcée des navires, Saisie exécution », par P. Veaux-Fournerie et D. Veaux, juill. 1998 [màj juill. 2003] – *J.-Cl. Transports*, fasc. 1135, « Navire et autres bâtiments de mer, Vente forcée des navires, Saisie exécution », par J.-Ph. Maslin et A. de Franssu, sept. 2017 – *J.-Cl. Voies d'exécution*, fasc. 890, « Navire et bateau, Mesures d'exécution », par Y. Tassel et L. Lauvergnat, mars 2019 – C. Brenner et P. Crocq (dir.), *Lamy Droit de l'exécution forcée*, « Saisies des navires, bateaux et aéronefs », étude 445, par M. Douchy-Oudot – Rép. pr. civ., v° *Saisie des bateaux, navires et aéronefs*, par J.-B. Racine et G. Payan, déc. 2014 (actu. avr. 2024), n°s 160 à 175.

Ouvrages[1]. P. Chaumette (dir.), Dalloz action *Droits maritimes*, 2021/2022, n°s 323.71 et 323.72, par C. Devaux – P. Bonassies, C. Scapel et C. Bloch, *Traité de droit maritime*, 4e éd., LGDJ, 2022, n°s 679 s. – Ph. Delebecque, *Droit maritime*, 14e éd., « Précis », Dalloz, 2020, n°s 264 s. – A. Leborgne, *Droit de l'exécution*, 3e éd., « Précis », Dalloz, 2019, [saisie-exécution des navires], p. 753 s., n°s 1674 s. – G. Piette, *Droit maritime*, Pedone, « Traité », 2023, n°s 481 s.

0724.05 Liminaire. À l'image des bateaux (fluviaux) et des aéronefs, le navire est soumis à un régime juridique exorbitant du droit commun applicable aux biens meubles. Ainsi, tout acte constitutif, translatif ou extinctif de la propriété ou de tout autre droit réel sur un navire est, à peine de nullité, constaté par écrit (C. transp., art. L. 5114-1) et n'est opposable aux tiers que par son inscription sur le fichier du navire (C. transp., art. R. 5123-5 et R. 5123-6). Le navire échappe ainsi à la règle « *en fait de meubles possession vaut titre* » de l'article 2276 C. civ. Seule l'inscription au fichier vaut ici titre de propriété. Il échappe aussi à l'article 2119 C. civ. selon lequel « *les meubles n'ont pas de suite par hypothèque* ». Les navires peuvent en effet faire l'objet d'hypothèques (C. douanes, art. 241 s.). Ils font par ailleurs l'objet de privilèges spécifiques (C. transp., art. L. 5114-7 s.). On ne s'étonnera donc pas que les saisies de navires soient également soumises à un régime juridique particulier.

0724.06 Intérêt pratique. La saisie-exécution des navires est exceptionnelle dans la pratique, contrairement à la saisie conservatoire. Il faut rechercher une des raisons de la désaffection des créanciers pour l'exercice de la saisie-exécution dans l'intérêt pratique de la saisie conservatoire, qui permet, lorsqu'elle n'aboutit pas au paiement de la dette de l'armateur du navire, de substituer une sûreté personnelle autonome au droit de gage du créancier sur le patrimoine de son débiteur, dont le navire est bien souvent l'unique élément.

Mais alors que la saisie conservatoire est soumise à une procédure assez sommaire et des conditions de fond peu contraignantes, la saisie-exécution, dont l'objet est la vente du navire, est une procédure lourde, se rapprochant à de nombreux égards de la saisie immobilière et qui ne peut être pratiquée que contre un débiteur insolvable.

0724.07 Champ d'application. Si les textes sur la saisie conservatoire ne visent que les navires, les textes sur la saisie-exécution utilisent aussi le terme de « ***bâtiment*** », ce qui englobe aussi les engins de servitude des ports, auxquels les dispositions spéciales de droit international et de droit interne sont inapplicables, s'agissant des saisies conservatoires. L'article R. 5114-25 C. transp.[2], fait aussi référence aux navires non francisés, ce qui englobe les navires n'ayant pas vocation à l'être (les navires étrangers), mais aussi les navires qui ne le sont pas encore (navires en construction).

SECTION 1
CONDITIONS DE LA SAISIE-EXÉCUTION

0724.11 Titre exécutoire. L'article R. 5114-22 C. transp.[3] énonce les conditions de validité de l'acte de saisie dressé par l'huissier. La principale condition de fond est celle de la mention du titre exécutoire en vertu duquel l'huissier procède (une ordonnance de référé-provision, même non passée en force de chose jugée, a été considérée comme un titre suffisant pour engager la procédure d'adjudication d'un navire)[4].

L'autre condition de fond procède de la saisissabilité du navire, de la qualité de propriétaire du navire du débiteur, ou la démonstration de l'existence d'un droit de suite sur le navire, le titre exécutoire ne

1. Les ouvrages dont le nom des auteurs figure en petites capitales en bibliographie seront cités par le seul nom des auteurs en petites capitales en notes de bas de page.

2. Anc^t^ Décr. n° 67-967, 27 oct. 1967, art. 37.
3. Anc^t^ Décr. n° 67-967, 27 oct. 1967, art. 34.
4. TGI Nice, 28 févr. 2008, navire Elephant Walk, *DMF* 2008. 813, obs. B. Coste.

comportant en effet aucune indication à cet égard. Le lecteur se référera sur ces points aux développements sur les saisies conservatoires pratiquées en application du droit français interne (v. s[s] n°s 0624.60 s.).

SECTION 2
PROCÉDURE : FORMALITÉ PRÉALABLE, LE COMMANDEMENT DE PAYER

0724.21 Nécessité d'un commandement de payer. L'article L. 5114-23 C. transp. dispose que la saisie-exécution d'un navire est précédée de la signification d'un commandement de payer. L'article 31 du décret du 27 octobre 1967 prévoyait l'observance d'un délai de vingt-quatre heures entre la signification du commandement de payer et la saisie. L'ordonnance du 28 octobre 2010[1] avait abrogé cette disposition, créant une période d'incertitude dont nous nous étions fait l'écho dans la précédente édition de cet ouvrage. Ce délai de vingt-quatre heures de l'ancien article 31 du décret de 1967 a heureusement été réintroduit par le **décret du 28 décembre 2016**[2] (C. transp., art. R. 5114-20, al. 1er).

0724.22 Signification. La signification du commandement de payer est effectuée au saisi ou à son représentant (C. transp., art. R. 5114-20). La signification pourrait-elle être délivrée au capitaine du navire, que l'article R. 5412-6 C. transp.[3] habilite à recevoir tous actes judiciaires ou extrajudiciaires adressés à l'armateur ? Nous ne le pensons pas, car même lorsque le propriétaire exploite le navire, la signification du commandement de payer lui est adressée en sa qualité de propriétaire du navire et non en celle d'armateur, exploitant le navire.

0724.23 Péremption du commandement. Le commandement (C. transp., art. R. 514-21[4]) est périmé par dix jours à compter de la signification ; si la saisie n'est pas opérée dans ce délai, le commandement doit être recommencé[5].

0724.24 Avis officieux aux autorités portuaires. Normalement, même s'il est avisé par l'huissier de justice de la prochaine signification du commandement de payer au capitaine du navire et du risque de voir ce dernier appareiller avant délivrance, le commandant du port n'a pas légalement le droit de retarder le départ. Il semblerait cependant que les usages de certains ports permettent à l'autorité portuaire de s'opposer à l'appareillage, non en droit formel mais en fait[6].

SECTION 3
PROCÉDURE : SAISIE

0724.31 Acte de saisie – Mentions obligatoires. Les énonciations qu'il doit contenir (C. transp., art. R. 5114-22[7]) comportent notamment :

– les mentions requises pour la validité de tout exploit d'huissier : nom et qualité de l'officier ministériel, jour, heure, opérations successives (à bord du bateau), personnes rencontrées s'il échoit, *etc.* ;

– l'identification complète du créancier saisissant ;

– la mention du titre exécutoire et décompte des sommes dues ;

– la date du commandement de payer ;

– l'indication du tribunal devant lequel se fera la vente, avec élection de domicile au siège du tribunal et au lieu où le navire est amarré ;

– l'identification du propriétaire du navire ;

– le nom et les principales caractéristiques du navire saisi (nom, immatriculation, nationalité, type, tonnage, *etc.*) ;

– l'énumération et la désignation des chaloupes, canaux, agrès et autres apparaux du navire, provisions et soutes.

Un important arrêt de la chambre commerciale de la Cour de cassation sanctionne la saisie-exécution pratiquée, non par un huissier de justice, non par un clerc assermenté, d'une nullité de fond en application des articles 6 de la loi du 27 décembre 1923[8] et 117 C. pr. civ.[9].

0724.32 Garde. La désignation d'un gardien par l'huissier procédant à la saisie est obligatoire dans une saisie-exécution (C. transp., art. R. 5114-22[10]). En pratique, l'huissier désigne souvent le capitaine du navire s'il est présent (ce qui est généralement le cas s'agissant des navires de commerce) et, à défaut, le commandant du port. Confier la garde du navire au commandant du port est cependant une pratique discutable et risquée, car le Conseil d'État a clairement jugé qu'il n'entre pas dans les attributions de l'autorité portuaire d'assurer le gardiennage de navires saisis. Le commandant du port qui accepte de se voir

1. Ord. n° 2010-1307, 28 oct. 2010, préc. (v. s[s] n° 0724.01).
2. Décr. n° 2016-1893, 28 déc. 2016, préc. (v. s[s] n° 0724.01).
3. Anc[t] Décr. n° 69-679, 19 juin 1969, relatif à l'armement et aux ventes maritimes, *JO* 22 juin, p. 6318, art. 10.
4. Anc[t] Décr. n° 67-967, 27 oct. 1967, art. 33.
5. Rouen, 20 oct. 1983, *Juris-Data* n° 043597.
6. Sur les nombreuses contraintes qu'impose la saisie du navire à l'autorité portuaire, v. R. Rezenthel, « La saisie des navires et la défense des intérêts portuaires », *DMF* 2010. 715.
7. Anc[t] Décr. n° 67-967, 27 oct. 1967, art. 34.
8. L. 27 déc. 1923, relative à la suppléance des huissiers blessés et à la création des clercs assermentés, *JO* 29 déc.
9. Com. 17 déc. 2003, n° 02-14.840, navire Amour des Îles II, P IV, n° 207 ; *DMF* 2004. 145, obs. J.-P. Rémery.
10. Anc[t] Décr. n° 67-967, 27 oct. 1967, art. 34.

confier la garde du navire le fait donc en tant que personne privée et non en qualité de préposé du port. Les négligences qui pourraient lui être reprochées dans l'exécution de sa mission de gardien devraient donc être regardées comme une faute civile personnelle, dépourvue de tout lien avec le service et qui ne pourrait donc engager la responsabilité administrative de l'autorité portuaire[1].

Le décret de 1967 n'exigeant pas formellement la signature du procès-verbal par le gardien, la nullité du procès-verbal de saisie ne pouvait pas être prononcée pour défaut de signature du gardien[2]. Il en va différemment depuis le décret du 28 décembre 2016, qui requiert expressément la signature de l'acte de saisie par le gardien (C. transp., art. R. 5114-22, *in fine*).

Reste à savoir si la désignation et la signature du gardien sont requises à peine de nullité de l'acte de saisie, comme c'est le cas des mentions obligatoires envisagées dans les premiers alinéas de l'article R. 5114-22. Il est vrai que l'article R. 5114-22 *in fine* C. transp. ne le précise pas, contrairement au texte voisin que l'on trouve en matière de saisies de bateaux de rivières (C. transp., art. R. 4123-4, *in fine*). On peut néanmoins penser que la sanction de la nullité de l'acte prévue au premier alinéa de l'article R. 5114-22 s'étend au dernier alinéa.

0724.33 Juge compétent. Les dispositions du décret du 27 octobre 1967 donnant compétence au tribunal de grande instance du lieu de la saisie ayant été abrogées, le juge compétent pour connaître de la procédure de saisie-exécution est désormais le juge de l'exécution (JEX) en application des dispositions combinées des articles L. 5114-20 s. C. transp. Bien que les articles L. 5114-23 s. réglementant la saisie-exécution ne fassent mention que du « *juge* », l'article L. 5114-21, seul article dans la sous-section consacrée aux dispositions communes à la saisie conservatoire et à la saisie d'exécution, désigne le JEX pour autoriser un ou plusieurs voyages du navire saisi. Cette compétence exclusive du JEX a ensuite été pleinement confirmée par le décret du 28 décembre 2016 (not. C. transp., art. R. 5114-20, al. 1er, 4o ; R. 5114-22, al. 1er, 5o ; R. 5114-23, al. 2 ; R. 5114-26, al. 2 ; R. 5114-28 ; R. 5114-29 ; R. 5114-39).

0724.34 Dénonciation de la saisie au propriétaire du navire et citation devant le tribunal saisi. L'ancien article 36 du décret du 27 octobre 1967 imposait au saisissant, dans un délai de **trois jours**, de notifier au propriétaire copie du procès-verbal de saisie et le faire citer à l'audience du tribunal du lieu de saisie statuant sur les conditions de vente forcée du bien. Cette disposition, pourtant essentielle, avait été malencontreusement abrogée par l'ordonnance du 28 octobre 2010. Le décret du 28 décembre 2016 a corrigé cette abrogation par mégarde : l'article R. 5114-23 C. transp. renoue avec l'exigence d'une notification de l'acte de saisie au propriétaire ou à son représentant dans un délai de trois jours, à peine de caducité de celui-ci. Cette dénonciation contient assignation devant le JEX du lieu de la saisie pour voir dire qu'il sera procédé à la vente forcée.

L'ancien article 36 du décret du 27 octobre 1967 portait ce délai à **treize jours** si le propriétaire résidait hors de la France métropolitaine au sein de l'Union européenne et à **vingt-trois jours** s'il demeurait en dehors de l'Union européenne. En outre, l'ancien article 36 du décret de 1967 admettait que la notification fût donnée au capitaine dès lors que le propriétaire n'était pas domicilié dans le ressort du tribunal. Ni l'un ni l'autre de ces aménagements n'ont en revanche été repris par le décret du 28 décembre 2016.

0724.35 Notification aux services du port et au Consul de l'État dont le navire bat pavillon. L'article R. 5114-24 C. transp.[3] impose la notification de l'acte de saisie au service du port et au Consul de l'État dont le navire bat pavillon (ou, en l'absence de consulat, à un représentant diplomatique de cet État).

La notification à l'autorité portuaire est en pratique faite au commandant du port et entraîne pour ce dernier l'obligation d'empêcher le départ du navire saisi (C. transp., art. L. 5114-21).

0724.36 Publicité de la saisie. La publicité de la saisie des navires était traditionnellement assurée par leur inscription sur un registre spécial de publicité des hypothèques maritimes tenu par l'administration des douanes, qui tient par ailleurs le registre des francisations et les fiches matricules des navires.

Le décret du 29 décembre 2021[4], pris pour l'application de l'ordonnance du 15 septembre 2021[5] portant réforme du droit des sûretés, a substitué à ce registre spécial le nouveau registre des sûretés mobilières (C. com., art. R. 521-1 s.)[6]. Ces nouvelles dispositions sont entrées en vigueur le 1er janvier 2022[7].

1. CE 20 janv. 1989, no 60269, Biales, *D.* 1989. 619, note C. Grellois.
2. Bordeaux, 5e ch. civ., 15 déc. 2010, navire Topaze, RG no 09-1158, *DMF* 2012, suppl. « Le droit maritime français en 2011 », no 16, obs. Ph. Delebecque ; *RD transp.* 2011, no 63, obs. M. Ndendé.
3. Anct Décr. no 67-967, 27 oct. 1967, art. 35.
4. Décr. no 2021-1887, 29 déc. 2021, relatif au registre des sûretés mobilières et autres opérations connexes, *JO* 30 déc., texte 52.
5. Ord. no 2021-1192, 15 sept. 2021, portant réforme du droit des sûretés, *JO* 16 sept., texte 19.
6. Pour une analyse de ces nouvelles dispositions, v. J.-P. Remery, « La procédure de saisie des navires : nouveautés 2021-2022 », *DMF* 2022. 771.
7. Décr. no 2021-1887, 29 déc. 2021, art. 15, I, al. 2.

Une exception est néanmoins prévue pour les navires enregistrés au Registre international français (RIF), pour lesquels la publicité est assurée par le guichet unique du registre international français.

Lorsque le navire est francisé le procès-verbal de saisie est inscrit sur le registre des sûretés mobilières tenu par le greffe du tribunal de commerce du lieu d'enregistrement du navire. Celui-ci en avise l'administration des douanes afin que la mention de la saisie soit également portée sur la fiche matricule du navire (C. transp., art. R. 5114-25-1).

Si le navire n'est pas français, l'acte de saisie est inscrit sur le registre des sûretés mobilières tenu par le greffe du tribunal de commerce dans le ressort duquel le navire est saisi (C. transp., art. R. 5114-25-2).

Cette inscription doit être effectuée dans un délai de sept jours, augmenté de vingt jours si le lieu de la saisie et le tribunal compétent pour en connaître ne se trouvent pas l'un et l'autre en France métropolitaine ou dans une même collectivité ultra-marine.

La loi ne prévoit pas l'effet sur le procès-verbal de saisie de l'absence d'inscription, de sorte qu'il ne s'agit que d'un formalisme d'opposabilité[1]. L'article R. 5114-25 dernier alinéa C. transp. précise désormais que l'inscription rend le navire indisponible.

0724.37 Dénonciation aux créanciers inscrits. Pour les navires francisés, la saisie doit être dénoncée aux créanciers inscrits sur le registre spécial dans un délai de sept jours à compter de la délivrance de l'état des inscriptions par le conservateur des hypothèques, augmenté de vingt jours si le lieu de la saisie et le lieu du tribunal compétent ne se trouvent pas, l'un et l'autre, en France métropolitaine ou dans une même collectivité ultramarine (C. transp., art. R. 5114-26, al. 2[2]). Cette dénonciation doit en outre indiquer aux créanciers les date, heure et lieu de l'audience du JEX. Le délai de comparution, de trois jours au moins, peut être majoré de vingt jours à raison des distances, si le domicile élu et le siège du tribunal ne se trouvent pas, l'un et l'autre, en France métropolitaine ou dans une même collectivité ultramarine (C. transp., art. R. 5114-26, al. 3[3]). L'irrégularité de la dénonciation aux créanciers ne comportant pas l'indication du jour de la comparution devant le tribunal peut être régularisée, dès lors qu'il est impossible pour le créancier saisissant de connaître cette date au moment où la saisie est réalisée[4].

Si le navire n'est pas français, la dénonciation est adressée au consul de l'État dont le navire bat pavillon. Le délai de comparution est de trente jours après cette dénonciation (C. transp., art. D. 5114-27[5]).

0724.38 Dénonciation aux autres quirataires (cas du navire en copropriété). Lorsque le navire est en copropriété (quirat), la saisie d'une ou plusieurs parts de quirat(s) est dénoncée aux autres quirataires dans les conditions prévues aux deuxième et troisième alinéas de l'article R. 5114-26 C. transp. (C. transp., art. R. 5114-47).

On notera par ailleurs que lorsqu'une saisie porte sur des parts représentant plus de la moitié du navire, la vente est étendue à tout le navire, sauf opposition des autres copropriétaires pour des motifs reconnus sérieux et légitimes (C. transp., art. L. 5114-47). Le JEX statue sur l'opposition avant l'adjudication (C. transp., art. R. 5114-47).

0724.39 Effets attachés à l'acte de saisie. L'acte de saisie emporte immobilisation du navire dans le port où il se trouve (C. transp., art. L. 5114-21). Comme pour la saisie conservatoire, le commandant du port peut cependant décider d'ordonner un mouvement du navire dans le port pour libérer le bassin où il se trouve, ou l'amarrer en un lieu moins gênant pour le trafic du port (v. s[s] n°s 0626.11 s.).

Le navire peut cependant être autorisé par le JEX à entreprendre un ou plusieurs voyages contre remise d'une garantie que le tribunal détermine (C. transp., art. L. 5114-21 – v. s[s] n°s 0625.121 s.).

0724.40 Effets attachés à la publicité de l'acte de saisie. L'inscription de la saisie sur le registre tenu par le conservateur des hypothèques maritimes emporte indisponibilité du navire (C. transp., art. R. 5114-25, al. 4).

SECTION 4
PROCÉDURE : VENTE FORCÉE

0724.50 Deux jugements. Plan. La vente des biens saisis est ordonnée par un jugement du JEX qui fixe la mise à prix et les conditions de la vente (C. transp., art. L. 5114-24) (§ 1). Après accomplissement des formalités de publicité de cette décision, l'adjudication intervient aux enchères publiques, à l'audience du juge, qui peut néanmoins ordonner que la vente soit faite devant une autre juridiction, soit en l'étude et par le ministère d'un notaire, soit par un courtier, soit en tout autre lieu du port où se trouve le navire saisi (C. transp., art. L. 5114-25), ou devant un autre tribunal, un

1. PAR EX., Bordeaux, 5e ch. civ., 15 déc. 2010, navire Topaze, RG no 09-1158, *DMF* 2012, suppl. « Le droit maritime français en 2011 », no 16, obs. Ph. Delebecque ; *RD transp.* 2011, no 63, obs. M. Ndendé.
2. Anct Décr. no 67-967, 27 oct. 1967, art. 38.
3. Anct Décr. no 67-967, 27 oct. 1967, art. 38.
4. Bordeaux, 5e ch. civ., 15 déc. 2010, navire Topaze, RG no 09-1158, *DMF* 2012, suppl. « Le droit maritime français en 2011 », no 16, obs. Ph. Delebecque ; *RD transp.* 2011, no 63, obs. M. Ndendé.
5. Anct Décr. no 67-967, 27 oct. 1967, art. 39, al. 2 et 3.

notaire ou un courtier interprète et conducteur de navire que le tribunal judiciaire désigne dans son jugement préparatoire à la vente (§ 2).

§ 1
Jugement fixant les modalités de la vente

0724.61 Jugement de vérification de la régularité des inscriptions. L'office du juge est avant tout de vérifier la régularité de la procédure suivie jusqu'au jugement préalable aux enchères et notamment de vérifier l'existence et la régularité du titre exécutoire. À cet égard, le Code des transports se contente d'évoquer un titre exécutoire et non une décision au fond définitive et passée en force de chose jugée. Ainsi, deux jugements ont-ils décidé que la mise en vente du navire saisi pouvait, en application de l'article 31 de la loi du 9 juillet 1991 (devenu C. pr. exéc., art. L. 111-10), être poursuivie sur la base d'une simple ordonnance de référé-provision [1] ou d'une ordonnance d'injonction de payer [2].

Le juge doit en outre s'assurer que la publicité exigée par les articles R. 5114-25 et R. 5114-26 C. transp. a bien été effectuée.

Ce jugement prépare la vente. Il en fixe le jour, le lieu, la mise à prix et les conditions (C. transp., art. L. 5114-25 et R. 5114-29).

0724.62 Modalités de la vente. La vente forcée a en principe lieu aux enchères publiques, à l'audience du JEX. Néanmoins, le juge peut ordonner que la vente soit faite soit devant une autre juridiction, soit en l'étude et par le ministère d'un notaire, soit par un courtier, soit en tout autre lieu du port où se trouve le navire saisi (C. transp., art. L. 5114-25 [3])).

0724.63 Publicité préalable à la vente. La vente doit faire l'objet d'une publicité réglementée par les articles R. 5114-30 à R. 5114-32 C. transp. [4].

Cette publicité, qui doit intervenir au moins quinze jours avant la vente, est effectuée au moyen de l'apposition d'affiches et de leur insertion dans un journal d'annonces légales du ressort du tribunal judiciaire du lieu de la vente et dans toutes autres publications maritimes autorisées par le juge (C. transp., art. R. 5114-30 [5]).

Les affiches sont apposées au grand mât ou sur la partie la partie la plus apparente du navire, au tribunal judiciaire du lieu de vente, sur le quai du port où le navire est amarré, à la chambre de commerce, au bureau des douanes et au service chargé des affaires maritimes territorialement compétents (C. transp., art. R. 5114-31 [6]).

L'article R. 5114-32 C. transp. [7] précise le contenu des affiches. Celles-ci doivent indiquer :

– les nom, profession et demeure du poursuivant ;

– le titre exécutoire en vertu duquel il agit ;

– l'élection de domicile par lui faite dans le lieu où siège le JEX et dans le lieu où se trouve le navire ;

– le nom du propriétaire du bâtiment saisi ;

– le nom du bâtiment et, s'il est armé ou en armement, le nom du capitaine ainsi que la puissance motrice en cas de propulsion mécanique ;

– le lieu où il se trouve ;

– la mise à prix et les conditions de la vente ;

– les jour, lieu et heure de l'adjudication ;

– l'indication que les enchères ne peuvent être portées que par un avocat pouvant plaider devant le tribunal judiciaire du lieu de la vente.

0724.64 Incidents de procédure. Un seul incident est expressément prévu par les textes : la demande en distraction. Ainsi, l'article L. 5114-27 C. transp. [8] prévoit qu'une fois le bien adjugé, les demandes en distraction sont converties de plein droit en opposition à la délivrance des sommes provenant de l'adjudication.

L'article 45 du décret du 27 octobre 1967 prévoit que le demandeur en distraction ou l'opposant ont trois jours pour fournir leurs moyens. Le défendeur, le saisissant disposent alors de trois jours pour répondre.

Le jugement rendu sur demande de distraction ou opposition contre le jugement d'adjudication est susceptible d'appel dans les dix jours à compter de la signification du jugement [9].

Pour les autres incidents (demande en radiation de saisie, demande en nullité, demande de conversion en saisie volontaire), il convient de se reporter aux incidents en matière de saisie immobilière (v. *Livre 13*, sur la saisie immobilière).

§ 2
Enchères – Jugement d'adjudication

0724.71 Application des règles de la saisie immobilière. Il était admis que, dès lors que le décret du 27 octobre 1967 ne contenait aucune disposition spécifique relative aux enchères et à l'adjudication,

1. TGI Nice, 28 févr. 2008, navire Elephant Walk, *DMF* 2008. 813, obs. B. Coste.
2. TGI Aix-en-Provence, 25 mars 2004, *Rev. huiss.* 2006. 42.
3. Anc[t] Décr. n° 67-967, 27 oct. 1967, art. 41.
4. Anc[t] Décr. n° 67-967, 27 oct. 1967, art. 41 à 43.
5. Anc[t] Décr. n° 67-967, 27 oct. 1967, art. 41.
6. Anc[t] Décr. n° 67-967, 27 oct. 1967, art. 42.
7. Anc[t] Décr. n° 67-967, 27 oct. 1967, art. 43.
8. C. transp., art. L. 5114-27 (Décr. n° 67-967, 27 oct. 1967, anc. art. 44).
9. Décr. n° 67-967, 27 oct. 1967, art. 53.

en matière de vente de navire, il y avait lieu de faire application des règles de la saisie immobilière, auxquelles il convenait de se reporter (v. ss nos 1311.00 à 1343.255). La règle est désormais formalisée par le Code des transports, qui renvoie expressément aux dispositions des articles R. 322-39 à R. 322-49 C. pr. exéc. (C. transp., art. R. 5114-33).

0724.72 Dérogations aux règles de la saisie immobilière. L'article 27 du décret du 27 octobre 1967 prévoit cependant une dérogation importante aux règles de la saisie immobilière : la surenchère à l'issue de la vente, prévue par les articles R. 322-50 s. C. pr. exéc., n'est pas admise. Cette disposition n'a pas été abrogée par le décret du 28 décembre 2016. Sa reprise formelle dans le Code des transports n'a pas pour autant paru utile, le nouvel article R. 5114-33 permettant à lui seul d'écarter l'application des dispositions que le Code des procédures civiles d'exécution consacre à la surenchère.

0724.73 Jugement d'adjudication. En tant qu'il est un jugement gracieux et administratif, le jugement d'adjudication est dépourvu de l'autorité de la chose jugée et n'est pas soumis aux voies de recours ordinaires. En revanche, s'il tranche un incident, il a sur ce point l'autorité de la chose jugée et peut être attaqué selon les voies de recours ouvertes contre tout jugement contentieux.

Le jugement ne peut être frappé d'appel qu'à partir du moment où il tranche une contestation (par ex., portant sur la validité des enchères).

SECTION 5
PROCÉDURE : EFFETS DE L'ADJUDICATION

0724.81 Cessation des fonctions du capitaine. L'adjudication du navire fait cesser les fonctions du capitaine, sauf à lui à se pourvoir en dédommagement contre qui de droit (C. transp., art. L. 5114-26).

0724.82 Conversion des demandes de distraction en opposition à la délivrance des sommes provenant de l'adjudication. Une fois le bien adjugé, les demandes en distraction sont converties de plein droit en opposition à la délivrance des sommes provenant de l'adjudication (C. transp., art. L. 5114-27).

0724.83 Transfert de propriété. L'adjudication vaut transfert de propriété. L'adjudicataire devient régulièrement propriétaire du navire. L'adjudicataire ne bénéficie cependant pas de la garantie d'éviction et de la garantie des vices cachés.

0724.84 Purge des hypothèques. L'adjudication vaut purge des privilèges et hypothèques. Aucune inscription n'est désormais possible, pas même pour le créancier s'étant fait consentir une hypothèque ou un privilège sur le navire avant la saisie, mais qui a négligé d'effectuer les mesures de publicité en temps utile.

La radiation des inscriptions intervient quant à elle à l'issue des opérations de distribution du prix : à la requête de l'adjudicataire, le JEX constate la purge des hypothèques et privilèges et ordonne en conséquence la radiation des inscriptions correspondantes (C. transp., art. R. 5114-46).

0724.85 Effet sur les contrats en cours concernant l'exploitation du navire. L'adjudication met fin aux contrats en cours relatifs à l'exploitation du navire. Il en est ainsi de l'affrètement, mais la pratique tolère que le navire affrété termine le voyage en cours. L'adjudication met en outre fin au contrat d'engagement du capitaine, à charge pour l'armateur de lui verser une indemnité, si son contrat n'est pas cédé au nouveau propriétaire.

Quant à l'équipage, il se déduit des articles L. 1224-1 et L. 1224-2 C. trav., que les contrats de travail continuent, ceux-ci étant cédés de droit à l'adjudicataire.

0724.86 Versement du prix à peine de folle enchère. L'article L. 5114-28 alinéa 1er C. transp.[1] dispose que l'adjudicataire « *consigne le prix, sans frais, à la Caisse des dépôts et consignations* ». Cette consignation doit avoir lieu dans les vingt-quatre heures suivant l'adjudication (C. transp., art. R. 5114-35).

À défaut de paiement, « *la vente est résolue de plein droit* » (C. transp., art. L. 5114-28, al. 2) et le navire peut être revendu sur folle enchère (C. transp., art. R. 5114-35). Sans préjudice des dommages et intérêts auxquels il peut être condamné, l'adjudicataire défaillant supporte la différence de prix si le prix de revente est moindre, ainsi que les frais induits par la revente (C. transp., art. L. 5114-28, al. 3).

La procédure applicable à la réitération des enchères en cas de défaillance de l'adjudicataire (folle enchère) est réglée par l'article R. 5114-36 C. transp., issu du décret du 28 décembre 2016.

0724.87 Obligations de l'adjudicataire. L'adjudicataire, après avoir consigné le prix à la Caisse des dépôts et consignations (CDC), doit faire signifier le jugement d'adjudication au saisi, à personne ou à domicile, avec mise en demeure de lui délivrer le navire, y compris les accessoires et agrès mentionnés sur le procès-verbal de saisie, ainsi que les documents de bord (certificat d'inspection, de navigabilité, etc.) nécessaires à son exploitation. Le transfert de propriété est immédiat[2]. L'adjudicataire peut au besoin avoir recours à la force publique pour obtenir la délivrance du navire.

1. C. transp., art. L. 5114-28 (Décr. no 67-967, 27 oct. 1967, anc. art. 48).
2. Aix-en-Provence, 7 juill. 1969, *Gaz. Pal.* 1969. 2. 307.

0724.88 **Publicité.** Afin d'être opposable aux créanciers inscrits postérieurement à sa date d'effet, la vente doit faire l'objet d'une inscription dans le registre des sûretés mobilières tenu par les greffes des tribunaux de commerce (C. transp., art. R. 5114-34), ainsi qu'au fichier des navires tenus par le service des douanes[1]. L'adjudicataire devra en outre procéder à la régularisation des titres de navigation que le bâtiment doit toujours avoir à son bord, et de la situation sur tous les plans (fiscal, douanier, *etc.*). D'autre part, les autorités maritimes pourront vérifier si l'acte de francisation demeure bon et valable, compte tenu du changement de propriétaire.

Lorsque le navire est étranger, la publicité sera réalisée dans le pays où le navire est inscrit, selon la loi locale, avec information au consul de l'État dont le navire a la nationalité.

0724.89 **Effets à l'égard des créanciers. Oppositions – Forclusion.** Les droits des créanciers, dont le patrimoine du saisi constitue le gage, sont reportés sur le prix de l'adjudication. Seuls sont dispensés d'opposition les créanciers figurant sur l'état délivré par le conservateur des hypothèques maritimes.

Tous les autres créanciers doivent faire opposition, pendant le délai de trois jours, courant de l'adjudication[2] ; le délai est prescrit à peine de forclusion.

0724.90 **Convention de Pékin (Beijing) sur la vente judiciaire de navires du 7 décembre 2022.** *De lege lata*, la vente forcée des navires est exclusivement soumise aux droits nationaux. Néanmoins, la communauté maritime internationale s'est emparée du sujet, ce qui a conduit, le 7 décembre 2022, à l'adoption par l'Assemblée générale des Nations unies de la Convention des Nations unies sur les effets internationaux des ventes judiciaires de navires, dite « convention de Pékin (Beijing) sur la vente judiciaire de navires ». Cette convention traite des effets internationaux de la vente judiciaire d'un navire et vise à assurer aux ventes judiciaires une reconnaissance internationale permettant à l'adjudicataire d'acquérir un navire libre de tout droit et de le mettre ainsi à l'abri de toute revendication en raison de créances nées antérieurement à la vente forcée. Elle entrera en vigueur 180 jours après la date de dépôt du troisième instrument de ratification. À l'heure où nous écrivons ces lignes, elle n'a été ratifiée que par un État, mais il est très probable qu'elle atteindra rapidement les trois ratifications requises et qu'elle sera prochainemet ratifiée par l'Union européenne. Il n'est donc pas inutile d'en résumer le contenu.

La Convention s'appliquera à la double condition que la vente judiciaire soit réalisée dans un État partie et que le navire se trouve physiquement sur le territoire dudit État au moment de la vente (art. 3, § 1). Naturellement, sont exclus de son champ d'application les navires de guerre ou navires auxiliaires, ou autres bâtiments appartenant à un État ou exploités par lui et exclusivement affectés, immédiatement avant la vente judiciaire, à un service public non commercial (art. 3, § 2).

La convention s'attelle d'abord à fixer un régime uniforme de notification de la vente judiciaire préalable à cette vente, afin d'en assurer la publicité la plus large (art. 4). Cette notification, dont le contenu minimal est détaillé en annexe I de la convention, devra être adressée : a) à l'entité chargée du registre des navires ou registre équivalent dans lequel le navire est immatriculé ; b) à tout titulaire d'une hypothèque ou d'un *mortgage* ou d'un droit inscrit (à moins que le registre où ceux-ci sont inscrits ne soit pas accessible au public) ; c) à tout titulaire d'un privilège maritime (sous réserve qu'il ait notifié au tribunal ou à toute autre autorité publique réalisant la vente judiciaire la créance garantie par le privilège maritime conformément aux règlements et procédures de l'État de la vente judiciaire) ; d) au propriétaire du navire ; e) si le navire est inscrit au registre des affrètements coque nue, à l'affréteur coque nue du navire ainsi qu'au registre des affrètements coque nue (art. 4, § 3). La notification devra également être publiée par voie d'annonce dans la presse ou une autre publication disponible dans l'État de la vente judiciaire et être transmise à la personne responsable du répertoire visée à l'article 11 de la convention pour publication (art. 4, § 5).

À l'issue de la vente, la convention imposera la délivrance à l'adjudicataire du navire d'« *un certificat de vente judiciaire* » dont les indications sont détaillées à l'article 5, § 2 et le modèle est donné en annexe II de la convention. Ce certificat devra être transmis à la personne responsable du répertoire visée à l'article 11 de la convention pour publication.

De façon plus substantielle, la convention s'emploie ensuite à garantir, à l'échelle internationale, son effet utile à la vente judiciaire de navire, à savoir « *conférer à l'acquéreur un titre libre de tout droit sur le navire dans tout autre État partie* » (art. 6). Pour ce faire, l'article 7 détaille les mesures qui devront être prises par l'entité chargée du registre du navire à la suite de la vente judiciaire. À la demande de l'acquéreur et sur production du certificat de vente judiciaire, l'entité chargée du registre devra : a) radier du registre toute hypothèque ou tout mortgage et tout droit inscrit grevant le navire qui avaient été inscrits avant la conclusion de la vente judiciaire ; b) radier le navire du registre et délivrer un certificat de radia-

1. Anc[t] Décr. n° 67-967, 27 oct. 1967, art. 82 s.
2. Anc[t] Décr. n° 67-967, 27 oct. 1967, art. 46.

tion pour qu'une nouvelle immatriculation soit prise ; c) immatriculer le navire au nom de l'acquéreur ou de l'acquéreur subséquent (sous réserve que le navire et la personne au nom de laquelle il doit être immatriculé respectent les exigences de la loi de l'État d'immatriculation) ; d) mettre à jour le registre en s'appuyant sur toute autre indication pertinente figurant dans le certificat de vente judiciaire (art. 7, § 1). L'article 8 interdit pour sa part le prononcé ou le maintien de toute saisie conservatoire ou mesure similaire à raison d'une créance née avant la vente judiciaire de ce navire.

Enfin, la convention donne compétence exclusive aux tribunaux de l'État de la vente judiciaire pour connaître de toute demande visant à annuler la vente judiciaire, à en suspendre les effets ou à contester la délivrance du certificat de vente judiciaire (art. 9), tout en réservant le cas d'une contrariété des effets de la vente avec l'ordre public d'un autre État partie (art. 10).

SECTION 6
PROCÉDURE : DISTRIBUTION DU PRIX

0724.101 Clarification de la procédure. La procédure de distribution du prix a été considérablement améliorée par le décret du 28 décembre 2016, qui n'a fait, lui-même, qu'adapter au navire la procédure de distribution du prix mise en place par le décret du 25 mars 2013[1] pour les bateaux de rivière (v. s^s^ n°s 0725.33 à 0725.35).

0724.102 Participation à la distribution du prix. L'article L. 5114-29 C. transp. subordonne la participation à la distribution du prix à la formation d'une opposition au paiement du prix de vente. Malgré la généralité du texte, cette exigence ne devrait cependant pas s'appliquer aux créanciers inscrits, ce que confirme d'ailleurs l'article R. 5114-41 alinéa 1er C. transp. qui distingue les « *créanciers inscrits* » des « *créanciers opposants* ».

L'article R. 5114-37 C. transp. précise les modalités des oppositions : celles-ci doivent être formées dans un délai d'un mois à compter de l'adjudication au greffe du tribunal judiciaire du lieu de la vente par lettre recommandée avec demande d'avis de réception. Elles doivent contenir l'indication des titres exécutoires en vertu desquels elles sont formées.

0724.103 Créancier unique concourant à la distribution. Les textes issus du décret du 28 décembre 2016 distinguent selon qu'un ou plusieurs créancier(s) concourent à la distribution du prix. La procédure est simplifiée lorsqu'un seul créancier concourt à la distribution (C. transp., art. R. 5114-38).

Celui-ci adresse à la CDC une demande de paiement de sa créance par lettre recommandée avec demande d'avis de réception (LRAR), dans un délai de deux mois suivant la vente ou la transcription du titre de vente. La demande de paiement est motivée et accompagnée d'un état des inscriptions certifié à la date de la transcription de l'acte de saisie, d'une copie revêtue de la formule exécutoire du jugement ayant décidé des modalités de la vente et, selon le cas, du jugement d'adjudication ou du jugement constatant la fin de l'instance, à laquelle est annexé un certificat du greffe du tribunal judiciaire attestant qu'aucun créancier n'a formé opposition au prix de vente.

La CDC procède au paiement dans le mois de la demande, après s'être assurée que les documents produits ne démontrent pas l'existence d'un autre créancier pouvant concourir à la distribution. À l'expiration de ce délai, les sommes dues portent intérêt au taux légal.

Dans le même délai, elle informe le saisi du montant versé au créancier et lui remet l'éventuel solde.

Le JEX territorialement compétent pour connaître de la procédure de saisie peut être saisi par le créancier poursuivant ou le débiteur en cas de contestation.

0724.104 Pluralité de créanciers concourant à la distribution. Lorsque plusieurs créanciers concourent à la distribution du prix, la partie poursuivante saisit le JEX territorialement compétent pour connaître de la procédure de saisie d'une demande de distribution amiable du prix de vente par requête (C. transp., art. R. 5114-40).

Le JEX notifie aux créanciers inscrits et aux créanciers opposants une demande de déclaration de créances.

Chaque créancier adresse sa déclaration (contenant un décompte et toutes les pièces utiles) par conclusions d'avocat dans les quinze jours qui suivent, à peine de déchéance du bénéfice de sa sûreté pour la distribution du prix. En cas de déclaration tardive, il peut néanmoins prétendre à la répartition du solde éventuel (C. transp., art. R. 5114-41).

Le juge élabore un projet de distribution par ordonnance et le notifie aux créanciers et au débiteur, qui disposent d'un délai de contestation de quinze jours (C. transp. R. 5114-42).

En l'absence de contestation, la partie poursuivante ou, à défaut, toute partie au projet de distribution, sollicite du greffe du JEX l'apposition de la formule exécutoire sur le projet de distribution (C. transp., art. R. 5114-43).

1. Décr. n° 2013-253, 25 mars 2013, relatif aux dispositions de la quatrième partie réglementaire du Code des transports (décrets en Conseil d'État et décrets simples), *JO* 27 mars, p. 5151.

En cas de contestation, le juge convoque les parties, statue sur les contestations et établit l'état des répartitions, tout en statuant sur les frais de la distribution. L'appel contre le jugement établissant l'état des répartitions a un effet suspensif (C. transp., art. R. 5114-44).

La CDC paie les créanciers et verse l'éventuel solde au débiteur dans le mois suivant la notification qui lui est fait d'une copie revêtue de la formule exécutoire de la décision exécutoire de répartition (C. transp., art. R. 5114-45).

0724.105 Radiation des inscriptions. À l'issue des opérations de distribution du prix, le JEX, statuant sur requête de l'adjudicataire, constate la purge des hypothèques et privilèges et ordonne la radiation des inscriptions correspondantes (C. transp., art. R. 5114-46).

CHAPITRE

0725. Saisie-exécution des bateaux

Cyril Bloch
Professeur à l'Université d'Aix-Marseille
Directeur du pôle transports (CDMT-IFURTA)

SECTION 0
Orienteur

0725.00 **Sommaire du chapitre.**

Division. La saisie-exécution des bateaux fluviaux exige un titre exécutoire et un bateau saisissable (sect. 1). La procédure de saisie-exécution (sect. 2) se distingue de la procédure de vente forcée qui en découle (sect. 3). La réglementation internationale de la saisie-exécution de bateaux connaît des règles spécifiques (sect. 4).

0725.01 **Textes applicables.**
Depuis la promulgation du décret du 25 mars 2013[1] relatif aux dispositions de la quatrième partie réglementaire du Code des transports, la saisie-exécution et la vente forcée des bateaux sont régies par les articles R. 4123-2 à R. 4123-27 C. transp., qui ont remplacé les anciens articles 118 à 136 du chapitre V du livre 2 du Code du domaine public fluvial et de la navigation intérieure.

Au plan international, la saisie est aussi réglementée par le protocole n° 2 de la convention de Genève du 25 janvier 1965[2] aux articles 19 s. qui règlent la reconnaissance et l'exécution de l'exécution forcée sur le territoire d'un État partie à la convention sur un navire immatriculé dans un autre État contractant.

Le régime de la saisie-exécution des bateaux est traditionnellement calqué sur celui de la saisie des navires. Le lecteur se référera donc aux développements consacrés au navire dans le présent ouvrage pour un exposé plus complet (v. ss nos 0724.06 à 0724.105).

0725.03 **Bibliographie indicative.**

Actualisables. *J.-Cl. Voies d'exécution*, fasc. 890, « Navire et bateau, Mesures d'exécution », par Y. Tassel et L. Lauvergnat, mars 2019 – C. Brenner et P. Crocq (dir.), *Lamy Droit de l'exécution forcée*, « Saisies des navires, bateaux et aéronefs », étude 445, par M. Douchy-Oudot – Rép. pr. civ., v° *Saisie des bateaux, navires et aéronefs*, par J.-B. Racine et G. Payan, déc. 2014 (actu. avr. 2024), nos 189 à 196.

Ouvrage[3]. A. Leborgne, *Droit de l'exécution. Voies d'exécution et procédures de distribution*, 3e éd., « Précis », Dalloz, 2019, [saisie-exécution des bateaux], p. 771 s., nos 1740 s.

* V. aussi ss n° 0724.03.

SECTION 1
Conditions de la saisie

0725.11 **Condition de fond.** La convention de Genève du 25 janvier 1965 précise que la saisie ne peut être pratiquée qu'en vertu d'un **titre exécutoire émanant d'une juridiction de l'ordre judiciaire**, à l'exclusion des titres émanant d'une autorité administrative habilitée à délivrer un tel titre (il en est jugé ainsi à propos d'un titre délivré par un port autonome[4]).

0725.12 **Bateaux saisissables.** On entend par bateau « *toute construction flottante destinée à la navigation intérieure* », c'est-à-dire à la navigation sur les lacs, rivières et canaux (C. transp., art. L. 4100-3). Les dispositions spéciales du Code des transports sur la saisie et la vente forcée des bateaux ne s'appli-

1. Décr. n° 2013-253, 25 mars 2013, relatif aux dispositions de la quatrième partie réglementaire du Code des transports (décrets en Conseil d'État et décrets simples), *JO* 27 mars, p. 5151.
2. Ratifiée par la France par la loi n° 70-961, 23 oct. 1970, et publiée par le décret n° 83-209, 10 mars 1983, *JO* 20 mars, p. 826.
3. Les ouvrages dont le nom des auteurs figure en petites capitales en bibliographie seront cités par le seul nom des auteurs en petites capitales en notes de bas de page.
4. Civ. 1re, 14 nov. 1984, n° 83-13.333, P I, n° 304.

quent qu'aux **bateaux de navigation intérieure d'un tonnage supérieur ou égal à vingt tonnes ou dont le déplacement est égal ou supérieur à dix mètres cubes** tels que définis à l'article L. 4111-1 C. transp. Pour les bateaux de plus faibles tonnages, la saisie sera donc pratiquée sur le fondement du droit commun de la saisie-vente des biens mobiliers.

SECTION 2
PROCÉDURE DE SAISIE

0725.21 Condition préalable : commandement de payer. Comme pour les navires, la saisie doit être précédée par un commandement de payer. Celui-ci contient, à peine de nullité : 1° mention du titre exécutoire en vertu duquel les poursuites sont exercées, avec le décompte distinct des sommes réclamées en principal, frais et intérêts échus ainsi que l'indication du taux des intérêts ; 2° commandement d'avoir à payer la dette dans un délai de vingt-quatre heures, faute de quoi il pourra y être contraint par la vente forcée de son bateau ; 3° indication de l'heure à laquelle le commandement est signifié (C. transp., art. R. 4123-3).

0725.22 Procès-verbal de saisie. La saisie ne peut être pratiquée avant qu'un délai de vingt-quatre heures ne se soit écoulé après la signification du commandement (C. transp., art. R. 4123-3, al. 1er).

Le procès-verbal de saisie contient, « *à peine de nullité* » précise désormais l'article R. 4123-4 C. transp., les mentions suivantes :

1° *Les nom, prénoms et domicile du créancier pour qui il est agi ;*

2° *Le titre exécutoire en vertu duquel il est procédé ;*

3° *La somme en principal, intérêts et frais, dont il est poursuivi le paiement ;*

4° *L'élection de domicile faite par le créancier dans le lieu où siège le juge de l'exécution devant lequel la vente doit être poursuivie et dans le lieu où le bateau saisi est amarré ;*

5° *Le nom du propriétaire ;*

6° *Le nom et la devise, le type, le port en lourd du bateau, le numéro et le lieu de son immatriculation.*

Le procès-verbal fait par ailleurs « *l'énonciation et la description des agrès, batelets, ustensiles et approvisionnements* ».

0725.23 Désignation et signature du gardien. L'établissement d'un gardien par l'huissier procédant à la saisie est obligatoire dans une saisie-exécution. Le gardien signe le procès-verbal à peine de nullité (C. transp., art. R. 4123-4, *in fine*).

0725.24 Notification de la saisie et citation devant le juge de l'exécution. Dans les **trois jours** suivant la saisie, le créancier saisissant doit, à peine de caducité, faire notifier au propriétaire du bateau la copie du procès-verbal de saisie et le fait citer devant le JEX du lieu de la saisie pour « *voir dire qu'il sera procédé à la vente des choses saisies* » (C. transp., art. R. 4123-5). L'ancien article 121 C. dom. publ. fluv. et de la navigation intérieure portait ce délai à **huit jours** si le propriétaire n'était pas domicilié dans l'arrondissement dans lequel la saisie était pratiquée mais avait son siège social dans le département, et à **quinze jours** s'il était domicilié en France hors du département. Cet aménagement du délai n'a pas été repris par le décret du 25 mars 2013[1]. En revanche, si le propriétaire est domicilié à l'étranger et qu'il n'est pas représenté, l'article R. 4123-5 alinéa 2 C. transp. renvoie aux articles 683 et 688 C. pr. civ.

0725.25 Juge compétent. En application de l'article R. 4123-5 C. transp., le juge compétent est le JEX du lieu de la saisie du navire, et non plus le tribunal de grande instance. Ce transfert de compétence procède de l'adoption par la loi du 22 décembre 2010[2], des préconisations du rapport Guinchard, qui avait suggéré, par souci de cohérence, de procéder à une extension du bloc de compétence du JEX[3].

0725.26 Délais de comparution. Le délai de comparution est aussi de trois, huit ou quinze jours selon la distance entre le lieu où le bateau est immatriculé et le lieu où siège la juridiction dans le ressort duquel la saisie a été pratiquée (C. dom. publ. fluv., art. 122, al. 3).

0725.27 Publicité de la saisie. Le **procès-verbal de saisie** est transcrit dans un délai de trois jours au greffe du tribunal de commerce du lieu de l'immatriculation ou dans le ressort duquel se situe l'autorité compétente pour recevoir la déclaration prévue à l'article R. 4122-1 C. transp. lorsque le bateau est en construction. Cette transcription se fera sur le registre des sûretés mobilières institué par l'article R. 521-1 C. com. à compter du 1er janvier 2023, date d'entrée en vigueur du décret du 29 décembre 2021[4]. Cette transcription rend le bien indisponible (C. transp., art. R. 4123-6, al. 2).

Le greffe du tribunal de commerce doit délivrer un **état des inscriptions dans les huit jours de la transcription** du procès-verbal de saisie et, dans les trois jours qui suivent, dénoncer la saisie aux créanciers inscrits, avec l'indication des date, heure et lieu de

1. Décr. n° 2013-253, 25 mars 2013, préc.
2. L. n° 2010-1609, 22 déc. 2010, relative à l'exécution des décisions de justice, aux conditions d'exercice de certaines professions réglementées et aux experts judiciaires, *JO* 23 déc., texte 1.
3. V. Rapport de la commission Guinchard sur la répartition des contentieux, *L'ambition raisonnée d'une justice apaisée*, Doc. fr., août 2008, p. 215 s.
4. Décr. n° 2021-1887, 29 déc. 2021, relatif au registre des sûretés mobilières et autres opérations connexes, art. 15, I, al. 1er, *JO* 30 déc., texte 52.

l'audience du juge de l'exécution. Cette dénonciation, qui doit être faite au moins trois jours avant l'audience, vaut assignation (C. transp., art. R. 4123-6).

Lorsque le bateau est immatriculé à l'étranger dans un des pays signataires de la convention de Genève du 9 décembre 1930 relative à l'immatriculation des bateaux de navigation intérieure, les droits réels sur ces bateaux et autres matières connexes, la saisie est dénoncée aux créanciers inscrits par lettre recommandée avec accusé de réception un mois avant le jour de la comparution devant le JEX. Ils doivent en outre être informés dans le même délai et dans les mêmes formes, de la date de la vente, qui doit faire l'objet d'une publicité dans le délai d'un mois au lieu d'immatriculation du navire (C. dom. pub. fluv., art. 123, non abr.).

0725.28 Subrogation. À compter de la transcription du procès-verbal de saisie, les créanciers inscrits et les créanciers privilégiés peuvent demander au JEX leur subrogation dans les droits du poursuivant (C. transp., art. R. 4123-7).

0725.29 Péremption. L'article L. 4123-6 alinéa 3 C. transp. précise désormais que le procès-verbal de saisie cesse de plein droit de produire ses effets si, dans les deux ans de sa transcription, aucun jugement constatant la vente du bateau n'a été mentionné en marge de ladite transcription.

SECTION 3
PROCÉDURE DE VENTE FORCÉE

0725.31 Jugement préparatoire, publicité et vente forcée. Le JEX rend un jugement préparatoire à la vente dans lequel il fixe la mise à prix et les conditions de vente du bateau (C. transp., art. R. 4123-8 [anc^t C. dom. publ. fluv., art. 124]).

Les modalités et la date de la vente doivent faire l'objet d'une publicité, *d'une part*, par voie d'insertions dans un journal d'annonces légales du ressort du tribunal judiciaire du lieu de la vente et dans un journal spécial de navigation intérieure, et *d'autre part*, par voie d'affichages sur le bateau, sur la porte principale du tribunal judiciaire devant lequel il doit être procédé à la vente, sur le quai d'amarrage du bateau, ainsi qu'à la porte du bureau d'immatriculation (C. transp., art. R. 4123-9[1] [anc^t C. dom. publ. fluv., art. 125 et 126]).

Le contenu de ces annonces et affiches est fixé par l'article R. 4123-11 C. transp.[2] :

– les noms, prénom, profession et domicile du poursuivant et de son avocat ;

– le titre exécutoire en vertu duquel il agit ;

– l'élection de domicile par lui faite au lieu où siège le JEX et au lieu où le bateau saisi est amarré ;

– le nom du propriétaire du bateau saisi ;

– les caractéristiques du bateau portées au certificat d'immatriculation ;

– le nom du capitaine ou patron ;

– le lieu où se trouve le bateau ;

– la mise à prix et les conditions de la vente, les jour, lieu et heure de l'adjudication ;

– l'indication que les enchères ne peuvent être portées que par un avocat inscrit au barreau du tribunal judiciaire du lieu de la vente.

La vente se fait en principe à l'audience du JEX quinze jours après l'affichage obligatoire et la publication dans les journaux d'annonces légales, mais « *le juge peut ordonner que la vente soit faite ou devant un autre juge de l'exécution ou en l'étude et par le ministère soit d'un notaire, soit d'un autre officier public, au lieu où se trouve le bateau saisi* » (C. transp., art. R. 4123-9[3]).

Les enchères sont soumises aux modalités de la vente forcée immobilière, auxquelles l'article R. 4123-12 C. transp. renvoie expressément. Ainsi, elles sont portées par le ministère d'un avocat inscrit au barreau du tribunal judiciaire devant lequel la vente est poursuivie qui ne peut être porteur que d'un seul mandat (C. pr. exéc., art. R. 322-40).

L'adjudicataire doit verser le prix de vente à la Caisse des dépôts et consignations (CDC) dans un délai de vingt-quatre heures suivant l'adjudication, à peine de folle enchère (C. transp., art. R. 4123-14).

0725.32 Prix à distribuer. Les frais de justice engagés dans l'intérêt commun des créanciers pour parvenir à la vente et à la distribution du prix, y compris les frais de garde, sont déduits du prix d'adjudication (C. transp., art. L. 4122-21 et R. 4123-15[4]).

0725.33 Distribution du prix en cas de créancier unique. Lorsqu'il n'existe qu'un créancier concourant à la distribution, celui-ci adresse à la CDC une demande de paiement de sa créance par lettre recommandée avec demande d'avis de réception, dans un délai de deux mois suivant la transcription du titre de vente. La demande doit être motivée et accompagnée d'un certain nombre de pièces énumérées à l'article R. 4123-16 C. transp.

Dans le mois de la demande, la CDC procède au paiement et informe le saisi du montant versé au créancier et, le cas échéant, lui remet le solde. À l'expiration de ce délai, les sommes dues portent intérêt au taux légal.

1. Anc^t C. dom. publ. fluv., art. 125 et 126.
2. Anc^t C. dom. publ. fluv., art. 127.
3. Anc^t C. dom. publ. fluv., art. 125.
4. Anc^t C. dom. publ. fluv., art. 129.

La CDC ne peut refuser le paiement que si les documents produits démontrent l'existence d'un autre créancier pouvant concourir à la distribution du prix. Les contestations sont de la compétence du JEX (C. transp., art. R. 4123-16).

0725.34 Distribution du prix en cas de pluralité de créancier. Lorsque plusieurs créanciers concourent à la distribution du prix, la partie poursuivante saisit le juge de l'exécution d'une demande de distribution amiable du prix de vente (C. transp., art. R. 4123-18[1]).

Le juge notifie une demande de déclaration de créances aux créanciers inscrits ainsi qu'aux créanciers privilégiés, si le créancier poursuivant l'a informé de leur existence. Le décompte est produit par conclusions d'avocat, dans les quinze jours suivant la demande qui en est faite. À défaut, le créancier est déchu du bénéfice de sa sûreté pour la distribution du prix de vente, ce qui ne l'empêche pas de prétendre à la répartition du solde éventuel (C. transp., art. R. 4123-19).

Le juge élabore un projet de distribution par ordonnance, qui est notifié aux créanciers (C. transp., art. R. 4123-20).

À défaut de contestation dans les quinze jours suivant la réception de la notification, la partie poursuivante ou, à défaut, toute partie au projet de distribution, sollicite du greffe du JEX l'apposition de la formule exécutoire sur le projet de distribution (C. transp., art. R. 4123-21).

En cas de contestation, la distribution opère par voie judiciaire : le JEX convoque les parties à une audience, statue sur les contestations et établit l'état des répartitions, tout en statuant sur les frais de la distribution. L'appel contre ce jugement a un effet suspensif (C. transp., art. R. 4123-22).

La CDC procède au paiement des créanciers et du débiteur (pour l'éventuel solde), dans le mois de la notification qui lui est faite d'une copie revêtue de la formule exécutoire de la décision arrêtant l'état des répartitions (C. transp., art. R. 4123-23).

0725.35 Radiation des inscriptions. Sur requête de l'adjudicataire, le juge de l'exécution constate la purge des hypothèques et privilèges pris sur le bateau du chef du débiteur et ordonne la radiation des inscriptions correspondantes (C. transp., art. R. 4123-24).

1. Anc[t] C. dom. publ. fluv., art. 128, al. 1er et 2.

SECTION 4
RÉGLEMENTATION INTERNATIONALE DE LA SAISIE DES BATEAUX

0725.41 Saisie d'un navire immatriculé dans un État contractant de la convention de Genève du 25 janvier 1965. La convention de Genève prévoit un principe de reconnaissance des effets de l'exécution forcée dans un État contractant par les autres États signataires[2].

Elle exclut en revanche la reconnaissance par les autres États contractants dans l'hypothèse où une décision passée en force de chose jugée aurait constaté l'inexistence du droit fondement de la saisie[3].

La convention prévoit que le titre exécutoire doit satisfaire aux conditions de l'État dans lequel il est recouru à l'exécution forcée[4].

La convention impose en outre une publication dans le pays dans lequel l'exécution est poursuivie et dans celui où le bateau est immatriculé, de la date et du lieu de la vente ainsi que du délai imparti aux intéressés pour faire valoir des droits qui ne sont pas d'office pris en considération[5]. Cette publication doit être communiquée aux bénéficiaires d'inscriptions au registre d'immatriculation et aux autres intéressés connus[6].

Sur requête de l'autorité ou de l'officier ministériel que désigne la législation du pays de l'exécution, Le bureau d'immatriculation du bateau doit procéder dans son pays à la publication prévue à l'article 121 alinéa 1er a et la notifier aux bénéficiaires d'une inscription au registre[7].

Enfin, le bureau d'immatriculation doit transcrire, sur le registre d'immatriculation, les modifications et radiations suivant l'acte d'adjudication et en informer les bénéficiaires d'inscriptions ainsi modifiées ou radiées[8].

2. Conv. Genève, 25 janv. 1965, art. 19, al. 1er, protocole n° 2.
3. Conv. Genève, 25 janv. 1965, art. 19, al. 2.
4. Conv. Genève, 25 janv. 1965, art. 20.
5. Conv. Genève, 25 janv. 1965, art. 21, al. 1er a.
6. Conv. Genève, 25 janv. 1965, art. 21, al. 1er b.
7. Conv. Genève, 25 janv. 1965, art. 121, al. 2 a et b.
8. Conv. Genève, 25 janv. 1965, art. 22.

CHAPITRE

0726. Saisie-vente des aéronefs

CYRIL BLOCH
PROFESSEUR À L'UNIVERSITÉ D'AIX-MARSEILLE
DIRECTEUR DU PÔLE TRANSPORTS (CDMT-IFURTA)

SECTION 0

ORIENTEUR

0726.00 Sommaire du chapitre.

Division. Seront étudiées la procédure de saisie-vente des aéronefs dans ses deux variantes (sect. 1), puis la vente et la distribution du prix qui en découlent (sect. 2).

0726.01 Textes applicables.

• **C. transp.,** art. L. 6123-3 (anc[t] C. aviat. civ., art. L. 123-1) ; R. 6122-1 à R. 6123-17 (anc[t] C. aviat. civ., art. R. 123-1 à R. 123-7 et D. 123-2).

• **C. pr. exéc.,** art. L. 121-4, L. 221-3, R. 121-2, R. 121-4, R. 121-15, R. 221-10, R. 221-16, R. 221-31 à R. 221-39, R. 442-2.

• **Conv Genève, 19 juin 1948,** relative à la reconnaissance internationale des droits sur les aéronefs, ratifiée par la France.

0726.03 Bibliographie indicative.

Actualisables. C. Brenner et P. Crocq (dir.), *Lamy Droit de l'exécution forcée*, « Saisies des navires, bateaux et aéronefs » [saisies exécutoires], étude 445, par M. Douchy-Oudot – Rép. pr. civ., v° *Saisie des bateaux, navires et aéronefs*, par J.-B. Racine et G. Payan, déc. 2014 (actu. avr. 2024), n°s 197 à 222.

Ouvrages[1]. A. LEBORGNE, *Droit de l'exécution*, 3e éd., « Précis », Dalloz, 2019, [saisie-vente de l'aéronef], p. 783 s., n°s 1785 s. ; [saisie conservatoire de l'aéronef], p. 1158 s., n°s 2872 s. – R. PERROT et Ph. THÉRY, *Procédures civiles d'exécution*, 3e éd., Dalloz, 2013 [saisie conservatoire de l'aéronef] n°s 1305 à 1310, p. 1006 à 1010 ; [saisie-vente de l'aéronef] n°s 682 à 686, p. 598 à 601.

1. Les ouvrages dont le nom des auteurs figure en petites capitales en bibliographie seront cités par le seul nom des auteurs en petites capitales en notes de bas de page.

0726.05 Liminaire. À l'image des navires et des bateaux, l'aéronef est soumis à un régime juridique exorbitant du droit commun applicable aux biens meubles. Ainsi, la cession de propriété est constatée par écrit et ne produit d'effet à l'égard des tiers que par son inscription au registre français d'immatriculation (C. transp., art. L. 6121-2[2]). Pour être opposable aux tiers, tout acte portant création ou transfert de droits réels sur l'aéronef doit être inscrit sur le registre d'immatriculation de l'aéronef. L'aéronef échappe ainsi à la règle « *en fait de meubles possession vaut titre* » de l'article 2276 C. civ. Seule l'inscription au registre vaut ici titre de propriété (C. transp., art. L. 6121-1[3]). Il échappe aussi à l'article 2119 C. civ. selon lequel « *les meubles n'ont pas de suite par hypothèque* ». Comme les navires et les bateaux, les aéronefs peuvent en effet faire l'objet d'hypothèques (C. transp., art. L. 6122-1 s., et Conv. Genève, 19 juin 1948, relative à la reconnaissance internationale des droits sur les aéronefs[4]). Ils font par ailleurs l'objet de privilèges spécifiques (C. transp., art. L. 6122-16, et Conv. Genève, 19 juin 1948). On ne s'étonnera donc pas que les saisies d'aéronefs soient également soumises à un régime juridique particulier.

Les problèmes posés par la saisie des aéronefs doivent en outre être examinés dans le cadre particulier de la spécificité de la matière, notamment :

– la nécessité d'une réglementation internationale imposée par le survol du territoire d'États étran-

2. Anc[t] C. aviat., L. 121-11.
3. Anc[t] C. aviat., art. L. 121-10.
4. Décr. n° 64-318, 11 août 1964, portant publication de la convention relative à la reconnaissance internationale des droits sur les aéronefs du 19 juin 1948, *JO* 16 août 1964, p. 3420.

gers, exerçant leur souveraineté sur un espace aérien déterminé ;

– l'encombrement des aéroports et des couloirs aériens, contraignant à des partages de trafic, du respect de créneaux horaires et à l'utilisation de couloirs et à une discipline de la navigation aérienne ;

– l'aménagement d'aérodromes permettant un accès assuré aux appareils, un ravitaillement correct, des services efficaces pour les opérations d'escale ;

– l'importance des enjeux financiers, notamment en ce qui concerne les saisies d'aéronefs de lignes, le coût élevé de leur immobilisation, les difficultés de les vendre tant en raison de l'énormité de leur valeur marchande que du petit nombre d'acquéreurs éventuels.

Ces difficultés sont moindres lorsqu'il s'agit de petits appareils de tourisme, d'aéro-club, dont le marché est beaucoup plus ouvert.

0726.06 **Définition.** L'article L. 6100-1 C. transp. définit l'aéronef comme « *tout appareil capable de s'élever ou de circuler dans les airs* ». Cette large définition englobe en conséquence les avions, hydravions, hélicoptères, autogires, ultralégers motorisés (ULM), planeurs, ballons dirigeables. L'article 16 de la convention de Genève du 19 juin 1948 relative à la reconnaissance des droits sur aéronef précise que l'aéronef comprend « *la cellule, les moteurs, hélices, appareils de radio et toutes pièces destinées au service de l'aéronef, qu'elles fassent corps avec lui ou en soient temporairement séparées* ».

Tout aéronef doit être immatriculé sur le registre d'immatriculation d'un (et d'un seul) État, dont il acquiert ainsi la nationalité et dont les lois régissent tant l'immatriculation que l'inscription de tous les privilèges, hypothèques et les actes portant transfert de droits réels (C. transp., art. L. 6111-2 – Conv. Chicago, 7 déc. 1944[1], art. 17 s.). En France, ce registre est tenu par le Bureau d'immatriculation des aéronefs dépendant de la Direction générale de l'Aviation civile à Paris (DSAC Nord, Mission des immatriculations, 9 rue de Champagne, 91200 Athis-Mons).

0726.07 **Exclusion des aéronefs militaires ou appartenant à l'État français.** Les aéronefs militaires et ceux appartenant à l'État français, s'ils sont « *exclusivement affectés à un service public* », ne sont pas soumis aux règles édictées par le Code des transports, à l'exception de celles relatives à la responsabilité du propriétaire ou de l'exploitant (C. transp., art. L. 6100-1, al. 2[2]). Il s'ensuit que ces aéronefs ne peuvent faire l'objet de saisie en France. Il convient en outre de tenir compte de l'immunité d'exécution qui protège les États étrangers contre les mesures tendant à les dessaisir de leurs biens.

0726.08 **Définition de la saisie-vente.** La vente forcée de l'aéronef permet au créancier, muni d'un titre exécutoire, de faire placer l'aéronef, qui garantit le paiement de sa créance, sous main de justice et de le faire vendre aux enchères publiques, afin d'être payé sur le prix. Il est utile de signaler la différence qui existe entre un gros-porteur, qui ne trouvera que peu d'acquéreurs potentiels, disposant des capitaux nécessaires et des possibilités d'utilisation indispensables pour effectuer un tel achat, et les petits appareils, à usage privé, de sport, de tourisme... qui trouveront plus facilement des débouchés.

0726.09 **Sources internationales. Convention de Genève du 19 juin 1948.** La convention de Genève du 19 juin 1948, relative à la reconnaissance internationale des droits sur les aéronefs, ratifiée par la France en 1964, consacre quelques dispositions à la saisie vente des aéronefs.

Les procédures de vente forcée d'un aéronef sont celles prévues par la loi de l'État contractant où la vente est effectuée[3]. La saisie vente de l'aéronef se doit néanmoins de respecter un certain nombre de règles, à peine de nullité. Ainsi, la date et le lieu de la vente doivent être fixés six semaines au moins à l'avance[4]. En outre, le créancier saisissant doit remettre au tribunal ou à toute autre autorité compétente un extrait certifié conforme des inscriptions concernant l'aéronef et doit en faire l'annonce au lieu où l'aéronef est immatriculé un mois au moins avant le jour fixé pour la vente et prévenir, par lettre recommandée, le propriétaire ainsi que les titulaires de droits ou de créances privilégiées mentionnées au registre[5].

Par ailleurs, aucune vente forcée ne peut être effectuée si les droits dont il est justifié devant l'autorité compétente et qui sont préférables, en vertu de la Convention, à ceux du créancier saisissant ne peuvent être éteints grâce au prix de la vente ou ne sont pris à charge par l'acquéreur[6]. Une exception est cependant prévue à cette règle dite de l'enchère minimum pour les dommages causés à la surface par un aéronef grevé d'hypothèque[7].

Les frais légalement exigibles selon la loi de l'État contractant où la vente est effectuée, et exposés au cours de la procédure d'exécution en vue de la vente

1. Décr. n° 47-974, 31 mai 1947, portant publication de la convention relative à l'aviation civile internationale signée à Chicago le 7 décembre 1944, ratifiée par la France le 13 novembre 1946 et entrée en vigueur le 25 mars 1947, en ce qui concerne la France, *JO* 3 juin, p. 5091.
2. Anc[t] C. aviat., art. L. 110-2.
3. Conv. Genève, 19 juin 1948, art. 7, 2, 1°.
4. Conv. Genève, 19 juin 1948, art. 7, 2, *a*.
5. Conv. Genève, 19 juin 1948, art. 7, 2, *b*.
6. Conv. Genève, 19 juin 1948, art. 7, 2, 4°.
7. Conv. Genève, 19 juin 1948, art. 7, 2, 5°.

et dans l'intérêt commun des créanciers, sont remboursés sur le prix avant toutes autres créances[1].

Enfin, l'article 8 de la convention précise que la vente forcée transfère la propriété de l'aéronef libre de tous droits non repris par l'acquéreur.

0726.10 Sources internes. Depuis le décret nº 2023-1008 du 31 octobre 2023 portant sixième partie réglementaire du Code des transports[2], la saisie-vente des aéronefs est régie par les articles R. 6122-12 à R. 6123-16 C. transp., qui sont venus prendre la place des anciens articles R. 123-1 à R. 123-7 et D. 123-2 C. aviat. civ. La partie législative du Code des transports, issue de l'ordonnance nº 2010-1307 du 28 octobre 2010[3], ne consacre pour sa part qu'une seule disposition à la saisie-vente des aéronefs, à l'article L. 6123-3 (anc[t] C. aviat. civ., art. L. 123-1). Le droit commun a naturellement vocation à combler les lacunes du dispositif.

0726.11 Juridiction compétente. La saisie-vente d'aéronefs relève de la compétence du juge de l'exécution (JEX) (C. transp., art. R. 6123-5, R. 6123-7, R. 6123-10). La règle a été posée, sans surprise, par le décret nº 2023-1008 du 31 octobre 2023 portant sixième partie réglementaire du Code des transports. Auparavant, les dispositions du Code de l'aviation civile renvoyaient à la compétence générale du tribunal judiciaire (TJ) (anc[t] C. aviat. civ., art. R. 123-1 et R. 123-3 à R. 123-7, aujourd'hui abrogés).

0726.12 Les restrictions de l'article L. 6123-1 du Code des transports s'appliquent-elles à la saisie-vente ? Comme nous l'avons vu dans le chapitre consacré à la saisie conservatoire des aéronefs (v. s[s] n°s 0628.00 s.), l'article L. 6123-1 C. transp. définit de façon extrêmement étroite les créances susceptibles de donner lieu à la saisie conservatoire des aéronefs affectés au transport pour le compte d'autrui (v. s[s] n°s 0628.21 s.). Cette disposition prévue pour la saisie conservatoire est-elle transposable à la saisie-vente de l'aéronef ? Ni la lettre ni l'esprit du texte ne permettent de le penser[4] : outre que seule la saisie conservatoire est visée par le texte, les enjeux de la saisie-vente ne sont pas comparables à ceux de la saisie conservatoire : il ne s'agit plus ici de forcer la mauvaise volonté d'un débiteur mais, plus radicalement, de pallier son insolvabilité sur le reste d'actifs que compte son patrimoine[5].

Cela n'empêche pas d'observer que les lourdes restrictions dont l'article L. 6123-1 C. transp. assortit la saisie conservatoire des aéronefs compliquent en pratique la réalisation d'une saisie-vente sur les aéronefs qui en bénéficient, puisqu'elles contraignent le créancier à notifier au préalable un commandement de payer, et donc à dévoiler ses intentions à son débiteur avant que l'aéronef soit immobilisé.

0726.13 Plan. On examinera successivement la procédure de saisie (sect. 1) puis la procédure de vente et de distribution du prix (sect. 2).

SECTION 1
PROCÉDURE DE LA SAISIE

§ 1
Saisie-vente par la conversion d'une saisie conservatoire

0726.21 Acte de conversion. La conversion en saisie-vente, de la saisie conservatoire, se réfère aux articles R. 522-7 s. C. pr. exéc. ; mais il faut tenir compte des incidences, *d'une part*, des caractères particuliers de la saisie conservatoire, et, *d'autre part*, de l'immatriculation de l'aéronef.

Aux termes de l'article R. 522-7 C. pr. exéc., l'acte de conversion de la saisie conservatoire en saisie vente doit contenir à peine de nullité :

– la référence du procès-verbal de la saisie conservatoire ;

– l'énonciation du titre exécutoire qui, s'il n'a pas déjà été notifié au débiteur, le sera en même temps que l'acte de conversion ;

– le décompte exact de la créance ;

– un commandement de payer cette somme dans un délai de huit jours.

Copie de cet acte de conversion sera adressée aux autorités de l'aéroport et au commandant de bord.

0726.22 Titre exécutoire – Vérification des objets saisis. La saisie conservatoire est éventuellement autorisée au vu d'une créance présentant des apparences de certitude, ainsi qu'il a été ci-dessus exposé.

Au stade de la saisie-vente, le créancier devra produire un titre exécutoire (décision judiciaire devenue définitive, acte authentique revêtu de la formule exécutoire), soit qu'il l'ait possédé dès l'origine, soit qu'il l'ait obtenu sur l'injonction à lui faite, par l'ordonnance d'autorisation de saisie, d'assigner son débiteur. L'acte de conversion énoncera en conséquence, après les références de la saisie conservatoire, un décompte détaillé des sommes à payer, ainsi que le titre exécutoire.

L'huissier indiquera où se trouve l'aéronef saisi et s'assurera de son état (C. pr. exéc., art. R. 522-8).

1. Conv. Genève, 19 juin 1948, art. 7, 2, 6º.
2. Décr. nº 2023-1008, 31 oct. 2023, portant sixième partie réglementaire du Code des transports, *JO* 23 déc., texte 29.
3. Ord. nº 2010-1307, 28 oct. 2010, relative à la partie législative du Code des transports, *JO* 3 nov., p. 19645.
4. V. CEP. EN SENS CONTRAIRE : M. Douchy-Oudot, *Lamy Droit de l'exécution forcée*, nº 445-65.
5. LEBORGNE, nº 1793.

0726.23 **Notification.** Comme en droit commun (C. pr. exéc., art. R. 522-7 s.), la procédure initiale comprend donc la notification d'un acte de conversion, au propriétaire de l'aéronef, à personne ou à domicile, et le récolement pour procès-verbal des objets placés sous main de justice, hors de la saisie conservatoire.

§ 2
Saisie-vente directe

0726.31 **Nécessité d'un commandement de payer préalable.** La notification préalable de ce commandement de payer est exigée tant par le Code des transports (C. transp., art. R. 6123-2 [anc^t C. aviat. civ., art. R. 123-2, al. 1er]) que par le Code des procédures civiles d'exécution (C. pr. exéc., art. R. 221-16). La notification est faite à la personne du propriétaire ou à son domicile (C. transp., art R. 6123-2 [anc^t C. aviat. civ., art. R. 123-2, al. 1er]). L'article R. 6123-4 C. transp. (anc^t C. aviat. civ., art R. 123-3), qui ouvre la possibilité de notifier la saisie et de citer le propriétaire devant le tribunal chargé de la vente, ne s'applique pas à la signification du titre exécutoire et du commandement de payer[1].

Le Code de l'aviation civile ne fixait aucun délai minimum entre la notification du commandement et la saisie. Il était donc permis de se demander si la saisie pouvait intervenir immédiatement après le commandement ou si l'on devait se reporter au délai de droit commun de huit jours applicable aux saisies-ventes de biens meubles (C. pr. exéc., art. R. 221-10) ? La jurisprudence ne s'était pas prononcée clairement sur la question. L'enjeu était pourtant de taille car l'application du délai de huit jours risquait en pratique de priver la saisie-vente de toute efficacité (hors le cas où l'aéronef se trouve immobilisé pour des réparations ou en construction), puisque le propriétaire de l'aéronef, ainsi averti de la prochaine saisie, aurait disposé de la possibilité de faire sortir l'avion du territoire français.

Le décret n° 2023-1008 du 31 octobre 2023 a heureusement mis fin à ces incertitudes. L'article R. 6123-2 C. transp. précise désormais que la saisie peut être pratiquée à l'issue d'un délai de vingt-quatre heures à compter de la notification du commandement de payer.

Autant que faire se peut, il est cependant recommandé de recourir au préalable à une saisie conservatoire, qui a l'avantage d'immobiliser immédiatement l'aéronef.

0726.32 **Procès-verbal de saisie.** Le procès-verbal de saisie mentionnera notamment le titre exécutoire, un décompte de la somme à payer, et indiquera le JEX devant lequel aura lieu la vente, avec élection de domicile du créancier poursuivant au lieu où siège le JEX. Il sera procédé bien entendu à la dénonciation de la saisie aux autorités de l'aéroport (police de l'air), et au propriétaire de l'aéronef (s'il n'est pas présent aux opérations de saisie), et s'il n'est pas domicilié en France, au commandant de bord ; une copie du procès-verbal sera remise au gardien désigné.

L'article R. 6123-3 C. transp. (anc^t C. aviat. civ., art. R. 123-2) énonce les mentions que doit comporter le procès-verbal de saisie :

– les nom, prénoms, domicile du créancier saisissant ;

– le titre exécutoire en vertu duquel l'huissier procède ;

– la somme dont il poursuit le paiement ;

– le JEX devant lequel aura lieu la vente, avec élection de domicile du créancier au siège de ce tribunal ;

– le type d'aéronef, son immatriculation, la description de ses principaux équipements et accessoires ;

– le nom de son propriétaire.

Enfin, l'huissier désigne un gardien. Même si le texte ne le précise pas, il est d'usage de faire signer le procès-verbal par le gardien.

§ 3
Notifications et publicité de la saisie

0726.41 **Notification de la saisie au propriétaire de l'aéronef et citation devant le tribunal judiciaire compétent.** Le créancier saisissant doit dans un délai de cinq jours francs augmentés des délais de distance, notifier au propriétaire copie du procès-verbal de saisie et le faire citer devant le tribunal judiciaire du lieu où la vente est poursuivie, pour dire qu'il sera procédé à la vente. Si le propriétaire n'est pas domicilié en France et n'y a pas de représentant habilité, les significations et citations peuvent être délivrées en la personne du commandant de bord (C. transp., art. R. 6123-4 [anc^t C. aviat. civ., art. R. 123-3]).

0726.42 **Publicité de la saisie d'un aéronef français : notification au bureau d'immatriculation des aéronefs et transcription de la saisie sur le registre d'immatriculation.** Pour les aéronefs immatriculés en France, le procès-verbal de saisie doit être notifié, dans le délai de cinq jours (majoré s'il y a lieu des délais de distance), au bureau chargé de la tenue du registre d'immatriculation (C. transp., art. R. 6123-5 [anc^t C. aviat. civ., art. R. 123-4, al. 1er]). Le bureau d'immatriculation en assure la publicité, toute personne pouvant le consulter et en obtenir copie conforme et le rend donc opposable *erga omnes*

1. Civ. 2e, 22 sept. 2016, n° 15-18.715, P II, n° 213.

(C. transp., art. L. 6121-1[1]). Étonnamment, le décret du 29 décembre 2021[2] n'a pas modifié ces règles : contrairement aux navires et aux bateaux, les aéronefs ne seront donc pas soumis au registre des sûretés mobilières institué par le nouvel article R. 521-1 C. com.

0726.43 **Publicité de la saisie d'un aéronef étranger.** Lorsque l'aéronef est immatriculé à l'étranger, la publication de la saisie opère conformément à la procédure en vigueur dans l'État d'immatriculation, et la purge des inscriptions devra être réalisée en se conformant à la réglementation locale[3]. La convention de Genève du 19 juin 1948 régit la tenue des livres d'immatriculation sur le plan international et énonce que « *les procédures de vente forcée d'un aéronef sont celles prévues par la loi de l'État contractant où la vente est effectuée* »[4]. La date et le lieu de la vente sont fixés six semaines au moins à l'avance. Elle prévoit, en outre, un certain nombre de mesures tendant à sauvegarder les droits des créanciers.

0726.44 **Dénonciation aux créanciers inscrits et saisine du tribunal.** Dans la huitaine suivant la transcription au registre d'immatriculation, le fonctionnaire chargé de la tenue du registre, adressera, « *sur demande écrite du requérant* », un état des inscriptions (C. transp., art. R. 6123-5 [anc^t C. aviat. civ., art. R. 123-4, al. 2]).

Dans les trois jours qui suivent, le créancier poursuivant dénoncera la saisie, par ministère d'huissier ou par lettre recommandée avec demande d'avis de réception, aux créanciers inscrits, aux domiciles qu'ils ont élu lors de leur inscription. Cette dénonciation indiquera le jour de la comparution devant le tribunal judiciaire, qui ne peut avoir lieu, si le propriétaire de l'aéronef est domicilié en France, qu'après écoulement d'« *un délai de huit jours* ». Si le propriétaire n'est pas domicilié en France, un délai plus long est accordé par les articles 644 et 645 C. pr. civ.

SECTION 2
VENTE ET DISTRIBUTION DU PRIX

§ 1
Vente aux enchères

0726.51 **Jugement du tribunal judiciaire.** Aux termes de l'article R. 6123-7 C. transp. (anc^t. C. aviat. civ., art. R. 123-5), « *le juge de l'exécution fixe, par son jugement, le prix et les conditions de la vente* ». La vente a lieu à l'audience d'adjudication du JEX à l'expiration d'un délai de trois semaines (minimum) après :

– l'apposition d'affiches effectuée sur la partie la plus apparente de l'aéronef, à la porte principale du JEX devant lequel on doit procéder, au lieu où se trouve l'aéronef ainsi qu'à la porte du bureau d'immatriculation (C. transp., art. R. 6123-8, al. 4) ;

– et la parution de cette affiche dans un journal d'annonces légales du ressort du JEX et au *Bulletin officiel des annonces civiles et commerciales* (C. transp., art. R. 6123-8, al. 2 et 3).

Le JEX a la possibilité d'adapter la vente à la spécificité de la saisie, en ordonnant que la vente soit faite devant un autre JEX, ou en l'étude d'un notaire ou d'un autre officier public, soit même au lieu où est immobilisé l'appareil (C. transp., art. R. 6123-8, al. 3).

S'agissant d'attirer les enchérisseurs potentiels, qui sont des professionnels ou des pratiquants habituels de l'aviation, le tribunal dispose de la faculté d'ordonner la publicité complémentaire la plus opportune.

Le jugement fixe la mise à prix en fonction de l'état du marché ; toutefois, lorsqu'il s'agit d'appareils commerciaux de fort tonnage, pour l'achat desquels se présentent peu de candidats, il faut prévoir le cas d'absence d'offre, c'est-à-dire fixer une nouvelle date d'adjudication avec baisse de la mise à prix, et, s'il y a lieu, publicité complémentaire.

0726.52 **Publicité.** L'article R. 6123-9 C. transp. (anc^t C. aviat. civ., art. R. 223-6) énumère les mentions que doivent porter les affiches et annonces publicitaires et qui figurent au cahier des charges de la vente : les nom, prénom, profession et domicile du poursuivant, les titres en vertu desquels il agit, la somme qui lui est due, l'élection de domicile par lui faite dans le lieu où siège le JEX et dans le lieu où l'aéronef saisi doit rester, les nom, prénoms, profession et domicile du propriétaire de l'aéronef saisi, les marques d'immatriculation de l'aéronef ainsi que les caractéristiques portées au certificat d'immatriculation, le lieu où se trouve l'aéronef, la mise à prix et les conditions de la vente, les jour, heure et lieu de l'adjudication.

En pratique, il y a aussi lieu d'indiquer, *d'une part* les renseignements quant à l'état de l'appareil (date d'entrée en service, modifications apportées aux aménagements initiaux fournis par le constructeur, dernières opérations d'entretien, obtention des documents nécessaires à la navigation aérienne), *d'autre part*, les possibilités offertes de procéder à une visite, souvent comme en matière ordinaire grâce au commissaire de justice, et même à un examen technique de l'appareil.

1. Anc^t C. aviat. civ., art. L. 121-10.
2. Décr. n° 2021-1887, 29 déc. 2021, relatif au registre des sûretés mobilières et autres opérations connexes, *JO* 30 déc., texte 52.
3. Conv. Chicago, 7 déc. 1944, art. 19.
4. Conv. Genève, 19 juin 1948, art. 7.

0726.53 **Adjudication – Règle de l'enchère minimum.** La vente aux enchères et l'adjudication sont soumises aux mêmes règles que celles du droit commun, auxquelles il convient de se reporter (C. transp., art. R. 6123-10), en observant toutefois que, lorsque l'aéronef saisi est un appareil gros porteur, le nombre d'enchérisseurs solvables est forcément très limité.

D'autre part, la règle de l'enchère minimum, qui figure dans la convention de Genève du 19 juin 1948 [1] et qui est applicable en France (C. transp., art. L. 6123-3, al. 1er [2]), ne permet pas d'admettre un prix d'adjudication inférieur au montant des créances inscrites jouissant d'un droit de préférence primant la créance du poursuivant au regard de la convention de Genève (art. 1er [hypothèque] ; art. 4 [privilèges aériens]), à moins que l'acquéreur n'accepte de prendre en charge leur règlement. Cette acceptation permet de poursuivre les criées sans tenir compte de la règle de l'enchère minimum, si elle est donnée avant la vente, ou instituée dans le jugement.

La règle de l'enchère minimum s'efface lorsque l'aéronef cause un dommage aux tiers à la surface sur le territoire français : les dispositions du premier alinéa de l'article L. 6123-3 C. transp. sont en effet inopposables aux victimes ou à leurs ayants droit saisissant l'aéronef cause du dommage ou tout autre aéronef appartenant au même propriétaire (C. transp., art. L. 6123-3, al. 2).

0726.54 **Paiement du prix – Folle enchère.** L'article R. 6123-11 C. transp. (anct C. aviat. civ., art. R. 123-6) prévoit que l'adjudicataire doit verser le prix, sans frais, à la Caisse des dépôts et consignations, dans les trois jours de l'adjudication, à peine de réitération des enchères. Le transfert de propriété est subordonné à ce paiement.

§ 2
Distribution du prix

0726.61 **Distribution amiable.** L'article R. 6123-12 C. transp. (anct C. aviat. civ., art. R. 123-6) organise une tentative de distribution amiable, destinée à obtenir le consentement unanime des créanciers sur la répartition du prix d'adjudication, au moyen d'une réunion des créanciers tenue par le JEX à la requête de l'adjudicataire dans les cinq jours suivant le versement du prix à la Caisse des dépôts et consignations.

Les créanciers inscrits, ou opposants, sont convoqués, sous délai de quinzaine, sans augmentation à raison des distances, par significations notifiées aux domiciles élus. L'acte de convocation est affiché dans l'auditoire du tribunal judiciaire et publié tant dans un journal d'annonces légales dans le ressort du tribunal qu'au *Bodacc*.

0726.62 **Réunion des créanciers. Contredits.** L'accord des créanciers est constaté par une ordonnance du JEX, au vu de laquelle il sera procédé au paiement des collocations par la Caisse des dépôts et consignations et à la radiation des inscriptions des créanciers sur le registre des immatriculations. Cet accord unanime ne peut plus, en effet, être remis en cause.

En cas de désaccord entre les créanciers sur la distribution du prix, il est dressé un procès-verbal de leurs prétentions et contredits, et, dans la huitaine, chacun des contestataires pourra déposer au greffe du tribunal judiciaire, avec constitution d'avocat, une demande de collocation. Les autres créanciers seront appelés à l'instance par acte d'avocat à avocat (C. transp., art. R. 6123-13). Le jugement, qui réglera le contredit, sera signifié dans les trente jours, par acte d'avocat aux présents, et à domicile élu pour les défaillants. Il n'est pas susceptible d'opposition, mais peut être frappé d'appel dans les dix jours à compter de la signification du jugement (C. transp., art. R. 6123-14).

0726.63 **Distribution judiciaire.** Le JEX dresse un état des collocations :

1° au vu du procès-verbal constatant l'accord unanime des créanciers (non susceptible d'appel) ;

2° s'il y a été formé contredit au vu du jugement qui tranche, dans les huit jours de l'expiration du délai d'appel, qui rend le jugement définitif ;

3° lorsqu'il a été fait appel, dans les huit jours de la signification de l'arrêt.

Le greffier exécutera cette ordonnance en délivrant aux créanciers un bordereau de collocation exécutoire, contre la Caisse des dépôts et consignations, représentant le montant dû en principal, intérêts (qui cessent de courir à compter de cette ordonnance) et frais, et à l'adjudicataire, une expédition de l'ordonnance qui autorise la radiation des inscriptions des créances sur le registre des immatriculations. Il appartiendra à l'adjudicataire de demander au fonctionnaire chargé de la tenue du registre, de procéder à cette radiation, au vu des quittances délivrées par les créanciers lors du paiement de leurs collocations.

0726.64 **Paiement des créanciers.** Les créanciers retenus, soit par le juge de la distribution amiable, soit par la décision judiciaire devenue définitive, dont les inscriptions sont purgées de plein droit par le jugement d'adjudication, vont être mentionnés, en suivant le rang de préférence de leurs créances, sur un état de collocation, délivré par le juge commis, sous la forme d'une ordonnance, qui, *d'une part*,

1. Conv. Genève, 19 juin 1948, art. 7, 4.
2. Anct C. aviat. civ., art. L. 123-1.

prescrit au greffier de délivrer, à chacun des créanciers, pour le montant de la créance principale, intérêts et frais, un bordereau de collocation, exécutoire entre la Caisse des dépôts et consignations, détentrice du prix, et, *d'autre part*, autorise la radiation des créances non colloquées, qui est effectuée sur présentation de l'ordonnance par « *toute partie intéressée* », au conservateur des hypothèques.

La radiation des créances non colloquées, les deniers à distribuer étant épuisés, est assortie de la réserve à leurs titulaires de la faculté de procéder au recouvrement de l'impayé par toute voie de droit qu'ils aviseront, notamment sur d'autres biens de leur débiteur.

Quant aux inscriptions des créances colloquées, le conservateur les radie au vu des quittances constatant le paiement des bordereaux de collocation.

0726.65 **Créances privilégiées.** Le régime spécifique des hypothèques et privilèges sur les aéronefs est déterminé par les articles L. 6122-1 à L. 6122-20 C. transp. [1]. Il faut noter en particulier :

– en principe, l'hypothèque n'a d'effet à l'égard des tiers qu'à compter de son inscription sur le registre des immatriculations (C. transp., art. L. 6122-8) ;

– l'ordre de préférence, déterminé par l'ordre des dates d'inscription (C. transp., art. L. 6122-10) ;

– les privilèges spécifiques de l'article L. 6122-16, C. transp. : frais de justice, rémunérations dues pour sauvetage de l'aéronef, frais indispensables engagés pour sa conservation.

En ce qui concerne le super-privilège des salariés, certains soutiennent que « *l'article L. 143-10 du Code du travail pose le principe du paiement du super-privilège nonobstant toute autre créance privilégiée* » [2] (auj. C. trav., art. L. 3253-2 et L. 3253-3). Il semble au contraire, que ce texte doive être écarté dès lors que la distribution des deniers n'a lieu que sur saisie d'un élément du patrimoine du débiteur, et non pas, comme dans la liquidation judiciaire, sur la totalité dudit patrimoine [3].

0726.66 **Publication.** Le jugement d'adjudication, une fois définitif, doit être publié – inscrit sur le registre d'immatriculation – ce qui le rendra opposable *erga omnes*, par l'envoi d'une expédition au bureau d'immatriculation de l'aéronef (si celui-ci est étranger, en se référant à la procédure locale suivie dans l'État d'immatriculation).

1. Anc[t] C. aviat. civ., art. L. 122-1 à L. 122-18.

2. T. com. Pointe-à-Pitre, 20 févr. 1981, *JCP* 1981. II. 19598, obs. Le Gall.

3. T. com. Le Puy, 21 nov. 1986, *JCP* 1987. II. 20756, note Le Gall.

TITRE

073. Les saisies des droits incorporels

SECTION 0

Orienteur

073.00 **Sommaire du titre.**

Division. Seront successivement présentées les modalités de saisie-vente des droits d'associé et des valeurs mobilières (chap. 731), la saisie des licences d'exploitation (chap. 732), la saisie des droits de propriété intellectuelle (chap. 733) et la saisie du fonds de commerce (chap. 734).

073.05 **Biens saisissables.** Dès lors que « *tout créancier muni d'un titre exécutoire constatant une créance liquide et exigible peut faire procéder à la saisie et à la vente des droits incorporels, autres que les créances de sommes d'argent, dont son débiteur est titulaire* » (C. pr. exéc., art. L. 231-1), le champ des voies d'exécution englobe l'immatériel. Cette allusion à l'incorporalité est prolongée dans l'article L. 521-1 selon lequel « *la saisie conservatoire peut porter sur tous les biens mobiliers, corporels ou incorporels, appartenant au débiteur* ». Que l'incorporel fasse l'objet de procédures d'exécution n'est jamais qu'une conséquence particulière de l'existence du droit de gage général des créanciers sur le patrimoine de leurs débiteurs, et constitué de « *tous ses biens mobiliers* » ainsi que le dit l'article 2284 C. civ. Le Code des procédures civiles d'exécution met en évidence cette catégorie des droits incorporels en intitulant « La saisie des droits incorporels » les titres III de ses parties législative et réglementaire au sein des livres sur « Les procédures d'exécution mobilière ».

CHAPITRE

0731. Saisie-vente des droits d'associé et des valeurs mobilières

Xavier Daverat
Professeur à l'université de Bordeaux

SECTION 0

Orienteur

0731.00 Sommaire du chapitre.

Division. Seront successivement étudiés l'objet de la saisie-vente des droits d'associé et des valeurs mobilières (sect. 1) et la procédure suivie (sect. 2).

0731.01 Textes applicables.

• **C. com.,** art. L. 228-1, L. 622-21.

• **COJ,** art. L. 213-6.

• **C. pr. exéc.,** art. L. 111-7, L. 122-1, L. 122-6, L. 123-1, L. 141-2, L. 211-1, L. 211-3, L. 221-5, L. 231-1, L. 233-1, R. 211-11, R. 211-22, R. 221-30 à R. 221-35, R. 221-38, R. 232-1 à R. 232-8, R. 233-1 à R. 233-9, R. 523-4.

• **C. mon. fin.,** art. L. 54-10-1, L. 211-2, L. 211-4, L. 213-7 et L. 213-8.

0731.02 Jurisprudence de référence.

> Saisie des droits d'associé et valeurs mobilières. Absence d'obligation d'information du tiers saisi sauf injonction.

• **Civ. 2e, 8 avr. 1999,** n° 97-14.742, P II, n° 69

* V. ss nos 0731.72, 0922.51

Aucune disposition ne faisant obligation au tiers saisi d'indiquer au saisissant l'étendue des droits d'associé et des valeurs mobilières dont le débiteur est titulaire, la société ou la personne morale émettrice ne peut être condamnée de ce fait en application de l'article 24 de la loi du 9 juillet 1991 [devenu art. L. 123-1 C. pr. exéc.], à moins qu'ayant reçu du juge de l'exécution une injonction à cet effet, elle n'y ait pas déféré.

> Saisie-attribution. Portée de l'obligation de renseignement du banquier tiers saisi. Inopposabilité du secret bancaire.

• **Civ. 2e, 1er juill. 1999,** n° 96-19.108, P II, n° 129

* V. ss nos 0731.72, 0821.81, 0922.52

1° Justifie légalement sa décision la cour d'appel qui, saisie par un créancier ayant pratiqué une saisie-attribution entre les mains d'une banque d'une demande tendant à voir condamner celle-ci à fournir les relevés du ou des comptes de toute nature détenus par elle, au nom du débiteur, au jour de la saisie, retient, pour accueillir cette demande, que l'obligation de l'établissement de crédit ne portait pas sur les seuls comptes de dépôt enregistrant des créances de sommes d'argent.

2° L'obligation de renseignement de l'établissement de crédit découlant de la loi, celui-ci n'est pas fondé à opposer le secret bancaire à la demande du créancier tendant à connaître la nature et la position des comptes ouverts dans ses livres au nom du débiteur.

> Saisie-attribution. Étendue de l'obligation de déclaration du tiers-saisi.

• **Civ. 2e, 1er févr. 2001,** n° 99-11.151, P II, n° 23
* V. ss nos 0731.72, 0821.72

En matière de saisie-attribution, aucun texte ne fait obligation au tiers-saisi de déclarer au créancier saisissant l'étendue des droits d'associés et des valeurs mobilières dont le débiteur est titulaire.

> Saisie conservatoire des droits d'associés. Indisponibilité des droits pécuniaires du débiteur.

• **Civ. 2e, 21 juin 2007,** n° 06-13.386, P II, n° 170
* V. ss nos 0629.31, 0731.06, 0731.82

La saisie conservatoire des droits d'associés rend indisponibles les droits pécuniaires du débiteur, en particulier les bénéfices distribuables attachés aux parts détenues par un notaire dans une société civile professionnelle.

> Sûreté judiciaire. Inscription provisoire de nantissement sur des parts sociales. Inopposabilité des clauses d'agrément. Inapplicabilité des dispositions relatives à l'insaisissabilité des biens nécessaires à la vie et au travail.

• **Civ. 2e, 2 déc. 2010,** n° 09-17.495, P II, n° 199
* V. ss nos 0141.31, 0632.11, 0731.06

Pour dire qu'une inscription provisoire de nantissement judiciaire sur des parts sociales est valable et régulière, une cour d'appel énonce exactement qu'une telle inscription est une mesure de sûreté judiciaire, et non une saisie, que les dispositions statutaires prévoyant l'agrément des associés en cas de cession des parts sociales nanties ne peuvent entraver la prise de cette sûreté et que l'article 39 du décret n° 92-755 du 31 juillet 1992 [devenu art. R. 112-2] ne s'applique pas aux parts sociales.

0731.03 Bibliographie indicative.

Actualisables. Rép. sociétés, v° *Saisie de droits sociaux et de valeurs mobilières*, par Ph. Théry, juin 2014 (actu. juin 2023) – Rép. pr. civ., v° *Saisie des droits incorporels : saisie-vente des droits d'associés et des valeurs mobilières*, par R. D. Laher, juill. 2023 (actu nov. 2023) – *J.-Cl. Procédure civile*, V° Mesures conservatoires et d'exécution forcée sur les valeurs mobilières et droits d'associés, par O. Salati, E. Botrel, C. Tirvaudey, n° 1700-25, sept. 2023 – *J.-Cl. Sociétés*, V° Parts sociales et valeurs mobilières, par C. Tirvaudey-Bourdin, H. Croze, fasc. 20, oct. 2023 – *J.-Cl. Sociétés*, Form., V° Valeurs mobilières. Saisie conservatoire, par C. Tirvaudey-Bourdin, H. Croze, fasc. K-98, oct. 2023.

Ouvrages. J.-J. Ansault, *Procédures civiles d'exécution*, 2e éd., LGDJ, 2022 – T. Bonneau et F. Drummond, *Droit des marchés financiers*, 3e éd., Economica, 2010 – C. Brenner, *Procédures civiles d'exécution*, 11e éd., « Cours », Dalloz, 2021 – N. Cayrol, *Droit de l'exécution*, 3e éd., « Domat droit privé », LGDJ, 2019 – G. Couchez, D. Lebeau et O. Salati, *Procédures civiles d'exécution*, 13e éd., Sirey, 2021 – M. et J.-B. Donnier, *Voies d'exécution et procédures de distribution*, 10e éd., LexisNexis, 2020 – Ph. Hoonakker, *Procédures civiles d'exécution*, 11e éd., Larcier, 2022 – A. Leborgne, *Droit de l'exécution. Voies d'exécution et procédures de distribution*, 3e éd., « Précis », Dalloz, 2019 – M. Schmitz et P. Gielen (dir.), *Avoirs dématérialisés et exécution forcée*, Bruylant, 2019.

Articles. C. Brenner, « La vente des droits d'associé et des valeurs mobilières », *in* dossier « La saisie des biens de l'entreprise », *Dr. et patr.* 2009, n° 177, p. 52 – G. Decocq, « La vente aux enchères publiques des meubles incorporels », *Études en l'honneur du professeur Jérôme Huet*, 2017, LGDJ, p. 97 – J. Guyénot, « Aspects juridiques et pratiques du régime des saisies de valeurs mobilières », *Rev. huiss.* 1978. I. 1030 ; « La saisie des valeurs mobilières », *LPA* 1979, n° 63, 1979 – Ph. Hoonakker, « La saisie des droits d'associé et des valeurs mobilières », *Dr. et patr.* 2009, n° 177, p. 64 – P. Le Cannu, « Saisie des valeurs mobilières : vers des techniques autonomes ? », *Bull. Joly* 1991. 779 ; « Saisie-vente des valeurs mobilières : les règles nouvelles », *Bull. Joly* 1992. 1169 ; « Saisie-vente des droits d'associé et des valeurs mobilières non cotées », *Bull. Joly* 1992. 1275 ; « Les saisies portant sur les droits d'associé et les valeurs mobilières », *LPA* 6 janv. 1993 – C. Perot-Reboul, « L'exécution forcée des instruments financiers », *D.* 2000. Chron. 353 – E. Putman, « La saisie des droits d'associés et des valeurs mobilières », *JCP* 1993. I. 3689 – J. Risser, « Crypto-actifs et exécution : saisie impossible ? », *Rev. prat. rec.* 2020, n° 10, p. 3 – Ph. Théry, « La saisie des valeurs mobilières et des droits d'associés », *JCP E* 1993, n° 239 ; « La saisie des droits de l'associé d'une société civile professionnelle », *RJDA* 2012. 211.

0731.04 Formulaire de procédure civile (renvois).

• *Saisie des valeurs mobilières et des droits d'associés – Saisie-vente* (Acte de saisie-vente des droits incorporels – C. pr. exéc., art. R. 232-1)

• *Saisie des valeurs mobilières et des droits d'associés – Saisie-vente* (Dénonciation au débiteur de la saisie-vente effectuée – C. pr. exéc., art. R. 232-6)

0731.05 Indépendance de la saisie des droits d'associé et des valeurs mobilières. La réforme de 1991-1992 a tenu compte de l'évolution de la structure des patrimoines. La diversification des avoirs bancaires s'est développée et les établissements de crédit offraient de plus en plus de formules de placement adaptées aux particuliers : comptes d'épargne par actions, fonds communs de placements, *etc.* Auparavant, on passait par l'ancienne saisie-arrêt, en admettant avec quelque hardiesse que l'associé, qui a vocation à percevoir des dividendes, était titulaire d'un droit de créance sur la société[1]. On dispose donc, depuis la réforme, d'une procédure autonome, la saisie des créances relevant de la saisie-attribution, et on ne peut passer par cette dernière pour saisir

1. E. Putman, « Les saisies des droits d'associé et des valeurs mobilières », *JCP E* 1998. I. 3689.

indifféremment tous les avoirs bancaires. La saisie-attribution peut néanmoins conserver quelques avantages périphériques, par exemple, en permettant d'intervenir sur les sommes perçues suite à une cession d'action, objet d'une action en nullité, le produit de la vente étant mis séquestre[1]. Les droits d'associé et les valeurs mobilières constituent bien des « *droits incorporels* » visés par l'article L. 231-1 C. pr. exéc. La procédure se greffe sur celle de la saisie-vente, qui vise les biens meubles corporels, dont elle constitue une variante mais dont elle est distincte, ce qui n'a pas toujours empêché les confusions[2]. Comme pour cette dernière, la saisie des droits d'associés et des valeurs mobilières implique trois intervenants : le débiteur, le créancier saisissant et le tiers saisi puisque les biens « *sont saisis auprès de la société ou de la personne morale émettrice* » (C. pr. exéc., art. R. 232-1).

0731.06 Articulation avec les mesures conservatoires. Les droits d'associé et les valeurs mobilières peuvent faire l'objet d'une saisie conservatoire (v. s^s^ nº 0629.07), qui permet de rendre indisponibles les droits pécuniaires de l'associé débiteur[3], y compris lorsque les parties avaient décidé de recourir à un tiers arbitre sur le fondement de l'article 1592 C. civ. pour fixer un prix définitif des titres lié aux résultats de l'entreprise[4]. La saisie conservatoire constitue le préalable à la saisie-vente en l'attente de la possession d'un titre exécutoire. On procède alors à la conversion de la saisie conservatoire en saisie-vente (v. s^s^ nº 0629.92). D'autre part, il existe un nantissement judiciaire des actions, parts sociales et valeurs mobilières, sûreté qui, à la différence de la saisie conservatoire, n'entraîne pas l'indisponibilité des parts sociales ou valeurs mobilières visées[5] mais institue, au profit du créancier, un droit de suite et un droit de préférence en cas de cession des titres nantis.

0731.07 Monopole du commissaire de justice. Selon l'article L. 122-1 C. pr. exéc., « *seuls peuvent procéder à l'exécution forcée et aux mesures conservatoires les huissiers de justice chargés de l'exécution* ». À compter du 1er juillet 2022, le commissaire de justice est amené à remplacer progressivement l'huissier de justice et le commissaire-priseur judiciaire[6], par fusion des deux professions, avec effectivité définitive au 1er juillet 2026. C'est donc un monopole qui est organisé en faveur de la profession tant pour les mesures conservatoires que pour les mesures d'exécution forcée. Cette disposition est la confirmation d'une réalité déjà inscrite dans l'ordonnance du 2 novembre 1945[7] fixant le statut des huissiers, selon laquelle ceux-ci ont seuls qualité pour « *ramener à exécution* [...] *les actes exécutoires* ». Le commissaire de justice, comme auparavant l'huissier, intervient pour le compte du créancier poursuivant ; à ce titre, il a une fonction d'assistance et de représentation de son client, et il agit en qualité de mandataire de ce dernier. Toutefois, il a été jugé que la saisie pratiquée par l'huissier au siège d'une société civile immobilière sans rencontrer le gérant, pouvait être suivie de la remise ultérieure de l'acte par un clerc assermenté[8].

SECTION 1

Objet des mesures d'exécution

§ 1

Droits d'associé

A.

Notion de droit d'associé

0731.11 Définition. Il n'y a pas de définition générale des droits d'associé dans le Code des procédures civiles d'exécution. On considère que les droits d'associé désignent les parts sociales[9]. Dès lors, constituent les droits d'associé les parts sociales émises par des sociétés civiles et commerciales autres que les sociétés par actions[10]. Sont donc visées, au titre des sociétés civiles, les sociétés civiles immobilières (SCI), les groupements fonciers agricoles (GFA) et les groupements agricoles d'exploitation en commun (GAEC). La seule exception vise les sociétés civiles professionnelles (SCP), ainsi qu'il est dit ci-

1. Civ. 2e, 3 oct. 2002, nº 01-02.159, P II, nº 207 ; *D.* 2003. 1471, obs. G. Taormina.
2. Civ. 1re, 4 nov. 2003, nº 99-13.965, P I, nº 222 ; *Dr. et proc.* 2003. 105, obs. Ph. Hoonakker ; *D.* 2004. 521, note G. Taormina.
3. Civ. 2e, 21 juin 2007, nº 06-13.386, P II, nº 170 ; *D.* 2007. 1972 ; *D.* 2008. 1167, obs. A. Leborgne ; *Dr. et proc.* 2007. 350, obs. Lefort.
4. Civ. 2e, 13 oct. 2016, nº 15-13.302, P ; *Rev. sociétés* 2017. 206, obs. J.-J. Ansault.
5. Civ. 2e, 2 déc. 2010, nº 09-17.495, P II, nº 199 ; *D.* 2011. 1509, obs. A. Leborgne ; *Rev. sociétés* 2011. 44, obs. A. Lienhard ; *RTD com.* 2011. 377, obs. M.-H. Monsèrié-Bon ; *Dr. rur.* 2011, nº 61, obs. Tauran.
6. Ord. nº 2016-728, 2 juin 2016, relative au statut de commissaire de justice, *JO* 3 juin, texte 24 – Décr. nº 2021-1625, 10 déc. 2021, relatif aux compétences des commissaires de justice, *JO* 12 déc., texte 62 – Décr. nº 2022-729 du 28 avril 2022 relatif à l'organisation de la profession des commissaires de justice, *JO* 29 avr., texte 38.
7. Ord. nº 45-2592, 2 nov. 1945, relative au statut des huissiers, *JO* 3 nov., p. 7163, mod. par Décr. nº 55-604, 20 mai 1955, relatif aux officiers publics ou ministériels et à certains auxiliaires de justice.
8. Civ. 2e, 4 oct. 2007, nº 06-17.879, P II, nº 225 ; *D.* 2007. 2677 ; *Dr. et proc.* 2008. 42, obs. Lefort.
9. P. Le Cannu, « Saisie-vente des droits d'associé et des valeurs mobilières non cotées », *Bull. Joly* 1992. 1275, § 410.
10. *J.-Cl. Banque-Crédit-Bourse*, fasc. 2121, par M.-L. Coquelet et F. Moulière – *J.-Cl. Pr. civ.*, fasc. 2390, par M. Jeantin.

après (v. s[s] n° 0731.21). Au titre des sociétés commerciales, les mesures pourront viser les parts des sociétés à responsabilité limitée, y compris dans le cas d'une société unipersonnelle, des sociétés en nom collectif, des sociétés d'exercice libéral, des sociétés en commandite simple ainsi que les parts des commandités dans les sociétés en commandite par actions.

0731.12 Sociétés en participation et sociétés non immatriculées. En l'absence de personnalité morale et de patrimoine, il n'y a normalement pas de parts sociales attachées aux sociétés en participation, et donc pas de saisie possible des droits d'associés. Mais certains considèrent que l'existence de parts est possible dans une société en participation[1]... Le contrat de société étant formé même en l'absence d'immatriculation, une saisie des droits d'associés est possible à défaut d'immatriculation, comme il a été jugé à propos de biens immobiliers acquis en indivision sans immatriculation d'une société immobilière[2]. Cette solution, en ce qu'elle valide une saisie en l'absence de personnalité morale, peut être étendue aux sociétés en participation (mais l'absence de connaissance des accords peut être un obstacle à l'engagement d'une procédure). Néanmoins, on remarque que, selon l'article R. 232-1 C. pr. exéc., « *les droits d'associé et les valeurs mobilières dont le débiteur est titulaire sont saisis auprès de la société ou de la personne morale émettrice* ». Viser expressément la société ou la personne morale paraît exiger une immatriculation[3], sauf à considérer que l'alternative introduite par la conjonction « *ou* » autorise à agir contre la société, même non immatriculée et donc dépourvue de personnalité morale...

0731.13 Défaut d'accomplissement des formalités de publication des cessions de parts. La jurisprudence a considéré que la saisie des parts sociales demeure valable quand un associé a cédé antérieurement celles-ci mais n'a pas fait publication de la cession au Registre du commerce et des sociétés[4] ; de même, est valable une mesure visant des parts cédées antérieurement à une saisie et enregistrée auprès de l'administration fiscale avant l'intervention de la procédure dès lors qu'il n'y a pas eu publication de cette cession[5].

B. Cas particuliers

0731.21 Sociétés civiles professionnelles réglementées. Une série de décrets intervenus en 1992 a visé les sociétés civiles de notaires[6], d'huissiers[7], de commissaires-priseurs[8] et d'avocats[9], posant à l'identique le principe selon lequel les parts sociales des sociétés civiles professionnelles visées « *ne peuvent être ni données en nantissement, ni vendues aux enchères publiques* »[10]. Antérieurement à l'intervention de ces dispositions, il avait été jugé que la saisie des parts d'une société civile professionnelle titulaire d'un office notarial était possible[11]. Désormais, il demeure acquis que les parts de ces sociétés ne sont pas par principe insaisissables ; néanmoins, la saisie-vente est incompatible avec l'agrément préalable du cessionnaire des titres d'une société civile professionnelle titulaire d'un office notarial par le garde des Sceaux[12] : puisque la saisie des droits d'associé entraîne l'adjudication des parts, il n'est pas possible de recourir à cette forme de saisie-vente qui débouche sur une cession forcée[13]. Ce régime applicable aux sociétés

1. Rép. sociétés, v° *Saisie de droits sociaux et de valeurs mobilières*, par Ph. Théry, juin 2014 (actu. juin 2023), n°s 29 s. – Niant la possibilité d'existence de parts sociales : P. Le Cannu, préc. (v. s[s] n° 0731.11) – C'était la position de R. Martin, Rép. pr. civ., v° *Saisie des droits incorporels : saisie-vente des droits d'associé et des valeurs mobilières*, avant les refontes par L. Raschel, sept. 2012 (actu. nov. 2023), qui, lui-même n'évoque pas les sociétés en participation dans l'objet de la saisie – CONTRA : *Mesures d'exécution forcée sur les valeurs mobilières et droits d'associé*, *J.-Cl. Pr. civ.*, fasc. 2390, par M. Jeantin.
2. Aix-en-Provence, 15e ch. A, 16 avr. 2004, *Juris-Data* n° 242279.
3. P. Le Cannu, préc., v. s[s] n°s 0731.11 et 0731.12.
4. Paris, 3e ch. C, 10 nov. 1995, *Rev. huiss.* 1996. 1003, note J.-J. Daigre.
5. Papeete, ch. civ., 16 déc. 2004, *Juris-Data* n° 262902.
6. Décr. n° 92-64, 20 janv. 1992, modifiant le décret n° 67-868 du 2 octobre 1967 pris pour l'application à la profession de notaire de la loi n° 66-879 du 29 novembre 1966 relative aux sociétés civiles professionnelles, *JO* 21 janv., p. 976.
7. Décr. n° 92-65, 20 janv. 1992, modifiant le décret n° 69-1274 du 31 décembre 1969 pris pour l'application à la profession d'huissier de justice de la loi n° 66-879 du 29 novembre 1966 relative aux sociétés civiles professionnelles, *JO* 21 janv., p. 978.
8. Décr. n° 92-194, 27 févr. 1992, modifiant le décret n° 69-763 du 24 juillet 1969 pris pour l'application à la profession de commissaire-priseur de la loi n° 66-879 du 29 novembre 1966 relative aux sociétés civiles professionnelles, *JO* 1er mars, p. 3154.
9. Décr. n° 92-680, 20 juill. 1992, pris pour l'application à la profession d'avocat de la loi n° 66-879 du 29 novembre 1966 relative aux sociétés civiles professionnelles, *JO* 22 juill., p. 9799.
10. Décr. n° 92-65, 20 janv. 1992, et Décr. n° 92-194, 27 févr. 1992, art. 14 ; Décr. n° 92-680, 20 juill. 1992, art. 13
11. TGI Grasse, 26 déc. 1990, *JCP* 1991. II. 21733, note J. Prévault ; *RTD com.* 1992. 400, obs. E. Alfandari et M. Jeantin ; *Dr. sociétés* 1991, n° 474.
12. L. 28 avr. 1816, sur les finances.
13. Civ. 1re, 4 nov. 2003, n° 99-13.965, P I, n° 222 ; *Rev. sociétés* 2003. 876, note Chartier ; *Bull. Joly* 2004. 282, note J.-J. Daigre ; *RD banc. fin.* 2004, n° 40, p. 35 ; obs. J.-M. Delleci ; *Dr. et proc.* 2003. 105, obs. Ph. Hoonakker ; *RTD com.* 2004. 115, obs. M.-H. Monsèrié-Bon ; *D.* 2004. 521, note G. Taormina ; *Defrénois* 2004, art. 37946, n° 46, obs. Ph. Théry.

civiles professionnelles réglementées peut être critiqué de différents points de vue. Elle fait d'abord échapper une part importante de patrimoine à l'action des créanciers ce qui, en soi, n'a pas vraiment de justification. Elle crée ensuite une discrimination entre professions libérales. Elle est, enfin, illogique dans la mesure où, pour les professions concernées, s'il y a constitution de sociétés d'exercice libéral, les parts de ces dernières peuvent être saisies...

0731.22 Sociétés civiles de placement immobilier. Les parts des sociétés civiles de placement immobilier (SCPI) ne sont pas des valeurs mobilières ; ainsi, leur saisie sur des comptes-titres ne rend pas indisponibles les droits pécuniaires sur les parts[1].

0731.23 Groupements d'intérêt économique. Une incertitude demeure concernant les droits des membres d'un groupement d'intérêt économique (GIE). Ils ne sont certes pas désignés comme associés par le Code de commerce et la jurisprudence n'admet pas à leur égard la transposition des dispositions relatives aux sociétés[2]. Certains commentateurs excluent donc purement et simplement de la procédure de saisie-vente les droits des membres d'un GIE et considèrent que seuls les bénéfices que tirent les membres de leur participation au GIE seront saisissables[3]. En effet, dans la mesure où le but du GIE « *n'est pas de réaliser des bénéfices pour lui-même* » (C. com., art. L. 251-1, al. 2), les bénéfices éventuels reviennent aux membres du groupement et on peut envisager le recours à une saisie-attribution.

0731.24 Présence d'une résidence principale dans une société civile immobilière. La loi du 1er août 2003 a prévu une possibilité d'insaisissabilité de la résidence principale de l'entrepreneur individuel[4]. Selon une réponse ministérielle, les associés titulaires de parts sociales de société civile immobilière ne peuvent se prévaloir de ces dispositions pour empêcher que celles-ci soient saisies, les parts sociales ne conférant aucun droit de propriété sur l'immeuble composant l'actif social[5].

1. Civ. 2e, 8 déc. 2022, no 19-20.143, B ; *Rev. sociétés* 2023. 354, note C. Ferry.
2. Crim. 27 janv. 1986, no 84-95.750, P, no 34 ; *Rev. sociétés* 1986. 273, note B. Bouloc.
3. Rép. sociétés, vo *Saisie de droits sociaux et de valeurs mobilières*, par Ph. Théry, juin 2014 (actu. juin 2023), nos 22 et 105.
4. L. no 2003-721, 1er août 2003, pour l'initiative économique, *JO* 5 août, p. 13449, rect. 20 sept., p. 16127 – Rép. pr. civ., v o *Saisie : protection du débiteur*, par X. Daverat, (janv. 2025), nos 22 s. – M. Germain, « La loi no 2003-721 du 1er août 2003 pour l'initiative économique », *JCP* 2003. Actu. 401 – S. Piedelièvre, « L'insaisissabilité de la résidence principale de l'entrepreneur individuel », *JCP* 2003. I. 165.
5. Rép. min. Justice no 52819, *JOAN Q*, 5 avr. 2005.

§ 2 Valeurs mobilières

0731.31 Définition. La notion de valeur mobilière est apparue expressément dans la loi du 24 juillet 1966[6], puis a été redéfinie par la loi du 23 décembre 1988[7]. L'ordonnance du 24 juin 2004[8] a divisé les textes applicables entre le Code de commerce et le Code monétaire et financier. Il faut donc se référer à deux articles qui, depuis l'ordonnance du 8 janvier 2009[9], s'établissent comme suit. D'un côté, selon l'article L. 228-1 alinéa 2 C. com., « *les valeurs mobilières sont des titres financiers au sens de l'article L. 211-1 du Code monétaire et financier, qui confèrent des droits identiques par catégorie* ». D'un autre côté, l'article L. 211-1, II C. mon. fin. dispose que « *les titres financiers sont : 1. Les titres de capital émis par les sociétés par actions ; 2. Les titres de créances, à l'exclusion des effets de commerce et des bons de caisse ; 3. Les parts ou actions d'organismes de placement collectif* ». À la différence des dispositions antérieures à l'ordonnance du 8 janvier 2009, ces deux textes renvoient à la catégorie générale des titres financiers sans donner de définition précise[10].

A. Valeurs mobilières saisissables

0731.41 Actions. Sont saisissables les actions émises par les sociétés anonymes (SA), les sociétés

6. L. no 66-537, 24 juill. 1966, sur les sociétés commerciales, *JO* 26 juill., p. 6402.
7. L. no 88-1201, 23 déc. 1988, relative aux organismes de placement collectif en valeurs mobilières et portant création des fonds communs de créances, *JO* 31 déc., p. 16736, abr. par Ord. no 2000-1223, 14 déc. 2000, relative à la partie législative du Code monétaire et financier, *JO* 16 déc., p. 20004.
8. Ord. no 2004-604, 24 juin 2004, portant réforme du régime des valeurs mobilières émises par les sociétés commerciales et extension à l'outre-mer de dispositions ayant modifié la législation commerciale, *JO* 26 juin.
9. Ord. no 2009-15, 8 janv. 2009, relative aux instruments financiers, *JO* 9 janv., p. 570 – V. T. Bonneau, « L'ordonnance no 2009-15 du 8 janvier 2009 relative aux instruments financiers », *Dr. sociétés* 2009. Étude 3.
10. L'article L. 211-2 ancien du Code monétaire et financier et l'article 1er de la loi du 23 décembre 1988 abrogée disaient à l'identique que « *constituent des valeurs mobilières, les titres émis par des personnes morales, publiques ou privées, transmissibles par inscription en compte ou tradition, qui confèrent des droits identiques par catégorie et donnent accès, directement ou indirectement, à une quotité du capital de la personne morale émettrice ou à un droit de créance général sur son patrimoine* ». Le premier des deux textes y ajoutait la précision selon laquelle les parts de fonds communs de placement, les parts de fonds de placement immobilier et de fonds communs de titrisation faisaient partie des valeurs mobilières.

en commandite par actions (SCA), les sociétés d'exercice libéral à forme anonyme (SELAFA) et les sociétés d'investissement à capital variable (SICAV). Les actions de préférence, créées par l'ordonnance du 24 juin 2004, quels que soient les droits qui leur sont attachés, sont également saisissables[1]. En présence de comptes joints d'actions (C. mon. fin., art. L. 211-4), tous les titres sont rendus indisponibles en cas de saisie (C. pr. exéc., art. R. 232-5, 4°), chacun des cotitulaires du compte devant être informé de la mesure (C. pr. exéc., art. R. 211-22).

0731.42 Valeurs mobilières donnant accès au capital. Les « *valeurs mobilières donnant accès au capital* » (C. com., art. L. 228-91), réservées aux sociétés par actions, entrent dans le champ de la procédure : actions à bons de souscription d'actions (ABSA), actions à bons de souscription d'obligations convertibles en actions (ABSOC), actions à bons de souscription d'actions avec faculté de rachat (ABSAR). Il en va de même pour les bons autonomes de souscription d'actions (BSA) qui, comme leur nom l'indique et à la différence des autres valeurs signalées, ne sont pas attachés à une valeur mobilière.

0731.43 Obligations ordinaires. Les obligations ordinaires font partie des valeurs mobilières saisissables. La question a été débattue dans la mesure où celles-ci attribuent à l'obligataire les droits d'un créancier sur la personne morale émettrice. Aussi a-t-il pu être avancé que leur saisie relèverait de la procédure de saisie-attribution. Cette solution aurait des conséquences non négligeables dans la mesure où l'effet d'attribution immédiate qui s'attache à la saisie-attribution, si cette dernière est intervenue avant l'ouverture d'une procédure de sauvegarde, de redressement ou de liquidation judiciaire, conserverait son plein effet. Or, bien que la loi ne le précise pas, il est évident que le législateur a souhaité que la procédure spécifique de saisie-vente s'applique à l'ensemble des valeurs mobilières. Plusieurs arguments militent d'ailleurs en faveur de cette solution. *D'une part*, la dématérialisation des valeurs mobilières[2] a accueilli les obligations dans une conception globale de l'incorporalité. *D'autre part*, les obligations ordinaires ne sont peut-être pas des créances au sens des dispositions relatives aux procédures civiles d'exécution (« *créances* [...] *portant sur une somme d'argent* », selon l'article L. 211-1 C. pr. exéc.) ; en se référant aux définitions données par le règlement de la Société interprofessionnelle pour la compensation des valeurs mobilières (Sicovam)[3] et la loi sur la « titrisation »[4], elles ne constituent que des titres « *conférant* » ou « *donnant accès* » à un droit de créance sur le patrimoine de la personne morale émettrice ; n'étant pas directement une créance, on explique encore qu'elles échappent au domaine d'application de la saisie-exécution[5]. Enfin, il n'est pas contestable que la généralité des termes de l'article L. 228-1 alinéa 2 C. com. englobe les obligations, y compris les obligations convertibles, échangeables ou remboursables en actions. Les obligations émises par d'autres personnes morales que les sociétés (GIE ou associations) sont également saisissables (C. mon. fin., art. L. 213-7 et L. 213-8).

0731.44 Obligations de type particulier. Font partie des valeurs mobilières saisissables les obligations avec bons de souscription d'actions (OBSA) qui permettent de souscrire à une future augmentation de capital, les obligations remboursables en actions (ORA) dont le remboursement se fait par attribution d'actions et passent par une augmentation du capital social, les obligations convertibles en actions qui peuvent se voir substituer des actions pendant une période déterminée, les obligations échangeables en actions auxquelles peuvent être substituées des actions d'autres sociétés que la société émettrice détiendrait en portefeuille.

0731.45 Valeurs du Trésor. Les valeurs du Trésor sont des valeurs mobilières négociables constituées de titres à court terme. En tant que valeurs mobilières, elles ne peuvent faire l'objet d'une saisie-attribution, laquelle vise des créances de sommes d'argent[6].

0731.46 Titres divers. Sont encore considérés comme relevant de la procédure de saisie des valeurs mobilières les titres participatifs, créés par la loi du 3 janvier 1983[7], dont l'émission est réservée aux sociétés par actions appartenant au secteur public, aux sociétés coopératives ayant la forme de sociétés anonymes ou de sociétés à responsabilité limitée (C. com., art. L. 228-36). Entrent encore dans le champ les titres subordonnés, d'une nature qui les rapproche des obligations, et dont le rembourse-

1. Depuis la création des actions de préférence, les certificats d'investissement, les actions de priorité et les actions à dividende prioritaire sans droit de vote ne peuvent plus être émis. Ceux qui existaient auparavant sont demeurés et sont des valeurs mobilières saisissables.
2. L. n° 81-1160, 30 déc. 1981, de finances pour 1982, *JO* 31 déc., p. 3539, art. 94, II.
3. V. Arr. 24 mai 1984, portant approbation du règlement de la société interprofessionnelle pour la compensation des valeurs mobilières, *JO* 19 juin, p. 5281.
4. L. n° 88-1201, 23 déc. 1988, relative aux organismes de placement collectif en valeurs mobilières et portant création des fonds communs de créances, *JO* 31 déc., p. 16736.
5. V. P. Le Cannu, « Saisie des valeurs mobilières : vers des techniques autonomes ? », *Bull. Joly* 1991. 783, n° 10.
6. Rouen, 11 févr. 2003, *RD banc. fin.* 2004, n° 39, note J.-M. Delleci.
7. L. n° 83-1, 3 janv. 1983, sur le développement des investissements et la protection de l'épargne, *JO* 4 janv., p. 162, rect. 8 mars.

ment n'est pas prioritaire en cas de procédure collective (d'où leur nom, puisque leur remboursement est subordonné à l'action de créanciers prioritaires). Ils sont de deux sortes : les titres subordonnés remboursables (TSR) ayant une date d'échéance et les titres subordonnés à durée indéterminée (TSDI) n'ayant pas, comme leur nom l'indique, de date d'échéance et dont le remboursement n'est pas prévu, intervenant le cas échéant au bon vouloir de l'émetteur (on les désigne parfois comme des « *obligations perpétuelles* »). Les obligations que peuvent émettre les associations qui exercent une activité économique effective depuis au moins deux années (C. mon. fin., art. L. 213-8) peuvent également faire l'objet d'une saisie.

B. Valeurs mobilières insaisissables

0731.51 ***Warrants.*** Les *warrants* sont des instruments financiers émis par les établissements de crédit négociés en bourse et permettant d'acheter ou de vendre des actifs (actions, devises, produits...) à un prix prédéterminé ou jusqu'à un terme fixé (souvent deux ans). Le but est de spéculer, sans être acquéreur des actifs, sur la différence de prix du *warrant* et celui de l'actif, le premier étant inférieur au second. Ce sont des options d'achat ou de vente cotées en bourse. Il est généralement considéré que les *warrants* ne sont pas des valeurs mobilières[1], et qu'ils ne relèvent pas de la procédure spéciale décrite ici, mais que l'on peut les saisir au moyen d'une saisie-attribution[2].

0731.52 **Bons de caisse.** Les bons de caisse sont des effets à court terme émis par les établissements de crédit (créés par le décret-loi du 25 août 1937). Ces placements à terme sont des effets négociables et non des valeurs mobilières[3]. À ce titre, ils ne relèvent pas de la procédure spéciale de saisie des droits d'associé ou des valeurs mobilières ; mais, dans la mesure où ils génèrent une obligation portant sur une somme d'argent, on peut considérer qu'ils constituent une créance de somme d'argent[4] et peuvent faire l'objet d'une saisie-attribution (C. pr. exéc., art. L. 211-1).

0731.53 **Titres de créance négociables.** Les billets de trésorerie, les certificats de dépôt négociables et les bons des institutions financières sont des effets de commerce et non des valeurs mobilières[5], de sorte qu'ils ne relèvent pas de la procédure visée ici ; mais la saisie-attribution peut être utilisée car ils visent une créance de somme d'argent (C. pr. exéc., art. L. 211-1). La nature exacte des bons à moyen terme créés en 1992[6], est plus incertaine[7]. Ils ne constituent *a priori* pas des valeurs mobilières et la procédure spéciale pour les droits d'associés et valeurs mobilières ne leur est, par principe, pas applicable ; il faut, une nouvelle fois, recourir à la saisie-attribution. En revanche, certains d'entre eux, dans des variantes qui les rapprochent des obligations, pourraient faire l'objet d'une saisie en tant que valeurs mobilières.

0731.54 **Certificats de valeur garantie.** Les certificats de valeur garantie (CVG) sont des titres financiers émis par une société cotée dans le cadre d'offres publiques qui ont pour but de garantir les porteurs de titres d'une société absorbée contre une éventuelle baisse de valeur de ces derniers. De création empirique[8], leur nature est discutée. Ils créent un droit de créance sur le patrimoine de la société émettrice. Leur entrée dans le champ de la procédure est incertaine : la doctrine est divisée sur le point de savoir s'ils constituent ou non des valeurs mobilières[9]. La pratique n'est pas plus d'un grand secours. En effet, les CVG sont cotés en bourse dans la catégorie des bons de souscription d'actions. Mais on ne peut pas en déduire qu'ils sont saisissables dans les conditions de ces derniers (v. s^s^ n° 0731.44) dans la mesure où, à la différence de ceux-ci, ils ne débouchent pas sur une souscription d'actions de la société émettrice, mais seulement sur le versement éventuel d'une somme égale à la différence entre le prix fixé par l'émetteur et un cours de référence (si cette différence existe).

0731.55 **Parts de fonds communs de placement.** Les fonds communs de placement (FCP) sont constitués pour effectuer des placements collectifs. Quoique

1. J. Devèze, A. Couret et G. Hirigoyen, *Droit du financement*, Lamy, 2013, n° 2457.
2. C. Perot-Reboul, « L'exécution forcée des instruments financiers », *D.* 2000. Chron. 353.
3. Rép. com., v° *Bon de caisse*, par A. Lecourt, juin 2022, n°s 7 s.– V. AUSSI, *J.-Cl. Sociétés, V°* Bons de caisse, fasc. 1950, § 72, 82, par H. Hovasse et S. Le Normand-Caillère.
4. Civ. 2e, 10 juill. 2008, n° 07-14.658, P ; *D.* 2009. 1044, obs. D. R. Martin.
5. Rép. sociétés, v° *Titres de créances négociables*, par T. Bonneau, août 1997 (actu. juin 2016), n°s 12 s.
6. Décr. n° 92-137, 13 févr. 1992, relatif aux titres de créances négociables, *JO* 14 févr., p. 2374.
7. A. Couret, « L'élargissement de la catégorie des titres de créances négociables : les bons à moyen terme négociables », *Bull. Joly* 1992. 256.
8. Lors de l'OPA de Besnard et Cie sur la Financière de Rosario en 1994.
9. Favorables à la qualification de valeurs mobilières : G. Decocq, « Une nouvelle forme de valeurs mobilières : les certificats de valeur garantie », *JCP E* 1997. I. 650 – A. Descleves, « Certificat de valeur garantie : une valeur mobilière multiforme », *Banque* 1997. 50 – B. Le Bars, « Pour une approche juridique du CVG », *Bull. Joly Bourse* 1998. 811 – Défavorables à cette qualification : Rép. sociétés, v° *Valeurs mobilières*, par D. Ohl, sept. 2005 (actu. janv. 2025), n° 12 – F.-G. Trébulle, « De la nature des certificats de valeur garantie », *JCP E* 1999. 115.

rattachés aux organismes de placement collectifs (OPC), ils n'ont pas de personnalité juridique et reposent sur la copropriété des valeurs mobilières. Du fait de l'ancien article L. 211-2 C. mon. fin., qui l'imposait, ils étaient considérés comme des valeurs mobilières. L'ordonnance du 8 janvier 2009 (v. s^{s} n° 0731.31) a mis fin à cette situation, critiquée précisément du fait de l'absence de personnalité. Les parts des FCP ne peuvent donc pas faire l'objet d'une saisie des valeurs mobilières.

0731.56 Parts des fonds communs de titrisation. Les parts émises par les fonds communs de titrisation (appellation des anciens fonds communs de créances depuis l'ordonnance du 8 janvier 2009) étaient, comme les parts des fonds communs de placement (de même que ces derniers, ils n'ont pas de personnalité morale et reposent sur des copropriétés), considérées comme valeurs mobilières par l'article L. 211-2 C. mon. fin., solution abandonnée (v. s^{s} n° 0731.55), échappant à la saisie des valeurs mobilières.

0731.57 Produits d'épargne et revenus des salariés. Les actions attribuées à des salariés au titre de la participation aux résultats de l'entreprise (C. trav., art. L. 3324-10) sont insaisissables, ainsi que les valeurs mobilières attribuées aux salariés dans le cadre de plans d'épargne salariale (C. trav., art. L. 3332-1), ces dernières étant indisponibles pendant une durée de cinq ans (C. trav., art. L. 3324-10).

0731.58 Insaisissabilités temporaires diverses. Sont insaisissables temporairement : les actions incessibles souscrites à la suite d'options de souscription attribuées aux mandataires sociaux exécutifs (C. com., art. L. 225-185), les actions gratuites attribuées par une société à ses salariés ou à ses mandataires sociaux (C. com., art. L. 225-197-1), les valeurs mobilières donnant accès au capital d'une personne morale en redressement judiciaire détenues par ses dirigeants durant la période d'observation (C. com., art. L. 631-10, al. 1er) et les actions comprises dans un plan de cession jusqu'au paiement complet du prix de celle-ci (C. com., art. L. 642-9, al. 1er).

SECTION 2
PROCÉDURE DE SAISIE

0731.61 Titre exécutoire. La saisie des droits d'associé et des valeurs mobilières étant une procédure d'exécution forcée, le créancier saisissant doit être muni d'un titre exécutoire constatant une créance liquide et exigible comme l'exige l'article L. 231-1 C. pr. exéc. (v. s^{s} n° 0133.11). Il en découle que, même lorsque les associés sont tenus indéfiniment des dettes sociales, un titre délivré contre la société ne permet pas d'entamer une action à l'encontre de ces derniers : il faut un titre exécutoire spécifique[1]. La procédure est une variante de celle de la saisie-vente.

0731.62 Détermination du tiers saisi. La saisie des droits d'associé s'effectue auprès de la société à laquelle correspondent ceux-ci et celle des valeurs mobilières auprès de la personne morale émettrice (C. pr. exéc., art. R. 232-1).

0731.63 Gestion des valeurs mobilières par un mandataire. Lorsque les valeurs mobilières sont gérées par un mandataire de la personne morale émettrice (établissement financier, société d'investissement, expert-comptable, avocat...), la saisie s'effectue auprès de celui-ci. La société est alors tenue d'indiquer à l'huissier le nom du mandataire (C. pr. exéc., art. R. 232-2)[2]. En cas de défaut d'information de l'huissier sans motif légitime, la sanction générale prévue par l'article L. 123-1 C. pr. exéc. s'applique et le tiers saisi peut être condamné au paiement des causes de la saisie et à des dommages-intérêts. Si les valeurs mobilières nominatives sont gérées par un mandataire du débiteur saisi, la saisie doit être effectuée auprès de ce dernier (C. pr. exéc., art. R. 232-3, al. 2) : c'est l'hypothèse habituelle des comptes-titres associés aux comptes de dépôt au sein d'un établissement bancaire ; la coordination entre la saisie des valeurs mobilières et la saisie-attribution des comptes de dépôt s'en trouve facilitée, en cas de besoin pour désintéresser le créancier. La saisie peut même être opérée auprès d'un intermédiaire pour l'ensemble des valeurs mobilières inscrites en compte au nom du débiteur (C. pr. exéc., art. R. 232-4).

0731.64 Valeurs mobilières au porteur. Les valeurs mobilières au porteur sont saisies auprès de l'intermédiaire chargé de leur gestion (C. pr. exéc., art. R. 232-3, al. 1er).

§ 1
Mise en œuvre de la saisie

A.
Réalisation de la saisie

0731.71 Signification au tiers saisi. La procédure passe par la signification d'un acte de saisie dont les

1. Com. 3 mai 2006, n° 03-15.462, P IV, n° 112 ; *D.* 2006. 1532, obs. A. Lienhard ; *Rev. sociétés* 2007. 88, note J. Moury ; *Bull. Joly* 2006. 1177, note P. Serlooten – Com. 20 mars 2012, n° 10-27.340, P IV, n° 61 ; *Bull. Joly* 2012. 388, note Barbiéri ; *Rev. sociétés* 2012. 577, note O. Dexant-de Bailliencourt ; *RJDA* 2012, n° 599, obs. D. Gibirila ; *D.* 2012. 874, obs. A. Lienhard ; *RJDA* 2012, n° 684.
2. Les coordonnées du mandataire sont, en outre, publiées au *Bulletin des annonces légales obligatoires* (C. mon. fin., art. R. 211-3).

mentions sont fixées (C. pr. exéc., art. R. 232-5). Cinq mentions sont obligatoires, à peine de nullité :

1° Les nom et domicile du débiteur (ou la dénomination et le siège social d'une personne morale).

2° L'indication du titre exécutoire en vertu duquel la saisie est pratiquée.

3° Le décompte des sommes réclamées en principal, frais et intérêts échus. Il est à noter que, « *l'indication du taux des intérêts pratiqués* [est] *exigée à peine de nullité* »[1].

4° L'indication selon laquelle la saisie rend indisponibles les droits pécuniaires attachés à l'intégralité des parts ou valeurs mobilières dont le débiteur est titulaire. On note bien que « *l'intégralité* » du portefeuille est visée ; en cas de saisie plus importante qu'il n'est nécessaire pour désintéresser le créancier saisissant, le débiteur pourra consigner la somme nécessaire (v. s^s^ n° 0731.83).

5° La sommation de faire connaître, le cas échéant, l'existence de mesures déjà engagées (nantissement ou saisie). À défaut d'y procéder, le tiers peut être condamné à des dommages-intérêts, mais pas aux causes de la saisie.

0731.72 Absence d'obligation d'information pesant sur le tiers saisi. Alors que, en matière de mesures relatives aux créances de sommes d'argent, pèse sur le tiers saisi une obligation d'information relative à l'étendue des droits du débiteur (C. pr. exéc., art. R. 523-4 pour la saisie conservatoire ; C. pr. exéc., art. L. 211-3 pour la saisie-attribution), aucune contrainte du même type n'est imposée aux sociétés et personnes morales émettrices en position de tiers saisis. Celles-ci ne sont donc soumises qu'aux dispositions générales de l'article L. 123-1 C. pr. exéc., qui interdit aux tiers de faire obstacle aux procédures et les oblige à y apporter leur concours lorsqu'ils en sont légalement requis (v. s^s^ n° 0152.58). Selon la Cour de cassation, ces dispositions ne peuvent faire peser une obligation d'information sur le tiers saisi : « *Aucune disposition ne fait obligation au tiers saisi entre les mains duquel est pratiquée une saisie-attribution de déclarer au saisissant l'étendue des droits d'associés et des valeurs mobilières dont le débiteur est titulaire* »[2] (mais cette solution n'était, auparavant, pas évidente[3]). Toutefois, le juge de l'exécution a la possibilité de faire injonction au tiers saisi de donner les informations sur les titres faisant l'objet d'une mesure de saisie : la deuxième chambre civile, constatant l'absence de dispositions légales obligeant la société ou la personne morale émettrice saisie à fournir des informations, confirme que cette dernière ne peut être condamnée « *à moins qu'ayant reçu une injonction du juge de l'exécution à cet effet, elle n'y ait pas déféré* »[4] ; la cour de Paris a indiqué à cet égard que ni l'obligation de déclarer au créancier saisissant l'étendue de ses obligations à l'égard du débiteur, qui vise la saisie-attribution, ni les dispositions relatives à la saisie conservatoire des créances ne peuvent être appliquées à la saisie des droits d'associés et des valeurs mobilières[5]. Le tiers ne peut être condamné au paiement des causes de la saisie[6].

0731.73 Information du débiteur. Il n'est pas exigé d'adresser un commandement de payer au débiteur[7], l'absence d'avertissement préalable étant justifiée par l'efficacité de la mesure. L'intervention de la saisie sera donc portée à la connaissance du débiteur après qu'elle aura été effectuée entre les mains du tiers saisi au moyen d'une dénonciation de l'acte de saisie. Cette dénonciation intervient par acte d'huissier dans un délai de huit jours à compter de la signification au tiers saisi (C. pr. exéc., art. R. 232-6).

L'acte d'huissier comprend six mentions obligatoires (C. pr. exéc., art. R. 232-6) :

1° La copie du procès-verbal de saisie.

2° L'indication que les contestations doivent être soulevées, à peine d'irrecevabilité, dans le délai d'un mois qui suit la signification de l'acte ; ces mentions doivent apparaître en caractères très apparents. L'article R. 232-7 C. pr. exéc., modifié par le décret du 6 mai 2017[8] (art. 45) ajoute que, à peine d'irrecevabilité, la contestation est dénoncée le même jour ou, au plus tard, le premier jour ouvrable suivant, par lettre recommandée avec demande d'avis de réception, à l'huissier de justice qui a procédé à la saisie et que l'auteur de la contestation informe le tiers saisi par lettre simple.

1. Civ. 2e, 31 mai 2001, n° 99-20.170, NP ; *Dr. sociétés* 2002. Comm. 13, obs. F.-X. Lucas ; *Dr. et proc.* 2001. Actu. 340.
2. Civ. 2e, 1er févr. 2001, n° 99-11.151, P II, n° 23 ; *D.* 2001. 678 ; *RD banc. fin.* 2001. Comm. 124, note J.-M. Delleci ; *Dr. et proc.* 2001. 258, obs. E. Putman.
3. Civ. 2e, 1er juill. 1999, n° 96-19.108, P II, n° 129 ; *D.* 1999. 210.
4. Civ. 2e, 8 avr. 1999, n° 97-14.742, P II, n° 69 ; *JCP* 1999. II. 10123, note T. Bonneau ; *Procédures* 1999. Comm. 181, note H. Croze ; *RD bancaire et bourse* 1999. 101, obs. M. Germain et M.-A. Frison-Roche ; *Dr. sociétés* 1999. Comm. 105, note H. Hovasse ; *Bull. Joly* 1999. 1037, § 242, note P. Le Cannu ; *RJ com.* 2000. 231, note F.-X. Lucas ; *D.* 1999. 153, note R. Martin ; *RTD com.* 2000. 136, obs. M. Storck ; *JCP E* 1999. 1005, note Vidal – DANS LE MÊME SENS : Civ. 2e, 17 mai 2011, n° 99-11.505, NP ; *Dr. sociétés* 2002. Comm. 12, obs. F.-X. Lucas.
5. Paris, 8e ch. sect. B, 28 oct. 1999, RG n° 1999/05382, *Bull. Joly* 2000. 233.
6. Civ. 2e, 3 mai 2001, n° 99-18.265, P II, n° 90 ; *Bull. Joly* 2001. 1168, § 268, note J.-J. Daigre – Paris, 8e ch. B, 21 avr. 2005, *Juris-Data* n° 277003.
7. TGI Lyon, JEX, 15 mai 2001, *Dr. et proc.* 2002. 40, obs. C. Brenner.
8. Décr. n° 2017-892, 6 mai 2017, portant diverses mesures de modernisation et de simplification de la procédure civile, *JO* 10 mai.

3° La désignation du juge de l'exécution compétent pour statuer sur la contestation (celui du ressort dans lequel se trouve le domicile du débiteur).

4° L'indication que le débiteur dispose d'un délai d'un mois pour procéder à la vente amiable des valeurs saisies, soit dans les conditions prévues à l'article R. 233-3 C. pr. exéc. s'il s'agit de valeurs cotées, soit dans les conditions prévues aux articles R. 221-30 à R. 221-32 C. pr. exéc. s'il s'agit de droits d'associé ou de valeurs mobilières non cotées ; le tout doit encore être indiqué en caractères très apparents.

5° L'indication que le débiteur peut, si la saisie porte sur des valeurs mobilières cotées, faire connaître au tiers saisi l'ordre dans lequel celles-ci seront vendues en cas de vente forcée, et ce jusqu'à la réalisation de la vente. Ainsi, le débiteur aura-t-il la possibilité de choisir quelles valeurs demeureraient en sa possession dans l'hypothèse où la vente de l'intégralité de son portefeuille ne serait pas nécessaire pour désintéresser le créancier.

6° La reproduction des articles R. 221-30 à R. 221-32 et R. 233-3.

0731.74 Sanction du non-respect des règles de procédure. Le non-respect du délai de huit jours pour procéder à la dénonciation, ainsi que le défaut d'une mention obligatoire dans l'acte de dénonciation, entraînent la caducité de la mesure de saisie.

0731.75 Contestation. Le débiteur dispose du délai d'un mois à compter de la dénonciation de l'acte de saisie pour contester cette dernière (C. pr. exéc., art. R. 211-11, al. 1er). Dans ce cadre, s'applique la disposition de l'article L. 213-6 du COJ selon laquelle « *le juge de l'exécution connaît, de manière exclusive, des difficultés relatives aux titres exécutoires et des contestations qui s'élèvent à l'occasion de l'exécution forcée, même si elles portent sur le fond du droit* ». Mais l'expression « *des contestations qui s'élèvent à l'occasion de l'exécution forcée* » a été jugée contraire à la Constitution à l'issue d'une question prioritaire de constitutionnalité, étant précisé que le débiteur pouvait contester le montant de la mise à prix pour l'adjudication devant le juge de l'exécution jusqu'à l'intervention d'une nouvelle loi ou, au plus tard, jusqu'au 1er décembre 2024[1].

B. Effets de la saisie

0731.81 Principe d'indisponibilité. La saisie des droits d'associés et valeurs mobilières rend les biens visés indisponibles. C'est la conséquence d'un principe général des procédures civiles d'exécution (C. pr. exéc., art. L. 141-2) qui, dans le cadre de la procédure en matière de droits d'associé et de valeurs mobilières, est répercuté dans l'article R. 232-8 alinéa 1er C. pr. exéc. : « *L'acte de saisie rend indisponibles les droits pécuniaires du débiteur* ». Toute cession de droits d'associé et de valeurs mobilières en cours de procédure est donc exclue[2].

0731.82 Champ d'application. Les dividendes entrent dans « *les droits pécuniaires* » visés par l'article R. 232-8 alinéa 1er C. pr. exéc.[3], de même que les intérêts perçus par l'obligataire ; ces revenus sont retenus par la personne morale émettrice ou l'intermédiaire habilité et c'est par le biais d'une saisie-attribution que le créancier peut en demander le versement à son profit. À l'inverse, les droits non pécuniaires attachés à la qualité d'associé ne sont pas visés par l'indisponibilité. Il en va ainsi du droit de vote et du droit à l'information due à l'associé. Toutefois, il avait été jugé, antérieurement à la réforme de 1991-92, qu'un créancier pouvait demander la désignation d'un séquestre pour éviter la prise de décision contraire aux intérêts en cause[4]. Une incertitude, en revanche, demeure à propos du droit préférentiel de souscription du fait de sa double nature pécuniaire et individuelle. Il a été avancé que l'indisponibilité devrait viser la cession à titre onéreux ou la renonciation individuelle mais pas la suppression du droit par une assemblée générale extraordinaire[5].

0731.83 Mainlevée. L'arrêt d'une procédure de saisie des droits d'associés, dès lors que celle-ci n'a pas produit d'effet à la date du jugement d'ouverture, entraîne la mainlevée de la saisie[6]. Le débiteur peut demander la mainlevée de la mesure au juge de l'exécution en consignant une somme suffisante pour désintéresser le créancier auprès de la Caisse des dépôts et consignations (C. pr. exéc., art. R. 232-8, al. 2). Cette affectation spéciale conserve les effets propres à une saisie et évite le concours d'autres créanciers.

0731.84 Interférence d'une procédure collective. Les procédures de redressement et de liquidation judiciaires ont une incidence[7]. L'article L. 622-21, II

1. Cons. const. 17 nov. 2023, n° 2023-1068 QPC, *JO* 18 nov., texte 73 ; *D. actu.* 21 nov. 2023, obs. F. Kieffer.

2. Metz, 4e ch. civ., 14 févr. 2006, *Juris-Data* n° 303353.
3. Civ. 2e, 21 juin 2007, n° 06-13.386, P (préc., v. ss n° 0731.06) ; *Defrénois* 2008. 423, obs. Ph. Théry – Civ. 2e, 21 oct. 2010, n° 09-69.867, NP ; *Rev. sociétés* 2011. 356, note J.-F. Barbièri.
4. Civ. 2e, 22 avr. 1977, *Bull. Joly* 1977. 633.
5. *J.-Cl. Banque-Crédit-Bourse*, fasc. 2121, § 48, par M.-L. Coquelet et F. Moulière.
6. Civ. 2e, 28 janv. 2016, n° 15-13.222, P ; *D.* 2016. Actu. 309 ; *Rev. sociétés* 2016. 196, obs. P. Roussel Galle.
7. Rép. pr. civ., v° *Saisie : protection du débiteur*, par X. Daverat, janv. 2025, nos 139 s. – F. Derrida, « Incidences des nouvelles procédures civiles d'exécution sur le redressement et la liquidation judiciaires des entreprises », *LPA* 6 janv. 1993, p. 26.

C. com. dispose que le jugement d'ouverture « *arrête ou interdit également toute procédure d'exécution de la part de ces créanciers tant sur les meubles que sur les immeubles ainsi que toute procédure de distribution n'ayant pas produit un effet attributif avant le jugement d'ouverture* ». La saisie des droits d'associés et valeurs mobilières est ainsi arrêtée par le jugement d'ouverture d'un redressement judiciaire[1]. Un arrêt de la deuxième chambre civile l'a rappelé, censurant une décision d'appel qui, alors qu'un jugement d'ouverture était intervenu après le procès-verbal de saisie mais avant la vente, avait refusé d'ordonner la mainlevée de la mesure : « *L'arrêt des procédures d'exécution entraîne la mainlevée d'une procédure de saisie des droits d'associés lorsque, à la date du jugement d'ouverture, cette procédure d'exécution n'a pas, par la vente des droits d'associés, produit ses effets* »[2] ; ce n'est là que transposer ce qui avait déjà été décidé en matière de saisie-vente[3]. En revanche, la procédure de saisie n'est pas visée s'il a été procédé à la vente avant le jugement d'ouverture[4]. Il est à noter que la consignation aboutissant à la mainlevée constitue une affectation qui ne peut être remise en cause par une procédure collective dès lors qu'elle est intervenue antérieurement au jugement d'ouverture. S'agissant des sociétés en liquidation, un arrêt a décidé que, la personnalité juridique subsistant, les parts étaient saisissables jusqu'à la clôture de la liquidation[5].

§ 2
Réalisation de la vente

A.
Droits d'associé et valeurs mobilières non admises aux négociations sur un marché réglementé ou sur un système multilatéral de négociation

0731.90 **Cadre général. Plan.** Une première procédure vise les droits d'associé et des valeurs mobilières que l'on disait naguère « *non admises à la cote officielle ou à celle du second marché* » et que l'on désigne désormais sous l'appellation donnée en titre. Le principe rejoint celui édicté par l'article L. 233-1 C. pr. exéc., en prévoyant la possibilité de substituer une vente amiable à une vente forcée. L'article R. 233-5 C. pr. exéc. prévoit, en effet, que la vente est faite sous forme d'adjudication (2) à défaut de vente amiable (1), renvoyant aux dispositions des articles R. 221-30 s. C. pr. exéc.

1°
Vente amiable

0731.101 **Réalisation de la vente amiable.** Le débiteur dispose d'un délai d'un mois à compter de la notification de l'acte de saisie pour réaliser la vente amiable (le juge peut relever d'office le dépassement du délai[6]). Il doit informer par écrit l'huissier instrumentaire des propositions d'achat qu'il reçoit et lui communiquer le nom et l'adresse de l'acquéreur ainsi que le délai dans lequel ce dernier propose de consigner le montant de la vente. L'huissier communique ces informations au créancier saisissant par lettre recommandée avec demande d'avis de réception. Le créancier dispose alors de quinze jours pour prendre parti sur la vente amiable ; à défaut de réponse dans ce délai, il est réputé l'avoir acceptée (C. pr. exéc., art. R. 221-31). Dans le cas où les statuts de la société contiendraient une clause d'agrément, celle-ci conserve son plein effet ; mais il faut réaliser la vente dans le délai d'un mois, et donc consigner le prix en attente de l'agrément.

0731.102 **Consignation du prix et distribution des deniers.** Les sommes perçues du fait de la vente amiable sont consignées entre les mains de l'huissier instrumentaire (C. pr. exéc., art. R. 221-32, al. 1er) ; le transfert de propriété et la délivrance des biens sont subordonnés au paiement du prix (C. pr. exéc., art. R. 221-32, al. 2). À défaut de paiement dans le délai convenu, il est procédé à la vente forcée (C. pr. exéc., art. R. 221-32, al. 3). En cas de pluralité de saisies, le produit de la vente est réparti entre les créanciers qui ont procédé à une saisie avant la vente (C. pr. exéc., art. R. 233-2, al. 1er). En présence de créanciers ayant pratiqué une saisie conservatoire avant la saisie qui a conduit à la vente, ceux-ci prennent part à la distribution du prix mais les sommes qui leur reviennent sont consignées auprès de la Caisse des dépôts et consignations jusqu'à ce qu'ils aient obtenu un titre exécutoire (C. pr. exéc., art. R. 233-2, al. 2).

0731.103 **Absence ou échec de vente amiable.** À défaut de vente amiable, il ne peut être procédé à la vente forcée qu'après l'expiration du délai d'un mois prévu à l'article R. 221-30, augmenté s'il y a lieu du

1. Paris, 28 févr. 2002, *Juris-Data* n° 194927 ; *RGDA* 2002. 369, obs. Bigot.
2. Civ. 2e, 28 janv. 2016, n° 15-13.222, P II, n° 34 ; *D.* 2016. 736, obs. H. Adida-Canac, T. Vasseur et E. de Leiris ; *Bull. Joly* 2016. 361, note J.-J. Ansault ; *D. actu.* 15 févr. 2016, obs. V. Avena-Robardet ; *Act. proc. coll.* 2016, n° 48, obs. P. Cagnoli ; *D.* 2016. 1279, obs. A. Leborgne ; *RTD com.* 2016. 847, obs. A. Martin-Serf ; *Rev. proc. coll.* 2016. Étude 5, obs. Petit ; *Procédures* 2016, n° 94, obs. L. Raschel ; *Rev. sociétés* 2016. 196, obs. P. Roussel Galle.
3. Com. 27 mars 2012, n° 11-18.585, P IV, n° 69 ; *Procédures* 2012. 185, obs. Rolland.
4. Dijon, ch. civ. B, 27 déc. 2005, *Juris-Data* n° 291187.
5. Com. 3 oct. 2006, n° 04-14.611, P IV, n° 203 ; *Bull. Joly* 2007. 237, obs. Legrand.
6. Nancy, JEX, 29 janv. 1993, *D.* 1994. Somm. 343, obs. P. Julien.

délai de quinze jours imparti aux créanciers pour donner leur réponse (C. pr. exéc., art. R. 221-31, al. 4). On se dirige donc vers l'adjudication quand le débiteur n'a pas fait procéder à une vente amiable, quand aucun acheteur potentiel ne s'est présenté ou quand les propositions d'achat ont été refusées par le créancier saisissant.

2°
Vente forcée

0731.111 **Cahier des charges préalable.** La vente est précédée par l'élaboration d'un cahier des charges. Selon l'article R. 233-6 alinéa 1er C. pr. exéc., celui-ci comprend :

– un rappel de la procédure antérieure ;

– les statuts de la société ;

– tout document nécessaire à l'appréciation de la consistance et de la valeur des droits mis en vente (ce qui suppose la mise à disposition des bilans).

L'alinéa 2 du même texte dispose que « *les conventions instituant un agrément ou créant un droit de préférence au profit des associés ne s'imposent à l'adjudicataire que si elles figurent dans le cahier des charges* ». La Cour de cassation a entériné l'insertion d'une clause résolutoire visant l'agrément dans le cahier des charges[1] ; une autre solution consiste à insérer une condition suspensive. Le cahier des charges fait ensuite l'objet d'une publicité. Il est d'abord notifié à la société, à charge pour elle d'informer les associés (C. pr. exéc., art. R. 233-7, al. 1er), sans que la procédure d'information de ces derniers ne soit envisagée par les textes ; le mode d'information est propre à la société (ce sont en général les représentants des associés qui en ont la charge), mais les dispositions font de cette information une exigence. Le même jour que la notification à la société, sommation est faite aux éventuels créanciers opposants d'avoir à prendre connaissance du cahier des charges chez la personne chargée de la vente (C. pr. exéc., art. R. 233-7, al. 2) ; si ceux-ci ne prennent pas effectivement connaissance des éléments du cahier des charges, la publicité est réputée effectuée. À compter de la notification prévue à l'alinéa 1er (et donc de la sommation qui est effectuée le même jour), court un délai de deux mois permettant à tout intéressé de formuler auprès de la personne chargée de la vente des observations sur le contenu du cahier des charges (C. pr. exéc., art. R. 233-7, al. 3). Le respect de ce délai est strict et sa réduction, même courte (quelques heures), est sanctionnée, quand bien même l'intéressé aurait formulé des dires au cahier des charges[2]. Enfin, les associés qui entendent se prévaloir des dispositions de l'article 1868 alinéa 2 C. civ. en informent la personne chargée de la vente (C. pr. exéc., art. R. 233-7, al. 4). Ce dernier article offre aux associés d'une société civile deux options : la première consiste à décider la dissolution de la société, ce qui aboutit à la consignation au profit des créanciers de la part d'actif net correspondant aux parts ; la seconde leur permet d'acquérir les parts saisies, application étant alors faite des articles 1862 et 1863 C. civ. (en particulier, selon le premier texte, si plusieurs associés souhaitent acquérir des parts, ils sont, sauf clause ou convention contraire, réputés acquéreurs à proportion du nombre de parts qu'ils détenaient antérieurement et, à défaut d'associés intéressés par l'achat de parts, la société peut faire acquérir celles-ci par un tiers désigné à l'unanimité des autres associés ou suivant les modalités prévues par les statuts, voire procéder au rachat des parts en vue de leur annulation).

0731.112 **Publicité relative à la vente.** Une publicité est effectuée par voie de presse et, si nécessaire, par voie d'affiches, avec indication des jour, heure et lieu de la vente (C. pr. exéc., art. R. 233-8, al. 1er) ; on relève une différence avec les dispositions générales qui ne prévoient que la publicité au moyen d'un affichage (C. pr. exéc., art. R. 221-34). La publicité doit avoir lieu un mois au plus et quinze jours au moins avant la date fixée pour la vente (C. pr. exéc., art. R. 233-8, al. 2). Le débiteur, la société et les éventuels créanciers opposants sont informés de la date de la vente par voie de notification (C. pr. exéc., art. R. 233-8, al. 3) ; cette fois encore, les dispositions spéciales relatives à la saisie des droits d'associés et des valeurs mobilières s'écartent du cadre général dans lequel le débiteur est avisé par l'huissier des lieu, jour et heure de la vente, huit jours au moins avant sa date, par lettre simple ou par tout moyen approprié (C. pr. exéc., art. R. 221-35).

0731.113 **Adjudication.** La vente forcée prend la forme d'une adjudication. On applique les dispositions générales relatives à la saisie-vente : les enchères publiques sont organisées, soit au lieu où se trouvent les objets saisis, soit en une salle des ventes ou tout autre lieu ouvert au public dont la situation géographique est la plus appropriée (C. pr. exéc., art. R. 221-33). L'adjudication est faite au plus offrant, après trois criées. Le prix est payable comptant. Faute de paiement par l'adjudicataire, l'objet est revendu sur réitération des enchères (C. pr. exéc., art. R. 221-38). On dresse un procès-verbal de la vente qui est signifié à la société par l'adjudicataire.

1. Civ. 3e, 14 janv. 2009, no 07-17.619, P III, no 12 ; *RTD com.* 2009. 569, obs. C. Champaud ; *D.* 2009. 305 ; *D.* 2010. 1307, obs. A. Leborgne ; *Dr. sociétés* 2009. 23, obs. Mortier ; *Rev. sociétés* 2009. 366, note D. Poracchia ; *AJDI* 2009. 652, obs. J. Porcheron ; *D.* 2010. 287, obs. Rabreau.

2. TGI Albertville, JEX, 13 févr. 2001, *Procédures* juill. 2001, no 110, obs. H. Croze.

0731.114 **Agrément, préemption, préférence, substitution.** Selon l'article R. 233-9 C. pr. exéc., « *les procédures légales et conventionnelles d'agrément, de préemption ou de substitution sont mises en œuvre conformément aux dispositions propres à chacune d'elles* ». Ainsi, l'adjudicataire devra-t-il obtenir son agrément et, en cas d'existence d'un droit de préemption ou de substitution, les bénéficiaires peuvent-ils en user au détriment de l'adjudicataire. Ces mécanismes sont importants dans les sociétés non cotées où se développe un fort *affectio societatis*.

0731.115 **Répartition du prix.** Seuls sont admis à faire valoir leurs droits sur le prix de la vente les créanciers saisissants ou opposants qui se sont manifestés avant la vérification des biens saisis et ceux qui, avant la saisie, ont procédé à une mesure conservatoire sur les mêmes biens (C. pr. exéc., art. L. 221-5). Il est précisé que le créancier qui a fait procéder à une saisie conservatoire avant la saisie ayant conduit à la vente prend part à la distribution du prix mais les sommes qui lui reviennent sont consignées auprès de la Caisse des dépôts et consignations jusqu'à ce qu'il ait obtenu un titre exécutoire (C. pr. exéc., art. R. 233-2). Selon l'article L. 122-6 C. pr. exéc., en cas de concours entre les créanciers, l'agent chargé de la vente propose une répartition amiable (al. 1er) et, si un accord ne peut être trouvé, on consigne les fonds auprès de la Caisse des dépôts et consignations ; le juge de l'exécution est alors saisi pour procéder à la répartition du prix (al. 2).

B.
Valeurs mobilières admises aux négociations sur un marché réglementé ou sur un système multilatéral de négociation

1°
Vente amiable

0731.121 **Ordre de vente.** Le débiteur peut choisir de procéder à une vente amiable. Il en est averti en cours de procédure par acte d'huissier (C. pr. exéc., art. R. 232-6). En particulier, le délai d'un mois pour procéder à la vente amiable lui est indiqué, avec renvoi aux conditions prévues à l'article R. 233-3 C. pr. exéc. s'il s'agit de valeurs cotées (C. pr. exéc., art. R. 232-6, 4°, relatif aux mentions obligatoires). La vente amiable prend la forme d'un ordre de vente : « *Le débiteur peut, dans le mois de la signification qui lui a été faite, donner l'ordre de vendre les valeurs mobilières saisies* » (C. pr. exéc., art. R. 233-3, al. 1er). Le produit de la vente est indisponible et affecté au désintéressement du créancier (C. pr. exéc., art. R. 233-3, al. 1er). Dès que les sommes provenant de la vente suffisent à désintéresser le ou les créanciers, l'indisponibilité cesse pour le surplus des valeurs mobilières saisies (C. pr. exéc., art. R. 233-3, al. 2), ce qui est une application d'un principe plus général selon lequel des mesures d'exécution ne peuvent excéder ce qui se révèle nécessaire pour obtenir le paiement de l'obligation (C. pr. exéc., art. L. 111-7 – v. ss no 0212.92).

2°
Vente forcée

0731.131 **Vente en bourse.** En l'absence de vente amiable dans le mois suivant la signification de l'acte de saisie, on procède à la vente forcée. Celle-ci intervient à la demande du créancier sur présentation d'un certificat délivré par le greffe ou établi par l'huissier instrumentaire attestant qu'aucune contestation n'a été formée dans le mois suivant la dénonciation de la saisie ou, le cas échéant, d'un jugement rejetant la contestation soulevée par le débiteur (C. pr. exéc., art. R. 233-1). La vente forcée prend la forme d'une vente en bourse, sur le marché auquel les titres sont attachés, sans adjudication (et donc sans passer par l'élaboration d'un cahier des charges et une publicité préalable). L'acquéreur devient purement et simplement propriétaire des titres sans qu'il y ait besoin d'une procédure particulière.

0731.132 **Ordre dans lequel les titres sont vendus.** Jusqu'à la réalisation de la vente forcée, le débiteur a la faculté d'indiquer au tiers saisi l'ordre dans lequel il souhaite que les valeurs mobilières soient vendues. À défaut, aucune contestation n'est recevable sur leur choix (C. pr. exéc., art. R. 233-4). Cette modalité particulière était indiquée au débiteur au moment de l'intervention de l'acte d'huissier (C. pr. exéc., art. R. 232-6, 5°, relatif aux mentions obligatoires). Toujours selon le principe édicté par l'article L. 111-7 C. pr. exéc., la vente forcée est limitée à ce qui est nécessaire pour désintéresser le créancier, de sorte que l'indication possible de l'ordre dans lequel les titres seraient vendus permet, le cas échéant, au débiteur de préserver certains titres qu'il voudrait conserver.

C.
Cas particuliers

0731.141 **SICAV et fonds commun de placement.** Pour les actions d'une société d'investissement à capital variable ou les parts d'un fonds commun de placement, le saisi demande le rachat à l'organisme émetteur.

CHAPITRE

0732. Saisie des licences d'exploitation

Xavier Daverat
Professeur à l'université de Bordeaux

Section 0 Orienteur

0732.00 Sommaire du chapitre.

Division. La saisie des licences d'exploitation concerne les licences de débits de boissons (sect. 1), les licences d'officines de pharmacies (sect. 2) et les licences de taxis (sect. 3).

0732.01 Textes applicables.

- **C. pr. exéc.,** art. L. 231-1, R. 231-1 à R. 233-9.
- **CSP,** art. L. 3321-1, L. 3332-3, L. 5125-21.
- **C. transp.,** art. L. 3121-1-2.

0732.02 Jurisprudence de référence.

> Saisissabilité d'une licence d'exploitation de débit de boissons.

- **Cass., avis, 8 févr. 1999,** n° 98-00.015, P, n° 1

* V. s^s n°s 0141.91, 0629.07, 0711.39, 0732.11, 0733.22

La licence d'exploitation d'un débit de boissons de 4e catégorie constitue un droit incorporel saisissable. En l'absence de texte réglementaire de portée générale applicable à la saisie des droits de cette nature, ou de dispositions spécifiques à la saisie de cette licence qui n'est pas une valeur mobilière, il est possible, sous réserve des adaptations nécessaires contrôlées par le juge de l'exécution de transposer pour les opérations de saisie, la procédure définie aux articles 182 à 184 du décret du 31 juillet 1992, et, pour la vente, les dispositions des articles 189 à 192 du même texte [devenus art. R. 232-5 à R. 232-8, et art. R. 233-5 à 233-8 C. pr. exéc.].

0732.03 Bibliographie indicative.

Actualisable. *J.-Cl. Civ. Annexe*, V° Débits de boissons, par C. Laronde-Clérac, fasc. 10, oct. 2024.

0732.05 Activités réglementées. Plan. Les autorisations d'exercer certaines activités professionnelles, constituent un élément important du patrimoine. Obtenues à titre onéreux, elles ont une valeur patrimoniale parfois élevée, rehaussée par le fait qu'elles sont délivrées en nombre limité, assurant à leurs détenteurs un monopole. La réforme de 1991-1992, qui est parfois précise sur certaines procédures particulières, ne les évoque pas. Il faut donc agir par analogie avec les dispositions plus générales et adapter les procédures de manière empirique. Il en va ainsi pour les exploitants de débits de boissons (sect. 1) et les chauffeurs de taxi (sect. 2).

Section 1 Saisie des licences de débits de boissons

§ 1 Saisissabilité de la licence

0732.11 Description et nature de la licence. La licence est une autorisation d'exploiter un débit de boissons délivrée par l'Administration des contributions indirectes ; il s'agit d'un titre fiscal qui doit être obligatoirement affiché dans l'établissement.

L'article L. 3321-1 du CSP détermine quatre groupes de boissons :

– Boissons sans alcool : eaux minérales ou gazéifiées, jus de fruits ou de légumes non fermentés ou ne comportant pas, à la suite d'un début de fermentation, de traces d'alcool supérieures à 1,2 degré, limonades, sirops, infusions, lait, café, thé, chocolat ;

– Boissons fermentées non distillées et vins doux naturels : vin, bière, cidre, poiré, hydromel, auxquelles sont joints les vins doux naturels, ainsi que les crèmes de cassis et les jus de fruits ou de légumes fermentés comportant de 1,2 à 3 degrés d'alcool, vins de liqueur, apéritifs à base de vin et liqueurs de fraises, framboises, cassis ou cerises, ne titrant pas plus de 18 degrés d'alcool pur ;

– Rhums, tafias, alcools provenant de la distillation des vins, cidres, poirés ou fruits, et ne supportant aucune addition d'essence ainsi que liqueurs édulcorées au moyen de sucre, de glucose ou de miel à raison de 400 grammes minimum par litre pour les liqueurs anisées et de 200 grammes minimum par litre pour les autres liqueurs et ne contenant pas plus d'un demi-gramme d'essence par litre ;

– Toutes les autres boissons alcooliques.

Une licence est nécessaire à partir du deuxième groupe de boissons. Il existe trois formes de licences : la licence du deuxième groupe, la licence dite « *restreinte* » permettant le débit des boissons du troisième groupe, et la « *grande licence* » ou « *licence de plein exercice* » permettant le débit des boissons du troisième et du quatrième groupes à l'exception de celles qui sont interdites à la vente. Préalablement à l'ouverture de l'établissement, il est obligatoire de faire une déclaration à la mairie (ou à la préfecture de police à Paris) en indiquant notamment la catégorie du débit que l'on se propose d'ouvrir (CSP, art. L. 3332-3, 4°).

Une licence de débit de boissons est un bien meuble incorporel saisissable, ainsi que l'a confirmé un avis de la Cour de cassation[1].

0732.12 Attachement de la licence au fonds de commerce. La licence est l'un des éléments du fonds de commerce. Elle est d'ailleurs transmise avec celui-ci, et cet attachement est logique dans la mesure où le fonds ne serait plus exploitable sans licence[2] ; il a même été jugé que, un fonds ne pouvant être exploité sans licence, cette dernière entrait dans le champ d'un nantissement pris sur le fonds, même si aucune clause ne le prévoyait expressément[3]. Le propriétaire du fonds est d'ailleurs présumé être propriétaire de la licence[4]. Mais, la licence peut être détachée du fonds de commerce de débit de boissons, par exemple, en cas de location[5].

1. Cass., ch. réun., avis., 8 févr. 1999, n° 98-00.015, P, n° 1 ; *D.* 1999. 287, note C. Brenner ; *Procédures* 1999, n° 125, obs. H. Croze ; *Rev. huiss.* 1999. 301, obs. J.-J. Daigre ; *RTD com.* 1999. 631. obs. J. Derruppé – *Adde* : Colmar, 18 févr. 2002, *RD banc. fin.* 2003, n° 157, note J.-M. Delleci.
2. Req. 14 juin 1926, *Gaz. Pal.* 1926. 2. 442 – Req. 7 mai 1935, *DH* 1935. 315 – Com. 29 mai 1953, *JCP* 1953. II. 7720, note Cohen – Civ. 3e, 2 déc. 1970, *JCP* 1971. IV. 227.
3. Paris, 16e ch., sect. A, 9 avr. 1996, *Juris-Data* n° 020735.
4. Req. 14 juin 1926, préc. ss prést n° – Req. 7 janv. 1936, *DH* 1936. 11 – Com. 5 janv. 1960, P IV, n° 7.

§ 2
Procédure de saisie

0732.21 Recours à la saisie des droits incorporels. L'avis de la Cour de cassation du 8 février 1999 susvisé s'est également prononcé sur la procédure à suivre : « *En l'absence de texte réglementaire de portée générale applicable à la saisie des droits de cette nature, ou de dispositions spécifiques à la saisie de cette licence qui n'est pas une valeur mobilière, il est possible, sous réserve des adaptations nécessaires contrôlées par le juge de l'exécution de transposer, pour les opérations de saisie, la procédure définie aux articles 182 à 184 du décret du 31 juillet 1992, et, pour la vente, les dispositions des articles 189 à 192 du même texte* ». Sous la numérotation alors non codifiée, il s'agit de renvoyer purement et simplement à la procédure de saisie des droits incorporels (C. pr. exéc., art. R. 231-1 à R. 233-9), mais en remarquant bien que des adaptations seront nécessaires dans la pratique, sous le contrôle du juge de l'exécution (JEX).

SECTION 2
SAISIE DES LICENCES D'OFFICINES DE PHARMACIES

0732.31 Attachement au fonds de commerce. La licence d'exploitation d'officines de pharmacies est délivrée par le directeur de l'agence régionale de santé (ARS). Elle ne peut être cédée par son ou ses titulaires indépendamment du fonds de commerce auquel elle se rapporte ; toutefois, la cession d'une officine est possible au cours d'une procédure de redressement ou de liquidation judiciaire (CSP, art. L. 5125-21). La saisie de cette licence ne peut donc intervenir que dans le cadre de la procédure applicable au fonds de commerce, sauf cas particulier de recours à une procédure collective, dans le cadre de la procédure de vente forcée prévue au Code de commerce. La saisie ne peut intervenir en utilisant la procédure qui vise les droits incorporels prévue par le Code des procédures civiles d'exécution.

SECTION 3
SAISIE DES LICENCES DE TAXIS

0732.41 Réglementation de l'accès à la profession. L'activité de chauffeur de taxi fait l'objet de contraintes nombreuses et précises : incompatibilité avec certaines condamnations, obtention d'un certi-

5. Com. 29 mai 1953, préc. ss prést n° – Crim. 11 févr. 1958, P, n° 143 – Civ. 3e, 2 déc. 1970, préc. ss prést n°.

ficat de capacité professionnelle qui permet la délivrance de la carte professionnelle et, bien sûr, la licence dont il est question ici. Les taxis artisans disposent d'une licence avec autorisation de stationnement, mais pas les taxis salariés.

0732.42 **Description et nature de la licence.** La licence est en réalité une autorisation de stationnement (ADS). Généralement, on achète une ADS (de 30 000 à 80 000 euros en zone rurale ; de 130 000 à 250 000 euros en Île-de-France). Il est également possible de recourir à une location-gérance qui met à disposition d'un chauffeur un véhicule équipé et une ADS. Enfin, mais de façon plus résiduelle, il est toujours possible, notamment en zone rurale, de faire une demande en mairie pour obtenir une ADS gratuite, selon une procédure qui suppose l'avis d'une commission départementale. Le régime de l'activité est fixé par voie réglementaire[1]. Les ADS peuvent être détenues par des personnes physiques ou morales, et l'on peut être titulaire d'une ou de plusieurs autorisations. Les autorisations de stationnement (assorties d'éléments relatifs aux horaires de début de service ou à la succession de conducteurs en cours de journée), avec les zones de prise en charge, sont délivrées par le maire. Il existe des listes d'attente et les nouvelles autorisations sont attribuées dans l'ordre chronologique d'enregistrement des demandes. L'indication de la commune ou du service commun de taxis de rattachement, ainsi que du numéro de l'autorisation de stationnement, est présentée sous forme d'une plaque fixée au véhicule et visible de l'extérieur. La délivrance de l'autorisation de stationnement doit donner lieu à son exploitation effective et continue.

En sa qualité de droit incorporel négociable, la licence est saisissable sur le fondement de l'article L. 231-1 C. pr. exéc.

La loi n° 2014-1104 du 1er octobre 2014 relative aux taxis et aux voitures de transport avec chauffeur[2] dispose que, pour les ADS délivrées avant le 1er octobre 2014, le titulaire de la licence est considéré comme l'exploitant (C. transp., art. L. 3121-1-2), ce qui lui permet de pressentir un successeur. Une telle licence est donc saisissable sous couvert de quelques modalités d'exploitation[3]. Au contraire, les ADS délivrées après le 1er octobre 2014 sont incessibles et ne peuvent pas faire l'objet d'une saisie.

0732.43 **Procédure de saisie.** Faute de dispositions spécifiques, on a recours à la procédure utilisée en matière de saisie des droits d'associé et des valeurs mobilières[4], qu'il faut naturellement, comme pour les licences de débits de boissons, adapter. Il en va de même pour la saisie de la licence assortie d'un droit de présentation au successeur du titulaire[5]. La saisie doit intervenir auprès du maire du lieu d'activité ou, à Paris, du préfet de police de Paris.

1. Décr. n° 95-935, 17 août 1995, portant application de la loi n° 95-66 du 20 janvier 1995 relative à l'accès à l'activité de conducteur et à la profession d'exploitant de taxi, *JO* 24 août, p. 12596, mod. par Décr. n° 2009-1064, 28 août 2009, relatif à l'exercice de l'activité de taxi, *JO* 30 août, p.14377.
2. L. n° 2014-1104, 1er oct. 2014, relative aux taxis et aux voitures de transport avec chauffeur, *JO* 2 oct., texte 1.
3. TGI Lyon, JEX, 15 mai 2001, *Juris-Data* n° 2001-143913 ; *Dr. et proc.* 2002. 40, obs. C. Brenner ; *Procédures* juill. 2001, n° 154, obs. H. Croze.
4. *Ibid.*
5. Versailles, 4 mai 2006, RG n° 04/09076, *Dr. et proc.* 2007. 35, obs. S. Abbou et M. Nicod.

CHAPITRE

0733. Saisie des droits de propriété intellectuelle

Xavier Daverat
Professeur à l'université de Bordeaux

Section 0
Orienteur

0733.00 **Sommaire du chapitre.**

Division. La saisie des droits de propriété intellectuelle comprend la saisie du droit de propriété littéraire et artistique (sect. 1), celles des marques, dessins et modèles (sect. 2), celle des brevets (sect. 3) et enfin celle d'autres droits immatériels (sect. 4).

0733.01 **Textes applicables.**

• **CPI,** art. L. 226-2, L. 412-1, L. 333-1 à L. 333-4, L. 613-21, L. 622-7, L. 623-24, R. 132-8 s., R. 613-51, R. 613-55, R. 714-4.

• **C. pr. exéc.,** art. L. 231-1, R. 231-1, R. 233-5 s.

0733.02 **Jurisprudence de référence.**

> Saisissabilité d'une licence d'exploitation de débit de boissons.

• **Cass., avis, 8 févr. 1999,** n° 98-00.015, P, n° 1

* V. s[s] n°s 0141.91, 0629.07, 0711.39, 0732.11, 0733.22

La licence d'exploitation d'un débit de boissons de 4e catégorie constitue un droit incorporel saisissable. En l'absence de texte réglementaire de portée générale applicable à la saisie des droits de cette nature, ou de dispositions spécifiques à la saisie de cette licence qui n'est pas une valeur mobilière, il est possible, sous réserve des adaptations nécessaires contrôlées par le juge de l'exécution de transposer pour les opérations de saisie, la procédure définie aux articles 182 à 184 du décret du 31 juillet 1992, et, pour la vente, les dispositions des articles 189 à 192 du même texte [devenus art. R. 232-5 à R. 232-8, et art. R. 233-5 à 233-8 C. pr. exéc.].

0733.03 **Bibliographie indicative.**

Actualisables. *J.-Cl. Not. Form., V°* Saisie des droits incorporels, par E. Putman – *J.-Cl. Procédure civile, V°* Mesures conservatoires et d'exécution forcée sur les valeurs mobilières et droits d'associés, par O. Salati, E. Botrel, C. Tirvaudey, n° 1700-25, sept. 2023 – *J.-Cl. Sociétés, V°* Parts sociales et valeurs mobilières, par C. Tirvaudey-Bourdin, H. Croze, fasc. 20, oct. 2023 – *J.-Cl. Sociétés*, Form., *V°* Valeurs mobilières. Saisie conservatoire, par C. Tirvaudey-Bourdin, H. Croze, fasc. K-98, oct. 2023.

Article. J.-P. Faget, « La saisie des marques », *Rev. huiss.* 1998. 70.

0733.05 **Dispositions minimales.** La réforme de 1991-1992 n'ayant rien prévu à cet égard, il faut se rabattre sur quelques dispositions embryonnaires du Code de la propriété intellectuelle puis revenir au « droit commun » des voies d'exécution.

Section 1
Saisie du droit de propriété littéraire et artistique

0733.11 **Domaine de la saisissabilité de ce droit.** Visant de façon très large les droits incorporels, l'article L. 231-1 C. pr. exéc. paraît *a priori* viser tout objet d'un droit de propriété intellectuelle. Or, le droit de la propriété littéraire et artistique échappe aux procédures de saisie.

En effet, *d'une part*, l'inaliénabilité du droit moral ne permet pas sa saisie. *D'autre part*, si le droit moral de l'auteur est insaisissable, sans doute peut-on agir en direction de son droit patrimonial ; il ne s'agit alors que d'intervenir sur les « produits d'exploitation de l'œuvre », comme le dit un intitulé du Code de la propriété intellectuelle (première partie, livre III, titre III, chapitre III) ; cela concerne donc les revenus tirés de l'exploitation d'une œuvre, mais pas les droits de propriété intellectuelle eux-mêmes, de sorte que nous ne sommes pas dans le champ visé par ce chapitre : il faut se rabattre sur la saisie-attribution qui organise la saisie des créances de sommes d'argent, le tiers saisi pouvant être, en l'occurrence, un éditeur, un producteur, une société de perception et de distribution des droits, *etc.* (et on ne peut bien sûr pas ordonner une exploitation forcée qui, si elle générait des revenus propres à honorer une créance, heurterait le droit de divulgation de l'auteur).

Le Code de la propriété intellectuelle ne contient dès lors que quelques dispositions sur la saisie : versement à l'auteur, à titre alimentaire, d'une certaine somme ou d'une quotité déterminée des sommes saisies provenant des produits d'exploitation ordonné par le président du tribunal judiciaire (CPI, art. L. 333-1), caractère alimentaire des sommes dues en raison de l'exploitation pécuniaire ou de la cession des droits de propriété littéraire ou artistique (CPI, art. L. 333-2) et portion insaisissable de ces sommes en référence aux barèmes pratiqués pour les rémunérations du travail (CPI, art. L. 333-3), cas particulier du recouvrement des créances d'aliments pour lesquelles les dispositions qui précèdent ne s'appliquent pas (CPI, art. L. 333-4). S'agissant des logiciels, pour lesquels le nantissement est possible (CPI, art. R. 132-8 s.), la saisie intervient auprès de l'Institut national de la propriété industrielle (INPI).

SECTION 2
SAISIE DE MARQUES ET DE DESSINS ET MODÈLES

0733.21 **Saisissabilité.** La saisie de marque n'est évoquée que par l'article R. 714-4 du CPI, aux termes duquel « *les actes modifiant la propriété d'une marque ou la jouissance des droits qui lui sont attachés, tels que cession, concession d'un droit d'exploitation, constitution ou cession d'un droit de gage ou renonciation à ce droit, saisie, validation et mainlevée de saisie, sont inscrits à la demande de l'une des parties à l'acte ou, s'il n'est pas partie à l'acte, du titulaire du dépôt au jour de la demande d'inscription* ». En ce qui concerne les dessins et modèles, il est acquis qu'ils soient saisissables même si, cette fois, aucun texte n'intervient, même furtivement, à cet égard.

0733.22 **Absence de procédure spécifique.** S'agissant des marques, en l'absence de textes, certains commentateurs ont considéré qu'il fallait appliquer les dispositions du décret n° 65-621 du 27 juillet 1965[1] qui prévoyait une telle procédure[2] ; mais, dans la mesure où celui-ci avait été pris en application de la loi n° 64-1360 du 31 décembre 1964[3], abrogée lors de l'entrée en vigueur de la loi n° 91-7 du 4 janvier 1991 relative aux marques[4], cette option est suspecte. Il faut respecter les dispositions relatives à la saisie des droits incorporels prévues par le code des procédures civiles d'exécution[5]. Il a ainsi été décidé qu'une marque peut faire l'objet d'une saisie sous réserve des adaptations rendues nécessaires du fait des règles de publicité en la matière[6] et qu'il faut suivre la procédure prévue par le Code des procédures civiles d'exécution[7]. C'est retrouver la logique émanant de l'avis de la Cour de cassation en matière de saisie d'une licence de débit de boissons, évoquée précédemment[8] (v. s^s n° 0732.11). Pour les dessins et modèles, on utilise aussi la procédure de saisie des droits incorporels prévue par le Code des procédures civiles d'exécution.

§ 1
Phase de la saisie

0733.31 **Acte de saisie.** La saisie doit être signifiée par huissier et répondre au formalisme prévu par le code des procédures civiles d'exécution (v. s^s n°s 0111.11 s.). Une singularité intervient : cette signification ne peut se faire qu'auprès de l'Institut national de la propriété industrielle (INPI), qui est en position de tiers et tient le Registre national des marques et le Registre national des dessins et modèles ; au demeurant, c'est bien ce qui est prévu par l'article L. 613-21 du CPI en matière de brevets (v. s^s n° 0733.61).

0733.32 **Dénonciation de la saisie.** La saisie doit ensuite être dénoncée auprès du débiteur dans un délai de huit jours, à peine de caducité.

0733.33 **Effets de la saisie.** La saisie entraîne l'indisponibilité des droits pécuniaires découlant de

1. Décr. n° 65-621, 27 juill. 1965, portant application de la loi du 31 décembre 1964 sur les marques de fabrique, de commerce ou de service, *JO* 29 juill.
2. J.-P. Faget, « La saisie des marques », *Rev. huiss.* 1998. 70.
3. L. n° 64-1360 du 31 déc. 1964, sur les marques de fabrique, de commerce ou de service, *JO* 1er janv. 1965.
4. L. n° 91-7 du 4 janv. 1991, relative aux marques de fabrique, de commerce ou de service, *JO* 6 janv.
5. A. Leborgne, *Droit de l'exécution. Voies d'exécution et procédures de distribution*, 3e éd., « Précis », Dalloz, 2019, n° 1624.
6. TGI Paris, JEX, 28 mai 2003, *Dr. et proc.* 2003. 373, note Chardon.
7. Paris, 1er avr. 2005, *D.* 2005. 1612.
8. Cass., ch. réun., avis., 8 févr. 1999, n° 98-00.015, P, n° 1 ; *D.* 1999. 287, note C. Brenner ; *Rev. huiss.* 1999. 301, obs. J.-J. Daigre ; *RTD com.* 1999. 631. obs. J. Derruppé.

l'exploitation de la marque. La consignation d'une somme suffisante pour désintéresser le créancier conduit à prononcer la mainlevée de la saisie.

§ 2
Phase de la vente

0733.41 **Déroulement de la vente.** Le débiteur peut recourir à une vente amiable dans le délai d'un mois à compter de la dénonciation de la saisie. Il y a ensuite vente forcée par adjudication. Il faut avoir, préalablement, élaboré un cahier des charges, sans oublier, dans ce cas précis, de le notifier à l'INPI.

SECTION 3
SAISIE DE BREVETS

0733.51 **Saisissabilité.** Les brevets d'invention sont saisissables. Il faut juger de leur valeur, laquelle découle des possibilités de profit[1]. Il est impératif de vérifier si des droits réels (gage, licence...) n'ont pas été consentis à des tiers.

Une mesure conservatoire sur un brevet est possible, même si la décision de justice n'est pas assortie d'une exécution provisoire ; mais, s'il y a indisponibilité du brevet, la validité de la saisie suppose que le titre devienne exécutoire[2].

§ 1
Phase de la saisie

0733.61 **Acte de saisie.** La procédure est décrite par l'article L. 613-21 du CPI, texte qui, en tant que loi spéciale, déroge au droit commun des voies d'exécution[3]. Selon l'alinéa 1er de ce texte, « *la saisie d'un brevet est effectuée par acte extrajudiciaire signifié au propriétaire du brevet, à l'Institut national de la propriété industrielle ainsi qu'aux personnes possédant des droits sur le brevet ; elle rend inopposable au créancier saisissant toute modification ultérieure des droits attachés au brevet* ». Les « *personnes possédant des droits sur le brevet* » sont aisément repérables puisqu'elles doivent être inscrites au Registre national des brevets : « *Les actes modifiant la propriété d'une demande de brevet ou d'un brevet ou la jouissance des droits qui lui sont attachés, tels que cession, concession d'un droit d'exploitation, constitution ou cession d'un droit de gage ou renonciation à ce droit, saisie, validation et mainlevée de saisie, sont inscrits à la demande de l'une des parties à l'acte, ou, s'il n'est pas partie à l'acte, du titulaire du dépôt au jour de cette demande* » (CPI, art. R. 613-55).

0733.62 **Action en validité.** À peine de nullité de la saisie, le créancier saisissant doit, dans le délai prescrit, se pourvoir devant le tribunal en validité de la saisie et aux fins de mise en vente du brevet (CPI, art. L. 613-21, al. 2), le délai étant de quinze jours à compter de la date de signification (CPI, art. R. 613-51).

0733.63 **Inscription de la saisie.** Il faut procéder à l'inscription de la saisie au Registre national des brevets selon la procédure prévue par l'article R. 613-55 du CPI. Ce texte impose, en effet, l'inscription chaque fois qu'il y a modification de la propriété ou de la jouissance d'un brevet, ce qui est le cas dans l'hypothèse de « *validation et mainlevée de saisie* », ainsi qu'il est dit expressément. La saisie doit être inscrite à l'initiative du créancier ou du titulaire du dépôt au jour de cette demande, celle-ci comprenant :

1° Un bordereau de demande d'inscription ;

2° Une copie ou un extrait de l'acte constatant la modification de la propriété ou de la jouissance ;

3° La justification du paiement de la redevance prescrite ;

4° S'il y a lieu, le pouvoir du mandataire, à moins qu'il n'ait la qualité de conseil en propriété industrielle ou d'avocat.

§ 2
Phase de la vente

0733.71 **Droit applicable.** Aucun texte du Code de la propriété intellectuelle ne prévoyant la vente, on doit se référer aux dispositions des articles R. 233-5 et suivants du C. pr. exéc.[4] (v. s^s n° 0141.91).

0733.72 **Déroulement de la vente.** Le débiteur peut recourir à une vente amiable dans le délai d'un mois à compter de la dénonciation de la saisie. L'adjudication peut être réalisée par un notaire. Mais, une vente devant notaire ne peut apporter aucune restriction au cahier des charges dérogeant aux dispositions générales relatives aux voies d'exécutions, par exemple, en prévoyant une obligation de porter les enchères par le ministère d'avocat[5].

1. CE 16 mars 1990, req. n° 41059, *Gaz. Pal.* 6 sept. 1990, concl. Liebert-Champagne.
2. TGI Paris, 10 nov. 1994, *PIBD* 1995. III. 61.
3. TGI Paris, 10 nov. 1994, *Rev. huiss.* 1995. 732, obs. J.-P. Faget – TGI Paris, 28 juin 1996, *PIBD* 1996. III. 609.
4. Paris, 8e ch. B, 8 mars 2001, RG n° 2000/13688 – Paris, 8 août 2001, *Juris-Data* n° 161413.
5. Paris, 8e ch. B, 8 mars 2001, RG n° 2000/13688, (préc., v. ss n° 0733.71).

SECTION 4
SAISIE D'AUTRES DROITS IMMATÉRIELS

§ 1
Produits semi-conducteurs

0733.81 **Incertitude sur la procédure.** Pour les topographies de produits semi-conducteurs, l'article L. 622-7 du CPI permet une saisie. En revanche, s'il y a renvoi à de nombreux textes sur les brevets, l'article L. 613-21 du CPI relatif à la saisie n'en fait pas partie : le doute sur l'usage de la procédure spéciale est donc permis ; à défaut, il faut utiliser la procédure de saisie des droits incorporels prévue par le code des procédures civiles d'exécution.

§ 2
Obtentions végétales

0733.91 **Particularités de la procédure.** Pour les obtentions végétales, l'article L. 623-24 du CPI renvoie expressément à l'article L. 613-21 dudit code. Il faut donc utiliser la procédure relative aux brevets d'invention, mais en la dirigeant vers l'Instance nationale des obtentions végétales, qui est plus globalement en charge de recevoir, enregistrer et instruire les demandes de certificats d'obtention végétale ainsi que les oppositions à la délivrance desdits certificats (CPI, art. L. 412-1).

§ 3
Actifs numériques

0733.101 **Nature des actifs numériques.** Selon l'article L. 226-2, I C. mon. fin., « les actifs numériques sont des biens incorporels négociables ».

0733.102 **Crypto-actifs.** Un crypto-actif est un actif numérique basé sur une blockchain, avec registre décentralisé et protocole informatique crypté : *Bitcoin, Ripple, Dash, Ether*... Le terme « *crypto-actif* » a été préféré à celui d'« *actif numérique* » par l'ordonnance du 15 octobre 2024[1], qui substitue aussi la notion de « *technologie des registres distribués* » (DLT : *Distributed Ledger Technology*) à celle de « *dispositif d'enregistrement électronique partagé* » dans divers articles du Code monétaire et financier[2]. Contrairement à ce que l'appellation courante « *cryptomonnaies* » laisserait supposer, les crypto-actifs ne sont pas des monnaies et n'ont pas de cours légal. L'article L. 54-10-1, 2° C. mon. fin. définit le crypto-actif comme « *toute représentation numérique d'une valeur qui n'est pas émise ou garantie par une banque centrale ou par une autorité publique, qui n'est pas nécessairement attachée à une monnaie ayant cours légal et qui ne possède pas le statut juridique d'une monnaie, mais qui est acceptée par des personnes physiques ou morales comme un moyen d'échange et qui peut être transférée, stockée ou échangée électroniquement* ». Saisi de la question d'un prêt, le tribunal de commerce de Nanterre avait jugé que le *Bitcoin* était fongible (protocole informatique et rapport d'équivalence) et consomptible[3]. La valeur des crypto-actifs dépend de l'offre et de la demande à leur égard, mais cette valeur peut être importante, d'où vient la question de leur saisissabilité. La saisie-attribution étant réservée aux créances de sommes d'argent (C. pr. exéc., art. L. 211-1), elle n'est pas utilisable pour intervenir sur les crypto-actifs. Il convient donc de recourir à la procédure de saisie des autres droits incorporels (C. pr. exéc., L. 231-1 s.) : « *Tout créancier muni d'un titre exécutoire constatant une créance liquide et exigible peut faire procéder à la saisie et à la vente des droits incorporels, autres que les créances de somme d'argent, dont son débiteur est titulaire* » (C. pr. exéc., art. R. 231-1). Mais les modalités sont spécifiques et, à défaut de procédure instituée, nous entrons dans le champ de la spéculation. Si la conservation des crypto-actifs n'est pas effectuée en ligne (*cold wallet*) avec clé USB dédiée, la saisie est pratiquée entre les mains du débiteur (mais le bien incorporel est conservé sur un bien matériel – la clé – ce qui pourrait obliger à utiliser des éléments de procédure de saisie des biens meubles corporels...) ; il est possible aussi que la conservation se fasse sur un support papier (*paper wallet*) par le débiteur ou déposé dans le coffre-fort d'un organisme bancaire (qui devient alors tiers saisi)... Si la conservation des crypto-actifs est assurée sur une plateforme (site d'achat) avec conservation de la clé par celle-ci (*hot wallet*), la saisie est pratiquée entre les mains du gestionnaire du site ou d'un prestataire auquel le débiteur aurait confié la gestion des crypto-actifs, avant que le débiteur lui-même n'en soit averti.

0733.103 ***Non-Fungible Tokens.*** Les *Non-Fungible Tokens* (NFT), jetons non-fongibles, sont des actifs numériques uniques, certifiés et non-interchangeables (à la différence des cryptoactifs). Les NFTs sont adossés à une *blockchain* et supposent une opération de *minting* permettant la création du jeton à partir d'un

1. Ord. n° 2024-936, 15 oct. 2024, relative aux marchés de crypto-actifs, *JO* 17 oct., rec. *JO* 9 nov., texte 33, art. 1er.
2. Ord. n° 2024-936, 15 oct. 2024,art. 5.
3. T. com., Nanterre, 26 févr. 2020, n° 2018F0046, J. Lasserre Capdeville, « La qualification juridique des contrats de prêt de *Bitcoin* est celle de prêt de consommation », *Le Quotidien*, 10 mars 2020 – O. Martin, « PSAN en faillite et action en revendication de crypto-actifs », *Village justice*, 14 nov. 2022.

fichier numérique. Ils interpellent le droit[1] et deviennent des modes de création ou d'exploitation des œuvres : un artiste peut ainsi créer des NFTs et les proposer à la vente. On les retrouve dans les arts plastiques, l'enregistrement musical, la vidéo, le *gaming*, etc. Il s'agit, à chaque fois, de fichiers originaux, qui par leur unicité et avec la certification qui leur est associée, deviennent des objets de collection numérique ayant une valeur propre. Après localisation des NFTs, le commissaire de justice peut, comme pour les cryptoactifs, procéder à la signification d'un acte de saisie au propriétaire ou au détenteur des jetons.

1. *CCE* 2022. Chron. 4, § 13, obs. X. Daverat – J. Prost et A. Jean-Baptiste, « Les *Non-Fungible Tokens* saisis par le droit », *Dalloz IP/IT* 2022. 260 – V. Varet et X. Près, « "NFT" : trois lettres déclinées au secteur de l'art », *Rev. prat. de la prospective et de l'innovation*, mai 2022. Dossier 9.

CHAPITRE

0734. Saisie du fonds de commerce

XAVIER DAVERAT
PROFESSEUR À L'UNIVERSITÉ DE BORDEAUX

SECTION 0
ORIENTEUR

0734.00 Sommaire du chapitre.

Division. La saisie de fonds de commerce ouvre des actions aux créanciers (sect. 1) selon une procédure formaliste (sect. 2).

0734.01 Textes applicables.

• **C. com.**, art. L. 143-3 à L. 143-11.

0734.03 Bibliographie indicative.

Actualisables. Rép. com., vº *Fonds de Commerce*, par J. Derruppé, sept. 1998, T. Ravel d'Esclapon, oct. 2016 (actu. janv. 2025) – *J.-Cl. Notarial, Form.*, Vº Fonds de commerce. Adjudication judiciaire. Requête d'un créancier inscrit, par F. Bouttier, fasc. 650, août 2023.

0734.05 Vente globale. Plan. La saisie et la vente globale du fonds de commerce a été prévue par la loi du 17 mars 1909[1], dont des dispositions, plusieurs fois modifiées, se retrouvent dans le Code de commerce. Le droit des procédures collectives est largement plus utilisé, et la saisie et la vente du fonds de commerce constituent aujourd'hui des voies quelque peu résiduelles, que l'on présente (sect. 1) avant d'envisager la procédure applicable (sect. 2).

1. L. 17 mars 1909.

SECTION 1
ACTIONS OUVERTES AUX CRÉANCIERS

§ 1
Procédures spéciales

0734.11 Vente à la requête d'un créancier inscrit. La vente globale à la requête d'un créancier inscrit sur le fonds est prévue par l'article L. 143-5 C. com. Le vendeur et le créancier gagiste peuvent faire ordonner la vente du fonds, y compris en vertu d'un acte sous seing privé. Une sommation de payer faite au débiteur, et éventuellement au tiers détenteur, sont obligatoires sous peine de nullité (une lettre simple adressée au débiteur n'est pas suffisante[2] et la mise en demeure du tiers détenteur ne saurait remplacer la sommation[3]). La condamnation du débiteur avant la vente du fonds n'est pas requise[4]. Cette sommation ne peut intervenir à l'encontre du débiteur soumis à une procédure collective[5].

Cette sommation ouvre la porte à une assignation à fin de vente du fonds ; il est acquis de longue date que l'assignation peut intervenir en même temps que la sommation[6]. La vente peut intervenir huit jours après une sommation restée sans effet, même s'il y a eu offre de paiement après le délai[7]. La demande est présentée au tribunal de commerce dont relève le fonds (C. com., art. L. 143-5, al. 2).

0734.12 Vente à la requête d'un créancier chirographaire dont la créance se rattache à l'exploita-

2. Versailles, 25 mai 1989, *D.* 1989. IR 209 ; *RTD com.* 1989. 648, obs. J. Derruppé.
3. Paris, 3e ch., 14 juin 1988, *D.* 1988. IR 222.
4. Civ. 2e, 5 avr. 1993, nº 91-19.979, P II, nº 142 ; *D.* 1994. Somm. 13, obs. A. Penneau.
5. Paris, 21 avr. 2000, *D. affaires* 2000. AJ 313, obs. A.-L. Monéger-Dupuis et P. Pisoni.
6. T. com. Marseille, 3 févr. 1921, *Journ. Marseille* 1921. 1. 307.
7. Paris, 22 mai 1935, *Gaz. Pal.* 1935. 2. 272.

tion. La vente globale à la requête d'un créancier chirographaire dont la créance s'attache à l'exploitation du fonds est prévue par l'article L. 143-8 C. com. Cette procédure n'est évidemment possible que si le débiteur est propriétaire du fonds [1]. À l'occasion d'une demande de paiement présentée au tribunal de commerce, le créancier peut requérir une vente du fonds ; le jugement de condamnation peut alors ordonner la vente et fixer un délai d'intervention de celle-ci à défaut de paiement. Il faut néanmoins que le créancier prouve l'avantage de la vente globale [2].

0734.13 **Vente à la requête d'un créancier inscrit en cas de vente d'éléments séparés.** La vente globale à la requête d'un créancier inscrit est prévue par l'article L. 143-10 C. com. Elle vise à éviter le démembrement du fonds. On sait que, notamment du fait d'une saisie-vente, des éléments séparés d'un fonds de commerce peuvent être vendus en respectant un délai de dix jours à compter de la notification de la mesure aux créanciers inscrits. Chacun de ces derniers peut, durant ce délai, demander la vente globale du fonds. La jurisprudence, certes ancienne, est tout de même divisée sur le fait de savoir si, quand le créancier saisissant a été désintéressé, les créanciers inscrits peuvent ou non poursuivre leur action [3].

0734.14 **Vente à la requête du Trésor public.** L'article L. 268 du LPF permet au comptable public de demander la vente d'un fonds de commerce au président du tribunal de grande instance, qui exerce alors toutes les attributions confiées au tribunal par les articles 1272 s. C. pr. civ. Toute dette fiscale, même si elle n'est pas liée à l'exploitation du fonds, peut faire l'objet de cette procédure [4].

§ 2
Conversion d'une saisie-vente

0734.21 **Vente globale du fonds.** Selon l'article L. 143-3 C. com., le créancier qui a engagé une saisie-vente sur du matériel ou des marchandises du fonds et son débiteur peuvent demander la vente globale de ce dernier par voie d'assignation. Le but est d'éviter une dépréciation par séparation des éléments ; l'avantage d'une vente globale doit encore être présenté au tribunal, qui dispose d'un pouvoir souverain d'appréciation [5]. Cette possibilité est ouverte à tous les créanciers, y compris le Trésor Public. Le tribunal peut ordonner la vente du fonds à défaut de paiement par le débiteur dans le délai imparti, et en respectant les formalités prescrites par l'article L. 143-6 (v. ss nos 0734.31 et 0734.32). Le jugement ordonnant la vente du fonds suspend la saisie-vente [6]. S'il n'y a pas de demande de vente globale, le tribunal fixe le délai dans lequel la vente du fonds doit intervenir ; si le débiteur ne fait pas procéder à la vente dans ce délai, la procédure de saisie-vente se poursuit.

SECTION 2
Procédure

§ 1
Formalités préalables à la vente

0734.31 **Préparation de la vente.** La vente n'est possible que si la sommation (v. ss n° 0734.11) est intervenue [7]. Le tribunal fixe la mise à prix, arrête les principales conditions de vente et commet l'officier public qui rédige le cahier des charges (C. com., art. L. 143-4). Il nomme en cas de besoin un administrateur provisoire du fonds (C. com., art. R. 143-5). Le créancier poursuivant fait sommation au propriétaire du fonds et aux créanciers inscrits, quinze jours au moins avant la vente, de prendre connaissance du cahier des charges ; ils peuvent formuler des dires et observations (C. com., art. L. 143-6, al. 1er).

0734.32 **Publicité.** La vente, dans les dix jours qui la précèdent au minimum, doit faire l'objet d'une apposition d'affiches dont les mentions sont précisées par les textes (C. com., art. L. 143-6, al. 2). L'affichage est prévu à la porte principale de l'immeuble et de la mairie de la commune où le fonds est situé, du tribunal de commerce dont dépend le fonds, et à la porte de l'étude de l'officier public (C. com., art. L. 143-6, al. 3). Dix jours avant la vente, l'affiche doit être publiée dans un journal d'annonces légales (C. com., art. L. 143-6, al. 4). Le constat de réalisation de la publicité est porté dans le procès-verbal de vente (C. com., art. L. 143-6, al. 5).

§ 2
Vente aux enchères

0734.41 **Droit commun.** On applique les règles du droit commun régissant les ventes publiques de biens meubles, faute de dispositions spéciales. Il n'y

1. Req. 22 févr. 1939, *DP* 1940. 1. 5, note Ripert.
2. Paris, 21 nov. 1961, *D.* 1962. 30.
3. Défavorable à la poursuite : Paris, 21 avr. 1937, *Gaz. Pal.* 1937. 2. 290 ; *D.* 1937. 2. 87 – Favorable à la poursuite : Aix-en-Provence, 16 nov. 1937 ; *DH* 1938. 1. 150.
4. Amiens, 22 janv. 1952 – Lyon, 20 mai 1952, *JCP* 1954. I. 52406.
5. Req. 19 janv. 1938, *Gaz. Pal.* 1938. 1. 530.
6. Dans le cadre des anciennes procédures : T. com. Seine, 30 mai 1913, *Gaz. Pal.* 1913. 2. 295 – T. com. Seine, 20 mars 1920, *Gaz. Pal.* 1920. 1. 586.
7. Versailles, 10 mai 1990, *D.* 1990. IR 169 ; *RTD com.* 1990. 560. obs. J. Derruppé.

a pas de surenchère possible quand les formes légales ont été respectées (C. com., art. L. 143-11). Une vente sur réitération des enchères est organisée si l'adjudicataire ne se conforme pas aux dispositions prévues pour la vente (C. com., art. L. 143-9, al. 1er). En cas de différence entre le prix proposé par l'adjudicataire défaillant et celui de la revente, celui-ci est tenu de la différence (C. com., art. L. 143-9, al. 2).

LIVRE

08. LES SAISIES MOBILIÈRES À FIN D'ATTRIBUTION : DROIT COMMUN

SECTION 0

ORIENTEUR

08.00 Sommaire du livre.

Division. Ce livre 8 est consacré à la saisie-attribution de droit commun, régie par le Code des procédures civiles d'exécution. Conditions (titre 81), procédure (titre 82), effets (titre 83) et contestation de la saisie-attribution (titre 84) seront successivement étudiés.

08.05 Définition. La saisie-attribution, saisie mobilière régie par les articles L. 162-1, L. 162-2 et L. 211-1 à L. 211-5 C. pr. exéc.[1] et par les articles R. 211-1 à R. 211.23 et R. 162-1 C. pr. exéc.[2], est une mesure d'exécution qui permet à un créancier muni d'un titre exécutoire, constatant une créance liquide et exigible (le « créancier saisissant »), de saisir entre les mains d'un tiers (le « tiers saisi ») les créances de son débiteur (le « débiteur saisi ») portant sur des sommes d'argent, pour en obtenir le paiement en lieu et place du débiteur saisi.

08.06 Innovation majeure. Considérée comme l'innovation majeure de la réforme des procédures civiles d'exécution[3], **la saisie-attribution était destinée à remplacer la saisie-arrêt** réglementée par les articles 557 à 579 ACPC. Elle s'en distingue cependant profondément par son domaine, sa mise en œuvre et ses effets.

08.07 La saisie-attribution est exclusivement une saisie de créances de sommes d'argent. Alors qu'en vertu de l'article 557 ACPC, le créancier pouvait saisir-arrêter *les « effets appartenant à son débiteur, qui ne sont pas des immeubles par nature, ou s'opposer à leur remise »*.

La saisie des « *effets* », meubles corporels ou incorporels appartenant au débiteur, obéit à des règles distinctes (saisies conservatoires et sûretés judiciaires *d'une part*, saisie-vente, mesures d'exécution sur les véhicules terrestres à moteur, saisies des droits d'associé et des valeurs mobilières, *d'autre part*).

08.08 La saisie-attribution n'est pas la seule voie d'exécution mobilière portant sur des créances de sommes d'argent. *En premier lieu*, à côté des procédures civiles d'exécution, **la saisie administrative à tiers détenteur** offre aux comptables publics une procédure

1. Ord. n° 2011-1895, 19 déc. 2011, relative à la partie législative du Code des procédures civiles d'exécution, *JO* 20 déc., p. 21464.
2. Décr. n° 2012-783, 30 mai 2012, relatif à la partie réglementaire du Code des procédures civiles d'exécution, *JO* 31 mai, p. 9375.
3. Projet de loi AN, Doc. adm. n° 88 – P. Théry, « Le notaire et les procédures civiles d'exécution », *LPA* 11 août 1997, p. 9 – Vincent et Prévault, *Voies d'exécution et procédures de distribution*, 19e éd., « Précis », Dalloz, 1999, n° 130 – Perrot et Théry, n° 369.

d'exécution destinée au recouvrement de créance relevant du droit public (v. s[s] n°s 093.00 s.).

De même, les cotisations sociales, ainsi que les majorations et pénalités de retard y afférentes peuvent être recouvrées par une **opposition à tiers détenteur** qui bénéficie de l'effet attributif immédiat de la saisie-attribution (CSS, anc. art. L. 652-3 [devenu CSS, art. L. 133-4-9], et, C. rur., art. L. 725-3 – v. s[s] n°s 0971.00 s.).

En deuxième lieu, l'article L. 211-2 C. pr. exéc. réserve des dispositions particulières à la **saisie des rémunérations** prévue par le Code du travail (C. trav., art. L. 3252-1 à L. 3252-13 et R. 3252-1 à R. 3252-44 – v. s[s] n°s 0941.11 à 0945.44), auquel renvoie désormais l'article L. 212-1 C. pr. exéc.

En troisième lieu, les **pensions alimentaires** peuvent être recouvrées par la procédure de paiement direct (C. pr. exéc., art. L. 213-1 à L. 213-6 – C. pr. exéc., art. R. 213-1 à R. 213-10 – v. s[s] n°s 0951.12 à 0953.152) ainsi que par la procédure de recouvrement public (L. 11 juill. 1975[1] – Décr. 31 déc. 1975[2]).

En quatrième lieu, une **créance de somme d'argent** (autre qu'une créance de salaire C. trav., art. L. 3252-7) peut faire l'objet d'une mesure conservatoire, qu'il s'agisse d'une saisie conservatoire régie par le Code des procédures civiles d'exécution ou d'une saisie pénale (C. pr. pén., art. 706-145)[3].

08.09 La saisie-attribution ne peut être mise en œuvre que par un créancier muni d'un titre exécutoire. Le législateur de 1991 a entendu revaloriser le titre exécutoire et, en matière de saisie-attribution notamment, éviter un recours systématique au juge. C'est ainsi qu'une telle mesure d'exécution ne peut pas être pratiquée sur autorisation du juge, comme le permettait l'article 558 ACPC, par un créancier qui ne dispose pas d'un titre exécutoire. Un tel créancier dénué de titre exécutoire ne peut que faire pratiquer une saisie conservatoire.

08.10 L'exigence d'un titre exécutoire constatant une créance liquide et exigible s'est accompagnée d'une simplification de la procédure. La procédure de saisie est engagée par la signification d'un procès-verbal de saisie-attribution au tiers saisi (C. pr. exéc., art. R. 211-1) qui doit, « *sur-le-champ* », déclarer à l'huissier poursuivant l'étendue de ses obligations à l'égard du débiteur saisi (C. pr. exéc., art. L. 211-3 – C. pr. exéc., art. R. 211-4).

Dans un délai de huit jours, à peine de caducité (C. pr. exéc., art. R. 211-3), la saisie est dénoncée au débiteur saisi qui dispose d'un délai d'un mois pour la contester (C. pr. exéc., art. L. 211-4 – C. pr. exéc., art. R. 211-11, al. 1er).

En l'absence de contestation, le créancier saisissant demande au tiers saisi le paiement, sur présentation d'un certificat de non-contestation, ou sur autorisation écrite du débiteur.

Ce n'est en effet qu'en cas de contestation que le juge de l'exécution intervient, en statuant par une décision susceptible d'appel (C. pr. exéc., art. R. 121-19).

Ainsi, l'intervention judiciaire n'est qu'éventuelle, ce qui contribue à faire de cette saisie une mesure d'exécution rapide et simple, à la différence de l'ancienne saisie-arrêt, pour laquelle l'instance en validité, nécessaire pour faire « *valider* » la saisie, même lorsque le créancier disposait d'un titre exécutoire, et l'instance en déclaration affirmative, prévues par les articles 564 ACPC et suivants étaient sources de lenteur, d'autant que le paiement ne pouvait intervenir qu'à l'issue de cette procédure, étant rappelé que les décisions pouvaient être frappées d'appel.

08.11 La saisie-attribution est uniquement une mesure d'exécution forcée. Alors que la saisie-arrêt comportait une phase conservatoire (« *arrêt* »), puis une phase d'exécution à la suite de l'instance en validité[4]. La modification de terminologie est sur ce point éclairante. Cette nouvelle voie d'exécution a un effet original : c'est l'effet attributif immédiat de la créance saisie disponible entre les mains du tiers au profit du saisissant (C. pr. exéc., art. L. 211-2). La phase conservatoire de l'ancienne saisie-arrêt a disparu. Dès l'acte de saisie, le créancier saisissant se voit attribuer la créance de somme d'argent, qu'il ne pourra toutefois recevoir en paiement du tiers saisi qu'à l'expiration du délai de contestation, délai qui peut être abrégé par le débiteur lui-même (C. pr. exéc., art. R. 211-6, al. 2) ou allongé en cas de contestation (C. pr. exéc., art. L. 211-5)[5].

08.12 La saisie-attribution crée une « attribution partielle » des sommes saisies. La saisie-arrêt rendait indisponible entre les mains du tiers saisi, sauf cantonnement, la totalité des sommes dues au saisi[6].

1. L. n° 75-618, 11 juill. 1975, relative au recouvrement public des pensions alimentaires, *JO* 12 juill., p. 7178.
2. Décr. n° 75-1339, 31 déc. 1975, relatif aux modalités d'application de la loi n° 75-618 du 11 juillet 1975, relative au recouvrement public des pensions alimentaires, *JO* 3 janv., p. 166.
3. Civ. 2e, 18 févr. 2016, n° 14-24.321, P II, n° 57.
4. DONNIER, n° 933, note 1 (historique).
5. Sur la dissociation de l'effet attributif immédiat et du paiement ultérieur : Civ. 2e, 1er oct. 2009, n° 08-19.051, P II, n° 234 ; *D.* 2010. 1307, obs. A. Leborgne ; *RTD civ.* 2010. 158, obs. R. Perrot ; *RD banc. fin.* 2010. 72, obs. S. Piedelièvre : en l'absence d'acquiescement à une saisie-attribution dont le délai de contestation n'est pas expiré, cassation de l'ordonnance du premier président qui rejette comme dénuée d'objet une demande d'arrêt de l'exécution provisoire de la décision, ayant servi de fondement à la saisie-attribution.
6. PAR EX., Civ. 2e, 12 mai 1975, n° 74-10.150, P II, n° 143.

En matière de saisie-attribution, l'article L. 211-2 C. pr. exéc. dispose au contraire que l'acte de saisie emporte, « *à concurrence des sommes pour lesquelles elle est pratiquée* », attribution immédiate de la créance saisie disponible entre les mains du tiers.

C'est uniquement dans le cas d'une saisie-attribution pratiquée entre les mains d'un établissement habilité à tenir des comptes de dépôt, que la règle est celle de **l'indisponibilité totale,** quoique limitée dans le temps (C. pr. exéc., art. L. 162-1 et R. 162-1) : l'acte de saisie rend « *indisponible l'ensemble des comptes du débiteur qui représentent des créances de sommes d'argent* » (C. pr. exéc., art. R. 211-19).

TITRE

081. Les conditions de la saisie-attribution

SECTION 0

ORIENTEUR

081.00 Sommaire du titre.

Division. La saisie-attribution met en présence trois personnes : le créancier saisissant, le débiteur saisi et le tiers saisi, débiteur du saisi.

Cette mesure d'exécution forcée exige que le saisissant dispose d'une créance constatée dans un titre exécutoire à l'encontre du débiteur saisi (chap. 811) et que celui-ci soit lui-même créancier (chap. 812) d'un tiers, le tiers saisi (chap. 813).

081.03 Bibliographie indicative.

Actualisables. Rép. pr. civ., v° *Saisie-attribution*, par C. Lefort, févr. 2016 (actu. juin 2024), par L. Boudor, nos 14-143 – *J.-Cl. Pr. civ., vis Saisie-attribution (généralités)*, fasc. 1600-5, Saisie-attribution (cause de la saisie) ; fasc. 1600-10, Saisie-attribution (*conflits avec les tiers*) ; fasc. 1600-30, par N. Cayrol.

Ouvrages[1]. G. COUCHEZ et D. LEBEAU, *Voies d'exécution*, 12e éd., Sirey, 2017, p. 146-152, nos 247-262 – M. et J.-B. DONNIER, *Voies d'exécution et procédures de distribution*, 10e éd., « Manuels », LexisNexis, 2020, p. 362-379, nos 936-983 – R. LAUBA, *Le contentieux de l'exécution*, 13e éd., LexisNexis-ENM, 2017, p. 283-288, nos 409-421 – A. LEBORGNE, *Droit de l'exécution*, 3e éd., « Précis », Dalloz, 2019, p. 494-501, nos 975-986 – R. PERROT et P. THÉRY, *Procédures civiles d'exécution*, 3e éd., Dalloz, 2013, p. 376-386, nos 375-383 – S. PIEDELIÈVRE, *Procédures civiles d'exécution*, « Corpus », Economica, 2016, p. 471-479, nos 463.

1. Les ouvrages dont le nom des auteurs figure en petites capitales en bibliographie, seront cités par le seul nom des auteurs en petites capitales en notes de bas de page.

CHAPITRE

0811. Créance du saisissant

ÉDOUARD DE LEIRIS
CONSEILLER À LA COUR DE CASSATION

SECTION 0

ORIENTEUR

0811.00 **Sommaire du chapitre.**

Division. Classiquement, le créancier saisissant doit être titulaire d'un titre exécutoire, constatant une créance liquide et exigible (sect. 1). Le cas où le titre exécutoire est constitué d'une décision de justice appelle des observations particulières (sect. 2), de même que la mise à exécution du titre à l'égard d'un débiteur faisant l'objet d'une procédure d'insolvabilité (sect. 3).

0811.01 **Textes applicables.**

• **C. pr. exéc.,** art. L. 111-3, L. 111-6, L. 111-10, L. 211-1, L. 311-2, R. 131-3 et R. 131-4.

• **C. pr. civ.,** art. art. 478, 501 à 504, 514, 514-3, 514-4, 517-1, 517-2, 517-3, 675, 694, 1420 et 1565 à 1567.

• **C. civ.,** art. 590, 1343-5, 1348-1.

• **C. com.,** art. L. 236-15, L. 611-4 s., L. 662-1, L. 622-17, L. 622-21, L. 631-14, L. 631-19, L. 641-13, L. 643-11, L. 645-1 et L. 645-6, R. 621-4, R. 622-15, R. 645-1.

• **C. consom.,** art. L. 626-11 s., L. 711-4, L. 711-5, L. 722-2, L. 722-3, L. 733-16, L. 733-17.

0811.02 **Jurisprudence de référence.**

> Procédure d'exécution pratiquée sur la foi d'une ordonnance d'injonction frappée d'opposition.

• **Cass., avis, 8 mars 1996,** n° 09-60.001, P, n° 4

* V. s[s] n°s 0121.42, 0143.72, 0214.84, 0811.12

En cas saisie-attribution pratiquée en vertu d'une ordonnance d'injonction de payer revêtue de la formule exécutoire mais frappée d'une opposition recevable, l'opposition ne peut pas conduire à ordonner la mainlevée de la saisie-attribution pratiquée, mais fait obstacle, jusqu'à ce qu'il ait été statué sur l'opposition par la juridiction compétente, au paiement au créancier des sommes rendues indisponibles.

> Saisie-attribution. Mainlevée de plein droit en cas de perte de fondement juridique.

• **Civ. 2e, 21 janv. 1998,** n° 95-20.114, P II, n° 24

* V. s[s] n°s 0214.22, 0718.53, 0811.54, 0841.12, 0971.283, 0971.302, 0971.372

L'annulation du titre exécutoire sur le fondement duquel a été pratiquée une saisie-attribution qui, en l'absence de paiement par le tiers saisi, n'a pas produit son plein effet, emporte de plein droit mainlevée de la saisie.

> Titre exécutoire à l'égard de la personne même qui doit exécuter. Concours entre créanciers d'une procédure civile d'exécution et ceux d'une procédure collective.

• **Civ. 2e, 19 mai 1998,** n°s 96-12.944 et 96-13.268, P II, n° 161

* V. s[s] n°s 0112.103, 0144.81, 0712.11, 0716.45, 0716.82, 0811.13, 1012.152, 1311.92, 1311.94

1° Toute exécution forcée implique que le créancier soit muni d'un titre exécutoire à l'égard de la personne même qui doit exécuter, et que le titre délivré à l'encontre d'une société n'emporte pas le droit de saisir les biens des associés, fussent-ils tenus indéfiniment et solidairement des dettes sociales, à défaut de titre exécutoire pris contre eux.

2° La procédure de saisie-vente ne s'achève que par la vente des biens saisis qui fait sortir ces biens du patrimoine du débiteur, les dispositions de l'article 54 de la loi du 9 juillet 1991 [devenu art. L. 221-5 C. pr. exéc.] n'ayant pour objet que de déterminer les créanciers admis à concourir sur le prix de la vente. Dès lors, la règle d'ordre public de l'arrêt des poursuites individuelles [consécutive à l'ouverture d'une procédure collective] s'applique tant que cette procédure d'exécution n'a pas, par la vente, produit ses effets.

> Titre exécutoire délivré uniquement à l'encontre du conjoint de la personne poursuivie.

• **Civ. 2e, 28 oct. 1999,** n° 97-20.071, P II, n° 163

* V. ss nos 0112.102, 0144.141, 0811.13, 0941.81, 1311.92, 1311.93, 1313.172

Toute exécution forcée implique que le créancier soit muni d'un titre exécutoire à l'égard de la personne même qui doit exécuter. Dès lors, le titre exécutoire produit à l'encontre d'un époux en recouvrement d'une dette ayant pour objet l'entretien du ménage ou l'éducation des enfants n'emporte pas le droit de saisir les biens de son conjoint, à défaut de titre exécutoire pris contre celui-ci, les deux époux fussent-ils tenus solidairement des dettes de ménage.

> Sanction de l'omission d'une mention d'un acte de commissaire de justice.

• **Civ. 2e, 7 nov. 2002,** n° 01-00.379, P II, n° 245

* V. ss nos 0522.31, 0811.41, 1331.42

Si, dans les actes signifiés par une société civile professionnelle en application des articles 6 et 7 de la loi du 27 décembre 1923 doit figurer, à peine de nullité, l'indication des nom et prénom de l'huissier [devenu commissaire] qui a instrumenté, l'omission de cette mention constitue une irrégularité de forme qui n'est sanctionnée par la nullité de l'acte que s'il en résulte un grief pour l'intéressé.

> Saisie-attribution. Dénonciation au liquidateur.

• **Com. 4 mars 2003,** n° 00-13.020, P IV, n° 34

* V. ss nos 0144.87, 0811.85, 0822.122, 0822.123

La saisie-attribution doit être dénoncée dans le délai de huit jours, à peine de caducité, au débiteur à la tête de ses biens, ou, dès la liquidation judiciaire, à son liquidateur.

Justifie légalement sa décision, la cour d'appel qui, pour décider de la caducité de la saisie-attribution effectuée la veille de la liquidation judiciaire, retient que cette saisie n'a pas été dénoncée au liquidateur, ès qualités, dans le délai de huit jours.

> L'acte de saisie doit viser le titre exécutoire autorisant la mise en œuvre de la mesure d'exécution forcée.

• **Civ. 2e, 18 déc. 2003,** n° 02-15.725, P II, n° 401

* V. ss n° 0811.52

Une partie ayant fait pratiquer une saisie-attribution au préjudice d'une société pour obtenir restitution de sommes versées en exécution d'un arrêt cassé, viole les articles 2 de la loi n° 91-650 du 9 juillet 1991 et 56, 2° du décret n° 92-755 du 31 juillet 1992 [devenus art. L. 111-2 et R. 211-1 C. pr. exéc.], la cour d'appel qui, pour débouter la société de sa demande tendant à l'annulation de la saisie, retient que si le procès-verbal de saisie n'a pas visé l'arrêt de la Cour de cassation qui a ouvert le droit à restitution, ce droit s'est trouvé conforté par l'arrêt de la cour d'appel de renvoi, alors que cet arrêt s'était borné à confirmer le jugement qui avait débouté la société de sa demande en paiement, de sorte qu'il ne s'agissait pas de la décision ouvrant droit à restitution et que cette décision, seule visée par la poursuite, ne pouvait constituer le titre exécutoire autorisant la mise en œuvre de la mesure d'exécution forcée.

> Titre exécutoire. Membres du groupement à l'encontre duquel le titre est délivré.

• **Civ. 2e, 15 janv. 2004,** n° 02-14.547, P II, n° 9

* V. ss nos 0112.103, 0811.13

Le titre délivré à l'encontre d'un groupement d'intérêt économique n'emporte pas le droit de saisir, entre les mains d'un tiers, par la voie de la saisie-attribution, les créances des membres du groupement, fussent-ils tenus indéfiniment et solidairement des dettes de ce dernier, à défaut de titre exécutoire pris contre eux.

> Sentence arbitrale constatant une créance liquide et exigible.

• **Civ. 2e, 8 juill. 2004,** n° 02-20.213, P II, n° 399

* V. ss nos 0112.68, 0214.23, 0214.61, 0811.22

Dès lors qu'une sentence arbitrale, tout en condamnant une partie à payer à une société, au titre des frais de l'arbitrage, la somme de 450 000 francs TVA en sus, a dit que cette partie devait garantir la société et prendre intégralement à sa charge, au titre des contrats de crédit-bail concernant un immeuble, les sommes, dans la limite de 5 890 441,75 francs, que les crédits-bailleurs viendraient à obtenir, et que la société a réglé à ceux-ci la somme de 8 302 000 francs, viole les articles 4 et 50 de la loi du 9 juillet 1991, ainsi que l'article 8 du décret du 31 juillet 1992 [devenus art. L. 111-6, L. 221-1 et R. 121-1 C. pr. exéc.] la cour d'appel qui, pour valider à hauteur de la somme de 646 181,77 francs le commandement aux fins de saisie-vente délivré par la société pour la somme de 5 890 441,75 francs, retient que la sentence arbitrale fixe la somme maximale qui doit être garantie et non la somme effective, qu'elle ne peut suffire à elle seule à déterminer la créance liquide et exigible de la société et fonder une exécution forcée et que la société ne produit aucune décision de justice fondant le montant effectif des sommes à garantir, alors que la sentence arbitrale condamnait la partie, sans autre condition, à prendre à sa charge, dans une limite fixée, les sommes que les crédit-bailleurs viendraient à obtenir au titre des contrats de crédit-bail concernant l'immeuble et que les crédit-bailleurs avaient obtenu les sommes qu'ils réclamaient à ce titre.

> Titre exécutoire. Énonciation dans l'acte d'exécution. Notification.

• **Civ. 2e, 14 sept. 2006,** n° 04-18.178, P II, n° 229

* V. ss nos 0811.31, 0811.41

1° L'acte d'une saisie-attribution pratiquée en vertu d'un arrêt rendu en matière de divorce et frappé d'un pourvoi rejeté par la Cour de cassation doit, en application de l'article 56, 2° du décret n° 92-755 du 31 juillet 1992 et en dépit de l'effet suspensif du pourvoi, contenir l'énonciation de l'arrêt d'appel et non celle de l'arrêt ayant rejeté le pourvoi.

2° Prive sa décision de base légale au regard de l'article 503 du nouveau code de procédure civile la cour d'appel qui déboute de sa demande de nullité d'une saisie-attribution le débiteur, sans caractériser la volonté non équivoque de celui-ci d'accepter l'exécution de l'arrêt d'appel sans notification préalable de l'arrêt de rejet de la Cour de cassation.

> Transmission du titre exécutoire avec la créance qu'il constate.

• **Com. 5 févr. 2008,** n° 06-17.029, P IV, n° 26

* V. s^s n°s 0112.131, 0811.14

Il résulte de l'article 1692 du Code civil que la cession de créance transfère au cessionnaire les droits et actions appartenant au cédant et attachés à la créance cédée, notamment le titre exécutoire obtenu par le cédant à l'encontre de la caution garantissant le paiement de la créance.

> Titre exécutoire. Arrêt infirmatif.

• **Civ. 2e, 10 juill. 2008,** n° 07-16.802, P II, n° 183

* V. s^s n°s 0511.102, 0811.51

Un arrêt infirmatif qui ouvre droit à restitution des sommes versées en exécution du jugement réformé constitue le titre exécutoire permettant d'en poursuivre le recouvrement forcé.

> L'omission de la formule exécutoire constitue une irrégularité de forme.

• **Civ. 2e, 11 févr. 2010,** n° 09-65.404, P II, n° 31

* V. s^s n°s 0112.27, 0511.41, 0511.71, 0719.121, 0719.134, 0719.135, 0811.41

L'irrégularité tenant à l'omission de la mention de la formule exécutoire sur la copie d'un jugement d'adjudication, dont le caractère exécutoire n'est pas contesté, signifiée aux débiteurs saisis dont l'expulsion est sollicitée, constitue une irrégularité de forme ne pouvant entraîner la nullité de la signification qu'au cas où elle a causé à ces derniers un grief.

> Portée de la suspension des poursuites résultant de l'adoption d'un plan de surendettement.

• **Civ. 2e, 20 janv. 2011,** n° 09-72.828, P II, n° 20

* V. s^s n°s 0144.122, 0811.102

La suspension des poursuites résultant de l'adoption d'un plan de surendettement, pendant la durée d'exécution de celui-ci, n'est pas opposable au syndicat des copropriétaires, créancier ayant déclaré une créance incluse dans le plan, pour le recouvrement des charges de copropriété postérieures aux recommandations homologuées par le juge de l'exécution.

> Titre exécutoire ouvrant droit à restitution des sommes versées en exécution du jugement réformé. Intérêts au taux légal majoré.

• **Civ. 2e, 18 déc. 2011,** n° 10-11.904, P II, n° 17

* V. s^s n° 0811.52

L'arrêt de cassation constituant une décision de justice faisant naître un droit à restitution de la somme versée en exécution de la décision cassée, les dispositions de l'article L. 313-3 du Code monétaire et financier sont applicables à la créance de restitution née après signification de cet arrêt.

> Saisie-attribution sur soi-même. Vérification du caractère exécutoire du titre.

• **Civ. 1re, 13 mai 2014,** n° 12-25.511, P I, n° 84

* V. s^s n°s 0212.95, 0254.22, 0313.53, 0712.12, 0811.32, 0812.91, 0813.31, 0971.210

1° Un créancier muni d'un titre exécutoire constatant une créance liquide et exigible dans les termes de l'article 42 de la loi n° 91-650 du 9 juillet 1991, devenu l'article L. 211-1 du Code des procédures civiles d'exécution, peut pratiquer une saisie-attribution entre ses propres mains, l'effet attributif prévu à l'article 43 de cette même loi, devenu l'article L. 211-2 du Code précité, d'une telle saisie, lorsqu'elle porte sur une créance à exécution successive, s'étendant aux sommes échues en vertu de cette créance depuis la signification de l'acte de saisie, et ce jusqu'à ce que le créancier saisissant soit rempli de ses droits et dans la limite de ce qu'il doit au débiteur en tant que tiers saisi.

2° Il incombe à l'huissier [devenu commissaire] de justice, garant de la légalité des poursuites, de vérifier que le titre provisoire, en vertu duquel il pratique la saisie-attribution aux risques du créancier mandant, reste exécutoire au jour de l'acte de saisie.

0811.03 **Bibliographie indicative.**

* V. s^s n° 081.03

SECTION 1

TITRE EXÉCUTOIRE CONSTATANT UNE CRÉANCE LIQUIDE ET EXIGIBLE

§ 1
Titre exécutoire

0811.10 **Texte applicable.** Aux termes de l'article L. 211-1 C. pr. exéc., « *tout créancier muni d'un titre exécutoire constatant une créance liquide et exigible peut, pour en obtenir le paiement, saisir entre les mains d'un tiers les créances de son débiteur portant sur une somme d'argent*... ».

L'exigence d'un titre exécutoire constatant une créance liquide et exigible est la condition commune à toutes les mesures d'exécution forcée tendant au recouvrement d'une créance.

Tel est donc le cas de la saisie-attribution, mesure d'exécution « *extrajudiciaire* »[1] qui nécessite pour être entreprise que le créancier dispose d'un des titres exécutoires énumérés par la loi.

Il a en outre été jugé qu'une saisie-attribution pouvait être pratiquée sur le fondement de plusieurs titres exécutoires constatant des créances distinctes[2]. En ce cas, chaque titre devra remplir les conditions prescrites à la mise en œuvre d'une saisie-attribution.

1. Perrot et Théry, n° 369.
2. Civ. 2e, 23 févr. 2017, n° 16-10.338, P II, n° 42.

0811.11 **Énumération.** Aux termes de l'article L. 111-3 C. pr. exéc., plusieurs fois modifié, « *seuls constituent des titres exécutoires :*

1° *Les décisions des juridictions de l'ordre judiciaire ou de l'ordre administratif lorsqu'elles ont force exécutoire, ainsi que les accords auxquels ces juridictions ont conféré force exécutoire ;*

2° *Les actes et les jugements étrangers ainsi que les sentences arbitrales déclarés exécutoires par une décision non susceptible d'un recours suspensif d'exécution, sans préjudice des dispositions du droit de l'Union européenne applicables ;*

3° *Les extraits de procès-verbaux de conciliation signés par le juge et les parties ;*

4° *Les actes notariés revêtus de la formule exécutoire ;*

4° *bis Les accords par lesquels les époux consentent mutuellement à leur divorce ou à leur séparation de corps par acte sous signature privée contresigné par avocats, déposés au rang des minutes d'un notaire selon les modalités prévues à l'article 229-1 du Code civil ;*

5° *Le titre délivré par le commissaire de justice en cas de non-paiement d'un chèque ou en cas d'accord entre le créancier et le débiteur dans les conditions prévues à l'article L. 125-1* [C. pr. exéc.] ;

6° *Les titres délivrés par les personnes morales de droit public qualifiés comme tels par la loi, ou les décisions auxquelles la loi attache les effets d'un jugement.*

7° *Les transactions et les actes constatant un accord issu d'une médiation, d'une conciliation ou d'une procédure participative, lorsqu'ils sont contresignés par les avocats de chacune des parties et revêtus de la formule exécutoire par le greffe de la juridiction compétente.* »

Dans le champ du 6° de l'article L. 111-3 C. pr. exéc., l'article L. 252 A du LPF énonce que « *constituent des titres exécutoires les arrêtés, états, rôles, avis de mise en recouvrement, titres de perception ou de recettes que l'État, les collectivités territoriales ou les établissements publics dotés d'un comptable public délivrent pour le recouvrement des recettes de toute nature qu'ils sont habilités à recevoir* » (le titre exécutoire fait l'objet d'une étude détaillée, v. s[s] n°s 0101.11 à 0124.32).

Cependant, les difficultés n'ont pas pour autant entièrement disparu, comme les exemples suivants l'illustrent.

0811.12 **Injonction de payer.** Une injonction de payer revêtue de la formule exécutoire autorise un créancier à pratiquer une saisie-attribution. L'opposition, bien qu'elle conduise la juridiction à rendre une décision se substituant à l'ordonnance portant injonction (C. pr. civ., art. 1420), n'affecte pas la validité de la saisie pratiquée sur le fondement de cette injonction, mais fait obstacle au paiement au créancier des sommes rendues indisponibles jusqu'à ce qu'il ait été statué sur les mérites de cette opposition par la juridiction compétente[1] (sur la question, v. s[s] n°s 0121.41 s.).

0811.13 **Titre exécutoire à l'égard de la personne même qui doit exécuter.** Selon la Cour de cassation, les poursuites ne peuvent être entreprises à l'encontre d'un débiteur qui n'est pas désigné, en tant que tel, par le titre exécutoire, même en cas de solidarité[2].

Dès lors, un créancier muni d'un titre exécutoire à l'encontre d'une société en nom collectif, d'une entreprise unipersonnelle à responsabilité limitée (EURL) ou d'un groupement d'intérêt économique ne peut procéder à l'exécution forcée contre un associé, serait-il unique, ou un membre du groupement que s'il est muni d'un titre exécutoire pris contre celui-ci[3].

La même solution a été retenue pour refuser le droit à un créancier, porteur d'un titre exécutoire délivré à l'encontre d'un époux en recouvrement d'une dette ayant pour objet l'entretien du ménage ou l'éducation des enfants, de saisir les gains et salaires du conjoint, en l'absence de titre exécutoire contre ce dernier[4].

0811.14 **Titre exécutoire au profit de la personne faisant exécuter – Transmission du titre.** Le titre exécutoire doit être établi au profit du créancier faisant pratiquer la saisie-attribution. Ainsi, une société mère ne peut-elle, par exemple, diligenter une telle saisie contre une personne ayant seulement été condamnée à relever indemne sa filiale des condamnations prononcées au profit d'un tiers[5].

Cette exigence n'interdit toutefois pas que la créance, cause de la saisie, soit cédée. Dans ce cas, les poursuites peuvent être entreprises par le cessionnaire, titulaire des droits qui appartenaient au cédant.

Ainsi la Cour de cassation a-t-elle, par exemple, jugé que « *la cession de créance transfère au cessionnaire les droits et actions appartenant au cédant et attachés à la créance cédée, notamment le titre exécu-*

1. Cass., avis, 8 mars 1996, n° 09-60.001, P, n° 4 – TGI Quimper, JEX, 15 févr. 1996, *Rev. huiss.* 1996. 133.
2. Civ. 2e, 19 mai 1998, n° 96-12.944, P II, n° 161 ; *D.* 1998. 405, concl. av. gén. Tatu ; *RTD civ.* 1998. 750, obs. R. Perrot ; *RTD civ.* 1998. 933, obs. P.-Y. Gautier ; *RJDA* 1998, n° 1289.
3. Com. 26 oct. 1999, n° 97-17.823, NP ; *RJDA* 2000, n° 85 ; *RTD civ.* 2000. 167, obs. R. Perrot – Civ. 2e, 15 janv. 2004, n° 02-14.547, P II, n° 9 ; *D.* 2004. IR 398 ; *JCP* 2004. IV. 1446 ; *Procédures* 2004, n° 101, obs. R. Perrot – Com. 29 avr. 2014, n° 12-29.757, NP (pour une EURL) – Civ. 2e, 26 sept. 2019, n° 18-18.805, NP (saisie contre la filiale d'une holding, seule débitrice).
4. Civ. 2e, 28 oct. 1999, n° 97-20.071, P II, n° 163 ; *RTD civ.* 2000. 168, obs. R. Perrot.
5. Civ. 2e, 26 janv. 2017, n° 15-26.847, NP.

toire obtenu par le cédant à l'encontre de la caution garantissant le paiement de la créance »[1]. S'il a été jugé, sous l'empire de l'article 1690 C. civ., dans sa version antérieure à l'ordonnance du 10 février 2016[2], que le cessionnaire devait signifier la cession au débiteur saisi avant de pratiquer la saisie-attribution[3], cette jurisprudence a été assouplie, en ce sens que la remise au débiteur, lors d'une audience devant le juge de l'exécution (JEX), de conclusions mentionnant une cession de créance et contenant copie de l'acte de cession équivalait à une signification au débiteur, auquel la cession était dès lors opposable[4].

La créance peut en outre être transmise selon d'autres modes, telle la subrogation légale[5].

§ 2
Créance liquide et exigible

0811.21 **Liquide et exigible.** Le titre exécutoire doit constater une créance liquide et exigible (v. s[s] n°s 0112.00 s.).

0811.22 **La créance doit être liquide.** Une créance est liquide lorsqu'elle est évaluée en argent ou lorsque le titre contient tous les éléments permettant son évaluation (C. pr. exéc., art. L. 111-6). Il n'est donc pas nécessaire que l'évaluation de la créance figure expressément dans le titre. Il suffit que le titre servant de fondement à la mesure d'exécution permette cette évaluation[6].

Un **bail notarié** qui se borne à indiquer que « *les charges locatives sont estimées à environ 70 francs par mètre carré et par an* » n'est pas un titre contenant les éléments suffisants pour liquider la créance et ne permet pas au bailleur de pratiquer une saisie-attribution[7].

Quant à l'**astreinte**, elle ne peut, avant sa liquidation, donner lieu à une mesure d'exécution (C. pr. exéc., art. R. 131-3, al. 1er). Il est donc nécessaire que le créancier qui dispose d'un titre ayant prononcé une astreinte demande au juge compétent de la liquider. La décision du juge liquidant l'astreinte est exécutoire par provision (C. pr. exéc., art. R. 131-4 – v. s[s] n°s 04.05 s.).

0811.23 **La créance doit être exigible.** Pour pratiquer une saisie-attribution, le créancier doit être en droit d'exiger le paiement de la créance constatée à son profit dans le titre exécutoire. Simplement, le fait que la créance du saisissant soit indisponible ne remet pas en cause l'exigibilité de cette créance. Ainsi en a-t-il été jugé à propos d'une créance faisant l'objet d'une saisie conservatoire : le titulaire de cette créance frappée d'une saisie conservatoire peut encore pratiquer une mesure d'exécution en vue de son recouvrement[8]. Bien que l'indisponibilité de la créance résultant d'une telle saisie conservatoire ne soit pas sans poser des difficultés pratiques et théoriques, elle n'affecte pas pour autant l'exigibilité de la créance faisant l'objet de cette saisie conservatoire.

À l'inverse, lorsque le débiteur a bénéficié de délais de grâce ou de paiement par application de l'ancien article 1244-1 C. civ., devenu 1343-5 C. civ., le créancier ne peut pratiquer une saisie-attribution, la créance qui lui sert de fondement n'étant pas exigible tant que les délais demeurent en cours[9]. La solution est la même en cas de créance à terme[10].

Enfin, lorsque le créancier se prévaut d'une créance à termes périodiques (loyers, échéances d'un prêt), il ne peut, sur le fondement du titre exécutoire, pratiquer une saisie-attribution que pour les termes échus au jour de la saisie, et non pour les termes à échoir. Aussi, sauf clause d'exigibilité immédiate dans le titre, le créancier sera contraint de renouveler sa procédure pour les échéances à venir qui demeureraient impayées. La question doit être bien distinguée de celle de la créance saisie par le créancier (v. s[s] n°s 0812.91 s.).

1. Com. 5 févr. 2008, n° 06-17.029, P IV, n° 26 ; *RD banc. fin.* 2008, n° 37, obs. D. Legeais – V. DÉJÀ : Com. 27 mars 2007, n° 05-20.696, P IV, n° 99 ; *D.* 2007. AJ 1076, obs. V. Avena-Robardet ; *JCP* 2007. I. 158, obs. Ph. Simler.
2. Ord. n° 2016-131, 10 févr. 2016, portant réforme du droit des contrats, du régime général et de la preuve des obligations, *JO* 11 févr., texte 26.
3. Civ. 2e, 9 sept. 2021, n° 20-13.834, NP.
4. Civ. 1re, 1er juin 2022, n° 21-12.276, B ; *D.* 2022. 1459, note J.-D. Pellier.
5. Pour la subrogation au profit de fonds de garantie des victimes d'infractions (FGTI) en vertu de l'article 706-11 C. pr. pén. : Civ. 2e, 8 sept. 2016, n° 14-24.392, P II, n° 201 – Civ. 2e, 2 déc. 2010, n° 09-17.194, P II, n° 198 – Civ. 2e, 9 déc. 2003, n° 02-30.647, P II, n° 375 – Civ. 2e, 6 avr. 2004, n° 02-13.905, P II, n° 158 – Civ. 2e, 6 févr. 2014, n° 13-10.298, P II, n° 37 – Civ. 2e, 29 août 2019, n° 17-31.014, P (le fonds est fondé à recouvrer les intérêts au taux légal courus de plein droit à compter de son paiement subrogatoire).
6. Civ. 2e, 8 juill. 2004, n° 02-20.213, P II, n° 399 ; *Procédures* 2004, n° 258, obs. R. Perrot – Civ. 2e, 22 mai 2008, n° 07-13.161, NP – Civ. 2e, 19 nov. 2008, n° 07-18.987, NP.
7. Civ. 2e, 8 juill. 2004, n° 02-20.213, préc. s[s] prés[t] n° ; *Procédures* 2004, n° 258, obs. R. Perrot – Civ. 2e, 22 mai 2008, n° 07-13.161, NP – Civ. 2e, 19 nov. 2008, n° 07-18.987, NP.
8. Civ. 2e, 6 sept. 2018, n° 16-26.059, P II, n° 69.
9. *J.-Cl. Pr. civ.*, *V° Saisie-attribution* (cause de la saisie), fasc. 2241, n° 53, par N. Cayrol.
10. Civ. 2e, 30 janv. 2020, n° 18-14.542, NP ; *JCP E* 2020. 1339, note Ph. Casson, à propos d'une sentence arbitrale constatant une créance à terme permettant l'engagement d'une saisie-attribution une fois le terme échu.

0811.24 **La créance contenue dans le titre exécutoire ne doit pas être éteinte.** L'extinction de la créance dont le recouvrement est recherché peut être opposée par le débiteur, qui peut par exemple se prévaloir de versements, de la nullité de l'acte constaté dans le titre exécutoire (dès lors qu'il ne s'agit pas d'une décision de justice)[1], de l'exercice d'un droit de retrait litigieux[2] ou encore d'une compensation légale intervenue avant la délivrance de la saisie-attribution[3].

0811.25 **Cas de la compensation.** L'extinction de la créance du saisissant par l'effet d'une compensation appelle des observations particulières.

Lorsque le créancier saisissant fait l'objet d'une procédure collective, la compensation ne peut être opposée par le débiteur saisi qu'à la condition que la créance réciproque et connexe qu'il invoque ait été admise au passif du créancier saisissant ; cette exigence vaut tant pour les créances antérieures au jugement d'ouverture de la procédure collective[4], que pour celles des créances postérieures qui ne bénéficient pas du privilège du paiement à l'échéance[5] ; le JEX qui constate le caractère vraisemblable de cette créance réciproque doit donc surseoir sur la demande de mainlevée de la saisie-attribution, motivée par la compensation, dans l'attente de la décision sur l'admission de la créance[6].

De même, la compensation légale avec une créance de salaire ne peut jouer qu'à hauteur de la fraction saisissable de ce salaire[7].

La question se pose de savoir si le débiteur saisi peut également saisir le JEX d'une contestation en vue d'opposer la compensation judiciaire en cas de connexité, au regard des termes du nouvel article 1348-1 C. civ., issue de l'ordonnance du 10 février 2016[8]. Ce texte prévoit en effet que la compensation judiciaire ordonnée en cas de connexité est réputée s'être produite au jour de l'exigibilité de la première d'entre elles, donc par hypothèse antérieurement à l'accomplissement de la saisie-attribution (v. s^s n°s 0812.191 s., à propos de **l'exception de compensation opposée par le tiers saisi**).

SECTION 2

SPÉCIFICITÉS DE LA DÉCISION DE JUSTICE

§ 1
Conditions de mise à exécution des décisions de justice

A.
Décision exécutoire

0811.31 **Exigence d'un jugement exécutoire.** La décision de justice doit être exécutoire. Selon l'article 504 C. pr. civ., la preuve du caractère exécutoire ressort du jugement lorsqu'il :

– n'est susceptible d'aucun recours suspensif ;
– ou qu'il bénéficie de l'exécution provisoire.

Dans les autres cas, cette preuve résulte, soit de l'acquiescement de la partie condamnée, soit de la notification de la décision et d'un certificat du greffe établissant l'absence, dans le délai, d'une opposition, d'un appel ou d'un pourvoi en cassation lorsque ces recours sont suspensifs.

Par définition, la formation d'un recours contre une décision exécutoire n'interdit pas l'exercice d'une saisie-attribution sur le fondement de cette décision, dès avant l'issue du recours, de même qu'une fois ce recours écarté. Ainsi a-t-il été jugé, à propos d'une saisie-attribution pratiquée sur le fondement d'un jugement préalablement confirmé en appel, que l'arrêt qui confirme purement et simplement un jugement exécutoire ne prive pas celui-ci de son caractère de titre exécutoire, de sorte qu'une mesure d'exécution forcée peut avoir été engagée sur le fondement de ce jugement[9].

Dans le cas où la décision a fait l'objet d'un recours suspensif ultérieurement rejeté, seule doit être visée dans l'acte de saisie, comme titre exécutoire, la décision frappée du recours, à l'exclusion de l'arrêt rejetant le recours formé à son encontre[10].

1. Civ. 2e, 18 juin 2009, n° 11-26.992, P II, n° 19 (acte notarié) – Civ. 2e, 28 sept. 2017, n° 16-19.184, P II, n° 190 (transaction homologuée) – Civ. 3e, 6 juin 2019, n° 17-19.486, P (procès-verbal de conciliation).
2. Civ. 2e, 9 juin 2022, n° 21-12.941, B ; *RTD civ.* 2022. 962, obs. Ph. Théry : il entre dans les pouvoirs du JEX, saisi à l'occasion d'une demande en mainlevée d'une saisie-attribution, de statuer sur un retrait litigieux et son incidence sur la créance.
3. Civ. 2e, 16 déc. 2004, n° 03-13.117, P II, n° 533.
4. Com. 21 févr. 2012, n° 11-18.027, P IV, n° 44 ; *D.* 2012. 678, note A. Lienhard – Com. 20 oct. 2021, n° 20-13.829, B ; *D.* 2021. 1917 ; *Rev. sociétés* 2021. 733, obs. L. C. Henry ; *Rev. prat. rec.* 2022. 29, chron. F. Reille ; *RTD com.* 2022. 146, obs. A. Martin-Serf.
5. Com. 9 mai 2018, n° 16-24.065, P IV, n° 49.
6. Com. 21 févr. 2012, n° 11-18.027(préc. s^s prés^t n^o).
7. Pour une application particulière : Civ. 2e, 27 sept. 2012, n° 11-21.926, P I, n° 158 ; *Procédures* 2012. Comm. 328, note A. Bugada.
8. Ord. n° 2016-131, 10 févr. 2016, préc.
9. Civ. 2e, 4 juin 2020, n° 19-12.727, P – *Adde*, Civ. 2e, 30 juin 2022, n° 21-10.229, B ; *D.* 2022. 2023. 1282, obs. A. Leborgne et J.-D. Pellier ; *Rev. prat. rec.* 2022. 7, chron. A. Yatera ; *RTD civ.* 2023. 190, obs. N. Cayrol, précisant qu'en ce cas, tant le jugement que l'arrêt confirmatif devaient avoir été signifiés.
10. Civ. 2e, 14 sept. 2006, n° 04-18.178, P II, n° 229 ; *D.* 2006. 2349 ; *RD banc. fin.* 2007, n° 26, obs. S. Piedelièvre ; *Dr. et proc.* 2007. 41, obs. Poisson ; *Gaz. Pal.* 2007. 3445, note C. Brenner (pour un arrêt d'appel rendu en matière de divorce et frappé d'un pourvoi).

Il incombe au commissaire de justice[1], en tant que garant de la légalité des poursuites, de vérifier que le titre en vertu duquel il pratique une saisie-attribution reste exécutoire au jour de l'acte de saisie : si la Cour de cassation affirme cette règle de façon générale[2], celle-ci concerne bien sûr tout particulièrement le titre provisoire mis à exécution aux risques du créancier mandant (C. pr. exéc., art. L. 111-10)[3].

0811.32 **Décision exécutoire par provision.** Il résulte de l'article L. 111-10 C. pr. exéc. que la saisie-attribution peut être poursuivie jusqu'à son terme en vertu d'un titre exécutoire à titre provisoire. Tel est le cas de la décision assortie de l'exécution provisoire[4], y compris une ordonnance de référé[5]. Peu importe que la décision fasse alors l'objet d'un recours qui serait en principe suspensif (C. pr. civ., art. 501). On rappellera que depuis le 1er janvier 2020 toute décision rendue en première instance, à l'occasion d'une instance introduite à compter de cette date, est en principe exécutoire par provision (C. pr. civ., art. 514).

Si l'exécution provisoire est assortie d'une condition, comme par exemple la production d'un cautionnement bancaire, le créancier ne peut mettre en œuvre de mesure d'exécution forcée tant que cette condition n'est pas remplie[6]. En outre, l'exécution provisoire ordonnée *a posteriori*, en application des articles 514-4, 517-2 et 517-3 C. pr. civ., n'a pas d'effet rétroactif, de sorte que la saisie-attribution antérieurement pratiquée est nulle[7].

Dans le même esprit, en raison de son effet attributif immédiat, la saisie-attribution pratiquée sur le fondement d'une décision exécutoire par provision n'est pas affectée par l'arrêt de l'exécution provisoire, ultérieurement ordonné par le premier président de la cour d'appel, notamment en application de l'article 514-3 ou de l'article 517-1 C. pr. civ., sauf dans le cas de la saisie des créances à exécution successive, qui cesse de produire ses effets à compter la décision arrêtant l'exécution provisoire, pour les sommes non échues au jour de cette décision (sur l'ensemble de la question, v. ss no 0831.63). Il devrait en aller de même du jugement qui, bien que passé en force de chose jugée, est frappé d'une tierce opposition, sur laquelle le juge qui en est saisi décide de suspendre l'exécution de ce jugement (C. civ., art. 590). Dans ces cas, l'arrêt de l'exécution provisoire n'interdit de pratiquer des saisies-attributions que pour l'avenir.

B. Décision notifiée

0811.41 **Exigence d'un jugement notifié.** Quand elle est pratiquée en vertu d'un jugement, la saisie-attribution, comme toute autre mesure d'exécution, ne peut être mise en œuvre qu'après notification de celui-ci.

L'article 503 C. pr. civ. dispose en effet que les jugements ne peuvent être exécutés qu'après avoir été notifiés à moins que l'exécution n'en soit volontaire (v. ss nos 0121.21 s.). Le principe de la notification préalable est rappelé régulièrement par la Cour de cassation, tant pour les titres émanant des juridictions[8] que pour les titres émis par une personne morale de droit public[9].

En cas de contestation, la preuve en est rapportée par la production de l'acte de notification[10].

La saisie pratiquée en vertu d'un jugement qui n'a pas au préalable été notifié encourt la nullité[11], sans qu'il soit en ce cas nécessaire d'établir un grief[12]. Tel est par exemple le cas, depuis la suppression par le décret no 2005-1678 du 28 décembre 2005[13] de la

1. En application des articles 23 de l'ordonnance no 2016-728 du 2 juin 2016 relative au statut de commissaire de justice (*JO* 3 juin, texte 24) et 67 du décret no 2022-949 du 29 juin 2022 relatif aux conditions d'exercice des commissaires de justice (*JO* 30 juin, texte 17), à compter du 1er juillet 2022, la référence, dans tout texte législatif ou réglementaire, aux huissiers de justice désigne les commissaires de justice.
2. POUR UNE MESURE D'EXÉCUTION PRATIQUÉE SUR LE FONDEMENT D'UNE CONTRAINTE, malgré une opposition à la contrainte préalablement formée par le débiteur : Civ. 1re, 28 sept. 2016, no 14-29-776, P II, no 181 – POUR L'EXIGENCE DE VÉRIFICATION DE LA NOTIFICATION DE LA DÉCISION : Civ. 1re, 17 mai 2023, no 21-23.773, B ; *D.* 2024. 1301, obs. A. Leborgne et J.-D. Pellier ; *Rev. prat. rec.* 2023. 7, chron. O. Salati et C. Simon.
3. Civ. 1re, 13 mai 2014, no 12-25-511, P I, no 84.
4. Civ. 2e, 4 janv. 1990, no 88-17.841, P II, no 4 ; *RTD civ.* 1990. 565, obs. R. Perrot ; *D.* 1990. Somm. 345, obs. P. Julien ; *Gaz. Pal.* 1990. 2. 362, obs. Véron ; *Rev. huiss.* 1991. 466, obs. Lescaillon – Pour une illustration en matière de référé : Civ. 1re, 13 mai 2014, no 12-25.511, P I, no 84.
5. POUR UNE ILLUSTRATION : Civ. 1re, 13 mai 2014, no 12-25.511, P I, no 84.
6. Civ. 2e, 5 juin 2014, no 12-29.134, NP – TGI Lyon, JEX, 25 avr. 2000, RG no 99/15024, NP.
7. Civ. 2e, 22 oct. 2009, no 08-19.559, P II, no 249 ; *AJ fam.* 2010. 80, obs. I. Gallmeister ; *Procédures* 2010, no 4, obs. R. Perrot, dans le cas d'une procédure de paiement direct des pensions alimentaires.
8. Civ. 2e, 15 mars 1995, no 93-13.655, P II, no 88 – Civ. 2e, 29 janv. 2004, no 02-15.219, P II, no 33 ; *Adde*, pour le cas du jugement confirmé en appel : Civ. 2e, 30 juin 2022, no 21-10.229, B (préc., v. ss no 0811.31).
9. Civ. 2e, 1er juill. 1999, no 97-13.255, P II, no 130 ; *Rev. huiss.* 2000. 315 – Civ. 1re, 18 mars 2003, no 00-21.274, P I, no 82 ; *D.* 2003. IR 1010 ; *Dr. et proc.* 2003. 315, obs. P. Caillé.
10. Civ. 1re, 7 déc. 2016, no 16-12.297, P I, no 245.
11. Civ. 2e, 14 sept. 2006, no 04-18.178, P II, no 229 – V. ÉGAL., TGI Créteil, JEX, 20 janv. 1994, *Gaz. Pal.* 1994. 1. Somm. 355.
12. Civ. 2e, 21 déc. 2006, no 05-19.679, P II, no 383.
13. Décr. no 2005-1678, 28 déc. 2005, relatif à la procédure civile, à certaines procédures d'exécution et à la procédure de changement de nom, *JO* 29 déc., p. 20350.

signification à parquet en matière de notification internationale, de l'hypothèse où un jugement a été seulement remis à parquet en vue de sa notification par la voie diplomatique, sans qu'il ne soit justifié de cette notification elle-même[1].

Quant au moyen qui invoque la nullité de la notification du jugement, il tend à contester le caractère exécutoire de la décision sur le fondement duquel la saisie est pratiquée, de sorte qu'il ne s'agit pas d'une exception de procédure mais d'une défense au fond, susceptible d'être proposée en tout état de cause[2]. En revanche, cette exception de nullité n'en est pas moins assujettie au régime des exceptions de procédure (C. pr. civ., art. 694). Par conséquent, lorsque l'exception de nullité est fondée sur une irrégularité de forme affectant la notification, ce moyen ne sera accueilli, et la mainlevée de la saisie-attribution ne sera prononcée, qu'à la condition que le débiteur justifie d'un grief causé par l'irrégularité dont il se prévaut[3].

Enfin, en dehors des cas où elle est spécialement prévue, la notification d'un jugement accomplie par le greffe, quand elle aurait dû l'être, conformément au principe édicté par l'article 675 C. pr. civ., par un commissaire de justice, encourt une nullité de plein de droit, sans qu'il soit nécessaire d'alléguer un grief[4].

0811.42 Exclusion de la notification pour les accords constatés par le juge. Il est généralement admis qu'à l'instar des actes notariés, la notification préalable des extraits des procès-verbaux de conciliation dressés par le juge (qui valent titre exécutoire, C. pr. civ., art. 131) ne s'impose pas[5], ce qui peut se prévaloir de la seule référence faite par l'article 503 C. pr. civ. au jugement.

À l'inverse, au contraire de ce que soutenait la doctrine[6], s'appuyant sur des décisions de juridictions de fond[7], la Cour de cassation juge que l'ordonnance d'homologation d'une transaction, à laquelle elle confère force exécutoire, doit, lorsqu'elle a été rendue à la requête de cette seule partie, être notifiée, conformément aux dispositions de l'article 503 C. pr. civ., à la partie contre laquelle l'exécution est poursuivie. Cette solution, fondée sur l'application des articles 1565 à 1567 C. pr. civ., communs à tous les accords issus d'une transaction, d'une médiation, d'une conciliation conventionnelle ou d'une procédure participative, vaut par conséquent pour l'ensemble de ces accords.

§ 2
Disparition de la décision de justice

0811.51 Décision infirmative ou modificative. Comme les titres extrajudiciaires, une décision de justice peut être remise en cause de diverses façons[8]. Elle ne peut plus alors servir de fondement à l'accomplissement d'une saisie-attribution. Ainsi a-t-il par exemple été jugé que l'arrêt qui décide de la suppression d'une pension alimentaire (au sens large) précédemment ordonnée produit son effet dès son prononcé, pourvu bien sûr qu'il soit ultérieurement signifié[9]. De même, le jugement non contradictoire déclaré non avenu, en application de l'article 478 C. pr. civ., faute de signification dans les six mois de sa date, perd son caractère de titre exécutoire[10].

Quant à la répétition des sommes qui auraient pu être acquittées sur le fondement de ce titre, il est jugé qu'un arrêt d'appel infirmant un jugement de condamnation revêtu de l'exécution par provision constitue lui-même un titre exécutoire permettant d'obtenir la restitution, au moyen d'une mesure d'exécution, des sommes versées au titre de cette exécution provisoire, même si l'arrêt ne condamne pas expressément à la restitution[11], voire se contente de débouter l'intimé de ses demandes[12] : « *L'obligation de rembourser résulte de plein droit de la réformation du jugement de première instance* »[13].

1. Civ. 2e, 24 mars 2022, no 20-17.394, B ; *D.* 2022. 661 ; *ibid.* 1993, chron. F. Jollec ; *Rev. prat. rec.* 2022. 8, chron. O. Cousin ; *Rev. crit. DIP* 2022. 618, note D. Foussard.
2. Civ. 2e, 21 sept. 2019, no 17-28.471, P (en matière de saisie immobilière).
3. Civ. 2e, 1er févr. 2006, no 05-13.350, NP – Civ. 2e, 11 févr. 2010, no 09-65.404, P II, no 31 (expulsion) – Civ. 2e, 2 nov. 2002, no 01-00.379, P II, no 245 (saisie immobilière) – COMP., pour l'irrespect des mentions prescrites par l'article 680 C. pr. civ., Civ. 2e, 14 févr. 2008, no 06-20.988, P II, no 33.
4. Civ. 2e, 3 sept. 2015, no 14-18.287, P II, no 193 – Pour une notification par avocat, plutôt qu'une signification : Civ. 2e, 7 janv. 2016, no 14-29.118, NP.
5. PERROT et THÉRY, no 145 – Paris, 23 janv. 1991, *D.* 1991. IR 67 : le procès-verbal de conciliation n'a pas à être signifié.
6. Y. Desdevise, « Le titre exécutoire requis », *Procédures* 2008. Dossier 3, « Le titre exécutoire et le recouvrement des créances », no 25.
7. TGI Lyon, JEX, 4 avr. 2000, RG no 00/02719, NP – TOUTEFOIS, TGI Paris, 20 mars 2000, *Procédures* 2000, no 145 : la décision donnant force exécutoire à une transaction doit être communiquée, au plus tard au moment de l'exécution, à celui-ci contre lequel l'exécution forcée est recherchée.
8. PAR EX. : Civ. 2e, 6 janv. 2012, no 10-23.518, P II, no 7 (annulation d'un mandat d'exécution européen faisant perdre à la saisie-attribution son fondement juridique).
9. Civ. 1re, 25 mai 2016, no 15-10.788, P I, no 119.
10. Civ. 2e, 16 mai 2013, no 12-15.101, P II, no 94.
11. Soc. 6 avr. 1951, *JCP A* 1951. IV, no 1644, obs. Madray ; *RTD civ.* 1951. 436, obs. P. Raynaud – Civ. 2e, 10 juill. 2008, no 07-16.802, P II, no 183 – Civ. 2e, 19 nov. 2008, no 07-18.987, P II, no 253.
12. Civ. 2e, 11 mars 2010, no 09-13.320, NP ; *Procédures* 2010, no 168, obs. R. Perrot – Civ. 2e, 20 juin 2019, no 18-18.595, P – Civ. 3e, 27 juin 2019, no 18-10.836, P.
13. Civ. 2e, 8 mars 2007, no 06-11.693, NP ; *RTD civ.* 2007. 388, obs. R. Perrot – Com. 11 oct. 2011, no 10-11.938, P IV, no 155.

Une solution identique a pu être retenue dans le cas de l'ordonnance supprimant une pension alimentaire, ou en diminuant le montant, avec effet rétroactif, dont un juge du fond a estimé qu'elle permettait à celui qui a payé en vertu du titre précédent de pratiquer une saisie-attribution afin d'obtenir le remboursement des sommes versées en trop[1].

0811.52 **Décision cassée.** L'arrêt de cassation constitue une décision de justice faisant naître un droit à restitution de la somme versée en exécution de la décision cassée[2]. Aussi convient-il de se fonder, pour récupérer les sommes versées, sur cet arrêt de cassation, à l'exclusion de l'arrêt de la cour d'appel de renvoi[3].

0811.53 **Perte de fondement juridique.** En outre, il existe des cas dans lesquels une décision de justice va disparaître, en dehors de tout exercice des voies de recours, par l'effet de la perte de son fondement juridique. Tel est par exemple le cas de la décision de liquidation d'une astreinte, en cas d'anéantissement de la décision ordonnant l'injonction assortie de cette astreinte[4] ; dans ce cas, la saisie-attribution pratiquée sur le fondement de la décision de liquidation perd elle-même son fondement juridique. Tel était également le cas, sous l'empire des anciens textes régissant la procédure collective, prévoyant l'extinction de la créance non déclarée : dans une telle hypothèse, la caution contre laquelle était pratiquée une saisie-attribution sur le fondement d'un jugement la condamnant en sa qualité de caution, pouvait se prévaloir du défaut de déclaration de créance à la procédure collective du débiteur principal pour contester la saisie devant le JEX[5].

0811.54 **Conséquences : mainlevée.** L'anéantissement du titre exécutoire emporte de plein droit mainlevée de la saisie-attribution, qui n'a pas encore produit son plein effet en l'absence de paiement par le tiers saisi[6].

À compter de la signification de la décision portant annulation du titre exécutoire, il appartient au créancier de donner mainlevée de la saisie-attribution auprès du tiers saisi, sauf à se voir reprocher une abstention fautive constitutive d'un abus de saisie[7].

1. TGI Lyon, JEX, 6 oct. 1998, RG n° 98/09243, NP.
2. Civ. 2e, 18 déc. 2011, n° 10-11.904, P II, n° 17 ; *Procédures* 2011. Comm. 87, note R. Perrot.
3. Civ. 2e, 18 déc. 2003, n° 02-15.725, P II, n° 401 ; *Gaz. Pal.* 2004. Somm. 2723, note C. Brenner ; *RTD civ.* 2004. 352, obs. R. Perrot.
4. Civ. 2e, 24 sept. 2015, n° 14-14.977, P II, n° 210 ; *D.* 2016. 736, chron. H. Adida-Canac, T. Vasseur, E. de Leiris ; *RTD civ.* 2016. 102, obs. H. Barbier.
5. Civ. 2e, 8 déc. 2022, n° 20-20.233, B ; *RTD civ.* 2023. 142, obs. C. Gijsbers ; *ibid.* 191, obs. N. Cayrol.
6. Civ. 2e, 21 janv. 1998, n° 95-20.114, P II, n° 24 ; *RTD civ.* 1998. 484, obs. R. Perrot ; *D.* 1999. 233, note J.-J. Bourdillat.

SECTION 3
EFFET DES PROCÉDURES D'INSOLVABILITÉ DU DÉBITEUR

0811.60 **Plan. Cas particulier des procédures collectives et de surendettement.** On verra qu'une saisie-attribution n'est en principe pas remise en cause par la survenance ultérieure d'une procédure collective ou d'une procédure de surendettement contre le débiteur saisi, du fait de son effet attributif immédiat (v. ss nos 0831.80 s.). En revanche, la situation est plus contrastée dans le cas où le créancier entend pratiquer une saisie-attribution contre un débiteur faisant déjà l'objet d'une procédure collective, au sens large (§ 1), ou d'une procédure de surendettement (§ 2).

§ 1
Procédures collectives

0811.71 **Position du problème.** La procédure collective concernant un créancier saisissant est dénuée d'effet sur sa capacité à pratiquer une saisie-attribution. Se pose dans ce cas uniquement la question de l'implication des organes de la procédure (v. ss nos 0821.14).

La situation est tout à fait différente lorsque c'est le débiteur saisi qui fait l'objet d'une procédure collective, laquelle interdit en effet certaines mesures d'exécution et peut en outre imposer l'implication des organes de la procédure collective.

0811.72 **Plan. Effets distincts selon l'état d'avancement de la procédure collective.** Les procédures collectives produisent de plein droit sur les créances du débiteur des effets provisoires (A) jusqu'à l'adoption du plan ou la clôture de la procédure (B), lesquelles peuvent rééchelonner ou éteindre les créances.

En outre, l'ordonnance portant réforme de la prévention des difficultés des entreprises et des procédures collectives[8] a instauré une procédure de rétablissement professionnel sans liquidation ouverte aux débiteurs, personnes physiques, n'employant pas de salarié et disposant d'un actif déclaré d'une valeur inférieure à 15 000 euros (C. com., art. L. 645-1 et R. 645-1) pour laquelle, dans l'attente de sa clôture entraînant l'effacement des dettes déclarées, un juge commis peut ordonner, dans la limite de quatre mois, le report du paiement des sommes exigibles et la suspension des procédures d'exécution qui auraient été engagées (C. com., art. L. 645-6).

7. Civ. 2e, 28 juin 2001, n° 99-17.972, P II, n° 125.
8. Ord. n° 2014-326, 12 mars 2014, portant réforme de la prévention des difficultés des entreprises et des procédures collectives, *JO* 14 mars, p. 5249, art. 5 et 9 ; l'ordonnance n'est pas applicable aux procédures en cours au jour de son entrée en vigueur, le 1er juillet 2014 (art. 116).

A.
Effets provisoires des procédures collectives

0811.81 Distinction des créances antérieures ou postérieures au jugement d'ouverture. En la matière, on distinguait classiquement, pour leur réserver un sort différent, les créances nées antérieurement au jugement d'ouverture de la procédure de redressement ou de liquidation judiciaire et les créances nées régulièrement de la poursuite d'activité. Si le critère demeure valable, il doit désormais être combiné avec celui de l'utilité de la créance pour la procédure collective.

0811.82 1° Interdiction des saisies-attributions pour le recouvrement de créances antérieures à l'ouverture de la procédure. L'article L. 622-21, II C. com.[1] dispose que le jugement d'ouverture d'une procédure de sauvegarde arrête ou interdit toute procédure d'exécution de la part des créanciers dont la créance ne répond pas aux conditions posées par **l'article L. 622-17 C. com.**[2], duquel il résulte la prohibition de la saisie de créances antérieures au jugement d'ouverture de la procédure collective.

Seule la créance alimentaire, à savoir celle qui est issue d'une obligation alimentaire[3], échappe à cette interdiction (C. com., art. L. 622-7, I).

Il est en outre jugé qu'en cas de fusion-absorption, un créancier titulaire sur la société absorbée d'une créance antérieure à cette opération et qui bénéficie, en application de l'article L. 236-15 C. com. (C. com., anc. art. L. 236-14), d'une décision exécutoire lui déclarant la fusion inopposable, conserve le droit de recouvrer sa créance sur le patrimoine de la société absorbée dissoute, de sorte qu'il ne peut se voir opposer l'arrêt ou l'interdiction des procédures d'exécution résultant de l'ouverture de la procédure collective de la société absorbante[4] (v. ss n° 0812.151).

0811.83 Point de départ des effets du jugement d'ouverture de la procédure collective. Encore faut-il observer, quant à l'appréciation du critère chronologique, que le jugement d'ouverture d'une procédure collective produit ses effets de façon anticipée : l'article R. 621-4 alinéa 2 C. com. dispose que le jugement d'ouverture prend effet à compter de sa date, ce dont il est déduit que cet effet remonte au jour de son prononcé à 0 heure[5].

Une saisie-attribution signifiée au tiers saisi le jour du jugement d'ouverture devrait donc tomber sous le coup de l'article L. 622-21[6] aux termes duquel le jugement d'ouverture arrête ou interdit toute voie d'exécution de la part des créanciers[7].

Il apparaît donc que le **procès-verbal de saisie-attribution** doit, pour produire ses effets, être signifié au plus tard la veille du prononcé de la sauvegarde ou du redressement ou de la liquidation judiciaires[8].

On peut cependant citer un arrêt de cour d'appel qui, faisant une lecture rigoureuse des textes, a refusé l'annulation d'une saisie-attribution pratiquée le matin alors que le jugement d'ouverture a été prononcé l'après-midi[9]. Cette décision s'est prévalue de ce que le texte de l'article 43 de la loi du 9 juillet 1991 (devenu C. pr. exéc., art. L. 211-2) faisait état de la « *survenance* » du jugement de redressement ou de liquidation, et non de la prise d'effet du jugement.

0811.84 2° Validité sous condition des saisies-attributions pour le recouvrement des créances postérieures à l'ouverture de la procédure. Si les créanciers antérieurs au jugement d'ouverture d'une procédure collective ne peuvent pratiquer de saisie-attribution à compter du jour de ce jugement, le principe est inverse pour les titulaires d'une créance née régulièrement après le jugement d'ouverture. La loi du 26 juillet 2005 a ajouté une seconde condition : que cette créance, en substance, contribue aux finalités de la procédure collective.

En application de l'article L. 622-17 C. com.[10], les créances nées régulièrement après le jugement d'ouverture d'une **procédure de sauvegarde** pour les besoins du déroulement de la procédure ou de la période d'observation, ou en contrepartie d'une

1. C. com., anc. art. L. 621-40 (L. 25 janv. 1985, anc. art. 47).
2. C. com., anc. art. L. 621-32 (L. 25 janv. 1985, anc. art. 40) – Réd. Ord. n° 2008-1345, 18 déc. 2008, portant réforme du droit des entreprises en difficulté, *JO* 19 déc., p. 19462 – Sur l'application de ce texte : Com. 22 févr. 2017, n° 15-17.166, P IV, n° 28 – Com. 9 mai 2018, n° 16-24.065, P IV, n° 49 – Com. 1er juill. 2020, n° 18-25.487, P.
3. Com. 3 mai 2016, n° 14-24.855, P IV, n° 71.
4. Com. 7 oct. 2020, n° 19-14.755, P ; *Procédures* 2020. 222, comm. R. Laher.
5. Com. 20 oct. 1992, n° 89-10.083, P IV, n° 320 – Com. 23 oct. 2019, n° 18-12.181, P – Limoges, 29 oct. 1991, *Dr. sociétés* 1992, n° 204, obs. Y. Chaput.
6. C. com., anc. art. L. 621-40 (L. n° 85-98, 25 janv. 1985, anc. art. 47).
7. TGI Marmande, JEX, 24 sept. 1993, *Rev. huiss.* 1994. 653 – DANS LE MÊME SENS : TGI Lyon, JEX, 30 mars 1999, RG n° 99/02012, NP – TOUTEFOIS, *CONTRA* : TGI Nantes, JEX, 31 mars 2008, *Dict. perm. Recouvrement de créances et procédures d'exécution, Bull. d'actualité* n° 105, p. 7707, *in J.-Cl. Encyclopédie Huissiers de justice, v° Saisie-attribution* (effet contestation), fasc. 20, par Tirvaudey-Bourdin, jugeant qu'est valable une saisie-attribution pratiquée le même jour que le jugement d'ouverture d'une procédure de redressement judiciaire concernant le débiteur saisi.
8. F. Derrida, « Incidence des nouvelles procédures civiles d'exécution sur le redressement et la liquidation judiciaire des entreprises », *LPA* n° spéc., 6 janv. 1993, p. 26, n° 8.
9. Caen, 29 avr. 1997, *Rev. proc. coll.* 1997. 417, obs. Cadiou ; *Rev. proc. coll.* 1998. 91, obs. Canet.
10. C. com., anc. art. L. 621-32 ; L. 25 janv. 1985, anc. art. 40 – Réd. Ord. n° 2008-1345, 18 déc. 2008.

prestation fournie au débiteur, sont payées à leur échéance. Ainsi a-t-il, par exemple, été jugé que la cotisation foncière des entreprises constituait une obligation légale inhérente à l'activité poursuivie après le jugement d'ouverture et entrant, en conséquence, dans les prévisions de l'article L. 622-17 C. com.[1].

Ces dispositions sont applicables au **redressement judiciaire** (C. com., art. L. 631-14), de même que, de façon plus ponctuelle, à la **procédure de traitement de sortie de crise**, instituée par la loi du 31 mai 2021[2], relative à la gestion de la sortie de crise sanitaire et soumise, pour partie, aux règles du redressement judiciaire.

Pour la **liquidation judiciaire**, la protection des créances postérieures est également prévue : l'article L. 641-13, I C. com., dont le champ a été étendu par l'ordonnance du 12 mars 2014[3], prévoit en effet le paiement des créances postérieures dans trois hypothèses : si elles sont nées pour les besoins du déroulement de la procédure ou du maintien provisoire de l'activité autorisé par le tribunal ; si elles sont nées en contrepartie d'une prestation fournie au débiteur pendant le maintien de l'activité ou en exécution d'un contrat en cours décidée par le liquidateur ; ou, ajoute l'ordonnance précitée, si elles sont nées des besoins de la vie courante du débiteur, personne physique, notion qui devra désormais être circonscrite par la jurisprudence.

La Cour de cassation a retenu que le droit d'être payé à l'échéance étant indissociable du droit d'exercer des poursuites, les créanciers bénéficiant de ces dispositions pouvaient pratiquer des mesures d'exécution sur les sommes détenues par les mandataires de justice[4].

Elle a approuvé une cour d'appel qui avait jugé que les créanciers peuvent exercer leurs poursuites individuelles, sans que l'ordre des paiements institué par ce texte puisse y mettre obstacle, non plus que l'établissement de la liste de ces créanciers prévue par l'article 61 du décret du 27 décembre 1985[5] (décret abrogé par le décret 28 déc. 2005[6]). Cette liste des créances est prévue par l'article R. 622-15 C. com.

1. Com. 23 mars 2021, n° 20-13.832, P.
2. L. n° 2021-689, *JO* 1er juin, texte 1, art. 13, III.
3. Ord. n° 2014-326, 12 mars 2014, portant réforme de la prévention des difficultés des entreprises et des procédures collectives, *JO* 14 mars, texte 3.
4. POUR UN AVIS À TIERS DÉTENTEUR : Com. 25 juin 1996, n° 94-20.853, NP ; *D.* 1996. 615, note F. Derrida – Com. 22 avr. 1997, n° 94-21.412, P IV, n° 104.
5. Décr. n° 85-1388, 27 déc. 1985, relatif au redressement et à la liquidation judiciaires des entreprises, *JO* 29 déc., p. 15281.
6. Décr. n° 2005-1677, 28 déc. 2005, pris en application de la loi n° 2005-845 du 26 juillet 2005 de sauvegarde des entreprises, *JO* 29 déc., p. 20324.

La Cour de cassation a estimé, *d'une part*, que l'exercice du droit de poursuite individuelle des créanciers de la période d'observation n'était pas subordonné à l'établissement de la liste des créances visées à l'article 40 de l'ancienne loi du 25 janvier 1985 (devenu C. com., art. L. 641-13), et *d'autre part*, que le principe de la liberté des poursuites l'emportait sur le respect de l'ordre des paiements[7].

Dès lors, les sommes provenant du recouvrement de créances opéré par le mandataire, ou de la réalisation de l'actif d'un débiteur en liquidation judiciaire, affectées au désintéressement des créanciers selon les règles propres à la procédure collective, ne sont pas considérées comme indisponibles et peuvent être saisies par la voie de la saisie-attribution.

Ces créances peuvent être saisies entre les mains :

– d'un notaire chargé par le liquidateur de la vente d'un fonds de commerce[8] ;

– d'un commissaire-priseur[9] ;

– des mandataires judiciaires, et non encore versées à la Caisse des dépôts et consignations ;

– de l'adjudicataire de l'immeuble du débiteur placé en liquidation judiciaire, tenu au paiement du prix de vente, non encore versé au liquidateur judiciaire[10].

Par la voie de l'avis à tiers détenteur une créance de TVA, par exemple, due au titre de l'activité poursuivie, peut primer des créances de rang préférable (créances salariales, frais de justice, parmi lesquels la rémunération des mandataires visés par l'article L. 622-17 C. com. – Sur la saisie d'un prix de vente, v. Garçon[11]).

0811.85 Particularité procédurale de la saisie-attribution des créances postérieures : dénonciation aux organes de la procédure. Lorsqu'une telle saisie-attribution est pratiquée contre un débiteur en procédure collective, la saisie doit être dénoncée aux organes de la procédure collective :

– dans le cas de la liquidation judiciaire, la saisie-attribution sera dénoncée au liquidateur[12] ; la sai-

7. Com. 11 févr. 1997, n° 94-21.784, P IV, n° 49 ; *D. Affaires* 1997. 35 ; *JCP E* 1997. I. 651, obs. R. Cabrillac ; *RD bancaire et bourse* 1997. 78, obs. Campana et Calendini ; *Rev. proc. coll.* 1997. 312, obs. Canet ; *RTD com.* 1998. 210, obs. A. Martin-Serf.
8. Com. 11 févr. 1997, n° 94-21.784 (préc. ss prést n°).
9. Com. 3 juin 1997, n° 95-14.348, NP ; *D. Affaires* 1997. 1082 ; *RTD com.* 1998. 211, obs. A. Martin-Serf.
10. Com. 26 avr. 2000, n° 97-16.953, P IV, n° 85 ; *RJDA* 2000, n° 1010 ; *JCP* 2000. I. 269, obs. crit. Pétel, faisant observer que le créancier ne peut acquérir plus de droits qu'il n'en aurait à l'égard du débiteur *in bonis*, sur le prix de vente d'un immeuble grevé d'hypothèques ; la solution demeure toutefois pertinente en l'absence de telles inscriptions.
11. J.-P. Garçon, « La détention d'un prix de vente en présence de voies d'exécution mobilières diligentées à l'encontre du vendeur faisant l'objet d'une procédure collective », *JCP N* 1998. 998.
12. Com. 4 mars 2003, n° 00-13.020, P IV, n° 34.

sie-attribution et sa dénonciation pourront d'ailleurs être accomplies par un seul et même acte signifié au liquidateur si celui-ci ajoute, à sa qualité de représentation du débiteur, celle de tiers saisi, à savoir dans le cas où la saisie porte sur les sommes reçues au titre de la réalisation d'actifs[1] ;

– dans le cas de la procédure de sauvegarde et de redressement judiciaire, la saisie-attribution devra être dénoncée, non seulement au débiteur, mais également à l'administrateur judiciaire, investi par le tribunal d'une mission générale d'assistance du débiteur voire de représentation[2], ainsi, semble-t-il, qu'au mandataire judiciaire (C. com., art. L. 622-23 et L. 631-14), « *faute de quoi celui-ci ne serait pas en mesure de veiller au respect de l'ordre des paiements des créances de cet article* [relatif aux créances postérieures] *non payées à l'échéance* »[3].

Cette hypothèse doit être distinguée du cas où la saisie-attribution est pratiquée alors que le débiteur est encore à la tête de ses biens, avant d'être placé en procédure collective pendant le délai de dénonciation, voire pendant le délai de contestation de la saisie par ce débiteur (sur ce cas, v. s[s] n°s 0822.111 s.).

0811.86 Insaisissabilité des créances consignées, même au profit des créanciers postérieurs. Il est aujourd'hui acquis que les sommes consignées à la Caisse des dépôts et consignations dans le cadre d'une procédure collective sont insaisissables, y compris par les créanciers postérieurs.

La question de la saisissabilité d'une créance consignée à la Caisse des dépôts a été posée à de multiples reprises à propos des sommes encaissées par les mandataires judiciaires chargés de liquider l'actif d'un débiteur en état de liquidation judiciaire ou de réaliser les éléments d'actif dans le cadre d'un plan de cession. Du fait de l'annulation par le Conseil d'État de l'article 173 du décret du 27 décembre 1985[4], qui réglait la question mais présentait un caractère législatif, la question a divisé la doctrine et la jurisprudence[5], avant qu'elle ne soit définitivement réglée à l'occasion de la refonte du Code de commerce, résultant de l'ordonnance du 18 septembre 2000[6], reprenant dans la partie législative du code la règle du décret du 27 décembre 1985, désormais énoncée à l'article L. 662-1 depuis la loi du 26 juillet 2005[7] de sauvegarde des entreprises, qui dispose que : « *Aucune opposition ou procédure d'exécution de quelque nature qu'elle soit sur les sommes versées à la Caisse des dépôts et consignations n'est recevable* ».

L'insaisissabilité qui en résulte[8] est d'autant plus efficace au profit de la procédure collective que les mandataires de justice doivent immédiatement déposer à la Caisse des dépôts et consignations les fonds qu'ils perçoivent. Les créanciers du débiteur placé en procédure collective ne peuvent ainsi appréhender ces sommes devenues insaisissables par l'effet de leur consignation.

B. Effet du plan ou de la clôture

0811.91 Plan de sauvegarde ou de redressement. Le plan de sauvegarde ou de redressement emporte un effet d'arrêt et d'interdiction des poursuites individuelles pour les créanciers concernés (C. com., art. L. 626-11 s., pour le plan de sauvegarde et art. L. 631-19, pour le plan de redressement)[9].

0811.92 Liquidation judiciaire. Le jugement de clôture de la liquidation judiciaire pour insuffisance d'actif interdit en principe définitivement l'exercice par les créanciers de leur droit de poursuite individuelle contre le débiteur ; dans le cas où, par exception, ils recouvrent ce droit, ils ne peuvent l'exercer qu'après avoir fait constater ce recouvrement par le président du tribunal en charge de la procédure collective (C. com., art. L. 643-11).

0811.93 Accord issu d'une procédure de conciliation. L'accord issu de la procédure de conciliation destinée à prévenir les difficultés des entreprises, prévue par les articles L. 611-4 s. C. com., rendu exécutoire par le président du tribunal compétent qui le constate ou l'homologue, arrête et interdit, pendant la durée de son exécution, toute poursuite individuelle sur les biens du débiteur dans le but d'obtenir le paiement des créances qui en font l'objet ; corrélativement, cet accord interrompt, pour la même durée, les délais impartis aux créanciers parties à l'accord, à peine de déchéance ou de résolution des droits afférents aux créances mentionnées par l'accord

1. Civ. 2e, 5 avr. 2001, n° 98-14.107, P II, n° 73 ; *D.* 2001. 1467, obs. A. Lienhard ; *RD banc. fin.* 2001, n° 160, obs. J.-M. D. ; *Dr. et patr.* nov. 2001. 110, obs. M.-H. Monsérié-Bon.
2. Paris, 14 sept. 1995, *Juris-Data* n° 0230098 ; *Rev. proc. coll.* 1996. 219, obs. Canet.
3. TGI Grenoble, JEX, 27 juin 1994, *JCP* 1995. II. 22417, note Martin ; *Rev. proc. coll.* 1996. 219, obs. Canet.
4. Décr. n° 85-1388, 27 déc. 1985, relatif au redressement et à la liquidation judiciaires des entreprises, *JO* 29 déc., p. 15281.
5. Pour un historique complet, v. S. Guinchard et T. Moussa, Dalloz action *Droit et pratique des voies d'exécution*, 2010/2011, n°s 812.90 à 812.96, par J.-P. Vignal.
6. Ord. n° 2000-912, 18 sept. 2000, relative à la partie législative du Code de commerce, *JO* 21 sept. 2000, p. 14783.
7. L. n° 2005-845, 26 juill. 2005, de sauvegarde des entreprises, *JO* 27 juill., p. 12187.
8. PARMI UNE JURISPRUDENCE NOURRIE : Com. 5 mai 1998, n° 96-15.780, P IV, n° 143 – Com. 22 avr. 1997, n° 94-21.412, P IV, n° 104.
9. SUR L'ENSEMBLE DE LA QUESTION : G. Ripert et R. Roblot, *Traité de droit commercial*, par P. Delebecque et M. Germain, vol. 2, 17e éd., LGDJ, 2004, n°s 3177 et 3184-1 s.

(C. com., art. L. 611-10). Le bénéfice de cette disposition est étendu aux personnes coobligées, à celles ayant consenti une sûreté personnelle ou encore ayant affecté ou cédé un bien en garantie (C. com., art. L. 611-10-2), de même que ces personnes bénéficient, depuis l'entrée en vigueur, le 1er juillet 2014, de l'ordonnance portant réforme de la prévention des difficultés des entreprises et des procédures collectives, des délais de paiement le cas échéant accordés au débiteur principal en cours de procédure de conciliation par le juge qui l'a ouverte [1].

§ 2
Procédure de surendettement

0811.101 Interdiction des procédures d'exécution. La procédure de surendettement peut également emporter des effets proches de ceux examinés pour les procédures collectives, plus encore depuis l'entrée en vigueur de la loi du 1er juillet 2010 [2] portant réforme du crédit à la consommation, le 1er novembre 2010. L'article L. 331-3-1 C. consom., renuméroté L. 722-2 par l'ordonnance du 14 mars 2016 [3], dispose : « *La décision déclarant la recevabilité de la demande emporte suspension et interdiction des procédures d'exécution diligentées à l'encontre des biens du débiteur ainsi que des cessions de rémunération consenties par celui-ci et portant sur les dettes autres qu'alimentaires* ». Il en résulte que le prononcé d'une décision de recevabilité à la procédure de surendettement fait, de plein droit, obstacle à une saisie-attribution [4].

Cette suspension s'applique dans les mêmes conditions et selon les mêmes modalités que celles prévues par les dispositions des articles L. 722-2 et L. 722-3 de ce code, c'est-à-dire jusqu'à l'adoption des mesures de surendettement, soit, « *selon les cas, jusqu'à l'approbation du plan conventionnel de redressement prévu à l'article L. 732-1, jusqu'à la décision imposant les mesures prévues aux articles L. 733-1, L. 733-4, L. 733-7 et L. 741-1, jusqu'au jugement prononçant un rétablissement personnel sans liquidation judiciaire ou jusqu'au jugement d'ouverture d'une procédure de rétablissement personnel avec liquidation judiciaire* ». Cette suspension ne peut néanmoins pas, selon ce texte, excéder un délai qui a été fixé à **deux ans** [5].

0811.102 Validité des procédures d'exécution en vue du recouvrement d'une créance postérieure à l'adoption des mesures de surendettement. La Cour de cassation précise toutefois que la suspension des poursuites pendant la durée d'exécution du plan de redressement n'est pas opposable au créancier qui poursuit le recouvrement forcé d'une créance née postérieurement aux mesures recommandées par la commission de surendettement et homologuées par décision du JEX, de sorte qu'une saisie-attribution peut être diligentée [6].

Cette solution rejoint la distinction des créances antérieures et postérieures à l'ouverture de la procédure collective. Elle a logiquement une portée valant pour toutes les mesures de surendettement.

0811.103 Adoption des mesures de surendettement ou du rétablissement personnel. L'adoption de mesures de surendettement interdit aux créanciers auxquels elles sont opposables l'exercice de procédures d'exécution à l'encontre des biens du débiteur pendant la durée d'exécution de ces mesures (C. consom., art. L. 733-16 [anct L. 331-8] et L. 733-17 [anct L. 331-9]).

Le rétablissement personnel s'accompagne de l'effacement des dettes non professionnelles du débiteur, ainsi que de la dette résultant de l'engagement que le débiteur a donné de cautionner ou d'acquitter solidairement la dette d'un entrepreneur individuel ou d'une société (rétablissement personnel sans liquidation judiciaire : C. consom., art. L. 741-3 jusqu'au 31 déc. 2017 ; C. consom., art. L. 741-2 à compter du 1er janv. 2018 [7] – avec liquidation judiciaire : C. consom., art. L. 742-22). Sont en outre exclues de cet effacement les dettes dont le montant a été payé en lieu et place du débiteur par la caution ou le coobligé, personnes physiques, ainsi que, dans le cas où le rétablissement personnel a lieu sans liquidation judiciaire, les dettes prévues par les articles L. 711-4 et L. 711-5, à savoir, en substance, les dettes alimentaires, les amendes et réparations allouées aux victimes en procédure pénale, les dettes ayant

1. Ord. no 2014-326, 12 mars 2014, portant réforme de la prévention des difficultés des entreprises et des procédures collectives, *JO* 14 mars, p. 5249, art. 5 et 9 ; l'ordonnance n'est pas applicable aux procédures en cours au jour de son entrée en vigueur, le 1er juillet 2014 (art. 116).
2. L. no 2010-737, 1er juill. 2010, portant réforme du crédit à la consommation, *JO* 2 juill., p. 12001.
3. Ord. no 2016-301, 14 mars 2016, relative à la partie législative du Code de la consommation, *JO* 16 mars, texte 29.
4. Pour une première application par la Cour de cassation (en matière de mesure conservatoire) : Civ. 2e, 28 mars 2024, no 22-12.797, B ; *D.* 2024. 677 ; *RCJPP* 2024, no 04, p. 42, chron. V. Valette.
5. Le délai, précédemment fixé à un an, a été porté à deux ans par une loi du 26 juillet 2013, entrée en vigueur le 1er janv. 2014 et applicable aux procédures de traitement des situations de surendettement en cours à cette date (L. no 2013-672, 26 juill. 2013, de séparation et de régulation des activités bancaires, *JO* 27 juill., p. 12530 art. 68, I, 14o, et II).
6. Civ. 2e, 20 janv. 2011, no 09-72.828, P II, no 20 ; *CCC* 2011, no 130, obs. Raymond : en l'espèce, il s'agissait d'une saisie-attribution pratiquée par un syndicat des copropriétaires sur le fondement d'une décision de justice portant sur des charges postérieures aux recommandations de la commission homologuée.
7. L. no 2016-1547, 18 nov. 2016, de modernisation de la justice du XXIe siècle, *JO* 19 nov., texte 1, art. 58.

pour origine une fraude aux prestations sociales et la créance de remboursement d'un prêt sur gage d'une caisse de crédit municipal. Cet effacement concerne les dettes arrêtées, selon le cas, à la date de la décision de rétablissement personnel sans liquidation judiciaire, ou à la date du jugement d'ouverture du rétablissement personnel avec liquidation judiciaire des actifs.

0811.104 **Reprise des poursuites en cas d'inexécution d'un plan de surendettement.** L'interdiction d'exercer des mesures d'exécution ne valant que pendant la durée d'exécution des mesures de traitement de la situation de surendettement[1], l'inexécution par le débiteur de ces mesures peut autoriser les créanciers à pratiquer à nouveau des mesures d'exécution. Ainsi est-il jugé qu'il résulte de l'article L. 331-9 C. consom., dans sa version issue de la loi du 1er juillet 2010 et antérieure à l'ordonnance du 14 mars 2016, devenu L. 733-17 puis L. 733-16 du même code, qu'en cas d'inexécution par le débiteur des mesures recommandées homologuées, le créancier ne recouvre le droit de pratiquer des mesures d'exécution que dans le cas où il est mis fin au plan soit par une décision du juge statuant en matière de surendettement, soit par l'effet d'une clause résolutoire prévue par ces mesures ou par l'ordonnance les homologuant[2].

1. Civ. 1re, 14 nov. 2001, no 99-18.163, P I, no 281.
2. Civ. 2e, 9 janv. 2020, no 18-19.846, P.

CHAPITRE

0812. Créance saisie

Édouard de Leiris
Conseiller à la Cour de cassation

Section 0
Orienteur

0812.00 **Sommaire du chapitre.**

Division. L'objet de la saisie-attribution présente un certain nombre de caractéristiques intrinsèques : il doit s'agir d'une créance certaine, tendant au paiement d'une somme d'argent et que la loi n'a pas rendu insaisissable (sect. 1).

Si l'on examine la créance dans ses rapports avec le débiteur saisi, il est en outre nécessaire que celui-ci en soit le titulaire, au jour de la saisie (sect. 2).

0812.01 **Textes applicables.**

• **C. pr. exéc.**, art. L. 111-1-1, L. 112-2, L. 112-1 à L. 112-4, L. 131-1 à L. 131-3, L. 123-1, L. 153-1, L. 161-1, L. 162-1, L. 162-2, L. 211-1 à L. 211-4, R. 112-1, R. 112-4, R. 112-5, R. 121-23, R. 121-24 et R. 211-1 à R. 211-17.

• **C. civ.**, art. 1302 s., 1307-1, 1323, 1324, 1336 s., 1342-3, 1346-1 s., 1347, 1347-1, 1348-1, 1353, 1347-7, 1377, 1690, 2285, 2363.

• **C. assur.**, art. L. 121-13, L. 131-1, L. 132-10, L. 132-23, L. 160-9, L. 223-9, L. 932-23-2.

• **C. com.**, art. L. 223-7, L. 236-15, L. 511-31, L. 512-3, L. 526-12 et L. 526-13.

• **C. consom.**, art. L. 722-2.

• **C. trav.**, art. L. 3252-1 s. et R. 3252-1 s.

• **C. pr. pén.**, art. 706-155, D. 320-1, D. 325, D. 333.

• **C. mon. fin.**, art. L. 131-37, L. 153-1 et L. 312-27.

L'article L. 112-1 alinéa 1er C. pr. exéc. dispose que les saisies peuvent porter sur les biens appartenant au débiteur, même détenus par un tiers.

Selon l'article L. 211-1 C. pr. exéc., le créancier muni d'un titre exécutoire peut « *saisir entre les mains d'un tiers les créances de son débiteur portant sur une somme d'argent* ».

L'article L. 211-2 C. pr. exéc. dispose que « *l'acte de saisie emporte, à concurrence des sommes pour lesquelles elle est pratiquée, attribution immédiate au profit du saisissant de la créance saisie disponible entre les mains du tiers…* ».

> Textes applicables aux créances salariales.

Toutefois, l'article L. 211-1 C. pr. exéc. (qui s'est substitué aux articles 42 de la loi du 9 juillet 1991 et 55 du décret du 31 juillet 1992) dispose que les créances salariales, créances à exécution successive, ne sont pas saisissables par le biais de la saisie-attribution, mais qu'elles le sont selon la procédure spéciale mise en place par les articles L. 3252-1 et suivants et R. 3252-1 et suivants C. trav. (v. s^{s} n°s 094.05 à 0945.44), que le contrat de travail soit ou non en cours d'exécution [1].

0812.02 Jurisprudence de référence.

> Domaine de la procédure de saisie des rémunérations.

• **Cass., avis, 21 juill. 1995,** n° 09-50.010, P, n° 11

* V. s^{s} n°s 0141.142, 0812.131, 0941.53, 0952.90

La saisie des pensions de vieillesse du régime général de la Sécurité sociale ne peut être effectuée que par la procédure de saisie des rémunérations prévue par les articles L. 145-1 [devenu L. 3252-1] et suivants du Code du travail.

> Caractères certain et disponible de la créance objet de la saisie-attribution.

• **Civ. 2e, 25 mars 1998,** n° 96-14.706, P II, n° 109

* V. s^{s} n°s 0812.12, 0812.21, 0831.130, 0971.91

Encourt la cassation l'arrêt qui donne effet à une saisie-attribution en énonçant que la créance saisie existait en germe dans le patrimoine du débiteur sans constater qu'à la date de la saisie la créance était certaine et disponible.

> Insaisissabilité de l'assurance-vie.

• **Civ. 1re, 28 avr. 1998,** n° 96-10.333, P I, n° 153

* V. s^{s} n°s 0141.07, 0141.231, 0812.48

Il résulte des articles L. 132-8, L. 132-9, L. 132-12 et L. 132-14 du Code des assurances qu'en matière d'assurances sur la vie, tant que le contrat n'est pas dénoué, le souscripteur est seulement investi, sauf acceptation du bénéficiaire désigné, du droit personnel de faire racheter le contrat et de désigner ou de modifier le bénéficiaire de la prestation. Il s'ensuit que nul créancier n'est en droit de se faire attribuer immédiatement ce que le souscripteur ne peut recevoir. Dès lors, justifie légalement sa décision la cour d'appel qui, pour ordonner la mainlevée de l'avis à tiers détenteur notifié en cours de contrat à l'assureur par l'administration des Impôts, retient que ce dernier n'était pas débiteur de son assuré à la date de l'avis.

> Saisie-attribution. Succession de créances distinctes.

• **Soc. 24 févr. 2000,** n° 98-13.444, P V, n° 76

* V. s^{s} n°s 0812.92, 0971.311

La société de taxi-ambulance, subrogée en application d'une convention de tiers payant dans les droits des assurés sociaux qu'elle a transportés dispose sur la caisse primaire d'assurance maladie d'une succession de créances distinctes, nées des transports effectués au fur et à mesure de leur accomplissement. La saisie-attribution n'emportant attribution immédiate au profit du saisissant que de la créance disponible, les sommes correspondant à des prestations postérieures à la saisie pratiquée échappent à son caractère attributif.

> Une saisie ne peut pas porter sur une créance éventuelle.

• **Civ. 2e, 11 mai 2000,** n°s 97-12.362, 97-12.423 et 97-15.736, P II, n° 77

* V. s^{s} n°s 0141.91, 0812.21, 0812.41

Une saisie ne peut pas porter sur une créance éventuelle. Tel est le cas de saisies-attributions pratiquées ou d'avis à tiers détenteur émis sur une créance représentée par le prix de cession d'un office notarial, alors que l'agrément ministériel constituait un élément légal de la convention intervenue et que la créance saisie n'était pas encore née à la date où les mesures d'exécution forcée avaient été pratiquées.

> Avis à tiers détenteur. Créance simplement éventuelle.

• **Com. 13 mars 2001,** n° 98-12.700, P IV, n° 58

* V. s^{s} n°s 0812.21, 0812.42

Si selon l'article L. 263 du Livre des procédures fiscales, l'avis à tiers détenteur a pour effet d'affecter, dès réception, les sommes dont le versement est ainsi demandé au paiement des impositions privilégiées, quelle que soit la date à laquelle les créances même conditionnelles ou à terme que le redevable possède à l'encontre du tiers détenteur deviennent effectivement exigibles, il n'en est pas de même pour les créances éventuelles. Ne tire pas les conséquences légales de ses propres constatations la cour d'appel qui, après avoir relevé qu'au moment de la délivrance des avis à tiers détenteur, la seule obligation existante liait la société et le Crédit Agricole en vertu d'une promesse unilatérale de cession d'un contrat de crédit-bail immobilier, confirme la procédure d'avis à tiers détenteur.

> Saisie-attribution. Existence de la créance au jour de la saisie. Créance objet de la saisie procédant d'un virement en cours d'exécution. Date du virement.

• **Civ. 2e, 28 mai 2003,** n° 01-12.892, P II, n° 166

* V. s^{s} n°s 0812.32, 0923.51

La saisie-attribution pratiquée entre les mains d'un établissement habilité par la loi à tenir des comptes de dépôt peut porter sur des créances conditionnelles ou à terme, dès lors que la créance du débiteur existe au jour de la saisie. Ayant relevé qu'un virement avait été effectué au bénéfice d'une société, avant la saisie-attribution pratiquée au préjudice de celle-ci, la cour d'appel en a exactement déduit que la créance était née bien qu'elle ne soit pas encore inscrite au compte.

> Rémunérations du travail portées en compte. Saisissabilité du compte et report de l'insaisissabilité sur les rémunérations versées au crédit du compte.

• **Civ. 2e, 24 juin 2004,** n° 02-14.813, P II, n° 323

* V. s^{s} n°s 0141.123, 0141.161, 0621.07, 0621.31, 0812.121, 0923.102, 0941.13

1° L'article L. 145-6 [devenu L. 3252-7] du Code du travail, selon lequel les rémunérations ne peuvent pas faire l'objet d'une saisie conservatoire, n'est pas applicable aux sommes versées sur un compte bancaire, même si elles proviennent

1. Civ. 2e, 30 sept. 1999, n° 97-19.732, P II, n° 147 ; *D.* 1999. IR 150 – Cass., ass. plén., 9 juill. 2004, n° 02-21.040, P, n° 11 ; *D.* 2004. 3161, note A. Bugada ; *D.* 2004. IR 2273 ; *Procédures* 2004, n° 208, obs. R. Perrot ; *Dr. et proc.* 2004. 349, obs. J.-J. Bourdillat ; *JCP* 2005. II. 10047, note Donnier ; *RD banc. fin.* 2004, n° 221, obs. S. Piedelièvre.

des rémunérations du travail, la saisie de ces sommes étant réglementée par l'article 44 du décret du 31 juillet 1992 [devenu art. R. 112-5 C. pr. exéc.].

2° Lorsque les sommes insaisissables versées sur un compte proviennent de créances à échéances périodiques, l'insaisissabilité porte sur toutes les sommes insaisissables comprises dans le solde créditeur du compte.

> Domaine de la procédure de saisie des rémunérations.

• **Cass., ass. plén., 9 juill. 2004,** n° 02-21.040, P, n° 11

* V. s^s n°s 0812.01, 0941.31, 0941.55

La saisie des rémunérations dues par un employeur est soumise aux dispositions du Code du travail, que le contrat de travail soit ou non en cours d'exécution. Dès lors, encourt la cassation l'arrêt qui déclare régulière la saisie-attribution pratiquée par un créancier entre les mains de l'ancien employeur de son débiteur et portant sur le montant d'une condamnation prononcée au titre notamment de rappels de salaires.

> Insaisissabilité de la fraction non utilisée de l'ouverture de crédit.

• **Civ. 2e, 18 nov. 2004,** n° 00-19.693, P II, n° 501

* V. s^s n°s 0812.42, 0921.42

L'ouverture de crédit en compte courant, à concurrence de sa partie non utilisée, ne constitue qu'une promesse de prêt à une personne dénommée ; qu'il s'ensuit que la fraction inutilisée de l'ouverture de crédit n'est pas saisissable.

> Insaisissabilité de la prestation compensatoire.

• **Civ. 2e, 10 mars 2005,** n° 02-14.268, P II, n° 66

* V. s^s n°s 0141.05, 0141.08, 0141.111, 0812.121, 0952.33

La prestation compensatoire est insaisissable, par application de l'article 14, 2° de la loi n° 91-650 du 9 juillet 1991 [devenu art. L. 112-2 C. pr. exéc.].

Par suite, viole ce texte une cour d'appel qui, pour dire partiellement saisissable une prestation compensatoire, énonce qu'elle a outre un caractère alimentaire, un aspect indemnitaire.

> Droit exclusif du délégataire acceptant au paiement nonobstant la saisie-attribution de la créance.

• **Com. 14 févr. 2006,** n° 03-17.457, P IV, n° 37

* V. s^s n°s 0141.91, 0812.169

Si la créance du délégant sur le délégué s'éteint seulement par le fait de l'exécution de la délégation, ni le délégant, ni ses créanciers ne peuvent, avant la défaillance du délégué envers le délégataire, exiger le paiement ; il en résulte que la saisie-attribution effectuée entre les mains du délégué par le créancier du délégant ne peut avoir pour effet de priver le délégataire, dès son acceptation, de son droit exclusif à un paiement immédiat par le délégué, sans concours avec le créancier saisissant.

C'est à bon droit qu'une cour d'appel a retenu que les sommes dues par le délégué au délégant au titre des loyers n'étaient pas saisissables par les créanciers du délégant dont le droit de créance qui demeure dans son patrimoine est indisponible à compter de l'acceptation du délégataire.

> Domaine de la saisie des rémunérations.

• **Soc. 30 janv. 2008,** n° 06-17.531, P V, n° 29

* V. s^s n°s 0141.121, 0812.131

L'indemnité de départ en retraite versée au salarié qui quitte volontairement l'entreprise pour bénéficier du droit à une pension de vieillesse n'a pas pour objet de compenser un préjudice et constitue dès lors une rémunération, ce dont il résulte qu'elle est soumise aux règles de saisie prévues par le code du travail. Prive sa décision de base légale l'arrêt qui ne précise pas si la somme litigieuse a été versée au salarié en raison de son départ volontaire à la retraite ou de sa mise à la retraite par l'employeur.

> Saisie-attribution. Responsabilité du tiers saisi pour manquement à son obligation de renseignement même s'il n'est redevable d'aucune somme envers le débiteur saisi.

• **Civ. 2e, 19 mars 2009,** n° 08-11.303, P II, n° 78

* V. s^s n°s 0152.52, 0812.43, 0821.153, 0821.154

L'efficacité de la saisie n'est pas une condition d'application de l'alinéa 2 de l'article 60 du décret n° 92-755 du 31 juillet 1992. Dès lors, un tiers saisi, même s'il n'est redevable d'aucune somme envers le débiteur saisi, peut être condamné au versement de dommages-intérêts pour manquement à son obligation de renseignement. Justifie légalement sa décision de condamner le tiers saisi à payer des dommages-intérêts sur le fondement de l'alinéa 2 de l'article 60 du décret n° 92-755 du 31 juillet 1992, la cour d'appel qui retient que le tiers saisi a donné à l'huissier [devenu commissaire] de justice une réponse inexacte dont est résulté un préjudice.

> Saisie-attribution. Charge de la preuve de la créance saisie.

• **Civ. 2e, 10 févr. 2011,** n° 10-30.008, P II, n° 38

* V. s^s n°s 0152.31, 0812.13, 0921.32

Il appartient au créancier qui a fait pratiquer une saisie-attribution d'établir que le débiteur est créancier du tiers saisi.

> Saisie d'une créance libellée en monnaie étrangère.

• **Civ. 2e, 31 mars 2011,** n° 10-12.269, P II, n° 79

* V. s^s n°s 0621.53, 0812.61, 0832.52, 0923.142, 1711.210

La demande en paiement, faite après conversion d'une saisie conservatoire en saisie-attribution, emporte, par l'effet de la loi, attribution immédiate de la créance saisie jusqu'à concurrence du montant de la condamnation et des sommes dont le tiers saisi s'était reconnu débiteur en euros, y compris lorsque le tiers saisi avait déclaré détenir pour le compte du débiteur une créance libellée en monnaie étrangère correspondant à la contre-valeur en dollars US de la somme pour laquelle la saisie avait été autorisée.

> Report d'insaisissabilité sur le solde du compte saisi.

• **Civ. 2e, 7 juin 2012,** n° 11-19.622, P II, n° 103

* V. s^s n°s 0141.05, 0141.142, 0141.191, 0812.132, 0923.101

Il résulte des dispositions combinées des articles L. 355-2 du Code de la sécurité sociale, 15 de la loi n° 91-650 du 9 juillet 1991 et 44 du décret n° 92-755 du 31 juillet 1992 que les pensions d'invalidité sont cessibles et saisissables dans les mêmes conditions et limites que les salaires, que les créances insaisissables dont le montant est versé sur un compte demeurent insaisissables et que lorsqu'un compte est crédité du montant d'une créance insaisissable en tout ou en partie, l'insaisissabilité se reporte à due concurrence sur le solde du compte. Par suite, méconnaît ces dispositions, la cour d'appel qui rejette une demande de mainlevée d'une saisie-attribution pratiquée sur un compte alimenté par une pension d'invalidité, sans préciser l'étendue de la saisissabilité du compte concerné.

> Saisie-attribution sur soi-même. Vérification du caractère exécutoire du titre.

• Civ. 1re, 13 mai 2014, no 12-25.511, P I, no 84

* V. ss nos 0212.95, 0254.22, 0313.53, 0712.12, 0811.32, 0812.91, 0813.31, 0971.210

1o Un créancier muni d'un titre exécutoire constatant une créance liquide et exigible dans les termes de l'article 42 de la loi no 91-650 du 9 juillet 1991, devenu l'article L. 211-1 du Code des procédures civiles d'exécution, peut pratiquer une saisie-attribution entre ses propres mains, l'effet attributif prévu à l'article 43 de cette même loi, devenu l'article L. 211-2 du Code précité, d'une telle saisie, lorsqu'elle porte sur une créance à exécution successive, s'étendant aux sommes échues en vertu de cette créance depuis la signification de l'acte de saisie, et ce jusqu'à ce que le créancier saisissant soit rempli de ses droits et dans la limite de ce qu'il doit au débiteur en tant que tiers saisi.

2o Il incombe à l'huissier [devenu commissaire] de justice, garant de la légalité des poursuites, de vérifier que le titre provisoire, en vertu duquel il pratique la saisie-attribution aux risques du créancier mandant, reste exécutoire au jour de l'acte de saisie.

> Existence de la créance au jour de la saisie.

• Civ. 2e, 10 janv. 2019, no 17-25.719, P

* V. ss nos 0214.31, 0812.23

Une saisie-attribution doit porter sur une créance existant au jour de la saisie.

En conséquence, ayant relevé qu'au jour où une telle saisie avait été pratiquée, la créance qui en était l'objet était éteinte, par l'effet d'une compensation ordonnée par une décision dont le caractère exécutoire n'était pas débattu, c'est à bon droit qu'une cour d'appel a retenu que cette saisie n'avait pas produit d'effet attributif, peu important que cette décision ait été ultérieurement infirmée.

> Effet de la saisie-attribution et établissement du tiers établi en France.

• Civ. 2e, 10 déc. 2020, no 19-10.801, P

• Civ. 2e, 10 déc. 2020, no 18-17.937, P

* V. ss nos 0812.11, 0813.14, 0921.25, 0942.43, 1711.08, 1711.11

Dès lors qu'une mesure de saisie attribution, qui permet à un créancier muni d'un titre exécutoire de saisir entre les mains d'un tiers les créances de son débiteur portant sur une somme d'argent, en application de l'article L. 211-1 du code des procédures civiles d'exécution, suppose l'exercice d'une contrainte sur le tiers saisi, il résulte de la règle de territorialité des procédures d'exécution, découlant du principe de l'indépendance et de la souveraineté des États, qu'elle ne peut produire effet que si le tiers saisi est établi en France.

Est établi en France le tiers saisi, personne morale, qui soit y a son siège social, soit y dispose d'une entité ayant le pouvoir de s'acquitter du paiement d'une créance du débiteur saisi à son encontre.

C'est par une exacte application de ces principes qu'une cour d'appel, après avoir constaté que la créance résultait de l'ouverture de comptes bancaires dans la succursale new-yorkaise d'une banque, dont le siège social est à Londres, a ordonné la mainlevée de la saisie-attribution pratiquée en France auprès d'une succursale dans laquelle aucun compte n'était ouvert au nom du débiteur saisi (1er arrêt).

À l'inverse, encourt la cassation l'arrêt d'une cour d'appel qui, pour ordonner la mainlevée d'une saisie-attribution pratiquée entre les mains d'un bureau parisien d'une société de droit américain, retient que la créance saisie résulte d'un contrat de bail signé entre les États-Unis d'Amérique et une société de droit américain dont le siège est dans l'Ohio et qu'elle se trouve nécessairement localisée sur le territoire des États-Unis (2d arrêt).

0812.03 Bibliographie indicative.

* V. ss no 081.03

SECTION 1

CARACTÉRISTIQUES DE LA CRÉANCE SAISIE

0812.11 Existence d'une créance entre les mains du tiers saisi : condition d'efficacité ou d'étendue de la saisie. Avant d'examiner les conditions que doit remplir la créance saisie, une précision importante s'impose quant à l'objet de ces conditions. Leur réunion ne tend pas à assurer la validité de la saisie-attribution, mais son efficacité, voire à en fixer son étendue.

Une saisie-attribution pratiquée entre les mains d'un tiers qui n'est pas débiteur du débiteur saisi – qu'il ne le soit plus, qu'il ne l'ait jamais été ou qu'il ne le soit pas encore, voire que la créance soit insaisissable ou encore ne soit pas exprimée en argent – n'est pas affectée de nullité. Elle est simplement dénuée d'efficacité, elle ne produira aucun effet translatif de propriété. Même chose lorsque le débiteur saisi ne détient qu'une partie des créances que le saisissant pensait pouvoir saisir entre ses mains : l'efficacité de la saisie sera alors limitée aux seules créances dont ce débiteur saisi est créancier à l'encontre du tiers saisi. Dans le même ordre d'idées, la Cour de cassation juge qu'une saisie-attribution pratiquée entre les mains d'un tiers saisi qui n'est pas établi en France ne peut pas produire d'effet, sans pour autant être nulle (v. ss no 0813.14) [1].

La détermination des **caractéristiques de la créance *objet* de la saisie** (*i.e.* la créance saisie) a donc un

1. Civ. 2e, 10 déc. 2020, no 19-10.801, P – Civ. 2e, 10 déc. 2020, no 18-17.937, P.

intérêt tout à fait différent de la détermination des **caractéristiques de la créance *cause* de la saisie**, dont le défaut n'affecte pas l'efficacité, mais la validité même de la saisie-attribution.

Cette précision étant apportée, examinons les conditions que la créance saisie doit remplir pour permettre à la saisie-attribution de produit un effet utile.

0812.12 Diversité des créances susceptibles d'être saisies. Alors que la créance cause de la saisie – celle dont le créancier saisissant est titulaire – doit être constatée par un titre exécutoire, il n'en va pas de même de la créance objet de la saisie – celle dont est titulaire le débiteur.

À l'instar des règles qui étaient déjà admises pour la saisie-arrêt, le Code des procédures civiles d'exécution n'exige pas que la créance saisie soit constatée par un titre exécutoire[1], ni même qu'elle soit déjà liquide ou exigible[2].

0812.13 Preuve de l'existence de la créance saisie. La créance saisie n'étant pas nécessairement contenue dans un titre exécutoire, son existence doit être établie en cas de contestation. Une telle contestation constitue un incident de la saisie, que le juge de l'exécution (JEX) est donc compétent pour trancher. Il appartient au créancier saisissant d'établir cette existence de la créance de son débiteur contre le tiers saisi[3].

Cette solution, retenue par la Cour de cassation au visa de l'ancien article 1315 C. civ., devenu 1353 C. civ. sur la charge de la preuve, peut en effet s'appuyer sur la lettre de cette disposition, qui prévoit qu'il appartient à celui qui réclame l'exécution d'une obligation de la prouver. Au surplus, il ne saurait être attendu du tiers saisi qu'il établisse un fait négatif, à savoir l'absence de créance (comp., dans le cas de la saisie administrative à tiers détenteur : v. s^{s} n° 0932.18).

On relèvera toutefois qu'en application des articles L. 123-1 et L. 211-1 C. pr. exéc., le tiers saisi est tenu d'apporter son concours à la mesure d'exécution. À cette fin, il doit spontanément livrer une information exacte au créancier saisissant et ne saurait donc se retrancher derrière l'application de l'article 1353 C. civ., qui ne peut donc jouer à son profit qu'à la condition qu'il ait pleinement respecté l'obligation de renseignement mise à sa charge par le Code des procédures civiles d'exécution, sanctionnée par son article R. 211-5 (v. s^{s} n° 0821.50 – Comp., dans le cas de la saisie administrative à tiers détenteur, v. s^{s} n° 0932.18).

0812.14 Plan. La saisie-attribution doit porter sur une créance certaine (§ 1). Pour le surplus, toute créance de somme d'argent peut faire l'objet d'une saisie-attribution (§ 2), sauf interdiction légale, ce qui concerne les créances insaisissables et les rémunérations du travail (§ 3).

§ 1
Une créance certaine

0812.21 Créance certaine et non créance éventuelle – Notion. La Cour de cassation exige que la créance saisie soit « *certaine* », notion qu'elle oppose à celle de « *créance éventuelle* »[4]. À la différence du droit antérieur, une saisie-attribution ne peut ainsi pas être pratiquée sur une créance « *en germe* »[5], en d'autres termes une créance qui n'est pas encore née. La distinction n'est toutefois pas toujours aisée, en particulier lorsqu'il convient de distinguer de la créance en germe celle qui est affectée d'une modalité – terme, condition – voire est à exécution successive[6] ou de déterminer l'événement précis qui donne naissance à la créance, serait-elle à exécution successive.

0812.22 Cas de la créance litigieuse. Dans l'hypothèse d'une somme litigieuse, consignée ou séques-

1. *J.-Cl. Pr. civ., v° Saisie-attribution* (objet de la saisie), fasc. 2242, n° 5, par N. Cayrol.
2. IMPLICITEMENT : Civ. 2e, 25 mars 1998, n° 96-14.706, P II, n° 109 – V. ÉGAL. : Civ. 2e, 12 avr. 2012, n° 11-12.967, NP – POUR UNE CRÉANCE NON LIQUIDE : TGI Quimper, JEX, 2 févr. 1995, *Rev. huiss.* 1995. 1394.
3. Civ. 2e, 10 févr. 2011, n° 10-30.008, P II, n° 38 ; *D.* 2011. 1509, obs. A. Leborgne ; *D.* 2011. 2150, chron. J.-M. Sommer et L. Leroy-Gissinger ; *Procédures* 2011, n° 169, obs. R. Perrot – DÉJÀ DANS CE SENS, Paris, 19 sept. 2001, *Dr. et proc.* 2001. 401 ; *RD banc. fin.* 2011. 146, obs. S. Piedelièvre.
4. Civ. 2e, 11 mai 2000, n° 97-12.362, P II, n° 77 ; *D.* 2001. 1138, obs. Ph. Delebecque ; *RJDA* 2000, n° 910, cassant un arrêt, au visa des articles 13, 42 et 43 de la loi du 9 juillet 1991, au motif que la saisie « *ne peut pas porter sur une créance éventuelle* ».
5. Civ. 2e, 25 mars 1998, n° 96-14.706, P II, n° 109 ; *Gaz. Pal.* 1998. 235, censurant une cour d'appel qui s'était bornée à constater que la créance existait en germe – V. AUSSI, à propos d'une assurance-vie : Civ. 1re, 2 juill. 2002, n° 99-14.819, P I, n° 179 – Sur la question, v. D. Jost et J.-M. Perez, « La saisie d'une créance en germe », *Defrénois* 2003. 746 s. – SOUS L'EMPIRE DE LA SAISIE-ARRÊT, la Cour de cassation autorisait au contraire la saisie d'une créance éventuelle, dès lors que l'obligation du tiers saisi existait au jour de la saisie, au moins « en germe » : Civ. 2e, 31 oct. 1956, P II, n° 556 – SUR LA CRÉANCE « EN GERME », v. COUCHEZ, n° 247 – *J.-Cl. Proc. Form., v° Saisie-attribution* (conditions et procédure), fasc. 10, n° 18, par Tirvaudey-Bourdin – PERROT et THÉRY, n° 380.
6. E. Putman, « La formation des créances », th. Aix-en-Provence, 1987, nos 322 s. – C. Garreau, « La saisie-attribution, la procédure collective et la date de naissance des créances contractuelles », *RTD civ.* 2004. 413 – Com. 13 mars 2001, n° 98-12.700, P IV, n° 58 ; *Dr. et proc.* 2001. 251 s, obs. J.-J. Bourdillat.

trée, des juges du fond ont pu juger que la créance n'existait pas avec certitude tant qu'il n'avait pas été statué sur sa propriété[1] et que, dès lors que le séquestre détenait la somme litigieuse entre le créancier et le débiteur « *pour le compte de qui il appartiendra* », le débiteur n'avait pas à son encontre de créance certaine[2].

La Cour de cassation n'a toutefois pas eu l'occasion de consacrer une telle solution[3].

Or, elle pourrait susciter la critique : ainsi N. Cayrol relève-t-il que la décision statuant sur la propriété de la créance ne conditionne pas l'existence du droit et que « *de la même manière qu'un droit litigieux peut être cédé* [C. civ., art. 1699], *il semble pouvoir être saisi* »[4]. En effet, on peut soutenir que c'est moins l'existence de la créance qui est incertaine, que sa titularité qui est contestée, contestation qui sera levée par le jugement déclaratif de droit tranchant la question litigieuse. La situation est somme toute similaire à celle où, avant même la saisie-attribution, le débiteur saisi a engagé une action en paiement de sa créance contre son débiteur : cette créance n'en sera pas moins saisissable, y compris si, à l'occasion de cette action, le sous-débiteur conteste sa dette, pour quelque motif que ce soit.

En effet, dès lors qu'une créance saisie n'a pas à être constatée dans un titre exécutoire, seule l'efficacité provisoire de la saisie devrait se trouver affectée par l'existence d'une contestation sur l'existence ou la titularité de cette créance[5]. La solution serait alors comparable à d'autres cas de séquestre ou de consignation, tel celui de la consignation du prix de vente d'un fonds de commerce, dans l'attente de l'expiration du délai légal d'opposition des créanciers[6].

0812.23 Certitude de la créance : critère proposé. Plan. L'existence même de la créance dépend de la réunion des éléments constitutifs de l'obligation prenant la forme d'une dette de somme d'argent.

On retiendra que lorsqu'un **élément constitutif de l'obligation** fait défaut au jour de la saisie, la créance est éventuelle et ne peut faire l'objet d'une saisie. Seule la survenance – éventuelle – de cet élément constitutif faisant défaut donne naissance à la créance. L'article 55 du décret du 31 juillet 1992 (abrogé par le décret de codification du Code des procédures civiles d'exécution) précisait ainsi qu'une saisie peut être pratiquée « *entre les mains de toute personne tenue* **au jour de cette saisie**, *d'une obligation portant sur une somme d'argent envers son débiteur* ». Malgré la disparition de cette précision dans le Code des procédures civiles d'exécution, la jurisprudence continue à se référer à cette condition d'une créance existant au jour de la saisie : ainsi en est-il par exemple déduit que ne peut être saisie une créance qui, au jour de la saisie, était éteinte par l'effet d'une compensation ordonnée par une décision de justice, peu important que cette décision ait été ultérieurement infirmée[7].

Ces éléments constitutifs de la créance, dont le défaut rend purement éventuelle la créance qu'un créancier entend saisir, peuvent être rangés en deux catégories : il s'agira soit d'un élément objectif (A), donc un événement dans la dépendance duquel se trouve la naissance à la créance, soit d'un élément subjectif (B), donc une manifestation de volonté.

On verra en outre que la jurisprudence ayant déterminé, dans le cas de prestations échelonnées dans le temps, si la situation caractérisait ou non l'existence d'une unique créance à exécution successive, fournit des illustrations de ces deux types de conditions objectives et subjectives (v. s[s] n° 0812.91).

A.
Éléments objectifs donnant naissance à la créance

0812.31 Remise d'une somme d'argent. La jurisprudence fournit nombre d'illustrations de cet élément objectif présidant à l'apparition de la créance. C'est en effet fréquemment la remise d'une somme d'argent au tiers saisi qui a fait naître le droit de créance du débiteur saisi à son encontre.

0812.32 Virement. En matière de **virement** bancaire, un banquier ne devient débiteur d'une créance de restitution des fonds au profit de son client qu'à compter de la date du virement en provenance du client ou d'un tiers : « *L'obligation de restitution de la banque, simple dépositaire* [...] *ne pouvait préexister au virement effectif des fonds* »[8]. La Cour de cassation est

1. TGI Périgueux, JEX, 2 mars 1995, *Gaz. Pal.* 1995. 2. Somm. 603.
2. TGI Grenoble, JEX, 20 mars 1995, *Rev. huiss.* 1995. 1269.
3. COMP. : Civ. 2e, 3 oct. 2002, n° 01-02.159, P II, n° 207, approuvant l'arrêt qui « *retient exactement que les actions n'appartenant pas* [à la débitrice saisie, qui les a cédées], *le séquestre qui était tenu de restituer à qui il appartiendra les fruits attachés auxdites actions, n'était, au jour de la saisie, tenu à aucune obligation à l'égard de la débitrice saisie* ».
4. *J.-Cl. Pr. civ., v° Saisie-attribution* (objet de la saisie), fasc. 2242, n° 47, par N. Cayrol.
5. PERROT et THÉRY, n° 381.
6. Civ. 2e, 16 mars 2000, n° 98-14.725, P II, n° 49.
7. Civ. 2e, 10 janv. 2019, n° 17-25.719, P, qui, outre la solution indiquée, a décidé également qu'en cas de saisie conservatoire, c'est au jour de celle-ci, et non au jour de sa conversion en saisie-attribution, que l'existence de la créance doit être appréciée – V. ÉGAL. s[s] n° 0821.124, pour l'application de cette condition au titre de l'article R. 211-5 alinéa 1er du code, relatif à la condamnation du tiers saisi aux causes de la saisie : Civ. 2e, 10 janv. 2013, n° 11-26.316, NP.
8. Civ. 2e, 13 mai 1987, n° 86-10.836, P II, n° 113 ; *JCP* 1988. II. 20923, note Delebecque et Putman.

en particulier venue préciser que la saisie pouvait porter sur une créance résultant d'un virement, avant même que la somme ne soit effectivement inscrite au crédit du compte saisi, la créance prenant en effet naissance au moment du virement lui-même[1].

0812.33 Prix de vente entre les mains d'un notaire. Seule la remise du prix de vente au notaire chargé d'une vente peut faire naître une créance contre ce dernier au profit du vendeur, créance alors saisissable par un créancier de celui-ci[2]. Et encore la Cour de cassation juge-t-elle que la seule réception des fonds par le notaire ne suffit pas à faire naître une créance au profit de l'acquéreur : en effet, le notaire qui reçoit les fonds de l'acquéreur avant la conclusion de la vente ne détient pas ces fonds pour le compte du vendeur, de sorte que celui-ci ne disposant pas encore d'une créance contre le notaire, un créancier du vendeur ne peut saisir cette créance entre ses mains[3].

0812.34 Indivision. Quoique plus complexe, on peut rapprocher l'indivision des cas précédents. Le créancier personnel d'un coïndivisaire ne peut saisir la part de ce co-indivisaire dans les biens indivis, mais seulement provoquer le partage du bien indivis (C. civ., art. 815-17). Il ne peut donc exercer ses droits que sur les sommes dont le débiteur sera réellement alloti après cessation de l'indivision[4]. Avant tout partage de la masse indivise d'une succession, le débiteur coïndivisaire n'est donc titulaire de ce chef d'aucune créance de somme d'argent entre les mains du notaire en charge de la succession, de sorte qu'est exclue toute saisie-attribution du chef du débiteur dans la succession non liquidée pratiquée entre les mains du notaire[5].

Cette situation doit en revanche être distinguée du droit propre sur le prix de vente de l'immeuble dont dispose l'unique usufruitier d'un bien par ailleurs indivis : le droit de l'usufruitier n'étant pas indivis, le créancier personnel de l'usufruitier peut pratiquer une saisie-attribution sur la portion du prix de l'immeuble indivis correspondant à la valeur de l'usufruit[6].

0812.35 Répétition d'indu. Dans le cas de la répétition d'indu, le droit à restitution présente, dès le paiement qui lui donne naissance[7], le caractère d'une créance de somme d'argent déterminée, dont on peut par conséquent soutenir qu'il peut, dès ce paiement, faire l'objet d'une saisie-attribution.

0812.36 Créances d'indemnité et de restitution. Si les solutions dégagées en matière de procédures collectives, qui s'attachent également à apprécier la date d'apparition d'une créance, ne peuvent pas nécessairement être transposées à la saisie-attribution, la comparaison des deux matières permet en revanche d'observer que la jurisprudence en matière de saisie-attribution est loin d'avoir réglé toutes les situations susceptibles d'advenir.

On peut notamment s'interroger sur le cas de la créance de dommages-intérêts ou encore celui d'une créance de restitution consécutive à l'anéantissement d'un contrat.

Raisonnant sur le cas de la créance de dommages-intérêts, on pourrait estimer que, en dehors d'une reconnaissance par le débiteur de sa dette, c'est le jugement prononçant une condamnation qui donne naissance à la créance de dommages-intérêts[8] : dans un tel cas, MM. Héron et Le Bars relèvent en effet qu'« *une fois le jugement rendu la situation des parties change substantiellement* [...], *la victime ne dispose plus d'un vague* "droit à réparation" *: elle dispose, dans son patrimoine, d'un droit concret à une somme liquide* »[9]. Tant qu'un jugement condamnant à des dommages-intérêts, ou à tout le moins constatant la responsabilité de l'auteur d'un dommage[10], n'a pas été prononcé, la titularité d'une créance de somme d'argent apparaît même « *hypothétique* »[11], puisque dépendant de l'engagement (et de la poursuite) d'une action en justice[12]. La situation vaut *a fortiori* dans

1. Civ. 2e, 28 mai 2003, no 01-12.892, P II, no 166 ; *D.* 2004. 1490, obs. G. Taormina ; *Procédures* 2003, no 169, obs. R. Perrot ; *Dr. et proc.* 2003. 371, obs. Putman.
2. Civ. 2e, 7 juin 2006, no 04-16.937, NP ; *JCP N* 2006, no 48, 1363, note Garçon – PERROT et THÉRY, no 380 (note), réservent toutefois l'hypothèse où le notaire a reçu mandat d'encaisser ce prix, en s'appuyant sur : Civ. 2e, 16 févr. 1978, no 76-14.367, P II, no 44 ; *JCP* 1979. II. 19055, note Stenner et Bost : encore faut-il préciser que dans cette espèce la vente avait été conclue avant la saisie-arrêt, seul le versement du prix étant intervenu postérieurement – V. ÉGAL., C. Guilloteau-Palisse, « Saisie du prix de vente entre les mains du notaire », *JCP N* 2013. Étude 1219 : indiquant que le vendeur dispose d'une créance conditionnelle à l'encontre de l'étude, pouvant faire l'objet d'une saisie, dans le cas, rare, où il a été stipulé dans l'avant-contrat que le prix sera payé par la comptabilité du notaire : celui-ci souscrit en effet lui-même un engagement – Ph. Théry, « Le notaire et les procédures civiles d'exécution », *LPA* no 96, 11 août 1997, p. 10.
3. Civ. 2e, 15 nov. 2012, no 11-23.883, NP ; *Dr. et proc.* 2013. 40, note Vinckel.
4. Civ. 1re, 25 mars 2003, no 00-14.683, NP.
5. Civ. 1re, 7 déc. 2011, no 10-16.857, NP.
6. Civ. 1re, 15 mai 2019, no 18-12.779, P.
7. Com. 24 nov. 1998, no 96-17.100, P IV, no 281.
8. CONTRA : *J.-Cl. Pr. civ.*, vo *Saisie-attribution* (objet de la saisie), fasc. 1600-15, no 48, par N. Cayrol.
9. HÉRON et LE BARS, *Droit judiciaire privé*, 5e éd., « Domat », Montchrestien, 2015, no 344.
10. Com. 1er mars 1994, no 91-20.887, P IV, no 88 : « *La créance en réparation du dommage corporel prend naissance à la date du jugement irrévocable constatant la responsabilité de l'auteur du dommage* » (en matière d'ATD).
11. Civ. 2e, 12 avr. 2012, no 11-12.967, NP.
12. COMP. Civ. 2e, 25 sept. 2014, no 13-20.561, P II, no 195.

le cas de l'astreinte assortissant une obligation de faire du tiers saisi au profit du débiteur saisi : celle-ci étant indépendante des dommages-intérêts et sa liquidation répondant à des critères étrangers à l'indemnisation du bénéficiaire de l'astreinte (C. pr. exéc., art. L. 131-1 à L. 131-3), il apparaît exclu de voir dans l'astreinte non encore liquidée une créance du débiteur saisi contre le tiers saisi.

Le même raisonnement pourrait être mené pour la créance de restitution après anéantissement d'un contrat non encore judiciairement constaté[1]. Ou encore après réformation ou annulation d'un jugement prononçant une condamnation à paiement mis à exécution : puisque la décision exécutoire à titre provisoire constitue une créance certaine[2], on peut estimer que la créance de restitution ne naît que du prononcé de l'arrêt qui infirme ou annule, de même qu'il est jugé que le titre exécutoire est constitué par cet arrêt (v. s^s n°s 0811.51 et 0811.52).

À l'inverse, dans le cas de l'anéantissement d'un contrat résultant d'une résolution de celui-ci par l'effet d'une clause résolutoire voire d'une résolution unilatérale (C. civ., art. 1224), si l'hésitation est permise, la créance de restitution des sommes versées en exécution du contrat résolu pourrait naître dès cette résolution, qu'un éventuel jugement ne viendrait que constater.

B. Éléments subjectifs donnant naissance à la créance

0812.41 **Généralités.** La naissance de la créance est bien souvent fonction d'une manifestation de volonté, en l'absence de laquelle l'obligation du tiers saisi n'a pas d'existence juridique. Ainsi en va-t-il par exemple bien sûr, en droit des contrats, de l'échange de consentements. D'autres cas sont plus délicats et ont donné lieu à de nombreux arrêts. Parfois la manifestation de volonté doit émaner d'un tiers, tel l'agrément ministériel de la cession d'un office notarial, avant lequel la créance de prix de cession ne peut faire l'objet d'une saisie[3]. Le plus souvent, la naissance de la créance est dans la dépendance de la manifestation de volonté de l'une des parties à un contrat, disposant d'un droit d'option ou d'une simple faculté, avant l'exercice desquels aucune saisie ne peut par conséquent être pratiquée.

0812.42 **1º Promesse unilatérale de vente.** Dans l'hypothèse d'une promesse unilatérale de vente, tant que le bénéficiaire de la promesse n'a pas levé l'option[4], le promettant ne dispose pas d'une créance de paiement du prix de vente contre le bénéficiaire, interdisant que cette créance éventuelle puisse faire l'objet d'une saisie par un créancier du promettant[5]. Le raisonnement paraît pouvoir être étendu à toutes les créances dont la naissance demeure dans la dépendance de l'exercice d'un droit d'option.

Le droit du crédit en fournit une illustration éclairante : en présence d'une simple promesse de prêt, le débiteur saisi ne dispose pas d'une créance de somme d'argent contre l'établissement de crédit : tel est le cas des autorisations de découvert consenties par une banque, tant que cette autorisation n'a pas été utilisée par le débiteur saisi[6] : celles-ci « *ne créent qu'un droit de tirage au profit du client* »[7]. De même en va-t-il d'une ouverture de crédit affectée à une opération déterminée (par ex. un financement de travaux immobiliers[8]). À l'inverse, a pu être considéré comme une créance certaine, et donc saisissable, un prêt accordé par une banque, même si son déblocage est progressif[9].

0812.43 **2º Dividendes.** Quant à la saisie d'une créance de dividendes, la Cour de cassation juge que les dividendes n'ont pas d'existence juridique avant la constatation de sommes distribuables, par

1. Civ. 2e, 12 avr. 2012, nº 11-12.967, NP.
2. Civ. 2e, 13 oct. 2016, nº 15-23.437 P, P II, nº 225.
3. Civ. 2e, 11 mai 2000, nº 97-12.362, P II, nº 77 – DANS LE MÊME SENS : Civ. 2e, 9 oct. 1991, nº 90-14.635, P II, nº 236 ; *JCP* 1991. IV. 429 (à propos de l'opposition formée par une caisse de sécurité sociale portant sur une prime dépendant d'une décision préfectorale non encore prise) – RAPPR. Civ. 2e, 29 juin 2023, nº 19-14.929, B ; *D.* 2023. 1269 ; *ibid.* 1812, obs. A. Gridel (pour l'irrégularité de la conversion d'une saisie conservatoire contre l'Iraq, en l'absence de publication d'un arrêté nécessaire au transfert de propriété au profit de cet État d'une créance gelée pour avoir appartenu à une entité associée au régime de l'ancien président Saddam Hussein).
4. Sur ce point, en faveur à la date d'envoi de la levée d'option, plutôt que sa réception, par lettre recommandée, v. Paris, 27 oct. 2015, RG nº 14/14101, *RTD civ.* 2016. 342, comm. H. Barbier (approbateur).
5. Com. 13 mars 2001, nº 98-12.700, P IV, nº 58 ; *RD banc. fin.* 2001, nº 163, obs. J.-M. D. ; *Dr. et proc.* 2001. 250, obs. J.-J. Bourdillat, concernant un avis à tiers détenteur fait entre les mains d'un notaire ayant établi une promesse unilatérale de cession d'un contrat de crédit-bail immobilier.
6. Civ. 2e, 18 nov. 2004, nº 00-19.693, P II, nº 501 ; *D.* 2005. 213, obs. V. Avena-Robardet ; *D.* 2005. 1604, obs. G. Taormina ; *Dr. et proc.* 2005. 109, obs. J.-J. Bourdillat ; *RTD com.* 2005. 154, obs. D. Legeais ; *RD banc. fin.* 2005, nº 23, obs. S. Piedelièvre – Com. 21 janv. 2004, nº 01-01.129, P IV, nº 13 ; *D.* 2004. 498, obs. V. Avena-Robardet ; *D.* 2004. 1149, note C. Jamin ; *RTD com.* 2004. 352, obs. D. Legeais – V. AUSSI : O. Cuperlier, « Réflexions critiques sur l'insaisissabilité d'une ouverture de crédit », *RTD civ.* 2007. 485.
7. H. Croze, « La loi nº 91-650 du 9 juillet 1991 portant réforme des procédures civiles d'exécution : les règles spécifiques aux différentes mesures d'exécution forcée et mesures conservatoires », *JCP* 1992. I. 3585, nº 16.
8. PERROT et THÉRY, nº 443, II, a).
9. Colmar, 2 juin 1996, *JCP* 1996. IV. 2275.

l'organe social compétent, et la détermination de la part attribuée à chaque associé[1]. Ainsi a-t-elle retenu, pour une société commerciale, que : « *C'est la décision de l'assemblée générale de distribuer tout ou partie des bénéfices réalisés au cours de l'exercice qui confère à ceux-ci l'existence juridique* »[2], de sorte qu'une saisie-attribution ne peut être pratiquée entre les mains d'une société, sur les dividendes d'un associé, qu'exercice par exercice : « *La distribution, aux associés, des bénéfices éventuellement dégagés par la société à l'issue de l'exercice* [...] *ne pouvait intervenir qu'après clôture et décision prise en assemblée générale, après approbation des comptes* [...], *ce dont il résultait que la créance de dividendes n'avait pas d'existence juridique* »[3]. De même, en l'absence de décision de distribution, une société civile immobilière, tiers saisie, n'est pas débitrice du montant des dividendes envers son associé et ne peut donc être condamnée, pour manquement à ses obligations de tiers saisi, à payer la cause de la saisie pratiquée par le Trésor public au titre d'une créance de ce dernier envers cet associé[4].

0812.44 **3° Souscription de parts sociales.** En souscrivant une part sociale, l'associé s'engage à verser le montant correspondant du capital social, faisant par conséquent naître, au profit de la société, une créance de libération de l'apport en capital souscrit. Le droit des sociétés fixe toutefois des conditions particulières de libération de cet apport, notamment dans le cas de la SARL, pour laquelle il est prévu que « *les parts représentant des apports en numéraire doivent être libérées d'au moins un cinquième de leur montant. La libération du surplus intervient en une ou plusieurs fois sur décision du gérant, dans un délai qui ne peut excéder cinq ans à compter de l'immatriculation de la société au registre du commerce et des sociétés* » (C. com., art. L. 223-7). La Cour de cassation n'en a pas moins jugé, pour approuver la condamnation d'une société tiers saisie qui n'avait pas satisfait à son obligation déclarative, que le capital social non libéré est une créance de la société contre ses associés pouvant faire l'objet d'une saisie-attribution de la part d'un créancier de cette société[5], ce dont il découle que ni l'appel de l'apport par le gérant, ni l'expiration du délai quinquennal ne sont des conditions mises à la naissance de la créance de la société ; il s'agit là de simples modalités d'exécution de l'obligation de paiement irrémédiablement souscrite par l'associé.

0812.45 **4° Assurance sur la vie.** L'abondante jurisprudence relative à la saisie des produits d'assurance sur la vie témoigne de cette distinction entre créance certaine et créance éventuelle. Cette jurisprudence est le reflet des controverses doctrinales[6] et la conséquence, d'un côté, de la multitude des placements présentés aux épargnants, notamment à des fins fiscales et, de l'autre, du souci des créanciers (et notamment du Trésor) d'appréhender ce qu'ils estiment être une fraction du patrimoine de leurs débiteurs.

On distingue deux formes principales d'assurance-vie : l'assurance en cas de décès et l'assurance en cas de vie. En pratique, les assureurs proposent des contrats d'assurance mixtes, en particulier des contrats d'assurance en cas de vie, assortis d'une contre-assurance en cas de décès, garantissant au souscripteur en vie au terme du contrat ou au bénéficiaire, en cas de décès du souscripteur avant ce terme, un capital ou une rente. Ces assurances ayant une finalité d'épargne[7], il a été tenté, par des créanciers du souscripteur, d'appréhender les sommes susceptibles d'être versées par l'assureur.

0812.46 **Le contrat d'assurance en cas de décès,** qui stipule qu'au décès du souscripteur, l'assureur versera à un bénéficiaire désigné un capital ou une rente, n'autorise, par conséquent, pas les créanciers du souscripteur à réclamer le paiement de ce capital ou de cette rente (C. assur., art. L. 132-12 et L. 132-14). Ce souscripteur ne dispose d'aucune créance contre l'assureur, seul le bénéficiaire désigné disposant d'une telle créance contre l'assureur[8].

Une réserve est faite cependant par l'article L. 132-14 C. assur. qui dispose que les créanciers du contractant peuvent réclamer le remboursement des primes manifestement exagérées (C. assur., art. L. 132-13), ou bien en cas de fraude (C. civ., art. 1341-2), ou

1. Com. 13 sept. 2017, n° 16-13.674, P IV, n° 114.
2. Com. 23 oct. 1990, n° 89-13.999, P IV, n° 247 ; *D.* 1991. 173, note Y. Reinhard ; *RTD civ.* 1991. 361, obs. F. Zenati – Com. 28 nov. 2006, n° 04-17.486, P IV, n° 235 – Com. 4 févr. 2014, n° 12-23.894, NP ; *Dr. soc.* 2014. 373, comm. A. Reygrobellet.
3. Civ. 2e, 23 nov. 2006, n° 05-20.255, NP ; *RJDA* 2007, n° 357 – V. AUSSI : Civ. 2e, 19 mars 2009, n° 08-11.303, P II, n° 78 ; *Dr. et proc.* 2009. 224, obs. C. Lefort, qui s'interroge sur le point de savoir si, dans ce cas d'espèce, il n'aurait pas convenu de retenir l'existence de la créance de dividende d'un associé unique (arrêt rendu dans le cadre de l'application de l'article 60 du décret du 31 juillet 1992 [devenu C. pr. exéc., art. R. 211-5]).
4. Com. 13 sept. 2017, n° 16-13.674, P (préc. s^s prés^t n°).
5. Civ. 2e, 12 mai 2016, n° 15-13.833, P II, n° 131.
6. *J.-Cl. Civ. Annexes, v° Assurances terrestres* (assurances de personnes – assurance vie), fasc. 15-10, n°s 66 à 69, par G. Courtieu – M. Bigot, « Clair-obscur sur l'assurance-vie », *JCP* 1993. I. 3718 – H. Lécuyer, « Promesses jurisprudentielles d'une longue vie à l'assurance-vie », *Dr. fam.* 2005. Étude 6, n°s 10 à 14.
7. G. Courtieu, n°s 15 à 46 (préc. s^s prés^t n°) – M. Bigot, « Clair-obscur sur l'assurance-vie » (préc. s^s prés^t n°) – H. Lécuyer, « Promesses jurisprudentielles d'une longue vie à l'assurance-vie » (préc. s^s prés^t n°).
8. Cass., ass. plén., 12 déc. 1986, n° 84-17.867, P, n° 14 ; *D.* 1986. 269, note J. Ghestin ; *JCP* 1987. II. 20760, note Boyer.

enfin, sur le fondement de l'article L. 632-1 du Code de commerce[1], permettant l'annulation d'actes accomplis pendant la période suspecte[2].

0812.47 Le contrat d'assurance en cas de vie du souscripteur. Ce contrat stipule que l'assuré doit être en vie pour percevoir le fruit de son épargne. Il peut prévoir une « *contre-assurance* », selon laquelle, en cas de décès avant le terme du contrat, un capital ou une rente sera versé à un bénéficiaire désigné, ainsi qu'un « *droit de rachat* », au profit du souscripteur, qui peut résilier unilatéralement le contrat et récupérer les primes versées et l'épargne acquise au jour du rachat[3].

0812.48 Insaisissabilité des sommes susceptibles d'être restituées en exécution d'une faculté de rachat. La Cour de cassation juge, au visa des articles L. 132-8, L. 132-9, L. 132-12 et L. 132-14 C. assur., « *que, tant que le contrat n'est pas dénoué, le souscripteur est seulement investi, sauf acceptation du bénéficiaire désigné, du droit personnel de faire racheter le contrat et de désigner ou de modifier le bénéficiaire de la prestation ; que, dès lors, nul créancier du souscripteur n'est en droit de se faire attribuer immédiatement ce que ce dernier ne peut recevoir* »[4].

Cette jurisprudence, réitérée[5], a été approuvée, dès lors que la créance de rachat n'est en effet pas certaine, puisque dépendant d'une manifestation de volonté du souscripteur, purement éventuelle[6] : il s'agit, non pas d'une créance, mais d'une simple faculté.

0812.49 Quant à la créance contre l'assureur au terme du contrat. Les arrêts précités paraissent avoir condamné la saisie anticipée de la créance contre l'assureur dont est titulaire le souscripteur en vie au dénouement du contrat d'assurance-vie : quoique leur attendu de principe n'évoque que la faculté de rachat, ces arrêts ont interdit les saisies-attributions pratiquées entre les mains de l'assureur, de sorte que cette interdiction paraît s'étendre au capital (ou à la rente) promis au souscripteur, s'il demeure en vie au terme du contrat. La Cour de cassation a d'ailleurs censuré des décisions ayant retenu la qualification de créance à terme ou conditionnelle[7] pour autoriser une saisie-attribution[8].

Pourtant, ce capital pourrait s'apparenter à une créance à terme ou sous condition, qui est saisissable, analyse qu'avait d'ailleurs faite le ministre de l'Économie, des Finances et de l'Industrie, répondant à une question parlementaire que « *cette indisponibilité temporaire n'empêche pas de procéder à une saisie en cours de contrat, l'assureur prenant acte de cet événement, ce qui permettrait l'appréhension des sommes lors du dénouement du contrat* »[9]. L'approche économique du contrat d'assurance-vie est d'ailleurs clairement dans le sens d'un placement d'épargne entrant dans le patrimoine du souscripteur[10]. Celui-ci est ainsi appréhendé par le droit des sûretés, le contrat pouvant être donné en nantissement (C. assur., art. L. 132-10[11]).

Aussi le législateur est-il venu contrer, pour partie, cette jurisprudence. Une première brèche a été créée par le droit pénal : l'article 706-155 alinéa 2 C. pr. pén., issu de la loi du 9 juillet 2010[12], visant à faciliter la saisie et la confiscation en matière pénale, dispose que : « *Lorsque la saisie porte sur une créance figurant sur un contrat d'assurance sur la vie, elle entraîne la suspension des facultés de rachat, de renonciation et de nantissement de ce contrat, dans l'attente du jugement définitif au fond. Cette saisie interdit également toute acceptation postérieure du bénéfice du contrat dans l'attente de ce jugement et l'assureur ne peut alors plus consentir d'avances au contractant. Cette saisie est notifiée au souscripteur ainsi qu'à l'assureur ou à l'organisme auprès duquel le contrat a été souscrit* »[13]. La saisie pénale fige en quelque sorte l'exécution du contrat d'assurance, garantissant qu'au

1. C. com., anc. art. L. 621-107 (L. 25 janv. 1985, anc. art. 107).
2. Colmar, 19 mars 1993, *JCP* 1996. II. 22595, note Bigot – Grenoble, 7 nov. 1995 – Toulouse, 24 oct. 1995.
3. *JCP* 1996. II. 22595, p. 107, note Bigot.
4. Civ. 1re, 28 avr. 1998, n° 96-10.333, P I, n° 153 ; *D. Affaires* 1998. 1173 ; *JCP* 1998. 849 ; *JCP* 1998. 10112, p. 1277, note Bigot ; *JCP E* 1998. 775 ; *RJF* 1998, n° 726 ; *Banque* 1998, n° 595, p. 76, obs. Guillot ; *Dr. fisc.* 1998. 1234 ; *R.* 1998, n° 367, obs. G. Courtieu ; *Dr. et patr.* 1998, n° 2037, obs. Chabas ; *Dr. fam.* 1998, n° 159 – V. AUSSI, S. Hovasse-Banget, « Insaisissabilité de la valeur de rachat d'un contrat d'assurance vie », *Defrénois* 1998. 861 – DANS LE MÊME SENS, Com. 15 juin 1999, n° 97-13.576, NP ; *RJF* 1999, n° 1289 – Pour la jurisprudence des juges du fond : Grenoble, 7 nov. 1995, *JCP* 1996. II. 22595 – TGI Bordeaux, JEX, 20 sept. 1994, *RGAT* 1995. 416, note Bigot – Paris, 11 févr. 1997, *D.* 1997. IR 67 – Reims, 25 oct. 1996, *LPA* 22 oct. 1997, n° 127, p. 18 s., note Droin.
5. Civ. 1re, 27 mai 1998, n° 96-14.614, NP – Civ. 1re, 20 oct. 1998, n° 96-14.851, NP – Com. 15 juin 1999, n° 97-13.576, NP (avis à tiers détenteur).
6. *J.-Cl. Pr. civ., v° Saisie-attribution* (objet de la saisie), fasc. 2242, n° 39, par N. Cayrol.
7. À PROPOS D'UN AVIS À TIERS DÉTENTEUR : Civ. 1re, 2 juill. 2002, n° 99-14.819, P I, n° 179 ; *RD banc. fin.* 2002, n° 194, obs. J.-M. D.
8. Paris, 30 nov. 2000, *Rev. huiss.* 2001. 183, obs. Andrieux.
9. Rép. min. n° 15507 à M. Deprez, *JOAN Q* 31 août 1998, p. 4803 – Rép. min. n° 8872 à M. Mathieu, *JO Sénat Q* 3 sept. 1998, p. 2289 – Instr. 18 déc. 1998, *BOI*, n° 12 C-6-98 – V. chron. « Droit des assurances », *JCP* 1999. I. 137, n° 28, obs. Eymard-Gauclin.
10. M. Jaouen, « Le rachat du contrat d'assurance-vie », *RD banc. fin.* 2015. Dossier 8.
11. Issu de Ord. n° 2006-346, 23 mars 2006, relative aux sûretés, *JO* 24 mars, p. 4475.
12. L. n° 2010-768, 9 juill. 2010, visant à faciliter la saisie et la confiscation en matière pénale, *JO* 10 juill., p. 12753.
13. L. n° 2010-768, 9 juill. 2010, art. 3 – *Procédures* 2010. 152, note Buisson ; *JCP* 2010. 1067, étude Robert.

terme de celui-ci la créance du souscripteur contre l'assureur pourra être appréhendée. La loi du 6 décembre 2013 [1] relative à la lutte contre la fraude fiscale et la grande délinquance économique et financière est venue en outre compléter le Code de procédure pénale à l'effet de prévoir que « *La décision définitive de confiscation d'une somme ou d'une créance figurant sur un contrat d'assurance sur la vie, prononcée par une juridiction pénale, entraîne de plein droit la résolution judiciaire du contrat et le transfert des fonds confisqués à l'État* » (C. assur., art. L. 160-9, L. 223-9 et L. 932-23-2).

L'article 706-155 C. pr. pén., inséré dans un chapitre relatif aux biens et droits mobiliers incorporels, en faisant expressément référence à une « *créance figurant sur un contrat d'assurance-vie* », rendait possible, par cette qualification légale, une incidence excédant la matière pénale.

C'est ainsi qu'une seconde exception, plus large encore, a été introduite par le législateur, au profit des **mesures d'exécution relevant du droit public** : la loi du 6 décembre 2013 précitée a prévu que pouvaient faire l'objet d'un avis, d'une saisie et d'une opposition à tiers détenteur ou d'une opposition administrative « *les sommes versées par un redevable souscripteur ou adhérent d'un contrat d'assurance rachetable, y compris si la possibilité de rachat fait l'objet de limitations, dans la limite de la valeur de rachat des droits à la date de la notification* » de la mesure [2]. Depuis la création de la **saisie administrative à tiers détenteur** (v. s[s] n° 0931.33 s.), il est prévu que lorsque celle-ci « *porte sur un contrat d'assurance rachetable, elle entraîne le rachat forcé dudit contrat* » et « *a pour effet d'affecter aux créanciers* [bénéficiaires] *la valeur de rachat du contrat d'assurance au jour de la notification de la saisie, dans la limite du montant de cette dernière* », étant encore précisé que « *ces dispositions s'appliquent au redevable souscripteur ou adhérent d'un contrat d'assurance rachetable, y compris si la possibilité de rachat fait l'objet de limitations* » (LPF, art. L. 262, 2). Cette dernière référence aux limitations est destinée à inclure les contrats de groupe dont les prestations sont liées à une cessation d'activité professionnelle : bien qu'en principe non rachetables, ces contrats le deviennent par exception en cas de survenance de certains événements (C. assur., art. L. 132-23).

En revanche, dans l'hypothèse où un contrat d'assurance-vie rachetable a préalablement fait l'objet d'un nantissement, celui-ci prime sur l'avis à tiers détenteur (et désormais la saisie administrative à tiers détenteur) postérieur : il est en effet jugé qu'en application des articles 2363 C. civ. et L. 132-10 C. assur., le créancier bénéficiaire d'un nantissement de contrat d'assurance-vie rachetable, qui peut provoquer le rachat, dispose d'un droit exclusif au paiement de la valeur de rachat, excluant ainsi tout concours avec les autres créanciers du souscripteur, même privilégiés [3].

Au total, la jurisprudence dégagée en 1998 est partiellement contournée par ces nouvelles législations. Elle demeure toutefois pour les créanciers procédant à une saisie-attribution. Il faut néanmoins observer que la chambre commerciale a dit n'y avoir lieu à transmettre une question prioritaire de constitutionnalité visant cette disposition législative, au motif, notamment, « *que cette valeur de rachat constitue une créance du souscripteur à l'égard de l'assureur, entrée dans son patrimoine sous réserve qu'il n'ait pas renoncé à la faculté de rachat au jour de la notification de l'avis à tiers détenteur* » [4], affirmation qui, si elle devait refléter la doctrine de la Cour de cassation (l'arrêt n'ayant pas été publié, la prudence sur ce point s'impose), pourrait fort bien permettre de réenvisager les orientations en la matière.

§ 2
Toute créance de somme d'argent

0812.50 **Plan.** Dès lors qu'elle tend au paiement d'une somme d'argent, une créance peut faire l'objet d'une saisie-attribution (A), peu important, en revanche, qu'elle soit assortie d'un terme ou d'une condition, ou qu'elle soit à exécution successive (B).

A.
Nécessité d'une créance de somme d'argent

0812.61 **Notion de créance de somme d'argent.** La saisie-attribution ne peut porter que sur une créance de somme d'argent [5]. Il est généralement aisé de déterminer si la créance porte ou non sur une somme d'argent. Il suffit pour cela de s'attacher à l'objet de l'obligation du tiers saisi, débiteur de la créance : celui-ci doit avoir l'obligation de payer une somme d'argent au saisi.

La somme d'argent considérée peut être libellée en monnaie étrangère, la Cour de cassation jugeant dans ce cas que cette somme d'argent est saisie à hauteur de sa contre-valeur en euros [6], peu impor-

1. L. n° 2013-1117, 6 déc. 2013, relative à la lutte contre la fraude fiscale et la grande délinquance économique et financière, *JO* 7 déc., p. 19941.
2. L. n° 2013-1117, 6 déc. 2013, art. 41.
3. Civ. 2e, 2 juill. 2020, n° 19-13.636, P.
4. Com. 9 juill. 2015, n° 15-40.017, NP.
5. Perrot et Théry, n° 379, insistant sur le fait que la saisie ne porte pas sur une somme d'argent, mais sur une créance de somme d'argent.
6. Civ. 2e, 31 mars 2011, n° 10-12.269, P II, n° 79 ; *D.* 2011. 2150, chron. J.-M. Sommer et L. Leroy-Gissinger ; *RTD civ.* 2011. 392, obs. R. Perrot : publié dans le cas d'une saisie conservatoire.

tant que le contrat unissant le débiteur au tiers saisi ne l'ait pas prévu[1] (sur la date à prendre en considération pour fixer la contre-valeur, v. s[s] n° 0832.51).

En revanche, si le tiers saisi est débiteur d'un autre type d'obligation, il conviendra de recourir à une autre voie d'exécution appropriée (saisie de valeurs mobilières, *etc.*). La question est d'autant plus importante que ces autres mesures ne présentent pas toujours la même efficacité, telle la saisie de valeurs mobilières qui n'autorise pas la condamnation du tiers saisi aux causes de la saisie.

0812.62 Distinction avec les produits financiers et les « crypto-monnaies ». La détermination de l'objet de la créance peut poser des difficultés dans le cas de produits financiers complexes[2]. Pour les obligations émises par une personne morale, la doctrine est d'avis que ces valeurs mobilières, qui constituent des titres négociables, sont pour ces raisons étrangères au domaine de la saisie-attribution (v. s[s] n° 0731.43)[3].

Quant à des produits de capitalisation, constatant des créances dont l'exécution peut prendre des formes alternatives – remise de fonds ou de valeurs mobilières, au choix du bénéficiaire – la Cour de cassation a jugé qu'un bon de capitalisation émis par une compagnie d'assurances représentait une créance de somme d'argent, pouvant faire l'objet d'une saisie-attribution, en se fondant sur l'article L. 131-1 C. assur., qui dispose que le titulaire de ces bons obtient le règlement en espèces, sauf pour lui à opter pour la remise de titres ou de parts[4]. La solution ne règle toutefois pas le cas où le choix appartiendrait au débiteur de l'obligation alternative, conformément au principe édicté par l'article 1190 C. civ., devenu 1307-1 C. civ. En toute hypothèse, seule une analyse précise des rapports juridiques liant le débiteur saisi et le tiers saisi pourra permettre d'apprécier l'objet premier de la dette du tiers saisi.

Quant aux « crypto-monnaies », en particulier la plus connue qu'est le bitcoin, leur désignation par ce terme est trompeuse : il ne s'agit pas de monnaie (C. mon. fin., art. L. 54-10-1, 1°), de sorte que, faute de représenter des créances de sommes d'argent, la saisie de ces avoirs entre les mains d'un tiers ne relève pas de la saisie-attribution[5].

1. Civ. 2e, 23 juin 2016, n° 15-12.113 P, P II, n° 173, dans le cas d'une saisie immobilière.
2. Sur la question : *J.-Cl. Pr. civ., V° Saisie-attribution* (objet de la saisie), fasc. 1600-15, n° 9 à 16, par N. Cayrol.
3. *J.-Cl. Banque, Crédit, Bourse, V° Mesures d'exécution forcée sur valeurs mobilières et droits d'associés*, fasc. 2221, n° 14, par Coquelet (màj Moulière).
4. Civ. 2e, 10 juill. 2008, n° 07-14.658, P II, n° 181 (en matière de saisie conservatoire).
5. J. Bruschi et T. Girard-Gaymard, « Les voies d'exécution sur crypto-actifs », *D.* 2024. 1686, spéc. § 9 – R. Laher, « Saisie des bitcoins », *Procédures* 2024. Entretien 14.

B.
Indifférence des modalités affectant la créance (créances à terme, sous condition ou à exécution successive)

0812.70 Créance à terme, conditionnelle ou à exécution successive. Plan. La saisie-attribution peut porter, selon l'article L. 112-1 alinéa 2 C. pr. exéc., sur des créances à terme, conditionnelles (1) ou à exécution successive (2).

1°
Créances à terme et sous condition

0812.81 Créance à terme. Le terme ne fait que retarder l'exécution de la créance (C. civ., art. 1305 s. [C. civ., anc. art. 1185]). La saisie peut être immédiatement pratiquée, son dénouement étant simplement reporté au terme convenu. Encore faut-il observer que ce report ne joue que dans le cas où le terme porte sur l'exécution de la créance elle-même. Ainsi, la Cour de cassation juge-t-elle que « *le seul fait que les sommes versées sur un plan d'épargne-logement soient frappées par l'article R. 315-30 du Code de la construction et de l'habitation d'une indisponibilité relative ne saurait les faire échapper aux poursuites des créanciers du souscripteur, celui-ci pouvant toujours mettre fin à ce plan moyennant la perte des avantages financiers qui lui sont attachés, lorsqu'il est mené à terme* »[6]. Autrement dit, le fait que le bénéfice des avantages attachés au plan d'épargne logement ne puisse jouer qu'au terme de ce plan n'interdit pas l'attribution immédiate de la créance de l'épargnant sur l'établissement bancaire. Cette solution, quoique dégagée à propos de la saisie-arrêt, s'applique également à la saisie-attribution d'un plan d'épargne logement[7].

0812.82 Créance conditionnelle. Si l'efficacité de la saisie sur une créance affectée d'une **condition**

6. Civ. 2e, 29 mai 1991, n° 90-11.714, P II, n° 170 ; *D.* 1993. 57, obs. M. Vasseur (sous l'empire de la saisie-arrêt) – Rejetant le pourvoi contre : Rennes, 31 oct. 1989, *D.* 1991. 39, note D. Martin, qui avait jugé que l'indisponibilité relative prévue par le Code de la construction et de l'habitation, frappant les sommes déposées sur un plan d'épargne-logement, « *ne saurait les faire échapper, même provisoirement, aux poursuites des créanciers* » – V. ÉGAL. Civ. 2e, 17 juin 1992, n°s 90-21.430 et 90-21.431, P II, n° 169.
7. TGI Niort, JEX, 20 nov. 1995, *Rev. huiss.* 1996. 826, obs. J. Prévault – Versailles, 3 juill. 1996, *RD bancaire et bourse* 1997. 68 : « *Le terme contractuel d'un plan d'épargne-logement ne constitue pas une modalité d'indisponibilité des fonds déjà épargnés opposable par le tiers détenteur au créancier saisissant* » – V. ÉGAL. décisions citées par J.-M. Delleci, *La réforme des procédures civiles d'exécution. Son application aux opérations de banque*, 2e éd., Banque, 1997, n° 395 *ter*, note 526 et 527 – CONTRA, mais isolé : TGI Quimper, JEX, 7 févr. 1994, *D.* 1994. Somm. 341, obs. P. Julien.

suspensive est subordonnée à la réalisation de la condition, le débiteur de la créance s'est déjà définitivement obligé et sera donc tenu de s'exécuter si la condition se réalise (C. civ., art. 1304 [C. civ., anc. art. 1181]) [1].

De même la **condition résolutoire** affectant une créance ne peut-elle interdire de pratiquer une saisie-attribution antérieurement à la survenance de cette condition [2]. En revanche, la survenance de la condition résolutoire a pour effet d'anéantir l'obligation concernée (C. civ., art. 1304 et 1304-7 [C. civ., anc. art. 1183]). Dès lors que le créancier saisissant n'acquiert pas plus de droits sur la créance saisie que n'en détenait le débiteur saisi et que la modalité propre à l'obligation saisie s'impose par conséquent au créancier saisissant (C. pr. exéc., art. L. 112-1), la survenance de la condition devrait remettre en cause la saisie-attribution antérieurement pratiquée, de la même façon que la Cour de cassation juge que le paiement par le tiers saisi au créancier saisissant perd tout fondement lorsque la créance du débiteur sur le tiers saisi résulte d'un jugement ultérieurement infirmé, de sorte que l'arrêt infirmatif impose au saisissant de restituer au tiers saisi les sommes reçues au titre des causes de la saisie [3].

2°
Créances à exécution successive

0812.91 Créances à exécution successive – Notion, régime. En application de l'article L. 112-1 C. pr. exéc., la saisie peut porter sur une créance à exécution successive. La procédure de saisie-attribution de créances à exécution successive (autres que les rémunérations du travail), est régie par les articles R. 211-14 à R. 211-17 C. pr. exéc., l'article R. 211-14 C. pr. exéc. précisant que les dispositions générales des articles R. 211-1 à R. 211-13 C. pr. exéc. s'appliquent, sous réserve de ces dispositions particulières.

Les conditions de fond relatives à la créance saisie sont ainsi les mêmes que celles qui gouvernent la saisie-attribution d'une créance instantanée, la difficulté tenant à la définition de la notion de créance à exécution successive. « *Il y a exécution successive lorsque les prestations se renouvellent dans le temps* » [4], comme dans le contrat de bail ou le contrat de travail : le principe de la créance est acté dès l'origine, mais son exigibilité est échelonnée dans le temps. Il y a un principe unique de créance, découlant du même contrat [5].

L'intérêt de la saisie d'une créance à exécution successive tient dans le fait que l'effet attributif de la saisie portant sur une créance à exécution successive s'étend aux sommes échues en vertu de cette créance depuis la signification de l'acte de saisie et jusqu'à ce que le créancier saisissant soit rempli de ses droits, dans la limite de ce que le tiers saisi doit au débiteur [6]. Ainsi suffira-t-il au créancier saisissant de faire signifier au tiers saisi un seul acte de saisie (c'est-à-dire un seul procès-verbal) pour lui permettre de saisir une telle créance, comme par exemple des loyers, au fur et à mesure des échéances (C. pr. exéc., art. R. 211-15, al. 2), sans avoir à renouveler l'acte de saisie [7].

En revanche, on doit distinguer la créance à exécution successive de « *la pluralité de créances naissant successivement d'actes juridiques qui, bien qu'intégrés dans un ensemble, sont indépendants les uns des autres* » [8]. Dans cette dernière hypothèse, correspondant à celle d'un contrat-cadre, le créancier sera contraint de réitérer des saisies, chacune de celles-ci ne lui permettant en effet d'appréhender que la créance déjà née contre le tiers saisi au jour de la saisie.

Aussi convient-il de rechercher si la saisie correspond « *à une créance unique ou à des créances distinctes nées d'accords indépendants les uns des autres* » [9] ou encore d'apprécier si « *les créances tiraient leur source d'un contrat unique et indivisible les rendant certaines dès la formation du contrat* » [10]. La qualification de créance à exécution successive est donc exclue dans le cas où la naissance de la créance dépend d'un élément essentiel et postérieur au contrat liant les parties.

0812.92 Créances à exécution successive – Illustrations jurisprudentielles. Le cas le plus fréquent de créance à exécution successive est celui des loyers dus en vertu d'un contrat de bail. Ont également pu être considérés comme donnant naissance à des créances à exécution successive :

– en matière de quotas laitiers, le contrat liant le producteur et l'acheteur, comportant des obligations réciproques de production et de collecte échelonnées dans le temps, pendant une période de référence et portant sur des quantités de référence [11] ;

– un marché d'étude, d'aménagement et de rénovation d'un ensemble immobilier, résultant d'un

1. Perrot et Théry, n° 380 – *J.-Cl. Pr. civ., v° Saisie-attribution* (objet de la saisie), fasc. 2242, n° 39, par N. Cayrol.
2. Perrot et Théry, n° 380.
3. Civ. 2e, 14 sept. 2006, n° 04-17.065, P II, n° 230.
4. A. Bénabent, *Les obligations*, 9e éd., Montchrestien, 2003, n° 21.
5. Perrot et Théry, n° 403.
6. Civ. 1re, 13 mai 2014, n° 12-25.511, P I, n° 84 (après avis de la deuxième chambre civile).
7. P. Théry, « La saisie-attribution », *Rev. huiss.* 1995. 1168.
8. *J.-Cl. Pr. civ., v° Saisie-attribution* (créances à exécution successive : règles spécifiques), fasc. 2295, n° 4, par Miguet.
9. Civ. 2e, 20 mars 2003, n° 01-03.082, NP.
10. Civ. 2e, 27 mars 2025, n° 22-13.098, B.
11. Civ. 2e, 8 mars 2001, n° 97-21.844, P II, n° 48 ; *D.* 2001. IR 1077 ; *RD banc. fin.* 2001, n° 195, obs. J.-M. D. : cassation au visa de l'article 1134 du Code civil.

acte juridique unique, dont l'exécution s'échelonne dans le temps, à un prix fixé à l'avance et payable par acomptes[1] ;

– **le contrat unissant un biologiste associé à son laboratoire d'analyses de biologie médicale**, fixant les rémunérations dues à ce biologiste[2].

Quoique la situation soit plus rare, cette créance unique peut ne pas être contractuelle, telle l'hypothèse de la saisie d'une indemnité d'occupation résultant d'un jugement[3]. L'article 19-2 de la loi du 10 juillet 1965[4] l'envisage d'ailleurs expressément, à titre d'illustration, au profit de la copropriété poursuivant le recouvrement de provisions de charges impayées[5].

N'ont, en revanche, pas été considérés comme donnant naissance à des créances à exécution successive :

– un contrat d'affacturage : « *Les créances naissent successivement d'actes juridiques indépendants les uns des autres* [...] *et aucun créancier de l'adhérent ne peut prétendre appréhender les sommes créditées postérieurement* [...] *à la saisie-attribution* »[6] ;

– une convention de tiers-payant entre un praticien et une caisse primaire d'assurance-maladie (CPAM) : le praticien, subrogé dans les droits des assurés sociaux, dispose sur la CPAM d'une succession de créances distinctes nées des prestations fournies au fur et à mesure de leur accomplissement, et non d'une créance née d'un contrat unique à exécution successive[7].

(Sur la question de la saisie-attribution de créances à exécution successive en matière de procédure collective, v. s[s] n° 0831.91).

0812.93 Intéressement et participation des salariés aux résultats de l'entreprise. Le Code du travail prévoit au profit des salariés un système d'intéressement et de participation aux résultats de l'entreprise (C. trav., art. L. 3311-1 s., L. 3321-1 s.).

Les sommes versées aux salariés en application d'un accord d'intéressement ou les droits constitués à leur profit au titre de la participation n'ont pas le caractère d'élément de salaire (C. trav., art. L. 3312-4, al. 3, et L. 3325-1[8]) et sont par conséquent saisissables suivant une saisie-attribution.

Déterminées pour chaque exercice, en fonction des résultats et des performances de l'entreprise, il a pu être jugé que ces créances pouvaient être saisies selon la procédure de la **saisie-attribution des créances à exécution successive**[9].

Les droits constitués au profit des salariés au titre de la participation sont négociables ou exigibles à l'expiration d'un délai de cinq ans à compter de l'ouverture de ces droits (C. trav., art. L. 3324-10). Ils ne peuvent être liquidés ou transférés, avant l'expiration de ce délai, que dans des cas limitativement énumérés : survenance d'événements familiaux, invalidité, décès, cessation du contrat de travail, création d'entreprise, acquisition ou agrandissement de la résidence principale, situation de surendettement (C. trav., art. R. 3324-22). Cette indisponibilité ne fait pas obstacle à une saisie-attribution pendant le délai légal. Simplement, la saisie pratiquée ne peut pas produire son plein effet avant l'arrivée du terme, lequel s'impose au saisissant (C. pr. exéc., art. L. 112-1, al. 2).

§ 3
Exclusion des créances insaisissables ou rémunérant un travail

0812.101 Créances insaisissables : généralités. On sait que le patrimoine d'un débiteur est le gage commun de ses créanciers (C. civ., art. 2285), de sorte qu'une saisie-attribution peut en principe être pratiquée sur toutes les créances de somme d'argent dont ce débiteur est titulaire. Ce n'est dès lors que par exception qu'une loi peut déclarer certaines créances insaisissables (C. pr. exéc., art. L. 112-2, L. 112-3 et R. 112-1 ; sur l'ensemble de la question,

1. TGI Lyon, JEX, 12 oct. 1999, RG n° 99/07604, NP.
2. Civ. 2e, 14 avr. 2022, n° 20-21.461, B ; *Rev. prat. rec.* 2022. 6, chron. O. Salati ; *RTD civ.* 2022. 699, obs. Ph. Théry ; *ibid.* 974, obs. N. Cayrol.
3. Civ. 2e, 30 mai 2002, n° 00-18.146, P II, n° 113 : cette décision, rendue sur le fondement exprès de l'article 13 de la loi du 9 juillet 1991, doit toutefois être prise avec prudence, car semblant procéder d'une confusion entre la créance cause de la saisie (l'indemnité d'occupation) et la créance objet de cette saisie (le salaire).
4. L. n° 65-557, 10 juill. 1965, fixant le statut de la copropriété des immeubles bâtis, *JO* 11 juill., p. 5950.
5. L. n° 65-557, 10 juill. 1965, art. 19-2, al. 2).
6. TGI Lyon, JEX, 17 déc. 1996, RG n° 96/12402NP.
7. Soc. 24 févr. 2000, n° 98-13.444, P V, n° 76 : rejetant le pourvoi formé contre Rennes, 7 janv. 1998, *BICC* 1998, n° 935 ; *Rev. huiss.* 1998. 1145 ; *Rev. proc. coll.* 1999, n° 108, obs. Canet – DANS LE MÊME SENS, Civ. 2e, 17 mai 2001, n° 99-13.711, P II, n° 99 ; *D.* 2001. IR 1851 ; *RD banc. fin.* 2001, n° 195, obs. Delleci ; *Gaz. Pal.* 2002. Somm. 248, note P. Véron – Civ. 2e, 13 juin 2002, n° 00-20.844, P II, n° 129 ; *D.* 2003. 1469, obs. G. Taormina – Com. 17 déc. 2002, n°s 99-14.397 et 99-14.450, P IV, n° 196, retenant qu'un avis à tiers détenteur ne pouvait être pratiqué entre les mains d'une caisse de sécurité sociale, relativement à une créance due pour une prestation à un assuré social bénéficiaire du tiers payant, au motif que seule la facturation à l'assuré social faisait naître au bénéfice du prestataire une créance sur la caisse, et ce seulement lorsque l'assuré social avait subrogé le prestataire dans ses droits à remboursement par la caisse.
8. Soc. 1er févr. 2005, n° 02-14.452, NP (saisie conservatoire).
9. EN CE SENS : TGI Saint-Omer, JEX, 27 janv. 1998, *Gaz. Pal.* 1999. 1. 119.

v. s[s] n°s 014.11 à 0144.161). C'est ainsi qu'il est par exemple jugé qu'en l'absence de disposition contraire, les dispositions de l'article D. 325 C. pr. pén., selon lesquelles l'indemnisation des parties civiles concernées par les condamnations inscrites à l'écrou est assurée sur la première part du compte nominatif institué par l'article D. 320-1 du même code, ne font pas obstacle à ce que ces parties civiles, de même que le Fonds de garantie des victimes des actes de terrorisme et d'autres infractions (FGTI), subrogé dans leurs droits, exercent, à l'instar des autres créanciers, une saisie-attribution, dans les conditions du droit commun, sur la part disponible du compte nominatif de l'auteur de l'infraction, conformément aux dispositions de l'article D. 333 de ce code[1].

Par exception, de nombreuses dispositions ont pour objet de rendre insaisissable une créance. Dans de tels cas, le JEX doit ordonner la mainlevée ou le cantonnement d'une saisie-attribution portant sur de telles créances, selon que l'insaisissabilité de la créance est totale ou partielle.

0812.102 Créances insaisissables : distinction avec les créances indisponibles. Cette situation d'insaisissabilité de la créance doit en revanche être distinguée du cas où la créance est *saisissable* mais n'est pas *disponible*, que cette indisponibilité résulte, comme il sera étudié plus loin, d'une précédente mesure d'exécution dénuée d'effet attributif, d'une sûreté ou d'autres mécanismes similaires. Dans ces hypothèses où la créance saisie n'est pas disponible, la saisie-attribution est non seulement valable, mais peut en outre s'avérer fructueuse. En effet, seul son effet attributif – et partant son efficacité – se trouve reporté, voire conditionné, à la levée de l'indisponibilité, une fois que le tiers, au profit duquel cette indisponibilité existe, aura été rempli de ses droits[2] (v. s[s] n° 0831.130).

0812.103 Diversité des hypothèses d'insaisissabilité de créance. Plan. Le plus souvent, la loi rend insaisissable une catégorie de créances déterminées : la saisie de cette créance sera exclue par principe et dans sa totalité (A). Toutefois, la particularité des créances de somme d'argent est qu'elles peuvent être rendues partiellement insaisissables. C'est ainsi que, dès lors que le **caractère alimentaire** d'une créance est retenu par le juge, celui-ci en détermine une part insaisissable (B). Sont également et de plein droit partiellement insaisissables les créances dérivant d'une **rémunération du travail**, les rémunérations elles-mêmes ne pouvant être directement appréhendées par la voie de la saisie-attribution (C).

Sur le solde bancaire insaisissable, v. s[s] n°s 0921.51 s.

A. Créances légalement insaisissables en totalité

0812.111 Créances légalement insaisissables. Un grand nombre de dispositions législatives prévoit l'insaisissabilité de certaines créances, pour l'essentiel des prestations sociales ou des sommes au caractère alimentaire prononcé (sur l'ensemble de la question, v. s[s] n°s 014.11 à 0144.161).

0812.112 Créance cambiaire. La jurisprudence déduit de l'article L. 511-31 C. com. l'insaisissabilité de la créance cambiaire. Ce texte dispose qu'il n'est admis d'opposition au paiement d'une lettre de change qu'en cas de perte ou de sauvegarde, de redressement ou liquidation judiciaire du porteur. Sous l'empire de l'ancien article 140 de ce code, la jurisprudence avait admis que les créanciers du tireur ou d'un endosseur étaient irrecevables à pratiquer une saisie de la créance cambiaire[3].

Encore faut-il préciser que cette insaisissabilité ne vaut qu'en cas d'acceptation de la lettre de change ou, à défaut, à l'échéance de cette lettre. Dans le cas inverse, v. s[s] n° 0812.164.

À propos d'une saisie-attribution pratiquée sur une créance cambiaire résultant de billets à ordre (auxquels l'article L. 512-3 C. com. rend applicable l'article L. 511-31 précité), la Cour de cassation a cassé, au visa des articles 45 de la loi du 9 juillet 1991 (devenu C. pr. exéc., art. L. 211-4), 66 du décret du 31 juillet 1992 (devenu C. pr. exéc., art. R. 211-1), L. 512-3 et L. 511-31 C. com., l'arrêt d'une cour d'appel qui avait déclaré que le tiers saisi n'avait pas qualité pour s'opposer au paiement de la créance cambiaire, alors que cette créance est, selon la Cour de cassation, « *par nature insaisissable* »[4]. N. Cayrol fait toutefois observer que la solution ne vaut pas dans le cas où ce billet à ordre est entre les mains du débiteur saisi qui l'a émis[5].

0812.113 Avoirs d'une banque centrale étrangère. En application de l'article L. 153-1 C. mon. fin., les avoirs d'une banque centrale étrangère ne peuvent, en France, être saisis, sauf au créancier saisis-

1. Civ. 2e, 1er mars 2018, n° 16-20.603, P II, n° 36.
2. Civ. 2e, 2 déc. 2021, n° 19-24.999, B ; *D.* 2022. 1331, obs. A. Leborgne ; *RDI* 2022. 608, obs. J. Laurent ; *Rev. prat. rec.* 2021. 8, obs. O. Salati.
3. Com. 29 nov. 1982, n° 81-14.005, P IV, n° 374 ; *D.* 1983. IR 246, obs. Cabrillac – POUR UN BILLET À ORDRE : Com. 15 juin 1993, n° 91-14.201, P IV, n° 245 ; *D.* 1994. Somm. 181, obs. M. Cabrillac.
4. Com. 27 sept. 2005, n° 02-16.902, P IV, n° 182 ; *D.* 2005. 2672, note X. Delpech ; *D.* 2006. 1614, note A. Boujeka ; *RD banc. fin.* 2005, n° 215, obs. S. Piedelièvre ; *RJDA* 2005, n° 1386 ; *RTD civ.* 2006. 382, obs. R. Perrot.
5. *J.-Cl. Pr. civ., v[o] Saisie-attribution* (conflit), par N. Cayrol, fasc. 2270, n° 23.

sant muni d'un titre exécutoire, constatant une créance liquide et exigible à obtenir du JEX une autorisation spéciale, en démontrant que les biens détenus ou gérés pour son propre compte par la banque centrale étrangère font partie d'un patrimoine qu'elle affecte à une activité principale relevant du droit privé[1].

Cette exigence d'une autorisation préalable du juge, bien qu'originale[2], ne porte pas atteinte au droit à un procès équitable, la restriction au droit à l'exécution n'étant pas disproportionnée au regard du but légitime poursuivi et n'ayant pas pour effet de violer le principe de l'égalité des armes[3]. Bien que la forme de la demande d'autorisation ne soit pas précisée, celle-ci apparaît devoir être sollicitée selon la procédure prévue par les articles R. 121-23 et R. 121-24 C. pr. exéc.[4] Autre originalité, le critère posé par l'article L. 153-1 conduit en outre à limiter l'assiette de la saisie-attribution aux seuls avoirs répondant aux conditions fixées par cette disposition. Le texte ne précise pas si la requête et l'autorisation doivent ou non identifier spécialement les comptes visés.

Le défaut d'autorisation préalable est sanctionné par la nullité de la saisie pratiquée[5].

Sur l'application des articles L. 111-1-1 s. C. pr. exéc., relatifs à la saisie des avoirs des personnes publiques étrangères, v. s^s^ n°s 1661.00 s.

0812.114 **Avoirs gelés.** Certaines réglementations internationales et européennes peuvent prévoir un gel d'avoirs possédés par des autorités ou des entités étrangères et organiser à cet effet des conditions restrictives quant à la saisie de ces avoirs. Tel est par exemple le cas du gel des avoirs d'entités libyennes par un règlement européen, dont il est déduit que ne peut être diligentée sur ces avoirs aucune mesure d'exécution qui aurait pour effet, non seulement de les faire sortir du patrimoine du débiteur, mais aussi de conférer au créancier poursuivant un simple droit de préférence, sans une autorisation préalable du directeur du Trésor, autorité nationale désignée en application du règlement[6].

0812.115 **Renvoi.** Sur l'insaisissabilité des sommes consignées dans le cadre d'une procédure collective, v. s^s^ n° 0811.86.

B. Cas particulier des créances alimentaires

0812.121 **Paiement de créance alimentaire.** La saisie des « *provisions, sommes et pensions à caractère alimentaire* » fait l'objet d'un régime particulier. L'article L. 112-2, 2° C. pr. exéc., reprenant une règle qui figurait à l'article 2092-2, 2° C. civ., dispose que ces sommes sont insaisissables. Il incombe bien sûr au débiteur d'apporter la preuve du caractère alimentaire des sommes saisies[7].

Le caractère insaisissable de ces sommes est écarté lorsque leur saisie tend au paiement d'une créance elle-même alimentaire. Les créances alimentaires ne peuvent par conséquent être saisies par le créancier du créancier d'aliments que si la créance de ce saisissant est elle-même de nature alimentaire (par exemple le parent créancier d'une contribution à l'entretien et l'éducation d'un enfant peut saisir la prestation compensatoire sous forme de rente perçue au titre d'un précédent mariage par l'autre parent).

Sous cette dernière réserve, la créance d'aliments présente, jusqu'à ce point du raisonnement, un régime similaire à celui des autres créances insaisissables.

Toutefois, pour l'application de l'article L. 112-2, 2°, l'article R. 112-4 C. pr. exéc. prévoit que le débiteur qui prétend que les sommes reçues par lui ont un caractère alimentaire peut saisir le JEX « *pour qu'il détermine si, et dans quelle mesure, ces sommes ont un caractère alimentaire* ». Cet article précise que, pour déterminer cette fraction insaisissable, « *en tant que de besoin, le juge fait application du barème prévu aux articles R. 3252-2 et R. 3252-3 du Code du travail* ».

Les textes ne prévoyant généralement pas que telle ou telle créance présente un caractère alimentaire, c'est au juge qu'il incombe de procéder à cette qualification. Celle-ci ne pose, pour certaines créances, par nature alimentaire, guère de difficulté : tel le cas de la contribution à l'entretien et l'éducation d'un enfant (la « *pension alimentaire* » dans le langage courant). Mais la qualification de créance alimentaire n'est pas réservée à certains types de créances et des juges du fond ont ainsi pu reconnaître un tel caractère à des loyers, une créance de dommages-intérêts répa-

1. N. Micaud, « L'article L. 153-1 du Code monétaire et financier sur l'immunité d'exécution des biens des banques centrales étrangères », *Dr. et proc.* 2006. 3. 128 – M. Dymant, « L'immunité d'exécution des biens des banques centrales étrangères : suite et fin ? », *Dr. et proc.* 2006. 5. 259.
2. V. OBS. CRIT. : DONNIER, n° 312.
3. Civ. 2e, 11 janv. 2018, n° 16-10.661, NP – Civ. 1re, 12 mai 2021, n° 19-13.853, P – V. DÉJÀ, écartant une QPC dirigée contre ce texte : Civ. 2e, 11 juill. 2013, n° 13-40.036, NP.
4. ANC^t^ Décr. 31 juill. 1992, art. 32 et 33 – M. Dymant, n°s 10 s. (préc. s^s^ prés^t^ n°), sur les difficultés posées par la procédure sur requête.
5. Civ. 2e, 11 janv. 2018, n° 16-10.661, préc. s^s^ prés^t^ n° – V. ÉGAL. : Crédot et Samin, note s^s^ Paris, pôle 4, 8e ch., 17 sept. 2009, *RD banc. fin.* 2010. 3.
6. Civ. 1re, 7 sept. 2022, n° 19-21.964, B ; faisant application de Règl. UE n° 2016/44, Conseil, 18 janv. 2016, concernant des mesures restrictives en raison de la situation en Libye et abrogeant le règlement (UE) n° 204/2011 du Conseil du 2 mars 2011, *JOUE* L 12, 19 janv., p. 1.
7. PAR EX. Civ. 2e, 4 juin 2020, n° 18-26.086, NP.

rant un préjudice corporel, etc. (sur la question dans son ensemble, v. s[s] n°s 0141.101 s.)

Ces hypothèses sont toutefois plus rares et plus difficiles à sérier. Il faut dire que le pouvoir de détermination des créances alimentaires abandonné au juge par les textes ne peut que susciter l'hésitation, qui n'est pas levée par la jurisprudence, en l'état du caractère souverain de l'appréciation conférée au juge du fond par la Cour de cassation pour apprécier si une créance qui n'est, en principe, pas alimentaire (loyers, etc.), peut présenter malgré tout une telle nature dans une espèce considérée[1].

Il convient en outre de bien circonscrire le domaine d'application de ce pouvoir reconnu au juge.

En premier lieu, compte tenu des termes mêmes de l'article L. 112-2, 2° C. pr. exéc., l'insaisissabilité de la créance porte sur l'ensemble de la partie alimentaire de celle-ci, de sorte que l'article R. 112-4 C. pr. exéc. ne peut concerner que des créances hybrides, partiellement alimentaires. Autrement dit, dès lors que la créance considérée est insaisissable dans son ensemble, en vertu de la loi (RSA « socle », prestations familiales, *etc.*) ou de la jurisprudence, le juge ne saurait disposer du pouvoir de porter atteinte à cette insaisissabilité par l'application du barème de saisie des rémunérations. Tel est par exemple le cas de la **prestation compensatoire**. Si la nature de cette prestation, et partant sa saisissabilité, a longtemps été discutée, la Cour de cassation juge désormais, au visa combiné des articles 14, 2° de la loi du 9 juillet 1991 (devenu C. pr. exéc., art. L. 112-2, 2°) et 43 du décret (devenu C. pr. exéc., art. R. 112-4), que la prestation compensatoire est insaisissable dans sa totalité[2]. Dans un tel cas, l'insaisissabilité totale de la créance perdure même dans le cas où celle-ci est versée sur un compte bancaire (C. pr. exéc., art. L. 112-4).

En second lieu, cette disposition ne concerne pas, non plus, les créances ayant la nature de **rémunérations** ou de **revenus assimilés**. Celles-ci ne peuvent en effet faire l'objet que d'une saisie des rémunérations, à l'exclusion de toute saisie-attribution entre les mains de leur débiteur, et dans le cas où ces sommes sont versées sur un compte en banque, elles demeurent insaisissables, à hauteur du montant résultant de l'application du barème de saisie des rémunérations, par application, non pas de l'article R. 112-4 C. pr. exéc., mais de l'article R. 112-5[3]. La nuance entre le régime de l'article 43 du décret du 31 juillet 1992 et celui de l'article 44 (devenus C. pr. exéc., art. R. 112-4 et R. 112-5), dans le cas des rémunérations du travail, tenait au fait que le juge apparaissait disposer en application de l'article 43 du décret du 31 juillet 1992, prévoyant qu'il « *se réfère en tant que de besoin au barème fixé pour déterminer l'insaisissabilité des rémunérations du travail* », d'un pouvoir souverain pour fixer la fraction insaisissable, le barème n'étant qu'un simple outil de référence, destiné à aider à la détermination de la part alimentaire de la créance saisie[4]. La rédaction du nouvel article R. 112-4 C. pr. exéc., qui dispose que le juge « *fait application* » du barème, apparaît plus directive et rapproche dès lors le régime de ces deux articles.

C. Cas particulier des créances salariales et assimilées

0812.131 Saisie-attribution ou saisie des rémunérations. Les rémunérations du travail sont partiellement insaisissables, seule une fraction de celles-ci pouvant être appréhendée par un créancier du salarié.

En outre, ces créances ne peuvent être saisies par une saisie-attribution. Il ne s'agit donc pas dans ce cas d'une insaisissabilité absolue, mais d'une **interdiction de saisir les créances en question par le moyen d'une saisie-attribution.** La saisie-attribution pratiquée sur des sommes ayant la nature d'une rémunération encourt l'annulation[5]. À cet égard, la saisie-attribution se distingue de la saisie administrative à tiers détenteur, comme du paiement direct, qui peuvent porter sur toute créance de somme d'argent, en ce compris donc des rémunérations.

La frontière entre la saisie-attribution et la saisie des rémunérations pose principalement deux questions.

En premier lieu, il convient de s'assurer de la nature salariée de la relation unissant le débiteur saisi au tiers saisi, à tout le moins en cas de contestation sur ce point. Par conséquent, en cas de contestation, il appartient au JEX d'examiner l'existence d'un lien de subordination entre le débiteur saisi et le tiers saisi[6].

En outre, lorsqu'un contrat de travail a été conclu, les sommes versées par un employeur ne sont pas

1. Civ. 2e, 23 nov. 1983, n° 79-10.772, P II, n° 188, sous l'empire de l'ancien article 2092-2, 2° C. civ., dont le contenu a été repris à l'article L. 112-2, 3° C. pr. exéc.
2. Civ. 2e, 10 mars 2005, n° 02-14.268, P II, n° 66 ; *D.* 2005. 1604, obs. G. Taormina ; *D.* 2005. 798, obs. J. Daleau ; *Dr. et proc.* 2005. 243, obs. C. Lefort ; *Procédures* 2005, n° 128, obs. R. Perrot.
3. Civ. 2e, 24 juin 2004, n° 02-14.813, P II, n° 323 ; *RTD civ.* 2004. 780, obs. R. Perrot.
4. Perrot et Théry, n° 223.
5. Soc. 30 janv. 2008, n° 06-17.531, P V, n° 29 ; *Dr. et proc.* 2008. 222, obs. O. Salati ; *D.* 2008. AJ 490, obs. B. Ines ; *Dr. et patr.* nov. 2008, p. 98, obs. C. Lefort.
6. Civ. 2e, 26 sept. 2019, n° 18-19.028, NP (pour une saisie-attribution dirigée contre le gérant d'une société).

nécessairement des rémunérations. La jurisprudence de la Cour de cassation invite à rechercher si les sommes constituent la contrepartie du travail fourni par le salarié ou si elles se rattachent à la catégorie des dommages-intérêts. Ainsi a-t-elle jugé que l'indemnité de licenciement ne constituait pas la contrepartie d'un travail[1]. Il en va *a fortiori* de même des dommages-intérêts pour licenciement abusif ou dénué de cause réelle ou sérieuse. Ces sommes ne peuvent donc que faire l'objet d'une saisie-attribution. Au contraire, à titre d'illustrations, l'indemnité de rappel de salaire et de congés payés[2], de même que l'indemnité de départ à la retraite versée au salarié qui quitte volontairement l'entreprise, n'ont pas pour objet de compenser un préjudice et constituent dès lors une rémunération[3].

En second lieu, de nombreux textes épars relatifs à des **revenus de substitution** les déclarent cessibles et saisissables dans les limites, voire les conditions prévues par le Code du travail pour la **saisie des rémunérations**. Il s'agit en particulier des **pensions de retraite**.

La réponse à la question relative à la procédure à suivre pour saisir ces sommes a été donnée en deux temps par la Cour de cassation, d'abord par un avis et ensuite par un arrêt.

La Cour a d'abord été d'avis que la saisie des pensions de vieillesse du **régime général** de la sécurité sociale ne peut être effectuée que par la procédure de saisie des rémunérations, désormais régie par les articles L. 3252-1 et suivants C. trav.[4].

Puis elle en a jugé de même pour les pensions servies par les institutions de retraite complémentaire, soumises par l'article L. 922-7 CSS à l'article L. 355-2 du même code[5].

Sur la question, voir également, v. s^{s} n°s 094.05 à 0945.44.

0812.132 Salaires et pensions versés sur un compte en banque. En revanche, une fois les salaires et rémunérations assimilées versés sur un compte bancaire, ils perdent leur nature et il convient de recourir à une saisie-attribution. Toutefois, selon l'article R. 112-5 C. pr. exéc., l'insaisissabilité partielle se reporte à due concurrence sur le solde du compte[6] (sur la question, v. s^{s} n°s 0923.91 s.).

1. Soc. 23 juin 1988, n° 85-44.158, P V, n° 383.
2. Civ. 2e, 30 sept. 1999, n° 97-19.732, P II, n° 147.
3. Soc. 30 janv. 2008, n° 06-17.531, P (préc. s^{s} prés^{t} n°) – DANS LE MÊME SENS, Soc. 7 juill. 1988, n° 87-11.102, P V, n° 430.
4. Cass., avis, 21 juill. 1995, n° 09-50.010, P, n° 9.
5. Civ. 2e, 16 mars 2000, n° 98-18.728, P II, n° 50 ; *D.* 2000. IR 105 ; *Gaz. Pal.* 2000. Somm. 1744 et 2724, obs. P. Véron.
6. Civ. 2e, 14 oct. 2004, n° 03-10.823, P II, n° 461 – Civ. 2e, 7 juin 2012, n° 11-19.622, P II, n° 103.

SECTION 2 TITULARITÉ DE LA CRÉANCE SAISIE

0812.140 Créance existant dans le patrimoine du débiteur. Plan. Il est nécessaire que le débiteur saisi soit le titulaire de la créance de somme d'argent au jour de la saisie, ce qui pose, parfois, la question de l'étendue du patrimoine du débiteur saisi répondant de sa dette à l'égard du créancier saisi (§ 1).

On a vu que la question de la titularité de la créance pouvait en outre se poser dans le cas où la créance est litigieuse. Elle se pose surtout, en pratique, dans le cas de la transmission de la créance (§ 2) : de même que sa transmission au profit du débiteur saisi la rendra saisissable par les créanciers de celui-ci, une telle transmission interdira corrélativement la saisie de cette créance par les créanciers de celui qui l'a préalablement transmise.

Plus radicalement, le paiement de la créance entraîne son extinction : celle-ci pose une difficulté surtout dans le cas particulier de l'extinction par la voie de la compensation (§ 3).

§ 1 Étendue du patrimoine répondant de la créance saisie

0812.151 Diversité des situations susceptibles d'affecter le patrimoine répondant de la créance saisie. Certaines hypothèses ou certaines dispositions affectent, par divers moyens, le patrimoine du débiteur saisi à l'égard du créancier saisissant, offrant à sa saisie une étendue, selon le cas, plus vaste ou plus réduite. Tel est par exemple le cas où une opération appauvrissant le débiteur saisi a été déclarée inopposable au créancier saisissant, que ce soit par l'effet de l'action paulienne ou d'un dispositif spécifique, telle l'opposition ouverte aux créanciers d'une société absorbée par l'article L. 236-14, devenu L. 236-15, C. com. Dans ce dernier cas, lorsqu'une saisie-attribution est pratiquée sur les comptes bancaires dont est devenue titulaire une société absorbante par un créancier à qui l'opération de fusion-absorption a été déclarée inopposable en application de cet article L. 236-15, l'effet attributif de la saisie s'étend à la totalité des soldes créditeurs de ces comptes, sauf pour le débiteur saisi, avisé de la saisie dans les conditions prévues par l'article R. 211-3 C. pr. exéc., à établir que ces soldes sont constitués, en tout ou partie, de fonds ne provenant pas de la société absorbée, qui comme tels devraient être exclus de l'assiette de la saisie[7].

À cet égard, le cas de l'entreprise individuelle appelle des développements spécifiques.

7. Com. 7 oct. 2020, n° 19-14.755, P ; *Procédures* 2020. 222, comm. R. Laher.

0812.152 **Cas de l'entreprise individuelle, débiteur saisi.** La loi du 15 juin 2010[1] relative à l'entrepreneur individuel à responsabilité limitée (EIRL), entrée en vigueur le 1er janvier 2011, permet à une personne d'affecter spécialement par une déclaration certains de ses biens à un usage professionnel, conduisant à une partition de son patrimoine en deux (voire plusieurs) patrimoines affectés[2]. La loi nº 2022-172 du 14 février 2022[3] est venue progressivement, à compter du 15 mai 2022, remplacer l'EIRL par un statut plus général d'entrepreneur individuel.

Tirant les conséquences de la constitution de patrimoines distincts, l'ordonnance du 9 décembre 2010[4] portant adaptation du droit des entreprises en difficulté et des procédures de traitement des situations de surendettement à l'EIRL[5] a inséré dans la loi du 9 juillet 1991 l'article 22-2, devenu l'article L. 161-2 C. pr. exéc., lui-même complété par une disposition, plus générale, résultant de la modification apportée par la loi du 14 février 2022 à l'article L. 161-1 C. pr. exéc., qui dispose que : « *Une procédure d'exécution à l'encontre d'un débiteur entrepreneur individuel ne peut porter que sur les biens du patrimoine sur lequel le créancier dispose d'un droit de gage général en vertu de l'article L. 526-22 du Code de commerce. / L'entrepreneur individuel qui a renoncé au bénéfice des dispositions du quatrième alinéa du même article L. 526-22 dans les conditions prévues à l'article L. 526-25 du même code peut, s'il établit que la valeur des biens qui constituent son patrimoine professionnel est suffisante pour garantir le paiement de la créance, demander au créancier que l'exécution soit en priorité poursuivie sur ces biens. / Si le créancier établit que cette proposition met en péril le recouvrement de sa créance, il peut s'opposer à la demande. La responsabilité du créancier qui s'oppose à la demande du débiteur ne peut pas être recherchée, sauf intention de nuire* ».

En application de cet article, les créanciers auxquels la déclaration d'affectation est opposable et dont les droits sont nés à l'occasion de l'activité professionnelle ont pour seul gage général le patrimoine dit « *affecté* » correspondant, tandis que les autres créanciers ont pour seul gage général le patrimoine « *non affecté* », sous réserve pour ces derniers d'un droit de gage général pouvant s'exercer, en cas d'insuffisance du patrimoine non affecté, sur le bénéfice réalisé par l'entreprise individuelle lors du dernier exercice clos (C. com., art. L. 526-22). En dehors de cette exception, ces créanciers ne peuvent donc plus exercer de poursuite que sur les biens du patrimoine de leur débiteur qui leur sont affectés. Cette limitation du droit de poursuite emporte des conséquences importantes dans le cas de la saisie-attribution, notamment dans les rapports avec le tiers saisi, qui seront exposés à chaque stade de l'examen de la procédure.

Les créanciers auxquels l'affectation n'est pas opposable ne sont pas concernés par cette limitation et conservent un droit de gage sur l'ensemble des patrimoines de l'entreprise individuelle, comme de l'EIRL. Il s'agit, en substance, des créanciers antérieurs au début de l'activité (sur laquelle, v. C. com., art. L. 526-23) ou de ceux au profit desquels l'entrepreneur a renoncé au bénéfice de l'affectation (C. com., art. L. 526-24).

1. L. nº 2010-658, 15 juin 2010, relative à l'entrepreneur individuel à responsabilité limitée, *JO* 16 juin, p. 10984.
2. E. Dinh, « L'EIRL, un hybride en droit français », *JCP E* 2010. 1979 – Sur l'exigence de déclaration d'affectation : Com. 7 févr. 2018, nº 16-24.481, P IV, nº 20 ; *D.* 2018. 594, obs. A. Lienhard, note S. Tisseyre ; *ibid.* 1829, obs. F.-X. Lucas et P. Cagnoli ; *Rev. sociétés* 2018. 311, note G. Grundeler.
3. L. nº 2022-172, 14 févr. 2022, en faveur de l'activité professionnelle indépendante, *JO* 15 févr., texte 2.
4. Ord. nº 2010-1512, 9 déc. 2010, portant adaptation du droit des entreprises en difficulté et des procédures de traitement des situations de surendettement à l'entrepreneur individuel à responsabilité limitée, *JO* 10 déc., p. 21617.
5. B. Dondero, « EIRL. *Duo in carne una.* À propos de l'ordonnance du 9 décembre 2010 », *JCP* 2010. 1261 – G. Notté, « Adaptation du droit des entreprises en difficulté et des procédures de traitement des situations de surendettement à l'EIRL (Ord. nº 2010-1512, 9 déc. 2010) », *JCP E* 2010. Actu. 680.

§ 2
Transmission de la créance

A.
Diversités des cas de transmission

0812.161 **Mesure inopérante.** La créance que le créancier saisissant va tenter d'appréhender par la voie de la saisie-attribution doit exister au moment de la saisie dans le patrimoine du débiteur saisi. Or, par divers procédés, cette créance peut être sortie du patrimoine du débiteur avant la date de la saisie-attribution, ce qui rendra inopérante cette mesure d'exécution et pourra conduire le JEX à en ordonner la mainlevée.

La créance peut en effet avoir été transmise par une cession de créance classique ou selon les techniques simplifiées utilisées notamment dans les relations commerciales, pour pallier les lourdeurs de ce mécanisme, comme les bordereaux « *Dailly* », les effets de commerce, l'affacturage ou la délégation de créance. Elle peut également faire l'objet d'une attribution légale au profit d'un tiers.

0812.162 **Cession de créance civile.** La créance, objet de la saisie, peut avoir été transférée par la technique de la cession de créance[6] qui opère changement de créancier.

6. Civ. 1re, 13 juill. 2004, nº 02-12.441, NP ; *RD banc. fin.* 2004, nº 256, obs. S. Piédelièvre.

Cette cession de créance peut avoir eu lieu selon le procédé de la cession de créance de droit commun, régie par le Code civil. Aucune difficulté ne se pose, sous l'angle du droit de l'exécution, lorsque la cession est consentie postérieurement à la saisie-attribution : dans ce cas la saisie-attribution a définitivement produit son effet attributif avant la cession, qui porte sur une créance dont le cédant n'est plus le titulaire.

La question se pose en revanche dans le cas de l'antériorité de la cession par rapport à la saisie-attribution, voire dans le cas où la chronologie de ces actes est incertaine.

En ce cas, l'opposabilité de la cession au saisissant comme au tiers saisi était repoussée, par l'ancien article 1690 C. civ., à la date de la signification de la cession[1], à laquelle ont été assimilées par la jurisprudence l'acceptation certaine et non équivoque de la cession par le débiteur se substituait à cette signification[2] et la remise au débiteur, lors d'une audience devant le JEX, de conclusions mentionnant une cession de créance et contenant copie de l'acte de cession[3]. Le tout bien sûr sous réserve que la saisie absorbe la totalité de la créance cédée : dans le cas où le montant de cette créance excéderait celui de la créance du saisissant contre le débiteur, le cessionnaire demeurerait bénéficiaire du solde de la créance cédée non affecté par la saisie, question qui n'intéresse toutefois pas le droit de l'exécution.

L'ordonnance du 10 février 2016[4], a profondément modifié l'état du droit. Désormais l'article 1323 C. civ. prévoit que « *le transfert de la créance s'opère à la date de l'acte et est opposable aux tiers dès ce moment* ». En théorie, la cession de créance conclue antérieurement à l'acte de saisie-attribution rend cette dernière sans objet, la créance ayant déjà quitté le patrimoine du débiteur saisi, pour rejoindre celui du cessionnaire.

Toutefois, en pratique, les solutions antérieurement dégagées n'ont pas perdu toute pertinence, dans le cas d'un concours avec une saisie-attribution. *En premier lieu*, le nouvel article 1324 C. civ. dispose que « *la cession n'est opposable au débiteur, s'il n'y a déjà consenti, que si elle lui a été notifiée ou s'il en a pris acte* ». Le paiement de la créance saisie par le tiers saisi, dans l'ignorance d'une cession antérieure, va donc produire un effet libératoire, identique aux autres cas de concours, examiné ci-après (v. s[s] n° 0812.181). *En second lieu*, si la notification n'est plus une condition d'opposabilité aux tiers, elle demeure utile, parmi d'autres moyens, pour établir l'antériorité de la cession. En effet le nouvel article 1323 ajoute qu'« *en cas de contestation, la preuve de la date de la cession incombe au cessionnaire, qui peut la rapporter par tout moyen* ». Or la saisie-attribution procédant d'un acte de commissaire de justice a pour date certaine celle portée par cet officier public sur son acte. À défaut pour la cession d'avoir été conclue en la forme authentique, celle-ci n'acquerra également une date certaine, susceptible d'établir son antériorité par rapport à une saisie-attribution, selon l'ancien article 1328 C. civ., devenu 1377 C. civ., que par l'enregistrement de l'acte sous signature privée, la mort d'un signataire, ou la constatation de sa substance dans un acte authentique, telle par conséquent une signification[5]. Une signification de la cession par un commissaire de justice conserve donc un réel intérêt, tant pour faire interdiction au tiers saisi de payer la créance cédée, que pour faire la preuve de l'antériorité de la cession sur la saisie-attribution. Le nouvel article 1323, évoquant toutefois une preuve par tout moyen, ainsi que les solutions dégagées par la jurisprudence en matière de cession « *Dailly* » (v. s[s] n° 0812.163), ne paraissent toutefois pas interdire de faire la preuve de l'antériorité de la cession de créance civile sur la saisie-attribution par d'autres moyens, alors laissés à l'appréciation des juridictions.

Comment se règlerait le cas où la date de l'acte conférant date certaine à la cession serait concomitante à l'acte de saisie-attribution ? L'article L. 211-3 alinéa 3 C. pr. exéc. règle la question de la pluralité de saisies notifiées le même jour en prévoyant qu'elles sont réputées pratiquées simultanément (v. s[s] n° 0831.71). Un auteur avait pu estimer « *inévitable d'appliquer cette règle à la cession de créance* [...] *sinon il n'y aurait pas de solution au conflit* »[6]. Il ne faudrait toutefois pas qu'une telle solution conduise à conclure voire à signifier une cession dans l'intention frauduleuse de faire échec à la saisie ; c'est pourquoi, lorsque l'heure de ces mesures peut être prouvée – ce qui, à l'ère de l'informatique, devrait être fréquemment le cas –, il semble préférable, en droit comme en pratique, d'en rester à un principe strictement

1. Civ. 2e, 23 nov. 2006, n° 05-11.531, NP – *J.-Cl. Voies d'ex., v° Saisie-attribution* (conflits avec les tiers), fasc. 715, n° 49, par N. Cayrol.
2. Civ. 1re, 19 sept. 2007, n° 06-11.814, P I, n° 276 – Civ. 1re, 22 mars 2012, n° 11-15.151, P I, n° 60 – Civ. 2e, 17 oct. 2013, n° 12-25.967, NP – V. Rép. civ., v° *Cession de créance*, par C. Ophèle, août 2008 (actu. mars 2024), n°s 156 s.
3. Civ. 1re, 1er juin 2022, n° 21-12.276, B ; *D.* 2022. 1459, note J.-D. Pellier.
4. Ord. n° 2016-131, 10 févr. 2016, portant réforme du droit des contrats, du régime général et de la preuve des obligations, *JO* 11 févr., texte 26, entrée en vigueur le 1er oct. 2016.
5. *J.-Cl. Pr. civ., v° Saisie-attribution* (objet de la saisie), fasc. 1600-30, n° 49, par N. Cayrol.
6. *J.-Cl. Pr. civ., v° Saisie-attribution* (opérations de saisie : acte de saisie et dénonciation), fasc. 2250, n° 105, par Miguet [anc. éd.].

chronologique. On relèvera d'ailleurs dans un tel cas l'intérêt de la mention de l'heure de la signification de l'acte de saisie, prévue par l'article R. 211-1 C. pr. exéc., en son dernier alinéa. Cette mention sera utile de façon plus générale pour trancher le conflit que pourrait entraîner un paiement effectué par le tiers le jour de la saisie[1].

0812.163 Cessions « *Dailly* ». La cession de créance professionnelle par bordereau, dite cession « *Dailly* », a inspiré la modification par l'ordonnance du 10 février 2016 du dispositif de la cession de créance civile : l'article L. 313-27 C. mon. fin.[2] précise en effet que la cession « *Dailly* » prend effet entre les parties et devient opposable aux tiers à la date portée sur le bordereau[3]. C'est à cette date que la créance cédée sort du patrimoine du débiteur pour entrer dans celui de l'établissement bancaire cessionnaire[4], de sorte que la question essentielle consiste, là encore, à déterminer la date certaine à cette cession a eu lieu[5]. La Cour de cassation en déduit que la saisie-attribution pratiquée après la date apposée sur le bordereau de cession est inopérante[6].

A fortiori, la Cour de cassation a jugé, dans le cas de notification d'une cession de créances « *Dailly* » antérieure à la notification d'un avis à tiers détenteur que le débiteur cédé ne détenait plus de fonds pour le compte du cédant[7].

1. Perrot et Théry, n° 361.
2. L. 2 janv. 1998, anc. art. 4.
3. Com. 15 mars 2023, n° 21-24.490, B ; *RTD civ.* 2023. 630, obs. H. Barbier, et Com. 14 févr. 2024, n° 22-14.784, B ; *D.* 2024. 308 ; *RCJPP* 2024, n° 03, p. 61, chron. S. Piédelièvre ; *RTD com.* 2024. 412, obs. D. Legeais : la production de ce bordereau, revêtu de toutes les mentions exigées à l'article L. 313-23 C. mon. fin., en particulier sa date, s'impose pour rendre la cession opposable aux tiers.
4. En ce sens, H. Croze, « La loi n° 91-650 du 9 juillet 1991 portant réforme des procédures civiles d'exécution : les règles spécifiques aux différentes mesures d'exécution forcée et mesures conservatoires », *JCP* 1992. I. 3585, n° 7, note 14.
5. H. Croze, n° 7, note 14 (préc. s[s] prés[t] n°) – J.-M. Delleci, *La réforme des procédures civiles d'exécution. Son application aux opérations de banque*, 2e éd., 1997, Banque, n° 394 *ter* – J. Grillot et M. Saint-Cène, « La loi Dailly et la réforme des procédures civiles d'exécution », *Banque et droit* 1993, n° 29, p. 3 s.
6. Com. 26 nov. 2003, n° 01-03.685, P IV, n° 176 ; *D.* 2004. Somm. 1485, obs. G. Taormina ; *RTD com.* 2004. 138, obs. M. Cabrillac, qui précise, au visa de l'article 1240 C. civ., que le paiement au créancier saisissant par le débiteur cédé, en connaissance de la cession de créance, n'est pas opposable au cessionnaire, ce dont il peut se déduire en revanche que le paiement opéré par le tiers saisi dans l'ignorance de la cession est libératoire – v. égal., implicitement en ce sens : Com. 19 mai 1992, n° 90-15.342, P IV, n° 190.
7. Com. 13 févr. 1996, n° 93-21.192, NP ; *Banque* 1996, n° 569, p. 91, comm. Guillot.

0812.164 Lettre de change. Les solutions dégagées par la jurisprudence en matière de saisie-arrêt doivent être reconduites dans le cas de saisie-attribution.

Lorsque la lettre de change a été acceptée, la provision est sortie du patrimoine du tireur. Le tiré est tenu cambiairement à l'égard du porteur et les créanciers du tireur ne peuvent pas pratiquer une saisie-attribution sur la créance qu'il détenait contre le tiré. Cette interdiction est une conséquence de l'article L. 511-31 C. com. qui, en principe, n'admet pas d'opposition entre les mains du tiré[8] (sur l'insaisissabilité de la créance cambiaire, v. s[s] n° 0812.112). De façon proche, si le porteur du titre fait une défense expresse au tiré de payer la provision, M. Cayrol explique qu'une saisie-attribution postérieure à cette défense sera inopposable au porteur[9].

En ce sens, un arrêt du 3 juin 2003[10], reprenant les solutions dégagées sous l'empire de la saisie-arrêt[11], retient que, même à défaut d'acceptation de la lettre de change, son porteur acquiert, lors de l'endossement du titre, un droit exclusif sur la provision dont le tiré est détenteur à l'échéance, de sorte qu'aucune saisie postérieure à l'acceptation de la lettre de change, à l'échéance de cette lettre ou à la connaissance par le tiré de l'émission de cette traite n'est de nature à priver le porteur du droit qu'il a acquis sur la provision. Le paiement fait au créancier saisissant en connaissance de l'émission de la lettre de change est ainsi inopposable au tiers porteur de cette lettre[12].

À l'inverse, il résulte de cet arrêt que la saisie-attribution pratiquée avant l'échéance de la lettre de change endossée, entre les mains d'un tiré qui n'avait ni accepté la lettre de change, ni connaissance de celle-ci, primera le droit éventuel du porteur de cette lettre de change.

0812.165 Chèque. Dans les rapports entre tireur et bénéficiaire d'un chèque, le transfert de la propriété de la provision du chèque s'effectue par la remise du titre au bénéficiaire[13]. Il faut préciser que c'est cette remise, et non la rédaction du chèque ou la date portée sur celui-ci, qui produit cet effet et que la preuve de cette remise, qui constitue un simple fait, peut être apportée par tous moyens[14]. Toute-

8. G. Ripert et R. Roblot, *Traité de droit commercial*, vol. 2, 17e éd. (par Ph. Delebecque et Germain), LGDJ, 2004, n° 1979-1, et la jur. citée.
9. *J.-Cl. Voies d'ex., v° Saisie-attribution* (conflits avec les tiers), fasc. 1600-30, n° 60, par N. Cayrol.
10. Com. 3 juin 2003, n° 00-11.348, NP.
11. Com. 20 mars 1984, n° 82-16.159, P IV, n° 108.
12. *J.-Cl. Voies d'ex., v° Saisie-attribution* (conflits avec les tiers), fasc. 1600-30, n°s 53 s., par N. Cayrol – Ripert et Roblot, n° 1979-1 (préc. s[s] prés[t] n°).
13. Com. 7 déc. 1971, n° 70-14.182, P IV, n° 291 ; *D.* 1972. 555.
14. Com. 27 sept. 2005, n° 03-14.400, NP.

fois, à l'égard d'un créancier saisissant le compte bancaire de son débiteur, c'est la remise à l'encaissement, par le bénéficiaire, du chèque émis par le débiteur qui assure au bénéficiaire l'antériorité de son droit (C. pr. exéc., art. L. 162-1), y compris dans l'hypothèse où le compte saisi disposerait d'une provision insuffisante pour honorer la totalité du chèque émis, dès lors qu'en ce cas le bénéficiaire a, en application de l'article L. 131-37 C. mon. fin., le droit d'exiger le paiement jusqu'à concurrence de la provision [1].

Sous l'empire de la saisie-arrêt, il avait en outre été jugé que, dans les rapports entre bénéficiaire du chèque et banquier tiré, ce dernier devait réserver le paiement du montant de ce chèque au profit du créancier du bénéficiaire ayant pratiqué une saisie de la provision du chèque entre ses mains, sauf pour une banque porteur d'établir que l'endossement à son profit était antérieur à la saisie [2].

0812.166 Affacturage. Ce mécanisme résulte d'une subrogation conventionnelle (C. civ., art. 1346-1 [anc. art. 1250]) qui opère un changement de titulaire de la créance.

Le conflit entre l'affactureur et le créancier saisissant est réglé en ayant égard à la date du paiement subrogatoire. En effet, à la différence de la cession Dailly, précédemment examinée, qui prend date au jour du bordereau de cession, dans le cas de l'affacturage, la société d'affacturage ne devient titulaire de la créance que par l'effet du paiement subrogatoire (C. civ., art. 1346-4) [3]. En disposant que « *la subrogation est opposable aux tiers dès le paiement* », le nouvel article 1346-5 C. civ. consolide les solutions jurisprudentielles, selon lesquelles cette créance sort, à compter de la date de ce paiement, du patrimoine du client de la société d'affacturage et ne peut ainsi faire l'objet d'une saisie par un créancier de ce client subrogeant [4]. Conformément aux règles régissant le paiement des créances, celui-ci résulte de l'inscription au crédit du compte de client subrogeant [5].

0812.167 Délégation. Selon le nouvel article 1336 C. civ. « *la délégation est une opération par laquelle une personne, le délégant, obtient d'une autre, le délégué, qu'elle s'oblige envers une troisième, le délégataire, qui l'accepte comme débiteur* ». La délégation peut être « *parfaite* » ou « *imparfaite* » (ou « *simple* »).

0812.168 La délégation parfaite a pour effet d'éteindre la dette du délégant envers le délégataire, le délégué en devenant le seul débiteur [6]. Le nouvel article 1337 C. civ. dispose en ce sens que « *lorsque le délégant est débiteur du délégataire et que la volonté du délégataire de décharger le délégant résulte expressément de l'acte, la délégation opère novation* ». En conséquence, les créanciers du délégataire ne peuvent pas pratiquer une saisie-attribution (ou notifier une saisie administrative à tiers détenteur), postérieurement à la délégation, entre les mains du délégant [7], mais ne peuvent que se tourner vers le délégué. À l'instar de la cession de créance, cette délégation est opposable aux tiers à la date de l'acte qui, en cas de contestation, est prouvée par tout moyen par le nouveau créancier, soit le délégataire (C. civ., art. 1333).

0812.169 Lorsque la délégation est imparfaite (ou « simple »), il n'y a pas substitution, mais adjonction d'un débiteur à un autre [8] : « *La délégation donne au délégataire un second débiteur* », indique le nouvel article 1338 C. civ.

Un créancier du délégant peut-il saisir la créance de celui-ci entre les mains du délégué ?

Après quelques hésitations [9], la Cour de cassation est venue retenir dans un arrêt du 14 février 2006 que : « *Si la créance du délégant sur le délégué s'éteint seulement par le fait de l'exécution de la délégation, ni le délégant ni ses créanciers ne peuvent, avant la défaillance du délégué envers le délégataire, exiger le paiement ; qu'il en résulte que la saisie-attribution effectuée entre les mains du délégué par le créancier du délégant*

1. Civ. 2e, 7 avr. 2016, no 15-11.436, P II, no 101.
2. Com. 15 févr. 1994, no 91-21.316, P IV, no 61 ; *D.* 1994. Somm. 183, obs. M. Cabrillac (sous l'empire de la saisie-arrêt) – V. DÉJÀ : Com. 7 déc. 1971, no 70-14.182, P IV, no 291.
3. Il incombe par conséquent au juge de vérifier la convention liant les parties, pour déterminer si la transmission d'une créance a été réalisée suivant la technique de la cession Dailly ou suivant celle de l'affacturage : Com. 20 janv. 2021, no 19-10.493, NP.
4. Civ. 2e, 6 janv. 2005, no 02-16.721, NP ; *D.* 2005. Somm. 1606, obs. G. Taormina – Civ. 1re, 25 janv. 2005, no 01-21.145, P I, no 50.
5. Civ. 2e, 6 janv. 2005, no 02-16.721 (préc. ss prést no).
6. A. Bénabent, *Les obligations*, 9e éd., « Domat », Montchrestien, 2003, no 756.
7. Com. 24 juin 1986, no 84-14.379, P IV, no 141 ; *Dr. fisc.* 1987, no 896 ; *RTD civ.* 1987. 550, obs. J. Mestre.
8. A. Bénabent, *Les obligations*, 9e éd., « Domat », Montchrestien, 2003, no 756.
9. L'arrêt du 14 février 2006 reprend et précise les termes d'un arrêt du 16 avril 1996 (rendu sous l'empire de la saisie-arrêt), écartant ainsi la solution qui avait été retenue dans un arrêt du 29 avril 2002, jugé énigmatique par ses commentateurs : Com. 16 avr. 1996, no 94-14.618, P IV, no 120 ; *D.* 1996. 571, note C. Larroumet ; *D.* 1996. 333, obs. L. Aynès ; *D. Affaires* 1996. 677 ; *JCP* 1996. II. 22689, note Billiau ; *Defrénois* 1996. 1019, no 36381-104, obs. Mazeaud ; *RTD civ.* 1997. 132, obs. J. Mestre – Opère un revirement par rapport à : Com. 29 avr. 2002, no 99-15.072, P IV, no 72 ; *D.* 2002. 2673, note J. Houtcieff ; *D.* 2002. 1835, obs. F. B ; *JCP* 2003. II. 10154, note Barthez ; *RD banc. fin.* 2002, no 152, obs. J.-M. D. ; *RD banc. fin.* 2002, no 135, obs. Cerles ; *RJF* 2002, no 1316 ; *Act. proc. coll.* 2002, no 12, obs. M.-H. Monsérié-Bon – V. AUSSI : S. Rezek, « Délégation de paiement et voies d'exécution », *JCP N* 2003, no 896.

ne peut avoir pour effet de priver le délégataire, dès son acceptation, de son droit exclusif à un paiement immédiat par le délégué, sans concours avec le créancier saisissant ; [...] les sommes dues par le délégué [...] au délégant [...] n'étaient pas saisissables par les créanciers du délégant dont le droit de créance qui demeure dans son patrimoine est indisponible à compter de l'acceptation du délégataire »[1].

Si l'on peut discuter des termes utilisés, notamment dans l'emploi qui est fait des notions d'indisponibilité et de saisissabilité[2], la solution que cet arrêt retient n'en est pas moins venue opportunément clarifier l'état du droit : la délégation imparfaite (qui suppose l'accord des trois parties, déléguant, délégué et délégataire) a pour effet d'interdire la saisie de la créance qui en est l'objet par les créanciers du délégant ; le terme d'insaisissabilité pourrait sembler exclure une simple privation temporaire d'effet de la saisie-attribution, dans l'attente du paiement ou non de la créance par le délégué ; toutefois, le rappel par la chambre commerciale que la créance demeure dans le patrimoine du délégant milite pour considérer que la saisie porte alors sur une créance conditionnelle, qui ne pourra opérer ses effets que dans l'hypothèse où, en raison d'un défaut de paiement par le délégué entre les mains du délégataire, le déléguant acquitterait lui-même la dette envers le délégataire.

Le nouvel article 1339 C. civ. est venu conforter cette jurisprudence en énonçant que :

« *Lorsque le délégant est créancier du délégué, sa créance ne s'éteint que par l'exécution de l'obligation du délégué envers le délégataire et à due concurrence.*

Jusque-là, le délégant ne peut en exiger ou en recevoir le paiement que pour la part qui excéderait l'engagement du délégué. Il ne recouvre ses droits qu'en exécutant sa propre obligation envers le délégataire.

La cession ou la saisie de la créance du délégant ne produisent effet que sous les mêmes limitations ».

0812.170 Opposition sur la créance d'indemnité d'assurance. Selon l'article L. 121-13 C. assur., les indemnités dues par suite d'assurance contre l'incendie, contre la grêle, contre la mortalité du bétail, ou contre les autres risques (notamment les risques locatifs) sont attribuées aux créanciers privilégiés ou hypothécaires, suivant leur rang.

Cet article confère à ces créanciers un droit personnel sur l'indemnité d'assurance, indemnité qui ne tombe pas dans le patrimoine du saisi assuré[3]. Ce texte a pour but d'éviter que l'indemnité « *ne fasse l'objet de la saisie de l'ensemble des créanciers, y compris chirographaires* »[4] (sur l'ensemble de la question, v. Rezek[5]).

Cette attribution a lieu au seul bénéfice de ces créanciers dont la créance est certaine, liquide et exigible, dans la limite de cette créance[6], mais à condition que le créancier intéressé en ait fait la demande auprès de l'assureur. La créance d'indemnité est ainsi rendue indisponible à hauteur de la créance dont le bénéficiaire s'est prévalu en vertu de l'article L. 121-13 du code précité ; il n'en va autrement que dans le cas inverse, où la saisie-attribution a été pratiquée antérieurement à l'opposition formée par un créancier privilégié : la saisie produit alors son effet attributif immédiat[7].

B.
Effet du paiement par le tiers saisi dans l'ignorance de la transmission de la créance

0812.181 Sort du paiement par le tiers saisi de la créance préalablement transférée à un tiers. La saisie-attribution pratiquée sur une créance préalablement transférée à un tiers peut faire l'objet d'une contestation. Celle-ci peut émaner prioritairement du débiteur, prétendant que la créance saisie ne lui appartenait plus. Elle peut également être le fait du tiers saisi, s'il a connaissance du transfert de créance : il souhaitera alors savoir quel créancier il doit payer pour ne pas être amené à acquitter deux fois la créance. Enfin, le tiers auquel a été transmise la créance, de quelque façon que ce soit, aura également intérêt à contester la saisie-attribution de cette créance. Ce tiers cessionnaire – si l'on raisonne sur le cas de la cession de créance – ne se voyant pas dénoncer la saisie-attribution, risque de n'en découvrir l'existence que tardivement, lorsque le cédé, par ailleurs tiers saisi, lui opposera le paiement opéré en exécution de la saisie-attribution, pour échapper à un second paiement de la créance cédée.

Dans une telle hypothèse en effet, si le tiers saisi n'était pas informé du transfert de créance, son paiement est, en vertu de l'article 1240 C. civ.,

1. Com. 14 févr. 2006, n° 03-17.457, P IV, n° 37 ; *D.* 2006. 650, obs. X. Delpech ; *D.* 2006. 2862, obs. P. Crocq ; *Dr. et proc.* 2006. 228, obs. Putman ; *JCP* 2006. II. 10145, comm. Roussille.
2. Comm. Roussille (préc. s[s] prés[t] n°).
3. Com. 12 mai 1998, n° 95-17.757, P IV, n° 153 ; *D.* 1998. IR 151 ; *R.* 1998, n° 368.
4. *J.-Cl. Civ. Annexes, v°* Assurances de dommages, fasc. 10-2, n°s 18 à 36, par Asselain.
5. S. Rezek, « Avis à tiers détenteur et indemnité d'assurance », *JCP N* 1999. 1761.
6. Civ. 1re, 7 avr. 1992, n° 89-12.247, P I, n° 113 ; *R.* 1992, n° 284 ; *R.* 1992. Chron. 23, par Groutel ; *RGAT* 1992. 508, note Maurice.
7. Civ. 1re, 29 févr. 2000, n° 97-21.099, P I, n° 63 ; *R.* 2000, n° 171, obs. Groutel – Civ. 2e, 30 janv. 2002, n° 00-12.951, NP ; *RD banc. fin.* 2002, n° 148, obs. J.-M. D.

devenu 1342-3 C. civ., libératoire[1] et il ne saurait dès lors être actionné par le tiers bénéficiaire du transfert de créance.

0812.182 Recours du titulaire de la créance transmise en cas de paiement libératoire du tiers saisi. La question se pose de déterminer le recours dont le tiers bénéficiaire de la transmission de créance (cessionnaire, porteur d'une lettre de change, subrogé, etc.), dispose une fois le paiement accompli par le tiers saisi.

Ce tiers bénéficiaire peut bien sûr se retourner contre le débiteur saisi. En revanche, la doctrine est divisée sur la question de savoir s'il peut également se tourner vers le créancier saisissant ayant perçu les sommes correspondant à la créance qui avait pourtant préalablement été transmise.

Le professeur Cayrol[2] relève que la jurisprudence n'admet de façon générale pas la revendication des fonds entre les mains de l'*accipiens*, se prévalant notamment d'un arrêt non publié du 21 octobre 1997, cassant, au visa des articles 1235, 1376 et 1377 C. civ., devenus respectivement 1302, 1302-1 et 1302-2 C. civ., la décision ayant accueilli une demande en reversement de la somme reçue par un percepteur public en exécution d'un avis à tiers détenteur, portant sur une créance préalablement cédée, au motif « *que le percepteur réceptionnaire de la somme litigieuse ne l'a pas perçue indûment dès lors qu'il était créancier de son montant, et que celui qui a payé n'a pas commis d'erreur* »[3].

Les professeurs Perrot et Théry font au contraire valoir que dès lors que la créance avait quitté le patrimoine du débiteur, elle ne pouvait être saisie par un créancier de ce débiteur, ouvrant nécessairement un recours au tiers bénéficiaire du transfert de créance contre le saisissant, sur le fondement de l'enrichissement injustifié. Insistant sur le fait que la saisie-attribution est un mécanisme de transmission légale de créance[4], ces auteurs se prévalent de la solution retenue en cas de pluralité de cessions d'une même créance[5], solution qui a été consolidée par l'ordonnance du 10 février 2016, dont il résulte qu'entre cessionnaires successifs, le premier en date dispose d'un recours contre celui auquel le débiteur aurait fait un paiement. En outre, la Cour de cassation apparaît avoir appliqué une telle solution dans le cas d'un conflit entre le cessionnaire Dailly et le créancier ayant, postérieurement à la cession, pratiqué une saisie-attribution[6]. On peut enfin citer un autre arrêt en ce sens de la première chambre civile, approuvant une cour d'appel d'avoir accueilli l'action en répétition de l'indu exercée par un créancier subrogé contre le créancier saisissant payé par le tiers saisi, malgré l'antériorité du paiement subrogatoire sur la saisie-attribution[7].

En tout état de cause, on ne peut qu'inciter le bénéficiaire d'un transfert de créance, qui veut sécuriser son paiement, à garantir l'opposabilité de ce transfert en en informant le débiteur cédé.

§ 3
Extinction de la créance saisie par compensation

0812.191 Compensation légale. La créance saisie peut avoir disparu par l'effet du paiement de celle-ci, qui sera opposable au créancier saisissant chaque fois que ce paiement aura été accompli avant la saisie-attribution. Cette libération peut en outre résulter d'une compensation légale : le tiers saisi peut opposer au saisissant l'extinction de la créance du débiteur saisi à son égard, par l'effet de la compensation légale entre cette créance du débiteur saisi et une créance réciproque qu'il aurait à l'encontre de ce dernier (C. civ., art. 1347 [anc. art. 1289]). Le cas de la compensation légale ne pose pas de difficulté, et la situation est d'ailleurs similaire à celle du débiteur saisi opposant au créancier saisissant l'extinction de la créance cause de la saisie par l'effet d'une compensation légale avec sa propre créance contre le saisissant (v. s^{s} n° 0143.21). Ainsi, la jurisprudence apparaît-elle retenir que la compensation peut être opposée par le tiers saisi lorsque sa créance était déjà née et exigible à la date de la saisie[8].

1. Com. 26 nov. 2003, n° 01-03.685, P, préc., v. s^{s} n° 0812.163 (cassation sur la troisième branche du moyen unique) – PERROT et THÉRY, n° 382.
2. *J.-Cl. Pr. civ., v° Saisie-attribution* (procédure : paiement), fasc. 2260, n° 61, par N. Cayrol.
3. Com. 21 oct. 1997, n° 95-15.626, NP ; cassation sur un moyen relevé d'office.
4. PERROT et THÉRY, préc., v. s^{s} n° 0812.181 – V. AUSSI, LEBORGNE, n° 1064, précisant que cette action devra être portée devant le juge du fond, à l'exclusion du JEX.
5. Com. 19 mai 1992, n° 90-15.342, P IV, n° 190.
6. Com. 26 nov. 2003, n° 01-03.685, P, préc. v. s^{s} n°s 0812.163 et 0812.181 (rejet de la première branche du moyen unique).
7. Civ. 1re, 25 janv. 2005, n° 01-21.145, P I, n° 50.
8. POUR DES ILLUSTRATIONS : Civ. 2e, 14 sept. 2009, n° 04-19565, NP, qui casse, au visa de l'article 1291 C. civ. un arrêt ayant rejeté la condamnation du tiers saisi, motif pris d'une compensation, en énonçant qu'« *en* [retenant que du fait d'une compensation intervenue de plein droit entre leurs dettes respectives, le tiers saisi n'était plus débiteur envers le saisi], *alors qu'elle constatait que la créance du tiers saisi à l'encontre du saisi n'était pas encore liquide et exigible au jour de la saisie, la cour d'appel, qui n'a pas tiré les conséquences légales de ses propres constatations* » – V. AUSSI, Civ. 2e, 2 févr. 2012, n° 11-11.091, NP : « *Ayant* [...] *retenu que X ne démontrait pas avoir une créance qui viendrait en compensation des sommes réclamées, la cour d'appel* [...] *a légalement justifié sa décision* » – Civ. 2e, 12 avr. 2012, n° 11-12.967, NP (faisant état d'une créance hypothétique).

Le cas particulier de la **saisie des comptes bancaires** mérite attention, lorsque certains présentent un solde débiteur et d'autres un solde créditeur. Dans ce cas, malgré le caractère liquide et exigible des créances réciproques que cette situation révèle, la jurisprudence connue semble n'accepter la compensation qu'en présence d'une convention de compensation entre les comptes bancaires (v. s[s] n° 0922.62), c'est-à-dire en vertu d'une compensation conventionnelle.

La situation est plus complexe lorsque les conditions de la compensation légale, voire conventionnelle, entre la créance du tiers saisi et celle du débiteur saisi ne sont pas réunies.

Certes, lorsque la créance saisie est instantanée, l'effet attributif immédiat de la saisie ne permet au tiers saisi que d'opposer une compensation légale, ayant éteint, antérieurement à la saisie, la créance qui en était l'objet. Mais qu'en est-il de la **saisie d'une créance à terme ou sous condition,** lorsque la créance réciproque du tiers saisi devient elle-même exigible avant la survenance de ce terme ou de cette condition ? La question peut être pareillement posée pour la saisie des créances à exécution successive.

En application de l'ancien article 1298 C. civ., devenu 1347-7 C. civ., la compensation n'a pas lieu au préjudice des droits acquis à un tiers, cet article illustrant cette règle, dans sa rédaction initiale, par un exemple tiré de la saisie : « *Ainsi celui qui, étant débiteur, est devenu créancier depuis la saisie faite par un tiers entre ses mains, ne peut, au préjudice du saisissant, opposer la compensation* ».

La suppression de ce texte qui ne fournissait qu'une simple illustration de la règle énoncée ne modifie pas les données de la question : si la créance du tiers saisi est née ou est devenue exigible après la délivrance d'un acte de saisie-attribution portant sur une créance à terme, sous condition ou à exécution successive, le tiers saisi ne semble pas pouvoir opposer la compensation, sous réserve de l'éventuel jeu de la compensation pour connexité.

0812.192 **Compensation pour connexité.** En cas de saisie-attribution d'une créance déjà exigible, le tiers saisi peut-il opposer la compensation avec sa propre créance, non encore exigible, lorsqu'elle est unie par un lien de connexité avec la créance saisie ?

Sous l'empire de la saisie-arrêt, la jurisprudence avait admis que la compensation entre dettes respectives puisse intervenir dans le cas où existait une connexité entre celles-ci [1]. La question du maintien de cette dérogation jurisprudentielle se posait toutefois au regard de l'effet attributif immédiat de la saisie-attribution. En l'absence de jurisprudence connue de la Cour de cassation sur ce point, la doctrine est partagée [2].

Si la créance du tiers saisi n'était pas encore née au jour de la saisie, la compensation apparaît exclue : la créance du saisi contre le tiers saisi a déjà été transférée dans le patrimoine du saisissant avant même la naissance d'une créance réciproque.

Qu'en est-il si la créance du tiers saisi était déjà née mais non encore exigible au jour de la saisie ?

La **compensation pour connexité** est une garantie essentielle pour la sécurité des relations contractuelles qui, sous cet angle, qui doit pouvoir être invoquée par le tiers saisi, comme la jurisprudence l'a reconnu dans des situations proches [3], notamment en matière de procédure collective, avant que la loi ne consolide cette solution [4]. Relevons d'ailleurs l'inopportunité d'une autre solution, qui, par l'insécurité qu'elle créerait, ne pourrait qu'inciter le tiers saisi à pratiquer une saisie conservatoire pour paiement de sa propre créance réciproque entre ses mains, ce qui ne saurait être une solution satisfaisante (v. s[s] n° 0813.31). Le maintien de la compensation pour connexité pouvait d'ailleurs s'appuyer sur la jurisprudence de la Cour de cassation qui considère que, s'agissant de créances connexes, l'effet extinctif de la compensation ordonnée est réputé s'être produit au jour de l'exigibilité de la première d'entre elles [5]. Or cette solution a été consolidée par l'ordonnance du 10 février 2016, ayant introduit dans le Code civil un article 1348-1 disposant que le juge ne peut refuser la compensation de dettes connexes au seul motif que l'une des obligations ne serait pas liquide ou exigible et que dans ce cas, la compensation est réputée s'être produite au jour de l'exigibilité de la première d'entre elles, c'est-à-dire, à une époque antérieure à la saisie, où créances du tiers saisi et du débiteur saisi étaient encore réciproques.

1. Civ. 1re, 25 oct. 1972, n° 70-12.163, P I, n° 220 ; *JCP* 1973. II. 17498, note J. Ghestin ; *RTD civ.* 1973. 617, obs. P. Raynaud – Com. 19 mars 1991, n° 89-17.083, P IV, n° 105 ; *JCP* 1991. II. 21726, note Montredon ; *JCP E* 1991. II. 174, note D. Legeais.

2. Considérant que la compensation pour connexité ne peut pas être opposée : *J.-Cl. Proc. Form., v° Saisie-attribution* (effets – contestations), fasc. 20, n° 27, par Tirvaudey-Bourdin – S'APPUYANT SUR : Civ. 2e, 16 déc. 2004, n° 03-13.117, P II, n° 533 ; *D.* 2005. 1603, obs. P. Julien et G. Taormina, statuant toutefois sur le cas, différent, d'une compensation opposée par le débiteur principal, qui avait fait pratiquer une saisie entre ses mains – EN SENS INVERSE : *J.-Cl. Pr. civ., v° Saisie-attribution* (conflit), fasc. 1600-30, n° 16, par N. Cayrol.
3. Com. 14 janv. 1997, n° 95-10.188, P IV, n° 16 – Civ. 2e, 12 oct. 2000, n° 98-21.085, P II, n° 138 (en matière de subrogation).
4. *J.-Cl. Pr. civ., v° Saisie-attribution* (conflit), fasc. 1600-30, n° 16, par N. Cayrol.
5. Com. 20 févr. 2007, n° 05-19.858, P IV, n° 50 ; *D.* 2007. 737 ; *RTD civ.* 2007. 560, obs. B. Fages – Civ. 1re, 25 nov. 2009, n° 08-19.791, P I, n° 234 – Com. 23 sept. 2014, n° 13-20.399, P IV, n° 133.

Si l'on suit cette logique, la compensation pour connexité doit pouvoir opérer au profit du tiers saisi. y compris d'ailleurs dans le cas particulier de la saisie des comptes bancaires, nonobstant le fait que l'article L. 162-1 C. pr. exéc. détermine de façon limitative les opérations en cours au jour de la saisie des comptes bancaires susceptibles d'affecter l'assiette de cette saisie (v. s[s] n° 0923.30). Ainsi peut-on soutenir, par exemple, le droit pour le banquier de déduire du solde créditeur d'un compte frappé d'une saisie, le montant d'un paiement précédemment accompli par une carte de crédit, même dans l'hypothèse où ce débit est, en vertu d'une convention de débit différé, reporté à une date postérieure à l'acte de saisie : à la date du paiement, faisant naître la dette du débiteur saisi, celui-ci et son banquier sont titulaires de créances réciproques et connexes comme dérivant de la convention de débit différé[1].

Il faut simplement rappeler que, lorsque le débiteur a été placé en procédure collective, la compensation pour connexité suppose que le tiers saisi déclare sa créance réciproque à la procédure collective, à défaut de quoi il ne peut se prévaloir de la compensation pour connexité[2].

1. COMP. : N. Cayrol, *RTD civ.* 2016. 677, note s[s] Civ. 2e, 7 avr. 2016, n° 15-11.436, P II, n° 101, défendant la connexité mais écartant la compensation faute de réciprocité.
2. POUR UNE APPLICATION : Com. 6 mars 2019, n° 17-28.589, NP, dans le cas d'une saisie conservatoire pratiquée entre les mains d'une banque qui déduisait à tort le montant de cette saisie de sa déclaration de créance à la procédure collective du débiteur saisi.

CHAPITRE

0813. Tiers saisi

ÉDOUARD DE LEIRIS
CONSEILLER À LA COUR DE CASSATION

SECTION 0
ORIENTEUR

0813.00 **Sommaire du chapitre.**

Division. Le tiers saisi est à la fois débiteur du saisi (et l'étude de cette qualité ne nécessite pas de développements particuliers dès lors que la créance saisie, dette du tiers saisi, fait l'objet d'une étude ; v. s^s n°s 0812.01 s.), et tiers par rapport au saisi (sect. 1).

Cependant, la jurisprudence a admis, sous l'empire des textes relatifs à la saisie-arrêt, la possibilité de cumuler les qualités de saisissant et de tiers saisi en autorisant la saisie sur soi-même (sect. 2).

Le cas dans lequel le tiers saisi fait l'objet d'une procédure collective appelle des observations particulières (sect. 3).

0813.01 **Textes applicables.**

• **C. pr. exéc.,** art. L. 111-2, L. 123-1, L. 161-2, L. 162-1, L. 211-1, R. 112-5 à R. 162-9, R. 162-1, R. 211-5 et R. 211-18 à R. 211-23.

• **C. com.,** art. L. 622-21 et L. 622-22.

L'article L. 211-1 C. pr. exéc. dispose que tout créancier muni d'un titre exécutoire peut, pour obtenir paiement de sa créance, « *saisir entre les mains d'un tiers les créances de son débiteur portant sur une somme d'argent* ».

0813.02 **Jurisprudence de référence.**

> Saisie-attribution portant sur le compte ouvert par la Carpa pour le compte d'un avocat.

• **Civ. 2e, 9 janv. 2003,** n° 00-13.887, P II, n° 4

* V. s^s n°s 0151.23, 0613.45, 0813.23, 0821.131, 0821.134

Il résulte des articles 237 et suivants du décret du 27 novembre 1991, 8 et 11 de l'arrêté du 5 juillet 1996 que la caisse des règlements pécuniaires des avocats (Carpa) est titulaire d'un compte, ouvert auprès d'une banque, sur lequel les avocats ont l'obligation légale de déposer les fonds remis par leurs clients ; que si chaque avocat est titulaire, auprès de la Carpa, d'un compte individuel et de sous-comptes-affaires, il ne dispose de la signature sur son compte individuel qu'en qualité de mandataire du président de la Carpa ; qu'en cas de signification d'une saisie portant sur les fonds déposés par un avocat au nom de son client, la Carpa a seule la qualité de tiers saisi pour l'application des articles 44 de la loi du 9 juillet 1991 et 59 du décret du 31 juillet 1992 [devenus art. L. 211-3 et R. 211-4 C. pr. exéc.]. Et la nécessité d'interroger l'avocat titulaire du compte individuel peut constituer un motif légitime au sens de l'article 60 du même décret [devenu art. R. 211-5 C. pr. exéc.].

> Impossibilité de la saisie-attribution oblique.

• **Civ. 2e, 6 mai 2010,** n° 09-13.469, P II, n° 89

* V. s^s n°s 0112.104, 0131.20, 0813.13

Le créancier muni d'un titre exécutoire fondant une saisie-attribution peut saisir entre les mains d'un tiers les créances de son débiteur, mais non celles du débiteur de ce dernier.

> Saisie-attribution. Tiers saisi liquidateur amiable du débiteur saisi. Délivrance d'une assignation au saisissant. Manquement à l'obligation de déclaration.

• **Civ. 2e, 10 nov. 2010,** n° 09-71.609, P II, n° 185

* V. s^s n°s 0151.13, 0151.22, 0621.23, 0813.21, 0821.50, 0971.210

C'est à bon droit que la cour d'appel a retenu que le liquidateur amiable de la société débitrice avait la qualité de tiers saisi. La déclaration d'un tiers saisi doit être faite sur-le-champ à l'huissier [devenu commissaire] de justice ; il en résulte que l'assignation délivrée à des sociétés créancières par le représentant légal d'une société débitrice, en cette seule qualité, ne constituait pas la réponse du tiers saisi à l'huissier [devenu commissaire] de justice prévue à l'article 59 du décret du 31 juillet 1992 ; c'est à bon droit que la cour d'appel a décidé que le liquidateur tiers saisi ne justifiait pas d'un motif légitime l'exonérant de ses obligations et devait être condamné au paiement des causes des saisies.

> Saisie-attribution sur soi-même. Vérification du caractère exécutoire du titre.

• **Civ. 1re, 13 mai 2014,** n° 12-25.511, P I, n° 84

* V. s^s n°s 0212.95, 0254.22, 0313.53, 0712.12, 0811.32, 0812.91, 0813.31, 0971.210

1° Un créancier muni d'un titre exécutoire constatant une créance liquide et exigible dans les termes de l'article 42 de la loi n° 91-650 du 9 juillet 1991, devenu l'article L. 211-1 du Code des procédures civiles d'exécution, peut pratiquer une saisie-attribution entre ses propres mains, l'effet attributif prévu à l'article 43 de cette même loi, devenu l'article L. 211-2 du Code précité, d'une telle saisie, lorsqu'elle porte sur une créance à exécution successive, s'étendant aux sommes échues en vertu de cette créance depuis la signification de l'acte de saisie, et ce jusqu'à ce que le créancier saisissant soit rempli de ses droits et dans la limite de ce qu'il doit au débiteur en tant que tiers saisi.

2° Il incombe à l'huissier [devenu commissaire] de justice, garant de la légalité des poursuites, de vérifier que le titre provisoire, en vertu duquel il pratique la saisie-attribution aux risques du créancier mandant, reste exécutoire au jour de l'acte de saisie.

> Saisie des comptes bancaires. Détention de fonds pour le compte d'autrui.

• **Civ. 2e, 15 mai 2014,** n°s 13-13.878 et 13-13.879, P II, n° 114

* V. s^s n°s 0813.21, 0921.23

C'est à bon droit qu'une cour d'appel rejette la demande de mainlevée d'une saisie-attribution dès lors qu'elle relève que la convention de compte professionnel relative au compte bancaire sur lequel la saisie-attribution a été pratiquée ne comporte aucune mention relative à une détention de fonds pour le compte de la copropriété et constate que la société n'établit pas que le compte est exclusivement dédié à cette copropriété et n'a fonctionné, en débit et en crédit, que pour le seul syndicat des copropriétaires.

> Établissement du tiers en France.

• **Civ. 2e, 10 déc. 2020,** n° 19-10.801, P

• **Civ. 2e, 10 déc. 2020,** n° 18-17.937, P

* V. s^s n°s 0214.72, 0812.11, 0813.14, 0921.25, 0942.43, 1711.08, 1711.11

Dès lors qu'une mesure de saisie-attribution, qui permet à un créancier muni d'un titre exécutoire de saisir entre les mains d'un tiers les créances de son débiteur portant sur une somme d'argent, en application de l'article L. 211-1 du code des procédures civiles d'exécution, suppose l'exercice d'une contrainte sur le tiers saisi, il résulte de la règle de territorialité des procédures d'exécution, découlant du principe de l'indépendance et de la souveraineté des États, qu'elle ne peut produire effet que si le tiers saisi est établi en France.

Est établi en France le tiers saisi, personne morale, qui soit y a son siège social, soit y dispose d'une entité ayant le pouvoir de s'acquitter du paiement d'une créance du débiteur saisi à son encontre.

C'est par une exacte application de ces principes qu'une cour d'appel, après avoir constaté que la créance résultait de l'ouverture de comptes bancaires dans la succursale new-yorkaise d'une banque, dont le siège social est à Londres, a ordonné la mainlevée de la saisie-attribution pratiquée en France auprès d'une succursale dans laquelle aucun compte n'était ouvert au nom du débiteur saisi (1er arrêt).

À l'inverse, encourt la cassation l'arrêt d'une cour d'appel qui, pour ordonner la mainlevée d'une saisie-attribution pratiquée entre les mains d'un bureau parisien d'une société de droit américain, retient que la créance saisie résulte d'un contrat de bail signé entre les États-Unis d'Amérique et une société de droit américain dont le siège est dans l'Ohio et qu'elle se trouve nécessairement localisée sur le territoire des États-Unis (2d arrêt).

0813.03 Bibliographie indicative.

* V. s^s n° 081.03

SECTION 1
LE TIERS SAISI : TIERS PAR RAPPORT AU SAISI

§ 1
Notion de tiers saisi

0813.11 Position du problème. Sous la notion de tiers saisi, on embrasse en réalité deux questions tout à fait distinctes[1].

D'abord, d'un point de vue purement **procédural**, le tiers saisi n'est autre que celui qui est destinataire d'une saisie-attribution. La simple délivrance du procès-verbal de saisie-attribution fait naître des obligations à la charge de son destinataire : il sera notamment tenu d'apporter les renseignements légaux au commissaire de justice instrumentaire, de conserver puis d'acquitter la créance saisie entre les mains du saisissant. Le Code des procédures civiles d'exécution prévoyant, de façon générale, que le tiers entre les mains duquel est pratiquée une saisie peut être condamné au paiement des causes de la saisie s'il s'y oppose sans motif légitime[2], les textes propres à la saisie-attribution mettent en œuvre cette disposition à l'égard du tiers saisi, de façon spécifique pour chacune des obligations lui incombant, qu'il s'agisse de son obligation déclarative (v. s^s n° 0821.131, pour l'absence de déclaration, v. s^s n° 0821.151, pour la déclaration erronée ou incomplète) ou de son obligation au paiement de la créance saisie (v. s^s n° 0832.55), ce qui conduit ainsi à préciser la notion

1. E. de Leiris, « La distinction des parties et des tiers en matière d'exécution mobilière », *in* « Procédures civiles d'exécution et théorie générale du procès », *Procédures* 2019. Dossier 4, p. 12, n° 6.
2. Civ. 1re, 30 juin 2021, n° 18-22.978, NP, se fondant sur l'art. 24 de L. n° 91-650, 9 juill. 1991, devenu art. L. 123-1 C. pr. exéc.

de motif légitime. À l'inverse, la signification du procès-verbal de saisie au tiers saisi lui accorde corrélativement des droits procéduraux : être informé des contestations de la mesure, voire avoir la qualité pour présenter un certain nombre de demandes au juge de l'exécution (JEX). Au total, sous ce premier angle procédural, la qualité de tiers saisi se confond avec la notion de lien procédural, qui opère comme le lien d'instance[1], en attribuant une position à chacun des acteurs de la saisie-attribution. Cette approche procédurale se révèle fort utile pour comprendre le fonctionnement de la saisie-attribution, sans guère poser de difficulté.

En revanche, les difficultés se présentent lorsque la qualité de tiers saisi est envisagée sous l'angle du **droit substantiel.** Le créancier qui entend saisir une créance de somme d'argent de son débiteur va devoir identifier le débiteur de cette créance, entre les mains duquel il pratiquera la saisie-attribution de cette créance. C'est ce sous-débiteur qui devra être le tiers saisi. À cet égard, préciser qui peut être le tiers saisi revient à devoir déterminer à l'encontre de qui le débiteur principal dispose d'une créance de somme d'argent.

Ainsi présentée, la question de la détermination du tiers saisi (lorsqu'elle ne se confond pas avec celle précédemment abordée de l'existence et de la titularité de la créance saisie), ne se pose que de façon relative, à l'effet d'identifier, parmi plusieurs personnes, celle entre les mains de laquelle devra être pratiquée la saisie-attribution : par exemple, s'agira-t-il de l'établissement teneur des comptes bancaires du débiteur ou du représentant légal du débiteur qui fait fonctionner ces comptes sous sa signature ? La question est importante, notamment en pratique, dès lors que la saisie-attribution pratiquée entre les mains de celui qui n'est pas le débiteur du débiteur principal sera infructueuse et risquera de faire perdre tout effet de surprise à une seconde saisie-attribution.

0813.12 **Définition.** On définit traditionnellement le tiers saisi comme « *celui qui détient des sommes dues au débiteur saisi en vertu d'un pouvoir propre et indépendant, même s'il les détient pour le compte d'autrui* »[2].

Cette définition permet par exemple de retenir que n'est pas un tiers saisi un préposé du débiteur saisi, en raison de l'existence du lien de subordination résultant du contrat de travail (sauf si le préposé est débiteur du saisi) ou une société gestionnaire ne pouvant faire fonctionner un compte bancaire qu'en vue d'exécuter les directives du titulaire de ce compte[3].

Cette définition paraît ainsi assez utile en pratique, de sorte qu'elle est fréquemment utilisée par les juridictions.

Elle n'est toutefois pas exacte. Ainsi que MM. Perrot et Théry le relèvent fort justement, le tiers saisi n'est à proprement parler pas celui qui détient une somme d'argent, mais celui qui doit une telle somme d'argent au débiteur saisi ; cette solution s'explique logiquement par l'objet de la saisie-attribution, qui ne porte pas sur une somme d'argent, mais sur une créance de somme d'argent[4]. La Cour de cassation, dans un avis rendu à propos de la saisie conservatoire, a ainsi souligné la nécessité d'un « *rapport de droit avec le débiteur* »[5]. D'ailleurs, comme l'observe M. Vinckler, l'existence d'un lien d'obligation constitue un critère plus précis que la simple détention : celui qui détient matériellement des fonds en qualité de préposé d'un établissement de crédit n'est pas le débiteur du débiteur saisi : l'établissement de crédit étant seul tenu d'une obligation de restitution à l'égard du débiteur saisi, il a seul cette qualité de tiers saisi[6].

0813.13 **Débiteur du saisi lui-même.** Cette analyse permet d'expliquer l'interdiction d'une saisie « *oblique* ».

En effet, la saisie-attribution permet à un créancier de saisir entre les mains d'un tiers les créances de son débiteur (C. pr. exéc., art. L. 211-1). Ce schéma est appliqué strictement par la Cour de cassation, qui énonce que la saisie-attribution permet de saisir entre les mains d'un tiers les créances de son débiteur, mais non celles du débiteur de ce dernier[7].

Cette solution, conforme à la lettre de l'article L. 211-1 C. pr. exéc., est seule à même de garantir la fiabilité du mécanisme : le tiers saisi ne pourrait, dans sa déclaration, se prononcer sur l'existence d'une dette de son propre créancier envers le débiteur principal, de sorte qu'un dispositif « *en cascade* », qui réaliserait une sorte d'action oblique extrajudiciaire, ne présenterait aucune fiabilité[8].

1. Sur lequel, V. C. Chainais, F. Ferrand, L. Mayer et S. Guinchard, *Procédure civile*, 37e éd., « Précis », Dalloz, 2024, nos 424 s.
2. Couchez, no 250 – V. aussi, Donnier, no 945 – J. Vincent et J. Prévault, *Voies d'exécution et procédures de distribution*, 19e éd., « Précis », Dalloz, 1999, nos 137 et 138 et la jurisprudence citée à propos de la saisie-arrêt.
3. Aix-en-Provence, 13 sept. 2013, RG no 12/09456.
4. Perrot et Théry, no 358.
5. Cass., avis, 24 janv. 1994, no 09-30.020, P, no 4 ; *D.* 1994. 347, obs. P. Julien ; *RTD civ.* 1994. 428, obs. R. Perrot ; *JCP* 1995. II. 22392, note M. Dagot et F. Malbosc-Cantegril.
6. *J.-Cl. Pr. civ.*, « Les tiers », fasc. 410, no 70, par T. Vinckler.
7. Civ. 2e, 10 mai 2010, no 09-13.469, P II, no 89 ; *Procédures* 2010, no 269, obs. R. Perrot.
8. V. aussi, R. Perrot, obs. préc. ss prést no, qui approuve la solution en relevant notamment, *d'une part*, que l'action oblique, à la différence de l'effet attributif, fait entrer le bien qui en est l'objet dans le patrimoine du débiteur et, *d'autre part*, que seules peuvent être poursuivies les personnes désignées ou désignables dans le titre exécutoire.

0813.14 **Tiers saisi établi en France.** Outre la définition qui a été donnée du tiers saisi, la jurisprudence pose indirectement une condition territoriale.

La Cour de cassation retient en effet que « *dès lors qu'une telle mesure* [de saisie-attribution] *suppose l'exercice d'une contrainte sur le tiers saisi, il résulte de la règle de territorialité des procédures d'exécution, découlant du principe de l'indépendance et de la souveraineté des États, qu'elle ne peut produire effet que si le tiers saisi est établi en France* »[1]. Elle précise qu'« *est établi en France le tiers saisi, personne morale, qui soit y a son siège social, soit y dispose d'une entité ayant le pouvoir de s'acquitter du paiement d'une créance du débiteur saisi à son encontre* ».

Cette dernière formulation fait référence à la **théorie dite « des gares principales »**, qui permet d'estimer qu'une personne morale est établie tant à son siège social qu'en ses établissements, pour les besoins de leur activité, dès lors qu'ils sont dotés d'une certaine autonomie de fonctionnement. À cet égard, par les arrêts évoqués, la Cour de cassation précise la **notion d'établissement appliquée à la saisie-attribution** : dès lors que le tiers saisi, même établi dans un État étranger, a, en France, une entité – notion dont on soulignera le caractère large – ayant le pouvoir d'acquitter le paiement d'une créance du débiteur saisi contre le tiers saisi, une saisie-attribution, par hypothèse régie par le droit français, peut être pratiquée entre les mains de ce tiers, pour avoir paiement de cette créance. Dans les cas d'espèce qui lui étaient soumis, la Cour de cassation estime, par un premier arrêt, qu'aucune saisie-attribution ne pouvait être pratiquée entre les mains d'une banque dont le siège était situé au Royaume-Uni et qui ne disposait en France que d'une succursale dans laquelle aucun compte n'était ouvert au nom du débiteur saisi. Par un second arrêt, dans une affaire où avait été pratiquée une saisie-attribution de loyers dus au titre d'un bien situé en France et donné à bail par les États-Unis d'Amérique à une société de droit américain, la Cour de cassation censure une cour d'appel qui avait déduit de ces circonstances que se heurtait au principe de territorialité des mesures d'exécution, la saisie-attribution pratiquée entre les mains d'un bureau, situé en France, du gestionnaire du bail pour le tiers saisi : autrement dit, pour déterminer les effets de la saisie-attribution pratiquée entre les mains de l'entité du tiers saisi située sur le territoire français, il incombait à la cour d'appel de rechercher si cette entité disposait du pouvoir d'acquitter le loyer entre les mains du débiteur saisi.

1. Civ. 2e, 10 déc. 2020, no 19-10.801, P – Civ. 2e, 10 déc. 2020, no 18-17.937, P.

§ 2 Applications diverses

0813.21 **Diversité des tiers saisis reconnus par la jurisprudence.** Dès lors qu'est retenu le critère du rapport d'obligations entre le débiteur et le tiers saisi, toute personne peut se voir qualifier de tiers saisi, quels que soient ses fonctions ou son statut, pourvu qu'elle soit bien débitrice, envers le débiteur saisi, d'une somme d'argent.

À titre d'illustrations, peuvent avoir la qualité de tiers saisi :

– **les établissements habilités par la loi à tenir des comptes de dépôts** (C. pr. exéc., art. L. 162-1 et R. 162-1 – C. pr. exéc., art. R. 112-5 à R. 162-9, R. 211-18 à R. 211-23 et R. 162-1 – v. ss nos 0921.01 s.) ;

– les comptables publics (C. pr. exéc., art. R. 143-1 à R. 143-4 – v. ss nos 0911.21 s.), de même que les régisseurs d'avances et de recettes[2] ;

– les officiers publics et/ou ministériels, tels les notaires[3], les avoués[4], les commissaires de justice ; lorsque le notaire exerce dans le cadre d'une société civile professionnelle, seule celle-ci peut être tenue d'une obligation de paiement[5] ;

– **les mandataires de justice** : si la doctrine a pu être partagée sur la qualité de tiers saisi de ces mandataires[6], la jurisprudence leur a reconnu cette qualité : ainsi en va-t-il du liquidateur à la liquidation judiciaire[7], du commissaire à l'exécution du plan[8],

2. Lyon, 21 janv. 1998, RG no 95/0449, NP – V. ÉGAL. TGI Lyon, JEX, 7 mars 2000, RG no 2000/01504, NP.
3. Civ. 2e, 16 févr. 1978, no 76-14.367, P II, no 44 ; *JCP* 1979. II. 19055, note Stemmer et Bost.
4. Civ. 1re, 20 juill. 1965, P I, no 491 ; *D.* 1965. 642, note A. B. ; *JCP* 1965. II. 14381, note J. A. ; *RTD civ.* 1966. 158, obs. P. Raynaud.
5. Civ. 2e, 21 oct. 2004, no 03-10.131, P II, no 473 ; *D.* 2004. IR 2974.
6. M. Canet, *Rev. proc. coll.* 1995. 279.
7. Com. 3 juin 1996, arrêt no 1094, NP – Com. 22 avr. 1997, no 94-21.412, P IV, no 104 ; *D.* 1997. 371, note F. Derrida – Rejetant le pourvoi formé contre Poitiers, 8 mars 1995, *D.* 1996. 256, note F. Derrida ; *JCP E* 1997. 681, no 3, obs. Cabrillac ; *RD bancaire et bourse* 1997. 135, no 61, obs. M.-J. Campana et J.-M. Calendini ; *Rev. proc. coll.* 1997. 312, obs. P. Canet ; *RTD com.* 1998. 212, obs. A. Martin-Serf ; *Gaz. Pal.* 1998. Somm. 1, p. 383, note Massoni – DANS LE MÊME SENS : Com. 5 mai 1998, no 96-15.780, P IV, no 143 ; *D. Affaires* 1998. 96, obs. A. L. ; *JCP E* 1998. Pan. 1018 – Com. 8 déc. 1998, no 96-15.150, P IV, no 290 ; *D. Affaires* 1999. 131, obs. A. L. – V. AUSSI : Com. 17 nov. 1998, no 96-21.157, NP ; *Rev. proc. coll.* 1999. 111, obs. P. Canet ; *RJDA* 1999, no 72 – Com. 14 nov. 2000, no 98-11.402, NP ; *RJF* 2001, no 699 – Com. 20 févr. 2001, *D.* 2001. AJ 921, obs. A. Lienhard – Com. 13 mai 2003, no 98-22.741, P IV, no 72 ; *Procédures* 2003, no 168, obs. R. Perrot.
8. Com. 8 déc. 1998, no 96-15.460, NP ; *D. Affaires* 1999. 132, obs. A. L. ; *RTD com.* 1999. 505, obs. A. Martin-Serf – DANS LE MÊME SENS : Rouen, 10 juin 1998, *Gaz. Pal.* 1998. 2. Somm. 707.

de l'administrateur judiciaire[1] ; ce mandataire peut être condamné personnellement, à la demande du créancier, à payer les sommes dues à celui-ci sur le fondement de l'article R. 211-5 C. pr. exéc.[2] ; en revanche, la saisie-attribution doit être pratiquée entre les mains du mandataire, ès qualités, et non « *pris personnellement* »[3] ;

– tout autre **mandataire**, tel le **liquidateur amiable d'une société**, même s'il cumule cette qualité avec celle de représentant de la société[4] ou un mandataire *ad hoc*[5] ;

– un syndic de copropriété, recueillant les fonds provenant de syndicats de copropriétaires[6].

Toutefois, dès lors que ces professionnels reçoivent des fonds sur un compte bancaire dédié à un client déterminé et permettant d'individualiser les fonds qui y figurent au profit de ce dernier, c'est l'établissement teneur de compte qui dispose seul de la qualité de tiers saisi pour les fonds figurant sur ce compte. Ainsi en va-t-il par exemple pour le compte d'un syndic dédié au fonctionnement d'une copropriété[7] ou encore pour une société gestionnaire, qui ne disposait de la signature sur les comptes bancaires ouverts au nom de son client qu'à l'effet d'exécuter les décisions prises par ce dernier[8], voire pour les représentants légaux des incapables (v. s^s n° 0921.23).

0813.22 Représentants légaux des incapables. Aucune jurisprudence récente n'est venue confirmer la qualité de tiers saisi aux tuteurs et administrateurs légaux des mineurs et des majeurs protégés.

Il apparaît nécessaire de distinguer.

Il est indiscutable que le **représentant d'un incapable** qui détient effectivement des **fonds** pour le compte de ce dernier a la qualité de tiers saisi, comme débiteur de l'obligation de restitution desdits fonds[9].

En revanche, cette qualité apparaît exclue pour les créances que ce représentant se contente d'administrer au nom et pour le compte de la personne protégée, créances qui n'entrent alors à aucun moment dans le patrimoine du représentant légal et pour lesquelles il ne peut donc être débiteur d'une obligation de restitution. Ainsi, dans le cas du **compte bancaire du majeur sous tutelle**, l'article 498 du Code civil dispose-t-il que les capitaux revenant à la personne protégée sont versés directement sur un compte ouvert à son seul nom et mentionnant la mesure de tutelle auprès d'un **établissement habilité à recevoir des fonds du public** (v. s^s n° 0921.23) ; dans ce cas, c'est donc cet établissement qui doit avoir la **qualité de tiers saisi**[10].

0813.23 Avocat et Carpa. En cas de saisie portant sur des fonds déposés par un avocat auprès de **la Caisse des règlements pécuniaires des avocats (Carpa)**, la Cour de cassation retient que seule cette dernière a la **qualité de tiers saisi**, et précise que la saisie n'a donc pas à être dénoncée à l'avocat[11]. La Cour se fonde en particulier sur le fait que l'avocat qui reçoit des fonds pour le compte d'un client a l'obligation légale de les déposer sur un compte ouvert au nom de la Carpa auprès d'un établissement bancaire[12] et que si chaque avocat est titulaire, auprès de la Carpa, d'un compte individuel et de sous-comptes-affaires, il ne dispose de la signature sur ce compte individuel qu'en qualité de mandataire du président de la Carpa. C'est dire que les sommes déposées sur les comptes n'entrent pas dans le patrimoine de l'avocat, qui n'est ainsi pas le débiteur de l'obligation de restitution des fonds. Il devrait toutefois en aller différemment lorsque l'avocat perçoit les sommes en qualité de fiduciaire, situation dans laquelle se trouve exclu le dépôt à la Carpa[13].

Encore convient-il d'être précis et de ne pas saisir entre les mains de l'ordre des avocats, mais bien de la Carpa, qui dispose d'une personnalité juridique distincte du premier, en application de l'article 237 du décret du 27 novembre 1991[14].

1. Com. 1er avr. 2003, n° 99-18.063, P IV, n° 53 ; *D.* 2003. AJ 1093, obs. A. Lienhard ; *Dr. et proc.* 2003. 318, obs. E. Putman ; *RD banc. fin.* 2003, n° 156, obs. J.-M. D. ; *JCP E* 2003. I. 174, n° 17, obs. P. P.
2. Com. 1er avr. 2003, n° 99-18.063 (préc. s^s prés^t n^o).
3. Com. 3 févr. 1998, n° 96-15.773, P IV, n° 51 ; *D. Affaires* 1998. 338, obs. A. L. ; *JCP E* 1998. 654 et 655, obs. M. Cabrillac et Ph. Pétel.
4. Civ. 2e, 10 nov. 2010, n° 09-71.609, P II, n° 185 ; *D.* 2010. 2849, obs. V. Avena-Robardet ; *D.* 2011. 1509, obs. A. Leborgne ; *Rev. sociétés* 2010. 568, obs. A. Lienhard ; *RTD com.* 2011. 135, obs. B. Dondero et P. Le Cannu.
5. Civ. 2e, 26 mai 2011, n° 10-16.343, P II, n° 119.
6. IMPLICITEMENT : Civ. 3e, 6 déc. 2006, n° 04-14.175, P III, n° 143 (le syndic, entre les mains duquel a été pratiquée la saisie, peut contester la mesure devant le JEX sans autorisation préalable du syndicat des copropriétaires).
7. Civ. 2e, 9 avr. 2015, n° 14-15.091, NP – RAPPR. : Civ. 3e, 30 sept. 2015, n° 14-20.829, P III, n° 87 (ne commet pas de faute la banque, entre les mains de laquelle est pratiquée, par le créancier du syndicat des copropriétaires, une saisie-attribution sur un compte ouvert au nom du syndic en l'absence de sous-compte identifiant les fonds appartenant à la copropriété) – Civ. 2e, 15 mai 2014, n° 13-13.878, P II, n° 114 (le créancier d'un syndic peut saisir un compte bancaire de ce syndic qui n'est pas spécialement dédié au fonctionnement d'une copropriété déterminée).
8. Civ. 2e, 13 nov. 2014, n° 13-25.167, P II, n° 232, relevant que cette société gestionnaire n'étant ainsi « *tenue à aucune obligation de restitution* » à l'égard de sa cliente.
9. PERROT et THÉRY, n° 384.
10. Rouen, 25 févr. 2003, RG n° 01/04217, *Juris-Data* n° 221553, *RD banc. fin.* 2004. 36, comm. J.-M. Delleci.
11. Civ. 2e, 9 janv. 2003, n° 00-13.887, P II, n° 4 ; *D.* 2004. Somm. 1496, obs. G. Taormina ; *D.* 2004. 2825, obs. B. Blanchard ; *Procédures* 2003, n° 62, obs. R. Perrot ; *RD banc. fin.* 2003, n° 84, obs. J.-M. D. ; *Gaz. Pal.* 2003. 467, note Bonnet.
12. L. n° 71-1130, 31 déc. 1971, art. 53, 9° – Décr. n° 91-1197, 27 nov. 1991, art. 240.
13. L. n° 71-1130, 31 déc. 1971, art. 53, 9°.
14. Décr. n° 91-1197, 27 nov. 1991, organisant la profession d'avocat, *JO* 28 nov., p. 15502 – Com. 12 avr. 2005, n° 03-19.293, P IV, n° 88.

En revanche, le bâtonnier d'un ordre d'avocat désigné en qualité de séquestre de fonds a seul la qualité de tiers saisi [1], à l'exclusion de la Carpa, pour les sommes qu'il reçoit en cette qualité de séquestre, par exemple en provenance de la vente sur licitation d'un immeuble [2]. Cette solution semble fondée sur la considération que le bâtonnier n'est alors pas concerné par l'obligation de remise des fonds à la Carpa.

SECTION 2

CUMUL DE LA QUALITÉ DE SAISISSANT ET DE TIERS SAISI : LA SAISIE SUR SOI-MÊME

0813.31 **Saisie sur soi-même.** Une jurisprudence plus que centenaire a admis la possibilité pour un créancier de pratiquer une saisie-arrêt sur soi-même [3]. Par la saisie-arrêt sur soi-même, le créancier saisissant « *bloquait entre ses mains les sommes dont il était redevable envers le saisi, afin de se payer de ce que ce dernier lui devait* » [4].

Par un arrêt du 13 mai 2014, la Cour de cassation a confirmé l'application de cette jurisprudence à la saisie-attribution : « *Un créancier muni d'un titre exécutoire constatant une créance liquide et exigible dans les termes de l'article 42 de la loi nº 91-650 du 9 juillet 1991, devenu l'article L. 211-1 du Code des procédures civiles d'exécution, peut pratiquer une saisie-attribution entre ses propres mains, l'effet attributif prévu à l'article 43 de cette même loi, devenu l'article L. 211-2 du code précité, d'une telle saisie lorsqu'elle porte sur une créance à exécution successive s'étendant aux sommes échues en vertu de cette créance depuis la signification de l'acte de saisie, ce jusqu'à ce que le créancier saisissant soit rempli de ses droits et dans la limite de ce qu'il doit au débiteur en tant que tiers saisi* » [5].

Cette façon de procéder présentait une certaine utilité, sous l'empire de la saisie-arrêt, notamment lorsque les conditions de la compensation légale n'étaient pas réunies : le saisissant et le saisi étaient respectivement créancier et débiteur l'un de l'autre, mais la créance du saisissant n'était, par exemple, ni liquide ni exigible. Par ce procédé, le saisissant sur soi-même évitait de payer sa dette envers le saisi, par crainte de l'insolvabilité ultérieure de celui-ci, et attendait que sa créance soit consacrée par un titre exécutoire.

On peut relever, avec d'autres, que la saisie-attribution sur soi-même a perdu la plus grande partie de son intérêt [6] puisque la procédure actuelle de la saisie-attribution nécessite du créancier saisissant qu'il dispose d'un titre exécutoire constatant une créance liquide et exigible (C. pr. exéc., art. L. 111-2 et L. 211-1), d'autant qu'afin de parvenir au même résultat que celui obtenu par la saisie-arrêt sur soi-même, le créancier à terme peut, par exemple, recourir à la saisie conservatoire sur soi-même [7].

1. Civ. 2e, 24 juin 1998, nº 96-14.318, P II, nº 223.
2. Civ. 2e, 17 mars 2016, nº 14-16.985, P II, nº 81.
3. Req. 27 juill. 1891, *DP* 1892. 1. 430 ; *S.* 1892. 1. 225, note Labbé – SUR LA QUESTION, VINCENT et PRÉVAULT, *Voies d'exécution et procédures de distribution*, 19e éd., « Précis », Dalloz, 1999, nos 140 s. – DONNIER, nos 899 s. – PERROT et THÉRY, nº 385 – H. Croze, « La loi nº 91-650 du 9 juillet 1991 portant réforme des procédures civiles d'exécution : les règles spécifiques aux différentes mesures d'exécution forcée et mesures conservatoires », *JCP* 1992. I. 3585, nº 6, note 9.
4. VINCENT et PRÉVAULT, nº 140.
5. Civ. 1re, 13 mai 2014, nº 12-25.511, P I, nº 84 (après avis de la deuxième chambre civile) – V. DÉJÀ : Civ. 2e, 16 déc. 2004, nº 03-13.117, P II, nº 533 ; *Dr. et proc.* 2005. 175, obs. E. Putman ; *D.* 2005. Somm. 1605, obs. G. Taormina.
6. DONNIER, préc. ss prést nº.
7. PERROT et THÉRY, nº 359.

SECTION 3

TIERS SAISI PLACÉ EN PROCÉDURE COLLECTIVE

0813.41 **Possibilité pour le débiteur en procédure collective d'être tiers saisi.** À partir de la signification au tiers saisi de l'acte de saisie, celui-ci devient débiteur direct du créancier saisissant.

En cas d'ouverture d'une procédure collective contre le tiers saisi, une difficulté surgit du fait que le jugement d'ouverture emporte de plein droit interdiction de payer toute créance qui, en substance, est antérieure au jugement d'ouverture ou qui, quoique postérieure, ne contribue pas aux finalités de la procédure collective (v. ss nº 0811.84, pour l'analyse de ces conditions, à propos de la procédure collective du débiteur saisi).

Lorsque la saisie-attribution est pratiquée entre les mains d'un tiers saisi déjà placé en procédure collective, pour avoir paiement d'une créance antérieure au jugement d'ouverture, le créancier saisissant ne saurait alors avoir plus de droit que le débiteur saisi. La Cour de cassation, faisant application des dispositions des articles L. 622-21 et L. 622-22 C. com. [8], a jugé que le créancier saisissant, qui poursuivait la condamnation au paiement des causes de la saisie du tiers saisi, placé en redressement judiciaire après la signification de la saisie-attribution, était soumis au principe de la suspension des poursuites individuelles contre le tiers saisi, de sorte qu'il devait effectuer une déclaration de créance [9].

8. C. com., anc. art. L. 621-40 et L. 621-41 – L. 25 janv. 1985, anc. art. 47 et 48.
9. Com. 11 juin 2002, nº 99-17.163, P IV, nº 106 ; *D.* 2002. AJ 2256, obs. A. Lienhard ; *Act. proc. coll.* 2002, nº 161 ; *JCP* 2002. IV. 2347 – Com. 8 juill. 2003, nº 00-18.893, NP.

En revanche, dans le cas où la créance saisie est postérieure au jugement d'ouverture d'une procédure collective au bénéfice du tiers saisi et contribue aux finalités de cette procédure, le créancier saisissant ne devrait pas se heurter au principe de la suspension des poursuites individuelles et à l'obligation de déclarer sa créance. De même, il n'est pas rare que soit entreprise la saisie-attribution d'un *boni* de liquidation, par le créancier d'un associé devant bénéficier de ce *boni*[1].

1. POUR UNE ILLUSTRATION : Civ. 2e, 26 sept. 2013, no 12-17.804, NP.

TITRE

082. La procédure de la saisie-attribution

SECTION 0
ORIENTEUR

082.00 **Sommaire du titre.**

Division. La saisie-attribution débute par la signification à un tiers, le tiers saisi, d'un acte de saisie, imposant à celui-ci une obligation déclarative (chap. 821) et se poursuit par la dénonciation de cet acte au débiteur saisi, qui est ainsi informé officiellement de la procédure d'exécution entreprise à son encontre (chap. 822).

082.03 **Bibliographie indicative.**

Actualisables. Rép. pr. civ., v° *Saisie-attribution (procédure)*, par C. Lefort, févr. 2016 (actu. juin 2024, par L. Boudor), n°s 144-226 – *J.-Cl. Pr. civ.,* v° Saisie-attribution (procédure : acte de saisie et dénonciation), fasc. 1600-20, par N. Cayrol.

Ouvrages[1]. G. COUCHEZ et D. LEBEAU, *Voies d'exécution*, 12e éd., Sirey, 2017, p. 152-166, n°s 263-286 –M. et J.-B. DONNIER, *Voies d'exécution et procédures de distribution*, 10e éd., « Manuels », LexisNexis, 2020, p. 379-398, n°s 984-1033 – R. LAUBA, *Le contentieux de l'exécution*, 13e éd., LexisNexis-ENM, 2017, p. 288-293 et 304-317, n°s 422-428 et 457-485 – A. LEBORGNE, *Droit de l'exécution*, 3e éd., « Précis », Dalloz, 2019, p. 501-519, n°s 987-1028 – R. PERROT et P. THÉRY, *Procédures civiles d'exécution*, 3e éd., Dalloz, 2013, p. 390-405, n°s 387-396 – S. PIEDELIÈVRE, *Procédures civiles d'exécution*, Economica, 2016, p. 479-491, n°s 464-473.

1. Les ouvrages dont le nom des auteurs figure en petites capitales en bibliographie seront cités par le seul nom des auteurs en petites capitales en notes de bas de page.

CHAPITRE

0821. Acte de saisie-attribution

ÉDOUARD DE LEIRIS
CONSEILLER À LA COUR DE CASSATION

SECTION 0
ORIENTEUR

0821.00 Sommaire du chapitre.

Division. Les caractéristiques de l'acte de saisie-attribution sont précisées par les dispositions de la partie réglementaire du Code des procédures civiles d'exécution, ainsi que du Code de procédure civile pour ce qui est de la réglementation des actes des commissaires de justice (sect. 1).

La signification de la saisie-attribution au tiers saisi va mettre à la charge de celui-ci une obligation de déclaration destinée à informer le saisissant (sect. 2).

0821.01 Textes applicables.

• **C. pr. exéc.,** art. L. 111-1, L. 111-4, L. 111-9, L. 121-3, L. 122-1, L. 122-3, L. 123-1, L. 162-1, L. 211-1-1, L. 211-2, L. 211-3, R. 211-1 s., R. 121-5, R. 123-1, R. 162-1, R. 211-1, R. 211-4, R. 211-5, R. 211-11 et R. 223-5.

• **C. pr. civ.,** art. 112 s., 502, 648, 649, 654, 655, 659, 689, 690, 748-2 et 748-7.

• **LPF,** art. L. 252 s.

0821.02 Jurisprudence de référence.

> Saisie-attribution. Obligation de renseignement du tiers-saisi. Appréciation souveraine du juge de l'exécution pour apprécier les motifs de retard.

• **Civ. 2e, 2 avr. 1997,** nº 95-13.567, P II, nº 107

* V. ss nos 015.05, 0152.52, 0821.101, 0821.125, 0821.131, 0821.136, 0952.162, 0971.231

1º Le tiers saisi est tenu de fournir sur-le-champ à l'huissier [devenu commissaire] de justice les renseignements prévus à l'article 44 de la loi du 9 juillet 1991 [devenu art. L. 211-3 C. pr. exéc.].

2º Le juge apprécie souverainement si les causes de retard invoquées par le tiers saisi procèdent d'un motif légitime.

> Saisie-attribution. Sanction de l'obligation de renseignement du tiers saisi subordonnée à une saisie valable. Intérêt du tiers saisi à contester la validité de la saisie.

• **Cass., avis, 21 juin 1999,** nº 09-90.008, P, nº 5

* V. ss nos 0511.104, 0612.77, 0612.78, 0613.45, 0621.23, 0621.53, 0821.123, 0841.13

La nullité de la saisie conservatoire, ou sa caducité qui la prive rétroactivement de tous ses effets, s'oppose à ce que le créancier saisissant puisse faire condamner le tiers saisi, sur le fondement de l'article 238 du décret du 31 juillet 1992 [devenu art. R. 523-5 C. pr. exéc.], au paiement des sommes pour lesquelles la saisie a été pratiquée, cette sanction de la méconnaissance par le tiers saisi de son obligation de renseignement s'inscrivant nécessairement dans le cadre d'une saisie valable. Dès lors le tiers saisi, pour s'opposer à la demande en paiement, a un intérêt à se prévaloir des causes d'inefficacité de la saisie.

> Saisie-attribution. Portée de l'obligation de renseignement du banquier tiers saisi. Inopposabilité du secret bancaire.

• **Civ. 2e, 1er juill. 1999,** n° 96-19.108, P II, n° 129

* V. s^s n°s 0731.72, 0821.81, 0922.52

1° Justifie légalement sa décision la cour d'appel qui, saisie par un créancier ayant pratiqué une saisie-attribution entre les mains d'une banque d'une demande tendant à voir condamner celle-ci à fournir les relevés du ou des comptes de toute nature détenus par elle, au nom du débiteur, au jour de la saisie, retient, pour accueillir cette demande, que l'obligation de l'établissement de crédit ne portait pas sur les seuls comptes de dépôt enregistrant des créances de sommes d'argent.

2° L'obligation de renseignement de l'établissement de crédit découlant de la loi, celui-ci n'est pas fondé à opposer le secret bancaire à la demande du créancier tendant à connaître la nature et la position des comptes ouverts dans ses livres au nom du débiteur.

> Situation du tiers saisi.

• **Civ. 2e, 5 juill. 2000,** n°s 97-21.606, 98-18.475, 98-17.707, 97-22.512, 97-22.287, 98-12.738, 97-19.629 et 97-22.407, P II, n°s 110, 111, 112 (deux arrêts), 113, 114, 115, 116

* V. s^s n°s 015.05, 0152.32, 0214.31, 0613.45, 0621.53, 0821.72, 0821.81, 0821.113, 0821.122, 0821.124, 0821.151, 0821.154, 0841.12, 0841.13, 0922.62

Le juge de l'exécution ne peut contrôler la valeur et la sincérité de la déclaration du tiers saisi au regard de ses obligations qu'au moment de la saisie, et il n'entre pas dans ses pouvoirs de vérifier l'évolution des comptes du débiteur saisi au cours des années ayant précédé la saisie (arrêt n° 97-21.606, P II, n° 110).

L'annulation de la saisie conservatoire fait obstacle à ce que le tiers saisi, cité en paiement des causes de la saisie pour n'avoir pas déclaré l'étendue de ses obligations à l'égard du débiteur, soit condamné au paiement des sommes pour lesquelles la saisie avait été pratiquée (arrêt n° 98-18.475, P II, n° 111).

Le délai d'un mois imparti pour élever une contestation relative à la saisie-attribution ne court pas à l'encontre du tiers saisi (arrêts n°s 98-17.707 et 97-22.512, P II, n° 112).

1° Ne constitue pas une contestation de la saisie au sens de l'article 66 du décret du 31 juillet 1992 [devenu art. R. 211-11 C. pr. exéc.] la demande du créancier saisissant tendant à voir constater les manquements du tiers saisi à son obligation légale de renseignement.

2° Satisfait à l'obligation de renseignement à laquelle elle est tenue la banque qui communique au créancier saisissant le solde unique résultant de l'application d'une stipulation d'unicité ou de fusion des divers comptes ouverts au nom de son client (arrêt n° 97-22.287, P II, n° 113).

Le tiers saisi entre les mains duquel est pratiquée une saisie-attribution qui ne satisfait pas à l'obligation légale de renseignement n'encourt, s'il n'est tenu, au jour de la saisie, à aucune obligation envers le débiteur, que la condamnation au paiement de dommages-intérêts prévue à l'article 24 de la loi du 9 juillet 1991 [devenu art. L. 123-1 C. pr. exéc.]. Il s'ensuit que viole les articles 24 et 44 de la loi du 9 juillet 1991 [devenus art. L. 123-1 et L. 211-3 C. pr. exéc.], la cour d'appel qui condamne une société tiers saisie au paiement des causes de la saisie tout en constatant qu'elle nie être tenue, au jour de la saisie, d'une obligation à l'égard du débiteur (arrêt n° 98-12.738, P II, n° 114).

Seul le défaut de renseignements relatif à l'étendue et aux modalités des obligations du tiers saisi envers le débiteur autorise le juge à appliquer la sanction prévue à l'alinéa 1er de l'article 60 du décret du 31 juillet 1992 [devenu art. R. 211-5 C. pr. exéc.], et une déclaration inexacte ou mensongère ne peut donner lieu qu'à une condamnation au paiement de dommages-intérêts en application de l'alinéa 2 du même article (arrêt n° 97-19.629, P II, n° 115).

Encourt une condamnation au paiement de dommages-intérêts prévue à l'alinéa 2 de l'article 60 du décret du 31 juillet 1992 [devenu art. R. 211-5 C. pr. exéc.], et non la condamnation au paiement des causes de la saisie, le tiers saisi qui, ne s'étant pas abstenu de procéder à la déclaration légalement requise lui incombant, fournit des renseignements incomplets (arrêt n° 97-22.407, P II, n° 116).

> Saisie-attribution. Étendue de l'obligation de déclaration du tiers-saisi.

• **Civ. 2e, 1er févr. 2001,** n° 99-11.151, P II, n° 23

* V. s^s n°s 0152.58, 0731.72, 0821.72

En matière de saisie-attribution, aucun texte ne fait obligation au tiers-saisi de déclarer au créancier saisissant l'étendue des droits d'associés et des valeurs mobilières dont le débiteur est titulaire.

> Saisie-attribution. Obligation de déclaration du tiers-saisi. Condamnation en cas déclaration tardive.

• **Civ. 2e, 5 juill. 2001,** n° 99-20.616, P II, n° 133

* V. s^s n°s 0821.125, 0821.141

Encourt la sanction prévue par l'article 60, alinéa 1er, du décret du 31 juillet 1992 [devenu art. R. 211-5 C. pr. exéc.], le tiers saisi qui, sans motif légitime, n'a pas déclaré sur-le-champ l'étendue de ses obligations à l'égard du débiteur.

> Saisie-attribution. Sanction de l'obligation du tiers saisi de fournir les pièces justificatives.

• **Civ. 2e, 20 déc. 2001,** n° 00-12.798, P II, n° 205

* V. s^s n°s 0152.51, 0821.111, 0922.71

Le seul manquement à l'obligation incombant à celui entre les mains duquel est pratiquée une saisie-attribution, de fournir les pièces justificatives ne peut donner lieu qu'au paiement, s'il y a lieu, de dommages-intérêts.

> Mentions devant figurer dans l'acte de saisie. Caractère suffisant de la simple énonciation du titre exécutoire en vertu duquel la saisie est pratiquée. Décompte des sommes réclamées.

• **Civ. 2e, 19 sept. 2002,** n° 00-22.086, P II, n° 183

* V. s^s n°s 0821.23, 0821.31

Les obligations posées par l'article 502 du nouveau Code de procédure civile ne concernent que les parties au litige et l'article 56 du décret du 31 juillet 1992 [devenu art. R. 211-1 C. pr. exéc.] n'exige, s'agissant des mentions devant figurer dans l'acte signifié au tiers saisi, que la seule énonciation du titre exécutoire en vertu duquel la saisie est pratiquée.

La cour d'appel, qui constatait que l'acte de saisie-attribution comportait un décompte distinct des sommes réclamées en principal, intérêts et accessoires, conformément aux dispositions de l'article 56 du décret du 31 juillet 1992 [devenu art. R. 211-1 C. pr. exéc.], décompte dont l'absence seule est susceptible d'entraîner la nullité de l'acte, n'était pas tenue de répondre à un moyen inopérant [allégation que le procès-verbal de saisie contenait un décompte de sommes qui intégrait illicitement les dépens].

> Saisie-attribution portant sur le compte ouvert par la Carpa pour le compte d'un avocat.

• **Civ. 2e, 9 janv. 2003,** n° 00-13.887, P II, n° 4

* V. s^s n°s 0151.23, 0613.45, 0813.23, 0821.131, 0821.134

Il résulte des articles 237 et suivants du décret du 27 novembre 1991, 8 et 11 de l'arrêté du 5 juillet 1996 que la caisse des règlements pécuniaires des avocats (Carpa) est titulaire d'un compte, ouvert auprès d'une banque, sur lequel les avocats ont l'obligation légale de déposer les fonds remis par leurs clients ; que si chaque avocat est titulaire, auprès de la Carpa, d'un compte individuel et de sous-comptes-affaires, il ne dispose de la signature sur son compte individuel qu'en qualité de mandataire du président de la Carpa ; qu'en cas de signification d'une saisie portant sur les fonds déposés par un avocat au nom de son client, la Carpa a seule la qualité de tiers saisi pour l'application des articles 44 de la loi du 9 juillet 1991 et 59 du décret du 31 juillet 1992 [devenus art. L. 211-3 et R. 211-4 C. pr. exéc.]. Et la nécessité d'interroger l'avocat titulaire du compte individuel peut constituer un motif légitime au sens de l'article 60 du même décret [devenu art. R. 211-5 C. pr. exéc.].

> Recouvrement des frais de l'exécution.

• **Civ. 2e, 6 mars 2003,** n° 01-02.745, P II, n° 56

* V. ss nos 0112.83, 0311.161, 0313.10, 0313.31, 0713.48, 0821.24

Le titre qui sert de fondement aux poursuites permet le recouvrement des frais de l'exécution qui sont à la charge du débiteur.

> Forme des actes de commissaire de justice. Sanction des omissions.

• **Civ. 2e, 27 mai 2004,** n° 02-20.160, P II, n° 249

* V. ss nos 0821.31, 0821.32

Dans les actes établis par une société civile professionnelle d'huissier [devenu commissaire] de justice, doit figurer, à peine de nullité, l'indication des nom et prénom de l'huissier [devenu commissaire] qui a instrumenté.

L'omission de cette mention constitue une irrégularité de forme qui n'est sanctionnée par la nullité de l'acte que s'il en résulte un grief.

> Saisie-attribution. Tiers saisi personnellement débiteur des causes de la saisie dans la limite de son obligation telle qu'il l'a déclarée.

• **Civ. 2e, 8 juill. 2004,** n° 02-20.655, P II, n° 382

* V. ss nos 0821.81, 0832.21, 0832.51, 0832.55

Hors le cas de nullité ou de caducité de la saisie-attribution, le tiers saisi, qui, lors de la saisie, a déclaré devoir une certaine somme au saisi et qui n'a fait état d'aucune modalité affectant son obligation, ni d'aucune cession de créance, de délégation ou de saisie antérieures, est personnellement débiteur des causes de la saisie dans la limite de son obligation, il est tenu de procéder au paiement sur la présentation d'un certificat de non-contestation ou d'une déclaration d'acquiescement du débiteur.

> Saisie-attribution. Responsabilité du tiers saisi pour renseignements inexacts ou mensongers.

• **Civ. 2e, 13 juill. 2005,** n° 03-19.138, P II, n° 204

* V. ss nos 015.05, 0821.113, 0821.151

Les alinéas premier et second de l'article 60 du décret du 31 juillet 1992 [devenu art. R. 211-5 C. pr. exéc.] ne sont pas interdépendants de sorte que le tiers saisi qui ne s'est pas abstenu de procéder à la déclaration requise mais qui a fourni des renseignements inexacts ou mensongers encourt une condamnation au paiement de dommages-intérêts.

> Nullité de la saisie signifiée par un clerc.

• **Civ. 2e, 28 juin 2006,** n° 04-17.514, P II, n° 178

* V. ss nos 0112.27, 0122.33, 0252.62, 0821.15, 1331.42

Les actes d'exécution forcée sont de la compétence exclusive des huissiers [devenus commissaires] de justice. En conséquence, viole l'article 6 de la loi du 27 décembre 1923 relative à la création de clercs assermentés, ensemble les articles 18 de la loi n° 91-650 du 9 juillet 1991 et 56 du décret n° 92-755 du 31 juillet 1992, la cour d'appel qui refuse d'annuler des actes de saisie-attribution, alors qu'elle avait constaté que ces actes avaient été signifiés par un clerc assermenté.

> Domaine de la réglementation spéciale à la saisie des comptes. Affacturage (non).

• **Civ. 2e, 5 avr. 2007,** n° 05-14.593, P II, n° 88

* V. ss nos 0821.125, 0921.13, 0971.331, 0971.332

Une société d'affacturage ne constituant pas un établissement habilité par la loi à tenir des comptes de dépôt, les obligations prescrites par l'article 47 de la loi du 9 juillet 1991 ne s'appliquent pas aux saisies-attributions pratiquées entre ses mains, en sa qualité de tiers saisi.

> Saisie-attribution. Responsabilité du tiers saisi pour manquement à son obligation de renseignement même s'il n'est redevable d'aucune somme envers le débiteur saisi.

• **Civ. 2e, 19 mars 2009,** n° 08-11.303, P II, n° 78

* V. ss nos 0152.52, 0812.43, 0821.113, 0821.153, 0821.154

L'efficacité de la saisie n'est pas une condition d'application de l'alinéa 2 de l'article 60 du décret n° 92-755 du 31 juillet 1992. Dès lors, un tiers saisi, même s'il n'est redevable d'aucune somme envers le débiteur saisi, peut être condamné au versement de dommages-intérêts pour manquement à son obligation de renseignement. Justifie légalement sa décision de condamner le tiers saisi à payer des dommages-intérêts sur le fondement de l'alinéa 2 de l'article 60 du décret n° 92-755 du 31 juillet 1992, la cour d'appel qui retient que le tiers saisi a donné à l'huissier [devenu commissaire] de justice une réponse inexacte dont est résulté un préjudice.

> Saisie immobilière. Notification et contenu du commandement. Titre exécutoire constatant une créance liquide et exigible.

• **Civ. 2e, 30 avr. 2009,** n° 08-12.105, P II, n° 111
* V. ss nos 0821.32, 1313.181, 1313.197, 1319.134, 1331.25, 1331.131, 1331.201, 1331.232, 1331.233, 1333.70

Il ne résulte ni de l'ordonnance du 21 avril 2006, relative à la saisie immobilière, ni de son décret d'application, une obligation, pour le créancier poursuivant, de signifier le commandement de payer valant saisie au concubin du débiteur, lorsque la saisie porte sur un bien, appartenant en propre au débiteur et constituant la résidence de la famille.

Le commandement de payer valant saisie, qui ne comporte pas l'indication de la date et de la nature du titre exécutoire et qui ne contient pas un décompte détaillé des sommes réclamées, contrairement aux exigences de l'article 15, 2° et 3° du décret du 27 juillet 2006, est affecté d'une irrégularité de forme, même si ces mentions figurent dans un document qui y est annexé.

La cour d'appel, qui constate que le débiteur n'a saisi les juridictions administratives d'aucun recours contre les rôles d'impôts directs rendus exécutoires servant de fondement aux poursuites, en déduit exactement que ces titres exécutoires constatent une créance liquide et exigible.

> Saisie-attribution. Tiers saisi liquidateur amiable du débiteur saisi. Délivrance d'une assignation au saisissant. Manquement à l'obligation de déclaration.

• **Civ. 2e, 10 nov. 2010,** n° 09-71.609, P II, n° 185
* V. ss nos 0151.13, 0151.22, 0621.23, 0813.21, 0821.50, 0971.210

C'est à bon droit que la cour d'appel a retenu que le liquidateur amiable de la société débitrice avait la qualité de tiers saisi. La déclaration d'un tiers saisi doit être faite sur le champ à l'huissier [devenu commissaire] de justice ; il en résulte que l'assignation délivrée à des sociétés créancières par le représentant légal d'une société débitrice, en cette seule qualité, ne constituait pas la réponse du tiers saisi à l'huissier [devenu commissaire] de justice prévue à l'article 59 du décret du 31 juillet 1992 ; c'est à bon droit que la cour d'appel a décidé que le liquidateur tiers saisi ne justifiait pas d'un motif légitime l'exonérant de ses obligations et devait être condamné au paiement des causes des saisies.

> Saisie-attribution. Obligation de renseignement du tiers saisi. Délai imparti par le commissaire de justice.

• **Civ. 2e, 8 sept. 2011,** n° 10-17.506, P II, n° 169
* V. ss nos 0152.31, 0152.52, 0821.81, 0821.135

L'huissier [devenu commissaire] de justice pratiquant une saisie-attribution ayant indiqué au tiers saisi qu'à défaut de réponse immédiate, il lui était fait sommation d'avoir à répondre sous 48 heures, la cour d'appel en a déduit à bon droit que le créancier avait laissé au tiers saisi un délai de 48 heures pour répondre et a pu retenir que le retard dans la réponse au-delà de 48 heures avait un motif légitime dès lors qu'un délai avait été accepté au lieu d'une réponse sur-le-champ.

> Compétence exclusive du commissaire de justice pour signifier l'acte de conversion d'une saisie conservatoire en saisie-attribution.

• **Civ. 2e, 25 sept. 2014,** n° 13-25.552, P II, n° 197
* V. ss nos 0613.55, 0821.15

L'acte de conversion d'une saisie conservatoire en saisie-attribution, qui emporte attribution immédiate de la créance saisie au créancier, constitue un acte d'exécution, relevant comme tel de la compétence exclusive de l'huissier [devenu commissaire] de justice.

Doit en conséquence être approuvé l'arrêt d'une cour d'appel qui, ayant relevé que la signification au tiers saisi de l'acte de conversion de la saisie conservatoire en saisie-attribution avait été effectuée par un clerc assermenté, a déclaré nul cet acte.

0821.03 **Bibliographie indicative**[1].
* V. ss n° 082.03

0821.04 **Formulaire de procédure civile (renvoi).**
• *Saisie-attribution – Acte de saisie* (Acte de saisie-attribution – C. pr. exéc., art. L. 211-2 et art. R. 211-1)

SECTION 1
CARACTÉRISTIQUES DE L'ACTE DE SAISIE

§ 1
Forme de l'acte de saisie

0821.11 **Acte de commissaire de justice.** L'article R. 211-1 C. pr. exéc. dispose que « *le créancier procède à la saisie par acte d'huissier* [devenu commissaire] *de justice signifié au tiers* ».

Comme tout acte d'huissier de justice – désormais commissaire de justice[2] –, l'acte de saisie doit satisfaire aux règles générales édictées par l'article 648 C. pr. civ. : date, identité du saisissant, identité du tiers saisi, identité et signature du commissaire de justice, mentions prescrites à peine de nullité (v. ss nos 0821.31 s.).

Sa notification, qui a lieu par voie de signification, dans les conditions prévues par le Code de

1. Les ouvrages dont le nom des auteurs figure en petites capitales en bibliographie seront cités par le seul nom des auteurs en petites capitales en notes de bas de page.
2. En application des articles 23 de l'ordonnance n° 2016-728 du 2 juin 2016 relative au statut de commissaire de justice (*JO* 3 juin, texte 24) et 67 du décret n° 2022-949 du 29 juin 2022 relatif aux conditions d'exercice des commissaires de justice (*JO* 30 juin, texte 17), à compter du 1er juillet 2022 la référence, dans tout texte législatif ou réglementaire, aux huissiers de justice désigne les commissaires de justice.

procédure civile, ne présente pas de spécificité[1]. Il convient toutefois d'apporter quelques précisions pour ce qui concerne le lieu de la signification, ainsi que la compétence territoriale du commissaire de justice lorsque cette signification est accomplie par la voie électronique.

0821.12 Lieu de la signification : domicile et établissements du tiers saisi. Conformément au droit commun de la procédure civile, la signification peut être accomplie en tout lieu, pourvu qu'elle soit délivrée à la personne du destinataire personne physique (C. pr. civ., art. 689). Dans le cas de la signification à une personne morale, si la jurisprudence a pu admettre que cette signification soit également accomplie en tout lieu, pourvu que cela soit à son représentant légal (C. pr. civ., art. 655 et 690), elle paraît désormais limiter une telle faculté à la seule hypothèse où le tiers saisi ne disposerait d'aucun établissement[2].

Dans le cas d'une **personne physique**, en cas d'impossibilité de remise à personne, l'acte doit être signifié au domicile, à défaut de domicile connu, à la résidence du destinataire (C. pr. civ., art. 655 et 689), et, s'il n'a ni domicile, ni résidence, ni lieu de travail connu, par procès-verbal de l'article 659 C. pr. civ.

Dans le cas de la **personne morale,** ces règles font l'objet d'adaptations : la signification est faite à personne, non seulement en cas de remise à son représentant légal, mais aussi dès lors que l'acte est remis sur le lieu où la personne morale est établie, à une personne se déclarant habilitée à recevoir l'acte (C. pr. civ., art. 654 et 690)[3].

La Cour de cassation applique la **théorie dite « des gares principales »** à la signification de la saisie-attribution. À propos d'une saisie-attribution dans une affaire présentant des éléments d'extranéité, pour apprécier la possibilité de recourir à une telle mesure prévue par le droit français, la Cour de cassation a ainsi jugé qu'« *est établi en France le tiers saisi, personne morale, qui soit y a son siège social, soit y dispose d'une entité ayant le pouvoir de s'acquitter du paiement d'une créance du débiteur saisi à son encontre* » (v. s^s^ n° 0813.14).

Rien ne paraît justifier de restreindre cette définition de l'établissement aux seules saisies pratiquées dans une affaire présentant un caractère international. En effet, par le critère dégagé, la Cour de cassation apparaît en réalité se borner à préciser, pour la saisie-attribution, les modalités d'application de la double condition dégagée, de façon générale, par la jurisprudence « des gares principales », imposant que l'action (ici entendue *lato sensu*) se rapporte à l'activité d'un établissement secondaire et que la personne morale dispose au sein de cet établissement d'une personne apte à la représenter à l'égard des tiers[4].

En dehors du contexte international, l'irrégularité de la signification de l'acte de saisie à un établissement du tiers saisi qui ne dispose pas du pouvoir de s'acquitter du paiement de la créance paraît en outre constituer une simple irrégularité de forme, dès lors que cet établissement n'a pas une personnalité juridique distincte du tiers saisi[5], de sorte que l'annulation de l'acte de saisie ne pourrait avoir lieu qu'à la demande du tiers saisi, sur justification d'un grief.

Sur le cas des agences bancaires, v. s^s^ n°s 0922.23 s.

0821.13 Compétence territoriale – signification par voie électronique. Les commissaires de justice compétents pour établir l'acte de saisie sont ceux dans le ressort desquels est situé le tiers saisi (C. pr. civ., art. 689 et 690). Il s'agit donc en principe de celui dans le ressort duquel est situé le domicile ou l'établissement du tiers saisi. Pour mémoire, le ressort territorial de l'huissier de justice, qui correspondait à celui du tribunal de grande instance, a été étendu, à compter du 1er janvier 2015, à l'ensemble du département dans lequel il a sa résidence (Décr. 29 févr. 1956[6], art. 5-1), puis, à compter du 1er janvier 2017, à la cour d'appel dans le ressort de laquelle l'huissier de justice – désormais commissaire de justice – a sa résidence (Décr. 29 févr. 1956, art. 5[7], désormais Décr. n° 2021-1625, 10 déc. 2021, art. 1er).

Une dérogation est toutefois apportée dans le cas où la signification est accomplie par la voie électronique, conformément aux règles instaurées par le décret du 15 mars 2012 créant cette signification électronique[8]. Rappelons que cette signification électronique s'impose depuis le 1er avril 2021, pour la

1. Sur les modalités de la SIGNIFICATION ÉLECTRONIQUE, v. Rép. pr. civ., v° *Communication électronique*, par E. de Leiris, nov. 2021 (actu. juill. 2024), n°s 121 s. – S. Guinchard (dir.), Dalloz action *Droit et pratique de la procédure civile*, 2024/2025, n°s 273.371 s., par C. Bléry.
2. Civ. 2e, 15 avr. 2021, n° 20-10.844, P.
3. J. Héron, T. Le Bars et K. Salhi, *Droit judiciaire privé*, 7e éd., « Précis Domat », LGDJ, 2019, § 180 s.
4. HÉRON, LE BARS et SALHI, 2019, § 978.
5. Civ. 2e, 9 sept. 2021, n° 20-10.644, NP, dans le cas de la succursale d'un établissement bancaire.
6. Décr. n° 56-222, 29 févr. 1956, portant règlement d'administration publique relatif au statut des huissiers de justice, *JO* 3 mars, p. 2214.
7. Depuis le 1er juillet 2022, cette règle s'applique aux commissaires de justice (Décr. n° 2021-1625, 10 déc. 2021, relatif aux compétences des commissaires de justice, *JO* 12 déc., texte 62, art. 1er).
8. Décr. n° 2012-366, 15 mars 2012, relatif à la signification des actes d'huissier de justice par voie électronique et aux notifications internationales, *JO* 17 mars, p. 4899 – T. Ghera, « Le décret n° 2012-366 du 15 mars 2012, entre équilibre et modernité, la sécurité juridique au cœur de la communication électronique judiciaire », *Dr. et proc.* 2012. Chron. 114 ; *JCP* 2012. 430, 3 questions à Me Jean-François Bauvin – L. Lauvergnat, « Le décret n° 2012-366 du 15 mars 2012 : un souffle nouveau en matière de notifications », *Procédures* 2012. Étude 3 – V. AUSSI, Rép. pr. civ., v° *Communication électronique*, par E. de Leiris, nov. 2021 (actu. juill. 2024), n°s 100 s.

saisie pratiquée entre les mains d'un établissement bancaire (C. pr. exéc., art. L. 211-1-1[1] – v. s[s] n° 0922.11).

La compétence territoriale du commissaire de justice en cas de signification électronique d'une saisie-attribution est déterminée par l'article 25-3 du décret précité du 29 février 195610 décembre 2021. Cet article dispose : « *hors les cas où le débiteur a son domicile ou sa résidence à l'étranger, seuls les commissaires de justice qui exercent dans le ressort de la cour d'appel où le débiteur a son domicile ou sa résidence sont compétents pour signifier les actes par voie électronique à un tiers dans le cadre d'une procédure d'exécution* ». Lorsqu'elle a lieu par la voie électronique, la signification de l'acte de saisie ne peut donc être accomplie que par les commissaires de justice dans le ressort desquels demeure le ou l'un des débiteurs. Cette dérogation à la règle de compétence de droit commun, interdit au commissaire de justice en résidence au lieu du tiers saisi de lui signifier une saisie attribution par voie électronique, à peine de nullité de la signification, de sorte qu'il ne pourrait accomplir qu'une signification par voie papier. La signification électronique est entrée en vigueur le 1er septembre 2012[2] après la publication d'un arrêté technique[3]. Rappelons qu'elle suppose le consentement préalable du destinataire de l'acte, recueilli par la Chambre nationale des commissaires de justice (C. pr. civ., art. 748-2[4]).

0821.14 Acte d'administration et pouvoir de représentation. La Cour de cassation, se fondant sur les dispositions de l'article 26 de la loi du 9 juillet 1991 (devenu C. pr. exéc., art. L. 111-9), a jugé que l'exercice d'une mesure d'exécution est un acte d'administration et que le dirigeant d'une personne morale n'a pas à justifier d'un pouvoir spécial de représentation[5].

Dans le cas où le **créancier est placé en procédure collective**, il a été jugé que l'administrateur judiciaire, lorsqu'il est investi d'une mission d'assistance sans restriction, doit assister le débiteur pour tous les actes d'administration, dont font partie les mesures d'exécution en application de l'article L. 111-9 C. pr. exéc., de sorte que le créancier en redressement judiciaire ne peut valablement, sans l'assistance de son administrateur, faire pratiquer une saisie-attribution[6].

0821.15 Compétence exclusive des commissaires de justice. Selon l'article L. 211-2 alinéa 1er C. pr. exéc., « *l'acte de saisie emporte, à concurrence des sommes pour lesquelles elle est pratiquée, attribution immédiate au profit du saisissant de la créance saisie disponible entre les mains du tiers ainsi que de tous ses accessoires* ».

L'article L. 122-1 alinéa 1er C. pr. exéc. dispose que « *seuls peuvent procéder à l'exécution forcée et aux saisies conservatoires les commissaires de justice chargés de l'exécution* ». Si l'article L. 122-3 C. pr. exéc. précise que « *la loi détermine les autres personnes habilitées à procéder à l'exécution forcée et aux saisies conservatoires, au même titre que les commissaires de justice* », aucune disposition n'habilite les clercs assermentés à faire des actes énumérés par la loi. Au contraire, l'article 6 alinéa 2 de la loi du 27 décembre 1923, relative notamment à la création des clercs assermentés, précise que « *les procès-verbaux* [...] *d'exécution* [...] *resteront de la compétence exclusive des commissaires de justice* ». Or l'acte de saisie-attribution délivré au tiers saisi constitue un acte d'exécution, qui a pour effet de faire sortir la créance du patrimoine du débiteur.

C'est pourquoi, la Cour de cassation considère que la signification d'un acte de saisie-attribution par un clerc assermenté est nulle[7]. Cette nullité étant prévue par les textes régissant le statut des commissaires de justice, elle ne paraît pas assujettie au régime des nullités de procédure : ainsi est-elle notamment prononcée sans qu'il soit nécessaire d'invoquer un grief[8], alors même qu'elle ne figure pas dans l'énumération limitative des vices de fond par l'article 117 C. pr. civ.

En revanche, cette interdiction faite aux clercs de signifier l'acte de saisie-attribution ne s'étend pas aux autres significations accomplies au cours de la procédure de saisie-attribution, telle la signification de l'acte de dénonciation de la saisie au débiteur (v. s[s] n° 0821.26) : ces significations ne constituent en effet pas des actes d'exécution.

En outre, il convient bien entendu de réserver la compétence des comptables publics pour conduire l'action en recouvrement des produits dont ils ont la charge conformément aux articles L. 252 et suivants du LPF.

1. L. n° 2019-222, 23 mars 2019, de programmation 2018-2022 et de réforme pour la justice, *JO* 24 mars, texte 2, art. 15, créant l'art. L. 211-1-1 C. pr. exéc., et 109, VI, pour l'entrée en vigueur.
2. Décr. n° 2012-366, 15 mars 2012, art. 24.
3. Arr. 28 août 2012, portant application des dispositions du titre XXI du livre Ier du Code de procédure civile aux huissiers de justice, *JO* 31 août, p. 14049.
4. Décr. n° 2021-1625, 10 déc. 2021, art. 21.
5. Civ. 2e, 15 janv. 2004, n° 01-17.920, P II, n° 8 ; *Dr. et proc.* 2004. 218, obs. E. Putman ; *Gaz. Pal.* 2004. Somm. 2722, note C. Brenner.
6. Com. 31 mai 2016, n° 14-28.056, P IV, n° 80.
7. Civ. 1re, 18 févr. 2003, n° 99-20.672, NP ; *RD banc. fin.* 2003, n° 83, obs. J.-M. D. – Civ. 2e, 28 juin 2006, n° 04-17.514, P II, n° 178 ; *D.* 2006. 2055 ; *Dr. et proc.* 2006. 360, obs. A. Leborgne ; *Procédures* 2006, n° 237, obs. R. Perrot ; *D.* 2007. 1380, obs. P. Julien.
8. Civ. 2e, 25 sept. 2014, n° 13-25.552, P II, n° 197 (acte de conversion d'une saisie conservatoire).

§ 2
Contenu de l'acte de saisie

0821.21 Mentions de l'acte de saisie. Le contenu de l'acte de saisie est déterminé par l'article R. 211-1 C. pr. exéc., qui prévoit que l'acte doit contenir, « *à peine de nullité* » plusieurs catégories de mentions, complétées par l'article R. 211-4 du même code[1].

Avant d'examiner ces mentions, il faut indiquer que, bien entendu, l'acte gagne à mentionner son objet, à savoir qu'il s'agit d'une saisie-attribution, même si une telle mention n'est pas expressément prévue par les textes.

0821.22 L'indication des noms et domicile du débiteur, ou, s'il s'agit d'une personne morale, de sa dénomination et de son siège social.

0821.23 L'énonciation du titre exécutoire en vertu duquel la saisie est pratiquée. L'article 502 C. pr. civ. dispose que nul jugement, nul acte ne peut être mis à exécution que sur **présentation** d'une expédition revêtue de la formule exécutoire, à moins que la loi n'en dispose autrement.

L'article R. 123-1 C. pr. exéc. apporte une première atténuation au principe posé par l'article 502 C. pr. civ., en prévoyant que seul le dispositif du jugement est porté à la connaissance du tiers entre les mains duquel est pratiquée une saisie en vertu d'un jugement, dans un souci évident de discrétion. Ce texte, de portée générale, réserve toutefois l'hypothèse de dispositions contraires.

Tel est le cas de la saisie-attribution, pour laquelle l'article R. 211-1 C. pr. exéc. se borne à exiger que l'acte de saisie contienne l'**énonciation** du titre exécutoire[2].

Le commissaire de justice chargé de l'exécution n'est ainsi tenu de présenter ni le titre exécutoire ni même une simple photocopie de ce titre (ne comportant pas la formule exécutoire) lorsqu'il signifie l'acte de saisie-attribution au tiers saisi.

Cela ne signifie évidemment pas que le commissaire de justice instrumentaire peut se dispenser de disposer d'un titre exécutoire, en particulier d'un jugement revêtu de la formule exécutoire, pour pratiquer une saisie-attribution. Il est simplement dispensé de présenter au tiers saisi le titre exécutoire en vertu duquel il agit. C'est pourquoi, il doit désigner dans l'acte de saisie avec précision le ou les titres exécutoires en vertu desquels la saisie est pratiquée.

Quant à la détermination du titre exécutoire devant être visé, notamment en cas d'infirmation ou de cassation, v. s[s] n° 0811.51.

0821.24 Le décompte distinct des sommes réclamées en principal, frais et intérêts échus, majorées d'une provision pour les intérêts à échoir dans le délai d'un mois prévu pour élever une contestation. En tout état de cause, seule l'absence de décompte est susceptible d'entraîner l'annulation de l'acte (v. s[s] n° 0821.31). Ainsi a-t-il été jugé que l'omission de la mention de la période pour laquelle les intérêts étaient réclamés, ainsi que du taux appliqué pour leur calcul, même variable, n'affectaient pas la validité de la saisie-attribution[3].

Le texte ne précise pas quels frais il évoque et la Cour de cassation a jugé, dans le cas voisin d'une saisie-vente, que le titre qui sert de fondement aux poursuites permet le recouvrement des « *frais de l'exécution qui sont à la charge du débiteur* »[4]. En pratique, outre le montant des frais antérieurs à la saisie, le procès-verbal de saisie-attribution comporte le coût de l'acte mais également celui d'actes à faire, à commencer par la dénonciation. L'inclusion des actes « *à faire* » ou « *à prévoir* », tel le certificat de non-contestation, la signification de ce certificat ou la mainlevée à prévoir est plus discutable puisqu'ils présentent un caractère hypothétique.

S'agissant des intérêts moratoires dus par le débiteur saisi au créancier saisissant sur la partie de sa créance correspondant aux sommes saisies disponibles, ils continuent de courir jusqu'au paiement de ces sommes[5].

Lorsque l'acte de saisie-attribution est délivré sur le fondement de **plusieurs titres exécutoires, constatant des créances distinctes**, l'acte de saisie doit, en application de l'article R. 211-1, 3° C. pr. exéc., contenir un décompte distinct en principal, frais et intérêts échus pour chacun d'eux[6].

0821.25 L'indication que le tiers saisi est personnellement tenu envers le créancier saisissant et qu'il lui est fait défense de disposer des sommes réclamées dans la limite de ce qu'il doit au débiteur. Cette indication fait écho à la reproduction, également exigée, de l'article L. 211-2 alinéa 1er C. pr. exéc. définissant l'effet attributif.

0821.26 La reproduction des articles relatifs à l'obligation de renseignement pesant sur le tiers saisi. En revanche, il n'est pas exigé la reproduction de l'article R. 211-4 C. pr. exéc., qui prescrit que la

1. Civ. 2e, 27 sept. 2018, n° 17-20.090, NP, affirmant que la validité de l'acte de saisie ne doit être examinée qu'au regard des dispositions de l'art. R. 211-21 C. pr. exéc.
2. Civ. 2e, 4 oct. 2001, n° 00-12.336, NP ; *RD banc. fin.* 2002, n° 24, obs. J.-M. D. – Civ. 2e, 19 sept. 2002, n° 00-22.086, P II, n° 183 ; *D.* 2002. 2718 ; *Procédures* 2002, n° 203, obs. R. Perrot ; *Gaz. Pal.* 2003. Somm. 1271, note C. Brenner.
3. Civ. 2e, 28 juin 2012, n° 10-13.885, NP.
4. Civ. 2e, 6 mars 2003, n° 01-02.745, P II, n° 56.
5. Civ. 2e, 7 juin 2006, n° 04-15.597, P II, n° 151 ; *RTD civ.* 2006. 830, obs. R. Perrot ; *Procédures* 2006, n° 236, obs. R. Perrot.
6. Civ. 2e, 23 févr. 2017, n° 16-10.3387, P II, n° 42.

déclaration du tiers saisi soit faite sur-le-champ. On comprend dans ces conditions que la Cour de cassation déduise d'un éventuel délai de réponse accordé par le commissaire de justice au tiers saisi pour procéder à la déclaration (en pratique un délai de quarante-huit heures est fréquemment accordé), l'existence d'un motif légitime pour retarder d'autant la réponse apportée (v. s^s^ n° 0821.135).

Par ailleurs, en application de cet article R. 211-4, il sera fait mention dans l'acte de saisie de la déclaration faite sur-le-champ par le tiers saisi. À la différence des autres mentions, qui peuvent être portées sur le projet d'acte avant même les opérations de signification, cette dernière mention procède de celle-ci et de l'échange que le commissaire de justice noue avec le tiers saisi. Si, formellement, cette exigence n'est pas prescrite à peine de nullité, il relève de l'office même du commissaire de justice que de la porter et son défaut pourrait fragiliser la validité de l'acte de dénonciation de la saisie au débiteur saisi, qui comprend une copie du procès-verbal de saisie.

0821.27 **La reproduction de l'article R. 211-11 C. pr. exéc.** Cet article est relatif aux conditions de formation d'une contestation de la saisie-attribution et à l'information délivrée en ce cas au tiers saisi : la lecture de ce texte permet au tiers saisi non seulement de savoir comment saisir le JEX d'une contestation mais également de l'assurer qu'il sera informé de toute contestation émanant d'une autre personne.

0821.28 **L'indication de l'heure à laquelle l'acte est signifié.** L'exigence de cette mention n'est pas prescrite à peine de nullité[1], mais l'inobservation de cette règle peut être source d'incertitudes qui nuiront au créancier saisissant (v. s^s^ n° 0831.71).

0821.29 **Saisie pratiquée contre un entrepreneur individuel à responsabilité limitée (EIRL), devenu entrepreneur individuel.** Lorsque le débiteur est un entrepreneur individuel à responsabilité limitée, voire, depuis l'entrée en vigueur de la loi n° 2022-172 du 14 février 2022[2], un entrepreneur individuel, le créancier qui ne dispose d'un droit de gage que sur l'un des patrimoines de son débiteur ne peut procéder à la saisie des biens dépendant des autres patrimoines de ce débiteur, de sorte qu'il gagnera à préciser dans l'acte de saisie le ou les patrimoines du débiteur sur lesquels porte la saisie (v. s^s^ n° 0812.152).

En effet, dans ce cas, ce n'est pas tant la personne du débiteur qui importe que le patrimoine susceptible de faire l'objet d'une mesure d'exécution par le créancier considéré.

1. TGI Paris, JEX, 2 déc. 1993, *D.* 1994. Somm. 341, obs. P. Julien ; *BICC* 1994, n° 457.
2. L. n° 2022-172, 14 févr. 2022, en faveur de l'activité professionnelle indépendante, *JO* 15 févr., texte 2.

La précision dans l'acte de saisie du patrimoine concerné par la saisie ne constitue pas une obligation imposée par les textes, alors même qu'en l'absence de précision, le tiers saisi ne pourra pas distinguer le patrimoine concerné et pourra être amené à bloquer des créances dépendant d'un patrimoine n'entrant pas dans l'assiette du droit du gage du créancier saisissant. S'il est prévu qu'il incombe à l'entrepreneur individuel débiteur saisi de former une contestation à l'encontre de la saisie-attribution, s'il estime, à charge pour lui de le prouver, qu'elle inclut des éléments d'actif qui n'entrent pas dans le périmètre du droit de gage général du créancier saisissant, le créancier saisissant peut voir sa responsabilité recherchée pour abus de saisie lorsqu'il a procédé à une mesure d'exécution forcée sur un élément d'actif de son débiteur ne faisant manifestement pas partie de son gage général (C. com., art. L. 526-22, al. 8). Pour éviter toute mise en cause de sa responsabilité civile, il ne saurait donc être trop recommandé à celui-ci d'apporter dans l'acte de saisie les informations dont il a connaissance.

§ 3
Sanction des irrégularités affectant l'acte de saisie

0821.31 **Nullité de l'acte de saisie.** Selon l'article 649 C. pr. civ., la nullité des actes de commissaire de justice est régie par les dispositions qui gouvernent la nullité des actes de procédure, en particulier les articles 112 s. C. pr. civ., relatifs aux vices de forme.

Aux termes de l'article 114 C. pr. civ., la nullité doit être expressément prévue par la loi, sauf en cas d'inobservation d'une formalité substantielle ou d'ordre public. Si une régularisation de l'acte vicié, avec effet rétroactif, est envisageable, c'est à la condition qu'aucune forclusion ne soit intervenue et qu'il ne subsiste aucun grief.

Enfin, quant au décompte des sommes dues, par une formule maintes fois répétée, la Cour de cassation énonce que seule son absence est susceptible d'entraîner la nullité de l'acte[3]. La réclamation d'une somme supérieure à celle constatée par le titre exécutoire n'entraîne ainsi pas la nullité de la saisie[4], le

3. Civ. 2e, 19 sept. 2002, n° 00-22.086, P II, n° 183 ; *D.* 2002. IR 2718 ; *Procédures* 2002, n° 203, obs. R. Perrot – Civ. 2e, 18 nov. 2004, n° 02-20.088, NP – Civ. 2e, 28 juin 2012, n° 10-13.885, NP – Civ. 2e, 27 sept. 2018, n° 17-20.090, NP.
4. Civ. 2e, 27 mai 2004, n° 02-20.160, P II, n° 249 ; *D.* 2004. 1860 ; *Dr. et proc.* 2004. 300 – V. ÉGAL., Civ. 2e, 18 oct. 2012, n° 11-21.857, NP : nonobstant un décompte erroné, le créancier ne commet aucune faute en poursuivant une procédure de saisie dès lors que la mesure était fondée dans son principe et que seule la somme effectivement due avait été saisie.

juge de l'exécution (JEX) effectuant, dans ce cas, les redressements nécessaires[1].

0821.32 Preuve d'un grief. En application de l'article 114 C. pr. civ., la nullité pour vice de forme ne peut être prononcée qu'à charge pour celui qui l'invoque de prouver le grief que lui cause l'irrégularité, même s'il s'agit d'une formalité substantielle ou d'ordre public. Seul le destinataire de cet acte est par conséquent recevable à se prévaloir de sa nullité en raison d'un tel vice[2].

La jurisprudence en fournit de nombreuses illustrations :

– **omission de l'identité du commissaire de justice :** l'omission de l'identité du commissaire de justice, dans un acte établi par une SCP, constitue une irrégularité de forme qui n'est sanctionnée par la nullité de l'acte que s'il en résulte un grief[3] ;

– **erreur quant à la date de l'acte :** le JEX ne peut relever d'office l'existence d'un grief tiré d'une discordance de dates de l'acte de saisie[4] ;

– **omission de la qualité de représentant légal du créancier :** lorsque la saisie-attribution est pratiquée par un représentant légal, il a pu être jugé que l'omission de cette qualité était une irrégularité de forme qui n'entraînait pas l'annulation de l'acte en l'absence de démonstration d'un grief résultant d'une méprise sur l'identité du créancier[5] ;

– **mention du titre exécutoire :** la mention du titre exécutoire dans un acte d'exécution constitue un vice de forme nécessitant la démonstration d'un grief pour en entraîner l'annulation[6] ; un grief a pu en revanche être déduit dans le cas de titres exécutoires multiples et non datés, qui ne permettent pas de déterminer la créance dont le recouvrement est poursuivi[7].

0821.33 Autres mentions. L'acte de saisie n'a pas à contenir d'autres mentions que celles prévues par l'article R. 211-1 C. pr. exéc. Ainsi peut-on en particulier observer que le procès-verbal de saisie-attribution n'a pas à désigner la ou les créances du débiteur que le créancier saisissant espère saisir entre les mains du tiers saisi[8], ce qui permet d'ailleurs de comprendre l'étendue de l'obligation déclarative incombant au tiers saisi.

SECTION 2
DÉCLARATION DU TIERS SAISI

0821.40 Obligations du tiers saisi. Plan. Selon l'article L. 123-1 C. pr. exéc., figurant dans les dispositions générales, les tiers doivent apporter leur concours aux mesures d'exécution lorsqu'ils en sont légalement requis.

Celui qui, sans motif légitime, se soustrait à ces obligations peut être contraint d'y satisfaire, au besoin à peine d'astreinte, et ses manquements peuvent être sanctionnés (« *paiement des causes de la saisie* », dommages-intérêts).

L'article L. 211-3 C. pr. exéc. impose au tiers saisi de déclarer au créancier « *l'étendue de ses obligations à l'égard du débiteur ainsi que les modalités qui pourraient les affecter et, s'il y a lieu, les cessions de créances, délégations ou saisies antérieures* ». En outre, depuis le 1er janvier 2023, cette disposition est complétée par l'obligation faite au tiers saisi de déclarer en outre les nantissements susceptibles d'affecter la créance saisie (v. ss no 0831.161)[9].

Cette obligation de renseignement pesant sur le tiers saisi (§ 1) appelle une vigilance d'autant plus accrue de sa part, qu'un irrespect l'expose à des sanctions rigoureuses (§ 2).

À noter que d'autres diligences peuvent être en outre attendues du tiers saisi, à d'autres stades de la procédure, et de nature à mettre, le cas échéant, en cause sa responsabilité civile sur le fondement du droit commun. Ainsi, par exemple, le tiers saisi qui, à la suite d'une mainlevée de la saisie, tarderait à rendre à nouveau disponibles pour le débiteur les sommes frappées par la saisie-attribution pourrait-il voir sa responsabilité civile engagée[10].

§ 1
Obligation de renseignement du tiers saisi

0821.50 Déclaration faite au commissaire de justice saisissant. Plan. L'obligation de renseignement pèse sur tout tiers saisi, quel qu'il soit, pourvu qu'un procès-verbal de saisie-attribution lui ait été délivré[11].

1. Obs. R. Perrot, *Procédures* 2002, no 203.
2. Civ. 2e, 1er sept. 2016, no 15-16.918, P II, no 196.
3. Civ. 2e, 27 mai 2004, no 02-20.160, P (préc., v. ss no 0821.31).
4. Civ. 2e, 12 janv. 2023, no 21-17.147, NP.
5. Civ. 2e, 10 févr. 2005, no 03-11.802, P II, no 29 ; *AJ fam.* 2005. 236, obs. C. Grimaldi ; pour des saisies pratiquées par le préposé d'un établissement hospitalier, pour le compte de majeurs sous mesure de tutelle.
6. Civ. 2e, 27 sept. 2012, no 11-18.770, NP – Pour un commandement aux fins de saisie immobilière : Civ. 2e, 30 avr. 2009, no 08-12.105, P II, no 111 – Pour un commandement de payer préalable à une saisie vente : Com. 3 oct. 2006, no 01-03.515, P IV, no 199.
7. TGI Quimper, JEX, 10 nov. 1993, *Rev. huiss.* 1994. 656.
8. V. PAR. EX. : TGI Lyon, JEX, 11 oct. 1994, *Rev. huiss.* 1995. 371 – RAPPR. : Civ. 2e, 16 mars 2017, no 16-11.314, P II, no 59 (en matière de saisie conservatoire).
9. Ord. no 2021-1192, 15 sept. 2021 portant réforme du droit des sûretés, *JO* 16 sept., texte 19, art. 30, 2o, et 37.
10. ILLUSTRATION : Com. 27 mars 2012, no 11-13.536, NP (en l'espèce la Cour retient toutefois que le préjudice du débiteur n'a pas été suffisamment caractérisé par les juges du fond pour mettre en cause la responsabilité contractuelle du banquier tiers saisi).
11. Limoges, 3 févr. 2000, *Juris-Data* no 110043 ; *RD banc. fin.* 2000, no 74, obs. J.-M. D. – Limoges, 28 févr. 2000, *D.* 2000. 264 ; *Rev. huiss.* 2001. 126, obs. E. Putman ; *BICC* 15 févr. 2001, no 213.

Cette obligation prend la forme d'une déclaration. Si celle-ci n'est pas assujettie à un formalisme spécial – et peut en particulier prendre une forme verbale, alors retranscrite par le commissaire de justice dans son procès-verbal – elle doit être faite au commissaire de justice qui le requiert. Ainsi le fait pour le tiers saisi, également représentant légal de la société débitrice, d'assigner en cette dernière qualité le créancier saisissant en contestation de la saisie, ne satisfait pas à l'obligation de déclaration, alors même que cette assignation contenait les informations attendues du tiers saisi [1].

Cette déclaration appelle pour le surplus des précisions quant à son contenu (A), aux pièces justificatives susceptibles de la compléter (B) et au moment où elle doit être accomplie (C) [2].

A.
Contenu de la déclaration

0821.60 **Objet de la déclaration. Plan.** La déclaration attendue du tiers saisi porte sur les obligations au paiement d'une somme d'argent dont il est tenu au profit du débiteur saisi, c'est-à-dire les créances susceptibles d'être appréhendées par la saisie-attribution. Cette exigence ne saurait aller au-delà (1°), ni se trouver restreinte en deçà de ce domaine (2°).

1°
Une déclaration ne portant que sur les créances appréhendées par la saisie-attribution

0821.71 **Une déclaration relative aux seules obligations du tiers saisi.** L'article L. 211-3 C. pr. exéc. énonçant que le tiers saisi indique « *l'étendue de ses obligations à l'égard du débiteur* », il est clair que la déclaration du tiers saisi ne doit concerner que ses propres obligations à l'égard du débiteur saisi, sans porter sur celles d'autres débiteurs dont ce tiers pourrait avoir connaissance.

Ainsi le notaire chargé de recevoir une vente d'immeuble n'aura-t-il, par exemple, pas à informer le commissaire de justice lui délivrant une saisie-attribution visant à appréhender le prix d'une vente, de l'identité de l'acquéreur et du montant des sommes consignées par celui-ci entre ses mains en vue de payer l'immeuble vendu : tant que la vente n'est pas intervenue, le notaire ne détient pas ces sommes pour le compte du vendeur, mais pour celui de l'acquéreur, de sorte qu'il n'est pas, de ce chef, débiteur du débiteur saisi (v. s[s] n° 0812.33).

0821.72 **Une déclaration relative aux seules obligations au paiement d'une somme d'argent.** La lettre de l'article L. 211-3 C. pr. exéc. se révèle trompeuse quant aux informations relatives aux obligations du tiers saisi à l'égard du débiteur devant être livrées au commissaire de justice. En effet, en exigeant que le tiers saisi indique « *l'étendue de ses obligations à l'égard du débiteur* », cette disposition pourrait paraître imposer au tiers saisi le devoir d'indiquer l'ensemble des obligations qu'il a souscrites au profit du débiteur saisi, alors même que ces obligations seraient sans rapport avec une créance de somme d'argent du débiteur saisi à son encontre. Il en découlerait, par exemple, l'obligation pour l'établissement bancaire de renseigner non seulement le commissaire de justice sur les comptes enregistrant des sommes d'argent, mais aussi sur ceux accueillant des valeurs mobilières, en vue de permettre au commissaire de justice de diligenter, le cas échéant, la saisie de ces valeurs mobilières. La jurisprudence rendue en matière de saisie des comptes bancaires a au contraire rejeté une telle solution (v. s[s] n°s 0922.31 s.).

La raison tient au fait que pour déterminer l'objet de l'exigence d'information formulée par l'article L. 211-3 C. pr. exéc., cette disposition doit être lue en regard de la règle posée, de façon plus générale, par l'article L. 123-1 du même code, selon lequel les tiers doivent apporter leur concours aux mesures d'exécution. Il en découle que l'obligation d'information ne concerne que la bonne fin de la saisie-attribution. Ainsi comprise, puisque seules les créances de sommes d'argent du débiteur saisi contre le tiers saisi sont appréhendées par la saisie-attribution, l'obligation déclarative du tiers saisi ne concerne que celles de ses obligations concernées par la saisie-attribution. C'est la raison pour laquelle il est exclu que le tiers saisi soit tenu de faire connaître l'étendue des droits d'associés et des valeurs mobilières dont le débiteur est titulaire [3], qui sont hors du champ de la saisie-attribution. En substance, il est attendu du tiers saisi qu'il s'explique sur la ou les obligations de paiement d'une somme d'argent dont il est tenu au profit du débiteur saisi [4].

Le tiers saisi désignera donc les créances de sommes d'argent entrant dans le champ de la saisie-attribution, indiquera les éléments permettant de déterminer le montant de la somme restant due au débiteur, en principal comme en intérêts, précisera le cas échéant si ce montant dû est hors charges ou

1. Civ. 2e, 10 nov. 2010, n° 09-71.609, P II, n° 185 ; *D.* 2010. 2849, obs. V. Avena-Robardet ; *D.* 2011. 1509, obs. A. Leborgne ; *Rev. sociétés* 2010. 568, obs. A. Lienhard ; *RTD com.* 2011. 135, obs. B. Dondero et P. Le Cannu ; cet arrêt approuve la cour d'appel d'avoir « *justement retenu que l'assignation délivrée aux sociétés créancières par* [le liquidateur amiable] *en sa seule qualité de représentant légal de la débitrice, ne constituait pas la réponse du tiers saisi à l'huissier* [devenu commissaire] *de justice prévue à l'article 59 du décret du 31 juillet 1992* ».
2. SUR L'ENSEMBLE DE LA QUESTION : L. Séné, « La responsabilité du tiers saisi », *R.* 2002, Doc. fr., p. 259 s.
3. Civ. 2e, 1er févr. 2001, n° 99-11.151, P II, n° 23 ; *D.* 2001. 678 ; *Dr. et proc.* 2001. 258, obs. E. Putman ; *RD banc. fin.* 2001, n° 124, obs. J.-M. D. ; *RJDA* 2001, n° 637.
4. PIEDELIÈVRE, n° 466.

charges comprises, etc. ; il précisera en outre les modalités ou les événements susceptibles d'affecter son obligation : la créance est-elle affectée d'un terme ou d'une condition[1], est-elle ou non saisissable, a-t-elle fait l'objet d'une cession, d'une délégation ou d'une saisie antérieure[2], en précisant dans ce dernier cas l'identité de celui qui a procédé à cette saisie antérieure et en produisant l'acte de saisie (C. pr. exéc., art. R. 141-4, al. 2), obligation pesant d'ailleurs également sur le débiteur saisi (C. pr. exéc., art. R. 141-4, al. 1er). En outre, depuis le 1er janvier 2023, le tiers saisi est aussi tenu de déclarer les nantissements susceptibles d'affecter la créance saisie[3].

Lorsque la saisie-attribution est pratiquée entre les mains d'un établissement habilité à tenir des comptes de dépôt, le tiers saisi est en outre tenu d'obligations particulières : le banquier devra indiquer le solde des divers comptes ouverts par le saisi ou préciser qu'il existe une convention de fusion de comptes ou de compensation[4] lui permettant de ne déclarer que le solde de l'ensemble des comptes[5] (v. ss nos 0922.30 s.).

2° Une déclaration s'étendant à toutes les créances appréhendées par la saisie-attribution

0821.81 **Une obligation déclarative ne se heurtant à aucune autre restriction.** La déclaration porte sur toutes les créances de sommes d'argent dont le tiers saisi est débiteur à l'égard du débiteur saisi. Le contenu de cette obligation déclarative ainsi fixé ne saurait, en revanche, subir d'autre restriction.

Il en découle, d'abord, que **le secret professionnel** ne peut être opposé par le tiers saisi pour refuser de fournir au commissaire de justice les renseignements entrant dans le champ de l'obligation informative[6]. Le secret professionnel n'interdit au tiers saisi que la communication des renseignements qui excèdent le strict domaine de l'obligation informative pesant sur lui. Ainsi, a-t-il été jugé que le tiers saisi pouvait opposer le secret bancaire au JEX qui exigeait la production d'un historique des comptes[7], car l'article 47 de la loi du 9 juillet 1991 (devenu C. pr. exéc., art. L. 162-1 et R. 162-1) ne prévoit que la communication du solde du ou des comptes du débiteur « *au jour de la saisie* »[8]. De même le notaire qui ne détient pas de fonds pour le débiteur saisi, qui a consenti une promesse unilatérale de vente, est-il fondé à opposer le secret professionnel auquel il est tenu pour ne pas délivrer d'information sur l'identité du bénéficiaire de la promesse ou la date de réitération de la vente en la forme authentique[9]. Autre illustration, le JEX ne pouvant contrôler la valeur et la sincérité de la déclaration du tiers saisi qu'au moment de la saisie, il ne lui appartient pas « *de contrôler l'évolution des comptes du débiteur saisi au cours des années ayant précédé la saisie* »[10], et « *la demande de communication des relevés d'opérations bancaires pour une période de plus de quatre ans avant la saisie-attribution excède les obligations du tiers saisi* »[11].

Ensuite, s'il est fréquent que le commissaire de justice fournisse dans son acte des éléments destinés à identifier la créance que le saisissant entend appréhender, le fait que l'acte de saisie fasse ainsi état de la situation de fait et/ou de droit du tiers saisi à l'égard du débiteur n'exonère pas le tiers saisi de son obligation de fournir les renseignements prévus[12].

La même solution est retenue dans le cas où une autre personne que le tiers saisi vient apporter au commissaire de justice les informations attendues du tiers saisi, qu'il s'agisse de l'ordonnateur quand l'obligation déclarative pèse sur le comptable public

1. Civ. 2e, 6 sept. 2018, no 17-21.290, NP : le fait que la créance saisie, à savoir un compte courant d'associé, soit bloquée, à la suite de la délibération d'une assemblée générale de la société tiers saisie, est sans incidence sur l'obligation de remboursement pesant sur cette société et ne constitue pas un obstacle à l'exécution par le tiers saisi de son obligation de renseignement.
2. TGI Lille, JEX, 13 mai 1996, *Banque et droit* 1997, no 56, p. 40 – Colmar, 27 oct. 1997, *Banque et droit* 1998, no 58, p. 36, obs. Guillot.
3. L'obligation de déclaration des nantissements est insérée à l'art. L. 211-3 C. pr. exéc. par l'article 30, 2°, de Ord. no 2021-1192, 15 sept. 2021, préc., dont l'art. 37, I, al. 2, dispose qu'il entre en vigueur à compter d'une date fixée par décret, sans pouvoir être postérieure au 1er janvier 2023.
4. Lyon, 3 déc. 1997, *D. Affaires* 1998. 155, obs. J. F. ; *JCP* 1999. IV. 1438 ; *RGDP* 1998. 524, obs. E. Putman.
5. Civ. 2e, 5 juill. 2000, no 97-22.287, P II, no 113 ; *D.* 2000. IR 239 ; *RTD com.* 2000. 990, obs. J. Derruppé ; *Ann. loyers* 2001. 549, obs. Martin ; *RD banc. fin.* 2000. 305, obs. J.-M. D. – R. Perrot et P. Théry, « Saisie-attribution : la situation du tiers saisi (les arrêts du 5 juillet 2000) », *D.* 2001. 715.
6. SUR CETTE QUESTION, G. Dedessus-Le-Moustier, « L'obligation de renseignement du tiers saisi dans la saisie-attribution », *JCP* 1998. I. 106, p. 172, no 6.
7. Civ. 2e, 11 mars 1999, no 96-22.813, P II, no 49 ; *D.* 1999. IR 104 ; *JCP E* 1999. 791 – CENSURANT : Versailles, 9 oct. 1996, *Rev. huiss.* 1997. 666.
8. Civ. 2e, 1er juill. 1999, no 96-19.108, P II, no 129 ; *D.* 1999. 210 ; *D. Affaires.* 1999. 1362, obs. J. F. ; *Banque et droit* 2000, no 71, p. 50 ; *RD banc. fin.* 2000. 26, obs. J.-M. D. ; *Gaz. Pal.* 2000. 1. Somm. 341, note P. Véron.
9. Civ. 1re, 22 sept. 2016, no 15-12.289, NP (à propos d'une saisie-conservatoire).
10. Civ. 2e, 5 juill. 2000, no 97-21.606, P II, no 110 ; *Ann. loyers* 2001. 547, obs. Martin – R. Perrot et P. Théry, « Saisie-attribution : la situation du tiers saisi (les arrêts du 5 juillet 2000) », *D.* 2001. 715 ; *RD banc. fin.* 2000. 303, no 202, obs. J.-M. D.
11. Civ. 2e, 28 sept. 2000, no 98-13.428, NP ; *RD banc. fin.* 2001. 24, no 24, obs. J.-M. D. – R. Perrot et P. Théry, « Saisie-attribution : la situation du tiers saisi (les arrêts du 5 juillet 2000) », *D.* 2001. 716 – A. Leborgne, « L'obligation de concours des tiers saisis », *Rev. huiss.* 2001. 151, note crit. 23.
12. Civ. 2e, 18 oct. 2012, no 11-24.502, NP.

(v. s^s n° 0912.41)[1], ou d'une société appartenant au même groupe que le tiers saisi[2] : il est en effet jugé que la circonstance que le créancier saisissant ait obtenu, postérieurement à l'accomplissement de la mesure, l'information dont est débiteur à son égard le tiers saisi, n'exonère pas ce dernier de son obligation de fournir les renseignements légalement prévus. Il faut dire que, dans de tels cas, la déclaration du tiers saisi demeure nécessaire pour confirmer, démentir voire préciser la situation indiquée dans l'acte de saisie-attribution ou les déclarations faites par une tierce personne.

La seule question que pose la pratique consistant à identifier expressément une créance saisie dans l'acte de saisie-attribution tient dans l'étendue de la saisie-attribution : en visant explicitement et exclusivement une créance déterminée – telle une créance de paiement du prix de vente d'un immeuble détenue par le notaire pour le compte du débiteur saisi – le créancier pourrait bien cantonner lui-même la saisie-attribution, excluant que celle-ci produise son effet attributif à l'égard d'autres créances dont le tiers saisi serait pourtant tenu à l'égard du débiteur saisi (v. s^s n° 0831.55).

Enfin, l'existence d'un litige ne dispense pas le tiers saisi de son obligation de déclarer au créancier l'étendue de ses obligations à l'égard du débiteur[3]. Comme l'indique justement M. Piedelièvre, il n'appartient pas au tiers de saisi « *de se faire juge du différend qui peut exister ; il est tenu de transmettre un fait brut* ». Au demeurant, le tiers saisi a tout intérêt à ne pas omettre les éléments (cession de créance, convention de fusion de comptes, procès en cours, *etc.*) susceptibles d'affecter l'obligation le liant au débiteur, s'il entend éviter d'être condamné au paiement des sommes dont il s'est reconnu débiteur dans sa déclaration[4]. La Cour de cassation a pu en effet retenir que la reconnaissance par le tiers saisi de la créance, sans réserve, lui impose d'acquitter la créance, sans pouvoir opposer d'exception ultérieure[5]. La solution, estimée injustifiable par MM. Perrot et Théry, qui rappellent que le tiers saisi doit pouvoir opposer au saisissant les moyens qu'il aurait pu opposer au débiteur[6], était d'autant plus rigoureuse dans le cas d'espèce, que le tiers saisi entendait opposer les fautes du débiteur saisi, sur le fondement d'une expertise intervenue après l'acte de saisie. En l'état de cette jurisprudence, on ne peut qu'inciter le tiers saisi à la plus grande précision dans les termes de sa déclaration.

1. Civ. 2e, 2 juill. 2020, n° 19-14.379, P.
2. En matière de saisie conservatoire de biens corporels : Civ. 2e, 4 févr. 2021, n° 19-12.424, P.
3. Civ. 2e, 8 sept. 2011, n° 10-17.506, P II, n° 169 ; *RD banc. fin.* 2011, n° 207, obs. S. Piedelièvre.
4. Civ. 2e, 12 juin 2008, n° 07-17.356, NP.
5. Civ. 2e, 8 juill. 2004, n° 02-20.655, P II, n° 382 ; *RD banc. fin.* 2004, n° 217, obs. S. CPiedelièvre ; *Gaz. Pal.* 11-13 sept. 2005, p. 16, note C. Brenner.
6. Perrot et Théry, n° 399, II.

0821.82 Précision de la déclaration. La formulation de l'article L. 211-3 C. pr. exéc. invite le tiers saisi à répondre au commissaire de justice poursuivant de façon précise[7].

La **jurisprudence** se montre ainsi **particulièrement exigeante** quant au contenu de la déclaration du tiers saisi. Outre le refus de répondre[8], voire le fait d'indiquer simplement « *prendre acte de la saisie* », sans autre précision[9], lui faisant encourir une condamnation aux causes de la saisie, le tiers saisi peut être condamné à des dommages-intérêts s'il se contente de donner au créancier une réponse par une « *formule vague et hésitante* »[10], ou se borne à une simple déclaration de principe imprécise[11], tel le fait d'indiquer détenir des fonds pour le compte du débiteur et de n'apporter de précision qu'ultérieurement[12].

En outre, si, après avoir exactement répondu sur-le-champ au commissaire de justice, le tiers saisi lui fournit ultérieurement des informations complémentaires mensongères ou inexactes, il engage sa responsabilité aux conditions de l'article 1240 C. civ.[13], c'est-à-dire sur le fondement du second alinéa de l'article R. 211-5 C. pr. exéc.

B. Communication des pièces justificatives

0821.91 Pièces justificatives. L'article R. 211-4 C. pr. exéc., faisant une application particulière de l'obligation de concours des tiers à la mesure, posée

7. G. Dedessus-Le-Moustier, « L'obligation de renseignement du tiers saisi dans la saisie-attribution », *JCP* 1998. I. 106, p. 172, n° 6.
8. TGI Lyon, JEX, 22 févr. 1994, *D.* 1994. IR 125 ; *D.* 1994. Somm. 341, obs. P. Julien – TGI Lyon, JEX, 13 juin 1995, *Rev. huiss.* 1996. 724, obs. Prévault ; *Gaz. Pal.* 1995. 602 – TGI Lyon, JEX, 5 janv. 1999, RG n° 98/12131, Procureur c/Apicil, NP.
9. TGI Lyon, JEX, 22 juill. 1997, RG n° 97/08149, NP.
10. TGI Grenoble, JEX, 12 janv. 1995, *Rev. huiss.* 1995. 1269 – V. aussi : Civ. 2e, 10 janv. 2013, n° 11-26.316, NP : la cassation d'un arrêt ayant condamné le tiers saisi aux causes de la saisie pour avoir seulement déclaré prendre acte de la saisie, intervient, non pas au motif (invoqué par la 1re branche du moyen de cassation) qu'une telle réponse ne ferait encourir qu'une condamnation à des dommages-intérêts, faute d'équivaloir à une absence de réponse, mais en raison (invoquée par la 3e branche du moyen) du fait que le tiers saisi avait ultérieurement indiqué, sans être contredit, n'être tenu à aucune obligation légale à l'égard du débiteur.
11. Paris, 29 juin 1995, *Juris-Data* n° 022190.
12. Civ. 2e, 26 mai 2011, n° 10-16.343, P II, n° 119 (en l'état d'une telle réponse imprécise, le tiers saisi n'encourt qu'une condamnation à des dommages-intérêts).
13. En matière de saisie conservatoire de biens corporels : Civ. 2e, 4 févr. 2021, n° 19-12.424, P.

par l'article L. 123-1 C. pr. exéc., impose au tiers saisi de communiquer au commissaire de justice poursuivant « *les pièces justificatives* », qui permettent en effet de vérifier la sincérité et l'exactitude de la déclaration du tiers saisi[1].

Le commissaire de justice peut exiger du tiers saisi la communication de tous documents utiles – c'est-à-dire en rapport avec son obligation déclarative – sans que le secret professionnel puisse lui être opposé (v. s[s] n°s 0821.81 et 0922.52).

Il a été ainsi jugé :

– qu'une SCP de notaires, tiers saisi, était tenue de communiquer au commissaire de justice pratiquant une saisie-attribution à l'encontre de l'un des notaires, ses statuts ainsi que les accords entre ses membres relatifs à leur rémunération[2] ;

– qu'une banque devait communiquer une convention de fusion de comptes[3] ;

Dès lors que le tiers saisi a effectué une déclaration, le défaut de communication des pièces justificatives ne peut être sanctionné que par l'allocation de dommages-intérêts (v. s[s] n° 0821.111).

0821.92 **Astreinte.** L'article L. 123-1 C. pr. exéc., qui impose aux tiers d'apporter leur concours aux mesures d'exécution lorsqu'ils en sont légalement requis, prévoit la possibilité pour le JEX, afin de contraindre le tiers saisi à respecter ses obligations, de prononcer une astreinte.

Ainsi des juges du fond ont-ils par exemple pu décider que : « *Le créancier saisissant peut, lorsqu'il existe une présomption* [comprendre une suspicion] *de fraude, contester la déclaration du tiers saisi et requérir, au besoin sous astreinte, communication des documents lui permettant de vérifier la sincérité de cette déclaration* », dès lors qu'il ne s'agit pas de documents confidentiels[4]. La Cour de cassation n'a toutefois pas eu l'occasion de prendre parti sur la question.

C.
Moment de la déclaration du tiers saisi

0821.101 **Déclaration sur-le-champ.** Les renseignements prévus par l'article L. 211-3 C. pr. exéc., doivent être fournis « *sur-le-champ* » au commissaire de justice qui procède à la signification du procès-verbal de saisie[5].

Par l'utilisation de la formule « *sur-le-champ* », les rédacteurs du texte ont voulu que la coopération du tiers saisi aux opérations d'exécution soit immédiate, afin, *d'une part*, de « *prévenir une éventuelle collusion frauduleuse entre le débiteur (du saisissant) et le tiers après la mise en place de la saisie* »[6] et, *d'autre part*, de permettre au créancier saisissant d'apprécier l'opportunité de poursuivre cette voie d'exécution ou d'y renoncer, notamment en cas de sommes insuffisantes détenues par le tiers, de solde débiteur ou d'absence d'obligation du tiers à l'égard du saisi[7].

Malgré cette exigence textuelle, la jurisprudence révèle que les commissaires de justice sont souvent conduits à laisser au tiers saisi un délai pour accomplir sa déclaration. Dès lors que ce délai est indiqué dans l'acte de saisie, le tiers saisi en dispose nécessairement pour satisfaire à son obligation (v. s[s] n° 0821.135).

En dehors de ce cas, les décisions révèlent également que la réponse du tiers saisi n'est bien souvent pas immédiate :

– soit parce que l'acte de saisie n'a pas été remis à la personne même du tiers saisi, à un représentant légal d'une personne morale, à un fondé de pouvoir ou à toute personne habilitée (cas de la signification en mairie[8], désormais signification remise en l'étude du commissaire de justice), ou lorsque la saisie est pratiquée au siège social d'un établissement bancaire (v. s[s] n°s 0922.21) ;

– soit parce que des recherches doivent être effectuées pour connaître avec précision l'étendue des obligations et rassembler les documents nécessaires[9].

En matière de saisie des comptes bancaires (v. s[s] n°s 0922.21 s.), une pratique fréquente consiste, soit à ne rien déclarer « *sur-le-champ* » et à adresser une lettre le jour même, soit à faire immédiatement une déclaration partielle, comme par exemple l'indication du solde des comptes, et à adresser une réponse ultérieure par courrier, soit le jour même, soit dans les quarante-huit heures, pour compléter l'information donnée « *sur-le-champ* » (existence de saisies

1. Montpellier, 10 janv. 2000, *RD banc. fin.* 2000. 179, obs. J.-M. D.
2. Civ. 2e, 28 janv. 1998, n° 96-12.422, P II, n° 36 ; *D.* 1998. IR 68 ; *D. Affaires* 1998. 378 ; *Gaz. Pal.* 1999. 1. Somm. 121, note P. Véron ; *JCP* 1998. IV. 1611 – et SUR RENVOI : Angers, 4 juin 1999, RG n° 98/01135, arrêt n° 289.
3. Paris, 28 mai 1998, *Banque et droit* 1998, n° 61, p. 36.
4. Rennes, 13 oct. 1994, *Rev. huiss.* 1995. 575 – V. AUSSI : Paris, 29 juin 1995, *Juris-Data* n° 022190.
5. Dans le droit antérieur, applicable à la saisie-arrêt, le tiers saisi avait une obligation de renseignement à deux stades de la procédure : lors de la signification de l'exploit de saisie-arrêt (ACPC, art. 559, al. 4) et lors de l'assignation en déclaration affirmative (ACPC, art. 573 et 574).
6. COUCHEZ, n° 277.
7. Ainsi que l'avait énoncé le TGI de Roanne, JEX, 6 mai 1993, *Rev. huiss.* 1994. 656 : « *Les termes "sur-le-champ" supposent une réponse immédiate et sont exclusifs de tout délai si raisonnable soit-il* ».
8. TGI Lyon, JEX, 9 févr. 1999, RG n° 99/00605, NP.
9. Civ. 2e, 28 janv. 1998, n° 95-18.340, P II, n° 35 ; *D.* 1998. IR 78 ; *D. Affaires* 1998. 422, obs. S. P. ; *Gaz. Pal.* 1998. 2. Somm. 687 ; *RGDP* 1998. 524, obs. Putman – Paris, 7 avr. 1998, *D. Affaires* 1998. 842 – Paris, 23 sept. 1999, *Bull. ch. avoués* 2000, n° 154, p. 68.

antérieures, d'une convention d'unité de compte, ou d'un compte en devises par ex.[1]).

La jurisprudence fait une application stricte du texte et sanctionne le tiers saisi qui répond tardivement au commissaire de justice instrumentaire sans motif légitime.

Ont, par exemple, été sanctionnés :

– un tiers saisi dans les locaux duquel le commissaire de justice s'était présenté vainement à deux reprises et n'avait reçu des renseignements que le lendemain, sans qu'un motif légitime ait été démontré[2] ;

– un notaire qui avait attendu près de trois semaines après la signification de la saisie-attribution pour répondre au commissaire de justice poursuivant[3] ;

– une banque qui a communiqué onze jours après l'acte de saisie des informations incomplètes sur le montant du solde des comptes du débiteur au jour de la saisie[4].

0821.102 Cas de la signification électronique : allongement du délai de réponse et cause étrangère. Une dérogation à l'obligation de déclaration sur-le-champ est en outre prévue dans le cas où la signification est accomplie par la voie électronique[5]. Rappelons que la signification par voie électronique répond à des conditions particulières et suppose en particulier le consentement préalable du destinataire de l'acte, recueilli par la chambre nationale des commissaires de justice (C. pr. civ., art. 748-2 – Décr. n° 2021-1625, 10 déc. 2021, art. 21 ; toutefois, sur l'exclusion de ce consentement pour la saisie des comptes bancaires, v. s^s n° 0922.11). Elle est entrée en vigueur après la publication d'un arrêté technique[6], le 1er septembre 2012[7].

Dès lors que l'immédiateté d'une déclaration « sur-le-champ » s'explique par le dialogue que rend possible la signification faite selon la forme traditionnelle, il est nécessaire de prévoir une dérogation lorsque la saisie a lieu par la voie électronique. C'est pourquoi l'article R. 211-4 C. pr. exéc. prévoit une disposition dérogatoire dans le cas d'une signification électronique de l'acte de saisie. Cela concerne en particulier la saisie pratiquée entre les mains d'une banque, qui, en application de l'article L. 211-1-1 C. pr. exéc., entré en vigueur le 1er avril 2021, est faite par voie électronique (v. s^s n° 0922.11).

Dans le dernier état de l'article R. 211-4, modifié par le décret du 26 septembre 2019[8], il est prévu que : « *Si l'acte de saisie est signifié par voie électronique, le tiers saisi est tenu de communiquer* [au commissaire de justice], *par la même voie, les renseignements et pièces justificatives mentionnés au premier alinéa. Cette communication doit être effectuée au plus tard le premier jour ouvré suivant la signification, sous réserve des dispositions prévues à l'article 748-7 du Code de procédure civile* » (C. pr. exéc., art. R. 211-4[9]).

Il résulte du renvoi fait à l'article 748-7 C. pr. civ. que lorsque le tiers saisi est empêché de répondre par la voie électronique dans le délai réglementaire, pour une cause qui lui est étrangère, il n'est pas pour autant autorisé à formuler sa réponse sur support papier, mais dispose simplement d'une prorogation du délai déjà accordé pour répondre, prorogation jusqu'au premier jour ouvrable suivant. Ainsi, puisque le tiers saisi ne dispose pas d'une alternative à la communication électronique, il semble devoir en être déduit que, tant que perdure l'impossibilité de transmettre les renseignements par la voie électronique, ce délai demeure prorogé. En outre, dans le cas particulier de la saisie-attribution, l'instauration de cette prorogation du délai de réponse vient nécessairement s'ajouter, plutôt que se substituer, aux cas de motifs légitimes susceptibles de justifier un retard dans la réponse apportée par le tiers saisi suivant la voie électronique.

La **notion de cause étrangère** n'a pas donné lieu à une interprétation jurisprudentielle au titre des dis-

1. TGI Lyon, JEX, 14 mai 1998, RG n° 97/15386, NP.
2. Civ. 2e, 2 avr. 1997, n° 95-13.567, P II, n° 107 ; *D.* 1997. IR 120 ; *Rev. huiss.* 1997. 987 et 1479, obs. Daigre ; *Procédures* 1997, n° 147, obs. R. Perrot ; *RTD civ.* 1997. 752, obs. R. Perrot ; *D.* 1998. 36, note D. Martin.
3. TGI Lyon, JEX, 16 mai 1995, *Rev. huiss.* 1996. 722, obs. Prévault ; *Gaz. Pal.* 1995. Somm. 602.
4. TGI Lyon, JEX, 11 févr. 1997, RG n° 96/15376, cité dans *Banque et droit* 1997, n° 55, p. 40 – CONFIRMÉ PAR : Lyon, 13 janv. 1999, RG n° 97/01046.
5. Conformément aux règles instaurées par Décr. n° 2012-366, 15 mars 2012, relatif à la signification des actes d'huissier de justice par voie électronique et aux notifications internationales, *JO* 17 mars, p. 4899 – T. Ghera, « Le décret n° 2012-366 du 15 mars 2012, entre équilibre et modernité, la sécurité juridique au cœur de la communication électronique judiciaire », *Dr. et proc.* 2012. Chron. 114 ; « 3 questions à Me Jean-François Bauvin », *JCP* 2012. 430 – L. Lauvergnat, « Le décret n° 2012-366 du 15 mars 2012 : un souffle nouveau en matière de notifications », *Procédures* 2012. Étude 3 – V. AUSSI, Rép. pr. civ., v° *Communication électronique*, par E. de Leiris, nov. 2021 (actu. juill. 2024).
6. Arr. 28 août 2012, portant application des dispositions du titre XXI du livre Ier du Code de procédure civile aux huissiers de justice, *JO* 31 août, p. 14049.
7. Décr. n° 2012-366, 15 mars 2012, art. 24 – Décr. n° 2012-783, 30 mai 2012, relatif à la partie réglementaire du code des procédures civiles d'exécution, art. 13, *JO* 31 mai, texte 1.
8. Décr. n° 2019-992, 26 sept. 2019, portant application des articles 14 et 15 de la loi n° 2019-222 du 23 mars 2019 de programmation 2018-2022 et de réforme pour la justice, et relatif à la procédure d'expulsion ainsi qu'au traitement des situations de surendettement, *JO* 28 sept., texte 2, art. 4 (entré en vigueur le 29 sept. 2019).
9. Décr. n° 2012-783, 30 mai 2012, art. 13, 3°.

positions régissant la saisie-attribution, mais le renvoi qui est fait à l'article 748-7 C. pr. civ. doit permettre la transposition des solutions dégagées en matière de procédure civile[1]. En substance, on retiendra que l'impossibilité dans laquelle le tiers saisi doit être placé pour répondre ne doit pas être causée par son propre fait[2], mais résulter d'un **dysfonctionnement technique**[3] qui, sans avoir à répondre aux conditions de la force majeure[4], ne doit pas pouvoir être imputé à une quelconque négligence de ce tiers saisi[5].

§ 2
Sanctions des obligations du tiers saisi

0821.111 **Règle.** L'obligation de déclaration mise à la charge du tiers saisi est sanctionnée par l'article R. 211-5 C. pr. exéc. aux termes duquel : « *Le tiers saisi qui, sans motif légitime, ne fournit pas les renseignements prévus est condamné, à la demande du créancier, à payer les sommes dues à ce dernier sans préjudice de son recours contre le débiteur.*

Il peut être condamné à des dommages et intérêts en cas de négligence fautive ou de déclaration inexacte ou mensongère ».

Ce texte, qui concerne les renseignements attendus, ne précise pas la sanction encourue par celui qui ne communique pas les pièces justificatives visées à l'article R. 211-4 C. pr. exéc. Par conséquent, la Cour de cassation a censuré une cour d'appel qui avait jugé que le défaut de fourniture des pièces justificatives, sans motif légitime, entraînait la condamnation du tiers saisi au paiement des sommes dues au créancier[6]. Le manquement à l'obligation de fournir les pièces justificatives ne peut donner lieu qu'au paiement, s'il y a lieu, de dommages-intérêts[7].

La solution est la même lorsque le tiers saisi, après avoir exactement répondu sur-le-champ au commissaire de justice, lui fournit ultérieurement des informations complémentaires mensongères ou inexactes. La Cour de cassation retient qu'en ce cas le tiers saisi engage sa responsabilité aux conditions de l'article 1240 C. civ.[8].

Enfin, ainsi qu'il sera expliqué plus en détail (v. s[s] n° 0831.52), l'absence de déclaration du tiers saisi n'affecte pas pour autant l'effet attributif immédiat attaché à la saisie-attribution : la créance qui a été saisie reste, en théorie du moins, attribuée au créancier saisissant[9].

0821.112 **Rigueur des décisions.** L'analyse de la jurisprudence révèle la rigueur des juridictions du fond à l'égard des tiers saisis qui manquent à leur obligation déclarative[10].

La Cour de cassation, qui rappelle que la déclaration doit être faite « *sur-le-champ* », et consciente des « *conséquences d'une rigueur excessive* » du texte, a suggéré de modifier l'article 59 du décret du 31 juillet 1992 (devenu C. pr. exéc., art. R. 211-4) et « *d'accorder au tiers saisi un bref délai* [...] *pour adresser à l'huissier* [devenu commissaire] *de justice les renseignements s'il n'a pas été en mesure de les fournir immédiatement* »[11].

L'Association française des banques a demandé le remplacement des mots « *sur-le-champ* » par les mots « *dans un délai de deux jours ouvrés* ». Le Conseil d'État a rejeté la requête au motif que les auteurs du décret n'avaient pas édicté une formalité impossible dès lors que le JEX dispose du pouvoir souverain d'apprécier « *si les causes de retard invoquées par le tiers saisi qui n'a pas fourni sur-le-champ les renseignements demandés par l'huissier* [devenu commissaire] *de justice procèdent d'un motif légitime* »[12].

0821.113 **Autonomie de régime de la déclaration inexistante ou tardive et de la déclaration incomplète, inexacte ou mensongère.** La question s'est longtemps posée de savoir si le second alinéa de l'article 60 du décret (devenu C. pr. exéc., art. R. 211-5), qui prévoyait que le tiers saisi « *peut aussi être condamné*

1. Rép. pr. civ., v° *Communication électronique*, par E. de Leiris, nov. 2021 (actu. juill. 2024), n°s 71 s. – S. Guinchard (dir.), Dalloz action *Droit et pratique de la procédure civile*, 2024/2025, n°s 273.221 s., par C. Bléry.
2. PAR EX. : Civ. 2e, 16 nov. 2017, n° 16-24.864, P II, n° 214.
3. Civ. 2e, 27 sept. 2018, n° 17-20.930, P II, n° 197.
4. Civ. 2e, 16 nov. 2017, n° 16-24.864, préc. s[s] prés[t] n° – Civ. 2e, 17 mai 2018, n° 17-20.001, P II, n° 100.
5. POUR DES ILLUSTRATIONS, v. Rép. pr. civ., v° *Communication électronique*, par E. de Leiris, nov. 2021 (actu. juill. 2024), n°s 78 s.
6. Montpellier, 10 janv. 2000, *RD banc. fin.* 2000. 179, obs. crit. J.-M. D.
7. Civ. 2e, 20 déc. 2001, n° 00-12.798, P II, n° 205 ; *RD banc. fin.* 2002, n° 67, obs. J.-M. D. ; *JCP* 2002. IV. 1214 ; *RTD civ.* 2002. 363, obs. R. Perrot ; *Dr. et proc.* 2002. 181, obs. E. Putman – Civ. 2e, 6 mai 2004, n° 02-15.348, P II, n° 218 ; *D.* 2004. 866 ; *RTD civ.* 2004. 560, obs. Perrot ; *RD banc. fin.* 2004, n° 181, obs. S. Piedelièvre.
8. En matière de saisie conservatoire de biens corporels : Civ. 2e, 4 févr. 2021, n° 19-12.424, P.
9. Civ. 2e, 30 sept. 2021, n° 20-14.060, P.
10. G. Dedessus-Le-Moustier, « L'obligation de renseignement du tiers saisi dans la saisie-attribution », *JCP* 1998. I. 106, p. 172, n° 6 – C. Guien, « L'obligation de renseignement du tiers saisi en matière de saisie-attribution : une obligation à exécution instantanée », *Gaz. Pal.* 1998. Doctr. 1138 – M.-A. Mondolini, « L'obligation déclarative du tiers saisi dans la saisie-attribution », *RD bancaire et bourse* 1998, n° 68, p. 117 ; *JCP E* 1998. 1026 – J.-P. Morin et J. Ziegler, « Défense du banquier tiers saisi », *Banque et droit* 1999, n° 64, p. 6 – D. Santacru, « L'article 60 du décret du 31 juillet 1992 : un exemple de *transitivité juridique* », *Banque et droit* 1998, n° 60, p. 3.
11. *R.* 1999, p. 33, Doc. fr.
12. CE 9 juin 2000, req. n° 198088, *D.* 2000. IR 206 ; *Procédures* 2001, n° 35, p. 11, obs. H. Croze ; *RD banc. fin.* 2000. 304, obs. J.-M. D. ; *Gaz. Pal.* 2000. Doctr. 2192, obs. M. Dymant.

à des dommages et intérêts en cas de négligence fautive ou de déclaration inexacte ou mensongère », organisait une sanction autonome, ou bien s'il venait simplement sanctionner plus gravement celui qui avait fait preuve de négligence fautive, ou qui avait communiqué des informations inexactes ou mensongères, en ajoutant à sa condamnation au paiement des causes de la saisie, une condamnation à des dommages et intérêts.

Cette question a divisé la doctrine[1], comme les juridictions du fond[2].

La Cour de cassation est venue affirmer l'autonomie de ces sanctions[3]. Une déclaration incomplète, inexacte ou mensongère ne peut donner lieu qu'à condamnation du tiers saisi au paiement des dommages-intérêts prévus par l'article 60 alinéa 2 (devenu C. pr. exéc., art. R. 211-5, al. 2)[4]. Il en découle par exemple que le juge ne peut rejeter une demande, formée sur le fondement du premier alinéa, au motif qu'elle relève du second alinéa, sans inviter les parties à s'expliquer sur ce moyen relevé d'office[5].

La même solution a été adoptée en matière de saisie conservatoire, sur le fondement de l'article 238 du décret du 31 juillet 1992 (devenu C. pr. exéc., art. R. 523-5)[6].

La disparition de l'adverbe « *aussi* » dans l'article R. 211-5 C. pr. exéc., qui est venu remplacer l'article 60 du décret du 31 juillet 1992, a conforté cette jurisprudence.

0821.114 **Plan.** Il convient donc de distinguer selon que le tiers saisi s'est abstenu de toute déclaration, situation à laquelle est assimilé le cas de la déclaration tardive (A), ou qu'il a procédé à une déclaration inexacte, incomplète ou mensongère (B).

A. Sanction de l'absence de déclaration ou de la déclaration tardive

1° Conditions d'application de la sanction

0821.121 **Généralités.** Le tiers saisi ne peut être condamné aux causes de la saisie que si celle-ci est valable, n'est pas atteinte par la caducité et porte sur une créance dont le tiers saisi est bien débiteur.

0821.122 **Validité de la saisie.** La saisie ne doit pas être entachée de nullité[7].

Ainsi, les tiers saisis poursuivis sur le fondement de l'article R. 211-5 C. pr. exéc. peuvent soulever les exceptions de nullité que le débiteur saisi n'aurait pas soulevées, telle la nullité du procès-verbal de saisie établi par un clerc plutôt que par un commissaire de justice.

0821.123 **Saisie non atteinte par la caducité.** La Cour de cassation, s'agissant de la mise en œuvre de la responsabilité du tiers saisi sur le fondement de l'article 60 alinéa 1er du décret (devenu C. pr. exéc., art. R. 211-5, al. 1er), retient en outre que la saisie ne doit pas être atteinte de caducité. La **caducité** privant rétroactivement la saisie de tous ses effets, « *s'oppose à ce que le créancier saisissant puisse faire condamner le tiers saisi* [...] *au paiement des sommes pour lesquelles la saisie a été pratiquée, cette sanction de la méconnaissance par le tiers saisi de son obligation de renseignement s'inscrivant nécessairement dans le cadre d'une saisie valable* »[8]. Cet avis a été confirmé par un arrêt de la deuxième chambre civile[9]. Cette jurisprudence ne peut qu'inciter le créancier saisissant à

1. V. NOT. EN FAVEUR DE L'AUTONOMIE DU SECOND ALINÉA : G. Dedessus-Le-Moustier, nº 23 (préc., v. s^s^ nº 0821.112).
2. TGI Grenoble, JEX, 23 juin 1997, RG nº 97/02289, SNP – Versailles, 14 mars 1997, *Gaz. Pal.* 1997. 2. Somm. 349 – Lyon, 23 févr. 2000, RG nº 98/04392, NP.
3. Civ. 2e, 13 juill. 2005, nº 03-19.138, P II, nº 204 : « *Les alinéas premier et second de l'article 60 du décret du 31 juillet 1992 ne sont pas interdépendants* ».
4. Civ. 2e, 5 juill. 2000, nº 97-19.629, P II, nº 115 ; *JCP* 2000. IV. 2494 ; *RTD civ.* 2000. 903, obs. R. Perrot ; *RTD com.* 2000. 990, obs. M. Cabrillac ; *Procédures* 2000, nº 196, arrêt nº 3 ; *Ann. loyers* 2001. 550, obs. D. Martin ; *RJDA* 2000, nº 1041 – R. Perrot et P. Théry, « Saisie-attribution : la situation du tiers saisi (les arrêts du 5 juillet 2000) », *D.* 2001. 717 – A. Leborgne, « L'obligation de concours des tiers saisis », *Rev. huiss.* 2001. 156 – Civ. 2e, 10 mars 2004, nº 02-17.011, P II, nº 116 ; *RD banc. fin.* 2004, nº 180, obs. S. Piedelièvre – Civ. 2e, 19 mars 2009, nº 08-11.303, P II, nº 78 – Civ. 2e, 10 sept. 2009, nº 08-18.590, P II, nº 211 ; *RD banc. fin.* 2009, nº 209, obs. crit. S. Piedelièvre ; *Procédures* 2009, nº 357, obs. R. Perrot.
5. Civ. 2e, 13 juill. 2005, nº 03-18.895, NP : « *Les alinéas premier et second de l'article 60 du décret du 31 juillet 1992 ne sont pas interdépendants* ».
6. Civ. 2e, 21 déc. 2000, nº 98-21.990, P II, nº 179.
7. Civ. 2e, 5 juill. 2000, nº 98-18.475, P II, nº 111 ; *RTD civ.* 2000. 903, obs. R. Perrot ; *Procédures* 2000, nº 196, arrêt nº 1, obs. R. Perrot ; *Ann. loyers* 2001. 548, obs. D. Martin ; *RJDA* 2000, nº 1040 ; *RD banc. fin.* 2000. 362, nº 236, obs. J.-M. D. – R. Perrot et P. Théry, « Saisie-attribution : la situation du tiers saisi (les arrêts du 5 juillet 2000) », *D.* 2001. 716 – V. AUSSI, Civ. 2e, 3 mai 2001, nº 99-13.592, P II, nº 89 ; *D.* 2001. IR 1671 ; *RTD civ.* 2001. 667, obs. R. Perrot ; *RD banc. fin.* 2001, nº 162, obs. J.-M. D. – Civ. 2e, 10 mars 2004, nº 02-17.011, P (préc., v. s^s^ nº 0821.113) – Civ. 2e, 23 sept. 2004, nº 02-18.252, *Procédures* 2004, nº 257, obs. R. Perrot ; *Dr. et proc.* 2005. 30, obs. E. Putman.
8. Cass., avis, 21 juin 1999, nº 09-90.008, P, nº 5 ; *D.* 1999. 206 ; *JCP* 1999, nº 10160, note H. Croze et T. Moussa ; *Dr. et patr.* nov. 2000. 105, obs. Ph. Théry ; *D. Affaires* 1999. 1247, obs. V. A.-R. – V. AUSSI, Civ. 2e, 6 mai 2004, nº 02-12.484, P II, nº 217 ; *D.* 2004. 1646 ; *JCP* 2004. 10150, note O. Salati.
9. Civ. 2e, 23 nov. 2000, nº 98-22.938, P II, nº 155 ; *RD banc. fin.* 2001. 24, nº 26, obs. J.-M. D. ; *RTD civ.* 2001. 667, obs. R. Perrot (CASSATION DE : Lyon, 14 oct. 1998, *JCP* 1999. II. 10016, obs. H. Croze) – V. AUSSI : Civ. 2e, 3 mai 2001, nº 99-13.592, P II, nº 89 ; *D.* 2001. IR 1671 ; *RTD civ.* 2001. 667, obs. R. Perrot ; *Dr. et proc.* 2001. 328, obs. J.-J. Bourdillat.

dénoncer la saisie-attribution au débiteur saisi dans le cas où le tiers saisi tarde à satisfaire à son obligation de renseignement.

0821.124 Existence d'une dette du tiers saisi. Le tiers entre les mains duquel est pratiquée une saisie-attribution « *n'encourt, s'il n'est tenu, au jour de la saisie, à aucune obligation envers le débiteur, qu'une condamnation au paiement de dommages-intérêts prévue par l'article 24 de la loi* [...] »[1].

La jurisprudence exige ainsi que le tiers saisi ait une dette envers le débiteur principal au jour de la saisie. De ce cas devrait pouvoir être rapproché celui dans lequel la créance du débiteur saisi contre le tiers saisi est, sinon inexistante, du moins insaisissable[2].

Cette sanction est dès lors exclue lorsque le tiers saisi n'est pas débiteur du débiteur principal[3], voire ne l'était pas encore au jour de la saisie[4], ou ne l'est plus, au jour de la saisie, du fait qu'il a payé sa dette[5]. Cette solution s'applique dans le cas où la créance que détenait le débiteur saisi sur le tiers saisi résultait d'un jugement, infirmé postérieurement à la saisie-attribution ; aussi, dans cette hypothèse, le créancier saisissant est tenu de restituer la somme qu'il a reçue du tiers saisi sur le fondement de l'article 60 alinéa 1er du décret du 31 juillet 1992 (devenu C. pr. exéc., art. R. 211-5, al. 1er)[6].

En cas de débats sur l'existence d'une créance contre le tiers saisi, le JEX, saisi d'une demande formée en application de l'article R. 211-5, sera amené à trancher cette question.

À l'inverse, peu importe que le saisissant n'ait pas déclaré sa créance à la procédure collective du débiteur principal, prononcée après la saisie-attribution : en effet, une créance qui n'a pas été déclarée au passif du débiteur n'est pas éteinte mais simplement inopposable à la procédure collective ; il suffit donc que le juge constate que le tiers saisi, débiteur au jour de la saisie, n'a pas satisfait à son obligation de renseignement, pour le condamner à payer au saisissant les sommes qu'il devait au débiteur principal[7].

0821.125 Assimilation de la déclaration tardive du tiers saisi sans motif légitime à un défaut de déclaration. La Cour de cassation a assimilé la déclaration tardive au défaut de déclaration. Le tiers saisi qui, sans motif légitime, n'a pas déclaré sur-le-champ l'étendue de ses obligations à l'égard du débiteur, encourt la sanction de l'article R. 211-5 alinéa 1er du décret[8] (devenu C. pr. exéc., art. R. 211-5, al. 1er). De même que l'absence de déclaration, la réponse tardive du tiers saisi ne permet de le condamner au paiement des causes de la saisie que si le débiteur saisi disposait d'une créance à son encontre au jour de la saisie[9].

0821.126 Délai de prescription de l'action contre le tiers saisi. Il a été jugé que l'action du créancier saisissant tendant à la condamnation du tiers saisi aux causes de la saisie, sur le fondement de l'alinéa 1er de l'article R. 211-5 C. pr. exéc., n'était pas soumise à la prescription décennale de l'article L. 111-4 de ce code, relatif à l'exécution de certains titres exécutoires, faute d'avoir pour objet l'exécution d'un tel titre qui serait détenu à l'égard de ce tiers[10]. Avec plusieurs commentateurs[11], on est tenté d'en déduire que cette action est soumise à la prescription quinquennale de droit commun.

L'arrêt précise en outre que le point de départ du délai de prescription de cette action contre le tiers saisi se situe au jour de la signification du procès-verbal de saisie-attribution. Cela correspond en effet

1. Civ. 2e, 5 juill. 2000, no 98-12.738, P II, no 114 ; *Ann. loyers* 2001. 549, obs. D. Martin ; *Procédures* 2000, no 196, arrêt no 5, obs. R. Perrot ; *RD banc. fin.* 2000. 360, obs. J.-M. D. – V. AUSSI, Civ. 2e, 7 déc. 2000, no 98-23.229, NP ; *Rev. huiss.* 2001. 192, obs. E. Putman – Civ. 2e, 30 mai 2002, no 00-22.909, NP ; *Procédures* 2002, no 204, obs. R. Perrot – Civ. 2e, 3 oct. 2002, no 01-02.159, P II, no 207 ; *D.* 2002. 2850 ; *RD banc. fin.* 2003, no 38, obs. J.-M. D. – Civ. 2e, 3 avr. 2003, no 01-14.118, NP ; *D.* 2004. 1494, obs. G. Taormina.
2. COMP. : Civ. 2e, 25 juin 2015, no 14-21.674, NP.
3. Civ. 2e, 24 mars 2005, no 01-14.212, P II, no 81 ; *D.* 2005. 1114 ; *Procédures* 2005, no 133, p. 17 ; *Dr. et proc.* 2005. 244, obs. O. Salati.
4. Civ. 2e, 12 avr. 2018, no 17-15.298, NP : une société n'est pas débitrice d'une créance de dividende à l'égard d'un associé avant la constatation de l'existence de sommes distribuables par l'organe social compétent et la détermination de la part attribuée à chaque associé.
5. Civ. 2e, 10 mars 2004, no 02-17.011, P (préc., v. ss no 0821.113).
6. Civ. 2e, 14 sept. 2006, no 04-17.065, P II, no 230.
7. Com. 23 nov. 2004, no 02-11.992, P IV, no 202 – Com. 8 sept. 2015, no 14-15.831, P IV, no 126.
8. Civ. 2e, 5 juill. 2001, no 99-20.616, P II, no 133 ; *D.* 2001. 2562 ; *Procédures* 2001, no 168, obs. Perrot ; *RTD civ.* 2001. 961, obs. R. Perrot ; *RD banc. fin.* 2001, no 240, obs. J.-M. D. ; *D.* 2002. 1304, note Daverat ; *Ann. loyers* 2002. 1142, obs. D. Martin – Civ. 2e, 21 mars 2002, no 00-19.222, P II, no 53 ; *D.* 2002. 1325 – Civ. 2e, 9 juill. 2009, no 08-15.192, P II, no 195 ; *RD banc. fin.* 2009, no 168, obs. S. Piedelièvre ; *Procédures* 2009, no 310, obs. R. Perrot – RAPPR. Civ. 2e, 2 avr. 1997, no 95-13.567, P (préc., v. ss no 0821.101) ; *D.* 1997. 120 ; *Rev. huiss.* 1997. 987 et 1479, obs. J.-J. Daigre ; *Procédures* 1997, no 147, obs. R. Perrot ; *RTD civ.* 1997. 752, obs. R. Perrot ; *Justices* 1997, no 7, p. 207, obs. E. Putman ; *D.* 1998. 36, note D. Martin.
9. Jurisprudence préc. ss prést no – V. ÉGAL., Civ. 2e, 24 mars 2005, no 01-14.212, P II, no 81 – Civ. 2e, 14 sept. 2006, no 04-17.065, P II, no 230 – Civ. 2e, 5 avr. 2007, no 05-14.593, P II, no 88 – Civ. 3e, 6 déc. 2006, no 04-14.776, P III, no 246 – Civ. 2e, 10 janv. 2013, no 11-26.316, NP.
10. Civ. 2e, 6 sept. 2018, no 17-18.953, P II, no 167 ; *RTD civ.* 2019. 393, obs. Ph. Théry ; *Gaz. Pal.* 19 févr. 2019, no 342c8, p. 67, obs. O. Salati ; *Gaz. Pal.* 27 nov. 2018, no 337v8, p. 80, obs. L. Lauvergnat ; *JCP* 2018. 978, veille Tivaudy ; *Procédures* 2018. 328, comm. L. Raschel.
11. Obs. L. Lauvergnat et L. Raschel, préc. ss prést no.

à la date à partir de laquelle le créancier a connaissance de l'absence de déclaration sur-le-champ par le tiers saisi de l'étendue de ses obligations à l'égard du débiteur. Si telle est bien la logique à l'œuvre, ce point de départ devrait être reporté au premier jour ouvrable suivant l'établissement du procès-verbal, lorsqu'il est signifié par la voie électronique (v. s[s] n° 0821.102).

2°
Exonération du tiers saisi en cas de motif légitime

0821.131 **Motif légitime.** Le Code des procédures civiles d'exécution prévoit, de façon générale, que le tiers entre les mains duquel est pratiquée une saisie ne peut être condamné au paiement des causes de la saisie que s'il s'y oppose sans motif légitime[1]. Les textes propres à la saisie-attribution mettent en œuvre ce dispositif à l'égard du tiers saisi, de façon spécifique pour chacune des obligations lui incombant (v. s[s] n° 0813.11). En particulier, pour ce qui est de son obligation déclarative, afin d'échapper aux sanctions de l'article R. 211-5 C. pr. exéc., le tiers saisi qui était bien débiteur d'une somme d'argent au jour de la saisie, ne dispose, d'après ce texte, que d'un seul moyen : établir qu'un « *motif légitime* » l'a empêché de respecter son obligation de déclaration.

La Cour de cassation rappelle que les renseignements prévus par l'article 44 de la loi du 9 juillet 1991 (devenu C. pr. exéc., art. L. 211-3), doivent être fournis « *sur-le-champ* ». Dans un premier temps, elle a jugé que le tiers saisi est tenu de satisfaire « *spontanément* » à son obligation de renseignement, sans interpellation préalable[2]. Dans un second temps, elle a mis à la charge du commissaire de justice instrumentaire l'obligation d'apporter « *un soin particulier dans la conduite de son interpellation* ». « *À défaut, le tiers saisi a un motif légitime de ne pas répondre ou de répondre avec retard* »[3].

Après avoir laissé le soin aux juridictions du fond d'apprécier souverainement si les causes du retard invoquées par le tiers saisi ne procèdent pas d'un motif légitime[4], la Cour de cassation procède désormais à un contrôle léger de l'appréciation faite par les juges du fond du motif légitime invoqué, sans toutefois le définir[5].

Elle a en outre énoncé qu'il n'appartient pas au juge de relever d'office le motif légitime et qu'il incombe donc au tiers saisi poursuivi de s'en prévaloir[6] et de l'établir[7].

Elle est venue enfin préciser qu'aucun texte n'exige que le tiers saisi donne sur-le-champ au commissaire de justice qui l'interpelle le motif légitime l'autorisant à différer sa réponse[8].

0821.132 **Notion de motif légitime.** Il est en pratique rare qu'une absence totale de réponse soit justifiée par un motif légitime et le plus souvent, dans une telle hypothèse, le tiers saisi tentera d'échapper à une condamnation en invoquant l'absence de toute créance du débiteur saisi à son encontre, situation dans laquelle le tiers saisi ne peut en effet être condamné aux causes de la saisie.

La difficulté pour apprécier l'existence d'un motif légitime se pose en réalité surtout dans le cas d'une **réponse tardive** apportée par le tiers saisi. En assimilant cette réponse tardive au défaut de réponse, la jurisprudence de la Cour de cassation conduit en effet à devoir apprécier si le retard du tiers saisi trouve sa cause exclusive dans une ou plusieurs circonstances caractérisant un motif légitime.

En jurisprudence, le motif légitime résulte habituellement de **circonstances matérielles auxquelles le tiers saisi, normalement diligent, s'est heurté** pour apporter son concours. Les auteurs s'accordent à retenir une conception subjective du motif légitime, qui « *identifie la notion de motif légitime à la bonne foi du tiers saisi* »[9]. Si la diligence, voire la « *bonne volonté* »[10], du tiers saisi est indubitablement prise en considération pour apprécier sa coopération, il faut toutefois observer que la Cour de cassation ne recourt pas à la notion de bonne foi, qu'elle ne

1. Civ. 1re, 30 juin 2021, n° 18-22.978, NP, se fondant sur L. n° 91-650, 9 juill.1991, art. 24, devenu C. pr. exéc., art. L. 123-1.
2. Civ. 2e, 28 oct. 1999, n° 98-10.865, P II, n° 162 ; *Rev. huiss.* 2000. 315.
3. Civ. 2e, 4 oct. 2001, n° 99-20.653, P II, n° 152 ; *Procédures* 2001, n° 211, obs. R. Perrot ; *RD banc. fin.* 2001, n° 240, obs. J.-M. D. ; *RTD civ.* 2002. 152, obs. R. Perrot ; *D.* 2002. IR 3022 ; *Ann. loyers* 2002. 1144, obs. D. Martin.
4. Civ. 2e, 2 avr. 1997, n° 95-13.567, P (préc., v. s[s] n°s 0821.101 et 0821.125).
5. Civ. 2e, 28 janv. 1998, n° 96-12.422, P II, n° 36 ; *R.* 1998, p. 291, Doc. fr. – V. AUSSI : Civ. 2e, 11 mars 1999, n° 96-20.046, P II, n° 50 – Civ. 2e, 8 nov. 2001, n° 00-15.803, NP ; *RD banc. fin.* 2002, n° 65, obs. J.-M. D. – Civ. 2e, 21 mars 2002, n° 00-19.092, P II, n° 55 ; *D.* 2002. 1325 ; *RD banc. fin.* 2002, n° 150, obs. J.-M. D. – Civ. 2e, 19 sept. 2002, n° 00-10.779, NP ; *Procédures* 2003, n° 6, obs. R. Perrot – Civ. 2e, 17 oct. 2002, n° 00-21.965, P II, n° 231 – Civ. 2e, 9 janv. 2003, n° 00-13.887, P II, n° 4 ; *D.* 2004. Somm. 1496, obs. G. Taormina ; *D.* 2004. 2825, obs. B. Blanchard ; *Procédures* 2003, n° 62, obs. R. Perrot ; *RD banc. fin.* 2003, n° 84, obs. J.-M. D. ; *Gaz. Pal.* 2003. 467, note Bonnet – Civ. 2e, 15 déc. 2005, n° 04-12.171, P II, n° 333 – Civ. 2e, 10 avr. 2014, n° 13-12.767, NP.
6. Civ. 2e, 24 juin 1998, n° 96-14.318, P II, n° 223 ; *D. Affaires* 1998. 1532, obs. V. A.-R. ; *Gaz. Pal.* 1999. Somm. 174, note P. Véron.
7. Civ. 2e, 15 avr. 2010, n° 09-14.733, NP, au visa notamment de l'article 9 C. pr. civ.
8. Civ. 2e, 7 mars 2002, n° 00-12.054, P II, n° 36 ; *D.* 2002. 1117 ; *JCP* 2002. IV. 1671 ; *RD banc. fin.* 2002, n° 106, obs. J.-M. D.
9. DONNIER, n°s 999 s.
10. LEBORGNE, n° 1010.

contrôlerait d'ailleurs pas, de sorte que la lecture de sa jurisprudence met surtout en lumière les circonstances matérielles, souverainement relevées par les juridictions du fond, mais dont la Cour de cassation contrôle si elles sont, ou non, de nature à caractériser un motif légitime au profit du tiers saisi.

On retient généralement que les circonstances justifiant le défaut de réponse ou la réponse tardive résulteront soit des **conditions dans lesquelles l'acte de saisie a été délivré**, soit des **difficultés rencontrées par le tiers saisi** pour apporter son concours[1].

S'agissant d'apprécier le retard pris par le tiers saisi, c'est le plus souvent de la **combinaison de ces circonstances** que pourra être déduite l'existence d'un motif légitime. Ainsi, si l'absence de signification à personne de la saisie-attribution peut être de nature à donner au tiers saisi un motif légitime pour fournir sa réponse avec un léger délai, tels vingt-quatre ou quarante-huit heures, il pourra convenir de relever d'autres circonstances, complémentaires, pour considérer qu'un délai plus long demeurera « raisonnable »[2].

Pour retenir le motif légitime comme cause d'exonération du tiers saisi, les juridictions ont ainsi tenu compte :

0821.133 Des modalités de délivrance de l'acte de saisie :

– signification délivrée en période estivale à une personne qui ne pouvait disposer de renseignements suffisants[3] ;

– signification du procès-verbal de saisie en mairie[4] (désormais par remise en l'étude du commissaire de justice) ;

– signification du procès-verbal de saisie à un tiers « *dépourvu de toute connaissance juridique particulière* », à une « *hôtesse d'accueil* »[5], à la gardienne de l'immeuble[6] ;

– défaut d'interpellation ou interpellation insuffisante du tiers saisi par le commissaire de justice poursuivant[7].

Il serait toutefois erroné de déduire de ces arrêts que le seul fait de ne pas signifier l'acte à personne ou, dans le cas d'une signification faite à personne morale, de remettre l'acte à un membre ne disposant pas des renseignements attendus par le commissaire de justice, donnerait au tiers saisi un blanc-seing, lui conférant un motif légitime de ne pas répondre ou de répondre avec retard.

En revanche, ces modalités de signification sont prises en considération par la jurisprudence dans le cadre de l'appréciation globale de l'existence ou non d'un motif légitime. Il est donc indispensable que les commissaires de justice apportent un soin particulier à la délivrance des procès-verbaux de saisie-attribution et à l'interpellation des tiers saisis, en particulier chaque fois qu'ils ne s'adressent pas à des « *professionnels* », par exemple lorsqu'ils pratiquent des saisies-attributions entre les mains de locataires, de régisseurs d'immeubles, d'artisans ou de commerçants insuffisamment informés des conséquences de leurs manquements, et qu'ils évitent de remettre les actes à un standardiste, ou un hôte d'accueil, par exemple[8].

De façon générale, la Cour de cassation a relevé dans son rapport annuel que l'exigence de réponse « *sur-le-champ* » s'avère « *irréaliste si la signification de l'acte n'a pas été faite entre les mains du destinataire de l'acte ou du possesseur de renseignements* »[9].

0821.134 Des recherches à effectuer ou des comptes à établir :

– compte tenu du faible montant de la créance par rapport au chiffre d'affaires du tiers saisi et du caractère récent de cette créance[10] ;

– existence d'un compte en devises[11] ;

– nécessité de procéder à un tri parmi de nombreux dossiers de financement, entrant dans le champ d'une convention-cadre entre une banque et un entrepreneur et ne donnant naissance à une obligation de la banque qu'une fois celle-ci en possession d'une attestation de fin de travaux du client de l'entrepreneur[12] ;

1. DONNIER, préc. s^s prés^t n^o – LEBORGNE, préc. s^s prés^t n^o – PERROT et THÉRY, n° 393.
2. Civ. 2e, 28 févr. 2006, n° 04-16.396, P II, n° 59 ; *RD banc. fin.* 2006, n° 140, obs. S. Piedelièvre.
3. Civ. 2e, 15 déc. 2005, n° 04-12.171, P II, n° 333 (préc., v. s^s n° 0821.133) ; *D.* 2006. 101 ; *Procédures* 2006, n° 29, p. 15, obs. R. Perrot.
4. Civ. 2e, 22 mars 2001, n° 99-14.941, NP ; *Procédures* 2001, n° 105, obs. R. Perrot ; *RD banc. fin.* 2001, n° 158, obs. J.-M. D. ; *Gaz. Pal.* 2001. 1802, note Auduc – Civ. 2e, 13 juin 2002, n° 00-22.021, P II, n° 128 ; *D.* 2002. 2102.
5. Civ. 2e, 28 janv. 1998, n° 95-18.340, P II, n° 35 ; *D.* 1998. IR 278 ; *D. Affaires* 1998. 422 ; *Gaz. Pal.* 1998. 2. Somm. 687 ; *JCP* 1998. IV. 16190 ; *RGDP* 1998. 524, obs. E. Putman – Civ. 2e, 4 oct. 2001, n° 99-20.653, P (préc., v. s^s n° 0821.131) – Civ. 2e, 17 oct. 2002, n° 00-21.965, P II, n° 231 ; *D.* 2003. 1470, obs. G. Taormina ; *RD banc. fin.* 2003, n° 38, obs. J.-M. D. – Paris, 21 sept. 2000, *RD banc. fin.* 2000. 360, n° 233, obs. J.-M. D. – V. AUSSI, Civ. 2e, 15 déc. 2005, n° 04-12.171 (préc., v. s^s prés^t n^o).
6. Paris, 24 janv. 2008, *JCP* 2008. IV. 1444.
7. Civ. 2e, 4 oct. 2001, n° 99-20.653, P (préc., v. s^s prés^t n^o) – EN CE SENS : Paris, 24 sept. 1998, *D. Affaires* 1998. 209, obs. V. A.-R. ; *Rev. huiss.* 1999. 681, obs. Dahan – V. AUSSI : Paris, 10 sept. 1998, *D. Affaires* 1998. 1696 ; *Rev. huiss.* 2000. 57 – Versailles, 1er juill. 1999, *Gaz. Pal.* 2000. 1743.
8. Paris, 21 sept. 2000 (préc. s^s prés^t n^o).
9. *R.* 1999, p. 33, Doc. fr.
10. Civ. 2e, 15 déc. 2005, n° 04-12.171, P (préc., v. s^s n° 0821.133).
11. TGI Lyon, JEX, 14 mai 1998, RG n° 97/15386, NP.
12. Civ. 2e, 10 avr. 2014, n° 13-12.767, NP.

– interrogation du siège social d'une banque ou de l'agence détentrice du compte[1] ; interrogation de l'avocat titulaire du compte individuel en cas de saisie portant sur des fonds déposés sur un compte Carpa[2] ;

– existence de différents établissements d'une multinationale[3] ;

– la nécessité pour le tiers saisi, simple particulier, de faire des comptes avec un entrepreneur auquel des malfaçons étaient imputables[4].

Il a en outre pu être jugé que les violences exercées contre le tiers saisi pouvaient être de nature à caractériser un motif légitime[5].

0821.135 D'un délai accordé par le créancier saisissant. Dans le cas où le commissaire de justice a fait sommation au tiers saisi de procéder à la déclaration dans un délai qu'il fixe, plutôt que sur-le-champ, comme le prévoit l'article R. 211-4 C. pr. exéc., la Cour de cassation a retenu, par un arrêt du 8 septembre 2011[6], que le tiers saisi disposait alors de plein droit d'un motif légitime pour ne fournir les renseignements que dans ce délai. L'existence d'un motif légitime de réponse dans le délai accordé – en l'espèce il s'agissait, comme fréquemment en pratique, d'un délai de quarante-huit heures – ne fait en effet pas de doute (v. s^s^ n° 0821.101).

Dans cet arrêt, la Cour de cassation retenait en outre que le juge du fond avait pu déduire de l'octroi de ce délai l'existence d'un motif légitime pour fournir une réponse au-delà même de ce délai (« *il résulte des procès-verbaux de saisie que l'huissier* [devenu commissaire] *de justice chargé de l'exécution a indiqué* [au tiers saisi] *qu'à défaut de réponse immédiate, il lui était fait sommation d'avoir à répondre sous quarante-huit heures ; que la cour d'appel en a déduit, à bon droit* [...] *que les créancières avaient laissé* [au tiers saisi] *un délai de quarante-huit heures pour répondre et a pu retenir que le retard dans la réponse au-delà de quarante-huit heures avait un motif légitime dès lors qu'un délai avait été accepté au lieu d'une réponse sur-le-champ* »).

Sur ce point, la portée de l'arrêt, qui a été critiqué par la doctrine, mérite certainement d'être tempérée. En réalité, la lecture de cet arrêt permet de constater que le retard avait été minime, la réponse ayant été fournie, non pas dans les quarante-huit heures de la saisie, mais le troisième jour suivant celle-ci, de sorte que la Cour de cassation a estimé que la cour d'appel avait pu, dans le cas d'espèce, en déduire l'existence d'un motif légitime. Il ne faut donc pas en déduire que le délai accordé constituerait de plein droit un motif légitime de dépassement de ce délai. Ainsi, depuis lors, pour estimer qu'une cour d'appel avait pu retenir l'existence d'un motif légitime dans une telle configuration, la Cour de cassation a pris soin de relever les difficultés particulières rencontrées par le tiers saisi pour fournir une réponse au-delà du délai de quarante-huit heures accordé, en l'espèce sept jours[7].

0821.136 Motif légitime écarté. La jurisprudence refuse d'exonérer le tiers saisi lorsque celui-ci n'établit pas, en substance, que la cause de son retard est étrangère à son fait[8], que celui-ci procède de sa négligence, de sa mauvaise volonté ou d'un manque anormal d'organisation. À titre d'illustrations, notamment issues de décisions des juges du fond, n'ont pas été considérés comme un motif légitime :

– le fait que le commissaire de justice ait été invité à s'adresser au directeur administratif et financier pour obtenir les renseignements, une telle réponse équivalant à une absence de renseignement, le commissaire de justice ayant pour seule mission de remettre l'acte de saisie à une personne habilitée à le recevoir, sans avoir à chercher à obtenir les renseignements sollicités auprès d'une personne susceptible de les lui fournir[9] ;

– l'absence d'un notaire à l'étude lors de la signification d'un acte à une personne habilitée[10] (le tribunal de grande instance d'Évry a estimé que le

1. TGI Roanne, JEX, 6 mai 1993, *Rev. huiss.* 1994. 656 – TGI Paris, JEX, 15 mars 1999, *Banque et droit* 1999, n° 67, p. 56, obs. Guillot.
2. Civ. 2e, 9 janv. 2003, n° 00-13.887, P II, n° 4 ; *D.* 2004. 2825 ; *Procédures* 2003, n° 62, obs. R. Perrot ; *Dr. et proc.* 2003. 251, obs. E. Putman ; *JCP* 2004. I. 117, n° 17, obs. D. Martin.
3. Paris, 23 sept. 1999, *Bull. ch. avoués* 2000, n° 154, p. 68.
4. Civ. 2e, 28 janv. 1998, n° 95-18.340, P II, n° 35 ; *D.* 1998. 78.
5. Civ. 2e, 11 mars 1999, n° 96-20.046, P II, n° 50 (cassation au visa de L. 9 juill. 1991, art. 24 [devenu C. pr. exéc., art. L. 123-1], dans un cas légèrement différent de celui de l'absence de réponse du tiers saisi : la Cour de cassation reproche à la cour d'appel de ne pas avoir recherché si la remise des fonds saisis faite aux débiteurs saisis sous la contrainte ne pouvait constituer un motif légitime exonérant le tiers saisi de ses obligations légales).
6. Civ. 2e, 8 sept. 2011, n° 10-17.506, P II, n° 169 ; *D.* 2012, 420, comm. crit. R. Perrot et Ph. Théry ; *RD banc. fin.* 2011, n° 207, obs. crit. S. Piedelièvre.
7. Civ. 2e, 10 avr. 2014, n° 13-12.767, NP.
8. R. Perrot et P. Théry, « Saisie-attribution : la situation du tiers saisi (les arrêts du 5 juillet 2000) », *D.* 2001. 719.
9. Civ. 2e, 20 mars 2014, n° 13-15.056, NP – Civ. 2e, 2 avr. 1997, n° 95-13.567, P (préc., v. s^s^ n°s 0821.101, 0821.125 et 0821.131) ; *D.* 1997. 120 ; *Rev. huiss.* 1997. 987 et 1479, obs. J.-J. Daigre ; *Procédures* 1997, n° 147, obs. R. Perrot ; *RTD civ.* 1997. 752, obs. R. Perrot ; *Justices* 1997, n° 7, p. 207, obs. Putman ; *D.* 1998. 36, note D. Martin – V. ÉGAL. TGI Libourne, JEX, 17 févr. 1995, cité par Théry, « La saisie-attribution », *Rev. huiss.* 1995. 1174 : ne constitue pas un motif légitime le fait que le dossier du client de la banque est suivi par « *les affaires générales à Paris* ».
10. TGI Lyon, JEX, 16 mai 1995, *Rev. huiss.* 1996. 722, obs. Prévault ; *Gaz. Pal.* 1995. Somm. 602 – TGI Lyon, JEX, 22 juill. 1997 (préc., v. s^s^ n° 0821.82).

silence du notaire pendant quelques jours n'avait causé au créancier saisissant aucun préjudice[1]) ;

– l'organisation interne d'une entreprise, dont deux services distincts gèrent les saisies-attributions et les cessions « *Dailly* »[2] ;

– le dysfonctionnement des services informatiques d'une banque[3] ; cette solution est toutefois particulièrement rigoureuse, et on peut considérer que pour retenir ou non un motif légitime, il convient d'avoir égard à la diligence du tiers saisi pour remédier au dysfonctionnement ;

– la nécessité d'établir des comptes entre une SCP de notaires et l'un des associés[4] ;

– l'absence de réponse par un banquier au motif que le commissaire de justice ne lui avait pas communiqué les numéros de tous les comptes ouverts dans ses livres par le débiteur saisi[5] ;

– le fait que l'acte de saisie rappelait déjà les obligations du tiers saisi envers la débitrice[6], la déclaration du tiers saisi devant alors à tout le moins permettre dans un tel cas de confirmer ou non l'existence de la dette ;

– la réponse fournie par un tiers saisi, en l'espèce une banque, ne dispensait pas l'autre tiers saisi (syndic de copropriété) de remplir ses propres obligations[7].

3° Nature des sanctions

0821.141 Paiement des causes de la saisie. En application de l'article R. 211-5 alinéa 1er C. pr. exéc., le tiers saisi est condamné aux causes de la saisie, c'est-à-dire aux sommes dues au créancier saisissant[8], ce qui exclut donc de limiter cette condamnation aux sommes dont le tiers saisi est redevable envers le débiteur[9].

L'article R. 211-5 alinéa 1er C. pr. exéc. ouvre cependant un recours de droit commun au profit du tiers saisi à l'encontre du débiteur saisi, qui est toutefois le plus souvent illusoire, l'action du créancier contre le tiers saisi étant bien souvent motivée par l'insolvabilité du débiteur principal.

À la différence de la condamnation venant sanctionner une déclaration incomplète, inexacte ou mensongère, la condamnation du tiers saisi au paiement des causes de la saisie sur le fondement de l'article R. 211-5 alinéa 1er C. pr. exéc. n'est pas subordonnée à la preuve d'un préjudice subi par le créancier saisissant, cette condamnation constituant en effet « *une réponse adéquate aux torts causés au créancier saisissant dans la mise en œuvre d'une procédure d'exécution* »[10].

0821.142 Convention européenne des droits de l'homme – Légalité de l'article R. 211-5 du Code des procédures civiles d'exécution. Les banquiers « victimes » de l'article 60 du décret du 31 juillet 1992 (devenu C. pr. exéc., art. R. 211-5), ont tenté enfin d'échapper à la condamnation jugée par eux « automatique », en invoquant l'incompatibilité de l'article 60 avec l'article 6 § 1 de la Convention européenne des droits de l'homme[11].

Tant la Cour de cassation que le Conseil d'État[12] ont écarté cette argumentation. Pour ce faire, la Cour de cassation a en particulier approuvé une cour d'appel d'avoir retenu que le tiers saisi était légalement requis de fournir les renseignements utiles, qu'il pouvait être dispensé d'une condamnation en cas de motif légitime, qu'il disposait d'un recours contre le débiteur et que sa condamnation est adéquate au préjudice, permettant au créancier de remédier aux difficultés causées par l'absence fautive de coopération du tiers saisi[13].

B. Sanction de la déclaration incomplète, inexacte ou mensongère

0821.151 Dommages-intérêts sanctionnant la déclaration incomplète, inexacte ou mensongère : notion et domaine. Le Code des procédures civiles d'exécution prévoit, de façon générale, que le tiers

1. TGI Évry, JEX, 18 févr. 1997, cité par Guillot, *Banque et droit* 1997, n° 54, p. 46.
2. TGI Lyon, JEX, 21 avr. 1998, RG n° 97/1938, NP.
3. Chambéry, 8 janv. 2002, *RD banc. fin.* 2002, n° 73, obs. J.-M. D.
4. Civ. 2e, 28 janv. 1998, n° 95-18.340, P II, n° 35 – ARRÊT DE RENVOI : Angers, 4 juin 1999, RG n° 98/01135, arrêt n° 289.
5. TGI Cherbourg, JEX, 8 déc. 1993, *D.* 1994. 291, note D. Martin ; *RTD civ.* 1994. 687, obs. R. Perrot ; *Rev. huiss.* 1994. 1425 – COMP. Civ. 1re, 16 janv. 2013, n° 12-14.116, NP, rappelant qu'il incombe à l'établissement de crédit « *de fournir, spontanément et sur-le-champ, à l'huissier* [devenu commissaire] *de justice procédant à la saisie-attribution l'ensemble des renseignements exigés et ce pour tous les comptes ouverts dans ses livres* ».
6. Civ. 2e, 18 oct. 2012, n° 11-24.502, NP.
7. TGI Bobigny, JEX, 30 sept. 1997, *Gaz. Pal.* 1998. 1. 141.
8. Civ. 2e, 5 juill. 2001, n° 99-20.616, P II, n° 133.
9. TGI Lyon, JEX, 7 déc. 1993, *JCP E* 1994. Pan. 673.
10. Civ. 2e, 5 juill. 2001, n° 99-20.616, P (préc. ss prést n°).
11. J.-P. Morin et J. Ziegler, « Défense du banquier tiers saisi », *Banque et droit* 1999, n° 64, p. 6 : ces auteurs soutiennent que le JEX n'a aucun pouvoir de décision sur le *quantum* de la sanction, qu'il n'est qu'une « *chambre d'enregistrement* » et qu'il n'apparaît donc pas comme le tribunal qui décide au sens de l'article 6, § 1 susvisé.
12. CE 9 juin 2000, req. n° 198088, *D.* 2000. 206 ; *Procédures* 2001, n° 35, p. 11, obs. H. Croze ; *RD banc. fin.* 2000. 304, obs. J.-M. D. ; *Gaz. Pal.* 2000. Doctr. 2192, obs. M. Dymant.
13. Civ. 2e, 12 juill. 2001, n° 99-14.049, NP – Civ. 2e, 10 févr. 2011, n° 10-10.055, NP, rejetant la critique fondée sur l'article 1er du premier protocole additionnel à la Convention de sauvegarde des droits de l'homme et des libertés fondamentales, « *dès lors que le tiers saisi aurait pu, par une déclaration adaptée, échapper à cette condamnation* ».

entre les mains duquel est pratiquée une saisie ne peut être condamné au paiement des causes de la saisie que s'il s'y oppose sans motif légitime. Ainsi qu'il a été expliqué (v. s^s^ nº 0813.11), les textes propres à la saisie-attribution mettent en œuvre ce dispositif à l'égard du tiers saisi, de façon spécifique pour chacune des obligations lui incombant. Pour ce qui est de son obligation déclarative, le tiers saisi qui ne s'est pas abstenu de procéder à la déclaration requise mais qui a fourni des renseignements incomplets, inexacts ou mensongers encourt une condamnation au paiement de dommages-intérêts, sur le fondement de l'article R. 211-5 alinéa 2 C. pr. exéc. [1]. Par conséquent, dans ce cas particulier, l'absence de motif légitime se confond, en quelque sorte, avec la faute du tiers saisi et, dans le cas où celle-ci se trouve caractérisée, sa condamnation prend la forme de dommages-intérêts, dont le montant doit être fixé à l'aune du préjudice causé par cette faute.

Le champ exact de cette possible responsabilité civile du tiers saisi appelle des précisions, pour le distinguer de celui où le tiers saisi encourt une condamnation aux causes de la saisie en application de l'article R. 211-5 alinéa 1er C. pr. exéc. La Cour de cassation retient, d'abord, que la déclaration par laquelle le tiers saisi se contente d'indiquer qu'il détient des sommes pour le débiteur dont il précisera le montant ultérieurement sans pour autant adresser de déclaration complémentaire ne peut être assimilée à une absence de déclaration et relève donc de l'application du second alinéa de l'article 60 du décret du 31 juillet 1992 (devenu C. pr. exéc., art. R. 211-5, al. 2) [2].

De façon plus générale encore, la sanction prévue par cet alinéa concerne tous les cas dans lesquels le tiers saisi « *fournit des renseignements incomplets* » [3]. Ne correspondent donc plus à l'état du droit les décisions qui avaient pu condamner au paiement des causes de la saisie le tiers saisi qui, après une déclaration erronée, avait fait une seconde déclaration rectificative [4].

Enfin, le tiers saisi engage également sa responsabilité sur le fondement de ce second alinéa, dans le cas inverse où il a d'abord exactement répondu sur-le-champ au commissaire de justice, avant de fournir des informations complémentaires mensongères ou inexactes [5].

0821.152 Conditions de la mise en œuvre de l'article R. 211-5 alinéa 2 du Code des procédures civiles d'exécution. La mise en cause de la responsabilité du tiers saisi est subordonnée à la réunion de plusieurs exigences, qui diffèrent partiellement de celles conditionnant la mise en œuvre de l'article R. 211-5 alinéa 1er C. pr. exéc. Il convient de distinguer les conditions tenant à la saisie-attribution, de celles tenant à la responsabilité civile.

0821.153 1) Conditions relatives à la saisie-attribution. À la différence de l'absence de déclaration, qui ne peut être sanctionnée que si le tiers saisi est lui-même débiteur du débiteur saisi, la Cour de cassation retient, pour l'application de l'article 60 alinéa 2 (devenu C. pr. exéc., art. R. 211-5, al. 2) que « *l'efficacité de la saisie n'est pas une condition d'application de l'alinéa 2 de l'article 60 du décret du 31 juillet 1992* » [6]. Ainsi, dans l'hypothèse ayant donné lieu à cette décision du 19 mars 2009, la Cour de cassation refuse d'examiner le moyen du tiers saisi qui invoquait le fait que la créance saisie était purement éventuelle. C'est dire que l'existence comme le montant de la créance saisie ne sont pas des conditions de la mise en cause de la responsabilité du tiers saisi qui a procédé à une déclaration erronée voire mensongère.

La portée de l'arrêt du 19 mars 2009 doit encore être précisée. Il reste généralement admis que la validité de la saisie-attribution constitue bien une condition d'application de cette disposition [7]. On observera d'ailleurs que dans ce cas en effet la déclaration erronée ou mensongère du tiers saisi n'apparaît pas de nature à causer un préjudice au saisissant.

1. Civ. 2e, 13 juill. 2005, nº 03-19.138, P II, nº 204 ; *RTD civ.* 2005. 828, obs. R. Perrot ; *Procédures* 2005, nº 230 ; Civ. 2e, 16 mars 2013, nº 12-14.868, NP.
2. Civ. 2e, 26 mai 2011, nº 10-16.343, P II, nº 119 – V. DÉJÀ : Civ. 2e, 28 juin 2006, nº 04-17.834, NP.
3. Civ. 2e, 5 juill. 2000, nº 97-22.407, P II, nº 116 ; *D.* 2000. 219 ; *JCP* 2000. IV. 2495 ; *Procédures* 2000, nº 196, arrêt nº 4, obs. R. Perrot ; *Gaz. Pal.* 2000. Doctr. 2192, obs. M. Dymant – R. Perrot et Ph. Théry, « Saisie-attribution : la situation du tiers saisi (les arrêts du 5 juillet 2000) », *D.* 2001. 714 ; *RD banc. fin.* 2000. 303, obs. J.-M. D. ; *RJDA* 2000. 1041 ; *Ann. loyers* 2001. 550, obs. D. Martin ; *Rev. huiss.* 2001. 194, obs. D. Martin – A. Leborgne, « L'obligation de concours des tiers saisis », *Rev. huiss.* 2001. 155.
4. R. Perrot et Ph. Théry, « Saisie-attribution : la situation du tiers saisi (les arrêts du 5 juillet 2000) », *D.* 2001. 718.
5. En matière de saisie conservatoire de biens corporels, v. Civ. 2e, 4 févr. 2021, nº 19-12.424, P.
6. Civ. 2e, 19 mars 2009, nº 08-11.303, P II, nº 78 ; *D.* 2010. 1307, obs. A. Leborgne ; *RTD civ.* 2009. 371, obs. R. Perrot ; *Procédures* 2009, nº 192, obs. R. Perrot ; *RD banc. fin.* 2009, nº 102, obs. S. Piedelièvre ; *Dr. et proc.* 2009. 224, obs. C. Lefort – L. Lauvergnat, « La responsabilité du tiers saisi en matière de saisie-attribution : conditions d'application », *LPA* 5 juin 2009, nº 112 – V. DÉJÀ IMPLICITEMENT : Civ. 2e, 3 juill. 2008, nº 07-13.915, P II, nº 164 ; *RTD civ.* 2008. 727, obs. R. Perrot ; *RD banc. fin.* 2008, nº 146, obs. S. Piedelièvre ; *Dr. et proc.* 2008. 339, obs. L. Lauvergnat – C. Paul-Loubière, « La responsabilité du tiers saisi, régime autonome ou de droit commun », *D.* 2008. 2700 ; *JCP* 2008. IV. 2416.
7. EN CE SENS : *RTD civ.*, obs. R. Perrot, préc. s^s^ prés^t^ nº – A. Leborgne, « Droit de l'exécution, janvier 2009 à février 2010 », *D.* 2010. 1307.

En revanche, la portée de cet arrêt gagne à être explicitée quant à l'hypothèse de la caducité de la saisie-attribution. Si la Cour de cassation jugeait jusqu'alors que la caducité de la saisie-attribution s'oppose à ce que le créancier puisse faire condamner le tiers saisi au paiement de dommages-intérêts sur le fondement de l'article 60 alinéa 2 du décret[1] (devenu C. pr. exéc., art. R. 211-5, al. 2), l'arrêt du 19 mars 2009 pourrait constituer, par rapport à cette jurisprudence un revirement[2], que certains auteurs appellent de leurs vœux[3]. En effet, si la caducité anéantit l'acte lui-même et opère donc rétroactivement, le défaut de dénonciation de la saisie-attribution, qui entraîne sa caducité, peut trouver sa cause dans la déclaration erronée ou mensongère du tiers saisi, justifiant alors, selon certaines juridictions du fond, l'action du saisissant sur le fondement du droit commun de la responsabilité[4].

0821.154 **2) Conditions relatives à la responsabilité civile.** Lorsqu'il est reproché au tiers saisi une déclaration incomplète, inexacte ou mensongère, il s'expose à une condamnation à des dommages-intérêts à hauteur du préjudice subi par le saisissant, si son comportement a été fautif[5] et à condition que soit caractérisé le lien de causalité entre la faute et le préjudice[6]. La Cour de cassation considère toutefois qu'il suffit que le tiers saisi ait fait une déclaration inexacte ou mensongère pour qu'il soit considéré comme fautif[7]. En outre, conformément au droit commun de la responsabilité civile, le juge du fond apprécie souverainement le préjudice subi[8].

0821.155 **Délai de prescription de l'action en dommages-intérêts.** La jurisprudence n'a pas pris parti sur le délai de prescription de l'action en dommages-intérêts dirigée contre le tiers saisi. L'exclusion, par la jurisprudence, de l'application de la prescription décennale de l'article L. 111-4 C. pr. exéc. à l'action du créancier saisissant tendant à la condamnation du tiers saisi aux causes de la saisie (v. s^{s} n° 0821.126), s'impose à plus forte raison pour l'action en dommages-intérêts du créancier saisissant contre le tiers saisi, qui pourrait par conséquent être soumise à la prescription quinquennale de droit commun.

Quant au point de départ de cette prescription, à la différence de l'action en condamnation des causes de la saisie, il semble pouvoir être reporté, conformément à ce droit commun, au jour où le créancier saisissant a connu ou aurait dû connaître le caractère incomplet, inexact ou mensonger de la déclaration du tiers saisi (C. civ., art. 2224).

1. Civ. 2e, 21 déc. 2006, n° 04-16.511, P II, n° 372 ; *D.* 2007. 314, obs. V. Avena-Robardet ; *D.* 2008. 1173, obs. A. Leborgne ; *RTD civ.* 2007. 180, obs. crit. R. Perrot ; *Dr. et proc.* 2007. 161, obs. C. Lefort ; *RD banc. fin.* 2007, n° 76, obs. S. Piedelièvre – Civ. 2e, 6 déc. 2007, n°s 06-15.178 et 07-13.964, P II, n° 263 ; *RTD civ.* 2008. 162, obs. R. Perrot ; *Dr. et proc.* 2008. 160, obs. Putman ; *Dr. et patr.* nov. 2008, p. 97, obs. Lefort.
2. R. Perrot, *RTD civ.* 2009. 371, note s^{s} Civ. 2e, 19 mars 2009, n° 08-11.303 (préc. s^{s} prés^{t} n^{o}).
3. Rép. pr. civ., v^{o} *Caducité*, par P. Callé, oct. 2019 (actu. déc. 2019), n° 140.
4. Lyon, 25 oct. 2000, *BICC*, n° 1078 – Nancy, 16 oct. 2000, *BICC* 1er mars 2001, n° 262 – V. AUSSI : R. Perrot et P. Théry, « Saisie-attribution : la situation du tiers saisi (les arrêts du 5 juillet 2000) », *D.* 2001. 717.
5. Civ. 2e, 5 juill. 2000, n° 97-21.606, P II, n° 110 ; *D.* 2000. IR 240 ; *JCP* 2000. IV. 2496 ; *Ann. loyers* 2001. 547, obs. Martin – R. Perrot et P. Théry, « Saisie-attribution : la situation du tiers saisi (les arrêts du 5 juillet 2000) », *D.* 2001. 717 – Civ. 2e, 21 déc. 2000, n° 98-21.990, P II, n° 179 – Civ. 2e, 10 mars 2004, n° 02-17.011, P (préc., v. s^{s} n° 0821.113) – Et s'il existe un LIEN DE CAUSALITÉ ENTRE LA FAUTE COMMISE et LE PRÉJUDICE : Civ. 2e, 5 juill. 2000, n° 98-17.542, NP ; *D.* 2001. 714, obs. R. Perrot et Ph. Théry – arrêt n° 680, reproduit dans R. Perrot et Ph. Théry, « Saisie-attribution : la situation du tiers saisi (les arrêts du 5 juillet 2000) », *D.* 2001. 732 ; *RD banc. fin.* 2000. 361, n° 235, obs. J.-M. D.
6. Civ. 2e, 3 juill. 2008, n° 07-13.915, P (préc., v. s^{s} n° 0821.153) – et POUR L'ANALYSE CONCLUANT À L'ABSENCE DE LIEN DE CAUSALITÉ, l'arrêt rendu sur renvoi après cassation : Rennes, 1re ch. B, 31 mars 2011, n° 222, RG n° 08/06720, NP – Civ. 2e, 10 sept. 2009, n° 08-18.590, P (préc., v. s^{s} n° 0821.113).
7. Civ. 2e, 19 mars 2009, n° 08-11.303, P II, n° 78 ; *D.* 2010. 1307, obs. A. Leborgne ; *RTD civ.* 2009. 371, obs. R. Perrot ; *Procédures* 2009, n° 192, obs. R. Perrot ; *RD banc. fin.* 2009, n° 102, obs. S. Piedelièvre ; *Dr. et proc.* 2009. 224, obs. C. Lefort – L. Lauvergnat, « La responsabilité du tiers saisi en matière de saisie-attribution : conditions d'application », *LPA* 5 juin 2009, n° 112.
8. Civ. 2e, 21 déc. 2000, n° 98-23.430, NP – Civ. 2e, 12 mai 2016, n° 15-14.101, NP.

CHAPITRE

0822. Dénonciation de la saisie-attribution au débiteur saisi

ÉDOUARD DE LEIRIS
CONSEILLER À LA COUR DE CASSATION

SECTION 0

ORIENTEUR

0822.00 **Sommaire du chapitre.**

Division. Aux termes de l'article R. 211-3 C. pr. exéc., la saisie-attribution est dénoncée au débiteur saisi, à peine de caducité, dans le délai de huit jours à compter de la signification de l'acte de saisie (sect. 1) selon un formalisme précis. La dénonciation dans un contexte ultra-marin ou international (sect. 2) et celle en cas de procédure collective (sect. 3) constituent deux situations particulières.

0822.01 **Textes applicables.**

• **C. pr. exéc.,** art. R. 211-3, R. 211-10 et R. 121-2.

• **C. pr. civ.,** art. 114, 640 à 645, 647-1, 648, 649, 683 s., 684-1, 687-2, 689 et 748-2, 1416.

• **C. com.,** art. L. 631-12.

0822.02 **Jurisprudence de référence.**

> Saisie pratiquée sur la foi d'une ordonnance d'injonction de payer qui n'a pas été signifiée à personne.

• **Cass., avis, 16 sept. 2002,** n° 02-00.003, P, n° 4

* V. s^s n°s 0121.42, 0822.06

Le délai accordé au débiteur pour former opposition dans les conditions de l'article 1416 du Code de procédure civile court nécessairement, lorsque l'ordonnance portant injonction de payer ne lui a pas été signifiée à personne, à compter du jour où la mesure d'exécution a été portée à sa connaissance. En conséquence, en cas de saisie-attribution, le délai pour former opposition, en l'absence de signification de l'ordonnance à personne, court à compter de la dénonciation de la saisie au débiteur.

> Saisie-attribution. Dénonciation au liquidateur.

• **Com. 4 mars 2003,** n° 00-13.020, P IV, n° 34

* V. s^s n°s 0144.87, 0811.85, 0822.122, 0822.123

La saisie-attribution doit être dénoncée dans le délai de huit jours, à peine de caducité, au débiteur à la tête de ses biens, ou, dès la liquidation judiciaire, à son liquidateur.

Justifie légalement sa décision, la cour d'appel qui, pour décider de la caducité de la saisie-attribution effectuée la veille de la liquidation judiciaire, retient que cette saisie n'a pas été dénoncée au liquidateur, ès qualités, dans le délai de huit jours.

> Acte de dénonciation d'une saisie-attribution. Indication erronée de la date d'expiration du délai de recours.

• **Civ. 2e, 2 déc. 2004,** n° 02-20.622, P II, n° 515

* V. s^s n°s 0822.61, 0841.61

L'indication erronée, dans l'acte de dénonciation d'une saisie-attribution, de la date à laquelle expire le délai dans lequel les contestations doivent être soulevées, a nécessairement pour effet de persuader le débiteur saisi qu'il était forclos pour agir avant l'expiration du délai.

Par suite, viole les articles 58 du décret du 31 juillet 1992 et 114 du nouveau Code de procédure civile la cour d'appel qui, pour rejeter la demande d'annulation de la saisie-attribution, retient que cette erreur est inopérante dès lors que le requérant a attendu sept mois pour former sa contestation et qu'il n'invoque aucun préjudice particulier, notamment aucun lien causal entre l'irrégularité et la tardiveté de la saisine du juge.

> Compétence des clercs assermentés pour délivrer les actes de dénonciation de saisie.

• **Civ. 2e, 12 oct. 2006,** no 05-10.850, P II, no 272

* V. ss nos 0214.41, 0822.21

Les actes de dénonciation de saisies ne sont pas des actes d'exécution et peuvent donc être délivrés par un clerc assermenté.

> Saisie-attribution. Dénonciation au débiteur ultérieurement placé en redressement judiciaire.

• **Civ. 2e, 8 déc. 2011,** no 10-24.420, P II, no 225

* V. ss nos 0144.87, 0822.111, 0822.132, 0971.193

Il résulte de l'article 58 du décret no 92-755 du 31 juillet 1992 que la saisie-attribution doit être dénoncée au débiteur par acte d'huissier [devenu commissaire] de justice, dans un délai de huit jours, à peine de caducité.

Par suite, viole les dispositions de ce texte, la cour d'appel qui, après avoir relevé qu'un débiteur, auquel une saisie-attribution pratiquée le 15 mai 2008 avait été dénoncée le 19 mai 2008, avait été placé en redressement judiciaire par jugement du 22 mai 2008, ordonne la mainlevée de la mesure d'exécution en retenant que faute d'une nouvelle dénonciation à l'administrateur judiciaire désigné dans le cadre de la procédure collective avec mission d'assistance, la mesure était caduque, alors qu'elle constatait que la saisie-attribution avait été dénoncée dans le délai légal au débiteur à la tête de ses biens.

0822.03 **Bibliographie indicative**[1].

* V. ss no 082.03

0822.04 **Formulaire de procédure civile (renvoi).**

• *Saisie-attribution – Dénonciation de saisie-attribution* (Dénonciation faite au débiteur – C. pr. exéc., art. R. 211-3)

0822.05 **Définition, objet et destinataire.** La dénonciation au débiteur de la saisie-attribution est l'acte de commissaire de justice destiné à porter à la connaissance du débiteur la mesure d'exécution préalablement pratiquée à son encontre en les mains du tiers saisi. En effet, au cours de la phase procédurale précédemment étudiée, le débiteur saisi n'était pas associé à la mesure, pratiquée à son insu. Aucun texte n'exige d'ailleurs la délivrance préalable d'une mise en demeure au débiteur[2]. Certes, en pratique, le débiteur est parfois informé directement par le tiers saisi, notamment lorsque la saisie a été pratiquée entre les mains d'un établissement habilité à tenir des comptes de dépôt (v. ss no 0921.72) ; toutefois, il ne sera officiellement informé de la saisie que par la dénonciation qui lui en sera faite.

Par hypothèse donc, la dénonciation est faite au débiteur lui-même. Toutefois, lorsque celui-ci est sous mesure de protection, la dénonciation sera faite, selon le cas, au tuteur seul ou au débiteur et à son curateur. En revanche, lorsque la mesure de protection ne concerne que le gérant de la société débitrice, il a été jugé que la dénonciation destinée à cette société n'avait pas à être signifiée au curateur du gérant[3].

0822.06 **Effets de la dénonciation.** Le premier effet de la dénonciation est, bien sûr, d'ordre procédural : portant à la connaissance du débiteur la mesure pratiquée à son encontre, la dénonciation fait courir le délai ouvert au débiteur pour contester la mesure d'exécution.

La dénonciation produit également des effets plus substantiels, car touchant à la créance même dont le recouvrement est poursuivi. Si la dénonciation ne constitue pas un acte d'exécution, le fait qu'elle porte officiellement à la connaissance du débiteur la mesure pratiquée à son encontre conduit à lui attacher certains effets découlant normalement de la mesure d'exécution forcée elle-même.

En premier lieu, il était considéré sous l'empire de l'ancien article 2244 C. civ. que seule la dénonciation de la saisie-attribution interrompait la prescription de la créance cause de la saisie, ainsi que les délais pour agir. La doctrine soutient, majoritairement, le maintien de cette solution sous l'empire de la réforme de la prescription. (Sur la question, v. ss no 0831.11).

En second lieu, la Cour de cassation a émis l'avis que le point de départ du délai pour former opposition à une ordonnance portant injonction de payer non signifiée à personne est la date de la dénonciation de cette mesure d'exécution au débiteur[4]. Cet avis, formulé notamment au visa du principe du respect des droits de la défense, s'est ainsi attaché à l'esprit plus qu'à la lettre de l'article 1416 C. pr. civ., qui fait courir le délai d'opposition du jour du premier acte ayant pour effet de rendre indisponibles les biens du débiteur, ce que constitue précisément l'acte

1. Les ouvrages dont le nom des auteurs figure en petites capitales en bibliographie seront cités par le seul nom des auteurs en petites capitales en notes de bas de page.

2. Civ. 2e, 22 oct. 1997, no 95-18.068, NP ; *Juris-Data* no 004246.
3. Civ. 2e, 7 avr. 2016, no 15-12.739, P II, no 100.
4. Cass., avis, 16 sept. 2002, no 02-00.003, P, no 4.

de saisie-attribution lui-même. Il a en outre été précisé que l'acte de saisie-attribution répondait à la condition posée par l'article 1416, peu important qu'il se soit révélé infructueux, faute par exemple pour un compte bancaire saisi de disposer d'un solde excédant le solde bancaire insaisissable [1].

0822.07 **Plan.** L'importance ainsi mise en évidence de cet acte conduit à l'enfermer dans un formalisme rigoureux (sect. 1), qui subit des adaptations dans deux hypothèses : le cas où la dénonciation a lieu dans un contexte ultra-marin ou international (sect. 2) et celui où le débiteur fait l'objet d'une procédure collective (sect. 3).

SECTION 1 FORMALISME DE LA DÉNONCIATION

0822.10 **Un acte signifié dans le délai de huitaine au contenu déterminé. Plan.** En application de l'article R. 211-3 C. pr. exéc., la dénonciation prend la forme d'une signification (§ 1), dans le délai de huitaine suivant l'acte de saisie (§ 2), comportant un contenu précis (§ 3).

§ 1 Forme de la dénonciation

0822.21 **Acte de commissaire de justice ou d'un clerc assermenté.** La saisie-attribution est dénoncée au débiteur saisi au moyen d'un acte de commissaire de justice (C. pr. exéc., art. R. 211-3).

Cette dénonciation, contrairement à l'acte de saisie lui-même (v. s^s n° 0821.14), peut être effectuée par un clerc assermenté puisqu'elle n'est pas un acte d'exécution au sens de l'article 6 alinéa 2 de la loi du 27 décembre 1923 [2].

0822.22 **Compétence territoriale du commissaire de justice – Dénonciation par voie électronique.** Le commissaire de justice de justice territorialement compétent pour cette dénonciation est celui du lieu de la signification, qui est en principe le siège, le domicile ou la résidence du débiteur (Décr. n° 2021-1625, 10 déc. 2021, art. 2, ayant remplacé Décr. 29 févr. 1956, art. 5 [3]), sauf bien sûr à rappeler que tout commissaire de justice peut signifier, dans son ressort, l'acte à la personne même du débiteur (C. pr. civ., art. 689).

Un aménagement est toutefois prévu dans le cas où la signification est accomplie par la voie électronique, conformément aux nouvelles règles instaurées par le décret du 15 mars 2012 instaurant cette signification électronique [4].

En effet, il résulte de l'article 2 du décret susmentionné du 10 décembre 2021 que, *d'une part*, les actes signifiés par voie électronique peuvent également être faits par tout commissaire de justice ayant sa résidence dans la cour d'appel où l'un des destinataires a son domicile ou sa résidence et que, *d'autre part*, la dénonciation, par la voie électronique, d'un acte peut être faite par le commissaire de justice compétent pour signifier ou établir l'acte (sur le ressort territorial du commissaire de justice, v. s^s n° 0821.13) [5].

Ainsi, lorsqu'un acte doit être signifié ou dénoncé à plusieurs destinataires résidant dans le ressort de cours d'appel différentes, le décret instaure une compétence concurrente entre les commissaires de justice de chacune de ces cours d'appel. De même, le commissaire de justice qui a établi l'acte de saisie est compétent pour le dénoncer au débiteur qui a consenti à recevoir ce type de signification par la voie électronique (C. pr. civ., art. 748-2 [6]).

Pour mémoire, la signification électronique est entrée en vigueur, le 1er septembre 2012 [7,8].

1. Civ. 2e, 6 mars 2025, n° 22-18.166, B.
2. Civ. 2e, 12 oct. 2006, n° 05-10.850, P II, n° 272 ; *Procédures* 2006, n° 41, obs. R. Perrot ; *Dr. et proc.* 2007. 48, obs. E. Putman ; *Dr. et patr.* nov. 2007, p. 89, obs. C. Lefort ; *RLDC* 2007/37, p. 60, obs. Miniato – Civ. 2e, 14 févr. 2008, n° 05-14.494, P II, n° 35 ; *Procédures* 2008, n° 105, obs. R. Perrot – EN CE SENS : Civ. 2e, 4 oct. 2007, n° 06-17.879, P II, n° 225 ; *D.* 2007. AJ 2677 ; *RLDC* 2008/02, p. 57 ; *Dr. et proc.* 2008. 42, obs. C. Lefort – Civ. 2e, 14 févr. 2008, n° 05-14.494, P II, n° 35.
3. Décr. n° 2021-1625, 10 déc. 2021, relatif aux compétences des commissaires de justice, *JO* 12 déc., texte 62, abr. Décr. n° 56-222, 29 févr. 1956, portant règlement d'administration publique relatif au statut des huissiers de justice, *JO* 3 mars, p. 2214, art. 5.
4. Décr. n° 2012-366, 15 mars 2012, relatif à la signification des actes d'huissier de justice par voie électronique et aux notifications internationales, *JO* 17 mars, p. 4899 – T. Ghera, « Le décret n° 2012-366 du 15 mars 2012, entre équilibre et modernité, la sécurité juridique au cœur de la communication électronique judiciaire », *Dr. et proc.* 2012. Chron. 114 ; « 3 questions à Me Jean-François Bauvin », *JCP* 2012. 430 – L. Lauvergnat, « Le décret n° 2012-366 du 15 mars 2012 : un souffle nouveau en matière de notifications », *Procédures* 2012. Étude 3 – V. ÉGAL. Rép. pr. civ., v° *Communication électronique*, par E. de Leiris, nov. 2021 (actu. juill. 2024), n°s 121 s. – S. Guinchard (dir.), Dalloz action *Droit et pratique de la procédure civile*, 2024/2025, n°s 273.401 s., par C. Bléry.
5. À compter du 1er juillet 2022, cette même règle s'appliquera aux commissaires de justice (Décr. n° 2021-1625, 10 déc. 2021, relatif aux compétences des commissaires de justice, *JO* 12 déc., texte 62, art. 2).
6. Sur le recueil du consentement, v. Décr. n° 2021-1625, 10 déc. 2021, art. 21.
7. Décr. n° 2012-366, 15 mars 2012, art. 24.
8. Après la publication d'un arrêté technique : Arr. 28 août 2012, portant application des dispositions du titre XXI du livre Ier du Code de procédure civile aux huissiers de justice, *JO* 31 août, p. 14049.

§ 2
Délai de la dénonciation

A.
Obligation de dénonciation dans les huit jours

0822.31 **Délai et computation.** L'acte de saisie doit être dénoncé dans un délai de huit jours, à peine de caducité de la saisie.

Il est admis en doctrine[1] que les règles de computation des délais de procédure (C. pr. civ., art. 640 s.) sont applicables. Cette position est justifiée par la généralité des articles 640 à 642 C. pr. civ., applicable à tous les délais de procédure[2].

Ainsi, le délai de huit jours commence à courir le lendemain de l'acte de saisie et expire à la fin du huitième jour, soit à vingt-quatre heures.

En application du second alinéa de l'article 642, le délai qui expirerait normalement un samedi, un dimanche, un jour férié ou chômé est prorogé jusqu'au jour ouvrable suivant. Cette prorogation est en cohérence avec l'article 664 C. pr. civ., qui interdit les significations les dimanches et jours fériés ou chômés.

Ainsi, si une saisie est pratiquée un vendredi 11 janvier, le délai de huit jours expire normalement le samedi 19. La dénonciation devra être faite au plus tard le lundi 21.

Sur la question des délais de distance, v. s^{s} n° 0822.72.

B.
Caducité de la saisie en cas de dépassement du délai de dénonciation

0822.41 **Caducité.** L'article R. 211-3 C. pr. exéc. sanctionne la violation du délai par la caducité de la saisie, ce qui signifie que l'acte de saisie est anéanti et par conséquent privé de tout effet[3]. Elle libère donc les sommes saisies. Le créancier saisissant aura ainsi tout intérêt à faire lever de lui-même la mesure par son commissaire de justice, pour éviter de voir sa responsabilité mise en cause. À défaut, le juge de l'exécution (JEX) pourra la constater, notamment à la demande du tiers saisi ou du débiteur saisi, si ce dernier a été informé par le tiers saisi de l'existence de cette mesure d'exécution ou si la dénonciation a été accomplie hors délai. Le JEX prononcera en conséquence la mainlevée de la mesure.

Cette sanction présente l'avantage de la simplicité, en raison de son caractère automatique, qui dispense celui qui l'invoque de prouver le grief que lui cause l'irrégularité. Elle sera constatée quelle qu'en soit la cause, par exemple dans le cas où la déclaration du tiers saisi faisait apparaître qu'il ne serait pas débiteur du saisi (v. s^{s} n° 0821.123).

Elle est rigoureuse pour le créancier, qu'elle contraint à recommencer sa procédure, pour autant que sa créance ne soit pas prescrite (v. s^{s} n° 0831.11) et avec le risque qu'une saisie-attribution régulière ait été pratiquée entre-temps par un autre créancier.

§ 3
Contenu de la dénonciation

A.
Mentions exigées

0822.51 **Mentions de l'acte de dénonciation.** Outre les mentions requises pour les actes d'huissier [devenu commissaire] par l'article 648 C. pr. civ., l'acte de dénonciation doit contenir :

– en caractères très apparents, les modalités selon lesquelles la contestation doit être formée :

* *d'une part*, l'indication que les contestations doivent être soulevées, à peine d'irrecevabilité, dans le délai d'un mois qui suit la signification de l'acte, avec la précision de la date à laquelle expire ce délai, ce qui signifie que le commissaire de justice doit procéder au calcul de ce délai[4] ;

* *d'autre part*, l'indication que l'assignation doit, également à peine d'irrecevabilité, être dénoncée par lettre recommandée avec demande d'avis de réception le même jour au commissaire de justice ayant procédé à la saisie, mention à défaut de laquelle l'irrecevabilité ne peut être opposée au débiteur[5] ;

– la désignation de la juridiction devant laquelle les contestations pourront être portées, à savoir en la matière, le JEX du domicile du débiteur (C. pr. exéc., art. R. 211-10 – v. s^{s} n° 0841.32) ;

– en cas de saisie de compte, le décret n° 2009-1694 du décembre 2009[6] a remplacé le rappel du droit de solliciter la mise à disposition d'une somme à caractère alimentaire par l'indication du montant laissé de plein droit à disposition du débiteur au titre du solde bancaire insaisissable, ainsi que le ou les

1. Leborgne, n° 1025– Piédelièvre, n° 471.
2. Civ. 2e, 1er oct. 2020, n° 19-17.797, P.
3. Civ. 2e, 4 sept. 2014, n° 13-11.887, P II, n° 179 (en matière de saisie immobilière).
4. Civ. 2e, 10 sept. 2009, n° 08-16.828, NP, dans un cas où la dénonciation mentionnait par erreur comme date d'expiration un jour correspondant à un dimanche.
5. Civ. 2e, 10 mars 2004, n° 02-16.900, P II, n° 115, précisant que cette inopposabilité joue même au bénéfice d'un débiteur assisté d'un avocat.
6. Décr. n° 2009-1694, 30 déc. 2009, relatif à la mise à disposition automatique d'une somme à caractère alimentaire sur un compte saisi, *JO* 31 déc., p. 23110.

comptes sur lesquels cette mise à disposition est opérée (v. s[s] n° 0922.31) ;

– le rappel au débiteur qu'il peut autoriser par écrit le créancier à se faire remettre sans délai par le tiers saisi les sommes qui lui sont dues, ce qui permet, en l'absence de contestation de la créance, d'éviter d'attendre inutilement l'expiration du délai d'un mois ; ce rappel n'est pas expressément prescrit à peine de nullité.

0822.52 **Copie du procès-verbal de saisie.** L'objet même de la dénonciation est de transmettre une copie du procès-verbal de saisie, c'est-à-dire le procès-verbal de saisie-attribution, lequel fait mention de la déclaration du tiers saisi sommé de préciser l'étendue de ses obligations à l'égard du saisi. Puisqu'elle est établie et remise par un commissaire de justice, il s'agit d'une copie authentique, qui est par conséquent susceptible de faire la preuve du contenu du procès-verbal de saisie[1]. Il ne semble en revanche pas que le commissaire de justice soit tenu de joindre les pièces justificatives. En particulier, le commissaire de justice, pas plus que pour l'acte de saisie-attribution, n'est tenu de joindre à l'acte de dénonciation une copie du titre exécutoire fondant les poursuites[2] ou de l'acte de garantie auquel était subordonnée l'exécution provisoire de la décision mise à exécution[3].

0822.53 **Renseignements fournis par le tiers en cas de signification électronique.** Lorsque la saisie-attribution a lieu par la voie électronique, la réponse apportée par le tiers saisi ne figure pas dans l'acte de saisie lui-même, puisqu'il la fournit par la voie électronique, au plus tard le premier jour ouvré suivant la saisie (v. s[s] n° 0821.102).

C'est pourquoi, le 1° de l'article R. 211-3 C. pr. exéc. prévoit dans ce cas la mention supplémentaire de « *la reproduction des renseignements communiqués par le tiers saisi* » (sur l'entrée en vigueur différée de cette disposition, v. s[s] n° 0821.102).

Concrètement, cette exigence impose, dans le cas d'une signification électronique, d'attendre l'expiration du délai de réponse accordé au tiers saisi avant de dénoncer l'acte de saisie. La question se pose de l'absence de réponse du tiers saisi. Dans ce cas, dès l'expiration du délai imparti au tiers saisi pour répondre, le commissaire de justice devrait pouvoir satisfaire à son obligation de dénonciation en précisant simplement dans la dénonciation l'absence de renseignement transmis dans le délai prévu. On observera juste que le délai de réponse se trouve lui-même prorogé au premier jour ouvrable en cas d'impossibilité de communication de ces renseignements par la voie électronique du fait d'une cause étrangère (v. s[s] n° 0821.102). En un tel cas, si le commissaire de justice instrumentaire dispose du temps pour ce faire, la prudence pourrait le conduire à attendre l'expiration de cette prorogation avant de procéder à la dénonciation.

B.
Sanction des irrégularités

0822.61 **Sanction.** Selon l'article R. 211-3 alinéa 2 C. pr. exéc., ces exigences sont prescrites à peine de nullité.

En application de l'article 649 C. pr. civ., le régime de la nullité pour vice de forme des actes de procédure, prévu par les articles 112 et suivants du code s'applique à l'acte de dénonciation (v. s[s] n°s 0821.31 et 0821.32).

Dès lors, la nullité ne sera encourue que si celui qui l'invoque justifie du grief que lui cause l'irrégularité[4]. En principe, seul le destinataire de l'acte est recevable à se prévaloir de sa nullité en raison d'un tel vice[5].

La Cour de cassation retient que doit être déclaré nul l'acte de dénonciation mentionnant une date **erronée** quant à l'expiration du délai de contestation, l'irrégularité commise ayant eu nécessairement pour effet de persuader le débiteur saisi qu'il était forclos pour agir avant l'expiration du délai[6]. En revanche, il a été jugé que **l'absence** d'indication d'une date ne constituait qu'un vice de forme, ne pouvant entraîner l'annulation que sur justification d'un grief, souverainement écarté dans le cas d'espèce car le juge constatait, notamment, que l'acte comportait le délai de contestation et son point de départ et que la contestation n'avait été formée que six mois après la dénonciation de l'acte[7].

La nullité de la dénonciation, une fois prononcée, entraîne la caducité de la saisie, à moins qu'une autre dénonciation ait été régulièrement réitérée dans le délai.

Au contraire, **le rappel de la faculté d'autoriser le créancier à se faire remettre les sommes dues**, qui figure dans un alinéa isolé de l'article R. 211-3 C. pr. exéc., n'est pas formellement sanctionné par la nullité. Or, ce rappel n'est certainement pas une formalité substantielle ou d'ordre public au sens de l'arti-

1. Civ. 2e, 7 déc. 2017, n° 16-15.935, P II, n° 229.
2. RAPPR. en matière de saisie immobilière : Civ. 1re, 24 oct. 2019, n° 18-15.852, P (délibéré par la deuxième chambre civile).
3. Civ. 2e, 21 mars 2019, n° 18-11.692, NP.
4. Civ. 2e, 10 févr. 2005, n° 03-11.802, P II, n° 29 : pour le défaut d'indication de la qualité de représentant légal du créancier par un gérant de tutelle.
5. Civ. 2e, 1er sept. 2016, n° 15-16.918, P II, n° 196.
6. Civ. 2e, 2 déc. 2004, n° 02-20.622, P II, n° 515 ; *Procédures* 2005, n° 38, note R. Perrot ; *RD banc. fin.* 2005, n° 63, note S. Piedelièvre – Civ. 2e, 10 sept. 2009, n° 08-16.628, NP.
7. Civ. 2e, 9 sept. 2021, n° 20-13.850, NP.

cle 114 C. pr. civ., de sorte que son omission ne devrait pas pouvoir être sanctionnée par la nullité. On relèvera simplement que le créancier a tout intérêt à délivrer cette information, susceptible d'accélérer le paiement de la créance.

SECTION 2

CAS PARTICULIER DE LA DÉNONCIATION DANS LE CONTEXTE ULTRA-MARIN OU INTERNATIONAL

§ 1 Date de la dénonciation à l'égard du saisissant

0822.71 Date de la dénonciation à un débiteur résidant à l'étranger ou outre-mer. L'article 647-1 C. pr. civ.[1], prévoit que la date de la notification d'un acte extrajudiciaire dans certaines collectivités d'outre-mer (Polynésie française, îles Wallis et Futuna, Nouvelle-Calédonie et Terres australes et antarctiques françaises) ou à l'étranger, notamment lorsqu'elle doit être accomplie dans un délai déterminé, est, à l'égard de celui qui y procède, la date de l'expédition par le commissaire de justice. On qualifie ce mécanisme de « *double date* », dans la mesure où la date de la notification est en revanche, à l'égard du destinataire, celle à laquelle l'acte lui est effectivement délivré.

Ainsi, pour ce qui est du **délai de huitaine, son respect** s'apprécie en fonction de la **date à laquelle le commissaire de justice instrumentaire a expédié l'acte** aux fins de signification au débiteur résidant dans une de ces collectivités d'outre-mer ou à l'étranger[2].

0822.72 Exclusion des augmentations de délais. Les articles 643 et 644 C. pr. civ. prévoient une augmentation des délais de comparution ou de recours en raison de la distance, en cas de domiciliation à l'étranger ou dans une collectivité d'outre-mer que ces textes listent (Guadeloupe, Guyane, Martinique, La Réunion, Mayotte, Saint-Barthélemy, Saint-Martin, Saint-Pierre-et-Miquelon, Polynésie française, îles Wallis et Futuna, Nouvelle Calédonie, Terres australes et antarctiques françaises).

La Cour de cassation, dans un arrêt du 16 juin 1977, a estimé que les articles 643 et 644 C. pr. civ. étaient applicables en matière de **saisie-arrêt**, malgré les formules restrictives de ces deux articles qui visent « *les délais de comparution, d'appel, d'opposition, de recours en révision et de pourvoi en cassation* » car l'article 645 dudit code dispose que ces augmentations de délais s'appliquent « *dans tous les cas où il n'y est pas expressément dérogé* »[3].

Dans cette décision, la Cour de cassation considérait au surplus que le **délai de distance** devait être apprécié en ayant égard au lieu de signification de l'acte de saisie et en déduisait l'allongement du délai de dénonciation, alors que le créancier et le débiteur résidaient dans la même collectivité d'outre-mer, dès lors que le tiers saisi résidait en métropole. On comprend l'opportunité de la solution, puisque la dénonciation ne peut, dans une telle configuration, être faite par le commissaire de justice instrumentaire (celui-ci doit recourir à une tierce personne, habilitée dans la collectivité considérée à pratiquer des significations et qui, selon la collectivité considérée, ne sera pas toujours un commissaire de justice), ce qui peut rendre difficile le respect du délai de huitaine.

Plusieurs auteurs estiment que cette **jurisprudence** s'applique **à la saisie-attribution**[4].

Cette transposition doit pourtant être examinée avec prudence. En effet, la situation de la saisie-attribution est différente de la saisie-arrêt. La saisie-attribution n'introduit aucune instance, à la différence de la saisie-arrêt, dont la dénonciation comportait une assignation en validation et par conséquent une demande portée devant une juridiction, conformément aux dispositions des articles 643 et 644.

En outre, *stricto sensu*, l'application de ces articles au délai de dénonciation paraît procéder d'un contresens : ces textes prévoient un allongement du délai qu'un acte fait courir pour son destinataire (le délai de comparution), pas un allongement du délai dans lequel l'auteur de l'acte doit accomplir celui-ci (le délai d'accomplissement).

Enfin et surtout, si l'application des articles 643 et 644 C. pr. civ. était auparavant nécessaire pour préserver les droits du saisissant, on a vu que ceux-ci l'étaient désormais par le système de la « *double date* », instauré par le nouvel article 647-1 C. pr. civ.

Dans ces conditions, **la prudence** pourrait inciter les commissaires de justice instrumentaires à **expédier, dans le strict délai de huitaine, l'acte de dénonciation aux fins de notification par les autorités étrangères ou locales compétentes.**

1. Issu de Décr. n° 2005-1678, 28 déc. 2005, relatif à la procédure civile, à certaines procédures d'exécution et à la procédure de changement de nom, *JO* 29 déc., p. 20350.
2. Civ. 2e, 17 oct. 2013, n° 12-10.235, NP : le moyen, tiré de l'application de l'article 647-1 C. pr. civ., critique à juste titre l'arrêt qui n'a pas recherché la date d'expédition de l'acte aux fins de signification internationale, constituant le point de départ d'un délai d'action.
3. Civ. 2e, 16 juin 1977, n° 76-10.824, P II, n° 156.
4. *J.-Cl. Pr. civ.*, *V° Saisie-attribution* (opérations de saisie : acte de saisie et dénonciation), fasc. 1600-20, n° 74, par N. Cayrol – LEBORGNE, n° 1025.

§ 2
Date de la dénonciation à l'égard du destinataire

0822.81 **Position du problème de la signification.** L'article 647-1 C. pr. civ. limite expressément sa portée à la date de la notification **à l'égard de l'expéditeur.** Il ne régit pas la situation du destinataire de l'acte, que la dénonciation a pour objet d'informer de la saisie, en vue de le mettre en situation de contester, s'il l'entend, cette saisie.

Ainsi, dans le cas où ce destinataire réside dans l'une des **collectivités d'outre-mer** susmentionnées, la date de la signification est celle de la remise à sa personne ou à son domicile, ou celle de l'établissement du procès-verbal de recherches infructueuses (C. pr. civ., art. 660 et 664-1).

Tel est également le cas de la **notification internationale.** En effet, rompant avec le droit antérieur qui reposait sur la « *fiction* » d'une signification réputée faite à parquet, le décret du 28 décembre 2005, modifiant les articles 683 et suivants C. pr. civ., prévoit désormais que lorsque le destinataire de l'acte réside à l'étranger, l'acte doit lui être notifié internationalement [1], soit selon les règles prévues par ces dispositions, soit suivant les règles posées par le règlement communautaire (CE) n° 1393/2007, du 13 novembre 2007, désormais remplacé par le règlement européen n° 2020/1784 du 25 novembre 2020 [2], ou le traité ou la convention liant la France à l'État de destination [3].

0822.82 **La signification internationale a lieu dans les conditions suivantes.** Le commissaire de justice prépare un **projet d'acte de dénonciation,** qu'il « *remet* » au parquet (il ne s'agit plus d'une « *signification à parquet* » [4]) ou transmet directement à une autorité étrangère, selon le cas. La **notification de la dénonciation** sera faite ultérieurement et résultera de sa **remise au destinataire par l'autorité compétente de l'État de destination,** conformément au droit applicable dans cet État, qui seule constitue une signification.

À titre d'illustration, pour les notifications intracommunautaires, en application de l'article 9, 1° du règlement communautaire (CE) n° 1393/2007 du 13 novembre 2007, disposition désormais reprise à l'article 13, 1° du règlement européen (UE) n° 2020/1784 du 25 novembre 2020, la date de la signification d'un acte effectuée en vertu du règlement est celle à laquelle l'acte a été signifié ou notifié conformément à la législation de l'État membre requis. Il a toutefois été jugé dans le champ de ce règlement que le commissaire de justice pouvait également directement transmettre son acte par la voie postale, par lettre recommandée avec demande d'avis de réception [5].

Dans le champ de la convention de La Haye du 15 novembre 1965 relative à la signification internationale des actes judiciaires et extrajudiciaires, il a été jugé que la date de signification est, à l'égard de ce destinataire, celle à laquelle l'autorité étrangère compétente a remis l'acte à ce destinataire ; dans le cas où l'autorité étrangère a fait diligence en vue de signifier l'acte à son destinataire, sans pour autant parvenir à le lui remettre, la signification est réputée faite à la date à laquelle l'autorité étrangère compétente a tenté de remettre cet acte ou, lorsque cette date n'est pas connue, à celle à laquelle l'autorité étrangère a avisé l'autorité française [6]. La Cour de cassation a précisé ce dernier aspect de sa jurisprudence, dans le contexte similaire de la convention de La Haye du 1er mars 1954 relative à la procédure civile, en retenant que lorsque l'acte n'a pu être remis à son destinataire, la signification est réputée faite à la date à laquelle l'autorité étrangère compétente a dressé l'attestation constatant le fait, la forme et la date de la signification [7].

Le décret du 3 mai 2019 [8] a consolidé et généralisé ces solutions, par des dispositions insérées à l'article 687-2 C. pr. civ.

Ce processus complexe emporte plusieurs conséquences.

1. *J.-Cl. Int., V°* Procédure civile et commerciale dans les rapports internationaux (notifications internationales – durée des délais de procédure), fasc. 583-10, n° 57, par Huet – F. Cornette, note s[s] Civ. 1re, 23 juin 2011, n° 09-11.066, P I, n° 120 ; *Rev. crit. DIP* 2012. 102.
2. Règl. UE n° 2020/1784, Parlement et Conseil, 25 nov. 2020, relatif à la signification et à la notification des actes judiciaires et extrajudiciaires en matière civile ou commerciale (« signification ou notification des actes ») (refonte), *JOUE* L 405, 2 déc., p. 40, abr. Règl. CE n° 1393/2007, Parlement et Conseil, 13 nov. 2007, relatif à la signification et à la notification dans les États membres des actes judiciaires et extrajudiciaires en matière civile ou commerciale (« signification ou notification des actes »), et abrogeant le règlement (CE) 1348/2000 du Conseil, *JOUE* L 324, 10 déc., p. 79.
3. R. Perrot, « Décret n° 2005-1678 du 28 décembre 2005 », *Procédures* 2006, n° 9, p. 3, – Sur son site Internet, le ministère de la Justice détaille, pays par pays, les modalités de notification internationale : www.entraide-civile-internationale.justice.gouv.fr – V. Circ. CIV/20/05, 1er févr. 2006 (NOR : JUSC O5 20 961 C), mod. par Circ. CIV/11/08, 10 nov. 2008 (NOR : JUS C O8 23 97 C).
4. Civ. 2e, 2 juin 2016, n° 14-11.576, PII, n° 147 ; *D.* 2016. 1886, chron. H. Adida-Canac, T. Vasseur et E. de Leiris, n° 3, (excluant que la signification résulte de la remise au parquet) – Civ. 2e, 16 déc. 2021, n° 20-13.501, NP.
5. Civ. 2e, 8 janv. 2015, n° 13-26.224, P II, n° 6.
6. Civ. 1re, 23 juin 2011, n° 09-11.066, P I, n° 120.
7. Civ. 1re, 18 déc. 2014, n° 13-25.745, P I, n° 214.
8. Décr. n° 2019-402, 3 mai 2019, portant diverses mesures relatives à la communication électronique en matière civile et à la notification des actes à l'étranger, *JO* 4 mai, texte n° 6.

0822.83 Mentions dans l'acte de dénonciation. L'exigence de la mention par le commissaire de justice dans l'acte de dénonciation de la date d'expiration du délai de contestation ne peut matériellement pas s'appliquer dans le cas d'une signification internationale, puisque le calcul de ce délai implique de connaître la date de notification, qui sera faite à une date ultérieure, inconnue du commissaire de justice. En outre, le droit français ne peut imposer à une autorité étrangère d'accomplir une mission (le calcul et l'indication d'un délai) autre que la seule notification de l'acte lui-même, en vertu des instruments internationaux liant la France à l'État de destination. En l'état de cette formalité impossible, on devrait raisonnablement pouvoir considérer que la notification ne résultant pas dans ce cas d'un acte du commissaire de justice lui-même, mais de celui d'une autorité étrangère (ou des services postaux de l'État de destination), l'indication de la date à laquelle expire le délai n'est pas exigée, la simple mention, dans le projet d'acte établi par le commissaire de justice, de la **durée du délai de contestation**, voire des modalités de sa computation, devant suffire.

0822.84 Respect du délai de huitaine pour dénoncer. Ainsi qu'il a été précédemment rappelé, en application de l'article 647-1 C. pr. civ., la date de l'acte à prendre en considération pour apprécier le respect du délai de huitaine pour dénoncer est celle de son expédition par le commissaire de justice en vue de sa notification internationale ou ultramarine. À cet effet, le commissaire de justice mentionne, dans l'acte qu'il dresse en vue de la dénonciation, la date à laquelle il s'en dessaisit, en application de l'article 648 C. pr. civ.

En cas de signification internationale, cet acte précise en outre les modalités de ce dessaisissement, conformément à l'article 684-1, créé par le décret du 15 mars 2012[1].

0822.85 Délai de contestation – Point de départ et durée. Ainsi qu'il a été indiqué, la date de la dénonciation est en principe, à l'égard du destinataire, celle à laquelle l'acte lui est remis ou régulièrement notifié par l'autorité étrangère ou locale compétente. Cette date constitue le point de départ du délai de contestation.

À s'en tenir littéralement aux termes des articles 643 et 644 C. pr. civ., le délai de contestation ne devrait pas pouvoir être allongé au profit des débiteurs résidant outre-mer ou à l'étranger, ces textes n'évoquant que le « *délai de comparution, d'appel, d'opposition, de tierce opposition dans l'hypothèse prévue à l'article 586 alinéa 3, de recours en révision* [ou] *de pourvoi en cassation* », liste qui ne comprend pas la contestation d'une saisie-attribution.

Cette exclusion ne pose pas de difficulté pour les débiteurs établis en France, y compris dans une collectivité d'outre-mer, puisqu'alors le débiteur conteste la mesure en saisissant le juge dans le ressort duquel il demeure (C. pr. exéc., art. R. 211-10), soit hors du champ d'application et de la *ratio legis* des articles 643 à 645 du code.

En revanche, cette exclusion est plus gênante à l'égard du débiteur résidant à l'étranger, puisque celui-ci doit porter sa contestation devant le JEX du lieu d'exécution de la mesure (C. pr. exéc., art. R. 121-2), c'est-à-dire celui où a été pratiquée la saisie-attribution (v. s^{s} n° 0841.33). Il serait souhaitable d'appliquer dans ce cas les articles 643 et 644 à ce délai de contestation par le débiteur résidant à l'étranger[2], en considération de ce que ce délai est régi par le Code de procédure civile et que la contestation portée devant le JEX constitue une action en justice ouvrant une nouvelle instance en vue de s'opposer à la saisie-attribution (sur la nature du délai de contestation, v. s^{s} n° 0841.62)[3].

SECTION 3

DÉNONCIATION DE LA SAISIE-ATTRIBUTION EN CAS DE PROCÉDURE COLLECTIVE

0822.90 Position du problème. Plan. La saisie-attribution pratiquée entre les mains du tiers saisi produit immédiatement ses effets, qui ne sont en principe pas affectés par l'ouverture ultérieure d'une procédure collective au bénéfice du débiteur (v. s^{s} n° 0831.80). Ainsi la dénonciation de cette saisie ne constitue-t-elle pas une mesure d'exécution et n'est donc pas visée par l'interdiction des procédures d'exécution à compter du jugement d'ouverture de la procédure collective (C. com., art. L. 622-21, pour la procédure de sauvegarde ; C. com., art. L. 631-14[4], pour le redressement judiciaire ; C. com., art. L. 641-3, pour la liquidation judiciaire). En outre dans ce cas, le créancier saisissant n'a pas à déclarer sa créance au passif de la procédure collective du débiteur saisi pour pouvoir être payé par le tiers saisi[5].

1. Décr. n° 2012-366, 15 mars 2012, relatif à la signification des actes d'huissier de justice par voie électronique et aux notifications internationales, *JO* 17 mars, p. 4899.
2. En faveur de cette application : *J.-Cl. Pr. civ., V° Saisie-attribution (contestations)*, fasc. 2295, n° 79, par N. Cayrol.
3. RAPPR. *a contrario* : Civ. 2e, 4 juin 2020, n° 18-23.248, P, qui, pour écarter l'application au déféré de l'art. 643 C. pr. civ., retient que la requête en déféré est un acte de procédure, accompli par un avocat constitué pour la procédure d'appel, qui s'inscrit dans le déroulement de cette procédure et n'ouvre pas une instance autonome.
4. C. com., anc. art. L. 621-40 – L. n° 85-98, 25 janv. 1985, anc. art. 47.
5. Com. 13 oct. 1998, n° 96-14.295, P IV, n° 237 – Com. 23 nov. 2004, n° 02-11.992, P IV, n° 202 – Com. 3 mai 2011, n° 10-16.155, NP.

En revanche, la survenance d'une procédure collective, pendant le délai de dénonciation de la saisie-attribution (§ 1) ou pendant le délai ouvert au débiteur pour contester la mesure (§ 2), impose au créancier saisissant l'accomplissement de démarches complémentaires ou adaptées.

0822.91 Saisie-attribution pratiquée postérieurement à l'ouverture de la procédure collective. Lorsqu'une saisie-attribution est pratiquée, postérieurement au jugement d'ouverture de la procédure collective, pour recouvrer une créance née régulièrement après ce jugement, la procédure doit être dénoncée aux organes de la procédure collective (C. com., art. L. 622-23).

À ce sujet, v. s[s] n° 0811.84.

§ 1
Survenance d'une procédure collective au cours du délai de dénonciation de la saisie-attribution

0822.101 Ouverture de la procédure collective pendant le délai de dénonciation. Lorsqu'une procédure de sauvegarde, de redressement judiciaire ou de liquidation judiciaire est ouverte pour le débiteur après l'acte de saisie, pendant le délai de huit jours pour lui dénoncer cet acte, il convient de distinguer selon que la dénonciation est accomplie avant ou après le jugement d'ouverture.

A.
Dénonciation avant le jugement d'ouverture

0822.111 Régularité de la dénonciation faite au débiteur avant le jugement d'ouverture. La deuxième chambre civile est venue préciser, par un arrêt du 8 décembre 2011, que n'encourait pas la caducité la dénonciation faite dans le délai légal au débiteur à la tête de ses biens, alors même qu'un redressement judiciaire était ultérieurement ouvert dans le délai de dénonciation[1].

La formulation de l'arrêt donne une portée générale à cette solution, qui vaut donc pour la procédure de sauvegarde et la liquidation judiciaire.

Par la suite, la chambre commerciale, dans une espèce où une liquidation judiciaire était intervenue au-delà même du délai de huitaine, a retenu, par un arrêt du 12 octobre 2012, que, dans ce cas, la saisie régulièrement dénoncée au débiteur dans ce délai ne pouvait plus encourir la caducité[2]. Cet arrêt a été considéré par ses commentateurs comme confirmant la jurisprudence de la deuxième chambre civile[3]. Il a toutefois été observé[4] qu'une lecture *a contrario* de l'arrêt de la chambre commerciale, qui serait peu opportune selon M. Cagnoli, pourrait conditionner l'absence de caducité au défaut de prononcé d'une liquidation judiciaire dans le délai de huitaine, y compris donc dans le cas où la dénonciation au débiteur à la tête de ses biens aurait été préalablement accomplie. Sous réserve de cette légère incertitude, cette jurisprudence constitue un fort encouragement à procéder au plus vite à la dénonciation, sans attendre la fin du délai de huitaine pour y procéder.

B.
Dénonciation après le jugement d'ouverture

0822.121 Principe. Lorsque la saisie-attribution n'a pas été dénoncée avant le jugement d'ouverture, la dénonciation doit être faite à la personne apte à recevoir cet acte qui sera, selon le cas, le débiteur et/ou le mandataire de justice compétent, selon la procédure ouverte.

0822.122 Procédure de sauvegarde et redressement judiciaire. Dans les cas de procédure de sauvegarde ou de redressement judiciaire, il convient de vérifier qui, du débiteur ou de l'administrateur désigné par le tribunal, a qualité pour recevoir la dénonciation.

Pour le redressement judiciaire, il découle de l'article L. 631-12 C. com. que la dénonciation doit être faite, à peine de caducité, à l'administrateur judiciaire seul, s'il a été investi d'une mission de représentation et à l'administrateur, conjointement avec le débiteur, lorsqu'il a reçu une mission d'assistance[5]. Dans le cas d'une procédure de sauvegarde, l'administration de l'entreprise est assurée par son dirigeant, l'administrateur éventuellement désigné ayant une mission de surveillance voire d'assistance pour l'accomplissement de certains actes (C. com., art. L. 622-1 et L. 622-3).

1. Civ. 2e, 8 déc. 2011, n° 10-24.420, P II, n° 225 ; *Act. proc. coll.* 2012. Alerte 37, veille P. Cagnoli ; *Procédures* 2012, n° 167, obs. R. Perrot ; *RD banc. fin.* 2012, n° 63, comm. S. Piedelièvre ; *JCP* 2012. 207, note L. Lauvergnat.
2. Com. 2 oct. 2012, n° 11-22.387, P IV, n° 178 ; *D.* 2012. 2385, note A. Lienhard ; *RTD civ.* 2013. 176, obs. R. Perrot ; *JCP E* 2013. 1001, comm. Lebel ; *Lettre d'actualité des Procédures collectives civiles et commerciales*, 2012. Alerte 255, obs. P. Cagnoli.
3. *RTD civ.* 2013. 176, obs. R. Perrot – A. Leborgne, « Droit de l'exécution », *D.* 2013. 1574.
4. V. obs. A. Lienhard et P. Cagnoli s[s] Com. 2 oct. 2012, n° 11-22.387, préc. s[s] prés[t] n°.
5. Com. 19 févr. 2002, n° 98-22.727, P IV, n° 37 ; *D.* 2002. 1070, obs. V. Avena-Robardet ; *Procédures* 2002, n° 92, obs. Perrot ; *RD banc. fin.* 2002, n° 105, obs. F.-X. L., et n° 109, obs. J.-M. D. – PERROT et THÉRY, n° 395 – P. Cagnoli, obs. s[s] Com. 2 oct. 2012, n° 11-22.387, préc., v. s[s] n° 0822.111.

La Cour de cassation a ainsi cassé un arrêt pour ne pas avoir précisé « *si, en l'espèce, l'exercice du droit de recevoir la notification d'un acte de procédure n'était pas compris dans la mission de l'administrateur* [...] »[1]. La cour de renvoi, après avoir relevé que le tribunal avait donné aux administrateurs « *mission d'assurer seuls et entièrement l'administration de l'entreprise* », a déclaré caduques les deux saisies-attributions dénoncées au débiteur seul[2].

Si la question de la dénonciation de la saisie-attribution au mandataire judiciaire, représentant de l'intérêt collectif des créanciers, n'a en revanche pas été expressément tranchée par la Haute juridiction[3], un arrêt du 19 février 2002 semble avoir implicitement écarté une telle la dénonciation[4].

0822.123 **Liquidation judiciaire.** Dans l'hypothèse d'une **liquidation judiciaire**, la signification devra être faite au liquidateur en raison du dessaisissement du débiteur (C. com., art. L. 641-9[5]), en sa qualité de représentant de ce dernier, et ce même si le liquidateur judiciaire est en même temps tiers saisi[6] : « *La saisie doit être dénoncée dans le délai de huit jours, à peine de caducité, au débiteur à la tête de ses biens, ou, dès la liquidation judiciaire, à son liquidateur* »[7].

§ 2
Survenance d'une procédure collective au cours du délai de contestation de la saisie-attribution

0822.131 **Ouverture de la liquidation judiciaire pendant le délai de contestation.** Si la liquidation est prononcée, après la dénonciation de la saisie au débiteur saisi, mais au cours du délai ouvert pour contester la saisie-attribution, le jugement d'ouverture interrompt ce délai, de sorte qu'un nouveau délai commence à courir.

Par un arrêt du 19 janvier 1999, la chambre commerciale a jugé que ce nouveau délai ne commençait à courir qu'à compter d'une nouvelle dénonciation, faite au liquidateur. Cette nouvelle dénonciation n'est pas enfermée dans un délai déterminé et son accomplissement, qui n'a d'autre objet que de faire courir le délai de contestation désormais ouvert au liquidateur, n'est pas prescrit à peine de caducité[8]. En outre, il a été jugé que le défaut de dénonciation de la saisie-attribution au liquidateur du débiteur saisi, lorsque la liquidation judiciaire a été prononcée au cours du délai ouvert pour contester la saisie-attribution, n'en affectait pas la régularité à l'égard du tiers saisi, qui n'a en effet pas qualité pour se prévaloir de cette absence de dénonciation[9].

À la suite de l'arrêt précité du 12 octobre 2012, une incertitude a toutefois vu le jour quant à la question de savoir à quel moment ce nouveau délai recommençait à courir. Plusieurs commentateurs de cet arrêt[10] en ont déduit l'abandon de l'exigence d'une nouvelle dénonciation au liquidateur, le nouveau délai courant, selon eux, de plein droit à compter du jugement d'ouverture de la liquidation judiciaire. Avec un auteur[11], on peut toutefois être enclin à penser que cet arrêt ne portait pas sur cette question, qu'il n'a pas expressément tranchée[12], de sorte qu'en l'état de la solution précédemment affirmée, la rigueur comme la prudence devraient plutôt conduire à continuer à dénoncer la saisie-attribution au liquidateur pour faire courir à son égard le délai de contestation de la mesure.

1. Com. 16 févr. 1999, n° 95-17.928, NP – Cassant : Lyon, 10 mai 1995, *Rev. proc. coll.* 1998. 90, obs. P. Canet.
2. Grenoble, 13 nov. 2001, *Dr. et proc.* 2002. 121, obs. E. Putman.
3. F. Aubert, « Interférences entre les procédures collectives et les procédures civiles d'exécution », *R.* 1999, p. 88, Doc. fr.
4. Lienhard, obs. s^{s} Com. 4 mars 2003, n° 00-13.020, P IV, n° 34 ; *D.* 2003. AJ 907.
5. C. com., anc. art. L. 622-9.
6. Civ. 2e, 5 avr. 2001, n° 98-14.107, P II, n° 73 ; *D.* 2001. 1467, obs. A. Lienhard ; *RD banc. fin.* 2001, n° 160, obs. J.-M. D. ; *Dr. et patr.* nov. 2001. 110, obs. M.-H. Monsérié-Bon.
7. Com. 4 mars 2003, n° 00-13.020, P IV, n° 34 ; *D.* 2003. 907, obs. A. Lienhard ; *JCP E* 2003. 815, note Delattre ; *Procédures* 2003, n° 167, obs. R. Perrot ; *RD banc fin.* 2003, n° 118, obs. J.-M. D. ; *Dr. et proc.* 2003. 306, obs. E. Putman ; *JCP E* 2003. I. 174, n° 18, obs. P. P.
8. Com. 19 janv. 1999, n° 96-18.256, P IV, n° 17 ; *D.* 1999. 245, note F. Derrida ; *LPA* 12 mai 1999. 26, note F. Derrida ; *JCP E* 1999, p. 815, n° 14, obs. P. Pétel ; *Defrénois* 2000. 45, obs. Sénéchal – P. Théry, « L'incidence d'une procédure collective sur les procédures civiles d'exécution », *Dr. et proc.* 2002. 144.
9. Com. 10 juin 2008, n° 06-13.054, NP.
10. Com. 2 oct. 2012, n° 11-22.387, P, préc. (v. s^{s} n° 0822.111).
11. P. Cagnoli, note s^{s} Com. 2 oct. 2002, n° 11-22.387 (préc. s^{s} prés^{t} n°).
12. Par cet arrêt, la chambre commerciale se contente de relever que la cour d'appel retenait que « *l'intervention d'un jugement de liquidation judiciaire au cours du délai d'un mois ouvert pour contester la saisie-attribution interrompt seulement ce délai au profit du liquidateur, cette interruption n'étant destinée qu'à permettre à ce dernier, désormais seul habilité à agir au lieu et place du débiteur, d'exercer, le cas échéant, une contestation au fond contre cette mesure* », et d'énoncer « *qu'en l'état de ses constatations et appréciations faisant ressortir que la saisie-attribution, qui a été régulièrement dénoncée par* [le créancier saisissant] *à la société* [débiteur saisi] *dans le délai de huit jours sans que la liquidation judiciaire de celle-ci n'intervienne dans ce délai, ne pouvait plus encourir la caducité prévue* [...] *à l'article R. 211-3 du Code des procédures civiles d'exécution, l'arrêt en a exactement déduit que le jugement de liquidation judiciaire intervenu après l'expiration, le délai de huit jours ne peut avoir pour effet de le faire renaître, ni d'imposer aux tiers de renouveler à l'égard du liquidateur dans les mêmes conditions de délai des diligences qu'ils avaient régulièrement accomplies à l'encontre du débiteur* in bonis *avant ce jugement* ».

0822.132 Ouverture d'une procédure de sauvegarde ou d'un redressement judiciaire pendant le délai de contestation. Il semble que la Cour de cassation n'ait pas eu l'occasion de se prononcer sur le cas de l'ouverture d'une procédure de sauvegarde ou d'un redressement judiciaire après la dénonciation au débiteur à la tête de ses biens, mais pendant le cours du délai de contestation.

Dans une telle situation, la doctrine estime qu'il faut s'attacher à analyser la mission confiée à l'administrateur judiciaire : si la mission qui lui a été confiée par le tribunal en vertu de l'article L. 631-12 C. com. emporte l'assistance voire la représentation du débiteur dans l'exercice des actions en justice, la solution dégagée en matière de liquidation judiciaire devrait s'appliquer, de sorte que le délai de contestation devrait être interrompu[1]. Il semble par conséquent que les critères dégagés par la jurisprudence pour déterminer si la saisie-attribution devait ou non être dénoncée à l'administrateur judiciaire en cas de redressement judiciaire prononcé avant toute dénonciation (v. s[s] n° 0822.122), puissent être appliqués pour apprécier si, en cas de redressement judiciaire prononcé après cette dénonciation, le délai de contestation se trouve interrompu.

Dans le doute, le créancier saisissant aura tout intérêt, par prudence, à dénoncer à l'administrateur judiciaire l'acte de dénonciation qu'il a préalablement signifié au débiteur.

1. A. Leborgne, « Panorama de droit de l'exécution », *D.* 2013. 1574 – F. Vinckel, comm. s[s] Civ. 2e, 8 déc. 2011, n° 10-24.420, P II, n° 225 ; *Dr. et proc.* 2012. 44, § 5 ; *Procédures* 2012. 39, comm. R. Perrot – PERROT et THÉRY, n° 428.

TITRE

083. Les effets de la saisie-attribution

SECTION 0
ORIENTEUR

083.00 Sommaire du titre.

Division. Parmi les effets de la saisie-attribution, il convient de s'arrêter sur les effets immédiats (chap. 831) dont l'effet attributif. Le paiement du créancier n'intervient que dans un second temps (chap. 832).

083.03 Bibliographie indicative.

Actualisables. Rép. pr. civ., v° *Saisie-attribution*, par C. Lefort, févr. 2016 (actu. févr. 2025, par L. Boudor), [effets] nos 227-264 – *J.-Cl. Pr. civ., vis Saisie-attribution (généralités)*, fasc. 1600-5 ; *Saisie-attribution (procédure : paiement)*, fasc. 1625, par N. Cayrol.

Ouvrages[1]. G. Couchez et D. Lebeau, *Voies d'exécution*, 12e éd., Sirey, 2017, p. 154-158, nos 268-275 – M. et J.-B. Donnier, *Voies d'exécution et procédures de distribution*, M. et J.-B. Donnier, *Voies d'exécution et procédures de distribution*, 10e éd., « Manuels », LexisNexis, 2020 – R. Lauba, *Le contentieux de l'exécution*, 13e éd., LexisNexis-ENM, 2017, p. 293-303, nos 429-456 – A. Leborgne, *Droit de l'exécution*, 3e éd., « Précis », Dalloz, 2019, p. 519-533, nos 1029-1059 – R. Perrot et Ph. Théry, *Procédures civiles d'exécution*, 3e éd., Dalloz, 2013, p. 391-408, nos 369-385 – S. Piedelièvre, *Procédures civiles d'exécution*, Economica, 2016, p. 491-502, nos 474-486.

083.05 Généralités. La signification de l'acte de saisie au tiers saisi ainsi que la dénonciation de celle-ci au débiteur vont produire un certain nombre d'effets. Certains concernent le déroulement de cette procédure d'exécution : ainsi la dénonciation au saisi fait-elle courir le délai d'un mois pour contester la saisie (C. pr. exéc., art. L. 211-4 – C. pr. exéc., art. R. 211-1 – v. ss nos 0841.61 s.). Les autres, ici examinés, sont substantiels.

083.06 Effets immédiats. Outre les effets communs à toute mesure d'exécution, le principal effet immédiat de la saisie-attribution est d'emporter attribution au profit du saisissant de la créance saisie disponible entre les mains du tiers saisi (C. pr. exéc., art. L. 211-2, al. 1er) et de rendre la créance saisie indisponible (C. pr. exéc., art. L. 141-2, al. 1er).

Le paiement du créancier, qui est le but de la saisie-attribution, n'intervient toutefois que dans un second temps.

1. Les ouvrages dont le nom des auteurs figure en petites capitales en bibliographie seront cités par le seul nom des auteurs en petites capitales en notes de bas de page.

CHAPITRE

0831. Effets immédiats de la signification de l'acte de saisie-attribution

ÉDOUARD DE LEIRIS
CONSEILLER À LA COUR DE CASSATION

SECTION 0
ORIENTEUR

0831.00 Sommaire du chapitre.

Division. La saisie-attribution s'accompagne des effets que toute mesure d'exécution produit, en particulier l'effet interruptif de la prescription et l'indisponibilité de la créance saisie[1] (sect. 1).

Surtout, l'effet essentiel et spécifique à cette mesure d'exécution est, comme le choix des termes le révèle, l'attribution de la créance saisie sur le tiers saisi au profit du saisissant (sect. 2), « *innovation essentielle* » de la réforme[2].

0831.01 Textes applicables.

• **C. pr. exéc.,** art. L. 111-4, L. 111-7, L. 112-1, L. 141-2, L. 211-1 à L. 211-3, L. 321-3, L. 331-2, L. 523-1, L. 523-2 ; R. 211-1 à R. 211-3, R. 211-8, R. 211-11, R. 211-19, R. 211-23, R. 334-2.

• **C. civ.,** art. 788, 792, 796, 808, 1321, 1341-1, 1343-5, 1799-1, 2231, 2232, 2244, 2355, 2358, 2363.

• **C. pr. civ.,** art. 514-3, 517-1.

• **C. com.,** art. L. 141-14, L. 622-21, L. 631-8, L. 632-1 et L. 632-2.

• **C. consom.,** art. L. 722-2 et L. 721-4.

1. Sur l'indisponibilité en cas de saisie-attribution de comptes bancaires, v. ss nos 0921.21 s. et 0923.11 s.
2. H. Croze, « La loi nº 91-650 du 9 juillet 1991 portant réforme des procédures civiles d'exécution : les règles spécifiques aux différentes mesures d'exécution forcée et mesures conservatoires », *JCP* 1992. I. 3585, nº 7.

0831.02 **Jurisprudence de référence.**

> Portée de l'effet attributif de la saisie-attribution des créances à exécution successives.

• **Cass., avis, 16 déc. 1994,** n° 09-40.021, P, n° 24

* V. s[s] n°s 0144.87, 0831.91, 0971.312

Une saisie-attribution des créances à exécution successive pratiquée à l'encontre de deux époux, communs en biens et codébiteurs solidaires, antérieurement à la mise en liquidation judiciaire de l'un d'eux sur les loyers d'un immeuble dépendant de la communauté poursuit ses effets sur les loyers échus après le jugement de liquidation.

> Saisie-attribution d'une créance à exécution successive pratiquée avant la survenance d'un jugement portant ouverture d'un redressement ou d'une liquidation judiciaire.

• **Civ. 2e, 10 juill. 1996,** n° 94-19.551, P II, n° 209

* V. s[s] n°s 0144.87, 0831.91, 0832.57, 0952.191, 0971.312

Il résulte des articles 13 et 43 de la loi du 9 juillet 1991 et des articles 69 et suivants du décret du 31 juillet 1992 [devenus art. L. 112-1, L. 211-2 et R. 211-14 s. C. pr. exéc.] que la saisie-attribution d'une créance à exécution successive pratiquée à l'encontre de son titulaire avant la survenance d'un jugement portant ouverture d'un redressement ou d'une liquidation judiciaire de celui-ci poursuit ses effets sur les sommes échues en vertu de cette créance après ledit jugement.

> Interdiction de la conservation d'une mesure conservatoire après le jugement d'ouverture de la procédure collective du débiteur.

• **Com. 22 avr. 1997,** n° 94-16.979, P IV, n° 100

* V. s[s] n°s 0144.73, 0144.75, 0611.34, 0831.113

Le jugement d'ouverture de la procédure collective du débiteur interdit toute conversion en saisie-attribution de la saisie conservatoire pratiquée antérieurement. Dès lors, une saisie conservatoire signifiée au tiers saisi avant la date de cessation des paiements du débiteur, mais qui n'a pas été convertie en saisie-attribution avant la date du jugement d'ouverture, n'emporte plus affectation spéciale et privilège au profit du créancier saisissant.

> Caractères certain et disponible de la créance objet de la saisie-attribution.

• **Civ. 2e, 25 mars 1998,** n° 96-14.706, P II, n° 109

* V. s[s] n°s 0812.12, 0812.21, 0831.130, 0971.91

Encourt la cassation l'arrêt qui donne effet à une saisie-attribution en énonçant que la créance saisie existait en germe dans le patrimoine du débiteur sans constater qu'à la date de la saisie la créance était certaine et disponible.

> Nullité de la saisie conservatoire pratiquée en période suspecte.

• **Com. 12 oct. 1999,** n° 96-13.133, P IV, n° 166

* V. s[s] n°s 0144.77, 0611.31, 0831.112

Une saisie conservatoire effectuée postérieurement à la cessation des paiements est nulle. Cette nullité entraîne l'annulation par voie de conséquence du paiement fait au créancier saisissant, même muni d'un titre exécutoire.

> Surendettement. Suspension des procédures d'exécution pendant la durée des mesures recommandées.

• **Civ. 1re, 14 mars 2000,** n°s 99-04.026 et 98-04.071, P I, n° 94

* V. s[s] n°s 0831.121, 0933.34

Selon l'article L. 331-9 du Code de la consommation, dans sa rédaction issue de la loi du 8 février 1995, le juge de l'exécution a le pouvoir, dans le cadre des mesures recommandées prévues par l'article L. 331-7 du même Code, de suspendre seulement pendant la durée des mesures de redressement les effets d'une saisie-attribution à exécution successive pratiquée à l'encontre du débiteur avant la saisine de la commission de surendettement.

> Refus des délais de grâce en matière de saisie-attribution.

• **Civ. 2e, 4 oct. 2001,** n° 00-11.609, P II, n° 150

* V. s[s] n°s 0144.38, 0212.193, 0831.62, 0971.392

Le juge de l'exécution ne peut accorder des délais de paiement en matière de saisie-attribution qui a pour effet de transmettre la propriété des fonds saisis au créancier.

> Conséquences de l'arrêt de l'exécution provisoire sur une saisie-attribution.

• **Civ. 2e, 31 janv. 2002,** n° 00-11.881, P II, n° 11

* V. s[s] n° 0831.63

1° Fait une exacte application des dispositions légales, la cour d'appel qui retient que l'ordonnance du premier président arrêtant l'exécution provisoire d'un jugement ne peut remettre en cause les effets des actes d'exécution accomplis et les paiements effectués avant sa décision.

2° L'arrêt de l'exécution provisoire du jugement sur le fondement duquel ont été pratiquées des saisies-attributions au titre de loyers, interdit au créancier saisissant de recevoir le paiement des sommes dues au titre des loyers postérieurs à l'arrêt de l'exécution provisoire.

> Poursuite des effets de la saisie-attribution en cours au jour du jugement d'ouverture d'une procédure collective à l'encontre du débiteur.

• **Cass., ch. mixte, 22 nov. 2002,** n° 99-13.935, P, n° 7

* V. s[s] n°s 0132.26, 0144.87, 0611.34, 0831.91, 0832.57

Il résulte des articles 13 et 43 de la loi du 9 juillet 1991 [devenus L. 112-1 et L. 211-2 du C. pr. exéc.] et des articles 69 [devenu R. 211-14] et suivants du décret du 31 juillet 1992, que la saisie-attribution d'une créance à exécution successive, pratiquée à l'encontre de son titulaire avant la survenance d'un jugement portant ouverture d'un redressement ou d'une liquidation judiciaires de celui-ci, poursuit ses effets sur les sommes échues en vertu de cette créance, après ledit jugement. Dès lors, une cour d'appel, qui retient que la saisie a définitivement produit son effet attributif avant le jugement prononçant la mise en liquidation judiciaire de la société, décide, à bon droit, qu'il n'y a pas lieu d'en ordonner la mainlevée.

> Validité de la saisie conservatoire pratiquée en période suspecte et convertie avant le jugement d'ouverture.

• **Com. 10 déc. 2002,** n° 99-16.603, P IV, n° 191

* V. s^s n°s 0144.77, 0144.79, 0212.62, 0611.33, 0611.35, 0831.112

Dès lors qu'elle a retenu que la conversion en saisie-attribution d'une créance avait été effectuée avant le jugement d'ouverture de la procédure collective du débiteur, la cour d'appel, juge de l'exécution, qui a fait une exacte application de l'article 43, alinéa 2, de la loi du 9 juillet 1991 [devenu art. L. 211-2 C. pr. exéc.], n'avait pas à se prononcer sur l'application de l'article L. 621-107, 7° du Code de commerce [devenu l'article L. 632-1, 7° du Code de commerce].

> L'exécution forcée d'un titre exécutoire à titre provisoire est compatible avec l'exigence d'un procès équitable.

• **Civ. 2e, 10 févr. 2005,** n°s 03-15.067 et 03-15.068, P I, n° 28

* V. s^s n°s 0101.13, 0831.63

L'exécution forcée poursuivie en vertu d'un titre exécutoire à titre provisoire aux risques et périls du créancier, n'est pas contraire aux exigences de l'article 6.1 de la Convention européenne de sauvegarde des droits de l'homme et des libertés fondamentales.

> Suspension judiciaire des mesures d'exécution en cours pour le recouvrement de dettes fiscales à l'encontre d'un débiteur en situation de surendettement.

• **Civ. 2e, 15 déc. 2005,** n° 04-04.175, P II, n° 335

* V. s^s n°s 0144.122, 0831.121, 0933.34, 0942.182

Le juge [du tribunal d'instance], qui tient de l'article L. 331-5 du Code de la consommation le pouvoir de suspendre les mesures d'exécution en cours pour le recouvrement de dettes fiscales, peut ordonner la suspension d'un avis à tiers détenteur délivré auprès de l'Assedic pour obtenir, en vue du recouvrement d'impôts sur le revenu impayés, l'attribution des allocations de chômage servies à un débiteur en situation de surendettement.

> Saisie conservatoire. Manquement du tiers saisi à son obligation de renseignement. Absence de conversion de la saisie. Absence de sanction du tiers saisi.

• **Civ. 2e, 14 sept. 2006,** n° 05-16.584, P II, n° 227

* V. s^s n°s 0611.34, 0612.78, 0621.23, 0831.113

Une saisie conservatoire qui n'est pas convertie en saisie-attribution ne peut plus produire ses effets. En ce cas, le créancier poursuivant ne peut faire condamner au paiement des sommes pour lesquelles la saisie avait été pratiquée le tiers saisi qui n'aurait pas satisfait à son obligation de renseignement.

> Saisie-attribution. Paiement différé de la créance immédiatement attribuée au saisissant. Demande d'arrêt de l'exécution provisoire pendant le délai de contestation ou en cas de contestation.

• **Civ. 2e, 1er oct. 2009,** n° 08-19.051, P II, n° 234

* V. s^s n°s 08.11, 0831.63, 0832.21

Si l'acte de saisie-attribution emporte, à concurrence des sommes pour lesquelles elle est pratiquée, attribution immédiate au profit du saisissant de la créance saisie disponible entre les mains du tiers saisi, ainsi que de tous ses accessoires, le paiement est différé en cas de contestation devant le juge de l'exécution ou, sauf acquiescement, pendant le délai de contestation.

Par suite, viole les articles 43, 45 et 46 de la loi du 9 juillet 1991 et l'article 61 du décret du 31 juillet 1992, le premier président qui rejette une demande d'arrêt de l'exécution provisoire au motif que, par l'effet d'une saisie-attribution, non contestée par le saisi, le jugement avait été complètement exécuté, alors que le délai de contestation n'était pas encore expiré et que le saisi n'avait pas acquiescé à la mesure d'exécution.

> Conversion d'une saisie conservatoire en saisie-attribution.

• **Com. 2 mars 2010,** n° 08-19.898, P IV, n° 45

* V. s^s n°s 0621.53, 0831.112

La signification au débiteur, en application de l'article 241 du décret du 31 juillet 1992, de la copie de l'acte de conversion d'une saisie conservatoire en saisie-attribution, n'est pas soumise au délai de huit jours prévu, à peine de caducité, par l'article 58 de ce décret.

Par suite, justifie légalement sa décision la cour d'appel qui rejette la demande de caducité ou de nullité d'une saisie-attribution après avoir constaté que l'acte de conversion de la saisie conservatoire en saisie-attribution avait été signifié au tiers saisi avant l'ouverture du redressement judiciaire de la société débitrice, puis dénoncé à l'administrateur judiciaire.

> Saisie-attribution. Portée de l'effet attributif au saisissant de la créance et de ses accessoires.

• **Civ. 2e, 7 avr. 2011,** n° 10-15.969, P II, n° 88

* V. s^s n°s 0144.87, 0831.57, 0971.281

La saisie-attribution emporte attribution au créancier saisissant de la créance de somme d'argent disponible dans le patrimoine du tiers saisi ainsi que de ses accessoires exprimés en argent. Il s'ensuit que la saisie-attribution ne peut conférer au créancier saisissant le privilège de prêteur de deniers.

> Le paiement fait au mépris de la saisie par le tiers saisi ne le prive pas de son recours contre le débiteur.

• **Civ. 2e, 8 déc. 2011,** n° 10-23.399, P II, n° 226

* V. s^s n°s 0153.31, 0831.58, 0832.53

Il résulte de l'article 24, alinéa 3, de la loi n° 91-650 du 9 juillet 1991 [devenu art. L. 123-1 C. pr. exéc.] que le tiers entre les mains duquel est pratiquée une saisie peut être condamné au paiement des causes de la saisie, sauf recours contre le débiteur. Fait une exacte application de ce texte la cour d'appel qui, relevant qu'une société tiers avait, malgré la saisie-attribution pratiquée entre ses mains sur des loyers dus à une société débitrice, continué à régler à cette société les loyers et se trouvait, par l'effet de sa condamnation au paiement au profit du créancier des loyers saisis, avoir payé deux fois la même somme, ce dont il résultait un enrichissement sans cause de la société débitrice, retient que le fait d'avoir versé les loyers saisis à la société débitrice et non au créancier n'était pas constitutif d'une faute dont la société débitrice pouvait se prévaloir pour s'opposer au recours en garantie exercé contre elle.

> Étendue de l'effet attributif à l'égard des intérêts à échoir.

• **Civ. 2e, 28 juin 2018,** n° 17-13.967, P II, n° 141

* V. s^s n° 0831.54

L'effet attributif immédiat au profit du créancier saisissant de la créance disponible entre les mains du tiers ne joue qu'à concurrence des sommes pour lesquelles la saisie est pratiquée en principal, frais et intérêts échus majorés, le cas échéant, en application de l'article R. 211-1 du code des procédures civiles d'exécution, de la provision pour les seuls intérêts à échoir dans le délai d'un mois prévu pour élever une contestation. Ayant exactement retenu que l'effet attributif d'une première saisie-attribution était ainsi limité, une cour d'appel en a déduit à bon droit que le créancier pouvait procéder à une nouvelle saisie-attribution pour la partie de la créance non incluse dans la première saisie et correspondant aux intérêts qui n'étaient pas échus à la date de la première saisie.

> Durée de l'effet interruptif de prescription de la saisie-attribution.

• **Civ. 2e, 10 janv. 2019,** n° 16-24.742, P

* V. s^s n°s 0831.13, 0832.53

L'effet interruptif de prescription résultant d'une saisie-attribution se poursuivant jusqu'au terme de celle-ci, un nouveau délai, de même nature et durée que le précédent, recommence à courir à compter du paiement par le tiers saisi.

0831.03 Bibliographie indicative[1].

* V. s^s n° 083.03

0831.04 Formulaire de procédure civile (renvoi).

• *Saisie-attribution – Désignation de séquestre* (Requête à fin de désignation de séquestre au cours d'une saisie-attribution – C. pr. exéc., art. R. 211-2)

SECTION 1

Effets communs aux mesures d'exécution

§ 1 Interruption de la prescription

A. Prescription de la créance cause de la saisie

0831.11 Détermination de l'acte interrompant la prescription au profit du créancier. Le cours de la prescription de la créance dont le créancier poursuit le recouvrement est interrompu par l'effet de la saisie-attribution. Les textes du Code civil régissant cet effet interruptif ont toutefois été modifiés par la loi du 17 juin 2008[2], dont la portée doit encore être précisée.

L'ancienne disposition exigeait « *un commandement ou une saisie, signifiés à celui qu'on veut empêcher de prescrire* », traduisant une approche subjective de l'interruption de la prescription, que la jurisprudence avait d'ailleurs retenue dans le cas de l'ancienne saisie-arrêt[3]. L'article 2244 C. civ., issu de la loi du 17 juin 2008, ne fait plus référence à une signification au débiteur, mais prévoit simplement que le délai de prescription ou de forclusion est interrompu par un « *acte d'exécution forcée* ». Quoique cette rédaction paraisse ainsi privilégier une approche objective, s'attachant à l'existence d'une saisie, la doctrine reste divisée sur la question[4]. La jurisprudence, qui ne s'est pas prononcée par un arrêt publié sur la question, paraît encore hésitante[5].

Pour être complet, on indiquera que l'interruption de la prescription sera non avenue en cas de nullité ou de caducité de l'acte de saisie, qui privent en effet rétroactivement la mesure de saisie de tout effet[6].

0831.12 Portée du délai décennal d'exécution des décisions de justice. La réforme de la prescription gagne en outre à être explicitée par la jurisprudence, en particulier dans le cas où l'exécution concerne un jugement.

Il convient en effet d'apprécier la combinaison de l'article 2244 C. civ. avec l'article L. 111-4 C. pr. exéc., édictant un délai décennal pour exécuter les jugements. La question se pose en particulier de la portée exacte de la disposition dérogeant au délai décennal d'exécution des jugements, lorsque les actions en recouvrement des créances constatées dans le jugement se prescrivent par un délai plus long. Cette exception ne concerne-t-elle que le cas, désormais rarissime, des créances dont le délai initial de

1. Les ouvrages dont le nom des auteurs figure en petites capitales en bibliographie seront cités par le seul nom des auteurs en petites capitales en notes de bas de page.

2. L. n° 2008-561, 17 juin 2008, portant réforme de la prescription en matière civile, *JO* 18 juin, p. 9856 – T. Moussa, « Prescription des titres exécutoires et prescriptions de l'action », *Dr. et proc.* 2011. 284.
3. Civ. 2e, 1er mars 1978, n° 76-12.498, P II, n° 52 – SUR LA QUESTION : *J.-Cl. Civ. Code, v°* Prescription (interruption de la prescription), art. 2240 à 2246 fasc. unique, n° 103, par Taisne.
4. EN FAVEUR DE L'EFFET INTERRUPTIF ATTACHÉ À L'ACTE DE SAISIE : O. Salati, « Nouvel article 3-1 de la loi du 9 juillet 1991 : la prescription des titres exécutoires de l'article 3, 1° à 3°, de la loi est décennale », *Procédures* 2008. Focus 45 ; *J.-Cl. Voies d'exécution, v°* Acte de saisie, fasc. 440, n° 103, par Vinckel – EN SENS CONTRAIRE : C. Brenner et H. Lécuyer, « La réforme de la prescription », *JCP E* 2009. 1197, n° 27 ; PERROT et THÉRY, n° 394.
5. EN FAVEUR de l'effet interruptif attaché à l'acte de saisie : Civ. 2e, 12 mars. 2020, n° 18-23.973, NP, § 3 – EN SENS CONTRAIRE : Civ. 1re, 12 sept. 2018, n° 17-20.466, NP.
6. V. EN MATIÈRE DE SAISIE IMMOBILIÈRE : Civ. 2e, 1er mars. 2018, n° 16-25.746, P II, n° 37 – Civ. 2e, 4 sept. 2014, n° 13-11.887, P II, n° 179 – Com. 8 déc. 2009, n° 08-20.680, NP (nullité) – V. ÉGAL. *J.-Cl. Huissier de justice, v°* Acte de saisie, n° 102, par Vinckel.

prescription excède dix ans ? Ou s'étend-elle aux créances dont la prescription totale dépasse cette durée, par l'effet des suspensions et interruptions survenues depuis le jugement[1] ? À titre d'exemple, le titulaire d'une créance se prescrivant par cinq ans obtient la condamnation de son débiteur, puis pratique une première saisie-attribution dans les quatre ans du jugement, puis une seconde quatre ans plus tard : si l'on tient compte de l'effet interruptif de prescription de ces actes d'exécution, le créancier peut continuer à exécuter son titre pendant une durée de cinq ans suivant la seconde saisie-attribution, soit treize ans après le jugement et donc au-delà du délai décennal d'exécution de ce jugement.

La prescription quinquennale étant désormais le principe, il est clair que si cette orientation devait être écartée, l'interruption de la prescription de la créance par un acte d'exécution forcée, prévue par l'article 2244 C. civ., perdrait toute application dans le cas de l'exécution d'un jugement, lequel ne pourrait être mis en œuvre que pendant le délai décennal. L'article 2244 C. civ. ne concernerait alors que l'exécution des titres extrajudiciaires, avec pour conséquence paradoxale de favoriser le créancier non titulaire d'un jugement, qui peut en effet mettre à exécution son titre pendant vingt ans, à condition d'interrompre le délai de prescription par des actes d'exécution forcée (C. civ., art. 2232). Cette considération pourrait ainsi militer dans le sens de la possibilité offerte au créancier de mettre à exécution le jugement pendant une durée excédant le délai décennal, dans le cas où le délai de prescription de la créance elle-même a été interrompu par des mesures d'exécution ayant porté ce délai à une durée supérieure à dix ans.

Si la Cour de cassation paraît avoir implicitement opté pour le caractère interruptible du délai décennal de l'article L. 111-4, en qualifiant ce délai de prescription décennale[2], la solution n'en demeure pas moins incertaine.

0831.13 Point de départ de la prescription interrompue. L'interruption de la prescription par la saisie-attribution fait partir un nouveau délai de prescription (C. civ., art. 2231). La Cour de cassation retient toutefois que cette prescription ne recommence à courir, pour un délai de même nature et de même durée que le précédent, qu'à compter du paiement par le tiers saisi[3], qui constitue en effet le dénouement de la mesure d'exécution. Dans l'hypothèse où la saisie-attribution ne se dénouerait pas par un paiement du tiers saisi, en particulier dans le cas d'une saisie infructueuse ou suivie d'une mainlevée donnée par le saisissant, l'idée qui préside à la jurisprudence paraît devoir faire courir le délai depuis l'événement qui met fin à la mesure d'exécution, soit, dans les hypothèses évoquées, l'acte de saisie lui-même lorsqu'elle est infructueuse ou l'acte de mainlevée.

Lorsque la saisie-attribution porte sur une créance à exécution successive, le point de départ du nouveau délai de prescription se trouve ainsi reporté à l'issue de la durée d'exécution de la saisie-attribution[4]. Cette dernière solution a également été retenue par le Conseil d'État en matière d'avis à tiers détenteur (v. s[s] n° 0932.25).

B.
Prescription de la créance objet de la saisie

0831.21 Interruption de la prescription de la créance saisie. L'article L. 141-2 alinéa 3 C. pr. exéc. prévoit que la saisie portant sur une créance en interrompt la prescription. Si l'article 2244 C. civ. a trait au délai de prescription de la créance cause de la saisie (celle du saisissant sur le débiteur saisi), l'article L. 141-2 alinéa 3 C. pr. exéc. concerne le délai de prescription de la créance objet de la saisie (celle du débiteur saisi sur le tiers saisi).

Cet effet interruptif de la prescription de la créance saisie est rendu indispensable en raison des perturbations que la saisie-attribution cause. Malgré l'effet attributif immédiat de la saisie, le tiers saisi n'acquittera la créance saisie entre les mains du créancier saisissant qu'ultérieurement, et à la condition qu'une contestation de la saisie ne débouche pas sur la mainlevée de celle-ci. Or, le débiteur saisi n'est plus, ou plus totalement, en mesure d'accomplir les diligences propres à interrompre la prescription, puisqu'une mesure d'exécution rend indisponible la créance qui en est l'objet. Il est donc indispensable d'interrompre le cours de la prescription de la créance saisie.

§ 2
Indisponibilité de la créance saisie

0831.31 Règle commune. L'article L. 141-2 alinéa 1er C. pr. exéc., inséré dans le chapitre intitulé « Dispositions générales », précise que « *l'acte de saisie rend indisponibles les biens qui en sont l'objet* ».

L'indisponibilité des biens est un effet commun aux différentes mesures d'exécution.

1. A.-G. Dumas, « Prescription et exécution : la limitation dans le temps de l'exécution forcée », *Rev. Justice actualités (ENM)*, 2014, n° 10, p. 74.
2. PAR EX. : Civ. 2e, 6 sept. 2018, n° 17-18.953, P II, n° 167.
3. Civ. 2e, 10 janv. 2019, n° 16-24.742, P.
4. RAPPR. : Civ. 2e, 3 déc. 2015, n° 14-27.138, P II, n° 268 ; *D.* 2016. 736, chron. H. Adida-Canac, T. Vasseur et E. de Leiris, n° 7, en matière de saisie des rémunérations.

Toutefois, dans le cas de la saisie-attribution, l'effet attributif fait passer l'indisponibilité au second plan, voire, selon certains, l'exclut purement et simplement[1]. À certains égards, l'indisponibilité ne disparaît pas totalement. Ainsi est-il expressément prévu que lorsque la saisie-attribution est pratiquée entre les mains d'un établissement habilité à tenir des comptes de dépôt, l'acte de saisie rend indisponible l'ensemble des comptes du débiteur (C. pr. exéc., art. R. 211-19), pendant un **délai de quinze jours à un mois** (v. s^s n°s 0923.11 s.), alors qu'elle ne produit d'effet attributif qu'à hauteur de la créance du saisissant. De même, l'indisponibilité présente-t-elle un intérêt lorsque la saisie-attribution, pratiquée sur une créance déjà indisponible, se voit dénier tout effet attributif immédiat[2]. Enfin, l'indisponibilité permet de penser que le créancier saisissant ne peut notamment pas céder la créance qui lui est pourtant attribuée.

En dehors de ces cas particuliers et par facilité, on comprendra ici l'indisponibilité comme un effet particulier de l'attribution, sur lequel s'appuyer pour décrire les effets provisoires de la saisie-attribution sur la créance saisie, avant le dénouement de la mesure, par le paiement de la créance au créancier saisissant.

0831.32 Mise sous séquestre de la créance indisponible. Tant que la créance demeure indisponible, le tiers saisi ne peut pas acquitter sa dette.

Le décret lui permet cependant de demander que les sommes saisies soient consignées « *entre les mains d'un séquestre désigné, à défaut d'accord amiable, sur requête par le juge de l'exécution* » (C. pr. exéc., art. R. 211-2). Bien que le texte ne le précise pas, il va sans dire que cette mise sous séquestre est provisoire, dans l'attente du dénouement de la saisie-attribution, en particulier dans le cas où celui-ci serait reporté par l'effet d'une contestation ou d'une modalité affectant la créance saisie.

0831.33 Demande de mise sous séquestre. Cette possibilité de séquestre présente des avantages pour le tiers saisi qui souhaite se libérer au plus tôt de cette dette, étant précisé que la remise des fonds au séquestre arrête le cours des intérêts dus par le tiers saisi (C. pr. exéc., art. R. 211-2, al. 2). La demande de mise sous séquestre peut en outre être formée par « *tout intéressé* ». En particulier le créancier saisissant qui redoute, par exemple, que le tiers saisi se rende insolvable. La pratique révèle en effet que certains tiers saisis sont plus « *vulnérables* », si l'on peut dire, que d'autres. Les locataires notamment, entre les mains desquels sont pratiquées des saisies-attributions de loyers, sont souvent incités par leur bailleur à continuer à les régler. Elle peut également être formée par tous ceux qui y auraient intérêt, tel un créancier du saisissant agissant par voie oblique sur le fondement de l'article 1341-1 C. civ. ou un créancier saisissant venant en concours.

La codification du décret du 31 juillet 1992 a été l'occasion pour le pouvoir réglementaire de préciser, à l'article R. 211-2 C. pr. exéc., que la demande de consignation devait être formée « *dans le délai prévu au premier alinéa de l'article R. 211-11* », qui fixe le délai de contestation de la saisie-attribution. Alors que la jurisprudence considère que le délai de contestation ne court pas à l'encontre du tiers saisi (v. s^s n° 0841.13), l'exigence désormais posée par l'article R. 211-2 C. pr. exéc. semble imposer une solution inverse lorsque le tiers saisi poursuit la désignation d'un séquestre.

Il n'est ainsi plus totalement exact de considérer que la demande ne devrait être consécutive qu'à une contestation relative à la réalité des droits exercés par le saisi sur les sommes en cause[3]. En revanche, le séquestre ne pourra être utilisé pour paralyser les effets d'une saisie-attribution, en l'absence de contestation soulevée par le débiteur[4]. Ainsi avait-il été jugé, antérieurement à la réforme, **en matière fiscale**, que le tiers à qui un **avis à tiers détenteur** est délivré, ne peut pas solliciter la consignation des fonds, notamment lorsque la créance fiscale n'a pas été contestée « *dans son existence, son exigibilité, sa quotité ou son rang privilégié, dans les formes et délais prescrits par la loi fiscale...* »[5] : une telle solution paraît transposable à la saisie-attribution.

0831.34 Désignation du séquestre. La désignation du séquestre intervient à l'amiable. À défaut d'accord, il est désigné par le juge de l'exécution (JEX).

Bien que la « *consignation* » soit en principe une activité monopolistique de la Caisse des dépôts et consignations, qui est d'ailleurs fréquemment désignée, l'article R. 211-2 C. pr. exéc. permet la désignation de tout séquestre. Aucune qualité particulière n'étant requise de la part du séquestre, sont fréquemment désignés des notaires, avocats, commissaires de justice, ou encore la Carpa.

Cette énumération n'est pas exhaustive et il a pu être estimé que rien ne s'opposait à ce que le créancier saisissant lui-même soit désigné, cette remise ne pouvant toutefois dans ce cas être considérée comme un paiement.

La désignation amiable doit pouvoir faire l'objet d'une réclamation devant le JEX.

1. PERROT et THÉRY, n° 372.
2. LEBORGNE, n° 1031.
3. J.-M. Delleci, « La saisie-attribution des comptes bancaires : portée de l'article 47 de la loi du 9 juillet 1991 », *Banque et droit* 1992, n° 25, p. 162.
4. TGI Lyon, JEX, 24 mars 1998, RG n° 98/01889, NP.
5. Com. 5 mai 1981, n° 79-15.545, P IV, n° 208 ; *Dr. fisc.* 1982, n° 16 – Com. 22 juill. 1986, n° 85-11.079, P IV, n° 179 ; *Dr. fisc.* 1987, n° 22, n° 1089.

SECTION 2

EFFET ATTRIBUTIF DE L'ACTE DE SAISIE-ATTRIBUTION

0831.40 **Texte applicable.** Selon l'article L. 211-2 alinéa 1er C. pr. exéc. : « *L'acte de saisie emporte, à concurrence des sommes pour lesquelles elle est pratiquée, attribution immédiate au profit du saisissant de la créance saisie disponible entre les mains du tiers ainsi que de tous ses accessoires. Il rend le tiers personnellement débiteur des causes de la saisie dans la limite de son obligation* ».

Aux termes des alinéas 2 et 3 de cet article : « *La notification ultérieure d'autres saisies ou de toute autre mesure de prélèvement émanant de créanciers d'autres saisies, même émanant de créanciers privilégiés, ainsi que la survenance d'un jugement portant ouverture d'une procédure de sauvegarde, de redressement judiciaire ou de liquidation judiciaire, ne remettent pas en cause cette attribution.*

Toutefois, les actes de saisie notifiés au cours de la même journée entre les mains du même tiers sont réputés faits simultanément. Si les sommes disponibles ne permettent pas de désintéresser la totalité des créanciers ainsi saisissants, ceux-ci viennent en concours ».

§ 1

Attribution immédiate de la créance saisie disponible

0831.51 **Notion d'effet attributif immédiat.** La saisie-attribution, par cet effet extrêmement important, se démarque ainsi de l'ancienne saisie-arrêt (v. ss nos 08.06 s.).

La signification de l'acte de saisie au tiers saisi emporte attribution directe de la créance en « *pleine propriété* »[1]. Le créancier saisissant « *est investi d'un droit de propriété sur la créance saisie* »[2].

Ces expressions utilisées par la doctrine révèlent l'originalité du mécanisme de l'attribution et son efficacité parmi les mesures d'exécution forcée, encore que la référence à la notion de propriété ne doive pas prêter à confusion : ce qu'opère la saisie par l'effet attributif, c'est une transmission légale de la créance du débiteur saisi au créancier saisissant, dans la limite de la créance de ce dernier contre le débiteur saisi[3].

Par la saisie et avant le dénouement de celle-ci, le créancier saisissant ne devient pas propriétaire de sommes d'argent saisies, comme on peut l'écrire parfois par simple facilité, ni même, propriétaire d'une créance, mais titulaire de la créance de sommes d'argent faisant l'objet de la saisie[4]. L'attribution de la créance est certes immédiate, mais la propriété des sommes d'argent ne résultera que du paiement ultérieur de la créance, c'est-à-dire de l'exécution par le tiers saisi de l'obligation à laquelle il est tenu. Ainsi le créancier saisissant ne peut-il évidemment pas disposer des sommes, objet de la créance qui lui est attribuée.

Le créancier saisissant pourrait-il céder la créance saisie ? La jurisprudence n'a pas eu l'occasion de statuer sur ce point, mais on peut relever que la créance, serait-elle attribuée au créancier saisissant, n'en est pas moins rendue indisponible par cette saisie, ce qui ne milite pas pour une telle faculté, sauf à estimer cette indisponibilité prescrite dans l'intérêt exclusif du créancier saisissant.

0831.52 **Attribution immédiate, dans la double limite des créances cause et objet de la saisie.** L'effet attributif est immédiat, en ce sens que son effet procède directement de la signification de la saisie-attribution, sans avoir à attendre d'autres diligences postérieures à cette signification (ni se trouver affecté par la survenance d'événements postérieurs et extérieurs à la saisie, ainsi qu'on va l'examiner aux nos 0831.61 s.).

Ainsi, par exemple, si la dénonciation de la saisie au débiteur est nécessaire, puisque son inaccomplissement entraîne la caducité de la saisie, l'effet attributif ne naît pas de cette dénonciation. De même, si l'absence de déclaration par le tiers saisi, pourtant débiteur du débiteur saisi, rend ce tiers saisi personnellement débiteur des causes de la saisie (v. ss no 0821.111), l'effet attributif de la saisie n'est pas conditionné à la déclaration du tiers saisi. Ainsi en a-t-il été jugé pour retenir que le débiteur saisi ne pouvait pas se prévaloir de cette absence de déclaration pour lui-même pratiquer une saisie-attribution entre les mains d'un débiteur du tiers saisi, en vue d'obtenir le recouvrement de sa propre créance contre le tiers saisi[5].

En revanche, l'effet attributif est doublement limité, *d'une part*, par la créance qui est la cause de la saisie et, *d'autre part*, par celle qui en est l'objet.

0831.53 **1) Attribution à hauteur de la créance du saisissant contre le débiteur saisi.** Puisqu'elle préfigure le paiement, l'attribution de la créance au créancier saisissant n'a lieu qu'à hauteur de la créance de ce dernier contre le débiteur saisi.

1. H. Croze, « La loi no 91-650 du 9 juillet 1991 portant réforme des procédures civiles d'exécution : les règles spécifiques aux différentes mesures d'exécution forcée et mesures conservatoires », *JCP* 1992. I. 3585, no 7, note 18.
2. Donnier, no 1040.
3. Perrot et Théry, no 396.
4. Pour un arrêt retenant l'existence d'un droit propre au profit du créancier saisissant, l'autorisant à former tierce opposition au jugement d'ouverture d'un redressement judiciaire du débiteur saisi, lorsqu'il a pratiqué la saisie-attribution antérieurement à l'ouverture du redressement judiciaire : Com. 7 oct. 2020, no 19-14.126, NP.
5. Civ. 2e, 30 sept. 2021, no 20-14.060, P ; *RTD civ.* 2021. 945, obs. N. Cayrol.

Ainsi la réforme a-t-elle mis fin à la procédure de cantonnement de la saisie, qui existait sous l'ancienne saisie-arrêt. En effet, celle-ci s'accompagnait d'une indisponibilité totale des sommes saisies-arrêtées[1].

Lorsque le montant de la créance saisie excède celui de la créance du créancier saisissant, l'attribution de la créance au profit de ce dernier n'est que partielle. Cet **effet attributif immédiat et partiel** de la créance saisie est source d'avantages. Non seulement pour le saisissant, mais également pour le débiteur saisi et ses autres créanciers – qui peuvent être payés si des fonds restent disponibles au-delà de l'attribution au saisissant – ainsi que pour le tiers saisi, qui n'est plus tenu de consigner la créance saisie[2].

Dans le cas où une saisie-attribution porte sur des loyers déjà frappés d'une précédente saisie-attribution, on peut estimer que la nouvelle saisie-attribution n'en est ainsi pas moins valable, ses effets étant simplement reportés à l'extinction de la première saisie-attribution.

0831.54 Portée de l'attribution quant aux accessoires de la créance du saisissant. L'étendue de l'effet attributif ne coïncide pas toujours avec le montant de la créance du saisissant. D'abord, comme il vient d'être dit, celui-ci ne peut recouvrer plus que le montant de sa créance telle que celle-ci est constatée dans le titre exécutoire dont il bénéficie.

Ensuite, une précision doit être apportée quant aux accessoires de cette créance cause de la saisie : l'effet attributif immédiat au profit du créancier saisissant de la créance disponible entre les mains du tiers ne joue qu'à concurrence des sommes pour lesquelles la saisie est pratiquée en principal, frais et intérêts échus, ces derniers étant, le cas échéant, majorés, en application de l'article R. 211-1 C. pr. exéc., d'une provision pour les seuls intérêts à échoir dans le délai d'un mois prévu pour élever une contestation. La Cour de cassation en a déduit que, dans le cas où une première saisie-attribution n'avait pas encore débouché sur un paiement, en raison d'une contestation du débiteur demeurant en cours, le créancier saisissant pouvait pratiquer une nouvelle saisie-attribution, en vue de recouvrer le surplus des intérêts courus depuis la première saisie et non couverts par la provision[3].

L'attribution est, ensuite, limitée aux créances saisies, c'est-à-dire celles du débiteur saisi contre le tiers saisi.

1. Civ. 2e, 24 janv. 1973, no 71-12.603, P II, no 29 ; *D.* 1973. 421, note J. Prévault ; *RTD civ.* 1973. 618, obs. P. Raynaud – Civ. 2e, 12 mai 1975, no 74-10.150, P II, no 143 – DONNIER, no 1046.
2. DONNIER, no 1047.
3. Civ. 2e, 28 juin 2018, no 17-13.967, P II, no 141.

0831.55 2) Attribution dans la limite des créances du débiteur saisi contre le tiers saisi. Si l'article L. 211-1 confère au créancier le pouvoir de saisir « *les créances de son débiteur* », l'article L. 211-2 C. pr. exéc. n'envisage l'attribution immédiate que de « *la créance saisie* ». Cette différence de termes s'explique naturellement par l'objet de chacun de ces textes, le premier fixant l'objet de la saisie, quand le second traite de ses effets. Toutefois, elle n'en invite pas moins à s'interroger sur l'assiette exacte d'une saisie-attribution. En effet, si aucune disposition n'impose au créancier saisissant d'identifier spécialement dans l'acte de saisie-attribution qu'il fait délivrer au tiers saisi celles des créances du débiteur saisi qu'il entend saisir (v. ss no 0821.33), il est évident que ce créancier, qui a le choix des mesures propres à assurer l'exécution de sa créance (C. pr. exéc., art. L. 111-7), peut limiter la saisie à certaines créances de son débiteur, par ex. aux comptes bancaires. S'il fait le choix d'apporter une telle restriction, on peut estimer que la portée de la saisie-attribution, et partant son effet attributif, devrait être limitée aux créances exclusivement visées dans cet acte de saisie.

En revanche, si l'acte de saisie-attribution indique, comme fréquemment dans la pratique[4], procéder à la saisie-attribution des créances dont le tiers saisi est débiteur à l'égard du débiteur saisi, sans autre précision, l'effet attributif s'étendra à toutes les créances du débiteur saisi contre le tiers saisi susceptibles de faire l'objet d'une saisie-attribution. Par exemple, dans l'hypothèse d'une saisie de créances à exécution successive, l'attribution portera tant sur les créances passées, qui n'auraient pas encore été acquittées, que sur les créances non encore exigibles[5].

Dans l'hypothèse où le débiteur saisi a plusieurs créances contre le tiers saisi, dont le montant cumulé excède celui de la créance du saisissant, la question se pose de la détermination de la ou des créances affectées par l'attribution. La seule disposition connue en la matière concerne le cas de la saisie de comptes bancaires (C. pr. exéc., art. R. 211-23 : v. ss no 0923.143). À l'instar de la règle fixée par cette disposition, l'attribution doit porter, d'abord, sur les créances saisies immédiatement exigibles, sachant qu'entre créances également exigibles, l'attribution devrait se faire en considération de la règle d'imputation des paiements, puisqu'elle constitue une exception opposable par le tiers saisi au saisissant : dans cette logique, l'attribution se fait, soit sur la créance

4. V. *J.-Cl. Voies d'exécution, Saisie-attribution – Formules*, fasc. 705, par Dymant et Tirvaudey – EN SENS INVERSE : *J.-Cl. Pr. formulaire, vo Saisie-attribution, Saisie-attribution – Formules*, fasc. 40, par L. Lauvergnat, invitant à « *indiquer la cause de l'obligation du tiers* ».
5. Com. 3 nov. 1988, no 85-18.275, P IV, no 282 (pour une saisie de créance de loyers par ATD).

que le tiers saisi a le plus intérêt à acquitter soit, toutes choses égales, proportionnellement (C. civ., art. 1342-10).

0831.56 Étendue de l'effet attributif aux accessoires de la créance exprimés en argent. Selon l'article L. 211-2 C. pr. exéc., l'acte de saisie emporte attribution de la créance saisie disponible « *ainsi que de tous ses accessoires* ».

Aucune précision n'est apportée par le code sur les « *accessoires* » de la créance saisie.

La Cour de cassation a d'abord rappelé que la saisie-attribution portait sur toutes les sommes dues par le tiers saisi au débiteur saisi. Ainsi, la saisie comporte attribution des accessoires exprimés en argent et qui s'attachent habituellement à une dette comme les intérêts de retard, les pénalités contractuelles, ou même la TVA, pour le cas de loyers soumis à cette taxe [1].

En revanche, on pouvait s'interroger sur l'inclusion, dans ces accessoires, des droits non exprimés en argent, telle une sûreté.

0831.57 Exclusion de l'effet attributif aux autres accessoires. Même si la saisie-attribution ne peut être assimilée à une cession de créance, on pouvait être tenté de faire référence aux textes applicables à ce mécanisme juridique, et notamment à l'article 1692 C. civ. (alors applicable, devenu C. civ., art. 1321), qui disposait que « *la vente ou la cession d'une créance comprend les accessoires de la créance, tels que caution, privilège et hypothèque* ». Ainsi, sous l'empire des textes relatifs à la saisie-arrêt, on avait pour habitude de dire que le jugement de validité opérait comme une cession de créance, « *un transport-cession* » au profit du créancier saisissant [2].

Par un arrêt du 7 avril 2011, la Cour de cassation a statué dans le sens d'une stricte limitation « *aux accessoires exprimés en argent* », excluant ainsi, dans le cas qui lui était soumis, le transfert du privilège du prêteur de deniers qui était attaché à la créance [3]. Au terme de cette jurisprudence, **la saisie-attribution d'une créance ne s'étend donc pas aux sûretés réelles qui l'assortissent.**

Cette jurisprudence renforce l'autonomie de la saisie-attribution par rapport à la cession de créance : la saisie-attribution a pour objet le paiement d'une créance d'argent, pas la substitution dans un rapport contractuel, qui entraîne le transfert des attributs non monétaires de la créance. C'est ainsi qu'en cas de défaut de paiement par le tiers saisi, on peut douter que l'action en résolution du contrat ayant donné naissance à la créance saisie soit transférée au créancier saisissant, qui ne devient pas, par l'effet de la saisie, le cocontractant du tiers saisi [4] (cette considération a, bien sûr, son importance pour apprécier un éventuel manquement du saisissant au regard de l'article R. 211-8 C. pr. exéc. : v. ss n° 0832.56).

Ainsi qu'il a été relevé par un commentateur, si le créancier peut se faire payer sur la totalité de la créance saisie, « *il ne saurait être subrogé dans les droits du débiteur saisi pour l'exercice des garanties* » [5]. Autrement dit, cette jurisprudence résulte d'une lecture de la **notion d'accessoire**, évoquée à l'article 43 de la loi du 9 juillet 1991 (devenu C. pr. exéc., art. L. 211-2), en regard de l'objet de la saisie-attribution, à savoir une créance de somme d'argent, en application de l'article 42 de ladite loi [6] (devenu C. pr. exéc., art. L. 211-1).

Cette solution peut se prévaloir d'un certain réalisme : si dans le cas qui était jugé par la Cour de cassation le créancier saisissant connaissait l'existence de la sûreté (il s'agissait du notaire ayant établi l'acte de vente donnant lieu au privilège du prêteur de deniers), ce saisissant, qui est un tiers au rapport contractuel, ignorera le plus souvent l'existence de sûretés assortissant la créance saisie, d'autant que le tiers saisi n'est tenu d'aucune obligation déclarative sur ce point. Fondamentalement, ces accessoires, qui nécessitent, pour être « *utilisables* », d'être connus, se différencient ainsi des accessoires monétaires, qui viennent accroître de plein droit la dette du tiers saisi [7].

La solution donnée par la Cour de cassation a toutefois été critiquée [8]. Parmi les critiques formulées, on retiendra surtout la question du **sort des sûretés réelles :** dès lors que ces sûretés sont par essence l'accessoire de la créance, leur absence de transfert au créancier saisissant paraît entraîner leur disparition lorsque la créance est saisie en totalité [9]. Telle a manifestement été le cas dans l'espèce jugée par la Cour de cassation. Il n'en irait autrement que pour la saisie-attribution d'une créance excédant le montant recouvré : dans ce cas l'attribution étant limitée à la hauteur des sommes dues au saisissant (C. pr. exéc., art. L. 211-2), le débiteur saisi devrait demeurer titulaire de la sûreté, en garantie du paiement de la partie de la créance non attribuée au créancier saisissant.

1. Civ. 2e, 4 avr. 2002, n° 00-13.388, P II, n° 70 ; *RD banc. fin.* 2002, n° 149, obs. J.-M. D. ; *RJF* 2002, n° 1317.
2. *J.-Cl. Not. Form.*, *V° Saisie-attribution* (effets), fasc. 30, nos 32 s. et la jur. citée, par E. Putman.
3. Civ. 2e, 7 avr. 2011, n° 10-15.969, P II, n° 88 ; *D.* 2011. 1152, note V. Avena-Robardet – « L'étrange restriction de l'effet translatif de la saisie-attribution », *JCP* 2011, n° 24, p. 683, obs. C. Juillet ; *JCP E* 2011, n° 1437, p. 37-39, note Mégret ; *Procédures* 2011, n° 263, obs. R. Perrot ; *RD banc. fin.* 2011, n° 145, S. Piedelièvre ; *JCP N* 2011. 1272, comm. Garçon.
4. Com. 3 nov. 1988, n° 85-18.275, P IV, n° 282 (pour une action en résiliation de bail malgré un ATD).
5. Note V. Avena-Robardet, préc. ss prést n°.
6. V. TOUTEFOIS : Mégret, préc. ss prést n°, critiquant cette distinction.
7. C. Juillet, préc. ss prést n°, qui fait référence à la distinction doctrinale entre accessoires par affectation et accessoires par production, seuls ces derniers entrant dans l'assiette de la saisie.
8. V. commentaires préc. ss prést n°.
9. EN CE SENS, C. Juillet, préc. ss prést n°.

Par ailleurs, il faut bien circonscrire le recours à la **notion d'accessoire monétaire**. Ainsi, même s'il est exprimé en argent, le cautionnement **garantissant la créance saisie** n'en apparaît pas moins exclu de l'assiette de la saisie. En effet, l'assiette de la saisie est limitée aux créances de sommes d'argent dont le tiers saisi est lui-même débiteur ; or, le cautionnement constitue une autre créance, contre un autre tiers, la caution ; c'est donc directement entre ses mains que le créancier saisissant qui entend se prévaloir de la créance de cautionnement doit, le cas échéant, pratiquer une saisie-attribution.

Cette jurisprudence peut en revanche être rapprochée du cas de l'**astreinte assortissant le paiement de la dette et conduire alors à retenir les orientations suivantes** : avant liquidation, l'astreinte ne constitue pas un accessoire exprimé en argent : son bénéficiaire n'est en effet titulaire que d'une créance éventuelle, qui ne sera concrétisée qu'avec la décision de liquidation ; en revanche, une fois cette liquidation intervenue, le tiers saisi est débiteur d'une nouvelle créance de somme d'argent, substituée à l'astreinte, et pouvant faire l'objet d'une saisie.

0831.58 **L'attribution rend le tiers saisi personnellement débiteur du créancier saisissant.** Sauf acquiescement du débiteur (v. s[s] n°s 0832.10 s.), le paiement de la créance par le tiers saisi ne peut intervenir qu'à l'expiration du délai de contestation d'un mois, sur présentation d'un certificat de non-contestation, ou jusqu'au règlement de la contestation par le JEX, voire la cour d'appel.

Entre-temps, le tiers saisi devient personnellement débiteur du créancier saisissant.

Aussi, le tiers saisi qui, malgré la saisie, réglerait le débiteur saisi ou toute autre personne que celui-ci aurait désignée pour recevoir les sommes objets de la créance saisie[1], s'exposerait-il à payer deux fois, son premier paiement étant inopposable au créancier saisissant.

En outre, dans un tel cas, nonobstant la créance qu'il détient contre le tiers saisi, le créancier saisissant peut s'adresser directement au débiteur saisi aux fins d'obtenir restitution des sommes versées à celui-ci par le tiers saisi en contravention avec la saisie-attribution préalablement pratiquée. La Cour de cassation a en effet admis que « *le fait que le saisissant dispose d'une action contre le tiers saisi ne s'oppose pas à ce qu'il exerce directement contre le débiteur saisi, à l'égard duquel il conserve ses droits, une action en restitution des fonds versés nonobstant la saisie-attribution* »[2].

De même, le tiers saisi qui est condamné à payer le créancier saisissant alors qu'il avait acquitté la créance entre les mains du débiteur dispose d'une action contre le débiteur, au titre de l'**enrichissement injustifié**. La Cour de cassation estime en effet que le fait d'avoir versé la créance saisie au débiteur saisi plutôt qu'au saisissant n'est pas constitutif d'une faute dont le débiteur puisse se prévaloir pour s'opposer au recours en garantie exercé contre lui[3].

§ 2
Événements ne remettant pas en cause l'attribution

A.
Perte ultérieure du caractère exécutoire du titre fondant la saisie-attribution

0831.61 **Généralités.** L'effet attributif immédiat rend, dès sa date, inopérante toute demande de délai de grâce. Il en va de même de l'arrêt de l'exécution provisoire dont est assorti le titre fondant les poursuites, sous réserve du cas particulier de la saisie d'une créance à exécution successive.

0831.62 **Exclusion des délais de grâce.** Cet effet attributif immédiat n'a pas toujours été bien perçu des débiteurs et de leurs conseils, et très souvent ceux-ci saisissent le JEX, non pas pour contester la procédure de saisie-attribution pour absence de titre exécutoire ou irrégularité de la procédure, par exemple, mais uniquement pour obtenir la mainlevée de la mesure et des délais de paiement sur le fondement de l'ancien article 1244-1 C. civ., devenu 1343-5 C. civ.

La Cour de cassation a approuvé d'avoir retenu que le JEX ne pouvait accorder des délais de paiement, « *la saisie-attribution ayant pour effet de transmettre la propriété des fonds saisis au créancier* »[4]. Malgré la référence erronée à une transmission de la propriété des fonds, plutôt que de la créance, cet arrêt est dénué d'ambiguïté.

En revanche, si la somme saisie ne suffit pas à désintéresser le créancier saisissant, le débiteur peut solliciter du JEX l'octroi de délais de paiement pour le solde subsistant de sa dette. Mais encore faut-il, bien sûr, que la créance dont le recouvrement est poursuivi puisse faire l'objet de délais de paiement[5].

0831.63 **Arrêt de l'exécution provisoire.** Le pouvoir conféré par les articles 514-3 et 517-1 C. pr.

1. Civ. 1re, 10 juill. 2013, n° 12-25.255, NP.
2. Civ. 2e, 11 mars 1998, n° 96-10.181, NP ; *RTD civ.* 1998. 486, obs. R. Perrot.
3. Civ. 2e, 8 déc. 2011, n° 10-23.399, P II, n° 226.
4. Civ. 2e, 4 oct. 2001, n° 00-11.609, P II, n° 150 ; *D.* 2002. 1658, note P. Soustelle ; *Procédures* 2001, n° 207, obs. R. Perrot ; *RD banc. fin.* 2002, n° 22, obs. J.-M. D. – V. AUSSI, TGI Versailles, JEX, 24 févr. 1994, *Rev. huiss.* 1994. 653 – TGI Amiens, JEX, 7 sept. 1995, *Rev. huiss.* 1995. 1395.
5. Civ. 1re, 29 juin 2011, n° 10-16.096, P I, n° 128 : dans le cas d'une créance de prestation compensatoire.

civ. au premier président d'arrêter l'exécution provisoire de la décision fondant les poursuites est sans effet sur la saisie-attribution pratiquée antérieurement, en raison de **l'effet attributif immédiat** de cette voie d'exécution[1]. En effet, la Cour de cassation juge que l'arrêt de l'exécution provisoire ne peut remettre en cause les effets des actes d'exécution accomplis avant la décision arrêtant l'exécution provisoire[2]. C'est pourquoi, lorsque la décision fondant la saisie-attribution, assortie de l'exécution provisoire, est frappée d'appel, le JEX saisi d'une contestation sur la validité des opérations de saisie n'a pas à attendre la décision du premier président appelé à statuer sur une demande d'arrêt de l'exécution provisoire[3].

Dans le cas particulier de la **saisie-attribution d'une créance à exécution successive**, la Cour considère toutefois que l'arrêt de l'exécution provisoire interdit le versement des sommes échues après l'arrêt de l'exécution provisoire au titre de la créance saisie[4]. La question peut être posée de l'extension de cette jurisprudence au cas de la **saisie d'une créance à terme**, dont l'échéance est postérieure à l'arrêt de l'exécution provisoire.

En outre, même dans le cas d'une créance instantanée, le débiteur n'en perd pas pour autant tout intérêt à solliciter l'arrêt de l'exécution provisoire.

En premier lieu, bien évidemment, le premier président dispose du pouvoir d'arrêter l'exécution provisoire à hauteur des sommes demeurant dues car excédant le montant de la créance saisie-attribuée[5].

En second lieu, la Cour de cassation retient que tant que le paiement faisant suite à la saisie-attribution est différé, le débiteur conserve un intérêt à solliciter du premier président l'arrêt de l'exécution provisoire de la décision servant de titre à la saisie-attribution. Ainsi en va-t-il pendant le délai de contestation, sauf acquiescement, et, en cas de contestation, jusqu'à ce qu'il ait été statué sur son mérite[6]. En effet, le débiteur a un intérêt légitime à solliciter l'arrêt de l'exécution provisoire dans l'hypothèse où une contestation serait accueillie, entraînant la mainlevée de la saisie-attribution.

0831.64 Contestation du titre exécutoire. L'opposition formée devant le juge administratif à un titre de recette en vue de contester la créance constatée par ce titre n'a pas non plus pour effet de remettre en cause l'effet attributif immédiat. Toutefois, cette opposition suspend la force exécutoire du titre et la procédure d'exécution[7].

De même, le fait pour le redevable d'impositions d'assortir la présentation d'une réclamation d'assiette d'une demande de sursis de paiement, ne saurait remettre en cause l'attribution de la créance saisie[8].

B. Pluralité de saisies

0831.71 Principe : exclusion de tout concours. En principe, la saisie-attribution exclut tout concours : elle emporte attribution immédiate de la créance disponible au profit du saisissant, sans que cette attribution ne soit remise en cause par la signification de saisies ultérieures ou de toute autre mesure de prélèvement, y compris au profit de créanciers disposant d'un privilège (C. pr. exéc., art. L. 211-2).

C'est dire que **la saisie-attribution confère un avantage décisif au créancier le plus rapide**, même s'il ne dispose d'aucune sûreté assortissant sa créance.

Sont considérées comme saisies ultérieures toutes les saisies-attributions, avis à tiers détenteur, saisies administratives à tiers détenteur, demandes de prélèvement direct qui ne sont pas effectués le même jour.

Les **saisies ultérieures** ne sont toutefois pas pour autant nulles.

En premier lieu, **l'attribution immédiate n'opère qu'à hauteur des sommes pour lesquelles elle est pratiquée** ; ainsi, lorsque les sommes réclamées laissent subsister un solde de créance, la saisie-attribution pratiquée ultérieurement emporte elle-même attribution de ce solde à hauteur du montant pour lequel elle est pratiquée. Une illustration particulière de cette hypothèse peut être donnée dans le cas de saisies portant sur une créance à exécution successive, notamment dans le cas de la saisie de loyers.

En second lieu, le quatrième alinéa de l'article L. 211-2 C. pr. exéc. précise que **lorsqu'une saisie-attribution se trouve privée d'effet, les saisies et prélèvements ultérieurs prennent effet à leur date.** Ce

1. Limoges, 18 mars 2003, *BICC* 2003, nº 828.
2. Civ. 2e, 24 sept. 1997, nº 94-19.485, P II, nº 238 ; *RTD civ.* 1997. 994, obs. R. Perrot – Civ. 2e, 13 juin 2002, nº 00-15.852, P II, nº 132.
3. Civ. 2e, 10 févr. 2005, nº 03-15.067, P II, nº 28 ; *D.* 2005. 671 ; *RTD civ.* 2005. 456, obs. Perrot ; *RD banc. fin.* 2005, nº 142, obs. S. P.
4. Civ. 2e, 31 janv. 2002, nº 00-11.881, P II, nº 11 ; *Procédures* 2002, nº 91, obs. R. Perrot ; *RD banc. fin.* 2002, nº 108, obs. J.-M. D.
5. Paris, pôle 1, 5e ch., ord., 5 avr. 2011, RG nº 11/02239, NP.
6. Civ. 2e, 23 oct. 1996, nº 95-22.269, NP ; *RTD civ.* 1997. 517, obs. R. Perrot – Civ. 24 janv. 2008, nº 07-16.857, P II, nº 22 ; *Gaz. Pal.* 28-30 sept. 2008, note C. Brenner ; *JCP* 2008. IV. 1347 ; *RD banc. fin.* 2008, nº 47, obs. S. Piedelièvre – Civ. 2e, 1er oct. 2009, nº 08-19.051, P II, nº 234 ; *D.* 2010. 1307, obs. A. Leborgne ; *RTD civ.* 2010. 158, obs. R. Perrot ; *Procédures* 2009, nº 396, obs. R. Perrot ; *JCP* 2009. 585, note L. Lauvergnat – V. AUSSI : Paris, pôle 1, 5e ch., ord., 6 avr. 2011, RG nº 11/04088, NP : si le délai de contestation n'est pas expiré au jour des débats devant lui, le premier président peut statuer sur la demande d'arrêt de l'exécution provisoire.
7. Civ. 2e, 20 nov. 2003, nº 01-15.231, P II, nº 351.
8. Com. 11 juin 2013, nº 12-20.897, NP ; *RD banc. fin.* 2013. Comm. 138, obs. S. Piedelièvre.

texte tire les conséquences juridiques de l'anéantissement de la saisie. Une saisie se trouvera ainsi privée d'effet du fait de sa mainlevée ordonnée par le JEX saisi d'une contestation, le second saisissant pouvant d'ailleurs être l'auteur d'une telle contestation. En revanche, tant que la contestation d'une saisie-attribution n'a pas été tranchée, l'effet attributif demeure[1]. La déclaration, par le tiers saisi, de l'existence d'une saisie antérieure ne doit donc pas, par elle-même, conduire l'auteur d'une saisie-attribution à renoncer à la dénoncer au débiteur, puisqu'alors sa saisie serait atteinte par la caducité et ne pourrait ainsi retrouver ses effets en cas de mainlevée de la saisie antérieure.

0831.72 Exception : saisies pratiquées le même jour. Par exception au principe purement chronologique de l'attribution au premier saisissant, l'article L. 211-2 C. pr. exéc. dispose, en son troisième alinéa, que les actes de saisie notifiés le même jour sont réputés faits simultanément et que les créanciers saisissants viennent en concours si les sommes disponibles ne permettent pas de tous les désintéresser.

Cette disposition pose deux questions, d'abord quant à son champ et ensuite quant à son régime.

Quant à son champ, on pouvait s'interroger sur la question de savoir si elle réglait le cas de **concours entre une saisie-attribution et une procédure d'exécution relevant du droit public**, notamment un avis à tiers **détenteur (ATD)**. En effet, l'article 43 de la loi du 9 juillet 1991 faisait état de la « *signification* » d'actes, alors que les mesures d'exécution relevant du droit public ne sont habituellement pas signifiées, mais simplement notifiées par voie postale, de sorte qu'une lecture stricte de l'exception au principe chronologique de l'attribution au premier saisissant aurait pu conduire à écarter la règle du concours. Au surplus, les renvois par les textes en matière de recouvrement public à l'article 43 de la loi du 9 juillet 1991 (devenu C. pr. exéc., art. L. 211-2) se limitent à l'effet attributif prévu par cet article. Ainsi, c'est une lecture constructive du troisième alinéa de l'article 43 (devenu C. pr. exéc., art. L. 211-2, al. 3) qui a conduit la jurisprudence à inclure dans le champ de cet article, le cas du concours entre une saisie-attribution et un ATD ou une autre procédure d'exécution de droit public[2]. L'abandon, à l'article L. 211-2 C. pr. exéc., de la référence à la notion de signification au profit de celle de notification a confirmé cette jurisprudence, qui doit jouer à l'identique dans le cas d'un concours avec la nouvelle **saisie administrative à tiers détenteur (SATD)** (v. s[s] n° 0933.32).

1. Civ. 2e, 19 févr. 2015, n° 14-10.439, P II, n° 43.
2. Cass., avis, 24 mai 1996, n° 09-60.004, P, n° 5 – V. AUSSI, Instr. compt. publ. n° 05-050-M0, 13 déc. 2005, § 4.1.1.1.

Quant au régime de ce dispositif, la doctrine s'était demandé si la formule utilisée par l'article 43 (devenu C. pr. exéc., art. L. 211-2), faisant état d'un concours, signifiait « *l'abolition des privilèges* »[3]. Les auteurs étaient partagés sur la question[4].

Selon un avis de la Cour de cassation, le concours entre créanciers saisissants « *doit se régler au prorata des créances respectives, sans qu'il y ait lieu de prendre en compte l'existence d'éventuels privilèges* »[5]. Auparavant, un JEX avait approuvé une banque d'avoir réparti les fonds qu'elle détenait, au marc-le-franc, entre la Recette des impôts, qui avait notifié un avis à tiers détenteur, et un créancier « ordinaire » qui avait pratiqué le même jour une saisie-attribution[6]. On ne peut toutefois manquer de s'interroger sur la portée que cet avis de la Cour est venu donner à l'article L. 211-2 C. pr. exéc. et sur la persistance d'une telle solution, en particulier au regard de la jurisprudence ultérieure de la Cour de cassation rendue en cas de concours entre une saisie conservatoire convertie en saisie-attribution et un avis à tiers détenteur, désormais saisie administrative à tiers détenteur (v. s[s] n° 0933.33).

0831.73 Saisie-attribution et saisie immobilière ultérieure. Lorsqu'une saisie-attribution est pratiquée sur des loyers (créance à exécution successive), quelle peut être la conséquence d'une saisie ultérieure de l'immeuble loué pratiquée à l'encontre du débiteur saisi, créancier de loyers ?

La question se posait sous l'empire de l'ACPC, qui distinguait, en matière de saisie immobilière, le sort des loyers, fruits civils, de celui des fruits naturels et industriels, pour ne réserver « *l'effet d'une saisie antérieurement faite* [...] » qu'à l'égard de l'appréhension de ces derniers.

La réforme de la saisie immobilière a mis un terme à ces interrogations : en application de l'article L. 321-3 C. pr. exéc., **la saisie immobilière emporte saisie de ses fruits, sauf l'effet d'une saisie antérieure** ; la réforme ne distingue plus entre les fruits et réserve de façon générale les effets de la saisie immobilière à l'absence de saisie antérieure, en particulier de saisie-attribution, ce qui ne peut qu'être approuvé au regard de l'effet attributif. Ce n'est qu'une fois la propriété du bien immobilier saisi transférée par l'effet de l'adjudication ou de la vente amiable que la saisie-attribution des loyers cessera de produire ses effets, faute pour le débiteur saisi de demeurer le titulaire de cette créance de loyers.

3. Ph. Théry, « La saisie-attribution », *Rev. huiss.* 1995. 1171.
4. SUR LA CONTROVERSE, v. Ph. Théry, p. 1171 s. (art. préc. s[s] prés[t] n°) – PERROT et THÉRY, n° 399.
5. Cass., avis, 24 mai 1996, n° 09-60.004, P, n° 5.
6. TGI Saint-Étienne, JEX, 16 juin 1994, *D.* 1995. 233, note Prévault.

C. Survenance d'une procédure collective ou d'une procédure de surendettement du débiteur saisi

1° Survenance d'une procédure collective

0831.80 Principe : efficacité de la saisie-attribution antérieure au jugement d'ouverture de la procédure collective. Plan. Ainsi qu'il a été exposé, le débiteur, une fois placé en procédure collective, ne peut plus faire l'objet d'une saisie-attribution, sauf au profit de certains créanciers postérieurs au jugement (v. s[s] n° 0811.81).

En revanche, les effets de la saisie-attribution pratiquée alors que le débiteur était encore *in bonis* ne sont pas remis en cause par la survenance d'une procédure collective. L'article L. 211-2 C. pr. exéc. prévoit en effet que l'attribution de la créance saisie n'est pas remise en cause par la survenance d'un jugement portant ouverture d'une procédure de sauvegarde, d'un redressement ou d'une liquidation judiciaire[1]. Il s'ensuit que le saisissant n'est pas tenu de déclarer sa créance aux organes de la procédure collective[2].

Cet effet attributif joue y compris au profit du créancier saisissant une créance à exécution successive (a).

Cet article doit toutefois s'appliquer en tenant compte des textes régissant les procédures collectives. Ainsi, la saisie-attribution pratiquée pendant la période suspecte peut-elle être annulée (b).

Des solutions identiques sont données pour la conversion de la saisie conservatoire (c).

Pour mémoire, la survenance d'une procédure collective avant la dénonciation de la saisie-attribution au débiteur ou l'expiration du délai de contestation de la saisie impose au créancier saisissant l'accomplissement de démarches particulières (v. s[s] n° 0822.90).

a. Saisie d'une créance à exécution successive

0831.91 Créances à exécution successive. On a vu que les saisies peuvent porter sur des créances à exécution successive et qu'en ce cas, la signification au tiers saisi d'un procès-verbal de saisie unique suffit, le débiteur se libérant entre les mains du créancier « *au fur et à mesure des échéances* » (v. s[s] n° 0812.91).

S'il est prévu que l'attribution immédiate de la créance saisie disponible n'est pas remise en cause par l'ouverture d'une procédure collective (C. pr. exéc., art. L. 211-2), aucune allusion n'est faite dans la loi sur les conséquences d'une procédure collective sur les créances à exécution successive saisies par un créancier, qui n'a pas encore été désintéressé en totalité au jour du jugement d'ouverture de la procédure collective, lequel arrête ou interdit toute procédure d'exécution sur les biens du débiteur (C. com., art. L. 622-21).

La Cour de cassation a tranché cette question, qui divisait la doctrine[3], dans un avis puis un arrêt de la deuxième chambre civile du 10 juillet 1996, retenant que : « *une saisie-attribution des créances à exécution successive pratiquée* [...] *antérieurement à la mise en liquidation judiciaire* [...] *sur les loyers d'un immeuble* [...] *poursuit ses effets sur les loyers échus après le jugement de liquidation* »[4].

Après réunion d'une chambre mixte[5], la chambre commerciale, qui avait un temps retenu la solution inverse[6], s'est alignée sur cette jurisprudence[7], que la réforme des procédures collectives issue de la loi du 26 [2]juillet 2005[8] de sauvegarde des entreprises n'a pas remise en cause[9].

1. Pour une application de ce texte, Com. 13 oct. 1998, n° 96-14.295, P IV, n° 237 ; *D.* 1998. IR 250 ; *D. Affaires* 1998. 2018, note A. L. ; *JCP E* 1998. 1856.
2. Com. 3 mai 2011, n° 10-16.155, NP.
3. P. Canet, « Les voies d'exécution issues de la loi du 9 juillet 1991 face au redressement et à la liquidation judiciaires », *Rev. proc. coll.* 1995. 268 s. – Ph. Théry, « La saisie-attribution », *Rev. huiss.* 1995. 1168.
4. Cass., avis, 16 déc. 1994, n° 09-40.021, P, n° 24 ; *D.* 1995. 166, note F. Derrida ; *D.* 2010. 1883, obs. Perrin ; *RDT* 2010. 723, obs. T. Aubert-Monpeyssen ; *JCP* 1995. II. 22409, note Grafmeyer ; *JCP E* 1995. II. 686, note D. Martin ; *RTD civ.* 1995. 965, obs. R. Perrot ; Ph. Théry, p. 1168 (art. préc. s[s] prés[t] n°) – Civ. 2e, 10 juill. 1996, n° 94-19.551, P II, n° 209 ; *D.* 1996. 625, note P. Ancel ; *JCP* 1996. II. 22723, note E. Putman ; *RTD civ.* 1996. 717, obs. R. Perrot – V. AUSSI : Aix-en-Provence, 20 juill. 1994, *JCP* 1995. II. 22408, note E. Putman.
5. Cass., ch. mixte, 22 nov. 2002, n° 99-13.935, P, n° 7.
6. Com. 24 oct. 1995, n° 93-10.351, P IV, n° 255 ; *JCP* 1996. II. 22578, note E. Putman ; *RTD civ.* 1996. 483, obs. R. Perrot ; *D.* 1996. 155, note F. D. ; *Rev. huiss.* 1996. 972, obs. Courtier (en matière d'ATD) – B. Soinne, « L'impossible poursuite après jugement de redressement ou de liquidation des effets d'une saisie-attribution opérée antérieurement », *LPA* 1er nov. 1996, p. 4 – V. AUSSI : Com. 26 avr. 2000, n° 97-10.415, P IV, n° 84 ; *D.* 2000. 265, obs. P. Pisoni ; *D.* 2000. 717, note C. Larroumet (en matière de cession de créance professionnelle).
7. Com. 8 juill. 2003, n° 00-15.262, NP ; *D.* 2003. AJ 2094, obs. A. Lienhard – Com. 3 déc. 2003, n° 01-03.803, NP.
8. L. n° 2005-845, 26 juill. 2005, de sauvegarde des entreprises, *JO* 27 juill., p. 12187.
9. La réforme de la procédure d'opposition à tiers détenteur (OTD) applicable au recouvrement de cotisations sociales, de majorations et de pénalités de retard, a consolidé, pour cette opposition, la jurisprudence : « *Une opposition à tiers détenteur sur des créances à exécution successive pratiquée à l'encontre d'un débiteur avant la survenance d'un jugement portant ouverture d'une procédure* [de sauvegarde], *de redressement judiciaire ou de liquidation judiciaire contre celui-ci produit ses effets sur les sommes échues en vertu de cette créance après ledit jugement* », CSS, art. R. 652-8, al. 2 – C. rur., art. R. 725-18, al. 2.

b.
Saisie-attribution après cessation des paiements

0831.101 Incidence du report de la date de cessation des paiements – Nullité facultative de la saisie-attribution. Le tribunal fixe la date de cessation des paiements. À défaut, la cessation des paiements est réputée être intervenue à la date du jugement d'ouverture (C. com., art. L. 631-8 [1]). Mais la date de cessation des paiements peut être reportée jusqu'à **dix-huit mois** avant la date du jugement constatant la cessation des paiements. Ce report a-t-il une incidence sur une **saisie-attribution pratiquée avant le jugement d'ouverture,** durant cette période suspecte couverte par le report ?

L'article L. 632-1, 8° C. com. [2] dispose qu'est nulle « *toute mesure conservatoire, à moins que l'inscription ou l'acte de saisie ne soit antérieur à la date de cessation des paiements* ».

En outre, l'article L. 632-2 [3] C. com. disposait que « *les paiements pour dettes échues effectués à compter de la date de cessation des paiements et les actes à titre onéreux accomplis à compter de cette même date peuvent être annulés si ceux qui ont traité avec le débiteur ont eu connaissance de la cessation des paiements* ».

En l'état de ces textes, **l'annulation d'une saisie-attribution pratiquée en période suspecte était exclue par la jurisprudence** [4].

La loi du 26 juillet 2005 [5] a ajouté un deuxième alinéa à l'article L. 632-2, qui, dans son dernier état [6], dispose : « *Toute saisie administrative, toute saisie-attribution ou toute opposition peut également être annulée lorsqu'elle a été délivrée ou pratiquée par un créancier à compter de la cessation des paiements et en connaissance de celle-ci* » [7].

Désormais, **la saisie-attribution pratiquée en période suspecte,** si elle n'est pas nulle de plein droit, **est annulable si elle a été pratiquée en connaissance de la cessation des paiements** [8].

La constitutionnalité de cette disposition a été contestée. Pour dire n'y avoir lieu au renvoi d'une question prioritaire de constitutionnalité, faute de présenter un caractère sérieux, la Cour de cassation a relevé que cette prescription poursuivait un motif d'intérêt général « *tendant à reconstituer l'actif du débiteur en difficulté et à sanctionner un acte ayant rompu l'égalité entre les créanciers* » et « *que le moyen utilisé consistant en une nullité facultative ne pouvant être prononcée qu'à l'encontre d'un créancier ayant connaissance de la cessation des paiements du débiteur, n'éteint pas la créance de celui qui a traité avec ce dernier ou de celui qui a reçu un paiement, mais a pour effet de la soumettre à la procédure de déclaration de créance* » [9].

Sur le fond, la Cour de cassation, à l'occasion de la contestation d'un avis à tiers détenteur [10], a indiqué que le tribunal de commerce qui constate que les conditions de l'annulation sont réunies « *jouit de la faculté de prononcer ou non* » cette annulation de la mesure [11]. Le juge dispose ainsi d'un pouvoir souverain pour prononcer cette nullité qui se range dans la catégorie des nullités facultatives, dès lors que la

1. C. com., anc. art. L. 621-7 (L. 25 janv. 1985, anc. art. 9) – Réd. Ord. n° 2008-1345, 18 déc. 2008, portant réforme du droit des entreprises en difficulté, *JO* 19 déc., p. 19462.
2. C. com., anc. art. L. 621-107 (L. 25 janv. 1985, anc. art. 107, 7°).
3. C. com., anc. art. L. 621-108 (L. 25 janv. 1985, anc. art. 108).
4. Com. 16 juin 1998, n° 96-17.050, P IV, n° 200 ; *D. Affaires* 1998. 1272, note A. L. ; *JCP E* 1998. 2065, obs. M. Cabrillac ; *Rev. proc. coll.* 1999. 106, obs. P. Canet ; *Procédures* 1998, n° 246, obs. H. Croze ; *RTD com.* 1999. 199, obs. A. Martin-Serf ; *Dr. et patr.* 1999, n° 67, p. 95, obs. Ph. Théry – POUR LA SAISIE-ATTRIBUTION : Com. 29 avr. 2003, n° 00-11.912, P IV, n° 63 ; *D.* 2003. AJ 1364, obs. A. Lienhard ; *RD banc. fin.* 2003, n° 158, obs. J.-M. D. – POUR LES DÉCISIONS DES JUGES DU FOND : TGI Clermont-Ferrand, JEX, 27 janv. 1994, *Rev. huiss.* 1994. 653 – DANS LE MÊME SENS : TGI Dijon, JEX, 1er févr. 1994, *Rev. huiss.* 1994. 653 – TGI Lyon, JEX, 2 avr. 1996, *D.* 1997. 43, note Prévault – TGI Quimper, JEX, 3 févr. 1994, *Rev. huiss.* 1994. 703, obs. Dahan – Amiens, 4 avr. 1997, *RJDA* 1997. 1275 ; *Rev. proc. coll.* 1998. 87, obs. P. Canet – Rennes, 3 mars 1995, *JCP E* 1995. I. 457, n° 10, obs. M. Cabrillac – V. AUSSI : Rouen, 26 juin 1996, *RJDA* 1997, n° 704 ; *Rev. proc. coll.* 1998. 87, obs. P. Canet.
5. L. n° 2005-845, 26 juill. 2005, préc.
6. Issue de L. n° 2017-1775, 28 déc. 2017, de finances rectificative pour 2017, *JO* 29 déc., texte 1, remplaçant l'ATD par la SATD (sur la SATD, v. ss nos 093.00 s.).
7. Réd. Ord. n° 2008-1345, 18 déc. 2008.
8. SUR LA QUESTION, V. R. Perrot et Ph. Théry, « L'épée de Damoclès (à propos des mesures d'exécution pratiquées en période suspecte) », *D.* 2005. 1842 – G. Wicker, « La période suspecte après la loi de sauvegarde des entreprises », *Rev. proc. coll.* 2006. 12 – F. Vinckel, « Le nouveau régime de la période suspecte dans la loi n° 2005-845 du 26 juillet 2005 et le décret n° 2005-1677 du 28 décembre 2005 : une réforme en trompe l'œil », *JCP E* 2006, p. 133, n° 16 – *JCP N* 2005. 1598, note Piedelièvre – L. Lauvergnat, « L'annulation de la saisie-attribution pratiquée en période suspecte », *Dr. et proc.* 2007. 254 – V. ÉGAL., Dijon, 15 févr. 2007, *Act. proc. coll.* 2007, n° 75 – Paris, 13 déc. 2007, RG n° 06/19721.
9. Com. 26 mars 2013, n° 12-40.106, NP, jugeant non sérieuse la QPC dirigée contre l'article L. 632-2 C. com., motif pris d'une discrimination entre les créanciers, d'une atteinte à la liberté contractuelle, au droit de propriété, à l'égalité devant la loi, au respect de la garantie des droits et à la clarté et l'intelligibilité de la loi.
10. Com. 12 janv. 2010, n° 09-11.119, P IV, n° 5 ; *D.* 2010. 204, obs. A. Lienhard ; *D.* 2010. 1820, obs. F.-X. Lucas et P.-M. Le Corre ; *D.* 2011. 1509, obs. A. Leborgne ; *RTD civ.* 2010. 102, obs. B. Fages ; *RTD civ.* 2010. 376, obs. R. Perrot ; *RTD com.* 2010. 426, obs. A. Martin-Serf ; *Dr. et proc.* 2010. 129 à 132, note L. Lauvergnat ; *RD banc. fin.* 2010, n° 67, note S. Piedelièvre ; « Sauvegarde, redressement et liquidation judiciaires des entreprises », *JCP E* 2010. Chron. 1296, p. 25-31, spéc. n° 7, p. 27-28, note Cabrillac ; *Rev. proc. coll.*, 2010. Alerte 61, P. Cagnoli ; *Procédures* 2010, n° 175, obs. R. Perrot.
11. POUR LA SAISIE-ATTRIBUTION : Civ. 2e, 12 mai 2016, n° 15-13.833, P II, n° 131.

Cour de cassation limite son contrôle à l'existence d'une motivation.

Pour établir la preuve de cette connaissance, les liens étroits entretenus par le créancier et le débiteur constituent un indice essentiel[1]. À l'inverse, la connaissance que le commissaire de justice instrumentaire a de la cessation des paiements du débiteur n'implique pas que le créancier saisissant ait lui-même connaissance de cette situation[2].

Quant à la conséquence d'une telle annulation, dans l'hypothèse où la saisie-attribution aurait débouché sur le paiement du créancier saisissant, celui-ci ne peut opposer la compensation entre sa créance et la créance de restitution consécutive à l'annulation[3].

Sur la compétence du tribunal en charge de la procédure collective pour connaître de cette demande, v. s[s] n° 0841.34.

C.
Conversion de la saisie conservatoire

0831.111 Conversion de la saisie conservatoire. L'article L. 523-2 C. pr. exéc. dispose que si la saisie conservatoire porte sur une créance, le créancier muni d'un titre exécutoire peut en demander le paiement. Cette demande, qui prend la forme d'une signification d'un acte de conversion (C. pr. exéc., art. R. 523-7), emporte attribution immédiate de la créance saisie.

L'article L. 632-1, 7°, devenu 8°, C. com.[4] déclare nulle « *toute mesure conservatoire, à moins que* [...] *l'acte de saisie ne soit antérieur à la date de cessation de paiements* ».

0831.112 Saisie conservatoire convertie avant le jugement d'ouverture. La Cour de cassation retient la validité d'une saisie conservatoire pratiquée avant le jugement d'ouverture de la procédure collective, y compris en période suspecte, pourvu qu'elle ait été convertie en saisie-attribution avant ce jugement[5].

En effet, l'acte de conversion signifié antérieurement au jugement d'ouverture rend irrecevables les contestations relatives à la saisie conservatoire et sa dénonciation au débiteur saisi n'est pas assujettie au délai de huit jours prévu, à peine de caducité, par l'article R. 211-3 C. pr. exéc.[6].

0831.113 Saisie conservatoire non convertie avant le jugement d'ouverture. Quel est le sort de cette mesure lorsque la conversion en saisie-attribution n'a pas été réalisée avant le jugement d'ouverture ?

La Cour de cassation a jugé qu'une saisie conservatoire signifiée au tiers saisi avant la date de cessation des paiements qui n'a pas été convertie en saisie-attribution avant la date du jugement d'ouverture n'emporte plus, dès lors, affectation spéciale et privilège au profit du créancier saisissant[7].

La saisie conservatoire non convertie en saisie-attribution lors du jugement d'ouverture du redressement judiciaire du saisi ne peut plus produire ses effets. Il en découle, par exemple, que le tribunal en charge de la procédure collective pourra en prononcer la mainlevée[8] ou encore, que le créancier poursuivant ne pourra pas faire condamner le tiers saisi qui n'avait pas satisfait à son obligation de renseignement[9].

1. G. Blanc, « Connaissance de l'état de cessation des paiements : preuve », *Rev. proc. coll.* 2010. 27, et jur. comm.
2. Com. 2 déc. 2014, n° 13-25.705, P IV, n° 178.
3. Com. 12 juin 2024, n° 23-13.360, B ; *D.* 2024. 1126 ; *RTD com.* 2024. 1015, obs. A. Martin-Serf.
4. C. com., anc. art. L. 621-107, 7.
5. Com. 10 déc. 2002, n° 99-16.603, P IV, n° 191 ; *D.* 2002. 68, obs. A. Lienhard ; *RTD civ.* 2003. 147, obs. R. Perrot ; *Procédures* 2003, n° 41, obs. Laporte ; *JCP E* 2003. I. 760, n° 9, obs. Cabrillac ; *Act. proc. coll.* 2003, n° 20, obs. C. R.-M. – Com. 29 avr. 2003, n° 00-11.912, P IV, n° 63 ; *D.* 2003. 1364, obs. A. Lienhard ; *RTD com.* 2005. 846, obs. A. Martin-Serf – REVIREMENT PAR RAPPORT À : Com. 12 oct. 1999, n° 96-13.133, P IV, n° 166 ; *JCP E* 2000. I. 129, n° 12, obs. Cabrillac ; *Dr. fisc.* 2000, n° 359 ; *Procédures* 2000, n° 3, obs. R. Perrot ; *D. Affaires* 2000. 46, obs. A. L. ; *RTD com.* 2000. 459, obs. A. Martin-Serf ; *LPA* 8 févr. 2000, n° 27, p. 20, note Courtier ; *Rev. proc. coll.* 2002, n° 9, p. 279, obs. Blanc – ARRÊT CONFIRMÉ : Rennes, 24 janv. 1996, *Rev. proc. coll.* 1998. 85, obs. crit. P. Canet.
6. Com. 2 mars 2010, n° 08-19.898, P IV, n° 45 ; *D.* 2010. 706 ; *JCP* 2010. 761, note L. Lauvergnat ; *RJDA* 2010, n° 677 – *Dr. et proc.* 2010. 186-188, note Ph. Hoonakker.
7. Com. 22 avr. 1997, n° 94-16.979, P IV, n° 100 ; *RD bancaire et bourse* 1997. 134, n° 61, obs. M.-J. Campana et J.-M. Calendini ; *JCP E* 1997. I. 681, n° 16, obs. Cabrillac ; *JCP E* 1997. II. 1013, note Grellière ; *JCP E* 1998. I. 223, note Ph. Delebecque ; *Rev. proc. coll.* 1997. 316, obs. P. Canet ; *RTD com.* 1998. 208, obs. A. Martin-Serf – V. AUSSI : Civ. 2e, 19 mai 1999, n° 97-13.672, P II, n° 97 ; *Act. proc. coll.* 1999, n° 145 – Com. 3 nov. 2009, n° 08-20.418, NP ; *RD banc. fin.* 2010. 69, note S. Piedelièvre.
8. Com. 27 nov. 2019, n° 18-19.861, P, pour l'application de cette solution à l'égard du dirigeant déclaré responsable de l'insuffisance d'actif d'une société placée en redressement judiciaire, ultérieurement converti en liquidation judiciaire, qui n'a pas fait convertir, avant cette liquidation, la saisie conservatoire qu'il avait pratiquée contre la société en redressement – V. ÉGAL. Com. 25 sept. 2019, n° 18-16.178, P : les sommes figurant au crédit d'un compte en banque nanti sont réputées figurer sur ce compte au jour du jugement d'ouverture d'une liquidation judiciaire du titulaire du compte, le créancier nanti pouvant, dès lors, en demander l'attribution judiciaire, peu important que les sommes aient été placées sur un compte d'attente à la suite d'une saisie conservatoire de ce compte, non convertie en saisie-attribution avant le jugement d'ouverture.
9. Civ. 2e, 14 sept. 2006, n° 05-16.584, P II, n° 227 ; *Dr. et proc.* 2007. 46, obs. O. Salati ; *Gaz. Pal.* 2007. Somm. 3445, note C. Brenner – V. AUSSI : Civ. 2e, 20 oct. 2005, n° 04-10.870, P II, n° 267 ; *D.* 2005. 2804, obs. A. Lienhard ; *D.* 2006. 79, obs. P.-M. Le Corre et F.-X Lucas.

2°
Survenance d'une procédure de surendettement

0831.121 Effet de la demande de surendettement et de la décision de recevabilité. L'article L. 211-2 C. pr. exéc. n'envisage que l'hypothèse d'une procédure collective, à l'exclusion de celle d'une procédure de surendettement. Il ne fait toutefois aucun doute que les solutions dégagées par la jurisprudence en matière de procédure collective valent tout autant en matière de surendettement, même depuis l'entrée en vigueur de la loi du 1er juillet 2010[1] portant réforme du crédit à la consommation, le 1er novembre 2010. L'article L. 722-2[2] C. consom. reprend en effet précisément les termes des textes régissant les procédures collectives : « *La décision déclarant la recevabilité de la demande emporte suspension et interdiction des procédures d'exécution diligentées à l'encontre des biens du débiteur ainsi que des cessions de rémunérations consenties par celui-ci et portant sur les dettes autres qu'alimentaires* ». La signification d'une saisie-attribution avant cette décision de recevabilité a d'ores et déjà produit son effet attributif immédiat, de sorte que la procédure de surendettement ne peut affecter cette procédure d'exécution.

Avant cette décision de recevabilité, l'article L. 721-4[3] du même code prévoit que : « *À la demande du débiteur, la commission peut saisir, à compter du dépôt du dossier et jusqu'à la décision statuant sur la recevabilité de la demande de traitement de la situation de surendettement, le juge du tribunal d'instance aux fins de suspension des procédures d'exécution diligentées à l'encontre des biens du débiteur ainsi que des cessions de rémunération consenties par celui-ci et portant sur les dettes autres qu'alimentaires* ». Il est généralement admis que cette disposition ne saurait autoriser le juge du surendettement à suspendre une saisie-attribution antérieurement signifiée, dès lors qu'elle a déjà épuisé son effet attributif[4].

En revanche, pour les **saisies-attributions pratiquées avant la décision de recevabilité mais** portant sur une créance **à exécution successive** concernée par la procédure de surendettement, la Cour de cassation a adopté une **position inverse de celle retenue en procédure collective.**

Se fondant sur la considération que « *le juge de l'exécution tient de l'article L. 331-5* [devenu L. 721-4] *du Code de la consommation le pouvoir de suspendre les mesures d'exécution en cours diligentées pour le recouvrement des dettes fiscales* », la Cour a jugé qu'un ATD portant sur une créance à exécution successive pouvait être suspendu par le JEX[5]. Cette solution vaut *a fortiori* pour la saisie-attribution. Ainsi la Cour de cassation a-t-elle jugé « *que le juge de l'exécution a le pouvoir, dans le cadre des mesures recommandées* [...] *de suspendre, seulement pendant la durée des mesures de redressement, les effets d'une saisie-attribution à exécution successive pratiquée à l'encontre du débiteur antérieurement à la saisine de la commission* »[6]. Certes, ces pouvoirs n'appartiennent désormais plus au juge de l'exécution, mais au juge des contentieux de la protection, qui s'est vu confier la connaissance de la procédure de traitement d'une situation de surendettement, mais, parallèlement, la décision de recevabilité d'une telle procédure s'est vu conférer un effet suspensif de plein droit des mesures d'exécution, de sorte que cette jurisprudence paraît toujours d'actualité.

§ 3
Indisponibilité préalable de la créance faisant échec à l'effet attributif

0831.130 Indisponibilité de la créance au profit d'un tiers bénéficiaire. Plan. L'article L. 211-2 C. pr. exéc. précise que la créance saisie doit être « *disponible* » entre les mains du tiers saisi[7]. Il convient toutefois de bien distinguer cette exigence de disponibilité de celle de saisissabilité de la créance : la créance indisponible est immédiatement saisissable. La saisie est simplement dépourvue de tout effet attributif immédiat, tant que cette indisponibilité demeure[8].

Il convient en outre de bien circonscrire la portée de cette limitation apportée à l'effet attributif : elle concerne le cas où l'indisponibilité est prévue **au profit d'un tiers**, bénéficiaire d'une action directe ou d'une sûreté, ou auteur d'une précédente saisie ou opposition elle-même dénuée d'effet attributif : dans tous ces cas, l'indisponibilité de la créance tend à préserver les droits accordés à ce tiers, excluant d'attribuer la créance indisponible au profit d'un saisissant ultérieur.

Au contraire, dans le cas où l'indisponibilité tend simplement à interdire au débiteur saisi de disposer de la créance saisie avant une certaine échéance, par exemple pour bénéficier d'avantages liés à cette créance – qu'il s'agisse d'exoné-

1. L. n° 2010-737, 1er juill. 2010, portant réforme du crédit à la consommation, *JO* 2 juill., texte 1.
2. C. consom., anc. art. L. 331-3-1 – Réd. Ord. n° 2016-301, 14 mars 2016, relative à la partie législative du Code de la consommation, *JO* 16 mars, texte 29.
3. C. consom., anc. art. L. 331-5.
4. L. Pellizza, « L'impact de la législation relative au surendettement sur la pratique des voies d'exécution », *RD banc. fin.* 2012. Dossier 21.
5. Civ. 2e, 15 déc. 2005, n° 04-04.175, P II, n° 335 ; *D.* 2006. 297, obs. V. Avena-Robardet.
6. Civ. 1re, 14 mars 2000, nos 99-04.026 et 98-04.071, P I, n° 94 (2e arrêt).
7. Civ. 2e, 25 mars 1998, n° 96-14.706, P II, n° 109 ; *Gaz. Pal.* 1998. Pan. 235.
8. Civ. 2e, 14 oct. 1999, n° 97-19.502, P II, n° 157 ; *D.* 1999. 249 ; *JCP* 1999. IV. 2959 ; *Procédures* 2000, n° 32 ; *RTD civ.* 2000. 169, obs. R. Perrot ; *RD banc. fin.* 2000. 27, obs. J.-M. Delleci ; *RJDA* 2000, n° 207 – P. Soustelle, « La saisie-attribution peut être privée de son effet attributif », *D.* 2000. 754– Civ. 2e, 2 déc. 2021, n° 19-24.999, B ; *D.* 2022. 1331, obs. A. Leborgne ; *RDI* 2022. 608, obs. J. Laurent ; *Rev. prat. rec.* 2021. 8, obs. O. Salati.

rations fiscales (pour les intéressements et participations des salariés, v. s[s] n° 0812.91) ou d'avantages financiers (pour le plan d'épargne logement, v. s[s] n° 0812.81) –, l'indisponibilité produit tout au plus l'effet d'un terme, reportant le moment auquel le tiers saisi versera au créancier saisissant le montant dû au titre de la créance saisie.

Cette précision étant apportée, l'indisponibilité de la créance au profit d'un tiers peut résulter d'une disposition légale (A), d'une mesure d'exécution antérieure n'emportant pas d'effet attributif (B) ou d'une sûreté ou d'une opposition également antérieure (C).

A. Indisponibilité prévue par une disposition légale

0831.141 **Indisponibilité au profit d'un tiers, bénéficiaire d'une action directe ?** De nombreux textes accordent le bénéfice d'une action directe à un créancier. On distingue traditionnellement entre les actions directes parfaites et imparfaites, ces dernières ne pouvant être opposées au sous-débiteur qu'à compter du moment où le bénéficiaire de l'action directe a informé le sous-débiteur de son intention d'exercer cette action directe[1]. Dans le cas de l'action directe parfaite, la créance étant, dès sa naissance, indisponible au profit du bénéficiaire de l'action directe, cette indisponibilité pourrait conduire le bénéficiaire de l'action directe, s'il entend exercer son droit, à primer sur le créancier saisissant. On range essentiellement parmi les actions directes parfaites, celle du tiers lésé contre l'assureur de responsabilité[2] et celle de l'entrepreneur contre l'établissement de crédit finançant les travaux (C. civ., art. 1799-1)[3].

Les actions directes imparfaites sont beaucoup plus nombreuses. Elles ne font pas naître de droits directs avant que leurs bénéficiaires ne les mettent en œuvre, de sorte qu'elles ne devraient pas affecter la disponibilité de la créance qui en est l'objet.

Tel est le cas de l'action directe du sous-traitant dans le marché de droit privé, quoique certains de ses traits la rapprochent d'une action directe parfaite[4]. L'article 13-1 de la loi du 31 décembre 1971 relative à la sous-traitance interdit à l'entrepreneur principal, sauf cautionnement, de céder ou nantir les créances résultant du marché de travaux excédant ceux qu'il accomplit personnellement. Cette disposition rend ainsi la créance indisponible pour l'entrepreneur principal, en vue de garantir le paiement du sous-traitant, qui dispose, dans cette hypothèse, d'une action directe en paiement auprès du maître de l'ouvrage. La jurisprudence retient qu'une telle cession de créance est inopposable au sous-traitant bénéficiaire de l'action directe prévue par l'article 12 de cette loi, ce dont il a pu être déduit[5] que ce sous-traitant devrait également primer sur le créancier qui accomplit une saisie-attribution. Si l'indisponibilité de la créance pourrait fonder une telle solution, encore convient-il d'observer, en l'absence de jurisprudence sur cette question[6], que la saisie-attribution d'une créance susceptible de faire l'objet d'une action directe n'est pas irrégulière, à la différence de la cession d'une telle créance, faite par l'entrepreneur principal en violation de l'article 13-1 précité. En outre, avant d'être mis en demeure, le maître de l'ouvrage acquittera de bonne foi la créance entre les mains du saisissant ; il n'en ira différemment, de façon certaine, qu'après réception par le maître de l'ouvrage de la mise en demeure prévue par l'article 12 de la loi 31 décembre 1975, par laquelle le sous-traitant met en œuvre son action directe.

B. Mesure d'exécution antérieure dénuée d'effet d'attributif

0831.151 **Saisie-attribution et saisies de nature conservatoire.** Toute saisie a pour effet de rendre indisponibles les biens qui en sont l'objet (C. pr. exéc., art. L. 141-2).

Une saisie-attribution pratiquée sur une créance rendue indisponible par l'effet d'une ancienne saisie-arrêt antérieure, non encore validée au jour de la saisie-attribution, est seulement privée de son effet attributif par application de l'article L. 211-2 C. pr. exéc.[7]. Ainsi, le créancier viendra en concours avec celui qui a procédé à une saisie-arrêt non encore

1. *J.-Cl. Civ. Code App.*, art. 1166, fasc. unique, « Contrats et obligations (effets des conventions à l'égard des tiers, action directe) », n°s 107 s. et 130, par W. Dross.
2. C. assur., art. L. 124-3, disposant que l'assureur ne peut payer l'indemnité due au titre de la responsabilité de l'assuré à un autre que le tiers lésé, tant que celui-ci n'a pas été désintéressé des conséquences pécuniaires du fait dommageable.
3. Rép. civ., v° *Actions directes*, par F. Gréau, oct. 2019 (actu. janv. 2025).
4. Dross, n° 134 (art. préc. s[s] prés[t] n°).
5. *J.-Cl. Pr. civ., v° Saisie-attribution* (conflit), fasc. 1600-30, n° 83, par N. Cayrol.
6. V. TOUTEFOIS, dans le contexte particulier de dispositions (aujourd'hui abrogées) du droit local alsacien-moselle, Civ. 3e, 9 juin 1999, n° 97-19.274, P III, n° 134 : « *Ayant retenu que la créance* [...] *était, par l'effet de l'ordonnance de saisie-attribution, irrévocablement sortie du patrimoine du* [maître de l'ouvrage] *pour entrer dans celui* [du créancier saisissant] *à compter de la date de signification de l'ordonnance, la cour d'appel a pu en déduire* [...] *que la somme ayant fait l'objet de cette saisie devait être attribuée* [au créancier saisissant], *sans être incluse dans les montants détenus par le maître de l'ouvrage à répartir entre l'ensemble des sous-traitants exerçant l'action directe* ».
7. Civ. 2e, 14 oct. 1999, n° 97-19.502, P (préc., v. s[s] n° 0831.130).

validée, soit par contribution « au marc-le-franc », soit selon son rang [1]. De façon proche, dans le cas où une saisie-attribution porte sur des loyers déjà frappés d'une précédente saisie-attribution, l'effet d'une seconde saisie-attribution pratiquée par un autre créancier est simplement reporté à l'extinction de la première saisie-attribution.

De même, la Cour de cassation a jugé qu'une saisie-attribution pouvait être pratiquée sur une créance rendue indisponible par l'effet d'une saisie conservatoire antérieure sous réserve du droit de préférence conféré au premier saisissant [2], précision qui a son importance car l'auteur d'une saisie conservatoire bénéficie du droit de préférence attaché au gage (C. pr. exéc., art L. 523-1, renvoyant à l'article 2350 C. civ. [3], lui-même renvoyant à l'article 2333 de ce code – v. s^{s} n° 0621.46), ce qui exclut donc tout concours avec l'auteur d'une saisie-attribution pratiquée ultérieurement et ne bénéficiant pas d'une sûreté de meilleur rang [4]. La même solution devrait prévaloir dans le cas de la saisie conservatoire de compte bancaire, instituée par un règlement communautaire du 15 mai 2014 [5], qui dispose en effet que « *l'ordonnance de saisie conservatoire a le même rang, le cas échéant, qu'une ordonnance équivalente sur le plan national dans l'État membre d'exécution* » (art. 32) et que « *toute question procédurale non expressément réglée par le présent règlement est régie par le droit de l'État membre dans lequel la procédure se déroule* » (art. 46).

0831.152 Saisie-attribution et saisie immobilière. Il résulte de l'article L. 331-2 C. pr. exéc. que le prix de vente sur saisie immobilière d'un immeuble est exclusivement affecté au créancier poursuivant et aux créanciers titulaires d'une sûreté réelle sur le bien. Cette **affectation spéciale** s'étend aux fruits qui entrent de plein droit dans l'assiette de la saisie (C. pr. exéc., art. L. 321-3). Une saisie-attribution ne peut donc être pratiquée entre les mains du séquestre ou de la Caisse des dépôts et consignations par un créancier du débiteur dont l'immeuble a été saisi que s'il existe, après désintéressement des créanciers participant à la distribution du prix de vente, un **reliquat devant être restitué au débiteur** en application de l'article R. 334-2 C. pr. exéc. [6]. De même, un créancier de l'un des créanciers participant à la distribution doit pouvoir saisir les sommes revenant à ce dernier à l'issue des opérations de distribution (v. s^{s} n° 1512.51).

C.
Sûreté et opposition antérieures

0831.161 Saisie-attribution et nantissement. Quoique le Code civil ne le précisait pas expressément, il était admis que le nantissement d'un droit incorporel rendait celui-ci indisponible, de sorte que le nantissement d'une créance de somme d'argent devait faire échec à l'effet attributif d'une saisie-attribution portant sur les sommes données en nantissement [7]. Sans prévoir expressément cette indisponibilité, l'ordonnance du 15 septembre 2021 [8] réformant les sûretés, conforte cette analyse : en cas de nantissement portant sur l'affectation d'un bien meuble incorporel (C. civ., art. 2355), le créancier nanti, après notification au débiteur de la créance nantie, a seul le droit au paiement de la créance tant en capital qu'en intérêts (C. civ., art. 2363) ; l'article L. 211-3 C. pr. exéc. est complété à l'effet de prévoir l'obligation pour le tiers saisi d'indiquer si les créances saisies font l'objet d'un nantissement. Ce n'est que dans le cas où le nantissement ne porte que sur une fraction de la créance saisie (C. civ., art. 2358), que l'effet attributif de la saisie-attribution opérera, à hauteur de la fraction de la créance non affectée au créancier nanti.

Ainsi la pratique notariale insère-t-elle dans les contrats de vente d'un immeuble grevé d'une hypothèque une clause dite de « *nantissement séquestre* » aux termes de laquelle le prix de la vente est affecté au paiement des créanciers inscrits, dans l'ordre de leur privilège, en vue de purger leur inscription. Cette clause a pour objet de rendre indisponible le prix de vente, de sorte qu'une saisie-attribution du prix de vente ne pourrait produire d'effet qu'à raison d'un solde restant dû après désintéressement des créanciers nantis [9].

1. *RTD civ.* 2000. 169, note R. Perrot.
2. Civ. 2e, 28 févr. 2006, n° 04-16.396, P II, n° 59 ; *RD banc. fin.* 2006, n° 140, obs. S. Piedelièvre ; *Dr. et proc.* 2006, n° 279, obs. Ph. Hoonakker.
3. C. civ., art. 2350 (réd. mod. sans impact, par Ord. n° 2021-1192, 15 sept. 2021, portant réforme du droit des sûretés, *JO* 16 sept., texte 19).
4. V. obs. Ph. Hoonakker, préc. s^{s} prés^{t} n°.
5. Règl. UE n° 655/2014, Parlement et Conseil, 15 mai 2014, portant création d'une procédure d'ordonnance européenne de saisie conservatoire des comptes bancaires, destinée à faciliter le recouvrement transfrontière de créances en matière civile et commerciale, *JOUE* L 189, 27 juin, p. 59 ; *RD banc. fin.* 2014. Comm. 175, obs. S. Piedelièvre : ce règlement est entré en application le 17 janvier 2017.
6. Civ. 1re, 15 mai 2019, n° 18-12.779, P – Civ. 2e, 2 déc. 2021, n° 19-24.999, B (préc., v. s^{s} n° 0831.130)
7. M. Mignot, « L'indisponibilité de la créance nantie : une pièce manquante essentielle du dispositif législatif issu de l'ordonnance n° 2006-346 du 23 mars 2006 », *RD banc. fin.* 2010. Étude 2, n°s 17 et 18 et citant Paris, 8e ch., sect. B, 23 oct. 2008, *Juris-Data* n° 374999 – *J.-Cl. Pr. civ., V° Saisie-attribution* (conflit), fasc. 1600-30, n°s 79 s., par N. Cayrol.
8. Ord. n° 2021-1192, 15 sept. 2021, préc.
9. C. Guilloteau-Palisse, « Saisie du prix de vente entre les mains du notaire », *JCP N* 2013. Étude 1219 – COMP. PERROT et THÉRY, n° 400, estimant que le droit préférentiel du titulaire de l'hypothèque se reporte de plein droit sur le prix de vente.

0831.162 Saisie-attribution et opposition du syndicat des copropriétaires. Le syndicat des copropriétaires, qui doit être avisé par le notaire de la mutation à titre onéreux d'un lot, pour lequel n'est pas fourni un certificat du syndic attestant de l'absence de dettes à l'égard de la copropriété, dispose de la faculté d'exercer une opposition entre les mains du notaire, valant mise en œuvre de son privilège immobilier spécial (L. 10 juill. 1965[1], art. 19-1 et 20, réd. Ord. 30 oct. 2019[2] – Décr. 17 mars 1967[3], art. 5-1). Cette opposition rend ainsi indisponible le prix de vente, à hauteur du montant pour laquelle elle est pratiquée, le syndicat des copropriétaires bénéficiant, sur le paiement du prix de vente, de la priorité assurée par son privilège.

0831.163 Saisie-attribution et opposition sur le prix de vente de fonds de commerce. Le prix de vente d'un fonds de commerce est rendu provisoirement indisponible par l'effet d'une opposition, simple « *acte conservatoire* », pratiquée en vertu de l'article L. 141-14 C. com.[4], qui ne fait pas obstacle à l'exercice sur ce prix d'une mesure d'exécution[5]. Il est en outre possible de pratiquer entre les mains d'un tiers séquestre une saisie-attribution sur le prix de vente, la créance appartenant toujours au débiteur ; faute pour la créance saisie d'être disponible, la saisie n'emporte aucun effet attributif immédiat au profit du créancier saisissant[6].

La Cour de cassation a rappelé que « *les créanciers opposants ne tiennent pas de la loi du 17 mars 1909 le droit d'être payés par préférence* » et que le créancier muni d'un titre exécutoire peut mettre en œuvre une mesure d'exécution, en l'espèce, une saisie-attribution sur le prix de vente non encore distribué[7]. La question se pose par conséquent de savoir comment va se régler le concours entre le créancier saisissant et les créanciers opposants. S'il a pu être décidé par certains juges du fond, que la saisie-attribution (ou un avis à tiers détenteur) ne pourrait retrouver son efficacité sur le solde du prix qu'après désintéressement des créanciers opposants[8], la doctrine considère au contraire qu'il y a lieu à concours entre les créanciers opposants et le créancier saisissant[9]. Cette solution est en effet en cohérence avec la jurisprudence rappelée en cas de saisie conservatoire précédant une saisie-attribution.

0831.164 Saisie-attribution et opposition sur l'actif d'une succession acceptée sous bénéfice d'inventaire. Avant que la matière ne soit réformée[10], il avait été jugé, en cas d'acceptation d'une succession sous bénéfice d'inventaire, que la connaissance par l'héritier de créanciers de la succession, qui suffisait à leur conférer la qualité d'opposants, rendait indisponible l'actif de la succession, en raison du fait que l'héritier ne pouvait alors payer les créanciers de la succession, en application de l'ancien article 808 C. civ., que dans l'ordre fixé par le juge. La Cour de cassation en a déduit que la saisie-attribution du prix de vente de biens dépendant de la succession et pratiquée entre les mains d'un commissaire-priseur se trouvait privée d'effet[11].

Il incombe désormais aux créanciers de déclarer leurs créances dans des conditions de forme et de délai précisément fixées par les articles 788 et 792 C. civ.[12]. La jurisprudence antérieure pourrait alors être maintenue, sous l'empire du nouveau droit, dès lors que l'article 796 C. civ. organise l'ordre selon lequel l'héritier ayant accepté la succession à concurrence de l'actif net règle les créanciers[13], mais sous réserve de la régularité d'au moins une partie des déclarations de créance.

1. L. n° 65-557, 10 juill. 1965, fixant le statut de la copropriété des immeubles bâtis, *JO* 11 juill., p. 5950.
2. Ord. n° 2019-1101, 30 oct. 2019, portant réforme du droit de la copropriété des immeubles bâtis, *JO* 31 oct., texte 3.
3. Décr. n° 67-223, 17 mars 1967, portant rap pour l'application de la loi n° 65-557 du 10 juillet 1965 fixant le statut de la copropriété des immeubles bâtis, *JO* 22 mars, p. 2742.
4. Réd. L. n° 2016-1524, 14 nov. 2016, visant à renforcer la liberté, l'indépendance et le pluralisme des médias, *JO* 15 nov., texte 1 ; antérieurement, L. 17 mars 1909, anc. art. 3, al. 4 – Com. 16 juin 1998, n° 96-14.170, P IV, n° 194 ; *D. Affaires* 1998. 1207, note M. D. ; *Procédures* 1998, n° 195, note crit. R. Perrot – Com. 2 déc. 2020, n° 18-14.272, NP.
5. Civ. 2e, 6 juill. 2000, n° 98-20.286, P II, n° 119.
6. Civ. 2e, 16 mars 2000, n° 98-14.725, P II, n° 49 ; *D.* 2000. IR 131 ; *JCP* 2000. IV. 1788 ; *Procédures* 2000, n° 162 ; *RD banc. fin.* 2000, n° 167, obs. J.M. Delleci ; *Gaz. Pal.* 2000. Somm. 1742 et 2722, obs. P. Véron ; *RTD com.* 2000. 589, obs. J. Derruppé ; *RJDA* 2000, n° 591 – V. AUSSI, TGI Dunkerque, JEX, 8 janv. 2003, *Dr. et proc.* 2003. 300, obs. O. Salati.
7. Civ. 2e, 6 juill. 2000, n° 98-20.286, P II, n° 119 ; *D.* 2000. 371, obs. A.-L. Monéger-Dupuis ; *D.* 2000. IR 239 ; *JCP* 2000. IV. 2493 ; *RTD com.* 2000. 850, obs. J. Derruppé ; *Rev. huiss.* 2001. 41, obs. J.-J. Bourdillat.
8. TGI Paris, JEX, 12 janv. 1995, *Rev. proc. coll.* 1996. 217, obs. P. Canet – TGI Lyon, JEX, 8 avr. 1997, RG n° 97/02257, NP – TGI Lyon, JEX, 21 juill. 1998, RG n° 98/07524, NP – POUR UNE SOLUTION IDENTIQUE dans le cas d'une indemnité d'éviction versée à la suite de l'expropriation d'un fonds de commerce, les parties ayant décidé d'étendre le champ d'application de la loi du 17 mars 1909 à cette indemnité : TGI Lyon, JEX, 18 mars 1997, RG n° 96/10677, NP – CONFIRMÉ PAR : Lyon, 27 janv. 1999, RG n° 97/02161.
9. PERROT et THÉRY, n° 400 – Ph. Théry, « Le notaire et les procédures civiles d'exécution », *LPA* 11 août 1997, n° 96, p. 11 ; *RTD com.* 2000. 850, obs. J. Derruppé – V. AUSSI : dans le sens d'un paiement par contribution, *J.-Cl. Pr. civ.*, *v° Saisie-attribution* (procédure : paiement), fasc. 2260, n° 63, par N. Cayrol.
10. L. n° 2006-728, 23 juin 2006, portant réforme des successions et des libéralités, *JO* 24 juin, p. 9513.
11. Civ. 2e, 18 oct. 2001, n° 00-12.369, P II, n° 159 ; *D.* 2002. Chron. 1769, obs. C. Brenner.
12. Civ. 1re, 8 mars 2017, n° 16-14.360, P I, n° 59.
13. LEBORGNE, n° 986 – PERROT et THÉRY, n° 400.

CHAPITRE

0832. Effet différé : le paiement

ÉDOUARD DE LEIRIS
CONSEILLER À LA COUR DE CASSATION

SECTION 0
ORIENTEUR

0832.00 **Sommaire du chapitre.**

Division. Le paiement du créancier, raison d'être de la saisie-attribution, est normalement différé (sect. 2). Cependant, l'acquiescement du débiteur à la saisie permet un paiement anticipé (sect. 1). Les deux paiements obéissent à des règles communes (sect. 3).

0832.01 **Textes applicables.**

• **C. pr. exéc.,** art. L. 112-1, L. 123-1, L. 211-1, L. 211-2, L. 211-4, R. 211-3 à R. 211-10, R. 211-15, R. 211-16 et R. 211-23.

• **C. pr. civ.,** art. 410, 640 à 642.

• **C. com.,** art. A. 444-13, L. 622-7.

0832.02 **Jurisprudence de référence.**

> Compétence du juge de l'exécution. Frais et dépens antérieurs aux actes d'exécution (non). Contestation de la saisie-attribution hors délai.

• **Cass., avis, 11 mars 1994,** n° 09-40.001, P, n° 8

* V. s[s] n°s 0212.122, 0313.42, 0832.21, 0842.13, 0921.81, 0971.373

De la combinaison des articles 52 du nouveau Code de procédure civile, L. 311-12-1 [devenu L. 213-6] du Code de l'organisation judiciaire et 32 de la loi du 9 juillet 1991 [devenu art. L. 111-8 C. pr. exéc.], il résulte que la compétence du juge de l'exécution se limite aux frais de l'exécution forcée proprement dite, dont ce juge peut, en cas de contestation, déterminer la charge et fixer le montant.

Le saisi peut, même s'il a signé un acte de non-contestation de la saisie, former une demande, conformément à l'article 45, alinéa 3, de la loi du 9 juillet 1991 [devenu art. L. 211-4 C. pr. exéc.]. Cette demande doit être formée devant le juge du fond, ce qui exclut toute compétence du juge de l'exécution.

> Saisie-attribution d'une créance à exécution successive pratiquée avant la survenance d'un jugement portant ouverture d'un redressement ou d'une liquidation judiciaire.

• **Civ. 2e, 10 juill. 1996,** n° 94-19.551, P II, n° 209

* V. s[s] n°s 0144.87, 0831.91, 0832.57, 0952.191, 0971.312

Il résulte des articles 13 et 43 de la loi du 9 juillet 1991 et des articles 69 et suivants du décret du 31 juillet 1992 [devenus art. L. 112-1, L. 211-2 et R. 211-14 s. C. pr. exéc.] que la saisie-attribution d'une créance à exécution successive pratiquée à l'encontre de son titulaire avant la survenance d'un jugement portant ouverture d'un redressement ou d'une liquidation judiciaire de celui-ci poursuit ses effets sur les sommes échues en vertu de cette créance après ledit jugement.

> Poursuite des effets de la saisie-attribution en cours au jour du jugement d'ouverture d'une procédure collective à l'encontre du débiteur.

• **Cass., ch. mixte, 22 nov. 2002,** n° 99-13.935, P, n° 7

* V. s[s] n°s 0132.26, 0144.87, 0611.34, 0831.91, 0832.57

Il résulte des articles 13 et 43 de la loi du 9 juillet 1991 [devenus L. 112-1 et L. 211-2 du C. pr. exéc.] et des articles 69 [devenu R. 211-14] et suivants du décret du 31 juillet 1992, que la saisie-attribution d'une créance à exécution successive, pratiquée à l'encontre de son titulaire avant la survenance d'un jugement portant ouverture d'un redressement ou d'une liquidation judiciaire de celui-ci, poursuit ses effets sur les sommes échues en vertu de cette créance, après ledit jugement. Dès lors, une cour d'appel, qui retient que la saisie à définitivement produit son effet attributif avant le jugement prononçant la mise en liquidation judiciaire de la société, décide, à bon droit, qu'il n'y a pas lieu d'en ordonner la mainlevée.

> Saisie-attribution. Tiers saisi personnellement débiteur des causes de la saisie dans la limite de son obligation telle qu'il l'a déclarée.

• **Civ. 2e, 8 juill. 2004,** no 02-20.655, P II, no 382

* V. ss nos 0821.81, 0832.21, 0832.51, 0832.55

Hors le cas de nullité ou de caducité de la saisie-attribution, le tiers saisi, qui, lors de la saisie, a déclaré devoir une certaine somme au saisi et qui n'a fait état d'aucune modalité affectant son obligation, ni d'aucune cession de créance, de délégation ou de saisie antérieures, est personnellement débiteur des causes de la saisie dans la limite de son obligation, il est tenu de procéder au paiement sur la présentation d'un certificat de non-contestation ou d'une déclaration d'acquiescement du débiteur.

> Saisie-attribution. Paiement différé de la créance immédiatement attribuée au saisissant. Demande d'arrêt de l'exécution provisoire pendant le délai de contestation ou en cas de contestation.

• **Civ. 2e, 1er oct. 2009,** no 08-19.051, P II, no 234

* V. ss nos 08.11, 0831.63, 0832.21

Si l'acte de saisie-attribution emporte, à concurrence des sommes pour lesquelles elle est pratiquée, attribution immédiate au profit du saisissant de la créance saisie disponible entre les mains du tiers saisi, ainsi que de tous ses accessoires, le paiement est différé en cas de contestation devant le juge de l'exécution ou, sauf acquiescement, pendant le délai de contestation.

Par suite, viole les articles 43, 45 et 46 de la loi du 9 juillet 1991 et l'article 61 du décret du 31 juillet 1992, le premier président qui rejette une demande d'arrêt de l'exécution provisoire au motif que, par l'effet d'une saisie-attribution, non contestée par le saisi, le jugement avait été complètement exécuté, alors que le délai de contestation n'était pas encore expiré et que le saisi n'avait pas acquiescé à la mesure d'exécution.

0832.03 **Bibliographie indicative**[1].

* V. ss no 083.03

SECTION 1
PAIEMENT IMMÉDIAT DU CRÉANCIER SAISISSANT EN CAS D'ACQUIESCEMENT DU DÉBITEUR

0832.10 **Plan.** Le Code des procédures civiles d'exécution n'exclut pas le paiement anticipé du créancier saisissant (§ 1), ce qui peut être source de difficultés si plusieurs saisies ont été pratiquées le même jour (§ 2).

1. Les ouvrages dont le nom des auteurs figure en petites capitales en bibliographie seront cités par le seul nom des auteurs en petites capitales en notes de bas de page.

§ 1
Paiement anticipé du créancier saisissant

0832.21 **Autorisation écrite du débiteur.** Deux articles du Code des procédures civiles d'exécution prévoient la possibilité pour le débiteur à qui est dénoncé un acte de saisie-attribution d'autoriser la remise des fonds au saisissant :

– l'article R. 211-3 C. pr. exéc., énonce que l'acte de dénonciation « *rappelle au débiteur qu'il peut autoriser par écrit le créancier à se faire remettre sans délai par le tiers saisi les sommes qui lui sont dues* » ;

– l'article R. 211-6 alinéa 2 C. pr. exéc., précise que le paiement peut intervenir avant l'expiration du délai prévu pour contester, si le débiteur a déclaré par écrit ne pas contester la saisie.

En outre, le tarif des commissaires de justice fixe un émolument correspondant à la signification de l'acquiescement au tiers saisi (C. com., art. A. 444-13, tableau 3-1, prestation no 6).

Si la jurisprudence a semblé dans un premier temps distinguer ces différentes notions[2], la Cour de cassation retient désormais, par une formule maintes fois répétée, que « *si l'acte de saisie-attribution emporte* [...] *attribution immédiate au profit du saisissant* [...] *le paiement est différé en cas de contestation devant le juge de l'exécution ou, sauf acquiescement, pendant le délai de contestation* »[3].

Rappelons en premier lieu que l'**acquiescement,** qui constitue la renonciation à un droit, n'est valablement fait qu'à la condition qu'il porte sur des **droits disponibles** et émane d'un **débiteur capable.**

Il résulte d'un acquiescement que le débiteur ne peut plus contester cette mesure d'exécution, sauf pour le JEX à en prononcer la nullité pour vice du consentement[4]. En revanche, la Cour de cassation a été d'avis que l'acte de non-contestation ne rendait pas irrecevable une demande ultérieure en répétition de l'indu fondée sur l'article 45 alinéa 3 de la loi du 9 juillet 1991 (devenu C. pr. exéc., art. L. 211-4, al. 3)[5].

2. Cass., avis, 24 mai 1996, no 09-60.003, P, no 6 ; *JCP* 1996. IV. 1579 : « *La notion d'acquiescement est sans application à la saisie conservatoire qui n'est ni une demande en justice, ni un jugement. Toutefois, le débiteur saisi peut donner son accord pour que le tiers saisi paie le créancier saisissant moyennant mainlevée de la saisie* ».
3. Civ. 2e, 8 juill. 2004, no 02-20.655, P II, no 382 ; *RD banc. fin.* 2004, obs. S. Piedelièvre ; *Gaz. Pal.* 11-13 sept. 2005, p. 16, note C. Brenner – Civ. 2e, 24 janv. 2008, no 07-16.857, P II, no 22 ; *D.* 2008. 2373, J.-M. Sommer et C. Nicoletis – Civ. 2e, 1er oct. 2009, no 08-19.051, P II, no 234 ; *D.* 2010. 1307, obs. A. Leborgne ; *RTD civ.* 2010. 158, obs. R. Perrot.
4. Civ. 2e, 3 mars 2022, no 20-20.890, NP ; *Rev. prat. rec.* 2022/3. 11, obs. Salati.
5. Cass., avis, 11 mars 1994, no 09-40.001, P, no 8.

En revanche, **l'acquiescement se distingue du paiement d'une dette**, ce qui emporte plusieurs conséquences.

Ainsi a-t-il pu en être déduit que l'acquiescement n'encourait pas l'annulation de plein droit affectant certains paiements accomplis pendant la période suspecte précédant le jugement ouvrant la procédure collective[1]. En outre, si le jugement d'ouverture interdit en principe le paiement des créances antérieures, il n'interdit pas l'acquiescement à la saisie-attribution pratiquée antérieurement au jugement d'ouverture. Toutefois, il n'a pas été tranché le point de savoir si l'acquiescement constituait un acte de disposition étranger à la gestion courante, que le débiteur en procédure de sauvegarde ou de redressement judiciaire ne peut pas accomplir seul, nécessitant l'autorisation par le juge-commissaire (C. com., art. L. 622-7, II, pour la procédure de sauvegarde, disposition à laquelle il est renvoyé par l'article L. 631-14, pour le redressement judiciaire).

En outre, lorsque la saisie porte, en tout ou partie, sur des sommes cessibles mais insaisissables, l'acquiescement à la mesure d'exécution ne devrait pas autoriser le saisissant à se faire remettre les sommes frappées d'insaisissabilité, l'acquiescement ne lui conférant pas plus de droits que la saisie-attribution ne lui offre. Ce point concerne en particulier la saisie pratiquée sur un compte bancaire, pour le solde bancaire insaisissable (v. s[s] n° 0921.52 s.).

Il semble qu'il pourrait en aller de même pour le dispositif de report d'insaisissabilité (v. s[s] n°s 0923.80 s.). Certes, celui-ci n'est pas automatique, car il repose sur une demande de mise à disposition. Toutefois la renonciation à un droit (en l'occurrence celui d'obtenir une mise en disposition) ne se présume pas et si l'acquiescement s'analyse en une renonciation à contester la saisie-attribution, la demande de mise à disposition n'apparaît pas, *stricto sensu*, comme une contestation de la saisie-attribution.

Autre conséquence de la distinction entre acquiescement et paiement : l'acquiescement devrait pouvoir être **partiel**, c'est-à-dire limité à une partie des sommes pour lesquelles la saisie est pratiquée[2].

Dernière conséquence de la qualification d'acquiescement, celui-ci n'est, selon l'article 410 C. pr. civ., soumis à **aucun formalisme particulier.** S'il doit, en application des articles R. 211-3 et R. 211-6 C. pr. exéc., être établi **par écrit**, cet écrit n'apparaît soumis à **aucune exigence de forme particulière.** En particulier, il importe peu que le document comportant acquiescement ne soit pas rédigé de la main du débiteur[3]. Seul importe le caractère **certain** de l'acquiescement, conformément à la jurisprudence rendue sur le fondement de l'article 410 rappelé. À cet égard, si un acquiescement n'est pas formellement conditionné à la dénonciation préalable de l'acte de saisie-attribution, il paraît hasardeux de solliciter du débiteur un acquiescement valant renonciation, sans avoir préalablement procédé à la dénonciation de la saisie, qui contribue au consentement éclairé du débiteur.

0832.22 Signification au tiers saisi de l'acquiescement. Il ressort de l'article R. 211-6 C. pr. exéc. que le paiement par le tiers saisi peut intervenir avant l'expiration du délai de contestation en cas d'acquiescement du débiteur, sans autre précision.

Le tarif des commissaires de justice fixe un émolument correspondant à un acte de signification de l'acquiescement au tiers saisi (C. com., art. A. 444-13, relatif au tableau 3-1, prestation n° 6).

§ 2
Paiement immédiat en cas de pluralité de créanciers saisissants

0832.31 Paiement immédiat en cas de pluralité de saisies successives. Dès lors que chaque créancier dispose d'un délai de huit jours à compter de la signification de l'acte de saisie pour effectuer la dénonciation (C. pr. exéc., art. R. 211-3), il peut arriver que le débiteur soit informé en premier d'une saisie intervenue après qu'une précédente saisie ait été pratiquée. Dans une telle hypothèse, l'acquiescement du débiteur à la seconde saisie n'est pas de nature à remettre en cause la première saisie puisque celle-ci a produit un effet attributif immédiat au profit du premier saisissant. Le second créancier, par hypothèse informé de la première saisie par le tiers saisi, ne saurait d'ailleurs, sans faute, se prévaloir de cet acquiescement pour obtenir le paiement immédiat de la créance et le paiement par le tiers saisi du second créancier saisissant en connaissance de cause ne saurait être libératoire (C. civ., art. 1342-3 [anc. art. 1240]).

L'acquiescement à la seconde saisie n'est pas pour autant nul : il produira ses effets si la première saisie laisse subsister un solde de créance (C. pr. exéc., art. L. 211-2, al. 1er). On peut en outre penser que si la

1. Lyon, 3e ch., 25 juill. 2001, RG n° 2000/01884, *Juris-Data* n° 157540.
2. EN CE SENS : Civ. 2e, 3 mars 1994, n° 20-20.890, NP ; *J.-Cl. Pr. civ., v° Saisie-attribution* (procédure : paiement), fasc. 1600-25, n° 55, par N. Cayrol – Un tel ACQUIESCEMENT PARTIEL n'est toutefois pas sans ambiguïté : signifie-t-il que le débiteur n'autorise le paiement que si le saisissant abandonne le surplus de la saisie (sorte d'acquiescement sous condition) ou simplement qu'il se réserve de pouvoir contester le surplus de la saisie, dans le mois suivant la dénonciation ?
3. Civ. 2e, 3 mars 2022, n° 20-20.890, NP ; *Rev. prat. rec.* 2022/3. 11, obs. Salati.

première saisie est finalement privée d'effet, l'acquiescement retrouvera son plein effet (C. pr. exéc., art. L. 211-2, al. 4).

0832.32 Paiement immédiat en cas de concours de saisies. Une difficulté peut également provenir de la signification de plusieurs saisies, le même jour, entre les mains du même tiers.

Aux termes de l'article L. 211-2 C. pr. exéc., « *les actes de saisie notifiés au cours de la même journée entre les mains du même tiers sont réputés faits simultanément. Si les sommes disponibles ne permettent pas de désintéresser la totalité des créanciers ainsi saisissants, ceux-ci viennent en concours* » (v. s[s] n° 0831.71).

Là encore, le débiteur saisi pourra être amené à autoriser le tiers saisi à payer le créancier qui aura procédé à la signification en premier.

Dans une telle hypothèse, on relèvera d'abord que le créancier saisissant en second sera normalement informé de la saisie pratiquée antérieurement (C. pr. exéc., art. L. 211-1), de sorte que, comme dans l'hypothèse antérieure, il ne pourrait, sans faute de sa part, solliciter le paiement intégral de sa créance. Le commissaire de justice second saisissant devra, après avoir sollicité du tiers saisi les éléments lui permettant d'identifier le créancier venant en concours (C. pr. exéc., art. R. 211-4), prendre attache avec le commissaire de justice de ce dernier pour calculer les droits respectifs des saisissants sur les sommes saisies et, en cas de difficulté, saisir le juge de l'exécution (JEX) pour qu'il tranche la question.

À défaut pour le créancier saisissant réclamant le paiement d'être informé de la saisie en concours, la question se posera au tiers saisi connaissant l'existence de plusieurs saisies, de savoir en les mains de quel créancier il devra se libérer des fonds. En cas de doute, la prudence commanderait que le tiers saisi sollicite du JEX l'autorisation de consigner les fonds qu'il détient jusqu'à ce qu'une décision intervienne sur la détermination des droits des créanciers saisissants.

SECTION 2
PAIEMENT DIFFÉRÉ

0832.41 Règle. L'article L. 211-4 C. pr. exéc. dispose, dans un alinéa 1er, que toute contestation relative à la saisie est formée dans un délai prévu par voie réglementaire et, dans un alinéa 2, qu'en l'absence de contestation le créancier requiert le paiement de la créance qui lui a été attribuée.

L'article R. 211-11 alinéa 1er C. pr. exéc. fixe à un mois le délai de contestation, qu'il fait courir depuis la dénonciation de la saisie-attribution au débiteur.

Par conséquent, si l'on s'en tenait à ces textes, le créancier saisissant requerrait le paiement dans le mois suivant cette dénonciation.

Toutefois, la réalité est plus complexe car il faut réserver l'hypothèse où le débiteur conteste la saisie-attribution. C'est pourquoi, le tiers saisi ne paie le créancier que, selon le cas, sur justification d'un certificat attestant qu'aucune contestation n'a été formée dans le mois suivant la dénonciation de la saisie (C. pr. exéc., art. R. 211-6) ou, en cas de contestation (v. s[s] n°s 084.05 s.), sur présentation de la décision la rejetant, à condition que cette décision ait été notifiée (C. pr. exéc., art. R. 211-12). On verra en outre que le JEX peut donner effet à la saisie pour la fraction non contestée de la dette, par une décision alors exécutoire sur minute ou, en l'absence de contestation sérieuse, ordonner à titre provisionnel le paiement d'une somme qu'il détermine (C. pr. exéc., art. R. 211-11).

0832.42 Établissement d'un certificat de non-contestation. Dans la rédaction initiale des textes régissant la saisie-attribution, le créancier se faisait délivrer par le greffe du JEX désigné dans l'acte de dénonciation un certificat dit de « *non-contestation* », par lequel le greffe attestait qu'aucune contestation n'avait été formée dans le délai d'un mois.

Afin d'alléger la tâche des greffes et d'en accélérer la délivrance, le pouvoir réglementaire a donné également cette compétence au commissaire de justice poursuivant, par le décret du 18 décembre 1996[1], qui a modifié l'article 61 du décret du 31 juillet 1992 (devenu C. pr. exéc., art. R. 211-6). Pour ce faire, l'assignation en contestation doit être dénoncée à ce commissaire de justice, par une lettre recommandée avec demande d'avis de réception, adressée au plus tard le premier jour ouvrable suivant sa délivrance (v. s[s] n° 0841.81).

Le certificat est établi par le commissaire de justice une fois expiré le délai d'un mois.

Sur le calcul de ce délai, v. s[s] n° 0841.62.

Compte tenu du délai d'acheminement de la lettre de dénonciation de l'assignation en contestation, un certificat peut être établi alors même qu'une contestation a été formée dans le délai réglementaire, ce qui n'est pas satisfaisant.

De la même façon, une difficulté se pose dans les cas où le débiteur conserve le droit de former une contestation au-delà du délai d'un mois, pour l'un des motifs suivants, qui seront examinés dans le chapitre consacré à la contestation de la saisie (v. s[s] n° 0841.63) :

– le délai de contestation a été interrompu par l'effet d'une procédure collective ;

1. Décr. n° 96-1130, 18 déc. 1996, modifiant le décret n° 92-755 du 31 juillet 1992 instituant de nouvelles règles relatives aux procédures civiles d'exécution pour l'application de la loi n° 91-650 du 9 juillet 1991 portant réforme des procédures civiles d'exécution, *JO* 26 déc., p. 19120.

– le débiteur a formé, dans le délai d'un mois, une demande d'aide juridictionnelle en vue de contester la saisie ;

– le délai a été arrêté par une législation particulière, on songe ici à la législation destinée à tirer les conséquences de la crise sanitaire liée à la Covid 19.

Dans tous ces cas, un certificat de non-contestation peut-il être immédiatement dressé, alors que le débiteur demeure apte à contester la saisie ?

Pris à la lettre, l'article R. 211-6 C. pr. exéc. n'impose pas d'attendre l'issue du délai de contestation ainsi prolongé, puisqu'il se borne à exiger un certificat attestant de l'absence contestation élevée dans le mois suivant la dénonciation de la saisie-attribution. C'est du reste la solution qui a prévalu pour le cas d'arrêt du délai de contestation en raison de la crise sanitaire précédemment évoquée[1]. Elle n'est toutefois guère satisfaisante, en tout cas lorsque le commissaire de justice est informé de ce que le délai de contestation demeure en cours. Dans un tel cas, on ne peut qu'inciter à la prudence le commissaire de justice, qui pourrait, en cas de nécessité, solliciter l'autorisation de séquestrer les sommes.

0832.43 Présentation du certificat de non-contestation. Le certificat de non-contestation est présenté au tiers saisi ou, le cas échéant, au séquestre des sommes.

Comme dans le cas de l'acquiescement, cette « *présentation* » (C. pr. exéc., art. R. 211-6) est faite au moyen d'une signification par commissaire de justice, avec mise en demeure du débiteur tiers saisi de payer. Cette signification fait partie de la liste des actes tarifés (C. com., art. A. 444-13, tableau 3-1, prestation n° 7), bien que le Code des procédures civiles d'exécution ne la prévoie pas[2].

SECTION 3

RÈGLES COMMUNES AU PAIEMENT IMMÉDIAT ET DIFFÉRÉ

0832.51 Conditions du paiement. Le tiers saisi ou le séquestre à la connaissance de qui a été porté le certificat de non-contestation ou l'acquiescement du débiteur, doit procéder au paiement entre les mains du saisissant. Il est personnellement débiteur des causes de la saisie dans la limite de son obligation dès lors qu'au moment de la saisie, il a déclaré devoir une certaine somme au saisi et n'a fait état d'aucune modalité affectant son obligation, ni aucune cession de créance, de délégations ou de saisies antérieures[3].

Si la saisie-attribution a visé des **créances à exécution successive,** le tiers saisi doit procéder au versement des sommes échues après la saisie, et il se libère « *au fur et à mesure des échéances entre les mains du saisi ou de son mandataire* » (C. pr. exéc., art. R. 211-15).

Si la saisie-attribution porte sur **une créance à terme ou affectée d'une condition suspensive,** les sommes ne sont exigibles, selon le cas, qu'à la date de la survenance de ce terme ou une fois la condition remplie.

La situation est identique dans l'hypothèse de la saisie-attribution d'une **créance indisponible,** qui ne pourra être réglée qu'à la condition qu'elle redevienne disponible et à compter de cette date seulement[4].

De façon similaire, quoique plus ponctuelle, il est jugé, dans le cas où un juge d'instruction a, par une réquisition, fait interdiction au tiers saisi de se dessaisir des sommes qu'il a été condamné à payer au débiteur saisi, mis en examen, que ce tiers saisi ne peut procéder au paiement tant que la réquisition pénale reste en cours[5], situation qui exonère en outre le débiteur saisi du paiement d'intérêts moratoires sur la somme saisie[6]. Cette réquisition présente en effet un caractère de cas de force majeure pour le débiteur : *d'une part*, elle interdit le paiement et, *d'autre part*, elle présente un caractère d'extranéité, dès lors que le débiteur bénéfice, pendant l'instruction, de la présomption d'innocence, qui exclut d'imputer la réquisition au fait de ce débiteur. À l'inverse, l'Assemblée plénière a jugé que cet élément d'extranéité ne se retrouvait pas dans l'hypothèse du gel des avoirs d'une société iranienne, imposé par le Conseil de sécurité des Nations Unies, en raison de son concours supposé à une activité illicite (le programme nucléaire iranien), dès lors que « *ne constitue pas un cas de force majeure pour celle qui le subit, faute d'extériorité, le gel des avoirs d'une personne ou d'une entité qui est frappée par cette mesure en*

1. Ord. n° 2020-306, 25 mars 2020, relative à la prorogation des délais échus pendant la période d'urgence sanitaire et à l'adaptation des procédures pendant cette même période, *JO* 26 mars, texte n° 6, art. 2, dern. al., issu d'Ord. n° 2020-666, 3 juin 2020, relative aux délais applicables en matière financière et agricole pendant l'état d'urgence sanitaire, *JO* 4 juin 2020, texte 2 – Sur la question, v. *JCP* 2020. 781, obs. S. Dorol et R. Miyamou.
2. R. Lauba et F. Ruellan, « Le nouveau tarif des huissiers de justice en matière civile et commerciale », *Gaz. Pal.* 1997. 1. Doctr. 702.
3. Civ. 2e, 8 juill. 2004, n° 02-20.655, P II, n° 382 ; *RD banc. fin.* 2004, n° 217 ; *Defrénois* 2006. 38317, obs. crit. Ph. Théry.
4. POUR UNE ILLUSTRATION : Civ. 1re, 30 juin 2021, n° 18-22.978, NP, faisant état d'un motif légitime permettant au tiers saisi de ne pas régler la créance saisie tant qu'elle restait frappée d'une opposition préalable.
5. Civ. 2e, 3 mai 2001, n° 98-23.118, P II, n° 88.
6. Civ. 1re, 21 janv. 2010, n° 08-20.810, P II, n° 18.

raison de ses activités »[1]. Dans le cas d'espèce considéré, la société débitrice ne pouvait par conséquent pas être exonérée du paiement des intérêts moratoires ayant couru du fait de ce gel[2].

0832.52 **Modalités du paiement.** Aucune précision n'est apportée par les textes sur les **modalités** selon lesquelles ce **paiement** doit intervenir.

Il pourra en principe prendre n'importe quelle forme, au choix du tiers saisi : remise d'espèces ou d'un chèque, sous réserve d'encaissement, ordre de virement sur le compte désigné par le commissaire de justice instrumentaire, sous réserve d'inscription au crédit de ce compte[3].

En outre, lorsque le tiers saisi est lui-même créancier du saisissant, la compensation peut s'opérer au moment où le tiers saisi devient personnellement débiteur du saisissant au titre de la saisie-attribution. Dans ce cas, le tiers saisi doit pouvoir opposer la compensation légale au moment où le créancier saisissant lui réclame le paiement de la créance.

La question pourrait se poser de savoir si le tiers saisi pourrait imposer au saisissant des modalités particulières de paiement, convenues avec le débiteur : effet de commerce, délégation ou cession de créance, *etc.* : les termes de l'article L. 112-1 C. pr. exéc., qui dispose que les modalités propres aux créances s'imposent au créancier, apparaissent militer dans ce sens. En tout cas, il ne fait pas de doute que lorsque la créance est libellée en monnaie étrangère, le tiers saisi, s'il peut verser la contre-valeur en euros de la créance, doit également pouvoir acquitter sa dette dans la monnaie convenue[4].

Lorsque la créance saisie est ainsi libellée en monnaie étrangère, se pose la question de la date à laquelle doit être fixée sa contre-valeur en euros, question essentielle dans le contexte de taux de change fluctuants. Dans le cas d'une saisie conservatoire pratiquée sur un compte libellé en dollars US, pour laquelle le tiers saisi avait déclaré au commissaire de justice saisissant bloquer la contre-valeur en dollars US du montant de la créance du saisissant, libellée en euros, la Cour de cassation, retenant que la saisie conservatoire, une fois convertie, emportant attribution des sommes dont le tiers saisi s'était reconnu débiteur, en a déduit que le tiers saisi était tenu d'acquitter ce montant, plutôt que la contre-valeur (en l'occurrence moindre) au jour du certificat de non-contestation de l'acte de conversion[5]. Cette jurisprudence ne lève pas toutes les interrogations susceptibles d'émerger en matière de taux de change et le tiers saisi gagnera à déclarer le montant de sa dette de façon particulièrement précise, en la désignant dans la monnaie convenue. Une mise sous séquestre des fonds pourrait en outre s'avérer fort opportune (v. s[s] n° 0831.33).

Quittance du paiement est donnée au tiers saisi par celui qui l'a reçu, qui doit en informer le débiteur (C. pr. exéc., art. R. 211-10).

Il existe une règle spécifique à la saisie-attribution des comptes bancaires lorsque le débiteur est titulaire de plusieurs comptes : le paiement est effectué en prélevant en priorité les fonds disponibles à vue, à moins que le débiteur ne prescrive le paiement d'une autre manière (C. pr. exéc., art. R. 211-23 – v. s[s] n° 0923.143).

0832.53 **Effets du paiement.** Le paiement éteint l'obligation du débiteur et celle du tiers saisi « *dans la limite des sommes versées* » (C. pr. exéc., art. R. 211-7, al. 2). Dans le cas où ce paiement n'a pas éteint en totalité la créance du saisissant, le paiement fait courir à nouveau la prescription de sa créance, pour un délai de même nature et de même durée que le précédent[6].

Il ne saurait être reproché au tiers saisi, qui n'est pas juge de la validité de la saisie, laquelle produit ses effets tant que la juridiction compétente n'en a pas prononcé l'annulation ou la mainlevée, de refuser d'acquitter, au profit d'une tierce personne, le montant de la créance saisie[7]. En outre, le tiers saisi qui acquitte deux fois la créance saisie, en payant tout à la fois le créancier saisissant et le débiteur saisi, dispose de l'action en enrichissement injustifié contre ce dernier, dès lors que ce double paiement n'est pas constitutif d'une faute, à l'égard du débiteur saisi[8].

0832.54 **Incidents relatifs au paiement.** Le code envisage l'hypothèse de non-paiement par le tiers saisi malgré la connaissance qu'il a eu de l'absence de contestation par la signification du certificat.

Ce non-paiement peut provenir d'un refus de paiement, ou d'un défaut de paiement dû, par exemple, à l'insolvabilité du tiers saisi.

0832.55 **Refus de paiement.** Le Code des procédures civiles d'exécution prévoit, de façon générale,

1. Cass., ass. plén., 10 juill. 2020, n°s 18-18.542 et 18-21.814, P.
2. Cass., ass. plén., 29 avr. 2022, n°s 18-18.542 et 18-21.814, B ; *RTD civ.* 2022. 620, obs. H. Barbier : précise qu'en revanche, dans ce cas, le JEX peut écarter ou modérer la majoration du taux de l'intérêt légal prévue.
3. Pour une description détaillée : *J.-Cl. Pr. civ., v° Saisie-attribution* (procédure : paiement), fasc. 1600-25, n°s 7 s., par N. Cayrol.
4. *J.-Cl. Pr. civ., v° Saisie-attribution* (procédure : paiement), fasc. 1600-25, n° 13, par N.Cayrol.
5. Civ. 2e, 31 mars 2011, n° 10-12.269, P II, n° 79 ; *D.* 2011. 2150, chron. J.-M. Sommer et L. Leroy-Gissinger ; *RTD civ.* 2011. 392, obs. R. Perrot : publié dans le cas d'une saisie conservatoire.
6. Civ. 2e, 10 janv. 2019, n° 16-24.742, P.
7. Civ. 1re, 10 juill. 2013, n° 12-25.255, NP.
8. Civ. 2e, 8 déc. 2011, n° 10-23.399, P II, n° 226.

que le tiers entre les mains duquel est pratiquée une saisie ne peut être condamné au paiement des causes de la saisie que s'il s'y oppose sans motif légitime. Ainsi qu'il a été expliqué (v. s[s] n° 0813.11), les textes propres à la saisie-attribution mettent en œuvre ce dispositif à l'égard du tiers saisi, de façon spécifique pour chacune des obligations lui incombant. Pour ce qui est de son obligation au paiement de la créance saisie, l'article R. 211-9 C. pr. exéc. dispose que : « *En cas de refus de paiement par le tiers saisi des sommes qu'il a reconnu devoir ou dont il a été jugé débiteur, la contestation est portée devant le juge de l'exécution qui peut délivrer un titre exécutoire contre le tiers saisi* ».

Cette procédure est efficace en ce qu'elle peut permettre un recouvrement forcé à l'encontre du tiers saisi de la créance du saisissant, à condition que le tiers saisi soit solvable.

Selon la Cour de cassation, toute demande de délivrance d'un titre exécutoire à l'encontre d'un tiers saisi « *doit être présentée selon les formes ordinaires de l'introduction de l'instance, c'est-à-dire par assignation...* »[1].

Dès lors, la délivrance d'un titre exécutoire ne peut intervenir qu'à l'issue d'une **procédure contradictoire** entreprise par le créancier saisissant qui doit faire assigner le tiers saisi devant le JEX.

Le texte de l'article R. 211-9 C. pr. exéc. envisage l'hypothèse du refus de paiement par le tiers saisi qui a reconnu être débiteur ou qui a été jugé tel par une précédente décision de justice[2]. En effet, dans ces cas, le tiers saisi ne peut plus s'opposer au paiement de la créance[3]. Au contraire, dans le cas où le tiers saisi a contesté sa qualité de débiteur, ou n'a pu faire connaître sa réponse au commissaire de justice poursuivant, il appartient au créancier saisissant d'agir contre le tiers saisi sur le fondement de l'article R. 211-5 C. pr. exéc., pour autant bien évidemment que les conditions posées par cet article soient réunies (v. s[s] n° 0821.111).

1. Cass., avis, 9 févr. 1998, n° 09-70.013, P, n° 2 ; *Procédures* 1998, n° 81, obs. H. Croze ; *Gaz. Pal.* 1999. 1. 114, obs. T. Moussa – V. DÉJÀ EN CE SENS, TGI Bobigny, JEX, 18 juin 1997, *Juris-Data* n° 021492 ; *RTD civ.* 1997. 1000, obs. R. Perrot – TGI Meaux, JEX, 14 nov. 1997, *Rev. huiss.* 1998. 546, obs. D. Martin.
2. Civ. 2e, 10 janv. 2019, n° 17-21.313, P.
3. Civ. 2e, 8 juill. 2004, n° 02-20.655, P II, n° 382 ; *RD banc. fin.* 2004, n° 217, obs. S. Piedelièvre ; *Gaz. Pal.* 11-13 sept. 2005, p. 16, note C. Brenner – COMP. : Civ. 2e, 24 mai 2007, n° 06-19.307, NP (approuvant le rejet d'une demande de délivrance de titre exécutoire, dans un cas où le tiers saisi avait simplement déclaré avoir été condamné à payer une certaine somme et avoir acquitté une partie de cette condamnation, dès lors que condamnation avait été ultérieurement réduite, de sorte que le tiers saisi n'avait plus de dette au jour de la saisie).

Au demeurant, les deux dispositions doivent être bien distinguées. À la différence de l'article R. 211-5 alinéa 1er C. pr. exéc., dans le cas de l'article R. 211-9 C. pr. exéc., le tiers saisi ne devient pas débiteur des causes de la saisie, mais simplement du montant de sa dette à l'égard du débiteur saisi[4].

Toutefois, la Cour de cassation a pu dans des circonstances exceptionnelles retenir qu'un motif légitime pouvait, sur le fondement de l'article 24 de la loi du 9 juillet 1991, devenu article L. 123-1 C. pr. exéc., exonérer le tiers saisi, qui s'était reconnu débiteur, de son obligation légale : en l'espèce, ce tiers avait été contraint par les débiteurs saisis, sous la violence, à acquitter la créance saisie[5].

0832.56 Défaut de paiement. Le créancier qui n'a pas obtenu le paiement par le tiers saisi « *conserve ses droits contre le débiteur* » (C. pr. exéc., art. R. 211-8).

Cette disposition traduit les limites de l'effet attributif à l'égard du débiteur saisi ; celui-ci n'est pas libéré à l'égard du créancier saisissant qui pourra toujours mettre en œuvre une autre voie d'exécution[6]. « *La saisie-attribution n'opère aucune novation et [...] le saisissant conserve tous ses droits à l'égard du débiteur, dont en particulier celui de se faire payer* »[7].

Enfin, selon l'article R. 211-8 alinéa 2 C. pr. exéc., **si le défaut de paiement est imputable à la négligence du créancier**, « *celui-ci perd ses droits à concurrence des sommes dues par le tiers saisi* » ; il conserve cependant ses droits contre le débiteur pour la différence entre le montant de sa créance et les sommes dues par le tiers saisi.

Il faut d'abord préciser que cette sanction du créancier saisissant ne peut être encourue qu'à raison des pouvoirs dont il se trouve investi en vue d'assurer l'exécution de la créance saisie. Ainsi, le débiteur saisi ne peut lui reprocher l'absence d'action tendant à l'exécution de la créance, alors que demeure en cours l'examen d'une contestation de la saisie-attribution qu'il a formée, laquelle fait en effet obstacle à toute action en paiement du créancier saisissant à l'encontre du tiers saisi[8]. Dans le même esprit, dès lors que la Cour de cassation retient que la saisie-attribution ne transfère pas les sûretés attachées à la créance saisie (v. s[s] n° 0831.57), on devrait

4. Civ. 2e, 25 févr. 2010, n° 09-11.308, NP : cassation d'un arrêt condamnant un locataire aux causes de la saisie, alors qu'il avait été, dans un premier jugement du JEX, reconnu débiteur simplement à hauteur de la seule TVA sur les loyers (du fait d'une cession préalable des loyers hors TVA).
5. Civ. 2e, 11 mars 1999, n° 96-20.046, P II, n° 50.
6. Com. 13 juill. 2010, n° 09-69.313, NP : dans un cas d'avis à un tiers détenteur présentant un risque d'insolvabilité, autorisant dès lors le comptable à délivrer d'autres ATD.
7. *RTD civ.* 1998. 487, obs. R. Perrot.
8. Civ. 2e, 19 févr. 2015, n° 14-10.439, P II, n° 43.

raisonnablement exclure tout reproche au créancier saisissant de n'avoir pas mis en œuvre ces sûretés.

Pour la doctrine, la négligence pourrait consister à ne pas avoir mis en œuvre les dispositions de l'article R. 211-9 C. pr. exéc. contre le tiers saisi [1], à ne pas avoir réclamé le paiement au tiers saisi qui était solvable mais qui a cessé de l'être avant que le saisissant lui réclame quoi que ce soit [2], résulter d'une carence avérée rendant la saisie-attribution inefficiente [3] ou n'avoir pas réclamé paiement à l'issue du délai au tiers qui ensuite a été déclaré en liquidation judiciaire, le seul fait de ne pas avoir demandé la consignation ne pouvant toutefois être considéré comme une négligence, sauf si le tiers saisi n'était pas « *fiable* » [4].

La Cour de cassation a considéré que la négligence d'un créancier saisissant était suffisamment caractérisée par le simple fait que la banque n'avait adressé aucun rappel aux locataires tiers saisis récalcitrants, qu'elle n'avait pas avisé la SCI débitrice des défauts de paiement et qu'elle n'avait pris aucune initiative pour mettre en œuvre une action contre les tiers saisis [5].

Cette énumération caractérise plus une **logique de faisceau d'indices** qu'une liste exhaustive de conditions cumulatives. Avec M. Cayrol [6], on relèvera que l'exigence de mise en demeure adressée au tiers saisi est certainement une condition nécessaire. Mais il ne s'agit probablement pas d'une condition suffisante. Ainsi, la Cour de cassation a estimé que le fait d'avoir assorti d'un commandement de saisie-vente la signification d'un jugement condamnant le tiers saisi sur le fondement de l'article R. 211-9 suffisait à écarter toute négligence du créancier saisissant [7]. *A contrario*, il n'est donc pas exclu que, selon les circonstances particulières d'une espèce, la seule saisine du JEX sur le fondement de ce texte, voire la seule signification du jugement condamnant le tiers saisi, soient jugées insuffisantes pour écarter la négligence du créancier.

0832.57 Conséquence de l'ouverture d'une procédure de sauvegarde, de redressement ou de liquidation judiciaires sur le paiement des créances à exécution successive. La survenance d'un jugement portant ouverture d'un redressement ou d'une liquidation judiciaire ne remet pas en cause l'attribution (v. s^s^ n°s 0831.80 s.). La saisie-attribution d'une créance à exécution successive pratiquée avant la survenance d'un tel jugement « *poursuit ses effets sur les sommes échues en vertu de cette créance après ledit jugement* » [8], et dans ce cas, le tiers saisi se libère entre les mains du créancier saisissant, dans les conditions des articles R. 211-15 et R. 211-16 C. pr. exéc.

0832.58 Conséquence de l'ouverture d'une procédure de surendettement sur le paiement des créances à exécution successive. Si la survenance d'une décision prononçant la recevabilité d'une demande de surendettement ne remet pas non plus en cause l'attribution d'une créance, la Cour de cassation a pu conférer au juge du surendettement le pouvoir de suspendre les effets de la saisie-attribution à exécution successive (v. s^s^ n° 0831.121). Bien que la loi du 1er juillet 2010 n'ait pas expressément envisagé ce cas, l'effet de suspension automatique que cette réforme attache à la décision de recevabilité devrait conduire à maintenir cette solution.

1. G. Taormina, *Le nouveau droit des procédures d'exécution et de distribution*, Éd. JNA, 1993, n° 261.
2. Perrot et Théry, n° 413.
3. *J.-Cl. Pr. civ., v° Saisie-attribution* (procédure : paiement), fasc. 1600-25, n° 20, par N. Cayrol.
4. *J.-Cl. Pr. civ., v° Saisie-attribution* (absence de contestation), fasc. 2260, n° 22, par Miguet [anc. éd.].
5. Civ. 2e, 21 oct. 2004, n° 02-16.740, P II, n° 474 ; *D.* 2004. IR 3118 ; *RTD civ.* 2005. 189, obs. R. Perrot ; *Procédures* 2005, n° 37, note R. Perrot – v. aussi : Civ. 2e, 18 nov. 2004, n° 03-13.139, P II, n° 497 ; *RD banc. fin.* 2005, n° 22, obs. S. Piedelièvre.
6. *J.-Cl. Pr. civ.*, N. Cayrol, préc. s^s^ prés^t^ n°.
7. Civ. 2e, 11 janv. 2018, n° 16-24.735, NP.
8. Civ. 2e, 10 juill. 1996, n° 94-19.551, P II, n° 209 ; *D.* 1996. 625, note P. Ancel ; *JCP* 1996. II. 22723, note E. Putman ; *RTD civ.* 1996. 717, obs. R. Perrot – Cass., ch. mixte, 22 nov. 2002, n° 99-13.935, *Bull. ch. mixte*, n° 7 ; *D.* 2002. 445, note C. Larroumet ; *D.* 2002. AJ 3270, obs. A. Lienhard ; *D.* 2003. Somm. 1472, obs. G. Taormina ; *JCP* 2003. 10033, note Houtcieff ; *JCP E* 2003. 397, note Legeais ; *RTD com.* 2003. 148, obs. D. L. ; *RTD civ.* 2003. 146, obs. R. Perrot ; *Gaz. Pal.* 2003. Somm. 1269, note Brenner ; *RD banc. fin.* 2003, n° 37, obs. J.-M. D. ; *RTD com.* 2003. 367, obs. A. Martin-Serf ; *LPA* 2003, n° 118, p. 15, note Courtier – v. aussi, Com. 8 juill. 2003, n° 00-15.262, NP ; *D.* 2003. AJ 2094, obs. A. Lienhard – Com. 3 déc. 2003, n° 01-03.803, NP ; *D.* 2004. 1489, obs. G. Taormina.

TITRE

084. La contestation de la saisie-attribution

SECTION 0

Orienteur

084.00 **Sommaire du titre.**

Division. Seront successivement étudiées la procédure de contestation (chap. 841) et les décisions sur contestation (chap. 842).

084.03 **Bibliographie indicative.**

Actualisables. Rép. pr. civ., vº *Saisie-attribution*, par C. Lefort, févr. 2016 (actu. févr. 2025, par L. Boudor), [contestation de la saisie] nos 201-225 – *J.-Cl. Pr. civ., vº Saisie-attribution (contestations)*, fasc. 1600-40, par N. Cayrol.

Ouvrages[1]. M. et J.-B. Donnier, *Voies d'exécution et procédures de distribution*, 10e éd., « Manuels », LexisNexis, 2020, p. 394-398, nos 1023-1032 – R. Lauba, *Le contentieux de l'exécution*, 13e éd., LexisNexis-ENM, 2017, p. 333-341, nos 514-531 – A. Leborgne, *Droit de l'exécution*, 3e éd, « Précis », Dalloz, 2019, p. 533-544, nos 1059-1084 – R. Perrot et P. Théry, *Procédures civiles d'exécution*, 3e éd., Dalloz, 2013, p. 425-441, nos 414-436 – S. Piedelièvre, *Procédures civiles d'exécution*, Economica, 2016, p. 498-502, nos 483-486.

084.05 **Engagement d'une procédure judiciaire par la contestation.** L'une des caractéristiques essentielles de la procédure de saisie-attribution est qu'elle constitue une mesure d'exécution qui se déroule sans intervention judiciaire.

La procédure ne devient judiciaire que si une contestation est formée.

La formation d'une contestation est soumise à un formalisme procédural rigoureux, en vue que le JEX puisse la trancher.

1. Les ouvrages dont le nom des auteurs figure en petites capitales en bibliographie seront cités par le seul nom des auteurs en petites capitales en notes de bas de page.

CHAPITRE

0841. Procédure de contestation

Édouard de Leiris
Conseiller à la Cour de cassation

Section 0
Orienteur

0841.00 Sommaire du chapitre.

Division. La contestation d'une saisie-attribution, notion qu'il convient au préalable de préciser (sect. 1), doit être soumise au juge de l'exécution, compétent pour la trancher (sect. 2). La présentation de cette contestation est assujettie à des exigences rigoureuses de délai et de forme (sect. 3) et impose naturellement de surseoir au paiement du créancier saisissant dans l'attente du jugement de la contestation par le JEX (sect. 4).

0841.01 Textes applicables.

• **C. pr. exéc.,** art. L. 211-4, L. 211-5, L. 213-6, R. 121-2, R. 121-4, R. 121-5, R. 121-11, R. 143-1, R. 151-1 à R. 151-4, R. 211-2, R. 211-3, R. 211-5, R. 211-8 à R. 211-11, R. 211-13, R. 211-16, R. 442-4 et R. 511-2.

• **C. civ.,** art. 2241

• **C. pr. civ.,** art. 53, 68, 114, 125, 640 s., 651 et 680.

• **COJ,** art. L. 213-6.

• **C. com.,** art. L. 622-21, L. 632-2, L. 632-4 et R. 662-3.

0841.02 Jurisprudence de référence.

> Saisie-attribution. Mainlevée de plein droit en cas de perte de fondement juridique.

• **Civ. 2e, 21 janv. 1998,** n° 95-20.114, P II, n° 24

* V. ss nos 0214.22, 0718.53, 0811.54, 0841.12, 0971.283, 0971.302, 0971.372

L'annulation du titre exécutoire sur le fondement duquel a été pratiquée une saisie-attribution qui, en l'absence de paiement par le tiers saisi, n'a pas produit son plein effet, emporte de plein droit mainlevée de la saisie.

> Saisie-attribution. Conditions de forme de la recevabilité de la contestation du débiteur.

• **Cass., avis, 15 juin 1998,** n° 09-80.004, P, n° 8

* V. ss nos 0215.51, 0612.76, 0841.71, 0841.83, 0971.372

La recevabilité de la contestation du débiteur n'est soumise qu'aux exigences prévues par les articles 19 et 66 du décret du 31 juillet 1992 [devenus art. R. 442-4 et R. 211-11 C. pr. exéc.], c'est-à-dire à la signification, avant l'expiration du délai d'un mois suivant la dénonciation au débiteur de la saisie-attribution, d'une assignation au créancier saisissant, et à l'envoi le même jour au commissaire de justice qui a procédé à la saisie, par lettre recommandée avec demande d'avis de réception, d'une copie de cette assignation.

> Saisie-attribution. Sanction de l'obligation de renseignement du tiers saisi subordonnée à une saisie valable. Intérêt du tiers saisi à contester la validité de la saisie.

• **Cass., avis, 21 juin 1999,** n° 09-90.008, P, n° 5

* V. ss nos 0511.104, 0612.77, 0612.78, 0613.45, 0621.23, 0621.53, 0821.123, 0841.13

La nullité de la saisie conservatoire, ou sa caducité qui la prive rétroactivement de tous ses effets, s'oppose à ce que le créancier saisissant puisse faire condamner le tiers saisi, sur le fondement de l'article 238 du décret du 31 juillet 1992 [devenu art. R. 523-5 C. pr. exéc.], au paiement des sommes pour lesquelles la saisie a été pratiquée, cette sanction de la méconnaissance par le tiers saisi de son obligation de renseignement s'inscrivant nécessairement dans le cadre d'une saisie valable. Dès lors le tiers saisi, pour s'opposer à la demande en paiement, a un intérêt à se prévaloir des causes d'inefficacité de la saisie.

> Acte de dénonciation d'une saisie-attribution. Indication erronée de la date d'expiration du délai de recours.

• **Civ. 2e, 2 déc. 2004,** n° 02-20.622, P II, n° 515

* V. ss nos 0822.61, 0841.61

L'indication erronée, dans l'acte de dénonciation d'une saisie-attribution, de la date à laquelle expire le délai dans lequel les contestations doivent être soulevées, a nécessairement pour effet de persuader le débiteur saisi qu'il était forclos pour agir avant l'expiration du délai.

Par suite, viole les articles 58 du décret du 31 juillet 1992 et 114 du nouveau Code de procédure civile la cour d'appel qui, pour rejeter la demande d'annulation de la saisie-attribution, retient que cette erreur est inopérante dès lors que le requérant a attendu sept mois pour former sa contestation et qu'il n'invoque aucun préjudice particulier, notamment aucun lien causal entre l'irrégularité et la tardiveté de la saisine du juge.

> Mesures conservatoires. Compétence du juge de l'exécution du lieu d'exécution de la mesure lorsque le débiteur demeure à l'étranger.

• **Civ. 2e, 9 nov. 2006,** n° 04-19.138, P II, n° 310

* V. ss nos 0213.31, 0612.25, 0841.33, 1523.12

La compétence attribuée au juge du domicile du débiteur par l'article 211 du décret du 31 juillet 1992 [devenu art. R. 511-2 C. pr. exéc.] n'est pas exclusive de l'application de l'article 9, alinéa 2, du même décret, dont les dispositions d'ordre public donnent compétence au juge de l'exécution du lieu d'exécution de la mesure lorsque le débiteur demeure à l'étranger. Le juge, dans le ressort duquel est situé l'un des immeubles du débiteur demeurant à l'étranger, est compétent pour autoriser des inscriptions d'hypothèques sur ses biens immobiliers situés en dehors de son ressort.

> Compétence territoriale du juge de l'exécution. Saisie-attribution. Refus de prorogation.

• **Civ. 2e, 4 juill. 2007,** n° 06-13.840, P II, n° 203

* V. ss nos 0213.23, 0841.32

Les contestations d'une saisie-attribution sont portées devant le juge de l'exécution du lieu où demeure le débiteur. Doit dès lors être cassé l'arrêt d'une cour d'appel qui, pour rejeter une exception d'incompétence territoriale d'un juge de l'exécution saisi par trois débiteurs d'une demande d'annulation des saisies-attributions pratiquées à leur préjudice, retient, par des motifs inopérants, alors que deux des débiteurs saisis ne demeuraient pas dans le ressort du tribunal de grande instance, que les demandes de ces débiteurs tendent aux mêmes fins, qu'elles sont dirigées contre des actes d'exécution identiques et fondés sur le même titre exécutoire et qu'il existe entre elles une connexité qui commande un examen unique de l'affaire.

> Mentions relatives aux voies de recours de l'acte de notification d'une mesure d'exécution forcée.

• **L'article 680 du Code de procédure civile**, qui vise la notification des jugements, ne s'applique pas à la notification d'une mesure d'exécution forcée.

• **Civ. 2e, 8 sept. 2011,** n° 10-23.003, P II, n° 165

* V. ss nos 0143.92, 0621.53, 0714.96, 0714.147, 0841.61

> Délai de contestation. Effet interruptif de la demande d'aide juridictionnelle.

• **Civ. 2e, 21 mars 2019,** n° 18-10.408, P

* V. ss nos 0144.145, 0841.63, 0921.32, 0971.351, 0971.372

L'assignation à comparaître devant un juge de l'exécution, en vue de contester une saisie-attribution, qui engage une action en justice à cette fin, entre dans le champ d'application de l'article 38 du décret du 19 décembre 1991 portant application de la loi du 10 juillet 1991 relative à l'aide juridique, selon lequel lorsqu'une action en justice doit être intentée avant l'expiration d'un délai devant une juridiction du premier degré, l'action est réputée avoir été intentée dans le délai si la demande d'aide juridictionnelle s'y rapportant est adressée au bureau d'aide juridictionnelle avant l'expiration dudit délai et si la demande en justice est introduite dans un nouveau délai de même durée à compter : a) de la notification de la décision d'admission provisoire ; b) de la notification de la décision constatant la caducité de la demande ; c) de la date à laquelle la décision d'admission ou de rejet de la demande est devenue définitive ; d) ou, en cas d'admission, de la date, si elle est plus tardive, à laquelle un auxiliaire de justice a été désigné.

> Intérêt à former une contestation. Intérêt nécessaire du débiteur saisi.

• **Civ. 2e, 29 juin 2023,** n° 19-11.732, P

* V. ss n° 0841.21

Il résulte des articles 31 du Code de procédure civile et R. 512-1 du Code des procédures civiles d'exécution que, dès lors qu'elle est visée dans un acte de saisie conservatoire ou de nantissement judiciaire provisoire, la personne à l'encontre de laquelle cette mesure est pratiquée a un intérêt à la contester.

0841.03 Bibliographie indicative.

* V. ss n° 084.03

Ouvrages[1]. A. LEBORGNE, *Droit de l'exécution*, 3e éd, « Précis », Dalloz, 2019, nos 1065-1084 – R. PERROT et Ph. THÉRY, *Procédures civiles d'exécution*, 3e éd., Dalloz, 2013, p. 426-427, n° 415.

0841.04 Formulaire de procédure civile (renvoi).

• *Saisie-attribution – Contestation de saisie-attribution* (Modèle général d'une contestation de saisie-attribution – C. pr. exéc., art. L. 211-4 et R. 211-11)

1. Les ouvrages dont le nom des auteurs figure en petites capitales en bibliographie seront cités par le seul nom des auteurs en petites capitales en notes de bas de page.

SECTION 1
NOTION DE CONTESTATION DE LA SAISIE

§ 1
Qualification de la contestation

0841.11 Domaine d'application du délai. Le code prévoit que « *toute contestation* » relative à la saisie-attribution doit, à peine d'irrecevabilité, être formée dans le délai d'un mois, suivant un formalisme rigoureusement sanctionné. Il ne donne toutefois aucune définition de la « *contestation* » qu'il vise aux articles L. 211-4 et R. 211-11 C. pr. exéc., dont le délai court à compter de la dénonciation de la saisie au seul débiteur, alors que d'autres personnes peuvent saisir le JEX de critiques dirigées contre la saisie ou d'incidents relatifs à cette saisie. Ainsi, l'article R. 211-9 C. pr. exéc., qui n'est pas inséré dans la section relative aux contestations, qualifie de contestation la saisine du JEX en cas de refus de paiement par le tiers saisi des sommes qu'il a reconnu devoir ou dont il a été jugé débiteur, alors que par nature une telle demande, qui émane du créancier saisissant, n'est pas assujettie au délai d'un mois pour contester la saisie-attribution.

Il est ainsi indispensable de déterminer si la saisine du JEX constitue ou non une contestation assujettie aux conditions de délai et de forme fixés par le code. La Cour de cassation est donc venue préciser le champ d'application du délai de contestation.

0841.12 Contestations soumises au délai émanant du débiteur, lorsqu'elles mettent en cause l'efficacité ou l'étendue de la saisie. La Cour de cassation a énoncé que « *seules les contestations relatives à la saisie doivent à peine d'irrecevabilité être formées dans le délai d'un mois* »[1]. Sont ainsi soumises au délai d'un mois les **contestations émanant du débiteur, qui mettent en cause la validité de la saisie ou son étendue**[2], comme par exemple l'irrégularité des actes d'exécution, la nullité du titre exécutoire, le caractère non avenu du jugement fondant les poursuites[3], l'extinction de la créance, la prescription, *etc.*

En revanche, tel n'est pas le cas de la demande en réparation fondée sur l'exécution ou l'inexécution fautive de la mesure d'exécution (v. s^s^ n° 0841.22).

1. Civ. 2e, 26 nov. 1998, n° 96-18.530, P II, n° 284 ; *RTD civ.* 1999. 208, obs. R. Perrot – V. AUSSI : Civ. 2e, 5 juill. 2000, n° 97-22.287, P II, n° 113 ; *Ann. loyers* 2000. 549, obs. D. Martin ; *RTD com.* 2000. 990, obs. J. Derruppé – Civ. 2e, 4 oct. 2001, n° 99-11.574, NP – Civ. 2e, 8 nov. 2001, n° 00-12.302, NP ; *RD banc. fin.* 2002, n° 69, obs. J.-M. D.
2. PERROT et THÉRY, n° 422.
3. En application de l'article 478 C. pr. civ. : Civ. 2e, 31 janv. 2019, n° 17-28.369, P.

De même en va-t-il d'une demande tendant à l'obtention d'un délai de grâce et d'une réduction de la majoration du taux de l'intérêt légal[4] : on sait qu'une demande de délai de grâce ne peut affecter les opérations de saisie-attribution, en raison de leur effet attributif immédiat (v. s^s^ n° 0831.62) ; mais lorsque cette saisie ne permet pas au débiteur d'apurer la totalité de la dette, celui-ci peut encore solliciter des délais de paiement pour le surplus de la créance et cette demande relève alors du JEX (C. pr. civ., art. 510, al. 3), qui peut être saisi au-delà du délai mensuel.

Le délai de contestation s'applique y compris dans l'hypothèse où le débiteur ne prendrait pas l'initiative de saisir le JEX, mais interviendrait à une instance relative à la saisie-attribution opposant d'autres parties, par exemple le créancier saisissant au tiers saisi[5]. Peut-être faudrait-il néanmoins réserver l'hypothèse d'une contestation trouvant sa cause (« *provoquée* » selon le terme employé en matière de recours incident) dans une contestation préalablement formée.

En revanche, la Cour de cassation a décidé que l'expiration du délai d'un mois ne peut être opposée au débiteur dans le cas où le titre exécutoire servant de fondement aux poursuites a été annulé postérieurement à la saisie. L'annulation du titre « *emporte de plein droit mainlevée de la saisie* »[6].

0841.13 Contestations non soumises au délai : contestations émanant d'autres intéressés. Les contestations émanant d'autres personnes ne sont pas soumises au délai d'un mois :

– demande du créancier saisissant dirigée contre le tiers saisi sur le fondement de l'article R. 211-5 C. pr. exéc. : la demande en paiement des causes de la saisie ne constitue pas une contestation de la saisie ; le délai d'un mois ne lui est pas applicable[7]. De même, la Cour de cassation a énoncé que le délai

4. Civ. 2e, 17 oct. 2019, n° 18-17.830, NP.
5. Civ. 2e, 26 sept. 2013, n° 12.19.669, NP.
6. Civ. 2e, 21 janv. 1998, n° 95-20.114, P II, n° 24 ; *D.* 1999. 233, note J.-J. Bourdillat ; *RTD civ.* 1998. 484, obs. R. Perrot ; *JCP* 1998. IV. 1538 ; *RGDP* 1998. 519, note E. Putman ; *Gaz. Pal.* 1999. 1. Somm. 121, note P. Véron ; *Dr. et patr.* 1999, n° 67, p. 96, note Ph. Théry – V. AUSSI, TGI Montpellier, JEX, 28 nov. 1994, *Rev. huiss.* 1995. 734, obs. J.-J. Bourdillat, qui estime que le « *problème qui était soumis à la connaissance du juge de l'exécution apparaissait bien comme une seule difficulté d'exécution et non pas comme une contestation de saisie* ».
7. Civ. 2e, 26 nov. 1998, n° 96-18.530, P II, n° 284 ; *D.* 1999. 30 ; *JCP E* 1999. 54 ; *Procédures* 1999, n° 92 ; *RTD civ.* 1999. 208, obs. R. Perrot ; *Gaz. Pal.* 1999. 2. Somm. 597, note P. Véron – Civ. 2e, 5 juill. 2000, n° 97-22.287, P II, n° 113 ; *RTD com.* 2000. 990, obs. M. Cabrillac – Civ. 2e, 4 oct. 2001, n° 99-20.653, P II, n° 152 ; *RD banc. fin.* 2002, n° 25, obs. J.-M. D. – EN CE SENS : Paris, 10 sept. 1998, *D.* 1999. IR 236 ; *D. Affaires* 1998. 1696, obs. J. F. – TGI Lyon, JEX, 15 juin 1999, RG n° 99/02257, NP.

d'un mois ne s'appliquait pas à la contestation formée dans l'unique but d'élargir l'assiette de la saisie[1] ;

– demande formée par le créancier saisissant sur le fondement de l'article R. 211-9 C. pr. exéc. : La demande de délivrance d'un titre exécutoire à l'encontre du tiers saisi ne constitue pas une contestation au sens de l'article R. 211-11 C. pr. exéc. et sa recevabilité n'est soumise à aucun délai particulier[2]. Selon le professeur Putman[3], il s'agit d'une difficulté d'exécution ;

– contestations émanant du tiers saisi : le délai d'un mois imparti pour élever une contestation relative à la saisie-attribution ne court pas à l'encontre du tiers saisi[4]. Le tiers saisi poursuivi par le créancier saisissant en paiement des causes de la saisie, ou contre lequel est demandée au JEX la délivrance d'un titre exécutoire, peut ainsi invoquer comme moyen de défense la nullité ou la caducité de la saisie[5] ;

– contestations d'autres tiers : on peut estimer, avec un JEX[6], que le conjoint du débiteur saisi ne devrait pas pouvoir se voir opposer ce délai d'un mois, de même que le tiers bénéficiaire d'une transmission de la créance antérieure à la saisie-attribution.

0841.14 Domaine du formalisme des contestations. Cette jurisprudence ayant affiné la notion de contestation, en vue d'apprécier le respect du délai imparti par l'article R. 211-11 C. pr. exéc., devrait, en bonne logique, également trouver à s'appliquer pour déterminer le champ d'application du formalisme particulier auquel ce même texte assujettit la présentation d'une telle contestation, à savoir l'obligation de dénoncer la contestation au commissaire de justice ayant pratiqué la saisie, ainsi que l'information du tiers saisi. La Cour n'a toutefois pas eu l'occasion de se prononcer sur ce point, de sorte que la prudence ne peut que conduire à respecter ces prescriptions de forme, y compris pour des saisines non assujetties au délai d'un mois.

§ 2
Diversité des applications

0841.21 Contestation par toute personne y ayant intérêt. Les motifs de saisine du juge de l'exécution (JEX) sont nombreux et les contestations, qui peuvent porter tant sur le fond que sur la forme, peuvent émaner aussi bien des parties à la saisie-attribution, à commencer par le débiteur saisi, que de tiers intéressés[7].

Si l'intérêt à former une contestation est souverainement apprécié par le juge[8], on peut estimer que, pour ce qui est d'une contestation émanant du débiteur, celui-ci devrait nécessairement avoir intérêt à contester une mesure qui affecte ses droits et dont le coût est mis à sa charge par la loi. La jurisprence la plus récente paraît fixée en ce sens[9].

0841.22 Contestations émanant du débiteur. La plupart des conditions qui ont été examinées, de fond ou de procédure, posées pour la réalisation d'une saisie-attribution sont de nature à fonder une contestation de la part du débiteur : qu'elles touchent le titre exécutoire, le caractère exigible de la créance qu'il constate, la saisissabilité ou la titularité de la créance saisie, la dénonciation de l'acte de saisie, le montant ou l'existence de la créance du poursuivant, etc. Le fait que le débiteur cède sa créance ne lui fait pas perdre sa qualité de débiteur saisi et partant sa qualité à agir[10].

1. Civ. 2e, 11 mars 1999, no 96-22.813, P II, no 49 ; *RTD civ.* 1999. 707, obs. crit. R. Perrot – V. AUSSI : Civ. 2e, 5 févr. 2000, no 97-22.287, P II, no 113 ; *D.* 2000. 239 ; *RTD com.* 2000. 990, obs. M. Cabrillac – Civ. 2e, 4 oct. 2001, no 99-11.574, NP ; *RD banc. fin.* 2003, no 25, obs. Delleci – Civ. 2e, 8 nov. 2001, no 00-12.302, NP ; *RD banc. fin.* 2002, no 69, obs. J.-M. Delleci.
2. TGI Montluçon, JEX, 17 nov. 1993, *Rev. huiss.* 1994. 652 – TGI Lyon, JEX, 7 nov. 1995, RG no 95/00867, NP.
3. *J.-Cl. Not. Form., vo Saisie-attribution* (procédure), fasc. 20, no 89, par E. Putman.
4. Civ. 2e, 5 juill. 2000, nos 98-17.707 et 97-22.512, P II, no 112 (arrêts nos 1 et 2) ; *D.* 2000. 226 ; *Rev. huiss.* 2001. 43, obs. J.-J. Bourdillat ; *Ann. loyers* 2001. 548, obs. D. Martin ; *Procédures* 2000, nos 196 et 197, obs. Perrot et Laporte – V. AUSSI : R. Perrot et P. Théry, « Saisie-attribution : la situation du tiers saisi (les arrêts du 5 juillet 2000) », *D.* 2001. 721 – Civ. 2e, 22 mars 2001, no 99-14.941, NP ; *Rev. huiss.* 2001. 255, obs. E. Putman.
5. Cass., avis, 21 juin 1999, no 09-90.008, P, no 5 – Civ. 2e, 23 nov. 2000, no 98-22.938, P II, no 155 ; *RD banc. fin.* 2001. 24, obs. J.-M. D.
6. TGI Lyon, JEX, 2 juill. 1996, RG no 96/05465, NP.
7. DONNIER, nos 1024 s.
8. EN CE SENS : Civ. 2e, 25 mars 2021, no 20-16.877, NP ; *Procédures* 2021, comm. 164, obs. R. Laher : estimant qu'était resté dans les limites de son pouvoir souverain d'appréciation de l'absence d'intérêt à critiquer une saisie qui s'était révélée infructueuse, le juge ayant retenu que les débiteurs « *ne pouvaient valablement soutenir que leur intérêt tiendrait à l'obtention d'une dispense des frais de saisie ni que la contestation de la saisie-attribution aurait pour but d'éviter que la banque ne tire profit de l'effet interruptif que constitue cet acte d'exécution, s'agissant du délai de prescription pour réclamer sa créance* ». À noter que ces motifs, qui ont pu légitimement susciter le doute d'un commentateur (v. obs. R. Laher), ne sont pas formellement approuvés par la Cour de cassation, qui se borne à rappeler qu'ils relèvent d'une appréciation souveraine du juge du fond.
9. EN CE SENS : Civ. 2e, 29 juin 2023, no 19-11.732, B ; *D.* 2024. 1301, obs. J.-D. Pellier : dès lors qu'elle est visée par une mesure conservatoire, la personne à l'encontre de laquelle cette mesure est pratiquée a un intérêt à la contester.
10. Civ. 2e, 25 sept. 2014, no 13-21.462, NP : le liquidateur du débiteur saisi poursuivait l'annulation de la saisie conservatoire, non convertie en saisie-attribution avant le jugement d'ouverture.

Ces multiples contestations de la mesure peuvent en outre revêtir la forme de demandes. C'est le cas notamment lorsque le débiteur se borne à solliciter des délais de grâce (C. civ., art. 1343-5 [anc. art. 1244-1]) ou des dommages-intérêts pour abus de saisie (C. pr. exéc., art. L. 121-2).

Cette dernière demande, ainsi que plus généralement les demandes en réparation fondées sur l'exécution ou l'inexécution dommageable de la saisie-attribution n'est pas, à proprement parler une contestation de la saisie, laquelle contestation est régie par l'article L. 213-6 alinéa 1er C. pr. exéc., mais une demande relevant, en application de l'article L. 213-6 alinéa 4 C. pr. exéc., de la compétence du JEX, qui peut être ainsi formée alors même que la saisie-attribution ne serait plus en cours [1] et par conséquent sans avoir à respecter le délai d'un mois prescrit à peine d'irrecevabilité pour élever une contestation.

0841.23 Demandes émanant du saisissant. Le créancier saisissant peut lui-même former toutes sortes de demandes procédant d'incidents liés à la saisie [2], en particulier solliciter la condamnation du tiers saisi défaillant dans son obligation de renseignement (C. pr. exéc., art. R. 211-4 et R. 211-5) ou refusant de payer la créance dont il est débiteur (C. pr. exéc., art. R. 211-9).

0841.24 Contestations émanant du tiers saisi. Le tiers saisi peut, en cette qualité, avoir intérêt à élever une contestation [3]. Ainsi a-t-il été jugé, par une décision rendue en matière de saisie conservatoire, que la faculté de contester une telle mesure n'étant pas limitée au débiteur saisi, le tiers saisi a également dénié sa qualité à solliciter, par voie d'action, la mainlevée de la saisie conservatoire ; son intérêt à agir se déduit de l'existence d'un risque que ses paiements au profit du saisissant n'aient pas d'effet libératoire [4]. Tel pourra par exemple être le cas dans l'hypothèse où plusieurs saisies ayant été signifiées au tiers saisi, celui-ci demande au JEX de lui indiquer entre les mains de qui il doit acquitter sa dette. En revanche, le tiers saisi n'a pas nécessairement la qualité pour élever certaines contestations, qui n'appartiennent par exemple qu'au débiteur saisi ou au liquidateur à la liquidation judiciaire de celui-ci [5].

Enfin, la contestation du tiers saisi pourra être incidemment formée en vue de s'opposer à une demande de condamnation aux causes de la saisie sur le fondement de l'article R. 211-5 C. pr. exéc. Il en va également ainsi dans les cas où le tiers saisi dénie sa qualité de débiteur du saisi, à qui ont été signifiées plusieurs saisies.

0841.25 Contestations émanant d'un tiers. Un tiers qui se prévaut, par exemple, d'une cession de créance ou d'une saisie antérieure peut également contester la saisie. D'autres tiers peuvent avoir intérêt à former une contestation, en particulier un créancier saisissant postérieur qui souhaiterait faire annuler la saisie précédente, ou un cessionnaire de créance [6].

Cette énumération n'est pas exhaustive. Elle reflète cependant la variété du contentieux de la saisie-attribution soumis au JEX.

SECTION 2
COMPÉTENCE DU JUGE DE L'EXÉCUTION

0841.31 Compétence du juge de l'exécution (JEX). Le JEX a compétence pour trancher les contestations élevées à l'occasion d'une saisie-attribution (C. pr. exéc., art. R. 211-10), dans les conditions générales qui ont été examinées, donc en particulier sous réserve des contestations relevant du juge de l'impôt (v. ss nos 0212.00 s.).

Une ambiguïté doit être d'emblée levée : en application de l'article L. 213-6 du COJ (dans sa rédaction antérieure à l'abrogation partielle prononcée par le Conseil constitutionnel), le JEX connaît « *des contestations qui s'élèvent à l'occasion de l'exécution forcée* » : sa compétence s'étend donc non seulement aux contes-

1. Civ. 2e, 27 févr. 2014, no 13-11.788, P II, no 54 – PAR EX. : Civ. 2e, 2 juin 2016, no 15-17.938, NP.
2. PAR EX., Civ. 2e, 26 nov. 1998, no 96-18.530, P II, no 284 ; *RTD civ.* 1999. 208, obs. R. Perrot ; *Procédures* 1999, no 92, obs. R. Perrot – Civ. 2e, 11 mars 1999, no 96-22.813, P II, no 49 ; *RTD civ.* 1999. 707, obs. R. Perrot.
3. Civ. 1re, 28 mars 2013, no 11-13.323, P I, no 64 (3 arrêts).
4. Civ. 1re, 28 mars 2013, no 10-25.938, P I, no 62 – DÉJÀ EN CE SENS : Com. 27 sept. 2005, no 02-16.902, P IV, no 182 ; *D.* 2005. 2672, note X. Delpech ; *JCP* 2006. IV. 3309 : le tiers saisi, souscripteur d'un billet à ordre, dispose d'un intérêt à agir pour s'opposer au paiement d'une créance cambiaire par nature insaisissable et dont il pourrait avoir à répondre – COMP. : Civ. 1re, 24 févr. 1993, no 91-15.032, P I, no 89 ; *D.* 1993. 279, obs. P. Julien, jugeant en revanche que le tiers saisi, débiteur alimentaire du saisi, qui n'a pas contesté le montant de sa dette envers ce dernier, est sans intérêt et sans qualité pour invoquer un moyen fondé sur les atteintes qui auraient été portées aux droits de son créancier alimentaire (rendu en matière de saisie-arrêt).
5. PAR EX. : Com. 10 juin 2008, no 06-13.054, NP ; *Procédures* 2008, no 268, obs. Perrot ; *RTD civ.* 2008. 555, obs. R. Perrot ; *RD banc. fin.* 2008, no 178, obs. S. Piedelièvre : le tiers saisi n'a pas qualité pour se prévaloir de l'absence de dénonciation de la saisie au liquidateur du débiteur saisi, au cours du délai ouvert pour contester la saisie-attribution – V. ÉGAL. Com. 23 sept. 2013, no 13-19.071, NP, pour la dénonciation au débiteur venant d'être placé en liquidation judiciaire, d'une saisie pratiquée avant le jugement d'ouverture.
6. H. Croze, « La loi no 91-650 du 9 juillet 1991 portant réforme des procédures civiles d'exécution : les règles spécifiques aux différentes mesures d'exécution forcée et mesures conservatoires », *JCP* 1992. I. 3585, note 22 – POUR UNE ILLUSTRATION : contestation par une société d'affacturage, devenue titulaire de la créance antérieurement à la saisie : Com. 6 janv. 2005, no 02-16.721, NP ; *D.* 2005. 1606, obs. G. Taormina.

tations de la saisie-attribution, au sens de l'article R. 211-11 C. pr. exéc., mais également à toutes les autres contestations, au sens large, ayant trait à la saisie-attribution. C'est ainsi ce juge qui connaîtra, de façon exclusive, de la demande de condamnation du tiers saisi aux causes de la saisie, alors même que cette demande n'entre pas dans le champ de l'article R. 211-11 C. pr. exéc. Il ne connaîtra en revanche pas de demandes qui ne revêtiraient pas les caractéristiques d'une contestation, telle une action en responsabilité qui n'est pas fondée sur l'exécution ou l'inexécution dommageable de cette mesure, cette action serait-elle présentée au soutien d'une exception de compensation[1].

Cette compétence est exclusive, c'est-à-dire que tout autre juge que le JEX doit relever d'office son incompétence (C. pr. exéc., art. R. 121-1).

0841.32 **Compétence territoriale.** Si l'article R. 121-2 C. pr. exéc. prévoit que le JEX territorialement compétent est, « *au choix du demandeur* », celui du lieu où demeure le débiteur ou celui du lieu d'exécution de la mesure, ce texte réserve l'application de dispositions contraires. Tel est le cas de l'article R. 211-10 C. pr. exéc., qui dispose que les contestations relatives à la saisie-attribution sont portées devant le JEX « *du lieu où demeure le débiteur* ».

Le lieu d'exécution de la mesure n'est ainsi pas en la matière un critère de compétence territoriale.

Cette règle exclusive de compétence, qui s'explique par le souci de regrouper le contentieux entre les mains d'un seul juge, est applicable à toutes les saisies-attributions, y compris celles pratiquées entre les mains des comptables publics (C. pr. exéc., art. R. 143-1).

Le JEX peut relever d'office son incompétence (C.pr. exéc., art. R. 121-1).

Les risques de saisine d'un juge territorialement incompétent sont réduits puisque l'acte de dénonciation de la saisie au débiteur saisi doit mentionner, à peine de nullité, « *la désignation de la juridiction devant laquelle les contestations pourront être portées* » (C. pr. exéc., art. R. 211-3, 3°).

En cas de **pluralité de débiteurs** demeurant **dans des ressorts différents,** en vertu d'un titre exécutoire unique, il ne peut être fait état d'une connexité pour saisir un seul juge. La Cour de cassation a rappelé que les contestations sont portées devant le JEX du lieu où demeure le débiteur et a cassé un arrêt d'une cour d'appel qui avait estimé que l'intérêt d'une bonne justice commandait un examen unique de l'affaire[2]. Dans une telle hypothèse, si plusieurs contestations étaient formées devant des JEX différents, leur réunion ne pourrait passer que par une exception de connexité (C. pr. civ., art. 101).

Enfin, la Cour de cassation est venue juger que le champ de cette **compétence exclusive** ne concernait que les actions qu'elle qualifie de « *contestation* » au sens de l'article 66 du décret (devenu C. pr. exéc., art. R. 211-11, art. 66, al. 3 abrogé) et qui se trouvent enserrées dans le délai d'un mois prévu par cet article (v. s^s n°s 0841.12 s.). Ainsi a-t-elle pu juger que cette compétence du juge du lieu du domicile du débiteur ne concernait pas les demandes dirigées contre le tiers saisi en condamnation des causes de la saisie (Décr. 31 juill. 1992, art. 60 [devenu C. pr. exéc., art. R. 211-5])[3]. Il semble que par sa généralité, cette jurisprudence concerne également les demandes formées par le créancier saisissant sollicitant la **condamnation du tiers saisi** sur le fondement de l'article R. 211-5 ou de l'article R. 211-9 C. pr. exéc., bien que ce texte qualifie cette action de « *contestation* ».

0841.33 **Débiteur demeurant à l'étranger ou sans domicile.** Si l'article R. 211-10 C. pr. exéc. n'envisage que la compétence du juge dans le ressort duquel demeure le débiteur, il faut bien admettre, lorsque ce débiteur n'a pas de domicile (ou d'établissement) en France, l'application de la règle de droit commun, selon laquelle, en ces cas, le JEX territorialement compétent est celui du lieu d'exécution de la mesure (C. pr. exéc., art. R. 121-2, al. 2).

À propos de l'autorisation de pratiquer une saisie conservatoire, la Cour de cassation a ainsi jugé que la compétence attribuée au juge du domicile du débiteur par l'article 211 du décret du 31 juillet 1992 (devenu C. pr. exéc., art. R. 511-2) n'était pas exclusive de l'application de l'article 9 alinéa 2 dudit décret (devenu C. pr. exéc., art. R. 121-2, al. 2), dont les dispositions d'ordre public donnent compétence au JEX du lieu d'exécution de la mesure lorsque le débiteur demeure à l'étranger[4].

0841.34 **Compétence en matière d'actions nées d'une procédure collective.** Le JEX est-il compétent pour apprécier si une saisie-attribution (ou une avis saisie administrative à tiers détenteur) se heurte à

1. Com. 22 mars 2017, n° 15-15.742, P IV, n° 45 (après avis de la deuxième chambre civile) – V. SUR LA QUESTION : S. Lemoine et E. de Leiris, « Le juge de l'exécution, juge du principal ? », *in* E. Jeuland et L. Flise, *Septièmes rencontres de procédure civile*, IRJS éd., 2017, p. 59.
2. Civ. 2e, 4 juill. 2007, n° 06-13.840, P II, n° 203 ; *Procédures* 2007, n° 251, obs. R. Perrot ; *RTD civ.* 2007. 815, obs. R. Perrot.
3. Civ. 2e, 4 oct. 2001, n° 99-11.574, NP : « *Ne constitue pas une contestation de la saisie, au sens de l'article 66 dudit décret, la demande du créancier saisissant tendant à voir constater les manquements du tiers saisi à son obligation légale de renseignement ; que dès lors, la cour d'appel a retenu à bon droit que la demande n'était pas tardive et a exactement relevé, par motifs adoptés, que les articles 65 et 66 du décret précité n'étant pas applicables, le saisissant avait pu saisir le juge de l'exécution du lieu de l'exécution de la mesure* ».
4. Civ. 2e, 9 nov. 2006, n° 04-19.138, P II, n° 310 ; *Procédures* 2007, n° 40, obs. R. Perrot.

l'article L. 622-21 C. com.[1], disposant que le jugement d'ouverture « *arrête ou interdit également toute procédure d'exécution* » ? Ou encore de l'article L. 632-2 de ce code, qui permet d'annuler les saisies-attributions pratiquées pendant la période suspecte en connaissance de la cession des paiements ?

La jurisprudence a toujours apporté une réponse négative à ces questions : le JEX n'est pas compétent pour de telles actions qui, bien qu'affectant la saisie-attribution, sont « *nées de la procédure collective* ». Seul le tribunal saisi de la procédure collective peut en connaître, conformément à l'article R. 662-3 C. com.[2] et l'engagement d'une telle action est réservé aux personnes habilitées par l'article L. 632-4 C. com., dont le débiteur ne fait pas partie[3]. Ainsi, confirmant une jurisprudence déjà dégagée sous l'empire de l'article 174 du décret du 27 décembre 1985 (devenu C. com., art. R. 662-3)[4], la Cour de cassation retient[5] que les actions tendant à la mainlevée d'une saisie-attribution sur le fondement de l'article L. 622-21 C. com.[6], comme celles tendant à la nullité d'une telle saisie, en application de l'article L. 632-2 du même code, relèvent du tribunal qui connaît de la procédure collective.

Cette solution paraît valoir y compris en cause d'appel. En effet, si la cour d'appel, compétente pour connaître tant des appels des décisions du JEX que de celles du tribunal saisi de la procédure civile, dispose en principe d'une plénitude de juridiction, elle ne statue, à l'occasion de l'appel d'une décision du JEX, qu'avec les seuls pouvoirs de ce dernier[7].

SECTION 3 FORMALISME DE LA CONTESTATION

0841.40 Délai et forme. Plan. En application de l'article R. 211-11 C. pr. exéc., l'auteur de la contestation doit former celle-ci par une assignation délivrée dans le délai d'un mois à compter de la dénonciation de la saisie-attribution au débiteur (§ 1) ; le commissaire de justice ayant pratiqué la saisie doit en être concomitamment informé, de même que le tiers saisi (§ 2).

Ce formalisme, en particulier le délai dans lequel la contestation doit être formée, est, pour l'essentiel, prescrit à peine d'irrecevabilité de celle-ci : en cas d'irrecevabilité, comme en l'absence de contestation, la saisie-attribution ira jusqu'à son terme, le créancier saisissant requérant le paiement de la créance qui lui a été attribué (C. pr. exéc., art. L. 211-4, al. 2).

L'absence de contestation régulière ne saurait toutefois faire présumer l'existence de la créance revendiquée par l'auteur de la saisie-attribution, il s'agit uniquement d'une **forclusion interne à la procédure de saisie-attribution**. C'est pourquoi, s'il estime que la saisie a été pratiquée alors que le saisissant ne disposait pas d'une créance à son encontre, le saisi peut encore agir en répétition de l'indu. En ce sens, l'article L. 211-4 alinéa 3 du code précise que le débiteur qui n'aurait pas élevé de contestation dans le délai prescrit peut agir à ses frais en répétition de l'indu devant le juge du fond compétent. L'affirmation de la compétence du « juge du fond » tend simplement à exclure celle du JEX, de sorte que cette formule n'exclut pas que la demande en répétition soit portée devant un juge des référés[8].

§ 1 Assignation dans le mois de la dénonciation

0841.50 Plan. La contestation est formée dans le mois suivant la dénonciation faite au débiteur de la saisie (A), par une assignation devant être enrôlée pour l'audience (B).

A. Point de départ et cours du délai de contestation

0841.61 Point de départ du délai. Le délai d'un mois prévu par les articles L. 211-4 C. pr. exéc. et R. 211-11 alinéa 1er C. pr. exéc. court à compter de la **dénonciation de la saisie** au débiteur saisi.

L'information du saisi est assurée par la signification du procès-verbal de saisie. En effet, cet acte doit contenir, non seulement, « *en caractères très apparents, l'indication que les contestations doivent être soulevées, à peine d'irrecevabilité, dans le délai d'un mois qui suit la signification de l'acte* », mais encore « *la date à laquelle expire ce délai* » (C. pr. exéc., art. R. 211-3).

Si la Cour de cassation retient, de façon prétorienne, sur le fondement de l'article 680 C. pr. civ., que la notification d'un jugement ne précisant pas les modalités selon lesquelles un tel recours doit être formé ne fait pas courir le délai de recours, elle juge toutefois que cette règle ne s'applique pas à la notification d'une mesure d'exécution[9]. En revanche, par application des dispositions de l'article 114 C. pr. civ., la nullité, pour erreur par exemple dans l'indication de la date limite

1. C. com., anc. art. L. 621-40 (L. 25 janv. 1985, anc. art. 47).
2. P.-M. Le Corre (dir.), Dalloz action *Droit et pratique des procédures collectives*, 2025/2026, nº 312.11 – V. ÉGAL., F. Derrida, « Incidences des nouvelles procédures civiles d'exécution sur le redressement et la liquidation judiciaires des entreprises », *LPA* nº spéc., 6 janv. 1993, nº 5, p. 26.
3. Com. 8 mars 2017, nº 15-18.495, P IV, nº 36.
4. Com. 15 mai 1984, nos 82-16.664, 83-10.536, 83-11.507 et 83-12.815, P IV, nos 158 à 161 – Com. 15 mai 1984, nº 83-11.507, P IV, nº 160 – Solution identique en matière de MESURE CONSERVATOIRE : Com. 1er févr. 2000, nº 97-13.430, NP ; *RJDA* 2000, nº 554.
5. Com. 29 avr. 2014, nº 13-13.572, NP ; *Procédures* 2014. Comm. 203, obs. R. Perrot.
6. C. com., anc. art. L. 621-40 ; L. 25 janv. 1985, anc. art. 47.
7. Civ. 2e, 19 nov. 2020, nº 19-20.700, P.
8. Civ. 2e, 30 janv. 2020, nº 18-18.922, P.
9. Civ. 2e, 8 sept. 2011, nº 10-23.003, P II, nº 165.

de contestation, pourra être prononcée, à charge pour celui qui s'en prévaut de rapporter la preuve d'un grief. En principe, les juges du fond apprécient souverainement le grief, au terme d'une analyse *in concreto.* Toutefois, la jurisprudence de la Cour de cassation a pu, dans le cas particulier où l'erreur porte sur le délai de contestation ouvert au débiteur saisi, contrôler indirectement le grief, qu'elle a apprécié en effet *in abstracto*, en retenant que l'irrégularité commise avait « *nécessairement pour effet de persuader* » le débiteur saisi qu'il était forclos pour agir[1]. La jurisprudence en la matière se rapproche ainsi de celle rendue sur le fondement de l'article 680 C. pr. civ.

Sur le point de départ du délai à l'égard d'un débiteur résidant à l'étranger ou dans une collectivité d'outre-mer, v. s^s n°s 0822.71 s.

0841.62 Nature et calcul du délai. Le délai de contestation est considéré comme un **délai de procédure** au sens des articles 640 s. C. pr. civ., et **non comme un délai de prescription.**

Il en résulte que, conformément à l'article 641 C. pr. civ., le délai expire le jour du mois suivant la dénonciation portant le même quantième que le jour de cette dénonciation, ou le dernier jour du mois à défaut de quantième identique.

En outre, par application de l'article 642 C. pr. civ., le délai expire le dernier jour à vingt-quatre heures et le délai qui expirerait normalement un samedi, un dimanche ou un jour férié ou chômé, est prorogé jusqu'au premier jour ouvrable suivant[2]. Pour mémoire, le jour de l'expiration de ce délai doit apparaître dans l'acte de dénonciation (v. s^s n° 0822.51).

Quant à la question de l'éventuelle prorogation du délai au profit du débiteur résidant à l'étranger, en application des articles 643 à 645 C. pr. civ., v. s^s n° 0822.85.

0841.63 Événements affectant le cours du délai. Ainsi qu'il a été vu, l'ouverture d'une **liquidation judiciaire**, voire éventuellement l'ouverture d'une **procédure de sauvegarde ou d'un redressement judiciaire**, interrompt le délai de contestation (v. s^s n° 0822.132).

Par ailleurs, lorsque la partie qui entend former une contestation est susceptible de bénéficier de l'aide juridictionnelle, la saisine du bureau d'aide juridictionnelle affecte également le délai de contestation. En effet, il est jugé que l'assignation à comparaître devant un juge de l'exécution, en vue de contester une saisie-attribution, qui engage une action en justice à cette fin, entre dans le champ d'application de l'article 38 du décret du 19 décembre 1991 portant application de la loi du 10 juillet 1991 relative à l'aide juridique (devenu Décr. n° 2020-1717, 28 déc. 2020[3], art. 43), selon lequel lorsqu'une action en justice doit être intentée avant l'expiration d'un délai devant une juridiction du premier degré, l'action est réputée avoir été intentée dans le délai si la demande d'aide juridictionnelle s'y rapportant est adressée au bureau d'aide juridictionnelle avant l'expiration dudit délai et si la demande en justice est introduite dans un nouveau délai de même durée à compter : 1° de la notification de la décision d'admission provisoire ; 2° de la notification de la décision constatant la caducité de la demande ; 3° de la date à laquelle la décision d'admission ou de rejet de la demande est devenue définitive ; 4° ou, en cas d'admission, de la date, si elle est plus tardive, à laquelle un auxiliaire de justice a été désigné[4]. La Cour de cassation qualifie fréquemment ce mécanisme original d'interruption du délai d'action ou de recours[5].

Enfin, durant la période de la crise sanitaire due à la Covid 19, au printemps 2020, le délai de contestation s'est trouvé arrêté pendant la période juridiquement protégée[6].

0841.64 Exclusion des règles relatives aux délais de prescription. Effet de l'annulation de l'assignation en contestation. Le délai de contestation étant un délai de procédure, il n'est pas susceptible d'être interrompu ou suspendu dans les conditions prévues pour les délais de prescription[7].

Toutefois, la jurisprudence évoquée à propos de la demande d'aide juridictionnelle étant venue préciser que le délai de contestation était un délai d'action en justice (v. s^s n° 0841.63), il semble pouvoir en résulter **l'application de l'article 2241 alinéa 2 C. civ.,**

1. Civ. 2e, 2 déc. 2004, n° 02-20.622, P II, n° 515 ; *Procédures* 2005, n° 38, note R. Perrot ; *RD banc. fin.* 2005, n° 63, note S. Piedelièvre – Civ. 2e, 10 sept. 2009, n° 08-16.828, NP.
2. Civ. 2e, 4 juin 2020, n° 19-12.260, P : encourt la censure l'arrêt d'une cour d'appel qui déclare irrecevable une contestation formée un lundi, au motif que le délai expirait le samedi qui le précédait.
3. Décr. n° 2020-1717, 28 déc. 2020, portant application de la loi n° 91-647 du 10 juillet 1991 relative à l'aide juridique et relatif à l'aide juridictionnelle et à l'aide à l'intervention de l'avocat dans les procédures non juridictionnelles, *JO* 29 déc., texte 32.
4. Soc. 12 juin 2019, n° 18-11.358, NP – Civ. 2e, 21 mars 2019, n° 18-10.408, P – Sur les motifs fondant cette solution, v. la précédente édition de cet ouvrage 2018/2019, n° 0841.53.
5. Civ. 2e, 7 juin 2018, n° 17-19.449, P II, n° 114 – Civ. 2e, 19 mars 2020, n° 18-23.923, P – Civ. 2e, 28 mai 2020, n° 19-15.537, NP – Civ. 3e, 7 janv. 2021, n° 19-24.649, NP – Civ. 2e, 6 juin 2019, n° 18-11.668, P.
6. Ord. n° 2020-306, 25 mars 2020, relative à la prorogation des délais échus pendant la période d'urgence sanitaire et à l'adaptation des procédures pendant cette même période, *JO* 26 mars, texte 6, art. 2.
7. V. sous l'empire des dispositions antérieures à la réforme de la prescription : Colmar, 30 mai 1994, *BICC* 1994, n° 858 ; *Rev. huiss.* 1994. 116 – Reims, 7 juin 1996, *Gaz. Pal.* 1997. 1. Somm. 151 : jugeant que l'assignation en référé du saisissant par le débiteur qui conteste la saisie ne peut interrompre le délai.

dont la Cour de cassation déduit que l'acte de saisine d'une juridiction, même entaché d'une nullité pour un vice de procédure, interrompt les délais de prescription comme de forclusion.

En vertu de cette jurisprudence, l'annulation, en raison d'une irrégularité pour vice de forme ou de fond, de l'acte de saisine du JEX n'anéantirait pas l'effet interruptif du délai de contestation attaché à cet acte[1]. En outre, si tel devait être le cas, la cause de nullité pourrait encore être couverte au cours de l'instance ouverte devant le JEX, tant que ce juge n'aura pas statué[2]. En revanche, cette jurisprudence, qui ne concerne que l'annulation de l'acte de saisine du juge, ne saurait être appliquée dans le cas où la contestation a été déclarée irrecevable, même pour un motif de forme[3].

B. Assignation délivrée dans le délai sous condition d'enrôlement

0841.71 Enrôlement de l'assignation. En application de l'article R. 121-11 C. pr. exéc., la contestation doit être formée par une assignation. Pour apprécier si la contestation a été « *formée* » (C. pr. exéc., art. R. 211-11 ; v. égal. C. pr. exéc., art. L. 211-4, harmonisant la terminologie en substituant ce terme à celui d'« *élevée* », précédemment employé par L. 9 juill. 1991, art. 45) dans le délai d'un mois à compter de la dénonciation de la saisie au débiteur, faut-il prendre en considération la **date de la délivrance de l'assignation** ou celle **de la remise au greffe pour enrôlement ?**

La question s'est posée car il est fréquemment arrivé que des assignations, délivrées dans le délai d'un mois, ne soient déposées au greffe pour mise au rôle qu'après l'expiration de ce délai.

La contestation est-elle alors recevable ?

Si un courant jurisprudentiel avait pu retenir que la date à prendre en considération était celle de la remise de l'assignation, la jurisprudence de la Cour de cassation est fixée en sens inverse : dans un avis du 15 juin 1998, suivi de deux arrêts en 2005, la Cour retient que **la contestation est recevable dès lors que l'assignation a été délivrée dans le délai d'un mois,** peu important que l'enrôlement de l'assignation n'intervienne qu'ultérieurement[4]. Cette solution, qui s'inscrit pleinement dans la jurisprudence de la Cour de cassation[5] doit être approuvée : **le délai d'un mois est un délai pour agir** qui est donc interrompu par la délivrance d'une assignation, son enrôlement n'étant nécessaire qu'à l'effet de saisir la juridiction.

À l'instar du certificat de non-contestation susceptible d'être dressé par le commissaire de justice dans l'ignorance de la contestation, du fait du délai d'acheminement de la LRAR dénonçant la contestation (v. s^s n° 0841.84), la prise en compte de la date de signification, au détriment de celle de l'enrôlement, laisse subsister le risque de la délivrance d'un certificat de non-contestation par le greffe dans l'ignorance de la contestation. Dans un tel cas, il sera simplement rappelé que le commissaire de justice instrumentaire ne pourra, sans faute, réclamer le paiement au tiers saisi des sommes dues ou les reverser à son mandant une fois qu'il aura été informé de la contestation. En outre, l'auteur de la contestation pourra demander au JEX de procéder à l'annulation du certificat de non-contestation.

0841.72 Défaut d'enrôlement de l'assignation en contestation. Si seule la signification de l'assignation doit intervenir dans le délai d'un mois pour que la contestation soit recevable, l'enrôlement de cette assignation n'en demeure pas moins nécessaire pour saisir la juridiction de la contestation.

La Cour de cassation avait initialement développé, pour la contestation d'une mesure d'exécution devant le JEX, une jurisprudence, critiquée[6], ne s'attachant qu'à la seule date de l'assignation, peu important sa remise au greffe[7].

1. Civ. 2e, 16 oct. 2014, n° 13-22.088, P II, n° 215.
2. Civ. 2e, 1er juin 2017, n° 16-14.300, P II, 2017, n° 116.
3. Civ. 2e, 1er juin 2017, n° 16-15.568, P II, 2017, n° 112 – Com. 26 janv. 2016, n° 14-17.952, P.
4. Cass., avis, 15 juin 1998, n° 09-80.004, P, n° 8 ; *JCP E* 1998. 1116 ; *Gaz. Pal.* 5-6 févr. 1999, p. 17 ; *RTD civ.* 1998. 751, obs. R. Perrot – Civ. 2e, 3 nov. 2005, n° 04-11.756, P II, n° 279 – V. AUSSI : Civ. 2e, 15 déc. 2005, n° 04-14.415, P II, n° 332 ; *D.* 2006. IR 181.
5. POUR UNE ACTION DEVANT LE TRIBUNAL D'INSTANCE : Civ. 1re, 20 oct. 1998, n° 96-12.907, P I, n° 307 ; *D.* 1999. 219, obs. P. Julien ; *RTD com.* 1999. 484, obs. B. Bouloc ; *Rev. huiss.* 1999. 167, obs. D. Martin – POUR UNE ACTION EN DIVORCE : Civ. 1re, 18 mai 2011, n° 10-17.943, P I, n° 90.
6. NOT. : *RTD civ.* 2006. 159, obs. R. Perrot.
7. Civ. 2e, 3 nov. 2005, n° 04-11.756, P (préc., v. s^s n° 0841.71) ; *D.* 2006. IR 2826 ; *RTD civ.* 2006. 159, obs. R. Perrot ; *Procédures* 2006, n° 30, obs. R. Perrot : : dans le cas d'espèce l'assignation n'avait pas été enrôlée avant l'audience, de sorte que son auteur avait réassigné, après cette audience « *sur et aux fins de la précédente assignation* » ; considérant que cette nouvelle assignation n'avait pu régulariser la première assignation dénuée d'effet juridique faute d'enrôlement, les juges du fond en avaient déduit l'irrecevabilité de la contestation, solution cassée par la Cour de cassation – V. AUSSI : Civ. 2e, 15 déc. 2005, n° 04-14.415, P II, n° 332 ; *D.* 2006. IR 181 – V. CEP., Croze et Fradin, « Veille », s^s Civ. 1re, 26 mai 2011, n° 10-14.495, P I, n° 97 ; *JCP* Veille. 748, qui observent que cet arrêt, rendu en matière de saisie-contrefaçon, va en sens inverse de la solution retenue dans l'arrêt du 3 novembre 2005 (pour mémoire, la saisie-contrefaçon est une mesure conservatoire qui doit être suivie d'une action au fond devant le TGI ; la première assignation au fond, délivrée dans les délais, n'avait pas en l'espèce été enrôlée, de sorte que le demandeur l'avait doublée d'une seconde assignation « *sur et aux fins de la première* »).

Depuis la codification de la partie réglementaire du Code des procédures civiles d'exécution, cette jurisprudence ne correspond désormais plus à l'état du droit : l'article R. 211-11 C. pr. exéc. prévoit que l'auteur de la contestation, à peine de caducité de l'assignation, en remet une copie au greffe du JEX, au plus tard au jour de l'audience[1]. En anéantissant l'assignation, la caducité fait perdre à cet acte tout effet interruptif du délai de contestation[2]. Aussi, en cas de caducité de l'assignation non remise au greffe au plus tard le jour de l'audience, toute contestation ultérieure formée par une nouvelle assignation délivrée au-delà du délai d'un mois suivant la dénonciation de la saisie-attribution se heurtera à une irrecevabilité pour cause de forclusion.

0841.73 Contestation par voie de conclusions. Lorsque le JEX est déjà saisi d'une instance intéressant la saisie-attribution, la contestation de celle-ci peut prendre la forme, à l'égard des parties à l'instance, de la notification de conclusions d'intervention volontaire par un tiers à cette instance. Cette solution jurisprudentielle[3] est déduite d'une application combinée des articles R. 121-5 C. pr. exéc. et 68 C. pr. civ.

§ 2
Obligation d'information de la contestation

A.
Dénonciation au commissaire de justice instrumentaire

0841.81 Information du commissaire de justice qui a pratiqué la saisie. L'article R. 211-11 alinéa 1er C. pr. exéc. prévoit que la contestation doit, à peine d'irrecevabilité, être dénoncée, « *le même jour, par lettre recommandée avec demande d'avis de réception, au commissaire de justice qui a procédé à la saisie* ». Le décret du 6 mai 2017[4], entré en vigueur sur ce point le 11 mai 2017, a complété le texte pour permettre que la dénonciation ait lieu « *au plus tard, le premier jour ouvrable suivant* », ce qui assouplit opportunément une disposition qui s'avérait très contraignante. Cette obligation a été prévue en raison de ce que le commissaire de justice est chargé de dresser un certificat de non-contestation de la saisie (v. ss nº 0832.42). Dès lors, il est indispensable qu'il soit informé de l'existence de la contestation.

Au regard du nombre de décisions constatant une irrégularité affectant cette formalité, on ne pourra que recommander la plus grande attention au respect de cette exigence. En effet, la Cour de cassation précise que le JEX et, en cas d'appel, la cour d'appel qui constate l'inaccomplissement de cette formalité sont tenus de relever, si nécessaire d'office, cette fin de non-recevoir[5]. Toutefois, La Cour de cassation retient que le défaut d'indication dans l'acte de saisie-attribution de l'obligation de dénoncer le même jour (désormais au plus tard le premier jour ouvrable suivant) toute contestation au commissaire de justice poursuivant rend inopposable au débiteur, qui a formé cette contestation, l'irrecevabilité prévue à l'article 66 alinéa 1er du décret du 31 juillet 1992 (devenu C. pr. exéc., art. R. 211-11, al. 1er)[6].

0841.82 Modalités de la dénonciation. La formalité de la lettre recommandée est-elle impérative ou bien le commissaire de justice peut-il être informé autrement : lettre simple, télécopie, délivrance de l'assignation à domicile élu chez lui ?

En premier lieu, il va sans dire que la dénonciation peut être faite par **signification**, conformément à l'article 651 C. pr. civ., qui dispose de façon générale, en son troisième alinéa que la notification peut toujours être faite par voie de signification alors même que la loi l'aurait prévue sous une autre forme.

En second lieu, la Cour de cassation a retenu que l'omission de la formalité n'entraînait pas l'irrecevabilité de la contestation lorsque le commissaire de justice qui a procédé à la saisie est informé de la contestation par **l'assignation délivrée à domicile élu en son étude**[7]. L'attendu de la Cour (« *la formalité prévue par l'article 66 du décret du 31 juillet 1992* [devenu C. pr. exéc., art. R. 211-11, al. 1er] *ayant pour seul objet d'informer l'huissier* [devenu commissaire] *de justice ayant procédé à la saisie de l'existence d'une contestation, son omission n'entraîne pas l'irrecevabilité de celle-ci lorsque, comme en l'espèce, l'huissier* [devenu commissaire] *de justice, informé de la contestation par l'assignation délivrée à domicile élu, est celui qui a procédé à la saisie* ») semble d'ailleurs procéder d'une approche très souple, susceptible d'ouvrir la voie à d'autres exceptions. Ainsi en va-t-il dans le cas où l'assignation est également dirigée

1. RAPPR. cette solution, issue des travaux de codification, de : Cass., avis, 4 mai 2010, nº 10-00.002, P, nº 2.
2. Cass., ass. plén., 3 avr. 1987, nº 86-11.536, P, nº 2.
3. Civ. 2e, 30 sept. 2021, nº 20-14.467, NP ; Procédures 2021, comm. 319, obs. C. Laporte.
4. Décr. nº 2017-892, 6 mai 2017 portant diverses mesures de modernisation et de simplification de la procédure civile, *JO* 10 mai, texte nº 114.
5. Civ. 2e, 20 janv. 2011, nº 10-10.768, P II, nº 19.
6. Civ. 2e, 10 mars 2004, nº 02-16.900, P II, nº 115 ; *Gaz. Pal.* 2005. 1422, note C. Brenner.
7. Civ. 2e, 31 mai 2001, nº 99-19.367, P II, nº 109 ; *D.* 2001. 1925 et 2717, obs. P. Julien ; *Gaz. Pal.* 2002. Somm. 248, obs. P. Véron ; *Ann. loyers* 2002. 1159, obs. Dahan ; *Dr. et proc.* 2001. 387, obs. E. Putman.

contre le commissaire de justice instrumentaire lui-même[1].

En troisième lieu, toute autre modalité de dénonciation est en revanche irrégulière. Ainsi en va-t-il de l'envoi d'un « *fax* »[2], ou de l'information du commissaire de justice poursuivant par le débiteur de son intention de contester la saisie-attribution[3].

0841.83 Objet, contenu et auteur de la dénonciation au commissaire de justice. Au terme de son avis du 15 juin 1998, la Cour de cassation considère que la dénonciation de la contestation prend la forme de l'envoi d'une copie de l'assignation par laquelle le débiteur conteste la saisie[4]. La Cour est toutefois venue préciser que l'article 66 du décret du 31 juillet 1992 (devenu C. pr. exéc., art. R. 211-11) n'exigeait pas que les modalités de signification de l'assignation portant contestation soient dénoncées au commissaire de justice ayant procédé à la saisie. Cette solution, qui évite un trop grand formalisme, est en outre logique dès lors que les mentions figurant dans l'assignation, et notamment sa date, font foi et établissent donc qu'elle a été signifiée et qu'elle ne constitue donc pas un simple projet[5]. En revanche, l'envoi au commissaire de justice poursuivant d'un simple projet d'assignation ne satisfait pas à l'exigence[6].

En outre, dès lors que la Cour de cassation a admis la contestation par voie de conclusions d'intervention volontaire (v. s^{s} n° 0841.73), se pose la question, dans un tel cas, du contenu de la dénonciation, voire de son existence. L'arrêt par lequel la Cour a admis la contestation par voie de conclusions ne règle pas cette question, qui n'était pas posée à la Cour. S'étant uniquement agi de déterminer la forme de la contestation, par un arrêt dont la portée limitée résulte en outre de son absence de publication au *Bulletin*, on est enclin à retenir qu'il n'affecte pas l'obligation de dénonciation au commissaire de justice, qu'il demeure nécessaire d'informer de la contestation de la saisie qu'il a diligentée, quelle que soit la forme que cette contestation emprunte. Par conséquent, dans un tel cas, il ne peut qu'être recommandé de lui dénoncer les premières conclusions élevant la contestation de la saisie-attribution.

Enfin, il a été précisé que l'article R. 211-11 tendant à la dénonciation de l'assignation, il n'imposait pas de dénoncer en outre la signification d'un acte destiné à corriger cette assignation, dans une espèce où un « *avenir d'audience* » avait été signifié en vue de rectifier une erreur portant sur la date de l'audience à laquelle la contestation devait être examinée[7].

Par ailleurs, la dénonciation de l'assignation est habituellement accomplie par le commissaire de justice ayant délivré cette dernière[8], mais le texte étant silencieux sur ce point, la question pourrait se poser de savoir si le débiteur lui-même ou son mandataire, notamment l'avocat qui le représente, pourrait procéder à cette dénonciation. Par prudence, l'auteur de la contestation gagnera à confier cette dénonciation au commissaire de justice, d'autant qu'il est considéré que celui-ci n'agit alors pas comme un mandataire du débiteur, mais comme un officier ministériel[9]. Cela dit, cette formalité n'étant pas accomplie par voie de signification, on devrait pouvoir estimer que les règles de compétence territoriale régissant les commissaires de justice ne trouvent pas ici à s'appliquer, de sorte qu'elle pourra toujours être accomplie par le commissaire de justice qui délivre l'assignation en contestation.

0841.84 Moment de l'information. L'article R. 211-11 alinéa 1er C. pr. exéc., prévoyait initialement que la contestation est dénoncée « *le même jour par lettre recommandée avec demande d'avis de réception* ». Ainsi qu'il a été dit, ce texte a été assoupli, de sorte que cette dénonciation peut désormais être accomplie « *au plus tard, le premier jour ouvrable suivant* ». Si la preuve de la date de l'accomplissement de cette diligence sera rapportée par la production du récépissé de dépôt de la lettre recommandée, la Cour de cassation a jugé qu'en l'absence de disposition imposant un mode de preuve spécifique, la preuve de l'expédition d'une lettre recommandée avec demande d'avis de réception (LRAR) ne résultait pas exclusivement de la production d'un tel récépissé, et pouvait ainsi être rapportée par d'autres moyens, laissés à l'appréciation souveraine des juges du fond. Ainsi une cour d'appel a-t-elle pu s'appuyer sur une liste des LRAR postées par l'étude de commissaire de justice, avec les numéros de recommandé attribués par la Poste[10]. De même la Cour de

1. Civ. 2e, 18 oct. 2012, n° 11-24.718, NP (statue par un motif erroné la cour d'appel retenant que le fait que la société d'huissier ait été attraite devant le JEX ne pouvait suppléer le défaut d'observation des prescriptions de l'article 66 du décret du 31 juillet 1992).
2. TGI Lyon, JEX, 20 juill. 1999, RG n° 99/07262, NP.
3. Paris, 5 févr. 1998, cité par M. Dymant, « Délai de contestation de la saisie-attribution, suite... et fin ? », *Gaz. Pal.* 1998. 1. Doctr. 585.
4. Cass., avis, 15 juin 1998, n° 09-80.004, P, n° 8 ; *JCP E* 1998. 1116 – Civ. 2e, 3 nov. 2005, n° 04-11.756, P (préc., v. s^{s} n°s 0841.71 et 0841.72) ; *D.* 2006. 2826 ; *RTD civ.* 2006. 159, obs. R. Perrot ; *Procédures* 2006, n° 30, obs. R. Perrot.
5. Civ. 2e, 25 mars 2010, n° 09-14.917, P II, n° 73 ; *D.* 2010. 2011. 1509, obs. A. Leborgne.
6. J.-J. Bourdillat, « Le Noël du juge de l'exécution : un cadeau mérité », *Gaz. Pal.* 1997. Doctr. 1070.
7. Civ. 2e, 14 sept. 2023, n° 21-21.955, NP.
8. Et cette « prestation » est spécialement tarifée, par un émolument fixé au C. com, art. 444-53, tableau 3-3, n° 15.
9. Civ. 2e, 7 déc. 2017, n° 16-15.935, P II, n° 229, dans une affaire où la cour d'appel s'était fondée sur un listing fourni par l'huissier de justice pour estimer établie la prévue de l'envoi recommandé de la contestation.
10. Civ. 2e, 7 déc. 2017, n° 16-15.935, P (préc., v. s^{s} n° 0841.83).

cassation a-t-elle jugé que c'est dans l'exercice de son pouvoir souverain d'appréciation de la valeur et de la portée des éléments de preuve qui lui étaient soumis que la cour d'appel, qui a constaté que la lettre recommandée avec demande d'avis de réception datée du 13 juillet 2012 avait été reçue le 16 juillet 2012 alors que le 14 et le 15 juillet étaient respectivement un samedi et un dimanche, a rejeté le moyen tiré de l'irrecevabilité de la contestation de la saisie[1].

La proximité des diligences tendant à la contestation et à sa dénonciation tend à éviter que le commissaire de justice, qui ne serait pas informé de la contestation à l'issue du délai d'un mois, n'émette un certificat de non-contestation pour solliciter le paiement par le tiers saisi des sommes saisies.

On relèvera toutefois qu'ainsi qu'en a jugé la Cour de cassation, l'article 66 alinéa 1er du décret (devenu C. pr. exéc., art. R. 211-11, al. 1er) impose un **envoi de la lettre** au plus tard le premier jour ouvré suivant la contestation[2]. Il n'y a donc pas lieu d'avoir égard à la date de réception de cette lettre recommandée, solution parfaitement logique mais qui affaiblit quelque peu l'objet de cette dénonciation, qui pourra parvenir au commissaire de justice instrumentaire après le délai d'un mois, *a fortiori* en l'état de l'assouplissement sus-évoqué.

Nonobstant cette faiblesse du dispositif, les juridictions font une lecture rigoureuse de ce texte. Ainsi, la contestation est irrecevable lorsque la dénonciation a été faite avec un jour de retard, même si le commissaire de justice avait été destinataire d'un projet d'assignation avant la délivrance de celle-ci[3].

Enfin, il a pu être jugé que la fin de non-recevoir tirée de la non-dénonciation dans le délai de la contestation de la saisie au commissaire de justice n'était susceptible d'être régularisée que par le renouvellement des deux diligences à la même date, pour autant que le débiteur soit encore dans le délai utile[4].

B. Information du tiers saisi

0841.91 Contenu et sanction de l'information. L'article 66 du décret du 31 juillet 1992 prévoyait, en son deuxième alinéa, l'obligation d'aviser le tiers saisi de la contestation. Cette information, accomplie par une lettre simple, n'était assortie d'aucune sanction particulière, une telle sanction n'apparaissant en effet pas indispensable pour la suite de la procédure, puisque le commissaire de justice instrumentaire, auquel la contestation est dénoncée, ne pourra requérir le paiement de la créance au tiers saisi.

À la suite de la codification, le deuxième alinéa de l'article 66 du décret, devenu l'article R. 211-11 du code, a été complété en ce sens que « *l'auteur de la contestation en informe le tiers saisi par lettre simple et en remet une copie, à peine de caducité de l'assignation, au greffe du juge de l'exécution au plus tard le jour de l'audience* ». Ainsi qu'on l'a vu (v. ss no 0841.72), cette précision a pour effet qu'une copie de la contestation, formée par une assignation, sera remise au greffe, à peine de caducité[5], en vue de remédier à la difficulté qui était posée par le défaut d'enrôlement de l'assignation au greffe.

Quoique la construction grammaticale de cette phrase, mettant en facteur commun la « *contestation* », laissait peu de doute sur le sens de cette prescription, la règle avait toutefois pu être comprise comme imposant la remise au greffe de la copie de l'avis adressé au tiers saisi, à peine de caducité[6].

Le décret sus-évoqué du 6 mai 2017 (v. ss no 0841.81) est par conséquent venu clarifier la question. Le second alinéa de l'article R. 211-11 énonce désormais : « *L'auteur de la contestation en informe le tiers saisi par lettre simple. Il remet une copie de l'assignation, à peine de caducité de celle-ci, au greffe du juge de l'exécution au plus tard le jour de l'audience* ».

Bien que ce texte soit entré en vigueur le lendemain de sa publication au *Journal officiel*, soit le 11 mai 2017, au-delà même de la lettre de cette disposition, l'interprétation erronée qui avait pu être faite du texte initial ne pouvait que surprendre au regard de l'absence d'intérêt d'une telle obligation (la remise de la copie de cet avis ne permet absolument pas d'établir son envoi, par lettre simple, au tiers saisi) et de la rigueur de la sanction qui viendrait pourtant la frapper. Aussi, le décret du 6 mai 2017 présente clairement un caractère interprétatif, de sorte que la Cour de cassation a appliqué cette même solution à des contestations antérieures à son entrée en vigueur[7].

1. Civ. 2e, 19 mars 2015, no 14-12.876, NP.
2. Civ. 2e, 3 nov. 2005, no 04-11.756, P (préc., v. ss nos 0841.71, 0841.72 et 0841.83).
3. Civ. 2e, 16 oct. 2003, no 01-16.766, P II, no 312 ; *D.* 2004. 1486, obs. G. Taormina ; *D.* 2004. IR 2670 – V. ÉGAL., Civ. 2e, 20 mars 2003, no 01-13.746, P II, no 73 ; *RD banc. fin.* 2003, no 119, obs. J.-M. D. ; *Dr. et proc.* 2003. 316, obs. Ph. Hoonakker : l'envoi de la dénonciation hors délai ne satisfait pas aux exigences légales, alors même qu'elle aurait été faite avant que la contestation ne soit portée devant le JEX (arrêts rendus antérieurement à l'allongement du délai de dénonciation).
4. TGI Brest, JEX, 5 avr. 2000, *BICC* 15 déc. 2000, no 1410.
5. EN CE SENS, PERROT et THÉRY, no 427, *in fine*.
6. LEBORGNE, *Droit de l'exécution*, 2e éd., « Précis », Dalloz, 2014, no 1093.
7. Civ. 2e, 7 déc. 2017, no 16-15.935, P (préc., v. ss nos 0841.83 et 0841.84) – Civ. 2e,14 nov. 2019, no 18-20.470, NP.

SECTION 4
EFFETS DE LA CONTESTATION

0841.101 **Règle.** Aux termes de l'article L. 211-5 C. pr. exéc., en cas de contestation devant le JEX, le **paiement est différé** jusqu'à ce qu'il soit statué sur les mérites de cette contestation.

Lorsque le débiteur conteste la saisie-attribution au motif par exemple qu'il a saisi une autre juridiction d'une contestation de la créance, cette contestation a pour seule conséquence de suspendre la force exécutoire du titre la constatant et la procédure d'exécution [1].

Toutefois, tant que l'instance ouverte sur la contestation n'a pas pris fin, l'effet attributif de la saisie-attribution demeure, ainsi que l'a rappelé un arrêt dans une affaire où l'instance avait donné lieu à une décision de retrait du rôle, lequel a pour unique effet de suspendre le cours de l'instance [2].

En cas de décision rejetant en tout ou partie la contestation, ce n'est qu'après notification de cette décision aux parties que le tiers saisi paiera le créancier, sur présentation de la décision (C. pr. exéc., art. R. 211-13) [3]. Si la contestation est au contraire accueillie, la mainlevée de la saisie sera ordonnée.

0841.102 **Cas des créances à exécution successive.** Le décret réserve un sort particulier aux créances à exécution successive. En effet, l'article R. 211-16 alinéa 1er C. pr. exéc. dispose qu'en cas de contestation, le tiers saisi « *s'acquitte des créances échues entre les mains d'un séquestre désigné, à défaut d'accord amiable, sur requête par le juge de l'exécution* ».

Cette **consignation est obligatoire**, alors que pour les autres créances, elle n'est que facultative (C. pr. exéc., art. R. 211-2).

L'article R. 211-16 alinéa 2 C. pr. exéc. précise que « *si les sommes consignées suffisent à désintéresser le créancier, le juge de l'exécution ordonne la mainlevée de la saisie* », et le greffe, par lettre recommandée avec demande d'avis de réception, « *en informe le tiers saisi* » qui pourra alors effectuer à nouveau les versements au profit du débiteur saisi. Cependant, il devra attendre la fin de la phase de contestation pour se libérer des fonds séquestrés, au profit du saisissant ou au profit du saisi.

En pratique, le JEX, en même temps qu'il validera la saisie ou qu'il en ordonnera la mainlevée (pour nullité par exemple), donnera l'ordre au séquestre de verser les fonds qu'il détient, soit entre les mains du saisissant, soit entre les mains du saisi.

1. Civ. 2e, 20 nov. 2003, no 01-15.231, P II, no 351 ; *Gaz. Pal.* 2004. Somm. 2723, note C. Brenner ; *RTD civ.* 2004. 144, obs. R. Perrot ; *Dr. et proc.* 2004. 158, obs. E. Putman.
2. Civ. 2e, 19 févr. 2015, no 14-10.439, P II, no 43.
3. Civ. 2e, 19 sept. 2002, no 00-20.190, P II, no 184 ; *D.* 2002. IR 3246 ; *Gaz. Pal.* 2003. 1269, note C. Brenner.

CHAPITRE

0842. Décisions sur la contestation

Édouard De Leiris
Conseiller à la Cour de cassation

Section 0
Orienteur

0842.00 Sommaire du chapitre.

Division. Les décisions du juge de l'exécution en matière de saisie-attribution peuvent faire l'objet de voies de recours. Seront examinées successivement : les décisions du juge de l'exécution (sect. 1) et les conséquences de l'exercice des voies de recours (sect. 2).

Renvoi. Sur les contestations relevant du JEX, v. s^s n°s 0212.61 à 0214.101 et sur les voies de recours, v. s^s n°s 0215.01 à 0215.123.

0842.01 Textes applicables.

• **C. pr. exéc.**, art. L. 211-4, R. 121-9, R. 121-14, R. 121-18 à R. 121-22, R. 211-12 et R. 211-13.

0842.02 Jurisprudence de référence.

> Compétence du juge de l'exécution. Frais et dépens antérieurs aux actes d'exécution (non). Contestation de la saisie-attribution hors délai.

• **Cass., avis, 11 mars 1994,** n° 09-40.001, P, n° 8

* V. s^s n°s 0212.122, 0313.42, 0832.21, 0842.13, 0921.81, 0971.373

De la combinaison des articles 52 du nouveau Code de procédure civile, L. 311-12-1 [devenu L. 213-6] du Code de l'organisation judiciaire et 32 de la loi du 9 juillet 1991 [devenu art. L. 111-8 C. pr. exéc.], il résulte que la compétence du juge de l'exécution se limite aux frais de l'exécution forcée proprement dite, dont ce juge peut, en cas de contestation, déterminer la charge et fixer le montant.

Le saisi peut, même s'il a signé un acte de non-contestation de la saisie, former une demande, conformément à l'article 45, alinéa 3, de la loi du 9 juillet 1991 [devenu art. L. 211-4 C. pr. exéc.]. Cette demande doit être formée devant le juge du fond, ce qui exclut toute compétence du juge de l'exécution.

> Sursis à l'exécution des décisions du juge de l'exécution. Domaine d'application.

• **Civ. 2e, 18 déc. 1996,** n° 95-12.602, P II, n° 305

* V. s^s n°s 0222.11, 0842.31, 1334.211

Le premier président de la cour d'appel peut ordonner le sursis à l'exécution de toutes les décisions du juge de l'exécution, à l'exception de celles qui, dans les rapports entre créanciers et débiteurs, statuent sur les demandes dépourvues d'effet suspensif à moins qu'elles n'ordonnent la mainlevée d'une mesure.

> Action en répétition de l'indu devant le juge du fond. Compétence possible du juge des référés.

• **Civ. 2e, 30 janv. 2020,** n° 18-18.922, P

* V. s^s n°s 0841.40, 0842.13

En application du dernier alinéa de l'article L. 211-4 C. pr. exéc., le débiteur saisi, qui n'aurait pas élevé de contestation dans le délai prescrit à l'article R. 211-3 du même code, peut agir en répétition de l'indu devant le juge du fond compétent. Cette disposition n'exclut pas que ce juge soit saisi en référé.

0842.03 Bibliographie indicative[1].

* V. s^s n° 084.03

Section 1
Décisions du juge de l'exécution et contestations du débiteur

0842.11 Procédure conduite devant le juge de l'exécution. Détermination des procédures soumises à une représentation obligatoire par avocat. La contestation est instruite et jugée suivant les règles de procédure ordinaires devant le juge de l'exécution (JEX).

1. Les ouvrages dont le nom des auteurs figure en petites capitales en bibliographie seront cités par le seul nom des auteurs en petites capitales en notes de bas de page.

En application de l'article L. 121-4 C. pr. exéc., dans sa rédaction issue de la loi du 23 mars 2019 [1], les parties sont dispensées d'une représentation obligatoire par avocat lorsque la demande a pour origine une créance ou tend au paiement d'une somme qui n'excède pas un certain montant, fixé à 10 000 euros par l'article R. 121-6 du code. En outre, l'État, les départements, les régions, les communes et les établissements publics peuvent se faire représenter ou assister par un fonctionnaire ou un agent de leur administration, même lorsque la demande n'est pas relative à l'expulsion ou a pour origine une créance ou tend au paiement d'une somme excédant 10 000 euros [2].

Le critère de la créance à l'« origine » de la « demande » est particulièrement ambigu en matière de saisie-attribution : on suppose que la « demande » inclut les contestations de la mesure d'exécution ; mais faut-il prendre en compte la créance originaire du saisissant contre le débiteur, laquelle peut porter sur un montant indéterminé (par ex. pour un titre exécutoire constatant une créance à exécution successive, tel un bail notarié) ? Faut-il déduire de cette créance originaire les sommes acquittées avant engagement de la saisie-attribution ? La notion de créance originaire est-elle compatible avec l'inclusion des intérêts de retard et les frais de la saisie-attribution ? *Quid* des demandes de paiement formées par le créancier saisissant contre le tiers saisi sur le fondement des articles R. 211-5 et 211-9 C. pr. exéc., *etc.* ?

Selon une circulaire de la Chancellerie, cette demande « *s'entend de toute contestation relative à une mesure d'exécution forcée prise pour recouvrer une créance inférieure ou égale à 10 000 euros. Il convient de tenir compte du principal, des intérêts et des frais mentionnés dans l'acte d'huissier* [devenu commissaire] *contesté* » [3]. Bien qu'elle s'éloigne quelque peu de la lettre du texte, cette interprétation présente le mérite de simplifier la détermination du caractère obligatoire ou non de la représentation par avocat : il conviendrait d'avoir égard, moins à la créance à l'origine de la saisie-attribution, qu'au montant indiqué dans l'acte de saisie-attribution, en principal, frais et intérêts liquidés, en ce compris semble-t-il la provision pour les intérêts à échoir dans le mois suivant la saisie (v. s[s] n°s 0821.24 s.).

Ces critères doivent en outre certainement être ajustés pour ce qui est des demandes formées par le créancier saisissant contre le tiers saisi, par exemple l'action de l'article R. 211-9, tendant à la condamnation du tiers saisi au montant qu'il a reconnu devoir ou dont il a été jugé débiteur : la représentation obligatoire par avocat pourrait logiquement dépendre du montant de la demande formée contre le tiers saisi.

Ces questions sont d'autant plus importantes qu'elles déterminent aussi le contenu de l'information qui doit être délivrée au défendeur dans l'assignation le citant à comparaître devant le JEX (C. pr. exéc., art. R. 121-11).

0842.12 Décision du juge de l'exécution : appel et autorité de la chose jugée. Le JEX statue par un jugement susceptible d'appel (C. pr. exéc., art. R. 121-19), qui est en principe revêtu de l'autorité de la chose jugée au principal [4] (C. pr. exéc., art. R. 121-14), avec notamment pour conséquence possible l'application du principe dit de « *concentration des moyens* » [5].

Il faut avoir présent à l'esprit que le JEX ayant le pouvoir de trancher les contestations de fond opposées à la saisie-attribution (v., sur les pouvoirs du JEX, v. s[s] n°s 0212.11 à 0212.203), l'autorité de sa décision peut excéder les seules questions intéressant la régularité ou la portée de cette mesure. Par exemple, est revêtue de l'autorité de la chose jugée la décision du JEX qui fixe le montant de la créance du saisissant ou statue sur une demande tendant à constater la prescription de cette créance [6].

0842.13 Contestation du débiteur : contestation déclarée irrecevable. Le débiteur qui a formé une contestation tardive dispose encore d'un recours exercé suivant le droit commun, l'article L. 211-4 alinéa 3 C. pr. exéc. prévoyant qu'il peut agir, « *à ses frais, en répétition de l'indu devant le juge du fond compétent* ». Dès lors que cette action est exercée à titre principal en l'absence de saisie-attribution en cours, la Cour de cassation a été d'avis que le juge du fond visé par ce texte ne pouvait être le JEX [7]. Elle a précisé par la suite que le « juge du fond », au sens de ce texte, pouvait être un juge des référés [8].

1. L. n° 2019-222, 23 mars 2019, programmation 2018-2022 et de réforme pour la justice, *JO* 24 mars, texte n° 2. Le dispositif s'applique aux instances introduites à compter du 1er janv. 2020 (L. 23 mars 2019, art. 109, et Décr. n° 2019-1333, 11 déc. 2019, réformant la procédure civile, *JO* 12 déc., texte 3, art. 55, II).
2. Civ. 2e, avis, 18 févr. 2021, n° 20-70.006, P ; *AJDA* 2021. 426.
3. V. la documentation sur le site internet du ministère de la Justice (www.justice.gouv.fr) : « Accueil > Justice civile > Procédure civile au 1er janvier 2020 : documents de synthèse ».
4. Civ. 2e, 9 juin 2011, n° 10-16.754, NP.
5. ILLUSTRATIONS en saisie immobilière : Civ. 2e, 24 sept. 2015, n° 14-20.009, P II, n° 221 – Civ. 1re, 22 juin 2016, n° 15-12.954, NP.
6. ILLUSTRATIONS en saisie immobilière : Civ. 2e, 14 janv. 2021, n° 19-20.517, NP, § 9.
7. Cass., avis, 11 mars 1994, n° 09-40.001, P, n° 8 – Civ. 2e, 19 déc. 2002, n° 00-20.774, P II, n° 293 – Civ. 2e, 8 févr. 2007, n° 06-10.895, NP – Civ. 1re, 20 mars 2013, n° 12-15.388, NP – ÉGAL. EN CE SENS : TGI Paris, JEX, 30 avr. 2003, *BICC* 15 sept. 2003, n° 1111.
8. Civ. 2e, 30 janv. 2020, n° 18-18.922, P.

0842.14 Contestation du débiteur : contestation accueillie en totalité. Si le JEX fait droit à la contestation dirigée contre la saisie-attribution dans son ensemble, celle-ci ne pourra aller jusqu'à son terme et il en ordonnera la mainlevée. « *La décision de mainlevée emporte, dans la limite de son objet, suspension des poursuites dès son prononcé et suppression de tout effet d'indisponibilité dès sa notification* » (C. pr. exéc., art. R. 121-18).

0842.15 Contestation du débiteur : contestation accueillie partiellement. Si le juge accueille partiellement la contestation (compensation, réduction des intérêts, suppression de frais de commissaire de justice injustifiés, prise en compte de versements, par exemple), il donnera effet à la saisie-attribution pour le montant qu'il déterminera.

0842.16 Paiement par le tiers saisi. Si la contestation est rejetée ou n'est accueillie que partiellement, le tiers saisi paiera le créancier sur présentation de la décision du JEX (C. pr. exéc., art. R. 211-13 – v. s^s n° 0841.101), décision préalablement notifiée aux parties[1].

La Cour de cassation est venue préciser que la décision du JEX déclarant irrecevable la demande en annulation d'une saisie-attribution avait pour effet de valider celle-ci, de sorte que cette décision dispose de l'autorité de chose jugée[2].

0842.17 Combinaison avec la demande d'arrêt de l'exécution provisoire de la décision fondant les poursuites. Ainsi qu'il a été vu, le JEX peut statuer sans attendre la décision du premier président appelé à se prononcer sur une demande d'arrêt de l'exécution provisoire de la décision fondant les poursuites. La décision du JEX qui rejette la contestation rend d'ailleurs sans objet la demande d'arrêt de l'exécution provisoire, à hauteur du montant de la créance saisie (v. s^s n° 0831.63).

0842.18 Fraction non contestée de la dette. L'article R. 211-12 alinéa 1er C. pr. exéc. permet au JEX de donner effet à la saisie pour la fraction non contestée de la dette.

La décision est exécutoire sur minute et les dispositions de l'article R. 121-22 alinéa 2 C. pr. exéc. ne sont pas applicables, de sorte que la demande de sursis à exécution présentée devant le premier président de la cour d'appel ne suspendra pas les effets de cette décision.

Le dernier alinéa de l'article R. 121-22 ajoute que cette décision n'a pas autorité de la chose jugée au principal. En effet, s'il n'y a pas de contestation sur une fraction de la dette, la décision du JEX donnant effet à la saisie à hauteur de cette fraction ne tranche pas de contestation, excluant par conséquent qu'elle soit revêtue de l'autorité de la chose jugée sur ce point (v. C. pr. civ., art. 480). Cela réserve ainsi au débiteur la possibilité de former une contestation ultérieure, que ce soit devant le JEX (voire la cour d'appel en cause d'appel), ou encore à l'occasion d'une action en restitution devant le juge du fond[3].

0842.19 Créance et dette non sérieusement contestables. Afin de ne pas retarder le paiement du créancier saisissant, l'article R. 211-12 alinéa 2 C. pr. exéc. a prévu une procédure comparable à celle du « *référé provision* ».

Selon ce texte, s'il apparaît que ni le montant de la créance du saisissant ni la dette du tiers saisi ne sont sérieusement contestables, le JEX peut ordonner provisionnellement le paiement d'une somme qu'il détermine en prescrivant, le cas échéant, des garanties[4].

Cette décision du JEX n'a pas au principal l'autorité de la chose jugée (C. pr. exéc., art. R. 211-12, al. 3).

On doit considérer que s'applique dans ce cas au JEX la jurisprudence, fondée sur l'article 6 § 1 de la Conv. EDH, interdisant au juge ayant ordonné en référé une provision au motif que la créance n'est pas sérieusement contestable de statuer ensuite sur le fond, sous réserve que l'une des parties s'en prévale[5].

L'article R. 211-12 C. pr. exéc. ne semble pas recevoir fréquemment application, probablement en raison de la rapidité avec laquelle les JEX statuent.

SECTION 2
VOIES DE RECOURS

§ 1
Appel des décisions du juge de l'exécution

0842.21 Renvoi aux règles communes. Les décisions du JEX peuvent toujours être frappées d'appel, sauf s'il s'agit de mesures d'administration judiciaire (C. pr. exéc., art. R. 121-19).

L'article R. 121-21 C. pr. exéc. énonce que le délai d'appel et l'appel lui-même n'ont pas d'effet suspensif, mais l'article R. 121-22 C. pr. exéc. rend possible, en cas d'appel, une **demande de sursis à exécu-**

1. Civ. 2e, 19 sept. 2002, n° 00-20.190, P II, n° 184 ; *D.* 2002. IR 3246 ; *Dr. et proc.* 2003. 46, obs. Ph. Hoonakker.
2. Civ. 2e, 9 juin 2011, n° 10-16.754, NP.
3. *J.-Cl. Pr. civ., V^o Saisie-attribution* (contestations), fasc. 1600-40, n°s 124 et 125, par N. Cayrol.
4. Pour une application de ce texte : Douai, 17 mars 1994, *Rev. huiss.* 1994. 1423.
5. Cass.,as. plén., 6 nov. 1998, n° 94-17.709, P, n° 5 ; *D.* 1999. 1, concl. Burgelin ; *RTD civ.* 1999. 177 et 183, obs. J. Normand ; 193, obs. R. Perrot ; 494, obs. J.-P. Marguénaud.

tion devant le premier président de la cour d'appel (v. s[s] n° 0842.31).

Ces règles ne sont pas propres à la saisie-attribution (v. s[s] n°s 0215.111 s.).

Il faut cependant tenir compte des **particularités de la saisie-attribution** et des conséquences que peut avoir la décision finale du JEX, en l'absence de sursis à exécution ordonné :

– **s'il rejette la contestation**, le créancier sera payé, en tout ou partie, bien avant que la cour d'appel ait statué, même si l'article R. 121-20 alinéa 3 C. pr. exéc.[1] prévoit une instruction accélérée de l'affaire en cause d'appel ;

– **s'il ordonne la mainlevée de la saisie-attribution**, cette décision mettra fin à l'indisponibilité et à l'attribution des sommes et le débiteur pourra en retrouver la libre disposition, comme par exemple, utiliser son compte bancaire, là encore avant que la cour d'appel ait statué ; aussi, dès lors que le tiers saisi s'est dessaisi des fonds, et même en cas d'infirmation postérieure du jugement, la saisie aura définitivement perdu son effet attributif et ne pourra pas servir de support au versement de la créance saisie, en quelques mains qu'elle se trouve[2].

Quoi qu'il en soit, la survenance de ces paiements consécutifs au jugement du JEX ne remet pas en cause la recevabilité de l'appel de ce jugement[3] : l'appelant ayant perdu devant le JEX dispose d'un intérêt à rechercher un arrêt reconnaissant ses droits, en particulier le débiteur débouté en première instance qui, fort d'un arrêt infirmatif, pourra réclamer au créancier saisissant la restitution des sommes indûment perçues du tiers saisi.

0842.22 **L'appel de la décision finale obéit aux règles générales de l'appel des décisions du juge de l'exécution :** À savoir, **délai d'appel de quinze jours** à compter de la notification du jugement et **procédure avec représentation obligatoire.** Cette procédure donne lieu à une **instruction à bref délai** ou, depuis le 1er septembre 2024, à la procédure à jour fixe (C. pr. exéc., art. R. 121-20, mod. par Décr. n° 2023-1391, 29 déc. 2023[4] – v. s[s] n°s 0215.112 et 0222.21).

0842.23 **L'appel des décisions prises en cours d'instance.** Les décisions intervenant au cours de l'instance principale en contestation peuvent-elles faire l'objet d'un appel immédiat, sans attendre la décision finale du JEX ? Pour apprécier ce point, on doit se référer au droit commun de la procédure civile.

Ainsi, à titre d'illustration, un tel appel immédiat n'est recevable, contre la **décision du JEX ayant sursis à statuer** sur la contestation et ordonné à titre conservatoire la consignation des fonds, qu'à la condition d'avoir été préalablement autorisé par le premier président de la cour d'appel (C. pr. civ., art. 380)[5]

Quant à la **décision par laquelle le JEX accorde une provision**, il est prévu (C. pr. exéc., art. 211-12, al. 3) qu'elle est dénuée d'autorité de la chose jugée au principal (v. s[s] n° 0842.18) ; étant en outre prise pour le cours de l'instance, sans par conséquent dessaisir le JEX de la contestation, cette décision paraît rendue avant-dire droit, excluant qu'un appel immédiat puisse être interjeté (C. civ., art. 544 et 545).

§ 2
Sursis à exécution

0842.31 **Demande de sursis à exécution.** L'article R. 121-22 C. pr. exéc. prévoit qu'en cas d'appel un sursis à exécution peut être demandé au premier président. Le décret du 18 décembre 1996 est venu préciser qu'il s'agissait d'un sursis à l'exécution « *des mesures ordonnées par le juge de l'exécution* ».

Cette précision a semblé nécessaire, la question s'étant posée de savoir si ce sursis concernait la mesure d'exécution elle-même ou la décision du juge.

La Cour de cassation a posé le principe que le premier président « *peut ordonner un sursis à l'exécution de toutes les décisions du juge de l'exécution* »[6], « *à l'exception de celles qui, dans les rapports entre créanciers et débiteurs, statuent sur des demandes dépourvues d'effet suspensif, à moins qu'elles n'ordonnent la mainlevée d'une mesure* »[7]. La rédaction de l'article R. 121-22 C. pr. exéc., remplaçant désormais l'article 31 du décret du 31 juillet 1992, est venue confirmer cette jurisprudence.

Il résulte des articles L. 211-4 et R. 211-13 C. pr. exéc. que la contestation d'une saisie-attribution suspend le cours de cette procédure, en reportant le paiement par le tiers saisi postérieurement à la notification de la décision rejetant la contestation. Ainsi, même lorsque le JEX rejette la contestation, comme

1. Al. aj. par Décr. n° 2008-522, 2 juin 2008, portant refonte de la partie réglementaire du Code de l'organisation judiciaire, art. 10, 2°, *JO* 4 juin, p. 184.
2. Civ. 2e, 12 janv. 2023, n° 20-16.800, B ; *Rev. prat. rec.* 2023. 14, chron. O. Salati.
3. Civ. 2e, 25 juin 2015, n° 14-16.824, NP – RAPPROCH. : Civ. 2e, 11 mai 2017, n° 16-15.473, P II, n° 100, en matière de saisie immobilière, pour le cas de la radiation du commandement consécutif au jugement du JEX.
4. Décr. n° 2023-1391, 29 déc. 2023, portant simplification de la procédure d'appel en matière civile, *JO* 31 déc., texte 37.
5. Civ. 2e, 18 févr. 1999, n° 97-11.374, P II, n° 33 ; *D.* 1999. 73 ; *Rev. huiss.* 1999. 631 – Civ. 2e, 6 déc. 2012, n° 11-17.166, NP.
6. Civ. 2e, 18 déc. 1996, n° 95-12.602, P II, n° 305 ; *RTD civ.* 1997. 749, obs. R. Perrot.
7. Civ. 2e, 25 mars 1999, n° 97-15.645, P II, n° 59 ; *D.* 1999. 112 ; *RTD civ.* 1999. 471, obs. R. Perrot ; *Rev. huiss.* 2000. 289, obs. J.-J. Bourdillat.

dans l'espèce ayant donné lieu à l'arrêt précité, le sursis à exécution est possible. Toutefois, rappelons que toute demande du débiteur saisi ne constitue pas une contestation de la saisie-attribution (v. s^s^ n° 0841.12). En particulier, la demande de délai de grâce ne présente aucun caractère suspensif, de sorte que son rejet par le JEX ne peut donner lieu à un sursis à exécution par le premier président [1].

La **demande de sursis** produit **deux effets** jusqu'à la décision du premier président :

– elle suspend les poursuites sauf si le jugement attaqué a ordonné leur continuation ;

– elle proroge les effets attachés à la saisie (indisponibilité de la créance saisie) si la décision attaquée a ordonné la mainlevée.

L'article R. 121-22 alinéa 3 résultant du décret du 18 décembre 1996 précise que le sursis « *n'est accordé que s'il existe des moyens sérieux d'annulation ou de réformation de la décision déférée à la cour* ». Depuis l'entrée en vigueur du décret du 11 décembre 2019 [2], l'article 514-3 C. pr. civ. prévoit que l'exécution provisoire de droit des décisions de première instance (prévue par l'article 514 C. pr. civ.) peut intervenir selon des critères proches de celui posé pour le sursis à exécution des décisions du JEX. Rappelons toutefois que le sursis à exécution d'une décision ne se confond pas avec l'arrêt de l'exécution provisoire. Les deux textes sont ainsi distincts et il paraîtrait logique de retenir que les règles spéciales relatives au sursis à exécution sont exclusives des règles générales intéressant l'arrêt de l'exécution provisoire [3].

Le critère posé par l'article R. 121-22, qui implique de porter une appréciation, au moins *prima facie*, sur la décision attaquée, paraît justifier que le délégué du premier président ayant statué sur la demande de sursis à exécution s'abstienne de siéger ultérieurement dans la formation de la cour d'appel connaissant de l'appel.

0842.32 Effet de la demande de sursis à exécution. Il convient de distinguer les effets de la demande de sursis à exécution selon la décision qui en fait l'objet.

• **Cas du rejet de la contestation.** Le JEX ayant rejeté la contestation et ordonné le paiement, l'octroi du sursis prorogera l'effet d'indisponibilité de la créance saisie et le tiers saisi ne pourra pas payer le créancier saisissant.

• **Cas de la contestation accueillie.** Le JEX ayant accueilli la contestation et ayant ordonné la mainlevée de la saisie, sa décision va se trouver paralysée par l'octroi du sursis jusqu'à la décision de la cour d'appel. Encore faut-il que la demande de sursis ait été formée avant l'exécution du jugement de mainlevée [4]. En revanche, si le sursis est refusé, la mainlevée deviendra effective ; elle anéantira l'effet attributif et le débiteur retrouvera la libre disposition de ses fonds.

• **Fraction non contestée de la dette.** Lorsque le juge a donné effet à la saisie pour une fraction non contestée de la dette, l'article R. 211-12 alinéa 1er C. pr. exéc. prévoit que sa décision est **exécutoire sur minute.** Dans ce cas, ce texte indique que l'article R. 121-22 alinéa 2 C. pr. exéc. n'est pas applicable. Ainsi en cas d'appel, la demande de sursis ne produit aucun effet. Seule l'ordonnance du premier président suspendra le cas échéant la mesure ordonnée par le JEX.

1. En matière de SAISIE DE DROIT D'ASSOCIÉS : Civ. 2e, 19 nov. 2020, n° 19-17.931, P.
2. Décr. n° 2019-1333, 11 déc. 2019, préc.
3. RAPPR., sous l'empire des anciens textes, de : Civ. 2e, 20 déc. 2001, n° 00-17.029, P II, n° 201 ; *D.* 2002. 622 ; *Dr. et proc.* 2002. 167, note Ph. Hoonakker, retenant que l'ancien article 524 C. pr. civ. n'est pas applicable aux demandes de sursis à exécution des mesures ordonnées par le JEX. – *Adde*, Civ. 2e, 6 déc. 2001, n° 00-16.870, P II, n° 185 ; *D.* 2001. 139 ; *RD banc. fin.* 2002, n° 107, obs. J.-M. D ; *Procédures* 2002, n° 25, obs. R. Perrot, retenant que l'article 31 du décret du 31 juill. 1992 [devenu art. R. 121-22 C. pr. exéc.] présente un caractère autonome, de sorte que le premier président n'a pas à rechercher si l'exécution de ces mesures risquerait d'entraîner des conséquences manifestement excessives.
4. Civ. 2e, 5 avr. 2001, n° 99-13.975, P II, n° 74 ; *Procédures* 2001, n° 120, obs. R. Perrot.

LIVRE

09. LES SAISIES MOBILIÈRES À FIN D'ATTRIBUTION : RÉGIMES SPÉCIFIQUES

SECTION 0

ORIENTEUR

09.00 **Sommaire du livre.**

Division. Ce livre 9 est consacré à toutes les formes de saisies mobilières particulières dont la finalité est l'attribution d'une créance de somme d'argent au créancier : saisie-attribution entre les mains d'une personne morale de droit public (titre 91) ; saisie-attribution des comptes bancaires et assimilés (titre 92) ; saisie administrative à tiers détenteur (titre 93) ; saisie et cession des rémunérations du travail (titre 94), recouvrement des pensions alimentaires (titre 95), ancienne opposition administrative en vue du recouvrement des amendes et des condamnations pécuniaires (titre 96) et ancienne opposition à tiers détenteur (titre 97).

09.05 **Nouvelles saisie administrative à tiers détenteur et saisie des rémunérations.** La loi du 28 décembre 2017[1] de finances rectificative pour 2017

1. L. n° 2017-1775, 28 déc. 2017, de finances rectificative pour 2017, *JO* 29 déc., texte 1.

a remplacé l'avis à tiers détenteur (ATD), ainsi que d'autres mesures d'exécution auxquelles l'ATD servait de modèle (opposition administrative[1] [V. ss no 0963.11], opposition à tiers détenteur[2] [V. ss nos 0971.00 s.], saisie à tiers détenteur[3], saisie de créance simplifiée[4] et avis de saisie[5]) par une unique « saisie administrative à tiers détenteur ». Ces dispositions sont entrées en vigueur le 1er janvier 2019. La présente édition de l'ouvrage analyse, en plus des nouvelles dispositions, une partie des anciennes, pour lesquelles les solutions retenues par la jurisprudence et la pratique demeurent éclairantes.

De même, la loi no 2023-1059 du 20 novembre 2023 d'orientation et de programmation du ministère de la justice 2023-2027[6] a profondément réformé la saisie des rémunérations, pour la rapprocher des autres saisies de créance de somme d'argent. La présente édition expose, tout à la fois, les anciennes dispositions, ainsi que les nouvelles. Toutefois, celles-ci n'entrent en vigueur que le 1er juillet 2025 et restent incomplètes au jour où ces lignes sont écrites, l'ensemble des textes règlementaires d'application de la réforme n'ayant pas encore été adopté.

1. L. no 2004-1485, 30 déc. 2004, de finances rectificative pour 2004, *JO* 31 déc., texte 2, art. 128 – Décr. no 64-1333, 22 déc. 1964, relatif au recouvrement des amendes et condamnations pécuniaires par les comptables de la direction générale des finances publiques, *JO* 29 déc.
2. CGCT, art. L. 1617-5.
3. LPF, art. L. 273 A.
4. L. no 2015-1786, 29 déc. 2015, de finances rectificative pour 2015, *JO* 30 déc., p. 24701, art. 123.
5. L. no 2016-1918, 29 déc. 2016, de finances rectificative pour 2016, *JO* 30 déc., texte 2, créant l'art. L. 263 B LPF.
6. L. no 2023-1059, 20 nov. 2023, d'orientation et de programmation du ministère de la justice 2023-2027, *JO* 21 nov., texte 2.

TITRE

091. La saisie-attribution entre les mains d'une personne morale de droit public

SECTION 0

ORIENTEUR

091.00 **Sommaire du titre.**

Division. La saisie-attribution entre les mains d'un comptable public présente quelques spécificités, tant quant aux conditions de fond de la saisie (chap. 911), que quant aux opérations de saisie (chap. 912) et aux contestations l'affectant (chap. 913).

091.01 **Textes applicables.**
Les personnes publiques tiers saisies, sont soumises *d'une part*, aux règles générales des procédures civiles d'exécution et, *d'autre part*, à des règles spécifiques lorsqu'elles sont dotées d'un comptable public.

En effet, lorsque la saisie-attribution est pratiquée entre les mains d'un comptable public, il est fait application des règles générales des procédures civiles d'exécution, le Code des procédures civiles d'exécution ayant en particulier codifié le décret du 31 juillet 1993 [1] relatif aux saisies et cessions notifiées aux comptables publics et aux centres de chèques postaux ou de la Caisse nationale d'épargne (C. pr. exéc., art. R. 143-1 à R. 143-4), ainsi que des textes anciens non abrogés ou encore partiellement en vigueur (L. 9 juill. 1836, art. 14 et 15 [devenus C. pr. exéc., art. L. 143-2 et L. 112-4] – L. 8 juill. 1837, art. 11 [devenu C. pr. exéc., art. L. 143-2] – Ord. 16 sept. 1837 – Décr. 10 mai 1940 – V. *Code des procédures civiles d'exécution*, Dalloz, 2017). (V. aussi présent ouvrage ss nos 0912.11 à 0912.42).

091.03 **Bibliographie indicative.**

Ouvrages [2]. M. et J.-B. DONNIER, *Voies d'exécution et procédures de distribution*, 10e éd., « Manuels », LexisNexis, 2020, p. 467-469, nos 1229-1240 – A. LEBORGNE, *Droit de l'exécution*, 3e éd., « Précis », Dalloz, 2019, p. 608-610, nos 1232-1240 – R. PERROT et Ph. THÉRY, *Procédures civiles d'exécution*, 3e éd., Dalloz, 2013, p. 541-547, nos 605-615.

Articles. M. Dymant, « La saisie-attribution aux comptables publics, aux centres de chèques postaux ou de la Caisse nationale d'épargne : le décret du 31 juillet 1993 ou l'été du service public », *Rev. huiss.* 1993. 1208 – Ph. Flores, « La personne publique tiers saisie », *Courrier jur. fin.* mai 1996, no 65 – A. Lescaillon, « Les saisies-arrêts pratiquées entre les mains des personnes morales de droit public », *Rev. huiss.* 1986. 337 – O. Salvat, « Les règles spéciales régissant la saisie-arrêt entre les mains des comptables publics », *Gaz. Pal.* 1987. Doctr. 508.

091.05 **Insaisissabilité des biens publics.** Les personnes publiques bénéficient d'une immunité d'exécution qui conduit à l'insaisissabilité de leurs biens [3]. Sur l'ensemble de la question, v. ss nos 0142.11 s.

1. Décr. no 93-977, 31 juill. 1993, relatif aux saisies et cessions notifiées aux comptables publics et aux centres de chèques postaux ou de la Caisse nationale d'épargne, *JO* 5 août.
2. Les ouvrages dont le nom des auteurs figure en petites capitales en bibliographie seront cités par le seul nom des auteurs en petites capitales en notes de bas de page.
3. J.-B. et M. DONNIER, *Voies d'exécution et procédures de distribution*, 10e éd., « Manuels », LexisNexis, 2020, nos 217 s. – PERROT et THÉRY, nos 248 s.

En raison de ce principe, une saisie-attribution ne peut être pratiquée à l'encontre d'une personne publique sur des fonds devant revenir à une autre personne publique[1]. Sont en revanche saisissables les comptes d'un organisme de droit privé chargé de la gestion d'un service public[2].

091.06 Saisie entre les mains d'une personne publique. L'insaisissabilité des biens d'une personne morale de droit public n'est cependant pas un obstacle à ce qu'une saisie-attribution puisse être pratiquée sur des sommes dues par une personne publique à une personne privée[3]. En effet, les personnes morales de droit public (État, collectivités territoriales, établissements publics) peuvent se trouver détentrices de fonds devant revenir à l'un de leurs créanciers.

Le Conseil d'État a rappelé, à propos d'une saisie-arrêt pratiquée entre les mains d'un établissement public à caractère industriel et commercial (Epic), que tout créancier muni d'un titre exécutoire constatant une créance liquide et exigible, pouvait saisir entre les mains d'un tiers les créances de son débiteur[4].

1. En matière de saisie-arrêt (solution transposable) : Com. 9 juill. 1951, *JCP* 1951. I. 6437 ; *D.* 1952. 141, note Blaevoet ; *S.* 1952. 1. 125, note R. Drago.
2. Civ. 2e, 15 nov. 1995, no 93-13.262, P II, no 284.
3. Ph. Flores, « La personne publique tiers-saisie », *Courrier jur. fin.* 1996, no 65, p. 1.
4. CE, avis, 30 janv. 1992, req. no 350083, *Lebon ; GACE*, Dalloz, 1997, no 36, obs. Y. Claisse.

CHAPITRE

0911. Conditions de fond de la saisie-attribution

ÉDOUARD DE LEIRIS
CONSEILLER À LA COUR DE CASSATION

SECTION 0
ORIENTEUR

0911.00 Sommaire du chapitre.

Division. La saisie-attribution entre les mains d'une personne morale de droit public obéit à des conditions de fond, certaines relatives aux créances (sect. 1), d'autres relatives à la personne publique tiers saisie (sect. 2).

0911.01 Textes applicables.

- **C. pr. exéc.,** art. L. 112-1, L. 143-2, R. 143-1 et R. 143-4.
- **Décr. nº 2012-1246, 7 nov. 2012,** relatif à la gestion budgétaire et comptable publique, *JO* 10 nov., p. 17713.

0911.03 Bibliographie indicative[1]**.**

* V. ss nº 091.03.

0911.05 Principe. La saisie-attribution, mesure d'exécution forcée suppose que le saisissant dispose d'un titre exécutoire à l'encontre du débiteur saisi et que celui-ci soit créancier d'un tiers saisi dont la particularité est d'être une personne publique.

SECTION 1
CONDITIONS RELATIVES AUX CRÉANCES

0911.11 Créance du saisissant. Le créancier saisissant ne peut pratiquer une saisie-attribution que s'il dispose d'un titre exécutoire constatant une créance liquide et exigible (v. ss nos 0811.10 à 0811.24).

1. Les ouvrages dont le nom des auteurs figure en petites capitales en bibliographie seront cités par le seul nom des auteurs en petites capitales en notes de bas de page.

0911.12 Créance saisie. (Sur l'ensemble de la question, v. ss nos 0812.01 s.). S'agissant de la saisie-attribution entre les mains d'une personne publique, le Conseil d'État a pu sembler être plus exigeant quant aux caractéristiques de la créance, objet de la saisie.

En effet, par un avis rendu par la section des finances du Conseil d'État dans ses attributions consultatives, celui-ci a précisé que « *lorsque les créances dont bénéficient les cocontractants de la Caisse centrale de coopération économique sont devenues liquides et exigibles, les fonds correspondants peuvent, quelle que soit leur origine, être saisis-arrêtés entre les mains de la Caisse par les créanciers des cocontractants de celle-ci* »[2].

Un auteur s'est demandé s'il fallait voir dans cet avis « *l'expression de la singularité des conditions de fond auxquelles sont soumises les saisies pratiquées entre les mains de personnes publiques* »[3]. Il a estimé que la difficulté pourrait survenir chaque fois que la personne publique est soumise aux règles de la comptabilité publique, dès lors qu'en la matière, il convient de distinguer entre l'engagement, la liquidation, l'ordonnancement et le paiement de la dépense, étant précisé que « *ce n'est qu'à partir du moment où la dette de la collectivité publique a été liquidée* [...] *que les deniers publics font l'objet d'une individualisation dans la caisse du comptable* »[4].

Compte tenu de cet avis consultatif (qui concernait un Epic), la créance sur une personne publique ne pourrait être saisie qu'après sa liquidation. Si la saisie est pratiquée après l'engagement de la dépense, l'efficacité de la saisie sera subordonnée à l'exigence du « service fait »[5].

2. CE, avis sect. fin., 30 janv. 1992, req. nº 350.083, *Lebon ; GACE*, Dalloz, 1997, nº 36, obs. Y. Claisse.
3. CE, avis sect. fin., 30 janv. 1992, req. nº 350.083, préc. ss prést nº.
4. Y. Claisse, obs. ss avis, préc. ss prést nº.
5. PERROT et THÉRY, nº 612.

Cette réflexion est certainement pertinente pour déterminer l'exigibilité de la créance saisie. On doit toutefois distinguer cette exigibilité de la créance, de sa saisissabilité : la saisie-attribution peut porter sur une créance à terme ou sous condition.

Au surplus la décision du Conseil d'État est antérieure à l'entrée en vigueur du décret nº 93-977 du 31 juillet 1993, depuis lors intégré dans le Code des procédures civiles d'exécution, et qui renvoie purement et simplement à l'application des règles relatives aux procédures civiles d'exécution, sous quelques réserves parmi lesquelles ne figure pas la liquidation de la créance (C. pr. exéc., art. R. 143-1 et R. 143-4). Un juge de l'exécution (JEX) a d'ailleurs pu refuser d'annuler des saisies-attributions pratiquées entre les mains de comptables publics après avoir constaté le caractère certain des créances saisies, et relevé que l'article L. 112-1 alinéa 2 C. pr. exéc. n'exige pas qu'une créance soit liquide et exigible pour être saisie [1].

SECTION 2

CONDITIONS RELATIVES À LA PERSONNE PUBLIQUE TIERS SAISIE

0911.21 **Tiers saisis.** Toutes les personnes morales de droit public peuvent être des tiers saisis : État, régions, départements, communes, établissements publics administratifs (hôpitaux, universités, grandes écoles, lycées, CNRS, Caisse des dépôts et consignations, *etc.*), établissements à caractère industriel et commercial, que ces personnes soient ou non dotées d'un comptable public. C'est en revanche dans le cas où la personne morale est dotée d'un comptable public que la saisie entre les mains de cette personne morale revêt des spécificités.

0911.22 **Ordonnateurs et comptables.** Un des principes fondamentaux de la comptabilité publique est celui de la séparation des ordonnateurs et des comptables exprimé par l'article 9 du décret du 7 novembre 2012 [2] relatif à la gestion budgétaire et comptable publique.

– L'ordonnateur prescrit l'exécution des recettes et des dépenses, constate les droits et les obligations, liquide les recettes et émet les ordres de recouvrer [3].

– Le comptable public est seul chargé de manier les fonds et de tenir les comptes [4].

C'est donc ce dernier qui est chargé « *de la suite à donner aux oppositions à paiement et autres significations* » [5]. Autrement dit, la saisie-attribution est pratiquée entre les mains du comptable public, qui assume seul les diligences incombant au tiers saisi [6].

0911.23 **Continuité du service public.** Selon un avis consultatif du Conseil d'État, l'établissement public reste fondé cependant à se prévaloir devant la juridiction « *de ce que* [...] *la validation de la saisie-arrêt serait* [...] *de nature à compromettre la régularité ou la continuité du service public* » [7].

En vertu de ce principe, les services publics doivent pouvoir fonctionner de manière ininterrompue afin de satisfaire aux exigences de l'intérêt général.

Il appartiendra à la personne publique d'établir que la saisie-attribution pratiquée entre ses mains est de nature à porter atteinte au fonctionnement du service public dont elle a la charge, « *sans que l'importance de la somme saisie soit un élément décisif* » [8].

1. TGI Lyon, JEX, 21 sept. 1999, RG nº 99/04705, NP.

2. Décr. nº 2012-1246, 7 nov. 2012, relatif à la gestion budgétaire et comptable publique, *JO* 10 nov., p. 17713, abr. Décr. nº 62-1587, 29 déc. 1962, portant règlement général sur la comptabilité publique, *JO* 30 déc., p. 12828, dont l'article 3 comportait la même règle.
3. Décr. nº 2012-1246, 7 nov. 2012, art. 10 et 11.
4. Décr. nº 2012-1246, 7 nov. 2012, art. 13.
5. Décr. nº 2012-1246, 7 nov. 2012, art. 18.
6. Civ. 2e, 2 juill. 2020, nº 19.14-379, P.
7. CE, avis sect. fin., 30 janv. 1992, req. nº 350083, préc. (v. ss nº 0911.12).
8. Y. Claisse, *GACE*, Dalloz, 1997, nº 36, p. 348, obs. ss CE, avis, 30 janv. 1992, req. nº 350.083, préc. (v. ss nº 0911.12).

CHAPITRE

0912. Particularités de la procédure de la saisie-attribution entre les mains des comptables publics

ÉDOUARD DE LEIRIS
CONSEILLER À LA COUR DE CASSATION

SECTION 0
ORIENTEUR

0912.00 Sommaire du chapitre.

Division. Les règles générales de la procédure de la saisie-attribution sont applicables aux saisies notifiées aux comptables publics (C. pr. exéc., art. R. 143-1), sous réserve des dispositions des articles R. 143-2 à R. 143-4 C. pr. exéc., qui imposent des obligations particulières au créancier saisissant (sect. 1) et au comptable public (sect. 2).

0912.01 Textes applicables.

• **C. pr. exéc.,** art. L. 123-1, L. 143-1, L. 211-1 et L. 211-3 ; R. 143-1 à R. 143-4, R. 211-1, R. 211-4, R. 211-5 et R. 211-11.

• **C. pr. civ.,** art. 114 et 117.

0912.03 Bibliographie indicative[1].

* V. s[s] n° 091.03.

1. Les ouvrages dont le nom des auteurs figure en petites capitales en bibliographie seront cités par le seul nom des auteurs en petites capitales en notes de bas de page.

SECTION 1
OBLIGATIONS INCOMBANT AU SAISISSANT

0912.11 Signification de l'acte de saisie. Aux termes de l'article R. 143-3 C. pr. exéc., l'acte de saisie doit être signifié, à peine de nullité, au comptable assignataire de la dépense, c'est-à-dire le comptable auprès duquel l'ordonnateur est accrédité (Décr. 7 nov. 2012[2], art. 10).

Cette sanction était déjà encourue sous l'empire des textes relatifs à la saisie-arrêt (L. 9 juill. 1836, art. 13 abr.)[3] : « *La saisie-arrêt* [...] *n'est valable que si l'exploit est fait à la personne préposée pour la recevoir* [...]. *Les oppositions doivent être faites entre les mains des comptables publics assignataires de la dépense limitativement énumérés* »[4].

En raison de la multiplicité des catégories de comptables publics, et afin de faciliter la tâche des commissaires de justice chargés de pratiquer une saisie-attribution à l'encontre d'un créancier d'une personne publique, le législateur de 1991 a prévu que l'agent d'exécution puisse obtenir de l'ordonnateur l'indication du comptable public assignataire de la dépense et tous les renseignements nécessaires à la mise en œuvre de la mesure d'exécution (C. pr. exéc., art. L. 143-1).

2. Décr. n° 2012-1246, 7 nov. 2012, relatif à la gestion budgétaire et comptable publique, *JO* 10 nov., p. 17713.
3. Civ. 7 janv. 1920, *D.* 1924. 1. 63 ; *Gaz. Pal.* 1920. 1. 247.
4. Civ. 2e, 10 juill. 1985, n° 83-17.439, P II, n° 137 ; *D.* 1985. 473, obs. P. Julien ; *Gaz. Pal.* 1985. 2. Pan. 351, obs. P. Véron ; *D.* 1986. 59, note Montagnier.

Il a été jugé, de longue date, qu'une saisie ne pouvait en revanche pas être signifiée à un ordonnateur, l'irrégularité de la signification ne pouvant être couverte par une transmission au comptable assignataire, « *cette opération intérieure de trésorerie ne pouvant suppléer les formalités substantielles imposées par la loi aux intéressés* »[1].

0912.12 Contenu de l'acte de saisie. Il résulte des termes de l'article R. 143-1 C. pr. exéc. que les dispositions régissant le droit commun de la saisie-attribution sont applicables à l'acte de saisie entre les mains du comptable, à savoir les mentions relatives à l'identification du débiteur, à l'énonciation du titre exécutoire, au décompte des sommes réclamées, à l'indication que le tiers saisi est personnellement tenu envers le créancier, à la défense faite au tiers saisi de disposer des sommes réclamées dans la limite de son obligation, à la reproduction des articles L. 211-2 alinéa 1er, L. 211-3, R. 211-5 et R. 211-11 C. pr. exéc., et à l'heure de la signification de l'acte de saisie.

À l'inverse, l'**article 2** du décret du 18 août 1807[2], qui exigeait que l'acte de saisie contienne « *une copie ou exploit en forme du titre du saisissant* » a été abrogé.

Il est recommandé au saisissant d'apporter le plus grand soin à désigner la partie saisie afin d'éviter toute équivoque provenant d'une homonymie.

L'article R. 143-2 C. pr. exéc. impose au créancier saisissant une obligation supplémentaire, celle de la désignation de la créance saisie, à peine de nullité. Ce texte, modifié pour tenir compte du fait que la saisie-attribution ne peut porter que sur une créance de somme d'argent, n'est que la reprise d'une exigence formulée par l'article 1er du décret du 18 août 1807 qui imposait au saisissant de désigner « *l'objet saisi* ».

Selon un auteur, il s'agit d'une obligation particulière, loin d'être « *anodine* »[3], qui n'est pas de nature à faciliter l'action du créancier saisissant qui risque de se voir opposer la nullité prévue par ce texte dès lors qu'il ne pourra peut-être pas désigner avec précision la créance que détient son débiteur sur la personne publique, faute de connaître le contenu des rapports contractuels. Cette obligation spécifique risque de restreindre les possibilités d'utilisation de la saisie-attribution. Selon la doctrine de l'Administration fiscale, cette obligation ne lui serait pas applicable lorsqu'elle pratique une saisie administrative à tiers détenteur, dès lors que cette mesure n'est pas soumise au formalisme de droit commun[4].

Dans certaines hypothèses toutefois, la désignation ne fera pas de difficulté, lorsqu'il s'agira par exemple de saisir des créances à exécution successive comme des loyers dont la personne publique est débitrice.

0912.13 Renouvellement de l'acte de saisie. On sait que l'acte de saisie-attribution entraîne un effet attributif immédiat de la créance saisie et un effet d'indisponibilité partielle.

La réforme a laissé subsister notamment l'article 14 de la loi du 9 juillet 1836, codifié à l'article L. 143-2 C. pr. exéc. aux termes duquel : « *À l'exception des actes visant à céder ou saisir une rémunération, les oppositions et significations adressées à un comptable public n'ont d'effet que pendant cinq années à compter de leur date, si elles n'ont pas été renouvelées dans ce délai, quels que soient les actes ou jugements intervenus sur ces oppositions et significations* »[5].

Cette disposition n'a aucune incidence lorsque la saisie porte sur une créance « *à exécution instantanée* », mais peut avoir vocation à s'appliquer lorsque la saisie porte sur une créance à exécution successive, comme un loyer, ou bien lorsqu'une procédure de contestation de la saisie n'est pas terminée dans ce délai de cinq ans[6].

Dans de tels cas, le créancier saisissant devra penser à renouveler l'acte de saisie, la déchéance résultant du non-renouvellement étant d'ordre public[7].

0912.14 Sanctions des irrégularités affectant l'acte de saisie. L'inobservation par le créancier de ses obligations générales résultant de l'article R. 211-1 C. pr. exéc. et de ses obligations spécifiques (désignation de la créance saisie, signification au comptable assignataire de la dépense) est sanctionnée par la nullité (C. pr. exéc., art. R. 211-1 – C. pr. exéc., art. R. 143-2 à R. 143-4).

Sous l'empire des textes anciens, la Cour de cassation, après avoir jugé que l'inobservation des règles relatives à la forme de l'acte de saisie et à sa signification pouvait être invoquée par les tiers dans leurs rapports entre eux[8], a considéré que les formalités ont été édictées dans le seul intérêt de l'Administration et que le débiteur saisi ne pouvait s'en prévaloir[9].

1. Civ. 7 janv. 1920, préc. ss prést no.
2. Décr. 18 août 1807, qui prescrit les formalités pour les saisies-arrêts ou oppositions entre les mains des receveurs ou administrateurs de caisses ou de deniers publics, *Duvergier* 170.
3. M. Dymant, « La saisie-attribution aux comptables publics, aux centres de chèques postaux ou de la Caisse nationale d'épargne : le décret du 31 juillet 1993 ou l'été du service public », *Rev. huiss.* 1993. 1210.
4. V. « REC – Mise en œuvre du recouvrement forcé – Saisie administrative à tiers détenteur – Procédure », BOI-REC-FORCE-30-20, 27 nov. 2019, no 40, se prévalant de Lyon, 9 nov. 1995, RG no 93/03540 (sous l'empire de l'ATD).
5. Ph. Flores, « La personne publique tiers-saisie », *Courrier jur. fin.* 1996, no 65, p. 2.
6. *J.-Cl. Pr. civ.*, Vo Saisie-attribution (procédure : paiement), fasc. 1600-25, no 31, par N. Cayrol.
7. Civ. 9 août 1892, *S.* 1893. 1. 201.
8. Civ. 7 janv. 1920, *D.* 1924. 1. 63 ; *Gaz. Pal.* 1920. 1. 247.
9. Civ. 2e, 21 avr. 1982, no 81-11.938, P II, no 63 ; *Gaz. Pal.* 1982. Pan. 310, obs. P. Véron.

Les dispositions de l'article 114 C. pr. civ. relatives à la nullité des actes de procédure doivent pouvoir recevoir application en cas d'inobservation des obligations prescrites par l'article R. 211-1 C. pr. exéc. et par les articles R. 143-2 à R. 143-4 C. pr. exéc.

La notification de l'acte de saisie à un ordonnateur (v. s^{s} n° 0912.11) constitue une irrégularité de fond affectant la validité de l'acte au sens de l'article 117 C. pr. civ.

(Sur la sanction des irrégularités affectant l'acte de saisie, v. s^{s} n°s 0821.31 s.).

SECTION 2
OBLIGATIONS INCOMBANT AU COMPTABLE PUBLIC

0912.20 **Plan.** Le tiers saisi, aux termes de l'article L. 123-1 C. pr. exéc., est tenu d'apporter son concours aux mesures d'exécution, et les articles L. 211-3 et R. 211-4 C. pr. exéc. lui imposent de déclarer « *sur-le-champ* » l'étendue de ses obligations envers le saisi ainsi que les modalités pouvant les affecter (§ 1).

Le décret de 1993 ajoute une formalité supplémentaire à la charge du comptable public, et n'exige pas de celui-ci une réponse « *sur-le-champ* » (§ 2).

§ 1
Visa de l'acte de saisie

0912.31 **Visa.** L'article R. 143-4 C. pr. exéc. impose au créancier saisissant de soumettre au visa du comptable public l'original de l'acte de saisie, visa que prévoyait le décret abrogé du 18 août 1807. La possibilité, qui était prévue par ce texte, de faire viser l'acte par le procureur de la République en cas de refus de visa par le comptable public a disparu.

Sous l'empire du décret de 1807, il avait pu être admis que le comptable public ne peut « *se faire juge de la régularité intrinsèque de la créance, mais il peut en vérifier la validité formelle, et il pourrait par exemple refuser son visa si la créance saisie-arrêtée n'était pas suffisamment identifiée, ou s'il n'en était pas le comptable assignataire* »[1].

Le Conseil d'État a au contraire dénié au comptable public tout pouvoir de critique de la validité de l'acte de saisie et ce, quels que soient les motifs, de fond ou de forme, dès lors que le comptable public est tenu d'opérer les retenues correspondant aux saisies-arrêts pratiquées entre ses mains sans pouvoir en apprécier la validité[2]. Il est ainsi désormais admis que le comptable ne dispose d'aucun pouvoir d'appréciation pour apposer son visa[3], pour autant en tout cas qu'il soit assignataire de la dépense.

0912.32 **Sanction du défaut de visa.** La formalité du visa n'est pas prescrite à peine de nullité. En l'absence de texte, la nullité ne serait encourue qu'à la double condition que la formalité puisse être considérée comme substantielle ou d'ordre public, ce qui ne semble pas être le cas, et qu'un grief ait été établi.

§ 2
Déclaration du comptable public

0912.41 **Déclaration du tiers saisi.** Aux termes de l'article R. 211-4 alinéa 3 C. pr. exéc.[4], c'est au comptable public qu'il incombe de fournir au commissaire de justice les renseignements prévus par l'article L. 211-3 C. pr. exéc. et de lui communiquer les pièces justificatives. La fourniture de ces renseignements par l'ordonnateur ne satisfait pas aux exigences de ce texte et ouvre par conséquent la voie à une condamnation du comptable public, tiers saisi, au paiement des causes de la saisie[5].

Toutefois, par dérogation à l'alinéa 1er de l'article R. 211-4 C. pr. exéc., le comptable public n'est pas tenu de fournir ces renseignements « *sur-le-champ* », mais dispose d'un délai de vingt-quatre heures pour y procéder. Cette disposition a été étendue au bénéfice de la Caisse des dépôts et consignations[6]. On peut penser que, conformément au dernier alinéa de cet article, ce délai pourrait se trouver augmenté, pour être porté au premier jour ouvrable suivant la saisie, dans le cas où la saisie serait pratiquée par la voie électronique.

Ce délai peut permettre la concertation entre l'ordonnateur et le comptable[7]. Il ne s'agit pas d'une innovation. La loi du 12 juillet 1905 *(abrogée)* prévoyait déjà un tel délai et précisait par ailleurs que le comptable public ne pouvait viser l'acte que vingt-quatre heures après la signification, ce qui ne semble plus correspondre à l'état du droit.

1. V. not. Montagnier, *D.* 1986. 59, note s^{s} Civ. 2e, 10 juill. 1985, n° 83-17.439, P II, n° 137.
2. CE 28 mai 1965, Leuret, req. n° 59489.
3. Perrot et Théry, n° 614.
4. Anc^{t} Décr. n° 93-977, 31 juill. 1993, art. 5.
5. Civ. 2e, 2 juill. 2020, n° 19-14.379, P.
6. Décr. n° 2019-1197, 20 nov. 2019, relatif à la réforme de la gouvernance de la Caisse des dépôts et consignations, *JO* 21 nov., texte 22.
7. V. Ph. Flores, « La personne publique tiers-saisie », *Courrier jur. fin.* 1996, n° 65, p. 3, II B, observant que ce délai s'explique par « *l'organisation de l'Administration, le souci de préserver les deniers publics, la séparation de l'ordonnateur et du comptable (juridiquement et souvent géographiquement)* ».

0912.42 **Sanctions de l'obligation de déclaration.** L'obligation de déclaration mise à la charge du tiers saisi est sanctionnée par l'article R. 211-5 C. pr. exéc. qui distingue *d'une part*, le refus, sans motif légitime, de fournir les renseignements, *d'autre part*, la négligence fautive, la déclaration inexacte ou mensongère (v. s^{s} n°s 0821.111 s.).

Le tiers saisi qui, sans motif légitime, ne fournit pas les renseignements prévus par l'article L. 211-3 C. pr. exéc., est condamné à payer les sommes dues au créancier, sans préjudice de son recours contre le débiteur.

Le **secret professionnel** auquel sont astreints les fonctionnaires de l'État et des collectivités territoriales[1] n'est pas considéré comme un motif légitime.

En outre, l'article L. 123-1 C. pr. exéc. prévoit que le tiers saisi peut être contraint de satisfaire à ses obligations « *à peine d'astreinte, sans préjudice de dommages et intérêts* ».

Quoique la question soit débattue[2], l'article R. 143-1 C. pr. exéc. précisant expressément que les dispositions du Code des procédures civiles d'exécution sont applicables à la saisie-attribution pratiquée entre les mains d'un comptable public, on peut en déduire que la personne morale publique peut être condamnée sur le fondement de l'article R. 211-5 C. pr. exéc.[3].

1. L. n° 83-634, 13 juill. 1983, art. 26.
2. J.-B. et M. Donnier, *Voies d'exécution et procédures de distribution*, 10e éd., « Manuels », LexisNexis, 2020, n°s 1183 s.
3. Civ. 2e, 2 juill. 2020, n° 19-14.379, P.

CHAPITRE 0913. Compétence en cas de contestation

ÉDOUARD DE LEIRIS
CONSEILLER À LA COUR DE CASSATION

SECTION 0 ORIENTEUR

0913.00 Sommaire du chapitre.

Division. Seront successivement étudiées la compétence en cas de contestation d'une saisie-attribution entre les mains d'une personne morale de droit public (sect. 1) et les sanctions qu'elle est susceptible d'occasionner (sect. 2).

0913.01 Textes applicables. Aux termes de l'article L. 213-6 du COJ, dans sa rédaction antérieure à son abrogation partielle par le Conseil constitutionnel, le juge de l'exécution (JEX) connaît notamment, et de manière exclusive :

– **des contestations qui s'élèvent à l'occasion de l'exécution forcée,** même si elles portent sur le fond du droit ;

– des demandes en réparation fondées sur l'exécution ou l'inexécution dommageables des mesures d'exécution forcée et des mesures conservatoires.

Le texte précise que le JEX ne peut connaître des contestations qui échappent à la compétence de l'ordre judiciaire.

- **C. pr. exéc.,** art. L. 123-1 ; R. 211-5 et R. 211-9.
- **C. pr. civ.,** art. 49.
- **COJ,** art. L. 213-6.

SECTION 1 COMPÉTENCE ADMINISTRATIVE OU JUDICIAIRE

0913.11 Compétence administrative ou judiciaire. La compétence du JEX, juge judiciaire, est limitée, comme celle des autres juridictions de cet ordre.

Dès lors, s'agissant des contestations élevées à l'occasion d'une saisie-attribution pratiquée entre les mains d'une personne morale de droit public, le JEX est-il toujours compétent, ou bien doit-il, dans certains cas, s'effacer devant le juge administratif ?

À cette question, il est parfois possible d'apporter une réponse certaine, mais la variété des situations et l'état de la jurisprudence ne permettent pas toujours une affirmation sans nuance.

0913.12 Fautes détachables ou non de la procédure d'exécution. La jurisprudence a procédé à la répartition des compétences entre l'ordre administratif et l'ordre judiciaire en se fondant sur la théorie de la faute détachable ou non de la procédure d'exécution.

Pour le Tribunal des conflits, les fautes commises au cours d'une procédure d'exécution ne sont pas détachables de cette procédure et seul le juge judiciaire est compétent[1].

Le Conseil d'État a immédiatement tenu compte de cette décision en renvoyant au juge judiciaire la connaissance des fautes commises au cours d'une procédure d'exécution[2].

« *Le contentieux né de la procédure d'exécution* [...] *ne ressortit pas à la compétence de la juridiction administrative* » (il en est ainsi jugé par une décision se rapportant à une saisie-arrêt pratiquée sur une pension de retraite[3] – Une solution dans le même sens a été adoptée à propos de la régularité d'une saisie-arrêt pratiquée entre les mains d'un centre de chèques postaux[4]).

1. T. confl. 22 févr. 1960, Sieur Bernard, *Lebon* 861 ; *JCP* 1961. II. 12093, note Bénoit.
2. CE 30 mars 1960, Duval, *Lebon* 240 ; *RPDA* 1960. 170.
3. CE 16 mars 1983, Frank, req. nº 32250 – V. AUSSI : concernant égal. une saisie-arrêt pratiquée sur une pension de retraite, CE 11 oct. 1993, Thiney, req. nº 132252, NP.
4. CE 9 sept. 1994, Meyer, req. nº 130148, *Lebon* 857.

Le juge judiciaire, et donc le JEX, a compétence pour apprécier la régularité de la procédure d'exécution[1].

En outre, en matière de saisie-arrêt, la Cour de cassation a admis que « *la faute commise par un chef de centre de chèques postaux en se dessaisissant au profit du comptable du Trésor, sur le fondement d'un avis à tiers détenteur non notifié au débiteur, du solde d'un compte qui avait fait l'objet d'une saisie-arrêt antérieure, n'est pas détachable de cette procédure de saisie* »[2], pour en déduire que l'action engagée contre l'agent judiciaire du Trésor par le créancier victime de ce paiement était de la compétence du juge judiciaire.

Relevons que la compétence des juridictions judiciaires est pareillement retenue lorsque l'Administration, créancière, commet une erreur dans l'accomplissement d'une saisie-attribution (pour une erreur dans la personne du débiteur saisi du fait d'une homonymie[3]).

SECTION 2
ÉTENDUE DES ATTRIBUTIONS DU JUGE DE L'EXÉCUTION

0913.21 **Condamnation sur le fondement de l'article R. 211-5 du Code des procédures civiles d'exécution.** La violation de l'obligation prévue par l'article R. 211-5 C. pr. exéc. pourrait entraîner la condamnation de la personne publique à payer au créancier les sommes qui lui sont dues, ou des dommages et intérêts en cas de négligence fautive, ou de déclaration inexacte ou mensongère (v. s^s^ n°s 0821.111 s.).

Si les jurisprudences précitées du Conseil d'État et de la Cour de cassation paraissent militer en faveur de la compétence du JEX pour prononcer une telle condamnation, la question n'a pas été expressément tranchée. En tout état de cause, une telle compétence ne permettrait pas nécessairement au JEX de porter une appréciation sur le rapport d'obligation liant la personne publique au débiteur saisi (v. s^s^ n° 0913.23), point qui, s'il se posait à ce juge, pourrait donc le conduire à saisir le juge administratif compétent d'une question préjudicielle (C. pr. civ., art. 49). Ainsi, le tribunal administratif de Grenoble a pu se déclarer compétent pour apprécier la responsabilité d'une commune et d'un comptable public en raison de la communication au créancier saisissant d'informations inexactes, sans avoir effectué les vérifications nécessaires pour justifier de la dette de la commune à l'égard du saisi[4].

0913.22 **Astreinte.** Afin de contraindre le tiers saisi à satisfaire à ses obligations, la loi de 1991 (C. pr. exéc., art. L. 123-1) permet au créancier saisissant de demander au JEX de prononcer une astreinte.

La compétence du JEX n'a pas été explicitement affirmée. Elle pourrait se prévaloir d'un arrêt de la Cour de cassation ayant rejeté le pourvoi formé contre une décision d'un juge des référés qui avait enjoint sous astreinte au directeur départemental des Postes de communiquer l'adresse d'un de ses agents au commissaire de justice chargé de recouvrer le montant d'une condamnation[5].

0913.23 **Contestations touchant la créance saisie.** Les auteurs s'accordent sur la compétence de la juridiction administrative lorsque la contestation porte sur l'obligation de la personne publique, tiers saisie, à l'égard du débiteur saisi : existence, montant de la créance, par exemple[6].

Cependant, lorsque l'obligation de la personne publique résulte d'un contrat soumis au droit privé[7] le juge judiciaire reste compétent.

La nature de la créance détermine donc la compétence. La solution est donc proche de celle retenue en cas de contestation d'un titre exécutoire[8].

0913.24 **Délivrance d'un titre exécutoire.** On sait que lorsque le tiers saisi refuse de payer les sommes qu'il a reconnu devoir ou dont il a été jugé débiteur, la contestation est normalement portée devant le JEX qui peut délivrer un titre exécutoire contre le tiers saisi (C. pr. exéc., art. R. 211-9).

La question de la compétence du JEX n'a pas été tranchée dans le cas d'une saisie-attribution pratiquée entre les mains d'un comptable public. Toutefois, en matière de saisie-arrêt, le Conseil d'État avait jugé que le refus par un comptable public de payer les sommes frappées entre ses mains d'une saisie-arrêt, fondé sur la déchéance quadriennale, constituait une décision administrative pouvant être déférée devant la juridiction administrative[9].

1. CE, avis, 30 janv. 1992, req. n° 350083, obs. Y. Claisse, *Lebon – GACE*, Dalloz, 1997, n° 36.
2. Civ. 1re, 10 févr. 1987, n° 85-15.499, P I, n° 48.
3. TA Cergy-Pontoise, 2e ch., 30 juin 2010, M. Ikene, req. n° 0704952, *Juris-Data* n° 022788.
4. TA Grenoble, 5 juill. 1996, Vinet, req. n° 953332, NP.
5. Civ. 1re, 30 juin 1992, n° 90-18.458, P I, n° 213 ; *JCP* 1993. II. 22001, note X. Daverat (prononcé d'une astreinte par le juge des référés).
6. Claisse, note s^s^ CE, avis, 30 janv. 1992, req. n° 350083, préc. (v. s^s^ n° 0913.12) – DONNIER, n° 1237.
7. A. de Laubadère, J.-C. civ. Venezia et Y. Gaudemet, *Traité de droit administratif*, t. I, 14e éd., LGDJ, 1996, n°s 999 s.
8. V. jurispr. citée par M.-C. Gauthier, « Le contentieux de l'opposition à titre », *Procédures* 1998. 3. II-A.
9. CE 25 oct. 1967, Min. Justice c/Dame Bonnafous, req. n° 71004, *Lebon* 393.

TITRE

092. La saisie-attribution des comptes bancaires et assimilés

SECTION 0

Orienteur

092.00 Sommaire du titre.

Division. Après avoir précisé le domaine exact des règles propres à la saisie des comptes bancaires (chap. 921), on examinera les spécificités intéressant le déroulement de cette mesure (chap. 922), puis ses effets (chap. 923).

092.01 Textes applicables.

La saisie-attribution des comptes bancaires est régie par les articles L. 162-1, L. 162-2, R. 112-5, R. 162-1 à R. 162-9, R. 211-18 à R. 211-23, et R. 213-10 du Code des procédures civiles d'exécution, textes qui viennent compléter les règles générales de la saisie-attribution, les adapter à ce mécanisme particulier de la saisie de comptes ou se substituer à eux.

• **C. pr. exéc.,** art. L. 162-1 et L. 162-2 ; R. 112-5, R. 162-1 à R. 162-9, R. 211-18 à R. 211-23 et R. 213-10.

092.03 Bibliographie indicative.

Actualisables. Rép. pr. civ., v° *Saisie-attribution*, févr. 2016, par C. Lefort, (actu. juin 2024, par L. Boudor), n°s 279-374 – *J.-Cl. Pr. Form.*, v° *Saisie des comptes bancaires – Saisie-attribution*, fasc. 20, par T. Fossier, actu. juin 2023, par H. Croze – *J.-Cl. Pr. civ.,* V° Saisie-attribution (Comptes bancaires : règles spécifiques*)*, fasc. 1600-35, par N. Cayrol.

Ouvrages[1]. G. Couchez et D. Lebeau, *Voies d'exécution*, 12e éd., Sirey, 2017, p. 168-169, nos 289-291 – J.-M. Delleci, *La réforme des procédures civiles d'exécution. Son application aux opérations de banque*, 2e éd., Banque, 1997 – J.-B. et M. Donnier, *Voies d'exécution et procédures de distribution*, 10e éd., « Manuels », LexisNexis, 2020, p. 414-427, nos 1068-1106 – R. Lauba, *Le contentieux de l'exécution*, 13e éd., LexisNexis-ENM, 2017, p. 317-333, nos 486-513 – A. Leborgne, *Droit de l'exécution*, 3e éd., « Précis », Dalloz, 2019, p. 549 s., nos 1095 s. – R. Perrot et Ph. Théry, *Procédures civiles d'exécution*, 3e éd., Dalloz, 2013, p. 441 s., nos 437 s. – S. Piedelièvre, *Procédures civiles d'exécution*, Economica, 2016, p. 504-520, nos 489-502 – F. Ribay et J.-M. Delleci, *La banque et les nouvelles procédures de saisie*, AFB, 1993.

Articles. M. Cabrillac et B. Teyssié, *RTD com.* 1991. 617 – J.-M. Calendini, « La saisie-attribution de comptes bancaires », *LPA* 9 févr. 1994, p. 13 – F.-J. Credot et Y. Gérard, « Aspects bancaires de la réforme des procédures civiles d'exécution », *RD bancaire et bourse* 1993, n° 35, p. 2 – H. Croze, « Saisie-attribution bancaire : les mystères de l'article 47 de la loi du 9 juillet 1991 », *LPA* 6 janv. 1993, p. 70, n° spéc. – O. Cuperlier, « Réflexions critiques sur l'insaisissabilité d'une ouverture de crédit », *RTD civ.* 2007. 485 – J.-M. Delleci, « La saisie-attribution de comptes bancaires : portée de l'article 47 de la loi du 9 juillet 1991 », *Banque et droit* 1992. 160 – F. François-Marsal, « La saisie-attribution et le banquier tiers saisi », *LPA*

1. Les ouvrages dont le nom des auteurs figure en petites capitales en bibliographie seront cités par le seul nom des auteurs en petites capitales en notes de bas de page.

6 janv. 1993, p. 74, n° spéc. – C. Mouly, « Procédures civiles d'exécution et droit bancaire », *RTD civ.* 1993. 65, n° spéc. – B. Saintourens, « La saisie des avoirs bancaires », [Actes du colloque Association Processualis et master II, univ. Dijon, 28 févr. 2008], *Procédures* 2008. 40.

092.05 **Spécificité.** Le particularisme de la saisie-attribution des comptes bancaires s'explique par la nature des biens saisis, créances versées sur des comptes dont le solde varie en permanence par le jeu des retraits ou des dépôts de monnaie fiduciaire ou scripturale et qui constituent parfois le seul élément d'actif du débiteur.

092.06 **Voie d'exécution privilégiée.** Dans une « *société massivement bancarisée* »[1], la saisie-attribution des comptes ouverts auprès d'un « *établissement habilité par la loi à tenir des comptes de dépôt* » (C. pr. exéc., art. L. 162-1) constitue une procédure d'exécution privilégiée par le législateur (alors qu'il subordonne la saisie-vente des meubles d'un logement à l'impossibilité de saisir un compte de dépôt ou des rémunérations, lorsque la créance, cause de la saisie, est inférieure à un certain montant, C. pr. exéc., art. L. 221-2), efficace (par l'indisponibilité totale des comptes du saisi, C. pr. exéc., art. R. 211-19) et facile à mettre en œuvre (absence de commandement préalable).

Ces considérations expliquent l'institution d'un « *solde bancaire insaisissable* » par une loi du 12 mai 2009[2], ayant complété par un article 47-1 les dispositions de la loi du 9 juillet 1991 (devenu C. pr. exéc., art. L. 162-2) relatives à la saisie-attribution[3].

1. C. Mouly, « Procédures civiles d'exécution et droit bancaire », *RTD civ.* 1993. 66, n° spéc.
2. L. n° 2009-526, 12 mai 2009, de simplification et de clarification du droit et d'allègement des procédures, *JO* 13 mai, p. 7920.
3. L. n° 2009-526, 12 mai 2009, art. 20, I.

CHAPITRE

0921. Domaine de la saisie-attribution

ÉDOUARD DE LEIRIS
CONSEILLER À LA COUR DE CASSATION

SECTION 0
ORIENTEUR

0921.00 **Sommaire du chapitre.**

Division. Le Code des procédures civiles d'exécution prévoit des règles spéciales applicables à la saisie-attribution pratiquée entre les mains d'un établissement habilité à tenir des comptes de dépôt. En l'absence de précision dans les textes, il est nécessaire de déterminer, *d'une part*, les établissements concernés (sect. 1), *d'autre part*, les comptes visés (sect. 2), et enfin, le « *solde bancaire insaisissable* » échappant à la saisie (sect. 3).

0921.01 **Textes applicables.**

• **C. pr. exéc.**, art. L. 161-1, L. 161-2, L. 162-1, L. 162-2, L. 211-1, L. 211-4, R. 162-2, R. 162-3, R. 162-7 à R. 162-9, R. 211-3 à R. 211-5, R. 211-19, R. 211-21, R. 211-22 et R. 213-10.

• **C. civ.**, art. 220, 1103, 1402, 1415, 1538 et 2360.

• **C. pr. civ.**, art. 640 s.

• **C. mon. fin.**, art. L. 311-1 et L. 511-9.

0921.02 **Jurisprudence de référence.**

> Détournement de saisie. Saisie privant le bénéficiaire d'un engagement irrévocable né d'un crédit documentaire.

• **Com. 14 oct. 1981,** n° 80-12.336, P IV, n° 357

* V. s^s n° 0921.43

Viole les dispositions des articles 1134 [devenu art. 1103] du Code civil et 3 des « Règles et usances uniformes relatives au crédit documentaire », la cour d'appel qui, à l'occasion d'un litige portant sur une commande de marchandises importées payables par crédit documentaire ouvert par une banque accueille la demande de l'acheteur, qui, après avoir obtenu saisie-arrêt des fonds réclamait le séquestre de ceux-ci non transférés au vendeur, énonce que la saisie-arrêt ou la mise sous séquestre de la part du donneur d'ordre, invoquant la non-conformité de la marchandise, sont des mesures conservatoires n'atteignant pas le caractère irrévocable du crédit, mais empêchant seulement le bénéficiaire de recouvrer sa créance sur le banquier jusqu'à décision au fond sur la créance indemnitaire de l'acheteur donneur d'ordre, alors que la banque, tiers saisie et désignée séquestre, avait reçu les documents conformes du vendeur et s'était engagée directement et irrévocablement à son égard d'effectuer le payement.

> Créance conditionnelle et saisissable du bénéficiaire d'un crédit documentaire.

• **Com. 5 juill. 1983,** n° 81-12.371, P IV, n° 202

* V. s^s n° 0921.43

Le bénéficiaire d'un crédit documentaire dispose d'une créance conditionnelle sur le banquier jusqu'à la remise des documents à ce dernier ; doit dès lors être cassé l'arrêt qui ordonne la mainlevée de la saisie arrêt pratiquée par un créancier de la société bénéficiaire d'un crédit documentaire irrévocable.

> Assiette de la saisie des comptes bancaires. Exclusion des comptes spéciaux exclusivement affectés à la réception des fonds de la clientèle du saisi.

• **Civ. 1re, 19 févr. 1985,** nº 83-15.536, P I, nº 68

* V. s[s] nº 0921.23

Les fonds déposés par un conseil juridique sur le compte spécial, ouvert à la banque, exclusivement affecté à la réception des fonds provenant de sa clientèle, sont détenus à titre précaire par le titulaire du compte et ne font pas partie de son patrimoine. Il s'ensuit que les créanciers personnels de ce conseil ne sont pas en droit de saisir ces fonds.

> Détournement de procédure : saisie pratiquée non pas en vue d'un paiement mais au contraire pour en empêcher un.

• **Com. 18 mars 1986,** nº 83-16.737, P IV, nº 40

* V. s[s] nº 0921.43

Justifie sa décision d'accueillir la demande de mainlevée de la saisie-arrêt pratiquée entre les mains d'une banque sur les lettres de crédit non échues, qu'avait formée le vendeur de marchandises pour le paiement desquelles avait été ouvert un crédit documentaire irrévocable, la cour d'appel qui retient que la créance du vendeur était frappée d'une indisponibilité qui résultait de la convention des parties, le donneur d'ordre et le bénéficiaire ayant convenu du caractère irrévocable du crédit documentaire.

> Assiette de la saisie des comptes bancaires. Exclusion des comptes spéciaux exclusivement affectés à la réception des fonds de la clientèle du saisi. Faute du banquier.

• **Com. 25 févr. 1992,** nº 90-16.881, P IV, nº 92

* V. s[s] nº 0921.23

Selon l'article L. 262 du Livre des procédures fiscales l'avis à tiers détenteur ne peut avoir effet que sur les fonds appartenant ou devant revenir au redevable d'impôts, pénalités, frais et accession. Justifie légalement sa décision la cour d'appel qui, retenant que les fonds figurant sur le compte unique spécial d'une société de transactions immobilières ouvert en vertu de la loi du 2 janvier 1970 n'appartiennent pas à cette société mais aux clients de celle-ci, relève la faute de la banque et accueille la demande du mandataire-liquidateur de la société en reversement de la somme payée au Trésor public.

> Compétence du juge de l'exécution. Frais et dépens antérieurs aux actes d'exécution (non). Contestation de la saisie-attribution hors délai.

• **Cass., avis, 11 mars 1994,** nº 09-40.001, P, nº 8

* V. s[s] n°s 0212.122, 0313.42, 0832.21, 0842.13, 0921.81, 0971.373

De la combinaison des articles 52 du nouveau Code de procédure civile, L. 311-12-1 [devenu L. 213-6] du Code de l'organisation judiciaire et 32 de la loi du 9 juillet 1991 [devenu art. L. 111-8 C. pr. exéc.], il résulte que la compétence du juge de l'exécution se limite aux frais de l'exécution forcée proprement dite, dont ce juge peut, en cas de contestation, déterminer la charge et fixer le montant.

Le saisi peut, même s'il a signé un acte de non-contestation de la saisie, former une demande, conformément à l'article 45, alinéa 3, de la loi du 9 juillet 1991 [devenu art. L. 211-4 C. pr. exéc.]. Cette demande doit être formée devant le juge du fond, ce qui exclut toute compétence du juge de l'exécution.

> Compte joint entre époux. Identification de l'origine des fonds. Refus de la saisie par un créancier personnel d'un époux d'un compte joint alimenté par les revenus de chacun des époux.

• **Civ. 1re, 3 avr. 2001,** nº 99-13.733, P I, nº 92

* V. s[s] n°s 0141.221, 0144.145, 0921.33, 1313.172

Par application de l'article 1415 du Code civil, chacun des époux ne peut engager que ses biens propres et ses revenus par un cautionnement ou un emprunt contractés sans le consentement exprès de l'autre. En conséquence, n'est pas saisissable en exécution d'un cautionnement contracté par un seul des époux le compte alimenté par les revenus de chacun d'eux, faute pour le créancier d'identifier les revenus de l'époux débiteur.

> Insaisissabilité de la fraction non utilisée de l'ouverture de crédit.

• **Civ. 2e, 18 nov. 2004,** nº 00-19.693, P II, nº 501

* V. s[s] n°s 0812.42, 0921.42

L'ouverture de crédit en compte courant, à concurrence de sa partie non utilisée, ne constitue qu'une promesse de prêt à une personne dénommée ; qu'il s'ensuit que la fraction inutilisée de l'ouverture de crédit n'est pas saisissable.

> Saisie d'un compte ouvert au nom d'un époux commun en bien. Charge pour le créancier personnel de l'époux d'identifier les revenus déposés sur le compte.

• **Civ. 1re, 17 janv. 2006,** nº 02-20.636, P I, nº 13

* V. s[s] n°s 0144.145, 0921.33

Selon l'article 1415 du Code civil, chacun des époux ne peut engager que ses biens propres et ses revenus par un cautionnement ou un emprunt contractés sans le consentement exprès de l'autre conjoint. Il en résulte que les sommes déposées sur un compte ouvert au nom de l'un des époux, présumées communes en vertu de l'article 1402 du Code civil, ne sont pas saisissables, faute pour le créancier d'identifier les revenus de l'époux débiteur.

> Domaine de la réglementation spéciale à la saisie des comptes. Affacturage (non).

• **Civ. 2e, 5 avr. 2007,** nº 05-14.593, P II, nº 88

* V. s[s] n°s 0921.13, 0971.331, 0971.332

Une société d'affacturage ne constituant pas un établissement habilité par la loi à tenir des comptes de dépôt, les obligations prescrites par l'article 47 de la loi du 9 juillet 1991 ne s'appliquent pas aux saisies-attributions pratiquées entre ses mains, en sa qualité de tiers saisi.

> Saisie-attribution. Créance de restitution née d'un dépôt de fonds auprès d'une succursale située à l'étranger. Attribution au saisissant.

• **Civ. 2e, 14 févr. 2008,** nº 05-16.167, P II, nº 36

* V. s[s] n°s 0921.24, 1711.13, 1711.285

La banque, qui a seule la personnalité morale, est dépositaire des fonds détenus dans une succursale située à l'étranger ; la circonstance que les fonds sont déposés dans une telle succursale est, pour l'application de la loi nº 91-650 du 9 juillet 1991, sans incidence sur l'effet d'attribution, au profit du créancier saisissant, de la créance de somme d'argent à la restitution de laquelle est tenue la banque tiers-saisi en sa qualité de dépositaire.

> Saisie d'un compte joint entre époux. Recherche de l'origine des fonds.

• **Civ. 2e, 20 mai 2009,** no 08-12.922, P II, no 102

* V. ss nos 0144.145, 0144.146, 0921.34, 0971.353

Lorsque le créancier d'un époux marié sous le régime de la séparation des biens fait pratiquer une saisie sur un compte ouvert au nom des deux époux, il lui appartient d'identifier les fonds personnels de l'époux débiteur.

> Saisie-attribution. Charge de la preuve de la créance saisie.

• **Civ. 2e, 10 févr. 2011,** no 10-30.008, P II, no 38

* V. ss nos 0812.13, 0921.32

Il appartient au créancier qui a fait pratiquer une saisie-attribution d'établir que le débiteur est créancier du tiers saisi.

> Mise à disposition d'un minimum vital. Politique de solidarité nationale en faveur des personnes défavorisées.

• **Civ. 2e, QPC, 13 déc. 2012,** no 12-40.083, NP

* V. ss no 0921.52

L'article 47-1 de la loi du 9 juillet 1991, devenu l'article L. 162-2 du Code des procédures civiles d'exécution, dont l'objet est d'assurer de manière automatique au débiteur saisi, dans la limite du solde créditeur du compte bancaire faisant l'objet de la saisie, la mise à disposition d'un minimum vital équivalent au montant du revenu de solidarité active, répond à l'exigence constitutionnelle de mise en œuvre d'une politique de solidarité nationale en faveur des personnes défavorisées ; qu'il appartient au législateur, pour satisfaire cette exigence, de choisir les modalités concrètes qui lui paraissent appropriées et qu'en limitant le montant du solde bancaire insaisissable au montant forfaitaire du revenu de solidarité active pour un allocataire seul, le législateur a opéré une nécessaire conciliation entre les deux exigences constitutionnelles que sont, *d'une part*, le droit de propriété des créanciers, garanti par les articles 2 et 4 de la Déclaration de 1789 et, *d'autre part*, les droits reconnus aux débiteurs par l'alinéa 11 du préambule de 1946, sans porter une atteinte disproportionnée aux seconds.

> Compétence du juge de l'exécution pour connaître des demandes de réparation des conséquences dommageables des mesures d'exécution forcée ou conservatoires.

• **Civ. 2e, 27 févr. 2014,** no 13-11.788, P II, no 54

* V. ss nos 0212.91, 0254.91, 0313.53, 0841.22, 0921.81

Il résulte de l'article L. 213-6 du Code de l'organisation judiciaire que le juge de l'exécution connaît des demandes en réparation fondées sur l'exécution ou l'inexécution dommageables des mesures d'exécution forcée ou des mesures conservatoires, sans qu'il y ait lieu de distinguer suivant qu'elles sont ou non encore en cours au jour où il est saisi.

> Saisie des comptes bancaires. Détention de fonds pour le compte d'autrui.

• **Civ. 2e, 15 mai 2014,** nos 13-13.878 et 13-13.879, P II, no 114

* V. ss nos 0813.21, 0921.23

C'est à bon droit qu'une cour d'appel rejette la demande de mainlevée d'une saisie-attribution dès lors qu'elle relève que la convention de compte professionnel relative au compte bancaire sur lequel la saisie-attribution a été pratiquée ne comporte aucune mention relative à une détention de fonds pour le compte de la copropriété et constate que la société n'établit pas que le compte est exclusivement dédié à cette copropriété et n'a fonctionné, en débit et en crédit, que pour le seul syndicat des copropriétaires.

> Saisie des comptes joints. Étendue de la saisie.

• **Civ. 2e, 21 mars 2019,** no 18-10.408, P

* V. ss nos 0144.145, 0841.63, 0921.32, 0971.351, 0971.372

L'acte de saisie-attribution pratiqué entre les mains d'un établissement habilité à tenir des comptes de dépôt porte sur l'ensemble des comptes du débiteur qui représentent des créances de sommes d'argent de ce dernier contre cet établissement. Dans le cas d'un compte joint, cet établissement étant débiteur de la totalité du solde de ce compte à l'égard de chacun de ses cotitulaires, l'effet attributif de la saisie s'étend, sous réserve des règles propres aux régimes matrimoniaux entre époux, à la totalité du solde créditeur, sauf pour le débiteur saisi ou le cotitulaire du compte, avisé de la saisie dans les conditions prévues par l'article R. 211-22 C. pr. exéc., à établir que ce solde est constitué de fonds provenant de ce dernier, en vue de les exclure de l'assiette de la saisie.

> Effet de la saisie-attribution entre les mains d'une agence située en France d'une banque étrangère.

• **Civ. 2e, 10 déc. 2020,** no 19-10.801, P

* V. ss nos 0214.72, 0812.11, 0813.14, 0921.25, 0942.43, 1711.13

Dès lors qu'une mesure de saisie attribution, qui permet à un créancier muni d'un titre exécutoire de saisir entre les mains d'un tiers les créances de son débiteur portant sur une somme d'argent, en application de l'article L. 211-1 C. pr. exéc., suppose l'exercice d'une contrainte sur le tiers saisi, il résulte de la règle de territorialité des procédures d'exécution, découlant du principe de l'indépendance et de la souveraineté des États, qu'elle ne peut produire effet que si le tiers saisi est établi en France. Est établi en France le tiers saisi, personne morale, qui soit y a son siège social, soit y dispose d'une entité ayant le pouvoir de s'acquitter du paiement d'une créance du débiteur saisi à son encontre.

C'est par une exacte application de ces principes qu'une cour d'appel, après avoir constaté que la créance résultant de l'ouverture de comptes bancaires dans la succursale newyorkaise d'une banque, dont le siège social est à Londres, a ordonné la mainlevée de la saisie-attribution pratiquée en France auprès d'une succursale dans laquelle aucun compte n'était ouvert au nom du débiteur saisi.

0921.03 Bibliographie indicative[1].

* V. ss no 092.03.

1. Les ouvrages dont le nom des auteurs figure en petites capitales en bibliographie seront cités par le seul nom des auteurs en petites capitales en notes de bas de page.

SECTION 1
ÉTABLISSEMENTS CONCERNÉS

0921.11 Établissements habilités à tenir des comptes de dépôt. La réglementation propre à la saisie des comptes bancaires s'applique lorsque la saisie-attribution est pratiquée entre les mains d'un « *établissement habilité par la loi à tenir des comptes de dépôt* ».

Le Code monétaire et financier dispose en son article L. 511-9 alinéa 1er que les établissements de crédit sont agréés en qualité de banque, de banque mutualiste ou coopérative, d'établissement de crédit spécialisé, d'établissements de crédit et d'investissement ou de caisse de crédit municipal.

Seuls ces établissements de crédit, catégorie qui inclut en outre les **caisses d'épargne et de prévoyance** (C. mon. fin., art. L. 512-87 et L. 512-88) et les services financiers de **La Poste** (**La Banque postale** – L. 2 juill. 1990[1], art. 2 – C. mon. fin., art. L. 518-25), sont habilités d'une façon générale à recevoir des fonds du public et à tenir des comptes de dépôt (C. mon. fin., art. L. 511-5).

La catégorie des établissements concernés par ces dispositions comprend d'autres organismes qui, bien que non soumis à certaines dispositions du Code monétaire et financier, reçoivent des dépôts en compte[2] (C. mon. fin., art. L. 518-1). C'est le cas de **la Banque de France** (C. mon. fin., art. L. 141-8[3]), du **Trésor public** (Décr. 25 juill. 1963[4], art. 1er) et de **la Caisse des dépôts et consignations** (C. mon. fin., art. L. 518-2).

La question peut se poser de savoir si certains autres organismes sont soumis aux dispositions spéciales de l'article L. 162-1 C. pr. exéc. qui précise l'obligation déclarative du tiers saisi ainsi que les opérations de débit et de crédit qui peuvent affecter le solde des comptes.

0921.12 Caisse autonome de règlements pécuniaires des avocats (Carpa). Il a pu être affirmé que les règles édictées par l'article L. 162-1 C. pr. exéc. s'appliquaient aux caisses autonomes de règlements pécuniaires des avocats, dites « Carpa »[5]. Ce point de vue est désormais globalement écarté[6].

La terminologie de l'article L. 162-1 C. pr. exéc., qui détermine les opérations pouvant modifier l'assiette de la saisie-attribution (remises de chèques, d'effets de commerce, retraits par billetterie), et celle des articles R. 211-19 et suivants C. pr. exéc. qui visent la « *nature des comptes* », la saisie d'un « *compte joint* », les « *fonds disponibles à vue* », révèle par elle-même que seuls entrent dans le champ des dispositions spécifiques de l'article L. 162-1 C. pr. exéc. les établissements qui, de façon habituelle, reçoivent des fonds en dépôt du public, gèrent ces fonds, mettent à disposition de leurs clients des procédés de paiement ou de crédit, en application des dispositions de l'article L. 311-1 C. mon. fin.

0921.13 Société d'affacturage. L'article L. 162-1 C. pr. exéc. ne concernant que les saisies-attribution pratiquées entre les mains des établissements habilités par la loi à tenir des comptes de dépôt, la Cour de cassation a justement refusé d'appliquer à une société d'affacturage les obligations prescrites par cet article, une telle société n'étant pas habilitée par la loi à tenir des comptes de dépôt[7].

0921.14 Établissement de monnaie électronique. Selon un auteur, les sociétés qui proposent ce qu'il est convenu d'appeler un « *portefeuille numérique* », c'est-à-dire « *qui émettent et gèrent à titre de profession habituelle de la monnaie électronique* » « *représentant une créance sur l'émetteur* [...] *aux fins d'opérations de paiement* » (C. mon. fin., art. L. 526-1 et L. 315-1), ne relèvent pas du champ de l'article L. 162-1 C. pr. exéc.[8]. La saisie de la créance qu'un client détiendrait contre une telle société, dans un établissement situé en France, relèverait par conséquent des règles de la saisie-attribution de droit commun.

1. L. no 90-568, 2 juill. 1990, relative à l'organisation du service public de la poste et des télécommunications, *JO* 8 juill. – Mod. par L. no 2005-516, 20 mai 2005, relative à la régulation des activités postales, *JO* 21 mai, texte 1.
2. H. Croze, « La loi no 91-650 du 9 juillet 1991 portant réforme des procédures civiles d'exécution : les règles spécifiques aux différentes mesures d'exécution forcée et mesures conservatoires », *JCP* 1992. I. 3585, no 13, note 34.
3. ANCt L. no 93-980, 4 août 1993, art. 17.
4. Décr. no 63-763, 25 juill. 1963
5. Chain, « La saisie-attribution », *Gaz. Pal.* 1993. 1. Doctr. 306 – TGI Grenoble, JEX, 23 juin 1997, RG no 97/02830, NP.
6. *J.-Cl. Pr. civ., V°* Saisie-attribution (Comptes bancaires : règles spécifiques), fasc. 1600-35, no 16, par N. Cayrol – *Encyclopédie des huissiers de justice, V°* Saisies des comptes bancaires, fasc. 10, no 6, par Leipp.
7. Civ. 2e, 5 avr. 2007, no 05-14.593, P II, no 88 ; *D.* 2007. AJ 1278, obs. V. Avena-Robardet ; *Dr. et proc.* 2007. 383, obs. C. Lefort ; *RD banc. fin.* 2007, no 160, obs. S. Piedelièvre ; *Dr. et patr.* nov. 2007. 164, obs. Grocq ; *Gaz. Pal.* 2007. Somm. 3442, note C. Brenner ; *D.* 2008. Pan. 1172, obs. Leborgne – V. AUSSI : B. Saintourens, « La saisie des avoirs bancaires », *Procédures* 2008. 40.
8. V. M. Mallet, « Saisie-attribution, saisir les portefeuilles numériques : Paypal et Cie... », *Procédures* 2017. Étude 31, no 10.

SECTION 2

COMPTES ET CRÉANCES VISÉS PAR LA SAISIE-ATTRIBUTION

§ 1

Comptes visés par la saisie-attribution

0921.21 Tous les comptes du débiteur représentant une créance de somme d'argent. L'article L. 162-1 C. pr. exéc. fait obligation à l'établissement bancaire « *de déclarer le solde du ou des comptes du débiteur au jour de la saisie* ».

L'article R. 211-19 C. pr. exéc. précise que l'acte de saisie rend indisponible « *l'ensemble des comptes du débiteur qui représentent des créances de sommes d'argent* ».

Sont ainsi concernés, non seulement **le ou les comptes de dépôt**, ordinaires ou joints, comptes courants, mais également **tous les comptes, quelle qu'en soit la dénomination** (livret A, compte et plan d'épargne-logement, livret de développement durable, *etc.*), dès lors que leur solde, représentant une créance contre la banque, est, en tout ou partie, exprimé en numéraire, y compris en devise étrangère[1].

Sont ainsi exclus de la saisie-attribution : les instruments financiers inscrits au crédit des comptes bancaires, faute de représenter une créance de somme d'argent contre la banque[2] – telles les actions et obligations figurant sur un compte-titre ou un plan d'épargne en actions ; en revanche, l'éventuelle partie « *liquide* » de ces comptes, livrets et plans est appréhendée par la saisie-attribution.

Ne sont en outre concernés que les comptes bancaires, ce qui exclut les produits d'assurance[3] ou encore la monnaie placée dans un coffre-fort, qui ne constituent pas des créances de somme d'argent.

Sur les autres créances de somme d'argent que le débiteur détient contre la banque et non-inscrites au crédit d'un compte bancaire, v. s^s n° 0921.41.

0921.22 Comptes d'un entrepreneur individuel. En application de l'article L. 161-1 C. pr. exéc., inséré par la loi du 14 février 2022 en faveur de l'activité professionnelle indépendante[4], « *une procédure d'exécution à l'encontre d'un débiteur entrepreneur individuel ne peut porter que sur les biens du patrimoine sur lequel le créancier dispose d'un droit de gage général en vertu de l'article L. 526-22 du Code de commerce* ». Si cette loi a corrélativement abrogé le statut de l'entrepreneur individuel à responsabilité limitée[5], qui ne s'applique plus qu'à des EIRL antérieurement constituées, l'article L. 161-2, régissant ces EIRL, a été maintenu et dispose, de façon similaire : « *En cas de saisie à l'encontre d'un débiteur entrepreneur individuel à responsabilité limitée, celle-ci ne peut porter que sur le ou les biens sur lesquels le créancier a un droit de gage général tel que défini à l'article L. 526-12 du Code de commerce* ». Ces dispositions sont un simple rappel de la limite apportée par le Code de commerce au patrimoine sur lequel les créanciers bénéficiant d'un droit de gage général peuvent exécuter[6].

Dans le cas particulier de la saisie des comptes bancaires, il est à recommander au créancier d'identifier le patrimoine de l'entrepreneur individuel qui lui sert de gage, notamment pour éviter de voir sa responsabilité mise en cause dans le cadre des opérations de saisie (v. s^s n° 0821.29).

0921.23 Comptes accueillant des sommes n'appartenant pas à son titulaire. Les sommes déposées par le débiteur sur un compte peuvent ne pas lui appartenir. Toutefois, elles perdent toute individualité lorsqu'elles sont versées au crédit d'un compte accueillant également des sommes revenant au titulaire du compte. Aussi les comptes ouverts au nom du débiteur saisi entrent-ils dans leur totalité dans l'assiette de la saisie, sauf, pour celui qui prétend que ce compte n'est abondé que de sommes en simple dépôt[7], à rapporter la preuve que ces sommes sont la propriété d'un tiers. Ainsi a-t-il été jugé, pour le compte ouvert par un syndic de copropriété, « *qu'ayant relevé que la convention de compte professionnel relative au compte bancaire sur lequel la saisie-attribution avait été pratiquée* [...] *ne comportait aucune mention relative à une détention de fonds pour le compte de la copropriété et constaté que* [le syndic] *n'établissait pas que le compte était exclusivement dédié à cette copropriété et n'avait fonctionné, en débit et en crédit, que pour le seul syndicat de copropriétaires de ladite copropriété et exactement retenu que les fonds déposés sur le compte pouvaient être saisis par les créanciers* [du syndic]*, la cour d'appel a décidé, à bon droit, qu'il n'y avait*

1. F.-J. Crédot et Y. Gérard, « Aspect bancaire de la réforme des procédures civiles d'exécution », *RD bancaire et bourse* 1993, n° 35, p. 4, dressant une liste de comptes rendus indisponibles par la saisie-attribution, qui ne saurait toutefois bien sûr être exhaustive – V. AUSSI : PERROT et THÉRY, n°s 440 s.
2. DELLECI, n° 360, p. 223.
3. Douai, 19 juin 1997, *Banque et droit* 1997, n° 56, p. 40.
4. L. n° 2022-172, 14 févr. 2022, en faveur de l'activité professionnelle indépendante, *JO* 15 févr., texte 2.
5. Ord. n° 2010-1512, 9 déc. 2010, portant adaptation du droit des entreprises en difficulté et des procédures de traitement des situations de surendettement à l'entrepreneur individuel à responsabilité limitée, *JO* 10 déc., p. 21617.
6. Sur ce point, v. Rapport au président de la République, relatif à l'ordonnance n° 2010-1512 du 9 déc. 2010, portant adaptation du droit des entreprises en difficulté et des procédures de traitement des situations de surendettement à l'entrepreneur individuel à responsabilité limitée, *JO* 10 déc., p. 21617.
7. H. Croze, note au *JCP* 1992. I. 3585, n° 16 (préc., v. s^s n° 0921.11).

pas lieu d'ordonner la mainlevée des saisies-attributions pratiquées »[1].

Il en va autrement lorsqu'est ouvert un compte spécial. Tel a pu par exemple être le cas pour :

– un compte ouvert au nom d'un conseil juridique (antérieurement à la réforme de la profession : Décr. 13 juill. 1972[2]) exclusivement affecté à la réception des fonds provenant de sa clientèle, de sorte que les sommes ne sont détenues par lui qu'à titre précaire et ne font pas partie de son patrimoine[3] ;

– un compte ouvert par un professionnel en qualité de séquestre d'une somme d'argent[4] ;

– un compte spécial ouvert par un agent immobilier en application de la loi du 2 janvier 1970 destiné à recevoir les fonds remis par ses clients à titre d'acomptes sur les opérations effectuées par son intermédiaire[5] ;

– un compte ouvert par un promoteur immobilier, spécialement dédié à une opération de promotion immobilière et abondé par des fonds provenant d'un prêt souscrit par le maître de l'ouvrage[6] ;

– un compte ou un sous-compte ouvert au nom d'un syndic mais dédié à un syndicat des copropriétaires déterminé (L. 10 juill. 1965[7], art. 18, II)[8] ;

– un compte bancaire ouvert au nom de son client par une société gestionnaire, qui ne disposait de la signature pour le faire fonctionner qu'à l'effet d'exécuter les décisions prises par son client[9].

Le compte que le tuteur est tenu d'ouvrir au nom de la personne protégée devrait entrer dans cette même catégorie (v. s^s n° 0813.22).

Dans de tels cas, les créanciers du titulaire du compte spécial ne peuvent pas saisir ce compte et, corrélativement, les créanciers du propriétaire des fonds déposés sur ce compte spécial peuvent procéder à la saisie-attribution du solde de ce compte. Ainsi en a-t-il été jugé, dans l'arrêt précité du 9 avril 2015[10], à propos du créancier d'un syndicat des copropriétaires ayant pratiqué une saisie-attribution entre les mains de la banque, en vue de l'attribution du solde créditeur du compte ouvert par le syndic pour le syndicat des copropriétaires. En somme, dans un tel cas, cette jurisprudence revient à estimer que le titulaire du compte est, tel un mandataire, transparent.

Si l'information est connue de lui, l'établissement bancaire devra indiquer au créancier saisissant que tel compte a été ouvert par le saisi pour recevoir des fonds en simple dépôt, par exemple, de la part d'un avocat pour le compte d'un client, d'un agent d'assurances pour le compte de sa compagnie, *etc.*[11].

La banque qui, en connaissance du caractère affecté du compte, le débite malgré tout, en vue d'exécuter une saisie-attribution pratiquée à l'encontre du titulaire du compte, peut se voir reprocher une faute à l'égard de ce dernier[12]. Elle peut donc être condamnée à recréditer le compte, sauf à observer qu'elle dispose, contre son titulaire, de **l'action en enrichissement injustifié**, laquelle peut toutefois donner lieu à une modération de l'indemnisation de la banque, si l'appauvrissement procède d'une faute de sa part (C. civ., art. 1303-2)[13].

Pour le cas de la saisie-attribution pratiquée sur les comptes bancaires dont est devenue titulaire une société absorbante par un créancier à qui l'opération de fusion-absorption a été déclarée inopposable, v. s^s n° 0812.151.

0921.24 Étendue de la saisie aux comptes tenus par la succursale située à l'étranger d'une banque française. La Cour de cassation, s'appuyant sur le fait que la banque a seule la personnalité morale, a jugé que celle-ci est dépositaire des fonds détenus dans une succursale située à l'étranger de sorte que la circonstance que les fonds sont déposés dans une

1. Civ. 2e, 15 mai 2014, nos 13-13.878 et 13-13.879, P II, n° 114.
2. Décr. n° 72-671, 13 juill. 1972, relatif à l'obligation d'assurance et de garantie des personnes inscrites sur la liste des conseils juridiques, *JO* 18 juill., p. 7565.
3. Civ. 1re, 19 févr. 1985, n° 83-15.536, P I, n° 68 ; *D.* 1986. 316.
4. Com. 9 mars 2022, n° 20-11.990, NP (action en responsabilité engagée contre une banque s'étant dessaisie des fonds figurant sur un compte ouvert par un avocat, en vertu d'une convention de séquestre).
5. Com. 25 févr. 1992, n° 90-16.881, P IV, n° 92 (pour un avis à tiers détenteur) – Pour d'autres illustrations : TGI Blois, JEX, 12 mai 1995, *Rev. huiss.* 1996. 862, obs. G. Dahan (compte d'un agent commercial).
6. Civ. 2e, 9 avr. 2015, n° 12-22.467, NP – Com. 9 mars 2022, n° 20-11.990, NP (préc. ss prést n°).
7. L. n° 65-557, 10 juill. 1965, fixant le statut de la copropriété des immeubles bâtis, *JO* 11 juill.
8. Civ. 2e, 9 avr. 2015, n° 14-15.091, NP.
9. Civ. 2e, 13 nov. 2014, n° 13-25.167, P II, n° 232, relevant que cette société gestionnaire n'étant ainsi « *tenue à aucune obligation de restitution* » à l'égard de sa cliente.
10. Civ. 2e, 9 avr. 2015, n° 14-15.091 (préc. ss prést n°).
11. *J.-Cl. Proc. Form., V°* Saisies des comptes bancaires, fasc. 20, n° 24, par T. Fossier (actu. H. Croze) – H. Croze, « La loi n° 91-650 du 9 juillet 1991 portant réforme des procédures civiles d'exécution : les règles spécifiques aux différentes mesures d'exécution forcée et mesures conservatoires », *JCP* 1992. I. 3585, n° 16.
12. Com. 21 mars 2018, n° 16-18.202, NP ; *RTD civ.* 2018. 978, obs. N. Cayrol – Com. 9 mars 2022, n° 20-11.990, NP (préc. ss prést n°).
13. Sous l'empire des textes antérieurs à l'entrée en vigueur, le 1er oct. 2016, de l'ordonnance n° 2016-131 du 10 févr. 2016 (portant réforme du droit des contrats, du régime général et de la preuve des obligations, *JO* 11 févr., texte n° 26), l'ouverture d'une telle action en enrichissement sans cause était controversée, la chambre commerciale retenant en particulier qu'une simple faute de l'appauvri y faisait échec (v. Com. 14 oct. 2014, n° 13-22.894, NP – Com. 21 mars 2018, n° 16-18.202, préc. ss prést n°), quand la première chambre civile admettait cette action en l'état d'une simple négligence ou imprudence de l'appauvri (Civ. 1re, 27 nov. 2008, n° 07-18.875, P I, n° 272).

telle succursale est sans incidence sur l'effet d'attribution au profit du créancier saisissant de la créance de somme d'argent à la restitution de laquelle est tenue la banque tiers saisie en sa qualité de dépositaire[1]. Ainsi, la localisation de fonds à l'étranger, dans une succursale, est indifférente ; une saisie-attribution effectuée au siège social de la banque en France suffit pour appréhender l'ensemble des comptes bancaires dont le débiteur est titulaire dans les livres de cette banque.

Déjà sous l'empire de **la saisie-arrêt**, la Cour de cassation avait jugé que la déclaration affirmative du tiers saisi devait inclure les sommes déposées par le saisi dans une succursale étrangère[2].

La banque est donc tenue de déclarer les fonds détenus par sa succursale étrangère.

Bien que critiquée comme constitutive d'une extra-territorialité de la saisie-attribution, cette solution se justifie pleinement par le fait que la saisie-attribution ne porte pas sur les fonds situés à l'étranger, mais sur une créance dont la banque est personnellement débitrice lorsque les fonds figurent au crédit d'un compte ouvert dans une succursale étrangère ne disposant pas de la personnalité morale (v. ss no 0813.12).

0921.25 Limitation de la saisie aux comptes tenus par la succursale située en France d'une banque étrangère. Dans le cas inverse de la succursale en France d'une banque dont le siège social est situé à l'étranger, la Cour de cassation, qui se fonde sur la règle de territorialité des procédures d'exécution pour estimer qu'une saisie-attribution ne peut produire effet que si le tiers saisi est établi en France, retient qu'« *est établi en France le tiers saisi, personne morale, qui soit y a son siège social, soit y dispose d'une entité ayant le pouvoir de s'acquitter du paiement d'une créance du débiteur saisi à son encontre* »[3] (v. ss no 0821.14). Dans le cas d'espèce, la Cour de cassation a déduit de cette règle qu'aucune saisie-attribution ne pouvait être pratiquée entre les mains d'une banque dont le siège était situé au Royaume-Uni et qui ne disposait en France que d'une succursale dans laquelle aucun compte n'était ouvert au nom du débiteur saisi. *A contrario*, une saisie-attribution entre les mains de cette succursale aurait pu être efficacement pratiquée, mais uniquement pour des comptes bancaires du débiteur saisi ouverts dans les livres de cette succursale établie en France.

§ 2
Cas des comptes à titulaires multiples

0921.31 Comptes à titulaires multiples. Lorsqu'un compte est ouvert au nom de plusieurs titulaires et que le nom du débiteur apparaît dans l'intitulé du compte, le tiers saisi doit le déclarer au saisissant. Dans un tel cas, il n'appartient pas au tiers saisi de se faire juge des droits de chaque cotitulaire sur le compte saisi. Le banquier devra apporter au commissaire de justice les renseignements les plus précis possible en indiquant par exemple, en quelle qualité apparaît le débiteur dans l'intitulé du compte : représentant légal, trésorier, cotitulaire, dépositaire de fonds.

0921.32 Compte joint. La saisie-attribution peut porter sur un compte joint, l'article R. 211-22 C. pr. exéc. faisant d'ailleurs dans ce cas obligation au commissaire de justice d'accomplir une formalité supplémentaire : **dénoncer la saisie à chacun des titulaires du compte** (v. ss no 0922.82).

La technique même du compte bancaire joint rend toutefois difficile la preuve de la propriété du solde créditeur du compte joint, en tout cas pour le créancier saisissant, qui est un tiers au contrat de compte joint. Dès lors, la charge de la **preuve de la propriété des fonds** revêt un caractère déterminant : cette charge pèse-t-elle sur le créancier saisissant, devant alors établir que son débiteur est propriétaire des fonds figurant au crédit du compte ? Ou sur le cotitulaire du compte, devant alors établir sa propriété sur ces fonds ?

Réitérant une solution qui avait déjà été dégagée sous l'empire de la saisie-arrêt[4], la Cour de cassation affirme que « *l'acte de saisie-attribution pratiqué entre les mains d'un établissement habilité à tenir des comptes de dépôt porte sur l'ensemble des comptes du débiteur qui représentent des créances de sommes d'argent de ce dernier contre cet établissement* [et] *que dans le cas d'un compte joint, cet établissement étant débiteur de la totalité du solde de ce compte à l'égard de chacun de ses cotitulaires, l'effet attributif de la saisie s'étend, sous réserve des règles propres aux régimes matrimoniaux entre époux, à la totalité du solde créditeur, sauf pour le débiteur saisi ou le cotitulaire du compte, avisé de la saisie dans les conditions prévues par l'article R. 211-22 du Code des procédures civiles d'exécution, à établir*

1. Civ. 2e, 14 févr. 2008, no 05-16.167, P II, no 36 ; *D.* 2008. AJ 686, obs. V. Avena-Robardet ; *Procédures* 2008, no 141, obs. R. Perrot ; *RTD civ.* 2008. 357, obs. R. Perrot ; *RD banc. fin.* 2008, no 78, obs. S. Piedelièvre ; *Gaz. Pal.* 28-30 sept. 2008. 22, note C. Brenner ; *JCP E* 2009, no 1037, note Huchet – V. DÉJÀ : Civ. 2e, 30 janv. 2002, no 99-21.278, NP ; *JCP E* 2003, no 587, note G. Cuniberti.
2. Com. 30 mai 1985, Cie tunisienne de navigation, *Rev. crit. DIP* 1986. 329, note H. Battifol – POUR UNE ANALYSE CRITIQUE : DELLECI, no 362.
3. Civ. 2e, 10 déc. 2020, no 19-10.801, P – Civ. 2e, 10 déc. 2020, no 18-17.937, P.
4. Civ. 2e, 24 avr. 1985, no 84-11.234, P II, no 87 ; *D.* 1986. 315, obs. Vasseur ; *RTD civ.* 1986. 645, obs. R. Perrot – V. AUSSI : Paris, 5 juill. 2001, *D.* 2001. 3308, note P. Julien.

que ce solde est constitué de fonds provenant de ce dernier, en vue de les exclure de l'assiette de la saisie »[1]. Cette solution présente le mérite en pratique de faire peser la charge de la preuve sur le cotitulaire du compte qui seul dispose des éléments lui permettant d'établir l'origine du solde créditeur du compte joint. Elle permet ainsi de passer outre la règle[2] selon laquelle il incombe au saisissant de prouver que son débiteur est bien créancier du tiers saisi.

On explique cette solution par la solidarité entre les cotitulaires que présuppose le compte joint : en vertu de celle-ci, non seulement chaque cotitulaire peut réclamer la totalité du solde créditeur du compte[3], mais en outre le banquier est fondé à ignorer les droits respectifs des cotitulaires sur le solde du compte, de sorte qu'il peut procéder au blocage de l'ensemble du solde du compte joint. C'est ainsi que le cotitulaire peut établir sa propriété sur le solde. Pour le même motif, des auteurs estiment que le banquier qui connaît la répartition conventionnelle des droits entre les titulaires du compte joint pourrait limiter la saisie à la seule quote-part revenant au débiteur saisi[4]. Cette solution doit toutefois être conciliée avec les règles propres aux régimes matrimoniaux.

0921.33 Incidence du régime matrimonial. **• Régime de communauté.** Lorsque le créancier d'un débiteur commun en biens procède à la saisie-attribution d'un compte bancaire ouvert au nom de l'un des époux ou au nom des deux, la présomption de communauté de l'article 1402 C. civ. joue. Lorsque le créancier de l'un des époux ou des deux époux est fondé à saisir les biens communs du couple, cette présomption ne pose évidemment aucune difficulté.

En revanche, lorsque ce créancier n'est fondé à saisir que les biens propres de son débiteur, la présomption lui interdit de saisir ces biens communs. Ainsi en va-t-il, en application des articles 220, alinéa 3, et 1415 dudit code, du cas de l'époux ayant contracté un cautionnement ou un emprunt, à moins que ceux-ci n'aient été contractés avec le consentement exprès de l'autre conjoint[5].

La Cour de cassation a approuvé, dans une telle hypothèse, une cour d'appel qui, après avoir relevé que le compte bancaire était alimenté par les revenus de chacun des époux, a décidé, « *à bon droit* », que faute pour le créancier d'identifier les revenus de l'époux débiteur, ce compte n'est pas saisissable[6] (sur cette nécessité d'identifier les revenus de l'époux débiteur, v. plusieurs arrêts et commentaires ultérieurs[7]). De même, si un compte de dépôt, qui n'est alimenté que par les revenus de l'époux débiteur, est saisissable, il a pu être jugé que ne l'est pas un plan d'épargne logement, qui constitue un acquêt que le mari ne peut engager par un cautionnement contracté sans le consentement exprès de la femme[8].

0921.34 Régime de séparation des biens. Aux termes de l'article 1538 alinéa 3 C. civ., les biens sur lesquels aucun des époux ne peut justifier d'une propriété exclusive sont réputés leur appartenir indivisément chacun pour moitié.

En matière de saisie-arrêt, la deuxième chambre civile a jugé, dans un arrêt du 10 juillet 1996, par application de ce texte, que les effets de la saisie devaient être limités à la moitié indivise des valeurs déposées sur le compte dont la preuve qu'elles fussent la propriété du débiteur n'avait pas été rapportée[9].

De même, dans un arrêt du 20 mai 2009[10], la première chambre civile a censuré une décision qui

1. Civ. 2e, 21 mars 2019, no 18-10.408, P.
2. Civ. 2e, 10 févr. 2011, no 10-30.008, P II, no 38 ; *Procédures* 2011, no 169, obs. R. Perrot.
3. V. Perrot et Théry, no 193, et Donnier, no 1102, fondant exclusivement la solution sur la solidarité active, permettant à chaque titulaire du compte de le faire fonctionner sous sa seule signature ; il n'est toutefois pas aisé d'expliquer en quoi la seule solidarité active autoriserait le cotitulaire non débiteur à exciper de son droit de propriété.
4. G. Ripert et R. Roblot, *Traité élémentaire de droit commercial*, t. II, 17e éd., LGDJ, 2004, par Ph. Delebecque et M. Germain, no 2494 – *J.-Cl. Banque-Crédit-Bourse, Vo* Comptes ayant plusieurs titulaires, fasc. 240, no 33, par Bouteiller.
5. TGI Lyon, JEX, 12 sept. 1995, *Dr. fam.* 1997, no 35, p. 19, obs. crit. B. Beignier.
6. Civ. 1re, 3 avr. 2001, no 99-13.733, P I, no 92 ; *D.* 2001. 1365 ; *JCP* 2002. II. 10080, note Bourdaire ; *RTD civ.* 2001. 943, obs. B. Vareille ; *RD banc. fin.* 2001, no 159, obs. J.-M. D. ; *Gaz. Pal.* 2002. Somm. 245, note P. Véron – en ce sens : Civ. 1re, 17 févr. 2004, no 02-11.039, P I, no 45 ; *D.* 2004. Somm. 2260, obs. V. Brémond ; *JCP* 2004. I. 188, no 12, obs. Ph. Simler – Civ. 1re, 17 janv. 2006, no 02-20.636, P I, no 13 ; *D.* 2006. 1277, note V. Bonnet ; *JCP* 2006. I. 193, no 13, obs. Ph. Simler ; *Dr. et proc.* 2006. 276, obs. Ph. Hoonakker ; *RTD civ.* 2006. 359, obs. B. Vareille.
7. Civ. 1re, 18 févr. 2003, no 00-21.362, P I, no 48 ; *D.* 2003. 1864, obs. V. Brémond ; *JCP* 2003. I. 158, no 9, obs. Ph. Simler ; *Dr. fam.* 2003, no 49, note B. Beignier ; *RTD civ.* 2003. 536, obs. J. Patarin – Civ. 1re, 17 janv. 2006, no 02-20.636, P (préc. ss prést no) ; *BICC* 15 avr. 2006, no 733 ; *D.* 2006. 321 ; *D.* 2006. 1277, note V. Bonnet ; *Dr. et proc.* 2006. 276, obs. Ph. Hoonakker.
8. Civ. 1re, 14 janv. 2003, no 00-16.078, P I, no 2 ; *RD banc. fin.* 2003, no 64, obs. Legeais ; *D.* 2007. 2792, note V. Barabé-Bouchard ; *JCP* 2003. II. 10019, concl. Sainte-Rose ; *RTD civ.* 2003. 534, obs. B. Vareille – v. aussi, Civ. 1re, 20 mai 2003, no 01-12.436, P I, no 118 ; *JCP* 2004. I. 129, no 15, obs. Ph. Simler.
9. Civ. 2e, 10 juill. 1996, no 94-16.837, NP ; *RTD civ.* 1996. 990, obs. R. Perrot ; *Procédures* 1996, no 289, obs. R. Perrot ; *JCP* 1997. I. 4008, no 19, obs. M. Storck ; *RD bancaire et bourse* 1997, no 59, p. 25, obs. Credot et Gérard.
10. Civ. 1re, 20 mai 2009, no 08-12.922, P I, no 102 ; *JCP N* 2009, no 1286, note V. Brémond ; *JCP E* 2009. 2020, no 13, obs. Salgueiro ; *RD banc. fin.* 2009, no 181, note Crédot et Samin, et no 189, note D. Legeais ; *JCP* 2009 391, no 27, note M. Storck.

avait validé la saisie-attribution pratiquée par le créancier de l'un des époux, faute de preuve par l'autre époux que les fonds sur le compte lui appartenaient, alors que c'est au créancier saisissant qu'il incombait d'établir que ces fonds appartenaient à son débiteur.

La portée exacte de ce dernier arrêt a suscité un débat. Faut-il le comprendre comme imposant au créancier d'établir la preuve de la propriété exclusive de son débiteur sur tout ou partie du solde du compte joint, faute de quoi la saisie serait inopérante sur la totalité du compte et le créancier se verrait contraint, pour la partie indivise du compte, de provoquer le partage, par application de l'article 815-17 C. civ.[1] ? En faveur de cette solution, il a pu être relevé qu'elle serait juridiquement plus exacte au regard du droit des régimes matrimoniaux[2]. À l'inverse, cette interprétation excède ce qui a été précisément tranché par la première chambre civile, de sorte que d'autres proposent de cantonner la portée de cet arrêt à la seule question de la charge de la preuve, pour considérer que demeure applicable la solution dégagée par la deuxième chambre civile, à savoir qu'en l'absence de preuve par le créancier saisissant, la saisie verrait simplement ses effets cantonnés à hauteur de la seule moitié indivise des fonds saisis[3].

D'un point de vue pratique, retenir la première lecture conduira en tout cas à ce que le saisissant, tiers au rapport contractuel liant la banque et les titulaires du compte, sera rarement, sinon jamais, en capacité d'établir la propriété exclusive de son débiteur sur tout ou partie du solde du compte, instaurant ainsi *de facto* une insaisissabilité des comptes joints des époux séparés de biens par un créancier personnel de l'un des époux.

§ 3
Autres dettes de l'établissement bancaire

0921.41 Autres dettes de l'établissement de crédit. La banque peut être personnellement débitrice de sommes d'argent envers son client. Cela ne pose évidemment pas de difficulté lorsque ces créances sont inscrites au crédit d'un compte bancaire, comme le fait fréquemment la pratique bancaire. Dans le cas contraire, ces sommes, pour autant qu'elles soient saisissables, n'en sont pas moins susceptibles d'entrer dans le champ d'une saisie-attribution pratiquée entre les mains d'une banque, au regard des dispositions législatives de l'article L. 211-1 C. pr. exéc.[4] Si le créancier saisissant n'a pas expressément limité l'assiette de la saisie aux seuls comptes bancaires de son débiteur (v. s^s n° 0831.55), l'acte de saisie délivré à l'établissement bancaire devrait par conséquent embrasser ces créances (sur le lieu de signification de la saisie dans un tel cas, v. s^s n° 0922.25). La saisie de ces créances n'entrera toutefois pas dans le champ des prescriptions propres à la saisie des comptes bancaires (indisponibilité totale des comptes, solde bancaire insaisissable, *etc.*), de sorte que la saisie de ces autres créances sera opérée conformément aux seules règles générales applicables à la saisie-attribution.

0921.42 Ouvertures de crédit. Une ouverture de crédit constitue simplement une promesse de prêt et ne donne donc naissance à un prêt qu'à concurrence des fonds effectivement utilisés par le client[5], la Cour de cassation en déduisant que la fraction inutilisée d'une ouverture de crédit n'est pas saisissable[6] (v. s^s n° 0812.42).

0921.43 Crédit documentaire. Le règlement financier d'une opération commerciale le plus souvent internationale s'effectue fréquemment par le crédit documentaire, opération par laquelle un banquier, sur ordre d'un acheteur (donneur d'ordre), promet de payer le vendeur (bénéficiaire), contre remise de documents[7].

Le banquier du bénéficiaire doit déclarer l'existence d'un crédit documentaire, dès lors qu'il est admis[8] que le crédit donne naissance dans le patrimoine du bénéficiaire à une créance saisissable au profit d'un créancier de ce bénéficiaire[9].

La Cour de cassation, se fondant sur l'article 1103 C. civ. (C. civ., anc. art. 1134), n'a pas admis la saisie du crédit documentaire par le donneur d'ordre lui-même, créancier du bénéficiaire (alors qu'il s'agissait d'une saisie-arrêt, mesure

1. EN CE SENS : Crédot et Samin, Storck, note préc. s^s prés^t n°.
2. Note V. Brémond, préc. s^s prés^t n°.
3. EN CE SENS : Salgueiro, note préc. s^s prés^t n°.

4. *J.-Cl. Pr. civ.*, *V°* Saisie-attribution (Comptes bancaires : règles spécifiques), fasc. 1600-35, n° 18, par N. Cayrol.
5. Com. 21 janv. 2004, n° 01-01.129, P IV, n° 13 ; *D.* 2004. 498, obs. V. Avena-Robardet ; *D.* 2004. 1149, note C. Jamin ; *RTD com.* 2004. 352, obs. D. Legeais.
6. Civ. 2e, 18 nov. 2004, n° 00-19.693, P II, n° 501 ; *D.* 2005. 213, obs. V. Avena-Robardet ; *D.* 2005. 1604, obs. G. Taormina ; *Dr. et proc.* 2005. 109, obs. J.-J. Bourdillat ; *RTD com.* 2005. 154, obs. D. Legeais ; *RD banc. fin.* 2005, n° 23, obs. Piedelièvre – V. AUSSI : O. Cuperlier, « Réflexions critiques sur l'insaisissabilité d'une ouverture de crédit », *RTD civ.* 2007. 485.
7. C. Gavalda et J. Stoufflet, *Droit bancaire*, 3e éd., LexisNexis, 1997, n° 615, p. 312.
8. C. Gavalda et J. Stoufflet, n° 639, préc. s^s prés^t n° – G. Ripert et R. Roblot, *Traité élémentaire de droit commercial*, t. II, par P. Delebecque et M. Germain, 16e éd., LGDJ, 2000, n° 2426 – F. François-Marsal, « La saisie-attribution et le banquier tiers saisi », *LPA* 6 janv. 1993, n° spéc., p. 75, n° 2-a – C. Bontoux, « Saisie-arrêt et crédit documentaire », *Banque* 1985. Chron. 73.
9. Com. 5 juill. 1983, n° 81-12.371, P IV, n° 202 ; *Gaz. Pal.* 1984. 1. Pan. 12, obs. M. V. ; *Banque* 1984. 245, obs. Rives-Lange.

conservatoire), estimant que la stipulation par laquelle le donneur d'ordre et le bénéficiaire conviennent du caractère irrévocable du crédit documentaire s'oppose à cette saisie[1]. Cette solution, retenue en premier lieu pour une créance liée au contrat de base du crédit documentaire, a été étendue au cas où le donneur d'ordre se prévaut d'une créance étrangère au contrat de base[2]. La Cour de cassation n'a pas eu l'occasion de se prononcer sur l'application de cette solution à l'hypothèse d'une saisie-attribution[3].

0921.44 **Gage-espèces (nantissement).** La pratique bancaire utilise, sous diverses dénominations (provision, compte de garantie, compte bloqué), le nantissement de compte bancaire, ou gage-espèces[4] afin de garantir des crédits accordés. En application de l'article 2360 C. civ., la créance nantie s'entend du solde créditeur, provisoire ou définitif, au jour de la réalisation de la sûreté sous réserve de la régularisation des opérations en cours, selon les modalités prévues par les procédures civiles d'exécution[5].

Lors de la signification d'une saisie-attribution, le banquier, tenu de déclarer au commissaire de justice les modalités qui pourraient affecter le compte, sera amené à déclarer l'existence d'une telle garantie[6].

En effet, la somme versée en gage sur le compte a reçu une affectation spéciale ; elle constitue un privilège pour la banque créancière et n'est donc pas une créance disponible[7], de sorte que sa saisie ne s'accompagne d'aucune attribution au profit du créancier (v. s^s n° 0831.161). Toutefois, la dépossession réalisée par l'inscription d'un gage-espèces sur un compte spécial n'est pas opposable aux tiers en l'absence d'écrit ayant date certaine[8].

1. Com. 14 oct. 1981, n° 80-12.336, P IV, n° 357 ; *D.* 1982. 309, note Vasseur ; *JCP* 1982. II. 18815, note Gavalda et Stoufflet ; *Banque* 1982. 524, obs. Martin.
2. Com. 18 mars 1986, n° 83-16.737, P IV, n° 47 ; *D.* 1986. 374, note Vasseur ; *JCP* 1986. II. 20624, note Stoufflet – Com. 18 oct. 1988, n° 86-16.683, P IV, n° 278 ; *D.* 1989. 195, obs. Vasseur.
3. Pour une telle application, v. TGI Lyon, JEX, 22 juin 1993, *Gaz. Pal.* 1994. 1. Somm. 355.
4. C. Gavalda et J. Stoufflet, *Droit bancaire*, 3e éd., 1997, n° 668.
5. Pour une application : Com. 15 juin 2022, n° 20-16.445, NP.
6. Delleci, n° 357, p. 213.
7. TGI Lyon, JEX, 21 juin 1994, *Rev. huiss.* 1994. 245.
8. Com. 23 avr. 2003, n° 02-11.015, NP ; *RD banc. fin.* 2003, n° 198, obs. J.-M. D ; *JCP* 2003. II. 10140, note Schmidt et Delespaul.

SECTION 3
FRACTION DE LA CRÉANCE EXCLUE DE LA SAISIE : SOLDE BANCAIRE INSAISISSABLE

§ 1
Historique et avènement du solde bancaire insaisissable

0921.51 **Historique.** Un décret du 11 septembre 2002[9] avait prévu que lorsqu'un compte a fait l'objet d'une « *saisie* » (saisie conservatoire ou saisie-attribution), son titulaire pouvait demander au tiers saisi « *la mise à disposition immédiate d'une somme à caractère alimentaire* », limitée à « *un montant au plus égal à celui du revenu minimum d'insertion pour un allocataire* », dans la limite du « *solde créditeur du compte au jour de réception de la demande* ».

L'information du débiteur était assurée par l'acte de dénonciation de la saisie[10].

Tel qu'il était conçu, notamment en ce qu'il reposait sur une demande du débiteur[11], le dispositif restait, semble-t-il, très peu utilisé[12].

0921.52 **Instauration d'un « *solde bancaire insaisissable* ».** Pour assurer l'effectivité de ce maintien d'une somme à caractère alimentaire, la loi du 12 mai 2009[13] (L. 12 mai 2009, art. 20-I) a donc inséré,

9. Décr. n° 2002-1150, 11 sept. 2002, instituant un dispositif d'accès urgent aux sommes à caractère alimentaire figurant sur un compte saisi et modifiant le décret n° 92-755 du 31 juillet 1992, *JO* 13 sept., p. 15133.
10. T. Moussa et L. de Mersseman, « Le nouveau dispositif d'accès urgent aux sommes à caractère alimentaire figurant sur un compte saisi », *Procédures* 2002, n° 7, p. 6.
11. La demande était présentée au moyen d'un formulaire type (Arr. 11 sept. 2002, fixant le modèle du formulaire de demande de mise à disposition de sommes à caractère alimentaire figurant sur un compte saisi, pris en application de l'article 46-1 du décret n° 92-755 du 31 juillet 1992, instituant de nouvelles règles relatives aux procédures civiles d'exécution, *JO* 13 sept., P. 15134), dans les quinze jours suivant la saisie ; en cas de pluralité de comptes, la demande ne pouvait être présentée que sur un seul compte et en cas de pluralité de titulaires d'un compte, ceux-ci ne pouvaient faire qu'une seule demande ; une autre demande ne pouvait être formée en cas de nouvelle saisie qu'à l'expiration d'un délai d'un mois à compter de la précédente demande ; ce dispositif extrajudiciaire n'excluait pas une saisine directe du JEX pour faire constater le caractère alimentaire des sommes saisies et formuler sa demande de mise à disposition : Civ. 2e, 6 nov. 2008, n° 07-17.627, P II, n° 233.
12. Ph. Hoonakker, « RSA bancaire ou la mise à disposition automatique d'une somme à caractère alimentaire sur un compte saisi », *D.* 2010. 1890. 2, citant une étude du CREDOC évoquant entre 2 à 15 % de demande de mise à disposition.
13. L. n° 2009-526, 12 mai 2009, de simplification et de clarification du droit et d'allègement des procédures, *JO* 13 mai, p. 7920.

dans la loi du 9 juillet 1991, un article 47-1 (devenu C. pr. exéc., art. L. 162-2), dont le premier alinéa dispose : « *Le tiers saisi laisse à disposition du débiteur personne physique, dans la limite du solde créditeur du ou des comptes au jour de la saisie, une somme à caractère alimentaire d'un montant égal au montant forfaitaire, pour un allocataire seul, mentionné à l'article L. 262-2 du Code de l'action sociale et des familles* ».

Cet article est entré en vigueur le 1er août 2009[1].

Le dispositif, au cours des travaux parlementaires puis par la suite, a pu être qualifié de « *solde bancaire insaisissable* ». On l'a également désigné par le terme de « *RSA bancaire* ». Il a pu être relevé par les commentateurs que ces deux expressions, quoique évocatrices, n'étaient pas tout à fait exactes[2], encore que la première expression nous semble assez conforme au dispositif instauré par la loi du 12 mai 2009 et son décret d'application, le décret du 30 décembre 2009[3] relatif à la mise à disposition automatique d'une somme à caractère alimentaire sur un compte saisi, venu modifier notamment les articles R. 213-10 et R. 162-2 s. C. pr. exéc.

À l'occasion d'une question prioritaire de constitutionnalité, la Cour de cassation a retenu que par ce dispositif, poursuivant la mise en œuvre d'une politique de solidarité nationale en faveur des personnes défavorisées, le législateur a procédé à la conciliation entre les deux exigences constitutionnelles que sont, *d'une part*, le droit de propriété des créanciers, et, *d'autre part*, le droit d'obtenir des moyens convenables d'existence reconnu aux débiteurs par l'alinéa 11 du Préambule de la Constitution de 1946[4].

De façon générale, ce dispositif tend à garantir le maintien à disposition d'une somme égale au montant forfaitaire mensuel du RSA, dit « *RSA socle* » sur l'ensemble des comptes bancaires du débiteur.

Cette « *globalisation* » du solde de l'ensemble des comptes bancaires d'un débiteur est en pratique difficile à mettre en œuvre. Le solde bancaire insaisissable présente en effet la double caractéristique suivante : *d'une part*, la mise à disposition ne se calcule pas compte par compte, mais au regard de l'ensemble des comptes bancaires du débiteur, même ouverts auprès de banques différentes ; *d'autre part*, elle ne se calcule pas saisie par saisie, mais sur une période mensuelle.

Pour y parvenir, le dispositif très détaillé, mis en place par le décret, repose sur un échange d'informations et met en avant la responsabilité civile du débiteur qui bénéficierait indûment de ce mécanisme protecteur.

§ 2
Champ d'application et modalités du solde bancaire insaisissable

0921.61 Champ d'application du solde bancaire insaisissable. Quant à son **champ d'application matériel**, le dispositif, qui est inséré dans les dispositions générales du Code des procédures civiles d'exécution, concerne ainsi toutes les mesures d'exécution, forcées ou conservatoires, pratiquées sur des comptes bancaires. Il s'applique aux mesures régies par ce code, comme à celles relevant du droit public (LPF, art. L. 262, pour la saisie à tiers détenteur ; CGCT, art. L. 1617-5, pour l'opposition à tiers détenteur). Enfin, le dispositif s'étend également à la saisie conservatoire de compte bancaire instituée dans l'espace de l'Union européenne par le règlement communautaire du 15 mai 2014[5], par application de l'article 31 de ce règlement.

Quant au **champ d'application personnel**, à la différence du droit antérieur, le maintien à disposition ne concerne que les débiteurs personnes physiques, ce qui est logique s'agissant d'une somme à caractère alimentaire.

0921.62 Cas particuliers de l'entrepreneur individuel à responsabilité limitée (EIRL) et de l'entrepreneur individuel (EI). Pour régler le cas particulier du débiteur EIRL, le second alinéa de l'article L. 162-2 C. pr. exéc.[6] dispose que : « *Lorsque le débiteur est entrepreneur individuel à responsabilité limitée, l'alinéa précédent ne s'applique qu'à la saisie des comptes afférents à son patrimoine non affecté* ».

1. L. Lauvergnat, « Brèves remarques sur le déclenchement d'office du solde bancaire insaisissable », *Dr. et proc.* 2009. 188 ; *JCP* 2009. 288, note Notté.
2. V. PRINCIPALEMENT : Ph. Hoonakker, « RSA bancaire ou la mise à disposition automatique d'une somme à caractère alimentaire sur un compte saisi », *D.* 2010. 1890. 2 (préc., v. s[s] n° 0921.51) – V. AUSSI SUR CE SUJET : L. Lauvergnat, « Le décret n° 2009-1694 du 30 décembre 2009, relatif à la mise à disposition automatique d'une somme à caractère alimentaire sur un compte saisi : les faux-semblants d'une clarification attendue », *Dr. et proc.* 2010. 76.
3. Décr. n° 2009-1694, 30 déc. 2009, relatif à la mise à disposition automatique d'une somme à caractère alimentaire sur un compte saisi, *JO* 31 déc., p. 23110.
4. Civ. 2e, QPC, 13 déc. 2012, n° 12-40.083, NP.
5. Règl. UE n° 655/2014, Parlement et Conseil, 15 mai 2014, portant création d'une procédure d'ordonnance européenne de saisie conservatoire des comptes bancaires, destinée à faciliter le recouvrement transfrontière de créances en matière civile et commerciale, *JOUE* L 189, p. 59 ; *RD banc. fin.* 2014. Comm. 175, obs. S. Piedelièvre. Ce règlement entre en application le 17 janvier 2017.
6. Réd. Ord. n° 2010-1512, 9 déc. 2010, portant adaptation du droit des entreprises en difficulté et des procédures de traitement des situations de surendettement à l'entrepreneur individuel à responsabilité limitée, *JO* 10 déc., p. 21617, art. 11, 2°.

Le solde bancaire insaisissable ne concerne donc que le patrimoine non professionnel de l'EIRL. Ainsi, la saisie pratiquée par un créancier disposant d'un droit de gage général sur le seul patrimoine de l'EIRL affecté à l'activité professionnelle de cet entrepreneur ne donne lieu à aucun maintien à disposition. C'est dire que, d'une certaine façon, pour l'application du solde bancaire insaisissable, le patrimoine affecté est assimilé à la constitution d'une personne morale, dont il est rappelé en effet qu'elle ne bénéficie pas du solde bancaire insaisissable.

Il s'ensuit que lorsque le créancier saisissant dispose d'un droit de gage sur plusieurs patrimoines du débiteur EIRL, le tiers saisi devra procéder comme s'il était face à une saisie-attribution pratiquée contre deux débiteurs, l'un correspondant au patrimoine non affecté à l'activité professionnelle, bénéficiant du solde bancaire insaisissable et l'autre non.

Une disposition similaire n'a pas été créée, pour l'entrepreneur individuel, statut créé par la loi du 14 février 2022 [1] en vue de remplacer, pour l'avenir, l'EIRL (v. s^{s} n° 0812.152). Le silence gardé par le législateur est nécessairement ambigu. Si tant la logique du caractère de revenu minimal de subsistance du solde bancaire insaisissable, que celle de la séparation des patrimoines, instituée à l'identique pour l'EIRL et l'EI, voudraient qu'une même règle gouverne les deux dispositifs pour ce qui est du solde bancaire insaisissable [2], celui-ci n'en est pas moins institué en faveur de toute personne physique, ce qui pourrait donc conduire à faire bénéficier l'entrepreneur individuel du solde bancaire insaisissable sur chacun de ses patrimoines, voire par conséquent sur les deux patrimoines cumulés, ce qui ne saurait être satisfaisant.

0921.63 Mécanisme du maintien à disposition. L'article R. 162-2 C. pr. exéc. dispose que lorsqu'un compte fait l'objet d'une saisie, le tiers saisi laisse à la disposition du débiteur, sans qu'aucune demande soit nécessaire, et dans la limite du solde créditeur des comptes au jour de la saisie, une somme à caractère alimentaire d'un montant égal au montant forfaitaire, pour un allocataire seul, mentionné à l'article L. 262-2 du CASF, soit, au 1er avril 2025, 646,52 euros [3].

L'article R. 162-2 C. pr. exéc. précise qu'en cas de pluralité de comptes, il est opéré une mise à disposition au regard de l'ensemble des soldes créditeurs. C'est dire que le maintien à disposition est calculé sur la totalité de l'assiette de la saisie, puisque la saisie-attribution des comptes porte sur l'ensemble des comptes ouverts dans les livres de l'établissement bancaire.

C'est une différence notable avec le dispositif antérieur, pour lequel la mise à disposition n'était opérée que sur un seul compte, au choix du débiteur, de sorte qu'en cas de pluralité de comptes dont aucun n'atteignait le montant du RSA, la mise à disposition était finalement inférieure à cette somme. Ainsi, à la globalisation des comptes saisis répond désormais la globalisation du solde à caractère alimentaire.

Cette nouveauté impose de préciser sur quel(s) compte(s) la somme à caractère alimentaire est maintenue à disposition. Le texte prévoit à cette fin que cette somme est imputée, en priorité, sur les fonds disponibles à vue, ce qui participe de la nature même du solde bancaire insaisissable, destiné à un usage alimentaire immédiat. Il sera ainsi opportun que le solde soit laissé à disposition sur les comptes auxquels sont adossés des moyens de paiement (carte bancaire, chéquier). Rien n'interdit à la convention bancaire de préciser, en cas de pluralités de comptes à vue, celui sur lequel sera prioritairement laissé à disposition le solde à caractère alimentaire.

Dans l'hypothèse de la saisie portant sur un compte joint, il n'est pas prévu que le solde bancaire insaisissable soit porté à un montant supérieur à celui du montant forfaitaire pour un allocataire seul. Autrement dit, **c'est le statut de débiteur saisi qui déclenche le bénéfice du solde bancaire insaisissable, pas celui de titulaire du compte**. Dans cette logique, si le créancier de deux débiteurs fait simultanément pratiquer contre chacun d'eux une saisie de leurs comptes bancaires et que ceux-ci sont titulaires d'un compte joint, il semble que chacun des débiteurs devrait bénéficier du dispositif, le double solde pouvant alors le cas échéant être bloqué sur ce compte joint.

0921.64 Mensualisation du solde bancaire insaisissable. En application de l'article R. 162-3 C. pr. exéc., la somme est maintenue à la disposition du débiteur pendant une durée d'un mois à compter de la saisie qui a déclenché ce mécanisme.

Ce maintien à disposition impose donc en pratique que la somme qu'elle concerne soit immédiatement isolée dans une ligne comptable dédiée, le cas échéant au sein de chaque compte sur lequel est opéré le maintien à disposition.

Pendant cette période d'un mois, seules les opérations accomplies par le débiteur lui-même, postérieurement à la date de la saisie, ont vocation à entamer ce solde bancaire insaisissable. Ainsi, ce solde ne sera en principe pas affecté, à la baisse, par les opérations de régularisation de la saisie de même que par une nouvelle saisie.

0921.65 Non-imputation sur le solde bancaire insaisissable des opérations de régularisation. Du

1. L. n° 2022-172, 14 févr. 2022, préc.
2. *J.-Cl. Pr. Form.*, V° Saisies des comptes bancaires, fasc. 10, n° 22, par T. Fossier (actu. H. Croze).
3. Décr. n° 2025-293, 29 mars 2025, portant revalorisation du montant forfaitaire du revenu de solidarité active, *JO* 29 mars, texte 7.

fait même de son caractère immédiat, le maintien à disposition est opéré sur le solde bancaire au jour de la saisie, sans avoir égard aux opérations de régularisation, susceptibles d'intervenir dans les quinze jours suivant la saisie en application de l'article L. 162-1 C. pr. exéc. (v. s[s] n° 0923.30).

En pratique, cela revient à dire que les régularisations susceptibles de diminuer le solde des comptes (v. s[s] n°s 0923.61 s.) sont imputées sur les sommes rendues indisponibles par la saisie en vue de leur attribution au créancier, jusqu'à, le cas échéant, réduire à néant ces sommes indisponibles, si le montant final des opérations de régularisation dépasse celui de ces sommes indisponibles. Dans ce dernier cas toutefois, le solde négatif résultant de ces opérations de régularisation devrait, après son imputation sur les sommes rendues indisponibles par la saisie, venir s'imputer sur le solde bancaire insaisissable, puisque ce mécanisme n'institue pas, ainsi qu'il a été dit, un « RSA bancaire », mais fait simplement échapper à la saisie une fraction du solde créditeur du compte au jour de la saisie.

EXEMPLE 1

Si le débiteur est titulaire d'un unique compte, créditeur au jour de la saisie de 1 100 euros, la fraction saisissable sera de 465 euros (en raisonnant sur un solde bancaire insaisissable de 635 euros) ; en cas d'encaissement préalable d'un chèque de 400 euros tiré par le débiteur, ce chèque viendra en déduction de la seule fraction saisissable, alors réduite à (465 – 400 =) 65 euros au titre des opérations en cours.

EXEMPLE 2

Si, en reprenant les termes de l'exemple 1, le chèque se monte à 600 euros, il absorbera l'intégralité de la fraction saisissable, rendant inopérante la saisie, et s'imputera, pour le surplus sur le solde bancaire insaisissable, dont le solde résiduel s'élèvera à (1 100 – 600 =) 500 euros, insusceptible d'être affecté par une nouvelle saisie pratiquée dans le mois suivant la première.

Par ailleurs, en cas de pluralité de comptes, en dehors du cas particulier d'une convention d'unité de compte (v. s[s] n° 0922.62), chaque compte étant indépendant, la mise en débit d'un compte susceptible de résulter des opérations de régularisation sur ce compte ne devrait pas affecter le solde maintenu à la disposition du débiteur sur un autre compte. Seul le débiteur, qui demeure maître de l'usage des fonds laissés à disposition, peut transférer des fonds entre ces deux comptes pour éviter une situation débitrice résultant des opérations de régularisation.

Le choix par le banquier du compte à vue sur lequel est imputé le maintien à disposition n'est ainsi pas neutre et il gagnera à pouvoir anticiper, dans la mesure du possible, les opérations en cours pour choisir les comptes accueillant la mise à disposition, pour autant que son obligation de choisir ces comptes « *sans délai* » le lui permet en pratique.

0921.66 Conséquence de la mensualisation du solde bancaire insaisissable en cas de pluralité de saisies. En prévoyant désormais un maintien à disposition mensuel, le dispositif se démarque du précédent de 2002, en étant à la fois plus complexe, mais également beaucoup plus équilibré que le précédent, qui pouvait conduire à mettre à disposition une nouvelle somme à caractère alimentaire pour chaque saisie pratiquée.

Désormais, lorsque dans le mois suivant la saisie ayant déclenché le dispositif une nouvelle saisie intervient, celle-ci ne portera pas sur le solde bancaire laissé à disposition du débiteur, mais sur le surplus du solde bancaire au jour de cette nouvelle saisie.

Au contraire, passé le délai d'un mois suivant la première saisie ayant déclenché la mise à disposition, toute nouvelle saisie donne lieu au déclenchement d'une nouvelle mise à disposition.

EXEMPLE 1

Une première saisie, pour avoir paiement de 400 euros, est pratiquée le 1er juin sur un compte dont le solde est créditeur de 1 600 euros ; le débiteur bénéficie d'un maintien à disposition de 635 euros, sur lequel il a prélevé 200 euros, lorsqu'intervient une deuxième saisie, le 20 juin, pour une créance de 800 euros ; si l'on ignore, pour les besoins de l'exemple, les opérations de régularisation, l'assiette des sommes saisissables lors de cette seconde saisie est de (1 600 – 400 – 635) = 565 euros, de sorte que le maintien à disposition – dont le solde est de (635 – 200) = 435 euros – interdira de désintéresser en totalité le second saisissant, qui se verra attribuer 565 euros sur les 800 euros dont le recouvrement était recherché.

EXEMPLE 2

Si, en reprenant les termes de l'exemple 1, la seconde saisie est intervenue le 2 juillet, le solde du compte (pour lequel on supposera, pour les besoins de l'exemple, l'absence d'opération) est de (1 600 – 400 – 200) = 1 000 euros, duquel doit être déduit le nouveau solde maintenu à disposition (635), de sorte que le second saisissant ne se verra attribuer que (1 000 – 635) = 365 euros.

On le voit, la mensualisation du solde bancaire insaisissable emporte des conséquences importantes pour les saisies pratiquées dans un deuxième temps.

D'où l'importance de déterminer les modalités exactes de calcul du délai d'un mois.

Si l'on considère que les règles de computation des délais du Code de procédure civile s'appliquent en matière d'exécution, ce délai d'un mois devrait être calculé conformément aux articles 640 et suivants. Le délai d'un mois expirerait donc à 24 h le jour du mois suivant la saisie portant le même quantième ou, à défaut de quantième identique, le dernier jour de ce mois (C. pr. civ., art. 641, al. 2) ; le délai serait prorogé au premier jour ouvrable suivant celui-ci, s'il s'agit d'un samedi, d'un dimanche ou d'un jour férié (C. pr. civ., art. 642). Mais ces règles de computation des délais ne s'adaptent pas tout à fait au délai considéré. Ainsi une mesure d'exécution pouvant être pratiquée un samedi (C. pr. exéc., art. L. 141-1), il en découle qu'une saisie pratiquée un tel jour, pendant la prorogation du délai d'un mois, devrait n'être affectée que du montant résiduel du solde bancaire insaisissable déclenché par la première saisie (conformément donc à l'exemple 1, ci-dessus, plutôt qu'à l'exemple 2).

0921.67 Cas particulier de saisies auprès d'établissements bancaires différents. La « *globalisation* » du solde bancaire insaisissable pose des difficultés spécifiques pour le cas de saisies pratiquées entre les mains d'établissements bancaires différents.

En effet, lorsque le tiers saisi est le même, celui-ci ayant dû isoler dans un compte spécial le montant maintenu à disposition du débiteur au titre de précédente saisie, il peut aisément exclure ce compte spécial du champ de la saisie si le délai d'un mois demeure en cours au moment de la nouvelle saisie.

Au contraire, la situation est nettement plus complexe dans le cas de saisies de comptes ouverts auprès d'établissements bancaires différents. Chaque établissement ignore alors l'existence d'une autre saisie pratiquée le même jour ou dans le mois précédent entre les mains d'un autre établissement. Chacun de ces établissements ne peut alors, dans un premier temps, que maintenir à disposition du débiteur la totalité du solde bancaire insaisissable.

Pour y remédier, l'article R. 162-2 C. pr. exéc. dispose qu'en cas de saisies de comptes ouverts auprès d'établissements différents, le commissaire de justice détermine le ou les tiers saisis chargés de laisser à disposition le solde bancaire insaisissable et en informe les tiers saisis.

Sur le principe, cette règle est parfaitement logique : le créancier poursuivant a le choix des mesures propres à assurer l'exécution de sa créance (C. pr. exéc., art. L. 111-7 et L. 121-2) et le commissaire de justice a la responsabilité de la conduite des opérations d'exécution (C. pr. exéc., art. L. 122-2). Le mécanisme est ainsi le pendant du droit ouvert au créancier de limiter l'effet de la saisie à certains comptes, au vu des renseignements fournis (C. pr. exéc., art. R. 211-21).

Le mécanisme ne pose pas de difficulté lorsque les saisies sont le fait du même créancier ; dans ce cas, le commissaire de justice instrumentaire connaît l'existence de l'autre saisie et prendra nécessairement l'initiative de le mettre en œuvre dans l'intérêt de son mandant.

Dans ce cas, le texte précise que le commissaire de justice détermine les modalités de cette mise à disposition.

En pratique, le commissaire de justice devrait désigner un seul établissement bancaire pour mettre à disposition le solde bancaire insaisissable, à moins que, dans le cas où l'un de ces établissements ne dispose pas des fonds suffisants pour assurer la totalité de cette mise à disposition, il préfère désigner conjointement celui-ci et l'autre établissement, de façon à n'avoir plus, pour la suite des opérations, qu'un seul interlocuteur tiers saisi.

Aux établissements désignés pour laisser à disposition tout ou partie du solde bancaire insaisissable, le commissaire de justice indique le montant correspondant. Compétence est alors attribuée à l'établissement bancaire, par l'article R. 162-2 C. pr. exéc., pour déterminer le ou les comptes sur lesquels ce montant sera alors imputé.

Ce dispositif ne peut toutefois pas être mis en œuvre dans le cas où deux créanciers auraient pratiqué dans le même mois des saisies-attribution exclusivement auprès d'établissements différents. En effet, dans une telle hypothèse, ni ces derniers, ni les huissiers instrumentaires ne seront spontanément informés de l'existence d'une autre saisie ayant déclenché un solde bancaire insaisissable et il est probable que l'obligation faite au débiteur par l'article R. 162-8 C. pr. exéc. de restitution du « *trop-perçu* » ne sera pas mise en œuvre spontanément par celui-ci).

Fort heureusement, on peut gager que si chaque créancier s'est cantonné à une saisie-attribution entre les mains d'un seul établissement bancaire, alors qu'il peut connaître l'existence des autres établissements bancaires du débiteur par le Fichier national des comptes bancaires et assimilés (Ficoba), c'est que sa seule saisie aura suffi à le désintéresser de la totalité de sa créance, de sorte que la dualité de soldes bancaires insaisissables sera demeurée sans conséquence.

§ 3
Obligations du banquier et du débiteur

A.
Obligations d'information du banquier

0921.71 Double obligation d'information pesant sur le banquier. Pour assurer l'effectivité du maintien à disposition, le banquier est tenu d'une double obligation d'information.

0921.72 Information du débiteur. *En premier lieu*, le banquier avertit le débiteur « *aussitôt* » du maintien à disposition, de sorte que celui-ci sera probablement informé de la mesure d'exécution avant même la dénonciation de la saisie, laquelle dénonciation devra également indiquer le montant du solde bancaire insaisissable laissé à la disposition du débiteur, ainsi que le ou les comptes sur lesquels cette mise à disposition est opérée (C. pr. exéc., art. R. 211-3, 4°).

Cette chronologie impose une certaine précision dans l'information donnée par le banquier, quoique le texte n'en détaille pas le contenu. Il importe que le client soit informé qu'une mesure d'exécution pratiquée sur ses comptes bancaires à telle date les a rendus indisponibles, sous réserve de telle somme, laissée à disposition pendant une durée d'un mois, conformément à la loi.

La délivrance de cette information par le banquier n'est soumise à aucun formalisme, ni d'ailleurs à aucune sanction, de sorte que seule une éventuelle responsabilité du banquier apparaît pouvoir être envisagée.

Elle aura lieu par tout moyen, en pratique suivant les modalités de communication utilisées par la banque pour échanger avec son client, éventuellement stipulées dans la convention bancaire : lettre simple, courriel ; le détail de l'information attendue semble en revanche peu compatible avec un unique SMS.

0921.73 Information du commissaire de justice. *En second lieu*, l'article R. 162-2 C. pr. exéc. prévoit que le banquier doit informer le commissaire de justice instrumentaire du montant laissé à disposition du titulaire du compte ainsi que du ou des comptes sur lesquels est opérée cette mise à disposition, information en effet nécessaire pour que le commissaire de justice puisse lui-même la faire figurer dans la dénonciation de la saisie-attribution.

Cette information est délivrée « *sans délai* ». On peut penser que, dans le cas de la saisie-attribution, elle devrait donc être donnée en même temps que l'information générale que le banquier est déjà tenu de fournir au plus tard le premier jour ouvrable suivant la saisie pratiquée par la voie électronique, en application de l'article R. 211-4 C. pr. exéc. (v. s[s] n° 0821.101).

En conséquence de cette obligation, les établissements bancaires, de même qu'ils doivent être en mesure de déterminer dans ce délai le solde global des comptes saisis, doivent être en mesure de calculer concomitamment le montant du solde bancaire insaisissable.

Ainsi qu'il a été dit, ce solde sera égal au « *RSA socle* », à la condition bien évidemment que le solde total des comptes soit supérieur ou égal au montant de ce RSA (dans le cas contraire, c'est d'ailleurs la saisie-attribution elle-même qui sera vouée à l'échec). Le solde bancaire insaisissable ne pourra être diminué que par des dépenses faites par le débiteur, après qu'une première saisie aura été pratiquée dans le mois précédant une seconde saisie (exemple 1, v. s[s] n° 0921.66) : dans ce cas, le banquier déclarera le solde bancaire insaisissable résiduel, c'est-à-dire déduction faite des sommes déjà utilisées par le débiteur.

Le décret du 30 décembre 2009 n'est pas venu préciser les sanctions attachées à la délivrance de l'information prévue par l'article R. 162-2 C. pr. exéc. Dans le cas de la saisie-attribution, les termes de l'article R. 211-5 C. pr. exéc., visant le tiers saisi qui ne fournit pas les renseignements prévus, fait preuve de négligence fautive ou procède à une déclaration inexacte ou mensongère, apparaissent suffisamment larges pour permettre de sanctionner par ce texte l'irrespect des obligations déclaratives prévues par l'article R. 162-2 C. pr. exéc.

B. Obligations du débiteur

0921.81 Obligations pesant sur le débiteur. En application de l'article R. 162-8 C. pr. exéc. : « *Sans préjudice des sanctions pénales éventuellement encourues, le titulaire du compte qui se voit mettre à disposition une somme d'un montant supérieur à celui auquel il peut prétendre en application des articles du présent chapitre restitue au créancier les sommes indûment perçues ou mises à sa disposition. En cas de faute de sa part, il peut en outre être condamné, à la demande du créancier, à des dommages et intérêts* ».

Il semble que, passé la période d'adaptation par les établissements bancaires à cette nouvelle obligation, les cas de mises à disposition indues devraient logiquement être rares et en tout cas être limités, qu'il s'agisse de saisies pratiquées entre les mains d'établissements bancaires différents (hypothèse où la complexité du dispositif devrait exclure en pratique une restitution spontanée par le débiteur qui, rappelons-le, est une personne physique) ou encore d'une erreur dans la prise en compte des revalorisations régulières du RSA (généralement annoncées par le gouvernement avant même l'adoption du décret de revalorisation, devant seul être pris en compte pour la fixation du solde bancaire insaisissable).

L'article R. 162-8 C. pr. exéc. permettra toutefois au commissaire de justice s'il est informé de la situation, notamment dans l'hypothèse d'établissements multiples, de réclamer la restitution des trop-perçus par le débiteur. S'il n'est pas déféré à cette demande de restitution, le créancier devra agir en répétition à l'encontre du débiteur.

La détermination du juge compétent pour connaître, sur le fondement de ce texte, d'une demande, selon le cas, en répétition ou en réparation, peut susciter l'interrogation dans le cas où cette action est introduite après le dénouement de la saisie. D'un côté, faute de mesure en cours, l'action en répétition doit normalement être intentée devant le juge du fond et non devant le JEX, à l'instar de ce que prévoit l'article L. 211-4 alinéa 3 C. pr. exéc.[1] ; de l'autre, la

1. Civ. 2e, 19 déc. 2002, n° 00-20.774, P II, n° 293 – Cass., avis, 11 mars 1994, n° 09-40.001, P, n° 8 ; T. Moussa et L. de Mersseman, « Le nouveau dispositif d'accès urgent aux sommes à caractère alimentaire figurant sur un compte saisi », *Procédures* 2002. 6 – O. Salati, « Présentation du décret du 11 septembre 2002 instituant un dispositif d'accès urgent aux sommes à caractère alimentaire figurant sur un compte saisi », *Dr. et proc.* 2003. 6.

Cour de cassation juge, pour la demande de réparation fondée sur l'exécution ou l'inexécution dommageable d'une mesure d'exécution, que le JEX en connaît sans qu'il y ait lieu de distinguer selon qu'elle est ou non encore en cours au jour où il est saisi[1].

Quant aux sanctions pénales, en l'absence de références précises à une qualification, on peut supposer que la fraude du débiteur pourrait être qualifiée de détournement d'objet saisi ou d'organisation frauduleuse d'insolvabilité[2].

En tout état de cause, il pourra être utile que le banquier, qui informe son client de la mise à disposition, lui rappelle la règle posée par l'article R. 162-8 C. pr. exéc.

§ 4
Coordination du solde bancaire insaisissable avec d'autres mises à disposition

0921.91 Coordination avec les mises à disposition sur demande. Comme on le verra (v. s[s] n° 0923.80), l'instauration du solde bancaire insaisissable n'a pas remis en cause les deux autres dispositifs de mise à disposition : celui ouvert au débiteur en vue de bénéficier du report de l'insaisissabilité de sommes versées au compte ; celui ouvert au conjoint du débiteur sous régime de communauté, qui entend conserver l'usage de ses gains et salaires versés sur le compte.

Le caractère immédiat du solde bancaire insaisissable conduira nécessairement à en faire bénéficier le débiteur avant même que celui-ci ou son conjoint ne forme l'une ou l'autre des demandes de mise à disposition évoquées.

Dès lors se pose la question de la coordination de ces dispositifs.

0921.92 Coordination avec le report d'insaisissabilité. Quant au report d'insaisissabilité, le solde bancaire insaisissable présente un caractère que l'on peut qualifier de **subsidiaire**, de sorte qu'en application de l'article R. 162-7 alinéa 2 C. pr. exéc. ce report vient en déduction du montant préalablement laissé au titre du solde bancaire insaisissable. Autrement dit, le report d'insaisissabilité s'impute d'abord sur les sommes laissées à disposition au titre du solde bancaire insaisissable, avant d'entamer les sommes rendues indisponibles par la saisie des comptes.

Cette situation est logique dès lors que le solde bancaire insaisissable tend à laisser au débiteur un montant minimum de subsistance, qui ne peut donc jouer que dans la mesure où il ne dispose pas d'autres ressources bancaires plus importantes laissées à sa disposition.

C'est pourquoi en pratique le débiteur ne formera plus de demande de report d'insaisissabilité que dans les cas où la somme insaisissable susceptible d'être reportée sera d'un montant supérieur au solde bancaire insaisissable.

À noter que l'article R. 162-7 alinéa 1er C. pr. exéc. prévoit en outre le cas inverse, où le solde bancaire insaisissable intervient après que le débiteur a préalablement bénéficié d'un report d'insaisissabilité. La règle est dans ce cas la même : le solde bancaire insaisissable vient en déduction du report d'insaisissabilité préalablement obtenu par le débiteur. En pratique, cette situation apparaît toutefois difficilement concevable du fait du déclenchement automatique et immédiat du solde bancaire insaisissable.

0921.93 Coordination avec la mise disposition des gains et salaires. L'époux commun de biens qui entend faire échapper de l'assiette de la saisie ses gains et salaires obtient, sur demande, leur mise à disposition. À la différence du précédent cas, aucune disposition ne règle la coordination de cette mise à disposition, prévue par l'article R. 162-9 C. pr. exéc., avec le solde bancaire insaisissable.

Il se déduit du silence de la loi que ces deux mises à disposition sont cumulatives, au détriment du montant rendu indisponible par la saisie. Cette règle apparaît d'ailleurs logique dès lors que ces mises à disposition ne profitent pas à la même personne : le solde bancaire insaisissable profite au débiteur, alors que les gains et salaires sont déduits de l'assiette de la saisie pour être mis à disposition de l'époux du débiteur.

1. Civ. 2e, 27 févr. 2014, n° 13-11.788, P II, n° 54 ; *D.* 2014. 1466, obs. A. Leborgne ; *D.* 2014. 1722, obs. T. Vasseur, E. de Leiris et H. Adida-Canac.
2. T. Moussa et L. de Mersseman, art. préc. s[s] prés[t] n°.

CHAPITRE

0922. Règles de procédure propres à la saisie-attribution de comptes bancaires

ÉDOUARD DE LEIRIS
CONSEILLER À LA COUR DE CASSATION

SECTION 0
ORIENTEUR

0922.00 Sommaire du chapitre.

Division. La procédure de saisie-attribution pratiquée entre les mains d'un établissement bancaire répond pour l'essentiel aux règles qui ont été présentées en matière de saisie-attribution de droit commun.

Les modalités de délivrance de l'acte de saisie-attribution (sect. 1), ainsi que les obligations déclaratives de l'établissement bancaire et la dénonciation de l'acte au saisi (sect. 2) présentent toutefois quelques spécificités.

0922.01 Textes applicables.

- **C. pr. exéc.**, art. L. 162-1, L. 211-1-1, L. 211-2, L. 211-3, R. 162-1, R. 211-3 à R. 211-5, R. 211-9, R. 211-19 à R. 211-23, R. 162-1, R. 162-9 et R. 211-22.
- **C. pr. civ.**, art. 662-1, 748-2, 748-7 et 960.
- **C. mon. fin.**, art. L. 518-25.

0922.02 Jurisprudence de référence.

> Saisie pratiquée sur un compte bancaire. Obligation du banquier de fournir le montant du solde qu'il soit débiteur ou créditeur.

- **Com. 6 mai 1981,** n° 79-16.090, P IV, n° 212

* V. s^s n°s 0251.51, 0922.61, 0971.232

La cour d'appel qui décide qu'une banque est tenue de fournir, à la date d'une saisie-arrêt pratiquée sur le compte d'un client, le montant du solde, qu'il soit débiteur ou créditeur, ainsi que les renseignements réclamés par le créancier saisissant sur une précédente saisie, fait une juste application des dispositions de l'article 559 du Code de procédure civile [ancien].

> Saisie-attribution. Portée de l'obligation de renseignement du banquier tiers saisi. Inopposabilité du secret bancaire.

- **Civ. 2e, 1er juill. 1999,** n° 96-19.108, P II, n° 129

* V. s^s n°s 0731.72, 0821.81, 0922.52

1° Justifie légalement sa décision la cour d'appel qui, saisie par un créancier ayant pratiqué une saisie-attribution entre les mains d'une banque d'une demande tendant à voir condamner celle-ci à fournir les relevés du ou des comptes de toute nature détenus par elle, au nom du débiteur, au jour de la saisie, retient, pour accueillir cette demande, que l'obligation de l'établissement de crédit ne portait pas sur les seuls comptes de dépôt enregistrant des créances de sommes d'argent.

2° L'obligation de renseignement de l'établissement de crédit découlant de la loi, celui-ci n'est pas fondé à opposer le secret bancaire à la demande du créancier tendant à connaître la nature et la position des comptes ouverts dans ses livres au nom du débiteur.

> Saisie entre les mains d'un établissement de crédit au siège ou auprès d'une succursale tenant les comptes du débiteur saisi.

- **Civ. 2e, 22 mars 2006,** n° 05-12.569, P II, n° 87

* V. s^s n°s 0213.12, 0621.22, 0621.23, 0922.21, 0922.25

1° Une saisie conservatoire pratiquée entre les mains d'un établissement de crédit n'est régulièrement effectuée qu'au siège social de cet établissement ou auprès de sa succursale qui tient les comptes du débiteur saisi.

2° Seule une saisie conservatoire valable autorise la condamnation du tiers saisi sur le fondement des articles 24 de la loi du 9 juillet 1991 et 238 du décret du 31 juillet 1992 [devenus art. L. 123-1 et R. 523-5 C. pr. exéc.].

> Saisie-attribution. Sanction du défaut de dénonciation au cotitulaire du compte joint.

• **Civ. 2e, 7 juill. 2011,** n° 10-20.923, P II, n° 160
* V. ss nos 0141.221, 0144.145, 0922.82, 0971.351
Le défaut de dénonciation de la saisie-attribution au cotitulaire d'un compte joint sur lequel porte la mesure d'exécution n'est pas susceptible d'entraîner la caducité de celle-ci.

> Évolution du solde du compte bancaire après la saisie. Responsabilité civile du banquier.

• **Civ. 2e, 7 avr. 2016,** n° 15-11.436, P II, n° 101
* V. ss nos 0812.165, 0812.192, 0922.71, 0923.41, 0923.61
En application des articles L. 162-1, dernier alinéa, et R. 162-1 C. pr. exéc., ensemble l'article 1382 (devenu 1240) C. civ., le solde saisi attribué des comptes bancaires frappés par une saisie n'est diminué par les éventuelles opérations de débit et de crédit que dans la mesure où leur résultat cumulé est négatif et supérieur aux sommes non frappées par la saisie au jour de leur règlement ; en cas de diminution, de la sorte, des sommes rendues indisponibles par la saisie de comptes bancaires, l'établissement bancaire doit fournir un relevé de toutes les opérations qui ont affecté les comptes depuis le jour de la saisie inclusivement et son manquement à cette obligation ne peut donner lieu qu'au paiement, s'il y a lieu, de dommages-intérêts.

Encourt dès lors la censure l'arrêt qui déclare la banque personnellement débitrice des causes de la saisie dans la limite du solde créditeur qu'elle a déclaré au jour de la saisie, en application des dispositions de l'article L. 211-2 C. pr. exéc., pour ne pas avoir remis au créancier saisissant le relevé des opérations ayant affecté le compte pendant le délai de quinze jours suivant la saisie, aux fins de lui permettre de vérifier si le compte n'était pas à nouveau devenu créditeur durant ce délai.

0922.03 **Bibliographie indicative**[1].
* V. ss n° 092.03.

SECTION 1
Modalités de délivrance de l'acte de saisie

§ 1
Signification électronique

0922.11 **Obligation de la signification électronique aux banques tiers saisies.** À compter du 1er avril 2021, l'article L. 211-1-1[2] C. pr. exéc. dispose que *« lorsque le tiers saisi est un établissement habilité par la loi à tenir des comptes de dépôt, les actes lui sont transmis par voie électronique ».*

Les spécificités induites par la signification par voie électronique d'un acte de saisie-attribution ont été présentées aux nos 0821.13 et 0821.102.

Le caractère obligatoire de la signification par voie électronique appelle deux séries d'observations.

En premier lieu, le consentement du destinataire à une telle signification, en principe exigé par les articles 662-1 et 748-2 C. pr. civ., se trouve nécessairement écarté : un établissement bancaire est tenu de consentir à une telle signification et doit, pour ce faire, accomplir les diligences propres à permettre cette signification.

En second lieu, se pose la question de l'impossibilité de pratiquer une saisie-attribution en raison d'une cause étrangère, en particulier bien sûr un incident technique qui ne trouverait pas sa cause dans le fait du commissaire de justice. Alors que les textes de procédure civile réservent toujours la cause étrangère rendant impossible l'accomplissement d'une diligence sur support électronique (C. pr. civ., art. 748-7, 850 et 930-1) et que cette même cause a été prévue pour préserver le tiers saisi qui ne pourrait transmettre sa déclaration (C. pr. exéc., art. L. 211-4), l'article L. 211-1-1 n'envisage aucune exception à l'obligation qu'il pose de transmettre les actes de saisie à l'établissement bancaire tiers saisi. Dans l'hypothèse où la formalité deviendrait impossible, le délai de prescription se trouverait prorogé en application de l'article 748-7 C. pr. civ., mais cela ne sera pas nécessairement suffisant pour préserver les droits du créancier (qu'on pense par ex. aux hypothèses où, entre-temps, une autre saisie ou des débits auraient été pratiqués sur le compte banque), de sorte qu'on pourrait devoir envisager, dans un tel cas, le droit pour le commissaire de justice de procéder sur support papier, sans attendre que l'incident technique prenne fin. En ce sens, un auteur soutient, de façon plus générale, que l'article L. 211-1-1 ne prévoit aucune sanction à l'absence de recours à la communication électronique et estime qu'une nullité serait hautement improbable[3]. Si cette approche devait être confirmée, les établissements bancaires, qui se sont organisés pour recevoir les actes par la voie électronique, disposeraient probablement

1. Les ouvrages dont le nom des auteurs figure en petites capitales en bibliographie seront cités par le seul nom des auteurs en petites capitales en notes de bas de page.

2. L. n° 2019-222, 23 mars 2019, de programmation 2018-2022 et de réforme pour la justice, *JO* 24 mars, texte 2, art. 15, créant l'art. L. 211-1-1 C. pr. exéc., et 109, VI, pour l'entrée en vigueur, reportée par L. n° 2020-734, 17 juin 2020, relative à diverses dispositions liées à la crise sanitaire, à d'autres mesures urgentes ainsi qu'au retrait du Royaume-Uni de l'Union européenne, *JO* 18 juin, texte 1, art. 25, 3°, au 1er avr. 2021.

3. *J.-Cl. Pr. civ., V°* Saisie-attribution (Comptes bancaires : règles spécifiques), fasc. 1600-35, n° 41, par N. Cayrol.

d'un motif légitime pour, à tout le moins, justifier une absence de réponse immédiate.

§ 2
Lieu de la signification

0922.21 Établissements tiers saisis visés par la réglementation. En général, le commissaire de justice procède à la saisie-attribution entre les mains de l'agence détentrice des comptes du saisi, mais la saisie peut être effectuée auprès du siège social. La saisie entre les mains ou auprès d'une agence non-détentrice des comptes n'est pas régulière. En effet, ainsi que nous allons le voir, la saisie entre les mains d'un établissement de crédit n'est régulièrement effectuée qu'au siège social de cet établissement ou auprès de la succursale qui tient les comptes du débiteur saisi[1].

À cet égard, cette question ne doit pas être confondue avec celle de savoir si une banque étrangère peut être considérée comme établie en France, dès lors qu'elle y dispose d'une succursale, car il s'agit alors simplement de déterminer si une mesure d'exécution relevant du droit français peut être pratiquée contre une banque étrangère (v. s^s^ n° 0921.25).

L'importance de cette distinction, qui était majeure lorsque les saisies-attributions étaient délivrées sur support papier, tend bien sûr à s'estomper avec la signification par voie électronique faite aux établissements bancaires.

0922.22 Saisie pratiquée auprès du siège social. En application de l'article 690 C. pr. civ., les notifications aux personnes morales sont faites au lieu de leur établissement, c'est-à-dire en principe là où elles ont leur siège social.

Dans le cas de la saisie des comptes bancaires, la délivrance de l'acte au siège social a pu poser la difficulté du délai de réponse de l'établissement bancaire à l'interpellation qui lui est faite. Un tel délai a pu paraître admissible, en se fondant sur les connexions informatiques ne permettant pas toujours, surtout au sein des établissements bancaires d'importance nationale, de savoir « *sur-le-champ* » si le débiteur est client de la banque. Le tiers saisi aurait alors un motif légitime de répondre avec retard au commissaire de justice qui s'est présenté au siège social et non à l'agence qui tenait les comptes du débiteur.

Avec la généralisation de la saisie pratiquée par la voie électronique, cette difficulté appartiendra au passé : non seulement la saisie pourra être orientée, au sein de l'établissement bancaire, directement vers un service apte à fournir les renseignements utiles, mais l'établissement disposera d'un délai reporté au premier jour ouvrable suivant la saisie pour remplir son obligation déclarative.

0922.23 Saisie pratiquée auprès de l'agence détentrice des comptes : validité et modalités. Il a toujours été admis qu'une mesure d'exécution puisse être pratiquée auprès de l'agence bancaire détentrice des comptes du saisi[2], laquelle constitue en effet un « *établissement* » de la banque au sens de de l'article 690 C. pr. civ.

Comme dans le cas de la signification de la saisie au siège de la banque, il était fréquent que le commissaire de justice n'obtienne de l'employé de la banque, par interrogation informatique, que la liste des comptes et le montant de leur solde, sans pouvoir recueillir les modalités affectant les comptes (saisies antérieures, convention d'unité de comptes, nantissement d'espèces, *etc.*), de sorte qu'il était habituel que la banque, tout en communiquant au commissaire de justice des renseignements chiffrés, « *bruts* », déclare à celui-ci qu'elle lui fournira une réponse écrite sous quarante-huit heures[3].

Sauf à pouvoir, au cas par cas, invoquer un motif légitime, cette pratique n'était toutefois pas conforme à la lettre du texte de l'article R. 211-4 C. pr. exéc.

Sur l'ensemble de la question, v. s^s^ n°s 0821.101 s. et les jurisprudences citées.

Là encore, la généralisation de la signification par voie électronique de la saisie paraît de nature à mettre un terme à la difficulté.

0922.24 Saisie pratiquée auprès de l'agence détentrice des comptes : portée. Si la saisie-attribution est valablement faite entre les mains de l'agence détentrice des comptes, la question se pose alors de la portée de ses effets : il est évident que ces effets s'étendent à l'ensemble des comptes gérés par cette agence. Si des comptes sont ouverts auprès d'autres agences, les effets de la saisie délivrée au sein de cette agence s'étendent-ils à ces autres comptes ouverts auprès de l'établissement bancaire ?

À notre connaissance, la question n'a pas été tranchée par la Cour de cassation.

La doctrine est divisée sur ce point[4].

MM. Perrot et Théry, en faveur d'une limitation aux comptes tenus par l'agence, s'appuient sur une jurisprudence de cour d'appel, qui réglait la question

1. Civ. 2e, 22 mars 2006, n° 05-12.569, P II, n° 87 ; *Procédures* 2006, n° 135, obs. R. Perrot.

2. *J.-Cl. Pr. civ.*, V° Saisie-attribution (Comptes bancaires : règles spécifiques), fasc. 1600-35, n° 42, par N. Cayrol.

3. DELLECI, n° 360.

4. En faveur d'une limitation : DELLECI, n° 361 – PERROT et THÉRY, n° 447 – *CONTRA :* DONNIER, n° 992, note 108 – Sur la question, V. AUSSI : *J.-Cl. Pr. civ.*, V° Saisie-attribution (Comptes bancaires : règles spécifiques), fasc. 1600-35, n°s 43 s. et les auteurs cités, par N. Cayrol.

de la saisie pratiquée au sein d'une agence ne détenant pas de compte du débiteur[1].

Il nous apparaît qu'il faut distinguer la question du lieu d'accomplissement de la mesure d'exécution, de celle des effets de cette mesure, dès lors qu'elle est régulièrement accomplie.

En effet, pour autoriser la délivrance de l'acte de saisie dans une succursale, la Cour de cassation s'appuie sur l'article 690 C. pr. civ.[2], qui autorise la notification à une personne morale au lieu de son établissement ou en quelque lieu que ce soit, pourvu qu'elle soit faite à une personne habile à recevoir l'acte. Si la signification de l'acte de saisie est jugée valable, alors ses effets sont régis par les articles L. 162-1, L. 211-2 et R. 211-19 C. pr. exéc., dont il ressort qu'en vue de produire l'effet attributif attaché à la saisie-attribution, l'acte de saisie rend indisponible l'ensemble des comptes du débiteur ouverts dans les livres de l'établissement bancaire et non les seuls comptes gérés par l'agence.

Au demeurant, la limitation des effets d'une saisie aux seuls comptes détenus dans une succursale ne peut qu'être source de difficultés (*quid* en cas de convention de fusion de compte ? *Quid* en cas de pluralités de saisies, notamment pour les opérations de régularisation ?) et ne semble pas en phase avec l'évolution des technologies de la communication qui permettent à chaque établissement teneur de compte d'accéder à l'ensemble des autres comptes du dépositaire.

D'une certaine façon l'obligation, désormais posée, du recours à la signification électronique, permet de dépasser cette question, la saisie n'étant plus pratiquée entre les mains d'une succursale bancaire.

0922.25 Saisie pratiquée auprès d'une agence non détentrice de compte du débiteur. La Cour de cassation a jugé, en matière de saisie conservatoire, que celle-ci n'était régulièrement pratiquée entre les mains d'un établissement de crédit qu'au siège social de cet établissement ou auprès de sa succursale qui tient les comptes du débiteur saisi. Il s'ensuit que le banquier destinataire, à une tierce adresse, d'un tel acte d'exécution ne peut être condamné sur le fondement de l'article R. 211-5 C. pr. exéc.[3].

Le cas d'espèce, qui a successivement donné lieu à deux arrêts de cassation, était particulièrement intéressant : la saisie était pratiquée entre les mains du service d'une banque dont la fonction était « *cantonnée à la gestion d'une catégorie précise et limitée d'opérations parmi lesquelles ne figurait pas la tenue des comptes* ». Il était toutefois prétendu que ce service, disposant d'une autonomie de gestion, constituait un établissement de la banque et était en cette qualité chargé de verser les commissions dues par la banque au débiteur saisi que le créancier avait été autorisé par le JEX à saisir à titre conservatoire, argumentation à laquelle un premier arrêt avait omis de répondre et été cassé pour ce motif. Quoique l'argumentation ait été réitérée à l'appui du second pourvoi, la Cour de cassation rejette celui-ci au terme de l'énoncé du principe sus-rappelé et l'affirmation que le service considéré ne gérait pas de compte en banque, sans par conséquent se placer sur le terrain revendiqué par cette argumentation. Faut-il en déduire que la Cour de cassation exclurait la théorie des « *gares principales* » pour la saisie des créances ne résultant pas d'un solde créditeur de compte ? Une telle conclusion pourrait surprendre. La prudence conduira en tout cas le créancier qui entend saisir des créances ne figurant pas sur des comptes, mais au sein d'un service spécialisé, à pratiquer la saisie directement au siège de l'établissement bancaire.

La jurisprudence dégagée par ces arrêts s'applique évidemment en matière de saisie-attribution, ainsi qu'un arrêt postérieur du 27 juin 2019 l'a confirmé[4]. Cet arrêt, quoique non publié, a en outre apporté deux précisions intéressantes.

D'une part, dans cette affaire, la saisie avait été pratiquée, non pas au siège de la banque ou à l'agence de celle-ci tenant les comptes du débiteur, mais auprès d'un service chargé de la gestion des actes d'exécution, qui était mutualisé entre deux banques d'un même groupe. L'arrêt précise que si ce service « *n'assurant pas la tenue des comptes, ne peut recevoir les procès-verbaux de saisie-attribution* », pour autant « *il n'a pas une personnalité juridique distincte des établissements bancaires tiers saisis* », de sorte que « *l'irrégularité* [de la saisie pratiquée auprès de ce service] *ne constitue pas une irrégularité de fond au sens de l'article 117 du Code de procédure civile* », mais un vice de forme[5].

D'autre part, faisant application de sa jurisprudence en matière de vice de forme, selon laquelle « *seul le destinataire d'un acte est recevable à se prévaloir de la nullité de cet acte en raison d'une irrégularité de forme l'affectant* »[6], la Cour de cassation en déduit que « *le débiteur saisi, qui n'était pas le destinataire de la signification de l'acte de saisie en application de*

1. Douai, 18 nov. 1993, *Rev. huiss.* 1994. 205, obs. Dahan ; *D.* 1995. 271, note D. Martin ; *Banque* 1994. 93, obs. Guillot.
2. Civ. 2e, 7 nov. 2002, no 01-02.308, P II, no 248.
3. Civ. 2e, 22 mars 2006, no 05-12.569, P II, no 87 – Faisant suite à : Civ. 2e, 7 nov. 2002, no 10-02.308, P II, no 248.
4. Civ. 2e, 27 juin 2019, no 18-12.617, NP : « *La saisie-attribution entre les mains d'un établissement habilité à tenir des comptes de dépôt ne peut être régulièrement effectuée, en dehors du siège social de l'établissement, qu'auprès de la succursale qui tient effectivement les comptes du débiteur saisi* ».
5. DANS LE MÊME SENS : Civ. 2e, 9 sept. 2021, no 20-10.644, NP.
6. Civ. 2e, 1er sept. 2016, no 15-16.918, P II, no 196.

l'article R. 211-1 du Code des procédures civiles d'exécution, n'était pas recevable à se prévaloir de la nullité de la signification en raison de cette irrégularité de forme l'affectant ». Seul le tiers saisi peut ainsi se prévaloir de l'irrégularité d'une signification pratiquée dans un établissement autre que son siège ou l'agence détentrice des comptes : la considération que l'acte de saisie est ensuite dénoncé au débiteur ne fait pas de celui-ci le destinataire de l'acte de saisie.

0922.26 Cas particulier – La Banque postale. L'article L. 518-25 C. mon. fin. prévoit que, pour proposer des services bancaires à ses clients, La Poste est amenée à créer des filiales ayant la qualité d'établissements de crédit. Les saisies pratiquées à l'encontre des titulaires de comptes ouverts auprès de l'un de ces établissements de crédit ne sont valablement notifiées qu'au siège social de cet établissement ou au lieu de domiciliation du compte du titulaire ; ils ne peuvent être notifiés dans un bureau de poste[1].

SECTION 2
OBLIGATIONS DU TIERS SAISI

0922.30 Textes applicables. On le sait, lorsque la saisie-attribution est pratiquée entre les mains d'un établissement habilité à tenir des comptes de dépôt, le tiers saisi est tenu des obligations générales prévues par les articles L. 211-3 C. pr. exéc. et article R. 211-4 C. pr. exéc. imposant à celui-ci de déclarer « *sur-le-champ* », « *l'étendue de ses obligations à l'égard du débiteur ainsi que les modalités qui pourraient les affecter et, s'il y a lieu, les cessions de créances, délégations ou saisies antérieures* » (v. s^{s} n°s 0821.40 s.).

Les articles L. 162-1 et R. 211-20 à R. 211-23 C. pr. exéc. font peser sur ces établissements des obligations particulières.

0922.31 Obligations du tiers saisi. Le banquier tiers saisi doit :

– indiquer, « *la nature du ou des comptes du débiteur ainsi que leur solde au jour de la saisie* » (C. pr. exéc., art. L. 162-1 – C. pr. exéc., art. R. 211-20), et ce pour l'ensemble des comptes ouverts dans ses livres[2] ;

– communiquer au créancier saisissant, en cas de diminution des sommes rendues indisponibles, un relevé de toutes les opérations qui ont affecté le compte depuis le jour de la saisie inclusivement (C. pr. exéc., art. R. 162-1 – C. pr. exéc., art. R. 162-1) ;

– informer les cotitulaires d'un compte joint inconnus du commissaire de justice de la saisie et du montant des sommes réclamées (C. pr. exéc., art. R. 211-22, al. 2) ;

– lorsque le débiteur est une personne physique, aussitôt informer, ainsi qu'il a été vu (v. s^{s} n° 0921.72), ce débiteur du solde bancaire insaisissable laissé à disposition sur ses comptes et informer sans délai le commissaire de justice du montant laissé à disposition à ce titre, ainsi que du ou des comptes sur lesquels est opérée cette mise à disposition (C. pr. exéc., art. R. 162-2).

Ajoutons qu'une saisie-attribution pouvant être pratiquée par le créancier du propriétaire des fonds déposés sur un compte ouvert au nom d'un tiers (v. s^{s} n° 0921.23), dans un tel cas, la banque, pour autant qu'elle a connaissance de cette situation et est en mesure d'identifier les fonds appartenant au débiteur saisi, doit informer le créancier saisissant du solde de ce compte. Au contraire, si les fonds ne sont pas identifiables, la banque ne commettra pas de faute en se bornant à déclarer ne pas avoir de compte ouvert au nom du débiteur saisi : ainsi a-t-il pu être jugé, à propos de la saisie pratiquée par le créancier d'un syndicat des copropriétaires entre les mains de la banque auprès de laquelle le syndic de la copropriété avait ouvert un compte dénué de sous-compte client, que la banque n'avait pas commis de faute en déclarant ne pas avoir de compte ouvert au nom du syndicat de copropriété débiteur mais seulement un compte au nom du syndic[3].

0922.32 Communication par la voie électronique. Les renseignements attendus du tiers saisi sont apportés par la voie électronique dès lors que la signification de la saisie-attribution a été délivrée selon ce mode. En ce cas, plutôt que de devoir être accomplie sur-le-champ, la déclaration est faite au plus tard le premier jour ouvrable suivant la saisie, conformément à l'article R. 211-4 C. pr. exéc., sauf cause étrangère (v. s^{s} n° 0922.11 sur l'obligation du recours à l'électronique et s^{s} n°s 0821.13 et 0821.102 sur les modalités de cette signification).

§ 1
Renseignements relatifs à la nature et au solde des comptes

0922.40 Règle applicable. Plan. L'article L. 162-1 C. pr. exéc. fait obligation au banquier de déclarer « *le solde du ou des comptes du débiteur au jour de la saisie* » et l'article R. 211-20 dudit code précise que sa déclaration « *indique la nature du ou des comptes du débiteur ainsi que leur solde au jour de la saisie* », exigences devant être lues en regard l'article L. 211-3 C. pr. exéc., faisant obligation à tout tiers

1. Décr. n° 2005-1068, 30 août 2005, art. 12.
2. V., tirant les conséquences quant à la responsabilité du commissaire de justice à l'égard de son mandant : Civ. 1re, 16 janv. 2013, n° 12-14.105, NP.
3. Civ. 3e, 30 sept. 2015, n° 14-20.829, NP.

saisi de déclarer les modalités pouvant affecter les obligations du tiers saisi à l'égard du débiteur.

On distinguera les renseignements relatifs aux comptes et modalités (A) de ceux relatifs aux soldes de ces comptes (B) dont l'éventuelle évolution postérieure à la saisie impose à l'établissement bancaire une obligation informative supplémentaire (C).

A. Comptes et modalités les affectant

0922.51 Tous les comptes du débiteur. L'obligation de renseignement qui pèse sur le tiers saisi porte sur tous les comptes dont le solde, exprimé en unité monétaire, est embrassé par la saisie-attribution, à savoir les « *comptes du débiteur qui représentent des créances de sommes d'argent* » (C. pr. exéc., art. R. 211-19) [1]. La Cour de cassation a en particulier confirmé que l'obligation de renseignement ne portait pas sur les seuls comptes de dépôt [2].

Cette obligation générale de déclaration doit permettre au créancier de connaître avec précision la nature de ces comptes, le montant de leur solde, et ainsi de décider de limiter, comme le prévoit l'article R. 211-21 C. pr. exéc., l'effet de la saisie à certains d'entre eux.

Pour obtenir ces informations, le commissaire de justice n'a pas à fournir au banquier les références précises des comptes détenus par le client de la banque.

Il a pu être jugé que même si l'acte de saisie ne visait qu'un seul compte, le banquier devait indiquer au commissaire de justice la nature des différents comptes et leur solde au jour de la saisie [3], ce qui mériterait toutefois d'être nuancé : ainsi qu'il a été indiqué, l'obligation déclarative est en rapport étroit avec l'assiette de la saisie, de sorte que si le créancier saisissant a expressément fait le choix de limiter celle-ci à certains comptes, l'établissement bancaire pourrait n'avoir à fournir de renseignements que relativement à ces comptes, sous réserve bien sûr d'une convention de compensation ou de fusion ou d'unité de compte (v. s^s n° 0831.55).

À l'inverse, si la saisie n'indique pas être limitée aux comptes bancaires, on peut penser que l'établissement pourrait devoir également déclarer, en vertu du droit commun de la saisie-attribution, ses éventuelles autres obligations représentant une créance de somme d'argent du débiteur à son encontre (v. s^s n° 0921.41).

1. Paris, 27 juin 1996, *Juris-Data* n° 024109.
2. Civ. 2e, 8 avr. 1999, n° 97-14.742, P II, n° 69 ; *Banque* 2000, n° 610, p. 90, obs. Guillot.
3. TGI Cherbourg, JEX, 8 déc. 1993, *D.* 1994. 291, note D. Martin ; *RTD civ.* 1994. 687, obs. R. Perrot ; *Rev. huiss.* 1994. 1425 – Caen, 21 févr. 1995, *Gaz. Pal.* 1995. 2. 449, note E. du Rusquec.

0922.52 Secret bancaire. L'obligation de renseignement de l'établissement de crédit découlant de la loi, celui-ci n'est pas fondé à opposer le secret bancaire pour échapper à son obligation déclarative [4]. L'établissement bancaire n'est toutefois délié du secret qu'en l'état de la signification qui lui est faite d'un acte de saisie : en l'absence d'un tel acte, il opposera au commissaire de justice le secret bancaire [5]. En outre, ce secret s'opposera à ce que la banque fasse porter sa déclaration sur des comptes, des avoirs ou des obligations contractuelles de toute sorte [6] non concernés par une saisie-attribution, faute de représenter une créance de somme d'argent [7]. Il ne s'agit là que de la déclinaison des solutions qui ont été examinées de façon générale pour les saisies-attributions (v. s^s n° 0821.72).

B. Montant du solde et communication de pièces justificatives

0922.61 Solde débiteur. Le tiers saisi doit déclarer le solde du ou des comptes au jour de la saisie, sous réserve, ainsi qu'on va le voir, de ne pouvoir déclarer qu'un solde unique en cas de convention d'unité de compte.

Une déclaration s'impose au tiers saisi même en cas de **solde(s) débiteur(s).** Le banquier doit indiquer le solde **précis** au jour de la saisie.

Cette obligation [8] est admise par la profession bancaire [9].

Il était déjà acquis, sous l'empire des textes antérieurs, que le banquier était tenu de communiquer à

4. Civ. 2e, 1er juill. 1999, n° 96-19.108, P II, n° 129 ; *D.* 1999. 210 ; *D. Affaires* 1999. 1362, obs. J. F. ; *Gaz. Pal.* 2000. 1. Somm. 341, note Véron ; *Banque et droit* 2000, n° 71, p. 50 ; *RD banc. fin.* 2000. 26, obs. J.-M. D. ; *RJDA* 2000. 86 ; *Rev. huiss.* 2000. 287, obs. Courtier, rejetant le pourvoi formé contre Paris, 27 juin 1996 (préc., v. s^s n° 0922.51).
5. Limoges, 3 févr. 2000, *RD banc. fin.* 2000, n° 74, obs. J.-M. D. – Limoges 28 sept. 2000, *D.* 2000. 264 ; *Rev. huiss.* 2001. 126, obs. E. Putman ; *BICC* 15 févr. 2001, n° 213.
6. Paris, 18 déc. 1997, *Rev. huiss.* 1998. 1135, obs. G. Dahan.
7. F.-J. Credot et Y. Gérard, « Aspect bancaire de la réforme des procédures civiles d'exécution », *RD bancaire et bourse* 1993, n° 35, p. 11 – J.-M. Calendini, « La saisie-attribution de comptes bancaires », *LPA* 9 févr. 1994, p. 15, n° 10.
8. Qui a pu être, initialement, contestée par une partie de la doctrine : H. Croze, « La loi n° 91-650 du 9 juillet 1991, portant réforme des procédures civiles d'exécution : les règles spécifiques aux différentes mesures d'exécution forcée et mesures conservatoires », n° 15 – J.-M. Calendini, « La saisie-attribution de comptes bancaires », *LPA* 9 févr. 1994, p. 15, n°s 5 et 10.
9. Ribay et Delleci, p. 14 et 64 – Delleci, n° 360 – F.-J. Credot et Y. Gérard, « Aspect bancaire de la réforme des procédures civiles d'exécution », *RD bancaire et bourse* 1993, n° 35, p. 4.

la date de la saisie le solde du compte, fût-il débiteur[1]. Dans un tel cas, comme dans celui où les comptes du débiteur étaient préalablement clôturés, l'acte de saisie dressé par le commissaire de justice est d'ailleurs désormais tarifé à un montant inférieur à celui normalement pratiqué[2]. En revanche, cette règle n'a malheureusement pas été étendue au cas où le solde des comptes bancaires, quoique positif, est inférieur au solde bancaire insaisissable, voire insuffisant pour couvrir le coût de l'acte.

0922.62 Convention de fusion ou d'unité de comptes – convention de compensation. Les comptes ouverts dans une banque fonctionnent en principe de manière indépendante et la saisie d'un compte créditeur serait efficace même si le client détenait d'autres comptes débiteurs. Aussi le banquier doit-il indiquer le solde de chacun des comptes ouverts au nom du client saisi, sans pouvoir se contenter de ne donner qu'un solde cumulé[3].

Par exception, en présence d'une convention d'unicité ou de fusion de divers comptes[4], le tiers saisi peut se contenter de communiquer au créancier saisissant le solde unique résultant des comptes représentant une créance de somme d'argent[5], satisfaisant ainsi à son obligation de déclaration[6]. Dans ce cas en effet de la convention d'unité de comptes, les différents comptes constituent des sections d'un compte unique, il n'y a qu'une position et qu'un compte unique, à la fois entre les parties et à l'égard des tiers[7].

Dans l'hypothèse d'une convention de compensation – en vertu de laquelle les comptes demeurent distincts, la fusion se produisant à l'initiative de l'une des parties, et le plus souvent, à celle du banquier – elle sera déclarée par le banquier tiers saisi s'il entend pouvoir l'opposer au créancier saisissant[8]. La déclaration par l'établissement bancaire d'une convention de compensation, qui tend à établir une connexité entre les créances réciproques qu'elle embrasse[9], pourrait en effet lui permettre d'opposer la compensation entre les soldes des comptes qu'elle déclare détenir, étant précisé que la connexité pourrait également résulter dans un tel cas de l'origine commune des créances réciproques (sur la question de la compensation, v. s[s] n°s 0812.191 s.).

0922.63 Pièces justificatives. L'article R. 211-4 C. pr. exéc., applicable à tout tiers saisi, fait obligation à celui-ci de communiquer « *les pièces justificatives* » au commissaire de justice qui pratique la saisie. Une telle obligation à la charge du tiers saisi, existait sous l'empire de la législation antérieure (ACPC, art. 559, al. 3).

Cette disposition ne semble pas imposer au banquier de remettre un document particulier au commissaire de justice poursuivant.

La remise d'un extrait de compte ou d'un historique des comptes ferait apparaître des opérations diverses et des renseignements que le créancier n'a pas à connaître et pourrait constituer une violation du secret bancaire (C. mon. fin., art. L. 511-33 et L. 511-34 – V. s[s] n°s 0821.81 et 0922.52).

La pratique révèle que les commissaires de justice n'exigent pas des banquiers la communication de pièces et se contentent des informations fournies[10].

La Cour de cassation a cassé un arrêt ayant admis que le JEX puisse ordonner la production de l'historique des opérations effectuées sur les comptes dont le débiteur est titulaire pour vérifier la réalité et la cause de leur position débitrice au jour de la saisie-attribution, au motif que la mesure d'instruction ordonnée n'entrait pas dans les prévisions de l'arti-

1. Com. 6 mai 1981, n° 79-16.090, P IV, n° 212 ; *D.* 1982. 33, note Gavalda ; *JCP* 1982. II. 19708, note Vasseur ; *RTD civ.* 1982. 216, obs. R. Perrot.
2. C. com., art. A. 444-16, tableau n° 3-1, prestation n° 51, reprenant une solution déjà prévue par Décr. n° 2014-673, 25 juin 2014, modifiant le décret n° 56-222 du 29 février 1956 pris pour l'application de l'ordonnance du 2 novembre 1945 relative au statut des huissiers de justice ainsi que le décret n° 96-1080 du 12 décembre 1996 portant fixation du tarif des huissiers de justice en matière civile et commerciale, *JO* 26 juin, p. 10481, art. 15, créant une nouvelle rubrique, 50 *bis*, dans le tableau I des actes des huissiers de justice, annexé au décret n° 96-1080 du 12 décembre 1996 : l'acte s'élève dans un tel cas à 10 taux de base, contre 20,5 en principe. Matériellement, puisqu'il est tenu de mentionner le coût de l'acte sur celui-ci, le commissaire de justice devrait nécessairement être amené à indiquer sur l'acte son coût normal, avant d'en rectifier le montant dans ses décomptes postérieurs, si la réponse du tiers saisi fait apparaître l'absence de compte saisissable.
3. F. François-Marsal, « La saisie-attribution et le banquier tiers saisi », *LPA* 6 janv. 1993, n° spéc., p. 75, n° 2-b.
4. Com. 16 déc. 2014, n° 13-17.046, P IV, n° 185 (excluant le jeu d'une unité de compte à l'égard d'un compte titre, en l'absence de fongibilité).
5. Com. 9 déc. 1997, n° 95-12.651, P IV, n° 327.
6. Civ. 2e, 5 juill. 2000, n° 97-22.287, P II, n° 113 ; *Ann. loyers* 2001. 549, obs. D. Martin – R. Perrot et Ph. Théry, « Saisie-attribution : la situation du tiers saisi », *D.* 2001. 715. 5 ; *RD banc. fin.* 2000. 305, obs. J.-M. D – A. Leborgne, « L'obligation de concours des tiers saisis », *Rev. huiss.* 2001. 151 s. – V. ÉGAL. : Pau, 18 déc. 1967, *Banque* 1968. 383, obs. Marin ; *RTD com.* 1968. 385.
7. *J.-Cl. Banque*, V° Pluralité de comptes en banque ouverts à un même client, fasc. 250, n° 19, par G. Parleani [actu. par E. Sénécal], oct. 2015.
8. Lyon, 3 déc. 1997, *D. Affaires* 1997. 155, obs. J. F. ; *RGDP* 1998. 524, obs. E. Putman ; *JCP* 1999. IV. 1438 : faute d'avoir déclaré la clause de compensation entre trois comptes distincts résultant de la convention d'ouverture, une banque est condamnée au paiement du montant du solde créditeur de deux des comptes.
9. EN MATIÈRE DE PROCÉDURES COLLECTIVES, v. Com. 16 oct. 2007, n° 06-14.574, NP – Com. 9 déc. 1997, n° 95-12.651, P IV, n° 327.
10. F.-J. Credot et Y. Gérard, art. préc. (v. s[s] n° 0922.61).

cle 47 de la loi du 9 juillet 1991[1] (devenu C. pr. exéc., art. L. 162-1), qui ne vise que la communication du solde du ou des comptes du débiteur « *au jour de la saisie* »[2].

Cependant, la production de pièces est indispensable si le solde saisi baisse ou disparaît et si le saisissant conteste le relevé des opérations ainsi que toute diminution par rapport au montant initialement déclaré, conformément au dernier alinéa de l'article R. 162-1 C. pr. exéc.

C. Évolution du solde

0922.71 **Modification du solde.** Le tiers saisi est tenu d'une deuxième déclaration lorsque le solde du compte saisi peut être affecté par des opérations en cours. C'est le cas notamment du compte de dépôt à vue ou du compte courant.

L'article R. 162-1, dernier alinéa, C. pr. exéc. fait obligation au banquier, en cas de diminution des sommes rendues indisponibles, de fournir au commissaire de justice un relevé de toutes les opérations en cours au jour de la saisie ayant affecté le solde des comptes (sur ces opérations, v. s^s^ n° 0923.30).

Ce relevé d'opérations est adressé par lettre recommandée avec avis de réception au créancier saisissant au plus tard huit jours après l'expiration du délai de contre-passation (C. pr. exéc., art. R. 162-1). Toutefois, le texte précise que : « *Sous réserve des dispositions de l'article 748-7 du Code de procédure civile, si l'acte de saisie est signifié par voie électronique, le tiers saisi communique le relevé par voie électronique dans ce même délai* ». La communication électronique devenant obligatoire pour la saisie des comptes bancaires à compter du 1er avril 2021, la référence à une transmission par lettre recommandée paraît obsolète. Quant à la référence à l'article 748-7 C. pr. civ., elle tend à prémunir le tiers saisi contre un dysfonctionnement de la communication électronique résultant d'une cause étrangère (sur ce point, v. s^s^ n°s 0922.32 et 0821.102).

Quant au respect du délai de huitaine, la Cour de cassation a pu se montrer souple, à l'occasion d'une affaire où elle retenait « *qu'après avoir relevé que la banque avait fourni, après la saisie, un document relatant les opérations ayant affecté depuis celle-ci, le compte du débiteur saisi, la cour d'appel a exactement retenu que cet établissement avait satisfait à son obligation de fournir les pièces* »[3]. L'auteur du pourvoi soutenait pourtant que la banque n'avait, dans le délai de huitaine, fourni qu'un document donnant le solde des comptes après les opérations de régularisation, complété, seulement au cours des débats devant le juge, par un relevé de compte détaillant les opérations en cause : la Cour écarte le grief en se contentant de relever que l'information requise avait été fournie « *après la saisie* », considération ainsi jugée suffisante pour écarter la mise en cause de la responsabilité de la banque. Les établissements bancaires se garderont toutefois de méconnaître le délai d'information qui leur est imparti, le créancier saisissant pouvant fort bien alléguer un préjudice résultant du seul retard, dont on voit mal ce qui pourrait conduire à en exclure la réparation, en cas de dépassement du délai réglementaire.

C'est qu'en effet, le « *manquement à l'obligation de fournir les pièces justificatives ne peut donner lieu qu'au paiement, s'il y a lieu, de dommages et intérêts* »[4].

Il est donc exclu que le banquier soit condamné au paiement des causes de la saisie, en application de l'alinéa 1er de l'article R. 211-5 C. pr. exéc., ou au paiement du solde des comptes au jour de la saisie, en application de l'article R. 211-9 C. pr. exéc.[5].

§ 2 Information du débiteur et des cotitulaires du compte

0922.81 **Information du saisi.** Les textes ne font aucune obligation au tiers saisi d'informer son client, le débiteur saisi, de l'existence de la saisie-attribution.

Cependant, en pratique, dès la signification de l'acte de saisie, le banquier informe son client, verbalement ou par écrit, de la saisie effectuée. En outre, dans le cas du solde bancaire insaisissable, le banquier a désormais l'obligation d'informer son client du solde maintenu à disposition à cette fin (v. s^s^ n°s 0921.71 s.).

L'information écrite précise le plus souvent au débiteur les effets de la saisie (indisponibilité de l'ensemble des comptes, effet attributif immédiat) ainsi que la possibilité de demander la mise à disposition des fonds lorsque le compte est alimenté par des créances insaisissables en tout ou partie.

1. Civ. 2e, 11 mars 1999, n° 96-22.813, P II, n° 49 ; *D.* 1999. 104 ; *JCP E* 1999. 791.
2. Précédemment, EN SENS CONTRAIRE : Rennes, 13 oct. 1994, *Rev. huiss.* 1994. 755, retenant qu'en cas de présomption de fraude, le créancier, qui conteste la déclaration du tiers saisi, peut requérir, au besoin sous astreinte, du JEX, communication de documents lui permettant de vérifier la sincérité de la déclaration.
3. Civ. 2e, 6 mai 2004, n° 02-15.348, P II, n° 218 ; *RTD civ.* 2004. 560, obs. R. Perrot.
4. Civ. 2e, 20 déc. 2001, n° 00-12.798, P II, n° 205 – Civ. 2e, 6 mai 2004, n° 02-15.348, P, (préc. s^s^ prés^t^ n^o^) – Civ. 2e, 7 avr. 2016, n° 15-11.436, P II, n° 101 ; *RTD civ.* 2016. 677, comm. N. Cayrol.
5. Civ. 2e, 7 avr. 2016, n° 15-11.436, P (préc. s^s^ prés^t^ n^o^).

Certaines banques, lorsque la saisie porte sur un compte ouvert au nom d'époux, avisent le débiteur saisi et simultanément, par une autre lettre, informent le **conjoint** commun en biens des termes de l'article R. 162-9 C. pr. exéc. et de la possibilité de demander la mise à disposition de sommes dans les conditions prévues par cet article.

La profession bancaire recommande, le cas échéant, d'informer le titulaire d'un plan d'**épargne-logement** des conséquences d'une saisie-attribution[1]. L'indisponibilité relative qui frappe les sommes versées sur ce type de compte n'est en effet pas un obstacle aux poursuites des créanciers.

0922.82 **Compte joint.** L'article R. 211-22 C. pr. exéc. prévoit une information complémentaire à la charge du commissaire de justice poursuivant lorsque la saisie est pratiquée sur un compte joint.

La saisie doit être dénoncée à chacun des titulaires du compte. Si le commissaire de justice ignore l'identité et l'adresse des cotitulaires, il demande à la banque de les informer elle-même de la saisie et du montant des sommes réclamées afin que ceux-ci puissent, le cas échéant, faire valoir leurs droits sur le compte.

Ce mode d'information par la banque est considéré comme un moyen de préserver l'intégrité du secret bancaire[2].

Dans le silence de l'article R. 211-22 C. pr. exéc., la question de savoir si cette obligation était sanctionnée d'une caducité a divisé les juges du fond[3], avant que la Cour de cassation ne tranche cette question, dans le sens de l'absence de caducité : « *Le défaut de dénonciation de la saisie-attribution au cotitulaire d'un compte joint sur lequel porte la mesure d'exécution n'est pas susceptible d'entraîner la caducité de celle-ci* »[4].

En toute logique, on devrait en déduire que l'article R. 211-3 C. pr. exéc., régissant la dénonciation de la saisie au débiteur, n'est pas applicable à cette dénonciation au cotitulaire du compte joint, en particulier les mentions et le formalisme qu'il impose.

Enfin, il serait hâtif de déduire de cette absence de caducité que le commissaire de justice instrumentaire peut se dispenser d'accomplir cette formalité dès lors qu'il est en mesure de le faire. En effet, cette dénonciation est destinée à permettre au cotitulaire du compte joint de faire valoir ses droits (v. s^s n° 0921.32), de sorte que, en cas préjudice subi par ce dernier, le défaut de cette diligence pourrait entraîner la mise en cause de la responsabilité civile du commissaire de justice, voire du débiteur qui n'aura pas informé son cotitulaire. En outre, la contestation que le cotitulaire du compte joint pourra faire ne sera pas enfermée dans le délai de contestation d'un mois[5]. Il a d'ailleurs pu être soutenu la possibilité pour le cotitulaire non débiteur d'exercer, sur le fondement du droit commun, une action en revendication de sommes d'argent, en prouvant la propriété d'une partie des fonds saisis, soumise à une prescription ne courant qu'à compter du moment où le codébiteur aura été informé de la saisie[6].

1. Ribay et Delleci, p. 15.
2. J.-M. Calendini, « La saisie-attribution de comptes bancaires », *LPA* 9 févr. 1994, p. 16 – F.-J. Credot et Y. Gérard, « Aspect bancaire de la réforme des procédures civiles d'exécution », *RD bancaire et bourse* 1993, n° 35, p. 4.
3. EN FAVEUR DE LA CADUCITÉ : TGI Châlons s/Saône, JEX, 23 nov. 1993, *Rev. huiss.* 1994. 655 – TGI Lyon, 27 janv. 1994, *BICC*, 1994, n° 571 – TGI Paris, JEX, 27 janv. 1994, *Rev. huiss.* 1994. 868 – Lyon, 5 mai 1999, RG n° 97/07611, NP – V. AUSSI : TGI Perpignan, JEX, 8 avr. 2002, *Dr. et proc.* 2003. 308, obs. J.-J. Bourdillat – EN SENS INVERSE : Lyon, 24 nov. 1999, RG n° 98/06285, NP – V. AUSSI : Lyon, 9 févr. 2000, *Juris-Data* n° 124450, pour une saisie-attribution – Paris, 7 nov. 2002, *Dr. et proc.* 2003. 167, obs. P. Caille – Paris, 4 oct. 2007, *JCP* 2007. IV. 3066.
4. Civ. 2e, 7 juill. 2011, n° 10-20.923, P II, n° 160 ; *Procédures* 2011, n° 366, obs. R. Perrot ; *JCP E* 2011. 1855, note C. Mezen ; *RD banc. fin.* 2011, n° 206, note S. Piedelièvre.
5. S. Piedelièvre, note préc. s^s prés^t n°.
6. C. Mezen, note préc. s^s prés^t n°.

CHAPITRE

0923. Effets de la saisie-attribution

ÉDOUARD DE LEIRIS
CONSEILLER À LA COUR DE CASSATION

SECTION 0 ORIENTEUR

0923.00 **Sommaire du chapitre.**

Division. L'effet attributif immédiat de la saisie des comptes bancaires présente plusieurs particularités.

Pour assurer l'effectivité de l'attribution de l'ensemble des comptes ouverts dans les livres du tiers saisi, la saisie-attribution a pour effet de rendre provisoirement indisponibles l'ensemble de ces comptes frappés par la saisie, en vue de permettre la régularisation des opérations en cours (sect. 1).

Nonobstant cet effet attributif, le débiteur ou son époux commun de biens peuvent solliciter la mise à disposition de certaines sommes entrant dans l'assiette de la saisie (sect. 2).

Les spécificités de la saisie des comptes bancaires se retrouvent également au stade du paiement des sommes attribuées par le tiers saisi (sect. 3).

0923.01 **Textes applicables.**

• **C. pr. exéc.,** art. L. 112-4, L. 162-1, L. 162-2, L. 211-2, R. 112-5, R. 162-2 à R. 162-9, R. 211-1, R. 211-9, R. 211-11, R. 211-19, R. 211-21 et R. 211-23.

• **C. civ.,** art. 220 et 1414.

• **C. mon. fin,** art. L. 131-20, L. 131-37.

0923.02 **Jurisprudence de référence.**

> Report sur le compte de l'insaisissabilité des créances à échéance périodique.

• **Civ. 2e, 11 mai 2000,** n° 98-11.696, P II, n° 78

* V. ss nos 0141.161, 0141.201, 0621.11, 0621.31, 0923.101, 0941.64

Il résulte des articles 44 et 45 du décret du 31 juillet 1992 [devenus art. R. 112-5 et R. 213-10 C. pr. exéc.] que lorsque les sommes insaisissables versées sur un compte proviennent de créances à échéance périodique, l'insaisissabilité porte sur l'ensemble des fonds, de même nature, cumulés sur ce compte et non pas seulement sur le dernier versement effectué.

> Saisie-attribution. Existence de la créance au jour de la saisie. Créance objet de la saisie procédant d'un virement en cours d'exécution. Date du virement.

• **Civ. 2e, 28 mai 2003,** n° 01-12.892, P II, n° 166

* V. ss nos 0812.32, 0923.51

La saisie-attribution pratiquée entre les mains d'un établissement habilité par la loi à tenir des comptes de dépôt peut porter sur des créances conditionnelles ou à terme, dès lors que la créance du débiteur existe au jour de la saisie. Ayant relevé qu'un virement avait été effectué au bénéfice d'une société, avant la saisie-attribution pratiquée au préjudice de celle-ci, la cour d'appel en a exactement déduit que la créance était née bien qu'elle ne soit pas encore inscrite au compte.

> Saisie d'un compte joint d'époux commun en biens. Responsabilité de l'établissement bancaire en cas de retard dans la mise à disposition des sommes prévues par la loi.

• **Civ. 2e, 27 mai 2004,** nº 02-13.896, P II, nº 252

* V. ss nos 0141.221, 0141.222, 0144.146, 0923.131

Il résulte de l'article 48 du décret du 31 juillet 1992 [devenu art. R. 162-9 C. pr. exéc.] que, lorsqu'un compte, même joint, alimenté par les gains et salaires d'un époux commun en biens, fait l'objet d'une saisie pour le paiement d'une créance née du chef du conjoint, il est laissé immédiatement à la disposition de l'époux commun en biens une somme équivalant, à son choix, au montant des gains et salaires versés au cours du mois précédant la saisie ou au montant moyen mensuel des gains et salaires versés dans les douze mois précédant la saisie.

Ne donne pas de base légale à sa décision, une cour d'appel qui ne recherche pas, comme elle y était invitée, si, dans une saisie-attribution ayant porté sur un compte joint, le retard de mise à disposition des salaires, par l'établissement bancaire, n'était pas en soi de nature à causer un préjudice à l'époux commun en biens.

> Rémunérations du travail portées en compte. Saisissabilité du compte et report de l'insaisissabilité sur les rémunérations versées au crédit du compte.

• **Civ. 2e, 24 juin 2004,** nº 02-14.813, P II, nº 323

* V. ss nos 0141.123, 0141.161, 0621.07, 0621.31, 0812.121, 0923.102, 0941.13

1º L'article L. 145-6 [devenu L. 3252-7] du Code du travail, selon lequel les rémunérations ne peuvent pas faire l'objet d'une saisie conservatoire, n'est pas applicable aux sommes versées sur un compte bancaire, même si elles proviennent des rémunérations du travail, la saisie de ces sommes étant réglementée par l'article 44 du décret du 31 juillet 1992 [devenu art. R. 112-5 C. pr. exéc.].

2º Lorsque les sommes insaisissables versées sur un compte proviennent de créances à échéances périodiques, l'insaisissabilité porte sur toutes les sommes insaisissables comprises dans le solde créditeur du compte.

> Report d'insaisissabilité sur les sommes insaisissables portées en compte et épargnées.

• **Civ. 2e, 12 juill. 2007,** nº 05-20.911, P II, nº 211

* V. ss nos 0141.161, 0141.201, 0923.91, 0923.102

En application des articles 15 de la loi du 9 juillet 1991, 44 et 47 du décret du 31 juillet 1992, l'insaisissabilité porte sur toutes les sommes insaisissables comprises dans le solde créditeur d'un compte bancaire. Ainsi en est-il de l'allocation de revenu minimum d'insertion, insaisissable en vertu de l'article L. 262-44 du Code de l'action sociale et des familles, même lorsqu'elle est épargnée.

> Saisie d'une créance libellée en monnaie étrangère.

• **Civ. 2e, 31 mars 2011,** nº 10-12.269, P II, nº 79

* V. ss nos 0621.53, 0812.61, 0832.52, 0923.142, 1711.210

La demande en paiement, faite après conversion d'une saisie conservatoire en saisie-attribution, emporte, par l'effet de la loi, attribution immédiate de la créance saisie jusqu'à concurrence du montant de la condamnation et des sommes dont le tiers saisi s'était reconnu débiteur en euros, y compris lorsque le tiers saisi avait déclaré détenir pour le compte du débiteur une créance libellée en monnaie étrangère correspondant à la contre-valeur en dollars US de la somme pour laquelle la saisie avait été autorisée.

> Report d'insaisissabilité sur le solde du compte saisi.

• **Civ. 2e, 7 juin 2012,** nº 11-19.622, P II, nº 103

* V. ss nos 0141.05, 0141.142, 0141.191, 0812.132, 0923.101

Il résulte des dispositions combinées des articles L. 355-2 du Code de la sécurité sociale, 15 de la loi nº 91-650 du 9 juillet 1991 et 44 du décret nº 92-755 du 31 juillet 1992 que les pensions d'invalidité sont cessibles et saisissables dans les mêmes conditions et limites que les salaires, que les créances insaisissables dont le montant est versé sur un compte demeurent insaisissables et que lorsqu'un compte est crédité du montant d'une créance insaisissable en tout ou en partie, l'insaisissabilité se reporte à due concurrence sur le solde du compte. Par suite, méconnaît ces dispositions, la cour d'appel qui rejette une demande de mainlevée d'une saisie-attribution pratiquée sur un compte alimenté par une pension d'invalidité, sans préciser l'étendue de la saisissabilité du compte concerné.

> Évolution du solde du compte bancaire après la saisie. Imputation d'un chèque remis à l'encaissement.

• **Civ. 2e, 7 avr. 2016,** nº 15-11.436, P II, nº 101

* V. ss nos 0812.165, 0812.192, 0922.71, 0923.41, 0923.61

En application de l'article L. 162-1 du Code des procédures civiles d'exécution, le solde du ou des comptes du débiteur saisi au jour de la saisie peut, dans le délai de quinze jours ouvrables qui suit la saisie, être affecté au préjudice du saisissant par l'imputation d'un chèque du débiteur remis à l'encaissement par son bénéficiaire, dès lors qu'il est prouvé que cet encaissement est antérieur à la saisie. En outre, l'article L. 131-37, alinéa 3, du Code monétaire et financier, prévoit que si la provision est inférieure au montant du chèque, son bénéficiaire a le droit d'exiger le paiement jusqu'à concurrence de la provision.

Encourt dès lors la censure l'arrêt qui, pour condamner une banque, tiers saisi, à payer au créancier saisissant les causes de la saisie dans la limite du solde créditeur qu'elle a déclaré au jour de la saisie, retient que la décision de la banque, prise le jour de saisie, d'honorer le paiement d'un chèque tiré par le débiteur et présenté à l'encaissement par son bénéficiaire avant la saisie, alors même que le compte ne présentait pas un solde créditeur suffisant pour le payer, ne reposait sur aucun motif légitime et n'était pas opposable au créancier saisissant, dont la saisie avait été pratiquée à une heure où le compte, sauf cette opération, était créditeur.

> Évolution du solde du compte bancaire après la saisie. Affectation du solde par un virement antérieur (non).

• **Civ. 2e, 24 mars 2022,** no 20-12.241, B

* V. ss no 0923.41, 0923.63

Il résulte des dispositions de l'article L. 162-1 du Code des procédures civiles d'exécution que les virements ordonnés par le débiteur titulaire du compte, avant la saisie, qui ne sont pas au nombre des opérations limitativement énumérées au 2o de cet article, ne peuvent affecter le solde saisi attribué au préjudice du saisissant.

0923.03 **Bibliographie indicative**[1].

* V. ss no 092.03.

SECTION 1 INDISPONIBILITÉ TOTALE DES COMPTES SAISIS EN VUE DE LA RÉGULARISATION DES OPÉRATIONS EN COURS

§ 1 Indisponibilité totale des comptes saisis

A. Principe de l'indisponibilité totale

0923.11 **Indisponibilité totale des comptes saisis.** En droit commun, l'indisponibilité n'est que partielle puisqu'elle est limitée au montant de la créance, cause de la saisie. L'article L. 211-2 C. pr. exéc. dispose en effet que l'acte de saisie emporte attribution immédiate de la créance saisie disponible « *à concurrence des sommes pour lesquelles elle est pratiquée* ».

Lorsque la saisie est pratiquée entre les mains d'une banque, l'indisponibilité est, dans un premier temps, totale.

0923.12 **Principe de l'indisponibilité.** L'indisponibilité totale joue donc même si le montant de la créance cause de la saisie est inférieur au solde des comptes saisis. Autrement dit, il n'y a pas de corrélation entre le montant des causes de la saisie et le montant des sommes indisponibles[2].

La différence entre la saisie de droit commun et la saisie pratiquée entre les mains d'un établissement bancaire s'explique par le fait que la créance, objet de la saisie, ne peut pas être déterminée avec précision au moment de la signification de l'acte de saisie, dès lors que le banquier tiers saisi a l'obligation de procéder à la liquidation des opérations en cours au jour de la saisie.

L'assiette de la saisie ne pourra être effectivement connue qu'après régularisation des opérations en cours, tant au débit qu'au crédit du compte saisi.

0923.13 **Étendue de l'indisponibilité.** L'indisponibilité s'étend à l'ensemble des comptes du débiteur concernés par la saisie-attribution, c'est-à-dire ceux qui représentent des créances de sommes d'argent (C. pr. exéc., art. R. 211-19).

Ainsi qu'il a été exposé, lorsque la saisie-attribution a été pratiquée entre les mains d'une succursale, plutôt qu'au siège de la banque, l'étendue de l'indisponibilité – et partant celle de l'effet attributif – n'apparaît pas devoir être limitée aux seuls comptes tenus par cette succursale (v. ss no 0922.24), à la seule exception, dictée par le principe de territorialité des mesures d'exécution, du cas de la succursale située en France d'une banque étrangère (v. ss no 0921.25).

0923.14 **Durée de l'indisponibilité : délai de quinzaine.** L'article L. 162-1 C. pr. exéc. limite la durée de l'indisponibilité totale des « *sommes laissées au compte* » à un « *délai de quinze jours ouvrables qui suit la saisie* ».

Pour la computation de ce délai de quinzaine, la formulation de l'article L. 162-1 C. pr. exéc. conduit à penser que le jour de la saisie ne doit pas être compté et que le délai expire le dernier jour ouvrable suivant. Pour le surplus, ce délai ne se calcule pas suivant les règles de computation des délais de procédure. En effet, le terme de jour « *ouvrable* » exclut la comptabilisation des dimanches et jours fériés ou chômés[3].

L'article R. 211-19 C. pr. exéc. dispose que l'acte de saisie rend indisponible l'ensemble des comptes du débiteur qui représentent des créances de sommes d'argent, de sorte qu'il a pu en être déduit que l'indisponibilité totale perdurait pendant tout le délai de contestation, ainsi qu'en cas de contestation formée, jusqu'à ce qu'elle soit tranchée. En réalité, l'article R. 211-19 C. pr. exéc. doit être compris à la lumière des articles L. 211-2 et L. 162-1 C. pr. exéc. : il a pour seul objet de préciser l'étendue des comptes rendus provisoirement indisponibles par la saisie-attribution[4].

À l'issue du délai de régularisation, l'indisponibilité totale fait donc place à l'effet attributif à concurrence des sommes pour lesquelles la saisie est prati-

1. Les ouvrages dont le nom des auteurs figure en petites capitales en bibliographie seront cités par le seul nom des auteurs en petites capitales en notes de bas de page.
2. *J.-Cl. Pr. civ., Vo* Saisie-attribution (Comptes bancaires : règles spécifiques), fasc. 1600-35, no 77, par N. Cayrol.
3. PERROT et THÉRY, no 448 (note) – COMP. P. Julien, note ss TGI Paris, 4 févr. 1993, Mondial VPC c/Groupe Mulit Média Marketing, *D.* 1993. 279, considérant que seuls les jours durant lesquels les guichets sont ouverts au public doivent être considérés comme des jours ouvrables.
4. LEBORGNE, no 1113

quée[1]. Conformément à la saisie-attribution de droit commun, l'indisponibilité à hauteur de l'attribution perdure alors jusqu'au paiement qui intervient, en l'absence de contestation, sur présentation d'un certificat de non-contestation à l'issue d'un délai d'un mois prévu à l'article R. 211-11 C. pr. exéc. et, en cas de contestation, à l'issue de la procédure devant le JEX, sur présentation de la décision notifiée (v. s^s^ n°s 0832.41).

0923.15 Durée de l'indisponibilité : combinaison avec le délai d'un mois de contre-passation des effets de commerce impayés. Si le deuxième alinéa de l'article L. 162-1 C. pr. exéc. dispose que : « *Dans le délai de quinze jours ouvrables qui suit la saisie et pendant lequel les sommes laissées au compte sont indisponibles, ce solde peut être affecté à l'avantage ou au préjudice du saisissant par les opérations* [de régularisation] », le septième alinéa[2] prévoit que : « *Par dérogation aux dispositions prévues au deuxième alinéa, les effets de commerce remis à l'escompte et non payés à leur présentation ou à leur échéance lorsqu'elle est postérieure à la saisie peuvent être contrepassés dans le délai d'un mois qui suit la saisie* » (v. s^s^ n° 0923.62).

La combinaison de ces dispositions est incertaine, ainsi que, par voie de conséquence, la prorogation du délai d'indisponibilité en cas d'effets de commerce remis à l'escompte. Le deuxième alinéa prévoyant tout à la fois la règle de la régularisation des opérations pendant un délai de quinzaine et celle de l'indisponibilité totale pendant ce même délai, la question se pose de la portée de l'exception apportée par le septième alinéa au deuxième alinéa : soit, le septième alinéa ne fait exception au deuxième qu'à l'effet d'allonger le délai de régularisation[3], soit, il fait exception également au délai d'indisponibilité, en le portant à un mois[4].

Le septième alinéa se contentant d'évoquer un cas particulier de régularisation, on peut être tenté de considérer, en l'absence de jurisprudence, que l'exception qu'il apporte au deuxième alinéa ne concerne que ce point et n'allonge donc pas le délai d'indisponibilité. Une telle solution est toutefois délicate. En effet, si le débiteur, passé le délai de quinzaine, utilise le solde redevenu disponible de telle sorte qu'il n'est plus suffisant pour contrepasser un effet de commerce impayé, cette contre-passation s'opérera nécessairement au détriment des sommes attribuées au créancier saisissant. Ainsi que le relèvent MM. Perrot et Théry, il appartient au banquier de faire le nécessaire pour pouvoir être payé[5].

Quelle que soit la solution retenue, le délai d'un mois n'est pas exprimé en jours ouvrables, de sorte qu'il devrait se calculer de quantième à quantième.

B. Aménagements à la règle de l'indisponibilité totale

0923.21 Nécessité d'aménagements à la règle de l'indisponibilité. Compte tenu des conséquences gênantes dues à l'indisponibilité affectant l'ensemble des comptes du débiteur[6] et de l'absence de cantonnement automatique[7], le pouvoir réglementaire et la pratique bancaire ont apporté des aménagements destinés à rendre la règle moins contraignante.

0923.22 Ouverture d'un compte spécial. Bien que la saisie-attribution porte sur des créances de sommes d'argent et non sur un compte, en pratique, dès la notification de la saisie-attribution au banquier, celui-ci isole sur un compte d'attente ou compte *bis* le solde du compte courant ou de dépôt à vue rendu indisponible. Il s'agit d'une pratique purement interne, d'une simple opération comptable destinée à isoler les fonds frappés par la saisie, dans l'attente du sort réservé à celle-ci, et par conséquent sans incidence sur les droits des parties[8].

Les autres comptes (comptes d'épargne notamment), rendus également indisponibles par la saisie, restent « *bloqués* ».

Ainsi, les opérations postérieures à l'acte de saisie-attribution et les opérations antérieures non visées par l'article L. 162-1 alinéa 2 C. pr. exéc. (agios, prélèvements automatiques, échéances de prêt, frais bancaires de saisie) sont enregistrées au crédit ou au débit du compte, afin de ne pas les mêler à celles qui entrent dans le champ d'application de la saisie[9].

Les remises créditrices postérieures à l'acte de saisie (autres que celles résultant des opérations en cours) constituent ce que la pratique bancaire appelle « *l'argent frais* ». *Cet* « *argent frais* » n'entre pas dans

1. TGI Paris, 4 févr. 1993, préc. s^s^ prés^t^ n^o^.
2. Le septième alinéa de l'article L. 162-1 C. pr. exéc. est parfois qualifié par erreur de troisième alinéa (le deuxième alinéa étant alors entendu comme concernant les deuxième à sixième alinéas) – Sur les règles de comptabilisation des alinéas, v. *Guide de légistique*, 3.2.2. (consultable not. sur le site internet de Legifrance).
3. EN CE SENS : PERROT et THÉRY, n° 457 – LEBORGNE, n° 1120.
4. Penchant, avec prudence, pour une telle interprétation : *J.-Cl. Pr. civ., V^o^* Saisie-attribution (Comptes bancaires : règles spécifiques), fasc. 1600-35, n° 80, par N. Cayrol.
5. PERROT et THÉRY, n° 457 – Sur les moyens dont dispose le banquier pour se garantir : *J.-Cl. Pr. civ.*, n° 62, par N. Cayrol, préc. s^s^ prés^t^ n^o^.
6. DONNIER, n° 1084.
7. H. Croze, « Saisie-attribution bancaire : les mystères de l'article 47 de la loi du 9 juillet 1991 », *LPA* 6 janv. 1993, n^o^ spéc., p. 71, n° 8.
8. Com. 25 sept. 2019, n° 18-16.178, P, à propos d'une saisie conservatoire.
9. J.-M. Calendini, « La saisie-attribution de comptes bancaires », *LPA* 9 févr. 1994, p. 16, n° 15.

l'assiette de la saisie, de sorte qu'il est disponible pour le débiteur.

0923.23 Cantonnement. Aux termes de l'article R. 211-21 C. pr. exéc., le créancier peut limiter l'effet de la saisie à certains comptes « *au vu des renseignements fournis par le tiers saisi* ».

Le créancier peut, de sa propre initiative, après avoir pris connaissance des déclarations du tiers saisi au commissaire de justice poursuivant et sans attendre une quelconque contestation du débiteur, décider de ne faire porter la saisie que sur certains comptes, comme par exemple, ceux pour lesquels les risques de fluctuation du solde sont moins importants (comptes d'épargne, par ex.).

Cette décision est prise unilatéralement par le saisissant[1].

Cependant, M. Croze estime « *curieux que cette limitation soit présentée comme un effet de sa bonté* »[2]. Cet auteur se demande si le créancier ne pourrait pas être sanctionné, s'il refusait cette limitation, sur le fondement de l'article 22 alinéa 2 de la loi du 9 juillet 1991 (devenu C. pr. exéc., art. L. 111-7 et L. 121-2). Selon cet article, l'exécution de ces mesures ne peut excéder ce qui se révèle nécessaire pour obtenir le paiement de l'obligation et le JEX peut ordonner la mainlevée de toute mesure inutile, et en cas d'abus, condamner le créancier à des dommages-intérêts.

Toutefois, pour M. et J.-B. Donnier, « *en pratiquant une saisie-attribution qui a bloqué tous les comptes du débiteur, le créancier saisissant n'a rien excédé puisque c'est la loi elle-même qui impose l'indisponibilité totale* »[3]. Il faut en outre relever que tant que des opérations sont en cours, elles risquent d'affecter l'assiette de la saisie, de sorte que le cantonnement pourrait empêcher le désintéressement du créancier. Le commissaire de justice qui n'aurait pas attiré l'attention de son mandant sur ce point pourrait voir sa responsabilité mise en cause.

Cet article R. 211-21 n'a donné lieu, à notre connaissance, à aucune jurisprudence publiée.

Une sorte de cantonnement peut également être parfois due à l'initiative du banquier tiers saisi qui, en accord avec son client et en fonction des montants créditeurs des divers comptes du saisi, « *aménage* » la règle de l'indisponibilité totale, en ne bloquant que la somme strictement nécessaire au désintéressement du créancier saisissant. Lorsqu'une saisie-attribution est pratiquée au préjudice d'une entreprise, un tel procédé facilite à l'évidence le fonctionnement de celle-ci. Cet aménagement ne saurait en revanche être opposable au créancier saisi, qui pourra obtenir, si nécessaire, la condamnation de la banque au paiement du solde des comptes dont elle s'est reconnue débitrice, sous la seule déduction consécutive à la régularisation des opérations en cours, en application de l'article R. 211-9 C. pr. exéc. Les parties gagneraient ainsi à préférer la solution de la constitution d'une garantie conventionnelle.

0923.24 Constitution d'une garantie. L'article R. 211-21 alinéa 2 C. pr. exéc. prévoit la possibilité de mettre fin à l'indisponibilité des comptes par la constitution d'une garantie irrévocable à concurrence des sommes réclamées. Cette garantie pourra consister, en pratique, soit en un cautionnement bancaire ou une sûreté réelle[4], soit en la consignation d'une somme, soit en l'affectation d'un compte non susceptible d'être diminué par des opérations en cours ou des retraits (plan d'épargne-logement, plan d'épargne populaire).

Une mesure de séquestre a également pu être jugée suffisante pour donner au créancier « *une garantie totale* »[5].

La mise en œuvre d'une telle disposition nécessite un « *accord commun* » entre les parties (saisi, tiers saisi, saisissant), dont on peut penser qu'il pourrait ainsi s'affranchir des limites mêmes fixées par le texte, prévoyant que la garantie est donnée non pas à concurrence des sommes qui resteront dues à l'issue de la période de régularisation, mais « *à concurrence du montant des sommes réclamées* ».

À défaut d'accord, la garantie peut être ordonnée par le JEX, cette dernière solution demandant toutefois plus de temps, ce qui la rend plus improbable dans le bref délai de l'indisponibilité provisoire (même si la procédure dite « *d'heure à heure* », prévue par l'article R. 121-12 C. pr. exéc., permet en cas d'urgence d'obtenir rapidement une décision).

La possibilité de constituer une garantie a été contestée par une partie de la doctrine[6] qui estimait que la disposition, qui figurait dans le décret du 31 juillet 1992, contrevenait à l'article 47 de la loi du 9 juillet 1991 et mettait par conséquent en doute sa légalité[7]. L'ordonnance de codification des procédures civiles d'exécution, opérée avec une habilitation permettant de procéder aux modifications ren-

1. *J.-Cl. Pr. civ.*, V° Saisie-attribution (Comptes bancaires : règles spécifiques), fasc. 2280, n° 84, par N. Cayrol.
2. H. Croze, « Saisie-attribution bancaire : les mystères de l'article 47 de la loi du 9 juillet 1991 », *LPA* 6 janv. 1993, n° spéc., p. 71, n° 8.
3. Donnier, n° 1085.
4. C. Mouly, « Procédures civiles d'exécution et droit bancaire », *RTD civ.* 1993. 38, note 34.
5. TGI Bobigny, JEX, 12 févr. 1993, *D.* 1993. 279, obs. crit. P. Julien.
6. J.-M. Delleci, « La saisie-attribution de comptes bancaires : portée de l'article 47 de la loi du 9 juillet 1991 », *Banque et droit* 1992, n° 25, p. 163.
7. Ribay et Delleci, p. 16.

dues nécessaires par la hiérarchie des normes[1], n'a pourtant pas inséré dans la partie législative du code la disposition considérée. En outre, l'objection ne vaut évidemment pas dans le cas où la garantie est convenue par les parties, qui restent libres d'aménager la saisie dans un sens plus favorable au débiteur. Enfin, dans le cas où elle est ordonnée par le juge, la constitution d'une garantie irrévocable satisfait pleinement à l'objectif de la saisie-attribution, ne tendant qu'au paiement du créancier poursuivant. Ce procédé présente même un avantage pour le créancier puisque la garantie irrévocable est, ainsi qu'il a été dit, égale « *au montant des sommes réclamées* », conférant au créancier « *un droit de paiement certain* »[2].

§ 2
Opérations en cours affectant l'attribution

0923.30 **Règle. Plan.** L'article L. 162-1 C. pr. exéc. prévoit l'indisponibilité de l'ensemble des comptes du débiteur et prend en considération les droits de certains créanciers dès lors qu'il est établi que certaines opérations sont antérieures à l'acte de saisie-attribution (A).

La raison tient à ce que : « *Appliquée sans nuance aux comptes bancaires, l'attribution immédiate pourrait avoir des effets destructeurs et aboutir à une véritable spoliation des droits de certains créanciers* [...] *alors même que leur créance est née antérieurement à l'acte de saisie* »[3].

Les diverses opérations que le Code des procédures civiles d'exécution énumère et que la pratique qualifie d'« *opérations en cours* » ne sont prises en compte que pendant un délai de quinze jours ouvrables qui suit la saisie-attribution (B).

Quant aux effets de commerce, remis à l'escompte et non payés à leur présentation ou à leur échéance lorsqu'elle est postérieure à la saisie, ils peuvent être contrepassés dans le délai d'un mois qui suit la saisie-attribution (C) (C. pr. exéc., art. L. 162-1, al. 2 et 3). Passé ces délais, aucune modification ne peut être apportée au solde du compte (D).

A.
Antériorité des opérations concernées

0923.41 **Notion d'opérations en cours.** Les opérations, énumérées par l'article L. 162-1 alinéa 2 C. pr. exéc., peuvent affecter l'assiette de la saisie au profit ou au détriment du saisissant, dès lors qu'il est prouvé que leur date est antérieure à la saisie).[4].

L'antériorité devrait pouvoir être facilement établie pour les opérations pratiquées dans les jours qui ont précédé la saisie. Celle-ci résulte en effet des documents entre les mains de l'établissement bancaire (bordereau de remise de chèque, ordre de virement, *etc.*)

Lorsque les opérations sont du jour même de la saisie, il n'existe aucune règle similaire à celle réputant simultanées les saisies pratiquées le même jour. L'acte de saisie est revêtu d'une date certaine, qui concerne en outre son heure, dès lors que l'article R. 211-1 C. pr. exéc. impose l'« *horodatage* » de cet acte. Il convient par conséquent de s'attacher à une stricte chronologie des opérations[5]. L'exigence probatoire doit par conséquent conduire à ce qu'en l'absence de preuve de l'antériorité de l'opération bancaire, celle-ci ne puisse pas être considérée comme telle[6].

B.
Opérations créditrices en cours

0923.51 **Opérations créditrices.** Seront portées au crédit du compte, « *les remises faites antérieurement, en vue de leur encaissement, de chèques ou d'effets de commerce, non encore portées au compte* » [du client de la banque].

Le texte ne vise que les remises à l'encaissement, mais des auteurs ont pu estimer qu'il concernait également les remises à l'escompte[7].

En outre, les virements créditeurs, bien qu'ils ne soient pas mentionnés par l'article L. 162-1 C. pr. exéc., sont considérés comme des opérations en cours venant affecter l'assiette de la saisie, à l'avantage du saisissant[8]. C'est ainsi que la Cour de cassation, rappelant qu'une saisie-attribution peut porter sur des créances conditionnelles ou à terme, a admis qu'un virement effectué au bénéfice du débiteur, avant la saisie, pouvait affecter l'assiette de la

1. L. nº 2010-1609, 22 déc. 2010, relative à l'exécution des décisions de justice, aux conditions d'exercice de certaines professions réglementées et aux experts judiciaires, *JO* 23 déc., p. 22552, art. 7.
2. H. Croze, « Saisie-attribution bancaire : les mystères de l'article 47 de la loi du 9 juillet 1991 », *LPA* 6 janv. 1993, nº spéc., p. 71, nº 8.
3. Delleci, nº 364, p. 229.
4. Civ. 2e, 7 avr. 2016, nº 15-11.436, P II, nº 101 ; *RTD civ.* 2016. 677, comm. N. Cayrol.
5. Civ. 2e, 24 mars 2022, nº 20-12.241, B.
6. TGI Lyon, JEX, 13 nov. 1997, RG nº 97/09140, SARL SOXO c/Banque populaire de Lyon, NP.
7. Ribay et Delleci, p. 19 – F.-J. Credot et Y. Gérard, « Aspect bancaire de la réforme des procédures civiles d'exécution », *RD banc. et bourse* 1993, nº 35, p. 7.
8. F.-J. Credot et Y. Gérard, « Aspect bancaire de la réforme des procédures civiles d'exécution », *RD bancaire et bourse* 1993, nº 35, p. 8 – C. Mouly, « Procédures civiles d'exécution et droit bancaire », *RTD civ.* 1993. 77 – Perrot et Théry, nº 454 – Rép. pr. civ., vº *Saisie-attribution*, févr. 2016, par C. Lefort, (actu. févr. 2025, par L. Boudour), nº 330.

saisie au profit du créancier saisissant, même si la somme n'avait pas encore été inscrite au compte[1].

Les remises postérieures à la saisie-attribution constituent ce que la pratique appelle « *l'argent frais* » disponible pour le débiteur. Cet « *argent frais* » sert ainsi de gage aux autres créanciers ou au créancier saisissant qui pratiquerait une seconde saisie-attribution.

C.
Opérations débitrices en cours

0923.61 Opérations débitrices incluses. Seront portés au débit du compte :

– Les chèques émis par le débiteur et remis à l'encaissement par leur bénéficiaire avant la saisie. La date d'émission du chèque importe peu ; seule compte la date de la remise qui doit être antérieure à la saisie[2]. La Cour de cassation a en effet précisé que la remise de chèques à l'encaissement « *s'entend de la remise des chèques faite à l'établissement bancaire et non au bénéficiaire desdits chèques* »[3], et ce malgré la règle de transfert de plein droit de la propriété de la provision du chèque dès son encaissement prévue par l'article L. 131-20 C. mon. fin.[4] (v. s^s^ nº 0921.13).

Le droit dont dispose le bénéficiaire du chèque sur la provision n'est toutefois pas ignoré par la Cour de cassation. Relevant qu'en application de l'article L. 131-37 alinéa 3 C. mon. fin., si la provision est inférieure au montant du chèque, son bénéficiaire a le droit d'exiger le paiement jusqu'à concurrence de la provision, la Cour de cassation[5] censure un arrêt qui avait refusé de prendre en compte au titre des opérations de régularisation un chèque pourtant remis à l'encaissement par son bénéficiaire avant la saisie. La cour d'appel s'était fondée sur le motif que faute de provision suffisante, ce chèque n'avait pas été immédiatement réglé par la banque mais avait été « *en attente* » pour quelques jours lorsque la saisie avait été pratiquée et que la décision de la banque d'honorer ce chèque le jour de la saisie, alors que le compte ne présentait pas un solde créditeur suffisant, ne reposait sur aucun motif légitime. Ces motifs, qui ajoutaient à l'article L. 162-1 des conditions qu'il ne comporte pas, ne pouvaient que faire encourir une censure à cette décision : la provision était acquise au bénéficiaire du chèque qui l'avait remis à l'encaissement. N. Cayrol[6] relève que cette solution ne pourrait pas en revanche jouer dans le cas où le débiteur aurait tiré le chèque à son propre profit (sur une autre banque), cas dans lequel il n'y a en effet pas de transfert de provision.

– Les chèques remis par le débiteur à l'encaissement avant la saisie et revenus impayés après la saisie. Ces chèques doivent être contrepassés dans le délai de quinze jours après la saisie.

– Les retraits par billetterie effectués antérieurement à la saisie. L'horodatage de ces retraits et celui de la saisie-attribution devraient éviter toute contestation.

– Les paiements par carte, à condition que leurs bénéficiaires aient été effectivement crédités antérieurement à la saisie[7].

Enfin, la doctrine n'est pas unanime sur le cas du paiement par carte bancaire à débit différé, que la jurisprudence n'a pas eu l'occasion de trancher. L'hypothèse considérée est la suivante : un paiement par carte bancaire est accompli avant la saisie, mais, en vertu de la convention des parties, son imputation au débiteur du compte est différée, généralement en fin de mois ; lorsqu'une saisie est pratiquée entre la date du paiement et celle à laquelle son débit doit être passé en compte, le paiement doit-il venir en déduction du solde du compte frappé d'indisponibilité par la saisie ? Avec M. Piedelièvre[8], on peut relever, en faveur d'une telle solution, que le texte ne distingue pas selon la date d'imputation du paiement au débiteur du compte frappé de saisie, mais s'attache exclusivement à la date du paiement du tiers. En outre, on serait tenté de fonder cette possibilité d'inscrire cette écriture débitrice, sur la compensation pour connexité : il est indéniable que la créance de remboursement de l'avance que la banque a honorée au profit de son client est connexe de celle représentée par le solde créditeur du compte dont dispose le débiteur à l'égard du banquier, ces deux créances dérivant l'une autant que l'autre de la convention mettant à disposition du client la carte bancaire à débit différé. Or, en cas de connexité, le jeu de la compensation est réputé accompli au jour de l'exigibilité de la première des créances réciproques (C. civ., art. 1348-1), c'est-à-dire dans le cas considéré, à une époque antérieure à la saisie, où créances du tiers saisi et du débiteur saisi étaient encore réciproques (v. s^s^ nº 0812.192)[9].

1. Civ. 2e, 28 mai 2003, nº 01-12.892, P II, nº 166 ; *Procédures* 2003, nº 169, obs. Perrot ; *Dr. et proc.* 2003. 371, obs. E. Putman ; *D.* 2004. Somm. 1490, obs. G. Taormina.
2. TGI Dijon, JEX, 5 oct. 1993, *Rev. huiss.* 1994. 707, obs. G. Dahan – TGI Roanne, JEX, 8 déc. 1994, RG nº 94/01150, NP – TGI Quimper, JEX, 4 mai 1995, *Rev. huiss.* 1996. 630 – TGI Paris, JEX, 3 juill. 1995, *D.* 1996. 140, obs. P. Julien – TGI Lyon, JEX, 24 oct. 1996, RG nº 96/10645, NP.
3. Civ. 2e, 13 févr. 2003, nº 01-00.543, P II, nº 40 ; *RD banc. fin.* 2003, nº 87, obs. J.-M. D.
4. B. Saintourens, « La saisie des avoirs bancaires », *Procédures* 2008, nº 13, p. 42.
5. Civ. 2e, 7 avr. 2016, nº 15-11.436, P (préc., v. s^s^ nº 0923.41).
6. N. Cayrol, note s^s^ Civ. 2e, 7 avr. 2016, nº 15-11.436, P (préc., v. s^s^ nº 0923.41).
7. Delleci, nº 368.
8. Piedelièvre, nº 498, note 1, p. 516.
9. *contra* : Cayrol, note s^s^ prés^t^ nº.

0923.62 Contre-passation des effets de commerce impayés. La loi réserve un sort particulier aux « *effets de commerce* » impayés. Selon l'article L. 162-1 alinéa 7 C. pr. exéc. « *les effets de commerce remis à l'escompte et non payés à leur présentation ou à leur échéance lorsqu'elle est postérieure à la saisie peuvent être contrepassés dans le mois qui suit la saisie* ».

Cette disposition pose plusieurs difficultés.

En premier lieu, elle a pu être contestée dans son principe par la doctrine, qui y voit un « *droit préférentiel* lato sensu » accordé au banquier jugé discutable[1].

En deuxième lieu, cette règle pose la question de savoir si cette faculté de contre-passation dans le mois de la saisie s'accompagne ou non de l'indisponibilité des comptes du débiteur. La question est d'importance puisque si l'indisponibilité n'est pas prolongée pendant la durée de contre-passation, le débiteur peut disposer du solde des comptes excédant les sommes attribuées au créancier saisissant, qui supporte alors le risque d'impayé de l'effet de commerce (sur la question, v. s[s] n° 0923.15).

En troisième lieu, le champ exact de la règle doit être précisé.

Si la notion d'effet de commerce inclut en principe, outre la lettre de change et le billet à ordre, le chèque, la disposition ne concerne en l'occurrence que les opérations d'escompte, notion qui exclut le chèque[2]. Cette exclusion est logique puisque le chèque est payable à vue. Elle résulte en outre de la lecture comparée des deuxième et septième alinéas : si le deuxième alinéa vise les chèques et les effets de commerce, le septième alinéa n'évoque que ces derniers[3].

En revanche, si la cession de créance par « *bordereau Dailly* » constitue une opération d'escompte, la Cour de cassation juge que les créances professionnelles visées par la loi du 2 janvier 1981 ne sont pas assimilables à des effets de commerce[4].

La faculté de contre-passation des effets de commerce se trouve limitée au délai d'un mois qui suit la saisie-attribution. Ce délai se calcule de quantième à quantième (v. s[s] n° 0923.15). On a pu relever l'insuffisance de ce délai, au regard des échéances habituelles des effets de commerce[5].

0923.63 Opérations débitrices exclues. La liste de l'article L. 162-1 C. pr. exéc. est considérée comme exhaustive[6].

Ainsi, pour un ordre de virement qui n'a pas encore été inscrit au débit du compte au moment de la saisie-attribution, la Cour de cassation a déduit des dispositions de l'article L. 162-1 que le virement ordonné par le débiteur titulaire du compte, avant la saisie, qui n'est pas au nombre des opérations limitativement énumérées au 2° de cet article, ne peut affecter le solde saisi attribué au préjudice du saisissant[7].

De même, le solde du compte ne pourra notamment pas être diminué des prélèvements automatiques, des agios et des échéances de prêt.

Sauf pour la banque à accepter le fonctionnement du compte en position débitrice, ces opérations débitrices ne seront donc honorées que s'il existe des sommes suffisantes non affectées par l'indisponibilité, qu'il s'agisse du solde bancaire insaisissable ou « *d'argent frais* ».

Les frais de saisie généralement stipulés dans les conditions générales des établissements bancaires n'entrent pas non plus dans le champ des opérations en cours[8]. À la différence des précédents cas d'opérations exclues de la régularisation, il n'est pas sûr que les termes de l'article L. 162-2 C. pr. exéc. autorisent l'établissement bancaire à imputer ces frais sur le solde bancaire insaisissable.

D.
Imputation des opérations en cours

0923.71 Imputation des opérations en cours. L'article 47 alinéa 8 de la loi du 9 juillet 1991 disposait que « *le solde saisi attribué n'est affecté par ces éventuelles opérations de débit et de crédit que dans la mesure où leur résultat cumulé est négatif et supérieur aux sommes non frappées par la saisie au jour de leur règlement* ».

Ce texte, dont la rédaction a pu être estimée « *très confuse* »[9], « *imprécise* »[10] et difficile à combiner avec le deuxième alinéa de cet article selon lequel le

1. Perrot et Théry, n° 456.
2. Sur la notion d'escompte : *J.-Cl. Banque-Crédit-Bourse*, V° Escompte, fasc. 55, n° 2, par Lassalas.
3. *J.-Cl. Pr. civ.*, V° Saisie-attribution (Comptes bancaires : règles spécifiques), fasc. 1600-35, n°s 61 et 62, par N. Cayrol.
4. Com. 15 déc. 1992, n° 90-19.735, P IV, n° 408 – Com. 8 nov. 1994, n° 93-10.332, NP ; *D.* 1994. 267 – C. Mouly, « Procédures civiles d'exécution et droit bancaire », *RTD civ.* 1993. 52.
5. H. Croze, « Saisie-attribution bancaire : les mystères de l'article 47 de la loi du 9 juillet 1991 », *LPA* 6 janv. 1993, n° spéc., p. 73, n° 16 – Delleci, n° 369 – Sur les moyens pour le banquier de sécuriser néanmoins son paiement : *J.-Cl. Pr. civ.*, V° Saisie-attribution (Comptes bancaires : règles spécifiques), fasc. 2280, n° 62, par Cayrol.
6. H. Croze, « Saisie-attribution bancaire : les mystères de l'article 47 de la loi du 9 juillet 1991 », *LPA* 6 janv. 1993, n° spéc., p. 73, n° 15 – F.-J. Credot et Y. Gérard, « Aspect bancaire de la réforme des procédures civiles d'exécution », *RD bancaire et bourse* 1993, n° 35, p. 8.
7. Civ. 2e, 24 mars 2022, n° 20-12.241, B.
8. À noter qu'il a été jugé, à propos d'un ATD, que ces frais n'étaient pas soumis à la TVA : CE, 9e et 10e ch., 24 avr. 2019, req. n° 412570, *Lebon T ; Dr. fisc.* 2019. Comm. 440, par Breton et Medjebar.
9. Donnier, n° 1099.
10. Delleci, n° 377.

solde du compte « *peut être affecté à l'avantage ou au préjudice du saisissant* ».

Il peut se décrypter comme suit :

– Les opérations en cours sont compensées entre elles (c'est le « *résultat cumulé* »).

– Le résultat obtenu, s'il est négatif (c'est-à-dire si le total des écritures débitrices excède celui des écritures créditrices), s'impute en priorité sur les sommes « *non frappées par la saisie* », c'est-à-dire la partie du solde des comptes saisis rendus indisponible par la saisie mais qui excède le montant de la créance du saisissant (à l'exclusion donc du solde bancaire insaisissable, qui ne sera affecté qu'en tout dernier lieu, v. s[s] n°s 0921.64 s.) ; ce n'est que dans le cas où ces sommes non frappées par la saisie s'avèrent insuffisantes pour couvrir ce résultat cumulé négatif que la partie du solde saisi-attribué sera « diminuée ». Si la règle posée par l'alinéa 8 de l'article L. 162-1 C. pr. exéc. s'avère ainsi protectrice du créancier saisissant, la liquidation des opérations en cours n'en est pas moins susceptible de priver ce créancier de tout ou partie de la créance qui, en l'état du solde du compte au jour de la saisie, pouvait paraître lui être attribuée. Rappelons que dans un tel cas l'établissement bancaire fournit un relevé de ces opérations (C. pr. exéc., art. R. 162-1 - V. s[s] n° 0922.71).

Qu'en est-il dans le cas où ce résultat s'avère positif ? Bien que l'hésitation soit permise[1], l'argumentation de plusieurs auteurs en faveur d'un accroissement du solde saisi attribué[2], à « l'avantage » du saisissant emporte la conviction. Observons qu'en l'état de la codification du huitième alinéa de l'article L. 162-1 C. pr. exéc., celui-ci mentionne désormais que « *le solde saisi attribué* [...] *est diminué* » plutôt qu'« *affecté* ». Ainsi littéralement, cet alinéa, qui semait le trouble en envisageant toute affectation, positive comme négative, du solde saisi attribué, ne régit désormais plus que l'hypothèse du résultat cumulé négatif, avec ainsi pour unique objet d'organiser, dans ce cas, les conditions suivant lesquelles le solde saisi attribué pourra être « diminué ».

EXEMPLE 1

Soit une saisie pratiquée pour recouvrer une créance de 500 euros, sur un compte présentant alors un solde créditeur de 1 300 euros, soit 665 euros une fois déduit un solde bancaire insaisissable de 635 euros (1 300 – 635) ; à l'issue du délai de régularisation, ont été passés en compte, au titre des opérations en cours, des crédits pour un montant total de 200 euros, et des débits, pour un montant total de 350 euros, soit un résultat cumulé de (200 – 350) = – 150 euros, venant en déduction du solde initial, prioritairement sur la fraction indisponible excédant le montant de la créance du saisissant, de sorte que ce dernier pourra, en l'état du solde final de (665 – 150) = 515 euros, être totalement désintéressé de sa créance 500 euros (alors que si le résultat cumulé avait été prioritairement imputé sur le montant devant être attribué à ce créancier, il n'aurait été désintéressé qu'à hauteur de : 500 – 150 = 350 euros).

EXEMPLE 2

Si, en reprenant les termes de l'exemple 1, le solde créditeur initial n'est que de 1 000 euros, soit (1 000 – 635) = 365 euros une fois déduit le solde bancaire insaisissable, le résultat cumulé de – 150 euros ne laisse au créancier qu'un solde final de (365 – 150) = 215 euros, sur sa créance de 500 euros.

EXEMPLE 3

Si, au contraire, en reprenant les termes de l'exemple 2, le résultat cumulé se monte à + 200 euros, le solde final s'élève à (365 + 200) = 465 euros ; selon que ce résultat cumulé positif profite ou non au créancier, celui-ci sera alors désintéressé de la totalité de sa créance de 500 euros, ou seulement à hauteur du solde créditeur initial, soit 365 euros.

1. En faveur d'une affectation ne profitant qu'au débiteur saisi : DONNIER, n° 1099 – H. Croze, « Saisie-attribution bancaire : les mystères de l'article 47 de la loi du 9 juillet 1991 », *LPA* 6 janv. 1993, n° spéc., p. 72, n° 11 – *J.-Cl. Not. Form.*, *V°* Saisies des comptes bancaires, fasc. 10, n° 45, par T. Fossier.
2. *J.-Cl. Pr. civ.*, *V°* Saisie-attribution (Comptes bancaires : règles spécifiques), fasc. 1600-35, n°s 65 et 67, par N. Cayrol – PERROT et THÉRY, n° 459.

SECTION 2

DEMANDES DE MISE À DISPOSITION AFFECTANT *A POSTERIORI* L'ASSIETTE DE LA SAISIE

0923.80 **Cas visés et caractéristiques. Plan.** Deux mécanismes permettent au débiteur ou à son époux commun de biens de solliciter une mise à disposition de sommes : le mécanisme du report d'insaisissabilité (§ 1) et celui de la mise à disposition des gains et salaires de l'époux non débiteur (§ 2).

Ces mécanismes ont en commun de n'opérer que sur demande de leur bénéficiaire. Ils ne sont donc de nature à affecter l'effet attributif que de façon éventuelle, incidente et *a posteriori*, ce qui les distingue substantiellement du solde bancaire insaisissable, qui se trouve de plein droit en dehors de l'assiette de la saisie.

§ 1

Mise à disposition des sommes provenant de créances insaisissables : report d'insaisissabilité

0923.91 **Principe.** Aux termes de l'article L. 112-4 C. pr. exéc., « *les créances insaisissables dont le montant est versé sur un compte demeurent insaisissables* ». L'article R. 112-5 C. pr. exéc. précise que l'insaisissabilité se reporte à due concurrence sur le solde du compte.

Il n'est fait aucune distinction entre les comptes sur lesquels ces sommes sont versées : le report d'insaisissabilité joue quel que soit le compte sur lequel est versée la somme insaisissable. Ainsi la Cour de cassation a-t-elle pu en juger pour un livret d'épargne populaire, abondé par une allocation servie au titre du RMI (revenu minimum d'insertion, remplacé par le revenu de solidarité active – RSA) [1].

Il convient de bien distinguer ce report d'insaisissabilité du solde bancaire insaisissable.

Le report d'insaisissabilité considère l'origine des sommes figurant au compte, alors que le solde bancaire insaisissable s'attache, comme son nom l'indique, au solde du compte lui-même. Cette distinction explique qu'au-delà de leur finalité alimentaire commune, ces dispositifs diffèrent foncièrement dans leur mise en œuvre. Alors que **le solde bancaire insaisissable** échappe de plein droit à la saisie-attribution, le report d'insaisissabilité ne peut résulter que d'une demande du débiteur, intervenant *a posteriori* et nécessitant qu'il fasse la preuve que le compte est alimenté par des créances insaisissables [2].

0923.92 **Textes. Plan.** La mise en œuvre de cette disposition est assurée par les articles R. 162-4 à R. 162-8 C. pr. exéc.

Les règles de mise à disposition diffèrent selon qu'elles portent ou non sur des créances à échéance périodique (A et B). Ces deux reports d'insaisissabilité font en outre l'objet de règles communes (C).

A. Report d'insaisissabilité des créances à échéance périodique

0923.101 **Sommes insaisissables concernées provenant de créances à échéance périodique.** Aux termes de l'article R. 162-4 alinéa 1er C. pr. exéc. : « *Lorsque les sommes insaisissables proviennent de créances à échéance périodique, telles que rémunérations du travail, pensions de retraite, sommes payées à titre d'allocations familiales ou d'indemnités de chômage, le titulaire du compte peut, sur justification de l'origine des sommes, en demander la mise à disposition immédiate, déduction faite des opérations venues en débit du compte depuis le dernier versement de la créance insaisissable* ».

La liste des créances fournies par l'article R. 162-4 C. pr. exéc. n'est qu'indicative, et ce dispositif doit pouvoir être étendu à l'ensemble des revenus ou prestations versés de façon périodique et présentant un caractère en tout ou partie insaisissable en vertu de la loi.

Cette énumération recouvre deux types de sommes : d'abord, les prestations, pensions et revenus totalement insaisissables, comme par exemple, le revenu de solidarité active (RSA) ; ensuite, les revenus saisissables dans les limites et conditions de la saisie des rémunérations prévues par le Code du travail [3]. (Pour une liste complète de ces prestations et ressources, v. ss nos 0141.101 à 0141.156 s.).

Si l'adage « *aliments ne s'arréragent pas* » avait pu conduire à considérer que seul le dernier versement bénéficiait de ce report d'insaisissabilité, la Cour de cassation en a jugé autrement, au terme d'une jurisprudence très critiquée en doctrine [4] : lorsque les sommes insaisissables versées sur un compte proviennent de créances à échéance périodique, l'insaisissabilité porte sur l'ensemble des fonds, de même nature, cumulés sur ce compte et non pas seulement sur le dernier versement effectué [5]. En l'espèce, une allocation d'adulte handicapé avait été capitalisée pendant quinze mois. Le débiteur a obtenu le droit de prélever l'ensemble cumulé des sommes insaisissables.

0923.102 **Détermination du montant du report d'insaisissabilité : calcul des sommes dues au jour de la saisie.** La Cour de cassation a précisé que « *l'insaisissabilité porte sur toutes les sommes insaisissables comprises dans le solde créditeur du compte* » [6], étant rappelé qu'il incombe au débiteur d'apporter la preuve de l'insaisissabilité de ces sommes [7]. La Cour a repris cette solution à propos d'une saisie-attribution pratiquée sur un compte alimenté par le RMI, cette allocation étant insaisissable même si elle est épargnée [8].

On peut penser que la « *sourde résistance* » à cette jurisprudence de la part de juges du fond, que relevait une doctrine [9], provient pour partie de la difficulté à mettre en œuvre cette règle imposant de prendre en compte l'ensemble des versements périodiques de sommes insaisissables.

1. Civ. 2e, 12 juill. 2007, no 05-20.911, P II, no 211 ; *D.* 2007. 2243 ; *Dr. et proc.* 2007. 357, obs. O. Salati ; *RTD civ.* 2007. 814, obs. crit. R. Perrot ; *D.* 2008. 648, note J.-M. Sommer ; *RD banc. fin.* 2008, no 48, obs. S. Piedelièvre.
2. Civ. 2e, 24 mars 2005, no 03-12.836, P II, no 80 ; *RD banc. fin.* 2005, no 107 – Civ. 2e, 7 juin 2006, no 04-19.205, NP ; *Procédures* 2006, no 235, obs. R. Perrot.
3. Dans le cas d'une pension d'invalidité : Civ. 2e, 7 juin 2012, no 11-19.622, P II, no 103 – Civ. 2e, 7 juin 2012, no 11-22.017, NP.
4. Perrot et Théry, no 471.
5. Civ. 2e, 11 mai 2000, no 98-11.696, P II, no 78 ; *D.* 2000. 166 ; *JCP* 2000. IV. 2135 ; *RJDA* 2000, no 911 ; *RTD civ.* 2000. 641, obs. crit. R. Perrot ; *RD banc. fin.* 2000, no 205, obs. J.-M. Delleci.
6. Civ. 2e, 24 juin 2004, no 02-14.813, P II, no 323 ; *D.* 2004. 2088 ; *RD banc. fin.* 2004, no 258, obs. S. Piedelièvre – Civ. 2e, 14 oct. 2004, no 02-18.540, P II, no 460 ; *D.* 2004. 2894.
7. Com. 17 mars 2004, no 01-15.218, NP.
8. Civ. 2e, 12 juill. 2007, no 05-20.911, P (préc., v. ss no 0923.91).
9. Perrot et Théry, 2e éd., no 444.

En effet, d'un point de vue pratique, en vertu du principe de fongibilité, il n'est pas toujours aisé de déterminer cette part des « *sommes insaisissables comprises dans le solde créditeur du compte* ».

Certes, lorsque le compte est exclusivement abondé par des sommes intégralement insaisissables, la solution de la Cour de cassation ne pose aucune difficulté de mise en œuvre : c'est l'intégralité du solde qui est insaisissable[1].

En revanche, lorsque le compte est également abondé par des sommes saisissables, ou par des revenus partiellement saisissables, la solution retenue par la Cour de cassation paraît bien difficile, sinon impossible, à mettre en œuvre. Pour déterminer, au sein du solde créditeur, la part provenant de créances insaisissables, il faudrait reconstituer l'intégralité des opérations sur le compte en banque depuis le plus ancien versement de sommes insaisissables. Cette reconstitution n'est pas seulement fastidieuse. Elle apparaît incertaine faute de pouvoir déterminer, pour chaque opération débitrice, si elle doit s'imputer sur les crédits issus de sommes saisissables ou sur ceux issus de sommes insaisissables. En effet, les différents arrêts évoqués de la Cour de cassation ne tranchent pas cette question. Faut-il retenir une imputation des débits sur les crédits les plus anciens ? Sur les crédits provenant de créances ou de fractions saisissables ? Ou encore retenir un principe inverse d'imputation prioritaire des opérations débitrices sur les sommes issues de créances insaisissables ? À s'en tenir à la jurisprudence de la Cour de cassation, cette solution serait assurément la plus opportune et pourrait se prévaloir de ce que le caractère alimentaire des créances insaisissables a justement pour vocation de faire face aux dépenses quotidiennes.

C'est d'ailleurs la règle posée par l'article R. 162-4 alinéa 1er C. pr. exéc. pour les opérations de débits inscrites au compte après le dernier versement de créance insaisissable. Ces opérations venant en débit du compte depuis le dernier versement de la créance insaisissable sont d'abord imputées sur les sommes insaisissables dont le débiteur peut demander la mise à disposition. C'est dire qu'en présence d'un compte alimenté à la fois de sommes saisissables et insaisissables, les débits sont imputés sur ces dernières, dont le législateur a considéré qu'elles étaient destinées à faire prioritairement face aux dépenses courantes.

0923.103 Détermination du montant du report d'insaisissabilité : non-comptabilisation des opérations de régularisation postérieures à la saisie. Les opérations de régularisation, qui sont passées au débit du compte dans les quinze jours suivant la saisie (C. pr. exéc., art. L. 162-1 – v. ss no 0923.30), n'affectent pas le report d'insaisissabilité au profit du débiteur. Seul le créancier saisissant est donc susceptible d'en pâtir[2]. Tel est le sens du second alinéa de l'article R. 162-4 C. pr. exéc., lorsqu'il dispose que, si à l'expiration du délai de quinze jours prévu par l'article L. 162-1 C. pr. exéc. pour la régularisation des opérations en cours, « *le montant des sommes demandées par le débiteur en raison de leur insaisissabilité excède le solde qui demeure disponible au compte, le complément est prélevé sur les sommes indisponibles à ce jour* ». Les termes, quoique jugés « *de compréhension malaisée* »[3], édictent ainsi un principe d'imputation sur l'assiette de la saisie des sommes mises à disposition au titre du report d'insaisissabilité.

0923.104 Détermination du montant du report d'insaisissabilité : récapitulatif. En résumé, les sommes faisant l'objet du report d'insaisissabilité sont affectées par les débits dans des conditions nécessitant de distinguer trois phases :

1) avant le dernier versement de sommes provenant d'une créance périodique insaisissable : il convient de déterminer la part du solde du compte provenant de créances insaisissables, part qui est elle-même insaisissable ;

2) entre le dernier versement de sommes issues d'une créance périodique insaisissable et le jour de la saisie : le report d'insaisissabilité fixé au 1) est réduit de l'ensemble des débits opérés sur le compte pendant cette période ;

3) pendant le délai de régularisation de quinze jours suivant la saisie : le report d'insaisissabilité fixé au 2) n'est pas affecté par les opérations de régularisation, qui viennent diminuer le montant saisi, à moins bien sûr que ce montant saisi soit lui-même insuffisant pour régler ces opérations.

0923.105 Demande de mise à disposition. Le débiteur peut demander à tout moment la mise à disposition des sommes insaisissables, même avant l'expiration du délai de régularisation. Le prélèvement à son profit s'effectue immédiatement, mais il sera limité au montant du solde provisoire positif au moment de la demande.

Pour les praticiens de la banque, on doit distinguer selon que la demande est présentée avant ou après l'expiration de ce délai de quinze jours[4] :

1. Civ. 2e, 27 juin 2002, no 00-17.578, P II, no 150 ; *D.* 2002. 2238 ; *Procédures* 2002, no 158, obs. R. Perrot ; *RTD civ.* 2002. 566, obs. R. Perrot ; *RD banc. fin.* 2002, no 196, obs. J.-M. D. ; *RJF* 2002, no 1417 ; *Ann. loyers* 2002. 1642, obs. G. Dahan ; *Dr. et proc.* 2003. 34, obs. E. Putman.
2. PERROT et THÉRY, no 472.
3. RIBAY et DELLECI, p. 29, B.
4. F.-J. Credot et Y. Gérard, « Aspects bancaires de la réforme des procédures civiles d'exécution », *RD bancaire et bourse* 1993, no 35, p. 9 – RIBAY et DELLECI, p. 29.

– **Demande présentée avant l'expiration du délai :** les sommes insaisissables sont imputées en priorité sur l'argent frais disponible au compte, ce qui constitue une faveur pour le créancier saisissant dans la mesure où les sommes insaisissables sont prélevées sur des sommes non saisies.

En cas d'insuffisance, l'imputation se fait sur l'excédent des sommes indisponibles par rapport aux causes de la saisie, et enfin, sur les sommes saisies-attribuées réservées au créancier saisissant.

– **Demande présentée après l'expiration du délai :** les sommes insaisissables sont imputées en priorité sur l'argent frais disponible au compte, et ensuite, sur les sommes saisies-attribuées réservées au saisissant.

Le créancier ne peut s'opposer à cette mise à disposition immédiate ; il n'en est informé par le tiers saisi qu'au moment où il présente sa demande en paiement et dispose alors d'un délai de quinze jours, à peine d'irrecevabilité, pour contester non seulement l'imputation qui a été faite (C. pr. exéc., art. R. 162-4, al. 2) mais en outre le montant de la somme mise à disposition.

B.
Report d'insaisissabilité des créances insaisissables instantanées

0923.111 Sommes insaisissables provenant de créances instantanées. Quand les sommes proviennent d'une créance à échéance non périodique, le titulaire du compte peut, sur justification de l'origine des sommes, demander que soit laissé à sa disposition le montant de celle-ci, « *déduction faite des sommes venues en débit du compte depuis le jour où la créance y a été inscrite* » (C. pr. exéc., art. R. 162-5).

Le texte ne donne aucune précision sur les créances qu'il vise.

Il pourra s'agir d'une prestation compensatoire versée en capital, d'un rappel de salaire, d'un capital-décès (insaisissable selon CSS, art. L. 361-5), voire d'une indemnité de réparation d'un préjudice résultant d'un accident corporel (pour autant qu'une telle créance présente un caractère alimentaire, v. s[s] n° 0812.121).

À la différence des créances à échéance périodique, cette mise à disposition est différée : elle ne peut avoir lieu avant l'expiration du délai de quinze jours prévu par l'article L. 162-1 C. pr. exéc. pour la régularisation des opérations en cours. Ces créances insaisissables peuvent en effet porter sur un montant important qui, s'il était immédiatement disponible, pourrait gravement entraver les opérations en cours.

En outre, le législateur semble en quelque sorte déduire du caractère non périodique de la créance que l'utilisation de celle-ci ne présente pas la même nécessité immédiate et peut donc donner lieu à une mise à disposition différée[1]. L'article R. 162-5 alinéa 3 C. pr. exéc. envisage toutefois une **mise à disposition anticipée** en permettant au titulaire du compte de saisir « *à tout moment* » le JEX afin d'obtenir la mise à disposition des sommes retenues sur justification de leur caractère insaisissable, « *le créancier entendu ou appelé* ». Pour les raisons exposées, une telle demande ne devrait être accueillie que si le titulaire de la créance justifie de la nécessité impérieuse pour lui de percevoir sans délai cette somme (en tout ou partie).

À l'expiration du délai de régularisation et en l'absence de demande de mise à disposition anticipée, le banquier peut verser à son client saisi l'excédent éventuel des sommes rendues indisponibles par la saisie par rapport aux causes de la saisie[2]. Cet excédent est en effet redevenu disponible.

S'il est insuffisant pour satisfaire à la demande du saisi, le tiers saisi retient le complément sur les sommes saisies attribuées.

Le créancier doit être informé de ces retenues au moment où il présente sa demande en paiement (C. pr. exéc., art. R. 162-5, al. 2).

Si le créancier déclare ne pas s'opposer à cette mise à disposition, ou s'il n'élève pas de contestation dans le délai de quinze jours, les sommes retenues sont mises à la disposition du titulaire du compte (C. pr. exéc., art. R. 162-5, al. 3).

C.
Règles communes aux deux types de report d'insaisissabilité

0923.121 Moment de la demande de mise à disposition des sommes insaisissables. L'article R. 162-6 C. pr. exéc. précise que la demande de mise à disposition des sommes insaisissables doit être présentée « *avant que le créancier saisissant n'ait demandé le paiement des sommes saisies* ».

0923.122 Non-cumul des sommes à caractère alimentaire. Ainsi qu'il a été vu (v. s[s] n°s 0921.92 s.), en application du premier alinéa de l'article R. 162-7 C. pr. exéc., le solde bancaire insaisissable préalablement laissé à disposition du débiteur vient en déduction du report d'insaisissabilité, de sorte qu'une demande de report d'insaisissabilité n'a de sens qu'en cas de sommes insaisissables excédant le montant du solde bancaire insaisissable.

1. Perrot et Théry, n° 475.
2. F.-J. Credot et Y. Gérard, « Aspects bancaires de la réforme des procédures civiles d'exécution », *RD banc. bourse* 1993, n° 35, p. 9 – Ribay et Delleci, p. 29.

Un exemple[1] permet d'illustrer cette coordination :

EXEMPLE

Une personne dont le compte bancaire a été saisi dispose sur ce compte d'une somme de 700 euros provenant d'allocations familiales (créance insaisissable). Elle bénéficie du solde bancaire insaisissable à hauteur de 635 euros. Elle peut demander ultérieurement, en application de l'article R. 162-4 C. pr. exéc., la mise à disposition des allocations familiales en justifiant de leur origine, mais elle ne percevra que le complément, soit (700 – 635) 65 euros. Le solde bancaire insaisissable sera donc déduit du montant de ses allocations.

Relevons que le second alinéa de l'article R. 162-7 C. pr. exéc. réserve la même solution dans l'hypothèse inverse d'un report d'insaisissabilité venant s'imputer sur les sommes allouées au titre d'un solde bancaire insaisissable. Cette hypothèse ne nous semble toutefois plus possible, du fait du déclenchement automatique et immédiat du solde bancaire insaisissable, qui est donc préalable à tout report d'insaisissabilité (v. s[s] n°s 0921.92 s.).

0923.123 Sanctions. Les sanctions contre le débiteur prévues par l'article R. 162-8 C. pr. exéc., exposées au titre du solde bancaire insaisissable s'appliquent également au report d'insaisissabilité (v. s[s] n° 0921.81). Ce texte prévoit notamment la restitution de plein droit du trop-perçu résultant d'une mise à sa disposition au titre d'un report d'insaisissabilité.

§ 2
Mise à disposition des sommes correspondant aux gains et salaires d'un époux commun en biens

0923.131 Gains et salaires d'un époux commun en biens. L'article 1414 C. civ. assure la protection des gains et salaires du conjoint contre les créanciers de l'autre conjoint et la saisie n'est possible que si l'obligation a été contractée pour l'entretien du ménage ou l'éducation des enfants, conformément à l'article 220 C. civ.

Le même texte précise que lorsque des gains et salaires sont versés sur un compte courant ou un compte de dépôt, ils ne peuvent être saisis que dans des conditions définies par décret.

Selon l'article R. 162-9 C. pr. exéc., lorsqu'un compte, même joint, alimenté par les gains et salaires d'un époux commun en biens, fait l'objet d'une mesure d'exécution forcée (notamment donc une saisie-attribution) ou d'une saisie conservatoire, pour le paiement d'une créance née du chef du conjoint (en cas de dette non solidaire), il est laissé « *immédiatement* » à la disposition de l'époux commun en biens une somme équivalant, à son choix :

– au montant des gains et salaires versés au cours du mois précédant la saisie (en cas de revenus réguliers) ;

– au montant moyen mensuel des gains et salaires versés dans les douze mois précédant la saisie (solution visant ceux qui perçoivent des revenus variables).

Cette mise à disposition doit être immédiate. Encore faut-il que le tiers saisi ait connaissance du régime matrimonial des époux, de l'origine des sommes et du choix du conjoint. La mise en œuvre de cette disposition nécessite donc implicitement une « *demande* » du conjoint. L'article R. 162-9 C. pr. exéc. y fait d'ailleurs allusion puisqu'il permet la saisine du JEX par « *le conjoint de celui qui a formé la demande* ».

La référence à l'immédiateté ne tend qu'à permettre le jeu de ce dispositif en dehors même du juge : celui-ci ne sera saisi qu'en cas contestation sur son application. C'est pourquoi le banquier pourrait être appelé à répondre d'un éventuel préjudice consécutif à un retard apporté dans la mise à disposition du salaire du conjoint[2].

La règle posée par l'article R. 162-9 C. pr. exéc. a pour conséquence de modifier l'assiette de la saisie.

Si l'article R. 162-9 C. pr. exéc. permet au conjoint de saisir le JEX, une saisine du débiteur demeure toujours possible, par exemple pour solliciter l'élargissement de l'assiette de la saisie[3].

Enfin, l'article R. 162-9 C. pr. exéc. renvoie aux dispositions de l'article R. 162-4 alinéa 2 C. pr. exéc., excluant l'imputation des opérations de régularisation sur la somme mise à disposition (v. s[s] n° 0923.103).

SECTION 3
EFFET DIFFÉRÉ DE LA SAISIE-ATTRIBUTION : LE PAIEMENT

0923.140 Renvoi. Le paiement du créancier saisissant par l'établissement bancaire intervient dans les conditions décrites précédemment dans l'étude consacrée à la saisie-attribution de droit commun (v. s[s] n°s 0832.01 s.) et ne présente que très peu de spécificités.

1. Inspiré de l'article de T. Moussa et L. de Mersseman, « Le nouveau dispositif d'accès urgent aux sommes à caractère alimentaire figurant sur un compte saisi », *Procédures* 2002, n° 7, p. 6.

2. Civ. 2e, 27 mai 2004, n° 02-13.896, P II, n° 252 ; *Dr. et proc.* 2004. 341, obs. J.-J. Bourdillat ; *D.* 2004. 1773 ; *RD banc. fin.* 2004, n° 218, obs. S. Piedelièvre.
3. *J.-Cl. Not. Form., V°* Saisie des comptes bancaires, fasc. 10, n° 34, par T. Fossier.

0923.141 **Paiement anticipé.** Le paiement peut être anticipé en cas d'acquiescement (C. pr. exéc., art. R. 211-6, al. 2), mais en matière bancaire, il est exclu, par application de l'article L. 162-1 C. pr. exéc., que ce paiement puisse intervenir avant l'expiration du délai de quinze jours de régularisation des opérations en cours [1]. En effet, si le débiteur, en l'absence de saisie, peut spontanément procéder au paiement immédiat de sa dette, l'acquiescement, qui n'est pas un paiement, ne peut porter que sur des sommes disponibles (v. s[s] n° 0832.21).

0923.142 **Monnaie.** Il est admis que le paiement s'effectue en euros, même si le compte saisi est un compte en devises. La question se pose alors de la date à laquelle doit avoir lieu la conversion en euros, pour savoir sur qui pèse le risque de change.

La Cour de cassation s'est penchée sur une question proche, dans le cas d'une saisie conservatoire, par une décision faisant peser les risques de change sur le tiers saisi. Dans cette affaire, la cour d'appel avait décidé que la banque, débitrice d'une créance libellée en dollars, n'était tenue que de bloquer la contre-valeur en dollars, au jour de la saisie, du montant pour lequel une saisie conservatoire était pratiquée et par conséquent de payer au créancier, après conversion de la saisie conservatoire, l'équivalent en euros, au jour du paiement, de cette créance en dollars. La Cour de cassation casse cet arrêt au motif que : « [...] *la saisie conservatoire avait rendu indisponible au profit de la société X la créance de la société Y et que la demande de paiement, après conversion, emportait, par l'effet de la loi, attribution immédiate de la créance saisie jusqu'à concurrence du montant de la condamnation et des sommes dont le tiers saisi s'était reconnu débiteur* » [2]. Quoique rendu en matière de saisie conservatoire, la portée de cet arrêt pourrait s'étendre à la saisie-attribution.

1. Montpellier, 3 janv. 1994, *Banque* 1994. 96, obs. Guillot.
2. Civ. 2e, 31 mars 2011, n° 10-12.269, P II, n° 79 ; *RD banc. fin.* 2011, n° 153, obs. F.-J. Crédot et T. Samin ; *RTD civ.* 2011. 392, obs. R. Perrot ; *JCP* 2011. Chron. 264, n° 8, obs. Béguin.

0923.143 **Imputation des paiements.** Dans le cas où le saisi est titulaire de plusieurs comptes, le paiement s'effectue prioritairement en prélevant les sommes sur « *les fonds disponibles à vue* » (C. pr. exéc., art. R. 211-23).

Cette règle de bon sens est destinée à éviter que les prélèvements effectués sur certains comptes entraînent la perte d'avantages liés à ceux-ci en cas de résiliation (par ex., plans d'épargne-logement).

Toutefois, l'article R. 211-23 C. pr. exéc. prévoit que le débiteur peut prescrire le paiement d'une autre manière (par ex., partie sur un compte, partie sur un autre). La convention de tenue de compte peut donc contenir des stipulations particulières sur ce point.

0923.144 **Défaillance de l'établissement bancaire.** Le mécanisme de garantie des dépôts bancaires, institué par une ordonnance du 20 août 2015 [3], prévoit qu'en cas de mise en place de cette garantie au profit d'un établissement de crédit en difficulté, le créancier qui a procédé à une saisie-attribution ou a notifié un avis à tiers détenteur (remplacé par la saisie administrative à tiers détenteur) ou tout autre acte similaire, au préjudice d'un déposant, entre les mains de l'établissement de crédit concerné, avant la date du constat d'indisponibilité des dépôts et sans avoir été réglé par cet établissement avant cette date, reçoit du fonds de garantie une somme « *égale au montant de sa créance dans la limite, pour chaque déposant, de la différence entre le plafond* [de la garantie] *et l'indemnisation versée à ce déposant* » [4], formulation ambiguë, puisqu'elle suggère que le débiteur saisi pourrait bénéficier de l'indemnisation prévue par ce mécanisme, malgré l'attribution antérieure de la créance représentée par les soldes bancaires des comptes ouverts dans cet établissement au saisissant, ce qui contreviendrait évidemment à l'effet attributif de la saisie.

3. Ord. n° 2015-1024, 20 août 2015, portant diverses dispositions d'adaptation de la législation au droit de l'Union européenne en matière financière, *JO* 21 août, p. 14652, texte n° 19, ayant inséré, dans le C. mon. fin. les art. L. 312-4 s., not. l'art. L. 312-16, prévoyant que des arrêtés fixent « *les conditions d'exercice des droits d'un créancier, porteur d'un titre exécutoire notifié à l'adhérent faisant l'objet de l'intervention du fonds de garantie, sur les sommes dues par une personne bénéficiaire de la garantie* ».
4. Arr. 27 oct. 2015, relatif à la mise en œuvre de la garantie des dépôts, au plafond d'indemnisation et aux modalités d'application de l'article L. 312-4-1 du Code monétaire et financier, *JO* 30 oct., p. 20173, texte 29, art. 5.

TITRE

093. La saisie administrative à tiers détenteur

SECTION 0
ORIENTEUR

093.00 Sommaire du titre.

Division. Les conditions d'utilisation (chap. 991), la procédure (chap. 992), les effets (chap. 993) et les contestations (chap. 994) de la saisie administrative à tiers détenteur (SATD) peuvent être successivement examinés, en ayant présent à l'esprit que le régime de cette mesure d'exécution est largement calé sur celui de l'ancien avis à tiers détenteur (ATD). À l'instar de ces mesures d'exécution de droit public, la SATD peut être pratiquée sur des rémunérations et connaît alors quelques spécificités (chap. 995).

093.01 Textes applicables.

• **C. pr. exéc.,** art. L. 111-2, L. 111-3, L. 112-1, L. 112-4, L. 162-1, L. 162-2, L. 211-2, L. 212-1, L. 212-14, R. 112-5, R. 162-1 à R. 162-9, R. 143-1 à R. 143-4, R. 211-9, R. 211-18 à R. 211-23, R. 212-1-33, R. 212-1-34 et R. 213-10.

• **C. pr. civ.,** art. 49.

• **LPF,** art. L. 257-0 A, L. 262, L. 263 B, L. 273 A, L. 274, L. 277, L. 281-1, R.*281-1, R.*281-3-1, R.*281-4, et R.*283-1.

• **C. assur.,** art. L. 132-14.

• **C. douanes,** art. 387 *bis.*

• **C. envir.,** art. L. 171-8, L. 213-11-13, L. 521-19, L. 541-3 et L. 556-3.

• **CGCT,** art. L. 1617-5.

• **CGI,** art. 1920.

• **C. mutual.,** art. L. 223-15.

• **C. rur.,** art. L. 253-12.

• **C. transp.,** art. L. 5336-1-3.

• **C. énergie,** L. 511-12

• **CRPA,** art. L. 212-2.

• **L. n° 2017-1775, 28 déc. 2017,** de finances rectificative pour 2017, *JO* 29 déc., texte 1, art. 73.

• **L. n° 2024-364, 22 avr. 2024,** portant diverses dispositions d'adaptation au droit de l'Union européenne en matière d'économie, de finances, de transition écologique, de droit pénal, de droit social et en matière agricole, *JO* 23 avr., texte 1, art. 14.

093.03 **Bibliographie indicative.**

Actualisables. *J.-Cl. Encyclopédie des Huissiers de Justice*, v° Saisie administrative à tiers détenteur, fasc. unique, par S. Rezek et N. Casal, avr. 2020 – *J.-Cl. Pr. fisc.*, V° Avis à tiers détenteur, fasc. 560, par J. Albouze.

Ouvrages[1]. G. COUCHEZ et D. LEBEAU, *Voies d'exécution*, 12e éd., Sirey, 2017, p. 168-169, nos 295-297 – J.-M. DELLECI, *La réforme des procédures civiles d'exécution. Son application aux opérations de banque*, 2e éd., Banque, 1997, nos 285 s. et 616 – J.-B. et M. DONNIER, *Voies d'exécution et procédures de distribution*, 10e éd., « Manuels », LexisNexis, 2020, p. 411-414, nos 1064-1067 – A. LEBORGNE, *Droit de l'exécution*, 3e éd., « Précis », Dalloz, 2019, p. 538 s., nos 1192 s. – R. PERROT et Ph. THÉRY, *Procédures civiles d'exécution*, 3e éd., Dalloz, 2013, p. 476 s., nos 482 s. – S. REZEK, *La pratique du contentieux de l'avis à tiers détenteur*, Litec, 2001 – J. VINCENT et J. PRÉVAULT, *Voies d'exécution et procédures de distribution*, 19e éd., « Précis », Dalloz, 1999.

093.05 **Présentation générale.** La loi du 28 décembre 2017[2] de finances rectificative pour 2017 a remplacé, à effet au 1er janvier 2019, l'avis à tiers détenteur (ATD), ainsi que d'autres mesures d'exécution de droit public (opposition administrative [OA], opposition à tiers détenteur [OTD] des collectivités territoriales et des établissements de santé, saisie de créance simplifiée, avis de saisie et saisie à tiers détenteur [STD]) par une unique *saisie administrative à tiers détenteur* (SATD), à laquelle tout comptable public peut recourir pour le recouvrement des créances qui lui sont confiées (art. 73).

Cette mesure d'exécution produit le même effet qu'une saisie-attribution, tout en se caractérisant par la simplicité de son utilisation, qui ne fait pas intervenir de commissaire de justice.

Elle est donc particulièrement utilisée par l'Administration. Ainsi, le nombre de SATD notifiées par les seuls services des impôts s'est élevé à plus de huit millions en 2019, la majorité de ces saisies ayant été pratiquées entre les mains de banques (50 %) et d'employeurs (33 %). Le nombre de SATD suivies de paiement a atteint 26 % en 2019[3].

093.06 **Droit de communication.** Les comptables ont droit pour l'exercice de la SATD d'obtenir les informations et renseignements nécessaires à l'exercice de leur mission sans que le secret professionnel puisse leur être opposé. Ces renseignements sont notamment : l'état civil des débiteurs, leur domicile, le nom et l'adresse de leurs employeurs (LPF, art. L. 151 A, II).

093.07 **Remarque.** Les solutions dégagées pour l'ancien ATD par la jurisprudence et la pratique pouvant être largement transposées à la SATD, les développements qui suivent les intègrent.

1. Les ouvrages dont le nom des auteurs figure en petites capitales en bibliographie seront cités par le seul nom des auteurs en petites capitales en notes de bas de page.
2. L. n° 2017-1775, 28 déc. 2017, de finances rectificative pour 2017, *JO* 29 déc., texte 1.
3. Rép. min. n° 21654, *JOAN*, 31 déc. 2019, p. 11531.

CHAPITRE

0931. Conditions d'utilisation de la saisie administrative à tiers détenteur

Édouard de Leiris
Conseiller à la Cour de cassation

Section 0
Orienteur

0931.00 Sommaire du chapitre.

Division. La saisie administrative à tiers détenteur (SATD) est une mesure d'exécution forcée que les comptables publics peuvent pratiquer pour le recouvrement de créances de somme d'argent (sect. 1), en vue de l'attribution de la créance (sect. 2) dont un tiers est tenu envers le redevable (sect. 3).

Cette disposition est entrée en vigueur le 1er janvier 2019[1].

0931.01 Textes applicables.

* V. ss no 093.01.

0931.03 Bibliographie indicative.

* V. ss no 093.03.

Section 1
Créance pouvant être recouvrée par la saisie administrative à tiers détenteur

§ 1
Champ d'application de la saisie administrative à tiers détenteur

0931.11 Toute créance dont le recouvrement est confié à un comptable public. Le champ d'application de la SATD est nettement plus vaste que celui de l'ancien avis à tiers détenteur (ATD), cette mesure ayant en effet vocation à se substituer, non seulement à l'ATD, mais aussi à certaines oppositions à tiers détenteur, à la saisie à tiers détenteur, à la saisie simplifiée à tiers détenteur, à l'opposition administrative et à l'avis de saisie.

C'est ainsi qu'en application de l'article L. 262, 1 du LPF, « *les créances dont les comptables publics sont chargés du recouvrement peuvent faire l'objet d'une saisie administrative à tiers détenteur* ».

Rappelons que les comptables publics sont des agents de droit public ayant la charge exclusive de manier les fonds et de tenir les comptes de l'État et des personnes morales suivantes (Décr. 7 nov. 2012[2], art. 1er et 13) :

– les collectivités territoriales, leurs établissements publics, les établissements publics locaux d'enseignement, les établissements publics locaux d'enseignement et de formation professionnelle agricoles, les

1. Décr. no 2018-970, 8 nov. 2018, relatif à la saisie administrative à tiers détenteur et au contentieux du recouvrement des créances publiques, *JO* 10 nov., texte 30, art. 7.

2. Décr. no 2012-1246, 7 nov. 2012, relatif à la gestion budgétaire et comptable publique, *JO* 10 nov., texte 6.

établissements publics locaux d'enseignement maritime et aquacole ;

– les établissements publics de santé ainsi que, lorsqu'ils sont érigés en établissement public de santé en application de l'article L. 6133-7 du CSP, les groupements de coopération sanitaire ;

– les autres personnes morales de droit public, dont la liste est établie par un arrêté conjoint du ministre chargé de l'Économie et du ministre chargé du Budget ;

– après avis conforme du ministre chargé du Budget et lorsque leurs statuts le prévoient, les personnes morales de droit privé ;

– les personnes morales de droit public ne relevant pas de la catégorie des administrations publiques, sauf si leurs statuts en disposent autrement ;

– les groupements d'intérêt public lorsqu'ils sont soumis aux règles de la comptabilité publique.

0931.12 Énumération de créances particulières. Malgré la généralité des termes de l'article L. 262 du LPF, la loi de finances rectificative pour 2017 ayant institué la SATD n'a pas totalement refondu les textes en la matière, peut-être pour partie en raison de ce que l'article L. 262 est situé dans le Livre des procédures fiscales, de sorte que son champ d'application ne concerne, sauf disposition spéciale, que le recouvrement de l'impôt. Ainsi de nombreux textes épars prévoient-ils spécifiquement le recours possible à la SATD :

– en matière de contributions indirectes, pour le recouvrement des créances de toute nature, y compris les amendes (LPF, art. L. 263 B) ;

– pour les créances de l'État ou celles qu'il est chargé de recouvrer pour le compte de tiers sur la base d'un titre de perception délivré par lui en application de l'article L. 252 A du LPF (LPF, art. L. 273 A) ;

– pour les créances de toute nature régies par le Code des douanes (C. douanes, art. 387 *bis*) ;

– pour le recouvrement des amendes et condamnation pécuniaires anciennement recouvrées par voie d'opposition administrative (L. 30 déc. 2004[1], art. 128) ;

– pour le recouvrement des créances des établissements publics et des groupements d'intérêt public de l'État ainsi que des autorités publiques indépendantes, dotés d'un agent comptable, qui font l'objet d'un titre exécutoire au sens de l'article L. 252 A du LPF[2] ;

– pour le recouvrement de créances prévues par le Code de l'environnement (C. envir., art. L. 171-8, II, 1°, art. L. 213-11-13, L. 521-19, L. 541-3 et L. 556-3) ;

– pour le recouvrement des titres rendus exécutoires dans les conditions prévues par l'article L. 1617-5, 7°, du CGCT ;

– pour le recouvrement d'une consignation, conformément à l'article L. 253-12 C. rur. ;

– pour le recouvrement de taxes et redevances au profit de l'État, conformément à l'article L. 511-12 C. énergie ;

– pour le recouvrement d'une astreinte, conformément à l'article L. 5336-1-3 C. transp. ;

– pour le recouvrement d'une astreinte, conformément à l'article 14 de la loi n° 2024-364 du 22 avril 2024 portant diverses dispositions d'adaptation au droit de l'Union européenne en matière d'économie, de finances, de transition écologique, de droit pénal, de droit social et en matière agricole[3].

En résumé, cette mesure d'exécution porte essentiellement sur les impositions, droits, pénalités et frais accessoires, les amendes et condamnations pécuniaires, les recettes non fiscales de l'État, les créances douanières et les contributions indirectes, les créances des collectivités territoriales, des établissements publics et des groupements d'intérêt public de l'État, ainsi que des autorités publiques indépendantes dotées d'un agent comptable.

Ainsi la SATD peut-elle, par exemple, servir au recouvrement par les communes des dettes de cantine, de garde d'enfant, de transport scolaire, ou encore de colonies de vacances[4]. À l'inverse, le Fonds de garantie des victimes des actes de terrorisme et d'autres infractions (FGTI) ne peut recourir à la SATD faute d'être doté d'un comptable public[5].

§ 2
Créance liquide et exigible constatée par un titre exécutoire

0931.21 Renvoi aux conditions du droit commun de l'exécution. Si la SATD se caractérise par sa simplicité, elle n'en demeure pas moins une **mesure d'exécution forcée**. Elle ne peut pas être pratiquée à titre de mesure conservatoire[6] et le comptable public

1. L. n° 2004-1485, 30 déc. 2004, de finances rectificative pour 2004, *JO* 31 déc., texte 2.
2. Sur cette notion et l'énumération des organismes qu'elle recouvre, v. Note de service BOFIP-GCP-19-0010, 27 févr. 2019, Saisie administrative à tiers détenteur – Application aux organismes publics nationaux, NOR : CPAE1906790N, n° 2.1.
3. L. n° 2024-364, 22 avr. 2024, portant diverses dispositions d'adaptation au droit de l'Union européenne en matière d'économie, de finances, de transition écologique, de droit pénal, de droit social et en matière agricole, *JO* 23 avr., texte 1.
4. Rép. min. n° 28656, *JO Sénat* 29 août 2019, p. 4412.
5. Rép. min. n° 28656, *JOAN* 8 sept. 2020, p. 6004.
6. La question s'était posée pour l'ATD, de savoir si un tel avis pouvait être diligenté lorsque le contribuable ne présentait pas de garantie jugée suffisante à l'appui de sa demande de sursis à exécution, présentée en application de l'article ▶

ne peut la mettre en œuvre qu'à la condition d'être chargé du recouvrement d'une créance liquide et exigible constatée dans un titre exécutoire. C'est ainsi qu'il a été jugé qu'aucune disposition légale n'autorisait le comptable public à notifier un ATD pour obtenir paiement d'impositions non encore exigibles[1], position rejointe par le Conseil d'État, jugeant que l'ATD, émis pour le recouvrement d'impositions non exigibles, était irrégulier[2].

L'Administration fiscale limite par conséquent le champ de la SATD au recouvrement des seuls titres de droit public mentionnés à l'article L. 252 A du LPF (« *les arrêtés, états, rôles, avis de mise en recouvrement, titres de perception ou de recettes que l'État, les collectivités territoriales ou les établissements publics dotés d'un comptable public délivrent pour le recouvrement des recettes de toute nature qu'ils sont habilités à recevoir* »)[3].

Quant à la créance constatée dans cet acte, elle doit être liquide et exigible, ce qui va de soi, puisque la SATD est précédée de l'émission d'un titre exécutoire par l'ordonnateur ou le comptable public. En l'absence de toute spécificité sur ce point, il sera renvoyé aux développements consacrés à la saisie-attribution de droit commun (v. s^s^ n°s 0811.10 s.), sauf à préciser que la SATD ne peut être utilisée à l'encontre de redevables qui ont déposé, en matière fiscale, sur le fondement de l'article L. 277 du LPF, une réclamation d'assiette assortie d'une demande de sursis de paiement, laquelle a pour effet de suspendre l'exigibilité de la créance fiscale jusqu'à ce qu'une décision définitive ait été prise sur le litige d'assiette soit par l'Administration, soit par le tribunal compétent, en première instance (v. s^s^ n°s 0933.36 s.). Pour les créances non fiscales des personnes publiques, la contestation, devant l'Administration en cas de recours préalable obligatoire ou directement devant le juge, du titre exécutoire suspend de plein droit le recouvrement, plutôt que l'exigibilité[4].

SECTION 2

CRÉANCE OBJET DE LA SAISIE ADMINISTRATIVE À TIERS DÉTENTEUR

0931.31 **Créance de somme d'argent.** Comme l'indique l'Administration fiscale « *le tiers saisi doit être débiteur d'une somme d'argent envers le redevable au jour de la notification de la SATD, à défaut de quoi la SATD ne produira aucun effet* »[5]. Il sera renvoyé aux développements consacrés à la saisie-attribution sur ces points (v. s^s^ n°s 0811.21 s.). À noter que, de façon contradictoire, l'Administration fiscale indique qu'une SATD pourrait être pratiquée pour recouvrer une créance « en germe »[6], notion qui renvoie à l'ancienne saisie-arrêt et ne paraît pourtant pas compatible avec la condition d'existence de la créance saisie au jour de la saisie.

La SATD peut en revanche porter sur une créance conditionnelle ou à terme (LPF, art. L. 262 – C. pr. exéc., art. L. 112-1, al. 2). Il en va de même de la créance à exécution successive, telle une créance de loyers, l'article L. 112-1 alinéa 2 C. pr. exéc. étant de portée générale[7], ce qu'une modification, apportée à l'article L. 262 du LPF est venue confirmer[8].

Bien sûr, seules des créances saisissables peuvent faire l'objet de cette mesure d'exécution[9]. À cet égard, l'article R. 112-5 C. pr. exéc. apparaît applicable à la SATD. Il dispose que lorsqu'un compte est crédité du montant d'une créance insaisissable en tout ou

► L. 277 du LPF. Cette question s'était posée sous l'empire de la version de ce texte antérieure à la loi de finances rectificative pour 2008, qui visait l'ATD parmi les mesures conservatoires, ce qui posait des difficultés de conciliation (v. S. Verclytte, « Avis à tiers détenteur et sursis de paiement : un combat inégal ? », *RJF* 1997. 670 – V. ÉGAL. : F. Douet et X. Mondésert, « Sursis de paiement et avis à tiers détenteur », *LPA* 2 sept. 1994, p. 12). La loi de 2008 a mis un terme aux hésitations en supprimant à l'article L. 277 du LPF toute référence à l'ATD.

1. Com. 15 nov. 1994, n° 92-21.753, P IV, n° 337 – V. AUSSI : TGI Thonon-les-Bains, JEX, 15 avr. 1997, *BICC* 15 nov. 1997, n° 461, p. 36 ; *Procédures* 1998, n° 85, note H. Croze – J.-J. Bourdillat, « Nullité de l'avis à tiers détenteur de l'article 3 de la loi du 17 mars 1909 », *JCP N* 1998. 361.
2. CE 28 nov. 1997, req. n° 154912, NP ; *RJF* 1998, n° 122 ; *Dr. fisc.* 1998, n°s 15 et 314 ; *RTD com.* 1998. 570, obs. J. Deruppé – V. AUSSI : J.-J. Bourdillat, « Nullité de l'avis à tiers détenteur de l'article 3 de la loi du 17 mars 1909 », *JCP N* 1998. 361 (abandonnant une précédente position plus compréhensive : CE 21 déc. 1994, req. n° 126113, *Lebon T.* ; *Dr. fisc.* 1995, n°s 39 et 1846). Cette pratique a dès lors été abandonnée par une instruction en ce sens n° 98-5-A du 5 janv. 1998 : *Dr. fisc.* 1998, n° 314 ; *JCP E* 1998. 767.
3. Note de service BOFIP-GCP-19-0010, 27 févr. 2019, préc. (v. s^s^ n° 0931.12), n° 2.2.
4. CE 30 avr. 2003, req. n°s 244139, 244186 et 244255, Union nationale des industries de carrières et des matériaux de construction (UNICEM) e.a., *Lebon*, retenant que cette suspension du recouvrement constitue un principe général du droit applicable sans texte.
5. V. Note de service BOFIP-GCP-19-0010, 27 févr. 2019, préc. (v. s^s^ n° 0931.12), n° 2.2.1.
6. V. la publication, sur le site internet du *Bulletin officiel des finances publiques* (*BOFiP*), du document « BOI-REC-FORCE-30-10 », § 50 (cette série de documentation fiscale, accessible sur le site internet du BOFiP est citée *infra*, uniquement sous son intitulé synthétique « BOI-REC-FORCE »).
7. POUR UNE ILLUSTRATION, en matière d'ATD : Com. 24 oct. 1995, n° 93-10.351, P IV, n° 255 ; *JCP* 1996. II. 22578, note E. Putman ; *RTD civ.* 1996. 483, obs. R. Perrot ; *D.* 1996. 155, note F. D. ; *Rev. huiss.* 1996. 972, obs. Courtier.
8. Mod. par L. n° 2021-1900, 30 déc. 2021, de finances pour 2022, *JO* 31 déc., texte 1, art. 130, II (pour les modifications apportées à l'article L. 262 du LPF) et V, C (pour l'entrée en vigueur, reportée au 1er janv. 2024).
9. BOI-REC-FORCE-30-10, § 50.

partie, l'insaisissabilité se reporte à due concurrence sur le solde du compte et précise que les créances insaisissables sont mises à disposition du titulaire du compte par le tiers saisi dans les conditions prévues aux articles R. 213-10 et R. 162-7 ainsi qu'au chapitre II du titre VI du livre 1er du code (v. ss nos 0921.51 s. et ss nos 0923.80 s.).

En outre, les articles L. 162-1 et L. 162-2 C. pr. exéc. relatifs à la saisie des comptes bancaires sont expressément rendus applicables à la SATD (LPF, art. L. 262), ce qui rend également applicables à cette dernière les articles R. 162-2 à R. 162-9 C. pr. exéc. pris pour l'application des premiers. La SATD se trouve ainsi régie par l'ensemble des règles qui ont été présentées à propos de la saisie-attribution intéressant le solde bancaire insaisissable (v. ss nos 0921.51 s.) et les demandes de mise à disposition d'une fraction du ou des comptes saisis (v. ss nos 0921.91 s., 0923.80 s.)

0931.32 **Rémunérations du travail.** V. ss nos 094.05 s.

0931.33 **Assurance-vie rachetable.** En matière d'assurance-vie, il est prévu que lorsque la SATD « *porte sur un contrat d'assurance rachetable, elle entraîne le rachat forcé dudit contrat* » et « *a pour effet d'affecter aux créanciers* [bénéficiaire de la SATD] *la valeur de rachat du contrat d'assurance au jour de la notification de la saisie, dans la limite du montant de cette dernière* », étant encore précisé que « *ces dispositions s'appliquent au redevable souscripteur ou adhérent d'un contrat d'assurance rachetable, y compris si la possibilité de rachat fait l'objet de limitations* » (LPF, art. L. 262, 2). Pour l'étude complète de la question, v. ss nos 0812.45 s.

On précisera ici uniquement que la SATD du chef du souscripteur ou adhérent du contrat ne paraît pouvoir produire effet qu'en l'absence d'acceptation préalable par le bénéficiaire, dès lors que cette acceptation prive le souscripteur ou l'adhérent de sa faculté de rachat (C. assur., art. L. 132-9) [1].

De même, dans l'hypothèse où un contrat d'assurance-vie rachetable a fait l'objet d'un nantissement, celui-ci prime sur la SATD postérieure : il est en effet jugé qu'en application des articles 2363 C. civ. et L. 132-10 C. assur., le créancier bénéficiaire d'un nantissement de contrat d'assurance vie rachetable, qui peut provoquer le rachat, dispose d'un droit exclusif au paiement de la valeur de rachat, excluant ainsi tout concours avec les autres créanciers du souscripteur, même privilégiés [2].

En outre, la Cour de cassation est venue préciser, conformément à la lettre du texte, que la SATD saisit la valeur de rachat des droits résultant du contrat d'assurance rachetable auquel le redevable a souscrit ou dont il est adhérent, quand bien même cette valeur serait supérieure au montant cumulé des versements effectués par le redevable [3].

À cet égard, l'Administration fiscale indique que les éventuels intérêts assortissant le capital initialement versé par souscripteur sont soumis à l'impôt, le souscripteur ayant le choix des modalités de cette imposition – impôt sur le revenu ou prélèvement forfaitaire libératoire [4].

0931.34 **Redevable.** L'article L. 262 du LPF dispose que la SATD est « *notifiée aux dépositaires, détenteurs ou débiteurs de sommes appartenant ou devant revenir aux redevables* ». Cette même disposition précise que « *la saisie administrative à tiers détenteur s'applique également aux gérants, administrateurs, directeurs ou liquidateurs des sociétés pour les sommes dues par celles-ci* ».

Le terme « redevable » désigne le débiteur d'une somme d'argent à l'égard du débiteur principal.

L'emploi de ce terme s'explique par la référence à la notion de redevable d'une imposition, qui permet d'embrasser, outre le débiteur principal lui-même, également les personnes tenues solidairement : dans les cas et conditions listés aux articles 1682 et suivants du CGI, tel le propriétaire d'un fonds de commerce, solidairement responsable avec l'exploitant de cette entreprise des impôts directs établis à raison de l'exploitation de ce fonds (CGI, art. 1684, 3°), ou encore l'époux et le partenaire lié par un pacte civil de solidarité, pour le paiement de l'impôt sur le revenu, en cas d'imposition commune, et la taxe d'habitation, lorsqu'ils vivent sous le même toit (CGI, art. 1691 *bis*, I) ; le dirigeant d'une personne morale déclaré responsable solidairement des impositions dues par la personne morale en raison de ses manœuvres fautives (LPF, art. L. 267). Sont considérées en outre comme redevables, les cautions fiscales : la Cour de cassation a jugé que le privilège du Trésor porte sur leurs biens et a validé un ATD notifié à la caution du contribuable [5].

SECTION 3
TIERS DÉTENTEUR

0931.41 **Tiers détenteur.** Selon l'article L. 262 du LPF, la SATD est « *notifiée aux dépositaires, détenteurs ou débiteurs de sommes appartenant ou devant revenir aux redevables* ».

1. BOI-REC-FORCE-30-30-20-10, § 220.
2. En matière d'ATD : Civ. 2e, 2 juill. 2020, no 19-13.636, P – Com. 14 févr. 2024, no 21-25.616, B.
3. En matière d'ATD : Com. 14 févr. 2024, no 21-25.616, B (préc. ss prést no).
4. BOI-REC-FORCE-30-30-20-20, § 230.
5. En matière d'ATD : Com. 29 nov. 1988, no 87-11.203, P IV, no 327 ; *D.* 1988. 294.

0931.42 Le tiers détenteur est un tiers saisi. Le tiers détenteur au sens de l'article L. 262 du LPF se définit de façon strictement identique au tiers saisi dans la procédure de saisie-attribution, à l'étude de laquelle il est renvoyé (v. s[s] n°s 0813.12 s.) [1], sauf à préciser que l'assureur, auprès duquel a été souscrit un contrat d'assurance-vie peut également être tiers détenteur (v. s[s] n° 0931.33).

0931.43 Disposition particulière à l'encontre des dirigeants de société. Le Livre des procédures fiscales comporte une disposition particulière (LPF, art. L. 262, 2) à l'encontre des dirigeants de société : gérants, administrateurs, directeurs ou liquidateurs des sociétés. Il permet l'utilisation de la SATD pour recouvrer les sommes dues par ces sociétés.

Cette disposition, transposée de l'ATD, est issue d'un décret du 2 mai 1938 et constitue « *une mesure d'intimidation* » des dirigeants qui « *tenteraient d'éluder le paiement des impôts établis au nom de leur société* » [2].

0931.44 Obligations particulières aux dépositaires publics de fonds. L'article L. 265 du LPF soumet à des obligations particulières les commissaires de justice, commissaires-priseurs, notaires, séquestres, liquidateurs de sociétés dissoutes, et tous autres « *dépositaires publics de fonds* » au rang desquels les mandataires judiciaires [3].

En effet, avant de procéder à la remise de sommes, et avant même d'avoir reçu une SATD, ces tiers doivent vérifier que les impôts directs dus par les personnes dont ils détiennent les fonds ont été payés et sont « *autorisés à payer directement les impositions qui se trouveraient dues* ».

0931.45 Règles spécifiques au comptable public. Lorsque le tiers saisi est un comptable public, des règles spécifiques sont prévues aux articles R. 143-1 à R. 143-4 C. pr. exéc. (v. s[s] n°s 091.05 s.).

1. A. Martin-Serf, « L'avis à tiers détenteur du Trésor public créancier de l'article 40 », *Rev. proc. coll.* 2000. 172.

2. M. Cozian, « L'avis à tiers détenteur en matière de privilège du Trésor », *RTD com.* 1967. 79, n° 27.

3. CE 4 juin 1870, *DP* 1871. 3. 76 – Civ. 21 mai 1883, *DP* 1884. 1. 271.

CHAPITRE
0932. Procédure

Édouard de Leiris
Conseiller à la Cour de cassation

SECTION 0
Orienteur

0932.00 Sommaire du chapitre.

Division. Cette procédure nécessite la notification d'un avis de saisie administrative à tiers détenteur, tant au tiers détenteur (sect. 1), qu'au redevable (sect. 2).

0932.01 Textes applicables.
* V. s[s] n° 0931.01.

0932.02 Jurisprudence de référence (avis à tiers détenteur).

> Autonomie de l'avis à tiers détenteur.

• **Cass., ch. mixte, 26 janv. 2007,** n° 04-10.422, P, n° 1

* V. s[s] n°s 0152.52, 0214.92, 0213.24, 0932.12, 0932.18, 0933.52, 0934.24

1° Les exigences de l'article 56 du décret du 31 juillet 1992 [devenu R. 211-1 C. pr. exéc.] ne sont pas applicables à l'avis à tiers détenteur.

2° L'obligation de renseignement incombant au tiers saisi et les sanctions attachées à son inexécution en matière de saisie-attribution sont inapplicables au tiers détenteur.

3° Si l'avis à tiers détenteur comporte l'effet d'attribution immédiate prévu à l'article 43 de la loi n° 91-650 du 9 juillet 1991 [devenu art. L. 211-2 C. pr. exéc.], impliquant le droit pour le comptable public de recourir aux dispositions de l'article 64 du décret n° 92-755 du 31 juillet 1992 [devenu R. 211-9 C. pr. exéc.], aucune disposition légale ne prévoit l'application à l'avis à tiers détenteur des autres règles relatives à la saisie-attribution.

0932.03 Bibliographie indicative.
* V. s[s] n° 093.03.

0932.05 Originalité. Plan. L'originalité de la saisie administrative à tiers détenteur (SATD) réside principalement dans le formalisme simplifié suivant lequel le comptable public peut saisir une créance de somme d'argent, par la notification d'un avis entre les mains du tiers détenteur de cette créance (sect. 1) et du redevable (sect. 2).

SECTION 1
Notification au tiers détenteur de l'avis de saisie administrative à tiers détenteur

0932.11 Auteur de la notification. À la différence de l'acte de saisie-attribution, qui nécessite l'intervention d'un commissaire de justice (C. pr. exéc., art. L. 122-1 et R. 211-1) exclusivement (v. s[s] n°s 0821.11 s.), la notification au tiers détenteur d'une SATD incombe au comptable public.

Celui-ci peut en outre déléguer sa signature aux agents placés sous son autorité, étant précisé qu'aucun texte ni aucun principe ne subordonne la régularité de la délégation de signature à la condition que le délégataire ait lui-même la qualité de comptable public[1], une telle délégation devant simplement, en vertu d'une instruction prise en application de l'article 410 de l'annexe II du CGI, être faite à un agent ayant au moins le grade de contrôleur[2].

En outre, prenant le contre-pied de la jurisprudence de la Cour de cassation[3], le législateur[4] dispense de

1. CE 21 oct. 2013, req. n° 365488, *Lebon*.
2. Instr. DGI, 6 oct. 2005, *BOI* 12C-3-05.
3. Selon laquelle « *un document dépourvu de signature ne constitue pas la notification d'un avis à tiers détenteur* » : Com. 13 janv. 1998, n° 96-13.157, P IV, n° 20 ; *D.* 1998. 44 ; *Dr. fisc.* 1998, n° 655 ; *RJF* 1998, n° 467, solution appliquée aux actes revêtus d'une signature illisible et dépourvu de l'indication du nom et de la qualité du signataire : Com. 25 janv. 2005, n° 02-13.161, NP – Com. 19 avr. 2005, n° 03-17.387, NP.
4. L. n° 2014-1545, 20 déc. 2014, relative à la simplification de la vie des entreprises et portant diverses dispositions de ▶

faire figurer la signature de l'auteur de l'acte sur l'avis de SATD, pourvu que cet auteur soit identifié : ainsi, l'article L. 212-2 du CRPA dispose que : « *Sont dispensés de la signature de leur auteur, dès lors qu'ils comportent ses prénom, nom et qualité ainsi que la mention du service auquel celui-ci appartient, les actes suivants* [...] *les saisies administratives à tiers détenteur, adressées tant au tiers saisi qu'au redevable* ». À l'inverse, la Cour de cassation a jugé, dans le cas de l'ATD signé par le comptable du Trésor en personne, que le nom du signataire n'avait pas à être mentionné lorsque l'auteur était clairement identifié par l'indication de la trésorerie en tête de l'acte[1].

0932.12 **Modalités de la notification.** Aucun texte ne régit les modalités de la notification de l'avis de SATD, sinon pour prévoir qu'une même notification peut porter sur plusieurs créances, y compris de nature différente. Les exigences fixées par l'article R. 211-1 C. pr. exéc., relatives à la signification de l'acte de saisie-attribution au tiers ne sont pas applicables à la SATD[2].

Il a été déduit de cette absence de formalisme que l'ATD – et la solution s'applique à la SATD – peut être notifié par lettre simple ou par lettre recommandée avec demande d'avis de réception, au choix du comptable public[3].

0932.13 **Preuve de la notification.** La notification par lettre simple permet de réduire sensiblement le coût des envois postaux mais peut être à l'origine de contestation quant à la réalité de l'envoi.

La jurisprudence administrative ne fait pas porter la charge de la preuve de l'envoi sur l'Administration seule[4] et le juge se détermine au vu de l'instruction[5]. Si le contribuable conteste qu'une décision lui a bien été notifiée, il incombe à l'Administration fiscale d'établir qu'une telle notification lui a été régulièrement adressée et, lorsque le pli contenant cette notification a été renvoyé par le service postal au service expéditeur, de justifier de la régularité des opérations de présentation à l'adresse du destinataire. La preuve qui lui incombe ainsi peut résulter soit des mentions précises, claires et concordantes figurant sur les documents, le cas échéant électroniques, remis à l'expéditeur conformément à la réglementation postale soit, à défaut, d'une attestation de l'administration postale ou d'autres éléments de preuve établissant la délivrance par le préposé du service postal d'un avis de passage prévenant le destinataire de ce que le pli est à sa disposition au bureau de poste. Compte tenu des modalités de présentation des plis recommandés prévues par la réglementation postale, doit être regardé comme portant des mentions précises, claires et concordantes, suffisant à constituer la preuve d'une notification régulière, le pli recommandé retourné à l'Administration auquel est rattaché un volet « avis de réception » sur lequel a été apposée la date de vaine présentation du courrier et qui porte, sur l'enveloppe ou l'avis de réception, l'indication du motif pour lequel il n'a pu être remis[6].

La jurisprudence judiciaire, appliquée lorsque le juge de l'exécution (JEX) est appelé à se prononcer sur la notification de la SATD, qui a trait à la forme de l'acte (v. s[s] n°s 0934.21 à 0934.24), diffère : de façon constante, elle fait peser le fardeau de la preuve de la réception de la lettre sur l'Administration, conformément aux dispositions des articles 1353 C. civ. (C. civ., anc. art. 1315) et 9 C. pr. civ.[7]. Elle n'exige toutefois pas que cette preuve soit rapportée uniquement par le cachet de la poste[8].

0932.14 **Notification par la voie électronique.** Il est désormais prévu que « *les actes relatifs aux créances de toute nature adressés aux établissements de crédit détenteurs ou débiteurs de sommes appartenant ou devant revenir aux redevables de ces créances sont notifiés par voie électronique* », ces établissements étant par conséquent tenus, sous peine d'amende, de mettre en œuvre les conditions nécessaires à la réception et au traitement de ces actes par voie électronique. Les actes transmis par la voie électronique prennent alors effet à la date et à l'heure de leur mise à

► simplification et de clarification du droit et des procédures administratives, *JO* 21 déc. p. 21647.

1. Com. 3 oct. 2006, n° 01-03.515, P IV, n° 199 ; *Procédures* 2007, n° 25, obs. Ph. Pierre.
2. V. EN MATIÈRE D'ATD : Com. 3 oct. 2006, n° 01-03.515, P (préc., v. s[s] n° 0932.11) – V. AUSSI : Cass., ch. mixte, 26 janv. 2007, n° 04-10.422, P, n° 1 ; *Dr. et proc.* 2007. 221, obs. E. Putman ; *RTD civ.* 2007. 389, obs. R. Perrot ; *Dr. et patr.* nov. 2007. 91, obs. C. Lefort ; *RD banc. fin.* 2007, n° 75, obs. S. Piedelièvre ; *Gaz. Pal.* 2007. 3397, note C. Brenner.
3. CE 15 oct. 1997, req. n°s 175722 et 175798, *Lebon ; RJF* 1997, n° 1060 ; *Dr. fisc.* 1998, n° 150 ; *JCP E* 1998. 1104 ; *Rev. huiss.* 1998. 1122, note Boccara – Com. 12 mars 2002, n° 99-10.423, NP – Com. 28 mars 2006, n° 03-15.647, NP – V. ÉGAL. BOI-REC-FORCE-30-20, § 80.
4. EN MATIÈRE D'ATD : CE, sect., 20 nov. 1992, Seigneur, req. n° 71902, *Lebon ; RJF* 1993, n° 143 ; *Dr. fisc.* 1993, n° 567 ; CE 10 mai 1999, Duchesne, req. n° 176628, *Lebon T. ; Dr. fisc.* 1999, n° 796, concl. Bachelier ; *JCP E* 1999. 1884, note D. F. ; *RJF* 1999, n° 1086 – POUR UNE ILLUSTRATION : CAA Paris, 14 févr. 1995, req. n° 94PA00173, NP ; *Dr. fisc.* 1995, n° 2379, concl. Mendra : jugeant qu'il résultait de l'instruction, et not. du mémoire de l'Administration, qu'une lettre avait bien été adressée.
5. EN MATIÈRE D'ATD : CE 29 juin 1988, n° 79644, NP ; *Dr. fisc.* 1989, n° 41, concl. Fouquet.
6. EN MATIÈRE D'ATD : CE 15 nov. 2019, req. n° 420509, *Lebon* T.
7. V. NOT. EN MATIÈRE D'ATD : Civ. 2e, 8 oct. 1997, *Gaz. Pal.* 1998. 1. 144, note T. Moussa ; *Gaz. Pal.* 1998. 2. 601, note J.-J. Bourdillat ; *D.* 1998. 476, note F. Ruellan et R. Lauba – Com. 16 mai 2018, n° 17-10.321, NP.
8. EN MATIÈRE D'ATD : Com. 18 déc. 1979, n° 78-12.147, P IV, n° 343.

disposition, telles qu'enregistrées par le dispositif électronique sécurisé mis en œuvre par l'Administration[1].

À cette fin, l'article 1er, II, du décret du 2 mars 2015[2], tel que modifié par un décret du 8 novembre 2018[3], dispose : « *Les saisies administratives à tiers détenteur prévues à l'article L. 262 du Livre des procédures fiscales* [...] *sont notifiées par voie électronique aux établissements de crédit mentionnés au premier alinéa du II de l'article 17 de la loi du 29 décembre 2013 susvisée.*

Les établissements de crédit sont tenus de mettre en œuvre les conditions nécessaires à la réception et au traitement des saisies administratives à tiers détenteur prévues à l'article L. 262 du Livre des procédures fiscales [...] *notifiées par voie électronique* »[4].

Il a toutefois été omis de régir le cas où un dysfonctionnement technique rendrait provisoirement impossible le recours à la communication électronique (sur cette question, dans le cas de la saisie-attribution, v. ss n° 0922.11).

Quant aux sociétés de financement et aux organismes gérant des régimes de protection sociale, mentionnés au deuxième alinéa du II de l'article 17 de la loi du 29 décembre 2013, une SATD peut également être pratiquée entre leurs mains par voie électronique, sous réserve de leur accord préalable[5].

Dans tous les cas, les procédés techniques utilisés doivent être conformes aux prescriptions du référentiel général de sécurité défini par le décret du 2 février 2010[6].

1. L. n° 2013-1279, 29 déc. 2013, de finances rectificative pour 2013, *JO* 30 déc., p. 21910, art. 17, II, tel que mod. par L. n° 2017-1775, 28 déc. 2017, de finances rectificative pour 2017, *JO* 29 déc., texte 1, art. 73, XV.
2. Décr. n° 2015-243, 2 mars 2015, relatif à la notification, par voie électronique, aux établissements de crédit, aux sociétés de financement et aux organismes gérant des régimes de protection sociale de certains actes pris en vue du recouvrement de créances de toute nature, *JO* 4 mars 2015, texte 10, pris pour l'application de la L. n° 2013-1279, 29 déc. 2013, préc., art. 17, II.
3. Décr. n° 2018-968, 8 nov. 2018, modifiant le décret n° 2015-243 du 2 mars 2015 relatif à la notification, par voie électronique, aux établissements de crédit, aux sociétés de financement et aux organismes gérant des régimes de protection sociale de certains actes pris en vue du recouvrement de créances de toute nature, *JO* 10 nov., texte 28.
4. En application de l'article 3 du décret du 8 nov. 2018, cette disposition est applicable à tous les actes notifiés par voie électronique depuis le 1er janv. 2021 à des établissements de crédit (entre le 1er janv. 2019 et le 31 déc. 2020, le texte n'était applicable qu'aux établissements dont le chiffre d'affaires était le plus important).
5. Décr. n° 2015-243, 2 mars 2015, modifié, art. 1er, I.
6. Décr. n° 2010-112, 2 févr. 2010, pris pour l'application des articles 9, 10 et 12 de l'ordonnance n° 2005-1516 du 8 décembre 2005 relative aux échanges électroniques entre les usagers et les autorités administratives et entre les autorités administratives, *JO* 4 févr., p. 2072.

0932.15 Contenu de l'avis adressé au tiers détenteur. En dehors de la désignation du comptable public et du service dont il dépend (v. ss n° 0932.11), les textes propres à la SATD n'imposent pas de faire figurer des informations particulières dans l'avis de saisie notifié au tiers détenteur.

Il va sans dire pourtant qu'un certain nombre d'informations s'imposent, à commencer par l'objet de l'avis de saisie et le montant de la créance cause de la saisie. En ce sens, une instruction de la DGFiP[7] prévoit : « *La SATD ne répond à aucun formalisme particulier mais doit comporter certaines mentions nécessaires à sa validité, à savoir :*

-le fondement légal : la référence à l'article L. 262 du Livre des procédures fiscales,

– la date de la SATD,

– les nom, prénom et qualité de l'auteur de la SATD, la mention de l'organisme et du service auquel il appartient, et sa signature,

– l'identité et les coordonnées du débiteur saisi ainsi que du tiers saisi,

– le montant de la créance pour laquelle la SATD est pratiquée,

– la nature de la (des) créance(s) uniquement dans la notification faite au débiteur ».

Pour faciliter le renseignement de ces informations, la DGFiP met à la disposition des collectivités territoriales, des établissements publics qui leur sont rattachés, et des établissements publics sociaux et médico-sociaux une interface électronique, l'API R2P (interface de programmation applicative de recherche des personnes physiques), qui permet aux systèmes d'information de ces collectivités d'interroger les référentiels fiscaux pour fiabiliser l'identification des débiteurs (LPF, art. L. 135 ZN, R. 135 ZN-1 et R. 135 ZN-2)[8].

Observons ainsi que l'avis notifié au tiers détenteur ne doit contenir aucune information permettant de renseigner ce dernier sur l'importance des affaires du redevable, ni spécifier la nature exacte des créances dont le paiement est réclamé ni, éventuellement, les bases et la période d'imposition ou les conditions dans lesquelles la rectification des éléments servant au calcul de l'impôt a été opérée[9]. Il n'est en outre pas nécessaire que cet avis mentionne le titre exécutoire en vertu duquel il est délivré[10].

Pour répondre à ces exigences formelles, pratiques autant que juridiques, des modèles type d'acte sont

7. Note de service BOFIP-GCP-19-0010, 27 févr. 2019, Saisie administrative à tiers détenteur – Application aux organismes publics nationaux, NOR : CPAE1906790N, n° 4.1.
8. Rép. min. n° 03302, *JO Sénat* 19 janv. 2023, p. 375.
9. BOI-REC-FORCE-30-20, n° 70.
10. Com. 3 oct. 2006, n° 01-03.515, P (préc., v. ss nos 0932.11 et 0932.12).

proposés par la DGFiP[1], distinguant selon la nature de la créance saisie (rémunérations, comptes bancaires, assurance-vie). Ces modèles comportent notamment les actes de notification de la SATD au débiteur saisi et au tiers saisi, ainsi qu'un formulaire d'accusé réception par ce dernier de la saisie, lui permettant de remplir son obligation déclarative.

En revanche, l'obligation pesant sur le commissaire de justice qui procède à une saisie-attribution de dénoncer l'acte à chacun des titulaires d'un compte joint (C. pr. exéc., art. R. 211-22) n'est pas rendue applicable à la SATD, ce qui ne peut qu'être déploré, cette dénonciation ayant en effet vocation à permettre à ce cotitulaire du compte qui n'est pas destinataire de la saisie, de préserver ses droits (v. s^s^ n° 0922.82). L'établissement bancaire pourrait néanmoins gagner à délivrer lui-même cette information, en vue de la bonne exécution du contrat le liant à chacun des cotitulaires du compte joint.

0932.16 **Frais bancaires.** Lorsque la saisie est pratiquée entre les mains d'un établissement bancaire, elle ne peut donner lieu à la perception de frais bancaires supérieurs à une somme, toutes taxes comprises, de 100 euros (Décr., 10 déc. 2018[2], art. 1er). Quoique ce texte fasse référence à une somme TTC, qui pourrait laisser à penser que ces frais seraient soumis à la TVA, le Conseil d'État a jugé que tel n'était pas le cas[3].

Lorsque les comptes saisis sont ceux d'une personne physique n'agissant pas pour des besoins professionnels, le débiteur est informé gratuitement, par le biais de son relevé de compte mensuel, du montant et de la dénomination des frais bancaires liés à une SATD que l'établissement entend débiter sur son compte de dépôt, ce débit ne pouvant avoir lieu moins de quatorze jours après la date d'arrêté du relevé de compte (C. mon. fin., art. L. 312-1-5 et R. 312-1-2, I, 6°).

En outre, il résulte des articles L. 162-1, L. 162-2 et R. 162-2 à R. 162-9 C. pr. exéc., applicables à la SATD, qu'en cas de saisie portant sur des comptes bancaires, l'établissement bancaire doit déclarer le solde du ou des comptes concernés au jour de la saisie (C. pr. exéc., art. L. 162-1) et, en cas de diminution des sommes rendues indisponibles, doit fournir un relevé de toutes les opérations qui ont affecté les comptes depuis le jour de la saisie inclusivement, au plus tard huit jours après l'expiration du délai de contre-passation (C. pr. exéc., art. R. 162-1) ; bien que ce texte prévoie une communication de ce relevé par lettre recommandée avec demande d'avis de réception, on peut supposer que la communication par voie électronique mise en place avec les établissements bancaires devrait permettre de réaliser cette diligence (v. s^s^ n°s 0922.40 s.).

0932.17 **Déclaration du tiers détenteur.** L'accusé de réception que le tiers destinataire de l'avis de SATD doit renvoyer au comptable public constitue une forme simplifiée de la déclaration du tiers saisi prévue en matière de saisie-attribution (C. pr. exéc., art. L. 211-3 – C. pr. exéc., art. R. 211-4 et R. 211-5).

À la différence de la saisie-attribution, du fait de la notification postale ou électronique de l'ATD, la déclaration du tiers saisi ne peut avoir lieu « *sur-le-champ* ». Il est toutefois prévu que le tiers saisi est tenu de déclarer immédiatement et par tous moyens l'étendue de ses obligations à l'égard du redevable dans les conditions prévues à l'article L. 211-3 C. pr. exéc. (LPF, art. 262). Rappelons qu'aux termes de ce texte, le tiers saisi est tenu de déclarer au créancier l'étendue de ses obligations à l'égard du débiteur ainsi que les modalités qui pourraient les affecter et, s'il y a lieu, les cessions de créances, délégations ou saisies antérieures (v. s^s^ n° 0821.71). En outre, à compter d'une date devant être fixée par décret, sans pouvoir être postérieure au 1er janvier 2023, le tiers saisi est de surcroît tenu de déclarer les nantissements susceptibles d'affecter la créance saisie[4].

0932.18 **Sanction de l'absence de déclaration ou de la déclaration inexacte ou mensongère.** Le tiers détenteur qui s'abstient, sans motif légitime, de faire cette déclaration ou fait une déclaration inexacte ou mensongère peut être condamné, à la demande du créancier, au paiement des sommes dues à ce dernier, sans préjudice d'une condamnation à des dommages-intérêts (LPF, art. 262). La notion de déclaration inexacte devrait englober le cas d'une déclaration incomplète.

Par rapport à l'ancien ATD, le dispositif de la SATD s'est ainsi rapproché de celui de la saisie-attribution, sans pour autant se confondre avec lui.

Pour l'ancien ATD, l'article R. 211-5 C. pr. exéc. n'était pas applicable, de sorte que le tiers détenteur s'abstenant de satisfaire à son obligation déclarative

1. BOFIP-GCP-19-0010, 27 févr. 2019, préc. s^s^ prés^t^ n°, ann. 4 à 6.
2. Décr. n° 2018-1118, 10 déc. 2018, relatif aux frais bancaires perçus par les établissements de crédit à la suite d'une notification par un comptable public d'une saisie administrative à tiers détenteur, *JO* 12 déc., texte 22.
3. En matière d'ATD : CE, 9e et 10e ch., 24 avr. 2019, req. n° 412570, *Lebon T ; Dr. fisc.* 2019. Comm. 440, par Breton et Medjebar : les opérations accomplies par une banque à la réception d'un avis à tiers détenteur ne constituent pas des prestations de services, et, par suite, elles ne sont pas soumises à la TVA en application des dispositions du I de l'article 256 du CGI.
4. L'obligation de déclaration des nantissements est insérée à l'art. L. 211-3 C. pr. exéc. par l'article 30, 2°, de l'ordonnance n° 2021-1192 du 15 sept. 2021 portant réforme du droit des sûretés, *JO* 16 sept., texte 19, dont l'entrée en vigueur est fixée par l'article 37, I, alinéa 2, de cette même ordonnance.

ne pouvait être condamné que dans la limite de sa propre dette envers le redevable d'imposition[1], en application des dispositions de l'article R. 211-9 C. pr. exéc.[2].

Si la SATD s'éloigne ainsi de l'ATD, elle ne se confond pas pour autant avec la saisie-attribution. En effet, la sanction de la condamnation au paiement des causes de la saisie est envisagée de façon plus large que pour la saisie-attribution, pour laquelle le tiers saisi n'encourt une telle condamnation qu'en cas d'absence de déclaration. La vigilance du tiers saisi s'impose ainsi ici avec plus d'acuité encore. Pour le reste, le motif légitime constitue une cause d'exonération identique à la saisie-attribution (v. ss no 0821.131).

À l'instar de l'ATD, à laquelle la jurisprudence rendait applicable l'article R. 211-9 C. pr. exéc.[3], le JEX est compétent pour connaître de la demande de condamnation du tiers saisi.

Toutefois, dans l'hypothèse où le tiers détenteur soulève, pour se défendre, un moyen relevant du juge de l'impôt, le JEX ne peut trancher cette question préalable – à moins qu'elle ne soulève aucune difficulté sérieuse, ce que le juge doit alors caractériser[4] – et est, par conséquent, tenu de poser une question préjudicielle au juge de l'impôt, en particulier lorsqu'il s'agit du juge administratif (C. pr. civ., art. 49). Tel sera le cas, par exemple, si le tiers détenteur soulève la prescription de la créance fiscale[5].

En l'absence de toute disposition particulière, le JEX sera saisi dans les conditions ordinaires, par voie d'assignation, en vue de statuer sur la demande de l'Administration après un débat avec le tiers saisi (sur la question de la représentation obligatoire par avocat, v. ss no 0842.12).

En outre, paraît transposable à la SATD la jurisprudence qui, sous l'empire de l'ATD, avait jugé que la recevabilité des moyens que le tiers détenteur invoque n'était pas subordonnée à la présentation d'une réclamation préalable à l'Administration, faute pour ce tiers d'être l'auteur d'une contestation au sens des articles L. 281 et R.*281-1 du LPF[6]. Aussi, le tiers détenteur, assigné par le comptable sur le fondement de l'article L. 262 LPF, devrait pouvoir contester la régularité de cet avis[7].

Enfin, on pourra s'interroger sur la question de la charge preuve de la créance du débiteur saisi contre le tiers saisi. Sous l'empire de l'ATD, un arrêt de la chambre commerciale, se fondant sur l'application du second alinéa de l'article 1315, devenu 1353, C. civ., avait approuvé une décision retenant qu'il incombait au tiers détenteur d'établir qu'il ne devait rien au redevable de l'impôt ou quel était le montant de sa dette envers ce dernier au moment de la notification de l'ATD[8]. La question se pose toutefois de la portée de cet arrêt, qui n'a pas été publié, au regard de la solution dégagée de façon générale en matière de saisie-attribution, où, sur le fondement de la même disposition probatoire, la deuxième chambre civile retient qu'il incombe au saisissant de faire la preuve de la créance qu'il prétend saisir (v. ss no 0812.13).

SECTION 2
NOTIFICATION DE L'AVIS AU REDEVABLE D'IMPOSITION

0932.21 Information et mise en demeure préalable facultative. Il résulte de l'article L. 257-0 A du LPF, limitant le champ de la mise en demeure préalable aux actes de poursuites à ceux de ces actes donnant lieu à des frais, qu'en l'absence de disposition prévoyant de tels frais pour la SATD, le compte public n'est pas tenu de faire précéder la notification d'une SATD d'une lettre de relance ou de mise en demeure[9]. En revanche, dans le cas où l'Administration a envoyé une mise en demeure, elle est tenue de respecter le délai qui y est mentionné avant de délivrer une telle saisie[10].

1. Com. 7 janv. 2004, no 00-16.358, P IV, no 7 ; *D.* 2005. 1607, obs. G. Taormina.
2. Cass., ch. mixte, 26 janv. 2007, no 04-10.422, P, no 1 ; *Dr. et proc.* 2007. 221, obs. E. Putman ; *RTD civ.* 2007. 389, obs. R. Perrot ; *Dr. et patr.* nov. 2007. 91, obs. C. Lefort ; *RD banc. fin.* 2007, no 75, obs. S. Piedelièvre ; *Gaz. Pal.* 2007. 3397, note C. Brenner – V. AUSSI : Com. 6 mai 2008, no 06-15.354, P IV, no 95 ; *Procédures* 2008, no 2006, obs. R. Perrot ; *D.* 2008. AJ 1478 ; *RD banc. fin.* 2008, no 142, obs. S. Piedelièvre – EN CE SENS : Chambéry, 6 mars 2007, *Gaz. Pal.* 2007. 3260 – DÉJÀ EN CE SENS : Cass., avis, 7 mars 1997, no 09-60.015, P, no 3 ; *D.* 1997. 454, note R. Lauba et F. Ruellan ; *RTD civ.* 1997. 1000, obs. R. Perrot ; *RJF* 1997, no 626 – Civ. 2e, 23 nov. 2000, no 98-18.921, P II, no 154 ; *D.* 2001. 283 ; *RJF* 2001, no 700.
3. Cass., avis, 7 mars 1997, no 09-60.015, P, no 3 ; *D.* 1997. 455, note R. Lauba et F. Ruellan – PERROT et THÉRY, no 494 – V. ÉGAL. : Com. 30 mai 2007, no 06-14.994, NP – Civ. 2e, 30 sept. 2021, no 19-23.992, NP.
4. Civ. 2e, 16 janv. 2025, no 22-15.627, B.
5. Civ. 2e, 13 juin 2024, no 22-14.415, B (sous l'empire de l'ATD, pour le jeu de l'art. R. 211-9 C. pr. exéc.).
6. EN MATIÈRE D'ATD : Com. 3 déc. 2002, no 00-20.505, P IV, no 186 ; *RJF* 2003, no 507.
7. EN MATIÈRE D'ATD : Com. 31 janv. 2006, no 02-16.442, P IV, no 23.
8. Com. 5 juill. 2016, no 14-28.897, NP ; *D.* 2005. 1607, obs. G. Taormina.
9. BOI-REC-FORCE-30-20, § 20 – SUR L'HISTORIQUE DE CETTE QUESTION, avant la fusion de la Direction générale de la comptabilité publique et de la Direction générale des impôts, v. la précédente édition de l'ouvrage, à propos de l'ATD : Dalloz action *Droit et pratique des voies d'exécution*, 2022/2023, no 0932.21.
10. Rép. min. no 92284, *JOAN* 20 sept. 2016 (en matière d'ATD).

Le contribuable n'a pas non plus à être informé de la nature des poursuites que l'Administration s'apprête à entreprendre à son encontre[1].

0932.22 Caractère obligatoire de la notification. La SATD comporte obligatoirement une notification au redevable à peine de nullité[2]. Celle-ci est faite au tuteur lorsque le redevable est un majeur en tutelle[3].

La notification de la SATD se démarque une fois encore de la saisie-attribution, par la forme, par le contenu et par le délai de la dénonciation au débiteur.

0932.23 Formes et contenu de la notification. L'article R. 211-3 C. pr. exéc., qui impose au créancier saisissant de dénoncer la saisie au débiteur par acte de commissaire de justice, n'est pas applicable à la SATD. En effet, la Cour de cassation a jugé que les exigences fixées par l'article 58 du décret du 31 juillet 1992 (devenu C. pr. exéc., art. R. 211-3) relatives à la dénonciation de la saisie-attribution au débiteur ne sont pas applicables à l'ATD[4], solution transposable à la SATD.

Les modalités de la notification au redevable, ainsi que le contenu de l'acte sont identiques à celles de la notification au tiers détenteur de l'avis (v. s[s] n°s 0932.12 s.), sous les trois réserves suivantes : la notification par la voie électronique ne concerne que les tiers détenteurs, la créance doit être précisément identifiée dans l'acte adressé au redevable et cet acte comprend, sous peine de nullité, les délais et voies de recours (LPF, art. L. 262, 1).

0932.24 Délai de la notification. Alors que la saisie-attribution doit être dénoncée au débiteur saisi dans un délai de huit jours, à peine de caducité (C. pr. exéc., art. R. 211-3), aucun texte ne prévoit que la notification au redevable soit effectuée dans un délai déterminé.

Cependant, l'Administration a tout intérêt à notifier au plus tôt au redevable l'avis, car cette notification fait courir le délai de deux mois qui lui est ouvert pour contester (LPF, art. R.*281-3-1). En revanche, à la différence de l'ancien ATD, cette notification ne fait plus courir le délai imparti au tiers détenteur pour payer la créance (v. s[s] n°s 0933.51).

L'Administration recommande de procéder simultanément aux notifications au redevable et au tiers détenteur[5]. Cette simultanéité est en effet rendue possible par le fait que, à la différence de la dénonciation de l'acte de saisie-attribution, la notification faite au débiteur n'a pas à contenir les renseignements apportés par le tiers détenteur.

Quant à la détermination de la date de la notification, dès lors que la réalité de celle-ci n'est pas contestée, il est jugé « *qu'en l'absence de preuve de la notification de l'avis à tiers détenteur au redevable de l'impôt, celle-ci est réputée avoir été faite au plus tard au jour où il est établi qu'il a eu connaissance de cet avis pour avoir formé une réclamation contre celui-ci* »[6].

0932.25 Prescription. L'article L. 274 du LPF dispose que : « *Le délai de quatre ans mentionné au premier alinéa, par lequel se prescrit l'action en vue du recouvrement, est interrompu par tous actes comportant reconnaissance de la part des contribuables et par tous autres actes interruptifs de la prescription* ». Ce texte spécial rend ainsi applicable toutes les causes d'interruption connues en droit civil et commercial.

Pour la prescription applicable aux diverses créances ordinaires des personnes publiques, le juge administratif se réfère, en cas d'absence de disposition particulière, aux causes d'interruption résultant des « *principes dont s'inspire le titre XX du livre III du Code civil* »[7].

La notification de la SATD a donc pour effet d'interrompre la prescription courant contre l'Administration[8], sauf à préciser qu'elle « *ne peut interrompre la prescription* [...] *qu'à la condition d'avoir été régulièrement notifié*[e] *tant au tiers détenteur qu'au redevable concerné* »[9].

Dès lors que l'avis de réception de l'avis de saisie est retourné signé au comptable, le destinataire ne

1. Com. 6 juin 1952, P IV, n° 216 – V. AUSSI : Rép. min. n° 14734, *JOAN Q* 8 juin 1962, p. 1599.
2. Com. 13 nov. 1973, n° 71-11.628, P IV, n° 326 – Com. 18 juin 1996, n° 94-17.246, P IV, n° 181 ; *Dr. fisc.* 1996, n° 1127 – Rép. min. n° 1035, M. Goasguen, *JOAN Q* 1er juin 1998, p. 3013.
3. CE 30 déc. 2010, req. n° 311391, *Lebon T.* : le Conseil d'État précise qu'il ne résulte d'aucun texte ni d'aucun principe que l'existence d'un recours contre la désignation de la personne chargée d'exercer la tutelle fasse obligation à l'administration fiscale de saisir le juge des tutelles préalablement à cette notification.
4. Com. 3 oct. 2006, n° 01-03.515, P IV, n° 199.
5. BOI-REC-FORCE-30-20, § 80.
6. Com. 22 oct. 2002, n° 00-11.545, NP – Com. 14 avr. 2015, n° 13-28.797, P IV, n° 68.
7. V. CE 1er juill. 2021, Min. Éducation nationale et Jeunesse c/Mme V., req. n° 434665, *Lebon*, concernant la répétition d'une somme indûment versée par une personne publique à l'un de ses agents au titre de sa rémunération.
8. EN MATIÈRE D'ATD : CE 6 juin 2007, req. n° 282629, *Lebon* – CAA Paris, 26 sept. 1991, *Dr. fisc.* 1992, n°s 21, 22 et 1082 – CAA Paris, 4 juin 1992, *Dr. fisc.* 1993, n° 1413, concl. Gipoulon ; *RJF* 1992, n° 1258.
9. EN MATIÈRE D'ATD : CE 15 févr. 2007, req. n° 273393, *Lebon* T., retenant l'irrégularité de la notification au motif qu'« *il ressort des pièces du dossier soumis au juge du fond que l'avis avait été envoyé, non à l'adresse déclarée par M. A, mais à l'adresse d'une société dont celui-ci était le président-directeur général et que l'administration fiscale n'a soutenu devant la cour ni qu'elle était dans l'ignorance de l'adresse que M. A lui avait déclarée, ni qu'elle n'avait pu faire autrement que d'envoyer l'avis à une autre adresse en raison des manœuvres de l'intéressé* » – CE 30 déc. 2010, req. n° 311391, *Lebon* T (pour une notification au tuteur, désigné par une décision exécutoire ultérieurement infirmée).

peut se borner à soutenir que cette signature émane d'une personne qui n'était pas habilitée à recevoir l'acte[1]. En outre, dans le cas où le contribuable a négligé de retirer le pli mis en instance faute d'avoir pu lui être remis, la date à prendre en compte est celle à laquelle ce courrier avait été présenté à son adresse[2]. Une réserve doit néanmoins être apportée dans le cas particulier des actes de recouvrement adressés en poste restante, le Conseil d'État jugeant que de tels envois « *ne sont susceptibles d'interrompre la prescription de l'action en vue du recouvrement d'impositions que lorsqu'il résulte de l'instruction que le contribuable a lui-même sollicité l'envoi ou la réexpédition de son courrier en poste restante en accomplissant les démarches nécessaires à cette fin auprès de l'administration postale ou auprès de l'administration fiscale ; que, dans les autres cas, les actes de recouvrement adressés en poste restante ne peuvent interrompre la prescription de l'action en vue du recouvrement, quelle que soit la mention qui figure sur le courrier retourné à l'administration fiscale* »[3].

La prescription est interrompue, même lorsque la saisie est pratiquée sur un compte bancaire dont le solde est nul[4].

Lorsqu'une SATD est notifiée à l'encontre d'un débiteur de loyers – ou plus généralement, de toute créance à exécution successive – chaque versement effectué par le tiers détenteur interrompt la prescription[5].

Enfin, la prescription de l'action en recouvrement, si elle fait disparaître le caractère obligatoire du paiement de la dette fiscale et interdit donc au service du recouvrement de recourir à la contrainte, ne fait pas obstacle au versement volontaire et spontané par le contribuable de sa dette fiscale, ce contribuable exécutant en effet alors une obligation qui demeure même après l'expiration du délai de prescription[6].

1. EN MATIÈRE D'ATD : CE 27 mars 2009, req. n° 293871, *Lebon* T.
2. CE 7 nov. 2012, req. n° 343169, *Lebon T.*
3. CE 19 sept. 2014, req. n° 365934, *Lebon T. ; Procédures* 2014, n° 311, comm. Ayrault.
4. EN MATIÈRE D'ATD : CAA Lyon, 20 juin 1996, Min. du Budget c/Frezet, req. n° 93LY00985, *Lebon T. ; Dr. fisc.* 1996, n° 1529.
5. EN MATIÈRE D'ATD : CE 2 juill. 1990, req. n° 69367, NP ; *Dr. fisc.* 1990, n° 1931 ; *RJF* 1990, n° 1282 – CE 17 mars 1993, req. n° 93741 – CE 13 juill. 2006, req. n° 268308 – CE 21 nov. 2007, Tognelli, req. n° 291582.
6. EN MATIÈRE D'ATD : CE 11 juill. 2011, req. n° 314746, *Lebon T.*

CHAPITRE

0933. Effets

ÉDOUARD DE LEIRIS
CONSEILLER À LA COUR DE CASSATION

SECTION 0
ORIENTEUR

0933.00 **Sommaire du chapitre.**

Division. Comme la saisie-attribution, la saisie administrative à tiers détenteur emporte des effets immédiats, en particulier l'attribution des créances saisies (sect. 1) et un effet différé, le paiement par le tiers détenteur (sect. 2).

0933.01 **Textes applicables.**

* V. s^s n° 093.01.

0933.02 **Jurisprudence de référence (en matière d'avis à tiers détenteur).**

> Avis à tiers détenteur notifié après une saisie conservatoire mais avant la conversion de celle-ci.

• **Civ. 2e, 18 janv. 2007,** n° 06-10.598, P II, n° 14

* V. s^s n°s 0621.46, 0933.33

Ayant relevé qu'un créancier avait fait procéder à la conversion d'une saisie conservatoire après la notification d'un avis à tiers détenteur, une cour d'appel a exactement retenu que le droit de préférence du créancier saisissant ne pouvait être invoqué à l'égard du trésorier dont la créance fiscale bénéficiait du privilège de l'article 1920 du Code général des impôts.

> Application limitée à l'avis à tiers détenteur des règles de la saisie-attribution.

• **Cass., ch. mixte, 26 janv. 2007,** n° 04-10.422, P, n° 1

* V. s^s n°s 0152.52, 0214.92, 0213.24, 0932.12, 0932.18, 0933.52, 0934.24

L'article 56 du décret n° 92-755 du 31 juillet 1992 [C. pr. exéc., art. R. 211-1] n'est pas applicable à l'avis à tiers détenteur.

L'obligation de renseignement incombant au tiers saisi et les sanctions attachées à son inexécution en matière de saisie-attribution sont inapplicables au tiers détenteur.

Si l'avis à tiers détenteur comporte l'effet d'attribution immédiate prévu à l'article 43 de la loi n° 91-650 du 9 juillet 1991 [C. pr. exéc., art. L. 211-2], impliquant le droit pour le comptable public de recourir aux dispositions de l'article 64 du décret n 92-755 du 31 juillet 1992 [C. pr. exéc., art. R. 211-9], aucune disposition légale ne prévoit l'application à l'avis à tiers détenteur des autres règles relatives à la saisie-attribution.

0933.03 **Bibliographie indicative.**

* V. s^s n° 093.03.

SECTION 1
EFFETS IMMÉDIATS DE LA NOTIFICATION DE LA SAISIE ADMINISTRATIVE À TIERS DÉTENTEUR

0933.10 **Plan.** Comme la saisie-attribution, la saisie administrative à tiers détenteur (SATD) produit un effet attributif de la créance saisie qui opère immédiatement (§1), sans pouvoir, en principe, être remis en cause par des événements postérieurs (§ 2).

Les effets attachés à la SATD pratiquée sur des comptes bancaires (§ 3) appellent un examen particulier.

§ 1
Effet attributif : attribution immédiate de la créance saisie disponible

0933.21 **Effet attributif : principe et date.** Selon l'article L. 262, 1, du LPF[1] : « *La saisie administrative à tiers détenteur emporte l'effet d'attribution immédiate prévu à l'article L. 211-2 du Code des procédures civiles d'exécution* », cette saisie ayant « *pour effet d'affecter, dès sa réception, les fonds dont le versement est ainsi demandé au paiement des sommes dues par le redevable, quelle que soit la date à laquelle les créances même conditionnelles, à terme ou à exécution successive que le redevable possède à l'encontre du tiers saisi deviennent effectivement exigibles* ». Il convient de renvoyer sur ce point à l'effet attributif attaché à la saisie-attribution (v. s[s] n°s 0831.40 s.).

L'effet d'attribution immédiate attaché à la SATD opère dès sa notification au tiers détenteur[2].

En matière de saisie-attribution, la date à prendre en compte est celle qui figure sur le procès-verbal de saisie (C. pr. civ., art. 653 – C. pr. exéc., art. L. 211-2).

Dès lors que la SATD est notifiée par lettre recommandée avec demande d'avis de réception, la date à prendre en considération est celle qui figure sur l'avis de réception signé par le tiers détenteur destinataire.

En l'absence d'avis de réception ou dans les cas où est utilisée la lettre simple, la date de notification et le moment de l'effet attributif deviennent incertains (sur la preuve de la notification, v. s[s] n° 0932.13)[3].

0933.22 **Nature de la créance saisie-attribuée.** La SATD a pour effet de transporter la créance du débiteur contre le tiers détenteur dans le patrimoine du saisissant. Par conséquent, même lorsqu'il recourt à une SATD en vue de recouvrer une créance privilégiée, en particulier en matière d'impôts, le comptable public ne dispose, au titre de la créance du débiteur contre le tiers détenteur, que d'une créance de droit privé : cette créance saisie n'est pas de nature fiscale[4] et ne bénéficie par conséquent pas du privilège du Trésor[5], mais uniquement des garanties dont la créance du redevable contre le tiers est éventuellement assortie.

§ 2
Effet attributif : événements ne remettant pas en cause l'attribution

0933.31 **Règle.** Selon l'article L. 211-2 C. pr. exéc., certains événements, comme la pluralité de saisies ou la survenance d'un jugement d'ouverture de redressement ou de liquidation judiciaire, ne remettent pas en cause l'attribution immédiate.

La réponse doit être nuancée lorsque le redevable d'imposition a fait une réclamation assortie d'une demande de sursis de paiement au sens de l'article L. 277 du LPF.

0933.32 **Pluralité de saisies simultanées.** Selon l'article L. 262 du LPF, « *lorsqu'une personne est simultanément destinataire de plusieurs saisies administratives à tiers détenteur, elle doit, en cas d'insuffisance des fonds, exécuter ces saisies en proportion de leurs montants respectifs* ».

Cette règle, qui était normale sous l'empire de l'ATD, concernant des créances également privilégiées, pourrait paraître moins logique pour la SATD, qui peut porter sur des créances de nature différentes : elle écarte en effet le jeu du privilège du Trésor, pour répartir la créance saisie au marc l'euro. L'Administration soutient qu'en un tel cas la SATD bénéficiant du privilège du Trésor prime sur une SATD non privilégiée[6], analyse qui ne serait toutefois envisageable qu'à la condition de réduire le champ de l'article L. 262 du LPF aux seules créances fiscales.

En outre, la simultanéité paraît devoir recevoir une application marginale avec le développement de la notification par voie électronique, qui suppose un horodatage précis de chaque SATD, sauf à rendre applicable à ce concours entre SATD l'alinéa 3 de l'article L. 211-2 C. pr. exéc., disposant que les actes signifiés le même jour entre les mains du même tiers sont « *réputés faits simultanément* ». Rappelons que ce dernier texte est en tout cas appliqué pour régler le cas du concours entre une SATD et une saisie-attribution, v. s[s] n° 0831.72.

1. Réd. L. n° 2021-1900, 30 déc. 2021, de finances pour 2022, *JO* 31 déc., texte 1, art. 130, II (pour les modifications apportées à l'article L. 262) et V, C (pour l'entrée en vigueur, reportée au 1er janv. 2024).
2. V. EN MATIÈRE D'ATD : Com. 16 juin 1998, n° 96-17.050, P IV, n° 200 ; *D. Affaires* 1998. 1144 ; *RJF* 1998, n° 1303 – Com. 30 nov. 1999, n° 97-16.899, P IV, n° 217 ; *D.* 2000. 6 ; *RJF* 2000, n° 565 ; *Dr. fisc.* 2000, n° 256, « *alors même que cet avis n'aurait pas encore été notifié au contribuable* » – CE 15 oct. 1997, SARL Euro construction outre-mer c/SARL ECIOM, req. n°s 175722 et 175798, *Lebon ; RJF* 1997, n° 1060 ; *Dr. fisc.* 1998, n° 150 ; *JCP E* 1998. 1104 ; *Rev. huiss.* 1998. 1122, note Boccara.
3. S. Verclytte, « Avis à tiers détenteur et sursis de paiement : un combat inégal ? », *RJF* 1997, n° 668.
4. V. NOT., EN MATIÈRE D'ATD : Com. 16 juin 1998, n° 95-16.864, P IV, n° 201 ; *RJF* 1998, n° 1026 – *CONTRA :* chron. J. Lamarque, « Contentieux fiscal », *RGDP* 1998. 502.
5. M. Cozian, « L'avis à tiers détenteur en matière de privilège du Trésor », *RTD com.* 1967. 66, n° 57 – Rép. min. Éco. et Fin., M. d'Andigné, n° 13095, *JO Sénat Q* 26 oct. 1973, p. 1507.
6. BOI-REC-FORCE-30-30-20-10, § 130.

0933.33 Pluralité de saisies successives. Par leur effet attributif immédiat, les mesures d'exécution portant sur des créances de sommes d'argent excluent en principe tout concours. Ainsi, l'article L. 211-2 C. pr. exéc. dispose-t-il en son alinéa 2 que « *la notification ultérieure d'autres saisies ou de toute mesure de prélèvement, même émanant de créanciers privilégiés* [...] » ne remet pas en cause l'effet attributif immédiat (v. s^s^ n°s 0831.71 s. et 0832.31).

Toutefois, certaines situations conduisent à un à concours, qui profite alors à la SATD, chaque fois qu'elle est pratiquée pour recouvrer une créance revêtue d'un privilège, en particulier celui attaché aux créances fiscales. Ainsi, lorsqu'une saisie conservatoire antérieure à une SATD est convertie en saisie-attribution postérieurement à cette SATD, l'auteur de la saisie-attribution ne peut invoquer le droit de préférence attaché à la saisie conservatoire (v. s^s^ n° 0621.46) à l'égard du comptable public dont la créance fiscale bénéficie du privilège de l'article 1920 du CGI[1].

Enfin, lorsqu'une saisie-attribution se trouve privée d'effet, les saisies et prélèvements ultérieurs prennent effet à leur date (C. pr. exéc., art. L. 211-2, al. 4), règle qui paraît devoir jouer au profit d'une SATD.

0933.34 Survenance de la procédure de sauvegarde, du redressement judiciaire ou de la liquidation judiciaire, d'une procédure de traitement d'une situation de surendettement. L'effet attributif immédiat n'est en principe pas remis en cause (C. pr. exéc., art. L. 211-2, al. 2). Les développements consacrés aux incidences de l'ouverture de l'une de ces procédures sur l'effet attributif de la saisie-attribution sont transposables à la SATD (v. s^s^ n°s 0831.80 s.)[2].

Ainsi que l'exposent ces développements, l'effet attributif de la saisie se trouve néanmoins affecté par la survenance d'une procédure de surendettement, à l'égard de la SATD portant sur une créance à exécution successive, laquelle va suspendre la mesure d'exécution. On peut considérer que cette suspension joue pour les sommes qui n'étaient pas préalablement exigibles par le comptable public. En effet, la Cour de cassation, se fondant sur la considération que « *le juge de l'exécution tient de l'article L. 331-5* [devenu L. 721-4] *du Code de la consommation le pouvoir de suspendre les mesures d'exécution en cours diligentées pour le recouvrement des dettes fiscales* », a jugé qu'un ATD portant sur une créance à exécution successive pouvait être suspendu par le JEX[3]. Par la suite, la Cour de cassation a jugé, à propos de la saisie-attribution, « *que le juge de l'exécution a le pouvoir, dans le cadre des mesures recommandées* [...] *de suspendre, seulement pendant la durée des mesures de redressement, les effets d'une saisie-attribution à exécution successive pratiquée à l'encontre du débiteur antérieurement à la saisine de la commission* »[4]. Certes, ces pouvoirs n'appartiennent désormais plus au JEX, mais au juge des contentieux de la protection (JCP), qui s'est vu confier la connaissance de la procédure de traitement d'une situation de surendettement, mais, parallèlement, la décision de recevabilité d'une telle procédure s'est vu conférer un effet suspensif de plein droit des mesures d'exécution, de sorte que cette jurisprudence paraît toujours d'actualité.

Il résulte de cette jurisprudence l'application, à la SATD portant sur une créance à exécution successive, des dispositions de la procédure de traitement d'une situation de surendettement relatives aux procédures d'exécution en cours :

– après le dépôt de la déclaration de surendettement et avant la décision sur la recevabilité, la commission de surendettement peut, à la demande du débiteur, saisir le juge des contentieux de la protection d'une demande de suspension d'une SATD et portant sur des créances autres qu'alimentaires (C. consom., art. L. 721-4) ;

– la décision déclarant la recevabilité de la demande emporte suspension des procédures d'exécution diligentées contre le débiteur, et donc des SATD, et portant sur des créances autres qu'alimentaires (C. consom., art. L. 722-2). Cette suspension dure, selon le cas, jusqu'à l'approbation du plan conventionnel, la décision imposant les mesures prévues aux articles L. 733-1, L. 733-4, L. 733-7 L. 741-1, jusqu'au jugement prononçant un rétablissement personnel sans liquidation judiciaire ou jusqu'au jugement d'ouverture d'une procédure de rétablissement personnel avec liquidation judiciaire. Cette suspension ne peut toutefois excéder deux ans ;

– le jugement d'ouverture de la procédure de rétablissement personnel avec liquidation judiciaire entraîne la suspension des procédures d'exécution diligentées à l'encontre du débiteur et portant sur des dettes autres qu'alimentaires jusqu'au jugement de clôture (C. consom., art. L. 742-7).

0933.35 Contestation de l'assiette de l'impôt avec demande de sursis de paiement. La formation d'une réclamation ne remet pas en cause l'effet attri-

1. EN MATIÈRE D'ATD : Civ. 2e, 18 janv. 2007, n° 06-10.598, P II, n° 14 ; *RD banc. fin.* 2007, n° 74, obs. S. Piedelièvre ; *Dr. et proc.* 2007. 217, obs. C. Lefort ; *Dr. et patr.* nov. 2007, n° 164, obs. P. Crocq.
2. F. Vauvillé, « Le notaire, le liquidateur, et le percepteur », *JCP N* 1998. 1766 – P. Serlooten, « Le Trésor public, créancier de l'entreprise en difficulté », *JCP E* 2000. 24.
3. Civ. 2e, 15 déc. 2005, n° 04-04.175, P II, n° 335 ; *D.* 2006. 297, obs. V. Avena-Robardet.
4. Civ. 1re, 14 mars 2000, n°s 99-04.026 et 98-04.071, P I, n° 94 (2e arrêt).

butif[1], pas plus qu'une demande de référé-suspension, dès lors que la SATD épuise ses effets dès sa notification au tiers détenteur[2].

0933.36 Mainlevée de la mesure. Toutefois, lorsqu'une réclamation est relative à l'assiette de l'impôt (son bien-fondé, son montant) [3] et est assortie d'une demande de sursis de paiement, présentée en application de l'article L. 277 alinéa 1er du LPF[4], cette demande met un terme à l'effet attributif, si elle est jugée régulière et assortie d'une garantie suffisante constituée dans l'attente de l'issue de la réclamation, garantie qui se substitue alors à la SATD. Ce texte dispose que : « *Le contribuable qui conteste le bien-fondé ou le montant des impositions mises à sa charge est autorisé, s'il en a expressément formulé la demande dans sa réclamation et précisé le montant ou les bases du dégrèvement auquel il estime avoir droit, à différer le paiement de la partie contestée de ces impositions et des pénalités y afférentes* ».

La demande de sursis de paiement ne peut être formée qu'à l'occasion d'une réclamation contentieuse[5] et une simple lettre par laquelle le contribuable ne conteste pas la légalité de l'imposition, ne demande ni la décharge, ni la réduction des impôts, mais se borne à demander à surseoir à leur paiement, ne constitue pas une demande de sursis de paiement au sens de l'article L. 277[6].

Un dispositif similaire est prévu pour le recouvrement des créances de l'administration des douanes (C. douanes, art. 348).

0933.37 Demande de sursis de paiement antérieure à la notification d'une saisie administrative à tiers détenteur. Une telle demande suspend immédiatement l'exigibilité de l'impôt pour la partie contestée[7], de sorte qu'une SATD notifiée ultérieurement doit être annulée[8]. La partie contestée cesse d'être exigible jusqu'à la décision définitive sur la réclamation[9]. Il a été jugé qu'au sens de l'article 348 C. douanes, une décision de justice définitive s'entendait de celle qui n'était plus susceptible de voies de recours, à savoir, en cas de pourvoi, l'arrêt de la Cour de cassation rejetant celui-ci[10]. Tant qu'une telle décision définitive n'est pas intervenue, la prescription de l'action en recouvrement de la créance demeure corrélativement suspendue[11].

Les effets de cette suspension s'étendent aux débiteurs solidaires[12].

0933.38 Demande de sursis de paiement postérieure à la notification d'une saisie administrative à tiers détenteur. La Cour de cassation juge que la demande de sursis de paiement ne remet pas en cause, par elle-même, l'effet attributif, nonobstant l'impossibilité pour le comptable public d'exiger le paiement avant l'expiration du délai de contestation ou à l'issue de cette contestation[13]. Le Conseil d'État partage cette analyse et en déduit que l'ATD, dans ce cas, n'est pas une mesure conservatoire au sens de l'article L. 277 du LPF (solution transposable à la SATD)[14].

En revanche, une fois que le redevable a fourni « *des garanties suffisantes* [...] *celles-ci se substituent aux sommes ou biens appréhendés avant la réclamation pour le recouvrement des créances qui font l'objet de la contestation.*

Dans ce cas, le comptable restitue les biens ou sommes appréhendés, avant la réclamation mentionnée à l'article L. 277, pour le montant des créances effectivement garanties » (LPF, art. R. 277-3-1). Ces garanties doivent être constituées dans un délai de quinze jours à compter de la réception d'une invitation en ce sens formulée par le comptable public ; le redevable peut offrir de constituer à titre de garantie un versement

1. Tout au plus pourrait-on être tenté de déduire de certains arrêts que la saisine du juge empêcherait provisoirement le paiement par le tiers saisi, le temps que la contestation soit tranchée : en matière d'ATD : Civ. 2e, 20 nov. 2003, no 01-15.231, P II, no 351 ; en matière de saisie immobilière (ancienne procédure) : Civ. 2e, 6 déc. 2001, no 99-20.593, P II, no 186.
2. EN MATIÈRE D'ATD : CE, 8e et 3e ss-sect., 31 oct. 2007, req. no 302102, NP.
3. BOI-REC-PREA-20-20-10, § 40, citant CE, 7 e ss-sect., 13 juill. 1966, req. no 41125, Dupont, Lebon 486 – Dans le même sens, en matière de contrainte par corps : Crim. 7 mars 2001, no 99-80.675, P, no 59.
4. Tel que modifié par L. no 2008-1443, 30 déc. 2008, de finances rectificative pour 2008, *JO* 31 déc., p. 20518, art. 66, applicable aux demandes de sursis de paiement formulées à compter du 1er juillet 2009.
5. CE 2 juin 1989, req. no 55514, NP ; *Dr. fisc.* 1989, no 1984.
6. CE 14 nov. 1973, req. nos 82071 et 82072, *Lebon ; Dr. fisc.* 1973, no 1794 – CE 17 nov. 1986, req. no 73702, NP ; *Dr. fisc.* 1987, no 1973.
7. EN MATIÈRE D'ATD : CE 27 juill. 1984, req. no 42701, *Lebon T. ; Dr. fisc.* 1986, no 745, concl. Latournerie – CE 24 juill. 1987, req. no 49211, *Lebon T. ; Dr. fisc.* 1989, no 1994, concl. Martin-Laprade.
8. EN MATIÈRE D'ATD : Lyon, 12 janv. 2000, RG no 98/03464, NP.
9. EN MATIÈRE D'ATD : TA Nantes, 29 mars 2005, *Dr. fisc.* 2006, no 258.
10. EN MATIÈRE D'ATD : Com. 21 juin 2017, no 15-27.788, P, no 88 : en l'espèce, cet ATD avait été émis sur le fondement de l'arrêt d'une cour d'appel, frappé d'un pourvoi.
11. Com. 21 janv. 2017, no 15-13.853, P, no 2.
12. CE 4 déc. 2017, req. nos 394903, 394907 et 394908, *Lebon* T.
13. EN MATIÈRE D'ATD : Com. 30 nov. 1999, no 97-16.899, P IV, no 217 ; *D.* 2000. 6 ; *RJF* 2000, no 565 – Com. 23 juin 2004, no 01-01.217, NP ; *RJF* 2004, no 1184 – EN CE SENS : *J.-Cl. Pr. fisc.*, fasc. 560, no 130, par J. Albouze.
14. EN MATIÈRE D'ATD : CE 15 oct. 1997, SARL Euro construction outre-mer c/SARL ECIOM, req. nos 175722 et 175798, *Lebon ; RJF* 1997, no 1060 ; *Dr. fisc.* 1998, no 150 ; *JCP E* 1998. 1104 ; *Rev. huiss.* 1998. 1122, note Boccara – DE MÊME : CAA Paris, 11 déc. 2001, req. no 01PA02068, NP ; *RJF* 2002, no 333 ; *Dr. fisc.* 2002, no 339, concl. Bossuroy – V. AUSSI : TA Versailles, 25 janv. 2001, no 971337, NP ; *RJF* 2001, no 1013.

en espèces effectué à un compte d'attente au Trésor, des créances sur le Trésor, une caution, des valeurs mobilières, des marchandises déposées dans des magasins agréés par l'État et faisant l'objet d'un warrant endossé à l'ordre du Trésor, des affectations hypothécaires ou des nantissements de fonds de commerce (LPF, art. R.*277-1, al. 2) ; sauf refus de la garantie par le comptable public, faute pour celle-ci de répondre à ces conditions, refus qui doit alors être formalisé par une lettre recommandée avec demande d'avis de réception intervenant dans un délai de quarante-cinq jours à compter du dépôt de l'offre, les garanties offertes sont réputées acceptées (LPF, art. R.*277-1, al. 3).

L'Administration fiscale précise naturellement que cette disposition englobe la SATD [1]. En cette matière, la constitution de garantie doit par conséquent conduire le comptable public, selon le cas, à reverser au débiteur les sommes qu'il a perçues du tiers saisi ou, avant cette perception, à donner mainlevée de la saisie.

§ 3
Indisponibilité des comptes bancaires saisis

0933.41 **Étendue de l'indisponibilité.** L'article L. 162-1 C. pr. exéc. relatif à la saisie des comptes bancaires, est rendu applicable à la SATD, de sorte que l'avis de saisie pratiqué entre les mains d'un établissement bancaire s'accompagne en principe de l'indisponibilité totale et provisoire prévue par ce texte (v. s^s^ n°s 0923.13 s.) [2]. Toutefois, par dérogation au deuxième alinéa de l'article L. 162-1, lorsque **le montant de la SATD est inférieur à un montant compris entre 500 et 3 000 euros – montant** actuellement fixé à 2 000 euros [3] –, les sommes laissées au compte ne sont indisponibles pendant le délai prévu par ce texte (c'est-à-dire en principe quinze jours, v. s^s^ n° 0923.15), qu'à concurrence du montant de la saisie (LPF, art. L. 262).

Cette absence d'indisponibilité étendue paraît poser une délicate question d'articulation avec la régularisation des opérations bancaires en cours. Cette régularisation, destinée à prendre en compte les opérations en cours, n'est en effet nullement écartée par l'article L. 262 et son application paraît du reste incontournable (v. s^s^ n° 0923.30). Aussi, il semble que si le débiteur utilise les sommes figurant sur le compte et non frappés par l'indisponibilité, le solde des opérations en cours, s'il est négatif s'imputera exclusivement sur la fraction du compte rendue indisponible par la SATD.

EXEMPLE

Si l'on reprend les termes de l'exemple 1, exposé au n° 0923.71, appliqués à une SATD, pratiquée pour recouvrer une créance de 500 euros, sur un compte présentant un solde créditeur de 1 300 euros : le débiteur pourrait retirer sans attendre (1 300 – 500 =) 700 euros de son compte, de sorte que les opérations en cours, présentant un résultat cumulé négatif de – 150 euros, viendraient en déduction de la somme saisie, ne laissant au comptable public que 350 euros, quand, avec une saisie-attribution, celui-ci aurait été totalement désintéressé de sa créance.

Sur question de parlementaires [4], le ministre du Budget a répondu que, pour remédier aux inconvénients des effets d'un ATD pratiqué sur un compte bancaire, pour un montant supérieur à 2 000 euros, le débiteur peut :

– soit acquiescer à la mesure, en déclarant par écrit ne pas contester la poursuite et en autorisant le tiers à verser immédiatement les fonds sans attendre l'expiration du délai de contestation de deux mois (désormais trente jours, v. s^s^ n°s 0933.51) ;

– soit acquitter sa dette sous forme d'espèces, par exemple, au comptable public qui donnera sans délai mainlevée de l'ATD ;

– soit demander au comptable de limiter l'indisponibilité à certains comptes qui présentent un solde créditeur suffisant pour permettre le recouvrement des sommes réclamées.

Cette réponse ministérielle, qui est transposable à la SATD, mérite d'être nuancée. En effet, l'acquiescement ne permet pas le paiement immédiat et le tiers saisi doit en tout état de cause attendre l'expiration du délai de régularisation prévu par l'article L. 162-1 C. pr. exéc. (v. s^s^ n°s 0923.141 s.).

SECTION 2
PAIEMENT PAR LE TIERS DÉTENTEUR

0933.51 **Date du paiement.** Selon l'article L. 262, 3, du LPF, « *sous peine de se voir réclamer les sommes saisies majorées du taux d'intérêt légal, le tiers saisi, destinataire de la saisie administrative à tiers détenteur, est tenu de verser, aux lieu et place du redevable, dans les trente jours suivant la réception de la saisie, les*

1. BOI-REC-FORCE-30-30-10, §180 ; DÉJÀ EN CE SENS : SOUS l'empire des anciennes dispositions (ATD) : CE 25 avr. 2001, req. n°s 230166 et 230345, *Lebon ; RJF* 2001, n° 1012 – CE 13 juin 2007, req. n° 306252, *Lebon* – V. AUSSI : CAA PARIS, 11 déc. 2001, req. n° 01PA02068 (préc. s^s^ prés^t^ n°).
2. BOI-REC-FORCE-30-30, 12 sept. 2012, § 230.
3. Décr. n° 2018-1353, 28 déc. 2018, relatif au cantonnement de l'indisponibilité des sommes laissées au compte en cas de saisie administrative à tiers détenteur, *JO* 30 déc., texte n° 84.
4. EN MATIÈRE D'ATD : Rép. min. Budget n° 22992, E. Pinte, *JOAN Q* 27 mars 1995 – Rép. min. Budget n° 10073, G. Gruillot, *JO Sénat Q* 13 avr. 1995, p. 883 ; *Dr. fisc.* 1995, n° 22, n° 1226 ; *JCP E* 1995. 624.

fonds qu'il détient ou qu'il doit, à concurrence des sommes dues par ce dernier ».

Cette règle vient prendre le contre-pied de la jurisprudence rendue l'empire de l'ATD, qui retenait que l'effet translatif ne se produisait qu'à l'expiration du délai d'opposition ouvert au contribuable contre le titre exécutoire[1], de sorte le tiers détenteur n'était tenu au versement des sommes saisies qu'au terme du délai d'opposition, sauf la possibilité pour le débiteur d'acquiescer à l'avis[2].

Désormais, non seulement c'est donc la notification de la SATD au tiers saisi qui constitue le point de départ du délai de paiement, plutôt que celle faite au débiteur, mais le délai ne coïncide plus avec le délai de deux mois dans lequel la saisie peut être contestée.

À noter bien sûr que « *pour les créances conditionnelles, à terme ou à exécution successive, le tiers saisi est tenu de verser immédiatement les fonds lorsque ces créances deviennent exigibles* »[3]. Quant à la saisie portant sur un contrat d'assurance rachetable, dès lors qu'elle entraîne le rachat forcé de ce contrat et en affecte au créancier la valeur de rachat au jour de la notification de la saisie, il en résulte que l'assureur tiers saisi est tenu par le délai de trente jours.

0933.52 Absence ou refus de paiement. Sous l'empire de l'ATD, la jurisprudence a estimé que le défaut de paiement par le tiers détenteur permettait à l'Administration d'exercer contre celui-ci des poursuites, sur le fondement de l'article R. 211-9 C. pr. exéc.[4], en application duquel « *en cas de refus de paiement par le tiers saisi des sommes qu'il a reconnu devoir ou dont il a été jugé débiteur, la contestation est portée devant le juge de l'exécution qui peut délivrer un titre exécutoire contre le tiers saisi* ». Pour l'ATD, en l'absence de disposition sanctionnant la déclaration devant être faite par le tiers saisi, cet article R. 211-9 jouait une double fonction, fondant, d'abord, la possibilité pour le JEX de statuer sur l'existence de la dette du tiers saisi qui a omis de déclarer sa dette et permettant, ensuite, de délivrer à son encontre un titre exécutoire, à hauteur du montant de cette dette[5].

Pour la SATD, dès lors qu'une sanction spécifique frappe le tiers saisi qui se sera abstenu, sans motif légitime, de faire la déclaration prévue à l'article L. 211-3 C. pr. exéc. ou aura fait une déclaration inexacte ou mensongère (v. s[s] n° 0932.17), l'article R. 211-9 ne trouve à s'appliquer que dans le cas explicitement prévu par ce texte, où le tiers saisi s'est déclaré débiteur ou a été reconnu tel, sans pour autant acquitter sa dette entre les mains du comptable public. C'est dire que les règles de la saisie-attribution paraissent désormais transposables à la SATD sur ce point (v. s[s] n° 0832.55).

Dans l'hypothèse où le tiers détenteur soulève, à l'occasion d'une telle action fondée sur l'article R. 211-9 C. pr. exéc., un moyen relevant du juge de l'impôt, le JEX ne peut trancher cette question préalable – à moins qu'elle ne soulève une difficulté sérieuse – et est, par conséquent, tenu de poser une question préjudicielle au juge de l'impôt, en particulier lorsqu'il s'agit du juge administratif (C. pr. civ., art. 49). Tel sera le cas, par exemple, si le tiers détenteur soulève la prescription de la créance fiscale[6]. À cet égard, pour apprécier le sérieux de la difficulté, le Conseil d'État juge qu'en cas d'actes de poursuite successifs, le moyen tiré d'une prescription acquise dès avant le premier acte de poursuite doit, à peine d'irrecevabilité, être soulevé à l'appui de la contestation du premier acte de poursuite[7].

0933.53 Modalités de délivrance du titre exécutoire. La procédure d'ordonnance sur requête ne peut être suivie pour demander au JEX la délivrance d'un titre exécutoire à l'encontre d'un tiers détenteur : toute demande à cet effet « *doit être présentée selon les formes ordinaires de l'introduction de l'instance, c'est-à-dire par voie d'assignation* »[8].

L'Administration doit donc faire assigner le tiers détenteur devant le JEX, qui statuera après débat contradictoire.

La compétence territoriale du JEX appelé à connaître de cette demande paraît devoir être déterminée conformément à l'article R. 121-2 C. pr. exéc., qui dispose que « *le juge de l'exécution territorialement compétent, au choix du demandeur, est celui du lieu où demeure le débiteur ou celui du lieu d'exécution de la mesure* » (v. s[s] n° 0934.24). Le lieu où demeure le débiteur paraît renvoyer au débiteur saisi (v. s[s] n° 0213.12). Quant au lieu d'exécution de la mesure, il paraît s'agir, en matière de SATD, du lieu où est établi le tiers saisi.

1. Com. 5 mai 1981, n° 80-10.344, P IV, n° 207 ; *D.* 1981. 425, note A. H. – Com. 22 nov. 1983, n° 82-13.022, P IV, n° 318 ; *Dr. fisc.* 1984, n° 2273 – Com. 15 mai 1984 (4 arrêts), n°s 82-16.664, 83-10.536, 83-11.507 et 83-12.815, P IV, n°s 158 à 161.
2. BOI-REC-FORCE-30-30, 12 sept. 2012, § 70 et 80 – Com. 16 juin 1998, n° 96-17.050, P IV, n° 200 ; *Dr. fisc.* 1998, n° 1105 – Com. 30 nov. 1999, n° 97-16.899, P IV, n° 217 ; *RJF* 2000, n° 565.
3. Réd. L. n° 2021-1900, 30 déc. 2021, préc., art. 130, II (pour les modifications apportées à l'article L. 262) et V, C (pour l'entrée en vigueur, reportée au 1er janv. 2024).
4. Cass., ch. mixte, 26 janv. 2007, n° 04-10.422, P, n° 1.
5. PAR EX., Com. 30 mai 2007, n° 06-14.994, NP, dans un cas où il a été retenu « *que la réponse négative de la société* [tiers détenteur] *à l'avis était constitutive d'un refus de paiement* ».
6. EN MATIÈRE D'ATD : Civ. 2e, 13 juin 2024, n° 22-14.415, B.
7. EN MATIÈRE D'ATD : CE 2 avr. 2021, req. n° 433989, *Lebon.*
8. EN MATIÈRE D'ATD : Cass., avis, 9 févr. 1998, n° 09-70.013, P, n° 2.

Sous l'empire de l'ATD, dès lors que cette procédure embrassait le cas du tiers détenteur ayant omis de satisfaire à son obligation de renseignement, le débat devant le JEX pouvait être très étendu pour porter notamment sur la dette du tiers détenteur à l'égard du redevable de l'impôt[1]. Sous l'empire de la SATD, le débat devrait être recentré à l'identique de la saisie-attribution (v. s[s] n° 0832.55).

0933.54 Nature de la créance constatée dans le titre exécutoire délivré par le juge de l'exécution. Dans tous les cas, « *l'obligation du tiers détenteur étant de nature civile et non fiscale*, [la saisie administrative] *à tiers détenteur ne peut pas être utilisée à l'encontre du tiers saisi défaillant. Il ne s'agit donc pas d'une créance privilégiée* »[2] (v. s[s] n° 0933.22).

1. Com. 5 juill. 2016, n° 14-28.897, NP ; *D.* 2005. 1607, obs. G. Taormina.

2. *Précis de fiscalité de la Direction générale des finances publiques*, mis à jour le 15 déc. 2017, diffusé sur le site internet de cette administration – V. NOT. : Com. 16 juin 1998, n° 95-16.864, P IV, n° 201 ; *RJF* 1998, n° 1026.

CHAPITRE

0934. Contestations de la saisie administrative à tiers détenteur

Édouard de Leiris
Conseiller à la Cour de cassation

SECTION 0

Orienteur

0934.00 **Sommaire du chapitre.**

Division. L'une des caractéristiques essentielles de la procédure de contestation de la saisie administrative à tiers détenteur (SATD) est l'exigence de la formation d'un recours de nature administrative, préalable à la saisine du juge (sect. 1). La présente étude se concentrera sur les contestations relatives à la régularité formelle, examinées sous les angles de la compétence, de la saisine et de la décision du juge de l'exécution (sect. 2 à 4).

Renvoi. Sur les diverses compétences en matière de contestations relatives à l'impôt et de contestations relatives au recouvrement, v. s[s] n°s 0123.00 s.

0934.01 **Textes applicables.**

* V. s[s] n°s 093.00 s.

0934.02 **Jurisprudence de référence.**

> Recours gracieux préalable obligatoire (ATD) :

• **Com. 12 mars 1996,** n° 94-12.515, P IV, n° 81.

* V. s[s] n°s 0215.61, 0934.15

Si le juge de l'exécution est compétent pour statuer sur la régularité en la forme de l'acte de poursuite, conformément à l'article L. 281 du Livre des procédures fiscales, la recevabilité de l'action en contestation de l'acte de recouvrement de l'impôt est, aux termes de l'article R. 281-1 du même livre, subordonnée au dépôt d'une demande présentée au chef de service de l'administration fiscale compétent.

0934.03 **Bibliographie indicative**[1].

* V. s[s] n° 093.03.

* V. aussi, R. Perrot et Ph. Théry, *Procédures civiles d'exécution*, 3e éd., Dalloz, 2013, n° 156 (à propos de l'ATD).

0934.05 **Dispositions spécifiques.** La saisie administrative à tiers détenteur (SATD) peut faire l'objet de contestations de la part du redevable, de la personne tenue solidairement ou conjointement avec le redevable, du tiers détenteur ou encore de tiers qui se prévalent, par exemple, de l'antériorité d'une saisie-attribution, ou d'une cession de créance.

Les contestations de la procédure de SATD ne sont pas soumises aux règles générales applicables à la saisie-attribution (C. pr. exéc., art. L. 211-4, L. 211-5 et R. 211-11 s.) mais à des dispositions spécifiques résultant des articles L. 281 et R.*281-1 s. du LPF, auxquelles il est en outre renvoyé par les réglementations demeurant propres au recouvrement de certains titres exécutoires (Décr. 22 déc. 1964[2], art. 6-1 et 9, mod. par Décr. 8 nov. 2018[3] – Décr. 7 nov. 2012[4], art. 119, mod. par Décr. 24 sept. 2018[5]).

1. Les ouvrages dont le nom des auteurs figure en petites capitales en bibliographie seront cités par le seul nom des auteurs en petites capitales en notes de bas de page.
2. Décr. n° 64-1333, 22 déc. 1964, relatif au recouvrement des amendes et condamnations pécuniaires par les comptables de la direction générale des finances publiques, *JO* 29 déc.
3. Décr. n° 2018-967, 8 nov. 2018, abrogeant l'article R. 1617-22 du Code général des collectivités territoriales, *JO* 10 nov., texte 27.
4. Décr. n° 2012-1246, 7 nov. 2012, relatif à la gestion budgétaire et comptable publique, *JO* 10 nov., texte 6.
5. Décr. n° 2018-803, 24 sept. 2018, modifiant le décret n° 2012-1246 du 7 novembre 2012 relatif à la gestion budgétaire et comptable publique et autorisant diverses expérimentations, *JO* 25 sept., texte 20.

Selon l'article L. 281, « *les contestations relatives au recouvrement ne peuvent pas remettre en cause le bien-fondé de la créance.*

Elles peuvent porter :

1° Sur la régularité en la forme de l'acte ;

2° À l'exclusion des amendes et condamnations pécuniaires, sur l'obligation au paiement, sur le montant de la dette compte tenu des paiements effectués et sur l'exigibilité de la somme réclamée ».

Ces contestations doivent en principe être soumises à l'autorité administrative compétente avant tout recours juridictionnel. Toutefois, il paraît acquis qu'une demande de dommages-intérêts fondée sur l'exécution dommageable d'une mesure de SATD ne relève pas des dispositions de l'article L. 281 du LPF et n'est donc pas soumise à la demande préalable auprès de l'administration fiscale prévue à l'article R.*281-1 du même code[1].

Pour l'exposé approfondi des différentes contestations susceptibles d'être formées à l'occasion du recouvrement d'une créance constatée dans un titre exécutoire relevant du droit public, v. s[s] n°s 0123.05 s.

0934.06 Absence d'effet suspensif de la contestation. La contestation d'une SATD ne présente en principe pas d'effet suspensif.

À l'inverse, la contestation du titre, du bien-fondé de la créance, ainsi, en matière fiscale, que la contestation d'assiette, peuvent impliquer des effets suspensifs. Tel est le cas, en matière fiscale, dans les conditions de l'article L. 277 du LPF. Pour les créances ordinaires, cette suspension est de droit. Ainsi, l'introduction devant une juridiction de l'instance ayant pour objet de contester le bien-fondé d'une créance assise et liquidée par une collectivité territoriale ou un établissement public local suspend la force exécutoire du titre (CGCT, art. L. 1617-5)[2]. De même, la contestation du titre de perception mentionné à l'article L. 252 A du LPF a pour effet de suspendre le recouvrement de la créance de l'État (Décr. n° 2012-1246, 7 nov. 2012[3], art. 117, mod. par Décr. n° 2028-803, du 24 sept. 2018).

0934.07 Responsabilité de l'État. Parallèlement à la contestation d'une SATD, la responsabilité de l'État peut être recherchée, devant les juridictions administratives.

Le Conseil d'État juge ainsi que toute faute commise par l'Administration lors de l'exécution des opérations de recouvrement peut donner lieu à réparation, que ce soit à l'égard du débiteur ou de toute autre personne, si elle leur a directement causé un préjudice. Il précise toutefois qu'un tel préjudice ne saurait résulter du seul paiement de la créance. En outre, le préjudice allégué ne trouve pas sa cause directe et certaine dans la faute de l'Administration si celle-ci établit soit qu'elle aurait pris la même décision d'imposition si elle avait respecté les formalités prescrites ou fait reposer son appréciation sur des éléments qu'elle avait omis de prendre en compte, soit qu'une autre base légale que celle initialement retenue justifie l'imposition. Enfin, l'Administration peut invoquer le fait du contribuable ou, s'il n'est pas le contribuable, du demandeur, comme cause d'atténuation ou d'exonération de sa responsabilité[4].

SECTION 1
RECOURS PRÉALABLE

0934.11 Généralité du recours préalable obligatoire. Dans tous les cas, la personne qui entend contester une SATD doit faire un recours devant l'autorité administrative, préalablement à toute saisine d'une juridiction.

Toutefois, l'article L. 1617-5 du CGCT dispose que « *l'action dont dispose le débiteur d'une créance assise et liquidée par une collectivité territoriale ou un établissement public local pour contester directement devant la juridiction compétente le bien-fondé de ladite créance se prescrit dans le délai de deux mois à compter de la réception du titre exécutoire ou, à défaut, du premier acte procédant de ce titre ou de la notification d'un acte de poursuite* », étant précisé en revanche que ce même texte ajoute que « *la contestation qui porte sur la régularité d'un acte de poursuite est présentée selon les modalités prévues à l'article L. 281 du Livre des procédures fiscales* ».

0934.12 Diversité des recours préalable obligatoire. Lorsque c'est l'assiette de la créance ou sa validité que le redevable ou la personne tenue à la dette entend contester, il lui appartient de s'adresser à l'ordonnateur.

Quant aux contestations relatives au recouvrement, elles font l'objet de la réglementation harmonisée suivante :

Selon l'article L. 281 alinéa 1er du LPF, les contestations relatives au recouvrement des impôts, taxes, redevances, amendes, condamnations pécuniaires et sommes quelconques dont la perception incombe aux comptables publics doivent être adressées à l'administration dont dépend le comptable qui exerce les poursuites. L'article R.*281-1 du LPF précise que la

1. EN MATIÈRE D'ATD : Civ. 2e, 22 mars 2018, n° 17-17.312, P II, n° 60.
2. POUR UNE ILLUSTRATION, dans le cas d'une saisie-attribution : Civ. 2e, 10 juin 2021, n° 20-15.312, NP.
3. Décr. n° 2012-1246, 7 nov. 2012, préc.
4. CE 21 mars 2011, req. n° 306225, *Lebon* 101 – CE 16 nov. 2011, C[ne] de Cherbourg-Octeville, req. n° 344621, *Lebon T.* 1139.

réclamation « *fait l'objet d'une demande qui doit être adressée, appuyée de toutes les justifications utiles, au chef de service compétent suivant :*

a) Le directeur départemental ou régional des finances publiques du département dans lequel a été prise la décision d'engager la poursuite ou le responsable du service à compétence nationale si le recouvrement incombe à un comptable de la direction générale des finances publiques ;

b) Le directeur interrégional des douanes et droits indirects ou le responsable du service des douanes à compétence nationale ou, en Guadeloupe, en Guyane, à La Réunion et à Mayotte, le directeur régional des douanes et droits indirects pour les poursuites émises dans leur ressort territorial ».

Selon l'article L. 281 alinéa 2 du LPF, lorsque les contestations portent sur le recouvrement de créances détenues par les établissements publics de l'État, par un de ses groupements d'intérêt public ou par les autorités publiques indépendantes, dotés d'un agent comptable, ces contestations sont adressées à l'ordonnateur de l'établissement public, du groupement d'intérêt public ou de l'autorité publique indépendante pour le compte duquel l'agent comptable a exercé ces poursuites.

Lorsqu'une réclamation est adressée à une autorité administrative incompétente, cette dernière la transmet à celle qui est compétente, en en avisant l'intéressé[1] et le délai au terme duquel est susceptible d'intervenir une décision implicite de rejet court à compter de la date de réception de la demande par l'autorité initialement saisie (CRPA, art. L. 114-2 et L. 114-3)[2].

Pour les créances douanières, l'article 349 *nonies* C. douanes prévoit une réglementation similaire, la contestation étant adressée au comptable chargé du recouvrement.

0934.13 Auteur de la contestation. La contestation ici envisagée émane du **redevable** d'impositions ou de la personne tenue conjointement ou solidairement.

Toutefois, une contestation peut aussi émaner d'un **tiers** se prétendant titulaire de la créance[3], ou du **tiers détenteur**[4]. Sous l'empire de l'ATD, il a été jugé que le tiers détenteur était tenu de respecter la procédure du recours préalable[5] lorsque par exemple, il contestait l'existence de sa dette civile envers le redevable[6]. Selon le Conseil d'État, cette contestation qui, ne concerne pas l'existence de la dette, mais la désignation du tiers détenteur, constitue une modalité de la poursuite et relève de la compétence du juge judiciaire.

En revanche, toujours sous l'empire de l'ATD, un recours préalable n'était pas nécessaire de la part du tiers détenteur assigné par le comptable aux fins de délivrance à son encontre d'un titre exécutoire, au motif qu'il n'avait pas payé la dette fiscale dont le recouvrement était poursuivi entre ses mains par voie d'ATD : il était en effet jugé que le moyen de défense émis à cette occasion ne constituait pas une contestation soumise à réclamation préalable[7]. Cette solution devrait, *mutatis mutandis*, jouer en matière de SATD.

0934.14 Modalités et délai de la saisine. Aux termes de l'article R.*281-3-1 du LPF, la contestation du recouvrement doit, à peine d'irrecevabilité, être présentée dans un délai de deux mois à partir de la notification :

« *a) De l'acte de poursuite dont la régularité en la forme est contestée ;*

b) À l'exclusion des amendes et condamnations pécuniaires, de tout acte de poursuite si le motif invoqué porte sur l'obligation au paiement ou sur le montant de la dette ;

c) À l'exclusion des amendes et condamnations pécuniaires, du premier acte de poursuite permettant de contester l'exigibilité de la somme réclamée ».

L'Administration fiscale énonce que ce délai de deux mois est computé conformément aux règles prescrites par les articles 641 et 642 C. pr. civ[8].

Ainsi qu'il a été dit, si le destinataire de la réclamation n'est pas compétent pour en connaître, il la transmet au service compétent et en avise l'expéditeur (v. s^s^ n° 0934.11).

Le service compétent accuse réception de la demande. L'article R.*281-4 du LPF ne précise pas le contenu de l'accusé de réception[9], mais, par instruction, l'Administration expose que : « *Le service*

1. CE 29 nov. 1991, req. n° 68591, *Lebon T.* ; *Dr. fisc.* 1992, n° 635 ; *RJF* 1992. 1560 ; *Mémorial des percepteurs* 1992. 87.
2. CE 17 oct. 2007, req. n° 293973, NP – Com. 6 nov. 2012, n° 11-19.116, P IV, n° 201.
3. SOUS L'EMPIRE DE L'ATD : Com. 15 juin 1993, n° 91-14.454, P IV, n° 251 ; *Dr. fisc.* 1993, n° 2365.
4. E. Bonnet, « Les recours du "tiers détenteur" contre un avis à tiers détenteur », *Dr. et patr.* juill.-août 1997. 36.
5. SOUS L'EMPIRE DE L'ATD : Com. 12 mai 1987, n° 85-18.874, P IV, n° 115 ; *Dr. fisc.* 1988, n° 1989 – Com. 15 juin 1993, n° 91-14.454, P (préc. s^s^ prés^t^ n°).
6. SOUS L'EMPIRE DE L'ATD : CE 19 oct. 1992, req. n° 79718, *Lebon* 372 ; *Dr. fisc.* 1993, n° 758, concl. Martin ; *RJF* 1992, n° 1717 – Com. 31 janv. 2006, n° 02-16442, P IV, n° 23.
7. Com. 3 déc. 2002, n° 00-20.505, P IV, n° 186 ; *RJF* 2003, n° 507.
8. BOI-REC-EVTS-20, § 90, citant Civ. 3e, 29 nov. 2000, n° 97-10.335, P III, n° 181, relatif à la procédure de rejet des formalités de publicité foncière.
9. En cet état et SOUS L'EMPIRE DE L'ATD, le Conseil d'État a pu déclarer irrecevable un recours formé après l'expiration du délai de l'article R.*281-4 du LPF alors même que l'accusé de réception de la réclamation au directeur des services fiscaux ne mentionnait que les délais couraient à partir d'un accusé de réception contenant un certain nombre de mentions, et notamment, les délais et voies de recours : CE 26 févr. 1993, req. n° 117454, *Lebon* ; *D.* 1993. 90 ; *RJF* 1993, n° 598 ; *Dr. fisc.* 1994, n° 380.

compétent doit accuser réception d'une demande adressée initialement à un service incompétent, dans les mêmes conditions que s'il l'avait reçue directement. Il doit, au surplus, dans cette situation, mentionner cette transmission.

L'accusé de réception doit indiquer le délai à l'expiration duquel, à défaut d'une décision expresse, la demande sera réputée rejetée ainsi que les délais de saisine de la juridiction appelée éventuellement à connaître de cette décision implicite.

*À cet égard, la transcription de l'article L. 281 du LPF, de l'article L. 199 du LPF et de l'article R.*281-4 du LPF dans l'accusé de réception et dans la décision constitue valablement cette information.*

Il est préconisé de préciser dans l'accusé de réception de la réclamation préalable que l'assignation à comparaître devant le juge de l'exécution doit viser le comptable chargé du recouvrement »[1].

En effet, rappelons que la jurisprudence considère que les décisions de rejet ou la notification de la décision doivent comporter ces indications et que l'expiration des délais de recours ne peut être opposée qu'à la condition que ces délais aient été mentionnés dans la décision de rejet[2].

Si aucune décision n'a été prise dans le délai de deux mois, ou si la décision rendue ne lui donne pas satisfaction, le redevable doit, dans un délai de deux mois, « *à peine de forclusion* », porter l'affaire devant le juge.

0934.15 Irrecevabilité de la saisine directe du juge. Le défaut de saisine préalable du chef de service compétent rend irrecevable la saisine directe du juge[3]. Toutefois, l'absence de mention sur l'acte de poursuite que l'Administration adresse au contribuable de l'existence et du caractère obligatoire, à peine d'irrecevabilité d'un éventuel recours juridictionnel, de la demande préalable prévue à l'article R.*281-1 du LPF, ainsi que des délais dans lesquels le contribuable doit présenter cette demande, fait obstacle à ce que ces délais soient opposables au redevable[4].

En outre, l'article L. 1617-5 du CGCT apporte une exception au principe du recours préalable, pour la contestation d'une créance assise et liquidée par une collectivité territoriale ou un établissement public local, qui est formée « *directement devant la juridiction compétente le bien-fondé de ladite créance se prescrit dans le délai de deux mois à compter de la réception du titre exécutoire ou, à défaut, du premier acte procédant de ce titre ou de la notification d'un acte de poursuite* ». Ce délai de contestation directe devant le JEX n'est opposable qu'à la condition d'avoir été mentionné, ainsi que la voie de recours, dans la notification de ce titre exécutoire[5]. À la différence du Conseil d'État[6], qui juge, en un tel cas, que le recours doit, en principe, être exercé dans un délai maximal d'un an, la Cour de cassation l'exclut pour les contestations relevant des juridictions judiciaires[7].

Quant à l'objet de la contestation, si la Cour de cassation jugeait que « *le litige porté devant les juridictions judiciaires statuant en matière de recouvrement d'impôt est délimité par le contenu de la réclamation préalable adressée à l'Administration* »[8], ce dont elle déduisait l'irrecevabilité des moyens non invoqués à l'appui du recours préalable[9], elle a assoupli sa jurisprudence, la rapprochant de celle du Conseil d'État[10]. Par un arrêt du 9 décembre 2014, la Cour juge en effet, notamment au visa des articles 16 de la Déclaration des droits de l'homme et du citoyen et 6 § 1 de la Convention de sauvegarde des droits de l'homme et des libertés fondamentales, que « *les dispositions de l'article R.*281-5* [du LPF] *ne font pas obstacle à ce que le contribuable soulève devant le juge de l'exécution des moyens de droit nouveaux, à la condition que ces derniers n'impliquent pas l'appréciation de pièces justificatives ou de circonstances de fait omises dans sa*

1. BOI-REC-EVTS-20-10-20, § 150.
2. EN CE SENS, EN MATIÈRE D'ATD : Com. 8 mars 1994, nº 91-17.383, P IV, nº 104 – CE, 29 oct. 2001, req. nº 179746, NP.
3. EN MATIÈRE D'ATD : Com. 2 déc. 1986, nº 85-14.916, P IV, nº 228 ; *Dr. fisc.* 1988, nº 785 ; Com. 12 mars 1996, nº 94-12.515, P IV, nº 81 ; *D.* 1996. 133 ; *RJF* 1996, nº 825 ; *Dr. fisc.* 1996, nº 879 – Pour la jurisprudence des juges du fond : TGI Montluçon, JEX, 21 avr. 1993, *BICC* 1993, nº 971 – TGI Angoulême, 14 févr. 1994, *D.* 1994. 338, obs. P. Julien – Bourges, 31 oct. 1995, *Rev. huiss.* 1996. 246 – TGI Lyon, JEX, 18 nov. 1997, RG nº 97/11623, NP – TGI Lyon, JEX, 28 janv. 1997, RG nº 96/14041, NP – Montpellier, 17 janv. 2000, *D.* 2001. 808, note J.-J. Bourdillat.
4. SOUS L'EMPIRE DE L'ATD : Com. 4 juin 2002, nº 98-19.511, P IV, nº 99 ; *RJF* 2002, nº 1320 – Cass., avis, 14 mai 2001, nº 01-00.001, P, nº 2 ; *D.* 2001. 2362 – Com. 23 juin 2006, nº 03-18.382, P IV, nº 128 – Com. 9 déc. 2014, nº 13-24.365, P IV, nº 182 – CE 27 juill. 2012, req. nº 331748, *Lebon* T.
5. Civ. 2e, 8 janv. 2015, nº 13-27.678, P II, nº 4, dans un cas où la notification se bornait à préciser que « *la créance peut être contestée en fonction de sa nature* en *saisissant directement le tribunal judiciaire ou le tribunal administratif compétent selon la nature de la créance, indiquant au surplus parmi les exemples que les redevances d'assainissement sont portées devant le tribunal d'instance si le montant est inférieur à 7 600 euros et devant le tribunal de grande instance au-delà de ce seuil* ».
6. CE 13 juill. 2016, req. nº 387763, *Lebon* : l'action ne peut excéder un an à compter de la date à laquelle une décision expresse lui a été notifiée ou de la date à laquelle il est établi qu'il en a eu connaissance.
7. EN MATIÈRE D'OTD : Cass., ass. plén., 8 mars 2024, nº 21-21.230, P.
8. EN MATIÈRE D'ATD : Com. 20 nov. 1990, nº 89-16.473, P IV, nº 288 – Com. 15 déc. 1987, nº 86-15.871, P IV, nº 276 – Com. 31 janv. 1989, nº 87-13.580, P IV, nº 43.
9. EN MATIÈRE D'ATD : Com. 15 mai 2012, nº 11-18.478, NP.
10. EN MATIÈRE D'ATD : CE 17 mars 1999, req. nº 163929, *Lebon* – CE 27 nov. 2000, req. nº 197915, *Lebon* – CE 4 août 2006, req. nº 284940, NP.

demande préalable au chef de service »[1]. Demeure ainsi valable la jurisprudence qui énonçait que : « *Le juge saisi d'un litige en matière de recouvrement de l'impôt se prononce exclusivement au vu des justifications qui ont été présentées au chef de service et* [...] *les redevables qui l'ont saisi ne peuvent ni lui soumettre des pièces justificatives autres que celles qui ont déjà été produites à l'appui de leurs mémoires, ni invoquer des faits autres que ceux exposés dans ces mémoires* »[2].

0934.16 Délai de deux mois. L'auteur de la contestation qui n'obtient pas satisfaction ou qui n'obtient aucune réponse de la part de l'autorité compétente dans le délai de deux mois à partir du dépôt de sa demande peut porter sa réclamation devant le juge. Ainsi, avant de saisir le juge, le redevable doit attendre que la décision du chef de service lui ait été notifiée régulièrement[3] ou que le délai de deux mois soit expiré[4].

Le décompte de ce délai diffère selon que la contestation doit être portée devant le juge judiciaire ou administratif : dans le premier cas, les règles de computation sont fixées par le C. pr. civ.[5], alors que le jour franc est applicable devant les juridictions administratives[6].

SECTION 2 COMPÉTENCE DU JUGE DE L'EXÉCUTION

0934.21 Oppositions à poursuite et oppositions à contrainte. Les contestations, que la pratique a parfois pour habitude de dénommer « *oppositions à contrainte* » ou « *opposition à exécution* » et qui portent sur l'obligation au paiement, sur le montant de la dette compte tenu des paiements effectués et sur l'exigibilité de la somme réclamée, se rattachent au fond du droit[7] ; elles relèvent, le plus souvent du juge compétent pour connaître de la créance considérée, à savoir (LPF, art. L. 281, 2°) :

– **en matière fiscale**, les recours contre les décisions prises par l'Administration sur ces contestations sont portés devant le juge de l'impôt tel qu'il est prévu à l'article L. 199 du LPF (tribunal administratif ou tribunal judiciaire)[8] ; ainsi est-il jugé que la contestation portant sur l'absence d'envoi préalable de l'avis d'imposition en matière d'impôt direct a trait à l'exigibilité de la somme réclamée et échappe à la compétence du juge de l'exécution (JEX)[9] ; de même en est-il jugé pour la contestation tirée de la prescription de l'action en recouvrement de l'impôt[10] (sur ces oppositions, v. s^s n°s 0123.41 s., 0123.76 s.) ;

– **pour les créances non fiscales de l'État**, des établissements publics de l'État, de ses groupements d'intérêt public et des autorités publiques indépendantes, dotés d'un agent comptable, elles sont portées devant le juge de droit commun selon la nature de la créance (sur ces oppositions, v. s^s n°s 0123.104 s.) ;

– **pour les créances non fiscales des collectivités territoriales**, des établissements publics locaux et des établissements publics de santé, elles sont portées devant le juge de l'exécution (sur ces oppositions, v. s^s n°s 0123.104 s.).

Quant aux contestations que la pratique a parfois pour habitude de dénommer « *opposition à poursuite* », il résulte de l'article L. 281 du LPF qu'elle relève de la compétence du JEX. Il s'agit des contestations qui portent « *sur la régularité en la forme de l'acte* » de poursuite et qui seront ici examinées (v. égal. s^s n°s 0123.76 et 0123.104). Il en va de même des contestations relatives à l'existence et à la portée du privilège du Trésor, prévu à l'article 1920 du CGI[11].

En outre, en l'absence de disposition équivalente à l'article L. 281 du LPF, le JEX connaît de toutes les contestations formées à l'encontre d'une SATD diligentée en vue du recouvrement d'une créance douanière litigieuse, et ce, qui plus est, quand bien même

1. EN MATIÈRE D'ATD : Com. 9 déc. 2014, n° 13-24.365, P IV, n° 182 – Com. 14 avr. 2015, n° 13-28.797, P IV, n° 68.
2. EN MATIÈRE D'ATD : Com. 5 juill. 1994, n° 92-18.155, NP.
3. EN MATIÈRE D'ATD : CE 25 oct. 1978, req. n° 10162, *Lebon* ; *Dr. fisc.* 1979, n° 6 ; *RJF* 1978, n° 738.
4. EN MATIÈRE D'ATD : Com. 12 mars 1996, n° 94-16.102, P IV, n° 80 ; *D.* 1996. 133 ; *Dr. fisc.* 1996, n° 922 ; *RJF* 1996, n° 823 – TGI Lyon, JEX, 11 févr. 1997, RG n° 96/07664, NP – Paris, 2 mars 2000, *D.* 2000. 143.
5. EN MATIÈRE D'ATD : Com. 10 mars 1976, n° 74-12159, P IV, n° 94 (sous l'empire du décret du 20 août 1972, ultérieurement codifié).
6. BOI-REC-EVTS-20-10-30, § 340, citant : CE 14 mai 1980, req. n° 12040, *Lebon T.*
7. T. confl., 8 juill. 2024, req. n° 24-04.318, P, pour une contestation tirée de ce que la personne visée par la SATD n'a pas la qualité de débiteur des sommes dont le recouvrement est poursuivi.
8. V. étude de M. Vigneron, « La réforme des procédures civiles d'exécution et le recouvrement des créances fiscales », *R.* 1997, Doc. fr., p. 173 s. – V. AUSSI : Com. 3 déc. 2002, n° 00-20.505, P IV, n° 186 ; *JCP* 2003. IV. 1183.
9. EN MATIÈRE D'ATD : Com. 12 févr. 2008, n° 06-20.976, P IV, n° 35 – Jurisprudence réitérée de façon constante par la Cour de cassation, PAR EX. : Com. 28 sept. 2010, n° 09-68.215, NP.
10. EN MATIÈRE D'ATD : Civ. 2e 14 janv. 2021, n° 19-17.984, NP.
11. EN MATIÈRE D'ATD : CE 21 mars 2008, req. n° 293828, *Lebon* : constitue une contestation de l'existence et de la portée du droit de suite sur les loyers attaché au privilège du Trésor, qui ne peut être portée que devant l'autorité judiciaire, l'opposition formée par une société à l'encontre de l'avis à tiers détenteur émis par un trésorier payeur général à l'encontre du locataire de cette société en vue d'exercer sur les loyers de l'immeuble qu'elle a acquis d'une SCI, pour le paiement des taxes de cotisation foncière auxquelles cette dernière avait été assujettie, le privilège du Trésor prévu au 2° du 2 de l'article 1920 du CGI.

elle n'aurait pas été soulevée au cours de la phase précontentieuse[1].

0934.22 Régularité en la forme de l'acte. Les oppositions à poursuite soumises au JEX ne peuvent en aucun cas se rapporter à l'existence de l'obligation de payer, au montant de la dette, à l'exigibilité de la somme réclamée ou à tout autre motif remettant en cause l'assiette et le calcul de l'impôt.

Ont en particulier été considérés comme des contestations portant sur la régularité en la forme de l'acte :

– l'acte de saisie ne contenant aucune indication relative à la nature des impositions réclamées, aux dates de mise en recouvrement[2] ;

– le défaut de notification de la saisie au redevable[3] ;

– l'absence de signature de l'ATD (sous l'empire des textes qui imposaient une telle signature)[4] ;

– la demande d'annulation d'un acte de poursuite constitué par une mise en demeure valant commandement de payer un indu de revenu de solidarité active[5] ;

– une contestation tirée de ce qu'une SATD n'aurait pas été précédée de la tentative de recouvrement amiable prévue à l'article 192 du décret n° 2012-1246 du 7 novembre 2012[6] ;

– une contestation tirée de ce que la mention, dans l'avis de saisie notifié au tiers détenteur et au débiteur, du titre exécutoire correspondant à cette créance comporte une erreur quant à sa date[7] ;

– l'incompétence territoriale de l'auteur de l'acte de saisie[8] ; à l'inverse, l'incompétence matérielle de cet auteur, tiré d'une absence de délégation de signature, relève du juge administratif[9] ;

– le caractère insaisissable des sommes appréhendées[10] (contestation de la quotité saisissable[11]) ;

– la contestation relative à l'existence et à la portée du privilège du Trésor[12], au rang du privilège[13] ;

– le moyen du débiteur tiré de ce que l'acte de saisie serait insuffisamment motivé[14] ;

– la contestation par le tiers détenteur de sa qualité de débiteur du saisi[15] ; il en résulte notamment le pouvoir pour le JEX de délivrer un titre exécutoire contre le tiers détenteur (v. s^s^ n° 0933.52)[16].

Ajoutons que le Tribunal des conflits a d'ailleurs considéré que le tiers détenteur qui fait valoir que sa dette à l'égard du contribuable est éteinte par compensation ou novation soulève une contestation qui n'est pas relative à l'obligation fiscale de ce contribuable mais porte sur la mesure mise en œuvre par l'Administration pour recouvrer une imposition et relève par conséquent de la compétence du juge judiciaire[17].

– la demande de mainlevée d'une saisie après refus des garanties offertes à l'appui d'une contestation de l'impôt assortie d'une demande de sursis de paiement[18] ;

– la lettre de rappel prévue par l'ancien article L. 255 du LPF[19] ;

– l'action dirigée contre une saisie ayant porté sur le revenu minimum d'insertion (RMI), devenu revenu de solidarité active (RSA)[20].

Ajoutons enfin que le JEX est également compétent pour connaître d'une demande de dommages-intérêts fondée sur l'exécution dommageable d'une mesure de SATD, même si la mesure d'exécution forcée n'est plus en cours au jour où il est saisi[21].

0934.23 Sauvegarde, redressement ou liquidation judiciaire du débiteur. Sur la compétence du tribunal de la procédure collective pour apprécier si

1. Com. 29 mai 2024, n° 22-21.890, B, pour un moyen pris de la prescription de la créance douanière.
2. EN MATIÈRE D'ATD : CAA Paris, 23 déc. 1994, req. n° 93PA00568, NP ; *Dr. fisc.* 1995, n° 29, n° 1554.
3. EN MATIÈRE D'ATD : Com. 18 juin 1996, n° 94-17.246, P IV, n° 181 ; *Dr. fisc.* 1996, n°s 38 et 1127.
4. CE 2 oct. 1989, req. n° 94806, NP ; *Dr. fisc.* 1991, n° 27, n° 1391 – Com. 13 janv. 1998, n° 96-13.157, P IV, n° 20 ; *D.* 1998. 44 ; *Dr. fisc.* 1998, n° 655 ; *RJF* 1998, n° 467 – Étude Poullain, « L'avis à tiers détenteur », *RJF* 1998. 254.
5. T. confl., 14 juin 2021, req n° 21-04-212, P.
6. Décr. n° 2012-1246, 7 nov. 2012, préc. – T. confl. 8 juill. 2024, req. n° 24-04.318, P.
7. T. confl., 8 juill. 2024, req. n° 24-04.318 (préc. s^s^ prés^t^ n°).
8. EN MATIÈRE D'ATD : CE 9 sept. 1996, req. n° 65912, NP ; *RJF* 1996, n° 1228.
9. T. confl., 15 mars 2010, req. n° 3706, *Lebon*.
10. EN MATIÈRE D'ATD : CAA Paris, 25 oct. 1994, *Dr. fisc.* 1995, n°s 28 et 1526 – CAA Paris, 7 mai 1997, req. n° 95PA03287, NP ; *Dr. fisc.* 1998, n° 152.
11. EN MATIÈRE D'ATD : T. confl. 17 févr. 1997, req. n° 97-02.975, P, n° 3 ; *JCP E* 1997, n° 18-19, bloc-notes ; *Dr. fisc.* 1997, n° 658.
12. EN MATIÈRE D'ATD : CAA Paris, 28 mars 1995, req. n° 93PA00457, NP ; *Dr. fisc.* 1995, n° 2299.
13. EN MATIÈRE D'ATD : Com. 15 juin 1993, n° 91-21.193, NP ; *Dr. fisc.* 1993, n° 2365 – Civ. 2e, 2 déc. 2004, n° 02-21.381, P II, n° 512.
14. EN MATIÈRE D'ATD : CE 4 févr. 2014, req. n° 336402, *Lebon T.*
15. EN MATIÈRE D'ATD : CE 19 oct. 1992, req. n° 79718, *Lebon ; Dr. fisc.* 1993, n° 758 – Cette décision abandonne une solution qui avait été précédemment retenue par : CE 29 juill. 1983, req. n° 34981, NP ; *Dr. fisc.* 1984, n° 905, concl. Verny – TGI Paris, JEX, 21 oct. 1993, *D.* 1994. Somm. 338, obs. P. Julien ; *JCP E* 1994. Pan. 625 ; *BICC* 15 avr. 1994, n° 446.
16. PERROT et THÉRY, n° 498.
17. EN MATIÈRE D'ATD : T. confl. 4 nov. 1996, req. n° 02980, NP ; *RJF* 1997, n° 473.
18. Com. 18 avr. 2000, n° 97-21.034, NP ; *RJF* 2000, n° 1015.
19. Com. 6 mai 1991, n° 89-20.150, P IV, n° 153 ; *RJF* 1991, n° 1014 ; *Dr. fisc.* 1991, n° 1983 – CONTRA : CE 12 déc. 1997, req. n° 169726, *Lebon T.* ; *RJF* 1998, n° 194 ; *Dr. fisc.* 1998, n° 337 – CE 10 mai 1999, req. n° 184528, NP ; *JCP E* 1999. 1884, note D. F. ; *Dr. fisc.* 1999, n° 796 ; *RJF* 1999, n° 1086, concl. Bachelier – T. confl. 13 déc. 2004, n° 04-03.421, P, n° 28.
20. Com. 20 mars 2007, n° 06-11.412, P IV, n° 96.
21. EN MATIÈRE D'ATD : Civ. 2e, 22 mars 2018, n° 17-17.312, P II, n° 60.

la SATD tombe sous le coup de l'article L. 622-21 C. com.[1] relatif à l'arrêt des poursuites individuelles, ou pour connaître des actions en nullité de la période suspecte prévue par l'article L. 632-2 C. com., v. s[s] n° 0841.34.

0934.24 **Compétence territoriale.** L'article L. 262 du LPF ne précise pas quel est le juge territorialement compétent pour connaître des contestations relatives à une SATD.

La deuxième chambre civile s'est prononcée dans le sens de l'application de l'article 65 du décret du 31 juillet 1992 (devenu C. pr. exéc., art. R. 211-10), en conséquence de laquelle les contestations devaient être portées devant le JEX du lieu où demeure le débiteur[2].

Au contraire, la chambre commerciale, refusant d'assimiler les deux mesures d'exécution forcée, a estimé que seul l'article 9 du décret du 31 juillet 1992 (devenu C. pr. exéc., art. R. 121-2) était applicable, de sorte que le tiers saisi pouvait opter, soit en faveur du JEX du lieu où demeure le débiteur, soit en faveur du lieu d'exécution de la mesure[3].

On peut raisonnablement considérer que l'arrêt de chambre mixte du 26 janvier 2007[4], venu trancher entre ces deux chambres une divergence portant sur un autre point mais posant exactement la même problématique, devrait conduire à faire prévaloir la solution retenue par la chambre commerciale. Dans cet arrêt, la Cour retient en effet que : « *Si l'avis à tiers détenteur* [devenu la SATD] *comporte l'effet d'attribution immédiate prévu à l'article 43 de la loi du 9 juillet 1991* [devenu C. pr. exéc., art. L. 211-2], *impliquant le droit pour le comptable public de recourir aux dispositions de l'article 64 du décret du 31 juillet 1992* [devenu C. pr. exéc., art. R. 211-9], *aucune disposition légale ne prévoit l'application à l'avis à tiers détenteur des autres règles relatives à la saisie-attribution* ».

SECTION 3
SAISINE DU JUGE DE L'EXÉCUTION

0934.31 **Modes de saisine.** En l'absence de disposition spécifique, le JEX ne peut être saisi d'une contestation qu'au moyen d'une assignation (C. pr. exéc., art. R. 121-11) et la constitution d'un avocat s'impose dans les cas prévus par l'article L. 121-4 du C. pr. exéc. (v. s[s] n° 0841.11).

0934.32 **Défendeur à l'action.** L'article R.*281-4 du LPF dispose que la demande doit être dirigée contre le comptable chargé du recouvrement.

Cette règle suscite un contentieux[5], le redevable (et souvent son conseil) ayant tendance à considérer que le défendeur est le chef de service à qui le recours préalable a été adressé. Or le défaut de qualité est en la matière d'ordre public et doit être relevé d'office en application de l'article 125 C. pr. civ.[6].

En outre, l'article L. 114-2 du CRPA (v. s[s] n° 0934.12), qui impose au destinataire d'un acte, en cas d'erreur, de le transmettre à l'autorité compétente, ne concerne que la procédure administrative non contentieuse[7]. S'il est fréquent, en pratique, que le comptable chargé du recouvrement intervienne volontairement à l'instance, cette intervention, à tout le moins lorsqu'elle a pour objet de contester la recevabilité de la contestation ou lorsqu'elle est postérieure au délai de contestation, ne permet pas de régulariser la fin de non-recevoir (C. pr. civ., art. 126)[8].

Le trésorier-payeur général n'est pas non plus le comptable chargé du recouvrement[9] et n'a qualité « *ni pour défendre personnellement à l'action, ni pour le faire pour le compte du comptable compétent* »[10].

SECTION 4
DÉCISION DU JUGE DE L'EXÉCUTION

0934.41 **Office du juge de l'exécution.** L'office du JEX est limité, par les termes mêmes de l'article L. 281 du LPF, à la régularité en la forme de la procédure d'exécution. Si aucune contestation ne concerne la régularité en la forme, le JEX se déclare incompétent et renvoie les parties à mieux se pourvoir[11].

Dans le cas contraire, le JEX pourra ordonner la mainlevée de la mesure, par exemple s'il relève le caractère insaisissable des sommes appréhendées ou

1. ANC[t] C. com., art. L. 621-40 – ANC[t] L. 25 janv. 1985, art. 47.
2. Civ. 2e, 1er févr. 2001, n° 99-11.896, P II, n° 21 ; *RD banc. fin.* 2001, n° 127, obs. J.-M. D. ; *Gaz. Pal.* 2002. Somm. 246, note Véron.
3. Com. 12 mars 2002, n° 99-11.895, P IV, n° 56 ; *D.* 2002. 1180 ; *Procédures* 2002, n° 157, obs. R. Perrot ; *RD banc. fin.* 2002, n° 153, obs. J.-M. D. ; *RJF* 2002, n° 1188.
4. Cass., ch. mixte, 26 janv. 2007, n° 04-10.422, P, n° 1.
5. *J.-Cl. Pr. fisc.*, fasc. 620, n° 37.
6. EN MATIÈRE D'ATD : Com. 12 nov. 1986, n° 94-19.331, P IV, n° 271 ; *Dr. fisc.* 1988, n° 784 – Com. 26 nov. 1996, n° 94-19.387, NP ; *RJF* 1997, n° 269 – EN MATIÈRE DE STD : Com. 11 oct. 2023, n° 22-10.795, P.
7. Com. 6 mars 2007, n° 05-21.925, NP.
8. Com. 13 déc. 2016, n°s 15-24.464 et 15-24.598, NP.
9. EN MATIÈRE D'ATD : Com. 12 juill. 1993, n° 91-20.985, NP ; *RJF* 1993, n° 1398.
10. EN MATIÈRE D'ATD : Com. 16 juin 1998, n° 96-18.113, P IV, n° 199 ; *RJF* 1998, n° 1219 – EN CE SENS : TGI Lyon, JEX, 27 oct. 1998, NP. Toutefois, estimant que c'est au trésorier-payeur général, chef de service départemental de l'administration à laquelle appartient le comptable, qu'il appartient de présenter un mémoire en défense au nom de l'État : CAA Lyon, 4 févr. 1998, req. n° 97LY01665, *Lebon T.* ; *Dr. fisc.* 1998, n° 922.
11. Com. 23 janv. 2007, n° 04-20.831, NP – RAPPR. Civ. 2e, 19 oct. 2017, n° 16-25.765, P II, n° 197.

l'absence de lien d'obligation entre le saisi et le tiers saisi.

Quant à l'annulation de l'acte de poursuite, elle ne sera, en cas de vice de forme et conformément au droit commun, prononcée que si le vice allégué a causé un grief à celui qui l'invoque (C. pr. civ., art. 114).

0934.42 **Délais de paiement.** Le redevable, contestant la procédure devant le JEX, ne pourrait pas solliciter de celui-ci des délais de paiement, même si le juge mettait à néant cette procédure d'exécution. Le juge judiciaire (ou le juge administratif) n'a pas en effet le pouvoir d'accorder des délais de paiement[1]. Seul l'agent chargé du recouvrement peut faire droit à une telle demande.

0934.43 **Sursis à statuer.** Le JEX pourrait, en revanche, être amené à prononcer un sursis à statuer dans l'attente de la décision de la juridiction du fond saisie d'une demande relative à l'existence, le montant, l'exigibilité de la dette fiscale.

0934.44 **Voies de recours.** Il convient de rappeler que les décisions du JEX sont exécutoires de droit (C. pr. exéc., art. R. 121-21), qu'elles peuvent être frappées d'appel, à moins qu'il ne s'agisse de mesures d'administration judiciaire (C. pr. exéc., art. R. 121-19), et qu'un sursis à l'exécution des mesures ordonnées par le JEX peut être demandé au premier président de la cour d'appel (C. pr. exéc., art. R. 121-22 – v. s[s] n°s 0215.111 s. et 0222.21 s.).

1. V. NOT., P. Brunel, « De quelques particularités relatives au contentieux des créances des collectivités publiques devant le juge de l'exécution », *Gaz. Pal.* 1997. 1. 416.

CHAPITRE

0935. Saisie administrative à tiers détenteur portant sur des rémunérations

Édouard de Leiris
Conseiller à la Cour de cassation

SECTION 0
ORIENTEUR

0935.00 **Sommaire du chapitre.**

Division. La saisie administrative à tiers détenteur présente trois spécificités, quant aux incidents de la saisie (sect. 1), quant à son concours avec d'autres saisies portant sur des rémunérations (sect. 2) et quant au jugement des contestations du débiteur saisi (sect. 3).

> **Réforme de la saisie des rémunérations.** Les grands axes de la réforme seront présentés dans chacune des rubriques pertinentes du présent chapitre et signalés par le pictogramme ▶ suivi de **Réforme applicable à partir du 1er juillet 2025**.

0935.01 **Textes applicables.**
* V. ss no 093.01.

0935.03 **Bibliographie indicative.**
* V. ss no 093.03.

0935.05 **Dispositions spécifiques.** À la différence de la saisie-attribution, la saisie administrative à tiers détenteur (SATD) peut porter sur des rémunérations du travail ou sur tout autre revenu dont l'appréhension est assujettie aux règles de la saisie des rémunérations. Sur le domaine de la saisie des rémunérations, on renverra à l'étude consacrée à cette dernière, v. ss nos 0941.20 s.

En ce cas, la principale spécificité tient dans le caractère partiellement saisissable de ces rémunérations, que le tiers détenteur va donc retenir sur chaque rémunération périodique, en calculant lui-même la fraction saisissable, conformément au barème de saisie des rémunérations : v. ss nos 0941.110 s. En pratique, le formulaire d'avis de saisie adressé à un tel tiers détenteur comporte cette information[1].

Pour le surplus, la SATD présente des spécificités, qu'on peut ranger en quatre catégories : quant à l'accomplissement par le tiers saisi employeur de ses obligations (sect. 1), quant aux incidents de la saisie (sect. 2), quant à son concours avec d'autres saisies portant sur des rémunérations (sect. 3) et quant au jugement des contestations du débiteur saisi (sect. 4).

SECTION 1
ACCOMPLISSEMENT DES OBLIGATIONS PAR L'EMPLOYEUR TIERS SAISI

0935.11 **Généralités.** Depuis le 1er janvier 2024, l'article L. 262 du LPF[2] s'appuie, pour l'accomplissement par l'employeur tiers saisi des diligences qui lui sont imposées par la saisie, sur l'obligation faite

1. Note de service BOFIP-GCP-19-0010, 27 févr. 2019, Saisie administrative à tiers détenteur – Application aux organismes publics nationaux, NOR : CPAE1906790N, ann. 6.
2. Réd. L. no 2021-1900, 30 déc. 2021, de finances pour 2022, *JO* 31 déc., texte 1, art. 130, II (pour les modifications apportées à l'article L. 262) et V, C (pour l'entrée en vigueur, reportée au 1er janv. 2024).

à tout employeur de personnel salarié ou assimilé d'adresser une déclaration sociale nominative (DSN). Cette DSN doit être transmise, chaque mois, par la voie électronique, au titre de l'activité du mois précédent (CSS, art. R. 243-6). L'article L. 262 du LPF renvoie à cette transmission tant pour ce qui concerne l'accomplissement par l'employeur de ses obligations déclaratives, que pour la détermination des délais dans lesquels il doit procéder au versement des retenues.

0935.12 **Obligations déclaratives.** En application de l'article L. 262, 3 *bis*, du LPF, l'employeur, assujetti à la DSN, qui est destinataire d'une SATD notifiée par voie électronique dans les conditions fixées au II de l'article 17 de la loi n° 2013-1279 du 29 décembre 2013 de finances rectificative pour 2013[1], accomplit son obligation de déclaration à des dates fixées par décret, et au plus tard lors de la DSN déposée le troisième mois suivant la réception de la saisie.

Toutefois, il déclare immédiatement :

– l'absence d'obligation à l'égard du redevable ;

– les cessions, saisies, saisies administratives à tiers détenteur ou paiement direct de créances d'aliments en cours d'exécution sur les sommes dont il est débiteur ou détenteur.

0935.13 **Versement des retenues.** En application de l'article L. 262, 3, du LPF, ce même employeur verse à des dates fixées par décret, et au plus tard lors de la déclaration déposée le troisième mois suivant la réception de la saisie, les retenues réalisées sur les sommes dont l'exigibilité est intervenue jusqu'à ces dates.

Le versement des retenues ultérieures est opéré dans les conditions prévues au deuxième alinéa du 3 de l'article L. 262, c'est-à-dire immédiatement après que la créance est devenue exigible et donc au fur et à mesure du versement des salaires au débiteur saisi.

SECTION 2
INCIDENTS AFFECTANT LA SAISIE ADMINISTRATIVE À TIERS DÉTENTEUR PORTANT SUR DES RÉMUNÉRATIONS

0935.20 **Plan. Deux types d'incidents.** Deux types d'incidents sont susceptibles d'affecter une SATD pratiquée sur des salaires : celui né de l'inexécution par le tiers saisi de ses obligations (§ 1) et celui né d'une pluralité de rémunérations perçues par le débiteur (§ 2).

1. L. n° 2013-1279, 29 déc. 2013, de finances rectificative pour 2013, *JO* 30 déc., p. 21910.

§ 1
Inexécution de ses obligations par le tiers détenteur

0935.31 **Obligation de renseignement et obligation de versement.** L'hypothèse où le tiers saisi ne satisfait pas à ses obligations recouvre le cas de l'absence de déclaration ou de la déclaration inexacte ou mensongère, ainsi que celui de l'absence de versement des retenues qu'il doit opérer.

A.
Inexécution de l'obligation de renseignement

0935.41 **Sanction de l'obligation de renseignement.** Lorsque le tiers saisi n'a pas satisfait à son obligation déclarative, sa sanction intervient dans les conditions qui ont été exposées de façon générale pour la SATD, sur le fondement de l'article L. 262 du LPF (v. s^{s} n° 0932.17), sans paraître alors présenter de spécificité. En particulier, la demande dirigée contre le tiers détenteur n'a pas à être soumise au greffe du juge de l'exécution (JEX), mais doit être formée par assignation dirigée contre ce tiers[2].

B.
Absence de versement des fonds

0935.51 **Sanction de l'obligation de versement des fonds.** Lorsque le tiers saisi a d'abord satisfait à son obligation de renseignement, sans, par la suite, verser les retenues qu'il devait pourtant opérer sur les rémunérations dont il s'est reconnu débiteur, la Cour de cassation est venue lever le doute qui existait sur la disposition applicable à la sanction du tiers saisi. On pouvait hésiter entre l'application de l'article R. 211-9 C. pr. exéc., rendu applicable à la SATD de façon jurisprudentielle (v. s^{s} n°s 0933.52), et celle de l'article L. 3252-10 alinéa 2 C. trav.[3] (devenu C. pr. exéc., art. L. 212-14, depuis le 1er juill. 2025), moyennant quelques ajustements, qui régit spécialement la saisie portant sur des rémunérations, en prévoyant qu'à défaut de verser les retenues, le juge déclare le tiers saisi débiteur des retenues qui auraient dû être opérées et peut, pour en déterminer le montant, s'adresser aux organismes fiscaux et sociaux dans les conditions prévues à l'article L. 152-1

2. Civ. 2e, 6 juin 2019, n° 18-16.892, P (en matière de saisie des rémunérations, lorsque celle-ci relevait du tribunal d'instance).
3. Application qui était revendiquée par l'Administration fiscale : BOI-REC-FORCE-30-40, § 130 – RAPPR. EN CE SENS, Cass., avis, 5 mai 2014, n° 14-70.002, P, n° 4, en matière de détermination du tiers saisi devant procéder aux retenues.

C. pr. exéc. La Cour a opté pour l'application de l'article R. 211-9 C. pr. exéc., dans un arrêt où elle a, en outre, rappelé que le JEX saisi, sur le fondement de ce texte, d'une demande de condamnation d'une société tiers détenteur, ne saurait ordonner la saisie des rémunérations du gérant de cette société[1].

§ 2
Pluralité de rémunérations perçues par le débiteur

0935.61 Adaptations apportées au droit commun. Lorsque le redevable perçoit des rémunérations de plusieurs tiers saisis, le Code du travail organise un mécanisme de globalisation des saisies, en vue de calculer correctement la fraction saisissable des rémunérations saisies (v. s[s] n° 0942.111). Le dispositif régissant la procédure de saisie de rémunérations s'applique à la SATD, selon les adaptations suivantes :

En premier lieu, il est au préalable nécessaire que le comptable public délivre un avis de saisie à chacun des employeurs ou débiteurs d'autres rémunérations.

En second lieu, s'est posée, en matière d'ATD, la question de savoir quelle était l'autorité compétente en ce cas pour déterminer la quotité saisissable, ainsi que le ou les tiers saisis en charge de son versement. Conformément à un avis de la Cour de cassation, « *la désignation des employeurs chargés d'opérer les retenues au titre d'un avis à tiers détenteur exécuté sur la rémunération du débiteur redevable relève non pas d'une juridiction mais des seules diligences du greffier* [du tribunal judiciaire], *qu'une procédure de saisie des rémunérations soit en cours d'exécution ou non* »[2]. Il s'agit par conséquent d'appliquer l'article R. 3252-40 C. trav. à la SATD.

Il appartient donc au comptable public de saisir le greffier du tribunal judiciaire ou du tribunal de proximité, de préférence celui dans le ressort duquel demeure le débiteur saisi. Aucun formalisme n'est prévu mais le comptable devra justifier des avis de saisie et des déclarations faites par les tiers saisis, en vue de permettre au greffier de procéder au calcul de la faction saisissable et à la détermination du ou des tiers saisis qui seront tenus de verser tout ou partie de cette fraction. On peut supposer qu'une éventuelle contestation de la décision du greffier devrait être portée devant le juge de l'exécution.

1. Civ. 2e, 9 juin 2022, n° 20-23.688, B.
2. Cass., avis, 5 mai 2014, n° 14-70.002, P, n° 4.

SECTION 3
CONCOURS DE SAISIES PORTANT SUR DES RÉMUNÉRATIONS

0935.71 Absence de concours en cas d'antériorité de la saisie administrative à tiers détenteur. Les cas de concours entre une SATD pratiquée des rémunérations et d'autres mesures d'exécution sont limités. En effet, une fois notifiée, la SATD produit immédiatement son effet attributif, qui exclut par conséquent tout concours avec une saisie ultérieure, qu'il s'agisse d'une SATD ou d'une autre saisie, exception faite du paiement direct, qui dispose d'une assiette étendue (v. s[s] n° 0941.122).

L'article L. 262 du LPF n'envisage ainsi que l'hypothèse d'un concours entre des SATD pratiquées simultanément : dans cette hypothèse, en cas d'insuffisance des fonds, le tiers saisi exécute ces saisies en proportion de leurs montants respectifs (v. s[s] n° 0933.32).

D'autres concours peuvent toutefois se présenter.

0935.72 Concours avec une saisie ou une cession des rémunérations antérieure. Lorsque la SATD est notifiée à un tiers saisi entre les mains duquel une saisie est déjà en cours, un concours entre ces mesures d'exécution est organisé par le Code du travail.

Celui-ci règle la question en distinguant selon que la SATD est ou non relative à une créance garantie par le privilège du Trésor public.

Précisons à cet égard que dans le cas où une cession des rémunérations a été consentie et régulièrement notifiée antérieurement à une SATD, le cessionnaire est de droit réputé saisissant pour les sommes qui lui restent dues (C. trav., art. L. 3252-12). En outre, la cession des rémunérations n'est opposable au comptable chargé du recouvrement d'impositions privilégiées qu'à concurrence de la moitié de la portion saisissable ou cessible (LPF, art. L. 264), règle qui ne paraît toutefois pas pouvoir trouver à s'appliquer dans le cas particulier de la SATD bénéficiant du privilège du Trésor, au regard des explications qui suivent.

0935.73 1° Cas de la saisie administrative à tiers détenteur destinée au recouvrement d'une créance bénéficiant du privilège du Trésor (avant le 1er juillet 2025). En effet, lorsque la créance recouvrée est garantie par le privilège du Trésor, la notification de la SATD suspend le cours de la saisie des rémunérations jusqu'à l'extinction de l'obligation du redevable (v. s[s] n° 0944.44). Pour les motifs qui ont été indiqués, il en va de même pour une telle SATD notifiée postérieurement à une cession des rémunérations[3].

3. BOI-REC-FORCE-30-30-20-10, § 150.

Le tiers saisi informe de la saisie des rémunérations en cours le comptable public, qui indique alors la date de la SATD et celle de sa notification au redevable au greffe du tribunal judiciaire, lequel avise les créanciers de la suspension de la procédure de saisie des rémunérations.

Une fois éteinte la créance recouvrée par la SATD, le comptable en informe le greffe, lequel avise les créanciers de la reprise des opérations de saisie des rémunérations. Bien sûr, cette même solution joue lorsque le comptable donne mainlevée de la SATD avant extinction de la créance fiscale[1].

L'article R. 3252-37 C. trav.[2], qui prévoit cette règle, indique toutefois réserver les procédures de paiement direct engagées pour le recouvrement des pensions alimentaires. La portée exacte de cette réserve doit être ainsi comprise : le paiement direct produit un effet attributif immédiat, qui exclut par conséquent tout concours avec une mesure d'exécution postérieure, peu important que celle-ci bénéficie ou non d'un privilège (v. s[s] n°s 0952.171 s.) ; toutefois, le paiement direct pratiqué sur une rémunération du travail s'impute prioritairement sur la fraction dite « relativement insaisissable » de cette rémunération, de sorte qu'elle peut laisser subsister tout ou partie de la fraction saisissable, qui sera alors affectée à la SATD (v. s[s] n° 0952.114 et s[s] n° 0952.181).

0935.74 **▶ Réforme applicable à partir du 1er juillet 2025 : 2° Cas de la saisie administrative à tiers détenteur destinée au recouvrement d'une créance bénéficiant du privilège du Trésor.** La réforme de la procédure de saisie des rémunérations, qui confie, à compter du 1er juillet 2025, la saisie à un **commissaire de justice répartiteur**, conduira à quelques ajustements, sans en revanche modifier les grandes lignes de ce dispositif. Celui-ci sera régi par l'article R. 212-1-33 C. pr. exéc.[3], qui reprend le dispositif existant en prévoyant simplement que le commissaire de justice répartiteur est destinataire des informations données par le comptable public et reporte ces informations sur le registre numérique des saisies des rémunérations, en mentionnant la suspension de la procédure par la SATD, puis sa reprise, après l'extinction de la dette du redevable.

0935.75 **3° Cas de la saisie administrative à tiers détenteur destinée au recouvrement d'une créance non privilégiée (avant le 1er juillet 2025).** Le cas où la créance recouvrée par la SATD n'est pas garantie par le privilège du Trésor public est régi par l'article R. 3252-38 C. trav.[4].

En ce cas, le tiers saisi informe de la saisie en cours le comptable public, qui adresse au greffe du tribunal judiciaire une copie de la SATD et lui indique la date de sa notification au redevable ; le greffier en avise les créanciers qui sont déjà parties à la procédure.

En l'absence de privilège du Trésor, la créance recouvrée par la SATD va concourir avec les créances recouvrées par la procédure de saisie des rémunérations, dans les mêmes conditions que si la SATD était une intervention à la procédure de saisie des rémunérations (v. s[s] n° 0944.31 et n° 0944.31).

Bien que le cas d'un concours avec un paiement direct ne soit pas ici réservé, un tel paiement direct n'en prime pas moins les autres mesures d'exécution : que le paiement direct soit antérieur ou postérieur, il est prioritaire, ne laissant fonctionner la saisie des rémunérations et la SATD assimilée à une intervention qu'à raison d'un éventuel solde de la fraction saisissable (v. s[s] n° 0944.42).

S'il n'y avait qu'un créancier bénéficiaire de la saisie des rémunérations, le greffe avise le tiers saisi que les versements sont désormais effectués à l'ordre du régisseur du tribunal judiciaire ou le cas échéant, de l'une de ses chambres de proximité. Précisons que la répartition entre les créanciers saisissants se fera au marc l'euro, sauf dans le cas où le comptable public pourrait se prévaloir d'une cause de préférence, cause de préférence qui devrait être autre que le privilège du Trésor, puisque, ainsi qu'il vient d'être expliqué, celui-ci suspend le cours des autres saisies (v. s[s] n° 0944.33).

En toute hypothèse, le comptable public informe le greffe de toute extinction, de toute suspension et de toute reprise des effets de la SATD relative à une créance non garantie par le privilège du Trésor.

0935.76 **▶ Réforme applicable à partir du 1er juillet 2025 : 4° Cas de la saisie administrative à tiers détenteur destinée au recouvrement d'une créance non privilégiée.** Là encore, la réforme de la procédure de saisie des rémunérations conduira à apporter quelques ajustements au dispositif, sans en modifier les grandes lignes. Celui-ci sera régi par l'article R. 212-1-34 C. pr. exéc.[5] dont il ressort que le commissaire de justice répartiteur avise de la SATD les créanciers qui sont déjà parties à la procédure et que la répartition est effectuée par ses soins en assimi-

1. EN MATIÈRE D'AVIS À TIERS DÉTENTEUR : Civ. 2e, 1er déc. 2016, n° 15-27.303, P II, n° 262.
2. Réd. Décr. n° 2018-970, 8 nov. 2018, relatif à la saisie administrative à tiers détenteur et au contentieux du recouvrement des créances publiques, *JO* 10 nov., texte 30, art. 6, entré en vigueur le 1er janv. 2019.
3. Créé par Décr. n° 2025-125, 12 févr. 2025, relatif à la nouvelle procédure de saisie des rémunérations, *JO* 14 févr., texte 1, art. 1er ; art. 6 : entrée en vigueur le 1er juill. 2025.
4. Réd. Décr. n° 2018-970, 8 nov. 2018, art. 6, entré en vigueur le 1er janv. 2019.
5. Créé par Décr. n° 2025-125, 12 févr. 2025, relatif à la nouvelle procédure de saisie des rémunérations, *JO* 14 févr., texte 1, art. 1er ; art. 6 : entrée en vigueur le 1er juill. 2025.

lant la SATD à une intervention dans la saisie des rémunérations ; en cas d'extinction, de suspension ou de reprise des effets de la SATD, le comptable public en informe le commissaire de justice répartiteur.

SECTION 4
CONTESTATION D'UNE SAISIE ADMINISTRATIVE À TIERS DÉTENTEUR PAR LE DÉBITEUR

0935.81 **Procédure sans représentation obligatoire par avocat (avant le 1er juillet 2025).** La contestation d'une SATD portant sur des rémunérations ne présente, jusqu'au 30 juin 2025, qu'une seule spécificité : les parties ne sont pas tenues d'être représentées par avocat, quel que soit le montant de la créance dont le recouvrement est poursuivi par le comptable public (C. trav., art. L. 3252-11).

0935.82 **► Réforme applicable à partir du 1er juillet 2025 : représentation obligatoire ou non par avocat selon le montant de la SATD.** À compter du 1er juillet 2025, date d'entrée en vigueur de la réforme de la saisie des rémunérations, cette spécificité disparaît, avec l'abrogation de l'article L. 3252-11 C. trav. La question de la représentation obligatoire par avocat sera donc régie à l'identique de la contestation d'une saisie-attribution (v. ss no 0842.11).

TITRE

094. La saisie et la cession des rémunérations du travail

SECTION 0
ORIENTEUR

094.00 Sommaire du titre.

Présentation : anciennes dispositions et nouvelles dispositions issues de la réforme. Les saisies et cessions des rémunérations du travail obéissent à des règles spécifiques, qui ont été profondément remaniées par la loi n° 2023-1059 du 20 novembre 2023 d'orientation et de programmation du ministère de la justice 2023-2027[1]. Cette réforme entrant en vigueur le 1er juillet 2025, la présente édition expose, tout à la fois, les anciennes dispositions, ainsi que les nouvelles, nonobstant leur caractère encore incomplet, l'ensemble des textes règlementaires d'application de la réforme n'ayant pas été adopté. Dès lors que « *le squelette procédural demeure le même* »[2], la présentation synthétique de la réforme sera faite au fur et à mesure de la présentation de l'ancienne procédure.

Division. Seront d'abord étudiés le champ d'application (chap. 941), la mise en œuvre (chap. 942) le fonctionnement (chap. 943) et le concours de saisies (chap. 944), puis les cessions de salaires (chap. 945) et enfin le droit transitoire applicable aux procédures en cours au 1er juillet 2025 (chap. 946).

> **Réforme.** Les grands axes de la réforme seront présentés dans chacune des rubriques pertinentes du présent titre et signalés par le pictogramme ▶ suivi de **Réforme applicable à partir du 1er juillet 2025**.

094.01 Textes applicables.

- **C. trav.,** art. L. 3252-1 s., L. 3252-3 à L. 3252-5, L. 3252-7[3], art. R. 3252-1 à R. 3252-49.
- **C. pr. exéc.,** art. L. 212-1 et R. 112-1 s.

1. L. n° 2023-1059, 20 nov. 2023, d'orientation et de programmation du ministère de la justice 2023-2027, *JO* 21 nov., texte 2.
2. N. Hoffschir, « La saisie des rémunérations et la protection du débiteur », Actes des 4e rencontres de Lyon, 28 nov. 2024, Université Lumière Lyon 2, *RCJPP*, EJT 2025, p. 24.
3. Abrogé par L. n° 2023-1059, 20 nov. 2023, art. 47 (V) (*applicable à compter du 1er juill. 2025*).

> Plusieurs retouches ont été apportées aux textes réglementaires par les décrets du 15 juillet 1993[1] (contrôle juridictionnel des interventions et de la répartition), du 31 décembre 1993[2] (modalités de la déclaration affirmative et des versements par les comptables publics), du 18 décembre 1996[3] (C. pr. civ., art. 510, compétence du juge d'instance en matière de délais), du 22 décembre 1997[4] (relèvement des seuils de saisissabilité), du 26 décembre 2003[5] (référence au revenu minimum d'insertion [RMI] pour limiter l'insaisissabilité), la loi du 17 janvier 2002[6] (exemption des contributions sociales, notamment la contribution sociale généralisée [CSG], des bases de calcul de la saisie), la loi du 30 décembre 2004[7] (création de l'opposition à tiers détenteur et réforme de l'opposition administrative) et la loi du 1er décembre 2008[8], qui a substitué le revenu de solidarité active (RSA) au revenu minimum d'insertion (RMI) comme référence d'insaisissabilité depuis le 1er juin 2009. Ensuite, la loi n° 2009-526 du 12 mai 2009[9], a créé une procédure de « saisie à tiers détenteur ». Celle-ci a été modifiée par la loi du 29 décembre 2009[10]. Le décret du 29 avril 2010[11] a par ailleurs modifié les règles de concours entre saisie des rémunérations du travail, opposition à tiers détenteur et saisie à tiers détenteur. En outre, un barème annuel, qui tient compte de l'évolution des minima sociaux et du coût de la vie, est adopté chaque année (v. ss n° 0941.132). La plupart de ces textes ont été intégrés dans le Code des procédures civiles d'exécution à l'occasion des travaux de codification. Par ailleurs, la loi du 28 décembre 2017[12] de finances rectificative pour 2017 a regroupé l'ensemble des procédures de recouvrement forcé des créances publiques au moyen de la saisie administrative à tiers détenteur (SATD).

> **Enfin,** l'article 47 de loi n° 2023-1059 du 20 novembre 2023 d'orientation et de programmation du ministère de la justice 2023-2027[13] a procédé à la **déjudiciarisation de la procédure de saisie des rémunérations du travail au profit des commissaires de justice**. Cette réforme poursuit un triple objectif :

– replacer la procédure de saisie des rémunérations dans le régime de droit commun des mesures d'exécution forcée mobilières ;

– recentrer le juge de l'exécution sur son office juridictionnel en lui redonnant la mission de trancher les contestations qui naissent à l'occasion de cette mesure d'exécution forcée quand il est expressément saisi à cette fin par le débiteur ;

– réordonner le cadre légal et règlementaire de cette procédure en transférant les dispositions relatives à la procédure de saisie des rémunérations au sein du Code des procédures civiles d'exécution et en maintenant les dispositions relatives à la protection du salaire au sein du Code du travail.

En revanche, **la cession des rémunérations demeure de la compétence du greffe du tribunal judiciaire**, bien que les textes règlementaires procèdent à son articulation avec la nouvelle procédure de saisie des rémunérations. Le X de l'article 60 de la loi prévoit que la nouvelle procédure entre en vigueur à une date fixée par décret et au plus tard le 1er juillet 2025. La loi a ainsi été complétée par le décret n° 2025-125 du 12 février 2025 relatif à la nouvelle procédure de saisie des rémunérations[14], qui précise le cadre procédural de la saisie. Elle a également été complétée par le **décret n° 2025-493 du 3 juin 2025 relatif au registre numérique des saisies des rémunérations,** à la procédure de saisie des rémunérations et à la formation des commissaires de justice répartiteurs[15]. Ce décret, pris après avis de la Commission nationale de l'informatique et des libertés, a principalement pour objet de réglementer les conditions dans lesquelles les informations à caractère personnel enregistrées dans le registre numérique des saisies des rémunérations sont traitées, conservées et mises à disposition. Ce texte réglementaire devrait ainsi utilement répondre aux auteurs qui s'étonnaient que ces dispositions ne figurent pas dans le décret relatif à la procédure[16]. La nouvelle saisie des rémunérations est donc modernisée par cet outil assurant une gestion de la mesure quasi intégralement dématérialisée[17].

1. Décr. n° 93-911, 15 juill.1993, modifiant le décret n° 92-755 du 31 juillet 1992 instituant de nouvelles règles relatives aux procédures civiles d'exécution pour l'application de la loi n° 91-650 du 9 juillet 1991 portant réforme des procédures civiles d'exécution et modifiant le code du travail, *JO* 18 juill.
2. Décr. n° 93-977, 31 déc. 1993, relatif aux saisies et cessions notifiées aux comptables publics, *JO* 5 août.
3. Décr. n° 96-1130, 18 déc. 1996, modifiant le décret n° 92-755 du 31 juillet 1992 instituant de nouvelles règles relatives aux procédures civiles d'exécution pour l'application de la loi n° 91-650 du 9 juillet 1991 portant réforme des procédures civiles d'exécution, *JO* 26 déc.
4. Décr. n° 97-1167, 22 déc. 1997, modifiant le décret n° 92-755 du 31 juillet 1992 instituant de nouvelles règles relatives aux procédures civiles d'exécution pour l'application de la loi n° 91-650 du 9 juillet 1991 portant réforme des procédures civiles d'exécution et modifiant le code du travail, *JO* 23 déc.
5. Décr. n° 2003-1282, 26 déc. 2003, portant revalorisation de l'allocation de revenu minimum d'insertion, *JO* 30 déc., texte 7.
6. L. n° 2002-73, 17 janv. 2002, de modernisation sociale, *JO* 18 janv., texte 1.
7. L. n° 2004-1485, 30 déc. 2004, de finances rectificative pour 2004, art. 63, *JO* 31 déc., p. 22522.
8. L. n° 2008-1249, 1er déc. 2008, généralisant le revenu de solidarité active et réformant les politiques d'insertion, *JO* 3 déc., p. 18424.
9. L. n° 2009-526, 12 mai 2009, de simplification et de clarification du droit et d'allègement des procédures, *JO* 13 mai, texte 1.
10. L. n° 2010-1658, 29 déc. 2010, de finances rectificative pour 2010, *JO* 30 déc., p. 23127.
11. Décr. n° 2010-433, 29 avr. 2010, portant diverses dispositions en matière de procédure civile et de procédures d'exécution, *JO* 2 mai.
12. L. n° 2017-1775, 28 déc. 2017, de finances rectificative pour 2017, *JO* 29 déc., texte 1.
13. L. n° 2023-1059, 20 nov. 2023, d'orientation et de programmation du ministère de la justice 2023-2027, *JO* 21 nov., texte 2.
14. Décr. n° 2025-125, 12 févr. 2025, relatif à la nouvelle procédure de saisie des rémunérations, *JO* 14 févr., texte 1.
15. Décr. n° 2025-493, 3 juin 2025, relatif au registre numérique des saisies des rémunérations, à la procédure de saisie des rémunérations et à la formation des commissaires de justice répartiteurs, *JO* 5 juin, texte 4.
16. K. Castanier, « Clap de fin pour la saisie des rémunérations judiciaire, le décret est enfin publié ! (Première partie) », *D. actu.* 5 mars 2025.
17. Ord. n° 2016-728, 2 juin 2016, relative au statut de commissaire de justice, *JO* 3 juin, art. 16, 12° *bis*.

094.03 Bibliographie indicative.

Actualisables. Rép. pr. civ., v° *Saisie et cessions des rémunérations*, par I. Pétel-Teyssié, févr. 2023 (actu. avr. 2025) – *J.-Cl. Pr. civ.*, v^is Saisie des rémunérations : conditions générales, domaine et règles procédurales, fasc. 2300 ; Contestations et incidents de saisie, fasc. 2310, par R. Trarieux – *J.-Cl. Travail*, v° Salaire et accessoire – Saisie des rémunérations du travail, 2003, par R. Trarieux.

Ouvrages[1]. A. Leborgne, *Droit de l'exécution*, 3e éd., « Précis », Dalloz, 2019, n°s 1241 s. – R. Perrot et Ph. Théry, *Procédures civiles d'exécution*, 3e éd., Dalloz, 2013, n°s 539-604.

> Articles antérieurs à la réforme issue de la loi n° 2023-1059 du 20 novembre 2023. J.-J. Bourdillat, « Saisie et cession des rémunérations dues par un employeur », *Rev. huiss.* 1993. 143 – J.-L. Courtier, « La saisie des rémunérations », *Rev. huiss.* 1995. 897 ; *LPA* 4 août 1995 – S. Crevel, « La cession des rémunérations du travail », *JCP E* 1995. I. 511, p. 491 – A. Le Mire, « La saisie des rémunérations », *RPDS* 2004, n° 707, p. 91 – P. Maréchal, « Saisie des rémunérations : voies de recours ou contestations », *Rev. huiss.* 1996. 785 – I. Pétel-Teyssié, « Saisie et cession des rémunérations », *Rev. huiss.* 1996. 2 – F. Vandermotte, « Le système actuel de la saisie des rémunérations est-il économique et social ? », *LPA* 1995, n° 39, p. 9 ; *Gaz. Pal.* 1995. 2. Doctr. 1043.

> Articles postérieurs à la réforme issue de la loi n° 2023-1059 du 20 novembre 2023. K. Castanier, « Clap de fin pour la saisie des rémunérations judiciaire, le décret est enfin publié ! (Première partie) », *D. actu.* 5 mars 2025 ; « Clap de fin pour la saisie des rémunérations judiciaire, le décret est enfin publié ! (Deuxième partie) », *D. actu.* 6 mars 2025 ; « Clap de fin pour la saisie des rémunérations judiciaire, le décret est enfin publié ! (Troisième partie) », *D. actu.* 7 mars 2025 ; « Clap de fin pour la saisie des rémunérations judiciaire, le décret est enfin publié ! », *D. actu.* 10 mars 2025 – N. Fricero, « Un vent d'efficacité et de simplification souffle sur la saisie des rémunérations ! », *D. actu.* 7 juin 2023 ; « Le renouveau de la saisie des rémunérations », Actes des 4e rencontres de Lyon, 28 nov. 2024, Université Lumière Lyon 2, *RCJPP*, EJT 2025, p. 18 – N. Hoffschir, « La saisie des rémunérations et la protection du débiteur, Actes des 4e rencontres de Lyon, 28 nov. 2024, Université Lumière Lyon 2, *RCJPP*, EJT 2025, p. 24 ; « La "nouvelle" procédure de saisie des rémunérations », *Procédures* n° 5, mai 2025, étude 4 – J. Lasserre-Capdeville, « Précisions sur la nouvelle procédure de saisie des rémunérations », *JCP* E et A, n° 12, 20 mars 2025, act. 263 – M. Lotte et C. Valès, « Le transfert à la profession de commissaire de justice de la procédure de saisie des rémunérations du travail », *Rev. Lamy Droit civil*, n° 227, 1er juill. 2024 – H. Michelin-Brachet, « Saisie des rémunérations du travail, après la loi, le décret », *D.* 2025. 743 – S. Piédelièvre, « Saisie des rémunérations du travail et procédure », *Rev. Dr. banc. et fin.* n° 2, mars-avr. 2025, comm. 43 – R. Trarieux, C. Kieffer et N. Hoffschir, « La "nouvelle" procédure de saisie des rémunérations », *Gaz. Pal.* 2024, n° 3 – D. Tronel, « La réforme attendue de la saisie des rémunérations » *RCJPP*, 1er mai 2025, p. 30-35 – J. Vidal, « L'organisation de la procédure de saisie des rémunérations : le décret d'application de la loi du 20 novembre 2023 est publié », *SJ social* n° 11, 18 mars 2025, act. 144.

094.05 Succès pratique de l'ancienne procédure et interrogations sur la nouvelle procédure. Le succès de la saisie des rémunérations du travail, née avec la loi du 12 janvier 1895, ne s'est jamais démenti. Même en période de précarité de l'emploi, une bonne part des débiteurs ont un employeur ; les articles L. 152-1 à L. 152-3 C. pr. exéc. en facilitent justement l'identification ; il est peu probable que le salarié ne soit pas créancier de salaires, alors que le titulaire d'un compte bancaire, par exemple, peut être en position constamment débitrice. De même, les travailleurs privés d'emploi, et les retraités, relèvent le plus souvent du même régime lorsqu'un texte prévoit l'application de la saisie des rémunérations du travail aux revenus de remplacement.

En outre, le tribunal judiciaire est chargé de mettre en place la saisie, puis d'en recueillir les fruits pour le compte du poursuivant et enfin d'en assurer la répartition s'il y a plusieurs créanciers saisissants (v. s^s n°s 0942.11 s.) ; la facilité est appréciable. D'une façon générale, la saisie des rémunérations du travail apparaît comme médiocrement productive, en raison des quotités saisissables réduites, mais sûre et peu coûteuse.

094.06 ► Réforme applicable à partir du 1er juillet 2025 : déjudiciarisation de la saisie des rémunérations du travail. Des auteurs, qui observent que la déjudiciarisation opérée par la loi du 20 novembre 2023 s'accompagnera d'un renchérissement des frais avancés par le créancier et supportés *in fine* par le débiteur, s'interrogent dès lors sur l'attractivité à l'avenir de cette mesure d'exécution[2]. D'autres auteurs soulignent à l'inverse la modernisation de la procédure, intégrant les enjeux contemporains des procédures civiles d'exécution[3].

094.07 Place dans le dispositif de l'exécution civile. Tout créancier muni d'un titre exécutoire constatant une **créance liquide et exigible** peut faire procéder à la saisie des rémunérations dues par un employeur à son débiteur (C. trav., art. R. 3252-1). Ainsi présentée, la **saisie des rémunérations du travail** apparaît comme une catégorie de saisies-attribution de créances à exécution successive, comparable à la

1. Les ouvrages dont le nom des auteurs figure en petites capitales en bibliographie seront cités par le seul nom des auteurs en petites capitales en notes de bas de page.

2. N. Hoffschir, « La saisie des rémunérations et la protection du débiteur », Actes des 4e rencontres de Lyon, 28 nov. 2024, Université Lumière Lyon 2, *RCJPP*, EJT 2025, p. 24.
3. N. Fricero, « Le renouveau de la saisie des rémunérations », Actes des 4e rencontres de Lyon, 28 nov. 2024, Université Lumière Lyon 2, *RCJPP*, EJT 2025, p. 18.

saisie de loyers ou à celle de fractions successives d'un prix de vente. La comparaison ne s'étend pas au-delà des mots : la saisie des rémunérations du travail ignore l'effet attributif immédiat, permettant ainsi le concours entre créanciers non privilégiés, quelle que soit la date de leur intervention à la procédure de saisie ; en outre, les articles R. 211-14 à R. 211-17 C. pr. exéc., qui s'adaptent bien par exemple à la saisie de loyers (paiement sur présentation du certificat de non-contestation ; saisissabilité totale ; mainlevée sur lettre recommandée du créancier), sont écartés par l'article L. 211-1 C. pr. exéc. au profit des règles beaucoup plus sophistiquées du Code du travail, en raison bien entendu du caractère alimentaire et symbolique du salaire.

La **cession des rémunérations du travail** est un dispositif au fondement contractuel, mais entièrement calqué sur la saisie des rémunérations (v. s[s] n°s 0945.04 s.).

La procédure de saisie des rémunérations du travail était soumise aux dispositions de la loi du 29 juillet 2011 [1] qui a institué, à compter du 1er octobre 2011, une contribution pour l'aide juridique d'un montant de 35 euros, laquelle devait être versée lors de l'introduction d'une instance (CGI, art. 1635 *bis* Q). Celle-ci a été supprimée par l'article 28 de la loi du 29 décembre 2013 [2] de finances rectificative pour 2014 et le décret du 29 décembre 2013 [3] relatif à la suppression de la contribution pour l'aide juridique et à diverses dispositions relatives à l'aide juridique.

Devant le succès et l'efficacité de ces procédures d'exécution spéciales ouvertes pour le recouvrement de certaines créances publiques, le législateur a institué, avec la loi du 12 mai 2009 [4] de simplification et de clarification du droit et d'allégement des procédures, une « *saisie à tiers détenteur* » pour le recouvrement des titres exécutoires visés à l'article L. 252 A du LPF.

Par ailleurs, lorsqu'une saisie des rémunérations du travail est en cours, le créancier qui diligente d'autres voies d'exécution, telles qu'une saisie-vente, peut voir son action critiquée au regard du principe de proportionnalité [5].

Le recouvrement des créances publiques a été unifié avec la création, par la loi du 28 décembre 2017 [6], de la saisie administrative à tiers détenteur (SATD – v. s[s] n°s 093.00 s.) qui s'est substituée aux avis à tiers détenteur (ATD), opposition à tiers détenteur (OTD), opposition administrative (OA) et saisie à tiers détenteur (STD).

094.08 **Aspects internationaux.** La question n'est pas spécifique à la saisie des rémunérations (elle est donc examinée dans l'introduction au présent ouvrage – pour le débiteur domicilié à l'étranger ou pour l'employeur siégeant à l'étranger, v. cep. s[s] n°s 0942.42 et 0942.43).

1. L. n° 2011-900, 29 juill. 2011, de finances rectificative pour 2011, *JO* 30 juill., p. 12969.
2. L. n° 2013-1279, 29 déc. 2013, de finances rectificative pour 2014, *JO* 30 déc., p. 21910.
3. Décr. n° 2013-1280, 29 déc. 2013, relatif à la suppression de la contribution pour l'aide juridique et à diverses dispositions relatives à l'aide juridique, *JO* 30 déc., p. 22242.
4. L. n° 2009-526, 12 mai 2009, préc.
5. Civ. 2e, 10 mai 2007, n° 05-13.628, NP ; *D.* 2008. 1167, obs. A. Leborgne.
6. L. n° 2017-1775, 28 déc. 2017, de finances rectificative pour 2017, préc.

CHAPITRE

0941. Champ d'application de la saisie

contribution de :
PHILIPPE FLORES*
CONSEILLER À LA COUR DE CASSATION
actualisée par :
KEVIN LECLERE VUE
MAGISTRAT

SECTION 0

ORIENTEUR

0941.00 Sommaire du chapitre.

Division. Le champ d'application de la saisie sur rémunérations suppose plusieurs éléments : la volonté d'exécuter (sect. 1) et l'exécution sur des rémunérations dues par un employeur (sect. 2). Des limites au droit d'exécuter restreignent cette saisie (sect. 3).

0941.01 Textes applicables.

• **C. pr. exéc.,** art. L. 111-2, L. 111-3, L. 111-6, L. 112-4, L. 211-1, L. 212-2, R. 112-4, R. 221-2 et R. 523-1.

• **C. trav.,** art. L. 3252-1 s., L. 3252-3 à L. 3252-5, L. 3252-7[1], R. 3252-1, R. 3252-2, R. 3252-5, R. 3252-7 et R. 3252-40.

• **CSS,** art. L. 323-5, L. 331-3, L. 341-5, L. 351-1, L. 355-2, L. 433-3, L. 513-1, L. 512-3 et L. 512-4.

• **LPF,** art. L. 257-0 A.

• **CASF,** art. L. 262-2.

• **C. civ.,** art. 220, 1347, 1347-1 et 1343-5.

• **L. n° 2017-1775, 28 déc. 2017,** de finances rectificative pour 2017, *JO* 29 déc., texte 1, art. 73.

• **L. 24 août 1930,** art. 1er.

• **L. n° 2017-1059, 20 nov. 2023,** d'orientation et de programmation du ministère de la justice 2023-2027, art. 47 (V), *JO* 21 nov., texte 2.

• **Décr. n° 2025-125, 12 févr. 2025,** relatif à la nouvelle procédure de saisie des rémunérations, art. 2, *JO* 14 févr., texte 1.

0941.02 Jurisprudence de référence.

> Domaine de la procédure de saisie des rémunérations.

• **Cass., avis, 21 juill. 1995,** n° 09-50.010, P, n° 11

* V. ss nos 0141.142, 0812.131, 0941.53, 0952.90

La saisie des pensions de vieillesse du régime général de la Sécurité sociale ne peut être effectuée que par la procédure de saisie des rémunérations prévue par les articles L. 3252-1 et suivants du Code du travail.

* Auteur de cette contribution de la 5e à la 10e édition incluse.

1. Abrogé par L. n° 2023-1059, 20 nov. 2023, art. 47 (V) (*applicable à compter du 1er juill. 2025*).

> La notification du titre exécutoire condition de l'exécution forcée.

• **Civ. 2e, 10 nov. 1998,** no 95-20.139, P II, no 269

* V. ss nos 0941.12, 0961.12

Le titre exécutoire émis par une personne morale de droit public qui n'a pas été notifié au débiteur ne peut pas donner lieu à une mesure d'exécution forcée.

> Titre exécutoire délivré uniquement à l'encontre du conjoint de la personne poursuivie.

• **Civ. 2e, 28 oct. 1999,** no 97-20.071, P II, no 163

* V. ss nos 0112.102, 0144.141, 0811.13, 0941.81, 1311.92, 1311.93, 1313.172

Toute exécution forcée implique que le créancier soit muni d'un titre exécutoire à l'égard de la personne même qui doit exécuter. Dès lors, le titre exécutoire produit à l'encontre d'un époux en recouvrement d'une dette ayant pour objet l'entretien du ménage ou l'éducation des enfants n'emporte pas le droit de saisir les biens de son conjoint, à défaut de titre exécutoire pris contre celui-ci, les deux époux fussent-ils tenus solidairement des dettes de ménage.

> Report sur le compte de l'insaisissabilité des créances à échéance périodique.

• **Civ. 2e, 11 mai 2000,** no 98-11.696, P II, no 78

* V. ss nos 0141.161, 0141.201, 0621.11, 0621.31, 0923.101, 0941.64

Il résulte des articles 44 et 45 du décret du 31 juillet 1992 [devenus art. R. 112-5 et R. 213-10 C. pr. exéc.] que lorsque les sommes insaisissables versées sur un compte proviennent de créances à échéance périodique, l'insaisissabilité porte sur l'ensemble des fonds, de même nature, cumulés sur ce compte et non pas seulement sur le dernier versement effectué.

> Titre exécutoire portant condamnation de la personne qui doit exécuter.

• **Civ. 2e, 21 mars 2002,** no 00-19.051, P II, no 56

* V. ss nos 0112.81, 0131.20, 0214.23, 0941.12, 1311.111

Toute exécution forcée implique que le créancier soit muni d'un titre exécutoire portant condamnation de la personne qui doit exécuter.

> Rémunérations du travail portées en compte. Saisissabilité du compte et report de l'insaisissabilité sur les rémunérations versées au crédit du compte.

• **Civ. 2e, 24 juin 2004,** no 02-14.813, P II, no 323

* V. ss nos 0141.123, 0141.161, 0621.07, 0621.31, 0812.121, 0923.102, 0941.13

1o L'article L. 145-6 [devenu L. 3252-7 [1]] du Code du travail, selon lequel les rémunérations ne peuvent pas faire l'objet d'une saisie conservatoire, n'est pas applicable aux sommes versées sur un compte bancaire, même si elles proviennent des rémunérations du travail, la saisie de ces sommes étant réglementée par l'article 44 du décret du 31 juillet 1992 [devenu art. R. 112-5 C. pr. exéc.].

2o Lorsque les sommes insaisissables versées sur un compte proviennent de créances à échéances périodiques, l'insaisissabilité porte sur toutes les sommes insaisissables comprises dans le solde créditeur du compte.

> Domaine de la procédure de saisie des rémunérations.

• **Cass., ass. plén., 9 juill. 2004,** no 02-21.040, P, no 11

* V. ss nos 0812.01, 0941.31, 0941.55

La saisie des rémunérations dues par un employeur est soumise aux dispositions du Code du travail, que le contrat de travail soit ou non en cours d'exécution. Dès lors, encourt la cassation l'arrêt qui déclare régulière la saisie-attribution pratiquée par un créancier entre les mains de l'ancien employeur de son débiteur et portant sur le montant d'une condamnation prononcée au titre notamment de rappels de salaires.

> Saisie des rémunérations. Titre permettant l'évaluation de la créance.

• **Civ. 2e, 8 déc. 2005,** no 04-14.785, P II, no 314

* V. ss nos 0122.26, 0221.13, 0941.12, 0942.87

Le juge d'instance, saisi d'une demande aux fins de saisie des rémunérations sur le fondement d'un acte notarié revêtu de la formule exécutoire, doit rechercher si le titre contient les éléments permettant l'évaluation de la créance et si le débiteur justifie des causes d'extinction de ses obligations.

> Saisie des rémunérations. Opposabilité à la procédure collective.

• **Com. 13 avr. 2010,** no 08-19.074, P II, no 78

* V. ss nos 0941.121, 0942.12

La saisie des rémunérations dues par un employeur est soumise aux dispositions du Code du travail. Si le liquidateur d'un salarié en liquidation judiciaire est fondé à demander à l'employeur le versement entre ses mains des salaires du débiteur qui, à l'exclusion de leur fraction insaisissable, sont appréhendés par l'effet réel de la procédure collective, il doit mettre en œuvre la procédure de saisie des rémunérations ressortissant à la compétence exclusive du tribunal d'instance. Le tribunal de la procédure collective est dès lors incompétent pour en connaître.

0941.03 **Bibliographie indicative [2].**

* V. ss no 094.03.

SECTION 1
VOLONTÉ D'EXÉCUTER

0941.11 **Introduction.** Il ne saurait être permis de frapper des rémunérations d'indisponibilité aux seules fins de garantir un recouvrement éventuel ou d'intimider un débiteur : la saisie des rémunérations nécessite un titre exécutoire et n'est jamais conservatoire. L'exécution de la saisie a pour effet de priver le débiteur d'une partie de son salaire et donc d'une partie de ses moyens de subsistance. L'importance

1. Abrogé par L. no 2023-1059, 20 nov. 2023, art. 47 (V) (*applicable à compter du 1er juill. 2025*).

2. Les ouvrages dont le nom des auteurs figure en petites capitales en bibliographie seront cités par le seul nom des auteurs en petites capitales en notes de bas de page.

de l'atteinte ainsi causée à ses conditions d'existence ne peut être justifiée que par l'existence d'un titre exécutoire. C'est ce qui assure l'équilibre entre la préservation des besoins alimentaires du salarié et la reconnaissance des droits du créancier.

0941.12 Exigence d'un titre exécutoire constatant une créance liquide et exigible. Ainsi qu'il a été dit en introduction, la saisie des rémunérations du travail nécessite la possession d'un titre exécutoire. Cette exigence d'un titre exécutoire est, depuis la loi du 9 juillet 1991, codifiée au Code des procédures civiles d'exécution, absolue, en raison du caractère d'ordre public de ces dispositions. Les parties n'ont pas la possibilité de déroger à cette exigence. Le juge de l'exécution (JEX) statuant sur une requête en saisie des rémunérations peut relever d'office l'absence de titre ou son caractère non exécutoire, à l'audience de conciliation, en respectant bien entendu le principe de la contradiction, au besoin par réouverture des débats. Réciproquement, la non-comparution du débiteur ne dispense pas le juge d'user de ses pouvoirs[1]. En effet, l'absence de titre exécutoire prive la requête en saisie des rémunérations de toute efficacité, puisqu'il constitue la condition même de son exercice (C. trav., art. R. 3252-1) et que les saisies conservatoires sont prohibées (C. trav., art. L. 3252-7[2]). Équivaut à l'absence de titre, la présentation d'un titre qui ne concerne pas le débiteur prétendu – ce qui peut se produire lorsque le créancier évoque une solidarité légale (sur le cas des époux commun en biens, v. s^s n° 0941.81) – ou la présentation d'un titre qui n'emporte pas condamnation à un paiement (il en est jugé ainsi à propos d'une décision qui prononce une expulsion mais ne condamne pas à payer les loyers, ni aucune indemnité d'occupation ou provision mais se borne à fixer une indemnité d'occupation[3]).

En outre, tout document ne vaut pas titre. Notamment, la saisie des rémunérations est impossible si le créancier ne dispose que d'une reconnaissance de dette sous seing privé ou d'un contrat sous seing privé, par exemple un contrat de crédit à la consommation ou un contrat de bail. Jugé de même que la liste de créanciers établie par un mandataire judiciaire d'une entreprise ne suffit pas pour obtenir la saisie des rémunérations que perçoit l'ex-commerçant en redressement[4]. Le juge devra également s'assurer que le créancier est muni d'un titre exécutoire à l'égard de la personne même qui doit exécuter l'obligation au paiement.

D'une façon plus générale, le titre exécutoire en matière de saisie des rémunérations n'est pas différent de celui exigé pour les autres mesures d'exécution forcée. Aussi doit-on rapprocher les articles L. 3252-7[5] et R. 3252-1 C. trav., des articles L. 111-2 et L. 111-3 C. pr. exéc. qui en donnent la définition et de l'article L. 211-1 C. pr. exéc. qui régit la saisie-attribution (v. s^s n°s 08.05 à 0842.32). Notons que le fonds de garantie des victimes d'actes de terrorisme et d'autres infractions, qui a versé l'aide au recouvrement prévue à l'article 706-15, I C. pr. pén., disposant d'un arrêt définitif émanant de la juridiction répressive, peut s'en prévaloir comme subrogé dans les droits de la victime et agir sur ce fondement en saisie des rémunérations du travail[6].

Si on lui présente un titre, le juge n'a aucun droit de vérifier son contenu ou ses effets (v. s^s n°s 0942.86 et 0942.87). Il revient simplement au juge de s'assurer du caractère effectivement exécutoire du titre et du caractère liquide et exigible de la créance que constate ce titre. Une simple photocopie d'acte notarié ne permet évidemment pas de le faire et doit conduire à rejeter la demande de saisie[7]. Le juge devra aussi rejeter la demande de saisie d'une trésorerie se prévalant d'un titre de perception non précédé de la mise en demeure de l'article L. 257-0 A du LPF[8], texte dont le contenu a été repris par l'article L. 257 du LPF à la suite de la loi du 29 décembre 2020[9], ou notifié irrégulièrement[10]. De même, le liquidateur judiciaire ne peut, sur le seul fondement du jugement ouvrant ou prononçant la liquidation judiciaire, qui ne constitue pas un titre exécutoire, constatant une créance liquide et exigible, faire procéder à la saisie des rémunérations du débiteur[11]. Un tel moyen ne peut être retenu d'office par le juge qu'après avoir, au préalable, invité les parties à s'expliquer[12] (sur le cas de l'injonction de payer frappée d'opposition, v. s^s n° 0942.86).

Le JEX a compétence pour rechercher si le titre contient les éléments permettant l'évaluation de la créance et si le débiteur justifie des causes d'extinction de ses obligations[13].

1. Civ. 2e, 15 févr. 1995, n° 93-18.382, P II, n° 54.
2. Abrogé par L. n° 2023-1059, 20 nov. 2023, art. 47 (V) (*applicable à compter du 1er juill. 2025*).
3. Civ. 2e, 21 mars 2002, n° 00-19.051, P II, n° 56 ; *Dr. et proc.* 2002. 306, note A. Leborgne.
4. Com. 2 mai 2001, n° 97-19.536, P IV, n° 82 ; *Procédures* 2001, n° 151, obs. Laporte ; *D.* 2001. 1671 ; *RTD com.* 2001. 773, obs. J.-L. Vallens.
5. Abrogé par L. n° 2023-1059, 20 nov. 2023, art. 47 (V) (*applicable à compter du 1er juill. 2025*).
6. Civ. 2e, 6 févr. 2014, n° 13-10.298, P II, n° 37.
7. Versailles, 13 sept. 1996, *BICC* 1997, n° 404.
8. Civ. 2e, 8 oct. 1997, n° 95-18.005, P II, n° 246 ; *D.* 1998. 476, note F. Ruellan et R. Lauba ; *Gaz. Pal.* 1998. 145, note T. Moussa.
9. L. n° 2020-1721, 29 déc. 2020, de finances pour 2021, *JO* 30 déc., texte 1.
10. Civ. 2e, 5 juin 1996, n° 94-15.307, P II, n° 138 – Civ. 2e, 10 nov. 1998, n° 95-20.139, P II, n° 269 ; *D.* 1999. 8 ; *Gaz. Pal.* 1999. 2. Somm. 598, note Véron – Civ. 2e, 24 mai 2017, n° 16-17.080, NP.
11. Civ. 2e, 7 janv. 2016, n° 14-24.508, NP.
12. Civ. 2e, 5 juin 1996, n° 94-15.117, P II, n° 130.
13. Civ. 2e, 8 déc. 2005, n° 04-14.785, P II, n° 314.

Le titre exécutoire doit, enfin, constater une créance liquide et exigible. Quant à la liquidité, un jugement consacrant une obligation de faire ou un jugement prévoyant une astreinte provisoire ne peut pas servir de fondement à une demande de saisie des rémunérations. Selon l'article L. 111-6 C. pr. exéc., la créance liquide est celle qui est évaluée en argent ou celle dont le titre exécutoire contient tous les éléments permettant son évaluation. C'est par exemple le cas pour un bail reçu en la forme authentique : il permet d'évaluer sans peine la créance de loyers, mais ne permet pas de réaliser de saisie pour les créances de réparations locatives car la liquidation nécessite alors des éléments extérieurs au titre, tels que les états des lieux et les factures ou devis de réparation. Il appartient au juge de rechercher si le titre contient les éléments permettant l'évaluation de la créance[1]. De même, un protocole de transaction homologué par une ordonnance sur requête d'un président de tribunal judiciaire (TJ) constitue un titre exécutoire, dès lors qu'au jour où le juge statue, aucun recours aux fins de rétractation de l'ordonnance n'a été exercé[2]. S'agissant du caractère exécutoire, le praticien prendra garde notamment aux suspensions des voies d'exécution que le débiteur aurait pu obtenir dans le cadre d'une procédure de surendettement (v. s[s] n°s 0942.182 s.) ou des délais obtenus, le cas échéant, sur le fondement de l'article 1343-5 C. civ. (C. civ., anc. art. 1244-1) et prendra garde aussi à l'éventuel redressement judiciaire personnel du débiteur salarié[3] en raison de son activité professionnelle antérieure (sur le cas de redressement judiciaire de l'employeur tiers saisi, v. s[s] n° 0943.11).

Lorsque la procédure a été initiée pour l'exécution d'un titre, il n'est pas possible de la continuer en invoquant un autre titre (par ex., un titre définitif alors que le premier produit était provisoire) ; il faudra que le créancier se désiste de sa première demande et en formule une nouvelle[4].

En cas de caducité du titre, celui-ci n'est pas privé d'efficacité pour la période antérieure à la caducité[5].

L'exigence du titre exécutoire connaît une exception au profit des caisses de mutualité sociale agricole et des organismes de sécurité sociale des non-salariés non agricoles. Parce que ces caisses ont à la fois une mission de recouvrement de cotisations et une mission de service de prestations, elles peuvent prélever les impayés sur les salaires mais aussi sur les allocations et pensions qu'elles devraient payer. Ainsi, lorsqu'elles ont versé au créancier d'aliment l'allocation de soutien familial, elles tiennent des articles L. 581-1 s. du CSS la possibilité de recouvrer directement par voie de subrogation, le montant de la créance[6], mais aussi les termes de pension alimentaire impayés dans le cadre du mandat conféré par l'article L. 581-3 du CSS[7].

0941.13 **Prohibition de la saisie conservatoire.** Les rémunérations ne peuvent faire l'objet d'une saisie conservatoire (C. trav., art. L. 3252-7[8])[9]. Trois raisons d'inégale importance militent en faveur de cette solution.

En premier lieu, bien que les saisies conservatoires puissent être engagées au visa d'un titre exécutoire, leur vocation naturelle est de soutenir les créanciers démunis d'un tel titre.

En deuxième lieu, le choix procédural du législateur en matière de saisie des rémunérations (conciliation puis saisie et répartition par le greffe) n'est pas du tout celui de la saisie conservatoire (autorisation préalable puis recherche d'un titre, enfin conversion).

En troisième lieu, et surtout, le caractère alimentaire des rémunérations s'oppose à ce qu'elles soient indisponibles « *à toutes fins utiles* » et qu'elles puissent ainsi être utilisées comme moyen de pression contre le débiteur, par exemple pour transiger sur le montant de la créance alléguée. La privation d'une partie des moyens de subsistance nécessaires au paiement du loyer, des crédits ou des charges courantes est de nature à amoindrir la capacité de discussion du débiteur. Elle pourrait même le précipiter dans le surendettement. En revanche, ce principe d'interdiction des saisies conservatoires n'est pas d'application une fois que les salaires ont été versés sur un compte bancaire, la saisie étant alors réglementée par les articles R. 523-1 s. C. pr. exéc.[10]

SECTION 2

EXÉCUTION SUR DES RÉMUNÉRATIONS DUES PAR UN EMPLOYEUR

0941.20 **Plan.** L'article L. 3252-1 C. trav. réserve la saisie des rémunérations aux sommes dues à titre de rémunération (§ 2) à toutes les personnes travaillant pour un ou plusieurs employeurs (§ 1).

1. Civ. 2e, 8 déc. 2005, n° 04-14.785, P II, n° 314.
2. Civ. 2e, 9 avr. 2009, n° 08-12.511, NP.
3. Toulouse, 14 oct. 1997, *Juris-Data* n° 046921.
4. EN CE SENS, Civ. 2e, 8 juin 2000, n° 98-19.389, P II, n° 98 ; *D.* 2000. 199 ; *JCP* 2000. IV. 2317 – Civ. 2e, 24 mars 2005, n° 03-17.007, P ; *Dr. et proc.* 2005. 301, note E. Putman – Civ. 2e, 2 mai 2024, n° 21-22.541, B ; *D. actu.* 30 mai 2024, note N. Hoffschir.
5. Civ. 2e, 6 mai 2004, n° 02-18.985, P II, n° 220 ; *RTD civ.* 2004. 559, obs. R. Perrot.
6. Civ. 2e, 9 déc. 2003, n° 02-30.647, P II, n° 375 ; *D.* 2005. 1821, obs. M. Douchy-Oudot.
7. Civ. 2e, 2 nov. 2004, n° 03-12.218, NP.
8. Abrogé par L. n° 2023-1059, 20 nov. 2023, art. 47 (V) (*applicable à compter du 1er juill. 2025*).
9. POUR UNE APPLICATION : Paris, 22 mai 1997, *Juris-Data* n° 022309.
10. Civ. 2e, 24 juin 2004, n° 02-14.813, P II, n° 323.

§ 1
Personnes travaillant pour un ou plusieurs employeurs

0941.31 **Notion large de salariat.** La saisie des rémunérations est applicable à toute personne dont la rémunération est soumise aux règles du Code du travail. Tel est le cas des salariés sous contrat de droit commun, caractérisés par le traditionnel « *lien de subordination* », à durée indéterminée. Mais tel est le cas aussi des salariés sous contrat à durée déterminée (C. trav., art. L. 1242-1 s.) ou de travail temporaire (C. trav., art. L. 1251-1 s.) ou sous contrat de professionnalisation (C. trav., art. L. 6325-1 s.), des intermittents du spectacle (C. trav., art. L. 7121-3 s.), des apprentis (C. trav., art. L. 6221-1), des salariés sous contrats aidés et des marins engagés par un armateur (C. transp., art. L. 5544-60).

Bien entendu, la position hiérarchique dans l'entreprise ne modifie pas le principe : un gérant salarié de SARL[1], un directeur général salarié, un cadre dirigeant, le conjoint salarié du chef d'entreprise[2], peuvent faire l'objet d'une saisie des rémunérations.

Les fonctionnaires, magistrats et militaires sont, quant à leurs appointements, soumis au Code du travail (C. pr. exéc., art. L. 212-2). Ils peuvent donc être poursuivis par saisie des rémunérations[3] (sur les particularités de cette saisie, v. s^s^ n° 0943.14).

L'inexistence formelle ou la nullité du contrat ou le caractère clandestin du travail ne sont pas un obstacle à l'exercice de la saisie des rémunérations car elle est conçue comme une protection pour le travailleur, du moins comparativement à la saisie de comptes bancaires (comp. pour le bénéfice de la Sécurité sociale, CSS, art. L. 311-2).

Les retraités peuvent également être soumis au régime de la saisie des rémunérations du travail dès lors que la loi le prévoit (v. s^s^ n° 0941.53), ce qui est généralement le cas.

En somme, ne sont pas concernés par la saisie des rémunérations, parce qu'ils échappent au **critère de la subordination** : les commerçants et artisans non-salariés, les chefs d'entreprise et professionnels libéraux, les agents commerciaux non-salariés, les dirigeants élus des sociétés civiles ou commerciales ou encore les élus politiques[4]. On verra cependant que leurs pensions de retraite ou d'invalidité sont assimilées à des salaires, pour éviter la saisissabilité totale du droit commun (v. s^s^ n° 0941.53).

1. Soc. 11 mars 1982, n° 81-10.241, P V, n° 169.
2. Soc. 22 oct. 1959, n° 57-41.001, P V, n° 1032 ; *D.* 1960. Somm. 52 ; *GADT*, 4e éd., Dalloz, 2008, n°s 83-85.
3. CE 18 janv. 1980, req. n° 07636, *Lebon T.* 23.
4. V. Rép. min. 30 mai 1996, *Rev. huiss.* 1996. 1362.

La preuve de ce lien de subordination appartient au créancier qui poursuit l'exécution de la saisie des rémunérations. C'est l'application de l'article 1353 C. civ. (C. civ., anc. art. 1315) qui oblige celui qui réclame l'exécution d'une obligation à la prouver[5].

Dans le même ordre d'idées, le salarié demeure justiciable de la saisie des rémunérations même s'il a quitté son emploi, dès lors que son ancien employeur lui doit encore certaines sommes au titre des salaires ; la saisie-attribution de telles sommes est prohibée (il en a été jugé ainsi à propos d'une saisie de rappels de salaires et congés payés[6]). La saisie des rémunérations est attachée à la nature salariale de la créance et à l'existence du contrat de travail lors de sa naissance[7].

§ 2
Exécution faite sur des sommes dues à titre de rémunération

A.
Sommes qui dépendent du travail fourni

0941.41 **Lorsque le débiteur est en activité.** Le créancier peut faire saisir par saisie des rémunérations :

– le salaire proprement dit quelle que soit la périodicité des versements, sans omettre les acomptes qui auraient pu être préalablement versés ;

– les indemnités et majorations pour heures supplémentaires[8] ;

– les avantages en nature, logement, voiture de fonction, éclairage, lesquels sont évalués à défaut de convention ou d'accord collectif, selon la méthode prescrite aux articles D. 3231-8 s., D. 3231-9 à D. 3231-14 C. trav., pour la nourriture et le logement, selon le prix de revient pour les autres avantages ;

– la contre-valeur contractuelle en espèces de ces mêmes avantages en nature (il en a été jugé ainsi à propos d'une indemnité de résidence[9]) ;

– les pourboires dans la mesure où ils sont pris en compte par le tiers saisi[10] ;

5. Civ. 2e, 23 mars 1977, *D.* 1977. 307.
6. Civ. 2e, 30 sept. 1999, n° 97-19.732, P II, n° 147 ; *D.* 2000. 250.
7. Cass., ass. plén., 9 juill. 2004, n° 02-21.040, *Bull. ass. plén.*, n° 11 ; *Dr. social* 2004. 1031, note C. Radé ; *D.* 2004. 3161, note A. Bugada ; *RTD civ.* 2004. 779, obs. R. Perrot.
8. POUR UNE APPLICATION : Caen, 27 févr. 2001, *Juris-Data* n° 141687.
9. Paris, 21 nov. 2001, *Juris-Data* n° 162253.
10. Paris, 11 juill. 1979, *Rev. huiss.* 1980. 11, note A. Lescaillon – TI Montmorency, 5 mars 1970, *D.* 1970. 156.

– les primes et gratifications versées en application du contrat de travail ou des conventions collectives : primes de transport, primes d'assiduité, *etc.* ;

– les primes réglées en application du contrat de travail individuel : commissions, gueltes et primes des vendeurs et représentants salariés, primes à la production (sur les primes d'intéressement ou de résultat, qui résultent d'accords collectifs et ne dépendent pas du travail individuel, v. s^s n° 0941.42) ;

– les cotisations à un régime de retraite complémentaire ;

– les cotisations à une caisse mutuelle d'assurance-maladie, invalidité ou décès ;

– l'indemnité de congés payés ainsi que l'indemnité compensatrice de congés payés s'il y a lieu, prévue à l'article L. 3141-24 C. trav.[1] ; ou en cas de maladie[2] ;

– les traitements des fonctionnaires civils et les soldes des officiers ou assimilés, sous-officiers, militaires, marins et assimilés des armées de terre, de mer et de l'air, en activité, situation d'activité, en disponibilité ou non activité, en réforme, congé d'activité, ainsi que les soldes des officiers généraux du cadre de réserve[3] (C. pr. exéc., art. L. 212-2)[4] ;

– les sommes dues en raison de l'exploitation pécuniaire ou de la cession des droits de propriété littéraires ou artistiques ; la saisissabilité peut cependant être limitée à hauteur des besoins alimentaires des auteurs, compositeurs ou artistes, ainsi que de leur conjoint survivant ou de leurs enfants mineurs (CPI, art. L. 333-1 à L. 333-4). On notera d'abord que le législateur a préservé ici la compétence du président du TJ, au lieu et place du JEX ; la saisie s'opérera donc par assignation en référé, au besoin d'heure à heure selon ce qu'autorise l'article 485 alinéa 2 C. pr. civ. On notera aussi que la limitation de la saisissabilité n'est pas opérée obligatoirement par référence au barème de la saisie des rémunérations, le président du TJ reste libre d'évaluer autrement les besoins alimentaires de l'artiste saisi ;

– la rémunération des artistes du spectacle et des mannequins, hors les « *redevances* » qui sont saisissables et cessibles selon le droit commun (C. trav., art. L. 7121-8 et L. 7123-6) ;

– la contrepartie financière de la clause de non-concurrence à laquelle est soumis le salarié, qui a une nature d'indemnité compensatrice de salaires[5], relève probablement également de la procédure de saisie des rémunérations du travail.

0941.42 Rémunérations saisissables selon les règles de la saisie-attribution. Les primes d'intéressement, proportionnées aux performances nouvelles et aux améliorations qualitatives dans l'entreprise, de même que les primes de résultats, dégagées à partir du résultat comptable annuel mais bloquées pendant cinq années ne sont pas soumises au régime des rémunérations (C. trav., art. L. 3312-4 et L. 3325-1)[6]. Il en va de même pour les sommes dues au salarié en application d'un accord de participation des salariés aux résultats de l'entreprise[7].

Il faut en déduire qu'elles ne peuvent pas faire l'objet d'une saisie des rémunérations[8] mais uniquement d'une saisie-attribution, à la condition, rarement satisfaite, que ces sommes soient dues par l'employeur au jour de la saisie[9].

0941.43 Éléments de rémunérations insaisissables et incessibles. Le saisissant prendra garde à ce qu'il ne peut appréhender :

– ni les cotisations obligatoires précomptées par l'employeur et versées par lui aux organismes de collecte compétents, la saisie des rémunérations s'effectuant sur le salaire net (C. trav., art. L. 3252-3, al. 1er – v. s^s n° 0941.131) ;

– ni du prélèvement à la source prévu à l'article 204 A du CGI. Cette disposition introduite par l'article 60, V de la loi n° 2016-1917[10] est entrée en vigueur le 1er janvier 2018 ;

– ni les sommes parfois versées en même temps que le salaire ou le traitement mais bénéficiant de l'insaisissabilité (v. s^s n°s 0941.64) ;

– ni les sommes versées à titre de remboursement de frais, ou d'indemnités pour charges de famille (C. trav., art. L. 3252-3, al. 3).

1. POUR UNE APPLICATION : Caen, 27 févr. 2001, *Juris-Data* n° 141687.
2. Soc. 9 mai 1953, P V, n° 355.
3. L. 24 août 1930, relative à la saisie-arrêt et à la cession des appointements, traitements et soldes des fonctionnaires civils et militaires, art. 1, *JO* 26 août, p. 9890 (mod. par Ord. 26 juin 1944, relative à la saisie-arrêt et cession des soldes militaires, *JO* 1er juill., p. 525).
4. V. Lescaillon, « La saisie des rémunérations des fonctionnaires », *Rev. huiss.* 1986, n° 1665, p. 337 – O. Salvat, « La saisie-arrêt entre les mains des comptables publics », *Gaz. Pal.* 1987. Doctr. 508 – Versailles, 7 mai 1985, *Gaz. Pal.* 1986. 1. 48, note O. Salvat – Bougrand, « Les contradictions de la procédure de saisie-arrêt sur les rémunérations des fonctionnaires », *Gaz. Pal.* 1986. Doctr. 365.
5. Soc. 17 mai 2006, n° 04-47.597, P V, n° 177 – Soc. 23 juin 2010, n° 08-70.233, P V, n° 145 ; *D.* 2010. 2540, obs. Y. Serra.
6. V. Rép. trav., v° *Épargne salariale*, par B. Derkiewicz et P. Maurin, sept. 2012 [actu. juill. 2020], n°s 297 s.
7. Soc. 1er févr. 2005, n° 02-14.452, NP.
8. EN CE SENS : Rép. min. Trav. n° 8543, *JOAN Q* 23 mai 1994, p. 2639.
9. TGI Saint-Omer, JEX, 2 déc. 1997, *Gaz. Pal.* 1999. 1. 109.
10. L. n° 2016-1917, 29 déc. 2016, de finances pour 2017, *JO* 30 déc., texte 1.

B. Débiteur en cessation provisoire ou définitive d'activité

0941.51 **Le débiteur se trouve en arrêt de maladie.** Le créancier peut faire saisir par saisie des rémunérations :

– les **indemnités journalières de maladie** (CSS, art. L. 323-5) ou celles **d'accident du travail** (CSS, art. L. 433-3) ;

– les **indemnités journalières de maternité** (CSS, art. L. 331-3) ; leur saisissabilité selon les quotités du Code du travail et non selon le droit commun n'est pas expressément prévue par ce code mais se déduit de leur assimilation habituelle aux indemnités pour maladie.

0941.52 **Le débiteur est au chômage, total ou partiel, provisoire ou définitif.** Le créancier peut faire saisir par saisie des rémunérations – et non par saisie-attribution de droit commun – les rappels de salaires et de congés payés restant dus par l'ex-employeur[1]. Le créancier pourra opérer par saisie des rémunérations, entre les mains des organismes compétents (France Travail[2] – le TGI de Lyon a interprété de manière large la notion de « *créance définitivement établie* »[3]) :

– les indemnités versées par France Travail (C. trav., art. L. 5428-1, qui concerne les indemnités de base des art. L. 5422-1 et L. 5423-1 C. trav. ; art. L. 5421-2 s. et celles pour réductions d'horaire ou chômage « technique » de l'art. L. 5122-1) ; les allocations complémentaires servies en cas de réduction d'horaire (C. trav., art. L. 3232-5, L. 3423-9 et L. 3232-6) ;

– les indemnités de chômage versées aux anciens salariés du secteur public[4] ou à ceux non couverts par les dispositions précitées du Code du travail ;

– les allocations « *intempérie* » dans le bâtiment (C. trav., art. L. 5424-14[5]) ;

– l'indemnité compensatrice de préavis que le salarié aurait dû percevoir pendant le délai-congé prévu par la loi ou la convention collective (C. trav., art. L. 1234-5) ;

– les indemnités de fin de contrat précaire (C. trav., art. L. 1243-8 et L. 1251-32), celle de rupture anticipée des contrats à durée déterminée (C. trav., art. L. 1251-26), celle de non-concurrence[6] (sur les autres indemnités de licenciement et indemnisations diverses qui ne sont pas des accessoires de la rémunération, v. s^s n° 0941.62) ;

– les allocations de reclassement et de reconversion professionnelle (C. trav., art. L. 5123-4).

0941.53 **Le débiteur est invalide ou retraité : principe de saisissabilité.** Le créancier peut faire saisir par saisie des rémunérations :

– les **pensions et rentes d'invalidité et de vieillesse servies au titre du régime général** (CSS, art. L. 341-5, L. 351-1 et L. 355-2). La saisie-attribution de droit commun a été expressément écartée tant pour les pensions d'invalidité par un arrêt de la Cour de cassation[7] que pour les pensions de vieillesse par un avis de la même Cour[8], au profit de la saisie des rémunérations, dès lors qu'un texte, en l'espèce l'article L. 355-2 du CSS, renvoie à la procédure de saisie des rémunérations du travail. Les hôpitaux et caisses de sécurité sociale peuvent cependant saisir ces pensions et rentes au-delà du barème de la saisie des salaires et jusqu'à 90 % de leur montant, pour le recouvrement des frais d'hospitalisation (CSS, art. L. 355-2) ;

– les **reversions de ces pensions au conjoint survivant** (assimilées aux dites pensions par CSS, art. L. 353-1) ;

– les pensions et rentes de vieillesse et les pensions d'invalidité des professions agricoles non salariées (C. rur., art. R. 732-149) ; celles des commerçants, industriels et artisans (CSS, art. L. 623-1 et 634-2) et avocats (CSS, art. L. 723-10, L. 723-14 et L. 723-22) ; celles des autres professions libérales (assimilation par CSS, art. L. 643-1), les pensions de retraite régies par le Code des pensions civiles et militaires de retraite (C. pens. retr., art. L. 56[9])[10] ;

– les **retraites complémentaires, imposées aux affiliés à la sécurité sociale** par les textes ou par des conventions collectives, et régies par le Code de la sécurité sociale (CSS, art. L. 922-7, al. 2, qui renvoie au régime des retraites de base de CSS, art. L. 355-2)[11] ;

– les **allocations de préretraite**, qui complètent une rémunération à temps partiel (C. trav., art. L. 5123-1 à L. 5123-6 et R. 5123-33) ;

1. Civ. 2e, 30 sept. 1999, n° 97-19.732, P II, n° 147 ; *D.* 2000. 250 ; *Rev. huiss.* 2000. 251.
2. Devenu France Travail le 1er janvier 2024 (mod. par L. n° 2023-1196, 18 déc. 2023, art. 6 (V)).
3. TGI Lyon, JEX, 7 déc. 1993, *D.* 1994. 126.
4. L. n° 79-1130, 28 déc. 1979, art. 12.
5. Mod. par L. n° 73-623, 10 juill. 1973, modifiant la loi n° 73-4 du 2 janvier 1973, relative au Code du travail, *JO* 11 juill., p. 7484.
6. Soc. 2 févr. 1972, n° 70-13.634, P V, n° 89.
7. Soc. 27 oct. 1994, n° 93-11.817, NP ; *D.* 1995. 30 ; *Gaz. Pal.* 1996. 1. Somm. 15, note Véron.
8. Cass., avis, 21 juill. 1995, n° 09-50.010, P, n° 11 ; *Gaz. Pal.* 1996. 1. 135, note Véron, avec une PREMIÈRE APPLICATION par les cours d'appel de Paris et de Rennes, annexée à la note – *Adde*, Bourges, 5 janv. 1998, *Juris-Data* n° 040079 – Paris, 4 sept. 1997, *Juris-Data* n° 022622.
9. Mod. par L. n° 2003-775, 21 août 2003, portant réforme des retraites, *JO* 22 août, p. 14310.
10. V. chron. Courtillat et Pansier, *Gaz. Pal.* 19 sept. 2003, p. 2.
11. POUR DES APPLICATIONS : Civ. 2e, 16 mars 2000, n° 98-18.728, P II, n° 50 ; *D.* 2000. 109 – Versailles, 1re ch., 2e sect., 25 sept. 1998, *Rev. huiss.* 1999. 295.

– l'**allocation de vieillesse des non-salariés** (CSS, art. L. 634-1 s. ou L. 643-1) ;

– les **allocations supplémentaires du Fonds national de solidarité** (CSS, art. L. 815-9 et L. 815-10), qui adoptent le régime de saisissabilité des émoluments qu'elles viennent compléter ;

– les **rentes viagères d'invalidité, civiles et militaires servies par l'État** (C. pens. retr., art. L. 56), sont saisissables et cessibles dans les conditions de droit commun. La majoration spéciale prévue à l'article L. 5552-43 C. transports est toutefois insaisissable, sauf pour le paiement des frais d'entretien du bénéficiaire, des rémunérations dues aux personnes assurant son assistance ou des cotisations sociales.

Par dérogation, la saisie peut s'élever à la totalité de la pension, réserve faite d'une somme d'un montant égal au tiers du minimum garanti par l'article 17, lorsque cette saisie a pour objet d'exécuter les condamnations à des réparations civiles ou aux frais dus à la victime au titre de l'article 375 C. pr. pén. et que ces condamnations ont été prononcées à l'encontre d'une personne qui a été jugée coupable de crime ou complicité de crime contre l'humanité.

– les **pensions de retraite servies aux marins** ne sont saisissables ou cessibles que dans les conditions de droit commun (C. transp., art. L. 5552-43).

0941.54 **Retraites, rentes et pensions exclues des barèmes de quotités saisissables ou cessibles et des procédures du Code du travail :**

– Logiquement, la retraite n'étant pas un salaire, elle ne peut faire l'objet d'une saisie des rémunérations du travail. La Cour de cassation en avait posé le principe[1]. Ce principe est devenu l'exception du fait de la généralisation de textes renvoyant au Code du travail pour la cession et la saisie des retraites[2]. La pension de retraite, qui a la même nature alimentaire que le salaire, bénéficie ainsi de la même protection. Le créancier qui souhaite saisir une pension de retraite qui ne bénéficie pas de renvoi au Code du travail de ce type doit utiliser la procédure de saisie-attribution.

– Les pensions attribuées en application du Code des pensions militaires d'invalidité et des victimes de la guerre sont incessibles et insaisissables, excepté dans les cas de débet envers l'État, les services locaux des pays d'outre-mer ou pour les créanciers privilégiés aux termes de l'article 2331 C. civ. et dans les circonstances prévues par les articles 203, 205, 206, 207 et 214 du même code et sauf application des dispositions prévues par l'article 3 de la loi du 9 avril 1918 (C. pens. mil., art. L. 105).

1. Civ. 2e, 23 oct. 1991, no 90-13.120, P II, no 282.
2. Décr. no 2008-639, 30 juin 2008, relatif au régime spécial de retraite du personnel de la Société nationale des chemins de fer français, *JO* 1er juill., p. 10565.

0941.55 **Sommes dues à titre de salaire alors que le contrat de travail a cessé.** La Cour de cassation a retenu que la saisie des rémunérations dues par un employeur était soumise aux dispositions du Code du travail que le contrat de travail soit ou non en cours d'exécution[3]. La saisie des rémunérations est liée à la nature de salaire de la créance et pas uniquement au lien de droit unissant le débiteur au tiers saisi lorsque la saisie est pratiquée. Dès lors, le créancier qui souhaite saisir une créance de nature salariale doit déposer une requête en saisie des rémunérations du travail, peu important que le contrat de travail soit en cours ou non.

C. Indemnités et allocations indépendantes du travail fourni

0941.61 **Énoncé.** Certaines sommes sont exclues du champ d'application de la procédure parce qu'elles représentent un minimum vital ou bien l'indemnisation d'un préjudice distinct du travail fourni. Dans certains cas, une saisissabilité partielle est réservée à des créanciers bien déterminés. Dans d'autres cas au contraire, la somme est saisissable ou cessible selon le droit commun, donc sans le bénéfice des quotités avantageuses de la saisie des rémunérations.

0941.62 **Indemnités et allocations totalement insaisissables et incessibles.** Il s'agit :

– des indemnités versées par l'employeur à titre de **remboursement de frais exposés et avancés par le salarié** : indemnités de frais de déplacement, de frais de salissure, *etc.* (C. trav., art. L. 3252-3, al. 3) ; le salarié doit être en mesure de prouver qu'il a avancé la somme remboursée, à défaut de quoi il s'agirait d'une rémunération déguisée saisissable[4] ;

– des **sommes dues au marin** pour frais médicaux et pharmaceutiques et pour rapatriement ou conduite (C. transp., art. L. 5544-58) ainsi que des sommes dues au **personnel aérien** pour frais médicaux ou pharmaceutiques, frais de logement, de subsistance et de rapatriement du lieu d'engagement (C. transp., art. L. 6523-11) ;

– des **allocations ou indemnités pour charges de famille** versées par l'employeur et ne correspondant pas à une rémunération du fait qu'elles ne dépendent que de la situation de famille du travailleur (C. trav., art. L. 3252-3, al. 3 – Décr. no 74-37, 18 janv. 1974, art. 1er, pour les fonctionnaires) ;

– du **capital-décès versé par la caisse de sécurité sociale** (CSS, art. L. 361-5) qui a un caractère indem-

3. Cass., ass. plén., 9 juill. 2004, no 02-21.040, P, no 11 ; *D.* 2004. 3161, note A. Bugada ; *RTD civ.* 2004. 779, note R. Perrot.
4. POUR UNE APPLICATION : Soc. 3 juill. 1946, *Gaz. Pal.* 1946. J. 157.

nitaire et ne peut être assimilé à un reliquat de salaire[1] ; ce capital est cependant saisissable ou cessible pour répétition de l'indu ;

– des **rentes d'accident du travail** (CSS, art. L. 434-18) **et capitaux** pour incapacité inférieure à dix pour cent (CSS, art. L. 434-1 et R. 434-1) ;

– des **primes de départ aux agriculteurs en difficulté**[2] ;

– des **pensions servies aux victimes de guerre** (C. pens. mil., art. L. 105).

0941.63 Indemnités saisissables ou cessibles selon le droit commun. Il s'agit :

– de **l'indemnité de licenciement** (prévue par C. trav., art. L. 1234-9, ou par une convention collective ou par négociation individuelle), que le licenciement soit abusif ou non, du fait que cette indemnité répare un préjudice causé à la personne licenciée[3] ; le même régime est réservé pour les mêmes raisons aux dommages-intérêts pour rupture abusive du contrat de travail[4] ainsi qu'aux indemnités de clientèle des VRP[5] ;

– de **l'indemnisation pour accident** versée par l'employeur pour les chefs de préjudice que ne garantit pas la Sécurité sociale (préjudices strictement personnels[6]).

0941.64 Prestations sociales et pensions alimentaires (v. s^{s} n°s 0141.131 à 0141.136). Pour ces sommes, en principe insaisissables, les rares créanciers admis à faire saisir doivent opérer selon le droit commun (saisie-attribution ou paiement direct selon les cas). Il s'agit :

– des **rentes et pensions versées au titre d'une obligation alimentaire** sauf si la saisie est intentée par un créancier alimentaire ou un fournisseur d'aliments[7] ;

– des **prestations familiales** visées à l'article L. 511-1 du CSS : la prestation d'accueil du jeune enfant, les allocations familiales, le complément familial, l'allocation logement, l'allocation d'éducation de l'enfant handicapé, l'allocation de soutien familial, l'allocation de rentrée scolaire, l'allocation journalière de présence parentale. Elles sont toutes en principe insaisissables et incessibles en application de l'article L. 553-4 du CSS. Mais elles sont susceptibles de « *récupération par retenues* » dans des proportions réduites (CSS, art. D. 553-1) pour répétition de l'indu (CSS, art. L. 553-2) ; en outre, la saisissabilité est admise pour le recouvrement des prestations indûment versées à la suite d'une fraude ou d'une fausse déclaration de l'allocataire (CSS, art. L. 553-4 – v. s^{s} n°s 0941.11 s.).

La plupart d'entre elles, enfin, sont cessibles ou saisissables pour le paiement des dettes alimentaires prévues à l'article 203 C. civ. Bien entendu, la notion de dettes alimentaires s'entend strictement, notamment lorsque le saisissant intervient par voie oblique (pour des développements consacrés au paiement direct, v. s^{s} n°s 0952.04 s.).

– de l'**allocation personnalisée au logement** qui est insaisissable et incessible en application de l'article L. 351-9 du CCH, mais qui peut toutefois, sous certaines conditions, être versée directement au bailleur ou au prêteur immobilier. Il en va de même pour l'allocation logement (CSS, art. L. 835-2) ;

– de l'**allocation aux adultes handicapés** (CSS, art. L. 821-5) et de l'allocation compensatrice instituée par l'article L. 245-8 du CASF[8] ;

– du **revenu de solidarité active**, lui-même insaisissable (CASF, art. L. 262-48) ;

– l'aide personnalisée de retour à l'emploi (C. trav., art. L. 5133-8).

D. Rémunérations versées sur un compte bancaire

0941.71 Report d'insaisissabilité. (v. s^{s} n° 0141.161). Le principe de fongibilité des sommes portées au crédit d'un compte bancaire ou postal fait perdre auxdites sommes le bénéfice d'une éventuelle insaisissabilité. Si ce principe devait jouer sans nuance, il suffirait au créancier poursuivant d'attendre chaque mois l'encaissement des rémunérations ou allocations pour échapper aux barèmes de la saisie des rémunérations ou aux règles d'insaisissabilité. C'est pourquoi l'article L. 112-4 C. pr. exéc. a prévu un « *report d'insaisissabilité* », c'est-à-dire un mécanisme de mise à disposition des fractions insaisissables, sur demande du titulaire du compte, mois par mois[9, 10] L'étude de ce mécanisme relève de celle de la saisie-attribution de droit commun ou de celle du paie-

1. Douai, 17 janv. 1962, *Gaz. Pal.* 1962. 1. 213.
2. L. n° 94-114, 10 févr. 1994, portant diverses dispositions concernant l'agriculture, art. 35, *JO* 11 févr.
3. Soc. 9 mars 1957, *D.* 1958. 91, note Brèthe de la Gressaye ; *JCP* 1957. II. 10312 – Soc. 5 févr. 1958, *JCP* 1958. II. 10441 – Douai, 10 nov. 1993, *Gaz. Pal.* 1994. 2. Somm. 818 – PLUS RÉCEMMENT : Paris, 8e ch. D, 10 nov. 1998, *Gaz. Pal.* 2000. 1. Somm. 874.
4. Rennes, 15 mai 1951, *JCP* 1952. II. 7110.
5. Civ. 6 juill. 1939, *DC* 1941. 33, note Pic.
6. Civ. 2e, 23 nov. 1983, n° 79-10.772, P II, n° 188 ; *JCP* 1985. II. 14475, note Y. Chartier ; *Gaz. Pal.* 1984. 1. 157.
7. L. n° 91-650, 9 juill. 1991, portant réforme des procédures civiles d'exécution, art. 14, 2°, *JO* 14 juill., p. 9228.
8. POUR UNE APPLICATION : Civ. 2e, 11 mai 2000, n° 98-11.696, P II, n° 78 ; *D.* 2000. 166 ; *RTD civ.* 2000. 641, obs. R. Perrot.
9. POUR UN EX. D'APPLICATION : Rennes, 21 oct. 1993, *BICC* 1er févr. 1994, p. 35 ; *Ann. loyers* 1994. 1321.
10. G. Taormina, « La protection des sommes insaisissables et les apports du décret n° 2002-1150 du 11 septembre 2002 », *D.* 2003. 1848.

ment direct sur compte bancaire (v. s^s n°s 08.05 s. et s^s n° 0952.77 – Sur les solutions lorsque les rémunérations sont versées sur un compte joint qui reçoit aussi les salaires d'un tiers, v. s^s n° 0141.201). En revanche, les rémunérations versées sur un compte bancaire peuvent faire l'objet d'une saisie conservatoire, les dispositions de l'article L. 3252-7 C. trav.[1] ne leur étant pas applicables.

E.
Revenus du conjoint du débiteur

0941.81 Régime matrimonial des salaires – Rappel. L'article 220 C. civ. instaure une solidarité entre époux pour les dettes résultant de contrats ayant pour objet l'entretien du ménage ou l'éducation des enfants, sauf exceptions[2]. Les rémunérations de l'un ou l'autre des époux peuvent donc être saisies pour servir une dette de cette nature après obtention d'un titre exécutoire.

En outre, pour les époux mariés sous le régime légal, les biens communs servent de gage aux créanciers même pour les dettes nées du chef d'un seul époux, et sauf récompense lors de la liquidation du régime matrimonial. Or, les gains et salaires constituent en principe des biens communs. La loi a donc prévu (C. civ., art. 1414) un aménagement : les salaires restent à l'abri des poursuites des créanciers propres du conjoint, sauf si l'obligation a été contractée pour l'entretien du ménage ou pour l'éducation des enfants. Le débat sur la nature de la dette n'aura cependant pas lieu devant le juge à qui est déférée une demande de saisie des rémunérations : la Cour de cassation exige que le caractère commun de la dette soit établi par la production d'un titre exécutoire visant les deux époux[3].

SECTION 3
LIMITES AU DROIT D'EXÉCUTER

0941.90 Plan. Historiquement, la saisie des rémunérations est née d'un postulat général d'insaisissabilité, peu à peu aménagé ou entamé. Il reste de cette évolution un principe d'interprétation des textes en faveur du salarié-débiteur et en défaveur du créancier poursuivant. Plusieurs aspects secondaires de ce principe ont été examinés (v. s^s n°s 0941.20 s.), au sujet des rémunérations et sommes saisissables (§ 2). Mais pour l'essentiel, la limitation des droits du créancier implique qu'il ne puisse pas mettre en œuvre des voies d'exécution plus productives, et que, en outre, une part significative des rémunérations soit laissée au travailleur (§ 1) afin qu'il puisse subvenir à ses besoins vitaux et à ceux de sa famille.

§ 1
Prohibition des saisies de droit commun sur les rémunérations ; créances de l'employeur

0941.101 Principe et exceptions. Lorsque les rémunérations du travail peuvent faire l'objet d'une saisie des articles L. 3252-1 s. C. trav., selon ce qui a été dit aux paragraphes précédents, aucune autre voie d'exécution ne peut être pratiquée sur la rémunération concernée puisqu'aucune d'entre elles ne protégerait autant le débiteur. Cette **exclusivité de la saisie des rémunérations** s'applique particulièrement à la saisie-attribution de droit commun (sur le report d'insaisissabilité en cas de saisie de compte bancaire, v. s^s n° 0941.71 – à propos de la prohibition de la saisie conservatoire, v. s^s n° 0941.13).

Il existe cependant plusieurs exceptions au principe d'exclusivité (à propos du paiement direct des pensions alimentaires, v. s^s n° 0952.313 – à propos des cessions de salaires, v. s^s n°s 0945.04 s. – à propos des sommes assimilées à des rémunérations sauf pour le régime de la saisie, v. s^s n°s 0941.42, 0941.54 et 0941.63).

Réciproquement, lorsque la saisie des rémunérations est possible, le créancier ne peut pas recourir à la saisie-vente sur les meubles meublants si sa créance n'est pas alimentaire ou bien ne dépasse pas 535 euros en principal (C. pr. exéc., art. R. 221-2 – sur les saisies mobilières à fin de vente du bien, v. s^s n°s 071.05 s.).

Bien entendu, l'exclusivité de la saisie des rémunérations ne s'oppose pas à la saisie-attribution des comptes bancaires ou postaux, réceptionnaires des dites rémunérations (sur le report d'insaisissabilité, v. s^s n° 0941.71 – et sur l'hypothèse de concours, v. s^s n° 0944.41).

0941.102 Retenues opérées par l'employeur lorsqu'il est lui-même créancier du salarié. Les articles L. 3251-1 à L. 3251-4 C. trav. réservent ce mécanisme de compensation à des créances bien déterminées, en dehors desquelles la saisie ordinaire des rémunérations est seule possible (ainsi pour des acomptes sur salaire, C. trav., art. L. 3251-3) : la fourniture des outils et instruments nécessaires au travail ; la fourniture des matériaux dont le salarié a la charge et l'usage ; les sommes avancées pour l'acquisition des mêmes objets. Le prélèvement ne doit pas dépasser le dixième du salaire exigible ; mais il s'opère sur la fraction non saisissable des rémunérations et

1. Abrogé par L. n° 2023-1059, 20 nov. 2023, art. 47 (V) (*applicable à compter du 1er juill. 2025*).
2. V. M. Grimaldi (dir.), Dalloz action *Droit patrimonial de la famille*, 2021/2022, n°s 111.01 s., par B. Vareille.
3. Civ. 2e, 28 oct. 1999, n° 97-20.071, P II, n° 163 ; *JCP* 2002. I. 103, obs. Ph. Simler.

peut ainsi entrer en concours avec une saisie des rémunérations.

Le salarié ne peut pas renoncer par avance aux règles de compensation entre le salaire et la créance de l'employeur[1].

La compensation de plein droit entre le salaire et une dette du salarié obéit, quant à elle, à l'article 1347-1 C. civ. (C. civ., anc. art. 1291) : certitude, liquidité, exigibilité de la créance. Elle doit en toute hypothèse préserver les quotités insaisissables ou relativement insaisissables[2]. De même, l'employeur qui fait l'objet d'une saisie-attribution de la part d'un salarié ne peut se prévaloir de la compensation de plein droit prévue par l'article 1347 C. civ. (C. civ., anc. art. 1289 et 1290), que dans la limite de la fraction saisissable du salaire[3].

Un mécanisme comparable existe aux dépens des agents de l'État et autres personnes publiques[4] ; il s'applique pour toutes sortes d'avances à compenser (qu'on distinguera bien des précomptes, prévus par les textes, et des acomptes, avancés sur la paie mensuelle) mais est cantonné à la part totalement saisissable du traitement[5]. L'interdiction de compensation prévue par l'article L. 3251-1 C. trav. s'applique également à l'indemnité de congés payés qui a la nature de salaire[6].

La violation de ces règles par l'employeur constituerait un trouble manifestement illicite et ouvrirait droit à répétition de l'indu[7].

L'article L. 3251-3 C. trav. permet en outre à l'employeur d'opérer des retenues de salaires pour les avances en espèces qu'il a faites, mais dans la limite de 1/10e du montant des salaires exigibles. La retenue alors opérée ne se confond pas avec la partie saisissable ou cessible. Notons que les acomptes sur un travail en cours ne sont pas considérés comme des avances (C. trav., art. L. 3251-3, al. 3).

C'est ainsi que le trop-perçu, dans le cadre d'une modulation du temps de travail avec lissage de la rémunération, doit être regardé comme une avance et ne peut dès lors donner lieu à une retenue excédant le dixième du salaire exigible[8].

Par ailleurs, l'employeur, qui aurait omis de procéder aux retenues à la suite de la notification d'une saisie des rémunérations du travail et qui a fait l'objet d'une ordonnance de contrainte, ne peut exercer son recours contre le salarié-débiteur qu'après mainlevée de la saisie (C. trav., art. L. 3252-10, al. 3[9]).

Notons enfin que la responsabilité pécuniaire d'un salarié à l'égard de son employeur ne peut résulter que de sa **faute lourde**, même en ce qui concerne le droit à compensation prévu par l'article L. 3251-2 C. trav.[10] Cette faute lourde est définie très strictement, elle est caractérisée par l'intention du salarié de nuire à l'employeur, laquelle implique la volonté du salarié de lui porter préjudice dans la commission du fait fautif et ne résulte pas de la seule commission d'un acte préjudiciable à l'entreprise[11]. Le salarié ne doit en aucune manière supporter le risque d'entreprise.

§ 2
Quotités saisissables

0941.110 Principe des fractions légales et réglementaires. Plan. En raison de leur caractère vital et symbolique, déjà relevé en introduction, les rémunérations ne sont pas saisissables en totalité, comme le seraient des comptes bancaires ou postaux ou des loyers. Le caractère alimentaire de ces rémunérations est présumé par la loi ; il est aménagé en trois paliers : une portion totalement insaisissable, sorte de minimum vital ; une portion relativement insaisissable, qui évite à certains créanciers privilégiés le concours avec les autres (A) ; enfin, la fraction totalement saisissable, qui fait encore l'objet d'amodiations pour charges de famille. La présomption ici évoquée est irréfragable : le créancier poursuivant ne pourrait obtenir davantage en démontrant que le débiteur a d'autres moyens de subsistance que ses rémunérations. Par suite, le juge n'a pas à définir, en ordonnant la saisie, la fraction des sommes saisissables[12] (B). De même, il ne saurait procéder à un « *cantonnement* » de la saisie pour diminuer la rigueur de ses effets[13]. On notera que l'équation entre besoins alimentaires et rémunérations du travail est également proposée pour les saisies de droit commun, par l'article R. 112-4 C. pr. exéc. (C).

A.
Fractions insaisissables

0941.121 Fraction totalement insaisissable. L'article L. 3252-3 C. trav. dispose que « *pour la détermination de la fraction insaisissable, il est tenu compte*

1. Soc. 8 juill. 2015, nº 13-25.681, P V, nº 146.
2. Soc. 16 mars 1962, P V, nº 299 ; *Dr. sociétés* 1962. 573, note R. Savatier.
3. Civ. 2e, 9 nov. 2006, nº 05-14.635, P II, nº 317 – Soc. 15 janv. 2014, nº 12-19.739, NP.
4. CE 13 févr. 1942, *Lebon* T. 43.
5. CE 20 janv. 1989, req. nº 76628, NP ; *D.* 1989. 523, note Plouvin ; *Dr. adm.* 1989, nº 115.
6. Soc. 18 sept. 2013, nº 12-17.171, NP.
7. Soc. 21 mars 2000, nº 99-40.003, P V, nº 118 ; *D.* 2000. 117.
8. Soc. 3 nov. 2011, nº 10-16.660, P V, nº 252.
9. Abrogé par L. nº 2023-1059, 20 nov. 2023, art. 47 (V) (*applicable à compter du 1er juill. 2025*).
10. Soc. 20 mai 2008, nº 05-42.009, NP ; *JCP S* nº 37, p. 1467, obs. Brissy.
11. Soc. 8 févr. 2017, nº 15-21.064, P V, nº 22 ; *RDT* 2017. 163, note A. Moulinier.
12. Civ. 2e, 26 mars 1997, nº 95-10.213, P II, nº 98 – Civ. 2e, 16 déc. 2004, nº 03-11.803, P II, nº 535.
13. Versailles, 1re ch., 3 nov. 2000, *Gaz. Pal.* 2001. 1. Somm. 598.

du montant de la rémunération, de ses accessoires ainsi que de la valeur des avantages en nature, après déduction des cotisations et contributions sociales obligatoires, et de la retenue à la source prévue à l'article 204 A du Code général des impôts ». Un second alinéa définit une fraction absolument insaisissable du salaire : « *Il est en outre tenu compte d'une fraction insaisissable égale au montant forfaitaire mentionné à l'article L. 262-2 du Code de l'action sociale et des familles applicable à un foyer composé d'une seule personne.* ». Il s'agit de laisser au débiteur, une portion de son salaire que l'on peut appeler un minimum vital. Lorsque l'audience révèle que le revenu est inférieur au RSA, le juge peut rejeter directement la demande de saisie en raison de l'insaisissabilité révélée à l'audience. Toutefois, en cas de défaut de comparution du débiteur, cette insaisissabilité n'est révélée que par la déclaration affirmative du tiers saisi. Le greffe doit alors soumettre la difficulté au juge qui, après un débat contradictoire permettant aux créanciers de vérifier le contenu de la déclaration affirmative, et le cas échéant de signaler l'existence d'autres ressources permettant alors l'application de l'article R. 3252-40 (v. s^s n° 0941.141). Au terme du débat, le juge pourra, soit donner mainlevée de la saisie en cas de revenus inférieurs au RSA, soit la maintenir si ceux-ci sont supérieurs. Il est donc nécessaire de préciser la date d'exigibilité de chacun des termes de pension alimentaire impayés afin de déterminer le régime de la procédure applicable, ainsi que son assiette.

Cette fraction insaisissable échappe même au liquidateur d'un salarié en liquidation judiciaire[1].

0941.122 **Fraction relativement insaisissable.** L'accès à cette fraction de la rémunération est réservé au paiement direct des pensions alimentaires (C. trav., art. L. 3252-5, al. 1er – C. pr. exéc., art. L. 213-1 – v. s^s n°s 0952.167 et 0952.181). On notera qu'une saisie des rémunérations est possible en matière d'aliments échus plus de six mois avant la saisie ; dans ce cas, la saisie des rémunérations ne peut pas porter sur la fraction relativement insaisissable mais uniquement sur la fraction saisissable.

Conformément aux articles L. 3252-5 et R. 3252-5 C. trav., la somme laissée dans tous les cas à la disposition du salarié est égale au montant forfaitaire mentionné à l'article L. 262-2 du CASF, fixée pour un foyer composé d'une seule personne.

L'article L. 3252-5 C. trav. précise que le paiement de la créance alimentaire doit être imputé d'abord sur la fraction relativement saisissable et, s'il y a lieu – c'est-à-dire si le créancier n'est pas rempli de ses droits sur la fraction relativement saisissable – sur la fraction insaisissable (sur le concours entre paiement direct et saisie des rémunérations, v. s^s n° 0952.183).

1. Civ. 2e, 13 avr. 2010, n° 08-19.074, P II, n° 78 ; *D.* 2010. 1072 ; *D.* 2011. 1509, obs. A. Leborgne ; *RTD com.* 2010. 794, obs. J.-L. Vallens.

B. Aménagements de la fraction saisissable

0941.131 **Base et charges.** Le calcul de la quotité saisissable doit être effectué, sur la base du montant de la rémunération, augmentée le cas échéant de ses accessoires et de la valeur des avantages en nature, lorsqu'ils sont saisissables (v. s^s n°s 0941.41 s.) et déduction faite des cotisations obligatoires (C. trav., art. L. 3252-3, al. 1er) de la retenue à la source de l'impôt sur le revenu et des contributions sociales obligatoires. Sur ce second point, il faut insister sur la lettre de l'article L. 3252-3 alinéa 1er. Non seulement la saisie ne porte pas sur les cotisations précomptées par l'employeur (v. s^s n° 0941.43), mais les cotisations et contributions sociales obligatoires non précomptées (par ex. : la CSG pour certains salariés du secteur privé) seront aussi déduites de la base de calcul, ce qui dégagera un « salaire net » inférieur à celui qui est effectivement versé au débiteur par son employeur. En revanche (v. s^s n° 0941.41) les cotisations facultatives (pour une retraite complémentaire, pour une mutuelle, *etc.*) sont saisissables ; elles doivent donc être incluses dans l'assiette de la saisie des rémunérations, à la différence des cotisations non contractuelles.

Le calcul doit être fait selon les proportions de l'article R. 3252-2 qui prévoit sept tranches à taux de saisie variant entre 5 et 100 % de fractions de la rémunération annuelle, prévues par décret (v. s^s n° 0941.132).

Ces tranches de rémunération à prendre en considération varient à leur tour lorsque le débiteur a à sa charge une personne ou plusieurs. La liste des personnes à charge à prendre en considération pour la variation des seuils est donnée, de manière limitative, dans l'article R. 3252-3 C. trav., qui vise :

– le conjoint ou le concubin du débiteur, dont les ressources personnelles sont inférieures au montant du revenu de solidarité active (sans correctifs : ce montant est le même pour tous les débiteurs saisis) tel qu'il est mentionné à l'article L. 262-2 du CASF (v. s^s n° 0941.121) ;

– tout enfant ouvrant droit aux prestations familiales en application des articles L. 512-3 et L. 512-4 du CSS et se trouvant à la charge effective et permanente du débiteur au sens de l'article L. 513-1 du même code. Est également considéré comme étant à charge tout enfant à qui ou pour le compte de qui le débiteur verse une pension alimentaire. Puisque le débiteur qui n'héberge pas ses enfants connaît ce sort favorable, celui qui en a la garde effective peut se prévaloir de leur charge intégrale même si son conjoint partage en fait le poids financier de l'éducation quotidienne : une fratrie n'est pas, pour les besoins d'une saisie des rémunérations, répartie entre les parents ;

– l'ascendant dont les ressources personnelles sont inférieures au montant du revenu de solidarité active tel qu'il est mentionné à l'article L. 262-2 du CASF et qui habite avec le débiteur ou auquel le débiteur verse une pension alimentaire. Les alliés (C. civ., art. 206) ne sont pas pris en considération.

Dans la mesure où les proportions dans lesquelles doit être faite la saisie sont fixées par la loi, le juge n'est pas tenu, en l'absence de contestation sur ce point, de préciser cette proportion dans sa décision[1].

0941.132 Récapitulatif. Dès lors, le montant des prélèvements est calculé selon le tableau suivant, à jour du décret du 30 décembre 2024[2]. La lettre « T » indique la tranche de rémunération mensuelle à laquelle est appliqué le taux de 5 à 100 % ; les lettres « PM » indiquent le prélèvement maximal auquel aboutit le calcul réglementaire.

Les proportions dans lesquelles les rémunérations sont saisissables sont fixées en tenant compte des rémunérations annuelles. Par commodité – l'employeur étant tenu d'adresser tous les mois au secrétariat-greffe du tribunal judiciaire une somme égale à la fraction saisissable du salaire –, le tableau ci-dessous présente les tranches de rémunérations mensuelles saisissables.

0941.132-1 Récapitulatif du montant des prélèvements sur les rémunérations du travail.

Seront prélevés	Situation : aucune personne à charge, avec rémunération de :	Situation : une personne à charge, avec rémunération de :	Situation : deux personnes à charge, avec rémunération de :	Situation : trois personnes à charge, avec rémunération de :
• sur la 1re tranche : 1/20e	T jusqu'à 370 PM 18,50	T jusqu'à 513,33 PM 25,67	T jusqu'à 656,66 PM 32,83	T jusqu'à 799,99 PM 39,99
• sur la 2e tranche : 1/10e	T 370 à 721,67 PM 53,67	T 513,33 à 865 PM 60,84	T 656,66 à 1008,33 PM 68	T 799,99 à 1151,66 PM 75,16
• sur la 3e tranche : 1/5e	T 721,67 à 1074,17 PM 124,17	T 865 à 1217,50 PM 131,34	T 1008,33 à 1360,83 PM 138,50	T 1151,66 à 1504,16 PM 145,66
• sur la 4e tranche : 1/4	T 1074,17 à 1424,17 PM 211,67	T 1217,50 à 1567,50 PM 218,84	T 1360,83 à 1710,83 PM 226	T 1504,16 à 1854,16 PM 233,16
• sur la 5e tranche : 1/3	T 1424,17 à 1775 PM 328,61	T 1567,50 à 1918,33 PM 335,78	T 1710,83 à 2061,66 PM 342,94	T 1854,16 à 2204,99 PM 350,10
• sur la 6e tranche : 2/3	T 1775 à 2133,33 PM 567,50	T 1918,33 à 2276,66 PM 574,66	T 2061,66 à 2419,99 PM 581,82	T 2204,99 à 2563,32 PM 588,99
• au-delà de la 6e tranche : totalité	2133,33 et plus PM 567,50 (et la totalité des sommes au-delà de 2133,33)	2276,66 et plus PM 574,66 (et la totalité des sommes au-delà de 2276,66)	2419,99 et plus PM 281,82 (et la totalité des sommes au-delà de 2419,99)	2563,32 et plus PM 588,99 (et la totalité des sommes au-delà de 2563,32)

0941.132-2 Exemples chiffrés.

EXEMPLE 1

Le débiteur saisi est célibataire. Son salaire net (selon la définition donnée au nº précédent) des douze derniers mois a été de 16 440 euros, soit 1 370 euros par mois. Le montant du prélèvement sera de 198,13 euros (14,46 % du revenu ; solde disponible mensuel de 1171,87 euros).

EXEMPLE 2

Le débiteur saisi a perçu 12 000 euros « nets » dans les douze derniers mois, soit 1 000 euros par mois, et a un enfant à charge ; son épouse travaille et gagne plus que le RSA, elle n'est donc pas à charge au sens de l'article R. 3252-2. Le débiteur est concerné par les trois premières tranches réglementaires, à savoir les deux premières entièrement (jusqu'à 60,84 euros) et la troisième pour le surplus. Le montant du prélèvement sera de 60,84 euros au titre des deux premières tranches, et de 27 euros pour la troisième tranche (1/5), soit 87,84 euros au total (8,78 % du revenu ; solde disponible de 456,08 euros par mois et par personne à charge).

EXEMPLE 3

Le débiteur saisi a perçu 45 600 euros « nets » dans les douze derniers mois, soit 3 800 euros par mois. Son épouse gagne comme vacataire, 250 euros par mois – soit moins que le RSA – et ils ont deux enfants, ce qui réglementairement, constitue la charge de trois personnes. Ce débiteur est concerné par les sept tranches de rémunération prévues par le Code du travail : par la totalité des six premières tranches (jusqu'à 2563,32 euros) et par la septième tranche pour le surplus (soit 1 236,68 euros). Le prélèvement sera de 588,99 euros au titre des six premières tranches, et de 1 236,68 euros au titre de la septième, soit un total de 1 825,67 euros (48,04 % du revenu ; solde disponible mensuel de 658,11 euros par personne à charge).

1. Civ. 2e, 16 déc. 2004, nº 03-11.803, P II, nº 535 ; *D.* 2005. IR 246.
2. Décr. nº 2024-1231, 30 déc. 2024, révisant le barème des saisies et cessions des rémunérations, *JO* 31 déc., texte 30.

C. Calcul des fractions en cas de pluralité d'employeurs

0941.141 **Problématique.** Les articles L. 3252-4[1] et R. 3252-40[2] C. trav. prévoient le cas où le débiteur perçoit des rémunérations de plusieurs employeurs. Dans cette hypothèse, la fraction saisissable est calculée sur l'ensemble des rémunérations. Ce principe rend difficile l'application des règles concernant les différentes fractions insaisissable et saisissable, dans la mesure où elles devraient être observées par plusieurs employeurs. La loi laisse donc au juge toute liberté pour faciliter la saisie, notamment en faisant imputer sur une seule des rémunérations la totalité de la saisie (v. s[s] n° 0942.111).

1. Abrogé par L. n° 2023-1059, 20 nov. 2023, art. 47 (V) (*applicable à compter du 1er juill. 2025*).
2. Abrogé par Décr. n° 2025-125, 12 févr. 2025, art. 2 (*applicable à compter du 1er juill. 2025*).

CHAPITRE

0942. Mise en œuvre de la saisie

contribution de :
PHILIPPE FLORES*
CONSEILLER À LA COUR DE CASSATION
actualisée par :
KEVIN LECLERE VUE
MAGISTRAT

SECTION 0
ORIENTEUR

0942.00 Sommaire du chapitre.

sect. 1 Compétence matérielle
§ 1 Juge
§ 2 Greffe et régie d'avances et de recettes
§ 3 Rôle et rémunération du commissaire de justice
sect. 2 Compétence territoriale
sect. 3 Procédure dénuée d'incidents
§ 1 Formes et effets de la requête – Représentation et assistance
§ 2 Audience de conciliation
A. Forme et délai de la convocation
B. Déroulement de l'audience
§ 3 Suites de l'audience
sect. 4 Incidents
§ 1 Cas de la pluralité d'employeurs
§ 2 Pluralité de créanciers saisissants
§ 3 Contestations élevées postérieurement à l'audience de conciliation
sect. 5 Modifications et cessation de la saisie
§ 1 Changement d'employeur
§ 2 Concours de la saisie des rémunérations avec d'autres voies d'exécution privilégiées
§ 3 Changement de résidence du débiteur
§ 4 Mainlevée de la saisie
§ 5 Situation de surendettement

Division. La mise en œuvre de la saisie des rémunérations du travail suppose un juge compétent (sect. 1 et 2). Cette mise en œuvre peut suivre une procédure sans incident (sect. 3) ou avec incidents (sect. 4). Enfin, la saisie peut connaître des modifications ou une cessation (sect. 5).

* Auteur de cette contribution de la 5e à la 10e édition incluse.

Réforme. Les grands axes de la réforme seront présentés dans chacune des rubriques pertinentes du présent chapitre et signalés par le pictogramme ► suivi de **Réforme applicable à partir du 1er juillet 2025**.

0942.01 Textes applicables.

• **C. pr. exéc.,** art. L. 111-3, L. 121-1 à L. 121-4, L. 143-2, L. 1521-1 et L. 152-2, R. 121-5 à R. 121-22 et R. 221-2.

• À COMPTER DU 1ER JUILLET 2025 **: C. pr. exéc.,** art. L. 212-2[1] à L. 212-4[2], L. 212-6[3] à L. 212-9[4], L. 212-13[5] ; R. 212-1-1[6] à R. 212-1-3[7] ; R. 212-1-5[8] à R. 212-1-7[9] ; R. 212-1-10[10] à R. 212-1-16[11] ; R. 212-1-31[12] à R. 212-1-32[13] ; R. 212-1-38[14].

1. Mod. par L. nº 2023-1059, 20 nov. 2023, art. 47 (V) (*applicable à compter du 1er juill. 2025*).
2. Mod. par L. nº 2023-1059, 20 nov. 2023, préc., art. 47 (V) (*applicable à compter du 1er juill. 2025*).
3. Créé par L. nº 2023-1059, 20 nov. 2023, art. 47 (V) (*applicable à compter du 1er juill. 2025*).
4. Créé par L. nº 2023-1059, 20 nov. 2023, préc., art. 47, 2º (*applicable à compter du 1er juill. 2025*).
5. Créé par L. nº 2023-1059, 20 nov. 2023, préc., art. 47 (V) (*applicable à compter du 1er juill. 2025*).
6. Créé par Décr. nº 2025-125, 12 févr. 2025, art. 1er (*applicable à compter du 1er juill. 2025*).
7. Créé par Décr. nº 2025-125, 12 févr. 2025, art. 1er (*applicable à compter du 1er juill. 2025*).
8. Créé par Décr. nº 2025-125, 12 févr. 2025, art. 1er (*applicable à compter du 1er juill. 2025*).
9. Créé par Décr. nº 2025-125, 12 févr. 2025, art. 1er (*applicable à compter du 1er juill. 2025*).
10. Créé par Décr. nº 2025-125, 12 févr. 2025, art. 1er (*applicable à compter du 1er juill. 2025*).
11. Créé par Décr. nº 2025-125, 12 févr. 2025, art. 1er (*applicable à compter du 1er juill. 2025*).
12. Créé par Décr. nº 2025-125, 12 févr. 2025, art. 1er (*applicable à compter du 1er juill. 2025*).
13. Créé par Décr. nº 2025-125, 12 févr. 2025, art. 1er (*applicable à compter du 1er juill. 2025*).
14. Créé par Décr. nº 2025-125, 12 févr. 2025, art. 1er (*applicable à compter du 1er juill. 2025*).

- **C. trav.**, art. L. 3252-4, L. 3252-5, L. 3252-9[1], L. 3252-11[2], R. 3252-2, R. 3252-7 à R. 3252-10, R. 3252-13 à R. 3252-19, R. 3252-21, R. 3252-22, R. 3252-26, R. 3252-27, R. 3252-29 à R. 3252-32, R. 3252-36, R. 3252-40, R. 3252-42 et R. 3252-44.
- **C. pr. civ.**, art. 58, 68, 130, 131, 503, 504, 510, 514-1, 524.
- **COJ**, art. L. 213-6 et R. 123-20.
- **CGI**, art. 1920, 1924 et 1929.
- **C. consom.**, art. L. 721-4, L. 733-1 et L. 733-7.
- **LPF**, art. L. 262 et L. 263 B.
- **CASF**, art. L. 262-2.
- **L. nº 2017-1059, 20 nov. 2023,** d'orientation et de programmation du ministère de la justice 2023-2027, art. 47 (V), *JO* 21 nov., texte 2.
- **Décr. nº 2025-125, 12 févr. 2025,** relatif à la nouvelle procédure de saisie des rémunérations, art. 2, *JO* 14 févr., texte 1.
- **Décr. nº 2025-493, 3 juin 2025,** relatif au registre numérique des saisies des rémunérations, à la procédure de saisie des rémunérations et à la formation des commissaires de justice répartiteurs, *JO* 5 juin, texte 4.
- **Arr. 20 juin 2025,** relatif aux tarifs réglementés applicables aux prestations de saisie des rémunérations par les huissiers de justice et les commissaires de justice, *JO* 26 juin, texte 26.
- **Arr. 23 juin 2025,** relatif au registre numérique des saisies des rémunérations et au traitement de données à caractère personnel mis en œuvre par la Chambre nationale des commissaires de justice, *JO* 29 juin, texte 3.

0942.02 Jurisprudence de référence.

> Incompétence du juge de l'exécution pour connaître de demandes tendant à remettre en cause le titre exécutoire en son principe.

- **Cass., avis, 16 juin 1995,** nº 09-50.008, P, nº 9

* V. s[s] n°s 0212.51, 0214.24, 0942.87, 1321.32, 1641.54

Le juge de l'exécution ne peut être saisi de difficultés relatives à un titre exécutoire qu'à l'occasion des contestations portant sur les mesures d'exécution forcée engagées ou opérées sur le fondement de ce titre, et n'a pas compétence pour connaître de demandes tendant à remettre en cause le titre dans son principe, ou la validité des droits et obligations qu'il constate.

> Suspension judiciaire des mesures d'exécution en cours pour le recouvrement de dettes fiscales à l'encontre d'un débiteur en situation de surendettement.

- **Civ. 2e, 15 déc. 2005,** nº 04-04.175, P II, nº 335

* V. s[s] n°s 0144.122, 0831.121, 0942.182, 0933.34

Le juge des contentieux de la protection, qui tient de l'article L. 331-5 [devenu L. 721-4] du Code de la consommation le pouvoir de suspendre les mesures d'exécution en cours pour le recouvrement de dettes fiscales, peut ordonner la suspension d'une saisie à tiers détenteur délivrée auprès de l'Assedic pour obtenir, en vue du recouvrement d'impôts sur le revenu impayés, l'attribution des allocations de chômage servies à un débiteur en situation de surendettement.

> Saisie des rémunérations. Titre permettant l'évaluation de la créance.

- **Civ. 2e, 8 déc. 2005,** nº 04-14.785, P II, nº 314

* V. s[s] n°s 0122.26, 0221.13, 0941.12, 0942.87

Le juge, saisi d'une demande aux fins de saisie des rémunérations sur le fondement d'un acte notarié revêtu de la formule exécutoire, doit rechercher si le titre contient les éléments permettant l'évaluation de la créance et si le débiteur justifie des causes d'extinction de ses obligations.

> Saisine du juge de l'exécution. Connaissance des contestations de la validité des actes notariés.

- **Civ. 2e, 18 juin 2009,** nº 08-10.843, P II, nº 165

* V. s[s] n°s 0211.12, 0214.24, 0942.87, 1321.32

Aux termes de l'article L. 213-6 du Code de l'organisation judiciaire, le juge de l'exécution, connaît des difficultés relatives aux titres exécutoires et des contestations qui s'élèvent à l'occasion de l'exécution forcée, même si elles portent sur le fond du droit, à moins qu'elles n'échappent à la compétence des juridictions de l'ordre judiciaire. En conséquence, viole ces dispositions le juge de l'exécution qui refuse de se prononcer sur la nullité d'un engagement résultant d'un acte notarié, invoquée pour absence prétendue de l'une des conditions requises par la loi pour la validité de sa formation.

> Saisie des rémunérations. Opposabilité à la procédure collective.

- **Com. 13 avr. 2010,** nº 08-19.074, P II, nº 78

* V. s[s] n°s 0941.121, 0942.12

La saisie des rémunérations dues par un employeur est soumise aux dispositions du code du travail. Si le liquidateur d'un salarié en liquidation judiciaire est fondé à demander à l'employeur le versement entre ses mains des salaires du débiteur qui, à l'exclusion de leur fraction insaisissable, sont appréhendés par l'effet réel de la procédure collective, il doit mettre en œuvre la procédure de saisie des rémunérations ressortissant à la compétence exclusive du tribunal d'instance. Le tribunal de la procédure collective est dès lors incompétent pour en connaître.

0942.03 Bibliographie indicative[3].

* V. s[s] nº 094.03

0942.04 Formulaire de procédure civile (renvois).

- *Saisie et cession des rémunérations – Requête à fin de saisie des rémunérations* (Requête à fin de saisie des rémunérations – C. trav., art. R. 3252-13)
- *Saisie et cession des rémunérations – Acte de saisie* (Acte de saisie établi par le greffe – C. trav., art. R. 3252-22)
- *Saisie et cession des rémunérations – Déclaration de l'employeur* (Déclaration à fournir obligatoirement après la notification de l'acte de saisie – C. trav., art. L. 3252-9)

1. Abrogé par L. nº 2023-1059, 20 nov. 2023, art. 47 (V) (*applicable à compter du 1er juill. 2025*).
2. Abrogé par L. nº 2023-1059, 20 nov. 2023, art. 47 (V) (*applicable à compter du 1er juill. 2025*).
3. Les ouvrages dont le nom des auteurs figure en petites capitales en bibliographie seront cités par le seul nom des auteurs en petites capitales en notes de bas de page.

SECTION 1 COMPÉTENCE MATÉRIELLE

§ 1 Juge

0942.11 **Juge de l'exécution.** Le juge matériellement compétent pour connaître de la saisie des rémunérations est, aux termes de l'article L. 213-6 alinéa 5 du COJ[1], le **juge de l'exécution (JEX).** La compétence d'attribution du juge de l'exécution est d'ordre public (C. trav., art. R. 3257, al. 3[2]) et les parties ne peuvent y déroger[3].

0942.12 **Conflits de compétence.** Des conflits peuvent naître avec le **tribunal administratif.** En effet, les créances fiscales peuvent faire l'objet d'une saisie administrative à tiers détenteur (SATD) en application des articles 1920, 1924 et 1929 du CGI et des articles L. 262 et L. 263 du LPF. Les créances relevant de la procédure de la SATD dont la créance bénéfice du privilège du Trésor public bénéficient d'un régime particulier quant à la compétence[4]. Le contentieux de l'assiette échappe à la compétence du juge judiciaire. Ce dernier connaît en revanche du contentieux du recouvrement, après réclamation préalable à l'Administration, comme l'indique d'ailleurs le formulaire de notification en vigueur dans l'Administration ; il est donc compétent pour vérifier l'existence d'un titre exécutoire au sens de l'article L. 111-3 C. pr. exéc., codifiée dans la partie législative du Code des procédures civiles d'exécution, et du Livre des procédures fiscales[5].

Il convient en outre de rappeler (sur le paiement direct, v. s^s n°s 0952.04 s.) qu'en matière de créances alimentaires récemment échues ou à échoir, les contestations relatives à l'exécution d'un paiement direct des articles L. 213-1 s. et R. 213-1 s. C. pr. exéc. (C. pr. exéc., art. R. 213-6, al. 2) sont élevées devant le JEX, mais selon la procédure de droit commun prévue devant ce juge et portée devant le juge du domicile du débiteur de la pension et non pas devant le juge de la saisie des rémunérations du travail.

Enfin, le conflit de compétence pouvant exister lorsque le salarié est en liquidation judiciaire, avec le tribunal de la procédure collective, a été arbitré en faveur du JEX. En effet, si le liquidateur d'un salarié en liquidation judiciaire peut demander à l'employeur le versement entre ses mains des salaires du débiteur qui, à l'exclusion de leur fraction insaisissable sont appréhendés par l'effet réel de la procédure collective, il doit mettre en œuvre la procédure de saisie des rémunérations du travail qui ressortit à la compétence exclusive du JEX[6].

0942.13 **► Réforme applicable à partir du 1er juillet 2025 : procédure de conciliation menée par un commissaire de justice.** L'intervention du JEX pour concilier le créancier et le débiteur et, le cas échéant, autoriser la saisie des rémunérations, de même que pour traiter les interventions des créanciers tiers à une procédure en cours est supprimée à compter du 1er juillet 2025. À compter de cette date, la procédure est totalement conduite par un commissaire de justice (v. s^s n° 0942.23).

Le JEX demeure néanmoins compétent pour trancher les contestations et statuer sur les incidents qui s'élèvent à l'occasion de l'exécution de la mesure, sauf règles particulières, selon la procédure de droit commun applicable devant ce juge.

§ 2 Greffe et régie d'avances et de recettes

0942.20 **Plan.** La mise en place de la saisie des rémunérations donne au greffe trois obligations essentielles : d'abord la tenue de fiches individuelles spéciales, ensuite la tenue d'une comptabilité, enfin des opérations de virement de fonds.

0942.21 **1) Tenue des fiches individuelles.** L'article R. 3252-9 C. trav.[7] précise qu'il est tenu au greffe de chaque tribunal judiciaire (TJ), ou le cas échéant, de l'une de ses chambres de proximité des fiches individuelles sur lesquelles sont mentionnés tous les actes d'une nature quelconque, décisions et formalités auxquels donne lieu l'exécution (de la saisie). Ces fiches, classées par ordre alphabétique et tenues par le greffe, doivent permettre de suivre tous les événements qui interviennent au cours de la procédure de saisie. Ce fichier doit être tenu sur un support électronique. Le système de traitement des informations doit en garantir l'intégrité et la confidentialité et permettre d'en assurer la conservation.

1. Mod. par L. n° 2023-1059, 20 nov. 2023, art. 47 (V) (*applicable à compter du 1er juill. 2025*).
2. Abrogé par Décr. n° 2025-125, 12 févr. 2025, art. 2 (*applicable à compter du 1er juill. 2025*).
3. Civ. 22 févr. 1905, *DP* 1905. 1. 303 – Civ. 1re, 30 juin 1964, P I, n° 354 ; *D.* 1964. 576.
4. *Les titres exécutoires émis par l'État pour le recouvrement de ses créances ordinaires*, Agence jud. du Trésor, dossier n° 27.
5. V. chron. Brunel, « De quelques particularités relatives au contentieux des créances des collectivités publiques devant le juge de l'exécution », *Gaz. Pal.* 1997. 1. Doctr. 414.
6. Civ. 2e, 13 avr. 2010, n° 08-19.074, P IV, n° 78 ; *D.* 2010. 1072 ; *D.* 2011. 1509, obs. A. Leborgne ; *RTD com.* 2010. 794, obs. J.-L. Vallens.
7. Abrogé par L. n° 2023-1059, 20 nov. 2023, art. 47 (V) (*applicable à compter du 1er juill. 2025*).

Doivent notamment y être inscrits :

– la date de la requête du premier créancier ;

– la date de convocation des parties à l'audience de conciliation ;

– le résultat de la tentative de conciliation ;

– la date de la notification de l'acte de saisie ;

– les demandes d'intervention ;

– la date des notifications des interventions ;

– les incidents de procédure : suspension du contrat de travail, SATD, changement de domicile du débiteur ;

– la date de l'ordonnance de contrainte éventuelle ;

– la date de la notification de l'ordonnance de contrainte ;

– la déclaration d'opposition du tiers saisi ;

– la date de la répartition ;

– la date de la notification de l'état de répartition et du règlement ainsi que le mode de règlement et son montant ;

– la date de la mainlevée de la saisie.

0942.22 **2) Tenue de la comptabilité.** Les fiches individuelles sont distinctes des fiches comptables tenues par le régisseur et prévues par l'instruction conjointe du ministère des Finances et du ministère de la Justice du 10 juin 1983. La responsabilité de la comptabilité n'appartient pas au JEX mais au régisseur d'avances et de recettes du TJ, ou le cas échéant de l'une de ses chambres de proximité, conformément à l'article R. 123-20 du COJ. La direction et la surveillance de cette tâche sont assurées par les agents du ministère des Finances. Le régisseur d'avances et de recettes doit contracter une assurance pour cette activité. L'étude de ces mécanismes n'est pas spécifique à la saisie des rémunérations et relève du droit des finances publiques.

0942.23 **3) Opérations comptables.** Aux termes de l'article R. 3252-27 C. trav.[1] lorsqu'il n'existe qu'un seul créancier saisissant, le versement de l'employeur est effectué au moyen d'un chèque libellé conformément aux indications données par celui-ci. Le secrétariat-greffe l'adresse dès sa réception, et après mention au dossier, au créancier ou à son mandataire.

En revanche, l'alinéa 3 du même article indique que s'il existe plusieurs créanciers saisissants, le versement est effectué par chèque ou par virement établi à l'ordre du régisseur installé auprès du greffe du TJ ou le cas échéant de l'une de ses chambres de proximité.

Ensuite, l'article R. 3252-10 C. trav.[2] indique que les régisseurs installés auprès des greffes des TJ ou le cas échéant de l'une de leurs chambres de proximité versent les sommes dont ils sont comptables au préposé de la Caisse des dépôts et consignations le plus rapproché du siège du tribunal auprès duquel le greffe est installé, qui leur ouvre un compte spécial. Dans le cas d'une saisie opérée sur les traitements ou soldes des fonctionnaires, les fonds sont déposés par le comptable public débiteur du salaire directement à la Caisse des dépôts et consignations qui en informe ensuite le régisseur (C. pr. exéc., art. R. 216-6 – v. s[s] n° 0943.14).

Le retrait des fonds sur ce compte s'opère avec l'autorisation du directeur de greffe, le juge n'ayant pas à donner son autorisation et le régisseur n'ayant pas, ès qualités de comptable, le pouvoir de le faire.

L'article R. 3252-36 C. trav.[3] prévoit que le règlement des sommes dues à chaque créancier s'effectue uniquement par chèque. Néanmoins on peut admettre que le régisseur pourra continuer à régler le montant des fonds répartis entre les différents créanciers, soit par chèque tiré sur le Trésor, soit par chèque ou virement postal libellé au nom du créancier ou de son mandataire (sur les modalités juridiques et les calculs de la répartition, v. s[s] n° 0944.31).

0942.24 **► Réforme applicable à partir du 1er juillet 2025 : institution d'un commissaire de justice répartiteur.** La déjudiciarisation de la saisie des rémunérations emporte abrogation de la compétence de la régie d'avances et de recettes du TJ pour procéder à la répartition des sommes saisies (COJ, art. L. 123-24, 3 anc.).

La loi a institué un **commissaire de justice répartiteur** (C. pr. exéc., art. L. 212-9[4]) chargé de percevoir les fonds versés par les tiers saisis et de les répartir entre les créanciers saisissants. Les commissaires de justice répartiteurs sont répertoriés sur une liste tenue et diffusée annuellement par la Chambre nationale des commissaires de justice[5]. Pour être inscrits sur cette liste, les commissaires de justice doivent suivre une formation dispensée par la Chambre nationale des commissaires de justice les qualifiant spécialement à la réparitition[6]. Le commissaire de justice est, pour chaque procédure, et à la demande du commissaire de justice mandaté par le premier créancier saisissant, désigné avant la délivrance du procès-verbal de saisie par la Chambre nationale des commissaires de justice.

Par principe, le commissaire de justice du premier créancier saisissant est désigné commissaire de justice répartiteur s'il est inscrit sur la liste précitée. À

1. Abrogé par Décr. n° 2025-125, 12 févr. 2025, art. 2 (*applicable à compter du 1er juill. 2025*).
2. Abrogé par Décr. n° 2025-125, 12 févr. 2025, art. 2 (*applicable à compter du 1er juill. 2025*).
3. Abrogé par Décr. n° 2025-125, 12 févr. 2025, art. 2 (*applicable à compter du 1er juill. 2025*).
4. Créé par L. n° 2023-1059, 20 nov. 2023, préc., art. 47, 2° (*applicable à compter du 1er juill. 2025*).
5. Ord. n° 2016-728, 2 juin 2016, relative au statut de commissaire de justice, *JO* 3 juin, art. 16, 4° *bis*.
6. Ord. n° 2016-728, 2 juin 2016, art.16, 4° *bis* (préc.).

défaut, un commissaire de justice répartiteur est désigné d'après cette liste à partir d'un système automatisé, intégré au registre numérique des saisies des rémunérations [1], et à tour de rôle. Le commissaire de justice répartiteur ainsi désigné a nécessairement le siège de son office dans le ressort de la cour d'appel du lieu où demeure le débiteur ou de celui du lieu où est domicilié le tiers saisi si le débiteur demeure à l'étranger ou qu'il n'a pas de domicile connu (C. pr. exéc., art. L. 212-9 [2] préc. et R. 212-1-10 [3]).

La saisie des rémunérations est administrée par les **commissaires de justice saisissants** et, éventuellement, intervenants, ainsi que par le **commissaire de justice répartiteur**, à travers le registre numérique des saisies des rémunérations.

Le décret n° 2025-493 du 3 juin 2025 [4] est venu préciser le fonctionnement de ce registre. Il est énuméré en son **article 2** les **données qui doivent y être enregistrées**, à savoir :

– l'identification des parties à la saisie des rémunérations (débiteur, employeur, créancier) ;

– l'identification du commissaire de justice répartiteur et du commissaire de justice chargé de l'exécution ;

– l'identification des créances, actes, formalités, décisions, titres, cessions et incidents se rattachant aux procédures de saisie des rémunérations dont l'inscription est prévue par le Code des procédures civiles d'exécution ;

– les données relatives aux procédures de paiement direct des pensions alimentaires ;

– les données permettant d'assurer la traçabilité des accès et actions des acteurs de la saisie des rémunérations.

Pour la liste des données de chacun des éléments de cette liste, il est renvoyé à l'arrêté du 23 juin 2025 [5] relatif au registre numérique des saisies des rémunérations et au traitement de données à caractère personnel mis en œuvre par la Chambre nationale des commissaires de justice.

L'article 3 prévoit que seuls le **commissaire de justice saisissant** et le **commissaire de justice répartiteur** peuvent inscrire, modifier et supprimer les informations relatives à la procédure de saisie des rémunérations et aux paiements directs au sein du registre. Les données permettant d'identifier les commissaires de justice répartiteurs sont inscrites, modifiées et supprimées uniquement par la chambre nationale des commissaires de justice.

L'article 4 définit les **personnes qui peuvent consulter le registre numérique** des saisies des rémunérations. Ainsi, sont autorisées à consulter le registre tout commissaire de justice chargé de ramener à exécution les décisions de justice et les actes ou titres en la forme exécutoire (*i.e*, le commissaire de justice saisissant et le commissaire de justice répartiteur), ainsi que la Chambre nationale des commissaires de justice pour la collecte et la transmission des données statistiques anonymisées au ministère de la Justice.

L'article 5 réglemente la **durée de la conservation des données enregistrées** dans le registre. Il est tout d'abord prévu que les données mentionnées à l'article 2 sont conservées jusqu'à la radiation de la procédure de saisie des rémunérations et dans la limite d'une durée maximale de dix ans. Si la radiation de la procédure de saisie des rémunérations n'est pas intervenue dans ce délai de dix ans, le commissaire de justice répartiteur, avisé par une alerte générée automatiquement par le registre, doit vérifier la validité de la saisie des rémunérations et inscrire au registre l'absence de radiation. Cette inscription autorise la conservation des données jusqu'à radiation de la procédure de saisie des rémunérations du registre, dans la limite d'une nouvelle durée de dix ans. Elle peut être renouvelée jusqu'à la radiation de la procédure de saisie des rémunérations du registre. À défaut d'inscription par le commissaire de justice répartiteur dans un délai d'un mois à compter de l'alerte, la procédure est radiée du registre. Une fois la procédure de saisie des rémunérations radiée, les données sont conservées en base d'archivage intermédiaire pour une durée d'un mois. Au-delà de ce délai, seule la Chambre nationale des commissaires de justice peut consulter les archives des inscriptions conservées pendant un délai de cinq ans. En cas de contentieux, ce délai peut être prolongé, le cas échéant, jusqu'à l'obtention d'une décision juridictionnelle définitive. Les données ne peuvent être conservées au-delà d'une durée de soixante ans à compter de l'enregistrement du premier acte de la procédure de saisie des rémunérations.

L'article 7 prévoit que les personnes mentionnées à l'article 2 peuvent s'adresser directement à la Chambre nationale des commissaires de justice pour exercer les droits d'accès, de rectification et de limitation. Cet article exclut en revanche l'exercice d'un droit d'opposition.

Enfin, **l'article 8** institue un **horodatage** pour les opérations de création, consultation, modification et de suppression au sein du registre ainsi qu'une traçabilité des personnes qui en sont à l'origine. Ces données sont conservées pendant une durée de douze mois.

1. Décr. n° 2025-493, 3 juin 2025, relatif au registre numérique des saisies des rémunérations, à la procédure de saisie des rémunérations et à la formation des commissaires de justice répartiteurs, *JO* 5 juin, texte 4.
2. Créé par L. n° 2023-1059, 20 nov. 2023, préc., art. 47, 2° (*applicable à compter du 1er juill. 2025*).
3. Créé par Décr. n° 2025-125, 12 févr. 2025, art. 1er (*applicable à compter du 1er juill. 2025*).
4. Décr. n° 2025-493, 3 juin 2025, préc.
5. Arr. 23 juin 2025, relatif au registre numérique des saisies des rémunérations et au traitement de données à caractère personnel mis en œuvre par la Chambre nationale des commissaires de justice, *JO* 29 juin, texte 3.

§ 3
Rôle et rémunération du commissaire de justice

0942.31 **Mission facultative.** Le commissaire de justice n'a pas, en matière de saisie des rémunérations, une fonction légale relevant de son monopole. Il peut (v. ss no 0942.62) représenter le créancier poursuivant tant à l'audience que pour l'encaissement des fonds répartis par le régisseur. Lorsqu'il présente la requête aux fins de saisie des rémunérations, l'huissier de justice a droit, à un droit fixe (C. com., art. A. 446-43 anc.) de 29,79 euros HT, multipliés par deux si la créance est supérieure à 1 280 euros, divisés par deux si la créance est inférieure à 128 euros. Le droit d'engagement des poursuites (C. com., art. A. 444-46 anc.) n'est pas dû, sauf commandement de payer préalable à la saisie des rémunérations. Les frais de gestion de dossier ne sont pas dus, sauf si le créancier a consenti des délais en conciliation et renonce provisoirement à la saisie. Pour les autres actes (assistance à l'audience, recherches) la rémunération est libre et demeure à la charge du créancier poursuivant[1] (v. ss nos 03.05 à 0313.63).

0942.32 **► Réforme applicable à partir du 1er juillet 2025 : monopole exclusif des commissaires de justice.** La nouvelle procédure de saisie des rémunérations relève du monopole exclusif des commissaires de justice. Seul un commissaire de justice peut délivrer les actes d'exécution de la saisie (commandement de payer, procès-verbal de saisie, acte d'intervention) et seul un commissaire de justice remplissant les conditions de formation peut répartir entre les créanciers les sommes versées par le tiers saisi. Le tarif applicable aux actes, formalités et à la répartition est défini par un arrêté du 20 juin 2025[2] relatif aux tarifs réglementés applicables aux prestations de saisie des rémunérations par les huissiers de justice et les commissaires de justice.

SECTION 2
COMPÉTENCE TERRITORIALE

0942.41 **Énoncé.** Selon l'article R. 3252-7 C. trav.[3], le juge compétent est celui du domicile du débiteur. Si le débiteur réside à l'étranger, ou s'il n'a pas de domicile connu, la requête est déposée devant le juge du domicile du tiers saisi. En tout cas, ces règles sont d'ordre public et les parties ne peuvent pas y déroger. En outre, elles s'imposent au juge chargé de vérifier et contrôler la saisie des rémunérations. Ce juge devra relever d'office son incompétence territoriale, en respectant bien entendu le principe contradictoire, selon l'article 93 (2e phrase) C. pr. civ. : en cas de compétence exclusive d'une autre juridiction, ou en cas de non-comparution du défendeur.

La compétence territoriale initiale demeure valable pour toute la procédure de saisie des rémunérations et même pour les procédures ultérieures d'intervention (C. trav., art. R. 3252-47 – v. ss nos 0942.141 et 0942.161, à propos du changement d'employeur et/ou de résidence).

Ces règles de compétence sont d'ordre public (C. trav., art. R. 3252-7, al. 3[4]).

0942.42 **Lieu où demeure le débiteur.** Le premier alinéa de l'article R. 3252-7 C. trav.[5] adopte le principe général (C. pr. civ., art. 42, al. 1er) et fait référence à la notion de domicile de l'article 102 C. civ. Le juge compétent est celui du domicile du débiteur, le lieu où il a son principal établissement, le lieu de son habitation habituelle et effective. Toutefois, il a toujours été admis que le lieu de la résidence à défaut de domicile clairement déterminé, suffit pour fixer la compétence du juge. Ce premier principe en matière de compétence territoriale ne cède pas, même en matière alimentaire, devant la compétence alternative du domicile du créancier (C. pr. civ., art. 46)[6].

0942.43 **Lieu où demeure le tiers saisi.** Le second alinéa de l'article R. 3252-7 C. trav.[7] donne un second critère qui n'intervient que lorsque le débiteur n'a pas de domicile connu. Dans ce cas le juge compétent est celui du lieu où demeure le tiers saisi. En raison de la gêne réelle qu'occasionne l'application de cette règle (concentration de dossiers sur les tribunaux des gros bassins d'emplois), le juge sera exigeant quant à la preuve de l'absence de domicile. La nécessité d'une telle vérification est encore renforcée lorsque le débiteur n'a plus d'emploi, comme c'est le cas des chômeurs ou des retraités, ou que le tiers saisi n'a pas de lien réel avec lui et ne se trouve pas lui-même en mesure de toucher le débiteur. La concentration des dossiers au siège des organismes

1. V. chron. F. Ruellan et R. Lauba, « Le nouveau tarif des huissiers de justice en matière civile et commerciale », *Gaz. Pal.* 1997. 1. Doctr. 702.
2. Arr. 20 juin 2025, relatif aux tarifs réglementés applicables aux prestations de saisie des rémunérations par les huissiers de justice et les commissaires de justice, *JO* 26 juin, texte 26.
3. Abrogé par Décr. no 2025-125, 12 févr. 2025, art. 2 (*applicable à compter du 1er juill. 2025*).
4. Abrogé par Décr. no 2025-125, 12 févr. 2025, art. 2 (*applicable à compter du 1er juill. 2025*).
5. Abrogé par Décr. no 2025-125, 12 févr. 2025, art. 2 (*applicable à compter du 1er juill. 2025*).
6. Civ. 2e, 15 févr. 1995, no 93-18.104, P II, no 56.
7. Abrogé par Décr. no 2025-125, 12 févr. 2025, art. 2 (*applicable à compter du 1er juill. 2025*).

de chômage ou des caisses de retraite serait encore plus artificielle. Le juge doit donc exiger que conformément à l'article 655 C. pr. civ., les huissiers de justice aient bien fait tout leur possible pour signifier l'acte à personne ou pour découvrir son domicile réel. À défaut, et en cas de retour de la convocation par la Poste, le juge doit veiller à ce que cette convocation soit signifiée au moins sur le lieu de travail, s'il y en a un. Lors de l'audience, le juge doit aussi vérifier les adresses des parties. Rappelons à cet égard que le défendeur est tenu, à peine d'être déclaré, même d'office, irrecevable en sa défense, à faire connaître son domicile (C. pr. civ., art. 59). La compétence territoriale s'apprécie au jour où la requête a été déposée.

Si le débiteur réside et travaille à l'étranger pour le compte d'une société française ayant son siège social en France, le créancier doit choisir dans ce cas le TJ du lieu du siège social de l'entreprise. Mais si le débiteur réside et travaille en France pour le compte d'une société étrangère, la procédure de saisie des rémunérations ne pourra être utilisée que si cette société a son siège ou un établissement en France. En effet, la saisie des rémunérations qui est une mesure d'exécution ne peut être effective que si le tiers saisi est établi en France. Tel est le cas lorsque le tiers saisi personne morale, soit y a son siège social, soit dispose d'une entité ayant le pouvoir de s'acquitter d'une créance du débiteur saisi à son encontre [1]. De façon pragmatique, il arrive qu'un tiers saisi étranger accepte malgré tout de verser la quotité saisissable du salaire d'un salarié résidant en France.

0942.44 ▶ **Réforme applicable à partir du 1er juillet 2025 : compétence du juge de l'exécution.** Avec la réforme, le JEX demeure compétent pour trancher les contestations qui s'élèvent à l'occasion de l'exécution de la mesure, lorsqu'il est saisi expressément à cette fin par le débiteur, selon la procédure de droit commun applicable devant ce juge (v. ss nos 0215.00 à 0215.123).

Le JEX territorialement compétent est celui du lieu où demeure le débiteur ou, s'il réside à l'étranger ou n'a pas de résidence connue, celui du lieu où demeure le tiers saisi (C. pr. exéc., art. R. 212-1-7 [2]).

SECTION 3
PROCÉDURE DÉNUÉE D'INCIDENTS

0942.51 **Charge du greffe.** La procédure est entièrement à la charge du greffe du TJ et de sa régie (v. ss no 094.05). Aucun acte de commissaire de justice n'est donc, en principe, nécessaire : l'article R. 3252-6 C. trav. prévoit que, sauf dispositions contraires, les notifications et les convocations en matière de saisie des rémunérations, sont faites par lettre recommandée avec demande d'avis de réception. Notons toutefois que lorsque la notification par lettre recommandée avec demande d'avis de réception ne parvient pas au destinataire, le greffe doit inviter le requérant à procéder par voie de signification par huissier de justice (C. pr. civ., art. 670-1).

§ 1
Formes et effets de la requête – Représentation et assistance

0942.61 **Mentions obligatoires.** Aux termes de l'article R. 3252-13 C. trav. [3], la procédure est ouverte par un créancier qui forme une demande par requête remise ou adressée au greffe du TJ. Cette requête doit contenir un certain nombre de mentions obligatoires énumérées à l'article 57 C. pr. civ. et R. 3252-13 C. trav. [4], à savoir :

– **le nom et l'adresse du débiteur** ; lorsque le débiteur est payé par un organisme important, tel que Pôle emploi, la CPAM ou une caisse de retraite, il est parfois nécessaire d'indiquer en outre le numéro de sécurité sociale ou à tout le moins les dates et lieu de naissance du débiteur. Ces informations sont indispensables à l'identification du débiteur et à la distinction entre d'éventuels homonymes. À défaut, la saisie des rémunérations du travail risque d'être inexécutable. Il appartient au créancier de fournir les éléments nécessaires à l'identification du débiteur ;

– **le nom et l'adresse de son employeur** ; le créancier ne saurait attendre du tribunal une recherche sur ce point et doit faire au besoin usage des services du procureur de la République (C. pr. exéc., art. L. 152-1 et L. 152-2) avant de saisir le greffier du tribunal d'instance ; par ailleurs, le créancier qui aurait connaissance d'une pluralité d'employeurs, doit l'énoncer dans sa requête de façon que le juge puisse exercer ses attributions à ce sujet (v. ss no 0942.111) ;

– **le décompte distinct des sommes réclamées** en principal, frais et intérêts échus ainsi que l'indication du taux des intérêts ; l'irrégularité tenant à l'absence d'indication, dans la requête, du décompte distinct des sommes réclamées en principal, frais et intérêts, prévus à l'article R. 3252-13 C. trav. [5], consti-

1. Civ. 2e, 10 déc. 2020, no 19-10.801, P.
2. Créé par Décr. no 2025-125, 12 févr. 2025, art. 1er (*applicable à compter du 1er juill. 2025*).
3. Abrogé par Décr. no 2025-125, 12 févr. 2025, art. 2 (*applicable à compter du 1er juill. 2025*).
4. Abrogé par Décr. no 2025-125, 12 févr. 2025, art. 2 (*applicable à compter du 1er juill. 2025*).
5. Abrogé par Décr. no 2025-125, 12 févr. 2025, art. 2 (*applicable à compter du 1er juill. 2025*).

tue une irrégularité de forme, qui ne peut entraîner la nullité de la requête qu'en cas de grief prouvé[1] ;

– les indications relatives aux modalités de versement des sommes saisies ;

– le **visa du titre exécutoire**, dont une copie doit être jointe à la requête. Ce visa lie le requérant qui ne peut pas substituer à ce titre un autre titre exécutoire qui ne serait pas joint à la requête[2]. Bien que le texte ne le dise pas expressément, la copie du titre exécutoire doit comprendre la copie de la signification ou de la notification qui rend exécutoire le titre au sens des articles 503 et 504 C. pr. civ., à moins que l'exécution volontaire en ait commencé ou que le débiteur condamné n'ait acquiescé ; si la décision est susceptible de recours suspensifs d'exécution, il faudra fournir en outre un certificat de non-recours ;

– enfin, si le mandataire du créancier saisissant n'est pas un avocat ou un officier ministériel du ressort, la requête présentée par mandataire devrait être accompagnée d'une procuration spéciale à l'affaire pour laquelle le mandataire représente son mandant.

Le contenu de la requête est prescrit à peine de **nullité et non à peine d'irrecevabilité**[3]. La nullité sera donc encourue, à charge pour le débiteur de faire la preuve du grief qui en résulterait. Notons toutefois, que certains renseignements conditionnent l'exécution même de la saisie et qu'en l'absence d'indication des éléments relatifs à l'employeur, la saisie des rémunérations du travail ne pourra pas être exécutée, même si le débiteur ne soulève pas la nullité, notamment en cas d'absence de ce dernier. Le juge doit pouvoir réclamer ces éléments nécessaires à l'exécution de la saisie, et, en cas de défaut de diligence du créancier, radier l'affaire.

0942.62 **Représentation et assistance des parties.** Elles sont, comme il est de principe en matière de procédure orale ordinaire devant le TJ ou devant le JEX (C. pr. exéc., art. R. 121-7), tout à fait **facultatives**. Elles sont cependant fréquentes en pratique, ce qui ne laisse pas de poser difficulté car la procédure de saisie des rémunérations peut nécessiter des prises de position rapides devant lesquelles les mandataires hésitent. Des règles spéciales ont été aménagées en considération de ces éléments.

L'article L. 3252-11 C. trav.[4] permet la représentation des parties (débiteur ou créancier, éventuellement tiers saisi) par un **avocat**, un **officier ministériel** et par tout **mandataire** de son choix muni d'une procuration. La représentation par avocat n'appelle pas de commentaires spécifiques. En revanche, un commissaire de justice peut représenter les parties, en pratique, le créancier. Dans ce cas, le commissaire de justice n'a pas à justifier d'un pouvoir écrit ou d'une procuration. Enfin, le mandataire qui n'est ni avocat ni officier ministériel doit produire une procuration écrite ; s'agissant du créancier, le texte précise que la procuration sera spéciale pour chaque affaire, mais pas pour chaque phase de la procédure ; la même exigence ne s'applique pas au débiteur, qui pourra donc ne délivrer qu'un seul pouvoir pour toutes les saisies des rémunérations qu'il aurait à subir.

On doit considérer que les mêmes règles à l'exception de celles concernant le mandataire spécial, s'appliquent pour l'assistance des parties, même si les textes ne contiennent aucune disposition à ce sujet. Un débiteur ou un créancier comparant en personne peut se faire assister par un avocat ou par un commissaire de justice.

La procuration donne, en général, mandat de représenter dans la procédure engagée ; mais elle ne donne pas expressément pouvoir de transiger, en l'espèce sur la mesure d'exécution. Comme la procédure de saisie des rémunérations prévoit une tentative de conciliation, la procuration doit contenir le pouvoir de se concilier et de transiger sur la mesure d'exécution. Il est souhaitable que le mandat donné le dise expressément. À défaut, le juge dispose d'un choix : considérer que la partie représentée ne l'est pas valablement et qu'elle est donc juridiquement non comparante ; ou bien considérer d'office que la procuration contient implicitement et nécessairement pouvoir d'accepter une conciliation devant le juge, conciliation qui prévoit toujours l'exécution de la saisie pour le cas où le débiteur ne tiendrait pas ses engagements de payer.

Notons que pour le recouvrement des créances d'une commune, le maire ne peut pas agir et seul le comptable de la commune peut intervenir dans la procédure de saisie des rémunérations pour obtenir le recouvrement de la créance de la collectivité territoriale[5].

0942.63 **Effets de la requête.** La requête, qui tend à la convocation du débiteur devant le tribunal judiciaire aux fins de saisie de ses rémunérations équivaut à une citation en justice visée par l'article 2241 C. civ., qui sans exiger que l'acte soit porté à la connaissance du débiteur, entend seulement préciser qu'un tel acte doit viser celui qu'on veut empêcher de prescrire[6]. Elle interrompt donc la prescription[7].

1. Civ. 2e, 11 févr. 2010, no 08-22.067, P II, no 33.
2. Civ. 2e, 8 juin 2000, no 98-19.389, P II, no 98 ; *D.* 2000. 199 – Civ. 2e, 24 mars 2005, no 03-17.007, P II, no 82.
3. Civ. 2e, 26 juin 2014, no 13-19.758, NP.
4. Abrogé par L. no 2023-1059, 20 nov. 2023, préc., art. 47 (V) (*applicable à compter du 1er juill. 2025*).
5. Civ. 2e, 17 oct. 2019, no 18-18.914, NP.
6. Civ. 2e, 16 mai 2012, no 11-13.207, NP – Civ. 2e, 13 déc. 1995, nos 93-21.091 et 93-21.092, NP.
7. Civ. 2e, 19 mars 2015, no 14-10.972, NP – Civ. 2e, 17 nov. 2022, no 20-20.660, B.

0942.64 ► **Réforme applicable à partir du 1er juillet 2025 : la réforme institue un monopole de la représentation du créancier à la procédure de saisie des rémunérations par un commissaire de justice.** L'ensemble des actes d'exécution est accompli au nom et pour le compte du créancier par un commissaire de justice (C. pr. exéc., art. R. 212-1-2 [1], pour le commandement de payer ; C. pr. exéc., art. R. 212-1-10 [2], pour le procès-verbal de saisie ; C. pr. exéc., art. R. 212-1-16 [3], pour l'acte d'intervention).

Le commissaire de justice saisissant est également chargé de la tentive préalable de conciliation obligatoire entre son mandant et le débiteur, qui doit intervenir dans le délai d'un mois qui suit la délivrance du commandement de payer (C. pr. exéc., art. L. 212-13 [4] et R. 212-1-5 [5] s.).

La procédure est profondément modernisée au moyen de la **communication électronique** à la fois entre commissaires de justice, mais également à l'égard des acteurs de la saisie des rémunérations. Il est ainsi prévu que les envois, remises et notifications des actes de procédure, des formalités, des pièces, avis, avertissements ou convocations, des rapports, des procès-verbaux ainsi que des copies et expéditions des titres exécutoires sont effectués entre les personnes représentées par un commissaire de justice et entre les personnes représentées par un commissaire de justice et le commissaire de justice répartiteur par voie électronique. Afin d'inciter les commissaires de justice à l'utilisation de la communication électronique, le texte prévoit que les frais et débours afférents aux envois, remises et notifications qui n'auraient pas été faits par voie électronique ne peuvent pas être imputés au débiteur (C. pr. exéc., art. R. 212-1-1, al. 1er [6]). Ces envois, remises et notifications peuvent être accomplis par voie électronique à l'égard du débiteur ou du tiers saisi qui y a expressément consenti (C. pr. exéc., art. R. 212-1-1, al. 2 [7]). Le recueil du consentement du débiteur ou du tiers saisi n'est soumis à aucun formalisme particulier. Il peut donc être fait par tout moyen permettant d'établir qu'il a effectivement été exprimé. Pour tenir compte des éventuels incidents techniques qui pourraient survenir, il est prévu que lorsque les envois, remises et notifications ne peuvent pas être transmis par voie électronique pour une cause étrangère à celui qui l'accomplit, ils sont effectués par tout autre moyen permettant de faire la preuve de leur accomplissement (C. pr. exéc., art. R. 212-1-1, al. 3 [8]). Ces derniers seront donc effectués de manière matérialisée selon leurs modalités propres (lettre simple, lettre recommandée avec demande d'avis de réception, remise en main propre contre récépissé, signification). Il est de même prévu qu'en cas de force majeure, si une notification sanctionnée par la caducité ne peut pas être réalisée dans le délai imparti, le délai est prorogé jusqu'au premier jour ouvrable suivant (C. pr. exéc., art. R. 212-1-1, al. 4 [9]).

§ 2
Audience de conciliation

A.
Forme et délai de la convocation

0942.71 **Modalités.** Aux termes de l'article R. 3252-14 C. trav. [10], le créancier saisissant, demandeur, est avisé des lieu, jour et heure de la tentative de conciliation, par le greffier soit verbalement contre délivrance d'un récépissé, soit par lettre simple. Le débiteur dont on veut saisir les rémunérations doit être convoqué par le greffier par lettre recommandée avec accusé de réception (LRAR), quinze jours au moins avant la date de l'audience (C. trav., art. R. 3252-16 [11]).

L'article R. 3252-15 C. trav. [12] précise que cette convocation doit :

– mentionner les nom, prénom et adresse du créancier ou, s'il s'agit d'une personne morale, sa dénomination et son siège social ainsi que les lieu, jour et heure de la tentative de **conciliation** ;

– contenir l'objet de la demande et l'état des sommes réclamées ;

– indiquer au débiteur qu'il doit élever lors de cette audience toutes les contestations qu'il pourrait faire valoir et qu'une contestation tardive ne suspendrait pas le cours des opérations de saisie ;

– reproduire les dispositions de l'article L. 3252-11 C. trav. relatives à la représentation des parties.

1. Créé par Décr. n° 2025-125, 12 févr. 2025, art. 1er (*applicable à compter du 1er juill. 2025*).
2. Créé par Décr. n° 2025-125, 12 févr. 2025, art. 1er (*applicable à compter du 1er juill. 2025*).
3. Créé par Décr. n° 2025-125, 12 févr. 2025, art. 1er (*applicable à compter du 1er juill. 2025*).
4. Créé par L. n° 2023-1059, 20 nov. 2023, préc., art. 47 (V) (*applicable à compter du 1er juill. 2025*).
5. Créé par Décr. n° 2025-125, 12 févr. 2025, art. 1er (*applicable à compter du 1er juill. 2025*).
6. Créé par Décr. n° 2025-125, 12 févr. 2025, art. 1er (*applicable à compter du 1er juill. 2025*).
7. Créé par Décr. n° 2025-125, 12 févr. 2025, art. 1er (*applicable à compter du 1er juill. 2025*).
8. Créé par Décr. n° 2025-125, 12 févr. 2025, art. 1er (*applicable à compter du 1er juill. 2025*).
9. Créé par Décr. n° 2025-125, 12 févr. 2025, art. 1er (*applicable à compter du 1er juill. 2025*).
10. Abrogé par Décr. n° 2025-125, 12 févr. 2025, art. 2 (*applicable à compter du 1er juill. 2025*).
11. Abrogé par Décr. n° 2025-125, 12 févr. 2025, art. 2 (*applicable à compter du 1er juill. 2025*).
12. Abrogé par Décr. n° 2025-125, 12 févr. 2025, art. 2 (*applicable à compter du 1er juill. 2025*).

Le Code du travail ne prévoit pas qu'une copie de la convocation doit être envoyée le même jour par lettre simple au débiteur poursuivi. Cette absence de copie par lettre simple, est regrettable, car, lorsque le débiteur, pour des raisons diverses, ne retire pas la lettre recommandée avec demande d'avis de réception, il peut avoir connaissance de la date d'audience par cette lettre simple et comparaître, évitant ainsi un renvoi pour assignation. Certaines juridictions doublent néanmoins les convocations par LRAR d'une lettre simple et obtiennent ainsi des taux de comparution des débiteurs plus importants, limitant de ce fait les renvois pour assignation (C. pr. civ., art. 670-1).

0942.72 **Convocation sur le lieu de travail.** Pour le cas où la convocation du débiteur a lieu, non pas à son domicile, mais chez son employeur, dans l'hypothèse où est retenue la compétence de la juridiction du lieu où demeure le tiers saisi, en l'espèce l'employeur, la convocation envoyée par lettre recommandée avec demande d'avis de réception doit être remise à la personne du destinataire ou à un mandataire du débiteur et non de l'employeur. Si cette remise n'a pas lieu, la convocation n'est pas régulière et il faut recourir à la signification par huissier de justice (v. s[s] n° 0942.83).

0942.73 **Date.** L'article R. 3252-16 C. trav.[1] impose que la convocation des parties soit faite au moins quinze jours avant la date de l'audience de conciliation. Ce délai de quinze jours est le délai général de citation devant les juridictions. En pratique, pour s'assurer que la lettre recommandée aura touché son destinataire, et, le cas échéant permettre la délivrance d'une assignation en cas de retour au greffe de la convocation, le délai est beaucoup plus long. En cas de nécessité de citation du débiteur qui n'a pas été touché par la convocation (C. pr. civ., art. 670-1), l'huissier de justice devra prendre garde au respect du **délai de comparution de quinze jours.** À défaut l'assignation est affectée d'un vice de fond[2]. S'agissant d'une atteinte aux droits de la défense, le juge pourra le relever d'office. En cas de comparution du défendeur, le renvoi sera de droit s'il le réclame puisqu'il n'aura pas bénéficié du délai nécessaire à la préparation de sa défense.

B.
Déroulement de l'audience

0942.81 **Tentative de conciliation.** L'article R. 3252-12 C. trav.[3] dispose que la procédure de saisie des rémunérations est précédée par une tentative de conciliation, et ce, à peine de nullité. Cette tentative de conciliation a un caractère obligatoire et s'impose au premier créancier saisissant et au juge. Encore s'impose-t-elle lorsqu'une saisie des rémunérations va être mise en œuvre, pour la première fois à l'égard du débiteur ; elle n'a plus de justification lorsque la saisie est en cours ou lorsqu'elle se poursuit ; lorsque la saisie a été organisée à la demande d'un créancier, premier saisissant, les créanciers ultérieurs ne sont pas soumis à la tentative de conciliation comme le rappelle l'article R. 3252-30 C. trav.[4]

La tentative de conciliation a lieu devant le juge assisté du greffier, en chambre du conseil. Diverses hypothèses doivent être envisagées selon la comparution ou la non-comparution des parties et selon la conciliation ou la non-conciliation des parties. Aucune disposition n'impose que le jugement qui autorise la saisie constate l'exécution de la tentative préalable de conciliation[5].

0942.82 **Non-comparution du créancier.** L'article R. 3252-19 C. trav.[6], dans son alinéa 1er, renvoie à l'application de l'article 468 C. pr. civ. Le débiteur peut donc, si le créancier n'a pas fait connaître de motif légitime de non-comparution, demander au juge d'autoriser la saisie des rémunérations ou de rejeter la demande, ou de prononcer la caducité de la requête[7]. Le juge peut aussi renvoyer l'affaire à une audience ultérieure à laquelle le créancier sera convoqué par lettre simple ou prononcer d'office la caducité.

Le créancier a la possibilité de solliciter un relevé de caducité dans le délai de quinze jours, à condition de justifier d'un motif légitime expliquant le défaut de comparution (C. pr. civ., art. 468). En cas d'acceptation par le juge, les parties sont reconvoquées par le greffe à une autre audience. En cas de décision de rejet, le juge statue par une décision susceptible d'appel[8]. Lorsque la cour d'appel déclare irrecevable l'appel interjeté contre la décision ayant déclaré la citation caduque au visa de l'article 468 C. pr. civ., elle constate l'extinction de l'instance et condamne le demandeur aux dépens, ainsi que, le cas échéant, à une indemnité au titre de l'article 700 C. pr. civ.[9].

1. Abrogé par Décr. n° 2025-125, 12 févr. 2025, art. 2 (*applicable à compter du 1er juill. 2025*).
2. Civ. 2e, 12 juin 2003, n° 01-11.441, P II, n° 196 ; *D.* 2003. 1943.
3. Abrogé par Décr. n° 2025-125, 12 févr. 2025, art. 2 (*applicable à compter du 1er juill. 2025*).
4. Abrogé par Décr. n° 2025-125, 12 févr. 2025, art. 2 (*applicable à compter du 1er juill. 2025*).
5. Civ. 2e, 16 déc. 2004, n° 02-20.368, P II, n° 355 ; *D.* 2004. 246.
6. Abrogé par Décr. n° 2025-125, 12 févr. 2025, art. 2 (*applicable à compter du 1er juill. 2025*).
7. S. Guinchard (dir.), Dalloz action *Droit et pratique de la procédure civile*, 2021/2022, n° 431.153, par Ph. Hoonakker.
8. Civ. 2e, 17 juin 1998, n° 95-12.810, P II, n° 193 ; *RTD civ.* 1998. 743, obs. R. Perrot – Civ. 2e, 20 avr. 2017, n° 16-15.934, P.
9. Civ. 2e, 20 avr. 2017, n° 16-15.934, P, préc. s[s] prés[t] n°.

Notons que la citation en saisie des rémunérations du travail, même déclarée nulle, interrompt la prescription, conformément à l'article 2241 C. civ.[1].

0942.83 **Non-comparution du débiteur.** Si le débiteur a signé l'accusé de réception de la lettre recommandée de convocation, il est réputé convoqué à personne. En effet, lorsque l'avis de réception est signé par une personne munie d'un pouvoir à cet effet, la notification est réputée faite à domicile ou à résidence (C. pr. civ., art. 670, al. 2). Le juge vérifie donc le montant de la créance et indique la somme en principal, intérêts et frais pour laquelle la saisie sera faite.

L'article R. 3252-6 alinéa 2 C. trav.[2] précise que les notifications sont régulièrement faites à l'adresse préalablement indiquée par le ou les créanciers. En cas de retour au greffe de l'avis de réception non signé, la date de notification à l'égard du destinataire est celle de la présentation et la notification est réputée faite à domicile ou à résidence.

0942.84 **Conciliation des parties.** Par hypothèse, les deux parties auront comparu à l'audience. Le débiteur comme le créancier, au besoin sous l'égide du juge, s'accordent sur le montant de la somme due, car le titre exécutoire, s'il est intangible, doit souvent être actualisé en fonction des intérêts échus, acomptes versés, remises consenties, *etc.* Ils s'accordent en outre sur un calendrier de paiement qui évitera la saisie des rémunérations.

Il appartient au greffier de dresser un procès-verbal de conciliation signé par le juge, le greffier et les parties conformément à l'article 130 C. pr. civ. Le procès-verbal mentionne outre l'identité et l'adresse des parties, le montant de la somme due en principal, intérêts et frais et les modalités conventionnelles de paiement que les parties ont acceptées. Il précise encore si les intérêts courent pour l'avenir, selon ce que les parties ont décidé. En outre, il doit indiquer clairement qu'à défaut de respect des engagements pris par le débiteur, la saisie des rémunérations pourra avoir lieu à la demande du créancier, sans nouvelle conciliation.

En effet l'article R. 3252-18 C. trav.[3] précise que si le débiteur manque aux engagements pris à l'audience, le créancier a la faculté de demander, au greffe, de procéder à la saisie sans nouvelle conciliation.

Le procès-verbal de conciliation régulièrement dressé conformément à l'article 130 C. pr. civ., vaut titre exécutoire comme le dispose l'article 131 C. pr. civ. et peut faire l'objet d'extraits délivrés par le greffe. L'effet du procès-verbal de conciliation n'est pas limité à la seule saisie des rémunérations du travail.

Notons toutefois que si le débiteur dissimule ses véritables revenus et trompe le créancier, dont le consentement serait ainsi vicié, ce dernier pourrait invoquer la nullité du procès-verbal de conciliation pour dol et réclamer la mise en place d'une saisie[4].

Dans un **arrêt du 27 février 2014**, la Cour de cassation a considéré que la cour d'appel ayant relevé, souverainement, qu'un procès-verbal de conciliation régulièrement dressé dans le cadre de la procédure de saisie des rémunérations en application de l'article R. 3252-17 C. trav.[5], ne contenait aucune renonciation claire et non équivoque du créancier saisissant à la mise en œuvre de toute autre procédure d'exécution à l'encontre du débiteur, en déduit que ce créancier pouvait poursuivre le recouvrement de la créance par le recours d'autres mesures[6]. Même si elle s'appuie sur le pouvoir souverain d'interprétation des juges du fond, la solution paraît inopportune en pratique. En effet, l'exercice d'une saisie-attribution sur le compte bancaire du débiteur, alors que celui-ci respecte le procès-verbal de conciliation, risque d'empêcher ce dernier de faire face aux obligations issues de l'accord amiable et par suite d'entraîner la mise en place de la saisie des rémunérations. Le procès-verbal de conciliation serait alors perçu par les parties comme une perte de temps et une source de frais complémentaires. Au vu de cette jurisprudence, il paraît nécessaire d'aborder ce point lors de l'audience de conciliation et de préciser dans le procès-verbal si les délais accordés font obstacle à toute autre voie d'exécution, ou bien s'ils ne valent que pour la saisie des rémunérations. Mais dans ce dernier cas il est probable que le débiteur préférera alors la mise en place de la saisie des rémunérations. L'intérêt de la conciliation risque d'en être fortement amoindri.

0942.85 **► Réforme applicable à partir du 1er juillet 2025. La réforme maintient une tentative préalable de conciliation, mais en confie la mise en oeuvre au commissaire de justice saisissant.** Celle-ci est mise en œuvre dans le délai d'un mois qui suit la délivrance du commandement de payer aux fins de saisie des rémunérations au débiteur (C. pr. exéc., art. L. 212-3[7], R. 212-1-5[8] et R. 212-1-6[9]).

1. Civ. 1re, 17 févr. 2011, n° 10-13.977, NP.
2. Abrogé par Décr. n° 2025-125, 12 févr. 2025, art. 2 (*applicable à compter du 1er juill. 2025*).
3. Abrogé par Décr. n° 2025-125, 12 févr. 2025, art. 2 (*applicable à compter du 1er juill. 2025*).
4. Civ. 2e, 20 oct. 2005, n° 03-19.895, NP.
5. Abrogé par Décr. n° 2025-125, 12 févr. 2025, art. 2 (*applicable à compter du 1er juill. 2025*).
6. Civ. 2e, 17 févr. 2014, n° 12-35.294, P V, n° 58.
7. Mod. par L. n° 2023-1059, 20 nov. 2023, art. 47 (V) (*applicable à compter du 1er juill. 2025*).
8. Créé par Décr. n° 2025-125, 12 févr. 2025, art. 1er (*applicable à compter du 1er juill. 2025*).
9. Créé par Décr. n° 2025-125, 12 févr. 2025, art. 1er (*applicable à compter du 1er juill. 2025*).

La saisie des rémunérations est engagée par la **signification au débiteur d'un commandement de payer.** Ce commandement lui fait sommation d'avoir à régler sa dette dans le délai d'un mois et, à défaut, l'invite à participer dans ce même délai à l'établissement d'un accord avec le créancier sur le montant et les modalités de paiement de la dette (C. pr. exéc., art. R. 212-1-3, 2° [1]).

Le commandement de payer contient l'indication que le débiteur peut adresser au commissaire de justice saisissant, par voie postale ou électronique, un courrier l'informant qu'il accepte de tenter de parvenir à un tel accord et que l'absence de courrier en ce sens équivaut à un refus (C. pr. exéc., art. R. 212-1-3, 3° [2]).

Lorsque le débiteur manifeste expressément son refus de se concilier avec le créancier ou qu'il n'adresse pas le courrier d'acceptation au commissaire de justice, la procédure peut être poursuivie par la délivrance du procès-verbal de saisie au tiers saisi à condition que le delai d'un mois précité ait expiré (C. pr. exéc., art. L. 212-3 [3] *in fine*).

Lorsque le débiteur fait part au commissaire de justice saisissant de sa volonté de participer à la tentative préalable de conciliation, il doit joindre à son courrier postal ou électronique les éléments qu'il estime utiles pour l'informer de ses revenus et charges. Ce formalisme n'est pas impératif, en sorte qu'il est tout à fait permis au débiteur de manifester sa volonté par tout autre moyen.

Le commissaire de justice peut, pour mener à bien sa mission de conciliation, entendre le créancier et le débiteur. Le processus de conciliation n'étant pas réglementé, le commissaire de justice saisissant est libre des moyens employés (réunions en présentiel, conférences téléphoniques ou visio-conférences, intermédiation entre le créancier et le débiteur etc.). Au vu des éléments produits par le débiteur, le commissaire de justice peut proposer aux parties un accord sur les modalités de paiement de la dette. L'accord entre le créancier et le débiteur est constaté dans un procès-verbal dressé par le commissaire de justice. Il en remet une copie aux parties et mentionne l'établissement de cet accord dans le registre numérique des saisies des rémunérations (C. pr. exéc., art. R. 212-1-6 [4]).

Lorsqu'il intervient avant la signification d'un procès-verbal de saisie, le procès-verbal d'accord ainsi conclu entre le débiteur et le créancier suspend la procédure de saisie des rémunérations. Mais la procédure peut toutefois être reprise en cas de non-respect par le débiteur des modalités de paiement convenues (C. pr. exéc., art. L. 212-3, 1° [5]).

0942.86 Non-conciliation sans contestation (vérification de créance). Il s'agit de l'hypothèse dans laquelle le débiteur reconnaît sa dette mais ne peut pas ou ne veut pas faire d'offres pour éviter la saisie des rémunérations. Dans ce cas, le juge fait en principe procéder à la saisie (C. trav., art. R. 3252-19 [6]). Mais il doit d'abord vérifier les conditions générales de mise en œuvre d'une saisie des rémunérations. L'ordonnancement de l'article R. 3252-19 indique que le juge agit ici d'office, même sans demande expresse ou précise du débiteur. En effet, le juge ne peut pas se borner à relever l'absence de contestation de la demande de saisie, alors qu'en l'absence de conciliation des parties, il lui incombe de liquider, en principal et intérêt, le montant de la créance pour laquelle il autorise la saisie des rémunérations [7]. La forme de la vérification n'est cependant pas la même que dans le cas de contentieux, examiné au numéro suivant. Ici, pour l'essentiel, le juge doit s'assurer de l'existence d'un titre exécutoire, selon ce qui a été décrit (v. s^s^ n° 0941.12). Mais si le titre existe bien, **le juge ne saurait réévaluer la créance** et se substituer ainsi au débiteur – alors même que ce dernier reconnaît la dette et que le créancier dispose d'une voie de recours ardue, nous allons le voir. À ce sujet, trois difficultés habituelles de la pratique méritent d'être signalées :

– il n'est pas rare que le créancier dispose d'une **ordonnance d'injonction de payer**, exécutoire comme dotée de la formule *ad hoc*, mais que le débiteur découvre à l'audience de conciliation ; à notre sens, le juge pourra sans excéder ses pouvoirs, laisser le temps au débiteur de frapper cette injonction d'opposition, si cette dernière paraît encore recevable et renvoyer l'audience de conciliation à une date ultérieure pour s'assurer que l'ordonnance aura été confirmée sur opposition ;

– la même observation s'impose lorsque **le titre** est émis par une collectivité ou un établissement public et est **susceptible d'opposition** (CGCT, art. L. 1617-5) ; mais pour ce type de titre, il semble que le juge doive vérifier le montant de la créance en principal, intérêts et frais et indiquer le montant retenu pour lequel la saisie doit être faite ;

1. Créé par Décr. n° 2025-125, 12 févr. 2025, art. 1er (*applicable à compter du 1er juill. 2025*).
2. Créé par Décr. n° 2025-125, 12 févr. 2025, art. 1er (*applicable à compter du 1er juill. 2025*).
3. Mod. par L. n° 2023-1059, 20 nov. 2023, art. 47 (V) (*applicable à compter du 1er juill. 2025*).
4. Créé par Décr. n° 2025-125, 12 févr. 2025, art. 1er (*applicable à compter du 1er juill. 2025*).
5. Créé par L. n° 2023-1059, 20 nov. 2023, art. 47 (V) (*applicable à compter du 1er juill. 2025*).
6. Abrogé par Décr. n° 2025-125, 12 févr. 2025, art. 2 (*applicable à compter du 1er juill. 2025*).
7. Civ. 2e, 10 févr. 2011, n° 10-12.051, NP ; Civ. 2e, 21 déc. 2023, n° 21-22.127, B.

– certains magistrats estiment que la tâche de vérification de l'existence du titre inclut le pouvoir de suspendre l'exécution, donc retarder la saisie des rémunérations, en accordant des délais. Les mêmes considèrent que le juge peut aussi réduire le taux d'intérêt pour l'avenir ou décider l'imputation des versements futurs en priorité sur le capital (C. trav., art. L. 3252-13[1]) ; il n'est pas lié par les prescriptions de l'article 1343-5 C. civ. (C. civ., anc. art. 1244-1), auquel le Code du travail ne renvoie pas, et peut donc adopter un taux d'intérêt inférieur au taux légal. Nous ne sommes pas d'avis que le juge puisse aller jusqu'à ces dispositions, hors le cadre contentieux examiné au numéro suivant, lequel présente des garanties (principe contradictoire, jugement formel, appel) que n'offre pas la vérification ici examinée. Du reste, l'octroi de délais doit toujours être motivé (C. pr. civ., art. 510, al. 4), ce que ne permet pas le simple procès-verbal de non-conciliation opérant vérification de créances.

En tout cas, **le juge vérifie les frais** : il s'agit d'une disposition dérogatoire au droit commun des articles 704 et suivants C. pr. civ. L'octroi de délais ne peut limiter ses effets que pour la seule saisie des rémunérations du travail.

En effet, le créancier qui pratiquerait une **saisie-attribution sur un compte bancaire** contournerait les règles de la saisie des rémunérations du travail en appréhendant le montant de la quotité saisissable des salaires versés sur le compte bancaire en sus du montant de l'acompte obtenu dans le cadre de la conciliation. Par ailleurs, la saisie-vente pratiquée dans le domicile pour le recouvrement de créances inférieures à 535 euros étant subsidiaire par rapport à la saisie des rémunérations du travail (C. pr. exéc., art. R. 221-2), il serait contradictoire de permettre l'exécution d'une telle saisie alors que les parties se sont accordées dans le cadre de la procédure de saisie des rémunérations du travail.

La non-conciliation des parties doit être constatée dans un **procès-verbal de non-conciliation** dressé par le greffier, signé par le juge et les parties. Ce procès-verbal de non-conciliation n'est pas un jugement, ne tranche aucune contestation et n'a pas autorité de chose jugée[2].

La décision de vérification qui est prise d'office, l'est dans le procès-verbal de non-conciliation. Elle n'est susceptible que d'un seul recours : l'instance en contestation que prévoit l'article R. 3252-8 C. trav.[3].

Le procès-verbal de non-conciliation, qui n'est pas un jugement, ne tranche aucune contestation et n'a pas autorité de la chose jugée[4].

0942.87 Contestation de la dette. Il s'agit des hypothèses dans lesquelles le débiteur soulève une contestation à l'audience de conciliation ; que le juge la rejette ou bien y fasse droit en tout ou partie, il doit statuer par un jugement soit immédiatement soit après avoir mis l'affaire en délibéré, soit après avoir renvoyé l'affaire à une audience ultérieure, pour permettre aux parties de s'expliquer complètement, de se répondre de manière contradictoire. La saisine est faite conformément à l'article 68 C. pr. civ., soit oralement à l'audience, soit par voie de conclusions déposées à l'audience, soit par voie d'assignation, de requête conjointe ou de requête, selon la valeur du litige (C. pr. civ., art. 818). En pratique, le juge est saisi de la contestation soit oralement, soit par voie de conclusions. L'affaire devient alors contentieuse et, selon l'organisation de la juridiction, elle est jugée immédiatement ou renvoyée à une autre audience pour être tranchée au fond. Si la procédure est celle appliquée en matière de procédure orale ordinaire devant le TJ, l'affaire reste de la compétence du JEX.

La procédure appliquée ensuite, pour la préparation et le déroulement du débat, est celle de la procédure orale ordinaire devant le TJ (C. trav., art. R. 3252-8[5]) : les débats sont oraux, la communication des pièces est libre, leur échange par lettre ne dispense pas de comparaître. La procédure de « *mise en état* » et d'audience est celle de la procédure orale ordinaire devant le TJ, les attributions du juge sont en revanche celles du JEX, à la fois plus larges et plus restreintes que celles du juge du fond. Trois précisions devraient permettre de cerner cette position particulière du juge :

– échappent au débat et au juge les domaines de compétence exclusive du juge des contentieux de la protection (JCP – notamment les questions relatives aux emprunts mobiliers, qui nécessiteront une question préjudicielle déférée au tribunal d'instance proprement dit, de façon assez artificielle quand le juge est la même personne) ainsi que les problèmes touchant à la saisie immobilière ; lui est aussi interdit de prononcer une condamnation à titre principal[6] ;

– est au contraire ouvert le vaste domaine des « *difficultés d'exécution* », spécialement : à propos des actes notariés ou à propos des titres susceptibles d'opposition ou réformés après un appel (ex. : injonctions de payer, titres émis à leur profit par des collecti-

1. Abrogé par L. nº 2023-1059, 20 nov. 2023, préc., art. 47 (V) (*applicable à compter du 1er juill. 2025*).
2. Civ. 2e, 26 janv. 2017, nº 15-29.095, P II, nº 25.
3. EN CE SENS, sous le régime antérieur à la loi du 9 juillet 1991, Douai, 7 juill. 1994, *Rev. huiss.* 1995. 602, note Dahan.
4. Civ. 2e, 26 janv. 2017, nº 15-29.095, P, préc. ss prést nº.
5. Abrogé par Décr. nº 2025-125, 12 févr. 2025, art. 2 (*applicable à compter du 1er juill. 2025*).
6. Versailles, 5 déc. 1997, *Rev. huiss.* 1998. 442 – Civ. 2e, 20 oct. 2005, nº 03-18.700, P II, nº 268.

vités et établissements publics) ou encore des titres anciens nécessitant d'établir des comptes entre les parties. Deux avis de la Cour de cassation ont été nécessaires pour conforter les pouvoirs du juge de la saisie des rémunérations[1]. Il peut rechercher si le titre produit au soutien de la requête contient tous les éléments permettant l'évaluation de la créance et si le débiteur justifie des causes d'extinction de ses obligations[2]. Dans ce cadre, le juge a certainement le pouvoir de suspendre l'exécution, donc retarder la saisie des rémunérations, en accordant des délais (C. pr. civ., art. 510). Le juge peut aussi réduire le taux d'intérêt pour l'avenir ou décider l'imputation des versements futurs en priorité sur le capital (C. trav., art. L. 3252-13[3]) ; il n'est pas lié par les prescriptions de l'article 1343-5 C. civ. (C. civ., anc. art. 1244-1), auquel le Code du travail ne renvoie pas, et peut donc adopter un taux d'intérêt inférieur au taux légal. Le juge ne peut pas refuser de statuer au motif de l'insuffisance de preuve, et, si le principe de la créance est acquis, il doit liquider celle-ci, quitte à ordonner une mesure d'instruction préalable[4]. Le juge doit également trancher les contestations du débiteur et notamment celle relative à une créance de répétition de l'indu[5].

En revanche, le JEX ne saurait remettre en cause le titre exécutoire dans son principe ou la validité des droits ou obligations que ce titre constate ; par application au cas où le titre est constitué par un acte authentique exécutoire, il ne peut apprécier la validité de cet acte notarié[6], mais doit toutefois rechercher si cet acte notarié contient tous les éléments permettant l'évaluation de la créance[7] ; par application au cas de contraintes délivrées par des organismes publics ou parapublics, le juge ne peut en remettre en cause le bien-fondé[8] (ainsi pour une condamnation correctionnelle à payer des dommages-intérêts[9] ; un certificat exécutoire de non-paiement de chèque[10] ; un titre exécutoire émis par un établissement public[11]).

Notons toutefois que dans un **arrêt du 18 juin 2009**, la deuxième chambre civile de la Cour de cassation a considéré que le JEX connaissait des difficultés relatives aux titres exécutoires et des contestations qui s'élèvent à l'occasion de l'exécution forcée, même si elles portent sur le fond du droit, à moins qu'elles n'échappent à la compétence des juridictions de l'ordre judiciaire, et a cassé en conséquence un arrêt qui avait retenu que le JEX ne pouvait pas se prononcer sur la nullité d'un engagement résultant d'un acte notarié exécutoire[12].

Le JEX, dans le cadre d'une instance en saisie des rémunérations du travail, ne peut pas remettre en cause le titre exécutoire servant de fondement aux poursuites, il est tenu d'en fixer le sens[13].

Le JEX, ne peut en aucune manière condamner le débiteur aux causes de la saisie[14]. En effet, le titre mis à exécution emporte déjà une telle condamnation.

En cas de plan de surendettement, il appartient au débiteur de prouver que celui-ci a été approuvé par le créancier saisissant[15], que les recommandations ont été homologuées par le JEX, qu'un plan a été adopté par celui-ci, ou lorsqu'une procédure de rétablissement personnel a été clôturée à son profit et que la créance a été prise en compte par cette décision.

La suite de la procédure suit les règles applicables à la procédure orale ordinaire devant le TJ : la décision du juge qui tranche une contestation dûment élevée par une partie, en général par le débiteur, doit être jugée comme le prévoit l'article R. 3252-8 C. trav.[16] Le juge statue donc par jugement comme le rappelle l'article R. 3252-21 C. trav.[17] en son deuxième alinéa. Il n'est pas nécessaire dans le jugement d'indiquer que la tentative de conciliation a eu lieu[18]. Lorsque le juge statue par un jugement sur une contestation ou une demande du débiteur, cette décision est susceptible d'appel si l'intérêt du litige est supérieur à 5 000 euros. Le pourvoi en cassation est ouvert lorsque la valeur du litige n'excède pas 5 000 euros (COJ, art. R. 211-3-24 et R. 211-3-25). Le jugement est notifié comme les autres décisions du TJ par voie de signification par commissaire de justice, faute de texte prévoyant la notification en la forme ordinaire.

En cas d'appel, la cour qui annule le jugement et ordonne ensuite la saisie n'est pas tenue de procéder

1. Cass., avis, 16 juin 1995, n° 09-50.008, P, n° 9 ; *RTD civ.* 1995. 691 – Cass., avis, 14 févr. 1997, n° 09-60.014, P, n° 2 ; *Procédures* 1997, n° 86, note R. Perrot.
2. Civ. 2e, 8 déc. 2005, n° 04-14.785, P II, n° 314.
3. Abrogé par L. n° 2023-1059, 20 nov. 2023, préc., art. 47 (V) (*applicable à compter du 1er juill. 2025*).
4. Civ. 2e, 28 juin 2006, n° 04-17.224, P II, n° 174.
5. Civ. 2e, 28 juin 2006, n° 04-17.224, P (préc. ss prést n°).
6. Versailles, 1re ch., 26 juin 1998, *Gaz. Pal.* 1999. 1. Somm. 35 – Versailles, 29 janv. 1999, *Rev. huiss.* 1999. 695 – Versailles, 1er oct. 1999, *Gaz. Pal.* 2001. 1. Somm. 599.
7. Civ. 2e, 8 déc. 2005, n° 04-14.785, P II, n° 314.
8. Civ. 2e, 17 juin 1998, n° 96-13.199, P II, n° 199 ; *Rev. huiss.* 1999. 204, obs. Dahan – Versailles, 1re ch., 20 nov. 1998, *JCP* 1999. IV. 1960.
9. Versailles, 1re ch., 21 nov. 1997, *Rev. huiss.* 1998. 1145.
10. Civ. 2e, 5 avr. 2001, n° 99-14.756, P II, n° 75 ; *Gaz. Pal.* 2002. 1. Somm. 251, obs. Véronaz ; *Dr. et proc.* 2001. 323, note Ph. Hoonakker.
11. Civ. 2e, 8 avr. 2004, n° 02-11.625, P II, n° 189.
12. Civ. 2e, 18 juin 2009, n° 08-10.843, P II, n° 165 ; *D.* 2009. 1768.
13. Civ. 2e, 20 avr. 2017, n° 16-14.658, NP.
14. Civ. 2e, 20 oct. 2005, n° 03-18.700, P II, n° 268.
15. Civ. 2e, 6 mai 2004, n° 02-16.042, P II, n° 222.
16. Abrogé par Décr. n° 2025-125, 12 févr. 2025, art. 2 (*applicable à compter du 1er juill. 2025*).
17. Abrogé par Décr. n° 2025-125, 12 févr. 2025, art. 2 (*applicable à compter du 1er juill. 2025*).
18. Civ. 2e, 16 déc. 2004, n° 03-11.803, P II, n° 535.

à une nouvelle tentative de conciliation, dès lors qu'il n'est pas allégué qu'elle n'a pas eu lieu devant le premier juge[1].

La vérification de l'existence du titre exécutoire n'est pas faite dans le seul intérêt du débiteur, mais aussi des autres créanciers. La saisie des rémunérations du travail n'étant ouverte qu'aux créanciers titulaires d'un titre exécutoire, il serait anormal qu'un créancier n'en disposant pas puisse participer aux répartitions et réduire ainsi la part de ceux qui en détiennent un.

Si le débiteur peut, dans le cadre d'une contestation de la saisie des rémunérations du travail, opposer une exception de compensation, il ne peut pas présenter de demande en paiement, le JEX n'ayant pas le pouvoir de l'examiner[2].

0942.88 Contestation de la saisissabilité. Le débat sur la saisissabilité des rémunérations visées par la requête en saisie peut s'engager dès l'audience. Le juge doit examiner les éléments fournis par les parties et ne peut pas rejeter une telle contestation au motif qu'il est nécessaire d'obtenir préalablement la déclaration du tiers saisi[3]. L'efficacité commande en effet de rejeter la demande de saisie lorsque la rémunération est manifestement insaisissable au vu des justificatifs fournis, soit en raison de la nature de la créance ou en raison de son montant inférieur au RSA mentionné à l'article L. 262-2 du CASF pour un foyer composé d'une personne seule. Il en va de même lorsque la créance n'est pas saisissable selon la procédure de saisie des rémunérations du travail, mais selon la saisie-attribution. Le juge peut soulever un tel moyen d'office, dans le respect du principe de la contradiction, afin d'éviter de poursuivre une procédure inexécutable.

0942.89 Vérification des frais d'exécution et dépens afférents au titre exécutoire. Dans le cadre de la vérification de la dette, les **frais** peuvent être examinés. Dans la mesure où la jurisprudence reconnaît au JEX le pouvoir de vérifier les frais d'exécution, le JEX, peut y procéder également. De plus, en matière d'intervention, l'article R. 3252-31 C. trav.[4], précise que le juge peut vérifier la créance en principal, intérêts et frais.

Notons toutefois, que pour les **dépens**, la Cour de cassation estime que ceux-ci ne peuvent être recouvrés par voie d'exécution forcée qu'en vertu d'un certificat de vérification ou d'une ordonnance de taxe exécutoire[5]. En conséquence, le JEX ne peut prendre en compte les dépens afférents au titre exécutoire que dans la mesure où ceux-ci ont été fixés par un certificat de vérification ou une ordonnance de taxe délivrée par l'autorité compétente. En revanche, il peut vérifier et arrêter les frais d'exécution exposés pour le recouvrement forcé du titre exécutoire.

0942.90 Demande de délais ou de réduction des intérêts. Sans contester la dette, le débiteur peut saisir le juge d'une demande de délais de grâce ou de réduction des intérêts, les deux demandes pouvant être combinées.

La demande de délais est régie par les articles 510 C. pr. civ. et 1343-5 s. C. civ. (C. civ., anc. art. 1244-1 s.). Le juge peut donner des délais, ce qui empêche la mise en place de la saisie des rémunérations du travail, mais aussi de toute autre voie d'exécution, tant que les conditions d'octroi des délais sont respectées (C. civ., art. 1343-5).

L'octroi de délais peut être combiné avec une réduction des intérêts sur le fondement de l'article 1343-5 C. civ. (C. civ., anc. art. 1244-1, al. 2). Mais dans ce cas, la réduction d'intérêts ne peut pas aller en deçà du taux légal.

La demande de réduction des intérêts, présentée uniquement dans le cadre de l'exécution de la saisie et indépendamment de toute demande de délais, obéit aux dispositions du premier alinéa de l'article L. 3252-13 C. trav.[6], qui permet de ramener les intérêts à un taux réduit, éventuellement en deçà du taux légal. Cette réduction d'intérêts dure autant que la saisie des rémunérations du travail. Ces deux hypothèses de délais ou de réduction des intérêts sont alternatifs et ne peuvent pas être cumulés.

Conformément à l'article 1343-5 C. civ. (C. civ., anc. art. 1244-1), le juge des saisies des rémunérations du travail n'a pas le pouvoir d'accorder des délais de paiement lorsqu'il est saisi d'une requête en vue du recouvrement d'une contribution à l'entretien et l'éducation d'un enfant[7].

0942.91 Exécution provisoire. Conformément aux dispositions de l'article 514-1 C. pr. civ., les décisions rendues en matière de saisie des rémunérations du travail sont exécutoires de plein droit, à moins que le juge, par une décision spécialement motivée, n'ait décidé de l'écarter en tout ou partie. La mise en place ne pourra donc pas être paralysée par un appel.

0942.92 ► Réforme applicable à partir du 1er juillet 2025. Le débiteur peut contester la saisie des rémunérations à tout moment (C. pr. exéc., art. L. 212-4, al. 1er). Lorsque la contestation est élevée dans le mois qui suit la signification du commandement de payer, la saisie est suspendue (C. pr. exéc.,

1. Civ. 2e, 16 déc. 2004, no 03-11.978, P II, no 536.
2. Civ. 2e, 31 janv. 2013, no 12-10.031, NP.
3. Civ. 2e, 14 avr. 2005, no 03-14.574, NP.
4. Abrogé par Décr. no 2025-125, 12 févr. 2025, art. 2 (*applicable à compter du 1er juill. 2025*).
5. Civ. 2e, 3 mai 2007, no 06-12.485, P II, no 120 ; *D.* 2007. AJ 1511 ; *JCP* 2007. IV. 2132.
6. Abrogé par L. no 2023-1059, 20 nov. 2023, art. 47 (V) (*applicable à compter du 1er juill. 2025*).
7. Civ. 2e, 10 avr. 2014, no 13-13.469, P II, no 100.

art. L. 212-4[1], al. 3, *a contrario*). Le JEX demeure exclusivement compétent pour trancher les contestations qui s'élèvent en matière de saisie des rémunérations (COJ, art. L. 213-6, al. 1er). Le JEX territorialement compétent est celui du lieu où demeure le débiteur ou, s'il réside à l'étranger ou n'a pas de résidence connue, celui du lieu où demeure le tiers saisi (C. pr. exéc., art. R. 212-1-7[2]).

La procédure applicable à la contestation de la saisie des rémunérations est, sous réserve des dispositions particulières, la **procédure de droit commun** décrite aux articles L. 121-1 à L. 121-4 et R. 121-5 à R. 121-22, al. 1er, 3 et 4 C. pr. exéc. (v. ss nos 0215.00 à 0215.123).

Les dispositions particulières sont prévues au paragraphe 3 de la sous-section 1 de la section 1 C. pr. exéc. Il est tout d'abord prévu que le JEX ne peut être saisi que par assignation (C. pr. exéc., art. R. 212-1-7[3]). Lorsque la contestation est formée dans le mois qui suit la signification du commandement de payer, le débiteur doit, à peine d'irrecevabilité, dénoncer la contestation au commissaire de justice saisissant le jour-même ou le premier jour ouvrable suivant (C. pr. exéc., art. R. 212-1-8[4]). Le JEX peut autoriser la saisie des rémunérations pour la fraction non contestée de la dette (C. pr. exéc., art. R. 212-1-9, al. 1er[5]).

Le JEX dispose en cette matière de tous les pouvoirs qui lui sont conférés notamment par les articles L. 121-2 et L. 121-3 C. pr. exéc. À ces pouvoirs généraux s'ajoute celui, prévu autrefois à l'article R. 3252-19, al. 3, C. trav.[6], de contrôler d'office à l'occasion de toute contestation le montant des frais d'exécution dont le recouvrement est poursuivi (C. pr. exéc., art. L. 212-4, al. 2[7]).

§ 3 Suites de l'audience

0942.101 **Établissement de l'acte de saisie.** Aux termes de l'article R. 3252-21 C. trav.[8], le greffier doit dans les huit jours qui suivent l'audience de conciliation et au vu du procès-verbal de non-conciliation, procéder à la saisie. Ce même article précise que dans le cas où l'audience de (non)-conciliation a donné lieu à un jugement, le greffier doit procéder à la saisie dans les huit jours qui suivent l'expiration des délais de recours contre ce jugement. Le greffier doit vérifier auprès du créancier saisissant que le jugement a bien été notifié au débiteur, par la production d'une copie de la signification, et qu'aucun recours n'a été exercé contre cette décision, par la production d'un certificat de non-recours.

L'acte de saisie établi par le greffier doit contenir un certain nombre de mentions obligatoires énumérées à l'article R. 3252-22 C. trav.[9] Doivent figurer sur cet acte :

– les nom, prénom et domicile du débiteur et du créancier ou, s'il s'agit d'une personne morale, sa dénomination et son siège social ;

– le décompte distinct des sommes pour lesquelles la saisie est pratiquée, en principal, frais et intérêts échus ainsi que l'indication du taux des intérêts ;

– le mode de calcul de la fraction saisissable et les modalités de son règlement ; cette indication relève de la responsabilité du greffe et non pas de celle du juge[10] ; le calcul exact du prélèvement mensuel relève quant à lui, de la responsabilité du tiers saisi, seul à même de le réaliser correctement (v. ss no 0943.21) ;

– l'injonction d'effectuer au greffe, dans un délai de quinze jours, la déclaration prévue à l'article L. 3252-9 C. trav.[11] ;

– la reproduction des articles L. 3252-9 et L. 3252-10 C. trav.[12] relatifs aux obligations de l'employeur, tiers saisi.

0942.102 **► Réforme applicable à partir du 1er juillet 2025 : la nouvelle saisie des rémunérations est engagée par la signification au débiteur d'un commandement de payer (C. pr. exéc., art. L. 212-2).** Ce commandement doit être inscrit le jour même de sa signification au débiteur ou le premier jour ouvrable suivant sur le registre numérique des saisies des rémunération à peine de caducité (C. pr. exéc., art. R. 212-1-2[13]). Il doit en outre contenir à peine de nullité les mentions énumérées à l'article R. 212-1-3 C. pr. exéc.[14] ou, lorsqu'un

1. Créé par L. no 2023-1059, 20 nov. 2023, art. 47 (V) (*applicable à compter du 1er juill. 2025*).
2. Créé par Décr. no 2025-125, 12 févr. 2025, art. 1er (*applicable à compter du 1er juill. 2025*).
3. Créé par Décr. no 2025-125, 12 févr. 2025, art. 1er (*applicable à compter du 1er juill. 2025*).
4. Créé par Décr. no 2025-125, 12 févr. 2025, art. 1er (*applicable à compter du 1er juill. 2025*).
5. Créé par Décr. no 2025-125, 12 févr. 2025, art. 1er (*applicable à compter du 1er juill. 2025*).
6. Abrogé par Décr. no 2025-125, 12 févr. 2025, art. 2 (*applicable à compter du 1er juill. 2025*).
7. Créé par L. no 2023-1059, 20 nov. 2023, art. 47 (V) (*applicable à compter du 1er juill. 2025*).
8. Abrogé par Décr. no 2025-125, 12 févr. 2025, art. 2 (*applicable à compter du 1er juill. 2025*).
9. Abrogé par Décr. no 2025-125, 12 févr. 2025, art. 2 (*applicable à compter du 1er juill. 2025*).
10. Civ. 2e, 26 mars 1997, no 95-10.213, P II, no 98 ; *Gaz. Pal.* 1998. 1. 145.
11. Abrogé par L. no 2023-1059, 20 nov. 2023, art. 47 (V) (*applicable à compter du 1er juill. 2025*).
12. Abrogés par L. no 2023-1059, 20 nov. 2023, art. 47 (V) (*applicable à compter du 1er juill. 2025*).
13. Créé par Décr. no 2025-125, 12 févr. 2025, art. 1er (*applicable à compter du 1er juill. 2025*).
14. Créé par Décr. no 2025-125, 12 févr. 2025, art. 1er (*applicable à compter du 1er juill. 2025*).

acte de saisie est déjà inscrit sur le registre numérique des saisies des rémunérations, celles de l'article R. 212-1-4 C. pr. exéc.[1] Des auteurs s'interrogent sur l'effet interruptif de la prescription attaché à ce commandement dans le silence des textes instituant la nouvelle procédure de saisie des rémunérations[2]. Cependant, comme le commandement de payer aux fins de saisie-vente, le commandement de payer aux fins de saisie des rémunérations a pour effet d'engager la mesure d'exécution forcée. À l'instar de la procédure de saisie-vente[3], il est probable que la jurisprudence reconnaîtra au commandement de payer aux fins de saisie des rémunérations l'effet interruptif de la prescription en application de l'article 2244 C. civ.

La signification du commandement de payer fait courir un délai d'un mois à la fois pour permettre au commissaire de justice de mettre en œuvre la tentative préalable de conciliation et permettre au débiteur de contester le commandement devant le JEX (C. pr. exéc., art. L. 212-2[4]). Pendant ce délai, aucun acte de saisie ne peut être signifié au tiers saisi, y compris lorsqu'il a pour objet l'intervention d'un créancier tiers à une saisie déjà en cours (C. pr. exéc., art. R. 212-1-16[5]).

Si le créancier et le débiteur s'accordent sur le montant et les modalités de paiement de la dette dans le délai d'un mois, le procès-verbal constatant cet accord, dressé par le commissaire de justice, suspend la procédure de saisie des rémunérations (C. pr. exéc., art. L. 212-2[6]). La procédure de saisie est pareillement suspendue lorsque le débiteur conteste, dans ce même délai, le commandement (C. pr. exéc., art. L. 212-4, al. 3[7]).

La procédure est poursuivie par la signification au tiers saisi d'un procès-verbal de saisie dans cinq cas :

(i) lorsqu'à l'expiration du délai d'un mois qui suit la signification du commandement de payer, aucun accord n'est trouvé entre le créancier et le débiteur (C. pr. exéc., art. L. 212-6[8]) ;

(ii) en cas d'accord, lorsque le débiteur ne respecte pas les modalités de paiement convenues (C. pr. exéc., art. L. 212-3, al. 3[9]) ;

(iii) ou lorsqu'un créancier tiers fait signifier au premier créancier saisissant un acte d'intervention, lequel a pour effet de mettre à néant le procès-verbal d'accord conclu entre le premier créancier saisissant et le débiteur (C. pr. exéc., art. L. 212-3, al. 3[10]). Dans ce cas, le premier créancier saisissant peut poursuivre sa propre procédure en faisant délivrer l'acte de saisie ;

(iv) lorsque la contestation est formée après l'expiration du délai d'un mois qui suit la signification du commandement de payer (C. pr. exéc., art. L. 212-4, al. 3[11] *a contrario*) ;

(v) lorsqu'à l'issue de la contestation formée dans le délai d'un mois qui suit la signification du commandement de payer, le JEX n'invalide pas le commandement.

0942.103 **Notification de l'acte de saisie.** L'acte de saisie établi par le greffier en application des dispositions des articles R. 3252-21 et R. 3252-22 C. trav.[12] doit être notifié à l'employeur du débiteur par LRAR, dans les huit jours. Ce délai n'est pas assorti de sanctions juridiques.

Toutefois, dans certains cas, l'acte de saisie ne peut pas être notifié directement à l'employeur dont dépend le débiteur mais à un comptable public assignataire de la dépense : l'employeur, ordonnateur du salaire à saisir, doit fournir les renseignements nécessaires (C. pr. exéc., art. L. 143-1). C'est le cas notamment de la saisie des rémunérations des soldes et traitements des fonctionnaires civils et militaires[13]. De même, certaines entreprises telles que la Société nationale des chemins de fer français (SNCF) ont un centre unique de paiement des rémunérations de leurs agents. C'est à ce centre qu'il convient d'adresser la notification de l'acte de saisie.

En outre, si le débiteur travaille dans une entreprise, pour le compte d'une société de travail temporaire, il convient de notifier l'acte de saisie à cette société chargée de le rémunérer directement. Un envoi à l'entreprise utilisatrice serait totalement inefficace et dépourvu d'objet.

À destination de l'employeur, il convient de joindre en annexe de l'acte de saisie, la déclaration prévue à l'article L. 3252-9 C. trav.[14] ainsi que le barème nécessaire pour le calcul de la fraction insaisissable,

1. Créé par Décr. nº 2025-125, 12 févr. 2025, art. 1er (*applicable à compter du 1er juill. 2025*).
2. K. Castanier, « Clap de fin pour la saisie des rémunérations judiciaire, le décret est enfin publié ! (Première partie) », *D. actu.* 5 mars 2025.
3. Civ. 2e, 13 mai 2015, nº 14-16.025, P.
4. Mod. par L. nº 2023-1059, 20 nov. 2023, art. 47 (V) (*applicable à compter du 1er juill. 2025*).
5. Créé par Décr. nº 2025-125, 12 févr. 2025, art. 1er (*applicable à compter du 1er juill. 2025*).
6. Mod. par L. nº 2023-1059, 20 nov. 2023, art. 47 (V) (*applicable à compter du 1er juill. 2025*).
7. Créé par L. nº 2023-1059, 20 nov. 2023, art. 47 (V) (*applicable à compter du 1er juill. 2025*).
8. Créé par L. nº 2023-1059, 20 nov. 2023, art. 47 (V) (*applicable à compter du 1er juill. 2025*).
9. Mod. par L. nº 2023-1059, 20 nov. 2023, art. 47 (V) (*applicable à compter du 1er juill. 2025*).
10. Mod. par L. nº 2023-1059, 20 nov. 2023, art. 47 (V) (*applicable à compter du 1er juill. 2025*).
11. Créé par L. nº 2023-1059, 20 nov. 2023, art. 47 (V) (*applicable à compter du 1er juill. 2025*).
12. Abrogé par Décr. nº 2025-125, 12 févr. 2025, art. 2 (*applicable à compter du 1er juill. 2025*).
13. Décr. nº 62-1587, 29 déc. 1962.
14. Abrogé par L. nº 2023-1059, 20 nov. 2023, art. 47 (V) (*applicable à compter du 1er juill. 2025*).

barème élaboré à partir des tranches fixées à l'article R. 3252-2 du même Code du travail et en tenant compte également des personnes éventuellement à la charge du débiteur.

Une copie de l'acte de saisie doit être également adressée au débiteur, par lettre simple. Il lui est rappelé qu'en cas de changement d'employeur, la saisie sera poursuivie entre les mains du nouvel employeur (C. trav., art. R. 3252-23, al. 2 [1]).

La date de la notification est celle de la réception de la lettre recommandée par le tiers saisi conformément aux dispositions de l'article 668 C. pr. civ. Dans le cas où il est procédé par voie de signification, la date de la notification est celle de l'acte établi par l'huissier de justice. Cette date est très importante dans la mesure où elle détermine la date à partir de laquelle une fraction de la rémunération du débiteur devient indisponible et ce jusqu'à la décision de mainlevée de la saisie, notifiée par le greffe.

0942.104 ▶ Réforme applicable à partir du 1er juillet 2025 : signification du procès-verbal de saisie à l'employeur. Cette signification est accompagnée d'un **certificat, établi par le commissaire de justice** qui a signifié le commandement de payer, attestant que le débiteur n'a pas formé de contestation dans le mois suivant sa délivrance (C. pr. exéc., art. R. 212-1-11 [2]). Cette formalité vise à assurer à l'employeur tiers saisi qu'il peut valablement procéder, s'il y a lieu, aux prélèvements de la fraction saisissable du salaire du débiteur, après avoir accompli ses obligations déclaratives (C. pr. exéc., art. L. 212-8 [3] et R. 212-1-14 [4]).

Ce procès-verbal doit contenir, à peine de nullité, les mentions énumérées à l'article R. 212-1-12 C. pr. exéc. [5]

À peine de caducité, le procès-verbal doit être inscrit sur le registre numérique des saisies des rémunérations le jour même de sa signification au tiers saisi ou le premier jour ouvrable suivant. Le procès-verbal n'est en outre opposable aux tiers qu'à compter de son inscription sur le registre (C. pr. exéc., art. R. 212-1-3 [6]).

À peine de caducité, il doit être dénoncé au débiteur dans les huit jours qui suivent sa signification au tiers saisi et contenir les mentions énumérées à l'article R. 212-1-15 C. pr. exéc. [7]

0942.105 Suppression de la majoration du taux de l'intérêt légal. L'article L. 3252-13 C. trav. [8] indique que la majoration prévue par l'article L. 313-3 C. mon. fin. cesse de s'appliquer aux sommes retenues à compter du jour de leur prélèvement sur la rémunération. Cette disposition s'applique aux sommes retenues, mais non aux sommes encore dues : la loi veut ici épargner au débiteur les conséquences des retards de transmission des fonds prélevés. Le juge n'a pas à se prononcer sur ce point et ne pourrait d'ailleurs pas ordonner un dispositif contraire.

En réalité, c'est au moment d'une intervention pour le paiement des intérêts échus (C. trav., art. R. 3252-33 [9]), que le juge doit être particulièrement vigilant quant au respect de cette disposition légale. Il doit donc réclamer un décompte bien détaillé de la créance faisant clairement apparaître les imputations des paiements, celle des répartitions uniquement sur les causes de la saisie, l'assiette et le taux des intérêts.

SECTION 4
INCIDENTS

§ 1
Cas de la pluralité d'employeurs

0942.111 Rémunérations provenant de plusieurs employeurs. Les articles L. 3252-4 [10] et R. 3252-40 [11] C. trav. prévoient le cas où le débiteur perçoit des rémunérations de plusieurs employeurs. Dans cette hypothèse, la fraction saisissable est calculée sur l'ensemble des rémunérations pour éviter que la rémunération soit toujours inférieure au plancher de saisissabilité. Ce principe rend difficile l'application des règles concernant les différentes fractions insaisissable et saisissable, dans la mesure où elles devraient être observées par plusieurs employeurs. Les modalités des retenues à faire sont alors fixées par le greffier qui désigne notamment le ou les employeurs chargés d'opérer les retenues mensuelles. Dans le cas où l'un d'eux est en mesure de verser la totalité de la fraction saisissable,

1. Abrogé par Décr. nº 2025-125, 12 févr. 2025, art. 2 (*applicable à compter du 1er juill. 2025*).
2. Créé par Décr. nº 2025-125, 12 févr. 2025, art. 1er (*applicable à compter du 1er juill. 2025*).
3. Créé par L. nº 2023-1059, 20 nov. 2023, art. 47 (V) (*applicable à compter du 1er juill. 2025*).
4. Créé par Décr. nº 2025-125, 12 févr. 2025, art. 1er (*applicable à compter du 1er juill. 2025*).
5. Créé par Décr. nº 2025-125, 12 févr. 2025, art. 1er (*applicable à compter du 1er juill. 2025*).
6. Créé par Décr. nº 2025-125, 12 févr. 2025, art. 1er (*applicable à compter du 1er juill. 2025*).
7. Créé par L. nº 2023-1059, 20 nov. 2023, art. 47 (V) (*applicable à compter du 1er juill. 2025*).
8. Abrogé par L. nº 2023-1059, 20 nov. 2023, art. 47 (V) (*applicable à compter du 1er juill. 2025*).
9. Abrogé par Décr. nº 2025-125, 12 févr. 2025, art. 2 (*applicable à compter du 1er juill. 2025*).
10. Mod. par L. nº 2023-1059, 20 nov. 2023, art. 47 (V) (*applicable à compter du 1er juill. 2025*).
11. Abrogé par Décr. nº 2025-125, 12 févr. 2025, art. 2 (*applicable à compter du 1er juill. 2025*).

la saisie peut être pratiquée entre ses mains. Il s'agit d'une décision purement administrative rendue par le greffier au vu des éléments dont il dispose et notamment des déclarations affirmatives adressées par les tiers saisis. On peut toutefois penser que cette décision est susceptible de recours dans les conditions prévues par l'article R. 3252-8 C. trav. [1]

0942.112 ▶ Réforme applicable à partir du 1er juillet 2025. La déjudiciarisation de la saisie des rémunérations met fin à l'intervention du greffier pour fixer les modalités de retenues en cas de pluralité d'employeurs. Il est prévu que le commissaire de justice répartiteur détermine les tiers saisis chargés d'opérer les retenues lorsque le débiteur perçoit plusieurs rémunérations (C. pr. exéc., art. R. 212-1-36 [2]). Un auteur regrette l'absence de précision quant aux modalités selon lesquelles le commissaire de justice répartiteur y procède [3]. En cas de difficulté ou de contestation sur ce point, le JEX devrait pouvoir être saisi.

§ 2
Pluralité de créanciers saisissants

0942.120 Renvoi. La question, résolue par la voie de l'intervention, est un aspect des concours de saisies (v. ss nos 0944.10 s.).

§ 3
Contestations élevées postérieurement à l'audience de conciliation

0942.131 Hypothèses. Les articles R. 3252-32 [4] et R. 3252-36 [5] C. trav. organisent les contestations après l'audience de conciliation dans deux hypothèses seulement : sur intervention d'un créancier supplémentaire, ou sur état de répartition des sommes prélevées (ces questions seront examinées à leur place, v. ss nos 0944.22 et 0944.31). Mais plus généralement, il faut admette que les parties puissent saisir le juge en cours de saisie, bien entendu sans obtenir de ce seul fait la suspension de cette saisie. Par exemple, le versement d'acomptes en dehors de la saisie peut conduire à l'extinction de la dette ; des difficultés nouvelles pour le débiteur peuvent l'inciter à demander la suspension de la saisie pour quelque temps ; l'employeur peut refuser sa déclaration affirmative (v. ss no 0943.11 – une décision pose l'exigence d'une audience dans ce cas [6]), un plan de surendettement peut être mis en place (v. ss nos 0942.181 à 0942.187).

0942.132 Procédure. La procédure applicable est celle de l'article R. 3252-8 C. trav. [7], autrement dit celle de la procédure orale ordinaire devant le TJ et non pas celle du JEX. Cette procédure a été évoquée à propos des contestations élevées à l'audience de conciliation (v. ss no 0942.87). On ajoutera simplement qu'ici, la saisine du juge est nécessaire ; elle se fera par assignation, par requête conjointe ou par requête si le montant de la demande le permet (C. pr. civ., art. 818). S'agissant des voies de recours, soulignons que l'article R. 3252-8 C. trav [8]. renvoie à la procédure orale ordinaire devant le TJ. La décision sera susceptible d'un pourvoi en cassation ou d'un appel selon que l'intérêt du litige sera inférieur ou supérieur à 5 000 euros (COJ, art. R. 211-3-24 et R. 211-3-25).

Lors de l'instance en contestation, les parties peuvent se faire représenter par un avocat ou un officier ministériel ou par tout mandataire muni d'un pouvoir spécial, conformément à l'article L. 3252-11 C. trav. [9] En effet, ce texte de portée générale et inséré dans les dispositions légales de la procédure de saisie sur salaire s'applique, à défaut de restrictions à tous les développements de la procédure et donc à ses incidents contentieux. Toutefois, certaines juridictions considèrent qu'en cas d'incident, les modalités de représentation et d'assistance devant le TJ dans le cadre de la procédure orale ordinaire (C. pr. civ., art. 762) doivent être retenues en application de l'article R. 3252-8 C. trav. [10] Pourtant ce texte de nature réglementaire ne semble pas pouvoir faire exception aux dispositions spéciales et de nature législative de l'article L. 3252-11 C. trav. [11], lesquelles ne sont pas limitées à la seule audience de conciliation, d'autant que l'article 817 C. pr. civ. prévoit expressément la possibilité de dispositions dérogatoires. Si la contestation est élevée à l'audience de conciliation, alors que le créancier est représenté par un huissier de justice, il apparaît inopportun de renvoyer l'affaire afin d'imposer la représentation dans les conditions

1. Abrogé par Décr. no 2025-125, 12 févr. 2025, art. 2 (*applicable à compter du 1er juill. 2025*).
2. Créé par Décr. no 2025-125, 12 févr. 2025, art. 1er (*applicable à compter du 1er juill. 2025*).
3. H. Michelin-Brachet, « Saisie des rémunérations du travail : après la loi, le décret », *D.* 2025. 743.
4. Abrogé par Décr. no 2025-125, 12 févr. 2025, art. 2 (*applicable à compter du 1er juill. 2025*).
5. Abrogé par Décr. no 2025-125, 12 févr. 2025, art. 2 (*applicable à compter du 1er juill. 2025*).
6. Civ. 2e, 10 oct. 1984, no 83-10.777, P II, no 147.
7. Abrogé par Décr. no 2025-125, 12 févr. 2025, art. 2 (*applicable à compter du 1er juill. 2025*).
8. Abrogé par Décr. no 2025-125, 12 févr. 2025, art. 2 (*applicable à compter du 1er juill. 2025*).
9. Abrogé par L. no 2023-1059, 20 nov. 2023, art. 47 (V) (*applicable à compter du 1er juill. 2025*).
10. Versailles, 21 avr. 2005, *BICC* 2005, no 1233.
11. Abrogé par L. no 2023-1059, 20 nov. 2023, art. 47 (V) (*applicable à compter du 1er juill. 2025*).

de l'article 829 C. pr. civ. De plus, en pratique, le commissaire de justice qui a poursuivi le recouvrement forcé est le mieux placé pour répondre à certaines contestations, notamment quant à l'utilité des frais d'exécution et au décompte de la créance (intérêts, frais, imputation des acomptes, *etc.*).

Le débiteur peut à tout moment demander la mainlevée ou la suspension de la saisie[1].

Notons que l'article R. 3252-19 C. trav.[2] n'impose au juge de vérifier d'office le montant de la créance en principal, intérêts et frais, qu'en cas d'échec de la conciliation préalable à la saisie et non lorsqu'il statue sur une contestation postérieure à l'audience de conciliation[3].

0942.133 Exécution provisoire. Conformément aux dispositions de l'article 514-1 C. pr. civ., les décisions rendues en matière de saisie des rémunérations du travail sont exécutoires de plein droit, à moins que le juge, par une décision spécialement motivée, n'ait décidé de l'écarter en tout ou partie. La mise en place ne pourra donc pas être paralysée par un appel.

SECTION 5
MODIFICATIONS ET CESSATION DE LA SAISIE

§ 1
Changement d'employeur

0942.141 Principe et aménagements. La saisie des rémunérations est un rapport triangulaire, comme toutes les saisies-attributions ; si le tiers saisi change, ou disparaît ou ne doit plus de rémunérations, la saisie prend fin. Aussi, l'article R. 3252-26 C. trav.[4] impose à l'employeur d'informer le secrétariat-greffe, dans les huit jours, de tout événement qui suspend la saisie ou y met fin. Cette obligation faite au tiers saisi est rappelée à l'article R. 3252-43 C. trav.[5] qui vise l'hypothèse où le lien de droit entre le débiteur et l'employeur prend fin.

Cependant, pour éviter la multiplication des dossiers et des audiences, l'article R. 3252-44 C. trav.[6] indique que la saisie peut être poursuivie entre les mains d'un nouvel employeur, sans conciliation préalable, à la condition que la demande en soit faite dans l'année qui suit l'avis donné par l'ancien employeur. Cette demande doit être présentée par l'un des créanciers saisissants ou déjà intervenus à la saisie avant la rupture du lien de droit. Un nouveau créancier ne peut pas procéder à cette formalité pour intervenir à la saisie, car celle-ci n'est plus en cours au sens de l'article R. 3252-30 C. trav.[7]

L'article R. 3252-43[8] précise en outre que lorsque la saisie prend fin pour l'un des motifs invoqués ci-dessus, les fonds détenus par le régisseur sont répartis.

Rappelons enfin (v. s^s^ n° 0941.31 *in fine*), que le salarié demeure justiciable de la saisie des rémunérations même s'il a quitté son emploi, dès lors que son ancien employeur lui doit encore certaines sommes ; la saisie-attribution de telles sommes est prohibée (il en a été jugé ainsi à propos d'une saisie de rappels de salaires[9]).

Pour ce qui concerne les saisies effectuées entre les mains d'un **comptable public**, celui-ci doit en informer le greffe lorsqu'il cesse d'être assignataire de la créance saisie. Le greffe doit lui en donner acte (C. pr. exéc., art. R. 212-5, al. 1er[10]). De son côté, l'ordonnateur initial de la dépense est tenu, à la demande du créancier, d'indiquer la nouvelle situation administrative du débiteur (C. pr. exéc., art. R. 212-5, al. 2[11]).

0942.142 ► Réforme applicable à partir du 1er juillet 2025 : changement d'employeur. La réforme ne modifie pas fondamentalement les règles décrites dans ce paragraphe. Le tiers saisi est tenu d'informer le commissaire de justice répartiteur, dans les **huit jours**, de tout évènement qui suspend la saisie ou y met fin (C. pr. exéc., art. R. 212-1-31[12]).

Il est également prévu que si le lien de droit qui unit le tiers saisi et le débiteur prend fin, la procédure de saisie peut être reprise, dans le délai d'un an, par la signification d'un acte de saisie entre les mains d'un nouvel employeur.

À défaut de reprise de la saisie dans ce délai, la saisie prend fin et les fonds sont répartis. La saisie doit ensuite être radiée par le commissaire de justice répartiteur du registre numérique des saisies des rémunérations (C. pr. exéc., art. R. 212-1-32[13]).

1. Civ. 2e, 31 janv. 2019, n° 17-31.234, P.
2. Abrogé par Décr. n° 2025-125, 12 févr. 2025, art. 2 (*applicable à compter du 1er juill. 2025*).
3. Civ. 2e, 21 févr. 2019, n° 18-11.119, P.
4. Abrogé par Décr. n° 2025-125, 12 févr. 2025, art. 2 (*applicable à compter du 1er juill. 2025*).
5. Abrogé par Décr. n° 2025-125, 12 févr. 2025, art. 2 (*applicable à compter du 1er juill. 2025*).
6. Abrogé par Décr. n° 2025-125, 12 févr. 2025, art. 2 (*applicable à compter du 1er juill. 2025*).
7. Abrogé par Décr. n° 2025-125, 12 févr. 2025, art. 2 (*applicable à compter du 1er juill. 2025*) – Civ. 2e, 6 avr. 2006, n° 03-13.835, P II, n° 105.
8. Abrogé par Décr. n° 2025-125, 12 févr. 2025, art. 2 (*applicable à compter du 1er juill. 2025*).
9. Civ. 2e, 30 sept. 1999, n° 97-19.732, P II, n° 147 ; *D.* 2000. 250.
10. Mod. par Décr. n° 2025-125, 12 févr. 2025, art. 1er (*applicable à compter du 1er juill. 2025*).
11. Mod. par Décr. n° 2025-125, 12 févr. 2025, art. 1er (*applicable à compter du 1er juill. 2025*).
12. Créé par Décr. n° 2025-125, 12 févr. 2025, art. 1er (*applicable à compter du 1er juill. 2025*).
13. Créé par Décr. n° 2025-125, 12 févr. 2025, art. 1er (*applicable à compter du 1er juill. 2025*).

§ 2
Concours de la saisie des rémunérations avec d'autres voies d'exécution privilégiées

0942.150 **Renvoi.** Cette hypothèse sera examinée avec les autres concours de saisies (v. s[s] n°s 0944.41 s.).

§ 3
Changement de résidence du débiteur

0942.161 **Sans changement concomitant d'employeur.** L'article R. 3252-42 C. trav.[1] indique que la procédure est poursuivie devant le tribunal déjà saisi de la procédure et ce même si le débiteur a transféré le lieu où il demeure hors du ressort de ce tribunal. Ce même article précise que les dossiers de saisies susceptibles d'être ensuite pratiquées contre le débiteur doivent être transmis à la juridiction initialement compétente. Dans ce cas, le greffier de la juridiction saisie en second doit avertir les créanciers afin qu'ils interviennent eux-mêmes dans la saisie en cours.

0942.162 **Changement simultané de domicile et d'employeur.** L'article R. 3252-44 C. trav.[2] dispose que la procédure peut être poursuivie entre les mains du nouvel employeur et devant le TJ du nouveau domicile du débiteur, sans conciliation préalable. Toutefois, la demande de saisie doit être faite au greffe de ce tribunal, dans l'année qui suit l'avis donné par l'ancien employeur (C. trav., art. R. 3252-43[3]).

Dans cette hypothèse le greffier de la juridiction initialement compétente procède à la répartition des fonds détenus et transmet le dossier de la procédure au TJ, ou le cas échéant à l'une de ses chambres de proximité.

0942.163 **▶ Réforme applicable à partir du 1er juillet 2025. La réforme, à la faveur d'une dématérialisation quasi-complète de la procédure de saisie des rémunérations, en simplifie la gestion en cas de changement de domicile du débiteur.** Ainsi est-il prévu qu'en cas de changement de domicile du débiteur en-dehors du ressort de la cour d'appel du siège de son office ou, le cas échéant, du ou des bureaux annexes attachés à son office, le commissaire de justice répartiteur reste en charge de la mesure (C. pr. exéc., art. R. 212-1-21[4]).

Ce changement de domiciliation du débiteur n'affecte pas, en revanche, les règles de compétence territoriale du JEX pour connaître des contestations de la saisie des rémunérations (v. s[s] n°s 0942.43).

§ 4
Mainlevée de la saisie

0942.171 **Accord du ou des créanciers.** La mainlevée amiable peut être donnée par un créancier ou plusieurs créanciers. Dans ce cas, la demande de mainlevée est formée par déclaration faite, remise ou adressée au greffe. Si, comme souvent, la demande émane du débiteur, elle sera accompagnée d'un accord formel et écrit du ou des créanciers (C. civ., art. 1375). En pratique, on prendra garde, en cas de pluralité de créanciers, à l'unanimité de leur accord ; à défaut, la mainlevée n'aurait d'effet qu'à l'égard de ceux qui ont expressément consenti, la saisie continuant à produire pour les autres.

0942.172 **Constatation par le juge que la dette est éteinte.** Le juge peut constater dans un jugement statuant sur une contestation que tous les créanciers sont désintéressés ou que la contestation est fondée au point que la saisie des rémunérations ne peut avoir lieu ; il doit prononcer la mainlevée de la saisie.

Mais l'hypothèse normale est celle dans laquelle le juge constate à la demande du greffier, et alors qu'il n'obtient pas l'accord du ou des créanciers pour la mainlevée, que la ou les créances objet de la saisie sont éteintes ; il donne par ordonnance rendue en son cabinet et sans débat, mainlevée de la saisie.

Dans ce cas, cette décision peut faire l'objet d'une contestation ouverte conformément à l'article R. 3252-8 C. trav.[5]

Souvent, le créancier intervient juste avant que soit constatée l'extinction de la créance afin d'obtenir le paiement des intérêts échus et des frais exposés depuis la saisie (C. trav., art. R. 3252-33[6]).

0942.173 **Péremption.** L'article L. 143-2 C. pr. exéc. excluant expressément les actes visant à céder ou saisir une rémunération, la péremption, autrefois prévue par l'article 14 de la loi du 9 juillet 1836, n'est plus applicable aux saisies des rémunérations du travail depuis l'entrée en vigueur du Code des procédures civiles d'exécution. Le créancier n'a donc

1. Abrogé par Décr. n° 2025-125, 12 févr. 2025, art. 2 (*applicable à compter du 1er juill. 2025*).
2. Abrogé par Décr. n° 2025-125, 12 févr. 2025, art. 2 (*applicable à compter du 1er juill. 2025*).
3. Abrogé par Décr. n° 2025-125, 12 févr. 2025, art. 2 (*applicable à compter du 1er juill. 2025*).
4. Créé par Décr. n° 2025-125, 12 févr. 2025, art. 1er (*applicable à compter du 1er juill. 2025*).
5. Abrogé par Décr. n° 2025-125, 12 févr. 2025, art. 2 (*applicable à compter du 1er juill. 2025*).
6. Abrogé par Décr. n° 2025-125, 12 févr. 2025, art. 2 (*applicable à compter du 1er juill. 2025*).

pas à renouveler la demande de saisie des rémunérations du travail tous les cinq ans.

0942.174 Jugement de mainlevée sur contestation élevée par le débiteur. Pendant l'exécution de la saisie, le débiteur a toujours la possibilité d'élever une contestation dans les conditions de l'article R. 3252-8 C. trav.[1], pour soutenir que la saisie n'est plus justifiée, soit en raison d'une extinction de la dette (paiement intervenu par ailleurs, le cas échéant à l'initiative d'un codébiteur, autre saisie exécutée, *etc.*), soit parce qu'il souhaite obtenir des délais de paiement. Après avoir tranché l'incident ainsi élevé le juge pourra rendre un jugement de mainlevée de la saisie. Ce jugement est susceptible d'appel ou de pourvoi en cassation selon le montant des sommes en jeu excède ou non 5 000 euros (v. s[s] n° 0942.132).

0942.175 Effets de la mainlevée. La décision de mainlevée va libérer le tiers saisi à l'égard des créanciers. Notons que le montant de la demande initiale n'empêche pas le créancier de présenter une demande en intervention pour un montant complémentaire, le fait que celui-ci ait limité initialement sa demande ne signifiant pas qu'il ait renoncé au solde de la créance[2]. L'alinéa 2 de l'article R. 3252-29 C. trav.[3] dispose donc que la décision de mainlevée est notifiée à l'employeur dans les huit jours. Cette notification est faite par LRAR.

Elle doit préciser si cette mainlevée est totale ou partielle. Dans le premier cas, le tiers saisi est totalement libéré à l'égard des créanciers et il doit cesser toutes retenues. Dans le cas où il y avait une cession et que celle-ci n'est pas terminée, la cession doit être poursuivie. Le cessionnaire retrouve en effet ses droits antérieurs (C. trav., art. R. 3252-45 à R. 3252-49[4]).

0942.176 ► Réforme applicable à partir du 1er juillet 2025 : cas de mainlevées. Les différentes hypothèses de mainlevée sont reprises au nouvel article R. 212-1-38 C. pr. exéc.[5] Il est ainsi prévu que la mainlevée de la saisie des rémunérations intervient sur décision du JEX ou à la suite d'un accord de l'ensemble des créanciers ou à l'initiative du commissaire de justice répartiteur lorsque la dette est apurée.

Quelle que soit l'hypothèse de mainlevée, le commissaire de justice répartiteur doit en informer le tiers saisi dans les **huit jours** et procéder sans délai à **la radiation de l'acte de saisie et des actes d'intervention sur le registre numérique des saisies des rémunérations.**

§ 5
Situation de surendettement

0942.181 Procédure de surendettement. Le dépôt d'une demande de surendettement n'a pas à lui seul pour effet d'entraîner la suspension des procédures d'exécution en cours[6]. La procédure de surendettement peut toutefois avoir une incidence sur la saisie des rémunérations du travail.

0942.182 Demande de suspension en cas de dépôt d'une déclaration de surendettement. Après le dépôt de la déclaration de surendettement et avant la décision sur la recevabilité, la commission de surendettement peut, à la demande du débiteur, saisir le juge de l'exécution d'une demande de suspension d'une opposition à tiers détenteur et portant sur des créances autres qu'alimentaires (C. consom., art. L. 721-4).

L'effet d'attribution immédiate attachée à l'avis à tiers détenteur ne fait pas obstacle à sa suspension par le juge du surendettement dans le cadre de l'article L. 721-4 C. consom.[7]. Au vu d'une telle ordonnance, transmise le plus souvent par le débiteur ou la commission de surendettement, le juge des contentieux de la protection (JCP) ordonnera la suspension provisoire de la saisie dans les conditions et limites prévues par le juge du surendettement. Au terme de ce délai, la saisie sera reprise si aucun plan de surendettement n'est intervenu entre-temps.

0942.183 Suspension et interdiction des saisies à tiers détenteur en cas de décision de recevabilité de la déclaration de surendettement. La décision déclarant la recevabilité de la demande emporte suspension et interdiction des procédures d'exécution diligentées contre le débiteur, et donc des oppositions à tiers détenteur, et portant sur des créances autres qu'alimentaires (C. consom., art. L. 722-2). Cette suspension et cette interdiction durent, selon le cas, jusqu'à l'approbation du plan conventionnel, la décision de la commission de surendettement imposant les mesures prévues par l'article L. 733-1 C. consom., jusqu'au prononcé d'un rétablissement judiciaire sans liquidation judiciaire ou jusqu'à l'ouverture d'une procédure de rétablissement personnel avec liquidation judiciaire. Cette interdiction et cette suspension ne peuvent toutefois excéder deux ans.

1. Abrogé par Décr. n° 2025-125, 12 févr. 2025, art. 2 (*applicable à compter du 1er juill. 2025*).
2. Civ. 2e, 28 juin 2012, n° 10-13.886, NP.
3. Abrogé par Décr. n° 2025-125, 12 févr. 2025, art. 2 (*applicable à compter du 1er juill. 2025*).
4. Mod. par Décr. n° 2025-125, 12 févr. 2025, art. 2 (*applicable à compter du 1er juill. 2025*).
5. Créé par Décr. n° 2025-125, 12 févr. 2025, art. 1er (*applicable à compter du 1er juill. 2025*).
6. Civ. 2e, 22 mars 2001, n° 99-18.721, P II, n° 60 ; *RTD com.* 2001. 782, obs. G. Paisant.
7. Civ. 2e, 15 déc. 2005, n° 04-04.175, P II, n° 335 ; *D.* 2006. 297, obs. V. Avena-Robardet.

0942.184 Suspension et interdiction en cas d'ouverture d'une procédure de rétablissement personnel avec liquidation judiciaire. Le jugement d'ouverture de la procédure de rétablissement personnel avec liquidation judiciaire entraîne la suspension et l'interdiction des procédures d'exécution diligentées à l'encontre du débiteur et portant sur des dettes autres qu'alimentaires jusqu'au jugement de clôture (C. consom., art. L. 722-3).

0942.185 Remboursement des paiements effectués en violation de l'interdiction ou de la suspension. Tout acte ou tout paiement réalisé en exécution d'une procédure d'exécution diligentée à l'encontre du débiteur surendetté et en violation d'une interdiction ou d'une suspension attachée à une procédure de surendettement peut être annulé par le juge de l'exécution, à la demande de la commission de surendettement. Cette demande doit être présentée dans le délai d'un an, à compter de l'acte ou du paiement de la créance (C. consom., art. L. 731-2).

0942.186 Mise en place d'un plan de surendettement. En cas de conclusion d'un plan, quelle que soit sa nature exacte, plan de redressement conventionnel (C. consom., art. L. 732-2), mesures imposées par la commission de surendettement (C. consom., art. L. 733-1) ou de décision prise par le juge sur contestation des mesures imposées par la commission, la saisie des rémunérations prend fin dans la mesure où les créances ont été rééchelonnées ou reportées et ne présentent plus le caractère exigible requis par l'article L. 212-2 C. pr. exéc. Plutôt que de procéder par voie d'ordonnance au vu du plan de surendettement, il est préférable de provoquer un débat contradictoire afin de s'assurer que toutes les créances objet de la saisie sont incluses dans le plan. À défaut, la saisie sera poursuivie uniquement pour le recouvrement des créances omises ou exclues du plan (créances alimentaires, amendes pénales, et réparations pécuniaires allouées aux victimes dans le cadre d'une condamnation pénale, ou les dettes ayant pour origine des manœuvres frauduleuses commises au préjudice des organismes de protection sociale, C. consom., art. L. 711-4). Dans la mesure où la poursuite de la saisie est de nature à provoquer l'échec du plan de surendettement il est indispensable de l'adresser dans les meilleurs délais au greffe du TJ.

0942.187 Procédure de rétablissement personnel avec liquidation judiciaire. En cas d'ouverture d'une procédure de rétablissement personnel avec liquidation judiciaire, le jugement suspend provisoirement la saisie des rémunérations du travail (C. consom., art. L. 742-7). Le JCP peut constater cette suspension par voie d'ordonnance dans la mesure où il s'agit d'un effet automatique attaché au jugement d'ouverture. Selon la décision clôturant la procédure, le juge donnera mainlevée (clôture pour insuffisance d'actifs ou pour extinction du passif, plan de redressement) ou ordonnera sa poursuite en cas de déchéance ou si certaines dettes sont exclues de l'effacement (créances visées à l'article L. 711-4 C. consom., créances professionnelles et créance de la caution ou du coobligé, personne physique, qui a désintéressé le créancier principal).

CHAPITRE

0943. Fonctionnement de la saisie

contribution de :
PHILIPPE FLORES*
CONSEILLER À LA COUR DE CASSATION
actualisée par :
KEVIN LECLERE VUE
MAGISTRAT

SECTION 0
ORIENTEUR

0943.00 Sommaire du chapitre.

Division. La saisie des rémunérations du travail repose sur la responsabilité du tiers saisi (sect. 1) et la répartition des fonds (sect. 2).

Réforme. Les grands axes de la réforme seront présentés dans chacune des rubriques pertinentes du présent chapitre et signalés par le pictogramme ▶ suivi de **Réforme applicable à partir du 1er juillet 2025**.

0943.01 Textes applicables.

• **C. trav.**, art. L. 3252-9[1] et L. 3252-10[2], R. 3252-24[3] à R. 3252-28[4] et R. 3252-43[5].

• **C. pr. exéc.**, art. L. 212-3 et R. 211-5, R. 211-5, R. 212-3 à R. 212-5.

• À COMPTER DU 1ER JUILLET 2025 : **C. pr. exéc.**, art. L. 212-8[6], L. 212-12[7], L. 212-14[8], R. 212-1-14[9], R. 212-1-31[10], R. 212-1-41[11], R. 212-3[12], R. 212-5[13].

• **C. pr. civ.**, art. 125 et 420.

• **Ord. 2 nov. 1945**, art. 18.

• **L. no 2017-1059, 20 nov. 2023**, d'orientation et de programmation du ministère de la justice 2023-2027, art. 47 (V), *JO* 21 nov., texte 2 (*applicable à compter du 1er juill. 2025*).

• **Décr. no 2025-125, 12 févr. 2025**, relatif à la nouvelle procédure de saisie des rémunérations, art. 2, *JO* 14 févr., texte 1 (*applicable à compter du 1er juill. 2025*).

0943.02 Jurisprudence de référence.

> Saisie des rémunérations. Sanction de l'obligation de déclaration de l'employeur.

• **Civ. 2e, 11 juill. 2002**, no 01-00.757, P II, no 173

* V. ss no 0943.34

Dans la procédure de saisie des rémunérations, seule une absence de déclaration ou une déclaration mensongère peut entraîner la condamnation du tiers saisi au paiement des retenues qui auraient dû être opérées.

0943.03 Bibliographie indicative[14].

* V. ss no 094.03.

* Auteur de cette contribution de la 5e à la 10e édition incluse.
1. Abrogé par L. no 2023-1059, 20 nov. 2023, art. 47 (V) (*applicable à compter du 1er juill. 2025*).
2. Abrogé par L. no 2023-1059, 20 nov. 2023, art. 47 (V) (*applicable à compter du 1er juill. 2025*).
3. Abrogé par Décr. no 2025-125, 12 févr. 2025, art. 2 (*applicable à compter du 1er juill. 2025*).
4. Abrogé par Décr. no 2025-125, 12 févr. 2025, art. 2 (*applicable à compter du 1er juill. 2025*).
5. Abrogé par Décr. no 2025-125, 12 févr. 2025, art. 2 (*applicable à compter du 1er juill. 2025*).
6. Créé par L. no 2023-1059, 20 nov. 2023, art. 47 (V) (*applicable à compter du 1er juill. 2025*).
7. Créé par L. no 2023-1059, 20 nov. 2023, art. 47 (V) (*applicable à compter du 1er juill. 2025*).
8. Créé par L. no 2023-1059, 20 nov. 2023, art. 47 (V) (*applicable à compter du 1er juill. 2025*).
9. Créé par Décr. no 2025-125, 12 févr. 2025, art. 1er (*applicable à compter du 1er juill. 2025*).
10. Créé par Décr. no 2025-125, 12 févr. 2025, art. 1er (*applicable à compter du 1er juill. 2025*).
11. Créé par Décr. no 2025-125, 12 févr. 2025, art. 1er (*applicable à compter du 1er juill. 2025*).
12. Mod. par Décr. no 2025-125, 12 févr. 2025, art. 1er (*applicable à compter du 1er juill. 2025*).
13. Mod. par Décr. no 2025-125, 12 févr. 2025, art. 1er (*applicable à compter du 1er juill. 2025*).
14. Les ouvrages dont le nom des auteurs figure en petites capitales en bibliographie seront cités par le seul nom des auteurs en petites capitales en notes de bas de page.

SECTION 1
RESPONSABILITÉS DU TIERS SAISI

§ 1
Déclaration affirmative et mises à jour ultérieures

0943.11 **Déclaration initiale.** Les articles L. 3252-9[1] et R. 3252-24[2] C. trav. imposent à l'employeur de faire une déclaration au greffe dans les quinze jours qui suivent la notification de l'acte de saisie, déclaration dans laquelle il informe le greffe sur la situation juridique existant entre lui et le débiteur.

L'obligation de renseignement qui pèse sur l'employeur vise à faire connaître au greffe et aux créanciers les éléments permettant de vérifier la bonne exécution de la saisie. Le second alinéa de l'article R. 3252-24[3] précise que cette déclaration peut être consultée au greffe par le créancier, le débiteur, ou leur mandataire et que le greffe peut en délivrer une copie. L'employeur a l'obligation de faire une déclaration sincère qui renseigne complètement le greffe sur la situation exacte de la rémunération du débiteur. Le silence de l'employeur est donc sanctionné, de même que ses dissimulations si le créancier peut les prouver ; la jurisprudence se montre cependant très compréhensive pour les employeurs (v. s^s n° 0943.31).

Si l'employeur invoque des raisons de ne pas faire sa déclaration affirmative, une audience aura lieu, pour trancher cet incident (v. s^s n° 0942.131).

Les informations à donner concernent d'une part la situation de droit existant entre l'employeur et le débiteur : ce dernier travaille et perçoit un salaire, ou il est en congé de maladie ou de maternité, ou bien il ne travaille qu'à temps partiel ou plus du tout ou encore son statut n'est pas celui d'un salarié. Elles concernent d'autre part toutes les mesures qui affectent la rémunération et qui sont de nature à priver d'effet la saisie : l'employeur doit donc indiquer qu'il existe une ou des cessions de salaire, une saisie précédente, une saisie administrative à tiers détenteur (SATD – V. s^s n°s 0935.71 s.) ou un paiement direct de créance alimentaire. L'ensemble de ces dispositions est évidemment comparable aux obligations du tiers saisi dans la saisie-attribution de droit commun (v. généralités, s^s n°s 0152.11 s., 0813.12 s.).

L'employeur soumis à une procédure commerciale collective sera substitué dans les obligations de déclaration initiale comme dans les autres obligations, par les organes de ladite procédure. Il n'est pas lui-même débiteur poursuivi mais tiers saisi, tenu par surcroît de salaires privilégiés ou super-privilégiés ; donc, la saisie des rémunérations, du moins débutée avant le jugement d'ouverture de la procédure collective, ne doit pas être suspendue en tant que « *poursuite individuelle* », à l'instar de ce qui est prescrit pour les saisies-attributions à exécution successive (à ce sujet, v. s^s n°s 0812.70 s.).[4]

0943.12 **Avis ultérieurs.** L'obligation d'information que doit remplir l'employeur continue pendant toute la durée de la saisie ainsi que le rappellent les articles R. 3252-26[5] et R. 3252-43[6] C. trav. En effet l'employeur doit informer le secrétariat-greffe, dans les huit jours, de tout événement qui suspend la saisie ou y met fin. Ainsi l'employeur doit renseigner le greffe dès qu'une SATD lui parvient (v. s^s n° 0935.72), ou qu'un paiement direct de créance alimentaire affecte le paiement de la fraction saisissable ou que le débiteur cesse son emploi ou perd le bénéfice de sa rémunération (sur les suites que le greffe donnera à ces renseignements, v. s^s n°s 0942.141 s.). La jurisprudence se montre extrêmement souple avec les employeurs sur ce point (v. s^s n° 0943.31).

0943.13 **► Réforme applicable à partir du 1er juillet 2025. La réforme maintient les obligations déclaratives du tiers saisi, mais prévoit qu'elles sont accomplies à l'égard du créancier saisissant.** Les articles L. 212-8[7] et R. 212-1-14[8] C. pr. exéc. disposent que le tiers saisi est tenu de déclarer au commissaire de justice mandaté par le créancier saisissant la situation de droit existant entre lui-même et le débiteur saisi ainsi que le montant de la rémunération versée au débiteur, de même que l'existence de cessions, saisies, saisies administratives à tiers détenteur ou paiements directs des pensions alimentaires antérieure.

Le tiers saisi est tenu de fournir ces informations au plus tard dans le délai de quinze jours suivant la notification qui lui est faite de l'acte de saisie (C. pr. exéc., art. R. 212-1-14[9]).

Comme pour l'ancienne procédure, cette obligation se poursuit également pendant toute la durée de

1. Abrogé par L. n° 2023-1059, 20 nov. 2023, art. 47 (V) (*applicable à compter du 1er juill. 2025*).
2. Abrogé par Décr. n° 2025-125, 12 févr. 2025, art. 2 (*applicable à compter du 1er juill. 2025*).
3. Abrogé par Décr. n° 2025-125, 12 févr. 2025, art. 2 (*applicable à compter du 1er juill. 2025*).
4. Civ. 2e, 29 janv. 1986, n° 84-14.005, P II, n° 2.
5. Abrogé par Décr. n° 2025-125, 12 févr. 2025, art. 2 (*applicable à compter du 1er juill. 2025*).
6. Abrogé par Décr. n° 2025-125, 12 févr. 2025, art. 2 (*applicable à compter du 1er juill. 2025*).
7. Créé par L. n° 2023-1059, 20 nov. 2023, art. 47 (V) (*applicable à compter du 1er juill. 2025*).
8. Créé par Décr. n° 2025-125, 12 févr. 2025, art. 1er (*applicable à compter du 1er juill. 2025*).
9. Créé par Décr. n° 2025-125, 12 févr. 2025, art. 1er (*applicable à compter du 1er juill. 2025*).

la saisie. L'employeur est tenu d'informer le commissaire de justice répartiteur, dans les huit jours, de tout évènement qui suspend la saisie ou y met fin (C. pr. exéc., art. R. 212-1-31[1]). En revanche, lorsque la saisie est en cours, c'est bien le commissaire de justice répartiteur qui est destinataire de l'obligation déclarative, et non le commissaire de justice saisissant.

0943.14 **Comptables publics.** Lorsque le tiers saisi est un comptable public, la déclaration sur la situation de droit existant entre l'employeur et le débiteur est faite par le service employeur, ordonnateur du traitement, au greffe du JEX (C. pr. exéc., art. R. 212-3, al. 1er[2]). Les déclarations relatives aux cessions, saisies, avis à tiers détenteur ou paiement direct de créances d'aliments sont faites par les comptables assignataires au greffe du JEX (C. pr. exéc., art. R. 212-3, al. 2[3]). Cette déclaration du service employeur prévue à l'article L. 212-3 précise si le débiteur bénéficie d'avantages en nature et en indique la valeur (C. pr. exéc., art. R. 212-4, al. 1er).

Il pèse également une obligation d'information sur le comptable public lorsqu'il cesse d'être assignataire de la créance saisie. Le greffe doit lui donner acte de cette information (C. pr. exéc., art. R. 212-5, al. 1er[4]).

§ 2
Retenues et paiement

0943.21 **Mécanisme du paiement.** À compter de la notification de l'acte de saisie, l'employeur doit procéder aux retenues légales, sans interruption jusqu'à ce qu'il reçoive du greffe un ordre de mainlevée (C. trav., art. L. 3252-10[5]). Il est donc de la responsabilité de l'employeur de calculer la fraction absolument saisissable et la fraction partiellement insaisissable (v. ss nos 0941.110 s.) ; il est de sa responsabilité aussi de servir les voies d'exécution privilégiées (SATD, diligentée pour le recouvrement d'une créance garantie par le privilège du Trésor public – V. ss no 0935.73), et paiements directs – v. ss no 0944.33), avant de dégager un solde éventuel pour le greffe (sur la preuve incombant au créancier de prouver l'erreur ou la carence de l'employeur, v. ss no 0943.31).

L'employeur doit adresser tous les mois au greffe une somme égale à la fraction saisissable du salaire (C. trav., art. R. 3252-27). Ce versement prend évidemment la forme d'un chèque ; le chèque est établi à l'ordre du créancier saisissant, s'il n'en existe qu'un, à charge pour le greffe de le transmettre après renseignement de sa fiche comptable ; le chèque est établi à l'ordre du régisseur d'avances et de recettes du TJ, ou, le cas échéant, de l'une de ses chambres de proximité, s'il existe plusieurs créanciers, à charge pour ce régisseur d'opérer une répartition (v. ss no 0943.41).

Toutefois, les retenues opérées au profit des créanciers sont interrompues dans tous les cas où les rémunérations ne sont plus à la charge de l'employeur pour quelque cause que ce soit : chômage technique provisoire, congé de maladie, de maternité, accident du travail. Dès la reprise du travail, la saisie des rémunérations reprend son cours normal si le contrat de travail liant le débiteur est rompu (licenciement, démission, départ à la retraite, décès, *etc.*) le tiers saisi se trouve libéré de ses obligations (sur le rôle du tiers saisi en cas de concours de saisies, v. ss no 0944.22).

Lorsque le tiers saisi est un employeur public, le comptable assignataire du salaire effectue les versements directement à la Caisse des dépôts, sans passer par le greffe. Mais le comptable adresse au greffe un état nominatif indiquant les références du saisi, celles de la saisie et le montant retenu, de sorte que la fiche individuelle tenue au greffe (v. ss no 0942.21) puisse être mise à jour (C. pr. exéc., art. R. 212-6[6]).

L'obligation de retenir le montant de la quotité saisissable ne peut pas se poursuivre après la cessation du contrat de travail[7].

0943.22 **► Réforme applicable à partir du 1er juillet 2025 : la réforme maintient le rôle du tiers saisi dans la retenue mensuelle de la fraction saisissable du salaire (C. pr. exéc., art. L. 212-12[8]).** Les fonds doivent être versés au commissaire de justice répartiteur, qui les reversera au créancier saisissant unique ou les répartira entre les créanciers en cas de pluralité de saisies.

Bien que les textes ne précisent pas les modalités de versement, il est probable que les commissaires de justice répartiteurs privilégient le recours aux virements bancaires sur un compte dédié afin d'éviter la manipulation de chèques ou d'espèces.

1. Créé par Décr. no 2025-125, 12 févr. 2025, art. 1er (*applicable à compter du 1er juill. 2025*).
2. Mod. par Décr. no 2025-125, 12 févr. 2025, art. 1er (*applicable à compter du 1er juill. 2025*).
3. Mod. par Décr. no 2025-125, 12 févr. 2025, art. 1er (*applicable à compter du 1er juill. 2025*).
4. Mod. par Décr. no 2025-125, 12 févr. 2025, art. 1er (*applicable à compter du 1er juill. 2025*).
5. Abrogé par L. no 2023-1059, 20 nov. 2023, art. 47 (V) (*applicable à compter du 1er juill. 2025*).
6. Mod. par Décr. no 2025-125, 12 févr. 2025, art. 1er (*applicable à compter du 1er juill. 2025*).
7. Civ. 2e, 14 févr. 2002, no 00-16.873, P II, no 15 ; *D.* 2002. 942.
8. Créé par L. no 2023-1059, 20 nov. 2023, art. 47 (V) (*applicable à compter du 1er juill. 2025*).

§ 3
Carence du tiers saisi

0943.31 **Cas.** Les articles L. 3252-9[1] et L. 3252-10 alinéa 2[2] C. trav. prévoient trois types de sanctions contre l'employeur défaillant (v. s[s] n°s 0152.11 s.) :

– le **défaut de déclaration initiale** ou **la déclaration initiale mensongère** peuvent être sanctionnés par une amende civile, une condamnation à des dommages et intérêts et le paiement des retenues qui auraient dû être opérées et que le juge détermine, s'il y a lieu, au vu des éléments dont il dispose ;

– le **défaut du versement de la retenue** peut être sanctionné, même d'office par une condamnation à payer aux lieu et place du débiteur le montant des retenues qui auraient dû être faites et que le juge détermine, s'il y a lieu, au vu des éléments dont il dispose.

D'une façon générale, la jurisprudence tient largement compte des difficultés ou des priorités des employeurs et assouplit autant que possible les exigences de la loi. Ainsi, et en règle générale, la preuve de la carence ou de la dissimulation incombe au créancier qui poursuit la saisie[3], ce qui ne manque pas de poser des difficultés pratiques pour ce dernier.

Il ne semble pas indispensable de tenir une audience avant de prononcer une sanction contre le tiers saisi. Si cette audience est néanmoins prévue, elle est requise par le créancier selon la procédure examinée plus haut (v. s[s] n°s 0942.131 et 0943.36).

0943.32 **Amende civile.** Dans le cas où l'employeur s'abstient sans motif légitime de faire la déclaration prévue à l'article L. 3252-9 C. trav.[4] ou fait une déclaration mensongère, le juge peut le condamner au paiement d'une amende civile dont le montant ne peut excéder 10 000 euros (C. trav., art. R. 3252-25)[5]. Rien n'interdit une condamnation d'office. Cette amende civile peut être prononcée d'office, par ordonnance, par le juge qui constate la carence de l'employeur, ou par jugement, dans le cadre d'une contestation élevée par l'une des parties.

Logiquement, le tiers saisi qui conteste l'ordonnance prononçant une amende civile contre lui doit élever une contestation selon les formes de droit commun, c'est-à-dire par déclaration au greffe ou par assignation selon l'intérêt du litige (C. trav., art. R. 3252-8[6]). En revanche, si l'amende civile est prononcée à l'occasion d'une contestation devant le juge, les voies de recours ouvertes contre le jugement seront les seules à pouvoir être exercées.

0943.33 **Dommages-intérêts.** La condamnation à des dommages et intérêts suppose l'ouverture par une partie d'une instance en contestation de l'article R. 3252-8[7] C. trav., au cours de laquelle le créancier qui a intérêt demande la condamnation de l'employeur, tiers saisi, fautif.

Il appartiendra à ce créancier d'établir la réalité du défaut de déclaration ou celle de la déclaration mensongère. Pour le défaut de déclaration, la preuve est aisée : le greffe l'attestera. En ce qui concerne la déclaration mensongère le créancier doit démontrer l'inexactitude et le mensonge du tiers saisi, c'est-à-dire la fraude du tiers saisi et le caractère volontaire de l'inexactitude.

S'agissant de dommages et intérêts, la faute doit être prouvée. L'employeur qui n'a pas fait en temps utile de déclaration de l'article L. 3252-9[8] peut échapper à toute condamnation s'il prouve qu'il avait un motif légitime de ne pas la faire. Une inexactitude dans la déclaration initiale qui ne serait pas volontaire et qui ne serait que le fruit d'une erreur n'ouvre pas la voie à des dommages et intérêts. Inversement, la preuve du motif légitime pèse sur le tiers saisi dans la mesure même où l'obligation de déclaration est une obligation essentielle du tiers saisi à laquelle il ne peut échapper par principe dès lors qu'il est l'employeur du débiteur.

La preuve du préjudice n'appelle pas de commentaires : l'impossibilité de faire exécuter un titre ou bien le retard à le faire exécuter constitue toujours un préjudice pour le créancier.

0943.34 **Condamnation personnelle du tiers saisi : textes.** Les articles L. 3252-10 alinéa 2[9] et R. 3252-28[10] C. trav. prévoient que lorsque l'employeur omet d'effectuer les versements mensuels des sommes retenues, le juge peut rendre à son encontre une ordonnance le déclarant personnellement débiteur des retenues qui auraient dû être opérées et que le juge détermine, s'il y a lieu, au vu des éléments dont il dispose. Cette ordonnance de contrainte peut être rendue d'office par le juge ou à la requête de l'une des parties à l'instance.

1. Abrogé par L. n° 2023-1059, 20 nov. 2023, art. 47 (V) (*applicable à compter du 1er juill. 2025*).
2. Abrogé par L. n° 2023-1059, 20 nov. 2023, art. 47 (V) (*applicable à compter du 1er juill. 2025*).
3. Civ. 2e, 16 mai 1988, n° 87-13.037, P II, n° 118.
4. Abrogé par L. n° 2023-1059, 20 nov. 2023, art. 47 (V) (*applicable à compter du 1er juill. 2025*).
5. Abrogé par Décr. n° 2025-125, 12 févr. 2025, art. 2 (*applicable à compter du 1er juill. 2025*).
6. Abrogé par Décr. n° 2025-125, 12 févr. 2025, art. 2 (*applicable à compter du 1er juill. 2025*).
7. Abrogé par Décr. n° 2025-125, 12 févr. 2025, art. 2 (*applicable à compter du 1er juill. 2025*).
8. Abrogé par L. n° 2023-1059, 20 nov. 2023, art. 47 (V) (*applicable à compter du 1er juill. 2025*).
9. Abrogé par L. n° 2023-1059, 20 nov. 2023, art. 47 (V) (*applicable à compter du 1er juill. 2025*).
10. Abrogé par Décr. n° 2025-125, 12 févr. 2025, art. 2 (*applicable à compter du 1er juill. 2025*).

Cette disposition s'inspire de l'article R. 211-5 C. pr. exéc., à ceci près que le droit commun de la saisie-attribution ne prévoit que le « *refus* » de payer et non pas l'« *omission* ». En pratique, l'absence de versement n'oblige pas le juge à prendre immédiatement une ordonnance de contrainte. En effet, le greffier, qui doit veiller au bon déroulement de la procédure, enverra au tiers saisi un rappel amiable afin de déterminer les motifs de cette absence de versements. De plus, il est opportun de demander aux créanciers s'ils entendent obtenir une **ordonnance de contrainte.** Il est en effet inutile d'en délivrer une si les créanciers ne souhaitent pas poursuivre l'exécution de l'ordonnance de contrainte. La saisie pourra alors être radiée en raison du défaut de diligence des créanciers.

La Cour de cassation considère en outre que la sanction du paiement personnel des retenues par l'employeur non diligent doit être réservée aux hypothèses les plus graves. Elle a ainsi estimé que seule l'absence de déclaration, ou encore une déclaration mensongère, peut entraîner cette condamnation, à l'exclusion donc de la déclaration simplement incomplète[1]. La même indulgence se vérifie à propos de l'obligation d'information ultérieure de l'employeur (v. s[s] n°s 0943.12 s.) ; la Cour de cassation a ainsi décidé qu'un juge – ou une cour d'appel sur recours – ne peut pas, pour condamner le tiers saisi en paiement personnel des retenues, se contenter d'énoncer qu'il n'appartiendrait pas aux juges de rechercher si le contrat de travail se poursuit ni exiger de l'employeur qu'il justifie d'une notification au greffe que ce contrat a cessé ; qu'il faut au contraire, en examinant tous les éléments de preuve produits aux débats par l'ex-employeur, rechercher si le contrat de travail a effectivement pris fin[2].

De même, l'employeur qui n'a pas procédé aux retenues correspondant à la part saisissable des rémunérations de son salarié à compter de la mainlevée de la SATD (v. s[s] n°s 0935.73 s.), lorsque la procédure de saisie des rémunérations avait repris son cours, est personnellement débiteur des sommes qui auraient dû être retenues[3].

Le tiers saisi peut également être condamné à des dommages-intérêts en raison de sa résistance abusive dans le paiement de la quotité saisissable[4].

0943.35 Condamnation personnelle du tiers saisi : calculs. Comme dans la saisie-attribution de droit commun, le juge détermine le montant de la condamnation directe du tiers saisi, et calcule par conséquent (C. trav., art. L. 3252-10) le montant des retenues qui auraient dû être opérées, au vu des éléments dont il dispose, notamment les renseignements recueillis lors de l'audience de conciliation ou, si elle a été faite, dans la déclaration affirmative. Le juge ne peut certes pas condamner le tiers saisi à payer la totalité de la créance pour laquelle la saisie est exécutée. Il doit s'il ne dispose pas d'éléments précis sur le montant des retenues, évaluer une somme vraisemblable et correspondante aux prélèvements qui auraient dû être opérés. En pratique, il peut fixer une retenue correspondant aux éléments de la déclaration affirmative ou, à défaut, au salaire minimum de croissance.

0943.36 Notification et voies de recours. Conformément aux dispositions de l'article R. 3252-28 C. trav.[5], le greffier doit notifier l'ordonnance de contrainte à l'employeur par lettre recommandée avec accusé de réception (LRAR) et en aviser le créancier et le débiteur.

Le tiers saisi dispose d'un délai de quinze jours à compter de la notification pour faire opposition, dans les formes habituelles du contentieux de la saisie des rémunérations (C. trav., art. R. 3252-8[6], étudié à propos des contestations nées après l'audience de conciliation, v. s[s] n° 0942.131), c'est-à-dire par voie de requête ou d'assignation, selon la nature et le montant de la demande. Il s'agit manifestement d'un délai de forclusion encadrant l'exercice d'une voie de recours dont l'expiration doit être soulevée d'office par le juge en application de l'article 125 C. pr. civ.

0943.37 Exécution de l'ordonnance de contrainte. Une fois exécutoire, l'ordonnance de contrainte est remise aux créanciers aux fins d'exécution forcée. Notons toutefois que les fonds ainsi obtenus par les créanciers doivent être reversés au greffe aux fins de répartition dans la mesure où ils obéissent aux règles de la saisie des rémunérations.

0943.38 Recours du tiers saisi contre le débiteur. Le tiers saisi, qui a été reconnu débiteur pur et simple des sommes qui auraient dû être retenues et reversées au greffe par lui, dispose d'un recours contre le débiteur. Il ne peut toutefois l'exercer qu'après mainlevée de la saisie (C. trav., art. L. 3252-10, al. 3[7]). Le tiers saisi peut donc obtenir un titre contre le débiteur, mais il devra pour ce faire attendre que tous les créanciers soient désintéressés. Le législateur a souhaité que le tiers saisi négligent ne vienne pas en concours avec les créanciers auxquels il avait nui et une requête déposée de façon prématurée serait irrecevable.

1. Civ. 2e, 11 juill. 2002, n° 01-00.757, P II, n° 173 ; *Procédures* 2002, n° 234, obs. H. Croze.
2. Civ. 2e, 14 févr. 2002, n° 00-16.873, P II, n° 15 ; *RD banc. fin.* 2002. 139, note F.-X. Lucas et J.-M. Delecci.
3. Civ. 2e, 1er déc. 2016, n° 15-27.303, P ; *RJDA* 2017, n° 113.
4. Civ. 2e, 6 juin 2019, n° 18-16.892, P.
5. Abrogé par Décr. n° 2025-125, 12 févr. 2025, art. 2 (*applicable à compter du 1er juill. 2025*).
6. Abrogé par L. n° 2023-1059, 20 nov. 2023, art. 47 (V) (*applicable à compter du 1er juill. 2025*).
7. Abrogé par L. n° 2023-1059, 20 nov. 2023, art. 47 (V) (*applicable à compter du 1er juill. 2025*).

0943.39 ▸ Réforme applicable à partir du 1er juillet 2025. La réforme reprend quasi exactement les mêmes règles en cas de carence du tiers saisi. Le nouvel article L. 212-14 C. pr. exéc. [1] reprend les mêmes hypothèses que celles prévues aux articles L. 3252-9 [2] et L. 3252-10 alinéa 2 [3] C. trav. (v. s^s^ n° 0943.31), à savoir :

– le défaut de déclaration initiale ou la déclaration initiale mensongère (C. pr. exéc., art. L. 212-8 [4]), qui peuvent être sanctionnés par une amende civile ainsi que par une condamnation à des dommages et intérêts ;

– le défaut du versement de la retenue (C. pr. exéc., art. L. 212-12 [5]), qui peut être sanctionné par une condamnation à payer aux lieu et place du débiteur le montant des retenues qui auraient dû être opérées.

Concernant les **hypothèses d'absence de déclaration ou de déclaration mensongère** prévues à l'article L. 212-8 [6] C. pr. exéc., le législateur a maintenu la possibilité d'une condamnation à une amende civile d'un montant maximal de 10 000 euros (C. pr. exéc., art. R. 212-1-41 [7]) et à des dommages et intérêts. Toutefois, le tiers saisi peut, comme dans le droit antérieur, échapper à ces sanctions s'il parvient à rapporter la **preuve d'un motif légitime**. En outre, conséquence logique de la déjudiciarisation, les sanctions prévues par l'article L. 212-8 [8] ne peuvent être prononcées qu'à la demande expresse du créancier saisissant ou intervenant. Cela signifie donc que le créancier doit élever une contestation dans les formes de droit commun applicables devant le JEX (v. s^s^ n° 0942.91).Tout comme dans le droit antérieur, il peut être raisonnablement considéré que le montant de ces dommages et intérêts, qui sanctionnent la faute du tiers saisi, soit équivalent au montant des retenues qui auraient dû être opérées puisque cette faute aboutit dans tous les cas à un préjudice correspondant à l'impossibilité pour le créancier de poursuivre la saisie.

Concernant l'omission prévue à l'article L. 212-12 C. pr. exéc. [9], le pouvoir réglementaire s'est inspiré de la procédure sommaire permettant la délivrance rapide par le JEX d'une ordonnance de contrainte à l'encontre du tiers saisi. Ainsi est-il prévu dans cette hypothèse que le commissaire de justice répartiteur informe tout d'abord les créanciers et le débiteur de l'omission par le tiers saisi d'effectuer les versements. À la suite de cette information, le créancier le plus diligent ou son mandataire procède à la saisine du JEX par requête. Le JEX statue en principe sans débat préalable. S'il estime la requête fondée, il délivre un titre exécutoire à l'encontre du tiers saisi d'après les éléments produits par le requérant, qui lui permettent de fixer le montant des retenues qui auraient dû être opérées. Si les éléments produits ne permettent pas au JEX de fixer le montant des retenues ou si le créancier ou son mandataire ne dispose pas de tels éléments, le JEX peut s'adresser aux organismes fiscaux et sociaux dans les conditions prévues aux articles L. 152-1 et L. 152-2 C. pr. exéc. pour obtenir les informations relatives au montant de la rémunération perçue par le débiteur ainsi que sur la composition de sa famille.

L'ordonnance de contrainte est notifiée au tiers saisi par les services de greffe du JEX, qui en informent le créancier requérant et le débiteur. La notification au tiers saisi fait courir un **délai d'opposition de quinze jours**. À défaut d'opposition, l'ordonnance devient exécutoire et peut être exécutée à l'encontre du tiers saisi (C. pr. exéc., art. R. 212-1-42 [10]).

Le tiers saisi dispose toujours d'un **recours contre le débiteur**, qui ne peut être exercé qu'après mainlevée de la saisie (C. pr. exéc., art. L. 212-14, al. 3 [11]).

SECTION 2
RÉPARTITION DES FONDS

0943.41 Chèque mensuel. Conformément à l'article R. 3252-27 C. trav. [12], le créancier reçoit jusqu'au paiement intégral de sa créance en principal, intérêts et frais, chaque mois un versement émis par l'employeur qui doit le remettre au greffe au moyen d'un chèque postal ou bancaire (v. s^s^ n° 0943.21). Ce chèque doit être envoyé par le greffe au créancier ou à son mandataire lorsqu'il a pouvoir d'encaisser les sommes provenant de la saisie.

Le mandataire qui n'est ni un commissaire de justice ni un avocat, doit avoir un pouvoir spécial pour encaisser les fonds provenant de la saisie. Le

1. Créé par L. n° 2023-1059, 20 nov. 2023, art. 47 (V) (*applicable à compter du 1er juill. 2025*).
2. Abrogé par L. n° 2023-1059, 20 nov. 2023, art. 47 (V) (*applicable à compter du 1er juill. 2025*).
3. Abrogé par L. n° 2023-1059, 20 nov. 2023, art. 47 (V) (*applicable à compter du 1er juill. 2025*).
4. Créé par L. n° 2023-1059, 20 nov. 2023, art. 47 (V) (*applicable à compter du 1er juill. 2025*).
5. Créé par L. n° 2023-1059, 20 nov. 2023, art. 47 (V) (*applicable à compter du 1er juill. 2025*).
6. Créé par L. n° 2023-1059, 20 nov. 2023, art. 47 (V) (*applicable à compter du 1er juill. 2025*).
7. Créé par Décr. n° 2025-125, 12 févr. 2025, art. 1er (*applicable à compter du 1er juill. 2025*).
8. Créé par L. n° 2023-1059, 20 nov. 2023, art. 47 (V) (*applicable à compter du 1er juill. 2025*).
9. Créé par L. n° 2023-1059, 20 nov. 2023, art. 47 (V) (*applicable à compter du 1er juill. 2025*).
10. Créé par L. n° 2023-1059, 20 nov. 2023, art. 47 (V) (*applicable à compter du 1er juill. 2025*).
11. Créé par L. n° 2023-1059, 20 nov. 2023, art. 47 (V) (*applicable à compter du 1er juill. 2025*).
12. Abrogé par Décr. n° 2025-125, 12 févr. 2025, art. 2 (*applicable à compter du 1er juill. 2025*).

commissaire de justice, aux termes de l'article 18 de l'ordonnance du 2 novembre 1945 modifié par le décret du 29 février 1956 [1], est autorisé à encaisser les fonds sans avoir à justifier d'un pouvoir spécial. L'avocat dont le mandat est fixé par l'article 420 C. pr. civ., peut avoir reçu mission d'encaisser de la part de son client. Il n'a donc pas à justifier en principe d'un mandat spécial.

S'il existe un concours de créanciers saisissants qui sont tous bénéficiaires d'un titre exécutoire, il faut répartir les retenues effectuées sur la rémunération, en principe au marc l'euro à moins que certains aient une préférence parce qu'ils bénéficient d'un privilège opposable aux autres. Il s'agit d'un problème propre aux concours de saisies des rémunérations, examiné comme tel (v. s^s n° 0944.33).

0943.42 ► Réforme applicable à partir du 1er juillet 2025 : versement mensuel. Le tiers saisi est tenu de verser mensuellement entre les mains du commissaire de justice répartiteur les retenues pour lesquelles la saisie est opérée dans les limites des sommes disponibles (C. pr. exéc., art. L. 212-12 [2]).

Le reversement des fonds en cas de créancier unique ou leur répartition en cas de pluralité de créanciers, ne peut être effectué que par un **commissaire de justice répartiteur** en application de l'article L. 212-9 al. 2 C. pr. exéc. [3] Le paiement est effectué dans tous les cas entre les mains du commissaire de justice qui a délivré l'acte de saisie ou d'intervention, à charge pour ce dernier de reverser les fonds à son mandant.

1. Décr. n° 56-222, 29 févr. 1956, pris pour l'application de l'ordonnance du 2 novembre 1945 relative au statut des huissiers de justice, *JO* 3 mars.

2. Créé par L. n° 2023-1059, 20 nov. 2023, art. 47 (V) (*applicable à compter du 1er juill. 2025*).

3. Créé par L. n° 2023-1059, 20 nov. 2023, art. 47 (V) (*applicable à compter du 1er juill. 2025*).

CHAPITRE

0944. Concours de saisies

contribution de :
PHILIPPE FLORES*
CONSEILLER À LA COUR DE CASSATION
actualisée par :
KEVIN LECLERE VUE
MAGISTRAT

SECTION 0
ORIENTEUR

0944.00 Sommaire du chapitre.

Division. Les saisies, cession, opposition et avis à tiers détenteur des rémunérations du travail peuvent concourir entre elles (sect. 1). Elles peuvent aussi concourir avec d'autres voies d'exécution sur les revenus (sect. 2) et avec la cession de salaire (sect. 3). Certaines mesures de protection des majeurs peuvent aussi influer sur ces saisies (sect. 4).

> **Réforme.** Les grands axes de la réforme seront présentés dans chacune des rubriques pertinentes du présent chapitre et signalés par le pictogramme ▶ suivi de **Réforme applicable à partir du 1er juillet 2025**.

0944.01 Textes applicables.

• **C. trav.,** art. L. 3252-8[1], L. 3252-12[2], R. 3252-8[3], R. 3252-13[4] et R. 3252-30[5] à R. 3252-39[6].

• **C. pr. exéc.,** art. L. 213-4.

• ET À COMPTER DU 1er JUILLET 2025 : **C. pr. exéc.,** art. L. 212-2[7], L. 212-10[8], L. 212-11[9], L. 213-5[10], R. 212-1-7[11] à R. 212-1-9[12], R. 212-1-16[13], R. 212-1-17[14] à R. 212-1-20[15], R. 212-1-22[16] à R. 212-1-30[17], R. 212-1-33[18], R. 212-1-34[19], R. 212-1-35[20].

• **C. pr. civ.,** art. 125.

• **C. civ.,** art. 2231, 2324 et 2331.

• **LPF,** art. L. 262.

* Auteur de cette contribution de la 5e à la 10e édition incluse.
1. Abrogé par L. nº 2023-1059, 20 nov. 2023, art. 47 (V) (*applicable à compter du 1er juill. 2025*).
2. Abrogé par L. nº 2023-1059, 20 nov. 2023, art. 47 (V) (*applicable à compter du 1er juill. 2025*).
3. Abrogé par Décr. nº 2025-125, 12 févr. 2025, art. 2 (*applicable à compter du 1er juill. 2025*).
4. Abrogé par Décr. nº 2025-125, 12 févr. 2025, art. 2 (*applicable à compter du 1er juill. 2025*).
5. Abrogé par Décr. nº 2025-125, 12 févr. 2025, art. 2 (*applicable à compter du 1er juill. 2025*).
6. Abrogé par Décr. nº 2025-125, 12 févr. 2025, art. 2 (*applicable à compter du 1er juill. 2025*).
7. Mod. par L. nº 2023-1059, 20 nov. 2023, art. 47 (V) (*applicable à compter du 1er juill. 2025*).
8. Créé par L. nº 2023-1059, 20 nov. 2023, art. 47 (V) (*applicable à compter du 1er juill. 2025*).
9. Créé par L. nº 2023-1059, 20 nov. 2023, art. 47 (V) (*applicable à compter du 1er juill. 2025*).
10. Mod. par L. nº 2023-1059, 20 nov. 2023, art. 47 (V) (*applicable à compter du 1er juill. 2025*).
11. Créé par Décr. nº 2025-125, 12 févr. 2025, art. 1er (*applicable à compter du 1er juill. 2025*).
12. Créé par Décr. nº 2025-125, 12 févr. 2025, art. 1er (*applicable à compter du 1er juill. 2025*).
13. Créé par Décr. nº 2025-125, 12 févr. 2025, art. 1er (*applicable à compter du 1er juill. 2025*).
14. Créé par Décr. nº 2025-125, 12 févr. 2025, art. 1er (*applicable à compter du 1er juill. 2025*).
15. Créé par Décr. nº 2025-125, 12 févr. 2025, art. 1er (*applicable à compter du 1er juill. 2025*).
16. Créé par Décr. nº 2025-125, 12 févr. 2025, art. 1er (*applicable à compter du 1er juill. 2025*).
17. Créé par Décr. nº 2025-125, 12 févr. 2025, art. 1er (*applicable à compter du 1er juill. 2025*).
18. Créé par Décr. nº 2025-125, 12 févr. 2025, art. 1er (*applicable à compter du 1er juill. 2025*).
19. Mod. par Décr. nº 2025-493, 3 juin 2025, art. 9 (*applicable à compter du 1er juill. 2025*).
20. Créé par Décr. nº 2025-125, 12 févr. 2025, art. 1er (*applicable à compter du 1er juill. 2025*).

• **L. n° 2023-1775, 28 déc. 2017,** de finances rectificative pour 2017, *JO* 29 déc., art. 73.

• **L. n° 2017-1059, 20 nov. 2023,** d'orientation et de programmation du ministère de la justice 2023-2027, art. 47 (V), *JO* 21 nov., texte 2 (*applicable à compter du 1er juill. 2025*).

• **Décr. n° 2025-125, 12 févr. 2025,** relatif à la nouvelle procédure de saisie des rémunérations, art. 2, *JO* 14 févr., texte 1 (*applicable à compter du 1er juill. 2025*).

• **Décr. n° 2025-493, 3 juin 2025,** relatif au registre numérique des saisies des rémunérations, à la procédure de saisie des rémunérations et à la formation des commissaires de justice répartiteurs, *JO* 5 juin, texte 4.

0944.02 Jurisprudence de référence.

> Titre exécutoire contenant tous les éléments permettant l'évaluation de la créance.

• **Civ. 2e, 22 mars 2001,** n° 99-12.011, P II, n° 61

* V. ss n° 0944.22

Viole les articles 3 et 4 de la loi du 9 juillet 1991 [devenus art. L. 111-2, L. 111-3 et L. 111-6 C. pr. exéc.] la cour d'appel qui annule une procédure d'exécution forcée en retenant que les actes notariés invoqués par le créancier saisissant ne constituaient pas des titres exécutoires et qu'ils ne comportaient aucune disposition relative à la fixation de la somme réclamée, alors que ces actes étaient revêtus de la formule exécutoire et contenaient tous les éléments permettant l'évaluation de la créance.

0944.03 Bibliographie indicative[1].

* V. ss n° 094.03.

SECTION 1

CONCOURS DE SAISIES DES RÉMUNÉRATIONS

0944.10 Plan. La différence essentielle entre la saisie des rémunérations et la saisie-attribution de droit commun tient à la possibilité d'un concours dans la première, alors que la seconde dispose d'un effet attributif immédiat qui rend rarissime l'hypothèse d'un tel concours (v. ss nos 0821.101 et 0821.102). Chronologiquement, le concours de plusieurs saisies des rémunérations sur les mêmes sommes débute par une procédure particulière dénommée intervention (§ 1). Ultérieurement, le greffe du juge de l'exécution (JEX) devra procéder à une répartition des retenues sur salaire entre les différents créanciers, en tenant compte des privilèges de certains d'entre eux (§ 2).

§ 1

Procédure d'intervention

0944.21 Cas. L'article R. 3252-30 C. trav.[2] dispose que « *le créancier muni d'un titre exécutoire peut, sans tentative de conciliation préalable, intervenir à une procédure de saisie des sommes dues à titre de rémunérations en cours, afin de participer à la répartition des sommes saisies* ».

En outre, un créancier partie à la procédure peut, par voie d'intervention, réclamer les intérêts et les frais et dépens liquidés ou vérifiés depuis la saisie (C. trav., art. R. 3252-33[3]). Ce cas particulier vise les créanciers qui ont obtenu le recouvrement d'un principal mais non des accessoires ; les voies d'exécution de droit commun peuvent leur paraître disproportionnées et la loi leur propose donc d'intervenir, sans frais, dans une saisie des rémunérations en cours. Simplement, ils ne peuvent le faire que pour les intérêts échus, ainsi que pour les frais et dépens dûment liquidés et vérifiés (sur la cession de salaires, v. ss n° 0945.31).

0944.22 Procédure. Aux termes du second alinéa de l'article R. 3252-30 C. trav.[4], « *cette intervention est formée par requête remise contre récépissé ou adressée au greffe* ». La requête doit contenir les indications prévues à l'article R. 3252-13[5] pour la requête initiale (v. ss n° 0942.61). Notons toutefois, qu'en cas d'interruption de la saisie pour cause de rupture du lien de droit unissant le débiteur au tiers saisi, la saisie n'est plus en cours au sens de l'article R. 3252-30 et l'intervention d'un nouveau créancier ne peut être accueillie tant que le créancier saisissant n'a pas demandé la poursuite de la saisie entre les mains du nouvel employeur[6].

L'article R. 3252-31[7] prévoit expressément une vérification du montant de la créance en principal, intérêts et frais par le juge. Ainsi, comme il s'agit de l'hypothèse d'une saisie supplémentaire (le titre de la sous-section 4 est « *la pluralité de saisies* ») l'audience de conciliation est facultative[8] – et très généralement n'a pas lieu –, ce qui ne postule pas l'absence de vérification par le juge, dans les limites de ce qu'autorisent au juge les textes sur la saisie des rémunérations (v. ss nos 0941.12, 0942.86 et 0942.87 – est sanctionné le juge qui avait cru pouvoir contester un acte notarié revêtu de la formule exécutoire[9]).

1. Les ouvrages dont le nom des auteurs figure en petites capitales en bibliographie seront cités par le seul nom des auteurs en petites capitales en notes de bas de page.
2. Abrogé par Décr. n° 2025-125, 12 févr. 2025, art. 2 (*applicable à compter du 1er juill. 2025*).
3. Abrogé par Décr. n° 2025-125, 12 févr. 2025, art. 2 (*applicable à compter du 1er juill. 2025*).
4. Abrogé par Décr. n° 2025-125, 12 févr. 2025, art. 2 (*applicable à compter du 1er juill. 2025*).
5. Abrogé par Décr. n° 2025-125, 12 févr. 2025, art. 2 (*applicable à compter du 1er juill. 2025*).
6. Civ. 2e, 6 avr. 2006, n° 04-13.835, P II, n° 105 (préc., v. ss n° 0942.141).
7. Abrogé par Décr. n° 2025-125, 12 févr. 2025, art. 2 (*applicable à compter du 1er juill. 2025*).
8. Civ. 2e, 22 mars 2001, n° 99-12.011, P II, n° 61 ; *RD banc. fin.* 2001. 294, note F.-X. Lucas et J.-M. Delecci ; *Dr. et proc.* 2001. 319, note E. Putman.
9. Civ. 2e, 22 mars 2001, n° 99-12.011, P, préc. ss prést n°.

Une fois la vérification faite, le greffe doit notifier l'intervention vérifiée, au débiteur et aux créanciers déjà saisissants. Cette notification doit être faite par lettre recommandée avec demande d'avis de réception. En outre, dans tous les cas où le nouveau créancier n'a pas connaissance de la saisie en cours, le greffier doit l'avertir de sa situation de créancier intervenant. Enfin, l'alinéa second de l'article R. 3252-31 précise que « *lors de la première intervention, le greffier informe l'employeur que les versements sont désormais effectués à l'ordre du régisseur installé auprès du greffe du tribunal d'instance* ». En effet, le mode d'établissement du chèque de reversement des retenues n'est pas le même en cas de pluralité de saisies (v. s^s^ n° 0943.21).

Ces notifications ont aussi pour objet de permettre l'exercice des voies de recours. L'article R. 3252-32 [1] prévoit que l'intervention peut être contestée à tout moment de la procédure de saisie. En outre, le second alinéa de ce même article ajoute que le débiteur peut encore, la saisie terminée, agir en répétition à ses frais, contre l'intervenant qui aurait été indûment payé. La contestation d'une intervention sera formée, instruite et jugée conformément aux dispositions de l'article R. 3252-8, examiné à propos des contestations élevées au cours ou en suite de l'audience de conciliation (v. s^s^ n° 0942.131). L'article R. 3252-35 [2] prévoit que si une intervention a été contestée, les sommes revenant au créancier intervenant sont consignées. Elles lui seront remises si la contestation est rejetée. Dans le cas contraire, ces sommes sont distribuées aux créanciers ou restituées au débiteur selon le cas.

0944.23 Contestation de l'ordonnance rendue suite à une demande d'intervention. L'intervention autorisée par le juge peut être contestée par le débiteur, ou par le créancier si le montant des sommes arrêtées est inférieur à ce qui était réclamé. Toutefois, cette contestation se fait, conformément à l'article R. 3252-8 C. trav. [3], selon la procédure orale ordinaire devant le tribunal judiciaire (TJ) et ni l'appel, ni le pourvoi en cassation ne sont recevables [4]. La contestation doit donc, selon le cas, être formée **par voie de requête conjointe, de requête ou d'assignation**, dans les conditions de l'article 818 C. pr. civ. De même, en cas de rejet de la demande d'intervention, le créancier pourra former un recours devant le JEX dans les formes et conditions de l'article R. 3252-8 [5].

1. Abrogé par Décr. n° 2025-125, 12 févr. 2025, art. 2 (*applicable à compter du 1er juill. 2025*).
2. Abrogé par Décr. n° 2025-125, 12 févr. 2025, art. 2 (*applicable à compter du 1er juill. 2025*).
3. Abrogé par Décr. n° 2025-125, 12 févr. 2025, art. 2 (*applicable à compter du 1er juill. 2025*).
4. Civ. 2e, 4 juill. 2007, n° 06-12.776, P II, n° 204.

0944.24 ► Réforme applicable à partir du 1er juillet 2025 : intervention. La réforme maintient une **possibilité d'intervention des créanciers tiers à une procédure de saisie des rémunérations en cours afin de participer à la répartition des sommes saisies.** L'article L. 212-2 C. pr. exéc. [6] dispose que « *tout créancier remplissant les conditions précisées au premier alinéa* [i.e. disposant d'un titre exécutoire constatant une créance liquide et exigible] *du présent article peut se joindre aux opérations de saisie déjà existantes par voie d'intervention* ». L'intervention a lieu un mois après la délivrance d'un **commandement de payer** (C. pr. exéc., art. R. 212-1-16 [7]).

L'acte d'intervention doit être notifié au commissaire de justice répartiteur sauf s'il est lui-même l'auteur de l'intervention (C. pr. exéc., art. R. 212-1-17, al. 1er [8]). Les dispositions réglementaires permettent expressément au commissaire de justice répartiteur d'intervenir ultérieurement à la procédure de saisie des rémunérations pour le compte d'un créancier tiers. Dès lors que la loi prévoit que les créanciers viennent en concours, sous réserve des causes légitimes de préférence (C. pr. exéc., art. L. 212-10, al. 1er [9]), et que la répartition est accomplie sous la surveillance collective des créanciers, les auteurs du texte ont, semble-t-il, estimé qu'il n'existait pas de risque que le commissaire de justice répartiteur s'affranchisse de cette obligation, au bénéfice de son mandant, en prélevant à son profit une part léonine sur les fonds saisis. Si le commissaire de justice répartiteur n'a pas été désigné au moment où l'intervention est pratiquée, l'acte est signifié au commissaire de justice du créancier dont le commandement a été inscrit le premier sur le registre numérique des saisies des rémunérations (C. pr. exéc., art. R. 212-1-17, al. 2 [10]).

L'acte d'intervention doit ensuite, à peine de caducité, être dénoncé au débiteur saisi dans les huit jours, selon le cas, de sa notification au commissaire de justice répartiteur ou de sa signification au commissaire de justice mandaté par le créancier dont le commandement a été inscrit le premier sur le registre numérique des saisies des rémunérations (C. pr. exéc., art. R. 212-1-17, al. 3 [11]).

5. Abrogé par Décr. n° 2025-125, 12 févr. 2025, art. 2 (*applicable à compter du 1er juill. 2025*).
6. Mod. par L. n° 2023-1059, 20 nov. 2023, art. 47 (V) (*applicable à compter du 1er juill. 2025*).
7. Créé par Décr. n° 2025-125, 12 févr. 2025, art. 1er (*applicable à compter du 1er juill. 2025*).
8. Créé par Décr. n° 2025-125, 12 févr. 2025, art. 1er (*applicable à compter du 1er juill. 2025*).
9. Créé par L. n° 2023-1059, 20 nov. 2023, art. 47 (V) (*applicable à compter du 1er juill. 2025*).
10. Créé par Décr. n° 2025-125, 12 févr. 2025, art. 1er (*applicable à compter du 1er juill. 2025*).
11. Créé par Décr. n° 2025-125, 12 févr. 2025, art. 1er (*applicable à compter du 1er juill. 2025*).

L'acte d'intervention doit enfin, à peine de caducité, être inscrit le jour même ou le premier jour ouvrable suivant sur le registre numérique des saisies des rémunérations. L'acte d'intervention n'est opposable aux autres créanciers qu'à compter de son inscription (C. pr. exéc., art. R. 212-1-17, al. 4[1]). L'inscription de l'acte sur ce registre conditionne la prise en compte du créancier intervenant dans la répartition (C. pr. exéc., art. R. 212-1-19[2]).

Dans tous les cas l'acte d'intervention doit comporter, à peine de nullité, les mentions énumérées à l'article R. 212-1-18 C. pr. exéc.[3]

Les dispositions relatives aux contestations prévues aux articles R. 212-1-7 à R. 212-1-9 C. pr. exéc. sont expressément rendues applicables à la contestation de l'intervention (C. pr. exéc., art. R. 212-1-20[4]).

§ 2
Répartition des sommes

0944.31 **Procédure sans incidents.** Les sommes déposées au greffe doivent être réparties le plus rapidement possible au profit des créanciers. Le directeur de greffe prend l'initiative de faire la répartition. L'article R. 3252-34 C. trav.[5] précise qu'une répartition doit être opérée au moins tous les six mois, à moins que dans l'intervalle, les sommes atteignent un montant suffisant pour désintéresser les créanciers. Ce rythme semestriel n'est pas toujours réaliste : les sommes à reverser sont parfois infimes, notamment en cas de pluralité de créanciers saisissants. Rappelons qu'une répartition doit être également effectuée dans le cas où le débiteur change d'employeur ou cesse son activité salariée (v. s^s n°s 0942.141 s.).

En l'absence de privilèges, la répartition a lieu au marc l'euro, la Chancellerie fournissant au demeurant un logiciel *ad hoc* aux tribunaux judiciaires (TJ) : les créanciers sont désintéressés non pas selon leur rang chronologique mais en multipliant la retenue à répartir par la fraction du montant de chaque créance sur le montant total des créances à payer.

Le greffier dresse un état de répartition qu'il notifie à chaque créancier. Sur cet état de répartition figurent le nom du créancier saisissant et des créanciers intervenants, le montant de leur créance, le montant des sommes réparties ainsi que le solde après répartition. Les fonds destinés à être répartis doivent être préalablement retirés de la Caisse des dépôts et consignations par le régisseur. Ce retrait est une responsabilité propre du régisseur, qui ne dépend à ce sujet ni du juge ni du greffier (C. trav., art. R. 3252-43[6]).

L'état de répartition peut être contesté dans les quinze jours de sa notification (C. trav., art. R. 3252-36[7]). Il s'agit là encore d'un délai de recours dont l'expiration doit être relevée d'office par le juge en application de l'article 125 C. pr. civ.

À défaut de contestation, un chèque, établi par le régisseur, représentant le montant des sommes attribuées, est adressé à chaque créancier (C. trav., art. R. 3252-35[8]).

0944.32 **Incidents sur une répartition.** La répartition peut être contestée dans le délai de quinze jours suivant la notification de l'état dressé par le greffier (C. trav., art. R. 3252-36[9]). La contestation se forme dans les conditions prévues par l'article R. 3252-8 C. trav.[10] c'est-à-dire par assignation, par requête conjointe ou par requête selon que l'intérêt du litige est ou non supérieur à 5 000 euros (C. pr. civ., art. 818). En cas de contestation de l'état de répartition, les sommes dues aux créanciers ne sont versées qu'après décision du juge (C. trav., art. R. 3252-36[11]).

En cas de contestation d'une intervention, les sommes attribuées au créancier intervenant par la répartition sont consignées au greffe dans l'attente de la décision du juge sur cette contestation. Elles sont remises au créancier en cas de rejet de la contestation ; elles sont distribuées entre les autres créanciers ou restituées au débiteur en cas de succès de la contestation (C. trav., art. R. 3252-35[12]).

0944.33 **Concours d'un créancier privilégié et d'autres créanciers sans cause légitime de préférence.** Le greffe du JEX ne se préoccupe que du créancier privilégié au sens de l'article 2324 C. civ., c'est-à-dire celui qui bénéficie d'un privilège général sur les meubles et dont la créance relève de l'application de l'article 2331 C. civ. En effet, les créanciers

1. Créé par Décr. n° 2025-125, 12 févr. 2025, art. 1er (*applicable à compter du 1er juill. 2025*).
2. Créé par Décr. n° 2025-125, 12 févr. 2025, art. 1er (*applicable à compter du 1er juill. 2025*).
3. Créé par Décr. n° 2025-125, 12 févr. 2025, art. 1er (*applicable à compter du 1er juill. 2025*).
4. Créé par Décr. n° 2025-125, 12 févr. 2025, art. 1er (*applicable à compter du 1er juill. 2025*).
5. Abrogé par Décr. n° 2025-125, 12 févr. 2025, art. 2 (*applicable à compter du 1er juill. 2025*).
6. Abrogé par Décr. n° 2025-125, 12 févr. 2025, art. 2 (*applicable à compter du 1er juill. 2025*).
7. Abrogé par Décr. n° 2025-125, 12 févr. 2025, art. 2 (*applicable à compter du 1er juill. 2025*).
8. Abrogé par Décr. n° 2025-125, 12 févr. 2025, art. 2 (*applicable à compter du 1er juill. 2025*).
9. Abrogé par Décr. n° 2025-125, 12 févr. 2025, art. 2 (*applicable à compter du 1er juill. 2025*).
10. Abrogé par Décr. n° 2025-125, 12 févr. 2025, art. 2 (*applicable à compter du 1er juill. 2025*).
11. Abrogé par Décr. n° 2025-125, 12 févr. 2025, art. 2 (*applicable à compter du 1er juill. 2025*).
12. Abrogé par Décr. n° 2025-125, 12 févr. 2025, art. 2 (*applicable à compter du 1er juill. 2025*).

d'aliments qui peuvent user du paiement direct ainsi que le Trésor Public bénéficient d'un prélèvement préférentiel dans le premier cas, purement privilégié dans le second, auprès de l'employeur lui-même (v. ss nos 0944.42 et 0944.44 ; v. ss nos 0935.72 à 0935.75).

La créance du créancier privilégié, à la condition expresse cependant qu'il en fasse la demande, sera apurée par préférence aux autres, dans l'ordre de l'article 2331 et, à ordre égal, au marc l'euro (C. civ., art. 2326).

Les hypothèses les plus fréquentes concernent les frais de justice (C. civ., art. 2331) et les créances d'aliments inéligibles au paiement direct (C. civ., art. 2331, 5o).

Mais le créancier privilégié peut renoncer explicitement ou par son silence, à la préférence que lui donne son privilège et venir en concours avec les autres.

0944.34 Traitement des créances modiques. Le traitement des créances modiques peut poser problème, tant au regard du coût de leur traitement, qu'à celui de la disproportion entre le montant de la créance et le délai pour obtenir le règlement intégral. En outre, la répartition au marc l'euro peut rendre vaine toute perspective de recouvrement dès lors que cette créance entre en concours avec une créance importante. Ce problème est pris en compte par l'article L. 3252-8 C. trav.[1], qui prévoit[2] que les créances résiduelles les plus faibles, prises dans l'ordre croissant de leur montant sans que celles-ci puissent excéder 500 euros (C. trav., art. D. 3252-34-1[3]), sont payées prioritairement. Si plusieurs créances d'un montant inférieur à 500 euros entrent en concours, la répartition se fera au marc l'euro entre elles.

0944.35 ► Réforme applicable à partir du 1er juillet 2025 : répartition des sommes saisies. La répartition est traitée aux articles R. 212-1-22[4] à R. 212-1-30[5] C. pr. exéc. qui reprennent les grandes lignes du système antérieur en leur apportant quelques **adaptations rendues nécessaires par la déjudiciarisation de la procédure.** Elle est effectuée par le commissaire de justice répartiteur, désigné dans les conditions de l'article R. 212-1-10[6] C. pr. exéc., entre les seuls créanciers ayant inscrit un acte de saisie ou d'intervention sur le registre numérique des saisies des rémunérations. À défaut de créanciers inscrits, les fonds doivent être reversés au débiteur (C. pr. exéc., art. R. 212-1-22[7]).

La périodicité est diminuée de six mois à six semaines. Ainsi est-il prévu que le commissaire de justice répartiteur reverse les sommes qu'il reçoit mensuellement du tiers saisi au créancier inscrit ou, en cas de pluralité de saisies, aux créanciers inscrits, au moins une fois toutes les six semaines, à concurrence du montant de leur créance, en principal, intérêts et frais (C. pr. exéc., art. R. 212-1-23[8]).

Les créanciers viennent en concours, sous réserve des causes légitimes de préférence (C. pr. exéc., art. L. 212-10, al. 1er[9]). Toutefois, la réforme reprend le **principe du paiement prioritaire des créances inférieures à 500 euros** (C. pr. exéc., art. L. 212-10, al. 2[10] et D. 212-1-24[11]).

En cas de créancier unique, la répartition prend la forme d'un paiement effectué directement par le commissaire de justice répartiteur au commissaire de justice saisissant, qui reverse ensuite la somme au créancier dont il est le mandataire.

En cas de pluralité de créanciers saisissants, le commissaire de justice procède à une répartition à proprement parler, qui se matérialise en deux temps : (i) **le projet de répartition** et (ii) **l'état de répartition.** Qu'il s'agisse d'un paiement au profit d'un créancier unique ou d'une répartition entre plusieurs créanciers saissants, celui-ci est accompagné d'un décompte détaillé des frais de répartition (ou de paiement) avec l'indication, en caractères très apparents, que tout intéressé peut faire procéder à leur vérification par le greffe (C. pr. exéc., art. R. 212-1-25[12]).

La répartition des fonds saisis entre les créanciers saisissants et intervenants se déroule concrètement de la manière suivante : le commissaire de justice élabore dans un premier temps un **projet de répartition** qu'il notifie à chacun des commissaires de justice mandataires des créanciers saisissants ou intervenants (C. pr. exéc., art. R. 212-1-26[13]). La notification du projet de répartition fait courir un délai de

1. Abrogé par L. no 2023-1059, 20 nov. 2023, art. 47 (V) (*applicable à compter du 1er juill. 2025*).
2. L. no 2011-1862, 13 déc. 2011, relative à la répartition des contentieux et à l'allègement de certaines procédures juridictionnelles, *JO* 14 déc., p. 21105.
3. Abrogé par Décr. no 2025-125, 12 févr. 2025, art. 2 (*applicable à compter du 1er juill. 2025*).
4. Créé par Décr. no 2025-125, 12 févr. 2025, art. 1er (*applicable à compter du 1er juill. 2025*).
5. Créé par Décr. no 2025-125, 12 févr. 2025, art. 1er (*applicable à compter du 1er juill. 2025*).
6. Créé par Décr. no 2025-125, 12 févr. 2025, art. 1er (*applicable à compter du 1er juill. 2025*).
7. Créé par Décr. no 2025-125, 12 févr. 2025, art. 1er (*applicable à compter du 1er juill. 2025*).
8. Créé par Décr. no 2025-125, 12 févr. 2025, art. 1er (*applicable à compter du 1er juill. 2025*).
9. Créé par L. no 2023-1059, 20 nov. 2023, art. 47 (V) (*applicable à compter du 1er juill. 2025*).
10. Créé par L. no 2023-1059, 20 nov. 2023, art. 47 (V) (*applicable à compter du 1er juill. 2025*).
11. Créé par Décr. no 2025-125, 12 févr. 2025, art. 1er (*applicable à compter du 1er juill. 2025*).
12. Créé par Décr. no 2025-125, 12 févr. 2025, art. 1er (*applicable à compter du 1er juill. 2025*).
13. Créé par Décr. no 2025-125, 12 févr. 2025, art. 1er (*applicable à compter du 1er juill. 2025*).

huit jours au profit de chaque créancier pour adresser au commissaire de justice répartiteur ses éventuelles observations. Ce délai doit être mentionné dans le projet de répartition à peine de nullité (C. pr. exéc., art. R. 212-1-27, al. 1er[1]).

Après avoir reçu leurs éventuelles observations, le commissaire de justice répartiteur dresse **l'état de répartition**, qui est notifié aux créanciers et, par lettre recommandée avec demande d'avis de réception (LRAR), au débiteur (C. pr. exéc., art. R. 212-1-27, al. 2[2]). L'article R. 212-1-28 C. pr. exéc.[3] prévoit que le projet de répartition peut être contesté dans les huit jours de sa notification par un créancier ou le débiteur. Cette contestation est formée, instruite et jugée selon les règles de droit commun applicables aux contestations portées devant le JEX (v. ss no 0942.91). À peine d'irrecevabilité, la contestation est dénoncée au commissaire de justice répartiteur le jour même ou le premier jour ouvrable suivant par lettre recommandée avec demande d'avis de réception. Cette formalité est destinée à informer immédiatement le commissaire de justice répartiteur de l'existence de la contestation afin qu'il ne procède pas au paiement dans l'attente que le JEX tranche la contestation.

Initialement, le projet de décret ne comportait pas de **notification expresse du projet de répartition et de l'état de répartition au débiteur.** Cet ajout n'est pas sans susciter d'importantes difficultés pratiques lorsque le débiteur n'aura pas consenti à la communication électronique conformément à l'article R. 212-1-1 C. pr. exéc.[4] : en effet, s'agissant plus spécialement de la notification de l'état de répartition, les commissaires de justice répartiteurs seront dans l'impossibilité de procéder à la répartition dans le délai réglementaire de six semaines puisqu'ils ne pourront en toute hypothèse se libérer des fonds saisis qu'au retour de l'avis de réception signé du débiteur ou de son mandataire ou, à défaut, du retour de la lettre faute de remise à son destinataire (que ce soit en raison d'une « Boîte non identifiable », d'un « Destinataire inconnu à l'adresse » ou encore d'un plis « non réclamé » ou « refusé »), qui peut prendre plusieurs mois. À cette difficulté pratique insurmontable, s'ajoutera un surcoût de la saisie qui pésera *in fine* sur le débiteur alors que le législateur avait souhaité que la saisie des rémunérations demeure, malgré sa déjudiciarisation, la mesure d'exécution forcée la moins onéreuse.

1. Créé par Décr. no 2025-125, 12 févr. 2025, art. 1er (*applicable à compter du 1er juill. 2025*).
2. Créé par Décr. no 2025-125, 12 févr. 2025, art. 1er (*applicable à compter du 1er juill. 2025*).
3. Créé par Décr. no 2025-125, 12 févr. 2025, art. 1er (*applicable à compter du 1er juill. 2025*).
4. Créé par Décr. no 2025-125, 12 févr. 2025, art. 1er (*applicable à compter du 1er juill. 2025*).

Quoi qu'il en soit, dès que la contestation lui est dénoncée, le commissaire de justice répartiteur procède à la **consignation des fonds auprès de la Caisse des dépôts et consignations**. Les sommes sont déconsignées au profit des bénéficiaires sur production de la décision de justice statuant sur la répartition et de toutes pièces de nature à établir leur identité et le cas échéant leur qualité. Le juge peut décider que les frais occasionnés par la contestation sont provisoirement prélevés sur ces sommes (C. pr. exéc., art. R. 212-1-29[5]).

Enfin, il est prévu que lorsqu'aucun projet de répartition n'est établi dans le délai de six semaines suivant la saisie ou le précédent état de répartition, tout intéressé peut en référer au juge (C. pr. exéc., art. R. 212-1-30[6]). Dans ce cas, le créancier qui y a intérêt, ou même, le débiteur, peut demander au JEX d'enjoindre au commissaire de justice répartiteur d'avoir à procéder à la répartition, éventuellement, sous astreinte. En revanche, aucun mécanisme de condamnation du commissaire de justice répartiteur au paiement des causes de la saisie semblable à celui du tiers saisi n'est prévu.

SECTION 2
CONCOURS D'UNE OU PLUSIEURS SAISIES DES RÉMUNÉRATIONS AVEC D'AUTRES VOIES D'EXÉCUTION SUR LES REVENUS

0944.41 Position du problème. On rappellera autant que de besoin que les voies d'exécution sur les rémunérations ne peuvent être que la saisie des rémunérations, la saisie administrative à tiers détenteur (SATD) (v. ss nos 0935.05 s.) ou le paiement direct, mais ni la saisie conservatoire, ni la saisie-attribution de droit commun (sur l'exclusivité, v. ss no 0941.101).

Ainsi, n'est pas en soi un abus la mise en œuvre d'une saisie des rémunérations après celle d'une saisie-attribution[7].

Le concours entre voies d'exécution sur les rémunérations ne se règle en principe jamais par des priorités chronologiques : la qualité des créanciers concernés requiert qu'ils puissent se manifester efficacement, même s'ils se manifestent bien après les créanciers de droit commun.

0944.42 Paiement direct d'aliments. La fraction relativement saisissable (ou relativement insaisissable, v. ss no 0941.122) a été imaginée pour les cas

5. Créé par Décr. no 2025-125, 12 févr. 2025, art. 1er (*applicable à compter du 1er juill. 2025*).
6. Créé par Décr. no 2025-125, 12 févr. 2025, art. 1er (*applicable à compter du 1er juill. 2025*).
7. Bourges, 10 déc. 1997, *Juris-Data* no 46323.

de concours entre une saisie des rémunérations et le prélèvement direct du terme mensuel courant et des six derniers mois impayés des créances visées à l'article L. 213-4 C. pr. exéc.

Si le montant mensuel du paiement direct de la pension alimentaire est inférieur à la fraction relativement insaisissable, le reliquat de cette fraction relativement insaisissable appartient, comme le dit l'article R. 3252-39 C. trav. [1], au débiteur.

Si le montant mensuel du paiement direct est supérieur à la fraction relativement insaisissable, il absorbe et l'excédent s'impute sur la quotité saisissable. Dans ce cas, la fraction saisissable que l'employeur doit retenir pour la saisie notifiée par le greffe se trouve donc diminuée de cet excédent.

De la sorte est respecté l'article 2331, 5° C. civ. : le créancier d'aliments récemment échus ou restant à échoir (sur la situation du créancier d'aliments n'ayant pas droit au paiement direct, v. s[s] n°s 0941.64 et 0941.122) doit être intégralement payé, il est privilégié et réglé par préférence aux autres créanciers y compris les comptables publics lorsqu'ils procèdent par SATD, pour une créance bénéficiant du privilège du Trésor public ainsi que le rappelle l'article R. 3252-38 C. trav. [2] (v. s[s] n° 0935.73).

Bien entendu, ce droit de préférence reconnu au créancier alimentaire ne s'applique à la fraction saisissable du salaire, que si le paiement direct est effectivement mis en place[3].

En toutes hypothèses, le paiement direct ne peut pas priver le débiteur d'une somme égale au montant du revenu de solidarité active (RSA).

0944.43 ► **Réforme applicable à partir du 1er juillet 2025 : concours de saisie des rémunérations avec une procédure de paiement direct des pensions alimentaires.** La réforme maintient les règles relatives au concours d'une ou de plusieurs saisies des rémunérations avec une procédure de paiement direct des pensions alimentaires. Elles sont désormais édictées à l'article R. 212-1-35 C. pr. exéc. [4] Il convient toutefois de préciser que le premier alinéa de l'article L. 213-5 C. pr. exéc. [5] a été modifié afin de prévoir que lorsque la procédure de paiement direct s'exerce sur des sommes dues à titre de rémunération, elle est inscrite au registre numérique des saisies des rémunérations. Cette inscription est destinée à fluidifier le traitement des procédures de paiement direct des pensions alimentaires et de saisie des rémunérations en concours.

0944.44 **Saisie des rémunérations et saisie administrative à tiers détenteur pour une créance garantie par le privilège du Trésor public.** Si la saisie des rémunérations est faite sur des sommes déjà frappées par une SATD, pour une créance garantie par le privilège du Trésor public (v. s[s] n° 0935.71), cette saisie est suspendue, par extension pratique de l'article R. 3252-37 C. trav. [6] examiné plus loin ; en effet, les sommes sont indisponibles provisoirement et aucune nullité n'est prévue par les textes (sur le concours entre une SATD et un paiement direct, v. s[s] n° 0952.181).

Dans le cas où la saisie des rémunérations est intervenue en premier lieu, l'article R. 3252-37[7] prévoit que la notification d'une SATD conforme aux articles L. 262 du LPF suspend le cours de la saisie jusqu'à l'extinction de l'obligation du redevable. Dans cette hypothèse, la saisie n'est pas nulle ni atteinte d'aucun vice si elle a été notifiée alors qu'il existait une SATD ou si cette saisie est notifiée en cours d'exécution de la saisie. Simplement les effets de la saisie sont suspendus pour le temps nécessaire à l'apurement de la dette dont le paiement est poursuivi par le Trésor public. Elle reprendra donc son plein effet dès que la créance garantie par le privilège du Trésor public sera payée (v. s[s] n° 0935.73).

Le comptable public doit informer le greffe sur la date de la SATD, sur celle de sa notification au redevable (le débiteur) et sur l'extinction de la créance garantie par le privilège du Trésor public.

À compter de l'extinction de la dette fiscale, ou de la mainlevée de la SATD, la saisie reprend ses effets et le greffe en avise les créanciers qui n'ont pas de nouvelles demandes à faire. Le tiers saisi doit procéder aux retenues au titre de la saisie des rémunérations, faute de quoi il s'expose à être déclaré débiteur des sommes qui auraient dû être prélevées sur le salaire du débiteur[8].

0944.45 **Saisie des rémunérations et saisie administrative à tiers détenteur pour une créance non garantie par le privilège du Trésor public.** En cas de notification d'une SATD, après la mise en place d'une saisie des rémunérations du travail, le tiers saisi doit aviser le comptable public de la saisie en cours (v. s[s] n° 0935.75). Le comptable adresse alors au greffe du tribunal une copie de la SATD et lui indique la date

1. Abrogé par Décr. n° 2025-125, 12 févr. 2025, art. 2 (*applicable à compter du 1er juill. 2025*).
2. Abrogé par Décr. n° 2025-125, 12 févr. 2025, art. 2 (*applicable à compter du 1er juill. 2025*).
3. Civ. 2e, 28 sept. 2000, n° 98-17.614, P II, n° 137 ; *D.* 2000. 265.
4. Créé par Décr. n° 2025-125, 12 févr. 2025, art. 1er (*applicable à compter du 1er juill. 2025*).
5. Mod. par L. n° 2023-1059, 20 nov. 2023, art. 47 (V) (*applicable à compter du 1er juill. 2025*).
6. Abrogé par Décr. n° 2025-125, 12 févr. 2025, art. 2 (*applicable à compter du 1er juill. 2025*).
7. Abrogé par Décr. n° 2025-125, 12 févr. 2025, art. 2 (*applicable à compter du 1er juill. 2025*).
8. Civ. 2e, 1er déc. 2016, n° 15-27.303, PII, n° 262 ; *RJDA* 2017, n° 113.

de sa notification au redevable. Le greffier avise ensuite les autres créanciers. L'opposition est assimilée à une intervention et le comptable public concerné participe aux répartitions (C. trav., art. R. 3252-38[1]). Le juge n'a pas à vérifier le montant de la créance objet de la SATD, celle-ci étant assimilée à une intervention.

0944.46 Rôles du tiers saisi et du greffe. Lorsque l'employeur reçoit des services du Trésor une SATD, pour une créance garantie par le privilège du Trésor public après une saisie des rémunérations, il en informe le greffe (v. s^s n° 0935.73) ; il informe aussi le comptable public de la saisie des rémunérations en cours ; le comptable public informe à son tour le greffe des caractéristiques de la SATD ; enfin, le greffe informe les créanciers de la saisie des rémunérations, de la suspension de cette dernière (C. trav., art. R. 3252-26[2] et R. 3252-37[3]). Les sommes retenues mensuellement sont versées intégralement au comptable du Trésor jusqu'au complet paiement de la dette correspondante. Après extinction de cette dette, le tiers saisi doit reprendre les prélèvements mensuels au profit des créanciers ordinaires.

En revanche, dans le cas où le tiers saisi reçoit de la part d'un commissaire de justice une demande de paiement direct de pension alimentaire, les versements au profit des créanciers ordinaires continuent d'être opérés dans la mesure où il y a un reliquat sur la fraction saisissable puisque les créances d'aliments sont d'abord prélevées sur la fraction insaisissable du salaire, mais dans le respect de la fraction totalement insaisissable. L'employeur établit alors deux versements : l'un destiné au créancier d'aliments et incluant la fraction relativement insaisissable, et au besoin une portion de la fraction saisissable, l'autre destiné au greffe (à l'ordre du créancier ordinaire ou à l'ordre du régisseur, ainsi qu'il a été dit) égal au solde de la fraction saisissable.

0944.47 ► Réforme applicable à partir du 1er juillet 2025 : concours de saisie des rémunérations du travail et SATD. La déjudiciarisation rend nécessaire l'édiction de règles nouvelles destinées à assurer l'articulation d'une saisie administrative à tiers détenteur (SATD) avec une saisie des rémunérations selon un schéma semblable à celui du droit antérieur, selon que la créance est ou non privilégiée.

En cas de **notification au tiers saisi d'une SATD relative à une créance garantie par le privilège du Trésor public** conforme à l'article L. 262 du LPF, celle-ci a pour effet de suspendre la saisie des rémunérations en cours jusqu'à l'extinction de l'obligation du redevable, sous réserve des procédures de paiement direct engagées pour le recouvrement des pensions alimentaires. Dans ce cas, le tiers saisi informe le comptable public de l'existence de la saisie des rémunérations en cours et de l'identité du commissaire de justice répartiteur. Le comptable doit ensuite indiquer à ce commissaire de justice répartiteur la date de la SATD et celle de sa notification au redevable. Une fois ces informations transmises, le commissaire de justice répartiteur indique sur le registre numérique des saisies des rémunérations que la procédure est suspendue. Lorsque la dette du redevable est éteinte, le comptable en informe pareillement le commissaire de justice répartiteur qui en fait mention sur le registre numérique des saisies des rémunérations (C. pr. exéc., art. R. 212-1-33[4]).

En cas de **notification au tiers saisi d'une SATD relative à une créance non garantie par le privilège du Trésor public**, conformément à l'article L. 262 du LPF, le tiers saisi informe le comptable public de la saisie en cours. Le commissaire de justice répartiteur en avise les créanciers qui sont déjà parties à la procédure. En raison de la nature non privilégiée de la créance, la notifcation de la SATD n'a pas pour effet de suspendre la saisie des rémunérations. C'est pourquoi la SATD relative à une créance non garantie par le privilège du Trésor public est assimilée à l'intervention d'un créancier tiers à une saisie des rémunérations en cours. Le comptable public participe à la répartition des fonds saisis conformément aux articles R. 212-1-26[5] et R. 212-1-27[6] à R. 212-1-33[7] C. pr. exéc. Le comptable public est tenu d'informer le commissaire de justice répartiteur de toute extinction, de toute suspension et de toute reprise des effets de la SATD (C. pr. exéc., art. R. 212-1-34[8]).

SECTION 3

CONCOURS D'UNE SAISIE DES RÉMUNÉRATIONS DU TRAVAIL ET D'UNE CESSION DE SALAIRE

0944.51 Notion de cession. Le débiteur a la possibilité de céder la quotité cessible ou saisissable au profit d'un créancier (v. s^s n°s 0945.00 s.). Le montant de cette quotité cessible ou saisissable est versé

1. Abrogé par Décr. n° 2025-125, 12 févr. 2025, art. 2 (*applicable à compter du 1er juill. 2025*).
2. Abrogé par Décr. n° 2025-125, 12 févr. 2025, art. 2 (*applicable à compter du 1er juill. 2025*).
3. Abrogé par Décr. n° 2025-125, 12 févr. 2025, art. 2 (*applicable à compter du 1er juill. 2025*).
4. Créé par Décr. n° 2025-125, 12 févr. 2025, art. 1er (*applicable à compter du 1er juill. 2025*).
5. Créé par Décr. n° 2025-125, 12 févr. 2025, art. 1er (*applicable à compter du 1er juill. 2025*).
6. Créé par Décr. n° 2025-125, 12 févr. 2025, art. 1er (*applicable à compter du 1er juill. 2025*).
7. Créé par Décr. n° 2025-125, 12 févr. 2025, art. 1er (*applicable à compter du 1er juill. 2025*).
8. Mod. par Décr. n° 2025-493, 3 juin 2025, art. 9 (*applicable à compter du 1er juill. 2025*).

au créancier à compter de la notification de la cession à l'employeur (C. trav., art. R. 3252-47).

0944.52 Conversion de la cession antérieure à la saisie en intervention. La cession de salaire ne peut être exécutée lorsqu'une saisie est mise en place, aucun droit de préférence n'étant accordé au créancier cessionnaire. Dans ce cas, le greffier notifie l'acte de saisie au cessionnaire et l'informe qu'en application de l'article L. 3252-12 C. trav. [1], il vient en concours avec le(s) saisissant(s) pour la répartition des sommes saisies et l'invite à produire un relevé du montant des sommes restant dues (C. trav., art. R. 3252-48 [2]). À réception de ce décompte, la créance objet de la cession est admise à participer aux répartitions, et ce malgré l'absence de titre exécutoire. La créance n'a pas à être vérifiée par le juge ni à faire l'objet d'une ordonnance, la conversion s'opérant de plein droit par l'effet de la loi (C. trav., art. L. 3252-12 [3]). Le débiteur pourra néanmoins élever une contestation dans les conditions de l'article R. 3252-8, selon les règles de la procédure orale ordinaire devant le TJ par assignation, par requête conjointe ou par requête, selon que le montant du litige excède ou non 5 000 euros (C. pr. civ., art. 818).

0944.53 Sort de la cession au terme de la saisie. Si la saisie prend fin avant la cession, le cessionnaire retrouve les droits qu'il tenait de la cession. Le greffier doit en aviser l'employeur et l'informer que les sommes cédées doivent à nouveau être versées directement au cessionnaire. Il doit en aviser également ce dernier (C. trav., art. R. 3252-49 [4]). Il importe donc que le greffe identifie clairement la créance objet de la cession pour que la saisie ne soit pas maintenue après que les créanciers saisissants en aient donné mainlevée.

0944.54 Inefficacité de la cession postérieure à la saisie. La cession consentie après la mise en place de la saisie est totalement inefficace, la quotité cessible ou saisissable n'étant plus disponible du fait de cette saisie. Le créancier cessionnaire ne peut donc pas prétendre à une conversion de la cession en intervention. S'il entend participer aux répartitions, ce créancier doit donc agir selon les règles de droit commun et obtenir préalablement un titre exécutoire.

0944.55 ▶ Réforme applicable à partir du 1er juillet 2025 : la réforme maintient la compétence des services de greffe du tribunal judiciaire (TJ) pour le traitement de la cession des rémunérations. Elle procède néanmoins à quelques modifications textuelles de manière à articuler la cession avec la nouvelle saisie des rémunérations.

Les dispositions de l'article L. 3252-12 C. trav. [5] sont déplacées à l'article L. 212-11 C. pr. exéc. [6]

En cas de cession préalable à une saisie des rémunérations, le cessionnaire vient en concours avec le créancier saisissant et participe aux répartitions. Il est donc prévu que le commissaire de justice répartiteur dénonce l'acte de saisie au cessionnaire afin d'opérer la conversion de plein droit de la cession en intervention à la saisie des rémunérations, qui ne peut toutefois produire effet que si le cessionnaire mandate un commissaire de justice pour le représenter à la procédure de saisie des rémunérations. **L'acte de dénonciation** doit comporter à peine de nullité :

– l'indication qu'en application de l'article L. 212-11 C. pr. exéc. [7] le cessionnaire vient en concours avec le saisissant pour la répartition des sommes saisies ;

– l'invitation à produire un relevé du montant de ce qui lui reste dû ;

– l'indication qu'il appartient au cessionnaire de désigner un commissaire de justice dans le délai d'un mois suivant la dénonciation de l'acte de saisie et que, à défaut, les sommes saisies pourront être réparties sans tenir compte de la cession.

Le commissaire de justice répartiteur doit également informer le tiers saisi que les versements sont désormais effectués à son ordre (C. trav., art. R. 3252-48 [8]).

Si la saisie prend fin avant la cession, le cessionnaire retrouve les droits qu'il tenait de l'acte de cession. Le commissaire de justice répartiteur doit dans ce cas aviser le tiers saisi et le greffe que la saisie des rémunérations a pris fin et les informer que les sommes cédées sont à nouveau versées entre les mains du cessionnaire. Il doit également en aviser le cessionnaire et procéder à la radiation de l'acte de saisie et des actes d'intervention du registre numérique des saisies des rémunérations (C. trav., art. R. 3252-49 [9]).

Enfin, une cession des rémunérations postérieure à une saisie des rémunérations en cours est impossible. Le créancier cessionnaire ne bénéficie d'aucun

1. Abrogé par L. nº 2023-1059, 20 nov. 2023, art. 47 (V) (*applicable à compter du 1er juill. 2025*).
2. Mod. par Décr. nº 2025-125, 12 févr. 2025, art. 2 (*applicable à compter du 1er juill. 2025*).
3. Abrogé par L. nº 2023-1059, 20 nov. 2023, art. 47 (V) (*applicable à compter du 1er juill. 2025*).
4. Mod. par Décr. nº 2025-125, 12 févr. 2025, art. 2 (*applicable à compter du 1er juill. 2025*).
5. Abrogé par L. nº 2023-1059, 20 nov. 2023, art. 47 (V) (*applicable à compter du 1er juill. 2025*).
6. Créé par L. nº 2023-1059, 20 nov. 2023, art. 47 (V) (*applicable à compter du 1er juill. 2025*).
7. Créé par L. nº 2023-1059, 20 nov. 2023, art. 47 (V) (*applicable à compter du 1er juill. 2025*).
8. Mod. par Décr. nº 2025-125, 12 févr. 2025, art. 2 (*applicable à compter du 1er juill. 2025*).
9. Mod. par Décr. nº 2025-125, 12 févr. 2025, art. 2 (*applicable à compter du 1er juill. 2025*).

droit de préférence. Toutefois, comme tout créancier tiers, il peut intervenir à une saisie en cours dès lors qu'il remplit les conditions (v. s[s] n° 0944.23).

SECTION 4
INSTAURATION D'UNE TUTELLE

0944.61 Mandataire exerçant une mesure d'accompagnement social personnalisé ou d'accompagnement judiciaire, tuteur civil. Il reçoit les fonds versés par les services ou organismes débiteurs de prestations sociales (CASF, art. L. 271-2, R. 271-3 et R. 272-2). Ce tuteur doit mener une action éducative pour la famille ou pour l'adulte déficient[1]. De même, le tuteur désigné dans les conditions du Code civil reçoit les fonds destinés au majeur protégé, en ce compris les prestations familiales et sociales. Pour mener à bien leur action protectrice ou éducative, ces tuteurs doivent disposer de toutes les ressources de l'ayant droit ; leur premier souci sera d'ailleurs de désintéresser autant que possible les divers créanciers. La question se pose donc de l'effet de la tutelle sur la saisie éventuelle des prestations sociales ou familiales, dans les cas où cette saisie est possible (v. s[s] n° 0941.64). La Caisse nationale d'allocations familiales considère que selon la lettre des textes, la saisie s'impose aux tuteurs.

0944.62 Mesures de protection des incapables majeurs. Les mesures de tutelle ou de curatelle ne font pas obstacle à la mise en place ou à l'exécution d'une saisie des rémunérations du travail. Il convient toutefois de respecter les règles de représentation et d'assistance qui en découlent. En cas de tutelle ou d'administration légale sous contrôle judiciaire, les notifications doivent être faites, selon le cas, au tuteur ou à l'administrateur légal sous contrôle judiciaire ; en cas de curatelle, les actes doivent être notifiés au débiteur et à son curateur en application de l'article 467 alinéa 3 C. civ. Le défaut de notification au curateur constitue une nullité de fond[2].

1. M. Bauer et T. Fossier, *Les tutelles*, 3e éd., ESF, 2001.

2. Civ. 1re, 6 févr. 1996, n° 93-21.053, P I, n° 65.

CHAPITRE

0945. Cession des rémunérations du travail

contribution de :
Philippe Flores*
Conseiller à la cour de cassation
actualisée par :
Kevin Leclere Vue
Magistrat

SECTION 0
Orienteur

0945.00 Sommaire du chapitre.

Division. La cession des rémunérations du travail est un acte volontaire qui suit une procédure de déclaration (sect. 2) et présente certains risques pour le débiteur (sect. 1). Elle peut entrer en concours avec d'autres saisies des rémunérations du travail comme avec le paiement direct (sect. 3). Enfin, elle peut être suspendue ou interdite en cas de surendettement (sect. 4).

0945.01 Textes applicables.

• **C. trav.,** art. L. 3252-1 à L. 3252-13[1] et R. 3252-45 à R. 3252-49[2].

• **C. consom.,** art. L. 722-2, L. 721-4, L. 733-1, L. 722-3 et L. 761-2.

• **C. pr. exéc.,** art. L. 141-2.

• **LPF,** art. L. 264.

• **L. n° 2017-1775, 28 déc. 2017,** de finances rectificative pour 2017, *JO* 29 déc., texte 1, art. 73.

• **L. n° 2017-1059, 20 nov. 2023,** d'orientation et de programmation du ministère de la justice 2023-2027, art. 47 (V), *JO* 21 nov., texte 2 (*applicable à compter du 1er juill. 2025*).

• **Décr. n° 2025-125, 12 févr. 2025,** relatif à la nouvelle procédure de saisie des rémunérations, art. 2, *JO* 14 févr., texte 1 (*applicable à compter du 1er juill. 2025*).

0945.03 Bibliographie indicative[3].

* V. s[s] n° 094.03.

0945.04 Formulaire de procédure civile.

• *Saisie et cession des rémunérations – Cession des rémunérations* (Déclaration du cédant à fin de cession des rémunérations – C. trav., art. R. 3252-45).

0945.05 Définition. La cession des rémunérations est un acte volontaire, aux termes duquel une personne se déclare débitrice d'une autre et demande que la fraction cessible ou saisissable de ses rémunérations soit versée à son créancier jusqu'à l'extinction de la dette.

SECTION 1
Risques

0945.11 Processus ancien donnant lieu à des fraudes. Tel créancier puissant obtient un accord avec l'employeur pour que la cession prime d'éventuelles saisies. Tel prêteur de deniers ou bailleur d'un local d'habitation fait de la cession une condition résolutoire du contrat de prêt ou de bail. Tel débiteur cherche par une cession à se dérober aux autres poursuites, notamment des créanciers d'aliments. Tous ensemble cherchent à s'émanciper des quotités réduites de saisissabilité...

* Auteur de cette contribution de la 5e à la 10e édition incluse.

1. Abrogé par L. n° 2023-1059, 20 nov. 2023, art. 47 (V) (*applicable à compter du 1er juill. 2025*).
2. Mod. par Décr. n° 2025-125, 12 févr. 2025, art. 2 (*applicable à compter du 1er juill. 2025*).
3. Les ouvrages dont le nom des auteurs figure en petites capitales en bibliographie seront cités par le seul nom des auteurs en petites capitales en notes de bas de page.

C'est pourquoi la loi a tenté d'organiser la cession des rémunérations et de l'harmoniser avec les voies d'exécution. C'est à ce titre que l'étude doit en être faite sommairement ici[1].

0945.12 La loi assimile totalement les règles de la cession à celles de la saisie (C. trav., art. L. 3252-1 à L. 3252-13[2]). Le type de rémunérations et sommes cessibles sont celles qui sont saisissables (v. s^{s} n°s 0941.20 s., les développements qui examinent la question sous la formulation habituelle « *incessible et insaisissable* ») ; les fractions insaisissables sont également incessibles. La procédure est évidemment aménagée en considération du caractère conventionnel de la cession (C. trav., art. R. 3252-45 à R. 3252-49[3]).

0945.13 La loi ajoute deux précautions qui ne sauraient concerner la saisie. *En premier lieu*, la cession ne peut pas être une clause d'un contrat de bail[4]. *En second lieu*, la cession ne peut être une clause d'un contrat de prêt que si elle renvoie à la procédure légale exposée ci-après, qui est d'ordre public comme toutes les dispositions en la matière (v. s^{s} n°s 0951.12 s.).

SECTION 2
PROCÉDURE

0945.21 Déclaration du débiteur-cédant au greffe du tribunal judiciaire de son domicile. La cession est effectuée par déclaration du débiteur-cédant au greffe du tribunal judiciaire (TJ) de son domicile. La représentation n'est pas admise (C. trav., art. R. 3252-45). Le greffe, non plus que le juge, n'effectue aucun contrôle sur la réalité de la créance qui fonde la cession et moins encore sur son montant exact en principal ou accessoires.

0945.22 Une copie de la déclaration est remise ou notifiée au créancier cessionnaire. Celui-ci dispose d'une année au plus pour user du bénéfice de la cession, autrement dit pour faire notifier la cession au tiers débiteur des rémunérations (C. trav., art. R. 3252-46).

0945.23 Versement direct de la fraction saisissable selon un barème. S'il n'existe ou tant qu'il n'existe aucune saisie des rémunérations, concurrente de la cession, l'employeur verse directement la fraction saisissable, selon le barème de la saisie des rémunérations, au bénéficiaire de la cession.

1. *Adde :* S. Crevel, « La cession des rémunérations du travail », *JCP E* 1995. I. 511.
2. Abrogé par L. n° 2023-1059, 20 nov. 2023, art. 47 (V) (*applicable à compter du 1er juill. 2025*).
3. Mod. par Décr. n° 2025-125, 12 févr. 2025, art. 2 (*applicable à compter du 1er juill. 2025*).
4. L. 6 juill. 1989, art. 4, d.

SECTION 3
CONCOURS DE SAISIES

0945.31 Concours avec une saisie des rémunérations du travail. La cession de salaire ne peut être exécutée lorsqu'une saisie est mise en place, aucun droit de préférence n'étant accordé au créancier cessionnaire. Dans ce cas, le greffier notifie l'acte de saisie au cessionnaire et l'informe qu'en application de l'article L. 3252-12 C. trav.[5], il vient en concours avec le ou les saisissants pour la répartition des sommes saisies et l'invite à produire un relevé du montant des sommes restant dues (C. trav., art. R. 3252-48[6]). À réception de ce décompte, la créance objet de la cession est admise à participer aux répartitions, et ce malgré l'absence de titre exécutoire. La créance n'a pas à être vérifiée par le juge ni à faire l'objet d'une ordonnance, la conversion s'opérant de plein droit par l'effet de la loi (C. trav., art. L. 3252-12[7]). Si le débiteur est en désaccord avec le montant de la créance déclarée par le créancier, il devra élever une contestation dans les conditions de l'article R. 3252-8 C. trav.[8], par assignation, par requête conjointe ou par requête, selon que le montant du litige excède ou non 5 000 euros (C. pr. civ., art. 818).

Si la saisie prend fin avant la cession, le cessionnaire retrouve les droits qu'il tenait de la cession. Le greffier doit en aviser l'employeur et l'informer que les sommes cédées doivent à nouveau être versées directement au cessionnaire. Il doit en aviser également ce dernier (C. trav., art. R. 3252-49[9]). Il importe donc que le greffe identifie clairement la créance objet de la cession pour que la saisie ne soit pas maintenue après que les créanciers saisissants en aient donné mainlevée.

La cession consentie après la mise en place de la saisie est totalement inefficace, la quotité cessible ou saisissable n'étant plus disponible du fait de cette saisie. Le créancier cessionnaire ne peut donc pas prétendre à une conversion de la cession en intervention. S'il entend participer aux répartitions, ce créancier doit donc agir selon les règles de droit commun et obtenir préalablement un titre exécutoire.

En cas de mise en place d'une saisie des rémunérations du travail postérieurement à la cession sur salaires, le cessionnaire vient en concours avec le

5. Abrogé par L. n° 2023-1059, 20 nov. 2023, art. 47 (V) (*applicable à compter du 1er juill. 2025*).
6. Mod. par Décr. n° 2025-125, 12 févr. 2025, art. 2 (*applicable à compter du 1er juill. 2025*).
7. Abrogé par L. n° 2023-1059, 20 nov. 2023, art. 47 (V) (*applicable à compter du 1er juill. 2025*).
8. Abrogé par Décr. n° 2025-125, 12 févr. 2025, art. 2 (*applicable à compter du 1er juill. 2025*).
9. Mod. par Décr. n° 2025-125, 12 févr. 2025, art. 2 (*applicable à compter du 1er juill. 2025*).

créancier saisissant et participe aux répartitions (C. trav., art. R. 3252-48). Une fois la créance objet de la saisie éteinte, le cessionnaire recouvre ses droits et la cession reprend effet (C. trav., art. R. 3252-49). En revanche, le débiteur ne peut pas consentir à une cession sur salaires si une saisie est déjà en place puisque la quotité cessible ou saisissable n'est plus disponible (C. pr. exéc., art. L. 141-2). Le créancier devra alors procéder par voie d'intervention s'il dispose d'un titre exécutoire ou rechercher un autre mode de paiement.

0945.32 Le concours d'une cession avec une saisie administrative à tiers détenteur pour une créance garantie par le privilège du Trésor public est plus favorable au cessionnaire qu'au saisissant. En effet, le Livre des procédures fiscales (LPF, art. L. 264) admet le partage de la fraction saisissable. La cession de salaires est alors opposable au comptable chargé du recouvrement de la créance garantie par le privilège du Trésor public à concurrence de la moitié de la quotité cessible ou saisissable. Notons toutefois que cette règle ne semble pas pouvoir s'appliquer dans le cas particulier de la SATD bénéficiant du privilège du Trésor (v. s[s] n°s 0935.72 et 0935.73).

0945.33 Le concours avec un paiement direct est en revanche totalement favorable au créancier d'aliments. Le paiement direct pourra porter non seulement sur la fraction relativement insaisissable (fraction réservée au créancier d'aliments) mais aussi, en cas d'insuffisance de cette fraction, sur la fraction représentant la fraction saisissable de la rémunération, ce qui rendra provisoirement inefficace, en tout ou partie, la cession consentie.

0945.34 Concours avec une saisie à tiers détenteur pour une créance non garantie par le privilège du Trésor public. En cas de SATD (v. s[s] n° 0935.72), relative à une créance non garantie par le privilège du Trésor public antérieure à la cession sur salaire, cette dernière ne peut pas valablement être consentie en raison de l'effet attributif de la SATD et de l'indisponibilité de la créance. Le créancier cessionnaire doit donc attendre la mainlevée de la SATD ou rechercher un autre mode de paiement.

En cas de SATD postérieure à la cession sur salaire, le cessionnaire est de droit réputé saisissant pour les sommes qui lui restent dues en application de l'article L. 3252-12 C. trav. (v. s[s] n° 0935.72).

SECTION 4

CESSION DE SALAIRE ET SURENDETTEMENT

0945.41 Demande de suspension en cas de dépôt d'une déclaration de surendettement. Après le dépôt de la déclaration de surendettement et avant la décision sur la recevabilité, la commission de surendettement peut, à la demande du débiteur, saisir le juge des contentieux de la protection (JCP) d'une demande de suspension des cessions sur salaire consenties par le débiteur et portant sur des créances autres qu'alimentaires (C. consom., art. L. 721-4).

0945.42 Suspension et interdiction des cessions de rémunérations en cas de décision de recevabilité de la déclaration de surendettement. La décision déclarant la recevabilité de la demande emporte suspension et interdiction des cessions de rémunérations consenties par le débiteur et portant sur des créances autres qu'alimentaires (C. consom., art. L. 722-2). Cette suspension et cette interdiction durent, selon le cas, jusqu'à l'approbation du plan conventionnel, la décision de la commission de surendettement imposant les mesures prévues par l'article L. 733-1 C. consom., jusqu'au jugement prononçant le rétablissement personnel sans liquidation judiciaire ou jusqu'à l'ouverture d'une procédure de rétablissement personnel avec liquidation judiciaire. Cette interdiction et cette suspension ne peuvent toutefois excéder un an.

0945.43 Suspension et interdiction en cas d'ouverture d'une procédure de rétablissement personnel avec liquidation judiciaire. Le jugement d'ouverture de la procédure de rétablissement personnel avec liquidation judiciaire entraîne la suspension et l'interdiction des cessions des rémunérations consenties par le débiteur et portant sur des dettes autres qu'alimentaires jusqu'au jugement de clôture (C. consom., art. L. 722-3).

0945.44 Remboursement des paiements effectués en violation de l'interdiction ou de la suspension. Tout acte ou tout paiement réalisé en exécution d'une cession de salaire, et en violation d'une interdiction ou d'une suspension attachée à une procédure de surendettement peut être annulé par le JCP, à la demande de la commission de surendettement, présentée dans le délai d'un an, à compter de l'acte ou du paiement de la créance (C. consom., art. L. 761-2).

CHAPITRE

0946. Droit transitoire applicable aux procédures en cours

Kevin Leclere Vue
Magistrat

SECTION 0
Orienteur

0946.00 Sommaire du chapitre.

Division. Les dispositions transitoires applicables aux procédures tiennent compte de leur typologie (sect. 1). Elles font l'objet de modalités de transfert qui leur sont communes (sect. 2). La poursuite de la saisie est encadrée (sect. 3). Un sort particulier est réservé aux répartitions (sect. 4).

0946.01 Textes applicables.

• **L. nº 2023-1059, 20 nov. 2023,** d'orientation et de programmation du ministère de la justice 2023-2027, art. 60 (X), *JO* 21 nov., texte 2 (*applicable à compter du 1er juill. 2025*).

• **Décr. nº 2025-125, 12 févr. 2025,** relatif à la nouvelle procédure de saisie des rémunérations, art. 6, *JO* 14 févr., texte 1 (*applicable à compter du 1er juill. 2025*).

• **C. pr. exéc.,** art. R. 212-1-10 s. (créé par Décr. nº 2025-125, 12 févr. 2025, art. 1er - *applicable à compter du 1er juill. 2025*).

• **COJ,** art. R. 123-24 (mod. par Décr. nº 2025-125, 12 févr. 2025, art. 4 - *applicable à compter du 1er juill. 2025*).

0946.03 Bibliographie indicative[1].

* V. ss nº 094.03.

1. Les ouvrages dont le nom des auteurs figure en petites capitales en bibliographie seront cités par le seul nom des auteurs en petites capitales en notes de bas de page.

0946.05 Application dans le temps. La nouvelle procédure de saisie des rémunérations entre en vigueur le 1er juillet 2025. Elle est applicable aux cessions des rémunérations et aux procédures de saisie des rémunérations autorisées à cette date. La cession des rémunérations demeurant de la compétence des services de greffe du tribunal judiciaire (TJ), elle n'est pas concernée par les dispositions régissant le transfert des saisies des rémunérations en cours.

Les procédures en cours doivent être transmises aux commissaires de justice à compter du 1er juillet 2025, mais aucun délai butoir n'est toutefois imparti aux services de greffe du TJ pour achever cette tâche.

En outre, la transmission des procédures entrainant *de facto* la suspension des saisies déjà autorisées au 1er juillet 2025, le droit transitoire tient compte de cette problématique en fixant la date d'arrêt des versements par les tiers saisis au 30 juin 2025. Le décret proroge la compétence des régisseurs d'avances et des recettes des TJ pour procéder à une ultime répartition au plus tard le 1er octobre 2025.

SECTION 1
Typologie des procédures en cours

0946.10 Plan. Les dispositions transitoires tiennent compte de la typologie des procédures. À la date d'entrée en vigueur de la réforme, les procédures n'auront pas toutes donné lieu à une saisie autorisée (§ 1). Ces dispositions régissent donc spécialement le cas de la requête aux fins de saisie des rémunérations (§ 2) remise au greffe du TJ avant la date d'entrée en vigueur de la réforme et n'ayant pas donné lieu à une saisie autorisée à cette date. Enfin, la saisie des rémunérations étant ponctuée d'évènements qui affectent son cours, le droit transitoire est adaptée aux procédures incidentes (§ 3).

§ 1
Saisie des rémunérations autorisée

0946.21 Créancier saisissant représenté par un commissaire de justice. À compter du 1er juillet 2025, les procédures de saisie des rémunérations déjà autorisées à cette date doivent être transmises par le greffe du TJ au mandataire du créancier si ce mandataire est commissaire de justice.

0946.22 Créancier saisissant non assisté ou non représenté par un commissaire de justice. Si le créancier saisissant n'est ni assisté ni représenté par un commissaire de justice, la procédure est transmise à compter de cette même date à la chambre régionale des commissaires de justice du lieu où réside le débiteur, pour son attribution par celle-ci à un commissaire de justice chargé de la poursuivre, après accord du créancier, conformément aux nouvelles dispositions. Cette transmission directe de la procédure à la chambre régionale concerne donc les procédures de saisie des rémunérations pour lesquelles les créanciers sont représentés par un mandataire autre qu'un commissaire de justice (par ex., un avocat) ou ont agi sans mandataire.

§ 2
Requête aux fins de saisie des rémunérations

0946.31 Instruction et jugement des requêtes. Les requêtes en saisie des rémunérations introduites avant le 1er juillet 2025, mais n'ayant pas donné lieu à un procès-verbal de conciliation ou à une saisie autorisée à cette date, doivent être instruites et jugées conformément aux dispositions du Code du travail et du Code des procédures civiles d'exécution dans leur version en vigueur avant la publication de la loi. Cela signifie que les parties doivent être convoquées à une audience de tentative préalable de conciliation, qui se tiendra après l'entrée en vigueur de la réforme (v. ss nos 0942.71 s.).

0946.32 Transmission de la procédure. Après l'établissement du procès-verbal de non-conciliation ou le prononcé du jugement autorisant la saisie, le greffe ne procède pas aux formalités prévues à l'article R. 3252-21 C. trav. [1] auprès du tiers saisi.

La procédure est transmise, selon le cas, au commissaire de justice du créancier ou, s'il n'est ni assisté ni représenté par un commissaire de justice, à la chambre régionale des commissaires de justice après l'établissement du procès-verbal de non-conciliation ou le prononcé du jugement autorisant la saisie après qu'il a acquis force de chose jugée. Le délai d'appel et l'appel lui-même n'étant pas suspensifs d'exécution, le jugement acquiert donc force de chose jugée dès son prononcé (C. pr. civ., art. 500 et C. pr. exéc., art. R. 121-21). En outre, le jugement du JEX étant en principe susceptible d'appel, la voie de l'opposition est fermée (C. pr. civ., art. 473 et 571). Si le jugement est relatif à une créance inférieure au taux de ressort, il ne peut être frappé que de pourvoi en cassation (C. pr. civ., art. 605). La procédure peut donc dans tous les cas être transmise immédiatement après le prononcé du jugement.

§ 3
Procédures incidentes

0946.41 Typologie des procédures incidentes. Lorsqu'une demande incidente ou une contestation a été introduite avant le 1er juillet 2025, elle est jugée après cette date conformément aux dispositions du Code du travail et du Code des procédures civiles d'exécution dans leur version en vigueur avant la publication de la loi.

La demande incidente a principalement trait à la **procédure d'ordonnance de contrainte** en cas de carence du tiers saisi et à la **procédure d'intervention d'un créancier** à une procédure de saisie des rémunérations en cours (v. ss nos 0943.31 s. et 0944.21 s.). La contestation est relative à toutes les contestations qui peuvent être élevées après que la saisie a été autorisée (v. ss nos 0942.131 s.).

0946.42 Transmission des procédures incidentes. Les procédures incidentes sont transmises par le greffe du TJ, selon le cas, au commissaire de justice du créancier ou, s'il n'est ni assisté ni représenté par un commissaire de justice, à la chambre régionale des commissaires de justice après que le juge a statué sur la demande ou tranché la contestation. Elles sont dans tous les cas transmises après que la décision a acquis force de chose jugée (v. ss no 0946.32).

L'ordonnance de contrainte étant susceptible d'opposition dans le délai de quinze jours à compter de sa notification au tiers saisi (C. trav., art. R. 3252-28 [2]), elle n'est donc revêtue de la force de chose jugée qu'à l'expiration de ce délai et en l'absence d'opposition. La procédure ne peut logiquement être transmise que si le tiers saisi n'a pas formé opposition dans le délai de quinze jours. Si le tiers saisi conteste l'ordonnance de contrainte, la procédure ne peut être transmise qu'après que le JEX a statué sur le recours.

1. Abrogé par Décr. no 2025-125, 12 févr. 2025, art. 2 (*applicable à compter du 1er juill. 2025*).

2. Abrogé par Décr. no 2025-125, 12 févr. 2025, art. 2 (*applicable à compter du 1er juill. 2025*).

Lorsqu'une contestation est élevée à l'encontre d'une saisie autorisée, la procédure est transmise après que le JEX a tranché la contestation et que le jugement a acquis force de chose jugée. Le régime applicable à ce jugement est identique à celui qui est rendu à l'issue d'une audience de conciliation au cours de laquelle des contestations ont été élevées par le débiteur (v. s^{s} n° 0946.32).

SECTION 2
MODALITÉS DE TRANSFERT

0946.51 Procès-verbal de transfert. Les modalités de transfert sont communes à toutes les procédures en cours. La transmission de la procédure intervient à compter du 1er juillet 2025, quand bien même il resterait des sommes à répartir à cette date.

La procédure est transmise sous la forme d'un procès-verbal établi par le greffe du TJ contenant les informations strictement nécessaires à la reprise de la saisie des rémunérations. Le greffe ne doit donc pas transmettre le dossier de la procédure, lequel est archivé après la transmission du procès-verbal.

Le procès-verbal de transfert doit être établi pour chaque créancier, qu'il soit saisissant ou intervenant. Il doit être établi en double exemplaire.

0946.52 Contenu du procès-verbal. Le procès-verbal doit contenir les informations limitativement énumérées au III de l'article 6 du décret n° 2025-125 du 12 février 2025, à savoir :

– les nom, prénoms et domicile du créancier s'il est une personne physique ;

– le siège social du créancier s'il est une personne morale ;

– les nom, prénoms et domicile du débiteur ;

– les noms et adresse du tiers saisi ;

– le montant pour lequel la saisie a été autorisée ;

– le montant des sommes qui ont déjà été réparties entre les créanciers ;

– le cas échéant, le montant des sommes qui ont été perçues avant le 1er juillet 2025.

Il est en outre prévu que si une ultime répartition est effectuée entre le 1er juillet 2025 et le 1er octobre 2025, après la transmission du procès-verbal, celle-ci donne lieu à **une information complémentaire** (v. s^{s} n° 0946.72). Cette information est destinée à actualiser le montant de la créance, nécessaire pour la poursuite de la saisie.

0946.53 Transmission du procès-verbal. Le premier exemplaire du procès-verbal est remis par tous moyens, selon le cas, au commissaire de justice du créancier ou à la chambre régionale des commissaires de justice. Compte tenu des effets du procès-verbal sur la poursuite de la procédure, il est préférable que le moyen utilisé permette de conférer une date certaine à la transmission, à tout le moins lorsqu'il est adressé au commissaire de justice du créancier (v. s^{s} n° 0946.61). Ce procès-verbal peut donc être remis par lettre recommandée avec demande d'avis de réception, par remise en main propre contre émargement ou bien par voie électronique.

Le second exemplaire du procès-verbal est conservé par le service de greffe des saisies des rémunérations.

0946.54 Attribution de la procédure à un commissaire de justice Lorsque le créancier n'est ni assisté ni représenté par un commissaire de justice, la chambre régionale des commissaires de justice doit attribuer, à réception du procès-verbal, la procédure à un commissaire de justice chargé de la poursuivre, après accord du créancier, conformément aux nouvelles dispositions.

Le commissaire de justice est désigné à partir d'une solution algorithmique dont les paramètres sont définis par la Chambre nationale des commissaires de justice.

SECTION 3
POURSUITE DE LA SAISIE

0946.61 Délai et sanction. Le créancier dispose, à peine de caducité de la saisie en cours, d'un délai de trois mois à compter de la transmission du procès-verbal au commissaire de justice l'assistant ou le représentant ou de la remise du procès-verbal par la chambre régionale des commissaires de justice au commissaire de justice à qui la procédure a été attribuée, pour confirmer sa volonté de poursuivre la saisie.

0946.62 Forme de la confirmation. La confirmation du créancier au commissaire de justice peut se faire par tous moyens (lettre simple, LRAR, courriel, SMS).

Elle est dans tous les cas inscrite sur le registre numérique des saisies des rémunérations.

0946.63 Désignation d'un commissaire de justice répartiteur Après la confirmation du créancier, le commissaire de justice procède aux formalités de désignation d'un commissaire de justice répartiteur conformément à l'article R. 212-1-10 C. pr. exéc. [1], (v. s^{s} n° 0942.23).

0946.64 Forme de la reprise de la saisie. Les dispositions transitoires n'encadrent pas spécialement l'acte de reprise de la saisie qui doit être délivré au tiers saisi et ne rendent pas davantage applicables les dispositions relatives à l'acte de saisie prévues

1. Créé par Décr. n° 2025-125, 12 févr. 2025, art. 1er (*applicable à compter du 1er juill. 2025*).

aux articles R. 212-1-11[1] s. C. pr. exéc. Il en résulte que l'acte de reprise délivré au tiers saisi pourrait théoriquement prendre la forme d'une simple lettre recommandée avec demande d'avis de réception dans un souci d'économie.

Néanmoins, il est dit au VI de l'article 6 du décret n° 2025-125 du 12 février 2025 que « *le créancier confirme au commissaire de justice sa volonté de poursuivre la procédure de saisie des rémunérations selon les nouvelles règles applicables par tous moyens* ». Ce renvoi aux nouvelles règles applicables à la saisie des rémunérations pourrait conduire les commissaires de justice à considérer que la reprise de la saisie doit se faire par la délivrance d'un acte de saisie. Si une telle interprétation devait prospérer, elle ne vaudrait en toute hypothèse que pour les seules procédures pour lesquelles la saisie n'avait pas déjà été autorisée au moment où elles ont été transmises (v. s^s^ n°s 0946.31 et 0946.32).

SECTION 4
SORT DES RÉPARTITIONS

0946.71 Cessation des versements par les tiers saisis. À compter du 1er juillet 2025, les tiers saisis cessent de verser au régisseur d'avances et de recettes du tribunal judiciaire la (TJ) saisissable du salaire. Les paiements qui seraient effectués après cette date doivent être rejetés.

0946.72 Date butoir pour effectuer l'ultime répartition. Le texte réglementaire proroge la compétence du régisseur d'avances et de recettes du TJ jusqu'au 1er octobre 2025 pour effectuer l'ultime répartition des sommes qui lui sont versées par les tiers saisis jusqu'au 30 juin 2025.

Bien que les textes ne le précisent pas, la répartition est effectuée en toute logique conformément aux dispositions du Code du travail et du Code des procédures civiles d'exécution dans leur version en vigueur avant la publication de la loi.

La date du 1er octobre 2025 est nécessairement butoir puisque la compétence du régisseur d'avances et de recettes du TJ est abrogée à l'article R. 123-24 du COJ[2]. Toute répartition effectuée postérieurement à cette date serait donc dépourvue de base légale.

0946.73 Clôture du compte. Le régisseur doit procéder aux démarches nécessaires pour que la clôture de son compte intervienne au plus tard le 31 décembre 2025.

1. Créé par Décr. n° 2025-125, 12 févr. 2025, art. 1er (*applicable à compter du 1er juill. 2025*).

2. Mod. par Décr. n° 2025-125, 12 févr. 2025, art. 4 (*applicable à compter du 1er juill. 2025*).

TITRE

095. Le recouvrement des pensions alimentaires

SECTION 0

ORIENTEUR

095.00 Sommaire du titre.

Division. La prévention et le traitement des impayés d'aliments (chap. 951) ont conduit à deux modes de paiement des pensions alimentaires : le paiement direct des pensions alimentaires (chap. 952) et les recouvrements publics (chap. 953)

095.03 Bibliographie indicative.

Actualisables. Rép. civ., v° *Obligation alimentaire*, par V. Bonnet, H. Bosse-Platière et A. Mullot-Thiébaud, oct. 2020, (actu. déc. 2022) – Rép. pr. civ., v° *Aliments*, par A. Gouttenoire et V. Bonnet, mars 2014 (actu. oct. 2024), n°s 108 à 140 [paiement direct des pensions alimentaires] ; n°s 141 à 164 [recouvrement public des pensions alimentaires] ; n°s 165 à 174 [recouvrement des pensions alimentaires par des organismes débiteurs des prestations sociales] – *J.-Cl. Civil Code*, Synthèse 80, fiche pratique 80, Obligation alimentaire, A. Mondonneix et C. Berthier – *J.-Cl. Notarial Répertoire*, fasc. 20, L. Leveneur, Obligation alimentaire.

Ouvrages[1]. A. LEBORGNE, *Droit de l'exécution*, « Précis », 3e éd., Dalloz, 2019, n°s 1204 s. – C. Martin, *L'après-divorce, lien familial et vulnérabilité*, PUR, 1997 – F. Chénedé (dir.), Dalloz action *Droit de la famille*, 2023/2024, [difficultés d'exécution des obligations alimentaires] n°s 321.00 s. à 325.00 s., par M. Rebourg ; [droit international privé et obligations alimentaires], n°s 551.00 s., par A. Devers – R. PERROT et Ph. THÉRY, *Procédures civiles d'exécution*, 3e éd., Dalloz, 2013, n°s 517-535 – P. Steck, *Droit et famille, tous les droits*, Economica, 1997.

Articles

> Recouvrement des pensions alimentaires. A. Gouttenoire, « Les voies d'exécution au service de la famille : le recouvrement spécifique des pensions alimentaires », *AJ fam.* 2006. 60 [n° spécial *Famille et voies d'exécution*] – B. Menut, « Le recouvrement des créances alimentaires en France » – C. Nourissat, « Le règlement CE n° 4/2009 du 18 décembre 2008 relatif à la compétence, la loi applicable, la reconnaissance et l'exécution des décisions et la coopération en matière d'obligation alimentaire », *Dr. et proc.* nov. 2010, n° 10 (*L'effectivité du recouvrement des créances en Europe, Actes du VIIIe colloque*, 8 avr. 2010, Lyon, p. 30). *Adde*, A. Boigeol, « Le recouvrement des pensions alimentaires en France », M.-T. Meulders-Klein et J. Eckelaar (dir.), *Famille, État et sécurité économique d'existence*, 1986.

> Paiement direct des pensions alimentaires. M.-J. Gébler, « Le paiement direct des pensions alimentaires, commentaire de la loi n° 73-5 du 2 janvier 1973 », *D.* 1973. Chron. 107 –

1. Les ouvrages dont le nom des auteurs figure en petites capitales en bibliographie seront cités par le seul nom des auteurs en petites capitales en notes de bas de page.

Lescaillon, « Le recouvrement des pensions alimentaires », *Rev. huiss.* 1985. 354 – J. Massip et F. Barrairon, « La loi du 2 janvier 1973 relative au paiement direct des pensions alimentaires », *Defrénois* 1973, art. 30323.

> Recouvrement public des pensions alimentaires : commentaires de la loi et du décret de 1975. B. Appert et R. Juilliard, « Commentaire du décret du 31 décembre 1975 (sur) le recouvrement public des pensions alimentaires », *D.* 1977. Chron. 113 – R. Lindon, « Commentaire du décret du 31 décembre 1975 (sur) le recouvrement public des pensions alimentaires », *JCP* 1976. I. 2763 – Salvat, « Les procédures de recouvrement forcé des créances d'aliments et les comptables publics tiers saisis », *Gaz. Pal.* 1985. 1. Doctr. 324 – R. Soulard, « Commentaire du décret du 31 décembre 1975 (sur) le recouvrement public des pensions alimentaires », *Rev. huiss.* 1973. 291 – J. Vincent et J. Prévault, « Commentaire du décret du 31 décembre 1975 (sur) le recouvrement public des pensions alimentaires », *D.* 1976. Chron. 237 ; « La procédure de recouvrement public et ses premières applications », *D.* 1979. Chron. 237.

> Recouvrement public des pensions alimentaires : commentaires postérieurs. O. Salvat, « Les procédures de recouvrement forcé des créances d'aliments et les comptables publics tiers saisis », *Gaz. Pal.* 1985. Doctr. 324.

CHAPITRE

0951. Prévention et traitement des impayés d'aliments

René Lauba
Magistrat honoraire

Section 0
Orienteur

0951.00 **Sommaire du chapitre.**

Division. En droit interne (sect. 1) comme en droit européen et international (sect. 2), les impayés d'aliments ont fait l'objet de mesures de prévention et de traitement.

0951.01 **Textes applicables.**

- **Règl. (CE) n° 4/2009, 18 déc. 2008,** relatif à la compétence, la loi applicable et l'exécution des décisions et la coopération en matière d'obligations alimentaires, *JOUE* L 7, 10 janv. 2009, p. 1.
- **Conv. La Haye, 23 nov. 2007,** sur le recouvrement international des aliments destinés aux enfants et à d'autres membres de la famille.
- **C. pr. exéc.,** art. L. 213-1 à L. 213-4 et R. 213-1 à R. 213-10.
- **C. civ.,** art. 373-2-2, 373-2-7, 922-1.
- **C. pr. civ.,** art. 465-1.
- **CSS,** art. L. 581-1 s. et R. 581-1 s.

0951.03 **Bibliographie indicative**[1]**.**

* V. s^s n° 095.03.

1. Les ouvrages dont le nom des auteurs figure en petites capitales en bibliographie seront cités par le seul nom des auteurs en petites capitales en notes de bas de page.

Section 1
Dispositif en droit interne

§ 1
Mise en œuvre des garanties de recouvrement

0951.11 **Dispositif mis en place.** La prévention et le traitement social et judiciaire des impayés d'aliments est le fruit d'une lente évolution législative et réglementaire rendue nécessaire par la défaillance de nombreux débiteurs souvent confrontés à une perte d'emploi, à une situation de surendettement ou aux charges supplémentaires résultant de la fondation d'une nouvelle famille après la rupture d'une précédente union. Beaucoup d'ex-épouses et de mères célibataires se sont retrouvées sans ressources suffisantes pour entretenir des enfants dont le père n'assumait plus ses obligations alimentaires ou dont la filiation paternelle n'était pas établie. Une abondante succession de textes a progressivement mis en place un dispositif visant à procurer au créancier d'aliments des garanties de recouvrement efficace et à moindre coût. Ce dispositif s'articule principalement, en droit interne, autour des procédures de paiement direct et de recouvrement public des pensions alimentaires auxquelles est venue s'ajouter l'intermédiation financière des organismes débiteurs des prestations familiales.

En matière de recouvrement international, ce sont des accords bilatéraux ou multilatéraux, notamment la convention de La Haye du 23 novembre 2007 et le règlement CE n° 4/2009 du 18 décembre 2008[2] qui déterminent les conditions de mise à exécution,

2. Règl. (CE) n° 4/2009, 18 déc. 2008, relatif à la compétence, la loi applicable et l'exécution des décisions et la coopération en matière d'obligations alimentaires, *JOUE* L 7, 10 janv. 2009, p. 1.

en France, à l'étranger ou au sein de l'Union européenne, des titres exécutoires fixant des obligations alimentaires (*exequatur* ou reconnaissance de plein droit avec ou sans possibilité d'opposition).

Le paiement direct des pensions alimentaires (PAL) est une procédure qui tend au recouvrement forcé des créances d'aliments de toute nature, fixées par des titres exécutoires d'origine judiciaire, conventionnelle ou administrative. Elle est mise en œuvre à l'initiative du créancier impayé et par l'intermédiaire d'un commissaire de justice selon un mode simplifié et sans avance de frais. Elle permet ainsi au créancier muni d'un tel titre de se faire payer directement, par tout tiers détenteur ou redevable de sommes appartenant ou devant revenir au débiteur, les échéances de la pension au fur et à mesure qu'elles deviennent exigibles, de même qu'une partie de l'arriéré.

Le recouvrement public des PAL intervient lorsque les voies d'exécution du droit privé se sont avérées inefficaces. Il est mis en œuvre à la demande du créancier qui justifie de son titre exécutoire et de l'échec de ses démarches, en vertu d'une décision du procureur de la République transmise à la Direction des finances publiques sous la forme d'un état exécutoire fixant les sommes à recouvrer contre le débiteur. Le recouvrement est effectué, pour le compte du créancier, par le comptable public selon les procédures applicables en matière de contributions directes. Le service compétent de l'État est subrogé dans les droits du créancier qui ne peut plus exercer d'action contre son débiteur tenu de payer directement le comptable.

Le paiement direct et le recouvrement public peuvent aussi être mis en œuvre à la demande des organismes débiteurs des prestations familiales pour recouvrer, en qualité de subrogé dans les droits des créanciers, les allocations de soutien familial ou les autres sommes qu'ils leur ont versées à titre d'avance sur les pensions impayées. Ces organismes peuvent aussi recourir aux procédés susmentionnés en qualité de mandataires des créanciers d'aliments, soit afin de récupérer pour leur compte la fraction de la pension non couverte par l'allocation de soutien familial, soit pour recouvrer en leur nom, dans le cadre d'une intermédiation financière, les créances alimentaires qui leur sont dues en vertu des titres exécutoires dont ils sont munis. Le paiement direct et, subsidiairement, le recouvrement public, sont ouverts après établissement d'un état de recouvrement par le directeur de l'organisme d'allocations familiales, dès lors que la récupération des avances ou le reversement des sommes perçues sur le débiteur est interrompu à la suite de sa défaillance.

0951.12 Intérêt d'une réglementation spécifique. Le paiement direct des PAL a été créé par la loi du 2 janvier 1973 [1], soit avant même la réforme du divorce. Les décisions judiciaires fixant les dettes d'aliments, notamment en cas de divorce, étaient incontestablement fort mal respectées [2] : les difficultés économiques se mêlent ici aux drames psychologiques.

La palette des voies d'exécution en vigueur à l'époque ne comportait aucune mesure susceptible de répondre aux quatre critères requis par le cahier des charges du recouvrement des aliments : simplicité, rapidité, exclusivité et moindre coût.

L'ancienne **saisie-arrêt** qui comportait une phase conservatoire et une phase d'exécution était particulièrement lourde à mettre en œuvre. Elle nécessitait la délivrance d'actes onéreux ainsi que l'obtention d'un jugement de validité dans le cadre d'une instance judiciaire exigeant, bien souvent, une représentation par avocat. Quant à la **saisie sur salaire**, elle avait pour inconvénient majeur, en dépit de son formalisme allégé et de son faible coût, d'avoir une efficacité limitée, en raison tant de son cantonnement obligatoire à la seule fraction saisissable des rémunérations, que du risque de concours avec d'autres créanciers sur une quotité déjà réduite à la portion congrue. Les créanciers d'aliments étaient donc assez rarement remplis de leurs droits. La situation était d'autant plus paradoxale que les obligations alimentaires sont théoriquement privilégiées.

0951.13 Spécificité du paiement direct des pensions alimentaires. La loi du 2 janvier 1973 et le décret d'application du 1er mars 1973 [3], ponctuellement remaniés par les textes de 1975 sur le divorce ont institué, sous le nom de « *paiement direct des pensions alimentaires* », une procédure complètement novatrice pour l'époque, la demande de paiement notifiée au tiers produisant en faveur du créancier, attribution des sommes qui en font l'objet. La généralisation de l'effet attributif immédiat par la loi de 1991 n'a pas fait perdre pour autant toute spécificité au paiement direct.

Cette procédure conserve en effet trois avantages très substantiels :

– une procédure plus simple que la saisie-attribution de droit commun ou que celle de la saisie des rémunérations ;

– une assiette qui s'affranchit des règles habituelles d'insaisissabilité ;

– un privilège, fort précieux en cas de concours de saisies sur les mêmes sommes.

1. L. nº 73-5, 2 janv. 1973, relative au paiement direct de la pension alimentaire, *JO* 3 janv., p. 135.
2. M.-J. Gébler, « Le paiement direct des pensions alimentaires, commentaire de la loi nº 73-5 du 2 janvier 1973 », *D.* 1973. Chron. 107.
3. Décr. nº 73-216, 1er mars 1973, pris pour l'application de la loi nº 73-5 relative au paiement direct de la pension alimentaire, *JO* 2 mars, p. 2322.

0951.14 **Textes complémentaires.** Le législateur de 1973 ne s'est pas dissimulé que le paiement direct ne pouvait résoudre toutes les difficultés de règlement des aliments, notamment entre ex-conjoints. Un recouvrement par les comptables directs du Trésor, dénommé « recouvrement public des pensions alimentaires », a été instauré par la loi du 11 juillet 1975 [1] et son décret d'application du 31 décembre 1975 [2], pour les hypothèses où les voies d'exécution de droit privé seraient demeurées inefficientes ; il s'agit d'une subrogation pure et simple. Pour l'information des créanciers et débiteurs d'aliments, sur leurs droits et obligations, le décret du 5 décembre 1975 [3] (codifié à l'article 465-1 C. pr. civ.) a prescrit qu'à toute expédition d'un jugement fixant une créance alimentaire (pension, prestation, subside...) doit être joint un document mentionnant les modalités de recouvrement et les règles de révision de cette créance ainsi que les sanctions encourues.

En outre, le réalisme a conduit les caisses d'allocations familiales (CAF) à aider les créanciers d'aliments impayés en leur offrant le bénéfice de l'allocation orphelin créée en 1975 puis celui, plus approprié, de l'allocation de soutien familial apparue en 1984 [4]. Précisément, cette loi du 22 décembre 1984 [5] et deux décrets du 30 mai 1985 [6] et du 30 septembre 1986 [7], en bonne partie codifiés (CSS, art. L. 581-1 s. et R. 581-1 s.) ont organisé une action récursoire des organismes sociaux contre le débiteur d'aliments.

Ainsi, en cas de défaillance de sa part, l'allocation de soutien familial est versée au parent créancier à titre d'avance sur les aliments fixés dans le titre exécutoire, judiciaire ou conventionnel, dont il dispose. L'organisme débiteur des prestations familiales est alors subrogé dans les droits du créancier dans la limite de l'allocation avancée ou de la créance d'aliments si elle lui est inférieure. La demande tendant au bénéfice de ce dispositif emporte également mandat à l'organisme de recouvrer les arrérages non couverts par l'allocation et les termes à échoir (v. s^s n°s 0953.101 s.).

§ 2
Évolution des garanties de recouvrement

0951.21 **Compétence du juge de l'exécution et codification de la loi de 1973.** Hormis l'intégration de la loi du 2 janvier 1973 et du décret du 1er mars 1973 dans le Code des procédures civiles d'exécution, la modification la plus notable concerne la juridiction compétente pour connaître des contestations nées de la procédure de paiement direct.

À l'origine, les articles 5 du décret du 1er mars 1973 et R. 321-14, devenu R. 221-8 du COJ, attribuaient cette compétence au tribunal d'instance. Le décret du 29 décembre 2009 [8] a finalement confié au juge de l'exécution (JEX) le soin de trancher les litiges dont le paiement direct est la cause ou l'occasion. Cette réforme était logique dans la mesure où ce magistrat avait une compétence générale en matière de voie d'exécution.

L'ordonnance du 19 décembre 2011 [9] et le décret du 30 mai 2012 [10], respectivement relatifs aux parties législative et réglementaire du Code des procédures civiles d'exécution, ont codifié la loi du 2 janvier 1973 et le décret du 1er mars 1973, sous les articles L. 213-1 à L. 213-4 et R. 213-1 à R. 213-10. Il s'agit d'une codification à droit constant comportant toutefois quelques modifications rendues nécessaires par l'harmonisation et la cohérence des textes rassemblés.

0951.22 **Bilan du dispositif initial et nécessité de son renforcement.** Vingt ans après son adoption, le bilan de cet ensemble législatif s'est avéré mitigé. En moyenne, un tiers des dettes d'aliments demeurait totalement impayé, un autre tiers était payé irrégulièrement ou partiellement [11]. Dans certaines catégories socioprofessionnelles de débiteurs d'aliments, le taux d'impayés intégraux atteignait 80 % [12].

Par ailleurs, le recours au recouvrement public des PAL est resté peu utilisé en cas d'échec des voies

1. L. n° 75-618, 11 juill. 1975, relative au recouvrement public des pensions alimentaires, *JO* 12 juill., p. 7178.
2. Décr. n° 75-1339, 31 déc. 1975, relatif aux modalités d'application de la loi n° 75618 du 11 juillet 1975 relative au recouvrement des pensions alimentaires, *JO* 3 janv. 1976, p. 166.
3. Décr. n° 75-1123, 5 déc. 1975, instituant un Nouveau Code de procédure civile, *JO* 9 déc.
4. Pour un historique, v. B. Fragonard, « Problèmes relatifs à la famille monoparentale », *LPA* 8 oct. 1997.
5. L. n° 84-1171, 22 déc. 1984, relative à l'intervention des organismes débiteurs des prestations familiales pour le recouvrement des créances alimentaires impayées, *JO* 27 déc., p. 3983.
6. Décr. n° 85-560, 30 mai 1985, portant application des dispositions législatives relatives à l'allocation de soutien familial et à l'intervention des organismes débiteurs de prestations familiales pour le recouvrement des créances alimentaires impayées, *JO* 31 mai, p. 6036.
7. Décr. n° 86-1073, 30 sept. 1986, relatif à l'intervention des organismes débiteurs des prestations familiales pour le recouvrement des créances alimentaires impayées, *JO* 2 oct., p. 11804.
8. Décr. n° 2009-1693, 29 déc. 2009, relatif à la répartition des compétences entre le tribunal de grande instance et le tribunal d'instance, *JO* 31 déc.
9. Ord. n° 2011-1895, 19 déc. 2011, relative à la partie législative du code des procédures civiles d'exécution, *JO* 20 déc., texte 15.
10. Décr. n° 2012-783, 30 mai 2012, relatif à la partie réglementaire du code des procédures civiles d'exécution, *JO* 31 mai, texte 1.
11. P. Steck, *Droit et famille, tous les droits*, Economica, 1997.
12. C. Martin, *L'après-divorce, lien familial et vulnérabilité*, PUR, 1997.

de droit privé, probablement en raison de la complexité de sa mise en œuvre, qui nécessite la saisine préalable du Parquet, puis la transmission d'un état exécutoire à la direction des finances publiques.

À l'heure actuelle, cette réglementation spécifique s'avère toujours nécessaire en dépit des limites susmentionnées, car le nombre des créances alimentaires et, corrélativement, des incidents de paiement, tend à augmenter avec la multiplication des désunions et des titres de recouvrement en résultant. Les demandes en divorce ou en séparation de corps dont sont saisis les tribunaux de première instance comportent presque toutes des demandes alimentaires. Les conventions de divorce ou de séparation de corps par consentement mutuel établies par acte sous seing privé et déposées au rang des minutes d'un notaire en application de l'article 922-1 C. civ., contiennent également, pour la plupart d'entre elles, des dispositions relatives aux obligations alimentaires. Les instances modificatives concernent le plus souvent l'augmentation, la diminution ou la suppression des aliments. Les procédures opposant les parents naturels lors de leur séparation s'articulent fréquemment autour de la détermination de la contribution à l'entretien et à l'éducation des enfants. Cette contribution alimentaire est toujours présente dans les conventions homologuées par le juge aux affaires familiales (JAF) en application de l'article 373-2-7 C. civ. et dans les accords parentaux consécutifs à la rupture d'un concubinage ou à de la dissolution d'un PACS auxquels le directeur de l'organisme débiteur des prestations familiales donne force exécutoire en vertu de l'article L. 582-2 du CSS. Les autres demandes portées devant les juges du fond sont relatives à la fixation des contributions aux charges du mariage, aux actions alimentaires engagées par les enfants majeurs contre leurs parents ou inversement par les parents âgés à l'encontre de leurs enfants. Avec la multiplication des divorces et des séparations de concubins, pacsés ou non, les saisines des tribunaux sont en constante augmentation. Les incitations au recours à la médiation familiale et l'adoption de l'acte sous seing privé pour le divorce et la séparation de corps par consentement mutuel n'ont pas déchargé les juges dans des proportions significatives. Au demeurant, s'ils détournent les parties de la voie judiciaire, ces circuits de dérivation génèrent également des titres exécutoires fixant des créances alimentaires dont le paiement n'est pas toujours spontané.

C'est qu'aux rancœurs accumulées au cours des conflits conjugaux ou familiaux qui ne favorisent pas un recouvrement amiable, peuvent s'ajouter les aléas de la vie, les fluctuations de l'économie ou les charges inhérentes à la fondation de nouvelles familles, qui ont un impact certain sur les besoins des créanciers et les facultés contributives des débiteurs.

Les garanties de recouvrement doivent donc être, non seulement maintenues, mais encore renforcées.

Il faut dire que la procédure de paiement direct ne s'avère efficace que lorsque le débiteur d'aliment est un salarié, un fonctionnaire ou un retraité dont les revenus et les tiers qui les versent sont aisément identifiables. Il en va de même lorsque ces débiteurs perçoivent des allocations de chômage ou des indemnités journalières, sous réserve qu'elles ne soient pas inférieures au revenu de solidarité active (RSA). En revanche, lorsque les débiteurs d'aliments sont des commerçants, des artisans, des agriculteurs ou exercent une profession libérale, les tiers susceptibles de se voir notifier une mesure de paiement direct sont moins facilement repérables. Ce sont le plus souvent les banques et les notaires dépositaires de fonds ou les assureurs et les locataires débiteurs d'indemnités ou de loyers. Dans cette hypothèse le recouvrement est aléatoire puisqu'il dépend de l'efficacité des recherches du créancier ou de son mandataire ainsi que de l'importance de la dette du tiers à l'égard du débiteur.

0951.23 Perspectives ouvertes par la loi du 4 août 2014. La loi du 4 août 2014 [1] a tenté d'améliorer les choses par l'adoption, dans son article 27, d'un dispositif expérimental d'une durée de dix-huit mois s'articulant autour des caisses d'allocations familiales (CAF) d'une vingtaine de départements listés dans un arrêté du 21 octobre 2014 [2]. Ce dispositif a été complété par le décret du 21 octobre 2014 [3]. L'article 27 de la loi a prévu, pour l'essentiel, **trois mesures** destinées à faciliter la fixation judiciaire et le recouvrement forcé des pensions alimentaires.

Les CAF sont ainsi autorisées à communiquer directement aux créanciers bénéficiaires de l'allocation de soutien familial (ASF), tous les éléments relatifs à l'adresse et à la solvabilité de leurs débiteurs et ce, afin de permettre aux juges aux affaires familiales de déterminer la contribution alimentaire.

Les CAF peuvent aussi, lorsqu'elles engagent une mesure de paiement direct en qualité de subrogé, recouvrer l'arriéré des vingt-quatre derniers mois (et non plus seulement des six derniers mois) ayant précédé la mesure.

Enfin, elles sont tenues de verser aux créanciers alimentaires une allocation différentielle lorsque la contribution mise à la charge du débiteur, même si elle est régulièrement acquittée, est inférieure au montant de l'ASF.

1. L. n° 2014-873, 4 août 2014, pour l'égalité réelle entre les femmes et les hommes, *JO* 5 août, texte 4.
2. Arr. 21 oct. 2014, *JO* 23 oct., p. 17601.
3. Décr. n° 2014-1226, 21 oct. 2014, relatif à l'expérimentation du renforcement des garanties contre les pensions alimentaires impayées, *JO* 23 oct., texte 19.

Cette expérimentation a donné lieu à la transmission au Parlement d'un rapport d'évaluation[1] duquel le dispositif précité a été confirmé par l'article 44 de la loi du 21 décembre 2015[2], notamment en ce qui concerne la possibilité pour les CAF agissant en qualité de subrogé du créancier alimentaire, de recouvrer l'arriéré des vingt-quatre derniers mois par voie de paiement direct. Les articles L. 213-4 C. pr. exéc. et L. 3252-5 C. trav. ont été complétés en ce sens[3].

0951.24 Apports des lois de 2016, 2019 et 2021. Les garanties de recouvrement résultant du dispositif précédemment exposé ont été renforcées par la loi du 18 novembre 2016[4] (art. 50, II, 2°), celle du 24 décembre 2019[5] (art. 72, IV, 3°) et celle du 23 décembre 2021[6] (art. 100, VIII), lesquelles ont complété la liste des titres exécutoires autorisant le recours aux procédures de paiement direct et de recouvrement public des PAL. Elles ont ainsi ajouté aux décisions de justice qui, seules, ouvraient droit à ces mesures, les actes, accords, conventions et transactions bénéficiant de la force exécutoire (C. pr. exéc. art. L. 213-1[7]). Par ailleurs, la loi du 23 décembre 2016[8] (art. 41) et celle, précitée, du 24 décembre 2019 (art. 72) ont accordé au juge et aux parties la possibilité de prévoir, dans la décision ou la convention fixant la contribution à l'entretien des enfants, son versement par l'intermédiaire de l'organisme débiteur des prestations familiales. Ce dispositif a été modifié par la loi du 23 décembre 2021 qui a rendu automatique et généralisée à tous les titres exécutoires, l'intermédiation financière, sauf refus de sa mise en œuvre par le juge ou les deux parents (C. civ., art. 373-2-2, II et CSS, art. L. 582-1). Le décret du 30 septembre 2020[9] relatif à la procédure applicable à l'intermédiation financière des PAL est venu compléter les Codes de la sécurité sociale, de procédure civile et des procédures civiles d'exécution par des dispositions entrant en vigueur, pour la plupart, à compter du 1er janvier et du 1er juin 2021. Ces dispositions ont été modifiées par le décret du 25 février 2022[10] afin de prendre en compte la généralisation de l'intermédiation financière résultant de la loi précitée du 23 décembre 2021.

SECTION 2

DISPOSITIF EN DROITS INTERNATIONAL ET EUROPÉEN

§ 1

Cadre du recouvrement hors réglementation européenne

0951.31 Recouvrement d'aliments à l'étranger ou par un étranger. Cette question recouvre les conditions d'obtention ou de dispense de l'*exequatur* et de mise à exécution des décisions de justice et titres exécutoires étrangers.

Avec l'augmentation des unions internationales, de nombreux débiteurs résident à l'étranger, ce qui multiplie les difficultés et aggrave les retards. Les conventions internationales n'y apportent qu'un remède limité, étant précisé que beaucoup de débiteurs alimentaires sont des ressortissants d'États qui n'y ont pas adhéré.

0951.32 Conventions et accords internationaux. Lorsque la législation européenne n'a pas vocation à s'appliquer, c'est la convention de La Haye du 23 novembre 2007, relative au recouvrement international des aliments destinés aux enfants et à d'autres membres de la famille qui réglemente les conditions dans lesquelles les décisions des autorités judiciaires ou administratives en matière d'aliments sont reconnues et mises à exécution. Ce texte remplace les conventions de La Haye des 15 avril 1958 et 2 octobre 1973 ainsi que celle de New York du 20 juin 1956 qui avaient le même objet.

Il est complété par un protocole additionnel daté du même jour (23 nov. 2007) relatif à la loi applicable aux obligations alimentaires et se substitue aux conventions de La Haye des 24 octobre 1956 et 2 octobre 1973.

Ces accords internationaux avaient été signés, à l'origine, par tous les pays d'Europe occidentale et centrale, par la Turquie et les pays du Maghreb, par ceux d'Amérique du Sud ; mais l'Amérique du Nord, l'Asie du Sud-Est, la Russie, le Moyen-Orient et l'Afrique noire n'y avaient pas adhéré.

1. V. S. Travade-Lannoy, « Pensions alimentaires impayées : le point sur le dispositif expérimental mis en place par la loi du 4 août 2014 », *JCP* 2014. 1606.
2. L. n° 2015-1702, 21 déc. 2015, de financement de la sécurité sociale pour 2016, *JO* 22 déc., p. 23635.
3. L. n° 2015-1702, 21 déc. 2015, art. 44, II et III, entrée en vigueur le 1er avr. 2016.
4. L. n° 2016-1547, 18 nov. 2016, de modernisation de la justice du XXIe siècle, *JO* 19 nov., texte 1.
5. L. n° 2019-1446, 24 déc. 2019, de financement de la sécurité sociale pour 2020, *JO* 27 déc., texte 1.
6. L. n° 2021-1754, 23 déc. 2021, de financement de la sécurité sociale pour 2022, *JO* 24 déc., texte 1.
7. L. n° 75-618, 11 juill. 1975, art. 1er.
8. L. n° 2016-1827, 23 déc. 2016, de financement de la sécurité sociale pour 2017, *JO* 24 déc., texte 1.
9. Décr. n° 2020-1201, 30 sept. 2020, relatif à l'intermédiation financière des pensions alimentaires prévue à l'article L. 582-1 du Code de la sécurité sociale, *JO* 1er oct., texte 40.
10. Décr. n° 2022-259, 25 févr. 2022, relatif à la généralisation de l'intermédiation financière du versement des pensions alimentaires, *JO* 27 févr., texte 29.

Enfin, des conventions bilatérales lient la France et des pays d'Afrique noire ou d'Amérique du Nord ; le Bureau de l'entraide internationale du ministère de la Justice est chargé de leur application[1].

§ 2
Reconnaissance et exécution des titres dans l'Union européenne

0951.41 **Règlements du Conseil de l'Europe.** La reconnaissance des décisions de justice est régie, d'une manière générale, à l'intérieur de l'Union européenne, par le règlement UE n° 1215/2012 du 12 décembre 2012 ayant refondu le règlement CE n° 44/2001 du 22 décembre 2000[2], qui avait remplacé la convention de Bruxelles du 27 septembre 1968. Il ne présente pas de particularités en matière d'exécution des obligations alimentaires.

En ce qui concerne le recouvrement des PAL, on doit désormais appliquer le règlement CE du 18 décembre 2008, entré en vigueur le 1er février 2009, qui est relatif à la compétence, la loi applicable et l'exécution des décisions et la coopération en matière d'obligations alimentaires[3]. Celui-ci a pour objectif de créer un instrument communautaire en matière d'obligations alimentaires regroupant l'ensemble des mesures nécessaires au recouvrement des aliments dans l'Union européenne en cas de litiges transfrontaliers. Le règlement s'applique aux obligations alimentaires découlant de relations de famille, de parenté, de mariage ou d'alliance (art. 1er). Il distingue selon que l'État membre a ou non adhéré au protocole de La Haye du 23 novembre 2007[4].

0951.42 ***a.* Cas des États membres ayant adhéré au protocole de La Haye.** Le règlement CE du 18 décembre 2008 supprime, dans son article 17, l'*exequatur* pour les décisions rendues en matière alimentaire dans un État membre lié par le protocole de La Haye du 23 novembre 2007. Ces décisions sont reconnues sans qu'il soit nécessaire de recourir à aucune procédure et sans qu'il soit possible de s'opposer à leur reconnaissance. Une décision rendue dans un État membre lié par le protocole précité qui est exécutoire dans cet État, jouit de la force exécutoire dans un autre État membre sans qu'une déclaration constatant celle-ci soit nécessaire. L'article 20 précise les formalités à remplir, notamment, les pièces justificatives devant être produites aux autorités compétentes aux fins de l'exécution d'une décision (copie de la décision, état des arrérages, traduction...).

0951.43 ***b.* Cas des États membres n'ayant pas adhéré au protocole de La Haye.** Les décisions rendues dans un État membre non lié par le protocole du 23 novembre 2007 sont reconnues dans les autres États membres sans qu'il soit nécessaire de recourir à aucune procédure. C'est seulement en cas de contestation élevée à titre principal ou incident que des démarches tendant à faire constater que la décision doit être reconnue peuvent être engagées par toute partie intéressée qui invoque cette reconnaissance (art. 23). Celle-ci peut être refusée si elle est manifestement contraire à l'ordre public de l'État membre dans lequel elle est demandée. L'article 24 précise les cas dans lesquels la décision n'est pas reconnue (par exemple lorsque l'acte introductif d'instance n'a pas été signifié ou notifié au défendeur).

Les décisions rendues et exécutoires dans un État membre non lié par le protocole de La Haye sont mises à exécution dans un autre État membre après qu'une déclaration en ce sens a été prononcée sur la demande de toute personne intéressée (art. 26). Les règles de compétence territoriale, la procédure à suivre, les pièces à produire et les voies de recours sont indiquées dans les articles 27 et suivants du règlement CE du 18 décembre 2008.

0951.44 ***c.* Règles communes à toutes les décisions.** Les règles applicables à toutes les décisions, que l'État membre ait ou non adhéré au protocole de La Haye, sont exposées dans les articles 39 et suivants du règlement CE. La juridiction d'origine peut déclarer la décision exécutoire par provision, nonobstant un éventuel recours, même si le droit national ne prévoit pas la force exécutoire de plein droit. La partie qui entend faire valoir dans un État membre une décision reconnue, doit produire une copie de celle-ci réunissant les conditions nécessaires pour en établir l'authenticité. La procédure d'exécution des décisions rendues dans un autre État membre est régie par le droit de l'État membre d'exécution. En aucun cas une décision rendue dans un État membre ne peut faire l'objet d'une révision quant au fond dans l'État membre dans lequel la reconnais-

1. Sur l'ensemble de la question, G. Castex, « Le recouvrement des aliments à l'étranger », *LPA* 8 oct. 1997, p. 12 – P. Le Fur, « Ressortissants et/ou jugements étrangers : le recouvrement en France des créances alimentaires », *Rev. huiss.* 1998. 460.
2. Règl. (UE) n° 1215/2012, Parlement et Conseil, 12 déc. 2012, concernant la compétence judiciaire, la reconnaissance et l'exécution des décisions en matière civile et commerciale, *JOUE* L 351, 20 déc., p. 1-32 – Règl. (CE) n° 44/2001, Conseil, 22 déc. 2000, concernant la compétence judiciaire, la reconnaissance et l'exécution des décisions en matière civile et commerciale, *JOCE* L 012, 16 janv. 2001, p. 0001-0023.
3. C. Nourissat, « Le règlement CE n° 4/2009 du 18 décembre 2008 relatif à la compétence, la loi applicable, la reconnaissance et l'exécution des décisions et la coopération en matière d'obligation alimentaire », *Dr. et proc.* nov. 2010, n° 10 (*L'effectivité du recouvrement des créances en Europe. Actes du VIIIe colloque Dr. et proc.* 8 avr. 2010, Lyon, p. 39).
4. J.-M. Pastor, « Publication du règlement sur les obligations alimentaires », *D.* 2009. 156.

sance, la force exécutoire ou l'exécution est demandée. Le recouvrement de tous les frais encourus pour l'application du règlement CE n'a pas priorité sur celui des aliments.

0951.45 ***d.* Cas des transactions judiciaires et des actes authentiques.** Les transactions judiciaires et les actes authentiques exécutoires dans l'État membre d'origine sont reconnus dans un autre État membre et y jouissent de la même force exécutoire que les décisions de justice. L'autorité compétente de l'État membre d'origine doit délivrer, à la demande de toute partie intéressée, un extrait de ces transactions et actes au moyen d'un formulaire dont le modèle figure en annexe du règlement (art. 48).

CHAPITRE

0952. Paiement direct des pensions alimentaires

RENÉ LAUBA
MAGISTRAT HONORAIRE

SECTION 0

ORIENTEUR

0952.00 **Sommaire du chapitre.**

Division. Après avoir examiné les spécificités de la créance d'aliments et de son recouvrement (sect. 1), seront successivement étudiées les conditions d'ouverture (sect. 2), l'assiette (sect. 3), la mise en œuvre (sect. 4), les modifications et cessation (sect. 5) et les contestations et sanctions (sect. 6) de la procédure de paiement direct.

0952.01 **Textes applicables.**

• **C. pr. exéc.,** art. L. 111-2, L. 111-3, L. 111-4, L. 111-8, L. 111-6, L. 112-1, L. 122-1, L. 122-2, L. 123-1, L. 141-3, L. 152-1 à L. 152-3, L. 211-2, L. 212-2, L. 212-3, L. 213-1 à L. 213-6, L. 523-1, R. 112-4, R. 151-3, R. 162-2, R. 162-4, R. 162-5 et R. 213-1, R. 213-11 à R. 213-12.

• **C. civ.,** art. 203, 205, 206, 214, 229 s., 250-1, 250-2, 253, 255, 256, 268, 270, 275, 276, 278 à 279-1, 283 anc., 303, 342, 371-2, 373-2-1, 373-2-2, 373-2-5, 373-2-7, 515-4, 515-7, 758, 767, 1100, 1242-8, 1302 à 1302-1, 1323 à

1325, 1343-5, 1343-5, 1347, 1347-1, 1347-2, 1352-7, 1353, 1359, 1363, 1378-1, 1378-2, 2224, 2244, 2234, -2254 et 2333.

• **C. pr. civ.,** art. 502 à 504, 514, 515, 539, 648, 650, 663, 665 à 669, 670-1, 698, 1069-5 anc., 1074-1, 1079, 1083, 1099 et 1110.

• **C. trav.,** art. L. 3252-1 s., L. 5423-1 s., L. 5428-1 s. et R. 3252-1 s.

• **C. com.,** art. L. 444-1, L. 622-7, L. 622-17, L. 622-24, L. 631-11, L. 632-2, L. 641-9, L. 662-1, R. 444-3, R. 444-13 à R. 444-15, R. 444-53 s., A. 444-4, A. 444-15, A. 444-31, A. 444-43, A. 444-46, A. 444-49.

• **LPF,** art. L. 111, L. 151 A.

• **C. assur.,** art. L. 121-13 et L. 213-13.

• **CESEDA,** art. L. 744-9.

• **C. mon. fin.,** art. L. 313-3.

• **CSS,** art. L. 523-1, L. 551-1, L. 581-1 s., R. 582-1 s.

• **L. n° 2014-873, 4 août 2014,** pour l'égalité réelle entre les femmes et les hommes, art. 27 et 28, *JO* 5 août, p. 12949.

0952.02 Jurisprudence de référence.

> Paiement direct des pensions alimentaires.

• **Civ. 2e, 24 oct. 1984,** n° 83-12.553, P II, n° 156

* V. ss nos 0952.33, 0952.35, 0952.163, 0952.168

Il résulte de l'article 2 de la loi n° 73-5 du 2 janvier 1973 [devenu art. L. 213-2 C. pr. exéc.] que la demande de paiement direct vaut attribution au bénéficiaire des sommes qui en font l'objet au fur et à mesure qu'elles deviennent exigibles et que le tiers est tenu de verser directement ces sommes au bénéficiaire, selon les échéances fixées par le jugement. Par suite ledit bénéficiaire est recevable dans son action tendant à obtenir du tiers l'exécution de cette obligation.

L'exécution de son obligation par un tiers débiteur ne libère pas les autres tiers débiteurs de leurs propres obligations sauf le recours du débiteur contre le créancier qui aurait trop perçu.

Il résulte de la combinaison de l'article L. 145-2 [devenu art. L. 3252-2] du code du travail et de l'article 5, alinéa 2 de la loi n° 73-5 du 2 janvier 1973 [devenu art. L. 213-4 C. pr. exéc.] que si seule la portion saisissable de la rémunération du débiteur peut être retenue pour sûreté des termes arriérés de la pension alimentaire, c'est sur la portion insaisissable de cette rémunération que doit être prélevé, le cas échéant, le terme mensuel courant et, dans la procédure de paiement direct, les termes échus des six derniers mois précédant la notification de la demande de paiement direct, lorsque leur règlement s'effectue par fractions égales sur une période de douze mois.

> Domaine de la procédure de saisie des rémunérations.

• **Cass., avis, 21 juill. 1995,** n° 09-50.010, P, n° 11

* V. ss nos 0141.142, 0812.131, 0941.53, 0952.90

La saisie des pensions de vieillesse du régime général de la Sécurité sociale ne peut être effectuée que par la procédure de saisie des rémunérations prévue par les articles L. 145-1 [devenu L. 3252-1] et suivants du Code du travail.

> Saisie-attribution d'une créance à exécution successive pratiquée avant la survenance d'un jugement portant ouverture d'un redressement ou d'une liquidation judiciaire.

• **Civ. 2e, 10 juill. 1996,** n° 94-19.551, P II, n° 209

* V. ss nos 0144.87, 0831.91, 0832.57, 0952.191, 0971.312

Il résulte des articles 13 et 43 de la loi du 9 juillet 1991 et des articles 69 et suivants du décret du 31 juillet 1992 [devenus art. L. 112-1, L. 211-2 et R. 211-14 s. C. pr. exéc.] que la saisie-attribution d'une créance à exécution successive pratiquée à l'encontre de son titulaire avant la survenance d'un jugement portant ouverture d'un redressement ou d'une liquidation judiciaire de celui-ci poursuit ses effets sur les sommes échues en vertu de cette créance après ledit jugement.

> Saisie-attribution. Obligation de renseignement du tiers-saisi. Appréciation souveraine du juge de l'exécution pour apprécier les motifs de retard.

• **Civ. 2e, 2 avr. 1997,** n° 95-13.567, P II, n° 107

* V. ss nos 015.05, 0152.52, 0821.101, 0821.125, 0821.131, 0821.136, 0952.162, 0971.231

1° Le tiers saisi est tenu de fournir sur-le-champ au commissaire de justice les renseignements prévus à l'article 44 de la loi du 9 juillet 1991 [devenu art. L. 211-3 C. pr. exéc.].

2° Le juge apprécie souverainement si les causes de retard invoquées par le tiers saisi procèdent d'un motif légitime.

> Paiement direct ou recouvrement public des pensions alimentaires à l'encontre d'un débiteur mis en procédure collective.

• **Com. 8 oct. 2003,** n° 00-14.760, P IV, n° 152

* V. ss nos 0952.13, 0952.33, 0952.194, 0952.195, 0953.23

1° La créance née de la pension alimentaire peut être payée sans avoir été déclarée au passif du débiteur soumis à procédure collective.

2° La créance d'aliments, qui est une dette personnelle du débiteur soumis à une procédure collective, doit être payée sur les revenus dont il conserve la disposition, ou bien être recouvrée par la voie de la procédure de paiement direct ou de recouvrement public des pensions alimentaires.

> Insaisissabilité de la prestation compensatoire.

• **Civ. 2e, 10 mars 2005,** n° 02-14.268, P II, n° 66

* V. ss nos 0141.05, 0141.08, 0141.111, 0812.121, 0952.33

La prestation compensatoire est insaisissable, par application de l'article 14-2° de la loi n° 91-650 du 9 juillet 1991 [devenu art. L. 112-2 C. pr. exéc.].

Par suite, viole ce texte une cour d'appel qui, pour dire partiellement saisissable une prestation compensatoire, énonce qu'elle a outre un caractère alimentaire, un aspect indemnitaire.

> Paiement direct ou recouvrement public des pensions alimentaires à l'encontre d'un débiteur mis en procédure collective.

• **Com. 13 juin 2006,** n° 05-17.081, P IV, n° 141

* V. ss nos 0952.13, 0952.194, 0952.195, 0953.23

En l'absence de déclaration, les créances nées d'une prestation compensatoire ou d'une pension alimentaire échappent à l'extinction et peuvent être payées sur les revenus dont le débiteur mis en procédure collective conserve la disposition ou bien être recouvrées par la voie de la procédure de paiement direct ou de recouvrement public des pensions alimentaires ; toutefois, lorsque le créancier les déclare aussi en vue de leur admission au passif de la procédure collective, les règles relatives à la procédure de déclaration et de vérification des créances et à l'admission dans les répartitions et dividendes leur sont applicables, sans pour autant que la non-admission à ce passif affecte ses droits de créancier d'aliments.

> Office du juge de l'exécution. Interprétation du titre exécutoire. Majoration du taux de l'intérêt légal. Exonération ou réduction. Pouvoir modérateur. Délai de grâce. Dettes d'aliments.

• **Civ. 1re, 22 mars 2012,** nº 11-13.915, P I, nº 56

* V. s^s n°s 0112.213, 0132.23, 0212.123, 0713.46, 0952.243, 0952.301

1º Si le juge de l'exécution ne peut, sous le prétexte d'interpréter la décision dont l'exécution est poursuivie, en modifier les dispositions précises, il lui appartient d'en fixer le sens.

2º Aux termes de l'article L. 313-3 du Code monétaire et financier, qui s'applique aux dettes d'aliments à défaut d'exclusion expresse, le juge de l'exécution peut, à la demande du débiteur ou du créancier, et en considération de la situation du débiteur, exonérer celui-ci de la majoration du taux de l'intérêt légal ou en réduire le montant.

3º Mais l'article 1244-1 [devenu 1343-5] du Code civil exclut son application aux dettes d'aliments.

> Commissaire de justice. Office. Secret professionnel. Opposabilité à la personne ayant requis le commissaire de justice.

• **Civ. 1re, 22 mars 2012,** nº 10-25.811, P I, nº 65

* V. s^s n°s 0212.142, 0251.74, 0252.22, 0254.22, 0313.53, 0952.136, 0952.314

1º Confronté à une incertitude, relativement au recouvrement d'un arriéré de pension alimentaire, sur la portée rétroactive de l'ordonnance du conseiller de la mise en état assortissant de l'exécution provisoire la décision de première instance qui avait omis de l'ordonner, l'huissier (commissaire) de justice est tenu, soit de s'abstenir de procéder à ce recouvrement, soit de soumettre la difficulté au juge de l'exécution.

2º Le secret professionnel auquel l'huissier (commissaire) de justice est tenu couvre, y compris à l'égard de la personne qui l'a requis, les renseignements obtenus, auprès de l'administration fiscale, par la consultation du fichier des comptes bancaires ouverts au nom du débiteur d'une pension alimentaire, en vue de la mise en place d'une procédure de paiement direct de ladite pension pour laquelle ces renseignements ont été demandés.

0952.03 **Bibliographie indicative** [1].

* V. s^s nº 095.03.

1. Les ouvrages dont le nom des auteurs figure en petites capitales en bibliographie seront cités par le seul nom des auteurs en petites capitales en notes de bas de page.

0952.04 **Formulaire de procédure civile (renvois).**

• *Aliment – Pension alimentaire pour enfant mineur ou majeur* (Requête en fixation d'une pension alimentaire pour un enfant mineur – C. civ., art. 203)

• *Aliment – Pension alimentaire pour enfant mineur* (Assignation en la forme des référés en fixation d'une pension alimentaire pour un enfant mineur – C. civ., art. 203 et/ou 373-2-2)

• *Aliment – Pension alimentaire pour enfant majeur* (Assignation en fixation d'une pension alimentaire – C. civ., art. 373-2-5)

• *Aliment – Contribution aux charges du mariage* (Requête à fin de fixation de la contribution d'un époux aux charges du mariage – C. civ., art. 214)

• *Aliment – Pension alimentaire pour ascendants* (Assignation par un ascendant à fin de fixation de pension alimentaire due par un descendant — C. civ., art. 205 s.)

• *Aliment – Action à fin de subsides* (Action à fin de subsides – C. civ., art. 342)

• *Aliment – Paiement direct* (Demande de paiement direct de pension alimentaire – C. pr. exéc., art. L. 213-1)

• *Aliment – Paiement direct* (Dénonciation de la demande de paiement direct au débiteur – C. pr. civ., art. R. 213-1, dern. al.)

• *Aliment – Paiement direct* (Contestation de demande en paiement direct de pension alimentaire devant le juge de l'exécution – C. pr. exéc., art. R. 213-6)

0952.05 **Avantages et mécanisme.** Le paiement direct des pensions alimentaires est une procédure qui tend au recouvrement forcé de créances trouvant leur origine dans un rapport de parenté ou d'alliance au sein de la famille légitime ou naturelle. Cette procédure est ouverte à tout créancier muni d'un **titre exécutoire** qui peut être une décision de justice, une convention homologuée par le juge ou rendue exécutoire par le directeur d'un organisme d'allocations familiales, un acte authentique reçu par un notaire, ou un accord par lequel des époux consentent mutuellement, avec le concours de leurs avocats respectifs, à leur divorce ou à leur séparation de corps. La procédure est engagée à la demande du créancier d'aliments par l'intermédiaire d'un commissaire de justice. Elle peut aussi être directement mise en œuvre par un organisme débiteur des prestations familiales en qualité de subrogé ou de mandataire du créancier, notamment dans le cadre d'une médiation financière.

Quels que soient leurs dénominations respectives, pensions, contributions ménagères, subsides, ou prestations compensatoires, les créances alimentaires bénéficient d'un régime juridique très favorable qui a influencé la procédure de paiement direct. En effet, si la mise en œuvre de cette procédure nécessite le concours d'un commissaire de justice, les émoluments de ce dernier ne sont pas avancés par le créancier qui bénéficie, de surcroît, d'un privilège sur les sommes qui en sont l'objet. Par ailleurs, si le paiement direct ressemble, par ses effets, à la saisie-attribution, il en diffère par son formalisme allégé et son champ d'application plus large incluant les rémunérations. Certains auteurs l'analysent en un mécanisme d'attribution de plein de droit plutôt qu'en une mesure d'exécution. Quoi qu'il en soit, le paiement direct fait naître, à la charge du tiers auquel il est notifié, une double obligation de paiement et d'information dont le défaut de respect est sanctionné comme en matière de voie d'exécution.

Au cours de son déroulement, le paiement direct évolue au gré des modifications de la créance alimentaire qui peut être augmentée, réduite, suspendue ou supprimée, en fonction des changements intervenus dans les charges et ressources des parties. Ces modifications génèrent souvent des incidents portés devant le juge de l'exécution (JEX) qui se trouve saisi de demandes de mainlevée fondées sur diverses causes (acompte omis ou mal imputé, compensation, prescription ou extinction de l'obligation alimentaire).

Ce magistrat statue sur ces contestations selon la procédure ordinaire applicable devant sa juridiction.

SECTION 1
SPÉCIFICITÉ DE LA CRÉANCE D'ALIMENTS ET DE SON MODE DE RECOUVREMENT

0952.11 **Régime de la créance d'aliments et paiement direct.** Dans notre système juridique le créancier alimentaire bénéficie d'un traitement de faveur qui s'explique par son état de besoin. Sa créance est donc susceptible de varier selon l'évolution de ses ressources. Elle prend effet dès que la situation de besoin existe. Ainsi, l'obligation d'entretenir un enfant ayant fait l'objet d'une déclaration judiciaire de paternité remonte à sa naissance et la juridiction ne peut fixer le point de départ de l'obligation alimentaire du père au jour de son prononcé[1].

Une fois juridiquement consacrée, la créance alimentaire jouit d'un régime très favorable en ce qui concerne son paiement et son recouvrement, notamment lorsque le débiteur est en situation de surendettement ou fait l'objet d'une procédure collective.

Ce régime particulier et très avantageux a fortement influencé la procédure de paiement direct dont bien des aspects s'expliquent par référence aux **caractères spécifiques de la créance alimentaire.**

Ce même régime original retentit également sur le règlement des contestations qui s'élèvent à l'occasion de la procédure.

1. Civ. 1re, 14 févr. 2006, no 05-13.738, P I, no 79 ; *D.* 2006. 600 ; 1139, obs. F. Granet-Lambrechts ; *AJ fam.* 2006. 167 ; *RTD civ.* 2006. 297, obs. J. Hauser.

0952.12 **1°) Régime général de la créance alimentaire.** La créance alimentaire est portable, c'est-à-dire payable au domicile du créancier, intransmissible à ses héritiers, indisponible, insaisissable et préférable à celles du Trésor et des salariés.

La créance d'aliments est soumise à une **prescription instantanée**, consacrée par l'adage « *aliments ne s'arréragent pas* », tant qu'elle n'a pas été reconnue en justice ; puis d'une prescription de cinq ans après cette reconnaissance.

Le créancier alimentaire ne peut se voir opposer sans son consentement, un terme de grâce ou la compensation légale. Il ne peut non plus se voir opposer une renonciation définitive et irrévocable, même faite dans une convention judiciairement homologuée, dès lors que l'**obligation alimentaire est d'ordre public** et que le débiteur ne peut y échapper qu'en démontrant qu'il est dans l'impossibilité matérielle de l'exécuter[2].

Par ailleurs, **l'obligation alimentaire n'est pas une obligation conjointe** car le créancier est recevable à agir à l'encontre de l'un quelconque de ses débiteurs pour demander sa condamnation à la totalité des aliments nécessaires[3]. Cependant, lorsqu'il décide d'assigner plusieurs codébiteurs, ceux-ci ne peuvent être condamnés solidairement ou *in solidum.* En effet, la prise en compte des facultés contributives des personnes tenues à l'égard du même créancier d'aliments pour fixer la quote-part de chacune, implique nécessairement l'absence de toute solidarité entre elles[4].

Enfin, pour le recouvrement forcé des arrérages impayés, le créancier alimentaire est dispensé de provisionner le commissaire de justice qu'il charge d'engager une voie d'exécution, notamment une procédure de paiement direct (C. com., art. R. 444-52 et R. 444-53, 3°, c[5] – C. pr. exéc., art. R. 213-7).

0952.13 **2°) Régime de la créance alimentaire en cas de surendettement et de procédure collective.** La créance d'aliments ne doit pas être prise en compte dans le plan amiable et dans les mesures de rétablissement personnel dont le débiteur bénéficie en raison de son surendettement (C. consom., art. L. 733-1). La créance alimentaire n'a pas à être déclarée au

2. Civ. 2e, 2 mai 2001, no 99-15.714, P II, no 80 ; *RTD civ.* 2001. 860, obs. J. Hauser ; *Gaz. Pal.* 13-15 janv. 2002. Somm. 16, note J. Massip.
3. Civ. 2 janv. 1929, *DP* 1929. 1. 137, note R. Savatier – Civ. 1re, 5 févr. 1991, no 89-13.559, P I, no 43 ; *RDSS* 1992. 155, obs. F. Monéger.
4. Civ. 1re, 29 janv. 2002, no 99-16.519, P I, no 28 ; *D.* 2002. 776 ; *AJ fam.* 2002. 102, et les obs. ; *RTD civ.* 2002. 285, obs. J. Hauser – Civ. 1re, 22 nov. 2005, no 02-11.534, P I, no 419 ; *AJ fam.* 2006. 69, obs. F. Chénedé ; *RTD civ.* 2006. 104, obs. J. Hauser ; *JCP* 2005. IV. 3704.
5. Anct Décr. no 96-1080, 12 déc. 1996, portant fixation du tarif des huissiers de justice en matière civile et commerciale, *JO* 13 déc., art. 21, al. 2.

passif de la procédure collective ouverte contre celui-ci[1] et n'est pas soumise à la règle de l'interdiction des paiements (C. com., art. L. 622-7 et L. 622-24).

La jurisprudence antérieure à la loi de sauvegarde des entreprises du 26 juillet 2005[2] avait avantagé toutes les créances alimentaires, sans distinction, qu'elles aient pris naissance avant ou après le jugement d'ouverture. Plusieurs auteurs ont estimé que cette position de la Haute juridiction devait être maintenue bien que l'article L. 622-7 C. com., dans sa rédaction issue de la loi de juillet 2005, n'autorisait expressément que le paiement des créances alimentaires ayant pris naissance après l'ouverture de la procédure, l'intention affichée du législateur ayant été de ne faire aucune différence entre les créanciers d'aliments[3]. Cette opinion a été consacrée par l'ordonnance du 18 décembre 2008[4], portant réforme du droit des entreprises en difficulté. Ce texte a en effet modifié les articles L. 622-7 et L. 622-24 C. com., lesquels disposent désormais clairement que les créances alimentaires ne sont soumises ni à l'interdiction des paiements, ni à l'obligation de déclaration, qu'elles soient antérieures ou postérieures au jugement d'ouverture.

Toutefois, l'absence de soumission des créances alimentaires à la règle de l'interdiction des paiements et à l'obligation de déclaration leur permet seulement d'être réglées hors procédure collective, c'est-à-dire sur les sommes dont le débiteur conserve la libre disposition, ou d'être recouvrées par voie de paiement direct ou de recouvrement public. Pour être réglées sur les fonds disponibles dans la procédure, elles doivent être déclarées au passif. L'exercice de cette faculté donne vocation aux créanciers d'aliments de concourir aux répartitions[5].

1. Com. 8 oct. 2003, nº 00-14.760, P IV, nº 152 ; *D.* 2003. 2637, obs. A. Lienhard ; *D.* 2004. 54, obs. F.-X. Lucas ; *D.* 2004. 1965, obs. A. Danis-Fatôme ; *RTD com.* 2004. 368, obs. A. Martin-Serf – Com. 1er févr. 2005, nº 01-13.943, P IV, nº 18 ; *D.* 2005. 489, obs. A. Lienhard ; 2196, note J. Revel ; *D.* 2006. 1380, obs. M. Bourassin, E. Claudel, A. Danis-Fatôme et B. Thullier ; *RTD civ.* 2005. 375, obs. J. Hauser.
2. L. nº 2005-845, 26 juill. 2005, de sauvegarde des entreprises, *JO* 27 juill., p. 12187.
3. F. Pérochon, « Les créanciers postérieurs et la réforme du 26 juillet 2005 », *Gaz. Pal.* 7-8 sept. 2005, p. 57, nº 44 – P.-M. Le Corre, « Les nouvelles règles de fixation du passif du débiteur », *Gaz. Pal.* 9-10 sept. 2005, p. 17, nº 6 – Com. 13 juin 2006, nº 05-17.081, P IV, nº 141 ; *D.* 2006. 1969, note C. Vincent ; *Rev. huiss.* 2006. 328, obs. P.-M. Le Corre ; *D.* 2006. 1681, obs. A. Lienhard ; *D.* 2007. 42, obs. P.-M. Le Corre et F.-X. Lucas ; *AJ fam.* 2006. 333, obs. F. C. ; *RTD civ.* 2006. 747, obs. J. Hauser ; *RTD com.* 2006. 662, chron. A. Martin-Serf.
4. Ord. nº 2008-1345, 18 déc. 2008, portant réforme du droit des entreprises en difficulté *JO* 19 déc., p. 19462.
5. Com. 13 juin 2019, nº 17-24.587, P ; *D.* 2019. Somm. 1278, note A. Lienhard.

La Haute juridiction précise toutefois que, lorsque le créancier alimentaire a déclaré sa créance en vue de son admission au passif de la procédure collective, les règles relatives à la vérification des créances ainsi qu'à l'admission dans les répartitions et dividendes, lui sont applicables, sans pour autant que la non-admission à ce passif affecte ses droits de créancier d'aliments[6].

Précisons que seules les créances d'aliments issues d'une obligation alimentaire sont soustraites à la règle de l'interdiction des paiements prévue par l'article L. 622-7, I, alinéa 1er C. com. Les créances salariales, qui ne résultent pas d'une telle obligation de l'employeur, ne sont pas assimilables à des créances alimentaires au sens de ce texte. Elles ne peuvent donc pas être recouvrées contre l'employeur objet d'une procédure collective, au moyen d'une mesure d'exécution forcée (en l'espèce une saisie-attribution)[7].

0952.14 **Nature du paiement direct.** Tout créancier d'une pension alimentaire (PAL) peut s'en faire payer directement le montant par les tiers redevables de sommes liquides et exigibles envers son débiteur[8] (C. pr. exéc., art. L. 213-1). Plusieurs auteurs ont analysé la procédure de paiement direct en une voie d'exécution qui s'apparente à la saisie-attribution par son effet attributif, à l'avis à tiers détenteur (ATD), devenu la saisie administrative à tiers détenteur (SATD), par son formalisme simplifié et à la saisie des rémunérations par son assiette qui englobe les produits du travail. L'exigence d'un titre exécutoire et l'obligation de recourir à un commissaire de justice ont paru conforter cette analyse[9].

Certains ont cependant considéré que la loi du 2 janvier 1973 (devenue C. pr. exéc., art. L. 213-1 à L. 213-6) n'avait pas institué une véritable mesure d'exécution ou un privilège spécial. Elle aurait plutôt créé un mécanisme d'attribution de plein droit au créancier d'aliments, des sommes revenant à son débiteur, mécanisme comparable à celui prévu par l'article L. 121-13 C. assur. pour le versement direct aux créanciers de l'assuré, de l'indemnité résultant d'un sinistre. Les sommes dues par le tiers lui seraient ainsi remises sans avoir à transiter par le patrimoine du débiteur, ce qui permet l'engagement du paiement direct même après l'ouverture d'une procédure collective[10]. Le tiers débiteur ne serait donc pas

6. Com. 13 juin 2006, nº 05-17.081, P (et réf. préc. ss prést nº).
7. Com. 3 mai 2016, nº 14-24.255 P; *D.* 2016, actu. 997 ; *RTD com.* 2016, 552, obs. A. Martin Serf ; *JCP E*, 2016, 1465, nº 12, obs. Ph. Pétel ; *Gaz. Pal.* 18 oct. 2016, p. 53, obs. Boustani.
8. Anct L. nº 73-5, 2 janv. 1973, relative au paiement direct de la pension alimentaire, *JO* 3 janv., art. 1er.
9. R. Perrot, note ss Paris, 23 mai 1980, *RTD civ.* 1980. 910.
10. F. Derrida, obs. ss Com. 15 juill. 1986, *D.* 1988. Somm. 7.

un tiers saisi et ne serait pas concerné par le redressement ou la liquidation judiciaire du débiteur d'aliments (v. s[s] n°s 0952.191 s.).

SECTION 2

CONDITIONS D'OUVERTURE

0952.21 **Exigences légales.** La procédure de paiement direct s'analyse pour certains en une saisie-attribution au formalisme simplifié et dérogatoire. Elle n'est donc ouverte qu'au bénéfice du seul créancier d'aliments, favorisé par le législateur en raison de son état de besoin.

Ce créancier doit cependant justifier d'un **titre exécutoire**, puisque cette procédure s'apparente à une mesure d'exécution forcée ayant un effet de **transport cession** immédiat et irréversible. Son engagement nécessite, par là même, un défaut d'exécution de la condamnation prononcée contre le débiteur ou de l'obligation contractée par lui dans un acte, un accord ou une convention exécutoire. Cette défaillance n'est cependant pas requise lorsque le débiteur a accepté le paiement direct en garantie de son engagement.

Ces trois conditions résultent des dispositions de l'article 1er de la loi du 2 janvier 1973 (devenu C. pr. exéc., art. L. 213-1).

0952.22 **Droit d'option du créancier lors de la liquidation du régime matrimonial.** Même lorsque les conditions légales précitées sont réunies, le créancier d'aliments n'est pas toujours tenu de recourir au paiement direct ou à une autre procédure d'exécution. Lorsque le jugement ayant prononcé le divorce a ordonné la liquidation du régime matrimonial, l'ex-époux créancier d'un arriéré de pension alimentaire et de prestation compensatoire conserve la possibilité d'en obtenir le paiement, soit au moyen d'une mesure d'exécution forcée, soit dans le cadre des opérations de son régime matrimonial. En effet, cette liquidation englobe l'ensemble des rapports pécuniaires entre les ex-époux, de telle sorte que le créancier alimentaire peut demander que les sommes impayées s'imputent sur les droits de son ex-conjoint, à l'issue du partage, même s'il dispose d'un titre exécutoire lui permettant d'engager une procédure de recouvrement forcé. La Cour de cassation se prononce en ce sens au visa des articles L. 213-3, 2° du COJ et 1355 C. civ[1]. De même, doivent être pris en compte, dans le cadre des opérations de liquidation, les arriérés d'une PAL accordée au titre du devoir de secours[2].

1. Civ. 1re, 13 déc. 2023, n°s 22-11.273 et 22-11.351, NP ; *Gaz.Pal.* 30 avr. 2024, p. 49, note M. Bouhnik.
2. Civ. 1re, 11 mai 2023, n° 21-19.682, NP.

§ 1

Justification d'une créance d'aliments

0952.31 **Notion d'aliments.** Le rapport alimentaire trouve sa source dans la nécessité d'assurer la subsistance d'une personne avec laquelle il existe un lien de parenté ou d'alliance. Il est caractérisé par le principe de réciprocité selon lequel « *chacun des deux sujets du rapport d'obligation a vocation à devenir indifféremment créancier ou débiteur selon l'état de ses besoins ou de ses ressources* »[3].

Toutefois, la créance d'aliments ouvrant droit à la procédure de paiement direct est envisagée d'une façon plus extensive par l'article L. 213-1 C. pr. exéc. puisqu'il vise des obligations dépourvues de réciprocité immédiate (obligation des père et mère de nourrir, entretenir et élever leurs enfants, obligation aux subsides) ou fortement teintées de caractère indemnitaire (prestation compensatoire sous forme de rente) ou encore, ayant un objet très élargi dépassant la simple subsistance (comme la contribution aux charges du mariage[4]).

0952.32 **Énumération légale.** L'article L. 213-1 C. pr. exéc. indique limitativement les créances à caractère alimentaire bénéficiant d'un traitement de faveur pour leur recouvrement.

Il s'agit, selon les alinéas 1er et 3 de ce texte :

– des PAL *stricto sensu* ;

– de la contribution aux charges du mariage prévue par l'article 214 C. civ. ;

– de la prestation compensatoire sous forme de rente prévue par l'article 276 du même code ;

– des subsides prévus par l'article 342 du même code.

Cette liste recouvre donc toutes les obligations résultant des rapports de parenté ou d'alliance, que ce soit dans le cadre de la famille légitime ou dans celui de la famille naturelle ou adoptive.

Sont ainsi concernées, les obligations entre époux et notamment la contribution ménagère (C. civ., art. 214 – et, en cas de rejet de la demande en divorce, C. civ., art. 253 ou de placement sous protection, C. civ., art. 315-11, 5°), la pension fixée pendant le cours de l'instance en divorce ou en séparation de corps (C. civ., art. 255, 6°), celle due après le prononcé de la séparation de corps (C. civ., art. 303), la prestation compensant la perte du devoir de secours après le divorce (C. civ., art. 270).

Sont aussi concernés, les aliments dus par les parents à leurs enfants, soit pendant le mariage (C. civ., art. 203), soit à l'occasion du divorce ou de

3. J. Carbonnier, *Droit civil*, t. II, 16e éd., PUF, 1993, n° 380, p. 580.
4. SUR CE POINT : Civ. 1re, 20 mai 1981, n° 79-17.171, P I, n° 176.

la séparation de corps, en cours d'instance, puis après le prononcé du jugement (C. civ., art. 256, 373-2-1 *in fine* et 373-2-2), soit dans le cadre de la filiation naturelle, qu'elle soit légalement établie (C. civ., art. 371-2), ou fortement probable en raison des relations avec la mère pendant la période de conception (C. civ., art. 342), soit enfin après la majorité de l'enfant lorsque le parent qui l'héberge pourvoit encore à son entretien (C. civ., art. 371-2, al. 2, et 373-2-5).

Sont enfin concernés les aliments que les enfants doivent servir à leurs père, mère et autres ascendants lorsqu'ils se retrouvent dans le besoin, ceux qui sont dus entre alliés et les subsides versés par la succession au conjoint survivant successible (C. civ., art. 205, 206, 758 et 767).

0952.33 Cas de la prestation compensatoire sous forme de rente. Le caractère essentiellement alimentaire de la prestation compensatoire après divorce étant mal assuré en doctrine comme en jurisprudence, le législateur a pris soin de prévoir expressément (C. pr. exéc., art. L. 213-1, al. 3 [1]) que la procédure du paiement direct est également applicable au recouvrement de la rente prévue par l'article 276 C. civ. lorsque l'âge ou l'état de santé du créancier ne lui permet pas de subvenir à ses besoins. Depuis la loi de 1973, la jurisprudence a consolidé l'édifice législatif en affirmant clairement que la créance née de la prestation compensatoire présente, pour partie, un caractère alimentaire qui dispense son bénéficiaire de la déclarer au passif de son débiteur lorsqu'il est en redressement ou en liquidation judiciaire [2]. La Haute juridiction a eu l'occasion de confirmer que le recouvrement des arrérages de la rente pouvait se faire par voie de paiement direct, pour leur totalité, sans qu'il y ait lieu de le limiter à leur seule fraction alimentaire à l'exclusion de leur fraction indemnitaire, la loi du 2 janvier 1973 n'opérant elle-même aucune distinction [3]. La Cour de cassation tend à faire prévaloir l'aspect alimentaire sur l'aspect indemnitaire puisqu'elle juge que les dispositions finales de l'ancien article 1244-1 C. civ., devenu l'article 1343-5 C. civ., excluant le bénéfice des délais de grâce pour les dettes alimentaires s'appliquent également aux prestations compensatoires [4].

Depuis la loi du 30 juin 2000 [5] relative à la prestation compensatoire en matière de divorce, la rente prévue à l'article 276 du Code civil est une rente viagère susceptible d'être révisée, suspendue ou supprimée à la demande du débiteur ou de ses héritiers, en cas de changement important dans les ressources ou les besoins des parties (C. civ., art. 276-3). La décision judiciaire suspendant la prestation compensatoire en raison du changement important survenu dans les ressources du débiteur prend effet à compter de la date de la demande de suspension [6].

Seule la prestation compensatoire sous forme de rente est visée par le Code des procédures civiles d'exécution [7] de telle sorte que les mensualités ou annuités fixées par le juge dans le cadre de l'aménagement du versement de la prestation en capital (C. civ., art. 275), ne devraient pas bénéficier de la procédure de paiement direct, sauf à considérer qu'en raison du caractère partiellement alimentaire de la prestation, elles doivent être assimilées aux arrérages d'une rente.

0952.34 Cas de l'aide matérielle incombant aux partenaires liés par un pacte civil de solidarité. Selon l'article 515-4 C. civ., les partenaires liés par un pacte civil de solidarité (PACS) s'engagent à une aide matérielle réciproque proportionnelle à leurs facultés respectives à moins qu'ils n'en aient disposé autrement. Bien que l'expression « aide matérielle » évoque la contribution aux charges du mariage ou le devoir de secours entre époux, on peut douter du caractère alimentaire de cette aide en l'absence de lien de parenté ou d'alliance entre les partenaires. Quoi qu'il en soit, la créance résultant de l'article 515-4 ne figure pas dans l'énumération limitative contenue dans l'article L. 213-1 C. pr. exéc., de telle sorte qu'en l'état elle ne devrait pas pouvoir être recouvrée au moyen de la procédure de paiement direct. Il faut dire que les hypothèses dans lesquelles les manquements à cette aide matérielle réciproque seront sanctionnés par une décision judiciaire risquent d'être assez rares car, dans la plupart des cas, ils coïncideront avec la séparation des partenaires. Les tribunaux seront essentiellement saisis de demandes en paiement des arriérés qui se seront constitués entre la cessation de l'aide et la rupture du PACS, sous réserve de la compensation prévue par les dispositions finales de l'article 515-7 C. civ. [8]

1. Anc^t^ L. n° 73-5, 2 janv. 1973, art. 1er, al. 3, et Décr. n° 73-216, 1er mars 1973 pris pour l'application de la loi n° 73-5 du 2 janvier 1973 relative au paiement direct de la pension alimentaire, art. 8, *JO* 2 mars.
2. Com. 8 oct. 2003, n° 00-14.760, P (préc., v. s^s^ n° 0952.13) – Com. 1er févr. 2005, n° 01-13.943, P (préc., v. s^s^ n° 0952.13) – Com. 13 juin 2019, n° 17-24.587, P (préc., v. s^s^ n° 0952.13).
3. Civ. 2e, 24 oct. 1984, n° 83-12.553, P II, n° 156 ; *JCP* 1985. IV. 1 ; *RTD civ.* 1985. 624, obs. R. Perrot ; *Gaz. Pal.* 1985. Pan. 66 – Rejetant un pourvoi CONTRE : Paris, 21 avr. 1983, *D.* 1984. 73, note J. Prévault ; *RTD civ.* 1984. 372, obs. R. Perrot – Civ. 2e, 10 mars 2005, n° 02-14.268, P II, n° 66 ; *Gaz. Pal.* 8-10 janv. 2006, p. 20.
4. Civ. 1re, 1er juin 2011, n° 10-16.096, P I, n° 128.
5. L. n° 2000-596, 30 juin 2000, relative à la prestation compensatoire en matière de divorce, *JO* 1er juill., p. 9946.
6. Civ. 1re, 15 juin 2017, n° 15-28.076, P I, n° 143.
7. Anc^t^ L. n° 73-5, 2 janv. 1973, art. 1er.
8. X. Labbée, « L'aide matérielle a-t-elle un caractère alimentaire ? », *JCP* 2008. I. 197.

0952.35 **Aliments recouvrables.** La procédure de paiement direct ne permet pas de recouvrer tous les arrérages impayés.

C'est une mesure essentiellement conçue pour ménager l'avenir et éviter la constitution d'un arriéré trop important. Elle tend donc, avant tout, au **recouvrement des termes à échoir** (C. pr. exéc., art. L. 213-4, al. 1er), afin de procurer rapidement au créancier les ressources nécessaires à sa subsistance.

C'est accessoirement et dans certaines limites qu'elle est applicable à l'arriéré. Il s'agit, en principe, des termes échus pour les six derniers mois ayant précédé la notification de la demande (C. pr. exéc., art. L. 213-4, al. 2). Cette disposition exclut donc du champ de la mesure, toutes les mensualités impayées qui ne sont pas devenues exigibles au cours de cette période, même si leur nombre est inférieur ou égal à six. Les sommes obtenues au titre des créances nées plus de six mois avant la notification de la mesure doivent être restituées au débiteur même s'il ne s'en est jamais acquitté. En effet, la Haute juridiction rappelle que la demande de paiement direct ne peut produire effet que pour les échéances à venir et l'arriéré des six derniers mois ayant précédé l'intervention du commissaire de justice[1].

L'arriéré non compris dans l'assiette du paiement direct peut néanmoins être recouvré selon les procédures d'exécution ordinaires, notamment par la saisie des rémunérations et la saisie-attribution de droit commun. Les arrérages non inclus dans l'arriéré des six derniers mois sont alors prélevés sur la portion saisissable de la rémunération, la fraction insaisissable étant retenue pour le recouvrement des sommes entrant dans le champ d'application du paiement direct[2].

Le règlement des six derniers termes doit se faire par fractions égales sur une période de douze mois (C. pr. exéc., art. L. 213-4, al. 3). Ainsi chacune des douze premières retenues effectuées par le tiers comprendra le terme courant de la pension, augmenté d'un douzième de l'arriéré inclus dans la demande de paiement direct.

Toutefois, pour l'expérimentation du mécanisme de renforcement des garanties contre les impayés de pensions alimentaires, l'article 27 (I et V, 1°) de la loi du 4 août 2014[3] avait prévu, au bénéfice des caisses d'allocations familiales, une dérogation à la limite des six derniers mois. Ce texte disposait en effet que la procédure de paiement direct, lorsqu'elle était mise en œuvre par l'organisme débiteur des prestations familiales, était applicable, par dérogation à l'article L. 213-4 C. pr. exéc., aux termes échus de la PAL pour les vingt-quatre derniers mois avant la notification de la demande de paiement direct. Le règlement de ces sommes était fait par fractions égales sur une période de vingt-quatre mois.

Cette expérimentation devait s'appliquer aux bénéficiaires de l'allocation de soutien familial mentionnée aux 3° de l'article L. 523-1 du CSS et aux bénéficiaires de l'aide au recouvrement mentionnée à l'article L. 581-1 du même code, résidant ou ayant élu domicile dans les départements dont la liste avait été fixée par arrêté conjoint des ministres chargés des droits des femmes et de la sécurité sociale[4], ainsi qu'aux débiteurs de créances alimentaires à l'égard desdits bénéficiaires, quel qu'ait été leur lieu de résidence.

La mise en œuvre de ce dispositif a été conduite pour une durée de dix-huit mois à compter de la publication de l'arrêté contenant la liste des départements concernés, qui devait intervenir au plus tard le 1er octobre 2014 mais qui a été pris le 21 octobre 2014[5].

La dérogation à la limite des six derniers mois, adoptée à titre expérimental, a été définitivement consacrée par la loi du 21 décembre 2015[6] (art. 44, II) qui a complété l'article L. 213-4 C. pr. exéc. par un nouvel alinéa. Cet alinéa ultérieurement réécrit par la loi du 24 décembre 2019[7] (art. 72, IV, 4°) est ainsi rédigé : « *Lorsqu'un organisme débiteur de prestations familiales agit pour le compte d'un créancier d'aliments, la procédure de paiement direct est applicable aux termes échus de la pension alimentaire dans la limite des vingt-quatre derniers mois avant la notification de la demande de paiement direct* ».

Le décret du 30 septembre 2020[8] (art. 3) a ajouté aux dispositions réglementaires du Code de procédures civiles d'exécution un article R. 213-11 précisant les modalités de recouvrement des échéances impayées lors de l'engagement du paiement direct par un organisme débiteur des prestations familiales (sur ces modalités, v. ss n° 0952.36).

0952.36 **Recouvrement de l'arriéré par l'organisme de prestations familiales.** Le règlement des sommes dues au titre des termes échus impayés est effectué par fractions mensuelles égales sur une période

1. Civ. 2e, 22 oct. 2009, n° 08-19.559, P II, n° 249 ; *Dr. et proc.* 2010. 61, obs. E. Putman ; *D.* 2009. 2692 – V. ÉGAL. Civ. 2e, 28 janv. 2016, n° 14-27.135, NP.
2. Civ. 2e, 24 oct. 1984, n° 83-12.553, P (préc., v. ss n° 0952.33).
3. L. n° 2014-873, 4 août 2014, pour l'égalité réelle entre les femmes et les hommes, *JO* 5 août, texte 4.
4. Arr. 21 oct. 2014, *JO* 23 oct., p. 17601.
5. Arr. 21 oct. 2014, *JO* 23 oct., p. 17601.
6. L. n° 2015-1702, 21 déc. 2015, de financement de la sécurité sociale pour 2016, *JO* 22 déc., p. 23635.
7. L. n° 2019-1446, 24 déc. 2019, de financement de la sécurité sociale pour 2020, *JO* 27 déc., texte 1.
8. Décr. n° 2020-1201, 30 sept. 2020, relatif à l'intermédiation financière des pensions alimentaires prévue à l'article L. 582-1 du Code de la sécurité sociale, *JO* 1er oct., texte n° 40.

maximale de vingt-quatre mois selon les modalités suivantes, fixées par l'organisme débiteur des prestations familiales en tenant compte de l'exigence de célérité du paiement de la pension alimentaire et sous réserve des capacités de paiement du débiteur :

1° Sur une période minimale correspondant au nombre de termes échus impayés ;

2° Sur une période maximale de douze mois lorsque le nombre de termes échus impayés est inférieur ou égal à douze mois ;

3° Sur une période maximale de vingt-quatre mois lorsque le nombre de termes échus impayés est supérieur à douze mois.

Par dérogation aux dispositions précédentes, avec l'accord du débiteur, le règlement peut être effectué en une seule fois ou mensuellement par fractions égales sur une période maximale de six mois, lorsque le montant total des sommes dues par le débiteur au titre des pensions alimentaires impayées est inférieur à un montant, arrondi à l'euro supérieur, correspondant à 1,2 fois le montant de la base mensuelle de calcul des allocations familiales fixée en application de l'article L. 551-1 du CSS.

§ 2
Détention d'un titre exécutoire

A.
Titre autorisant le recours au paiement direct

0952.41 **Énonciation légale.** À l'origine, seule une décision judiciaire devenue exécutoire autorisait l'engagement d'une procédure de paiement direct. Depuis sa modification par plusieurs lois successives, la dernière en date était celle du 23 décembre 2021[1], l'article L. 213-1 C. pr. exéc. énonce cinq autres titres exécutoires. Selon ce texte, la demande de paiement direct est recevable dès qu'une échéance d'une PAL n'a pas été payée à son terme et qu'elle a été fixée par :

– une décision judiciaire devenue exécutoire ;

– une convention homologuée par le juge ;

– une convention de divorce ou de séparation de corps prenant la forme d'un acte sous signature privée contresigné par avocats, déposé au rang des minutes d'un notaire ;

– un acte reçu en la forme authentique par un notaire ;

– une convention rendue exécutoire dans les conditions de l'article L. 582-2 du CSS ;

– une transaction ou un acte constatant un accord issu d'une médiation, d'une conciliation ou d'une procédure participative, lorsqu'ils sont contresignés par les avocats de chacune des parties et revêtus de la formule exécutoire par le greffe de la juridiction compétente en application de l'article L. 111-3 C. pr. exéc.

0952.42 **Décision judiciaire.** Le rapport alimentaire est un rapport d'obligation que la loi fait découler de plein droit des relations de parenté ou d'alliance. Cependant, bien que constituant une obligation légale (C. civ., art. 1100, al. 2 [C. civ., art. 1370, al. 2]), l'obligation alimentaire ne peut donner lieu à exécution forcée que si elle a été consacrée, en cas de désaccord, par une décision de justice qui en vérifie l'existence et en fixe le *quantum*, en considération des charges et ressources respectives du créancier et du débiteur. C'est la raison pour laquelle la procédure de paiement direct, qui s'apparente à une mesure d'exécution forcée, est ouverte au créancier d'aliments ayant obtenu à son profit, un titre exécutoire judiciaire. Pour être exécutoire, cette décision doit être passée en force de chose jugée ou être assortie de l'exécution provisoire, de droit ou prononcée.

Les décisions judiciaires visées par l'article L. 213-1 précité sont les ordonnances, les jugements et les arrêts rendus dans le cadre des instances en divorce ou en séparation de corps, des instances modificatives postérieures à la rupture du lien matrimonial, des procédures opposant les couples non mariés à la suite d'une séparation ou les litiges entre codébiteurs alimentaires et leurs ascendants dans le besoin.

Il s'agit également des décisions du juge fixant la contribution aux charges du mariage ou la pension alimentaire due pour les enfants, soit en cas de désaccord des époux ou des concubins non séparés, soit lors de la prise d'une ordonnance de mise sous protection consécutive à des violences au sein du couple. Toutes ces décisions sont prononcées, selon l'origine et selon les protagonistes du conflit familial, en application des articles 208, 214, 253 à 256, 276, 303, 342, 373-2-5, 373-2-6 ou 515-11 C. civ.

Rappelons qu'un jugement exécutoire par provision, qui a été confirmé, purement et simplement en appel, peut fonder valablement une mesure d'exécution postérieure à l'arrêt de la cour dès lors que cet arrêt qui confirme et renforce l'autorité de la chose jugée, attachée à toute décision de première instance, ne la prive pas de son caractère de titre exécutoire[2].

1. L. n° 2021-1754, 23 déc. 2021, de financement de la sécurité sociale pour 2022, *JO* 24 déc., texte 1, art. 100, VIII.

2. Civ. 2e, 4 juin 2020, n° 19-12.727, P ; *D. actu.* 3 juill. 2020, obs. J. Couturier ; *Rev. prat. rec.* 2020. 17, chron. R. Laher ; *JCP* 2020. 751, note D. Cholet ; *Gaz. Pal.* 8 déc. 2020, p. 36, obs. Brenner – V. AUSSI, N. Cayrol, « L'exécution provisoire d'un jugement confirmé en appel », *RTD civ.* 2020. 701 s.

Précisons qu'en application des articles 3 et 593 C. pr. pén., la plainte pour abandon de famille n'a pas pour objet le règlement des sommes dues au titre des aliments impayés mais l'obtention de dommages et intérets en réparation du préjudice résultant de la défaillance du débiteur poursuivi. La juridiction répressive ne peut donc calculer l'indemnité allouée à la partie civile au regard du montant de l'arriéré dû par le prévenu, mais doit préciser la nature du dommage subi et en fixer le montant en considération de celui-ci[1].

0952.43 **Convention de divorce ou de séparation de corps par consentement mutuel sous signature privée.** L'article 50 de la loi du 18 novembre 2016 précité, qui a modifié les articles 229 s. C. civ., a institué un **divorce par consentement mutuel sans intervention d'un juge**. Il prend la forme d'un acte sous signature privée contresigné par les avocats des époux et déposé au rang des minutes d'un notaire pour qu'il lui confère date certain et force exécutoire (C. civ., art. 229 et 229-1). Cette déjudiciarisation de la procédure ne laisse place à aucune option pour les époux qui souhaitent divorcer par consentement mutuel. Ils doivent obligatoirement recourir à cette procédure qui n'est écartée que dans le cas où un enfant mineur demande à être entendu par le juge ou lorsque l'un des conjoints se trouve placé sous un des régimes de protection judiciaire prévus par le Code civil (C. civ., art. 229-2 s.). Le notaire se borne à exercer un contrôle du respect des exigences formelles. C'est aux avocats des époux de veiller à l'intégrité de leur consentement et à l'équilibre de leurs engagements. Leur intervention aux côtés des parties garantit que les obligations alimentaires et les prestations compensatoires prévues par ces conventions ont été fixées en considération des situations respectives des parties, notamment de leurs charges et de leurs ressources.

La convention de divorce par consentement mutuel conclue par un acte sous signature privée déposé chez un notaire constitue l'un des titres exécutoire justifiant l'engagement des mesures d'exécution et permet, notamment, de demander la mise en œuvre d'une procédure de paiement direct dès la date du dépôt (C. civ., art. 229-4, al. 2 – C. pr. exéc., art. L. 111-3, 4° *bis* et L. 213-1, 2°). Afin d'assurer l'information des parties sur leurs obligations et les conséquences de leur défaillance, l'article 1144-4 C. pr. civ. dispose que la convention de divorce qui fixe une PAL ou une prestation compensatoire sous forme de rente viagère doit rappeler les modalités de recouvrement et de révision de la créance ainsi que les sanctions pénales encourues. La convention peut prévoir que la pension alimentaire sera recouvrée par voie de paiement direct (C. pr. exéc., art. R. 213-9-1).

Les dispositions des articles 229-1 à 229-4 C. civ. et 1144-1 à 1148-2 C. pr. civ. régissant le divorce par consentement mutuel non judiciaire, ont été étendues à la séparation de corps par consentement mutuel, laquelle doit faire l'objet d'un acte sous seing privé contresigné par les avocats des parties et déposé au rang des minutes d'un notaire. Ce dépôt lui confère date certaine et force exécutoire (C. civ., art. 298 ; C. pr. civ., art. 1148-3). Lorsque la convention fixe une PAL, elle doit mentionner les modalités de son recouvrement et de sa révision. La séparation de corps laissant persister le devoir de secours entre époux, la convention prévoit une PAL ou un capital au profit du conjoint dans le besoin (C. civ., art. 303). L'époux débiteur de la pension convenue peut accepter, dans l'acte sous seing privé, qu'elle soit recouvrée par voie de paiement direct (C. pr. exéc., art. R. 213-9). En l'absence d'une telle disposition et en cas de défaillance de l'époux débiteur, son conjoint peut recourir au paiement direct que lui ouvre la convention rendue exécutoire par son dépôt chez le notaire (C. pr. exéc., art. L. 111-3, 4° *bis* et L. 213-1, 2°[2]).

0952.44 **Acte notarié.** À l'origine, les dispositions de l'article L. 213-3 C. pr. exéc. n'ouvraient la procédure de paiement direct qu'au créancier disposant d'une décision de justice exécutoire[3]. Elles étaient donc plus restrictives que les dispositions générales des articles L. 111-2 et L. 111-3 du même code, lesquelles conditionnent l'exercice des voies d'exécution à la justification d'un titre exécutoire quelconque.

Il s'ensuivait que la demande de paiement direct ne pouvait émaner d'un créancier titulaire d'un acte notarié, même si celui-ci était revêtu de la formule exécutoire. Aucune convention, fût-elle notariée, ne pouvait être conclue pour accepter ou renoncer à une prestation compensatoire dont la fixation ne relevait que du juge, hormis le cas où le divorce était prononcé sur requête conjointe[4].

Les difficultés nées de l'inexécution de ces conventions ou de la nécessité d'en réviser le contenu devaient donc être réglées par le juge avant de donner lieu à l'engagement d'une procédure de paiement direct. Ce **contrôle juridictionnel** pouvait s'avérer nécessaire lorsque la cause de l'engagement du débiteur d'aliments avait disparu au moment où l'exécution était demandée. La Cour de cassation a ainsi refusé de valider une reconnaissance de dette souscrite par

1. Crim. 31 janv. 2024, n° 23-81.704, B ; *Gaz. Pal.* 30 avr. 2024, p. 70, obs. P. Rohfritsch, M. Lokoto et C. Gloria.

2. Mod. par L. n° 2019-1446, 24 déc. 2019, de financement de la sécurité sociale pour 2020, art. 72, IV, 1° et 3°, b, *JO* 27 déc., texte 1.
3. Anc[t] L. n° 73-5, 2 janv. 1973.
4. Civ. 1re, 14 déc. 2004, n° 03-19.366, NP ; *D.* 2005. 112, ndlr.

un père pour l'entretien et l'éducation de son enfant à une époque où celui-ci vivait sous le toit maternel, dès lors que les arrérages réclamés par la mère étaient arrivés à échéance après que cet enfant avait rejoint le domicile paternel[1].

Il faut préciser que l'accord des parties, même judiciairement constaté, n'entrait pas, selon la Haute juridiction, dans les prévisions de l'article 1er de la loi du 2 janvier 1973 (devenu C. pr. exéc., art. L. 213-1). Ainsi l'arrêt qui prononçait le divorce et qui constatait l'engagement du mari de poursuivre le règlement de la PAL édictée et indexée par l'ordonnance de non-conciliation (ONC), ne permettait pas l'engagement d'une procédure de paiement direct[2]. Cette solution a été critiquée au double motif qu'elle déniait toute valeur au contrat judiciaire constaté par le juge et qu'elle dissuadait le créancier alimentaire privé d'avance du bénéfice d'une procédure rapide et efficace, d'accepter tout accord amiable sur la pension.

Depuis sa modification par l'article 50 de la loi du 18 novembre 2016, l'article L. 213-1 C. pr. exéc. précité énonce que la demande de paiement directe peut être présentée en cas de défaut de paiement à son terme, de l'échéance d'une PAL fixée par un acte reçu en la forme authentique par un notaire.

Il convient à cet égard de rappeler que le *quantum* des aliments peut être fixé par une convention entre créancier et débiteur, laquelle peut contenir une clause d'indexation et être constatée dans un acte authentique. Ces contrats sont valables, dès lors qu'ils ne constituent pas une renonciation directe ou indirecte aux aliments et qu'ils se bornent à aménager l'étendue, la durée ou les modalités d'exécution de l'obligation du débiteur. Ils sont également valables lorsqu'ils ont pour effet de consacrer la transformation d'une obligation naturelle en obligation juridique.

0952.45 Convention judiciairement homologuée. Jusqu'à la loi précitée du 24 décembre 2019 (art. 72, IV, 3°, a) qui a complété son énumération par un 1° *bis*, l'article L. 213-1 C. pr. exéc. ne visait pas les conventions homologuées par le juge. Il était pourtant logique que la procédure de paiement direct soit ouverte aux créanciers alimentaires bénéficiant de ces accords en raison du principe prétorien de l'indivisibilité des conventions matrimoniales et des jugements d'homologation.

Il s'agit principalement des accords passés par les époux dans le cadre du divorce par consentement mutuel judiciaire régi, soit par les anciennes dispositions de l'article 229 C. civ. pour les procédures antérieures à l'entrée en vigueur de la loi du 18 novembre 2016, soit par les articles 230 et 232 du même code pour celles introduites postérieurement et concernant les deux cas d'exclusion du divorce par consentement mutuel sous seing privé. Il s'agit également des conventions de séparation de corps par consentement mutuel homologuées avant et après la loi du 23 mars 2019 (art. 24, 2°) qui, en imposant leur formalisation dans un acte sous seing privé par avocats et déposé chez un notaire, a limité leur conclusion dans le cadre judicaire aux seuls cas prévus par l'article 229-2 C. civ. auquel renvoie l'article 298 du même code. En homologuant ces accords, le juge qui prononce la séparation de corps approuve leurs dispositions relatives à l'entretien des enfants et, le cas échéant, à la PAL consentie au conjoint dans le besoin (C. civ., art. 303).

Aux conventions conclues par les époux dans le cadre de l'instance en divorce ou en séparation de corps, on peut assimiler celles passées par les parents à l'occasion d'une séparation de fait sur la contribution à l'entretien des enfants.

Il s'agit de contrats judiciaires que le juge peut homologuer dans son ordonnance ou dans son jugement s'il estime que les intérêts des enfants ou des conjoints sont suffisamment préservés (sur l'homologation des mesures provisoires et des conséquences du divorce par consentement mutuel, C. civ., art. 250-1 et 250-2 ; C. pr. civ., art. 1099 et 1100 – sur les conséquences de la dissolution du mariage dans les autres cas de divorce, C. civ., art. 268 – sur la prestation compensatoire dans tous les cas de divorce, C. civ., art. 278 à 279-1 – sur la contribution à l'entretien des enfants lors de la séparation des parents, C. civ., art. 373-2-7). À cet égard, l'article 373-2-7 C. civ. autorise les parents à saisir le JAF afin de faire homologuer la convention par laquelle ils organisent l'exercice de l'autorité parentale et fixent le montant de la contribution à l'entretien des enfants. Le juge qui est saisi par une requête conjointe et statue, en principe, sans débat, ne peut modifier la teneur de l'accord qu'il ne peut que refuser d'homologuer s'il ne lui convient pas (C. pr. civ., art. 1143).

La modification par les parties d'une convention déjà homologuée est également subordonnée au contrôle du juge. Ainsi, l'accord modifiant la convention définitive homologuée fixant la PAL due à une épouse séparée de corps, est lui-même soumis à homologation[3]. Il en va de même pour la convention de

1. Civ. 1re, 30 oct. 2008, no 07-17.646, P I, no 241 ; *D.* 2009. 747, chron. P. Chauvin et C. Creton ; *RTD civ.* 2009. 111, obs. J. Hauser ; 118, obs. B. Fages ; *JCP* 2009. II. 10000, note D. Houtcieff.
2. Civ. 2e, 7 mars 2002, no 00-11.228, P II, no 29 ; *AJ fam.* 2002. 178, et obs. ; *RTD civ.* 2002. 567, obs. R. Perrot ; 792, obs. J. Hauser ; *JCP* 2002. IV. 1664 ; *Procédures* 2002, no 159, p. 9, note R. Perrot.
3. Civ. 1re, 11 janv. 2005, no 03-16.719, P I, no 16 ; *AJ fam.* 2005. 104, obs. S. David ; *RTD civ.* 2005. 372, obs. J. Hauser.

divorce homologuée ayant accordé une prestation compensatoire, sauf si les parties ont prévu que chacune d'elles pourra saisir le juge d'une demande de révision (C. civ., art. 279, al. 2 et 3). C'est également le cas de l'accord des parents homologué fixant la contribution à l'entretien et à l'éducation des enfants, dont la modification ne peut résulter que d'une nouvelle convention, elle-même soumise à homologation, qui ne peut donc être verbale[1]. En l'absence de consensus, les dispositions relatives à la pension alimentaire peuvent être modifiées par le juge à la demande des parents (ou d'un seul)[2].

0952.46 Force exécutoire des conventions homologuées. Ces accords sont assimilés ou font corps avec la décision judiciaire exécutoire et peuvent donc fonder l'engagement de la procédure de paiement direct. À cet égard, une décision de 1999 a précisé qu'après son homologation par le jugement prononçant le divorce ou la séparation, la convention définitive revêt la même force exécutoire qu'une décision de justice[3]). En matière de prestation compensatoire, l'article 279 C. civ. dispose expressément que la convention homologuée qui en fixe le montant et les modalités a la même force exécutoire qu'une décision de justice.

La convention temporaire réglant les mesures provisoires, homologuées sous l'empire des anciens articles 231 et 253 C. civ. régissant le divorce sur requête conjointe, avait la même force exécutoire et ce jusqu'au jugement à intervenir ou jusqu'à la caducité de la demande à laquelle cette convention était annexée, faute de renouvellement dans les délais. Cependant, même frappée de caducité, une convention temporaire homologuée prévoyant une PAL n'était pas dépourvue de tout effet car elle permettait le recouvrement forcé des arrérages échus avant cette caducité. En effet, sauf disposition contraire, la caducité d'un titre exécutoire ne le privait de son efficacité que pour l'avenir[4].

0952.47 Convention rendue exécutoire dans les conditions de l'article L. 582-2 du Code de la sécurité sociale. Ce titre exécutoire a été introduit dans la liste contenue dans l'article L. 213-1 C. pr. exéc. par la loi du 24 décembre 2019 (art. 72, IV, 3°, c).

Selon l'article L. 582-2 du CSS, lors de la cessation de leur concubinage ou de la dissolution de leur PACS, les parents qui se séparent peuvent demander conjointement au directeur de l'organisme débiteur des prestations familiales, de donner force exécutoire à leur accord sur le montant de la contribution à l'entretien et à l'éducation du ou des enfants qui est mise à la charge du parent débiteur. Cette demande peut être réalisée et transmise par voie dématérialisée à l'organisme du lieu de résidence de l'allocataire desdites prestations ou, à défaut, du parent créancier. La demande qui saisit le directeur de l'organisme doit être signée des deux parents et accompagnée de la convention. Elle ne reçoit une suite favorable que si certaines conditions et justifications, énoncées aux 1° et 3° de l'article L. 582-2 et aux articles R. 582-1 et R. 582-2 du CSS, se trouvent réunies. La décision d'acceptation produit tous les effets d'un jugement et constitue un titre exécutoire au sens du 6° de l'article L 111-3 C. pr. exéc. Ce titre prend la forme d'un courrier signé du directeur de l'organisme et auquel est annexée la demande conjointe des parents. Il acquiert force exécutoire à la date de sa signature et doit être délivré en original à chacun des parents, un troisième original étant conservé par l'organisme (CSS, art. R. 582-3).

Le courrier valant titre exécutoire précise l'identité complète et la résidence des deux parents et des enfants concernés, le montant de la contribution pour chaque enfant et le cas échéant, l'indice de réévaluation retenu. Il mentionne également que le titre obtenu est frappé de nullité si les parents sont déjà titulaires d'une créance fixée par une décision, un acte ou une convention ayant force exécutoire et se trouve privé d'effet si la contribution est ultérieurement supprimée ou modifiée par une décision judiciaire exécutoire. À cet égard, les parents sont tenus de signaler à l'organisme tout changement de situation susceptible d'entraîner la révision de la contribution alimentaire (CSS, art. L. 582-2 et R. 582-3, 1° à 4°).

La décision d'acceptation de l'organisme n'est susceptible d'aucun recours. Elle doit être motivée si la demande est rejetée. Dans ce cas, les parents peuvent, ensemble ou séparément, saisir le juge aux affaires familiales (JAF) aux fins de fixation de la contribution sur le fondement de l'article 373-2-7 C. civ. (CSS, art. L. 582-2).

Le silence gardé par l'organisme pendant quatre mois à compter de la réception de la demande vaut décision d'acceptation (CSS, art. R. 582-3, dern. al.).

0952.48 Transaction ou acte constatant un accord issu d'une médiation, d'une conciliation ou d'une procédure participative. Cette catégorie de titres exécutoires figure dans l'article L. 213-1

1. Civ. 2e, 26 juin 1996, n° 94-17.991, P II, n° 184.
2. Civ. 2e, 21 avr. 1982, n° 81-11.162, P II, n° 57 ; *D.* 1983. 198, note Floro ; *Gaz. Pal.* 1983. 1. 173, note J. M. – Civ. 2e, 18 déc. 1996, n° 93-16.173, P II, n° 293 ; *Dr. fam.* 1997, n° 44, note H. Lécuyer ; *RTD civ.* 1997. 414, obs. J. Hauser.
3. Civ. 2e, 25 nov. 1999, n° 97-16.488, P II, n° 177 ; *RTD civ.* 2000. 89, obs. J. Hauser – Civ. 1re, 11 janv. 2005, n° 03-16.719, P ; *JCP* 2005. IV. 1342 (préc., v. ss n° 0952.45) – Civ. 1re, 23 nov. 2011, n° 10-26.802, P I, n° 204 ; *JCP* 2011. Actu. 1346 ; *Gaz. Pal.* 6-7 janv. 2012. 25 à 28, note E. Mulon ; *AJ fam.* 2012. 47, note S. David.
4. Civ. 2e, 6 mai 2004, n° 02-18.985, P II, n° 220 ; *AJ fam.* 2004. 284, obs. S. David ; *RTD civ.* 2004. 559, obs. R. Perrot ; *JCP* 2004. IV. 2305 ; *Rev. huiss.* 2004. 300.

C. pr. exéc. depuis la loi du 23 décembre 2021[1] qui a pris en compte les accords résultant des divers modes de résolution amiable des différends. En effet, les parties peuvent conclure une transaction pour terminer ou prévenir, par des concessions réciproques, une contestation née ou future (C. civ., art. 2044). Lorsqu'elle intervient au cours d'un procès, il appartient au juge qui constate l'extinction de l'instance, de donner force exécutoire à l'acte constatant leur accord (C. pr. civ., art. 384). Les parties peuvent aussi prendre l'initiative de tenter de résoudre amiablement leur différend avec l'assistance d'un médiateur, d'un conciliateur de justice ou de leurs avocats, lorsque ces derniers interviennent dans le cadre d'une procédure participative, dès lors que le litige relève d'une juridiction de l'ordre judiciaire (C. pr. civ., art. 128 et 1529). Il s'agit d'un processus conventionnel qui se déroule, en principe, en dehors de toute procédure judiciaire (C. pr. civ., art. 1530), mais qui peut aussi être initié au cours d'une instance, à la diligence du juge ou des plaideurs (C. pr. civ., art. 127 s. et 820). À cet égard, le JAF peut proposer aux époux, dans le cadre d'un divorce judiciaire ou aux parents, à l'occasion du règlement des modalités d'exercice de l'autorité parentale, une mesure de médiation leur permettant de résoudre amiablement leurs difficultés (C. civ., art. 255 et 373-2-10 – C. pr. civ., art. 1071).

Les accords issus de la médiation, de la conciliation de la procédure participative, ainsi que de la transaction conlue sans qu'il ait été recouru à l'une de ces trois modalités de règlement amiable, peuvent être soumis, aux fins de les rendre exécutoires, à l'homologation du juge compétent pour connaître de la matière considérée. Celui-ci ne peut qu'accepter ou refuser d'homologuer l'accord, sans pouvoir en modifier la teneur. S'il est fait droit à la requête, tout intéressé peut en référer au juge qui a rendu la décision. Le refus peut faire l'objet d'un appel jugé selon la procédure gracieuse (C. pr. civ., art. 1143, 1565 à 1567 – V. égal., C. pr. civ, art. 131, 131-12, 824, 1535, 1541 et 1557). Toutefois, lorsque la transaction ou l'acte constatant l'accord issu de la médiation, conciliation ou procédure participative, a été contresigné par les avocats de chacune des parties, il peut être revêtu de la formule exécutoire par le greffe de la juridiction compétente sans avoir besoin d'être homologué car il constitue un titre exécutoire énoncé au 7° de l'article L. 111-3 C. pr. exéc. L'acte de procédure contresigné par avocat est établi conjointement par les conseils des parties à un litige ayant ou non donné lieu à la saisine d'une juridiction, en dehors ou dans le cadre d'une procédure participative (C. pr. civ., art. 1546-3, al. 1er).

1. L. n° 2021-1754, 23 déc. 2021, art. 100, VIII.

0952.49 **État exécutoire.** Il résulte des dispositions restrictives de l'article L. 213-1 C. pr. exéc. que les états exécutoires émis par les établissements publics de santé ou par l'Administration de l'action sociale à l'encontre des débiteurs alimentaires des personnes hospitalisées ou admises en maison de retraite avec le bénéfice de l'aide sociale, ne peuvent justifier valablement une mesure de paiement direct. L'émission de tels titres pour le recouvrement des frais de séjours impayés, lorsqu'elle est fondée sur le rapport alimentaire, est d'ailleurs parfaitement illégale, l'Administration étant tenue de faire fixer la part contributive de chacun des coobligés, par le juge des affaires familiales (CASF, art. L. 132-6 et L. 132-7 – CSP, art. L. 6145-11)[2]. Le juge judiciaire est seul compétent pour connaître des litiges nés de ces titres irréguliers et notamment, pour paralyser leur exécution en ordonnant la discontinuité des poursuites entreprises en vertu de ces derniers. L'émission et la mise à exécution de ces états exécutoires s'apparentent à une véritable voie de fait[3].

B.
Caractères et notification du titre judiciaire

0952.51 **Autorité de la chose jugée.** L'exigence d'une décision judiciaire exécutoire ne présente pas de spécificité en matière de paiement direct. Elle découle de la nature même de cette procédure qui s'apparente à une mesure d'exécution forcée (C. pr. exéc., art. L. 111-2). Ce qui est plus original, dans le domaine du recouvrement des créances alimentaires, c'est que les décisions qui les consacrent et en fixent le montant ont une autorité de chose jugée éphémère en raison du principe de variabilité caractérisant les PAL. La décision judiciaire fixant une PAL ne possède l'autorité de la chose jugée qu'aussi longtemps que demeurent inchangées les circonstances au regard desquelles elle est intervenue[4]. Ce principe favorise la multiplication des décisions modificatives qui se succèdent ou parfois se télescopent, au gré de l'exercice des voies de recours et des changements survenant dans la situation économique des sujets du rapport alimentaire (v. ss nos 0952.201 s.).

2. T. confl. 21 oct. 2002, n° 02-03.280, P, n° 22 – Civ. 1re, 8 juin 2004, n° 02-12.131, P I, n° 163 ; *D.* 2004. 2474 ; *RTD civ.* 2004. 724, obs. J. Hauser ; *JCP* 2005. II. 10023, note M. Rebourg.
3. T. confl. 12 mai 1997, nos 97-03.012 et 97-03.013, P, nos 8 et 9 – Civ. 1re, 30 juin 1998, n° 96-13.069, P I, n° 232 ; *Defrénois* 1999, art. 36497, n° 1 ; *RDSS* 1998. 849, obs. P. Ligneau – Civ. 1re, 22 juin 1999, n° 97-13.279, P. I, n° 215 ; *D.* 1999. 146 note J. Massip ; *RTD civ.* 1999. 829, obs. J. Hauser.
4. Civ. 1re, 16 juin 1993, n° 91-19.904, P I, n° 216 ; *RTD civ.* 1993. 816, obs. J. Hauser.

Le **chevauchement de décisions successives** est une difficulté fréquente de la procédure de paiement direct à laquelle le praticien doit prendre garde. On peut relever à titre d'exemple que les mesures provisoires ordonnées au cours d'une procédure de divorce en vertu de l'article 255 C. civ. se substituent d'office à la contribution ménagère, dès le prononcé de l'ONC[1] devenue, depuis la suppression de la phase de conciliation par la loi du 23 mars 2019 (art. 22, I, 5°), l'ordonnance sur les mesures provisoires.

Les **étapes successives de la procédure de divorce** donnent également lieu à des décisions adoptant des mesures provisoires que le jugement prononçant la rupture du lien matrimonial rend caduques de plein droit. Ainsi ce jugement prive d'effet, lorsqu'il passe en force de chose jugée, l'ordonnance allouant à l'épouse une PAL au titre du devoir de secours. Toutefois, lorsque les deux parties y ont successivement acquiescé, il ne passe en force de chose jugée qu'au moment du dernier acquiescement. Dans cette hypothèse, les arrérages échus entre les deux acquiescements restent dus et leur recouvrement peut être effectué au moyen d'une mesure d'exécution forcée[2]. En cas d'appel, les mesures provisoires adoptées pour le cours de l'instance, notamment en ce qui concerne la contribution à l'entretien de l'enfant, ont vocation à s'appliquer jusqu'à ce que l'arrêt devienne exécutoire, soit jusqu'à sa signification[3].

0952.52 **Force exécutoire.** Les conditions dans lesquelles la décision judiciaire acquiert force exécutoire sont déterminées par l'article 504 C. pr. civ. Il convient seulement de rappeler qu'en principe, une décision de justice ne devient exécutoire qu'à l'expiration des délais d'exercice des voies de recours ayant un effet suspensif (l'opposition, l'appel et, exceptionnellement, le pourvoi en cassation).

Toutefois, la force exécutoire ne se confond pas toujours avec la force de chose jugée. En effet, la décision fixant la créance à caractère alimentaire peut être assortie de l'exécution provisoire, soit parce que celle-ci a été ordonnée par le juge, soit parce qu'elle résulte de la loi. Il convient à cet égard de préciser que si l'exécution provisoire de droit, qui bénéficie aux décisions de première instance en vertu de l'article 514 C. pr. civ., a été écartée par le premier alinéa de l'article 1074-1 du même code pour les décisions du JAF mettant fin à l'instance, elle a été maintenue par le second alinéa de ce texte pour celles ordonnant des mesures à caractère alimentaire. En effet, selon le second alinéa de l'article 1074-1 C. pr. civ., les mesures portant sur la PAL, la participation à l'entretien et à l'éducation de l'enfant, la contribution aux charges du mariage et toutes celles prises en application de l'article 255 C. civ., sont exécutoires de droit à titre provisoire. Ce texte issu, à l'origine, du décret du 29 octobre 2004[4] généralise l'exécution provisoire de droit à la plupart des décisions du JAF relatives aux aliments.

Sont notamment concernés les ordonnances adoptant ou homologuant les mesures provisoires pour le cours de l'instance en divorce ou en séparation de corps, les jugements prononçant le divorce pour les mesures accessoires qui y sont prescrites ou homologuées, les décisions modifiant ces mesures provisoires ou accessoires (C. pr. civ., art. 1083). Sont également concernés les jugements accordant une PAL à un ascendant ou à un enfant majeur et ceux fixant une contribution pour l'entretien et l'éducation d'un enfant naturel ou une contribution ménagère à la charge d'un époux, même lorsque celle-ci est ordonnée par la décision qui rejette le divorce, en application de l'article 253 C. civ (C. civ., anc. art. 258). À noter que la suppression par le tribunal de la pension accordée à l'épouse pour la durée de l'instance constitue une modification de la mesure provisoire et, partant, est exécutoire de plein droit par provision[5].

En revanche, les jugements relatifs aux actions à fin de subsides ne sont pas, de droit, exécutoires à titre provisoire (C. pr. civ., art. 149, al. 2). Ils peuvent néanmoins, en application de l'article 515 C. pr. civ., bénéficier de l'exécution provisoire sur décision du juge. De même, la prestation compensatoire n'est pas assortie de l'exécution provisoire de droit. L'article 1079 C. pr. civ. interdit même au juge de l'ordonner, sauf lorsque l'absence d'exécution aurait des conséquences manifestement excessives pour le créancier en cas de recours sur cette prestation alors que le prononcé du divorce a acquis force de chose jugée. Il appartient au juge qui décide d'assortir sa décision de l'exécution provisoire de caractériser les circonstances permettant de conclure que l'absence d'exécution aurait des conséquences manifestement excessives en cas d'appel sur la prestation compensatoire[6]. Lorsque l'exécution provisoire peut être ordonnée par le juge, la décision qui répare l'omission de statuer sur la demande tendant à en bénéficier n'a pas

1. Civ. 2e, 30 nov. 1994, n° 92-20.656, P II, n° 245 – V. AUSSI : Bordeaux, 21 nov. 1994, *JCP N* 1996. II. 38.
2. Civ. 1re, 31 mars 2010, n° 09-12.770, P I, n° 79 ; *D.* 2011. 1107, obs. M. Douchy-Oudot ; *RTD civ.* 2010. 310, obs. J. Hauser ; 618, obs. R. Perrot ; *Dr. et proc.* 2010. 208, obs. Choquet ; *Dr. fam.* mai 2010, p. 36, note V. Larribau-Terneyre.
3. Civ. 1re, 1er déc. 2010, n° 08-22.010, P I, n° 249 ; *AJ fam.* 2011. 154, obs. M. Douris ; *Dr. et proc.* 2010. 53.
4. Décr. n° 2004-1158, 29 oct. 2004, portant réforme de la procédure en matière familiale, *JO* 31 oct., p. 18492.
5. Paris, 8 févr. 1985, *Bull. ch. avoués* 1985. 2. 61 – RAPPR. : Civ. 2e, 4 févr. 1981, *D.* 1983. 79, obs. J.-C. Groslière.
6. Civ. 1re, 19 mars 2014, n° 12-29.653, P I, n° 41 ; *Dr. et proc.* 2014. 115, obs. T. Vinckel.

d'effet rétroactif. Elle ne peut donc fonder, en cas d'appel, une mesure de paiement direct pour le recouvrement des termes échus avant son prononcé[1].

Cette banalisation de l'exécution provisoire explique sans doute la précipitation de certains créanciers qui se croient dispensés, du seul fait que la décision bénéficie de l'exécution provisoire de droit, de signifier préalablement celle-ci à leurs débiteurs.

0952.53 Portée de l'effet suspensif des délais et voies de recours. On a cru pouvoir soutenir devant le Conseil d'État, lors du recours en annulation du décret du 11 décembre 2019 réformant la procédure civile[2], qu'il existait une contradiction entre le **nouveau principe de l'exécution provisoire de droit des décisions de première instance** (sauf disposition contraire de la loi ou du jugement), consacré par l'article 514 C. pr. civ. dans sa rédaction issue du décret précité, et le **principe traditionnel de l'effet suspensif des délais et voies de recours ordinaires** posé par l'article 539, du même code, demeuré inchangé.

Or, le Conseil d'État[3] n'a pas retenu cette prétendue contradiction en relevant qu'il résulte de la combinaison de ces différentes dispositions, que la règle selon laquelle le délai de recours par une voie ordinaire, ainsi que l'exercice d'un tel recours, suspendent, tous deux, l'exécution du jugement et ne trouve désormais à s'appliquer que :

– *d'une part* dans les hypothèses où le juge de première instance a usé de la faculté d'écarter l'exécution provisoire de droit ou a décidé de ne pas prononcer l'exécution provisoire lorsqu'elle n'était que facultative ;

– *d'autre part* dans les matières limitativement prévues par la loi, où l'exécution provisoire est exclue.

Cette décision qui clarifie une contradiction apparente, revêt une importance particulière en ce qui concerne les décisions rendues en matière d'aliments, pour lesquelles l'exécution provisoire peut être de droit ou interdite, selon la nature de la créance alimentaire, comme cela a été précédemment évoqué (v. s^s^ n° 0952.52).

0952.54 Signification préalable de la décision. Selon l'article 503 C. pr. civ., les jugements ne peuvent être exécutés contre ceux auxquels on les oppose, qu'après leur avoir été notifiés. Ce texte a une portée générale et s'applique à toutes les décisions de justice, même si elles sont immédiatement exécutoires, la partie condamnée devant être officiellement informée et mise en mesure de s'exécuter volontairement (il en est jugé ainsi à propos des ordonnances de référés[4] ; et à propos des jugements pénaux contradictoires statuant sur les intérêts civils[5]).

Les ordonnances du JAF modifiant le montant de la PAL allouée par le jugement de divorce doivent également être notifiées au débiteur préalablement à l'engagement de la procédure de paiement direct. La notification de ces ordonnances au tiers, lors de la transmission de la demande de paiement direct, ne dispense pas le créancier alimentaire de respecter les dispositions de l'article 503 C. pr. civ[6]. Il appartient au créancier poursuivant d'établir la preuve de la notification du titre dont il se prévaut[7]. Cette notification doit être faite par voie de signification, la preuve de l'accomplissement de cette formalité ne peut être rapportée que par la production de cet acte, sauf le cas de force majeure[8]. La signification du titre exécutoire (un jugement assorti de l'exécution provisoire condamnant un mari à verser une contribution ménagère à son épouse) suffit à justifier la notification d'une mesure de paiement direct, laquelle n'a pas à être précédée d'une mise en demeure, ni même d'une sommation[9].

Les praticiens doivent tout particulièrement veiller à la notification régulière de la décision qui doit servir de base à la demande de paiement direct. La jurisprudence témoigne en effet d'une certaine tendance à l'exécution prématurée en matière d'aliments[10].

0952.55 Caducité du titre exécutoire. La caducité du titre exécutoire[11] ne permet pas le recouvrement, par voie de paiement direct, des arrérages échus postérieurement à cette caducité. En revanche, ceux qui étaient exigibles avant celle-ci devraient pouvoir justifier, s'ils s'inscrivent dans la limite des six derniers mois, l'engagement de cette mesure. En effet, sauf disposition contraire, la caducité d'un titre exécutoire ne le prive pas de son efficacité pour la période antérieure. Ainsi, les mensualités d'une PAL dues au titre de la période ayant précédé la caducité

1. Civ. 2e, 22 oct. 2009, n° 08-19.559, P II, n° 249 ; *Dr. et proc.* 2010. 61, obs. E. Putman ; *D.* 2009. 2692 ; *AJ fam.* 2010. 80, obs. I. Gallmeister.
2. Décr. n° 2019-1333, 11 déc. 2019, réformant la procédure civile, *JO* 12 déc., texte 3.
3. CE 22 sept. 2022, req. n°s 436939 et 437002, *D. actu.* 3 et 4 oct. 2022, obs. M. Barba ; *Gaz.-Pal.* 15 nov. 2022, p. 15, obs. N. Reichling.
4. Paris, 23 mars 1984, *D.* 1984. 248.
5. Civ. 2e, 15 mars 1995, n° 93-13.655, P II, n° 88.
6. Civ. 2e, 6 janv. 1988, n° 06-16.806, P II, n° 1 ; *JCP* 1988. IV. 94.
7. Civ. 2e, 21 déc. 2006, n° 05-19.679, P II, n° 383 ; *Procédures* 2007, n° 86, note R. Perrot.
8. Civ. 2e, 8 déc. 2016, n° 16-12.297, P II, n° 245.
9. Civ. 2e, 24 févr. 2005, n° 02-18.173, P II, n° 42 ; *D.* 2005. 793 ; *AJ fam.* 2005. 243 ; *JCP* 2005. Somm. IV. 1729.
10. Civ. 2e, 6 janv. 1988, n° 86-16.806, P II, n° 1 ; *Gaz. Pal.* 1988. 2. Pan. 178 ; *Rev. huiss.* 1988, n° 1739, note A. Lescaillon.
11. Civ. 2e, 14 janv. 1987, n° 85-14.429, P II, n° 11 ; *JCP* 1987. IV. 91.

d'une convention temporaire homologuée ne sont pas atteintes par cette caducité[1].

§ 3
Existence d'un incident de paiement

0952.61 **Exigence d'une faute.** La procédure de paiement direct s'apparente à une mesure d'exécution forcée. Sa mise en œuvre ne se justifie, en principe, que si le débiteur fait preuve d'inertie dans le paiement des aliments. Les frais du paiement direct demeurant à sa charge (C. pr. exéc., art. L. 111-8), il serait injuste de les lui faire supporter s'il se conforme volontairement à la décision judiciaire.

Toutefois, la mesure de paiement directe peut être exceptionnellement engagée en l'absence de tout incident de paiement.

C'est le cas lorsque le débiteur accepte la mesure. Dans cette hypothèse, la notion de faute ne joue évidemment aucun rôle.

A.
Mise en œuvre en cas de défaillance

0952.71 **Sévérité de la loi.** Selon l'article L. 213-1 alinéa 2 C. pr. exéc., la demande de paiement direct est recevable dès qu'une échéance n'est pas payée à son terme. Le débiteur est ainsi présumé en faute à partir du moment où son obligation est inexécutée, totalement ou partiellement, ou exécutée avec retard. La demande de paiement direct est recevable dès qu'une échéance de la pension n'est pas réglée à son terme, sans qu'une sommation de payer préalable soit nécessaire, étant précisé que c'est au débiteur de rapporter la preuve du paiement[2].

L'obligation alimentaire s'analyse donc en une obligation de résultat, seule une cause étrangère pouvant avoir un effet exonératoire.

Les juridictions du fond ont parfois tendance, en fonction des circonstances, à admettre certaines excuses tirées du rattrapage du retard, de la modicité de l'impayé ou de l'ignorance du débiteur.

0952.72 **Défaut de paiement même partiel.** La procédure de paiement direct peut être engagée dès qu'une échéance est impayée. Il faut préciser qu'il y a défaut de paiement dès lors que celui-ci a été effectué entre les mains d'une personne autre que celle désignée par la décision de justice pour le recevoir. La Cour de cassation rappelle à cet égard que la contribution à l'entretien d'enfants majeurs qui ne peuvent subvenir à leurs besoins, doit être versée directement au parent qui en assume la charge à titre principal, même si ces enfants ne vivent pas avec lui. Le paiement fait à ces derniers n'est donc pas libératoire[3]. Un seul impayé suffit, même s'il est partiel, à la différence de ce qui est exigé par le Code pénal en matière d'abandon de famille (deux mois en vertu de C. pén., art. 227-3).

D'une manière générale, le défaut partiel de paiement résulte, soit d'un défaut d'indexation, soit d'une compensation prohibée.

Il convient de relever que la faculté, pour le créancier, d'engager la procédure de paiement direct dès le premier impayé, total ou partiel, ne s'applique pas lorsque la créance alimentaire est recouvrée, dans le cadre d'une intermédiation financière, par un organisme débiteur des prestations familiales. Dans ce cas, le débiteur défaillant est préalablement invité à régulariser sa situation (v. s^s n° 0952.73).

0952.73 **Incident de paiement en cas d'intermédiation financière.** Lorsqu'un défaut de paiement s'est produit au cours ou avant l'engagement de l'intermédiation financière d'un organisme débiteur des prestations familiales, le recouvrement forcé par voie de paiement direct est précédé par une **tentative de régularisation** (CSS, art. R. 582-8, I et II).

Ainsi, dans les quinze jours qui suivent une échéance impayée, l'organisme débiteur des prestations familiales informe par tout moyen donnant date certaine à la réception de cette information, le parent débiteur de la nécessité de régulariser sa situation, dans un délai maximal de quinze jours courant à compter de la date de réception de la notification, à défaut de quoi il sera procédé à l'engagement d'une procédure de recouvrement forcé. En l'absence de paiement de la PAL dans ce délai, l'organisme précité met en œuvre une procédure de recouvrement forcé de la pension alimentaire. Le débiteur qui s'est acquitté durant au moins six mois consécutifs du paiement des termes courants de la PAL à l'organisme débiteur des prestations familiales par voie de recouvrement forcé, peut en demander la levée. Il adresse sa demande à cet organisme qui met fin à la procédure de recouvrement forcé dès le premier paiement volontaire effectif de la PAL à l'organisme, à condition que la dette constituée, au titre des arriérés, soit apurée.

Lorsqu'à la mise en œuvre de l'intermédiation, le parent créancier demande le recouvrement de la pension impayée, l'organisme débiteur des prestations

1. Civ. 2e, 6 mai 2004, n° 02-18.985, P II, n° 220 ; *D.* 2004. 1564 ; *AJ fam.* 2004. 284, obs. S. David ; *RTD civ.* 2004. 559, obs. R. Perrot – Civ. 1re, 9 févr. 2011, n° 09-72.653, P I, n° 26 ; *AJ fam.* 2011. 153, obs. S. David ; *RTD civ.* 2011. 329, obs. J. Hauser ; p. 591, obs. R. Perrot.
2. Civ. 2e, 24 févr. 2005, n° 02-18.173, P (préc., v. s^s n° 0952.54).
3. Civ. 2e, 26 sept. 2002, n° 01-12.075, P II, n° 191 ; *D.* 2002. 2848 ; *RTD civ.* 2003. 74, obs. J. Hauser.

familiales procède, dans un délai de quinze jours à compter de cette demande, à l'introduction de la procédure de recouvrement appropriée. Ce recouvrement porte sur les termes échus antérieurement à la mise en œuvre effective de l'intermédiation financière, dans la limite des deux années précédant la demande de recouvrement. L'organisme débiteur des prestations familiales informe, par tout moyen donnant date certaine à la réception de cette information, le parent débiteur de la nécessité de régulariser sa situation ou d'accepter un échéancier de paiement, dans un délai maximal de trente jours, à défaut de quoi il sera procédé à l'engagement de la procédure de recouvrement forcé. L'échéancier de paiement volontaire de la dette doit permettre le versement mensuel d'un montant minimal équivalent à 20 % de la pension alimentaire fixée par le titre exécutoire, arrondi à l'euro supérieur, et son apurement définitif selon les modalités prévues à l'article R. 213-11 C. pr. exéc. Le premier règlement amiable de la PAL doit intervenir dans un délai maximal de dix jours à compter de l'établissement du plan d'apurement. À défaut de versement dans ce délai, le débiteur est avisé qu'il est procédé au recouvrement forcé des créances concernées. L'organisme débiteur des prestations familiales rend compte au parent créancier des actes effectués pour son compte. Il l'informe de l'apurement définitif de la dette constituée au titre des arriérés et lui indique le décompte des sommes qui lui ont été reversées. Il lui précise, le cas échéant, les motifs qui ont conduit à l'échec de la procédure de recouvrement.

0952.74 **Origine des impayés.** Généralement, la défaillance des débiteurs d'aliments trouve sa cause dans une perte d'emploi, une situation de surendettement ou des charges supplémentaires résultant de la fondation d'une nouvelle famille. Mais bien souvent, les incidents de paiement sont le fruit d'un défaut d'indexation ou d'une compensation prohibée.

0952.75 **Non-indexation.** C'est au débiteur d'aliments d'indexer spontanément à la date prévue, la pension dont il est redevable et ce, sans attendre que le créancier procède lui-même à cette opération. C'est une conséquence du principe selon lequel la PAL est portable et non quérable et payable d'avance (C. civ., art. 1343-4). La portabilité emporte, selon l'expression de J. Massip, « *un devoir d'initiative à la charge du débiteur* »[1] (en sens contraire, R. Perrot[2] considère qu'il appartient au créancier de liquider sa créance en lui appliquant l'indexation). Malheureusement de nombreux débiteurs, souvent par ignorance, font preuve d'attentisme[3]. Ils sont néanmoins susceptibles de tomber sous le coup d'un paiement direct[4].

Lorsque le paiement direct a été engagé à l'occasion d'une intermédiation financière, c'est l'organisme débiteur des prestations familiales qui procède à la revalorisation de la PAL. Si celle-ci a été fixée par une décision judiciaire ou une convention homologuée par le juge, la revalorisation est effectuée selon les modalités prévues par le titre à moins que celui-ci ait exclu cette révision.

Lorsque la PAL a été fixée par l'un des titres exécutoires mentionnés aux 3° à 6° du I de l'article 373-2-2 C. civ. et au 2° du même I de cet article (si la convention homologuée n'a rien prévu), l'organisme procède automatiquement à une revalorisation annuelle à la date anniversaire du titre, en fonction de l'indice des prix à la consommation hors tabac, France entière, publiée par l'Institut national de la statistique et des études économiques (Insee) (CSS, art. L. 582-1, al. 9 et R. 582-7, al. 1er – C. civ., art. 373-2-2, IV).

0952.76 **Compensation interdite.** Selon l'article 1293, 3° devenu l'article 1347-2 C. civ., la compensation n'a pas lieu dans le cas d'une dette qui a pour cause des aliments déclarés insaisissables. Il résulte de ce texte que si la partie dont la créance est insaisissable peut demander, par voie d'exception, que les sommes qui lui sont dues se compensent avec celles dont elle est elle-même débitrice[5], en revanche celle dont la créance est saisissable ne peut se prévaloir de ce mode d'extinction de la dette. Ainsi un mari en instance de divorce ne peut compenser sa dette alimentaire envers son épouse avec les sommes payées par lui à titre de taxes et d'impositions afférentes à des immeubles de la communauté[6].

Une décision d'une juridiction du fond[7] a tenté de tourner la difficulté dans une espèce ou le débiteur, tout en ayant commis des incidents de paiement, avait finalement payé plus qu'il ne devait, en se référant, non à la notion de compensation, mais à celle de paiement anticipé[8]. Une telle pratique de la part du débiteur ne peut être admise car le créancier doit pouvoir compter sur le paiement régulier des aliments nécessaires à sa subsistance.

1. J. Massip, note ss Paris, 23 mai 1980, *D.* 1980. 532.
2. R. Perrot, note ss Paris, 23 mai 1980, *RTD civ.* 1981. 910.
3. TI Orange, 12 févr. 1974, *RTD civ.* 1974, n° 680, obs. Perrot.
4. Paris, 9 mai 1980 et Paris, 23 mai 1980, *D.* 1980. 532, note J. Massip ; *RTD civ.* 1981. 910, obs. R. Perrot – Civ. 2e, 5 juin 1985, n° 84-11.561, P II, n° 110 ; *D.* 1986. 113, obs. A. Bénabent.
5. Civ. 2e, 10 mars 1965, *D.* 1965. 350.
6. Paris, 13 juill. 1978, *Gaz. Pal.* 1978. 2. 625 – V. AUSSI : Civ. 2e, 9 juill. 1997, n° 95-21.038, P II, n° 220 ; *D.* 1998. 544, note G. Yamba ; *RTD civ.* 1997. 914, obs. J. Hauser ; *JCP* 1998. II. 10033, note E. Pataut – Civ. 2e, 2 oct. 1997, n° 95-19.358, P II, n° 239 ; *D.* 1997. 216.
7. Aix-en-Provence, 27 avr. 1988, *Juris-Data* n° 045445.
8. OBS. CRIT. : J. Miguet, *J.-Cl. Pr. civ.*, fasc. 2290, n° 36.

En revanche la compensation pourrait être acceptée si les parties se doivent mutuellement des sommes à caractère alimentaire (il en a été jugé ainsi dans un cas rare de pensions croisées, mais pouvant être étendu à d'autres hypothèses [1]). La compensation ne peut cependant jouer entre la pension due à l'ex-mari et les aliments dus par lui à son ex-épouse pour les enfants du ménage, les deux créances ne concernant pas les mêmes personnes [2] (sur la compensation judiciaire, v. s^s n°s 0952.271 s.).

0952.77 **Retard de paiement même léger.** Les PAL, les contributions ménagères et les prestations compensatoires sous forme de rente, sont stipulées payables mensuellement et d'avance. Leur versement à terme échu est donc proscrit et peu justifier une demande de paiement direct. Ainsi n'a pas suffi à exonérer le débiteur, un retard de vingt jours seulement [3].

Dès lors que la décision accordant les aliments est exécutoire, même à titre provisoire, et que son titulaire a décidé de s'en prévaloir en la faisant signifier, le débiteur est tenu de s'y conformer sans attendre d'être mis en demeure par une lettre recommandée ou une sommation. À défaut de règlement de l'échéance au terme fixé, la mesure de paiement direct peut être immédiatement engagée. A ainsi été cassé un arrêt ayant donné mainlevée d'un paiement direct notifié quatre jours après la signification du jugement exécutoire de droit par provision [4].

0952.78 **Cause étrangère.** Le fait d'un tiers est de nature à exonérer le débiteur.

Il en est ainsi lorsque les retards dans l'exécution d'un virement automatique d'une pension sont imputables à une erreur de la banque puis à des perturbations de son système informatique. La mise en œuvre du paiement direct apparaît, en cette circonstance, abusive [5].

B. Mise en œuvre en l'absence de défaillance

0952.81 **Cas de la contribution ménagère.** La contribution aux charges du mariage de l'article 214 C. civ. est due même si le conjoint bénéficiaire n'est pas dans le besoin [6] et peut inclure des dépenses d'agrément telle que l'acquisition d'une résidence secondaire [7]. Bien qu'ayant un fondement différent et un objet plus large que la PAL, elle bénéficie d'un régime aussi favorable, voire plus favorable que celle-ci, tout au moins jusqu'au décret du 29 octobre 2004 [8]. Ainsi selon l'ancien article 1069-5 C. pr. civ., le jugement fixant la contribution ménagère était, de droit, exécutoire à titre provisoire. Le même texte disposait que la notification de la décision au conjoint débiteur et à l'un des tiers mentionnés à l'article 1er de la loi du 2 janvier 1973, valait demande de paiement direct. La notification devait être faite par lettre recommandée avec accusé de réception (LRAR), à la diligence d'un commissaire de justice.

Dans ce cas particulier, aucun incident de paiement n'était requis pour la mise en œuvre de la procédure. Il n'était même pas nécessaire d'adresser une mise en demeure préalable [9]. En réalité, la notion de faute n'était pas totalement absente. Elle se situait en amont du jugement fixant la contribution qui aurait dû être versée spontanément sans l'intervention du juge. Les dispositions de l'article 1069-5 C. pr. civ. ont été abrogées par le décret du 29 octobre 2004 précité.

0952.82 **Cas de l'accord du débiteur.** Afin de prévenir les risques d'impayé le législateur a voulu associer le débiteur au bon déroulement du recouvrement en dégageant le paiement direct de toute idée de faute. Ainsi aux termes des dispositions de l'article R. 213-9 C. pr. exéc., devant le juge saisi d'une demande de PAL, le débiteur peut accepter que le recouvrement se fasse par voie de paiement direct. Dans cette hypothèse, il indique le tiers débiteur qui sera chargé du paiement. L'extrait du jugement constatant l'accord des parties est alors notifié à ce tiers, selon les règles prévues aux alinéas 1er et 2 de l'article R. 213-1 C. pr. exéc. (notification à la diligence d'un commissaire de justice par LRAR).

Un dispositif analogue a été adopté par l'article R. 213-9-1 C. pr. exéc. lorsque la convention de divorce ou de séparation de corps par consentement mutuel conclue par acte sous signature privée dans les conditions des articles 229-1 s. C. civ., prévoit que la PAL donne lieu à paiement direct. Dans ce cas, le débiteur indique l'identité et les coordonnées du tiers qui sera chargé du paiement. L'extrait de la convention lui est notifié selon les règles prévues aux alinéas 1er et 2e de l'article R. 213-1 du code précité.

1. Nancy, 4 nov. 1996, *Juris-Data* n° 48398.
2. Crim. 30 juill. 1931, *D.* 1931. 476.
3. Civ. 2e, 10 févr. 1988, n° 86-17.742, P II, n° 37 ; *D.* 1988. 57 ; *Gaz. Pal.* 1988. Pan. 129 – SUR LES RETARDS DE PAIEMENT : TI Angoulême, 27 juin 1990, n° 841, NP.
4. Civ. 2e, 14 janv. 1987, n° 85-14.429, P (préc., v. s^s n° 0952.55) – V. ÉGAL. Civ. 2e, 24 févr. 2005, n° 02-18.173, P (préc., v. s^s n°s 0952.54 et 0952.71).
5. Versailles, 14 juin 1983, *D.* 1984. 99 ; *RTD civ.* 1984. 372 s., obs. R. Perrot.
6. Civ. 1re, 23 juin 1970, n° 68-13.491, P I, n° 220 ; *D.* 1971. 162, note C. Larroumet.
7. Civ. 1re, 20 mai 1981, n° 79-17.171, P I, n° 176.
8. Décr. n° 2004-1158, 29 oct. 2004, portant réforme de la procédure en matière familiale, *JO* 31 oct., texte 6.
9. Civ. 2e, 14 janv. 1987, n° 85-14.429, P (préc., v. s^s n°s 0952.55 et 0952.77) ; *JCP* 1987. IV. 91.

SECTION 3

Assiette du paiement direct

0952.90 Créances susceptibles de paiement direct. Plan. Selon l'article L. 213-1 C. pr. exéc., tout créancier d'une PAL peut s'en faire payer directement le montant par les tiers redevables de sommes liquides et exigibles envers son propre débiteur. La procédure de paiement direct s'analyse donc pour certains en une saisie-attribution particulière qui se distingue de la saisie de droit commun par son **formalisme simplifié** (remplacement des exploits par des lettres recommandées). Comme cette dernière, elle vise à intercepter entre les mains d'un tiers étranger au rapport alimentaire, une créance personnelle du débiteur d'aliments et ce, afin de la transporter dans le patrimoine du créancier de la pension, de la rente ou des subsides. Comme en matière de saisie-attribution, cette créance du débiteur sur le tiers doit exister dans son patrimoine et peut avoir pour origine une obligation à exécution instantanée ou successive. À l'instar de la saisie-attribution, le paiement direct peut donc porter sur des dépôts en banque ou chez un notaire, sur le prix de vente d'un bien quelconque, sur des indemnités d'assurance, des dommages-intérêts, des loyers et fermages, *etc.*

Toutefois, la comparaison doit s'arrêter là. En effet, la créance objet du paiement direct doit être liquide et exigible, ce qui n'est pas requis en matière de saisie-attribution. Il n'est pas certain qu'elle ait besoin d'être disponible entre les mains du tiers en considération du droit de préférence absolue qui est reconnu au créancier alimentaire.

Par ailleurs et c'est là son autre originalité, le paiement direct a un champ d'application beaucoup plus large que la saisie-attribution puisqu'il couvre aussi celui de la saisie des rémunérations. Il inclut donc les salaires et leurs accessoires (C. trav., art. L. 3252-1 s. et R. 3252-1 s.), les traitements et soldes des fonctionnaires civils et militaires (C. pr. exéc., art. L. 212-15 et L. 212-16), les pensions de retraite et rente d'invalidité servies par la Sécurité sociale (CSS, art. L. 355-2)[1], les allocations versées dans le cadre d'un contrat de sécurisation professionnelle, les allocations d'assurance chômage et les allocations de préretraite (C. trav., art. L. 5428-1) ainsi que les indemnités journalières servies au titre des accidents du travail ou de l'assurance maladie-maternité (CSS, art. L. 323-5 et L. 433-3). Son domaine est ainsi assimilable à celui de la saisie administrative à tiers détenteur (SATD).

Cette diversité de l'assiette du paiement direct implique donc une adaptation de sa réglementation spécifique en fonction de la nature différente des créances interceptées. Il est parfois nécessaire de faire des emprunts aux règles de la saisie bancaire ou de la saisie des rémunérations, notamment pour déterminer la limite des sommes saisissables.

Il convient donc d'examiner les caractères (§ 1) et la nature (§ 2) des créances saisies.

1. Cass., avis, 21 juill. 1995, nº 09-50.010, P, nº 11.

§ 1

Caractères de la créance attribuée

0952.101 Existence de la créance. La créance contre le tiers doit exister au jour du paiement direct. Elle doit donc, non seulement avoir pris naissance à cette date, mais ne pas être entrée dans le patrimoine d'une autre personne.

Ainsi la créance contre le banquier ou le notaire, dépositaire éventuel en vertu d'une convention d'ouverture de compte ou d'un projet de vente immobilière, n'existe pas encore et n'est pas susceptible de paiement direct, tant que des fonds ne sont pas versés par le client ou que la vente de l'immeuble n'est pas faite (v. s[s] n°s 0812.32 et 0812.33).

De même, la créance de dividendes d'un associé n'existe pas avant que l'organisme compétent ait constaté la présence de sommes à distribuer et déterminé la part revenant à chaque associé. À défaut de cette opération, la société n'est débitrice d'aucun dividende et la mesure d'exécution pratiquée entre ses mains se trouve dépourvue d'effet[2].

La créance qui a fait l'objet, avant le paiement direct, d'une cession, délégation ou saisie ayant un effet attributif immédiat, ne peut plus être transportée dans le patrimoine du créancier alimentaire car elle appartient désormais à un autre que son débiteur (v. s[s] n°s 0812.161 et 0952.181).

0952.102 Exigibilité et liquidité. Ces deux caractères sont requis par le premier alinéa de l'article L. 213-1 C. pr. exéc.

La créance est liquide lorsqu'elle est évaluée en argent ou que le titre contient tous les éléments permettant son évaluation (C. pr. exéc., art. L. 111-6). Le montant des sommes dues par le tiers doit donc être d'ores et déjà déterminé pour que le paiement direct puisse s'effectuer sans contretemps.

La condition d'exigibilité concerne en fait les obligations instantanées dont l'exécution doit pouvoir être demandée dès la mise en place de la mesure. Pour les obligations à exécutions successives, il suffit que la première échéance soit exigible au moment de l'engagement du paiement direct. Dans ce cas, la demande vaut, sans autre procédure, attribution au bénéficiaire des sommes qui en font l'objet au fur et à mesure qu'elles deviennent exigibles (C. pr. exéc., art. L. 213-2, al. 1er). Ainsi, la créance du débiteur malade contre la CPAM est exigible et liquide dès lors qu'à la réception de la demande de paiement direct, cet organisme a déjà enregistré l'avis d'arrêt de travail et déterminé pour le compte du salarié, dès

2. Civ. 2e, 23 nov. 2006, nº 05-20.255, NP ; *RJDA* 2007, nº 537 – Com. 13 sept. 2017, nº 16-13.674, P IV, nº 114 ; *Dr. et proc.* nov. 2017. 233, obs. Vinckel ; *RTD civ.* 2017. 913, obs. N. Cayrol.

l'expiration du délai de carence de trois jours, le montant des indemnités journalières lui revenant. La caisse est alors tenue en tant que tiers en vertu de l'article L. 213-2 C. pr. exéc. (anc[t] L. 2 janv. 1973, art. 2), de verser directement au créancier alimentaire les sommes qui lui ont été allouées par son titre selon les échéances fixées par celui-ci, soit mensuellement et d'avance [1].

Cette condition de liquidité et d'exigibilité n'existe pas en matière de saisie-attribution et de SATD en vertu du principe général posé par l'article L. 112-1 C. pr. exéc. selon lequel toutes les créances du débiteur peuvent être saisies, y compris celles qui sont affectées d'un terme ou d'une condition, ces modalités s'imposant néanmoins au saisissant. En réalité, la différence n'a pas un grand retentissement sur le plan pratique puisque pour obtenir le paiement qui consomme l'effet d'attribution immédiate, le créancier ayant pratiqué une saisie-attribution ou une SATD doit attendre que la créance qu'il a rendue indisponible devienne liquide et exigible.

La condition particulière posée par le Code des procédures civiles d'exécution paraît s'expliquer par un souci d'efficacité et de rapidité. Pour que le paiement direct soit immédiatement productif, il faut qu'il y ait, autant que possible, coïncidence entre l'échéance de la pension mensuelle et celle de la dette du tiers dont le montant doit être d'ores et déjà déterminé.

0952.103 **Disponibilité.** Cette condition particulière requise expressément par l'article L. 211-2 C. pr. exéc. pour la saisie-attribution (et l'ATD qui lui est assimilé) ne figure pas dans les dispositions réglementant la procédure de paiement direct. Peut-on déduire du silence des textes que la créance objet de cette procédure n'a pas besoin d'être disponible ?

La réponse est aisée lorsque la condition de disponibilité tend à se confondre avec celle d'exigibilité. Il en est ainsi pour les fonds déposés sur un compte épargne logement (versements et intérêts capitalisés) qui « *demeurent indisponibles* » jusqu'au moment où leur retrait devient possible (CCH, art. R.* 315-30). Le terme « *indisponible* » est impropre en l'occurrence puisque les fonds déposés sont en réalité payables à terme. La demande de paiement direct n'est donc recevable que si elle intervient au moment où le débiteur d'aliments qui les a épargnés est en droit d'en exiger le versement. En revanche la saisie-attribution demeure possible même si le terme n'est pas encore échu, le paiement des fonds étant cependant différé jusqu'à leur exigibilité (v. s[s] n°s 0831.130 s.).

Il est également facile de se déterminer lorsque l'indisponibilité résulte d'une mise sous séquestre de la créance objet du paiement direct à la suite d'un litige sur sa propriété (C. civ., art. 1961, 2°). Cette consignation temporaire « *pour le compte de qui il appartiendra* », rend les fonds indisponibles jusqu'à ce que leur titulaire soit désigné par justice. Si le paiement direct est engagé avant le dénouement du litige, il ne peut avoir aucun effet, le débiteur d'aliments n'ayant encore aucun droit sur la créance interceptée entre les mains du tiers séquestre ou, en tout cas, qu'un droit conditionnel ou hypothétique suspendu au résultat du procès. La mesure se heurte en fait au caractère incertain et non exigible de la créance (C. pr. exéc., art. L. 213-1 – et v. s[s] n° 0812.22).

Les choses sont moins évidentes lorsque l'indisponibilité est la conséquence d'une mise sous séquestre en vue d'une répartition entre créanciers selon leur rang ou d'une saisie conservatoire emportant consignation des fonds et privilège de l'ancien article 2350 C. civ.

Dans tous ces cas, les sommes consignées entre les mains du notaire, du tiers ou à la Caisse des dépôts et consignations (CDC) sont affectées spécialement au paiement des créanciers inscrits sur l'immeuble, nantis sur le fonds de commerce, admis dans le cadre de la procédure collective ou ayant pratiqué la saisie conservatoire. Toutefois compte tenu du caractère absolu du droit de préférence reconnu au créancier alimentaire par l'article L. 213-1 C. pr. exéc. on peut se demander si ce dernier n'évince pas tous les autres. Le rang d'un privilège est en effet déterminé d'après la faveur attachée par la loi, à la qualité de la créance qu'il garantit.

0952.104 **Saisissabilité.** Le créancier d'aliments ne peut se voir opposer la règle de l'insaisissabilité partielle des rémunérations et des créances assimilées.

Seule une fraction équivalente au revenu de solidarité active (RSA) peut échapper au mécanisme d'attribution de plein droit institué par la procédure de paiement direct (v. s[s] n°s 0952.113 s.).

§ 2
Nature de la créance attribuée

0952.111 **Créance instantanée.** L'énumération très large de l'article L. 213-1 C. pr. exéc. permet d'inclure dans le champ de la procédure de paiement direct toutes les créances du débiteur d'aliments contre le tiers, y compris les créances de salaire.

La créance ayant pour cause une obligation instantanée n'appelle pas d'observation particulière si ce n'est qu'elle doit être exigible au moment de la notification de la demande de paiement direct. Que décider cependant lorsque cette créance représente un capital important comme le prix de vente d'un

1. Civ. 1re, 28 juin 2005, n° 01-17.730, P I, n° 277 ; *JCP* 2005. IV. 2877 ; *D.* 2005. 2102.

immeuble ? Faut-il considérer, en vertu de l'article L. 213-4 alinéa 1er C. pr. exéc., qu'il est attribué de plein droit au créancier à concurrence de la totalité des termes à échoir (outre l'arriéré éventuel), et versé à celui-ci par fraction successive au fur et à mesure que les mensualités de la pension deviennent exigibles ? Le professeur Derrida estime, quant à lui, qu'une telle interprétation n'est pas possible. Il soutient que c'est dans la limite des seules sommes échues au créancier au jour de la demande de paiement direct qu'il convient de déterminer le montant de ce qui doit être retenu par le tiers sur le capital, sans qu'il y ait lieu de procéder à un blocage du surplus de celui-ci. Il relève que l'on ne saurait prendre en compte l'ensemble des arrérages à échoir en raison, notamment, des éventuelles augmentations, réductions ou suppressions liées à la révisibilité de la pension [1].

0952.112 **Créance à exécution successive.** Quant à la créance à exécution successive, il convient de rappeler qu'elle doit trouver sa source dans un acte juridique unique tel qu'un bail ou un prêt. Elle ne doit pas être confondue avec celles qui naissent de contrats successifs mais distincts les uns des autres, même s'ils s'inscrivent à l'intérieur d'une même relation juridique (convention d'affacturage ou de tiers payant). Dans ce dernier cas, le paiement direct devrait, comme la saisie-attribution, être réitéré pour chacune des créances successives, au fur et à mesure qu'elles prennent naissance.

Encore qu'en y regardant de plus près, la notion de « *créance saisie* » ou de « *créance attribuée* » n'est pas vraiment présente dans la procédure de paiement direct. L'article L. 213-2 C. pr. exéc. se borne à viser les « *sommes dues par le tiers* » sans s'attacher à la nature des créances qui les produisent. Ce qui est attribué au créancier d'aliments, ce sont les sommes objets de la demande, au fur et à mesure qu'elles deviennent exigibles, peu important qu'elles se rattachent à une obligation à exécution successive ou à plusieurs obligations instantanées distinctes mais se suivant à des périodes régulières en vertu d'une même convention cadre. Compte tenu de la faveur dont jouissent les créanciers d'aliments, il ne serait pas surprenant de voir la Cour de cassation proclamer que dans cette dernière hypothèse, la procédure de paiement direct n'a pas à être réengagée pour chaque nouvelle créance.

Si l'on s'en tient d'ailleurs à la position de la Haute juridiction en cas de procédure collective [2], le tiers devient de plein droit, par la seule force de la loi, débiteur personnel du créancier d'aliments, la demande de paiement ne faisant que provoquer le versement direct de toutes sommes devenues exigibles indépendamment de la nature des créances qui en sont la cause.

0952.113 **Sommes déposées sur un compte.** Le paiement direct auprès d'une banque ne pose pas de difficultés différentes de celles de la saisie-attribution de droit commun. On veillera notamment à ce que le débiteur d'aliments soit bien le titulaire du compte saisi et non pas le bénéficiaire d'une simple procuration ou le représentant légal d'une personne morale titulaire réelle du compte. Bien que la question n'ait pas encore été tranchée, nous proposons d'appliquer au paiement direct sur compte bancaire certaines solutions propres à la saisie-attribution : la mise à disposition des gains et salaires du conjoint co-titulaire du compte saisi (C. pr. exéc., art. R. 162-9) ; la dénonciation de la voie d'exécution aux cotitulaires du compte saisi (C. pr. exéc., art. R. 211-22) ; l'imputation prioritaire des prélèvements sur le compte à vue en cas de pluralité de comptes (C. pr. exéc., art. R. 211-23).

Enfin, lorsqu'un compte alimenté par des rémunérations du travail a fait l'objet d'une procédure de paiement direct, le tiers saisi laisse en toute hypothèse à la disposition du débiteur, sans qu'aucune demande ne soit nécessaire, une somme équivalente au RSA. En cas de pluralité de comptes, cette somme est imputée sur un seul d'entre eux (C. pr. exéc., art. R. 213-10). Selon l'article R. 3252-5 du Code du travail, auquel renvoie l'article R. 213-10 C. pr. exéc., le minimum vital laissé à la disposition du débiteur d'aliments correspond au montant forfaitaire mentionné au 2° de l'article L. 262-2 du Code de l'action sociale et des familles, fixé pour un foyer composé d'une seule personne. Les sommes à caractère alimentaire mises à la disposition du titulaire du compte viennent en déduction du montant des créances insaisissables dont il pourrait ultérieurement demander le versement en application des dispositions générales des articles R. 112-4, R. 162-2, R. 162-4 et R. 162-5 C. pr. exéc.

Mais la périodicité de la créance d'aliments qui fonde le paiement direct rend très laborieux ces divers aménagements, que le banquier devra réitérer mois après mois sans autres procédures, sous réserve que le compte soit créditeur à la date de l'échéance de la pension, ou de la rente (sur le concours entre paiement direct et saisies antérieures sur un même compte bancaire v. ss nos 0952.181 s.).

0952.114 **Salaires et autres produits du travail.** Les salaires, traitements, soldes et leurs accessoires constituent le plus souvent la seule source de richesse des débiteurs d'aliments. Les mesures de paiement direct sont donc effectuées dans la majorité des cas entre les mains d'employeurs privés ou publics (C. pr. exéc., art. L. 213-1, L. 213-5, al. 1, L. 212-15 et L. 212-16 – fonctionnaires). La cour d'appel de Paris a

1. Derrida, note ss Com. 15 juill. 1986, no 84-16.282, P IV, no 158 ; *D.* 1988. Somm. 7.
2. *Ibid.*

statué sur l'application du paiement direct aux accessoires du salaire et plus spécialement aux pourboires dont l'encaissement et la répartition par l'employeur sont réglementés par C. trav., art. L. 147-1 et R. 147-1 anc.[1], devenus C. trav., art. L. 3244-1 et R. 3244-1.

Lorsqu'elle porte sur des produits du travail, la procédure de paiement direct emprunte les règles de la saisie des rémunérations dès lors qu'elles sont compatibles avec sa réglementation spécifique et le caractère privilégié de la créance d'aliments (v. s^s^ n°s 094.05 à 0945.44).

Il convient à cet égard de relever que la règle de l'insaisissabilité partielle des salaires est inopposable au créancier d'aliments qui procède par voie de paiement direct. L'article L. 3252-5 alinéa 1er C. trav. dispose en effet que le prélèvement direct du terme courant et de l'arriéré des six derniers mois impayés des PAL peut être pratiqué sur l'intégralité de la rémunération. Ce texte précise que le prélèvement est d'abord imputé sur la fraction insaisissable et, si celle-ci est insuffisante, sur la quotité saisissable.

En réalité, une partie de la rémunération est cependant laissée à la disposition du salarié. Elle correspond au montant du RSA (C. trav., art. L. 3252-5, al. 2, et R. 3252-5) et bénéficie à tous les salariés, même dans le cadre d'une saisie des rémunérations de droit commun. Il s'agit du revenu mensuel pour un foyer composé d'une personne (v. s^s^ n° 0952.113).

Toutefois, lorsque le paiement direct est effectué par l'organisme débiteur des prestations familiales, il peut être procédé, dans les conditions définies à l'article L. 3252-5 C. trav., au prélèvement du terme mensuel courant et des vingt-quatre derniers mois impayés de la PAL. Cette dérogation au plafond des six derniers mois a été adoptée, à titre expérimental pour une durée de dix-huit mois et dans une vingtaine de départements, par l'article 27 (V, 2°) de la loi du 4 août 2014 (v. s^s^ n°s 0951.22 et 0952.35). Cette dérogation a été définitivement consacrée au profit des organismes débiteurs des prestations familiales agissant pour le compte des créanciers alimentaires et ce par l'article 44 (III) de la loi du 21 décembre 2015 qui a complété en ce sens l'article L. 3252-5 C. trav.

Le mode d'imputation adopté par l'article L. 3252-5 C. trav. permet aux autres créanciers, si elle demeure suffisante, de concourir sur la partie de la fraction saisissable non absorbée par le paiement direct.

0952.115 **Pensions de retraite et rente d'invalidité des fonctionnaires.** Un mécanisme comparable était prévu en cette matière par l'article L. 56[2] C. pens. retr.

1. Paris, 16 juill. 1979, *Gaz. Pal.* 1979. 2. 535.
2. Mod. par L. 2 janv. 1973, art. 9.

Selon ce texte, les pensions de retraite et les rentes viagères d'invalidité instituées par ledit Code des pensions civiles et militaires de retraite, étaient incessibles et insaisissables sauf pour le paiement des dettes alimentaires prévues par le Code civil ou l'exécution de la contribution aux charges du mariage. Cette saisissabilité au profit des créanciers d'aliments était toutefois limitée au tiers de la pension ou de la rente. Cependant, ce régime spécifique a été modifié par l'article 62 de la loi du 21 août 2003 portant réforme des retraites, pour l'aligner sur le régime des salariés de droit privé. L'article 56 C. pens. retr. stipule désormais que les pensions et les rentes viagères d'invalidité instituées par le présent code sont cessibles et saisissables dans les conditions prévues à l'article L. 355-2 du CSS, c'est-à-dire dans les mêmes conditions et limites que les salaires (v. s^s^ n° 0952.114). Il faut préciser que lorsque la mesure porte sur un rappel de pension et de rente, le montant de cette mesure s'apprécie en rapportant la quotité saisissable au montant dû par échéance mensuelle ou trimestrielle quelle que soit la période de validité à laquelle se rapporte le rappel. À noter également que l'application de l'article L. 355-2 du CSS ne peut avoir pour effet de réduire les arrérages de la pension d'invalidité servie pour un trimestre, à un montant inférieur au quart du taux minimum fixé à l'article L. 341-5 du même code. Mais le comptable tiers saisi, qui ne peut se substituer au fonctionnaire débiteur, n'a pas à rechercher si les sommes demandées dépassent ce plafond[3].

0952.116 **Allocations de chômage.** Selon l'article L. 5428-1 C. trav., les prestations versées aux travailleurs privés d'emploi au titre de l'allocation perçue dans le cadre du contrat de sécurisation professionnelle, de l'allocation d'assurance et de l'allocation de préretraite, sont cessibles et saisissables dans les mêmes conditions et limites que les salaires. Les observations formulées aux paragraphes précédents sont donc valables en ce qui les concerne. Il convient cependant de préciser que certaines prestations comme les allocations de solidarité spécifique et les allocations pour demandeur d'asile prévues par les articles L. 5423-1 C. trav. et L. 744-9 (al. 1er) du CESEDA, sont totalement insaisissables même si elles sont versées à un compte (C. trav., art. L. 5423-5 – CESEDA, art. L. 744-9, al. 3 et 4). Il convient de préciser que l'allocation pour demandeur d'asile créée par la loi n° 2017-256 du 28 février 2017[4] a remplacé l'allocation temporaire d'attente prévue par

3. CE 23 déc. 1976, req. n° 01753, *Lebon* ; *AJDA* 1977. 378, concl. Grévisse ; *RTD civ.* 1977. 635, obs. R. Perrot ; *JCP* 1977. II. 18660, note Lindon.
4. L. n° 2017-256, 28 févr. 2017, de programmation relative à l'égalité réelle outre-mer et portant autres dispositions en matière sociale et économique, *JO* 1er mars, texte 1.

l'ancien article L. 5423-8 C. trav. qui était elle aussi déclarée insaisissable par l'article L. 5423-13 du même code également abrogé.

SECTION 4
Mise en œuvre

0952.121 **Caractères généraux.** La mise en œuvre du paiement direct des PAL est caractérisée par son formalisme très simple et son moindre coût pour le créancier d'aliments. En effet, si l'intervention d'un commissaire de justice reste obligatoire, hormis pour les administrations subrogées et les organismes sociaux mandataires, il n'en demeure pas moins que les notifications et avis au tiers et au débiteur sont effectués par des lettres recommandées et non par des exploits. Le créancier ne fait pas l'avance des frais et n'en assume pas la charge même si le paiement direct s'est avéré infructueux.

En revanche, le paiement direct ne se distingue pas par ses effets de la saisie-attribution et de la SATD. Comme ces deux mesures, il produit un effet de transport-cession et crée diverses obligations à la charge du tiers destinataire. Une différence est cependant notable : le créancier d'aliments étant, de plein droit, créancier personnel et direct du tiers, les sommes attribuées ne transitent pas par le patrimoine du débiteur d'aliments. Le paiement direct peut donc être engagé même après l'ouverture d'une procédure collective contre ce dernier (v. s[s] n°s 0952.191 s.).

Rappelons que lors de la liquidation de son régime matrimonial, l'époux divorcé créancier d'un arriéré de PAL dispose d'une **option** entre son recouvrement par voie de paiement direct et son imputation sur les droits de son ex-conjoint à l'issue du partage (v. s[s] n° 0952.22).

§ 1
Demande de paiement direct

A.
Modalités

0952.131 **Recours obligatoire à un intermédiaire.** La demande de paiement direct est faite par l'intermédiaire d'un commissaire de justice (C. pr. exéc., art. L. 213-5, al. 1er). Ce recours obligatoire à un officier ministériel s'explique par la complexité du recouvrement des PAL, complexité qui tient essentiellement à la succession des décisions modificatives consécutives, soit aux péripéties des instances en divorce ou en séparation de corps, soit à la variabilité des charges et ressources respectives des parties au rapport alimentaire. Le créancier s'y retrouve souvent très mal dans cette stratification d'ordonnances, de jugements et d'arrêts, de telle sorte que l'intervention d'un commissaire de justice s'avère fréquemment utile pour préparer la demande et vérifier que les conditions du paiement direct sont bien remplies.

Le créancier de la pension peut charger tout commissaire de justice du lieu de sa résidence de notifier au tiers la demande de paiement direct (C. pr. exéc., art. R. 213-1).

Toutefois, le recours à un commissaire de justice n'est pas requis si le créancier se trouve substitué ou représenté par un organisme public ou parapublic.

Ainsi, l'article L. 213-5 alinéa 2 C. pr. exéc. dispose que lorsqu'une administration publique est subrogée dans les droits d'un créancier d'aliments, elle peut former elle-même la demande de paiement direct. L'alinéa 3 du même texte ajoute que lorsqu'un organisme débiteur de prestations familiales agit pour le compte d'un créancier alimentaire, il peut lui-même former la demande.

0952.132 **Inscription de la demande au registre des saisies des rémunérations.** Lorsqu'elle s'exerce sur des sommes dues à titre de rémunérations, la demande de paiement direct est inscrite au registre numérique des saisies des rémunérations (C. pr. exéc., art. L. 213-5, mod par L. 20 nov. 2023[1]) tenu par la Chambre nationale des commissaires de justice. Ce registre doit permettre, d'assurer le suivi des procédures de saisies des rémunération dans les conditions déterminées par un décret en Conseil d'Etat[2] :

– le traitement des informations nécessaires à l'identification des commissaires de justice répartiteurs, des débiteurs saisis, des créanciers saisissants et des employeurs tiers-saisis ;

– la conservation et la mise à disposition des informations nécessaires à l'identification du premier créancier saisissant, du débiteur saisi et du commissaire de justice répartiteur[3].

Ce registre, placé sous le contrôle de la Chambre nationale des commissaires de justice, doit contenir tous les actes des saisies des rémunérations qui y sont inscrits au fur et à mesure du déroulement des procédures.

0952.133 **Organisme et administration subrogés.** L'Administration subrogée peut être la Direction des finances publiques lorsque ses comptables mettent en œuvre, dans le cadre d'une procédure de

1. Mod. par L. n° 2023-1059, d'orientation et de programmation du ministère de la justice 2023-2027, art. 37, IV, 5°, *JO* 21 nov., texte 2.
2. Décr. n° 2025-493, 3 juin 2025.
3. Ord. n° 2016-728, 2 juin 2016, relative au statut du commissaire de justice, art. 16, 12° *bis*, *JO* 3 juin (mod. par L. 20 nov. 2023, art. 47 préc.).

recouvrement public, notamment par voie de paiement direct, les actions et garanties dont disposent les créanciers d'aliments contre leurs débiteurs défaillants[1]. Le créancier qui souhaite bénéficier du recouvrement public doit justifier d'un titre exécutoire et de l'échec de ses poursuites. Il adresse sa demande au procureur de la République qui, s'il l'accueille, établit un état exécutoire qu'il transmet au service compétent de l'État (la Direction des finances publiques) en vue de la prise en charge, par un comptable public, du recouvrement des termes courants de la PAL et de l'arriéré des six derniers mois ayant précédé la demande d'admission[2]. Ce comptable peut ainsi engager la procédure de paiement direct pour le compte du créancier d'aliments, en notifiant lui-même, sans le concours d'un commissaire de justice, la demande de versement des fonds détenus par le tiers saisi (C. pr. exéc., art. L. 213-5, al. 2). De son coté, le créancier ne peut plus exercer aucune action pour le recouvrement des sommes, objet de sa demande d'admission, dès le dépôt de celle-ci au Parquet[3].

L'adminsitration subrogée peut aussi être un organisme débiteur des prestations familiales car les organismes de sécurité sociale sont des administrations au sens du Code des relations entre le public et l'administration (CRPA, art. L. 100-3, 1°). Il peut donc engager directement la procédure de paiement direct, sans recourir à un commissaire de justice, lorsqu'il est subrogé dans les droits du créancier alimentaire au titre des avances qu'il lui a consenties sur la PAL impayée (C. pr. exéc., art. L. 213-5, al. 3 – CSS, art. L. 581-2, al. 3, et L. 581-9). L'organisme subrogé peut également demander que le recouvrement de ses avances soit confié à un comptable public habilité à exercer, pour son compte, les actions du créancier d'aliment, notamment le paiement direct (CSS, art. L. 581-10, al. 1er et 5). La subrogation de l'organisme et le recouvrement de ses avances sur PAL interviennent dans des conditions et limites exposées ci-après. Lorsque le parent tenu au paiement d'une créance alimentaire due pour un enfant se soustrait à son obligation, l'organisme débiteur des prestations familiales verse au parent créancier, à titre d'avance, une allocation de soutien familial (ASF), en cas de défaillance totale, ou une allocation différentielle en cas de défaillance partielle. L'organisme se trouve alors subrogé dans les droits du créancier d'aliments dans la limite de l'allocation versée ou de la créance impayée si elle lui est inférieure. Ce dispositif prévu par l'article L. 581-2 du CSS bénéficie aux créances fixées dans une décision de justice exécutoire ou dans l'un des titres énoncés au IV de l'article L. 523-1 du même code (convention sous seing privé de divorce ou de séparation de corps, acte notarié en la forme authentique, accord rendu exécutoire par l'organisme débiteur des prestations familiales, convention homologuée par le juge, transaction ou acte contresignés par les avocats de chacune des parties et revêtus de la formule exécutoire). Les organismes susmentionnés sont notamment les caisses d'allocations familiales (CAF) et les caisses de mutualité sociale agricole (MSA).

Par l'effet de la subrogation, l'organisme bénéficie d'un droit propre qui l'autorise à poursuivre le recouvrement complet de ses avances même si l'allocataire renonce au bénéfice de l'ASF (CSS, art. L. 581-4, al. 2). Tant que l'organisme subrogé n'a pas totalement récupéré ses avances, le créancier d'aliment ne peut agir personnellement. La créance du subrogé conserve son caractère alimentaire avec les avantages qui y sont attachés.

Un dispositif analogue à celui qui vient d'être décrit est prévu par l'article L. 581-9 du CSS lorsque les CAF accordent sur leurs fonds d'action sociale, non le bénéfice de l'ASF, mais des avances sur pension aux créanciers auxquels la loi du 11 juillet 1975 est applicable (v. s^s n° 0953.21). Ces caisses sont subrogées de plein droit à concurrence de ces avances, tant à l'égard du débiteur qu'éventuellement du Trésor. Le recouvrement contre le débiteur d'aliment de toute avance sur la PAL peut être confié, pour le compte de l'organisme qui l'a consentie, à un comptable public. Il s'agit d'avances sur les pensions fixées dans une décision de justice, un acte ou une convention exécutoire. L'état des sommes à recouvrer est établi et certifié par le directeur de l'organisme qui l'adresse au préfet pour qu'il le rende exécutoire dans les cinq jours ouvrables. L'état exécutoire est transmis au directeur départemental des finances publiques qui le confie au comptable compétent en vue de son recouvrement. Dès la saisine du préfet, l'organisme social ne peut plus, jusqu'à la fin de la procédure de recouvrement, exercer aucune action pour récupérer ses avances.

Leur recouvrement est poursuivi par le comptable public conformément à la loi du 11 juillet 1975. Celui-ci peut également mettre en œuvre les voies et garanties ouvertes au créancier d'aliment, notamment la procédure de paiement direct (CSS, art. L. 581-10 – sur les avances et subrogation des organismes débiteurs des prestations familiales, v. s^s n°s 0953.101 à 0953.141).

0952.134 Organisme mandaté par le créancier. Selon le premier alinéa de l'article L. 581-3 du CSS, lorsque le créancier d'une PAL pour enfant a sollicité, en cas de défaillance du débiteur, le versement de l'allocation de soutien familial, sa demande emporte mandat au profit de l'organisme débiteur des presta-

1. L. n° 75-618, 11 juill. 1975, art. 1er et 6.
2. L. n° 75-618, 11 juill. 1975, art. 2 à 7.
3. L. n° 75-618, 11 juill. 1975, art. 5.

tions familiales de recouvrer pour son compte les arrérages impayés excédant le montant de l'allocation perçue ainsi que les autres termes à échoir.

Avec l'accord du créancier, l'organisme social peut également poursuivre, lorsqu'elles sont afférentes aux mêmes périodes, les créances alimentaires n'ouvrant pas droit à l'ASF, à savoir la PAL du conjoint, de l'ex-conjoint et des autres enfants du conjoint, ainsi que la contribution ménagère de l'article 214 C. civ, la prestation compensatoire de l'article 276 et les subsides de l'article 342 du même code (CSS, art. L. 581-3, al. 3). L'enfant majeur créancier d'une PAL peut également donner un tel mandat (CSS, art. R. 581-3).

Enfin, le titulaire d'une créance alimentaire fixée pour ses enfants jusqu'à l'âge limite mentionné au 2° de l'article L. 512-3 du CSS et qui ne remplit pas les conditions d'attribution de l'ASF, bénéficie à sa demande, de l'aide des organismes sociaux pour le recouvrement des termes à échoir et de ceux échus à concurrence de deux années à compter de sa demande (CSS, art. L. 581-6).

Toutes ces créances qui doivent avoir été fixées dans une décision de justice exécutoire ou dans l'un des actes et accords énoncés au IV de l'article L. 523-1 du CSS, peuvent être recouvrées par voie de paiement direct, à l'initiative de l'organisme mandaté par le créancier qui peut notifier lui-même la demande de paiement au tiers, sans le concours d'un commissaire de justice (C. pr. exéc., art. L. 213-5 – sur le mandat de recouvrement des organismes débiteurs des ASF, v. ss nos 0953.151 et 0953.152).

0952.135 Diligences et recherches. Lorsque le commissaire de justice, l'administration subrogée ou l'organisme mandataire possède d'emblée tous les éléments lui permettant de déterminer les avoirs et les sources de revenus du débiteur ainsi que d'identifier et localiser les tiers susceptibles de les détenir, il doit, dans les huit jours suivant sa saisine, notifier la demande par lettre recommandée avec demande d'avis de réception (C. pr. exéc., art. R. 213-1, al. 2).

Si les documents présentés par le créancier ne permettent pas d'effectuer cette notification, le commissaire de justice doit mettre en œuvre, dans le même délai de huit jours, les moyens lui permettant d'effectuer cette formalité substantielle (C. pr. exéc., art. R. 213-1, al. 3). Bien entendu, si l'officier ministériel doit mettre en œuvre ses recherches dans les huit jours de sa saisine par le créancier, il n'est pas tenu d'obtenir les informations nécessaires dans le même délai.

À cet égard, les dispositions des articles L. 152-1 et L. 152-2 C. pr. exéc. mettent à la charge des services publics et des banques, une obligation de renseignement que le commissaire peut faire jouer si nécessaire. L'Administration subrogée dans les droits du créancier d'aliments peut également se prévaloir de ce texte et ce, en vertu de l'article L. 213-5 alinéa 2 C. pr. exéc.

L'organisme débiteur des prestations familiales peut aussi invoquer les articles L. 152-1 et L. 152-2 précités pour obtenir les informations nécessaires à l'exercice de sa mission de recouvrement des créances alimentaires impayées (CSS, art. L. 581-3 ; LPF, art. L. 162 A).

0952.136 Concours des administrations, des organismes publics et des banques. Les articles L. 152-1 et L. 152-2 C. pr. exéc. fournissent au commissaire de justice du créancier, ou à l'organisme social agissant pour son compte, à l'administration subrogée dans ses droits, les moyens de se procurer auprès des services publics ou parapublics ainsi que des organismes bancaires les informations indispensables à l'engagement de la procédure.

Les personnes publiques concernées qui ne peuvent opposer le secret professionnel sont : les administrations de l'État, des régions, des départements et des communes ainsi que les établissements publics ou les organismes contrôlés par l'autorité administrative. La même obligation de renseignement pèse plus particulièrement sur l'Administration des impôts en vertu de l'article L. 151 A du LPF.

Les éléments à fournir doivent notamment permettre de déterminer l'adresse du débiteur de la pension, l'identité et l'adresse de son employeur ou de tout tiers débiteur ou dépositaire de sommes liquides et exigibles.

Par ailleurs, le commissaire de justice chargé de l'exécution ou l'organisme subrogé ou mandaté a le pouvoir d'interroger directement les établissements habilités à tenir des comptes de dépôts. Ceux-ci sont tenus de lui indiquer, sans pouvoir lui opposer le secret professionnel et dès lors qu'il est chargé de l'exécution, si un ou plusieurs comptes, comptes joints ou fusionnés sont ouverts au nom du débiteur. Ils doivent également lui préciser les lieux où ces comptes sont tenus, à l'exclusion de tout autre renseignement. Conformément à l'article L. 152-3 C. pr. exéc., les renseignements obtenus ne peuvent être utilisés que dans la mesure de l'exécution du titre pour lequel ils ont été demandés. Ils ne peuvent être communiqués à des tiers ni faire l'objet d'un fichier d'information nominative sous peine de sanctions pénales et disciplinaires, sans préjudice de dommages et intérêts. Cette interdiction s'impose au commissaire de justice, même à l'égard du créancier qui lui a requis d'engager la procédure d'exécution, lequel créancier est considéré, par la Cour de cassation, comme un tiers. Le commissaire de justice ne peut donc lui transmettre les renseignements qu'il a recueillis lors de la consultation du fichier des comptes bancaires (Ficoba)[1].

1. Civ. 1re, 22 mars 2012, no 10-25.811, P I, no 65 ; *Dr. et proc.* 2012. 154, obs. O. Salati et Tommassone ; *D.* 2012. 286.

Le créancier a aussi la faculté de s'adresser, sans intermédiaire, à la direction départementale des finances publiques dans le ressort de laquelle l'imposition du débiteur est établie, pour consulter les listes des contribuables qu'elle détient. Il doit justifier que sa qualité de créancier d'aliments a été reconnue par une décision de justice (LPF, art. L. 111, II). Ces listes regroupent, par commune, les personnes assujetties à l'impôt sur le revenu et à l'impôt sur les sociétés. Elles sont complétées par l'indication des personnes physiques ou morales non assujetties dans la commune à ces impositions, mais y possédant une résidence (LPF, art. L. 111, I).

Le dispositif expérimental de renforcement des garanties contre les impayés de PAL mis en place pour dix-huit mois dans une vingtaine de départements par l'article 27 (II) de la loi du 4 août 2014, a permis au créancier bénéficiaire de l'allocation de soutien familial (ASF) d'obtenir directement des informations avant de saisir le JAF d'une demande en fixation d'aliment. Ce texte, inséré dans l'article L. 523-1 du CSS, dispose en effet que le directeur de l'organisme débiteur des prestations familiales peut, en vue de faciliter la fixation de l'obligation d'entretien par l'autorité judiciaire, transmettre au parent bénéficiaire de l'ASF les renseignements dont il dispose concernant l'adresse et la solvabilité du débiteur. Ces renseignements doivent être transmis dans les meilleurs délais dès lors que le droit à l'ASF est ouvert et que le parent débiteur est en état de faire face à son obligation d'entretien ou au versement d'une PAL mise à sa charge par décision de justice. Cette dernière précision introduite par l'article 1er du décret du 21 octobre 2014 [1] avait permis de conclure que la communication directe des informations au parent créancier valait, non seulement en vue de saisir le juge d'une demande en fixation d'aliment, mais encore dans la perspective d'une mesure d'exécution une fois la décision obtenue.

Depuis qu'il a été complété par la loi du 24 mars 2019 (art. 72, V, 3°), l'article L. 581-8 du CSS dispose désormais clairement dans son second alinéa que, pour permettre le recouvrement des créances alimentaires impayées, le directeur de l'organisme débiteur des prestations familiales peut renseigner le créancier sur l'adresse et la solvabilité du débiteur défaillant sans pouvoir opposer le secret professionnel.

0952.137 **Vérifications.** Comme relevé précédemment (v. s^s n° 0952.131), la succession des décisions prononcées au cours d'une même instance en divorce ou en séparation de corps rend relativement complexe le recouvrement des diverses contributions, pensions ou prestations dont peut se prévaloir un même créancier d'aliments. Ces décisions peuvent être modifiées, réformées ou frappées de caducité et le commissaire de justice chargé de notifier la demande doit pouvoir vérifier si le titre qu'on lui présente pour exécution est toujours en vigueur et si les sommes dont on lui confie le recouvrement sont bien compatibles avec ses dispositions. Le commissaire de justice qui a la responsabilité de la conduite des opérations d'exécution (C. pr. exéc., art. L. 122-2) peut refuser de prêter son ministère ou son concours si la mesure requise lui paraît revêtir un caractère illicite ou si le montant des frais semble manifestement dépasser celui de la créance réclamée (C. pr. exéc., art. L. 122-1). Il convient d'ajouter que l'opportunité de l'engagement de la procédure de paiement direct doit pouvoir s'apprécier aussi en considération de la solvabilité du débiteur.

0952.138 **Notification au tiers – Avis au débiteur.** Si, comme pour la saisie-attribution, le paiement direct nécessite, en principe, l'intervention d'un commissaire de justice, il est en revanche affranchi du formalisme rigoureux caractérisant cette mesure.

La notification de la demande au tiers et l'avis qui en est donné simultanément au débiteur ne donnent pas lieu à la signification d'un exploit contenant les mentions générales requises à peine de nullité par les articles 648 et 663 C. pr. civ. Ces formalités sont faites par des lettres recommandées avec demande d'avis de réception (C. pr. exéc., art. R. 213-1). Il n'est signifié ni procès-verbal de saisie, ni acte de dénonciation comportant les mentions spécifiques à la saisie-attribution.

La notification, même faite en la forme ordinaire, doit cependant contenir toutes les indications relatives aux nom, prénom et domicile de la personne dont elle émane et désigner de la même manière, la personne destinataire (C. pr. civ., art. 665). Les autres mentions qu'elle doit comporter sont déterminées, selon la nature de l'acte notifié, par les règles particulières à chaque matière (C. pr. civ., art. 666).

À cet égard, même si la loi du 2 janvier 1973 et son décret d'application ne précisaient pas le contenu de la notification au tiers, il allait de soi que celle-ci devait lui indiquer le montant et la date de l'échéance courante à prélever et, le cas échéant, les douze fractions mensuelles de l'arriéré des six derniers mois. Ces informations s'induisaient des dispositions de l'article 2 alinéa 2 de la loi du 2 janvier 1973 (devenu C. pr. exéc., art. L. 213-2, al. 2) selon lesquelles « *le tiers est tenu de verser directement ces sommes au bénéficiaire selon les échéances fixées par le jugement* », ainsi que de celles de l'article 5 alinéa 2 de la même loi (devenu C. pr. exéc., art. L. 213-4, al. 2). Aucune sanction n'était cependant prévue en cas d'absence de ces précisions.

À l'occasion de l'adoption du Code des procédures civiles d'exécution, le décret n° 2012-983 du

1. Décr. n° 2014-1226, 21 oct. 2014, *JO* 23 oct. 2014, p. 17598.

30 mai 2012, relatif à la partie réglementaire de ce code, a introduit, dans la notification de la demande de paiement direct au tiers détenteur, plusieurs mentions obligatoires. Ainsi, l'article R. 213-1 C. pr. exéc. dispose que cette demande comprend, à peine de nullité, indication du nom et du domicile du débiteur, l'énonciation du titre exécutoire, le décompte des sommes dues ainsi que le rappel des dispositions de l'article L. 213-2 1 C. pr. exéc. relatif à l'obligation de paiement incombant au tiers. Quant à l'avis au débiteur, il faut qu'il contienne les mêmes indications, ainsi que la date et le montant des six dernières échéances réputées impayées, afin de lui permettre d'exercer un contrôle et, si nécessaire d'élever une contestation. L'article R. 213-1 C. pr. exéc. précise d'ailleurs que l'avis au débiteur doit comporter à peine de nullité, le décompte des sommes dues en principal, intérêts et frais, et le rappel des dispositions de l'article R. 213-6 concernant son droit de contestation et le juge compétent pour en connaître.

En matière de contribution aux charges du mariage, la notification du jugement faite à la diligence d'un commissaire de justice, par une lettre recommandée avec demande d'avis de réception adressée au tiers et au conjoint débiteur, valait demande de paiement direct (C. pr. civ., anc. art. 1069-5). Ce mode d'engagement de la mesure de paiement direct a été supprimé à la suite de l'abrogation de l'article 1069-5 C. pr. civ. par le décret du 29 octobre 2004[1] (art. 2).

Lorsque le débiteur d'aliments a accepté, à l'occasion de l'instance en fixation de la PAL, que le recouvrement se fasse par voie de paiement direct, l'extrait du jugement constatant l'accord des parties est notifié au tiers selon les règles prévues aux alinéas 1er et 2 de l'article R. 213-1 C. pr. exéc. par commissaire de justice, dans les huit jours de la demande et par LRAR (C. pr. exéc., art. R. 213-9). Dans cette hypothèse, l'avis au débiteur n'est pas nécessaire puisqu'il a consenti d'avance à la mesure. Le même formalisme s'applique lorsque le débiteur a accepté le recouvrement par voie de paiement direct dans la convention de divorce ou de séparation de corps par consentement mutuel par acte sous seing privé (C. pr. exéc., art. R. 213-9-1).

La notification est faite sous enveloppe ou pli fermé (C. pr. civ., art. 667). Sa date est, à l'égard du commissaire de justice, de l'administration ou de l'organisme qui y procède, celle de l'expédition. C'est celle qui figure sur le cachet du bureau d'émission de l'Administration postale (C. pr. civ., art. 668 et 669, al. 1er).

0952.139 Notification par l'organisme débiteur des prestations familiales. Cet organisme peut mettre en œuvre la procédure de paiement direct pour le compte du créancier d'aliments sans être tenu de recourir à un commissaire de justice. Dans ce cas, sa demande de paiement est notifiée au tiers-saisi par LRAR qui comprend, à peine de nullité, les mentions prescrites par le deuxième alinéa de l'article R. 213-1 C. pr. exéc. (nom et adresse du débiteur, titre exécutoire, décompte de l'arriéré, rappel de l'article L. 213-2) ainsi que les modalités de règlement des termes échus impayés, modalités qui doivent tenir compte de la nécessité d'un paiement rapide et des capacités du débiteur (C. pr. exéc., art. R. 213-11[2] – sur les modalités de règlement des impayés, v. ss no 0952.36).

Lorsqu'il notifie la demande de paiement direct au tiers, l'organisme en avise simultanément le débiteur par une LRAR qui comprend, à peine de nullité de la demande, le décompte des sommes dues en principal, intérêts et frais, ainsi que le rappel des dispositions de l'article R. 213-6 relatif au droit de contestation (C. pr. exéc., art. L. 213-1, al. 6, et R. 213-13 al. 1er).

0952.140 Signification. Selon l'article 651 alinéa 3 C. pr. civ., une notification peut toujours être faite par voie de signification alors même que la loi l'aurait prévue sous une autre forme. Mais dans ce cas, le surcoût consécutif à cet excès de formalisme devrait être laissé à la charge du commissaire de justice qui y a recouru sans nécessité (C. pr. civ., art. 650 et 698). La Cour de cassation estime cependant que le coût de la signification d'une ordonnance de taxe qui est normalement notifiée par LRAR, doit être mise à la charge de la partie condamnée aux dépens, son adversaire ayant le libre choix des modalités de la notification[3]. Il faut de toute façon réserver l'hypothèse du retour à l'expéditeur de la lettre de notification qui n'a pu être remise à son destinataire. Dans ce cas, l'article 670-1 C. pr. civ. auquel on reconnaît une portée générale, prévoit qu'il faut procéder par voie de signification.

B.
Frais

0952.151 Régime des frais. Selon l'article L. 111-8 C. pr. exéc., les frais de l'exécution forcée sont à la charge du débiteur, sauf s'ils n'étaient pas nécessaires au moment où ils ont été engagés. C'est en application de ce principe général que l'article R. 213-7 C. pr. exéc. dispose que les frais du paiement direct incombent au débiteur de la pension.

1. Décr. no 2004-1158, 29 oct. 2004, préc.

2. Créé par Décr. no 2020-1201, 30 sept. 2020, art. 3.
3. Civ. 2e, 5 mai 2011, no 10-15.977, NP ; *Dr. et proc.* 2011. 189.

0952.152 **Avance des frais.** Ce qui est original en la matière, c'est que le créancier d'aliments qui engage la procédure n'est pas tenu de faire l'avance des émoluments dus au commissaire de justice. L'article R. 213-7 C. pr. exéc. dispose en effet qu'aucune avance ne peut être demandée au créancier pour la mise en œuvre de la procédure. Il s'agit d'une disposition qui déroge à la règle de l'article R. 444-52 C. com.[1] imposant au commissaire de justice de demander à la partie qui le requiert, avant de prêter son ministère, une provision suffisante pour couvrir les rémunérations et les débours correspondant aux actes et formalités qui doivent être immédiatement diligentés. Les sommes dues au commissaire de justice sont versées par le tiers à l'occasion de la première retenue effectuée au titre du terme courant et viennent s'ajouter au montant de la mensualité augmentée, le cas échéant, du douzième ou du vingt-quatrième de l'arriéré.

Lorsque la procédure de paiement direct interfère avec un ATD devenu la SATD, le super-privilège dont bénéficie la créance alimentaire par rapport à la créance fiscale devrait s'étendre aux frais de commissaire de justice qui en sont l'accessoire. C'est, en tout cas, ce qu'a décidé un juge de l'exécution en présence d'un refus opposé par un employeur tiers-saisi[2].

0952.153 **Charge des frais.** Comme cela vient d'être exposé (v. s^s n°s 0952.151 et 0952.152), les frais du paiement direct incombent au débiteur qui les règle à l'occasion de la première retenue effectuée par le tiers. Ce qui est également remarquable c'est que le créancier d'aliments n'assume pas la charge définitive de ces frais si le débiteur ne peut être retrouvé ou si le paiement direct ne peut être obtenu. Dans ce cas, les émoluments du commissaire de justice sont avancés par le Trésor public selon les modalités prévues à l'article R. 93, 11° C. pr. pén. (C. pr. exéc., art. R. 213-7).

Le créancier alimentaire n'a pas non plus à verser au commissaire de justice, le droit proportionnel d'encaissement ou de recouvrement qui incombe normalement à tout créancier en vertu de l'article R. 444-55 C. com. Ce texte exclut, dans le 1° de son second alinéa, la perception de ce droit, tarifé au n° 129 du tableau 3-3 de l'annexe 4-7 visée à l'article R. 444-3 C. com., lorsque le recouvrement ou l'encaissement est effectué pour le compte d'un créancier disposant d'un titre exécutoire constatant une créance d'aliments. Cette exclusion bénéficie au créancier d'une prestation compensatoire qui revêt un caractère mixte indemnitaire et alimentaire[3].

Le commissaire de justice ne peut non plus lui réclamer des honoraires, pour le recouvrement ou l'encaissement de la créance d'aliments constatée dans le titre exécutoire, le paiement direct étant une prestation tarifée relevant exclusivement de la compétence des commissaires de justice (C. com., art. L. 444-1, al. 3, R. 444-2, 5° et R. 444-13, I). Il ne figure d'ailleurs pas sur la liste des prestations pouvant donner lieu à perception d'honoraires, mentionnée dans l'annexe 4-9 (2°) visée au 3° de l'article R. 444-3 C. com.

Le droit de rétention visé à l'article R. 444-15 C. com. n'est pas opposable au créancier alimentaire, dès lors qu'il n'est tenu, ni de provisionner, ni même de payer les frais de la procédure (C. com., art. R. 444-54 et R. 444-53, 3°, c).

0952.154 **Montant des frais.** Le tarif des commissaires de justice contenu dans le Code de commerce (C. com., art. A. 444-10 s.) fixe la rémunération des procédures de paiement direct dont la charge incombe au débiteur poursuivi[4].

Cette rémunération est essentiellement envisagée sous la forme d'un droit fixe exprimé en euros dont le montant varie selon la nature de la diligence accomplie. Ce montant est révisable par arrêté ministériel au moins tous les cinq ans (C. com., art. L. 444-3 et R. 444-4).

Le Code de commerce répertorie dans des tableaux annexes les actes, formalités et diligences donnant lieu à la perception du droit fixe en indiquant pour chacun d'eux, le montant en euros applicable. Pour le paiement direct des PAL, les tableaux prévoient la rémunération de trois formalités :

– notification de la demande de paiement direct : droit fixe = 34,05 euros (rubrique n° 199, tableau 3-3 de l'art. annexé 4-7, C. com., art. R. 444-3 et A. 444-43) ;

1. Décr. n° 96-1080, 12 déc. 1996, portant fixation du tarif des huissiers de justice en matière civile et commerciale, *JO* 13 déc., p. 18248.
2. TGI Saint-Étienne, JEX, 17 mars 2008, *Rev. huiss.* 2008. 281, obs. Grimand.
3. Civ. 2e, 29 août 2019, n° 18-14.379, P ; arrêt rendu sur le fondement de l'article 12, 2° du décret du 12 déc. 1996 relatif à l'ancien tarif des huissiers de justice.
4. L'ancien tarif des huissiers de justice, contenu dans le décret du 12 décembre 1996, est demeuré applicable aux prestations effectuées avant le 1er mars 2016 et à celles dont la réalisation a donné lieu au versement, par le client, d'un acompte ou d'une provision ou à l'engagement, par le professionnel, de frais ou de débours avant l'entrée en vigueur du premier arrêté portant fixation du tarif le concernant (Arr. 26 févr. 2016, fixant les tarifs réglementés des huissiers de justice, *JO* 28 févr., texte 38, entré en vigueur le 1er mars 2016 – Décr. n° 2016-230, 26 févr. 2016, relatif aux tarifs de certains professionnels du droit et au fonds interprofessionnel de l'accès au droit et à la justice, *JO* 28 févr., texte 35, art. 10 et 13). Le nouveau tarif prévu par les dispositions réglementaires du Code de commerce a été adopté pour une période transitoire de deux ans comprise entre le 1er mars et le 28 février 2018 (Décr. 26 févr. 2016, art. 12 ; Arr. 26 févr. 2016, art. 1er).

– même formalité en l'absence d'accord des parties : droit fixe = 14,90 euros (rubrique n° 200, tableau 3-3 de l'art. annexé 4-7, C. com., art. R. 444-3 et A. 444-43) ;

– notification de la modification ou de la mainlevée de la demande : droit fixe = 14,90 euros (rubrique n° 201, tableau 3-3 de l'art. annexé 4-7, C. com., art. R. 444-3 et A. 444-43).

Le droit fixe obtenu pour chacune de ces trois diligences est susceptible d'être modifié par le coefficient variateur prévu par l'article A. 444-46 C. com.[1], si l'obligation alimentaire, qui est par nature indéterminée, comporte également une fraction déterminée (l'arriéré des six ou vingt-quatre derniers mois). Dans ce cas, le droit fixe est multiplié par :

– 0,5 si le montant déterminé de l'obligation alimentaire est compris entre 0 et 128 euros ;

– 1 si ce montant est supérieur à 128 euros ; et inférieur ou égal à 1 280 euros ;

– 2 s'il est supérieur à 1 280 euros.

Les trois diligences susmentionnées étant répertoriées dans le tableau 3-3 annexé au Code de commerce et constituant des prestations réglementées, elles ne donnent pas lieu au droit d'engagement de poursuite et aux honoraires particuliers prévus aux articles A. 444-15 et L. 444-1 (al. 3) C. com. qui s'appliquent aux seuls actes visés dans le tableau 3-1.

Le commissaire de justice peut également percevoir sur le débiteur en vertu des articles R. 444-55 et A. 444-31 C. com.[2], un droit de recouvrement ou d'encaissement dégressif et plafonné, calculé proportionnellement aux sommes effectivement encaissées ou recouvrées au titre du principal de la créance ou du montant de la condamnation, à l'exception des dépens. Ce calcul est effectué en appliquant aux sommes encaissées ou recouvrées réparties en quatre tranches, des taux dégressifs exprimés en pourcentages.

Ces pourcentages sont doublés lorsque le recouvrement ou l'encaissement est effectué sur le fondement d'un titre exécutoire constatant une créance alimentaire.

En revanche, la gestion du dossier et des acomptes n'ouvre pas droit pour le commissaire de justice, aux frais prévus par l'article A. 444-44 C. com., lesquels ne concernent que l'hypothèse où un délai de paiement a été accordé au débiteur.

Les formalités tarifées au titre du paiement direct étant effectuées par voie postale, elles ne peuvent justifier le remboursement des frais de déplacement mentionnés aux articles A. 444-48 et A. 444-49 C. com., sauf s'il s'est avéré nécessaire de procéder par voie de signification dans l'hypothèse de l'article 670-1 C. pr. civ. En revanche, les débours afférents aux frais d'affranchissement des lettres constituant des formalités obligatoires de procédures peuvent être remboursés au titre de l'article 4-8 (1°, c) annexé à l'article R. 444-3 (2°) C. com.

Rappelons qu'en application de l'article R. 213-7 C. pr. exéc., les frais de paiement direct incombent au seul débiteur, de telle sorte qu'aucune somme ne peut être demandée au créancier alimentaire, même à titre de provision (C. com., art. R. 444-52 et R. 444-53, 3°, c). À noter, en outre que si la procédure ne peut aboutir, les émoluments du commissaire de justice sont avancés par le Trésor public. Quant au débiteur, il ne peut se voir réclamer, en raison des prestations afférentes à la procédure de paiement direct, des sommes différentes de celles fixées par le tarif. Il peut obtenir le remboursement de l'excédent s'il a trop versé (C. com., art. R. 444-13, I et R. 444-14).

Si tout ou partie des frais a été engagé sans nécessité ou d'une façon injustifiée, c'est à l'officier ministériel d'en assumer la charge (C. pr. civ., art. 650 et 698) ou, si son ministère n'était pas obligatoire, à l'administration subrogée ou à l'organisme mandataire (C. pr. exéc., art. L. 111-8).

0952.155 Frais en cas d'intervention d'un organisme de prestations familiales. Les sommes à recouvrer par l'organisme d'allocations familiales sont majorées de frais de gestion et de recouvrement qui ne peuvent être mis à la charge du créancier et dont le montant est fixé par décret (CSS, art. L. 581-5). Ces frais représentent 7,5 % des sommes dues, outre les émoluments de l'officier ministériel ou, à défaut de recours à celui-ci, d'une majoration supplémentaire de 2,5 % (CSS, art. R. 581-6). Le recouvrement de ces frais est effectué par les voies et moyens applicables à celui de la créance principale et, en cas de difficulté, selon la procédure de certificat de vérification et de l'ordonnance de taxe des articles 704 à 718 C. pr. civ., le greffier ou le juge compétent étant celui du siège de l'organisme (CSS, art. R. 581-7).

Lorsque le paiement direct tend au recouvrement des échéances impayées au cours de ou avant l'engagement de l'intermédiation financière d'un organisme débiteur des prestations familiales, il est fait application des articles R. 581-6 à R. 581-8 du CSS pour les frais de gestion et de recouvrement mis à la charge du parent débiteur, à moins que ce parent opte volontairement pour une saisie de la créance alimentaire sur les prestations mentionnées au 1° du I de l'article L. 553-4 et aux articles L. 821-5 et L. 845-5 et les aides personnelles au logement mentionnées à l'article L. 821-1 du CCH (CSS, art. R. 582-8, III).

Le parent débiteur supporte également le coût de la signification de la décision de justice ou de la convention homologuée prévoyant l'intermédiation financière, lorsque l'avis de réception de la lettre recommandée la notifiant aux parties a été retourné

1. Anc[t] Décr. n° 96-1080, 12 déc. 1996, art. 7.
2. Anc[t] Décr. n° 96-1080, 12 déc. 1996, art. 8 et 9.

au greffe sans avoir été signée dans les conditions de l'article 670 C. pr. civ. (CSS, art. R. 582-9 – C. pr. civ., art. 1074-4, I, 2°).

§ 2
Effets du paiement direct

A.
Effets à l'égard du tiers

0952.161 **Notion de tiers.** Le tiers débiteur auquel la demande de paiement direct est notifiée est étranger au rapport d'obligation liant le créancier et le débiteur d'aliments. S'il est redevable de sommes à l'égard de ce dernier, c'est en vertu d'un rapport juridique distinct donnant naissance à une obligation de paiement ou de remboursement. Il doit généralement des loyers, des salaires, le prix de vente d'un bien, des fonds prêtés ou déposés.

La question s'est posée de savoir si les organes de la procédure collective, lorsqu'ils détiennent des fonds pour le compte du débiteur, peuvent être considérés comme des tiers à son égard, tiers susceptibles d'être destinataires d'une saisie-attribution, d'un ATD ou d'un paiement direct. Il n'était pas douteux pour de nombreux auteurs, que l'administrateur ou le commissaire à l'exécution du plan ne pouvait détenir des fonds appartenant au débiteur qu'en qualité de tiers, puisqu'ils n'ont pas le pouvoir de le représenter.

Mais la question pouvait se poser pour le liquidateur qui représente le débiteur suite au dessaisissement total produit par le jugement de liquidation. La Cour de cassation a confirmé qu'il a bien la qualité de tiers dans plusieurs arrêts rendus à l'occasion des poursuites exercées par des créanciers de « l'article 40 » de la loi du 25 janvier 1985 (devenu C. com., art. L. 621-32 anc., puis C. com., art. L. 622-17) impayés à l'échéance[1].

Il convient de relever que, la procédure de paiement direct n'étant pas une véritable mesure d'exécution, le tiers débiteur n'est pas un tiers saisi.

0952.162 **Obligation de renseignement.** Le tiers débiteur accuse réception au commissaire de justice de la demande de paiement direct dans les 8 jours qui suivent la notification, en précisant, par écrit, s'il est ou non en mesure d'y donner suite (C. pr. exéc., art. R. 213-1, al. 4). Cette obligation d'accuser réception de la demande dans les huit jours s'impose également au tiers, lorsque la procédure est directement mise en œuvre par un organisme débiteur des prestations familiales agissant pour le compte d'un créancier d'aliments (C. pr. exéc., art. R. 213-1, al. 5, et R. 213-13, al. 1er).

La date de la notification est, à l'égard du tiers à qui elle est faite, celle de la réception de la lettre. Cette date est apposée par l'administration des postes lors de la remise de ce courrier (C. pr. civ., art. 668 et 669, al. 3).

On doit considérer qu'il est mis à la charge du tiers une obligation de renseignement portant sur sa dette à l'égard du débiteur et sur les éventuelles saisies et oppositions antérieures avec transmission, le cas échéant, des pièces justificatives. En ne fournissant pas ces renseignements et les documents y afférents, le tiers fait nécessairement obstacle à la procédure de paiement direct à laquelle il doit apporter son concours en vertu de l'article L. 123-1 C. pr. exéc. S'il se prévaut d'un document à l'occasion de cette mesure, il est tenu de le présenter ou d'en donner copie comme l'y oblige l'article L. 141-3 du même code.

L'obligation d'information pesant sur le tiers persiste jusqu'à la cessation ou la suspension de sa propre obligation à l'égard du débiteur d'aliments. Dans cette éventualité, l'article R. 213-4 C. pr. exéc. lui impose d'aviser dans les huit jours, le créancier de la PAL. Le texte vise expressément l'hypothèse de la cessation ou de la suspension de la rémunération ou celle de la clôture du compte ou de l'insuffisance de provision de celui-ci ; mais il peut être étendu à d'autres cas, tels que l'expiration ou la résiliation du bail du tiers locataire débiteur de loyers. Le tiers est tenu de fournir les mêmes informations à l'organisme débiteur de prestations familiales lorsqu'il a mis en œuvre le paiement direct pour le compte du créancier (C. pr. exéc., art. R. 213-4 et R. 213-13, al. 2). Le tiers qui ne satisfait pas à son obligation de renseignement dans le délai peut être sanctionné (v. s^s^ n° 0952.311), sauf justification d'un motif légitime laissé à l'appréciation des juges du fond compte tenu des circonstances. La jurisprudence relative à la saisie-attribution paraît transposable sauf à l'adapter en considération de la durée du délai imparti au tiers[2].

0952.163 **Obligation de paiement.** C'est une obligation essentielle du tiers qui est sanctionnée spécialement par une peine d'amende (C. pr. exéc., art. R. 213-5). Le créancier impayé est recevable à obtenir du tiers l'exécution de l'obligation de lui verser les sommes directement selon les échéances fixées par le jugement[3] ou par l'acte ou la convention

1. Com. 25 juin 1996, n° 94-20.853, NP ; *D.* 1996. 615, note F. Derrida ; *D.* 1997. 371, note F. Derrida – Com. 3 févr. 1998, n° 96-15.773, P IV, n° 51 ; *RTD civ.* 1998. 426, obs. P. Crocq ; *Rev. huiss.* 1998. 1142 ; *RTD com.* 1999. 505, obs. A. Martin-Serf.

2. Civ. 2e, 2 avr. 1997, n° 95-13.567, P II, n° 107 ; *D.* 1998. 36, note D. Martin ; *RTD civ.* 1997. 752, obs. R. Perrot.
3. Civ. 2e, 24 oct. 1984, n° 83-12.553, P (préc., v. ss nos 0952.33 et 0952.35) ; *Gaz. Pal.* 1985. Pan. 65, obs. M. Grimaldi.

exécutoire. Le tiers devient, par le seul effet de la demande de paiement, directement et personnellement obligé au règlement des sommes déclarées. Ainsi, un employeur peut être déclaré débiteur des PAL dues par son salarié. C'est donc à tort qu'un tribunal a débouté une créancière de sa demande en paiement direct dirigée contre cet employeur[1]. « *L'obligation du tiers de payer le créancier alimentaire existe dès qu'il accuse réception de la notification de la demande si, à ce moment précis, sa dette à l'égard du débiteur est liquide et exigible. Il doit alors verser directement à ce créancier les sommes qui lui sont allouées par son titre aux échéances fixées par celui-ci* ».

Ainsi, une épouse est recevable à réclamer à une CPAM les indemnités journalières qu'elle a réglées à son mari après la demande de paiement direct et alors qu'elle avait déjà enregistré le certificat d'arrêt de travail et déterminé, après l'expiration du délai de carence de trois jours, les sommes qui étaient exigibles[2].

0952.164 **Lieu du paiement.** Ce règlement doit être effectué directement entre les mains du bénéficiaire (C. pr. exéc., art. R. 213-4) sans avoir à transiter par son commissaire de justice ou un autre mandataire. Il s'agit d'éviter les contretemps liés à la multiplication des opérations de transfert. Le délai maximum de trois semaines (paiement en espèces) ou de six semaines (paiement sous une autre forme), imparti par le tarif des commissaires de justice (C. com., art. R. 444-56) pour le reversement des sommes perçues pour le compte de leurs clients, est incompatible avec le caractère alimentaire de la créance à recouvrer. Les versements doivent être effectués au domicile ou à la résidence du bénéficiaire, sauf convention contraire (C. pr. exéc., art. L. 213-3). La PAL est, en effet, portable et non quérable (C. civ., art. 1343-4 [anc. art. 1247]).

0952.165 **Moment du paiement.** Les sommes retenues par le tiers doivent être versées au créancier selon les échéances fixées par le jugement (C. pr. exéc., art. L. 213-2, al. 2). Le respect de cette disposition suppose que la créance du débiteur soit elle aussi devenue exigible (C. pr. exéc., art. L. 213-1, al. 1er). Si les sommes objet du paiement direct ne le sont pas encore, leur versement au créancier à concurrence du montant de la pension doit être différé jusqu'à ce qu'elles arrivent à échéance.

0952.166 **Montant du paiement.** Le paiement doit couvrir le montant de l'échéance mensuelle augmenté, le cas échéant du douzième de l'arriéré des six derniers mois ayant précédé la notification de la demande ou du vingt-quatrième des vingt-quatre derniers mois si la mesure est engagée par l'organisme débiteur des prestations familiales agissant pour le compte du créancier alimentaire (C. pr. exéc., art. L. 213-4, dern. al. – V. ss nos 0951.22, 0952.35, 0952.114). À noter que si la créance du débiteur sur le tiers est inférieure à la pension, ce dernier ne saurait être tenu de verser plus qu'il ne doit.

Le paiement direct étant fait une fois pour toutes sans avoir besoin d'être réitéré, le tiers doit effectuer les paiements de façon continue sans attendre de nouvelles instructions sauf modification de la pension. Les sommes dues par le tiers sont attribuées au bénéficiaire, sans autre procédure, au fur et à mesure qu'elles deviennent exigibles (C. pr. exéc., art. L. 213-2, al. 1er).

0952.167 **Imputation des paiements.** Lorsque le tiers est un employeur, le prélèvement direct du terme mensuel courant et du douzième des six derniers mois impayés (ou des vingt-quatre derniers mois) peut être poursuivi sur l'intégralité de la rémunération. Il est d'abord imputé sur sa partie insaisissable et, s'il y a lieu, sur sa fraction saisissable (C. trav., art. L. 3252-5).

L'employeur verse au créancier d'aliments les sommes qui lui sont dues. Si ces sommes n'excèdent pas la quotité insaisissable de la rémunération, il en remet le reliquat au débiteur.

Si une saisie des rémunérations est en cours au moment de la demande de paiement direct, l'employeur verse au débiteur la fraction de la rémunération prévue à l'article L. 3252-5 C. trav., puis il verse au créancier d'aliment les sommes qui lui sont dues. Si celles-ci n'excèdent pas la fraction insaisissable, l'employeur en remet le reliquat au débiteur (C. trav., art. R. 3252-39). Il continue de verser au greffe la fraction saisissable après imputation, le cas échéant, des sommes réglées au créancier d'aliments (C. trav., art. R. 3252-39 – C. pr. exéc., art. R. 212-1-35).

Dans tous les cas, il est laissé à la disposition du salarié une somme égale au RSA mensuel pour un foyer composé d'une personne seule (C. trav., art. L. 3252-5 *in fine* et R. 3252-5). Lorsqu'un compte alimenté par des rémunérations du travail fait l'objet d'une procédure de paiement direct, le tiers saisi laisse en toute hypothèse à la disposition du débiteur, sans qu'une demande soit nécessaire, une somme équivalente au RSA pour un foyer composé d'une seule personne. En cas de pluralité de comptes, cette somme est imputée sur un seul d'entre eux (C. pr. exéc., art. R. 213-10).

0952.168 **Pluralité de tiers payeurs.** L'exécution de son obligation par un tiers débiteur ne libère pas

1. Civ. 1re, 24 oct. 2000, no 98-16.299, P I, no 258 ; *D.* 2000. 289 ; *Gaz. Pal.* 23-24 mai 2001. Somm. 20, note J. Massip.
2. Civ. 1re, 28 juin 2005, no 01-17.730, P (et réf. préc., v. ss no 0952.102).

les autres de leurs propres obligations, sauf le recours du débiteur contre le créancier qui aurait trop perçu[1].

0952.169 **Obligation de neutralité.** Le tiers n'a pas à s'immiscer dans les rapports entre créancier et débiteur alimentaire. Il ne peut se faire juge ni du bien-fondé ou du montant de la créance réclamée, ni de la validité de la demande de paiement direct[2].

Il n'a pas à prendre l'initiative d'effectuer des vérifications, des calculs d'indexation, des modifications ou des déductions de trop-perçus, opérations qui relèvent de la seule diligence (ou vigilance) du créancier ou du débiteur[3]. Ainsi, le tiers ne saurait, pour se soustraire à son obligation, invoquer un paiement effectué au créancier d'aliment par le débiteur originaire[4].

C'est en revanche au tiers qu'incombe la charge de déterminer la retenue et les imputations qu'il doit effectuer en fonction de ce qu'il doit lui-même au débiteur et, le cas échéant, du minimum vital susceptible d'être laissé à sa disposition en cas de paiement direct sur un compte ou sur des salaires (C. pr. exéc., art. R. 213-10 – C. trav., art. L. 3252-5 et R. 3252-5).

B.
Effets à l'égard du créancier et du débiteur

1°
Principe

0952.171 **Attribution de plein droit et droit de préférence.** La demande de paiement direct vaut, sans autre procédure et par préférence à tous autres créanciers, attribution au bénéficiaire des sommes qui en font l'objet, au fur et à mesure qu'elles deviennent exigibles (C. pr. exéc., art. L. 213-2, al. 1er). Elles sont distraites du patrimoine du débiteur d'aliments. Sa créance sur le tiers devient donc de plein droit la propriété de son créancier, qu'elle corresponde à une obligation à exécution instantanée ou successive. Dans ce dernier cas, le créancier alimentaire voit transporter d'ores et déjà dans son patrimoine, toutes les fractions non échues de la dette du tiers. Cet effet attributif qui bénéficie au « *premier saisissant* », permet de résoudre la plupart des difficultés nées d'un concours du paiement direct avec d'autres mesures conservatoires ou d'exécution. Le privilège qui s'y rattache permet en outre d'évincer les créanciers antérieurs ayant intercepté le salaire du débiteur, soit par voie de SATD, soit par voie de saisie des rémunérations.

Ce droit de préférence n'est cependant reconnu au créancier alimentaire sur la fraction saisissable du salaire, qu'autant que dure la mesure de paiement direct (v. ss no 0952.183).

0952.172 **Date de l'effet attributif.** Si on s'en tient à la lettre de l'article L. 213-2 C. pr. exéc., cet effet attributif se produit au moment de la demande de paiement direct.

Mais à quel moment cette demande est-elle réputée faite ? La question est importante en cas de concours avec d'autres mesures d'exécution.

La réponse est aisée lorsque c'est une administration subrogée dans les droits du créancier qui a la possibilité de s'adresser directement au tiers sans passer par l'entremise d'un commissaire de justice (C. pr. exéc., art. L. 213-5, al. 2). La demande se confond nécessairement avec sa notification et sa date est donc celle de la lettre adressée au tiers. La réponse est moins évidente lorsque le créancier doit recourir à un commissaire de justice, car sa demande semble émise et notifiée à des moments différents. Le commissaire de justice dispose d'un délai de huit jours à compter de sa saisine, s'il détient toutes les informations nécessaires, pour notifier la demande au tiers. Mais cette formalité peut attendre plus longtemps si ce dernier manque d'éléments pour y procéder (C. pr. exéc., art. R. 213-1, al. 3 et 4 et L. 213-5, al. 1er). La solution se trouve dans l'article L. 213-5 alinéa 1er selon lequel la demande de paiement direct est faite « *par l'intermédiaire d'un* commissaire *de justice* ». C'est donc la demande de l'officier public au tiers et non la demande du créancier audit officier public, qui réalise l'effet d'attribution.

C'est la date de la réception de la notification de la demande qui doit être retenue car tant qu'il n'est pas informé de la réclamation du créancier d'aliments, on ne peut reprocher au tiers de se libérer entre les mains du débiteur ou d'un autre créancier.

C'est d'ailleurs une solution analogue qui a été adoptée en ce qui concerne l'attribution de plein droit instituée par l'article L. 121-13 C. assur. Le droit propre des créanciers privilégiés et hypothécaires sur l'indemnité due par l'assureur prend naissance dès le jour du sinistre[5]. Cependant les paiements faits de bonne foi à l'assuré avant opposition demeurent valables (C. assur., art. L. 121-13, al. 2).

1. Civ. 2e, 24 oct. 1984, no 83-12.553, P I, no 156 ; *RTD civ.* 1985. 624, obs. R. Perrot.
2. CE 23 déc. 1976, req. no 01753, *Lebon* ; *JCP* 1977. II. 18660, note Lindon ; *RTD civ.* 1977. 635, obs. R. Perrot.
3. Civ. 2e, 5 juin 1985, *D.* 1986. 113 ; *RTD civ.* 1985. 624, obs. R. Perrot – Civ. 2e, 6 juill. 1994, no 92-13.920, P II, no 179 ; *D.* 1994. 199 ; *Gaz. Pal.* 1994. 2. Pan. 225.
4. Civ. 1re, 24 oct. 2000, no 98-16.299, P (préc., v. ss no 0952.163) – Crim. 28 juin 2000, no 99-84.364, P, no 250.
5. Civ. 4 déc. 1946, *D.* 1947. 25, note P. L. P.

2°
Cas d'interférence

0952.181 Interférence avec une saisie-attribution, une opposition, une saisie administrative à tiers détenteur. Lorsque le créancier d'aliments se manifeste le premier, il devient immédiatement propriétaire de la créance de son débiteur sur le tiers et évince du même coup, tous ceux qui pourraient intervenir ultérieurement. Mais dès lors que sa demande de paiement direct a été précédée par une ou plusieurs mesures d'exécution forcée ayant, elles aussi, un effet de transport-cession instantané, telle qu'une saisie-attribution (C. pr. exéc., art. L. 211-2), une opposition (CSS, art. L. 133-4-9) ou une SATD (LPF, art. L. 262)[1], elle ne peut plus produire aucune conséquence, les fonds interceptés par des créanciers plus diligents ou mieux informés étant sortis du patrimoine du débiteur[2]. Seule une annulation ou une mainlevée ultérieure de la saisie-attribution ou de la SATD pourrait permettre à la mesure de paiement direct de se retrouver en première place et de produire ses effets. Mais cette éviction du paiement direct ne vaut pas si la créance interceptée est une créance de salaire (v. s^s n° 0952.183).

Lorsque le paiement direct intervient le même jour qu'une saisie-attribution, qu'une OTD ou une SATD, il devrait théoriquement primer toutes ces mesures, le créancier d'aliments étant préférable à tous autres (C. pr. exéc., art. L. 213-2, al. 1er). Il convient de relever cependant qu'en cas de saisies-attributions simultanées, la Cour de cassation estime que le concours entre créanciers saisissants prévu à l'alinéa 3 de l'article L. 211-2 C. pr. exéc. doit se régler au prorata des créances respectives, sans qu'il y ait lieu de prendre en compte l'existence d'éventuels privilèges[3]. Cet avis vaut également en cas de concours entre paiement direct et saisie-attribution ou SATD, sauf à considérer, soit que les articles L. 213-1 et L. 213-2 C. pr. exéc. dérogent à l'article L. 211-2 alinéa 3 du même code, soit que l'attribution directe et de plein droit au bénéfice du créancier alimentaire sans aucun transit par le patrimoine du débiteur, rend sans effet toute autre mesure d'exécution concomitante et partant, exclut toute hypothèse de concours.

0952.182 Interférence avec une cession de créance. Une cession de créance régulièrement signifiée au tiers débiteur ou acceptée par lui avant la demande de paiement direct a, elle aussi, le même effet de transport cession (C. civ., art. 1323 à 1325). Elle empêche celui-ci de produire effet, la créance cédée n'étant plus dans le patrimoine du débiteur d'aliments.

Cependant, lorsque la cession porte sur des salaires, l'effet de transport-cession est rendu par la loi inopposable au créancier ayant pratiqué une saisie des rémunérations postérieure, mesure à laquelle il faut assimiler le paiement direct ayant pour objet des revenus du travail. La cession des rémunérations (ou plus exactement de leur fraction saisissable) s'effectue par une déclaration du cédant au greffe du JEX lequel notifie cette cession à l'employeur débiteur cédé. En cas de survenance d'une autre mesure d'exécution, le cessionnaire antérieur vient en concours avec le nouveau créancier, lequel participe aux répartitions à venir (C. pr. exéc., art. L. 212-11 – C. trav., art. R. 3252-48). Il est de droit « *réputé saisissant pour les sommes qui lui restent dues* » (C. pr. exéc., art. L. 212-11), tant que dure la saisie ou le paiement direct suspendant les effets propres de la cession. Le créancier d'aliments étant toutefois privilégié (C. pr. exéc., art. L. 213-1, al. 1er), il peut intercepter non seulement la fraction insaisissable mais encore, en cas d'insuffisance de celle-ci, la quotité saisissable qui aurait dû revenir au cessionnaire. Il ne reste donc plus à ce dernier que le solde de cette quotité s'il en existe un.

Cette inopposabilité de la cession de la créance de salaire constitue un avantage appréciable pour les créanciers qui n'ont pas d'autre gage que les rémunérations de leur débiteur. Elle permet de faire échec aux tentatives du débiteur d'avantager un créancier particulièrement pressant, au détriment de ceux qui ne disposent pas de moyens de pression efficaces, notamment des créanciers alimentaires.

0952.183 Interférence avec une saisie des rémunérations ou une saisie administrative à tiers détenteur sur des rémunérations. Lorsque le paiement direct a été précédé par une saisie des rémunérations, il prime nécessairement cette mesure qui ne produit aucun effet d'attribution immédiate. En effet, après avoir remis au salarié le minimum vital prévu par l'article R. 212-1-35 C. pr. exéc. et versé au créan-

1. La SATD créée par l'article 73 (I, 2°) de la loi n° 2017-1775 du 28 décembre 2017 de finances rectificative pour 2017 (*JO* 29 déc., texte 1) a remplacé les diverses mesures d'exécutions ouvertes aux comptables publics pour le recouvrement forcé des créances publiques, à savoir : avis à tiers détenteur (ATD) pour les créances fiscales privilégiées (LPF, anc. art L. 262 et L. 263), saisie à tiers détenteur (STD) pour les créances non fiscales de l'État (LPF, anc. art. L. 273A), opposition à tiers détenteur (OTD) pour les produits des collectivités territoriales et de leurs établissements publics (CGCT, anc. art. L. 1617-5, 7°), l'opposition administrative (OA) pour les amendes et condamnations pécuniaires (L. n° 2004-1485, 30 déc. 2004, de finances rectificative pour 2004, *JO* 31 déc., texte 2, anc. art. 128, II) et les saisies des créances simplifiées pour les sommes dues aux établissements et groupements d'intérêt public de l'État dotés d'un agent comptable (L. n° 2015-1786, 29 déc. 2015, *JO* 30 déc., texte 2, anc. art. 123, I).
2. Civ. 2e, 24 juin 1987, n° 86-11.770, P II, n° 138 ; *D.* 1988. 357, note P. Ancel et M.-C. Rondeau-Rivier.
3. Cass., avis, 24 mai 1996, n° 09-60.003, P, n° 6.

cier alimentaire la fraction insaisissable de la rémunération, l'employeur peut en outre être tenu de régler à ce dernier tout ou partie de la quotité saisissable si un complément est nécessaire pour couvrir l'intégralité de la somme due au titre du paiement direct. Dans cette hypothèse, l'employeur ne remettra au commissaire de justice aux fins de répartition aux autres créanciers, qu'une quotité saisissable amoindrie voire même insignifiante (C. trav., art. R. 3252-39).

Si après l'engagement de la procédure de paiement direct, une SATD tendant au recouvrement d'impôts privilégiés est notifiée à l'employeur, cette nouvelle mesure n'a aucun effet suspensif comme ce serait le cas si elle avait été précédée par une saisie des rémunérations (C. pr. exéc., art. R. 212-1-33 et R. 212-1-34). L'employeur doit donc continuer à payer directement le créancier d'aliments au moyen de la fraction insaisissable et, si nécessaire, de la quotité saisissable. Le créancier alimentaire bénéficie ainsi d'un privilège absolu sur toute la rémunération à l'exclusion de la partie correspondant au RSA. Il doit en être de même en présence d'une saisie administrative pratiquée sur les salaires d'un redevable, d'une somme non garantie par le privilège du Trésor, telle qu'une créance non fiscale de l'État ou d'une collectivité locale (LPF, art. L. 262 et L. 273 A – CGCT, art. L. 1617-5, 7°).

Cependant, ce droit de préférence sur la fraction saisissable du salaire n'est reconnu au créancier d'aliments qu'en cas de demande de paiement direct. Dès lors qu'il a notifié au tiers la mainlevée de sa demande, il n'est plus fondé à invoquer la violation des articles L. 3252-8 C. trav. (devenu C. pr. exéc., art. L. 212-10) et 2 de la loi du 2 janvier 1973 (devenu C. pr. exéc., art. L. 213-2)[1].

La question s'est posée de savoir si le super privilège dont bénéficie le créancier alimentaire s'étend aux frais de la procédure de paiement direct en présence d'un ATD (devenue la SATD). Un JEX a répondu par l'affirmative en décidant qu'un employeur tiers saisi ne pouvait refuser de verser les frais de la procédure au commissaire de justice ayant instrumenté, au motif qu'ils n'étaient pas inclus dans l'assiette du super-privilège[2].

0952.184 Interférence avec un autre paiement direct. S'il est légitime que le créancier d'aliments ayant diligenté une procédure de paiement direct bénéficie d'un droit de préférence opposable aux autres créanciers même privilégiés, rien ne justifie, sur le plan de l'équité, qu'il prime un autre créancier alimentaire moins rapide que lui.

La loi du 2 janvier 1973, même depuis sa codification, ne réserve cependant pas aux créanciers alimentaires retardataires, un sort plus favorable que celui des créanciers de droit commun. Elle n'envisage pas l'hypothèse d'un concours et ne prévoit aucune procédure de répartition. Quant à la loi du 9 juillet 1991 et son décret d'application, désormais codifiés au Code des procédures civiles d'exécution, ils n'apportent de précisions que sur l'interférence entre le paiement direct et la saisie des rémunérations.

Ce vide juridique mérite d'être comblé car les hypothèses de demandes de paiement direct concurrentes ne sont pas rares en raison notamment, des remariages et concubinages successifs (concours entre enfants issus d'unions successives, entre un ex-conjoint et des enfants d'un autre lit, entre ascendants et descendants du même débiteur).

Seul un raisonnement par analogie permet d'apporter une réponse juridiquement, sinon équitablement, satisfaisante.

Lorsque le paiement direct s'apparente à la saisie-attribution, on peut départager les créanciers alimentaires en appliquant les dispositions de l'article L. 211-2 C. pr. exéc. qui présentent une certaine analogie avec celles de l'article L. 213-2 du même code. On est donc conduit à décider, dans ce cas, que les paiements doivent s'effectuer en fonction de l'ordre chronologique des demandes de paiement direct, la plus ancienne bénéficiant du « *privilège du premier saisissant* ». Une répartition au prorata du montant respectif des différentes créances d'aliments ne peut être envisagée que si les demandes concurrentes sont du même jour.

On peut aussi considérer que le droit direct des créanciers d'aliments contre le tiers naissant de la loi et non de leurs demandes respectives qui ont pour seul effet de réaliser l'attribution des sommes exigibles, ils ont une égale vocation à percevoir les sommes dues à leur débiteur commun sans pouvoir s'évincer mutuellement.

Lorsque le paiement direct est assimilable par son objet à la saisie des rémunérations, l'hypothèse de l'intervention d'un second, voire d'un troisième créancier d'aliments susceptible de participer à des répartitions, est parfaitement concevable. La mesure de paiement direct comme la saisie sur salaire ne produit en l'occurrence, aucun effet attributif exclusif et l'absence de réglementation du concours entre créanciers alimentaires paraît être le fruit d'une omission plutôt que de la volonté délibérée du législateur. Une répartition au marc-l'euro apparaît, au surplus, tout à fait compatible avec le principe d'équité selon lequel les créanciers d'aliments ont

1. Civ. 2e, 28 sept. 2000, no 98-17.614, P II, no 137 ; *D.* 2000. 265 ; *Gaz. Pal.* 29-30 nov. 2000. Pan. 14.
2. TGI Saint-Étienne, JEX, 17 mars 2008, *Rev. huiss.* 2008. 281, obs. Grimand.

une égale vocation à bénéficier des subsides versés par leur débiteur commun.

La solution qui consisterait à reconnaître à l'auteur de la première demande de paiement direct un privilège absolu reviendrait à priver de tout moyen de subsistance, lorsque les rémunérations sont les seules ressources du débiteur, les créanciers les moins diligents ou les moins informés[1].

0952.185 Interférence avec une saisie conservatoire. Il convient de rappeler à titre liminaire que les rémunérations n'étant pas susceptibles de saisie conservatoire (v. s^s n°s 094.05 s.), l'hypothèse d'une interférence n'est concevable qu'en cas de paiement direct entre les mains d'un tiers autre qu'un employeur.

Les sommes qui font l'objet d'une saisie conservatoire de créance sont frappées d'indisponibilité et consignées au profit du saisissant avec affectation spéciale et privilège de l'article 2333 C. civ. (C. pr. exéc., art. L. 523-1 – et C. civ., art. 2350). Les droits du saisissant, assimilé à un créancier gagiste, sont ainsi conservés jusqu'à ce qu'il soit en mesure de présenter, après obtention d'un titre exécutoire, une demande de conversion en saisie-attribution produisant un effet d'attribution irréversible (v. s^s n° 0621.45).

Si le créancier d'aliments se manifeste après cette demande de conversion, il ne peut plus remettre en cause les droits acquis par son prédécesseur et sa procédure de paiement direct est dépourvue d'efficacité. En revanche, s'il intervient avant, il semble, en vertu de l'article L. 213-2 alinéa 1er C. pr. exéc., disposer d'un droit de préférence d'un rang supérieur à celui du gagiste. La demande de paiement direct vaut, en effet, attribution au bénéficiaire des fonds qui en font l'objet « *par préférence à tous autres créanciers* ».

3°
Interférence en situation de procédure collective

0952.191 Interférence avec une procédure collective. La solution ne pose aucune difficulté lorsque le paiement direct a produit son effet attributif avant la procédure collective. Comme en matière de saisie-attribution, la survenance d'une sauvegarde, d'un redressement ou d'une liquidation judiciaire contre le débiteur ne peut remettre en cause l'attribution réalisée par la procédure de paiement direct (il en est jugé ainsi à propos de la saisie-attribution des créances instantanées ou à exécution successive[2]).

0952.192 Paiement direct en période suspecte. Depuis que l'article L. 632-2 C. com. a été modifié par la loi de sauvegarde des entreprises[3], toute saisie administrative, toute saisie-attribution ou toute opposition peut être annulé lorsqu'il a été délivré ou pratiqué par un créancier après la date de cessation des paiements et en connaissance de celle-ci. Le paiement direct qui n'est pas visé par cette disposition ne pourra pas être remis en cause même s'il intervient au cours de la période suspecte et même si le créancier d'aliments savait que son débiteur était en état de déconfiture.

En effet, bien qu'il ressemble aux trois mesures énumérées dans l'article L. 632-2 C. com., le paiement direct n'est pas une véritable voie d'exécution mais un mécanisme original qui fait du tiers un débiteur personnel et direct du créancier alimentaire. Celui-ci se trouve ainsi à l'abri d'une remise en question de la mesure, lorsqu'elle est notifiée, non seulement après la cessation des paiements, mais encore après l'ouverture de la procédure collective elle-même (v. s^s n° 0952.193).

0952.193 Procédure collective antérieure. La solution était moins évidente en cas d'engagement du paiement direct après le jugement d'ouverture en raison de la règle de la suspension des poursuites individuelles. Sous l'empire de la loi du 13 juillet 1967, la Cour de cassation avait estimé, cependant, que le principe de la vérification des créances contre un débiteur soumis à une procédure collective ne mettait pas obstacle à une demande de paiement direct de PAL à son encontre[4]. La Haute juridiction a considéré à cet égard que les créanciers d'aliments ou ceux qui leur étaient assimilés, disposaient d'une action directe contre les tiers débiteurs de sommes liquides et exigibles envers la personne tenue au paiement de la pension. Cette action était dès lors recevable bien que le débiteur d'aliments fût soumis à une procédure collective. Le créancier alimentaire devenait donc un créancier personnel du tiers dont la dette tombait dans son patrimoine sans passer par celui du débiteur de la pension. Cette décision a été rendue dans un litige opposant le syndic d'un règlement judiciaire à l'ex-épouse du débiteur placé sous ce régime, laquelle avait pratiqué une mesure de paiement direct sur les allocations versées par l'Assedic (aujourd'hui Pôle emploi) à son ex-mari, soit sur des revenus dont il gardait la libre disposition pour ses besoins personnels, afin de recouvrer les arrérages d'une prestation compensatoire sous forme de rente, échus avant le jugement d'ouverture.

1. SUR CE POINT : TI Compiègne, 18 avr. 1996, note Castelain, *Nouv. journ. huiss.* janv. 1997, p. 23.
2. Com. 13 oct. 1998, n° 96-14.295, P IV, n° 237 ; *D.* 1998. 250 ; *JCP* 1998. IV. 3324 – V. AUSSI : Civ. 2e, 10 juill. 1996, n° 94-19.551, P II, n° 209 ; *D.* 1996. 625, note P. Ancel ; *RTD civ.* 1996. 716, obs. R. Perrot.
3. L. n° 2005-845, 26 juill. 2005, art. 95.
4. Com. 15 juill. 1986, n° 84-16.282, P IV, n° 158 ; *D.* 1987. 192, note J. Massip ; *D.* 1988. Somm. 7, obs. F. Derrida.

Selon les commentateurs de l'arrêt précité (F. Derrida et J. Massip), la loi du 2 janvier 1973 (aujourd'hui incorporée dans le Code des procédures civiles d'exécution) a institué, non une véritable mesure d'exécution, une sorte de saisie-attribution simplifiée, mais un mécanisme d'attribution de plein droit inspiré de celui prévu par l'article L. 121-13 C. assur. pour le versement direct aux créanciers privilégiés et hypothécaires de l'assuré, sur opposition de leur part, de l'indemnité due par l'assureur en cas de sinistre. On a également souligné l'analogie avec le droit personnel de la victime contre l'assureur de dommages (C. assur., art. L. 124-3) et du sous-traitant contre le maître d'ouvrage [1]. À noter cependant que dans les exemples cités, l'action directe porte sur une créance bien déterminée, tandis que dans le cas du recouvrement des aliments, celle-ci porte sur toutes les créances du débiteur.

Ainsi dès la notification de la demande, les sommes dues par le tiers sont distraites de l'actif du débiteur et échappent aux règles qui gouvernent les biens de son patrimoine. Le tiers débiteur n'est pas un tiers saisi et la procédure collective contre le débiteur d'aliments ne le concerne pas (sur l'assiette de paiement direct, v. s[s] n° 0952.196).

0952.194 Dispense de réitération de l'avis au liquidateur. La question se pose cependant de savoir si, à l'instar de ce qu'exige la Cour de cassation pour la dénonciation de la saisie-attribution [2], l'avis adressé au débiteur par lettre recommandée doit être réitéré au liquidateur. Le débiteur est en effet dessaisi de la gestion de son patrimoine au profit du liquidateur qui a seul qualité pour exercer ses droits et actions en demande comme en défense, sauf à considérer que la contestation du paiement direct est une action strictement personnelle qui n'est pas touchée par l'article L. 641-9 C. com. La Cour de cassation semble abonder dans ce sens puisque dans deux arrêts du 8 octobre 2003, elle juge que la PAL et la prestation compensatoire dont est tenu le débiteur en redressement ou en liquidation judiciaire sont des dettes qui lui sont personnelles et qui n'ont pas à être déclarées au passif de la procédure collective [3].

1. L. n° 75-1334, 31 déc. 1975, art. 12.
2. Com. 19 janv. 1999, n° 96-18.256, P IV, n° 17 ; *D.* 1999. 50.
3. Com. 8 oct. 2003, n° 00-14.760, P (préc., v. s[s] n°s 0952.13 et 0952.33) ; *D.* 2003. Somm. 2637, obs. A. Lienhard ; *JCP* 2004. II. 10012, note S. Becque-Ickowicz ; *Rev. huiss.* 2004. 87, obs. P. Crocq ; *D.* 2004. Somm. 195, obs. A. Danis-Fatôme – Crim. 7 janv. 2004, n° 03-82.337, P, n° 5 ; *JCP* 2004. II. 10060, note Pomart – Com. 1er févr. 2005, n° 01-13.943, P (préc., v. s[s] n°s 0952.13 et 0952.33) ; *D.* 2005. 489, obs. A. Lienhard – Com. 4 avr. 2006, n° 04-16.672, P IV, n° 89 ; *D.* 2006. AJ 1166, obs. A. Lienhard ; *JCP* 2006. IV. 2035 – Com. 13 juin 2006, n° 05-17.081, P (préc., v. s[s] n° 0952.13) ; *D.* 2006. 1969, note C. Vincent ; *D.* 2006. AJ 1681, obs. A. Lienhard.

Le débiteur devrait donc pouvoir exercer seul l'action en contestation de la mesure de paiement direct quelle que soit la nature de la procédure collective ouverte à son encontre.

Par conséquent, la réitération aux organes de la procédure, de la notification faite au débiteur, apparaît sans objet.

0952.195 Inapplicabilité de l'interdiction des paiements et de l'obligation de déclaration. Qu'elles soient nées avant ou après le jugement d'ouverture, les créances alimentaires ne sont pas soumises à la règle de l'interdiction des paiements et à l'obligation de déclaration au passif du débiteur édictée par les articles L. 622-7, I, al. 2, et L. 622-24, dernier alinéa, C. com. dans leur rédaction issue de la loi du 26 juillet 2005 et de l'ordonnance du 18 décembre 2008.

La Cour de cassation avait déjà jugé, le 8 octobre 2003, soit avant la loi et l'ordonnance précitées, que les créances alimentaires, y compris la prestation compensatoire, n'avaient pas à être déclarées au passif, de telle sorte qu'elles échappaient à l'extinction qui sanctionnait, à l'époque, le défaut d'accomplissement de cette formalité [4].

La Haute juridiction avait également énoncé, dans un arrêt du même jour, que la créance née de la pension alimentaire pouvait être payée, sans avoir été déclarée, sur les seuls revenus dont le débiteur conservait la libre disposition ou recouvrée par voie de paiement direct ou de recouvrement public [5].

Il convient de préciser que, si le créancier d'aliment n'est pas tenu de déclarer sa créance, il ne lui est cependant pas interdit de le faire s'il veut participer à la répartition des fonds disponibles dans la procédure. Il s'agit d'une faculté dont l'exercice est indispensable pour l'admission dans les répartitions, laquelle est subordonnée à la déclaration, sauf dérogation expresse qui ne résulte pas de la dispense prévue au dernier alinéa de l'article L. 622-24 C. com [6]. Dans ce cas, les règles de procédure concernant la déclaration au passif, la vérification des créances et la distribution des fonds ou dividendes s'imposent au titulaire de la PAL, sans pour autant que sa non-admission au passif par le débiteur n'affecte ses droits de créancier d'aliments, notamment celui d'être payé hors procédure [7].

4. Com. 8 oct. 2003, n° 99-21.682, P IV, n° 151 ; *D.* 2004. Somm. 54, obs. F.-X. Lucas ; *JCP* 2004. I. 109, n° 1, obs. H. Bosse-Platière ; *RTD com.* 2004. 368, note A. Martin-Serf ; *JCP E* 2004. 227, obs. Cabrillac et Pétel.
5. Com. 8 oct. 2003, n° 00-14.760, P (préc., v. s[s] n°s 0952.13, 0952.33 et 0952.194).
6. Com. 13 juin 2019, n° 17-24.587, P (préc., v. s[s] n°s 0952.13 et 0952.33) ; *D.* 2019. Somm. 1278, note A. Lienhard.
7. Com. 13 juin 2006, n° 05-17.081, P (préc., v. s[s] n°s 0952.13 et 0952.194) – Sur les hésitations suscitées par la loi du 26 juillet 2005 quant à la possibilité de payer les créances alimentaires nées avant le jugement d'ouverture, v. s[s] n° 0952.195.

0952.196 Fonds déposés à la Caisse des dépôts et consignations. On a pu se demander si les fonds versés à la CDC, qui sont insaisissables, en vertu de l'article L. 662-1 C. com. (anc^t C. com., art. L. 627-1), sont indisponibles pour le créancier d'aliments procédant par voie de paiement direct. Les organes de la procédure (administrateur, mandataire judiciaire, commissaire à l'exécution du plan et liquidateur) sont en effet tenus de déposer immédiatement sur un compte ouvert dans cet établissement public, toutes les sommes qu'ils perçoivent et ce sous peine de devoir payer des intérêts en cas de retard (C. com., art. L. 622-18, L. 626-25 et L. 641-8). Ces fonds dont la consignation est obligatoire, sont réservés aux créanciers de la procédure collective auxquels ils seront distribués selon leur rang, sous forme de dividendes, en cas de plan, ou de répartitions, en cas de liquidation.

La Cour de cassation relève, tout en rappelant à cette occasion que le liquidateur a la qualité de tiers détenteur, que selon l'article L. 662-1 C. com., aucune opposition ou procédure d'exécution, de quelque nature qu'elle soit, n'est recevable sur les sommes déposées, à ladite caisse, ce qui interdit, par là même, toute saisie-attribution, opposition ou ATD [1]. Il semble bien qu'en visant à la fois les oppositions et les procédures d'exécution, les rédacteurs de l'article L. 662-1 C. com. (anc^t C. com., art. L. 627-1) ont entendu interdire tout prélèvement sur les fonds consignés, qu'il prenne la forme d'une saisie ou d'une mesure assimilée.

Dans un arrêt du 8 octobre 2003, la Haute juridiction a estimé que la créance alimentaire sur un débiteur soumis à une procédure collective, devait être payée sur les revenus dont il conserve la libre disposition ou bien être recouvrée par la voie de la procédure de paiement direct. Il résulte de cette décision et d'un arrêt ultérieur du 1er février 2005, que la PAL ou la prestation compensatoire peut :

– soit être recouvrée par la voie de la procédure de paiement direct entre les mains de tout tiers détenteur en l'absence de paiement volontaire.

Cependant, cette jurisprudence n'a pas précisé si tous les fonds détenus par un tiers, y compris ceux déposés à la CDC, devaient répondre du paiement de la créance alimentaire.

Depuis la modification de l'article L. 622-7 C. com. opérée par l'ordonnance du 18 décembre 2008, il semblait que la règle de l'interdiction des paiements ne s'appliquait pas, d'une manière générale, aux créances alimentaires qui devaient bénéficier d'un traitement de faveur, qu'elles soient nées avant ou après le jugement d'ouverture. Il paraissait donc que leur paiement puisse être effectué aussi bien sur les sommes laissées à la disposition du débiteur que sur les fonds détenus par le liquidateur ou déposés à la CDC, à moins de considérer que les créances alimentaires étaient en dehors de la procédure et que les sommes consignées à ladite caisse demeuraient réservées aux seuls créanciers de la liquidation.

C'est ce qui semble bien résulter d'un arrêt du 13 juin 2019 [2] qui, tout en réaffirmant que la créance alimentaire doit être payée sur les revenus dont le débiteur a la libre disposition ou recouvrée par voie de paiement direct, précise que ce règlement ne peut intervenir sur les fonds disponibles dans la procédure, la non-application de l'interdiction des paiements et de l'obligation de déclaration au passif n'excluant pas la soumission à la suspension des poursuites individuelles. Cette importante restriction paraît donc limiter l'assiette du paiement direct aux revenus hors procédure collective (subsides, allocations, salaires et autres produits d'activité) épargnés par l'effet réel du jugement d'ouverture.

– soit être réglée par le débiteur lui-même sur ses allocations chômage, ses rémunérations ou sur les subsides qui lui sont versés en vertu de l'article L. 631-11 C. com. (anc^t C. com., art. L. 621-21), et ce, en dépit de la règle du dessaisissement et du principe de l'interdiction des paiements. Le dessaisissement produit par la liquidation judiciaire n'interdit pas au débiteur, personne physique, de conclure un contrat de travail ou de poursuivre l'exercice, en tant qu'entrepreneur individuel à responsabilité limitée, d'une activité commerciale, artisanale, agricole ou indépendante, si elle engage un patrimoine autre que celui visé par la procédure collective (C. com., art. L. 641-9, III).

0952.197 Procédure collective contre le tiers. En revanche, la survenance ultérieure d'une procédure collective contre le tiers produit certaines conséquences. Si elle ne remet pas en question le transport de la créance dans le patrimoine du créancier, elle a pour effet de soumettre celui-ci, devenu créancier direct du tiers aux règles de la sauvegarde, du redressement ou de la liquidation judiciaire. Il peut notamment se voir opposer, pour les sommes dues avant le jugement d'ouverture, comme n'importe quel créancier d'un débiteur faisant l'objet d'une procédure collective, l'interdiction des paiements prévue par l'ancien article L. 621-24, devenu L. 622-7 C. com. (une décision de 2002 considère que le créancier qui pratique une saisie-attribution est soumis à la règle de la suspension des poursuites individuelles en cas de redressement ou de liquidation judiciaire du tiers saisi [3]).

1. Com. 22 avr. 1997, n° 94-21.412, P IV, n° 104 ; *D.* 1997. 371, note Derrida – Com. 5 mai 1998, n° 96-15.780, P IV, n° 143 ; *D.* 1998. 151 – Com. 8 déc. 1998, n° 96-15.150, P IV, n° 290 ; *D.* 1999. 21.

2. Com. 13 juin 2019, n° 17-24.587, P (préc., v. s^s n°s 0952.13, 0952.33 et 0952.195).

3. Com. 11 juin 2002, n° 99-17.163, P IV, n° 106 ; *Rev. huiss.* 2002. 372, note E. Putman.

Il faut préciser que l'article L. 622-7, issu de l'ordonnance du 18 décembre 2008, autorise le paiement des créances alimentaires nées avant et après le jugement d'ouverture et ce, sans distinguer entre celles qui concernent le tiers à titre personnel et celles qu'il est tenu de payer en qualité de tiers détenteur. Une interprétation en faveur du créancier d'aliments reste donc possible[1].

0952.198 **Interruption de la prescription.** L'exercice de la procédure de paiement direct interrompt la prescription quinquennale de l'article 2224 C. civ. dès réception par le tiers de la lettre recommandée lui notifiant la demande de paiement[2]. Cela est logique puisque le paiement direct s'apparente à une mesure d'exécution forcée interruptive de prescription en vertu de l'article 2244 C. civ.

Jusqu'à la réforme résultant de la loi n° 2008-561 du 17 juin 2008[3], l'action en paiement des créances alimentaires était soumise, en vertu de l'ancien article 2277 C. civ., à une courte prescription de cinq ans dérogatoire à celle de droit commun de trente ans, prévue par l'ancien article 2262 du même code.

Depuis cette réforme qui a ramené à cinq ans le délai de droit commun, les dispositions spéciales de l'ancien article 2277 ont été supprimées de telle sorte que la prescription des créances d'aliments relève désormais du régime de droit commun.

SECTION 5
MODIFICATIONS ET CESSATION

0952.201 **Instabilité de la chose jugée.** Le principe de variabilité qui caractérise le rapport alimentaire confère aux décisions judiciaires une autorité de chose jugée éphémère. La Cour de cassation rappelle à cet égard que la décision fixant une PAL ne possède l'autorité de la chose jugée qu'aussi longtemps que demeurent inchangées les circonstances au regard desquelles elle est intervenue[4].

Le domaine familial et alimentaire est donc très propice aux changements de décisions et la procédure de paiement direct a dû intégrer ce phénomène spécifique en prévoyant des aménagements en cas de modification ou d'extinction de la créance d'aliments.

§ 1
Modification de la pension alimentaire

0952.211 **Réitération de la procédure.** Selon l'article R. 213-3 C. pr. exéc., si une nouvelle décision ou une nouvelle convention change le montant de la pension ou les modalités d'exécution de l'obligation du débiteur d'aliments, la demande de paiement direct se trouve de plein droit modifiée à compter de la notification au tiers de la décision ou de la convention modificative. Cette notification doit se faire dans les conditions prévues aux alinéas 1er et 2 de l'article L. 213-1 C. pr. exéc., c'est-à-dire par l'intermédiaire d'un commissaire de justice et par LRAR, dans les huit jours de sa saisine par le créancier.

Par conséquent, c'est en principe au créancier que revient l'initiative de notifier la demande de modification, qu'elle aboutisse à une augmentation ou à une diminution de la dette d'aliments. Ainsi, une épouse peut être condamnée à rembourser les sommes perçues en trop à la suite du défaut de notification au tiers d'une ordonnance réduisant sa PAL et ce, sans pouvoir se retrancher derrière la propre inertie de son mari[5]. Cependant, la Cour de cassation paraît admettre, dans l'arrêt précité, qu'en cas de réduction de la pension le débiteur peut notifier lui-même au tiers la décision modificative. En effet, elle casse la décision objet du pourvoi en constatant que celle-ci avait, tout en relevant que le débiteur pouvait aussi prendre les initiatives nécessaires, néanmoins condamné la créancière à lui verser en sus des sommes indûment perçues, des dommages-intérêts et des intérêts de retard.

Quant au tiers, il n'est pas chargé d'anticiper la notification, quand bien même il disposerait des informations nécessaires par le canal officieux du débiteur. Son devoir de neutralité lui impose d'attendre, pour modifier les versements qu'il est tenu d'opérer, la notification faite par le commissaire de justice et ce, sans pouvoir apprécier le bien-fondé de ce qui est réclamé[6]. Il n'a pas non plus à se préoccuper de la notification de la décision modificative au débiteur d'aliments (même arrêt).

Le créancier d'aliments ne peut se borner à notifier au tiers la décision modificative. L'accomplissement de cette formalité ne le dispense pas de la rendre préalablement exécutoire à l'égard de son débiteur[7].

0952.212 **Hypothèse de l'indexation.** Si le créancier veut obtenir du tiers le paiement de l'augmentation résultant de l'indexation, il doit lui notifier le

1. F. Pérochon, « Les créanciers postérieurs et la réforme du 26 juillet 2005 », *Gaz. Pal.* 7-8 sept. 2005, p. 57, n° 44.
2. Paris, 22 oct. 1982, RG n° 1982/30187.
3. L. n° 2008-561, 17 juin 2008, portant réforme de la prescription en matière civile, *JO* 18 juin, p. 9856.
4. Civ. 1re, 16 juin 1993, n° 91-19.904, P I, n° 216.
5. Reims, 19 févr. 1987, *Juris-Data* n° 043409 – Civ. 2e, 10 févr. 1988, n° 86-17.742, P II, n° 37.
6. Paris, 9 et 23 mai 1980, *D.* 1980. 532, note J. Massip ; *RTD civ.* 1981. 910, note R. Perrot.
7. Civ. 2e, 6 janv. 1988, n° 86-16.806, P II, n° 1 ; *JCP* 1988. IV. 94.

montant de la nouvelle échéance dès que son calcul peut être effectué[1].

Cette solution donne toute garantie au tiers payeur en le déchargeant de calculs fastidieux et souvent complexes, qui peuvent être la source, en cas d'erreur, d'une action en responsabilité contre lui.

§ 2
Cessation du paiement direct

0952.221 Mainlevée donnée par le créancier. Lorsqu'une décision de justice ou la convention de divorce ou de séparation de corps supprime la PAL ou que celle-ci cesse d'être due parce que les conditions qui justifiaient son allocation ont disparu, le créancier de bonne foi peut prendre l'initiative de mettre fin à la mesure. Il peut aussi le faire s'il n'entend plus recourir à ce moyen pour se faire payer ou s'il veut renoncer à sa pension.

Il doit alors charger son commissaire de justice de notifier au tiers, par lettre recommandée avec avis de réception, la mainlevée du paiement direct qui cesse de produire ses effets dès cette formalité (C. pr. exéc., art. R. 213-2, al. 1er). Toutefois, la dette d'aliment peut cesser d'être due avant la prise d'effet de la mainlevée de la mesure, de telle sorte que le décalage peut générer des prélèvements indus sans aucune mauvaise foi du créancier. Tel est le cas lorsque la décision judiciaire, suspendant une prestation compensatoire ou une pension alimentaire, prend effet à date de la demande de suspension[2].

Compte tenu du formalisme requis par la loi, l'intention du créancier de mettre fin à la mesure ne peut être présumée.

La décision du créancier de donner mainlevée n'appelle pas d'autres commentaires. Le système du certificat d'extinction de la créance d'aliments, adopté par l'article R. 213-2 alinéa 2 C. pr. exéc. pour pallier l'inertie du créancier, s'avère plus délicat à mettre en œuvre.

0952.222 Certificat d'extinction du commissaire de justice du débiteur. Lorsque le créancier d'aliments fait preuve de carence, le débiteur est autorisé par l'article R. 213-2 alinéa 2 C. pr. exéc., à demander au tiers de mettre fin au paiement direct. Il lui produit à cette fin un certificat établi par un commissaire de justice attestant qu'un nouveau jugement ou une nouvelle convention réglant les effets du divorce ou de séparation de corps par consentement mutuel a supprimé la pension ou constatant qu'en vertu des dispositions légales celle-ci a cessé d'être due.

Si l'application de ce texte est aisée lorsque la décision supprime la pension ou indique expressément l'événement qui doit la faire cesser (par ex. l'obtention d'un emploi stable par l'ex-épouse bénéficiaire d'une prestation compensatoire[3]), la jurisprudence révèle qu'elle s'avère plus difficile lorsqu'il s'agit de déterminer dans quelles circonstances la pension cesse légalement d'être due.

Ainsi la pension accordée à l'époux dans le cadre du divorce pour rupture de la vie commune cesse d'être due de plein droit en cas de remariage de sa part (C. civ., anc. art. 283, al. 1er) ou après constatation par le tribunal qu'il vit en concubinage notoire (C. civ., anc. art. 283, al. 2).

De même la PAL accordée pour la durée de l'instance en divorce cesse d'être due après le prononcé de celui-ci[4]. Elle prend fin à la date à laquelle la décision de divorce devient irrévocable[5].

En effet, en cas de pourvoi contre la décision prononçant le divorce, pourvoi qui a un effet suspensif, l'ordonnance de non-conciliation (ONC), devenue ordonnance sur les mesures provisoires, et partant, la pension accordée à titre provisoire, demeurent en vigueur[6]. Lorsque le pouvoir formé contre l'arrêt prononçant le divorce est rejeté, ce divorce devient irrévocable dès le jour de la décision de rejet. Mais lorsque sont seules mises en cause par le pourvoi, les dispositions relatives aux conséquences financières du divorce, la pension cesse d'être due à la date de signification du pourvoi incident ou d'expiration du délai ouvert pour former ce pourvoi[7].

À noter également que si les mesures provisoires ordonnées au cours d'une instance en divorce se substituent d'office à la contribution aux charges du mariage décidée par un jugement antérieur dont les effets sont ainsi suspendus, leur caducité met fin à cette suspension[8].

Lorsque les enfants au profit desquels des aliments ont été fixés atteignent l'âge de la majorité, l'obligation alimentaire ne cesse pas de plein droit sauf disposition expresse de la décision et il appartient au parent débiteur de faire constater judiciairement que ses enfants ne sont plus à charge[9]. Le

1. Rép. min. QE n° 3130, *JOAN Q* 16 nov. 1981, p. 3297 ; *JCP* 1982. IV. 67.
2. Civ. 1re, 15 juin 2017, n° 15-28.076, P (préc., v. ss n° 0952.33).

3. Aix-en-Provence, 14 nov. 1997, *Juris-Data* n° 98850.
4. Civ. 2e, 10 juill. 1991, n° 89-12.901, P II, n° 214.
5. Civ. 2e, 18 mai 2000, n° 98-17.801, P II, n° 81 – Civ. 1re, 15 mai 2013, n° 12-11.516, P I, n° 90 ; *Procédures* 2013. 217, note M. Douchy-Oudot.
6. Civ. 2e, 10 avr. 1991, n° 90-12.170, P II, n° 120.
7. Civ. 2e, 18 mai 2000, n° 98-17.801, P II, n° 81.
8. Civ. 2e, 30 nov. 1994, n° 92-20.656, P II, n° 245 – Cass., ch. mixte, 12 mai 2000, n° 96-80.077, P, n° 187 ; *D.* 2000. 157.
9. Civ. 2e, 8 avr. 1981, n° 79-14.336, NP ; *Gaz. Pal.* 1987. 2. 585, note Viatte – Civ. 2e, 8 févr. 1989, n° 87-16.940, P II, n° 31 – Civ. 2e, 8 févr. 1989, n° 87-17.771, P II, n° 32 ; *D.* 1990. Somm. 98, obs. J.-C. Groslière ; *D.* 1990. Somm. 115, obs. A. Bénabent – Paris, 13 sept. 1996, *Juris-Data* n° 24454.

législateur a consacré cette jurisprudence constante dans l'alinéa 2 de l'article 371-2 C. civ. issu de la loi du 4 mars 2002[1], lequel dispose expressément que l'obligation des parents de contribuer à l'entretien et à l'éducation des enfants ne cesse pas de plein droit lorsque l'enfant est majeur.

Par conséquent, le certificat d'extinction délivré à la requête du débiteur risque de faire l'objet d'une contestation de la part du créancier alimentaire qui prétend que la pension doit être maintenue.

Lorsque le jugement de divorce acquiert force de chose jugée à la suite des acquiescements successifs des deux époux, la PAL accordée par l'ONC à l'épouse au titre du devoir de secours ne cesse d'être due qu'à la date du dernier acquiescement[2].

0952.223 Cessation de la procédure engagée par un organisme de prestations familiales. Il convient de préciser, à titre liminaire, que :

– pour l'application des dispositions des cinquième et sixième alinéas de l'article R. 213-1 et de l'article R. 213-2 C. pr. exéc., lorsqu'un organisme débiteur de prestations familiales forme lui-même une demande de paiement direct, les références faites au commissaire de justice s'entendent de la référence faite à l'organisme débiteur de prestations familiales ;

– pour l'application des dispositions de l'article R. 213-4 du code précité, lorsqu'un organisme débiteur de prestations familiales forme lui-même une demande de paiement direct, les références faites au créancier de la pension alimentaire s'entendent de la référence faite à l'organisme débiteur de prestations familiales.

Le paiement direct mis en œuvre par un organisme débiteur de prestations familiales prend fin, pour les termes à échoir de la PAL, au plus tard à l'issue du vingt-quatrième versement mensuel effectué par le tiers (C. pr. exéc., art. R. 213-12, al. 1er). La mainlevée de la procédure n'est notifiée au tiers, par l'organisme, que si le débiteur lui en a fait la demande et, après apurement total de l'arriéré par les règlements du tiers, pendant douze mois consécutifs, sans incident qui pourrait lui être imputable. Les conditions sont cumulatives et ne s'appliquent que sous réserve des dispositions de l'article R. 582-8 (I, al. 3) du CSS, prévues en cas d'intermédiation financière (C. pr. exéc., art. R. 213-12, al. 2, 1° à 3°).

Lorsque le paiement direct a été mis en œuvre dans le cadre d'une intermédiation financière, le débiteur qui s'est acquitté durant au moins six mois consécutifs du paiement des termes courants de la pension alimentaire à l'organisme débiteur des prestations familiales par voie de recouvrement forcé, peut en demander la levée. Il adresse sa demande à cet organisme qui met fin à la procédure de recouvrement forcé dès le premier paiement volontaire effectif de la PAL à l'organisme à condition que la dette constituée au titre des arriérés de PAL soit apurée.

L'organisme notifie au tiers saisi la mainlevée de la procédure par LRAR (C. pr. exéc., art. R. 213-2, al. 1er, et R. 213-13, al. 1er).

La procédure prend également fin ou est suspendue avec l'extinction ou la suspension de l'obligation du tiers à l'égard du débiteur. Dans ce cas le tiers en avise, dans les huit jours, l'organisme qui a formé lui-même la demande de paiement direct. Il l'informe notamment de la cessation ou de la suspension, de la rémunération, de la clôture du compte ou de l'absence de provision (C. pr. exéc., art. R. 213-4 et R. 213-13, al. 2).

0952.224 Extinction de la dette du tiers. Selon l'article R. 213-4 C. pr. exéc. le tiers débiteur est tenu d'aviser dans les huit jours le créancier de la PAL de la cessation ou de la suspension de la rémunération ainsi que de la clôture du compte du débiteur ou de l'insuffisance de provision de ce compte.

Ce texte n'envisage expressément que l'hypothèse où le tiers est un employeur ou un établissement habilité à tenir des comptes. Mais il va de soi que l'obligation d'aviser le créancier incombe à tous les tiers dès que leur dette à l'égard du débiteur se trouve éteinte ou suspendue.

SECTION 6
CONTESTATIONS ET SANCTIONS

0952.230 Contexte général. Plan. Les soubresauts des procédures de divorce (mesures provisoires, jugement, appel, instance modificative) sont à l'origine de décisions successives dont les parties et parfois leurs conseils, ont du mal à apprécier les implications. Leur mise en œuvre nécessite souvent, notamment en cas d'indexation, augmentation ou réduction de la pension, des calculs compliqués, sources d'erreurs et de malentendus. Les rancœurs accumulées ne rendent pas les ex-conjoints très enclins à examiner toutes ces difficultés avec sérénité et objectivité. Dans ce contexte conflictuel viennent souvent s'ajouter des difficultés économiques qui conduisent de nombreux débiteurs d'aliments à rechercher ailleurs que dans les instances modificatives, le moyen d'alléger le poids de leur dette.

Les procédures de paiement direct qui constituent fréquemment le seul recours des créanciers alimentaires, donnent donc lieu à des contestations de natures très diverses, au cours desquelles les parties défendent âprement leurs intérêts.

Il convient d'exposer tout d'abord les règles de compétence et de procédure propres à l'action en contestation (§ 1)

1. L. n° 2002-305, 4 mars 2002, relative à l'autorité parentale, *JO* 5 mars, p. 4161.
2. Civ. 1re, 31 mars 2010, n° 09-12.770, P I, n° 79 ; *Dr. et proc.* 2010. 208, obs. Choquet ; *Dr. fam.* mai 2010. 36, note V. Larribau-Terneyre.

puis d'examiner les arguments et moyens les plus fréquemment invoqués au soutien des demandes de mainlevée ou pour résister à ces dernières (§ 2). Il y a lieu enfin d'indiquer les diverses sanctions civiles et pénales auxquelles le tiers et les parties s'exposent en cas de résistance ou d'engagement abusif.

§ 1
Compétence et procédure

0952.241 Compétence d'attribution et territoriale. La demande de paiement direct peut être contestée en justice. Cette contestation prend le plus souvent la forme d'une action en mainlevée dirigée contre le créancier d'aliments. Plus rarement, elle met en cause le tiers débiteur. Elle peut enfin émaner du créancier lui-même lorsqu'il conteste le certificat d'extinction délivré à la requête du débiteur.

Selon l'article R. 213-6 C. pr. exéc., les contestations relatives à la procédure de paiement direct sont portées devant le JEX du domicile du débiteur de la pension.

Hormis le fait qu'elle déroge aux principes généraux posés par les articles 42 alinéa 1er C. pr. civ. (domicile du défendeur) et 46 dernier alinéa C. pr. civ. (domicile du créancier d'aliments), la compétence territoriale n'appelle pas de remarque particulière.

En revanche, la compétence d'attribution a pu susciter des difficultés que la jurisprudence a en grande partie réglées.

0952.242 Évolution des règles de compétence d'attribution. Dans sa rédaction antérieure au décret du 29 décembre 2009[1], l'article 5 du décret du 1er mars 1973 (devenu C. pr. exéc., art. R. 213-6) et l'article R. 321-14, devenu R. 221-8 du COJ (lui-même abrogé), attribuaient compétence au tribunal d'instance (aujourd'hui supprimé) pour tous les litiges nés d'une procédure de paiement direct. Lors de l'entrée en vigueur de la réforme des voies d'exécution accordant au juge de l'exécution (JEX) une compétence générale, on s'était demandé si les textes précités n'avaient pas été implicitement abrogés. La Cour de cassation avait estimé, dans un avis abondamment commenté, qu'il n'en était rien[2]. Depuis le décret du 29 décembre 2009, c'est désormais le JEX qui est compétent pour régler les difficultés nées d'un paiement direct de PAL.

Une décision du Conseil constitutionnel du 17 novembre 2023[3] qui a abrogé une partie du premier alinéa de l'article L. 213-6 du COJ, a laissé planer un doute sur la compétence générale du JEX relative aux contestations des mesures d'exécution mobilières. En effet, cette décision a, dans son dispositif, déclaré contraire à la Constitution les mots « *des contestations qui s'élèvent à l'occasion de l'exécution forcée* », figurant dans l'alinéa précité. Toutefois, dans un avis du 13 mars 2025[4], rendu à la lumière des motifs constituant le soutien nécessaire de cette décision, la deuxième chambre de la Cour de cassation estime que l'abrogration partielle du premier alinéa de l'article L. 213-6 sus-évoqué n'a de conséquence sur ce texte qu'en tant qu'il n'institue pas de recours en contestation de la mise à prix dans le régime de la saisie des droits incorporels et qu'il n'a dès lors pas pour effet de priver le JEX de la compétence d'atttribution exclusive qu'il tient des dispositions non abrogées de cet article. Il s'ensuit que, dans l'attente d'une disposition légale instituant le recours précité, le JEX demeure compétent dans les limites de la décision du 17 novembre 2023, en application de l'article L. 213-6, al. 1, du COJ, dans sa rédaction résultant du dispositif de cette décision, pour connaître des contestations des mesures d'exécution mobilières y compris de celles qui portent sur les rémunérations.

0952.243 Champ de compétence du juge de l'exécution. La compétence du JEX est circonscrite aux contestations relatives à la procédure de paiement direct. Cela inclut les difficultés portant sur les conditions d'ouverture de la mesure (lorsque le débiteur soutient que la décision fondant la poursuite n'est pas exécutoire ou encore qu'il n'a commis aucun incident de paiement). Entrent également dans le champ de compétence du JEX, les contestations concernant la régularité des actes de la procédure y compris l'omission prétendue d'une formalité substantielle (notification par lettre simple, absence d'avis au débiteur), ainsi que les difficultés purement comptables liées à des calculs erronés, à l'application des indices d'indexation et à l'appréciation de la force probante des justificatifs de paiement (reçus, talons de mandat postaux, relevés de compte, photocopies de chèques, lettres contenant aveu de réception d'un paiement, *etc.*). La contestation portant sur la régularité de la procédure suivie lors de la notification d'un paiement direct à un comptable public en qualité de tiers débiteur, n'est pas de la compétence de la juridiction administrative[5]. C'est nécessairement le JEX qui est compétent pour examiner une telle difficulté. Naturellement, les demandes dirigées contre le tiers qui n'a pas

1. Décr. n° 2009-1693, 29 déc. 2009, relatif à la répartition des compétences entre le tribunal de grande instance et le tribunal d'instance, *JO* 31 déc., p. 23109.
2. Cass., avis, 8 mars 1996, n° 09-50.015, P, n° 1 ; *Defrénois* 1996. 990, note J. Massip ; *D.* 1996. Somm. 360, obs. P. Julien ; *Gaz. Pal.* 16-18 févr. 1997, p. 19, note J. Massip.
3. C. const. 17 nov. 2023, n° 2023-1868, QPC.
4. Civ. 2e, avis, 13 mars 2025, n° 15-007 FSB.
5. CE 23 déc. 1976, *JCP* 1977. II. 1866, note C. Lindon ; *RTD civ.* 1977. 635, obs. R. Perrot.

procédé aux retenues ou à leur reversement total ou partiel au créancier, ne peuvent relever que du JEX, même si ce tiers est un employeur.

Plus généralement, le JEX demeure investi de tous les conflits engendrés par l'application et, le cas échéant, par l'interprétation de la décision ou la convention fondant le paiement direct. Tout juge est à cet égard autorisé à interpréter, à titre incident, une décision émanant d'une autre juridiction[1]. La Cour de cassation précise d'ailleurs que si le JEX ne peut, sous le prétexte d'interpréter la décision dont l'exécution est poursuivie, en modifier les dispositions précises, il lui appartient d'en fixer le sens et notamment d'en déduire que la prise en charge et l'organisation de frais de séjours à l'étranger étaient subordonnées à l'accord des deux parents[2].

Relève enfin de la compétence du JEX, la délicate mission de dire, en cas de contestation par le créancier, du certificat établi par le commissaire de justice du débiteur, si, en vertu des dispositions légales la pension a cessé d'être due. Il faut cependant que l'extinction du droit aux aliments résulte de plein droit de l'événement visé par la loi (prescription quinquennale, C. civ., art. 2224 et 2277 anc. – remariage du conjoint divorcé – décès du créancier d'aliments).

En revanche lorsque la pension doit être judiciairement supprimée comme c'est le cas si l'époux divorcé se met à vivre en concubinage, il n'appartient pas au JEX saisi de la demande de mainlevée de se prononcer sur cette suppression (v. s^s n° 0952.244).

0952.244 Exclusion de la compétence du juge de l'exécution. Dès lors que le maintien ou la suppression de la PAL nécessite une nouvelle appréciation des situations au regard desquelles elle a été allouée, le JEX saisi de la demande de mainlevée ne peut que surseoir à statuer jusqu'à ce que la juridiction compétente ait procédé à ce réexamen.

C'est donc au juge des affaires familiales de réviser ou de supprimer la pension au regard des modifications des charges et des ressources des parties au rapport alimentaire (perte d'emploi, incapacité de travail, maladie prolongée, accession des enfants à l'âge de la majorité, achèvement des études, *etc.*).

C'est également au JAF d'apprécier s'il y a concubinage notoire justifiant, en vertu de l'alinéa 2 de l'ancien article 283 C. civ., la suppression de la PAL accordée dans le cadre d'un divorce pour rupture de la vie commune[3].

La compétence du JEX est également exclue lorsque le débiteur d'aliments est un auteur, un compositeur ou un artiste. Dans ce cas, la contestation doit être portée devant le président du tribunal judiciaire, lorsqu'elle tend au versement à l'auteur, à titre alimentaire, d'une partie des sommes retenues (CPI, art. L. 333-1 à L. 333-4).

0952.245 Procédure. La demande de paiement direct peut être contestée sans préjudice de l'exercice d'une action aux fins de révision de la PAL (C. pr. exéc., art. R. 213-6). Ces contestations ne suspendent pas l'obligation incombant au tiers de payer directement les sommes dues au créancier de la PAL (même art.). Cette disposition tend à dissuader les contestations abusives. La jurisprudence veille d'ailleurs au respect de cette règle en rappelant au débiteur qu'il ne peut se prévaloir de sa contestation pour obtenir l'interruption des prélèvements litigieux[4].

Hormis ces traits particuliers, l'action en contestation de la demande de paiement direct obéit aux règles de procédure en vigueur devant le JEX.

§ 2
Arguments et moyens les plus courants

0952.250 Diversité des arguments. Plan. Beaucoup de contestations ne tendent pas à remettre en cause l'existence du paiement direct dont les débiteurs acceptent assez fréquemment le principe. Elles portent uniquement sur le montant du prélèvement mensuel tant au titre de l'arriéré qu'à celui du terme courant. Elles tournent autour de l'imputation ou du remboursement de trop-perçus, des modalités d'indexation, de l'application des décisions modificatives ou de la preuve de certains paiements.

Mais le plus souvent, les contestations ont pour objet la suspension de la mesure avec demande de délai de grâce ou, plus fréquemment encore, la mainlevée pure et simple au motif que l'obligation alimentaire est éteinte. Les arguments les plus couramment invoqués par les débiteurs sont fondés sur les règles du paiement (A, B et C) ou de la prescription libératoire (D), lesquelles comportent, en matière d'aliments, certains aspects spécifiques (E).

A.
Moyens relatifs au paiement

0952.261 Délai de grâce emportant suspension du paiement direct. L'article 1343-5 C. civ. (C. civ., anc. art. 1244-1) permet au juge dans la limite de vingt-quatre mois, de reporter ou d'échelonner le paiement des sommes dues, en considération des ressources du débiteur et des besoins du créancier. La décision prise en vertu de ce texte a pour effet de

1. Civ. 1re, 18 janv. 1989, n° 87-13.177, P I, n° 22.
2. Civ. 2e, 22 mars 2012, n° 11-13.915, P II, n° 56 ; *Dr. et proc.* 2012. 143.
3. Paris, 12 mai 1978, *D.* 1978. 437, obs. A. Bénabent ; *D.* 1979. 164, obs. J.-C. Groslière.
4. CE 23 déc. 1976, req. n° 01753, *Lebon* ; *JCP* 1977. II. 18660, note C. Lindon ; *RTD civ.* 1977. 635, obs. R. Perrot.

suspendre les mesures d'exécution en cours ou d'empêcher leur engagement (C. civ., art. 1343-5, al. 4 [C. civ., anc. art. 1244-2]).

De nombreux débiteurs ne manquent pas d'invoquer ces textes pour arrêter ou prévenir une procédure de paiement direct.

Cependant, par faveur pour les créanciers alimentaires, le législateur a pris soin d'écarter l'application de ces dispositions en cas de dettes d'aliments (C. civ., art. 1343-5, al. dern. [C. civ., anc. art. 1244-1, al. dern.]). La Cour de cassation ne manque pas de le rappeler en cassant les décisions accordant des délais de paiement au débiteur alimentaire [1]. Si le débiteur se trouve, depuis la fixation des aliments, dépourvu de ressources suffisantes, il lui appartient de saisir préalablement le JAF aux fins d'obtenir leur suppression jusqu'à ce qu'il revienne à meilleure fortune. L'interdiction faite au juge d'accorder un délai de grâce s'applique non seulement à la PAL, mais encore à la prestation compensatoire en raison de son caractère partiellement alimentaire [2].

Si le juge n'est pas autorisé à consentir un délai de grâce au débiteur d'aliments, il peut en revanche constater que son créancier est d'accord pour recevoir un paiement échelonné ou pour un report de règlement.

0952.262 Preuve du paiement. Conformément à l'article 1353 alinéa 2 C. civ. (C. civ., anc. art. 1315, al. 2), c'est au débiteur d'aliments qui se prétend libéré de rapporter la preuve des paiements qu'il allègue. Viole ce texte et inverse la charge de la preuve l'arrêt qui ordonne la mainlevée d'une procédure de paiement direct au motif que la créancière n'en démontre pas le bien fondé [3].

Considérant que le paiement était un **acte juridique** ayant un effet immédiatement libératoire, la Haute juridiction jugeait que cette preuve devait être faite, selon les règles du Code civil, c'est-à-dire par écrit au-delà de 1 500 euros selon le décret du 15 juillet 1980 [4], modifié par le décret du 20 août 2004 [5] (C. civ., art. 1359 [C. civ., anc. art. 1341]) [6].

Elle estime désormais que le paiement est un **fait juridique** de telle sorte que sa preuve peut être rapportée par tous moyens [7]. Cette jurisprudence a été légalisée par l'article 1242-8 C. civ., issu de l'ordonnance du 10 février 2016 [8]. Ainsi la preuve littérale n'étant plus obligatoire, le paiement peut être établi par témoignage ou présomption. Les éléments de preuve unilatéraux sont également recevables, sauf pour le juge à en apprécier souverainement la portée. À cet égard, l'adage « *nul ne peut se constituer de preuve à soi-même* », codifié dans l'article 1363 C. civ., n'est pas applicable à la preuve des faits juridiques [9].

Toutefois, l'écrit reste le mode de preuve le plus courant et le plus sûr. Peuvent ainsi être produits efficacement des reçus, des lettres accusant réception d'un paiement, des talons de mandats postaux, des relevés de comptes bancaires mentionnant le bénéficiaire des chèques ou des virements ou, à défaut d'une telle précision, accompagnés de la photocopie des chèques, *etc.* L'article 1378-1 C. civ. précise que les registres et les papiers domestiques font foi contre celui qui les a écrits dans tous les cas où ils énoncent formellement un paiement reçu. La mention d'un paiement, par le créancier, sur le double d'un titre ou d'une quittance, vaut présomption simple de paiement, pourvu que ce document se trouve entre les mains du débiteur (C. civ., art. 1378-2, al. 2). Il convient de préciser que le créancier qui a donné quittance peut toujours établir que celle-ci n'a pas la valeur libératoire qu'implique son libellé. Il doit cependant rapporter cette preuve dans les conditions prévues par les articles 1359 s. C. civ. (C. civ., anc. art. 1341 s.), c'est-à-dire par écrit au-delà de 1 500 euros, sauf les exceptions envisagées par ces textes [10].

0952.263 Paiements indus. Les sommes perçues en trop à l'occasion d'une procédure de paiement direct peuvent faire l'objet d'une **action en répétition de l'indu** sur le fondement des articles 1302 à 1302-1 C. civ. (C. civ., anc. art. 1235 et 1376). Ces trop-perçus apparaissent notamment lorsque la mesure continue à produire effet après que le droit aux aliments a disparu.

Il en est ainsi lorsqu'une mère a refusé de donner mainlevée du paiement direct alors que le père des

1. Civ. 2e, 10 avr. 2014, no 13-13.469, P II, no 100.
2. Civ. 1re, 29 juin 2011, no 10-16.096, P I, no 128 ; *Dr. fam.* 2011, no 124, note V. Larribau-Terneyre ; *Gaz. Pal.* 12-13 août 2011, p. 26, note Copé-Bessis ; *JCP* 2011. Chron. 1030, no 727, obs. Loiseau ; *AJ fam.* 2011. 427, note S. David.
3. Civ. 2e, 24 févr. 2005, no 02-18.173, P II, no 42 ; *JCP* 2005. IV. 1729 ; *D.* 2005. 793 ; *AJ fam.* 2005. 243.
4. Décr. no 80-533, 15 juill. 1980, pris pour l'application de l'article 1341 du code civil, *JO* 16 juill.
5. Décr. no 2004-836, 20 août 2004, portant modification de la procédure civile, *JO* 22 août, p. 15032.
6. Civ. 1re, 27 avr. 1977, no 74-13.897, P I, no 192 ; *D.* 1977. 413, note Gaury – Civ. 1re, 15 déc. 1982, no 81-14.981, P I, no 365 – Civ. 1re, 19 mars 2002, no 98-23.083, P I, no 101 – Civ. 1re, 16 mars 2004, no 01-11.274, NP.
7. Civ. 1re, 30 avr. 2009, no 08-13.705, NP ; *D.* 2009. 2722, obs. Ph. Delebecque – Civ. 1re, 16 sept. 2010, no 09-13.947, P I, no 173 ; *D.* 2010. 2156, note X. Delpech ; *JCP* 27 sept. 2010, no 940, note G. Deharo ; *CCC* 2010, no 266 – V. AUSSI : *D.* 2013. 942, note C. Quétand-Finet.
8. Ord. no 2016-131, 10 févr. 2016, portant réforme du droit des contrats, du régime général et de la preuve des obligations, *JO* 11 févr., texte 26.
9. Civ. 2e, 6 mars 2014, no 13-14.295, P II, no 65 ; *JCP* 2014. 520 ; *JCP* 2014. 1169, note Lemay ; *Dr. et proc.* 2014. 70 ; *Procédures* 2014. 166, note R. Perrot.
10. Civ. 1re, 4 nov. 2011, no 10-27.035, P I, no 194 ; *D.* 2012. 63, note J. François.

enfants devenus majeurs, n'était plus tenu de leur verser des aliments[1]. La Cour de cassation a estimé à cette occasion, que les prélèvements effectués dans le cadre d'une telle mesure ne pouvaient s'analyser en des paiements volontaires révélant chez le débiteur l'intention d'acquitter une obligation naturelle insusceptible de répétition.

Il faut également préciser que la mesure de paiement direct ne peut produire effet que pour les arrérages à échoir ainsi que pour l'arriéré des six ou des vingt-quatre derniers mois ayant précédé la notification de la demande au tiers. Par conséquent, lorsque le commissaire de justice a pris en compte des créances nées plus de six mois avant son intervention, le trop-perçu est sujet à répétition[2].

Le créancier doit verser les **intérêts des sommes perçues en trop**, à compter de la demande en répétition, sauf s'il les a reçues de mauvaise foi auquel cas il doit les intérêts à partir du paiement indu (C. civ., art. 1352-7 [C. civ., anc. art. 1378])[3]. Ces intérêts courent, en cas de versements successifs, du jour de chaque paiement perçu de mauvaise foi et ce, sans que le créancier ait à justifier d'un préjudice spécial[4]. L'action tendant à la répétition d'un paiement indu d'aliments n'était pas régie par les dispositions de l'alinéa 3 de l'ancien article 2277 C. civ.[5]. Depuis la réforme de la prescription intervenue en 2008, cette action est désormais enfermée dans le délai de droit commun de **cinq ans** (C. civ., art. 2224). À cet égard, la Cour de cassation juge qu'en l'absence de dispositions particulières aux quasi-contrats, c'est la prescription de droit commun qui s'applique à l'action en répétition de l'indu, quelle que soit la source du paiement[6].

La question des modalités de remboursement des trop-perçus demeure délicate, notamment lorsque leur compensation est demandée avec les termes à échoir d'une rente ou d'une pension toujours en vigueur.

B. Compensation

0952.271 **Compensation.** La compensation des dettes réciproques s'analyse en un mode d'extinction des obligations (C. civ., art. 1347 [C. civ., anc. art. 1234]) autant qu'en une sûreté réelle[7]. Elle évite ainsi des paiements croisés et garantit le débiteur *in bonis* contre l'insolvabilité éventuelle de l'autre débiteur.

En procédant à la compensation, le JEX n'excède pas les limites de sa compétence et ne porte pas atteinte au titre exécutoire fondant les poursuites. La Cour de cassation estime même qu'il méconnaît ses pouvoirs lorsqu'il refuse d'examiner une telle exception[8].

0952.272 **Compensation légale.** La compensation est l'extinction simultanée d'obligations réciproques entre deux personnes. Elle s'opère, sous réserve d'être invoquée, à due concurrence, à la date où ses conditions se trouvent réunies, c'est-à-dire si les deux obligations sont fongibles, certaines, liquides et exigibles. Les obligations de sommes d'argent sont fongibles, même en différentes devises, pourvu qu'elles soient convertibles (C. civ., art. 1347 et 1347-1). Cependant, selon l'article 1347-2 C. civ. (C. civ., anc. art. 1293, 3°), la compensation n'a pas lieu dans le cas d'une dette qui a pour cause des aliments déclarés insaisissables. Ainsi, le débiteur d'aliments qui a payé la dette de son créancier ne peut lui opposer de son propre chef la compensation légale et se prétendre libéré à hauteur de sa propre créance. Cette exception bénéficie même au créancier d'une prestation compensatoire, la Cour de cassation faisant prévaloir son caractère alimentaire sur son caractère indemnitaire (il en est jugé ainsi à propos d'une dette fiscale personnelle à une femme divorcée et payée par son ex-mari, lequel invoquait, à due concurrence, la compensation avec une prestation compensatoire[9]).

La Cour de cassation a cependant ménagé l'hypothèse de la compensation entre deux dettes à caractère alimentaire en se référant à l'ancien article 2092, 2° C. civ. (devenu C. pr. exéc., art. L. 112-2, 3°)[10] (même arrêt). Cela suppose que les deux dettes d'aliments prétendument réciproques s'appliquent aux mêmes débiteurs (C. civ., art. 1347 [C. civ., anc. art. 1289]). Cela n'est pas le cas lorsqu'un mari divorcé créancier d'une PAL à l'égard de son ex-épouse invoque la compensation de cette pension avec les sommes qu'il doit verser à cette dernière pour l'entretien de leur enfant mineur[11].

1. Civ. 1re, 12 juill. 1994, n° 92-13.375, P I, n° 253.
2. Civ. 2e, 22 oct. 2009, n° 08-19.559, P II, n° 249 ; *Dr. et proc.* 2010. 61, obs. E. Putman ; *D.* 2009. 2692 ; *AJ fam.* 2010. 80, obs. I. Gallmeister.
3. Civ. 3e, 12 févr. 1985, n° 83-10.443, P III, n° 30.
4. Civ. 1re, 8 juin 1983, n° 82-12.418, P I, n° 172 ; *RTD civ.* 1985. 168, obs. J. Mestre.
5. Civ. 2e, 22 nov. 2001, n° 99-16.052, P II, n° 170 ; *D.* 2002. 45.
6. Civ. 2e, 4 juill. 2013, n° 12-17.427, P ; *D.* 2013. 1745 ; *ibid.* 2058, chron. H. Adida-Canac.
7. Soc. 17 juin 1982, n° 80-40.719, P V, n° 404.
8. Civ. 2e, 15 nov. 2007, n° 06-20.057, P II, n° 251 ; *D.* 2008. 648, chron. J.-M. Sommer et C. Nicoletis.
9. Civ. 2e, 9 juill. 1997, n° 95-21.038, P II, n° 220 ; *D.* 1998. 544, note G. Yamba ; *RTD civ.* 1997. 914, obs. J. Hauser ; *JCP* 1998. II. 10033 note E. Pataut – Civ. 2e, 2 oct. 1997, n° 95-19.358, P II, n° 239 – Civ. 1re, 12 nov. 2009, n° 08-15.558, NP ; *Procédures* janv. 2010, p. 12, n° 7, note R. Perrot.
10. Ord. n° 2011-1895, 19 déc. 2011.
11. Crim. 30 juill. 1931, *D.* 1931. 476.

La disposition de l'article 1347-2 C. civ. (C. civ., anc. art. 1293, 3°) ne s'oppose pas de toute façon, à ce que la partie dont la créance est insaisissable puisse demander, par voie d'exception, que les sommes qui lui sont dues se compensent avec celles dont elle est elle-même débitrice[1].

0952.273 **Compensation judiciaire.** Il convient cependant de relever que les exceptions aux règles de la compensation légale énumérées à l'article 1347-2 C. civ. (C. civ., anc. art. 1293) précité, ne s'appliquent pas aux créances et dettes faisant l'objet d'une demande en compensation judiciaire dont l'appréciation appartient aux juges du fond[2]. On estime ainsi que l'intervention du juge supplée avantageusement la protection résultant de l'interdiction légale.

Cependant, cette protection est moins assurée lorsque l'on se trouve en présence de créances connexes pour lesquelles la compensation judiciaire n'est plus facultative mais obligatoire pour le magistrat qui doit se prononcer sur le bien-fondé des créances et les liquider[3]. Dans ce cas, la protection de l'article 1347-2 C. civ. (C. civ., anc. art. 1293) peut apparaître, selon les circonstances, soit inutile, soit imméritée[4]. Il peut en être ainsi lorsque le créancier d'aliments a perçu de mauvaise foi plus qu'il n'aurait dû recevoir. Le juge saisi de la contestation pourrait alors ordonner la compensation du trop-versé sous la forme d'une imputation sur une fraction des prélèvements à venir jusqu'au remboursement de la dette du créancier de la pension.

On a également pensé que la créance du débiteur d'une prestation compensatoire pouvait judiciairement se compenser avec la fraction indemnitaire de cette prestation non indispensable à la survie de son bénéficiaire, lequel n'a pas besoin de la protection de l'article 1293, 3° C. civ.[5] Toutefois, la Cour de cassation ne retient pas cette argumentation et rejette la demande en compensation de toute créance avec une prestation compensatoire, même par voie judiciaire.

Il semble cependant que la compensation entre la fraction insaisissable d'une rémunération indûment perçue dans le cadre du paiement direct et les échéances de la rente ou de la pension, puisse être ordonnée par le juge, les deux créances étant connexes et à caractère alimentaire.

C.
L'adage « dette d'aliments ne s'arrérage pas »

0952.281 **Fondement de l'adage.** Cet adage signifie que le créancier d'aliments qui a négligé de les percevoir, ne peut plus en réclamer les arrérages échus. Cette règle non écrite, fréquemment invoquée par les débiteurs, est fondée sur la présomption selon laquelle le créancier qui ne réclame pas les termes échus de sa PAL, est censé ne plus être dans le besoin ou avoir renoncé à cette pension. Elle constitue une règle de preuve autant qu'une prescription extinctive instantanée.

La tendance de la jurisprudence est de restreindre la portée de cet adage tant en ce qui concerne son **champ d'application** que sa **force probante**.

0952.282 **Champ d'application de l'adage.** Ainsi, la règle ne s'applique pas à la contribution aux charges du ménage[6] et lorsque la pension a été accordée au titre de la contribution d'un époux, à l'entretien et à l'éducation des enfants mineurs issus du mariage[7]. L'époux demeure ainsi débiteur de l'arriéré, même si au moment de la mise en œuvre de la procédure de paiement direct, il assure depuis deux ans le versement régulier de la pension[8]. Le père naturel à l'égard duquel la filiation d'un enfant est établie ne peut non plus se prévaloir de l'adage pour se soustraire au paiement des aliments antérieurs au jugement déclarant sa paternité. Les effets d'une paternité remontent à la naissance de l'enfant et la règle « *aliments ne s'arréragent pas* » est inapplicable à l'obligation d'entretien et d'éducation incombant à ses parents[9]. Cependant, l'adage demeure opposable aux recours des hôpitaux publics contre les débiteurs alimentaires d'une personne hospitalisée[10]. Il en est ainsi lorsque l'établissement

1. Civ. 2e, 10 mars 1965, *D.* 1965. 350 – Civ. 1re, 7 oct. 2015, n° 14-19.906, P I, n° 234.
2. Civ. 1re, 12 juill. 1956, *RTD civ.* 1956. 737, obs. Mazeaud – Civ. 1re, 10 avr. 1973, n° 71-14.796, P I, n° 137 ; *JCP* 1974. II. 17605, note J. Ghestin.
3. Civ. 1re, 18 janv. 1967, *D.* 1967. 358, note Mazeaud – Civ. 3e, 30 mars 1989, n° 87-12.470, P III, n° 77 – Civ. 1re, 30 juin 1993, n° 91-16.162, P I, n° 235 – Soc. 3 mars 1994, n° 91-11.104, P V, n° 80.
4. Obs. J. Ghestin, ss Civ. 1re, 10 avr. 1973, n° 71-14.796 (et réf. préc. ss prést n°).
5. Civ. 2e, 9 juill. 1997, n° 95-21.038, P II, n° 220 ; *JCP* 1998. 10033, note E. Pataut – Civ. 2e, 2 déc. 1998, n° 97-15.650, NP ; *Dr. fam.* 1999, n° 28, note H. Lécuyer.
6. Civ. 1re, 8 nov. 1989, n° 87-19.768, P I, n° 341.
7. Civ. 2e, 29 oct. 1980, n° 79-15.301, P I, n° 226 ; *JCP* 1981. II. 19665, note Jambu-Merlin.
8. Civ. 2e, 4 mars 1998, n° 96-13.569, P II, n° 66 ; *Gaz. Pal.* 19-20 août 1998. Pan. 209.
9. Civ. 1re, 12 mai 2004, n° 02-17.441, P I, n° 128 ; *D.* 2004. 1559 ; *D.* 2005. 1748, obs. F. Granet-Lambrechts ; *AJ fam.* 2004. 280, obs. F. Bicheron ; *RTD civ.* 2004. 494, obs. J. Hauser ; *JCP* 2004. IV. 2351 ; *Procédures* 2004, n° 210, note R. Perrot.
10. Civ. 1re, 29 janv. 2002, n° 99-21.395, NP ; *Gaz. Pal.* 30-31 oct. 2002. Somm. 29, note J. Massip – Civ. 1re, 14 janv. 2003, n° 00-20.267, P I, n° 6 ; *D.* 2003. 396, ndlr ; *AJ fam.* 2003. 100, obs. F. B. ; *RTD civ.* 2003. 280, obs. J. Hauser ; 2004. 275, obs. J. Hauser.

assigne les enfants et petits-enfants de la personne hospitalisée après que celle-ci est décédée[1].

0952.283 Force probante de l'adage. Cette présomption de fait qui n'est consacrée par aucun texte légal doit tomber devant la preuve contraire[2]. Le créancier peut notamment établir qu'il était réellement dans le besoin, qu'il n'est pas resté inactif ou qu'il a été empêché d'agir[3]. À cet égard, l'article 2234 C. civ. dispose que la prescription ne court pas ou est suspendue contre celui qui est empêché d'agir par suite d'un obstacle résultant de la loi, de la convention ou de la force majeure. Peut constituer un empêchement légitime, l'éloignement du débiteur ou la perte totale de sa trace. L'existence de réclamations et d'actes de poursuites de la part du créancier ayant obtenu condamnation du débiteur suffit à exclure l'application de la règle sans qu'il y ait lieu de rechercher quels étaient les besoins du créancier[4].

La présomption simple posée par l'adage s'oppose seulement à ce que le créancier d'aliments réclame le versement d'une pension pour la période antérieure à son assignation en justice. Elle est sans application lorsqu'il y a eu condamnation, les arrérages ne pouvant alors se prescrire que par le délai de cinq ans de l'article 2224 C. civ., sauf si le débiteur démontre que le créancier n'était pas dans le besoin ou avait renoncé à poursuivre l'exécution du jugement[5]. En fait, l'état de besoin est établi par la décision accordant la pension, laquelle opère un renversement de la charge de la preuve. C'est désormais au débiteur condamné de démontrer que le créancier qui a tardé à exécuter n'était plus dans le besoin ou avait renoncé aux aliments.

D.
Exception de prescription

0952.291 Prescription de la créance d'aliment. La prescription des arrérages impayés est fréquemment soulevée pour faire échec à la procédure de paiement direct. Cette prescription qui est de cinq ans peut être d'une durée plus longue lorsque le créancier a obtenu un jugement de condamnation. L'articulation de ces deux délais dont le régime a été modifié par la loi du 17 juin 2008, a été la source d'hésitations en doctrine comme en jurisprudence, avant et après l'entrée en vigueur de cette loi.

1. Civ. 1re, 20 janv. 2004, nº 01-13.723, P I, nº 19 ; *D.* 2004. 467, ndlr ; *RTD civ.* 2004. 275, obs. J. Hauser.
2. Civ. 1re, 28 janv. 1963, *Gaz. Pal.* 1963. 1. 420.
3. Civ. 1re, 18 janv. 1989, nº 87-14.849, P I, nº 14 ; *RDSS* 1990. 131, obs. P. Ligneau.
4. Civ. 1re, 9 mai 1975, nº 73-12.390, P I, nº 152.
5. Civ. 1re, 5 juill. 1988, nº 86-17.031, P I, nº 213 ; *D.* 1989. 51, rapp. J. Massip.

0952.292 Régime antérieur à la réforme de 2008. Selon l'ancien article 2277 C. civ., les actions en paiement des arrérages des PAL se prescrivaient par cinq ans. Ce texte ne distinguait pas entre l'action en paiement du créancier d'aliments et le recours du débiteur qui avait payé des sommes excédant sa part contributive, compte tenu des facultés respectives des autres débiteurs[6].

La prescription quinquennale de l'ancien article 2277 n'était pas fondée sur une présomption de paiement susceptible de tomber devant la preuve contraire. Elle constituait un mode d'extinction de la dette d'aliments qui libérait le débiteur même s'il reconnaissait n'avoir rien réglé[7].

Toutefois, lorsqu'un jugement de condamnation avait été obtenu par le créancier, ce titre produisait une interversion des prescriptions, c'est-à-dire la substitution du délai de droit commun qui était de trente ans à l'époque, au bref délai spécial de cinq ans. Les champs d'application respectifs de ces deux délais avaient donné lieu à des hésitations : les sommes impayées devaient-elles toutes relever, quelle que fût leur date d'exigibilité, de la prescription trentenaire ou seulement celles échues au jour du jugement de condamnation, celles devenues exigibles ultérieurement demeurant soumises à la prescription quinquennale ?

La Cour de cassation avait tout d'abord estimé que seule la demande en paiement d'arrérages non visés dans le titre exécutoire était soumise à la prescription quinquennale. L'action en recouvrement d'une pension ayant fait l'objet d'un jugement de condamnation passée en force de chose jugée était régie par la prescription de droit commun. Plus précisément, la Haute juridiction considérait que la poursuite de l'exécution d'un titre portant condamnation au paiement était recevable pendant trente ans[8].

Elle avait ensuite décidé que tous les arrérages impayés relevaient de la prescription quinquennale même en présence d'un titre portant condamnation[9], puis était ultérieurement revenue sur cette position[10].

6. Civ. 1re, 21 nov. 1995, nº 93-20.331, NP ; *Defrénois* 1996. 719, obs. J. Massip.
7. Soc. 25 oct. 1990, nº 87-40.584, P V, nº 499.
8. Civ. 1re, 19 mars 1991, nº 89-18.337, P I, nº 94 ; *Rev. crit. DIP* 1992. 108, note B. Ancel – Civ. 1re, 16 juin 1998, nº 96-18.628, P I, nº 214 ; *D.* 1999. 386, note J. Massip ; *RTD civ.* 1998. 895, obs. J. Hauser.
9. Civ. 1re, 5 juill. 1988, nº 86-17.031, P I, nº 213 ; *D.* 1989. 51, rapp. J. Massip – Civ. 1re, 20 nov. 2001, nº 98-16.644, NP ; *Gaz. Pal.* 30-31 oct. 2002. Somm. 27, note J. Massip.
10. Civ. 1re, 14 janv. 2003, nº 00-21.695, P I, nº 8 ; *Rev. hhuis* 2003. 260 ; *RTD civ.* 2003. 275, obs. J. Hauser – V. AUSSI : Civ. 1re, 8 févr. 2005, nº 02-19.689, P I, nº 74 ; *D.* 2005. 669 – Civ. 1re, 10 juill. 2013, nº 12-13.850, P I, nº 153 ; *AJ fam.* 2013. 520, note C. Vernières ; *RLDC* oct. 2013. 93, note B. Parance, concernant une indemnité d'occupation.

Finalement, la Cour de cassation s'était ralliée, dans son assemblée plénière du 10 juin 2005[1], à l'opinion du professeur J. Massip selon laquelle, si le titre portant condamnation au paiement d'une PAL conservait sa valeur pendant trente ans, il n'était possible de réclamer, en se fondant sur celui-ci, que les arrérages des cinq années précédant la demande en paiement. La première chambre civile avait définitivement ratifié cette solution en se fondant sur la spécificité de l'ancien article 2277 C. civ. et sur la nature particulière des créances qui y étaient visées[2].

0952.293 Régime en vigueur depuis la loi du 17 juin 2008. Depuis la réforme adoptée par la loi du 17 juin 2008[3], la prescription des créances d'aliments est toujours de cinq ans, non plus en vertu de l'ancien article 2277 désormais supprimé, mais en application du nouvel article 2224 ramenant à cinq ans le délai de droit commun originairement fixé à trente ans.

Toutefois, la réforme de 2008 a également introduit dans la loi du 9 juillet 1991 un article 3-1 (devenu C. pr. exéc., art. L. 111-4) au terme duquel l'exécution des titres exécutoires visés aux premièrement, deuxièmement et troisièmement de l'article 3 de cette même loi (devenu C. pr. exéc., art. L. 111-3) (décision portant condamnation, jugements étrangers et procès-verbaux de conciliation) ne peut être poursuivie que pendant **dix ans**, sauf si les actions en recouvrement des créances qui y sont constatées se prescrivent par un délai plus long. Les créances périodiques telles que les créances alimentaires seront nécessairement soumises à cette nouvelle prescription décennale en cas de jugement de condamnation ayant force exécutoire. Dans cette perspective, on pouvait se demander si la Haute juridiction allait maintenir sa jurisprudence selon laquelle : « *Si le créancier peut poursuivre pendant trente ans l'exécution d'un jugement condamnant au paiement d'une somme payable à termes périodiques, il ne peut obtenir le recouvrement des arriérés échus plus de cinq ans avant la date de sa demande* ». Cette limitation aux cinq dernières années paraissait, de prime abord devoir être abandonnée, puisqu'elle reposait sur l'ancien article 2277 du Code civil applicable en raison de la nature de la créance. On pouvait cependant relever qu'en dépit de l'abrogation de l'article 2277 précité, les créances à échéances périodiques n'avaient pas perdu leur spécificité au regard du régime de la prescription puisque les dispositions autorisant les parties à modifier la durée d'un délai ou à adopter de nouvelles causes d'interruption ou de suspension, leur avaient été déclarées inapplicables par le troisième alinéa de l'article 2254 C. civ. issu de la réforme de 2008. Nous considérions, pour notre part, avec B. Fauvarque-Cosson et J. François que cette limitation demeurait opportune pour éviter l'accumulation d'arriérés importants et que « *sa reconduction impliquerait alors une combinaison de la nouvelle prescription décennale applicable au jugement de condamnation avec la prescription quinquennale de droit commun applicable à partir de chaque échéance de la dette périodique considérée* »[4].

La Cour de cassation a retenu cette solution, d'abord dans un **arrêt du 8 juin 2016**[5] concernant des indemnités d'occupation, puis dans un avis du 4 juillet 2016[6] et un **arrêt du 26 janvier 2017**[7] relatifs à des intérêts de retard. La Haute juridiction décide que depuis l'entrée en vigueur de la loi du 17 juin 2008, le créancier peut, en vertu de l'article L. 111-4 C. pr. exéc., poursuivre pendant dix ans l'exécution d'un jugement portant condamnation au règlement d'une somme payable à termes périodiques. Il ne peut toutefois, conformément à l'article 2224 C. civ., applicable en raison de la nature de la créance, obtenir le recouvrement des arriérés échus plus de cinq ans avant la date de sa demande et qui n'étaient pas encore exigibles au moment où la décision avait été prononcée. Déjà dans un **arrêt du 4 novembre 2015**[8] concernant un jugement étranger ayant condamné un époux au paiement d'une PAL, la première chambre civile avait laissé entrevoir les limites du champ d'application de la prescription décennale. En effet, tout en jugeant que le délai de dix ans s'appliquait aux jugements étrangers et commençait à courir à compter de la date de la décision d'*exequatur*, elle précisait que c'était pour la dette globale représentant le montant des arrérages capitalisés à cette date. Autrement dit, les arrérages échus postérieurement à la décision d'*exequatur* ne relevaient pas de la prescription de l'article L. 111-4 C. pr. exéc.

1. Cass., ass. plén., 10 juin 2005, n° 03-18.922, P, n° 6 ; *Gaz. Pal.* 29-31 janv. 2006, p. 11, note J. Massip.
2. Civ. 1re, 4 oct. 2005, n° 03-13.375, P I, n° 350 ; *JCP* 2005. IV. 339 ; *D.* 2005. 2549 ; *AJ fam.* 2005. 446, obs. F. Chénedé ; *RTD civ.* 2005. 828, obs. R. Perrot ; 2006. 104, obs. J. Hauser.
3. Civ. 1re, 4 oct. 2005, n° 03-13.375, P (préc., v. ss n° 0952.292) ; *JCP* 2005. IV. 339 ; *D.* 2005. 2549 ; *AJ fam.* 2005. 446, obs. F. Chénedé ; *RTD civ.* 2005. 828, obs. R. Perrot ; 2006. 104, obs. J. Hauser.
4. B. Fauvarque-Cosson et J. François, « Commentaire de la loi du 17 juin 2008 portant réforme de la prescription en matière civile », *D.* 2008. 2515.
5. Civ. 1re, 8 juin 2016, n° 15-19.614, P ; *D. actu.* 24 juin 2016, note V. Avena-Robardet.
6. Cass., avis, 4 juill. 2016, n° 16-70.004 P, *JCP* 2016. 987, note Poillot ; *Gaz.-Pal.* 29 nov. 2016, p. 80 ; *Dr. et proc.* 2016. 115, obs. L. Lauvergnat.
7. Civ. 2e, 26 janv. 2017, n° 15-28.173, P ; *Dr. et proc.* 2017. 35, obs. L. Lauvergnat.
8. Civ. 1re, 4 nov. 2015, n° 14-11.881, P I, n° 270 ; *JCP* 2016. II. 1272, note O. Salati ; *Procédures* 2016. Comm. 8, note L. Raschel.

E. Exonération et renonciation

0952.301 **Suppression des intérêts légaux majorés.** Selon l'article L. 313-3 C. mon. fin., le JEX peut, à la demande du créancier ou du débiteur, et en considération de la situation de ce dernier, l'exonérer de la majoration du taux de l'intérêt légal ou en réduire le montant. Cette majoration est actuellement de cinq points. La Cour de cassation estime qu'à défaut d'exclusion expresse, ce texte peut bénéficier au débiteur d'aliments[1]. Elle précise également que l'article L. 313-3 C. mon. fin. s'applique à tous les intérêts, qu'ils soient dus avant ou après la saisine du JEX[2].

0952.302 **Renonciation du créancier.** La renonciation du créancier est fréquemment invoquée pour résister aux mesures de paiement direct. Il faut préciser à cet égard que l'on ne peut renoncer par avance et d'une manière irrévocable, même dans une convention judiciairement homologuée, à faire valoir son droit aux aliments, surtout si ceux-ci sont perçus pour le compte d'un tiers comme l'enfant dont on a la garde en vertu de la décision prononçant le divorce[3]. On peut en revanche, abandonner son droit aux arrérages d'une pension accordée par justice. Si cette renonciation n'est pas expresse mais implicite, elle doit résulter d'actes positifs révélant sans équivoque l'intention du créancier. Son inertie pendant plusieurs années, même en l'absence d'une impossibilité d'agir, ne vaut pas abandon de son droit à la prestation compensatoire qui lui a été judiciairement allouée[4].

Même si l'intention du créancier est clairement exprimée elle ne suffit pas toujours, à elle seule, à valider une renonciation totale ou partielle. La Haute juridiction retient en effet que la modification d'une PAL fixée par une convention judiciairement homologuée, ne peut résulter que de la décision du juge ou d'une nouvelle convention, elle-même soumise à homologation.

Ainsi, la mention « *bon pour accord* » apposée par une épouse sur une lettre du mari proposant la réduction de la pension adoptée au titre du devoir de secours par la convention définitive, ne peut produire aucun effet sans une convention modificative homologuée par justice[5].

§ 3 Sanctions

0952.311 **Sanctions contre le tiers.** Le tiers qui ne verse pas au créancier le montant des sommes retenues est passible d'une amende pénale de 1 500 euros (C. pr. exéc., art. R. 213-5).

Il en est ainsi d'un banquier qui, ayant consenti un découvert à son client débiteur d'une PAL, a employé les fonds qu'il était tenu de verser en vertu de ce découvert, au règlement de diverses dettes au lieu de les affecter au paiement du créancier d'aliments préférable à tous autres[6].

Il peut également être contraint d'apporter son concours par une condamnation à une astreinte, sans préjudice d'éventuels dommages-intérêts (C. pr. exéc., art. L. 123-1). Il peut enfin faire l'objet d'une condamnation au paiement des causes de la mesure de paiement direct (C. pr. exéc., art. L. 123-1).

Il convient à cet égard de rappeler qu'en vertu de l'alinéa 1er de l'article L. 123-1 C. pr. exéc., texte de portée générale, les tiers ne peuvent faire obstacle aux procédures engagées en vue de l'exécution ou de la conservation des créances.

Ainsi, un tiers peut être condamné à régler à l'auteur d'un paiement direct qui est devenu son créancier personnel et direct, les sommes qu'il a indûment versées au débiteur d'aliments. En revanche, il ne peut être contraint de payer des dommages-intérêts sur le fondement de l'ancien article 1153, devenu l'article 1231-6 C. civ., que si sa mauvaise foi est caractérisée (la Cour de cassation a statué sur le cas d'une CPAM qui avait indûment versé, en dépit d'une mesure de paiement direct, des indemnités journalières à son assuré débiteur d'une PAL[7]).

0952.312 **Sanctions contre le débiteur.** Le débiteur qui reste plus de deux mois sans payer la PAL à laquelle il a été condamné, encourt les peines du délit d'abandon de famille prévu par l'article 227-3 C. pén. (deux ans d'emprisonnement et une amende de 15 000 euros) et le cas échéant, les sanctions accessoires de l'article 227-29 du même code.

Il peut naturellement être condamné, en cas de résistance abusive, à des dommages-intérêts notam-

1. Civ. 2e, 22 mars 2012, no 11-13.915, P II, no 56 ; *D.* 2012. 945.
2. Civ. 2e, 6 juin 2013, no 12-20.129, P II, no 112 ; *Procédures* 2013. 239, note R. Perrot ; *D.* 2013. 1486.
3. Civ. 2e, 2 mai 2001, no 99-15.714, P II, no 80 ; *RTD civ.* 2001. 860, obs. J. Hauser ; *Gaz. Pal.* 13-15 janv. 2002. Somm. 16, note J. Massip.
4. Civ. 2e, 20 juin 2002, no 99-15.135, P II, no 138 ; *RTD civ.* 2002. 789, obs. J. Hauser ; *JCP* 2002. IV. 2386 – Civ. 1re, 4 oct. 2005, no 03-13.375, P (préc., v. ss nos 0952.292 et 0952.293).
5. Civ. 1re, 11 janv. 2005, no 03-16.719, P (préc., v. ss nos 0952.45 et 0952.46).
6. Crim. 29 mai 1984, no 82-92.817, P, no 194 ; *RTD civ.* 1985. 221, obs. R. Perrot.
7. Civ. 1re, 28 juin 2005, no 01-17.730, P (préc., v. ss nos 0952.102 et 0952.163).

ment en cas de collusion avec le tiers (C. pr. exéc., art. L. 121-3).

0952.313 Sanctions contre le créancier. Selon les dispositions de l'article R. 213-8 C. pr. exéc., « *le créancier d'aliments qui, de mauvaise foi, fait usage de la procédure de paiement direct peut être condamné à une amende civile d'un maximum de 10 000 euros* ». Le JEX peut également le condamner à des dommages et intérêts en application de l'article L. 121-2 C. pr. exéc.

Compte tenu de ce que le paiement direct est ouvert au créancier dès le plus petit retard de paiement (il suffit qu'une seule échéance ne soit pas réglée à son terme), les abus sont nécessairement rares au stade de l'engagement de la mesure. La mauvaise foi du créancier apparaît lorsqu'il décide de réagir plusieurs mois après un incident de paiement isolé. Dans une telle circonstance, il est évident que les motivations de celui qui réagit à retardement, se trouvent ailleurs que dans le souci de bénéficier, par des retenues à la source, d'une garantie de règlements ponctuels et réguliers.

En fait, la plupart des « mauvais tours » joués au débiteur se situent en cours de procédure, au moment de prendre en compte une modification ou une cause de cessation de la pension. Le créancier peut en effet refuser, sans motif légitime, soit de notifier au tiers la décision réduisant le montant de l'échéance, soit de lui donner mainlevée de la mesure à la suite d'une suppression judiciaire ou d'une cessation légale du droit aux aliments.

Outre l'amende civile, le créancier de mauvaise foi peut être contraint de rembourser les sommes perçues en trop, augmentées des intérêts moratoires calculés à partir de chaque paiement indu (C. civ., art. 1302-1 et 1352-7 [C. civ., anc. art. 1378]) et, en cas de préjudice distinct du retard dans la restitution, des dommages-intérêts compensatoires (C. civ., art. 1240 et 1231-6, al. 2 [C. civ., anc. art. 1382 et 1153]).

0952.314 Sanction contre le commissaire de justice. Le commissaire de justice mandataire du créancier d'aliments peut également mettre en jeu sa responsabilité professionnelle à l'occasion de la procédure de paiement direct qu'il diligente au nom de son client. Tel est le cas lorsqu'il engage cette mesure sur le fondement d'un jugement frappé d'appel non assorti de l'exécution provisoire ou lorsqu'il réitère celle-ci sur la base du même jugement rendu exécutoire par provision par une ordonnance du conseiller de la mise en état, pour le recouvrement d'arrérages échus antérieurement à cette ordonnance dont les effets ne sont pas rétroactifs. Le commissaire de justice doit, s'il existe un doute sur la portée d'une ordonnance conférant l'exécution provisoire à une décision frappée d'appel, s'abstenir ou saisir le JEX de la difficulté en vertu du second alinéa de l'article R. 151-3 C. pr. exéc. À l'époque où le commissaire de justice avait pratiqué la mesure de paiement direct, la Cour de cassation ne s'était pas encore prononcée sur le caractère non rétroactif de l'ordonnance assortissant, *a posteriori*, un jugement de l'exécution provisoire[1].

Pour que la responsabilité de l'officier ministériel soit retenue, il faut non seulement qu'il ait commis une faute, mais encore que celle-ci soit la cause du dommage allégué par la victime du paiement direct. Tel n'est pas le cas lorsque le débiteur d'aliments invoque, non des difficultés dans ses rapports avec son employeur du fait de la mesure, mais une atteinte à son image auprès de ses collègues et de ses collaborateurs informés de ses difficultés conjugales. Même s'il a agi à tort, le commissaire de justice qui a instrumenté selon les formes prescrites pour la mise en œuvre du paiement direct n'est pas considéré comme l'auteur de ce préjudice.

Le commissaire de justice engage également sa responsabilité et peut être condamné à des dommages-intérêts s'il diffuse à son mandant les informations qu'il a recueillies en vue de l'exécution du titre (telle que la fiche Ficoba communiquée par l'administration fiscale). Le secret professionnel auquel il est tenu couvre, en vertu de l'article L. 152-3 alinéa 2 C. pr. exéc., les renseignements obtenus à l'égard de tous les tiers, y compris de celui qui l'a requis[2].

1. Civ. 2e, 22 oct. 2009, no 08-19.559, P II, no 249.
2. Civ. 1re, 22 mars 2012, no 10-25.811, P II, no 65 ; *Nouv. journ. huiss.* mars-avr. 2012, p. 28 ; *D.* 2012. 886 ; *Dr. et proc.* 2012. 154, obs. O. Salati et Tommasone.

CHAPITRE

0953. Recouvrements publics et autres aides au paiement des aliments

RENÉ LAUBA
MAGISTRAT HONORAIRE

SECTION 0 ORIENTEUR

0953.00 **Sommaire du chapitre.**

Division. Parmi les aides au paiment des aliments examinées dans ce chapitre, le recouvrement public des pensions alimentaires (sect. 1) tient une place prépondérante et obéit au schéma de la subrogation du créancier d'aliments par un comptable public qui met en œuvre ses propres moyens de recouvrement. Sont également étudiés le recouvrement des prestations substitutives des aliments par les organismes d'allocations familiales (sect. 2), le recouvrement des créances d'aliments par les caisses d'allocations familiales en vertu d'un mandat du créancier (sect. 3) et l'intermédiation financière des organismes d'allocations familiales (sect. 4).

0953.01 **Textes applicables**

• **CSS,** art. L. 382-1, L. 523-1, L. 581-1 à L. 581-10, L. 582-1, R. 523-1, R. 523-2, R. 581-1 à R. 581-10, R. 582-1 à R. 582-11.

• **C. pr. civ.,** art. 503, 704 à 718, 1074-2 s.

• **C. civ.,** art. 373-2-2.

• **C. pr. exéc.,** art. L. 111-3, L. 213-5.

• **C. pr. pén.,** art. 93.

• **C. pén.,** art. 227-3, 227-4, 227-29.

• **CGI,** art. 1912 ; ann. II, art. 369 C.

• **L. n° 75-618, 11 juill. 1975,** relative au recouvrement public des pensions alimentaires, *JO* 12 juill.

• **Décr. n° 86-1073, 30 sept. 1986,** relatif à l'intervention des organismes débiteurs des prestations familiales pour le recouvrement des créances alimentaires impayées, *JO* 2 oct., p. 11804.

• **Ord. n° 2010-420, 27 avr. 2010,** portant adaptation de dispositions résultant de la fusion de la Direction générale des impôts et de la direction générale de la comptabilité publique, art. 119 et 122, *JO* 28 avr. (modifiant L. n° 75-618,

11 juill. 1975, relative au recouvrement public des pensions alimentaires, art. 1er à 7, 10 à 13, 17, *JO* 12 juill., p. 7178).

0953.02 Jurisprudence de référence.

> Recouvrement public des pensions alimentaires. Statut du procureur de la République.

• **Civ. 2e, 3 janv. 1979,** no 77-14.167, P II, no 4

* V. ss nos 0232.31, 0953.22, 0953.31

Le procureur de la République, n'étant pas partie à l'instance sur les contestations relatives au recouvrement public des pensions alimentaires, ne saurait être considéré comme défendeur au pourvoi formé contre l'ordonnance rendue sur ces contestations et doit d'office être mis hors de cause.

> Paiement direct ou recouvrement public des pensions alimentaires à l'encontre d'un débiteur mis en procédure collective.

• **Com. 8 oct. 2003,** no 00-14.760, P IV, no 152

* V. ss nos 0952.13, 0952.33, 0952.194, 0952.195, 0953.23

1o La créance née de la pension alimentaire peut être payée sans avoir été déclarée au passif du débiteur soumis à procédure collective.

2o La créance d'aliments, qui est une dette personnelle du débiteur soumis à une procédure collective, doit être payée sur les revenus dont il conserve la disposition, ou bien être recouvrée par la voie de la procédure de paiement direct ou de recouvrement public des pensions alimentaires.

> Paiement direct ou recouvrement public des pensions alimentaires à l'encontre d'un débiteur mis en procédure collective.

• **Com. 13 juin 2006,** no 05-17.081, P IV, no 141

* V. ss nos 0952.13, 0952.194, 0952.195, 0953.23

En l'absence de déclaration, les créances nées d'une prestation compensatoire ou d'une pension alimentaire échappent à l'extinction et peuvent être payées sur les revenus dont le débiteur mis en procédure collective conserve la disposition ou bien être recouvrées par la voie de la procédure de paiement direct ou de recouvrement public des pensions alimentaires ; toutefois, lorsque le créancier les déclare aussi en vue de leur admission au passif de la procédure collective, les règles relatives à la procédure de déclaration et de vérification des créances et à l'admission dans les répartitions et dividendes leur sont applicables, sans pour autant que la non-admission à ce passif affecte ses droits de créancier d'aliments.

> Recouvrement public des pensions alimentaires. Domaine d'application.

• **Civ. 1re, 11 févr. 2009,** no 07-16.993, P I, no 24

* V. ss nos 0232.31, 0953.22, 0953.32

La procédure de recouvrement public des pensions alimentaires n'est applicable qu'aux termes à échoir ainsi qu'à ceux qui sont arrivés à échéance à compter du sixième mois ayant précédé la date de la demande d'admission.

0953.03 Bibliographie indicative[1]**.**

* V. ss no 095.03.

0953.04 Formulaire de procédure civile.

• *Aliment – Recouvrement public* (Demande de recouvrement public de pension alimentaire – L. no 75-618 du 11 juill. 1975, art. 1er)

• *Aliment – Recouvrement public* (Demande de modification ou de suppression du recouvrement public d'une pension alimentaire – L. no 75-618 du 11 juill. 1975, art. 3 et 12)

• *Aliment – Recouvrement public* (Renonciation au recouvrement public d'une pension alimentaire – L. no 75-618 du 11 juill. 1975, art. 11)

SECTION 1
RECOUVREMENT PUBLIC DES PENSIONS ALIMENTAIRES

0953.11 Présentation du dispositif. Le recouvrement public des pensions alimentaires (PAL) n'est pas une mesure d'exécution comme la saisie-attribution ou la procédure de paiement direct étudiée dans le chapitre précédent (v. ss nos 0952.04 s.). Le recouvrement public est une subrogation du créancier d'aliments par un comptable public, lequel met en œuvre ses propres moyens de recouvrement. Parmi ces moyens figurent, à côté des voies d'exécution du droit privé sur le mobilier ou les créances du débiteur, la saisie administrative à tiers détenteur (SATD) propre au droit public. Cette **procédure** est donc **exorbitante du droit commun** et exclusive des initiatives concurrentes du créancier d'aliments (sur ces deux points, v. ss no 0953.51).

Le recouvrement public trouve son terrain d'élection lorsque le débiteur d'aliments échappe aux voies d'exécution les plus simples : saisie-attribution de comptes bancaires, saisie des rémunérations du travail, paiement direct. Cette **procédure** est donc **subsidiaire** (v. ss nos 0953.31 et 0953.32).

La demande de recouvrement est présentée au procureur de la République qui vérifie que les conditions d'ouverture de la procédure sont réunies. En cas d'acceptation, il établit un état exécutoire qu'il transmet à la direction des finances publiques. Cet état est confié à un comptable public qui recouvre les sommes qui y sont portées comme en matière d'impôt direct. Les contestations qui s'élèvent en cas de refus ou d'acceptation sont de la compétence du président du TJ.

Précisons que, lorsque la demande de recouvrement public est présentée par un organisme débiteur des prestations familiales agissant pour la récupération de ses avances sur PAL ou par le compte d'un créancier d'aliments, c'est le représentant de l'État

1. Les ouvrages dont le nom des auteurs figure en petites capitales en bibliographie seront cités par le seul nom des auteurs en petites capitales en notes de bas de page.

dans le département et non le ministère public qui rend exécutoire l'état des sommes à payer, établi et certifié par le directeur de cet organisme. Cet état exécutoire est ensuite transmis, dans les cinq jours, à la Direction des finances publiques pour sa prise en charge par l'un de ses comptables.

0953.12 Intérêt doctrinal et pratique – Rapport de la commission Guinchard. L'efficacité globale de la procédure de recouvrement public ne semble pas encore avérée, ce qui peut expliquer le très faible intérêt que cette procédure, pourtant salutaire, suscite en doctrine, du moins dans la période contemporaine[1].

La mise en place de **barèmes en matière d'aliments** (proposition n° 31 du rapport de la commission Guinchard[2]) devait tendre à raréfier le contentieux et à prévenir les résistances au paiement, donc les procédures de recouvrement telles que celle étudiée ici.

En pratique, le recouvrement public n'a pas rencontré le succès escompté. Il faut reconnaître que, s'il est de nature à prévenir les contestations, le contrôle préalable du parquet, ajouté au formalisme de la procédure fiscale, est une source de complication et de lenteur plutôt dissuasive pour le créancier d'aliments attendant sa pension. Par ailleurs, la concentration du contentieux entre les mains du président du TJ (anc^t TGI), n'est pas un facteur de lisibilité pour les justiciables ou même leurs conseils. Pourtant, le législateur aurait pu intégrer le recouvrement public des pensions alimentaires (PAL) au sein d'un pôle de l'exécution relevant du juge de l'exécution (JEX) et ce afin de permettre au créancier comme au débiteur d'identifier plus aisément la juridiction compétente pour trancher leurs contestations. À cet égard, le rapport de la commission Guinchard avait préconisé, dans sa proposition n° 8, avant le remplacement des TI et des TGI par le TJ, le regroupement de tout le contentieux de l'exécution mobilière dans un pôle relevant du juge d'instance. On ne peut donc que regretter que les textes postérieurs à la loi du 11 juillet 1975[3], notamment la loi du 23 mars 2019[4] de programmation 2018-2019 et de réforme de la justice, n'aient pas abordé la procédure de recouvrement public et, partant, en ait conservé le contentieux au président du TJ.

0953.13 Évolution législative et réglementaire. La loi du 11 juillet 1975[5], relative au recouvrement public des pensions alimentaires a été modifiée par l'ordonnance du 27 avril 2010[6] (art. 122), portant adaptation de dispositions résultant de la fusion de la Direction générale des impôts et de la Direction générale de la comptabilité publique. Le Trésor public se trouve désormais substitué par les comptables publics en général. Le directeur départemental ou régional des finances publiques (anc^t trésorier-payeur général) demeure l'interlocuteur du procureur de la République ou du préfet lorsque la procédure est engagée à la demande d'un organisme débiteur des prestations familiales (v. s^s n° 0953.51).

Elle a ensuite été modifiée par les lois du 18 novembre 2016[7] (art. 50), du 23 décembre 2016[8] (art. 41), du 24 décembre 2019[9] (art. 72) et du 23 décembre 2021[10] (art. 100), lesquelles ont successivement élargi son champ d'application, limité initialement aux seules créances alimentaires fixées par une décision de justice, à toutes celles résultant d'un acte, d'un accord ou d'une convention bénéficiant de la force exécutoire. Enfin, la loi du 11 juillet 1975 et son décret d'application du 31 décembre 1975[11], ont été respectivement rectifiés par les ordonnances du 17 juillet 2019[12] (art. 19) et

1. A. Gouttenoire, « Les voies d'exécution au service de la famille : le recouvrement spécifique des pensions alimentaires », *AJ fam.* 2006. 60 – *J.-Cl. Pr. civ. form.*, *V°* Aliments, par E. Molin – *J.-Cl. Pr. civ.*, J. Miguet, fasc. 2290 – O. Salvat, « Les procédures de recouvrement forcé des créances d'aliments et les comptables publics tiers saisis », *Gaz. Pal.* 1985. Doctr. 324 – Plus anciens et généraux : Appert et Julliard, « La loi du 11 juillet 1975 relative au recouvrement public des pensions alimentaires », *D.* 1977. Chron. 113 – R. Lindon, « Commentaire du décret du 31 décembre 1975 relatif aux modalités d'application de la loi du 11 juillet 1975 relative au recouvrement public des pensions alimentaires », *JCP* 1976. I. 2763 – J. Massip, « La loi du 11 juillet 1975 relative au recouvrement public des pensions alimentaires », *Defrénois* 1977. 337 – J. Vincent et J. Prévault, « La loi du 11 juillet 1975 relative au recouvrement public des pensions alimentaires », *D.* 1976. Chron. 237 ; « La procédure de recouvrement public et ses premières applications », *D.* 1979. Chron. 237.
2. Rapport de la commission Guinchard sur la répartition des contentieux, *L'ambition raisonnée d'une justice apaisée*, Doc. fr., 2008, prop. n° 31 expliquée p. 298.
3. L. n° 75-618, 11 juill. 1975, relative au recouvrement public des pensions alimentaires, *JO* 12 juill., p. 7178.
4. L. n° 2019-222, 23 mars 2019, de programmation 2018-2019 et de réforme de la justice, *JO* 24 mars, texte 2.
5. L. n° 75-618, 11 juill. 1975, préc.
6. Ord. n° 2010-420, 27 avr. 2010, portant adaptation de dispositions résultant de la fusion de la Direction générale des impôts et de la Direction générale de la comptabilité publique, *JO* 30 avr., p. 7839.
7. L. n° 2016-1547, 18 nov. 2016, de modernisation de la justice du XXIe siècle, *JO* 19 nov., texte 1.
8. L. n° 2016-1827, 23 déc. 2016, de financement de la sécurité sociale pour 2017, *JO* 24 déc., texte 1.
9. L. n° 2019-1446, 24 déc. 2019, de financement de la sécurité sociale pour 2020, *JO* 27 déc., texte 1.
10. L. n° 2021-1754, 23 déc. 2021, de financement de la sécurité sociale pour 2022, *JO* 24 déc., texte 1.
11. Décr. n° 75-1339, 31 déc. 1975, relatif aux modalités d'application de la loi n° 75-618 du 11 juillet 1975 relative au recouvrement public des pensions alimentaires, *JO* 3 janv. 1976.
12. Ord. n° 2019-738, 17 juill. 2019, prise en application de l'article 28 de la loi n° 2019-222 du 23 mars 2019 de programmation 2018-2022 et de réforme pour la justice, *JO* 18 juill., texte 3.

du 18 septembre 2019[1] (art. 35) ainsi que par les décrets du 18 septembre 2019[2] (art. 8) et du 20 décembre 2019[3] (art. 15), pour prendre en compte le remplacement du TGI par le TJ et la substitution de la procédure accélérée au fond à la procédure en la forme des référés.

Une loi du 23 décembre 1980[4], incorporée dans le Code de la sécurité sociale (CSS, art. L. 581-10), complétée par un décret du 26 février 1981[5], ultérieurement abrogée et remplacée par celui du 30 septembre 1986[6], a adapté la procédure de recouvrement public et l'hypothèse de sa mise en œuvre à la demande d'un organisme débiteur des prestations familiales en qualité de subrogé dans les droits du créancier d'aliments ou de mandataire de celui-ci, pour récupérer ses avances sur PAL ou les échéances impayées.

§ 1
Conditions d'ouverture de la procédure

0953.21 Créance alimentaire fixée par un titre exécutoire. La loi du 11 juillet 1975[7] reprend littéralement les termes et le champ d'application de la loi du 2 janvier 1973 régissant le paiement direct. On se reportera donc à ce qui en a été dit plus haut (v. ss nos 0952.41 à 0952.49).

Il convient également de préciser :

1° que le recouvrement public bénéficie, non seulement à la pension allouée à l'enfant, au conjoint ou à l'ex-conjoint, mais encore à la contribution aux charges du mariage, à la prestation compensatoire sous forme de rente et aux subsides accordés aux enfants dont la filiation paternelle n'est pas légalement établie[8] ;

2° que son domaine d'application, initialement limité aux décisions de justice devenues exécutoires, a été étendu par les lois des 18 novembre et 23 décembre 2016 puis du 24 décembre 2019 et du 23 décembre 2021[9] aux :

– conventions de divorce ou de séparation de corps par consentement mutuel prenant la forme d'un acte sous-seing privé, contresigné par avocats et déposé au rang des minutes d'un notaire ;

– actes reçus en la forme authentique par un notaire ;

– accords auxquels un organisme débiteur des prestations familiales a donné force exécutoire ;

– conventions homologuées par le juge ;

– transactions ou actes constatant des accords issus de médiations, conciliations ou procédures participatives, lorsqu'ils sont contresignés par les avocats de chacune des parties et revêtus de la formule exécutoire par le greffe de la juridiction compétente en application du 7° de l'article L. 111-3 C. pr. exéc.

Il y a lieu, cependant, de relever que, pour bénéficier de la procédure de recouvrement public, il ne suffit pas de produire le titre exécutoire fixant les aliments dont le recouvrement forcé a échoué. Il faut aussi justifier que ce titre a été préalablement et valablement signifié au débiteur, faute de quoi il ne peut être mis à exécution. La Cour de cassation l'a clairement rappelé en cassant, au visa des articles 1er de la loi du 11 juillet 1975 et 503 C. pr. civ., une ordonnance ayant rejeté la contestation élevée contre l'état exécutoire d'un procureur de la République, au motif erroné que l'irrégularité de la signification était sans effet sur le caractère exécutoire d'un jugement assorti de l'exécution provisoire[10].

0953.22 Échec des voies d'exécution de droit privé. Le recouvrement public étant une procédure subsidiaire, son engagement présuppose la survenance d'un incident de paiement suivi d'une tentative d'exécution infructueuse.

Ainsi, bien que la loi du 11 juillet 1975 ne le précise pas expressément, le défaut inexcusable de versement d'un terme au moins est une condition du recours au recouvrement public. En effet, celui-ci nécessite une tentative préalable d'exécution forcée, laquelle ne se justifie par principe qu'en cas de défaut de paiement.

1. Ord. no 2019-964, 18 sept. 2019, prise en application de la loi no 2019-222 du 23 mars 2019 de programmation 2018-2022 et de réforme pour la justice, *JO* 19 sept., texte 5.
2. Décr. no 2019-966, 18 sept. 2019, portant substitution du tribunal judiciaire au tribunal de grande instance et au tribunal d'instance en application de l'article 95 de la loi no 2019-222 du 23 mars 2019 de programmation 2018-2022 et de réforme pour la justice et diverses dispositions relatives à l'organisation judiciaire et modifiant l'annexe du décret no 2019-913 du 30 août 2019 pris en application de l'article 95 de la loi no 2019-222 du 23 mars 2019 de programmation (2018-2022) et de réforme pour la justice, *JO* 19 sept., texte 7.
3. Décr. no 2019-1419, 20 déc. 2019, relatif à la procédure accélérée au fond devant les juridictions judiciaires, *JO* 22 déc., texte 2.
4. L. no 80-1055, 23 déc. 1980, portant loi de finances rectificative pour 1980, *JO* 26 déc., p. 3038.
5. Décr. no 81-184, 26 févr. 1981, relatif au recouvrement par les comptables directs du Trésor des avances consenties par les CAF et les CMSA aux créanciers de PAL, *JO* 28 févr., p. 62.
6. Décr. no 86-1073, 30 sept. 1986, relatif à l'intervention des organismes débiteurs des prestations familiales pour el recouvrement des créances alimentaires impayées, *JO* 2 oct., p. 11804, art. 8.
7. L. no 75-618, 11 juill. 1975, art. 1er.
8. L. no 75-618, 11 juill. 1975, art. 15 – Décr. no 75-1339, 31 déc. 1975, art. 22 – Décr. no 86-1073, 30 sept. 1986, art. 7.
9. L. no 75-618, 11 juill. 1975, art. 1er.
10. Civ. 2e, 9 févr. 1983, no 81-15.051, P II, no 33.

Plus précisément, l'utilisation de la procédure de recouvrement public suppose « *l'exercice infructueux d'une voie d'exécution de droit privé* »[1]. Cette formulation recèle une double exigence : avoir agi et prouver l'insuccès.

La voie d'exécution du droit privé dont la mise en œuvre a échoué est l'une de celles régies par le Code des procédures civiles d'exécution, la loi du 11 juillet 1975 n'en donnant pas de définition spécifique : ce peut être notamment, mais non exclusivement, un paiement direct[2]. On se reportera à ce sujet aux principes généraux de l'exécution au début de cet ouvrage. Il est simplement rappelé que le commandement de payer n'est pas une voie d'exécution[3] bien qu'il engage la procédure de saisie-vente. C'est la production du procès-verbal de carence dressé en l'absence de biens saisissables qui devrait établir l'échec de cette mesure. Une juridiction du fond a toutefois jugé qu'un commandement délivré au débiteur constituait une voie d'exécution permettant de recourir au recouvrement public[4].

En revanche, le choix de la voie d'exécution et les conditions de son déroulement, ou encore le caractère seulement partiel de l'insuccès, sont sans effet sur le droit au recouvrement public (il en est jugé ainsi à propos d'une voie d'exécution non contradictoire[5]).

Il suffit donc d'une seule tentative infructueuse de recouvrement forcé, quelle que soit la mesure pratiquée, pour que la loi du 11 juillet 1975 puisse s'appliquer.

0953.23 **Cas du débiteur en sauvegarde, redressement ou liquidation judiciaires.** Après une lente maturation de la question, la Cour de cassation est arrivée à une formulation descriptive très complète : en l'absence de déclaration de la créance d'aliments au passif du débiteur, cette créance échappe à l'extinction et peut être payée sur les revenus dont le débiteur conserve la disposition, ou bien être recouvrée par la voie de la procédure de paiement direct ou de recouvrement public ; toutefois, lorsque le créancier déclare aussi ses droits en vue de leur admission au passif de la procédure collective, les règles relatives à la procédure de déclaration et de vérification des créances et à l'admission dans les répartitions et dividendes leur sont applicables, sans pour autant que la non-admission à ce passif affecte ses droits de créancier d'aliments[6].

1. L. n° 75-618, 11 juill. 1975, art. 1er et 2, al. 2.
2. POUR UNE APPLICATION : Civ. 1re, 11 févr. 2009, n° 07-16.993, P I, n° 24 ; *D.* 2010. 1243, obs. G. Serra et L. Williatte-Pellitteri ; *AJ fam.* 2009. 128, obs. S. David ; *RTD civ.* 2009. 302, obs. J. Hauser.
3. Civ. 2e, 6 déc. 1991, n° 89-18.469, P II, n° 327 ; *D.* 1992. IR 5 ; *Gaz. Pal.* 1992. 1. Pan. 49.
4. TGI Paris, 8 juill. 1976, *D.* 1978. IR 40, obs. A. Bénabent ; *Gaz.-Pal.* 1977. 197, note Brazier.
5. Civ. 2e, 3 janv. 1979, n° 77-14.167, P II, n° 4 ; *D.* 1979. IR 79 ; *Gaz. Pal.* 1979. 1. 197 – SUR RENVOI : TGI Tarascon, 19 déc. 1979, *D.* 1980. IR 246.

§ 2 Présentation et traitement de la demande d'admission

0953.31 **Forme de la demande.** La demande de recouvrement est adressée par le créancier d'aliments au procureur de la République près le tribunal judiciaire dans le ressort duquel se trouve son domicile[7]. La demande est faite sur papier libre mais envoyée par lettre recommandée avec avis de réception (LRAR), pour avoir date certaine, ou encore déposée au greffier du parquet, qui y porte sans délai la date du dépôt[8].

Le créancier doit fournir les pièces justifiant de son droit à exercer des voies d'exécution, notamment une expédition ou la copie certifiée conforme de la décision, de l'acte ou de la convention exécutoire fixant la PAL, et des renseignements relatifs au débiteur (identité, adresse ou dernière adresse connue, profession, nom et adresse de l'employeur, éléments sur le patrimoine et les revenus).

Pour satisfaire pleinement aux exigences de l'article 2 du décret du 31 décembre 1975, il doit justifier de **l'échec des voies d'exécution de droit commun :** attestation du greffier du JEX (anct TI) relative à l'échec des saisies sur rémunérations du travail, attestation d'un commissaire de justice relative au caractère infructueux d'autres saisies. Ces attestations ne sont pas les seules preuves admises par la loi de 1975. Leur absence peut être suppléée par la production de tous autres documents établissant l'échec du recouvrement par une voie d'exécution. Dans tous les cas, les éléments fournis doivent justifier de leur date, de leur résultat et des biens ou revenus sur lesquels elles ont porté.

La méconnaissance de l'adresse du débiteur, ne suffirait pas à rejeter la demande de recouvrement public[9].

0953.32 **Rôle du procureur de la République.** Le procureur de la République vérifie que le créancier a justifié du caractère exécutoire de la pension et a satisfait aux exigences de l'article 2 du décret du 31 décembre 1975 (v. ss n° 0953.31). Il avise par

6. Com. 13 juin 2006, n° 05-17.081, P IV, n° 141 ; *D.* 2006. 1969, note C. Vincent ; 1681, obs. A. Lienhard ; *D.* 2007. 42, obs. P.-M. Le Corre et F.-X. Lucas ; *AJ fam.* 2006. 333, obs. F. C. ; *RTD civ.* 2006. 747, obs. J. Hauser ; *RTD com.* 2006. 662, chron. A. Martin-Serf – PRÉCÉDENTS : Com. 1er févr. 2005, n° 01-13.943, P IV, n° 18 ; *D.* 2005. 489, obs. A. Lienhard ; 2196, note J. Revel ; *D.* 2006. 1380, obs. M. Bourassin, E. Claudel, A. Danis-Fatôme et B. Thullier ; *RTD civ.* 2005. 375, obs. J. Hauser – Com. 8 oct. 2003, n° 00-14.760, P IV, n° 152 ; *D.* 2003. 2637, obs. A. Lienhard ; *D.* 2004. 54, obs. F.-X. Lucas ; 1965, obs. Danis-Fatôme ; *RTD com.* 2004. 368, obs. A. Martin-Serf.
7. L. n° 75-618, 11 juill. 1975, art. 2, al. 1er.
8. Décr. n° 75-1339, 31 déc. 1975, art. 1er, al. 2 et 3.
9. Civ. 2e, 3 janv. 1979, n° 77-14.167, P (préc., v. ss n° 0953.22).

lettre simple le créancier d'aliments de la suite réservée à sa demande[1].

En cas d'admission, celle-ci est portée à la connaissance du débiteur par LRAR doublée d'une lettre simple[2]. Le directeur départemental ou régional des finances publiques peut aider le parquet à retrouver le débiteur qui n'aurait pas de domicile connu.

Les courriers d'avis comportent des mentions obligatoires détaillées par l'article 4 du décret (sur les contestations qui s'élèvent à réception de ces avis, v. s[s] nº 0953.41).

Le parquet établit, s'il admet le recouvrement public, un état exécutoire qu'il transmet au service compétent de l'État qui est le directeur départemental ou régional des finances publiques. Cet état qui est émis contre le débiteur est revêtu de la mention « *pour valoir titre exécutoire conformément à la loi nº 75-618 du 11 juillet 1975* ». Il indique le titre exécutoire fixant la créance alimentaire ainsi que le montant de l'arriéré des six derniers mois ayant précédé la date de la demande, celui des termes échus et à échoir à compter de cette date et des frais de recouvrement perçus au profit du Trésor[3,4].

Il appartient au procureur de tenir compte, lors de l'établissement de l'état exécutoire, de l'indexation de la PAL[5], ainsi que des frais réglementaires dus au Trésor (v. s[s] nº 0953.61).

Il lui appartiendra aussi de modifier d'office ou à la demande de la partie la plus diligente, l'état exécutoire lorsque les montants à recouvrer sont ultérieurement modifiés (v. s[s] nº 0953.72).

0953.33 Formalisme particulier en cas d'intervention d'un organisme social. Lorsque la demande d'admission à la procédure est présentée par un organisme débiteur des prestations familiales pour recouvrer ses avances sur PAL ou les sommes dues à un créancier alimentaire, le Code de la sécurité sociale et le décret du 30 septembre 1986 prévoient certaines dérogations aux dispositions de la loi du 11 juillet 1975 et son décret d'application.

Le directeur de l'organisme établit et certifie un état des créances à recouvrer qu'il adresse, non au Parquet, mais au préfet de son département aux fins de le rendre exécutoire (CSS, art. L. 581-7 et L. 581-10 – Décr. 30 sept. 1986, art. 1er et 3). La demande d'admission est réputée faite à la date d'établissement, en trois exemplaires, de ce certificat. Celui-ci mentionne le titre exécutoire fixant les aliments et le montant des échéances impayées, des termes à échoir et, le cas échéant, des avances sur PAL, notamment du titre de l'ASF dont les périodes de versement sont indiquées. L'état précise également les frais de recouvrement perçus au profit du Trésor, le nom et l'adresse du créancier alimentaire, les renseignements relatifs à l'identité, au domicile, au patrimoine et aux sources de revenus du débiteur, ainsi que les diligences accomplies pour obtenir le paiement de la PAL et les motifs de leur échec. Il est accompagné du titre fixant la créance et des justificatifs de son caractère exécutoire[6]. Dès la saisine du préfet, l'organisme ne peut plus exercer aucune action pour recouvrer les sommes objet de la demande d'admission (CSS, art. L. 581-10, al. 3).

Le préfet rend l'état des sommes à recouvrer exécutoire, dans un délai de cinq jours ouvrables et le transmet au directeur départemental ou, le cas échéant, régional des finances publiques et avise l'organisme de l'accomplissement de cette formalité (CSS, art. L. 581-7 et L. 581-10 – Décr. 30 sept. 1986, art. 3). Dès réception de cet avis, le directeur de l'organisme notifie la décision d'acceptation au débiteur, par une LRAR confimée le même jour par une lettre simple. Cette notification mentionne les sommes à recouvrer et informe le débiteur qu'il doit s'en libérer entre les mains du comptable public selon des modalités qui lui seront ultérieurement précisées. Elle lui indique également que la procédure peut être contestée par une lettre simple adressée au procureur de la République du lieu d'établissement de l'organisme social. Le créancier est avisé de la suite donnée à sa demande et de la faculté, en cas de refus de celle-ci, de contester la décision par une lettre simple adressée au Parquet[7].

Hormis ces dispositions dérogatoires, le Code de la sécurité sociale et le décret de 1986 renvoient aux principaux articles de la loi de 1975 et son décret d'application ou en reprennent le contenu en l'adaptant à la substitution du préfet au Parquet, notamment pour l'établissement de l'état exécutoire et des titres de réduction éventuels.

§ 3
Contestations

0953.41 Cas – Procédure. Les parties sont avisées par le procureur de la République ou par le directeur de l'organisme débiteur des prestations familiales, lorsqu'il est à l'origine de la procédure, que le refus ou l'acceptation du recouvrement public

1. Décr. nº 75-1339, 31 déc. 1975, art. 4, al. 1er.
2. Décr. nº 75-1339, 31 déc. 1975, art. 4, al. 2.
3. Ainsi d'une espèce où ayant pratiqué un paiement direct pour le semestre le plus récent, la demanderesse requérait un recouvrement public pour les seize annuités antérieures ; voie qui lui est refusée : Civ. 1re, 11 févr. 2009, nº 07-16.993, P (préc., v. s[s] nº 0953.22).
4. L. nº 75-618, 11 juill. 1975, art. 3, al. 1er, et Décr. nº 75-1339, 31 déc. 1975, art. 6, al. 3.
5. Civ. 2e, 2 déc. 1981, *Gaz. Pal.* 1981. 2. Pan. 153.
6. Décr. nº 86-1073, 30 sept. 1986, art. 2.
7. Décr. nº 86-1073, 30 sept. 1986, art. 4.

peut être contesté par une lettre simple adressée au ministère public[1]. Les contestations sont régies, principalement, par l'article 4 de la loi du 11 juillet 1975 auquel renvoie l'article L. 581-10 (al. 4) du CSS lorsque la procédure est mise en œuvre à l'initiative d'un organisme d'allocations familiales. Les contestations peuvent émaner du créancier d'aliments (en cas de refus, total ou partiel, du bénéfice de la procédure de recouvrement public) ou du débiteur (en cas d'acceptation, totale ou partielle, de la demande de recouvrement public). Elles ne suspendent pas la mise en œuvre de la procédure de recouvrement public[2]. Elles ne se confondent pas avec le contentieux des aliments, qui doit être engagé distinctement et ne suspend pas non plus le recouvrement public, ni la procédure de contestation de ce recouvrement.

Les contestations du recouvrement public doivent être faites entre les mains du **procureur de la République**. Celui-ci les transmet, sans délai, au **président du TJ,** et non pas au JEX[3]. Le président statue dans la quinzaine, selon la procédure accélérée au fond, sans frais, les parties étant convoquées par le greffe et par LRAR[4]. La décision du président est rendue en dernier ressort[5]. Le greffe la transmet le jour même au ministère public. Elle est notifiée par le parquet, dans les trois jours de sa réception et par LRAR aux parties et au directeur départemental ou régional des finances publiques en lui adressant un état exécutoire ou un titre de réduction[6]. Lorsque la procédure a été mise en œuvre par un organisme d'allocations familiales, la décision du président du tribunal est notifiée au préfet qui établit, le cas échéant, un nouvel état exécutoire[7].

En application de l'article 4 de la loi du 11 juillet 1975, le procureur de la République peut prendre, s'il y a lieu, toutes mesures utiles pour l'exécution de cette décision.

0953.42 **Voies de recours.** La décision rendue n'est susceptible ni d'opposition, ni d'appel[8]. Seul le pourvoi en cassation est ouvert aux parties qui peuvent déférer la décision à la Cour de cassation dans les deux mois de sa notification par le procureur de la République[9]. La notification au créancier ou au débiteur rappelle ce délai d'exercice[10]. Les règles de la procédure d'urgence sont applicables.

Le pourvoi en cassation en la matière n'est pas dispensé du ministère d'avocat[11].

§ 4
Mise en œuvre du recouvrement : rôle exclusif du comptable public

0953.51 **Mécanisme.** Pour les sommes qu'il est chargé de recouvrer, le service compétent de l'État, à savoir la Direction des finances publiques, est subrogé dans les actions et garanties dont dispose le créancier d'aliments[12, 13]. Dès le dépôt de la demande d'admission à la procédure de recouvrement public et jusqu'à la cessation de celle-ci, le créancier ne peut plus exercer aucune autre action pour le recouvrement des sommes qui font l'objet de cette demande[14].

Le directeur départemental ou régional des finances publiques (anc[t] trésorier-payeur général) qui reçoit l'état exécutoire le confie pour recouvrement au comptable public du domicile ou de la résidence du débiteur[15]. À compter de la notification des sommes faisant l'objet du recouvrement public, le débiteur ne peut plus valablement s'en libérer qu'entre les mains du comptable public[16]. Ce comptable dispose des voies de recouvrement applicables en matière d'impôts directs[17]. Avant d'engager des poursuites donnant lieu à des frais, il adresse au débiteur d'aliments une lettre de relance. En cas d'échec, il notifie une mise en demeure ou un commandement. Enfin, le comptable public peut pratiquer toute voie d'exécution paraissant adéquate et autorisée par le droit des procédures fiscales et des procédures civiles d'exécution : vente des meubles, saisie administrative à tiers détenteur (SATD), paiement direct, *etc.* Dans le cas de paiement direct, le Trésor public est dispensé du ministère de commissaire de justice (C. pr. exéc., art. L. 213-5). Le comptable peut obtenir des services et administrations de l'État, des collectivités et des organismes sociaux, qu'ils réunissent et lui communiquent les renseignements utiles à la mise en œuvre du recouvrement public. En cas de cessation de la procédure, il est déchargé de sa mission par un titre de réduction émis par le ministère public (v. s[s] n°s 0953.71 s.).

1. Décr. n° 75-1339, 31 déc. 1975, art. 4, al. 3 – Décr. n° 86-1073, 30 sept. 1986, art. 4
2. L. n° 75-618, 11 juill. 1975, art. 4, al. 5.
3. Décr. n° 75-1339, 31 déc. 1975, art. 4 et 8, al. 1er.
4. L. n° 75-618, 11 juill. 1975, art. 4, al. 1er et 4 ; et Décr. n° 75-1339, 31 déc. 1975, art. 8, al. 2.
5. L. n° 75-618, 11 juill. 1975, art. 4, al. 3 ; et Décr. n° 75-1339, 31 déc. 1975, art. 9.
6. Décr. n° 75-1339, 31 déc. 1975, art. 8, al. 3.
7. Décr. n° 86-1073, 30 sept. 1986, art. 4, dern. al.
8. L. n° 75-618, 11 juill. 1975, art. 4, al. 3.
9. Décr. n° 75-1339, 31 déc. 1975, art. 9.
10. Décr. n° 75-1339, 31 déc. 1975, art. 8, al. 4.
11. Civ. 2e, 21 juill. 1986, n° 85-12.075, P II, n° 120.
12. L. n° 75-618, 11 juill. 1975, art. 6.
13. Pour un aperçu des effets de cette subrogation, Soc. 12 juin et 24 nov. 1981, *RTD civ.* 1982. 475.
14. L. n° 75-618, 11 juill. 1975, art. 5.
15. Décr. n° 75-1339, 31 déc. 1975, art. 11.
16. L. n° 75-618, 11 juill. 1975, art. 9.
17. L. n° 75-618, 11 juill. 1975, art. 7, al. 1er.

Lorsque le recouvrement public est mis en œuvre à la demande d'un organisme débiteur des prestations familiales, le processus est quasiment identique. Dès qu'il a rendu exécutoire l'état des sommes à recouvrer établi par le directeur de l'organisme, le préfet le transmet à la Direction des finances publiques qui le confie, pour recouvrement, à un comptable de son administration. Le débiteur ne peut se libérer qu'entre les mains de ce comptable et l'organisme ne peut plus exercer aucune action tant que la procédure est en cours. Le recouvrement est poursuivi selon les procédures et dans les conditions prévues aux articles 7 à 9 de la loi du 11 juillet 1975, étant précisé que le comptable peut aussi mettre en œuvre les actions et garanties dont dispose le créancier d'aliments (CSS, art. L. 581-7 et L. 581-10 – Décr. 30 sept. 1986, art. 3 à 5).

§ 5
Frais

0953.61 Rémunération de l'État et frais de poursuite. En contrepartie de l'intervention des services compétents de l'État, le comptable chargé du recouvrement perçoit, au profit du Trésor, une majoration représentant 10 % des sommes devant être réglées, à savoir l'arriéré et les termes à échoir[1]. Une autre majoration de 10% peut être perçue, cette fois au profit du créancier d'aliments, lorsqu'après un premier recouvrement public ayant fait l'objet d'une mainlevée, une nouvelle défaillance du débiteur nécessite la réitération de la procédure. Cette majoration, qui est calculée sur les termes échus, avant l'admission de la nouvelle demande, peut être remise par le président du TJ pour juste motif[2] (v. s^s^ n° 0953.72). Cette remise ne peut porter sur la majoration applicable en cas de nouvelle défaillance du débiteur. Le juge ne peut donc, sans violer les articles 7 et 13 de la loi du 11 juillet 1975, dispenser le débiteur des frais de gestion en l'absence d'une telle défaillance[3].

Par ailleurs, des frais supplémentaires peuvent être mis à la charge du débiteur, si des poursuites par voie de saisie ont dû être engagées pour le contraindre à s'exécuter. Ces frais sont calculés dans les conditions prévues par l'article 1912 du CGI, c'est-à-dire par l'application d'un pourcentage qui ne peut excéder 5 % du montant total des créances réclamées, dans la limite de 5 000 euros. L'article 396 C de l'annexe II du même code fixe, pour chaque catégorie d'acte (commandement, saisie, signification de vente, inventaire, *etc.*), le tarif applicable en pourcentage et le montant minimum en euros. Les frais de saisie peuvent être ramenés à 1 % lorsqu'elle est interrompue par un versement immédiat ou si la dette est acquittée dans un délai d'un jour franc à compter de cette mesure.

§ 6
Cessation et réitération de la procédure

0953.71 Hypothèses de cessation du recouvrement. En cas de décès du débiteur, ou lorsque l'impossibilité de recouvrer la créance a été constatée par le comptable public, ce dernier renvoie le titre exécutoire au procureur de la République qui met fin à la procédure de recouvrement public et décharge le comptable[4]. L'opération se réalise par l'émission d'un titre de réduction et une notification de mainlevée aux parties[5].

Le créancier peut aussi renoncer de lui-même au recouvrement public[6]. À cet effet, il adresse sa demande de renonciation au procureur qui, comme dans le cas précédent, met fin à la procédure et décharge le comptable en émettant un titre de réduction, après avoir vérifié, s'il y a lieu, auprès de la direction des finances publiques, que les conditions requises sont réunies. Puis il en informe les parties par lettre simple[7].

Enfin, le débiteur qui, ayant acquitté les arriérés de la créance pris en charge par le Trésor, a versé durant douze mois consécutifs le montant des termes courants de la pension à la caisse du comptable public compétent, sans que celui-ci ait à exercer des poursuites, peut demander à se libérer à l'avenir directement entre les mains du créancier de la pension[8]. Il adresse alors sa demande au procureur qui met fin au recouvrement, décharge le comptable et avise les parties selon les modalités précédemment exposées. Les contestations sont tranchées conformément à la procédure applicable au contentieux né de l'acceptation ou du rejet de la demande de recouvrement public (v. s^s^ n°s 0953.41 et 0953.42).

Les hypothèses de cessation du recouvrement public sont également celles précédemment évoquées lorsque cette procédure a été engagée à l'initiative d'un organisme débiteur des prestations familiales. Toutefois, les formalités requises ne relèvent pas du parquet. C'est le préfet qui émet le titre de réduction nécessaire à la décharge du comptable et c'est le

1. L. n° 75-618, 11 juill. 1975, art. 7, al. 2.
2. L. n° 75-618, 11 juill. 1975, art. 13, al. 2 et 3.
3. Civ. 2e, 8 avr. 2004, n° 02-13.905, P ; *D.* 2005. Pan. 1823, obs. M. Douchy-Oudot.
4. L. n° 75-618, 11 juill. 1975, art. 10.
5. L. n° 75-618, 11 juill. 1975, art. 12, al. 1er et 2.
6. L. n° 75-618, 11 juill. 1975, art. 11.
7. Décr. n° 75-1339, 31 déc. 1975, art. 12, al. 1er et 2.
8. Décr. n° 75-1339, 31 déc. 1975, art. 12, al. 1er et 2.

directeur de l'organisme qui notifie aux parties qu'il est mis fin au recouvrement public. A noter également que la renonciation du créancier de la PAL n'emporte pas renonciation de l'organisme qui poursuit seul la procédure pour récupérer le montant des allocations de soutien familial versées à titre d'avances. Dans ce cas, le titre de réduction n'est émis que pour la créance à laquelle le créancier a renoncé. Les parties sont informées qu'il n'est mis fin au recouvrement que pour une partie de la dette[1].

0953.72 **Réactivation du recouvrement public.** Les articles 10 (impossibilité de recouvrer), 11 (renonciation du créancier) et 12 (reprise des paiements normaux) de la loi du 11 juillet 1975 renvoient à la compétence première du procureur de la République. Le contentieux est porté devant le président du tribunal judiciaire[2]. Dans le silence des textes, il nous semble que la modification du recouvrement public, notamment par suite d'augmentation ou de diminution des obligations alimentaires, obéit aux mêmes règles que la cessation. Par ailleurs, en cas de nouvelle défaillance du débiteur dans le délai de deux années après la cessation d'un premier recouvrement public, le créancier réactivera ce dernier sans recourir nécessairement au préalable à l'engagement d'une voie d'exécution privée[3]. Il faut que le retard de paiement soit supérieur à un mois. La demande doit être accompagnée des justifications établissant que les conditions énoncées par l'article 13 (al. 1er) de la loi du 11 juillet 1975 pour autoriser la réitération du recouvrement public, sont toutes réunies. Les formalités et la procédure applicables, ainsi que les informations et les justifications à fournir, sont celles prévues pour la présentation et le traitement de la demande initiales par les articles 1er, 3 à 7 du décret du 31 décembre 1975. L'acceptation de la nouvelle demande par le procureur de la République emporte recouvrement des sommes échues depuis l'interruption de la procédure antérieure.

Le débiteur subit alors une pénalité de 10 % au profit du créancier, sauf remise par le président du tribunal judiciaire. Celui-ci statue dans les conditions prévues pour les contestations relatives à l'admission de la demande de recouvrement public (v. ss nos 0953.41 s.). La remise est accordée s'il y a de justes motifs et donne lieu à l'émission, par le procureur de la République, à due concurrence, d'un titre de réduction[4]. Lorsque la nouvelle défaillance du débiteur intervient après une précédente procédure, mise en œuvre à la demande d'un organisme débiteur des prestations familiales, l'article 7 du décret du 30 septembre 1986 renvoie, pour la présentation de la nouvelle demande de recouvrement, l'émission du nouvel état exécutoire précisant les sommes impayées et la remise de la majoration de 10 %, aux dispositions des articles 5, 7 à 10 du décret du 31 décembre 1975. Toutefois, c'est le représentant de l'État dans le département qui rend exécutoire l'état des sommes à recouvrer et c'est le directeur de l'organisme qui notifie au débiteur de la décision d'admission à la nouvelle procédure de recouvrement public et avise le créancier de sa mise en œuvre.

§ 7

Sanctions de l'usage abusif de la procédure

0953.81 **Amende civile.** Le créancier d'aliments qui, de mauvaise foi, aura obtenu la mise en œuvre du recouvrement public, encourt une amende civile. Il encourt, en outre, le remboursement au débiteur, des sommes perçues au titre des majorations pour échéances impayées ainsi que des frais de recouvrement et de procédure, sans préjudice d'éventuels dommages et intérêts.

La procédure suivie est celle prévue en cas de contestation par les alinéas 1er, 2 et 4 de l'article 4 de la loi de 1975[5]. La sanction est prononcée, sur saisine du parquet, par le président du TJ qui statue selon la procédure accélérée au fond, laquelle est gratuite. La décision est transmise par le greffe, le jour même, au procureur de la République qui la notifie aux parties par LRAR, dans les trois jours de sa réception, en leur rappelant le délai d'appel[6] (v. ss no 0953.41). La sanction peut être contestée dans les quinze jours de sa notification[7].

L'appel est formé par une LRAR adressée au procureur général qui saisit le premier président. Celui-ci statue selon la procédure accélérée au fond, par une décision notifiée par le procureur général et qui peut être déférée à la Cour de cassation dans les deux mois de cette notification[8] (v. ss no 0953.42). Les frais exposés sont avancés par le Trésor public selon les modalités prévues à l'article 93 (11o) C. pr. pén.[9].

Les articles 13, 14 et 21 du décret du 31 décembre 1975 sont applicables lorsque le recouvrement public a été mis en œuvre à la demande d'un organisme débiteur des prestations familiales[10].

1. Décr. no 86-1073, 30 sept. 1986, art. 6.
2. L. no 75-618, 11 juill. 1975, art. 11, al. 2.
3. L. no 75-618, 11 juill. 1975, art. 13, al. 1er.
4. L. no 75-618, 11 juill. 1975, art. 13, al. 3 – Décr. no 75-1339, 31 déc. 1975, art. 10.
5. L. no 75-618, 11 juill. 1975, art. 17.
6. Décr. no 75-1339, 31 déc. 1975, art. 13 et 8, al. 3.
7. Décr. no 75-1339, 31 déc. 1975, art. 8 et 13, al. 2.
8. Décr. no 75-1339, 31 déc. 1975, art. 14 et 9.
9. Décr. no 75-1339, 31 déc. 1975, art. 21.
10. Décr. no 86-1073, 30 sept. 1986, art. 7.

SECTION 2
RECOUVREMENT DE PRESTATIONS SUBSTITUTIVES DES ALIMENTS PAR LES ORGANISMES D'ALLOCATIONS FAMILIALES

0953.91 Mécanisme. Les organismes et services auxquels incombe le versement des prestations familiales sont habilités à apporter leur aide au recouvrement des créances dues au titre de l'entretien des enfants, dans les conditions prévues pour le recouvrement de PAL impayées (CSS, art. L. 581-1 [1, 2]).

Les services des prestations familiales incombent, notamment aux CAF et aux caisses de MSA (CSS, art. L. 212-1 et R. 514-1).

La principale de ces aides consiste à octroyer l'**allocation de soutien familial (ASF)** à titre d'avance sur la créance alimentaire non réglée (CSS, art. L. 581-2, al. 1er, mod. par L. 23 déc. 2016 [3]). Le montant de l'ASF est ensuite récupéré sur le parent défaillant. Cette allocation, rappelons-le, peut aussi être octroyée à fonds perdu lorsque le débiteur potentiel d'aliments est déclaré insolvable, notamment à l'occasion d'une demande en justice aux fins d'obtention d'une contribution alimentaire (CSS, art. R. 523-1 s.).

D'autres mécanismes d'aides sont prévus et seront examinés *infra* (v. s^s n°s 0953.151 et 0953.161). Ils se sont substitués avec bonheur au mécanisme de recouvrement par le Trésor inauguré par un décret du 26 février 1981 [4], désormais abrogé.

§ 1
Prestation substitutive et subrogation

0953.101 Octroi de la prestation substitutive à titre d'avance sur pension alimentaire. Lorsque l'un des parents se soustrait en totalité au versement d'une créance alimentaire pour les enfants fixée dans une décision exécutoire ou un acte, accord ou convention mentionné au IV de l'article L. 523-1 du CSS, la caisse d'allocations familiales verse au créancier **l'allocation de soutien familial**, à titre d'avance sur la pension impayée. L'allocation sera recouvrée ensuite par cet organisme contre le débiteur. Si la créance impayée est inférieure à l'ASF servie par l'organisme, cette allocation n'est recouvrée que dans la limite de ce qui est dû par le débiteur, le surplus demeurant acquis au parent créancier (CSS, art. L. 581-2).

Lorsque l'impayé n'est que partiel, la caisse verse une simple **allocation différentielle**, qui vient compléter le règlement effectué par le débiteur, jusqu'au montant de l'ASF. Cette allocation différentielle peut être également recouvrée contre le débiteur défaillant (CSS, art. L. 581-2, mod. par L. 23 déc. 2016).

Un dispositif comparable est prévu lorsque la caisse accorde, non plus l'**allocation de soutien familial**, mais une avance sur PAL au titre de son action sanitaire et sociale (CSS, art. L. 581-9).

Bien entendu, toutes les dispositions explicitées ci-après sont applicables non seulement aux caisses d'allocations familiales mais encore aux autres organismes débiteurs de prestations familiales : mutualité sociale agricole, organismes sociaux des fonctionnaires et assimilés, *etc.*

0953.102 Mandat de recouvrement à hauteur de la pension. Lorsque l'ASF ne couvre pas la totalité de la créance alimentaire, impayée, l'article L. 581-3 alinéa 1er du CSS indique que la demande d'allocation emporte également mandat du créancier d'aliments au profit de l'organisme débiteur de la prestation de recouvrer le surplus (v. s^s n° 0953.151).

Ici réside véritablement l'aide publique, qui évite que si la créance d'aliments est supérieure à cette allocation, le créancier d'aliments doive recouvrer par lui-même l'excédent.

0953.103 Subrogation à hauteur de l'allocation. Pour le recouvrement de ses avances contre le parent défaillant, il importe que l'organisme débiteur de l'allocation ne soit pas soumis aux tergiversations du créancier d'aliments qui subit parfois des pressions. La loi prévoit à cette fin diverses précautions (CSS, art. L. 581-2, al. 2 ; L. 581-3, al. 2 ; L. 581-4, al. 2 à 4).

Le dispositif permettant le recouvrement de l'allocation de soutien familial est d'abord **récursoire.** Sa mise en œuvre ne dépend pas du bon-vouloir du créancier d'aliments. L'organisme peut donc se retourner directement contre le débiteur, avec certains avantages sur les sommes perçues, dans la limite de l'ASF dont il a fait l'avance ou de la créance d'aliments si elle lui est inférieure (CSS, art. L. 581-2, al. 3).

Ainsi, l'organisme a un droit propre et prioritaire, s'il recouvre au-delà de l'allocation, au montant de ce qu'il a versé à titre d'avance (CSS, art. L. 581-3, al. 2). Si l'allocataire renonce au bénéfice de l'allocation de soutien familial, l'organisme peut persévérer jusqu'au recouvrement complet de ses créances, qui lui sont propres (CSS, art. L. 581-4, al. 2). Lorsque le débiteur souhaite reprendre ses paiements, le verse-

1. Issu de L. n° 84-1171, 22 déc. 1984, relative à l'intervention des organismes débiteurs des prestations familiales pour le recouvrement des créances alimentaires impayées, *JO* 27 déc., peu commentée (*ALD* 1985. 131, note Gebler – *Dr. soc.* 1985. 387, obs. Fragonard – *RTD civ.* 1985. 225, note Godé –*Dr. soc.* 1996. 514, obs. Le Bohec).
2. Décr. n° 86-1073, 30 sept. 1986, préc.
3. L. n° 2016-1827, 23 déc. 2016, de financement de la sécurité sociale pour 2017, *JO* 24 déc., texte 1.
4. Décr. n° 81-184, 26 févr. 1981, relatif au recouvrement par les comptables directs du trésor des avances consenties par les caisses d'allocations familiales ou les caisses de mutualité sociale agricole aux créanciers de pensions alimentaires, *JO* 28 févr., p. 662.

ment direct au parent créancier n'est possible qu'avec l'accord de l'organisme débiteur de prestations familiales (CSS, art. L. 581-4, al. 4).

Mais surtout, la subrogation de plein droit prévue par l'article L. 581-2 alinéa 3 du CSS permet à l'organisme d'exercer, pour récupérer ses avances dans la limite fixée par ce texte, toutes les actions dont dispose l'allocataire pour le recouvrement forcé de sa créance d'aliments. Il peut notamment agir à la place du créancier alimentaire, si les paiements ne sont pas repris, pour engager la procédure ou les voies d'exécution du droit privé sur l'ensemble des biens du débiteur et, le cas échéant, pour se procurer le titre exécutoire nécessaire[1]. Cette subrogation est exclusive des pouvoirs concurrents du créancier d'aliments jusqu'à ce que le débiteur se soit libéré à la hauteur de la subrogation : le créancier ne retrouve son droit d'agir lui-même que lorsque l'organisme public a achevé le recouvrement dont il a pris la charge[2]. Un **pouvoir spécial** du créancier est néanmoins nécessaire pour que la caisse engage l'une des voies d'exécution légales : la **saisie immobilière** (CSS, art. L. 581-4, al. 3). Par application encore du caractère subrogatoire, l'action de la caisse conserve le caractère alimentaire de l'action du créancier d'aliments[3].

La subrogation de plein droit bénéficie également aux CAF pour les avances sur PAL, consenties sur leur fonds d'action sanitaire et sociale, aux créanciers auxquels la loi du 11 juillet 1975 est applicable. Cette subrogation s'opère, tant à l'égard du créancier que du Trésor (CSS, art. L. 581-9).

§ 2
Procédure d'admission

0953.111 Forme de la demande d'allocation. L'allocation de soutien familial fait l'objet d'une demande dont le modèle est fixé par arrêté du ministre chargé de la sécurité sociale, accompagnée des justifications nécessaires à l'établissement du droit à la prestation et adressée à l'organisme débiteur. Le créancier doit également fournir les éléments prouvant son droit à la créance alimentaire (CSS, art. R. 523-2).

Le créancier doit aussi fournir les renseignements en sa possession de nature à faciliter le recouvrement de la créance, notamment l'identité, le numéro d'immatriculation à la sécurité sociale, l'adresse ou la dernière adresse connue, la profession du débiteur, les nom et adresse de l'employeur, la nature, la situation et l'importance du patrimoine ainsi que les sources de revenus du débiteur (CSS, art. L. 581-4, al. 1 et R. 581-1).

1. Civ. 2e, 9 déc. 2003, nº 02-30.647, P II, nº 375.
2. Civ. 2e, 9 juill. 2015, nº 14-15.472, NP.
3. Soc. 19 mai 1994, nº 90-21.416, P V, nº 178.

0953.112 Notification de la décision d'admission. L'organisme débiteur de prestations familiales notifie au débiteur, par lettre recommandée avec demande d'avis de réception, qu'il a admis la demande d'aide au recouvrement faite par le créancier. Il lui rappelle ses obligations envers le créancier et lui fait connaître qu'à défaut d'exécution volontaire, le recouvrement de la créance sera poursuivi au moyen de toute procédure appropriée. Il précise à cet égard que les termes à échoir et les arriérés pour lesquels il n'y a pas subrogation peuvent, avec l'accord de cet organisme, être acquittés directement entre les mains du créancier et qu'à défaut de paiement amiable, le débiteur sera tenu de s'acquitter auprès de l'organisme des arriérés de pension ainsi que des termes à échoir pendant une période de douze mois consécutifs à compter du premier versement effectué (CSS, art. R. 581-4).

§ 3
Frais

0953.121 Majorations pour frais de gestion et de recouvrement. Exception faite des créances recouvrées en application de l'article 7 de la loi du 11 juillet 1975, c'est-à-dire de la mise en œuvre par un comptable public des procédures applicables en matière de contributions directes (v. ss nº 0953.51), le montant des sommes versées à l'organisme débiteur de prestations familiales est majoré à son profit de 7,5 % ainsi que du montant des frais effectivement payés aux officiers ministériels et aux auxiliaires de justice ; lorsque l'organisme débiteur de prestations familiales ne recourt pas aux services d'un officier ministériel ou d'un auxiliaire de justice, une majoration supplémentaire de 2,5 % est appliquée (CSS, art. R. 581-6). Ces majorations sont recouvrées par les voies et moyens applicables au recouvrement de la créance principale. En cas de difficulté, le recouvrement forcé est soumis à la procédure du certificat de vérification et de l'ordonnance de taxe prévue par les articles 704 à 718 C. pr. civ. Le tribunal compétent est celui dans le ressort duquel l'organisme débiteur de prestations familiales a son siège (CSS, art. R. 581-7).

§ 4
Mise en œuvre du recouvrement

0953.131 État de recouvrement et voies d'exécution. Si le débiteur n'exécute pas volontairement ses obligations, lesquelles lui sont rappelées par la notification de la décision d'admission à l'aide au recouvrement, celui-ci est poursuivi au moyen de toute procédure appropriée.

La caisse dispose de l'ensemble des voies d'exécution ouvertes au porteur d'un titre exécutoire (il en est jugé ainsi à propos d'une saisie des rémunérations[1]). Toutefois, pour l'engagement d'une saisie immobilière, l'organisme doit obtenir du créancier un pouvoir spécial. En cas de refus de celui-ci, le versement de l'ASF peut être suspendu (CSS, art. L. 581-4, al. 3). Si la caisse recourt au paiement direct, elle est dispensée de faire appel à un commissaire de justice (C. pr. exéc., art. L. 213-5, al. 3). Elle dispose des mêmes renseignements que l'officier ministériel précité qu'elle peut obtenir auprès des personnes publiques et des établissements bancaires en vertu des articles L. 152-1 et L. 152-2 C. pr. exéc. (CSS, art. L. 581-8).

Si la caisse recourt au recouvrement public de PAL, elle est dispensée du contrôle du procureur de la République mais soumise à celui du préfet. Il faut préciser à cet égard que la mise en œuvre de cette procédure par un organisme débiteur des prestations familiales fait l'objet, dans le Code de la sécurité sociale et le décret du 30 septembre 1986, de dispositions spécifiques mais très inspirées de celles de la loi du 11 juillet 1975 et du décret du 31 décembre 1975, auxquelles elles font des renvois ou qu'elles reprennent avec des adaptations. Il convient donc de se reporter, pour l'essentiel de la procédure, aux n°s 0953.11 s., seules étant évoquées ci-après, les formalités particulières à la mise en œuvre du recouvrement public sur intervention d'un organisme social. Ainsi, la demande d'admission prend la forme d'un état des sommes à recouvrer établi et certifié par le directeur de l'organisme qui mentionne, notamment, les périodes de versement de l'ASF servie au créancier à titre d'avances sur ses aliments. Cet état est adressé au représentant de l'État dans le département qui le rend exécutoire dans un délai de cinq jours ouvrables et le transmet au directeur départemental des finances publiques en vue de sa prise en charge par un comptable de son administration. Dès la saisine du préfet, l'organisme ne peut, jusqu'à ce qu'il soit informé de la cessation de la procédure de recouvrement contre le débiteur, exercer aucune action tendant à récupérer les avances et autres sommes objets de sa demande. C'est le comptable public qui procède à leur recouvrement pour son compte (CSS, art. L. 581-10 ; Décr. 31 déc. 1986).

0953.132 **Recouvrement des avances sur pensions alimentaires.** En vertu de la subrogation et du mandat de recouvrement, la CAF ou la caisse de MSA récupère sur le débiteur le montant de ses avances, notamment au titre de l'ASF, ainsi que les aliments dûs au créancier qu'elle représente. Chaque mois, la caisse doit reverser au parent créancier les sommes recouvrées pour son compte. Elle verse ainsi l'arriéré de pension récupéré et le terme courant. Sur la somme récupérée, la caisse conserve les montants de l'aide au soutien familial versée antérieurement à titre d'avance sur PAL ainsi que les majorations pour frais de gestion et de recouvrement si celles-ci sont applicables. Cette priorité s'exerce dans la limite de l'ASF ou de la créance alimentaire si celle-ci lui est inférieure. Dans ce dernier cas, le créancier conserve le surplus de l'allocation. Pour ses autres avances, la caisse est subrogée de plein droit dans les droits du créancier à concurrence de leur montant, tant à l'égard du débiteur, qu'à celui du Trésor si le recouvrement a été confié à un comptable public (CSS, art. L. 581-9). Si le parent débiteur ne peut s'acquitter de l'intégralité des sommes dues auprès de la caisse, celle-ci doit ventiler les sommes récupérées selon un ordre de priorité qui varie selon que la caisse a eu recours à un paiement direct, à une saisie-exécution ou à toute autre procédure. Dans tous les cas, le dernier terme échu de la PAL et des créances des articles 214, 276 et 342 C. civ. est imputé par priorité sur les sommes recouvrées et est reversé au créancier (CSS, art. R. 581-9).

§ 5
Cessation

0953.141 **Renonciation ou mainlevée.** Le titulaire de la créance alimentaire peut, à tout moment, renoncer à percevoir l'ASF. Dans ce cas, l'organisme débiteur des prestations familiales demeure subrogé aux droits du créancier jusqu'au recouvrement complet des sommes versées à titre d'avances dans les conditions fixées par l'article L. 581-2 du CSS (CSS, art. L. 581-4, al. 3). Le recouvrement par l'organisme cesse lorsque l'arriéré des sommes dues, tant au titre des avances qu'à celui des aliments impayés, est totalement réglé. L'organisme débiteur de prestations familiales notifie au débiteur l'apurement définitif des arriérés de la dette et la fin de l'obligation de se libérer auprès de lui. Il rend compte au créancier des actes effectués pour son compte. Il l'informe, le cas échéant, de l'abandon des poursuites lorsqu'elles s'avèrent vaines ou manifestement contraires aux intérêts du créancier (CSS, art. R. 581-5).

SECTION 3
MANDAT DE RECOUVREMENT DES CAISSES D'ALLOCATIONS FAMILIALES

0953.151 **Cas : faculté ou obligation.** La caisse d'allocations familiales ou l'organisme débiteur de

1. Civ. 2e, 9 déc. 2003, n° 02-30.647, P (préc., v. s^s^ n° 0953.103) ; *Rev. huiss.* 2004. 167, note E. Putman – Civ. 2e, 2 nov. 2004, n° 03-12.218, NP.

prestations familiales peut intervenir dans le recouvrement de créances alimentaires en vertu d'un mandat du créancier d'aliments.

Elle en a **l'obligation** pour la fraction de pension qui excéderait le montant de l'allocation. En effet, pour le surplus de la créance dont le non-paiement a donné lieu au versement de l'allocation de soutien familial, et pour les autres termes à échoir, la demande d'attribution de cette allocation emporte mandat du créancier au profit de l'organisme débiteur des prestations familiales (CSS, art. L. 581-3, al. 1 et 2). Ce mandat, qui ne doit pas être confondu avec la subrogation (v. s[s] n° 0953.103), autorise la caisse d'allocations familiales à recouvrer l'intégralité de la PAL, au nom et pour le compte du créancier, et non pas seulement les montants d'allocation déjà versés à ce dernier[1]. Cette aide publique évite que si la créance d'aliments est supérieure à cette allocation, le créancier d'aliments doive recouvrer par lui-même l'excédent.

Outre le mandat qui résulte de plein droit de sa demande d'attribution de l'ASF, le créancier impayé a la possibilité de confier expressément à la CAF une mission de recouvrement. Le mandatement est **facultatif** pour les créances n'ouvrant pas droit à l'allocation de soutien familial, c'est-à-dire la créance du conjoint, de l'ex-conjoint, et des autres enfants du débiteur ainsi que les créances des articles 214, 276 et 342 C. civ. Leur recouvrement peut être poursuivi par lesdits organismes, avec l'accord du créancier, lorsqu'elles sont afférentes aux mêmes périodes (CSS, art. L. 581-3, al. 3).

L'enfant majeur créancier d'une PAL peut également donner mandat à l'organisme débiteur de prestations familiales de recouvrer cette créance pour son compte (CSS, art. R. 581-3).

Il en est encore ainsi de la créance alimentaire fixée par décision de justice devenue exécutoire ou l'un des actes ou accords énoncés au IV de l'article L. 523-1 du CSS, en faveur des enfants jusqu'à l'âge limite de 20 ans (CSS, art. L. 512-3, 2°, et R. 512-2), si les conditions d'attribution de l'allocation de soutien familial ne sont pas remplies (CSS, art. L. 581-6, mod. par L. 23 déc. 2016, et R. 581-2).

0953.152 Mise en œuvre du mandatement. En principe, les termes à échoir et les arriérés pour lesquels il n'y a pas subrogation sont versés à l'organisme débiteur des prestations familiales, soit en vertu du mandat résultant de plein droit de la demande d'attribution de l'ASF, soit en exécution d'un mandat exprès du créancier d'aliments.

Toutefois, lorsque le débiteur reprend le service de sa dette, celle-ci peut être acquittée, avec l'accord de l'organisme, directement entre les mains du créancier. Si cet accord n'est pas obtenu ou si ce paiement amiable n'est pas respecté, le débiteur est tenu de se libérer auprès de l'organisme, des arriérés de la pension et des termes à échoir pendant une période de douze mois consécutifs à compter du premier versement ainsi effectué. Cependant, cette faculté de régler directement les aliments au créancier est exclue lorsqu'une mesure d'intermédiation financière est mise en œuvre (CSS, art. L. 582-4, al. 4, et R. 582-4, al. 2). En contrepartie de son intervention, l'organisme perçoit des frais de gestion qui ne peuvent être mis à la charge du créancier (v. s[s] n° 0953.121). Précisons que pour les créances alimentaires visées à l'article L. 581-6 du CSS, c'est-à-dire celles fixées en faveur d'enfants jusqu'à l'âge limite de 20 ans et dont le titulaire ne remplit pas les conditions d'attribution de l'ASF, l'aide au recouvrement résultant du mandat est exercée dans les conditions et pour les créances mentionnées aux articles L. 581-2 s. du CSS. Il s'ensuit que la CAF ou la caisse de MSA peut aussi récupérer le montant de l'ASF, qu'elle a versée, au titulaire précité, à titre d'avance sur les aliments fixés au profit de ceux de ses enfants qui étaient éligibles à cette allocation. Le recouvrement se fait toutefois, pour les termes échus, dans la limite de deux années à compter de la demande d'aide.

L'aide au recouvrement ne saurait, rappelons-le, gêner l'action récursoire et subrogatoire examinée précédemment : sur ce qu'elle recouvre, la caisse est prioritaire, cela a été vu et peut prélever ses avances (v. s[s] n° 0953.103).

0953.153 Recouvrement forcé par l'organisme mandaté. À défaut d'exécution volontaire de ses obligations par le débiteur, les arrérages et les termes à échoir sont recouvrés au moyen de toute procédure appropriée. L'organisme chargé de recouvrer les aliments, soit de plein droit par l'effet de la demande d'attribution de l'ASF, soit en vertu d'un mandat exprès du parent créancier, est autorisé à engager les voies d'exécution du droit commun, notamment la procédure de paiement direct qu'il peut notifier lui-même au tiers détenteur, sans avoir besoin de recourir au commissaire de justice. Dans ce cas, sa demande de paiement peut porter sur l'arriéré des vingt-quatre derniers mois ayant précédé sa notification (C. pr. exéc., art. L. 213-4, al. 4, et L. 213-5, al. 3 – V. s[s] n° 0951.23).

Lorsque les mesures pratiquées ont nécessité le concours d'un officier ministériel ou d'un auxiliaire de justice, les frais qui leur ont été effectivement payés sont recouvrés au profit de l'organisme selon

1. EN CE SENS : Civ. 2e, 1er juill. 2003, n° 01-16.145, P II, n° 221 ; *D.* 2004. AJ 1945 ; *RDSS* 2003. 670, obs. F. Monéger ; *Defrénois* 2003. 1482, obs. J. Massip – Il n'est même pas nécessaire que la caisse indique dans ses actes de procédure qu'elle agit « *ès qualités* » : Civ. 2e, 12 mars 2009, n° 07-20.682, NP.

les mêmes modalités que la créance principale. En l'absence d'un tel concours l'organisme ne perçoit qu'une majoration de 2,5 % des sommes recouvrées (v. s^s n° 0953.121).

Lorsque les voies d'exécution du droit privé se sont avérées infructueuses, le directeur de l'organisme peut présenter une demande d'admission à la procédure de recouvrement public dont la mise en œuvre est confiée à un comptable de la direction des finances publiques. Dans cette hypothèse, l'engagement de la procédure est soumis à des modalités particulières exposées précédemment (v. s^s n° 0953.131). Précisons seulement que pour les créances visées à l'article L. 581-6 précité, l'état des sommes à recouvrer, établi et certifié par le directeur de l'organisme, doit mentionner le montant des termes à échoir et de ceux impayés dans la limite de deux années à compter de la demande d'aide au recouvrement[1].

0953.154 Cessation du mandat de recouvrement. Lorsque le débiteur s'est intégralement libéré, l'organisme débiteur des prestations familiales lui notifie l'apurement définitif des arriérés de la dette et la fin de l'obligation de s'en acquitter auprès de lui. L'organisme informe le créancier des actes effectués pour son compte.

Les poursuites engagées dans le cadre du mandat de recouvrement peuvent être abandonnées si elles s'avèrent vaines, notamment en cas de décès ou d'insolvabilité du débiteur. L'organisme en informe alors le créancier d'aliments. En outre, l'aide au recouvrement cessera si elle nuit au créancier d'aliments (CSS, art. R. 581-5, al. 2).

SECT. 4 INTERMÉDIATION FINANCIÈRE DES ORGANISMES D'ALLOCATIONS FAMILIALES

0953.161 Intérêt pratique et origine de l'intermédiation. L'intermédiation financière consiste à interposer entre le parent débiteur et le parent créancier d'une PAL, un organisme tiers chargé de collecter les aliments dus par le premier pour les verser au second. Cette entremise a pour objectif d'éviter au créancier alimentaire d'entreprendre des démarches, souvent complexes, en vue de recouvrer une pension dont le débiteur risque de s'opposer au paiement, soit par son inertie, soit par l'expression d'un refus catégorique. C'est notamment le moyen d'éviter, en cas de conflit, latent ou avéré, que les parties ne se retrouvent directement en relation pour gérer les difficultés générées par les modalités et la régularité du versement de la PAL ou par son indexation ou sa révision.

À l'origine, en vertu des articles 373-2-2, II, C. civ. et L. 582-1 du CSS modifiés par la loi du 24 décembre 2019[2], le versement de la contribution à l'entretien de l'enfant par l'intermédiaire d'un organisme débiteur des prestations familiales pouvait être prévu, dès la fixation de cette contribution, par le titre exécutoire qui en détermine le montant et le mode de révision. Plus précisément, ce processus était mis en place, soit sur décision du juge prise d'office en cas de violence conjugale ou à la demande d'un des parents, soit sur accord des deux parents mentionné dans un des titres conventionnels énoncés au I de l'article 373-2-2 précité.

La loi du 23 décembre 2021[3] a de nouveau modifié les articles 373-2-2 C. civ. et L. 382-1 du CSS, afin de rendre automatique l'intermédiation financière des organismes débiteurs des prestations familiales. Cette procédure est mise en place dès lors qu'une pension alimentaire est fixée par l'un des titres mentionnés aux 1° à 6° du I de l'article 373-2-2 précité. La mission d'intermédiation incombe à l'organisme du lieu de résidence du parent créancier, à moins qu'elle ne soit confiée à un autre organisme conformément à l'article L. 122-6 du CSS.

Toutefois, l'intermédiation est écartée en cas de refus des deux parents ou en vertu d'une décision motivée du juge. Lorsque ce dispositif a été écarté par le titre exécutoire, il peut être mis en œuvre à la demande d'au moins un des parents.

La procédure d'intermédiation financière est régie par le Code civil (C. civ., art. 373-2-2), le Code de procédure civile (C. pr. civ., art. 1074-2 s.) et le Code de la sécurité sociale (CSS, art. L. 582-1 et R. 582-4-1 s.).

§ 1 Conditions d'éligibilité à l'intermédiation

0953.171 Condition de la créance et du titre ouvrant la procédure d'intermédiation. Selon les dispositions combinées des articles 373-2-2, II, C. civ. et L. 582-1 du CSS, l'intermédiation financière de l'organisme débiteur des prestations familiales ne peut concerner que la PAL fixée, au moins en partie, en numéraire, pour un ou plusieurs enfants.

La pension à recouvrer doit être fixée par l'un des titres exécutoires énoncés au I de l'article 373-2-2 précité, à savoir :

– une décision de justice devenue exécutoire ;

1. Décr. n° 86-1073, 30 sept. 1986, art. 1er, al. 3.

2. L. n° 2019-1446, 24 déc. 2019, de financement de la sécurité sociale pour 2020, art. 72, I, 1°, et V, 4°, *JO* 27 déc., texte 1.
3. L. n° 2021-1754, 23 déc. 2021, art. 100, I et V.

– une convention homologuée par le juge ;

– un acte sous signature privée de divorce ou de séparation de corps par consentement mutuel établi conformément à l'article 229-1 C. civ ;

– un acte reçu en la forme authentique par un notaire ;

– un accord parental auquel l'organisme débiteur a donné force exécutoire en application de l'article L. 582-2 du CSS ;

– une transaction ou un acte constatant un accord issu d'une médiation, d'une conciliation ou d'une procédure participative, lorsqu'ils sont contresignés par les avocats de chacune des parties et revêtus de la formule exécutoire par le greffe de la juridiction compétente en application du 7° de l'article L. 111-3 C. pr. exéc.

0953.172 Condition d'absence d'exclusion de l'intermédiation. L'intermédiation financière n'est pas mise en place en présence d'un refus des deux parents mentionné dans le titre fixant la pension. Si ce titre est une décision de justice, ce refus peut être exprimé à tout moment de la procédure. Toutefois, l'intermédiation ne peut être écartée lorsque l'une des parties fait état, à l'occasion de la procédure conduisant à l'émission du titre prévoyant la contribution alimentaire, d'une plainte ou d'une condamnation à l'encontre du parent débiteur pour menaces ou violences à l'égard de l'autre parent ou des enfants. La production, dans les mêmes conditions, d'une décision de justice concernant le parent débiteur, tel qu'un jugement de divorce ou une ordonnance de mise sous protection, qui mention les faits précités dans ses motifs ou son dispositif, fait également obstacle à un accord parental excluant l'intermédiation dans le titre fixant la pension (C. civ., art. 373-2-2, II, dern. al.).

L'intermédiation financière peut en outre être écartée, à titre exceptionnel, par une décision judiciaire spécialement motivée, lorsque le juge estime, le cas échéant d'office, que la situation de l'un des parents ou les modalités d'exécution de la PAL, sont incompatibles avec la mise en œuvre de ce dispositif (C. civ., art. 373-2-2, II, al. 1er, 2°). Lorsque ce dispositif a été écarté dans le titre conventionnel, l'un des parents peut toujours demander sa mise en œuvre à l'organisme débiteur des prestations familiales. Lorsque l'intermédiation a été écartée par une décision judiciaire, son rétablissement doit être demandé devant le juge qui apprécie l'existence d'un élément nouveau (C. civ., art. 373-2-2, III). Dans tous les cas, la mise en œuvre de l'intermédiation emporte mandat de recouvrement des aliments au profit de l'organisme social (CSS, art. L. 582-1, IV, al. 1er).

0953.173 Condition relative à la situation des parents et au régime de la pension. La mise en œuvre de l'intermédiation suppose que le parent créancier remplisse les conditions de stabilité de résidence et de régularité du séjour prévue à l'article L. 512-1 du CSS. Le parent débiteur doit également remplir cette condition de stabilité de résidence et ne pas être hors d'état de verser la contribution mise à sa charge, sauf si cette impossibilité repose sur la circonstance qu'il a fait l'objet d'une plainte ou d'une condamnation pour menaces ou violences volontaires sur le parent créancier ou sur l'enfant, ou que de tels faits sont mentionnés dans les motifs ou le dispositif d'une décision de justice non pénale, comme un jugement de divorce ou une ordonnance de placement sous protection (CSS, art. L. 582-1, I, a, b et c).

La mise en œuvre de l'intermédiation suppose également que le titre prévoyant les aliments précise les modalités de paiement et de révision de la PAL, lesquelles peuvent être imposées, pour certains titres, par voie réglementaire. À cet égard, hormis le cas où elles sont stipulées dans une décision de justice ou une convention homologuées, la date du paiement et les modalités de revalorisation annuelle de la pension retenues par les autres titres exécutoires doivent respecter des conditions fixées par décret en Conseil d'État. Ce décret détermine les dates d'encaissement, de reversement et de révision de la contribution alimentaire (C. civ., art. 373-2-2, IV – CSS, art. L. 582-1, I, dern. al. – V. ss nos 0953.201 et 0953.202).

§ 2
Formalités préalables à l'intermédiation

0953.181 Notification du titre fixant la pension alimentaire. Lorsque le titre prévoyant la contribution alimentaire en numéraire est une décision de justice ou une convention homologuée par le juge, le greffe de la juridiction notifie celui-ci aux parties par LRAR, sous réserve que l'intermédiation n'ait pas été refusée ou écartée. Le greffe accomplit la même formalité lorsque le juge rend une décision rétablissant l'intermédiation qu'il avait initialement exclue (C. pr. civ., art. 1074-3, al. 1er).

En cas de retour de la lettre de notification sans que l'avis de réception ait pu être signé dans les conditions de l'article 670 C. pr. civ., le greffe invite les parties à procéder par voie de signification (C. pr. civ., art. 1074-3, al. 2). Le greffe avise également l'organisme social qu'il doit procéder à la même formalité dont le coût est à la charge du parent débiteur et récouvré selon les mêmes modalités que la PAL (C. pr. civ., art. 1074-4, I, al. 4 et 5 – CSS, art. R. 582-9).

0953.182 Transmission du titre à l'organisme chargé de l'intermédiation. Dès lors que l'intermédiation financière n'a pas été écartée par le juge ou a été refusée par les deux parents, le greffe, le notaire ou l'avocat du parent créancier sont tenus de transmettre à l'organisme débiteur des prestations familiales, en vue de l'instruction et de la mise en œuvre de cette procédure, un extrait ou une copie, selon le cas, de la décision, de l'acte ou de la convention ayant fixé en numéraire, au moins partiellement, la contribution alimentaire due pour l'enfant ou les enfants.

Lorsque ce titre est une **décision de justice ou une convention homologuée** par le juge, le greffe transmet à l'organisme chargé de l'intermédiation, dans les six semaines de sa notification aux parties, un extrait exécutoire de la décision ou une copie exécutoire de la convention, accompagnée d'un avis de procéder par voie de signification si cette notification n'a pas pu être réceptionnée dans les conditions de l'article 670 C. pr. civ. (C. pr. civ., art. 1074-4, I). Les mêmes formalités doivent être accomplies par le greffe, dans le même délai de six semaines, lorsqu'une décision met en place l'intermédiation financière du versement de la pension, après que celle-ci a été initialement écartée.

Si ce titre est une **convention de divorce ou séparation de corps par consentement mutuel**, c'est l'avocat qui a assisté le créancier qui en transmet à l'organisme un exemplaire ainsi qu'une attestation de dépôt délivrée par le notaire au rang des minutes duquel il a été déposé. Il est établi, à cette fin, un original supplémentaire de la convention, en sus de ceux destinés aux époux, au notaire et, le cas échéant, à l'enregistrement. L'avocat informe les parties de cette transmission (C. pr. civ., art. 1145-1, dern. al. – CSS, art. R. 582-4-1, I, al. 1er et 2).

C'est également l'avocat du créancier qui transmet le titre fixant la PAL, lorsque celui-ci est une **transaction** ou un acte résultant d'une **médiation**, d'une **conciliation** ou d'une **procédure participative** mentionné au 6° du I de l'article 373-2-2 C. civ. (CSS, art. R. 582-4-1, I, al. 1er).

S'agissant d'un **acte reçu en la forme authentique**, c'est le notaire qui le transmet à l'organisme en charge de l'instruction et de la mise en œuvre de l'intermédiation.

§ 3
Instruction de l'intermédiation et information de l'organisme d'allocations familiales

0953.191 **Instruction du dossier de l'intermédiation.** Lorsque l'intermédiation financière n'a pas été écartée par le juge ou refusée par les parties dans le titre exécutoire judiciaire ou conventionnel fixant la PAL, l'organisme informe les parents qu'il procède à l'instruction du dossier par une notification adressée par tous moyens donnant date certaine à sa réception. Cette instruction consiste à recueillir les informations lui permettant de vérifier que les conditions d'ouverture et de mise en œuvre de l'intermédiation sont réunies. À cette fin, la notification précise les formalités à accomplir, le délai de transmission des renseignements requis et la pénalité encourue par le parent débiteur qui se soustrait à cette obligation. La notification invite également les parents à indiquer s'ils ont, le cas échéant, signifié la convention homologuée ou la décision fixant la PAL ou rétablissant l'intermédiation. Si un arriéré s'est constitué avant l'engagement effectif de la procédure, l'organisme avise le parent créancier qu'il peut demander son recouvrement dans le cadre de l'intermédiation (CSS, art. R. 582-5, al. 1er).

Lorsque l'intermédiation n'a pas été mise en place ou lorsqu'il y a été mis fin, l'un des parents peut demander sa mise en œuvre de manière dématérialisée au moyen d'un formulaire homologué accompagné des pièces justificatives. Dans ce cas, la notification susmentionnée n'est faite qu'au parent qui n'a pas présenté la demande (CSS, art. R. 582-5, al. 2).

Dans l'attente de la mise en œuvre de l'intermédiation, le parent débiteur verse directement la PAL au parent créancier (CSS, art. R. 582-5). Le paiement à l'organisme sera effectué à la date indiquée dans la notification clôturant l'instruction du dossier (v. s^s^ n°s 0953.192 et 0953.201).

0953.192 **Mise en œuvre de l'intermédiation.** Selon l'article R. 582-5 du CSS, une fois l'instruction réalisée, l'organisme notifie à chaque parent par tous moyens donnant date certaine à sa réception :

1° Le montant de la pension alimentaire par enfant fixée par la décision, l'acte ou la convention mentionnés aux 1° à 6° du I de l'article 373-2-2 C. civ. ;

2° La date de versement de la pension alimentaire à l'organisme ainsi que les modalités de paiement retenues par le parent débiteur ;

3° Le délai de reversement de la pension alimentaire par l'organisme au parent créancier ;

4° Les modalités de revalorisation de cette pension alimentaire ;

5° La date à partir de laquelle le parent débiteur est tenu de procéder au versement de la pension alimentaire directement auprès de cet organisme ;

6° Le cas échéant, la date de fin de l'intermédiation financière fixée dans le titre qui la prévoit ou résultant de la date de fin d'exigibilité de la pension alimentaire fixée dans le titre ;

7° Les obligations auxquelles les parents sont tenus en matière d'information de l'organisme en cas de changement de situation ayant un impact sur la pension alimentaire et les peines encourues prévues par les dispositions de l'article 227-4 C. pén. ;

8° Les conséquences d'un non-paiement de la pension alimentaire par le parent débiteur, notamment la possibilité pour l'organisme de mettre en œuvre une procédure de recouvrement forcé en application des dispositions de l'article R. 582-8 du CSS et les peines encourues prévues par les dispositions de l'article 227-3 C. pén. ;

9° Les conditions dans lesquelles il peut être mis fin à l'intermédiation du versement de la pension.

Dès qu'il a été informé de la mise en œuvre de la procédure, le parent débiteur doit se libérer entre les mains de l'organisme en charge de l'intermédiation, selon les modalités pour lesquelles il a opté. Tant que dure la procédure, il est déchargé de son obligation de paiement à l'égard du parent créancier, car l'intermédiation financière emporte mandat de celui-ci au profit de l'organisme social de procéder pour son compte au recouvrement de la créance alimentaire, lequel comprend le terme courant et, le cas échéant, les arriérés de la pension (CSS, art. L. 582-1, III à V – V. s[s] n° 0953.201).

0953.193 Obligation de renseignement incombant aux parents. Chacun des parents est tenu de fournir à l'organisme débiteur des prestations familiales, les renseignements nécessaires à l'instruction et à la mise en œuvre de l'intermédiation ainsi que les informations relatives aux changements importants de situation. L'organisme peut notamment, lorsque le juge rétablit l'intermédiation financière initialement écartée, solliciter les parents pour obtenir la copie exécutoire de la dernière décision judiciaire ayant fixé la PAL, si cela est nécessaire à l'instruction du dossier (CSS, art. R. 582-5, al. 3).

Le parent débiteur qui a refusé de coopérer ou a gardé le silence à l'expiration d'un délai fixé par décret, encourt une pénalité prononcée par le directeur de l'organisme social. Le montant et la procédure de contestation de cette pénalité sont également fixés par décret. Ce refus ou cette inertie déclenche en outre, à l'expiration du délai imparti pour déférer à la demande de l'organisme, la procédure de recouvrement prévue aux articles L. 581-2 à L. 581-10 du CSS (CSS, art. L. 581-1, II).

Par ailleurs, le fait pour le parent débiteur de s'abstenir de transmettre à l'organisme son changement de domicile ainsi que les informations nécessaires à l'instruction et la mise en œuvre de la procédure d'intermédiation ou des modifications de situation ayant des conséquences sur cette mise en œuvre, est passible de six mois d'emprisonnement et de 7 500 euros d'amende (C. pén., art. 227-4).

0953.194 Obligation de renseignement incombant aux tiers. Pour l'exercice de sa mission d'intermédiation, l'organisme débiteur des prestations familiales peut, non seulement se renseigner auprès des deux parents, mais encore se prévaloir des articles L. 152-1 et L. 152-2 C. pr. exéc., ainsi que de l'article L. 152 A, 2° du LPF (CSS, art. L. 582-1, IX). Il peut donc interroger les administrations de l'État (notamment les impôts) et des collectivités locales, les entreprises publiques et les établissements teneurs de comptes de dépôt pour obtenir, sans que le secret professionnel puisse lui être opposé, l'adresse du débiteur, de son employeur ou de tout tiers redevable de sommes à son égard, ainsi que l'identification et la localisation de ses comptes bancaires. Des informations nominatives peuvent lui être communiquées par l'administration fiscale, notamment en utilisant le numéro d'inscription au répertoire national d'identification des personnes physiques (LPF, art. 152, 8° et al. 9). Les impôts peuvent également lui transmettre les informations qu'ils détiennent, en application de l'article 164A du CGI, concernant d'éventuels comptes ouverts à l'étranger par les deux parents, pour lui permettre de procéder au prélèvement et versement de la PAL.

Afin de protéger la vie privée des membres de la famille, un décret en Conseil d'État précise les informations strictement nécessaires à l'intermédiation, que les greffes, avocats et notaires peuvent transmettre aux organismes sociaux en sus des extraits ou copies des décisions, actes et conventions fixant les créances alimentaires (C. civ., art. 373-2-2, IV, dern. al. – V. s[s] n° 0953.195).

0953.195 Information strictement nécessaire à l'intermédiation. Le décret du 30 septembre 2020 et celui du 25 février 2022 ont introduit dans le Code de procédure civile et dans celui du Code de la sécurité sociale des dispositions relatives aux renseignements strictement nécessaires à l'instruction et à la mise en œuvre de l'intermédiation financière. La transmission de ces renseignements à l'organisme de prestations familiales, est effectuée par la voie dématérialisée au travers d'un téléservice mis en place par la Caisse nationale d'allocations familiales et la Caisse centrale de la MSA. Elle incombe, selon la nature du titre exécutoire :

– au **greffe de la juridiction** dans les sept jours du prononcé de la décision qui a prévu la pension alimentaire ou homologué la convention ayant fixé la PAL (C. pr. civ., art. 1074-4, II) ;

– à **l'avocat du créancier** dans les sept jours de la réception du certificat de dépôt chez le notaire de la convention de divorce ou de séparation de corps ayant fixé la pension alimentaire (CSS, art. R. 582-4-1, al. 3, 7 et 8) ;

– au **notaire** dans les sept jours de la réception de l'acte en la forme authentique fixant la pension alimentaire (CSS, art. R. 582-4-1, al. 3, 7 et 9)[1] ;

1. Anc[t] Décr. n° 2020-1201, 30 sept. 2020, art. 4.

– à **l'avocat du parent créancier**, dans les sept jours de la remise par le greffe compétent, de l'acte ou de la transaction issus d'une médiation, conciliation ou procédure participative revêtus de la formule exécutoire (CSS, art. R. 582-4-1, al. 3, 7 et 10).

La liste de ces informations qui est contenue dans les articles précités (C. pr. civ., art. 1074-4 – CSS, art. R. 582-4-1, al. 3 s. [1]) énonce notamment l'état civil complet des parents et des enfants concernés, les adresses postales et courriels, les numéros de téléphone des intéressés, le nom de la juridiction ayant rendu la décision conduisant à l'intermédiation, la nature et les références des titres exécutoires, le montant, la date d'exigibilité et les modalités de revalorisation de la pension pour chaque enfant, l'identité et les coordonnées de l'avocat ou du notaire, les références des comptes bancaires des parties (avec leur accord et la remise d'un relevé d'identité bancaire ou postale de moins de trois mois).

Le cas échéant, l'organisme a également communication de l'information, non détaillée, selon laquelle l'une des parties a produit, dans le cadre de l'émission du titre conduisant à l'intermédiation, soit une plainte déposée ou une condamnation prononcée contre le parent débiteur pour menaces ou violences sur le créancier ou les enfants, soit une décision de justice concernant ce même parent débiteur et mentionnant ces mêmes faits dans ses motifs ou son dispositif.

Toutes ces informations sont communiquées à l'organisme, non seulement lorsque l'intermédiation est mise en œuvre lors de la fixation de la pension par le titre judiciaire ou conventionnel, mais encore lorsqu'elle est rétablie après avoir été refusée ou écartée, ou après qu'il y a été mis fin.

§ 4
Déroulement de l'intermédiation

0953.201 Modalités du paiement au cours de l'intermédiation. L'intermédiation financière a l'avantage d'éviter au créancier d'aliment l'engagement de démarches, souvent laborieuses en situation conflictuelle, pour recouvrer le montant de la pension. Dès la notification de la mise en œuvre effective de l'intermédiation financière, le parent débiteur de la PAL est déchargé de l'obligation de se libérer entre les mains du parent créancier. La pension est versée à ce dernier par l'intermédiaire de l'organisme débiteur des prestations familiales chargé de l'intermédiation et ce après avoir été encaissée auprès du débiteur, lequel peut opter pour un prélèvement bancaire. La première mise en paiement effectué par l'organisme au bénéfice du parent créancier intervient, sous réserve d'encaissement auprès du débiteur, dans un délai qui ne peut dépasser le soixantième jour suivant la réception de l'ensemble des informations et pièces établissant l'éligibilité à l'intermédiation (CSS, art. R. 582-5, dern. al.).

En cours de procédure, le paiement par le parent débiteur est effectué sous la forme d'un prélèvement sur un compte bancaire, postal ou d'épargne, sauf si celui-ci n'a pas opté pour une autre modalité (CSS, art. R. 582-6). La PAL est prélevée ou versée à la date mentionnée dans la décision judiciaire ou dans la convention homologuée qui l'a fixée. Concernant les autres titres exécutoires, la PAL est prélevée ou versée, au choix du débiteur, le premier, le dixième ou quinzième jour du mois au cours duquel elle est devenue exigible. La pension est reversée au parent créancier au plus tard le lendemain de sa réception par l'organisme ou, s'il s'agit d'un jour férié ou non ouvré, le jour ouvré suivant le plus proche (CSS, art. R. 582-7, al. 2 et 3).

Lorsque le débiteur a accepté un prélèvement bancaire, certaines règles sont applicables. Dans ce cas, la banque doit avertir l'organisme social de la clôture du compte ou de l'insuffisance de provision dans des conditions fixées par décret (CSS, art. L. 582-1, III à V). Le prélèvement de la PAL par l'organisme est effectué sur un compte bancaire, postal ou d'épargne, sauf si le débiteur a choisi une autre modalité. Les frais de prélèvement supportés par l'organisme ne peuvent être imputés au débiteur (CSS, art. R. 582-6). Le délai imparti à la banque pour aviser l'organisme de la clôture du compte ou de l'insuffisance de provisions est de huit jours à partir de l'un de ces événements. À défaut, la poursuite des opérations de prélèvement n'entraîne aucun frais pour l'organisme. Indépendamment de ces événements, la banque met fin au versement dès que l'organisme le lui demande ou que le débiteur lui présente une attestation de l'organisme justifiant que l'intermédiation a cessé (CSS, art. R. 582-10).

Lorsque le parent créancier bénéficie de l'ASF, l'organisme social est subrogé dans ses droits selon les modalités propres à cette prestation (CSS, art. L. 582-1, IV, al. 2 – V. s[s] n°s 0953.101 à 0953.141).

0953.202 Revalorisation de la pension alimentaire. Lorsque la PAL est fixée par une décision de justice ou une convention judiciairement homologuée, sa revalorisation est effectuée à la date et selon les modalités prévues par cette décision ou cette convention. La revalorisation n'a pas lieu si ces titres l'ont expressément exclue (C. civ., art. 373-2-2, IV, al. 1er – CSS, art. L. 582-1, I, al. 9). Le greffe de la juridiction qui a rendu la décision ou homologué la transaction indique, à l'organisme chargé de l'intermédiation, pour chaque enfant, si ces titres excluent la revalori-

1. Décr. n° 2020-1201, 30 sept. 2020, art. 4.

sation de la PAL, s'ils sont muets sur cette revalorisation ou en prévoient les modalités d'application. Dans ce dernier cas, le greffe précise le type et la valeur de l'indice retenu, la date de la première revalorisation et, le cas échéant, les conditions d'arrondissement de la pension (C. pr. civ., art. 1074-4, 6°). En l'absence de décision judiciaire contraire ou si la convention homologuée ne contient aucune stipulation relative à la revalorisation ou n'exclut pas expressément celle-ci, la PAL est revalorisée annuellement selon des modalités prévues par un décret en Conseil d'État. La revalorisation des pensions fixées dans les autres titres exécutoires, c'est-à-dire ceux mentionnés aux 3° à 6° du I de l'article 373-2-2 C. civ., doit être effectuée en respectant les conditions adoptées par ce même décret dont les dispositions sont intégrées dans l'article R. 582-7 du CSS (C. civ. art. 373-2-2, IV, al. 1er – CSS, art. L. 582-1, I, al. 9).

Selon l'article R. 582-7 alinéa 1er du CSS, dans les cas prévus au premier alinéa du IV de l'article 373-2-2 C. civ. et au neuvième alinéa du I de l'article L. 582-1 du CSS, la pension alimentaire est revalorisée automatiquement par l'organisme débiteur des prestations familiales chaque année à la date anniversaire du titre prévoyant la pension alimentaire, en fonction de la variation de l'indice des prix à la consommation hors tabac publié par l'Institut national de la statistique et des études économiques. L'indice initial est le dernier indice publié à la date du titre et l'indice retenu pour procéder à la revalorisation est le dernier indice publié à la date de revalorisation de la pension.

0953.203 **Incidents de l'intermédiation.** En cas de défaillance du parent débiteur, l'organisme assurant l'intermédiation recouvre, dès le premier impayé, la créance alimentaire par tous les moyens appropriés (CSS, art. L. 582-1, VI), notamment par voie de paiement direct ou de recouvrement public. Ce recouvrement forcé peut être mis en œuvre à la suite d'incidents de paiement qui se sont produits, soit au cours de l'intermédiation, soit avant son engagement. Dans les deux cas, l'article R. 582-8, I et II, organise une tentative préalable de régularisation dont l'échec déclenche le processus de recouvrement forcé. Il convient de se reporter sur ce point au n° 0952.73.

Le parent débiteur défaillant supporte les frais de gestion et de recouvrement prévus aux articles R. 581-6 à R. 581-8 du CSS, à moins que ce parent opte volontairement pour une saisie de la créance alimentaire sur les prestations mentionnées au 1° du I de l'article L. 553-4 et aux articles L. 821-5 et L. 845-5 et les aides personnelles au logement mentionnées à l'article L. 821-1 du CCH.

Lorsque des aliments ont été versés à tort par l'intermédiaire de l'organisme social, le parent créancier est tenu de lui en rembourser les montants. Pour obtenir ce remboursement, l'organisme doit notifier au parent créancier, par LRAR, les sommes versées à tort et l'informer de son obligation de les lui restituer (CSS, art. L. 582-1, VI, al. 2, et R. 582-11).

0953.204 **Fin ou suspension de l'intermédiation.** Selon l'article L. 582-1, VII, du CSS, l'intermédiation financière prend fin :

– au décès de l'un des parents ou de l'enfant ;

– à la date fixée par le titre exécutoire la prévoyant ou lorsque la PAL cesse d'être exigible ;

– lorsqu'un nouveau titre exécutoire supprimant la pension ou mettant fin à la mission de l'organisme sociale est porté à la connaissance de celui-ci ;

– à la demande d'un des parents, sous réserve du consentement de l'autre, y compris lorsque l'intermédiation est prévue dans un titre exécutoire, sauf si l'un des parents a fait état, dans le cadre de la procédure ayant conduit à l'émission du titre fixant la PAL, de ce que le parent débiteur a fait l'objet d'une plainte ou d'une condamnation pour menace ou violences sur le parent créancier ou sur l'enfant ou a produit, dans les mêmes conditions, une décision de justice mentionnant de tels faits dans ses motifs ou son dispositif.

La demande tendant à mettre fin à l'intermédiation est présentée à l'organisme qui en assure la mise en œuvre (C. civ., art. 373-2-2, I, al. 5). Cet organisme vérifie que, lors de la mise en place de cette procédure, le greffe, le notaire ou l'avocat du créancier, selon la nature du titre fixant la pension, ne l'a pas avisé que l'un des parents avait produit une plainte ou une condamnation pour menaces ou violences volontaires au sein du couple ou une décision de justice mentionnant de tels faits (C. pr. civ., art. 1074-4, II, 10° – CSS, art. R. 582-4-1, al. 3). La transmission d'une telle information fait obstacle à la demande de cessation de l'intermédiation financière, même si le parent qui n'en est pas l'auteur a donné son accord.

Dans le cas où il est mis fin à l'intermédiation financière, cet organisme demeure subrogé dans les droits du titulaire de la créance jusqu'au recouvrement complet du montant des sommes versées au titre de l'allocation de soutien familial servie en tant qu'avance sur créance alimentaire impayée dans les conditions fixées à l'article L. 581-2 du CSS (CSS, art. R. 582-8, IV). L'intermédiation est seulement suspendue lorsque le parent débiteur est qualifié hors d'état de faire face au versement de la PAL, à moins que cette qualification ne repose sur la circonstance qu'il a fait l'objet d'une plainte ou d'une condamnation pour les faits de menaces ou de violences conjugales précédemment évoqués ou que ces faits sont mentionnés dans une décision civile le concernant (CSS, art. L. 582-1, IV, dern. al.).

À compter de la cessation de l'intermédiation financière, le débiteur doit verser directement la PAL au créancier.

0953.205 **Rétablissement de l'intermédiation.** Lorsqu'il a été mis fin à l'intermédiation financière à la demande de l'un des parents, avec l'accord de l'autre, celle-ci peut être rétablie à l'initiative d'au moins un seul d'entre eux. La demande est présentée à l'organisme débiteur des prestations familiales qui met en œuvre la procédure dans les conditions et selon les modalités prévues par l'article L. 582-1 du CSS, c'est-à-dire celles qui avaient été appliquées lors de la mise en place de l'intermédiation initiale (pension fixée partiellement en numéraire par l'un des titres visés au I de l'article 373-2-2 C. civ., conditions de stabilité de résidence des parents, de régularité du séjour et de la solvabilité du débiteur, transmission des pièces et informations nécessaires à l'instruction du dossier, *etc.* – V. s[s] n°s 0953.171 s.). Il est en effet nécessaire de réexaminer, au regard des critères d'éligibilité à l'intermédiation, la situation de la famille et le contenu des titres fixant la pension qui peuvent avoir évolué entre la fin de la mesure initiale et la demande tendant à son rétablissement (C. civ., art. 373-2-2, II, al. 5 et 6, et III, al. 1er). Ainsi, la demande doit être accompagnée des pièces justificatives, notamment de la copie exécutoire du titre ayant en dernier lieu fixé la pension objet de cette demande. Celle-ci, qui peut être réalisée de manière dématérialisée, est faite au moyen d'un formulaire homologué. Seul le parent qui n'est pas l'auteur de la demande de rétablissement est destinataire de la notification indiquant qu'il est procédé à l'instruction du dossier et précisant les informations à communiquer ainsi que les formalités à accomplir (CSS, art. R. 582-5, al. 2 – V. s[s] n°s 0953.193 s. et 0953.191 s.).

À partir de la mise en œuvre effective de la mesure dont la date lui a été notifiée, par l'organisme social, le parent débiteur qui avait repris le versement direct de la PAL au parent créancier, se trouve déchargé de cette obligation au profit de l'organisme précité, en vertu du mandat de recouvrement résultant de plein droit de l'engagement de l'intermédiation (CSS, art. L. 582-1, III et IV, et R. 582-5-1).

TITRE

096. Le recouvrement des amendes et des condamnations pécuniaires par les comptables de la Direction générale des finances publiques

SECTION 0
ORIENTEUR

096.00 Sommaire du titre.

Division. Le recouvrement des amendes et des condamnations pécuniaires par les comptables publics a un domaine d'application propre (chap. 961) ; il repose sur la saisine du comptable de la Direction générale des finances publiques (chap. 962). Jusqu'au 1er janvier 2019, ce recouvrement pouvait être assuré par voie d'opposition administrative (chap. 963).

096.01 Saisie administrative à tiers détenteur : présentation.

Afin d'harmoniser le recouvrement des créances publiques, la loi du 28 décembre 2017 [1] de finances rectificative pour 2017 a remplacé l'avis à tiers détenteur, ainsi que d'autres mesures d'exécution (opposition administrative, opposition à tiers détenteur et saisie à tiers détenteur) par une unique « saisie administrative à tiers détenteur » (v. ss nos 093.00 s.). Ces dispositions sont entrées en vigueur le 1er janvier 2019.

Les décrets du 8 novembre 2018 [2] contiennent les dispositions réglementaires transposant la nouvelle législation dans

1. L. no 2017-1775, 28 déc. 2017, de finances rectificative pour 2017, *JO* 29 déc., texte no 1.
2. Décr. no 2018-967, 8 nov. 2018, abrogeant l'article R. 1617-22 du Code général des collectivités territoriales, *JO* 10 nov., texte no 27 – Décr. no 2018-968, 8 nov. 2018, modifiant le décret no 2015-243 du 2 mars 2015 relatif à la notification, par voie électronique, aux établissements de crédit, aux sociétés de financement et aux organismes gérant des régimes de protection sociale de certains actes ▶

les codes concernés. Notamment, le décret n° 2018-969 du 8 novembre 2018 tire la conséquence du remplacement de la procédure d'opposition administrative (OA) par la procédure de saisie administrative à tiers détenteur (SATD) pour le recouvrement des amendes et condamnations pécuniaires par les comptables de la Direction générale des finances publiques (DGFiP), en modifiant le décret du 22 décembre 1964[1] qui y est relatif.

La réforme ne modifie que de façon ponctuelle les solutions retenues sous l'empire des textes régissant l'avis à tiers détenteur et les autres mesures d'exécution abrogées.

C'est pourquoi, la présente édition de l'ouvrage présente encore l'ancienne procédure d'opposition administrative, remplacée depuis le 1er janvier 2019, par la saisie administrative à tiers détenteur (sur laquelle, v. ss nos 093.00 s.).

096.03 Bibliographie indicative.

Actualisables. *Lamy Droit de l'exécution forcée*, étude 622, « Titres exécutoires relatifs aux autres créances publiques », nos 622.65 s.

> Sur la procédure de l'amende forfaitaire. Rép. pénal, vis *Amende forfaitaire*, par J.-P. Céré, oct. 2017 (actu. nov. 2023), nos 5 à 28 et 49 à 62 ; *Amende pénale – Jour-amende*, par J.-Y. Lassalle, avr. 2016 (actu. juill. 2019), nos 37 à 45 et 53 ; *Circulation routière*, par P. Pelissier, janv. 2017 (actu. févr. 2025), nos 237 à 248 – *J.-Cl. Pr. pén.*, art. 524 à 530-6, V° Tribunal de police [Amende et indemnité forfaitaires], fasc. 20-10, févr. 2023, par J.-H. Robert, nos 1 à 38 – *J.-Cl. Lois pénales spéciales,* V° Circulation routière [Traitement judiciaire des infractions routières], fasc. 150, juill. 2023, par F. Gauvin (actualisé par E. Baron), nos 108 à 136 – *J.-Cl. Transports,* V° Réglementation routière – Responsabilité – Sanctions, fasc. 792, oct. 2022, par M. Segonds, nos 50 à 57.

> Sur la procédure simplifiée de l'ordonnance pénale : *J.-Cl. Pr. pén.*, art. 524 à 530-6, V° Tribunal de police – Procédure simplifiée : ordonnance pénale, fasc. 20-20, juin 2024, par J. Buisson – *J.-Cl. Pr. pén.*, art. 495 à 495-6, V° Procédure simplifiée, fasc. 20, oct. 2019 [maj mai 2023], par X. Pin (actualisé par A. Bavitot).

> Sur la peine de jours-amende : *J.-Cl. Pénal code*, art. 131-25, V° Jours-amende, fasc. 20, mars 2019 [maj mai 2022], par J.-H. Robert.

> Sur la redevance de stationnement payant sur voirie : *J.-Cl. Collectivités territoriales,* V° Redevance de stationnement payant sur voirie : instauration, contrôle, recouvrement, contentieux, fasc. 542, mars 2021, par V. Mazzocchi.

> Sur la transaction pénale : Rép. pénal, v° *Transaction pénale*, par M. Redon, janv. 2022, nos 3 à 51.

> Sur la procédure de l'indemnité forfaitaire : *J.-Cl. Pr. pén.*, art. 524 à 530-6, V° Tribunal de police [Amende et indemnité forfaitaires], fasc. 20-10, févr. 2023, par J.-H. Robert, nos 40 à 69 – Rép. pénal, v° *Amende forfaitaire*, par J.-P. Céré, oct. 2017 (actu. nov. 2023), nos 63 à 65.

Articles. M. Lobe Fouda, « L'exécution des sanctions pénales de nature pécuniaire au sein de l'Union européenne », *Procédures* 2008. Étude 2 – M. Leroy et Ph. Luttmann, « Assurance-vie et saisie simplifiée exercée par le comptable public », *JCP N* 2014. 1285.

> Sur le décret n° 2012-1246 du 7 novembre 2012, relatif à la gestion budgétaire et comptable publique : M. Collet, « Le décret du 7 novembre 2012 relatif à la gestion budgétaire et comptable publique : "dépenser mieux" ou "dépenser moins" ? », *RFDA* 2013. 433 – D. Poupeau, « Un décret rénove les principes de la gestion budgétaire et comptable publique », *AJDA* 2012. 2142.

> Sur la procédure simplifiée de l'ordonnance pénale : J. Volff, « L'ordonnance pénale en matière correctionnelle », *D.* 2003. Chron. 2777.

> Sur les amendes forfaitaires : D. Allix, « Du droit d'être jugé ou de quelques remarques sur la procédure d'amende forfaitaire », *Mél. A. Decocq*, Litec, 2004, p. 21 – J.-P. Céré, « Le sort procédural de la contestation de l'amende forfaitaire. Entre pouvoirs du ministère public et respect du droit au juge », *AJ pénal* 2012. 401 ; « Irrecevabilité d'une requête en exonération d'une amende forfaitaire et droit à un recours effectif », *D.* 2014. 1029 ; « La procédure d'amende forfaitaire contraventionnelle : l'une et ses multiples », *AJ pénal* 2019. 416 – R. Colson, « L'amende forfaitaire pour usage de stupéfiants », *D.* 2020. 1880 – B. Le Page-Seznec, « Fondements des amendes forfaitaires pour infraction au Code de la route », *RSC* 1996. 839.

> Sur la transaction : M. Degoffe, « Les modes non juridictionnels de règlement des litiges en matière environnementale en droit public interne », *Énergie-Environnement-Infrastructures* 2019. Étude 10, spéc. nos 5 à 9 – R. Gelli, « La mise en œuvre d'une politique pénale environnementale : une clé de la réussite de la lutte contre les atteintes à l'environnement », *Revues des juristes de Sciences Po* 2020. Étude 10, spéc. nos 20 et 21 – C. Hernandez-Zakine, « Atteintes à l'environnement. Mise en perspective des sanctions pénales ou comment asseoir l'agriculteur sur le banc d'infamie au nom de l'environnement ? », *Dr. rural* 2017. Étude 18 – M. Mandeville, « La protection pénale de la forêt, un droit pénal instrumentaliste », *Dr. rural* 2018. Étude 2, spéc. nos 66 s. – J.-B. Perrier,« La répression des infractions environnementales. À la recherche de sanctions proportionnées, efficaces et dissuasives », *Énergie-Environnement-Infrastructures* 2017. Étude 32.

> Sur la loi n° 2016-1547 du 18 novembre 2016 de modernisation de la justice du XXIe siècle et, notamment, la création de la procédure d'amende forfaitaire délictuelle : E. Allain, « Les principales dispositions pénales de la loi J21 », *D. actu.* 25 nov. 2016 – J. Buisson, « Justice du XXIe siècle : une justice répressive plus efficace ! », *Procédures* 2017. Étude 17 – S. Detraz, « Les dispositions pénales de la loi de modernisa-

▶ pris en vue du recouvrement de créances de toute nature, *JO* 10 nov., texte n° 28 – Décr. n° 2018-969, 8 nov. 2018, modifiant le décret n° 64-1333 du 22 décembre 1964 relatif au recouvrement des amendes et condamnations pécuniaires par les comptables de la direction générale des finances publiques, *JO* 10 nov., texte n° 29 – Décr. n° 2018-970, 8 nov. 2018, relatif à la saisie administrative à tiers détenteur et au contentieux du recouvrement des créances publiques, *JO* 10 nov., texte 30.

1. Décr. n° 64-1333, 22 déc. 1964, relatif au recouvrement des amendes et condamnations pécuniaires par les comptables de la direction générale des finances publiques, *JO* 29 déc.

tion de la justice du XXIe siècle. À propos de la loi no 2016-1547 du 18 novembre 2016 », *JCP* 2016. 1305 – M. Léna, « Modernisation de la justice du XXIe siècle : principales dispositions votées en matière pénale », *AJ pénal* 2016. 508 – A. Longuemart, « La nouvelle mouture du projet de loi justice du XXIe siècle », *D. actu.* 11 mai 2016 – J.-B. Perrier, « La justice pénale du XXIe siècle. À propos de la loi no 2016-1547 du 18 novembre 2016 », *Dr. pénal* 2017. Étude 2.

> Sur la loi no 2019-222 du 23 mars 2019 de programmation 2018-2022 et de réforme pour la justice et, notamment, l'extension du domaine de l'ordonnance pénale et de la procédure d'amende forfaitaire délictuelle : J. Buisson, « Aspects essentiels de procédure pénale relatifs à la loi de programmation 2018-2022 et de réforme pour la justice », *Procédures* 2019. Étude 6 – D. Luciani-Mien, « La loi du 23 mars 2019 : le rendement procédural au détriment des droits du suspect », *RSC* 2019. 765 – J.-B. Perrier, « Les (r)évolutions de la procédure pénale. À propos de la loi du 23 mars 2019 de programmation et de réforme pour la justice », *D.* 2019. 1061 – J. Pradel, « Notre procédure pénale à la recherche d'une efficacité à toute vapeur. Loi no 2019-222 du 23 mars 2019 », *JCP* 2019. Doctr. 406 – E. Vergès, « Réforme de la procédure pénale : une loi fleuve, pour une justice au gré des courants. À propos de la loi no 2019-222 du 23 mars 2019 de programmation 2018-2022 et de réforme pour la Justice », *Dr. pénal* 2019. Étude 12.

CHAPITRE

0961. Domaine d'application

contribution de :
VANESSA NORGUIN*
actualisée par :
CYRIL CARDINI
MAGISTRAT

SECTION 0
ORIENTEUR

0961.00 **Sommaire du chapitre.**

Division. Le recouvrement des amendes et des condamnations pécuniaires par les comptables publics concerne les créances de l'État, créances qui bénéficient du privilège d'exécution d'office (sect. 1). Il s'applique aux amendes pénales et condamnations pénales à caractère pécuniaire (sect. 2).

0961.01 **Textes applicables.**

• **C. pr. exéc.,** art. L. 111-3.

• **LPF,** art. L. 257 C.

• **CGPPP,** art. L. 2323-7-1.

• **Décr. n° 2012-1246, 7 nov. 2012,** relatif à la gestion budgétaire et comptable publique, *JO* 10 nov., p. 17713, art. 108, 109 et 110.

• **Décr. n° 64-1333, 22 déc. 1964,** relatif au recouvrement des amendes et condamnations pécuniaires par les comptables de la Direction générale des finances publiques, *JO* 29 déc., p. 11794, art. 1er.

• mod. par **Décr. n° 2022-1605, 22 déc. 2022,** portant application de l'ordonnance n° 2022-408 du 23 mars 2022 relative au régime de responsabilité financière des gestionnaires publics et modifiant diverses dispositions relatives aux comptables publics, *JO* 23 déc., texte 6.

• **L. n° 2004-1485, 30 déc. 2004,** de finances rectificative pour 2004, *JO* 31 déc., p. 22522, art. 128.

• mod. par **L. n° 2017-1775, 28 déc. 2017,** de finances rectificative pour 2017, *JO* 29 déc., texte 1, art. 73, XIII.

• **Décr. n° 2021-800, 24 juin 2021,** fixant les dates d'entrée en vigueur des 4° et 8° du I et du 1° du II de l'article 160 de la loi n° 2020-1721 du 29 déc. 2020 de finances pour 2021, *JO* 25 juin, texte 12, art. 1er, 4°, b).

0961.02 **Jurisprudence de référence.**

> La notification condition de l'exécution forcée.

• **Civ. 2e, 10 nov. 1998,** n° 95-20.139, P II, n° 269

* V. ss nos 0941.12, 0961.12

Le titre exécutoire émis par une personne morale de droit public qui n'a pas été notifié au débiteur ne peut pas donner lieu à une mesure d'exécution forcée.

0961.05 **Remarque sur la saisie administrative à tiers détenteur.** Afin d'harmoniser le recouvrement des créances publiques, la loi du 28 décembre 2017 [1] de finances rectificative pour 2017 a remplacé l'avis à tiers détenteur, ainsi que d'autres mesures d'exécution (opposition administrative, opposition à tiers détenteur et saisie à tiers détenteur) par une unique « saisie administrative à tiers détenteur » (sur laquelle, v. ss nos 093.00 s.). Ces dispositions sont entrées en vigueur le 1er janvier 2019.

Les décrets du 8 novembre 2018 [2] contiennent les dispositions réglementaires transposant la nouvelle législation dans les codes concernés. Notamment, le

* Auteur de la 8e à la 10e édition incluse.

1. L. n° 2017-1775, 28 déc. 2017, de finances rectificative pour 2017, *JO* 29 déc., texte 1.
2. Décr. n° 2018-967, 8 nov. 2018, abrogeant l'article R. 1617-22 du Code général des collectivités territoriales, *JO* 10 nov., texte 27 – Décr. n° 2018-968, 8 nov. 2018, modifiant le décret n° 2015-243 du 2 mars 2015 relatif à la notification, par voie électronique, aux établissements de crédit, aux sociétés de financement et aux organismes gérant des régimes de protection sociale de certains actes pris en vue du recouvrement de créances de toute nature, *JO* 10 nov., texte 28 – Décr. n° 2018-969, 8 nov. 2018, modifiant le décret n° 64-1333 du 22 décembre 1964 relatif au recouvrement des amendes et condamnations pécuniaires par les comptables de la direction générale des finances publiques, *JO* 10 nov., texte 29 – Décr. n° 2018-970, 8 nov. 2018, relatif à la saisie administrative à tiers détenteur et au contentieux du recouvrement des créances publiques, *JO* 10 nov., texte 30.

décret n° 2018-969 du 8 novembre 2018 tire la conséquence du remplacement de la procédure d'opposition administrative (OA) par la procédure de saisie administrative à tiers détenteur (SATD) pour le recouvrement des amendes et condamnations pécuniaires par les comptables de la Direction générale des finances publiques (DGFiP), en modifiant le décret du 22 décembre 1964[1] qui y est relatif.

La réforme ne modifie que de façon ponctuelle les solutions retenues sous l'empire des textes régissant l'avis à tiers détenteur et les autres mesures d'exécution abrogées.

SECTION 1
GÉNÉRALITÉS – PRIVILÈGE D'EXÉCUTION D'OFFICE

0961.11 Recouvrement des créances de l'État – Exécution d'office. L'Administration a disposé, depuis les temps les plus anciens, de la **dispense de produire un titre exécutoire**. Le roi, souverain justicier, n'a pas à prouver son droit de créance, présumé exister, sous réserve de lui en référer, c'est-à-dire d'en appeler au Conseil du roi, en cas d'abus ou d'excès de pouvoir des juges royaux. Aujourd'hui, on admet que l'**acte administratif a par lui-même, en vertu d'une présomption légale, force obligatoire** et qu'il n'est pas nécessaire de saisir le juge pour qu'il lui donne valeur de titre exécutoire. C'est ce que l'on désigne par les termes « ***privilège d'exécution d'office*** ». En effet, l'article L. 111-3, 6° C. pr. exéc. attribue de plein droit force exécutoire à tous « *les titres délivrés par les personnes morales de droit public qualifiés comme tels par la loi, ou les décisions auxquelles la loi attache les effets d'un jugement* ». L'État se trouve en conséquence dispensé de l'observation des règles de droit commun prévues aux articles 502 et suivants C. pr. civ. Il est néanmoins nécessaire que le débiteur ait reçu notification du titre exécutoire[2]. C'est au créancier qu'il appartient de prouver que le débiteur a eu connaissance de sa condamnation.

La matière a été réformée par l'article 128 de la loi de finances rectificative du 30 décembre 2004[3], qui a abrogé l'article 7 de la loi du 11 juillet 1972[4] portant diverses dispositions d'ordre économique et financier.

1. Décr. n° 64-1333, 22 déc. 1964, relatif au recouvrement des amendes et condamnations pécuniaires par les comptables de la direction générale des finances publiques, *JO* 29 déc.
2. Civ. 2e, 9 juin 2005, n° 03-11.185, P II, n° 149 ; *D.* 2005. IR 2037 ; *RTD civ.* 2005. 632, chron. R. Perrot ; *AJDI* 2005. 827, obs. de F. La Vaissière – Com. 18 nov. 2008, n° 07-20.031, P IV, n° 194.
3. L. n° 2004-1485, 30 déc. 2004, de finances rectificative pour 2004, *JO* 31 déc., p. 22522, art. 128.
4. L. n° 72-650, 11 juill. 1972, portant diverses dispositions d'ordre économique et financier, *JO* 13 juill., p. 7368.

La Cour de cassation a jugé que la procédure d'avis à tiers détenteur (ATD)[5] de l'article L. 262 du LPF ne s'appliquait pas au recouvrement des amendes pénales, fût-il garanti par le privilège du Trésor[6]. Cette solution est fondée sur la lettre de ce texte qui vise le recouvrement des « impôts », de sorte que les pénalités et frais accessoires également visés ne peuvent être que ceux qui y sont afférents. À cet égard, il ne suffit pas qu'une créance soit garantie par le privilège du Trésor pour qu'elle entre dans les prévisions du texte. Autrement dit, pour pouvoir être recouvrée par voie d'avis à tiers détenteur, une créance devait non seulement être garantie par le privilège du Trésor, mais également être de nature fiscale. « *Dans ces conditions, le Trésor public a pris toutes les dispositions pour poursuivre le recouvrement* [des amendes pénales] *selon d'autres voies de droit* »[7]. Dès lors que la procédure de l'ATD, prévue par l'article L. 262 du LPF[8], ne vise pas le recouvrement des amendes pénales, la nullité de l'ATD doit être prononcée et elle entraîne la restitution des sommes saisies[9].

0961.12 Connaissance du titre du Trésor public – Preuve – Valeur des copies. Les titres exécutoires émis par une personne morale de droit public ne peuvent donner lieu à une mesure d'exécution forcée s'ils n'ont été notifiés au débiteur[10]. Le jugement attaqué, dès lors qu'il constate qu'aucun acte de notification de « titre de recette » n'est produit malgré la demande du tribunal, a légalement justifié sa décision par laquelle il a dit n'y avoir lieu à notification de la saisie-arrêt sur les rémunérations de l'intéressé[11]. La contestation portant sur l'absence de notification des titres de recettes émis ne portant pas sur la régularité formelle de l'acte de poursuite, le juge de l'exécution n'est pas compétent pour connaître de la demande[12].

5. Depuis le 1er janvier 2019, la procédure d'ATD a été remplacée par celle de saisie administrative à tiers détenteur (SATD – L. n° 2017-1775, 28 déc. 2017, art. 73).
6. Com. 12 mai 2004, n° 01-02.710, P IV, n° 91 – Com. 23 nov. 2004, n° 02-18.530, NP ; *D.* 2005. 1603, obs. P. Julien et G. Taormina ; *RD fisc.* 2005. Comm. 194 – Com. 23 oct. 2007, n° 06-18.264, NP ; *RD banc. fin.* 2007. Comm. 228, obs. S. Piedelièvre – Com. 31 mars 2009, n° 05-11.432, NP.
7. Rép. min. n° 13024, *JO Sénat* 2 sept. 2004, p. 1992.
8. Dans sa rédaction antérieure à celle issue de L. n° 2017-1775, 28 déc. 2017, art. 73, I, 2°.
9. Paris, 8e ch., sect. B, 16 juin 2005, RG n° 04/22846, *RD fisc.* 2006. Comm. 700.
10. Civ. 2e, 10 nov. 1998, n° 95-20.139, P II, n° 269 ; *D.* 1999. IR 8 ; *Gaz. Pal.* 1999. 2. Somm. 598, note Véron – Civ. 2e, 1er juill. 1999, n° 97-13.255, P II, n° 130 – Civ. 1re, 18 mars 2003, n° 00-21.274, P I, n° 82.
11. Civ. 2e, 10 nov. 1998, n° 95-20.139, P II, n° 269 ; *D.* 1999. IR 8 ; *Gaz. Pal.* 1999. 2. Somm. 598, note Véron.
12. Civ. 2e, 11 avr. 2013, n° 11-19.513, NP.

C'est au créancier qu'il appartient de démontrer que le débiteur a eu connaissance de sa condamnation. L'article 1379 C. civ.[1] dispose que :

« *La copie fiable a la même force probante que l'original. La fiabilité est laissée à l'appréciation du juge. Néanmoins est réputée fiable la copie exécutoire ou authentique d'un écrit authentique.*

Est présumée fiable jusqu'à preuve du contraire toute copie résultant d'une reproduction à l'identique de la forme et du contenu de l'acte, et dont l'intégrité est garantie dans le temps par un procédé conforme à des conditions fixées par décret en Conseil d'État.

Si l'original subsiste, sa présentation peut toujours être exigée »[2].

Sous l'empire du texte antérieur (C. civ., anc. art. 1334), les copies, lorsque le titre original subsistait, ne faisaient foi que de ce qui était contenu au titre, dont la représentation pouvait toujours être exigée. La Cour de cassation a, sur le fondement de l'ancien article 1334 C. civ., sanctionné la cour d'appel qui, pour valider les oppositions pratiquées sur les comptes bancaires d'une personne pour obtenir le paiement d'amendes, a retenu que **le trésorier-payeur général avait produit les photocopies des états récapitulatifs mensuels**, alors que s'agissant d'une procédure d'exécution forcée sur les biens du contrevenant qui contestait l'existence des titres exécutoires, la preuve de la créance du saisissant obéit, sauf dispositions particulières, aux règles du droit commun[3], prononcées dans le cadre de poursuites pénales.

Les titres exécutoires, les actes de poursuite et les actes judiciaires ou extrajudiciaires peuvent être signifiés pour le recouvrement des créances dues à un comptable public par un huissier de justice ou par tout agent de l'Administration habilité à exercer des poursuites au nom du comptable (LPF, art. L. 286 C, 1°[4]).

0961.13 Étendue du privilège d'exécution d'office. Ce privilège (dispense de titre exécutoire spécial) concerne de nombreuses opérations menées par les collectivités publiques nationales, régionales, locales, ou les établissements publics, tels que, *d'une part*, les **contrats** (ventes ou locations de biens domaniaux, concessions, échanges, expropriation pour cause d'utilité publique, transactions douanières ou fiscales, marchés de fournitures, *etc.*) et, *d'autre part*, le recouvrement des **cotisations** de la Caisse d'allocations familiales, de la Sécurité sociale, de la Mutualité sociale agricole (MSA), des Caisses de retraite agréées par le gouvernement, ou de la contribution sociale généralisée (CSG). Il s'agit ici de moyens de recouvrement tels que les **états**, ou la **contrainte**, ou autres procédés spécifiques légalement définis.

Il ne s'étend pas au contraire à la gestion du domaine privé de l'État et des collectivités publiques et territoriales, ni, sauf dispositions légales spéciales, aux opérations des établissements publics à caractère industriel ou commercial.

L'étude des principes généraux des recouvrements de créances de l'État et des collectivités publiques sort du cadre du présent titre, cantonné aux amendes et condamnations pécuniaires.

SECTION 2

AMENDES PÉNALES ET CONDAMNATIONS PÉNALES À CARACTÈRE PÉCUNIAIRE

0961.21 Principe. L'article L. 111-3 C. pr. exéc., pose le principe que « *seuls constituent des titres exécutoires :*

1° Les décisions des juridictions de l'ordre judiciaire ou de l'ordre administratif lorsqu'elles ont force exécutoire, ainsi que les accords auxquels ces juridictions ont conféré force exécutoire [...] » ; ce qui englobe, bien entendu, les condamnations pénales... et ce à quoi s'ajoutent « *6° les titres délivrés par les personnes morales de droit public qualifiés comme tels par la loi, ou les décisions auxquelles la loi attache les effets d'un jugement* ».

0961.22 Nature pécuniaire de la condamnation. Il résulte des termes de l'article 1er du décret du 22 décembre 1964[5] (mod. par Décr. 22 déc. 2022[6]), que le texte vise les amendes et condamnations pécuniaires énumérées à l'article 108 du décret du 7 novembre 2012[7] relatif à la gestion budgétaire et

1. Créé par Ord. n° 2016-131, 10 févr., 2016, portant réforme du droit des contrats, du régime général et de la preuve des obligations, *JO* 11 févr., texte 26, art. 4.
2. Dorénavant, la subsistance de l'original ne conditionne plus la valeur probatoire de la copie.
3. Civ. 2e, 26 oct. 1994, n° 92-18.760, P II, n° 207 ; *D.* 1994. IR 266 ; *Gaz. Pal.* 1995. 2. Somm. 426, note H. Croze et J. Morel ; *RTD civ.* 1996. 170, obs. J. Mestre.
4. Créé par L. n° 2020-1721, 29 déc. 2020, de finances pour 2021, *JO* 30 déc., texte 1, art. 160, I, 8°.
5. Décr. n° 64-1333, 22 déc. 1964, relatif au recouvrement des amendes et condamnations pécuniaires par les comptables de la Direction générale des finances publiques, *JO* 29 déc., p. 11794.
6. Décr. n° 2022-1605, 22 déc. 2022, portant application de l'ordonnance n° 2022-408 du 23 mars 2022 relative au régime de responsabilité financière des gestionnaires publics et modifiant diverses dispositions relatives aux comptables publics, *JO* 23 déc., texte 6.
7. Décr. n° 2012-1246, 7 nov. 2012, relatif à la gestion budgétaire et comptable publique, art. 108, 109 et 110, *JO* 10 nov., p. 17713 – Sur ce décret : D. Poupeau, « Un décret rénove les principes de la gestion budgétaire et comptable publique », *AJDA* 2012. 2142 ; M. Collet, « Le décret du 7 novembre 2012 relatif à la gestion budgétaire et comptable publique : "dépenser mieux" ou "dépenser moins" ? », *RFDA* 2013. 433.

comptable publique, à savoir « *les amendes pénales, civiles et, sous réserve des dispositions spécifiques qui leur sont applicables, les amendes fiscales et administratives ; les confiscations, réparations, restitutions, dommages et intérêts, frais ayant le caractère de réparation et intérêts moratoires ; les frais de justice et les droits fixes de procédure* », y compris « *les pénalités transactionnelles, les pénalités forfaitaires, et les amendes de substitution* ». Cette amplitude de la procédure est confirmée par l'article 128 de la loi du 30 décembre 2004.

L'article 109 du décret du 7 novembre 2012 dispose que :

« *Le recouvrement des amendes et condamnations pécuniaires est poursuivi contre les condamnés, les débiteurs solidaires, les personnes civilement responsables et leurs ayants cause par toute voie d'exécution forcée autorisée par la loi.*

Un décret en Conseil d'État[1] *fixe les conditions dans lesquelles sont présentées les réclamations relatives aux poursuites exercées par les comptables de l'État* ».

0961.23 Nature de l'infraction. Les condamnations pénales doivent être prononcées pour une contravention de police ou pour certains délits[2]. Leur produit doit revenir à l'État, à une personne publique (notamment une collectivité territoriale, ou un établissement public, ou à un fonds de garantie, tel celui qui concerne les accidents d'automobile).

La procédure d'opposition administrative a été imaginée, en effet, en raison du très grand nombre d'infractions constatées principalement en matière **de circulation routière**, dans une matière souvent complexe, et donnant lieu à des difficultés de recouvrement, qu'une procédure simplifiée est susceptible de résoudre dans des délais relativement brefs.

La condamnation à recouvrer peut consister aussi bien dans des amendes édictées par le Code pénal, que des peines prévues par les lois spéciales, ou des amendes forfaitaires. Il convient de préciser que lorsqu'un débiteur bénéficie d'une mesure d'amnistie ou de grâce qui n'est pas subordonnée au paiement des amendes et condamnations pécuniaires, le recouvrement de celles-ci est abandonné. Le recouvrement des amendes et condamnations pécuniaires est également abandonné lorsque le débiteur a exécuté les conditions d'une transaction (v. s^s^ n°s 0962.61 à 0962.63) ou lorsqu'il justifie du bénéfice de la prescription[3].

0961.24 Ordre d'imputation des paiements partiels des créances recouvrées par le comptable public. Aux termes de l'article L. 257 C du LPF[4] : « *Le comptable public impute le paiement partiel d'une créance en priorité sur le principal de celle-ci, puis sur les sanctions et autres accessoires de la dette hors intérêts, et enfin sur les intérêts* ». L'article 1er, 4°, b) du décret du 24 juin 2021[5] fixe l'entrée en vigueur de cette disposition au 1er janvier 2024 s'agissant des créances recouvrées par le comptable public de la Direction générale des finances publiques sur la base d'un titre exécutoire, en application de l'article 1er du décret du 22 décembre 1964[6] ou de l'article L. 2323-7-1 du CGPPP[7].

0961.25 Action en restitution des sommes saisies. S'agissant de l'exécution des sentences pénales, l'article 710 C. pr. pén. dispose, en son alinéa 1er, que « *tous incidents contentieux relatifs à l'exécution sont portés devant le tribunal ou la cour qui a prononcé la sentence* [...] ».

La Cour de cassation en a déduit, dans un arrêt récent, qu'il résulte de ce texte qu'une demande en restitution des sommes saisies au titre d'une condamnation pénale relève de la compétence de la juridiction qui a prononcé la condamnation[8].

1. Décr. n° 64-1333, 22 déc. 1964, relatif au recouvrement des amendes et condamnations pécuniaires par les comptables de la Direction générale des finances publiques, modifié.
2. V. NOT. l'extension du champ d'application de l'ordonnance pénale (L. n° 2002-1138, 9 sept. 2002, d'orientation et de programmation pour la justice, *JO* 10 sept., texte 1, art. 42 ; L. n° 2011-1862, 13 déc. 2011, relative à la répartition des contentieux et à l'allègement de certaines procédures juridictionnelles, *JO* 14 déc., texte 1, et L. n° 2019-222, 23 mars 2019, de programmation 2018-2022 et de réforme pour la justice, *JO* 24 mars, texte 2, art. 61, II – v. s^s^ n° 0962.21) et la création de la procédure de l'amende forfaitaire délictuelle, initialement applicable à certains délits routiers (L. n° 2016-1547, 18 nov. 2016, art. 36, II – v. s^s^ n° 0962.33) puis étendue à d'autres délits (L. n° 2019-222, 23 mars 2019, art. 58, V, 1°- v. s^s^ n° 0962.33).
3. Décr. n° 2012-1246, 7 nov. 2012, art. 110.
4. Créé par L. n° 2020-1721, 29 déc. 2020, art. 160, I, 4°.
5. Décr. n° 2021-800, 24 juin 2021, fixant les dates d'entrée en vigueur des 4° et 8° du I et du 1° du II de l'article 160 de la loi n° 2020-1721 du 29 décembre 2020 de finances pour 2021, *JO* 25 juin, texte 12.
6. Décr. n° 64-1333, 22 déc. 1964, relatif au recouvrement des amendes et condamnations pécuniaires par les comptables de la direction générale des finances publiques, *JO* 29 déc.
7. Ce texte concerne le recouvrement du forfait de post-stationnement impayé et de la majoration prévus à l'article L. 2333-87 du CGCT (v. s^s^ n° 0962.39).
8. Civ. 2e, 19 nov. 2020, n° 19-14.242, P.

CHAPITRE

0962. Saisine du comptable de la Direction générale des finances publiques

contribution de :
Vanessa Norguin*
actualisée par :
Cyril Cardini
Magistrat

SECTION 0

Orienteur

0962.00 **Sommaire du chapitre.**

Division. La saisine du comptable public revêt des caractéristiques majeures (sect. 1). Elle repose sur un titre exécutoire (sect. 2), que celui-ci procède de la mise en œuvre de la procédure simplifiée de l'ordonnance pénale ou bien de la procédure de l'amende forfaitaire, laquelle génère un contentieux spécifique (sect. 3) en cas de contestation par la personne mise en cause. L'intervention du comptable public peut également résulter de l'utilisation d'autres voies, telles les transactions (sect. 4) et les mesures conservatoires (sect. 5).

0962.01 **Textes applicables.**

Sont ici seuls mentionnés les textes relatifs à la saisine du comptable de la Direction générale des finances publiques, *stricto sensu.*

• **C. pr. pén.,** art. 527, 530-4, 495-3, 495-24 ; R. 41-5, R. 41-6, R. 41-9, R. 41-10, R. 42, R. 43, R. 47, R. 48, R. 49-3, R. 49-5, R. 49-6, R. 49-8, R. 49-11, R. 55-4, R. 55-5, A. 38-3 à A. 38-5-1, D. 45-10, D. 45-11, D. 45-12, D. 48-34 et D. 48-35.

• **CGPPP,** art. L. 2323-7-1.

• **C. route,** art. L. 322-1.

• **C. assur.,** art. R. 421-37.

• **C. douanes,** art. 350 et 386 *bis.*

• **LPF,** art. L. 256.

• **Décr. nº 2012-1246, 7 nov. 2012,** relatif à la gestion budgétaire et comptable publique, *JO* 10 nov., p. 17713, art. 108, 109, 110 et 111.

• **L. nº 2004-1485, 30 déc. 2004,** de finances rectificative pour 2004, *JO* 31 déc., p. 22522, art. 128.

• mod. par **L. nº 2017-1775, 28 déc. 2017,** de finances rectificative pour 2017, *JO* 29 déc., texte 1, art. 73.

• **Décr. nº 64-1333, 22 déc. 1964,** relatif au recouvrement des amendes et condamnations pécuniaires par les comptables de la Direction générale des finances publiques, *JO* 29 déc., p. 11794, art. 1er, 2, 3, 3-1, 12, 13, 14 et 15.

• mod. par **Décr. nº 2022-1605, 22 déc. 2022,** portant application de l'ordonnance nº 2022-408 du 23 mars 2022 relative au régime de responsabilité financière des gestionnaires publics et modifiant diverses dispositions relatives aux comptables publics, *JO* 23 déc., texte 6.

0962.02 **Jurisprudence de référence.**

> Ordonnance pénale.

• **Crim. 3 févr. 1998,** nº 97-80.847, P, nº 41

* V. ss nº 0962.24

La procédure simplifiée prévue aux articles 524 et suivants C. pr. pén. revêtant un caractère subsidiaire et facultatif, le ministère public conserve la faculté de recourir à la procédure de droit commun tant que l'ordonnance pénale n'a pas acquis un caractère définitif.

L'ordonnance pénale prononcée selon les articles 524 et suivants C. pr. pén., et devenue définitive, n'a pas l'autorité de la chose jugée à l'égard de l'action civile en réparation des dommages causés par l'infraction. Le tribunal de police

* Auteur de la 8e à la 10e édition incluse.

demeure compétent pour statuer sur l'action civile, même si l'ordonnance pénale est devenue définitive depuis sa saisine.

• **Crim. 4 déc. 2013,** n° 12-88.004, P, n° 249

* V. s[s] n° 0962.24

Les réquisitions d'ordonnance pénale, écrites, datées et signées, qui satisfont en la forme aux conditions essentielles de leur existence, ont eu un effet interruptif de la prescription.

• **Crim. 12 nov. 2014,** n° 13-88.109, P, n° 234

* V. s[s] n° 0962.25

Seule est régulière, au sens de l'article 495-3 C. pr. pén., la notification d'une ordonnance pénale qui informe le prévenu qu'il dispose d'un délai de quarante-cinq jours à compter de cette notification pour former opposition à ladite ordonnance.

• **Crim. 19 févr. 2013,** n° 12-86.433, P, n° 43

* V. s[s] n° 0962.25

Le jugement rendu par défaut, sur opposition à une ordonnance pénale, à l'encontre du prévenu non comparant ni représenté est encore susceptible d'opposition, par application des dispositions de l'article 528 alinéa 1er C. pr. pén., dans sa rédaction issue de la loi du 13 décembre 2011.

Il en résulte que lorsque le prévenu s'est pourvu contre un tel jugement mentionnant à tort qu'il a été rendu par « défaut non susceptible d'opposition », le pourvoi doit être déclaré irrecevable, le délai d'opposition courant dans cette hypothèse à compter de la notification de la décision de la Cour de cassation.

> Actes interruptifs de prescription de l'action publique (C. pr. pén., art. 9-2).

• **Crim. 21 janv. 2020,** n° 19-81.066, P

* V. s[s] n° 0962.24

Selon le 4° de l'article 9-2 C. pr. pén., le délai de prescription de l'action publique est interrompu par tout jugement, même non définitif, s'il n'est pas entaché de nullité : tel est le cas de l'ordonnance pénale.

• **Crim. 21 janv. 2020,** n° 19-84.450, P

* V. s[s] n° 0962.36

L'énumération des actes interruptifs de prescription prévue par l'article 9-2 C. pr. pén. n'est pas limitative. Constitue un tel acte la délivrance du titre exécutoire de l'amende forfaitaire majorée.

> Étendue de la compétence du juge de l'exécution en matière de recouvrement des amendes.

• **Civ. 2e, 1er juin 2017,** n° 15-18.751, P II, n° 111

* V. s[s] n°s 0214.101, 0962.36, 0963.41

En matière de recouvrement des amendes, le juge de l'exécution ne connaissant, en application combinée des articles 530-2 C. pr. pén. et 9 du décret n° 64-1333 du 22 décembre 1964, que de la régularité en la forme de l'acte de poursuite, il ne peut pas apprécier le respect de l'obligation faite, par l'article R. 49-6 du même code, au comptable public d'envoyer au contrevenant un avis l'invitant à s'acquitter du montant de l'amende forfaitaire majorée.

• **Civ. 2e, 19 oct. 2017,** n° 16-25.765, P II, n° 197

* V. s[s] n°s 0214.101, 0934.41, 0962.36, 0963.41

Doit en conséquence être cassé l'arrêt confirmant le jugement d'un juge de l'exécution ayant débouté le destinataire de la notification d'une opposition administrative formée à son encontre entre les mains d'un organisme de retraite pour paiement d'une certaine somme correspondant à des amendes forfaitaires majorées de ses demandes alors que le tribunal de police était seul compétent pour connaître de la contestation formée par celui-ci.

> Contentieux de l'amende forfaitaire : représentation par un avocat.

• **Crim. 22 janv. 2020,** n° 19-84.325, P

* V. s[s] n° 0962.51

Il résulte du pouvoir général de représentation de l'avocat, tiré des articles 6 et 8 de la loi n° 71-1130 du 31 décembre 1971, auquel l'article 529-2 C. pr. pén. n'apporte aucune restriction, que l'avocat peut introduire, au nom de son client destinataire d'un avis de contravention, la contestation prévue par ce texte.

• **Crim. 1er sept. 2020,** n°s 19-83.092 et 19-86.433, P

* V. s[s] n°s 0962.51, 0962.52

Il se déduit de la combinaison des articles 529-2 et 530 C. pr. pén., des dispositions de la loi n° 71-1130 du 31 décembre 1971 portant réforme de certaines professions judiciaires et juridiques, ainsi que des stipulations de l'article 6 § 3 de la Convention de sauvegarde des droits de l'homme et libertés fondamentales que le contrevenant ou l'intéressé, lorsqu'il entend présenter une requête en exonération d'une infraction au Code de la route qui lui est reprochée ou une réclamation en contestation d'une amende forfaitaire majorée, a la faculté, s'il l'estime nécessaire à la défense de ses intérêts et sans préjudice des prérogatives que l'autorité de poursuite tient de l'article 530-1 dudit code, d'être représenté dans ses démarches par un avocat.

> Contentieux de l'amende forfaitaire : recevabilité de la requête en incident contentieux malgré l'impossibilité de produire l'avis d'amende forfaitaire majorée.

• **Crim. 18 mai 2016,** n° 15-86.095, P, n° 148

* V. s[s] n°s 0962.53, 0962.56

Il résulte des dispositions de l'article 530 C. pr. pén. telles qu'interprétées par la décision du Conseil constitutionnel en date du 7 mai 2015 que la requête en incident contentieux est recevable lorsque le demandeur prétend que l'avis d'amende forfaitaire majorée ne lui a pas été envoyé et qu'il appartient au juge, pour prononcer sur la recevabilité de la réclamation adressée à l'officier du ministère public, de vérifier si la preuve de l'envoi de l'avis au contrevenant est rapportée par le ministère public.

En conséquence, méconnaît ces dispositions la cour d'appel qui, pour déclarer irrecevable la réclamation adressée par le contrevenant à l'officier du ministère public au motif que l'avis d'amende forfaitaire majorée ne lui a pas été joint, relève que l'intéressé n'invoque aucun motif légitime pouvant expliquer la non-réception de l'avis d'amende forfaitaire majorée.

> Contentieux de l'amende forfaitaire : charge de la preuve et modalités de preuve de l'envoi de l'avis d'amende forfaitaire majorée.

• **Crim. 18 mai 2016,** n° 15-84.729, P, n° 147

* V. s^s n°s 0962.53, 0962.56

Il incombe au ministère public, de prouver l'envoi de l'avis d'amende forfaitaire majorée au contrevenant qui soutient n'avoir pas reçu un tel avis, cette preuve ne pouvant résulter de la production de bordereaux collectifs d'envoi d'amendes forfaitaires majorées valant titres exécutoires au Trésor public.

Encourt en conséquence la cassation l'arrêt qui retient que la réclamation adressée au ministère public était irrecevable au motif que l'avis d'amende forfaitaire majorée ne lui était pas joint.

• **Crim. 4 janv. 2017,** n° 16-80.630, P, n° 3

* V. s^s n° 0962.56

Cette preuve peut résulter de la production par le ministère public de l'envoi de l'avis de l'amende forfaitaire majorée par un recommandé simple dont le numéro a été communiqué.

> Contentieux de l'amende forfaitaire : irrecevabilité de la réclamation non accompagnée de l'avis d'amende forfaitaire majorée.

• **Crim. 17 sept. 2019,** n° 18-86.289, P

* V. s^s n°s 0962.53, 0962.56

L'omission du titulaire d'un certificat d'immatriculation de déclarer son changement d'adresse au service de l'immatriculation des véhicules ne saurait constituer un motif légitime justifiant qu'il soit dans l'impossibilité de joindre à sa réclamation l'avis d'amende forfaitaire majorée.

En conséquence, et en application des dispositions du troisième alinéa de l'article 530 C. pr. pén., lu à la lumière du considérant n° 7 de la décision du Conseil constitutionnel n° 2015-467 QPC du 7 mai 2015, la réclamation de l'intéressé est irrecevable.

> Contentieux de l'amende forfaitaire : portée de la réclamation du contrevenant sur la prescription de l'action publique.

• **Crim. 9 avr. 2019,** n° 18-83.215, P, n° 71

* V. s^s n°s 0962.36, 0962.55

Il résulte de l'article 530-1 C. pr. pén. qu'en cas de réclamation recevable du contrevenant, le ministère public ne peut que renoncer aux poursuites ou poursuivre l'intéressé par ordonnance pénale ou par citation devant la juridiction de jugement.

Encourt dès lors la censure l'arrêt qui, pour écarter la prescription de l'action publique, considère comme réguliers le second titre exécutoire et le second avis d'amende forfaitaire majorée délivrés par l'officier du ministère public après la réclamation du contrevenant dirigée contre un premier avis d'amende forfaitaire majorée, y compris dans le cas où l'intéressé aurait indiqué renoncer à cette réclamation.

> Contentieux de l'amende forfaitaire : recours contre les décisions de rejet des requêtes en exonération de l'amende forfaitaire.

• **Crim. 25 mars 2014,** n° 13-80.170, P, n° 93

* V. s^s. n°s 0962.56, 0962.57

Le droit à un recours juridictionnel effectif impose que la décision du ministère public déclarant irrecevable la requête en exonération présentée par la personne destinataire d'un avis de contravention puisse être contestée devant la juridiction de proximité.

0962.05 **Saisie administrative à tiers détenteur.** Afin d'harmoniser le recouvrement des créances publiques, la loi du 28 décembre 2017 [1] de finances rectificative pour 2017 a remplacé l'avis à tiers détenteur (ATD), ainsi que d'autres mesures d'exécution (opposition administrative, opposition à tiers détenteur et saisie à tiers détenteur) par une unique « saisie administrative à tiers détenteur » (sur laquelle, v. s^s n°s 093.00 s.). Ces dispositions sont entrées en vigueur le 1er janvier 2019.

Les décrets du 8 novembre 2018 [2] contiennent les dispositions réglementaires transposant la nouvelle législation dans les codes concernés. Notamment, le décret n° 2018-969 du 8 novembre 2018 tire la conséquence du remplacement de la procédure d'opposition administrative (OA) par la procédure de saisie administrative à tiers détenteur (SATD) pour le recouvrement des amendes et condamnations pécuniaires par les comptables de la Direction générale des finances publiques (DGFiP), en modifiant le décret du 22 décembre 1964 [3] qui y est relatif.

La réforme ne modifie que de façon ponctuelle les solutions retenues sous l'empire des textes régissant l'avis à tiers détenteur et les autres mesures d'exécution abrogées.

0962.06 **Remarque préliminaire.** La Direction générale des finances publiques (DGFiP) a repris les missions antérieurement exercées par la Direction générale des impôts (DGI) et la Direction générale de la comptabilité publique (DGCP). La création de la DGFiP a nécessité d'adapter de nombreux textes relatifs aux missions assurées antérieurement par

1. L. n° 2017-1775, 28 déc. 2017, de finances rectificative pour 2017, *JO* 29 déc., texte 1.
2. Décr. n° 2018-967, 8 nov. 2018, abrogeant l'article R. 1617-22 du Code général des collectivités territoriales, *JO* 10 nov., texte 27 – Décr. n° 2018-968, 8 nov. 2018, modifiant le décret n° 2015-243 du 2 mars 2015 relatif à la notification, par voie électronique, aux établissements de crédit, aux sociétés de financement et aux organismes gérant des régimes de protection sociale de certains actes pris en vue du recouvrement de créances de toute nature, *JO* 10 nov., texte 28 – Décr. n° 2018-969, 8 nov. 2018, modifiant le décret n° 64-1333 du 22 décembre 1964 relatif au recouvrement des amendes et condamnations pécuniaires par les comptables de la direction générale des finances publiques, *JO* 10 nov., texte 29 – Décr. n° 2018-970, 8 nov. 2018, relatif à la saisie administrative à tiers détenteur et au contentieux du recouvrement des créances publiques,*JO* 10 nov., texte 30.
3. Décr. n° 64-1333, 22 déc. 1964, relatif au recouvrement des amendes et condamnations pécuniaires par les comptables de la direction générale des finances publiques, *JO* 29 déc.

deux directions distinctes, afin de permettre leur bonne application par une administration fusionnée et d'améliorer la qualité de la norme. À cet égard, l'article 36 du décret du 27 mai 2014[1] a modifié le décret du 22 décembre 1964[2] en remplaçant la dénomination de « *comptable direct du Trésor* » par celle de « *comptable de la Direction générale des finances publiques* ». À la suite de la fusion de la Direction générale des impôts et de la Direction générale de la comptabilité publique, certains textes n'ont pas encore été modifiés, d'où le maintien de certaines appellations.

SECTION 1

GÉNÉRALITÉS

0962.11 **Caractère non obligatoire.** L'article 128, II de la loi de finances du 30 décembre 2004[3], modifié par la loi du 28 décembre 2017[4] (art. 73, XIII, 2°), dispose que le recouvrement « ***peut*** *être assuré par voie de saisie administrative à tiers détenteur* », ce qui signifie que le comptable de la DGFiP n'est pas obligé de suivre cette procédure et qu'il ne lui est pas interdit, si les circonstances lui paraissent l'exiger, de recourir aux procédures d'exécution de droit commun, ou même d'échelonner les paiements, d'accorder des délais : « *Le recouvrement par les comptables publics compétents des amendes et condamnations pécuniaires peut être assuré par voie de saisie administrative à tiers détenteur dans les conditions prévues à l'article L. 262 du Livre des procédures fiscales* »[5]. Le paragraphe I de cet article prévoit d'ailleurs les dispositions s'appliquant en cas de recours à la procédure de droit commun : « *Lorsque le comptable du Trésor public* [dénomination non encore modifiée] *est autorisé par des dispositions législatives ou réglementaires à procéder au recouvrement forcé d'une créance ou d'une condamnation pécuniaire, il peut, préalablement à la mise en œuvre de toute procédure coercitive, demander à un huissier de justice d'obtenir du débiteur ou du condamné qu'il s'acquitte entre ses mains du montant de sa dette ou de sa condamnation pécuniaire.*

Les frais de recouvrement sont versés directement par le débiteur ou le condamné à l'huissier de justice.

Le montant des frais, qui restent acquis à l'huissier de justice, est calculé selon un taux proportionnel aux sommes recouvrées fixé par arrêté conjoint des ministres chargés des Finances et de la Justice ».

L'arrêté du 11 juin 2008[6] fixe le montant des frais qui restent acquis à l'huissier de justice à 12,55 % hors taxe des sommes recouvrées par l'huissier de justice ; étant observé que le montant de ces frais ne peut être ni inférieur à 6,27 euros HT, ni supérieur à 300 euros HT par dossier transmis par le comptable du Trésor. La décision d'exercer ou non les poursuites relève du **pouvoir discrétionnaire de l'autorité administrative** et n'est pas soumise au contrôle du juge. Le tribunal, juge de la régularité de la poursuite, n'a pas compétence pour accorder un sursis aux poursuites[7]. La procédure de droit commun, moins commode et moins efficace, sera rarement choisie. Il convient de rappeler qu'en ce cas, le recours à un huissier de justice[8] n'est pas indispensable et que l'article L. 256 du LPF permet d'avoir recours « *à l'autorité administrative désignée par décret* ». L'habilitation, selon la jurisprudence constante, résulte d'une délégation de signature donnée par le directeur du service, ayant autorité sur l'agent de l'Administration. Toute difficulté a été supprimée par la loi interprétative du 24 décembre 1983, article 17[9], et le décret du 9 mars 1993[10]. Désormais, « *les missions de l'autorité administrative sont également exercées par le comptable du Trésor* ».

1. Décr. n° 2014-551, 27 mai 2014, portant adaptation de dispositions pour faire suite à la fusion de la Direction générale des impôts et de la Direction générale de la comptabilité publique, *JO* 29 mai, p. 8976.
2. Décr. n° 64-1333, 22 déc. 1964, préc.
3. L. n° 2004-1485, 30 déc. 2004, préc.
4. L. n° 2017-1775, 28 déc. 2017, préc.
5. Dans sa rédaction antérieure à celle issue de l'art. 73, XIII, 2° de la loi du 28 déc. 2017, l'art. 128, II de la loi de finances n° 2004-1485 du 30 déc. 2004 disposait que : « *Le recouvrement par le Trésor public des amendes et condamnations pécuniaires peut être assuré par voie d'opposition administrative adressée aux personnes physiques ou morales qui détiennent des fonds pour le compte du redevable, qui ont une dette envers lui ou qui lui versent une rémunération* » – Sur l'ancienne procédure d'opposition administrative, v. s^s n°s 0963.00 s.
6. Le précédent arrêté du 13 mai 2005 est abrogé par celui du 11 juin 2008, fixant le taux de rémunération, proportionnel aux sommes recouvrées, des huissiers de justice en cas de recouvrement obtenu selon la procédure prévue au 7° de l'art. L. 1617-5 du CGCT et à l'art. 128-I de la loi de finances rectificative pour 2004 (Arr. 11 juin 2008, *JO* 13 juin, p. 9636).
7. Com. 23 nov. 1993, n° 91-21.081, P IV, n° 426 ; *RJF* 1994, n° 208 – V. AUSSI Com. 27 nov. 1978, n° 77-12.503, P IV, n° 280.
8. Les agents de la DGFiP peuvent recourir à des huissiers en phase comminatoire amiable (PCA). « *Pour l'ensemble des amendes de circulation et des forfaits de stationnement, 1,4 million de PCA ont été engagées en 2018* […] *le recours aux huissiers fonctionne bien avec les « primo-délinquants », à qui les huissiers font peur, en particulier si l'absence de paiement relève d'une erreur de bonne foi* » (T. Carcenac et C. Nougein, rapp. d'information Sénat n° 651, sur le recouvrement des amendes de circulation et des forfaits de post-stationnement, 10 juill. 2019, spéc^t p. 10).
9. L. n° 83-1159, 24 déc. 1983, de finances rectificative pour 1983, *JO* 28 déc., p. 3754.
10. Décr. n° 93-309, 9 mars 1993, pris pour l'application du décret n° 92-1431 du 30 décembre 1992 et relatif aux attributions de la Direction générale des douanes et droits indirects et de la Direction générale des impôts, *JO* 11 mars, p. 3773.

Le comptable du Trésor, selon la conception traditionnelle de l'Administration, constitue un organe d'exécution chargé d'une mission de recouvrement d'une créance de l'État, constatée par un titre exécutoire, soumis à la subordination hiérarchique, et au statut des fonctionnaires. Ses erreurs et ses fautes – sauf exercice de poursuites pénales – relèvent donc du pouvoir disciplinaire de l'Administration [1]. Si son comportement critiquable a généré un préjudice pour le redevable, celui-ci devra, pour se faire indemniser sur le fondement d'un fonctionnement défectueux du service public, s'adresser à la juridiction administrative, et assigner l'État. Comme il sera exposé ci-après (v. s[s] n° 0962.61), le comptable de la DGFiP (ex-comptable du Trésor), sauf textes dérogatoires, n'a par conséquence pas qualité pour conclure avec le contrevenant une transaction éteignant la poursuite. Quant aux incidents auxquels donne parfois lieu le calcul des majorations ou minorations, la chambre criminelle de la Cour de cassation a décidé qu'il était nécessaire d'avertir le comptable du Trésor de l'annulation du titre exécutoire [2].

0962.12 Notion de comptable de la Direction générale des finances publiques (ex-comptable direct du Trésor). Aux termes de l'article 1er du décret du 22 décembre 1964, « *les amendes et condamnations pécuniaires énumérées à l'article 108 du décret n° 2012-1246 du 7 novembre 2012 relatif à la gestion budgétaire et comptable publique, ainsi que les pénalités transactionnelles, les pénalités forfaitaires et les amendes de substitution sont recouvrées par les comptables de la Direction générale des finances publiques sauf lorsqu'un texte particulier en a confié le recouvrement ou l'encaissement à d'autres comptables* ». Le recouvrement est opéré au nom du procureur de la République selon les dispositions de l'article 707-1 alinéa 2 C. pr. pén. La loi du 23 décembre 1873 a attribué cette charge du recouvrement des amendes, à partir du 1er janvier 1874, aux **percepteurs des contributions directes,** substitués aux receveurs de l'enregistrement.

Aux termes de l'article 707-1 alinéa 6 C. pr. pén., le procureur de la République poursuit également l'exécution des sanctions pécuniaires prononcées par les autorités compétentes des États membres de l'Union européenne, conformément aux dispositions de la décision-cadre du Conseil de l'Union européenne du 24 février 2005 [3], concernant l'application du principe de reconnaissance mutuelle aux sanctions pécuniaires, selon des modalités fixées par décret [4] (C. pr. pén., art. D. 48-6 à D. 48-36). Les modalités de recouvrement de ces sanctions pécuniaires par les comptables de la DGFiP sont décrites aux articles D. 48-34 et D. 48-35 C. pr. pén. Le procureur de la République territorialement compétent est celui du lieu où se situe la résidence habituelle ou le siège de la personne condamnée ou, à défaut, l'un quelconque des biens ou des revenus de cette personne (C. pr. pén., art. D. 48-19, al. 2). Il convient de noter que l'article 10 du décret n° 2016-1202 du 7 septembre 2016 [5] créé une compétence concurrente de l'officier du ministère public ou du procureur de la République près le tribunal judiciaire (TJ) de Rennes en matière de recouvrement des amendes prononcées par les autorités étrangères et relatives à des infractions routières [6]. L'alinéa 2 de l'article D. 48-19 C. pr. pén. est ainsi complété : « *Toutefois, pour les amendes concernant des infractions en matière de circulation routière, est également compétent l'officier du ministère public ou le procureur de la République du lieu où est réalisé le traitement automatisé de recouvrement de ces amendes* ».

Pour mémoire, il convient de rappeler que, s'agissant du recouvrement des jours-amende [7] par les

1. La loi n° 2011-1978 du 28 déc. 2011 de finances rectificative pour 2011 (*JO* 29 déc., texte 2) a modifié en profondeur le régime de la responsabilité personnelle et pécuniaire des comptables publics (v. art. 90). Le législateur a distingué le cas où le manquement reproché au comptable a causé un préjudice financier à l'organisme public en cause et celui où un tel préjudice n'existe pas. Sur cette question : S. Damarey, « Le comptable public, le préjudice financier. Et après ? », *AJDA* 2020. 1764.
2. Crim. 29 oct. 1997, n° 97-81.904, P, n° 357 ; *D.* 1997. 261 ; *JCP* 1998. IV. 1271.
3. Décis.-cadre n° 2005/214/JAI, Conseil, 24 févr. 2005, concernant l'application du principe de reconnaissance mutuelle aux sanctions pécuniaires, *JOUE* L. 76 – V. M. Lobe Fouda, « L'exécution des sanctions pénales de nature pécuniaire au sein de l'Union européenne », *Procédures* 2008. Étude 2.
4. Décr. n° 2007-699, 3 mai 2007, modifiant le Code de procédure pénale (troisième partie : décrets) relatif au renforcement de l'équilibre de la procédure pénale et à la prévention de la délinquance, *JO* 5 mai, p. 7963 – Circ. JUS-D-1129667 C, 28 oct. 2011, relative à la présentation des dispositions des articles 707-1 et D. 48-6 à D. 48-36 du Code de procédure pénale, *BOMJL*, 30 nov.
5. Décr. n° 2016-1202, 7 sept. 2016, portant simplification des dispositions du Code de procédure pénale (troisième partie : décret), *JO* 8 sept., texte 13.
6. Dépêche DACG, 24 avr. 2017, ayant pour objet « *le périmètre de la compétence concurrente du procureur de la République ou l'officier du ministère public près le tribunal de grande instance de Rennes en matière de recouvrement des amendes prononcées par les autorités étrangères issu de l'article 10 du décret n° 2016-1202 du 7 septembre 2016* ».
7. V. *J.-Cl. Pén. Code*, art. 131-25, *V°* Jours-amende, fasc. 20, mars 2019 [maj mai 2022], par J.-H. Robert – Rép. pénal, v° *Amende pénale – Jour-amende*, par J.-Y. Lassalle, avr. 2016 (actu. juill. 2019), n°s 18 à 21, 45 et 59. Insérée en droit français par la loi n° 83-466 du 10 juin 1983 et reprise, en étant modifiée par le Code pénal, la peine de jours-amende ne peut être prononcée qu'à l'encontre des personnes physiques, majeures, et à l'égard des délits punis d'emprisonnement ; elle est une **peine alternative à l'emprisonnement** (C. pén., art. 131-5). Ainsi, la juridiction ne pourra prononcer cette peine ni en répression d'un crime ni en répression d'une infraction pour laquelle seule une peine d'amende est encourue. Depuis la loi n° 2004-204 ►

comptables de la DGFiP, l'article 3-1 du décret du 22 décembre 1964 (mod. par Décr. 23 sept. 2021[1], art. 5, 1°) prévoit : « *Un mois au plus tard après la date d'exigibilité du montant des jours-amende ou après l'envoi de l'avertissement lorsque celui-ci est postérieur, le comptable de la Direction générale des finances publiques met le débiteur qui ne s'est pas intégralement acquitté de sa dette en demeure de se libérer conformément aux dispositions de l'article 762 du Code de procédure pénale.*

Si le paiement total de la dette n'est pas intervenu dans les cinq jours de la mise en demeure, le comptable de la Direction générale des finances publiques informe de ses diligences le ministère public du lieu de condamnation en lui adressant toutes pièces justificatives utiles et en précisant, le cas échéant, le montant des paiements partiels »[2].

▶ du 9 mars 2004, **la peine de jours-amende peut aussi se substituer au travail d'intérêt général** (C. pr. pén., art. 733-1). Depuis le 24 mars 2020, elle peut être la conversion d'une peine de travail d'intérêt général ou d'une peine de sursis probatoire comportant l'obligation d'accomplir un travail d'intérêt général (C. pr. pén., art. 747-1-1, 1°, mod. par L. n° 2019-222, 23 mars 2019, de programmation 2018-2022 et de réforme pour la justice, *JO* 24 mars, texte 2, art. 85, XIV) ou d'une peine de détention à domicile sous surveillance électronique (C. pr. pén., art. 747-1-1, 2°, mod. par L. 23 mars 2019, art. 85, XIV). Depuis le 24 mars 2020, **la peine de jours-amende peut être convertie** en une peine de travail d'intérêt général ou une peine de détention à domicile sous surveillance électronique (C. pr. pén., art. 747-1-1, 3°, mod. par L. 23 mars 2019, art. 85, XIV). Exceptionnellement, le jour-amende est une **peine complémentaire**. En effet, en cas de conduite d'un véhicule automobile sous l'influence de l'alcool, le coupable encourt plusieurs peines complémentaires parmi lesquelles figure la peine de jours-amende (C. route, art. L. 234-2, I, 4°). La peine de jours-amende consiste dans le versement au Trésor public par la personne condamnée d'une amende dont le montant résulte de l'addition d'une certaine somme quotidienne pendant un certain nombre de jours, ces deux critères étant fixés par la juridiction de jugement. Le montant de chaque jour-amende ne peut excéder 1 000 euros. Le nombre de jours-amende est déterminé en tenant compte des circonstances de l'infraction ; il ne peut excéder trois cent soixante. Il résulte des art. 132-1, 131-5, 132-19 et 132-20 C. pén. qu'en matière correctionnelle, toute peine doit être motivée en tenant compte de la gravité des faits, de la personnalité de leur auteur et de sa situation personnelle et que le juge qui prononce une peine de jours-amende doit motiver sa décision en tenant compte des ressources et des charges du prévenu. Si les juges, en l'absence de comparution du prévenu, n'avaient pas à rechercher d'autres éléments que ceux dont ils disposaient au jour de l'audience, la cour d'appel, en ne s'expliquant pas sur la gravité des faits, a méconnu les textes susvisés et le principe ci-dessus rappelé (Crim. 25 mars 2020, n° 19-83.035, NP).

1. Décr. n° 2021-1221, 23 sept. 2021, relatif aux mesures d'harmonisation des procédures de recouvrement forcé des créances publiques et aux compétences territoriales des huissiers des finances publiques, *JO* 25 sept., texte 2. Les dispositions de ce décret, à l'exception de celles de l'article 6, entrent en vigueur le 1er janvier 2022.

À cet égard, un arrêté du 29 février 2016[3] autorise la DGFiP à mettre en œuvre un **traitement dénommé « Jours-amende » (JAm)** au sein des services en charge du recouvrement des amendes (art. 1er). Le traitement a pour finalité le suivi de l'encaissement des jours-amende. À ce titre, il permet au comptable public d'assurer : la prise en charge des jours-amende ; l'enregistrement des paiements ; les rectifications administratives et comptables ; l'information du ministère public dans le cadre du suivi de l'exécution des jours-amende ; l'information du service du casier judiciaire national pour l'enregistrement des avis de paiement ; l'édition d'avertissements et de mises en demeure ; le suivi statistique et comptable (art. 2).

Aux termes de l'article 90 de la loi du 30 décembre 1986[4] de finances pour 1987, « *les comptables du Trésor* [dénomination non encore modifiée] *disposent du droit de communication prévu à l'article 81 du Livre des procédures fiscales, pour le recouvrement des amendes et condamnations pécuniaires qui ne sont pas de nature fiscale* ».

Le rapport d'activité 2012 de la DGFiP[5] indique qu'« *en matière d'amendes et de condamnations pécuniaires, la mission de la DGFiP poursuit une double finalité. En assurant leur recouvrement, la DGFiP participe à l'effectivité des peines prononcées et alimente les finances publiques. En 2012, ce sont 13,7 millions de titres qui ont été pris en charge par les trésoreries pour*

2. En effet, aux termes de l'art. 131-25 C. pén. : « En cas de condamnation à une peine de jours-amende, le montant global est exigible à l'expiration du délai correspondant au nombre de jours-amende prononcés. Sous réserve des dispositions de l'article 747-1-1 du Code de procédure pénale, le défaut total ou partiel du paiement de ce montant entraîne l'incarcération du condamné pour une durée correspondant au nombre de jours-amende impayés. Il est procédé comme en matière de contrainte judiciaire. La détention ainsi subie est soumise au régime des peines d'emprisonnement ». L'art. D. 569, al. 1er, C. pr. pén. (mod. par Décr. n° 2020-91, 6 févr. 2020, relatif à la composition et au fonctionnement de la commission de l'application des peines et aux conditions de délivrance des permissions de sortir, et modifiant diverses dispositions du Code de procédure pénale, *JO* 7 févr., texte 6, art. 6) précise : « *Lorsque le procureur de la République constate que la personne s'est intégralement acquittée du montant des jours-amendes prononcés, il ordonne qu'il soit mis fin à l'emprisonnement mis à exécution en application de l'article 762 et qu'il soit procédé au remboursement de la portion des jours-amendes correspondant au nombre de l'ensemble des jours de détention subis* ».
3. Arr. 29 févr. 2016, portant création du traitement de suivi de l'encaissement des jours-amende dénommé « jours-amende » (JAm), *JO* 9 mars, texte 5.
4. L. n° 86-1317, 30 déc. 1986, de finances pour 1987, *JO* 31 déc., p. 15820.
5. *Rapport d'activité 2012 de la Direction générale des finances publiques*, ministère de l'Économie et des Finances, p. 20.

un montant atteignant 2 milliards d'euros. [...] *Les comptables ont maintenu en 2012 un niveau de poursuites très élevé (plus de trois millions de saisies de comptes bancaires). Le taux global de paiement des amendes s'est élevé à 78,73 % au 31 décembre 2012* ».

0962.13 Communication par voie électronique en matière pénale. L'article 14, 5°, de la loi du 16 février 2015 [1] a modifié l'article 803-1 C. pr. pén., afin de permettre à l'autorité judiciaire d'adresser aux personnes concernées des avis, convocations ou documents par voie électronique. Un certain nombre de garanties sont prévues. Le consentement de la personne devra être préalablement recueilli, « *par une déclaration expresse* ». Cet accord précise le mode de communication électronique accepté par la personne. Il est conservé au dossier une trace écrite de cet envoi.

Lorsque le Code de procédure pénale prévoit que ces envois sont effectués par lettre recommandée, les procédés techniques utilisés doivent permettre d'établir de manière certaine la date d'envoi. Lorsque ce même code prévoit que ces envois sont effectués par lettre recommandée avec demande d'avis de réception, les procédés techniques utilisés doivent également permettre d'établir la date de réception par le destinataire.

Par ailleurs, ces procédés doivent, selon des modalités prévues par arrêté du ministre de la Justice [2], garantir la fiabilité de l'identification des parties à la communication électronique, l'intégrité des documents adressés, la sécurité et la confidentialité des échanges ainsi que la conservation des transmissions opérées (C. pr. pén., art. 803-1, II).

Il convient de noter que la signification d'actes par voie électronique était explicitement exclue en matière pénale par le dernier alinéa de l'article 803-1 C. pr. pén. dans sa rédaction résultant de la loi du 16 février 2015. Afin de lever cette interdiction et d'autoriser la signification électronique en matière pénale, l'article 14, I, 25° de la loi du 22 décembre 2021 [3] a modifié le dernier alinéa de l'article 803-1 C. pr. pén. lequel dispose désormais que la communication par voie électronique « *est également applicable, selon des modalités précisées par voie réglementaire, lorsque le présent code impose une signification par voie d'huissier de justice à destination du ministère public, des parties civiles, des experts et des témoins ainsi que, lorsque ces personnes ne sont pas détenues, des prévenus ou des condamnés* ».

1. L. n° 2015-177, 16 févr. 2015, relative à la modernisation et à la simplification du droit et des procédures dans les domaines de la justice et des affaires intérieures, *JO* 17 févr., p. 2961.
2. V. Arr. 18 févr. 2020, modifiant l'arrêté du 6 mai 2019 relatif aux caractéristiques techniques de la communication par voie électronique des avis, convocations ou récépissés via le « Portail du justiciable », *JO* 22 févr., texte 5, art. 3 – Arr. 21 oct. 2021, relatif aux caractéristiques techniques de la communication par voie électronique via le « Portail du justiciable », *JO* 24 oct., texte 21, art. 2 et 6.
3. L. n° 2021-1729, 22 déc. 2021, pour la confiance dans l'institution judiciaire, *JO* 23 déc., texte 2.

SECTION 2
TITRE EXÉCUTOIRE

§ 1
Ordonnance pénale

0962.21 Condamnation définitive – Ordonnance pénale. Dans la procédure de droit commun, régie par les articles 2 et suivants du décret du 22 décembre 1964, dans leur rédaction modifiée par le décret du 27 mai 2014, les extraits de jugements ou d'arrêts, établis par le greffier de la juridiction, après vérification par le ministère public, sont adressés, par bordereau également visé par le ministère public, aux fins de recouvrement au comptable de la DGFiP. Sauf dans certains cas particuliers dans lesquels un délai plus court peut être fixé par le garde des Sceaux et par le ministre des Finances, le délai d'envoi des extraits de jugements ou d'arrêts est fixé à trente-cinq jours à compter soit de la date de décision, soit de la date de la signification s'il s'agit d'un jugement ou arrêt contradictoire mais devant être signifié pour faire courir les délais de recours, ou d'un jugement ou arrêt par défaut. Pour les décisions devenues définitives à la suite du rejet d'un pourvoi en cassation, le délai est porté à quarante-cinq jours à partir de l'arrêt de rejet [4]. Les condamnations pécuniaires sont exigibles dès que la décision les prononçant est devenue exécutoire [5].

Aux termes de l'article A. 38-3 C. pr. pén. [6], les comptables de la Direction générale des finances publiques compétents pour assurer le recouvrement des amendes et condamnations pécuniaires, et auxquels sont adressés par le greffier les extraits de jugements ou d'arrêts, sont ceux du siège de la juridiction ayant rendu la décision de condamnation. Ces comptables sont également destinataires des relevés de condamnation pénale prévus par l'article R. 55-5 C. pr. pén. (v. s^{s} n° 0962.26). Toutefois, par dérogation aux dispositions de l'article A. 38-3 du même code, la direction régionale des finances publiques d'Occitanie et du département de la Haute-Garonne assure le recouvrement des amendes et condamna-

4. Décr. n° 64-1333, 22 déc. 1964, art. 2.
5. Décr. n° 64-1333, 22 déc. 1964, art. 3.
6. Mod. par Arr. 31 août 2021, relatif aux comptables de la direction générale des finances publiques chargés du recouvrement des amendes et condamnations pécuniaires, *JO* 3 sept., texte 20, art. 2.

tions pécuniaires pour lesquelles la direction générale des finances publiques est compétente et qui sont prononcées par les juridictions des départements de l'Ariège, de l'Aveyron, de la Haute-Garonne, du Gers, du Lot, des Hautes-Pyrénées, du Tarn et du Tarn-et-Garonne. Le comptable de la trésorerie « Toulouse amendes », sise à Toulouse, est chargé de ces attributions au sein de cette direction régionale des finances publiques (C. pr. pén., art. A. 38-5[1]).

0962.22 Procédure simplifiée d'ordonnance pénale en matière délictuelle et contraventionnelle. En raison du grand nombre de contraventions sanctionnées par des amendes forfaitaires, prononcées par des ordonnances pénales, qui, lorsqu'il n'a pas été formé opposition, ont « *les effets d'un jugement passé en force de chose jugée* » (C. pr. pén., art. 528-1), une **procédure simplifiée** a été instituée. Créée par la loi du 3 janvier 1972[2], la procédure simplifiée de l'ordonnance pénale visait initialement à désengorger les tribunaux de police en permettant le jugement des contraventions sans débat préalable, de manière écrite et non contradictoire. Elle a ensuite été étendue à certains délits grâce à l'article 42 de la loi du 9 septembre 2002[3]. La loi du 13 décembre 2011[4] relative à la répartition des contentieux et à l'allègement de certaines procédures juridictionnelles a élargi son domaine d'application. « *Le contentieux pénal routier représente 90 % des ordonnances pénales [...] L'ordonnance pénale est fréquemment utilisée pour les infractions au Code de la route de faible gravité lorsque les faits sont simples et établis, et souvent lorsque l'auteur est primo-délinquant* »[5]. Dans sa décision du 29 août 2002[6], le Conseil constitutionnel a considéré que les dispositions relatives à la procédure d'ordonnance pénale en matière délictuelle « *apportent à la personne qui fait l'objet d'une ordonnance pénale, quant au respect des droits de la défense, des garanties équivalentes à celles dont elle aurait bénéficié si l'affaire avait été directement portée devant le tribunal correctionnel ; qu'en effet, l'ordonnance doit être motivée ; que le prévenu dispose d'un délai de quarante-cinq jours à compter de la notification de l'ordonnance pour former opposition ; que, dans cette hypothèse, l'affaire fait l'objet devant le tribunal correctionnel d'un débat contradictoire et public au cours duquel l'intéressé a droit à l'assistance d'un avocat ; qu'il doit être informé de ces règles ; que l'ensemble de ces dispositions garantit de façon suffisante l'existence d'un procès juste et équitable* ». Plus récemment, dans une décision sur la loi relative à la protection pénale de la propriété littéraire et artistique sur internet, le Conseil constitutionnel a confirmé que « *la procédure simplifiée prévue par les articles 495 à 495-6 du Code de procédure pénale ne méconnaît pas le principe d'égalité devant la justice* »[7]. Par ailleurs, saisie d'une question prioritaire de constitutionnalité (QPC) relative à la conformité des articles 524 à 528-2 C. pr. pén.[8] à l'article 16 de la Déclaration des droits de l'homme et du citoyen de 1789, la Cour de cassation[9] a dit n'y avoir lieu de la renvoyer au Conseil constitutionnel au motif que « *la question, ne portant pas sur l'interprétation d'une disposition constitutionnelle dont le Conseil constitutionnel n'aurait pas encore eu l'occasion de faire application, n'est pas nouvelle* » et que « *la question posée ne présente pas un caractère sérieux, dès lors que les dispositions légales critiquées, en réalité, du Code de procédure pénale, qui permettent au ministère public, en cas de contestation d'une contravention soumise, par application des articles 529-1 et 529-2 du même code, à la procédure de l'amende forfaitaire, de soumettre le litige à la procédure simplifiée de l'ordonnance pénale, d'une part, ne sont pas contraires à l'objectif, à valeur constitutionnelle, de bonne administration de la justice, d'autre part, ne privent pas le contrevenant, qui forme opposition à la décision du juge, du droit à un recours juridictionnel effectif, respectant le principe du contradictoire et les droits de la défense, en offrant au justiciable des garanties équivalentes à celles dont il aurait bénéficié dans le cas de poursuites effectuées par voie de citation directe* ». Les dispositions relatives à l'ordonnance pénale contraventionnelle figurent aux articles 524 à 528-2 et R. 42 à R. 48 C. pr. pén. ; la matière délictuelle relève des articles 495 à 495-6 et R. 41-3 à R. 41-10 dudit code. À cet égard, la doctrine estime qu'« *à quelques nuances près, les dispositions de la loi du 9 septembre 2002 sur la procédure simplifiée sont calquées sur celles de la loi de 1972 et les nouveaux articles 495 à 495-6 du Code de procédure pénale reproduisent presque mot à mot les articles 524 à 528-2 du même code* »[10]. Aux termes de l'article 524 C. pr. pén. (mod. par Ord. 7 avr. 2016[11], art. 8), cette procédure simplifiée est applicable à toute contravention de police même commise en état de

1. Mod. par Arr. 31 août 2021, art. 4.
2. L. nº 72-5, 3 janv. 1972, tendant à simplifier la procédure applicable en matière de contraventions, *JO* 5 janv., p. 153.
3. L. nº 2002-1138, 9 sept. 2002, d'orientation et de programmation pour la justice, *JO* 10 sept., p. 14934.
4. L. nº 2011-1862, 13 déc. 2011, relative à la répartition des contentieux et à l'allègement de certaines procédures juridictionnelles, *JO* 14 déc., p. 21105.
5. Défenseur des droits, rapp. *Amendes et circulation routière. État des lieux et recommandations du Défenseur des droits*, 12 juill. 2016, spéc[t] p. 9. – Pour une présentation statistique : V. Cocuau, « Les auteurs d'infractions à la sécurité routière devant la justice », *AJ pénal* 2021. 333.
6. Cons. const. 29 août 2002, nº 2002-461 DC, consid. 81.
7. Cons. const. 22 oct. 2009, nº 2009-590 DC, consid. 12.
8. Articles relatifs à la procédure d'ordonnance pénale.
9. Crim. 23 janv. 2019, nº 18-90.032, NP.
10. J. Volff, « L'ordonnance pénale en matière correctionnelle », *D.* 2003. Chron. 2777.
11. Ord. nº 2016-413, 7 avr. 2016, relative au contrôle de l'application du droit du travail, *JO* 8 avr., texte 20.

récidive, sauf si le prévenu, auteur d'une contravention de la 5e classe, était mineur au jour de l'infraction. Cette procédure ne peut plus être poursuivie lorsque la victime du dommage causé par la contravention a fait citer directement le prévenu avant qu'ait été rendue l'ordonnance pénale. Initialement, l'article 524 C. pr. pén. disposait, en son 1°, que la procédure n'était pas applicable si la contravention était prévue par le Code du travail. L'exclusion de ces infractions, justifiée « *pour des raisons d'efficacité de la sanction (l'effet de dissuasion de la sanction en ce domaine réside surtout dans la comparution devant le tribunal, la publication et l'affichage de la condamnation)* »[1], a fait l'objet d'une abrogation par l'ordonnance du 7 avril 2016. Outre l'énoncé des conditions requises pour recourir à la procédure simplifiée de l'ordonnance pénale, l'article 495 C. pr. pén. fixe une liste de délits pour lesquels cette procédure est applicable.

0962.23 **Extension du domaine de la procédure simplifiée d'ordonnance pénale.** Initialement limité lors de sa création en 2002 aux délits prévus par le Code de la route ou en matière de transport, le champ d'application de l'ordonnance pénale en matière délictuelle a été progressivement étendu par plusieurs lois. Étaient également jugées selon cette procédure les contraventions connexes à ces délits. La loi du 23 mars 2019 (art. 61, II, 1°) a réécrit le II de l'article 495 C. pr. pén.[2] afin d'étendre le domaine de la procédure de l'ordonnance pénale **à tous les délits relevant de la compétence du juge unique** par renvoi à la liste fixée par l'article 398-1 C. pr. pén. **Sont toutefois exclus de cette procédure les délits d'atteintes volontaires et involontaires à la personne,** qui relèvent de la compétence du juge unique mais pour lesquels le législateur a estimé qu'une audience devant le tribunal correctionnel était toujours nécessaire. Dans sa décision du 21 mars 2019[3], le Conseil constitutionnel a considéré que « *les dispositions des articles 495 à 495-6 du Code de procédure pénale apportent à la personne qui fait l'objet d'une ordonnance pénale, quant au respect des droits de la défense, des garanties équivalentes à celles dont elle aurait bénéficié si l'affaire avait été directement portée devant le tribunal correctionnel. Ainsi, l'extension du champ d'application de cette procédure aux délits jugés à juge unique, à l'exception des délits d'atteintes volontaires et involontaires à l'intégrité des personnes, ne méconnaît pas les droits de la défense. Par suite, le premier alinéa du paragraphe II de l'article 495 du Code de procédure pénale, qui ne méconnaît aucune autre exigence constitutionnelle, est conforme à la Constitution* »[4]. Par ailleurs, deux délits de presse[5] (délit de diffamation et délit d'injure) peuvent faire l'objet de la procédure de l'ordonnance pénale, alors qu'ils ne relèvent pas du juge unique. Aux termes de l'article 495, III, de ce code, tel que modifié par la loi du 23 mars 2019 (art. 61, II, 2°), la procédure simplifiée de l'ordonnance pénale n'est pas applicable : si le prévenu était mineur au jour de l'infraction ; si la victime a fait directement citer le prévenu avant qu'ait été rendue l'ordonnance pénale ; si le délit a été commis en même temps qu'un délit ou qu'une contravention pour lequel la procédure d'ordonnance pénale n'est pas prévue. Dans une perspective de simplification procédurale et de revalorisation de l'appréciation de l'opportunité des poursuites du parquet, a été supprimée l'interdiction de recourir à la procédure de l'ordonnance pénale en matière délictuelle en cas de récidive[6]. **La procédure d'ordonnance pénale peut désormais concerner des délits commis en récidive.** À cet égard, la circulaire de présentation des dispositions de la loi du 23 mars 2019 de programmation 2018-2022 et de réforme pour la justice relatives au juge unique et à l'ordonnance pénale applicables au 1er septembre 2019[7] précise qu'« *il appartiendra ainsi aux procureurs de la République d'apprécier, notamment pour certains contentieux répétitifs comme les contentieux routiers, si les auteurs de délits commis en récidive doivent être poursuivis par ordonnance pénale. La cohérence de la politique pénale sera maintenue dès lors que ces poursuites pourront donner lieu à des peines*

1. V. travaux parlementaires de la loi du 3 janv. 1972 : R. Bruyneel, rapp. Sénat n° 255, sur le projet de loi tendant à simplifier la procédure applicable en matière de contraventions, 25 mai 1971, p. 10.
2. Ces dispositions relatives à l'ordonnance pénale sont applicables à compter du 1er sept. 2019 (L. n° 2019-222, 23 mars 2019, art. 109, XVII), y compris pour la répression des infractions commises avant cette date (Circ. n° JUSD1923026C, 2 août 2019, *BOMJ*, n° 2019-08, 30 août, spéc^t § 2.3).
3. Cons. const. 21 mars 2019, n° 2019-778 DC.
4. Cons. const. 21 mars 2019, n° 2019-778 DC, consid. 301.
5. Le deuxième alinéa du II de l'art. 495 (L. n° 2019-222, 23 mars 2019, art. 61, II, 1°) prévoit, en effet, que « *cette procédure est également applicable au délit de diffamation prévu à l'article 32 de la loi du 29 juillet 1881 sur la liberté de la presse et au délit d'injure prévu aux deuxième à quatrième alinéas de l'article 33 de la même loi, sauf lorsque sont applicables les dispositions de l'article 42 de la loi sur la presse ou de l'article 93-3 de la loi n° 82-652 du 29 juillet 1982 sur la communication audiovisuelle* » prévoyant la responsabilité pénale en cascade des directeurs de publication. En pratique, il sera toutefois difficile de concilier le recours à l'ordonnance pénale et l'examen du contentieux de la liberté d'expression pour lequel le débat contradictoire revêt une importance certaine (EN CE SENS, D. Luciani-Mien, « La loi du 23 mars 2019 : le rendement procédural au détriment des droits du suspect », *RSC* 2019. 765 – V. AUSSI : C. Bigot, « Un an de droit processuel de la presse », *CCE* 2020. Chron. 4, spéc^t n° 4).
6. Cette interdiction avait été édictée par la loi n° 2011-1862 du 13 déc. 2011 (art. 26, 2°).
7. Circ. n° JUSD1923026C, 2 août 2019, *BOMJ*, n° 2019-08, 30 août, spéc^t § 2.1.2.

plus sévères que celles précédemment prononcées, ce que permet précisément l'élargissement du panel des sanctions prononçables dans le cadre de l'ordonnance pénale ».

0962.24 Dossier de poursuite, contenu et effets de l'ordonnance pénale. Que ce soit en matière contraventionnelle ou délictuelle, le dossier de la poursuite est transmis par le ministère public au « *juge compétent du tribunal de police* » (C. pr. pén., art. 525, tel que modifié par L. 13 déc. 2011, art. 2, XIX, 5° [1]) ou au « *président du tribunal* » (C. pr. pén., art. 495-1, al. 1er), accompagné des réquisitions du parquet. Selon, la chambre criminelle de la Cour de cassation, « *la procédure simplifiée prévue aux articles 524 et suivants du Code de procédure pénale revêtant un caractère subsidiaire et facultatif jusqu'à l'expiration du délai d'opposition à l'exécution de l'ordonnance pénale, le ministère public conserve la faculté d'y renoncer en recourant à la procédure de droit commun* »[2]. Le juge statue **sans débat préalable,** par une **ordonnance pénale portant relaxe ou condamnation au paiement d'une amende**[3], ainsi que, le cas échéant, à une ou plusieurs des peines complémentaires[4] encourues (C. pr. pén., art. 525, al. 2, et 495-1, al. 2). L'article 495-1 alinéa 2 C. pr. pén. a été complété[5] afin de préciser que peuvent également être prononcées « *les peines prévues aux articles 131-5 à 131-8-1 du Code pénal* »[6]. De plus, ce texte indique que « *la peine de travail d'intérêt général ne peut toutefois être prononcée que si la personne a déclaré, au cours de l'enquête, qu'elle accepterait l'accomplissement d'un tel travail* »[7]. Le juge renvoie le dossier au ministère public aux fins de poursuite dans les formes de la procédure ordinaire, s'il estime qu'un débat contradictoire est utile (C. pr. pén., art. 525, al. 3, et 495-1, al. 3) ou qu'une peine d'emprisonnement devrait être prononcée (C. pr. pén., art. 495-1, al. 3). Si, aux termes de l'article 526 alinéa 2, C. pr. pén., le juge n'est pas tenu de motiver l'ordonnance pénale rendue en matière contraventionnelle, l'article 495-2 du même code prévoit, en son alinéa 2, que celle rendue en matière délictuelle doit être motivée, au regard notamment des dispositions du I de l'article 495, c'est-à-dire tant des faits reprochés au prévenu que de la personnalité, des charges et des ressources de celui-ci. En toutes matières, l'ordonnance pénale contient les nom, prénoms, date et lieu de naissance et domicile du prévenu, la qualification légale, la date et le lieu du fait imputé, la mention des textes applicables et, en cas de condamnation, « *le montant de l'amende ainsi que la durée de la contrainte judiciaire* » (C. pr. pén., art. 526, al. 1er) ou « *la ou les peines prononcées* » (C. pr. pén., art. 495-2, al. 1er). Cette ordonnance, si elle n'est pas frappée de recours, constituera le titre exécutoire ; en effet, en l'absence d'opposition, elle produit les effets d'un jugement passé en force de chose jugée (C. pr. pén., art. 528-1, al. 1er, et 495-5, al. 1er). Cependant, l'ordonnance pénale rendue en matière contraventionnelle n'a pas l'autorité de la chose jugée à l'égard de l'action civile en réparation des dommages causés par l'infraction

1. Version en vigueur à partir du 1er juill. 2017. Les art. 1er et 2 de la loi n° 2011-1862 du 13 déc. 2011 avaient prévu la suppression de la juridiction de proximité au 1er janv. 2013. La loi n° 2012-1441 du 24 déc. 2012 relative aux juridictions de proximité (*JO* 26 déc., p. 20395) a reporté cette suppression au 31 déc. 2014 et même au 30 juin 2015 pour les affaires en cours. L'art. 99 de la loi n° 2014-1654 du 29 déc. 2014 de finances pour 2015 (*JO* 30 déc., p. 22828) a reporté cette suppression au 1er janv. 2017 et même au 1er juill. 2017 pour les affaires en cours. L'art. 15, IV, 3° de la loi n° 2016-1547 du 18 nov. 2016 de modernisation de la justice du XXIe siècle (*JO* 19 nov., texte 1) a modifié cette date en la reportant du 1er janv. 2017 au 1er juill. 2017.
2. Crim. 3 févr. 1998, n° 97-80.847, P, n° 41.
3. S'agissant de l'ordonnance pénale rendue en matière délictuelle, le montant maximal de l'amende pouvant être prononcée est de la moitié de celui de l'amende encourue sans pouvoir excéder 5 000 euros (C. pr. pén., art. 495-1, al. 2).
4. En matière correctionnelle, ces peines complémentaires peuvent être prononcées à titre de peine principale (C. pr. pén., art. 495-1, al. 2).
5. L. n° 2019-222, 23 mars 2019, art. 61, III.
6. La circulaire du 2 août 2019 (§ 2.2.1) précise qu'il est donc possible de prononcer : la peine de jours-amende prévue par l'art. 131-5 C. pén. ; depuis le 24 mars 2020, les peines de stage prévues par l'art. 131-5-1 de ce code (avant cette date, seule la peine de stage de citoyenneté pouvait être prononcée, si le prévenu ne refusait pas une telle peine) ; toutes les peines privatives ou restrictives de droits prévues à l'art. 131-6 de ce code ; la peine de travail d'intérêt général prévue par l'art. 131-8 de ce code ; la peine de sanction-réparation prévue par l'art. 131-8-1 de ce code. « *Ces peines ne peuvent évidemment être prononcées que si une peine d'emprisonnement est encourue, puisqu'elles remplacent alors l'emprisonnement. Toutefois, si le délit n'est puni, à titre principal, que d'une peine d'amende, pourront également être prononcées les peines privatives ou restrictives de droits de l'article 131-6 du Code pénal (en application de l'article 131-7) ou la peine de sanction-réparation de l'article 131-8-1 de ce code (en application du premier alinéa de cet article). Dans ces cas, ces peines ne pourront pas se cumuler avec l'amende. La peine de jours-amende ne pourra pas non plus se cumuler avec l'amende, en application de l'article 131-9 du Code pénal.* »
7. « *Le législateur n'a en effet pas estimé opportun de prévoir, dans le cadre de l'ordonnance pénale, que cette peine puisse être prononcée sans l'accord préalable de la personne, dont le consentement serait ensuite recueilli de façon différée avant la mise à exécution du travail, comme le permet désormais le dernier alinéa de l'article 131-8 du Code pénal (qui ne s'appliquera donc uniquement qu'en cas de poursuites devant le tribunal correctionnel). Il appartiendra donc aux magistrats du ministère public, s'ils estiment qu'une enquête est de nature à justifier des poursuites par ordonnance pénale en vue d'une condamnation à une peine de travail d'intérêt général, de donner des instructions aux enquêteurs afin qu'ils demandent à l'intéressé s'il accepterait l'accomplissement d'un tel travail* » (Circ. n° JUSD1923026C, 2 août 2019, précitée, spéct § 2.2.2).

(C. pr. pén., art. 528-1, al. 2[1]). Il en va de même, en matière délictuelle, pour l'ordonnance pénale statuant uniquement sur l'action publique (C. pr. pén. art. 495-5, al. 2). La victime conserve le droit de citer l'auteur des faits devant la juridiction de jugement (C. pr. pén., art. 528-2, al. 1er, et 495-6, al. 1er).

Le recours à la **procédure simplifiée d'ordonnance pénale interrompt le délai de prescription de l'action publique**. En effet, confirmant une jurisprudence connue[2] mais qui était antérieure à l'entrée en vigueur de la loi du 27 février 2017[3] portant réforme de la prescription en matière pénale, ayant notamment introduit les articles 9-1 à 9-3 dans le Code de procédure pénale[4], la Cour de cassation[5] a récemment jugé que, selon le 4° de l'article 9-2 C. pr. pén., le délai de prescription de l'action publique est interrompu par tout jugement, même non définitif, s'il n'est pas entaché de nullité : tel est le cas de l'ordonnance pénale.

Par ailleurs, la loi du 22 août 2021[6] a étendu à la condamnation selon la procédure simplifiée de l'ordonnance pénale prévue aux articles 495 à 495-6 C. pr. pén. l'application des mesures d'exécution prévues en cas de condamnation par un tribunal pour infraction au Code de l'environnement (C. envir., art. L. 173-5, dern. al.) ou encore pour infraction à la législation sur la construction ou aux dispositions des plans locaux d'urbanisme (C. urb., art. L. 480-5, al. 2).

Il convient de noter que le recouvrement des amendes pénales relève du seul régime de l'exécution des peines prévu par l'article 708 C. pr. pén.[7]. La poursuite en recouvrement peut être suspendue ou fractionnée pour motifs graves d'ordre médical, familial, professionnel ou social. La décision est prise soit par le ministère public, soit, si la suspension des poursuites doit durer plus de trois mois, sur proposition du ministère public, par le tribunal correctionnel ou par le tribunal de police statuant en chambre du conseil (C. pr. pén., art. 708, tel que mod. par L. 13 déc. 2011[8]).

0962.25 Ordonnance pénale : délai et forme. Le ministère public a la possibilité de former opposition dans le délai de dix jours courant du prononcé de l'ordonnance, par déclaration au greffe du tribunal (C. pr. pén., art. 527, al. 1er, et 495-3, al. 1er). Si à l'expiration de ce délai, le ministère public n'a pas fait opposition, **l'ordonnance pénale est notifiée au prévenu** selon les modalités prévues au deuxième alinéa de l'article 495-3 (C. pr. pén., art. 527, al. 2, mod. par L. 3 juin 3016[9], art. 76), c'est-à-dire par LRAR[10], ou par le procureur de la République, directement ou par l'intermédiaire d'une personne habilitée[11]. Sur ce dernier point, l'article 495-3 alinéa 2 C. pr. pén. été complété par la loi du 23 mars 2019 (art. 61, IV) afin de préciser que « *ce mode de notification* [par le procureur de la République ou son délégué] *est obligatoire si l'ordonnance prononce la peine de jour-amende ou la peine de travail d'intérêt général* »[12]. La

1. Par conséquent, le tribunal de police demeure compétent pour statuer sur l'action civile, même si l'ordonnance pénale est devenue définitive depuis sa saisine : Crim. 3 févr. 1998, n° 97-80.847, P, n° 41.
2. Les réquisitions d'ordonnance pénale, écrites, datées et signées, qui satisfont en la forme aux conditions essentielles de leur existence, ont eu un effet interruptif de la prescription : Crim. 4 déc. 2013, n° 12-88.004, P, n° 249.
3. L. n° 2017-242, 27 févr. 2017, portant réforme de la prescription en matière pénale, *JO* 28 févr., texte 2.
4. La procédure d'ordonnance pénale n'est pas incluse dans l'énumération législative des causes d'interruption du délai de prescription de l'action publique, en quatre points, résultant de l'art. 9-2 C. pr. pén.
5. Crim. 21 janv. 2020, n° 19-81.066, P ; *D. actu.* 10 févr. 2020, obs. D. Goetz ; *JCP* 2020. 491, note J.-H. Robert ; *JCP* 2020. Doctr. 569, spéc^t n° 16, obs. J.-B. Perrier ; *Procédures* 2020. Comm. 74, note A.-S. Chavent-Leclère.
6. L. n° 2021-1104, 22 août 2021, portant lutte contre le dérèglement climatique et renforcement de la résilience face à ses effets, *JO* 24 août, texte 1, art. 290, I, 2°, et II.
7. Le juge du surendettement ne saurait, sans excéder ses pouvoirs et violer l'art. 708 C. pr. pén., procéder au rééchelonnement de telles dettes, ni suspendre les voies d'exécution mises en œuvre pour leur recouvrement : Civ. 1re, 17 nov. 1998, n° 96-19.821, P I, n° 325 ; *D.* 1999. 206, obs. P.-L. Chatain et F. Ferrière.
8. Version en vigueur à partir du 1er juill. 2017.
9. L. n° 2016-731, 3 juin 2016, renforçant la lutte contre le crime organisé, le terrorisme et leur financement, et améliorant l'efficacité et les garanties de la procédure pénale, *JO* 4 juin, texte 1.
10. Crim. 27 janv. 2016, n° 14-87.129, NP : la date de notification de l'ordonnance pénale n'est pas certaine en l'absence de bordereau d'envoi de la lettre recommandée avec demande d'avis de réception.
11. Aix-en-Provence, 27 janv. 2021, RG n° 20/12050 : lorsque l'ordonnance pénale est portée à la connaissance du condamné par l'intermédiaire d'une personne habilitée (délégué du procureur de la République), selon la procédure prévue en application de l'art. 495-3 C. pr. pén., cette notification ne donne pas lieu à l'octroi de l'aide juridictionnelle ou de l'aide à l'intervention de l'avocat. En effet, l'art. 64-2 de la loi n° 91-647 du 10 juill. 1991 (relative à l'aide juridique, *JO* 13 juill.) prévoit une rétribution de l'avocat au titre de l'aide juridique pour les mesures alternatives aux poursuites suivantes : la médiation pénale (C. pr. pén., art. 41-1, 5°), la composition pénale (C. pr. pén., art. 41-2 et 41-3) et les mesures de réparation pour les mineurs (Ord. n° 45-174, 2 févr. 1945, art. 12-1).
12. Cette disposition a été adoptée sur la suggestion du Conseil d'État (CE, avis, 12 avr. 2018, req. n° 394535, spéc^t § 88 ; *JCP A* 2018. Actu. 434, obs. H. Pauliat) : « […] *le Conseil d'État estime que la possibilité d'infliger une peine de jours-amende ou une peine de travail d'intérêt général dans le cadre de la procédure simplifiée de l'ordonnance pénale n'est compatible avec le respect des droits de la défense qu'à la condition que, lorsqu'elle prononce une telle peine, l'ordonnance pénale soit portée à la connaissance de l'intéressé oralement, par le procureur de la République ou la personne désignée par lui, afin qu'il reçoive les informations et explication appropriées et puisse décider, en toute connaissance de cause, s'il conteste la peine ou s'il s'y soumet* ».

circulaire de présentation des dispositions de la loi du 23 mars 2019 de programmation 2018-2022 et de réforme pour la justice relatives au juge unique et à l'ordonnance pénale applicables au 1er septembre 2019[1] précise qu'« *en pratique, ce mode de notification devra également être privilégié en cas de prononcé d'une peine de stage ou d'une peine de sanction-réparation. Dans ce second cas, la personne devra notamment être informée par le délégué du procureur des conséquences du non-respect de la sanction, à savoir la possibilité de mise à exécution par le juge de l'application des peines de l'amende fixée en application du dernier alinéa de l'article 131-8-1 du Code pénal, puisque cet avertissement n'aura pas pu être donné par le président du tribunal. Une telle information devra du reste être également donnée si, dans le cadre de l'ordonnance pénale, le juge a fait application des dispositions du deuxième alinéa de l'article 131-9 du Code pénal, en prévoyant la fixation de l'amende encourue en cas de non-exécution de la peine. D'une manière générale, il est souhaitable que cet avertissement figure dans l'ordonnance pénale elle-même, puisque celle-ci est susceptible d'être notifiée par lettre recommandée* ». Par ailleurs, lorsque le délégué du procureur de la République notifie une ordonnance pénale délictuelle en application du deuxième alinéa de l'article 495-3, il peut recevoir le paiement des amendes pénales prononcées en utilisant un terminal électronique de paiement. Il en est de même lorsqu'il notifie une ordonnance pénale contraventionnelle en application du deuxième alinéa de l'article 527 (C. pr. pén., art. D. 45-2-10, créé par Décr. 21 déc. 2020[2], art. 5). Aux termes de l'article R. 42 alinéa 1er C. pr. pén. (disposition applicable à l'ordonnance pénale contraventionnelle et reprise en substance, pour la matière délictuelle, par l'art. R. 41-3), « *à l'expiration du **délai d'opposition ouvert au ministère public*** », le chef du greffe de la juridiction[3] notifie l'ordonnance pénale au prévenu par une LRAR qui comporte les mentions prévues à l'article 526[4] C. pr. pén. et indique les **délais et modalités de paiement et d'opposition**[5] fixés aux articles R. 43 à R. 46[6] C. pr. pén. Sauf si ces précisions figurent dans l'ordonnance pénale, cette lettre indique qu'en cas de paiement volontaire de l'amende, du droit fixe de procédure et, s'il y a lieu, de la majoration de l'amende, dans le délai d'un mois à compter de sa date d'envoi, le montant des sommes dues sera diminué de 20 % (C. pr. pén., art. R. 42, al. 2, et R. 41-3, al. 3). Ces informations sont également communiquées au prévenu lorsque l'ordonnance pénale lui est notifiée par le procureur de la République ou son délégué (C. pr. pén., art. R. 41-3, al. 4). Cette notification fait courir un délai de trente jours **en matière contraventionnelle** (C. pr. pén., art. R. 43), de quarante-cinq jours **en matière délictuelle** (C. pr. pén., art. R. 41-6, al. 1er), pendant lequel le redevable a la faculté de régler le montant de la créance et d'arrêter la poursuite. La lettre de notification adressée par le greffe doit être jointe, ou ses références sont indiquées (C. pr. pén., art. R. 45, al. 2).

En matière contraventionnelle, le prévenu peut, dans un **délai de trente jours** à compter de l'envoi[7] de la lettre ou de la date à laquelle le procureur de la République a porté l'ordonnance à sa connaissance, former opposition[8] à l'exécution de celle-ci (C. pr. pén., art. 527, al. 3, mod. par L. 3 juin 2016[9], art. 76).

En matière délictuelle, le délai pour former opposition à l'ordonnance est porté à **quarante-cinq jours** (C. pr. pén. art. 495-3, al. 3) à compter de la date d'envoi de la lettre recommandée et, en cas de notification par le procureur de la République ou son délégué,

1. Circ. no JUSD1923026C,2 août 2019, *BOMJ* no 2019-08, 30 août 2019, spéct § 2.2.3.
2. Décr. no 2020-1640, 21 déc. 2020, renforçant l'efficacité des procédures pénales et les droits de victimes, *JO* 23 déc., texte 41.
3. Pour l'ordonnance pénale délictuelle, selon l'article R. 41-3 C. pr. pén. : « *Le greffier en chef de la juridiction* ».
4. Pour l'ordonnance pénale délictuelle, selon l'article R. 41-3 C. pr. pén. : C. pr. pén., art. 495-3.
5. Crim. 12 nov. 2014, no 13-88.109, P, no 234 ; *D. actu.* 4 déc. 2014, obs. Fucini ; *AJ pénal* 2015. 262, obs. J. Lasserre-Capdeville : seule est régulière, au sens de l'article 495-3 C. pr. pén., la notification d'une ordonnance pénale qui informe le prévenu qu'il dispose d'un délai de quarante-cinq jours à compter de cette notification pour former opposition à ladite ordonnance.
6. Pour l'ordonnance pénale délictuelle, selon l'art. R. 41-3, al. 2, C. pr. pén : C. pr. pén., art. 495-3, al. 3 et 5, et R. 41-8.
7. Le délai de trente jours prévu par les art. 527, al. 3, et R. 45 C. pr. pén. commence à courir à compter de la date d'envoi du courrier de notification de l'ordonnance pénale (Crim. 5 oct. 2021, no 21-81.234, NP). De plus, le délai de trente jours ouvert au prévenu pour former opposition à l'exécution d'une ordonnance pénale expire le dernier jour à 24 heures (Crim. 23 juin 1987, nos 87-82.416 et 87-82.417, P, no 262) ; le délai d'opposition qui expirerait normalement un samedi ou un dimanche ou un jour férié ou chômé est prorogé jusqu'au premier jour ouvrable suivant (Crim. 4 sept. 2018, nos 17-87.276, 17-87.277, 17-87.278, 17-87.279, NP).
8. Méconnaît le sens et la portée de l'art. 527 C. pr. pén. et le principe selon lequel le prévenu peut faire opposition à l'exécution de l'ordonnance pénale contraventionnelle qui lui est notifiée, dans un délai de trente jours à compter de la date d'envoi de la lettre ou de la date à laquelle le procureur de la République a porté l'ordonnance à sa connaissance, le tribunal qui déclare recevable l'opposition formée alors que l'ordonnance pénale ayant été notifiée par lettre le 18 févr. 2019 et l'opposition reçue au greffe le 15 avr. suivant, le tribunal devait déclarer cette opposition tardive (Crim. 31 mars 2020, no 19-86.875, NP).
9. L. no 2016-731, 3 juin 2016, renforçant la lutte contre le crime organisé, le terrorisme et leur financement, et améliorant l'efficacité et les garanties de la procédure pénale, *JO* 4 juin, texte 1.

ce délai court à compter de cette notification (C. pr. pén. art. R. 41-4). Toutefois, s'il ne résulte pas de l'avis de réception que le prévenu a reçu la lettre de notification, l'opposition reste recevable jusqu'à l'expiration d'un délai de trente jours qui courent de la date à laquelle l'intéressé a eu connaissance, *d'une part*, de la condamnation, soit par un acte d'exécution, soit par tout autre moyen, *d'autre part*, du délai et des formes de l'opposition qui lui est ouverte (C. pr. pén., art. 527, al. 5 [1], et, 495-3, al. 5). Le Défenseur des droits, dans son rapport du 12 juillet 2016, estime que « *la différence de délais pour former opposition existant actuellement entre l'ordonnance pénale rendue en matière délictuelle* […] *et celle rendue en matière contraventionnelle* […] *n'apparaît pas justifiée* » [2]. Aussi, recommande-t-il « *dans un souci de simplification judiciaire et administrative,* […] *de procéder à une homogénéisation de ces délais et ces modalités. Ce délai pourrait être porté à quarante-cinq jours pour les ordonnances pénales correctionnelles et délictuelles* » [3]. Quant à sa forme, l'opposition faite par le prévenu doit être formée soit par lettre adressée au chef du greffe [4] du tribunal qui a rendu la décision attaquée (le cachet de la poste faisant foi de la date d'envoi [5]), soit par une déclaration verbale faite au chef du greffe [6], enregistrée et signée par celui-ci et par le prévenu lui-même ou par un avocat ou un fondé de pouvoir spécial [7]. Le pouvoir est annexé à l'acte dressé par le chef du greffe [8]. Dans les deux cas, le prévenu doit, à l'appui de l'opposition, remettre ou adresser au chef du greffe [9] la **lettre de notification** ou lui faire connaître les références portées sur celle-ci. Depuis le 1er janvier 2020 [10], les agents de greffe affectés dans un service d'accueil unique du justiciable peuvent assurer la réception et la transmission, en matière pénale, des oppositions à ordonnance pénale (COJ, art. R. 123-28, 3°, e). Les déclarations d'opposition sont inscrites sur un registre (C. pr. pén., art. R. 45 et R. 41-8). En cas d'opposition formée par le prévenu, le chef du greffe [11] avise sans délai le procureur de la République (C. pr. pén., art. R. 46 et R. 41-9, al. 2). Il convient de préciser qu'en matière délictuelle, en cas de notification par le procureur de la République ou son délégué, l'opposition peut être faite devant lui à l'issue de cette notification, par une mention portée sur l'imprimé de notification de l'ordonnance, signée par le procureur ou son délégué et par le prévenu. Le procureur ou son délégué en avise sans délai le greffier en chef (C. pr. pén., art. R. 41-8, al. 3). À cet égard, dans un arrêt récent [12], après avoir rappelé qu'il résulte de l'article préliminaire du Code de procédure pénale que la procédure pénale doit être équitable et contradictoire et préserver l'équilibre des droits des parties, et qu'il se déduit de l'article 6 § 1 de la Convention de sauvegarde des droits de l'homme et libertés fondamentales (Conv. EDH) que si le droit d'exercer un recours peut être soumis à des conditions légales, les tribunaux doivent, en appliquant des règles de procédure, éviter un excès de formalisme qui porterait atteinte à l'équité de la procédure, la Cour de cassation en a conclu qu'une cour d'appel a fait preuve d'un formalisme excessif et a méconnu les textes et les principes ci-dessus rappelés, en déclarant irrecevable en la forme une

1. Un juge méconnaît ce texte en déclarant irrecevable comme tardive l'opposition formée alors que la lettre notifiant l'ordonnance a été retournée avec la mention « non réclamée » : Crim. 18 juin 2013, n° 13-80.059, NP – Crim. 15 oct. 2013, n° 13-80.057, NP – DE MÊME, si aucune lettre recommandée n'a été envoyée, l'opposition reste recevable jusqu'à l'expiration d'un délai de trente jours qui court de la date à laquelle l'intéressé a eu connaissance de sa condamnation, soit par un acte d'exécution, soit par tout autre moyen. Encourt la cassation, l'arrêt qui, alors que la notification prévue par le texte précité a été faite par un agent de la police municipale, fixe le point de départ du délai pour former opposition, non à la date à laquelle le prévenu a eu connaissance de l'ordonnance, mais à celle à laquelle a été envoyé à l'agent le courrier portant transmission de la décision : Crim. 28 sept. 2004, n° 03-86.802, P, n° 222 – EN REVANCHE, le délai de trente jours peut commencer à courir à la date à laquelle le Trésor adresse au contrevenant un avertissement, ce dernier devant être considéré comme le premier acte d'exécution : Crim. 25 juin 2013, n° 12-83.248, NP.
2. Défenseur des droits, rapport *Amendes et circulation routière. État des lieux et recommandations du Défenseur des droits*, 12 juill. 2016, spéc^t p. 11.
3. Rapport *Amendes et circulation routière. État des lieux et recommandations du Défenseur des droits*, 12 juill. 2016, spéc^t p. 12.
4. Pour l'ordonnance pénale délictuelle, le greffier en chef du tribunal qui a rendu la décision (C. pr. pén., art. R. 41-8).
5. Crim. 19 juin 2012, n° 11-88.609, P, n° 149.
6. Pour l'ordonnance pénale délictuelle : le greffier en chef (C. pr. pén., art. R. 41-8).
7. Crim. 5 nov. 2013, n° 12-84.923, P, n° 212 : l'option donnée au prévenu par les art. 527, al. 3, et R. 45 C. pr. pén. de former opposition à l'exécution d'une ordonnance pénale soit par lettre adressée au chef de greffe du tribunal qui a rendu la décision attaquée, soit par déclaration au greffe, est également offerte à son avocat ou fondé de pouvoir spécial – V. AUSSI : Crim. 14 avr. 2015, n° 14-82.737, NP – Crim. 20 juin 2018, n° 17-87.361, NP : au contraire d'un fondé de pouvoir spécial, l'avocat qui forme opposition à l'exécution d'une ordonnance pénale n'a pas à justifier d'un pouvoir spécial.
8. Pour l'ordonnance pénale délictuelle : le greffier en chef (C. pr. pén., art. R. 41-8).
9. Pour l'ordonnance pénale délictuelle : le greffier en chef (C. pr. pén., art. R. 41-8).
10. Décr. n° 2019-912, 30 août 2019, modifiant le Code de l'organisation judiciaire et pris en application des articles 95 et 103 de la loi n° 2019-222 du 23 mars 2019 de programmation 2018-2022 et de réforme pour la justice, *JO* 1er sept., texte 2, art. 9 et 40, I.
11. Pour l'ordonnance pénale délictuelle : le greffier en chef (C. pr. pén., art. R. 41-9).
12. Crim. 16 févr. 2021, n° 20-84.445, NP.

opposition adressée, dans le délai légalement prévu, par courrier recommandé au procureur de la République, tout en retenant que ce dernier, à qui il était possible, selon l'article R. 41-8 alinéa 3 C. pr. pén., de s'adresser pour initier un tel recours, était l'auteur de la notification de l'ordonnance pénale. À l'expiration du délai d'opposition, le chef du greffe[1] donne avis au comptable de la DGFiP des oppositions reçues et de l'annulation des extraits correspondants (C. pr. pén., art. R. 47 et R. 41-9, al. 1er). Le comptable de la DGFiP procède au recouvrement de l'ordonnance pénale à l'expiration du délai d'opposition (de trente jours en matière contraventionnelle ou de quarante-cinq jours en matière délictuelle), à moins qu'il ne soit fait opposition (C. pr. pén., art. R. 48 et R. 41-10). Le comptable public compétent arrête le recouvrement dès réception de l'avis d'opposition à l'ordonnance pénale établi par le greffe (C. pr. pén., art. 527, dern. al., et 495-3, dern. al.).

En matière contraventionnelle, en cas d'opposition formée par le ministère public ou par le prévenu, l'affaire est portée à l'audience du tribunal de police dans les formes de la procédure ordinaire (C. pr. pén, art. 528, al. 1er, mod. par L. 13 déc. 2011, art. 2[2]). Il résulte de l'article 528 C. pr. pén. que le tribunal ne peut statuer sur les mérites d'une opposition à l'exécution d'une ordonnance pénale que s'il a été saisi de l'infraction concernée contre le prévenu qui a fait l'objet de ladite ordonnance[3].

En matière délictuelle, en cas d'opposition formée par le ministère public ou par le prévenu, l'affaire est portée à l'audience du tribunal correctionnel (C. pr. pén., art. 495-4, al. 1er). La chambre criminelle de la Cour de cassation[4] a estimé que l'identité de composition de la juridiction se prononçant sur une ordonnance pénale et sur l'opposition formée contre celle-ci n'est pas contraire à l'exigence d'un tribunal impartial édictée par l'article 6 § 1 de la Conv. EDH. Tout jugement ou arrêt devant comporter les motifs propres à justifier la décision et répondre aux chefs péremptoires des conclusions des parties, les tribunaux sont tenus de répondre aux moyens de défense contenus dans l'acte d'opposition[5]. Ainsi, le jugement ne peut se borner à énoncer qu'il résulte des débats de l'audience et des pièces versées à la procédure que le prévenu a bien commis les faits qui lui sont reprochés[6]. Le juge est tenu de répondre à un moyen soulevant, dans l'acte d'opposition à l'ordonnance pénale, la prescription de l'action publique[7]. De même, ne justifie pas sa décision une cour d'appel qui se détermine par référence à la motivation des premiers juges, sans répondre au grief tiré de la violation des droits de la défense et en ne statuant pas au fond par des motifs propres[8]. En revanche, un prévenu présent à l'audience ne peut se prévaloir de ces dispositions lorsqu'il n'a pas déposé de conclusions écrites et que l'opposition formée à l'audience pénale n'était pas argumentée[9]. Les **arguments péremptoires contenus dans l'acte d'opposition à une ordonnance pénale** constituent des **moyens de défense** auxquels la juridiction est tenue de répondre. Par suite, les exceptions de nullité présentées ultérieurement devant la juridiction de jugement sont irrecevables, par application de l'article 385 C. pr. pén.[10].

Le jugement rendu par défaut, sur opposition à une ordonnance pénale, à l'encontre du prévenu non comparant ni représenté, est susceptible d'opposition (C. pr. pén., art. 528, al. 1er, mod. par L. 13 déc. 2011, et art. 495-4, al. 1er, mod. par L. 13 déc. 2011). Partant, tout pourvoi en cassation est irrecevable[11]. Cette possibilité de former opposition à un jugement rendu par défaut sur opposition à une ordonnance pénale résulte de la loi du 13 décembre 2011 relative à la répartition des contentieux et à l'allègement de certaines procédures juridictionnelles. Auparavant, le jugement rendu par défaut, sur l'opposition du prévenu à une ordonnance pénale, n'était

1. Pour l'ordonnance pénale délictuelle : le greffier en chef (C. pr. pén., art. R. 41-9).
2. Version en vigueur depuis le 1er juill. 2017. Dans sa rédaction antérieure, l'affaire était portée à l'audience du tribunal de police ou de la juridiction de proximité dans les formes de la procédure ordinaire. Les art. 1er et 2e de la loi 13 déc. 2011 avaient prévu la suppression de la juridiction de proximité au 1er janv. 2013. La loi no 2012-1441 du 24 déc. 2012 a reporté cette suppression au 31 déc. 2014 et même au 30 juin 2015 pour les affaires en cours. L'art. 99 de la loi no 2014-1654 du 29 déc. 2014 a reporté cette suppression au 1er janv. 2017 (et même au 1er juill. 2017 pour les affaires en cours). Le 3o du IV de l'art. 15 de la loi du 18 nov. 2016 a modifié cette date en la reportant du 1er janv. 2017 au 1er juill. 2017 – Sur « la réforme du tribunal de police », v. M. Marque, « Le droit en débats », *D. actu.*16 juin 2017.
3. Crim. 21 janv. 2020, no 19-84.370, NP.
4. Crim. 4 déc. 2013, no 13-81.588, NP.
5. Crim. 9 juin 1980, no 79-93.266, P, no 181.
6. Crim. 15 mai 2013, no 12-84.312, NP – Crim. 29 janv. 2014, no 13-83.934, NP – Crim. 10 déc. 2014, no 14-81.273, NP – Crim. 12 mai 2015, no 14-80.693, NP – Crim. 12 mai 2015, no 14-80.694, NP – Crim. 8 déc. 2015, no 15-81.645, NP – Crim. 2 févr. 2016, no 15-81.296, NP – Crim. 20 sept. 2016, no 15-87.359, NP – Crim. 22 nov. 2016, no 16-81.618, NP – Crim. 6 déc. 2016, no 16-81.594, NP – Crim. 30 janv. 2018, nos 17-83.558, 17-83.559, 17-83.560 et 17-83.561, NP – Crim. 9 mai 2018, no 17-84.066, NP – Crim. 5 janv. 2021, no 20-81.792, NP.
7. Crim. 10 nov. 2004, no 04-83.541, P, no 282.
8. Crim. 6 déc. 2016, no 16-80.621, NP.
9. Crim. 23 sept. 2015, no 14-88.079, NP.
10. Crim. 15 oct. 2014, no 12-83.594, P, no 209.
11. Crim. 19 févr. 2013, no 12-86.433, P, no 43 ; *D. actu.* 26 mars 2013, obs. C. Gayet – Crim. 28 janv. 2014, no 13-81.729, NP – Crim. 16 juin 2015, no 14-87.303, NP.

pas susceptible d'opposition[1]. Cette évolution législative fait suite à une suggestion de modification de l'article 528 C. pr. pén. émise par la Cour de cassation dans son rapport annuel pour 2010. Elle y avait relevé qu'« *une telle impossibilité n'est pas justifiable au regard du droit pour toute personne à ce que sa cause soit entendue équitablement. La seule voie qui est ouverte actuellement est celle du pourvoi en cassation* […], *lequel ne peut toutefois se substituer à un examen au fond de la procédure* »[2]. Le prévenu dispose de la faculté de renoncer à son opposition tant que les débats ne sont pas ouverts devant la juridiction de jugement (C. pr. pén., art. 528, al. 2, et 495-4, al. 2). L'ordonnance pénale reprend alors sa force exécutoire et une nouvelle opposition est irrecevable. La juridiction méconnaît l'article 528, alinéa 2, C. pr. pén. lorsque le prévenu ayant renoncé à son opposition, elle met à néant l'ordonnance et prononce une condamnation[3].

0962.26 Ordonnance pénale : modalités de la saisine. Aux termes des articles R. 42, alinéa 3 et R. 41-5 C. pr. pén., les magistrats ou officiers du ministère public vérifient les extraits d'ordonnance pénale. Lorsqu'une peine d'amende a été prononcée, l'ordonnance fait l'objet d'un relevé de condamnation pénale adressé par le greffier en chef au comptable de la DGFiP conformément aux dispositions de l'article R. 55-5 du même code. Aux termes de l'article 14 du décret du 22 décembre 1964[4], « *les comptables de la Direction générale des finances publiques sont seuls compétents pour encaisser les condamnations pécuniaires prononcées par la voie de l'ordonnance pénale en vertu des articles 524 et suivants et R. 42 et suivants du Code de procédure pénale, lorsque ces condamnations font l'objet d'un paiement dans les délais et suivant les modalités prévues aux articles 527 et R. 43 de ce code* ».

En cas de décision contradictoire rendue en présence du condamné ou de son représentant, il est remis à ce dernier à l'issue de l'audience, s'il en fait la demande, un **relevé de condamnation pénale** lui permettant de s'acquitter volontairement des droits fixes de procédure et, s'il y a lieu, de l'amende dans le délai d'un mois auprès du comptable de la DGFiP (C. pr. pén., art. R. 55-4, mod. par Décr. 27 mai 2014). Dans cette hypothèse, le greffier en chef adresse au comptable de la DGFiP un exemplaire de chaque relevé de condamnation pénale au plus tard le deuxième jour ouvrable suivant le prononcé de la décision (C. pr. pén., art. R. 55-5, al. 1er, mod. par Décr. 27 mai 2014).

Dans les autres cas, ce relevé est adressé au comptable de la DGFiP en même temps qu'il est procédé à la signification ou à la notification de la décision (C. pr. pén., art. R. 55-5, al. 2, mod. par Décr. 27 mai 2014).

Ces relevés sont adressés sous un **bordereau d'envoi simplifié**, dont le modèle est arrêté conjointement par le garde des Sceaux, ministre de la Justice, et par le ministre des Finances. L'envoi de ces relevés dispense d'adresser ultérieurement un extrait de la décision lorsque celle-ci est devenue exécutoire (C. pr. pén., art. R. 55-5, al. 3 et 4, mod. par Décr. 27 mai 2014).

Ainsi, **le bordereau, signé par l'officier du ministère public, vaut titre exécutoire.** L'ordonnance pénale peut intervenir sans que le contrevenant comparaisse et soit interrogé. Il a été jugé que, dans certains cas, où la poursuite est dirigée contre le titulaire du certificat d'immatriculation du véhicule, celui-ci a la charge d'indiquer l'identité du véritable utilisateur de la voiture, auteur de l'infraction, en l'espèce contravention aux règles relatives au stationnement payant (application combinée de C. route, art. L. 121-2 et C. pr. pén., art. 529-2)[5].

§ 2 Amendes forfaitaires

0962.31 Finalité de la procédure d'amende forfaitaire. Le régime particulier des amendes forfaitaires est défini, notamment, par le Code de la route[6] (Ord. 15 déc. 1958[7] ; recodifiée par Ord. 21 déc. 2000[8]) et, **en matière contraventionnelle**, par les articles 529 s., R. 48-1 s. C. pr. pén. et, **en matière délictuelle**, par les articles 495-17 à 495-25, D. 45-3 à D. 45-21 C. pr. pén. L'instauration de cette procédure « *répond à une volonté législative d'élaborer une politique pénale permettant d'absorber un contentieux de masse, comprenant à titre principal les infractions à la circulation routière, tout en évitant d'engorger les juridictions* »[9]. De plus, « *elle permet un recouvrement accéléré des amendes par la mise en œuvre d'une procédure simplifiée au cours de*

1. Crim. 13 mars 2007, n° 06-86.257, P, n° 78 – Crim. 5 janv. 2010, n° 09-85.531, P, n° 1 – Crim. 25 mai 2011, n° 10-87.135, P, n° 108 ; *D. actu.* 27 juin 2011, obs. M. Léna.
2. *R. 2010*, p. 42.
3. Crim. 20 oct. 2009, n° 09-83.781, NP.
4. Mod. par Décr. n° 2014-551, 27 mai 2014, art. 36.
5. Crim. 23 oct. 1991, n° 91-80.671, P, n° 370 ; *Gaz. Pal.* 1992. 1. 281, obs. Doucet – Crim. 27 janv. 1993, n° 92-83.047, NP ; *D.* 1994. 261, obs. P. Couvrat et M. Massé ; *Dr. pénal* juill. 1993, n° 161, obs. J.-H. Robert.
6. « *Initialement conçues comme instrument de gestion d'un contentieux de masse, les amendes forfaitaires tendent à devenir principalement une technique juridique au service du permis de conduire à points* » (B. Le Page-Seznec, « Fondements des amendes forfaitaires pour infraction au Code de la route », *RSC* 1996. 839).
7. Ord. n° 58-1216, 15 déc. 1958, relative à la police de la circulation routière, *JO* 16 déc.
8. Ord. n° 2000-1255, 21 déc. 2000, modifiant certaines dispositions annexées à l'ordonnance n° 2000-930 du 22 septembre 2000 relative à la partie législative du Code de la route, *JO* 23 déc., p. 20481.
9. Rép. pénal, v° *Amende forfaitaire*, par J.-P. Céré, oct. 2017 (actu. nov. 2023), n° 2.

laquelle l'intervention du juge devient optionnelle »[1]. Cette procédure de l'amende forfaitaire déroge non seulement au principe du recours au juge mais aussi, « *par voie de conséquence, à l'individualisation de la peine puisque l'amende n'est pas fixée au cas par cas, en fonction des circonstances de la commission de l'infraction et de la personnalité de l'auteur, mais, par catégories d'infractions, en fonction de barèmes fixés par décret* »[2].

0962.32 Amendes forfaitaires contraventionnelles. L'amende forfaitaire diffère de l'ordonnance pénale. Tandis que l'ordonnance pénale suppose nécessairement l'intervention d'un juge du siège et permet de réprimer toutes les contraventions (sauf si le prévenu est mineur), la procédure d'amende forfaitaire est réservée, en matière contraventionnelle, à la sanction des « *contraventions dont la liste est fixée par décret en Conseil d'État* »[3], énumérées à l'article R. 48-1 C. pr. pén. (mod. par Décr. 25 janv. 2025[4]). Autrement dit, **la liste des contraventions susceptibles d'être sanctionnées par une amende forfaitaire est limitative** ; elle comprend :

– les « *contraventions réprimées par le Code de la route qu'elles entraînent ou non un retrait des points affectés au permis de conduire sous réserve des dispositions de l'article R. 49-8-5 relative à l'amende forfaitaire minorée* » (C. pr. pén., art. R. 48-1, I, 1°) ;

– des contraventions en matière de transport et de circulation (C. pr. pén., art. R. 48-1, I, 2°) ;

– des contraventions en matière de protection de l'environnement (C. pr. pén., art. R. 48-1, I, 3°) ;

– certaines contraventions réprimées par le Code rural et de la pêche maritime (C. pr. pén., art. R. 48-1, I, 4°) ;

– certaines contraventions réprimées par le Code des postes et des communications électroniques (C. pr. pén., art. R. 48-1, I, 5° et R. 48-1, I, 16°) ;

– des contraventions réprimées par le Code de la santé publique (C. pr. pén., art. R. 48-1, I, 6°) ;

– des contraventions en matière de protection ou de contrôle des animaux (C. pr. pén., art. R. 48-1, I, 7°) ;

– certaines contraventions réprimées par le Code du sport (C. pr. pén., art. R. 48-1, I, 8°) ;

– les contraventions réprimées par l'article R. 623-2 C. pén. relatif aux bruits ou tapages injurieux ou nocturnes troublant la tranquillité d'autrui et celles réprimées par les articles R. 1337-7 et R. 1337-9 du CSP relatifs aux bruits particuliers de nature à porter atteinte à la tranquillité du voisinage ou à la santé de l'homme (C. pr. pén., art. R. 48-1, I, 9°) ;

– les contraventions en matière d'armes réprimées par le chapitre VII du titre Ier du livre III de la partie réglementaire du Code de la sécurité intérieure (C. pr. pén., art. R. 48-1, I, 10°) ;

– les contraventions réprimées par les articles R. 271-3 à R. 271-6 C. envir. de Saint-Barthélemy[5] (C. pr. pén., art. R. 48-1, I, 11°) ;

– les contraventions en matière de précurseurs d'explosifs réprimées par les articles R. 2353-20 et R. 2353-21 C. défense (C. pr. pén., art. R. 48-1, I, 12°) ;

– les contraventions réprimées par l'article R. 644-4 C. pén. relatif à la participation à une manifestation interdite sur la voie publique (C. pr. pén., art. R. 48-1, I, 13°) ;

– les contraventions en matière d'aéronefs circulant sans personne à bord réprimées par les articles R. 151-2 et R. 151-3 C. aviat. civile (C. pr. pén., art. R. 48-1, I, 14°) ;

– les contraventions réprimées par l'article R. 644-3 C. pén. relatif à l'acquisition de produits du tabac manufacturé vendus à la sauvette (C. pr. pén., art. R. 48-1, I, 15°) ;

– les contraventions réprimées par l'article R. 20-29-7 C. pr. exéc. (C. pr. pén., art. R. 48-1, I, 16°) ;

– les contraventions réprimées par les articles R. 644-2 et R. 644-2-1 C. pén. relatifs aux entraves à la libre circulation sur la voie publique (C. pr. pén., art. R. 48-1, I, 17°) ;

– les contraventions réprimées par les articles R. 644-5 et R. 644-5-1 C. pén. relatifs à la violation de certaines mesures de police (C. pr. pén., art. R. 48-1, I, 18°) ;

– les contraventions réprimées par l'article R. 644-6 C. pén. relatif à l'atteinte à certains équipements de secours (C. pr. pén., art. R. 48-1, I, 19°) ;

– les contraventions réprimées par l'article R. 151-10 C. aviat. civile (C. pr. pén., art. R. 48-1, I, 20°).

Au titre des contraventions susceptibles d'être sanctionnées par une amende forfaitaire, l'article R. 48-1, II, 1° C. pr. pén. (créé par Décr. 28 mars 2020[6]) mentionne la contravention de la 5e classe prévue à l'article L. 3136-1 alinéa 3 (première et

1. Rép. pénal, v° *Amende forfaitaire*, par J.-P. Céré, oct. 2017 (actu. nov. 2023), n° 2.
2. F. Desportes et L. Lazerges-Cousquer, *Traité de procédure pénale*, 4e éd., Economica, 2015, spéc^{t} n° 1263.
3. L'art. 29 de la loi n° 2011-1862 du 13 déc. 2011 relative à la répartition des contentieux et à l'allègement de certaines procédures juridictionnelles a supprimé de l'article 529 C. pr. pén. la référence législative aux seules contraventions des quatre premières classes, pour permettre d'étendre le mécanisme de l'amende forfaitaire aux contraventions de la 5e classe par voie réglementaire.
4. Décr. n° 2025-68, 25 janv. 2025, relatif à la sûreté dans les transports publics, *JO* 26 janv., texte 24, art. 3.
5. Aj. par Décr. n° 2016-34, 20 janv. 2016, portant dispositions pénales et de procédure pénale pour l'application du Code de l'environnement de Saint-Barthélemy et modifiant le Code de procédure pénale, *JO* 22 janv., texte 50, art. 8.
6. V. Décr. n° 2020-357, 28 mars 2020, relatif à la forfaitisation de la contravention de la 5e classe réprimant la violation des mesures édictées en cas de menace sanitaire grave et de déclaration de l'état d'urgence sanitaire, *JO* 29 mars, texte 3, art. 1er.

dernière phrases) du CSP[1] réprimant la violation des mesures édictées en cas de menace sanitaire grave[2]. À cet égard, il convient de noter que, si le principe de l'application de la procédure d'amende forfaitaire à une contravention de 5e classe avait été posé par la loi du 13 décembre 2011 (art. 29), aucune contravention de 5e classe n'avait été, jusqu'alors, incluse dans le champ de l'amende forfaitaire. En effet, dans le cadre de l'état d'urgence sanitaire dû à l'épidémie de Covid-19, la loi du 23 mars 2020[3] a créé une infraction spécifique, applicable au non-respect du confinement, et plus largement à la « *violation des autres interdictions ou obligations édictées en application des articles L. 3131-1 et L. 3131-15 à L. 3131-17* » du CSP. L'article L. 3136-1 de ce code, ainsi modifié[4], reprend la contravention de 4e classe créée par le décret du 17 mars 2020[5], en prévoyant également l'application de la procédure d'amende forfaitaire prévue à l'article 529 C. pr. pén.[6]. Lorsqu'une personne ne respecte pas les interdictions ou obligations édictées en application des articles L. 3131-1 et L. 3131-15 à L. 3131-17 du CSP, elle commet une contravention de la 4e classe. Le fait par toute personne de se rendre dans un établissement recevant du public en méconnaissance d'une mesure édictée sur le fondement du 5° du I de l'article L. 3131-15 est également punie de l'amende prévue pour les contraventions de la 4e classe. En revanche, le décret du 17 février 2021[7] sanctionne la violation par l'exploitant d'un établissement recevant du public des mesures édictées sur le fondement du 5° du I de l'article L. 3131-15 (mesures de fermeture et réglementation des conditions d'ouverture) de l'amende prévue pour les contraventions de la 5e classe dès le premier manquement (la procédure de l'amende forfaitaire est applicable à cette contravention et les montants des amendes forfaitaires et des amendes forfaitaires majorées sont respectivement fixés à 500 et 1 000 euros[8]). La violation des mesures de mise en quarantaine et des mesures de placement et de maintien en isolement, édictées sur le fondement des 3° et 4° du I de l'article L. 3131-15 ou des 1° et 2° du I de l'article L. 3131-1 du CSP, est également sanctionnée de l'amende prévue pour les contraventions de la 5e classe dès le premier manquement (la procédure de l'amende forfaitaire est applicable à cette contravention et les montants des amendes forfaitaires et des amendes forfaitaires majorées sont respectivement fixés à 1 000 et 1 300 €[9]). De plus, l'article L. 3136-1 alinéa 3 prévoit qu'en cas de nouvelle violation des interdictions ou obligations édictées en application des articles L. 3131-1 et L. 3131-15 à L. 3131-17 du CSP dans un délai de quinze jours, cette **réitération est punie d'une contravention de 5e classe**, à laquelle le décret du 28 mars 2020 applique le mécanisme de l'amende forfaitaire[10]. La constatation de la réitération est rendue possible par la consultation du **fichier ADOC** (accès au dossier des contraventions), créé par un arrêté du 13 octobre 2004[11], initiale-

1. Pour l'application de l'art. L. 3136-1 en Nouvelle-Calédonie et en Polynésie française, v. CSP, art. L. 3841-3.
2. Sur le « droit pénal de crise » instauré pour faire face à l'état d'urgence sanitaire, v. J.-B. Perrier, « Le droit pénal du danger », *D.* 2020. 937 – Ph. Conte, « Le droit pénal de crise : l'exemple du virus Covid-19 », *Dr. pénal* 2020. Étude 2 – P. Mistretta, « Coronavirus Covid-19 : un droit pénal chimérique », *JCP* 2020. 371 – M. Disant et O. Maricourt, « La violation du confinement à l'épreuve du contentieux », *JCP* 2020. 581 – J.-B. Perrier et F. Rousseau, « Le droit pénal de l'état d'urgence sanitaire », *RSC* 2020. 415.
3. L. n° 2020-290, 23 mars 2020, d'urgence pour faire face à l'épidémie de Covid-19, *JO* 24 mars, texte 2.
4. Dern. Mod. par L. n° 2021-1040, 5 août 2021, art. 6, 3°.
5. Décr. n° 2020-264, 17 mars 2020, portant création d'une contravention réprimant la violation des mesures destinées à prévenir et limiter les conséquences des menaces sanitaires graves sur la santé de la population, *JO* 18 mars, texte 7. Cette contravention a été créée en cas de violation des interdictions ou en cas de manquement aux obligations édictées par le décret n° 2020-260 du 16 mars 2020 portant réglementation des déplacements dans le cadre de la lutte contre la propagation du virus Covid-19 (*JO* 17 mars, texte 2, abr. par Décr. n° 2020-293, 23 mars 2020, prescrivant les mesures générales nécessaires pour faire face à l'épidémie de Covid-19 dans le cadre de l'état d'urgence sanitaire, *JO* 24 mars, texte 7, art. 13), ainsi qu'en cas de méconnaissance des mesures prises sur son fondement. La procédure de l'amende forfaitaire est applicable.
6. Amende forfaitaire de 135 euros, portée à 375 euros en cas de majoration.
7. Décr. n° 2021-172, 17 févr. 2021, modifiant la contravention réprimant la violation par l'exploitant d'un établissement recevant du public des mesures édictées sur le fondement du 5° du I de l'article L. 3131-15 du CSP, *JO* 18 févr., texte 27.
8. Par dérogation aux art. R. 49 et R. 49-7 C. pr. pén., pour les contraventions de la 5e classe mentionnées dans la première phrase du 3e alinéa de l'art. L. 3136-1 du CSP réprimant la violation par l'exploitant d'un établissement recevant du public des mesures édictées sur le fondement du 5° du I de l'article L. 3131-15 du même code, le montant de l'amende forfaitaire est fixé à 500 euros, et celui de l'amende forfaitaire majorée est fixé à 1 000 euros (Décr. n° 2021-172, 17 févr. 2021, art. 3, mod. par Décr. n° 2021-490, 22 avr. 2021, art. 2, II).
9. Décr. n° 2021-490, 22 avr. 2021, modifiant la contravention réprimant la violation des mesures de mise en quarantaine et de placement et de maintien en isolement édictées sur le fondement des 3° et 4° du I de l'article L. 3131-15 ou du troisième alinéa de l'article L. 3131-1 du CSP, *JO* 23 avr., texte 14, art. 1er et 2, I. La référence « *du 3e alinéa de l'article L. 3131-1 du CSP* » est remplacée par « *des 1° et 2° du I de l'article L. 3131-1 du CSP* » (L. n° 2021-689, 31 mai 2021, relative à la gestion de la sortie de crise sanitaire, *JO* 1er juin, texte 1, art. 6, 2°).
10. Les montants de l'amende forfaitaire simple et de l'amende forfaitaire majorée ont été fixés respectivement à 200 euros (C. pr. pén., art. R. 49, 6°) et 450 euros (C. pr. pén., art. R. 49-7, 6°).
11. Arr. 13 oct. 2004, portant création du système de contrôle automatisé, *JO* 15 oct., texte 5.

ment réservé aux infractions relatives à la circulation routière, qui a été étendu, par un arrêté du 14 avril 2020[1], à l'ensemble des contraventions et délits faisant l'objet d'une **amende forfaitaire constatée par un procès-verbal électronique** (PVe)[2]. Enfin, si des violations sont verbalisées à plus de trois reprises dans un délai de trente jours, l'infraction[3] devient un délit punissable de six mois d'emprisonnement et de 3 750 euros d'amende ainsi que de la peine complémentaire de travail d'intérêt général et, lorsque l'infraction a été commise à l'aide d'un véhicule, de la peine complémentaire de suspension, pour une durée de trois ans au plus, du permis de conduire. Ce « droit pénal de crise » instauré pour faire face à un état d'urgence sanitaire inédit doit néanmoins se concilier avec le respect des libertés fondamentales. L'article L. 3136-1 du CSP a fait l'objet de plusieurs questions prioritaires de constitutionnalité que la Cour de cassation[4] a accepté de transmettre au Conseil constitutionnel. Ce dernier[5] a déclaré conforme à la Constitution le **délit de violations réitérées des obligations du confinement.**

Par ailleurs, des sanctions sont encourues en cas de **non-présentation par le public du passe sanitaire dans un lieu où il est requis**[6], en cas d'**utilisation frauduleuse d'un passe sanitaire**[7] et en cas d'absence de contrôle par l'exploitant d'un lieu ou d'un établissement ou le professionnel responsable d'un événement chargés de le vérifier, avec mise en demeure et éventuelle fermeture temporaire de l'établissement (si un manquement est constaté à plus de trois reprises au cours d'une période de quarante-cinq jours, il est puni d'un an d'emprisonnement et de 9 000 euros d'amende[8]). Un décret du 7 août 2021[9] précise les montants des amendes forfaitaires applicables aux contraventions de la 5e classe pour absence de contrôle par l'exploitant d'un service de transport de la détention des documents relatifs au passe sanitaire par les personnes qui souhaitent y accéder[10] et pour absence de contrôle par l'employeur (hors particulier employeur) du respect de l'obligation vaccinale par les personnes qui y sont soumises[11]. Ces contraventions peuvent faire l'objet de la procédure de l'amende forfaitaire prévue à l'article 529 C. pr. pén. Les montants des amendes forfaitaires et des amendes forfaitaires majorées sont respectivement fixés à 1 000 et 1 300 euros[12]. Dans ces deux cas, si l'infraction

1. Arr. 14 avr. 2020, modifiant l'arrêté du 13 octobre 2004 portant création du système de contrôle automatisé, *JO* 16 avr., texte 19 – V. décision du Conseil d'État : CE, 10e et 9e ch. réunies, 24 sept. 2021, req. nº 441317 : « *Eu égard aux finalités du système de contrôle automatisé, qui a pour objet de centraliser les opérations d'identification, de gestion et de suivi des infractions routières et non routières faisant l'objet d'une amende forfaitaire, la limitation du droit à demander l'effacement des données aux seules personnes ayant bénéficié d'une décision définitive de relaxe, à l'exclusion de celles pour lesquelles la procédure a été classée sans suite, porte une atteinte disproportionnée aux droits de ces dernières* ». Le dernier al. de l'art. 2 de l'arrêté du 14 avr. 2020 est annulé en tant qu'il ne prévoit pas de procédure de demande d'effacement des données auprès du procureur de la République en cas de classement sans suite d'une procédure d'amende forfaitaire pour des infractions autres que routières. – Sur cet arrêté, v. Y. Bisiou, « Nouveau fichage policier des consommateurs de cannabis et des violations de l'obligation de confinement », *AJ pénal* 2020. 232. La constatation de la réitération est possible lorsque les violations ont été constatées après le 16 avr. 2020 (date de publication de l'arrêté). Sur ce point, v. J.-B. Perrier, « Le droit pénal du danger », *D.* 2020. 937 : « *La question reste entière pour les poursuites correctionnelles et pour les amendes forfaitaires de la 5e classe, lorsque la réitération a été constatée avant le 16 avril ou lorsqu'au moins l'un des faits a été constaté avant cette date* [...] ».
2. CNIL, délib. nº 2020-043, 9 avr. 2020, portant avis sur un projet d'arrêté modifiant l'arrêté du 13 octobre 2004 portant création du système de contrôle automatisé (demande d'avis nº 19022550), *JO* 16 avr., texte 40 : la CNIL estime que « *l'extension du périmètre du SCA permet donc de traiter, au moyen de PVe et par le biais d'un système d'information préexistant, d'ores et déjà éprouvé s'agissant du traitement des infractions routières, les nouvelles infractions sanctionnées par une amende forfaitaire introduites par la loi d'urgence du 23 mars 2020* ».
3. La constatation de la réitération d'infractions ne suppose aucune décision de condamnation pénale. Elle pourra s'opérer à l'appui de plusieurs verbalisations dans le cadre de procédures d'amendes forfaitaires.
4. Crim. 13 mai 2020, nos 20-90.003, 20-90.004 et 20-90.006, QPC, NP ; *RSC* 2020. 289, obs. X. Pin. Seules certaines critiques fondées sur les principes de légalité des délits et des peines et de présomption d'innocence ont été jugées suffisamment sérieuses pour justifier la saisine du Conseil : le législateur n'a-t-il pas transféré ses compétences au gouvernement en le laissant fixer les obligations à respecter alors que la Constitution lui confie la responsabilité de déterminer lui-même les délits ? Une condamnation peut-elle intervenir pour des verbalisations non définitives, étant encore susceptibles de contestations devant le ministère public ou le tribunal de police ? Par ailleurs, le critère de « nouveauté », fondé sur l'intérêt particulier d'une question au regard de l'importance du sujet de société en cause, n'a pas été retenu. En présence de critiques sérieuses de constitutionnalité, le recours à ce critère alternatif était inutile.
5. Cons. const. 26 juin 2020, nº 2020-846/847/848 QPC, *JO* 27 juin, texte 80.
6. L. nº 2021-689, 31 mai 2021, art. 1er, II, D, mod. par L. nº 2021-1040, 5 août 2021, art. 1er, I, 1º, b).
7. L. nº 2021-689, 31 mai 2021, art. 1er, II, D, mod. par L. nº 2021-1465, 10 nov. 2021, art. 2, 1º, c).
8. L. nº 2021-689, 31 mai 2021, art. 1er, II, D, mod. par L. nº 2021-1040, 5 août 2021, art. 1er, I, 1º, b).
9. Décr. nº 2021-1056, 7 août 2021, pris pour l'application des articles 1er et 16 de la loi nº 2021-1040 du 5 août 2021 relative à la gestion de la crise sanitaire, *JO* 8 août, texte 23.
10. Contravention prévue par L. nº 2021-689, 31 mai 2021, art. 1er, II, D, al. 2, mod. par L. nº 2021-1040, 5 août 2021, art. 1er, I, 1º, b).
11. Contravention prévue par L. nº 2021-1040, 5 août 2021, art. 16, II.
12. Décr. nº 2021-1056, 7 août 2021, préc., art. 1 et 2.

est verbalisée à plus de trois reprises au cours d'une période de trente jours, les peines sont portées à un an d'emprisonnement et à 9 000 euros d'amende[1].

Il convient de noter que la loi du 3 août 2018[2] renforçant la lutte contre les violences sexuelles et sexistes est venue créer une **contravention de nature législative, réprimant l'outrage sexiste.** Ce dernier est puni de l'amende prévue pour les contraventions de la 4e classe. Dans ce cas, l'article 621-1, II, C. pén. précise que « *cette contravention peut faire l'objet des dispositions du Code de procédure pénale relatives à l'amende forfaitaire, y compris celles concernant l'amende forfaitaire minorée* »[3]. En revanche, cette possibilité de forfaitisation s'avère exclue en cas d'outrage sexiste commis avec l'une des circonstances aggravantes prévue par la loi (C. pén., art. 621-1, III, qui énumère sept causes d'aggravation de la répression[4]), lequel est alors passible d'une contravention de 5e classe.

0962.33 Amendes forfaitaires délictuelles. Par ailleurs, l'article 36, II de la loi du 18 novembre 2016[5] a instauré la procédure d'amende forfaitaire applicable à certains délits. Ainsi, l'article 495-17 C. pr. pén., créé par la loi précitée, dispose, dans sa rédaction résultant de l'article 58, V, 1°, de la loi du 23 mars 2019[6] que « *lorsque la loi le prévoit, l'action publique est éteinte par le paiement d'une amende forfaitaire délictuelle fixée par la loi, qui ne peut excéder le montant prévu au premier alinéa de l'article 131-13 du Code pénal* » (c'est-à-dire la somme de 3 000 euros). Par décision du 21 mars 2019[7], le Conseil constitutionnel a assorti d'une réserve d'interprétation la validation de ces dispositions de l'article 58 de la loi du 23 mars 2019, déclarées conformes à la Constitution. Il a notamment jugé que « *si les exigences d'une bonne administration de la justice et d'une répression effective des infractions sont susceptibles de justifier le recours à de tels modes d'extinction de l'action publique en dehors de toute décision juridictionnelle, ce n'est qu'à la condition de ne porter que sur les délits les moins graves et de ne mettre en œuvre que des peines d'amendes de faible montant. Dès lors, les dispositions contestées ne sauraient, sans méconnaître le principe d'égalité devant la justice, s'appliquer à des délits punis d'une peine d'emprisonnement supérieure à trois ans. Sous cette réserve, et dès lors que le législateur a prévu que le montant de l'amende forfaitaire délictuelle ne saurait excéder le plafond des amendes contraventionnelles, le grief tiré de la méconnaissance de ce dernier principe doit être écarté* »[8].

Initialement, les délits concernés étaient le **défaut de permis de conduire**[9] (C. route, art. L. 221-2, IV) et le **défaut d'assurance**[10] (C. route, art. L. 324-2, IV)[11].

La création de l'amende forfaitaire délictuelle visait à « *permettre de soulager les juridictions de certains contentieux de masse sans passer par la contraventionnalisation* »[12]. En effet, contrairement au projet de loi

1. Pour l'exploitant d'un service de transport : L. 31 mai 2021, art. 1er, II, D, mod. par L. n° 2021-1040, 5 août 2021, art. 1, I, 1°, b) ; pour l'employeur : L. n° 2021-1040, 5 août 2021, art. 16, II.
2. L. n° 2018-703, 3 août 2018, renforçant la lutte contre les violences sexuelles et sexistes *JO* 5 août, texte 7 – Sur cette loi, v. Ph. Bonfils, « Entre continuité et rupture : la loi du 3 août 2018 sur les violences sexuelles et sexistes », *JCP* 2018. 975.
3. Au-delà de cette seule formule, il aurait été sans doute opportun de modifier précisément les dispositions concernées, à savoir : C. pr. pén., art. R. 48-1, 529-7 et R. 49-8-5, ces deux derniers textes ne visant que des contraventions au Code de la route. – EN CE SENS : P.-J. Delage, « Outrage sexiste : les décevantes réponses du législateur à un réel enjeu de société. À propos de la loi n° 2018-703 du 3 août 2018 », *JCP* 2018. 947.
4. Ces causes d'aggravation tiennent à la qualité de la victime (mineure ou vulnérable, ou à raison de son orientation sexuelle), de l'auteur (ayant autorité sur la victime, pluralité d'auteurs) et au lieu de commission des faits (véhicule affecté au transport collectif de voyageurs ou lieu destiné à l'accès à un moyen de transport collectif de voyageurs).
5. L. n° 2016-1547, 18 nov. 2016, de modernisation de la justice du XXIe siècle, *JO* 19 nov., texte 1.
6. Sur cette loi, v. J. Buisson, « Aspects essentiels de procédure pénale relatifs à la loi de programmation 2018-2022 et de réforme pour la justice », *Procédures* 2019. Étude 6 – J. Pradel, « Notre procédure pénale à la recherche d'une efficacité à toute vapeur. Loi n° 2019-222 du 23 mars 2019 », *JCP* 2019. Doctr. 406 – J.-B. Perrier, « Les (r)évolutions de la procédure pénale. À propos de la loi du 23 mars 2019 de programmation et de réforme pour la justice », *D.* 2019.1061 – E. Vergès, « La procédure pénale technicienne (ou l'asphyxie procédurale). Loi n° 2019-222 du 23 mars 2019 de programmation 2018-2022 et de réforme pour la justice », *RSC* 2019. 667 ; « Réforme de la procédure pénale : une loi fleuve, pour une justice au gré des courants. À propos de la loi n° 2019-222 du 23 mars 2019 de programmation 2018-2022 et de réforme pour la justice », *Dr. pénal* 2019. Étude 12 – D. Luciani-Mien, « La loi du 23 mars 2019 : le rendement procédural au détriment des droits du suspect », *RSC* 2019. 765.
7. Cons. const. 21 mars 2019, n° 2019-778 DC.
8. Cons. const. 21 mars 2019, n° 2019-778 DC, consid. 252.
9. L'action publique peut être éteinte par le versement d'une amende forfaitaire d'un montant de 800 euros ; le montant de l'amende forfaitaire minorée est de 640 euros et le montant de l'amende forfaitaire majorée de 1 600 euros (C. route, art. L. 221-2, IV).
10. L'action publique peut être éteinte par le versement d'une amende forfaitaire d'un montant de 500 euros ; le montant de l'amende forfaitaire minorée est de 400 euros et le montant de l'amende forfaitaire majorée de 1 000 euros (C. route, art. L. 324-2, IV).
11. Une circulaire du 16 nov. 2018 (Circ. 16 nov. 2018, relative à la mise en oeuvre de la forfaitisation des délits prévus aux articles L. 221-2 et L. 324-2 du Code de la route, NOR : JUSD1831247C, *BOMJ*, 30 nov., n° 11) présente et précise la procédure de l'amende forfaitaire délictuelle applicable à certains délits routiers.
12. E. Allain, « Les principales dispositions pénales de la loi J21 », *D. actu.* 25 nov. 2016.

initial[1], « *afin de parvenir à un équilibre satisfaisant entre la nécessité de ne pas affaiblir le niveau de sanctions des délits de conduite sans permis et de conduite sans assurance et l'objectif de permettre une répression systématique, rapide et homogène de ces faits* »[2], la loi du 18 novembre 2016 ne prévoit plus de transformer en contravention les délits de conduite sans permis et de conduite sans assurance. Toutefois, dans son rapport du 12 juillet 2016, le Défenseur des droits observe « *que ces délits font déjà souvent l'objet d'ordonnances pénales pour des auteurs primo-délinquants, et s'inquiète de la disparition de l'effet dissuasif des peines originellement encourues pour ces infractions sur ses auteurs (un an d'emprisonnement et 15 000 euros d'amende pour la conduite sans permis, et 3 750 euros d'amende pour la conduite sans assurance)* »[3]. Pour autant, la réforme a été présentée comme étant dissuasive parce que « *l'amende forfaitaire encourue par un primo-délinquant est plus élevée que celle actuellement infligée par les tribunaux. Selon les chiffres transmis par le Gouvernement, les délits de conduites sans assurance ont fait l'objet, l'année dernière, de 27 900 condamnations. La réponse majoritaire a été l'amende dans 84 % des cas, qui s'élève à 297 euros. Les conduites sans permis ont fait l'objet, en 2014, de 28 528 condamnations. Là aussi, la réponse majoritaire a été l'amende dans 69 % des cas, avec une moyenne de 396 euros* »[4].

Les lois du 7 novembre 2018[5] relative à l'accueil des gens du voyage et à la lutte contre les installations illicites et du 23 mars 2019 de programmation 2018-2022 et de réforme pour la justice ont étendu le champ d'application de l'amende forfaitaire délictuelle[6]. Ainsi, il est possible de recourir à la procédure de l'amende forfaitaire pour le **délit d'occupation illicite du terrain d'autrui**[7] (C. pén., art. 322-4-1, al. 2[8], L. 7 nov. 2018, art. 4). De plus, la procédure de l'amende forfaitaire délictuelle peut être mise en œuvre, **y compris en cas de récidive**, pour les délits suivants :

– le fait d'occuper en réunion les espaces communs ou les toits des immeubles collectifs d'habitation en empêchant délibérément l'accès ou la libre circulation des personnes ou le fonctionnement des dispositifs de sécurité et de sûreté[9] (CCH, art. L. 126-3, al. 4[10], L. 23 mars 2019, art. 58, IV ; à compter du 1er juill. 2021, l'article L. 126-3 devient l'article L. 272-4 du CSI, Ord. n° 2020-71, 29 janv. 2020[11], art. 7) ;

– la vente à la sauvette (C. pén., art. 446-1, al. 3[12], L. 23 mars 2019, art. 58, II) ;

1. SUR CE POINT : M. Clément et M. Le Bouillonnec, rapp. AN n° 3726, sur le projet de loi de modernisation de la justice du XXIe siècle, 6 mai 2016, spéct p. 202 à 205.
2. Rép. min. QE n° 53726, *JOAN* 24 janv. 2017 ; Rép. min. QE n° 84589, *JOAN* 24 janv. 2017 ; Rép. min. QE n° 87183, *JOAN* 24 janv. 2017 ; Rép. min. QE n° 87984, *JOAN* 24 janv. 2017 ; Rép. min. QE n° 89119, *JOAN* 24 janv. 2017.
3. Défenseur des droits, rapport *Amendes et circulation routière. État des lieux et recommandations du Défenseur des droits*, 12 juill. 2016, spéct p. 35.
4. M. Clément et M. Le Bouillonnec, rapp. AN n° 3726, sur le projet de loi de modernisation de la justice du XXIe siècle, 6 mai 2016, spéct p. 203.
5. L. n° 2018-957, 7 nov. 2018, relative à l'accueil des gens du voyage et à la lutte contre les installations illicites *JO* 8 nov., texte 1 – Sur cette loi, v. I. Muller-Quoy, « L'accueil des gens du voyage et la lutte contre les installations illicites. À propos de la loi n° 2018-957 du 7 novembre 2018 », *JCP A* 2019. 2054.
6. Cette extension du champ d'application de l'amende forfaitaire délictuelle a été critiquée : à la différence de la qualité quasi contraventionnelle des infractions initialement retenues (délits de conduites sans permis et sans assurance), « *les infractions ainsi visées par la réforme, loin d'être ontologiquement compatibles avec la dispense d'un débat contradictoire, forment un bataillon de délits qui auraient peut-être pu faire l'objet d'un débat au fond quant à l'intérêt de leur maintien, pour certains, dans l'arsenal répressif* » (D. Luciani-Mien, « La loi du 23 mars 2019 : le rendement procédural au détriment des droits du suspect », *RSC* 2019. 765) – J.-B. Perrier, « Les (r)évolutions de la procédure pénale. À propos de la loi du 23 mars 2019 de programmation et de réforme pour la justice », *D.* 2019. 1061) estime qu'« *un nouveau pas est ainsi franchi vers la déjudiciarisation du traitement des infractions de faible gravité* » et que « *l'automatisation de la réponse pénale est en marche* ».
7. Défini comme « *le fait de s'installer en réunion, en vue d'y établir une habitation, même temporaire, sur un terrain appartenant soit à une commune qui s'est conformée aux obligations lui incombant en vertu du schéma départemental prévu à l'article 1er de la loi n° 2000-614 du 5 juillet 2000 relative à l'accueil et à l'habitat des gens du voyage ou qui n'est pas inscrite à ce schéma, soit à tout autre propriétaire autre qu'une commune, sans être en mesure de justifier de son autorisation ou de celle du titulaire du droit d'usage du terrain* ». L'expérimentation de cette nouvelle amende forfaitaire délictuelle sanctionnant « l'installation illicite sur le terrain d'autrui » est lancée à partir du 19 octobre 2021 sur les ressorts des TJ de Marseille, Lille, Créteil, Reims, Rennes et Foix.
8. L'action publique peut être éteinte par le versement d'une amende forfaitaire d'un montant de 500 euros ; le montant de l'amende forfaitaire minorée est de 400 euros et le montant de l'amende forfaitaire majorée de 1 000 euros.
9. L'expérimentation de cette nouvelle amende forfaitaire délictuelle sanctionnant « *l'occupation illicite d'une partie commune d'immeuble collectif* » est lancée à partir du 19 octobre 2021 sur les ressorts des tribunaux judiciaires de Marseille, Lille, Créteil, Reims, Rennes et Foix.
10. Pour ce délit, y compris en cas de récidive, l'action publique peut être éteinte par le versement d'une amende forfaitaire d'un montant de 200 euros. Le montant de l'amende forfaitaire minorée est de 150 euros et le montant de l'amende forfaitaire majorée est de 450 euros.
11. Ord. n° 2020-71, 29 janv. 2020 relative à la réécriture des règles de construction et recodifiant le livre 1er du Code de la construction et de l'habitation, *JO* 31 janv., texte 62.
12. Pour ce délit, y compris en cas de récidive, l'action publique peut être éteinte par le versement d'une amende forfaitaire d'un montant de 300 euros. Le montant de l'amende forfaitaire minorée est de 250 euros et le montant de l'amende forfaitaire majorée est de 600 euros.

– la vente illicite d'alcool (CSP, art. L. 3352-5, al. 2[1], L. 23 mars 2019, art. 58, I, 1°) ;

– la vente à des mineurs de boissons alcooliques (CSP, art. L. 3353-3, al. 5[2], L. 23 mars 2019, art. 58, I, 2°) ;

– le fait de se livrer à un transport routier avec une carte de conducteur non conforme ou n'appartenant pas au conducteur l'utilisant, ou sans carte insérée dans le chronotachygraphe du véhicule (C. transp., art. L. 3315-5, al. 3[3], L. 23 mars 2019, art. 58, III) ;

– l'usage illicite de stupéfiants (CSP, art. L. 3421-1, al. 3, L. 23 mars 2019, art. 58, I, 3°).

Jusqu'à cette loi du 23 mars 2019, la réponse pénale consistait en une mesure alternative (en particulier, un rappel à la loi ou une orientation vers une structure sanitaire : C. pr. pén., art. 41-1, 1° et 2°) ou une mesure d'injonction thérapeutique (C. pr. pén., art. 41-2, 17° – CSP, art. L. 3413-1 à L. 3413-4 pour les modalités). Désormais, la loi prévoit que, pour ce délit, y compris en cas de récidive, l'action publique peut être éteinte par le versement d'une amende forfaitaire d'un montant de 200 euros. Le montant de l'amende forfaitaire minorée est de 150 euros et le montant de l'amende forfaitaire majorée est de 450 euros. Après un déploiement progressif, à compter du 16 juin 2020 sur les ressorts des tribunaux judiciaires (TJ) de Rennes, Reims, Créteil, Lille et Marseille, la **forfaitisation du délit d'usage de stupéfiants**[4] a été généralisée au 1er septembre 2020, à l'ensemble du territoire national. L'objectif est de « *réduire les moyens en temps et en effectifs nécessaires au traitement de cette délinquance* »[5], et de rendre la répression plus efficiente. Cette généralisation de l'amende forfaitaire « *illustre l'abandon de toute ambition sanitaire dans le traitement, désormais essentiellement punitif, réservé aux usagers de stupéfiants* »[6]. Elle traduirait, selon certains, une aggravation de la répression[7]. D'autres estiment néanmoins que « *ce n'est pas certain dans la mesure où subsistent les peines d'amende prévues et les mesures alternatives et thérapeutiques, en sorte que le magistrat du Parquet pourra mieux individualiser la réponse pénale* »[8]. Entre septembre 2020 et mars 2021, 53 277 amendes forfaitaires pour usage de stupéfiants ont été dressées[9]. Pour autant, les parquets s'interrogent sur le « *faible taux de recouvrement* »[10]. De plus, des « *parquets généraux déplorent la pression administrative exercée sur les services d'enquête pour recourir le plus possible à cette procédure. Plusieurs procureurs indiquent que la nature de la procédure limite sensiblement leur contrôle sur les conditions de verbalisation et sur la régularité juridique du procès-verbal* »[11], même si l'instauration d'un contrôle de qualité fera prochainement l'objet d'un décret.

En matière pénale, la loi du 23 mars 2019 de programmation 2018-2022 et de réforme pour la justice a renforcé le développement des procédures alternatives. Le champ d'application des procédures de l'amende forfaitaire et de l'ordonnance pénale n'a cessé de s'étendre, manifestant ainsi « *l'effacement du juge pénal* »[12], un « *effacement-affaiblissement* » du juge du siège au profit du parquet. Ces procédures ont « *pour point commun d'investir le ministère public de fonctions qui, en pratique, ont pour effet de* « pré-juger » *ou de* « quasi-juger ». *Il y a là un glissement des fonctions au sein même de l'autorité judiciaire : le ministère public grappille des prérogatives ordinairement dévolues à la juridiction de jugement* »[13].

À cet égard, il convient de noter que l'article 28 de la loi relative à la responsabilité pénale et à la sécurité intérieure[14] étend le dispositif d'amende forfaitaire

1. L'action publique peut être éteinte, y compris en cas de récidive, par le versement d'une amende forfaitaire d'un montant de 200 euros. Le montant de l'amende forfaitaire minorée est de 150 euros et le montant de l'amende forfaitaire majorée est de 450 euros.
2. Pour ce délit, y compris en cas de récidive, l'action publique peut être éteinte par le versement d'une amende forfaitaire d'un montant de 300 euros. Le montant de l'amende forfaitaire minorée est de 250 euros et le montant de l'amende forfaitaire majorée est de 600 euros.
3. Pour ce délit, y compris en cas de récidive, l'action publique peut être éteinte par le versement d'une amende forfaitaire d'un montant de 800 euros. Le montant de l'amende forfaitaire minorée est de 640 euros et le montant de l'amende forfaitaire majorée est de 1 600 euros.
4. Sur l'application d'une procédure d'amende forfaitaire au délit d'usage illicite de stupéfiants : E. Poulliat et R. Reda, rapp. AN n° 595, 25 janv. 2018 – P. Januel, « Les embûches de la forfaitisation du délit d'usage de stupéfiants », *D. actu.* 26 janv. 2018.
5. Rapp. AN n° 595, 25 janv. 2018, p. 8.
6. R. Colson, « L'amende forfaitaire pour usage de stupéfiants », *D.* 2020. 1880.
7. EN CE SENS : J.-B. Perrier, « Les (r)évolutions de la procédure pénale. À propos de la loi du 23 mars 2019 de programmation et de réforme pour la justice », *D.* 2019. 1061, spécᵗ n° 13.
8. J. Pradel, « Notre procédure pénale à la recherche d'une efficacité à toute vapeur. Loi n° 2019-222 du 23 mars 2019 », *JCP* 2019. Doctr. 406, spécᵗ n° 29.
9. *Rapport annuel du ministère public 2020*, Min. Justice – DACG, p. 53 s. ; *D. actu.* 24 sept. 2021, obs. P. Januel.
10. *Rapport annuel du ministère public 2020*, Min. Justice – DACG, spéc. p. 54 – V. AUSSI : Sénat, QE n° 24478, 23 sept. 2021, de P. Allizard.
11. *Rapport annuel du ministère public 2020*, Min. Justice – DACG, spéc. p. 54.
12. V. SUR CE POINT, v. S. Pellé, « L'effacement du juge en matière pénale : inexorable évolution ou véritable mutation de notre justice pénale ? », *D.* 2020. 1476, spécᵗ nos 12 à 14.
13. S. Brihi et A. Bousquet, « Les nouveaux enjeux de la privatisation du procès pénal », *Rev. juristes Sciences Po*, n° 20, févr. 2021. 5.
14. L. n° 2022-52, 24 janv. 2022, relative à la responsabilité pénale et à la sécurité intérieure, *JO* 25 janv., texte 1 – C. pén., nouv. art. 311-3-1.

délictuelle, y compris en état de récidive, aux vols portant sur une chose d'une valeur inférieure ou égale à 300 euros lorsqu'il apparaît au moment de la constatation de l'infraction que cette chose a été restituée à la victime ou que celle-ci a été indemnisée de son préjudice. L'objectif est « *de réprimer de façon plus efficace les vols à l'étalage, en donnant la possibilité aux forces de l'ordre d'infliger immédiatement à l'auteur des faits une amende forfaitaire d'un montant de 300 euros, qui sera minorée à 250 euros en cas de paiement volontaire dans les quarante-cinq jours, et majorée à 600 euros si elle doit faire l'objet d'un recouvrement forcé* » [1].

Les décrets du 28 mars 2017 [2] et du 24 mai 2019 [3] (art. 7) prévoient dans le Code de procédure pénale les modalités d'application [4] de la procédure d'amende forfaitaire délictuelle. Ainsi, « *la procédure de l'amende forfaitaire est applicable aux délits pour lesquels la loi le prévoit, lorsque ces délits sont constatés par un procès-verbal électronique dressé au moyen d'un appareil sécurisé permettant le recours à une signature sous forme numérique conformément à l'article 801-1* » (C. pr. pén., art. D. 45-3, mod. par Décr. 24 mai 2019 [5], art. 7, I). En sont donc exclus les délits constatés par un procès-verbal « papier » [6]. Le décret du 18 août 2021 [7] améliore les modalités d'application de la procédure de l'amende forfaitaire délictuelle, *d'une part*, quant au procédé d'envoi de l'avis d'amende forfaitaire [8] et, *d'autre part*, quant à la procédure de régularisation des dossiers de mise en œuvre des amendes forfaitaires délictuelles lorsque les procès-verbaux ne sont pas conformes aux dispositions des articles 495-17 à 495-24-1 C. pr. pén. ou des articles D. 45-3 à D. 45-21 du même code [9].

0962.34 Procédure de l'amende forfaitaire et acquittement de son montant. En matière contraventionnelle [10], la procédure de l'amende forfaitaire est écartée, lorsqu'il a été constaté simultanément plusieurs infractions, si l'une d'elles ne peut donner lieu au paiement d'une amende forfaitaire, ou lorsque la loi prévoit que la récidive de la contravention constitue un délit (C. pr. pén., art. 529, al. 2). En matière délictuelle, cette procédure de l'amende forfaitaire « *n'est pas applicable si le délit a été commis par un mineur ou en état de récidive légale ou si plusieurs infractions, dont l'une au moins ne peut donner lieu à une amende forfaitaire, ont été constatées simultanément. Elle n'est pas non plus applicable en état de récidive légale, sauf lorsque la loi en dispose autrement* » (C. pr. pén., art. 495-17, al. 2).

La logique de cette procédure d'amende forfaitaire repose sur **le principe dit « d'inversion du contentieux »** [11]. En effet, seules les affaires faisant l'objet d'une contestation par la personne mise en cause donnent lieu à un examen par le ministère public et, le cas échéant, par la juridiction de jugement. La personne mise en cause est incitée à payer spontanément. « *Malgré [...] l'absence de personnalisation de la sanction* ab initio, *l'amende forfaitaire acquiert donc force exécutoire sans exiger l'office d'un juge dès lors qu'elle n'est pas contestée par*

1. Projet de loi relatif à la responsabilité pénale et à la sécurité intérieure (texte n° 4387), enregistré à la présidence de l'Assemblée nationale le 20 juill. 2021, spéc. p. 16 – Sur ce projet de loi : *D.* 2021. 1429 ; *D. actu.* 21 sept. et 26 nov. 2021, obs. Januel. Ce projet a été adopté par l'Assemblée nationale en première lecture le 23 sept. 2021 (texte n° 663) ; le Sénat a modifié, en première lecture, le projet de loi le 19 oct. 2021 (texte n° 9) mais a adopté l'article 15 sans modification (devenu L n° 2022-52, 24 janv. 2022, art. 28). Le projet de loi, tel qu'élaboré par la commission mixte paritaire le 18 nov. 2021, a été adopté par l'Assemblée nationale le 13 déc. 2021. Le texte a été définitivement adopté par le Sénat le 16 déc. 2021.
2. Décr. n° 2017-429, 28 mars 2017, pris pour l'application des articles 495-25 et 706-111-1 du Code de procédure pénale, *JO* 30 mars, texte 34.
3. Décr. n° 2019-507, 24 mai 2019, pris pour l'application des dispositions pénales de la loi n° 2019-222 du 23 mars 2019 de programmation 2018-2022 et de réforme pour la justice relatives à la procédure numérique, aux enquêtes et aux poursuites, *JO* 25 mai, texte 3.
4. V. C. pr. pén., art. D. 45-3 à D. 45-21.
5. Version en vigueur depuis le 23 avr. 2020. Conformément au III de l'article 11 du décret n° 2019-507 du 24 mai 2019, ces dispositions entrent en vigueur le lendemain de la publication au *Journal officiel* de l'arrêté mentionné au dernier alinéa de l'art. 495-20 C. pr. pén. modifiant les art. A. 36-14 à A. 36-16 de ce code et précisant les modalités selon lesquelles les requêtes et les réclamations peuvent être adressées de façon dématérialisée (Arr. 17 avr. 2020, modifiant l'arrêté du 14 octobre 2018 précisant les modalités des contestations dématérialisées des amendes forfaitaires délictuelles prévues à l'article 495-20 du Code de procédure pénale, *JO* 22 avr., texte 18).
6. *Lamy transports*, t. 1, n° 1574.
7. Décr. n° 2021-1093, 18 août 2021, relatif à la procédure de l'amende forfaitaire délictuelle, *JO* 20 août, texte 34 ; *D. actu.* 13 sept. 2021, obs. F. Charlent ; *Procédures* 2021. Comm. 271, obs. J. Buisson.
8. V. s^s n° 0962.34 : le décret prévoit que, comme en matière d'amendes forfaitaires contraventionnelles, les avis d'amendes forfaitaires seront adressés par lettre simple et non plus par lettre recommandée, car ces lettres simples sont plus facilement reçues par leurs destinataires (v. C. pr. pén, art. D. 45-4).
9. V. s^s n° 0962.53 : le décret prévoit que le procureur de la République du TJ de Rennes, chargé du contrôle, au niveau national de façon centralisée, de la mise en œuvre des amendes forfaitaires délictuelles, pourra transmettre aux procureurs des lieux de commission des faits les dossiers présentant des irrégularités, afin que ces derniers apprécient les suites à donner aux procédures (v. C. pr. pén, art. D. 45-16, 1°).
10. Sur la procédure d'amende forfaitaire contraventionnelle : J.-P. Céré, « La procédure d'amende forfaitaire contraventionnelle : l'une et ses multiples », *AJ pénal* 2019. 416.
11. Comm. s^s Cons. const. 7 mai 2015, n° 2015-467 QPC (spéc^t p. 2), disponible sur le site internet du Conseil constitutionnel.

l'auteur »[1]. Par ailleurs, la procédure d'amende forfaitaire ne présente pas de caractère obligatoire. Ainsi, aucune disposition légale n'interdit au ministère public d'exercer l'action publique dans les conditions du droit commun[2].

L'article 111 du décret du 7 novembre 2012[3] prévoit que : « *Les amendes pour contraventions de police et délits concernant la circulation peuvent, dans les conditions fixées soit par le Code de procédure pénale, soit par le Code de la route, faire l'objet d'un paiement immédiat entre les mains des agents verbalisateurs.*

Il en est de même des amendes soumises à la procédure d'amende forfaitaire.

Les sommes encaissées par les agents verbalisateurs sont versées à la caisse d'un comptable public de l'État ».

Par ailleurs, l'article 15 du décret du 22 décembre 1964 (mod. par Décr. 27 mai 2014, art. 36) dispose que « *les sommes encaissées par les agents verbalisateurs au titre des amendes forfaitaires de police de la circulation sont reversées au comptable de la Direction générale des finances publiques* ».

1) En matière contraventionnelle, aux termes de l'article 529-1, C. pr. pén., « *le montant de l'amende forfaitaire peut être acquitté soit entre les mains de l'agent verbalisateur au moment de la constatation de l'infraction, soit auprès du service indiqué dans l'avis de contravention dans les quarante-cinq jours qui suivent la constatation de l'infraction ou, si cet avis est ultérieurement envoyé à l'intéressé, dans les quarante-cinq jours qui suivent cet envoi* ». Aux termes de l'article R. 49 C. pr. pén. (mod. par Décr. 28 mars 2020, art. 1er, version en vigueur depuis le 29 mars 2020), « *le montant de l'amende forfaitaire prévue par l'article 529 est fixé ainsi qu'il suit :*

1° *4 euros pour les contraventions aux dispositions du Code de la route commises par les piétons ;*

2° *11 euros pour les autres contraventions de la 1re classe ;*

3° *35 euros pour les contraventions de la 2e classe ;*

4° *68 euros pour les contraventions de la 3e classe ;*

5° *135 euros pour les contraventions de la 4e classe ;*

6° *200 euros pour les contraventions de la 5e classe* »[4].

L'amende forfaitaire contraventionnelle est matérialisée par un formulaire comprenant trois volets (C. pr. pén., art. A. 37-1) : la **carte de paiement** (premier volet), et l'**avis de contravention** (deuxième volet) sont destinés au contrevenant ; le **procès-verbal de contravention** (troisième volet) est conservé par le service auquel appartient l'agent verbalisateur. L'avis de contravention est remis soit en main propre, en cas d'interception du contrevenant, soit par le dépôt sur le véhicule, soit par courrier (à la suite de la constatation d'une contravention au Code de la route réalisée grâce à un appareil homologué de contrôle automatique – C. pr. pén., art. 529-11). Au moment de la constatation de l'infraction, l'agent verbalisateur remet au contrevenant un **avis de contravention,** ainsi qu'une **carte de paiement. Sur cet avis,** sont mentionnés le délai et les modalités de la requête prévue par le premier alinéa de l'article 529-2 C. pr. pén. (v. ss no 0962.51), le montant de l'amende encourue, ainsi que celui de l'amende forfaitaire majorée qui sera due à défaut de paiement ou de présentation d'une requête (C. pr. pén., art. R. 49-1, al. 1er). Aux termes de l'article R. 49-2 C. pr. pén.[5], dans sa rédaction issue de l'article 20 du décret du 17 septembre 2018[6], le montant de l'amende peut être **acquitté immédiatement entre les mains de l'agent verbalisateur** selon des modalités précisées par arrêté du ministre chargé du Budget, du ministre de la Justice et du ministre de l'Intérieur :

1° soit lorsque cet agent est porteur d'un carnet de quittances à souches ; le paiement donne alors

1. J.-C. Crocq, « Le pouvoir de transaction et de sanction du procureur de la République : le chaînon manquant », *RSC* 2015. 595, spéct § 2.3.1.
2. Crim. 12 mars 2002, no 01-84.596, P, no 61.
3. Décr. no 2012-1246, 7 nov. 2012, relatif à la gestion budgétaire et comptable publique, *JO* 10 nov., p. 17713.
4. Des dérogations à l'art. R. 49 C. pr. pén. sont prévues : – pour les contraventions de la 5e classe mentionnées dans la première phrase du 3e alinéa de l'art. L. 3136-1 du CSP réprimant la violation par l'exploitant d'un établissement recevant du public des mesures édictées sur le fondement du 5o du I de l'article L. 3131-15 du même code, le montant de l'amende forfaitaire est fixé à 500 euros (Décr. no 2021-172, 17 févr. 2021, art. 3, mod. par Décr. no 2021-490, 22 avr. 2021, art. 2, II) ; – pour les contraventions de la 5e classe mentionnées à la première phrase du 3e alinéa de l'article L. 3136-1 du CSP réprimant la violation des mesures de mise en quarantaine et des mesures de placement et de maintien en isolement édictées sur le fondement des 3o et 4o du I de l'article L. 3131-15 ou des 1o et 2o du I de l'article L. 3131-1 du même code, le montant de l'amende forfaitaire est fixé à 1 000 euros (Décr. no 2021-490, 22 avr. 2021, art. 2, I, et L. no 2021-689, 31 mai 2021, art. 6, 2o). – pour les contraventions de la 5eclasse mentionnées au 2e alinéa du D du II de l'article 1er de la loi du 31 mai 2021 modifiée (absence de contrôle de la détention des documents relatifs au passe sanitaire par l'exploitant d'un service de transport) et au II de l'article 16 de la loi du 5 août 2021 (absence de contrôle par l'employeur du respect de l'obligation vaccinale), le montant de l'amende forfaitaire est fixé à 1 000 euros (Décr. no 2021-1056, 7 août 2021, art. 1er et 2).
5. Conformément aux dispositions du III de l'art. 20 de Décr. no 2018-795, 17 sept. 2018, les dispositions de l'art. R. 49-2 C. pr. pén. entrent en vigueur à une date fixée par arrêté du ministre de l'Intérieur et du ministre de la Justice et au plus tard le 1er janvier 2019. Cette date a été fixée par l'arrêté du 8 oct. 2018 (relatif au paiement immédiat des amendes forfaitaires des contraventions constatées par procès-verbal électronique, *JO* 13 oct., texte 7) au lendemain de sa publication, c'est-à-dire au 14 oct. 2018.
6. Décr. no 2018-795, 17 sept. 2018, relatif à la sécurité routière, *JO* 18 sept., texte 1.

lieu à la délivrance immédiate d'une quittance extraite de ce carnet à souches ;

2° soit lorsque cet agent est muni d'un dispositif permettant d'adresser au contrevenant une quittance dématérialisée ; sauf en cas de paiement en espèces, cette quittance n'est adressée au contrevenant que s'il en fait la demande.

En effet, l'arrêté du 8 octobre 2018 relatif au paiement immédiat des amendes forfaitaires des contraventions constatées par procès-verbal électronique[1] insère dans le Code de procédure pénale un nouvel article A. 37-27-6 qui, par dérogation aux articles A. 37-27-1 et suivants relatifs aux carnets de quittances à souches, prévoit les modalités de mise en œuvre d'une quittance dématérialisée, qui sera transmise au contrevenant par voie numérique à l'adresse électronique qu'il aura communiquée. En cas de paiement dématérialisé par carte bancaire ou autre carte de paiement, ou de paiement par chèque, cette quittance lui sera adressée s'il en fait la demande. Elle sera systématiquement adressée en cas de paiement en espèces. Cet arrêté facilite également le paiement immédiat des amendes forfaitaires en prévoyant notamment que ce paiement pourra, le cas échéant, se faire directement sur le site du télépaiement automatisé des amendes de la direction générale des finances publiques. Ces nouvelles possibilités de gestion du paiement immédiat seront expérimentées sur plusieurs parties du territoire national avant d'être progressivement généralisées, au fur et à mesure que les services verbalisateurs seront équipés des dispositifs adaptés. Si le contrevenant refuse de régler l'amende immédiatement, l'avis et la carte lui sont laissés, en vue d'un paiement ultérieur. Lorsque l'avis et la carte ne peuvent être remis au contrevenant, ils sont adressés à son domicile. Toutefois, s'il s'agit d'une contravention au Code de la route ou de celle prévue à l'article R. 211-21-5 C. assur. (en cas d'omission d'apposition, sur le véhicule, du certificat d'assurance), ces documents sont laissés sur le véhicule, ou, en cas d'impossibilité, envoyés au titulaire du certificat d'immatriculation (C. pr. pén., art. R. 49-1, al. 2).

L'article R. 49-3 C. pr. pén. (mod. par Décr. 28 mars 2020, art. 1er) dispose que : « *Le paiement de l'amende forfaitaire due pour les avis de contraventions dressés au moyen du formulaire décrit à l'article A. 37-1 et non acquittée immédiatement entre les mains de l'agent verbalisateur est effectué par l'envoi soit au service indiqué sur la carte de paiement jointe à l'avis de contravention, soit au comptable de la Direction générale des finances publiques, d'une carte de paiement dûment remplie sur laquelle est apposé un timbre-amende dont l'émission, le modèle et les modalités de délivrance sont fixés par arrêté du ministre chargé du Budget ou d'un chèque joint à cette carte. Le paiement par timbre amende n'est pas applicable pour les contraventions de la cinquième classe.*

Lorsque l'avis de contravention a été constaté à l'aide d'un système de contrôle automatisé ou d'un appareil électronique sécurisé permettant la réalisation d'un procès-verbal dématérialisé, le paiement de l'amende forfaitaire qui n'est pas acquittée immédiatement entre les mains de l'agent verbalisateur est effectué soit par timbre dématérialisé, soit par télépaiement automatisé[2]*, soit par envoi au comptable de la Direction générale des finances publiques d'un chèque joint à la carte de paiement, soit par virement bancaire international*[3]*. Un arrêté des ministres de la Justice, chargé du Budget et de l'Intérieur fixe les modalités de ces paiements.*

Un arrêté du ministre chargé du Budget fixe les conditions dans lesquelles les amendes forfaitaires peuvent être acquittées au moyen d'un chèque libellé à l'ordre du Trésor public ».

En effet, il convient de noter que, depuis le 1er janvier 2015, les amendes forfaitaires des contraventions constatées à l'aide d'un appareil électronique sécurisé peuvent faire l'objet d'un paiement immédiat (C. pr. pén., art. A. 37-27-1, créé par Arr. 4 déc. 2014[4], art. 4). De plus, le décret du 29 décembre 2015[5], dont les dispositions s'appliquent aux avis d'amendes forfaitaires émis à compter du 1er juillet 2016, a modifié les modalités de paiement des amendes forfaitaires. Le timbre-amende n'est plus admis pour le paiement des amendes forfaitaires et des amendes forfaitaires minorées sanctionnant des contraventions constatées à l'aide d'un système de contrôle automatisé ou d'un appareil électronique sécurisé (v. C. pr. pén., art. R. 49-3 et R. 49-11). Cette mesure s'applique également pour le règlement de la consignation exigée le cas échéant pour contester l'infraction (v. C. pr. pén., art. R. 49-17). Le timbre-amende reste utilisable pour le paiement de l'amende forfaitaire ou de l'amende forfaitaire minorée sanctionnant une contravention constatée à l'aide d'un carnet de verbalisation à souches. Toutefois, le paiement

1. Arr. 8 oct. 2018, relatif au paiement immédiat des amendes forfaitaires des contraventions constatées par procès-verbal électronique, *JO* 13 oct., texte 7.

2. Un délai supplémentaire de quinze jours est accordé lorsque l'amende forfaitaire ou l'amende forfaitaire majorée est réglée par télépaiement automatisé ou timbre dématérialisé (C. pr. pén., art. R. 49-3-1).

3. Depuis Décr. n° 2013-1097, 2 déc. 2013, relatif à l'ordonnance pénale, aux amendes forfaitaires et aux assistants spécialisés en matière de crime contre l'humanité, *JO* 4 déc., p. 19673. Cette modification a pris effet à compter du 1er mars 2014, en vertu de l'art. 7 de ce décret.

4. Arr. 4 déc. 2014, relatif au paiement immédiat des amendes forfaitaires des contraventions constatées par procès-verbal électronique, *JO* 9 déc., texte 23 ; *Procédures* 2015. Comm. 56, obs. J. Buisson.

5. Décr. n° 2015-1845, 29 déc. 2015, relatif au paiement des amendes forfaitaires, *JO* 31 déc., texte 75.

par timbre amende n'est pas applicable pour les contraventions de la 5e classe (v. C. pr. pén., art. R. 49-3, al. 1er). Dans son rapport du 12 juillet 2016[1], le Défenseur des droits a mis en exergue les difficultés liées au paiement par timbre-amende. « *Tout d'abord, lorsque le contrevenant, destinataire d'un avis d'amende forfaitaire majorée (AFM) doit rapporter la preuve du paiement de l'amende forfaitaire par timbre-amende, il lui est systématiquement demandé de bien vouloir adresser l'original de sa "partie à conserver" du timbre à l'administration, notamment dans le cadre de la lutte contre la fraude au timbre-amende* […] *Si la procédure de recouvrement se poursuit malgré cet envoi, le contrevenant ne dispose plus d'aucune preuve au soutien de sa bonne foi. Ensuite, il est difficile, voire impossible de rapporter la preuve de la date d'achat du timbre-amende, laquelle est souvent demandée lorsque le contrevenant soutient s'être acquitté du montant de l'amende forfaitaire dans les délais impartis pour ce faire. Cette preuve n'est possible que lorsqu'il s'agit d'un timbre-amende dématérialisé. Une facture du buraliste ainsi qu'un extrait de relevé bancaire ne constituent pas, pour certains OMP, une preuve suffisante du paiement par timbre-amende papier. Ainsi, afin de permettre une meilleure traçabilité et datation du paiement par timbre-amende, il pourrait être envisagé d'installer des machines chez tous les buralistes, lesquelles permettraient de régler l'amende en délivrant au contrevenant un justificatif de paiement, à l'instar de celui que les administrés peuvent imprimer lorsqu'ils règlent leurs amendes par carte bancaire sur internet ou du reçu délivré par les buralistes agréés en cas de paiement par timbre-amende dématérialisé* ». Par ailleurs, le Défenseur des droits a suggéré d'étendre le dispositif du timbre-amende dématérialisé « au paiement des amendes forfaitaires majorées (AFM), *notamment avec la mise en place d'une nouvelle application de gestion des AFM, si l'opportunité d'une telle extension était validée par la Direction générale des finances publiques* »[2].

La direction régionale des finances publiques de Bretagne et du département d'Ille-et-Vilaine encaisse et comptabilise, pour le compte de l'ensemble des directions départementales et régionales des finances publiques, les paiements d'amendes forfaitaires prononcées pour des infractions relevées par le système de contrôle automatisé ou constatées par un procès-verbal réalisé au moyen d'un appareil électronique sécurisé conformément à l'article A. 37-19 C. pr. pén., lorsqu'ils sont réalisés par carte bancaire via un dispositif de télépaiement automatisé. Le comptable de la trésorerie du contrôle automatisé, sise à Rennes, est chargé de ces attributions au sein de cette direction régionale des finances publiques (C. pr. pén., art. A. 38-4, 2°[3]).

Il appartient au contrevenant de rapporter la preuve du paiement, dans les délais légaux, du montant de l'amende forfaitaire prévu par l'article R. 49 C. pr. pén.[4].

2) En matière délictuelle, le montant de l'amende forfaitaire est fixé par le texte prévoyant la possibilité de recourir à la procédure de l'amende forfaitaire pour ledit délit. L'article D. 45-4, C. pr. pén. (mod. par Décr. 6 nov. 2023[5], art. 2) prévoit que, « *à la suite de la constatation du délit, un avis d'infraction, une notice de paiement et un formulaire de requête en exonération, sont envoyés au domicile de l'intéressé par lettre simple.*

Lors de la constatation du délit, la personne est avisée qu'elle recevra un avis d'amende forfaitaire au domicile qu'elle a déclaré. Il est fait mention de cet avis dans le procès-verbal électronique[6] *dressé conformément à l'article D. 45-3.*

En cas de paiement du montant de l'amende forfaitaire minorée entre les mains de l'agent verbalisateur au moment de la constatation de l'infraction, seul l'avis d'amende forfaitaire est envoyé.

Lorsque la procédure de l'amende forfaitaire est appliquée au délit de conduite sans assurance, prévu à l'article L. 324-2 du Code de la route et que celui-ci a été constaté, sans interception du conducteur, selon les modalités prévues à l'article L. 130-9 du même code, par ou à partir d'un appareil de contrôle automatique, ces documents sont adressés au titulaire du certificat d'immatriculation ».

L'avis d'infraction comporte des mentions relatives (C. pr. pén., art. D. 45-5) :

– 1° au service verbalisateur, à la nature, au lieu et à la date du délit, aux références des textes réprimant ce délit, et à l'identité de l'auteur de l'infraction ;

– 1° *bis* lorsque l'infraction est commise à l'occasion de la conduite d'un véhicule, aux éléments d'identification du véhicule et à l'identité du conducteur

1. Défenseur des droits, rapport *Amendes et circulation routière. État des lieux et recommandations du Défenseur des droits*, du 12 juillet 2016, spéct p. 16.
2. Défenseur des droits, rapport *Amendes et circulation routière. État des lieux et recommandations du Défenseur des droits*, du 12 juillet 2016, spéct p. 16 et 17.
3. Mod. par Arr. 31 août 2021, art. 3.
4. Crim. 4 avr. 2013, n° 12-88.351, NP.
5. Décr. n° 2023-1026, 6 nov. 2023, portant application de l'article 495-18 du Code de procédure pénale relatif au paiement immédiat du montant de l'amende forfaitaire délictuelle, *JO* 8 nov., texte 7.
6. Le PVe est transmis au Centre national de traitement de Rennes qui, sauf en cas de paiement immédiat, adressera de façon automatisée les amendes forfaitaires aux intéressés (M. Clément et M. Le Bouillonnec, rapp. AN n° 3726, sur le projet de loi de modernisation de la justice du XXIe siècle, 6 mai 2016, spéct p. 202-203).

ou, lorsque celle-ci n'a pu être relevée, à celle du titulaire du certificat d'immatriculation ;

– 2° au montant de l'amende forfaitaire encourue ainsi qu'au montant de cette amende en cas de minoration ou de majoration en considération du délai ou du mode de paiement ;

– 3° à la procédure applicable en cas de non-paiement de l'amende forfaitaire, notamment au délai et aux modalités de la requête prévue par le premier alinéa de l'article 495-18, au montant de l'amende forfaitaire dont l'intéressé doit s'acquitter ainsi qu'à celui de l'amende forfaitaire majorée qui sera due à défaut de paiement de l'amende forfaitaire ou de la présentation d'une requête dans les délais ;

– 4° aux peines encourues pour le délit constaté et que le tribunal correctionnel est susceptible de prononcer s'il est saisi à la suite d'une requête en exonération.

Lorsqu'il s'agit du délit de conduite sans assurance prévu par l'article L. 324-2 C. route, l'avis précise que l'amende est majorée conformément à l'article L. 211-27 C. assur.[1] (C. pr. pén., art. D. 45-5[2], mod. par Décr. 24 mai 2019, art. 7, III).

Lorsque le paiement de l'amende forfaitaire minorée est effectué entre les mains de l'agent verbalisateur, l'avis d'infraction comporte un certain nombre de mentions énumérées à l'article D. 45-5-1 C. pr. pén.[3].

Aux termes de l'article D. 45-6 C. pr. pén., « **la notice de paiement** *précise les modalités de paiement de l'amende forfaitaire prévues par l'article D. 45-8* ». Ce dernier texte prévoit que « *le paiement de l'amende forfaitaire ou de la consignation est effectué selon des modalités prévues par le deuxième alinéa de l'article R. 49-3* ». L'amende forfaitaire doit être acquittée dans les quarante-cinq jours qui suivent la constatation de l'infraction ou, si l'avis d'infraction est ultérieurement envoyé à l'intéressé, dans les quarante-cinq jours qui suivent cet envoi, à moins que l'intéressé ne formule dans le même délai une requête tendant à son exonération auprès du service indiqué dans l'avis d'infraction (C. pr. pén., art. 495-18, al. 1er).

L'arrêté du 29 février 2016[4], modifié par celui du 9 avril 2018[5], autorise la DGFiP à mettre en œuvre un **traitement informatisé dénommé « Paiement des amendes par intranet » (PAI)** ayant pour finalité la gestion du règlement par intranet :

1° des amendes forfaitaires transmises par le système du contrôle automatisé, mis en œuvre par le ministère de l'Intérieur ;

2° des forfaits de post-stationnement (FPS – sur cette notion, v. ss no 0962.39) notifiés par l'Agence nationale de traitement automatisé des infractions ;

3° de l'ensemble des amendes et condamnations pécuniaires prises en charge par les services de la DGFiP ;

4° des FPS majorés pris en charge par la DGFiP (Arr. 29 févr. 2016, art. 1er mod.).

Le traitement permet :

– le règlement d'un FPS, d'un FPS majoré, d'une amende ou d'une condamnation pécuniaire par intranet auprès des services de la DGFiP ;

– la recherche et la consultation d'un règlement effectué auprès des services de la DGFiP quel que soit le canal de paiement dématérialisé utilisé par le redevable (internet, serveur local interactif, intranet...) ;

– l'annulation du règlement d'un FPS ou d'une amende forfaitaire effectué par un canal de paiement dématérialisé en cas d'incident de paiement ;

– le suivi statistique et comptable des règlements (Arr. 29 févr. 2016, art. 2 mod.).

Par ailleurs, **l'application *smartphone* Amendes.gouv**, mise à disposition des usagers depuis janvier 2015, a offert un nouveau moyen de paiement dématérialisé des amendes, qui s'est ajouté à la possibilité de payer ses amendes par Internet (sur le site

1. EN CAS DE VIOLATION DE L'OBLIGATION D'ASSURANCE, la majoration de 50 % de l'amende, versée au profit du Fonds de garantie, s'applique également à l'amende forfaitaire et à l'amende de composition pénale (C. assur., art. L. 211-27, al. 1er, mod. par L. 18 nov. 2016, art. 35, I, 1°). « *La majoration de 50 % affectant les amendes forfaitaires et les amendes de composition pénale, instituée au profit du fonds de garantie, est encaissée par un comptable de la Direction générale des finances publiques dans les mêmes conditions que lesdites amendes* » (C. assur., art. R. 421-37, al. 2, créé par Décr. no 2017-1523, 3 nov. 2017, portant diverses dispositions en matière de sécurité routière, *JO* 4 nov., texte 2, art. 10) ; les dispositions de l'art. 10 du décret du 3 nov. 2017 et du 1° du I de l'art. 35 de la loi du 18 nov. 2016 entrent en vigueur : 1° Le même jour que les dispositions de l'art. 1er du décret no 2017-429 du 28 mars 2017, en tant qu'elles concernent les amendes forfaitaires ; 2° Le 1er janv. 2018, en tant qu'elles concernent les amendes de composition pénale (Décr. no 2017-1523, 3 nov. 2017, art. 11).
2. Version en vigueur depuis le 23 avr. 2020. Conformément au III de l'art. 11 du décret du 24 mai 2019, ces dispositions entrent en vigueur le lendemain de la publication au *Journal officiel* de l'arrêté mentionné au dernier alinéa de l'art. 495-20 C. pr. pén. modifiant les art. A. 36-14 à A. 36-16 de ce code et précisant les modalités selon lesquelles les requêtes et les réclamations peuvent être adressées de façon dématérialisée (Arr. 17 avr. 2020).
3. C. pr. pén., art. D. 45-5-1, créé par Décr. no 2023-1026, 6 nov. 2023, art. 2.
4. Arr. 29 févr. 2016, portant création d'un traitement automatisé de données à caractère personnel dénommé « Paiement des amendes par intranet » (PAI), *JO* 31 mars, texte 29.
5. Arr. 9 avr. 2018, modifiant l'arrêté du 29 février 2016 portant création d'un traitement automatisé de données à caractère personnel dénommé « Paiement des amendes par intranet » (PAI), *JO* 4 mai, texte 25.

www.amendes.gouv.fr) ou par téléphone (via un « serveur local interactif »), et auprès des guichets de la DGFiP et des buralistes agréés [1].

Le a du 1 du A du paragraphe I de l'article 201 [2] de la loi du 28 décembre 2018 [3] de finances pour 2019 autorise l'État à confier à un ou plusieurs prestataires extérieurs certaines opérations d'encaissement et de décaissement en numéraire jusqu'alors réalisées par les comptables publics [4]. Ainsi, la DGFiP a confié, en juillet 2019, au réseau des buralistes les opérations d'encaissement des factures [5] de ses usagers pour une durée de cinq ans. Les usagers pourront payer, en espèces pour un montant inférieur à 300 euros et par carte bancaire sans limitation de montant, chez les buralistes agréés, notamment les amendes forfaitaires (radars ou autres) les amendes forfaitaires majorées et délictuelles. Ce **service de « paiement de proximité »**, ayant fait l'objet d'une phase de préfiguration depuis le 24 février 2020 dans certains départements [6] et élargi à l'ensemble du territoire à partir du 28 juillet 2020, vise à diversifier l'offre de paiement pour offrir une plus grande proximité aux usagers [7]. Il s'adresse notamment aux usagers qui rencontrent des difficultés à se déplacer, qui ne maîtrisent pas internet ou qui ne disposent pas de compte bancaire. L'usager devra simplement s'assurer que son avis ou sa facture comporte un « QR code » et que la mention « payable auprès d'un buraliste » figure bien dans les modalités de paiement. Une fois chez un buraliste agréé (reconnaissable par l'affiche apposée sur sa devanture), l'usager, muni de sa facture, scanne lui-même son QR code puis paye. Le paiement est réalisé en toute confidentialité à l'aide d'un terminal sécurisé de la Française des jeux déjà disponible et adapté à cet effet. Cette délégation de la mission du recouvrement aux buralistes agréés [8] aura toutefois un coût financier pour les finances publiques puisque, sur chaque opération, les buralistes et la Française des jeux prélèveront une commission.

0962.35 **Amende forfaitaire minorée.** Il convient de noter qu'initialement un régime spécifique à certaines infractions au Code de la route avait été prévu. Afin d'inciter les automobilistes contrevenants à s'acquitter rapidement de leurs amendes, la loi a institué une **amende forfaitaire minorée pour les contraventions au Code de la route des 2e, 3e, 4e et 5e classes** dont la liste est fixée par décret en Conseil d'État, à l'exception de celles relatives au stationnement (C. pr. pén., art. 529-7, mod. par L. 18 nov. 2016, art. 15), et pour les délits de conduite sans permis (C. route, art. L. 221-2, IV) et de défaut d'assurance (C. route, art. L. 324-2, IV). Compte tenu de l'extension de la procédure de l'amende forfaitaire à divers délits, une amende forfaitaire minorée est désormais également instituée **pour les délits pour lesquels la loi prévoit que l'action publique est éteinte par le paiement d'une amende forfaitaire.** L'article 9 de la loi du 8 avril 2021 améliorant l'efficacité de la justice de proximité et de la réponse pénale [9] étend le dispositif de l'amende forfaitaire minorée aux contraventions de la 5e classe ainsi qu'aux autres contraventions dès lors que le règlement le prévoit [10]. Il s'agit de réparer un oubli de la loi. En effet, la loi du 23 mars 2019 avait étendu la procédure de l'amende forfaitaire à divers délits, comme le délit d'usage de stupéfiants, en prévoyant pour ceux-ci, en plus du montant normal de l'amende forfaitaire,

1. *Rapport annuel DGFiP 2015*, p. 8.
2. Disposition déclarée conforme à la Constitution (Cons. const. 28 déc. 2018, n° 2018-777 DC, consid. 63, *JO* 30 déc., texte 2).
3. L. n° 2018-1317, 28 déc. 2018, de finances pour 2019, *JO* 30 déc., texte 1 (rect., *JO* 12 janv. 2019, texte 1). Sur les modalités d'application : Décr. n° 2019-757, 22 juill. 2019, relatif aux modalités d'application et d'entrée en vigueur de l'article 201 de la loi n° 2018-1317 du 28 décembre 2018 de finances pour 2019, *JO* 24 juill., texte 11.
4. Les comptables publics restant seuls compétents pour l'engagement des procédures de recouvrement forcé.
5. Il s'agit des factures de la vie quotidienne (amendes, cantine, crèche, hôpital…) jusqu'à 300 euros en espèces et sans limitation de montant en carte bancaire, et des impôts jusqu'à 300 euros en espèces ou en carte bancaire.
6. V. pour la liste des départements : Arr. 12 févr. 2020, pris en application de l'article 3 du décret n° 2019-757 du 22 juillet 2019 relatif aux modalités d'application et d'entrée en vigueur de l'article 201 de la loi n° 2018-1317 du 28 décembre 2018 de finances pour 2019, *JO* 22 févr., texte 20.
7. Près de 5 100 points de paiement de proximité, répartis sur 3 400 communes.
8. V. Arr. 12 févr. 2020, relatif au traitement et à la comptabilisation des versements effectués par le ou les prestataires de l'État dans le cadre de l'exercice des missions énumérées au A du I de l'article 201 de la loi n° 2018-1317 du 28 décembre 2018 de finances pour 2019, *JO* 19 févr., texte 26.
9. L. n° 2021-401, 8 avr. 2021, améliorant l'efficacité de la justice de proximité et de la réponse pénale, *JO* 9 avr., texte 1 ; *D. actu.* 12 avr. 2021, obs. D. Goetz ; *Procédures* 2021. Comm. 175, obs. A.-S. Chavent-Leclère ; *JCP* 2021. 423, « Aperçu rapide » par J. Leroy ; *Dr. pénal* 2021. Alerte 32, Focus par W. Roumier ; J.-B. Perrier, « L'efficacité de la justice et la simplification de la réponse pénale », *JCP* 2021. Doctr. 662 ; C. Ribeyre, « La justice pénale de proximité en marche… à petits pas ! », *Dr. pénal* 2021. Étude 10 ; F. Ludwiczak, « Les apports de la loi n° 2021-401 du 8 avril 2021 en matière d'alternatives aux poursuites », *AJ pénal* 2021. 234 ; E. Raschel, « La déjudiciarisation de la réponse pénale à la délinquance du quotidien », *RSC* 2021. 673.
10. « *Outre ce dispositif général de minoration du montant des amendes relatives aux contraventions de la cinquième classe, le pouvoir réglementaire est habilité à préciser les autres amendes forfaitaires contraventionnelles dont le montant est susceptible de faire l'objet d'une minoration* » (rapp. AN n° 3582, 18 nov. 2020, spéc^t^ p. 24).

une amende forfaitaire minorée lorsque l'amende est réglée dans un délai de quinze jours, afin d'inciter les auteurs de ces faits au paiement volontaire de l'amende et de lutter contre l'encombrement des tribunaux. Elle avait cependant omis de prévoir, par coordination, qu'une amende forfaitaire minorée serait également possible pour les contraventions de la 5e classe. Un article 529-2-1, créé au sein du Code de procédure pénale, dispose désormais : « *Lorsqu'il s'agit d'une contravention de cinquième classe ou lorsque le règlement le prévoit, l'amende forfaitaire est minorée si le contrevenant s'acquitte du montant de l'amende forfaitaire minorée soit entre les mains de l'agent verbalisateur au moment de la constatation de l'infraction, soit dans un délai de quinze jours à compter de la constatation de l'infraction ou, si l'avis de contravention est ultérieurement envoyé à l'intéressé, dans un délai de quinze jours à compter de cet envoi.*

En cas de non-paiement de l'amende forfaitaire minorée dans les conditions prévues au premier alinéa, le contrevenant est redevable de l'amende forfaitaire »[1].

Les montants de cette amende forfaitaire minorée sont fixés, en matière contraventionnelle, par l'article R. 49-9 C. pr. pén. (à savoir 22 euros pour les contraventions de la 2e classe, 45 euros pour les contraventions de la 3e classe, 90 euros pour les contraventions de la 4e classe et 150 euros pour les contraventions de la 5e classe[2]), en matière délictuelle, pour le défaut de permis de conduire par l'article L. 221-2, IV, C. route (à savoir, montant de 640 euros), pour le défaut d'assurance par l'article L. 324-2, IV du même code (à savoir 400 euros). Quant aux autres délits pour lesquels la loi prévoit que l'action publique est éteinte par le paiement d'une amende forfaitaire, le montant de l'amende forfaitaire minorée est fixé par le texte prévoyant la possibilité de recourir à la procédure de l'amende forfaitaire pour ledit délit. Le montant de l'amende forfaitaire minorée[3] peut être acquitté soit entre les mains de l'agent verbalisateur au moment de la constatation de l'infraction, soit dans un délai de quinze[4] jours à compter de la constatation de l'infraction ou, si l'avis de contravention (pour l'amende forfaitaire contraventionnelle) ou l'avis d'infraction (pour l'amende forfaitaire délictuelle) est ultérieurement envoyé à l'intéressé, dans un délai de quinze jours à compter de cet envoi[5] (C. pr. pén., art. 529-8, al. 1er, mod. par L. 16 févr. 2015, art. 14, 3°, et art. 495-18, al. 2, créé par L. 18 nov. 2016, art. 36). En cas de non-paiement de l'amende forfaitaire minorée dans ces conditions, le contrevenant est redevable de l'amende forfaitaire (C. pr. pén., art. 529-8, al. 2, et R. 49-10). Il appartient au contrevenant auquel est réclamée l'amende forfaitaire de rapporter, le cas échéant, la preuve qu'il s'est acquitté de l'amende forfaitaire minorée dans les conditions et délais prévus par l'article 529-8 C. pr. pén.[6]. Ce délai s'apprécie toutefois, en cas d'envoi du règlement de l'amende par courrier, au regard de la date d'envoi du moyen de paiement attestée par le cachet de l'opérateur postal (C. pr. pén., art. 530-5 et D. 45-9, al. 1er).

0962.36 Amende forfaitaire majorée. Aux termes des articles 529-2, alinéa 2 (amende forfaitaire contraventionnelle) et 495-18, alinéa 3 (amende forfaitaire délictuelle) C. pr. pén, à défaut de paiement ou d'une requête présentée dans le délai de quarante-cinq jours, l'amende forfaitaire est majorée de plein droit et recouvrée au profit du Trésor public en vertu d'un titre rendu exécutoire par le ministère public. **En matière contraventionnelle**, aux termes de l'article R. 49-7 C. pr. pén. (mod. par Décr. 28 mars 2020, art. 1er, version en vigueur depuis le 29 mars 2020), « *le montant de l'amende forfaitaire majorée est fixé ainsi qu'il suit :*

1° *7 euros pour les contraventions aux dispositions du Code de la route commises par les piétons ;*

2° *33 euros pour les autres contraventions de la 1re classe ;*

3° *75 euros pour les contraventions de la 2e classe ;*

4° *180 euros pour les contraventions de la 3e classe ;*

1. Cette forfaitisation de la réponse pénale soulève des inquiétudes quant à la place du juge dans le système répressif puisqu'en « *facilitant le recours à l'amende forfaitaire, par l'extension de l'amende forfaitaire minorée, le texte adopté renforce la possibilité de mettre à exécution des peines sans juge* » (J.-B. Perrier, « L'efficacité de la justice et la simplification de la réponse pénale », *JCP* 2021. Doctr. 662, spéc. no 18). Ce constat contraste fortement avec l'ambition d'une justice de proximité promue par le législateur du 8 avril 2021.
2. Le montant pour les contraventions de la 5e classe a été ajouté par le décret no 2024-528 du 10 juin 2024, portant diverses dispositions en matière de sécurité et de circulation routières, *JO* 11 juin, texte 2.
3. Selon la Cour des comptes, « *36 % des amendes sont payées à ce stade (74 % pour les amendes radars)* » (Cour des comptes, *Rapport public annuel 2018*, févr. 2018, p. 181).
4. Cette disposition consistant à ce que « *le délai de paiement de l'amende forfaitaire minorée, pour les contraventions relevées avec interception physique du conducteur par l'agent verbalisateur, soit aligné sur celui des contraventions établies sans interception, en le portant de trois à quinze jours à compter de la remise de l'avis de contravention par l'agent verbalisateur* » répond à une recommandation du Défenseur des droits, formulée dans son rapport sur les suites réservées à la décision no 12-R003 du 13 juin 2012 relative aux amendes routières. Sur ce point, v. Mme Capdevielle, rapp. AN no 2200, 17 sept. 2014, p. 47 ; M. Mohamed Soilihi, rapp. Sénat no 215, 14 janv. 2015, p. 46.
5. Si la personne réside à l'étranger, le délai est augmenté d'un mois (C. pr. pén., art. 530-2-1, al. 1er, et D. 45-9, al. 2).
6. Crim. 29 avr. 2009, no 09-80.064, P, no 81.

5° *375 euros pour les contraventions de la 4e classe ;*

6° *450 euros pour les contraventions de la 5e classe* »[1].

En matière délictuelle, le montant de l'amende forfaitaire majorée est fixé par le texte prévoyant la possibilité de recourir à la procédure de l'amende forfaitaire pour ledit délit.

La mise en recouvrement des amendes forfaitaires majorées est effectuée dans les conditions et selon les modalités prévues par les articles R. 49-5, R. 49-6 et D. 45-11 C. pr. pén. La majoration de l'amende est constatée par l'officier du ministère public (dans le cas d'une amende forfaitaire contraventionnelle) ou par le procureur de la République (dans le cas d'une amende forfaitaire délictuelle) qui la mentionne sur le titre exécutoire, lequel, signé par l'officier du ministère public ou par le procureur de la République, est transmis au comptable de la DGFiP (C. pr. pén., art. R. 49-5 et D. 45-10). La direction régionale des finances publiques de Bretagne et du département d'Ille-et-Vilaine assure le recouvrement de toutes les amendes forfaitaires majorées prononcées pour des infractions relevées par le système de contrôle automatisé conformément aux dispositions de l'article L. 130-9 C. route et résultant d'un titre exécutoire signé par le procureur de la République près le TJ de Rennes ou par l'officier du ministère public agissant sous son autorité. Le comptable de la trésorerie du contrôle automatisé, sise à Rennes, est chargé de ces attributions au sein de cette direction régionale des finances publiques (C. pr. pén., art. A. 38-4, 1°[2]). Par ailleurs, l'article A. 38-5-1[3] C. pr. pén. prévoit : « *Par dérogation aux dispositions de l'article A. 38-3, le recouvrement des amendes forfaitaires majorées délictuelles prévues à l'article 495-18 est assuré par les comptables de la DGFiP compétents pour le recouvrement des amendes prononcées par le tribunal judiciaire du chef-lieu du département du domicile du redevable.*

Toutefois, lorsque le domicile du redevable n'est pas connu ou n'est pas situé dans un département métropolitain ou d'outre-mer, le recouvrement de ces amendes forfaitaires majorées délictuelles est assuré par les comptables publics compétents pour le recouvrement des amendes prononcées par le tribunal judiciaire du chef-lieu du département du lieu d'infraction.

Par dérogation aux deux alinéas précédents, lorsque le tribunal judiciaire visé à ces alinéas est le tribunal judiciaire de Paris, le recouvrement est assuré au sein de la direction régionale des finances publiques d'Île-de-France et de Paris, par le comptable de la trésorerie "Paris amendes 2e division" ».

Le comptable de la DGFiP va adresser au contrevenant (dans le cas d'une amende contraventionnelle) ou à l'intéressé (dans le cadre d'une amende forfaitaire délictuelle) un extrait du titre exécutoire le concernant sous forme **d'avis**[4] l'invitant à s'acquitter du montant de l'amende forfaitaire majorée. La Haute juridiction a ainsi rappelé que la mise en recouvrement des amendes forfaitaires majorées est effectuée dans les conditions et selon les modalités prévues par les articles R. 49-5 et R. 49-6 C. pr. pén. La procédure spécifique au recouvrement des amendes forfaitaires majorées n'impose pas l'envoi, au redevable, d'un avertissement préalable d'avoir à payer l'amende[5]. Par ailleurs, la deuxième chambre civile de la Cour de cassation a précisé, dans un arrêt rendu le 1er juin 2017[6], qu'« *en matière de recouvrement des amendes, le juge de l'exécution ne connaissant, en application combinée des articles 530-2 du Code de procédure pénale et 9 du décret no 64-1333 du 22 décembre 1964, que de la régularité en la forme de l'acte de poursuite, il ne peut pas apprécier le respect de l'obligation faite, par l'article R. 49-6 du même code, au comptable public d'envoyer au contrevenant un avis l'invitant à s'acquitter du montant de l'amende forfaitaire*

1. Des dérogations à l'art. R. 49-7 C. pr. pén. sont prévues : – pour les contraventions de la 5e classe mentionnées dans la première phrase du 3e alinéa de l'article L. 3136-1 du CSP réprimant la violation par l'exploitant d'un établissement recevant du public des mesures édictées sur le fondement du 5° du I de l'article L. 3131-15 du même code, le montant de l'amende forfaitaire majorée est fixé à 1 000 euros (Décr. no 2021-172, 17 févr. 2021, art. 3, mod. par Décr. no 2021-490, 22 avr. 2021, art. 2, II) ; – pour les contraventions de la 5e classe mentionnées à la première phrase du 3e alinéa de l'article L. 3136-1 du CSP réprimant la violation des mesures de mise en quarantaine et des mesures de placement et de maintien en isolement édictées sur le fondement des 3° et 4° du I de l'article L. 3131-15 ou des 1° et 2° du I de l'article L. 3131-1 du même code, le montant de l'amende forfaitaire majorée est fixé à 1 300 euros (Décr. no 2021-490, 22 avr. 2021, art. 2, I, et L. no 2021-689, 31 mai 2021, art. 6, 2°) ; – pour les contraventions de la 5e classe mentionnées au 2e alinéa du D du II de l'article 1er de la loi du 31 mai 2021 modifiée (absence de contrôle de la détention des documents relatifs au passe sanitaire par l'exploitant d'un service de transport) et au II de l'article 16 de la loi du 5 août 2021 (absence de contrôle par l'employeur du respect de l'obligation vaccinale), le montant de l'amende forfaitaire majorée est fixé à 1 300 euros (Décr. no 2021-1056, 7 août 2021, art. 1er et 2).
2. Mod. par Arr. 31 août 2021, art. 3.
3. Mod. par Arr. 31 août 2021, art. 5.
4. Com. 4 nov. 2014, no 13-23.302, NP : la Cour de cassation approuve un arrêt de cour d'appel constatant « *que l'article R. 49-6 du Code de procédure pénale n'impose aucune forme particulière à l'envoi de l'avis invitant le contrevenant à s'acquitter du montant de l'amende forfaitaire majorée* ».
5. Civ. 2e, 13 juin 2002, no 00-17.047, P II, no 122 – Civ. 2e, 7 nov. 2002, no 01-00.015, P II, no 240.
6. Civ. 2e, 1er juin 2017, no 15-18.751, P II, no 111 ; *D. actu.* 20 juin 2017, obs. L. Camensuli-Feuillard ; *Procédures* 2017. Comm. 187, obs. L. Raschel – V. AUSSI, DANS LE MÊME SENS : Civ. 2e, 19 oct. 2017, no 16-25.765, P II, no 197 ; *D. actu.* 7 nov. 2017, obs. G. Payan.

majorée ». Seul le tribunal de police (et non le juge de l'exécution) est compétent[1] pour vérifier si le comptable de la DGFiP a effectivement adressé, au contrevenant, un extrait du titre exécutoire le concernant sous forme d'avis l'invitant à s'acquitter du montant des amendes forfaitaires majorées, dans le respect des dispositions de l'article R. 49-6 C. pr. pén. **En matière contraventionnelle,** cet avis contient, pour chaque amende, les mentions portées sur le titre exécutoire à savoir, l'identité et le domicile du contrevenant, le lieu et la date de la contravention et le montant de l'amende forfaitaire majorée. Il indique le délai et les modalités de la réclamation prévue par les deuxième et troisième alinéas de l'article 530 C. pr. pén. (C. pr. pén., art. R. 49-6, al. 1er). **En matière délictuelle,** cet avis contient les mentions relatives au service verbalisateur, à la nature, au lieu et à la date du délit, aux références des textes réprimant ce délit, et à l'identité de l'auteur de l'infraction. Il indique le délai et les modalités de la réclamation prévue par les deuxième et troisième alinéas de l'article 495-19 (C. pr. pén., art. D. 45-11, al. 2). Est joint à cet avis un formulaire de réclamation conformément au premier alinéa de l'article 495-20 (C. pr. pén., art. D. 45-11, al. 3, mod. par Décr. 24 mai 2019, art. 7, IV). Cet avis indique également qu'en cas de paiement volontaire de l'amende forfaitaire majorée dans le délai d'un mois à compter de sa date d'envoi, le montant des sommes dues sera diminué de 20 % (C. pr. pén., art. D. 45-11, al. 2, et R. 49-6, al. 2), conformément aux dispositions de l'article 707-2 et du 5° de l'article R. 55 C. pr. pén.

Le contrevenant, qui a fait l'objet d'une amende forfaitaire majorée et ne contestant pas la réalité de la contravention ou du délit, peut, en raison de ses difficultés financières, solliciter des délais de paiement ou une remise gracieuse auprès du comptable public compétent[2]. S'il estime la demande justifiée, ce dernier peut octroyer des délais ou rendre une décision de remise gracieuse partielle ou totale, le cas échéant en appliquant une diminution de 20 % des sommes dues, en application de l'article 707-4 (C. pr. pén., art. 530-4 et 495-24). En cas de demande de délais de paiement ou de remise gracieuse, les articles 529-10, 529-12 et 495-20 C. pr. pén. (v. ss n° 0962.53) ne sont pas applicables.

Aux termes de l'article L. 322-1, I C. route (mod. par L. 24 déc. 2019[3], art. 159, I, 3°), lorsqu'une amende forfaitaire majorée a été émise, le comptable public compétent a la possibilité et, dans le cas prévu au second alinéa du III de l'article 529-6 C. pr. pén.[4], l'obligation de faire opposition auprès de l'autorité administrative compétente à tout transfert du certificat d'immatriculation. Il en informe le procureur de la République. Cette opposition suspend la prescription de la peine. Elle est levée par le paiement de l'amende forfaitaire majorée. En outre, le procureur de la République lève l'opposition lorsque l'intéressé a formé une réclamation, selon les modalités et dans les délais prévus par les articles 529-10 et 530 C. pr. pén. à peine d'irrecevabilité et qu'il justifie avoir déclaré sa nouvelle adresse à l'autorité administrative compétente.

La Cour de cassation a récemment estimé que constitue un acte interruptif de la prescription de l'action publique la délivrance du titre exécutoire de l'amende forfaitaire majorée[5], l'énumération prévue à l'article 9-2 C. pr. pén. des actes qui interrompent la prescription de l'action publique n'étant pas limitative. En effet, ce titre exécutoire n'est pas expressément visé dans l'énumération des actes interruptifs de prescription figurant à l'article 9-2 C. pr. pén., issu de la loi du 27 février 2017 portant réforme de la prescription en matière pénale. La solution affirmée ici par la Cour de cassation sous l'empire de l'article 9-2 C. pr. pén. est une confirmation de sa jurisprudence antérieure à l'entrée en vigueur de ces nouvelles dispositions. Elle a déjà eu l'occasion d'énoncer que la prescription est acquise lorsque le titre exécutoire de l'amende forfai-

1. V. Civ. 2e, 19 oct. 2017, n° 16-25.765, P II, n° 197 ; *D. actu.* 7 nov. 2017, obs. G. Payan – De même, seul le tribunal de police est compétent pour connaître des contestations relatives à la régularité du titre exécutoire et à la détermination de la personne redevable des amendes (Civ. 2e, 10 janv. 2019, n° 17-27.976, NP) – V. AUSSI, s'agissant d'une procédure de saisie administrative à tiers détenteur : Toulouse, 3e ch., 1er févr. 2021, RG n° 20/00613 : « *Il n'est pas contesté que les pouvoirs du juge de l'exécution ne portent que sur le contrôle de la régularité formelle de la procédure de saisie administrative et celui-ci n'étant pas juge de la régularité du titre, il ne lui appartient pas de se prononcer sur la notification préalable des titres ayant donné lieu à saisie administrative laquelle constitue une question de fond ayant trait à l'exigibilité des sommes réclamées. Or, s'agissant en l'espèce d'une procédure intentée en vue du recouvrement d'amendes forfaitaires majorées, elle se trouve régie* [...] *par les dispositions spécifiques des articles 529 et suivants et R. 49 et suivants du Code de procédure pénale, lesquelles ne prévoient pas de mise en demeure préalable au titre,* [...] ».
2. La contestation de la décision du comptable public compétent portant refus de remise gracieuse de ces amendes pénales, quel qu'en soit le motif, concerne la procédure pénale elle-même et la procédure de recouvrement de ces amendes qui n'est pas détachable de celle-ci. Par suite, il n'appartient qu'à la juridiction judiciaire de connaître du litige (CAA Bordeaux, 15 oct. 2019, n° 19BX02264).
3. L. n° 2019-1428, 24 déc. 2019, d'orientation des mobilités, *JO* 26 déc., texte 1.
4. Pour les contraventions pour non-paiement du péage, si le contrevenant n'a pas payé le montant de l'amende forfaitaire majorée dans un délai de quatre mois à compter de l'envoi à son domicile du titre exécutoire, le Trésor public fait opposition auprès de l'autorité administrative compétente au transfert du certificat d'immatriculation du véhicule du contrevenant en cas de vente d'occasion.
5. Crim. 21 janv. 2020, n° 19-84.450, P ; *D. actu.* 10 févr. 2020, obs. D. Goetz ; *JCP* 2020. 491, note J.-H. Robert ; *JCP* 2020. Doctr. 569, spéct n° 16, obs. J.-B. Perrier ; *Procédures* 2020. Comm. 74, note A.-S. Chavent-Leclère ; *RSC* 2020. 113, obs. P.-J. Delage.

taire majorée prononcée, notamment, pour une infraction d'excès de vitesse, a été émis plus d'un an après la constatation de cette contravention[1]. De plus, la chambre criminelle a déjà considéré qu'en matière de contraventions donnant lieu au recouvrement de l'amende forfaitaire majorée, il suffit, pour que la prescription de l'action publique ne soit pas acquise, que le délai soit interrompu par la délivrance du titre exécutoire, qui fait courir la prescription de la peine, puis, après la réclamation du contrevenant, que la citation soit délivrée avant l'expiration du nouveau délai de prescription de l'action publique ouvert à la suite de cette réclamation[2]. Par ailleurs, la Haute juridiction a précisé, dans un arrêt du 9 avril 2019[3] qu'il résulte de l'article 530-1 C. pr. pén. qu'en cas de réclamation recevable du contrevenant, le ministère public ne peut que renoncer aux poursuites ou poursuivre l'intéressé par ordonnance pénale ou par citation devant la juridiction de jugement. Encourt dès lors la censure l'arrêt qui, pour écarter la prescription de l'action publique, considère comme réguliers le second titre exécutoire et le second avis d'amende forfaitaire majorée délivrés par l'officier du ministère public après la réclamation du contrevenant dirigée contre un premier avis d'amende forfaitaire majorée, y compris dans le cas où l'intéressé aurait indiqué renoncer à cette réclamation.

Tandis que le nombre d'amendes forfaitaires majorées est en hausse de 41 % depuis 2010[4], leur taux de recouvrement est faible (28,6 % en 2017[5]). Comme le relève un récent rapport d'information[6] rédigé par les sénateurs Thierry Carcenac et Claude Nougein, le recouvrement des amendes de circulation est assuré par une multiplicité d'acteurs[7]. Des évolutions telles que la mise en place et la généralisation du procès-verbal électronique n'ont pas eu les effets escomptés sur le recouvrement. En effet, « *le taux de paiement « spontané » des amendes forfaitaires majorées a fortement diminué, passant de près de 29 % en 2010 à 17 % en 2017* »[8]. La diversification et la politique de dématérialisation des moyens de paiement n'ont pas eu d'impact sur le taux de recouvrement spontané[9]. Par ailleurs, si les taux de recours sont plutôt faibles, rapportés au volume des amendes, ils représentent un contentieux de masse. Ainsi, « *environ 1,5 % des avis de contravention sont contestés, soit 390 000 avis de paiement d'amendes* »[10]. A cela s'ajoute, un système informatique défaillant : « *Le logiciel AMD n'est plus adapté au volume d'amendes et aux enjeux actuels du recouvrement et doit absolument être rénové* »[11].

0962.37 Dispositions applicables aux personnes morales. L'alinéa 2 de l'article 530-3 C. pr. pén. (créé par L. 18 nov. 2016, art. 34, II, 3°, a), concernant l'amende forfaitaire contraventionnelle, et l'article 495-24-1 du même code (créé par L. 23 mars 2019, art. 58, V, 6°) concernant l'amende forfaitaire délictuelle, prévoient que « *lorsque les amendes forfaitaires, les amendes forfaitaires minorées et les amendes forfaitaires majorées s'appliquent à une personne morale, leur montant est quintuplé* ». En outre, l'article L. 121-6 C. route (mod. par L. 8 avr. 2021[12], art. 10) prévoit que « *lorsqu'une infraction constatée selon les modalités prévues à l'article L. 130-9* a *été commise avec un véhicule dont le titulaire du certificat d'immatriculation est une personne morale ou qui est détenu par une personne morale*[13], *le représentant légal de cette personne*

1. Crim. 18 oct. 2006, n° 06-83.085, P, n° 252 ; *Procédures* 2007. Comm. 19, note J. Buisson.
2. Crim. 14 sept. 2005, n° 05-81.978, P, n° 230 – Crim. 19 sept. 2012, n° 12-81.163, NP – Crim. 4 déc. 2013, n° 13-83.284, P, n° 248 – Crim. 15 janv. 2014, n° 13-84.533, P, n° 13 – Crim. 11 juill. 2017, n° 17-80.025, NP – Crim. 28 mai 2019, n° 18-86.153, NP – Crim. 24 mars 2020, n° 19-85.331, NP ; *Dr. pénal* 2020. Comm. 140, note J.-H. Robert.
3. Crim. 9 avr. 2019, n° 18-83.215, P, n° 71 ; *D. actu.* 6 mai 2019, obs. D. Goetz ; *D.* 2019. 82 ; *AJ pénal* 2019. 389, obs. J.-P. Céré ; *Dr. pénal* 2019. Comm. 107, note J.-H. Robert ; *BTL* 2019, n° 3734, p. 235.
4. N. Grange, « Recouvrement des amendes. Au bonheur du verbalisé », *BTL* 2019. 547.
5. T. Carcenac et C. Nougein, rapp. d'information Sénat n° 651, sur le recouvrement des amendes de circulation et des forfaits de post-stationnement, 10 juill. 2019, spéc^t p. 7.
6. T. Carcenac et C. Nougein, rapp. d'information Sénat n° 651, 10 juill. 2019, préc.
7. T. Carcenac et C. Nougein, rapp. d'information Sénat n° 651, 10 juill. 2019, spéc^t p. 35 et 36.
8. T. Carcenac et C. Nougein, rapp. d'information Sénat n° 651, 10 juill. 2019, spéc^t p. 34.
9. T. Carcenac et C. Nougein, rapp. d'information Sénat n° 651, 10 juill. 2019, spéc^t p. 35 et 36 – Cour des comptes, *Rapport public annuel 2018*, févr. 2018, p. 182 s.
10. T. Carcenac et C. Nougein, rapp. d'information Sénat n° 651, 10 juill. 2019, spéc^t p. 31.
11. T. Carcenac et C. Nougein, rapp. d'information Sénat n° 651, 10 juill. 2019, spéc^t, p. 55.
12. L. n° 2021-401, 8 avr. 2021, améliorant l'efficacité de la justice de proximité et de la réponse pénale, *JO* 9 avr., texte 1. L'article 10 de cette loi a adapté les règles de désignation de l'auteur d'une infraction routière par une personne morale, afin que l'obligation de désignation de l'auteur d'une infraction routière qui s'impose à une personne morale puisse également s'appliquer aux titulaires des certificats d'immatriculation qui sont des personnes physiques, mais qui ont immatriculé leur véhicule de bonne foi ou par erreur comme celui d'une personne morale, à l'image des autoentrepreneurs. Cette extension s'avérait nécessaire afin d'éviter que ces personnes n'échappent à la contravention (v. D. Houbron, rapp. AN n° 3582, 18 nov. 2020, spéc^t p. 25-26).
13. Justifie sa décision le tribunal de police qui relaxe une entreprise du chef de non-respect de l'obligation de désignation de la personne physique conductrice du véhicule prévue par l'art. L. 121-6 C. route dès lors que *d'une part*, la force probante conférée par l'art. 537 C. pr. pén. aux procès-verbaux ne s'attache qu'à leurs constatations matérielles, *d'autre part*, l'entreprise prévenue n'étant pas, en qualité d'entreprise individuelle, une personne morale, son dirigeant ne pouvait par conséquent être poursuivi (Crim. 21 avr. 2020, n° 19-86.467, P).

morale doit indiquer, par lettre recommandée avec demande d'avis de réception ou de façon dématérialisée, selon des modalités précisées par arrêté[1], *dans un délai de quarante-cinq jours à compter de l'envoi ou de la remise de l'avis de contravention, à l'autorité mentionnée sur cet avis, l'identité et l'adresse de la personne physique qui conduisait ce véhicule, à moins qu'il n'établisse l'existence d'un vol, d'une usurpation de plaque d'immatriculation ou de tout autre événement de force majeure.*

Les dispositions du premier alinéa du présent article sont applicables lorsque l'infraction a été commise avec un véhicule dont le titulaire du certificat d'immatriculation ou le détenteur est une personne physique ayant immatriculé le véhicule en tant que personne morale ; l'obligation prévue au même premier alinéa est alors réputée satisfaite si le titulaire du certificat d'immatriculation ou le détenteur du véhicule justifie, dans le même délai et selon les mêmes modalités, que le véhicule est immatriculé à son nom[2].

Le fait de contrevenir au présent article est puni de l'amende prévue pour les contraventions de la quatrième classe »[3].

La Cour de cassation a admis la conventionnalité de l'article L. 121-6 C. route dans un arrêt rendu le 15 décembre 2020[4] ; elle y rappelle que « *les dispositions de ce texte sont destinées à améliorer la répression d'infractions routières et, ainsi, à protéger l'ensemble des usagers de la route, en évitant l'impunité d'un conducteur dont le comportement dangereux est avéré, notamment en matière de perte de points* »[5], que « *la personne morale ayant fait le choix d'être titulaire du certificat d'immatriculation et pris la responsabilité de confier le véhicule à la personne qui a commis l'infraction, l'article L.121-6 du Code de la route fait obligation à son représentant d'indiquer aux autorités compétentes les renseignements en sa possession sur l'identité et l'adresse du conducteur du véhicule au moment où l'infraction au Code de la route a été constatée, ce qui constitue une simple information qui n'est pas en soi incriminante* »[6] ; elle estime que « *la peine encourue est une amende contraventionnelle, d'un montant modéré, de sorte qu'elle est strictement proportionnée à l'objectif poursuivi de prévention des infractions* » et relève, enfin, que le représentant de la personne morale peut s'exonérer de sa responsabilité en établissant que le véhicule a été volé ou qu'il y a eu usurpation des plaques d'immatriculation ou tout autre cas de force majeure[7]. En revanche, le fait que le conducteur désigné ne soit pas un employé de la personne morale poursuivie n'est pas une cause d'exonération prévue par l'article L. 121-6 C. route[8]. La

1. Arr. 15 déc. 2016, pris pour l'application de l'article L. 121-6 du Code de la route, *JO* 22 déc., texte 98.
2. Il convient alors d'apporter la preuve que les démarches afin d'immatriculer le véhicule à son nom ont été effectuées par le requérant, dans le cadre d'une requête en exonération. Un arrêté du 13 oct. 2021 (pris pour l'application de l'article L. 121-6 C. route, *JO* 21 oct., texte 16), entrant en vigueur le 1er janv. 2022, précise les modalités selon lesquelles ces informations doivent être adressées à l'autorité compétente.
3. SUR CE POINT : C. André-Hesse et J. Coret, « En questions : la dénonciation des infractions routières du salarié par l'employeur : la fin de l'effet d'aubaine », *JCP S* 2017. Actu. 115 – M. Tilche, « Dénonciation du chauffeur. La pilule ne passe toujours pas... », *BTL* 2018. 451 – L. Toussaint, « 10 questions sur... l'obligation de désigner le conducteur », *BTL* 2019. 100 – S. Rioche, « Infractions routières du salarié : dénoncer ou passer l'éponge ? », *Semaine soc. Lamy*, n° 1877, 7 oct. 2019 – J.-P. Céré, « L'illusion pénale de la responsabilité du titulaire du certificat d'immatriculation », *AJ pénal* 2019. 418.
4. Crim. 15 déc. 2020, n° 20-82.503, P ; *D. actu.* 15 janv. 2021, obs. M. Recotillet ; *Procédures* 2021. Comm. 49, note J. Buisson.
5. Auparavant, la Haute Cour avait déjà estimé que l'art. L. 121-6 C. route « *assure un juste équilibre entre les nécessités de la lutte contre l'insécurité routière et le droit de ne pas s'auto-incriminer, et ne méconnaît pas les droits de la défense* » (Crim. 27 juin 2018, n° 18-90.013, NP) ; « *la protection de l'ensemble des usagers de la route impose que ne soit pas assurée l'impunité d'un conducteur dont le comportement dangereux est avéré* » (Crim. 4 avr. 2018, n° 18-90.001, NP – Crim. 26 juin 2018, nos 18-90.011, 18-90.009 et 18-90.010, NP).
6. La Haute Cour avait déjà estimé que l'art. L. 121-6 C. route « *ne met pas à la charge du représentant légal de la personne morale une mission relevant d'un service de police dans la mesure où il doit seulement communiquer un renseignement relatif à la gestion de l'entreprise et non pas procéder à une enquête* » (Crim. 27 juin 2018, n° 18-90.013, NP – Crim. 3 oct. 2018, n° 18-90.020, NP).
7. Quant à la force majeure rendant totalement impossible le respect des dispositions de l'art. L. 121-6 C. route, v. Crim. 26 janv. 2021, nos 20-83.913, 20-83.917, 20-83.918 et 20-83.920, NP : dans ces arrêts, la Cour de cassation estime que l'événement de force majeure invoqué (à savoir le fait que la composition des équipages effectuant des transports sanitaires doit être de deux personnes pour les ambulances et que le formulaire imposé par la réglementation que doit remplir chacun des salariés présents dans les véhicules sanitaires, prévoit de renseigner seulement l'heure de prise de service, celle de fin de service et l'amplitude horaire) n'était pas irrésistible pour la société d'ambulances qui, bien que réglementairement tenue de constituer des équipages de transport sanitaire comprenant deux conducteurs, pouvait, dans le cadre du pouvoir de direction et de contrôle dévolu à ses organes, et sans s'arrêter au constat que la feuille de route exigée par la réglementation pour ce type de transport ne comportait pas de rubrique à cette fin, instaurer les procédures internes lui permettant de connaître les horaires de conduite individualisés des conducteurs de ses véhicules – V. AUSSI, dans le même sens, Crim. 2 mars 2021, n° 20-85.359, NP : « *L'obligation réglementaire, en matière de transports sanitaires, de tenue d'une feuille de route ne comportant aucune rubrique dédiée à l'identification, à tout moment, du conducteur effectif du véhicule, ne constitue pas un cas de force majeure pour la personne morale poursuivie, dès lors que cette dernière conserve la faculté d'organiser, par ailleurs, un recensement des chauffeurs qui lui permette de satisfaire aux exigences du texte susvisé* [l'art. L. 121-6 C. route] ».
8. Crim. 17 nov. 2020, n° 20-81.241, NP ; *Dr. pén.* 2021, comm. 9, obs. Robert – Crim. 16 mars 2021, n° 20-83.911, NP.

Haute juridiction a récemment[1] rappelé que lorsqu'une infraction, constatée selon les modalités prévues à l'article L. 130-9 C. route, a été commise avec un véhicule dont le titulaire du certificat d'immatriculation est une personne morale, l'avis de contravention est adressé à celle-ci par lettre simple conformément à l'article A. 37-15 C. pr. pén., le représentant légal disposant d'un délai de quarante-cinq jours à compter de cet envoi pour fournir les informations sur la personne physique qui conduisait le véhicule lors de l'infraction. De plus, il résulte de plusieurs arrêts de la chambre criminelle de la Cour de cassation que l'infraction de non-dénonciation du conducteur du véhicule est caractérisée par les énonciations du procès-verbal la constatant, qui suffisent à établir l'envoi de l'avis de contravention initial à la date mentionnée, en l'absence de contestation de l'envoi de cet avis[2]. Si la personne morale et sa représentante légale ne sont pas destinataires de l'avis initial sollicitant le nom du conducteur, elles n'ont pas été mises en mesure de remplir leurs obligations légales et ne peuvent de ce fait être poursuivies du chef de non-transmission de l'identité et de l'adresse du conducteur[3]. Dans deux arrêts rendus le 11 décembre 2018[4], la Haute Cour a consacré l'« *autonomie de l'infraction de non-désignation du conducteur* »[5] du véhicule immatriculé au nom d'une personne morale, par rapport à l'infraction initiale. Elle a ainsi estimé que l'article L. 121-6 C. route, sur le fondement duquel le représentant légal d'une personne morale peut être poursuivi pour n'avoir pas satisfait, dans le délai qu'il prévoit, à l'obligation de communiquer l'identité et l'adresse de la personne physique qui, lors de la commission d'une infraction constatée selon les modalités prévues à l'article L. 130-9 du même code, conduisait le véhicule détenu par cette personne morale, n'exclut pas qu'en application de l'article 121-2 C. pén., la responsabilité pénale de la personne morale soit aussi recherchée pour cette infraction, commise pour son compte, par ce représentant[6]. Par ailleurs, l'infraction prévue par l'article L. 121-6 C. route créé par la loi du 18 novembre 2016, entrée en vigueur à compter du 1er janvier 2017, est constituée dès lors que l'avis de contravention pour non-désignation du conducteur a été adressé après cette dernière date[7]. Il résulte de l'article L. 121-6 C. route que l'infraction de défaut de transmission, par le représentant légal de la personne morale au nom de laquelle est immatriculé un véhicule ayant commis une infraction au Code de la route constatée au moyen d'un appareil de contrôle automatique, de l'identité et de l'adresse du conducteur du véhicule lors des faits est réputée commise soit au lieu du siège social de l'entreprise, soit au lieu d'implantation de l'autorité mentionnée sur l'avis de contravention initial comme devant être destinataire de cette transmission[8]. La Cour de cassation applique l'article L. 121-6 C. route dans toute sa rigueur ; ainsi, le paiement d'une contravention par le gérant de la société titulaire du certificat d'immatriculation d'un véhicule ne dispense pas celui-ci d'indiquer l'identité, l'adresse et la référence du permis de conduire de la personne physique qui conduisait le véhicule, fût-elle lui-même[9]. *Quid* de l'hypothèse d'une location de véhicules entre sociétés : qui doit désigner le conducteur en cas de contravention ? Dans un arrêt du 1er septembre 2020[10], la Haute Cour a répondu à cette interrogation en précisant qu'il résulte de l'article L. 121-6 C. route, qui prévoit la responsabilité pénale du représentant légal de la personne morale bailleresse, titulaire du certificat d'immatriculation, comme celle de celui de la personne morale qui détient le véhicule, que peuvent être poursuivies tant la personne morale titulaire du certificat d'immatriculation que la personne morale locataire du véhicule. Il se déduit de ce même texte que, lorsqu'une infraction constatée selon les modalités prévues à l'article L. 130-9 C. route a été commise avec un véhicule dont le titulaire du certificat d'immatriculation est une personne morale ayant donné en location ledit véhicule à une autre personne morale, il appartient au représentant légal de

1. Crim. 16 juin 2020, n° 20-96.003, NP.
2. Crim. 7 janv. 2020, nos 19-83.179, 19-83.180, 19-83.181, 19-83.182, 19-83.198, 19-83.204, 19-83.219 et 19-83.220, NP.
3. Crim. 4 mai 2021, n° 20-83.566, NP ; *Dr. pén.* 2021, comm. 129, obs. Robert : la Cour de cassation rejette le pourvoi formé contre un jugement de relaxe de la société Radio France et de sa représentante légale. En l'espèce, l'avis de contravention d'excès de vitesse puis l'avis de non-désignation de conducteur n'avaient été adressés qu'à la station locale de la société Radio France, France bleue Lorraine, mentionnée sur le certificat d'immatriculation, et la contravention avait été payée par la salariée conductrice du véhicule.
4. Crim. 11 déc. 2018, n° 18-82.628, P, n° 207 – Crim. 11 déc. 2018, n° 18-82.820, P, n° 206.
5. L. Priou-Alibert, « Autonomie de l'incrimination de non-désignation du conducteur du véhicule », *D. actu.* 15 janv. 2019.
6. Crim. 11 déc. 2018, n° 18-82.628, P, n° 207 ; *D. actu.* 15 janv. 2019, obs. L. Priou-Alibert ; *JCP S* 2019. 1081, comm. H. Guyot – Crim. 15 janv. 2019, n° 18-82.423, NP – Crim. 7 janv. 2020, n° 19-83.740, NP.
7. Crim. 11 déc. 2018, n° 18-82.820, P, n° 206 ; *D. actu.* 15 janv. 2019, obs. L. Priou-Alibert ; *JCP S* 2019. 1081, comm. H. Guyot.
8. Crim. 18 juin 2019, n° 19-80.295, P ; *Dr. pénal* 2019. Comm. 146, obs. J.-H. Robert.
9. Crim. 15 janv. 2019, n° 18-82.380, P, n° 10 ; *D. actu.* 6 févr. 2019, obs. W. Azoulay ; *JCP S* 2019. 1081, comm. Guyot ; *Dr. pénal* 2019. Comm. 48, note J.-H. Robert ; *Rev. sociétés* 2019. 476, obs. B. Bouloc.
10. Crim. 1er sept. 2020, n° 19-85.465, P ; *Dr. pénal* 2020. Comm. 172, note J.-H. Robert ; *JCP* 2020. Doctr. 1119, n° 9, obs. S. Detraz.

la première d'indiquer, dans le délai de quarante-cinq jours à compter de l'envoi ou de la remise de l'avis de contravention, l'identité et l'adresse de la personne physique qui conduisait ce véhicule. Dans le cas où ledit représentant ne connaîtrait pas l'identité du conducteur, il lui est permis de s'exonérer de sa responsabilité pénale en indiquant, dans les mêmes conditions, l'identité et l'adresse de la personne morale ayant pris ledit véhicule en location. Créant « *de toutes pièces un système de dénonciations "en cascade" peu compatible avec la lettre de l'article L. 121-6* »[1], la Cour de cassation justifie cette interprétation des textes comme « *étant la seule à même de permettre à l'autorité de poursuite d'avoir connaissance de l'identité du conducteur du véhicule, et de respecter ainsi l'intention du législateur comme l'intérêt des usagers de la route* [...] » (§ 9).

Il convient de noter que, conformément aux dispositions de l'article 4[2] de l'ordonnance du 25 mars 2020[3] ayant temporairement doublé (à compter du 12 mars 2020 et ce jusqu'à l'expiration d'un délai d'un mois à compter de la date de cessation de l'état d'urgence sanitaire[4]) les délais fixés par les dispositions du Code de procédure pénale (ou par la loi du 29 juillet 1881 sur la liberté de la presse) pour l'exercice d'une voie de recours, le délai imparti pour la désignation du conducteur d'un véhicule immatriculé au nom d'une personne morale avait été porté à quatre-vingt-dix jours à compter de l'envoi ou de la remise de l'avis de contravention (contre quarante-cinq jours).

1. S. Detraz, *JCP* 2020. Doctr. 1119, nº 9.
2. Mod. par Ord. nº 2020-557, 13 mai 2020, modifiant l'ordonnance nº 2020-303 du 25 mars 2020 portant adaptation de règles de procédure pénale sur le fondement de la loi nº 2020-290 du 23 mars 2020 d'urgence pour faire face à l'épidémie de Covid-19, *JO* 14 mai, texte 3, art. 1er.
3. Ord. nº 2020-303, 25 mars 2020, portant adaptation de règles de procédure pénale sur le fondement de la loi nº 2020-290 du 23 mars 2020 d'urgence pour faire face à l'épidémie de Covid-19, *JO* 26 mars, texte 3.
4. Le premier état d'urgence sanitaire, instauré le 24 mars 2020, est terminé depuis le 11 juillet 2020, sur le territoire national, et depuis le 17 septembre 2020 dans les territoires de Mayotte et de la Guyane. En conséquence, depuis le 11 août 2020 sur tout le territoire national (sauf pour Mayotte et la Guyane) et le 18 octobre 2020 pour Mayotte et la Guyane, le délai de désignation du conducteur d'un véhicule immatriculé au nom d'une personne morale est repassé à quarante-cinq jours. Il convient de noter qu'un second état d'urgence sanitaire a été déclaré par le décret nº 2020-1257 du 14 oct. 2020 déclarant l'état d'urgence sanitaire (*JO* 15 oct., texte 30), en son art. 1er, pour un mois. Cet état d'urgence a été prorogé jusqu'au 16 févr. 2021 inclus (L. nº 2020-1379, 14 nov. 2020, art. 1er) puis, jusqu'au 1er juin 2021 inclus (L. nº 2021-160,15 févr. 2021, prorogeant l'état d'urgence sanitaire, *JO* 16 févr., texte 1, art. 2). L'ordonnance nº 2020-1401 du 18 nov. 2020 portant adaptation des règles applicables aux juridictions de l'ordre judiciaire statuant en matière pénale (*JO* 19 nov, texte 35) n'a pas prévu de prorogation des délais fixés par les dispositions du Code de procédure pénale pour l'exercice d'une voie de recours.

0962.38 Effets du paiement des amendes forfaitaires. L'action publique est éteinte par le paiement d'une amende forfaitaire (C. pr. pén., art. 495-17, al. 1er, et 529, al. 1er[5]). La loi du 23 mars 2019, en son article 58, V, 5º, ayant abrogé les articles 530-7[6] et 495-23[7] C. pr. pén., le paiement de l'amende forfaitaire n'est plus, depuis le 25 mars 2019, assimilé à une condamnation définitive du point de vue de la récidive.

Par ailleurs, aux termes de l'article L. 223-1, alinéa 4, C. route, le paiement de l'amende forfaitaire, de même que l'émission du titre exécutoire de l'amende forfaitaire majorée, a pour conséquence d'établir la réalité de l'infraction entraînant le retrait de points du permis de conduire, s'il est encouru pour l'infraction sanctionnée. La chambre criminelle de la Cour de cassation n'a pas renvoyé au Conseil constitutionnel l'examen de deux questions prioritaires de constitutionnalité qui contestaient cet effet automatique du paiement de l'amende forfaitaire sur le retrait de points. Elle a estimé que les questions posées ne présentaient pas de caractère sérieux dès lors que « *la perte de points, directement liée à un comportement délictuel ou contraventionnel portant atteinte aux règles de la circulation routière, ne peut intervenir qu'en cas de reconnaissance de responsabilité pénale, après appréciation éventuelle de la réalité de l'infraction et de son imputabilité par le juge judiciaire, à la demande de la personne intéressée* »[8]. Le Conseil d'État a récemment[9] considéré qu'il résulte de la combinaison des articles L. 223-1 et L. 225-1 C. route et des articles 529, 529-1, 529-2 et 530 C. pr. pén. que le mode d'enregistrement et de contrôle des informations relatives aux infractions au Code de la route conduit à considérer que la réalité de l'infraction est établie dans les conditions prévues à l'art. L. 223-1 C. route dès lors qu'est inscrite, dans le système national des permis de conduire, la men-

5. Crim. 20 juin 2017, nº 16-87.272, NP : selon les art. 529 et R. 48-1 C. pr. pén., pour les contraventions réprimées par le Code de la route, l'action publique est éteinte par le paiement d'une amende forfaitaire – V. AUSSI : Crim. 10 nov. 2020, nº 20-80.746, NP.
6. C. pr. pén. art. 530-7 (abr. par L. nº 2019-222, 23 mars 2019, art. 58, V, 5º) : « *Le paiement de l'amende forfaitaire ou l'émission du titre exécutoire d'une amende forfaitaire majorée non susceptible de réclamation sont assimilés à une condamnation définitive pour l'application des règles sur la récidive des contraventions de la cinquième classe prévues aux articles 132-11 et 132-15 du Code pénal* ».
7. C. pr. pén., art. 495-23 (abr. par L. nº 2019-222, 23 mars 2019, art. 58, V, 5º) : « *Le paiement de l'amende forfaitaire ou l'émission du titre exécutoire d'une amende forfaitaire majorée non susceptible de réclamation sont assimilés à une condamnation définitive pour l'application des règles sur la récidive des délits prévues aux articles 132-10 et 132-14 du Code pénal* ».
8. Crim., QPC, 18 déc. 2012, nº 12-83.421, NP – Crim., QPC, 1er avr. 2014, nº 14-90.004, P, nº 97.
9. CE, 5e ch., 18 mars 2020, req. nº 431229.

tion du paiement de l'amende forfaitaire ou de l'émission du titre exécutoire de l'amende forfaitaire majorée, sauf si l'intéressé justifie avoir présenté une requête en exonération dans les quarante-cinq jours de la constatation de l'infraction ou de l'envoi de l'avis de contravention, ou formé, dans le délai prévu à l'art. 530 C. pr. pén., une réclamation ayant entraîné l'annulation du titre exécutoire de l'amende forfaitaire majorée.

Le recours à la procédure de l'amende forfaitaire, y compris en cas d'extinction de l'action publique résultant du paiement de l'amende forfaitaire, ne fait pas obstacle à la mise en œuvre et l'exécution des mesures administratives de rétention et de suspension du permis de conduire, ou d'immobilisation et de mise en fourrière du véhicule, prévus aux articles L. 224-1 à L. 224-7, L. 325-1 et L. 325-1-2 C. route (C. route, art. L. 121-5, al. 2).

Enfin, sont inscrites au **casier judiciaire** les amendes forfaitaires pour les délits et pour les contraventions de la 5e classe ayant fait l'objet d'un paiement ou à l'expiration du délai de trente jours suivant l'envoi de l'avis invitant l'auteur de l'infraction ou le contrevenant à payer l'amende forfaitaire majorée. Elles figurent au bulletin n° 1 (pour les personnes physiques : C. pr. pén., art. 768, 11°, mod. par L. 23 mars 2019, art. 58, V, 7°[1] ; pour les personnes morales : C. pr. pén., art. 768-1, 5°, mod. par L. 23 mars 2019, art. 58, V, 8°[2]) mais sont exclues du bulletin n° 2 (pour les personnes physiques : C. pr. pén., art. 775, 16°, mod. par L. 23 mars 2019, art. 58, V, 10°[3] ; pour les personnes morales : C. pr. pén., art. 775-1 A, 6°, mod. par L. 23 mars 2019, art. 58, V, 11°[4]). Il est fait mention sur les fiches du casier judiciaire de la date du paiement de l'amende et de la date d'émission du titre exécutoire de l'amende forfaitaire majorée non susceptible de réclamation (C. pr. pén., art. 769, al. 1er, *in fine*, mod. par L. 23 mars 2019, art. 58, V, 9°, a[5]). Sont retirés du casier judiciaire les fiches relatives aux amendes forfaitaires mentionnées au 11° de l'article 768, à l'expiration d'un délai de trois ans à compter de leur paiement ou à l'expiration du délai de trente jours suivant l'envoi de l'avis invitant l'auteur de l'infraction à payer l'amende forfaitaire majorée, si la personne n'a pas, pendant ce délai, soit subi de condamnation à une peine criminelle ou correctionnelle, soit fait de nouveau l'objet d'une amende forfaitaire délictuelle (C. pr. pén., art. 769, 11°, mod. par L. 23 mars 2019, art. 58, V, 9°, b[6]).

0962.39 Dépénalisation du stationnement payant des véhicules sur voirie publique et recouvrement de la redevance de stationnement. L'article 63, V de la loi du 27 janvier 2014[7] de modernisation de l'action publique territoriale et d'affirmation des métropoles, modifié, a prévu la **dépénalisation** et la **décentralisation du stationnement payant des véhicules sur la voirie publique**[8] à compter du 1er janvier 2018[9]. À cette date, un « **forfait de post-stationnement** » (FPS)[10] (CGCT, art. L. 2333-87), institué par l'autorité locale, et qualifié de « *redevance due pour l'occupation du domaine public* » (CGPPP, art. L. 2125-9), dont le montant est fixé par le conseil municipal ou l'organe délibérant de l'établissement public de coopération intercommunale (EPCI)[11] ou du syndicat mixte compétent pour l'organisation de la mobilité, se substitue à l'amende contraventionnelle nationale de 1re classe pour défaut ou insuffisance de paiement du stationnement payant sur voirie. En effet, il ne s'agit « *plus de sanctionner une contravention, mais bien une occupation irrégulière – car sans titre – du domaine public routier* »[12]. Quant à la nature du FPS[13], le

1. Disposition entrée en vigueur le 1er juill. 2021 (L. 23 mars 2019, art. 109, XVI).
2. Disposition entrée en vigueur le 1er juill. 2021 (L. 23 mars 2019, art. 109, XVI).
3. Disposition entrée en vigueur le 1er juill. 2021 (L. 23 mars 2019, art. 109, XVI).
4. Disposition entrée en vigueur le 1er juill. 2021 (L. 23 mars 2019, art. 109, XVI).
5. Disposition entrée en vigueur le 1er juill. 2021 (L. 23 mars 2019, art. 109, XVI).
6. Disposition entrée en vigueur le 1er juill. 2021 (L. 3 mars 2019, art. 109, XVI).
7. L. n° 2014-58, 27 janv. 2014, de modernisation de l'action publique territoriale et d'affirmation des métropoles dite loi « MAPTAM », *JO* 28 janv. 2014, texte 3 – SUR CETTE LOI : H. de Gaudemar, « La dépénalisation du stationnement payant des véhicules sur la voie publique », *JCP A* 2014. 2055.
8. Sur la réforme du stationnement payant : S. Manson, « Le stationnement payant, outil d'exploitation économique de la voirie publique ? », *JCP A* 2016. 2215 – J.-H. Robert, « Dépénalisation des manquements aux règles de stationnement payant », *Dr. pénal* 2017. Étude 25 – J.-F. Finon, « Réforme du stationnement payant – Implications juridiques », *AJCT* 2017. 446 (1re partie) et 502 (2e partie).
9. La réforme devait entrer en vigueur initialement le 1er janv. 2016, avant d'être repoussée au 1er oct. 2016, puis au 1er janv. 2018.
10. Sur la redevance de stationnement payant sur voirie : *J.-Cl. Collectivités territoriales*, V° Redevance de stationnement payant sur voirie : instauration, contrôle, recouvrement, contentieux, fasc. 542, mars 2021, par V Mazzocchi.
11. En Île-de-France, les établissements publics de coopération intercommunale à fiscalité propre et les établissements publics territoriaux peuvent également instituer une redevance de stationnement, après accord de l'établissement public défini à l'article L. 1241-1 C. transp. et s'ils y sont autorisés par leurs statuts ou par une délibération prise dans les conditions de majorité prévues au II de l'article L. 5211-5 du CGCT (CGCT, art. L.2333-87, I).
12. S. Deliancourt, *J.-Cl. Propriétés publiques*, fasc. 66, « Contraventions de voirie routière », sept. 2024, spéct n° 8.
13. Sur la qualification du FPS de redevance domaniale : F. Alhama, « Dérobade sur la nature juridique du forfait de post-stationnement », *AJDA* 2020. 524 (note ss CE 30 sept. 2019, req. n° 421427).

Conseil d'État[1] a récemment précisé que le FPS constitue le montant de la redevance d'occupation du domaine public qui doit être acquitté lorsque celle-ci n'a pas été payée dès le début du stationnement. Par suite,il n'a pas le caractère d'une indemnité qui viserait à réparer un dommage causé par une faute de celui qui doit l'acquitter. De plus, il ne saurait avoir le caractère d'une sanction puisqu'il ne vise pas à réprimer un manquement du titulaire du certificat d'immatriculation à une obligation légale ou contractuelle. Ne peut donc être utilement soutenu que les dispositions relatives au paiement du FPS méconnaissent le principe constitutionnel selon lequel nul ne peut s'exonérer de sa responsabilité personnelle et les principes des droits de la défense et de personnalité des peines, garantis par les articles 4 et 8 de la Déclaration de 1789[2]. Le montant du FPS ne pourra pas être supérieur au montant de la redevance due pour la durée maximale de stationnement prévue, hors dispositifs d'abonnement, par le barème tarifaire de paiement immédiat en vigueur dans la zone considérée (CGCT, art. L. 2333-87, I). À cet égard, le décret du 20 mai 2015[3] relatif à la redevance de stationnement des véhicules sur voirie prévue à l'article L. 2333-87 du CGCT précise notamment les modalités d'information du conducteur sur les conditions tarifaires applicables suivant que le conducteur décide de s'acquitter intégralement de la redevance de stationnement dès le début du stationnement[4] de son véhicule ou postérieurement à celui-ci sur la base du FPS. Hors Ile-de-France, les recettes issues des forfaits de post-stationnement sont perçues par la commune, l'établissement public de coopération intercommunale ou le syndicat mixte ayant institué la redevance[5] ; le produit des forfaits de post-stationnement est destiné à améliorer les transports en commun ou respectueux de l'environnement et la circulation (CGCT, art. L. 2333-87, III – V. CGCT, art. R. 2333-120-18 et R. 2333-120-19).

Le montant du FPS dû, déduction faite, le cas échéant du montant de la redevance de stationnement réglée dès le début du stationnement, est notifié par un **avis de paiement**[6] délivré soit par apposition sur le véhicule concerné par un agent assermenté de la commune, de l'établissement public de coopération intercommunale, du syndicat mixte ou du tiers contractant désigné pour exercer cette mission, soit par envoi postal au domicile du titulaire du certificat d'immatriculation du véhicule concerné effectué par un établissement public spécialisé de l'État[7], soit transmis sous une forme dématérialisée par ce même établissement public aux personnes titulaires de certificats d'immatriculation ayant conclu avec lui une convention à cet effet (CGCT, art. L. 2333-87, II[8]). Le FPS doit être réglé en totalité dans les trois mois suivant la notification de l'avis de paiement. À défaut, le FPS est considéré impayé et fait l'objet d'une **majoration**[9]. En vue du recouvrement du FPS impayé et de la majoration[10], un **titre exécutoire** est émis, le cas échéant, sous une forme électronique, par un ordonnateur[11]. Ce titre mentionne le montant du FPS

1. CE, ch. réun., 30 sept. 2020, req. nº 438253, *Lebon ; JCP A* 2020. Actu. 555 ; *AJDA* 2020. 1878 ; *D. actu.* 9 oct. 2020, obs. Maupin – CE, ch. réun., 30 sept. 2020, req. nº 441750, NP ; *Rev. CMP* 2020. Comm. 339, note P. Soler-Couteaux.
2. CE, ch. réun., 30 sept. 2020, req. nº 438253, pts 7 et 11 – CE, ch. réun., 30 sept. 2020, req. nº 441750, pts 5 et 9.
3. Décr. nº 2015-557, 20 mai 2015, relatif à la redevance de stationnement des véhicules sur voirie, *JO* 22 mai, texte 3 (en vigueur à compter du 1er janv. 2018).
4. Le conducteur qui a procédé au paiement immédiat de la redevance de stationnement peut en rapporter la preuve par tout moyen (CE, ch. réunies, 16 juill. 2021, req. nº 435621, *Lebon ; AJDA* 2021. 1538, obs. J.-M. Pastor).
5. V. Arr. 1er sept. 2016, relatif aux modalités de reversement aux collectivités bénéficiaires du forfait de post-stationnement prévu par l'article L. 2333-87 du Code général des collectivités territoriales, *JO* 16 nov., texte 9, mod. par Arr. 4 août 2021, *JO* 8 août, texte 50.
6. Sur cet avis de paiement : v. CGCT, art. R. 2333-120-4. L'avis de paiement peut également être notifié par l'ANTAI (CGCT, art. R. 2333-120-14).
7. L'ANTAI assure, pour le compte des collectivités qui en font le choix, l'édition et l'envoi des avis de paiement au domicile des titulaires de certificats d'immatriculation des véhicules contrôlés par les agents assermentés des collectivités. Dans le cadre de cette réforme, 95 % des collectivités ont choisi de recourir à la prestation de l'ANTAI pour l'édition et l'envoi des avis de paiement (ANTAI, *Rapport d'activité 2018*, spéct p. 10).
8. Le Conseil d'État a estimé que si les dispositions du II de l'art. L. 2333-87 du CGCT « *prévoient que, lorsque l'avis de paiement est notifié par envoi postal au domicile du titulaire du certificat d'immatriculation du véhicule concerné par un établissement public spécialisé de l'État* », à savoir l'ANTAI, « *la notification est réputée avoir été reçue par le titulaire du certificat d'immatriculation cinq jours francs à compter du jour de son envoi et que cette notification fait courir le délai de recours administratif préalable obligatoire à tout recours contentieux, elles sont sans incidence sur les conditions dans lesquelles un titre exécutoire peut être contesté* ». Elles ne méconnaissent pas le droit au recours contre un tel titre, garanti par les dispositions de l'art. 16 de la Déclaration des droits de l'homme et du citoyen du 26 août 1789 (CE, ch. réun., 10 juin 2020, req. nº 433276, § 4, *Rev. CMP* 2020. Comm. 269, note P. Soler-Couteaux ; *AJDA* 2020. 1199, obs. J.-M. Pastor).
9. CGCT, art. R. 2333-120-16 : le montant de la majoration est fixé à 20 % du montant du FPS impayé restant dû, sans pouvoir être inférieur à 50 euros.
10. V. Décr. nº 2015-1474, 12 nov. 2015, relatif au recouvrement du forfait de post-stationnement impayé et de la majoration qui lui est appliquée, *JO* 14 nov., texte 10.
11. CGCT, art. R. 2333-120-17-1 : l'ANTAI est l'ordonnateur chargé d'émettre le titre exécutoire – Sur les informations qui sont transmises à l'ordonnateur chargé d'émettre le titre exécutoire, v. Arr. 15 déc. 2016, relatif aux informations devant être transmises à l'ordonnateur pour l'émission du titre exécutoire et du titre d'annulation prévus à l'article L. 2333-87 du Code général des collectivités territoriales et aux modalités de transmission de ces informations, *JO* 31 déc., texte 33, art. 1er.

impayé et la majoration. Un titre d'annulation[1] est émis par ce même ordonnateur[2] lorsque, pour un motif autre qu'un paiement, tout ou partie du FPS impayé n'est plus dû (CGCT, art. L. 2333-87, IV). Le titre exécutoire et le titre d'annulation émis par l'Agence nationale de traitement automatisé des infractions (ANTAI)[3] sont transmis au comptable public compétent (CGCT, art. R. 2333-120-17-3).

Aux termes des articles L. 2333-87, V, et, R. 2333-120-17 du CGCT, la perception et le **recouvrement du FPS impayé et de sa majoration** sont régis par les dispositions des articles L. 2323-7-1 et R. 2323-7 du CGPPP, lesquelles prévoient que le recouvrement du FPS impayé et de sa majoration est effectué selon les procédures, garanties et privilèges prévus par le décret du 22 décembre 1964 relatif au recouvrement des amendes et condamnations pécuniaires par les comptables de la Direction générale des finances publiques[4]. Ce recouvrement est confié au comptable public désigné par arrêt[5]. La DGFiP est l'un des acteurs principaux de la réforme relative à la décentralisation du stationnement payant au travers notamment de sa fonction d'encaissement amiable et de recouvrement forcé. L'impact de la réforme sur les services de la DGFiP dépend notamment du mode de gestion du FPS retenu par chaque collectivité[6]. L'arrêté du 9 avril 2018[7] autorise la DGFiP à mettre en œuvre un traitement informatisé dénommé « Paiement des amendes par intranet » (PAI) ayant pour finalité la gestion du règlement par intranet, notamment, des forfaits de post-stationnement notifiés par l'ANTAI et des forfaits de post-stationnement majorés pris en charge par la DGFiP (art. 1er). Cette dernière met en œuvre un traitement automatisé de données à caractère personnel, dénommé « Télépaiement du FPS » (Arr. 3 avr. 2018[8], art. 1er), permettant le règlement, par internet ou par serveur vocal interactif, dans le respect de la réglementation bancaire, des forfaits de post-stationnement notifiés par l'ANTAI (Arr. 3 avr. 2018, art. 2).

Lors de l'émission du titre exécutoire, un **avertissement**, dont les mentions et modalités de délivrance sont précisées par arrêté[9], est adressé au redevable titulaire du certificat d'immatriculation du véhicule[10] (CGPPP, art. L. 2323-7-1, al. 2). **En cas de paiement volontaire du titre exécutoire dans le délai d'un mois à compter de l'envoi de l'avertissement**, le montant des sommes dues est diminué de 20 %. Cette diminution s'impute sur la majoration prévue à l'article L. 2333-87 et ne peut lui être supérieure (CGPPP, art. L. 2323-7-1, al. 4). Cette majoration peut faire l'objet d'une **remise** totale ou partielle par le comptable public chargé du recouvrement, dans le cas où le redevable justifie de difficultés financières (CGPPP, art. L. 2323-7-1, al. 5). Par ailleurs, il résulte de l'article L. 322-1, II, C. route qu'en cas d'émission du titre exécutoire et jusqu'à paiement de celui-ci, le comptable public pourra faire **opposition au transfert du certificat d'immatriculation**

1. Sur ce titre d'annulation, v. Arr. 15 déc. 2016, relatif au titre d'annulation prévu à l'article L. 2333-87 du Code général des collectivités territoriales, *JO* 31 déc., texte 32, mod. par Arr. 11 avr. 2018, *JO* 18 avr., texte 13.
2. Sur les informations qui sont transmises à l'ordonnateur pour l'émission du titre d'annulation : v. Arr. 15 déc. 2016, relatif aux informations devant être transmises à l'ordonnateur pour l'émission du titre exécutoire et du titre d'annulation prévus à l'article L. 2333-87 du Code général des collectivités territoriales et aux modalités de transmission de ces informations (*JO* 31 déc., texte 33), art. 4.
3. Sur le double rôle joué par l'ANTAI dans le cadre de cette réforme, v. ANTAI, *Rapport d'activité 2018*, spécᵗ p. 10. L'arrêté du 14 mai 2018 portant création d'un traitement automatisé de données à caractère personnel dénommé « Service FPS-ANTAI » (*JO* 25 mai, texte 8) autorise l'ANTAI à mettre en œuvre, sous le contrôle et l'autorité du ministre de l'Intérieur, un traitement automatisé de données à caractère personnel dénommé « Service FPS-ANTAI » ayant pour finalités : 1° de permettre la notification, pour le compte des collectivités territoriales, des avis de paiements initiaux et rectificatifs des forfaits de post-stationnement relevés sur leur ressort territorial ; 2° de permettre l'émission des titres exécutoires prévus à l'art. L. 2333-87 du CGCT en vue du recouvrement du forfait de post-stationnement impayé ainsi que des titres exécutoires rectificatifs ou des titres d'annulation des forfaits de post-stationnement en cas de rectification ou d'annulation par la commission du contentieux du stationnement payant ; 3° de transmettre les titres mentionnés au 2° au comptable public chargé de leur recouvrement (art. 1er).
4. Cette procédure dérogatoire de recouvrement introduite par l'article L. 2323-7-1 du CGPPP « *révèle l'ambiguïté* […] *de la qualification du forfait de post-stationnement, redevance d'occupation du domaine public, qui devra se substituer à l'actuelle infraction pénale, contravention de première classe* » (M. Dreifuss, « Prolégomènes relatifs au recouvrement et au contentieux de la future redevance de post-stationnement », *JCP A* 2015. 2127).
5. Arr.19 mars 2018, modifiant l'arrêté du 1er septembre 2016 relatif à la désignation du comptable public chargé du recouvrement du titre exécutoire prévu par l'article L. 2333-87 du Code général des collectivités territoriales et de l'amende pour recours abusif instituée par le décret nº 2015-646 du 10 juin 2015 relatif à la Commission du contentieux du stationnement payant, *JO* 12 avr., texte 41.
6. V. Instr. DGFiP nº 2017/11/3335, 1er déc. 2017, relative à la mise en œuvre de la réforme relative à la décentralisation du stationnement payant – entrée en vigueur du FPS.
7. Arr. 9 avr. 2018, modifiant l'arrêté du 29 février 2016 portant création d'un traitement automatisé de données à caractère personnel dénommé « Paiement des amendes par intranet » (PAI), *JO* 4 mai, texte 25.
8. Arr. 3 avr. 2018, portant création d'un traitement automatisé de données à caractère personnel dénommé « Télépaiement du forfait de post-stationnement », *JO* 12 avr., texte 42.
9. Arr. 15 déc. 2016, relatif aux mentions et modalités de délivrance du titre exécutoire et de l'avertissement émis en cas de forfait de post-stationnement impayé (*JO* 31 déc., texte 34), mod. par Arr. 11 avr. 2018, *JO* 18 avr., texte 13.
10. Le FPS étant attaché au véhicule stationné, le redevable du FPS est le titulaire du certificat d'immatriculation, hormis l'hypothèse de la location longue durée (ou *leasing*). Aucune désignation du conducteur n'est possible.

du véhicule dans les conditions prévues par l'arrêté du 1er septembre 2016 relatif aux modalités d'inscription et de mainlevée de l'opposition au transfert du certificat d'immatriculation en cas de défaut de paiement du FPS prévu par l'article L. 2333-87 du CGCT[1]. Aux termes des dispositions dudit arrêté, l'opposition au transfert du certificat d'immatriculation peut être effectuée par le comptable de la Direction générale des finances publiques dans le délai d'un mois à compter de l'envoi de l'avertissement prévu par l'article L. 2323-7-1 du CGPPP (art. 1er). Le comptable de la DGFiP adresse sa demande d'opposition au transfert du certificat d'immatriculation au ministre de l'Intérieur, soit par l'intermédiaire du préfet d'un département, soit par voie électronique. Il remet, sur sa demande, au titulaire du certificat d'immatriculation un avis récapitulatif détaillant les titres exécutoires concernés (art. 2). La levée de l'opposition intervient à la suite du règlement complet au comptable de la DGFiP ou de l'annulation totale des titres exécutoires concernés (art. 3).

0962.40 Contentieux du stationnement payant sur voirie et recours. L'article 63 de la loi du 27 janvier 2014 prévoit que le contentieux du FPS, désormais dépénalisé, relève d'une juridiction administrative spécialisée, la « commission du contentieux du stationnement payant » (CCSP)[2], installée à Limoges et renommée, à compter du 1er janvier 2025, en « tribunal du stationnement payant » (TSP)[3]. Les dispositions relatives à cette juridiction administrative spécialisée[4] ont été insérées dans le Code général des collectivités territoriales (CGCT, art. L. 2333-87-1 à L. 2333-87-11 et R. 2333-120-20 à R. 2333-120-74).

Ne peuvent être invoqués devant le TSP les moyens tirés de :

1° l'illégalité pour vice de forme ou de procédure de la délibération instituant, sur le fondement de l'article L. 2333-87, une redevance de stationnement ;

2° l'illégalité de l'acte par lequel, le cas échéant, la collecte de la redevance de stationnement a été déléguée par la collectivité à un tiers (CGCT, art. L. 2333-87-7).

Les recours contentieux visant à contester l'avis de paiement du montant du FPS dû font l'objet d'un **recours administratif préalable obligatoire (RAPO)** auprès de la commune, de l'EPCI, du syndicat mixte ou du tiers contractant dont relève l'agent assermenté ayant établi ledit avis (CGCT, art. L. 2333-87, VI)[5]. Le RAPO doit être exercé dans le délai d'un mois à compter de la date de notification de l'avis de paiement du FPS (CGCT, art. R. 2333-120-13). La décision rendue à l'issue du recours administratif préalable contre l'avis de paiement du FPS peut faire l'objet d'un **recours**[6] **devant le TSP**[7]. Le titre exécutoire émis en cas d'impayé peut également faire l'objet d'un recours[8] devant ce tribunal[9]. Il se substitue alors à l'avis de paiement du FPS impayé

1. *JO* 13 oct., texte 11.
2. Ses décisions ne peuvent être contestées que par un pourvoi en cassation devant le Conseil d'État (CGCT, art. R. 2333-120-64).
3. Décr. n° 2024-733, 5 juill. 2024, relatif au tribunal et au contentieux du stationnement payant, *JO* 7 juill., texte 73.
4. SUR CETTE JURIDICTION : M. Degoffe, *J.-Cl. Justice administrative*, fasc. 100, « Juridictions administratives spécialisées », 1er oct. 2020, spéct n° 31 ; J. Buisson, « Commission du contentieux du stationnement payant », *Procédures* 2015. Comm. 95 – M. Dreifuss « Quand la dépénalisation du stationnement payant sur voirie porte une juridiction administrative sur les fonts baptismaux. Genèse de la Commission du contentieux du stationnement payant », *JCP A* 2015. 2061 – J.-M. Pastor, « Stationnement payant : les premiers pas d'une nouvelle juridiction », *AJDA* 2018. 1468 – J.-A. Cano et L. Girard, « État des lieux du stationnement payant. Un cadre législatif redessiné par une nouvelle juridiction administrative, la Commission du contentieux du stationnement payant », *JCP A* 2019. 2366 – SUR LA JURISPRUDENCE DE CETTE JURIDICTION : D. Lacassagne, « La jurisprudence relative au stationnement payant en 2020 », *AJDA* 2021. 845.
5. La possibilité prévue ici par le législateur pour la collectivité de déléguer sa mission d'instruction des recours administratifs préalables obligatoires à un prestataire privé, déjà chargé ou non du contrôle du stationnement payant, est inédite.
6. La requête contre la décision rendue à l'issue du recours administratif préalable obligatoire prévu à l'article L. 2333-87 doit être formée dans le délai d'un mois à compter soit de la date de notification de la décision explicite de l'autorité compétente, soit du jour où naît la décision implicite de rejet (CGCT, art. R. 2333-120-33, al. 1er). Le délai de recours n'est toutefois opposable qu'à la condition d'avoir été mentionné, ainsi que les voies de recours, dans la notification de la décision (CGCT, art. R. 2333-120-33, al. 3). Le délai de recours est augmenté d'un mois pour les requérants qui demeurent en Guadeloupe, en Guyane, à la Martinique, à La Réunion, à Saint-Barthélemy, à Saint-Martin, à Mayotte, à Saint-Pierre-et-Miquelon, en Polynésie française, dans les îles Wallis et Futuna, en Nouvelle-Calédonie et dans les Terres australes et antarctiques françaises (CGCT, art. R. 2333-120-33, al. 4) et de deux mois pour les personnes qui demeurent à l'étranger (CGCT, art. R. 2333-120-33, al. 5).
7. V. Arr. 25 sept. 2020, fixant le formulaire de requête devant la commission du contentieux du stationnement payant, *JO* 1er oct., texte 34.
8. Ce recours formé contre le titre exécutoire doit être exercé dans un délai d'un mois à compter de la date de notification de l'avertissement prévu à l'article L. 2323-7-1 du CGPPP (CGCT, art. R. 2333-120-33, al. 2). Le délai de recours est augmenté d'un mois pour les requérants qui demeurent en Guadeloupe, en Guyane, à la Martinique, à La Réunion, à Saint-Barthélemy, à Saint-Martin, à Mayotte, à Saint-Pierre-et-Miquelon, en Polynésie française, dans les îles Wallis et Futuna, en Nouvelle-Calédonie et dans les Terres australes et antarctiques françaises (CGCT, art. R. 2333-120-33, al. 4) et de deux mois pour les personnes qui demeurent à l'étranger (CGCT, art. R. 2333-120-33, al. 5).
9. La contestation du FPS majoré est directement portée devant la Commission du contentieux du stationnement payant, il n'y a pas de procédure de recours administratif préalable obligatoire. L'usager ne peut toutefois pas critiquer le FPS initial mais uniquement le titre exécutoire portant majoration du FPS.

(CGCT, art. L. 2333-87, VI), lequel ne peut plus être contesté. Aucun moyen tiré de l'illégalité de cet acte ne peut être invoqué devant la juridiction à l'occasion de la contestation du titre exécutoire (CGCT, art. R. 2333-120-35). Le Conseil d'État[1] a apporté deux précisions sur ce recours. *D'une part*, il est loisible au redevable de contester ce titre exécutoire devant le TSP, « *qu'il ait ou non engagé un recours administratif contre l'avis de paiement et contesté au contentieux le rejet de son recours* »[2]. *D'autre part*, le Conseil d'État indique que « *s'il résulte des termes mêmes de l'article R. 2333-120-35 du Code général des collectivités territoriales* […] *que le redevable qui saisit la commission du contentieux du stationnement payant d'une requête contre un titre exécutoire n'est pas recevable à exciper de l'illégalité de l'avis de paiement du forfait de post-stationnement auquel ce titre exécutoire s'est substitué, ces mêmes dispositions ne font pas obstacle à ce que l'intéressé conteste, dans le cadre d'un litige dirigé contre le titre exécutoire, l'obligation de payer la somme réclamée par l'administration* »[3]. Par ailleurs, relève également de la compétence de la CCSP le recours indemnitaire consistant pour un usager à solliciter l'indemnisation des préjudices qu'il estime avoir subis du fait de l'illégalité du FPS ou du FPS majoré qu'il s'est vu notifier[4].

La recevabilité du recours contentieux contre la décision rendue à l'issue du RAPO et contre le titre exécutoire émis était subordonnée au paiement préalable du montant de l'avis de paiement du FPS et, le cas échéant, de la majoration si un titre exécutoire avait été émis (CGCT, art. L. 2333-87-5, désormais abrogé[5]). Dans une décision rendue le 9 septembre 2020[6], le Conseil constitutionnel a décidé que l'article L. 2333-87-5 du CGCT, dans sa rédaction résultant de l'ordonnance du 9 avril 2015[7] relative à la gestion, au recouvrement et à la contestation du FPS prévu à l'article L. 2333-87 du CGCT, est contraire à la Constitution. Le Conseil constitutionnel avait été saisi le 11 juin 2020 par le Conseil d'État[8], dans les conditions prévues à l'article 61-1 de la Constitution, d'une question prioritaire de constitutionnalité relative à la conformité aux droits et libertés que la Constitution garantit de l'article L. 2333-87-5 du CGCT[9] lequel subordonne la recevabilité des recours contre les décisions individuelles mettant à la charge d'un justiciable un FPS au paiement préalable, par l'intéressé, du montant de ce forfait et de son éventuelle majoration, sans prévoir aucune exception. Il en résulterait une méconnaissance du droit à un recours juridictionnel effectif. Les juges de la rue de Montpensier rappellent qu'il résulte de l'article 16 de la Déclaration des droits de l'homme et du citoyen de 1789 qu'il ne doit pas être porté d'atteinte substantielle au droit des personnes intéressées d'exercer un recours effectif devant une juridiction. Contrôlant ensuite les dispositions contestées, ils admettent qu'« *en imposant ainsi que le forfait et la majoration soient acquittés avant de pouvoir les contester devant le juge, le législateur a entendu, dans un but de bonne administration de la justice, prévenir les recours dilatoires dans un contentieux exclusivement pécuniaire susceptible de concerner un très grand nombre de personnes* »[10]. Cependant, le Conseil constitutionnel relève que, si, conformément à l'article L. 2333-87 du CGCT, le montant du FPS ne peut excéder celui de la redevance due, « *aucune disposition législative ne garantit que la somme à payer pour contester des forfaits de post-stationnement et leur majoration éventuelle ne soit d'un montant trop élevé* »[11]. De plus,« *le législateur n'a apporté à l'exigence de paiement préalable desdits forfaits et majorations aucune exception tenant compte de certaines circonstances ou de la situation*

1. CE 10 juin 2020, req. n° 427155, *Lebon ; JCP A* 2020. Actu. 375 ; *JCP A* 2020, 2226, spéc^t^ n° 6, chron. O. Le Bot.
2. CE 10 juin 2020, req. n° 427155, pt 4.
3. CE 10 juin 2020, req. n° 427155, pt 4 – V. AUSSI : CE, 5e ch., 19 févr. 2021, req. n° 433599 ; CE, 5e ch., 8 juin 2021, req. n°s 437380 et 436444.
4. CE, avis, 20 févr. 2019, req. n° 422499 ; *D. actu.* 28 févr. 2019, obs. J.-M. Pastor ; *AJDA* 2019. 433 ; *JCP A* 2019. Actu. 153. Le Conseil d'État a assimilé « *la décision par laquelle l'administration refuse de faire droit à une demande préalablement formée devant elle tendant à la réparation du préjudice subi à raison de l'édiction de l'avis de paiement du forfait de post-stationnement et, le cas échéant, du titre exécutoire émis* » à une décision individuelle relative au FPS au sens des dispositions de l'art. L. 2333-87-2 du CGCT.
5. Abr. par Cons. const. 9 sept. 2020, n° 2020-855 QPC.
6. Cons. const. 9 sept. 2020, n° 2020-855 QPC, *D. actu.* 10 sept. 2020, obs. J.-M. Pastor ; *D.* 2020. 1722 ; *JCP A* 2020. Actu. 507 ; *Dr. pénal* 2020. Comm. 179 ; *JCP A* 2020. Actu. 517 ; *Dr. adm.* 2020, chron. 3, spéc^t^ n° 7, obs. V. Mazzocchi ; *AJ pénal* 2020. 521, obs. J.-P. Céré ; *Procédures* 2021. Chron. 1, obs. P. Deumier.
7. Ord. n° 2015-401, 9 avr. 2015, relative à la gestion, au recouvrement et à la contestation du forfait de post-stationnement prévu à l'article L. 2333-87 du Code général des collectivités territoriales, *JO* 10 avr., texte 22.
8. CE 10 juin 2020, req. n° 433276, *AJDA* 2020. 1199 ; *Rev. CMP* 2020. Comm. 269, obs. P. Soler-Couteaux : le Conseil d'État avait jugé le « *moyen tiré de ce que ces dispositions portent atteinte aux droits et libertés garantis par la Constitution, notamment en ce que le législateur aurait, en ne prévoyant aucune exception à l'obligation de paiement préalable de l'avis de paiement ou du titre exécutoire, méconnu le droit à un recours juridictionnel effectif, présente un caractère* » suffisamment « *sérieux* » pour transmettre la QPC (§ 14).
9. Saisi, auparavant, de la question de la compatibilité de l'obligation issue des dispositions de l'art. L. 2333-87-5 du CGCT avec le droit au recours effectif, le Conseil d'État avait estimé que ces dispositions ne méconnaissent pas les exigences résultant des articles 6 et 13 de la Conv. EDH (CE 30 sept. 2019, req. n° 421427, pt 11).
10. Cons. const. 9 sept. 2020, n° 2020-855 QPC, consid. 6.
11. Cons. const. 9 sept. 2020, n° 2020-855 QPC, consid. 7.

particulière de certains redevables »[1]. Il en conclut que « *le législateur n'a pas prévu les garanties de nature à assurer que l'exigence de paiement préalable ne porte pas d'atteinte substantielle au droit d'exercer un recours juridictionnel effectif. Les dispositions contestées doivent donc être déclarées contraires à la Constitution* »[2]. La prise d'effet de la déclaration d'inconstitutionnalité intervenant à compter de la date de la publication de cette décision, la déclaration d'inconstitutionnalité est applicable à toutes les affaires non jugées définitivement à cette date. Cette décision du Conseil constitutionnel « *soulève des interrogations quant aux délais d'instruction et de jugement à venir de la Commission du contentieux du stationnement payant, juridiction déjà engorgée et qui s'expose à une augmentation probable des contestations* »[3]. C'est pourquoi une proposition de loi relative au contentieux du stationnement payant, tirant les conséquences de l'abrogation des dispositions de l'article L. 2333-87-5 du CGCT, a été déposée[4].

Après avoir enregistré, en 2019, une recrudescence de saisines des usagers, le Défenseur des droits a dénoncé, dans un rapport rendu le 14 janvier 2020[5], les **dysfonctionnements récurrents du dispositif** issu de la réforme du stationnement payant. Il constate notamment la délivrance de forfaits de post-stationnement indus, par exemple à la suite d'une mauvaise lecture de l'heure de stationnement maximale autorisée[6] ou de la carte de mobilité réduite ; la délivrance de FPS majorés malgré un recours administratif préalable obligatoire (RAPO) favorable[7], une terminologie administrative difficile à comprendre[8]. Il note la diversité des interlocuteurs[9] et la complexité des dispositifs de recouvrement, posant ainsi la question du respect du principe de sécurité

1. Cons. const. 9 sept. 2020, n° 2020-855 QPC, consid. 8. Avant même la décision du Conseil constitutionnel, le Défenseur des droits (Rapport « La défaillance du forfait de post-stationnement : rétablir les droits des usagers », 14 janv. 2020, recom. n° 15) avait recommandé la modification de l'art. L. 2333-87-5 du CGCT en supprimant le paiement du FPS ou du FPS majoré comme préalable à la saisine de la Commission du contentieux du stationnement payant ou de prévoir des exonérations au bénéfice des personnes victimes du vol ou d'une usurpation de la plaque d'immatriculation, des personnes ayant cédé leur véhicule (sous réserve de la production de la déclaration de cession du véhicule), des personnes en situation de handicap exonérées de la redevance de stationnement (sur cette exonération au bénéfice de certaines catégories, dans le même sens, v. J. Giraud, rapp. AN n° 1990 fait au nom de la commission des finances, de l'économie générale et du contrôle budgétaire sur le projet de loi de règlement du budget et d'approbation des comptes de l'année 2018, ann. 10, Conseil et contrôle de l'État, rapporteur spécial : D. Labaronne, enregistré le 5 juin 2019, spéc[t] p. 37 ; T. Carcenac et C. Nougein, rapp. d'information Sénat n° 651, sur le recouvrement des amendes de circulation et des forfaits de post-stationnement, 10 juill. 2019, recommandations n° 10 et 11). Le législateur lui-même avait d'ailleurs admis la nécessité de telles exceptions en modifiant la loi en ce sens mais par une disposition censurée par le Conseil constitutionnel, en tant que cavalier budgétaire (Cons. const. 27 déc. 2019, n° 2019-796 DC, § 138 et 142, *JO* 29 déc., texte 3).
2. Cons. const. 9 sept. 2020, n° 2020-855 QPC, consid. 9.
3. J.-A. Cano, L. Girard et S. Khier, note s[s] Cons. const. 9 sept. 2020, n° 2020-855 QPC, *JCP A* 2020. Actu. 517 – V. AUSSI : *Dr. adm.* 2020. Chron. 3, spéc[t] n° 7, obs. V. Mazzocchi.
4. AN, Proposition de loi relative au contentieux du stationnement payant, n° 736, déposée le 17 janvier 2023. Le texte voté en première lecture à l'Assemblée nationale le 4 décembre 2023 rétablit le principe du paiement préalable du FPS et de sa majoration, tout en prévoyant des exceptions (vol, destruction du véhicule, usurpation de plaque d'immatriculation, cession du véhicule, bénéfice d'une carte « mobilité inclusion » portant la mention « stationnement pour personnes handicapées », perception de faibles revenus). Le texte confère en outre à l'introduction du recours contentieux un effet suspensif sur le délai de trois mois à l'issue duquel le conducteur doit avoir réglé la totalité de ce forfait et sur le délai de prescription dans le cas où un titre exécutoire a été émis.
5. Défenseur des droits, rapport *La défaillance du forfait de post-stationnement : rétablir les droits des usagers*, 14 janv. 2020. Sur ce rapport : « Le Défenseur des droits dénonce la défaillance du forfait de post-stationnement », *JCP A* 2020. Actu. 43 – M.-C. de Montecler, « Stationnement payant : il faut rétablir les droits des usagers », *AJDA* 2020. 77 – B. Plessix, « Le stationnement payant au Château de Kafka », *Dr. adm.* 2020. Repère 3 ; *Dr. adm.* 2020. Alerte 45.
6. Défenseur des droits, rapp.14 janv. 2020, préc., spéc[t] p. 5.
7. Défenseur des droits, rapp.14 janv. 2020, préc., spéc[t] p. 5.
8. Défenseur des droits, rapp. 14 janv. 2020, préc., spéc[t] p. 6.
9. « *Une multitude d'interlocuteurs sont présents à chaque échelon de la procédure : commune ou délégataire pour le paiement, commune ou délégataire pour la contestation du FPS dans le cadre du RAPO, Agence nationale de traitement automatisé des infractions (ANTAI) pour l'émission des titres, Direction générale des finances publiques (DGFiP) et trésorerie pour le recouvrement, CCSP pour le recours juridictionnel. Selon que le FPS est initial ou majoré, la procédure de contestation diffère. Ainsi, du fait de la décentralisation, les automobilistes qui souhaitent contester le FPS au niveau du RAPO sont susceptibles d'avoir 564 interlocuteurs différents sur le territoire national et autant d'adresses* » (Défenseur des droits, rapp.14 janv. 2020, préc., spéc[t] p. 7). À cet égard, le « *schéma simplifié des acteurs impliqués dans le recouvrement d'un forfait de post-stationnement* » inséré dans ce rapport d'information du Sénat (T. Carcenac et C. Nougein, rapp. d'information Sénat n° 651, 10 juill. 2019, spéc[t] p. 17) « *démontre la diversité, l'imbrication et la complexité des interventions des différents acteurs* » (Défenseur des droits, rapport 14 janv. 2020, spéc[t] p. 7). Afin de répondre à la « *fragmentation des acteurs impliqués dans la mission recouvrement* », des sénateurs préconisent de « *réinstaurer un point de contact unique, pour l'ensemble des parties prenantes. Ce point de contact serait assuré par un préfet coordonnateur, chargé d'assurer la liaison entre les collectivités territoriales, la délégation à la sécurité routière et les administrations centrales. La mission dirigée par le préfet aurait ensuite à charge de contacter les directions impliquées dans le recouvrement* » (T. Carcenac et C. Nougein, rapp. d'information Sénat n° 651, sur le recouvrement des amendes de circulation et des forfaits de post-stationnement, 10 juill. 2019, recommandation n° 1).

juridique des usagers. Un rapport d'information fait au nom de la Commission des finances du Sénat sur le recouvrement des amendes de circulation et des forfaits de post-stationnement[1] décrit « *un système à bout de souffle, au bord de la rupture* » présentant un taux de recouvrement faible (26,4 % en 2018 pour les forfaits de post-stationnement majorés[2]) et confronté à la nécessité de faire face à un contentieux de masse[3] (dont les « *enjeux individuels ne dépassent que très rarement les 85 euros* »[4]) auquel s'ajoutent l'obsolescence du logiciel du recouvrement[5] et le manque d'effectifs[6]. S'agissant de la contestation du FPS, le Défenseur des droits déplore l'échec du RAPO, ne jouant nullement son rôle de filtre précontentieux, de sorte que la CCSP (désormais TSP) a été très vite saturée[7]. Il relève les obstacles techniques à la saisine de la CCSP, notamment une mise en œuvre contestable de la dématérialisation de la requête de saisine de la CCSP[8], et le « *formalisme excessif et la complexité de la procédure de saisine* »[9] de cette dernière. Dès lors, le Défenseur des droits formule vingt recommandations aux acteurs du stationnement payant sur voirie afin que la décentralisation du stationnement garantisse davantage l'égalité des droits des usagers et le droit au recours[10]. Il préconise, dans chaque collectivité ayant instauré le stationnement payant sur voirie, géré en régie ou par délégation, la création d'un guichet physique pour informer les usagers sur les modalités du stationnement, les tarifs, les règles spécifiques s'appliquant à certaines catégories d'usagers et sur le suivi de l'instruction du recours administratif préalable obligatoire[11]. Par ailleurs, le dispositif juridique de contestation du FPS doit garantir l'effectivité du droit au recours des usagers. À cette fin, le Défenseur des droits recommande de renforcer le droit à l'information des usagers sur les voies de recours[12] et d'améliorer le traitement des RAPO exercé par les collectivités territoriales et leurs prestataires pour respecter la loi[13]. À cet égard, il préconise une diffusion plus large de la jurisprudence de la CCSP[14] afin de permettre son application par les services instructeurs des recours administratifs préalables obligatoires[15]. Afin de garantir le droit au recours juridictionnel des usagers devant la CCSP, le Défenseur des droits recommande notamment que la saisine par voie papier soit reconnue comme la saisine de droit commun et non comme une dérogation et que le téléchargement du formulaire de saisine de la CCSP sur son site ainsi que la saisie informatique du formulaire avant impression et signature ne soient plus obligatoires[16]. Il recommande de simplifier la liste des pièces demandées aux requérants pour former leur recours devant la CCSP[17], en transférant à la charge des collectivités ou de leurs prestataires la transmission à la Commission de la copie du RAPO ainsi que de la décision d'acceptation ou de rejet[18]. Enfin, afin notamment de permettre à la CCSP d'ordonner à l'Administration de restituer aux requérants les sommes qu'ils auraient indûment versées au titre du forfait post-stationnement (le versement préalable de ces sommes constituant, jusqu'à la décision du Conseil constitutionnel, une condition de recevabilité du recours contentieux formé devant la CCSP), l'article L. 2333-87-8-1[19], inséré dans le CGCT, prévoit que le TSP peut, même d'office, lorsque sa décision implique

1. T. Carcenac et C. Nougein, rapp. d'information Sénat n° 651, sur le recouvrement des amendes de circulation et des forfaits de post-stationnement, 10 juill. 2019. Sur ce rapport : J.-M. Pastor, « Forfait post-stationnement, la machine se grippe », *AJDA* 2019. 1783 ; « La réforme du recouvrement des forfaits de post-stationnement cale », *JCP A* 2019. Actu. 596.
2. T. Carcenac et C. Nougein, rapp. d'information Sénat n° 651, sur le recouvrement des amendes de circulation et des forfaits de post-stationnement, 10 juill. 2019, spéc^t p. 7.
3. T. Carcenac et C. Nougein, préc., spéc^t p. 28.
4. L. Bahougne, A. Camus et V. Mazzocchi, « Chronique de droit public financier 2019 », *Dr. adm.* 2019, chron. 4, spéc^t n° 7.
5. T. Carcenac et C. Nougein, préc., spéc^t p. p. 55 s.
6. Chaque agent de la DGFiP en charge du recouvrement suit en moyenne 20 000 titres impayés (rapp. d'information Sénat n° 651, juill. 2019, spéc^t p. 29).
7. Le nombre de recours devant la CCSP se situe « *entre 140 000 et 150 000 pour l'ensemble de l'année 2019* » (J. Giraud, rapp. AN n° 1990 fait au nom de la Commission des finances, de l'économie générale et du contrôle budgétaire sur le projet de loi de règlement du budget et d'approbation des comptes de l'année 2018, ann. 10, Conseil et contrôle de l'État, rapporteur spécial D. Labaronne, enregistré le 5 juin 2019, spéc^t p. 28).
8. Défenseur des droits, rapp.14 janv. 2020, préc., spéc^t p. 31.
9. Défenseur des droits, rapp.14 janv. 2020, préc., spéc^t p. 33. En cas de contestation de la décision rendue à l'issue du recours administratif préalable obligatoire, la requête doit être accompagnée de cinq pièces (CGCT, art. R. 2333-120-31, I), à peine d'irrecevabilité (CGCT, art. R. 2333-120-29).
10. Défenseur des droits, rapp.14 janv. 2020, préc., spéc^t p. 5.
11. Défenseur des droits, rapp.14 janv. 2020, préc., recomm. n° 2.
12. Défenseur des droits, rapp.14 janv. 2020, préc., spéc^t p. 20.
13. Défenseur des droits, rapp.14 janv. 2020, préc., spéc^t p. 21.
14. V. ÉGAL., DANS CE SENS : T. Carcenac et C. Nougein, rapp. d'information Sénat n° 651, sur le recouvrement des amendes de circulation et des forfaits de post-stationnement, 10 juill. 2019, spéc^t p. 42 (recomm. n° 8) – J. Giraud, rapp. AN n° 1990, ann. 10, Conseil et contrôle de l'État, rapporteur spécial D. Labaronne, enregistré le 5 juin 2019, spéc^t p. 35.
15. Défenseur des droits, rapp.14 janv. 2020, préc., recomm. n° 10.
16. Défenseur des droits, rapp.14 janv. 2020, préc., recomm. n° 13.
17. Le Conseil d'État a précisé (CE, ch. réun., 18 déc. 2020, req. n° 436605, *Lebon ; D actu.* 23 déc. 2020, obs. J.-M. Pastor ; *JCP A* 2021. Actu. 15, obs. Erstein ; *Rev. CMP* 2021. Comm. 89, note Muller ; *Dr. adm.* 2021. Alerte 41 – V. AUSSI : CE, ch. réun., 18 déc. 2020, req. n° 431136) la procédure à suivre lorsque le greffe de la CCSP demande au requérant contestant un FPS de régulariser son recours.
18. Défenseur des droits, rapp.14 janv. 2020, préc., recomm. n° 14.
19. Article créé par L. n° 2019-222, 23 mars 2019, art. 40, II, 3°.

nécessairement que la collectivité territoriale, l'établissement public de coopération intercommunale ou le syndicat mixte concerné prenne une mesure d'exécution, prononcer à son encontre une injonction, assortie, le cas échéant, d'une astreinte.

SECTION 3

CONTENTIEUX DE L'AMENDE FORFAITAIRE

0962.51 **Contestation – Requête en exonération.** Des possibilités de contestation sont offertes à l'intéressé à deux stades de la procédure. Avant l'émission du titre exécutoire, la contestation prend la forme d'une requête en exonération ; après l'émission dudit titre, elle prend la forme d'une réclamation. Les facultés de contestation résultent pour l'amende forfaitaire contraventionnelle, des articles 529-2 et 530 C. pr. pén., et, pour l'amende forfaitaire délictuelle, des articles 495-18 et 495-19 du même code. *D'une part*, l'intéressé peut contester la procédure de l'amende forfaitaire dont il fait l'objet. En effet, aux termes des articles 529-9 et 529-2 (pour l'amende forfaitaire contraventionnelle), 495-18 (pour l'amende forfaitaire délictuelle) C. pr. pén., dans les quarante-cinq jours [1] qui suivent la constatation de l'infraction ou l'envoi de l'avis de contravention [2] (ou de l'avis d'infraction [3]), l'intéressé peut formuler une requête tendant à son exonération [4] du paiement de l'amende forfaitaire, auprès du service indiqué dans l'avis de contravention [5] ou dans l'avis d'infraction [6]. La Cour de cassation a précisé qu'il résulte du pouvoir général de représentation de l'avocat, tiré des articles 6 et 8 de la loi du 31 décembre 1971 [7], auquel l'article 529-2 C. pr. pén. n'apporte aucune restriction, que l'avocat peut introduire, au nom de son client destinataire d'un avis de contravention, la contestation prévue par ce texte [8]. Dans une formulation plus exhaustive, la Haute juridiction a récemment estimé qu'il se déduit de la combinaison des articles 529-2 et 530 C. pr. pén., des dispositions de la loi du 31 décembre 1971 portant réforme de certaines professions judiciaires et juridiques, ainsi que des stipulations de l'article 6 § 3 de la Conv. EDH que le contrevenant ou l'intéressé, lorsqu'il entend présenter une requête en exonération d'une infraction au Code de la route qui lui est reprochée ou une réclamation en contestation d'une amende forfaitaire majorée, a la faculté, s'il l'estime nécessaire à la défense de ses intérêts et sans préjudice des prérogatives que l'autorité de poursuite tient de l'article 530-1 dudit code, d'être représenté dans ses démarches par un avocat [9]. Cette

1. Conformément aux dispositions de l'art. 4 (mod.) de l'ordonnance n° 2020-303 du 25 mars 2020 ayant temporairement doublé (à compter du 12 mars 2020 et ce jusqu'à l'expiration d'un délai d'un mois à compter de la date de cessation de l'état d'urgence sanitaire) les délais fixés par les dispositions du Code de procédure pénale (ou par la loi du 29 juillet 1881 sur la liberté de la presse) pour l'exercice d'une voie de recours, les délais de contestation ont été doublés pour les avis de contravention et avis d'infraction envoyés par l'ANTAI. Ainsi, le délai pour formuler une requête en exonération de l'amende forfaitaire a été porté à quatre-vingt-dix jours à compter du 12 mars 2020 et ce jusqu'à l'expiration d'un délai d'un mois à compter de la date de cessation de l'état d'urgence sanitaire. La loi n° 2020-546 du 11 mai 2020 est venue proroger l'état d'urgence sanitaire. Le premier état d'urgence sanitaire est terminé depuis le 11 juill. 2020, sur le territoire national, et depuis le 17 sept. 2020 dans les territoires de Mayotte et de la Guyane. En conséquence, depuis le 11 août 2020 sur tout le territoire national (sauf pour Mayotte et la Guyane) et le 18 oct. 2020 pour Mayotte et la Guyane, le délai de contestation des avis de contravention et des avis d'infraction est repassé à quarante-cinq jours. Il convient de noter qu'un second état d'urgence sanitaire a été déclaré par le décret n° 2020-1257 du 14 octobre 2020 (*JO* 15 oct., texte 30), en son article 1er, pour un mois. Cet état d'urgence a été prorogé jusqu'au 16 févr. 2021 inclus (L. n° 2020- ▶

▶ 1379, 14 nov. 2020, art. 1er) puis, jusqu'au 1er juin 2021 inclus (L. n° 2021-160, 15 févr. 2021, *JO* 16 févr., texte 1, art. 2). L'ordonnance n° 2020-1401 du 18 nov. 2020 portant adaptation des règles applicables aux juridictions de l'ordre judiciaire statuant en matière pénale (*JO* 19 nov, texte 35) n'a pas prévu de prorogation des délais fixés par les dispositions du Code de procédure pénale pour l'exercice d'une voie de recours.
2. Lorsque l'avis de contravention est adressé à une personne résidant à l'étranger, le délai prévu par l'art. 529-2 C. pr. pén. est augmenté d'un mois (C. pr. pén., art. 530-2-1, al. 1er).
3. Lorsque les avis d'infraction ou d'amende forfaitaire majorée sont adressés à une personne résidant à l'étranger, celle-ci peut effectuer son paiement dans un délai d'un mois à l'issue des délais mentionnés aux art. 495-18 et 495-19 (C. pr. pén., art. D. 45-9, al. 2).
4. En matière d'infractions à la police des services publics de transports terrestres, la requête porte le nom de « protestation ». Elle est formulée dans un délai de trois mois à compter de la constatation de l'infraction auprès du service de l'exploitant et est transmise au ministère public (C. pr. pén., art. 529-5, mod. par L. n° 2019-1428,24 déc. 2019, art. 115, 2°).
5. Pour l'amende forfaitaire contraventionnelle, s'agissant de la référence des art. 529-1 et 529-2 C. pr. pén. au « *service indiqué dans l'avis de contravention* », l'expression « *avis de contravention* » doit être entendue comme désignant les deux volets (carte de paiement et avis de contravention) du formulaire utilisé par l'agent verbalisateur et remis au contrevenant (C. pr. pén., art. A. 37-1). En effet, seule la carte de paiement (premier volet) comporte la mention du service destinataire de la contestation (C. pr. pén., art. A. 37-3), à l'exclusion de l'avis de contravention (deuxième volet) (C. pr. pén., art. A. 37-4).
6. Pour les mentions que comporte l'avis d'infraction : C. pr. pén., art. D. 45-5.
7. L. n° 71-1130, 31 déc. 1971, portant réforme de certaines professions judiciaires et juridiques, *JO* 5 janv.
8. Crim. 22 janv. 2020, n° 19-84.325, P ; *D. actu.* 10 févr. 2020, obs. H. Diaz ; *D.*2020. 222 ; *AJ pénal* 2020. 304, obs. J.-P. Céré ; *Procédures* 2020. Comm. 71, note A.-S. Chavent-Leclère ; *JCP* 2020. Doctr. 278, spéct n° 5, obs. Grayot-Dirx.
9. Crim. 1er sept. 2020, nos 19-83.092 et 19-86.433, P ; *D.* 2020. 1682 ; *D. actu.* 2 oct. 2020, obs. H. Diaz ; *Dr. pénal* 2020. Comm. 171, note J.-H. Robert.

requête en exonération[1] est transmise au ministère public. À défaut de paiement ou de requête présentée dans ce délai de quarante-cinq jours, l'amende forfaitaire est majorée de plein droit et recouvrée au profit du Trésor public en vertu d'un titre rendu exécutoire par le ministère public. Le titre exécutoire doit être émis dans le délai de prescription de l'action publique prévu à l'article 9 C. pr. pén. (mod. par L. 27 févr. 2017, art. 1er) pour la matière contraventionnelle[2] (un an) et à l'article 8 (mod. par L. 21 avr. 2021[3], art. 10, 2°) dudit code pour la matière délictuelle (six ans), sachant que ce délai court à compter du jour où l'infraction a été commise. La prescription de la peine commence à courir à compter de la signature par le ministère public du titre exécutoire (C. pr. pén, art. 530, al. 1er, et 495-19, al. 1er). Ce délai de prescription de la peine est de trois ans en matière contraventionnelle (C. pén., art. 133-4) et de six ans en matière délictuelle (C. pén., art. 133-3, mod. par L. 27 févr. 2017, art. 2).

0962.52 Réclamation. *D'autre part*, dans les trente jours[4] de l'envoi de l'avis[5] invitant le contrevenant ou l'auteur de l'infraction à payer l'amende forfaitaire majorée, l'intéressé peut former auprès du ministère public une réclamation motivée qui aura pour effet d'annuler le titre exécutoire en ce qui concerne l'amende contestée (C. pr. pén., art. 530, al. 2, et 495-19, al. 2, mod. par L. 23 mars 2019, art. 58, V, 2°). Si la réclamation ne peut émaner que du seul contrevenant et non d'un tiers[6], la Cour de cassation a récemment précisé qu'il se déduit de la combinaison des articles 529-2 et 530 C. pr. pén., des dispositions de la loi du 31 décembre 1971 portant réforme de certaines professions judiciaires et juridiques, ainsi que des stipulations de l'article 6 § 3 de la Conv. EDH que le contrevenant ou l'intéressé, lorsqu'il entend présenter une requête en exonération d'une infraction au Code de la route qui lui est reprochée ou une réclamation en contestation d'une amende forfaitaire majorée, a la faculté, s'il l'estime nécessaire à la défense de ses intérêts et sans préjudice des prérogatives que l'autorité de poursuite tient de l'article 530-1 dudit code, d'être représenté dans ses démarches par un avocat[7]. Cette réclamation reste recevable tant que la peine n'est pas prescrite[8], s'il ne résulte pas d'un acte d'exécution ou de tout autre moyen de preuve que l'intéressé a eu connaissance de l'amende forfaitaire majorée[9]. Pour les contraventions au Code de la route, la réclamation n'est toutefois plus recevable à l'issue d'un délai de trois mois lorsque l'avis d'amende forfaitaire majorée est envoyé par lettre recommandée à l'adresse figurant sur le certificat d'immatriculation du véhicule, sauf si le contrevenant justifie qu'il a, avant l'expiration de ce délai, déclaré son changement

1. La requête en exonération d'une amende forfaitaire prévue par l'art. 529-2 ne constitue pas un acte d'instruction ou de poursuite susceptible d'interrompre la prescription de l'action publique : Crim. 15 sept. 2010, n° 10-80.273, P, n° 136 – Crim. 8 déc. 2010, n° 10-83.024, NP – Crim. 3 sept. 2014, n° 13-86.153, NP.
2. Crim. 18 oct. 2006, n° 06-83.085, P, n° 252 ; *Procédures* 2007. Comm. 19, obs. J. Buisson : aux termes de l'art. 9 C. pr. pén., en matière de contravention, la prescription de l'action publique est d'une année révolue. La prescription est donc acquise lorsque le titre exécutoire de l'amende forfaitaire majorée prononcée, notamment, pour une infraction d'excès de vitesse, a été émis plus d'un an après la constatation de l'infraction.
3. L. n° 2021-478, 21 avr. 2021, visant à protéger les mineurs des crimes et délits sexuels et de l'inceste, *JO* 22 avr., texte 4.
4. Crim. 24 juin 2015, n° 14-83.998, NP.
5. Lorsque l'avis d'amende forfaitaire majorée est adressé à une personne résidant à l'étranger, ce délai est augmenté d'un mois (C. pr. pén., art. 530-2-1, al. 1er). Lorsque les avis d'infraction ou d'amende forfaitaire majorée sont adressés à une personne résidant à l'étranger, celle-ci peut effectuer son paiement dans un délai d'un mois à l'issu des délais mentionnés aux art. 495-18 et 495-19 (C. pr. pén., art. D. 45-9, al. 2). De plus, conformément aux dispositions de l'article 4 (modifié) de l'ordonnance n° 2020-303 du 25 mars 2020 ayant temporairement doublé (à compter du 12 mars 2020 et ce jusqu'à l'expiration d'un délai d'un mois à compter de la date de cessation de l'état d'urgence sanitaire) les délais fixés par les dispositions du Code de procédure pénale (ou par la loi du 29 juill. 1881 sur la liberté de la presse) pour l'exercice d'une voie de recours, le délai pour former une réclamation contre l'amende forfaitaire majorée a été porté à soixante jours (contre trente jours), à compter du 12 mars 2020 et ce jusqu'à l'expiration d'un délai d'un mois à compter de la date de cessation de l'état d'urgence sanitaire. La loi du 11 mai 2020 est venue proroger l'état d'urgence sanitaire. Le premier état d'urgence sanitaire est terminé depuis le 11 juill. 2020, sur le territoire national, et depuis le 17 septembre 2020 dans les territoires de Mayotte et de la Guyane. En conséquence, depuis le 11 août 2020 sur tout le territoire national (sauf pour Mayotte et la Guyane) et le 18 oct. 2020 pour Mayotte et la Guyane, le délai de contestation des avis d'amende forfaitaire majorée est repassé à trente jours.
6. Crim. 7 avr. 2009, n° 08-87.773, P, n° 68 : il résulte de la combinaison des art. 529-2, 529-9 et 530 C. pr. pén. que « *le titre rendu exécutoire par le ministère public aux fins de recouvrement de l'amende forfaitaire majorée de plein droit, ne peut être annulé que par une réclamation motivée émanant du seul contrevenant et que l'officier du ministère public ne peut, au vu d'une réclamation formulée par un tiers, annuler ce titre et faire citer devant la juridiction de proximité la personne à l'encontre de laquelle il a été délivré* ».
7. Crim. 1er sept. 2020, nos 19-83.092 et 19-86.433, P ; *D.* 2020. 1682 ; *D. actu.* 2 oct. 2020, obs. H. Diaz ; *Dr. pénal* 2020. Comm. 171, note J.-H. Robert.
8. Crim. 6 déc. 2016, n° 16-82.532, NP : il résulte de l'art. 530 C. pr. pén. que l'action en réclamation ne peut plus être exercée lorsque trois années se sont écoulées depuis la signature par le ministère public du titre exécutoire qui peut être individuel ou collectif.
9. Crim. 14 oct. 2014, n° 13-87.306, NP – Crim. 14 oct. 2014, n° 13-87.304, NP.

d'adresse au service d'immatriculation des véhicules ; s'il rapporte cette preuve, le contrevenant n'est redevable que d'une somme égale au montant de l'amende forfaitaire s'il s'en acquitte dans un délai de quarante-cinq jours, ce qui a pour effet d'annuler le titre exécutoire pour le montant de la majoration (C. pr. pén., art. 530, al. 2).

0962.53 **Conditions de recevabilité.** Outre le respect de ces délais, la requête en exonération ou la réclamation est assujettie à des conditions de recevabilité formelle.

S'agissant de la **requête en exonération de l'amende forfaitaire contraventionnelle**, pour être recevable, celle-ci doit être motivée et accompagnée de l'avis de contravention (C. pr. pén., art. R. 49-4). À cet égard, il a été jugé que la requête en exonération présentée par le contrevenant, lorsqu'elle n'est pas accompagnée de l'original de l'avis[1] correspondant à l'amende considérée, peut être déclarée irrecevable par l'officier du ministère public. Les conditions de recevabilité de la **requête en exonération de l'amende forfaitaire délictuelle** sont fixées par les articles 495-20 (mod. par L. 23 mars 2019, art. 58, V, 3°) et D. 45-7, C. pr. pén. La requête doit être adressée par lettre recommandée avec demande d'avis de réception, en utilisant le formulaire joint à l'avis d'amende forfaitaire, accompagnée d'un document démontrant le paiement de la consignation[2] préalable d'un montant égal à celui de l'amende forfaitaire, ou du récépissé du dépôt de plainte pour le délit d'usurpation d'identité. Elle peut également être adressée de façon dématérialisée, selon des modalités précisées par arrêté[3]. Elle doit être motivée. À cet égard, l'article D. 45-19 alinéa 1er C. pr. pén. (mod. par Décr. 24 mai 2019, art. 7, VII) précise que « *pour l'application des dispositions du deuxième alinéa de l'article 495-19 et premier alinéa de l'article 495-21*[4]*,ne sont considérées comme motivées que les requêtes ou réclamations dans lesquelles la personne soit conteste avoir commis l'infraction, soit reconnaît avoir commis l'infraction tout en fournissant des éléments circonstanciés susceptibles de justifier le classement sans suite pour des raisons juridiques ou d'opportunité* ». Aux termes de l'article 495-20 alinéa 2 du même code, le procureur de la République vérifie que les conditions de recevabilité de la requête sont remplies. La procédure de l'amende forfaitaire délictuelle étant « *applicable aux délits pour lesquels la loi le prévoit, lorsque ces délits sont constatés par un procès-verbal électronique dressé au moyen d'un appareil sécurisé permettant le recours à une signature sous forme numérique conformément à l'article 801-1* » (C. pr. pén., art. D. 45-3, mod. par Décr. 24 mai 2019, art. 7, I), l'article D. 45-16, 3° (mod. par Décr. 18 août 2021, art. 3, 3°) prévoit la compétence du procureur de la République du tribunal judiciaire (TJ) de Rennes « *pour recevoir les requêtes faites en application du premier alinéa de l'article 495-18* [...], *apprécier leur recevabilité formelle et le respect de l'obligation de consignation* ». La décision d'irrecevabilité du procureur peut être contestée devant le président du tribunal correctionnel ou un juge désigné par le président du TJ (C. pr. pén., art. 495-21, al. 1er). Ce « filtre » ainsi prévu avant la saisine du tribunal correctionnel pour les incidents contentieux relatifs à l'exécution du titre exécutoire (C. pr. pén, art. D. 45-20) constitue une singularité de la procédure de l'amende forfaitaire délictuelle. De plus, lorsque les mentions du procès-verbal ne sont pas conformes aux dispositions des articles 495-17 à 495-24-1 ou avec les dispositions des articles D. 45-3 à D. 45-21 C. pr. pén., le procureur de la République du tribunal judiciaire de Rennes est compétent pour « *mettre fin à la procédure de l'amende forfaitaire et transmettre ce procès-verbal, sous forme dématérialisée, au procureur de la République du tribunal judiciaire dans le ressort duquel l'infraction a été constatée, afin que ce dernier apprécie les suites qu'il convient de lui donner* » (C. pr. pén., art. D. 45-16, 1°[5]).

S'agissant de **l'amende forfaitaire contraventionnelle**, pour être recevable, **la réclamation** du contrevenant doit être motivée et accompagnée de l'avis d'amende forfaitaire majorée correspondant à l'amende contestée[6]. Il se déduit des dispositions des articles 530, alinéa 3 et 530-1 alinéa 1er C. pr. pén. que la réclamation du contrevenant, lorsqu'elle n'est pas accompagnée de l'original de l'avis correspondant à l'amende considérée, peut être déclarée irrecevable par l'officier du ministère public[7]. Par conséquent, la requête en incident contentieux présentée suite à une réclamation irrecevable pour ne pas avoir été accompagnée de l'avis d'amende forfaitaire majorée, était elle-même, de ce fait, irrecevable[8]. Toutefois, dans des arrêts récents, la chambre criminelle de la Cour de cassation a estimé que la requête en incident contentieux (v. ss no 0962.56) est recevable lorsque le demandeur prétend que l'avis d'amende forfaitaire majorée ne lui a pas été

1. Crim. 17 juin 2014, no 13-85.388, NP – V. AUSSI : Crim. 3 mars 2009, no 08-84.162, P, no 48 – Crim. 8 janv. 2013, no 12-80.340, P, no 4 ; *D. actu.* 8 mars 2013, obs. S. Fucini ; *Procédures* 2013. Comm. 123, obs. J. Buisson.
2. Hors les cas prévus par C. pr. pén., art. D. 45-15.
3. Arr. 17 avr. 2020.
4. L'art. 495-21, al. 1er, C. pr. pén. renvoie à la requête faite en application du premier alinéa de l'art. 495-18 du même code.
5. Mod. par Décr. 18 août 2021, art. 3, 2°.
6. Crim. 2 sept. 2005, no 05-84.293, P, no 214.
7. Crim. 18 janv. 2000, no 99-80.185, P, no 26 ; *Dr. pénal* 2000. Chron. 20, obs. Marsat.
8. Crim. 8 janv. 2013, no 12-80.340, P, no 4 – Crim. 8 janv. 2013, no 12-82.271, NP – Crim. 20 nov. 2013, no 12-88.359, NP.

envoyé[1]. La Haute juridiction a récemment précisé que l'omission du titulaire d'un certificat d'immatriculation de déclarer son changement d'adresse au service de l'immatriculation des véhicules ne saurait constituer un motif légitime justifiant qu'il soit dans l'impossibilité de joindre à sa réclamation l'avis d'amende forfaitaire majorée. En conséquence, et en application des dispositions du troisième alinéa de l'article 530 C. pr. pén., lu à la lumière du considérant n° 7 de la décision du Conseil constitutionnel n° 2015-467 QPC du 7 mai 2015 (v. s^s n° 0962.56), la réclamation de l'intéressé est irrecevable[2]. S'agissant de **l'amende forfaitaire délictuelle, la réclamation** de l'auteur de l'infraction doit être motivée (C. pr. pén., art. 495-19, al. 2). À cet égard, l'article D. 45-19 alinéa 1er C. pr. pén. (mod. par Décr. 24 mai 2019, art. 7, VII) précise que « *pour l'application des dispositions du deuxième alinéa de l'article 495-19 et premier alinéa de l'article 495-21, ne sont considérées comme motivées que les requêtes ou réclamations dans lesquelles la personne soit conteste avoir commis l'infraction, soit reconnaît avoir commis l'infraction tout en fournissant des éléments circonstanciés susceptibles de justifier le classement sans suite pour des raisons juridiques ou d'opportunité* ». Aux termes de l'article 495-20 du même code (mod. par L. 23 mars 2019, art. 58, V, 3°), la réclamation prévue à l'article 495-19 n'est recevable que si elle est adressée par lettre recommandée avec demande d'avis de réception, en utilisant le formulaire joint à l'avis d'amende forfaitaire majorée, et si elle est accompagnée d'un document démontrant le paiement de la consignation[3] préalable d'un montant égal à celui de l'amende forfaitaire majorée ou du récépissé du dépôt de plainte pour le délit d'usurpation d'identité. Elle peut également être adressée de façon dématérialisée, selon des modalités précisées par arrêté[4]. La procédure de l'amende forfaitaire délictuelle étant applicable « *aux délits pour lesquels la loi le prévoit, lorsque ces délits sont constatés par un procès-verbal électronique dressé au moyen d'un appareil sécurisé permettant le recours à une signature sous forme numérique conformément à l'article 801-1* » (C. pr. pén., art. D. 45-3[5]), l'article D. 45-16, 3°[6] prévoit la compétence du procureur de la République du tribunal judiciaire de Rennes pour recevoir « *les réclamations faites en application du deuxième alinéa de l'article 495-19, apprécier leur recevabilité formelle et le respect de l'obligation de consignation* ». L'absence de motivation de la réclamation est constatée par le procureur de la République du TJ de Rennes par l'avis d'irrecevabilité adressé à l'intéressé. La décision d'irrecevabilité du procureur peut être contestée devant le président du tribunal correctionnel ou un juge désigné par le président du TJ (C. pr. pén., art. 495-21, al. 1er).

Il convient de noter que, pour une série d'infractions constatées sans interception du conducteur[7], lorsque l'avis d'amende a été adressé au titulaire du certificat d'immatriculation ou aux personnes visées aux trois derniers alinéas de l'article L. 121-2 C. route (locataire du véhicule, acquéreur du véhicule, représentant légal de la personne morale titulaire du certificat d'immatriculation), une condition de recevabilité supplémentaire est prévue. La contestation doit être accompagnée, sous peine de voir la requête ou la réclamation rejetée, soit d'un document démontrant le paiement d'une « *consignation préalable d'un montant égal à celui de l'amende forfaitaire* [...] *ou à celui de l'amende forfaitaire majorée* », soit d'un récépissé de dépôt de plainte pour vol, pour usurpation de plaque d'immatriculation ou pour destruction du véhicule, ou d'une copie de la déclaration de destruction du véhicule, soit d'un courrier signé de l'auteur de la requête ou de la réclamation indiquant l'identité, l'adresse et la référence du permis de conduire du présumé conducteur, soit des copies de la déclaration de cession du véhicule et de son accusé d'enregistrement dans le système d'immatriculation des véhicules, soit d'un document attestant, selon des modalités précisées par arrêté conjoint des ministres chargé des Transports, de la Sécurité routière et de la Justice, qu'un système de délégation de conduite automatisé était activé conformément à ses conditions d'utilisation au moment de l'infraction[8] (C. pr. pén., art. 529-10, mod. par Ord. 14 avr. 2021[9],

1. Crim. 18 mai 2016, n° 15-86.095, P, n° 148 ; *D. actu.* 13 juin 2016, obs. D. Aubert ; *AJ pénal* 2016. 378, obs. J.-P. Céré ; *Dr. pénal* 2016. Comm. 109, note J.-H. Robert – Crim. 18 mai 2016, n° 15-84.729, P, n° 147 ; *D. actu.* 13 juin 2016, obs. D. Aubert ; *AJ pénal* 2016. 378, obs. J.-P. Céré ; *Dr. pénal* 2016. Comm. 109, note J.-H. Robert – Crim. 13 déc. 2016, n° 15-86.097, NP.
2. Crim. 17 sept. 2019, n° 18-86.289, P ; *D. actu.* 2 oct. 2019, obs. D. Goetz ; *D.* 2019. 1763 ; *Dr. pénal* 2019. Comm. 182, obs. J.-H. Robert.
3. Hors les cas prévus par l'art. D. 45-15 C. pr. pén.
4. Arr. 17 avr. 2020.
5. Mod. par Décr. 24 mai 2019, art. 7, I.
6. Mod. par Décr. 18 août 2021, art. 3, 3°.
7. Aux termes de l'art. L. 121-3 C. route, « *pour des infractions dont la liste est fixée par décret en* Conseil d'État » (infractions mentionnées à l'art. R. 121-6 C. route, mod. par Décr. 7 sept. 2018, art. 2).
8. Aux termes de l'article R. 49-16-1 C. pr. pén. (créé par Décr. n° 2021-873, 29 juin 2021, art. 5) « *lorsque la requête en exonération ou la réclamation est accompagnée du document prévu au d du 1° de l'article 529-10, ce dernier contient les informations pertinentes précisées par arrêté conjoint du garde de sceaux, ministre de la justice, et des ministres chargés des transports et de la sécurité routière, issues des données enregistrées par le dispositif d'enregistrement des données d'état de délégation de conduite* ».
9. Ord. n° 2021-443, 14 avr. 2021, relative au régime de responsabilité pénale applicable en cas de circulation d'un véhicule à délégation de conduite et à ses conditions d'utilisation, *JO* 15 avr., texte 36.

art. 2). À défaut, le requérant ne pourra valablement saisir un juge (C. pr. pén., art. 530, *in fine*). Statuant sur une question prioritaire de constitutionnalité, la chambre criminelle de la Cour de cassation[1] a rappelé que l'exigence du versement d'une consignation préalable prévue par l'article 529-10 C. pr. pén. a été déclarée conforme à la Constitution[2]. La consignation n'est pas assimilable au paiement de l'amende forfaitaire ou de l'amende forfaitaire majorée, sauf lorsqu'aucune requête en exonération ou réclamation n'a été formulée (C. pr. pén, art. R. 49-18, al. 2)[3]. Elle ne peut donner lieu à un quelconque retrait de points sur le permis de conduire (C. pr. pén., art. 529-10).

S'agissant des amendes infligées en cas de commission de certaines infractions au Code de la route, il est précisé que la requête en exonération ou la réclamation est adressée par lettre recommandée avec demande d'avis de réception, en utilisant le formulaire joint à l'avis d'amende forfaitaire (C. pr. pén., art. 529-10, al. 1er). Ces requêtes et ces réclamations « *peuvent également être adressées de façon dématérialisée, selon des modalités précisées par arrêté* » (C. pr. pén., art. 529-10, dern. al.). À cet égard, l'arrêté du 22 octobre 2015[4] donne la possibilité au titulaire du certificat d'immatriculation ou aux personnes visées aux trois derniers alinéas de l'article L. 121-2 C. route de contester une amende consécutive à une infraction au Code de la route mentionnée à l'article L. 121-3 dudit code en utilisant une télé-procédure accessible sur le site internet de l'ANTAI « www.antai.fr ». Les infractions relevées dans le cadre du contrôle automatisé (vitesse, feu rouge...) peuvent faire l'objet d'une contestation en ligne sur ce site depuis novembre 2015. Les dispositions de l'arrêté du 20 mars 2017[5] ont eu pour objet de permettre d'élargir cette possibilité, à compter du 1er avril 2017, aux infractions constatées par l'intermédiaire des appareils électroniques sécurisés permettant la réalisation d'un procès-verbal dématérialisé ou procès-verbal électronique. Aux termes de l'article A. 37-20-3 C. pr. pén. (mod. par Arr. 17 avr. 2020[6], art. 3), les pièces justificatives (copie du récépissé du dépôt de plainte pour vol ou destruction du véhicule ou pour le délit d'usurpation de plaque d'immatriculation, copie de la déclaration de destruction de véhicule établie conformément aux dispositions du Code de la route, ou copies de la déclaration de cession du véhicule et de son accusé d'enregistrement dans le système d'immatriculation des véhicules) de la contestation doivent être transmises de façon numérisée, selon les formats indiqués sur le site « www.antai.fr ».

0962.54 **Annulation du titre exécutoire.** La réclamation motivée a pour effet d'annuler le titre exécutoire en ce qui concerne l'amende contestée (C. pr. pén., art. 530, al. 2, et 495-19, al. 2). En effet, il a été jugé[7] que la réclamation du contrevenant entraîne, conformément à cet article, l'annulation du titre exécutoire, lequel avait fait courir la prescription de la peine, et la reprise des poursuites. Elle a pour conséquence à compter de sa réception par le ministère public d'ouvrir un nouveau délai de prescription de l'action publique lequel doit être interrompu, avant son expiration, par un acte de poursuite. Ainsi, la chambre criminelle de la Cour de cassation a récemment pu estimer qu'en matière de contravention donnant lieu à recouvrement de l'amende forfaitaire majorée prévue par l'article 529-2, alinéa 2 C. pr. pén., la prescription n'est pas acquise dès lors que la délivrance du titre exécutoire a fait courir la prescription de la peine et, qu'après la réclamation du contrevenant intervenue dans ce délai, une citation a été délivrée à celui-ci avant l'expiration du nouveau délai de prescription de l'action publique ouvert à la suite de cette réclamation[8]. En revanche, la prescription de l'action publique est acquise si aucun acte interruptif n'intervient dans le délai d'un an, après que le contrevenant a formé réclamation suite à la délivrance du titre exécutoire[9].

Par ailleurs, eu égard aux dispositions de l'article L. 223-1 C. route, l'annulation du titre exécutoire a

1. Crim., QPC, 4 janv. 2012, nº 11-90.105, NP.
2. Cons. const. 29 sept. 2010, nº 2010-38 QPC, *AJ pénal* 2010. 555, obs. J.-P. Céré ; *Dr. pénal* 2010. Comm. 120 ; obs. J.-H. Robert. – Selon la CEDH, la procédure de consignation n'est pas contraire à l'article 6 Conv. EDH, à condition que la somme demandée ne soit pas excessive et que les personnes insolvables soient dispensées de son paiement : CEDH 29 avr. 2008, Thomas c/France, req. nº 14279/05.
3. Crim. 3 mars 2015, nº 14-81.831, NP – Crim. 15 déc. 2015, nº 15-81.695, NP.
4. Arr. 22 oct. 2015, précisant les modalités des contestations dématérialisées des amendes forfaitaires prévues à l'article 529-10 du Code de procédure pénale, *JO* 22 nov., texte 11 ; *Procédures* 2016. Comm. 28, obs. J. Buisson.
5. Arr. 20 mars 2017, précisant les modalités de contestations dématérialisées des contraventions constatées par des appareils électroniques sécurisés permettant la réalisation d'un procès-verbal dématérialisé, *JO* 31 mars, texte 72.
6. Arr. 17 avr. 2020.
7. Crim. 11 juin 1992, nº 92-80.397, P, nº 231 – Crim. 27 janv. 1993, nº 92-83.047, NP – Crim. 1er févr. 2000, nº 99-84.764, P, nº 51 ; *Dr. pénal* 2000. Comm. 61, note J.-H. Robert – Crim. 14 sept. 2005, nº 05-81.978, P, nº 230 – Crim. 4 déc. 2013, nº 13-83.284, P, nº 248 – Crim. 15 janv. 2014, nº 13-84.533, P, nº 13 – Crim. 7 janv. 2015, nº 13-88.365, NP – Crim. 7 janv. 2015, nº 13-88.366, NP.
8. Crim. 11 juill. 2017, nº 17-80.025, NP – Crim. 24 mars 2020, nº 19-85.331, NP ; *Dr. pénal* 2020. Comm. 140, obs. J.-H. Robert – Crim. 14 sept. 2005, nº 05-81.978, P, nº 230 – Crim. 19 sept. 2012, nº 12-81.163, NP – Crim. 4 déc. 2013, nº 13-83.284, P, nº 248 – Crim. 15 janv. 2014, nº 13-84.533, P, nº 13 – Crim. 28 mai 2019, nº 18-86.153, NP.
9. Crim. 7 nov. 2017, nº 16-87.679, NP.

pour conséquence que la réalité de l'infraction ne peut plus être regardée comme établie. L'autorité administrative doit, par suite, rétablir sur le permis de conduire les points qui avaient pu être retirés, sans préjudice d'un nouveau retrait si le juge pénal est saisi et prononce une condamnation. Il n'appartient pas au juge administratif de se prononcer sur la recevabilité d'une réclamation contre le titre exécutoire d'une amende forfaitaire majorée, laquelle est appréciée par l'officier du ministère public sous le contrôle de la juridiction pénale devant laquelle l'auteur de la réclamation dispose d'un recours. Si le titulaire du permis de conduire peut utilement faire valoir devant le tribunal administratif, à l'appui d'une contestation relative au retrait de points, que la réalité de l'infraction n'est pas établie compte tenu de l'annulation du titre exécutoire du fait d'une réclamation, il ne saurait se borner à justifier de la présentation de cette réclamation mais doit établir qu'elle a été regardée comme recevable et a par suite entraîné l'annulation du titre. Cette preuve peut être rapportée soit par un document émanant de l'autorité judiciaire, soit, au besoin, par le document couramment intitulé « *bordereau de situation des amendes et des condamnations pécuniaires* », tenu par le comptable public pour chaque contrevenant et dont la personne concernée peut obtenir communication en application de l'article L. 311-1 du CRPA [1].

0962.55 Examen de la recevabilité par le ministère public. Au vu de la requête en exonération ou de la réclamation, le ministère public peut, soit renoncer à l'exercice des poursuites [2], soit renvoyer le prévenu devant la juridiction de jugement compétente [3], soit, s'agissant de l'amende forfaitaire contraventionnelle, aviser l'intéressé de l'irrecevabilité [4] de la réclamation non motivée ou non accompagnée de l'avis (C. pr. pén., art. 530-1, al. 1er) ou, s'agissant de l'amende forfaitaire délictuelle, l'aviser de l'irrecevabilité de la contestation non motivée ou qui n'a pas été effectuée en utilisant le formulaire joint à l'avis d'amende forfaitaire ou à l'avis d'amende forfaitaire majorée (C. pr. pén., art. 495-21, al. 1er). La Haute juridiction a précisé, dans un arrêt rendu le 9 avril 2019 [5], qu'il résulte de l'article 530-1 C. pr. pén. qu'en cas de réclamation recevable du contrevenant, le ministère public ne peut que renoncer aux poursuites ou poursuivre l'intéressé par ordonnance pénale ou par citation devant la juridiction de jugement. Encourt dès lors la censure l'arrêt qui, pour écarter la prescription de l'action publique, considère comme réguliers le second titre exécutoire et le second avis d'amende forfaitaire majorée délivrés par l'officier du ministère public après la réclamation du contrevenant dirigée contre un premier avis d'amende forfaitaire majorée, y compris dans le cas où l'intéressé aurait indiqué renoncer à cette réclamation.

Il n'appartient pas au juge qui statue en matière contraventionnelle de se prononcer sur la validité de la réclamation portant sur l'avis d'amende forfaitaire, adressée par le contrevenant à l'officier du ministère public, antérieurement à la décision de poursuite [6].

1. CE 16 juin 2016, req. n° 379655 – V. AUSSI : CE, 5e ch., 12 févr. 2021, req. n° 431552 : le titulaire du permis de conduire ne saurait se borner à soutenir qu'il conteste être l'auteur d'une infraction mais doit établir que sa réclamation a été regardée comme recevable et a, par suite, entraîné l'annulation du titre.
2. Si une consignation a été versée, elle est remboursée à l'auteur de la requête en exonération ou de la réclamation (C. pr. pén., art. R. 49-18, al. 3, et D. 45-16, 3°, al. 2, et 530-1, al. 3, et 495-21, al. 3).
3. S'agissant de l'amende forfaitaire contraventionnelle, aux termes de l'art. 530-1, al. 1er, C. pr. pén., l'OMP saisit le tribunal de police selon la procédure de l'ordonnance pénale prévue par les art. 524 s. C. pr. pén., ou de la citation directe en application des art. 531 s. En matière d'amende forfaitaire délictuelle, l'art. D. 45-16, 3°, al. 2, C. pr. pén. prévoit que s'il estime la requête ou la réclamation formellement recevable et s'il ne décide pas lui-même de renoncer à l'exercice des poursuites, le procureur de la République du TJ de Rennes l'adresse avec le dossier de la procédure, sous forme dématérialisée, au procureur de la République du TJ dans le ressort duquel réside la personne, afin que ce dernier décide, soit de renoncer à l'exercice des poursuites, auquel cas il notifie sa décision à l'auteur de la requête en exonération ou de la réclamation en l'informant que la consignation lui sera remboursée, soit de faire citer l'intéressé à comparaître devant le tribunal correctionnel. Le procureur de la République saisit le tribunal correctionnel selon les procédures de la citation directe (C. pr. pén., art. 389 à 390-1), de la convocation par procès-verbal ou de la comparution immédiate ou de la comparution différée (C. pr. pén., art. 393 à 397-7), de l'ordonnance pénale (C. pr. pén., art. 495 à 495-6) ou de la comparution sur reconnaissance préalable de la culpabilité (C. pr. pén., art. 495-7 à 495-16) – Sur le pouvoir du juge en cas de citation directe faisant suite à une requête en exonération : Crim. 14 nov. 2017, n° 17-81.047, NP ; *Dr. pénal* 2018. Comm. 29, obs. J.-H. Robert : il se déduit de l'art. 530-1, al. 1er, C. pr. pén. que, saisis d'une citation directe délivrée à l'initiative du ministère public au vu d'une requête en exonération faite en application de l'art. 529-2 C. pr. pén., les juges n'ont pas à se prononcer sur la validité de l'avis de contravention et de la carte de paiement qui avaient été antérieurement adressés au contrevenant dans le cadre de la procédure d'amende forfaitaire.
4. Le ministère public déclare la requête ou la réclamation irrecevable par avis motivé adressé à l'intéressé (C. pr. pén., art. R. 49-18, al. 4 et D. 45-16, 3°, al. 3). Cet avis doit être adressé par lettre recommandée, qui informe la personne qu'elle peut, dans un délai d'un mois courant à compter de son envoi, contester cette décision par lettre recommandée avec demande d'accusé de réception (C. pr. pén., art. R. 49-18, al. 4, précisant : « *Lorsque la décision d'irrecevabilité est fondée sur l'absence de motivation de la requête en exonération ou de la réclamation* », et D. 45-16, 3°, al. 3).
5. Crim. 9 avr. 2019, n° 18-83.215, P, n° 71 ; *D. actu.* 6 mai 2019, obs. D. Goetz ; *D.* 2019. 820 ; *AJ pénal* 2019. 389, obs. J.-P. Céré ; *Dr. pénal* 2019. Comm. 107, obs. J.-H. Robert ; *BTL* 2019, n° 3734, p. 235.
6. Crim. 2 mars 2011, n° 10-84.060, P, n° 45 ; *Dr. pénal* 2011. Comm. 64, obs. J.-H. Robert – V. DANS LE MÊME SENS : Crim. 28 mai 2019, n° 18-86.153, NP.

Seul le ministère public apprécie, sous le contrôle du tribunal de police, la recevabilité d'une réclamation formée par un contrevenant en matière d'amende forfaitaire majorée et par là même la validité du titre exécutoire servant de fondement aux poursuites, à l'exclusion du comptable public chargé du recouvrement des amendes[1]. À cet égard, l'article R. 49-8 C. pr. pén., dans sa rédaction issue du décret du 27 mai 2014, de même que l'article D. 45-12 (créé par Décr. 28 mars 2017, art. 1er) disposent que l'officier du ministère public ou le procureur de la République saisi d'une réclamation recevable informe sans délai le comptable de la Direction générale des finances publiques de l'annulation du titre exécutoire en ce qui concerne l'amende contestée. Sur le fondement de l'article R. 49-8, la Cour de cassation, dans un arrêt récent[2], a censuré pour violation, par fausse application de ce texte, un jugement qui avait débouté un contrevenant de son action en responsabilité dirigée contre l'État à la suite de l'émission d'un avis d'opposition administrative à son encontre. La Haute cour a estimé que la réclamation du contrevenant emportait annulation du titre exécutoire litigieux, de sorte que la mise en recouvrement de celui-ci revêtait un caractère fautif. « *Le pouvoir d'appréciation de l'officier du ministère public est strictement limité à l'examen de la recevabilité formelle de la contestation* »[3]. Toute décision de rejet de la contestation de sa part relevant d'un autre motif constituerait un abus de pouvoir. La jurisprudence sanctionne la pratique *contra legem*[4] utilisée par les officiers du ministère public qui consiste à déclarer les contestations irrecevables en dehors des cas prévus par la loi[5], autrement dit, alors même que le contrevenant a adressé, dans les délais, une réclamation motivée et accompagnée de l'original de l'avis de contravention. La procédure d'amende forfaitaire majorée est compatible avec les dispositions de l'article 6 de la Conv. EDH dès lors que le contrevenant dispose de la possibilité de faire valoir ses droits devant le tribunal de police, à l'occasion d'un débat contradictoire[6]. En effet, en déclarant la réclamation irrecevable, l'officier du ministère public prive le contrevenant du droit de faire valoir ses droits devant un juge[7]. Dès lors, l'article 6 § 1 de la Conv. EDH est violé en cas de rejet par l'officier du ministère public, pour un motif non prévu par les textes, de la réclamation du requérant (qui s'était acquitté du paiement de l'amende forfaitaire) contre l'avis de recouvrement de l'amende forfaitaire majorée et de sa demande à être convoqué devant le tribunal compétent, le droit d'accès du requérant à un tribunal ayant été atteint dans sa substance même[8]. La procédure d'amende forfaitaire n'est pas remise en cause par la Cour européenne des droits de l'homme. Cette dernière sanctionne simplement les limitations apportées au droit d'accès à un tribunal. Ainsi, il n'y a pas d'atteinte à ce droit dès lors que l'intéressé s'était acquitté de l'amende forfaitaire sans contester l'infraction par le biais notamment d'une requête en exonération[9].

0962.56 Incident contentieux. « *L'exécution du titre peut donner lieu à un double contentieux, civil et pénal* »[10]. Si le contentieux de l'exercice des voies d'exécution par le Trésor public relève de la compétence des juridictions civiles, le contentieux afférent au caractère exécutoire du titre est porté devant le juge répressif. Ainsi, les incidents contentieux relatifs à l'exécution du titre exécutoire et à la rectification des erreurs matérielles qu'il peut comporter sont déférés, en matière contraventionnelle, au tribunal de police (C. pr. pén., art. 530-2, mod. par L. 13 déc. 2011, art. 2, version en vigueur depuis le 1er juill. 2017[11]), en matière délictuelle, au tribunal

1. Civ. 2e, 18 oct. 2001, no 00-16.597, P II, no 155 ; *Dr. et proc.*2002. 116, obs. J.-J. Bourdillat – DANS LE MÊME SENS : Civ. 2e, 14 avr. 2005, no 03-14.335, NP.
2. Civ. 1re, 20 nov. 2013, nos 12-26.959 et 12-24.048, NP.
3. Sur ce point, J.-P. Céré, « Le sort procédural de la contestation de l'amende forfaitaire. Entre pouvoirs du ministère public et respect du droit au juge », *AJ pénal* 2012. 401.
4. Sur ce point : Rép. min. QE no 60870, *JOAN* 14 mars 2006 ; Rép. min. QE no 62398, *JOAN* 28 mars 2006 ; Rép. min. QE no 66888, *JOAN* 2 mars 2010 – J.-P. Céré, « Irrecevabilité d'une requête en exonération d'une amende forfaitaire et droit à un recours effectif » (note ss Crim. 25 mars 2014), *D.* 2014. 1029.
5. Dans une telle hypothèse, le contrevenant peut soulever un incident contentieux relatif à l'exécution du titre exécutoire : Crim. 29 oct. 1997, no 97-81.904, P, no 357.
6. Civ. 2e, 16 mai 2002, no 00-20.129, P II, no 98 – Pour la Cour européenne, « eu égard au grand nombre des infractions légères, notamment dans le domaine de la circulation routière, un État contractant peut avoir de bons motifs de décharger ses juridictions du soin de les poursuivre et de les réprimer. Confier cette tâche, pour de telles infractions, à des autorités administratives ne se heurte pas à la Convention pour autant que l'intéressé puisse saisir de toute décision ainsi prise à sont encontre un tribunal offrant les garanties de l'article 6 » (CEDH, cour plén., 21 févr. 1984, Oztürk c/Allemagne, req. no 8544/79, § 56).
7. V. l'étude de F. Dupuis, « Le droit pénal des transports confronté aux principes fondamentaux du droit pénal », *Dr. pénal* 2013. Dossier 5, spéct no 19.
8. CEDH 21 mai 2002, Peltier c/ France, req. no 32872/96, § 37, *D.* 2002. 2968, note J.-P. Céré – CEDH 7 mars 2006, Besseau c/ France, req. no 73893/01, § 24 à 27, *AJ pénal* 2006. 213, obs. J.-P. Céré.
9. CEDH 20 avr. 2010, Duteil c/France, req. no 3221/10, *AJDA* 2010. 980.
10. F. Desportes et L. Lazerges-Cousquer, *Traité de procédure pénale*, 4e éd., Economica, 2015, spéct no 1269, p. 869.
11. Dans sa rédaction antérieure, l'incident contentieux était déféré à la juridiction de proximité. Depuis le 1er juill. 2017, le tribunal de police est compétent à la place de la juridiction de proximité. Les art. 1er et 2 de la loi du 13 déc. 2011 avaient prévu la suppression de la juridiction de proximité au 1er janv. 2013. La loi no 2012-1441 du 24 déc. 2012 a reporté cette suppression au 31 déc. 2014 et même au ▶

correctionnel dans le ressort duquel réside la personne (C. pr. pén., art. D. 45-20[1], entré en vigueur le 1er nov. 2018).

Quel est le champ d'application de la requête en incident contentieux ? **En matière d'amende forfaitaire contraventionnelle,** la Haute juridiction a jugé que, pour être admis à invoquer un incident contentieux relatif à l'exécution du titre exécutoire, le demandeur doit, au préalable, formuler une réclamation motivée auprès de l'officier du ministère public, accompagnée des avis correspondant aux amendes contestées, et que ce n'est que dans l'hypothèse où cette requête est déclarée irrecevable par l'officier du ministère public que le tribunal peut être régulièrement saisi[2]. La réclamation devait donc être déclarée irrecevable lorsqu'elle n'était pas motivée ou n'était pas accompagnée de l'avis d'amende forfaitaire majorée, et la requête en incident contentieux était elle-même irrecevable[3] sauf à recourir à une voie détournée comme en témoigne un arrêt[4], demeuré isolé, rendu par la cour d'appel de Lyon[5]. Toutefois, l'ouverture des recours a été progressivement amorcée par la jurisprudence. La Cour de cassation avait estimé, dans un **avis rendu le 5 mars 2007**, que le contrevenant dont la réclamation a été déclarée irrecevable par le ministère public pour un motif autre que l'un des deux seuls prévus par l'article 530-1 alinéa 1er C. pr. pén., peut soulever un incident contentieux devant le juge de proximité, sur le fondement de l'article 530-2 du même code jusqu'à prescription de la peine. Si la juridiction de proximité juge que la réclamation du contrevenant était recevable, le titre exécutoire est annulé, ce qui a pour effet d'ouvrir un nouveau délai de prescription de l'action publique[6]. Par ailleurs, la même chambre a considéré que le droit à un recours juridictionnel effectif imposait que la décision du ministère public déclarant irrecevable la requête en exonération présentée par la personne destinataire d'un avis de contravention au motif que n'avait pas été jointe l'une des pièces visées par l'article 529-10 C. pr. pén. (en l'espèce, avis de contravention pour une infraction d'excès de vitesse, requête déclarée irrecevable pour défaut de jonction du certificat de cession du véhicule) puisse être contestée devant la juridiction de proximité[7] (v. ss no 0962.57 *in fine*).

Surtout, il convient de signaler l'évolution récente de la jurisprudence de la chambre criminelle de la Cour de cassation concernant le cas particulier de la décision d'irrecevabilité de la réclamation du contrevenant tirée du défaut de jonction de l'avis d'amende forfaitaire majorée. Il peut arriver que le contrevenant ne soit pas en mesure de joindre l'avis requis faute d'en avoir eu connaissance[8] ne serait-ce que

▶ 30 juin 2015 pour les affaires en cours. L'art. 99 de la loi no 2014-1654 du 29 déc. 2014 a reporté cette suppression au 1er janv. 2017 (et même au 1er juill. 2017 pour les affaires en cours). Le 3o du IV de l'art. 15 de la loi du 18 nov. 2016 a modifié cette date en la reportant du 1er janv. 2017 au 1er juill. 2017 – Sur « la réforme du tribunal de police » : M. Marque, « Le droit en débats », *D. actu.* 16 juin 2017. Le tribunal de police compétent est celui du lieu de commission ou de constatation de la contravention ou celui de la résidence du prévenu (C. pr. pén., art. 522, al. 1er). Si la contravention a été constatée par un appareil de contrôle automatisé, le lieu de constatation de l'infraction est le Centre automatisé de constatation des infractions routières (CACIR), installé dans le Centre national de traitement (C. pr. pén., art. 530-6 – C. route, art. L. 130-9), à savoir la ville de Rennes désignée pour l'abriter (Crim. 17 sept. 2008, no 08-81.692, NP). Cette compétence n'est toutefois pas exclusive : l'incident contentieux peut être soulevé devant la juridiction du lieu de résidence du contrevenant, en application des articles 522 et 522-1 C. pr. pén. (Crim. 28 juin 2016, no 15-83.248, NP).

1. Conformément à l'art. 4 du décret no 2017-429 du 28 mars 2017, cette disposition entre en vigueur le premier jour du mois suivant la publication au Journal officiel de l'arrêté prévu par l'art. D. 45-21 C. pr. pén. précisant les modalités selon lesquelles les requêtes et les réclamations peuvent être adressées de façon dématérialisée (Arr. 14 oct. 2018, précisant les modalités des contestations dématérialisées des amendes forfaitaires délictuelles prévues à l'article 495-20 du Code de procédure pénale, *JO* 21 oct., texte 6, entré en vigueur le 1er nov. 2018).
2. Crim. 25 oct. 2000, no 00-82.939, P, no 311 – Crim. 29 oct. 2013, no 13-80.513, NP – Crim. 26 févr. 2014, no 13-87.328, P, no 57.
3. Crim. 8 janv. 2013, no 12-80.340, P, no 4 – Crim. 8 janv. 2013, no 12-82.271, NP – Crim. 20 nov. 2013, no 12-88.359, NP.
4. Arrêt cité par : J.-P. Céré, « Amende forfaitaire majorée : consécration du droit au recours juridictionnel effectif », *AJ pénal* 2016. 378, note ss Crim. 18 mai 2016, nos 15-86.095, P et 15-84.729, P.
5. Lyon, 28 juin 2011, RG no 11/00319 ; *D.* 2011. 2116, obs. M. Léna ; *AJ pénal* 2011. 467, obs. J.-P. Céré. Dans cette affaire, un conducteur déclarait n'avoir été informé de l'amende forfaitaire majorée que par un commandement de payer du Trésor public. Il sollicitait du ministère public la délivrance d'une copie du titre exécutoire de l'amende forfaitaire majorée sur le fondement de l'art. R. 155, 1o C. pr. pén. Il se heurta au refus du ministère public assimilant sa demande à une réclamation irrecevable pour défaut de jonction de l'avis d'amende forfaitaire majorée. Le contrevenant forma une requête en incident contentieux, laquelle fut déclarée recevable par la juridiction de proximité. La cour d'appel de Lyon confirma le jugement déféré, estimant que le contrevenant, au regard de la procédure suivie, n'avait pu disposer des pièces indispensables à la recevabilité de la réclamation auprès du ministère public.
6. Cass., avis, 5 mars 2007, no 07-00.004, P, no 2 ; *D.* 2007. 1764, obs. Ph. Bonfils et M. Giacopelli.
7. Crim. 25 mars 2014, no 13-80.170, P, no 93 ; *D.* 2014. 1029, note J.-P. Céré ; *LPA* 19 juin 2014, p. 16, obs. Dadoun ; *Dr. pénal* 2014. Comm. 89, obs. J.-H. Robert – V. AUSSI : Crim. 3 mars 2021, no 20-83.840, NP.
8. V. SUR CE POINT, Défenseur des droits, rapport *Amendes et circulation routière. État des lieux et recommandations du Défenseur des droits*, du 12 juill. 2016, spéct p. 18 et 19 : concernant les difficultés relatives au défaut de réception de l'avis de contravention initial lesquels sont envoyés aux ▶

lorsqu'il est envoyé par courrier simple. L'article R. 49-6 C. pr. pén. n'impose aucune modalité particulière pour l'envoi du titre exécutoire correspondant à l'amende forfaitaire majorée[1] et, en particulier, n'exige pas l'envoi par lettre recommandée avec accusé de réception. À cet égard, le Défenseur des droits, dans son rapport en date du 13 juin 2012[2], relevant l'hétérogénéité des pratiques des officiers du ministère public (OMP) et soulignant que l'officier du ministère public de Rennes et la trésorerie du contrôle automatisé envoyaient l'avis d'amende forfaitaire majorée en recommandé alors que d'autres OMP, dont les trésoreries, sans doute, ne procédaient pas à un envoi systématique en recommandé, considérait qu'il appartient au ministère des Finances de veiller à l'uniformisation des modalités d'expédition de ces avis. Imposer à l'auteur de la réclamation de justifier qu'il n'avait pas reçu ce document revenait à lui imposer de rapporter la preuve d'un fait négatif. Désormais, la chambre criminelle admet la recevabilité de la requête en incident contentieux du contrevenant qui invoque le fait de ne pas avoir reçu l'avis d'amende forfaitaire majorée. La Cour de cassation a fait évoluer sa jurisprudence afin de tirer les conséquences de la **décision du Conseil constitutionnel, en date du 7 mai 2015**[3], auquel la chambre criminelle avait renvoyé l'examen d'une question prioritaire de constitutionnalité[4]. Interrogé sur la question de la conformité aux droits de la défense de l'article 530, alinéa 3, C. pr. pén. « *dans la mesure où la possibilité de se défendre dépend de la seule réception d'un document dont il n'est pas demandé à l'émetteur de justifier la preuve de l'envoi et la preuve de la réception entre les mains du destinataire requérant* », le Conseil constitutionnel a émis une réserve d'interprétation. S'il a jugé que la condition posée par le législateur d'accompagner la réclamation de l'avis d'amende forfaitaire majorée, qui est envoyé au contrevenant, à la fois justifiée par l'objectif de bonne administration de la justice et dépourvue d'atteinte aux droits de la défense[5], il a néanmoins considéré « *que le droit à un recours juridictionnel effectif impose que la décision du ministère public déclarant la réclamation prévue par le troisième alinéa de l'article 530 du Code de procédure pénale irrecevable au motif qu'elle n'est pas accompagnée de l'avis d'amende forfaitaire majorée puisse être contestée devant le juge de proximité, soit que le contrevenant prétende que, contrairement aux prescriptions du deuxième alinéa de l'article 530, l'avis d'amende forfaitaire majorée ne lui a pas été envoyé, soit qu'il justifie être dans l'impossibilité de le produire pour des motifs légitimes ; que, sous cette réserve, le grief tiré de la méconnaissance du droit à un recours juridictionnel effectif doit être écarté* »[6]. À la lumière de cette décision du Conseil constitutionnel, la chambre criminelle de la Cour de cassation a affirmé que la requête en incident contentieux, qui constitue un recours juridictionnel effectif[7] au sens de l'article 6 de la Conv. EDH[8], est recevable soit que le demandeur prétende que l'avis d'amende forfaitaire majorée ne lui a pas été envoyé[9], soit qu'il justifie être dans l'impossibilité de le produire pour un motif légitime[10]. La Haute Cour opère un renversement de la charge de la preuve de l'envoi de l'avis d'amende forfaitaire majorée au bénéfice du requérant. Il incombe alors au ministère public de prouver l'envoi de l'avis d'amende forfaitaire majorée au contrevenant qui soutient ne pas avoir reçu un tel avis[11]. Il appartient au juge, pour se prononcer sur la recevabilité de la réclamation adressée à l'officier du ministère public, de vérifier si la preuve de l'envoi de l'avis au contrevenant est rapportée par

▶ adresses figurant sur le certificat d'immatriculation du véhicule et recherchées dans le fichier des cartes grises, le Défenseur des droits recommande une « *adaptation du fichier qui permette d'inclure davantage de détails concernant les adresses des administrés ainsi que la prise en compte des domiciliations, compte tenu de ce qu'il en résulte l'exclusion systématique de certaines catégories d'usagers, notamment celle des gens du voyage* ».

1. Com. 4 nov. 2014, n° 13-23.302, NP : l'art. R. 49-6 C. pr. pén. n'impose aucune forme particulière à l'envoi de l'avis invitant le contrevenant à s'acquitter du montant de l'amende forfaitaire majorée.
2. Défenseur des droits, *Rapport sur les suites réservées à la décision n° 12-R003 du 13 juin 2012 relative aux amendes routières*, spéc^t^ p. 12.
3. Cons. const. 7 mai 2015, n° 2015-467 QPC ; *AJ pénal* 2015. 433, obs. J.-P. Céré ; *Gaz. Pal.* 24-25 juin 2015, n° 176, p. 10, note Josseaume et Occhipinti ; *Dr. pénal* 2015. Comm. 85, note J.-H. Robert ; *Procédures* 2015. Comm. 244, note J. Buisson ; *Dr. pénal* 2015. Comm. 118, note Peltier.
4. Crim., QPC, 18 févr. 2015, n° 14-90.050, NP.
5. Cons. const. 7 mai 2015, n° 2015-467 QPC, consid. 6.
6. Cons. const. 7 mai 2015, n° 2015-467 QPC, consid. 7.
7. Crim. 18 mai 2016, n° 15-86.095, P, n° 148 ; *D.* 2016. 1138 ; *D. actu.* 13 juin 2016, obs. D. Aubert ; *AJ pénal* 2016. 378, obs. J.-P. Céré ; *Dr. pénal* 2016. Comm. 109, note J.-H. Robert – Crim. 13 déc. 2016, n° 15-86.097, NP.
8. Crim. 7 mars 2017, n° 16-84.199, NP.
9. Crim. 18 mai 2016, n° 15-86.095, P, n° 148 ; *D.* 2016. 1138 ; *D. actu.* 13 juin 2016, obs. D. Aubert ; *AJ pénal* 2016. 378, obs. J.-P. Céré ; *Dr. pénal* 2016. Comm. 109, note J.-H. Robert – Crim. 18 mai 2016, n° 15-84.729, P, n° 147 ; *D.* 2016. 1138 ; *D. actu.* 13 juin 2016, obs. D. Aubert ; *AJ pénal* 2016. 378, obs. J.-P. Céré ; *Dr. pénal* 2016. Comm. 109, note J.-H. Robert – Crim. 13 déc. 2016, n° 15-86.097, NP – Crim. 14 nov. 2017, n° 17-80.955, NP.
10. Crim. 14 nov. 2017, n° 17-80.955, NP.
11. Crim. 18 mai 2016, n° 15-84.729, P, n° 147 ; *D.* 2016. 1138 ; *D. actu.* 13 juin 2016, obs. D. Aubert ; *AJ pénal* 2016. 378, obs. J.-P. Céré ; *Dr. pénal* 2016. Comm. 109, note J.-H. Robert – Crim. 4 janv. 2017, n° 16-80.630, P, n° 3 ; *AJ pénal* 2017. 132, obs. J.-P. Céré ; *D. actu.* 23 janv. 2017, obs. D. Goetz – Crim. 7 mars 2017, n° 16-84.199, NP – Crim. 16 févr. 2021, n° 20-84.324, NP ; *Dr. pénal* 2021, comm. 72.

le ministère public[1]. Ce faisant, « *la Cour de cassation rétablit un semblant d'efficacité à un recours qui en manquait cruellement. Les droits de la défense ainsi consolidés, la nouvelle forme prise par la procédure de contestation de l'amende forfaitaire majorée pose la question de la capacité du ministère public à surmonter le fardeau de la preuve* »[2]. Cette preuve peut résulter de la production par le ministère public de l'envoi de l'avis de l'amende forfaitaire majorée par un recommandé simple dont le numéro a été communiqué[3]. En revanche, elle ne peut être rapportée par la production de bordereaux collectifs d'envoi d'amendes forfaitaires majorées valant titres exécutoires au Trésor public[4]. Par ailleurs, la Haute juridiction a précisé que la négligence du prévenu ne saurait constituer un motif légitime justifiant qu'il soit dans l'impossibilité de joindre à sa réclamation l'avis d'amende forfaitaire majorée[5].

En matière d'amende forfaitaire délictuelle, le législateur[6] a créé une voie de recours spécifique contre l'avis d'irrecevabilité de la requête ou de la réclamation. En effet, l'article 495-21, alinéa 1er, C. pr. pén. *in fine* (mod. par Ord. 18 sept. 2019[7], art. 35) dispose que « *la décision d'irrecevabilité du procureur peut être contestée devant le président du tribunal correctionnel ou un juge désigné par le président du tribunal judiciaire* ». Cette procédure de contestation paraît constituer un filtre au recours en incident contentieux. Dans l'hypothèse où le procureur de la République de Rennes a informé l'intéressé que sa requête ou sa réclamation était irrecevable mais que celui-ci conteste cette décision conformément à l'article 495-21, ce magistrat adresse cette contestation avec le dossier de la procédure, sous forme dématérialisée, au procureur de la République du TJ dans le ressort duquel réside la personne, afin que ce dernier transmette cette contestation au président du tribunal correctionnel ou au juge désigné par le président du TJ, avec ses réquisitions (C. pr. pén., art. D. 45-16, dern. al.). Ce juge statue par ordonnance motivée au seul vu de la contestation et de ces réquisitions, sauf s'il estime nécessaire d'entendre la personne. Cette ordonnance est communiquée au procureur de la République et notifiée à la personne par lettre recommandée. Si l'avis d'irrecevabilité contesté est déclaré irrégulier, le procureur de la République doit soit classer sans suite, soit mettre en mouvement l'action publique (C. pr. pén., art. D. 45-19, al. 2, mod. par Décr. 24 mai 2019, art. 7, VII).

0962.57 **Limites aux recours.** Jusqu'à une période récente, n'était organisé aucun recours spécifique afin de contester devant un juge le rejet, par l'officier du ministère public, d'une requête en exonération élevée contre un avis de contravention en application de l'article 529-2 C. pr. pén.[8] À cet égard, le Conseil constitutionnel a été saisi, en 2010, d'une question prioritaire de constitutionnalité portant sur l'article 529-10 C. pr. pén. qui fixe les conditions de recevabilité communes à la requête en exonération d'amende forfaitaire et à la réclamation contre une amende forfaitaire majorée, pour une liste précise de contraventions relatives à une série d'infractions au Code de la route, constatées sans interception du conducteur, lorsque l'avis d'amende a été adressé au titulaire du certificat d'immatriculation. Faute d'aménager une voie de recours contre la décision par laquelle l'officier du ministère public rejette, pour irrecevabilité, une requête en exonération précédée de la consignation d'une somme égale au montant de l'amende forfaitaire, cette disposition méconnaît-elle le **droit à un recours juridictionnel effectif ?** Le Conseil a déclaré cet article, prévoyant « *que l'officier du ministère public vérifie si les conditions de recevabilité de la requête en exonération ou de la réclamation sont remplies* », conforme à la Constitution, sous la réserve que, le droit à un recours juridictionnel effectif imposant que la décision du ministère public déclarant irrecevable la réclamation puisse être contestée devant la juridiction de proximité, « *il en va de même de la décision déclarant irrecevable une requête en exonération lorsque cette décision a pour effet de convertir la somme consignée en paiement de l'amende forfaitaire* »[9].

1. Crim. 18 mai 2016, n° 15-86.095, P, n° 148 ; *D.* 2016. 1138 ; *D. actu.* 13 juin 2016, obs. D. Aubert ; *AJ pénal* 2016. 378, obs. J.-P. Céré ; *Dr. pénal* 2016. Comm. 109, note J.-H. Robert – Crim. 13 déc. 2016, n° 15-86.097, NP – Crim. 7 mars 2017, n° 16-84.199, NP – Crim. 14 nov. 2017, n° 17-80.955, NP.
2. D. Aubert, *D. actu.* 13 juin 2016, obs. ss Crim. 18 mai 2016, nos 15-86.095 P et 15-84.729 P.
3. Crim. 4 janv. 2017, n° 16-80.630, P, n° 3 ; *AJ pénal* 2017. 132, obs. J.-P. Céré ; *D. actu.* 23 janv. 2017, obs. D. Goetz – Crim. 16 janv. 2018, nos 17-82.698, et 17-82.700, NP.
4. Crim. 18 mai 2016, n° 15-84.729, P, n° 147 ; *D.* 2016. 1138 ; *D. actu.* 13 juin 2016, obs. D. Aubert ; *AJ pénal* 2016. 378, obs. J.-P. Céré ; *Dr. pénal* 2016. Comm. 109, note J.-H. Robert.
5. S'agissant de l'omission du titulaire d'un certificat d'immatriculation de déclarer son changement d'adresse au service de l'immatriculation des véhicules : Crim. 17 sept. 2019, n° 18-86.289, P ; *D. actu.* 2 oct. 2019, obs. D. Goetz ; *D.* 2019. 1763 ; *Dr. pénal* 2019. Comm. 182, obs. J.-H. Robert ; *Dr. pénal* 2020. Chron. 8, obs. F. Gauvin.
6. Disposition ajoutée à la loi du 18 nov. 2016, par voie d'amendement (amendement n° 376, présenté par le gouvernement et adopté en première lecture à l'Assemblée nationale).
7. Ord. n° 2019-964, 18 sept. 2019, prise en application de la loi n° 2019-222 du 23 mars 2019 de programmation 2018-2022 et de réforme pour la justice, *JO* 19 sept., texte 5.
8. SUR CE POINT : D. Allix, « Du droit d'être jugé ou de quelques remarques sur la procédure d'amende forfaitaire », *Mél. A. Decocq*, Litec, 2004, p. 21.
9. Cons. const. 29 sept. 2010, n° 2010-38 QPC, *AJ pénal* 2010. 555, obs. J.-P. Céré ; *Dr. pénal* 2010. Comm. 120 ; obs. J.-H. Robert.

De même, dans **des arrêts rendus le 8 mars 2012**[1], en matière de contraventions au Code de la route, la Cour européenne des droits de l'homme a jugé que l'inexistence d'un recours effectif contre la décision de l'officier du ministère public déclarant irrecevable une requête en exonération d'une amende forfaitaire (décision qui a pour effet de convertir le paiement de la consignation en règlement de l'amende et d'éteindre l'action publique) méconnaît le droit d'accès à un tribunal, et partant, constitue une violation de l'article 6 § 1 de la Conv. EDH.

Afin de tenter de conformer le droit français à la jurisprudence européenne, le décret du 2 décembre 2013[2] encadre les modalités selon lesquelles l'officier du ministère public peut déclarer irrecevables les requêtes ou les réclamations concernant ces amendes, afin de prendre en compte les **recommandations du Défenseur des droits** figurant dans son rapport annuel 2012[3]. Il est ainsi précisé : « *Si l'officier du ministère public considère que la requête en exonération ou que la réclamation est irrecevable, l'avis qu'il est tenu d'adresser à la personne en application du premier alinéa de l'article 530-1 indique les raisons de sa décision. Lorsque la décision d'irrecevabilité est fondée sur l'absence de motivation de la requête en exonération ou de la réclamation, cet avis doit être adressé par lettre recommandée, qui informe la personne qu'elle peut, dans un délai d'un mois courant à compter de son envoi, contester cette décision par lettre recommandée avec demande d'accusé de réception. Si cette contestation ne donne pas lieu au classement sans suite de la contravention, l'officier du ministère public est alors tenu de saisir le tribunal de police*[4] *conformément aux articles 524 à 528-2 ou aux articles 531 et suivants* » (C. pr. pén., art. R. 49-18, al. 4, mod. par Décr. 28 avr. 2017[5], art. 3, 4°)[6]. De plus, « *pour l'application des dispositions du premier alinéa de l'article 530-1 et du quatrième alinéa du présent article, ne sont considérées comme motivées que les requêtes ou réclamations dans lesquelles la personne soit conteste avoir commis la contravention, soit reconnaît avoir commis la contravention tout en fournissant des éléments circonstanciés susceptibles de justifier le classement sans suite pour des raisons juridiques ou d'opportunité* » (C. pr. pén., art. R. 49-18, al. 5)[7]. Ainsi, le décret opère une distinction entre les causes d'irrecevabilité : *d'une part*, celles qui résultent d'un défaut de motivation de la requête ou de la réclamation, *d'autre part*, les autres causes d'irrecevabilité telles que le dépassement des délais fixés par les articles 529-1 et 530 alinéa 2, le défaut de production de l'avis de contravention imposé par l'article 530-1 alinéa 1er. Pour ces dernières, l'avis de rejet motivé, est contenu dans une lettre simple, qui ne fait pas naître le droit à « contestation » ouvert par la troisième phrase de l'article R. 49-18 alinéa 4[8]. À cet égard, le Défenseur des droits a souligné[9] « *le caractère limité de cette réforme* » qui n'instaure « *un recours que contre les décisions d'irrecevabilité fondée sur l'absence de motivation de la contestation, sans que soient donc concernées les décisions d'irrecevabilité faisant suite, notamment, à un défaut de consignation, à l'absence de saisine de l'officier du ministère public par lettre recommandée avec accusé de réception, à l'absence de production de l'avis de contravention original ou à la tardiveté de la réclamation* » et préconisé à nouveau « *que soit expressément mentionnée dans le Code de procédure pénale une voie de recours contre les décisions d'irrecevabilité des officiers du ministère public* ». Afin de remédier à la carence persistante du législateur quant à l'instauration d'une voie effective de recours devant une juridiction contre les décisions de rejet des requêtes en exonération de l'amende forfaitaire par les officiers du ministère public, la chambre criminelle a créé « *une procédure nouvelle* »[10] en estimant que le **droit**

1. CEDH, 5e sect., 8 mars 2012, Célice c/ France, req. n° 14166/09, et Cadène c/France, req. n° 12039/08, *D.* 2012. 984, obs. J.-P. Céré ; *Dr. pénal* 2012. Comm. 71, obs. J.-H. Robert ; *Procédures*, avr. 2012. Comm. 129, obs. J. Buisson – V. AUSSI : CEDH 8 mars 2012, Josseaume c/ France, req. n° 39243/10, *D. actu.* 22 mars 2012, obs. Bachelet.
2. Décr. n° 2013-1097, 2 déc. 2013, relatif à l'ordonnance pénale, aux amendes forfaitaires et aux assistants spécialisés en matière de crime contre l'humanité, *JO* 4 déc., p. 19673.
3. *Rapport annuel 2012 du Défenseur des droits*, p. 133 – V. AUSSI, Défenseur des droits, décis. n° 12-R003, 12 juin 2012.
4. Depuis le 1er juill. 2017, le tribunal de police est compétent à la place de la juridiction de proximité. Les art. 1er et 2 de la loi du 13 déc. 2011 avaient prévu la suppression de la juridiction de proximité au 1er janv. 2013. La loi n° 2012-1441 du 24 déc. 2012 a reporté cette suppression au 31 déc. 2014 et même au 30 juin 2015 pour les affaires en cours. L'art. 99 de la loi n° 2014-1654 du 29 déc. 2014 a reporté cette suppression au 1er janv. 2017 (et même au 1er juill. 2017 pour les affaires en cours). Le 3° du IV de l'art. 15 de la loi du 18 nov. 2016 a modifié cette date en la reportant du 1er janv. 2017 au 1er juill. 2017 – Sur « la réforme du tribunal de police » : M. Marque, le droit en débats, *D. actu.* 16 juin 2017.
5. Décr. n° 2017-683, 28 avr. 2017, tirant les conséquences de la suppression des juridictions de proximité et des juges de proximité, *JO* 30 avr., texte 38.
6. Disposition reprise, en substance, à propos du procureur de la République de Rennes, pour l'amende forfaitaire délictuelle à l'art. D. 45-16,3°, al. 3, C. pr. pén.
7. L'article D. 45-19, al. 1er, C. pr. pén. (mod.par Décr. 24 mai 2019, art. 7, VII), applicable à l'amende forfaitaire délictuelle, reprend en substance cette disposition.
8. EN CE SENS, J. Buisson, « Un tout petit pas vers le contradictoire en matière d'amendes forfaitaires » *Dr. pénal* 2014. Comm. 4.
9. Défenseur des droits, rapport sur les suites réservées à la décision n° 12-R003 du 13 juin 2012 relative aux amendes routières, spéct p. 7-8.
10. J.-H. Robert, note ss Crim. 25 mars 2014, n° 13-80.170, P, n° 93 ; *Dr. pénal* 2014. Comm. 89.

à un recours juridictionnel effectif implique que la décision du ministère public déclarant irrecevable la requête en exonération présentée par la personne destinataire d'un avis de contravention puisse être contestée devant la juridiction de jugement[1].

0962.58 **Amende plancher.** S'agissant des dispositions applicables à l'amende forfaitaire contraventionnelle, si, à la suite de la requête en exonération de l'amende forfaitaire ou de la réclamation contre une amende forfaitaire majorée, le ministère public décide de renvoyer le contrevenant devant une juridiction pénale, l'article 530-1 alinéa 2 C. pr. pén. prévoit qu'en cas de condamnation, l'amende prononcée ne peut être inférieure au montant de l'amende forfaitaire prévue pour la contravention contestée (si le requérant a formé une requête en exonération ou une protestation), ni inférieure au montant de l'amende forfaitaire majorée (s'il a formé une réclamation) dans les cas où le contrevenant ne s'est pas acquitté de l'amende initiale dans les délais et conditions requis. Ainsi, en cas de recours contre une amende forfaitaire majorée, l'amende prononcée ne peut être inférieure au montant de l'amende qui aurait été due si l'intéressé n'avait pas présenté de réclamation[2]. La Cour de cassation veille au respect de cette peine d'amende plancher et censure les décisions des juridictions du fond qui condamnent le contrevenant à une amende inférieure au montant de l'amende forfaitaire[3] ou de l'amende forfaitaire majorée[4]. La Haute juridiction a ainsi pu considérer qu'en condamnant le contrevenant à une amende d'un montant inférieur à celui imposé par les textes, la juridiction de proximité avait privé ce dernier de son droit d'interjeter appel et ainsi méconnu le sens et la portée de l'article 530-1 C. pr. pén.[5].

Pour autant, la chambre criminelle de la Cour de cassation estime que le régime de l'amende forfaitaire majorée ne porte pas atteinte au pouvoir du juge de fixer librement le *quantum* de la peine et n'est pas incompatible avec l'article 6 de la Conv. EDH, dès lors que le juge de police, qui fixe la peine dans les limites comprises entre le montant de l'amende forfaitaire majorée et le maximum encouru, « *dis-*

1. Crim. 25 mars 2014, n° 13-80.170, P, n° 93 ; *D.* 2014. 1029, note J.-P. Céré ; *LPA* 19 juin 2014, p. 16, obs. Dadoun ; *Dr. pénal* 2014. Comm. 89, obs. J.-H. Robert – V. AUSSI, DANS LE MÊME SENS : Crim. 3 mars 2021, n° 20-83.840, NP : « *Le droit à un recours juridictionnel effectif impose que la décision du ministère public déclarant irrecevable la requête en exonération présentée par la personne destinataire d'un avis de contravention puisse être contestée devant le tribunal de police* ».
2. Crim. 20 oct. 1999, n° 99-83.046, P, n° 229 – Crim. 12 sept. 2007, n° 06-86.752, P, n° 206 – Crim. 23 sept. 2015, n° 14-86.650, NP – Crim. 16 déc. 2015, n° 15-81.225, NP – Crim. 22 juin 2016, n° 15-86.304, NP. – Voir aussi les arrêts suivants dans lesquels la chambre criminelle de la Cour de cassation emploie l'expression de « requête en exonération d'amende forfaitaire majorée » bien qu'il s'agisse d'une saisine de la juridiction de jugement suite à une réclamation du contrevenant : Crim. 1er sept. 2015, n° 14-87.656, NP – Crim. 1er sept. 2015, n° 14-87.657, NP – Crim. 1er sept. 2015, n° 14-87.659, NP – Crim. 1er sept. 2015, n° 14-87.839, NP – Crim. 9 mai 2018, n° 17-86.064, NP – Crim. 27 nov. 2018, n° 18-82.777, NP – Crim. 7 janv. 2020, n° 19-83.625, NP.
3. Crim. 26 juin 2013, n° 12-86.812, NP – Crim. 16 sept. 2014, n° 13-87.444, NP – Crim. 29 oct. 2014, n° 14-81.300, NP – Crim. 18 févr. 2015, n° 14.83-258, NP – Crim. 28 mai 2015, n° 14-85.947, NP – Crim. 16 déc. 2015, n° 15-80.681, NP – Crim. 10 mai 2016, n° 15-83.866, NP – Crim. 6 déc. 2016, n° 16-80.471, NP – Crim. 10 janv. 2017, n° 16-82.838, NP – Crim. 27 juin 2017, n° 16-87.602, NP – Crim. 28 juin 2017, n° 16-87.435, NP – Crim. 11 juill. 2017, n° 16-87.573, NP – Crim. 6 déc. 2017, n° 16-87.436, NP – Crim. 7 mars 2018, n° 17-84.640, NP – Crim. 27 mars 2018, n° 17-84.519, NP – Crim. 11 sept. 2018, n° 18-80.500, NP – Crim. 11 sept. 2018, n° 18-80.501, NP – Crim. 30 oct. 2018, n° 18-81.156, NP – Crim. 6 nov. 2018, n° 18-80.317, NP – Crim. 27 nov. 2018, n° 18-81.458, NP – Crim. 27 nov. 2018, n° 18-81.459, NP – Crim. 5 mars 2019, n° 18-84.312, NP – Crim. 20 oct. 2020, n° 20-81.793, NP – Lorsque l'amende forfaitaire s'applique à une personne morale, son montant est quintuplé, v. Crim. 15 janv. 2019, n° 18-82.452, NP – Crim. 15 janv. 2019, n° 18-82.446, NP – Crim. 25 juin 2019, n° 18-86.792, NP – Crim. 25 mars 2020, n° 19-83.093, NP – Crim. 21 avr. 2020, n° 19-85.269, NP – Crim. 2 mars 2021, n° 20-85.489, NP – V. AUSSI les arrêts suivants dans lesquels la chambre criminelle de la Cour de cassation emploie l'expression de « réclamation contre l'amende forfaitaire » bien qu'il s'agisse de la requête en exonération formée avant la majoration de l'amende : Crim. 22 janv. 2013, n° 12.82-679, NP – Crim. 4 nov. 2015, n° 15-80.764, NP – Crim. 5 sept. 2018, n° 18-80.321, NP – Crim. 3 sept. 2019, n° 19-80.792, NP – L'obligation de prononcer, en cas de condamnation, une amende qui ne peut être inférieure au montant de l'amende forfaitaire, s'impose également à la juridiction de jugement statuant dans le cadre de la responsabilité pécuniaire du titulaire du certificat d'immatriculation poursuivi sur le fondement de l'article L. 121-2 C. route : Crim. 17 févr. 2015, n° 14-82.398, NP – Crim. 8 janv. 2019, n° 18-82.776, NP.
4. Crim. 14 avr. 2010, n° 09-86.592, NP – Crim. 16 mars 2011, n° 10-87.402, NP – Crim. 17 déc. 2013, n° 13-80.454, NP – Crim. 15 janv. 2014, n° 13-84.110, NP – Crim. 15 janv. 2014, n° 13-84.466, NP – Crim. 12 mars 2014, n° 13-84.516, NP – Crim. 12 mars 2014, n° 13-84.517, NP – Crim. 9 avr. 2014, n° 13-85.786, NP – Crim. 3 sept. 2014, n° 13-88.233, NP – Crim. 14 oct. 2014, n° 13-87.305, NP – Crim. 14 oct. 2014, n° 13-87.265, NP – Crim. 15 oct. 2014, n° 13-87.748, NP – Crim. 28 oct. 2014, n° 13-86.579, NP – Crim. 7 janv. 2015, n° 14-83.229, NP – Crim. 13 mai 2015, n° 14-85.825, NP – Crim. 23 sept. 2015, n° 14-86.650, NP – Crim. 23 sept. 2015, n° 14-86.651, NP – Crim. 16 déc. 2015, n° 14-88.199, NP – Crim. 16 janv. 2018, n° 17-82.504, NP – Crim. 23 janv. 2018, n° 17-82.519, NP – Crim. 3 sept. 2019, n° 19-80.794, NP – Crim. 19 nov. 2019, n° 19-81.785, NP – Crim. 9 mars 2021, n° 20-84.981, NP.
5. Crim. 26 oct. 2005, n° 05-80.599, NP – Crim. 12 sept. 2007, n° 06-86.752, P, n° 206 – Crim. 21 janv. 2009, n° 08-84.486, NP.

pose du pouvoir de proportionner le montant de l'amende à la gravité de la contravention commise, à la personnalité de son auteur et à ses ressources »[1].

Saisi d'une question prioritaire de constitutionnalité portant sur l'article 530-1 C. pr. pén., le Conseil constitutionnel a jugé[2] que la disposition contestée ne méconnaît pas le principe d'individualisation des peines dès lors qu'elle « *laisse au juge le soin de fixer la peine dans les limites, d'une part, de l'amende forfaitaire ou de l'amende forfaitaire majorée et, d'autre part, du maximum de l'amende encouru* » et « *qu'ainsi, il lui appartient de proportionner le montant de l'amende à la gravité de la contravention commise, à la personnalité de son auteur et à ses ressources* ». Le Conseil constitutionnel relève également que le dispositif retenu par le législateur, « *dans l'intérêt d'une bonne administration de la justice et pour assurer la répression effective des infractions* », « *fait obstacle à la multiplication des contestations dilatoires* », de sorte que « *l'instauration d'un minimum de peine d'amende applicable aux contraventions les moins graves ne méconnaît pas, en elle-même le principe de nécessité des peines* ». La constitutionnalité de la sanction passe par « *l'existence d'une modulation judiciaire de la peine qui se trouve être effectivement présente quand le juge intervient à la suite d'une réclamation formée contre une amende forfaitaire ou une amende forfaitaire majorée* »[3].

Lorsque le tribunal de police, saisi à la suite d'une requête ou d'une réclamation contre une amende forfaitaire, simple ou majorée, prononce le montant minimal de l'amende encourue comme le prévoit l'article 530-1 C. pr. pén., il n'est pas tenu de « *motiver sa décision au regard des circonstances de l'infraction, de la personnalité et de la situation personnelle de son auteur, en tenant compte de ses ressources et de ses charges* », comme le veut en principe l'article 132-20 C. pén.[4].

Aux termes de l'article 530-1 *in fine* C. pr. pén., dans les cas prévus par l'article 529-10 du même code, lequel ne concerne que les personnes titulaires du certificat d'immatriculation déclarées redevables pécuniairement de l'amende en application de l'article L. 121-3 C. route, en cas de condamnation, l'amende prononcée ne peut être inférieure au montant de l'amende forfaitaire ou de l'amende forfaitaire majorée (montant prévu au deuxième alinéa de l'article 530-1) augmenté d'une somme de 10 %. Rappelant, sur le fondement de l'article 530-1, alinéa 3, C. pr. pén., qu'en cas de requête en exonération d'une amende forfaitaire présentée par la personne titulaire du certificat d'immatriculation déclarée, après poursuite, redevable pécuniairement de l'amende encourue, l'amende prononcée ne peut être inférieure au montant de celle qui aurait été due si cette personne n'avait pas présenté de requête, augmenté d'une somme de 10 %, la chambre criminelle de la Cour de cassation a pu censurer la décision d'une juridiction de jugement qui prononçait une peine d'amende inférieure à l'amende forfaitaire augmentée de 10 %, suite à une requête en exonération[5]. La même censure intervient également lorsque la juridiction de jugement prononce une peine d'amende inférieure à l'amende forfaitaire majorée augmentée de 10 %, suite à une réclamation du contrevenant[6]. Cette augmentation de 10 % n'est pas applicable lorsque la responsabilité du titulaire du certificat d'immatriculation est engagée sur le fondement de l'article L. 121-2 C. route[7], lequel instaure un régime de responsabilité pécuniaire et non de redevabilité pécuniaire.

En matière d'amende forfaitaire délictuelle, aux termes de l'article 495-21 alinéas 2 et 3 C. pr. pén., en cas de condamnation, l'amende prononcée ne peut être inférieure au montant de l'amende forfaitaire dans le cas prévu à l'article 495-18 (à savoir, une requête en exonération formulée par l'intéressé), augmenté d'un taux de 10 %. Elle ne peut être inférieure au montant de l'amende forfaitaire majorée dans le cas prévu à l'article 495-19 (c'est-à-dire une réclamation), augmenté d'un taux de 10 %. Toutefois, un montant dérogatoire est possible. En effet, l'article 495-21 C. pr. pén. prévoit, en son alinéa 4, « ***par dérogation aux deuxième et troisième alinéas, le tribunal peut, à titre exceptionnel, par décision spécialement motivée au regard des charges et des revenus de la personne, ne pas prononcer d'amende ou prononcer une amende d'un montant inférieur à ceux prévus aux mêmes alinéas*** ». Dans sa décision relative à la loi de programmation 2018-2022 et de réforme pour la justice, concernant l'article 495-21 C. pr. pén., le Conseil constitutionnel[8] a estimé qu'« ***en imposant des montants minimums pour les amendes prononcées par le juge lorsque le délit poursuivi a fait l'objet à l'origine***

1. Crim. 16 juin 1999, n° 98-82.881, P, n° 138 – V. AUSSI : Crim. 11 janv. 2000, n° 98-82.558, NP – Crim. 4 avr. 2002, n° 01-87.149, NP – Crim. 9 oct. 2002, n° 02-82.413, NP.
2. Cons. const. 16 sept. 2011, n° 2011-162 QPC, *Procédures* 2011. Comm. 348, note J. Buisson ; *Dr. pénal* 2011. Comm. 137, note Robert ; *AJ pénal* 2011. 526, note J.-P. Céré ; *Gaz. Pal.* 20 oct. 2011, p. 10, note Josseaume et Teissedre.
3. EN CE SENS, J.-P. Céré, note ss Cons. const. 16 sept. 2011, n° 2011-162 QPC, *AJ pénal* 2011. 526.
4. Crim. 30 mai 2018, n° 16-85.777, P, n° 106 ; *D.* 2018. 1208 ; *D. actu.* 8 juin 2018, obs. D. Goetz ; *AJ pénal* 2018. 407, note J.-B. Perrier ; *Dr. pénal* 2018. Comm. 144, note E. Bonis ; *JCP* 2018. 951, note E. Bonis ; *Procédures* 2018. Comm. 264, note A.-S. Chavent-Leclère – V. AUSSI : Crim. 17 sept. 2019, n° 19-80.585, NP – Crim. 26 nov. 2019, n° 19-82.968, NP ; *BTL* 2019, n° 3765, obs. Jurgens – Crim. 5 janv. 2021, n° 20-83.118, NP ; *Dr. pénal* 2021. Comm. 64, note E. Bonis.
5. V. NOT. : Crim. 24 juin 2015, n° 14-87.302, NP – Crim. 5 mars 2019, n° 18-84.321, NP.
6. V. NOT. : Crim. 9 déc. 2009, n° 09-81.843, NP.
7. V., IMPL. : Crim. 17 févr. 2015, n° 14-82.398, NP.
8. Cons. const. 21 mars 2019, n° 2019-778 DC.

d'une procédure d'amende forfaitaire, le législateur a, dans l'intérêt d'une bonne administration de la justice et pour assurer la répression effective de certains délits, retenu un dispositif qui fait obstacle à la multiplication des contestations dilatoires »[1]. Il a émis toutefois une réserve : « *Deux personnes ayant commis la même infraction sont susceptibles d'être soumises à une règle différente quant au minimum de la peine d'amende applicable selon que l'autorité de poursuite aura choisi de prononcer une amende forfaitaire, qui a pour conséquence d'imposer un tel minimum, ou qu'elle aura choisi une autre voie de poursuite, qui laisse le juge libre de fixer la peine en considération des circonstances propres à chaque espèce. Cette différence de traitement est d'autant plus importante que le montant de l'amende forfaitaire est élevé. Dès lors, les deuxième et troisième alinéas de l'article 495-21 du Code de procédure pénale ne sauraient, sans méconnaître le principe d'égalité devant la loi pénale, s'appliquer à des délits dont le montant de l'amende forfaitaire est supérieur à la moitié du plafond prévu en matière d'amendes forfaitaires délictuelles par le premier alinéa de l'article 495-17 du Code de procédure pénale* »[2]. Compte tenu de la réserve ainsi formulée, « *le minimum d'amende encourue ne peut être supérieur à la moitié du plafond des amendes contraventionnelles* »[3]. Le Conseil constitutionnel note que « *ces dispositions laissent au juge le soin de fixer la peine dans les limites, d'une part, de l'amende forfaitaire ou de l'amende forfaitaire majorée et, d'autre part, du maximum de l'amende encourue. En outre, elles n'interdisent pas à la juridiction de faire usage d'autres dispositions d'individualisation de la peine lui permettant de prononcer les peines et de fixer leur régime en fonction des circonstances de l'infraction et de la personnalité de son auteur* »[4].

Lorsque l'intéressé s'est acquitté d'une consignation à l'appui de sa requête en exonération ou de sa réclamation, en cas de condamnation à une peine d'amende, la juridiction de jugement précise dans sa décision le montant de l'amende restant dû après déduction du montant de la consignation (C. pr. pén., art. D. 45-17, al. 1er). En cas de décision de relaxe, ou, lorsqu'aucune amende n'est prononcée en application de l'article 495-21, alinéa 4 C. pr. pén., ou en cas de condamnation à une peine autre qu'une amende ou à une amende inférieure au montant de la consignation, la juridiction ordonne le remboursement à la personne de la consignation ou d'une partie de celle-ci (C. pr. pén., art. D. 45-17, al. 2).

0962.59 **Dispense de peine.** Par ailleurs, les dispositions de l'article 530-1 alinéa 2 C. pr. pén. ne font pas obstacle à l'application de la dispense de peine prévue, en matière contraventionnelle, par les articles 132-58 et suivants C. pén. et 539 C. pr. pén.[5]. Il relève du pouvoir souverain du juge d'apprécier si les conditions requises par ces textes pour bénéficier d'une telle dispense de peine sont remplies[6]. Pour autant, après avoir estimé que le juge n'est pas tenu « *de motiver spécialement sa décision au regard de chacune des conditions prévues par l'article 132-59 du Code pénal* »[7], la Cour de cassation semble revenir à une plus grande exigence de motivation de la décision en matière de dispense de peine. En effet, la Haute cour a récemment précisé qu'il se déduit de l'article 132-59 C. pén. que le juge ne peut accorder une dispense de peine que s'il constate dans sa décision que le reclassement du coupable est acquis, que le dommage causé est réparé et que le trouble résultant de l'infraction a cessé. Encourt la cassation le jugement qui, pour constater que les conditions de la dispense de peine sont remplies, se borne à retenir que le dommage est réparé[8]. Viole ce même texte le tribunal qui prononce une dispense de peine « *en raison de la faiblesse des revenus de l'intéressé* »[9]. Méconnaît l'article 132-59 C. pén. le tribunal qui prononce une dispense de peine « *en se fondant sur la situation financière du prévenu* »[10] ou sur l'erreur de lecture des panneaux que ce dernier reconnaît avoir commise[11] ou encore sur « *le doute* [qui existe] *sur la caractérisation des faits reprochés* »[12].

1. Cons. const. 21 mars 2019, no 2019-778 DC, consid. 257.
2. Cons. const. 21 mars 2019, no 2019-778 DC, consid. 258.
3. Cons. const. 21 mars 2019, no 2019-778 DC, consid. 261.
4. Cons. const. 21 mars 2019, no 2019-778 DC, consid. 262.

SECTION 4
TRANSACTIONS

0962.61 **Transactions.** Il s'agit d'affaires spécifiques dans lesquelles la loi permet à l'autorité chargée de **la répression d'accepter, dans certaines conditions, une transaction,** c'est-à-dire le paiement d'une somme d'argent déterminée, et de mettre fin

5. Crim. 18 janv. 2006, no 05-86.053, NP – Crim. 20 sept. 2006, no 06-81.983, NP – Crim. 15 nov. 2006, no 06-81.984, NP – V. AUSSI : Crim. 9 nov. 2005, no 05-84.504, P, no 291 ; *AJ pénal* 2006. 80, obs. J.-P. Céré – Crim. 30 oct. 2012, no 12-81.603, P, no 230.
6. Crim. 16 sept. 2014, no 13-85.526, NP.
7. Crim. 28 févr. 2018, no 17-83.554, NP – V. AUSSI, DANS LE MÊME SENS : Crim. 28 sept. 2011, no 11-82.469, NP.
8. Crim. 7 mai 2019, no 18-85.729, P, no 86 ; *D.* 2019. 992 ; *D. actu.* 27 mai 2019, obs. D. Goetz ; *Dr. pénal* 2019. Comm. 139, obs. E. Bonis – V. AUSSI deux autres arrêts rendus le même jour (Crim. 7 mai 2019, nos 18-85.730 et 18-85.728, NP) contre des jugements du tribunal de police justifiant la dispense par le fait que le représentant légal de la société s'était finalement désigné comme étant le conducteur du véhicule lors de l'excès de vitesse.
9. Crim. 13 oct. 2020, no 20-81.493, NP.
10. Crim. 8 sept. 2020, no 20-81.495, NP ; *Dr. pénal* 2020. Comm. 198, note E. Bonis.
11. Crim. 8 sept. 2020, no 20-80.469, NP ; *Dr. pénal* 2020. Comm. 198, note E. Bonis.
12. Crim. 8 juin 2021, no 21-80.538, NP.

à la poursuite, ainsi que d'ailleurs le prévoit l'article 6 alinéa 3 C. pr. pén. ; c'est notamment le cas en **matière fiscale**[1] (LPF, art. L. 248, L. 249 et L. 251) ou pour certaines affaires de douane[2] (C. douanes, art. 350 ; Décr. 28 déc. 1978[3], mod. par Décr. 27 mai 2019[4]). La transaction n'étant considérée comme acquise qu'après le versement de la somme convenue à un comptable public, ce dernier intervient nécessairement dans ce genre de procédures.

La transaction, mode d'extinction de l'action publique[5], ne porte pas atteinte au droit à **indemnisation du préjudice** souffert par la victime de l'infraction. Même si elle n'intervient que tardivement, au cours de l'instance d'appel, l'action civile restera du ressort du juge pénal[6]. La transaction présente l'avantage :

– pour l'Administration, dont les propositions sont acceptées, d'éviter toute contestation[7] et d'obtenir un paiement rapide ;

– pour le redevable, d'obtenir une remise partielle de la créance.

La proposition de transaction est l'œuvre, non du comptable de la DGFiP, organe d'exécution, mais d'**autorités** déterminées par la loi, d'un niveau hiérarchique fixé en fonction de la gravité de l'infraction[8]. La transaction est justifiée, soit par le peu de gravité de l'atteinte à l'intérêt public, soit par des considérations économiques, ou sociales. Elle fait, dans certains cas, l'objet d'un contrôle, en ce qu'elle est subordonnée à un accord de principe des pouvoirs judiciaires (v. C. douanes, art. 350). Par ailleurs, elle doit être autorisée par disposition expresse de la loi.

Depuis quelques années, **la transaction pénale** connaît un « *véritable renouveau* »[9] dans les domaines les plus divers[10]. Sans prétendre à l'exhaustivité, il convient de signaler, parmi les transactions spéciales, celles prévues en matière de **droit du travail**[11], de **droit de la consommation**[12] et, en matière environnementale pour laquelle l'ordonnance n° 2012-34 du 11 janvier 2012[13] a généralisé la

1. Crim. 18 avr. 1983, n°s 82-90.081 et 81-92.517, P, n° 106.
2. Crim. 10 oct. 1962, P, n° 270 – Crim. 12 févr. 1990, n° 88-85.567, P, n° 72 – Crim. 20 janv. 1992, n° 89-94.768, P, n° 18 – Crim. 13 déc. 1993, n° 92-85.483, P, n° 384 – Pour une transaction avant toute poursuite judiciaire : Crim. 11 févr. 1980, n° 79-90.716, P, n° 54.
3. Décr. n° 78-1297, 28 déc. 1978, relatif à l'exercice du droit de transaction en matière d'infractions douanières, d'infractions relatives aux relations financières avec l'étranger ou d'infractions à l'obligation déclarative des sommes, titres ou valeurs en provenance ou à destination d'un État membre de l'Union européenne ou d'un État tiers à l'Union européenne, *JO* 4 janv., p. 33.
4. Décr. n° 2019-532, 27 mai 2019, modifiant le décret n° 78-1297 du 28 décembre 1978 relatif à l'exercice du droit de transaction en matière d'infractions douanières, d'infractions relatives aux relations financières avec l'étranger ou d'infractions à l'obligation déclarative des sommes, titres ou valeurs en provenance ou à destination d'un État membre de l'Union européenne ou d'un État tiers à l'Union européenne et le décret n° 2018-219 du 30 mars 2018 définissant les responsables hiérarchiques susceptibles de délivrer les autorisations mentionnées à l'article 15-4 du Code de procédure pénale et à l'article 55 *bis* du Code des douanes, *JO* 29 mai, texte 16.
5. Crim. 26 nov. 1964, n° 64-90.178, P, n° 314 : la transaction accordée par l'Administration a pour effet, par application de l'art. 6 C. pr. pén., d'éteindre l'action publique. Mais cette extinction ne bénéficie qu'à l'auteur de l'infraction qui souscrit à la transaction et ne peut limiter ni le principe, ni l'étendue de l'exercice de l'action publique à l'encontre de tous co-auteurs ou complices qui restent tenus, en vertu de la solidarité, à l'entière réparation du préjudice subi par le Trésor – Crim. 12 févr. 1990, n° 88-85.567, P, n° 72 : aux termes de l'art. 6, al. 3, C. pr. pén., l'action publique s'éteint par transaction lorsque la loi en dispose expressément. En matière douanière, la transaction concédée par l'administration des douanes, avec l'accord de principe de l'autorité judiciaire compétente, éteint l'action pour l'application des peines et pour l'application des sanctions fiscales – Crim. 19 mai 2015, n° 14-85.885, P, n° 112 : la transaction prévue par l'art. L. 141-2 C. consom. n'éteint l'action publique que lorsque l'auteur de l'infraction a exécuté, dans le délai imparti, les obligations résultant pour lui de l'acceptation de la transaction.
6. Crim. 18 févr. 1954, *D.* 1954. 421 (cité dans le Code de procédure pénale, Dalloz, s^s^ C. pr. pén. art. 6, n° 4).
7. Com. 16 déc. 2020, n° 18-25.558, NP : toute transaction douanière étant légalement subordonnée au paiement préalable des droits compromis, auquel l'administration des douanes ne peut renoncer, c'est à bon droit que la cour d'appel a retenu qu'en signant la transaction douanière, le contrevenant avait admis le bien-fondé des infractions relevées à son encontre dans le procès-verbal d'infractions, lequel renfermait nécessairement tous les droits et actions poursuivis au titre de la dette douanière. Par conséquent, cette reconnaissance des droits et taxes éludés, rendait irrecevable toute contestation ultérieure.
8. PAR EX., en matière de droit forestier, le directeur régional de l'administration chargée des forêts (C. for., art. L. 161-25) ; en matière de voirie routière, le ministre chargé de cette voirie (C. voirie rout., art. L. 116-8).
9. Rép. pénal, v° *Transaction pénale*, par M. Redon, janv. 2022, n° 1.
10. Sur le domaine de la transaction, v. Rép. pénal, v° *Transaction pénale*, par M. Redon, janv. 2022, n°s 4 à 26.
11. L'ordonnance n° 2016-413 du 7 avr. 2016 relative au contrôle de l'application du droit du travail (*JO* 8 avr., texte 20) a ouvert la possibilité à l'inspection du travail de proposer à l'employeur ou au contrevenant, personne physique ou personne morale, une transaction pour un nombre limité de contraventions ou de délits (C. trav., art. L. 8114-4).
12. Sur le pouvoir de transaction par la DGCCRF, v. C. consom., art. L. 523-1 (mod. par L. n° 2020-734, 17 juin 2020, relative à diverses dispositions liées à la crise sanitaire, à d'autres mesures urgentes ainsi qu'au retrait du Royaume-Uni de l'Union européenne, *JO* 18 juin, texte 1, art. 42, 4°) à L. 523-4.
13. Ord. n° 2012-34, 11 janv. 2012, portant simplification, réforme et harmonisation des dispositions de police administrative et de police judiciaire du Code de l'environnement, *JO* 12 janv. p. 564 – Pour une étude critique du dispositif : J.-B. Perrier, « Le regard français sur la transaction environnementale », *Énergie-Environnement-Infrastructures* 2016. Dossier 20 ; « La répression des infractions environnementales – À la recherche de sanctions proportionnées, efficaces et dissuasives », *Énergie-Environnement-Infrastructures* 2017. Étude 32.

possibilité de recourir à ce procédé. En effet, aux termes de l'article L. 173-12 C. envir. (reconnu conforme à la Constitution par le Conseil constitutionnel[1]), depuis le 1er juillet 2013, « *I. L'autorité administrative peut, tant que l'action publique n'a pas été mise en mouvement, transiger avec les personnes physiques et les personnes morales sur la poursuite des contraventions et délits prévus et réprimés par le présent code, à l'exception des délits punis de plus de deux ans d'emprisonnement.*

La transaction proposée par l'administration et acceptée par l'auteur de l'infraction doit être homologuée par le procureur de la République.

II. Cette faculté n'est pas applicable aux contraventions pour lesquelles l'action publique est éteinte par le paiement d'une amende forfaitaire en application de l'article 529 du Code de procédure pénale [...] ».

Ces multiples **transactions pénales de droit spécial** doivent être distinguées de la **transaction pénale de droit commun**[2], désormais supprimée[3]. En effet, la loi du 15 août 2014[4] avait prévu la possibilité, depuis le 1er octobre 2014, pour les officiers de police judiciaire (OPJ), tant que l'action publique n'a pas été mise en mouvement et sur autorisation du procureur de la République, de proposer une transaction pénale à l'auteur (personne physique ou personne morale) des contraventions prévues par le Code pénal (à l'exception des contraventions des quatre premières classes pour lesquelles l'action publique est éteinte par le paiement d'une amende forfaitaire en application de l'article 529 C. pr. pén.), ou de certains délits limitativement énumérés (C. pr. pén., art. 41-1-1[5]). Le Conseil constitutionnel[6] avait émis une réserve d'interprétation de ce texte consistant à imposer, pour conclure une telle transaction, d'informer la personne suspectée, de son droit à être assistée de son avocat avant d'accepter la proposition qui lui est faite, y compris si celle-ci intervient pendant qu'elle est placée en garde à vue[7]. En outre, il avait estimé que le législateur avait méconnu sa compétence en renvoyant à un règlement la fixation de la valeur de l'objet volé en deçà duquel il est possible de proposer une transaction à l'auteur du vol. Le 4° du paragraphe I de l'article 41-1-1 C. pr. pén. ayant été déclaré contraire à la Constitution[8], l'article 19 de la loi du 28 février 2017[9] relative à la sécurité publique avait réécrit le 4° du I de l'article 41-1-1. En application de l'article 41-1-1 C. pr. pén., les articles 1er et 2 du décret du 13 octobre 2015[10] avaient inséré dans ce code plusieurs dispositions précisant les modalités de mise en œuvre de cette transaction consistant dans le paiement d'une amende transactionnelle. Étaient notamment indiqués les modalités de délivrance de l'autorisation, l'impossibilité de proposer la transaction à une personne gardée à vue, les droits de la victime et la limitation de la transaction, en cas de vol, lorsque la valeur de la chose volée est inférieure ou égale à 300 euros. Néanmoins, le Conseil d'État avait annulé les dispositions du décret du 13 octobre 2015 relatives à la transaction pénale, considérant que le dispositif méconnaît le droit à un procès équitable, protégé par l'article 6 de la Conv. EDH, en ne prévoyant pas d'information de la personne à qui la transaction est proposée, sur la nature des faits reprochés et leur qualification juridique[11]. L'apport de cette décision est « *remarquable, en ce sens qu'elle vient combler les lacunes de la décision du Conseil constitutionnel, tout en provoquant une amélioration du dispositif applicable, et ce afin d'assurer le*

1. Cons. const. 26 sept. 2014, n° 2014-416, QPC ; *D.* 2014. 2503, note J.-B. Perrier, et 2423, obs. G. Roujou de Boubée ; *RSC* 2014. 785, obs. J.-H. Robert ; *Dr. pénal* 2014. Comm. 140, obs. J.-H. Robert ; *Énergie-Environnement-Infrastructures* 2015. Comm. 7, obs. Guérin ; *RSC* 2015. 711, obs. de Lamy – Par ailleurs, le Conseil d'État (CE 27 mai 2015, req. n° 380652) a rejeté le recours en annulation dirigé à l'encontre du décret n° 2014-368 du 24 mars 2014 relatif à la transaction pénale prévue à l'article L. 173-12 C. envir. (*JO* 26 mars, texte 21).
2. Sur cette distinction : S. Cimamonti, « Le développement de la transaction en matière pénale », *AJ pénal* 2015. 460.
3. La transaction pénale demeure cependant valable pour les contraventions que les agents de la police municipale sont habilités à constater par procès-verbal et qui sont commises au préjudice de la commune au titre de l'un de ses biens (C. pr. pén., art. 44-1). À cet égard, la loi n° 2021-401 du 8 avril 2021 améliorant l'efficacité de la justice de proximité et de la réponse pénale, prévoit, en son article 1er, 1°, c, la possibilité pour le procureur de la République, dans les cas prévus à l'art. 44-1 C. pr. pén. et après avoir recueilli l'avis du maire, de demander à l'auteur des faits de répondre à une convocation du maire en vue de conclure une transaction. Si l'auteur des faits ne se présente pas à la convocation ou si aucun accord n'est trouvé, le maire en informe le procureur de la République (C. pr. pén., art. 41-1, 11°).
4. L. n° 2014-896, 15 août 2014, relative à l'individualisation des peines et renforçant l'efficacité des sanctions pénales, *JO* 17 août, texte 1.
5. J.-B. Perrier, « La transaction pénale de l'article 41-1-1 du Code de procédure pénale. Bonne idée ou outil dangereux ? », *D.* 2014. 2182 – C. Miansoni, « La transaction par officier de police judiciaire ou TOPJ », *AJ pénal* 2015. 469 – N. Jeanne, « Réflexions sur la transaction pénale par officier de police judiciaire », *RSC* 2016. 1.
6. Cons. const. 23 sept. 2016, n° 2016-569, QPC ; *D.* 2016. 2545, note J.-B Perrier.
7. Cons. const. 23 sept. 2016, n° 2016-569, QPC, consid. 9.
8. Cons. const. 23 sept. 2016, n° 2016-569, QPC, consid. 17 et 18.
9. L. n° 2017-258, 28 févr. 2017, relative à la sécurité publique, *JO* 1er mars, texte 3.
10. Décr. n° 2015-1272, 13 oct. 2015, pris pour l'application de l'article 41-1-1 du Code de procédure pénale et L. 132-10-1 du Code de la sécurité intérieure, *JO* 15 oct., texte 11.
11. CE 24 mai 2017, req. nos 395321 et 395509, *D. actu.* 2 juin 2017, obs. André ; *AJDA* 2017. 1144, obs. J.-M. Pastor ; *JCP* 2017. 862, note Jeanne ; *D.* 2017. 1744, note J.-B. Perrier.

respect des droits fondamentaux »[1]. Finalement, l'article 41-1-1 C. pr. pén. a été abrogé par la loi du 23 mars 2019 de programmation 2018-2022 et de réforme pour la justice (art. 59, I, 2°), à compter du 25 mars 2019. Pour pallier la disparition de la transaction pénale, neutralisée par le Conseil d'État, le législateur[2] a créé une procédure de composition pénale sans juge. « *Cette nouvelle voie procédurale apparaît au détour d'un alinéa de l'article 41-2 du Code de procédure pénale et comporte tous les attributs d'une procédure dérogatoire* »[3]. Ainsi, n'est pas soumise à la validation du président du tribunal la proposition de composition pénale relative à une contravention[4] ou à un délit puni d'une peine d'emprisonnement d'une durée inférieure ou égale à trois ans, et portant soit sur une amende de composition n'excédant pas le montant prévu au premier alinéa de l'article 131-13 C. pén. (3 000 euros : plafond des amendes contraventionnelles) soit sur la remise au profit de l'État de la chose qui a servi ou était destinée à commettre l'infraction ou qui en est le produit, à la condition que la valeur de la chose remise ne dépasse pas ce même montant (C. pr. pén, art. 41-2, al. 27). Dans sa décision du 21 mars 2019, le Conseil constitutionnel relevait que « [...] *la suppression de la validation par un juge de la proposition de composition pénale formulée par le procureur de la République a pour conséquence de rendre possible, sur la seule décision de l'autorité de poursuite et avec l'accord de l'auteur du délit, l'extinction de l'action publique par l'exécution de cette composition* »[5] ; pour autant, il avait validé cette disposition compte tenu du champ restreint d'application.

0962.62 **Transaction avant jugement.** Le décret du 22 décembre 1964 prescrit à l'autorité chargée de la répression, qui décide d'accorder une transaction **avant jugement**, c'est-à-dire avant que l'affaire ne vienne à l'audience, de **notifier cette décision au comptable de la DGFiP**, en indiquant le délai dans lequel le versement du montant convenu doit intervenir, afin d'éviter une instance judiciaire (Décr. 22 déc. 1964, art. 12 – *Adde :* LPF, art. L. 248).

Le comptable de la DGFiP doit indiquer, dans les trois jours qui suivent l'expiration du délai, si le délinquant a, ou non, versé le montant de la transaction.

Des conditions restrictives sont souvent édictées : c'est ainsi que l'article 350 C. douanes précise que, lorsque l'Administration des douanes ou le ministère public ont mis en mouvement l'action publique, la transaction n'est possible qu'avec l'accord de l'autorité judiciaire, qui doit être donné :

– si l'infraction est passible à la fois de peines et de sanctions fiscales, par le ministère public ;

– si seules des sanctions fiscales sont encourues, par le président de la juridiction saisie.

Des règles particulières régissent certaines infractions, notamment en matière fiscale[6], ou en ce qui concerne la proposition de transaction émanant du Défenseur des droits (v. C. pr. pén., art. D. 1-1).

Par ailleurs, il existe des transactions conclues entre le contrevenant et l'exploitant, **sans l'intervention du comptable de la DGFiP**, lorsqu'il s'agit de **contraventions pour non-paiement du péage** (C. pr. pén., art. 529-6) ou de contraventions des quatre premières classes à la police des services publics de transports ferroviaires et des services de transports publics de personnes, réguliers et à la demande (v. C. pr. pén., art. 529-3 à 529-5-1). Ces contraventions doivent être constatées :

– en matière de péage, par les agents assermentés de l'exploitant d'une autoroute ou d'un ouvrage routier ouvert à la circulation publique et soumis à péage (C. pr. pén., art. 529-6) ;

– en matière de transports, par les agents assermentés de l'exploitant du service de transport ou les agents assermentés d'une entreprise de transport agissant pour le compte de l'exploitant, ou les agents assermentés missionnés des services internes de sécurité de la SNCF et de la Régie autonome des transports parisiens (C. pr. pén., art. 529-3 ; C. transp., art. L. 2241-1, I, 4° et 5°).

Cette **procédure dite de l'indemnité forfaitaire** n'est pas applicable lorsque plusieurs infractions, dont l'une au moins ne peut donner lieu à transaction, ont été constatées simultanément (C. pr. pén., art. 529-3, al. 2 et 529-6, I, al. 2). Il convient de noter que le recours à cette procédure est facultatif. En effet, la chambre criminelle a rappelé *« que si,*

1. J.-B. Perrier, « La transaction pénale et les apports du Conseil d'État », *D.* 2017. 1744, note ss CE 24 mai 2017, req. nos 395321 et 395509, préc. ss prést no.
2. L. no 2019-222, 23 mars 2019, art. 59, I, 3°, c.
3. E. Vergès, « La procédure pénale technicienne (ou l'asphyxie procédurale). Loi no 2019-222 du 23 mars 2019 de programmation 2018-2022 et de réforme pour la justice », *RSC* 2019. 667.
4. La modification introduite par la loi no 2021-401 du 8 avril 2021 à l'alinéa 27 de l'article 41-2 C. pr. pén. « *accroît le mouvement d'éviction du juge du siège en supprimant la validation de la mesure décidée par le magistrat du parquet par le président du tribunal en matière de contravention* » (F. Ludwiczak, « Les apports de la loi no 2021-401 du 8 avril 2021 en matière d'alternatives aux poursuites », *AJ pénal* 2021. 234).
5. Cons. const. 21 mars 2019, no 2019-778 DC, consid. 270.
6. AINSI, en matière de contributions indirectes, après mise en mouvement par l'administration ou le ministère public d'une action judiciaire, l'Administration ne peut transiger que si l'autorité judiciaire admet le principe d'une transaction. L'accord de principe est donné par le ministère public lorsque l'infraction est passible à la fois de sanctions fiscales et de peines, par le président de la juridiction saisie lorsque l'infraction est passible seulement de sanctions fiscales. Après jugement définitif, les sanctions fiscales prononcées par les tribunaux ne peuvent faire l'objet de transaction (LPF, art. L. 249).

pour les contraventions des quatre premières classes à la police des services de transports publics de personnes, constatées par des agents assermentés, l'exploitant dispose du droit de proposer au contrevenant une transaction qui éteint l'action publique, aucune disposition légale ne lui impose d'y recourir ; qu'il peut laisser le soin au ministère public d'exercer l'action publique dans les conditions du droit commun »[1]. La transaction, qui a pour effet d'éteindre l'action publique (C. pr. pén., art. 529-3 et 529-6, I), est réalisée par le versement à l'exploitant d'une indemnité forfaitaire et, le cas échéant, de la somme due au titre du transport (C. pr. pén., art. 529-4) ou de l'indemnité forfaitaire, de la somme due au titre du péage, et le cas échéant, au titre du droit départemental de passage (C. pr. pén., art. 529-6, II). Le décret du 9 juillet 2019[2] codifie les dispositions réglementaires relatives à la police du transport ferroviaire ou guidé, aux services internes de sécurité de la SNCF et de la régie autonome des transports parisiens et autres services internes de sécurité. Des dispositions relatives à l'indemnité forfaitaire due par un contrevenant dans le cadre de la procédure de transaction prévue par le Code de procédure pénale sont prévues aux articles R. 2243-1 à R. 2243-5 C. transp. Le montant de l'indemnité forfaitaire prévue par l'article 529-4 C. pr. pén. est fixé à 40 % du montant de l'amende forfaitaire majorée applicable à la classe de contravention correspondante, l'exploitant du service de transport pouvant toutefois appliquer un montant inférieur. Pour l'infraction de voyage sans titre de transport mentionnée à l'article R. 2242-1 C. transp., ce montant ne peut être inférieur à 25 % du montant de l'amende forfaitaire majorée applicable à la classe de contravention correspondante. L'exploitant informe par tout moyen à sa disposition les voyageurs, d'une manière précise, intelligible et accessible, du montant des indemnités forfaitaires appliquées par type de manquement sur son réseau. Les auteurs des infractions prévues à l'article R. 2242-1 commises dans les services de transport non urbains doivent s'acquitter, en outre, de la somme due au titre du transport. Les montants prévus sont arrondis à l'euro immédiatement inférieur (C. transp., art. R. 2243-1). Pour les contraventions en matière de transports, le versement est effectué : soit au moment de la constatation de l'infraction[3], entre les mains d'un agent compétent ; soit dans un délai de trois mois à compter de la constatation de l'infraction auprès du service de l'exploitant indiqué dans la proposition de transaction[4] (C. pr. pén., art. 529-4, I, 2°, mod. par L. 24 déc. 2019, art. 115, 1°). À défaut de paiement immédiat entre leurs mains, les agents compétents, agréés par le procureur de la République (C. pr. pén., art. R. 49-8-3) et assermentés, sont habilités à relever l'identité et l'adresse du contrevenant (C. pr. pén., art. 529-4, II). Si le contrevenant refuse ou se trouve dans l'impossibilité de justifier de son identité, l'agent en rend compte immédiatement à tout officier de police judiciaire territorialement compétent[5], qui peut alors lui ordonner sans délai de lui présenter sur-le-champ le contrevenant. Lorsque l'officier de police judiciaire (OPJ) décide de procéder à une vérification d'identité, dans les conditions prévues à l'article 78-3, le délai prévu au troisième alinéa de cet article court à compter du relevé d'identité. À défaut d'ordre donné par l'OPJ à l'agent compétent de lui présenter sur-le-champ le contrevenant, l'agent ne peut le retenir (C. pr. pén., art. 529-4, II). Cependant, en appréhendant un usager venant d'exercer des violences à son encontre, l'agent d'un service de transport public exerce le pouvoir d'arrestation donné à tout citoyen par l'article 73 C. pr. pén.[6]. S'agissant des contraventions pour non-paiement du péage, le versement est effectué, dans un délai de deux mois à compter de l'envoi de l'avis de paiement[7] au domicile de l'intéressé, auprès du service de l'exploitant indiqué dans la proposition de transaction. Pour les

1. Crim. 14 avr. 1999, n° 98-83.277, NP.
2. Décr. n° 2019-726, 9 juill. 2019, relatif aux dispositions des titres IV, V et VI du livre II de la deuxième partie réglementaire du Code des transports et comportant diverses dispositions relatives à la sûreté des transports, *JO* 11 juill., texte 36.
3. Lorsque le montant de la transaction est, en application de l'art. 529-4 C. pr. pén., versé au moment de la constatation de l'infraction, il est encaissé par les agents de l'exploitant chargés du contrôle des titres de transport ou de la perception du montant de ces titres qui sont habilités à constater les infractions et assermentés. Ce versement donne lieu à la délivrance immédiate d'une quittance comportant les mentions définies par arrêté du ministre chargé des transports (C. transp., art. R. 2242-2).
4. Lorsque la transaction n'est pas réalisée par un versement au moment de la constatation de l'infraction, l'agent mentionné au I de l'art. L. 2241-1 C. transp. établit un procès-verbal de constatation de l'infraction, dont le modèle est fixé par un arrêté conjoint du ministre de la Justice et du ministre chargé des Transports (C. transp., art. R. 2243-3, al. 1er). Ce procès-verbal mentionne notamment l'objet et le montant de la transaction, le montant des frais de constitution de dossier, le délai, mentionné au 2° du I de l'art. 529-4 C. pr. pén., imparti pour le versement des sommes dues et les modalités de ce versement. Il mentionne également le délai et les conditions dans lesquels peut être formulée la protestation prévue par l'art. 529-5 du même code. Il comporte en outre les observations du contrevenant, auquel est remise une copie de ce document (C. transp., art. R. 2243-3, al. 2).
5. Crim. 2 juin 2004, n° 03-87.876, P, n° 143 : les dispositions de l'art. 529-4 C. pr. pén. qui obligent l'agent du service de transport public à rendre compte à un officier de police judiciaire, ne sont applicables que si le contrevenant refuse ou se trouve dans l'impossibilité de justifier de son identité.
6. Crim. 2 juin 2004, n° 03-87.876, P, n° 143.
7. V. C. pr. pén., art. R. 49-8-4-1, I : pour l'application de l'article 529-6, l'avis de paiement est adressé par l'exploitant au titulaire du certificat d'immatriculation.

contraventions constatées à la suite de l'usage d'un dispositif de péage permettant l'identification des véhicules et la perception du montant du péage sans recours à une barrière physique, faute pour le conducteur d'avoir fait usage de l'une des modalités de paiement mises à sa disposition avant et après le trajet concerné, la transaction est réalisée par le versement à l'exploitant d'une indemnité forfaitaire minorée et de la somme due au titre du péage si ce versement est effectué dans un délai inférieur ou égal à quinze jours à compter de l'envoi de l'avis de paiement au domicile de l'intéressé (C. pr. pén., art. 529-6, II, mod. par L. 24 déc. 2019, art. 159, II). Le contrevenant peut formuler une protestation auprès du service de l'exploitant dans le délai de trois mois à compter de la constatation de l'infraction (en matière de transports ; C. pr. pén., art. 529-5, mod. par L. 24 déc. 2019, art. 115, 2°) et dans le délai de deux mois à compter de l'envoi de l'avis de paiement (contraventions en matière de péages ; C. pr. pén., article 529-6, III, mod. par L. 24 déc. 2019, art. 159, II). Cette protestation, accompagnée du procès-verbal d'infraction[1] (ou du procès-verbal de contravention[2] en matière de péages), est transmise au ministère public (C. pr. pén., art. 529-5, al. 1er, et 529-6, III, al. 1er). En cas de transmission au ministère public, la créance d'indemnité forfaitaire s'éteint. La procédure applicable est alors celle de l'article 530-1 C. pr. pén. En cas de condamnation, l'amende prononcée ne peut être inférieure au montant de l'indemnité forfaitaire qui avait été proposée (C. pr. pén., art. 530-1, al. 2). À défaut de paiement ou de protestation dans le délai de trois mois (en matière de transports) ou de deux mois (en matière de péages), le procès-verbal d'infraction (ou, en matière de péages, le procès-verbal de contravention) est adressé par l'exploitant au ministère public et le contrevenant (ou, s'agissant des contraventions en matière de péages, le titulaire du certificat d'immatriculation, ou l'une des personnes visées aux trois derniers alinéas de l'article L. 121-2 C. route[3]) devient redevable de plein droit d'une amende forfaitaire majorée recouvrée par le Trésor public en vertu d'un titre rendu exécutoire par le ministère public (C. pr. pén., art. 529-5, al. 2[4], et 529-6, III, al. 2). L'intéressé dispose alors des possibilités de réclamation prévues par l'article 530 C. pr. pén. (v. ss nos 0962.52 s.). Il peut également soulever un incident contentieux dans les conditions de l'article 530-2 du même code, ou solliciter auprès du comptable public compétent, des remises et délais de paiement (C. pr. pén., art. 530-4). En matière de péages, il est précisé que si le contrevenant n'a pas payé le montant de cette amende forfaitaire majorée dans un délai de quatre mois à compter de l'envoi à son domicile du titre exécutoire, le Trésor public fait opposition auprès de l'autorité administrative compétente au transfert du certificat d'immatriculation du véhicule du contrevenant en cas de vente d'occasion (C. pr. pén., art. 529-6, III, al. 2, mod. par L. 24 déc. 2019, art. 159, II, 3°).

0962.63 **Transaction après jugement.** Elle est autorisée par l'article 13 du décret du 22 décembre 1964. L'autorité chargée de la répression est saisie d'une **requête** par le condamné ; le comptable de la DGFiP, chargé du recouvrement, est, s'il y a lieu, invité par l'Administration à suspendre l'exécution des condamnations prononcées ; mais dans ce cas, il prend les mesures conservatoires « *nécessaires à la sauvegarde des droits du Trésor* ». Il avise immédiatement l'autorité intéressée, des acomptes versés par le redevable et lui indique le solde restant dû. Lorsqu'une décision est intervenue sur la demande de transaction, celle-ci est notifiée par l'Administration compétente au comptable de la DGFiP ; si le montant de la transaction est acquitté par le condamné dans le délai imparti par l'autorité compétente, le recouvrement des condamnations pécuniaires prononcées par la décision de justice est abandonné, à l'exception des frais de justice s'ils n'ont pas été compris dans la transaction.

SECTION 5
MESURES CONSERVATOIRES

0962.71 **Mesures conservatoires.** Les comptables de la DGFiP ont la faculté de prendre, ou de faire prendre, des mesures conservatoires, lorsque le montant des amendes, frais de justice et autres (confiscation) est important, s'il y a lieu de craindre que le redevable ne se rende insolvable. Ainsi, l'Administration des douanes peut saisir à cet effet **le président du tribunal judiciaire,** qui statue sur **l'avis du**

1. Le modèle et les mentions du procès-verbal d'infraction sont fixés par l'arrêté du 1er oct. 1986 relatif au procès-verbal d'infraction à la police des services publics de transports ferroviaires et des services de transports publics de personnes réguliers et à la demande (*JO* 28 oct., p. 12957).
2. V. Arr.11 mars 2021, relatif aux modèles de procès-verbal de contravention et de l'avis de paiement établis par l'agent assermenté d'un exploitant d'autoroute ou d'ouvrages routiers ouverts à la circulation publique et soumis à péage, *JO* 17 mars, texte 45.
3. L'art. L. 121-2 C. route pose une présomption de responsabilité pécuniaire à l'égard du titulaire du certificat d'immatriculation (ou du représentant légal de la personne morale titulaire du certificat d'immatriculation), du locataire du véhicule ou de l'acquéreur du véhicule.
4. Les dispositions des art. R. 49-5 à R. 49-8 C. pr. pén., à l'exception de l'art. R. 49-6-1, sont applicables à l'amende forfaitaire majorée prévue par le deuxième alinéa de l'art. 529-5 de ce code (C. transp., art. R. 2243-5).

procureur de la République (C. douanes, art. 386 *bis*[1], mod. par Ord. 18 sept. 2019, art. 35). En cas de condamnation, les mesures provisoires ainsi ordonnées sont validées ; les décisions de non-lieu, d'acquittement, de relaxe, comme aussi l'extinction de l'action publique (amnistie, décès, transaction), entraînent de plein droit leur mainlevée, aux frais du Trésor.

Les mesures conservatoires sont régies par le Code de procédure civile.

Les mesures conservatoires revêtent une importance particulière lorsque l'élément de patrimoine du débiteur est constitué par une chose mobilière facilement déplaçable (par ex., un avion, un navire, un véhicule immatriculés à l'étranger, qu'il faut immobiliser avant leur départ du territoire français).

En application de l'article 2331-1 C. civ. (créé par Ord. 15 sept. 2021[2], art. 7, III[3] ; l'article 2327 C. civ.[4] ayant été abrogé, le 1er janv. 2022, par Ord. 15 sept. 2021, art. 6, II), les privilèges dont bénéficient le Trésor public et les caisses de sécurité sociale sont déterminés par les lois qui les concernent (v. not., amendes fiscales et pénales : CGI, art. 1920 – douanes : C. douanes, art. 379). Par ailleurs, aux termes de l'article 4 du décret du 22 décembre 1964 (mod. par Décr. 22 déc. 2022[5], art. 85, 2°), le recouvrement des amendes pénales est garanti par le privilège prévu à l'article 1920 du CGI. Le recouvrement des frais de justice est garanti par le privilège prévu à l'article 2331 C. civ. Le recouvrement des amendes, des condamnations pécuniaires et des frais de justice est garanti par l'hypothèque légale du Trésor prévue à l'article L. 269 du LPF.

1. Qui se réfère à l'art. 415, mod. par L. n° 2023-610, 18 juill. 2023, visant à donner à la douane les moyens de faire face aux nouvelles menaces, *JO* 19 juill., texte 1, art. 30.
2. Ord. n° 2021-1192, 15 sept. 2021, portant réforme du droit des sûretés, *JO* 16 sept., texte 19.
3. Pour une analyse des dispositions générales relatives aux privilèges mobiliers : C. Hélaine, « Réforme du droit des sûretés (saison 2, épisode 5) : les privilèges mobiliers », *D. actu.* 21 sept. 2021.
4. ANC[1] C. civ., art. 2098 (mod. par Ord. n° 2006-346, 23 mars 2006, relative aux sûretés, *JO* 24 mars, p. 4475).
5. Décr. n° 2022-1605, 22 déc. 2022, portant application de l'ordonnance n° 2022-408 du 23 mars 2022 relative au régime de responsabilité financière des gestionnaires publics et modifiant diverses dispositions relatives aux comptables publics, *JO* 23 déc., texte 6.

CHAPITRE

0963. Procédure d'opposition administrative (ancienne procédure)

contribution de :
VANESSA NORGUIN*

actualisée par :
CYRIL CARDINI
MAGISTRAT

SECTION 0
ORIENTEUR

0963.00 **Sommaire du chapitre.**

Division. L'ancienne procédure d'opposition administrative (sect. 1), obéit à des règles de forme telle la double notification (sect. 2), impose des obligations au tiers détenteur (sect. 3) et génère un contentieux spécifique (sect. 4).

0963.01 **Textes applicables.**

• **C. civ.,** art. 1341-1 et 2285.

• **CGI,** art. 1018 A.

• **C. trav.,** art. R. 3252-37, réd. antérieure à celle issue de l'article 6 du décret n° 2018-970 du 8 nov. 2018.

• **L. n° 2004-1485, 30 déc. 2004,** de finances rectificative pour 2004, *JO* 31 déc., p. 22522, art. 128, réd. antérieure à celle issue de l'article 73, XIII, 2° de la loi n° 2017-1775, 28 déc. 2017, de finances rectificative pour 2017, *JO* 29 déc., texte 1.

• **Décr. n° 64-1333, 22 déc. 1964,** relatif au recouvrement des amendes et condamnations pécuniaires par les comptables de la Direction générale des finances publiques, *JO* 29 déc., p. 11794, art. 6-1 et 9, réd. antérieure à celle issue des articles 1er et 2 du décret n° 2018-969 du 8 novembre 2018, *JO* 10 nov., texte 29.

* Auteur de la 8e à la 10e édition incluse.

0963.02 **Jurisprudence de référence.**

> Compétence du juge judiciaire.

• **T. confl. 14 déc. 2009,** nos 09-03.708 et 09-03.717, P, nos 35 et 36
* V. ss n° 0963.41

Les litiges relatifs au recouvrement des amendes et confiscations prononcées par les juridictions pénales concernent la procédure pénale et relèvent par conséquent de la compétence des juridictions de l'ordre judiciaire.

> Étendue de la compétence du juge de l'exécution en matière de recouvrement des amendes.

• **Com. 17 janv. 2012,** n° 11-10.102, P IV, n° 6
* V. ss nos 0214.101, 0963.41

Fait l'exacte application de l'article 9 du décret du 22 décembre 1964, la cour d'appel qui énonce que l'opposition à l'acte de poursuite ne peut viser que la validité de l'acte en la forme, et retient que les contestations d'une personne condamnée au paiement d'amendes forfaitaires majorées, relatives à la prescription de l'action en recouvrement et à la validité du titre exécutoire, portent sur l'existence de la créance et son exigibilité, dont le juge de l'exécution ne peut pas connaître.

• **Civ. 2e, 1er juin 2017,** n° 15-18.751, P II, n° 111
* V. ss nos 0214.101, 0962.36, 0963.41

En matière de recouvrement des amendes, le juge de l'exécution ne connaissant, en application combinée des articles 530-2 du Code de procédure pénale et 9 du décret n° 64-1333 du 22 décembre 1964, que de la régularité en la forme de l'acte de poursuite, il ne peut pas apprécier le respect de l'obligation faite, par l'article R. 49-6 du même code, au comptable public d'envoyer au contrevenant un avis l'invitant à s'acquitter du montant de l'amende forfaitaire majorée.

• **Civ. 2e, 19 oct. 2017,** n° 16-25.765, P II, n° 197
* V. ss nos 0214.101, 0934.41, 0962.36, 0963.41

En matière de recouvrement des amendes, le juge de l'exécution qui ne connaît, en application combinée des articles 530-2 du Code de procédure pénale et 9 du décret n° 64-1333 du 22 décembre 1964, que de la régularité en la forme de l'acte de poursuite, ne peut pas apprécier le respect de l'obligation faite, par l'article R. 49-6 du Code de procédure pénale, au comptable public d'envoyer au contrevenant un avis l'invitant à s'acquitter du montant de l'amende forfaitaire majorée.

Doit en conséquence être cassé l'arrêt confirmant le jugement d'un juge de l'exécution ayant débouté le destinataire de la notification d'une opposition administrative formée à son encontre entre les mains d'un organisme de retraite pour paiement d'une certaine somme correspondant à des amendes forfaitaires majorées de ses demandes alors que le tribunal de police était seul compétent pour connaître de la contestation formée par celui-ci.

0963.05 Saisie administrative à tiers détenteur. Afin d'harmoniser le recouvrement des créances publiques, la loi du 28 décembre 2017[1] de finances rectificative pour 2017 a remplacé l'avis à tiers détenteur, ainsi que d'autres mesures d'exécution (opposition administrative, opposition à tiers détenteur et saisie à tiers détenteur) par une unique « saisie administrative à tiers détenteur » (sur laquelle, v. s^s n°s 093.00 s.). Ces dispositions sont entrées en vigueur le 1er janvier 2019.

Les décrets du 8 novembre 2018[2] contiennent les dispositions réglementaires transposant la nouvelle législation dans les codes concernés. Notamment, le décret n° 2018-969 du 8 novembre 2018 tire la conséquence du remplacement de la procédure d'opposition administrative (OA) par la procédure de saisie administrative à tiers détenteur (SATD) pour le recouvrement des amendes et condamnations pécuniaires par les comptables de la Direction générale des finances publiques (DGFiP), en modifiant le décret du 22 décembre 1964[3] qui y est relatif.

La réforme ne modifie que de façon ponctuelle les solutions retenues sous l'empire des textes régissant l'avis à tiers détenteur et les autres mesures d'exécution abrogées.

C'est pourquoi, la présente édition de l'ouvrage présente encore l'ancienne procédure d'opposition administrative, remplacée depuis le 1er janvier 2019, par la saisie administrative à tiers détenteur.

1. L. n° 2017-1775, 28 déc. 2017, de finances rectificative pour 2017, *JO* 29 déc., texte 1.
2. Décr. n° 2018-967, 8 nov. 2018, abrogeant l'article R. 1617-22 du Code général des collectivités territoriales, *JO* 10 nov., texte 27 – Décr. n° 2018-968, 8 nov. 2018, modifiant le décret n° 2015-243 du 2 mars 2015 relatif à la notification, par voie électronique, aux établissements de crédit, aux sociétés de financement et aux organismes gérant des régimes de protection sociale de certains actes pris en vue du recouvrement de créances de toute nature, *JO* 10 nov., texte 28 – Décr. n° 2018-969, 8 nov. 2018, modifiant le décret n° 64-1333 du 22 décembre 1964 relatif au recouvrement des amendes et condamnations pécuniaires par les comptables de la direction générale des finances publiques, *JO* 10 nov., texte 29 – Décr. n° 2018-970, 8 nov. 2018, relatif à la saisie administrative à tiers détenteur et au contentieux du recouvrement des créances publiques,*JO* 10 nov., texte 30.
3. Décr. n° 64-1333, 22 déc. 1964, relatif au recouvrement des amendes et condamnations pécuniaires par les comptables de la direction générale des finances publiques, *JO* 29 déc.

SECTION 1

GÉNÉRALITÉS

0963.11 Procédure d'opposition administrative. L'article 128, II, de la loi du 30 décembre 2004[4], dans sa rédaction antérieure à celle issue de l'article 73, XIII, 2° de la loi du 28 décembre 2017[5], et l'article 6-1, I, du décret du 22 décembre 1964[6], dans sa rédaction antérieure à celle issue de l'article 1er du décret du 8 novembre 2018[7], énoncent que le recouvrement par le Trésor public des amendes et condamnations pécuniaires peut être assuré par « *voie d'opposition administrative adressée aux personnes physiques ou morales qui détiennent des fonds pour le compte du redevable, qui ont une dette envers lui ou qui lui versent une rémunération* », l'article 6-1, I, de ce décret précisant : « *Lorsque le débiteur d'amendes ou de condamnations pécuniaires ne s'est pas acquitté spontanément de sa dette dans le délai fixé par l'avertissement mentionné à l'article 5* ». L'envoi d'un tel avertissement constitue une condition de fond qui doit être remplie pour pouvoir recourir à la procédure d'opposition administrative et non un simple vice de forme, dans la mesure où elle doit permettre au débiteur d'avoir connaissance du délai qui lui est imparti pour régulariser sa situation. Un tel avertissement conditionne, en conséquence, la régularité de cette procédure et l'inobservation de cette prescription qui constitue l'omission d'un acte affecte la validité de la procédure de recouvrement, sans qu'il soit nécessaire de rapporter la preuve d'un grief[8]. L'opposition administrative revêt la nature d'un **acte administratif**, ni extrajudiciaire, ni juridictionnel, qui obéit à ses règles propres.

Simple et efficace, la procédure d'opposition administrative, bien que facultative, était plus utilisée[9] que celle de droit commun.

4. L. n° 2004-1485, 30 déc. 2004, préc. (v. s^s n° 0963.01), anc^t L. 11 juill. 1972, art. 7-1.
5. L. n° 2017-1775, 28 déc. 2017, préc.
6. Décr. n° 64-1333, 22 déc. 1964, préc.
7. Décr. n° 2018-969, 8 nov. 2018, préc.
8. Montpellier, 2e ch. civ., 15 oct. 2020, RG n° 19/03681.
9. Entre 2010 et 2017, le volume des oppositions administratives a augmenté de 80 %, bien plus rapidement que l'augmentation du volume des amendes sur la même période (25 %). 5,2 millions d'oppositions administratives ont été lancées en 2018 par les trésoreries (T. Carcenac et C. Nougein, rapp. d'information Sénat n° 651, sur le recouvrement des amendes de circulation et des forfaits de post-stationnement, 10 juill. 2019, spéc^t p. 10).

Sont en présence, dans cette procédure :

– le **procureur** de la République, au nom duquel elle est diligentée, qui est l'autorité chargée de l'exécution des décisions de justice ;

– le **comptable** de la Direction générale des finances publiques (DGFiP), (ex-comptable direct du Trésor), qui a le rôle d'un agent de recouvrement et qui diligente la procédure ;

– le **redevable**, débiteur de la dette à recouvrer ;

– le **tiers détenteur**, aussi appelé tiers débiteur, personne physique, banque, *etc.*, qui détient les fonds pour le compte du débiteur.

L'opposition à paiement est fondée sur l'article 2285 C. civ., qui dispose que « *les biens du débiteur sont le gage commun de ses créanciers* ».

0963.12 **Comptable de la Direction générale des finances publiques (ex-comptable direct du Trésor).** Sa compétence ne peut être l'objet de contestation ; il s'agit d'un fonctionnaire agissant pour le compte de la collectivité publique (État ou autres), ou d'un établissement public, dans le cadre d'une organisation administrative, laquelle ne pourrait être critiquée que d'une manière générale et devant les juridictions administratives. La responsabilité du comptable relève du statut des fonctionnaires.

Le comptable de la DGFiP, par la voie de l'opposition, exerce une sorte d'action oblique fondée sur les dispositions des articles 2285 et 1341-1[1] C. civ.

0963.13 **Créance objet de l'opposition administrative.** Selon l'article 128, II, de la loi du 30 décembre 2004, dans sa rédaction antérieure à celle issue de l'article 73, XIII, 2° de la loi du 28 décembre 2017, l'opposition administrative peut porter sur les fonds détenus, pour le compte du redevable de l'amende ou des condamnations pécuniaires, par des personnes physiques ou morales ainsi que sur les dettes que ces personnes ont envers lui ou la rémunération qu'elles lui versent. Lorsque l'opposition administrative porte sur une somme due à titre de rémunération, « *il est fait application des dispositions de l'article L. 3252-10 du Code du travail* »[2]. Par ailleurs, l'article 41-III de la loi du 6 décembre 2013[3] avait inséré, après le 2 du II de l'article 128 de la loi du 30 décembre 2004[4] de finances rectificative pour 2004, un 2 *bis* ainsi rédigé : « *L'opposition administrative peut s'exercer sur les sommes versées par un redevable souscripteur ou adhérent d'un contrat d'assurance rachetable, y compris si la possibilité de rachat fait l'objet de limitations, dans la limite de la valeur de rachat des droits à la date de la notification de l'opposition* ». Cette réforme, destinée à faciliter le recouvrement par le Trésor public des amendes et condamnations pécuniaires, s'est inscrit « *dans une double tendance d'instrumentalisation du régime juridique de l'assurance-vie et de patrimonialisation de la valeur de rachat* »[5]. Le champ d'application de la procédure d'opposition administrative a été ainsi étendu aux contrats que l'adhérent ou le souscripteur a la faculté de racheter. Dès lors que le contrat est rachetable, les sommes versées sont saisissables, même « *si la possibilité de rachat fait l'objet de limitations* ». Le montant saisissable est plafonné à la hauteur de la valeur de rachat des droits de l'assuré à la date de la notification de l'opposition. Saisie d'une question prioritaire de constitutionnalité relative à l'article L. 263-0 A du LPF[6] aux termes duquel peuvent faire l'objet d'un avis à tiers détenteur notifié par le comptable chargé du recouvrement, dans les conditions prévues aux articles L. 262 et L. 263, les sommes versées par un redevable souscripteur ou adhérent d'un contrat d'assurance rachetable, y compris si la possibilité de rachat fait l'objet de limitations, dans la limite de la valeur de rachat des droits à la date de notification de l'avis à tiers détenteur, la chambre commerciale de la Cour de cassation[7] avait estimé que « *cette valeur de rachat constitue une créance du souscripteur à l'égard de l'assureur, entrée dans son patrimoine sous réserve qu'il n'ait pas renoncé à la faculté de rachat au jour de la notification de l'avis à tiers détenteur* ».

SECTION 2
FORME

0963.21 **Forme.** L'opposition administrative n'est assujettie à aucune forme particulière, et est valable, même si elle est notifiée par **simple lettre.** Il est simplement disposé, à l'article 128, II, 1° de la loi du 30 décembre 2004, dans sa rédaction antérieure à celle issue de l'article 73, XIII, 2° de la loi du 28 décem-

1. Créé par Ord. n° 2016-131, 10 févr. 2016, portant réforme du droit des contrats, du régime général et de la preuve des obligations, *JO* 11 févr., texte n° 26, art. 3 (v. C. civ., anc. art. 1166).
2. Décr. n° 64-1333, 22 déc. 1964, art. 6-1, IV (réd. antérieure à celle de Décr. n° 2018-969, 8 nov. 2018, art. 1er).
3. L. n° 2013-1117, 6 déc. 2013, relative à la lutte contre la fraude fiscale et la grande délinquance économique et financière, *JO* 7 déc., p. 19941 ; *Dr. fisc.* 2013. Comm. 580 ; *RFN* 2014. Actu. 18.
4. L. n° 2004-1485, 30 déc. 2004, préc.
5. Sur cette question : M. Leroy et Ph. Luttmann, « Assurance-vie et saisie simplifiée exercée par le comptable public », *JCP N* 2014. 1285, spécᵗ nos 3 à 5.
6. Abrogé, à compter du 1er janv. 2019, par L. n° 2017-1775, 28 déc. 2017, art. 73, I, 4°.
7. Com., 9 juill. 2015, n° 15-40.017, NP [QPC] ; *Dr. fisc.* 2015. Comm. 656 (la QPC portait sur le point de savoir si l'article L. 263-0 A du LPF porte atteinte aux droits et libertés garantis par la Constitution et notamment au droit de propriété et au principe d'égalité des citoyens devant les charges publiques).

bre 2017, que le Trésor public notifie cette opposition administrative au redevable en même temps qu'elle est adressée au tiers détenteur.

Toutefois, depuis la loi du 20 décembre 2007[1], l'exemplaire de l'opposition administrative qui est destiné au redevable doit comporter, à peine de nullité[2], la **nature de l'amende** ainsi que la **date de l'infraction** s'il s'agit d'une amende forfaitaire majorée, ou la date de la décision de justice dans les autres cas.

Il convient de noter que l'article 17, II de la loi du 29 décembre 2013[3], dans sa rédaction antérieure à celle issue de l'article 73, XV, de la loi du 28 décembre 2017[4], autorise la notification par voie électronique des actes adressés aux établissements de crédit, aux sociétés de financement et aux organismes gérant des régimes de protection sociale en tant que tiers détenteurs de sommes appartenant ou devant revenir aux redevables. Ce texte visant les « *créances de toute nature* », le dispositif de notification par voie électronique concerne notamment « *les amendes et condamnations pécuniaires prononcées pour une contravention de police, dans le cadre de l'opposition administrative* »[5]. Le décret du 2 mars 2015[6] détermine les conditions de mise en œuvre de cette notification électronique. À cet égard, son article 1er, dans sa rédaction antérieure à celle issue de l'article 1er du décret du 8 novembre 2018[7], précise que « *peuvent être notifiés par voie électronique aux établissements de crédit, aux sociétés de financement et aux organismes gérant des régimes de protection sociale, mentionnés au II de l'article 17 de la loi du 29 décembre 2013 susvisée, sous réserve de leur accord préalable,* [...] *les oppositions administratives mentionnées au II de l'article 128 de la loi du 30 décembre 2004 susvisée* ». Il résulte de l'article 6-1, II, alinéa 2, du décret du 22 décembre 1964, dans sa rédaction résultant de l'article 3 du décret du 2 mars 2015[8] que « *l'opposition administrative peut être notifiée par voie électronique dans les conditions définies par le décret n° 2015-243 du 2 mars 2015* »[9].

Si la lettre n'atteint pas son destinataire, l'opposition ne produira pas effet, et la procédure de recouvrement sera inopérante. L'inconvénient est que le blocage des fonds, finalité de l'opération, ne se produira pas, et que peut-être, lorsque la notification sera recommencée, les fonds auront disparu. Il est possible d'éviter cet aléa, en prenant des mesures conservatoires. Aussi, le décret du 22 décembre 1964[10] a prévu que **le tiers détenteur doit accuser réception de la notification :** le tiers détenteur rend les fonds indisponibles dès réception de la notification de l'opposition administrative. Il informe le comptable public de la situation de chaque redevable intéressé sous la forme d'un accusé de réception transmis par courrier ou par voie électronique[11]. En toute hypothèse, il n'est pas interdit d'avoir recours, si nécessaire, notamment à une LRAR, ou à un huissier de justice, de manière à obtenir la certitude que la signification a été bien effectuée.

0963.22 Contenu de l'opposition. La notification doit indiquer les références de la condamnation et du titre exécutoire justifiant le recouvrement, et, à **peine de nullité**, reproduire les dispositions du II de

1. L. n° 2007-1787, 20 déc. 2007, relative à la simplification du droit, *JO* 12 déc., p. 20639.
2. Le défaut de notification de l'opposition administrative au redevable entraîne la nullité de la procédure emportant restitution des sommes prélevées (Aix-en-Provence, 19 sept. 2019, RG n° 17/22341) – « [...] *nonobstant le caractère automatique du traitement des oppositions administratives, l'envoi systématique des éléments relatifs au détail des infractions, la nullité prévue est une nullité de forme qui impose la démonstration d'un grief et qui peut être régularisée* » (Bastia, 19 sept. 2018, RG n°s 17/00950 et 17/00951).
3. L. n° 2013-1279, 29 déc. 2013, de finances rectificative pour 2013, *JO* 30 déc., p. 21910.
4. L. n° 2017-1775, 28 déc. 2017, préc.
5. EN CE SENS : « Mise en place d'une notification par voie électronique des saisies auprès de tiers détenteurs », *Dr. fisc.* 2014. Comm. 145 – Rapp. Sénat n° 217, 11 déc. 2013, p. 115 à 118.
6. Décr. n° 2015-243, 2 mars 2015, relatif à la notification, par voie électronique, aux établissements de crédit, aux sociétés de financement et aux organismes gérant des régimes de protection sociale de certains actes pris en vue du recouvrement de créances de toute nature, *JO* 4 mars, p. 4105.
7. Décr. n° 2018-968, 8 nov. 2018, préc.
8. Décr. n° 2015-243, 2 mars 2015, préc.
9. Si la notification par voie électronique aux établissements de crédit n'était donc qu'une possibilité dans le cadre de l'ancienne procédure de l'opposition administrative, il convient de noter que les SATD prévues à l'art. L. 262 du LPF, réalisées auprès des établissements de crédit, doivent être notifiées par voie électronique (Décr. n° 2015-243, 2 mars 2015, art. 1er, II, mod. par Décr. n° 2018-968, 8 nov. 2018, art. 1er). Cette disposition est applicable aux actes notifiés par voie électronique : depuis le 1er janvier 2019 pour les établissements de crédit dont le chiffre d'affaires excède le seuil fixé au C du XVII de l'article 73 de la loi n° 2017-1775 du 28 déc. 2017 de finances rectificative pour 2017 (c'est-à-dire le montant de 1,5 milliard d'euros) ; à compter du 1er janv. 2021 pour les autres établissements de crédit (Décr. n° 2018-968, 8 nov. 2018, art. 3). Les établissements de crédit sont tenus de mettre en œuvre les conditions nécessaires à la réception et au traitement de ces saisies. Le décret n° 2018-1118 du 10 déc. 2018 relatif aux frais bancaires perçus par les établissements de crédit à la suite d'une notification par un comptable public d'une saisie administrative à tiers détenteur (*JO* 12 déc., texte n° 22) vise à fixer le montant maximum de frais perçu par les établissements de crédit lors du traitement par ces derniers, en qualité de tiers détenteur, d'une SATD qui leur a été notifiée par un comptable public dans les conditions de l'art. L. 262 du LPF.
10. Décr. n° 64-1333, 22 déc. 1964, préc.
11. Décr. n° 64-1333, 22 déc. 1964, art. 6-1, III, al. 1er (réd. antérieure à celle de Décr. n° 2018-969, 8 nov. 2018, art. 1er).

l'article 128 de la loi du 30 décembre 2004[1]. Il est nécessaire en effet que le tiers détenteur des fonds soit exactement informé de ses obligations.

0963.23 **Double notification.** Elle est faite en même temps au **tiers détenteur** et au **redevable**[2], qui vont être tenus à des obligations différentes.

SECTION 3

OBLIGATIONS DU « TIERS DÉTENTEUR »

0963.31 **Blocage des fonds.** Le tiers débiteur ou tiers détenteur est tenu de rendre **indisponibles les fonds** qu'il détient, à un titre quelconque, pour le compte du redevable du Trésor, à concurrence du montant de la créance motivant l'opposition ; l'article 128, II, 2°, de la loi du 30 décembre 2004 précise, dans sa rédaction antérieure à celle issue de l'article 73, XIII, 2° de la loi du 28 décembre 2017, que l'opposition administrative « *emporte l'effet d'attribution immédiate prévu à l'article 43 de la loi n° 91-650 du 9 juillet 1991* [devenu C. pr. exéc., art. L. 211-2] *portant réforme des procédures civiles d'exécution* ». Le tiers débiteur sera donc responsable sur ses biens personnels, de la disparition des fonds, s'il en dispose au mépris de l'opposition à lui signifiée. Si le destinataire de l'opposition administrative ne respecte pas les obligations qui lui sont imparties, le comptable public peut saisir le juge de l'exécution aux fins de délivrance d'un titre exécutoire à son encontre[3]. La nécessité d'obtenir un titre exécutoire s'explique par la nature même de l'opposition administrative : cette procédure de recouvrement de la dette du redevable initial ne peut, en effet, permettre le recouvrement forcé à l'encontre du tiers détenteur, récalcitrant.

Lorsqu'elle est mise en œuvre pour le recouvrement du droit fixe de procédure et des amendes pénales garanti par le privilège mentionné à l'article 1018 A du CGI, l'opposition a les mêmes effets que ceux conférés à l'avis à tiers détenteur par l'article R. 3252-37 C. trav.[4] (c'est-à-dire que l'opposition administrative notifiée à l'employeur suspend le cours de la procédure de saisie des rémunérations jusqu'à l'extinction de l'obligation du redevable). La procédure prévue à cet article lui est applicable. Lorsque la créance ne bénéficie pas en totalité du privilège prévu à l'article 1018 A du CGI, le comptable public précise, dans l'information qu'il délivre au greffe du tribunal, le montant à hauteur duquel la créance bénéficie de ce privilège[5].

0963.32 **Pluralité des oppositions – Indisponibilité des fonds – Contestation.** Il peut arriver que le blocage des fonds au profit du comptable de la DGFiP soit juridiquement impossible, du fait qu'ils sont **déjà indisponibles** pour une autre cause, notamment parce qu'ils ont été saisis par un autre créancier ; ou encore du fait qu'ils sont litigieux, et qu'en conséquence, il est nécessaire que la contestation soit tranchée pour savoir s'ils appartiennent au débiteur du redevable.

Lorsqu'une personne est simultanément destinataire de plusieurs oppositions administratives établies au nom du redevable, elle doit, en cas d'insuffisance des fonds, exécuter ces demandes en proportion de leurs montants respectifs (L. 30 déc. 2004, art. 128, II, 3°[6,7]).

Si les fonds détenus ou dus par le destinataire de l'opposition administrative sont indisponibles entre ses mains, il doit en aviser le Trésor public dès sa réception (L. 30 déc. 2004, art. 128, II, 3°[8]).

La procédure de recouvrement par comptable de la DGFiP devient en cette hypothèse impossible. Le tiers débiteur en avisera le comptable poursuivant, qui sera contraint d'avoir recours à la procédure de droit commun.

0963.33 **Créances conditionnelles ou à terme.** Le tiers détenteur fait connaître au comptable de la DGFiP qu'il ne peut disposer actuellement des fonds, parce que ceux-ci constituent des créances **non encore exigibles**, soit qu'il faille attendre la réalisation d'une **condition**, soit qu'un **terme** ait été convenu ou que des **délais** aient été accordés. Ce sera le cas où le **notaire** détient des fonds provenant d'une vente, ou d'une succession, mais n'est pas en état de les délivrer avant l'accomplissement de certaines opérations, ou celui où l'**assureur** ne règle qu'avec retard l'indemnité de sinistre. L'opposition est maintenue, mais son effet **est retardé** jusqu'au moment où la créance sera exigible, où les fonds seront versés : « *L'effet de l'opposition administrative s'étend aux créances conditionnelles ou à terme. Dans ce cas, les fonds sont versés au Trésor public lorsque ces créances deviennent exigibles* » (L. 30 déc. 2004, art. 128, II, 3°[9]). Cette solution avait été appliquée au plan d'épargne loge-

1. Décr. n° 64-1333, 22 déc. 1964, art. 6-1, II, al. 1er (réd. antérieure à celle de Décr. n° 2018-969, 8 nov. 2018, art. 1er).
2. Décr. n° 64-1333, 22 déc. 1964, art. 6-1, II, al. 1er (réd. antérieure à celle de Décr. n° 2018-969, 8 nov. 2018, art. 1er).
3. Décr. n° 64-1333, 22 déc. 1964, art. 6-1, IV (réd. antérieure à celle de Décr. n° 2018-969, 8 nov. 2018, art. 1er).
4. Réd. antérieure à celle de Décr. n° 2018-970, 8 nov. 2018, art. 6, 1°.
5. Décr. n° 64-1333, 22 déc. 1964, art. 6-1, V (réd. antérieure à celle de Décr. n° 2018-969, 8 nov. 2018, art. 1er).
6. Réd. antérieure à celle de L. n° 2017-1775, 28 déc. 2017, art. 73, XIII, 2°.
7. Disposition reprise pour la nouvelle procédure de SATD à l'art. L. 262, 4°, du LPF.
8. Réd. antérieure à celle de L. n° 2017-1775, 28 déc. 2017, art. 73, XIII, 2°.
9. Réd. antérieure à celle de L. n° 2017-1775, 28 déc. 2017, art. 73, XIII, 2°.

ment[1], comme valant créance conditionnelle à terme, mais cette opinion n'a pas été entérinée par la Cour de cassation[2].

0963.34 **Notification au redevable.** Elle est effectuée par **lettre simple** (Décr. 22 déc. 1964, art. 6-1, II[3]). Elle a pour but d'informer le redevable de l'opposition, c'est-à-dire de l'indisponibilité des fonds détenus pour son compte par le tiers débiteur, à concurrence du montant de la créance du Trésor.

0963.35 **Versement des fonds au comptable de la Direction générale des finances publiques.** Les fonds rendus indisponibles doivent être reversés, dans les trente jours qui suivent la réception de l'opposition administrative (L. 30 déc. 2004, art. 128, II, 2° modifié[4] et Décr. 22 déc. 1964, art. 6-1, III, al. 2[5]), par le tiers détenteur au Trésor public sous peine de se voir réclamer cette somme majorée du taux d'intérêt légal. Si l'opposition administrative porte sur des créances conditionnelles ou à terme, le tiers détenteur verse au Trésor public les fonds à la date d'exigibilité de ces créances.

Ce paiement est **libératoire pour le tiers détenteur**, qui est déchargé à due concurrence de ses obligations à l'égard du redevable, pour le compte duquel il a effectué le règlement (L. 30 déc. 2004, art. 128, II, 2°[6]), et pour le **redevable**, à l'endroit du Trésor public. La preuve de cette libération sera établie par la **quittance** délivrée par la recette du Trésor.

SECTION 4
CONTENTIEUX

0963.41 **Contentieux.** Dans sa rédaction antérieure à celle issue de l'article 73, XIII, 2° de la loi du 28 décembre 2017, l'article 128, II, 3°, alinéa 3, de la loi du 30 décembre 2004 précise que « *l'exécution par le destinataire d'une opposition administrative, fondée sur un titre exécutoire, n'est pas affectée par une contestation postérieure de l'existence, du montant ou de l'exigibilité de la créance. Dès réception de la décision portant sur la contestation, le Trésor public, s'il y a lieu, donne une mainlevée, totale ou partielle, de l'opposition administrative ou rembourse les sommes dues au redevable* ».

Le tiers détenteur **sera** évidemment recevable, s'il ne verse pas les fonds ou ne les rend pas indisponibles, à soutenir, soit qu'il n'a pas reçu en temps utile la lettre d'opposition, soit que les fonds qui sont en sa possession ne sont pas la propriété du redevable de l'amende, soit qu'il n'est pas débiteur de celui-ci, et ne saurait être contraint de payer pour lui.

Ces éventuels litiges seront soumis à la juridiction de droit commun qui, pour les trancher, se référera à la jurisprudence qui s'est dégagée en ce qui concerne l'action oblique.

L'opposition sera maintenue pendant la durée de la procédure, mais ses effets seront suspendus dans l'attente de la décision judiciaire à intervenir. L'article 128, II, 4° de la loi du 30 décembre 2004[7], précise que les contestations relatives à l'opposition administrative doivent être adressées à l'Administration dont dépend le comptable qui a exercé cette poursuite.

Le redevable peut intervenir à la procédure de contestation, par voie de tierce opposition.

Dans une décision du 14 décembre 2009[8], le Tribunal des conflits a précisé que le litige portant sur le recouvrement d'amendes pénales par voie d'opposition administrative relève du juge judiciaire.

Il conviendra également de se reporter aux dispositions de l'article 9 du décret du 22 décembre 1964 relatif au recouvrement des amendes et condamnations pécuniaires par les comptables de la Direction générale des finances publiques, tel que modifié par le décret du 27 mai 2014. Dans sa rédaction antérieure à celle issue de l'article 2 du décret du 8 novembre 2018[9], cet article 9 précise, en son alinéa premier, que « *les oppositions aux actes de poursuites et les revendications objets saisis ne peuvent, à peine de nullité, être portées devant la juridiction civile qu'après avoir été soumises, appuyées de toutes justifications utiles, au directeur départemental ou, le cas échéant, régional des finances publiques du département dans lequel les poursuites ont été exercées* ». Si les dispositions de l'article 9 du décret du 22 décembre 1964 fixent les modalités et délais du recours gracieux devant être adressé, avant toute saisine de la juridiction compétente pour en connaître, ce à peine d'irrecevabilité, à l'administration dont dépend le comptable exerçant le recouvrement, il conviendra de rechercher si le redevable a été précisément informé, par l'acte de poursuite, des

1. Paris, 20 sept. 1990, *Gaz. Pal.* 1991, somm., *V° Saisie-arrêt.*
2. Civ. 2e, 29 mai 1991, n° 90-11.714, P II, n° 170 ; *D.* 1993. 57, obs. M. Vasseur – Civ. 2e, 17 juin 1992, nos 90-21.430 et 90-21.431, P II, n° 169.
3. Réd. antérieure à celle de Décr. n° 2018-969, 8 nov. 2018, art. 1er.
4. Réd. antérieure à celle de L. n° 2017-1775, 28 déc. 2017, art. 73, XIII, 2°. Depuis la modification opérée par la loi n° 2006-1771 du 30 déc. 2006 de finances rectificative (*JO* 31 déc., p. 20228), le délai initialement de quinze jours est passé à trente jours.
5. Réd. antérieure à celle de Décr. n° 2018-969, 8 nov. 2018, art. 1er.
6. Réd. antérieure à celle de L. n° 2017-1775, 28 déc. 2017, art. 73, XIII, 2°.
7. Réd. antérieure à celle de L. n° 2017-1775, 28 déc. 2017, art. 73, XIII, 2°.
8. T. confl. 14 déc. 2009, nos 09-03.708 et 09-03.717, P, nos 35 et 36 ; *AJDA* 2010. 638.
9. Décr. n° 2018-969 du 8 nov. 2018, art. 2.

modalités et délais de recours fixés par ce texte[1], notamment dans quelle mesure lui a été clairement et incontestablement fournie l'indication de l'administration destinataire d'un recours éventuel. À cet égard, la Cour de cassation a approuvé une cour d'appel qui, « *ayant relevé que l'avis d'opposition administrative ne contenait aucune mention des délais et modalités pour le contester prévus par l'article 9 du décret du 22 décembre 1964* [...] *retient exactement que le trésorier ne pouvait se prévaloir d'aucune cause d'irrecevabilité sur le fondement de ce texte* »[2].

Dans un arrêt du 24 mai 2017[3] rendu au visa de l'article 9 dudit décret, la chambre commerciale de la Cour de cassation a censuré une cour d'appel qui, après avoir relevé que le redevable n'avait pas porté préalablement sa contestation devant l'administration fiscale, a confirmé le jugement ayant déclaré cette contestation irrecevable, alors qu'elle avait constaté que le commandement de payer adressé au redevable, qui réside à Saint-Barthélemy, indiquait que celui-ci devait saisir le trésorier-payeur général ou le directeur des finances publiques de son département, et qu'elle avait retenu qu'en application de l'article 9 du décret susvisé, c'est devant le trésorier de Paris, qui avait diligenté les poursuites, que le redevable devait porter son recours préalable, de sorte que le redevable n'avait pas été précisément informé par l'acte de poursuite des modalités et délais de recours fixés par l'article 9 du décret du 22 décembre 1964 et que l'irrecevabilité tirée de ce texte lui était dès lors inopposable.

Par ailleurs, l'article 9 du décret du 22 décembre 1964 dispose, en son alinéa 2[4], que « *l'opposition à l'acte de poursuites ne peut viser que la validité en la forme de l'acte ; elle doit, à peine de nullité, être formée dans les deux mois de la notification de l'acte* ». À cet égard, la chambre commerciale, dans un arrêt rendu le 17 janvier 2012[5], a estimé que fait l'exacte application de ce texte, la cour d'appel qui énonce que l'opposition à l'acte de poursuite ne peut viser que la validité de l'acte en la forme, et retient que les contestations d'une personne condamnée au paiement d'amendes forfaitaires majorées, relatives à la prescription de l'action en recouvrement et à la validité du titre exécutoire, portent sur l'existence de la créance et son exigibilité, dont le juge de l'exécution ne peut pas connaître. Autrement dit, les contestations relatives à la prescription de l'action en recouvrement des amendes par voie d'opposition administrative et à la validité du titre exécutoire ne relèvent pas de la compétence du juge de l'exécution.

De même, la deuxième chambre civile de la Cour de cassation a récemment jugé qu'« *en matière de recouvrement des amendes, le juge de l'exécution ne connaissant, en application combinée des articles 530-2 du Code de procédure pénale et 9 du décret n° 64-1333 du 22 décembre 1964, que de la régularité en la forme de l'acte de poursuite, il ne peut pas apprécier le respect de l'obligation faite, par l'article R. 49-6 du même code, au comptable public d'envoyer au contrevenant un avis l'invitant à s'acquitter du montant de l'amende forfaitaire majorée* »[6] (v. s^{s} n° 0962.36). Reprenant à l'identique cet attendu de principe dans un arrêt rendu le 19 octobre 2017[7], cette chambre a estimé que doit en conséquence être cassé l'arrêt confirmant le jugement d'un juge de l'exécution ayant débouté le destinataire de la notification d'une opposition administrative formée à son encontre entre les mains d'un organisme de retraite pour paiement d'une certaine somme correspondant à des amendes forfaitaires majorées de ses demandes alors que le tribunal de police était seul compétent pour connaître de la contestation formée par celui-ci. À la faveur d'un moyen relevé d'office, la Cour de cassation précise donc que l'appréciation du respect de l'obligation faite, par l'article R. 49-6 C. pr. pén., au comptable public d'envoyer au contrevenant un avis l'invitant à s'acquitter du montant de l'amende forfaitaire majorée, relève de la seule compétence du tribunal de police. Dans le cas visé, le juge de l'exécution doit, non pas rejeter la contestation (ce qui reviendrait à la juger mal ou non fondée), mais se déclarer purement et simplement incompétent et renvoyer le demandeur à mieux se pourvoir. De même, rappelant qu'en matière de recouvrement des amendes, le JEX ne connaît, en application combinée des articles 530-2 C. pr. pén. et 9 du décret du 22 décembre 1964[8] , que de la régularité en la forme de l'acte de poursuite, la Haute cour a estimé, dans un arrêt rendu le 10 janvier 2019[9] que viole ces textes la cour d'appel qui confirme le jugement du JEX ayant débouté une société, destinataire de la notification d'une opposition administrative formée à son encontre pour

1. Com. 11 janv. 2005, n° 03-10.239, NP ; *Dr. fisc.*2005. Comm. 515 : a privé sa décision de base légale la cour d'appel qui déclare irrecevable la demande du débiteur en annulation du procès-verbal de saisie-vente faute de recours préalable adressé au trésorier-payeur général, sans rechercher si le débiteur a été précisément informé par l'acte de poursuite des modalités et délais de recours.
2. Civ. 2e, 14 avr. 2005, n° 03-14.335, NP.
3. Com. 24 mai 2017, n° 16-10.512, NP.
4. Réd. antérieure à celle de Décr. n° 2018-969 du 8 nov. 2018, art. 2.
5. Com. 17 janv. 2012, n° 11-10.102, P IV, n° 6 ; *D. actu.* 25 janv. 2012, obs. X. Delpech ; *JCP E* 2012. 1452, comm. J.-P. Maublanc.
6. Civ. 2e, 1er juin 2017, n° 15-18.751, P II, n° 111 ; *D. actu.* 20 juin 2017, obs. L. Camensuli-Feuillard ; *Procédures* 2017. Comm. 187, obs. L. Raschel.
7. Civ. 2e, 19 oct. 2017, n° 16-25.765, P II, n° 197 ; *D. actu.* 7 nov. 2017, obs. G. Payan.
8. Décr. n° 64-1333, 22 déc. 1964,
9. Civ. 2e, 10 janv. 2019, n° 17-27.976, NP.

paiement d'une certaine somme correspondant à des amendes forfaitaires majorées, de ses demandes alors que « *le tribunal de police était seul compétent pour connaître des contestations formées par la société en tant qu'elles étaient relatives à la régularité du titre exécutoire et à la détermination de la personne redevable des amendes* ».

Le directeur départemental, ou le cas échéant, régional des finances publiques doit statuer dans les deux mois du dépôt du mémoire. À défaut de décision dans le délai des deux mois, comme dans le cas où la décision rendue ne lui donne pas satisfaction, l'opposant ou le revendiquant peut assigner le comptable chargé du recouvrement devant le tribunal. Cette assignation doit être formée dans les deux mois de l'expiration du délai imparti au directeur départemental ou, le cas échéant, régional des finances publiques pour statuer, ou dans les deux mois de la notification de sa décision. L'assignation lancée avant l'expiration du délai imparti au directeur départemental ou, le cas échéant, régional des finances publiques pour statuer ou avant la notification de sa décision est irrecevable (Décr. 22 déc. 1964, art. 9, al. 4[1]).

1. Réd. antérieure à celle de Décr. n° 2018-969 du 8 nov. 2018, art. 2.

TITRE

097. L'opposition à tiers détenteur

SECTION 0
ORIENTEUR

097.00 **Sommaire du titre.**

097.05 **Observations générales.** L'opposition à tiers détenteur (OTD) ouverte aux organismes de sécurité sociale est une mesure d'exécution mobilière dont les dispositions particulières figurent dans le Code de la sécurité sociale auxquelles renvoient les articles L. 241-1, 5° et R. 241-1, 5° du Code des procédures civiles d'exécution. Les dispositions générales de ce code sont également applicables à l'OTD ainsi que certaines des règles régissant les saisie-attributions auxquelles le Code de la sécurité sociale fait référence. Sont examinées, dans les présents développements, les titres exécutoires autorisant l'engagement de cette mesure, principalement les contraintes de formalisme simplifié qui la caractérise et ses emprunts à la saisie-attribution, notamment l'effet attributif immédiat et l'exclusion des rémunérations de son domaine d'application. Sont également étudiées les règles particulières à l'OTD portant sur les créances à exécution successive et sur les comptes des redevables de cotisation sociale, ainsi que les contestations auxquelles donne lieu le recouvrement forcé de ces dettes.

CHAPITRE

0971. Opposition à tiers détenteur des organismes de sécurité sociale

René Lauba
Magistrat honoraire

SECTION 0 ORIENTEUR

0971.00 Sommaire du chapitre.

Division. Pour l'opposition à tiers détenteur des organismes de sécurité sociale, seront successivement étudiés le champ d'application (sect. 1), les conditions d'ouverture (sect. 2), la mise en œuvre (sect. 3), les effets (sect. 4), les procédures particulières (sect. 5) et les contestations-incidents (sect. 6).

0971.01 Textes applicables.

• **C. pr. exéc.,** art. L. 111-3, L. 111-4, L. 112-1, L. 121-1, L. 121-4, L. 123-1, L. 141-2, L. 153-1, L. 161-1, L. 161-2, L. 162-1, L. 162-2, L. 211-2, L. 211-3, L. 211-4, L. 221-4, L. 521-1, L. 523-1, R. 112-4, R. 112-5, R. 121-1, R. 121-4, R. 121-7, R. 121-8, R. 121-11 s., R. 121-23, R. 162-1 à R. 162-9, R. 211-4, R. 211-9, R. 211-15 à R. 211-17, R. 211-19 à R. 211-21, R. 211-23, R. 213-10.

• **CSS,** art. L. 114-17, L. 114-17-1, L. 114-17-2, L. 131-62, L. 133-4, L. 133-4-1, L. 133-4-7, L. 133-4-9, L. 133-4-10, L. 133-9-2, L 133-9-6, L. 133-9-11, L. 136-3, L. 136-5, L. 142-1, L. 142-4, L. 161-1-5, L. 213-1, L. 225-1, L. 241-11, L. 242-1-1, L. 242-11, L. 243-2, L. 243-5, L. 243-7, L. 243-7-1, L. 243-7-6, L. 244-1 à L. 244-11, L. 355-2, L. 355-3, L. 382-29, L. 611-1, L. 613-7, L. 651-7, L. 752-4, R. 114-11, R. 133-3, R. 133-5, R. 133-6, R. 133-9-1, R. 133-9-4-1, R. 133-9-5 à R. 133-9-12, R. 133-14, R. 142-1 s., R. 142-10-1, R. 142-10-2, R. 142-10-4, R. 142-10-6, R. 142-10-8, R. 142-11, R. 142-12, R. 142-18, R. 155-1, R. 155-4, R. 243-3-2, R. 243-10, R. 243-11, R. 243-13, R. 243-16, R. 243-17, R. 243-18, R. 243-18-1, R. 243-19, R. 243-20, R. 243-20-1, R. 243-20-5, R. 243-21, R. 243-31, R. 243-59, R. 244-1, R. 244-2, R. 244-4, R. 244-5, R. 382-99, D. 651-15.

• **C. com.,** art. L. 526-6 à L. 526-21, L. 526-12, L. 526-13, L. 526-22 s., L. 622-17, L. 622-21, L. 662-1, L. 632-2.

• **C. rur.,** art. L. 256-4, L. 724-7 et L. 724-11, L. 725-1, L. 725-3 à L. 725-12-1, L. 725-20, L. 731-22, L. 731-23, L. 751-35, L. 751-36, L. 751-37, R. 313-1, R. 724-7, R. 724-9, R. 725-5, R. 725-6, R. 725-7, R. 725-8, R. 725-9, R. 725-10, R. 725-20, R. 725-21, R. 725-22-1 à R. 725-22-4, R. 726-1, R. 731-6, R. 731-20, R. 731-68, R. 731-70, R. 731-75, R. 741-24, R. 741-26, R. 741-30, R. 741-82, R. 741-83, R. 741-84, R. 741-92, R. 741-93, D. 725-6, D. 731-41.

• **C. pr. pén.,** art. 418, 536.

• **CRPA,** art. L. 111-2, L. 114-2.

• **C. civ.,** art. 10, 510, 1321, à 1326, 1343-5.

• **C. pr. civ.,** art. 114, 115, 1412, 1413, 1415, 1416, 1422, 1423.

• **COJ,** art. L. 211-16, L. 213-6, L. 218-1, L. 311-15.

• **C. trav.,** art. L. 5212-9, L. 8211-1, L. 8221-1.

• **CASF,** art. L. 262-2.

• **CGI,** art. 204 A.

0971.02 Jurisprudence de référence.

> Saisie pratiquée sur un compte bancaire. Obligation du banquier de fournir le montant du solde qu'il soit débiteur ou créditeur.

• **Com. 6 mai 1981,** n° 79-16.090, P IV, n° 212

* V. s^s n°s 0251.51, 0922.61, 0971.232

La cour d'appel qui décide qu'une banque est tenue de fournir, à la date d'une saisie-arrêt pratiquée sur le compte d'un client, le montant du solde, qu'il soit débiteur ou créditeur, ainsi que les renseignements réclamés par le créancier saisissant sur une précédente saisie, fait une juste application des dispositions de l'article 559 du Code de procédure civile [ancien].

> Portée de l'effet attributif de la saisie-attribution des créances à exécution successives.

• **Cass., avis, 16 déc. 1994,** n° 09-40.021, P, n° 24

* V. s^s n°s 0144.87, 0831.91, 0971.312

Une saisie-attribution des créances à exécution successive pratiquée à l'encontre de deux époux, communs en biens et codébiteurs solidaires, antérieurement à la mise en liquidation judiciaire de l'un d'eux sur les loyers d'un immeuble dépendant de la communauté poursuit ses effets sur les loyers échus après le jugement de liquidation.

> Saisie-attribution d'une créance à exécution successive pratiquée avant la survenance d'un jugement portant ouverture d'un redressement ou d'une liquidation judiciaire.

• **Civ. 2e, 10 juill. 1996,** n° 94-19.551, P II, n° 209

* V. s^s n°s 0144.87, 0831.91, 0832.57, 0952.191, 0971.312

Il résulte des articles 13 et 43 de la loi du 9 juillet 1991 et des articles 69 et suivants du décret du 31 juillet 1992 [devenus art. L. 112-1, L. 211-2 et R. 211-14 s. C. pr. exéc.] que la saisie-attribution d'une créance à exécution successive pratiquée à l'encontre de son titulaire avant la survenance d'un jugement portant ouverture d'un redressement ou d'une liquidation judiciaire de celui-ci poursuit ses effets sur les sommes échues en vertu de cette créance après ledit jugement.

> Saisie-attribution. Obligation de renseignement du tiers-saisi. Appréciation souveraine du juge de l'exécution pour apprécier les motifs de retard.

• **Civ. 2e, 2 avr. 1997,** n° 95-13.567, P II, n° 107

* V. s^s n°s 015.05, 0152.52, 0821.101, 0821.125, 0821.131, 0821.136, 0952.162, 0971.231

1° Le tiers saisi est tenu de fournir sur-le-champ à l'huissier de justice les renseignements prévus à l'article 44 de la loi du 9 juillet 1991 [devenu art. L. 211-3 C. pr. exéc.].

2° Le juge apprécie souverainement si les causes de retard invoquées par le tiers saisi procèdent d'un motif légitime.

> Saisie-attribution. Mainlevée de plein droit en cas de perte de fondement juridique.

• **Civ. 2e, 21 janv. 1998,** no 95-20.114, P II, no 24

* V. ss nos 0214.22, 0718.53, 0811.54, 0841.12, 0971.283, 0971.302, 0971.372

L'annulation du titre exécutoire sur le fondement duquel a été pratiquée une saisie-attribution qui, en l'absence de paiement par le tiers saisi, n'a pas produit son plein effet, emporte de plein droit mainlevée de la saisie.

> Caractères certain et disponible de la créance objet de la saisie-attribution.

• **Civ. 2e, 25 mars 1998,** no 96-14.706, P II, no 109

* V. ss nos 0812.12, 0812.21, 0831.130, 0971.91

Encourt la cassation l'arrêt qui donne effet à une saisie-attribution en énonçant que la créance saisie existait en germe dans le patrimoine du débiteur sans constater qu'à la date de la saisie la créance était certaine et disponible.

> Saisie-attribution. Conditions de forme de la recevabilité de la contestation du débiteur.

• **Cass., avis, 15 juin 1998,** no 09-80.004, P, no 8

* V. ss nos 0215.51, 0612.76, 0841.71, 0841.83, 0971.372

La recevabilité de la contestation du débiteur n'est soumise qu'aux exigences prévues par les articles 19 et 66 du décret du 31 juillet 1992 [devenus art. R. 442-4 et R. 211-11 C. pr. exéc.], c'est-à-dire à la signification, avant l'expiration du délai d'un mois suivant la dénonciation au débiteur de la saisie-attribution, d'une assignation au créancier saisissant, et à l'envoi le même jour à l'huissier de justice qui a procédé à la saisie, par lettre recommandée avec demande d'avis de réception, d'une copie de cette assignation.

> Saisie-attribution. Succession de créances distinctes.

• **Soc. 24 févr. 2000,** no 98-13.444, P V, no 76

* V. ss nos 0812.92, 0971.311

La société de taxi-ambulance, subrogée en application d'une convention de tiers payant dans les droits des assurés sociaux qu'elle a transportés dispose sur la caisse primaire d'assurance maladie d'une succession de créances distinctes, nées des transports effectués au fur et à mesure de leur accomplissement. La saisie-attribution n'emportant attribution immédiate au profit du saisissant que de la créance disponible, les sommes correspondant à des prestations postérieures à la saisie pratiquée échappent à son caractère attributif.

> Refus des délais de grâce en matière de saisie-attribution.

• **Civ. 2e, 4 oct. 2001,** no 00-11.609, P II, no 150

* V. ss nos 0144.38, 0212.193, 0831.62, 0971.392

Le juge de l'exécution ne peut accorder des délais de paiement en matière de saisie-attribution qui a pour effet de transmettre la propriété des fonds saisis au créancier.

> Domaine de la réglementation spéciale à la saisie des comptes. Affacturage (non).

• **Civ. 2e, 5 avr. 2007,** no 05-14.593, P II, no 88

* V. ss nos 0921.13, 0971.331, 0971.332

Une société d'affacturage ne constituant pas un établissement habilité par la loi à tenir des comptes de dépôt, les obligations prescrites par l'article 47 de la loi du 9 juillet 1991 ne s'appliquent pas aux saisies-attributions pratiquées entre ses mains, en sa qualité de tiers saisi.

> Saisie d'un compte joint en époux. Recherche de l'origine des fonds.

• **Civ. 2e, 20 mai 2009,** no 08-12.922, P II, no 102

* V. ss nos 0144.145, 0144.146, 0921.34, 0971.353

Lorsque le créancier d'un époux marié sous le régime de la séparation des biens fait pratiquer une saisie sur un compte ouvert au nom des deux époux, il lui appartient d'identifier les fonds personnels de l'époux débiteur.

> Saisie-attribution. Tiers saisi liquidateur amiable du débiteur saisi. Délivrance d'une assignation au saisissant. Manquement à l'obligation de déclaration.

• **Civ. 2e, 10 nov. 2010,** no 09-71.609, P II, no 185

* V. ss nos 0151.13, 0621.23, 0813.21, 0821.50, 0971.210

C'est à bon droit que la cour d'appel a retenu que le liquidateur amiable de la société débitrice avait la qualité de tiers saisi. La déclaration d'un tiers saisi doit être faite sur-le-champ à l'huissier de justice ; il en résulte que l'assignation délivrée à des sociétés créancières par le représentant légal d'une société débitrice, en cette seule qualité, ne constituait pas la réponse du tiers saisi à l'huissier de justice prévue à l'article 59 du décret du 31 juillet 1992 ; c'est à bon droit que la cour d'appel a décidé que le liquidateur tiers saisi ne justifiait pas d'un motif légitime l'exonérant de ses obligations et devait être condamné au paiement des causes des saisies.

> Saisie-attribution. Portée de l'effet attributif au saisissant de la créance et de ses accessoires.

• **Civ. 2e, 7 avr. 2011,** no 10-15.969, P II, no 88

* V. ss nos 0144.87, 0831.57, 0971.281

La saisie-attribution emporte attribution au créancier saisissant de la créance de somme d'argent disponible dans le patrimoine du tiers saisi ainsi que de ses accessoires exprimés en argent. Il s'ensuit que la saisie-attribution ne peut conférer au créancier saisissant le privilège de prêteur de deniers.

> Saisie-attribution. Sanction du défaut de dénonciation au cotitulaire du compte joint.

• **Civ. 2e, 7 juill. 2011,** no 10-20.923, P II, no 160

* V. ss no 0141.221, 0144.145, 0922.82, 0971.351

Le défaut de dénonciation de la saisie-attribution au cotitulaire d'un compte joint sur lequel porte la mesure d'exécution n'est pas susceptible d'entraîner la caducité de celle-ci.

> Saisie-attribution. Dénonciation au débiteur ultérieurement placé en redressement judiciaire.

• **Civ. 2e, 8 déc. 2011,** no 10-24.420, P II, no 225

* V. ss nos 0144.87, 0822.111, 0822.132, 0971.193

Il résulte de l'article 58 du décret no 92-755 du 31 juillet 1992 que la saisie-attribution doit être dénoncée au débiteur par acte d'huissier de justice, dans un délai de huit jours, à peine de caducité.

Par suite, viole les dispositions de ce texte, la cour d'appel qui, après avoir relevé qu'un débiteur, auquel une saisie-attribution pratiquée le 15 mai 2008 avait été dénoncée le 19 mai 2008, avait été placé en redressement judiciaire par jugement du 22 mai 2008, ordonne la mainlevée de la mesure d'exécution en retenant que faute d'une nouvelle dénonciation à l'administrateur judiciaire désigné dans le cadre de la procédure collective avec mission d'assistance, la mesure était caduque, alors qu'elle constatait que la saisie-attribution avait été dénoncée dans le délai légal au débiteur à la tête de ses biens.

> Saisie-attribution sur soi-même. Vérification du caractère exécutoire du titre.

• **Civ. 1re, 13 mai 2014,** no 12-25.511, P I, no 84

* V. ss nos 0212.95, 0254.22, 0313.53, 0712.12, 0811.32, 0812.91, 0813.31, 0971.210

1o Un créancier muni d'un titre exécutoire constatant une créance liquide et exigible dans les termes de l'article 42 de la loi no 91-650 du 9 juillet 1991, devenu l'article L. 211-1 du Code des procédures civiles d'exécution, peut pratiquer une saisie-attribution entre ses propres mains, l'effet attributif prévu à l'article 43 de cette même loi, devenu l'article L. 211-2 du Code précité, d'une telle saisie, lorsqu'elle porte sur une créance à exécution successive, s'étendant aux sommes échues en vertu de cette créance depuis la signification de l'acte de saisie, et ce jusqu'à ce que le créancier saisissant soit rempli de ses droits et dans la limite de ce qu'il doit au débiteur en tant que tiers saisi.

2o Il incombe à l'huissier de justice, garant de la légalité des poursuites, de vérifier que le titre provisoire, en vertu duquel il pratique la saisie-attribution aux risques du créancier mandant, reste exécutoire au jour de l'acte de saisie.

0971.05 Mécanisme et nature juridique de l'opposition. Le recouvrement forcé des cotisations et de leurs accessoires dus au titre de la protection sociale peut être effectué au moyen d'une procédure simple et rapide, l'opposition à tiers détenteur (OTD). À cet égard, l'article L. 133-4-9 du CSS issu de la loi du 23 décembre 2016[1] (art. 24, I, 4o) dispose que les organismes de recouvrement et les organismes chargés de la gestion d'un régime obligatoire de sécurité sociale habilité à décerner une contrainte peuvent, au moyen d'une opposition, enjoindre aux tiers détenteurs, dépositaires ou redevables de sommes appartenant ou devant revenir au débiteur, de leur verser directement en ses lieu et place, les fonds qu'ils détiennent ou qu'ils lui doivent. Ce versement doit être effectué à concurrence des cotisations, contributions, majorations et pénalités de retard impayées ainsi que des prestations indûment perçues.

L'article L. 133-4-9 précité détermine les grandes lignes de cette procédure qui s'analyse en une **mesure d'exécution forcée.** En effet, l'opposition n'est ouverte qu'à l'organisme ou à la caisse muni d'un titre exécutoire au sens de l'article L. 111-3 C. pr. exéc. et produit l'effet d'attribution immédiate prévu par l'article L. 211-2 du même code. L'OTD emprunte ainsi son régime à la saisie-attribution aux règles de laquelle le Code de la sécurité sociale fait plusieurs renvois. Elle s'en différencie principalement par son **formalisme simplifié** car le concours d'un commissaire de justice n'est pas nécessaire pour sa mise en œuvre. Celle-ci est effectuée par l'organisme lui-même, au moyen de notifications en la forme ordinaire.

Par ailleurs, les dispositions générales du Code des procédures civiles d'exécution sont applicables à l'OTD ouverte aux organismes de sécurité sociale. Ses articles L. 241-1 et R. 241-1 ne renvoient aux dispositions du Code de la sécurité sociale que pour son régime particulier.

0971.06 Intérêt pratique. L'OTD s'inscrit au sein d'un dispositif destiné à optimiser le recouvrement des créances sociales dont elle constitue la phase terminale. Elle permet aux organismes de sécurité sociale de mettre à exécution les titres dont ils disposent, notamment les contraintes qu'ils ont le pouvoir de délivrer contre leurs débiteurs défaillants et ce sans débat contradictoire préalable. Celui-ci n'a lieu que si la contrainte est contestée devant le juge du fond qui peut l'annuler ou le confirmer. Il s'agit d'un dispositif cohérent et efficace auquel les organismes créanciers ont volontiers recours en cas de résistance ou d'inertie des redevables.

L'ensemble de ce dispositif a été validé par le Conseil constitutionnel qui a estimé qu'il sauvegardait le droit à recours du débiteur et du tiers en ce qui concerne, tant la **contrainte** qui doit être **précédée d'une mise en demeure** et peut être **contestée devant un tribunal**, que l'OTD qui ne peut être mise en œuvre qu'en l'absence d'opposition contre la contrainte ou qu'une fois ce recours rejeté par une décision juridictionnelle exécutoire fixant les droits de l'organisme social et qui peut faire l'objet d'une contestation dont le délai et l'exercice diffèrent le paiement des sommes attribuées. Le Conseil constitutionnel rappelle à cet égard que si le législateur peut conférer un effet exécutoire à certains titres délivrés par des personnes morales de droit privé chargées d'une mission de service public et permettre ainsi la mise en œuvre de mesures d'exécution forcée, il doit garantir aux débiteurs le **droit à un recours effectif** concernant, tant le bien-fondé de ces titres et de l'obligation de payer, que le bon déroulement de la procédure d'exécution, étant précisé que si un tiers se trouve mis en cause, un tel recours doit également lui être assuré[2]. Ce dispositif efficace bénéficie également au recouvrement des créances dues au titre des divers régimes de protection sociale agricole dont les caisses de MSA sont habilitées à décerner la contrainte et à mettre en œuvre l'opposition à tiers détenteur (C. rur., art. L. 725-3 à L. 725-12 et R. 725-5).

1. L. no 2016-1827, 23 déc. 2016, de financement de la sécurité sociale pour 2017, *JO* 24 déc., texte 1.

2. Cons. const. 23 juill. 1999, no 99-416 DC, *Rec. Cons. const.* 1999. 100 ; *JO* 28 juill., p. 11250.

0971.07 Évolution législative et réglementaire. L'OTD, telle qu'elle vient d'être sommairement décrite, résulte de la réforme opérée par l'article 14, II de la loi du 27 juillet 1999[1] portant création d'une couverture maladie universelle[2] et des articles 1er à 9 du décret d'application du 11 janvier 2000[3]. Ces deux textes avaient modifié les anciens articles L. 652-3 et R. 652-2 s. du CSS issus, respectivement, de la loi du 31 décembre 1991[4] (art. 33) et du décret du 24 avril 1995 (art. 1er, II)[5]. L'ancienne opposition était une procédure hybride qui tenait tout à la fois de la saisie conservatoire de créance, de l'injonction de payer et de la saisie-attribution, sans toutefois ressembler complètement à l'une ou à l'autre de ces procédures. Sa complexité et sa lourdeur, à contretemps au regard des objectifs de la réforme de 1991, ont conduit à sa refonte (pour des développements sur l'ancienne procédure[6]).

À l'origine, l'OTD n'était prévue par l'article L. 652-3 du CSS, aujourd'hui abrogé, que pour le recouvrement des créances afférentes au régime des travailleurs non-salariés des professions non agricoles. L'article L. 133-4-9 qui remplace le texte précité, ouvre cette mesure d'exécution à tous les organismes de recouvrement ou gestionnaires de tous les régimes obligatoires, y compris agricole.

Cet article se borne à fixer, comme le faisait l'article L. 652-3, les conditions d'ouverture et les effets de l'OTD, les détails de la procédure étant précisés par voie réglementaire. Ce sont les articles R. 133-9-5 à R. 133-9-12 du CSS issus du décret du 25 septembre 2017[7] (art. 1er, II) qui déterminent les modalités de mise en œuvre et de contestation de la mesure. Ils remplacent les anciens articles R. 652-2 à R. 652-9 du même code. Ils remplacent également les articles R. 725-12 à R. 725-19 C. rur. qui réglementaient l'OTD spécifique aux caisses de MSA et qui n'ont plus d'objet dès lors que cette mesure, qui est désormais ouverte à tous les régimes, est régie par le seul Code de la sécurité sociale.

1. Décr. n° 99-1166, 29 déc. 1999, pris en application des articles 6 et 14 de la loi n° 99-641 du 27 juill. 1999 portant création d'une couverture maladie universelle et relatif à l'opposition entre les mains de tiers détenteurs instituée par l'article 1143-8 du Code rural, *JO* 30 déc., p. 19842.
2. L. n° 99-641, 27 juill. 1999, portant création d'une couverture maladie universelle, *JO* 28 juill., p. 11229.
3. Décr. n° 2000-19, 11 janv. 2000, pris pour l'application de l'article L. 652-3 du Code de la sécurité sociale et modifiant le Code de la sécurité sociale, *JO* 12 janv., p. 494.
4. L. n° 91-1406, 31 déc. 1991, portant diverses dispositions d'ordre social, *JO* 4 janv. 1992, p. 178.
5. Décr. n° 95-446, 24 avr. 1995, relatif à l'opposition entre les mains d'un tiers détenteur par l'article L. 652-3 du du Code de la sécurité sociale et modifiant ce code, *JO* 16 avr., p. 6454.
6. L. n° 91-1406, 31 déc. 1991, préc.
7. Décr. n° 2017-1409, 25 sept. 2017, relatif à l'amélioration des outils de recouvrement en matière de travail dissimulé, *JO* 27 sept., texte 32.

SECTION 1
CHAMP D'APPLICATION

§ 1
Personnes concernées

0971.11 Situation juridique des parties. L'organisme de sécurité sociale est fondé à poursuivre son débiteur par voie d'OTD car celui-ci est redevable de cotisations ou de contributions en vertu d'un régime de protection qui lui ouvre droit, en contrepartie, aux versements de diverses prestations. Mais l'OTD a pour conséquence de faire intervenir, dans la relation entre l'organisme créancier et son débiteur, un tiers qu'elle ne concernait pas jusque-là et qui va se trouver légalement contraint de coopérer, sous peine de sanction, au bon déroulement de cette mesure. Pour résister à ce recouvrement forcé, on a tenté de soutenir, *d'une part* que les organismes de sécurité sociale étaient dépourvus de la personnalité juridique faute de publication de leurs statuts et, *d'autre part*, que l'obligation d'affiliation à un régime légal de sécurité sociale contrevenait à la législation européenne.

A.
Protagonistes de l'opposition à tiers détenteur

0971.21 Créanciers opposants. L'OTD est ouverte aux organismes de recouvrement et aux organismes gestionnaires d'un régime obligatoire de sécurité sociale habilités à décerner une contrainte, c'est-à-dire un titre qui produira, à défaut d'opposition du débiteur dans le délai, tous les effets d'un jugement exécutoire (CSS, art. L. 133-4-9, al. 1er). Selon les articles L. 161-1-5, L. 244-9 et R. 133-3 du CSS, les organismes créanciers de cotisations impayées ou de prestations indûment versées peuvent utiliser cette procédure simple et rapide. Ces organismes sont les unions de recouvrement des cotisations de sécurité sociale et d'allocations familiales dues au titre du régime général (CSS, art. L. 213-1), les caisses de mutualité sociale agricole (C. rur., art. L. 725-3) et les caisses générales de sécurité sociale des départements d'outre-mer (CSS, art. L. 752-4, 6°).

Les caisses primaires d'assurance maladie peuvent également recourir à la contrainte pour le remboursement des indus versés aux professionnels de santé et aux établissements de soin à la suite du défaut de respect des règles de tarification ou de facturation (CSS, art. L. 133-4, dern. al., et R. 133-9-1). La même prérogative est accordée aux caisses d'assurance vieillesse, invalidité et maladie des ministres des cultes et des membres des congrégations et collectivités religieuses (CSS, art. L. 382-29 et R. 382-99).

S'agissant plus particulièrement des caisses de la mutualité sociale agricole (MSA), celles-ci disposent de la **contrainte** pour recouvrer ou récupérer les sommes qui leur sont dues au titre des différents régimes de protection sociale agricole, notamment les cotisations et contributions impayées, les prestations indûment versées et les pénalités ou majorations de retard y afférentes (C. rur., art. L. 725-3, L. 725-3-1 et R. 725-5). Depuis une loi du 23 décembre 2013[1], les caisses de MSA assurent seules la gestion de l'assurance maladie, invalidité et maternité des travailleurs non salariés de l'agriculture, gestion qu'elles partagaient, jusque-là, avec différents organismes assureurs qui étaient également habilités à user de la contrainte de l'OTD (C. rur., anc. art. L. 725-4 et L. 731-30). Par dérogation aux dispositions de l'article L. 213-1 du CSS, les caisses de MSA assurent aussi le recouvrement des cotisations, pénalités et majorations de retard dues au titre des régimes d'assurance sociale des industries électriques et gazières, pour la couverture des salariés des sociétés d'intérêt public agricole (C. rur., art. L. 725-3, a et b). Elles ont également en charge le recouvrement de la contribution mentionnée à l'article L. 5212-9 C. trav. due par les employeurs qui ne satisfont pas à l'obligation d'emploi de salariés handicapés (C. rur., art. L. 725-3). Précisions que les comptables de la Direction générale des finances publiques (DGFiP) peuvent recourir à l'OTD en vertu d'un état exécutoire, pour le recouvrement forcé des sommes dues par les employeurs et les travailleurs indépendants et ce, concurremment avec le recouvrement comme en matière d'impôts directs (CSS, art. R. 155-1 et R. 155-4 – C. rur., art. R. 725-20 et R. 725-21).

0971.22 **Débiteurs.** Ce sont tout d'abord les employeurs qui n'ont pas réglé le précompte des contributions et des cotisations salariales ainsi que les contributions et cotisations dont ils sont redevables à titre personnel. S'agissant plus particulièrement des chefs d'exploitation et d'entreprises agricoles, les cotisations dont ils sont redevables concernent non seulement leur couverture personnelle, mais encore celles des aides familiaux et des autres personnes vivant avec eux. L'opposition peut également être pratiquée au préjudice des travailleurs non-salariés des professions artisanales, commerciales, industrielles, agricoles et libérales dont les cotisations et contributions sont restées en souffrance, ainsi que des sociétés et entreprises qui n'ont pas acquitté la contribution de solidarité à laquelle elles sont assujetties. Les organismes débiteurs de pensions de retraite, de revenus ou d'allocations de remplacement qui n'ont pas versé le précompte sur les prestations servies aux bénéficiaires peuvent faire l'objet d'une OTD.

Les professionnels et les établissements de santé ayant contrevenu aux règles de tarification ou de facturation et plus généralement, toutes les personnes ayant perçu des prestations indues, sont susceptibles de se voir notifier une opposition pour le remboursement des sommes versées indûment et des pénalités éventuelles s'y rapportant (CSS, art. L. 133-4, L. 133-4-1 – C. rur., art. L. 725-3-1).

Peuvent également faire l'objet d'une OTD les personnes solidairement responsables du paiement des cotisations dues au titre d'un régime de protection sociale obligatoire par ceux auxquels elles ont fait souscrire une convention d'assurance entâchée de nullité (C. rur., art. L. 725-10, al. 3, et R. 725-5).

Il semble que l'OTD puisse être mise en œuvre au préjudice de la caution solidaire d'un débiteur de cotisations de sécurité sociale dès lors qu'une contrainte peut être décernée à son encontre en vertu de l'article L. 244-9 du CSS[2].

0971.23 **Tiers détenteurs.** Les tiers visés par l'article L. 133-4-9 du CSS (CSS, anc. art. L. 652-3), sont les dépositaires, détenteurs ou redevables de sommes appartenant ou devant revenir au débiteur des cotisations, contributions, majorations et pénalités restées impayées. Ces tiers sont ainsi tenus de verser en ses lieu et place, les fonds qu'ils lui doivent ou qu'ils détiennent pour son compte, à concurrence de sa dette sociale.

Il s'agit le plus souvent des banques et des organismes de financement, des locataires, des assureurs, des officiers ministériels ou de clients. Les employeurs sont exclus de l'OTD par les dispositions finales de l'article L. 133-4-9 du CSS qui renvoie, s'agissant des rémunérations, servies par ces derniers, aux dispositions des articles L. 212-1 à L. 212-14 C. pr. exéc.

B. Personnalité juridique et affiliation obligatoire

0971.31 **Personnalité morale des organismes de sécurité sociale.** On a soutenu devant l'ancien tribunal des affaires de sécurité sociale (TASS) ou le juge de l'exécution (JEX) que les organismes de sécurité sociale étaient tenus de déposer leurs statuts et de les communiquer aux affiliés, faute de quoi ils étaient dépourvus de la personnalité morale et n'avaient ni qualité ni capacité pour notifier une mise en demeure, décerner une contrainte ou engager des voies d'exécution. Cette argumentation était fondée sur les articles L. 213-1, L. 216-1 et R. 633-2 du CSS renvoyant, pour la constitution et le fonctionnement des Urssaf et des caisses autonomes d'assurance vieillesse des non-salariés, aux dispositions du Code de la mutualité dont l'article R. 122-2 impose le dépôt des statuts en préfecture.

1. L. n° 2013-1203, 23 déc. 2013, de financement de la sécurité sociale pour 2014, *JO*. 24 déc., p. 21034, art. 8.

2. Soc. 20 janv. 1994, n°s 91-21.890 et 92-10.434, P V, n° 17 ; *RJS* 1994, n° 308.

La jurisprudence a estimé cependant qu'à défaut de formes solennelles prescrites par la loi, ces organismes ont la personnalité juridique dès leur création et a rejeté les demandes tendant à ce qu'il leur soit fait injonction de produire leurs statuts et de justifier de leur dépôt, de leur publication et de leur communication aux adhérents. Elle considère notamment que, le renvoi au Code de la mutualité étant fait sous réserve des dispositions du Code de la sécurité sociale et des textes pris pour son application, la seule formalité imposée à ces organismes pour l'établissement de leurs statuts et pour les décisions concernant leur fonctionnement, est la procédure spécifique d'approbation par les autorités compétentes de l'État, qui est prévue par les articles R. 213-5, L. 281-4[1] (ainsi pour la caisse d'assurance vieillesse des pharmaciens[2]). Il a été jugé que les caisses Organic chargées du recouvrement des cotisations d'assurance vieillesse, invalidité décès des commerçants et industriels, échappaient aux règles édictées par le Code de la mutualité[3]. Par ailleurs, il a été décidé que les Urssaf instituées par l'article L. 213-1 du CSS pour le recouvrement des cotisations d'allocations familiales dues à titre personnel par les non-salariés des professions industrielles, commerciales et artisanales, tenaient de la loi seule leur capacité juridique et leur qualité pour agir dans l'exécution des missions qui leur étaient confiées par elle[4]. La chambre sociale de la Cour de cassation a estimé que la Caisse autonome nationale de compensation de l'assurance vieillesse artisanale [CANCAVA] chargée du recouvrement des cotisations d'assurance vieillesse, invalidité-décès des artisans, n'avait pas à justifier de sa qualité pour agir à l'encontre d'un affilié[5].

La Haute juridiction a précisé, à propos des Urssaf, que ces organismes de droit privé chargés d'une mission de service public ne sont pas soumis au droit de la concurrence. Leur activité de recouvrement n'entrant pas dans les catégories définies à l'article premier du Code des marchés publics, ils ne sauraient être assujettis aux directives communautaires concernant ces marchés.

0971.32 Personnalité morale des caisses de mutualité sociale agricole. Ces caisses sont dotées de la personnalité morale et fonctionnent selon les prescriptions du Code de la mutualité, sous réserve des dispositions du Code rural, du Code de la sécurité sociale et des textes pris pour leur application (C. rur., art. L. 723-1). La Cour de cassation estime que les caisses de MSA tiennent directement de la loi la capacité et la qualité pour agir en justice attachée à la personnalité juridique. Elles ne peuvent donc se voir opposer, comme conséquence de leur refus de communiquer leurs statuts aux affiliés, un tel défaut de capacité et de qualité pour agir. La Haute juridiction précise que l'omission de déposer leurs statuts en mairie ne prive pas les organismes représentatifs des caisses de MSA du pouvoir d'ester en justice. Leurs directeurs peuvent mettre en œuvre des oppositions à tiers détenteur sans avoir besoin d'une délégation[6].

0971.33 Affiliation obligatoire et droit communautaire. On a également affirmé que l'obligation d'affiliation à un régime de sécurité sociale serait contraire au droit communautaire en ce qu'elle violerait les dispositions des articles 6 et 52 du traité de Rome du 25 mars 1957 prohibant toute discrimination entre ressortissants de la communauté économique européenne en raison de leur nationalité, celles des articles 85 et 86 du même traité protégeant la liberté du commerce dans l'Union européenne, ainsi que les directives du Conseil des Communautés européennes n° 92/49 du 18 juin 1992 et n° 92/96 du 10 novembre 1992 consacrant la liberté d'établissement et la libre prestation de service dans le domaine de l'assurance directe sur la vie et autre que sur la vie.

La jurisprudence a déclaré inopérantes toutes ces objections tirées du droit communautaire, en affirmant que l'affiliation obligatoire à un organisme de sécurité sociale, ne crée aucune discrimination et ne porte pas atteinte à la liberté d'établissement.

En effet, l'argument fondé sur une prétendue discrimination au détriment des ressortissants français ne pouvait tenir, car si une personne ou une entreprise étrangère établie en France n'est pas tenue d'adhérer au régime légal français de sécurité sociale, c'est à condition de justifier de son affiliation à un régime d'assurance-maladie, dommages corporels ou décès dans un autre État membre de l'Union européenne où elle exerce également son activité[7]. Quant aux

1. Versailles, 23 mars 1999, *Gaz. Pal.* 24 juin 1999. Somm. 415.
2. Soc. 21 févr. 2002, n° 00-13.285, P V, n° 76 ; *Gaz. Pal.* 9-11 juin 2002. Pan. 27.
3. Soc. 13 juill. 2000, n° 99-10.458, P V, n° 280 ; *Gaz. Pal.* 11-13 mars 2000. Somm. 19, note F. Taquet.
4. Soc. 1er mars 2001, n° 99-15.026, P V, n° 68 ; *JCP* 2001. IV. 1758 ; *RDSS* 2001. 321, obs. P.-Y. Verkindt.
5. Soc. 8 mars 2001, n° 99-18.585, P V, n° 78 ; *D.* 2001. 1077.
6. Soc. 23 nov. 2000, n° 99-13.084, NP – Soc. 22 mars 2001, n° 99-12.539, NP ; *Gaz. Pal.* 27-28 févr. 2002. Somm. 20, note F. Taquet – Civ. 2e, 31 mai 2001, n° 99-19.041, NP – Civ. 2e, 18 sept. 2003, n° 01-16.176, P II, n° 275 ; *D.* 2003. 2544 – Soc. 12 juill. 2001, n° 00-13.554, NP ; *RD rur.* 2002. 49 – Civ. 2e, 17 mai 2004, n° 02-15.221, NP.
7. Règl. CEE n° 1408/71, Conseil, 14 juin 1971, relatif à l'application des régimes de sécurité sociale aux travailleurs salariés et à leur famille qui se déplacent à l'intérieur de la Communauté, *JOCE* L 149, 5 juill., p. 2-50 – Soc. 13 juill. 2000, n° 99-10.458, P V, n° 280 ; *Gaz. Pal.* 11-12 mai 2001. Somm. 24, note F. Taquet.

dispositions des articles 85 et 86 du traité de Rome, elles étaient inapplicables aux organismes de sécurité sociale qui ne sont pas des entreprises [1]. Enfin les directives CEE des 18 juin et 10 novembre 1992 écartant expressément de leur champ d'application les assurances comprises dans un régime légal de sécurité sociale, on ne pouvait sérieusement prétendre que l'affiliation obligatoire contrevenait à la liberté d'établissement en matière d'assurance directe [2] (il a été jugé que le régime d'assurance-vieillesse des artisans est un régime de sécurité sociale auquel la directive du 10 novembre 1992 ne s'applique pas [3]).

§ 2
Créances recouvrables par l'opposition à tiers détenteur

0971.41 Créances concernées. Selon l'article L. 133-4-9 du CSS, l'OTD est applicable aux cotisations et contributions sociales impayées ainsi qu'aux majorations et pénalités de retard y afférentes. Elle s'applique également au recouvrement des indus de prestation.

À l'origine, l'OTD était réservée au recouvrement des cotisations sociales bénéficiant du privilège de l'article L. 243-4 du CSS ou ayant donné lieu à l'inscription de privilège prévu à l'article L. 243-5 du même code (CSS, art. L. 612-11 et L. 652-3 anc.). Ce privilège mobilier prenait rang concurremment avec celui des salariés établi par les articles L. 625-7 et L. 625-8 C. com. Depuis sa réécriture par l'article 24 de la loi du 22 décembre 2014 [4], l'article L. 652-3 et l'article L. 133-4-9 du CSS qui le remplace, n'énoncent plus le privilège dans les conditions d'ouverture de l'OTD. Le 6° de l'ancien article R. 652-2 du même code prescrivant sa mention (du privilège) dans la notification adressée au tiers détenteur, a été abrogé par l'article 4 du décret du 2 mars 2015 [5].

1. CJCE 17 févr. 1993, Poucet, Pistre c/AGF, aff. C-159/91 et C-160/91, Cancava, *Rec. CJCE* I-637 ; *D.* 1993. 277, obs. X. Prétot ; *JCP E* 1993. I. 264, n° 7 ; *RDSS* 1993. 310, obs. G. Vachet ; *RTD com.* 1993. 429, obs. C. Bolze ; *RTD eur.* 1995. 39, chron. J.-B. Blaise et L. Idot ; *JCP E* 1993. I. 264, n° 7 – Com. 6 avr. 1993, n° 90-13.625, P IV, n° 137 ; *RDSS* 1994. 110, obs. G. Vachet.
2. CJCE 26 mars 1996, José Garcia, aff. C-238/94, *Rec. CJCE* I-1673 ; *JCP E* 1996. Pan. 669, note F. Taquet ; *AJDA* 1996. 273, chron. H. Chavrier, E. Honorat et G. de Bergues.
3. Soc. 19 déc. 1996, n° 95-13.915, P V, n° 453.
4. L. n° 2014-1554, 22 déc. 2014, de financement de la sécurité sociale pour 2015, *JO* 24 déc., p. 21748, art. 24.
5. Décr. n° 2015-243, 2 mars 2015, relatif à la notification, par voie électronique, aux établissements de crédit, aux sociétés de financement et aux organismes gérant des régimes de protection sociale de certains actes pris en vue du recouvrement de créances de toute nature, *JO* 4 mars, texte 10.

A.
Nature des créances

0971.51 Créances causes de l'opposition à tiers détenteur. L'OTD permet le recouvrement forcé de toutes les créances sociales, notamment des cotisations et contributions afférentes aux divers régimes de protection, ainsi que des majorations et pénalités s'y rapportant. Cette mesure d'exécution peut aussi être utilisée pour obtenir le remboursement des prestations indûment versées à la suite d'une fraude ou d'une fausse déclaration, du non-respect des règles de tarification de distribution ou de facturation ou encore, d'une prise en charge injustifiée d'un accident de travail ou d'une maladie de longue durée. Ces créances doivent être préalablement liquidées et ne pas être éteintes par une prescription. L'OTD peut être mise en œuvre à l'expiration du délai imparti pour leur règlement et après une mise en demeure de régulariser restée infructueuse, suivie de l'émission d'un titre exécutoire.

0971.52 Cotisations et contributions impayées. Il s'agit des cotisations nécessaires au financement des différentes branches des régimes de protection sociale, qu'elles soient assises sur les salaires, les gains et revenus d'activité, les avantages de retraite ou les revenus et allocations de remplacement. Elles se rapportent aux risques couverts par l'assurance maladie et maternité, par l'assurance invalidité, vieillesse, décès et veuvage et par l'assurance contre les accidents du travail et les maladies professionnelles. Ce sont aussi les cotisations d'allocations familiales dues par les salariés, les employeurs et les travailleurs indépendants (CSS, art. L. 242-11). Il s'agit également des contributions à la charge des adhérents et des entreprises, telles que la contribution sociale généralisée (CSG) assise sur les revenus des travailleurs indépendants et des agriculteurs (CSS, art. L. 136-5, V, 2°) ou la cotisation de solidarité incombant aux sociétés et aux entreprises qui est recouvrable par voie de contrainte (CSS, art. L. 651-7 et D. 651-15 – C. rur., art. L. 731-23).

0971.53 Prestations indues. Les prestations indûment versées à la suite d'une fraude du bénéficiaire ou de l'inobservation des règles de tarification ou de facturation par un professionnel ou un établissement de santé peuvent justifier, pour leur remboursement, la délivrance d'une contrainte mise à exécution par voie d'OTD (CSS, art. L. 161-1-5, L. 133-4, R. 133-9-1 – C. rur., art. L. 725-3-1, R. 725-22-1 à R. 725-22-4). Les prestations servies à un salarié à la suite d'une maladie de longue durée ou d'un accident du travail, lorsqu'elles sont remboursables par l'employeur qui n'avait pas, à la date de l'un de ces événements, intégralement acquitté les cotisations sociales dues pour son personnel (CSS, art. L. 244-8), semblent pouvoir être recouvrées au moyen de l'OTD car la sanction que ce remboursement constitue s'apparente à une majoration ou à une pénalité de retard au sens de l'article L. 133-4-9 du CSS. Le remboursement ne porte d'ailleurs que sur les prestations versées entre l'accident ou l'arrêt de travail et le règlement des cotisations impayées.

L'article R. 725-5 C. rur. retient en outre que l'OTD, prévue par l'article L. 133-4-9 du CSS, est applicable, non seulement aux cotisations et à leurs accessoires, mais encore aux sommes dues en vertu des articles L. 725-10, L. 725-20, L. 751-35, L. 751-36 et L. 751-37 du même code. Ces textes sont relatifs au remboursement par l'employeur qui n'a pas intégralement versé les cotisations salariales, qui a omis de déclarer un accident du travail ou employé irrégulièrement des salariés étrangers, des prestations servies ou des dépenses faites par la caisse de MSA à la suite d'une maladie de longue durée ou des blessures subies par un salarié accidenté.

0971.54 Majorations et pénalités. Les majorations et pénalités de retard sont également recouvrables au moyen de l'OTD. Il s'agit des pénalités et majorations encourues pour non-paiement ou paiement tardif des contributions et cotisations (CSS, art. L. 131-62, L. 133-4, avant-dern. al., R. 243-18, R. 243-20-5) pour défaut de production ou production hors délai des documents permettant leur calcul (CSS, art. R. 133-14, III, R. 243-16, R. 243-17 et R. 243-31) ou à la suite d'un redressement consécutif à un contrôle (CSS, art. L. 243-7-6 et R. 243-18-1).

Les cotisations et contributions dues au titre des régimes agricoles peuvent également être assorties de majorations de retards pour défaut de paiement à l'expiration du délai d'exigibilité (C. rur., art. R. 731-68, al. 1er et 2, R. 741-24, al. 1er, R. 741-83, al. 1er et 2, et R. 741-92), pour insuffisance de versement à la date prévue (C. rur., art. L. 731-22) ou pour non-remboursement d'un indu de prestations dans le mois d'une mise en demeure (C. rur., art. R. 725-22-2, al. 2, et R. 725-22-3). Des pénalités forfaitaires existent également, sanctionnant les omissions, inexactitudes et transmissions tardives de documents d'information permettant, notamment le calcul des cotisations assises sur les salaires ou les revenus de remplacement (C. rur., art. R. 741-24 et R. 741-92 – CSS, art. R. 133-14, III) sur les avantages de retraite (C. rur., art. R. 741-82, al. 1er et 2) ou sur les revenus professionnels des non-salariés (C. rur., art. R. 731-20 et D. 731-41).

Ces majorations et pénalités de retard sont liquidées par le directeur de l'organisme chargé du recouvrement (ou de la gestion des prestations en cas d'indu). Elles doivent être versées dans le mois de leur notification par une mise en demeure et sont recouvrées comme en matière de cotisations (CSS, art. R. 243-19 et R. 114-11, dern. al.). Elles sont donc recouvrées avec les cotisations ou contributions auxquelles elles se rapportent ou dans un titre distinct lorsqu'elles sont échues ultérieurement.

Les sanctions appliquées pour inexactitude, défaut de remise ou transmission tardive des déclarations de salaires ou de revenus peuvent représenter des sommes importantes, surtout lorsqu'elles se cumulent avec une taxation d'office. Les cotisations et contributions sont provisoirement évaluées sur la base la plus élevée et sans tenir compte des exonérations auxquelles l'intéressé pourrait prétendre. Celui-ci a donc intérêt à régulariser, dès réception de la notification de la taxation provisoire, les déclarations erronées ou manquantes.

L'article L. 133-4-9 du CSS ne visant que les majorations et les pénalités de retard, on peut se demander si l'OTD est applicable au recouvrement de celles qui sanctionnent une inexactitude ou une omission dans les déclarations de salaires ou de revenus (CSS, art. L. 114-17, 1°, et R. 133-14, III – C. rur., art. R. 741-82, al. 2, et R. 741-92), la transmission par un autre moyen que la voie dématérialisée, des déclarations obligatoires et des versements de cotisation (CSS, art. L. 133-5-5), les obstacles aux opérations de contrôle (CSS, art. L. 114-17, 5°, L. 114-17-1, 1°, et L. 243-12-1) ou encore l'exercice d'un travail dissimulé ou les agissements frauduleux tendant à obtenir des prestations indues (CSS, art. L. 114-17, 3° et 4°, et L. 114-17-1, 3° à 10°).

B. Prescription des créances et de leur recouvrement

0971.61 Prescription des créances. Selon les articles L. 244-3 du CSS et L. 725-7, I C. rur., la demande en paiement des créances sociales et de leurs accessoires se prescrit par un **délai de trois ans** qui commence à courir :

– pour les contributions et cotisation, à compter de la fin de l'année civile au titre de laquelle elles sont dues (pour celles incombant aux travailleurs indépendants, à compter du 30 juin de l'année qui suit l'année de leur exigibilité) ;

– pour les majorations de retard afférentes aux contributions et cotisation en souffrance, à compter de la fin de l'année au cours de laquelle elles ont été payées ou, à défaut de paiement, de l'année de leur exigibilité ;

– pour les pénalités de retard sanctionnant la production tardive ou le défaut de production des déclarations obligatoires, à compter de la fin de l'année au cours de laquelle cette production a été faite ou, à défaut, de la fin de l'année au cours de laquelle l'avertissement ou la mise en demeure a été notifié ;

– pour les cotisations dues au titre des régimes de protection sociale agricole et les pénalités de retard y afférentes, à compter de l'expiration de l'année civile au titre de laquelle elles sont dues.

En cas de constatation, par procès-verbal, de l'infraction de travail illégal, le délai précité est porté à **cinq ans** (CSS, art. L. 244-11). Ce délai est également porté à cinq ans en présence d'une fraude ou d'une fausse déclaration pour les créances sociales des régimes agricoles (C. rur., art. L. 725-12, I).

La prescription est suspendue, en cas de contrôle effectué en application de l'article L. 243-7 du CSS, pendant la période contradictoire mentionnée à l'article L. 243-7-1, A, du même code. La prescription des cotisations et contributions sociales des régimes agricoles est également suspendue pendant la période contradictoire, lors des contrôles réalisés par les caisses de MSA en application des articles L. 724-7 et L. 724-11 C. rur. (C. rur., art. L. 725-12, II).

La prescription est interrompue par l'une des causes prévues par le Code civil (reconnaissance de dette, mesure conservatoire ou d'exécution). Elle l'est en outre par l'envoi d'une LRAR, quels qu'en aient été les modes de délivrance, sauf pour les taxes, cotisations et contributions dues ou recouvrées par les organismes de recouvrement (CSS, art. L. 133-4-6). Dans ce dernier cas, la lettre recommandée ne produit l'effet interruptif de prescription que lorsque l'avis de réception a été signé par le destinataire[1].

La prescription est interrompue, selon que la poursuite a lieu ou non à requête du ministère public, par l'avertissement ou la mise en demeure prévue à l'article L. 244-2 du CSS. Une nouvelle action, l'action civile en recouvrement, peut être intentée indépendamment ou après l'extinction de l'action publique née des infractions à la législation de sécurité sociale.

0971.62 Prescription de l'action civile en recouvrement. Cette action qui tend à obtenir un titre contre le débiteur, se prescrit par **trois ans** à partir de l'expiration du délai de régularisation d'un mois, imparti par l'avertissement ou la mise en demeure mentionnés aux articles L. 244-2 et L. 244-3 du CSS (CSS, art. L. 244-8-1) ainsi que par la mise en demeure visée à l'article L. 725-3 C. rur (C. rur., art. L. 725-7, I). Le délai est porté à **cinq ans** en cas de constatation, par un procès-verbal, de l'infraction de travail illégal (CSS, art. L. 244-11). Il en est de même, en présence d'une fausse déclaration, pour la prescription de l'action civile en recouvrement des créances sociales des régimes agricoles (C. rur., art. L. 725-12, I).

1. Soc. 25 mars 2003, nº 00-22.002, P V, nº 110 ; *RJS* 2003, nº 933 – *CONTRA* : Cass., ass. plén., 7 avr. 2006, nº 04-30.353, P, nº 4 ; *Dr. soc.* 2006. 808, note P. Coursier ; *JCP S* 2006. 1759, obs. A. Martinon.

La prescription de l'action en recouvrement est interrompue par la saisine, à la suite d'un avertissement ou d'une mise en demeure infructueuse, de la juridiction compétente pour se prononcer, après intervention de la commission de recours amiable, sur la réclamation contre la décision de l'organisme créancier. Un nouveau délai commence à courir à compter du jour où le jugement est devenu définitif (CSS, art. R. 244-1, al. 2).

Lorsqu'elle tend au remboursement de prestations versées indûment à la suite du défaut de respect des règles de tarification ou de facturation, l'action en recouvrement dirigée contre le professionnel ou l'établissement de santé se prescrit par trois ans (sauf en cas de fraude) à compter du règlement indu. Elle s'ouvre par l'envoi d'une notification demandant le paiement de la somme versée ou la fourniture d'observations (CSS, art. L. 133-4, III – C. rur., art. L. 725-3-1).

§ 3
Créances saisissables par opposition à tiers détenteur

0971.71 Créances objets de l'opposition à tiers détenteur. Toutes les créances détenues par le débiteur sur des tiers sont susceptibles d'être interceptées par voie d'opposition, quelles que soient leur origine, leur date d'exigibilité et les modalités les affectant (terme ou condition). Seules les rémunérations sont exclues du champ d'application de cette mesure d'exécution (CSS, art. L. 133-4-9, *in fine*). Ces rémunérations ne sont saisissables que dans les conditions prévues aux articles L. 212-1 à L. 212-14 C. pr. exéc.

Les créances alimentaires qui sont insaisissables ne peuvent faire l'objet de l'OTD.

Cette mesure peut être impactée par le statut de l'entrepreneur individuel à responsabilité limitée.

A.
Nature des créances objet de l'opposition

0971.81 Origine et caractéristiques. Toutes les créances du débiteur sur le tiers peuvent en principe, être l'objet d'une opposition (C. pr. exéc., art. L. 112-1). Il s'agit des créances de sommes d'argent. Le texte de l'article L. 133-4-9 du CSS vise les « *sommes appartenant ou devant revenir au débiteur* ».

Ce texte envisage les fonds de toute origine qu'ils se trouvent entre les mains d'un dépositaire, d'un simple détenteur ou d'un redevable. Il s'agit le plus souvent des dépôts sur compte bancaire, des fonds qui transitent chez les notaires à la suite de ventes immobilières, de certaines primes et subventions, des loyers et fermages, des indemnités d'assurance ou encore, des créances sur les entreprises ou sur les coopératives agricoles bénéficiaires de livraisons.

Les articles précités visent aussi bien les créances à exécution instantanées que celles qui sont affectées d'un terme ou d'une condition, peu important la date de leur exigibilité. L'opposition sur les créances à exécution successive fait l'objet d'une réglementation spécifique examinée plus loin (v. ss nos 0971.310 s. – CSS, art. R. 133-9-11). Toutefois les sommes dues à titre de rémunération sont exclues du champ de l'OTD. Elles ne peuvent être saisies que dans les conditions et selon la procédure prévue par le Code des procédures civiles d'exécution (CSS, art. L. 133-4-9, dern. al). Le Code du travail (C. trav., art. L. 3252-1 à L. 3252-5) ainsi que le Code des procédures civiles d'exécution (C. pr. exéc., art. L. 212-1 à L. 212-14) s'appliquent à la saisie des sommes dues, que le contrat avec le débiteur soit ou non en cours d'exécution[1].

Quelles que soient son origine et ses modalités, la créance interceptée doit être certaine, disponible et saisissable.

0971.82 **Cas des subventions et primes.** Parmi les créances susceptibles d'opposition, il faut signaler tout particulièrement les aides servies aux exploitants débiteurs dans le cadre de la **politique agricole nationale** et dans celui de la **politique agricole commune**. Ces primes et subventions sont versées par l'intermédiaire des comptables publics entre les mains desquelles elles sont fréquemment interceptées si elles n'ont pas d'abord fait l'objet d'une cession au profit d'une coopérative en contrepartie de ses avances. Ces aides à l'installation ou à la production sont des créances sur lesquelles les exploitants débiteurs n'ont pas d'emprise. L'identification de leurs bénéficiaires peut se trouver facilitée par la consultation de la liste publiée sur le site gouvernemental Telepac. La direction départementale des territoires peut aussi être interrogée pour connaître le comptable public assignataire de la dépense auquel l'opposition devra être notifiée avec désignation, à peine de nullité, de la créance objet de cette mesure (CSS, art. R. 133-9-5). Ce comptable dispose d'un délai de deux jours pour communiquer à l'organisme créancier les informations et pièces justificatives relatives à l'étendue de ses obligations à l'égard du débiteur, aux modalités pouvant les affecter et aux éventuelles saisies ou cessions antérieures (CSS, art. R. 133-9-5, 10°, et R. 133-9-8). Ces aides sont nombreuses en raison de la grande diversité des activités agricoles.

On peut notamment citer l'indemnité de calamité agricole, les paiements compensatoires aux surfaces cultivées, la prime au maintien des systèmes d'élevage extensifs, la prime compensatrice ovine, la prime au monde rural, les indemnités compensatoires de handicaps naturels, la prime au maintien du troupeau de vaches allaitantes, la prime spéciale aux bovins mâles, *etc*.

Mais pour être efficace, l'opposition doit intervenir au moment où la subvention ou la prime est effectivement attribuée à l'agriculteur. La Cour de cassation estime en effet que lorsque la demande est en cours d'instruction par les services compétents et que le préfet n'a pas encore pris la décision d'attribution, le droit de l'agriculteur n'est pas encore établi, de telle sorte que l'opposition ne peut être validée[2].

Mais dès lors qu'elles sont entrées dans le patrimoine du redevable, les primes communautaires sont susceptibles d'opposition car aucun texte interne ou supranational ne les déclare insaisissables[3]. La Haute juridiction s'est d'ailleurs expressément prononcée sur la saisissabilité des primes à la vache allaitante en déclarant que, destinées à compenser le déficit structural entre l'offre et la demande sur le marché communautaire, elles ne peuvent être assimilées à des rémunérations ou à des aliments partiellement ou totalement insaisissables[4]. Certaines aides, dès lors qu'elles sont acceptées, peuvent être payées en deux acomptes annuels de telle sorte qu'elles sont saisissables selon les modalités applicables aux créances à exécution successives par l'article R. 133-9-11 du CSS[5].

B. Conditions requises des créances objet de l'opposition

0971.91 **Créance certaine.** Il n'est pas nécessaire que la créance interceptée entre les mains du tiers soit consacrée par un titre exécutoire ni qu'elle soit liquide et exigible. Il suffit qu'elle existe dans le patrimoine du débiteur au moment de l'opposition. Toutefois, les modalités propres à cette obligation s'imposent à l'organisme créancier ou à la caisse de MSA qui ne peut avoir contre le tiers, plus de droit que le débiteur lui-même (C. pr. exéc., art. L. 112-1). Il lui faudra donc attendre, pour être payé, l'arrivée du terme ou de la condition et, le cas échéant, la liquidation de la créance.

1. Cass., ass. plén., 9 juill. 2004, n° 02-21.040, P, n° 11 ; *BICC* 1er avr. 2004, p. 11, rapp. Tredez, et p. 24, avis. Benmakhlouf ; *D.* 2004. 3161, note Bugada ; *RTD civ.* 2004. 779, obs. R. Perrot ; *JCP* 2005. II. 10047, note Donnier.
2. Civ. 2e, 9 oct. 1991, n° 90-14.635, P II, n° 236.
3. TGI Périgueux, JEX, 7 déc. 1995, n° 09501051, Liebau Joël c/CMSA Dordogne, inéd. – Bordeaux, 14 déc. 1999, RG n° 96/00297.
4. Civ. 2e, 18 sept. 2003, n° 01-16.176, P II, n° 275 ; *D.* 2003. 2544.
5. Sur la saisie des aides de la PAC, v. *Rev. prat. rec.* 2020, p. 3, étude M. Malet.

Cependant, la créance doit exister avec certitude dans le patrimoine du débiteur et s'y trouver toujours à la date où l'opposition est pratiquée. L'article L. 133-4-9 du CSS vise d'ailleurs les sommes « *appartenant ou devant revenir* » au débiteur et non de celles susceptibles de lui appartenir ou de lui revenir. Ainsi, la créance de restitution de fonds détenus par le débiteur contre le banquier tiers dépositaire, n'existe pas avec certitude tant que ces fonds ne sont pas versés sur son compte par l'organisme tenu d'effectuer ce versement[1]. La prime ou la subvention sollicitée par un agriculteur ne lui est pas attribuée avec certitude tant que sa demande est en cours d'instruction et que l'autorité compétente n'a pas pris sa décision. Elle ne peut faire l'objet d'un OTD[2]. Il en est de même pour une somme litigieuse, consignée judiciairement sur le compte d'une caisse autonome des règlements pécuniaires des avocats (Carpa) dans l'attente d'un jugement statuant sur sa propriété[3].

C'est également le cas de la créance de dividendes contre une société, laquelle n'existe pas avant que l'organisme habilité ait constaté que des sommes peuvent être distribuées et déterminé la part revenant à chaque associé. À défaut d'une telle décision, la mesure manque son effet et la société tiers-saisie qui n'a pas satisfait à l'obligation de renseignement ne peut être condamnée aux causes de la saisie[4].

Si la créance est déjà sortie du patrimoine du débiteur à la suite d'une cession opérée selon les modalités du droit commun (C. civ., art. 1321 à 1326) ou les formes simplifiées de la loi du 2 janvier 1991, dit « loi Dailly », l'opposition s'avère inefficace. Il en est également ainsi si la provision d'un chèque ou d'une lettre de change a été transférée au bénéficiaire ou à l'endossataire avant l'opposition. À noter également que le prix des biens cédés amiablement ou adjugés aux enchères dans le cadre d'une saisie-vente, n'appartient pas au débiteur mais aux créanciers saisissants et opposants auxquels il doit être distribué (C. pr. exéc., art. L. 221-4 – sur l'existence de la créance du débiteur contre le tiers, se reporter à la saisie-attribution et v. s[s] n°s 0812.61 s.).

0971.92 **Créance disponible.** La créance interceptée doit également être disponible entre les mains du tiers (C. pr. exéc., art. L. 211-2). La créance n'est pas disponible lorsqu'elle a fait l'objet d'une saisie antérieure (C. pr. exéc., art. L. 141-2), même s'il s'agit d'une saisie conservatoire (C. pr. exéc., art. L. 521-1 et L. 523-1). Précisons à cet égard que les directeurs des organismes de recouvrement peuvent, pour garantir le paiement des cotisations éludées par les auteurs d'un travail dissimulé, prendre des mesures conservatoires sans avoir à solliciter l'autorisation du JEX, lequel peut donner mainlevée de ces mesures si les conditions de leur mise en œuvre ne sont pas respectées ou si les peronnes contrôlées fournissent des garanties suffisantes. Les contestations des décisions des directeurs, qui n'ont pas d'effet suspensif, sont formées selon la procédure applicable à la saisine en urgence du juge précité (CSS, art. L. 133-1, II et III).

Sont également indisponibles les sommes consignées ou mises sous séquestre en raison d'un litige ou à la suite d'une vente d'immeuble ou de fonds de commerce en vue de la distribution du prix aux créanciers du cédant. Il en va de même pour les fonds versés à la Caisse des dépôts et consignation par le liquidateur. Ils sont insusceptibles d'opposition, de saisie-attribution ou d'avis à tiers détenteur de la part des créanciers postérieurs à l'ouverture de la procédure collective (C. com., art. L. 662-1). L'annulation pour illégalité de l'article 173 du décret du 27 décembre 1985 par le Conseil d'État avait fait temporairement disparaître cette cause d'indisponibilité ou plus exactement d'insaisissabilité[5] ; mais elle est réapparue à l'occasion de la refonte du Code de commerce dans l'article L. 662-1 qui est la reproduction de l'article 173.

La créance indisponible ne cesse cependant pas d'appartenir au débiteur et peut être valablement appréhendée par un autre créancier. L'indisponibilité fait seulement obstacle à l'effet attributif immédiat de l'opposition[6] (sur la disponibilité de la créance saisie, se reporter à la saisie-attribution, v. s[s] n°s 0831.130 s.).

0971.93 **Créance saisissable.** Enfin, la créance objet de l'opposition doit être saisissable, faute de quoi la mesure manque son effet. Sont notamment insaisissables les créances alimentaires et les créances déclarées insaisissables en vertu d'une disposition légale (prestations sociales, pensions de retraite, salaires, *etc.*). Rappelons qu'aucun texte interne ou supranational ne déclare insaisissables les primes ou les subventions versées dans le cadre de la politique agricole nationale ou communautaire, lesquelles ne sont assimilables, ni à des aliments, ni à des rémunérations[7]. Il appartient au débiteur qui soutient qu'une

1. Civ. 2e, 25 mars 1998, n° 96-14.706, P II, n° 109.
2. Civ. 2e, 9 oct. 1991, n° 90-14.635, P II, n° 236.
3. TGI Périgueux, JEX, 2 mars 1995, *Gaz. Pal.* 1995. 2. Somm. 603.
4. Civ. 2e, 23 nov. 2006, n° 05-20.255, NP ; *RJDA* 2007, n° 537 – Com. 13 sept. 2017, n° 16-13.674, P IV, n° 114 ; *Dr. et proc.* nov. 2017. 233, obs. Vinckel.
5. CE 9 févr. 2000, Min. Éco. et Fin. c/Périn, req. n° 192271, *Lebon* ; *D.* 2000. 136, obs. A. Lienhard ; *RTD com.* 2000. 724, obs. A. Martin-Serf ; *JCP* 2000. II. 1034, note H. Croze et T. Moussa.
6. Civ. 2e, 14 oct. 1999, n° 97-19.502, P II, n° 157 ; *D.* 2000. 754, note P. Soustelle ; *RTD civ.* 2000. 169, obs. R. Perrot ; *Procédures* févr. 2000, n° 32, note R. Perrot.
7. Civ. 2e, 18 sept. 2003, n° 01-16.176, P (préc., v. s[s] n° 0971.82) ; *D.* 2003. 2544.

créance a un caractère alimentaire de saisir le JEX afin qu'il en détermine la fraction insaisissable, au besoin en se référant aux barèmes prévus pour la saisie des rémunérations (C. pr. exéc., art. R. 112-4). Lorsque les sommes insaisissables sont versées sur un compte, l'opposition fait l'objet d'une réglementation spécifique exposée plus loin (v. ss nos 0971.341 s. – sur les créances insaisissables se reporter, v. ss nos 0141.101 s. et 0812.101 s.). La saisissabilité de la créance du redevable peut aussi être touchée par son statut d'entrepreneur individuel (v. ss no 0971.94 s.).

0971.94 **Saisissabilité des créances de l'entrepreneur individuel à responsabilité limitée ayant souscrit la déclaration d'affectation des articles L. 526-6 s. du Code de commerce.** L'entrepreneur individuel à responsabilité limitée dont le statut est défini aux articles L. 526-6 à L. 526-21 C. com., a la possibilité d'affecter à la garantie de ses seuls créanciers professionnels, par une déclaration publiée dans un registre légal ou à la Chambre d'agriculture, les biens, droits, obligations et sûretés nécessaires à l'exercice de son activité. Ses autres créanciers ont pour unique gage son patrimoine non affecté (C. com., art. L. 526-12). L'entrepreneur doit ouvrir un ou plusieurs comptes, distincts de son compte personnel, exclusivement dédiés à l'activité à laquelle le patrimoine a été affecté (C. com., art. L. 526-13, al. 3).

0971.95 **Saisissabilité des créances de l'entrepreneur individuel relevant du statut des articles L. 526-22 s. du Code de commerce.** L'entrepreneur individuel qui n'a pas recouru à la déclaration d'affectation précitée (v. ss no 0971.94) bénéficie, néanmoins, de plein droit, de la séparation de ses patrimoines personnel et professionnel en application du statut défini aux articles L. 526-22 s. C. com. L'entrepreneur relevant de ce statut est une personne physique exerçant en son nom propre, une ou plusieurs activités profesionnelles indépendantes. Les biens, droits, obligations et sûretés utiles à l'exercice de son ou de ses activités professionnelles constituent son **patrimoine professionnel**, lequel ne peut être scindé. Les éléments non compris dans ce patrimoine constituent son **patrimoine personnel.**

Seul le patrimoine professionnel de l'entrepreneur individuel répond de son engagement à l'égard de ses créanciers dont les droits sont nés à l'occasion de son exercice professionnel. Sont considérées comme nées à l'occasion de cet exercice professionnel, les dettes envers les organismes de recouvrement des cotisations et contributions sociales (C. com., art. L. 526-22).

Toutefois, cette limitation du gage des créanciers au seul patrimoine professionnel ou personnel selon l'origine de leurs créances, qui déroge au principe général selon lequel celui qui s'oblige engage tous ses biens présents et à venir (C. civ., art. 2284 et 2285), est inopposable aux organismes de recouvrement mentionnés aux articles L. 225-1 et L. 752-4 du CSS (l'Agence centrale des organismes de sécurité sociale et les caisses générales de sécurité sociales) lorsqu'ils recouvrent :

– l'impôt sur le revenu dû par les travailleurs indépendants relevant de l'article L. 613-7 du CSS concernant les personnes bénéficiant d'un avantage de retraite ou d'une pension d'invalidité tout en exerçant une activité professionnelle ;

– la contribution mentionnée à l'article L. 136-3 du CSS, c'est-à-dire la CSG due par les travailleurs indépendants non agricoles sur leurs revenus d'activité ;

– la contribution au remboursement de la dette sociale dont sont redevables tous les travailleurs indépendants mentionnés à l'article L. 611-1 du CSS.

Les organismes précités peuvent donc exercer leur droit de gage sur l'ensemble des patrimoines professionnels et personnels de l'entrepreneur individuel pour les créances sociales sus-mentionnées (CSS, art. L. 133-4-7, al. 2, et C. com., art. L. 526-24, al. 2).

0971.96 **Exécution forcée sur les créances de l'entrepreneur individuel quel que soit son statut.** En cas de procédure d'exécution, celle-ci ne peut porter que sur les biens sur lesquels le créancier a un droit de gage général tel que défini par l'article L. 526-12 ou prévu par l'article L. 526-22 C. com. (C. pr. exéc., art. L. 161-1 et L. 161-2). Il s'ensuit que l'OTD notifiée pour le recouvrement des créances des organismes de sécurité sociale ne peut porter, sauf l'exception prévue au profit de ceux mentionnés aux articles L. 225-1 et L. 752-4 du CSS (v. ss no 0971.95), que sur les biens et droits compris dans le seul patrimoine professionnel de l'entrepreneur individuel, qu'il soit adopté par une déclaration d'affectation ou qu'il résulte de plein droit du statut.

Cependant, lorsque l'entrepreneur individuel, quel que soit le statut dont il relève, a, dans l'exercice de son activité professionnelle et par des manœuvres frauduleuses ou à la suite de l'inobservation grave et répétée de la législation de la sécurité sociale, rendu impossible le recouvrement des contributions, cotisations, majorations et pénalités lui incombant au titre de cette activité, le recouvrement des sommes due peut être recherché sur la totalité de ses biens et de ses droits. (CSS, art. L. 133-4-7, al. 1er – C. com., art. L. 526-24, al. 1er – C. rur., L. 725-12-1).

Selon l'article R. 133-9-4-1 du CSS, constituent des inobservations graves et répétées des prescriptions de la législation de la sécurité sociale au titre d'une activité non salariée ou de l'emploi de personnel salarié pour cette activité :

– le défaut d'acquittement ou l'acquittement partiel, lorsqu'elles excèdent un certain montant et un certain nombre d'échéances des cotisations et contributions appelées ou mentionnées dans un plan d'apurement ou dans un échéancier de paiement ;

– l'absence de respect des échéances et des constitutions de dépôt d'une déclaration sociale, ou la souscription incomplète ou erronée d'une telle déclaration non corrigée ultérieurement et sanctionnée par des pénalités ou des majorations ;

– les manquements ayant conduit, à la suite de vérifications ou contrôles distincts, à la notification d'observation n'ayant pas donné lieu à redressement ou de redressements définitifs pour un montant total excédant un certain seuil.

SECTION 2
CONDITIONS D'OUVERTURE

§ 1
Nécessité d'un titre exécutoire

0971.101 Créances constatées dans un titre exécutoire. L'OTD étant une mesure d'exécution forcée, l'organisme créancier qui entend la mettre en œuvre doit être obligatoirement muni d'un titre exécutoire au sens de l'article L. 111-3 C. pr. exéc. (CSS, art. L. 133-4-9). On ne reviendra pas dans cette étude sur les explications détaillées et approfondies relatives aux titres exécutoires qui figurent au début de cet ouvrage (v. s^s n°s 0101.11 s., 0111.11 s., 0112.10 s., 0121.10 s., 0122.11 s., 0123.11 s. et 0124.11 s.). Seules y seront exposées les particularités concernant les titres permettant le recouvrement des cotisations sociales et de leurs accessoires.

Les cotisations et leurs accessoires doivent avoir été consacrés par un titre exécutoire qui peut être, soit une contrainte non frappée d'opposition dans le délai (CSS, art. L. 244-9 et R. 133-3 s.) soit une décision de condamnation obtenue dans le cadre de la procédure contentieuse devant le tribunal judiciaire (anc. TASS) ou à la suite d'une constitution de partie civile devant une juridiction répressive (CSS, art. L. 142-1 s., L. 244-1 à L. 244-11, R. 244-4 et R. 244-5). Ces décisions doivent avoir été notifiées ou signifiées, selon l'autorité ou la juridiction qui les a rendues avant leur mise à exécution.

En pratique, le titre exécutoire le plus couramment utilisé pour le recouvrement forcé des créances de sécurité sociale est la contrainte décernée sans débat contradictoire par les organismes sociaux qui bénéficient ainsi, en l'absence d'opposition du débiteur, d'une procédure simple et rapide. Est également utilisée, mais plus rarement, la technique de l'état exécutoire mis en recouvrement comme en matière d'impôt direct. La contrainte et l'état exécutoire peuvent également être utilisés, indépendamment de la procédure applicable au contentieux de la sécurité sociale et de l'action en constitution de partie civile prévues aux articles 418 et 536 C. pr. pén., pour le recouvrement des créances sociales des régimes agricoles, par les caisses de la MSA (C. rur., art. L. 725-3, II, 1° et 2°, L. 725-3-1 et R. 725-5). Seules les cotisations, contributions, pénalités et majorations visées dans le titre exécutoire peuvent être recouvrées par voie d'OTD. Les sommes devenues exigibles postérieurement à la contrainte ou au jugement doivent faire l'objet d'un nouveau titre après notification d'une mise en demeure par LRAR. Il en va notamment ainsi des pénalités et des majorations de retard qui doivent être spécialement liquidées, notifiées et recouvrées par les organismes ou les caisses dans les mêmes conditions que les cotisations. Les pénalités et majorations non visées peuvent être mises en recouvrement avec les nouvelles cotisations venant à échéance ou faire l'objet d'un recouvrement séparé en vertu de titres distincts (CSS, art. R. 114-11 et R. 243-19 – C. rur., art. R. 731-70, I, R. 741-84, R. 741-93 et R. 741-24, al. 2). Le commissaire de justice chargé de signifier le titre ne peut donc, de son propre chef, actualiser la créance en y ajoutant des sommes non mentionnées.

Tous ces titres sont soumis à un délai de prescription dont la durée varie selon qu'il s'agit d'une décision de justice, d'une contrainte ou d'un état exécutoire. L'expiration de ce délai fait obstacle à leur mise à exécution (v. s^s n°s 0971.161 s.).

Cependant, quelle que soit son origine, le titre ne peut être sollicité ou émis qu'après l'envoi à l'intéressé d'un avertissement ou d'une mise en demeure de régulariser sa situation.

§ 2
Mise en demeure préalable

A.
Règles communes

0971.111 Caractère obligatoire. Toute action ou poursuite tendant au paiement de cotisations ou de majorations ou au remboursement de prestations indûment versées doit être impérativement précédée de l'envoi d'un avertissement (poursuite à la requête du ministère public) ou d'une mise en demeure (poursuite à l'initiative d'un organisme de sécurité sociale) invitant le débiteur à se libérer dans un certain délai qui est en général d'un mois (CSS, art. L. 114-17-2, I, L. 133-4, III, L. 133-9-2, 3°, et L. 244-2 – C. rur., art. L. 725-3, II, R. 725-6 et R. 725-7). La mise en demeure est requise pour toutes les créances de sécurité sociale, y compris pour les majorations et pénalités (CSS, art. R. 114-11, *in fine*, R. 243-19 – C. rur., art. R. 731-70, I, et R. 741-24).

À défaut d'accomplissement de cette formalité, la procédure de recouvrement ne peut être valablement engagée[1].

Le formalisme et le contenu du document peuvent légèrement différer selon que le recouvrement porte sur des cotisations, des majorations, des pénalités ou des indus de prestation ou est la conséquence d'un redressement consécutif à un contrôle.

0971.112 **Forme et contenu.** L'avertissement ou la mise en demeure qui invite le débiteur à régulariser sa situation, dans le délai d'un mois, lui est adressé(e) par LRAR. Ce délai d'un mois doit être indiqué dans le document qui est adressé, avant toute action ou poursuite, à l'employeur ou au travailleur indépendant en infraction avec la législation de sécurité sociale[2]. Le document doit être **précis et motivé.** Il indique la nature, la cause et le montant des sommes réclamées, les majorations et les pénalités qui s'y appliquent ainsi que la période à laquelle elles se rapportent (CSS, art. L. 244-2 et R. 244-1, al. 2 – C. rur., art. L. 725-3, II, R. 725-6 et R. 725-7). Outre les mentions précitées, l'article R. 725-6 C. rur. précise que la mise en demeure indique, à peine de nullité, les voies de recours ouvertes par les articles R. 142-1 et R. 142-10-1 du CSS, ainsi que les délais pour les exercer. Le défaut de motivation de l'avertissement ou de la mise en demeure constitue une irrégularité de fond qui entraîne la nullité du document sans qu'il y ait lieu de justifier d'un grief. La Cour de cassation estime que les mentions prescrites doivent pleinement informer le débiteur, invité à régulariser sa situation, sur l'étendue de ses obligations[3]. Une mise en demeure réclamant des cotisations est irrégulière, dès lors qu'elle ne permet pas au débiteur de connaître la cause et l'étendue de son obligation ainsi que la procédure de redressement qui en est la suite[4]. Une mise en demeure non chiffrée, visant des cotisations impayées, n'est pas valable et n'interrompt pas la prescription[5]. De même, la mise en demeure de payer des majorations de retard complémentaires ne peut être validée si elle ne comporte pas l'indication de la nature et du montant des cotisations auxquelles elle se rapporte[6]. Mais la mise en demeure valable peut servir de base à une contrainte, même si le montant de la somme initialement réclamée a été réduit[7].

La mise en demeure doit également indiquer la dénomination de l'organisme qui l'a émise mais n'a pas à être signée par son directeur[8]. L'omission des noms, prénom et qualité du signataire prévu par l'article 4 (al. 2) de la loi du 12 avril 2000[9] relative aux droits des citoyens dans leurs relations avec les administrations (intégrée dans le Code des relations entre le public et l'administration [CRPA]) n'entraîne pas la nullité de la mise en demeure[10].

B.
Règles particulières

0971.121 **Mise en demeure consécutive à un contrôle.** Tout contrôle des cotisations ou des contributions est précédé par un avis adressé trente jours au moins avant la première visite. Le contrôle se déroule selon une procédure à l'issue de laquelle l'agent communique à la personne contrôlée ses observations motivées avec indication du fondement, en droit et en fait, du montant et de l'assiette de calcul du redressement ainsi que d'éventuelles majorations et pénalités. L'intéressé, qui peut d'ailleurs se faire assister d'un conseil, dispose de trente jours pour répondre et proposer des documents complémentaires. L'agent doit y apporter une réponse circonstanciée (CSS, art. L. 243-7, R. 243-59 et R. 725-6, dern. al, a et b). Le Code rural a adopté une procédure de contrôle analogue pour les cotisations et les indus de prestations, recouvrés par les caisses de MSA (C. rur, art. L. 724-11, R. 724-7 et R. 724-9). La lettre d'observations prescrite à l'issue du contrôle est une formalité substantielle qui assure le respect de la contradiction et la sauvegarde des droits de la défense de telle sorte que son défaut d'accomplissement entraîne la nullité du contrôle et de la procédure subséquente[11].

La période de contradiction engagée par la lettre d'observation est préalable à l'envoi de tout avertissement ou mise en demeure (CSS, art. L. 243-7-1, A). L'organisme créancier doit impérativement attendre l'expiration du délai de trente jours imparti au

1. Civ. 2e, 9 mars 2017, no 16-12.209, P II, no 53 ; *JCP S* 2017. II. 1124, note T. Tauran.
2. Civ. 2e, 19 déc. 2019, no 18-23.623, P.
3. Soc. 19 mars 1992, no 88-11.682, P V, no 204 ; *JCP* 1992. II. 21964, note F. Taquet ; *D.* 1993. Somm. 275, obs. X. Prétot – Soc. 23 oct. 1997, no 95-10.655, P V, no 329 ; *RJS* 1997, no 1439 ; *D.* 1998. Somm. 388, obs. X. Prétot.
4. Civ. 2e, 16 juill. 2020, no 19-15.523, NP ; *RD. rur.* 2020, no 163, note T. Tauran – Civ. 2e, 11 mai 2023, no 21-21.404, NP ; *RD. rur.* 2023, no 96, note T. Tauran.
5. Soc. 20 oct. 1994, no 92-10.035, P V, no 285.
6. Civ. 2e, 4 avr. 2018, no 17-15.093, P II, no 69 ; *JCP E* 2018. II. 1234, obs. F. Taquet ; *JCP S* 2018. II. 1177, note M. Michalletz ; *RJS* 2018, no 441.
7. Soc. 5 nov. 1992, no 90-17.220, P V, no 533 – Soc. 13 janv. 1994, no 91-21.909, P V, no 10 – Civ. 2e, 7 janv. 2021, no 19-24.831, NP ; *RD. rur.* 2021, no 83, note T. Tauran.
8. Soc. 16 nov. 1995, no 93-13.942, P V, no 303.
9. L. no 2000-321, 12 avr. 2000, relative aux droits des citoyens dans leurs relations avec les administrations, *JO* 13 avr., p. 5646.
10. Cass., avis, 22 mars 2004, no 00-40.002, P, no 2 ; *JCP E* 2004, no 772, p. 844, obs. F. Taquet – Civ. 2e, 5 juill. 2005, no 04-30.196, P I, no 179 ; *JCP S* 2005. II. 118, note X. Prétot.
11. Civ. 2e, 12 juill. 2018, no 17-18.766, P ; *JCP S* 2018. II. 1290, note T. Tauran ; *RJS* 2018, no 643.

cotisant pour répondre aux observations, avant d'expédier l'avertissement ou la mise ne demeure[1].

Lorsque la mise en demeure ou l'avertissement est établi en application des dispositions de l'article L. 243-7, le document mentionne au titre des différentes périodes annuelles contrôlées, les montants notifiés par la lettre d'observations corrigés, le cas échéant, à la suite des échanges entre la personne contrôlée et l'agent chargé du contrôle. La référence et les dates de la lettre d'observations et, le cas échéant, du dernier courrier établi par l'agent en charge du contrôle lors des échanges mentionnés au III de l'article R. 243-59, figurent sur le document. Les montants indiqués tiennent compte des sommes déjà réglées par la personne contrôlée (CSS, art. R. 244-1, al. 2).

0971.122 Mise en demeure concernant des prestations indues. Lorsque l'inobservation des règles de facturation, de distribution ou de tarification est à l'origine du versement de prestations indues, la procédure de recouvrement contre le professionnel, le distributeur ou l'établissement de santé s'ouvre par l'envoi d'une notification de rembourser l'indu ou de produire des observations dans un délai de deux mois à compter de sa réception. Cette notification est envoyée par tout moyen permettant de prouver sa date de réception. Elle doit mentionner le montant et la date des versements indus, le délai pour les rembourser ou formuler des observations et indiquer les modalités de recours ouvertes en cas de maintien par l'organisme de sa demande de paiement (CSS, art. L. 133-4, III, et R. 133-9-1, I – C. rur., art. L. 725-3-1, al. 1er, et R. 725-22-1). Le professionnel ou l'établissement peut ainsi saisir la commission de recours amiable d'une réclamation. La notification doit indiquer le délai de saisine de la commission (deux mois selon l'art. R. 142-1 du CSS), faute de quoi aucune forclusion ne peut être opposée à l'auteur de la réclamation[2]. Par ailleurs, la forclusion n'est pas encourue par le professionnel de santé lorsqu'il a introduit son recours préalable dans les délais, non auprès de la commission de recours amiable, mais d'une autorité administrative ou d'un organisme de sécurité sociale (ou de MSA) tel que le service gestionnaire de la caisse primaire d'assurance-maladie (CPAM) dont la décision a fait l'objet de la réclamation (CSS, art. R. 142-18)[3]. Cette règle n'a pas été reprise dans le nouvel article R. 142-18 issu du décret du 30 décembre 2019[4]. Toutefois, l'article R. 142-1-A du CSS précise que les recours préalables en matière de sécurité sociale et de mutualité sociale agricole sont régis par le Code des relations entre le public et l'Administration dont l'article L. 114-2 retient que lorsqu'une demande est adressée à une administration incompétente, cette dernière la transmet à l'administration compétente et en avise l'intéressé[5].

À défaut de paiement à l'expiration du délai de forclusion de deux mois imparti pour saisir la commission instituée par l'article R. 142-1 du CSS ou après notification de la décision de cette commission rejetant les observations, le directeur de l'organisme de prise en charge adresse une mise en demeure par LRAR ou par tout moyen permettant d'établir sa date de réception. La mise en demeure de payer dans le délai d'un mois ne peut concerner que des sommes mentionnées dans la notification précédemment évoquée. Elle comporte, outre la cause, la nature et le montant des sommes réclamées, la date du ou des versements indus, le motif, le cas échéant, du rejet des observations présentées et le nouveau délai de régularisation d'un mois à compter de sa réception. Elle mentionne également la majoration de 10 % appliquée en cas de non-paiement dans ce délai ainsi que les modalités et les délais de recours (CSS, art. L. 133-4, III, et R. 133-9-1, I – C. rur., art. L. 725-3-1 et R. 725-22-2).

La mise en demeure est obligatoire et l'organisme créancier ne peut engager la procédure de recouvrement qu'après l'avoir adressé au débiteur, même si l'indu lui a été précédemment notifié[6].

0971.123 Mise en demeure concernant certaines pénalités. Les directeurs des organismes chargés de la gestion des prestations sociales victimes d'agissements indélicats ou frauduleux peuvent prononcer des pénalités dont le montant est fixé en fonction de la gravité des faits et dans le cadre d'une procédure contradictoire au cours de laquelle les personnes en cause sont invitées à formuler des observations et peuvent exercer un recours devant le tribunal judiciaire spécialement désigné en application de l'article L. 211-16 du COJ (CSS, art. L. 114-17-2, I). La juridiction saisie peut apprécier l'adéquation de la sanction prononcée à la gravité de l'infraction commise. Mais si cette infraction a provoqué le versement de prestations indues (des indemnités journalières par exemple), le remboursement ordonné par la juridiction ne s'analyse pas en une sanction et doit en conséquence se cumuler avec la pénalité

1. Civ. 2e, 4 mai 2017, no 16-15.861, P II, no 86 ; *JCP E* 2017. II. 1298, note F. Taquet ; *JCP S* 2017. II. 1197, note Derue.
2. Civ. 2e, 12 juill. 2018, no 17-20.198, P ; *JCP S* 2018. II. 1300, note A. Bouilloux.
3. Civ. 2e, 12 juill. 2018, no 17-22.459, P ; *JCP S* 2018. II.1301, note A. Bouilloux.
4. Décr. no 2019-1506, 30 déc. 2019, relatif à la simplification du contentieux de la sécurité sociale, *JO* 31 déc., texte 6, art. 4.
5. *Lettre Civ. 2e*, no 12, juill. 2024, « Protection sociale, procédure », ss Civ. 2e, 21 mars 2024, no 22-13.906, B.
6. Civ. 2e, 9 mars 2017, no 16-12.209, P (préc., v. ss no 0971.111) ; *JCP S* 2017. II. 1124, note T. Tauran.

applicable en vertu de l'article L. 114-17-1 du CSS que le débiteur ne peut être dispensé de payer[1].

Une fois définitivement fixée, la pénalité fait l'objet d'une notification à la personne concernée, lui impartissant un délai de deux mois pour s'en acquitter ou pour saisir la juridiction compétente, avec indication des modalités et du délai de ce recours.

À défaut de paiement ou de rejet du recours, s'il est exercé, le directeur de l'organisme gestionnaire envoie, à l'intéressé, une mise en demeure de régler le montant de la pénalité dans le mois de sa réception. Le document est transmis par tout moyen permettant de rapporter la preuve de sa date de réception. Il comporte les mêmes mentions que la notification de la pénalité concernant sa cause (notamment les faits reprochés), sa nature et son montant ainsi que le délai de paiement et la majoration de 10 % dont il est assorti. Les délais et voies de recours sont également indiqués (CSS, art. L. 114-17, L. 114-17-1, L. 114-17-2 et R. 114-11).

§ 3
Titres exécutoires juridictionnels

0971.131 **Décisions des juridictions de sécurité sociale.** Dans chaque département en principe, un tribunal judiciaire (TJ) est spécialement désigné pour connaître des litiges relevant du **contentieux général de la sécurité sociale** défini à l'article L. 142-1 du CSS (COJ, art. L. 211-16, 1°). Ce contentieux comprend, notamment, les différends relatifs à l'application des législations et réglementations de sécurité sociale et de mutualité sociale agricole, ainsi qu'au recouvrement de certaines contributions et cotisations prévues par le Code du travail (CSS, art. L. 142-1, 1° à 3°).

Lorsqu'il statue dans les matières visées à l'article L. 211-16 du COJ, le TJ se prononce dans une formation échevinée composée du président de la juridiction ou du magistrat qui le remplace et deux assesseurs représentant les salariés, pour le premier, et les employeurs et les travailleurs indépendants, pour le second (COJ, art. L. 218-1). La formation collégiale, saisie par requête, juge des litiges selon la **procédure juridictionnelle** mentionnée aux articles R. 142-10 s. du CSS.

Le président de la formation de jugement peut toutefois, par ordonnance motivée, rejeter les requêtes manifestement irrecevables (CSS, art. R. 142-10-2). Par ailleurs, le président du tribunal peut statuer selon la **procédure d'injonction de payer**, en matière de prise en charge injustifiée ou des prestations indues, par des ordonnances susceptibles d'opposition (CSS, art. R. 142-10-8 – v. s[s] n° 0971.132).

Le **président du TJ spécialement désigné** peut également être saisi par voie d'assignation, notamment pour voir déclarés solidairement responsables du paiement des contributions et cotisations éludées les dirigeants de droit ou de fait des personnes morales ayant fait l'objet d'une verbalisation pour travail dissimulé (CSS, art. R. 243-3-2). La procédure ordinaire est orale, mais toute partie peut, en cours d'instance, exposer ses moyens par lettre, sous réserve de les avoir préalablement communiqués à l'adversaire par LRAR (CSS, art. R. 142-10-4).

Les **jugements rendus par le TJ spécialement désigné** concernent principalement les **oppositions à contrainte ou à ordonnance d'injonction de payer** (CSS, art. L. 244-9 et R. 142-10-1) et les **recours juridictionnels**, après échec du recours administratif préalable obligatoire, contre les décisions des organismes de sécurité sociale (CSS, art. L. 142-4 et R. 142-1 s.). Le TJ qui statue en matière de contentieux de la sécurité sociale peut ordonner l'exécution provisoire de toutes ses décisions. Certaines sont toutefois exécutoires par provision, notamment lorsqu'elles concernent l'indemnité journalière (CSS, art. R. 142-10-6) ou l'opposition à contrainte (CSS, art. R. 133-3, dern. al.).

La décision du TJ spécialement désigné est notifiée par le greffe. Il appartient à l'organisme poursuivant de justifier de la notification par le greffe de cette juridiction. À défaut de pouvoir le faire, il doit signifier la décision par acte extrajudiciaire[2].

L'appel est interjeté devant une cour d'appel spécialement désignée en application de l'article L. 311-15 du COJ. La procédure est sans représentation obligatoire et les arrêts sont notifiés par le greffe (CSS, art. R. 142-11 et R. 142-12). Toutefois, le TJ se prononce en dernier ressort, quel que soit le chiffre de la demande, sur les recours contre les décisions prises par les directeurs des organismes ou les commissions de recours amiable en matière de remise de certaines majorations et pénalités (CSS, art. R. 244-2).

0971.132 **Ordonnance d'injonction de payer.** Le recouvrement d'une créance peut être demandé suivant la procédure d'injonction de payer lorsqu'elle résulte d'une prise en charge injustifiée ou d'un indu de prestation. La demande est portée devant le **président du tribunal** du lieu où demeure le débiteur, tout autre juge devant se déclarer d'office incompétent. La procédure est régie par les articles 1407 s. C. pr. civ., sous réserve des dispositions relatives à la procédure orale (CSS, art. R. 142-10-8). Si la demande lui paraît fondée, en tout ou partie, le président rend

1. Civ. 2e, 12 juill. 2018, n° 17-16.539, P II, n° 157 ; *JCP S* 2018. Actu. 244 et II. 1282, note X. Aumeran.

2. Civ. 2e, 21 déc. 2006, n° 04-18.174, P II, n° 361 ; *JCP* 2007. IV. 1212.

une ordonnance portant injonction de payer la somme qu'il détermine. En cas de rejet, total ou partiel, le créancier insatisfait doit procéder selon les voies de droit commun.

Une copie certifiée conforme de la requête et de l'ordonnance revêtue de la formule exécutoire doit être signifiée par le créancier dans les six mois de la décision. À défaut, l'ordonnance est non avenue, même si le débiteur s'est exécuté volontairement en effectuant des versements[1]. Cette caducité affecte la régularité de la procédure ultérieure[2]. Cette signification vaut acceptation, par l'organisme créancier, de la somme retenue par l'ordonnance. Elle engage l'action en paiement et interrompt la prescription[3].

Pour être valable et ne pas encourir la sanction de la nullité, l'acte de signification doit contenir, outre les mentions prescrites pour tous les exploits, sommations au débiteur, soit de payer la somme fixée, soit de former opposition si des moyens de défense peuvent être invoqués. Sous la même sanction, l'acte doit indiquer le délai et les modalités d'exercice du recours, le tribunal devant lequel il doit être porté, ainsi que les conséquences du défaut d'opposition en temps utiles (C. pr. civ., art. 1413). Le débiteur peut s'opposer à l'ordonnance dans le mois de sa signification. Toutefois, si la signification n'a pas été faite à personne, l'opposition est recevable jusqu'à l'expiration du délai d'un mois suivant le premier acte signifié à personne ou, à défaut, suivant la première mesure d'exécution ayant pour effet de rendre indisponibles en tout ou partie les biens du débiteur (C. pr. civ., art. 1412 et 1416). Lorsque la mesure d'exécution est pratiquée entre les mains d'un tiers, comme c'est le cas de la saisie-attribution, de l'opposition à tiers détenteur ou de la saisie des rémunérations, initiale ou par voie d'intervention, c'est la dénonciation de cette mesure au débiteur, au moyen, selon le cas, d'une signification ou d'une notification, qui fait courir le délai d'opposition[4]. La dénonciation de la saisie-attribution constitue le point de départ du délai, même si elle n'a pas été signifiée à personne[5]. En revanche, la notification de l'intervention à une saisie des rémunérations ne fait courir le délai d'opposition à l'injonction de payer qu'à partir de la date de réception de la lettre par le débiteur[6].

L'opposition est portée, selon le cas, devant la juridiction dont le juge ou le président a rendu l'ordonnance. Elle est faite au greffe par le débiteur ou son mandataire, muni d'un pouvoir spécial s'il n'est pas avocat, soit par déclaration contre récépissé, soit par lettre recommandée. Elle doit, à peine de nullité, mentionner l'adresse du débiteur (C. pr. civ., art. 1415).

Selon l'article 1422 C. pr. civ., délai d'opposition et l'opposition elle-même, si elle est formée dans le délai, sont suspensifs d'exécution. Ce n'est qu'à l'expiration de ces causes de suspension que l'ordonnance constitue un titre exécutoire et produit les effets d'un tel titre et d'une décision de justice. Elle produit alors tous les effets d'un jugement contradictoire et n'est pas susceptible d'appel, même si elle accorde des délais de paiement.

Jusque-là, demeurent applicables les dispositions qui suivent. Ainsi, le défaut d'opposition dans le mois de la signification, quelles que soient les modalités de celle-ci, le créancier peut demander que l'ordonnance soit revêtue de la formule exécutoire. L'ordonnance est non avenue si cette demande n'est pas présentée dans le mois qui suit l'expiration du délai d'opposition. L'ordonnance non contestée, qui produit tous les effets d'un jugement contradictoire, n'est pas susceptible d'appel (C. pr. civ., art. 1422 et 1423).

0971.133 **Décisions des juridictions répressives.** Le non-paiement des cotisations, la rétention du précompte des contributions salariales, le travail illégal et plus généralement, le défaut de respect de la législation de sécurité sociale, constituent des infractions entraînant des poursuites devant les juridictions répressives (CSS, art. L. 244-1 s.). Outre la sanction pénale, les décisions rendues peuvent prononcer, au profit de l'organisme qui s'est constitué partie civile, une **condamnation au paiement des sommes non acquittées** et des **majorations de retard** s'y rapportant. C'est notamment le cas des contributions non versées par les employeurs ou les travailleurs indépendants (CSS, art. R. 244-4 et R. 244-5). Un avertissement ou une mise en demeure, selon que les poursuites sont ou non exercées à la requête du ministère public, est préalablement adressé à l'employeur ou au travailleur indépendant afin de l'inviter à régulariser sa situation (CSS, art. L. 244-2).

Précisons que l'action en constitution de partie civile, prévue aux articles 418 et 536 C. pr. pén., est également ouverte aux caisses de la MSA pour obtenir le paiement des sommes qui lui sont dues au titre des régimes de protection sociale agricole (C. rur., art. L. 725-3, II).

1. Civ. 2e, 17 oct. 2019, no 18-18.759, P ; *Rev. prat. rec.* 2020, no 8, p. 10, obs. S. Dorol.
2. Civ. 2e, 8 juill. 2004, no 02-19.504, P II, no 366 ; *D.* 2004. IR 2548 ; *Procédures* 2004, no 200, note R. Perrot.
3. Civ. 1re, 5 nov. 2009, *Gaz. Pal.* 14-18 mai 2010, p. 18, note S. Amrani-Mekki ; *RD banc. fin.* 2010, no 48 (2e espèce), note Mathey.
4. Cass., avis, 16 sept. 2002, no 02-00.003, P, no 4 ; *Procédures* 2002. Comm. 224, note R. Perrot ; *Dr. et proc.* 2002. 102, note M. Dymant – Civ. 2e, 24 oct. 2024, no 22-15.682, B ; *Procédures* 2025. Comm. 6, p. 23, note R. Laher.
5. Civ. 2e, 18 févr. 2016, no 14-26.395, NP ; *Dr. et proc.* 2016. 97, note S. Dorol.
6. Civ. 2e, 24 oct. 2024, no 22-15.682, B (préc. ss prést no).

Les demandes portées devant la juridiction civile et devant la juridiction répressive n'ont ni le même objet ni la même cause, de telle sorte que l'organisme qui a délivré, pour le recouvrement des cotisations impayées et des majorations de retard s'y rapportant, une contrainte validée par un jugement confirmé en appel, est recevable et bien fondée à solliciter devant le tribunal de police, sans que l'article 5 C. pr. pén. puisse lui être opposé, des dommages et intérêts en réparation du préjudice, distinct de celui compensé par les majorations de retard[1]. Par ailleurs, l'autorité absolue de la chose jugée, attachée à un jugement correctionnel ayant prononcé une condamnation pour détournement de cotisations mais non de majorations de retard, ne fait pas obstacle à ce que le paiement de ces majorations soit demandé devant le juge civil[2]. Il convient de préciser qu'en cas de relaxe définitive, du chef de l'infraction de travail dissimulé, le principe de l'autorité de la chose jugée au pénal sur le civil s'oppose à ce que la juridiction civile accueille la contrainte délivrée pour le recouvrement des sommes réclamées en conséquence des poursuites pénales[3].

§ 4
Titres spécifiques aux créances de sécurité sociale

A.
Contrainte décernée par le directeur de l'organisme

0971.141 Émission et motivation de la contrainte. Pour le recouvrement des cotisations, contributions et indus de prestations, ainsi que des majorations et pénalités de retard, les organismes de sécurité sociale disposent d'une procédure simple et rapide pour se procurer un titre exécutoire. Ils peuvent émettre, à l'encontre des débiteurs, des contraintes qui, à défaut d'opposition devant le tribunal compétent, produisent tous les effets d'un jugement et confèrent, notamment, le bénéfice de l'hypothèque judiciaire (CSS, art. L. 114-17-2, I, L. 133-4, III, L. 133-9-2, 3°, L. 161-1-5, L. 244-9, L. 382-29 et L. 651-7 – C. rur., art. L. 725-3, II, 1°, et L. 725-3-1, al. 1er).

La contrainte est décernée par le directeur de l'organisme si la mise en demeure est restée sans effet au terme du délai de régularisation d'un mois (CSS, art. R. 114-11, dern. al., R. 133-3, R. 133-9-1, III et R. 382-99 – C. rur., art. R. 725-7, al. 2). La contrainte décernée sous la responsabilité du directeur d'une Urssaf peut être signée par un agent de cet organisme titulaire d'une délégation de pouvoir antérieure, sans avoir à justifier d'un pouvoir spécial pour la signature des contraintes[4].

En cas de procédure collective, la contrainte peut être délivrée et validée postérieurement au jugement d'ouverture en ce qu'elle constitue le titre exécutoire nécessaire à l'établissement de la créance née antérieurement. Cependant, cette validation ne peut conduire, en application de l'article L. 622-21 C. com., à la condamnation du débiteur au paiement[5].

En application des dispositions combinées des articles L. 244-2, L. 244-9 et R. 244-1 du CSS, la contrainte, comme la mise en demeure qui la précède impérativement, doit permettre à l'intéressé de connaître la cause et l'étendue de son obligation. Elle doit préciser, à cette fin, à peine de nullité et sans qu'il soit besoin de justifier d'un préjudice, la nature et le montant des sommes réclamées ainsi que la période à laquelle elles se rapportent. Le fait que la mise en demeure comporte ces indications ne dispense cependant pas l'organisme créancier de motiver la contrainte qu'il décerne ultérieurement pour le recouvrement des sommes demeurées impayées[6].

Toutefois, si la chambre sociale de la Cour de cassation se prononce dans le même sens que la deuxième chambre civile en ce qui concerne le contenu de la contrainte et la sanction applicable[7], elle adopte une position différente au sujet de la motivation par référence à la mise en demeure dès lors que celle-ci n'est pas contestée[8].

La contrainte doit faire référence à des mises en demeure régulières[9]. Ainsi, ne peut être annulée la contrainte qui fait référence à une mise en demeure incontestable qui permet à l'assuré de connaître la nature, la cause et l'étendue de son obligation[10].

Lorsque la somme figurant sur la contrainte s'est trouvée ultérieurement diminuée, ce titre demeure néanmoins valable à concurrence du chiffre réduit[11].

1. Crim. 5 oct. 2004, n° 04-84.056, P, n° 231.
2. Soc. 7 nov. 1991, n° 89-11.227, P IV, n° 483.
3. Civ. 2e, 31 mai 2018, n° 17-18.142, P.
4. Soc. 4 mai 2000, n° 98-21.057, NP ; *RJS* 2000, n° 866 – Soc. 30 mai 2002, n° 00-14.512, P V, n° 185 ; *RJS* 2002, n° 1023.
5. Com. 17 févr. 2015, n° 13-26.931, P IV, n° 37.
6. Civ. 2e, 3 nov. 2016, n° 15-20.433 P, *JCP S* 2016. II. 1427, note M. Michalletz ; *RJS* 2017, n° 64.
7. Soc. 19 mars 1992, n° 88-11.682, P V, n° 204 – Soc. 6 févr. 2003, n° 01-20.534, P V, n° 47.
8. Soc. 19 juill. 2001, n° 00-11.255, P V, n° 280 ; *RJS* 2001, n° 1222 – Soc. 4 oct. 2001, n° 00-12.751, P V, n° 298 ; *RJS* 2002, n° 215.
9. Civ. 2e, 16 juill. 2020, n° 19-15.523, NP ; *RD rur.* 2020, n° 163, note T. Tauran.
10. Soc. 19 juill. 2001, n° 00-11.255, P V, n° 280 ; *JCP* 2001. IV. 2763 – Civ. 2e, 7 avr. 2022, n° 21-20.072, NP ; *RD rur.* 2022, n° 180, note T. Tauran – Civ. 2e, 21 mars 2024, n° 21-12.195, NP ; *RD rur.* 2024. 37, note T. Tauran.
11. Soc. 19 oct. 1978, P V, n° 678 – Soc. 30 mars 1982, n° 80-16.157, P V, n° 235.

Cependant, lorsque la contrainte a été signifiée pour une somme inférieure à son montant, l'acte de signification doit, sous peine d'être déclaré irrégulier, comporter le décompte explicitant la différence[1].

L'exception de nullité de la contrainte délivrée par une Urssaf qui n'indique pas la nature, le montant détaillé et la période de référence des cotisations dues, peut être présentée en tout état de cause[2]. La contrainte peut être valablement délivrée à l'héritier du débiteur défunt. Les majorations de retard courent à compter de la date limite d'exigibilité des cotisations impayées, sans qu'une mise en demeure préalable soit nécessaire[3]. Précisons que la contrainte décernée sur le fondement de l'article L. 244-9 du CSS a exclusivement pour objet le recouvrement de cotisations, contributions et majorations de retard et non celui des indus de prestations versées par erreur[4].

0971.142 Notification ou signification de la contrainte. La contrainte est notifiée par tout moyen permettant de prouver sa date de réception, notamment par LRAR. Elle peut également être signifiée par acte de commissaire de justice. À peine de nullité, la notification ou la signification mentionne la référence de la contrainte et son montant, le délai d'opposition, l'adresse du tribunal compétent et les formes requises pour sa saisine (CSS, art. R. 133-3, al. 1er, et R. 133-37, al. 1er – C. rur. art. R. 725-8). Le commissaire de justice avise l'organisme créancier dans les huit jours de la date de la signification (CSS, art. R. 133-3, al. 2 – C. rur. art. R. 725-8).

Le commissaire de justice est tenu, en l'absence du destinataire de l'acte, de faire toutes diligences pour s'assurer de la réalité de son domicile, sans se contenter de la seule indication de son nom sur la boîte aux lettres. Le manquement du destinataire à son obligation, en tant qu'affilié, de déclarer son changement d'adresse, ne dispense pas l'officier ministériel de son obligation de signifier la contrainte à son domicile réel[5].

La signification de la contrainte n'a pas à mentionner l'identité du clerc significateur dès lors que l'article L. 111-2 du CRPA (anc^t L. 12 avr. 2000, art. 4[6]), qui oblige tout agent chargé d'une mission de service public à indiquer ses nom, qualité et adresse administrative à la personne dont il traite le dossier, n'est pas applicable aux clercs d'huissier de justice (devenu commissaire de justice)[7].

En cas de différence entre le montant de la contrainte et celui de la signification, cette dernière doit contenir un **décompte explicite**[8].

La signification est régulière lorsque l'adresse du tribunal judiciaire (TJ) est indiquée dans la copie de la contrainte annexée à l'acte de signification[9]. Dans une telle hypothèse, la nullité de l'acte n'est pas encourue si son destinataire a pu localiser et saisir la juridiction compétente et, par conséquent n'a pu justifier d'un grief. Cependant, la forclusion ne peut lui être opposée en cas de recours tardif, dès lors que la notification ou la signification qui n'indique pas l'adresse du tribunal compétent (le TJ en application de l'art. L. 211-16 du COJ) ne fait pas courir le délai de d'opposition[10].

Les frais de signification de la contrainte et de tous actes nécessaires à son exécution sont à la charge du débiteur, sauf lorsque l'opposition a été jugée fondée (CSS, art. R. 133-6 – C. rur., art. R. 725-10).

0971.143 Opposition à la contrainte. L'opposition est formée par inscription au greffe du tribunal compétent dans le ressort duquel est domicilié le débiteur. S'il habite à l'étranger, l'opposition est adressée par LRAR au greffe du tribunal compétent dans le ressort de l'organisme créancier.

Le recours doit être formé dans les quinze jours de la réception, de la notification ou de la signification. Mais le redevable n'est pas tenu d'attendre que cette formalité soit accomplie pour l'exercer car aucun texte ne subordonne la recevabilité de l'opposition à la notification ou à la signification préalable de la contrainte[11].

Une copie de la contrainte contestée doit lui être jointe. Elle doit être motivée. L'opposition non motivée est irrecevable[12] à moins que l'acte de signification n'ait pas mentionné cette sanction[13].

Le secrétariat du tribunal informe l'organisme créancier dans les huit jours de la réception de l'opposition. Dès qu'il a connaissance de l'opposition, l'organisme créancier adresse au secrétaire du tribunal compétent une copie de la contrainte, accompagnée

1. Civ. 2e, 15 juin 2017, no 16-10.788, P II, no 135.
2. Soc. 6 févr. 2003, no 01-20.534, P V, no 47 ; *D.* 2003. IR 471 ; *RTD civ.* 2003. 350, obs. R. Perrot.
3. Soc. 11 juill. 1991, no 89-14.025, P V, no 358 ; *RJS* 1991, no 1248.
4. Civ. 2e, 26 nov. 2020, no 19-21.731, P ; *JCP S* 2020. 1238, note X. Auméran – Civ. 2e, 12 mars 2020, no 18-21.648, P ; *JCP S* 2020. 1264, note X. Auméran.
5. Civ. 2e, 4 mars 2021, no 19-25.291, P ; *Procédures* 2021. Comm. 127, note Y. Strickler.
6. L. no 2000-321, 12 avr. 2000, relative aux droits des citoyens dans leurs relations avec les administrations, *JO* 13 avr., p. 5646 (incorporée dans le Code des relations entre le public et l'Administration).
7. Civ. 2e, 20 juin 2013, no 12-16.379, P II, no 126 ; *D.* 2013. 1630 ; *Dr. et proc.* 2013. 178.
8. *Ibid.*
9. Soc. 25 janv. 2001, no 99-14.834, NP ; *RJS* 2001, no 498.
10. Civ. 2e, 21 juin 2018, no 17-16.441, P ; *Dr. et proc.* 2018. 152, obs. M.-P. Mourre-Schreiber ; *JCP S* 2018. Actu. 217 ; *JCP E* 2018. Actu. 555 et II. 1426, note F. Taquet.
11. Civ. 2e, 24 mai 2017, no 16-18.372, P II, no 108.
12. Civ. 2e, 16 mars 2004, no 02-30.844, NP ; *RJS* 2004. 410, no 610.
13. Civ. 2e, 23 mars 2004, no 02-30.119, P II, no 143.

d'une copie de la mise en demeure comportant l'indication du détail des sommes qui ont servi de base à l'établissement de la contrainte, ainsi que l'avis de réception, par le débiteur, de ladite mise en demeure (CSS, art. R. 133-5 – C. rur., art. R. 725-9).

La décision statuant sur l'opposition est, de plein droit, exécutoire à titre provisoire (CSS, art. R. 133-3, dern. al.). Elle est susceptible d'appel de la part du ministère public et de toute partie intéressée (CSS, art. L. 244-10).

Lorsque l'opposition a été déclarée irrecevable, la contrainte, qui comporte tous les effets d'un jugement, devient définitive. Le cotisant n'est donc plus recevable à contester la régularité ou le bien-fondé des chefs de redressement objet de cette contrainte[1].

B. État exécutoire

0971.151 Recouvrement comme en matière d'impôt direct. À défaut de paiement dans les quinze jours de l'avertissement ou de la mise en demeure ou de rejet de la réclamation gracieuse et le cas échéant, contentieuse, l'état des cotisations et contributions sociales dues par l'employeur ou le travailleur indépendant est rendu exécutoire par le responsable du service à compétence nationale assurant le contrôle des organismes de sécurité sociale et de la mutualité sociale agricole (MSA). Sa décision est transmise à la Direction des Finances publiques du département du siège social de l'entreprise, de son établissement principal ou du domicile du travailleur indépendant. Le recouvrement des sommes ainsi exigibles, y compris des frais y afférents, est assuré par un comptable public de cette direction, comme en matière de contributions directes (CSS, art. R. 155-4). Ce recouvrement est effectué pour le compte de l'organisme créancier par la Trésor qui prélève des frais de perception dont le taux est fixé par arrêté (CSS, art. L. 133-4-10).

Ce mode de recouvrement est également applicable aux cotisations assises sur les revenus de remplacement (pensions de retraite et d'invalidité, indemnités journalières, allocations de chômage et de précarité) ainsi qu'à la cotisation de solidarité due par les sociétés et les entreprises (CSS, art. L. 243-2 et L. 651-7).

Les sommes dues au titre de la protection sociale agricole peuvent aussi être recouvrées au moyen de la technique de **l'état exécutoire** (ou procédure sommaire) qui est mise en œuvre par le préfet et le comptable public, sur proposition de la caisse de MSA, en cas d'échec des autres modes de poursuite (C. rur., art. L. 725-3, II, 2°, L. 725-6, R. 725-20 et R. 725-21).

§ 5 Prescription du titre exécutoire

0971.161 Délai d'exécution du titre avant la réforme de la prescription. Avant la réforme de la prescription opérée par la loi du 17 juin 2008, les décisions de justice portant condamnation provoquaient l'interversion des prescriptions, c'est-à-dire la substitution de délai de droit commun (à l'époque de trente ans, C civ., anc. art. 2262) au délai particulier applicable à la créance constatée dans ce titre.

Cet **effet intervertif** était étendu, par la jurisprudence, aux contraintes décernées par les organismes de sécurité sociale dès lors qu'elles comportent, en l'absence d'opposition du débiteur, tous les effets d'un jugement et confèrent le bénéfice de l'hypothèque judiciaire (CSS, art. L. 244-9 – C. rur., art. L. 725-3)[2].

0971.162 Délai d'exécution du titre depuis la réforme de la prescription. Cependant, depuis la réforme de 2008, le délai de droit commun a été ramené à cinq ans pour les actions personnelles et mobilières tandis que le délai d'exécution des décisions de justice a été fixé à dix ans par l'article 3-1 de la loi du 9 juillet 1991[3] devenu l'article L. 111-4 C. pr. exéc. Or, ce texte ne soumet à la prescription décennale que les titres énoncés aux 1° à 3° de l'article L. 111-3 C. pr. exéc., c'est-à-dire les décisions des juridictions judiciaires et administratives, les accords auxquels ces juridictions ont donné force exécutoire, les actes et les jugements étrangers, les sentences arbitrales et les extraits des procès-verbaux de conciliation signés par les juges et les parties. Les contraintes délivrées par les organismes sociaux qui entrent dans la catégorie des titres mentionnés au 6° de l'article L. 111-3 précité, ne sont pas des décisions juridictionnelles visées au 1° de ce même article. Bien qu'elles produisent, à défaut d'opposition, tous les effets d'un jugement, le délai de leur mise à exécution paraissait être, au regard de la nature des créances mises en recouvrement, celui de trois ans prévus aux articles L. 244-3 du CSS et L. 725-7 C. rur. Ce délai courait à compter de la date d'exigibilité des cotisations et contributions impayées. C'est ce qu'avait retenu la deuxième chambre civile de la Cour de cassation dans des arrêts concernant des cotisations des régimes général et agricole[4]. Une circulaire de la

1. Civ. 2e, 9 mars 2017, no 16-11.167, P II, no 49 ; *JCP S* 2017. II. 1147, note M. Michalletz.
2. Soc. 23 nov. 1989, no 87-11.926, P V, no 682 – Soc. 5 févr. 1998, no 95-12.574, P V, no 68.
3. L. no 91-650, 9 juill. 1991, portant réforme des procédures civiles d'exécution, *JO* 14 juill., p. 9228.
4. Civ. 2e, 17 mars 2016, nos 14-22.575 et 14-21.747, P ; *Procédures* 2016. Comm. 155, obs. L. Raschel.

Direction de la sécurité sociale du 12 juillet 2010 avait déjà envisagé cette solution[1]. Cependant, cette position ne semblait logique que si la prescription triennale de la créance de cotisation n'avait pas été interrompue par la mise en demeure qui ouvrait, en vertu des articles L. 244-11 du CSS et L. 725-7, I, C. rur., un nouveau délai qui était de cinq ans avant la loi du 23 décembre 2016, pour engager l'action civile en recouvrement et à l'intérieur duquel le titre exécutoire devait être pris. Cette prescription de cinq ans avant la loi du 23 décembre 2016 (aujourd'hui de trois ans) commençait à courir à l'expiration du délai d'un mois imparti au cotisant, par l'avertissement ou la mise en demeure, pour régulariser sa situation[2].

La chambre commerciale paraissait pencher pour la prescription quinquennale, dans un arrêt approuvant une cour d'appel qui avait, après avoir écarté la prescription décennale de l'article L. 111-4 C. pr. exéc., retenu celle de l'article L. 244-11 du CSS (dans sa rédaction antérieure au 23 décembre 2016), pour déclarer prescrites des cotisations liquidées dans des contraintes remontant à plus de cinq années[3].

C'est finalement le législateur qui, avec la loi du 23 décembre 2016, a fixé d'une manière claire et précise la durée et le point de départ du délai de mise à exécution des contraintes. Selon les articles L. 244-9 (al. 2) du CSS et L. 725-3 (al. 3, 1°) C. rur. dans leur rédaction issue de l'article 24 de la loi précitée, le délai de prescription de l'action en exécution de la contrainte non contestée et devenue définitive est de trois ans à compter de la date à laquelle elle a été signifiée ou notifiée ou à laquelle elle a donné lieu à la signification d'un acte d'exécution[4].

En cas de constatation d'une infraction de travail illégal par procès-verbal, le délai de trois ans est porté à cinq ans (CSS, art. L. 244-11, réd. L. 3 déc. 2016).

Quant à l'état exécutoire émis dans le cadre de la procédure sommaire de l'article R. 155-4 du CSS, il semble que sa mise à exécution soit enfermée dans le délai de prescription de la créance sociale qu'il tend à recouvrer (trois ou cinq ans selon qu'une infraction de travail illégal a ou n'a pas été constatée). Le fait que le recouvrement de la somme retenue par ce titre soit effectué comme en matière d'impôt direct ne devrait pas le soumettre à la prescription quadriennale de l'article L. 274 du LPF, dès lors que le Conseil d'État estime que ce mode de recouvrement n'a d'incidence que sur la forme de la poursuite et non sur les règles de fonds régissant la créance, de telle sorte que le délai de quatre ans est inapplicable à une créance de nature non fiscale[5]. En définitive, seule la décision juridictionnelle obtenue à l'issue d'une procédure contentieuse engagée directement devant le TJ, d'une opposition à contrainte déclarée irrecevable ou mal fondée par cette même juridiction ou d'une constitution de partie civile à l'occasion d'une poursuite pénale, bénéficie du délai de mise à exécution de dix ans de l'article L. 111-4 C. pr. exéc.

SECTION 3
MISE EN ŒUVRE

0971.171 **Absence d'intervention d'un commissaire de justice.** L'opposition motivée est notifiée au tiers détenteur et au débiteur par le directeur de l'organisme (CSS, art. L. 133-4-9). Par « *opposition motivée* », il faut entendre opposition contenant tous les éléments d'identification de la créance, du titre la consacrant, du créancier, du débiteur et du tiers, avec l'indication explicite des conséquences de la mesure.

Cette mise en œuvre ne nécessite pas le concours d'un commissaire de justice, les notifications étant faites par l'organisme lui-même par tout moyen permettant de rapporter la preuve de la date de leur réception (CSS, art. R. 133-9-5 et R. 133-9-6). L'utilisation de la LRAR adressée par voie postale peut constituer un procédé permettant à l'organisme de sécurité sociale de justifier de cette date.

L'article R. 133-9-5 du CSS précise, dans ses dispositions finales, que l'opposition est notifiée par voie électronique dans les conditions définies par le décret du 2 mars 2015 concernant le recours à ce procédé à l'égard des établissements de crédit, des sociétés de financement et des organismes gérant un régime de protection sociale.

§ 1
Notification de l'opposition au tiers

0971.181 **Forme et contenu de la notification.** L'opposition est notifiée au tiers par une lettre comportant à peine de nullité (CSS, art. R. 133-9-5) :

« [...] *1° Le nom du débiteur et l'adresse de son domicile ou, si elle est différente, celle de son établisse-*

1. Circ. n° DSS/2010/260, 12 juill. 2010, relative aux règles de prescription applicables en matière de sécurité sociale, p. 10.
2. SUR CE POINT, v. T. Moussa, « Prescriptions des titres exécutoires », *Dr. et proc.* 2011. 284, n° 11 – L. Lauvergnat, « Exécution d'une contrainte de sécurité sociale : quel délai de prescription ? », *Dr. et proc.* 2016. 82.
3. Com. 31 mai 2016, n° 14-20.075, P.
4. Sur l'application dans le temps de ces nouvelles dispositions, v. L. n° 2016-1827, 23 déc. 2016, art. 24, IV, 1° et 3°.
5. CE, sect., 30 mars 1990, req. n° 57018, *Dr. fisc.* 1990. Comm. 1554, concl. Leroy ; *RJF* 1990. 381 ; *AJDA* 1990. 6171, note P.-L. Frier.

ment ; s'il s'agit d'une personne morale, sa dénomination et le lieu de son siège social ou de l'établissement distinct ;

2° Les nom et domicile du tiers détenteur ou, s'il s'agit d'une personne morale, sa dénomination et le lieu de son siège social ou de l'établissement distinct ;

3° La dénomination et le siège de l'organisme créancier au bénéfice duquel l'opposition est faite ;

4° La nature du titre exécutoire sur le fondement duquel l'opposition est effectuée ;

5° Le décompte distinct des cotisations et des majorations et pénalités de retard ou des prestations indûment versées pour le recouvrement desquelles l'opposition est effectuée et la période à laquelle elles se rapportent ;

6° abrogé ;

7° L'indication que l'opposition est effectuée sur le fondement de l'article L. 133-9-4 du Code de la sécurité sociale et des articles R. 133-9-5 à R. 133-9-11 ;

8° L'indication que le tiers détenteur est personnellement tenu envers le créancier et qu'il lui est fait défense de disposer des sommes réclamées, dans la limite de ce qu'il doit au débiteur ;

9° L'indication que l'opposition emporte, à concurrence des sommes pour lesquelles elle est effectuée, attribution immédiate au profit du créancier ; qu'en cas d'insuffisance de fonds, celui-ci vient en concours avec les autres créanciers, même privilégiés, auteurs de mesures de prélèvement emportant attribution immédiate, notifiées au cours de la même journée ; que ni la notification ultérieure d'une autre mesure de prélèvement, ni la survenance d'un jugement portant ouverture d'une sauvegarde, d'un redressement ou d'une liquidation judiciaires ne remettent en cause cette attribution ;

10° L'indication que le tiers détenteur dispose d'un délai de deux jours pour communiquer à l'organisme créancier tous renseignements et pièces justificatives relatifs à l'étendue de ses obligations à l'égard du débiteur ainsi que les modalités qui pourraient les affecter et, s'il y a lieu, les cessions de créances, délégations ou saisies antérieures ;

11° L'indication que le tiers détenteur qui se soustrait à ses obligations sans motif légitime peut être contraint d'y satisfaire sous peine d'astreinte et condamné au paiement des causes de l'opposition ;

12° L'indication que le tiers détenteur peut contester l'opposition dans le délai d'un mois à compter de la notification qui lui a été faite et la désignation de la juridiction compétente [...] ».

Il convient de relever que le 6° relatif à la mention du privilège a été supprimé depuis la loi du 22 décembre 2014 qui ne fait plus de ce privilège l'une des conditions d'ouverture de l'OTD.

0971.182 Particularités de la notification à un organisme public. Selon l'article R. 133-9-5 du CSS, lorsque l'opposition porte sur des fonds détenus par un organisme public tel que défini à l'article 1er du décret du 7 novembre 2012[1] (État, établissements publics nationaux, collectivités territoriales secondaires et établissements publics rattachés à celles-ci), la lettre d'opposition doit, à peine de nullité, être adressée au comptable public assignataire de la dépense et contenir, outre les mentions précédentes, la désignation de la créance faisant l'objet de l'opposition. À cette fin, le créancier peut requérir de l'ordonnateur qu'il lui indique le comptable public assignataire de la dépense ainsi que tous les renseignements nécessaires à la mise en œuvre de la mesure.

0971.183 Nullité de la notification. La notification de l'opposition au tiers produit l'effet d'attribution immédiate et rend les fonds temporairement indisponibles jusqu'à l'expiration du délai de contestation ou jusqu'à ce que celle-ci soit tranchée. Cela suppose toutefois que cette notification soit régulière c'est-à-dire contienne toutes les mentions prescrites à peine de nullité.

Parmi ces mentions d'informations, l'indication de la nature du titre exécutoire fondant l'opposition (contrainte, jugement, arrêt) est particulièrement importante. Le défaut de toute référence au titre exécutoire constitue aux yeux de la Cour de cassation, l'absence d'une condition de validité au fond justifiant l'annulation de l'acte sans que celui qui invoque cette sanction ait à justifier d'un grief (il en est jugé ainsi à propos d'un commandement[2]). Mais il n'est pas nécessaire de reproduire le contenu du titre ou certains passages de celui-ci. Outre la nature du titre l'indication de sa date paraît nécessaire à son identification, notamment lorsque l'opposition tend à l'exécution de plusieurs contraintes, car on doit pouvoir vérifier qu'il y a bien adéquation entre celles-ci et les cotisations, pénalités et majorations réclamées (ainsi pour un commandement[3]).

Il convient également d'insister sur la nécessité de mentionner le décompte distinct des cotisations, majorations et pénalités de retard avec indication de la période à laquelle elles se rapportent. La mention d'un compte global confondant principal et accessoires est donc exclue car elle ne permet aucun contrôle. En matière de saisie-attribution, la Cour de cassation juge que lorsque la mesure est pratiquée sur le fondement de plusieurs titres exécutoires constatant des créances distinctes, l'acte doit contenir un décompte distinct en principal, frais et intérêt pour chacun de ces titres[4].

1. Décr. n° 2012-1246, 7 nov. 2012, relatif à la gestion budgétaire et comptable publique, *JO* 10 nov., p. 17713.
2. Civ. 2e, 22 janv. 1997, n° 94-19.021, P II, n° 16 ; *Gaz. Pal.* 1997. 2. Pan. 229.
3. Com. 4 févr. 1997, n° 95-12.179, NP ; *Rev. huiss.* 1998. 122.
4. Civ. 2e, 23 févr. 2017, n° 16-10.338, P II, n° 42 ; *JCP* 2017. Actu. 299, note S. Dorol.

La sanction des irrégularités de la notification est, hormis en ce qui concerne le défaut de toute référence au titre, une nullité de forme nécessitant l'allégation et la preuve d'un grief. Elle peut être couverte par une régularisation ultérieure si aucune forclusion n'est intervenue et s'il ne subsiste aucun préjudice (C. pr. civ., art. 114 et 115 – sur les nullités pour vice de forme et de fond, v. s[s] n°s 0719.131 s. et 0719.141 s.).

§ 2
Notification de l'opposition au débiteur

0971.191 Forme et mention de la notification. Concomitamment à la notification de l'opposition au tiers, l'organisme créancier communique au débiteur, par tout moyen permettant de rapporter la preuve de sa date de réception, une information comportant la mention des 1° à 9° de l'article R. 133-9-5 du CSS (CSS, art. L 133-9-6) (v. s[s] n° 0971.181 le texte complet de l'article R. 133-9-5).

L'information contient également l'indication au débiteur qu'il peut contester l'opposition dans le mois de la notification qui lui a été faite et, la désignation de la juridiction compétente.

0971.192 Délai de la notification. Les droits du créancier étant préservés par l'indisponibilité des fonds interceptés, le débiteur doit être rapidement informé de la mesure prise contre lui afin de pouvoir élever une éventuelle contestation. L'information lui est donc communiquée sans délai, en même temps que la notification au tiers détenteur car la mesure peut paralyser le fonctionnement d'une entreprise. En outre lorsque ces fonds sont insaisissables en tout ou en partie, le débiteur doit être rapidement en mesure d'en demander la remise dans les conditions des articles R. 112-4, R. 112-5 et R. 162-2 s. C. pr. exéc.

Le défaut de respect de cette concomitance constitue une irrégularité entraînant la nullité de l'OTD, le débiteur étant privé des informations essentielles concernant la cause, le fondement et le droit de contester l'opposition. Il convient cependant de relever que cette sanction n'est pas expressément prévue par l'article R. 133-9-6 du CSS. On pourrait donc, à tout le moins, considérer que le délai de contestation ne court pas et qu'aucune forclusion ne peut lui être opposée en cas de saisine tardive du JEX.

À l'origine, le débiteur devait être informé de la mesure prise contre lui dans un délai de huit jours et ce, à peine de caducité de celle-ci (CSS, anc. art. R. 652-3 – C. rur., anc. art. R. 725-13). L'opposition caduque était rétroactivement privée d'effet et le débiteur pouvait en demander la mainlevée. La mesure d'exécution postérieure recouvrait alors toute sa force.

0971.193 Notification aux organes de la procédure collective. L'OTD étant assimilée à la saisie-attribution par l'article L. 133-4-9 du CSS, il semble qu'il faille lui transposer la jurisprudence adoptée par la Cour de cassation lorsqu'un jugement de liquidation judiciaire ou de redressement judiciaire avec désignation d'un administrateur ayant une mission d'assistance intervient avant l'expiration du délai de contestation.

La Haute juridiction estime que dans cette hypothèse, la saisie doit être dénoncée au liquidateur ou à l'administrateur seul habilité désormais à exercer, en tout ou en partie, les droits et actions du débiteur, même si ce dernier a déjà reçu cette dénonciation à une époque où il n'était pas encore dessaisi. Le jugement d'ouverture a un effet interruptif et un nouveau délai court en faveur des organes de la procédure à partir de la dénonciation qui lui est faite[1]. L'opposition même antérieurement notifiée au débiteur devrait donc l'être à nouveau au liquidateur ou à l'administrateur si le jugement intervient à l'intérieur du délai d'un mois.

À défaut, le délai de contestation interrompu ne devrait pas pouvoir reprendre son cours et le paiement de la somme appréhendée ne devrait pas pouvoir être exigé du tiers détenteur.

Il faudrait également transposer la jurisprudence selon laquelle la saisie-attribution doit être dénoncée à l'administrateur lorsqu'il a reçu une mission d'assistance impliquant celle de recevoir la notification d'un acte de procédure[2]. Toutefois, lorsque l'administrateur a reçu une simple mission d'assistance, la dénonciation au débiteur alors qu'il était *in bonis* n'a pas à être réitérée à cet administrateur pour la régularité de la formalité, même si le redressement est ultérieurement converti en liquidation judiciaire[3].

Le créancier ayant pratiqué la mesure d'exécution a cependant intérêt à notifier celle-ci aux organes de la procédure lorsque le jugement d'ouverture intervient à l'intérieur du délai de contestation, afin que ce délai interrompu par ledit jugement reprenne son cours et qu'il puisse ainsi, à son expiration, obtenir le versement de la somme appréhendée.

Il convient de relever que lorsque l'opposition a été notifiée au liquidateur pris en sa qualité de tiers détenteur de fonds, l'information devrait également lui être notifiée en son autre qualité de représentant du débiteur dessaisi (il en est jugé ainsi à propos de la dénonciation de la saisie-attribution[4]).

1. Com. 19 janv. 1999, n° 96-18.256, P IV, n° 17 ; *D.* 1999. 50 ; 245, note F. Derrida.
2. Com. 16 févr. 1999, n° 95-17.928, NP ; *Procédures* 1999, n° 274.
3. Civ. 2e, 8 déc. 2011, n° 10-24.420, P II, n° 225 ; *Dr. et proc.* 2012. 44 ; *JCP* 2012, n° 207, note L. Lauvergnat.
4. Civ. 2e, 5 avr. 2001, n° 98-14.107, P II, n° 73 ; *D.* 2001. 1467, obs. A. Lienhard.

§ 3
Désignation d'un séquestre

0971.201 Mise sous séquestre. Les sommes rendues indisponibles par l'opposition peuvent être consignées entre les mains d'un séquestre désigné à l'amiable ou par le JEX saisi sur requête par tout intéressé. La remise des fonds au séquestre arrête le cours des intérêts dus par le tiers (CSS, art. R. 133-9-7).

Cette mesure permet au créancier qui se défie du tiers de se garantir ou au tiers de se décharger de l'obligation de garder les fonds notamment si elle se prolonge à la suite d'une contestation ou du fait que la créance interceptée est à exécution successive.

Elle permet aussi à toute personne qui a intérêt à contester la validité de l'opposition (créancier saisissant ultérieur) ou les droits du débiteur sur les sommes interceptées (cessionnaire) de les revendiquer utilement.

SECTION 4
EFFETS DE L'OPPOSITION

§ 1
Effets à l'égard du tiers

0971.210 Notion de tiers et nature de ses obligations. Plan. Il s'agit des personnes dépositaires, détentrices ou redevables de sommes appartenant ou devant revenir au débiteur (CSS, art. L. 133-4-9).

Ce sont notamment les banques, les auxiliaires de justice et officiers ministériels, les compagnies d'assurances, les locataires ou encore les clients du redevable.

Lorsque le tiers est une personne morale de droit public dotée d'un comptable public (administrations de l'État, collectivités territoriales, établissements publics, caisse des dépôts et consignation, centres de chèques postaux, caisse nationale d'épargne), l'opposition obéit à des règles spéciales (CSS, art. R. 133-9-5 – v. s[s] n°s 0971.182 et 091.01 s.).

La question s'est posée, à propos de la saisie-attribution ou de l'avis à tiers détenteur (ATD), de savoir si le liquidateur pouvait être considéré comme un tiers par les créanciers postérieurs au jugement d'ouverture (C. com., art. L. 622-17) désireux d'appréhender entre ses mains, les fonds détenus pour le compte du débiteur. La Cour de cassation a estimé qu'il avait la double qualité de représentant légal du débiteur dessaisi et de tiers détenteur de fonds[1]. Le liquidateur amiable d'une société débitrice est également considéré comme un tiers saisi, bien qu'il représente aussi celle-ci à l'égard des tiers. Il est donc tenu de respecter les obligations qui lui incombent[2].

À noter que le créancier qui engage une saisie-attribution à laquelle l'OTD est assimilée, est autorisé à pratiquer cette mesure entre ses propres mains s'il est lui-même débiteur de son débiteur. Dans ce cas il cumule les qualités de créancier et de tiers saisi[3]. Cependant, l'opposition sur soi-même en matière de créance de sécurité sociale est d'un intérêt très limité dans la mesure où les organismes gestionnaires des prestations ont la faculté de récupérer les pénalités qui leur sont dues et les sommes indûment versées en procédant, sans autre formalité, à des retenues sur les prestations à venir (CSS, art. L. 114-17-2, 3°, c, L. 133-4, III et L. 133-4-1 – C. rur., art. L. 725-1).

Le tiers détenteur est tenu d'une obligation de renseignement (A), de garde et de paiement (B) dont le respect conditionne l'efficacité de l'opposition. Elle découle du devoir général de collaboration incombant à tout tiers dont le concours est légalement requis (C. civ., art. 10 – et C. pr. exéc., art. L. 123-1).

A.
Obligation de renseignement

0971.221 Déclaration par le tiers de l'étendue de ses obligations. Le tiers doit déclarer au créancier l'étendue de ses obligations à l'égard du débiteur, les modalités pouvant les affecter (terme, condition), ainsi que les éventuelles délégations, cessions de créance et ou saisies antérieures (CSS, art. L. 133-4-9 et R. 133-9-8 – C. pr. exéc., art. L. 211-3). Le tiers qui ne respecte pas cette obligation engage sa responsabilité et encourt des sanctions, à moins qu'il ne justifie d'une cause d'exonération.

1°
Déclaration du tiers détenteur

0971.231 Forme et délai de la déclaration. Ces informations doivent être transmises au créancier accompagnées des pièces justificatives, par tout moyen permettant de prouver leur date de réception, dans les **deux jours de la notification** (CSS, art. R. 133-9-8).

Le tiers n'est donc pas tenu, comme en matière de saisie-attribution, de faire sa déclaration sur-le-champ. S'il est un comptable public, ce délai de deux jours se substitue à celui de **vingt-quatre heures** prévu par l'article R. 211-4 (al. 2) C. pr. exéc.

1. Com. 25 juin 1996, n° 94-20.853, NP ; *D.* 1996. 615, note F. Derrida – Com. 22 avr. 1997, n° 94-21.412, P IV, n° 104 ; *D.* 1997. 371, note F. Derrida ; *RTD civ.* 1998. 426, obs. P. Crocq – Com. 3 févr. 1998, n° 96-15.773, P IV, n° 51 ; *RTD civ.* 1998. 426, obs. P. Crocq ; *RTD com.* 1999. 505, obs. A. Martin-Serf ; *Rev. huiss.* 1998. 1142.
2. Civ. 2e, 10 nov. 2010, n° 09-71.609, P II, n° 185 ; *Dr. et proc.* févr. 2011. 46, obs. O. Salati ; *D.* 2010. 2849, obs. V. Avena-Robardet ; *D.* 2011. 1509, obs. A. Leborgne ; *Rev. sociétés* 2010. 568, obs. A. Lienhard ; *RTD com.* 2011. 135, obs. B. Dondero et P. Le Cannu.
3. Civ. 1re, 13 mai 2014, n° 12-25.511, P I, n° 84 ; *D.* 2014. 1159 ; *JCP* 2014. 1045.

Le point de départ du délai de deux jours est la date de réception par le tiers de l'opposition qui contient l'indication de son obligation d'information, du délai dans lequel elle doit être remplie et des sanctions encourues en cas de défaillance (CSS, art. R. 133-9-5, 10° et 11°).

En matière de saisie-attribution, la Cour de cassation tend à assimiler le retard à un refus de renseigner[1].

0971.232 **Caractères de la déclaration.** Les renseignements doivent être précis et complets et notamment, permettre au créancier de déterminer le montant des sommes dues au débiteur et de mesurer au mieux l'efficacité de la mesure engagée. Ainsi, le bâtonnier tiers saisi qui n'a pas déclaré certaines oppositions et inscriptions de nantissement faites entre ses mains, commet un défaut partiel de déclaration et ne satisfait pas à son obligation[2].

Les renseignements doivent être particulièrement détaillés lorsque le tiers est un établissement habilité à tenir des comptes. L'article R. 133-9-12 du CSS renvoie aux dispositions de l'article R. 211-20 C. pr. exéc. selon lesquelles le tiers est tenu d'indiquer la nature du ou des comptes et de déclarer leur solde au jour de la saisie (ou de l'opposition).

Tous les comptes sont ainsi concernés (comptes courants ou de dépôt, comptes rémunérés ou non, compte à terme ou à vue, individuels ou collectifs, *etc.*). Tous les éléments utiles doivent être fournis (libellé, numéro d'identification, solde), même si le compte est débiteur[3].

Sur le rôle et les obligations du tiers, il convient de se reporter à la saisie-attribution (v. s^s n°s 0813.11 s.).

2°
Responsabilité du tiers défaillant

0971.241 **Sanctions contre le tiers.** L'article L. 133-4-9 du CSS renvoie sur ce point, à l'article L. 123-1 C. pr. exéc. qui doivent être rappelés dans la lettre de notification de l'opposition (CSS, art. R. 133-9-5, 11°).

Le tiers qui se soustrait à ses obligations peut donc être condamné à une astreinte qui sera liquidée en tenant compte de sa résistance et des difficultés qu'il a rencontrées.

Il peut aussi être condamné à des dommages-intérêts si l'inexécution a causé un préjudice au créancier.

1. Civ. 2e, 2 avr. 1997, n° 95-13.567, P II, n° 107 ; *D.* 1998. 36, note R. Martin ; *RTD civ.* 1997. 752, obs. R. Perrot.
2. Civ. 2e, 24 juin 1998, n° 96-14.318, P II, n° 223 ; *JCP* 1998. IV. 2880.
3. Com. 6 mai 1981, n° 79-16.090, P IV, n° 212 ; *JCP* 1982. II. 19708, note Vasseur.

Il peut enfin être tenu de payer la créance cause de la saisie qui peut être supérieure au montant des sommes qu'il doit au débiteur. Cette sanction est donc sévère même si le tiers conserve son recours contre ledit débiteur.

C'est le JEX du domicile ou du siège social du débiteur qui est compétent pour appliquer ces sanctions (COJ, art. L. 213-6[4] – et CSS, art. R. 133-9-10), même si le tiers est une personne publique[5].

La demande du créancier dirigée contre le tiers sur le fondement de l'article L. 123-1 C. pr. exéc. ne s'analyse pas en une contestation de l'opposition et n'a donc pas à être engagée dans le délai d'un mois prévu par l'article R. 133-9-5 (12°) du CSS. La jurisprudence de la Cour de cassation en matière de saisie-attribution paraît en effet transposable à l'OTD[6]. Il devrait en être de même pour la jurisprudence considérant que l'action du créancier est recevable, même après que la saisie est devenue caduque faute de dénonciation au débiteur dans les huit jours, tout au moins pour les oppositions antérieures au décret du 25 septembre 2017 dont la notification au débiteur était soumise à un délai de huit jours à peine de caducité[7].

0971.242 **Cause d'exonération.** Le tiers peut s'exonérer en invoquant un motif légitime (CSS, art. R. 133-9-5, 11°).

L'appréciation de la légitimité du motif invoqué relève du pouvoir souverain du juge du fond étant toutefois précisé que le secret bancaire ne peut jamais constituer un motif légitime. Le délai de deux jours accordé au tiers pour exécuter son obligation d'information devrait rendre plus difficile qu'en matière de saisie-attribution où les informations doivent être fournies immédiatement, l'invocation d'une cause légitime de retard.

Une société tiers saisi, ne peut être condamnée au paiement de la créance cause de la saisie, pour manquement à son obligation de renseignement, dès lors que l'associé débiteur n'est pas encore déclaré attributaire de la quote-part des dividendes susceptibles de lui revenir ; elle ne doit aucune sommes à celui-ci[8].

4. COMP. : COJ, anc. art. L. 311-12-1.
5. Civ. 1re, 10 févr. 1987, n° 85-15.499, P I, n° 48 – Civ. 1re, 30 juin 1992, n° 90-18.458, P I, n° 213 ; *D.* 1993. 421, note P. Guiho ; *JCP* 1993. II. 22001, note X. Daverat ; *RTD civ.* 1993. 560, obs. J. Hauser ; *AJDA* 1993. 68, obs. S. Salon.
6. Civ. 2e, 26 nov. 1998, n° 96-18.530, P II, n° 284 ; *D.* 1999. 30 ; *JCP* 1999. Somm. 1077 ; *RTD civ.* 1999. 208, obs. R. Perrot – Civ. 2e, 11 mars 1999, n° 96-22.813, P II, n° 49.
7. Lyon, 14 oct. 1998, *JCP* 1998. II. 10016, note H. Croze.
8. Com. 13 sept. 2017, n° 16-13.674, P (préc., v. s^s n° 0971.91) ; *D. actu.* 26 oct. 2017, obs. F. Camensuli-Feuillard ; *D.* 2017. 2237, note D. Gallois-Cochet ; *RTD civ.* 2017. 913, obs. N. Cayrol ; *RTD com.* 2018. 131, obs. B. Lecourt ; *Procédures* 2017, n° 262, note L. Raschel.

Lorsque le tiers ne se prévaut d'aucun motif, la juridiction saisie par le créancier d'une demande en condamnation au paiement des causes de la saisie, ne peut se substituer à lui pour rechercher l'existence d'un tel motif[1] (pour approfondir la question, v. la saisie-attribution ss nos 0922.40 s.).

B. Obligation de conservation et de paiement

1° Indisponibilité et règlement de la créance

0971.251 Durée de l'indisponibilité et conditions du paiement de la créance saisie. La notification de l'opposition fait interdiction au tiers de disposer des sommes réclamées, dans la limite de ce qu'il doit au débiteur (CSS, art. R. 133-9-5, 8°). Cette indisponibilité dure jusqu'à l'expiration du délai de contestation d'un mois ou, en cas de contestation, jusqu'à ce qu'il ait été statué sur celle-ci. L'article L. 133-4-9, 1° et 2°, du CSS précise que le paiement n'est jamais différé, sauf décision contraire du JEX, lorsque les sommes dues trouvent leur origine dans une opposition à un contrôle, ou encore, en cas de recours abusif contre le titre exécutoire.

Le tiers procède au paiement sur présentation par le créancier d'un certificat du greffe attestant qu'aucune contestation n'a été élevée dans le délai d'un mois. Le paiement peut également avoir lieu avant l'expiration de ce délai, sur présentation d'une déclaration écrite du débiteur acceptant l'opposition (CSS, art. R. 133-9-9). En cas de contestation, le paiement intervient sur présentation de la décision tranchant celle-ci (CSS, art. R. 133-9-10 *in fine*).

En cas de refus de paiement, la difficulté s'assimile en une **contestation implicite**. Celle-ci est portée devant le JEX qui peut délivrer un titre exécutoire contre le tiers si ce refus n'est pas fondé (CSS, art. R. 133-9-9).

2° Contestation née du refus de paiement

0971.261 Contestation devant le juge de l'exécution. Le juge territorialement compétent est celui du lieu où le débiteur a son domicile ou son établissement, s'il est différent (si c'est une personne physique) ou son siège social ou son établissement distinct (si c'est une personne morale). Si le débiteur demeure à l'étranger ou si le lieu où il demeure est inconnu, le juge compétent est celui du domicile du tiers détenteur ou, s'il s'agit d'une personne morale, du lieu de son siège social ou de l'établissement distinct (CSS, art. R. 133-9-5 et R. 133-9-10).

Le JEX demeure compétent même si le tiers est une personne publique. Mais il ne devrait pas pouvoir apprécier l'existence ou le montant de l'obligation du tiers à l'égard du débiteur si elle a un caractère administratif. Il doit alors renvoyer les parties à mieux se pourvoir et surseoir à la délivrance du titre sollicité.

0971.262 Moment de la contestation. Comme l'article R. 211-9 C. pr. exéc. relatif à la saisie-attribution, l'article R. 133-9-9 du CSS analyse le refus de paiement opposé par le tiers en une contestation implicite qui peut être portée devant le JEX sous la forme d'une demande de délivrance d'un titre exécutoire contre ce tiers. Celui-ci peut ainsi faire valoir, à cette occasion, le motif légitime justifiant sa résistance à la demande de paiement.

La difficulté résultant du refus opposé par le tiers lors de la présentation de la demande de paiement, se situe nécessairement après l'expiration du délai d'un mois ouvert au débiteur pour contester l'opposition. Il s'ensuit que la demande du créancier tendant à la délivrance d'un titre exécutoire contre le tiers récalcitrant n'est enfermée dans aucun délai. Quant aux moyens de défense soulevés par le tiers pour s'opposer à la délivrance d'un titre à son encontre, ils devraient être recevables devant le JEX en dépit de l'expiration du délai d'un mois qui lui est imparti par le 12° de l'article R. 133-9-5 du CSS pour élever une contestation. En effet, ce magistrat dispose manifestement d'un pouvoir d'appréciation qui lui permet d'examiner le motif de refus invoqué par le tiers puisque, selon l'article R. 133-9-9 du même code, il peut, et non doit, délivrer le titre sollicité. Ce pouvoir d'appréciation implique nécessairement qu'il se prononce, avant de prendre sa décision, sur la légitimité de la résistance du tiers, notamment sur l'existence ou l'extinction de sa dette à l'égard du débiteur.

Il convient au surplus de relever que le 12° de l'article R. 133-9-5 précité, prescrivant que la notification au tiers détenteur doit informer celui-ci qu'il dispose d'un délai de contestation d'un mois, paraît contrevenir aux dispositions de l'article L. 133-4-9 du CSS qui ne prévoit ce délai que pour la contestation ouverte au débiteur. Il faut d'ailleurs préciser qu'à l'origine, l'ancien article L. 652-3 du CSS enfermait toutes les contestations, y compris celle du tiers, dans un délai d'un mois suivant la notification de l'opposition. Cependant, depuis sa modification par l'article 24 de la loi du 22 décembre 2014, ce texte n'a soumis au délai de forclusion d'un mois que la seule contestation du débiteur. Il a été repris à droit constant, sur ce point, par l'article L. 133-4-9 du CSS.

Par conséquent, la contestation née de la résistance à la demande de paiement paraît ouverte, sans condition de délai, tant au créancier qui sollicite la

1. Civ. 2e, 24 juin 1998, no 96-14.318, P. (préc., v. ss no 0971.232) ; *Gaz. Pal.* 14-16 mars 1999. Somm. 14, note Véron.

délivrance d'un titre exécutoire, qu'au tiers détenteur qui invoque une cause légitime de refus.

Il semble donc bien que la jurisprudence adoptée par la Cour de cassation à propos de la saisie-attribution, puisse être étendue au cas où le créancier ayant pratiqué une OTD demande la délivrance d'un titre exécutoire contre celui-ci[1].

0971.263 **Forme et issues de la contestation.** La contestation née du refus de paiement est portée devant le JEX selon les formes ordinaires de l'introduction de l'instance, c'est-à-dire par une assignation délivrée dans les conditions des articles R. 121-11 s. C. pr. exéc. La Cour de cassation a exclu, à propos de l'avis à tiers détenteur (ATD), devenu saisie administrative à tiers détenteur (SATD), dont bénéficie l'Administration fiscale, l'application de la procédure d'ordonnance sur requête prévue par l'article R. 121-23 C. pr. exéc.[2]. Cette jurisprudence paraît également devoir s'appliquer à l'OTD, ouverte aux caisses de MSA et aux organismes de sécurité sociale.

Le juge ne délivre un titre exécutoire contre le tiers que s'il estime son refus de paiement mal fondé. Le texte de l'article R. 133-9-9 du CSS dispose d'ailleurs que le juge peut, et non doit, délivrer un tel titre ce qui suppose nécessairement un examen préalable des motifs de refus invoqués par le tiers. Le juge apprécie l'existence et le montant de sa dette à l'égard du débiteur des cotisations et délivre le titre à concurrence de la somme qu'il retient.

En matière de saisie-attribution, la Cour de cassation considère que le tiers qui refuse de payer ne peut être condamné sur le fondement de l'article R. 211-9 C. pr. exéc. que s'il a reconnu devoir des sommes au débiteur au jour de la mesure ou s'il a été jugé débiteur de ce dernier[3]. Cette solution paraît transposable à l'OTD bien que les textes la régissant ne renvoient pas à l'article R. 211-9 précité.

§2
Effets à l'égard du débiteur

0971.270 **Nature des effets. Plan.** L'opposition emporte l'effet d'attribution immédiate (A) prévu par l'article L. 211-2 C. pr. exéc. à concurrence des sommes pour lesquelles elle est pratiquée (CSS, art. L. 133-4-9). Mais la créance interceptée demeure indisponible (B) jusqu'à l'expiration du délai de contestation (sauf si l'opposition n'est pas contestée) ou jusqu'à ce que celle-ci soit tranchée.

A.
Attribution immédiate

0971.281 **Conséquences de l'effet d'attribution immédiate.** La créance interceptée entre les mains du tiers passe sans transition, du patrimoine du débiteur dans celui du créancier. Cet effet se produit dès la réception par le tiers de la lettre lui notifiant l'opposition. L'OTD produit par elle-même l'effet attributif immédiat, lequel n'est pas soumis à la déclaration du tiers[4]. Les paiements effectués par lui avant cette réception demeurent valables.

L'effet attributif est donc instantané et le délai de contestation comme la contestation elle-même diffère seulement le paiement au créancier (CSS, art. L. 133-4-9). Le tiers détenteur est désormais personnellement tenu à l'égard de ce dernier. La lettre de notification l'en informe expressément (CSS, art. R. 133-9-5, 8° et 9°).

L'effet d'attribution se produit dans la double limite de ce qui est dû au créancier par le débiteur et au débiteur par le tiers. Le transfert de propriété porte sur le principal et les accessoires (C. pr. exéc., art. L. 211-2), s'ils constituent des sommes d'argent (intérêts, clauses pénales, frais) ce qui exclue les sûretés réelles ou personnelles, comme le privilège du prêteur de deniers[5].

L'attribution immédiate des sommes interceptées ne peut jouer au profit de l'organisme créancier que jusqu'à concurrence des cotisations, pénalités et majorations de retard pour lesquelles l'opposition est pratiquée et qui sont échues et liquidées dans le titre exécutoire mentionné dans la notification adressée au tiers détenteur. Celles échues et liquidées ultérieurement, dont le montant n'est pas inclus dans cette notification, peuvent être recouvrées par la mise en œuvre d'une nouvelle opposition[6].

1. Civ. 2e, 26 nov. 1998, n° 96-18.530, P II, n° 284 ; *D.* 1999. 30 ; *JCP* 1999. IV. 1077.
2. Anct Décr. n° 92-755, 31 juill. 1992, instituant de nouvelles règles relatives aux procédures civiles d'exécution pour l'application de la loi n° 91-650 du 9juillet 1991 portant réforme des procédures civiles d'exécution, art. 32, *JO* 5 août – Cass., avis, 9 févr. 1998, n° 09-70.013, P, n° 2 ; *Procédures* 1998, n° 81, note R. Perrot.
3. Civ. 2e, 10 janv. 2019, n° 17-21.313, P ; *D. actu.* 25 janv. 2019, obs. M.-P. Mourre-Schreiber ; *JCP* 2017. 197, note S. Dorol et Y.-R. Miyamou ; *Gaz.-Pal.* 11 juin 2019, p. 72, obs. O. Salati ; *RD banc. fin.* 2019, n° 56, note S. Piedelièvre.
4. Civ. 2e, 30 sept. 2021, n° 20-14.060, B ; *Gaz.-Pal.* 30 nov. 2021, 30, note J.-J. Ansault ; *RD banc. fin.* 2021, n° 162, note S. Piedelièvre ; *Procédures* 2021, n° 318, note R. Laher.
5. Civ. 2e, 7 avr. 2011, n° 10-15.969, P II, n° 88 ; *D.* 2011. 1152, obs. V. Avena-Robardet ; 2150. Chron. J.-M. Sommer et L. Leroy-Gissinger ; *JCP* 2011, n° 683, note Juillet ; *Dr. et proc.* 2011. 184, obs. A. Leborgne ; *RTD civ.* 2011. 594, obs. R. Perrot.
6. Sur la limitation de l'effet attributif d'une saisie-attribution aux intérêts moratoires échus au jour de cette mesure, augmentés de la provision d'un mois pour ceux à échoir et mentionnés dans l'acte de saisie, v. Civ. 2e, 28 juin 2018, n° 17-13.937, P ; *D. actu.* 24 juill. 2018, obs. L. Camensuli-Feuillard ; *Gaz.-Pal.* 23 oct. 2018, p. 22, note O. Salati.

La notification de l'opposition au tiers interrompt en outre la prescription de la créance interceptée entre ses mains (C. pr. exéc., art. L. 141-2, al. 3).

Cependant, l'effet d'attribution immédiate ne se produit que si la créance objet de l'opposition est disponible entre les mains du tiers, c'est-à-dire n'a pas déjà fait l'objet d'une mesure d'exécution ayant le même effet attributif, d'une saisie-arrêt non validée, d'une saisie conservatoire ou, d'une consignation judiciaire emportant l'affectation spéciale et le privilège des articles 2333 et 2350 C. civ.[1] Dans ce cas, l'opposition n'est pas dénuée de conséquences. Le créancier ayant formé opposition prend rang et son opposition deviendra efficace si la saisie antérieure est annulée ou la consignation levée. Il pourra toujours, si le premier saisissant n'a pas tout absorbé, se payer sur le reliquat[2].

L'effet attributif n'est pas remis en cause par une mesure d'exécution ou une procédure collective ultérieure.

0971.282 ***a) Incidence d'une mesure d'exécution postérieure.*** La réception ultérieure d'autres oppositions ou d'autres mesures d'exécution emportant effet d'attribution immédiate, même émanant de créanciers privilégiés (saisie-attribution, saisie administrative à tiers détenteur) ne remet pas en cause l'effet de transport cession instantané prévu par l'article L. 133-4-9 du CSS (CSS, art. R. 133-9-9).

La caisse ou l'organisme créancier bénéficie donc de ce que l'on appelle souvent par commodité, quoique l'expression ne soit pas tout à fait appropriée, du « *privilège du premier saisissant* ». En réalité, l'hypothèse d'un concours avec un autre créancier n'est pas totalement exclue. En effet, lorsqu'une personne est simultanément destinataire de plusieurs oppositions établies au nom du débiteur elle doit, en cas d'insuffisance des fonds, exécuter ces demandes en proportion de leurs montants respectifs (CSS, art. L. 133-4-9).

L'article R. 133-9-9 du CSS précise que sont réputées faites simultanément, les oppositions diligentées le même jour. Ce texte ajoute qu'il y a également concours lorsqu'une opposition et une autre mesure d'exécution emportant effet d'attribution immédiate sont reçues simultanément par le tiers, même si elles émanent de créanciers privilégiés. Le code précité intègre ainsi l'avis formulé par la Cour de cassation à propos de la saisie-attribution[3]. Il y aura répartition au marc-l'euro dès lors que les sommes disponibles ne permettront pas de désintéresser la totalité des créanciers.

Le concours disparaît ou se limite à un nombre de créanciers plus réduit, si l'une des mesures, se trouve ultérieurement privée d'effet à la suite d'une caducité, d'une nullité ou d'une mainlevée.

0971.283 ***b) Incidence d'une procédure collective.*** L'article R. 133-9-9 du CSS précise que la survenance d'un jugement portant ouverture d'une sauvegarde, d'un redressement ou d'une liquidation judiciaire ne remet pas en cause l'effet d'attribution immédiate prévu par l'article L. 133-4-9 du même code. Là encore la procédure d'OTD est calquée sur la saisie-attribution et l'avis à tiers détenteur. La jurisprudence adoptée pour ces deux mesures est donc transposable. Ainsi la créance interceptée par voie d'opposition étant entrée dans le patrimoine de l'organisme créancier, elle n'a pas à être déclarée à la procédure collective ultérieure[4].

Lorsque l'opposition est notifiée le même jour que le jugement d'ouverture qui prend effet à compter de sa date[5], elle devrait être dépourvue d'efficacité. La date du jugement est réputée se situer entre 0 heure et 24 heures[6], de telle sorte qu'il précède nécessairement l'opposition. Il convient de relever que l'article L. 632-2 C. com., issu de la loi du 26 juillet 2005[7] relative à la sauvegarde des entreprises, a réduit la portée du principe de l'effet d'attribution immédiate car l'opposition pratiquée en période suspecte est susceptible d'être remise en cause si l'organisme créancier connaissait la déconfiture du débiteur. En effet, selon ce texte, « *toute saisie administrative à tiers détenteur, toute saisie-attribution ou toute opposition peut également être annulée lorsqu'elle a été délivrée ou pratiquée par un créancier à compter de la date de cessation des paiements et en connaissance de celle-ci* » (pour approfondir la question, v. la saisie-attribution s^s n°s 0831.80 s.). Le pouvoir de prononcer cette nullité appartient au juge de la faillite et non au juge de l'exécution[8].

Selon les dispositions de l'article L. 243-5 du CSS et de l'article L. 725-5 C. rur., en cas de sauvegarde, de redressement ou de liquidation judiciaire, les pénalités et les majorations de retard dues au jour du jugement d'ouverture, ainsi que les frais de pour-

1. COMP. : C. civ., anc. art. 2073 et 2075 (mod. par Ord. 23 mars 2006).
2. Civ. 2e, 14 oct. 1999, n° 97-19.502, P I, n° 157 ; *D.* 2000. 754, note P. Soustelle ; *Procédures* 2000, n° 32, note R. Perrot ; *RTD civ.* 2000. 169, obs. R. Perrot.
3. Cass., avis, 24 mai 1996, n° 09-60.003, P, n° 6.
4. Com. 13 oct. 1998, n° 96-14.295, P IV, n° 237 ; *D.* 1998. 250 ; *JCP* 1998. IV. 3324.
5. Décr. n° 2005-1677, 26 déc. 2005, pris en application de la loi n° 2005-845 du 26 juill. 2005 de sauvegarde des entreprises, art. 55, *JO* 29 déc., texte 66.
6. Limoges, 29 oct. 1991, *Dr. sociétés* 1992, n° 204, obs. Y. Chaput.
7. L. n° 2005-845, 26 juill. 2005, relative à la sauvegarde des entreprises, *JO* 27 juill., p. 12187.
8. Com. 29 avr. 2014, n° 13-13.572, NP ; *Procédures* 2014, n° 203, note R. Perrot.

suite, sont remis de plein droit, sauf en cas de contestation de l'infraction prévue à l'article L. 8221-1 C. trav. Est susceptible de remise, la cotisation fixée à titre de sanction pour défaut de déclarations dans les délais[1].

Cette règle qui aboutit à une extinction partielle de la créance cause de l'opposition, devrait entraîner de plein droit sa mainlevée partielle ou à son cantonnement lorsque le jugement d'ouverture intervient avant que le paiement qui seul consomme l'effet d'attribution immédiate selon la Cour de cassation, n'ait été effectué par le tiers[2].

Il faut cependant relever que si c'est le tiers saisi qui fait l'objet d'une procédure collective, l'organisme de sécurité sociale devenu son créancier direct par suite de l'effet attributif immédiat de l'opposition, est soumis au principe de la suspension des poursuites individuelles[3].

B. Indisponibilité de la créance interceptée

0971.291 Domaine et conséquence de l'indisponibilité. L'indisponibilité de la créance appréhendée interdit au tiers détenteur d'en verser le montant, non seulement au débiteur ou à tout créancier ultérieur, mais encore à l'organisme de sécurité sociale qui lui a notifié l'opposition. En effet, si l'effet d'attribution se produit immédiatement, en revanche, le délai de contestation et la contestation elle-même diffèrent le paiement de la créance à son égard. Selon l'article L. 133-4-9 du CSS le paiement n'est différé pendant le délai d'un mois qu'en cas de contestation. Cela signifie que le débiteur ne doit pas avoir manifesté l'intention de remettre l'opposition en cause. S'il a déclaré vouloir accepter celle-ci, le délai de contestation devient sans objet et ne fait plus obstacle au paiement.

En cas de contestation, le paiement est différé jusqu'à ce que celle-ci soit tranchée, sauf si en cours d'instance, le juge autorise ce paiement pour une somme qu'il détermine.

En outre, le paiement n'est pas différé, sauf si le juge en décide autrement, dans deux situations exposées *infra*.

Il est donc fait défense au tiers dans la lettre lui notifiant l'opposition, de disposer des sommes réclamées dans la limite de ce qu'il doit au débiteur (CSS, art. R. 133-9-5, 8°).

Comme en matière de saisie-attribution, l'indisponibilité est limitée au montant de la créance cause de l'opposition (cotisations, majorations et pénalités visées au titre exécutoire), sauf lorsque le tiers est une banque ou un établissement assimilé. Dans ce cas l'indisponibilité porte sur l'ensemble des comptes du débiteur, même si un seul d'entre eux a été visé dans la lettre de notification. L'article R. 133-9-12 du CSS renvoie en effet aux articles R. 211-19 à R. 211-21 C. pr. exéc. prévoyant cette extension en matière de saisie-attribution sur un compte.

Le paiement fait au préjudice de l'opposition (qui s'assimile à une saisie) est inopposable à l'organisme créancier qui peut contraindre le tiers à payer de nouveau (C. pr. exéc., art. L. 123-1). Mais cette action directe contre le tiers ne l'empêche pas d'agir contre le débiteur à l'égard duquel il conserve son droit[4].

L'effet d'indisponibilité interdit au tiers devenu créancier du débiteur après l'opposition, de se payer par voie de compensation sur la somme interceptée.

Le tiers n'a pas non plus le droit de payer les cessionnaires de la créance interceptée lorsque leur droit est né après qu'il a accusé réception de la lettre lui notifiant l'opposition.

§ 3 Consommation des effets par le paiement

0971.301 Époque et conditions du paiement. Le tiers détenteur procède au paiement sur la présentation d'un certificat délivré par le greffe du JEX du lieu du domicile ou du siège social du débiteur, attestant qu'aucune contestation n'a été formulée dans le mois suivant la notification de l'opposition au débiteur. Le terme « présentation » exclut tout formalisme et notamment, une signification par exploit d'huissier (CSS, art. R. 133-9-9).

Le paiement peut intervenir avant l'expiration de ce délai, si le débiteur a déclaré par écrit au créancier ne pas vouloir contester l'opposition (CSS, art. R. 133-9-9). L'acceptation de la mesure par le débiteur peut intervenir dès que celle-ci lui est dénoncée, étant précisé que cette acceptation n'a pas besoin d'être rédigée de sa main[5].

En cas de contestation, le paiement ne peut être effectué qu'après que celle-ci a été rejetée par une décision notifiée aux parties en cause. C'est la présentation de la décision préalablement notifiée qui autorise le tiers à se libérer (CSS, art. R. 133-9-10).

Le paiement au créancier peut également avoir lieu en totalité ou en partie, même au cours de l'instance en contestation, si le juge donne effet à

1. Soc. 6 déc. 2001, n° 99-16.407, NP ; *RD rur.* 2002. 247.
2. Civ. 2e, 21 janv. 1998, n° 95-20.114, P II, n° 24 ; *D.* 1999. 233, note J.-J. Bourdillat ; *RTD civ.* 1998. 484, obs. R. Perrot.
3. Com. 11 juin 2002, n° 99-17.163, P IV, n° 106 ; *D.* 2002. 2256, obs. A. Lienhard ; *Rev. huiss.* 2002. 372, obs. E. Putman.
4. Civ. 2e, 11 mars 1998, n° 96-10.181, NP ; *RTD civ.* 1998. 486, obs. R. Perrot.
5. Civ. 2e, 3 mars 2022, n° 20-20.890, NP ; *Rev. Prat.* 2022/3, p. 11, obs. O. Salati.

l'opposition pour la partie non contestée de la dette ou accorde au créancier une provision en l'absence de sérieux apparent de la contestation (CSS, art. L. 133-4-9 et R. 133-9-10). Enfin, le paiement n'est pas différé, à moins que le juge n'en dispose autrement, lorsque la créance fait suite à un contrôle qui a fait l'objet d'un obstacle de la part du débiteur. C'est aussi le cas lorsqu'un recours dilatoire ou abusif a été formé contre le titre exécutoire (CSS, art. L. 133-4-9).

0971.302 Formalités et effets du paiement. Le créancier qui reçoit le paiement en donne quittance au tiers détenteur et en informe le débiteur (CSS, art. R. 133-9-9). Dans la limite des sommes versées, ce paiement éteint l'obligation du débiteur et du tiers détenteur.

Lorsque le paiement est effectué, l'opposition produit son plein effet. Elle devient sans objet et tombe de plein droit, sans qu'il soit nécessaire d'en donner mainlevée selon un formalisme plus ou moins solennel.

En revanche, si le débiteur se libère directement de sa dette entre les mains du créancier, celui-ci en informe le tiers détenteur et donne mainlevée de l'opposition (CSS, art. R. 133-9-9). Cette mainlevée peut résulter d'un simple courrier, l'ensemble de la procédure d'opposition étant caractérisée par son formalisme simplifié.

Comme en matière de saisie-attribution, on doit considérer que seul le mécanisme du paiement réalise l'effet attributif d'une manière irréversible. Tant que celui-ci n'a pas été effectué et même si le délai de contestation est expiré, la mainlevée de l'opposition peut avoir lieu de plein droit si le titre exécutoire est annulé[1].

Le créancier qui n'a pas été payé par le tiers détenteur conserve ses droits contre le débiteur (CSS, art. R. 133-9-9).

Le refus de paiement par le tiers s'analyse, selon l'article précité, en une contestation implicite qui peut être portée devant le JEX. S'il estime que le refus n'est pas justifié, le juge peut délivrer un titre exécutoire contre le tiers aux fins de permettre au créancier de le contraindre au paiement. Cette contestation relative à l'obligation du tiers qui se situe nécessairement après l'expiration du délai de contestation de l'opposition, est ouverte à tout moment (v. s^s n°s 0841.12 s.).

1. Civ. 2e, 21 janv. 1998, n° 95-20.114, P (préc., v. s^s n° 0971.283) ; *D.* 1999. 233, note J.-J. Bourdillat ; *RTD civ.* 1998. 484, obs. R. Perrot.

SECTION 5
PROCÉDURES PARTICULIÈRES

§ 1
Spécificité de l'opposition sur les créances à exécution successive

0971.310 Textes applicables. Lorsqu'elle porte sur une créance à exécution successive, l'OTD demeure réglementée par les dispositions générales des articles R. 133-9-5 à R. 133-9-10 du CSS. Mais dans ce cas les articles R. 211-15 à R. 211-17 C. pr. exéc., relatifs à la saisie-attribution des créances à exécution successives doivent lui être spécialement appliqués (CSS, art. R. 133-9-11).

0971.311 Notion de créance à exécution successive. Selon le professeur R. Perrot, les créances à exécution successives « *tirent leur source d'un contrat unique et indivisible qui les rend certaines dès la formation de la convention et dont seule l'exécution s'inscrit dans la durée* ». L'exemple type est celui des loyers dus en vertu d'un bail. La créance de loyer prend naissance, dans sa globalité, dès la conclusion du contrat de location initial et non au fur et à mesure de son exécution, de telle sorte que l'opposition emporte attribution de tous les loyers échus et à échoir.

Le contrat de ramassage de lait entre un producteur et un acheteur qui comporte des obligations réciproques échelonnées dans le temps, portant sur des périodes et des quantités de référence, constitue un contrat unique à exécution successive[2]. De même, les sommes versées par un laboratoire à un biologiste associé, résultant d'un contrat unique à exécution successive[3]. Mais la convention de tiers payant ne répond pas au critère précité, car elle constitue un simple contrat-cadre. Chacune des créances du prestataire naît, non de la convention de tiers payant, mais de contrats successifs distincts conclus à l'occasion de chaque prestation (il en est jugé ainsi à propos d'une saisie-attribution entre les mains de la CPAM contre une société de taxi ambulance[4]).

0971.312 Effet attributif. Comme l'opposition pratiquée sur une créance instantanée, l'opposition portant sur une créance à exécution successive emporte, dès sa notification au tiers, l'effet d'attribution immédiate prévu par l'article L. 133-4-9 du CSS. En effet, en application des dispositions combinées des articles L. 112-1 et L. 211-2 C. pr. exéc. *d'une*

2. Civ. 2e, 8 mars 2001, n° 97-21.844, P II, n° 48 ; *D.* 2001. IR 107.
3. Civ. 2e, 14 avr. 2022, n° 20-21.461, B ; *Rev. prat.* 2022/5, p. 6, obs. O. Salati ; *RTD civ.* 2022. 699, obs. Ph. Théry.
4. Soc. 24 févr. 2000, n° 98-13.444, P V, n° 76 ; *JCP* 2000. IV, n° 1662.

part et de l'article L. 133-4-9 précité *d'autre part*, la créance objet de l'opposition passe immédiatement dans le patrimoine de la caisse ou de l'organisme créancier quelles que soient ses caractéristiques, conditionnelles, à terme ou à exécution successive, sauf pour ledit créancier à respecter ces modalités particulières. Cet effet attributif ne peut être remis en cause par une mesure d'exécution ou une procédure collective ultérieure.

Il résulte de l'effet d'attribution immédiate que, contrairement à ce qui se produit en matière de saisie des rémunérations, les créanciers ultérieurs, même privilégiés, ne peuvent participer à la distribution des sommes échues après qu'ils se sont manifestés.

Si l'opposition a été pratiquée avant qu'un jugement de sauvegarde, de redressement ou de liquidation judiciaire ne soit rendu contre le débiteur, elle produit ses effets sur les sommes échues après ce jugement (CSS, art. R. 133-9-11). La créance à exécution successive est donc intégralement transportée dans le patrimoine du créancier, aussi bien pour sa fraction exigible au jour de la notification de l'opposition que pour sa fraction à échoir et ce, sans que ce transport puisse être remis en question par l'ouverture d'une procédure collective. Les rédacteurs du décret de codification du 11 janvier 2000[1], à l'origine de l'ancien article R. 652-8 devenu R. 133-9-11 du CSS, ont ainsi ratifié la position adoptée par la Cour de cassation en matière de saisie-attribution[2]. Il faut cependant relever que si l'opposition est notifiée en période suspecte, elle est susceptible d'être remise en question si la caisse ou l'organisme créancier était informé de la situation compromise du débiteur. En effet, selon l'article L. 632-2 C. com., « *toute saisie administrative à tiers détenteur, toute saisie-attribution ou toute opposition peut également être annulée lorsqu'elle a été délivrée ou pratiquée par un créancier après la date de cessation des paiements et en connaissance de celle-ci* ».

0971.313 Paiement et fin de l'opposition. En l'absence de contestation, les sommes échues après l'opposition sont versées au créancier sur présentation du certificat de non-contestation. Le tiers se libère au fur et à mesure des échéances. Le créancier qui reçoit le paiement en donne quittance et en informe le débiteur (CSS, art. R. 133-9-11 – C. pr. exéc., art. R. 211-15).

L'opposition se termine avec l'extinction de la dette du débiteur. Le tiers en est informé par le créancier par lettre.

L'opposition cesse également de produire ses effets lorsque le tiers n'est plus tenu à l'égard du débiteur. Le tiers en informe le créancier par LRAR (CSS, art. R. 133-9-11 – C. pr. exéc., art. R. 211-17).

0971.314 Contestation et mise sous séquestre. En cas de contestation, le tiers débiteur s'acquitte des créances entre les mains d'un séquestre désigné, à défaut d'accord amiable, par le JEX saisi sur requête. Si les sommes consignées suffisent à désintéresser le créancier, le JEX ordonne la mainlevée. Le greffe en informe le tiers par LRAR (CSS, art. R. 133-9-11 – et C. pr. exéc., art. R. 211-16).

§ 2
Spécificité des oppositions auprès d'établissements habilités à tenir des comptes

0971.320 Textes applicables. L'OTD entre les mains d'un établissement habilité à tenir des comptes demeure réglementée par les dispositions générales des articles R. 133-9-5 à R. 133-9-10 du CSS. Cependant, les articles L. 162-1, L. 162-2, R. 112-5, R. 162-1 à R. 162-9, R. 211-19 à R. 211-21, R. 211-23 et R. 213-10, C. pr. exéc. lui sont également applicables (CSS, art. L. 133-4-9 et R. 133-9-12).

A.
Conditions et effets propres aux oppositions à tiers détenteur sur comptes

0971.331 Établissements habilités. Cette habilitation qui résulte de la loi bancaire du 24 janvier 1984 concerne toutes les banques quelle que soit leur forme, y compris la Banque de France, les caisses d'épargne, de crédit municipal, des dépôts et consignations, les services financiers de la poste.

Toutefois, les sociétés d'affacturage ne sont pas considérées comme des établissements teneurs de comptes de dépôt[3].

0971.332 Extension des obligations du tiers. Outre les renseignements que tout tiers doit fournir en vertu de l'article L. 211-3 C. pr. exéc., l'établissement bancaire est tenu d'indiquer au créancier dans

1. Décr. n° 2000-19, 11 janv. 2000, pris pour l'application de l'article L. 652-3 du Code de la sécurité sociale et modifiant le code de la sécurité sociale (deuxième partie : décrets en Conseil d'État), *JO* 12 janv., p. 494.
2. Cass., avis, 16 déc. 1994, n° 09-40.021, P, n° 24 ; *D.* 1995. 166, note F. Derrida ; *RTD civ.* 1995. 965, obs. R. Perrot – Civ. 2e, 10 juill. 1996, n° 94-19.551, P II, n° 209 ; *D.* 1996. 625, note P. Ancel ; *JCP* 1996. II. 22723, note E. Putman ; *RTD civ.* 1996. 716, obs. R. Perrot.
3. Civ. 2e, 5 avr. 2007, n° 05-14.593, P II, n° 88 ; *D.* 2007. 1278 ; *Gaz. Pal.* 10-11 oct. 2007, p. 8, note Brenner ; *Dr. et proc.* 2007. 283, note C. Lefort ; *RD banc. fin.* 2007, n° 160, obs. S. Piedelièvre.

sa déclaration, la nature du ou des comptes du débiteur, ainsi que leur solde au jour de l'opposition (C. pr. exéc., art. R. 211-20). En cas de stipulation d'unicité ou de fusion de plusieurs comptes, l'établissement n'est tenu d'indiquer que le solde unique résultant de l'application de cette stipulation [1]. L'établissement financier, qui ne peut opposer le secret bancaire, est tenu de fournir, spontanément et sur-le-champ, l'ensemble des renseignements concernant tous les comptes du débiteur, même si la mesure d'exécution ne porte que sur l'un d'entre eux, faute de connaître l'existence des autres [2]. Il doit en outre fournir au créancier un relevé de toutes les opérations qui ont affecté le compte depuis le jour de l'opposition inclusivement, lorsque celles-ci ont entraîné une diminution de la somme rendue indisponible (C. pr. exéc., art. L. 162-1 et R. 162-1, al. 1er). Ce relevé est communiqué au plus tard, huit jours après l'expiration du délai de contre-passation (C. pr. exéc., art. R. 162-1, al. 2). Les sociétés d'affacturage, qui ne sont pas considérées comme des établissements habilités à tenir des comptes, ne sont pas tenues de se conformer aux obligations particulières prescrites par l'article L. 162-1 et R. 162-1 alinéa 1er C. pr. exéc. [3, 4].

0971.333 Extension de l'effet d'indisponibilité. L'opposition rend indisponible l'ensemble des comptes représentant des créances de somme d'argent (C. pr. exéc., art. R. 211-19). Il s'agit notamment des comptes courants ou de dépôt à vue individuels ou joints, des livrets de développement durable, des comptes et plans d'épargne de toute nature. Il n'y a donc pas au départ, d'adéquation entre le montant de la créance cause de l'opposition et celui des fonds interceptés.

Cette indisponibilité générale cesse si, au vu des renseignements fournis par le tiers détenteur, le créancier décide de limiter l'opposition à certains comptes. Les parties peuvent aussi convenir qu'il peut être mis fin à l'effet d'indisponibilité par la constitution d'une garantie irrévocable à concurrence des sommes réclamées. À défaut d'accord le JEX peut imposer cette mesure (C. pr. exéc., art. R. 211-21, al. 2).

0971.334 Paiement. Si le débiteur est titulaire de comptes différents, le paiement est effectué en prélevant d'abord les fonds disponibles à vue, à moins que le débiteur ne prescrive le paiement d'une autre manière (C. pr. exéc., art. R. 211-23).

0971.335 Régularisation des opérations en cours. L'OTD, comme la saisie-attribution, opère un blocage du compte, de telle sorte que les opérations bancaires nées postérieurement ne peuvent en diminuer le compte. Cependant, celles qui ont été engagées antérieurement et qui n'ont pas été définitivement traitées au jour de l'opposition doivent être prises en compte. L'article L. 133-4-9 du CSS renvoie sur ce point aux dispositions des articles L. 162-1 et R. 162-1 alinéa 1er C. pr. exéc. Il convient d'en reproduire le texte et de renvoyer, pour de plus amples explications, à l'étude consacrée à la saisie-attribution (v. ss nos 092.05 à 0923.144). Selon l'article L. 162-1 C. pr. exéc. : « *Lorsque la saisie est pratiquée entre les mains d'un établissement habilité par la loi à tenir des comptes de dépôt, l'établissement est tenu de déclarer le solde du ou des comptes du débiteur au jour de la saisie.*

Dans le délai de quinze jours ouvrables qui suit la saisie-attribution et pendant lequel les sommes laissées au compte sont indisponibles, ce solde peut être affecté à l'avantage ou au préjudice du saisissant par les opérations suivantes dès lors qu'il est prouvé que leur date est antérieure à la saisie :

1°) au crédit : les remises faites antérieurement, en vue de leur encaissement, de chèques ou d'effets de commerce, non encore portées au compte ;

2°) au débit :

a) l'imputation des chèques remis à l'encaissement ou portés au crédit du compte antérieurement à la saisie et revenus impayés ;

b) les retraits par billetterie effectués antérieurement à la saisie et les paiements par carte, dès lors que leurs bénéficiaires ont été effectivement crédités antérieurement à la saisie.

Par dérogation aux dispositions prévues au deuxième alinéa, les effets de commerce remis à l'escompte et non payés à leur présentation ou à leur échéance lorsqu'elle est postérieure à la saisie peuvent être contre-passés dans le délai d'un mois qui suit la saisie.

Le solde saisi attribué n'est affecté par ces éventuelles opérations de débit et de crédit que dans la mesure où leur résultat cumulé est négatif et supérieur aux sommes non frappées par la saisie au jour de leur règlement ».

Les virements ordonnés par le débiteur avant la mesure d'exécution ne sont pas au nombre des opérations limitativement énoncées au texte précité et ne peuvent donc pas affecter, au préjudice du créancier, le solde qui lui est attribué [5].

L'article R. 162-1 C. pr. exéc. précise (pour l'application de l'article L. 162-1) : « *En cas de diminution des sommes rendues indisponibles, l'établissement doit fournir un relevé de toutes les opérations qui ont affecté les comptes depuis le jour de la saisie inclusivement.*

1. Civ. 2e, 5 juill. 2000, no 97-22.297, P ; *D.* 2000. IR 239 ; *RD banc. fin.* 2000, no 204, note J.-M. Delleci.
2. Civ. 2e, 16 janv. 2013, no 12-14.105, NP ; *RCA* 2013, no 122.
3. Anct L. no 91-650, 9 juill. 1991, art. 47.
4. Civ. 2e, 5 avr. 2007, no 05-14.593, P (préc., v. ss no 0971.331).
5. Civ. 2e, 24 mars 2022, no 20-12.241, B ; *Rev. prat. rec.* 2022/4, p. 8, obs. M. Draillard ; *Procédures* 2022, no 145, obs. C. Laporte.

Ce relevé d'opérations est communiqué par lettre recommandée avec demande d'avis de réception au créancier saisissant au plus tard huit jours après l'expiration du délai de contre-passation ».

Depuis la publication de l'arrêté définissant les garanties que doivent présenter les procédés utilisés par les commissaires de justice pour signifier les actes par voie électronique[1], applicable le 1er septembre 2012, l'article R. 162-1 C. pr. exéc. est complété par l'alinéa suivant : « *Sous réserve des dispositions de l'article 748-6 du Code de procédure civile, si l'acte de saisie est signifié par voie électronique, le tiers saisi communique le relevé par voie électronique dans ce même délai* »[2].

La demande de remise de relevés remontant à plus de quatre ans avant la mesure d'exécution excède les obligations du tiers[3]. Le défaut de transmission du relevé ne peut être sanctionné, s'il y a lieu, qu'à une condamnation, non à garantir les causes de la mesure, mais au paiement de dommages et intérêts[4].

B. Créances insaisissables

0971.341 **Régime des créances insaisissables.** Les articles L. 133-4-9 et R. 133-9-12 du CSS renvoient, sur ce point, aux articles L. 162-2, R. 112-5 et R. 162-2 à R. 162-9 C. pr. exéc.

Le Code des voies d'exécution (C. pr. exéc., art. L. 153-1 et R. 112-5) proclame en termes généraux que les créances insaisissables conservent cette caractéristique lorsque leur montant est versé sur un compte. Il met ainsi définitivement fin à la règle de la fongibilité de toutes les sommes déposées sur un compte, règle générale qui connaissait déjà des exceptions pour les salaires et les prestations familiales (Décr. 9 avr. 1981 – CSS, anc. art. L. 553-4 et D. 553-1 à D. 553-5 auj. abrogés).

0971.342 **Règle générale.** Toutes les créances insaisissables le demeurent lorsqu'elles sont versées sur un compte. Il en résulte que « *lorsqu'un compte est crédité du montant d'une créance insaisissable en tout ou en partie, l'insaisissabilité se reporte à due concurrence sur le solde du compte* » (C. pr. exéc., art. R. 112-5). Si le solde est déjà négatif, la somme insaisissable s'impute d'abord sur ce solde. Ce sont les opérations venues en débit du compte depuis le dernier versement qui sont déductibles des sommes insaisissables[5]. Le titulaire du compte ne peut se faire remettre que la différence si elle est portée à son crédit.

Dans ce cas, il peut demander au tiers de laisser à sa disposition une somme d'un montant équivalent, sur justification de l'origine des fonds. Il appartient au titulaire de prouver que le solde est composé uniquement de sommes insaisissables[6]. Il doit s'adresser directement et sans formes au tiers détenteur sans avoir besoin de saisir, *a priori*, le JEX. Cette demande n'est enfermée dans aucun délai puisqu'elle peut être formée tant que le créancier n'a pas réclamé le paiement des sommes objet de l'opposition, c'est-à-dire tant que celle-ci n'a pas produit son effet définitif (C. pr. exéc., art. R. 162-6).

0971.343 **Règle propre aux créances insaisissables à échéance périodique.** Lorsque les sommes insaisissables proviennent de créances à échéance périodique (rémunérations, retraites, indemnités de chômage, RSA, allocations familiales, pensions alimentaires...) le titulaire du compte peut en demander la mise à disposition immédiate, déduction faite des opérations venues en débit depuis le dernier versement (C. pr. exéc., art. R. 162-4).

Les pensions d'invalidité sont, en application de l'article L. 355-2 du CSS, cessibles et saisissables dans les mêmes conditions et limites que les salaires de telle sorte qu'elles sont partiellement insaisissables. Lorsqu'elles sont créditées sur un compte d'épargne, il convient de préciser l'étendue de leur portion saisissable et de leur portion insaisissable[7]. L'insaisissabilité porte sur la totalité du solde créditeur du compte et non sur la dernière échéance versée sur celui-ci[8].

Toutes les créances à échéances périodiques sont soumises au même régime. Ainsi, dès lors que les rémunérations du travail sont versées sur un compte,

1. Arr. 28 août 2012, portant application des dispositions du titre XXI du livre Ier du Code de procédure civile aux huissiers de justice, *JO* 31 août, p. 14049.
2. Décr. no 2012-783, 30 mai 2012, relatif à la partie réglementaire du code des procédures civiles d'exécution, art. 13, *JO* 31 mai, texte 1.
3. Civ. 2e, 28 sept. 2000, no 98-13.428, NP ; *RD banc. fin.* 2001, no 25, note J.-M. Delleci.
4. Civ. 2e, 7 avr. 2016, no 15-11.436, P ; *D.* 2017. 1394, obs. A. Leborgne ; *RTD civ.* 2016. 67, obs. N. Cayrol ; *D. actu.* 11 mai 2016, obs. M. Kébir ; *Procédures* 2016, no 196, note L. Raschel.
5. Civ. 2e, 14 oct. 2004, no 03-10.823, P II, no 461 ; *Dr. et proc.* 2004. 99, note O. Salati.
6. Civ. 2e, 24 mars 2005, no 03-12.836, P II, no 80 ; *Procédures* 2005, no 107, note S. Piedelièvre ; *Dr. et proc.* 2055. 243, note E. Putman.
7. Civ. 2e, 7 juin 2012, no 11-19.622, P II, no 103 ; *D. actu.* 22 juin 2012, obs. Kébir ; *D.* 2013. 1578, obs. A. Leborgne ; *Dr. et proc.* 2012. 267, note F. Vinkel ; *Procédures* 2012, no 252, note A. Bugada.
8. Civ. 2e, 11 mai 2000, no 98-11.696, P II, no 78 ; *RTD civ.* 2000. 641, obs. R. Perrot – Civ. 2e, 27 juin 2002, no 00-17.578, P II, no 150 ; *D.* 2003. Somm. 1402, obs. G. Taormina – Civ. 2e, 12 juill. 2007, no 05-20.911, P II, no 111 ; *D.* 2007. Pan. 648, obs. Sommer ; *Gaz.-Pal.* 2008. Somm. 2340, obs. C. Brenner ; *RD banc. fin.* 2008, no 48, note S. Piedelièvre.

leur saisie est réglementée, non par le Code du travail, mais par le Code des procédures civiles d'exécution[1]. Cette réglementation est prévue, principalement, par l'article R. 162-4 C. pr. exéc.

Si à l'expiration du délai de régularisation de quinze jours, les sommes demandées par le débiteur excédent le solde disponible au compte, le complément est prélevé, à due concurrence, sur la fraction rendue indisponible (C. pr. exéc., art. R. 162-4).

Le tiers détenteur doit informer le créancier de ce prélèvement au moment de sa demande de paiement et ce, afin de lui permettre d'élever une éventuelle contestation qui est enfermée dans un délai de forclusion de quinze jours (C. pr. exéc., art. R. 162-4). Il ne semble pas que ce délai puisse différer la libération des sommes insaisissables car celle-ci doit être immédiate.

Le débiteur dont la demande de mise à disposition n'a pas été satisfaite par le tiers doit pouvoir saisir le JEX de cette difficulté (COJ, art. L. 213-6[2]) et ce, sans être tenu d'agir dans le délai de contestation d'un mois puisqu'il peut réclamer au tiers la remise des fonds insaisissables jusqu'à la demande de paiement du créancier.

Il convient de relever que le débiteur peut s'adresser directement au JEX sans que cette démarche soit subordonnée à la mise en œuvre préalable de la procédure de mise à disposition prévue à l'article R. 162-4 C. pr. exéc.[3,4].

0971.344 Règle propre aux créances insaisissables à échéance non périodique. Entrent dans cette catégorie les rappels de salaire, l'indemnité légale de licenciement, le capital décès servi par la sécurité sociale, *etc.*

Selon l'article R. 162-5 alinéa 1er C. pr. exéc., « *lorsque les sommes insaisissables proviennent d'une créance à échéance non périodique, le titulaire du compte peut demander, sur justification de l'origine des sommes, que soit laissé à sa disposition le montant de celles-ci, déduction faite des sommes venues en débit du compte depuis le jour où la créance y a été inscrite* ».

Contrairement à ce qui se produit lorsque la créance insaisissable est à échéance périodique, la mise à disposition des sommes demandées par le titulaire du compte n'est pas immédiate. Il faut attendre l'expiration du délai de régularisation de quinze jours. Si à cette expiration le solde disponible au compte est insuffisant pour couvrir ces sommes, le complément est retenu sur les sommes indisponibles à la même date. Le créancier qui est informé de cette retenue par le tiers au moment où il présente sa demande de paiement, peut la contester dans les quinze jours de cette demande. La remise au titulaire des sommes insaisissables n'a lieu que si le créancier déclare ne pas s'y opposer, ou si aucune contestation n'a été élevée par lui dans le délai. La contestation du créancier diffère donc la remise au débiteur jusqu'à ce qu'elle soit tranchée.

Dans l'hypothèse où le tiers refuse de mettre à sa disposition les sommes demandées, le débiteur saisit le JEX à tout moment pour obtenir cette remise, sous réserve de justifier de leur caractère insaisissable (C. pr. exéc., art. R. 162-5).

0971.345 Règle propre au revenu de subsistance insaisissable (dit RSA bancaire). Selon l'article L. 162-2 C. pr. exéc., lorsqu'un compte fait l'objet d'une saisie, le tiers saisi laisse à la disposition du débiteur personne physique, sans qu'aucune demande soit nécessaire et dans la limite du solde créditeur au jour de la saisie, une somme à caractère alimentaire égale au montant forfaitaire, pour un allocataire seul, mentionné à l'article L. 262-2 du CASF. Il s'agit du revenu de solidarité active (RSA) que l'organisme teneur de compte doit remettre spontanément, quelles que soient la situation du titulaire et l'origine des fonds[5]. L'article L. 133-4-9 du CSS dispose que l'article L. 162-2 C. pr. exéc. est applicable à l'OTD pratiquée par les organismes créanciers.

Initialement, le déclenchement de ce dispositif d'urgence nécessitait une démarche du débiteur qui devait présenter une demande de mise à disposition dans un délai de quinze jours suivant la saisie. Il pouvait utiliser à cet effet un formulaire annexé à l'acte lui dénonçant la mesure et dont un exemplaire était également tenu à sa disposition et à celle des autres titulaires du compte, par le tiers saisi. Cette procédure n'était pas un préalable obligatoire à la saisine du JEX devant lequel le débiteur pouvait porter directement sa demande de mise à disposition[6].

Ce dispositif d'urgence était peu utilisé par les débiteurs auxquels il devait bénéficier. Prenant en compte cet état de fait, le législateur a imposé au tiers saisi, dans l'article L. 162-2 C. pr. exéc., l'obligation de laisser d'office à la disposition du débiteur personne physique, dans la limite du solde créditeur du ou des comptes au jour de la saisie, une somme à caractère alimentaire d'un montant égal au RSA, pour

1. Civ. 2e, 24 juin 2004, no 02-14.813, P II, no 323 ; *RTD civ.* 2004. 780, obs. R. Perrot ; *Gaz.-Pal.* 13 avr. 2005, p. 31, obs. C. Brenner.
2. COMP. : COJ, anc. art. L. 311-12-1.
3. Anct Décr. no 92-755, 31 juill. 1992, art. 47.
4. Civ. 2e, 6 nov. 2008, no 07-17.627, P II, no 233 ; *JCP* 2008. IV. 2945.
5. Ph. Hoonakker, « Le RSA bancaire ou la mise à disposition automatique d'une somme à caractère alimentaire sur un compte saisi », *D.* 2010. 1890.
6. Civ. 2e, 6 nov. 2008, no 07-17.627, P (préc., v. ss no 0971.343).

un allocataire seul[1]. Les articles R. 162-2 s. C. pr. exéc.[2] ont été modifiés afin d'être mis en harmonie avec les nouvelles dispositions législatives. Le tiers saisi doit désormais immédiatement avertir le débiteur qu'il laisse à sa disposition la somme à caractère alimentaire[3]. Celle-ci est imputée en priorité sur les fonds disponibles à vue. Les personnes morales ne peuvent se prévaloir de ce texte, mais c'est le solde de l'ensemble des comptes qui doit désormais être pris en considération et non plus celui d'un seul d'entre eux. L'établissement habilité à tenir des comptes doit donc procéder à la mise à disposition du solde bancaire insaisissable, automatiquement et sans aucune démarche de la part du titulaire. Ce n'est finalement qu'en cas d'inertie du tiers saisi qu'il pourra recourir au JEX.

Le tiers saisi informe, sans délai, selon le cas, l'organisme de sécurité sociale, l'huissier de justice, ou le comptable public chargé du recouvrement, du montant laissé à la disposition du titulaire ainsi que du ou des comptes sur lesquels est opérée cette mise à disposition.

En cas de saisie de comptes auprès d'établissements différents, l'organisme, l'huissier ou le comptable public détermine le ou les tiers chargés d'effectuer la mise à disposition ainsi que les modalités de celle-ci (C. pr. exéc., art. R. 162-2).

Un débiteur ne peut bénéficier d'une autre mise à disposition que si une nouvelle saisie intervient à l'expiration d'un délai d'un mois suivant la précédente. Pendant ce délai, la somme à caractère alimentaire demeure à la disposition du débiteur (C. pr. exéc., art. R. 162-3).

Il faut préciser que lorsque le débiteur est un entrepreneur individuel à responsabilité limitée (EIRL) tenu d'ouvrir des comptes séparés dont l'un au moins est affecté à son activité professionnelle, le RSA bancaire ne peut être prélevé que sur son compte personnel en application de l'article L. 162-2 alinéa 2 C. pr. exéc. Le compte professionnel est donc entièrement saisissable[4].

0971.346 **Règles d'imputation et sanctions.** Les sommes à caractère alimentaire mises à la disposition du titulaire du compte en vertu du dispositif précité, viennent en déduction des créances insaisissables dont le versement pourrait être ultérieurement, soit demandé en application des articles R. 162-4 et R. 162-5 C. pr. exéc. (créances légalement insaisissables à échéances périodiques et non périodiques), soit obtenu en application de R. 112-4 du même code (créances alimentaires par la détermination du juge). À l'inverse, si ce sont ces créances insaisissables qui ont, en premier lieu, été mises à la disposition du titulaire, elles doivent s'imputer sur le revenu minimum d'urgence visé à l'article R. 162-2 C. pr. exéc. (C. pr. exéc., art. R. 162-7).

Indépendamment des sanctions pénales éventuellement encourues, le titulaire du compte qui se voit mettre à disposition une somme d'un montant supérieur à celui auquel il peut prétendre doit restituer au créancier ce qui a été indûment perçu. En cas de faute de sa part, il peut être condamné à des dommages et intérêts (C. pr. exéc., art. R. 162-8).

L'ensemble de ces dispositions sont applicables aux OTD ouvertes aux organismes sociaux, puisque l'article R. 133-9-12 du CSS renvoie expressément aux articles du Code des procédures civiles d'exécution relatifs au régime des créances insaisissables versées à un compte (C. pr. exéc., art. R. 112-5, R. 213-10, R. 162-2 à R. 162-9) (v. s[s] n°s 0141.161 s. et 0923.91 s.).

C.
Opposition sur compte joint

0971.351 **Compte joint.** Lorsque l'opposition est effectuée sur un compte joint, le tiers détenteur est tenu d'une obligation particulière. Il doit en informer les autres titulaires dans les huit jours de la notification de la lettre d'opposition, par tout moyen justifiant de la date de réception de cette information (CSS, art. R. 133-9-12). Le défaut de dénonciation de l'opposition n'est cependant pas susceptible d'entraîner la caducité de celle-ci. C'est ce que décide la Cour de cassation par une décision concernant la dénonciation de la saisie-attribution et qui est transposable[5]. Cette carence pourrait toutefois justifier l'allocation de dommages et intérêts au cotitulaire justifiant d'un préjudice, tel qu'un retard dans la mise à disposition de son salaire[6].

Il s'agit d'une différence notable avec la saisie-attribution où c'est en principe au commissaire de justice du saisissant de dénoncer la mesure aux autres titulaires du compte, sauf s'il ignore leurs noms et adresses, auquel cas cette formalité incombe à l'éta-

1. L. n° 2009-526, 12 mai 2009, de simplification et de clarification du droit et d'allègement des procédures, *JO* 13 mai, p. 7920, art. 20, applicable à compter du 1août 2009 ; *D.* 2009. 1335.
2. Anc[t] Décr. n° 92-755, 31 juill. 1992, art. 46 s.
3. L. Lauvergnat, « Brèves remarques sur le déclenchement d'office du solde bancaire insaisissable », *Dr. et proc.* 2009. 188.
4. Ord. n° 2010-1512, 9 déc. 2010, portant adaptation du droit des entreprises en difficulté et des procédures de traitement des situations de surendettement à l'entrepreneur individuel à responsabilité limitée, *JO* 10 déc., p. 21617, art. 11 (*D.* 2011. 68 ; *D.* 2011. 4).
5. Civ. 2e, 7 juill. 2011, n° 10-20.923, P II, n° 160 ; *D.* 2012. 650, note L. Lauvergnat.
6. Civ. 2e, 27 mai 2004, n° 02-13.896, P II, n° 252 ; *D.* 2004. IR 1773 ; *Dr. et proc.* 2004. 341, note J.-J. Bourdillat ; *Gaz-Pal.* 13-14 avr. 2005, p. 30, obs. C. Brenner.

blissement. Cette information doit permettre aux cotitulaires non débiteurs de réclamer la remise des fonds leur appartenant sur justification qu'ils en sont partiellement ou totalement propriétaires.

Il incombe au concubin du débiteur, cotitulaire du compte joint objet de la mesure d'exécution, de prouver que les fonds qu'i s'y trouvent déposés lui appartiennent en propre s'il veut les soustraire à l'assiette de cette mesure[1].

0971.352 Compte joint entre époux communs en biens. L'information imposée au tiers détenteur permet aussi à un époux commun en biens dont les gains et salaires sont versés sur un compte joint d'obtenir leur remise immédiate lorsqu'une opposition est pratiquée pour le recouvrement de dettes nées du chef de l'autre époux. En effet, ses gains et salaires ne sont pas saisissables par les créanciers de son conjoint, sauf si l'obligation a été contractée pour l'entretien du ménage et l'éducation des enfants. Lorsque ces gains et salaires sont versés à un compte courant ou de dépôt, ceux-ci ne peuvent être saisis que dans des conditions définies par décret (C. civ., art. 1414).

Le Code des procédures civiles d'exécution précise donc qu'il est immédiatement laissé à la disposition de l'époux qui n'a pas été à l'origine de la dette cause de l'opposition une somme équivalente à son choix, au montant des gains et salaires du mois précédent cette opposition ou du montant moyen mensuel de ceux versés au cours des douze mois ayant précédé celle-ci (C. pr. exéc., art. R. 162-9, al. 1er). Si à l'expiration du délai de régularisation des opérations en cours, le montant des sommes demandées par le conjoint excède le solde disponible au compte, il convient de procéder selon les modalités d'imputation prévues à l'article R. 162-4 alinéa 2 C. pr. exéc. (C. pr. exéc., art. R. 162-9, al. 2). À tout moment le JEX peut être saisi par le conjoint de celui qui a formé la demande (C. pr. exéc., art. R. 162-9, al. 3).

0971.353 Compte joint entre époux séparés de biens. Dans le régime séparatif, l'article 1538 C. civ. dispose, dans son troisième alinéa, que les biens sur lesquels aucun époux ne justifie d'une propriété exclusive sont réputés leur appartenir indivisément à chacun par moitié.

Tirant les conséquences de cette disposition, la deuxième chambre de la Cour de cassation a retenu que les effets de la mesure d'exécution devaient être limités à la moitié indivise des fonds déposés sur le compte, sauf pour le créancier à démontrer qu'en dépit de la présomption légale, la totalité de ces fonds appartient au conjoint débiteur[2].

La première chambre de la Cour de cassation est allée plus loin puisqu'elle décide que le créancier d'un époux séparé de biens qui fait pratiquer une saisie sur un compte ouvert au nom des deux conjoints doit identifier les fonds personnels de son débiteur. Cet arrêt, rendu au visa des articles 1315 (devenu 1353) et 1538 alinéa 1er et 3 C. civ., ne fait plus référence à la limitation de la saisie à la moitié du solde du compte[3].

SECTION 6
CONTESTATIONS-INCIDENTS

0971.361 Personnes pouvant former un incident. L'article L. 133-4-9 du CSS (anct CSS, art. L. 652-3) dispose que les contestations sont portées devant le JEX. Ce texte et l'article R. 133-9-9, alinéa 3, du même code précise expressément que le débiteur et le tiers détenteur peuvent contester l'opposition. Mais d'autres personnes non expressément visées par ces dispositions devraient pouvoir provoquer des incidents, tels un créancier postérieur désireux de faire prévaloir sa propre mesure d'exécution ou un cessionnaire de la créance objet de l'opposition qui soutient que celle-ci est déjà tombée dans son patrimoine ou, encore, le tiers détenteur qui conteste son obligation à l'égard du débiteur.

§ 1
Procédure

0971.371 Juge compétent. L'opposition peut être contestée devant le JEX. La faculté de faire opposition ainsi que la désignation de la juridiction compétente sont indiquées dans les notifications de l'OTD adressées au débiteur et au tiers (CSS, art. R. 133-9-5 et R. 133-9-6). Le JEX compétent est celui du lieu où le débiteur a son domicile ou s'il est différent, du lieu de son établissement. Si le débiteur demeure à l'étranger ou si le lieu où il demeure est inconnu, le JEX compétent est celui du domicile du tiers détenteur ou s'il s'agit d'une personne morale, du lieu de son siège social ou de l'établissement distinct (CSS, art. R. 133-9-10).

0971.372 Recevabilité. Le délai de contestation qui est d'un mois, court à compter de la réception, par le débiteur, de lettre lui notifiant l'opposition. Il s'agit d'un délai préfix qui n'est interrompu que par la signification de l'assignation à l'organisme créan-

1. Civ. 2e, 21 mars 2019, no 18-10.408, P ; *Rev. prat. rec.* 2020, no 8, p. 10, obs. S. Dorol.
2. Civ. 2e, 10 juill. 1996, no 94-16.837, NP ; *RTD civ.* 1996. 990, obs. R. Perrot ; *JCP* 1997. I. 4008, no 19, obs. M. Storck.
3. Civ. 1re, 20 mai 2009, no 08-12.922, P I, no 102 ; *Dr. et proc.* 2009. 278, obs. F. Vinckel.

cier. La délivrance d'un projet d'assignation ne devrait pas être assimilée à une assignation en contestation interruptive du délai d'un mois[1]. C'est la date de l'acte de signification et non celle de son dépôt au greffe du JEX qui doit être retenue[2]. Le délai de contestation qui expire un samedi, un dimanche ou un jour férié est prorogé jusqu'au premier jour ouvrable suivant[3]. Par ailleurs, l'action en contestation est réputée avoir été engagée dans le délai d'un mois, si la demande d'aide juridictionnelle s'y rapportant a été adressée au bureau avant l'expiration de ce délai et si l'assignation devant le JEX a été signifiée dans un nouveau délai d'un mois qui court à compter[4] :

– soit de la notification de la décision d'admission provisoire ou de celle constatant la caducité de la demande ;

– soit de la date à laquelle la décision d'admission ou de rejet est devenue définitive ;

– soit de la date à laquelle un auxiliaire de justice a été désigné, si elle est plus tardive que la date d'admission.

Rappelons qu'en cas de survenance d'une procédure collective, avant l'expiration du délai de contestation, le jugement d'ouverture fait courir un nouveau délai d'un mois en faveur des organes de la procédure comme cela est admis en matière de saisie-attribution[5].

Le débiteur forclos peut agir, le cas échéant, en répétition de l'indu devant le juge du fond compétent mais pas devant le JEX (C. pr. exéc., art. L. 211-4).

La contestation tardive devrait être déclarée recevable, comme c'est le cas en matière de saisie-attribution, lorsqu'elle tend à faire constater la mainlevée de la mesure qui résulte de plein droit de la perte ultérieure du titre exécutoire fondant l'opposition (par suite de l'annulation de la contrainte par le tribunal)[6].

Le délai d'un mois ne devrait s'appliquer qu'à la contestation du débiteur. Celle du tiers détenteur ou de tout autre tiers intéressé (créancier concurrent, ou cessionnaire de la créance saisie), n'est manifestement enfermée dans aucun délai par l'article L. 133-4-9 qui n'envisage que le débiteur. Il faut préciser qu'avant sa réécriture par la loi du 22 décembre 2014, l'article L. 652-3 du CSS qui est aujourd'hui remplacé par l'article L. 133-4-9 du même code, soumettait expressément toutes les contestations, y compris celle du tiers détenteur, au délai de forclusion d'un mois. Le texte issu de la loi précitée et l'article L. 133-4-9 qui en reprend les termes, ne fait plus référence au délai d'un mois que pour la contestation du débiteur, ce qui montre que la volonté du législateur était d'en exclure celle du tiers détenteur. Il faut dire que l'incident élevé par celui-ci ne tend pas à contester l'opposition en elle-même mais l'existence ou l'étendue de son obligation à l'égard du débiteur. On constate cependant que le 12° de l'article R. 133-9-5 du CSS prescrit toujours que la notification de l'OTD au tiers détenteur doit mentionner qu'il dispose d'un mois pour contester l'opposition. Cette disposition, d'origine réglementaire, qui n'est plus en adéquation avec le texte législatif devrait être considérée comme étant implicitement abrogé sur ce point.

1. Civ. 2e, 4 mars 2021, no 19-21.157, B ; *Procédures* 2021, no 132, note R. Laher.
2. Cass., avis, 15 juin 1998, no 09-80.004, P, no 8 ; *D.* 1998. 185 ; *Procédures* 1998, no 196 ; *RTD civ.* 1998. 751, obs. R. Perrot.
3. Civ. 2e, 4 juill. 2020, no 19-12.260, P ; *Rev. prat. rec.* 2020, no 8, p. 13, obs. S. Dorol.
4. Civ. 2e, 21 mars 2019, no 18-10.408, P ; *Rev. prat. rec.* 2020, no 8, p. 13, obs. S. Dorol.
5. Com. 19 janv. 1999, no 96-18.256, P IV, no 17 ; *D.* 1999. 245, note F. Derrida.
6. Civ. 2e, 21 janv. 1998, no 95-20.114, P (préc., v. ss nos 0971.283 et 0971.302) ; *D.* 1999. 233, note J.-J. Bourdillat ; *JCP* 1998. IV. 1538 ; *RTD civ.* 1998. 484, obs. R. Perrot.

0971.373 Répétition de l'indu éventuel. Le débiteur prétendu qui a omis d'agir en contestation en temps utiles, alors qu'il avait des moyens sérieux à faire valoir, n'a pu empêcher le paiement de la somme saisie à son préjudice. Dans un tel cas, l'article L. 211-4 C. pr. exéc., applicable à la saisie-attribution, ouvre au débiteur une action en répétition qui relève, non de la compétence du JEX, mais de celle du juge de droit commun. Bien qu'il ne soit pas fait de renvoi par le Code de la sécurité sociale aux dispositions de l'article L. 211-4 C. pr. exéc., on doit considérer que le débiteur qui n'aurait pas élevé de contestation dans le délai d'un mois peut agir à ses frais en répétition de l'indu devant le juge du fond compétent, cet article ne faisant que rappeler à propos de la saisie-attribution, le principe général posé par les articles 1302, 1302-1 s. C. civ. Cette demande en répétition pourrait alors être recevable même si le débiteur a déclaré par écrit ne pas contester l'opposition[7].

0971.374 Saisine et comparution des parties. La contestation est formée par une assignation à comparaître à la première audience utile (C. pr. exéc., art. R. 121-1).

Les parties doivent être représentées par un avocat lorsque la demande a pour origine une créance ou tend au paiement d'un somme d'un montant supérieur à 10 000 euros (C. pr. exéc., art. L. 121-4 et R. 121-4). Si la demande est inférieure ou égale à ce montant, les parties peuvent comparaître en personne ou être assistées ou représentées par l'une des personnes énoncées à l'article R. 121-4 C. pr. exéc.

7. Cass., avis, 11 mars 1994, no 09-40.001, P, no 8.

Sont ainsi dispensées du ministère d'avocat, *d'une part* les contestations des OTD notifiées pour le recouvrement de créances et de leurs accessoires d'un montant inférieur ou égal à 10 000 euros, *d'autre part* les demandes en fixation ou liquidation d'astreinte ou en paiement de dommages et intérêts n'excédant pas ce chiffre.

Lorsque la représentation par avocat est obligatoire, la constitution du conseil des parties n'est soumise à aucune forme ni à aucun délai particulier. Lorsqu'elle n'est pas imposée, les représentants des parties, s'ils ne sont pas avocats, doivent justifier d'un pouvoir spécial (C. pr. exéc., art. R. 121-7).

La procédure est orale (C. pr. exéc. art. R. 121-8). En cours d'instance, la partie qui a comparu peut exposer ses prétentions et ses moyens par écrit sans avoir besoin de se présenter à nouveau, sous réserve de les avoir notifiés à l'adversaire par LRAR.

Le jugement qui est exécutoire de droit par provision est notifié aux parties par les soins du greffe. Sur le déroulement de la procédure, v. s[s] n°s 0215.11 s.

0971.375 **Effets de la contestation.** Les fonds interceptés demeurent indisponibles. Le paiement est différé pendant le délai de contestation et le cas échéant, jusqu'à ce qu'il soit statué sur celle-ci, sauf si le juge autorise le paiement pour la somme qu'il détermine (CSS, art. L. 133-4-9).

Le juge peut ainsi en cours d'instance donner effet à l'opposition pour la fraction non contestée de la dette par une décision exécutoire sur minute. En cas d'appel, la demande de sursis n'a pas d'effet suspensif.

Il peut également accorder une provision au créancier en prescrivant le cas échéant des garanties, si le montant de la créance objet de l'opposition et la dette du tiers ne paraissent pas sérieusement contestables. Sa décision n'a pas, au principal, autorité de chose jugée (CSS, art. R. 133-9-10). Si le juge n'autorise pas le paiement, l'organisme créancier doit attendre le dénouement de l'instance en contestation, avant de présenter au tiers détenteur sa demande de règlement. Toutefois, l'indisponibilité de principe des sommes objet de l'OTD ne s'applique que dans les deux situations exposées ci-après.

Même en cas de contestation, le paiement n'est pas différé, sauf si le juge en décide autrement, lorsqu'il y a eu entrave à l'exercice d'un contrôle ou un recours abusif ou dilatoire contre le titre exécutoire (CSS, art. L. 133-4-9). Rappelons que lorsque l'opposition contestée porte sur une créance à exécution successive, le tiers s'acquitte des sommes échues entre les mains d'un séquestre désigné, à défaut d'accord des parties, par le JEX saisi sur requête. Si les sommes consignées suffisent à désintéresser l'organisme créancier, le juge donne mainlevée de l'OTD et son greffe en avise le tiers (CSS, art. L. 133-9-11 – C. pr. exéc., art. R. 211-16).

§ 2
Pouvoirs du juge de l'exécution

0971.381 **Étendue des pouvoirs.** En application de l'article L. 213-6 du COJ, le JEX connaît des difficultés relatives aux titres exécutoires, même si elles portent sur le fond du droit. Selon le dernier alinéa de cet article, il exerce également les compétences particulières qui lui sont dévolues par le Code des procédures civiles d'exécution. Le JEX peut ainsi donner mainlevée d'une mesure d'opposition inutile ou abusive, condamner à des dommages et intérêts l'organisme créancier en cas d'abus ou le débiteur auteur d'une résistance injustifiée (C. pr. exéc., art. L. 121-2 et L. 121-3). Il ne peut cependant ni modifier le dispositif de la décision de justice fondant la poursuite, ni en suspendre l'exécution (C. pr. exéc., art. R. 121-2, al. 2).

Il est donc compétent, dès la notification de l'OTD, pour examiner les difficultés nées du titre fondant cette mesure, le plus souvent une contrainte, ainsi que celles résultant de sa mise à exécution.

Il ne peut cependant remettre en cause le principe de la créance de cotisations ou de majorations constatée dans ce titre en statuant sur des demandes d'exonération ou de remise relevant des seules attributions des organismes ou des juridictions de sécurité sociale.

A.
Contestations relevant du juge de l'exécution

0971.391 **Objet des contestations.** Le JEX est compétent pour se prononcer sur la régularité formelle de la procédure d'opposition. Il peut l'annuler pour vice de forme notamment pour absence de l'une des mentions prescrites par l'article R. 133-9-5 du CSS dans la notification de l'opposition ou encore pour défaut d'information du débiteur concomitamment à la notification au tiers détenteur. Il peut aussi en donner mainlevée en raison de l'insaisissabilité des créances interceptées.

Le JEX est également autorisé à se prononcer sur des difficultés relevant du fond du droit telles qu'une exception de compensation ou de prescription, notamment en ce qui concerne le délai de mise à exécution du titre fondant l'opposition. En effet, la Haute juridiction estime que le JEX méconnaît ses pouvoirs lorsqu'il refuse d'examiner une exception de compensation ou de prescription soulevée par le débiteur[1]. Il devrait

1. Civ. 2e, 15 nov. 2007, n° 06-20.057, P II, n° 251 ; *D.* 2008. 648, chron. J.-M. Sommer et C. Nicoletis.

donc pouvoir se prononcer sur la prescription de l'action en exécution du titre fondant l'opposition dont la durée est de dix ans en ce qui concerne les décisions juridictionnelles (C. pr. exéc., art. L. 111-4) et de trois ans (porté à cinq ans en cas de fraude ou de fausse déclaration) en ce qui concerne les contraintes (CSS, art. L. 244-9 et L. 241-11). Il peut constater l'extinction totale ou partielle de la créance par suite d'un paiement postérieur à l'émission ou à l'obtention du titre ou de la déduction d'un acompte omis ou imputé sans respecter les règles du Code civil.

Si le JEX est compétent pour réduire une clause pénale d'origine contractuelle, il ne l'est pas, en revanche, pour diminuer une pénalité sanctionnant l'inexécution d'une obligation statutaire. À cet égard, certaines contestations que l'on retrouve habituellement devant le JEX ne peuvent être examinées par lui en cas d'OTD. Il en est ainsi, des demandes de remises totales ou partielles des pénalités et majorations de retard.

0971.392 Délais de paiement. Lorsqu'une mesure d'exécution forcée a été engagée en vertu d'un titre exécutoire, le JEX détient le pouvoir d'accorder un délai de paiement pour des cotisations sociales et ce, en vertu des articles R. 121-1 C. pr. exéc.[1], 510 alinéa 3 C. pr. civ. et 1343-5 C. civ. (C. civ., anc. art. 1244-1)[2].

Toutefois, lorsque la mesure d'exécution est une OTD qui produit un effet attributif immédiat, il semble bien que la jurisprudence interdisant au JEX de consentir un délai de grâce en cas de saisie-attribution, soit également applicable[3]. Il devrait néanmoins pouvoir autoriser un paiement échelonné ou différé, pour la fraction de la créance non couverte par la somme attribuée lorsque celle-ci est insuffisante.

En l'absence de mesure d'exécution, les demandes d'échéancier de paiement ou de sursis aux poursuites engagées pour le règlement des cotisations, majorations et pénalités dues par les employeurs et les travailleurs indépendants relèvent de la seule compétence du directeur de l'organisme de recouvrement qui peut exiger la constitution d'une garantie suffisante, étant précisé que la part salariale doit avoir été préalablement acquittée (CSS, art. R. 243-21).

Lorsque la demande d'échéancier émane d'un agriculteur, la décision appartient au conseil d'administration de la caisse de MSA dont il relève, par délégation, à la commission de recours amiable prévue à l'article R. 142-1 du CSS. Les cotisations patronales ne peuvent faire l'objet d'un échéancier qu'après règlement intégral des cotisations salariales et de la retenue à la source prévue à l'article 204 A du CGI. En toute hypothèse, la demande est assortie de garanties dont le caractère suffisant est apprécié par le conseil d'administration ou la commission. L'échéancier, qui ne peut excéder trois ans, bénéficie à tout cotisant momentanément empêché d'exécuter ses obligations sociales, par suite de circonstances exceptionnelles ou d'une insuffisance de ressources dans son ménage ou de trésorerie dans sa société.

Il est sursis aux poursuites tant que les échéances fixées par le plan sont honorées (C. rur., art. R. 726-1, 4°).

B. Contestations ne relevant pas du juge de l'exécution

0971.401 Contestation du bien-fondé ou du montant des créances sociales. Ces contestations sont de la compétence du TJ spécialement désigné en application de l'article L. 211-16 du COJ qui connaît des litiges relevant du contentieux de la Sécurité sociale défini à l'article L. 142-1 du CSS. Cette juridiction se prononce, notamment, sur les oppositions à contrainte ou à ordonnance d'injonction de payer, ainsi que sur les réclamations contentieuses présentées, après l'échec des recours administratifs préalables, contre les décisions des organismes de sécurité sociale et de mutualité sociale agricole.

Le JEX n'a donc pas le pouvoir de remettre en cause le bien-fondé ou le mode de calcul des cotisations, contributions ou majorations recouvrées par l'organisme créancier et ce, d'autant plus qu'elles ont été constatées et liquidées dans un titre exécutoire (jugement, arrêt ou contrainte ayant valeur de jugement) dont il ne peut modifier le dispositif ou les obligations qu'il constate (C. pr. exéc., art. L. 121-1, al. 2)[4]. S'agissant plus particulièrement de la contrainte fondant l'opposition, il appartenait au débiteur de faire opposition dans le délai afin de contester les sommes mises à sa charge.

0971.402 Exonération ou réduction des cotisations et des indus. Le JEX n'a pas le pouvoir d'examiner une demande d'exonération ou de réduction des cotisations pour une des causes prévues par la législation de sécurité sociale (notamment l'insuffisance de ressource, la réduction d'effectifs ou la restructuration), dès lors que cette demande devait être présen-

1. Anc[t] Décr. n° 92-755, 31 juill. 1992, art. 8.
2. Soc. 19 juill. 2001, n° 00-12.917, P V, n° 284 ; *D.* 2001. 2461 – Civ. 2e, 16 sept. 2003, n° 02-10.909, P II, n° 262 ; *D.* 2003. 2866, obs. X. Prétot.
3. Civ. 2e, 4 oct. 2001, n° 00-11.609, P II, n° 150 ; *D.* 2001. 3022.
4. Civ. 2e, 27 sept. 2012, n° 11-21.926, P II, n° 128 ; *Rev. huiss.* 2012. 299, obs. Choquet ; *D.* 2013. 1580, obs. A. Leborgne ; *Gaz. Pal.* 3-5 mars 2013, p. 12, note Brenner.

tée au directeur de l'organisme et, en cas de rejet, au tribunal compétent (CSS, art. L. 256-4, L. 752-3-1 et D. 752-6). En matière agricole, la prise en charge des cotisations dues par les cotisants momentanément empêchés est décidée par la caisse de MSA après avis de la section des agriculteurs en difficulté de la commission instituée par l'article R. 313-1 C. rur. Les contributions sociales, telles que la CSG et la contribution pour le remboursement de la dette sociale (CRDS), ne peuvent faire l'objet que d'un plan échelonné de paiement (C. rur., art. R. 726-1, 4°). Précisons qu'aucune exonération ou réduction de cotisation ne peut être accordée lorsque ces cotisations sont assises sur des rémunérations réintégrées à la suite de la constatation des infractions mentionnées aux 1° à 4° de l'article L. 8211-1 C. trav. (CSS, art. L. 242-1-1).

De même, seul l'organisme créancier a la faculté de remettre ou de réduire, en cas de précarité de la situation de son débiteur, l'indu qu'il notifie à celui-ci (CSS, art. L. 256-4) [1].

Les trop-perçus en matière de prestation de retraite ou d'invalidité ne sont pas réclamés aux bénéficiaires de bonne foi dont les ressources sont inférieures à un certain seuil, lorsque l'organisme payeur a commis une erreur à l'origine du versement indu. À partir de ce seuil, la décision de remettre ou de réduire la dette appartient à la commission de recours amiable (CSS, art. L. 355-3, al. 3 et 4). Dans les conditions de l'article L. 256-4 du CSS, les organismes de la MSA peuvent également réduire le montant des indus de prestation perçus par leurs adhérents ou les professionnels de santé dont la situation est précaire (C. rur., art. L. 725-3-1, al. 2).

0971.403 **Remise des majorations et pénalités.** Leur remise automatique ou leur remise gracieuse sur demande écrite du redevable est possible mais n'est pas dans les attributions du JEX qui ne peut les réduire en totalité ou en partie. Ce pouvoir de remise ou de réduction relève, sous certaines conditions, du directeur de l'organisme chargé du recouvrement ou du conseil d'administration. Certaines pénalités et majorations de retard ne sont pas applicables ou ne sont pas dues lorsque les situations qu'elles sanctionnent ont été régularisées dans des conditions particulières. C'est le cas des majorations et pénalités prévues aux articles R. 243-13 et R. 243-16 du CSS qui ne sont pas applicables, sauf omission de salariés ou inexactitudes répétées des rémunérations, lorsque l'employeur a corrigé les déclarations erronées et versé le complément de cotisations et de contributions correspondant à ces erreurs. Il faut cependant, soit que les corrections et versements aient été adressés lors de l'échéance déclarative la plus proche, soit que le montant des sanctions applicables ou des versements régulateurs reste inférieur à un certain plafond (CSS, art. R. 243-10).

C'est également le cas des majorations et pénalités prévues à l'article R. 243-16 du CSS qui ne sont pas dues lorsque le cotisant, qui respecte ses obligations déclaratives, mais n'est pas à jour de ses cotisations ou contributions, s'en acquitte dans les trente jours suivant leur date d'exigibilité ou souscrit, dans le même délai, un plan d'apurement dont il respecte les termes. Il faut néanmoins qu'aucun retard de paiement n'ait été constaté au cours des vingt-quatre mois précédents et que le montant des sanctions qui seraient applicables soit inférieur à un certain plafond (CSS, art. R. 243-11). Il en est de même pour les majorations mentionnées à l'article R. 731-68 C. rur. lorsque le chef d'exploitation ou d'entreprise agricole a, dans les conditions précitées, réglé les cotisations et contributions en retard ou souscrit un échéancier de paiement (C. rur., art. R. 731-6). D'autres majorations et pénalités, que celles mentionnées au 1° de l'article R. 243-19 du CSS, ne peuvent être remises en totalité ou en partie, que sur demande des cotisants.

Les requêtes aux fins de réduction ou de remise gracieuse doivent être présentées au directeur de l'organisme de recouvrement et, à partir d'un certain seuil fixé par arrêté, à la commission de recours amiable prévue à l'article R. 142-1 du CSS (CSS, art. R. 243-20, dern. al.).

En principe, la demande n'est recevable qu'après le versement de la totalité des cotisations ayant donné lieu à l'application de ces sanctions. Néanmoins, la majoration mentionnée au deuxième alinéa de l'article R. 243-16 du CSS ne peut être remise que lorsque les cotisations ont été acquittées dans les trente jours de leur date limite d'exigibilité ou, à titre exceptionnel, en cas d'événement extérieur et irrésistible. Aucune remise des sanctions mentionnées au 2° de l'article R. 243-19 du CSS ne peut être accordée (CSS, art. R. 243-20, al. 2 et 3).

La décision est motivée et peut faire l'objet d'un recours devant le TJ spécialement désigné qui statue en dernier ressort (CSS, art. R. 142-1 s. et R. 244-2). La saisine directe de ce tribunal est sanctionnée par l'irrecevabilité de la demande.

La remise des pénalités et majorations peut également être accordée par le directeur de l'organisme ou la commission de recours amiable sans condition de paiement préalable des cotisations patronales, en cas de souscription d'un plan de règlement avec l'organisme de recouvrement dont relève le cotisant (CSS, art. R. 243-20, al. 1er). Il en est de même en cas d'adoption d'un plan d'apurement, par la commission des chefs des services financiers et des représentants des organismes de sécurité sociale dans le cadre d'une reprise ou d'une restructuration financière de l'entreprise (CSS, art. R. 243-20).

1. Civ. 2e, 29 nov. 2018, no 17-20.278, P.

Cependant, cette remise ne sera acquise qu'après le paiement des cotisations dans les conditions fixées par le plan ou par anticipation à son exécution (CSS, art. R. 243-20-1).

Le directeur de l'organisme de recouvrement et la commission de recours amiable disposent, dans la limite de leur compétence respective, de la même prérogative et ce, sous la même réserve du respect de l'échéancier, au bénéfice des employeurs d'assistantes maternelles ou d'employées de maison qui ont saisi la commission d'examen des situations de surendettement d'une demande de règlement amiable (CSS, art. R. 243-25).

Dans des conditions analogues à celles prévues par l'article R. 243-20 précité, les directeurs des caisses de MSA et, au-delà d'un certain seuil, les conseils d'administration de ces caisses ou les commissions de recours amiable ayant reçu délégation à cet effet, ont compétence pour accorder la remise des majorations et pénalités mentionnées aux articles R. 731-75 et R. 741-26 C. rur.

La demande de remise doit être écrite, motivée et formulée, à peine de forclusion, dans les six mois du paiement intégral des cotisations et contributions ayant donné lieu aux sanctions.

Dans les bordereaux d'appel des cotisations ou d'émission des pénalités ainsi que dans les échéanciers de paiement, à peine de nullité, les intéressés doivent être avertis de la possibilité de formuler cette demande de remise ainsi que du délai de forclusion dans lequel elle doit être présentée (C. rur., art. R. 731-75 et R. 741-26 – Arr. 18 juill. 2008, art. 2, V, et 4). La conclusion d'un échéancier de paiement vaut demande implicite de remise des pénalités et majorations de retard. Cependant, en cas de défaillance, une demande doit être formulée selon les modalités précédemment exposées.

Les décisions de remises doivent être motivées et approuvées par le responsable du service de contrôle à compétence nationale mentionné à l'article R. 155-1 du CSS, au-delà d'un seuil fixé par arrêté ministériel[1].

La décision prise par l'organisme compétent doit être notifiée par tout moyen permettant d'en prouver la date de réception.

En cas de contestation, le TJ spécialement désigné statue, en dernier ressort, quel que soit le chiffre de la demande (C. rur., art. R. 731-75 et R. 741-26). La Cour de cassation a eu plusieurs fois l'occasion de se prononcer sur les conditions de remise des majorations de retard[2].

1. Arr. 18 juill. 2008, art. 3, al. 2.
2. Soc. 25 nov. 1999, nº 98-12.801, P V, nº 460 ; *JCP* 2000. IV. nº 1082 ; *RDSS* 2000. 390, obs. P.-Y. Verkindt – Soc. 14 oct. 1999, nº 98-10.512, NP ; *Gaz. Pal.* 9-11 avr. 2000. Somm. 40, note Taquet.

LIVRE

10. LES SAISIES À FIN DE REMISE D'UN MEUBLE CORPOREL

SECTION 0

ORIENTEUR

10.00 **Sommaire du livre.**

Division. Toutes les saisies à fin de remise d'un meuble corporel obéissent à des règles communes (titre 101). La saisie-appréhension (titre 102) et la saisie-revendication (titre 103) obéissent à des règles propres.

10.05 **Traits communs et complémentarité.** La caractéristique commune à toutes les saisies à fin de remise d'un bien est qu'elles permettent de donner immédiatement et directement satisfaction au créancier sans passer par le truchement d'une vente. Elles visent en effet à faire obtenir ou recouvrer au créancier, non le montant d'une somme d'argent, mais la possession ou la détention d'un bien meuble corporel qui doit lui être livré, remis ou restitué.

Elles permettent ainsi, au plan pratique, l'exercice du droit de suite en matière mobilière.

La vente ordinairement destinée à convertir le bien saisi en deniers, est ici sans objet puisqu'il ne s'agit pas d'obtenir un paiement (sauf dans le cas du créancier gagiste), mais l'exécution d'une obligation en nature, le retour ou l'intégration d'un meuble corporel dans le patrimoine du créancier. La mesure gagne ainsi en rapidité et en efficacité, puisqu'elle porte ses fruits immédiatement sans subir, en principe, la lourdeur et les contretemps d'une procédure de vente amiable ou forcée.

La loi du 9 juillet 1991[1] et surtout, son décret d'application du 31 juillet 1992[2], désormais tous deux incorporés dans les parties législative et réglementaire du Code des procédures civiles d'exécution, fournissent au créancier qui entend obtenir la délivrance ou la restitution d'un bien, un corps de mesures diversifiées, bien adaptées et cohérentes parmi lesquelles il peut choisir, selon qu'il détient ou non un titre exécutoire ou qu'il est ou non urgent d'intervenir, celle qui s'avère la mieux appropriée à la situation (C. pr. exéc., art. L. 222-1 et L. 222-2).

Ainsi, s'il justifie d'un titre exécutoire constatant une créance de délivrance ou de restitution certaine et exigible, il peut recourir d'emblée à la saisie-appréhension (titre 102) qui doit lui procurer le bien réclamé à bref délai. S'il est dépourvu d'un tel titre et en attendant d'en obtenir un, il lui est loisible de rendre le bien indisponible entre les mains du débiteur en pratiquant une saisie-revendication (titre 103), à condition toutefois que sa créance apparaisse fon-

1. L. n° 91-650, 9 juill. 1991, portant réforme des procédures civiles d'exécution, *JO* 14 juill.
2. Décr. n° 92-755, 31 juill. 1992, instituant de nouvelles règles relatives aux procédures civiles d'exécution pour l'application de la loi n° 91-650 du 9 juillet 1991 portant réforme des procédures civiles d'exécution, *JO* 5 août.

dée en son principe. Il a enfin la faculté, si la remise n'est pas sérieusement contestable, d'obtenir rapidement auprès du juge de l'exécution, sous la forme d'une ordonnance d'injonction, de délivrer ou de restituer, le titre exécutoire dont il a besoin pour pratiquer une saisie-appréhension.

D'une manière générale, c'est le propriétaire d'une chose mobilière que ces mesures visent à protéger. Mais le créancier de la délivrance peut être aussi un gagiste qui n'a pas ou qui a perdu la possession réelle ou encore, un locataire qui demande la remise du bien objet de son contrat.

Le régime de ces saisies est ainsi très dépendant des règles de fond relatives au statut des meubles et aux opérations juridiques dont ils sont l'objet. Elles déterminent un domaine commun à toutes les saisies à fin de remise d'un bien (titre 101) qu'il convient d'étudier avant chacune de ces mesures.

TITRE

101. Les règles communes à toutes les saisies à fin de remise

SECTION 0
ORIENTEUR

101.00 **Sommaire du titre.**

Division. Seront étudiés le domaine d'application des saisies à fin de remise (chap. 1011) et les incidences de la revendication mobilière (chap. 1012).

101.05 **Interdépendance des règles de fond et de procédure.** En adoptant au bénéfice des créanciers de la remise de meubles corporels un corps de mesures diversifiées et complémentaires réunies sous le même titre [1], désormais codifié dans la partie réglementaire du Code des procédures civiles d'exécution (livre II, titre II, chapitre II), le législateur a pris en compte dans ce domaine particulier de l'exécution plus que dans tout autre, l'interdépendance étroite entre les règles de fond et les règles de procédure. C'est en effet dans la matière des saisies portant sur la délivrance ou la restitution d'un bien que les mesures conservatoires et d'exécution sont le plus tributaires du fond du droit. Elles dépendent étroitement de la nature des biens qui en sont l'objet, ainsi que des opérations juridiques portant sur ces derniers.

Il ne peut en effet y avoir de saisie-revendication, d'injonction de délivrer ou de restituer, voire même de saisie-appréhension en vertu d'un titre exécutoire, sans se référer au statut des meubles corporels et aux règles gouvernant la preuve et la transmission de leur propriété, leur usage, leur constitution en gage ou leur rétention (chap. 1011).

Cette référence au fond du droit s'impose d'autant plus que parmi les procédures à la disposition du créancier de la remise d'un bien, certaines, comme la saisie-revendication et la saisie-appréhension sur injonction du juge, peuvent être engagées alors même qu'aucune décision au fond n'a encore été prise.

Dans le cas particulier de la saisie-appréhension sur injonction du juge, c'est le juge de l'exécution lui-même qui délivre le titre exécutoire qui fait défaut à celui qui demande la remise, sous la forme d'une ordonnance susceptible d'opposition. Le recours aux règles de fond est donc inévitable pour décider si la requête aux fins d'injonction de délivrer ou de restituer doit être acceptée ou au contraire rejetée. Ces règles seront encore utiles lorsque le juge de l'exécution sera saisi d'une contestation portant sur la saisie-appréhension ou sur la saisie-revendication.

Par conséquent, les règles de la propriété et de la revendication des meubles, de la vente et de l'échange, du bail, du commodat et du dépôt, du louage d'ouvrage et du mandat, du gage et du droit de rétention, jouent en la matière un rôle prépondérant (chap. 1012).

Le droit commun de la revendication et des procédures civiles d'exécution peut en outre céder la place, en cas d'ouverture d'une procédure de sauve-

1. Décr. n° 92-755, 31 juill. 1992, instituant de nouvelles règles relatives aux procédures civiles d'exécution pour l'application de la loi n° 91-650 du 9 juillet 1991 portant réforme des procédures civiles d'exécution, titre VI, *JO* 5 août.

garde, de redressement ou de liquidation judiciaire, à la réglementation spéciale aux procédures collectives ou, à tout le moins, être relégué au rang de norme supplétive.

CHAPITRE

1011. Domaine d'application

René Lauba
Magistrat honoraire

Section 0
Orienteur

1011.00 **Sommaire du chapitre.**

Division. Pour déterminer le domaine d'application des règles communes à toutes les saisies à fin de remise, seront étudiés les biens concernés (sect. 1) et les obligations de délivrer et de restituer (sect. 2).

1011.01 **Textes applicables.**

• **C. pr. exéc.,** art. L. 111-3, L. 112-2, L. 112-3, L. 222-1, L. 222-2, L. 223-2, R. 112-3, R. 222-1 s., R. 222-6, R. 223-13, R. 222-16, R. 223-6, R. 223-7, R. 223-8, R. 223-12, R. 223-13, R. 224-10 à R. 224-12.

• **C. civ.,** art. 524, 525, 551, 554, 566, 568, 570 à 577, 587, 862, 1342-5, 1352 s., 1583, 1585, 1586, 1604, 1610, 1612, 1615, 1703, 1704, 1707, 1875, 1877, 1885, 1888, 1889, 1892, 1893, 1902, 1903, 1932, 1934, 1936 à 1938, 1944, 1948, 1993, 2071, 2072, 2276, 2277, 2286, 2330, 2332, 2336 à 2341, 2344, 2346 à 2349, 2351 à 2353, 2367 à 2372, 2976.

• **C. com.,** art. L. 521-3, L. 523-1 s, L. 624-9, L. 624-10, L. 624-16, L. 624-18, R. 521-1 s., R. 621-8, R. 624-14, R. 624-15, R. 624-16.

• **C. consom.,** art. L. 111-1, L. 216-1, L. 311-1, L. 312-1 s., L. 312-38.

• **C. transp.,** art. L. 5114-20 s.

• **C. rur.,** art. L. 342-1 s., L. 342-12.

• **C. mon. fin.,** art. L. 313-7, L. 313-10, R. 313-3 s., R. 313-10.

1011.02 **Jurisprudence de référence.**

> Saisie-revendication. Personnes apparemment fondées à requérir la délivrance ou la restitution.

• **Civ. 2e, 29 mars 1995,** n° 93-18.769, P II, n° 115

* V. ss nos 0141.12, 1011.16, 1031.13

La saisie-revendication destinée à rendre un bien meuble indisponible en attendant sa remise est, selon l'article 155 du décret du 31 juillet 1992 [devenu C. pr. exéc., art. R. 222-17], ouverte à toute personne apparemment fondée à requérir la délivrance ou la restitution d'un bien de cette nature ; il en est ainsi pour les membres de la famille, apparemment titulaires d'un droit à la conservation des souvenirs de famille dans l'intérêt de celle-ci.

1011.03 **Bibliographie indicative.**

Ouvrages[1]**.** A. Leborgne, *Droit de l'exécution*, 3e éd., « Précis », Dalloz, 2019, nos 1496 s. – R. Perrot et Ph. Théry, *Procédures civiles d'exécution*, 3e éd., Dalloz, 2013, nos 1030-1074.

Articles. R. Boffa, « L'opposabilité du nouveau gage sans dépossession », *D.* 2007. 1161 – P. Crocq, « La réserve de propriété », *JCP* 2006, suppl. n° 20, « Commentaire de la réforme des sûretés », p. 23 – R. Dammann, G. Podeur, « Le nouveau paysage du droit des sûretés : première étape de la réforme de la fiducie et du gage sans dépossession », *D.* 2008. Chron. 2300 – D. Legeais, « Le gage de meubles corporels », *JCP* 2006, suppl. n° 20, « Commentaire de la réforme des sûretés », p. 12.

1011.05 **Influence du fond du droit.** Les règles relatives au statut des meubles et aux opérations juridiques portant sur ces derniers induisent un domaine commun à toutes les saisies à fin de remise

1. Les ouvrages dont le nom des auteurs figure en petites capitales en bibliographie seront cités par le seul nom des auteurs en petites capitales en notes de bas de page.

d'un bien déterminé, que les articles L. 222-1 et L. 222-2 C. pr. exéc. prennent en compte pour délimiter le champ d'application de la saisie-appréhension et de la saisie-revendication. Celui-ci dépend tout à la fois de la nature du meuble réclamé et des obligations dont il est l'objet.

SECTION 1
BIENS CONCERNÉS

1011.11 Meubles corporels. L'article L. 222-1 alinéa 1er et 3 C. pr. exéc. ne vise que les meubles que le débiteur est tenu de livrer ou de restituer au créancier, ce qui exclut les immeubles, y compris les immeubles par destination (sur les conditions de l'immobilisation par destination, v. ss nos 0711.11 s.). Ces derniers peuvent néanmoins être saisis pour la réalisation du gage dont ils sont grevés sous réserve que leur séparation d'avec l'immeuble auquel ils sont rattachés puisse intervenir sans dommage pour les biens (C. pr. exéc., art. L. 111-3[1]).

Les articles R. 222-1 s. C. pr. exéc. précisent qu'il ne s'agit que des meubles corporels, de telle sorte que les meubles incorporels ne peuvent être l'objet d'une saisie-appréhension ou d'une saisie-revendication (sur la possibilité de saisir certaines créances lorsqu'elles sont incorporées dans le titre qui les constate, v. ss nos 0711.31 et 0711.11 s.). La Haute juridiction considère que la licence d'exploitation d'un débit de boissons (4e catégorie) est un meuble incorporel qui a la même nature que le fonds de commerce dont elle constitue l'un des éléments de telle sorte qu'elle ne se transmet pas par tradition et n'est pas susceptible de possession[2].

1011.12 Corps certain. Son identification aisée en permet la saisie-appréhension ou la saisie-revendication sans difficulté. La propriété en est transmise à l'acquéreur dès l'échange des consentements (C. civ., art. 1583). Le débiteur de l'obligation de remettre un corps certain est libéré par sa remise en l'état sauf à prouver, en cas de détérioration, que celle-ci n'est pas due à sa faute ou à celle des personnes dont il doit répondre (C. civ., art. 1342-5). Sont concernés, non seulement les biens corporels proprement dits, mais également tous les éléments accessoires indispensables à leur utilisation : mode d'emploi, notice d'entretien, bon de garantie, carte grise, certificat d'authenticité ou d'origine (pour un tableau ou un cheval de course).

1011.13 Choses de genre et choses fongibles. Si la saisie doit porter sur une chose de genre, il faut que celle-ci ait été préalablement individualisée. En effet, les choses de genre sont interchangeables et fongibles entre elles. Leur acquéreur n'en devient propriétaire qu'après que le vendeur les a individualisées en les séparant de l'ensemble dont ils font partie, par leur comptage, pesage ou mesurage.

La Cour de cassation estime que la revendication peut s'exercer sur toutes les catégories de choses mobilières, y compris les choses fongibles[3].

Elle précise que si le caractère fongible d'un bien ne fait pas, par lui-même, obstacle à sa revendication, celle-ci ne peut aboutir que dans la mesure où le bien en cause n'a pas été confondu avec d'autres de même espèce[4]. La revendication a ainsi été admise pour du fuel dont la quasi-totalité a été retrouvée isolée de toute marchandise semblable[5]. Il en va de même pour du vin, marchandise parfaitement identifiable par sa couleur, son appellation d'origine, son millésime et son nom, en dépit de son changement de récipient depuis la vente et d'opérations de collage et de filtration qui n'ont pas affecté ses caractéristiques essentielles[6].

Le législateur admet parfois que les droits du propriétaire de choses de genre puissent porter sur des biens équivalents. Ainsi, la propriété réservée de biens fongibles peut s'exercer, à concurrence de la créance restant due, sur des effets mobiliers de même nature et de même qualité détenus par le débiteur ou pour son compte (C. civ., art. 2369). Lorsque des choses fongibles font l'objet d'un gage avec dépossession, le créancier doit les tenir séparées de celles de même nature qui lui appartiennent sous peine de devoir les restituer au constituant. La convention peut toutefois dispenser le créancier de cette obligation. Dans ce cas, il devient propriétaire des biens gagés à charge de rendre la même quantité de choses équivalentes (C. civ., art. 2341).

La revendication en nature peut aussi s'exercer sur des biens fongibles, lorsqu'au moment de l'ouverture de la procédure collective, se trouvent entre les mains de l'acheteur avec réserve de propriété, des biens de même espèce et de même qualité (C. com., art. L. 624-16[7]). Ce régime de faveur est fréquemment invoqué par les distributeurs de médi-

1. Mod. par Ord. no 2021-1192, 15 sept. 2021, portant réforme du droit des sûretés, *JO* 16 sept., texte 19, art. 30, 1o.
2. Com. 7 mars 2006, no 04-13.569, P IV, no 62 ; *D.* 2006. 2897, note C. Kuhn ; 2363, obs. B. Mallet-Bricout et N. Reboul-Maupin ; *RTD civ.* 2006. 348, obs. T. Revet ; *JCP* 2006. IV. 1759.
3. Civ. 1re, 7 févr. 1989, no 85-17.531, P I, no 57 ; *RTD civ.* 1990. 109, obs. F. Zenati.
4. Com. 25 mars 1997, no 94-18.337, P IV, no 84 ; *D.* 1997. 481, note D. R. Martin ; *Rev. huiss.* 1998. 184 ; *D.* 2000. 70, obs. D. Mainguy ; *RTD com.* 1998. 423, obs. A. Martin-Serf.
5. Com. 3 juin 1986, no 85-14.213, P IV, no 114 ; *D.* 1988. 10.
6. Bordeaux, 16 déc. 1993, *JCP* 1994. IV. 1424.
7. C. com., anc. art. L. 621-122.

caments à l'égard de leurs clients pharmaciens en redressement ou en liquidation judiciaire (sur le point de savoir si les produits pharmaceutiques sont des choses fongibles par nature indépendamment de leur conditionnement, en raison de l'identité de leur composition et de leurs propriétés, ou des biens parfaitement individualisés par leur emballage mentionnant leurs numéros de lots et leurs dates de fabrication et de péremptions, v. Ph. Pétel[1]). La Haute juridiction considère que l'appréciation du caractère fongible de marchandises, en l'espèce des médicaments, relève du pouvoir souverain des juges du fond[2]. Certains créanciers ont également tenté d'utiliser la possibilité de revendiquer les biens fongibles en se présentant comme propriétaires des fonds détenus par leurs débiteurs pour leur compte, en vertu de contrats de dépôt, de mandat, ou de séquestre. La Cour de cassation a toutefois estimé que leurs demandes en restitution ne pouvaient être formées par voie de revendication, la seule voie ouverte au créancier d'une somme d'argent étant la déclaration de sa créance à la procédure collective de son débiteur[3]. Les auteurs se sont interrogés sur le point de savoir si les sommes d'argent remises à un détenteur précaire ou reçues par lui, peuvent ou non être revendiquées[4].

1011.14 Choses consomptibles. Le problème d'identification est réel lorsque la restitution est poursuivie en vertu d'un *mutuum* (prêt de consommation) dans lequel l'emprunteur ne peut plus remettre la chose empruntée qu'il a consommée. Il est tenu de rendre des choses de même espèce, équivalentes en quantité et qualité (C. civ., art. 1892 et 1902). Il faut relever à cet égard que l'emprunteur devient propriétaire des choses consomptibles qui lui sont prêtées (C. civ., art. 1893). Il est en effet impossible d'utiliser les choses consomptibles sans les prérogatives du propriétaire (not. le droit de détruire).

À noter que si l'emprunteur est dans l'impossibilité de satisfaire à son obligation de restitution, il est tenu d'en payer la valeur (C. civ., art. 1903) ce qui, dans ce cas, rend impossible toute saisie-appréhension ou revendication. Le créancier gagiste qui se trouve en possession effective des biens fongibles garantissant sa créance en devient propriétaire s'il est dispensé, par l'acte de constitution, de les tenir séparés des choses de même nature qui lui appartiennent. Dans ce cas, il peut en disposer, à charge de restituer au débiteur qui l'a désintéressé, la même quantité de choses équivalentes (C. civ., art. 2341, al. 2).

Si l'usufruit porte sur des choses consomptibles, l'usufruitier est tenu d'une obligation analogue à celle de l'emprunteur. Il a le droit de s'en servir mais à charge pour lui de rendre à la fin de l'usufruit, soit des choses de même quantité et qualité, soit leur valeur estimée à la date de leur restitution (C. civ., art. 587). L'usufruitier d'un fonds de commerce bénéficie sur les marchandises d'un quasi-usufruit qui lui permet de les aliéner[5].

1011.15 Meubles saisissables. On a relevé avec une certaine pertinence que l'insaisissabilité de certains biens pouvait difficilement se justifier en matière de revendication mobilière, lorsque la saisie est pratiquée par le propriétaire qui entend entrer ou rentrer en possession[6]. L'objection est en effet judicieuse chaque fois que la propriété est invoquée pour elle-même.

Elle est en revanche discutable lorsque la propriété n'est qu'une fiction et n'a été acquise ou conservée qu'à titre de garantie, dans le cadre d'une location-vente ou d'une vente avec réserve de propriété et qu'elle dissimule ouvertement d'ailleurs, une opération de crédit (financement ou vente à tempérament). Mais dans ce cas, notamment pour le vendeur, les articles L. 112-2, 5° et R. 112-3 C. pr. exéc. permettent de déroger à l'insaisissabilité des biens nécessaires à la vie et au travail du débiteur, lorsque la saisie est pratiquée pour le paiement de leur prix d'achat ou de fabrication ou des sommes prêtées pour leur acquisition, fabrication ou réparation. En pratique, cela réduit sensiblement l'intérêt de la discussion.

1011.16 Souvenirs de famille. La conservation des souvenirs de famille (décorations, portraits, trophées, manuscrits) est un droit existant au profit de tous ses membres. Ces biens spécialement affectés sont en conséquence indisponibles entre les mains de leurs attributaires et leur valeur vénale ne peut leur faire perdre cette qualité. La Cour de cassation estime que leur revendication par les membres non-attributaires est fondée, lorsqu'ils ont été confiés à un tiers pour être vendus aux enchères publiques[7]. Les décisions précitées concernent des meubles, tableaux, livres,

1. Ph. Pétel, « Redressement et liquidation des entreprises », *JCP* 2001. I. 298.
2. Com. 15 mars 2005, n° 03-20.332, NP ; « La fongibilité des produits pharmaceutiques : étude et inquiétude », *D.* 2005. 1718, note P.-G. Marly, obs. A. Lienhard ; *RTD com.* 2005. 605, obs. A. Martin-Serf.
3. Com. 4 févr. 2003, n° 00-13.356, NP ; *Act. proc. coll.* 9 juin 2003, n° 128 ; *D.* 2003. 1230, obs. A. Lienhard ; *RTD com.* 2003. 572, obs. A. Martin-Serf.
4. V. J. François, « Retour sur la revendication des sommes d'argent », *D.* 2012. 1493.
5. Com. 18 nov. 1968, P IV, n° 324.
6. V. *J.-Cl. Pr. civ.*, « Appréhension et conservation des meubles », fasc. 2380, n° 78, par Ph. Delebecque.
7. Civ. 2e, 29 mars 1995, n° 93-18.769, P II, n° 115 ; *D.* 1995. 330, obs. M. Grimaldi ; *JCP* 1995. II. 22477, note Hovasse-Banget ; *RTD civ.* 1996. 420, obs. F. Zenati – DANS LE MÊME SENS : arrêt objet du pourvoi, Paris, 2 juill. 1993, *JCP* 1994. II. 22191, note Hovasse-Banget.

manuscrits et bijoux appartenant à la famille d'Orient et mis en vente par le Comte de Paris.

Il s'agit d'une jurisprudence prétorienne qui se maintient en dépit de certains enjeux financiers. Celui qui reçoit des souvenirs de famille à l'occasion d'un partage n'en est que le dépositaire [1]. Les critères de qualification doivent démontrer que les biens qualifiés de souvenirs sont chargés d'une forte affectivité et qu'ils entretiennent la mémoire d'un ancêtre disparu. Il faut donc, s'il s'agit par exemple d'une correspondance, qu'elle intéresse la famille, émane de ses membres, ou leur soit adressée [2].

1011.17 **Aéronefs, bateaux et navires.** Les aéronefs qui sont des meubles corporels selon les critères du Code civil, ne font l'objet d'une réglementation particulière par le Code des transports qu'en ce qui concerne leur saisie conservatoire et leur saisie-vente. Plusieurs juridictions du fond ont donc estimé qu'ils pouvaient être l'objet d'une saisie-appréhension, le cas échéant en vertu d'une ordonnance d'injonction de délivrer ou de restituer (sur la saisie conservatoire et saisie-vente des aéronefs, v. s^s n°s 0628.05 s. et 0726.05 s.) [3].

Les mêmes observations peuvent être faites en ce qui concerne les navires et les bateaux dont la saisie-vente et la saisie conservatoire sont seules réglementées spécialement par le Code des transports [4] (sur la saisie-exécution des navires, v. s^s n°s 0724.06 s.). S'agissant plus spécialement des navires, la Cour de cassation estime que ni les dispositions des articles L. 5114-20 s. C. transp., ni celles de la convention de Bruxelles du 10 mai 1952, n'excluent la possibilité de leur saisie-revendication selon les modalités prévues par le Code des procédures civiles d'exécution, le cas échéant sur autorisation judiciaire [5].

1011.18 **Véhicules terrestres à moteur.** Comme tous les meubles corporels, les véhicules terrestres à moteur peuvent être saisis appréhendés ou saisis revendiqués par celui qui est en droit d'en réclamer la remise.

Toutefois, si le véhicule concerné a été immobilisé par l'un des procédés prévus pour l'application de l'article L. 223-2 C. pr. exéc., il ne peut être appréhendé que selon les règles particulières prescrites aux articles R. 222-1, R. 222-16, R. 223-6, R. 223-7, R. 223-8, R. 223-12 et R. 223-13 du même code (v. s^s n°s 1024.05 s.).

1011.19 **Titres au porteur.** Les titres au porteur dans lesquels se trouvent incorporées les créances qu'ils constatent, sont considérés comme des meubles corporels susceptibles de tradition manuelle et pour lesquelles la présomption de l'article 2276 C. civ. (C. civ., anc. art. 2279) pouvait être traditionnellement opposée [6]. Cette catégorie particulière de meubles corporels se trouve aujourd'hui très réduite par l'effet de la loi du 30 décembre 1981 [7] imposant leur dématérialisation par leur inscription obligatoire en compte chez l'émetteur ou l'intermédiaire habilité. Toutefois, il subsiste des titres non dématérialisés qui constituent un domaine résiduel et pour lesquels il existe une procédure particulière de revendication en cas de perte, de vol ou de destruction, prévue par le décret du 11 janvier 1956 [8]. Les dispositions de l'article 2276 C. civ. demeurent cependant applicables lorsque les titres litigieux ont été négociés, transmis ou inscrits en compte avant la publication de l'opposition au transfert qui n'a, dans ce cas, aucun effet [9].

1011.20 **Logiciels et progiciels.** Ce sont des meubles incorporels sur lesquels le créateur qui conserve son droit de propriété intellectuelle, ne concède qu'un droit d'usage insusceptible de revendication. Cependant leur support est un bien matériel, qui, lui, est susceptible d'être revendiqué [10] et qui devrait se prêter à la saisie-appréhension ou à la saisie-revendication s'il peut être séparé ou dissocié. En revanche, lorsqu'il constitue avec les matériels qu'il équipe, par la nature ou la fonction de son programme, une véritable universalité, la revendication devient impossible.

À noter que la Cour de cassation admet qu'un fichier sur bandes magnétiques puisse être l'objet d'un droit de rétention [11].

1011.21 **Meubles immobilisés par destination ou incorporation.** Les meubles que le propriétaire d'un fonds a affectés au service de celui-ci, ou y a attaché à perpétuelle demeure deviennent immeubles par destination en vertu des articles 524 et 525 C. civ. Ils sont en principe, insaisissables isolément,

1. Req. 30 juin 1942, *JCP* 1943. II. 2254, note R. S.
2. Civ. 1re, 21 févr. 1978, n° 76-10.561, P I, n° 71 ; *GAJC*, t. 1, 14e éd., Dalloz, 2024, n° 118 ; *D.* 1978. 505, note Lindon.
3. Versailles, 4 mai 1994, *D.* 1994. 149 – TGI Bobigny, 5 févr. 1993, *Gaz. Pal.* 1993. 1. 116, note Renoux.
4. Anc^t L. n° 67-5, 3 janv. 1967, relative au statut des navires et autres bâtiments de mer, *JO* 4 janv., p. 106.
5. Com. 15 déc. 2015, n° 14-12.348, P IV, n° 170 ; *Journ. huiss.* 2016, n° 146, p. 52.
6. Civ. 4 juill. 1876, *DP* 1877. 1. 33.
7. L. n° 81-1160, 30 déc. 1981, de finances pour 1982, *JO* 31 déc., p. 3569.
8. Décr. n° 56-27, 11 janv. 1956, mod. par Décr. n° 93-225, 16 févr. 1993, modifiant le décret n° 56-27 du 11 janvier 1956 relatif à la procédure à suivre en cas de dépossession de titres au porteur ou de coupons, *JO* 20 févr., p. 2796.
9. Décr. n° 56-27, 11 janv. 1956, art. 4.
10. Versailles, 30 juin 1994, *Gaz. Pal.* 1995. 1. 44, note Breban.
11. Com. 8 févr. 1994, n° 92-14.484, P IV, n° 56 ; *D.* 1995. 91, obs. R. Libchaber ; *JCP* 1994. IV. 973 ; *RTD civ.* 1994. 908, obs. M. Bandrac ; *RTD com.* 1994. 547, obs. B. Bouloc.

indépendamment de l'immeuble auquel ils se rattachent en application de l'article L. 112-2, 7° C. pr. exéc. (v. s^s n°s 0711.11 à 0711.17). Il en va de même de tout ce qui s'unit et s'incorpore à l'immeuble et notamment des constructions, plantations et ouvrages faits par le propriétaire du sol avec des matériaux ne lui appartenant pas. Leur propriétaire impayé ne peut les enlever (C. civ., art. 551 et 554).

1011.22 Exceptions en cas de gage. Jusqu'à l'ordonnance du 15 septembre 2021[1], ayant réformé le droit des sûretés, aucune disposition de portée générale n'autorisait la constitution d'un gage sur des meubles immobilisés par destination et encore moins leur saisie en vue de leur réalisation. Toutefois, pour faciliter le crédit aux exploitations et aux entreprises, certains textes ont créé des exceptions au mécanisme de l'immobilisation par destination ou incorporation. Ces textes particuliers ont permis au fournisseur et au prêteur d'inscrire sur des immeubles par destination des sûretés réelles tels que le ***warrant* agricole** (C. rur., art. L. 342-1 s.), le ***warrant* hôtelier** (C. com. art. L. 523-1 s.) et le **gage sur l'outillage et matériel d'équipement** (C. com, art. L. 525-6 s.).

Désormais, l'article 2034 C. civ. dans sa rédaction issue de l'ordonnance précitée[2] dispose que le gage peut avoir pour objet des **meubles immobilisés par destination.** Il s'agit généralement de biens de grande valeur qui ont vocation à être incorporés à des immeubles (turbines, transformateurs, panneaux solaires...), notamment pour l'équipement d'installations industrielles, agricoles ou minières. Le conflit éventuel entre créancier gagiste et créancier hypothécaire est réglé par l'ordre de préférence établi par l'article 2419 C. civ. Cet ordre est déterminé par les dates de publication de leurs titres respectifs, nonobstant le droit de rétention des gagistes. Le corollaire de la possibilité de gager un immeuble par destination est l'autorisation de la saisie en vue de sa réalisation. C'est ce que permet l'article L. 112-3 C. pr. exéc. depuis sa modification par l'ordonnance du 15 septembre 2021, à condition que la séparation d'avec l'immeuble puisse se faire sans dommage pour les biens. La généralisation du gage sur les immeubles par destination a rendu inutile les sûretés spéciales pouvant être prises sur ces biens de telle sorte que l'ordonnance précitée a abrogé les textes les régissant[3]. A cependant été conservé, en raison de sa spécificité, le *warrant* agricole inscrit sur les biens affectés à l'exploitation.

À cet égard, les articles L. 342-1, 1° à 4° et L. 342-12 C. rur. permettent en matière de *warrant* agricole d'éviter le jeu de l'immobilisation par destination et incorporation en ce qui concerne les récoltes, matériels ou animaux, objets du gage (sur les conflits entre créanciers à l'occasion d'une saisie immobilière, v. s^s n°s 13.00 s.).

1011.23 Exception en cas de clause de réserve de propriété. La clause de réserve de propriété constitue une sûreté réelle efficace fondée sur la suspension du transfert de la propriété jusqu'au paiement intégral du prix. Elle permet au vendeur demeuré propriétaire de réclamer, en cas de non-paiement, la remise de la chose si elle se retrouve encore en nature dans le patrimoine de l'acheteur. Mais la Cour de cassation[4] avait estimé que du fait de leur incorporation à l'immeuble, les matériaux vendus avec réserve de propriété n'existaient plus en nature, ce qui empêchait la clause de produire effet (la chambre commerciale de la Cour de cassation a statué à propos de l'inopposabilité à la procédure collective, d'une clause de réserve de propriété concernant des installations sanitaires et de chauffage incorporées à un immeuble[5] – v. s^s n°s 1011.63 s.). Cette jurisprudence est rendue obsolète par l'ordonnance du 23 mars 2006[6] relative aux sûretés qui introduit, dans le Code civil, la propriété retenue à titre de garantie. En effet, le nouvel article 2370 C. civ. dispose que l'incorporation d'un meuble faisant l'objet d'une réserve de propriété à un autre bien ne fait pas obstacle aux droits du créancier lorsque ces biens peuvent être séparés sans subir de dommage. Ce texte ne fait aucune distinction entre l'incorporation dans une chose mobilière ou immobilière. De surcroît, l'ordonnance précitée modifie dans le même sens, le troisième alinéa de l'article L. 624-16 C. com.[7] relatif à la revendication, au moment de l'ouverture d'une procédure collective, d'un meuble incorporé. Elle supprime en effet le mot « *mobiliers* » qui suivait dans le texte d'origine l'expression « *incorporés dans un autre bien* ».

La Cour de cassation juge aujourd'hui que le champ d'application de la revendication en matière de procédure collective est défini par le seul article L. 624-16 C. com. précité, lequel ne se réfère pas à la notion d'immobilisation par destination, de telle sorte que, dès lors qu'il est établi que le matériel incorporé dans un immeuble peut être démonté

1. Ord. n° 2021-1192, 15 sept. 2021, préc.
2. Ord. n° 2021-1192, 15 sept. 2021, art. 8, II.
3. Ord. n° 2021-1192, 15 sept. 2021, art. 28, 3°.
4. Com. 10 juill. 1990, n° 89-13.091, P IV, n° 206 ; *RTD com.* 1991. 285, note B. Bouloc.
5. Com. 2 mars 1999, n° 95-18.643, P IV, n° 50 ; *D.* 1999. 98 ; *D.* 2000. 69, obs. D. Mainguy ; *JCP* 1999. IV. 1796 ; *RTD civ.* 1999. 442, obs. P. Crocq ; *RTD civ.* 2000. 866, obs. T. Revet ; *RTD com.* 1999. 751, obs. A. Martin-Serf ; p. 944, obs. B. Bouloc ; *RTD com.* 2000. 455, obs. A. Martin-Serf.
6. Ord. n° 2006-346, 23 mars 2006, relative aux sûretés, *JO* 24 mars, p. 4475.
7. C. com., anc. art. L. 621-122.

sans dommage, son affectation au service et à l'exploitation du fonds n'est pas un obstacle à sa récupération par le vendeur bénéficiant de la propriété réservée[1].

1011.24 Meubles incorporés dans un autre meuble. L'accession par adjonction, incorporation ou fusion est un mode d'acquisition de la propriété mobilière qui peut faire obstacle à la revendication de l'accessoire uni au principal dont il suit la condition (C. civ., art. 566 à 577).

La revendication des meubles vendus avec clause de réserve de propriété est possible s'ils se retrouvent en nature même au moment de l'ouverture d'une procédure collective, même s'ils ont été incorporés dans un autre bien mobilier. Il faut cependant que la récupération puisse s'effectuer sans dommage, tant pour les choses revendiquées que pour le meuble dans lequel elles ont été incorporées.

La revendication peut aussi s'effectuer en nature même si elle implique une dégradation pour le bien auquel la chose réclamée a été jointe, dès lors que l'incorporation a eu lieu à l'insu du propriétaire (C. civ., art. 568). Il en va également ainsi en cas de mélange de plusieurs matières, même si la chose nouvelle doit être divisée (C. civ., art. 573), dès lors que les matières peuvent être séparées sans inconvénient.

Dans tous les cas où le propriétaire abusé peut revendiquer la chose nouvelle, il a le choix de demander la restitution de sa matière en « même nature, qualité, poids, mesure et bonté » ou sa valeur estimée à la date de la restitution (C. civ., art. 576).

1011.25 Meubles placés dans un coffre-fort. Leur saisie-appréhension est soumise à des règles spéciales édictées par les articles R. 224-10 à R. 224-12 C. pr. exéc. (v. s[s] n°s 1023.05 s.).

SECTION 2

OBLIGATIONS CONCERNÉES

§ 1

Obligation de délivrer

1011.31 Livraison ou délivrance. Ces deux termes doivent être considérés comme synonymes, la loi employant le mot « livrer » dans l'article L. 222-1 alinéa 1er C. pr. exéc. et le décret, le mot « délivrer » dans l'article L. 222-2 du même code. La créance de livraison ou de délivrance résulte de contrats courants, comme le transport, la vente ou la location, ou moins répandus comme l'échange. Dans les rapports entre professionnels et consommateurs, l'article L. 111-1, 3° C. consom. prescrit aux professionnels d'informer leurs clients consommateurs, avant même qu'ils ne soient liés par contrat, de la date ou du délai d'exécution de l'obligation de livraison. Cette information doit être fournie de manière lisible et compréhensible. Les parties peuvent néanmoins convenir d'une autre date ou d'un autre délai que celui indiqué par le professionnel. À défaut d'indication ou d'accord, le bien doit être livré, au plus tard, dans les trente jours de la conclusion du contrat. La livraison s'entend du transfert au consommateur de la possession physique ou du contrôle du bien (C. consom., art. L. 216-1).

1011.32 Acquéreur de meubles. L'acheteur d'un corps certain en devient propriétaire dès l'échange des consentements (C. civ., art. 1583) et créancier de la délivrance, c'est-à-dire du transfert de la chose vendue en sa puissance et possession (C. civ., art. 1604). L'obligation de délivrer la chose comprend ses accessoires et, plus généralement, tout ce qui a été destiné à son usage perpétuel (C. civ., art. 1615). Ainsi pour un véhicule, la remise à l'acheteur des documents administratifs s'y rapportant (carte grise, vignette), constitue une obligation contractuelle essentielle du vendeur. Toutefois, le vendeur impayé peut exercer son droit de rétention sur ces documents administratifs et ce, à l'encontre du sous-acquéreur qui a désintéressé le vendeur intermédiaire en liquidation judiciaire[2].

De même pour de la viande vendue à l'exportation, le certificat de salubrité constitue un document accessoire indispensable[3] (ainsi pour le certificat d'origine d'un cheval de course[4]).

Toutefois le transfert de la propriété est retardé lorsque la vente porte sur une chose de genre. Dans ce cas la propriété n'est transmise à l'acquéreur que lorsque le bien vendu est individualisé, c'est-à-dire isolé de l'ensemble dont il fait partie par le comptage, le pesage ou le mesurage (C. civ., art. 1585). Cette opération convertit la chose de genre en corps certain.

Si la vente de biens fongibles est effectuée en bloc et que le comptage, le pesage ou le mesurage n'est pas une condition de son individualisation mais de détermination de son prix, le transfert de la propriété suit le régime des corps certains (C. civ.,

1. Com. 10 mars 2015, n° 13-23.424, P IV, n° 46.

2. Civ. 1re, 24 sept. 2009, n° 08-10.152, P I, n° 178 ; *JCP* 26 oct. 2009, p. 380, note Aynès ; *CCC* 2009, n° 284, note L. Leveneur – V. AUSSI : Ph. Simler et Ph. Delebecque, *JCP* 23 nov. 2009, p. 43 – Civ. 1re, 8 oct. 2009, n° 08-20.048, P I, n° 204 ; *D.* 2010. 480, obs. X. Delpech, note C. Mouly-Guillemaud.

3. Civ. 1re, 29 nov. 1994, n° 93-10.303, P I, n° 355 ; *D.* 1996. 13, obs. G. Paisant ; *RTD com.* 1995. 465, obs. B. Bouloc.

4. Civ. 1re, 26 nov. 1981, n° 79-16.298, P I, n° 352.

art. 1586). C'est le cas par exemple de la vente de l'intégralité d'une récolte située sur un terrain déterminé.

En cas de contretemps, l'acquéreur est fondé à demander sa mise en possession, si le retard ne vient que du fait du vendeur (C. civ., art. 1610). Il doit notamment en avoir versé le prix, sauf si celui-ci est payable à terme (C. civ., art. 1612).

L'acquéreur peut exiger la délivrance même si, en vertu d'une clause contractuelle, le transfert de la propriété est réservé jusqu'au règlement intégral du prix.

Dans les rapports entre professionnels et consommateurs, le contrat de vente doit mentionner le délai de livraison lorsque celle-ci n'est pas immédiate et que le prix est supérieur à une somme fixée par voie réglementaire (C. consom., art. L. 111-1, 3° et L. 216-1 – v. s[s] n° 1011.31).

1011.33 Coéchangiste. Il se trouve dans une situation très comparable à celle de l'acheteur. En effet, l'échange s'opère par l'effet du seul échange des consentements de la même manière que la vente dont la plupart des règles s'appliquent (C. civ., art. 1703 et 1707).

Il peut donc exiger la livraison de la chose promise, sauf s'il n'était pas propriétaire de celle qu'il a lui-même remise à son copermutant (C. civ., art. 1704).

1011.34 Locataire ou crédit preneur d'effets mobiliers. Bien que non propriétaire, le preneur qui n'a pas obtenu la délivrance de la chose louée est en droit de réclamer du bailleur l'exécution de cette obligation (ainsi pour du matériel[1]). L'obligation de délivrance n'ayant aucun caractère personnel, le juge peut ordonner son exécution avec le concours de la force publique[2].

Le crédit-preneur peut également réclamer la délivrance de la chose objet du crédit-bail.

1011.35 Destinataire d'un transport. Il est créancier de la livraison du ou des biens transportés qu'il en soit lui-même l'expéditeur ou que ceux-ci lui aient été envoyés par un tiers. Le transporteur peut toutefois lui opposer son droit de rétention s'il n'a pas reçu paiement.

1011.36 Créancier gagiste. Le créancier qui bénéficie d'un gage sans dépossession peut, lorsque le recouvrement de sa créance est menacé à la suite de plusieurs incidents de paiement, demander à rentrer en possession du bien donné en garantie en vue de sa réalisation ou de son attribution en propriété. Si le débiteur refuse de lui remettre le gage, il peut utiliser les mesures que lui offre le Code des procédures civiles d'exécution.

1011.37 Gage avec et sans dépossession. Dans la conception classique du gage, la sécurité du créancier résidait dans sa mise en possession de la chose gagée. Celle des tiers tenait au fait que ce bien n'apparaissant plus dans le patrimoine de leur débiteur, ils ne pouvaient compter sur celui-ci pour être désintéressés. La constitution de gage était donc un contrat réel dont la remise de la chose gagée au créancier ou à un tiers convenu constituait l'essence même. Cette dépossession était une condition de l'efficacité du gage entre les parties elles-mêmes (C. civ., art. 2071, 2072 et 2976)[3]. L'établissement d'un acte authentique ou sous-seing privé enregistré n'était qu'une manière de rendre le privilège du gagiste opposable aux tiers (C. civ., anc. art. 2074).

La dépossession ostensible entre les mains du créancier ou d'un tiers convenu rendait le gage opposable à tous[4]. Le gagiste, qui détenait un droit réel sur le bien reçu en garantie de sa créance, pouvait se prévaloir de la maxime de l'article 2276 C. civ. (C. civ., anc. art. 2279) pour résister à la revendication du vendeur de son débiteur bénéficiant d'une clause de réserve de propriété sur le bien gagé, dès lors qu'il ignorait l'existence de cette clause[5].

Toutefois, ce système rigide constituait un obstacle sérieux aux développements des affaires et du crédit. Quel acheteur pouvait se montrer disposé à attendre d'avoir intégralement payé son vendeur ou remboursé son prêteur, pour entrer en possession de son acquisition ?

Plusieurs textes ont donc organisé pour certaines catégories de biens (récoltes, véhicules, matériel d'équipement, produits pétroliers...), **des gages sans dépossession ou, plus exactement, sans déplacement de la possession,** dans la mesure où la mise en possession du créancier résultait fictivement de l'inscription de la sûreté sur un registre spécial contre la délivrance d'un récépissé. On aurait pu aussi bien parler d'hypothèque mobilière, mais le législateur a préféré rester, dans toutes ces hypothèses, sur le terrain du gage.

Depuis la **réforme des sûretés opérée par** l'ordonnance du 23 mars 2006[6], le gage n'est plus

1. Civ. 1re, 11 oct. 1989, n° 88-14.439, P I, n° 317 ; *D.* 1991. 225, note P. Ancel ; *RTD com.* 1990. 244, obs. B. Bouloc.
2. Soc. 20 juin 1963, P IV, n° 531.
3. Civ. 18 mai 1898, *DP.* 1900. 1. 481, note. L. Sarrut – Civ. 1re, 22 mars 1966, P I, n° 201 – Com. 12 nov. 1958, P III, 147 ; *JCP* 1958. IV. 177.
4. Req. 23 mai 1927, *S.* 1928. 1. 97, note Bourcart – Civ. 21 mars 1938, *DH* 1938. 257 – Com. 3 nov. 1980, n° 77-14.829, P IV, n° 359.
5. Civ. 19 juin 1928, *DP* 1929. 1. 45 – Com. 28 nov. 1989, n° 87-19.626, P IV, n° 300 ; *D.* 1990. Somm. 387, obs. L. Aynés ; *D.* 1991. Somm. 43, obs. R. Perrot ; *RTD civ.* 1991. 142, obs. F. Zenati.
6. Ord. n° 2006-346, 23 mars 2006, préc.

un contrat réel parfait par la seule remise de la chose garantie. Sa constitution doit être convenue par un écrit et la délivrance du bien au gagiste n'est plus une condition substantielle de validité mais une simple mesure de publicité. Le Code civil consacre désormais pour toutes les catégories de biens, dans des dispositions de portée générale, le principe même du gage sans dépossession en précisant que le gage est opposable aux tiers, soit par la dépossession entre les mains du créancier ou d'un tiers convenu, soit par la publicité qui en est faite par son inscription sur un registre spécial (C. civ., art. 2336 à 2339).

1011.38 Inscription du gage sans dépossession. Cette publication était organisée par le décret du 23 décembre 2006 [1] prévoyant que l'inscription du gage devait être effectuée sur un registre tenu au greffe du tribunal de commerce dans le ressort duquel le constituant était immatriculé ou, s'il n'était pas soumis à cette obligation, dans le ressort de son siège social ou de son domicile. Un arrêté du 1er février 2007, pris pour l'application de l'article 2, 6° [2] du décret du 23 décembre 2006, dressait la nomenclature des catégories de classement dans lesquelles devaient être répertoriés les biens affectés en garantie. Il était par ailleurs créé un fichier électronique national des gages sans dépossession qui pouvait être consulté gratuitement sur un site d'information accessible par le réseau internet.

Depuis le 1er janvier 2023, les gages sans dépossession doivent être publiés sur un registre centralisant toutes les inscriptions de sûretés mobilières. Ce registre régi par les articles R. 521-1 s. C. com. est tenu sous forme électronique par les greffiers des tribunaux de commerce, des tribunaux judiciaires statuant commercialement et des tribunaux mixtes de commerce. Ce registre remplace celui prévu par le décret précité du 23 décembre 2006, de même que se substitue au fichier national des gages sans dépossession, un portail national d'accès aux informations contenues dans les registres locaux, consultable gratuitement par le réseau Internet [3]. Cette publicité rend le gage opposable aux tiers. L'inscription produit effet pendant cinq ans à compter de sa date et doit être renouvelée avant l'expiration de ce délai sous peine de radiation. Lorsque le gage a été régulièrement publié, les ayants cause du constituant ne peuvent se prévaloir de l'article 2276 C. civ. (C. civ., anc. art. 2279 – v. C. civ., art. 2337, al. 3).

1011.39 Particularisme de l'inscription du gage des véhicules immatriculés. L'ordonnance du 23 mars 2006 avait repris dans le Code civil, sous les articles 2351 à 2353, les principales dispositions du décret du 30 septembre 1953 réglementant le gage sans dépossession des véhicules automobiles. Ce décret avait été abrogé sans avoir été remplacé. Cependant, son article 2, prévoyant les modalités de déclaration de gage sur le registre ouvert à cet effet dans toutes les préfectures, avait curieusement été modifié en 2009 et a continué d'être appliqué aux inscriptions prises après l'abrogation du décret précité. Cette situation, génératrice d'insécurité juridique, a conduit les rédacteurs de l'ordonnance du 15 septembre 2021 [4] à programmer un décret pour le 1er janvier 2023 dont la parution a conditionné *d'une part*, l'abrogation des articles 2351 à 2353 C. civ. et *d'autre part*, le transfert de certaines de leurs dispositions dans l'article 2338 du même code. Celui-ci se trouve complété par un second alinéa précisant que le gage portant sur un véhicule et une remorque immatriculée est publié par une inscription sur un registre tenu par l'autorité administrative sauf s'il fait partie d'une flotte soumise à l'article 2342 C. civ. Dans ce dernier cas, le bien entre dans la catégorie des biens fongibles dont l'inscription est faite sur le **registre des sûretés mobilières** tenu par le greffier compétent en application des articles R. 521-1 s. C. com.

Le décret annoncé par l'ordonnance du 15 septembre 2021 a été pris le 14 février 2023 [5].

Hormis la particularité tenant au registre de son inscription, le gage des véhicules et remorques immatriculés a rejoint, comme tous les autres gages sans dépossession spéciaux, supprimés par l'ordonnance précitée, le giron du droit commun du gage des meubles corporels régi par le Code civil [6].

1011.40 Droit de rétention du créancier gagiste. Il convient de relever que **tous ces textes ne conféraient pas au créancier gagiste un droit de rétention.** À cet égard, la Cour de cassation ne reconnaissait pas un tel droit au créancier nanti sur outillage et matériel d'équipement. Lorsqu'elle reconnaissait ce droit de rétention, comme c'était le cas pour le vendeur à crédit de véhicule automobile, celui-ci était d'une moindre portée car, en cas de conflit avec un autre créancier bénéficiant de la possession réelle, ce dernier lui était préféré (il en était jugé ainsi à

1. Décr. n° 2006-1804, 23 déc. 2006, pris pour l'application de l'article 2338 du Code civil et relatif à la publicité du gage sans dépossession, *JO* 31 déc., p. 20368.
2. Arr. 1er févr. 2007, *JO* 10 févr., n° 35, p. 2565.
3. Décr. n° 2021-1887, 29 déc. 2021, relatif au registre des sûretés mobilières et autres opérations connexes, *JO* 30 déc., texte 52, art. 1er et 15, I.
4. Ord. n° 2021-1192, 15 sept. 2021, préc.
5. Décr. n° 2023-97, 14 févr. 2023, relatif à la publicité du gage portant sur un véhicule terrestre à moteur ou une remorque immatriculés, *JO* 16 févr., texte 16.
6. Ord. n° 2021-1192, 15 sept. 2021, art. 28, 3°.

propos d'une récolte warrantée vendue amiablement à un tiers au mépris des droits du créancier ayant régulièrement publié son gage[1]).

Cette **jurisprudence est désormais obsolète** depuis la loi de modernisation de l'économie du 4 août 2008[2] qui est venue compléter le nouveau régime des sûretés issu de l'ordonnance du 23 mars 2006 en instituant un **droit de rétention au bénéfice de tous les gages sans dépossession.** L'article 2286 C. civ. a été modifié en ce sens par l'adjonction d'un quatrième cas à la liste des créanciers pouvant se prévaloir d'un tel droit[3].

1011.41 Mise en œuvre du droit du gagiste. À défaut de paiement de la dette garantie, le créancier peut poursuivre la vente du bien gagé qui a lieu selon les modalités prévues par le Code des procédures civiles d'exécution sans que la convention de gage puisse y déroger. Lorsque le gage a été constitué en garantie d'une dette professionnelle, le créancier peut faire procéder à la vente publique par un officier ministériel ou un courtier de marchandises assermenté, huit jours après une simple signification au débiteur ou le cas échéant au tiers constituant du gage (C. civ., art. 2346). Le prix obtenu permet de désintéresser en totalité ou en partie le créancier titulaire de cette sûreté. Lorsqu'un gage garantit partiellement la dette, le versement résultant de sa réalisation s'impute sur le montant pour lequel la sûreté a été consentie[4]. Le créancier peut aussi demander en justice que le gage lui soit attribué en pleine propriété. La convention des parties peut également prévoir une telle attribution, le pacte commissoire n'étant plus prohibé sauf en cas de crédit à la consommation et de procédure collective (C. civ., art. 2347 et 2348 – C. com., art. L. 521-3 et L. 622-7, I, al. 3 – C. consom., art. L. 312-38 *in fine*).

En cas de résistance du débiteur, le créancier gagiste qui n'a pas la possession réelle, peut procéder par voie de saisie-revendication, s'il n'a pas de titre exécutoire prescrivant la remise du gage ou par voie de saisie-appréhension sur injonction du juge, si son droit de gage et la créance garantie ne sont pas sérieusement contestables. Les articles R. 222-6 et R. 223-13 C. pr. exéc. organisent une procédure qui débouche, après l'appréhension, sur la vente forcée du bien gagé (v. s[s] n°s 1021.81 s. et 1024.70 s.). Dans l'exercice de son action en restitution, le créancier titulaire d'un gage sans dépossession peut se heurter aux droits d'un autre créancier ayant lui-même inscrit une sûreté sur le bien réclamé ou bénéficiant sur celui-ci d'un droit de rétention. L'article 2340 C. civ. règle la difficulté en précisant que :

– « *lorsqu'un même bien fait l'objet de plusieurs gages successifs sans dépossession, le rang des créanciers est réglé par l'ordre de leur inscription ;*

– *lorsqu'un bien donné en gage sans dépossession fait ultérieurement l'objet d'un gage avec dépossession, le droit de préférence du créancier gagiste antérieur est opposable au créancier gagiste postérieur lorsqu'il est régulièrement publié nonobstant le droit de rétention de ce dernier* ».

Ces dispositions n'envisagent toutefois que les rapports entre créanciers gagistes, qu'ils bénéficient ou non de la possession réelle. Elles ne règlent pas la difficulté née d'un conflit entre le droit de rétention d'un gagiste et le droit de rétention d'un autre créancier tel qu'un réparateur ou un dépositaire. Notamment, la jurisprudence faisant prévaloir la possession réelle du garagiste sur la possession fictive du créancier titulaire d'un gage sur véhicule, ne semble pas être remise en cause par le nouvel article 2340 C. civ.

Quoi qu'il en soit, il convient de préciser que seule l'inscription sur le registre de publicité confère un gage effectif sur le bien objet de la sûreté. S'il s'agit d'un véhicule, la remise en garantie de sa carte grise ne donne au créancier qu'un droit de rétention limité à ce seul document qui ne lui permet pas de se faire remettre le véhicule concerné[5]. Ainsi, le prêteur qui a omis d'inscrire son gage ne peut se prévaloir de son droit de rétention sur les documents administratifs restés en sa possession pour se faire attribuer, par le liquidateur, le produit de la vente des véhicules auxquels ces documents se rapportent[6].

§ 2
Obligation de restituer

1011.51 Créance de restitution. La plupart des contrats comportant une obligation de délivrance impliquent aussi, à leur expiration ou à la suite de

1. Civ. 1re, 18 janv. 2000, n° 97-19.473, P I, n° 17 ; *D.* 2000. 98 ; 391, obs. S. Piedelièvre ; *JCP* 2000. I. 259, « Droit des sûretés », n° 19, obs. Ph. Delebecque et Ph. Simler ; *RTD com.* 2000. 710, obs. B. Bouloc.
2. L. n° 2008-776, 4 août 2008, de modernisation de l'économie *JO* 5 août, p. 12471.
3. D. Legeais, « Le gage de meubles corporels », *JCP* 2006, suppl. n° 20, « Commentaire de la réforme des sûretés », p. 12 – R. Dammann et G. Podeur, « Le nouveau paysage du droit des sûretés : première étape de la réforme de la fiducie et du gage sans dépossession », *D.* 2008. Chron. 2300.
4. Cass., ass. plén., 6 nov. 2009, n° 08-17.095, P, n° 7 ; *JCP* 2010, n° 13, note S. Piedelièvre ; *D.* 2009. 2803, obs. V. Avena-Robardet ; *RTD civ.* 2010. 358, obs. P. Crocq ; *RTD com.* 2010. 182, obs. B. Bouloc.
5. Com. 11 juill. 2000, n° 97-12.374, P IV, n° 142 ; *D.* 2000. 251 ; *JCP* 2000. I. 259, « Droit des sûretés », n° 16, obs. Ph. Simler et Ph. Delebecque ; *D.* 2001. 441, note S. Piedelièvre.
6. Com. 23 avr. 2013, n° 12-13.690, P IV, n° 66 ; « Droit de rétention sur les documents administratifs : portée en cas de vente des véhicules », *D.* 2013. 1129.

leur résolution ou résiliation, une obligation de restitution. Cependant, les hypothèses de restitution débordent largement le cadre conventionnel, notamment en cas de dépossession.

Les articles 1352 s. C. civ., issus de l'ordonnance du 10 février 2016 [1], portant réforme du droit des obligations, contiennent des dispositions de portée générale consacrées aux **restitutions en nature ou en valeur**. Ainsi, la restitution d'une chose autre qu'une somme d'argent a lieu en nature ou, lorsque cela est impossible, en valeur estimée au jour de la restitution. Celui qui restitue la chose répond des dégradations qui en ont diminué la valeur, à moins qu'il ne soit de bonne foi et que celles-ci ne soient pas dues à sa faute. Ces deux conditions étant cumulatives, celui qui est entré en possession de mauvaise foi ne peut s'exonérer en justifiant d'un cas fortuit ou de la force majeure. S'il a vendu la chose, celui qui l'a reçue de bonne foi ne doit en restituer que le prix. À défaut de bonne foi, il doit en rendre la valeur estimée au jour de la restitution.

La restitution inclut les fruits et la valeur de la jouissance que la chose a procurés. S'ils ne se retrouvent pas en nature, les fruits sont restitués en valeur. Il est tenu compte des dépenses nécessaires à la conservation de la chose et de celles qui en ont augmenté la valeur.

Il convient d'évoquer ci-après les conventions et les situations particulières génératrices d'une obligation de restitution.

A. Restitution des biens dont la propriété a été réservée

1011.61 Vendeur ou entrepreneur bénéficiant d'une clause de réserve de propriété. La clause de réserve de propriété est une véritable sûreté qui permet au vendeur de se garantir contre les risques d'impayés en subordonnant le transfert de propriété au règlement intégral du prix. Le vendeur resté propriétaire peut ainsi, en cas de défaillance de l'acheteur, revendiquer les effets vendus. La clause de réserve de propriété a pris un grand essor depuis qu'une loi du 12 mai 1980 [2] reprise et complétée par la loi du 25 janvier 1985 [3], a permis au vendeur de l'opposer en cas de procédure collective. Elle est aujourd'hui réglementée par l'article L. 624-16 C. com. qui a repris pour l'essentiel les dispositions de l'article 121 de la loi du 25 janvier 1985. La Cour de cassation admet que le bien remis en vertu d'un contrat d'entreprise peut, comme celui délivré en exécution d'un contrat de vente, être l'objet d'une propriété réservée autorisant sa revendication par l'entrepreneur [4].

Depuis l'ordonnance du 23 mars 2006 [5] sur les sûretés, la propriété retenue à titre de garantie est définie et réglementée par le Code civil qui la rend possible pour tous les types de convention. La clause de réserve de propriété suspend l'effet translatif d'un contrat jusqu'au complet paiement de l'obligation qui en constitue la contrepartie. À défaut d'exécution totale à l'échéance, le créancier peut demander la restitution du bien afin de recouvrer le droit d'en disposer (C. civ., art. 2367 à 2372) [6].

Dès lors que le vendeur bénéficiaire de la clause demeure propriétaire, il doit supporter le risque lié à sa perte fortuite. L'acheteur avec réserve de propriété n'est tenu que de veiller à sa bonne conservation, obligation seulement de moyen et non de résultat. En cas de vol, l'acheteur qui a apporté à la chose vendue tous les soins d'un bon père de famille est dispensé d'en payer le prix [7].

1011.62 Conditions de validité de la clause. Pour être valable, une telle clause doit figurer dans un écrit (devis, bon de commande, facture) établi au plus tard au moment de la livraison (C. civ., art. 2368 – et C. com., art. L. 624-16). Cet écrit peut régir un ensemble d'opérations commerciales convenues entre les parties (contrat-cadre, conditions générales de vente). Dans ce cas, toutes les ventes successives résultant d'un même contrat d'approvisionnement sont soumises à la clause. L'existence de la clause repose en principe, sur le consentement des parties et plus spécialement sur l'accord de l'acheteur. Mais l'acceptation de la clause par l'acheteur n'a pas besoin d'être donnée par écrit pour entrer dans le champ contractuel ; il suffit que cette acceptation soit certaine et non équivoque, par exemple par l'exécution du contrat en connaissance de la clause figurant au devis [8].

En fait, l'acquéreur informé qui ne manifeste aucun refus est réputé avoir accepté. Cependant, pour qu'il y ait acceptation tacite, il faut que l'ache-

1. Ord. n° 2016-131, 10 févr. 2016, portant réforme du droit des contrats, du régime général et de la preuve des obligations, *JO* 11 févr., texte 26.
2. L. n° 80-355, 12 mai 1980, dite Dubanchet relative aux effets des clauses de réserves de propriété dans les contrats de vente, *JO* 13 mai, p. 1202.
3. L. n° 85-98, 25 janv. 1985, relative au redressement et à la liquidation judiciaire des entreprises, *JO* 26 janv., p. 1097.
4. Com. 29 mai 2001, n° 98-21.126, NP ; *RTD civ.* 2001. 930, obs. P. Crocq ; *CCC* 2001, n° 133, note L. Leveneur ; *RJDA* 2001, n° 1130.
5. Ord. n° 2006-346, 23 mars 2006, préc.
6. P. Crocq, « La réserve de propriété », *JCP* 2006, suppl. n° 20, « Commentaire de la réforme des sûretés », p. 23.
7. Com. 26 mai 2010, n° 09-66.344, P IV, n° 101 ; *D.* 2011. 406, obs. P. Crocq ; *RTD com.* 2011. 163, obs. B. Bouloc ; *CCC* 2010, n° 197, note L. Leveneur.
8. Com. 6 juin 1989, n° 87-19.659, P IV, n° 175.

teur ou le maître d'ouvrage ait eu connaissance de la clause au plus tard au moment de la livraison. Or cette concomitance n'est pas établie lorsque la facture contenant seule la clause, a été transmise après la livraison[1]. En revanche l'acceptation de la clause peut être déduite de l'existence de relations d'affaires et de la réception, par le débiteur, dans le courant de ces relations, de factures antérieures comportant la clause de réserve de propriété, sans protestation de sa part[2].

La protection du consentement de l'acheteur réside par ailleurs dans la lisibilité de la clause. La clause doit ainsi, si elle figure sur un document émanant du vendeur être apparente, ce qui n'est pas le cas si elle est écrite en petits caractères[3] ou noyées au milieu des autres conditions générales[4] ou figurant exclusivement au *verso* des bons de commande[5].

1011.63 Conditions relatives aux biens objets de la clause. Les effets mobiliers dont la propriété a été réservée ne peuvent être effectivement récupérés, notamment au moment d'une procédure collective, que s'ils se retrouvent en nature dans le patrimoine du débiteur (C. com., art. L. 624-16, al. 2). S'ils ont été cédés ou détruits, le droit de propriété se reporte sur la créance du débiteur à l'égard du sous-acquéreur ou sur l'indemnité d'assurance qui leur est subrogée (C. civ., art. 2372 – et C. com., art. L. 624-18). Cependant, leur incorporation dans un autre bien ou leur confusion avec des biens de même espèce n'empêche pas leur revendication en nature.

En effet, l'incorporation d'un meuble faisant l'objet d'une réserve de propriété dans un autre bien ne fait pas obstacle aux droits du créancier lorsque la séparation peut être effectuée sans dommage (C. civ., art. 2370 – et C. com., art. L. 624-16, al. 3). Ainsi, la chose revendiquée existe encore en nature si sa reprise ne nécessite qu'un simple démontage (ainsi pour des moteurs de navires[6]). La Haute juridiction a toutefois jugé qu'en cas d'incorporation à un immeuble, le meuble dont la propriété a été réservée n'existait plus en nature[7]. Mais cette jurisprudence semblait alors entrer en contradiction avec les dispositions légales précitées permettant la revendication sans distinguer selon que la chose réclamée est incorporée dans un bien meuble ou immeuble. La Cour de cassation estime désormais que le champ d'application de la revendication en cas de procédure collective est défini par l'article L. 624-16 C. com., qui ne se réfère pas à la notion juridique d'immobilisation par destination, de telle sorte que l'affectation des biens dont la propriété a été réservée (du matériel de cuisine professionnel) au service d'un fonds de commerce de restauration, ne constitue pas en soi un obstacle à leur revendication. C'est toutefois au revendiquant de rapporter la preuve que la séparation du matériel peut s'effectuer sans dommage pour le bien immobilier dans lequel il a été incorporé[8]. Mais, dès lors que le matériel revendiqué est identifiable et dissociable du plancher en béton sur lequel il a été fixé et qu'il est établi que son démontage ne nécessite qu'une remise en état éventuelle de celui-ci, sans risque de dégradation pour les biens du débiteur, la juridiction du fond peut souverainement en déduire que la séparation peut s'effectuer sans dommage au sens de l'article L. 624-10 C. com.[9]

Lorsqu'il s'agit de marchandises fongibles, la revendication est possible même si elles se trouvent confondues avec d'autres et même s'il n'est pas certain que ce sont celles vendues par le revendiquant ; il suffit que des marchandises de même nature et de même qualité se retrouvent entre les mains de l'acheteur avec réserve de propriété sans autre condition (C. civ., art. 2369, et C. com., art. L. 624-16, al. 2 – il en est jugé ainsi à propos de produits pharmaceutiques[10]).

1011.64 Nature de la clause. Dès avant la réforme des sûretés opérée par l'ordonnance du 23 mars 2006, la jurisprudence a considéré que la clause de réserve de propriété apparaissant comme une condition suspensive, le défaut de paiement du prix entraîne la caducité de la vente et non sa résiliation et le vendeur est tenu de restituer les acomptes perçus ou l'excédent de valeur, si la valeur

1. Com. 29 mai 2001, n° 98-20.685, NP ; *RJDA* 2001, n° 1131.
2. Com. 31 janv. 2012, n° 10-28.407, P IV, n° 18 ; *D.* 2012. 432 ; *JCP* 2012. Actu. 249.
3. Rennes, 2 nov. 1988, *Rev. proc. coll.* 1989. 215, obs. B. Soinne.
4. Com. 14 juin 1994, n° 92-10.633, NP ; *Rev. huiss.* 1994. 1287.
5. Com. 17 janv. 1995, n° 92-21.809, NP ; *Rev. huiss.* 1995. 484 – Sur la lisibilité de la clause, v. comm. F. Pérochon et D. Mainguy, *D.* 2000. 65.
6. Com. 11 mars 1997, n° 94-20.069, P IV, n° 70 ; *Gaz. Pal.* 1997. 2. Pan. 27 ; *D.* 2000. 72, obs. Pérochon et Mainguy ; *RTD com.* 1997. 668, obs. Bouloc ; *RTD com.* 2000. 457, obs. Martin-Serf.
7. Com. 2 mars 1999, n° 95-18.643, P IV, n° 50 ; *D.* 1999. 98 ; *JCP* 1999. IV. 1796 ; *D.* 2000. 69, obs. D. Mainguy ; *RTD civ.* 1999. 442, obs. P. Crocq ; *RTD civ.* 2000. 866, obs. T. Revet ; *RTD com.* 1999. 751, obs. A. Martin-Serf ; p. 944, obs. Bouloc ; *RTD com.* 2000. 455, obs. A. Martin-Serf.
8. Com. 10 mars 2015, n° 13-23.424, P IV, n° 46 ; *D.* 2015. 677, note. Lienhard ; *Gaz. Pal.* 2015. 1. 40, note Le Corre-Broly ; *RTD civ.* 2015. 443, obs. P. Crocq, et 648, obs. W. Dross ; *RTD com.* 2015. 375, obs. A. Martin-Serf ; *JCP E* 2015, n° 25, p. 33, obs. Seube.
9. Com. 2 nov. 2016, n° 14-18.888, NP ; *BICC* 1er avr. 2017, n° 353.
10. Paris, 3 avr. 1998, *D.* 2000. 69 – Com. 15 mars 2005, n° 03-20.332, NP ; *D.* 2005. 1718, note P.-G. Marly, obs. A. Lienhard ; *RTD com.* 2005. 605, obs. A. Martin-Serf.

des marchandises restituées est supérieure au solde de sa créance[1]. Plus récemment, la Haute juridiction a confirmé cette solution mais en se fondant cette fois sur la notion de sûreté[2].

L'ordonnance du 23 mars 2003 consacre la nature de sûreté de la propriété retenue à titre de garantie en la réglementant dans le Code civil. À défaut de complet paiement à l'échéance, le créancier peut demander la restitution du bien objet de la clause de réserve de propriété afin de recouvrer le droit d'en disposer. La valeur du bien repris est imputée, à titre de paiement, sur le solde de la créance garantie. Lorsque cette valeur excède le montant de la dette encore exigible, le créancier doit au débiteur une somme égale à la différence (C. civ., art. 2371).

La clause de réserve de propriété garantit le paiement intégral du prix et le vendeur demeure propriétaire des marchandises tant que le dernier centime ne lui est pas réglé. Par conséquent, la clause n'est pas divisible et l'obligation de restituer insusceptible d'exécution fractionnée si la chose vendue est un corps certain. Cependant, lorsqu'il s'agit d'un bien fongible, la propriété réservée peut s'exercer à concurrence de la créance restant due (C. civ., art. 2369). L'ouverture d'une procédure collective n'a pas pour conséquence de remettre en cause la propriété réservée dont bénéficie le vendeur. Même si l'acquéreur qui fait l'objet d'une telle procédure n'est plus tenu de verser le prix du bien vendu avec réserve de propriété, il n'est pas dispensé de restituer celui-ci au vendeur impayé qui le revendique[3].

1011.65 **Publicité de la clause.** La sûreté constituée par la propriété retenue à titre de garantie n'a pas, en principe, besoin d'être publiée. Les articles 2367 à 2372 C. civ. qui la réglementent, n'organisent d'ailleurs aucune publicité. Ce sont les dispositions du Code de commerce relatives aux procédures collectives qui obligent le vendeur avec réserve de propriété à publier son contrat s'il veut se faire restituer les biens objets de la clause sans avoir à se conformer aux conditions de forme et de délai de la demande en revendication (C. com., art. L. 624-9 et L. 624-10). La publication du contrat doit avoir été effectuée avant le jugement d'ouverture selon les modalités qui lui sont propres. En l'absence de réglementation particulière, comme c'est le cas en matière de clause de réserve de propriété, le propriétaire du bien doit publier la convention, selon le cas, au registre mentionné à l'article R. 313-4 C. mon. fin. ou à celui prévu au troisième alinéa de l'article R. 621-8 C. com. Depuis le 1er janvier 2023, les contrats de vente avec réserve de propriété qui ont fait l'objet d'une publicité, conformément aux articles L. 624-10 et R. 624-15 C. com., peuvent être publiés au registre des sûretés mobilières institué par les articles R. 521-1 s. C. com. (C. com., art. R. 521-2, 12°)[4]. La demande en restitution doit être faite par une lettre recommandée avec demande d'avis de réception adressée à l'administrateur ou, à défaut, au débiteur avec copie au mandataire judiciaire. En l'absence d'accord dans le mois de la réception de la demande ou en cas de contestation, le juge-commissaire peut être saisi par le propriétaire pour qu'il statue sur ses droits. Ce juge peut également être saisi à cette fin, même en l'absence de demande en restitution, par l'administrateur ou par le débiteur (C. com., art. R. 624-14). Ainsi cette formalité de publicité dispense le vendeur resté propriétaire de faire reconnaître son droit de propriété en vue de sa revendication dans le cadre d'une procédure collective. En l'absence de publicité, le vendeur doit agir en revendication et démontrer que les tiers ont eu effectivement connaissance de ses droits sur le bien dont la propriété a été réservée.

La dispense de revendication bénéficie à tous les propriétaires de biens mobiliers confiés à un débiteur en procédure collective, par suite d'un contrat publié[5].

1011.66 **Opposabilité de la clause au sous-acquéreur ou au bailleur d'immeuble.** Le sous-acquéreur est protégé par l'article 2276 C. civ. (C. civ., anc. art. 2279), sauf s'il n'est pas un possesseur de bonne foi[6]. Seule une possession exempte de vices confère au sous-acquéreur un titre faisant obstacle à toute revendication[7]. En revanche, lorsqu'il est établi par le dossier que le sous-acquéreur d'un matériel d'équipement d'une entreprise, savait pertinemment que celle-ci n'avait pas la qualité de propriétaire, la banque subrogée dans la propriété réservée est fondée à agir en revendication[8]. Toutefois, l'action du vendeur avec réserve de propriété à l'encontre du sous-acquéreur est une **action en paiement.** Elle s'analyse en une **action réelle** lorsqu'elle s'exerce

1. Versailles, 20 mai 1987, *D.* 1988. 8, obs. Derrida – Com. 5 mars 1996, n° 93-12.818, P IV, n° 72 ; *D.* 1996. 222, obs. F. Pérochon ; *RTD civ.* 1996. 441, obs. P. Crocq.
2. Com. 23 janv. 2001, n° 97-21.660, P IV, n° 23 ; *JCP* 2001. I. 321, n° 13, Cabrillac et Petel ; *D.* 2001. 702, obs. A. Lienhard ; *RTD civ.* 2001. 398, obs. P. Crocq ; *RTD com.* 2001. 499, obs. B. Bouloc ; 518, obs. A. Martin-Serf.
3. Nîmes, 20 janv. 2011, *CCC* 2012, n° 33, note Raymond.
4. Décr. n° 2021-1887, 29 déc. 2021, art. 1 et 15, I.
5. Com. 15 mars 2005, n° 00-18.550, P IV, n° 60 ; *D.* 2005. AJ 890, obs. A. Lienhard – Com. 18 sept. 2012, n° 11-21.744, P IV, n° 162 ; *D.* 2012. Actu. 2240, obs. A. Lienhard ; *JCP E* 2012. 1757, n° 17, obs. Ph. PételPétiel.
6. Com. 19 mai 1987, n° 85-18.384, P IV, n° 120 ; *D.* 1988. 12, obs. Derrida.
7. Com. 5 mars 1996, n° 93-21.541, P IV, n° 73 ; *D.* 2000. 74, note F. Pérochon et D. Mainguy.
8. Com. 5 mars 1996, n° 93-21.541, préc. ss prést n°.

contre le sous-acquéreur *in bonis* qui ne s'est pas entièrement libéré, lorsque l'acheteur initial en liquidation judiciaire a revendu le bien sans avoir réglé la totalité de son prix. Elle s'analyse en une **action personnelle** et non réelle lorsqu'elle s'exerce alors que le sous-acquéreur fait l'objet d'une procédure collective[1]. Cependant, la demande en revendication du prix doit être rejetée dès lors que la somme restant due par le sous-acquéreur correspond à la transformation du bien par le vendeur intermédiaire, cette transformation ayant donné naissance à une créance distincte de celle du prix de revente du bien grevé de la clause[2].

La clause de réserve de propriété était également inopposable au bailleur d'immeuble lorsque celui-ci entendait saisir le mobilier garnissant les lieux loués. En effet, le privilège dont il était titulaire en vertu de l'article 2332, 1° C. civ. s'exerçait sur tous les meubles introduits par le locataire, même s'ils appartenaient à un tiers sauf lorsque le bailleur connaissait leur origine (v. s^s n° 1011.83)[3]. Depuis la réécriture de l'article 2332 C. civ par l'ordonnance du 15 septembre 2021[4], le privilège du bailleur d'immeuble sur les meubles garnissant les lieux ne peut s'exercer que sur ceux qui appartiennent au locataire ; le droit de revendication en nature conféré par ce privilège a disparu.

1011.67 Revendication du prix de revente. La clause de réserve de propriété ne rend pas le bien vendu indisponible et n'empêche donc pas sa revente tant que l'activité de l'entreprise acheteuse est poursuivie[5].

D'une manière générale, les marchandises vendues sous réserve de propriété sont destinées à la revente. Les vendeurs bénéficiaires de la clause le savent, puisqu'ils ont le plus souvent affaire à des distributeurs. Ils acceptent fréquemment, dans le contrat initial, la revente des marchandises avant le paiement intégral du prix, notamment, lorsqu'il s'agit de denrées périssables. La vente *a non domino* demeure donc régulière et ne prive pas le sous-acquéreur de bonne foi, s'il est entré en possession, de la protection de l'article 2276 C. civ. C'est la raison pour laquelle la publicité de la clause reste facultative. Mais lorsqu'il résulte des circonstances que le sous-acquéreur d'un matériel destiné, non à la revente, mais à l'équipement d'une entreprise, savait pertinemment qu'elle n'en était pas propriétaire, l'action en revendication engagée contre lui peut être accueillie en raison de sa mauvaise foi[6].

Il faut préciser que lorsque le bien dont la propriété est réservée a été vendu, la créance du prix lui est subrogée. Par conséquent, si la marchandise ne se retrouve plus dans le patrimoine de l'acheteur, le vendeur est titulaire à son encontre d'une action unique en revendication portant indifféremment sur ce bien ou sur la créance qui le remplace. Si le prix ne lui a pas été versé, à l'action réelle en revendication contre l'acheteur originaire se substitue une action personnelle et directe en paiement à l'encontre du sous-acquéreur. Ce dernier peut alors opposer au créancier les exceptions inhérentes à la dette ainsi que celles nées de ses rapports avec l'acheteur initial avant qu'il ait eu connaissance du report de la propriété sur le prix de revente (C. com., art. L. 624-18 – et C. civ., art. 2372).

Cette action en revendication du prix est recevable sans que le créancier bénéficiant de la propriété réservée soit tenu de déclarer sa créance à la procédure collective ouverte contre le sous-acquéreur[7]. Toutefois, le bénéficiaire de la clause ne peut revendiquer le prix impayé entre les mains du sous-acquéreur que si celui-ci a reçu le bien dans son état initial, c'est-à-dire non transformé ou non incorporé dans un autre bien[8]. La revendication n'est pas non plus possible si, avant l'ouverture de la procédure collective de l'acheteur originaire, le sous-acquéreur a acquitté le prix par un paiement, par un règlement en valeur (c'est-à-dire par l'acceptation d'un effet de commerce) ou par une compensation[9] (C. com., art. L. 624-18 [réd. Ord. n° 2008-1345, 18 déc. 2008[10]]). La dation en paiement ne consti-

1. Com. 6 oct. 2009, n° 08-15.048, P IV, n° 122 ; *JCP* 14 déc. 2009, p. 29, obs. Dallemagne ; *D.* 2009. 2482, obs. A. Lienhard ; 2580. Chron. M.-L. Bélaval, I. Orsini et R. Salomon ; *D.* 2010. 1820, obs. F.-X. Lucas et P.-M. Le Corre ; *RTD com.* 2010. 201, obs. A. Martin-Serf.
2. Com. 16 juin 2009, n° 08-15.753, P IV, n° 84 ; *JCP* 26 oct. 2009, p. 385, note Barbieri ; *D.* 2009. 1752, obs. A. Lienhard ; *RTD civ.* 2009. 760, obs. P. Crocq ; *RTD com.* 2009. 800, obs. B. Bouloc ; 810, obs. A. Martin-Serf.
3. Civ. 3e, 24 juin 2009, n° 08-14.357, P III, n° 154 ; *D.* 2009. AJ 1888, ndlr, note S. Prigent ; *D.* 2010. 1168, obs. N. Damas ; *AJDI* 2010. 127, obs. V. Zalewski – Com. 16 nov. 2010, n° 09-70.765, P IV, n° 78 ; *Dr. et proc.* 2011. 25 ; *AJDI* 2011. 356, obs. N. Damas.
4. Ord. n° 2021-1192, 15 sept. 2021, art. 6, IV.
5. Com. 11 mars 1997, n° 94-20.069, P (préc., v. s^s n° 1011.63).
6. Com. 5 mars 1996, n° 93-21.541, P (préc., v. s^s n° 1011.66).
7. Com. 21 févr. 2006, n° 04-19.672, P IV, n° 43 ; *D.* 2006. 718, obs. A. Lienhard ; Lucas et Le Corre, « Droit des entreprises en difficulté », *D.* 2006. Pan. 2255 ; *RTD com.* 2007. 233, obs. A. Martin-Serf.
8. Com. 17 mars 1998, n° 95-11.209, P IV, n° 108 ; *D.* 2000. 75, obs. D. Mainguy ; *D.* 1999. 72, obs. A. Honorat ; *RTD com.* 1998. 911, obs. B. Bouloc ; *Gaz. Pal.* 19-20 mars 1998. Pan. 152 ; *RTD com.* 1998. 911, obs. B. Bouloc.
9. Com. 2 nov. 1993, n° 91-16.297, P IV, n° 375 ; *Rev. huiss.* 1993. 1261, note Bazin ; *RTD com.* 1994. 346, obs. B. Bouloc ; 792, obs. A. Martin-Serf.
10. Ord. n° 2008-1345, 18 déc. 2008, portant réforme du droit des entreprises en difficulté, *JO* 19 déc., p. 19462.

tue pas un mode de règlement mettant obstacle à la revendication du prix de revente[1].

Dès lors que le prix n'a pas été payé avant le jugement d'ouverture, la revendication entre les mains du débiteur qui l'a reçu ultérieurement s'avère possible et ce, sans qu'il y ait lieu de distinguer selon que le règlement a été fait avant ou après la demande tendant au paiement du créancier[2]. Les sommes payées postérieurement à l'ouverture de la procédure par le sous-acquéreur doivent être versées par le débiteur entre les mains du mandataire judiciaire qui les remet au créancier revendiquant à concurrence de sa créance (C. com., art. R. 624-16). Toutefois, si les fonds correspondant au prix n'ont pas encore été réglés au débiteur au moment où la décision au profit du revendiquant intervient, ce dernier peut les réclamer directement au sous-acquéreur[3].

Il convient de relever que si le bénéficiaire de la clause n'a pas agi en revendication dans les délais prévus en matière de procédure collective, il ne peut tenter de contourner l'inopposabilité de son droit de propriété à la liquidation judiciaire en demandant l'attribution du prix de vente de son bien. En effet, la Cour de cassation juge que si la propriété réservée (ou retenue) constitue bien une sûreté réelle, elle ne confère cependant à son titulaire aucun privilège dans la distribution de la somme obtenue[4].

1011.68 Transmission de la clause (subrogation). La clause de réserve de propriété est transmissible par voie de subrogation. Elle constitue l'accessoire de la créance du vendeur et en garantie le paiement du prix (C. civ., art. 2367). Elle se transmet en même temps qu'elle, à celui qui a désintéressé son bénéficiaire. La transmission de la clause peut résulter d'une convention, de l'endossement d'une lettre de change ou de la cession de la créance sous la forme d'un bordereau Dailly.

Le paiement avec subrogation éteint la créance à l'égard du créancier primitif mais la laisse subsister à l'égard du subrogé qui est généralement un organisme de financement ou un assureur ayant désintéressé celui-ci en vertu d'un contrat d'assurance-crédit. Ce subrogé se trouve donc investi de la créance sur le prix avec tous ses accessoires, notamment la propriété réservée (il en est jugé ainsi à propos de la transmission de la clause à des sociétés de crédit ayant financé l'acquisition de véhicules[5] ; et à propos de la transmission de la clause avec la propriété de la provision, à l'endosseur d'une lettre de change[6]).

Il s'ensuit que la revendication est ouverte sans qu'il y ait lieu de distinguer selon qu'elle est exercée par le vendeur ou par un tiers subrogé dans ses droits[7], même si ce tiers peut bénéficier par ailleurs d'une sûreté spéciale, notamment d'un gage[8].

La revendication qui porte sur un corps certain, n'est pas susceptible d'exécution partielle de telle sorte que la restitution doit porter sur toutes les marchandises (en l'espèce des véhicules), même si le tiers subrogé n'a versé que le solde du prix[9] (sur la subrogation du prêteur en matière de crédit automobile, v. s[s] n°s 1024.43 s.).

Le subrogeant qui a transmis ses droits n'est pas recevable à demander la revendication (il en est jugé ainsi à propos d'un contrat de concession comportant une clause de réserve de propriété en faveur du concédant sur les marchandises livrées au concessionnaire et stipulant que leur prix sera payable par l'intermédiaire d'un organisme de financement agréé par le concédant[10]).

La Cour de cassation reconnaît ainsi la transmissibilité de la clause et son aptitude à circuler, comme toute sûreté, avec la créance à la garantie de laquelle elle est affectée. C'est une conséquence du caractère accessoire de la propriété réservée, consacrée par l'article 2367 C. civ. Toutes les solutions qu'elle a dégagées débordent nécessairement, en raison de leur portée générale, le domaine restreint des procédures collectives à l'occasion desquelles elles ont été adoptées. Elles ont vocation à s'appliquer dans toutes les hypothèses de revendication.

B.
Restitution de biens vendus

1011.71 Vendeur au comptant impayé. Lorsque la vente était conclue sans terme, le vendeur impayé

1. Com. 14 mai 2008, n° 06-21.532, P IV, n° 98 ; *D.* 2008. 2253, note H. Aubry ; 1477, obs. Lienhard ; *JCP* 2008. I. 198, chron. Cabrillac ; *Gaz. Pal.* 27-29 juill. 2008, n° 62, Pérochon ; *RTD civ.* 2008. 520, obs. P. Crocq ; *RTD com.* 2008. 866, obs. A. Martin-Serf.
2. Com. 3 déc. 2003, n° 00-15.929, P IV, n° 191 ; *D.* 2004. 140, obs. A. Lienhard ; *RTD civ.* 2004. 761, obs. P. Crocq.
3. Com. 20 sept. 2005, n° 04-14.702, P IV, n° 177 ; *D.* 2005. 2445, obs. A. Lienhard ; *JCP* 2005. IV. 3240.
4. Com. 15 oct. 2013, n° 13-10.463, P IV, n° 153 ; *D.* 2013. 2462, obs. A. Lienhard ; *JCP* 2013. 2188, chron. Ph. Simler et Ph. Delebecque, n° 17.
5. Com. 15 mars 1988, n°s 86-13.687 et 85-18.623, P IV, n° 106 ; *GAJC*, t. 2, 14e éd., Dalloz, 2024, n° 338 ; *D.* 1988. 330, note F. Pérochon.
6. Com. 11 juill. 1988, n° 87-10.834, P IV, n° 241 ; *RTD com.* 1988. 656, obs. M. Cabrillac et B. Teyssié.
7. Com. 15 mars 1988, n°s 86-13.687 et 85-18.623, P, préc. s[s] prés[t] n°.
8. Com. 5 oct. 1993, n° 91-14.194, P IV, n° 314 ; *D.* 1993. 234 ; *RTD com.* 1994. 345, obs. B. Bouloc ; p. 570, obs. A. Martin-Serf.
9. Com. 15 mars 1988, n°s 86-13.687 et 85-18.623, P, préc. s[s] prés[t] n°.
10. Com. 2 févr. 1993, n° 91-11.569, P IV, n° 38 ; *RTD com.* 1994. 96, obs. B. Bouloc.

pouvait revendiquer les effets mobiliers vendus dans les huit jours de leur livraison, s'ils étaient encore en la possession de l'acheteur et, dans l'état où ils se trouvaient lors de leur délivrance (C. civ., art. 2332, 4°).

Il s'agissait d'un prolongement de son droit de rétention qui ne lui conférait aucun droit de suite lui permettant d'exercer son action en revendication contre le sous-acquéreur[1]. Mais l'acquéreur était réputé demeuré en possession, si les effets vendus étaient confiés à un détenteur précaire.

Toutefois, dans sa rédaction résultant de l'ordonnance du 15 septembre 2021, l'article 2332, 3° ne mentionne plus le droit de revendication du vendeur impayé qui bénéficie seulement d'un privilège sur le prix de revente du meuble livré.

1011.72 Vendeur dont le contrat a été annulé, résolu ou rescindé. Dans toutes ces hypothèses, le vendeur recouvre la propriété de la chose vendue dont il peut réclamer la restitution à l'acquéreur. Mais ce dernier peut lui opposer son droit de rétention jusqu'au remboursement du prix ou des acomptes versés.

C. Restitution de biens loués

1011.81 Bailleur de meubles. Il peut réclamer la chose louée à l'expiration de la période prévue au contrat ou, avant cette expiration, si le contrat est résilié judiciairement ou par l'effet d'une clause résolutoire de plein droit.

1011.82 Crédit-bailleur. Le crédit-bail est, à l'instar de la clause de réserve de propriété dans la vente, une sûreté permettant à l'organisme de financement, de se ménager une solide garantie en cas d'impayé. En restant propriétaire du bien financé jusqu'au terme du contrat, il peut réclamer sa restitution dès lors que les loyers sont impayés. Le contrat contient le plus souvent une clause de résiliation de plein droit dès le premier incident de paiement. La jurisprudence a toujours admis que le crédit-bailleur peut recourir à la saisie-revendication[2].

Les opérations de crédit-bail sur les biens mobiliers sont définies par l'article L. 313-7 C. mon. fin.[3], comme étant « *les opérations de location de biens d'équipement ou de matériel d'outillage achetés en vue de cette location par des entreprises qui en demeurent propriétaires, lorsque ces opérations, quelle que soit leur qualification* [location avec option d'achat, location avec promesse de vente, *leasing*], *donnent au locataire la possibilité d'acquérir tout ou partie des biens loués, moyennant un prix convenu tenant compte, au moins pour partie, des versements effectués à titre de loyers* ».

Ces opérations ne peuvent être effectuées à titre habituel que par des entreprises commerciales soumises à la loi bancaire du 24 janvier 1984[4] intégrée à droit constant dans le Code monétaire et financier.

Elles sont soumises à des formalités de publicité qui, si elles ne sont pas accomplies, les rendent inopposables aux tiers (C. mon. fin., art. L. 313-10[5]).

La publicité est organisée par les articles R. 313-3 s. C. mon. fin.[6]. Elle doit permettre l'identification des parties et des biens objets du crédit-bail, par une inscription sur un registre ouvert au greffe du tribunal de commerce, du TJ statuant commercialement ou tribunal mixte de commerce territorialement compétent. Ce registre est celui visé et régi par les articles R. 521-1 s. C. com. entré en vigueur le 1er janvier 2023[7]. Il centralise les inscriptions des sûretés mobilières et des opérations connexes et mentionne pour les opérations de crédit-bail, l'identité des deux parties, le montant des loyers avec leurs dates d'échéance ainsi que la désignation précise des biens loués (C. com., art. R. 521-2, 16°, R. 521-6, 2°, 3° et 5° et R. 521-8).

À défaut d'accomplissement des formalités dans les conditions réglementaires, l'entreprise de crédit-bail ne peut opposer aux créanciers ou ayants cause à titre onéreux de son client, ses droits sur les biens dont elle a conservé la propriété, sauf si elle établit que les intéressés avaient eu connaissance de ses droits (C. mon. fin., art. R. 313-10[8]). Le crédit preneur n'a cependant pas qualité pour se prévaloir de l'inobservation des mesures de publicité[9]. En effet, la publication n'est pas une condition de recevabilité de l'action en revendication du crédit bailleur[10]. Toutefois même s'il a fait publier son droit, le crédit-bailleur ne peut revendiquer le bien dont il est propriétaire contre le sous-acquéreur possesseur de bonne foi, qui bénéficie de l'article 2276 C. civ.[11] Il faut en effet relever que la publicité qui est essentiellement fondée sur l'identification du crédit-bailleur,

1. Civ. 19 févr. 1894, *DP* 1894. 1. 413.
2. Paris, 29 mai 1981, *Juris-Data* n° 023356.
3. L. n° 66-455, 2 juill. 1966, anc. art. 1er.
4. L. n° 84-46, 24 janv. 1984, relative à l'activité et au contrôle des établissements de crédit, *JO* 25 janv.
5. L. n° 66-455, 2 juill. 1966, anc. art. 1-3.
6. Anc. Décr. 4 juill. 1972.
7. Décr. n° 2021-1887, 29 déc. 2021, art. 4 et 15, I.
8. Décr. 4 juill. 1972, anc. art. 8.
9. Com. 16 mai 1995, n° 93-13.063, P IV, n° 143 ; *D.* 1996. 214, obs. F. Pérochon ; *JCP* 1995. II. 22497, note Clément ; *RTD com.* 1996. 110, obs. B. Bouloc.
10. Com. 25 mars 1997, n° 94-20.297, P IV, n° 81 ; *D.* 2000. 68, obs. D. Mainguy ; *D.* 1997. 104 ; *Gaz. Pal.* 1997. 2. Pan. 282 ; *RTD com.* 1997. 668, obs. B. Bouloc.
11. Com. 14 oct. 1997, n° 95-10.006, P IV, n° 257 ; *D.* 1997. 234 ; *D.* 2000. 74, obs. D. Mainguy ; *RTD com.* 1998. 402, obs. B. Bouloc.

n'est réellement efficace qu'à l'égard des ayants droit du crédit-preneur, notamment de l'acheteur direct, et n'est pas de nature à informer utilement le sous-acquéreur.

L'inscription ne produit effet que pendant cinq ans, sauf renouvellement (C. com., art. R. 521-11[1]). Lorsque l'inscription n'est pas régulière au moment de l'ouverture d'une procédure collective, le crédit-bail est inopposable aux créanciers du crédit-preneur ainsi qu'au mandataire judiciaire[2].

Le crédit-bail aux consommateurs est, quant à lui, spécialement régi par les articles L. 311-1, L. 312-1 s., plus particulièrement les articles L. 312-2, L. 312-32, L. 312-35, L. 312-36, L. 312-38 et L. 312-40 C. consom. (sur le crédit-bail des véhicules, v. s[s] n°s 1024.41 s.).

1011.83 **Bailleur d'immeuble.** Jusqu'à la réécriture de l'article 2332 C. civ., résultant de l'ordonnance du 15 septembre 2021[3], le propriétaire pouvait revendiquer et saisir les meubles garnissant la ferme ou la maison donnée en location s'ils avaient été déplacés sans son consentement, dans un délai de quarante jours (ferme) et quinze jours (maison). Le nouvel article 2332 C. civ ne mentionne plus ce droit de revendication étant précisé que l'article 2230 alinéa 4 du même code dans sa rédaction issue de l'ordonnance précitée, dispose que les privilèges mobiliers ne confèrent pas de droit de suite mais un droit de préférence sur le prix de vente du bien grevé sur lequel ils sont reportés.

Si les meubles déplacés ont été achetés dans une vente publique, une foire ou un marché ou chez un marchand vendant des choses pareilles, le bailleur doit rembourser à l'acheteur, s'il veut les revendiquer, le prix qu'ils lui ont coûté (C. civ., art. 2277, al. 2). Cette disposition qui paraît en contradiction avec les nouveaux articles 2330 et 2332 C. civ., n'a pas été supprimée par l'ordonnance du 15 septembre 2021, à moins que l'on considère qu'elle constitue une exception au principe de l'absence de droit de suite des privilèges mobiliers envisagé par le quatrième alinéa de l'article 2330 précité.

Le bailleur peut saisir les meubles sur lesquels porte son privilège même s'ils appartiennent à un tiers bénéficiaire d'une clause de réserve de propriété, à moins qu'il ne soit établi qu'il connaissait leur provenance lorsqu'ils ont été introduits par le locataire dans les lieux loués[4]. Cette jurisprudence pourrait être remise en cause par le nouvel article 2332, 1° C. civ. selon lequel le privilège portant sur le mobilier garnissant les lieux loués ou occupés, ne s'exerce que s'il appartient au débiteur, locataire ou occupant.

D. Restitution de biens reçus en dépôt ou en vue d'être façonnés

1011.91 **Déposant.** Le dépositaire doit rendre identiquement la chose même qu'il a reçue, soit dans l'état où elle se trouve au moment de la restitution ou, en tout cas, ce qu'il a reçu en échange si cette chose a été enlevée par une force majeure (C. civ., art. 1932 et 1934).

Il doit aussi en restituer les fruits (C. civ., art. 1936).

Il importe peu que le déposant soit ou non propriétaire de la chose (C. civ., art. 1937 et 1938)[5].

Le dépôt doit être remis au déposant aussitôt qu'il le réclame, même si le contrat a fixé un délai déterminé pour la restitution, sauf si une saisie a déjà été faite entre les mains du dépositaire (C. civ., art. 1944). Celui-ci peut, s'il n'est pas payé, opposer son droit de rétention (C. civ., art. 1948). Si ce dépositaire est un **garagiste**, il peut opposer son droit de rétention pour obtenir le paiement, non seulement de ses travaux de réparation, mais encore des frais de gardiennage du véhicule et ce, même si aucun contrat de dépôt n'a été établi. En effet, le contrat de dépôt est l'accessoire du contrat d'entreprise par lequel le propriétaire a confié le véhicule au professionnel[6].

1011.92 **Maître d'ouvrage.** Celui qui a confié à un professionnel la fabrication, la transformation, la réparation ou le nettoyage d'une chose est en droit d'en réclamer la restitution lorsque l'ouvrier, l'artisan ou l'entrepreneur a terminé l'ouvrage. Il doit en être ainsi, en cas de fabrication, que la matière employée à former la chose nouvelle lui appartienne ou non en tout ou en partie.

Ce droit d'exiger la remise résulte ou s'induit des textes relatifs à l'accession mobilière (C. civ., art. 570, 571 et 574).

La demande de restitution peut se heurter au droit de rétention du professionnel impayé (C. civ.,

1. L. 2 juill. 1966, anc. art. 1-4.
2. Com. 11 mai 2010, n° 09-14.048, P IV, n° 88 ; *D.* 2010. 1276 ; *Rev. sociétés* 2010. 409, obs. P. Roussel-Galle ; *RTD com.* 2011. 174, obs. A. Martin-Serf.
3. Ord. n° 2021-1192, 15 sept. 2021, art. 7, IV.
4. Civ. 3e, 24 juin 2009, n° 08-14.357, P (préc., v. s[s] n° 1011.66) ; *D.* 2009. 1888, ndlr, note Prigent – Com. 16 nov. 2010, n° 09-70.765, P (préc., v. s[s] n° 1011.66) ; *Dr. et proc.* 2011. 25 – L. Lauvergnat, « Le privilège d'exécution du bailleur d'immeuble », *Procédures* août-sept. 2011, p. 5.
5. Civ. 1re, 20 juin 1995, n° 93-16.672, P I, n° 269.
6. Civ. 1re, 8 oct. 2009, n° 08-20.048, P (préc., v. s[s] n° 1011.32) ; *CCC* 2010, n° 1, note L. Leveneur.

art. 570) ou à son droit de conserver la chose si le coût de la main-d'œuvre surpasse de beaucoup la valeur de la matière employée, contre remboursement de cette valeur (C. civ., art. 571). Si ce professionnel est un **garagiste**, il peut opposer son droit de rétention pour obtenir le paiement, non seulement de ses travaux de réparation, mais encore des frais de gardiennage du véhicule et ce, même si aucun contrat de dépôt n'a été établi. En effet le contrat de dépôt est l'accessoire du contrat d'entreprise par lequel le propriétaire a confié le véhicule au professionnel[1].

À noter que dans les rapports entre consommateurs et professionnels, le contrat ayant pour objet une prestation de service, qui n'est pas fournie immédiatement, doit indiquer le délai d'exécution de cette prestation (C. consom., art. L. 111-1, 3° et L. 216-1).

1011.93 Propriétaire d'une matière employée ou mélangée à son insu. Lorsqu'un entrepreneur, un artisan, un ouvrier ou une personne quelconque a employé à l'insu de son propriétaire, une matière à former une chose d'une nouvelle espèce, en l'unissant ou en la mélangeant à une autre lui appartenant, il est tenu de restituer cette matière en même nature, qualité et quantité (C. civ., art. 568, 573 et 576), au besoin en procédant à une séparation ou à une division.

E. Restitution d'autres biens détenus à titre précaire

1011.101 Prêteur à usage. L'emprunteur ou commodataire est tenu de rendre la chose à celui qui la lui a prêtée (C. civ., art. 1875). Le prêteur demeure propriétaire de la chose prêtée (C. civ., art. 1877).

Le prêteur peut réclamer la restitution de l'objet prêté à l'expiration du délai convenu ou, à défaut, lorsqu'elle a servi à l'usage pour lequel elle a été empruntée (C. civ., art. 1888). Il peut la réclamer avant ces événements s'il justifie d'un besoin pressant (C. civ., art. 1889).

L'emprunteur ne peut retenir la chose par compensation avec ce que le prêteur lui doit (C. civ., art. 1885).

1011.102 Mandant. Le mandataire est tenu, non seulement de rendre compte de sa gestion, mais encore de remettre à son mandant tout ce qu'il a reçu en vertu de la procuration et ce, même si ce qu'il a reçu ne lui était pas dû (C. civ., art. 1993). S'il s'agit de meubles corporels, leur saisie-appréhension ou leur saisie-revendication est envisageable dès lors que leur restitution n'est pas spontanée.

1011.103 Débiteur gagiste. Il peut exiger la restitution du gage lorsqu'il a payé intégralement en principal, intérêts et frais, la dette qui en est affectée (C. civ., art. 2339).

Il est également en droit d'exiger cette restitution, lorsque le détenteur du gage en abuse (C. civ., art. 2344, al. 1er).

Mais le gage étant indivisible, l'héritier du débiteur qui a payé sa quote-part de la dette ne peut demander la restitution de sa portion dans le gage, tant que la somme due n'est pas entièrement réglée (C. civ., art. 2349).

La saisie-appréhension est alors possible en cas de résistance, puisqu'il s'agit nécessairement de l'hypothèse où le créancier gagiste a été mis en possession réelle.

À noter que si le créancier gagiste a reçu une chose périssable qu'il a dû vendre, il peut restituer une chose semblable ou d'une valeur équivalente[2].

Il convient de relever que les ventes aux enchères publiques des biens remis en gage aux caisses de crédit municipal, qui sont des établissements administratifs, constituent cependant des contrats de droit privé de telle sorte que les contestations s'y rapportant relèvent de la compétence de la juridiction judiciaire[3].

1011.104 Propriétaire possesseur ou détenteur dépossédé. L'article 2276 alinéa 1er C. civ. fait en principe obstacle à la revendication contre le possesseur en vertu de sa fonction acquisitive de la propriété. Le possesseur qui a reçu un bien d'un non-propriétaire en devient lui-même propriétaire, ce qui interdit la revendication par le véritable titulaire du droit de propriété[4]. Il existe cependant deux exceptions à cette règle.

Lorsque le possesseur a reçu la chose de mauvaise foi, la revendication est possible pendant trente ans.

Lorsque la chose a été perdue ou volée, la revendication est autorisée pendant trois ans à compter de cet événement.

Il convient de se reporter sur ce point aux développements relatifs à l'action en revendication mobilière (v. s^s n°s 1012.05 s.).

Il y a seulement lieu de préciser que la revendication est ouverte aux propriétaires, copropriétaires, usufruitiers, détenteurs précaires et créanciers gagistes dès lors qu'ils ont perdu la possession.

1. Civ. 1re, 8 oct. 2009, nº 08-20.048, P (préc., v. s^s n°s 1011.32 et 1011.91).
2. Com. 3 déc. 1957, *Gaz. Pal.* 1958. 1. 244.
3. T. confl. 12 févr. 2018, nº 18-04.108, P, nº 2.
4. Req. 21 nov. 1927, *DP* 1928. 1. 172.

1011.105 Héritier tenu au rapport. Celui qui a bénéficié d'une libéralité soumise au rapport ou à réduction en nature peut être contraint de s'exécuter par l'un des procédés énoncés aux articles L. 222-1 et L. 222-2 C. pr. exéc., sous réserve de son droit de rétention pour le remboursement de ses impenses ou améliorations (C. civ., art. 862).

CHAPITRE

1012. Incidence des règles de la revendication mobilière

RENÉ LAUBA
MAGISTRAT HONORAIRE

SECTION 0

ORIENTEUR

1012.00 Sommaire du chapitre.

Division. Les règles de la revendication seront étudiées dans un contexte de droit commun (sect. 1) puis dans le cadre d'une procédure collective (sect. 2).

1012.01 Textes applicables.

• **C. pr. exéc.,** art. L. 221-4, L. 222-1, R. 222-1 à R. 222-11, R. 222-14, R. 222-25, R. 223-13, R. 511-2 et R. 511-3.

• **C. civ.,** art. 1606, 1875, 1932, 1993, 2261, 2266, 2274, 2276, 2277, 2286, 2332, 2336, 2337, 2347, 2351 et 2352.

• **C. com.,** art. L. 110-3, L. 521-1, L. 621-21, anc. L. 621-115, L. 622-6 à L. 622-9, L. 622-17, L. 622-21, L. 622-23, L. 622-25, L. 624-5 à L. 624-10, L. 624-10-1, L. 624-12, L. 624-14 à L. 624-17, L. 624-19, L. 626-1, L. 626-22, L. 628-1, L. 631-9, L. 631-14, L. 631-18, L. 632-1, L. 641-1 à L. 641-3, L. 641-14, L. 641-14-1, L. 642-19, L. 642-20-1, L. 642-25, L. 643-2, R. 621-8, R. 622-4, R. 622-4-1, R. 622-19, R. 622-21, R. 622-24, R. 624-12 à R. 624-15, R. 628-1, R. 631-18, R. 631-27, R. 631-3 à R. 631-31, R. 641-14, R. 641-25, R. 641-30 à R. 641-32, R. 641-37, R. 641-38 et R. 662-3.

• **COJ,** art. L. 213-5.

• **C. route,** art. R. 322-4.

• **C. mon. fin.,** art. R. 313-4.

1012.02 Jurisprudence de référence.

> Titre exécutoire à l'égard de la personne même qui doit exécuter. Concours entre créanciers d'une procédure civile d'exécution et ceux d'une procédure collective.

• **Civ. 2e, 19 mai 1998,** nos 96-12.944 et 96-13.268, P II, no 161

* V. ss nos 0112.103, 0144.81, 0712.11, 0716.45, 0716.82, 0811.13, 1012.152, 1311.92, 1311.94

1° Toute exécution forcée implique que le créancier soit muni d'un titre exécutoire à l'égard de la personne même qui doit exécuter, et que le titre délivré à l'encontre d'une société n'emporte pas le droit de saisir les biens des associés, fussent-ils tenus indéfiniment et solidairement des dettes sociales, à défaut de titre exécutoire pris contre eux.

2° La procédure de saisie-vente ne s'achève que par la vente des biens saisis qui fait sortir ces biens du patrimoine du débiteur, les dispositions de l'article 54 de la loi du 9 juillet 1991 [devenu art. L. 221-5 C. pr. exéc.] n'ayant pour objet que de déterminer les créanciers admis à concourir sur le prix de la vente. Dès lors, la règle d'ordre public de l'arrêt des poursuites individuelles [consécutive à l'ouverture d'une procédure collective] s'applique tant que cette procédure d'exécution n'a pas, par la vente, produit ses effets.

1012.03 Bibliographie indicative.

Ouvrages[1]. A. Leborgne, *Droit de l'exécution*, 3e éd., « Précis », Dalloz, 2019 – R. Perrot et Ph. Théry, *Procédures civiles d'exécution*, 3e éd., Dalloz, 2013, nos 1030 s.

Articles. J.-L. Courtier, « Action en revendication et droit de propriété dans les procédures collectives », *Rev. huiss.* 1998. 961 ; « Position du droit positif sur l'attribution judiciaire du gage et l'article 40 de la loi du 25 janvier 1985 », *Rev. huiss.* 1998. 193 – R. Dammann et G. Podeur, « Le nouveau paysage du droit des sûretés : première étape de la réforme de la fiducie et du gage sans dépossession », *D.* 2008. Chron. 2300 – V. Ribadeau Dumas, « La saisie-revendication dans le cadre d'une procédure collective : une technique efficace pour les créanciers titulaires d'une clause de réserve de propriété », *D.* 2008. 2190.

1012.05 Définition. La revendication est l'action par laquelle le titulaire d'un droit réel qui n'a pas ou qui a perdu la possession matérielle, réclame en justice, en se faisant reconnaître propriétaire, usufruitier ou créancier gagiste, la restitution du bien objet de ce droit. Elle peut prendre la forme d'une instance classique devant le tribunal ou d'une procédure d'injonction de délivrer ou de restituer devant le juge de l'exécution (JEX). Cette dernière procédure vise à obtenir un titre exécutoire qui, en ordonnant la remise du bien réclamé, consacre le droit du revendiquant (v. ss nos 1022.06 s.). La saisie-appréhension et la saisie-revendication sont le prolongement procédural de cette action, dans la mesure où elles tendent à mettre en œuvre ou à garantir, l'exercice du droit de suite du propriétaire ou du gagiste.

Toutefois, la survenance d'une procédure collective va perturber le cours normal des actions et mesures conservatoires ou d'exécution déjà engagées. Dès son ouverture, les normes du droit commun (sect. 1) vont devoir céder la place aux règles spéciales du droit des procédures collectives (sect. 2). Elles ne pourront subsister que dans la mesure où elles serviront à en combler les vides et sous réserve d'être compatibles avec lui.

SECTION 1
REVENDICATION EN DROIT COMMUN

1012.11 Rôle de la possession. En droit commun, la revendication des meubles corporels s'inscrit dans le cadre tracé par les articles 2276 et 2277 C. civ. (C. civ., anc. art. 2279 et 2280). L'article 2276 alinéa 1er dispose à cet égard qu'« *en fait de meubles la possession vaut titre* », c'est-à-dire titre de propriété. Cette maxime a cependant une portée différente selon que le revendiquant est un tiers par rapport au possesseur ou son auteur direct. Elle ne s'applique pas à certains meubles de grande valeur comme les aéronefs, les navires et les bateaux pour lesquels c'est l'inscription au registre d'immatriculation mentionnant les créations et les transferts de droits réels les concernant qui seule vaut titre de propriété en application du Code des transports.

§ 1
Revendication par un tiers

A.
Principe de l'interdiction de la revendication

1012.21 Fonction acquisitive de l'article 2276 du Code civil (C. civ., anc. art. 2279). Lorsque le revendiquant et le possesseur sont des tiers l'un à l'égard de l'autre, la maxime de l'article 2276 C. civ. a une fonction acquisitive. La possession fait acquérir la propriété à celui qui reçoit le bien d'un non-propriétaire et purge ainsi les vices dont son titre est affecté.

Le véritable titulaire du droit n'est pas autorisé à rapporter la preuve contraire et toute revendication de sa part est interdite[2]. La règle de l'article 2276 alinéa 1er peut ainsi tenir en échec une clause de réserve de propriété méconnue par le vendeur du bien si le sous-acquéreur justifie d'une possession exempte de vice[3].

Toutefois, la règle de l'article 2276 alinéa 1er C. civ. ne s'applique qu'aux meubles corporels individualisés. Par conséquent, la licence d'exploitation d'un débit de boissons qui emprunte sa nature de meuble incorporel au fonds de commerce dont elle fait partie, n'est pas susceptible de tradition manuelle. L'héritier du locataire du fonds qui a cédé cette licence ne peut donc invoquer la possession acquisitive et s'opposer à la demande en restitution du bailleur[4].

La possession de bonne foi peut aussi valoir à titre de gage. Le créancier gagiste a en effet sur les choses

1. Les ouvrages dont le nom des auteurs figure en petites capitales en bibliographie seront cités par le seul nom des auteurs en petites capitales en notes de bas de page.

2. Req. 21 nov. 1927, *DP* 1928. 1. 172, rapp. Bricout.
3. Com. 11 mai 1993, no 90-21.903, P IV, no 184 – Com. 22 févr. 1994, no 92-13.647, P IV, no 71 ; *D.* 1995. 26, obs. A. Honorat ; *RTD civ.* 1994. 893, obs. F. Zenati.
4. Com. 7 mars 2006, no 04-13.569, P IV, no 62 ; *D.* 2006. 2897, note C. Kuhn ; 2363, obs. Mallet-Bricout et Reboul-Maupin ; *JCP* 2006. IV. 1759 ; *RTD civ.* 2006. 348, obs. T. Revet.

remises en gage un droit réel qui lui permet d'invoquer la maxime de l'article 2276 [1]. La règle ne reçoit exception que si le possesseur est de mauvaise foi ou n'est pas entré en possession et lorsque le propriétaire a été victime d'une perte ou d'un vol.

B. Exceptions en cas de mauvaise foi ou d'absence de détention effective

1012.31 **Mauvaise foi du possesseur.** Le revendiquant est autorisé à réclamer la remise du bien contre le possesseur de mauvaise foi sans condition de délai particulier et quelle que soit la chose détenue. Cependant, la bonne foi n'est pas exigée de celui qui tient directement le meuble de son véritable propriétaire [2], sauf dans le cas d'une épave. En effet, celui qui appréhende une épave est *ipso facto* dans la situation d'un possesseur de mauvaise foi car il sait nécessairement que son propriétaire n'a pas la volonté de lui transférer ses droits sur celle-ci.

1012.32 **Délai.** La revendication contre le possesseur de mauvaise foi est possible pendant le délai de droit commun de trente ans ; le délai de trois ans applicable en cas de perte ou de vol étant exclu dans ce cas.

1012.33 **Preuve de la mauvaise foi.** Elle doit être prouvée par le revendiquant, la bonne foi étant toujours présumée (C. civ., art. 2274 [anc. art. 2268]) et laissée à l'appréciation des juges du fond [3]. Elle s'entend de la croyance pleine et entière où s'est trouvé le possesseur, au moment de l'acquisition, du droit de son auteur à la propriété des biens qu'il lui a transmis, le doute sur ce point étant exclusif de la bonne foi [4]. Chaque fois que ce doute pourrait être confirmé par une vérification élémentaire qui n'a pas été faite, l'allégation de la bonne foi est inefficace.

Le sous-acquéreur d'un matériel nanti revêtu d'une plaque mentionnant la date, le lieu et le numéro du nantissement, est réputé de mauvaise foi, l'apposition d'une telle plaque constituant, selon les anciens articles L. 525-4 et L. 525-7 C. com. [5], une forme de publicité supplémentaire.

En revanche, l'acquéreur de véhicules vendus par une société qui n'en était que locataire, n'est pas considéré de mauvaise foi, même s'il n'a pas exigé la remise immédiate des cartes grises mentionnant leur véritable propriétaire. La Haute juridiction estime à cet égard que l'acheteur n'est pas tenu d'une telle précaution dès lors *d'une part*, que l'article R. 322-4 C. route n'oblige pas le vendeur à remettre ce document avec la mention « *vendu ou cédé* » concomitamment à la vente et *d'autre part*, qu'il est d'usage entre professionnels qu'il soit transmis dans les quinze jours de cette transaction [6].

Mais le sous-acquéreur de bonne foi d'un véhicule dont le gage a été publié, ne peut résister à la revendication du créancier gagiste [7]. Cette publicité, lorsqu'elle est régulière, rend le gage opposable aux tiers et les ayants causes à titre particulier du constituant ne peuvent se prévaloir de l'article 2276 C. civ. (C. civ., art. 2337).

L'existence de la bonne foi de l'acheteur *a non domino* s'apprécie au jour où il entre effectivement en possession et non à celui de la conclusion de la vente ultérieurement annulée [8].

1012.34 **Choses revendicables.** La revendication contre le possesseur de mauvaise foi peut s'exercer sur toutes les catégories de choses même fongibles [9]. Les biens susceptibles de revendication sont examinés plus haut (v. s[s] n°s 1011.11 s.).

1012.35 **Absence de détention effective.** La revendication est possible contre l'acquéreur *a non domino* qui n'a pas été mis en possession. Il doit s'agir d'une possession effective et non purement symbolique comme celle qui résulte de la remise des clés du local où se trouvent les biens vendus et qui constitue, en vertu de l'article 1606 C. civ., un mode de délivrance valable.

Toutefois, si le possesseur est un créancier gagiste, celui-ci peut conserver le bien en sa possession sous la forme d'une mention inscrite sur un registre spécial (C. civ., art. 2338). Cette inscription rend le gage opposable aux tiers (C. civ., art. 2337). À noter cependant que la Haute juridiction fait prévaloir la possession réelle sur la possession fictive dans le conflit opposant le garagiste ayant la détention matérielle du véhicule, au créancier ayant inscrit un gage sur celui-ci [10]. Il en va de même dans le litige opposant le créancier gagiste au vendeur bénéficiant

1. Civ. 19 juin 1928, *DP* 1929. 1. 45 – Com. 28 nov. 1989, n° 87-19.626, P IV, n° 300 ; *D.* 1990. 387, obs. L. Aynès ; *D.* 1991. 43, obs. F. Pérochon ; *RTD com.* 1990. 253, obs. B. Bouloc.
2. Civ. 1re, 8 déc. 1987, n° 86-12.124, P I, n° 338.
3. Civ. 1re, 23 mars 1965, P I, n° 206.
4. Civ. 1re, 23 mars 1965 (préc. s[s] prés[t] n°).
5. L. 18 janv. 1951, anc. art. 4 et 7.
6. Com. 24 avr. 2007, n° 05-17.778, P IV, n° 115 ; *D.* 2007. 1337, obs. X. Delpech ; *JCP* 2007. IV. 2109 ; *RTD com.* 2007. 824, obs. B. Bouloc.
7. Civ. 1re, 20 mars 1990, n° 87-19.162, P I, n° 70 ; *JCP* 1992. II. 21787, note Amlon ; *RTD com.* 1990. 633, obs. B. Bouloc.
8. Civ. 1re, 27 nov. 2001, n° 99-18.335, P I, n° 295 ; *D.* 2002. 671, note J.-P. Gridel ; 2505, obs. B. Mallet-Bricout.
9. Civ. 1re, 7 févr. 1989, n° 85-17.531, P I, n° 57 ; *RTD civ.* 1990. 109, obs. F. Zenati.
10. Com. 11 juin 1969, *D.* 1970. 244, note P. Bihr.

d'une clause de réserve de propriété, lorsque celui-ci a recouvré la possession réelle[1].

La possession peut aussi s'exercer indirectement, par l'intermédiaire d'un détenteur. L'article 2276 (C. civ., anc. art. 2279) peut ainsi être invoqué par l'acheteur d'un matériel qui l'a immédiatement donné en location au vendeur dans le cadre d'un crédit-bail[2].

C. Exceptions en cas de perte ou de vol

1012.41 Autorisation de la revendication. La revendication est possible contre le possesseur de bonne foi lorsque le revendiquant a perdu involontairement la possession, soit parce qu'il a égaré le bien, soit parce que celui-ci lui a été volé. Ici, l'action en revendication est enfermée dans un délai particulier (C. civ., art. 2276, al. 2).

1012.42 Délai. La revendication doit être engagée dans les trois ans de la perte ou du vol (C. civ., art. 2276, al. 2). Il s'agit d'un délai préfix insusceptible de suspension ou d'interruption[3]. Mais la revendication contre l'inventeur, le voleur ou l'acquéreur de mauvaise foi est possible pendant le délai de droit commun de trente ans (v. s[s] n° 1012.32).

1012.43 Perte involontaire de la possession. Le revendiquant ne doit pas avoir perdu volontairement la possession (ainsi pour le garagiste acquéreur d'un véhicule détourné à la suite d'un abus de confiance, qui l'a restitué sur invitation de la police[4]).

Le caractère volontaire ou non de la perte relève de l'appréciation souveraine des juges du fond[5].

Mais la possession peut avoir été conservée fictivement par l'effet de l'inscription du gage ce qui permet au créancier gagiste d'exercer l'action en revendication contre un sous-acquéreur de bonne foi[6].

1012.44 Champ d'application. Les dispositions de l'article 2276 alinéa 2 C. civ. ne peuvent être étendues à d'autres cas que la perte ou le vol, comme l'escroquerie[7] ou d'abus de confiance[8].

Dans ces hypothèses, la perte de la possession est en effet volontaire, la remise de la chose résultant, à l'origine, d'un contrat de prêt, de dépôt, *etc.*

1012.45 Détenteur visé. L'action est ouverte contre tout détenteur, même s'il s'agit d'un créancier gagiste[9].

1012.46 Conditions d'application. Le revendiquant qui se prévaut de l'article 2276 alinéa 2 C. civ. doit seulement établir la réalité de son droit qui peut résulter d'une possession régulière antérieure et le caractère involontaire de sa dépossession. La qualité de la possession du tiers est ainsi sans influence sur l'exercice de l'action en revendication[10]. Notamment, le revendiquant n'est pas astreint à prouver que la possession du détenteur est entachée de vices[11].

1012.47 Chose acquise dans une foire, un marché, *etc.* Lorsque le possesseur du bien perdu ou volé l'a acheté dans une foire, un marché ou une vente publique ou l'a acquis d'un marchand vendant des choses identiques, le propriétaire originaire ne peut se la faire rendre qu'en remboursant le prix qu'elle a coûté (C. civ., art. 2277, al. 1er [anc. art. 2280]).

Le bailleur qui revendique en vertu de l'article 2332 C. civ.[12], les meubles déplacés sans son consentement et qui ont été achetés dans les mêmes conditions, doit également rembourser à l'acheteur le prix qu'ils lui ont coûté (C. civ., art. 2277, al. 2).

Le revendiquant peut avoir intérêt à payer ce prix, s'il est inférieur à la valeur réelle du bien.

1012.48 Conditions relatives à l'acquéreur. L'acquéreur ne peut réclamer le remboursement du prix qu'autant qu'il est resté en possession[13]. Mais s'il n'a pas consenti à sa dépossession, comme c'est le cas lorsque la police appréhende un véhicule volé pour le remettre à l'assureur du propriétaire originaire, l'acquéreur conserve sa créance en remboursement du prix[14] (de même lorsque la dépossession involontaire résulte d'une décision de saisie prise pendant l'information pénale[15]).

Mais le remboursement du prix ne peut être demandé que par l'acquéreur dont la possession est exempte de vices[16].

1. Com. 5 avr. 1994, n° 90-11.559, P IV, n° 146 ; *Rev. huiss.* 1995. 720, note Bazin ; *RTD civ.* 1994. 909, obs. M. Bandrac ; *RTD com.* 1994. 777, obs. B. Bouloc.
2. Com. 11 mai 1993, n° 90-21.903, P IV, n° 184.
3. Crim. 30 oct. 1969, *JCP* 1970. II. 16333, note Goubeaux.
4. Civ. 1re, 5 oct. 1972, n° 71-11.237, P I, n° 197 ; *JCP* 1973. II. 17485, note Bénabent.
5. Civ. 1re, 3 nov. 1981, n° 80-14.955, P I, n° 324.
6. Civ. 1re, 20 mars 1990, n° 87-19.162, P I, n° 70 ; *JCP* 1992. II. 21787, note Amlon ; *RTD com.* 1990. 633, obs. B. Bouloc.
7. Civ. 19 juin 1928, *DP* 1929. 1. 45.
8. Civ. 1re, 9 janv. 1996, n° 93-16.700, P I, n° 22.
9. TI Lille, 12 janv. 1982, *Gaz. Pal.* 1982. 1. Somm. 182.
10. Civ. 1re, 1er juin 1977, n° 76-10.224, P I, n° 261.
11. Civ. 10 mai 1950, *D.* 1950. 429.
12. C. civ., anc. art. 2102 (Ord. n° 2006-346, 23 mars 2006).
13. Civ. 1re, 22 févr. 1956. *D.* 1956. 286.
14. Civ. 1re, 22 nov. 1988, n° 86-17.888, P I, n° 331 ; *D.* 1990. 86, obs. A. Robert ; *RTD civ.* 1990. 521, obs. F. Zenati.
15. Civ. 1re, 9 janv. 1996, n° 93-16.700, P I, n° 22.
16. Civ. 1re, 2 févr. 1965, P I, n° 92.

La disposition exceptionnelle édictée par l'article 2280 C. civ. qui concerne uniquement l'acheteur ne saurait être étendue au créancier gagiste[1].

1012.49 Conditions relatives au vendeur. Un courtier n'appartient pas à la catégorie des marchands vendant des choses pareilles au sens de l'article 2277 C. civ., dès lors qu'il agit comme intermédiaire pour le compte de tiers qui restent les véritables vendeurs[2].

Un brocanteur chez lequel un objet de valeur a été acheté n'est pas considéré comme vendant des choses pareilles à celui-ci[3].

Mais un garagiste, même radié du registre des métiers, à la qualité de « *marchand vendant des choses pareilles* » s'il continue en fait à exercer son activité de vente et d'achat de voitures[4].

§ 2
Revendication par l'auteur du possesseur

A.
Présomption d'une propriété régulière

1012.51 Fonction probatoire de l'article 2276 du Code civil. Lorsque le revendiquant agit contre un possesseur qui prétend tenir de lui son droit de propriété, la maxime de l'article 2276 C. civ. (C. civ., anc. art. 2279) joue un rôle probatoire. Elle ne fait pas obstacle à la revendication mais renverse la charge de la preuve en faveur du possesseur. Celui-ci est présumé, jusqu'à preuve contraire, avoir acquis régulièrement la propriété du bien et c'est au revendiquant de démontrer que sa possession est inefficace en raison de sa précarité ou des vices dont elle est entachée[5] (de même pour des titres au porteur placés par une veuve dans un coffre[6]). Ainsi, le revendiquant qui se prétend propriétaire ne peut pas se contenter de justifier qu'il a payé de ses deniers le bien objet de son action. Il doit en outre prouver le titre précaire en vertu duquel le possesseur détient ce bien ou, le cas échéant, le vice affectant sa possession[7].

1. Civ. 11 mai 1898, *DP* 1898. 1. 504.
2. Crim. 31 mars 1978, n° 77-91.639, P, n° 120 ; *Gaz. Pal.* 1979. 1. 13.
3. Pau, 3 juill. 1979, *D.* 1981. 232, obs. A. Robert.
4. Civ. 1re, 22 nov. 1988, n° 86-17.888, P I, n° 331 ; *D.* 1990. 86, obs. A. Robert ; *RTD civ.* 1990. 521, obs. F. Zenati.
5. Civ. 1re, 8 déc. 1987, n° 86-12.124, P I, n° 338 – Civ. 1re, 17 janv. 1995, n° 92-20.907, P I, n° 42.
6. Civ. 1re, 11 juin 1991, n° 89-20.422, P I, n° 199 ; *RTD civ.* 1992. 595, obs. F. Zenati.
7. Civ. 1re, 24 oct. 2012, n° 11-16.431, P I, n° 214 ; *D.* 2013. 351, note A. Tadros.

Dans cette optique, la bonne foi n'est pas exigée du possesseur qui tient directement son droit du propriétaire[8].

B.
Admission de la preuve contraire

1012.61 Précarité de la possession. « *Ceux qui possèdent pour autrui ne prescrivent jamais par quelque laps de temps que ce soit* » (C. civ., art. 2266 [anc. art. 2236]).

Celui qui réclame la remise d'une chose est donc fondé à établir la précarité de la possession qu'on lui oppose, les dispositions de l'article 2276 C. civ. ne jouant qu'autant que la possession est exercée à titre de propriétaire[9].

Généralement, le propriétaire a, contre celui entre les mains duquel il s'est temporairement dessaisi de son bien, une action directe née du contrat de dépôt (C. civ., art. 1932), prêt (C. civ., art. 1875) ou mandat (C. civ., art. 1993) à l'origine de cette remise. Il lui suffit de produire la convention pour tenir le détenteur précaire en échec. Mais si celle-ci n'a pas été constatée dans un acte, il lui faut alors démontrer que la possession invoquée est viciée.

La précarité peut aussi s'évincer de la nature des rapports entre le revendiquant et le possesseur. Ainsi lorsqu'une chose a été remise à une personne exerçant des fonctions salariées, cette dernière ne peut posséder pour elle-même[10]. De même, la remise d'objet précieux à un bijoutier peut, en vertu des usages professionnels, constituer celui-ci en état de détention précaire[11].

Il faut préciser que la preuve de la non-propriété du détenteur précaire peut être rapportée par tous moyens, notamment si celui-ci a la qualité de commerçant comme le galeriste et marchand d'art dépositaire des œuvres confiées par un artiste en vue de leur vente. La difficulté apparaît lorsque l'action en revendication oppose les héritiers de l'un et de l'autre[12].

1012.62 Vices de la possession. La possession fait présumer que la cause de la remise de la chose est une acquisition régulière, soit à titre gratuit, soit à titre onéreux. Mais le revendiquant peut, selon l'expression de J. Carbonnier « *ruiner du dedans la possession* », en démontrant qu'elle n'a pas les qualités requises par l'article 2261 C. civ. (C. civ., anc. art. 2229) pour faire présumer un transfert de

8. Civ. 1re, 8 déc. 1987, n° 86-12.124, P I, n° 338.
9. Civ. 2e, 5 avr. 1960, P II, n° 252.
10. Soc. 3 janv. 1964, P IV, n° 9.
11. Com. 25 févr. 1981, n° 79-11.644, P IV, n° 107.
12. Civ. 1re, 22 mars 2012, n° 10-28.590, P I, n° 69 ; *D.* 2012. 876.

propriété. La possession entachée de **discontinuité**, de **violence**, de **clandestinité** ou d'**équivoque**, ne peut produire aucun effet en faveur de celui qui l'invoque [1].

C'est au moment de l'entrée en possession que doivent s'apprécier les conditions de celle-ci [2].

C'est surtout le **vice d'équivoque** résultant de la cohabitation qui est invoqué [3]. Il convient de se reporter, en ce qui concerne les difficultés résultant de la cohabitation, aux explications relatives à la distraction des biens appréhendés dans le cadre d'une saisie-vente (v. s^s n°s 0719.44 s.). L'équivoque peut aussi résulter de ce que l'acquéreur n'a pas pris la précaution d'exiger de son vendeur la transmission des documents administratifs concernant le bien vendu. Ainsi le sous-acquéreur d'un véhicule automobile ne peut s'opposer à la revendication du véritable propriétaire, même s'il est entré en possession de ce véhicule, dès lors qu'il ne s'est pas fait délivrer le certificat d'immatriculation y afférent. En l'absence de remise de cet accessoire indispensable à la circulation du bien, la possession invoquée ne pouvait être qu'équivoque [4].

SECTION 2
REVENDICATION DANS LE CADRE D'UNE PROCÉDURE COLLECTIVE

1012.71 **Particularisme de la revendication.** Depuis les modifications intervenues en 1994, le droit des procédures collectives organise trois types d'action à fin de remise d'un bien. La **revendication**, qui doit être engagée dans un délai préfix de trois mois, par les propriétaires n'ayant pas fait publier le contrat à l'origine de leur droit ; la **restitution** ouverte sans condition de délai, à ceux qui ont fait procéder à cette formalité et qui bénéficient, *ipso facto*, de la reconnaissance de leur droit de propriété ; la **reprise** qui est exercée, également sans condition de délai, par le conjoint *in bonis* qui entend reprendre un bien propre. Parallèlement à ces actions, le droit des procédures collectives organise une procédure de réalisation et d'attribution des biens constitués en gage par le débiteur et dont le créancier bénéficiaire aurait demandé la remise avant le jugement d'ouverture.

Toutes ces règles ont une incidence sur les poursuites individuelles engagées ou sur le point de l'être, par les personnes qui entendent obtenir, sur le fondement d'un droit de propriété ou de gage, la délivrance ou la restitution d'un meuble corporel.

Il est donc nécessaire de déterminer dans quelle mesure, ces procédures conservatoires ou d'exécution peuvent être contrariées ou influencées par la survenance d'une procédure collective [5].

§ 1
Règles spécifiques aux procédures collectives

A.
Conditions

1012.81 **Biens concernés.** Les biens susceptibles d'être revendiqués ou retirés sont énoncés dans les dispositions du Code de commerce relatives à la procédure de sauvegarde auxquelles renvoient également les textes réglementant le redressement et la liquidation judiciaire.

Il s'agit :

– des biens appartenant au conjoint du débiteur (C. com., art. L. 624-5 [6]) ;

– des marchandises qui existent en nature et dont la vente a été résolue judiciairement ou par l'effet d'une condition résolutoire, soit avant l'ouverture de la procédure collective, soit postérieurement à celle-ci si l'action a été introduite antérieurement et pour une autre cause que le paiement du prix (C. com., art. L. 624-12 [7]) ;

– des marchandises expédiées au débiteur tant que la tradition n'en a pas été effectuée dans ses magasins ou dans ceux du commissionnaire chargé de les vendre pour son compte, sauf si elles ont été régulièrement revendues (C. com., art. L. 624-13 [8]) ;

– des marchandises qui ne sont pas encore délivrées ou expédiées au débiteur ou à un tiers agissant pour son compte (le vendeur peut les retenir – C. com., art. L. 624-14 [9]) ;

– des effets de commerce ou autres titres non payés remis par leur propriétaire pour être recouvrés ou spécialement affectés à des paiements déterminés, s'ils se trouvent encore dans le portefeuille du débiteur (C. com., art. L. 624-15 [10]) ;

1. Civ. 21 oct. 1929, *DP* 1931. 1. 56 – Com. 11 mai 1993, nº 90-21.903, P IV, nº 184 ; *D.* 1993. 145.
2. Civ. 1re, 4 janv. 1972, nº 70-12.885, P I, nº 4 – Civ. 1re, 4 avr. 1984, nº 83-10.635, P I, nº 130.
3. Civ. 1re, 20 juin 1961, *D.* 1961. 641, note Savatier – Civ. 1re, 2 mars 1976, nº 74-11.618, P I, nº 89 ; *D.* 1977. 353, note Donnier.
4. Civ. 1re, 30 oct. 2008, nº 07-19.633, P I, nº 242 ; *JCP* 2008. IV. 2889 ; *JCP* 2009. I. 127 ; *D.* 2008. 2935 ; *RTD civ.* 2009. 144, obs. T. Revet.
5. F. Derrida, « Incidence des nouvelles procédures civiles d'exécution sur le redressement et la liquidation judiciaire », *LPA* 6 janv. 1993, nº 3, p. 25.
6. C. com., anc. art. L. 621-111.
7. C. com., anc. art. L. 621-117 et L. 621-118.
8. C. com., anc. art. L. 621-119.
9. C. com., anc. art. L. 621-120.
10. C. com., anc. art. L. 621-121.

– des biens meubles remis à titre précaire au débiteur ou ceux transférés dans un patrimoine fiduciaire dont celui-ci conserve l'usage ou la jouissance en qualité de constituant, à condition qu'ils se retrouvent en nature (C. com., art. L. 624-16, al. 1er[1]) ; la revendication est ouverte, non seulement au propriétaire des marchandises déposées, mais encore au dépositaire contre le sous-dépositaire[2] ;

– des biens vendus avec une clause de réserve de propriété, s'ils se retrouvent en nature au moment de l'ouverture de la procédure (C. com., art. L. 624-16, al. 2), même s'ils ont été incorporés dans un autre bien lorsque leur récupération peut être effectuée sans dommage et même s'il s'agit de biens fongibles, lorsque des biens de même espèce et de même qualité se trouvent entre les mains du débiteur ou de toute personne les détenant pour son compte (C. com., art. L. 624-16, al. 3). Les clauses de réserve de propriété sont examinées plus haut (v. ss nos 1011.61 s.) ainsi que les biens susceptibles de revendication, notamment les choses fongibles et les meubles incorporés (v. ss nos 1011.11 s.) ;

– des biens détenus par le débiteur entrepreneur individuel à responsabilité limitée qui relèvent d'un autre patrimoine que celui affecté à l'activité objet de la procédure collective. Il peut réclamer leur reprise dans les conditions de l'article L. 624-19 du Code de commerce.

Il convient de préciser **qu'il n'y a pas lieu à revendication si, sur décision du juge-commissaire, le prix du bien objet d'une clause de réserve de propriété est payé immédiatement** (C. com., art. L. 624-16, al. 4). Toutefois, cette disposition dérogatoire à la règle de l'interdiction des paiements est d'interprétation stricte de telle sorte qu'elle ne permet pas de s'opposer à la restitution d'un bien objet d'un crédit-bail en réglant les loyers antérieurs au jugement d'ouverture[3]. Il convient cependant de relever que le juge-commissaire peut autoriser un paiement pour lever l'option d'achat d'un contrat de crédit-bail lorsque, en cas de sauvegarde, cette levée est justifiée par la poursuite de l'activité (C. com., art. L. 622-7, II et L. 641-3, al. 2).

1012.82 Condition d'existence des biens en nature. D'une manière générale, le bien revendiqué doit exister en nature dans le patrimoine du débiteur au jour du jugement d'ouverture. La condition d'existence en nature s'entend de la **conservation de la marchandise en son état initial** dont l'appréciation relève du pouvoir souverain des juges du fond. Ainsi, la prise de poids d'alevins de dorades livrés avant l'ouverture de la procédure collective n'en a pas modifié la substance même si cette croissance s'est faite postérieurement[4].

C'est au propriétaire qu'il appartient d'établir que les marchandises revendiquées se retrouvent, à l'ouverture de la procédure, en nature entre les mains du débiteur. **La charge de la preuve incombe donc au revendiquant** qui peut démontrer par tout moyen que les biens retrouvés dans le patrimoine du débiteur (dans ses locaux ou dans ceux de son représentant légal) sont ceux qu'il a livrés ou, s'il s'agit de choses fongibles, des marchandises de la même espèce et de la même qualité[5]. C'est l'inventaire, qui doit être obligatoirement dressé au moment de l'ouverture de la procédure (C. com., art. L. 622-6), qui doit permettre de vérifier que ces biens s'y trouvent encore. Si cette formalité a été omise, c'est au liquidateur de démontrer que la chose revendiquée qui était précédemment en la possession du débiteur n'existait plus en nature lors du prononcé de la liquidation judiciaire[6].

1012.83 Inventaire des biens. L'inventaire du patrimoine du débiteur et des garanties dont il est grevé est dressé par l'officier public ou le courtier en marchandise assermenté désigné par le jugement d'ouverture de la procédure (C. com., art. L. 622-6, L. 631-9, al. 3, L. 631-14 et L. 641-1).

En matière de sauvegarde, ce document peut être établi par le débiteur avec la certification d'un commissaire aux comptes ou d'un expert-comptable, si le jugement d'ouverture n'en a pas disposé autrement. En cas d'inertie du débiteur, l'inventaire est confié par le juge-commissaire à un officier ministériel tel qu'un commissaire de justice, un notaire ou un commissaire-priseur (C. com., art. L. 622-6-1).

Lorsque le tribunal opte pour l'ouverture d'une liquidation judiciaire simplifiée, la mission de réali-

1. C. com., anc. art. L. 621-122, al. 1er.
2. Com. 14 nov. 2000, no 97-21.523, P IV, no 175 ; *Gaz. Pal.* 4-6 févr. 2001. Pan. 20 ; *D.* 2001. 233, obs. P. Pisoni ; *RTD civ.* 2001. 387, obs. T. Revet ; *RTD com.* 2001. 500, obs. B. Bouloc.
3. Com. 19 juin 2007, no 06-15.447, P IV, no 166 ; *D.* 2007. 1878, obs. A. Lienhard et note E. Le Corre-Broly ; *D.* 2008. 570, obs. F.-X. Lucas et P.-M. Le Corre ; *RTD com.* 2007. 818, obs. D. Legeais ; 2008. 182, obs. Martin-Serf.
4. Com. 11 juin 2014, no 13-14.844, P IV, no 104 – Ph. Pétel, « Sauvegarde, redressement et liquidation judiciaire des entreprises », *JCP E* 2014. 1757.
5. Com. 15 déc. 1992, no 90-19.980, P IV, no 412 ; *D.* 1993. 289, obs. F. Pérochon – Versailles, 17 sept 1998, *RTD civ.* 1999, obs. P. Crocq – Com. 13 avr. 1999, no 96-19.428, P IV, no 86 ; *D.* 2000. 72, obs. D. Mainguy ; *JCP E* 1999, no 39, p. 153, obs. R. Cabrillac – Com. 10 mai 2012, no 11-17.626, P IV, no 95 ; *D.* 2012. 1326, obs. A. Lienhard – Com. 10 mars 2015, no 13-23.424, P IV, no 46 ; *D.* 2015. 677, note A. Lienhard ; *Gaz. Pal.* 2015. 1. 40, note. E. Le Corre-Broly.
6. Com. 1er déc. 2009, no 08-13.187, P IV, no 156 ; *D.* 2010. 12, note A. Lienhard ; *RTD civ.* 2010. 361, obs. P. Crocq ; *RTD com.* 2010. 424, obs. A. Martin-Serf.

ser l'inventaire peut être confiée au liquidateur (C. com., art. L. 641-2).

Le débiteur doit compléter ce document en y mentionnant la liste des biens susceptibles d'être revendiqués par des tiers. S'il est un entrepreneur individuel à responsabilité limitée, il y fait en outre figurer les biens détenus dans le cadre de l'activité à raison de laquelle la procédure a été ouverte qui sont compris dans un autre de ses patrimoines et dont il est susceptible de demander la reprise dans les conditions de l'article L. 624-19 C. com. (C. com., art. L. 622-6, al. 1er).

Lorsqu'il n'établit pas lui-même l'inventaire, le débiteur doit remettre à la personne désignée dans le jugement d'ouverture, la liste des biens gagés, nantis ou sous sujétion douanière, ainsi que ceux qu'il détient en dépôt, en vertu d'une location, d'un crédit-bail ou d'une clause de réserve de propriété. S'il est un entrepreneur individuel à responsabilité limitée il énonce, outre les biens susceptibles d'être revendiqués, ceux dont il pourrait demander la reprise en vertu de l'article L. 624-19 précité. Cette liste est annexée à l'inventaire (C. com., art. R. 622-4, R. 631-18 et R. 641-14). Lorsque le débiteur dresse lui-même l'inventaire, il y annexe la même liste (C. com., art. R. 622-4-1).

La personne qui a établi l'inventaire le remet au mandataire judiciaire et, le cas échéant, à l'administrateur, puis le dépose au greffe du tribunal de commerce. Une copie en est transmise au mandataire judiciaire, à l'administrateur éventuellement nommé et au débiteur s'il n'a pas réalisé lui-même l'inventaire (C. com., art. L. 622-6, al. 1er, R. 622-4, al. 4, et R. 622-4-1, al. 3).

Il convient de relever que l'absence d'inventaire ne fait pas obstacle à l'exercice des actions en revendication et en restitution (C. com., art. L. 622-6 al. 5). Si cette formalité a été omise, il appartient au mandataire ou au liquidateur de démontrer que le bien réclamé ne se trouvait plus dans le patrimoine du débiteur au moment du jugement d'ouverture (v. ss no 1012.82).

L'inventaire incomplet, sommaire ou inexploitable, équivaut à une absence d'inventaire, de telle sorte que dans ce cas, la preuve que le bien revendiqué précédemment détenu par le débiteur n'existait plus en nature au jour du jugement d'ouverture, incombe au liquidateur [1].

1012.84 Information des créanciers. L'avertissement que le mandataire judiciaire doit adresser aux créanciers connus, dans les quinze jours du jugement d'ouverture, doit reproduire les dispositions légales et réglementaires relatives aux délais et aux formalités à observer, non seulement pour la déclaration des créances mais encore pour les actions en revendication et en restitution. Les créanciers titulaires d'une sûreté ou d'un contrat publié sont avertis personnellement ou, s'il y a lieu, à domicile élu, par lettre recommandée avec accusé de réception (C. com., art. R. 622-21, R. 631-27 et R. 641-25).

B. Actions aux fins de remise d'un bien

1012.91 Réglementation applicable. Bien qu'ils figurent, pour la plupart, dans les dispositions concernant la sauvegarde, les textes régissant les revendications, les restitutions et les reprises du conjoint sont applicables, par le jeu de renvois, au redressement et à la liquidation judiciaire. Cependant, en matière de sauvegarde accélérée, les articles L. 628-1 et R. 628-1 C. com. écartent l'application des textes relatifs aux revendications et aux restitutions en laissant placer une incertitude sur la portée exacte de cette exclusion. Celle-ci peut signifier, soit que toute revendication ou restitution est impossible, en cas de sauvegarde accélérée, jusqu'au terme du plan ou jusqu'à sa résiliation, soit qu'en l'absence de disposition spéciale limitant l'exercice du droit de propriété, l'action en revendication ou en restitution peut être engagée selon les règles du droit commun. On a relevé que cette dernière interprétation paraissait la plus « logique » au regard du délai pour agir en revendication comparé à la durée d'une sauvegarde accélérée (trois mois dans les deux cas) [2].

1° Demande en revendication

1012.101 Conditions générales de la revendication. Le propriétaire d'un bien qui n'a pas fait publier le contrat afférent à ce bien est obligé de faire reconnaître son droit de propriété dans le cadre d'une revendication enfermée dans des délais de forclusion (C. com., art. L. 624-9). Par cette action, le créancier propriétaire rend son droit opposable à la procédure collective, ce qui lui permettra de recouvrer la possession de son bien. Le créancier qui a pris soin de faire publier la convention afférente à ce bien est, en revanche, dispensé d'agir en revendication. Cette publicité doit être effectuée avant le

1. Com. 25 oct. 2017, no 16-22.083, P IV, 144 ; *Rev. sociétés* 2017. 737, note P. Roussel-Galle ; *D. actu.* 9 nov. 2017, obs. X. Delpech.

2. P. Crocq, « Droit des sûretés, juin 2013-juin 2014 », *D.* 2014. 1610 – P.-M. Le Corre, « Premier regard sur l'ordonnance du 2 mars 2014 réformant le droit des entreprises en difficulté. Dispositions générales », *D.* 2014. 733, spéc. no 22 – P. Pailler, « Le sort des sûretés dans la nouvelle ordonnance de réforme du droit des procédures collectives du 12 mai 2014 », *RLDC* mai 2014, p. 30.

jugement d'ouverture selon les modalités applicables à chaque type de contrat (C. com., art. R. 624-15). L'enregistrement d'un acte au service des impôts ne constitue pas une publication au sens de l'article R. 624-15 qui renvoie à l'inscription sur des registres spécifiques[1]. Le fait que le liquidateur reconnaisse l'existence du droit de propriété, ne dispense pas le propriétaire du bien détenu par le débiteur, qui n'a pas procédé à la publication, d'agir en revendication[2].

1012.102 **Délai de revendication.** *Dans sa phase préalable qui vise à obtenir un accord amiable*, la revendication des meubles ne peut être exercée que dans un délai de trois mois suivant la publication du jugement d'ouverture (C. com., art. L. 624-9). Il s'agit d'un **délai préfix** insusceptible d'interruption, de suspension ou de relevé de forclusion[3]. Toutes les actions en revendication sont enfermées dans ce délai quelle que soit la procédure collective, puisque l'article L. 624-9 qui fait partie des textes régissant la sauvegarde, concerne également le redressement et la liquidation judiciaire. (C. com., art. L. 631-18 et L. 641-14). À noter que la Cour de cassation estime que les dispositions de ce texte ne constituent pas une atteinte disproportionnée au droit de propriété[4]. Elle explique que, s'il en résulte une restriction aux conditions d'exercice du droit de celui qui s'est abstenu de revendiquer son bien, cette atteinte légale se justifie par un motif d'intérêt général, dès lors que l'encadrement de la revendication a pour but de déterminer rapidement et avec certitude les actifs appréhendables par la procédure collective. Ne constitue donc pas une charge excessive pour le propriétaire, l'obligation de faire connaître (dans un délai de forclusion de courte durée, mais qui ne court pas contre celui qui est dans l'impossibilité d'agir) sa position quant au sort de son bien et pour la revendication duquel il bénéficie de garanties procédurales[5].

Les dispositions de l'article L. 624-9 C. com. s'appliquent quels que soient la cause et le titre invoqués à l'appui de la revendication, même si celle-ci est fondée sur un prêt gratuit[6]. Cette position a été prise par la Haute juridiction sous l'empire de l'article 115 de la loi du 25 janvier 1985, codifié à droit constant dans l'article L. 621-115 C. com., devenu à la suite de la réforme opérée par la loi de sauvegarde des entreprises, du 26 juillet 2005, l'article L. 624-9 de ce même code.

Cependant, le propriétaire qui n'a pas revendiqué son bien dans les conditions de forme et de délai prévues à l'article L. 624-9 C. com. (C. com., anc. art. L. 621-115)[7], ne perd pas son droit de propriété mais seulement l'exercice de celui-ci. Il devient inopposable à la procédure collective. Le bien non revendiqué demeure le gage commun de tous les créanciers admis avec toutes les prérogatives attachées à ce droit[8]. La Cour de cassation précise clairement que **la revendication tardive ne transfère pas la propriété au débiteur,** la forclusion ne constituant pas un mode d'acquisition de ce droit[9]. Il résulte de cette conclusion que l'absence de revendication dans les délais ne fait pas obstacle à la demande en restitution du propriétaire dès lors qu'elle intervient après la clôture de la procédure collective par l'effet d'un plan de continuation remettant le débiteur à la tête de ses affaires[10].

Dans sa phase contentieuse, la revendication est enfermée dans un délai d'un mois. L'article R. 624-13 C. com. dispose en effet qu'à défaut d'acquiescement dans le mois de la réception de la demande, le revendiquant doit, à peine de forclusion, saisir le juge-commissaire dans le mois qui suit l'expiration du délai imparti pour répondre. Le point de départ de ce délai de saisine ne peut être différé[11]. Toutefois lorsque le bénéficiaire d'une clause de réserve de propriété n'a pas agi en revendication dans les délais, il ne peut contourner l'inopposabilité de son droit à la liquidation judiciaire en se faisant attribuer le prix de vente du bien objet de cette clause car si la propriété réservée constitue bien une sûreté réelle, elle ne confère à son titulaire aucun droit de préférence dans la distribution aux créanciers de la procédure collective[12]. En revanche, dès lors que la procédure préliminaire obligatoire a été engagée dans le délai et suivie devant l'administrateur, ou à défaut, devant le débiteur ou le liquidateur, lequel n'a pas acquiescé à la demande en revendication du bien, le revendiquant est recevable à saisir le juge-

1. Com. 5 nov. 2013, nº 12-25.765, P IV, nº 62 ; *D.* 2013. 2638, note. A. Lienhard.
2. Com. 5 nov. 2013, nº 12-25.765 (préc. s^s prés^t nº).
3. Com. 13 févr. 1990, nº 88-13.546, P IV, nº 41 ; *D.* 1991. 42, obs. F. Pérochon ; *RTD com.* 1990. 646, obs. A. Martin-Serf.
4. Com. 1er avr. 2014, nº 13-13.574, P IV, nº 66 ; *D.* 2014. 870.
5. Com. 3 avr. 2019, nº 18-11.247, P ; *BICC* 15 oct. 2019, nº 876, et note sous l'arrêt ; *D.* 2019. 758.
6. Sur le fondement de C. com., anc. art. L. 621-115 – Com. 20 mai 1997, nº 95-13.957, P IV, nº 150 ; *D.* 2000. 66, obs. D. Mainguy ; *RTD com.* 1998. 192, obs. B. Bouloc.
7. L. 25 janv. 1985, anc. art. 115.
8. J.-L. Courtier, « Action en revendication et droit de propriété dans les procédures collectives », *Rev. huiss.* 1998. 961.
9. Com. 4 janv. 2000, nº 96-19.511, NP ; *D.* 2000. 533, note E. Le Corre-Broly ; *RTD com.* 2002. 160, obs. A. Martin-Serf.
10. Com. 24 mars 2004, nº 02-18.048, P IV, nº 61 ; *D.* 2004. 1084, obs. A. Lienhard ; *Act. proc. coll.* 7 mai 2004, nº 105, note Regnaut-Moutier.
11. Com. 28 sept. 2004, nº 03-11.876, P IV, nº 176 ; *D.* 2005. 301 et 292, obs. P.-M. Le Corre et F.-X. Lucas ; *JCP E* 2005, nº 31, p. 48, note Cabrillac et Pétel.
12. Com. 15 oct. 2013, nº 13-10.463, P IV, nº 153 ; *D.* 2013. 2462, obs. A. Lienhard ; *JCP* 2013. 2188, chron. Ph. Simler et Ph. Delebecque, nº 17.

commissaire en revendication de son prix de revente[1].

1012.103 **Procédure et effet de la revendication.** La procédure comporte deux étapes. Elle débute par une *phase amiable obligatoire* tendant à obtenir l'acceptation du débiteur ou des organes compétents, suivie, le cas échéant, d'une *phase contentieuse devant le juge-commissaire* qui se prononce contradictoirement. La demande présentée directement au juge-commissaire est irrecevable dès lors qu'elle n'a pas été précédée de la tentative d'accord amiable[2].

La demande en revendication doit être adressée à l'administrateur ou, à défaut, au débiteur, dans le délai de trois mois et par lettre recommandée avec demande d'avis de réception. Elle emporte de plein droit demande en restitution. Une copie de la demande doit être adressée par le demandeur au mandataire judiciaire (C. com., art. L. 624-17[3], R. 624-13, al. 1er et 4, R. 631-31 et R. 641-31, I). Cependant, aucun texte ne sanctionne la méconnaissance de cette formalité qui n'a été édictée, dans l'hypothèse où le redressement judiciaire comporte la désignation d'un administrateur, que pour la simple information du mandataire, lequel n'a pas à prendre, dans ce cas, position sur la revendication[4]. En matière de liquidation judiciaire, la demande est adressée au liquidateur avec copie à l'administrateur éventuel. La demande en revendication peut être formulée en même temps et dans le même acte que la demande tendant à ce que la procédure collective prenne parti sur le maintien ou la résiliation du contrat afférent au bien revendiqué. Elle doit cependant être explicite sur les intentions de son auteur. La lettre qui interroge le destinataire (débiteur ou administrateur) sur la poursuite du contrat en cours mais ne l'invite pas à se prononcer sur le droit de propriété du bailleur sur le bien loué, ne vaut pas demande en revendication[5].

L'administrateur peut acquiescer à la demande avec l'accord du débiteur. À défaut d'administrateur, c'est le débiteur qui exerce la faculté d'acquiescer avec l'accord du mandataire.

À défaut d'acquiescement dans le mois de la réception de la demande, le revendiquant doit, sous peine de forclusion, saisir le juge-commissaire dans un délai identique (C. com., art. R. 624-13). Ce délai court à partir de l'expiration du délai de réponse. Avant de statuer, le juge-commissaire recueille les observations des parties intéressées (C. com., art. R. 624-13). En cas de liquidation judiciaire, c'est le liquidateur, avec l'accord de l'administrateur s'il en a été désigné, qui peut acquiescer à la demande en revendication. À défaut d'accord entre eux ou de contestation, la demande est portée devant le juge-commissaire qui statue au vu des observations du créancier, du débiteur, du mandataire et, le cas échéant, de l'administrateur (C. com., art. L. 641-14 et L. 641-14-1).

Le juge-commissaire se prononce par voie d'ordonnance. S'il n'a pas statué dans un délai raisonnable, le tribunal peut être saisi par une partie ou par le ministère public (C. com., art. L. 621-21, al. 1er et 2)[6].

Lorsque le droit à restitution a été reconnu et que le bien fait l'objet d'un contrat en cours au moment de l'ouverture de la procédure, la restitution effective intervient au jour de la résiliation ou du terme du contrat (C. com., art. L. 624-10-1).

2°
Demande en restitution

1012.111 **Conditions générales de la demande en restitution.** Le propriétaire d'un bien est dispensé de faire reconnaître son droit de propriété, si le contrat portant sur ce bien a fait l'objet d'une publication avant le jugement d'ouverture (C. com., art. L. 624-10[7]). Ce texte qui concerne la sauvegarde est également applicable au redressement et à la liquidation judiciaire (C. com., art. L. 631-18 et L. 641-14). Pour bénéficier de cet avantage, les contrats de location ou de vente assortis d'une réserve de propriété doivent être publiés dans les conditions prévues aux articles R. 621-8 du Code de commerce et R. 313-4 du Code monétaire et financier (C. com., art. R. 624-15 [Décr. 28 déc. 2005, anc. art. 117]). Cette disposition s'applique, non seulement à la sauvegarde, mais encore au redressement et à la liquidation judiciaire (C. com., art. R. 631-31 et R. 641-31). Lorsque l'inscription n'est pas régulière au moment de l'ouverture de la procédure collective, le crédit-bail est inopposable aux créanciers du crédit-preneur ainsi qu'au mandataire judiciaire[8]. Toutefois, le défaut de publicité a pour seul

1. Com. 5 déc. 2018, n° 17-15.973, P, p. 103 ; *BICC* 15 avr. 2019, n° 396 ; *RJDA* 2019, n° 112.
2. Com. 2 oct. 2001, n° 98-22.304, P IV, n° 155 ; *D.* 2001. 3043, obs. A. Lienhard ; *RTD com.* 2002. 159, obs. A. Martin-Serf ; *JCP E* 2002, n° 4, p. 173, obs. Cabrillac et Pétel.
3. C. com., anc. art. L. 621-123.
4. Com. 3 oct. 2018, n° 17-10.557, P IV, n° 160 ; *Rev. sociétés* 2018. 749, note F. Reille ; *JCP E* 2018. II. 1601, note Lebel ; *RJDA* 2018, n° 929 ; *BICC* 15 févr. 1029, n° 160.
5. Com. 12 mars 2013, n° 11-24.729, P IV, n° 39 ; *D.* 2013. 1249 – P. Pailler, « Conditions procédurales de l'action en revendication du bailleur de meuble en cas de procédure collective », *D.* 2013. 1249.
6. Com. 5 juill. 2005, n° 04-11.320, P IV, n° 154 ; *D.* 2005. 216, note E. Le Corre-Broly ; *RTD com.* 2006. 208, obs. A. Martin-Serf ; *RTD com.* 2006. 469, obs. B. Bouloc.
7. C. com., anc. art. L. 621-116.
8. Com. 11 mai 2010, n° 09-14.048, P IV, n° 88 ; *D.* 2010. 1276 ; *Rev. sociétés* 2010. 409, obs. P. Roussel Galle ; *RTD com.* 2011. 174, obs. A. Martin-Serf.

effet d'empêcher le crédit-bailleur de se prévaloir envers les créanciers ou ayants cause à titre onéreux du crédit-preneur de son droit de propriété sur la chose louée, mais n'affecte pas ses droits sur les mensualités perçues antérieurement à l'ouverture de la procédure[1].

1012.112 Procédure de la demande en restitution. La procédure débute par une *phase amiable* tendant à obtenir un accord sur la restitution demandée. Elle est suivie, en cas de refus, par *une phase contentieuse devant le juge-commissaire.*

La demande en restitution est faite par le propriétaire par une lettre recommandée avec demande d'avis de réception adressée à l'administrateur ou, à défaut, au débiteur. Cette demande n'est enfermée dans aucun délai. L'administrateur peut acquiescer à cette demande avec l'accord du débiteur. En l'absence d'administrateur, c'est le débiteur qui exerce la faculté d'acquiescer après accord du mandataire judiciaire. Une copie de la demande est adressée à ce dernier (C. com., art. L. 624-17 et R. 624-14). À défaut d'accord dans le mois de la réception de la demande ou en cas de contestation, le propriétaire peut saisir le juge-commissaire afin qu'il soit statué sur ses droits. Le juge-commissaire peut aussi être saisi aux fins de restitution à l'initiative de l'administrateur ou du débiteur, même en l'absence de toute demande préalable de la part du propriétaire. Les dispositions des articles L. 624-17 et R. 624-14 concernant la sauvegarde sont également applicables au redressement judiciaire (C. com., art. L. 631-18 et R. 631-31).

En matière de liquidation judiciaire, la demande en restitution doit être adressée au liquidateur avec copie à l'administrateur judiciaire éventuel. Même en l'absence de demande préalable de restitution, le juge-commissaire peut être saisi par le liquidateur (C. com., art. R. 641-31, I). Le liquidateur peut, avec l'accord de l'administrateur s'il en a été désigné, acquiescer à la demande en restitution. À défaut d'accord entre eux ou en cas de contestation, la demande est portée devant le juge-commissaire qui statue au vu des observations du demandeur, du liquidateur et, le cas échéant, de l'administrateur (C. com., art. L. 641-14-1).

Le bien non réclamé peut être vendu par le liquidateur, après mise en demeure du propriétaire, le prix obtenu étant consigné à son profit ou à celui de ses ayants droit (C. com., art. R. 641-32).

Lorsque le droit à restitution a été reconnu dans les conditions prévues à l'article L. 624-10 C. com. et que le bien fait l'objet d'un contrat en cours au moment de l'ouverture de la procédure, la restitution effective intervient au jour de la résiliation ou du terme du contrat (C. com., art. L. 624-10-1).

Dès lors que, dans le cadre d'une procédure collective, le droit à restitution du propriétaire est définitivement acquis, le juge-commissaire n'est pas compétent pour ordonner, en application des articles L. 624-10 et R. 624-14 C. com., l'appréhension du bien entre les mains d'un tiers détenteur[2].

3°
Demande aux fins de reprise du conjoint

1012.121 Exercice des reprises. L'exercice des reprises par le conjoint du débiteur soumis à une procédure collective est régi par les articles L. 624-5 à L. 624-10 C. com. relatifs à la sauvegarde auxquels renvoient les articles L. 631-18 et L. 631-14 du même code concernant respectivement, le redressement et la liquidation judiciaire.

Ledit conjoint du débiteur soumis à une procédure collective peut établir la consistance de ses biens personnels conformément aux règles des régimes matrimoniaux (C. com., art. L. 624-5[3]). Cette action en revendication n'était pas soumise au délai de trois mois prévu par l'ancien article L. 621-115 C. com.

Depuis la loi du 26 juillet 2005[4], de sauvegarde des entreprises, la reprise exercée par le conjoint du débiteur est enfermée dans les conditions de délai prévues par l'article L. 624-9 C. com. relatif à la revendication des meubles (C. com., art. L. 624-5). Toutefois si le contrat a été publié dans les conditions de l'article L. 624-10 du même code le conjoint est dispensé de faire reconnaître son droit de propriété (C. com., art. L. 624-5). Les présomptions de propriété insérées au contrat de mariage d'époux séparés de biens sont opposables en vertu de l'article 1538 C. civ., aux créanciers de la procédure collective s'il a été régulièrement publié au registre du commerce[5].

Les reprises ne peuvent être exercées, qu'à charge des dettes et hypothèques dont les biens réclamés sont légalement grevés (C. com., art. L. 624-7).

Le conjoint du débiteur doit être entendu ou dûment convoqué avant toute décision sur la vente des biens de la communauté ou de l'indivision post-communautaire, lorsque la dissolution devient opposable aux tiers au cours de la procédure collective (C. com., art. R. 624-12, R. 631-30 et R. 641-30).

1. Com. 29 avr. 2014, n° 13-12.528, P IV, n° 73 ; *D.* 2014. 1036.
2. Com. 21 nov. 2018, n° 17-18.094, P ; *BICC* 1er avr. 2019, n° 342.
3. C. com., anc. art. L. 621-111.
4. L. n° 2005-845, 26 juill. 2005, de sauvegarde des entreprises, *JO* 27 juill., p. 12187.
5. Décr. n° 84-406, 30 mai 1984, relatif au registre du commerce et des sociétés, art. 8, A, 4°, *JO* 31 mai.

Le mandataire de justice pouvait toutefois, en prouvant par tout moyen que les biens du conjoint étaient acquis avec des valeurs fournies par l'époux débiteur, demander que ces acquisitions fussent réunies à l'actif (C. com., anc. art. L. 624-6, déclaré inconstitutionnel et abrogé par la décision du Conseil constitutionnel, 20 janv. 2012[1]).

C. Réalisation et attribution des biens constitués en gage

1012.131 Constatation et opposabilité du gage. Selon l'article 2336 C. civ., le gage est parfait par l'établissement d'un écrit contenant la désignation de la dette garantie, la quantité de biens donnés en gage, ainsi que leur espèce ou leur nature. L'article 2337 du même code précise que le gage est opposable aux tiers par la publicité qui en est faite ou par la dépossession du débiteur entre les mains du créancier ou d'un tiers convenu.

Toutefois, l'ancien article L. 521-1 C. com. disposait, dans son premier alinéa, que le gage constitué pour un acte de commerce, par un commerçant ou par un non-commerçant, se constatait à l'égard des tiers comme à celui des parties, conformément aux dispositions de l'article L. 110-3 du même code, c'est-à-dire **par tout moyen**, à moins qu'il n'en ait été autrement disposé.

Relevant que ce texte n'avait pas été abrogé par l'ordonnance du 23 mars 2006[2], la Cour de cassation jugeait que l'article 2336 C. civ. issu de cette ordonnance qui subordonnait la validité du gage à la rédaction d'un écrit n'était pas applicable en matière commerciale où la preuve demeure libre[3]. Cette jurisprudence est devenue obsolète depuis que l'ordonnance du 15 septembre 2021[4] a abrogé le chapitre Ier du titre II du livre V du Code de commerce au sein duquel se trouvait l'article L. 521-1 précité. Quoi qu'il en soit, les gages sans dépossession nécessitent, pour les besoins de leur publication en vue de leur opposabilité aux tiers, l'établissement d'un acte écrit entre les parties dont la référence doit figurer sur le registre des inscriptions.

1012.132 Demandes relatives au retrait et à la réalisation du gage. Au cours de la procédure de sauvegarde ou de redressement judiciaire, le juge-commissaire peut autoriser le débiteur à payer une créance antérieure au jugement d'ouverture et ce, pour retirer un gage ou une chose légitimement retenue ou encore, pour obtenir le retour de biens transférés à titre de garantie dans un patrimoine fiduciaire. Il faut que ce retrait ou ce retour soit justifié par la poursuite de l'activité (C. com., art. L. 622-7, II, al. 2, et L. 631-14, al. 1er). La vente des biens grevés d'une sûreté réelle spéciale ou d'une hypothèque légale, est également envisagée, avec versement en compte de dépôt à la Caisse des dépôts et consignations, de la quote-part du prix correspondant aux créances garanties. Après adoption du plan, les créanciers bénéficiaires sont payés selon l'ordre de préférence existant entre eux et conformément à l'article L. 626-22[5] lorsqu'ils sont soumis au délai du plan de continuation (C. com., art. L. 622-8 et L. 631-14). Le liquidateur ou l'administrateur, s'il en a été désigné un, peut également être autorisé par le juge-commissaire à payer une créance antérieure au jugement d'ouverture pour retirer un bien constitué en gage ou une chose légitimement retenue par un créancier (C. com., art. L. 641-3, al. 2). Faute de procéder à ce retrait, le liquidateur doit, dans les six mois du jugement de liquidation, demander au juge-commissaire l'autorisation de réaliser le bien gagé ou retenu. Cette réalisation ne peut se faire que quinze jours après la notification de l'autorisation au créancier dont le droit de rétention est reporté de plein droit sur le prix. L'inscription éventuelle prise pour la conservation du gage est radiée à la diligence du liquidateur (C. com., art. L. 642-20-1, al. 1er et 3). Mais pour pouvoir bénéficier de son privilège, le créancier gagiste doit avoir, conformément à l'alinéa premier de l'article L. 622-25 C. com.[6], déclaré le gage assortissant sa créance dans le délai imparti par les articles R. 622-21 et R. 622-24 C. com.[7]

1012.133 Demande relative à l'attribution du gage. Le créancier gagiste peut choisir entre la vente du gage et son attribution en pleine propriété.

L'option en faveur de l'attribution est ouverte au gagiste aussi bien en matière civile (C. civ., art. 2347[8]) que commerciale[9] et ce, que le gage soit constitué avec ou sans dépossession[10]. Le droit à l'attribution est donc détaché du droit de rétention et du transfert de la possession. La Haute juridiction

1. Cons. const. 20 janv. 2012, no 2011-212 QPC, *JO* 21 janv., p. 1214.
2. Ord. no 2006-346, 23 mars 2006, relative aux sûretés, *JO* 24 mars, texte 29.
3. Com. 17 févr. 2015, no 13-27.080, P I, no 39 ; *D.* 2015. 487 et 787, note N. Borga ; *Gaz. Pal.* 2015. 1. 18, note M.-P. Dumont-Lefrand.
4. Ord. no 2021-1192, 15 sept. 2021, réformant les sûretés, *JO* 16 sept., texte 19, art. 28, 3o.
5. C. com., anc. art. L. 621-80.
6. C. com., anc. art. L. 621-44 [L. 25 janv. 1985, art. 51, al. 1er].
7. Com. 23 janv. 2001, no 98-10.974, P IV, no 20 ; *D.* 2001. 779, obs. A. Lienhard ; *Gaz. Pal.* 27-28 juin 2001. Pan. 235 ; *RTD com.* 2001. 500, obs. B. Bouloc.
8. COMP. : C. civ., anc. art. 2078.
9. Com. 31 mai 1960, *D.* 1960. 601, note Y. Guyon.
10. Cass., ass. plén., 26 oct. 1984, no 83-10.055, P, no 6 ; *D.* 1985. 33, concl. Cabannes, note Derrida.

a ainsi confirmé que le créancier bénéficiaire d'un *warrant* agricole pouvait se prévaloir des dispositions de l'ancien article L. 642-25 C. com.[1], devenu article L. 642-20-1, pour réclamer les marchandises warrantées, sans avoir besoin d'exercer une action en revendication[2]. Toutefois, lorsque le gage porte sur des fonds, leur restitution ne peut passer que par une déclaration à la procédure collective[3].

La demande d'attribution, dès lors qu'elle tend à obtenir la propriété du bien gagé, ne s'analyse pas en une action en revendication soumise aux conditions de forme et de délai de l'article L. 624-9[4] C. com.[5].

L'action en attribution judiciaire s'assimile à une voie d'exécution, de telle sorte qu'elle est arrêtée par le jugement d'ouverture en vertu de l'article L. 622-21[6] C. com., lorsqu'elle est en cours au moment de son prononcé. En cas de liquidation judiciaire ultérieure, le créancier recouvre son droit à l'attribution, mais doit former une demande nouvelle devant le juge-commissaire[7].

Lorsque l'attribution du gage a été ordonnée avant l'ouverture de la procédure collective, par une décision statuant sur le fond et exécutoire par provision, elle transfère la propriété au créancier et éteint la créance de celui-ci à concurrence de la valeur du bien. Par conséquent, le créancier attributaire n'est pas tenu de déclarer sa créance pour la fraction correspondant à la valeur de son gage[8].

Au cours de la procédure collective, le créancier gagiste peut, même s'il n'est pas encore admis, demander, avant la réalisation, l'attribution judiciaire du bien gagé qu'il devra restituer, si sa créance est ultérieurement rejetée (C. com., art. L. 642-20-1, al. 2[9]). L'attribution ne peut être demandée qu'au stade de la liquidation judiciaire. En effet, la faculté de demander l'attribution judiciaire ne peut être exercée pendant la période d'observation car elle se heurte à la règle de l'interdiction des poursuites et des voies d'exécution. Elle ne peut pas non plus être mise en œuvre pendant l'exécution du plan arrêté au cours de la sauvegarde ou du redressement judiciaire, dès lors que le gage garantit une créance antérieure au jugement d'ouverture. C'est donc au stade de la liquidation judiciaire que l'attribution du gage doit être demandée et présente un réel avantage. Elle permet au gagiste de primer les créanciers bénéficiant d'un privilège d'un meilleur rang que le sien, notamment ceux énumérés à l'article L. 622-17[10] C. com.[11].

1012.134 Rétention du gage. Pour conserver son gage jusqu'au paiement, le créancier gagiste bénéficie d'un droit de rétention qui lui permet de refuser sa restitution même en échange d'une autre garantie. Ce pouvoir d'ordonner la substitution conféré au juge-commissaire par l'article 34 alinéa 3 de la loi du 25 janvier 1985 (C. com, art. L. 622-8[12]) ne peut limiter le droit de rétention issu du gage avec dépossession[13]. Le gagiste peut refuser la restitution lorsque le gage dont il a la possession réelle porte sur des éléments compris dans l'actif cédé dans le cadre du plan adopté au cours de la procédure collective. Il ne saurait donc être contraint de s'en dessaisir contre une quote-part du prix de leur vente qui serait affecté à son privilège, dès lors que cela n'équivaut pas au paiement intégral de la créance garantie qu'il a régulièrement déclarée[14].

Le juge-commissaire ne peut pas non plus ordonner la vente du gage en vertu de l'article 34 alinéa 1er de la loi de 1985 (devenu C. com, art. L. 622-8, al. 1er[15]), s'il n'a au préalable autorisé son retrait contre paiement du créancier gagiste rétenteur conformément à l'article 33 alinéa 3 de la même loi (devenu C. com., art. L. 622-7, II[16])[17].

Mais ce droit de rétention ne peut porter que sur le bien effectivement détenu. La rétention des documents administratifs afférents à des véhicules ne permet pas au gagiste d'exiger la remise de ces derniers[18].

1. C. com., anc. art. L. 622-21.
2. Com. 4 mars 2003, n° 00-11.021, NP ; *D.* 2003. 1627, obs. P.-M. Le Corre ; *Act. proc. coll.* 9 juin 2003, n° 129.
3. Com. 4 févr. 2003, n° 00-13.356, NP ; *Act. proc. coll.* 9 juin 2003, n° 128 ; *D.* 2003. 1230, obs. A. Lienhard ; *RTD com.* 2003. 572, obs. A. Martin-Serf.
4. C. com., anc. art. L. 621-115.
5. Com. 28 janv. 1997, n° 93-21.662, P IV, n° 32 ; *JCP* 1997. IV. 625 ; *RTD com.* 1997. 503, obs. B. Bouloc.
6. C. com., anc. art. L. 621-40.
7. Com. 14 oct. 1997, n° 95-10.423, P IV, n° 265 ; *D.* 1998. 105, obs. S. Piedelièvre ; *Procédures* 1998, n° 11, note Croze ; *RTD com.* 1998. 404, obs. B. Bouloc ; 1999. 747, obs. A. Martin-Serf – v. AUSSI : Com. 28 mai 1996, n° 94-16.269, P IV, n° 144 ; *D.* 1996. 385, obs. S. Piedelièvre ; *RTD civ.* 1997. 185, obs. M. Bandrac.
8. Com. 24 janv. 2006, n° 02-11.989, P IV, n° 15 ; *JCP* 2006. I. 131, p. 734, chron. Ph. Simler et Ph. Delebecque ; *RTD com.* 2006. 463, obs. D. Legeais ; 467, obs. D. Legeais ; 655, obs. B. Bouloc.
9. Réd. Ord. n° 2008-1345, 18 déc. 2008, portant réforme du droit des entreprises en difficulté, *JO* 19 déc.
10. C. com., anc. art. L. 621-32 [L. 25 janv. 1985, art. 40].
11. Com., 6 mars 1990, n° 88-14.433, NP ; *RTD com.* 1990. 264, obs. Martin-Serf – v. AUSSI : J.-L. Courtier, « Position du droit positif sur l'attribution judiciaire du gage et l'article 40 de la loi du 25 janvier 1985 », *Rev. huiss.* 1998. 193.
12. C. com., anc. art. L. 621-25.
13. Com. 4 juill. 2000, n° 98-11.803, P IV, n° 136 ; *D.* 2001. 441, note S. Piedelièvre ; *D.* 2000. 361, obs. A. Lienhard ; *RTD com.* 2000. 1009, obs. A. Martin-Serf ; 2001. 209, obs. B. Bouloc.
14. Com. 20 mai 1997, n° 95-12.925, P IV, n° 151.
15. C. com., anc. art. L. 621-25, al. 1er.
16. C. com., anc. art. L. 621-24, al. 3.
17. Com. 11 mai 1999, n° 96-11.280, P IV, n° 98 ; *JCP* 2000. II. 10278, note Lemaigat ; *RTD com.* 2000. 166, obs. B. Bouloc ; 174, obs. A. Martin-Serf.
18. Com. 11 juill. 2000, n° 97-12.374, P IV, n° 142 ; *D.* 2001. 441, note S. Piedelièvre.

La loi de modernisation de l'économie du 4 août 2008, qui est venue compléter les dispositions de l'article 2286 C. civ., reconnaît désormais un droit de rétention à tous les créanciers gagistes y compris à ceux qui sont titulaires d'un gage sans dépossession [1]. Mais pour conserver son gage avec ses avantages, le créancier doit impérativement avoir fait inscrire celui-ci. À défaut, la rétention des certificats d'immatriculation porte uniquement sur ces documents administratifs sans pouvoir être étendue aux véhicules eux-mêmes. Par conséquent le rétenteur qui n'a pas inscrit de gage sur ces derniers ne peut, s'ils sont vendus dans le cadre d'une procédure collective, se faire attribuer le prix de cession sur lequel son droit n'est pas reporté [2].

Il convient de relever qu'en application de l'article L. 622-7, I C. com., tel que modifié par l'ordonnance du 18 décembre 2008 [3], le jugement d'ouverture d'une procédure collective emporte de plein droit inopposabilité, pendant la période d'observation et l'exécution du plan, du droit de rétention assortissant le gage sans dépossession visé au 4° de l'article 2286 C. civ. [4] Il en va toutefois autrement lorsque le bien objet du gage est compris dans une cession d'activité décidée en application de l'article L. 626-1 C. com.

D. Demande aux fins de reprise par le débiteur entrepreneur individuel à responsabilité limitée

1012.141 **Conditions.** Le débiteur entrepreneur individuel à responsabilité limitée peut exercer son droit de reprise sur les biens qu'il détient dans le cadre de l'activité à raison de laquelle la procédure collective a été ouverte et qui sont compris dans un autre de ses patrimoines. Il doit établir la consistance des biens susmentionnés dans les conditions de l'article L. 622-9 C. com., c'est-à-dire dans un délai de trois mois suivant la publication du jugement d'ouverture (C. com., art. L. 624-19, L. 631-18 et L. 641-14).

La demande doit être adressée à l'administrateur, s'il en a été désigné un, par lettre recommandée avec demande d'avis de réception (LRAR) dans le délai de trois mois susmentionné. Une copie de cette demande est remise au mandataire judiciaire (C. com., art. R. 624-13-1 et R. 631-31).

L'administrateur peut, avec l'accord du mandataire judiciaire, acquiescer à cette demande. À défaut d'acquiescement ou en l'absence d'administrateur, la demande est présentée au juge-commissaire (C. com., art. L. 624-19, L. 631-18 et L. 641-14).

L'administrateur dispose d'un délai d'un mois à compter de la réception de la demande pour donner sa réponse. En cas de transmission d'un refus, le débiteur doit, à peine de forclusion, saisir le juge-commissaire dans le délai prévu au deuxième alinéa de l'article R. 624-13 C. com., c'est-à-dire dans le mois qui suit l'expiration du délai de réponse (C. com., art. R. 624-13-1 al. 1er, et R. 631-31). À défaut d'administrateur, l'entrepreneur saisit par requête le juge-commissaire dans le délai de trois mois prévu à l'article L. 624-9 du code précité. Avant de statuer, le juge recueille les observations du demandeur, de l'administrateur, et le cas échéant, du mandataire judiciaire (C. com., art. R. 624-13-1, al. 2 et 3, et R. 631-31).

En cas de liquidation judiciaire, la demande de reprise fondée sur l'article L. 624-19 est adressée au liquidateur avec une copie à l'administrateur s'il en a été désigné. Le liquidateur peut saisir lui-même le juge-commissaire même en l'absence de demande préalable (C. com., art. R. 641-31, I). Le bien qui n'a pas fait l'objet d'une reprise dans les conditions de l'article L. 624-19 peut être vendu. Il est fait application du premier alinéa de l'article R. 641-32 lorsque le bien a fait l'objet d'un contrat publié (C. com., art. R. 641-32-1). Le bien est ainsi mis en vente à l'expiration d'un délai d'un mois suivant l'envoi, par le liquidateur, d'une mise en demeure adressée par LRAR au débiteur ou à son dernier domicile connu.

Le débiteur doit compléter l'inventaire de son patrimoine qui doit être établi dès le prononcé du jugement d'ouverture, en y annexant la liste des biens dont il est susceptible de demander la reprise (C. com., art. L. 622-6, R. 622-4 et R. 622-4-1).

§ 2 Interférences avec les règles de l'exécution

1012.151 **Incidence sur le titre exécutoire.** Pour pouvoir pratiquer une saisie à fin de remise d'un bien meuble, notamment une saisie-appréhension, le créancier de cette remise doit préalablement se procurer un titre exécutoire consacrant son droit (C. pr. exéc., art. L. 222-1, R. 222-1 et R. 222-11).

Si ce titre, qui peut être un jugement, un arrêt ou une ordonnance d'injonction de délivrer ou de restituer, est devenu exécutoire avant le jugement

1. R. Dammann et G. Podeur, « Le nouveau paysage du droit des sûretés : première étape de la réforme de la fiducie et du gage sans dépossession », *D.* 2008. Chron. 2300.
2. Com. 23 avr. 2013, n° 12-13.690, P IV, n° 66 ; *RTD com.* 2013. 575, obs. D. Legeais ; *Gaz. Pal.* 12-13 juin 2013, p. 21, obs. M.-P. Dumont-Lefrand ; *JCP* 2013. 2187, chron. Ph. Simler et Ph. Delebecque, n° 13.
3. Ord. n° 2008-1345, 18 déc. 2008, préc.
4. A. Aynès, « Précisions sur le sort du gage sans dépossession en cas de procédure collective », *JCP* 2009. I. 119.

d'ouverture, la procédure collective ne remet pas en cause les conséquences qu'il a produites.

Si au moment du jugement d'ouverture, l'action en revendication engagée antérieurement est toujours en cours, la Cour de cassation estime qu'elle n'est pas soumise aux dispositions de l'article L. 624-9 C. com.[1]. Elle doit seulement, en vertu de l'article L. 622-23 du même code, être poursuivie en présence de l'administrateur et du représentant des créanciers (aujourd'hui du mandataire judiciaire) ou à l'encontre du liquidateur et ce, sans que la mise en cause de ces derniers soit enfermée dans le délai de forclusion de trois mois[2]. Le revendiquant qui agit contre le débiteur *in bonis* doit prouver que les biens réclamés existaient dans le patrimoine de celui-ci au jour de l'assignation (même arrêt).

Lorsque la revendication prend la forme d'une requête aux fins d'injonction de délivrer ou de restituer, on doit appliquer le même principe. La procédure d'injonction de délivrer ou de restituer qui tend à l'obtention d'un titre exécutoire constatant le droit réel du requérant, doit être assimilée à l'action en revendication. Si la procédure a été mise en œuvre avant le jugement d'ouverture, l'ordonnance du JEX doit alors être signifiée à l'administrateur, au mandataire judiciaire ou au liquidateur selon le cas. Il convient cependant de relever que si cette ordonnance est frappée d'opposition, l'action au fond que doit engager le requérant en vertu de l'article R. 222-14 C. pr. exéc., doit être portée devant le juge-commissaire, juridiction désormais compétente pour statuer sur la délivrance ou la restitution du bien en application des articles L. 624-17, R. 624-14, R. 631-31 et R. 641-37 C. com. En effet, l'opposition n'est pas une véritable voie de recours puisque ce n'est pas l'opposant qui saisit la juridiction au fond. L'instance au fond n'est pas la suite de la procédure d'injonction, mais une instance nouvelle assujettie, si elle est engagée après le jugement d'ouverture, au régime de la procédure collective.

Lorsque la revendication n'a pas encore été engagée au moment du jugement d'ouverture, il appartient au titulaire du droit réel de procéder selon les règles de la procédure collective en vertu de l'adage « *speciala generalibus derogant* ». Notamment, le recours à la procédure d'injonction de délivrer ou de restituer ne devrait plus être possible. C'est le mandataire de justice ou, à défaut d'acquiescement, le juge-commissaire qui doit être saisi en vertu des articles L. 624-17, R. 624-13 s., R. 631-31 et R. 641-31 C. com.

Cependant, lorsque le droit à restitution du propriétaire est définitivement acquis dans le cadre de la procédure collective, notamment du fait de l'acquiescement à sa demande, le juge-commissaire n'est pas compétent pour ordonner l'appréhension du bien entre les mains d'un tiers. En effet, ce droit à restitution n'étant plus en cause, les dispositions du Code des procédures civiles d'exécution, temporairement écartées par celles, dérogatoires, des procédures collectives, ont de nouveau vocation à s'appliquer[3].

Si seul le juge-commissaire peut statuer sur les revendications et restitutions mobilières, en revanche, les difficultés d'exécution de ses décisions (ou sur recours, de celles du tribunal de la procédure ou de la cour d'appel), relèvent en principe, de la compétence du JEX en vertu de l'article L. 213-6 du COJ[4]. Ainsi, l'appréciation de la régularité de la signification d'un arrêt de liquidation judiciaire ne naît pas de la procédure collective et n'est pas juridiquement influencée par elle. Elle obéit, comme n'importe quelle autre décision judiciaire, aux règles de droit commun posées par le Code de procédure civile et le JEX est compétent pour connaître de cette difficulté[5]. La Cour de cassation considère aussi que seul le JEX peut connaître des difficultés d'exécution de l'ordonnance du juge-commissaire ayant décidé la vente d'un immeuble indivis et, partant, pour faire injonction au notaire de remettre au liquidateur, sous peine d'astreinte, les fonds provenant de cette vente[6]. Il a cependant été jugé que les difficultés d'exécution des décisions du juge-commissaire ne peuvent relever de la compétence du JEX[7].

1012.152 Incidence sur la saisie-appréhension ayant produit ses effets. Il est certain que toute saisie-appréhension réalisée avant le jugement d'ouverture ne peut plus être remise en cause, tout au moins lorsque le bien a été restitué à son propriétaire. La saisie a en effet atteint son objectif lorsque celui-ci a recouvré la possession de son bien.

Il est plus difficile de se prononcer lorsque la saisie-appréhension a été pratiquée en vue de remettre le bien à un créancier gagiste. En effet, si la saisie-appréhension produit son effet dès que celui-ci entre en possession, elle est aussitôt relayée par une procédure qui s'apparente à la saisie-vente et qui tend à la réalisation du gage (C. pr. exéc., art. R. 222-6 et R. 223-13 – v. s[s] n°s 1021.61 s. et 1024.151 s.).

1. C. com., anc. art. L. 621-155.
2. Com. 9 juill. 1996, n° 94-16.708, P IV, n° 208 ; *D.* 1996. 193 ; *RTD com.* 1997. 310, obs. B. Bouloc.
3. Com. 21 nov. 2018, n° 17-18.094, P, p. 164 ; *BICC* 1er avr. 2019, n° 342.
4. COMP. : COJ, anc. art. L. 311-12-1, abr. par Ord. n° 2006-673, 8 juin 2006.
5. Versailles, 5 févr. 1998, *D.* 1998. 103.
6. Com. 28 avr. 1998, n° 95-18.132, P IV, n° 134 ; *D.* 1998. 164 ; *RTD civ.* 1999. 465, obs. R. Perrot ; *RTD com.* 1998. 690, obs. J.-L. Vallens ; *RJDA* août-sept. 1998, n° 1022.
7. TGI Orléans, JEX, 11 févr. 1994, *Rev. huiss.* 1994. 645.

Si cette saisie-vente est terminée au moment du jugement d'ouverture, les droits acquis par le créancier gagiste ne peuvent être remis en question par la procédure collective. La saisie est définitivement réalisée par la consignation du prix de vente amiable ou judiciaire, lequel est d'ailleurs insaisissable (C. pr. exéc., art. L. 221-4 *in fine*). Le bien saisi et son prix sont irréversiblement sortis du patrimoine du débiteur et ne peuvent faire partie de l'actif de la procédure collective ouverte ultérieurement contre ce dernier. La distribution des deniers qui n'est pas une mesure d'exécution mais une procédure de répartition, n'est pas atteinte par la survenance d'une sauvegarde, d'un redressement ou d'une liquidation judiciaire[1]. La Cour de cassation précise que c'est la vente des biens saisis, laquelle fait sortir ces deniers du patrimoine du débiteur, et non le procès-verbal de vérification précédant celle-ci, qui marque l'achèvement de la procédure. L'arrêt des poursuites individuelles s'applique tant que cette vente n'a pas eu lieu[2].

La Haute juridiction précise que, par la vente du bien, la saisie-vente produit un effet attributif qui fait obstacle, s'il intervient avant le jugement d'ouverture, non seulement à l'arrêt des mesures d'exécution mais encore, à la caducité des procédures de distribution. En effet, seules les procédures de distribution n'ayant pas encore produit cet effet attributif au moment du prononcé du jugement d'ouverture sont arrêtées ou interdites par les articles L. 622-21, II, et R. 622-19 (al. 1er) C. com.[3].

Mais lorsque la vente n'a pas encore été effectuée, c'est la procédure prévue par l'article L. 622-21 C. com. qui doit être appliquée. Le liquidateur autorisé par le juge-commissaire peut, en payant le prix, retirer le bien constitué en gage par le débiteur. À défaut de retrait le liquidateur doit, dans les six mois du jugement de liquidation, demander au juge-commissaire de procéder à la réalisation du gage. Cette autorisation doit être notifiée au créancier quinze jours au moins avant la vente. Il s'opère, en quelque sorte, une subrogation dans les poursuites. En cas de vente par le liquidateur, le droit de rétention du gagiste est reporté de plein droit sur le prix.

1012.153 Incidence sur la saisie-appréhension en cours. On peut s'interroger sur l'incidence du jugement d'ouverture lorsqu'il intervient avant l'engagement de la saisie-appréhension ou lorsqu'elle est toujours en cours, soit parce que le commandement ou la sommation de délivrer ou de restituer vient juste d'être signifié, soit parce que le procès-verbal de remise volontaire ou d'appréhension n'a pas encore été notifié.

Si l'on retient que cette saisie entre dans les prévisions de l'article L. 622-21, II C. com., elle constitue une voie d'exécution arrêtée ou interdite par l'ouverture de la sauvegarde, du redressement ou de la liquidation judiciaire. Elle ne peut donc plus être engagée ou doit faire l'objet d'une mainlevée si elle n'a pas encore produit tous ses effets.

Mais si on estime qu'elle relève de l'article L. 622-23 du même code, c'est-à-dire qu'elle entre dans la catégorie des procédures d'exécution autres que celles visées à l'article L. 622-21 précité, elle peut être poursuivie sous réserve de sa dénonciation aux organes de la procédure (à l'administrateur ayant reçu une mission d'assistance en cas de sauvegarde, au mandataire judiciaire et à l'administrateur quelle que soit sa mission en cas de redressement, au liquidateur en cas de liquidation).

La formulation très imprécise de l'article L. 622-23 C. com. ouvre la porte à bien des hésitations sur l'identification des mesures d'exécution non arrêtées par le jugement d'ouverture. Il semble cependant que les procédures ne tendant pas au recouvrement d'une somme d'argent, mais à la remise d'une chose mobilière (comme c'est le cas de la saisie-appréhension) devraient entrer dans les prévisions de cet article. Il convient en outre de relever que la résiliation du contrat à l'origine de la revendication (prêt à usage, crédit-bail, vente avec réserve de propriété) a le plus souvent été constatée ou prononcée par une décision judiciaire passée en force de chose jugée avant le jugement d'ouverture.

En pareil cas, la Cour de cassation admet que l'expulsion d'un crédit-preneur immobilier n'est pas affectée par la règle de l'arrêt des voies d'exécution. Cette solution pourrait être étendue à la saisie-appréhension[4].

Il convient par ailleurs de relever que dans le cadre de la liquidation judiciaire, les créanciers titulaires d'une sûreté réelle spéciale ou d'une hypothèque légale, peuvent, dès lors qu'ils ont déclaré leurs créances et même s'ils ne sont pas encore admis, exercer leurs poursuites individuelles et engager ou reprendre les voies d'exécution, si le liquidateur n'a pas entrepris la vente des biens grevés dans le délai de trois mois à compter du jugement d'ouverture. Il en va de même en l'absence d'offre de reprise

1. Com. 12 juill. 1994, n° 92-14.090, P IV, n° 262 ; *D.* 1994. 569, rapp. J.-P. Rémery, note A. Honorat ; *AJDI* 1995. 222 ; 223, obs. C.-H. Gallet.
2. Civ. 2e, 19 mai 1998, n° 96-12.944, P II, n° 161 ; *D.* 1998. 405, concl. P. Tatu ; *RTD civ.* 1998. 750, obs. R. Perrot ; 933, obs. P.-Y. Gautier.
3. Com. 27 mars 2012, n° 11-18.585, P IV, n° 69 ; *D.* 2012. Actu. 942, obs. A. Lienhard ; *Dict. perm.* Difficultés des entreprises, n° 336, obs. J.-P. Rémery.
4. Com. 17 mai 1994, P IV, n° 179 ; *Gaz. Pal.* 1995. 1. 6, note Massons ; *D.* 1994. IR 180 – Com. 3 déc 2003, *Act. proc. coll.* 2004, n° 16.

incluant ces biens dans le délai imparti par le tribunal, lorsque la cession totale ou partielle de l'entreprise a été envisagée (C. com., art. L. 643-2).

Enfin, une saisie-appréhension peut toujours être pratiquée après l'ouverture d'une procédure collective, lorsqu'il s'agit de mettre en œuvre une décision du juge-commissaire, du tribunal de la procédure ou de la cour d'appel, ayant autorisé la revendication, la restitution ou la reprise d'un meuble.

Qui est compétent pour décider si la saisie-appréhension en cours d'exécution est atteinte par la suspension des poursuites et notamment, si la mesure a ou non produit son effet légal avant le jugement d'ouverture ? Selon l'article R. 662-3 C. com.[1] sans préjudice des pouvoirs attribués en premier ressort au juge-commissaire, le tribunal saisi de la procédure collective connaît de tout ce qui concerne la sauvegarde, le redressement et la liquidation judiciaires. Dès lors qu'il s'agit d'un problème né de la procédure collective ou sur la solution duquel l'état de sauvegarde, de redressement ou de liquidation judiciaire exerce une influence juridique, seul le tribunal de la procédure semble, de prime abord, être compétent. Toutefois la Cour de cassation paraît considérer que, dès lors que l'arrêt des voies d'exécution implique la mainlevée d'une saisie, l'action engagée sur le fondement des articles L. 622-21, II et R. 622-19 (al. 1er) C. com. relève de la compétence exclusive du JEX[2].

1012.154 **Incidence sur la saisie-revendication.** La saisie-revendication pratiquée avant le jugement d'ouverture et non encore convertie en saisie-appréhension (par application des dispositions combinées de C. pr. exéc., art. R. 222-25, R. 222-2 à R. 222-10) ne devrait pas être atteinte par l'arrêt des poursuites individuelles prévu par l'article L. 622-21 C. com.[3] Il s'agit en effet d'une mesure conservatoire qui vise à garantir au titulaire d'un droit réel la remise du bien objet de ce droit. Elle ne tend pas, directement en tout cas, à garantir l'exécution d'une obligation de payer, seule concernée par l'article L. 622-21. Elle devrait donc poursuivre son cours et le saisissant devrait pouvoir engager une procédure destinée à lui procurer le titre exécutoire qui lui ouvrira la voie de la saisie-appréhension.

Toutefois, la procédure tendant à l'obtention de ce titre qui n'est pas autre chose qu'une action en revendication ou en restitution (selon que le propriétaire a ou non publié son contrat), devrait impérativement obéir aux règles spéciales de la procédure collective (v. ss nos 1012.71 s.). La Haute juridiction estime cependant que celui qui pratique une saisie-revendication n'exerce pas une action en revendication mais met en œuvre une procédure d'exécution forcée, que le jugement d'ouverture du redressement judiciaire interdit formellement[4].

La saisie-revendication peut aussi être pratiquée après l'ouverture de la procédure collective et ce, au soutien d'une action en revendication ou en restitution engagée devant le juge-commissaire. En effet, la cour d'appel de Paris a jugé que si la loi du 25 janvier 1985 et son décret d'application donnent compétence au juge-commissaire pour statuer sur les actions en revendication d'objets mobiliers, aucune disposition de ces textes n'interdit au bénéficiaire d'une clause de réserve de propriété de solliciter, à titre conservatoire, l'autorisation de pratiquer une saisie-revendication[5]. Dès lors que la mesure tend à la conservation d'une créance commerciale, cette autorisation peut être demandée, avant tout procès (c'est-à-dire avant la demande en revendication) au président du tribunal de commerce (C. com., art. L. 721-7 – C. pr. exéc., art. R. 511-2 et R. 511-3). Les auteurs et praticiens se montrent favorables à la pratique de la saisie-revendication au cours de la procédure collective, soit dans l'attente de l'acquiescement du mandataire, soit pour contraindre celui-ci à négocier le paiement des marchandises contre une mainlevée[6].

Bien entendu, la saisie-revendication ne peut qu'accompagner, mais non se substituer, à l'action en revendication ou en restitution. C'est le sens qu'il convient de donner à un arrêt rendu par la chambre commerciale sous l'empire de la loi de 1967, selon lequel la saisie conservatoire n'est pas ouverte à celui qui revendique des marchandises en vertu d'une clause de réserve de propriété[7].

En revanche, la saisie-revendication, comme toute mesure conservatoire, est nulle lorsqu'elle a été pratiquée au cours de la période suspecte, c'est-à-dire postérieurement à la date de la cessation des paiements. En effet, l'article L. 632-1, I, 7° C. com.[8] vise toutes les mesures conservatoires sans opérer aucune distinction.

Pour que la saisie-revendication demeure valable, il faut que l'acte de saisie et non pas seulement l'ordonnance d'autorisation du juge, soit antérieur à la date de la cessation des paiements.

1. Décr. 27 déc. 1985, anc. art. 174.
2. Com. 27 mars 2012, no 11-18.585, P (préc., v. ss no 1012.152).
3. C. com., anc. art. L. 621-40.
4. Civ. 2e, 18 févr. 1999, no 96-21.218, NP ; *Dr. et patr.* oct. 1999. 155, no 2411, obs. crit. Ph. Théry.
5. Paris, 12 déc. 1991, *D.* 1992. 47.
6. V. Ribadeau Dumas « La saisie-revendication dans le cadre d'une procédure collective : une technique efficace pour les créanciers titulaires d'une clause de réserve de propriété », *D.* 2008. 2190.
7. Com. 9 janv. 1990, no 88-13.061, P IV, no 7 ; *D.* 1991. 42, obs. F. Pérochon ; *RTD com.* 1990. 454, obs. B. Bouloc.
8. C. com., anc. art. L. 621-107, I, 7°.

TITRE

102. La saisie-appréhension

SECTION 0

Orienteur

102.00 Sommaire du titre.

Division. Seront successivement étudiées les saisies-appréhension de droit commun en vertu d'un titre exécutoire (chap. 1021), sur injonction du juge (chap. 1022), puis les saisies-appréhension de biens placés dans un coffre-fort (chap. 1023) et celles de véhicules terrestres à moteur (chap. 1024).

CHAPITRE

1021. Saisie-appréhension de droit commun en vertu d'un titre exécutoire

RENÉ LAUBA
MAGISTRAT HONORAIRE

SECTION 0

ORIENTEUR

1021.00 **Sommaire du chapitre.**

Division. Seront examinées l'appréhension entre les mains de la personne tenue de la remise (sect. 1) puis l'appréhension entre les mains d'un tiers (sect. 2).

1021.01 **Textes applicables.**

- **C. pr. exéc.,** art. L. 111-2, L. 111-3, L. 141-2, L. 221-3, L. 222-1, L. 222-2, L. 511-2 ; R. 121-11, R. 121-17, R. 221-12, R. 221-30 à R. 221-39 et R. 222-1 à R. 222-10.
- **C. civ.,** art. 2246, 2247, 2276, 2333, 2339 et 2340, 2346 à 2348, 2353 et 2354.
- **C. consom.,** art. L. 312-38.
- **C. com.,** art. L. 143-10, L. 521-3 anc., L. 624-9 et L. 642-20-1.
- **C. pr. civ.,** art. 495, 503 et 513.

1021.03 **Bibliographie indicative.**

Actualisables. Rép. pr. civ., v° *Saisie-appréhension*, par R. Bour, janv. 2025, [en vertu d'un titre exécutoire] n°s 24 à 30.

Ouvrages[1]. A. LEBORGNE, *Droit de l'exécution*, 3e éd., « Précis », Dalloz, 2019, n°s 1500 s. – R. PERROT et Ph. THÉRY, *Procédures civiles d'exécution*, 3e éd., Dalloz, 2013, n°s 1033-1050.

1021.04 **Formulaire de procédure civile (renvois).**

- *Saisie-appréhension – Commandement* (Commandement de délivrer ou de restituer en vertu d'un titre exécutoire lorsque l'appréhension est faite entre les mains de la personne tenue de la remise – C. pr. exéc., art. R. 222-2)
- *Saisie-appréhension – Acte de remise* (Acte de remise volontaire ou d'appréhension du bien lorsque le bien a été appréhendé pour être remis à son propriétaire – C. pr. exéc., art. R. 222-4)
- *Saisie-appréhension – Dénonciation au débiteur* (Dénonciation de saisie au débiteur dans le cas particulier où le bien a été appréhendé pour être remis à un créancier gagiste – C. pr. exéc., art. R. 222-6)
- *Saisie-appréhension – Sommation de remise* (Sommation de remettre le bien lorsque l'appréhension est faite entre

1. Les ouvrages dont le nom des auteurs figure en petites capitales en bibliographie seront cités par le seul nom des auteurs en petites capitales en notes de bas de page.

les mains d'un tiers. Appréhension sans difficulté – C. pr. exéc., art. R. 222-7)

- *Saisie-appréhension – Dénonciation de sommation* (Dénonciation (à la personne tenue de restituer ou délivrer le bien) de la sommation faite au tiers détenteur – C. pr. exéc., art. R. 222-7, al. 1er)
- *Saisie-appréhension – Saisine du juge de l'exécution* (Saisine du juge de l'exécution lorsque le bien n'a pas été remis par le tiers détenteur dans le délai imparti – Appréhension avec difficultés : C. pr. exéc., art. R. 222-8)

1021.05 **Spécificité.** Le Code des procédures civiles d'exécution consacre à la saisie-appréhension des meubles corporels, dans sa partie législative, un article unique, l'article L. 222-1, qui est rédigé comme suit : « *L'huissier* [devenu commissaire] *de justice chargé de l'exécution fait appréhender les meubles que le débiteur est tenu de livrer ou de restituer au créancier en vertu d'un titre exécutoire, sauf si le débiteur s'offre à en effectuer le transport à ses frais.*

Lorsque le meuble se trouve entre les mains d'un tiers et dans les locaux d'habitation de ce dernier, il ne peut être appréhendé que sur autorisation du juge de l'exécution. Le juge de l'exécution peut établir le titre prévu au premier alinéa dans les conditions fixées par décret en Conseil d'État ».

Ce texte détermine tout à la fois le champ d'application et les conditions d'ouverture et de mise en œuvre de cette mesure d'exécution particulière qui atteint définitivement son objectif dès que le créancier qui l'a engagée se trouve en possession du bien dont il réclamait la remise.

Le détail de la procédure d'appréhension fait l'objet de dispositions réglementaires contenues dans les articles R. 222-1 s. C. pr. exéc.

Comme toutes les mesures d'exécution forcée (C. pr. exéc., art. L. 111-2), le créancier doit préalablement détenir un titre exécutoire consacrant son droit.

1021.06 **Titre exécutoire.** Les meubles corporels qui doivent être délivrés ou restitués ne peuvent être appréhendés qu'en vertu d'un titre exécutoire (C. pr. exéc., art. L. 222-1, L. 222-2 et R. 222-1). Il s'agit de l'un des titres énumérés par l'article L. 111-3 C. pr. exéc., à l'exception bien entendu de ceux qui constatent un obligation de payer et non de remettre une chose en nature, comme c'est le cas du certificat de non-paiement délivré par le commissaire de justice en matière de chèque sans provision qui ne peut constater qu'une obligation de payer et non de remettre une chose en nature.

Ce titre doit constater l'obligation du débiteur de délivrer ou de restituer le bien réclamé.

Cette obligation en nature n'a donc pas besoin d'être liquide. Toutefois lorsque le bien dont la remise est réclamée constitue la garantie d'une créance de somme d'argent, l'existence et la liquidation de cette créance ne seront pas totalement indifférentes.

Mais l'obligation de remettre la chose doit être exigible, ce qui exclut la saisie-appréhension lorsqu'elle est assortie d'un terme ou d'une condition suspensive. La créance est notamment exigible lorsque le titre ordonne la délivrance immédiate du bien réclamé ou encore sa restitution, soit en raison de l'expiration de la période prévue par le contrat en vertu duquel le bien était détenu précairement (prêt à usage ou location), soit à la suite de la résiliation ou de l'annulation de cette convention. Il convient de se reporter, en ce qui concerne le titre et la créance, aux explications contenues plus haut (v. ss nos 0111.11 et 0112.10 s. – pour les obligations de délivrer et de restituer, v. ss nos 1011.31 s.).

Il y a seulement lieu de préciser que si le titre n'est pas encore exécutoire ou si l'obligation qu'il constate n'est pas encore exigible, la saisie-revendication, qui est une mesure conservatoire, reste possible même si la saisie-appréhension ne peut être pratiquée en l'état (C. pr. exéc., art. L. 511-2 – et C. pr. civ., art. 513).

À ce stade de la procédure, les problèmes de fond relatifs au bien-fondé de la revendication sont déjà tranchés en principe et les difficultés qui peuvent survenir, tout au moins entre le saisissant et le débiteur de la remise, demeurent circonscrites à des questions de formalisme.

L'appréhension peut avoir lieu entre les mains de celui qui est tenu de remettre le bien ou directement entre celles du tiers qui le détient pour son compte (C. pr. exéc., art. L. 222-1, al. 3, et R. 222-1, al. 1er).

Si ce bien est un véhicule terrestre à moteur, il doit être appréhendé selon les modalités particulières examinées plus loin (v. ss nos 1024.05 s.).

SECTION 1
APPRÉHENSION ENTRE LES MAINS DE LA PERSONNE TENUE DE LA REMISE

1021.11 **Notion de « *personne tenue de la remise* ».** Par cette périphrase les rédacteurs du décret du 31 juillet 1992 (désormais intégré au Code des procédures civiles d'exécution) désignent le débiteur direct de l'obligation de délivrer ou de restituer, c'est-à-dire celui qui est mentionné dans le titre exécutoire (le vendeur qui n'a pas livré la chose bien qu'il en ait encaissé le prix ; l'emprunteur ou le locataire d'effets mobiliers qui ne les a pas restitués en dépit de l'expiration ou de la résiliation du contrat ; le constituant qui n'a pas remis le gage promis).

La procédure diligentée à son égard peut être différente selon qu'il se prête ou non de bonne grâce à la saisie-appréhension.

Les conséquences de l'acte d'appréhension peuvent également varier selon que le bien doit être remis à son propriétaire ou à un créancier gagiste.

§ 1
Mise en œuvre de l'appréhension

A.
Commandement de délivrer ou de restituer

1021.21 Question relative au transport volontaire. Avant même d'engager la procédure de saisie-appréhension, le commissaire de justice doit demander au débiteur, lorsqu'il est présent, s'il accepte ou non d'effectuer le transport du bien à ses frais (C. pr. exéc., art. R. 222-3). Il s'agit de mettre en pratique le principe posé par l'article L. 222-1 C. pr. exéc. selon lequel il n'y a pas lieu de recourir à la saisie-appréhension si le débiteur s'offre de transporter le bien à ses frais.

1021.22 Offre d'effectuer le transport. Si le débiteur accepte de coopérer, le commissaire de justice lui signifie un commandement de délivrer ou de restituer dans les huit jours qui lui indique le lieu et les conditions dans lesquelles le bien doit être transporté et l'avertit qu'à défaut, il pourra être appréhendé à ses frais (C. pr. exéc., art. R. 222-1 et R. 222-2).

1021.23 Refus d'effectuer le transport. Si le débiteur, sur la question posée par le commissaire de justice, ne s'offre pas d'effectuer le transport à ses frais, le bien peut être appréhendé immédiatement sans commandement préalable et sur simple présentation du titre exécutoire (C. pr. exéc., art. R. 222-3, al. 1er).

Dans ce cas, l'acte d'appréhension doit contenir l'indication que les contestations pourront être portées devant le juge de l'exécution (JEX) du lieu ou demeure « *celui auquel le bien est retiré* », c'est-à-dire le débiteur de sa délivrance ou de sa restitution (C. pr. exéc., art. R. 222-3, al. 2 – v. ss no 1021.34).

1021.24 Débiteur absent. Lorsque le débiteur n'est pas sur place au moment où le commissaire de justice se présente, il n'est évidemment pas possible de lui demander s'il accepte d'effectuer lui-même et à ses frais, le transport du bien réclamé. Dans cette hypothèse l'article R. 222-3 alinéa 1er C. pr. exéc. prévoit, *a contrario*, que l'appréhension ne peut être effectuée immédiatement.

Le commandement de délivrer ou de restituer prévu par l'article R. 222-2 C. pr. exéc. doit être signifié au débiteur absent afin de lui fournir l'occasion d'éviter une appréhension onéreuse. L'acte contient à cet égard, indication qu'il peut transporter le bien désigné à ses frais, dans un délai de huit jours et en un lieu et dans des conditions précisées. Avertissement lui est également donné qu'à défaut de remise dans ce délai, le bien pourra être appréhendé à ses frais (C. pr. exéc., art. R. 222-2, 2o et 3o).

1021.25 Commandement. Selon les dispositions combinées des articles R. 222-2 et R. 222-3 C. pr. exéc., lorsque le débiteur est absent ou lorsqu'étant présent, il offre de transporter le bien à ses frais, un commandement de délivrer ou de restituer lui est obligatoirement signifié. La saisie-appréhension qui aurait été faite sans ce commandement préalable serait nulle.

1021.26 Mentions requises. En vertu de l'article R. 222-2 C. pr. exéc., ce commandement contient à peine de nullité :

« *1o La mention du titre exécutoire en vertu duquel la remise est exigée ;*

2o L'indication que la personne tenue de la remise peut, dans un délai de huit jours, transporter à ses frais le bien désigné en un lieu et dans les conditions indiqués ;

3o L'avertissement qu'à défaut de remise dans ce délai, le bien pourra être appréhendé à ses frais ;

4o L'indication que les contestations pourront être portées devant le juge de l'exécution du lieu où demeure le destinataire de l'acte ».

B.
Acte de remise ou d'appréhension

1021.31 Mode de signification. Le commandement est un exploit qui peut être signifié dans le même acte que le jugement en vertu duquel la remise est exigée (C. pr. exéc., art. R. 222-2 *in fine*).

Cette formalité permet à la fois de gagner du temps et d'économiser le coût d'un acte. Le législateur permet d'ailleurs, dans beaucoup d'autres hypothèses, l'accomplissement de formalités multiples par un acte unique.

1021.32 Délai de huit jours. Le débiteur absent ou qui s'est offert de transporter le bien à ses frais dispose d'un délai de huit jours à compter du commandement pour procéder lui-même à la remise (C. pr. exéc., art. R. 222-2, 2o). Ce délai peut être prorogé jusqu'au premier jour ouvrable suivant, s'il expire un dimanche ou un jour férié ou chômé. Ce n'est qu'à défaut de remise volontaire que le commissaire de justice peut procéder à l'appréhension au frais du débiteur.

1021.33 Acte de remise volontaire. Si dans le délai de huit jours le bien est remis volontairement, le commissaire de justice dresse un acte constatant cette remise et contenant un état détaillé du bien

(C. pr. exéc., art. R. 222-4) ce qui permettra de fixer immédiatement ses dégradations apparentes. À partir de ce moment le débiteur ne pourra plus être tenu pour responsable des dégâts constatés ultérieurement.

Outre l'état détaillé du bien l'acte devrait aussi mentionner, le cas échéant, les documents administratifs, les certificats de garantie, d'authenticité ou d'origine constituant les accessoires indispensables à l'utilisation du bien.

L'acte peut aussi se voir annexer la photographie éventuellement prise par le commissaire de justice (C. pr. exéc., art. R. 222-4).

1021.34 **Acte d'appréhension.** Si le débiteur présent n'a pas offert de transporter le bien, le commissaire de justice procède immédiatement à l'appréhension et en dresse acte.

Il établit également un tel acte lorsqu'à l'expiration du délai de huit jours imparti par le commandement, le débiteur absent ou qui a offert d'effectuer le transport ne s'est pas exécuté. Dans tous les cas l'acte contient, comme l'acte de remise volontaire, un état détaillé du bien et comportant en annexe, le cas échéant, la photographie prise par le commissaire de justice (C. pr. exéc., art. R. 222-4).

Il doit contenir, en outre, lorsque l'appréhension est effectuée sans commandement préalable, indication que les contestations pourront être portées devant le JEX du lieu où demeure celui auquel le bien est retiré (C. pr. exéc., art. R. 222-3, al. 2).

1021.35 **Photographies.** Le bien peut être photographié et la photographie éventuellement prise est annexée à l'acte de remise volontaire ou d'appréhension (C. pr. exéc., art. R. 222-4). Elle n'est cependant pas communiquée au débiteur puisque celui-ci est seulement destinataire d'une copie de l'acte de remise ou d'appréhension auquel elle n'est pas annexée. Elle ne pourra, semble-t-il, lui être communiquée qu'à l'occasion d'une contestation portée devant le JEX si l'on raisonne par analogie avec la saisie-vente (C. pr. exéc., art. R. 221-12).

1021.36 **Contestations.** Les contestations sont portées devant le JEX du lieu où demeure celui auquel le bien est retiré (C. pr. exéc., art. R. 222-2, 4° et R. 222-3).

Elles ne sont enfermées dans aucun délai particulier. Dès lors qu'il existe un titre exécutoire qui a déjà statué sur le droit de celui qui réclame la délivrance ou la restitution, les difficultés élevées à ce stade de la procédure d'exécution ne devraient porter, en principe, que sur des problèmes de procédure. Cependant, on ne peut exclure la survenance de problèmes de fond qui ont généralement pour origine, un conflit de propriété (pas toujours tranché dans le titre exécutoire lorsqu'il émane d'un tiers) ou l'opposition d'un droit de rétention.

Lorsque le bien appréhendé est un gage garantissant le paiement d'une somme d'argent, le débiteur qui conteste sa dette peut, si le saisissant ne s'est pas, par ailleurs, procuré un titre exécutoire consacrant et liquidant sa créance, élever une contestation.

§ 2
Conséquences de l'appréhension

1021.40 **Plan. Effets de l'appréhension.** L'appréhension produit des conséquences différentes selon que le bien est remis à son propriétaire (A) ou à un créancier gagiste (B).

A.
Remise au propriétaire

1021.51 **Remise au propriétaire.** Lorsque l'appréhension est effectuée au profit d'un propriétaire, la saisie atteint son objectif dès que le bien lui est remis. Le propriétaire qui entre en possession ou recouvre celle-ci est définitivement rempli de ses droits de telle sorte que l'exécution forcée est arrivée à son terme.

Une ultime formalité consiste à remettre au débiteur visé dans le titre exécutoire, s'il est présent, une copie de l'acte de remise volontaire ou d'appréhension. S'il est absent, cet acte doit lui être notifié par lettre recommandée avec demande d'avis de réception (C. pr. exéc., art. R. 222-5).

Toutefois, ce schéma classique n'est pas forcément celui que l'on rencontre le plus couramment en pratique, avec le développement des sûretés fondées sur un différé du transfert de la propriété (vente avec réserve de propriété, location avec promesse de vente). Dans ces hypothèses, la propriété n'a pas été conservée ou acquise pour elle-même mais pour bénéficier d'une garantie absolue. Le bien repris n'a pas vocation à rester dans le patrimoine de son propriétaire. Il est vendu de gré à gré ou dans le cadre d'une vente publique volontaire afin d'apurer la dette de celui qui devait le restituer.

Cette question est approfondie à propos de la saisie-appréhension des véhicules terrestres à moteur (v. s^{s} n°s 1024.31 s.).

B.
Remise à un créancier gagiste

1021.61 **Remise à un créancier gagiste.** Dans le cas particulier où le bien est appréhendé pour être remis à un créancier gagiste, l'appréhension n'est qu'une étape. Elle vise à permettre au créancier gagiste, en cas de défaillance de son débiteur, non seulement de rentrer en possession du gage, mais encore de demander son attribution ou de poursuivre sa réalisation. Dans ce cas, c'est une véritable procédure de saisie-vente qui succède à la procédure de saisie-appréhension, sauf si le créancier met en œuvre la procédure simplifiée applicable au gage garantissant une dette professionnelle (C. pr. exéc., art. R. 222-6).

Il convient cependant de relever que l'assimilation à la procédure de saisie-vente ne peut être totale car le créancier gagiste n'est pas porteur, sauf s'il s'en est procuré un dans le cadre d'une procédure parallèle, d'un titre exécutoire constatant une créance de somme d'argent liquide et exigible. Le seul titre qu'il détient est, en principe, celui qui lui a permis de pratiquer la saisie-appréhension, lequel ne constate à son profit qu'une obligation en nature, celle de lui remettre le bien gagé. Aussi, la contestation devant le JEX ouverte par les articles R. 222-2, 4° et R. 222-3 alinéa 2 C. pr. exéc. et rappelée dans l'acte de remise ou d'appréhension, présente-t-elle pour le débiteur qui se prétend partiellement ou totalement libéré, un intérêt éminent.

1°
Particularités de la procédure

1021.71 **Constitution d'un gardien.** L'acte de remise ou d'appréhension « *vaut saisie sous la garde du créancier* » (C. pr. exéc., art. R. 222-6, al. 1er). Cette dérogation au principe posé par l'article L. 141-2 C. pr. exéc. selon lequel le saisi est réputé gardien, était inévitable puisque, contrairement aux règles de la saisie-vente, le débiteur ne conserve pas l'usage du bien saisi. C'est donc au créancier gagiste de veiller à sa conservation.

1021.72 **Acte particulier.** L'article R. 222-6 alinéa 2 C. pr. exéc. prévoit qu'outre l'acte de remise ou d'appréhension, le commissaire de justice doit établir un acte particulier qui est remis ou signifié au débiteur. Le texte susvisé ne qualifie pas cet acte mais les informations qu'il lui impose de mentionner à peine de nullité, sont en partie les mêmes que celles du commandement et du procès-verbal aux fins de saisie-vente.

Il constitue ainsi, lorsque les articles R. 221-30 à R. 221-39 sont applicables, une véritable passerelle entre la saisie-appréhension et la saisie-vente et pourrait s'analyser, bien que l'article R. 222-6 ne le précise pas, en un acte de conversion.

Selon l'article R. 222-6 précité, dans sa rédaction en vigueur jusqu'au 31 décembre 2022, l'acte contenait à peine de nullité :

– « *1° Une copie de l'acte de remise ou d'appréhension, selon le cas ;*

– *2° L'indication du lieu où le bien est déposé ;*

– *3° Le décompte distinct des sommes réclamées en principal, frais et intérêts échus ainsi que l'indication du taux des intérêts ;*

– *4° L'indication en caractères très apparents que le débiteur dispose d'un délai d'un mois pour procéder à la vente amiable du bien saisi, conformément aux dispositions des articles R. 221-30 à R. 221-32, et la date à partir de laquelle, à défaut de vente amiable dans ce délai, il pourra être procédé à la vente forcée aux enchères publiques ;*

– *5° La reproduction des articles R. 221-30 à R. 221-32* ».

À partir du 1er janvier 2023, les 4° et 5° de l'article R. 222-6 ont été remplacés, suite au décret du 21 décembre 2021[1], par les dispositions suivantes :

– « *5° Lorsque le créancier ne met pas en œuvre la procédure de réalisation simplifiée prévue par le second alinéa de l'article 2346 du Code civil :*

– *L'indication, en caractères très apparents, que le débiteur dispose d'un délai d'un mois pour procéder à la vente amiable du bien saisi conformément aux dispositions des articles R. 221-30 à R. 221-32 et la date à partir de laquelle, à défaut de vente amiable dans ce délai, il peut être procédé à la vente forcée aux enchères publiques ;*

– *La reproduction des articles R. 221-30 à R. 221-32 ;*

– *Lorsque le créancier met en œuvre la procédure de réalisation simplifiée prévue par le second alinéa de l'article 2346 du code civil :*

– *La mention, en caractères très apparents, de la date de la signification effectuée en application du second alinéa de l'article 2346 du Code civil ;*

– *La reproduction du second alinéa de l'article 2346 du Code civil* ».

2°
Réalisation ou attribution du gage

1021.81 **Modalités de la vente du gage.** L'article R. 222-6 alinéa 1er C. pr. exéc. précise qu'il est procédé à la vente forcée aux enchères publiques, sous réserve que le créancier n'ait pas demandé l'attribution judiciaire du gage. Sauf si la procédure de réalisation simplifiée prévue par l'article 2346 alinéa 2 C. civ. est mise en œuvre[2], cette vente a lieu selon les formalités prévues par les articles R. 221-30 à R. 221-39 C. pr. exéc., c'est-à-dire celles adop-

1. Décr. n° 2021-1888, 29 déc. 2021, pris en application de l'ordonnance n° 2021-1192 du 15 septembre 2021 portant réforme du droit des sûretés, *JO* 30 déc., texte 53, art. 2, 6° (entrant en vigueur le 1er janv. 2023) et 7, I (entré en vigueur le 1er janv. 2022).
2. Cette référence à la procédure de réalisation simplifiée a été introduite dans l'article R. 222-6 C. pr. exéc. par Décr. n° 2021-1888, 29 déc. 2021, art. 2, 6° (entrant en vigueur le 1er janv. 2023).

tées en matière de saisie-vente auxquelles il convient de renvoyer (v. s[s] n°s 0714.11 s.).

Il faut cependant évoquer le choix traditionnellement offert au créancier gagiste impayé à l'échéance, entre l'attribution en propriété de la chose engagée et sa vente en vue d'être payé sur le prix obtenu. La question de la vente amiable mérite également quelques développements en raison du conflit avec les dispositions de l'article 2346 alinéa 2 C. civ.[1,2] prévoyant une procédure de réalisation expéditive pour le gage garantissant une dette professionnelle. Enfin la vente forcée du gage comporte quelques particularités qu'il convient de signaler (sur les conséquences de la survenance d'une procédure collective sur les conditions de réalisation du gage, v. s[s] n°s 1012.132 s.).

1021.82 **Attribution de la propriété.** Le créancier gagiste peut demander que le gage lui demeure en paiement à due concurrence. Mais cette attribution de la propriété doit être ordonnée en justice. Lorsque la valeur du bien gagé excède le montant de la dette garantie, la somme égale à la différence est versée au débiteur ou, s'il existe d'autres créanciers gagistes, est consignée (C. civ., art. 2347).

Lorsque le créancier sollicite l'attribution judiciaire du gage, il n'est pas procédé à la vente du bien, qu'elle soit amiable ou judiciaire. En effet, l'article R. 222-6 alinéa 1er C. pr. exéc. dans sa rédaction issue du décret du 30 mai 2012[3] et celui du 29 décembre 2021[4], dispose expressément que « *sous réserve que le créancier n'ait pas demandé l'attribution judiciaire du gage, il est procédé à la vente forcée aux enchères publiques du bien gagé* ».

1021.83 **Pacte commissoire.** C'est une convention par laquelle le créancier gagiste devient de plein droit, propriétaire du gage en cas de non-paiement. Consentie par un débiteur pressé par la nécessité, elle pouvait permettre au créancier de s'approprier en l'absence de contrôle judiciaire, un bien d'une valeur supérieure au montant de la créance garantie. Le pacte commissoire était donc prohibé (C. civ., anc. art. 2078, al. 2 – et C. com., anc. art. L. 521-3, al. dern. [réd. antérieure à Ord. 23 mars 2006]). Désormais depuis la réforme des sûretés résultant de l'ordonnance du 23 mars 2006[5], il peut être convenu, lors de la constitution du gage ou postérieurement, qu'à défaut d'exécution de l'obligation garantie le créancier deviendra propriétaire du bien gagé (C. civ., art. 2348, al. 1er ; C. pr. exéc., art. R. 222-6). Afin que le débiteur ne soit pas lésé, il est prévu que la valeur du bien doit être déterminée au jour du transfert par un expert désigné à l'amiable ou judiciairement, à défaut de cotation officielle du bien, sur une plateforme de négociation au sens du Code monétaire et financier. Toute clause contraire est réputée non écrite. Lorsque la valeur excède le montant de la dette garantie, la somme égale à la différence est versée au débiteur ou est consignée s'il existe d'autres créanciers gagistes (C. civ., art. 2348, al. 2 et 3).

Il faut préciser que la conclusion d'un pacte commissoire demeure exclue après l'ouverture d'une procédure collective et, surtout, en matière de crédit à la consommation (C. consom., art. L. 312-38 *in fine*).

1021.84 **Conditions de l'attribution en nature.** L'attribution du gage s'analyse en une dation forcée en paiement par laquelle le créancier acquiert la propriété du gage et, par là même l'emporte sur tous les créanciers même d'un meilleur rang que le sien.

L'attribution judiciaire expressément prévue pour le gage civil était également admise pour le gage commercial[6] avant sa suppression en tant que gage spécial, par l'ordonnance du 15 septembre 2021.

Selon la Cour de cassation, l'attribution en nature bénéficie à tous les créanciers gagistes, même titulaires d'un gage sans dépossession[7]. Mais seul le gagiste peut demander l'attribution de la propriété. Le rétenteur, dont le droit n'est pas assimilable au gage, ne peut obtenir l'attribution en pleine propriété de la chose retenue[8].

L'attribution judiciaire peut être demandée même en cas d'ouverture d'une procédure collective (C. com., art. L. 642-20-1, al. 2 [C. com., anc. art. L. 642-25[9]]). La demande ne s'analyse pas en une action en revendication justiciable de l'article 115 de la loi du 25 janvier 1985 (devenu C. com., art. L. 624-9[10]) et la décision d'attribution est opposable au tiers détenteur locataire, le créancier étant investi d'un droit de suite sur le matériel gagé revêtu d'une plaque mentionnant la sûreté[11] (sur l'attribu-

1. Mod. par Ord. n° 2021-1192, 15 sept. 2021, réformant les sûretés, *JO* 16 sept., texte 19, art. 8.
2. C. com., anc. art. L. 521-3.
3. Décr. n° 2012-783, 30 mai 2012, relatif à la partie réglementaire du Code des procédures civiles d'exécution, *JO* 31 mai, p. 9375.
4. Décr. n° 2021-1888, 29 déc. 2021, art. 2, 6°.
5. Ord. n° 2006-346, 23 mars 2006, relative aux sûretés, *JO* 24 mars, p. 4475.
6. Com. 31 mai 1960, *D.* 1960. 601, note Y. Guyon.
7. Cass., ass. plén., 26 oct. 1984, n° 83-10.055, P, n° 6 ; *D.* 1985. 33, concl. Cabannes, note Derrida.
8. Com. 9 juin 1998, n° 96-12.719, P IV, n° 181 ; *D.* 1998. 185 ; *D.* 1999. 300, obs. S. Piedelièvre ; *JCP* 1999. I. 116, p. 416, obs. Ph. Simler et Ph. Delebecque ; *RTD com.* 1999. 751, obs. A. Martin-Serf.
9. C. com., anc. art. L. 622-21.
10. C. com., anc. art. L. 621-115.
11. Com. 28 janv. 1997, n° 93-21.662, P IV, n° 32 ; *JCP* 1997. IV. 625 ; *RTD com.* 1997. 503, obs. B. Bouloc.

tion du gage dans le cadre d'une procédure collective, v. s[s] n° 1012.133).

1021.85 **Compatibilité avec la faculté de vente amiable.** Quelle est la place laissée par la réforme des voies d'exécution, à l'option du créancier entre la vente et l'attribution du gage ? À l'origine, les textes relatifs aux procédures civiles d'exécution n'envisageaient pas l'attribution du gage. Ils ne réglementaient que les modalités de son appréhension et de sa vente. Or, accepter que le gagiste puisse demander immédiatement l'attribution judiciaire revenait à supprimer au débiteur la faculté de présenter un acquéreur dans le délai d'un mois, qui lui était ouverte par l'article R. 222-6 C. pr. exéc. On se trouvait en présence de deux facultés d'option inconciliables résultant de dispositions difficilement compatibles. La règle « *specialia generalibus derogant* » et la hiérarchie des textes ne permettaient pas de résoudre la difficulté d'une manière satisfaisante. Il semblait que la règle la plus ancienne devait céder devant la plus récente qui était censée améliorer le droit existant et par conséquent, que l'option du créancier en faveur de l'attribution du gage ne pouvait s'exercer que si, à l'expiration du délai d'un mois, le débiteur n'avait pas usé de la faculté de vente amiable.

Toutefois, depuis l'adoption du Code des procédures civiles d'exécution, l'article R. 222-6, qui remplace l'article 145 du décret de 1992, prévoit désormais expressément qu'il n'est procédé à la vente, selon les modalités prévues aux articles R. 221-30 à R. 221-39 (relatifs aux ventes amiable et forcée), que si l'attribution judiciaire du gage n'est pas demandée par le créancier. Par conséquent, l'option entre l'attribution judiciaire et la réalisation du gage s'exerce avant la faculté de vente amiable du débiteur et y fait nécessairement obstacle. Dans ce cas, on peut se demander sur quelle base le bien nanti doit être estimé à dire d'expert. Celui-ci doit-il prendre en considération le prix susceptible d'être obtenu à la suite d'une vente amiable ou d'une vente aux enchères[1] ?

1021.86 **Réalisation simplifiée et vente amiable.** La vente du gage, quelle que soit sa forme, devient possible dès lors que le créancier n'a pas demandé son attribution. Cette vente est faite, en principe, selon les modalités prévues par le Code des procédures civiles d'exécution et plus particulièrement ses articles R. 221-30 à R. 221-39 ouvrant au débiteur une faculté de vente amiable avant toute vente forcée (C. civ., art. 2346, al. 1er, et C. pr. exéc., art. R. 222-6).

Toutefois, le second alinéa de l'article 2346 C. civ. organise une procédure de réalisation simplifiée lorsque le gage garantit une dette professionnelle qui permet au créancier de procéder à sa vente publique huit jours après une signification au débiteur et, le cas échant, au tiers constituant[2]. Ce texte qui résulte de l'ordonnance du 15 septembre 2021 reprend la procédure de réalisation du gage commercial prévu par l'article L. 521-3 C. com. abrogé par la même ordonnance[3].

Ces modalités heurtent l'esprit général de la réforme des voies d'exécution qui ouvre à tout débiteur, quelle que soit la nature de sa dette, une faculté de vente amiable constituant, selon l'expression de H. Croze et T. Moussa dans leur commentaire de l'avis du 5 mai 1995 « *une manifestation originale des droits de la défense, en même temps qu'une conséquence normale du droit de propriété* »[4].

On aurait pu considérer que le champ d'application de l'article 2346 alinéa 2 C. civ. était limité au cas où le créancier gagiste a déjà la possession réelle du bien donné en garantie, soit dès l'origine de la constitution, soit par suite d'une remise volontaire ultérieure, ces deux hypothèses n'étant pas réglementées par l'article R. 222-6 C. pr. exéc. Lorsque le créancier gagiste devait recourir à la saisie pour recouvrer la possession effective, la procédure sommaire de l'article L. 2346 alinéa 2 C. civ. paraissait exclue, la vente devant se faire en respectant les formalités adoptées par le Code des procédures civiles d'exécution.

Cependant cette interprétation se heurte à la nouvelle rédaction de l'article R. 222-6 précité résultant du décret du 29 décembre 2021 qui subordonne à l'absence de mise en œuvre de la procédure de réalisation simplifiée, l'application des articles R. 221-30 à R. 221-39 C. pr. exéc. relatifs à la vente judiciaire du bien saisi. Ce n'est que si le créancier ne peut se prévaloir du second alinéa de l'article 2346 C. civ., que le débiteur est informé de la faculté de vente amiable et du délai pour l'exercer[5]. L'application des articles R. 221-30 à R. 221-39 régissant la vente amiable est, de toutes façons, incontournable, lorsque le gage a été constitué pour garantir une dette non professionnelle. Dans ce cas, la vente forcée ne peut avoir lieu qu'après l'expiration de tous les délais ouverts au débiteur et à ses créanciers pour discuter des conditions d'une cession amiable. Les conditions et les modalités d'exercice de la faculté de vente amiable sont exposées dans les développements consacrés à la saisie-vente. Rappelons seulement que les créanciers ayant publié d'autres sûretés sur le bien saisi-appréhendé sont

1. Morgan de Rivery-Guillaud, note s[s] Cass., avis, 5 mai 1995, n° 09-50.004, P, n° 4.

2. Ord. n° 2021-1192, 15 sept. 2021, art. 8, VIII, 3°.
3. Ord. n° 2021-1192, 15 sept. 2021, art. 28, 3°.
4. Cass., avis, 5 mai 1995, n° 09-50.004, P (préc., v. s[s] n° 1021.85).
5. Décr. n° 2021-1888, 29 déc. 2021, art. 2, 6° (entrant en vigueur le 1er janv. 2023) et art. 7, I (entré en vigueur le 1er janv. 2022).

informés des propositions faites par le candidat acquéreur, sur lesquelles ils doivent prendre parti dans un délai de quinze jours, faute de quoi ils sont réputés les avoir acceptées. Ils doivent, dans ce même délai, faire connaître la nature et le montant de leurs créances sous peine de perdre leur droit de concourir à la distribution du prix dont le paiement détermine la radiation des inscriptions de sûretés, y compris celle du gage, prises du chef du débiteur sur le bien saisi-appréhendé (C. pr. exéc., art. R. 221-31 et R. 221-32 – sur la vente amiable, v. s[s] n°s 0715.05 s.).

L'article L. 312-38 alinéa 3 C. consom. issu de l'ordonnance du 14 mars 2016 [1] dispose également qu'en cas de défaillance de l'emprunteur, seules les modalités de réalisation du gage autorisées par les articles 2246 et 2247 C. civ. sont ouvertes aux créanciers gagistes, étant précisé, toutefois, que le pacte commissoire est exclu, toute clause contraire étant réputée non écrite.

1021.87 **Vente forcée.** À défaut de vente amiable, le bien gagé doit être vendu aux enchères publiques selon les règles prévues pour la saisie-vente (v. s[s] n°s 0716.05 s.). Rappelons seulement que la vente est précédée par l'accomplissement de formalités de publicité et par la vérification de la consistance des biens. Elle est faite par un officier ministériel habilité par son statut à procéder à la vente aux enchères publiques de meubles corporels et dans les cas prévus par la loi (ventes de marchandises en gros) par des courtiers de marchandises assermentés (C. pr. exéc, art. R. 221-33 à R. 221-38 – C. civ., art. 2346). Rappelons également que le créancier gagiste saisissant, qui procède à l'enlèvement des biens en vue de leur vente, en informe les créanciers ayant publié d'autres sûretés sur les mêmes biens et ce, par une LRAR mentionnant, à peine de nullité, les références de l'officier ministériel vendeur, ainsi que le délai de quinze jours qui leur est imparti, sous peine de perdre leur droit de concourir à la distribution du prix, pour faire connaître à cet officier la nature et le montant de leur créance au jour de l'enlèvement (C. pr. exéc., art. R. 221-36-1). Un état des inscriptions au registre des sûretés mobilières est annexé à l'acte de vente, inscriptions qui sont radiées sur justification du paiement du prix (C. pr. exéc., art. R. 221-39).

1021.88 **Interdiction de la clause de voie parée.** C'est une convention par laquelle le débiteur autorise par avance le créancier gagiste à disposer lui-même du bien donné en garantie, en le vendant de gré à gré pour se payer sur son prix. Elle est jugée dangereuse car le créancier risque de se contenter d'un prix très faible dès lors qu'il est suffisant pour le désintéresser et ce, au détriment du débiteur et de ses autres créanciers. La clause de voie parée est donc prohibée par l'article 2346 C. civ.

À noter qu'en matière de gage-espèces la vente aux enchères est jugée manifestement inutile [2].

1021.89 **Vente séparée des éléments d'un fonds de commerce.** Lorsque les biens dont la réalisation est poursuivie sont des éléments d'un fonds de commerce grevés d'inscription, leur vente séparée ne peut avoir lieu que dix jours au plus tôt après la notification de la procédure aux créanciers qui se sont inscrits quinze jours au moins avant cette notification. Pendant le délai de dix jours, ces derniers peuvent demander au tribunal de commerce qu'il soit précédé à la vente globale de tous les éléments du fonds. Le tribunal peut l'ordonner si la vente séparée met en péril la valeur de ce fonds. Ce formalisme prescrit par l'article L. 143-10 C. com. s'impose au créancier gagiste dès lors que la réalisation est poursuivie, soit en vertu d'une saisie-vente (ou d'une procédure qui renvoie à ses modalités), soit en application du second alinéa de l'article 2346 C. civ. (vente publique après une simple signification au débiteur).

Le matériel et les marchandises font l'objet d'une mise à prix distincte et il y a lieu à ventilation du prix des éléments non grevés d'un privilège.

1021.90 **Privilège et imputation du prix.** Le gage confère au créancier le droit d'être payé sur le prix de vente de la chose qui en est l'objet et ce, par privilège et préférence aux autres créanciers (C. civ., art. 2333 [3]).

Lorsque le gage est réalisé, dans le cadre d'une procédure collective, à l'initiative du liquidateur, le privilège du créancier est de plein droit reporté sur le prix (C. com., art. L. 642-20-1, al. 3 [anc. art. L. 642-25 [4]] – v. s[s] n° 1012.132).

Lorsqu'un gage garantit partiellement une dette, le versement résultant de sa réalisation s'impute sur le montant pour lequel la sûreté a été consentie [5].

SECTION 2

APPRÉHENSION ENTRE LES MAINS D'UN TIERS

1021.101 **Notion de tiers.** La saisie-appréhension entre les mains d'un tiers est permise par

1. Ord. n° 2016-301, 14 mars 2016, relative à la partie législative du Code de la consommation, *JO* 16 mars, texte n° 29.

2. T. com. Paris, 8 oct. 1990, *RD banc. et bourse* 1991. 97, obs. Credot et Gérard – Com. 9 avr. 1996, n° 93-17.370, P IV, n° 116 ; *D.* 1996. 399, note C. Larroumet ; 385, note S. Piedelièvre ; *RTD civ.* 1996. 669, obs. P. Crocq ; 954, obs. P. Crocq ; *RTD com.* 1996. 509, obs. R. Cabrillac ; 1997. 135, obs. B. Bouloc.
3. COMP. : C. civ., anc. art. 2073.
4. C. com., anc. art. L. 622-21.
5. Cass., ass. plén., 6 nov. 2009, n° 08-17.095, P, n° 7 ; *JCP* 11 janv. 2010, p. 30, note S. Piedelièvre ; *D.* 2009. 2803, obs. V. Avena-Robardet ; *RTD civ.* 2010. 358, obs. P. Crocq ; *RTD com.* 2010. 182, obs. B. Bouloc.

l'article L. 222-1 C. pr. exéc., sous réserve d'obtenir l'autorisation préalable du JEX si le bien se trouve dans ses locaux d'habitation.

Le terme « *tiers* » désigne toute personne physique ou morale qui détient le bien que le débiteur est tenu de remettre, soit pour le compte de ce dernier (en qualité de réparateur, de dépositaire, de locataire, de sous-locataire ou de transporteur), soit pour son propre compte (en qualité d'acquéreur, de donataire, de voleur ou d'inventeur).

Si le tiers est un détenteur précaire, il ne peut pas s'opposer, en principe, à la restitution, à moins qu'il ne soit en mesure d'invoquer un droit de rétention.

S'il détient bien pour son propre compte il peut se retrancher derrière l'article 2276 C. civ. (anc. art. 2279), sauf s'il a reçu le bien de mauvaise foi ou si celui-ci a été perdu ou volé.

Le Code des procédures civiles d'exécution organise une procédure qui permet de prendre en compte ces objections ou d'y passer outre, si elles sont jugées sans fondement.

§ 1
Appréhension sans difficulté

1021.111 **Sommation de remettre.** Selon l'article R. 222-7 C. pr. exéc., la procédure débute par une sommation directement signifiée au tiers par un exploit contenant, à peine de nullité :

– « *1º Une copie du titre exécutoire en vertu duquel la remise est exigée et s'il s'agit d'un jugement du dispositif de celui-ci ;*

– *2º une injonction d'avoir, dans un délai de huit jours, soit à remettre le bien désigné, soit communiquer à l'huissier* [devenu commissaire] *de justice, sous peine de dommages et intérêts le cas échéant les raisons pour lesquelles il s'oppose à la remise ;*

– *3º l'indication que les difficultés seront portées devant le juge de l'exécution du lieu où demeure le destinataire de l'acte* ».

Le tiers est ainsi informé du droit invoqué par le créancier de la remise et reçoit communication du titre le consacrant. Il sait également qu'il peut faire valoir son propre droit sur le bien auprès du commissaire de justice et, si celui-ci n'en tient pas compte, devant le JEX désigné dans la sommation. S'il n'a aucun droit à invoquer il ne lui reste plus qu'à s'exécuter dans le délai de huit jours imparti par la sommation.

1021.112 **Dénonciation de la sommation.** La sommation est dénoncée par lettre recommandée avec demande d'avis de réception, à la personne tenue de la remise ou de la délivrance (C. pr. exéc., art. R. 222-7). Le débiteur doit nécessairement être informé de la mesure projetée, afin de lui permettre d'élever une contestation devant le juge.

1021.113 **Remise volontaire du bien.** Bien que le Code des procédures civiles d'exécution (partie réglementaire) ne le précise pas expressément, il va de soi que la remise volontaire du bien dans les huit jours de la signification de la sommation, donne lieu à un acte de remise dressé dans les conditions prévues à l'article R. 222-4 (contenant une description détaillée du bien et comportant, le cas échéant, sa photographie en annexe) et remis ou notifié à la personne tenue de la délivrance ou de la restitution, selon les modalités prévues aux articles R. 222-5 (remise du bien à son propriétaire) et R. 222-6 du même code (remise du bien à un créancier gagiste – v. ss nos 1021.33 s. et 1021.40 s.).

§ 2
Appréhension avec difficultés

A.
Modalités

1021.121 **Contentieux.** Lorsque les motifs invoqués par le tiers qui refuse de restituer le bien ne sont pas convaincants ou si ce refus n'est pas motivé, on se retrouve en présence d'un difficulté qui tient au fait que le titre exécutoire fondant la saisie ne vise que le débiteur de la remise. Le Code des procédures civiles d'exécution ouvre donc au créancier la possibilité d'obtenir une décision ordonnant la remise du bien, tout en permettant au tiers d'être entendu sur les raisons de sa résistance. Par conséquent, si le tiers retient le bien, la difficulté est tranchée par le JEX, soit à la demande du créancier de la remise, soit à celle du tiers.

1021.122 **Juge compétent.** C'est le JEX du lieu où demeure le destinataire de la sommation de remettre le bien, c'est-à-dire du tiers qui le détient (C. pr. exéc., art. R. 222-7, 3º, et R. 222-8, al. 1er).

1021.123 **Délais de saisine.** Le JEX ne peut être saisi avant l'expiration du délai de huit jours imparti pour la remise volontaire. Il doit cependant être saisi au plus tard, dans le mois qui suit le jour où la sommation de remettre le bien a été signifiée, soit à l'initiative du créancier, soit à celle du tiers. À défaut, la sommation et les mesures conservatoires qui auraient été prises deviennent caduques (C. pr. exéc., art. R. 222-8, al. 2). C'est donc celui qui demande la remise qui a le plus intérêt à réagir.

1021.124 **Procédure applicable.** L'article R. 222-8 C. pr. exéc. qui envisage le règlement de la difficulté, n'est pas très explicite sur la nature de la procédure à mettre en œuvre et partant, sur les modalités de la saisine du juge. Il semble cependant que la procédure est différente selon que la saisine émane du créancier ou du tiers.

1021.125 **Saisine par le créancier.** À défaut de remise volontaire du bien dans le délai de huit jours imparti par la sommation, le créancier saisissant peut demander au juge d'ordonner cette remise (C. pr. exéc., art. R. 222-8, al. 1er).

Le JEX est saisi par voie d'assignation selon les règles de la procédure ordinaire applicable devant sa juridiction.

Toutefois, la résistance du tiers paraît s'analyser en une difficulté d'exécution autorisant l'officier ministériel dont les opérations sont entravées, à prendre l'initiative de la porter devant le JEX. Cette saisine est faite par une déclaration écrite présentant la difficulté, accompagnée du titre exécutoire ainsi que les documents communiqués. Parallèlement, les parties sont informées par l'agent d'exécution des lieu, jour et heure de l'audience, soit verbalement, soit par LRAR, cette information valant assignation. À l'audience l'officier ministériel peut être entendu en ses explications (C. pr. exéc, art. R. 151-1 s.).

1021.126 **Saisine par le tiers.** L'article R. 222-8 C. pr. exéc. se borne à indiquer que « *le juge de l'exécution peut également être saisi par le tiers* ». Il faut donc en conclure que lorsque le tiers entend faire valoir un droit sur le bien, il doit recourir à la procédure de droit commun et assigner celui qui demande la remise à la plus prochaine audience utile (C. pr. exéc., art. R. 121-11).

B. Droits susceptibles d'être invoqués par le tiers

1021.131 **Droits susceptibles d'être invoqués.** Le tiers peut résister à la demande de remise en se prévalant d'un droit sur le bien qui peut avoir des origines diverses.

1021.132 **Droit de rétention à l'état pur.** Le tiers peut être en mesure d'invoquer un droit de rétention si sa détention est précaire et résulte d'un contrat dont le débiteur de la remise n'a pas exécuté les obligations à son égard. Ainsi le dépositaire à titre onéreux, le réparateur, le transporteur ou le mandataire peuvent, s'ils n'ont pas été payés de leurs salaires ou de leurs impenses (aujourd'hui dépenses), opposer efficacement le droit de rétention que leur reconnaît la loi ou la jurisprudence. À noter que la Cour de cassation a longtemps considéré que le droit de rétention n'était pas une sûreté et n'était pas assimilable au gage. Elle ne permettait donc pas l'attribution en pleine propriété de la chose retenue[1]. Depuis un arrêt du 24 septembre 2009, la Haute juridiction assimile le droit de rétention à une sûreté et autorise en conséquence le vendeur de véhicule impayé à retenir les documents administratifs y afférents à l'encontre du sous-acquéreur de bonne foi et ce, même s'il a désintéressé le vendeur intermédiaire en liquidation judiciaire[2]. Cependant, le droit de rétention sur des documents administratifs de circulation ne s'étend pas aux véhicules auxquels ils se rapportent et ne peut donc pas être reporté sur leur prix de vente[3].

Il convient de se reporter, pour les différents cas de rétention ainsi que pour les effets, conditions d'ouverture et de perte du droit de rétention, aux développements relatifs à la saisie-vente entre les mains d'un tiers (v. ss nos 0714.153 à 0714.161).

1021.133 **Droit de gage.** Le tiers peut avoir reçu le bien à titre de gage de la part de la personne tenue de le remettre. Il bénéficie à ce titre, en vertu de l'article 2339 C. civ.[4] d'un droit de rétention opposable au revendiquant.

Dans cette hypothèse le droit de rétention est l'accessoire de cette sûreté réelle dont il renforce les effets. Précisons que le gage de la chose d'autrui peut être annulé à la demande du créancier qui ignorait que celle-ci n'appartenait pas au constituant (C. civ., art. 2335).

Comme le tiers détenteur qui se prévaut d'un gage a nécessairement la possession réelle, il est préféré à celui qui réclame le bien également en qualité de créancier gagiste, car il n'a qu'une possession fictive. Il faut cependant préciser qu'en application du second alinéa de l'article 2340 du Code civil, issu de l'ordonnance du 23 mars 2006 relative aux sûretés, lorsqu'un bien donné en gage sans dépossession fait ultérieurement l'objet d'un gage avec dépossession, le droit de préférence du créancier gagiste antérieur est opposable au créancier gagiste postérieur lorsqu'il est régulièrement publié nonobstant le droit de rétention de ce dernier (sur le droit de rétention, v. ss nos 0714.153 s. – sur le gage en général, v. ss nos 1011.36 s. et 1011.41 – sur le gage sur véhicule, v. ss nos 1024.70 s.).

1. Com. 9 juin 1998, no 96-12.719, P IV, no 181 ; *D.* 1998. 185 ; *D.* 1999. 300, obs. S. Piedelièvre ; *RTD com.* 1999. 751, obs. A. Martin-Serf.
2. Civ. 1re, 24 sept. 2009, no 08-10.152, P I, no 178 ; *JCP* 2009. 380, note A. Aynès ; *CCC* 2009, no 284, note Leveneur ; *D.* 2010. 302, note N. Borga ; *D.* 2010. 1043, obs. D. R. Martin et H. Synvet ; *RTD com.* 2010. 181, obs. B. Bouloc ; 784, obs. Martin-Serf – V. AUSSI : Ph. Simler et Ph. Delebecque, *JCP* 23 nov. 2009, p. 43 – Civ. 1re, 8 oct. 2009, no 08-20.048, P I, no 204 ; *D.* 2010. 480, obs. X. Delpech, note C. Mouly-Guillemaud.
3. Com. 23 avr. 2013, no 12-13.690, P IV, no 66.
4. Mod. par Ord. no 2021-1192, 15 sept. 2021, art. 8, II – COMP. : C. civ., anc. art. 2082.

1021.134 **Droit de propriété.** Le tiers peut aussi se retrancher derrière l'article 2276 C. civ. (C. civ., anc. art. 2279) pour s'opposer à la remise. Il peut en effet avoir reçu la chose du débiteur de la délivrance ou de la restitution, soit en qualité d'acquéreur soit en qualité de donataire. Il peut aussi l'avoir trouvée ou volée. Toutefois, lorsque le créancier revendiquant est un gagiste qui a régulièrement publié son gage, celui-ci peut exercer son droit de suite à l'encontre d'un sous-acquéreur[1]. Du fait de cette publicité, sous réserve qu'elle soit régulière, les ayants cause à titre particulier du constituant ne peuvent se prévaloir de l'article 2276 C. civ.

La fonction acquisitive de l'article 2276 fait, en principe, obstacle à la revendication par le véritable propriétaire, sauf en cas de mauvaise foi du possesseur et en cas de perte ou de vol. Il convient de se reporter pour les conditions de l'action en revendication, aux développements relatifs au domaine d'application des saisies portant sur la remise d'une chose (v. s[s] n°s 1012.05 s.).

C. Effets

1021.141 **Exécution de la décision.** Il peut être procédé à l'appréhension du bien sur la seule présentation de la décision en prescrivant la remise (C. pr. exéc., art. R. 222-9 et R. 222-10). Il s'agit donc d'une exécution au seul vu de la minute de la décision, prévue par l'article 495 C. pr. civ. si c'est une ordonnance ou par les articles R. 121-17 C. pr. exéc. et 503 alinéa 2 C. pr. civ. si c'est un jugement.

1021.142 **Local d'habitation.** Une autorisation spéciale du JEX, délivrée sur requête, est nécessaire si le bien se trouve dans les locaux servant à l'habitation du tiers (C. pr. exéc., art. L. 222-1, al. 2, et R. 222-9 – sur la notion de local d'habitation, v. s[s] n° 0712.32).

1021.143 **Acte d'appréhension.** Le commissaire de justice qui procède à l'appréhension doit en dresser acte selon les modalités prévues à l'article R. 222-4 C. pr. exéc. Il doit contenir une description détaillée du bien et peut comporter en annexe une photographie de celui-ci (v. s[s] n° 1021.35).

Une copie est remise au tiers, s'il est présent, ou lui est notifiée par lettre recommandée avec demande d'avis de réception (C. pr. exéc., art. R. 222-10).

1021.144 **Enlèvement.** Le commissaire de justice procède à l'enlèvement du bien. La personne tenue de la remise est informée comme il est dit aux articles R. 222-5 C. pr. exéc. (remise à un propriétaire) ou R. 222-6 du même code (remise à un créancier gagiste – C. pr. exéc., art. R. 222-10 *in fine* – v. s[s] n°s 1021.51 et 1021.61 s.).

1. Civ. 1re, 20 mars 1990, n° 87-19.162, P I, n° 70.

CHAPITRE

1022. Saisie-appréhension de droit commun sur injonction du juge

René Lauba
Magistrat honoraire

Section 0 Orienteur

1022.00 Sommaire du chapitre.

Division. La saisie-appréhension de droit commun sur injonction du juge débute par la délivrance d'une ordonnance par le juge de l'exécution (sect. 1), ordonnance qui peut faire l'objet de voies de recours (sect. 2).

1022.01 Textes applicables.

• **C. pr. exéc.,** art. L. 121-4, L. 122-2, L. 222-1, L. 223-2, L. 511-2, R. 121-23, R. 222-1 à R. 222-16, R. 222-21, R. 223-6, R. 223-8, R. 223-9, R. 223-12, R. 223-13 et R. 532-5.

• **C. pr. civ.,** art. 125, 495, 496, 667 à 669, 900, 932 et 1415 à 1420.

• **C. com.,** art. L. 624-16 à L. 721-7.

• **C. consom.,** art. R. 312-35, L. 341-7 et L. 341-8.

1022.03 Bibliographie indicative.

Actualisables. Rép. pr. civ., v° *Saisie-appréhension*, par R. Bour, janv. 2025, [sur injonction du juge] n°s 31 à 40.

Ouvrages[1]. A. Leborgne, *Droit de l'exécution*, 3e éd., « Précis », Dalloz, 2019, n°s 1518 s. – R. Perrot et Ph. Théry, *Procédures civiles d'exécution*, 3e éd., Dalloz, 2013, n°s 1033-1039.

1022.04 Formulaire de procédure civile (renvois).

• *Saisie-appréhension – Requête à fin d'injonction de délivrer* (À défaut de titre exécutoire, requête présentée au juge de l'exécution à fin d'injonction d'avoir à délivrer un bien – C. pr. exéc., art. R. 222-11)

• *Saisie-appréhension – Signification d'ordonnance* (Signification d'ordonnance à fin d'injonction d'avoir à délivrer ou restituer un bien meuble lorsque la requête à cette fin a été présentée à défaut de titre exécutoire – C. pr. exéc., art. R. 222-13, al. 1er)

1022.05 Spécificité. Comme cela a été précédemment évoqué (v. s^s^ n° 1021.05), l'article L. 222-1 C. pr. exéc. a posé le principe selon lequel le créancier de la délivrance ou de la restitution d'un meuble corporel est fondé à l'appréhender entre les mains du débiteur ou d'un tiers, s'il détient un titre exécutoire ordonnant la remise de ce bien. Mais pour lui faciliter les choses, le législateur est venu compléter les dispositions légales en créant une procédure simple et rapide lui permettant de se procurer à bref délai et à peu de frais, le titre exécutoire nécessaire à l'appréhension. L'article L. 222-1 C. pr. exéc. précise à cet égard, dans son second alinéa, que le juge de l'exécution (JEX) peut établir le titre exécutoire prescrit dans des conditions fixées par décret en Conseil d'État. Ce titre est prévu par les articles R. 222-1 s. C. pr. exéc. Il s'agit d'une injonction du juge de l'exécution devenue exécutoire faute d'opposition du débiteur dans les quinze jours de sa notification.

1022.06 Mécanisme et originalité de la procédure. Les articles R. 222-11 à R. 222-16 C. pr. exéc., relatifs à l'appréhension sur injonction du juge, ne créent pas une nouvelle forme de saisie-appréhension. Ils organisent une procédure originale permettant au créancier de la délivrance ou de la restitution d'un bien, de se procurer rapidement et à peu de

1. Les ouvrages dont le nom des auteurs figure en petites capitales en bibliographie seront cités par le seul nom des auteurs en petites capitales en notes de bas de page.

frais, un titre exécutoire permettant l'engagement d'une saisie-appréhension.

Chose exceptionnelle, c'est le JEX et non le juge du droit commun, qui est compétent pour délivrer ce titre exécutoire. Il doit donc se prononcer, *ab initio*, sur des questions de fond dont il ne peut habituellement connaître qu'à l'occasion d'une difficulté d'exécution. À ce stade de sa saisine, rien n'est encore tranché de telle sorte que les règles de fond relatives aux obligations contractuelles ou légales de livrer, délivrer, restituer ou rapporter doivent tout particulièrement jouer un rôle de premier plan. Il va devoir se référer aux règles de la vente, de l'échange, du dépôt, du commodat, du crédit-bail, du gage sans déplacement de la possession, du rapport en nature des libéralités ou encore, de la revendication mobilière.

Le JEX doit statuer par voie d'ordonnance prise sur requête, c'est-à-dire non contradictoirement au vu des seules pièces produites par le requérant.

Cette procédure, complètement nouvelle lors de l'entrée en vigueur de la réforme des voies d'exécution, est inspirée de l'injonction de payer et de l'injonction de faire mais se rapproche plus de la première que de la seconde.

Le débat contradictoire ne se produit qu'en cas d'opposition ; mais dans ce cas, c'est le juge du droit commun qui est compétent pour statuer sur la contestation.

SECTION 1

DÉLIVRANCE DE L'ORDONNANCE

§ 1

Compétence et formalités

1022.11 **Bien déterminé.** À défaut de titre exécutoire, il peut être présenté une requête à fin d'injonction d'avoir à délivrer ou à restituer un bien déterminé (C. pr. exéc., art. R. 222-11, al. 1).

Par bien déterminé il faut entendre un corps certain identifiable (un objet unique en son genre comme un tableau, un véhicule immatriculé ou, un bien d'équipement comportant un numéro de série) ou bien des choses fongibles dont la nature, la quantité et la qualité sont clairement précisées (marchandises – sur les biens susceptibles d'appréhension, v. s^{s} n°s 1011.11 s.).

Les aéronefs peuvent faire l'objet d'une ordonnance d'injonction de délivrer ou de restituer à la requête de celui qui en réclame la remise car le Code des transports (C. transp., art. L. 6123-1) et le Code de l'aviation civile (C. aviat. civ., art. R. 123-1 s.) ne réglementent spécialement que leur saisie conservatoire et leur saisie-vente[1]. Il devrait en être de même pour les navires, les articles L. 5154-20 s. C. transp. (anc^{t} L. 3 janv. 1967[2]) n'envisageant que leur saisie à fin de vente.

1022.12 **Juge compétent.** Les règles de compétence matérielle et territoriale sont ici d'ordre public.

1022.13 **Compétence matérielle.** C'est le JEX qui a seul le pouvoir de rendre une ordonnance d'injonction de délivrer ou de restituer. Le président du tribunal de commerce n'a aucune compétence en la matière quelle que soit la nature de l'obligation et même s'il s'agit d'un véhicule constitué en gage.

En matière d'aéronefs, le JEX paraît compétent pour délivrer une ordonnance en enjoignant la remise et ce, en dépit des dispositions de l'article R. 123-9 C. aviat. civ. donnant compétence au juge d'instance (auj. tribunal judiciaire [TJ]) du lieu de l'atterrissage pour autoriser leur saisie conservatoire lorsque le propriétaire n'est pas domicilié en France ou que l'appareil est de nationalité étrangère. L'ordonnance d'injonction de délivrer ou de restituer tend à permettre leur saisie-appréhension, mesure qui s'analyse en une voie d'exécution et non en une mesure conservatoire. Certains commentateurs ont pensé que le texte précité, qui ne confère de toute façon aucune compétence d'attribution générale au juge d'instance en matière de saisie des aéronefs, a été implicitement abrogé par l'article R. 511-2 – C. com., art. L. 721-7[3].

On peut cependant douter de cette abrogation car l'article R. 123-9 précité a été modifié par le décret du 18 septembre 2019[4], pour tenir compte de la fusion des tribunaux d'instance et de grande instance au sein du tribunal judiciaire. C'est donc le vide juridique laissé par le silence des Codes des transports et de l'aviation civile sur l'appréhension et la revendication des aéronefs qui justifie l'intervention du JEX en la matière.

1022.14 **Compétence territoriale.** C'est le JEX du lieu où demeure le débiteur de la remise. Toute

1. Versailles, 4 mai 1994, *D.* 1994. 149 – TGI Bobigny, 5 févr. 1993, *Gaz. Pal.* 1993. 1. 116, note Renoux.
2. L. n° 67-5, 3 janv. 1967, relative au statut des navires et autres bâtiments de mer, *JO* 4 janv., p. 106.
3. Renoux, note s^{s} TGI Bobigny, 5 févr. 1993 (préc., v. s^{s} n° 1022.11).
4. Décr. n° 2019-966, 18 sept. 2019, portant substitution du tribunal judiciaire au tribunal de grande instance et au tribunal d'instance en application de l'article 95 de la loi n° 2019-222 du 23 mars 2019 de programmation 2018-2022 et de réforme pour la justice et diverses dispositions relatives à l'organisation judiciaire et modifiant l'annexe du décret n° 2019-913 du 30 août 2019 pris en application de l'article 95 de la loi n° 2019-222 du 23 mars 2019 de programmation (2018-2022) et de réforme pour la justice, *JO* 19 sept., texte 7, art. 8.

clause contraire est réputée non avenue. Le juge, saisi à tort, est tenu de relever d'office son incompétence (C. pr. exéc., art. R. 222-11).

Il s'agit donc d'une règle de compétence d'ordre public.

Cette disposition devait mettre fin à la pratique abusive de nombreux organismes de financement qui, avant la réforme de 1991, sollicitaient des autorisations de saisie auprès de juridictions incompétentes matériellement et territorialement, souvent très éloignées du lieu du domicile du débiteur. La distance, le temps perdu et les frais de déplacement étaient de nature à le dissuader de faire opposition, même s'il avait des moyens sérieux à faire valoir.

1022.15 **Présentation de la requête.** En application de l'article R. 121-23 C. pr. exéc., dont la portée est générale, la requête est remise ou adressée au greffe du JEX par le requérant ou par son mandataire désigné conformément aux dispositions des articles L. 121-4 et L. 122-2 du même code.

Il peut donc se faire représenter, pour présenter sa demande d'injonction, selon les règles applicables devant le TJ, dans les matières où le ministère d'avocat n'est pas obligatoire (notamment lorsque la créance à l'origine de la demande n'excède pas 10 000 euros), c'est-à-dire par un avocat, par un conjoint, concubin, parent ou allié, par une personne attachée à l'entreprise, par un fonctionnaire ou un agent de l'administration (C. pr. exéc., art. L. 121-4 et R. 121-7). Lorsque la requête est remise ou déposée par un avocat dans les conditions de l'article R. 121-23 alinéa 2 C. pr. exéc., les règles de la postulation ne sont pas applicables de telle sorte que le JEX peut être saisi par un avocat n'ayant pas sa résidence professionnelle dans le ressort du TJ ou du siège de la cour d'appel où se trouve ce juge[1].

Le commissaire de justice en charge d'exécuter la mesure d'appréhension peut aussi présenter la requête aux fins d'injonction de délivrer ou de restituer, dès lors qu'il est habilité, lorsque la loi l'exige, à demander au JEX de donner les autorisations ou de prescrire les mesures nécessaires (C. pr. exéc., art. L. 122-2). Le représentant, s'il n'est pas avocat, doit disposer d'un pouvoir spécial. Comme l'avocat, le commissaire de justice est dispensé de justifier d'un tel pouvoir dans les cas où il est habilité à représenter ou assister les parties (C. pr. civ., art. 416).

1022.16 **Contenu de la requête.** Elle doit viser à la délivrance ou à la restitution d'un bien meuble déterminé (C. pr. exéc., art. R. 222-11).

À peine d'irrecevabilité, cette requête doit comporter la désignation du bien dont la remise est demandée, accompagnée de tout document justifiant cette demande (C. pr. exéc., art. R. 222-12).

Parmi ces pièces on peut trouver, selon l'origine du droit invoqué, un bon de commande, une offre préalable de location avec option d'achat, une facture contenant une clause de réserve de propriété, un contrat de crédit comportant constitution de gage sur véhicule ou nantissement sur matériel d'équipement, une facture de garde-meubles, ou encore une lettre reconnaissant avoir reçu un bien à titre de prêt à usage et promettant de le rendre, *etc.*

1022.17 **Ordonnance.** Elle comporte injonction au débiteur de délivrer ou de restituer (C. pr. exéc., art. R. 222-11), si le juge décide de faire droit à la requête.

Comme toutes les ordonnances sur requête, elle doit être motivée (C. pr. civ., art. 495, al. 1er). En effet, les textes particuliers réglementant l'appréhension sur injonction du juge, ne dispensent pas celui-ci de motiver sa décision. Le juge peut cependant adopter les motifs contenus dans la requête et viser les pièces qui s'y trouvent annexées[2]. Il peut aussi compléter les motivations de la requête ou leur en substituer d'autres.

Le juge peut aussi délivrer une ordonnance de rejet s'il estime que la requête n'est pas fondée. Il doit dans ce cas, motiver spécialement sa décision qui est susceptible d'appel. Il peut notamment constater que le nantissement constitué sous l'empire des anciennes dispositions des articles L. 525-1 s. C. com, qui est invoqué au soutien d'une demande de restitution d'un matériel d'équipement, est entaché de nullité en vertu des anciens articles L. 525-2 et L. 525-3 du même code[3], faute de justification qu'il a été conclu par un contrat comportant les mentions prescrites et dans le délai de deux mois ayant suivi la livraison, ou qu'il a été publié dans les quinze jours de sa constitution.

Il peut aussi relever que la demande tendant à la remise d'un véhicule gagé dans le cadre d'un prêt à la consommation n'est pas justifiée, faute de créance à garantir, soit parce que l'action permettant de la faire constater est forclose en vertu de l'article R. 312-35 C. consom., soit parce que, du fait de la déchéance du droit aux intérêts encourue en application de l'article L. 341-7 et L. 341-8, les mensualités payées jusqu'à la défaillance ont apuré le capital emprunté. Il convient de relever, en ce qui concerne ce dernier point, que la déchéance du droit aux intérêts peut être encourue pour défaut de communication des informations précontractuelles ou irrégularité formelle du contrat de crédit. À noter

1. Civ. 2e, avis, 25 avr. 2024, no 23-70.020, *Gaz. Pal.* 2 juill. 2024, chron. 37 note. Haba Groud.

2. Civ. 1re, 24 oct. 1978, no 77-11.513, P I, no 317.
3. Abr. par Ord. no 2021-1192, 15 sept. 2021, réformant les sûretés, *JO* 16 sept., texte 19, art. 28, 3o.

cependant que lorsque le financement a été accordé sous la forme d'un crédit-bail, la Cour de cassation estime que la forclusion encourue n'empêche pas le crédit-bailleur de revendiquer le meuble dont il est propriétaire, l'article R. 312-35 ne pouvant constituer un titre pour le preneur simple détenteur précaire[1].

Le juge peut également constater que la clause de réserve de propriété invoquée à l'appui d'une demande en restitution de marchandises impayées, ne remplit pas les conditions prévues par l'article L. 624-16 C. com.[2], ou a été souscrite postérieurement à la livraison (sur le pouvoir d'appréciation du JEX au regard de l'origine de la créance et de l'opportunité pour ce magistrat de rejeter la requête en considérant que la créance n'est pas suffisamment fondée et de renvoyer le créancier à obtenir d'abord un titre exécutoire, v. Rép. min. n° 8488, 29 nov. 1993[3]).

1022.18 **Signification.** L'ordonnance qui fait droit à la requête est signifiée à celui qui est tenu de la remise (C. pr. exéc., art. R. 222-13).

La signification contient à peine de nullité, sommation d'avoir, dans un délai de quinze jours :

« *– Soit à transporter à ses frais le bien désigné en un lieu et dans les conditions indiquées ;*

– Soit, si le détenteur du bien a des moyens de défense à faire valoir, à former opposition au greffe du juge qui a rendu l'ordonnance, par déclaration contre récépissé ou par lettre recommandée avec demande d'avis de réception, faute de quoi l'ordonnance sera rendue exécutoire » (C. pr. exéc., art. R. 222-13, 1° et 2°).

La signification de l'ordonnance peut être jugée abusive lorsqu'elle est délivrée après que le créancier gagiste a reçu paiement de la somme garantie par le bien réclamé[4].

Il convient de relever que, bien que l'article R. 222-13 C. pr. exéc. ne le précise pas, la copie de la requête comportant l'indication précise des pièces invoquées doit être remise au débiteur lors de la signification de l'ordonnance. En effet, les dispositions particulières de ce texte ne sont pas exclusives de celles à caractère général de l'article 495 C. pr. civ. qui ont vocation à faire respecter le principe de la contradiction pour toutes les ordonnances sur requête. La Haute juridiction s'est prononcée en ce sens par des décisions transposables en matière d'injonction de délivrer ou de restituer à propos de la signification des ordonnances autorisant des inscriptions d'hypothèques judiciaires provisoires délivrées en application de l'article 255 du décret de 1992 (devenu C. pr. exéc., art. R. 532-5)[5].

§ 2
Exécution de l'ordonnance non contestée

1022.21 **Exécution volontaire.** Le débiteur de la remise y est incité par la sommation d'avoir à transporter le bien à ses frais, qui est contenue dans la signification de l'ordonnance (C. pr. exéc., art. R. 222-13). Le lieu et les conditions de ce transport sont également indiqués.

Il s'agit de mettre en œuvre le principe posé par l'article L. 222-1 C. pr. exéc. selon lequel l'appréhension forcée doit rester exceptionnelle, *la priorité* étant donnée à la remise volontaire qu'il faut favoriser.

Les articles R. 222-11 à R. 222-16 C. pr. exéc. ne réglementent pas la remise volontaire lorsqu'elle intervient dans les quinze jours de la signification de l'injonction et notamment, ne renvoient pas aux formalités prescrites par les articles R. 222-4 à R. 222-6 dudit code. C'est sans doute parce que l'on ne se trouve pas dans le cadre de l'exécution forcée puisqu'à ce stade de la procédure, il n'existe encore aucun titre exécutoire. Il paraît toutefois incohérent d'appliquer à la remise volontaire deux procédures différentes selon qu'elle intervient avant ou après que l'ordonnance est devenue exécutoire. Les formalités requises par les articles R. 222-4 à R. 222-6 ont une utilité pratique réelle qui devrait profiter à tous les cas de remise volontaire.

1022.22 **Défaut d'exécution sans opposition.** Il se peut que le débiteur de la remise fasse preuve d'inertie alors même qu'il est conscient de n'avoir aucun moyen de défense à faire valoir. Il appartient alors à celui qui demande la remise d'engager, après l'expiration du délai d'opposition de quinze jours, la procédure qui doit lui permettre d'entrer ou de rentrer en possession de son bien.

1022.23 **Apposition de la formule exécutoire.** En l'absence d'opposition dans le délai de quinze jours, le requérant peut demander au greffe du JEX qui a rendu l'ordonnance, l'apposition de la formule exécutoire. L'ordonnance ainsi visée produit tous les effets d'un jugement contradictoire en dernier ressort (C. pr. exéc., art. R. 222-15)[6]. Seul le pourvoi en cassation est donc ouvert à la personne enjointe.

1. Civ. 1re, 20 déc. 1994, n° 93-11.624, P I, n° 384 ; *RTD com.* 1995. 637, obs. B. Bouloc ; *RJDA* avr. 1995, n° 470.
2. C. com., anc. art. L. 621-122.
3. Rép. min. n° 8488, 29 nov. 1993, *JOAN Q* 7 févr. 1994, p. 651 ; *JCP* 1994. V. 41.
4. TGI Riom, JEX, 23 mars 1993, *BICC* 15 juill. 1993, p. 43, n° 904.
5. Civ. 2e, 13 juill. 2006, n° 05-13.976, P II, n° 210 ; *D.* 2007. 1380, obs. P. Julien ; *Procédures* nov. 2006, p. 19, note R. Perrot ; *AJDI* 2006. 761.
6. Douai, 19 mai 1994, *Rev. huiss.* 1995. 463, note Dahan.

Sur la base des dispositions de l'article 153, une juridiction du fond[1], a estimé qu'une fois l'ordonnance revêtue de la formule exécutoire, le JEX n'a pas le pouvoir d'empêcher la restitution, de la différer ou d'y surseoir. Cette opinion est à nuancer car, si le juge n'a plus la possibilité de revenir sur son ordonnance, même indirectement, il n'en reste pas moins qu'il demeure compétent pour trancher les incidents de la saisie-appréhension engagée sur le fondement de cette ordonnance, l'article R. 222-16 renvoyant, pour exécution, aux dispositions générales qui lui confient le règlement de toutes les difficultés soulevées par le débiteur de la remise (C. pr. exéc., art. R. 222-2, 4°, et R. 222-3, al. 2) ou par le tiers (C. pr. exéc., art. R. 222-7, 3° et R. 222-8). Ces incidents peuvent avoir un retentissement sur l'exécution de l'ordonnance d'injonction.

Le greffier qui délivre la formule exécutoire se borne à constater que l'ordonnance a été signifiée et qu'aucune opposition n'a été formée dans les quinze jours de cet acte. Il n'a pas le pouvoir de vérifier que la signification est ou non régulière. C'est au débiteur qu'il appartient de soulever, le cas échéant, l'exception de nullité de la signification devant le JEX (v. s^s n° 1022.57).

Le greffier n'a pas non plus le pouvoir d'apprécier la recevabilité de l'opposition et, partant, de refuser d'enregistrer une contestation tardive ou irrégulière.

1022.24 **Exécution forcée de l'ordonnance.** Au vu de l'ordonnance devenue exécutoire, il est procédé comme il est dit aux articles R. 222-2 à R. 222-10 C. pr. exéc. (C. pr. exéc., art. R. 222-16). Il s'agit donc d'une exécution sur présentation de la minute.

Le commissaire de justice chargé de l'exécution est en droit de refuser, sans encourir de reproche, d'opérer une saisie au vu d'une simple copie de l'ordonnance[2].

Le renvoi aux articles R. 222-2 à R. 222-10 C. pr. exéc. oblige le titulaire de l'ordonnance à se conformer aux formalités de l'appréhension en vertu d'un titre exécutoire. Celles-ci peuvent cependant se trouver allégées, si le bien se trouve entre les mains de la personne visée dans l'injonction et si son appréhension est entreprise moins de deux mois après que l'ordonnance a été rendue exécutoire. Dans cette hypothèse, le commandement de délivrer ou de restituer prévu par l'article R. 222-2 n'est pas requis (C. pr. exéc., art. R. 222-16, al. 2).

On considère que la sommation contenue dans la signification de l'ordonnance au débiteur de la remise, en tient avantageusement lieu. Mais il est certain que si le bien est détenu par un tiers, la sommation signifiée au débiteur doit être réitérée. On peut considérer par ailleurs, que cette sommation contenue dans l'ordonnance se périme si l'appréhension n'est pas faite dans les deux mois de l'apposition de la formule exécutoire.

1022.25 **Véhicule terrestre à moteur.** Si le bien visé dans l'ordonnance est un véhicule terrestre à moteur, il peut être immobilisé par l'un des procédés prévus à l'article L. 223-2 C. pr. exéc. ; mais dans ce cas les articles R. 223-6, R. 223-8, R. 223-9, R. 223-12 et R. 223-13 sont seuls applicables (C. pr. exéc., art. R. 222-16, al. 3).

Il convient de se reporter, sur ce point, aux observations particulières consacrées à la saisie-vente et à la saisie-appréhension de ces biens (v. s^s n°s 0723.05 s. et 1024.05 s.).

SECTION 2
VOIES DE RECOURS

§ 1
Modalités des recours

1022.31 **Appel du requérant.** Lorsque le juge ne fait pas droit à la requête, celui qui l'a présentée peut interjeter appel de l'ordonnance de rejet conformément aux dispositions générales de l'article 496 C. pr. civ.

En effet, les dispositions des articles R. 222-11 à R. 222-16 C. pr. exéc. ne prévoient pas, comme en matière d'injonction de payer (C. pr. civ., art. 1409, al. 2), que la décision de rejet est sans recours pour le requérant, sauf à celui-ci à procéder selon les voies du droit commun.

Le délai d'appel est de quinze jours (C. pr. civ., art. 496).

Ce délai court à compter du prononcé de l'ordonnance. En effet, l'ordonnance de rejet ne donne pas lieu à exécution ni, en l'absence de partie adverse, à une notification. Le délai de recours ne peut donc commencer à courir qu'à la date de l'ordonnance, à moins qu'il ne soit démontré que sa minute n'a pas été délivrée au moment de son prononcé[3]. Mais le délai d'appel ne court pas lorsque la minute n'est pas délivrée[4]. La charge de la preuve que l'ordonnance de rejet n'a pas été remise le jour même de son prononcé repose sur le requérant qui soutient ne pas en avoir eu connaissance[5]. Cette preuve peut

1. TGI Lyon, 4 mai 1993, *D.* 1993. 435, note Prévault.
2. Civ. 2e, 1er juill. 1992, n° 91-11.434, P II, n° 194 ; *RTD civ.* 1993. 657, obs. R. Perrot.
3. Civ. 2e, 16 juill. 1992, n° 90-21.922, P II, n° 212 ; *D.* 1993. 186, obs. P. Julien ; *RTD civ.* 1993. 194, obs. R. Perrot – Civ. 2e, 16 mai 1990, n° 89-10.243, P II, n° 105 ; *RTD civ.* 1991. 172, obs. R. Perrot.
4. Limoges, 27 janv. 1992, *D.* 1993. 186, obs. P. Julien.
5. Civ. 2e, 22 févr. 2007, n° 05-21.314, P.

cependant être rapportée par tous moyens, la présomption de remise de la décision lors de son prononcé étant une présomption simple pouvant être renversée, par exemple, par les courriels d'un avocat relançant le greffe pour obtenir communication de l'ordonnance non encore reçue[1].

L'appel est formé, instruit et jugé comme en matière gracieuse (C. pr. civ., art. 496).

Ce renvoi à la matière gracieuse a un caractère général et s'applique quelle que soit la nature de l'ordonnance, même lorsqu'elle relève de la juridiction contentieuse[2].

1022.32 **Opposition du débiteur.** Si le détenteur du bien a des moyens de défense à faire valoir, il peut former opposition à l'ordonnance (C. pr. exéc., art. R. 222-13).

Il s'agit d'une opposition d'une nature particulière puisque le JEX n'est pas amené à rétracter son ordonnance.

C'est le juge du droit commun qui examine le recours et c'est sa décision qui doit se substituer à celle du JEX.

Cette voie de recours n'est ouverte qu'au débiteur. Son conjoint, s'il n'est pas désigné dans l'ordonnance ne peut faire opposition[3].

§ 2
Modalités de l'opposition

1022.41 **Délai de l'opposition.** Le délai d'opposition est de quinze jours à compter de la signification de l'ordonnance (C. pr. exéc., art. R. 222-13). C'est ajouter à la loi, comme ont cru pouvoir le faire certaines juridictions du fond par une assimilation abusive avec la procédure d'injonction de payer, que de décider que le délai de quinze jours court à compter du premier acte signifié au débiteur[4].

Lorsque l'opposition est formée par lettre, la date du recours est celle de l'expédition de cette lettre et non celle de son arrivée au greffe, le cachet du bureau d'émission faisant foi (C. pr. civ., art. 668 et 669). C'est d'ailleurs ce que juge la Cour de cassation en matière d'opposition à injonction de payer[5]. La cour d'appel de Paris a transposé cette solution à l'opposition à l'ordonnance d'injonction de délivrer ou restituer[6].

C'est donc la date de l'expédition qui interrompt le cours du délai de quinze jours. En cas d'opposition tardive, l'ordonnance est rendue exécutoire.

1022.42 **Contenu de l'opposition.** Les textes n'exigent pas que l'opposition soit motivée pour être valable ; il en est jugé ainsi à propos de l'ordonnance d'injonction de payer[7]. Cette solution a été reprise à propos de l'opposition à l'ordonnance d'injonction de délivrer ou de restituer[8].

Il faut cependant que la lettre ou la déclaration du débiteur puisse être clairement identifiée comme une opposition. Un courrier qui se bornerait à demander un délai ou à faire une offre de règlement échelonné ne vaudrait pas opposition au sens de l'article 151 du décret, si le débiteur n'a pas déclaré par écrit ou, tout au moins, verbalement à l'audience qu'il entendait former opposition (ainsi pour une procédure d'injonction de payer[9]).

1022.43 **Destinataire de l'opposition.** L'opposition est formée au greffe du JEX qui a rendu l'ordonnance (C. pr. exéc., art. R. 222-13).

L'opposition mal dirigée ou ne respectant pas les formes prescrites n'est pas valablement faite et ne vaut pas opposition. Il en est ainsi lorsque l'ordonnance est contestée par une demande en référé[10]. Il en est de même lorsque la lettre recommandée a été adressée au commissaire de justice du poursuivant ; il en est jugé ainsi à propos d'une injonction de payer[11].

L'opposition devrait être également déclarée irrecevable lorsqu'elle est formée, non au greffe du JEX, mais à celui de la juridiction compétente pour statuer sur la délivrance ou la restitution. Une telle solution a été retenue par la Cour de cassation en cas d'appel dans le cadre d'une procédure sans représentation obligatoire (C. pr. civ., art. 932) où la déclaration est faite ou adressée au greffe de la juridiction qui a rendu la décision et non à celui de la cour[12].

1022.44 **Formes de l'opposition.** L'opposition est formée par déclaration contre récépissé ou par lettre recommandée avec demande d'avis de réception (C. pr. exéc., art. R. 222-13).

1. Civ. 2e, 28 mars 2024, no 22-11.631, P ; *Gaz. Pal.*, 2 juill. 2024, chron. 46, note. Herman.
2. Civ. 1re, 11 oct. 1988, no 86-18.347, P I, no 283.
3. Civ. 2e, 26 avr. 1990, no 89-11.079, P II, no 78 ; *D.* 1990. 127.
4. Douai, 19 mai 1994, *Rev. huiss.* 1995. 243.
5. Civ. 2e, 27 avr. 1988, no 87-13.069, P II, no 99 – Civ. 2e, 1er juill. 1992, nos 91-10.585, 91-10.038 et 90-21.659, P II, nos 187, 188 et 192 ; *D.* 1993. 184, obs. P. Julien ; *RTD civ.* 1993. 657, obs. R. Perrot.
6. Paris, 26 nov. 1998, *Gaz. Pal.* 5-7 mars 2000, p. 16.
7. Civ. 2e, 14 janv. 1987, no 84-17.466, P II, no 10 ; *RTD civ.* 1987. 411, obs. R. Perrot.
8. Arras, JEX, 9 déc. 1993, *Rev. huiss.* 1994. 665.
9. Versailles, 31 oct. 1997, *BICC* 1998, no 396.
10. Douai, 19 mai 1994, *D.* 1994. 345, obs. P. Julien ; *Rev. huiss.* 1995. 463, note Dahan.
11. Civ. 2e, 17 mai 1977, no 75-15.787, P II, no 134 ; *JCP* 1977. IV. 177.
12. Civ. 2e, 9 mai 1985, no 83-15.986, P II, no 94 ; *D.* 1985. 467, obs. P. Julien.

L'opposition par déclaration au greffe ne soulève aucune difficulté. En revanche la déclaration par lettre doit faire l'objet de quelques développements.

1022.45 **Lettre simple.** L'opposition adressée par lettre simple devrait pouvoir être valable. La Cour de cassation l'admet en matière d'opposition à injonction de payer en considérant que la formalité de la lettre recommandée prévue par l'article 1415 C. pr. civ. n'est pas exigée à peine de nullité, mais constitue un simple moyen de preuve de la date de saisine de la juridiction[1]. Cette motivation a été reprise à propos de l'opposition à l'ordonnance d'injonction de délivrer ou de restituer[2].

1022.46 **Télécopie.** La télécopie n'est que le fac-similé de la lettre d'opposition laquelle doit être remise en original et sous enveloppe ou pli fermé (C. pr. civ., art. 667). L'opposition par télécopie ne devrait pas être admise si l'on se réfère à la jurisprudence de la Cour de cassation en matière d'appel selon des formes simplifiées. La Haute juridiction a rejeté ce mode de saisine de la cour d'appel par trois arrêts de la deuxième chambre civile du 8 juin 1995, l'un rendu en matière gracieuse et les deux autres en matière électorale.

La Cour de cassation estime que dans les matières ou l'appel peut être interjeté selon un formalisme simplifié, la télécopie ne vaut ni déclaration écrite formulée par pli recommandé, ni même déclaration écrite par une lettre simple[3]. Elle estime en outre que la cour d'appel doit relever d'office le moyen tiré de l'irrégularité de la déclaration d'appel formée par télécopie (il en est jugé ainsi à propos de l'appel contre un jugement fixant une indemnité d'expropriation[4]). Elle considère que la télécopie envoyée dans le délai ne peut saisir valablement la cour d'appel même si elle a été confirmée par une déclaration régulière mais parvenue au greffe qui était fermé après l'expiration du délai de recours[5].

1022.47 **Assignation.** L'opposition au greffe du JEX par voie d'assignation devrait être également irrecevable, car elle a pour effet de le saisir d'une contestation qu'il n'a pas le pouvoir de trancher. En matière d'appel ordinaire qui doit être formé par déclaration ou par requête conjointe (C. pr. civ., art. 900), la Cour de cassation estime que l'appel formé par voie d'assignation est irrecevable[6].

§ 3
Conséquences de l'opposition

1022.51 **Effet de l'opposition.** Elle n'investit pas le JEX du pouvoir d'examiner le moyen invoqué par l'opposant lorsqu'il en invoque un. C'est le juge du fond compétent qui se prononcera sur sa pertinence, après avoir été saisi par celui qui réclame la remise (C. pr. exéc., art. R. 222-14[7])[8]. En réalité l'opposition ne saisit par elle-même aucune juridiction et a seulement pour effet de bloquer le processus de saisie-appréhension qui était sur le point d'être amorcé. Le greffier du JEX qui reçoit l'opposition n'a donc pas à convoquer les parties.

Si la juridiction compétente n'est pas saisie dans les deux mois de la signification, l'ordonnance devient caduque ainsi que les mesures conservatoires (la saisie-revendication notamment) qui auraient été prises (C. pr. exéc., art. R. 222-14[9])[10]. L'action au fond doit avoir pour objet de faire statuer sur la délivrance ou la restitution. Si elle tend seulement à obtenir la liquidation de la créance garantie par le bien réclamé et la condamnation du débiteur au paiement, il n'est pas satisfait aux exigences de l'article R. 222-14 C. pr. exéc.

L'opposition, lorsqu'elle est recevable, fait obstacle à l'apposition de la formule exécutoire et partant, à l'engagement de la saisie-appréhension et ce, jusqu'à ce que la juridiction du fond ait statué sur l'action en revendication du créancier. En attendant le dénouement de l'instance, l'ordonnance frappée d'opposition peut constituer l'un des titres énumérés par l'article L. 511-2 C. pr. exéc. (une décision de justice non encore exécutoire), permettant au créancier de pratiquer conservatoirement, sans autorisation préalable du juge, une saisie-revendication (à noter que, contrairement à ce qu'indique une décision du tribunal de grande instance de Toulon[11], l'ordonnance et sa signification ne peuvent valoir, en elles-mêmes, saisie-revendication sans l'établis-

1. Civ. 2e, 1er mars 1989, no 87-19.011, P II, no 56 ; *RTD civ.* 1990. 141, obs. R. Perrot.
2. Marmande, JEX, 5 nov. 1993, *Rev. huiss.* 1994. 665.
3. Civ. 2e, 8 juin 1995, no 94-60.582, P II, no 175 ; *JCP* 1995. II. 22512, note Ammar.
4. Civ. 3e, 19 juin 1996, no 94-70.291, P III, no 148 ; *D.* 1997. 153, obs. F. Catalano ; *JCP* 1997. II. 22751 ; *AJDI* 1996. 901, obs. A. Lévy ; 1030, obs. C. M. ; *RDI* 1996. 553, obs. C. Morel et M. Denis-Leston.
5. Civ. 2e, 6 mai 2010, no 09-66.523, P II, no 86 ; *D.* 2010. 1291 ; 2011. 265, obs. N. Fricero.
6. Civ. 2e, 15 oct. 1980, no 78-13.288, P II, no 206 ; *Gaz. Pal.* 1981. 1. 29, note J. Viatte.
7. Anct Décr. no 92-755, 31 juill. 1992, instituant de nouvelles règles relatives aux procédures civiles d'exécution pour l'application de la loi no 91-650 du 9 juillet 1991 portant réforme des procédures civiles d'exécution, art. 152, *JO* 5 août.
8. Nîmes, 7 sept. 1994, *BICC* 1995, no 64.
9. Anct Décr. no 92-755, 31 juill. 1992, art. 152.
10. Châteauroux, 7 déc. 1993, *Rev. huiss.* 1994. 665.
11. TGI Toulon, ord. JEX, 16 févr. 1994, *Gaz. Pal.* 1994. 1. Somm. 235.

sement d'un procès-verbal conforme à l'article R. 222-21 C. pr. exéc.).

1022.52 Exclusion du référé rétractation. Lorsque l'ordonnance d'injonction de délivrer ou de restituer fait droit à la demande du requérant et que le débiteur de la remise ne l'a pas contestée dans le délai, elle est revêtue de la formule exécutoire et produit tous les effets d'un jugement contradictoire en dernier ressort (C. pr. exéc., art. R. 222-15). Elle ne constitue donc pas une ordonnance sur requête classique susceptible de rétractation par le juge qui l'a rendue. Le référé aux fins de rétractation est donc irrecevable et cette fin de non-recevoir doit être relevée d'office en application de l'article 125 C. pr. civ., même si l'acte de signification de l'ordonnance mentionne inexactement cette voie de recours[1]. Le seul recours ouvert au débiteur, qui conteste son obligation, est l'opposition exposée ci-après ou, si la formule exécutoire a été délivrée irrégulièrement, le pourvoi en cassation[2].

1022.53 Juridiction compétente. Le JEX n'a pas le pouvoir d'examiner l'opposition[3].

1022.54 Compétence sur le fond. Il n'a qualité, ni pour statuer sur le fond du droit, c'est-à-dire sur l'obligation de délivrer ou de restituer, ni même et *a fortiori*, sur une demande de délai de grâce, laquelle suppose que cette obligation soit préalablement consacrée[4].

C'est à celui qui a requis la délivrance ou la restitution qu'incombe l'obligation de saisir la juridiction compétente[5]. Bien entendu, le débiteur peut aussi prendre l'initiative de saisir lui-même le juge du fond, soit pour qu'il se prononce sur la légitimité de son refus de remettre le bien, soit pour qu'il l'autorise à en différer la délivrance ou la restitution.

Lorsque le JEX a été saisi à tort, la Cour de cassation estime que la contestation soulevée par le défendeur à l'opposition ne s'analyse pas en une exception d'incompétence mais en une fin de non-recevoir, l'opposition n'ayant pas eu pour effet de saisir valablement la juridiction du JEX[6]. La juridiction du fond est le juge des contentieux de la protection (JCP), le tribunal judiciaire (TJ) ou le tribunal de commerce selon la valeur du bien ou la nature de l'obligation de délivrer ou de restituer.

1022.55 Compétence sur la recevabilité. À la lecture de l'article R. 222-14 C. pr. exéc. renvoyant le créancier de la remise à saisir la juridiction compétente pour statuer sur la délivrance ou sur la restitution du bien, on a pu penser que le JEX conserverait le pouvoir d'examiner la recevabilité de l'opposition qui a pour effet de suspendre la procédure d'appréhension.

Certains JEX ont, tout en se déclarant incompétents pour se prononcer sur le fond, estimé qu'ils pouvaient examiner la recevabilité de l'opposition[7]. Cependant, dès lors que cette opposition n'a pas pour effet de saisir le JEX[8], celui-ci n'a le pouvoir, ni de statuer sur son bien-fondé, ni d'examiner sa recevabilité, l'ensemble de la contestation relevant du juge du fond.

1022.56 Décision sur opposition. Bien que les textes ne le précisent pas expressément, on peut considérer que la décision de la juridiction du fond se substitue dans toutes les hypothèses (qu'elle accueille ou rejette la demande du revendiquant), à l'ordonnance d'injonction qui est réputée non avenue ou, en tout cas, qui est devenue caduque et sans objet. La saisie-appréhension se fera, en cas de reconnaissance du droit du créancier, sur le seul fondement de la décision du juge du fond devenue exécutoire[9].

Cette conclusion paraît s'imposer en raison de l'analogie existant entre les procédures d'injonction de restituer et d'injonction de payer. La solution est cependant plus évidente en matière d'injonction de payer où l'opposition qui relève du juge qui a rendu l'ordonnance, constitue une véritable voie de rétractation. L'article 1420 C. pr. civ. dispose très clairement à cet égard que le jugement du tribunal se substitue à l'ordonnance.

1022.57 Contestation relative à la signification et à la formule exécutoire. La question se pose de savoir qui est compétent pour apprécier la régularité de la signification de l'ordonnance d'injonction, signification qui fait courir le délai d'opposition de quinze jours. Celle-ci peut être nulle pour vice de forme (omission d'une des mentions prescrites par l'article R. 222-13 C. pr. exéc.) ou pour vice de fond (incompétence territoriale du commissaire de justice instrumentaire). Dans ce cas, le délai d'opposition n'a pas couru et celui qui a formé une contestation tardive ne devrait pas se voir opposer la forclusion. La délivrance de la formule exécutoire

1. Civ. 2e, 4 nov. 2021, no 19-22.832, B ; *Procédure* 2022, no 1, 5, note. R. Laher.
2. Civ. 2e, 4 nov. 2021, no 19-22.832, préc. ss prést no.
3. Saint-Gaudens, JEX, 21 avr. 1993, *Rev. huiss.* 1994. 666.
4. TGI Saint-Malo, JEX, 3 juin 1993, *Rev. huiss.* 1994. 664.
5. Civ. 2e, 26 mars 1997, no 95-11.258, P II, no 97 ; *Procédures* juin 1997, no 146, obs. R. Perrot ; *RTD civ.* 1997. 746, obs. R. Perrot.
6. Civ. 2e, 26 mars 1997, no 95-11.258 (préc. ss prést no).
7. TGI Saint-Malo, JEX, 3 juin 1993, *Rev. huiss.* 1994. 664 – TGI La Roche-sur-Yon, JEX, 29 juill. 1993, *Rev. huiss.* 1994. 666.
8. Civ. 2e, 26 mars 1997, no 95-11.258, P (préc., v. ss no 1022.54).
9. TGI Toulon, ord. JEX, 16 févr. 1994, *Gaz. Pal.* 1994. 1. Somm. 235.

devrait alors être déclarée irrégulière. Le débiteur de la remise pourrait aussi avoir été induit en erreur, sur la voie de recours idoine, par une ordonnance assortie, à tort, de l'exécution provisoire, suivie d'une signification mentionnant inexactement le référé rétractation. Dans cette hypothèse, la Haute juridiction juge qu'une fois revêtue de la formule exécutoire, l'ordonnance d'injonction, qui produit tous les effets d'un jugement contradictoire en dernier ressort, n'est pas susceptible de rétractation, mais peut faire l'objet d'un pourvoi en cassation pour contester la régularité de la délivrance de la formule exécutoire [1].

La difficulté apparaîtra lorsque le créancier détenteur de l'ordonnance revêtue de la formule exécutoire par le greffier (lequel n'a pas le pouvoir d'examiner la validité de la signification), pratiquera une saisie-appréhension sur le bien. Elle constituera alors un incident de la saisie relevant du JEX en vertu des articles R. 222-2, 4° et R. 222-3 alinéa 2 C. pr. exéc. Celui-ci pourra alors surseoir à statuer jusqu'au résultat du pourvoi critiquant la régularité de la délivrance de la formule exécutoire. Si la Cour de cassation juge la contestation bien fondée, le JEX constatera que l'ordonnance fondant la saisie n'étant pas exécutoire, cette mesure doit être annulée. Il pourra donner mainlevée de la saisie-appréhension prématurée.

1. Civ. 2e, 4 nov. 2021, no 19-22.832, B ; *Procédure* janv. 2022. Comm. 5, note R. Laher.

CHAPITRE

1023. Saisie-appréhension des biens placés dans un coffre-fort

René Lauba
Magistrat honoraire

Section 0 Orienteur

1023.00 Sommaire du chapitre.

Division. Seront successivement examinées les conditions d'ouverture du coffre-fort (sect. 1) et la mise en œuvre de la saisie-appréhension des biens placés à l'intérieur (sect. 2).

1023.01 Textes applicables.

• **C. pr. exéc.**, art. L. 111-8, L. 141-2, L. 142-1, L. 222-1, R. 141-3, R. 221-12, R. 221-14, R. 222-2 à R. 222-4, R. 222-6, R. 224-1, R. 224-2, R. 224-4 à R. 224-6 et R. 224-9 à R. 224-12.

1023.03 Bibliographie indicative.

Actualisables. Rép. pr. civ., v° *Saisie des biens placés dans un coffre-fort*, par N. Fricero, mars 2015 [actu. déc. 2019], n°s 34 à 45.

Ouvrages[1]. A. Leborgne, *Droit de l'exécution*, 3e éd., « Précis », Dalloz, 2019, n°s 1455 s. – R. Perrot et Ph. Théry, *Procédures civiles d'exécution*, 3e éd., Dalloz, 2013, n°s 1067-1074.

1023.04 Formulaire de procédure civile (renvois).

• *Saisie-appréhension – Saisie dans un coffre-fort* (Commandement à signifier au débiteur lorsque la procédure de saisie tend à l'appréhension d'un ou de plusieurs biens déterminés placés dans le coffre-fort – C. pr. exéc., art. R. 224-10)

• *Saisie-appréhension – Saisie dans un coffre-fort* (Procès-verbal d'opérations d'inventaire, pour une saisie-appréhension, signifié au débiteur – C. pr. exéc., art. R. 224-12)

1023.05 Particularisme. Comme la saisie-appréhension de droit commun, la saisie-appréhension des biens placés dans un coffre-fort est une création issue de la réforme des voies d'exécution et plus exactement, du décret du 31 juillet 1992[2], désormais intégré dans la partie réglementaire du Code des procédures civiles d'exécution.

La particularité de la saisie-appréhension des biens placés dans un coffre est que celui qui en demande la remise est autorisé à signifier le commandement de délivrer ou de restituer, le lendemain de l'acte de saisie et ce, afin d'éviter que, grâce à l'effet de surprise ainsi ménagé, le contenu n'en soit enlevé prématurément (C. pr. exéc., art. R. 224-1 et R. 224-10). La saisie non précédée par un coup de semonce, a pour effet immédiat d'interdire tout accès au coffre (C. pr. exéc., art. R. 224-2).

Section 1 Conditions d'ouverture

1023.11 Conditions générales. La saisie-appréhension des biens placés dans un coffre-fort obéit aux mêmes conditions d'ouverture que la saisie-appréhension de droit commun. Il faut notamment que la personne qui réclame la remise des biens détienne un **titre exécutoire** (jugement, arrêt ou ordonnance d'injonction) constatant son droit à en obtenir la délivrance ou la restitution. Il convient de renvoyer sur ce point, aux développements antérieurs (v. s^{s} n°s 1021.06 s.).

1. Les ouvrages dont le nom des auteurs figure en petites capitales en bibliographie seront cités par le seul nom des auteurs en petites capitales en notes de bas de page.

2. Décr. n° 92-755, 31 juill. 1992, instituant de nouvelles règles relatives aux procédures civiles d'exécution pour l'application de la loi n° 91-650 du 9 juillet 1991 portant réforme des procédures civiles d'exécution, *JO* 5 août.

1023.12 **Conditions spéciales.** Les dispositions spéciales des articles R. 224-1 et R. 224-2, R. 224-4 à R. 224-6 et R. 224-10 à R. 224-12 C. pr. exéc. s'appliquent aux saisies des biens placés dans un coffre appartenant à un tiers qui peut être un banquier ou un établissement assimilé, un bijoutier ou un orfèvre, ou encore l'exploitant d'un hôtel. Ces locaux ne servant pas en principe, à l'habitation du tiers propriétaire du coffre, l'autorisation préalable du juge de l'exécution (JEX) prévue par l'article L. 222-1 alinéa 2 C. pr. exéc. n'est pas nécessaire.

Si les objets sont contenus dans un coffre appartenant au débiteur, ce sont les règles de la saisie-appréhension de droit commun qui s'appliquent.

SECTION 2
MISE EN ŒUVRE

1023.21 **Identification du locataire du coffre.** Avant de pouvoir mettre en œuvre la procédure de saisie-appréhension, le commissaire de justice chargé de l'exécution doit rechercher les informations lui permettant d'identifier le tiers qui loue le coffre où les biens ou les documents revendiqués sont susceptibles d'être déposés. À cet égard, depuis un arrêté du 24 avril 2020, publié au *Journal officiel* du 6 mai de la même année[1], les établissements qui louent des coffres-forts, sont tenus d'une obligation de déclaration en vue d'un traitement dans le cadre de la gestion du fichier informatisé des comptes bancaires ou assimilés (Ficoba). Les articles 164 FB s. de l'annexe IV du CGI ont été modifiés à cet effet par l'arrêté précité qui est entré en vigueur le 1er septembre 2020 pour les contrats de location de coffre conclus à compter de cette date. Pour les contrats antérieurs, l'obligation de fournir les renseignements à mentionner dans le fichier a été différée jusqu'au 31 décembre 2024 au plus tard. Le commissaire de justice peut ainsi avoir communication des références de l'établissement qui gère le coffre ainsi que l'identité et l'adresse de son locataire sans que le secret bancaire puisse être opposé.

§ 1
Saisie entre les mains du propriétaire du coffre

1023.31 **Acte de saisie.** La saisie n'est pas précédée d'un commandement. Elle s'effectue par un acte de commissaire de justice signifié au tiers propriétaire du coffre (C. pr. exéc., art. R. 224-1).

1. Arr. 24 avr. 2020, portant modification des articles 164 FB et suivants de l'annexe IV du Code général des impôts, *JO* 6 mai, texte 15.

1023.32 **Mentions obligatoires.** L'acte de saisie contient à peine de nullité :

« *1° Les nom et domicile du débiteur et, s'il s'agit d'une personne morale, sa dénomination et son siège social ;*

2° la référence au titre en vertu duquel la saisie est pratiquée ;

3° une injonction d'interdire tout accès au coffre, si ce n'est en présence de l'huissier [devenu commissaire] *de justice* ».

1023.33 **Effets.** Toute saisie a pour effet immédiat d'interdire l'accès au coffre sans la présence du commissaire de justice (C. pr. exéc., art. R. 224-1, 3° et R. 224-2). Cette disposition permet de prévenir tout risque de détournement. Le débiteur rapidement avisé de la mesure prise contre lui par le commandement signifié le premier jour ouvrable suivant la saisie, pourrait être tenté de retirer les valeurs contenues dans le coffre. La personne tenue de la remise ne pourra accéder à son coffre, si elle a besoin, d'urgence, d'y consulter certains documents, qu'accompagnée du commissaire de justice instrumentaire.

On peut considérer que l'acte prévu par l'article R. 224-1 C. pr. exéc. opère saisie provisoire (ou préventive) de tout le contenu du coffre, y compris des biens dont la remise n'est pas demandée. L'appréhension définitive ne pourra avoir lieu qu'au moment de l'ouverture du coffre, laquelle ne pourra intervenir qu'à l'expiration du délai de quinze jours suivant la signification du commandement (C. pr. exéc., art. R. 224-4). C'est cette ouverture qui permettra de retenir dans l'inventaire, les seuls objets revendiqués (C. pr. exéc., art. R. 224-5).

1023.34 **Scellés.** Le commissaire de justice peut, si nécessaire, apposer des scellés sur le coffre (C. pr. exéc., art. R. 224-2).

1023.35 **Obligations du tiers.** Le tiers reçoit injonction d'interdire l'accès au coffre hors de la présence du commissaire de justice. Il est ainsi investi du rôle de gardien. Le tiers est également tenu de fournir au commissaire de justice les éléments d'identification du coffre sans pouvoir lui opposer le secret professionnel. Ces éléments doivent être mentionnés dans l'acte de saisie (C. pr. exéc., art. R. 224-1 *in fine*).

1023.36 **Commandement.** Lorsque la mesure tend à l'appréhension d'un ou plusieurs biens déterminés placés dans un coffre en vue de leur remise à un tiers, un commandement de délivrer ou de restituer est signifié à la personne tenue de la remise le premier jour ouvrable suivant l'acte de saisie prévu à l'article R. 224-1 C. pr. exéc. (C. pr. exéc., art. R. 224-10).

§ 2
Commandement au débiteur de la remise des biens

1023.41 **Délai du commandement.** Cet acte vaut non seulement sommation de remettre le bien mais également dénonciation au débiteur de la mesure pratiquée à son insu (C. pr. exéc., art. R. 224-10, 1°). La brièveté du délai témoigne de l'attachement du législateur à l'information du locataire du coffre. On peut donc considérer, sous réserve de ce que pourra décider la Cour de cassation, que, bien qu'aucune sanction n'ait été expressément prévue, la saisie non dénoncée dans le délai devrait être frappée de caducité.

Le commandement de délivrer ou de restituer doit permettre la mise en œuvre du principe posé par l'article L. 222-1 alinéa 1er C. pr. exéc. selon lequel l'appréhension ne peut avoir lieu que si la personne tenue de remettre un bien déterminé, ne s'offre pas à en effectuer le transfert à ses frais.

Afin d'éviter une ouverture coûteuse, le débiteur peut exécuter son obligation de délivrer soit en remettant immédiatement le bien, s'il le détient ailleurs que dans le coffre, soit en allant l'y chercher accompagné du commissaire de justice, s'il s'y trouve effectivement enfermé.

1023.42 **Signification.** Le commandement peut être signifié dans l'acte de signification du jugement (C. pr. exéc., art. R. 224-10 *in fine*). Cette disposition qui vise à économiser le coût d'un exploit, se retrouve dans l'article R. 222-2 C. pr. exéc. relatif au commandement en matière de saisie-appréhension de droit commun.

1023.43 **Mentions obligatoires.** Le commandement de délivrer et de restituer doit contenir à peine de nullité (C. pr. exéc., art. R. 224-10) :

« *1° La dénonciation de l'acte de saisie ;*

2° la mention du titre exécutoire en vertu duquel la remise est exigée ;

3° la désignation précise du ou des biens réclamés ;

4° un commandement d'avoir à remettre le ou les biens réclamés avant la date fixée pour l'ouverture du coffre, ou d'assister, en personne ou par mandataire, à son ouverture aux fins d'enlèvement du ou des biens, avec l'avertissement qu'en cas d'absence ou de refus d'ouverture, le coffre sera ouvert par la force à ses frais ;

5° l'indication des lieu, jour et heure fixés pour l'ouverture du coffre ;

6° la désignation du juge de l'exécution du lieu où sont situés les biens saisis devant lequel seront portées les contestations ».

1023.44 **Remise volontaire.** Les dispositions particulières relatives à la saisie-appréhension des biens placés dans un coffre ne prévoient pas ce qu'il y a lieu de faire lorsqu'avant l'expiration du délai de quinze jours, le ou les biens réclamés sont remis volontairement. Il faut alors procéder selon les modalités prévues par le droit commun, c'est-à-dire dresser acte de la remise volontaire conformément à l'article R. 222-4 C. pr. exéc. Ce document doit contenir un état détaillé du ou des biens et peut comporter leur photographie en annexe.

§ 3
Ouverture du coffre

1023.51 **Condition d'ouverture.** Elle a lieu en l'absence de remise du bien dans le délai imparti. C'est cette opération qui va permettre de vérifier si le bien dont la remise est demandée se trouve effectivement à l'intérieur du coffre. Dans l'affirmative il pourra être enlevé par le saisissant (C. pr. exéc., art. R. 224-4 et R. 224-11).

1023.52 **Délai.** L'ouverture du coffre ne peut intervenir avant l'expiration d'un délai de quinze jours à compter de la signification du commandement de payer (C. pr. exéc., art. R. 224-4). Cette disposition déroge au droit commun de la saisie-appréhension qui prévoit un délai de huit jours (C. pr. exéc., art. R. 222-2, 2°).

Le débiteur qui est avisé des jour, heure et lieu de l'ouverture dans le commandement (C. pr. exéc., art. R. 224-10, 5°), peut toutefois demander que celle-ci ait lieu à une date plus rapprochée s'il accepte de remettre le bien immédiatement (C. pr. exéc., art. R. 224-4).

1023.53 **Personnes présentes.** La présence du débiteur est éminemment souhaitable car elle facilitera l'ouverture du coffre dont il détient les clefs. Il peut y assister, soit en personne, soit par mandataire par l'article R. 224-10, 4° C. pr. exéc., à défaut d'avoir remis volontairement le bien.

En son absence, l'ouverture forcée ne peut intervenir qu'en présence du propriétaire du coffre ou de son préposé dûment mandaté (C. pr. exéc., art. R. 224-4, al. 2). Il remplace les deux témoins majeurs mentionnés dans l'article L. 142-1 alinéa 1er C. pr. exéc.

La présence du créancier n'est pas nécessaire. Elle est même interdite en vertu de l'article R. 141-3 C. pr. exéc. selon lequel la personne qui a requis l'exécution forcée ne peut assister aux opérations, sauf si les modalités de l'appréhension l'exigent. Il est donc représenté par son commissaire de justice dont la présence est indispensable pour tout accès au coffre (C. pr. exéc., art. R. 224-1, 3° et R. 224-2).

1023.54 **Frais.** Les frais de l'ouverture du coffre sont avancés par le créancier. Ces frais seront exposés si, en l'absence du débiteur ou de refus de celui-ci, il est nécessaire de recourir à un spécialiste pour forcer le coffre. Ils devront en définitive, être assumés par le débiteur comme frais de l'exécution (C. pr. exéc., art. L. 111-8, al. 1er, et R. 224-10, 4o).

1023.55 **Carence.** Si à l'ouverture du coffre il apparaît que le ou les biens réclamés ne s'y trouvent pas, le commissaire de justice doit convertir l'acte de saisie initial en procès-verbal de carence (C. pr. exéc., art. R. 221-14). Cette disposition propre à la saisie-vente devrait s'appliquer même si les textes particuliers à la saisie-appréhension des meubles placés dans un coffre-fort n'y font pas référence, car la carence est une notion générale valable pour toutes les saisies ayant manqué leur effet. À noter que l'acte de carence est tarifé à un coût moins élevé par le Code de commerce et l'ancien décret du 12 décembre 1996 portant tarif des huissiers de justice (v. ss nos 0714.51 s.).

§ 4
Inventaire du contenu du coffre

1023.61 **État descriptif du contenu.** Au jour fixé, le commissaire de justice procède à l'inventaire des biens qui doivent être décrits de façon détaillée (C. pr. exéc., art. R. 224-5, al. 1er et R. 224-11).

Il semble bien que c'est cet inventaire qui opère après vérification de leur présence, saisie définitive des objets devant être appréhendés en vertu du titre exécutoire.

1023.62 **En présence du débiteur.** Si le débiteur est sur place, l'inventaire peut se limiter aux seuls biens saisis appréhendés.

Les biens sont immédiatement enlevés pour être placés sous la garde du commissaire de justice (disposition dérogatoire à C. pr. exéc., art. L. 141-2) ou d'un séquestre désigné, à défaut d'accord amiable, sur requête par le JEX (C. pr. exéc., art. R. 224-5, al. 2). Dans cette hypothèse les obligations du séquestre sont celles de l'article 1962 du Code civil.

1023.63 **En l'absence du débiteur.** Si le débiteur est absent il est dressé un inventaire de tous les biens contenus dans le coffre. Bien que le texte de l'article R. 224-5 C. pr. exéc. ne le précise pas, il paraît indispensable que l'inventaire distingue clairement les objets saisis de ceux qui ne le sont pas.

Ceux qui sont saisis sont enlevés immédiatement par le commissaire de justice. Les autres sont remis au tiers qui a la garde du coffre ou à un séquestre désigné sur requête par le JEX, à charge de les représenter sur simple réquisition du débiteur (C. pr. exéc., art. R. 224-5, al. 3).

1023.64 **Photographies.** Le commissaire de justice peut, s'il l'estime nécessaire, photographier les objets retirés du coffre dans les conditions prévues aux articles R. 224-5, al. 5, R. 224-11 et R. 222-4 C. pr. exéc. Il doit ainsi conserver les photographies en vue de la vérification des objets saisis qui doit précéder la vente s'il s'agit de biens gagés (C. pr. exéc., art. R. 222-6). Il ne peut les communiquer qu'en cas de contestation portée devant le juge (C. pr. exéc., art. R. 221-12).

1023.65 **Acte des opérations.** Il est dressé un acte des opérations qui contient à peine de nullité, les nom, prénom et qualité des personnes qui y ont assisté et de celles entre les mains de qui les objets ont été remis. Ces personnes doivent apposer leur signature sur l'original et les copies de l'acte qui doit mentionner, le cas échéant, leur refus de signer (C. pr. exéc., art. R. 224-6).

1023.66 **Recouvrement de libre accès au coffre.** Du jour de l'enlèvement des biens, le débiteur recouvre libre accès au coffre (C. pr. exéc., art. R. 224-9).

1023.67 **Contestations.** Elles doivent être portées devant le JEX du lieu où sont situés les biens saisis (C. pr. exéc., art. R. 224-10, 6o). Il s'agit d'une dérogation à la règle posée par les articles R. 222-2, 4o et R. 222-3 alinéa 2 C. pr. exéc. en matière de saisie-appréhension de droit commun entre les mains du débiteur (lieu où demeure celui auquel le bien est retiré).

1023.68 **Copie de l'acte.** Une copie de l'inventaire est remise au débiteur s'il est présent ou lui est signifiée. Les personnes auxquelles des biens ont éventuellement été remis doivent aussi en recevoir copie (C. pr. exéc., art. R. 224-12, al. 1er).

Dans la copie délivrée ou signifiée au débiteur, il doit être fait mention à peine de nullité, que le bien a été remis à la personne désignée dans le titre exécutoire ou à son mandataire dont l'identité est précisée (C. pr. exéc., art. R. 224-12, al. 2).

1023.69 **Conséquences de la saisie-appréhension.** Les textes particuliers relatifs à la saisie des biens placés dans un coffre ne mentionnent rien à ce sujet et ne renvoient pas aux dispositions du droit commun. Ce sont elles qui doivent cependant s'appliquer selon que le bien a été appréhendé pour être remis à son propriétaire ou à un créancier gagiste. Il convient de se reporter, sur ces points, aux explications consacrées aux conséquences de la saisie-appréhension de droit commun (v. ss nos 1021.40 s.).

CHAPITRE

1024. Saisie-appréhension des véhicules terrestres à moteur

RENÉ LAUBA
MAGISTRAT HONORAIRE

SECTION 0

ORIENTEUR

1024.00 **Sommaire du chapitre.**

Division. La saisie-appréhension des véhicules terrestres à moteur obéit à diverses règles communes (sect. 1 et 2). Les règles de l'immobilisation du véhicule varient selon le destinataire de la remise : propriétaire du véhicule (sect. 3), créancier gagiste d'un véhicule immatriculé (sect. 4), créancier gagiste d'un véhicule non immatriculé (sect. 5).

1024.01 **Textes applicables.**

• **C. pr. exéc.,** art. L. 141-2, L. 222-1, L. 222-2, L. 223-1, L. 223-2, L. 511-2, R. 221-12, R. 221-30 à R. 221-33, R. 221-39 à R. 221-56, R. 222-1 à R. 222-25, R. 223-1 à R. 223-13, R. 511-2 et R. 511-5 à R. 511-8.

• **C. com.,** art. L. 110-3, L. 110-4, L. 142-3, L. 142-4, L. 143-10 à L. 143-13, L. 321-2, anc. L. 525-1 à L. 525-20, L. 622-7, L. 622-21, L. 624-9, L. 624-10, L. 624-16, L. 642-20-1, R. 521-1 s, R. 525-4 et R. 525-8.

• **C. civ.,** art. 1103, 1231-5, 1247, 1305-4, 1346-1, 1359, 1654, 2078 [anc.], 2224, 2248, 2276, 2286, 2311, 2332, 2332-4, 2333, 2336 à 2340, 2342, 2344, 2346 à 2348, 2354 et 2371.

• **C. consom.,** art. L. 211-1, L. 212-1, L. 311-1, L. 312-1 s., L. 312-18 s., L. 341-4, D. 312-18 et D. 312-19, R. 212-2, R. 312-10, R. 312-35 et R. 632-1.

• **C. mon. fin.,** art. L. 313-10 et R. 313-3 s.

• **C. assur.,** art. L. 121-13.

• **C. trav.,** art. L. 3253-2 et L. 3253-3.

• **C. route,** art. L. 110-1, L. 330-1 et L. 330-3.

• **C. pén.,** art. 314-5.

1024.03 **Bibliographie indicative.**

Actualisables. Rép. pr. civ., v° *Saisie des véhicules terrestres à moteur*, par R. Bour, oct. 2024.

Ouvrage[1]. R. Perrot et Ph. Théry, *Procédures civiles d'exécution*, 3e éd., Dalloz, 2013, nos 1051-1066.

Articles. J.-L. Courtier, « Position du droit positif sur l'attribution judiciaire du gage et l'article 40 de la loi du 25 janvier 1985 », *Rev. huiss.* 1998. 193 – G. Eid, « Mesures d'exécution sur les véhicules terrestres à moteur : moyen de protection du créancier », *Rev. huiss.* 2000. 73 – D. Legeais, « Le gage de meubles corporels », *JCP* 2006, suppl. n° 20, « Commentaire de la réforme des sûretés », p. 12 – S. Piedelièvre, « Le nouvel article 2286, 4°, du Code civil », *D.* 2008. 2950 – R. Rolland, « Le crédit-bailleur face au tiers acquéreur dans le crédit-bail mobilier », *Rev. huiss.* 1998. 581 – G. Wicker et P. Gaubil, « L'efficacité du gage automobile non inscrit », *D.* 1997. Chron. 1.

1024.04 Formulaire de procédure civile (renvois).

- *Saisie des véhicules terrestres à moteur – Déclaration de saisie* (Saisie des véhicules terrestres à moteur par déclaration à la préfecture – C. pr. exéc., art. L. 223-1)
- *Saisie des véhicules terrestres à moteur – Procès-verbal de saisie* (Procès-verbal de saisie des véhicules terrestres à moteur par immobilisation du véhicule – C. pr. exéc., art. R. 223-8)
- *Saisie des véhicules terrestres à moteur – Dénonciation au débiteur* (Lettre simple adressée par le commissaire de justice, pour information, au débiteur si celui-ci n'était pas présent lorsque son véhicule a été immobilisé – C. pr. exéc., art. R. 223-9)
- *Saisie des véhicules terrestres à moteur – Commandement de payer* (Commandement de payer signifié par le commissaire de justice au débiteur quand le véhicule a été immobilisé pour obtenir le paiement d'une somme d'argent – C. pr. exéc., art. R. 223-10)
- *Saisie des véhicules terrestres à moteur – Acte de remise de véhicule* (Injonction de remise à signifier à la personne tenue de la remise lorsque le véhicule a été immobilisé pour être remis à son propriétaire – C. pr. exéc., art. R. 223-12)
- *Saisie des véhicules terrestres à moteur – Acte de remise de véhicule* (Injonction de remise d'un véhicule au créancier gagiste – C. pr. exéc., art. R. 223-13)

1024.05 Spécificité. La saisie-appréhension des véhicules terrestres à moteur a ceci de particulier qu'elle s'accompagne de mesures complémentaires adaptées à la nature spécifique de ces biens qui en facilitent l'exercice.

Ces mesures originales qui sont d'ailleurs communes à la saisie-appréhension et à la saisie-vente, sont qualifiées par le législateur de « *mesures d'exécution* ». Elles peuvent être utilisées d'une manière autonome, comme un moyen de pression sur le débiteur, puisqu'elles ne tendent, par elles-mêmes, ni à l'appréhension, ni à la vente. Ces mesures visent à rendre le véhicule indisponible, soit matériellement en empêchant son utilisation effective, soit juridiquement en faisant obstacle à son aliénation ou à sa constitution en gage. Il s'agit de la saisie par déclaration à l'autorité administrative qui interdit la délivrance de tout certificat d'immatriculation et de la saisie par immobilisation qui consiste à placer sur le véhicule, un dispositif destiné à l'empêcher de circuler.

La combinaison de la saisie-appréhension avec ces procédés particuliers, notamment avec la saisie par immobilisation, n'est pas obligatoire et la personne qui réclame la remise d'un véhicule peut s'en tenir à la procédure classique. Mais s'il entend utiliser le procédé de l'immobilisation, les articles R. 222-1 et R. 222-16 C. pr. exéc. lui imposent d'opérer selon les modalités prévues par les articles R. 223-6, R. 223-8, R. 232-9, R. 223-12 et R. 223-13 du même code.

Ces modalités diffèrent cependant, suivant que le véhicule a été immobilisé pour être remis à son propriétaire ou à un créancier gagiste. Dans un cas comme dans l'autre, le créancier de la restitution ou de la délivrance est le plus souvent l'organisme qui a financé le bien, soit sous la forme d'un crédit-bail, soit sous celle d'un prêt garanti par un gage ou une clause de réserve de propriété (sur la question, v. G. Eid[2]).

SECTION 1
RÈGLES COMMUNES RELATIVES AUX DOMAINE ET CONDITIONS

1024.11 Domaine d'application. Le champ d'application des mesures particulières adoptées par les articles R. 223-1 à R. 223-13 C. pr. exéc., est déterminé par la notion de véhicule terrestre à moteur. Il dépend également des conditions dans lesquelles ces véhicules peuvent être déclarés insaisissables. Il convient de se reporter, sur ces points, aux explications relatives à la saisie-vente des véhicules terrestres à moteur (v. ss nos 0723.05 s.).

1024.12 Titre exécutoire. Le commissaire de justice chargé de l'exécution muni d'un titre exécutoire peut saisir le véhicule du débiteur, soit par une déclaration à l'autorité administrative, soit en l'immobilisant (C. pr. exéc., art. L. 223-1 et L. 223-2). Si l'une de ces mesures est destinée à se combiner avec une saisie-appréhension, il ne peut s'agir que d'un titre exécutoire prescrivant la remise du véhicule (C. pr. exéc., art. L. 222-1 et R. 222-1).

Ce titre exécutoire, nécessaire à la mise en possession de l'organisme de financement, doit constater définitivement son droit de propriété ou de gage et

1. Les ouvrages dont le nom des auteurs figure en petites capitales en bibliographie seront cités par le seul nom des auteurs en petites capitales en notes de bas de page.

2. G. Eid, « Mesures d'exécution sur les véhicules terrestres à moteur : moyen de protection du créancier », *Rev. huiss.* 2000. 73.

partant, son droit de suite. Il doit s'obtenir, en principe, dans le cadre d'une action en revendication classique, exercée contradictoirement devant le juge du fond. Mais pour éviter le contretemps lié à la lourdeur de cette instance, le législateur a organisé au profit du créancier de la remise d'un meuble corporel, une procédure simplifiée et non contradictoire, l'injonction de restituer ou de délivrer (C. pr. exéc., art. R. 222-11 à R. 222-16).

Cette procédure, inspirée de l'injonction de payer et de l'injonction de faire, est destinée à procurer rapidement un titre exécutoire, à celui qui veut obtenir la délivrance ou la restitution d'un bien meuble déterminée. Elle ne donne lieu à un débat qu'en cas d'opposition.

Cette opposition fait obstacle à l'apposition de la formule exécutoire, mais n'investit pas le JEX du pouvoir d'examiner la contestation de l'opposant. C'est le juge du fond compétent qui se prononce sur sa pertinence, après avoir été saisi par l'organisme de financement qui réclame la remise du véhicule. Si la juridiction compétente n'est pas saisie dans les deux mois de la signification, l'ordonnance devient caduque ainsi que la mesure conservatoire (la saisie-revendication) qui aurait été prise (C. pr. exéc., art. R. 222-14).

Il n'y a pas lieu ici d'entrer dans les détails de cette procédure qui ont déjà été exposés à propos de la saisie-appréhension sur injonction du juge (v. s[s] n°s 1022.06 s.). Il convient seulement d'attirer l'attention sur l'intérêt que présente le caractère d'ordre public des règles de compétence en la matière, lorsque l'injonction doit porter sur la remise d'un véhicule.

L'ordonnance d'injonction de délivrer ou de restituer relève de la compétence exclusive du JEX du lieu où demeure le débiteur. Toute clause contraire du contrat est réputée non écrite et le juge est tenu de relever d'office son incompétence (C. pr. exéc., art. R. 222-11, al. 2).

Cette disposition devrait mettre fin aux pratiques abusives de nombreuses sociétés de crédit qui sollicitaient jusqu'ici, des autorisations de saisie auprès de juridictions matériellement incompétentes et très éloignées du lieu du domicile du débiteur.

La Cour de cassation estime à cet égard que le président du tribunal de commerce étant incompétent pour autoriser par voie d'ordonnance, l'appréhension matérielle d'un véhicule, la saisie pratiquée en vertu d'une telle autorisation peut faire l'objet d'une mainlevée à la demande du débiteur[1].

1. Civ. 1re, 24 nov. 1993, nº 91-16.740, P I, nº 348 ; *RTD civ.* 1994. 174, obs. R. Perrot ; *RTD com.* 1994. 352, obs. B. Bouloc – TGI Chambéry, 22 févr. 1994, *Rev. huiss.* 1995. 1094, note Dahan.

1024.13 Mesure conservatoire en l'absence de titre exécutoire. La saisie-revendication (C. pr. exéc., art. L. 222-2, R. 222-17 à R. 222-25, R. 511-2 et R. 511-5 à R. 511-8) permet à la société de crédit de saisir conservatoirement le véhicule financé pendant qu'elle tente d'obtenir un titre exécutoire au moyen de la procédure d'injonction de délivrer ou de restituer.

En effet, bien que cette procédure d'injonction soit conçue pour donner rapidement satisfaction au créancier de la remise, elle peut durer plus longtemps que prévu si le débiteur fait opposition à l'ordonnance. Cette opposition, lorsqu'elle est recevable, fait obstacle à l'apposition de la formule exécutoire et partant, à l'engagement de la saisie-appréhension par immobilisation et ce, jusqu'à ce que la juridiction du fond statue sur l'action en revendication du créancier. Au cours de l'instance, le bien peut être détourné ou se déprécier par l'usage, voire même être détruit au cours d'un accident de la circulation. En attendant la décision, l'ordonnance frappée d'opposition peut constituer l'un des titres énumérés par l'article L. 511-2 C. pr. exéc. (une décision de justice non encore exécutoire), permettant au créancier de pratiquer conservatoirement, sans autorisation préalable du juge, une saisie-revendication.

La saisie-revendication rend donc le véhicule indisponible jusqu'à ce que le titre exécutoire prescrivant sa remise soit obtenu.

Les conditions d'ouverture et de mise en œuvre de la saisie-revendication sont exposées en détail plus loin (v. s[s] n°s 1031.05 s.).

SECTION 2

RÈGLES COMMUNES RELATIVES À LA COMBINAISON DES MESURES SPÉCIFIQUES AVEC LA SAISIE-APPRÉHENSION

1024.21 Saisie par déclaration et saisie-appréhension. Cette mesure est instituée par l'article L. 223-1 C. pr. exéc. et réglementée par les articles R. 223-2 à R. 223-5 de ce même code. Bien que la loi lui fasse produire tous les effets d'une saisie (C. pr. exéc., art. L. 223-1) et même d'une saisie d'exécution puisqu'elle ne peut être pratiquée sans titre exécutoire, elle ne débouche pas directement sur l'appréhension du véhicule. Elle a seulement pour effet d'interdire la délivrance de tout certificat d'immatriculation par l'Administration et par conséquent, de paralyser toute aliénation ou constitution de garantie. Certains l'analysent en une sûreté par inscription ou en une mesure conservatoire destinée à préparer une future saisie-appréhension. Elle tend à rendre le véhicule juridiquement indisponible, sauf pour son acquéreur à prendre le risque de circuler irrégulièrement. Elle frappe le véhicule d'indisponibilité alors même qu'il ne peut être matériellement immobilisé ou appréhendé, parce que le débiteur le dissimule et refuse d'indiquer le lieu où il l'a caché. Elle gêne ainsi considérablement le débiteur qui veut tenter de mettre les recherches à profit pour disposer frauduleusement du bien.

La saisie par déclaration à l'autorité administrative ne présente cependant d'intérêt que lorsque la personne tenue de la remise du véhicule en est le propriétaire. Lorsqu'elle n'en est que le détenteur précaire (c'est le cas du crédit-preneur), cette mesure est sans intérêt la carte grise étant au nom du propriétaire qui en poursuit la restitution. C'est donc le créancier gagiste qui peut y avoir recours afin de s'assurer une sûreté complémentaire, le débiteur vendeur du véhicule devant présenter à son futur acquéreur, non seulement un certificat de non-gage, mais encore un certificat établi depuis quinze jours par l'autorité administrative (le ministre de l'Intérieur), attestant qu'il n'a pas été fait de déclaration valant saisie sur le véhicule et opposition au transfert du certificat d'immatriculation (C. route, art. L. 322-2 et L. 322-4, V).

Il y a lieu de se reporter, en ce qui concerne la nature, les conditions d'ouverture, la mise en œuvre, les effets et les incidents de cette mesure, aux explications relatives à la saisie-vente des véhicules terrestres à moteur (v. s^s n°s 0723.21 s.).

1024.22 Saisie par immobilisation et saisie-appréhension. La saisie par immobilisation est instituée par l'article L. 223-2 C. pr. exéc. et réglementée par les articles R. 223-6 à R. 223-13 du même code. Elle s'analyse en une mesure d'exécution puisqu'elle ne peut être engagée sans titre exécutoire et qu'elle débouche, soit sur la remise du véhicule à son propriétaire, soit sur sa réalisation au profit d'un créancier gagiste. Elle complète efficacement la saisie-appréhension car elle empêche, par l'installation d'un dispositif approprié, l'utilisation matérielle du véhicule en vue de prévenir son détournement ou sa détérioration.

La combinaison de la saisie par immobilisation avec la saisie-appréhension est une éventualité expressément envisagée par les articles R. 222-1 et R. 222-16 C. pr. exéc. Les modalités de cette combinaison sont organisées différemment par les articles R. 223-12 et R. 223-13, selon que le véhicule doit être remis à son propriétaire ou à un créancier gagiste.

1024.23 Caractère facultatif. Le créancier de la remise d'un véhicule n'est pas obligé de recourir à son immobilisation et peut se contenter de la procédure d'appréhension classique des articles R. 222-1 à R. 222-15 C. pr. exéc. (v. s^s n°s 1021.05 s.). Mais s'il opte pour l'immobilisation préventive afin de se ménager un effet de surprise, il ne peut procéder à l'appréhension qu'en observant les formalités particulières prescrites par les articles R. 223-6, R. 223-8, R. 223-12 et R. 223-13 du même code. Dans ces conditions, le créancier qui a immobilisé le véhicule et dressé le procès-verbal constatant cette opération, doit opérer selon l'un des deux cas de figure prévus par les articles R. 223-12 et R. 223-13 C. pr. exéc.

1024.24 Formalités matérielles. L'article L. 223-2 C. pr. exéc. dispose que le commissaire de justice peut immobiliser le véhicule par tout moyen n'entraînant pas sa détérioration. L'article R. 223-6 du même code vise implicitement le « *sabot de Denver* ».

Le véhicule peut être immobilisé en quelque lieu qu'il se trouve, même sur la voie publique (v. s^s n°s 0723.85 s.).

Dans ce cas, son enlèvement s'impose dans les quarante-huit heures.

L'article R. 223-6 alinéa 3 C. pr. exéc. précise qu'il peut être fait application de l'article R. 221-12 du même code qui autorise le commissaire de justice pratiquant une saisie-vente, à photographier les biens saisis.

Il convient de se reporter, pour toutes ces formalités matérielles aux explications relatives à la saisie-vente des véhicules (v. s^s n°s 0723.84 s.).

1024.25 Formalités juridiques. Une fois le véhicule immobilisé, le commissaire de justice dresse un procès-verbal constatant cette opération et comportant diverses mentions requises à peine de nullité. Ce procès-verbal qui vaut saisie sous la garde du propriétaire du véhicule ou, après son enlèvement, sous celle de la personne qui l'a reçu en dépôt, tient lieu d'acte de remise ou d'appréhension au sens de l'article R. 222-4 C. pr. exéc. (C. pr. exéc., art. R. 223-8). Le débiteur absent lors de l'immobilisation doit en être avisé par une lettre simple comportant certaines informations, adressée ou déposée au lieu où il demeure (C. pr. exéc., art. R. 223-9).

Les formalités juridiques et leurs conséquences sur la garde et l'indisponibilité sont exposées à propos de la saisie-vente des véhicules (v. s^s n°s 0723.91 s., 0723.101 s. et 0723.106 s.).

1024.26 Dénonciation-injonction. L'immobilisation ayant produit son effet préventif, le saisissant doit se conformer aux principes généraux gouvernant la saisie-appréhension en délivrant à la personne tenue de la remise, un acte qui tient lieu de dénonciation du procès-verbal tout en se substituant au commandement prévu à l'article R. 222-2 C. pr. exéc. relatif à la saisie-appréhension de droit commun.

Mais les mentions et les objectifs de cet acte sont différents selon qu'il s'agit de la remise à un propriétaire ou à un créancier gagiste.

SECTION 3
IMMOBILISATION EN VUE DE LA REMISE DU VÉHICULE À SON PROPRIÉTAIRE

1024.31 Notion de propriétaire. Le propriétaire du véhicule qui en réclame la restitution peut être un prêteur à usage, un loueur professionnel, un vendeur avec réserve de propriété ou un crédit-bailleur. Dans la pratique, la grande majorité des saisies-appréhension de véhicule avec immobilisation sont initiées par des crédits-bailleurs ou par des prêteurs subrogés dans la propriété réservée. C'est donc par rapport à ces deux catégories de propriétaires que la procédure de remise sera examinée.

§ 1
Crédit-bailleur et prêteur subrogés dans la propriété réservée

1024.41 Mécanisme du crédit-bail. Le crédit-bail, également connu sous les noms de leasing, de location-vente ou de location avec option d'achat, est un mode de financement au moyen duquel l'organisme de prêt se constitue une sûreté efficace sur le bien financé.

Cette sûreté consiste à retarder, grâce à la fiction juridique de la location, le transfert de la propriété à l'acheteur à crédit, jusqu'au paiement intégral de la valeur du bien financé et des intérêts du prêt. Elle diffère donc du gage qui est fondé sur le transfert au créancier de la seule possession et s'apparente à la vente avec réserve de propriété.

L'organisme se porte acquéreur du véhicule auprès du constructeur ou du vendeur, puis le donne en location à la personne qui désire l'acheter à crédit. Celle-ci se porte acquéreur du bien à l'expiration du bail, en vertu de la promesse synallagmatique ou unilatérale de vente consentie par la société de crédit. Le véhicule est acheté moyennant un prix convenu tenant compte, au moins partiellement, des versements effectués au titre des loyers. En cours de bail, l'organisme de financement perçoit des loyers dont une partie est affectée à l'amortissement du capital prêté et l'autre au paiement des intérêts échus.

De son côté, la société de crédit-bail est seulement tenue, sous peine d'inopposabilité aux tiers, de faire publier la convention et de ne pas disposer de la chose jusqu'au paiement intégral qui doit consacrer le transfert de propriété. Elle a ainsi, selon la formule des professeurs Marty et Raynaud, « un *abusus* restreint ».

Le crédit-bail aux professionnels est réglementé, en ce qui concerne sa publicité, dans le Code monétaire et financier dont les dispositions visent les biens d'équipement et le matériel d'outillage. Les voitures automobiles, même de tourisme, constituent des biens d'équipement dès lors qu'elles sont utilisées pour le fonctionnement des entreprises locataires[1].

Le crédit-bail aux particuliers est réglementé, en ce qui concerne le formalisme contractuel et les conséquences des incidents de paiement, par le Code de la consommation (C. consom., art. L. 311-1, L. 312-1 s. – et plus particulièrement, C. consom., art. L. 312-2, L. 312-32, L. 312-35, L. 312-36, L. 312-38, al. 1er et 2, L. 312-40, D. 312-18 et D. 312-19).

1024.42 Intérêt pratique du crédit-bail. Pendant toute la durée de la location, l'organisme de financement reste propriétaire du véhicule et ne subit donc pas la loi du concours avec les autres créanciers du crédit-preneur. En cas d'impayé, il lui suffit de se prévaloir de la clause de résiliation contenue dans le contrat et de réclamer la restitution du véhicule en vue de sa revente.

Dans l'hypothèse de l'ouverture d'une procédure collective, il peut revendiquer le bien sur le fondement de l'article L. 624-9 C. com.[2], dans un délai préfix de trois mois.

Toutefois, si le crédit-preneur ne s'exécute pas spontanément, la société de crédit-bail va être contrainte de pratiquer une saisie pour exercer, entre les mains du locataire ou d'un tiers détenteur (réparateur ou garagiste), le droit de suite qu'elle tient de sa qualité de propriétaire. Elle peut, préventivement, immobiliser celui-ci par l'un des procédés prévus par l'article L. 223-2 C. pr. exéc.

En général, à ce stade de la procédure, l'organisme ne détient pas encore le titre exécutoire qui, seul, lui permet de procéder d'emblée à une saisie-appréhension par immobilisation. Il doit donc se procurer ce titre au moyen de la procédure expéditive, de l'injonction de restituer, au cours de laquelle il peut sauvegarder son véhicule en pratiquant, parallèlement, une mesure conservatoire, la saisie-revendication.

C'est donc par la combinaison savante et complexe de plusieurs procédures, que la société de crédit va parvenir à récupérer le véhicule financé en vue de sa revente.

1024.43 Subrogation dans la propriété réservée. Depuis quelques années, les organismes de financement tendent à garantir leur créance en se faisant subroger dans la clause de réserve de propriété dont bénéficie le vendeur. La Cour de cassation admet en effet que le vendeur désintéressé par un tiers subroge celui-ci, non seulement dans la créance du prix de vente, mais encore dans la sûreté accessoire que consti-

1. Com. 15 déc. 1975, n° 74-10.365, P IV, n° 301 ; *D.* 1976. 407, note Lucas de Leyssac.
2. C. com., anc. art. L. 621-115 [réd. L. 25 janv. 1985, art. 115].

tue la propriété réservée[1]. Le paiement avec subrogation éteint la créance à l'égard du vendeur mais la laisse subsister au profit du prêteur subrogé dans tous ses droits et actions. L'action en revendication lui est ainsi ouverte, dès lors qu'il n'y a pas lieu de distinguer selon qu'elle est exercée par le créancier originaire ou un tiers subrogé.

Cet engouement pour la propriété réservée qui tend à supplanter le gage automobile, paraît inspiré, au moins partiellement, par le souci d'éviter d'exposer des frais d'inscription.

Il faut également qu'en l'absence de complet paiement le bénéficiaire de la clause puisse, non seulement reprendre le bien dont la propriété lui est réservée mais encore, si celui-ci a été revendu ou détruit, revendiquer le prix de cession entre les mains du sous-acquéreur ou l'indemnité d'assurance qui lui est subrogée (C. civ., art. 2371 et 2372). Cette revendication du prix demeure ouverte même lorsque le véhicule a été revendu à un sous-acquéreur avec reprise d'un autre véhicule plus ancien[2].

1024.44 **Mécanisme et preuve de la subrogation.** Le procédé le plus courant en pratique est la subrogation consentie par le créancier. Certains contrats de crédit automobile contiennent une clause pré-imprimée par laquelle vendeur et acheteur déclarent que le transfert de la propriété de ce bien est différé jusqu'au paiement intégral de son prix, lequel doit être acquitté au moyen d'un prêt. Vendeur et acheteur apposent leur cachet ou leur signature aux fins d'acceptation. Pour respecter les dispositions de l'article L. 624-16 C. com.[3] selon lesquelles la clause doit avoir été acceptée au plus tard au moment de la livraison, le modèle de contrat mentionne que le vendeur et l'acheteur à crédit affirment qu'au jour de sa signature, le véhicule n'est pas encore livré. Les pièces de certains dossiers révèlent cependant que cette affirmation n'est pas toujours sincère. Il en est notamment ainsi lorsque la date de l'offre de crédit est antérieure à celle de la réserve de propriété et que l'emprunteur a demandé la livraison immédiate (sur la clause de réserve de propriété, v. s^s n°s 1011.61 s.).

Le modèle de contrat contient une seconde clause par laquelle le vendeur déclare subroger le prêteur dans tous ses droits et actions, notamment dans la propriété réservée. Pour satisfaire aux dispositions de l'ancien article 1250 (1°) C. civ., devenu l'article 1346-1, subordonnant la validité de la subrogation à sa concomitance avec le paiement, le contrat prévoit que celle-ci ne deviendra effective qu'à l'instant même du règlement qui sera fait au vendeur par le prêteur, sous réserve de l'acceptation du prêt. La Cour de cassation admet à cet égard que la condition de concomitance posée par l'article précité puisse être remplie lorsque le subrogeant a manifesté expressément, fût-ce dans un document antérieur, sa volonté de subroger son cocontractant à l'instant même du paiement[4] (il en est jugé ainsi à propos d'un ensemble contractuel indivisible entre un constructeur automobile, un concessionnaire et un organisme de financement[5]). Il faut cependant que le vendeur exécute son engagement en signant à la société de crédit, au moment du déblocage des fonds prêtés, une quittance subrogative. Il appartient au prêteur qui se prétend subrogé, de rapporter la preuve de la subrogation et de sa concomitance avec le paiement[6]. La subrogation n'étant pas un contrat solennel, son existence et sa date peuvent être démontrées par tout moyen au-dessous du seuil fixé par l'ancien article 1341 C. civ., devenu C. civ., article 1359, ou à l'encontre d'un commerçant. En pratique la production par le prêteur d'une quittance subrogative signée du vendeur constitue une preuve suffisante. À noter cependant que la Cour de cassation estime que la quittance subrogative ne fait pas preuve par elle-même, de la concomitance de la subrogation et du paiement[7].

Il convient de relever que, dans un avis du 28 novembre 2016, la Cour de cassation rappelle qu'en vertu du texte précité, **la subrogation ne s'opère que si le créancier reçoit le paiement d'une tierce personne,** qualificatif qui ne peut s'appliquer au prêteur qui n'est pas l'auteur du paiement. Le véritable auteur du paiement est l'emprunteur devenu propriétaire des fonds versés au vendeur dès la conclusion du prêt de telle sorte que l'organisme de financement, lorsqu'il règle directement le vendeur, n'intervient qu'en qualité de mandataire de son client. La Haute juridiction estime en conséquence que **la subrogation dans la propriété réservée consentie par le vendeur au prêteur est inopérante** et que la clause la prévoyant, lorsqu'elle est contenue dans un contrat entre un professionnel et un consommateur, tend à laisser faussement croire à ce dernier que la subrogation est

1. Com. 15 mars 1988, n°s 85-18.623 et 86-13.687, P IV, n° 106 ; *GAJC*, t. 2, 14e éd., Dalloz, 2024, n° 338 ; *D.* 1988. 330, note F. Pérochon ; *JCP* 1989. II. 21348, obs. Morançais-Demeester – Com. 5 oct. 1993, n° 91-14.194, P IV, n° 314 ; *D.* 1993. 234 ; *RTD com.* 1994. 345, obs. B. Bouloc ; 570, obs. A. Martin-Serf.
2. Com. 14 mai 2008, n° 06-21.532, P IV, n° 98 – V. ÉGAL, note s^s n° 1011.67.
3. C. com., anc. art. L. 621-122 [anc. L. 25 janv. 1985, art. 121].
4. Com. 29 janv. 1991, n° 89-10.085, P IV, n° 48 ; *RTD civ.* 1991. 531 obs. J. Mestre.
5. Com. 2 févr. 1993, n° 91-11.569, P IV, n° 38 ; *RTD com.* 1994. 96, obs. B. Bouloc – V. AUSSI : Civ. 1re, 28 mai 2002, n° 99-17.733, P I, n° 154 ; *JCP* 2002. IV. 2230 ; *RTD com.* 2002. 523, obs. R. Cabrillac.
6. Civ. 1re, 23 mars 1999, n° 97-11.685, P I, n° 105 ; *RDI* 1999. 671, obs. G. Durry ; *RTD civ.* 2000. 330, obs. J. Mestre et B. Fages.
7. Civ. 1re, 23 mars 1999, n° 97-11.685 (préc. s^s prés^t n°).

efficace, alors qu'il s'est vu transférer la propriété du véhicule dès le paiement de son prix. La Cour de cassation considère qu'il s'agit d'une **clause abusive** au sens de l'article L. 132-1 C. consom. dans la rédaction antérieure à celle de l'ordonnance du 14 mars 2016 (auj. C. consom., art. L. 212-1)[1]. Toutefois, comme l'observe le commentateur de l'avis dans le *Bulletin d'information* du 15 avril 2017, seul le débiteur était autorisé, au regard du droit applicable à l'époque du litige, à subroger le prêteur dans la réserve de propriété du vendeur. Mais il aurait fallu, en vertu de l'article 1250 C. civ. dans sa rédaction antérieure à l'ordonnance du 10 février 2016, établir un **acte notarié** tant pour l'emprunt que pour la quittance subrogative. Ce n'est plus le cas depuis l'entrée en vigueur de l'ordonnance précitée car l'article 1346-2 (al. 1er) C. civ. (C. civ., anc. art. 1250, 1°) autorise le débiteur qui emprunte pour payer sa dette à subroger le prêteur dans les droits du créancier, avec le concours de celui-ci, ce qui le dispense de recourir à l'acte notarié. **La subrogation doit être expresse et la quittance du créancier doit mentionner l'origine des fonds.** Ce mécanisme sera probablement adopté pour l'avenir, lors des opérations de financement dans lesquelles vendeurs et prêteurs seront économiquement liés.

1024.45 Choix possible entre gage et propriété réservée. On a reproché aux vendeurs à crédit de véhicules automobiles ou aux établissements financiers ayant prêté leur concours, de vouloir tourner à moindres frais par le biais de la propriété réservée, les dispositions du décret du 30 septembre 1953[2] (partiellement intégrées dans les articles 2351 et 2352 C. civ., remplacés par l'article 2338 alinéa 2 du même code) organisant à leur profit une sûreté spécifique, sous la forme d'un gage sans dépossession comportant une publicité obligatoire, qui aurait été exclusive de toute autre garantie. La Cour de cassation n'a cependant pas retenu cette objection et a considéré que la revendication est ouverte sans qu'il y ait lieu de distinguer selon que le vendeur ou le prêteur qui lui est substitué, peut bénéficier d'un gage ou d'une clause de réserve de propriété[3].

1024.46 Cumul du gage et de la propriété réservée. Il convient de relever que si les prêteurs peuvent opter entre ces deux sûretés, ils ne devraient pas en revanche pouvoir les cumuler. En effet, la propriété réservée est exclusive du gage et l'acheteur qui n'est pas devenu propriétaire du véhicule ne peut l'engager au profit du vendeur ou du prêteur subrogé dans ses droits. *Inversement*, si l'emprunteur affecte le véhicule en gage, c'est qu'il en est devenu propriétaire lors de son acquisition, ce qui est incompatible avec une clause de réserve de propriété. Ce dispositif qui fait coexister, au moment de la conclusion du contrat, deux garanties inconciliables, crée une ambiguïté sur le véritable titulaire du droit de propriété et, par conséquent, sur celui qui doit supporter la perte en cas de force majeure ou l'obligation d'assurance contre le vol ou l'incendie. Or, **dans les conventions entre professionnels et consommateurs, les clauses doivent être claires et compréhensibles. À défaut, le juge peut les interpréter dans le sens le plus favorable au consommateur**, par exemple en privilégiant, dans le cas d'une procédure de surendettement, le gage sur la propriété réservée (C. consom., art. L. 211-1).

On constate cependant en pratique que des modèles de contrat de crédit contiennent à la fois une clause de subrogation du prêteur dans la propriété réservée et une clause de constitution de gage à son bénéfice, sans indiquer clairement qu'elle est l'option choisie.

Une décision d'un tribunal d'instance favorablement commentée a jugé que la clause qui stipule au profit du prêteur une réserve de propriété d'un véhicule et un gage sur même véhicule est abusive[4].

En effet, lorsque le dispositif prévoit, comme c'est souvent le cas, que l'inscription du gage vaut renonciation à la propriété réservée, il fait dépendre le moment du transfert de la propriété et l'étendue des droits de l'acheteur-emprunteur, de la seule volonté du prêteur qui se détermine, selon son intérêt exclusif et l'évolution de la situation en cours de contrat (perte du bien ou surendettement de l'emprunteur par exemple), pour l'une ou l'autre des sûretés dont les avantages et les inconvénients varient en fonction des circonstances.

La Cour de cassation est donc d'avis que la clause qui aménage, au profit et au seul gré du prêteur, la faculté de renoncer, en cours d'exécution du contrat de crédit, à la réserve de propriété, afin d'y substituer l'inscription d'un gage sur ce même bien, autorise une modification unilatérale de la convention présumée abusive sauf preuve contraire, par l'article R. 132-1 C. consom. dans la rédaction antérieure à celle issue du décret du 29 juin 2016[5] (auj. C. consom., art. R. 212-2). De surcroît, la clause étant généralement muette sur les conditions dans lesquelles l'emprunteur est informé de la renonciation,

1. Cass., avis, 28 nov. 2016, n° 16011 (demande n° C 16-70.009), P, n° 9.
2. Décr. n° 53-968, 30 sept. 1953, relatif à la vente à crédit des véhicules automobiles, *JO* 1er oct.
3. Com. 5 oct. 1993, n° 91-14.194, P (préc., v. ss n° 1024.43).
4. TI Villeurbanne, 19 nov. 2012, n° 2012-027939, *CCC* 2013. 18, note Raymond – Sur la propriété réservée en droit de la consommation, v. C. Noblot, « La clause de réserve de propriété dans les contrats de consommation », *CCC* 2013. 37.
5. Décr. n° 2016-884, 29 juin 2016, relatif à la partie réglementaire du Code de la consommation, *JO* 30 juin, texte 62.

celui-ci peut demeurer dans l'ignorance de l'évolution de ses droits sur le bien financé.

La Haute juridiction considère que si aucune disposition n'interdit au prêteur de bénéficier successivement d'une réserve de propriété puis d'un gage sur le bien financé, **le passage d'une sûreté à l'autre ne peut intervenir à l'insu de l'emprunteur.** Dans l'affirmative, la clause est de nature à entraver l'exercice de son droit de propriété et a donc pour effet de créer, au détriment du consommateur, un déséquilibre significatif au sens de l'article L. 132-1 C. consom. dans sa rédaction antérieure à celle résultant de l'ordonnance du 14 mars 2016 [1] (auj. C. consom., art. L. 212-1) [2].

Le juge peut écarter d'office, après avoir recueilli les observations des parties, l'application d'une clause dont le caractère abusif ressort des éléments du débat (C. consom., art. R. 632-1).

La Cour de justice de l'Union européenne juge que, même lorsque le consommateur est défaillant, le juge national doit apprécier d'office le caractère abusif d'une clause contractuelle, dès lors qu'il dispose des éléments de droit et de fait nécessaires ou, à défaut, prendre les mesures lui permettant de se les procurer [3].

De son côté, la Cour de cassation juge que, lorsqu'il est saisi d'une contestation relative à une créance, le JEX est tenu, même en présence d'une décision revêtue de l'autorité de la chose jugée, sur le montant de cette créance, d'examiner d'office si les clauses d'un contrat conclu entre un professionnel et un non-professionnel ou consommateur ne revêtent pas un caractère abusif, dès lors qu'il dispose des éléments de fait et de droit nécessaires à cet effet et qu'il ne ressort pas de l'ensemble de la décision revêtue de l'autorité de la chose jugée qu'il a déjà été procédé [4].

§ 2 Modalités de l'appréhension par immobilisation

1024.51 **Appréhension sur injonction du juge.** En cas d'incident de paiement, le crédit-bailleur se prévaut de la clause de résiliation contenue dans le contrat et met le locataire en demeure, non seulement de lui régler l'arriéré de loyers et l'indemnité conventionnelle de résiliation, mais encore de lui remettre le véhicule donné en location. En cas de refus ou d'inertie, il a recours à la procédure d'injonction de restituer qui doit lui permettre de pratiquer une saisie-appréhension par immobilisation. À cette occasion, le juge saisi d'une requête procède à des vérifications qui peuvent le conduire à prendre une décision de rejet.

Lorsque le créancier bénéficie de la propriété réservée, il procède de la même manière. En effet, la clause de réserve de propriété s'analyse en une condition suspensive de la vente. Le défaut de paiement entraîne sa caducité et ouvre droit à la restitution du véhicule. La propriété réservée est indivisible et le vendeur la conserve jusqu'au paiement intégral du prix. Si ce prix est réglé partiellement comptant et financé au moyen d'un crédit pour son solde, le prêteur est néanmoins valablement subrogé dans la clause sans que l'on puisse lui opposer une restitution partielle. La restitution doit porter sur tous les véhicules objet de la propriété réservée [5]. En cas de refus du débiteur, l'injonction peut donc viser l'ensemble des véhicules.

1024.52 **Publicité et appréhension.** La publicité du crédit-bail aux entreprises est organisée par les articles L. 313-10 et R. 313-3 s. C. mon. fin. [6]. Elle doit permettre l'identification des parties et des biens objets du crédit-bail, par une inscription sur un registre ouvert au tribunal de commerce ou au tribunal judiciaire (TJ) statuant commercialement. Il s'agit du registre des sûretés mobilières et autres opérations connexes qui est tenu par le greffe du tribunal compétent selon des modalités prévues par les articles R. 521-1 s. C. com. L'inscription produit effet durant cinq ans et peut être renouvelée avant l'expiration de délai en application de l'article R. 521-11 du code précité (anc^t C. mon. fin., art. L. 313-117). Les mentions prescrites, la durée et le renouvellement de la publicité ainsi que les conditions de son extinction, figurent dans les articles R. 521-6, R. 521-11 et R. 521-19 s. C. com. entrés en vigueur le 1er janvier 2023 [7].

À défaut d'accomplissement de ces formalités dans les conditions réglementaires, l'entreprise de crédit-bail ne peut opposer aux créanciers ou aux ayants cause à titre onéreux de son client, ses droits sur le bien dont elle a conservé la propriété, sauf si elle

1. Ord. n° 2016-301, 14 mars 2016, relative à la partie législative du Code de la consommation, *JO* 16 mars, texte 29.
2. Cass., avis, 28 nov. 2016, n° 16011 (demande n° C 16-70.009), P (préc., v. s^s n°s 1024.44) ; *BICC* 15 avr. 2016, note sous avis, rapp. Vitse, obs. Sassoust.
3. CJUE, 6e ch., 4 juin 2020, aff. C-495/19, Kancelaria Medius SA c/ RN, *Rev. prat. rec.* sept. 2020. Chron. 38 s. – Dir. n° 93/13/CEE, 5 avr. 1993, relative aux clauses abusives dans les contrats entre professionnels et consommateurs, *JOCE* L. 95, 21 avr., p. 29.
4. Civ. 2e, 13 avr. 2023, n° 21-14.540, B ; *Gaz. Pal.* 25 juill. 2023, p. 28, note L. Lauvergnat ; *RTD civ.* 2023. 719, obs. Ph. Théry ; *ibid.* 730, obs. N. Cayrol.
5. Com. 15 mars 1988, n°s 85-18.623 et 86-13.687, P (préc., v. s^s n° 1024.43).
6. Anc^t Décr. n° 72-665, 4 juill. 1972, préc.
7. Décr. n° 2021-1887, 29 déc. 2021, relatif au registre des sûretés mobilières et autres opérations connexes, *JO* 30 déc., texte 52, art. 1er et 15, I.

établit que les intéressés avaient eu connaissance de ces droits (C. mon. fin., art. R. 313-10[1])[2]. Il faut préciser que la publicité, qui fait présumer la connaissance par les tiers du contrat de crédit-bail, dispense le crédit-bailleur de faire reconnaître son droit de propriété au cours de la procédure collective et lui permet de demander la restitution de son bien sans agir en revendication. Si cette publicité n'a pas été faite, il est contraint de revendiquer son véhicule et de démontrer que le tiers était effectivement informé de l'existence de son droit de propriété (C. com., art. L. 624-10[3]). Le défaut de publicité a pour seul effet d'empêcher le crédit-bailleur de se prévaloir envers les créanciers ou ayants cause à titre onéreux du crédit-preneur de son droit de propriété sur la chose louée, mais n'affecte pas ses droits sur les mensualités perçues antérieurement à l'ouverture de la procédure[4]. Toutefois, le crédit-preneur n'a pas qualité pour se prévaloir de l'inobservation des mesures de publicité[5]. Dans ces conditions, le JEX ne peut rejeter une requête aux fins d'injonction de délivrer ou de restituer au motif que le crédit-bailleur ne justifie pas de l'accomplissement des formalités de publicité prévues par la loi.

À noter que même s'il a fait publier son droit, le crédit-bailleur ne peut revendiquer le bien dont il est propriétaire contre le sous-acquéreur possesseur de bonne foi, qui bénéficie de l'article 2276 C. civ. (C. civ., anc. art. 2279)[6]. C'est que la publicité organisée par l'article R. 313-3 s. C. mon. fin. et l'article R. 521-1 s. C. com., qui est essentiellement nominative, tend à l'information des créanciers et des ayants droit directs du crédit-preneur. Le sous-acquéreur qui n'est que son ayant droit indirect n'est pas susceptible d'être efficacement touché par la publicité, sauf à établir qu'il a, par ailleurs, eu effectivement connaissance du contrat de crédit-bail. Une contestation de ce chef peut donc s'élever au stade de la saisie-appréhension[7].

La clause de réserve de propriété est également soumise aux formalités de publicité prévues par les articles R. 313-4 C. mon. fin. ou 63 du décret du 28 décembre 2005[8]. L'identité des parties au contrat et, le cas échéant, celle des personnes qui leur sont substituées doivent être mentionnées.

Toutefois, l'inobservation de cette publicité ne semble pas rendre la clause inopposable aux tiers, mais oblige seulement le créancier dans le cadre d'une procédure collective, à engager l'action en revendication pour faire reconnaître son droit de propriété (la chambre commerciale de la Cour de cassation a statué sur l'opposabilité de la clause au sous-acquéreur en l'absence de publicité[9]). Elle ne saurait *a fortiori*, faire obstacle à une demande en restitution formée par une requête en injonction devant le JEX.

1024.53 **Forclusion et appréhension.** Le crédit-bail aux consommateurs est réglementé par le Code de la consommation dont l'article R. 312-35 (C. consom., anc. art. L. 311-37, puis L. 311-52) dispose que les actions en paiement trouvant leur source dans un contrat de crédit doivent être engagées devant le juge du contentieux de la protection (JCP) dans les deux ans de l'événement qui leur a donné naissance à peine de forclusion. L'action en restitution du véhicule est-elle soumise à ce délai préfix et le JEX auquel une requête aux fins d'injonction de restituer est présentée peut-il la rejeter lorsqu'il constate que le crédit-bailleur est manifestement forclos. Depuis un arrêt du 20 décembre 1994[10], la Cour de cassation estime que l'action en revendication par laquelle le propriétaire d'un meuble en réclame la restitution à celui à qui il l'a remis à titre précaire, naît de son droit de propriété et de l'absence de droit du détenteur. Il en résulte que la forclusion prévue à l'ancien article L. 311-37 C. consom., ne constitue pas un titre pour le locataire et n'est pas applicable à l'action en revendication de la chose louée exercée par le crédit-bailleur. Dans ces conditions le JEX ne peut rejeter la requête en dépit de la forclusion de l'action en paiement des loyers et de l'indemnité de résiliation.

Ces observations sont également valables pour le prêteur subrogé dans la propriété réservée lorsqu'il est forclos à engager son action en paiement.

1024.54 **Immobilisation et appréhension.** Une fois l'ordonnance d'injonction revêtue de la formule exécutoire, le crédit-bailleur ou le bénéficiaire de la propriété réservée, peut procéder à la saisie-appréhension. Toutefois, conformément à l'article R. 222-16 C. pr. exéc., il doit obligatoirement opérer selon les modalités prévues par les articles R. 223-6,

1. Anc[t] Décr. n° 72-665, 4 juill. 1972, art. 8.
2. Com. 11 mai 2010, n° 09-14.048, P IV, n° 88 ; *D.* 2010. 1276 ; *Rev. sociétés* 2010. 409, obs. P. Roussel Galle ; *RTD com.* 2011. 174, obs. A. Martin-Serf.
3. C. com., anc. art. L. 621-116.
4. Com. 29 avr. 2014, n° 13-12.528, P IV, n° 73 ; *D.* 2014. 1036.
5. Com. 16 mai 1995, n° 93-13.063, P IV, n° 143 ; *D.* 1996. 214, obs. F. Pérochon ; *JCP* 1995. II. 22497, note Clément ; *RTD com.* 1996. 110, obs. B. Bouloc.
6. Com. 14 oct. 1997, n° 95-10.006, P IV, n° 257 ; *D.* 1997. 234 ; *D.* 2000. 74, obs. D. Mainguy ; *RTD com.* 1998. 402, obs. B. Bouloc.
7. V. AUSSI : R. Rolland, « Le crédit-bailleur face au tiers acquéreur dans le crédit-bail mobilier », *Rev. huiss.* 1998. 581.
8. Décr. n° 2005-1677, 28 déc. 2005, pris en application de la loi n° 2005-845 du 26 juillet 2005 de sauvegarde des entreprises, art. 117, *JO* 29 déc.
9. Com. 11 mai 1993, n° 90-21.903, P IV, n° 184 ; *D.* 1993. 145 ; *JCP E* 1993. I. 277, n° 15, obs. Cabrillac et Pétel.
10. Civ. 1re, 20 déc. 1994, n° 93-11.624, P I, n° 384 ; *RTD com.* 1995. 637, obs. B. Bouloc.

R. 223-8, R. 223-9 et R. 223-12 du même code, s'il choisit d'immobiliser le véhicule.

1024.55 Procès-verbal d'immobilisation. Après avoir immobilisé le véhicule au moyen de l'appareil comportant son cachet et son numéro de téléphone et, le cas échéant, après l'avoir photographié (C. pr. exéc., art. R. 223-6), le commissaire de justice dresse un procès-verbal contenant certaines mentions requises à peine de nullité (C. pr. exéc., art. R. 223-8 – v. ss nos 0723.102 s.) qui tient lieu d'acte de remise ou d'appréhension au sens de l'article R. 222-4 C. pr. exéc. (v. ss nos 1021.33 s.).

L'immobilisation vaut saisie sous la garde du propriétaire du véhicule ou, après son enlèvement, sous la garde de celui qui l'a reçu en dépôt (C. pr. exéc., art. R. 223-8 *in fine*).

C'est donc le crédit-bailleur ou le bénéficiaire de la propriété réservée qui, en l'absence d'enlèvement, assume les fonctions de gardien, ce qui constitue une dérogation au principe posé par l'article L. 141-2 C. pr. exéc. selon lequel c'est le saisi ou le tiers qui est réputé gardien.

1024.56 Dénonciation du procès-verbal. Selon l'article R. 223-12 C. pr. exéc., si le véhicule a été immobilisé pour être remis à son propriétaire, le commissaire de justice signifie à la personne tenue de la remise, huit jours au plus tard après l'immobilisation, un acte contenant à peine de nullité :

« *1o La copie du procès-verbal d'immobilisation ;*

2o une injonction d'avoir, dans un délai de huit jours, à se présenter à l'étude de l'huissier [devenu commissaire] *de justice pour convenir avec lui des conditions de transport du véhicule, avec l'avertissement qu'à défaut il sera transporté à ses frais pour être remis à la personne désignée dans le titre ;*

3o l'indication que les contestations peuvent être portées, au choix de la personne tenue de la remise, devant le juge de l'exécution du lieu où elle demeure ou du lieu d'immobilisation du véhicule ».

Cet acte remplace tout d'abord le commandement de délivrer ou de restituer prévu par l'article R. 222-2 C. pr. exéc. en matière de saisie-appréhension de droit commun. Il contient en effet une injonction au débiteur ainsi que des informations équivalentes.

L'injonction de se présenter à l'étude pour discuter des conditions du transport est de nature à éviter des frais inutiles, notamment si le débiteur accepte de conduire lui-même le véhicule là où il doit être remis. Cet aspect « consensuel » de la restitution est la mise en application, dans le cadre de la saisie-appréhension des véhicules terrestres à moteur, du principe posé par l'article L. 223-2 C. pr. exéc. selon lequel cette mesure de contrainte ne se justifie pas lorsque le débiteur s'offre à effectuer le transport du bien à ses frais.

Il dénonce à la personne tenue de la remise le procès-verbal d'immobilisation puisqu'il doit en contenir la copie. Ce procès-verbal tient lieu d'acte de remise ou d'appréhension au sens de l'article R. 222-4 C. pr. exéc. puisqu'il comporte les mêmes mentions que celui-ci notamment l'état descriptif du véhicule.

1024.57 Délai de huit jours. L'acte doit être délivré huit jours au plus tard après l'immobilisation. L'article R. 223-12 C. pr. exéc. ne prévoit pas expressément que l'acte tardif est frappé de caducité. Cependant, l'expression « au plus tard » permet de penser que c'est cette sanction qui doit être prononcée.

1024.58 Tiers détenteur. Si la substitution des formalités de la saisie par immobilisation à celles de la saisie-appréhension de droit commun se conçoit aisément lorsque le véhicule se trouve dans un local appartenant au débiteur ou sur la voie publique, cette substitution est moins évidente lorsque celui-ci est entre les mains d'un tiers. Les articles R. 223-6, R. 223-8, R. 223-9 et R. 223-12 C. pr. exéc. ne contiennent en effet aucune disposition comparable à celles des articles R. 222-7 à R. 222-10 du même code (sommation de remettre le bien, décision du JEX ordonnant la délivrance du bien en cas de défaut de remise volontaire – v. ss nos 1021.101 s. et 1021.121 s.). Aucune dénonciation au tiers détenteur n'a été prévue et rien n'a été envisagé pour prendre en compte sa contestation éventuelle. Celui-ci peut se prévaloir d'un droit propre sur le véhicule et opposer à l'organisme de financement un défaut de publicité. Faut-il alors considérer que dans l'hypothèse de l'immobilisation d'un véhicule détenu par un tiers, on doit revenir, après la signification de l'acte prévu par l'article R. 223-12 C. pr. exéc., aux formalités prescrites aux articles R. 222-7 s. du même code ?

1024.59 Droit propre invoqué par le tiers. Le tiers qui détient le véhicule peut se prévaloir d'un droit de rétention trouvant son origine dans le défaut de paiement d'une facture de réparation ou de gardiennage. Depuis l'ordonnance du 23 mars 2006, relative aux sûretés, le Code civil consacre, dans son article 2286, l'efficacité du droit de rétention du créancier qui ne s'est pas dessaisi de la chose qui lui a été remise ou qu'il était tenu de livrer ou de restituer. La Haute juridiction estime qu'il s'agit d'un droit réel, opposable à tous, y compris aux tiers non tenus à la dette et qui peut être exercé pour toute créance née à l'occasion de la chose retenue. Ainsi, une société de location peut se voir opposer par le garagiste auquel le locataire a confié le véhicule loué, un refus de restitution tant que ses travaux ou même ses frais de gardiennage ne lui sont pas réglés[1] (v. ss nos 0714.153 s.). Le

1. Com. 3 mai 2006, no 04-15.262, P IV, no 106 ; *JCP* 2006. IV. 2182 ; *RTD civ.* 2006. 584, obs. T. Revet.

vendeur impayé peut opposer à la revendication du sous-acquéreur de bonne foi son droit de rétention sur les documents administratifs afférents aux véhicules vendus, même si ce sous-acquéreur a désintéressé le vendeur intermédiaire et si ce vendeur se trouve en liquidation judiciaire[1]. Le droit de rétention du prêteur sur les documents administratifs relatifs à des véhicules ne s'étend pas aux véhicules eux-mêmes et il n'en résulte pas un droit pour le prêteur de se faire attribuer le produit de la vente de ces véhicules[2].

Le tiers peut également être un sous-acquéreur de bonne foi qui peut se prévaloir des dispositions de l'article 2276 C. civ. Il doit cependant justifier d'une possession exempte de vice et démontrer sa bonne foi. S'agissant de véhicule automobile, la possession de la carte grise, joue un rôle plus ou moins déterminant selon les usages professionnels en vigueur. La Haute juridiction estime d'une manière générale que le sous-acquéreur ne peut invoquer qu'une possession équivoque s'il n'a pas pris la précaution d'exiger de son vendeur, non seulement la délivrance du véhicule, mais également celle de sa carte grise qui constitue un accessoire indispensable à son immatriculation[3]. Elle considère toutefois qu'il n'est pas de mauvaise foi lorsqu'il n'a pas réclamé immédiatement le certificat d'immatriculation s'il est d'usage courant, dans la profession, de remettre ce document dans les quinze jours de la transaction[4].

§ 3
Suites de l'appréhension

1024.61 **Vente du véhicule.** La saisie-appréhension ayant abouti, par le procédé de l'immobilisation, à la remise du véhicule à son propriétaire, on pourrait logiquement penser que les opérations sont terminées. En effet, la saisie-appréhension a atteint son objectif dès que le propriétaire exerçant son droit de suite recouvre la possession de son bien. Celui-ci étant rempli de ses droits, l'exécution forcée est arrivée à son terme.

Toutefois ce schéma théorique n'est pas celui que l'on rencontre le plus souvent en pratique avec le développement des sûretés fondées sur la suspension du transfert de la propriété (crédit-bail, vente avec réserve de propriété).

Dans ces hypothèses, la propriété n'a pas été acquise ou conservée pour elle-même mais pour constituer une garantie absolue. Le véhicule remis n'a pas vocation à rester dans le patrimoine de l'organisme de financement. Il est vendu de gré à gré ou dans le cadre d'une vente publique volontaire afin d'apurer la dette du débiteur constituée, selon le contrat, soit par les loyers impayés et l'indemnité de résiliation conventionnelle, soit par les échéances du prêt et le capital exigible par anticipation.

1024.62 **Forme de la vente.** Elle n'est pas réglementée, puisqu'elle n'est théoriquement pas concevable en matière de saisie-appréhension lorsque le bien qui en est l'objet doit être remis à son propriétaire. Elle a donc lieu de gré à gré.

Toutefois il arrive souvent qu'elle soit faite aux enchères. Il s'agit alors d'une vente publique volontaire, dont les frais ne devraient pas être supportés par le débiteur qui n'a pas à souffrir du fait que l'organisme de financement a opté pour des modalités coûteuses et non imposées par la loi.

Ces ventes sont principalement organisées et réalisées par des sociétés de forme commerciale régies par le Code de commerce et dont l'activité est elle-même réglementée par ce code. Elles peuvent également être organisées et réalisées à titre accessoire, par les notaires et les commissaires de justice dans le cadre de leur office et selon les règles qui leur sont applicables (C. com., art. L. 321-2).

1024.63 **Faculté de présenter un acheteur au crédit-bailleur.** Quelles que soient les modalités choisies par l'organisme (vente aux enchères ou de gré à gré), le prix obtenu est le plus souvent modique, au détriment du débiteur. Cela s'explique par le fait que les acheteurs sont généralement des professionnels de l'automobile, le plus souvent des agents de la marque du constructeur dont l'organisme de financement est l'émanation (la DIAC pour Renault par exemple).

L'article D. 312-18 C. consom.[5] autorise donc le locataire à présenter un acquéreur, qui doit faire une offre écrite dans les trente jours de la résiliation.

Le crédit-preneur doit pouvoir être en mesure d'exercer cette possibilité. Est réputée abusive la clause qui lui impose de restituer le véhicule loué dans les plus brefs délais à compter de la résiliation et l'empêche ainsi de mettre en œuvre la faculté de présentation d'un acquéreur[6].

1. Civ. 1re, 24 sept. 2009, no 08-10.152, P I, no 178 ; *JCP* 2009. 380, note Aynès ; *CCC* 2009, no 284, note Leveneur – V. AUSSI : Ph. Simler et Ph. Delebecque, *JCP* 23 nov. 2009, p. 43 – Civ. 1re, 8 oct. 2009, no 08-20.048, P I, no 204 ; *D.* 2010. 480, obs. X. Delpech, note C. Mouly-Guillemaud.
2. Com. 23 avr. 2013, no 12-13.690, P IV, no 66 ; *D.* 2013. 1129.
3. Civ. 1re, 30 oct. 2008, no 07-19.633, P II, no 242 ; *JCP* 2008. IV. 2889 ; *D.* 2008. 2935 ; *RTD civ.* 2009. 144, obs. T. Revet ; *JCP* 2009. I. 127, no 7, chron. H. Périnet-Marquet.
4. Com. 24 avr. 2007, no 05-17.778, P IV, no 115 ; *JCP* 2007. IV. 2109 ; *JCP* 2007. I. 197, no 2, chron. H. Périnet-Marquet ; *D.* 2007. 1337, obs. X. Delpech ; *RTD com.* 2007. 824, obs. B. Bouloc.
5. C. consom., anc. art. R. 331-13, puis anc. art. D. 311-8.
6. Civ. 1re, 10 avr. 2013, no 12-18.169, P I, no 75 ; *CCC* 2013. 170, note Raymond.

Si le bailleur n'accepte pas cette offre et s'il vend ultérieurement à un prix inférieur, la valeur à déduire devra être celle de l'offre refusée par lui. Si le bien loué est hors d'usage, la valeur vénale est obtenue en ajoutant le prix de vente et le montant du capital versé par la compagnie d'assurances. Le crédit-bailleur est tenu d'informer le crédit-preneur de l'existence et des modalités d'exercice de cette faculté de présentation. En effet, dès lors que cette faculté constitue l'une des modalités d'adaptation et de calcul de l'indemnité de résiliation, elle fait nécessairement partie des informations relatives aux conséquences de la défaillance du locataire qui doivent obligatoirement figurer dans une rubrique particulière du contrat en application de l'article R. 312-10 (6°, d) C. consom. (C. consom., anc. art. R. 311-5-1). Cette obligation d'information contractée par la société de location se résout en dommages-intérêts en cas d'inexécution [1].

La Cour de cassation tend d'ailleurs à poser des **limites au droit du crédit-bailleur de vendre son bien comme il l'entend, dans le cadre de sa jurisprudence en matière de clauses abusives.** Elle estime que dans les contrats d'adhésion signés par les consommateurs, la clause intégrant le prix de revente du véhicule repris dans le calcul de l'indemnité de résiliation, constitue un abus de puissance économique procurant au crédit-bailleur un avantage excessif, en ce qu'elle prive le preneur, tenu de restituer d'abord la voiture, de toute possibilité de rechercher lui-même un acheteur ou d'exercer un contrôle sur les conditions de la revente [2].

Cette faculté n'est toutefois ouverte qu'en matière de crédit à la consommation, les crédits preneurs professionnels ne pouvant en bénéficier sauf si la convention le prévoit.

1024.64 Faculté de présenter un acquéreur au prêteur bénéficiant de la propriété réservée. Les emprunteurs consommateurs dont le prêteur est subrogé dans la propriété réservée ne peuvent pas non plus se prévaloir de l'article D. 312-18 qui ne vise que le crédit-bail.

Cependant, ne pourrait-on pas considérer, que tout débiteur saisi doit pouvoir disposer d'un délai pour tenter de trouver un acquéreur à l'amiable, quelle que soit la procédure utilisée à son encontre et, quelle que soit la nature du contrat de financement souscrit par lui ? Cette faculté constitue en matière de procédure d'exécution, « *une manifestation originale des droits de la défense* » selon l'expression de H. Croze et de T. Moussa (cité s^s^ n° 1021.86).

La Cour de cassation a pris position dans un avis du 28 novembre 2016 [3] aux termes duquel elle estime que **la clause qui autorise le prêteur bénéficiant d'une réserve de propriété à vendre le bien repris sans permettre à l'emprunteur de présenter un acheteur faisant une offre**, a pour effet d'aggraver la situation du débiteur et de créer, à son détriment, un déséquilibre significatif. Elle est donc d'avis qu'**une telle clause est réputée non écrite**, comme **abusive**, au sens de l'ancien article L. 132-1 C. consom. (devenu C. consom., art. L. 212-1) dans sa rédaction antérieure à celle issue de l'ordonnance du 14 mars 2016. Dans ses motivations, la Haute juridiction observe que le prix obtenu à l'occasion de la revente, qui intervient le plus souvent aux enchères publiques, est fréquemment inférieur à celui qui pourrait être escompté. Elle considère, en revanche, que ce prix de revente peut correspondre à la valeur du bien imputable, à titre de paiement, sur le solde de la créance du prêteur, en vertu de l'article 2311 C. civ. Elle estime également que n'est pas abusive la clause qui laisse à ce dernier le libre choix du moment de la revente, dès lors qu'il est de son intérêt de disposer rapidement du véhicule repris (pour éviter sa dépréciation et des frais de gardiennage).

1024.65 Faculté de demander une expertise en cas de crédit-bail. En cas de contestation sur le montant du prix obtenu, l'article D. 312-18 C. consom. permet au locataire de demander que la valeur vénale soit déterminée à dire d'expert. Cette expertise a lieu, non seulement si le locataire le demande, mais encore à défaut de vente du bien.

Il doit être informé de cette possibilité d'évaluation (à défaut, le tribunal pourrait rehausser le prix de vente déductible de l'indemnité de résiliation).

À noter que de nombreux contrats de crédit-bail ayant pour objet un véhicule professionnel, prévoient le recours à une expertise en cas de litige sur sa valeur et son état au moment de sa restitution.

1024.66 Indemnité de résiliation due au crédit-bailleur. Les conditions générales des contrats de location-vente prévoient que les indemnités conventionnelles de résiliation sont calculées en déduisant le prix de vente du véhicule restitué, de la somme des loyers non échus au jour de la résiliation, augmentée du montant de l'option d'achat prévu en fin de bail. En matière de crédit-bail aux consommateurs, l'article D. 312-18 C. consom. détermine avec précision les modalités de calcul de l'indemnité de résiliation. L'indemnité est égale « *à la différence entre, d'une*

1. Civ. 1re, 4 juill. 2000, *Rev. huiss.* 2001. 52 obs. Bazin.
2. Civ. 1re, 6 janv. 1994, n° 91-19.424, P I, n° 8 ; *D.* 1994. 209, obs. Ph. Delebecque ; *JCP* 1994. II. 22237, note G. Paisant ; *RTD civ.* 1994. 174, obs. R. Perrot ; 601, obs. J. Mestre ; *RTD com.* 1994. 540, obs. B. Bouloc.
3. Cass., avis, 28 nov. 2016, n° 16011 (demande n° C 16-70.009), P (préc., v. s^s^ n°s 1024.44 et 1024.46).

part, la valeur résiduelle hors taxes du bien stipulée au contrat augmentée de la valeur actualisée, à la date de la résiliation du contrat, de la somme hors taxes des loyers non encore échus et, d'autre part, la valeur vénale hors taxes du bien restitué ». « *La valeur actualisée des loyers non encore échus est calculée selon la méthode des intérêts composés en prenant comme taux annuel de référence le taux moyen de rendement des obligations émises au cours du semestre civil précédant la date de conclusion du contrat majoré de la moitié.* » La valeur vénale du véhicule restitué ou repris est le prix obtenu par le bailleur ou s'il est hors d'usage, le prix de cession augmenté de l'indemnité d'assurance.

Le montant de cette indemnité est majoré des taxes fiscales applicables (not. de la TVA) (la chambre commerciale de la Cour de cassation a statué sur l'inclusion dans l'indemnité de résiliation, de la TVA et des intérêts légaux[1]).

L'indemnité est réductible sur le fondement de l'article 1231-5 alinéa 2 C. civ. (C. civ., anc. art. 1152 – C. consom., art. L. 312-40[2]).

L'action en paiement des loyers et de l'indemnité de résiliation dus par un consommateur doit être engagée, à peine de forclusion, dans le délai préfix de deux ans prévu par l'article R. 312-35 C. consom.

L'action en paiement des loyers et de l'indemnité due par un professionnel est soumise à la prescription de droit commun qui est désormais de cinq ans tant en matière civile (C. civ., art. 2224) que commerciale (C. com., art. L. 110-4 – L. n° 2008-561, 17 juin 2008, art. 1 et 15[3]).

1024.67 Imputation du prix sur la créance du prêteur subrogé dans la propriété réservée. La valeur du véhicule restitué ou son prix de cession s'il est vendu, doit s'imputer sur la créance du vendeur ou du prêteur subrogé dans ces droits.

Mais l'action en revendication d'un bien vendu avec clause de réserve de propriété n'est pas une action en résolution de la vente et le prêteur subrogé dans la sûreté que constitue la propriété réservée n'est tenu de rembourser les sommes perçues en exécution du prêt, que dans la mesure où la valeur du bien restitué (ou son prix de cession) excède le montant du solde qui lui reste dû[4].

1. Com. 11 mai 1993, n° 90-20.293, P IV, n° 177 ; *RTD com.* 1994. 101, obs. B. Bouloc – Civ. 1re, 7 mars 1995, n° 93-10.766, P I, n° 115 ; *RTD com.* 1995. 834, obs. B. Bouloc.
2. C. consom., anc. art. L. 311-31, puis anc. art. L. 311-25.
3. L. n° 2008-561, 17 juin 2008, portant réforme de la prescription en matière civile, *JO* 18 juin, p. 9856.
4. Com. 23 janv. 2001, n° 97-21.660, P IV, n° 23 ; *D.* 2001. 703 ; 702, obs. A. Lienhard ; *Gaz. Pal.* 18-20 mars 2001. Pan. 18 ; *RTD civ.* 2001. 398, obs. P. Crocq ; 401, obs. P. Crocq ; *RTD com.* 2001. 499, obs. B. Bouloc ; 518, obs. A. Martin-Serf – M. Cabrillac « Redressement et liquidation judiciaires des entreprises », *JCP* 2001. I. 321, n° 13.

On doit relever à cet égard que l'article 2371 C. civ. issu de l'ordonnance du 23 mars 2006[5] relative aux sûretés prend soin de préciser qu'à défaut de complet paiement à l'échéance, le créancier peut demander la restitution du bien afin de recouvrer le droit d'en disposer. Ce texte ajoute d'ailleurs que la valeur du bien repris est imputée à titre de paiement sur le solde de la créance garantie. Si cette valeur excède le montant de la dette encore exigible, le créancier doit au débiteur une somme égale à la différence.

SECTION 4
IMMOBILISATION EN VUE DE LA REMISE DU VÉHICULE À UN CRÉANCIER GAGISTE (VÉHICULES IMMATRICULÉS GAGÉS EN VERTU DES ANCIENS ART. L. 525-1 S., R. 525-1 S. C. COM.)

1024.70 Textes applicables. Le gage des véhicules terrestres à moteur (VTM) est régi par les dispositions générales des articles 2333 s. C. civ. relatifs au gage des meubles corporels avec ou sans dépossession du débiteur. Dans ce dernier cas, la publicité est organisée par le décret du 14 février 2023[6], pour les véhicules assujettis à l'immatriculation et par celui du 29 décembre 2021[7] pour ceux non soumis à cette formalité qui est intégré dans la partie réglementaire du Code de commerce (C. com., art. R. 521-1 s.). À l'origine, il s'agissait d'un gage spécial, sans dépossession, dont la constitution, la publicité et la réalisation relevant de deux régimes distincts selon que le véhicule gagé était ou non immatriculé. Le gage des véhicules immatriculés était régi par le décret du 30 septembre 1953[8] partiellement repris lors de la réforme des sûretés de 2006, dans les articles 2351 à 2353 C. civ. Ce dernier décret qui réglementait le gage des véhicules faisant l'objet d'une vente à crédit avait été abrogé par l'ordonnance du 23 mars 2006[9] relative à la réforme des sûretés. Il devait être remplacé par un nouveau décret qui devait être pris au plus tard le 1er juillet 2008 mais qui n'est jamais intervenu. Toutefois, une partie des dispositions du décret abrogé étaient manifestement restées en vigueur, à savoir celles de son article 2 sur les formalités d'inscription du gage en préfecture, lesquelles avaient fait l'objet d'une modification intervenue le 9 février 2009[10]. L'article R. 223-1 C. pr. exéc., issu du décret de codification du 30 mai 2012[11], qui régle-

5. Ord. n° 2006-346, 23 mars 2006, relative aux sûretés, *JO* 24 mars, p. 4475.
6. Décr. n° 2023-97, 14 févr. 2023, préc.
7. Décr. n° 2021-1887, 29 déc. 2021, préc.
8. Décr. n° 53-968, 30 sept. 1953, préc.
9. Ord. n° 2006-346, 23 mars 2006, préc.
10. Décr. n° 2009-136, 9 févr. 2009, portant diverses dispositions relatives aux plaques et inscriptions, à la réception et à l'homologation et à l'immatriculation des véhicules, *JO* 11 févr., p. 2379.
11. Décr. n° 2012-783, 30 mai 2012, relatif à la partie réglementaire du Code des procédures civiles d'exécution, *JO* 31 mai, p. 9375.

mente la saisie par déclaration à l'autorité administrative, renvoyait toujours aux dispositions de l'article 2 du décret du 30 septembre 1953 pour l'information de l'huissier instrumentaire au sujet d'une éventuelle inscription de gage sur le véhicule objet de la saisie. Il fallait donc en conclure que l'article 2 du décret précité était toujours en vigueur et demeurait en l'état, le seul texte régissant les modalités de l'inscription du gage sur le véhicule terrestre à moteur[1].

Le régime du gage des véhicules immatriculés résultant de la réforme de 2006 était loin d'être satisfaisant en raison de l'incertitude planant sur ses modalités d'inscription et de l'insécurité juridique en résultant. L'ordonnance du 15 septembre 2021[2] a donc prévu de modifier ce régime, *d'une part* en supprimant la spécificité du gage automobile réintégrant le droit commun et *d'autre part*, en renvoyant à un décret en Conseil d'État, la fixation des modalités de sa publicité sur un registre particulier tenu par l'autorité administrative. À compter de ce décret du 14 février 2023[3], l'abrogation des articles 2351 à 2353 C. civ. prévue par l'ordonnance précitée a pris effet[4]. Rappelons que ces articles régissaient le gage spécial des véhicules immatriculés.

Les textes susmentionnés ne visaient que les VTM assujettis à l'immatriculation et à la déclaration de mise en circulation. Ils laissaient donc en dehors de leur champ d'application, ceux non soumis à ces formalités administratives tels que les machines agricoles, automotrices mises en circulation avant le 1er janvier 2010 et les engins de travaux publics de la catégorie II (sans caractère routier et ne dépassant pas 25 km/h).

À l'origine, le gage des VTM non soumis à la formalité de l'immatriculation était régi par la loi du 18 janvier 1951[5] et le décret du 17 février 1951[6] relatifs au nantissement de l'outillage et du matériel d'équipement professionnel, tous deux incorporés à droit constant dans le Code de commerce sous les articles L. 525-1 s. et R. 525-1 s. à l'occasion de la réforme des sûretés opérée par l'ordonnance du 23 mars 2006[7]. Ce gage particulier sans dépossession a cependant été supprimé, ainsi que plusieurs autres, par l'ordonnance du 15 septembre 2021[8] dont l'article 28, 3° a abrogé, notamment, le chapitre V du titre II du livre V du Code de commerce qui contenait les articles L. 525-1 s. précités. Par voie de conséquence, les articles R. 525-1 s. de la partie réglementaire du même code ont été abrogés par le décret du 29 décembre 2021 à l'exception de certains qui ont été maintenus jusqu'au 31 décembre 2022[9] (v. ss no 1024.70).

1. Sur cette question, v. E. Le Corre-Broly, « Le gage sur véhicule automobile source d'interrogation », *D.* 2014. 440.
2. Ord. no 2021-1192, 15 sept. 2021, art. 37, I
3. Décr. no 2023-97, 14 févr. 2023, relatif à la publicité du gage portant sur un véhicule terrestre à moteur ou une remorque immatriculés, *JO* 16 févr., texte 16.
4. Ord. no 2021-1192, 15 sept. 2021, préc.
5. L. no 51-59, 18 janv. 1951, préc.
6. Décr. no 51-194, 17 févr. 1951, pris, en ce qui concerne les formalités d'inscription des privilèges, pour l'application de la loi du 18 janvier 1951 relative au nantissement de l'outillage et du matériel d'équipement, *JO* 22 févr.
7. Ord. no 2006-346, 23 mars 2006, préc.
8. Ord. no 2021-1192, 25 sept. 2021, préc.
9. Décr. no 2021-1888, 29 déc. 2021, art. 5, I, 1° et 7, III.

Par conséquent, à partir du 1er janvier 2022, date d'entrée en vigueur de l'ordonnance de 2021, le gage des matériels d'équipement, catégorie de biens incluant les véhicules non immatriculés, est retourné dans le giron du gage sans dépossession de droit commun régi par le Code civil. Sa constitution et sa publicité ne sont plus soumises au formalisme et aux délais prescrits à peine de nullité par les dispositions abrogées. La publicité du gage des véhicules non immatriculés doit être faite, non sur le registre tenu par l'autorité administrative, mais sur le registre des sûretés mobilières et des opérations connexes régi par les articles R. 521-1 s. C. com. et tenu par le greffe du tribunal compétent[10].

§ 1
Articulation du gage avec l'exécution forcée

1024.81 Gage avec dépossession et appréhension. Dans la conception classique du gage, la sécurité du créancier réside dans sa mise en possession du bien donné en garantie. Le débiteur privé de celle-ci ne risque plus d'en disposer. Cette dépossession qui doit être ostensible, constitue aussi une forme rudimentaire de publicité (C. civ., art. 2337).

La dépossession peut être effectuée entre les mains du créancier ou d'un tiers convenu entre les parties (C. civ., art. 2337, al. 2).

Lorsque le détenteur du bien gagé est le créancier de la dette garantie, il en perçoit les fruits qu'il impute sur les intérêts ou, à défaut, sur le capital, à moins que cette perception ne soit exclue par la convention (C. civ., art. 2345). Le détenteur du gage est tenu d'une obligation de conservation qui peut générer des dépenses que le constituant doit rembourser si elles sont utiles ou nécessaires (C. civ., art. 2343).

Lorsque le gage a été constitué avec dépossession, le constituant ne peut réclamer sa restitution qu'après le paiement intégral de la dette garantie en principal, intérêts et frais (C. civ., art. 2349). Il peut toutefois exiger cette restitution, même en l'absence de complet paiement, si le créancier gagiste ou le tiers convenu ne satisfait pas à son obligation de conserver le gage et ce, sans préjudice de dommages et intérêts (C. civ., art. 2344, al. 2). Cette restitution anticipée peut également être demandée, lorsque le gage porte sur des biens fongibles comme un ensemble de véhicules, si le créancier ne respecte pas son obligation de les tenir séparés des choses de même nature qui lui appartiennent et dont la convention ne l'a pas expressément dispensé (C. civ., art. 2341).

En cas de non-restitution du gage, le constituant qui justifie du paiement total de la dette garantie ou du défaut de respect de ses obligations par le déten-

10. Sur l'ancien gage de l'outillage et du matériel d'équipement, v. Dalloz action *Droit et pratiques des voies d'exécution*, 2022/2023, nos 1024.161 s., par R. Lauba.

teur, créancier ou tiers convenu, peut recourir, après obtention d'un titre exécutoire prescrivant la remise de son bien, à la saisie-appréhension et, le cas échéant, aux mesures spécifiques aux VTM prévues aux articles L. 223-1 et L. 223-2 C. pr. exéc.

En cas de non-paiement de la dette garantie, le créancier peut faire procéder à la vente publique du gage, soit selon une procédure simplifiée si cette dette est professionnelle, soit selon les modalités prévues par le Code des procédures civiles d'exécution (C. civ., art. 2346).

1024.82 Gage sans dépossession et appréhension. En matière de vente de véhicule à crédit, la dépossession réelle de l'emprunteur constituait un obstacle sérieux au développement des transactions.

Quel acheteur pouvait être disposé à attendre patiemment le remboursement total du prêt, pour entrer en possession de son véhicule, surtout si celui-ci était un outil de travail ?

On a donc organisé au profit des vendeurs de véhicules immatriculés et dispensés de cette formalité, ou des établissements de crédit ayant financé l'aliénation, des gages sans dépossession, conférant aux créanciers, par l'effet d'inscriptions sur des registres spéciaux, un droit de rétention jusqu'à la réalisation du bien et un privilège spécial sur le produit de sa vente ou sur l'indemnité d'assurance.

Ce système du gage sans dépossession a finalement été généralisé, pour tous les meubles corporels, par l'ordonnance du 23 mars 2006 qui a modifié le Code civil en ce sens (C. civ., art. 2336 à 2338). Les gages sans dépossession spéciaux ont ultérieurement été supprimés par l'ordonnance du 15 septembre 2021[1], de telle sorte que le gage sans dépossession des VTM, immatriculés ou non, est régi par les dispositions générales des articles 2333 s. C. civ. (v. s^s^ n° 1024.70).

Le gage devient opposable aux tiers par la publicité qui en est faite au moyen d'une inscription sur un registre géré par le greffier du tribunal compétent (C. civ., art. 2338, al. 1er ; C. com., art. R. 521-1, 1°, et R. 521-5) ou sur un registre tenu par l'autorité administrative si la sûreté porte sur un véhicule immatriculé (C. civ., art. 2338, al. 2[2]). L'accomplissement de cette formalité donne lieu à la remise d'un récépissé.

Lorsque le gage est sans dépossession, le débiteur a la garde du bien donné en garantie dont il doit veiller à la conservation en l'entretenant, en l'assurant et en s'abstenant de le détruire ou de le détourner en le déplaçant ou en en disposant sans l'accord du créancier. Il est tenu de le représenter sous peine de sanctions civiles et pénales (C. civ., art. 2344 – C. pén., art. 314-5)[3].

À défaut de paiement de la dette garantie, le gage est réalisé selon les modalités prévues par le Code des procédures civiles d'exécution sans que la convention de gage puisse y déroger. Le créancier qui détient un titre exécutoire peut, à défaut de remise volontaire, procéder à sa saisie et, s'il ne dispose pas d'un tel titre, s'en procurer un au moyen de la procédure d'injonction de délivrer (v. s^s^ n° 1024.83). La saisie doit déboucher sur la vente publique du véhicule gagé, à moins que le créancier ne sollicite son attribution en propriété (C. civ., art. 2346, al. 1er, et 2347). Par ailleurs, une procédure de réalisation simplifiée, identique à celle de l'ancien gage commercial, a été introduite pour les biens affectés à la garantie d'une dette professionnelle (C. civ., art. 2346, al. 2).

Ces dispositions bénéficient à tous les créanciers et non au seul dispensateur de crédit.

1024.83 Recouvrement de la possession. Les règles concernant les voies d'exécution doivent donc être observées par le créancier gagiste, pour récupérer le bien fourni en garantie.

Le débiteur récalcitrant est désormais invité à remettre le véhicule gagé par la signification d'une ordonnance d'injonction de délivrer émanant du JEX, qui peut devenir un titre de revendication exécutoire, à défaut d'opposition. La restitution volontaire qui transfère au créancier la possession matérielle le dispense de pratiquer une saisie.

Toutefois la procédure se complique chaque fois que le débiteur ne remet pas le véhicule. Le gagiste doit alors procéder par voie de saisie-appréhension et selon les modalités particulières aux véhicules terrestres à moteur, en se prévalant de l'injonction du juge qui constitue un titre exécutoire constatant son droit de rétention et son droit de suite.

Si une contestation du débiteur suspend les effets de l'ordonnance, le créancier peut néanmoins pratiquer à titre conservatoire, une saisie-revendication destinée à prévenir un détournement éventuel.

Dans l'hypothèse où l'ignorance du lieu où se trouve le véhicule rend son appréhension impossible, une saisie par déclaration à l'autorité administrative peut empêcher la délivrance d'un certificat d'immatriculation à tout tiers acquéreur (v. s^s^ n°s 0723.21 et 0723.22).

Dans le cas particulier où le véhicule a été immobilisé et appréhendé pour être remis à un créancier gagiste, la saisie-appréhension n'est qu'une étape. Elle ne tend pas seulement à lui faire attribuer la propriété du gage. Elle vise à lui permettre d'en avoir

1. Ord. n° 2021-1192, 15 sept. 2021, préc.
2. Décr. n° 2023-97, 14 févr. 2023, relatif à la publicité du gage portant sur un véhicule terrestre à moteur ou une remorque immatriculés, *JO* 16 févr., texte 16.
3. Crim. 18 janv. 1950, *S.* 1950. 1. 193, note Légal – Crim. 20 févr. 1973, *Gaz. Pal.* 1973. 1. 285 – T. corr. Verdun 19 nov. 1965, *JCP* 1966. II. 14735, note Meurisse.

la possession réelle afin de procéder à sa réalisation. Dans cette hypothèse, c'est une véritable procédure de saisie-vente qui succède à la saisie-appréhension.

Lorsque le gage a été consenti par un emprunteur consommateur, la réalisation ne peut avoir lieu que selon les modalités autorisées par les articles 2346 (vente publique aux enchères dans les conditions prévues par le Code des procédures civiles d'exécution) et 2347 C. civ. (attribution judiciaire après évaluation par expert), le pacte commissoire de l'article 2348 du même code étant exclu (C. consom., art. L. 312-38, al. 3). Lorsque le gage garantit une dette professionnelle, une procédure de réalisation simplifiée, autorise la vente publique des biens gagés, huit jours après une signification au débiteur (C. civ., art. 2346, al. 2). Par ailleurs, dans le cas d'un débiteur professionnel, le pacte commissoire de l'article 2348 C. civ. est autorisé.

§ 2
Champ d'application

1024.91 **Véhicules concernés.** Le Code civil régit le gage sans dépossession de tous les meubles corporels y compris celui des véhicules et de leurs remorques. Mais pour certains, la publication de cette sûreté doit être faite sur un registre spécial tenu par l'autorité administrative. Il s'agit concrètement de tous les véhicules terrestres à moteur et les remorques soumis à l'immatriculation, à l'instar, notamment, des automobiles, tracteurs agricoles ou routiers, cycles à moteur et remorques tractées ou semi-tractées.

Cette inscription qui repose sur le système d'immatriculation des véhicules vise à protéger les acquéreurs qui subordonnent généralement la transaction à la délivrance d'un certificat de non-gage. L'autorité administrative qui assure la tenue du registre de publicité est le ministre de l'Intérieur. Les informations contenues dans ce registre sont soumises aux dispositions des articles L. 330-1 et L. 330-3 C. route (Décr. 14 févr. 2023, art. 1er).

Toutefois, les flottes de véhicules n'ont pas vocation à figurer sur le registre tenu par l'autorité administrative. Celui-ci est inadapté en raison de la quantité des biens concernés et de leur renouvellement régulier. Ils doivent être inscrits sur le registre des sûretés mobilières et autres opérations connexes régi par les articles R. 521-1 s. C. com. sur lequel sont notamment publiés les gages sur les choses fongibles dont la vocation est d'être revendues et renouvelées (C. civ., art. 2338, al. 2, et 2342[1] ; C. com., art. R. 521-2, 1°, et R. 521-6, 5° à 7°). Ce registre a remplacé, depuis le 1er janvier 2023, celui relatif à la publicité du gage sans dépossession[2].

En cas de non-restitution volontaire, la saisie-appréhension par immobilisation peut s'exercer sur tous les VTM pris individuellement ou en stock, qu'ils soient immatriculés ou non. Selon l'article L. 110-1 C. route, le terme VTM désigne tout véhicule terrestre pourvu d'un moteur de propulsion, y compris les trolleybus et circulant sur route par ses moyens propres. Cependant, les remorques semblent être exclues du domaine de cette mesure dès lors qu'elles ne sont pas motorisées (C. pr. exéc., art. R. 222-1, al. 2 ; R. 222-16, al. 3). L'article R. 311-1, 3.5 C. route définit la remorque comme un véhicule non automoteur sur roues destinées à être tracté par un autre véhicule (v. ss nos 0723.11 et 0723.12).

1024.92 **Particularisme des véhicules garantissant des dettes professionnelles.** Ce sont généralement des biens d'équipement professionnel tels que des engins de travaux publics, des machines agricoles automotrices ou des ensembles de véhicules constituant le stock des concessionnaires.

Outre son incidence sur le mode de réalisation des gages inscrits sur ces biens, le caractère professionnel des dettes qu'ils garantissent influence également l'obligation de conservation pesant sur le débiteur, notamment en assouplissant l'interdiction de disposer ou de déplacer le ou les véhicules détenus.

Il convient à cet égard de relever que si le matériel grevé est souvent acquis pour équiper un fond artisanal, agricole ou de commerce, il peut l'être en vue de sa revente, laquelle peut avoir lieu, avec l'accord du créancier, avant le remboursement intégral de la dette garantie. La vente sans ce consentement est sanctionnée par les peines de l'article 314-5 C. pén. et par la déchéance du terme assortissant la créance garantie, conformément à l'article 2344 (al. 2) C. civ., ce qui autorise le gagiste à revendiquer les biens détournés. Il peut alors, s'il a inscrit son gage, appréhender le ou les véhicules entre les mains de l'acquéreur ou l'ayant cause à titre onéreux du constituant, lesquels ne peuvent se prévaloir de l'article 2276 C. civ. (C. civ., art. 2337, al. 3).

Toutefois, la vente de véhicules compris dans une flotte est légalement autorisée, sauf convention contraire. Ils sont considérés comme des biens fongibles que le constituant doit remplacer par des véhicules équivalents qui sont inclus de plein droit dans l'assiette du gage (C. civ., art. 2342 et 2342-1). Le bordereau établi en vue de l'inscription sur le registre des sûretés doit mentionner l'existence éventuelle d'une clause faisant obstacle au droit du constituant

1. Ord. n° 2021-1192, 15 sept. 2021, art. 8, IV et VI.

2. Décr. n° 2006-1804, 23 déc. 2006, pris pour l'application de l'article 2338 du Code civil et relatif à la publicité du gage sans dépossession, *JO* 31 déc., p. 20368.

d'aliéner les biens fongibles objets du gage (C. com., art. R. 521-6, 7°).

Dans de nombreux cas, le matériel faisant l'objet d'un gage sans dépossession demeure entre les mains de son acquéreur. Il doit donc être individualisé par une description précise lors de l'établissement et de la publication de l'acte constitutif, afin d'éviter toute confusion avec les biens de même nature compris dans l'actif non grevé. Cette individualisation peut aussi résulter de l'installation, sur le matériel, d'un signe distinctif apparent. L'article R. 521-6 (5°) C. com., prescrit que le bordereau rempli en vue de l'inscription du gage doit mentionner la désignation du bien grevé avec indication des éléments permettant de l'identifier (nature, marque, numéro de série ou d'immatriculation, lieu de situation). S'agissant d'un ensemble de bien présents ou futurs, le bordereau mentionne leur nature, qualité et quantité. Les juges du fond estiment souverainement si la description tendant à l'individualisation du matériel gagé est suffisante[1].

Ce matériel roulant et motorisé (voitures de tourisme, engins de travaux publics ou agricoles) peut être exploité sur les lieux même de l'entreprise débitrice ou sur des chantiers extérieurs, par celle-ci ou par un tiers locataire. Le lieu de son rattachement ainsi que l'éventualité de son déplacement doivent être mentionnés dans le bordereau rempli en vue de la publicité du gage (C. com., art. R. 521-6, 5° à 7°), ce qui est de nature à faciliter son immobilisation ou son appréhension et cas de poursuites.

1024.93 Obligations de l'autorité administrative. Celle-ci doit communiquer au commissaire de justice qui le demande, les mentions portées sur le registre ainsi que tous renseignements relatifs au droit du débiteur sur le véhicule (date de la constitution de gage, identité du constituant et du créancier, désignation du véhicule avec son numéro d'immatriculation définitif – C. pr. exéc., art. R. 223-1). En outre, les informations relatives aux caractéristiques d'un véhicule, au gage constitué sur celui-ci et aux oppositions au transfert du certificat d'immatriculation s'y rapportant, sont communiqués, sur leur demande, aux agents chargés de l'exécution d'un titre exécutoire (C. route, art. L. 330-4, 1°). Les commissaires de justice et les agents de l'Administration chargés de l'exécution peuvent ainsi identifier plus aisément les véhicules susceptibles d'être immobilisés et les sûretés dont ils sont grevés. Par ailleurs les informations relatives aux gages constitués sur les VTM sont communiquées, sur leur demande, aux greffiers des tribunaux de commerce pour l'exercice de leurs compétences en matière de tenue des registres et au Conseil national des greffiers de ces tribunaux pour leur mission de diffusion des données d'un registre (C. route, art. L. 330-3, I, 6°).

§ 3
Créance garantie

1024.101 Créanciers garantis. À l'origine, il s'agissait des vendeurs à crédit, cessionnaires de créance, escompteurs et prêteurs de deniers pour l'achat des véhicules et engins susmentionnés[2]. Actuellement, tous les créanciers peuvent bénéficier d'un gage sans dépossession sur un véhicule indépendamment de toute relation entre ce bien et la dette garantie.

1024.102 Caractère accessoire du gage. Le gage est l'accessoire d'un contrat principal (vente ou prêt) auquel il emprunte sa qualification civile ou commerciale.

Sa validité et sa persistance dépendent étroitement de cette convention : il n'y a pas de gage sans créance à garantir et cette créance doit être valable.

1024.103 Extinction de la créance. Le gage disparaît, faute d'objet, lorsque la créance garantie est éteinte par l'effet d'un paiement intégral, d'une compensation ou d'une prescription libératoire. Il paraît en être de même lorsque l'action née du contrat principal ne peut plus être engagée par suite d'une forclusion. C'est le cas en matière de crédit à la consommation, lorsque le prêteur n'a pas saisi le juge des contentieux de la protection (JCP) dans le délai préfix de deux ans adopté par l'article R. 312-35 C. consom. Mais on ne peut exclure que la Cour de cassation qui ne s'est encore jamais prononcée, estime que si la forclusion fait obstacle à l'exercice du droit d'agir, elle ne constitue pas pour autant une cause d'extinction de la créance du prêteur au bénéfice duquel le véhicule a été constitué en gage.

Dans toutes ces hypothèses, le JEX saisi d'une requête doit se montrer prudent et délivrer une ordonnance de rejet.

À noter que la règle de l'indivisibilité du gage laisse subsister la sûreté en cas d'extinction partielle de la créance.

L'autorisation d'appréhender un véhicule gagé a été refusée dès lors que, au moment de la requête aux fins d'injonction de délivrer, le débiteur avait régularisé les échéances impayées et ne pouvait plus se voir opposer les effets de la clause de résiliation du prêt garanti[3]. Il a également été jugé que lorsqu'un paiement intégral intervient après l'ordonnance, il

1. Com. 12 nov. 1969, *D.* 1970. 254 – Com. 1er oct. 2013, n° 12-24.558, P IV, n° 146 ; *D.* 2013. 235 ; *JCP* 2013. 2188, chron. Ph. Simler et Ph. Delebecque, n° 16.

2. Décr. n° 53-968, 30 sept. 1953, art. 2.
3. Douai, 31 mars 1994, *Rev. huiss.* 1995. 234.

prive celle-ci de tout effet en raison de l'extinction de la dette. Elle ne peut donc plus fonder une saisie-appréhension[1].

1024.104 **Nullité du contrat principal.** Le gage est nul si le contrat principal l'est aussi. C'est notamment le cas lorsque celui-ci est affecté d'un vice du consentement, d'un défaut de cause ou d'objet ou encore, contient des dispositions contraires à l'ordre public. L'existence même du contrat de crédit ou l'authenticité de la signature de l'emprunteur peut aussi être remise en cause[2]. La nullité peut également être encourue en matière de crédit à la consommation, lorsque l'offre de contrat a contrevenu aux dispositions d'ordre public des articles L. 312-18 s. C. consom. (C. consom., anc. art. L. 311-8)[3]. Il faut cependant relever, en ce qui concerne les prêts aux consommateurs, que la Cour de cassation tend à considérer que la seule sanction des irrégularités formelles de l'offre est la déchéance du droit aux intérêts prévue par l'article L. 341-4 du code précité (C. consom., anc. art. L. 311-48) et non la nullité du contrat.

§ 4 Constitution du gage

1024.111 **Existence d'un écrit.** Le gage est une sûreté accessoire qui résulte d'un contrat constaté par un acte écrit contenant la désignation de la dette garantie, la quantité des biens donnés en gage ainsi que leur espèce ou leur nature (C. civ., art. 2336[4]). Le gage n'est parfait que par la conclusion de cet écrit. L'ancien article 2074 C. civ. exigeait pour son opposabilité aux tiers qu'il soit constaté par un acte authentique ou sous seing privé enregistré. La rédaction d'un écrit n'était pas requise lorsque le gage était commercial et sa preuve pouvait être faite, tant entre les parties qu'à l'égard des tiers, par tous moyens (C. com., anc. art. L. 521-1, al. 1er, et L. 110-3). Constatant que l'article L. 521-1 précité n'avait pas été abrogé lors de la réforme opérée par l'ordonnance du 23 mars 2006[5], la Cour de cassation a jugé que l'article 2336 C. civ. subordonnant la validité du gage à l'établissement d'un écrit était inapplicable au gage commercial[6]. L'ordonnance du 15 septembre 2021[7] a finalement abrogé cet article du Code de commerce de telle sorte que tous les gages relèvent des dispositions de l'article 2336 C. civ.

Lorsque la convention de gage a été formalisée par un écrit, celui-ci doit contenir déclaration de la somme due, ainsi que la nature du bien donné en gage, c'est-à-dire tous les éléments d'identification du véhicule ou des véhicules s'il s'agit d'une flotte. La constitution de gage peut faire l'objet d'un **acte distinct du contrat principal** de vente ou de prêt. Elle peut également résulter d'une **clause du contrat principal** pourvu qu'elle exprime clairement l'intention du constituant et contienne des informations précises sur la dette garantie et le bien affecté à sa sûreté. Il ne peut donc s'agir d'une clause de style figurant dans les conditions générales. À cet égard, la Haute juridiction a consacré cette thèse en considérant que la constitution de gage n'existe que dans la mesure où elle résulte expressément des conditions particulières du contrat de prêt, peu important qu'elle soit envisagée dans les conditions générales[8]. C'est donc au créancier gagiste qui sollicite une ordonnance d'injonction de délivrer son gage de produire au juge l'écrit constatant sa sûreté.

1024.112 **Gage de la chose d'autrui.** Le constituant doit avoir la qualité de propriétaire du bien donné en garantie[9]. Mais il peut arriver que le constituant ne soit pas propriétaire du gage ce qui est notamment le cas de l'acheteur d'un bien dont le vendeur s'est réservé la propriété. Le gage de la chose d'autrui est donc nul, mais cette nullité ne peut être demandée que par le créancier qui ignorait que cette chose n'appartenait pas au constituant (C. civ., art. 2235[10]). Par conséquent, le créancier gagiste mis en possession de bonne foi peut se prévaloir de l'article 2276 C. civ. pour s'opposer à la revendication du véritable propriétaire y compris de celui qui bénéficie de la propriété réservée[11]. La Cour de cassation a pu estimer que le créancier gagiste n'est pas tenu de vérifier que les marchandises affectées à sa garantie sont ou non grevées d'une clause de réserve de propriété car ni la loi ni les usages du commerce n'imposent cette précaution[12].

1. Douai, 22 déc. 1994, *Rev. huiss.* 1995. 501.
2. Civ. 1re, 1er avr. 2003, no 00-22.631, P I, no 94 ; *D.* 2003. AJ 1229, note C. Rondey – Civ. 1re, 3 juin 2003 ; *CCC* 2004, no 29, obs. Raymond.
3. Civ. 1re, 1er janv. 1994 ; *CCC* 1994. 85, note Raymond – Civ. 1re, 22 janv. 2009, no 03-11.775, NP.
4. Réd. Ord. no 2006-346, 23 mars 2006.
5. Ord. no 2006-346, 23 mars 2006.
6. Com. 17 févr. 2015, no 13-27.080 ; *D.* 2015. 787, note N. Borga et 1810, obs. P. Crocq ; *RTD civ.* 2015. 437, obs. P. Crocq ; *RTD com.* 2015. 342, obs. D. Legeais.
7. Ord. no 2021-1192, 15 sept. 2021, art. 28, 3o.
8. Com. 19 déc. 2006, no 04-19.643, P IV, no 267 ; *D.* 2007. 369, ndlr ; *JCP* 2007. Pan. IV. 1231 ; *RTD com.* 2007. 590, obs. B. Bouloc.
9. Civ. 1re, 8 janv. 1955, P I, no 10.
10. Mod. par Ord. no 2021-1192, 15 sept. 2021, art. 8, II.
11. Com. 3 oct. 1989, *JCP* 1990, II, 21454, note M. Behard-Touchais ; *D.* 1990. Somm. 388, obs. L. Aynès ; *D.* 1991. Somm. 44, obs. F. Perochon ; *RTD civ.* 1990. 306, obs. F. Zenati – Com. 29 nov. 1989, *D.* 1990. Somm. 387, obs. L. Aynès ; *D.* 1991. Somm. 43, obs. F. Perochon ; *RTD civ.* 1991. 12, obs. F. Zenati.
12. Com. 14 nov. 1989, no 88-11.790, P IV, no 290.

§ 5
Formalités de publicité

1024.121 **Inscription, substitut à la dépossession.** À l'origine, la dépossession du débiteur était considérée, non seulement comme l'essence même du gage, mais encore comme une publicité rudimentaire que le législateur a remplacée, pour faciliter les transactions sur certains biens, notamment les véhicules, par une inscription sur un registre. Le gage sur les véhicules terrestres à moteur était alors souvent qualifié de « gage sans dépossession » car le transfert de celle-ci au créancier résultait fictivement de son inscription sur un registre spécial contre la remise d'un reçu. Par la délivrance de ce document, le créancier gagiste était réputé avoir conservé en sa possession le ou les véhicules affectés à sa garantie et pouvait opposer sa sûreté aux tiers (v. ss n° 0723.65).

Lors de la réforme des sûretés opérée par l'ordonnance du 23 mars 2006, complétée par celle du 15 septembre 2021, le législateur a retenu la qualification de « gage sans dépossession » qui affranchit la publicité par inscription de la fiction du transfert de la possession. La dépossession réelle entre les mains du créancier a néanmoins été conservée. Inscription et dépossession effective constituent donc deux modalités de la publicité du gage en vue de son opposabilité aux tiers (v. s[s] n°s 1011.36 s.).

1024.122 **Publicité par la dépossession du débiteur.** Dans la conception traditionnelle, le gage était un contrat réel qui supposait, pour sa validité, la mise en possession du créancier gagiste.

Ce transfert de la possession était l'essence même de cette sûreté. Depuis la réforme des sûretés, résultant de l'ordonnance du 23 mars 2006 [1], le gage n'est plus un contrat réel, mais un contrat consensuel qui devient parfait par l'établissement d'un écrit contenant la désignation de la dette garantie, la quantité des biens donnés en gage ainsi que leur nature ou leur espèce (C. civ., art. 2336). Si la dépossession effective du débiteur n'est plus l'essence même du gage, elle demeure néanmoins une modalité de sa mise en œuvre et constitue ainsi pour le créancier gagiste une garantie absolue. Ce transfert permet aussi aux tiers susceptibles de traiter avec le débiteur dépossédé, de ne pas être induit en erreur sur la consistance réelle de son patrimoine et sur l'étendue de leur propre garantie. La dépossession ostensible constitue donc une forme rudimentaire de publicité (C. civ., art. 2337, al. 2).

À noter toutefois que le simple fait, pour un acheteur, de laisser temporairement la marchandise en la possession du vendeur ne saurait suffire à démontrer son intention de l'affecter en garantie (il en est jugé ainsi à propos d'une commande de vin « *primeur* » conservé par le producteur jusqu'à ce qu'il soit « *élevé* »[2]).

La mise en possession confère au créancier gagiste trois prérogatives : un **droit de rétention**, un **droit de suite** et un **droit de préférence** sur le prix de vente ou l'indemnité d'assurance (C. civ., art. 2339, 2333, 2332-4[3] – et C. assur., art. L. 121-13). Le créancier irrégulièrement dépossédé peut donc revendiquer son gage auprès de celui qui le détient de mauvaise foi. Lorsque son gage garantit une dette professionnelle, il peut, en cas de non-paiement de celle-ci, faire procéder à sa vente publique huit jours après une simple signification au constituant (C. civ., art. 2346, al. 2).

Pour que la dépossession soit efficace, il faut qu'elle porte sur le bien lui-même et non sur l'un de ses accessoires. La remise de la carte grise d'un véhicule à titre de garantie investit le créancier d'un droit de rétention limité à ce seul document administratif. Ce droit ne s'étend pas au véhicule concerné dont le créancier ne peut exiger la remise même si la convention des parties a admis cette extension[4].

1024.123 **Publicité par l'inscription sur un registre.** Deux registres distincts gérés par des autorités différentes peuvent recevoir ces inscriptions.

Le gage portant sur un VTM immatriculé est publié par une inscription sur un registre dématérialisé tenu par l'autorité administrative (le ministre de l'Intérieur). Ce registre est intégré au traitement des informations exigées pour la circulation des véhicules ou affectant leur disponibilité. Celles-ci sont enregistrées par les services de l'État en application de l'article L. 330-1 C. route. Il ne reçoit pas les inscriptions des gages grevant des véhicules soumis à l'article 2342 C. civ. (compris dans un ensemble de biens constituant des choses fongibles). L'inscription régulière fait obstacle à toute nouvelle inscription sur le même bien (C. civ., art. 2338, al. 2 – Décr. 14 févr. 2023, art. 1er). Le gage ne peut être publié que si le constituant est propriétaire du véhicule et titulaire ou cotitulaire d'un certificat d'immatriculation comportant un numéro définitif. La demande d'inscription contient la désignation du constituant, du créancier et du véhicule gagé ainsi que la date de l'acte de constitution. Ces informations sont portées, avec la date et le numéro d'ordre de l'inscription, sur le

1. Ord. n° 2006-346, 23 mars 2006.

2. Com. 7 juill. 1998, n° 96-15.296, P IV, n° 220 ; *D.* 1998. 219 ; *D.* 1999. 299, obs. S. Piedelièvre ; *JCP* 1998. II. 10206, note Salvet ; *RTD com.* 1999. 489, obs. B. Bouloc.
3. COMP. : C. civ., anc. art. 2082, 2073, 2102-2°.
4. Com. 11 juill. 2000, n° 97-12.374, P IV, n° 142 ; *D.* 2000. 251 ; *JCP* 2000. I. 259, « Droit des sûretés », n° 16, obs. Ph. Simler et Ph. Delebecque ; *D.* 2001. 465, note S. Piedelièvre.

registre et sur l'accusé d'inscription transmis par voie électronique au créancier. Celle-ci produit effet pendant cinq ans à compter de sa date et peut être prorogée pour la même durée, sans limitation du nombre de prorogations. La demande de prorogation doit être formulée au plus tard sept jours avant l'expiration des effets de l'inscription qu'elle concerne, sous peine de radiation d'office (Décr. 14 févr. 2023, art. 3 à 6 – sur les formalités et l'instruction de la demande, v. s^s n° 0723.66).

La publicité des gages portant sur des véhicules non assujettis à la formalité de l'immatriculation et ceux compris dans un ensemble soumis à l'article 2342 C. civ., est assurée par une inscription sur le registre des sûretés mobilières et autres opérations connexes réglementées par les articles R. 521 s. C. com.

Ce registre est tenu, sous forme électronique, par le greffe de chaque tribunal de commerce et de chaque tribunal judiciaire statuant commercialement. La demande d'inscription est faite par remise ou transmission d'un bordereau mentionnant la date de la constitution du gage, le montant, la date d'exigibilité et le taux des intérêts de la créance garantie, les éléments d'identification du créancier, du débiteur et du propriétaire du bien grevé s'il n'est pas le débiteur, la désignation précise du véhicule gagé (marque, numéro de série ou d'immatriculation, quantité, lieu de situation) ainsi que l'existence éventuelle de certaines stipulations contractuelles telles qu'un pacte commissoire ou une interdiction d'aliéner. Ces informations sont reportées sur le registre et sur le récépissé d'inscription remis par le greffe (C. com., art. R. 521-2, R. 521-6 et R. 521-8). L'inscription produit effet à la date à laquelle elle est faite, pour une durée de cinq ans pouvant être renouvelée avant l'arrivée à échéance de ce délai. L'inscription non renouvelée est radiée d'office et n'apparaît plus dans les résultats des demandes de consultation du registre (C. com., art. R. 521-10, R. 521-11, R. 521-23 et R. 521-24). Les informations contenues dans le registre peuvent être consultées et téléchargées par l'intermédiaire d'un portail national accessible gratuitement par le réseau internet. Sur simple demande, chaque greffe délivre un état des inscriptions figurant sur le registre dont il assure la gestion (C. com., art. R. 521-1 et R. 521-29 s.).

1024.124 **Portée de l'inscription.** Il n'est cependant pas rare de constater que dans le but d'alléger leurs frais de dossier, les établissements de crédit négligent souvent d'accomplir les formalités d'inscription, notamment lorsque leurs débiteurs sont des particuliers insusceptibles de faire l'objet d'une procédure collective. Ils n'entendent pas pour autant renoncer au bénéfice de leur sûreté et aux avantages de la saisie-appréhension sur injonction du juge. Peut-on cependant admettre qu'ils peuvent se prévaloir du droit de rétention et exiger la restitution du véhicule, notamment en utilisant la procédure d'injonction de délivrer ou de restituer ?

1024.125 **Controverse doctrinale.** Sous l'empire du décret du 30 septembre 1953, relatif à la vente à crédit des véhicules automobiles, une controverse a opposé auteurs et juridictions du fond sur la validité du gage non inscrit et sur le droit du créancier de le revendiquer.

Plusieurs auteurs estimaient que cette revendication était possible, dans la mesure où l'inscription ne constituait, pour eux, qu'une formalité de publicité et non une condition de validité, sanctionnée par la seule inopposabilité aux tiers. Ils observaient à cet égard que le gage, même non publié, restait une convention par laquelle le débiteur promettait de remettre une chose à son créancier, convention qui faisait la loi des parties en vertu de l'ancien article 1134 C. civ., devenu C. civ., art. 1103, et dont le non-respect était sanctionné civilement par une action en revendication. On invoquait également le caractère essentiellement publicitaire de l'inscription qui ressortait des dispositions de l'ancien article 5 du décret précité.

Les tenants de cette thèse observaient que, selon les termes mêmes de l'article 2 du décret du 30 septembre 1953, la mention sur le registre préfectoral constituait, non une simple formalité de publicité, mais une condition de la conservation du gage.

Certains estimaient au contraire que le défaut d'inscription faisait obstacle au transfert fictif de la possession au créancier, de telle sorte qu'il manquait un élément essentiel à la validité du gage non inscrit.

Cet article retenait en effet que les créanciers « *devront, pour conserver leur gage, en faire mention sur un registre spécial* ». Il ajoutait que par la délivrance du reçu d'inscription « *le créancier gagiste sera réputé avoir conservé la marchandise en sa possession* ».

Ils concluaient donc qu'en n'inscrivant pas son gage, le créancier renonçait au bénéfice de la possession, privant sa sûreté de sa condition de validité essentielle et perdant le droit de poursuivre la remise affective du véhicule grevé[1].

1024.126 **Jurisprudence de la Cour de cassation.** La Cour de cassation a tranché le débat.

Tout d'abord, la chambre criminelle, en matière de détournement de bien gagé, a retenu l'infraction même si le gage est resté en la possession du débiteur, la formalité de publicité n'ayant pour objet que d'aviser les tiers de la garantie[2].

1. Périgueux, JEX, 22 mars 1994, *Juris-Data* n° 044559.
2. Crim. 10 mars 1976, n° 75-93.173, P, n° 89.

Ultérieurement, par un arrêt du 10 juillet 1996[1] la chambre civile a jugé que l'inscription prévue par l'article 2 du décret du 30 septembre 1953 n'était pas une condition de l'existence du gage, mais seulement une condition de son opposabilité aux tiers selon l'article 5 du même décret[2]. Cette jurisprudence semblait indirectement consacrer la nature conventionnelle du gage automobile. C'est un arrêt du 19 décembre 2006 qui a pris clairement position pour cette nature conventionnelle[3] (v. s^s n° 1024.111).

§ 6
Droit résultant du gage inscrit et non inscrit

1024.131 **Droit à l'égard du débiteur.** Le constituant demeure contractuellement tenu de ne pas disposer au profit de tiers d'un gage dont la valeur demeure exclusivement réservée à son créancier. Il doit veiller à sa conservation, notamment en l'assurant. Le débiteur qui manque à ces obligations encourt la déchéance du terme (C. civ., art. 1305-4 et 2344, al. 2) et les peines du détournement de gage (C. pén., art. 314-5), même si le gage n'est pas inscrit[4]. Il s'oblige à le lui remettre en cas de non-paiement afin d'en permettre la réalisation. En cas de défaut de remise, le créancier gagiste inscrit ou non est donc en droit de recourir à la saisie-appréhension, au besoin sur injonction du juge.

1024.132 **Droits à l'égard des tiers.** L'inscription ou la dépossession du débiteur rend le gage opposable aux tiers avec toutes les prérogatives qui s'y rattachent. Toutefois, en cas de défaut d'inscription, la clause de constitution ne donne naissance qu'à un gage diminué en ce qui concerne les rapports du créancier avec les tiers[5]. Les mentions de l'inscription jouent un rôle d'information essentiel. L'erreur sur le nom du débiteur dans l'inscription de la garantie entraîne l'inopposabilité aux tiers du privilège[6].

1024.133 **Droit de suite.** Le gagiste qui a procédé à l'inscription, bénéficie d'un droit de suite qui lui permet d'appréhender son gage en quelques mains qu'il se trouve même s'il est détenu par un tiers. Par tiers, il faut entendre l'ensemble des créanciers du constituant ou ses ayants cause à titre particulier, tel qu'un sous-acquéreur. Ces ayants cause ne peuvent se prévaloir de l'article 2276 C. civ. dès la publicité du gage (C. civ., art. 2337, al. 3). Le gagiste peut notamment revendiquer le bien gagé contre un sous-acquéreur de bonne foi[7]. Il est également fondé à réclamer son gage à un autre créancier gagiste qui en a la possession réelle, dès lors que sa sûreté a été antérieurement et régulièrement publiée (C. civ., art. 2340, al. 2 – V. s^s n° 1024.135).

Pour pouvoir exercer son droit de suite, le gagiste doit être en mesure d'appréhender son gage. Si le véhicule gagé a été rendu indisponible à la suite d'une saisie pratiquée par un autre créancier, son droit est reporté sur le prix obtenu par celui-ci. À cette fin, le créancier ayant publié sa sûreté est invité par le saisissant à faire connaître la créance et à prendre parti sur les éventuelles propositions de vente amiable. À défaut de telles propositions, il est avisé de la vente forcée (v. s^s n° 0723.115).

La non-inscription ou la péremption de l'inscription exclut l'opposabilité aux tiers. Le créancier gagiste ne peut donc plus se prévaloir à leur égard, du droit de suite et du droit de préférence. Le gage non inscrit leur est inopposable, même s'ils en connaissaient l'existence (il en est jugé ainsi à propos d'un garagiste ayant vendu une voiture en connaissant l'existence d'un gage dont l'inscription était périmée[8]). Le créancier qui a saisi son gage alors qu'il n'était pas régulièrement inscrit peut être condamné à le restituer au tiers entre les mains duquel il l'a appréhendé (ainsi pour un véhicule saisi par une banque gagiste contre un sous-acquéreur garagiste[9]). L'appréhension ou la mise en vente peut donc être compromise lorsqu'elle est pratiquée entre les mains d'un tiers détenteur titulaire d'un droit réel de propriété (ou gage). En l'absence d'inscription du gage, seuls les tiers ayant contracté une obligation de restitution à l'égard du constituant (mandataire, dépositaire, commodataire) pourraient être l'objet d'une saisie-appréhension, sauf pour eux à opposer leur propre droit de rétention au titre de leurs salaires ou impenses éventuelles (sur le droit de rétention, v. s^s n°s 0714.153 s. – sur ces différents contrats, v. s^s n°s 1011.91 [dépôt], s^s n° 1011.101 [prêt] et s^s n° 1011.102 [mandat]).

1024.134 **Droit de préférence et de rétention.** L'inscription du gage confère au créancier un privi-

1. Civ. 1re, 10 juill. 1996, n° 94-18.324, P I, n° 312 ; *D.* 1997. 252, obs. S. Piedelièvre ; *RTD civ.* 1996. 955, obs. P. Crocq ; *RTD com.* 1997. 314, obs. B. Bouloc.
2. DANS LE MÊME SENS : Versailles, 20 sept. 1995, *D.* 1997. 16 – Lyon, 6 juill. 1994, *Juris-Data* n° 049919.
3. Com. 19 déc. 2006, n° 04-19.643, P (préc. v. s^s n° 1024.111).
4. Crim. 10 mars 1976, n° 75-93.173, P (préc., v. s^s n° 1024.125).
5. EN CE SENS : G. Wicker et P. Gaubil, « L'efficacité du gage automobile non inscrit », *D.* 1997. Chron. 1.
6. Com. 19 mai 1998, n° 96-13.958, P IV, n° 159 ; *D.* 1998. 377, obs. S. Piedelièvre.
7. Civ. 1re, 20 mars 1990, n° 87-19.162, P I, n° 70 ; *JCP* 1992. II. 21787, note Amlon ; *RTD com.* 1990. 633, obs. B. Bouloc.
8. Com. 12 déc. 1995, n° 93-11.734, P IV, n° 295 ; *JCP* 1996. I. 3942, n° 12, obs. P. Delebecque ; *RTD civ.* 1997. 467, obs. P. Crocq ; *RTD com.* 1996. 322, obs. B. Bouloc.
9. Civ. 1re, 3 juill. 1996, n° 94-12.557, P I, n° 298 ; *RTD civ.* 1997. 467, obs. P. Crocq ; *RTD com.* 1997. 314, obs. B. Bouloc.

lège spécial sur le prix (C. civ., art. 2333 [1]). Sauf loi spéciale, le droit de préférence conféré par le gage s'exerce au rang du privilège du bailleur d'immeuble (C. civ., art. 2332-4 [2]). Ce privilège prend rang après ceux des frais de justice, des créances fiscales et des frais de conservation exposés après la constitution du gage. Ainsi, le privilège du conservateur a été accordé au réparateur d'un camion qui, en remplaçant un moteur, a contribué à son maintien en état. En revanche, le privilège du gagiste sur le prix de vente d'un tracteur sur lequel il a pris une inscription en vertu du décret du 30 septembre 1953, est préféré à celui du bailleur de la ferme au service de laquelle ce bien est affecté[3]. Lorsqu'un même bien fait l'objet de plusieurs gages successifs sans dépossession, le rang des créanciers est réglé par l'ordre de leur inscription (C. civ., art. 2340, al. 1er). Toutefois, s'agissant d'un véhicule immatriculé, l'inscription d'un gage fait obstacle à partir de l'entrée en vigueur du second alinéa de l'article 2338 C. civ. à toute nouvelle inscription sur ce même véhicule[4].

L'inscription lui confère aussi un droit de rétention sur le véhicule jusqu'à la vente (C. civ., art. 2339 [5]). Ce droit de rétention autorise son titulaire à suspendre la mainlevée du gage à l'attribution à son profit du produit de sa vente aux enchères effectuée par le liquidateur, même s'il existe des créances superprivilégiées[6]. Ce droit renforce donc le privilège dont il améliore sensiblement le rang, notamment face au Trésor, tout au moins si le gagiste ne prend pas l'initiative de la vente[7] (v. ss nos 0714.159 et 0714.161). Cependant dans une espèce postérieure, la Cour de cassation a affirmé que le fait d'engager des procédures tendant à voir ordonner la vente ou l'attribution des objets gagés est le prolongement normal de l'exercice du droit de rétention et ne saurait s'analyser en une renonciation à celui-ci[8]. Quoi qu'il en soit, si la vente a été requise, non par le créancier gagiste mais par d'autres créanciers, le droit de rétention subsiste même après la vente. Il est reporté sur le prix qui est versé en priorité au gagiste, à concurrence du montant de sa créance, même s'il existe un privilège de meilleur rang[9]. Il en est également ainsi lorsque la vente est requise par le liquidateur (C. com., art. L. 622-21 [10]).

1. COMP. : C. civ., anc. art. 2073.
2. Mod. par Ord. n° 2021-1192, 15 sept. 2021, art. 7, VII.
3. Civ. 1re, 7 mai 1974, n° 73-11.583, P I, n° 130.
4. Mod. par Ord. n° 2021-1192, 15 sept. 2021, art. 8, 34 et 37, I.
5. COMP. : C. civ., anc. art. 2082.
6. Com. 15 oct. 1991, n° 90-10.784, P IV, n° 288 ; *RTD com.* 1992. 464, obs. A. Martin-Serf.
7. Com. 15 janv. 1957, *JCP* 1957. II. 10006, note Becqué.
8. Com. 18 déc. 1990, n° 89-16.260, P IV, n° 329 ; *RTD civ.* 1991. 573, obs. M. Bandrac ; *RTD com.* 1991. 442, obs. B. Bouloc ; 1992. 465, obs. A. Martin-Serf.
9. Civ. 2e, 27 juin 1958, *RTD com.* 1958. 848, obs. Mémard.

1024.135 Conflits de droit de rétention. Traditionnellement, le droit de rétention résultant de la mention sur le registre de publicité est inopposable au créancier ayant la détention matérielle du véhicule, tel que le réparateur impayé dans le garage duquel il est encore remisé. Le créancier qui a la possession réelle est ainsi préféré à lelui qui est titulaire d'un gage sans dépossession[11].

Il semble cependant que la portée de cette jurisprudence pourrait être tempérée au regard des dispositions de l'article 2340 C. civ. issu de l'ordonnance du 23 mars 2006 au terme duquel lorsqu'un bien donné en gage sans dépossession fait ultérieurement l'objet d'un gage avec dépossession le droit de préférence du créancier gagiste antérieur, s'il a été régulièrement publié, est opposable au créancier gagiste postérieur nonobstant le droit de rétention de celui-ci. Il faut également prendre en compte la modification apportée à l'article 2286 C. civ. par la loi du 4 août 2008 [12] reconnaissant un droit de rétention à tout créancier titulaire d'un gage sans dépossession. Il semble donc certain qu'en cas de rivalité entre deux créanciers gagistes successifs dont le premier n'a pas la possession et le second bénéficie de la possession réelle, ce soit le droit du plus ancien qui prévale dès lors qu'il a été régulièrement inscrit.

Toutefois, l'article 2340 alinéa 2 C. civ. ne règle le conflit qu'entre créanciers gagistes. Certains auteurs estiment donc que la solution traditionnelle devrait être maintenue dans l'hypothèse où le bien objet du gage sans dépossession serait, postérieurement à la constitution de cette sûreté, régulièrement et matériellement détenu par un créancier chirographaire, tel qu'un réparateur ou un dépositaire[13].

Quoi qu'il en soit, le droit de rétention attaché au gage ne pourrait être efficacement opposé que si le gage a été régulièrement publié. Par conséquent, le créancier qui n'a pas inscrit son gage ne pourrait soutenir, pour se prévaloir d'un droit de rétention ou de préférence, que la mise en possession consécutive à la saisie-appréhension pratiquée par lui est équivalente à celle qui serait résultée de l'inscription omise. Tout créancier muni d'un titre exécutoire pourrait ainsi intervenir par une opposition-jonction, pour participer à égalité, à la distribution des deniers provenant de la vente amiable ou forcée.

Le créancier impayé qui n'a pas inscrit de gage sur le véhicule ne peut se prévaloir d'un droit de rétention sur celui-ci, même s'il en détient la carte grise. En effet, la rétention de ce document ne s'étend pas

10. Anct L. 25 janv. 1985, art. 159.
11. Com. 11 juin 1969, *D.* 1970. 244, note P. Bihr.
12. L. n° 2008-776, 4 août 2008, de modernisation de l'économie, *JO* 5 août, p. 12471.
13. S. Piedelièvre, « Le nouvel article 2286, 4°, du Code civil », *D.* 2008. 2950.

au bien dont il est l'accessoire de telle sorte que le rétenteur ne peut obtenir, si celui-ci est vendu dans le cadre d'une procédure collective, que son droit soit reporté sur le prix de cession dont il demande l'attribution [1].

1024.136 **Droit à l'attribution de la propriété.** Le créancier gagiste peut, en vertu de l'article 2347 C. civ. [2], demander en justice que le gage lui demeure à due concurrence (v. s^{s} n° 1021.82). Lorsque la valeur du bien excède le montant de la dette garantie, la somme égale à la différence est versée au débiteur ou est consignée s'il existe d'autres créanciers gagistes. Il peut aussi être convenu, lors de la constitution du gage ou postérieurement qu'à défaut d'exécution de l'obligation garantie, le créancier deviendra propriétaire du bien gagé. La valeur du bien est déterminée au jour de transfert par un expert désigné à l'amiable ou judiciairement, à défaut de cotation officielle du bien sur une plateforme de négociation au sens du Code monétaire et financier, toute clause contraire étant réputée non écrite (C. civ., art. 2347 et 2348 – et C. com., art. L. 521-3 *in fine*). Toutefois, le pacte commissoire désormais autorisé par la réforme des sûretés résultant de l'ordonnance du 23 mars 2006, demeure prohibé lorsque le gage a été consenti pour garantir un crédit à la consommation (C. consom., art. L. 312-38 [anc. art. L. 311-32, puis L. 311-23]) ou lorsqu'un jugement portant ouverture d'une procédure collective a été prononcé (C. com., art. L. 622-7).

L'attribution en nature bénéficie à tous les créanciers gagistes, même titulaires d'un gage sans dépossession [3]. Elle peut être notamment invoquée par celui qui a déclaré son gage à l'autorité administrative lorsqu'il porte sur un véhicule terrestre à moteur ou sur une remorque immatriculée (C. civ., art. 2347, anc. art. 2353). Cette attribution permet au gagiste d'échapper à la loi du concours et d'éviter de se voir opposer des privilèges d'un meilleur rang que le sien. L'attribution judiciaire est ainsi fréquemment demandée à l'occasion des procédures collectives, l'ancien article L. 642-25 C. com. [4], devenu L. 642-20-1 alinéa 2, l'autorisant au stade de la liquidation (v. s^{s} n° 1012.133).

Le gage non inscrit autorise-t-il l'attribution judiciaire de la propriété ?

Si l'on considère que celle-ci constitue un « *mode indirect de l'exercice du droit de préférence ou un prolongement du droit de rétention* » qui s'exerce au préjudice des tiers, on ne peut que dénier cette faculté au créancier qui n'a pas inscrit son gage. La Cour de cassation a déjà affirmé que l'engagement des procédures tendant à l'attribution ou à la vente des objets gagés est le prolongement normal de l'exercice du droit de rétention et ne saurait s'analyser en une renonciation à celui-ci [5]. Mais on relève que le droit de demander l'attribution, qui résulte du contrat, « *ne dépend pas de l'opposabilité du gage, laquelle contribue seulement à en renforcer l'efficacité* » [6]. À noter également que dans un arrêt [7] la Cour de cassation dissocie attribution judiciaire et droit de rétention en affirmant que tout créancier nanti peut demander l'attribution judiciaire du gage même non assorti d'un droit de rétention, le super-privilège des salaires ne pouvant y faire obstacle (sur l'attribution du gage au créancier non titulaire d'un droit de rétention, v. Ph. Simler et Ph. Delebecque [8] – v. aussi, J.-L. Courtier [9]).

La question se pose de savoir quelle est la place laissée par la réforme des voies d'exécution, au droit d'option du créancier entre l'attribution et la vente du véhicule gagé. Les textes relatifs aux procédures civiles d'exécution et notamment l'article R. 223-13 C. pr. exéc. (anc^{t} Décr. 31 juill. 1992, art. 177) n'envisagent pas l'attribution du gage automobile mais réglementent seulement son appréhension et sa vente. Or, autoriser le gagiste à demander immédiatement l'attribution judiciaire reviendrait à priver le débiteur de la faculté de proposer un acheteur dans un délai d'un mois, qui lui est ouverte par l'article R. 223-13 du code précité. Il convient de relever, à cet égard, que lors de l'adoption du Code des procédures civiles d'exécution, il n'a pas été spécifié dans l'article R. 223-13, qui remplace l'article 177 du décret de 1992, que les dispositions relatives à la vente amiable ou forcée ne s'appliquent que si le créancier ne demande pas l'attribution judiciaire du véhicule gagé. Or, cette précision a été introduite dans l'article R. 222-6, substitué à l'article 145 du décret, relatif à la saisie-appréhension d'un bien gagé autre qu'un véhicule (v. s^{s} n°s 1021.85 et 1024.151 s.).

Lors de la modification de l'article R. 223-13 précité, par le décret du 29 décembre 2021 [10], l'exercice

1. Com. 23 avr. 2013, n° 12-13.690, P IV, n° 66 ; *RTD com.* 2013. 575, obs. D. Legeais ; *Gaz. Pal.* 12-13 juin 2013, p. 21, obs. M.-P. Dumont-Lefrand ; *JCP* 2013. 2187, chron. Ph. Simler et Ph. Delebecque, n° 13.
2. COMP. : C. civ., anc. art. 2078.
3. Cass., ass. plén., 26 oct. 1984, n° 83-10.055, P, n° 6 ; *D.* 1985. 33, concl. Cabannes, note Derrida.
4. C. com., anc. art. L. 622-21.
5. Com. 18 déc. 1990, n° 89-16.260, P (préc., v. s^{s} n° 1024.134).
6. G. Wicker et P. Gaubil, « L'efficacité du gage automobile non inscrit », *D.* 1997. Chron. 1.
7. Com. 6 janv. 1998, n° 95-17.399, P IV, n° 9 ; *D.* 1998. 375, obs. S. Piedelièvre ; *Gaz. Pal.* 1998. 1. Pan. 72 ; *RTD com.* 1998. 664, obs. B. Bouloc.
8. Ph. Simler et Ph. Delebecque, « Droit des sûretés », *JCP* 1998. I. 149, n° 19.
9. J.-L. Courtier, « Position du droit positif sur l'attribution judiciaire du gage et l'article 40 de la loi du 25 janvier 1985 », *Rev. huiss.* 1998. 193.
10. Décr. n° 2021-1888, 29 déc. 2021, pris en application de l'ordonnance n° 2021-1192 du 15 septembre 2021 portant réforme du droit des sûretés, *JO* 30 déc., texte 53, art. 2, 2°.

de la faculté de vente amiable n'a pas été subordonné à l'absence d'attribution du véhicule gagé.

1024.137 **Droit à l'indemnité d'assurance.** Le gage a pour objet non le bien lui-même, mais la valeur de celui-ci. S'il disparaît le droit du gagiste est reporté sur l'indemnité d'assurance qui se substitue à lui.

En cas de destruction d'un véhicule gagé, la Cour de cassation accorde au titulaire d'un gage sur celui-ci, le bénéfice de la subrogation réelle prévue par l'article L. 121-13 C. assur.[1] L'indemnité est attribuée sans qu'il y ait besoin de délégation expresse, aux créanciers privilégiés ou hypothécaires selon leur rang et le bénéficiaire est investi d'une action directe et d'un droit propre contre l'assureur[2]. L'indemnité ne tombe pas dans le patrimoine du débiteur et peut être versée directement au créancier en vertu d'une opposition par simple lettre missive, sans qu'il ait besoin de procéder par voie de saisie[3] (la chambre commerciale de la Cour de cassation a statué sur le droit direct du créancier gagiste dès la survenance du sinistre affectant le véhicule[4]).

Le créancier gagiste titulaire d'un droit direct sur l'indemnité d'assurance dispose seul du pouvoir de décider de son affectation et lorsqu'elle est insuffisante pour couvrir sa créance, il conserve ses droits sur le prix de vente du véhicule gagé[5]. Il ne peut se voir imposer de recevoir ce prix de cession à la place de l'indemnité due.

En cas de gage non inscrit certains estiment que le créancier peut aussi se prévaloir de cette subrogation, au motif que le report sur l'indemnité d'assurance ne correspond pas à l'exercice d'un droit de suite ou de préférence, mais représente simplement le moyen de conserver l'affectation initiale permettant audit créancier d'exercer son droit sur la valeur substituée[6]. Le débiteur n'est d'ailleurs pas un tiers au sens de l'article 2337 C. civ.

Mais dans ce cas, le gagiste ne pourrait utiliser la procédure avantageuse de l'article L. 121-13 précité, dès lors que l'application de ce texte, qui suppose qu'il ait été satisfait aux formalités requises pour l'inscription de la sûreté, aboutit à soustraire le créancier à tout concours en lui attribuant directement l'indemnité. La subrogation apparaît alors comme un prolongement du droit de préférence perdu.

1. Civ. 1re, 30 mars 1978, n° 76-14.784, P I, n° 130 – Com. 18 févr. 1992, n° 90-12.840, P IV, n° 81 ; *RTD com.* 1992. 860, n° 21, obs. B. Bouloc.
2. Civ. 4 déc. 1946, *JCP* 1947. II. 3546, note Besson.
3. Civ. 1re, 12 oct. 1955, *RGAT* 1956. 144.
4. Com. 12 mai 1998, n° 95-17.757, P IV, n° 153 ; *D.* 1998. 151 ; *JCP* 1998. IV. 2486 ; *RTD com.* 1999. 748, obs. A. Martin-Serf.
5. Com. 12 mai 1998, n° 95-17.757, P (préc. s^s prés^t n°).
6. G. Wicker et P. Gaubil, « L'efficacité du gage automobile non inscrit », *D.* 1997. Chron. 1.

§ 7
Immobilisation du véhicule

1024.141 **Nécessité d'un titre exécutoire.** En cas d'incident de paiement, le créancier gagiste est en droit de se faire remettre le véhicule donné en garantie afin de procéder à sa réalisation. Celle-ci est effectuée selon les modalités prévues par le Code des procédures civiles d'exécution (C. civ., art. 2346) ce qui suppose la détention d'un titre exécutoire ordonnant la remise du bien gagé et, à défaut de restitution volontaire, l'engagement d'une saisie (C. pr. exéc., art. L. 222-1 et R. 222-1 s.). Pour recouvrer la possession réelle de son gage, il doit recourir à la saisie-appréhension, au besoin sur injonction du juge s'il ne dispose pas de titre exécutoire. La délivrance de cette injonction ressortit à la compétence exclusive du JEX.

La Haute juridiction rappelle, dans un arrêt du 24 novembre 1993, non seulement la nécessité d'une autorisation du juge pour l'appréhension matérielle d'un véhicule, mais encore l'incompétence du président du tribunal de commerce pour l'accorder[7].

La signification au débiteur de l'ordonnance d'injonction de délivrer ou de restituer rendue par le JEX contient sommation d'avoir, dans un délai de quinze jours, soit à transporter le véhicule au lieu et aux conditions indiqués, soit à former opposition si des moyens de défense peuvent être invoqués. Ce magistrat peut donc être saisi directement dès le défaut de paiement des sommes dues et ce, sans qu'une mise en demeure par acte extra-judiciaire soit nécessaire.

1024.142 **Conséquence de l'exécution du titre.** Si le débiteur forme opposition, le créancier gagiste doit saisir la juridiction compétente pour statuer sur la délivrance du bien. L'action au fond doit avoir pour objet de faire statuer sur cette délivrance. Si elle tend seulement à obtenir la liquidation de la créance garantie et la condamnation au paiement, il n'est pas satisfait aux exigences de l'article R. 222-14 C. pr. exéc.

Le créancier peut en attendant le dénouement de l'instance sur opposition, conserver son gage par une saisie-revendication, l'ordonnance frappée d'opposition pouvant constituer l'un des titres permettant de recourir à cette mesure sans autorisation préalable du juge (C. pr. exéc., art. L. 511-2).

7. Civ. 1re, 24 nov. 1993, n° 91-16.740, P I, n° 348 ; *RTD civ.* 1994. 174, obs. R. Perrot ; *RTD com.* 1994. 352, obs. B. Bouloc ; *JCP* 1994. I. 3765, n° 20 ; *JCP* 1998. I. 149, obs. Ph. Simler et Ph. Delebecque.

Si le débiteur restitue le véhicule, celui-ci peut être directement vendu aux enchères publiques. Du fait de sa mise en possession effective, le créancier gagiste est dispensé de pratiquer une saisie. La vente publique du véhicule est effectuée lorsqu'il garantit une dette professionnelle huit jours après une simple signification au débiteur ou au tiers constituant. Elle est faite par un officier ministériel ou par un courtier de marchandises assermenté (C. civ., art. 2346, al. 2). Lorsque la dette garantie n'est pas professionnelle, on peut se demander si, bien qu'il n'y ait pas eu de saisie, une faculté de vente amiable n'est pas ouverte au constituant. En cas d'inexécution de l'ordonnance et à défaut d'opposition dans le délai, celle-ci est revêtue de la formule exécutoire et produit tous les effets d'un jugement contradictoire rendu en dernier ressort. Ce titre permet l'engagement de la saisie-appréhension avec, au besoin immobilisation du véhicule (C. pr. exéc., art. R. 222-13 s.).

1024.143 Immobilisation et appréhension. Lorsque l'ordonnance d'injonction est revêtue de la formule exécutoire faute d'opposition dans le délai, le créancier gagiste peut appréhender le véhicule. S'il entend l'immobiliser préventivement, il doit obligatoirement procéder selon les modalités prévues aux articles R. 223-6, R. 223-8, R. 223-9 et R. 223-12 C. pr. exéc. (C. pr. exéc., art. R. 222-16 *in fine*).

1024.144 Procès-verbal d'immobilisation. Le commissaire de justice constate l'immobilisation effectuée au moyen de l'appareil comportant son cachet et son numéro de téléphone, en dressant un procès-verbal contenant certaines mentions requises à peine de nullité (devenu C. pr. exéc., art. R. 223-8 – v. s^s^ n°s 0723.102 s.). Cet acte tient lieu d'acte de remise ou d'appréhension au sens de l'article R. 222-4 C. pr. exéc. (v. s^s^ n°s 1021.33 s.).

L'immobilisation vaut saisie sous la garde du propriétaire du véhicule ou, après son enlèvement, sous la garde de celui qui l'a reçu en dépôt (C. pr. exéc., art. R. 223-8 *in fine*). C'est donc le débiteur demeuré propriétaire qui assure les fonctions de gardien en l'absence d'enlèvement. Cependant cette charge n'est que provisoire. Après la remise du véhicule au créancier, c'est ce dernier qui sera réputé gardien (C. pr. exéc., art. R. 223-13).

1024.145 Dénonciation du procès-verbal. Dans le cas particulier où le véhicule a été immobilisé pour être remis à un créancier gagiste, l'article R. 223-13 C. pr. exéc. prévoit que le commissaire de justice signifie à la personne tenue de la remise, huit jours au plus tard après l'immobilisation, un acte qui contient à peine de nullité :

– « *1° La copie du procès-verbal d'immobilisation ;*

– *2° Une injonction d'avoir, dans un délai de huit jours, à se présenter à l'étude du commissaire de justice pour convenir avec lui des conditions de transport du véhicule, avec l'avertissement qu'à défaut il sera transporté à ses frais pour être remis au créancier gagiste ;*

– *3° Un décompte distinct des sommes réclamées en principal, frais et intérêts échus, ainsi que l'indication du taux des intérêts ;*

– *4° Lorsque le créancier ne met pas en œuvre la procédure de réalisation simplifiée prévue par le second alinéa de l'article 2346 du Code civil, l'avertissement, en caractères très apparents, qu'il dispose d'un délai d'un mois pour procéder à la vente amiable du véhicule immobilisé, conformément aux dispositions des articles R. 221-30 à R. 221-32, et que, passé ce délai, il pourra être procédé à sa vente aux enchères publiques ;*

– *5° Lorsque le créancier met en œuvre la procédure de réalisation simplifiée prévue par le second alinéa de l'article 2346 du Code civil :*

a) la mention, en caractères très apparents, de la date de la signification effectuée en application du deuxième alinéa de l'article 2346 du Code civil ;

b) la reproduction du deuxième alinéa de l'article 2346 du Code civil ;

– *6° L'indication que les contestations peuvent être portées, au choix de la personne tenue de la remise, devant le juge de l'exécution du lieu où elle demeure ou du lieu d'immobilisation du véhicule* ».

Lorsque le créancier n'use pas de la procédure de réalisation simplifiée et à défaut de vente amiable dans le délai prescrit, il est procédé à la vente forcée aux enchères dans les conditions prévues pour la saisie-vente (C. pr. exéc., art. R. 223-13 [1] – sur les ventes amiables et forcées, v. s^s^ n°s 1024.151 s.).

1024.146 Objectifs et nature de l'acte prévu par l'article R. 223-13 C. pr. exéc. Comme dans le cas de la remise à un propriétaire, cet acte remplace le commandement de délivrer ou de restituer prévu par l'article R. 222-2 C. pr. exéc. pour la saisie-appréhension de droit commun (v. s^s^ n°s 1021.25 s.).

Il a également pour objet de dénoncer à la personne tenue de la remise, le procès-verbal d'immobilisation qui tient lieu d'acte de remise ou d'appréhension au sens de l'article R. 222-4 du même code (v. s^s^ n°s 1021.33 s.).

Il a surtout pour particularité de constituer, en l'absence de mise en œuvre de la procédure simplifiée, un trait d'union entre la saisie-appréhension par immobilisation et la saisie-vente et pourrait s'analyser, bien que l'article R. 223-13 ne le qualifie pas spécialement, en un véritable acte de conversion. Il contient d'ailleurs des mentions propres au commandement de payer (détail de la créance en principal et accessoires avec indication du taux d'intérêt) et à l'acte de saisie-vente (mention de la faculté de

1. Mod. par Décr. n° 2021-1888, 29 déc. 2021, art. 2, 9°.

vente amiable). Toutefois, l'assimilation avec la saisie-vente n'est pas totale car le créancier gagiste n'est pas porteur, sauf s'il a exercé parallèlement une action en paiement, d'un titre exécutoire constatant une créance de somme d'argent liquide et exigible. Le seul titre qu'il détient en principe, est celui qui lui a permis d'immobiliser et d'appréhender le véhicule, lequel ne constate qu'une obligation en nature. La contestation ouverte par l'article R. 223-13, 6° C. pr. exéc. peut donc s'avérer utile.

1024.147 **Délai de huit jours.** L'acte doit être délivré huit jours au plus tard après l'immobilisation. L'article R. 223-13 C. pr. exéc. ne prévoit pas expressément que l'acte tardif est frappé de caducité. Cependant l'expression « *au plus tard* » permet de penser que c'est cette sanction qui doit être appliquée.

1024.148 **Remise et garde du véhicule.** Après sa remise au créancier gagiste, le véhicule est placé sous la garde de celui-ci. Le débiteur ou, en cas d'enlèvement, le dépositaire qui assumait cette fonction en vertu de l'article R. 223-8 C. pr. exéc., se trouvent ainsi déchargés. Cette remise n'a pas à être constatée par un acte spécial et notamment, par l'acte prévu à l'article R. 222-4 du même code en matière de saisie-appréhension de droit commun. Le créancier prend alors en charge le bien qui lui est remis. Le constituant doit rembourser au créancier les dépenses utiles ou nécessaires que celui-ci a faites pour la conservation du gage (C. civ., art. 2343). Cependant, après cette restitution, les frais de gardiennage du véhicule ne peuvent pas être imputés au débiteur consommateur par l'organisme de crédit qui est rentré en possession de son gage car l'article L. 312-38 C. consom. dispose que seuls les frais taxables peuvent être mis à la charge de l'emprunteur défaillant[1].

§ 8
Réalisation du gage

1024.151 **Faculté de vente amiable et procédure de réalisation simplifiée.** La vente du gage est faite selon les modalités prévues par le Code des procédures civiles d'exécution, sans que la convention de gage puisse y déroger (C. civ., art. 2346, al. 1er). Cependant, lorsque le gage garantit une dette professionnelle, le créancier peut faire procéder à sa vente publique huit jours après une simple signification au débiteur et, s'il y a lieu, au tiers constituant (C. civ., art. 2346, al. 2). S'agissant des VTM, l'article R. 223-13, 4° C. pr. exéc. dispose que lorsque le véhicule a été immobilisé pour être remis à un créancier gagiste, l'acte de signification lui enjoignant de le restituer doit l'aviser qu'il dispose d'un délai d'un mois pour procéder à une vente amiable avant toute vente forcée dans les conditions des articles R. 221-30 à R. 221-32 du même code. Cet avertissement doit figurer en caractères très apparents.

Cette faculté de vendre amiablement le véhicule gagé paraissait ouverte à tous les débiteurs y compris ceux dont la dette garantissait une créance professionnelle, dès lors que le créancier avait procédé par voie de saisie. La procédure de réalisation expéditive du gage garantissant une dette professionnelle, introduite dans l'article 2346 alinéa 2 C. civ. par l'ordonnance du 15 septembre 2021, semblait ne devoir s'appliquer que lorsque le créancier n'avait pas eu besoin de saisir son gage, soit parce qu'il le détenait dès l'origine, soit parce qu'il lui avait été ultérieurement remis volontairement[2].

La nouvelle rédaction de l'article R. 223-13 précité, issue du décret du 29 décembre 2021, a remis en cause cette hypothèse puisqu'elle subordonne l'exercice de la faculté de vente amiable à l'absence de mise en œuvre de la procédure de réalisation simplifiée. En revanche, cette condition est écartée lorsque le véhicule gagé ne garantit pas une dette professionnelle.

1024.152 **Modalités de la vente amiable.** L'article R. 223-13 C. pr. exéc. autorise expressément la vente amiable et renvoie aux formalités prévues par les articles R. 221-30 à R. 221-32 du même code.

Le délai pour proposer un acheteur est d'un mois à compter de la notification de l'acte de saisie. À défaut, le commissaire de justice procède à la vente forcée.

La proposition est faite par un écrit informant le commissaire de justice. Elle indique l'identité et l'adresse de l'acheteur, ainsi que le délai pour consigner le prix.

Cette proposition est transmise aux créanciers à l'initiative du commissaire de justice. Ils disposent d'un délai de quinze jours pour prendre parti. À défaut de réponse, les créanciers sont réputés avoir accepté.

Le prix doit être consigné par l'acheteur entre les mains du commissaire de justice dans le délai prévu par la proposition d'achat. Le transfert de propriété est subordonné au paiement du prix. Ce paiement est constaté par un reçu auquel est annexé un extrait

1. Civ. 1re, 12 nov. 1987, n° 84-11.867, P I, n° 289 ; *D.* 1988. Somm. 406, obs. J.-L. Aubert ; *RTD com.* 1988. 669, obs. B. Bouloc et J. Hemard.

2. Sur la faculté de vente amiable en matière de saisie de véhicule, avant la codification de la loi de 1991 et du décret de 1992, v. Cass., avis, 5 mai 1995, n° 09-50.004, P, n° 4 ; *D.* 1995. 618, note A.-M. Morgan de Rivery-Guillaud ; *JCP* 1995. I. 3889, n° 22, obs. Ph. Delebecque ; *JCP* 1995. II. 22488, note H.Croze et T. Moussa ; *RTD civ.* 1996. 203, n° 4, obs. P. Crocq ; *RTD com.* 1996. 113, n° 16, obs. B. Bouloc.

des inscriptions prises du chef du débiteur, lesquelles doivent faire l'objet d'une radiation.

À défaut de consignation, il est procédé à la vente forcée (v. s^s n°s 0715.05 s. et 0715.55 s.).

1024.153 **Modalités de la vente forcée.** Elle a lieu selon les modalités prévues par le Code des procédures civiles d'exécution lorsque le créancier gagiste n'use pas de la procédure de réalisation simplifiée qui lui est ouverte si la dette garantie est professionnelle. Il faut en outre que la vente amiable n'ait pas été conclue en l'absence de proposition dans le délai, en cas de refus des créanciers ou de défaut de consignation du prix.

Il faut attendre l'expiration du délai d'un mois pour proposer un acquéreur augmenté, le cas échéant, du délai de quinze jours imparti aux créanciers pour répondre.

L'article R. 223-13 C. pr. exéc. prévoit qu'elle est faite aux enchères publiques et se trouve soumise aux formalités prévues pour la saisie-vente. La vente est faite par des officiers ministériels habilités par leur statut à faire des ventes aux enchères publiques ou, dans les cas prévus par la loi (vente de marchandises en gros) par des courtiers assermentés. Elle est précédée par des formalités de publicité, par affichage et voie de presse, ainsi que par une vérification de l'état du ou des véhicules saisis. Le débiteur est avisé des lieu, jour et heure des enchères par tous moyens appropriés (C. pr. exéc., art. L. 221-5, R. 221-31 s.).

Un extrait des inscriptions prises du chef du débiteur est annexé au PV de vente. Ces inscriptions, notamment celle portant sur le gage grevant le véhicule, sont radiées du registre sur justification du paiement du prix[1].

Il convient de se reporter aux conditions prévues pour la saisie-vente (v. s^s n°s 0716.05 s.).

1024.154 **Imputation du prix.** Lorsqu'un gage garantit partiellement une dette, le versement résultant de sa réalisation s'impute sur le montant pour lequel la sûreté a été consentie[2].

1024.155 **Incidents.** L'article R. 223-13 C. pr. exéc. renvoie aux dispositions relatives à la saisie-vente (C. pr. exéc., art. R. 221-40 à R. 221-56 – v. s^s n°s 0718.05 s.).

1024.156 **Vente du gage portant sur des éléments d'un fonds de commerce.** Lorsque le ou les véhicules gagés constituent des éléments corporels d'un fonds de commerce, grevés d'inscriptions (matériel d'équipement ou stock de marchandises), le créancier qui en poursuit la vente séparée en vertu d'une saisie ou en application du second alinéa de l'article 2346 C. civ., doit se conformer aux dispositions de l'article L. 143-10 C. com. lui prescrivant d'informer les créanciers inscrits. Il est ainsi tenu de notifier la poursuite aux créanciers qui se sont inscrits sur le fonds au moins quinze jours avant cette formalité et de ne procéder à la vente, que dix jours au plus tôt après la notification.

Au cours de ce délai, tout créancier inscrit sur le fonds peut s'opposer à la réalisation séparée d'un ou plusieurs de ses éléments en assignant tous les intéressés devant le tribunal de commerce, afin qu'il soit procédé à la vente de l'ensemble des éléments dépendant de ce fonds. Le tribunal ordonne la vente globale du fonds si la vente séparée met sa valeur en péril[3].

Lorsque le matériel ou les marchandises gagés sont vendus en même temps que le fonds de commerce, ils font l'objet de mises à prix distinctes, ou de prix distincts si le cahier des charges impose à l'adjudicataire de les prendre à dire d'expert. Il y a lieu à ventilation du prix pour les éléments du fonds non grevés des privilèges inscrits (sur la saisie et la vente séparée des éléments corporels d'un fonds de commerce, v. s^s n°s 0711.41 et 1021.89).

SECTION 5

Immobilisation en vue de la remise du véhicule à un créancier gagiste (véhicules non immatriculés gagés conformément aux anciens articles L. 525-1 s. et R. 525-1 s. C. com.)

1024.161 **Textes applicables et avertissement.** Désormais, la constitution de la sûreté est constatée conformément à l'article 2336 C. civ., c'est-à-dire par l'établissement d'un écrit contenant la désignation de la dette garantie, la quantité des biens donnés en gage ainsi que leur espèce ou leur nature. Le formalisme de l'acte authentique ou de l'acte sous-seing privé enregistré n'est plus exigé. Le gage devient opposable aux tiers dans les conditions prévues aux articles 2337 et 2338 du même code, soit par sa remise au créancier ou à un tiers convenu, soit par sa publication au moyen d'une inscription sur un registre spécial selon des modalités réglées par décret en Conseil d'État.

1. Cette formalité prescrite par l'art. R. 221-39 C. pr. exéc. a été introduite dans ce texte par Décr. n° 2021-1888, 29 déc. 2021, art. 2, 5° (entrant en vigueur le 1er janv. 2023) et art. 7, I (entré en vigueur le 1er janv. 2022).
2. Cass., ass. plén., 6 nov. 2009, n° 08-17.095, P, n° 7 ; *D.* 2009. 2803, obs. V. Avena-Robardet ; *JCP* 11 janv. 2010, p. 30, note S. Piedelièvre ; *RTD civ.* 2010. 358, obs. P. Crocq ; *RTD com.* 2010. 182, obs. B. Bouloc.
3. Com. 3 nov. 1970, n° 68-11.793, P IV, n° 287 ; *D.* 1971. Somm. 105 ; *RTD com.* 1972. 159, obs. J. Hémard.

Ce registre était en l'état de la réglementation en vigueur, le registre général des gages sans dépossession prévu par le décret du 23 décembre 2006 [1] pris pour l'application de l'article 2338 précité. Ce registre rassemblait tous les gages sans dépossession qui ne faisaient pas l'objet d'un régime particulier et d'une publication autonome. Il devait recevoir les inscriptions des gages de tous les meubles corporels jusqu'à la mise en place par un décret dont la date butoir était fixée au 1er janvier 2023 par l'ordonnance de 2021 [2] d'un registre unique réunissant toutes les sûretés mobilières. Ce décret a été pris le 29 décembre 2021, mais ses dispositions ne sont entrées en vigueur, pour la plupart, que le 1er janvier 2023 [3].

Cependant, les gages spéciaux constitués avant le 1er janvier 2022, date de prise d'effet de l'abrogation des articles L. 525-1 s. C. com. sont demeurés régis par ces textes notamment pour leurs conditions de forme, de délai et de publicité, ainsi que pour la sanction encourue (la nullité) en cas d'irrégularité ou de tardiveté de l'acte ou de l'inscription. Nous avons donc maintenu la présente section dans la mesure où de nombreuses requêtes aux fins d'injonction de délivrer ou de restituer présentées au JEX seront fondées sur des gages constitués sous l'empire de l'ancienne législation dont certaines dispositions peuvent avoir une incidence sur la saisie-appréhension et sur les contestations s'y rapportant.

§ 1
Champ d'application

1024.171 **Biens visés.** Il s'agit de l'outillage et du matériel d'équipement professionnel (C. com., art. L. 525-1). Ne sont pas concernés les aéronefs, les navires de mer, les bateaux de navigation fluviale et les véhicules automobiles visés par l'ancien décret du 30 septembre 1953 (C. com., art. L. 525-18).

Par conséquent, les véhicules terrestres à moteur non assujettis à l'immatriculation et à la déclaration de mise en circulation, qui ne sont pas visés par le décret de 1953 incorporé dans le Code civil (C. civ., art. 2351 à 2352), peuvent être gagés selon les modalités prévues par le Code de commerce. Il s'agit notamment des engins de travaux publics et des machines agricoles automotrices [4].

1024.172 **Créanciers visés.** Il s'agit du vendeur ou du prêteur qui a avancé les fonds nécessaires au paiement du prix. Sont assimilés aux prêteurs de deniers, les garants qui interviennent en qualité de caution, de donneur d'aval ou d'endosseur dans l'octroi des crédits d'équipement.

Il en est de même de ceux qui endossent, escomptent, avalisent ou acceptent des effets créés en représentation de ces crédits. Toutes ces personnes sont subrogées de plein droit aux créanciers (C. com., art. L. 525-1 et L. 525-2 *in fine*).

1024.173 **Protection du créancier et des tiers.** Généralement, le matériel grevé est acquis pour être affecté à l'exploitation d'un fonds rural, artisanal ou de commerce. Mais il peut aussi être acheté en vue de sa revente [5]. Cette revente amiable peut avoir lieu avant le paiement complet du prix ou le remboursement intégral de l'emprunt, avec le consentement préalable du créancier gagiste ou, à défaut, avec l'autorisation du juge des référés. La vente sans aucun accord est sanctionnée par les peines de l'abus de confiance (C. com., art. L. 525-7, al. 1er, et L. 525-19). Les mêmes peines sont encourues en cas de destruction, altération ou détournement des biens gagés (C. com., art. L. 525-19). Le créancier qui a inscrit son gage peut alors l'appréhender en quelques mains qu'il se trouve notamment entre celles du sous-acquéreur de mauvaise foi (C. com., art. L. 525-7 *in fine*). Avec l'application du droit commun, la vente des véhicules compris dans une flotte qui sont considérés comme des biens fongibles sera possible, sauf convention contraire, à charge pour le constituant de les remplacer par la même quantité de choses équivalentes qui seront incluses de plein droit dans l'assiette du gage (C. civ. art. 2342 et 2342-1).

Dans de nombreux cas, le matériel faisant l'objet d'un gage sans dépossession demeure entre les mains de son acquéreur. Il doit donc être individualisé par une description précise lors de l'établissement et de la publication de l'acte constitutif, afin d'éviter toute confusion avec les biens de même nature compris dans l'actif non grevé. Cette individualisation peut aussi résulter de l'installation, sur le matériel, d'un signe distinctif apparent. L'article R. 521-6 (5°) C. com., prescrit que le bordereau rempli en vue de l'inscription du gage doit mentionner la désignation du bien grevé avec indication des éléments permettant de l'identifier (nature, marque, numéro de série ou d'immatriculation, lieu de situation) s'agissant d'un ensemble de bien présents ou futurs, le bordereau mentionne leur nature, qualité et quantité. Les juges du fond estiment souverainement si la description tendant à l'individualisation du matériel gagé est suffisante [6].

1. Décr. n° 2006-1804, 23 déc. 2006, préc.
2. Ord. n° 2021-1192, 25 sept. 2021, art. 37, I.
3. Décr. n° 2021-1887, 29 déc. 2021, art. 1er et 15, I.
4. T. com. Montpellier, 8 déc. 1960, *D.* 1961. 52.
5. Com. 15 mars 1971, *D.* 1971. Somm. 207.
6. Com. 12 nov. 1969, *D.* 1970. 254 – Com. 1er oct. 2013, n° 12-24.558, P IV, n° 146 ; *D.* 2013. 235 ; JCP 2013. 2188, chron. Ph. Simler et Ph. Delebecque, n° 16.

Ce matériel roulant et motorisé (voitures de tourisme, engins de travaux publics ou agricoles) peut être exploité sur les lieux même de l'entreprise débitrice ou sur des chantiers extérieurs, par celle-ci ou par un tiers locataire. Le lieu de son rattachement ainsi que l'éventualité de son déplacement doivent être mentionnés dans le bordereau rempli en vue de la publicité du gage (C. com., art. R. 521-6, 5° à 7°), ce qui est de nature à faciliter son immobilisation ou son appréhension et cas de poursuites.

§ 2
Constitution

1024.181 **Conditions de forme.** Le gage est consenti par un acte authentique ou sous seing privé enregistré.

Il est donné dans l'acte de vente lorsqu'il est accordé au vendeur et dans l'acte authentique ou de prêt, lorsqu'il est consenti au prêteur. Selon l'article L. 525-2 C. com., cet acte doit mentionner à peine de nullité : « *Que les fonds versés par le prêteur ont pour objet d'assurer le paiement du prix des biens acquis* ».

L'acte doit en outre comporter les précisions suivantes : « *Les biens acquis doivent être énumérés dans le corps de l'acte et chacun d'eux doit être décrit d'une façon précise, afin de l'individualiser par rapport aux autres biens de même nature appartenant à l'entreprise.*

L'acte indique également le lieu où les biens ont leur attache fixe ou mentionne, au cas contraire, qu'ils sont susceptibles d'être déplacés ».

Le juge du fond estime souverainement si la description tendant à l'individualisation du matériel est suffisante[1].

L'acte de nantissement doit notamment indiquer : la marque, les numéros de série, les types de modèles et les dimensions des matériels donnés en garantie[2].

Il appartient au JEX auquel est présentée une requête aux fins de saisie-revendication ou aux fins d'injonction de délivrer, de vérifier la régularité du contrat qui lui est produit.

1024.182 **Délai.** À peine de nullité, le gage doit être conclu au plus tard dans le délai de deux mois à compter du jour de la livraison du matériel d'équipement sur le lieu où il devra être installé (C. com., art. L. 525-3, al. 1er)[3].

À peine de nullité également, le gage doit être inscrit dans les conditions requises par les articles L. 142-3 et L. 142-4 C. com. relatifs à la vente et au nantissement des fonds de commerce et dans un délai de quinze jours à compter de la date de l'acte constitutif de la sûreté (C. com., art. L. 525-3, al. 2).

Ces conditions doivent être vérifiées par le JEX auquel une requête est présentée. Contrairement à l'ancien décret du 30 septembre 1953 relatif au gage automobile qui ne prévoyait que l'inopposabilité aux tiers, l'article L. 525-3 C. com. sanctionnait le défaut d'accomplissement des formalités de publicité par la nullité de la sûreté.

§ 3
Publicité

1024.191 **Inscription.** La publicité est effectuée au moyen d'une inscription au greffe du tribunal de commerce dans le ressort duquel se trouve le fonds de commerce ou artisanal dont dépend le matériel gagé ou, si l'acquéreur n'est ni commerçant, ni artisan, au greffe du tribunal de commerce du domicile de celui-ci (C. com., art. L. 525-1 et L. 525-16). Le défaut d'accomplissement de cette formalité dans le délai est sanctionné par la nullité de la sûreté (v. s^{s} n° 1024.182). Pour un commerçant ou un artisan, c'est le lieu d'exploitation du fonds dont dépend le bien grevé qui détermine le tribunal de la publicité et non celui où ce bien est utilisé par le constituant ou par un tiers locataire. L'inscription doit être obligatoirement prise au greffe du tribunal dans le ressort duquel est située l'exploitation du fonds auquel le matériel est affecté. L'inscription au greffe du tribunal du siège social de la société débitrice entraîne la nullité du contrat sans que la démonstration d'un grief soit requise[4].

La preuve de l'inscription résulte du récépissé remis par le greffier du tribunal de commerce, ainsi que du bordereau revêtu de la mention de l'inscription, prévu par les articles R. 525-4 et R. 525-8 C. com.

L'erreur sur la désignation du débiteur dans l'inscription entraîne l'inopposabilité aux tiers du privilège[5].

Dans la quinzaine, toute subrogation conventionnelle dans le bénéfice du gage doit être mentionnée en marge de l'inscription de l'acte authentique ou sous seing privé la constatant, sur remise au greffier d'une expédition ou d'un original de cet acte (C. com., art. L. 525-5, al. 1er).

1024.192 **Apposition d'une plaque.** Les biens donnés en garantie peuvent en outre, à la requête du

1. Com. 12 nov. 1969, *D.* 1970. 254.
2. Com. 1er oct. 2013, n° 12-24.558, P IV, n° 146 ; *D.* 2013. 2335 ; *JCP* 2013. 2188, chron. Ph. Simler et Ph. Delebecque, n° 16.
3. Com. 10 janv. 1983, *Gaz. Pal.* 1983. 1. Pan. 128, obs. S. Piedelièvre ; *JCP* 1984. II. 20231, note J. Hémard.
4. Com. 1er oct. 2013, n° 12-24.558, P, cité *supra ; D.* 2013. 2335, note X. Delpech.
5. Com. 19 mai 1998, n° 96-13.958, P IV, n° 159 ; *D.* 1998. 377, obs. S. Piedelièvre.

bénéficiaire, être revêtus sur une pièce essentielle et d'une manière apparente, d'une plaque fixée à demeure, indiquant le lieu, la date et le numéro d'inscription du privilège dont ils sont grevés (C. com., art. L. 525-4, al. 1er). Cette publicité complémentaire a pour effet de rendre le tiers acquéreur de mauvaise foi et de l'empêcher de se prévaloir de l'article 2276 C. civ. Le débiteur ne peut faire obstacle à cette apposition au risque d'encourir les peines de l'abus de confiance et les marques ainsi apposées ne peuvent être détruites, retirées ou recouvertes avant l'extinction ou la radiation du privilège (C. com., art. L. 525-4, al. 2).

§ 4
Droits nés du nantissement régulier

1024.201 **Droit de suite.** L'inscription et l'apposition de la plaque confèrent au créancier gagiste ou à ses subrogés pour l'exercice de son privilège, le droit de suite prévu par l'article L. 143-12 C. com. (C. com., art. L. 525-7 *in fine*[1]). À défaut d'apposition de la plaque indiquant le lieu, la date et le numéro d'inscription du privilège, le créancier gagiste ne dispose pas du droit de suite pour l'exercice de ce privilège. Il peut néanmoins invoquer (ainsi que le possesseur du bien) les droits qu'il tient de l'article 2276 C. civ. (C. civ., anc. art. 2279) et être autorisé à appréhender le matériel grevé entre les mains du sous-acquéreur de mauvaise foi qui ne pouvait ignorer l'existence de la sûreté[2].

1024.202 **Privilège.** Le créancier titulaire d'un gage bénéficie d'un privilège qui s'exerce sur les biens grevés par préférence à tous autres privilèges à l'exception de ceux relatifs aux frais de justice, aux frais faits pour la conservation de la chose et aux rémunérations des salariés visés par les articles L. 3253-2 et L. 3253-3 C. trav. (C. com., art. L. 525-9).

Mais pour opposer valablement son privilège au créancier hypothécaire, au vendeur du fonds de commerce et au créancier nanti sur l'ensemble dudit fonds préalablement inscrit, le créancier nanti sur le matériel doit leur signifier une copie de l'acte constitutif de la sûreté par exploit de commissaire de justice dans les deux mois de sa conclusion à peine de nullité (C. com., art. L. 525-9).

Ce privilège subsiste même si le bien qui en est grevé devient immeuble par destination. À cet égard les articles 2397 alinéa 2[3] et 2420, 3°[4] C. civ. ne sont pas applicables aux biens gagés (C. com., art. L. 525-8). Depuis l'ordonnance du 15 septembre 2021 le gage de droit commun peut porter sur un meuble immobilisé par destination qui peut faire l'objet d'une saisie-appréhension en vue de sa réalisation (C. civ., art. 2334 – C. pr. exéc., art. L. 121-3).

Le privilège est reporté sur l'indemnité d'assurance en cas de destruction du bien donné en garantie (C. assur., art. L. 121-13)[5]. En cas de vente à l'initiative du liquidateur, le privilège est reporté sur le prix (C. com., art. L. 642-20-1).

L'inscription conserve le privilège pendant cinq ans à compter de sa régularisation définitive et garantit, en même temps que le principal, deux années d'intérêts. Elle cesse d'avoir effet faute de renouvellement dans les cinq ans (C. com., art. L. 525-11).

Si l'acquéreur est commerçant, le privilège du créancier gagiste est régi par les dispositions des chapitres II et III du titre IV du livre Ier, notamment en ce qui concerne les formalités d'inscription et de mainlevée. Si l'acquéreur n'est pas commerçant, l'inscription et la radiation du privilège sont réglementées par l'article L. 525-16 C. com.

1024.203 **Droit de rétention.** Contrairement à l'article 2352 C. civ., relatif au gage des véhicules immatriculés, les articles L. 525-1 s. C. com. ne disposent pas que, par l'effet de l'inscription, le créancier bénéficiant d'un gage sur l'outillage et le matériel d'équipement est réputé avoir conservé la marchandise en sa possession. La Cour de cassation ne lui avait donc reconnu aucun droit de rétention susceptible de renforcer son privilège. La Haute juridiction avait maintenu sa position en déniant au juge-commissaire le pouvoir d'autoriser le liquidateur à retirer le bien donné en garantie, en payant, au mépris de l'ordre des créanciers, la dette du titulaire d'un gage sur l'outillage et le matériel d'équipement en relevant que cette sûreté ne conférait aucun droit de rétention[6].

Depuis la modification apportée à l'article 2286 C. civ. par la loi de modernisation de l'économie du 4 août 2008[7], la jurisprudence déniant un droit de rétention au créancier garanti par de l'outillage et du matériel d'équipement est devenue obsolète. En effet, selon cet article, peut se prévaloir d'un droit de rétention sur la chose, celui qui bénéficie d'un gage sans dépossession. Cette disposition de portée générale peut donc être invoquée par tout créancier gagiste

1. Com. 28 janv. 1997, n° 93-21.662, P IV, n° 32 ; *JCP* 1997. I. 4033, n° 21, obs. Ph. Delebecque ; *RTD com.* 1997. 503, obs. B. Bouloc.
2. Com. 9 mai 1990, n° 88-16.753, P IV, n° 141 ; *D.* 1990. IR 143.
3. C. civ., anc. art. 2118 (mod. par Ord. n° 2006-346, 23 mars 2006).
4. COMP. : C. civ., anc. art. 2133.
5. Com. 4 févr. 1986, n° 84-16.639, P IV, n° 2 ; *D.* 1988. 6, obs. F. Derrida.
6. Com. 4 janv. 2005, n° 02-10.511, P IV, n° 1 ; *D.* 2005. 970, obs. A. Lienhard, note A. Aynès ; *RTD com.* 2005. 408, obs. B. Bouloc ; *JCP* 2005. I. 135.
7. L. n° 2008-776, 4 août 2008, préc.

dès lors qu'il a inscrit sa sûreté, y compris celui visé par les articles L. 525-1 s. C. com. Toutefois, l'ordonnance du 18 décembre 2008[1], portant réforme du droit des entreprises en difficulté, a apporté une restriction, en cas de procédure collective, au principe du droit de rétention reconnu au gagiste sans dépossession. Elle modifie l'article L. 622-7 C. com. relatif à l'interdiction des paiements des créances antérieures en y ajoutant un second alinéa au terme duquel, le jugement d'ouverture emporte de plein droit inopposabilité du droit de rétention conféré par le 4° de l'article 2286 C. civ. pendant la période d'observation et l'exécution du plan, sauf si le bien objet du gage est compris dans une cession d'activité décidée en application de l'article L. 626-1[2].

En cas de **rivalité entre deux créanciers gagistes successifs**, dont le premier a la possession fictive et le second la possession réelle, c'est le droit de préférence du plus ancien qui est pris en compte en dépit du droit de rétention dont peut se prévaloir le plus récent (C. civ., art. 2340, al. 2). Il convient toutefois de relever que cette règle ne concerne que le conflit entre créanciers gagistes. On peut donc penser, avec certains auteurs, que la possession réelle du réparateur ou du dépositaire impayé continuera d'être préférée à la possession fictive du créancier inscrit[3].

§ 5 Réalisation

1024.211 Modalités de réalisation particulières. En cas de non-paiement à l'échéance, le créancier gagiste peut poursuivre la réalisation du bien grevé dans les conditions prévues à l'article L. 521-3 C. com.[4] au terme duquel la vente a lieu aux enchères publiques huit jours après une simple signification (C. com., art. L. 525-14 et L. 525-16).

(V. s^s n° 1024.151 et 1024.152).

1024.212 Appréhension sur injonction du juge. S'il n'a pas pu obtenir la restitution volontaire du véhicule donné en garantie, le créancier gagiste doit procéder par voie de saisie-appréhension et, s'il ne détient pas de titre exécutoire, s'en procurer un en recourant à la procédure d'injonction de délivrer ou de restituer. L'appréhension du véhicule gagé devra se faire, s'il a été préalablement immobilisé, dans les conditions des articles R. 223-6, R. 223-8, R. 223-9 et R. 223-12 C. pr. exéc. (v. s^s n°s 0723.81, 0723.84, 0723.85, 0723.102 s. et 1024.143). En cas d'ouverture d'une procédure collective, la réalisation devra se faire selon les modalités de l'article L. 642-20-1 alinéa 1er C. com. (C. com., anc. art. L. 642-25[5] – v. s^s n° 1012.132).

1024.213 Modalités de la vente forcée. Lorsque le créancier n'use pas de la procédure de réalisation simplifiée, les modalités de la vente forcée sont celles prévues, pour la saisie-vente, auxquelles renvoie l'article R. 223-13 C. pr. exéc. Elles sont donc réglementées par les articles R. 221-33 à R. 221-39 du code précité. Toutefois la vente revêt certaines particularités lorsque le débiteur est commerçant. Dans ce cas, le créancier gagiste doit, préalablement à la vente, se conformer aux dispositions de l'article L. 143-10 C. com. permettant aux créanciers inscrits sur le fonds de commerce d'en demander la vente globale. Il est notamment tenu de leur notifier la poursuite et de ne procéder à la vente, que dix jours au plus tôt après cette formalité. Au cours de ce délai, tout créancier inscrit sur le fonds depuis au moins quinze jours avant cette notification, peut s'opposer à la réalisation séparée d'un ou plusieurs éléments de fonds en assignant les intéressés devant le tribunal de commerce afin qu'il soit procédé à la vente de tous ses éléments. Si la vente globale n'est pas requise, l'adjudication du matériel grevé peut avoir lieu. Le créancier gagiste aura la faculté d'exercer la surenchère du dixième prévue par l'article L. 143-13 du même code (C. com., art. L. 525-14). Lorsque les biens donnés en garantie sont vendus avec d'autres éléments du fonds de commerce, ils doivent faire l'objet d'une mise à prix ou d'un prix distinct, si le cahier des charges oblige l'adjudicataire à les prendre à dire d'expert (C. com., art. L. 525-15).

(Sur la saisie des éléments corporels d'un fonds de commerce et leur vente séparée, v. s^s n°s 0711.41 et 1021.89).

1024.214 Attribution judiciaire. Conformément à l'article L. 521-3 C. com. auquel renvoient les articles L. 525-14 et L. 525-16 du même code, à défaut de paiement à l'échéance, le créancier a une option entre la vente publique du matériel gagé et son attribution judiciaire. Avant l'introduction de cette option dans l'article L. 521-3 précité, par l'ordonnance du 23 mars 2006, la Cour de cassation avait déjà jugé qu'à défaut de dispositions contraires, l'attribution judiciaire du gage prévue par l'article 2347 C. civ.[6] était offerte au créancier titulaire d'un gage sur outil-

1. Ord. n° 2008-1345, 18 déc. 2008, portant réforme du droit des entreprises en difficulté, *JO* 19 déc., texte 29.
2. A. Aynès, « Précisions sur le sort du gage sans dépossession en cas de procédure collective », *JCP* 2009. I. 119.
3. Com. 11 juin 1969, *D.* 1970. 244, note P. Bihr – S. Piedelièvre, « Le nouvel article 2286, 4°, du Code civil », *D.* 2008. 2950.
4. Anc^t C. com., art. 93.
5. C. com., anc. art. L. 622-21.
6. COMP. : C. civ., anc. art. 2078.

lage et matériel d'équipement qui choisit de ne pas poursuivre la réalisation du bien grevé[1].

La Haute juridiction avait ainsi reconnu au créancier bénéficiaire d'un gage sur l'outillage et le matériel d'équipement, bien qu'il ne fût titulaire, à l'époque, d'aucun droit de rétention, la faculté d'opter pour l'attribution judiciaire de son gage. Pour ce faire, elle avait dissocié le droit issu de l'article 2347 C. civ.[2] de celui résultant des articles 2333[3] et 2339[4] du même code[5]. Cette solution se trouve consolidée depuis que l'article 2286 C. civ. reconnaît un droit de rétention à tout titulaire d'un gage sans dépossession. Elle est légalement consacrée par les dispositions de l'article L. 521-3 C. com. depuis leur modification par l'ordonnance du 23 mars 2006.

L'attribution peut être demandée dans le cadre d'une procédure collective, au stade de la liquidation judiciaire en vertu de l'article L. 642-20-1 alinéa 2 C. com.[6] (C. com., anc. art. L. 642-25, al. 3) (v. s^s^ n° 1012.133).

Dès lors qu'elle vise à conférer la propriété du bien gagé, la demande d'attribution ne s'analyse pas en une action en revendication justiciable de l'article 115 de la loi du 25 janvier 1985 (devenu C. com., art. L. 621-115 puis L. 624-9)[7].

L'attribution en pleine propriété permet donc au créancier gagiste, selon l'expression du commentateur de cet arrêt, « de *se placer hors concours et de court-circuiter ainsi les privilèges, fussent-ils de meilleur rang* ».

La décision d'attribution judiciaire du gage est opposable au tiers détenteur locataire du bien objet du gage, dès lors que le créancier garanti est investi d'un droit de suite en raison de l'apposition sur le matériel, de la plaque d'identification prévue par les articles 4 et 7 de la loi du 18 janvier 1951 (devenu C. com., art. L. 525-4 et L. 525-7)[8].

Si les matériels gagés ont déjà été restitués aux vendeurs impayés bénéficiant d'une clause de réserve de propriété qui en ont recouvré la possession, le gagiste ne peut plus en demander l'attribution judiciaire[9] (il convient de se reporter sur ce point aux observations relatives au gage, v. s^s^ n°s 1021.81 s. et 1024.136).

1. Cass., ass. plén., 26 oct. 1984, n° 83-10.055, P, n° 6 ; *D.* 1985. 33, concl. Cabannes, note Derrida – Com. 6 mars 1990, n° 88-16.036, P IV, n° 67 ; *D.* 1990. 311, note Derrida ; *RTD civ.* 1991. 150, obs. M. Bandrac ; *RTD com.* 1990. 265, obs. A. Martin-Serf ; 633, obs. B. Bouloc.
2. COMP. : C. civ., anc. art. 2078.
3. COMP. : C. civ., anc. art. 2073.
4. COMP. : C. civ., anc. art. 2082.
5. Sur ce point, v. J.-L. Courtier, « Position du droit positif sur l'attribution judiciaire du gage », *Rev. huiss.* 1999. 193.
6. C. com., anc. art. L. 622-21.
7. Com. 28 janv. 1997, n° 93-21.662, P IV, n° 32 ; *JCP* 1997. IV. 625 ; *JCP* 1997. I. 4033, n° 21, obs. Ph. Delebecque ; *RTD com.* 1997. 503, obs. B. Bouloc.
8. Com. 28 janv. 1997, n° 93-21.662 (préc. s^s^ prés^t^ n°).
9. Com. 5 avr. 1994, n° 90-11.559, P IV, n° 146 ; *RTD civ.* 1994. 909, obs. M. Bandrac ; *RTD com.* 1994. 777, obs. B. Bouloc ; *Rev. huiss.* 1995. 720, note Bazin.

TITRE

103. La saisie-revendication

SECTION 0

ORIENTEUR

CHAPITRE

1031. Saisie-revendication : une mesure conservatoire

René Lauba
Magistrat honoraire

SECTION 0 ORIENTEUR

1031.00 Sommaire du chapitre.

Division. La saisie-revendication est une mesure conservatoire dont seront successivement étudiés domaine d'application (sect. 1) et conditions d'ouverture (sect. 2), mise en œuvre (sect. 3) et effets (sect. 4), suite (sect. 5) et incidents (sect.6).

1031.01 Textes applicables.

- **C. pr. exéc.,** art. L. 121-4, L. 122-2, L. 141-2, L. 222-1, L. 222-2, L. 511-1, L. 511-2 ; R. 121-24, R. 121-7, R. 121-23, R. 141-4, R. 221-13, R. 221-27, R. 222-1 à R. 222-10, R. 222-13, R. 222-16 à R. 222-25 et R. 511-1 à R. 511-8.
- **C. civ.,** art. 1962, 2277 et 2332.
- **C. pén.,** art. 314-6.
- **C. com.,** art. L. 721-7.
- **C. transp.,** art. L. 5114-20 s.

1031.02 Jurisprudence de référence.

> Notification de l'ordonnance désignant un commissaire de justice aux fins d'investigations et de constatations.

- **Civ. 2e, 10 févr. 2011,** n° 10-13.894, P II, n° 36

* V. ss nos 1031.31, 1213.21

En matière d'ordonnance sur requête, le respect du principe de la contradiction qui fonde l'exigence posée à l'alinéa 3 de l'article 495 du Code de procédure civile, requiert que copie de la requête et de l'ordonnance soit remise à la personne à laquelle elle est opposée antérieurement à l'exécution des mesures d'instruction qu'elle ordonne et impose que l'ordonnance ne puisse être exécutée contre cette personne qu'après lui avoir été notifiée.

Dès lors, viole les articles 495, alinéa 3, et 503 du Code de procédure civile, la cour d'appel qui, pour dire n'y avoir lieu à rétractation d'une ordonnance désignant un commissaire de justice aux fins d'investigations et de constatations et autorisant cet officier ministériel à ne faire état de l'ordonnance le commettant et fixant sa mission qu'une fois cette dernière accomplie, retient que l'ordonnance sur requête autorise le commissaire de justice à agir dans l'anonymat et qu'aucun texte ne précise quand le commissaire de justice commis doit dévoiler son identité.

1031.03 Bibliographie indicative.

Actualisables. Rép. pr. civ., v° *Saisie-revendication*, par R. Bour, janv. 2025.

Ouvrages[1]**.** A. Leborgne, *Droit de l'exécution*, 3e éd., « Précis », Dalloz, 2019, nos 2807 s. – R. Perrot et Ph. Théry, *Procédures civiles d'exécution*, 3e éd., Dalloz, 2013, nos 1220-1234.

1031.04 Formulaire de procédure civile (renvois).

- *Saisie-revendication – Requête à fin d'autorisation* (Requête à fin d'autorisation par le juge de l'exécution d'une saisie-revendication (absence de titre exécutoire) – C. pr. exéc., art. R. 222-17)
- *Saisie-revendication – Demande de mainlevée* (Demande de mainlevée devant le juge qui a autorisé la saisie – C. pr. exéc., art. R. 222-18)
- *Saisie-revendication – Acte de saisie-revendication* (Acte de saisie-revendication – C. pr. exéc., art. R. 222-21)

1031.05 Définition et intérêt pratique. Contrairement à la saisie-appréhension, la saisie-revendication n'est pas une innovation de la réforme des voies d'exécution. Elle existait déjà avant la loi du 9 juillet 1991 et son décret d'application, désormais incorporé dans le Code des procédures civiles d'exécution. Elle était réglementée par les articles 826 à 831 ACPC, textes aujourd'hui abrogés. La nouvelle sai-

1. Les ouvrages dont le nom des auteurs figure en petites capitales en bibliographie seront cités par le seul nom des auteurs en petites capitales en notes de bas de page.

sie-revendication a conservé la physionomie générale de l'ancienne, les textes ayant essentiellement consacré les solutions jurisprudentielles dégagées antérieurement.

La saisie-revendication est donc demeurée une mesure conservatoire qui permet à toute personne dépourvue de titre exécutoire mais apparemment fondée à requérir la délivrance ou la restitution d'un bien meuble corporel, de le rendre, en attendant sa remise, indisponible entre les mains de tout détenteur. Elle ne peut être engagée qu'avec l'autorisation du juge de l'exécution (JEX) à moins que le créancier ne soit porteur de l'un des titres prévus à l'article L. 511-2 C. pr. exéc.

Ce qui est nouveau, c'est l'étroite complémentarité instituée entre cette mesure conservatoire et la saisie-appréhension, complémentarité qui tient à leur domaine commun, qui concerne tant les biens qui en sont l'objet que les obligations dont elles assurent le respect.

La saisie-revendication a donc été théoriquement conçue pour permettre à celui qui réclame la remise d'un bien de mettre celui-ci en sûreté jusqu'à ce qu'il obtienne le titre exécutoire qui constatera son droit de suite (et le cas échéant de créance) et lui permettra de le mettre en œuvre. Mais bien souvent en pratique, avec la procédure d'injonction de délivrer ou de restituer, le créancier de la remise n'aura pas toujours intérêt à pratiquer d'emblée une saisie-revendication. Il est en effet plus simple, plus rapide et moins coûteux pour lui de commencer par solliciter du JEX, une ordonnance d'injonction de délivrer ou de restituer qui, une fois rendue exécutoire, lui ouvrira immédiatement la voie de la saisie-appréhension. Ce n'est qu'en cas d'opposition de la personne tenue de la remise et en attendant le résultat de l'instance au fond que ce recours l'aura contraint d'engager, qu'il aura intérêt à pratiquer une saisie-revendication. L'ordonnance que l'opposition empêche d'être revêtue de la formule exécutoire constitue en effet l'un des titres autorisant, en vertu de l'article L. 511-2 C. pr. exéc. [1], l'engagement d'une mesure conservatoire sans autorisation du juge.

1031.06 Domaines et conditions préalables. Texte applicable. Le domaine et les conditions d'ouverture de la saisie-revendication sont fixés par les dispositions des articles L. 222-2 et R. 222-17 alinéa 1er C. pr. exéc. : « *Toute personne apparemment fondée à requérir la délivrance ou la restitution d'un bien meuble corporel peut, en attendant sa remise, le rendre indisponible au moyen d'une saisie-revendication* » ; « *pour procéder à la saisie prévue à l'article L. 222-2, une autorisation préalable du juge délivrée sur requête est nécessaire, sauf dans les cas prévus par l'article L. 511-2* ».

SECTION 1

DOMAINE D'APPLICATION

1031.11 Domaine. Le domaine d'application de la saisie-revendication est déterminé par la nature des biens à saisir, ainsi que par les obligations dont ils sont l'objet.

1031.12 Biens concernés. La saisie-revendication est applicable aux biens meubles corporels, ce qui exclut les immeubles, y compris les immeubles par destination et les meubles incorporels. Toutefois, la saisie d'un bien meuble immobilisé par destination est possible s'il a fait l'objet d'un gage dont la réalisation est poursuivie. Si la saisie-revendication ne tend pas directement à la vente du gage qu'elle rend seulement indisponible, elle permet néanmoins sa conservation en vue de son appréhension puis de sa réalisation. Elle devrait donc pouvoir porter sur un immeuble par destination lorsqu'il est gagé dès lors qu'elle constitue une étape vers sa restitution et sa vente.

Elle peut porter, non seulement sur un bien proprement dit, mais aussi sur des documents comptables ou administratifs. Toutefois, s'agissant de documents, seuls les originaux détenus par le débiteur (ou tiers) sont susceptibles de revendication à l'exclusion des copies établies par ce dernier dont les supports matériels demeurent sa propriété [2]. Il convient de se reporter sur ce point aux explications relatives au domaine commun à toutes les saisies à fin de remise (v. ss nos 1011.05 s.).

Il convient cependant d'évoquer le cas des aéronefs, bateaux et navires dont la saisie exécutoire et la saisie conservatoire sont régies par des textes particuliers qui ne contiennent aucune disposition concernant leur saisie-revendication. Dans le silence de ces textes, la Cour de cassation estime, s'agissant plus spécialement des navires, que les articles L. 5114-20 s. C. transports et les dispositions de la convention de Bruxelles du 10 mai 1952, n'excluent pas la possibilité d'un recours à la saisie-revendication par l'acheteur d'un yacht qui ne lui avait pas été livré. Celui-ci avait obtenu, sur le fondement de son droit de propriété et d'une créance maritime, une autorisation du président du tribunal de commerce confirmée, sur demande en rétractation du vendeur, par la cour d'appel [3].

1. Anct L. no 91-650, 9 juill. 1991, réforme des procédures civiles d'exécution, art. 68, *JO* 14 juill.

2. Paris, 21 déc. 2006, *Rev. huiss.* 2007. 279.
3. Com. 15 déc. 2015, no 14-12.348, P IV, no 170 ; *Journ. huiss.* 2016, no 146, p. 52 ; *D.* 2016. Pan. 1289, obs. A. Leborgne ; *Gaz. Pal.* 12 janv. 2016, p. 32, note L. Lauvergnat ; *Banque et droit* mars-avr. 2016. 58, note S. Piedelièvre.

1031.13 **Obligations concernées.** Celui qui entend user de la saisie-revendication doit se prévaloir d'un droit à la délivrance ou à la restitution du bien (sur ce point, v. aussi s^{s} n°s 1011.31 s.).

Ce droit de réclamer la remise doit être apparemment fondé et reposer, par exemple, sur la qualité de propriétaire ou de créancier gagiste apparent. La Cour de cassation admet que les membres d'une famille non-attributaires de certains souvenirs indisponibles sont néanmoins, apparemment titulaires d'un droit à leur conservation et, par conséquent, fondé à les saisir-revendiquer à l'encontre des attributaires qui les ont confiés à un tiers en vue de leur vente aux enchères [1]. Il appartient toutefois à celui qui sollicite une mesure de saisie-revendication d'établir le caractère apparent du droit qu'il invoque dont les éléments de preuve sont appréciés souverainement [2].

Sur la notion d'apparence, il convient de se référer aux règles communes à toutes les saisies et mesures conservatoires (v. s^{s} n°s 0611.61 s.). Il n'est cependant pas exigé, comme c'est le cas pour les autres saisies conservatoires, que la remise du bien soit menacée.

SECTION 2
CONDITIONS D'OUVERTURE

1031.21 **Ordonnance et titres autorisant la saisie-revendication.** Cette mesure conservatoire ne peut être pratiquée, en principe, qu'en vertu d'une autorisation du juge accordée par une ordonnance sur requête.

Cependant, certains titres énoncés à l'article L. 511-2 C. pr. exéc. [3] dispensent leur titulaire de se procurer cette autorisation.

1031.22 **Titres visés par l'article L. 511-2 du Code des procédures civiles d'exécution.** Une autorisation préalable du juge n'est pas nécessaire, lorsque celui qui réclame la remise se prévaut d'un titre exécutoire (auquel cas il est plus avantageux pour lui de recourir d'emblée à la saisie-appréhension), ou d'une décision de justice prescrivant la remise du bien qui n'a pas encore force exécutoire. Une ordonnance d'injonction de délivrer ou de restituer peut, lorsqu'elle est frappée d'opposition, autoriser l'engagement d'une saisie-revendication, sous réserve que le revendiquant ait saisi le juge du fond compétent, dans les deux mois de la signification de l'ordonnance [4]. Si le juge du fond n'est pas saisi dans le délai, la requête et l'ordonnance d'injonction ainsi que les mesures conservatoires qui auraient été prises, deviennent caduques (C. pr. exéc., art. R. 222-13).

Les autres titres énumérés par l'article L. 511-2 C. pr. exéc. (chèque, billet à ordre et lettre de change acceptée) ne peuvent autoriser la saisie-revendication car ils visent le paiement d'une créance et non la délivrance ou la restitution d'un meuble corporel.

En revanche, le loyer impayé résultant d'un contrat écrit de louage d'immeuble pourrait dispenser le bailleur de l'autorisation du juge et ce, dans le cas particulier où il revendique les meubles ou les matériels garnissant la maison ou la ferme données en location qui ont été déplacés sans son consentement (C. civ., art. 2332, 1° *in fine* [5] et 2277, al. 2 [anc. art. 2280]).

Pour plus de précisions sur les titres de l'article L. 511-2 C. pr. exéc., il convient de se reporter aux explications relatives aux **saisies et mesures conservatoires** (v. s^{s} n°s 0612.11 s.).

1031.23 **Requête aux fins d'autorisation.** L'autorisation nécessaire pour procéder à la saisie-revendication est délivrée par le juge sur présentation d'une requête (C. pr. exéc., art. R. 222-17, al. 1er). Pour la délivrance de cette requête, le JEX et le président du tribunal de commerce peuvent avoir, sous certaines conditions, une compétence concurrente dès lors que la revendication porte sur un meuble corporel, un navire, un aéronef ou un bateau de navigation intérieure (C. com., art. L. 721-7 – C. pr. exéc., art. L. 511-3).

1031.24 **Présentation de la requête.** Selon l'article R. 121-23 C. pr. exéc., lorsque le JEX statue par ordonnance sur requête, cette requête est remise ou adressée au greffe par le requérant ou son mandataire désigné conformément aux dispositions des articles L. 121-4 et L. 122-2 du même code. Il résulte de la combinaison ces trois textes que la requête doit obligatoirement être présentée par un avocat ou un commissaire de justice lorsque la revendication a pour origine une créance (loyers d'un crédit-bail, prix de vente d'un bien dont la propriété a été réservée, échéances d'un prêt garanti par un gage) dont le montant dépasse 10 000 euros.

Lorsque la créance garantie par le bien revendiqué est inférieure ou égale à cette somme, la requête peut être remise ou adressée, non seulement par l'un des deux auxiliaires de justice précités, mais encore par l'une des personnes énoncées à l'article R. 121-7 C. pr. exéc.

1. Civ. 2e, 29 mars 1995, n° 93-18.769, P II, n° 115 ; *D.* 1995. 330, obs. M. Grimaldi ; *RTD civ.* 1996. 420, obs. F. Zenati ; *JCP* 1995. II. 22477, note S. Hovasse-Banget – *CONTRA* : TGI Paris, 1er mars 1995, *JCP* 1995. II. 22477, note S. Hovasse-Banget.
2. Civ. 2e, 31 mai 2001, n° 99-11.107, NP ; *Rev. huiss.* 2001. 341 ; *RD banc. fin.* 2001. 202, note. J.-M. Delleci.
3. Anct L. n° 91-650, 9 juill. 1991, art. 68.
4. TGI Toulon, ord., 16 févr. 1994, *Gaz. Pal.* 1994. 1. Somm. 235.
5. C. civ., anc. art. 2102, 1°, *in fine*.

Lorsque le président du tribunal de commerce est compétent pour autoriser la saisie-revendication, la requête doit être remise ou adressée par un avocat, dès lors que l'obligation à l'origine de la demande excède le montant de 10 000 euros. Jusqu'à cette somme, ainsi qu'en matière de gage des stocks et de gage sans dépossession, quel que soit le montant de la créance garantie, le requérant présente lui-même sa requête ou, à cette fin, se fait assister ou représenter par toute personne de son choix (C. pr. civ., art. 853 et 874).

Le commissaire de justice de justice chargé de pratiquer la saisie-revendication devrait pouvoir être habilité, pour obtenir l'autorisation d'exécuter ses opérations, à saisir le président du tribunal de commerce par voie de requête, que la créance à l'origine de la demande soit supérieure ou inférieure à 10 000 euros dès lors que l'article R. 121-24 C. pr. exéc. l'habilite à saisir « le juge » et non pas seulement le JEX.

Le représentant, s'il n'est avocat, doit justifier d'un pouvoir spécial. En revanche, l'avocat qui bénéficie d'une présomption de mandat, n'a pas à justifier d'un pouvoir. Lorsque la requête est présentée par un avocat, dans les conditions de l'article R. 121-23 précité, les règles de la postulation ne s'appliquent pas et celui-ci peut remettre ou adresser cette requête au JEX compétent, même si sa résidence professionnelle ne se trouve pas dans le ressort de la cour d'appel où est situé le TJ dont relève le juge saisi[1]. Le commissaire de justice jouit de la même dispense dans les cas où il est habilité à assister ou représenter les parties (C. pr. civ., art. 416 et 874 – C. pr. exéc., art. R. 121-7).

1031.25 **Juge compétent.** L'article R. 222-18 C. pr. exéc. renvoie à l'article R. 511-2 du même code relatif au juge compétent en matière de saisies et de mesures conservatoires. C'est le JEX du lieu où demeure le débiteur de la remise désigné dans la requête. Toutefois, si la saisie tend à la conservation d'une créance relevant de la compétence d'une juridiction commerciale, elle peut être autorisée, avant tout procès, par le président du tribunal de commerce de ce même lieu (C. com., art. L. 721-7).

Toute clause contraire est réputée non écrite et le juge saisi doit relever d'office son incompétence. Il convient de se reporter aux explications relatives aux mesures conservatoires (v. s[s] n°s 0612.21 s.).

L'article R. 222-18 C. pr. exéc. renvoie également à l'article R. 511-5 selon lequel le juge peut décider de réexaminer sa décision ou ses modalités de son exécution au vu d'un débat contradictoire dont il fixe la date d'audience, sans préjudice du droit pour le débiteur de le saisir à une date plus rapprochée.

1. Civ. 2e, avis, 25 avr. 2024, n° 23-70.020, *Gaz. Pal.* 2 juill. 2024, note Haba Groud, chron. 37.

Le débiteur est assigné par le créancier, le cas échéant, dans l'acte lui dénonçant la saisie (sur les mesures conservatoires, v. s[s] n° 0612.43).

1031.26 **Ordonnance d'autorisation.** L'ordonnance portant autorisation désigne le bien qui peut être saisi, ainsi que l'identité de la personne tenue de le délivrer. Cette autorisation est opposable à tout détenteur du bien désigné (C. pr. exéc., art. R. 222-17, al. 2). Il résulte de cette dernière disposition que l'ordonnance est opposable à tous, de telle sorte que la saisie-revendication peut être pratiquée à l'encontre d'un détenteur non expressément visé par l'ordonnance. Il en est ainsi lorsque la personne tenue de la remise ou de la délivrance a transmis le bien à un tiers dont l'identité est ignorée du requérant.

L'ordonnance n'a pas à mentionner le montant de la créance garantie par le bien objet de la future saisie-revendication car l'article R. 511-4 C. pr. exéc. exigeant cette mention à peine de nullité est inapplicable en la matière[2].

En l'absence de renvoi aux dispositions des articles L. 511-1 et R. 511-1 C. pr. exéc., il ne semble pas que le créancier qui entend recourir à la saisie-revendication soit tenu de justifier que son droit sur le bien revendiqué soit menacé.

1031.27 **Autorisation spéciale de pénétrer dans un lieu habité.** Si la saisie-revendication doit être pratiquée dans un local servant à l'habitation d'un tiers détenteur, une autorisation spéciale du juge est requise par l'article R. 222-20 alinéa 2 C. pr. exéc. La même autorisation spéciale est exigée par la Cour de cassation lorsque l'exécution d'une saisie conservatoire nécessite la pénétration dans l'habitation du débiteur. Elle estime dans cette hypothèse, en se fondant sur le droit au respect de la vie privée et l'inviolabilité du domicile dont elle rappelle la valeur constitutionnelle et la consécration par l'article 8 de la Convention de sauvegarde des droits de l'homme et des libertés fondamentales, que le commissaire de justice doit présenter une requête en autorisation au JEX et ce même dans le cas prévu à l'article L. 511-2 C. pr. exéc[3]. L'exigence d'une autorisation spéciale concerne également la saisie-revendication qui est une mesure conservatoire, lorsqu'elle doit être pratiquée dans l'habitation du débiteur de la remise ou de la restitution, même si le créancier se prévaut d'un titre exécutoire ou d'une décision de justice non encore exécutoire.

1031.28 **Caducité de l'ordonnance.** Là encore, l'article R. 222-18 C. pr. exéc. renvoie aux articles

2. TGI Quimper, JEX, 11 juill. 1995, *Rev. huiss.* 1995. 1396.
3. Civ. 2e, 17 sept. 2020, n° 19-17.721, NP ; *Gaz. Pal.* 8 déc. 2020, chron. jur. p. 39, obs. Y. Brenner.

R. 511-6, R. 511-7 et R. 511-8 du même code qui impartissent au requérant, des délais pour exercer la mesure, saisir le juge du fond pour se procurer un titre exécutoire et dénoncer cette saisine au tiers entre les mains duquel la saisie est éventuellement pratiquée. Il convient de renvoyer sur ces différents points aux explications relatives aux mesures conservatoires (v. s^s n°s 0612.50 s.) et de se borner à reproduire les textes précités.

« *L'autorisation du juge est caduque si la mesure conservatoire n'a pas été exécutée dans un délai de trois mois à compter de l'ordonnance* » (C. pr. exéc., art. R. 511-6).

« *Si ce n'est dans le cas où la mesure conservatoire a été pratiquée avec un titre exécutoire, le créancier doit, dans le mois qui suit l'exécution de la mesure, à peine de caducité, introduire une procédure ou accomplir les formalités nécessaires à l'obtention d'un titre exécutoire.*

Toutefois, en cas de rejet d'une requête en injonction de payer présentée dans le délai imparti à l'alinéa précédent, le juge du fond peut encore être valablement saisi dans le mois qui suit l'ordonnance de rejet » (C. pr. exéc., art. R. 511-7).

« *Lorsque la mesure est pratiquée entre les mains d'un tiers, le créancier signifie à ce dernier une copie des actes attestant les diligences requises par l'article R. 511-7, dans un délai de huit jours à compter de leur date. À défaut, la mesure conservatoire est caduque* » (C. pr. exéc., art. R. 511-8).

Il convient seulement d'observer, en ce qui concerne le dernier alinéa de l'article R. 511-7 C. pr. exéc., que l'injonction de délivrer ou de restituer peut être assimilée à l'injonction de payer pour la prorogation du délai de saisine du juge du fond en cas de rejet de la requête. La saisine du juge des référés au lieu du juge du fond, seul visé par le texte précité, est inopérante[1].

Il a été jugé que ne constitue pas une procédure tendant à l'obtention d'un titre exécutoire au sens de l'article R. 511-7 C. pr. exéc. (anc^t Décr. 31 juill. 1992, art. 215), la saisine d'une juridiction manifestement incompétente, de telle sorte que la saisie-revendication devait faire l'objet d'une mainlevée[2]. Cette position prise par une juridiction du fond n'a pas été suivie par la Cour de cassation qui retient que l'assignation délivrée devant une juridiction incompétente dans les délais prescrits satisfait aux exigences de ce texte[3].

1. Civ. 2e, 5 juill. 2001, n° 99-19.512, P II, n° 132 ; *D.* 2001. IR 2563 ; *JCP* 2002. 10110, note Gentil ; *Rev. huiss.* 2002, n° 1, p. 42, obs. P. Hoonakker.
2. TGI Toulouse, JEX, 7 avr. 1993, *BICC* 1er juin 1993, n° 717.
3. Civ. 2e, 3 avr. 2003, n° 01-12.032, P II, n° 97 ; *D.* 2003. IR 113 ; *RTD civ.* 2003. 550, obs. R. Perrot ; *Procédures* 2003, n° 115, note R. Perrot.

SECTION 3

MISE EN ŒUVRE

1031.31 Communication des autorisations requises. Avant de procéder à la saisie, le commissaire de justice doit présenter à la personne tenue de la remise ou au tiers détenteur, l'ordonnance d'autorisation du JEX ou l'un des titres mentionnés à l'article L. 511-2 C. pr. exéc. (v. s^s n°s 1031.22 s.). S'il s'agit de l'ordonnance d'autorisation, celle-ci ainsi que la requête s'y rapportant doivent être remises à la personne à laquelle elle est opposée antérieurement à l'exécution de la mesure[4].

Ces documents doivent être annexés à l'acte de saisie, sauf s'il s'agit d'un acte notarié (C. pr. exéc., art. R. 222-21, 1°).

Si la saisie est pratiquée dans un local servant à l'habitation d'un tiers détenteur, le commissaire de justice doit également présenter l'autorisation spéciale préalablement obtenue du JEX en vertu de l'article L. 222-1 C. pr. exéc. (C. pr. exéc., art. R. 222-20).

1031.32 Rappel de ses obligations au détenteur. Si le bien revendiqué a déjà été saisi, la personne tenue de le remettre ou le tiers qui le détient, doit faire connaître à celui qui saisit le même bien, l'existence de la précédente saisie et l'identité de celui qui l'a pratiquée (C. pr. exéc., art. R. 141-4). Cette obligation est rappelée par une mention particulière de l'acte de saisie (C. pr. exéc., art. R. 222-21, 4°), pour le cas où une nouvelle saisie serait pratiquée.

Avant de procéder à la saisie, le commissaire de justice doit verbalement inviter le détenteur, s'il est présent, à lui indiquer l'existence d'une éventuelle saisie antérieure et, dans l'affirmative à lui en communiquer le procès-verbal (C. pr. exéc., art. R. 222-21, al. 1er).

La déclaration du tiers est reproduite dans l'acte de saisie (C. pr. exéc., art. R. 222-21, 3°).

1031.33 Lieu de la saisie. La saisie-revendication peut être pratiquée en tout lieu où se trouve le bien et entre les mains de tout détenteur (C. pr. exéc., art. R. 222-20).

1031.34 Acte de saisie. La saisie-revendication n'aboutit pas à l'appréhension matérielle du bien mais à son indisponibilité. Elle trouve donc son expression dans le procès-verbal de saisie selon la formule de Ph. Delebecque[5].

4. Civ. 2e, 10 févr. 2011, n° 10-13.894, P II, n° 36 ; *D.* 2011. 600 ; *D.* 2012. 244, obs. N. Fricero ; *RTD civ.* 2011. 387, obs. R. Perrot.
5. *J.-Cl. Pr. civ.*, fasc. 2380, n° 140, par Ph. Delebecque.

Cet acte comporte une description du ou des objets saisis revendiqués, ainsi que diverses mentions destinées à informer le saisi de ses droits et obligations.

Il doit contenir, selon l'article R. 222-21 C. pr. exéc., à peine de nullité :

« *1º La mention de l'autorisation du juge ou du titre en vertu duquel la saisie est pratiquée : ces documents sont annexés à l'acte ; toutefois s'il s'agit d'un acte notarié, il est seulement fait mention de la nature du titre ;*

2º la désignation détaillée du bien saisi ;

3º si le détenteur est présent, sa déclaration au sujet d'une éventuelle saisie antérieure sur le même bien ;

4º la mention en caractères très apparents que le bien saisi est placé sous la garde du détenteur, qui ne peut ni l'aliéner, ni le déplacer, si ce n'est dans le cas prévu au deuxième alinéa de l'article R. 221-13, sous peine des sanctions prévues à l'article 314-6 du Code pénal et qu'il est tenu de faire connaître la saisie-revendication à tout créancier qui procéderait à une saisie sur le même bien ;

5º la mention en caractères très apparents du droit de contester la validité de la saisie et d'en demander la mainlevée au juge compétent en vertu du troisième alinéa de l'article R. 222-18 ;

6º la désignation de la juridiction devant laquelle seront portées les contestations relatives à l'exécution de la saisie ;

7º l'indication, le cas échéant, des nom, prénom et qualité des personnes qui ont assisté aux opérations de saisie, lesquelles doivent apposer leur signature sur l'original et les copies ; en cas de refus, il en est fait mention dans l'acte ;

8º la reproduction de l'article 314-6 du Code pénal ainsi que la reproduction des articles L. 222-2, R. 222-17, R. 222-18 et R. 511-5 à R. 511-8 ».

1031.35 **Photographies.** L'article R. 222-21 *in fine* C. pr. exéc. précise qu'il peut être fait application de l'article R. 221-12 du même code qui prévoit la prise de photographies à l'occasion d'une saisie-vente. Il convient de se reporter sur ce point, aux explications figurant plus haut (v. s[s] n°s 0714.55 et 0716.43).

1031.36 **Notification du procès-verbal.** L'acte de saisie est remis ou signifié au détenteur, selon qu'il est présent ou absent au moment des opérations (C. pr. exéc., art. R. 222-22). L'expression détenteur figurant dans l'article R. 222-22 C. pr. exéc. désigne à la fois, la personne tenue de la remise et le tiers détenteur.

1031.37 **Détenteur présent.** L'acte de saisie est remis par le commissaire de justice au détenteur, en lui rappelant verbalement les 4º et 5º de l'article R. 222-21 C. pr. exéc. (interdiction de disposer du bien, obligation de faire connaître la saisie-revendication à tout créancier ultérieur, faculté de contester la saisie devant le JEX).

Il est fait mention de cette formalité dans l'acte.

1031.38 **Détenteur absent.** Lorsque le détenteur n'a pas assisté aux opérations, une copie de l'acte de saisie lui est signifiée en lui impartissant un délai de huit jours pour qu'il porte à la connaissance du commissaire de justice tout renseignement relatif à une éventuelle saisie antérieure et qu'il lui en communique le procès-verbal (C. pr. exéc., art. R. 222-22, al. 4).

1031.39 **Tiers détenteur.** Si la saisie a été pratiquée entre les mains d'un tiers détenteur du bien, l'acte est également signifié, dans un délai de huit jours au plus tard, à peine de caducité, à la personne qui est tenue de le délivrer ou de le restituer (C. pr. exéc., art. R. 222-22, al. 2). Elle doit pouvoir être informée de la saisie pratiquée à son insu, afin de lui permettre, si elle a des motifs de contestation à faire valoir, de saisir le juge compétent.

Une copie de l'acte portant les mêmes signatures que l'original est immédiatement remise au tiers. Cette remise vaut signification (C. pr. exéc., art. R. 222-22, al. 3).

SECTION 4

EFFETS

1031.41 **Indisponibilités.** La saisie-revendication n'étant qu'une mesure conservatoire, elle ne peut aboutir à l'appréhension matérielle du bien revendiqué. Elle le rend seulement indisponible entre les mains du détenteur.

Cet effet d'indisponibilité est érigé en principe général par l'article L. 141-2 C. pr. exéc. Cette conséquence est rappelée, en ce qui concerne la saisie-revendication, par les articles L. 222-2 et R. 222-21, 4º C. pr. exéc.

Il produit plusieurs conséquences énoncées ci-après.

1031.42 **Garde et déplacement.** Le détenteur est constitué gardien par l'acte de saisie (C. pr. exéc., art. L. 141-2 et R. 222-21, 4º).

Il ne peut ni aliéner le bien, ni le déplacer librement sous peine d'encourir des sanctions pénales du chef de détournement d'objet saisi (C. pén., art. 314-6). Le déplacement n'est possible que si les circonstances le rendent nécessaire et à condition d'en avoir préalablement informé le saisissant. L'article R. 222-21, 4º C. pr. exéc. renvoie sur ce point aux dispositions de l'article R. 221-13 du même code relatif au déplacement des biens objets, d'une saisie-vente (v. s[s] n°s 0714.64 s.).

Les dispositions concernant la saisie-revendication n'ont pas prévu que le tiers détenteur puisse, comme en matière de saisie-vente (C. pr. exéc., art. R. 221-27), demander à être déchargé de la garde.

Mais le JEX devrait pouvoir, si une cause légitime est invoquée, l'autoriser à sa requête, à refuser la qualité de gardien et désigner un séquestre (ou gardien judiciaire selon l'expression de l'article 1962 C. civ.) pour le remplacer (C. pr. exéc., art. R. 222-23). On peut en effet considérer que l'article R. 221-27 C. pr. exéc. a en réalité une portée générale valable, non seulement pour la saisie-vente, mais pour toutes les saisies portant sur des meubles corporels. Il y a lieu de se reporter, en ce qui concerne le séquestre, la garde et le déplacement des biens saisis, aux explications relatives à la saisie-vente (v. s^s^ n°s 0714.63 s., 0714.102 s., 0714.151 s.).

1031.43 **Usage.** L'acte de saisie-revendication interdit au détenteur d'aliéner le bien ou de le déplacer librement (C. pr. exéc., art. R. 222-21, 4°). Il ne lui interdit cependant pas d'en user, au moins temporairement, jusqu'à ce qu'un titre exécutoire en permettre l'appréhension matérielle. Le détenteur qui se prévaut d'un droit d'usage peut d'ailleurs en informer le commissaire de justice en vertu de l'article R. 222-24 C. pr. exéc. (v. s^s^ n° 1031.63).

1031.44 **Séquestre.** À tout moment le JEX peut autoriser, sur requête, la remise du bien à un séquestre qu'il désigne (C. pr. exéc., art. R. 222-23). Un séquestre peut être nommé en cas de contestation portant sur le bien-fondé de la revendication, notamment lorsqu'un droit concurrent est invoqué sur le bien revendiqué. Le saisissant peut, lui-même, demander un séquestre s'il a un doute sérieux sur la volonté ou la capacité du détenteur à remplir les obligations découlant de la garde. Le détenteur devrait également pouvoir être autorisé à se décharger sur un séquestre de sa responsabilité de gardien. Il convient de se reporter sur les obligations et la responsabilité civile et pénale du séquestre, aux observations relatives à la saisie-vente (v. s^s^ n°s 0714.65 s., 0716.51 s.). Il y a lieu seulement de relever que le texte de l'article ne fait aucune référence au président du tribunal de commerce ce qui permet de conclure qu'en matière de nomination d'un séquestre, le JEX, juge naturel de toutes les difficultés d'exécution, à une compétence exclusive.

SECTION 5
SUITE DE LA SAISIE-REVENDICATION

1031.51 **Conversion en saisie-appréhension.** La saisie-revendication n'est qu'une mesure conservatoire qui tend à rendre le bien indisponible en attendant sa remise, remise qui ne peut être obtenue que sur présentation d'un titre exécutoire en prescrivant la délivrance ou la restitution. Elle permet ainsi d'attendre le résultat d'une action civile en revendication qui peut cependant ne pas aboutir[1]. Lorsque la personne qui a pratiqué la saisie-revendication s'est procuré un tel titre (jugement, arrêt, ordonnance d'injonction de délivrer ou de restituer), l'article R. 222-25 C. pr. exéc. l'autorise à recourir à la saisie-appréhension en se conformant aux dispositions des articles R. 222-1 à R. 222-10 C. pr. exéc. (v. s^s^ n°s 1021.21 s.), sous réserve des dispositions particulières des alinéas 2 et 3 de l'article R. 222-16, si le titre exécutoire résulte d'une injonction du juge (v. s^s^ n°s 1022.24).

En réalité, l'on ne se trouve pas en présence d'une véritable conversion de la saisie-revendication en saisie-appréhension. Il s'agit plutôt d'une succession de saisies, l'indisponibilité juridique de la saisie-revendication étant suivie par la remise ou par l'appréhension matérielle consécutive à la saisie-appréhension (sur la conversion des saisies conservatoires, v. s^s^ n°s 0613.51 s.).

Toutefois, l'action en revendication exercée devant le juge du fond peut ne pas aboutir même si la saisie a été préalablement autorisée par une ordonnance du JEX[2]. Dans ce cas, la procédure ne peut plus être poursuivie et le saisissant doit donner mainlevée de la mesure conservatoire.

SECTION 6
INCIDENTS

1031.61 **Contestation sur la validité.** La saisie-revendication est soumise aux conditions de validité édictées par les articles R. 511-2, R. 511-3, R. 511-5 à R. 511-8 C. pr. exéc. pour les mesures conservatoires (v. s^s^ n°s 0613.41 s.).

Si ces conditions ne sont pas remplies la mainlevée de la saisie peut être ordonnée à tout moment, même dans les cas où l'article L. 511-2 C. pr. exéc. permet que cette mesure soit prise sans autorisation du juge (C. pr. exéc., art. R. 222-18, al. 2). La demande peut être présentée à tout moment après la saisie, car avant celle-ci la mainlevée est sans objet. Tant que la saisie n'est pas faite, le détenteur qui ignore l'existence de la procédure, n'est d'ailleurs pas en mesure de saisir le juge.

L'article R. 222-18 du code précité ne distinguant pas, la demande en mainlevée doit pouvoir être formée, tant par la personne tenue de la remise que par le tiers détenteur du bien.

L'acte de saisie remis ou signifié au détenteur ou la copie de celui-ci remise ou signifiée au tiers détenteur, doit d'ailleurs rappeler à l'un ou à l'autre, selon

1. Civ. 1re, 19 mars 2009, n° 07-12.290, P I, n° 60 ; *D.* 2009. 948 ; *D.* 2009. 2300, obs. B. Mallet-Bricout et N. Reboul-Maupin ; *JCP* 2009. IV. 1693.
2. Civ. 1re, 19 mars 2009, n° 07-12.290 (préc. s^s^ prés^t^ n°).

le cas, en caractères très apparents (C. pr. exéc., art. R. 222-21, 5°) le droit de contester la validité de la saisie et d'en demander la mainlevée au juge compétent en vertu de l'alinéa 3 de l'article R. 222-18 C. pr. exéc. Précisons que le droit du débiteur de contester une mesure conservatoire devant le JEX n'est pas paralysé par la faculté ouverte à la commission de surendettement de demander au JCP l'annulation de cette même mesure[1].

La demande doit être portée, par voie d'assignation, devant le JEX qui a autorisé la saisie ou, si celle-ci a été faite sans autorisation préalable, devant celui du lieu où demeure la personne tenue de la remise ou de la restitution.

Toutefois, lorsque le fondement de la saisie relève de la juridiction commerciale, la demande de mainlevée peut être portée, avant tout procès, devant le président du tribunal de commerce de ce même lieu (C. pr. exéc., art. R. 222-18, al. 3).

La décision de mainlevée prend effet du jour de sa notification (C. pr. exéc., art. R. 222-18, al. 4).

1031.62 **Autres contestations.** Les contestations autres que celles portant sur la validité de la saisie au regard des articles R. 511-2, R. 511-3, R. 511-5 à R. 511-8 C. pr. exéc., notamment celles concernant l'exécution de la saisie, sont portées devant le JEX du lieu où sont situés les biens saisis (C. pr. exéc., art. R. 222-19). Ces contestations recouvrent tout d'abord les incidents reposant sur l'absence de justification que l'obligation de délivrer ou de restituer invoquée par le saisissant sur qui repose la charge de la preuve[2], est apparemment fondée. L'auteur de la contestation peut soutenir que le revendiquant n'a aucun droit réel sur le bien ou encore, que la créance garantie par celui-ci est éteinte par l'effet d'un paiement, d'une prescription ou d'une compensation.

Les contestations relatives à l'exécution de la mesure prennent leur source dans l'omission d'une formalité substantielle ou d'une mention requise à peine de nullité (sur les explications concernant les mesures conservatoires, v. s[s] n° 0613.45 – et sur la validité de la saisie-vente, v. s[s] n°s 0719.122 s.).

Ce droit de contestation ainsi que la juridiction compétente pour en connaître sont rappelés au détenteur dans l'acte de saisie (C. pr. exéc., art. R. 222-21, 6°).

1031.63 **Invocation d'un droit propre.** Le détenteur peut se prévaloir d'un droit propre sur le bien saisi. Il peut s'agir d'un droit réel concurrent de celui du saisissant (de rétention, de gage ou de propriété) ou d'un droit d'usage (en vertu d'un prêt ou d'une location). L'article R. 222-24 C. pr. exéc. prévoit des modalités particulières de contestations. En effet, si un incident doit être élevé devant le JEX c'est au saisissant de le provoquer. Le détenteur peut se borner à informer le commissaire de justice de l'existence de son droit, soit verbalement au moment de la saisie s'il est présent aux opérations, soit par lettre recommandée avec avis de réception.

Cette manifestation du détenteur a pour conséquence d'arrêter le cours des opérations. Mais la saisie produit son effet d'indisponibilité.

Si le saisissant entend contester ce droit, c'est à lui qu'il appartient de saisir le juge dans le délai d'un mois. C'est le JEX du lieu où demeure le détenteur. Il n'existe en la matière aucune compétence concurrente avec le président du tribunal de commerce. Le bien demeure indisponible durant l'instance (C. pr. exéc., art. R. 222-24, al. 2).

À défaut de contestation dans le délai d'un mois, l'indisponibilité cesse, ce qui revient à priver la saisie-revendication de tout effet et intérêt. En fait le saisissant reconnaît implicitement, par son inertie, le bien-fondé du droit dont se prévaut le détenteur (sur les différents droits susceptibles d'être invoqués, v. s[s] n° 0714.152 [usage], s[s] n°s 0714.153 s. [rétention], s[s] n°s 0719.31 s. [propriété]).

1. Civ. 2e, 28 mars 2024, n° 22-12.797, *Gaz. Pal.* 2 juill. 2024, chron. 44, note. P. Guez.
2. Civ. 2e, 31 mai 2001, n° 99-11.107, NP (préc., v. s[s] n° 1031.63).

LIVRE

11. LA VENTE DES BIENS ABANDONNÉS

SECTION 0
ORIENTEUR

11.00 Sommaire du livre.

Titre	111	Les notions et règles communes
Titre	112	Les procédures de vente
Chap.	1121	Objets abandonnés ou laissés en dépôt par les voyageurs
Chap.	1122	Objets confiés à des professionnels pour être façonnés, réparés, nettoyés, gardés, *etc.*
Chap.	1123	Objets confiés à un transporteur
Chap.	1124	Marchandises laissées en douane

Division. Les ventes de biens abandonnés obéissent à des règles communes (titre 111) mais certaines procédures sont spécifiques (titre 112).

11.05 Rattachement aux voies d'exécution. En marge des voies civiles d'exécution classiques qu'elle a réformées en profondeur, la loi du 9 juillet 1991, désormais codifié dans la partie législative du Code des procédures civiles d'exécution, a laissé subsister, sans même les modifier, des procédures particulières qui tendent à la vente de meubles corporels gagés ou abandonnés. Il s'agit de procédures originales, caractérisées par leur simplicité qui s'apparentent aux mesures d'exécution forcées lorsqu'elles visent à affecter le produit de la vente au paiement de la créance de ceux qui ont reçu ces objets aux fins de les garder en dépôt, de les transformer, de les réparer ou encore de les nettoyer.

On ne peut considérer que la réforme des voies d'exécution a implicitement abrogé les textes réglementant ces procédures spécifiques dans la mesure où elles ont pour vocation de résoudre les difficultés nées d'une situation atypique, l'abandon de ses effets mobiliers par le propriétaire.

Il peut arriver en effet qu'après avoir déposé, confié en garde, gagé ou remis à un titre quelconque des objets leur appartenant, leurs propriétaires omettent de les reprendre, soit par négligence, soit parce qu'ils ne peuvent pas payer la prestation de celui qui les a reçus. Ainsi, hôteliers, artisans, garagistes, exploitants de garde-meuble, administrations peuvent se retrouver encombrés d'objets hétéroclites dont ils doivent pouvoir se débarrasser à moindre frais, tout en récupérant, au moins partiellement, leurs débours ou leurs salaires.

Ces procédures originales constitueraient donc des régimes dérogatoires adaptés à des situations très spécifiques et d'une utilité pratique indiscutable. La loi du 9 juillet 1991[1] et le décret du 31 juillet 1992[2] (C. pr. exéc., art. art. L. 433-1, L. 433-2[3], R. 433-5 et R. 433-6[4]), désormais intégrés dans le Code des procédures civiles d'exécution s'en sont d'ailleurs nettement inspirés pour régler le sort des biens laissés sur place et abandonnés par les personnes expulsées (v. ss nos 0523.05 s.). Une procédure assez voisine a également été adoptée par l'article 85-4 du décret du 27 décembre 1985, pour la vente des biens mobiliers dont les propriétaires n'ont pas demandé la restitution au mandataire judiciaire. Cette procédure a été reprise, après la réforme des procédures collectives, par le décret du 28 décembre 2005[5], dans son article 243 relatif aux biens non revendiqués au cours de la liquidation judiciaire. Ce dernier article a été codifié sous la référence R. 641-32 C. com.

1. L. n° 91-650, 9 juill. 1991, portant réforme des procédures civiles d'exécution, art. 68, *JO* 14 juill., p. 9228.
2. Décr. n° 92-755, 31 juill. 1992, instituant de nouvelles règles relatives aux procédures civiles d'exécution, art. 155 à 163, *JO* 5 août, p. 10530.
3. Anct L. n° 91-650, 9 juill. 1991, art. 65 et 66.
4. Anct Décr. n° 92-755, 31 juill. 1992, art. 206 et 207.
5. Décr. n° 2005-1677, 28 déc. 2005, pris en application de la loi n° 2005-845 du 26 juillet 2005 de sauvegarde des entreprises, *JO* 29 déc., p. 20324.

TITRE

111. Les notions et règles communes

René Lauba
Magistrat honoraire

SECTION 0

Orienteur

111.00 Sommaire du titre.

Division. Seules sont étudiées ici les procédures susceptibles d'être rattachées aux voies d'exécution, c'est-à-dire celles qui ont pour objet, non seulement de libérer le détenteur de son obligation de garde, mais encore de payer sa créance éventuelle.

111.01 Textes applicables selon les catégories de biens.

Face aux problèmes posés aux professionnels et aux administrations par les effets mobiliers abandonnés entre leurs mains, le législateur est intervenu de manière très ponctuelle, par des textes adaptés à chaque catégorie de bien ou de dépôt.

Objets confiés à des entrepreneurs de transport	C. transp., art. L. 1441-1 s.
Objets abandonnés chez les hôteliers, aubergistes ou logeurs	L. 31 mars 1896
Objets confiés à des professionnels pour être travaillés, façonnés, réparés, nettoyés ou gardés	L. 31 déc. 1903
Épaves maritimes	C. transp., art. L. 5141-1 s.
Objets abandonnés dans les établissements de santé, sociaux ou médico-sociaux	C. santé publique, art. R. 1113-6
Objets laissés en douane	C. douanes, art. 182 s.
Meubles et objets laissés dans un immeuble loué et sur lequel les scellés ont été apposés suite au décès du locataire	C. pr. civ., art. 1324
Biens abandonnés par l'occupant d'un local après son expulsion	C. pr. exéc., art. L. 433-1 et L. 433-2 – et C. pr. exéc., art. R. 433-1 à R. 433-6
Biens abandonnés par le locataire qui a quitté les lieux « *à la cloche de bois* »	Décr. n° 2011-945, 10 août 2011, art. 3 et 5 – C. pr. exéc., art. R. 451-1 s.
Biens meubles dont la revendication entre les mains du liquidateur n'a pas été faite malgré une mise en demeure	C. com., art. R. 641-32
Véhicules abandonnés en fourrière ou dans un lieu public ou privé où ne s'applique pas le Code de la route	C. route, art. L. 325-7 à L. 325-12, R. 325-43 à R. 325-52

111.03 Bibliographie indicative.

Actualisables. Rép. pr. civ., v° *Vente publique d'objets abandonnés*, par S. Piedelièvre, nov. 2021.

111.05 Juridiction compétente. D'une manière générale, ces procédures de vente dérogatoires échappent à la compétence du juge de l'exécution, à l'exception de la vente des biens abandonnés par un locataire expulsé ou qui a déménagé, « *à la cloche de bois* » ou postérieurement au commandement de quitter les lieux (sur ce point, v. s^s n°s 0531.21 s.).

Certaines d'entre elles relevaient de la compétence du tribunal d'instance, soit en application de l'ancien article R. 221-15, 1° du COJ, soit en vertu de textes spéciaux. Cette compétence était également partagée avec le tribunal de grande instance selon la valeur des biens mobiliers abandonnés. Depuis la fusion des tribunaux d'instance (TI) et de grande d'instance (TGI) au sein du tribunal judiciaire (TJ), l'article R. 211-3-7 (1°) du COJ issu du décret du 30 août 2019 [1], confie à cette nouvelle juridiction la connaissance des litiges relatifs à la vente des objets

1. Décr. n° 2019-912, 30 août 2019, modifiant le Code de l'organisation judiciaire et pris en application des articles 95 et 103 de la loi n° 2019-222 du 23 mars 2019 de programmation 2018-2022 et de réforme pour la justice, *JO* 1er sept., texte 2.

abandonnés dans les garde-meubles ou chez tout dépositaire, des objets confiés à des ouvriers, industriels ou artisans pour être travaillés, réparés ou mis en garde et des objets confiés à des entrepreneurs de transport et non réclamés, ainsi qu'au paiement des sommes dues à ces différents détenteurs. Cette compétence générale du TJ est répartie, en vertu de textes spéciaux, entre le juge et le président de ce tribunal en fonction de la valeur des effets concernés[1].

Le président du TJ est également compétent pour autoriser la vente des marchandises laissées en douane (C. douanes, art. 188, mod. par L. 13 déc. 2011, art. 8, 2°[2]). La vente des meubles trouvés dans un local loué sur lequel ont été apposés les scellés après le décès du preneur relève aussi du président du TJ ou de son délégué (C. pr. civ., art. 1324, mod. par Décr. 1er sept. 2011[3]). Il en va de même des objets et des documents déposés dans les greffes. Quant aux épaves maritimes et aux biens abandonnés dans les établissements de soin, leur vente ne nécessite aucune intervention judiciaire.

111.06 **Notion d'abandon.** Le titulaire d'un droit de propriété sur un bien peut, en vertu de son pouvoir de disposition, l'aliéner, le détruire ou l'abandonner.

Cet abandon peut résulter d'un acte juridique comme l'abandon de la mitoyenneté réglementé par l'article 656 C. civ. et la renonciation à une succession régie par les articles 804 s. du même code ou plus simplement d'un geste matériel comme le fait de déposer l'objet dont on veut se débarrasser dans une déchetterie ou sur un trottoir en laissant à quiconque la possibilité de se l'approprier. C'est le cas des effets jetés à la mer envisagé par l'article 717 alinéa 1er C. civ. Mais il existe des situations dans lesquelles la volonté du propriétaire de se déposséder est moins évidente. C'est l'hypothèse des objets mobiliers remis en dépôt, en gage ou en vue de leur réparation ou transformation, lorsqu'ils ne sont pas retirés. Ils embarrassent ainsi le professionnel qui les a reçus et qui, en raison de l'attitude ambiguë de leur propriétaire, n'ose en disposer librement, soit pour se payer, soit pour libérer de la place dans ses locaux. L'incertitude de la situation ne permet pas d'écarter définitivement l'éventualité d'une revendication du propriétaire des objets vendus de telle sorte que leur acquéreur demeurerait exposé au risque d'éviction. La vente de la chose d'autrui est nulle en vertu de l'article 1599 C. civ. et l'acheteur de bonne foi, susceptible d'être évincé, pourrait se prévaloir de ce texte pour demander à son vendeur, outre le remboursement du prix, le versement de dommages et intérêts. En cas de menace d'éviction avérée, ou d'éviction effective, il pourrait invoquer la garantie prévue aux articles 1026 s. du même code.

Plusieurs textes dispersés ont donc été adoptés pour remédier rapidement et à moindres frais, à ces difficultés. Certains sont très semblables et d'autres assez différents ; mais tous considèrent qu'à l'expiration d'un certain délai, variable suivant les situations, la personne qui ne s'est pas manifestée est réputée avoir définitivement renoncé à réclamer son bien. La notion d'abandon est donc prise par ces textes dans son sens le plus large.

Les objets abandonnés dont la vente est réglementée, se distinguent ainsi des objets perdus que leur propriétaire, dépossédé malgré lui, ne demande qu'à retrouver et dont le sort est réglé par des lois particulières en application du second alinéa de l'article 717 C. civ. Leur revendication est possible dans un délai de trois ans en vertu du second alinéa de l'article 2276 du même code (v. s^s n°s 1012.21 s.).

111.07 **Fondement juridique.** Comme cela vient d'être exposé, l'autorisation de vendre les objets abandonnés repose sur la renonciation implicite du propriétaire à son droit sur la chose délaissée. Mais cette présomption demeure fragile car le droit de propriété, qui est imprescriptible (C. civ., art. 2227), ne s'éteint pas par le non-usage, même prolongé, de telle sorte que son titulaire peut s'en prévaloir à tout moment[4]. Dans cette perspective, les procédures de vente offrent au propriétaire l'occasion de se manifester, soit en convoquant à une audience préalable à l'autorisation du juge, soit en lui ouvrant la possibilité de faire opposition à l'ordonnance ayant autorisé la cession aux enchères. Il faut d'ailleurs relever que la propriété des effets mobiliers délaissés n'est pas *ipso facto* transférée au détenteur, à l'expiration du délai légal. L'abandon n'autorise en effet que la vente forcée, c'est-à-dire l'expropriation au profit du tiers adjudicataire. C'est sans doute parce que la remise des biens non réclamés a pour origine un contrat de dépôt, de transport ou de louage d'ouvrage, impliquant une obligation de restitution qui persiste même en l'absence de paiement de la prestation ou des impenses (la compensation est notamment exclue en matière de dépôt, C. civ., art. 1347-2). C'est donc la possession plutôt que la propriété qui est réputée abandonnée.

1. L. 31 mars 1896, art. 2, et L. 31 déc. 1903, art. 2.
2. L. n° 2011-1862, 13 déc. 2011, relative à la répartition des contentieux et à l'allègement de certaines procédures juridictionnelles, *JO* 14 déc., p. 21105.
3. Décr. n° 2011-1043, 1er sept. 2011, relatif aux mesures conservatoires prises après l'ouverture d'une succession et à la procédure en la forme des référés, *JO* 2 sept., p. 14884.
4. Civ. 1re, 2 juin 1993, nos 91-10.971, 90-21.982 91-10.429 et 91-12.013, P I, n° 197 ; *D.* 1994. 582, note. B. Fauvarque-Cosson ; *D.* 1993. Somm. 306, obs. A. Robert – Civ. 3e, 5 juin 2002, n° 00-16.077, P III, n° 129 ; *D.* 2003. 1461, note G. Pillet ; *JCP* 2002. II. 10190, note E. du Rusquec.

Le prix obtenu est généralement affecté au paiement de la créance éventuelle du détenteur après règlement des frais. Aucun autre créancier n'est autorisé, à ce stade de la procédure, à faire valoir ses droits, par voie d'opposition, sur le produit de l'adjudication. Cette affectation privilégiée ne peut s'expliquer que par l'idée de gage ou de rétention qui soustend en réalité le droit de préférence reconnu au détenteur du bien. Il convient à cet égard de relever que lorsque celui-ci était un ouvrier, les anciens articles L. 143-12 et L. 143-13 C. trav., aujourd'hui abrogés, se combinaient entre eux pour lier étroitement droit de rétention et vente simplifiée au profit du professionnel (v. s[s] n° 1122.11).

Les créances de certains de ces professionnels (aubergistes, C. civ., art. 2333) ou de ces administrations (C. douanes, art. 379) bénéficient d'ailleurs d'un privilège spécial en tant que gagiste ou conservateur.

TITRE

112. Les procédures de vente

SECTION 0

ORIENTEUR

112.00 **Sommaire du titre.**

Division. Parmi les procédures spécifiques de vente de biens abandonnés seront successivement étudiées : les objets abandonnés ou laissés en dépôt par des voyageurs (chap. 1121), les objets confiés à des professionnels pour effectuer une prestation (chap. 1122), les objets confiés à un transporteur (chap. 1123), les marchandises laissées en douane (chap. 1124).

112.03 **Bibliographie indicative.**

Actualisables. Rép. pr. civ., vº *Vente publique d'objets abandonnés*, par S. Piedelièvre, nov. 2021.

CHAPITRE

1121. Objets abandonnés ou laissés en dépôt par les voyageurs

RENÉ LAUBA
MAGISTRAT HONORAIRE

SECTION 0
ORIENTEUR

1121.00 **Sommaire du chapitre.**

Division. Concernant cette vente, seront successivement étudiés son domaine d'application (sect. 1), l'ordonnance l'autorisant (sect. 2), la vente elle-même (sect. 3), l'incident-opposition (sect. 4) et la répartition du prix (sect. 5).

1121.01 **Textes applicables.**

• **L. 31 mars 1896,** relative à la vente des objets abandonnés ou laissés en gage par les voyageurs aux aubergistes ou hôteliers.

1121.02 **Jurisprudence de référence.**

> Adjudication des objets abandonnés.

• **Civ. 1re, 21 févr. 1989,** n° 86-16.240, P I, n° 85

* V. ss nos 1121.38, 1122.14, 1122.26, 1122.35

1° La loi du 31 décembre 1903 relative à la vente de certains objets abandonnés, modifiée par la loi n° 68-1248 du 31 décembre 1968, qui étend ses dispositions aux objets mobiliers déposés en garde-meuble, ne fait aucune distinction quant à la valeur des objets abandonnés.

2° L'article 503 du nouveau Code de procédure civile est inapplicable à la procédure instituée par l'article 2 de la loi du 31 décembre 1903, qui prévoit, lorsque l'ordonnance du juge d'instance fixant la date de la vente aux enchères publiques n'a pas été rendue en présence du propriétaire, que l'officier public le préviendra huit jours francs à l'avance, par lettre recommandée, des lieu, jour et heure de la vente dans le cas où son domicile sera connu.

3° L'article 622 du Code de procédure civile [ancien] est sans application dès lors que la vente n'est pas poursuivie pour cause de saisie mais sur le fondement de la loi du 31 décembre 1903 ; le commissaire-priseur n'est donc tenu que par les termes de l'ordonnance le commettant qui n'avait pas limité la vente à concurrence du montant de la créance.

4° Il n'existe aucun lien de causalité entre la faute du commissaire-priseur qui n'a pas mentionné le nom des acheteurs sur le procès-verbal de vente et le préjudice allégué par le propriétaire, dès lors que celui-ci savait son obligation constante et n'avait pas offert de régler sa dette avant la vente.

1121.03 **Bibliographie indicative.**

* V. ss n° 112.03

Article spécifique. A. Lauba, « Réflexions sur la loi du 31 mars 1896 relative à la vente des objets abandonnés ou laissés en gage par les voyageurs aux aubergistes et hôteliers », *in Promesses et actes unilatéraux*, 7es journées d'études des Poitiers-Roma TRE (12 et 13 juin 2009), Poitiers, LGDJ, 2011, p. 47-68.

1121.05 **Principe.** Selon l'article 1er de la loi du 31 mars 1896, les objets mobiliers apportés par le voyageur chez un aubergiste, hôtelier ou logeur et laissés en gage pour sûreté de sa dette ou abandonnés au moment de son départ, peuvent être vendus aux enchères sur autorisation du juge ou du président du tribunal judiciaire, selon une procédure simple et rapide.

Le produit de la vente est affecté au paiement des frais et de la créance éventuelle de l'hôtelier, tandis que le solde, s'il y en a un, est consigné au profit du voyageur.

SECTION 1
DOMAINE D'APPLICATION

1121.11 **Biens concernés.** Ce sont les effets appartenant au voyageur à l'exclusion de ceux dont un tiers peut être propriétaire. En vertu de l'article 2276 C. civ. (C. civ., anc. art. 2279), le client est présumé être propriétaire des objets trouvés dans sa chambre ou confiés à l'hôtelier. Mais cette présomption tombe lorsque ces effets ne sont pas ceux que l'on emporte avec soi en voyage et dont on peut penser que le voyageur n'est pas propriétaire[1]. Les articles 1952 à 1954 C. civ. relatifs à la responsabilité spécifique des aubergistes et hôteliers à l'égard des effets de leurs clients énoncent expressément les vêtements, bagages et objets divers de toute nature, y compris ceux laissé dans les véhicules stationnés sur les lieux dont ils ont la jouissance privative. Le véhicule abandonné sur le parking ou dans le garage d'un hôtel paraît devoir rentrer dans le champ de la loi 1896. Encore que l'article 6 *bis* de la loi du 31 décembre 1903 concernant les biens abandonnés chez un professionnel de la garde, du nettoyage ou de la réparation semble également pouvoir s'appliquer puisqu'il vise « *les véhicules automobiles déposés dans un garage* ».

Précisions toutefois qu'une voiture garée dans l'enceinte d'un hôtel constitue un effet mobilier au sens de l'article 1952 C. civ. appliquant aux hôteliers et aubergistes le régime de responsabilité du dépôt nécessaire[2].

1121.12 **Effets gagés.** Il s'agit des effets que le voyageur a laissés en garantie du montant de sa dette à l'égard de l'hôtelier.

En sa qualité de gagiste, le professionnel de l'hébergement a un premier avantage. Il n'a pas besoin de pratiquer une saisie pour entrer en possession puisqu'il a déjà la détention réelle des objets donnés en garantie. Dès lors que la saisie n'est pas nécessaire, la question de leur saisissabilité au regard des articles L. 112-2 et L. 112-3 C. pr. exéc. ne se pose pas non plus. Elle se pose d'autant moins qu'en remettant ses effets en gage, c'est-à-dire en acceptant de s'en dessaisir, le débiteur a reconnu qu'ils n'étaient pas nécessaires à sa vie ou à son travail et renoncé, par là même, à se prévaloir de leur insaisissabilité éventuelle.

En vertu de la loi du 31 mars 1896, l'hôtelier ou le logeur bénéficie en outre d'une procédure simplifiée, dérogatoire à celle prévue par les articles 2346 et 2347[3] C. civ. pour la réalisation du gage, qui oblige le créancier à assigner son débiteur en paiement et à poursuivre ou à demander en justice, soit la vente du bien aux enchères, soit son attribution en pleine propriété. Il convient cependant de relever que la loi du 31 mars 1896 a été adoptée à une époque où le gage était considéré comme un contrat réel qui était parfait par la seule remise de la chose donnée en garantie. Depuis l'ordonnance du 23 mars 2006[4], le gage est désormais un contrat consensuel qui n'est parfait que par l'établissement d'un écrit contenant la désignation de la dette garantie, la qualité des biens donnés en gage ainsi que leur espèce ou leur nature. Ce formalisme mal adapté aux circonstances dans lesquelles un gage peut être constitué au profit d'un hôtelier, risque de dissuader le recours à cette sûreté.

Il apparaît donc opportun de considérer que la constitution et la réalisation du gage prévues par la loi de 1896 relèvent d'un régime dérogatoire au droit commun.

1121.13 **Effets abandonnés.** Il s'agit des objets laissés en dépôt ou tout simplement oubliés au moment de son départ, par le voyageur qui a payé sa note et qui, *a priori*, doit revenir les réclamer. Il peut aussi s'agir des effets abandonnés par le client parti « *à la cloche de bois* », sans aucune intention de retour.

Dans un cas comme dans l'autre, ils peuvent devenir une source de gêne, voire de responsabilité, pour le dépositaire, lequel ne peut attendre indéfiniment que le déposant qui ne se manifeste plus, vienne un jour les récupérer. Il faut préciser que l'article 1952 C. civ. fait peser sur les aubergistes ou hôteliers les obligations qui naissent d'un dépôt nécessaire et qui engendrent une responsabilité plus lourde qu'en cas de dépôt volontaire. Certes, l'obligation de garde et de surveillance, qui se poursuit jusqu'au départ du voyageur, s'éteint après que celui-ci a quitté l'établissement en emportant tous ses effets[5]. Mais, en l'occurrence, ses effets sont restés sur place et leur propriétaire peut avoir été empêché par un accident, une maladie ou une tout autre cause de revenir les chercher. Seul le temps écoulé permet de présumer son intention de les abandonner. Jusqu'à la vente, l'obligation de garde persiste[6].

Le caractère saisissable ou non de ces effets est indifférent dès lors qu'il n'y a pas de saisie et que le voyageur, qui n'en avait pas besoin puisqu'il ne les a pas emportés, s'en désintéresse. À noter que si ces biens sont sans valeur ou sont des documents de nature personnelle pour lesquels la loi du 31 mars 1896 ne prévoit rien, on pourrait peut-être leur appliquer par voie d'analogie, les dispositions de l'article R. 433-6 C. pr. exéc. relatives aux effets non retirés par la personne expulsée (v. s[s] n°s 0523.33 et 0523.44).

1. V. *J.-Cl. Rép. prat. dr. privé*, v[o] *Objets abandonnés*, n° 16.
2. Bordeaux 20 janv. 1972, *Gaz. Pal.* 1972. 1. 426 (1re esp.) – Civ. 1re, 22 févr. 2000, n° 98-11.391, P I, n° 57 ; *D.* 2001. 341, note O. Gout ; *JCP* 2001. II. 10543, note Gauvin – Civ. 1re, 29 sept. 2004, n° 01-13.567, P I, n° 218 ; *JCP E* 2005. 570, note. Alfnoy.
3. COMP. : C. civ., anc. art. 2078.
4. Ord. n° 2006-346, 23 mars 2006, relative aux sûretés, *JO* 24 mars, p. 4475.
5. Civ. 1re, 20 mars 1990, n° 88-19.050, P I, n° 68 ; *JCP* 1990. II. 21564, note Gouleaux ; *RTD civ.* 1990. 680, obs. P. Rémy.
6. Com. 7 avr. 2010, n° 09-12.486, cité s[s] n° 1122.11 à propos d'un véhicule relevant de la loi du 31 décembre 1903.

1121.14 **Effets laissés dans un coffre.** Lorsque les biens déposés ou remis en gage ont été enfermés dans le coffre-fort de l'hôtel, il semble que l'on doive appliquer les dispositions de la loi du 31 mars 1896, plutôt que celles des articles R. 224-1 et suivants C. pr. exéc. relatifs à la saisie des meubles corporels placés dans un coffre-fort. En effet, ces derniers textes concernent des mesures conservatoires ou d'exécution pratiquées entre les mains d'un tiers, ce qui n'est pas le cas de l'hôtelier propriétaire du coffre qui est directement lié au voyageur par un contrat d'hébergement assorti d'un gage ou d'un dépôt. De surcroît, la saisie est sans objet, le professionnel étant en possession des effets affectés à sa garantie ou abandonnés par son client.

1121.15 **Créances garanties.** Il ne peut s'agir que du montant de la note ou de la pension. Les dettes contractées auprès de l'hôtelier, pour une cause sans relation avec l'hébergement, ne bénéficient pas du régime de faveur de la loi du 31 mars 1896. Si le professionnel du logement se trouve créancier à un autre titre (prêt, indemnité quasi délictuelle), il doit agir selon les voies du droit commun.

On doit aussi considérer que la créance née du dépôt gratuit, notamment celle constituée par les frais de conservation des choses remises, bénéficie du régime dérogatoire. À cet égard l'hôtelier peut se prévaloir, en qualité de gagiste, du droit de rétention de l'article 2339[1] et du privilège des articles 2332-4 et 2333[2] C. civ.[3]. Il peut aussi invoquer le droit de rétention qu'il tient, en sa qualité de dépositaire, de l'article 1948 C. civ. et le privilège prévu au bénéfice de la créance du conservateur, par les articles 2332, 2° et 2332-3 du même code[4].

1121.16 **Professionnels concernés.** La loi du 31 mars 1896 peut être invoquée par les aubergistes, hôteliers et logeurs, c'est-à-dire par ceux qui font profession de fournir, à titre principal, un local d'hébergement pour une durée généralement courte. Le terme logeur figurant dans la liste des professionnels concernés revêt un sens très large permettant d'y inclure les exploitants de terrains de camping qui fournissent des bungalows ou des mobile-homes à leurs clients. La **notion d'hébergement temporaire** constitue le critère d'application essentiel de la loi de 1896. La référence faite aux « *effets appartenant aux voyageurs* », par l'article 1er de la loi, évoque nécessairement une clientèle de passage et exclut de son champ les séjours prolongés ou liés à une activité autre que l'hébergement.

La loi du 31 mars 1896 ne peut bénéficier aux particuliers qui fournissent des logements et aux autres professionnels dont la principale activité est l'enseignement ou les soins (lycées, cliniques, hôpitaux), tandis que l'hébergement ne constitue qu'une prestation accessoire. Les professionnels dans les locaux desquels les clients peuvent déposer des effets personnels sans toutefois y être logés, semblent également être exclus du domaine de la loi de 1896. À cet égard, la jurisprudence concernant la responsabilité encourue par les aubergistes et hôteliers en cas de vol ou de détérioration des effets de leurs clients, pourrait servir de référence. Ainsi en l'absence d'hébergement, l'application de l'article 1952 C. civ. prévoyant ce régime de responsabilité spécifique, a été écartée pour un restaurateur[5], pour une clinique[6] ou pour le vestiaire d'un cabaret[7].

SECTION 2

ORDONNANCE AUTORISANT LA VENTE

1121.21 **Juge compétent.** La procédure échappe à la compétence du juge de l'exécution. **Jusqu'au 31 décembre 2012,** les dispositions du premier alinéa de l'article 2 de la loi du 31 mars 1896, donnaient compétence, pour autoriser la vente, au juge du tribunal d'instance ou à la juridiction de proximité, selon que l'intérêt du litige était supérieur ou inférieur à 4 000 euros.

À compter du 1er janvier 2013, le premier alinéa de l'article 2 de la loi de 1896, dans sa rédaction issue de l'article 11 de la loi du 13 décembre 2011[8], a attribué compétence au tribunal d'instance (TI) ou au président du tribunal de grande instance (TGI) selon la valeur des effets mobiliers laissés en gage ou abandonnés. Avec le remplacement du TI et du TGI par le tribunal judiciaire (TJ), l'article 2 précité a de nouveau été modifié, cette fois par l'ordonnance du 18 septembre 2019[9] désignant le juge ou le président du TJ, selon la valeur des effets, pour autoriser leur vente. Ce texte est entré en vigueur au 1er janvier 2020. Il convient de préciser que le juge du TJ, compétent lorsque la valeur des biens n'excède pas 10 000 euros, peut être un juge de l'une de ses chambres de proximité dans le ressort de laquelle sont situés les effets abandonnés (COJ, art. D. 212-19-1 et

1. COMP. : C. civ., anc. art. 2082.
2. COMP. : C. civ., anc. art. 2073.
3. C. civ., anc. art. 2102, 2°.
4. C. civ., anc. art. 2102, 5°.

5. Civ. 1re, 11 mars 1969, *D.* 1969, 492.
6. Civ. 1re, 17 déc. 1957, *JCP* 1958. II. 10452.
7. Civ. 1re, 1er mars 1988, n° 86-15.563, P I, n° 57.
8. L. n° 2011-1862, 13 déc. 2011, relative à la répartition des contentieux et à l'allègement de certaines procédures juridictionnelles, *JO* 14 déc., texte 1.
9. Ord. n° 2019-964, 18 sept. 2019, prise en application de la loi n° 2019-222 du 23 mars 2019 de programmation 2018-2022 et de réforme pour la justice, *JO* 19 sept., texte 5.

tableau IV, II, 13°). La connaissance du contentieux relève alors du juge unique (COJ, art. R. 212-8, 19°).

1121.22 **Requête.** La requête doit énoncer les faits, désigner les objets et indiquer leur valeur approximative [1]. Il s'agit donc d'une requête motivée, conformément en cela aux dispositions générales de l'article 494 C. pr. civ.

Conformément aux dispositions combinées du 2° de l'article 761 C. pr. civ. et du 13° du tableau IV, II annexé au Code de l'organisation judiciaire, le requérant n'est pas tenu de constituer avocat. Il peut donc présenter lui-même sa requête en la remettant ou en l'adressant au greffe du tribunal.

Il peut aussi la présenter par l'intermédiaire d'un tiers qui peut être :

– devant le juge du TJ ou de l'un de ses chambres de proximité, un avocat ou l'une des personnes énoncées aux articles 761 et 762 C. pr. civ. ;

– devant le président du TJ, tout mandataire de son choix, un avocat ou un officier public ou ministériel habilité par les dispositions en vigueur (C. pr. civ., art. 846).

1121.23 **Ordonnance.** Le juge se prononce par une ordonnance mise au bas de la requête. Il s'agit d'une procédure non contradictoire. Le voyageur ne sera entendu que s'il forme opposition.

Le juge n'est pas tenu de faire droit à la requête, s'il constate que le requérant ne remplit pas les conditions prévues par la loi du 31 mars 1896. La décision de rejet est susceptible d'appel dans les conditions du droit commun (C. pr. civ., art. 496).

S'il décide d'y faire droit, le juge doit fixer le jour, l'heure et le lieu de la vente, laquelle ne pourra être faite que six mois après le départ constaté du voyageur [2].

Cette ordonnance doit en outre désigner l'officier ministériel chargé de la vente, contenir, s'il y a lieu, l'évaluation de la créance du requérant et fixer la mise à prix des objets vendus [3].

Ainsi la décision du juge constitue un titre pour l'hôtelier, titre qui liquide le montant de sa créance et en constate l'exigibilité. Elle permet aussi, par l'évaluation des effets, d'éviter une mise à prix trop faible.

SECTION 3
VENTE

1121.31 **Règles applicables à la vente.** La loi du 31 mars 1896 détermine avec précision les conditions dans lesquelles les objets gagés ou abandonnés doivent être vendus. Ces conditions sont très proches de celles prévues par les dispositions législatives et réglementaires relatives aux voies d'exécution. Elles comportent cependant quelques différences notables qui tiennent aux objectifs spécifiques poursuivis par la loi de 1896 qui revêt ainsi un caractère dérogatoire. S'agissant notamment des biens gagés, leur réalisation devrait, selon l'article 2346 C. civ., issu de la loi du 23 mars 2006, être effectuée selon les modalités prévues par les procédures civiles d'exécution, sans que la convention de gage puisse y déroger. Le législateur est, en revanche, autorisé à prévoir un mode opératoire mieux adapté à certaines circonstances, comme c'est le cas en matière de gage au profit d'un hôtelier. Il ne faut d'ailleurs pas perdre de vue le fait que la loi de 1896 vise également la vente, non seulement des effets gagés, mais encore celle des effets abandonnés.

1121.32 **Agent chargé de la vente.** Il est désigné par le juge parmi les officiers ministériels habilités par leur statut (commissaires de justice, notaires ou courtiers). L'article 7 de la loi du 31 mars 1896 précise que la vente est faite conformément aux lois et règlements qui déterminent les attributions des officiers publics qui en sont chargés. En fait, le juge doit tenir compte de la loi du 26 juin 1816 instituant les commissaires-priseurs et de la compétence territoriale de l'officier vendeur. Il lui appartient également de prendre en considération la loi du 10 juillet 2000 [4] qui réglemente désormais séparément les ventes volontaires et les ventes forcées, les premières relevant de sociétés commerciales et les secondes, des commissaires de justice et des autres officiers ministériels habilités (v. s[s] n°s 0716.61 s.).

Il convient de rappeler qu'en application de l'ordonnance du 2 juin 2016 [5], qui est entrée en vigueur le 1er juillet 2022 [6], les huissiers de justice et les commissaires-priseurs judiciaires ont été réunis en une seule profession, celle de commissaire de justice ayant notamment pour attribution, à titre exclusif, les ventes aux enchères publiques de meubles corporels prescrites par la loi ou par décision de justice [7] et, concurremment avec des opérateurs privés, les ventes volontaires de ces mêmes meubles [8].

1121.33 **Lieu de la vente.** Il est choisi par le juge dans son ordonnance. En l'absence de précision de la loi sur ce point, le juge peut se référer aux dispositions de l'article R. 221-33 C. pr. exéc. et opter, soit

1. L. 31 mars 1896, art. 2, al. 1er.
2. L. 31 mars 1896, art. 2, al. 2.
3. L. 31 mars 1896, art. 2, al. 3.
4. L. n° 2000-642, 10 juill. 2000, portant réglementation des ventes volontaires de meubles aux enchères publiques, *JO* 11 juill., p. 10474.
5. Ord. n° 2016-728, 2 juin 2016, relative au statut de commissaire de justice, *JO* 3 juin, texte 24.
6. Ord. n° 2016-728, 2 juin 2016, art. 25, I.
7. Ord. n° 2016-728, 2 juin 2016, art. 1er, 2°.
8. Ord. n° 2016-728, 2 juin 2016, art. 1er, IV.

pour l'endroit où les effets ont été laissés, soit pour une salle des ventes ou un marché public dont la situation géographique est la plus appropriée pour solliciter la concurrence à moindres frais (v. ss nos 0716.21 à 0716.24).

1121.34 **Moment de la vente.** La vente ne peut avoir lieu que six mois après le départ du voyageur, délai à l'expiration duquel celui-ci est présumé avoir définitivement renoncé à récupérer ses effets [1].

À ce stade de la procédure, la faculté de vente amiable ouverte par le Code des procédures civiles d'exécution, pour toutes les procédures à fin de vente (C. pr. exéc., art. L. 221-1, R. 222-6 et R. 222-8) est sans objet. Le voyageur pourra toujours, s'il fait opposition, proposer un acheteur.

Le juge peut autoriser la vente à une date plus proche mais seulement en cas d'extrême urgence. Il doit dans cette hypothèse, mentionner les motifs de cette abréviation (en invoquant le caractère périssable de certains effets).

La vente ne peut avoir lieu que huit jours après les formalités de publicité [2].

1121.35 **Ouverture des bagages.** L'officier public chargé de la vente fait ouvrir en présence du dépositaire, c'est-à-dire de l'hôtelier, les malles, paquets ou autres bagages sous fermeture quelconque et dresse un procès-verbal de cette opération qu'il communique au juge [3]. Il faut assimiler aux bagages le coffre de l'hôtel dont le propriétaire a la clé.

Il n'y a pas lieu ici, d'appliquer les dispositions des articles L. 142-3 et L. 142-1 C. pr. exéc. (v. ss nos 0714.23 s.), dans la mesure où il n'y a pas de saisie et où le local n'est plus occupé par le voyageur. Les opérations se déroulent dans les locaux ou, le cas échéant, dans le coffre du requérant, dépositaire ou créancier-gagiste. On se trouve donc dans le cadre d'un régime dérogatoire inspiré par le particularisme de la situation.

1121.36 **Publicité.** La vente est annoncée huit jours à l'avance par des affiches apposées aux lieux indiqués par le juge [4]. Le juge peut s'inspirer de la publicité obligatoire prévue par l'article R. 221-34 C. pr. exéc. pour la saisie-vente et ordonner l'apposition des affiches à la mairie et au lieu de la vente.

La loi du 31 mars 1896 ne prévoit pas que la vente peut être annoncée par voie de presse. Mais elle n'interdit pas cette forme de publicité à laquelle le juge peut recourir si la valeur des effets mérite l'engagement de frais supplémentaires. Il peut aussi, comme le lui permet expressément l'article 3 de la loi de 1896, autoriser la vente après une ou plusieurs annonces à son de trompe ; mais ce mode de publicité rudimentaire ne présente plus aujourd'hui beaucoup d'intérêt. On pourrait peut-être lui substituer une annonce radiophonique.

L'accomplissement des formalités de publicité doit être constaté dans le procès-verbal de vente par une mention spéciale [5]. Il n'y a donc pas lieu de dresser un procès-verbal spécifique, sauf pour le commissaire de justice à supporter la charge de cet acte inutile.

1121.37 **Notification de la date de vente.** L'officier public doit prévenir le voyageur, huit jours à l'avance, des lieu, jour et heure de la vente. Mais cette formalité n'est obligatoire que dans le cas où le domicile du voyageur est connu. Elle doit être effectuée par lettre recommandée avec demande d'avis de réception [6]. Là encore, il est dérogé aux dispositions générales de l'article R. 221-35 C. pr. exéc.

1121.38 **Modalités de la vente.** La vente a lieu aux enchères publiques tant en l'absence qu'en la présence du déposant. L'article 7 de la loi du 31 mars 1896 renvoie, pour les modalités de la vente, aux articles 624 et 625 ACPC qui sont aujourd'hui abrogés et remplacés par les articles R. 221-37 et R. 221-39 C. pr. exéc. (v. ss nos 0716.61 s.). L'adjudication est faite au plus offrant après trois criées. Le prix est payable comptant. À défaut, l'objet est revendu à la folle enchère de l'adjudicataire.

Il faut cependant préciser que l'officier public qui n'est tenu que dans les termes de l'ordonnance qui l'a désigné, n'a pas à limiter la vente à concurrence de la créance. La Cour de cassation estime en effet que l'article 622 ACPC qui est remplacé par l'article R. 221-38 C. pr. exéc. (qui prévoit que la vente est arrêtée lorsque le prix obtenu assure le paiement des causes de la saisie) ne s'applique pas à la vente des objets abandonnés, dès lors que celle-ci n'est pas poursuivie pour cause de saisie mais sur le fondement d'une loi dérogatoire [7]. Cette solution adoptée à propos de la loi du 31 décembre 1903 relative aux objets abandonnés entre les mains d'un professionnel du façonnage, de la réparation ou du nettoyage est transposable à la vente des effets abandonnés par les voyageurs. Cette solution s'explique par le fait que la vente constitue le moyen, non seulement de désintéresser le professionnel, mais encore de le décharger de la garde des objets abandonnés.

Il est dressé un procès-verbal de la vente contenant la désignation des biens vendus, le montant de l'adjudication, l'énonciation déclarée, du nom et prénom des adjudicataires et mention des formalités de publicité prévues à l'article 3 de la loi du 31 mars 1896.

1. L. 31 mars 1896, art. 2, al. 2.
2. L. 31 mars 1896, art. 3, al. 1er.
3. L. 31 mars 1896, art. 2, al. 4.
4. L. 31 mars 1896, art. 3, al. 1er.
5. L. 31 mars 1896, art. 3 *in fine*.
6. L. 31 mars 1896, art. 4, al. 1er.
7. Civ. 1re, 21 févr. 1989, no 86-16.240, P I, no 85.

SECTION 4
INCIDENT-OPPOSITION

1121.41 **Modalité de l'opposition.** Le propriétaire peut s'opposer à la vente par un exploit signifié au dépositaire. Cette opposition emporte de plein droit citation à comparaître à la première audience utile de la juridiction qui a autorisé la vente, « *nonobstant toute indication d'une audience ultérieure* »[1].

Il s'agit de l'audience la plus proche, sous réserve que le délai de comparution de quinze jours accordé au défendeur, puisse être respecté. En effet, par l'expression « *première audience utile* » il faut entendre l'audience à laquelle toutes les parties intéressées peuvent être réunies pour s'expliquer contradictoirement. Cette date d'audience peut être communiquée à l'opposant par tout moyen. Elle peut notamment être obtenue par téléphone ou par télécopie auprès du greffe des services civils. Elle peut aussi l'être au moyen d'un courrier électronique. La date peut également être transmise aux commissaires de justice (anct. huissiers de justice) par le système de communication mentionné à l'arrêté du 28 août 2012[2] (C. pr. civ., art. 751 – Arr. 9 mars 2020[3], art. 2 et 3). La recevabilité de la citation précitée n'est pas subordonnée à la justification, par le propriétaire opposant, de l'échec d'une tentative préalable de règlement amiable du litige, même si la valeur des biens ou le montant de sa créance n'excède pas 5 000 euros. L'urgence de la situation et les circonstances de l'espèce le dispensent de ce préalable obligatoire pour les litiges dont la valeur ne dépasse pas cette somme (C. pr. civ., art. 550-1).

1121.42 **Auteur de l'opposition.** Cette voie de recours est ouverte au propriétaire des effets qui peut être le voyageur ou un tiers qui les a mis, à un titre quelconque, à la disposition de celui-ci. Ce tiers peut ainsi exercer son action en revendication.

1121.43 **Objet de l'opposition.** L'opposition du voyageur peut avoir pour objet de contester l'existence ou le montant de la créance de l'hôtelier. Elle peut également viser à obtenir un délai de paiement[4], à proposer un acheteur ou encore, à faire déclarer la procédure irrégulière, soit parce que la loi n'est pas applicable, soit parce que les formalités qu'elle prévoit n'ont pas été respectées, soit enfin parce qu'un ou plusieurs effets appartiennent à un tiers.

Le voyageur peut aussi opposer à l'hôtelier la prescription extinctive de droit commun de cinq ans qui se substitue, depuis la réforme de la loi du 17 juin 2008[5], à la brève prescription présomptive d'un an que prévoyait l'ancien article 2271 C. civ. L'opposition du véritable propriétaire a essentiellement pour objet la revendication des biens lui appartenant et, le cas échéant, l'indemnisation de son préjudice.

L'hôtelier devrait pouvoir lui opposer son droit de rétention, notamment au titre des frais d'hébergement et d'éventuelles impenses.

1121.44 **L'instance sur opposition.** L'opposition doit être portée devant la juridiction qui a délivré l'ordonnance, c'est-à-dire le juge du TJ (ou de l'une de ses chambres de proximité – COJ, tableau IV, II, 13°) ou le président du TJ selon que la valeur des objets abandonnés ou laissés en gage est inférieure ou supérieure à 10 000 euros. La procédure applicable doit être la procédure orale en vigueur devant le TJ, sous réserve des dispositions particulières à la matière de la vente, des effets gagés ou abandonnés par les voyageurs. En effet, cette procédure orale s'impose, en vertu de l'article 817 C. pr. civ., dès lors que les parties sont dispensées de constituer avocat, ce qui est le cas de tous les litiges relatifs aux objets abandonnés chez tout dépositaire, tel qu'un aubergiste, un hôtelier ou un logeur (C. pr. civ., art. 761, 2° – COJ, art. R. 211-3-7, 1° et tableau IV, II, 13°).

Le propriétaire des biens et l'hôtelier chez qui ils demeurent en dépôt, peuvent donc présenter eux-mêmes leur défense ou se faire représenter par un avocat ou par l'une des personnes mentionnées aux articles 761 et 762 C. pr. civ.

La juridiction statue à charge d'appel au-delà d'une valeur de 5 000 euros (COJ, art. R. 211-3, R. 211-3-1, R. 211-3-7 et R. 211-3-24).

SECTION 5
RÉPARTITION DU PRIX

1121.51 **Paiement des frais.** Le prix est tout d'abord affecté aux règlements des frais avancés par l'officier public chargé de la vente. Si le produit de la vente est insuffisant pour couvrir les frais, l'hôtelier doit verser le solde restant dû à l'officier vendeur, sauf à se retourner ultérieurement contre le voyageur pour être remboursé[6].

1. L. 31 mars 1896, art. 5, al. 1er.
2. Arr. 28 août 2012, portant application des dispositions du titre XXI du livre Ier du Code de procédure civile aux huissiers de justice, *JO* 31 août, texte 6.
3. Arr. 9 mars 2020, relatif aux modalités de communication de la date de première audience devant le tribunal judiciaire, *JO* 14 mars, texte 7.
4. TI Périgueux, 13 mai 1994, n° 11.94/00379, Amicel c/Sarl Parichon.
5. L. n° 2008-561, 17 juin 2008, portant réforme de la prescription en matière civile, *JO* 18 juin, p. 9856.
6. L. 31 mars 1896, art. 6, al. 1er et 2.

1121.52 **Paiement des créances.** Le surplus, s'il y en a un, est affecté au paiement de la créance de l'hôtelier[1] qui peut être le montant de la note ou des impenses nécessitées par la conservation des effets. C'est la mise en œuvre du privilège des articles 2332, 2°, 2332-3 et 2333 C. civ.[2] ou la prise en compte du droit de rétention des articles 1948, 2386 (2° et 3°) et 2339 du même code.

1121.53 **Consignation du solde.** S'il existe un solde après paiement des frais et de la créance, celui-ci doit être versé à la Caisse des dépôts et consignations au nom du propriétaire. Cette diligence incombe à l'officier public qui est dispensé par la loi de dresser un procès-verbal du dépôt. Il doit cependant retirer un récépissé qui lui vaudra décharge[3].

Le montant de la consignation en principal et intérêts est acquis de plein droit au Trésor public deux ans après le dépôt si, dans l'intervalle, le propriétaire, ses représentants ou ses créanciers n'ont pas réclamé celui-ci.

On constate que la répartition du prix déroge complètement à la procédure de distribution des deniers organisée par la réforme des voies d'exécution. Il n'y a pas d'opposition possible sur le prix de la vente qui est versé en priorité à l'hôtelier après paiement des frais, les autres créanciers n'ayant droit qu'au solde consigné. Ils ne bénéficient d'ailleurs d'aucune information leur donnant l'occasion de faire valoir leurs droits. Seule la publicité de la vente est de nature à les prévenir. On peut alors se demander selon quelles modalités ceux-ci peuvent se faire verser la somme consignée. Il semble qu'ils doivent procéder par voie de saisie-attribution, d'opposition ou de saisie administrative à tiers détenteur, le premier à se manifester bénéficiant seul de l'effet de transport-cession immédiat produit par ces mesures.

On peut aussi se demander si le reliquat consigné dans l'intérêt des créanciers ne leur est pas affecté collectivement. Il serait alors indisponible et insusceptible d'être saisi par l'un d'entre eux agissant individuellement. Il appartiendrait dans ces conditions au plus diligent des créanciers, au débiteur lui-même ou au consignataire du solde, de recourir à la distribution des deniers en dehors de toute procédure d'exécution réglementée par les articles 1281-1 s. C. pr. civ., en faisant désigner en référé par le président du TJ, une personne chargée de la répartition. Cette répartition se ferait en proportion du montant de chaque créance sous réserve des causes légitimes de préférence.

1. L. 31 mars 1896, art. 6, al. 1er.
2. COMP. : C. civ., anc. art. 2073.
3. L. 31 mars 1896, art. 6, al. 1er.

CHAPITRE

1122. Objets confiés à des professionnels pour être façonnés, réparés, nettoyés, gardés, *etc.*

RENÉ LAUBA
MAGISTRAT HONORAIRE

SECTION 0
ORIENTEUR

1122.00 Sommaire du chapitre.

Division. Concernant cette vente, seront successivement étudiés son domaine d'application (sect. 1), son autorisation (sect. 2), la vente elle-même (sect. 3), les incident-opposition (sect. 4) et la répartition du prix (sect. 5).

1122.01 Textes applicables.

• **L. 31 déc. 1903,** relative à la vente des objets abandonnés chez les ouvriers et industriels, JO 8 jante. 1904.

1122.02 Jurisprudence de référence.

> Adjudication des objets abandonnés.

• **Civ. 1re, 21 févr. 1989,** no 86-16.240, P I, no 85

* V. ss nos 1121.38, 1122.14, 1122.26, 1122.35

1o La loi du 31 décembre 1903 relative à la vente de certains objets abandonnés, modifiée par la loi no 68-1248 du 31 décembre 1968, qui étend ses dispositions aux objets mobiliers déposés en garde-meuble, ne fait aucune distinction quant à la valeur des objets abandonnés.

2o L'article 503 du nouveau Code de procédure civile est inapplicable à la procédure instituée par l'article 2 de la loi du 31 décembre 1903, qui prévoit, lorsque l'ordonnance du juge d'instance fixant la date de la vente aux enchères publiques n'a pas été rendue en présence du propriétaire, que l'officier public le préviendra huit jours francs à l'avance, par lettre recommandée, des lieu, jour et heure de la vente dans le cas où son domicile sera connu.

3o L'article 622 du Code de procédure civile [ancien] est sans application dès lors que la vente n'est pas poursuivie pour cause de saisie mais sur le fondement de la loi du 31 décembre 1903 ; le commissaire-priseur n'est donc tenu que par les termes de l'ordonnance le commettant qui n'avait pas limité la vente à concurrence du montant de la créance.

4o Il n'existe aucun lien de causalité entre la faute du commissaire-priseur qui n'a pas mentionné le nom des acheteurs sur le procès-verbal de vente et le préjudice allégué par le propriétaire, dès lors que celui-ci savait son obligation constante et n'avait pas offert de régler sa dette avant la vente.

1122.03 Bibliographie indicative.

* V. ss no 112.03

1122.05 Principe. Selon l'article 1er de la loi du 31 décembre 1903, les objets mobiliers confiés à un professionnel pour être travaillés, façonnés, réparés ou nettoyés et qui n'ont pas été retirés dans un certain délai, peuvent être vendus aux enchères sur autorisation judiciaire, le prix obtenu étant affecté au règlement de la créance éventuelle du professionnel. L'article 6 *bis* de la loi ajoute à cette liste, les professionnels de la garde, du dépôt et de l'entretien de meubles, véhicules et bateaux de plaisance.

Il s'agit d'une procédure simple et rapide très inspirée de celle prévue par la loi du 31 mars 1896. Elle revêt cependant, dès le départ, un **caractère contradictoire** que l'on ne retrouve pas dans la vente des effets abandonnés par les voyageurs.

SECTION 1
DOMAINE D'APPLICATION

1122.11 Professionnels concernés. La liste des prestations contenue dans l'article 1er de la loi du 31 décembre 1903 permet d'identifier une grande variété de professionnels pouvant bénéficier de la procédure de vente des objets abandonnés. Il s'agit des artisans, orfèvres, bijoutiers, réparateurs d'appareils électroménagers, mécaniciens, carrossiers, teinturiers-nettoyeurs, *etc.* Ce sont aussi les établissements de garde-meubles, les garagistes mettant des box ou des emplacements à la disposition des propriétaires de véhicule et des commissaires de justice qui détiennent des effets mobiliers soit en vue d'une vente publique non poursuivie, soit après leur adjudication[1]. L'article 6 *bis* vise également les professionnels de la construction, la réparation, l'entretien ou du gardiennage des navires et des bateaux de plaisance abandonnés dans un chantier, sur un terre-plein ou dans un atelier. L'article L. 143-13 C. trav. qui n'a pas été reconduit lors de la refonte issue de l'ordonnance du 12 mars 2007[2] ajoutait à cette liste les ouvriers à domicile en renvoyant, pour la vente des objets qui leur avaient été confiés, aux dispositions de la loi du 31 décembre 1903.

1122.12 Objectif du législateur. L'objectif de la procédure est de permettre aux professionnels d'être payés de leur travail ou de leurs impenses, tout en les débarrassant d'objets encombrants et sources de responsabilité.

Généralement, le professionnel entre les mains duquel un objet a été abandonné n'a pas reçu le prix de sa prestation et, le cas échéant, le montant de ses frais de garde et de conservation. Pour certains de ces professionnels, comme les exploitants de garde-meubles, le gardiennage des biens confiés constitue même la principale prestation de service rémunéré. Mais ceux dont la prestation essentielle est la fourniture d'un travail de transformation, réparation ou nettoyage, sont également considérés commes des dépositaires pour les objets qui leur sont remis au titre du contrat d'entreprise (C. civ., art. 1919)[3] et pour la garde et la conservation desquels ils peuvent réclamer le remboursement de leurs dépenses, voire même le versement d'une rétribution complémentaire, notamment lorsque ces biens ne sont pas immédiatement rétirés après l'exécution de l'ouvrage (C. civ., art. 1947 et 1948). Il convient de préciser que le garagiste auquel un véhicule a été confié pour être réparé peut se prévaloir, lorsque celui-ci n'a pas été retiré après sa remise en état, d'une double créance concernant le coût de ses travaux et les frais de gardiennage. Il n'est pas nécessaire qu'un contrat de dépôt spécifique ait été préalablement conclu car celui-ci est l'accessoire du contrat d'entreprise[4].

Mais la procédure de vente ne tend pas seulement au recouvrement d'une créance. Elle a aussi pour finalité de libérer les professionnels de leur obligation de garde et de conservation. Il faut préciser que toutes les obligations incombant à un dépositaire, le plus souvent à un dépositaire salarié pour lesquelles sont appréciées avec plus de rigueur, pèsent sur les professionnels auxquels des objets ont été confiés (C. civ., art. 1927 à 1933). Leur responsabilité se trouve donc engagée dès lors qu'il y a vol, perte ou dégradation des biens détenus, sauf à établir l'absence de faute ou l'existence d'une cause étrangère[5]. Cette obligation de garde et de conservation dure tant que la chose confiée n'a pas été restituée et persiste même lorsque le professionnel exerce son droit de rétention[6] et même si le propriétaire ne vient pas retirer son bien malgré une mise en demeure déclinant toute responsabilité. Dans ce dernier cas, la Cour de cassation juge que le professionnel, en l'espèce un garagiste, n'a pas d'autre choix que de mettre en œuvre, dans les délais prescrits, la procédure particulière prévue par la loi du 31 décembre 1903 qui, seule, met un terme à ses obligations de dépositaire[7].

1122.13 Fondement de la procédure. La procédure de vente est, en quelque sorte, le **prolongement du droit de rétention** reconnu par les articles 570 et 1948 C. civ. et les anciens articles L. 143-12 et L. 143-13 C. trav.

La combinaison de ces deux derniers articles, qui sont aujourd'hui abrogés, démontrait à cet égard que le législateur avait entendu rattacher la procédure de vente simplifiée à l'exercice du droit de rétention. L'article L. 143-12 rappelait en effet que l'ouvrier détenteur de l'objet par lui ouvré, pouvait exercer un droit de rétention dans les conditions fixées à l'article 570 C. civ. L'article L. 143-13 préci-

1. L. 31 déc. 1903, art. 6 *bis*.
2. Ord. n° 2007-329, 12 mars 2007, relative au Code du travail (partie législative), *JO* 13 mars, p. 4740.
3. Civ. 1re, 30 mai 2006, n° 05-13.080, P I, n° 270 ; *CCC* 2006, n° 181, note L. Leveneur – Civ. 1re, 11 juill. 1984, n° 83-13.754, cité *infra*.
4. Civ. 1re, 8 oct. 2009, n° 08-20.048, P I, n° 204 ; *D.* 2010. 480, obs. X. Delpech, note C. Mouly-Guillemaud ; *CCC* 2010, n° 1, note L. Leveneur – Civ. 1re, 5 avr. 2005, n° 02-16.926, P I, n° 165 ; *D.* 2005, IR. 1049 ; *JCP* 2006. I. 123, nos 8 s., obs. F. Labarthe ; *CCC* 2005, n° 148, note L. Leveneur.
5. Civ. 1re, 7 oct. 1997, n° 95-20.418, NP ; *RCA* 1997. 367 – Civ 1re, 11 juill. 1984, n° 83-13.754, P I, n° 230.
6. Civ 1re, 7 nov. 2006, n° 05-12.429, P I, n° 459 ; *D.* 2006. IR 2947 ; *JCP* 2007. I. 158, n° 20, obs. Ph. Delebecque ; *RTD civ.* 2007 159, obs. P. Crocq.
7. Com. 7 avr. 2010, n° 09-12.486, NP ; E. Peronet, « La procédure de vente des véhicules abandonnés, seule alternative à la restitution », *L'Argus de l'assurance*, 1er sept. 2010.

sait que les objets confiés à un ouvrier pour être travaillés, façonnés, réparés ou nettoyés et qui n'avaient pas été retirés dans un délai de deux ans, pouvaient être vendus dans les conditions et formes déterminées par la loi du 31 décembre 1903.

La procédure de vente repose aussi sur l'idée de gage, l'intention d'affecter le bien à la garantie de la créance du professionnel résultant implicitement de son abandon.

1122.14 Objets concernés. Ce sont les objets mobiliers qui n'ont pas été retirés[1]. Les articles 1er et 6 *bis* de la loi de 1903 visent expressément les navires et les bateaux de plaisance, les véhicules terrestres à moteur, les motocycles à deux ou trois roues et les quadricycles à moteur. Mais cette liste n'est pas limitative et l'abandon peut concerner des effets mobiliers très divers tels que des vêtements, des bibelots, des meubles meublants ou des appareils de toutes sortes. La procédure de vente simplifiée organisée par la loi de 1903 leur est applicable indépendamment de leur valeur[2].

Dès lors qu'ils se trouvent déjà en la possession du créancier, leur saisie n'est pas nécessaire pour parvenir à leur vente. La Cour de cassation estime d'ailleurs que cette vente n'a pas pour cause une saisie, mais une loi spéciale[3].

Il doit s'agir d'une chose ou d'une matière propriété du client. Si celle-ci a été unie à une chose ou une matière appartenant au professionnel ou à un tiers, il faut alors appliquer les règles de l'accession mobilière des articles 565 s. C. civ. Des difficultés peuvent surgir à cet égard, à l'occasion du débat contradictoire qui doit précéder l'autorisation de vendre ou, si le propriétaire appelé à s'expliquer ne s'est pas manifesté à ce moment-là, lors de l'opposition à la vente qui lui est ouverte par l'article 2 de la loi du 31 décembre 1903.

À ce stade de la procédure, le problème de la saisissabilité des biens non retirés ne se pose pas, *d'une part* parce que leur vente n'est pas poursuivie en vertu d'une saisie[4] et *d'autre part*, parce que leur abandon depuis plusieurs mois permet de présumer qu'ils ne sont pas nécessaires à la vie et au travail de leur propriétaire.

1122.15 Délai d'abandon. La procédure prévue par la loi du 31 décembre 1903 ne peut être mise en œuvre qu'après l'expiration d'un délai minimum d'un an, période à l'expiration de laquelle on peut considérer que l'abandon est définitif[5].

Si le bien est un véhicule terrestre à moteur, un motocycle à deux ou trois roues ou un quadricycle à moteur, le délai est ramené à trois mois[6]. Cette réduction est justifiée autant par l'encombrement plus important de cette catégorie de meuble, que par sa dépréciation rapide.

Le délai court du jour où les objets ont été confiés ou déposés chez le professionnel. La requête doit d'ailleurs mentionner la date de réception et ce, afin de permettre au juge d'exercer son contrôle[7].

Si les biens ont été déposés moyennant versement d'une redevance périodique, ces délais courent de l'échéance du dernier terme impayé[8].

SECTION 2

AUTORISATION DE LA VENTE

1122.21 Juge compétent. Le juge de l'exécution n'a aucune compétence en la matière. **Jusqu'au 31 décembre 2012**, le professionnel qui souhaitait user de la faculté de vendre le bien devait, selon la valeur du litige, présenter une requête au juge de proximité ou du tribunal d'instance (TI) du canton de son domicile (L. 31 déc. 1903, art. 2, al. 1er, et COJ, anc. art. R. 221-15, 1°). **À partir du 1er janvier 2013**, le premier alinéa de l'article 2 de la loi de 1903, dans sa rédaction issue de l'article 13 de la loi du 13 décembre 2011[9], a disposé que le professionnel devait présenter sa requête devant le TI ou le président du tribunal de grande instance (TGI), selon la valeur des objets mobiliers abandonnés. À la suite de la fusion des TI et des TGI au sein du TJ, l'article 2 précité a de nouveau été modifié par la loi du 18 septembre 2019[10] (art. 35), entrée en vigueur le 1er janvier 2020, qui a donné compétence au juge ou au président du tribunal judiciaire (TJ), selon la valeur des biens (inférieure ou supérieure à 10 000 euros), pour autoriser leur vente aux enchères. Le juge du tribunal judiciaire compétent jusqu'à 10 000 euros inclus, peut être l'un des magistrats exerçant au sein d'une chambre de proximité dans le ressort de laquelle sont situés les biens abandonnés (COJ, art. R. 212-8, 19°, R. 212-19-1 et tableau IV, II, 13°). La demande est portée devant la juridiction dans le ressort de laquelle est situé le domicile du professionnel.

1. L. 31 déc. 1903, art. 1er, al. 1er.
2. Civ. 1re, 21 févr. 1989, no 86-16.240, P I, no 85.
3. Civ. 1re, 21 févr. 1989, no 86-16.240, P (préc. ss prést no).
4. Civ. 1re, 21 févr. 1989, no 86-16.240, P (préc. ss prést no).
5. L. 31 déc. 1903, art. 1er, al. 1er.
6. L. 31 déc. 1903, art. 1er, al. 2.
7. L. 31 déc. 1903, art. 2, al. 1er.
8. L. 31 déc. 1903, art. 6 bis, al. 5.
9. L. no 2011-1862, 13 déc. 2011, relative à la répartition des contentieux et à l'allègement de certaines procédures juridictionnelles, *JO* 14 déc., texte 1.
10. Ord. no 2019-964, 18 sept. 2019, prise en application de la loi no 2019-222 du 23 mars 2019 de programmation 2018-2022 et de réforme pour la justice, *JO* 19 sept., texte 5.

1122.22 **Requête.** La requête énonce les faits et donne pour chacun des objets, la date de réception, la désignation, le prix de façon réclamé, le nom du propriétaire et le lieu où l'objet a été confié[1].

Il s'agit donc d'une requête motivée conformément à l'article 494 C. pr. civ. Elle doit être présentée en double exemplaire.

Conformément aux dispositions combinées du 2° de l'article 761 C. pr. civ. et du 13° du tableau V, II annexé au COJ, le professionnel n'est pas tenu de constituer avocat. Il peut donc présenter lui-même sa requête. Il peut aussi, la présenter par l'intermédiaire :

– devant le juge du TJ (ou de l'une de ses chambres de proximité) de son avocat ou de l'une des personnes mentionnées aux articles 761 et 762 C. pr. civ. ;

– devant le président du TJ, par tout mandataire de son choix, par un avocat ou par un officier public ou ministériel dans les cas où il est habilité par les dispositions en vigueur (C. pr. civ., art. 846).

Compte tenu de l'urgence manifeste et des circonstances de l'espèce, le requérant devrait être dispensé de justifier de l'échec d'une tentative préalable de règlement amiable du litige, même si la valeur des biens concernés ou le montant de sa créance éventuelle n'excède pas 5 000 euros (C. pr. civ., art. 750-1). Le juge pourra toujours tenter une conciliation si les deux parties se présentent devant lui (C. pr. civ., art. 821 et 827).

1122.23 **Ordonnance.** L'ordonnance ne peut être rendue qu'après que le propriétaire des objets a été entendu ou appelé[2]. La procédure est donc contradictoire et le propriétaire doit être convoqué à une audience où il pourra contester la créance quant à son principe ou quant à son montant, faire des offres de règlements ou même proposer un acquéreur amiable. La loi autorise toutefois la juridiction à statuer non contradictoirement si les circonstances l'imposent. Il peut en être ainsi lorsque l'adresse du propriétaire est inconnue. Mais dans ce cas, le professionnel devrait justifier de ses recherches infructueuses.

Le propriétaire qui se présente, après avoir été appelé, n'est pas tenu de constituer avocat, dès lors que dans les litiges relatifs à la vente des objets abandonnés, visés au 13° du tableau IV, II, du COJ, la représentation par avocat n'est pas obligatoire en vertu de l'article 761 (2°) C. pr. civ. Les parties peuvent donc se défendre elles-mêmes ou se faire assister par un avocat ou par l'une des personnes mentionnées aux articles 761 et 762 C. pr. civ. Dès lors que les parties sont dispensées de constituer avocat, ce sont les règles de la procédure orale qui s'appliquent, sous réserve des dispositions particulières à la matière des biens abandonnés chez un professionnel régie par la loi du 31 décembre 1903.

1122.24 **Recours.** Si l'ordonnance est rendue contradictoirement, elle est susceptible d'appel par les deux parties si la valeur des objets excède 5 000 euros. À cet égard, les dispositions combinées des articles R. 211-3, R. 211-3-1, R. 211-3-7 (1°) et R. 211-3-24 du COJ, déterminent que le TJ se prononce en dernier ressort jusqu'à un montant de 5 000 euros et à charge d'appel au-delà, dans les litiges concernant la vente des objets abandonnés. Si l'ordonnance rendue en l'absence du propriétaire rejette la requête, le professionnel peut la contester dans les conditions du droit commun. Si elle fait droit à la requête, le propriétaire qui n'était pas présent peut faire opposition à la vente dont la date, l'heure et le lieu lui sont indiqués par l'officier ministériel qui en est chargé[3].

1122.25 **Contenu de la décision.** L'ordonnance mise au bas de la requête fixe le jour, l'heure et le lieu de la vente, commet l'officier public devant y procéder et, s'il y a lieu, fixe l'évaluation de la créance du requérant[4].

La décision de la juridiction constitue ainsi un titre pour le professionnel, titre qui liquide le montant de sa créance et en constate l'exigibilité.

Lorsque l'autorisation de vente concerne un navire ou un bateau de plaisance, l'ordonnance indique également qu'en cas de carence d'enchères, le professionnel pourra remettre directement le bien à une société de déconstruction en vue de son démantèlement.

1122.26 **Notification.** L'ordonnance d'autorisation n'a pas à être notifiée et la lettre de l'officier public prévenant le propriétaire non comparant de la date et du lieu de la vente n'a pas besoin d'en comporter une copie. La Cour de cassation estime à cet égard que l'article 503 C. pr. civ. est inapplicable à la procédure instituée par l'article 2 de la loi du 31 décembre 1903[5].

SECTION 3
VENTE

1122.31 **Agent chargé de la vente.** L'article 6 *in fine* de la loi du 31 décembre 1903 dispose que la

1. L. 31 déc. 1903, art. 2, al. 1er.
2. L. 31 déc. 1903, art. 2, al. 2.
3. L. 31 déc. 1903, art. 2.
4. L. 31 déc. 1903, art. 2, al. 2.
5. Civ. 1re, 21 févr. 1989, n° 86-16.240, P (préc., v. ss n° 1122.14) – V. AUSSI : TI Périgueux, ord. réf., 12 déc. 1994, n° 12.94.01622, Épx Amicel c/Sarl Parichon.

vente est faite conformément aux lois et règlements qui déterminent les attributions des officiers publics qui en sont chargés (v. s^s n° 1121.32).

1122.32 **Lieu de la vente.** Il est choisi par le juge dans son ordonnance (v. s^s n° 1121.33).

1122.33 **Moment de la vente.** La vente ne peut avoir lieu qu'à l'expiration d'un délai de huit jours suivant l'accomplissement des formalités de publicité.

Si le propriétaire appelé à faire connaître sa position se manifeste avant la délivrance de l'ordonnance pour offrir de rechercher lui-même un acquéreur, il devrait pouvoir bénéficier de la faculté de vente amiable ouverte par la réforme des voies d'exécution pour toutes les procédures à fin de vente (C. pr. exéc., art. L. 221-1, R. 222-6 et R. 223-13). Les délais prévus à l'article R. 221-30 C. pr. exéc. (un mois à compter de la notification de l'acte) devraient alors s'appliquer. Il devrait en être de même lorsque le propriétaire ne se manifeste qu'après avoir reçu notification du jour et du lieu des enchères en faisant opposition à la vente. Mais dans l'hypothèse où celui-ci fait preuve d'inertie ou si son adresse est inconnue, il n'y a aucune raison de respecter les délais de vente amiable cette faculté étant alors sans objet.

1122.34 **Publicité.** La publicité annonce la vente huit jours à l'avance par des affiches apposées aux lieux indiqués par le juge.

La publicité doit être constatée par une mention insérée dans le procès-verbal de vente (L. 31 déc. 1903, art. 3 – v. s^s n° 1121.36).

1122.35 **Modalités de la vente.** La vente a lieu aux enchères publiques. L'article 6 de la loi de 1903 renvoie aux articles 624 et 625 ACPC, aujourd'hui abrogés et remplacés par les articles R. 221-37 et R. 221-39 C. pr. exéc. (v. s^s n°s 0716.61 s.).

L'officier public n'est pas tenu d'arrêter la vente lorsque le produit atteint le montant de la créance. La Cour de cassation considère à cet égard que l'article 622 ACPC (remplacé par C. pr. exéc., art. R. 221-38), auquel la loi du 31 décembre 1903 ne renvoie d'ailleurs pas, est sans application à la vente des objets abandonnés dès lors que celle-ci est poursuivie, non pour cause de saisie, mais sur le fondement d'une loi particulière et dérogatoire[1]. Cette solution est logique car la vente n'a pas seulement pour objectif de désintéresser le professionnel, mais également pour but de le débarrasser d'objets qui l'encombrent et dont la garde forcée est une source de soucis et de tracas.

1. Civ. 1re, 21 févr. 1989, n° 86-16.240, P (préc., v. s^s n°s 1122.14 et 1122.26).

1122.36 **Information du propriétaire.** Lorsque l'ordonnance n'a pas été rendue en présence du propriétaire, l'officier public commis doit le prévenir huit jours francs à l'avance par lettre recommandée, des lieu, jour et heure de la vente. Il est dispensé de cette formalité si le domicile du propriétaire est inconnu[2].

SECTION 4

INCIDENTS-OPPOSITION

1122.41 **Opposition du propriétaire.** Le propriétaire peut s'opposer à la vente par un exploit signifié au professionnel. Cette opposition emporte de plein droit citation à comparaître à la première audience utile de la juridiction qui a autorisé la vente, nonobstant toute indication d'une audience ultérieure[3,4]. Cette date peut être communiquée au propriétaire opposant ou à son représentant par tout moyen, notamment par téléphone, télécopie, courrier électronique ou au moyen du système de communication électronique mentionné à l'arrêté du 28 août 2012[5] (C. pr. civ., art. 751 – Arr. 9 mars 2020[6], art. 2 et 3). Cette opposition n'est ouverte qu'au propriétaire qui n'était pas présent lorsque l'ordonnance a été rendue et qui n'a donc pas été en mesure de présenter ses objections. Les lieu, jour et heure de la vente fixés par l'ordonnance, ne sont d'ailleurs communiqués qu'à lui, par l'officier public vendeur, huit jours seulement avant la date fixée pour l'adjudication.

Les parties sont dispensées de constituer avocat (C. pr. civ., art. 761, 2° – COJ, tableau IV, II, 13°) et la procédure est orale (C. pr. civ., art. 817). La juridiction statue en dernier ressort jusqu'à 5 000 euros inclus et à charge d'appel au-delà (COJ, art. R. 211-3, R. 211-3-1, R. 211-3-7, 1° et R. 211-2-24 – v. s^s n°s 1122.21 à 1122.24). Les cas dans lesquels le propriétaire forme opposition sont rares et il existe peu de décisions des juridictions du fond.

2. L. 31 déc. 1903, art. 2, al. 3.
3. L. 31 déc. 1903, art. 4.
4. POUR UN EX. D'OPPOSITION : TI Périgueux, 13 mai 1994, n° 11.94.00379, Amicel c/Sarl Parichon (préc., v. s^s n° 1121.43).
5. Arr. 28 août 2012, portant application des dispositions du titre XXI du livre Ier du Code de procédure civile aux huissiers de justice, *JO* 31 août, texte 6.
6. Arr. 9 mars 2020, relatif aux modalités de communication de la date de première audience devant le tribunal judiciaire, *JO* 14 mars, texte 7.

SECTION 5
RÉPARTITION DU PRIX

1122.51 **Imputation et consignation.** L'officier vendeur prélève d'abord ses frais sur le produit de la vente puis paie la créance du professionnel.

Le surplus, s'il y en a un, est versé à la Caisse des dépôts et consignations au nom du propriétaire, par l'officier public sous procès-verbal de dépôt [1]. Le reste de la procédure est identique à ce qui est prévu pour les effets abandonnés par les voyageurs (v. s[s] n°s 1121.51 s.), hormis pour le délai d'attribution au Trésor des fonds non réclamés, qui est de cinq ans dans la loi de 1903.

1122.52 **Biens dépourvus de valeur marchande.** La loi du 31 décembre 1903 ne contient aucune disposition dispensant le professionnel de recourir à la vente aux enchères lorsque le ou les objets abandonnés, sont sans valeur ou d'une valeur dérisoire. Le cas n'est pas rare en pratique notamment en présence de véhicules accidentés ou dépréciés. La loi n'envisage pas cette situation de telle sorte que le professionnel est tenu d'engager les formalités et les frais nécessaires à la vente aux enchères bien que celle-ci ne lui rapporte rien ou quasiment rien. La loi de 1903 n'envisage que l'hypothèse d'une carence d'enchère et uniquement lors de la vente des navires ou bateaux de plaisance pour lesquels elle prévoit leur remise à une société de déconstruction (v. s[s] n° 1122.25). Il serait souhaitable que le législateur intervienne pour autoriser le professionnel à mettre le bien au rebut ou à le donner à une œuvre caritative comme cela a été prévu par le Code des procédures civiles d'exécution pour les effets mobiliers abandonnés par les personnes faisant l'objet d'une décision d'expulsion ou par les locataires partis à la cloche de bois (C. pr. exéc., art. R. 433-1 s., R. 451-1 s. – Décr. 10 août 2011). S'agissant plus particulièrement des véhicules hors d'usage, dangereux pour la circulation, invendables ou n'ayant pas trouvé preneur, leur livraison à une entreprise spécialisée en vue de leur destruction pourrait être envisagée, comme c'est le cas pour ceux qui sont abandonnés en fourrière ou laissés sans droit dans un lieu public ou privé où ne s'applique par le Code de la route (C. route., art. L. 325-7 s. ; R. 325-43 s.).

1. L. 31 déc. 1903, art. 5.

CHAPITRE

1123. Objets confiés à un transporteur

RENÉ LAUBA
MAGISTRAT HONORAIRE

SECTION 0

ORIENTEUR

1123.00 Sommaire du chapitre.

Division. Concernant cette vente, seront successivement étudiés son domaine d'application (sect. 1) et sa mise en œuvre (sect. 2).

1123.01 Textes applicables.

- **Décr. 13 août 1810,** mod. par L. 7 mars 1932.
- **C. transp.,** art. L. 1441-1 à L. 1441-4.

1123.03 Bibliographie indicative.

* V. s^s n° 112.03

SECTION 1

DOMAINE D'APPLICATION

1123.11 Entreprises et objets concernés. Le sort des objets confiés à des transporteurs était réglementé par un texte très ancien, le décret du 13 août 1810, modifié par la loi du 7 mars 1932, qui avait étendu son domaine d'application aux consignes des gares.

La plupart des dispositions du décret de 1810 ont été intégrées par l'ordonnance du 28 octobre 2010[1] dans le Code des transports dont les articles L. 1441-1 et suivants ne régissent plus que la vente des objets abandonnés chez les transporteurs.

Cette vente concerne les objets qui ont été confiés soit pour être transportés, soit mis en dépôt dans les magasins du transporteur et qui n'ont pas été réclamés dans le délai de six mois suivant leur arrivée à destination ou leur dépôt. Ils peuvent être vendus aux enchères par l'administration des domaines.

L'article L. 1441-1, précité, vise les entreprises de transport sans distinguer selon le mode d'acheminement utilisé (transports routier, ferroviaire, fluvial, maritime ou aérien). Le texte d'origine[2] visait « *les entrepreneurs soit de roulage, soit de messagerie par terre ou par eau* », autrement dit, cela va de soi, tous les modes de transport existants à l'époque.

Les objets transportés ou déposés peuvent être très variés. Le texte de 1810 énonçait les « *ballots, caisses, malles, paquets et tous autres objets* ». Ce dernier terme (objet), seul retenu aujourd'hui par le Code des transports, revêt un sens très large qui recouvre toutes sortes de biens, quel que soit leur conditionnement tels que les colis individuels, les marchandises en conteneur, les liquides en cuve... Certains de ces biens, comme les denrées périssables, peuvent s'avérer difficiles, voire onéreux à conserver pour le transporteur lorsqu'ils ne sont pas récupérés par leur destinataire ou leur propriétaire. Le transporteur est en effet tenu d'une obligation de garde et de conservation en application des dispositions combinées des articles 1782 s., 1927, 1952 s. C. civ. De surcroît, en l'absence de protestations ou de réserves, dans les délais prescrits par les articles L. 133-3 C. com. et L. 224-63 s. C. consom., seule la réception effective des biens transportés éteint l'action en garantie pour avarie ou perte partielle contre le voiturier. Par conséquent celui-ci a le plus grand intérêt à engager la procédure de vente, faute de réclamation des objets, à l'expiration d'une période de six mois.

1. Ord. n° 2010-1307, 28 oct. 2010, relative à la partie législative du Code des transports, *JO* 3 nov., texte 2.

2. Décr. 13 août 1810, art. 1er.

SECTION 2
MISE EN ŒUVRE

1123.21 Déclaration à l'administration des domaines. À l'expiration du délai de six mois, le transporteur doit déclarer aux agents de l'administration des Domaines les objets non réclamés (C. transp., art. L. 1441-1). Les entreprises de transport doivent tenir, à cet effet, un registre spécial que les agents des Domaines sont autorisés à vérifier, tant pour s'assurer de la sincérité des déclarations qui y sont portées que pour y suppléer en cas d'omission ou de carence de l'entreprise (C. transp., art. L. 1441-4).

1123.22 Modalités de la vente. Les objets non réclamés dans le délai de six mois sont vendus aux enchères par l'administration des domaines (C. transp., art. L. 1441-2). À l'origine, le décret de 1810 prévoyait dans ses articles 3 et 4, des formalités judiciaires d'inventaire et de publicité qui n'ont pas été reprises lors de la codification de ce texte, de telle sorte que l'intervention préalable d'un juge n'est plus requise pour procéder aux opérations de vente.

S'agissant néanmoins de ventes aux enchères publiques de biens mobiliers effectuées en la forme domaniale, elles doivent être réalisées selon les modalités prévues par l'article L. 3211-17 du CGPPP auxquelles renvoie l'article L. 321-36, alinéa 1er, C. com. régissant les ventes aux enchères publiques.

Ce sont les modalités prescrites pour l'aliénation, à titre onéreux, des biens du domaine mobilier privé de l'État. Selon les articles R. 3211-35 s. du CGPPP, les objets remis à l'administration des Domaines sont aliénés avec publicité et mise en concurrence, par adjudication publique, soit par marché d'enlèvement.

Le choix des modalités de publicité est fonction, notamment, de la nature des biens mobiliers, dont la cession est envisagée. L'adjudication a lieu aux enchères verbales ou par voie d'offre écrite, de combinaison de ces deux procédés ou par toute autre modalité permettant l'expression de la concurrence.

Le prix obtenu à l'issue de ces ventes, fait l'objet d'un état séparé dans l'éventualité d'une réclamation (v. ss no 1123.23). En l'absence de précision sur les formalités d'ouverture des colis et l'inventaire de leur contenu, on pourrait, par analogie, se référer aux dispositions du Code des douanes relatives à la vente des marchandises constituées en dépôt et non réclamées (v. ss no 1124.21).

1123.23 Affectation du prix. Il est fait un état séparé du produit de ces ventes pour le cas où surviendrait, dans un nouveau délai de deux ans à compter du jour de l'adjudication, quelque réclamation susceptible d'être accueillie (C. transp., art. L. 1441-3). Les sommes obtenues sont donc conservées pendant deux ans, dans l'attente d'une éventuelle réclamation du propriétaire des objets (expéditeur, destinataire ou déposant de ces biens) ou de l'entreprise dont la prestation ou les frais de conservation n'ont pas été acquittés. Il faut dire que le plus souvent, le défaut de retrait ou le retrait tardif des biens transportés ou déposés, s'explique par des difficultés de trésorerie. Le voiturier impayé bénéficie d'un privilège sur la vente des marchandises objets de son obligation et sur les documents s'y rapportant, pour la garantie de toutes les créances nées du transport ou d'opération antérieures à celui-ci. Le privilège couvre ainsi le coût du transport, les prestations accessoires de chargement et de déchargement, les frais d'immobilisation de véhicules, de stockage ou de magasinage exposés dans l'intérêt de la marchandise et les droits, taxes ou amendes.

Le règlement de ces créances incombe au donneur d'ordre, à l'expéditeur ou au destinataire, dans la mesure où le propriétaire des marchandises grevées du privilège est impliqué dans les opérations de transport (C. com., art. L. 133-7).

Le défaut de retrait des objets peut avoir aussi pour cause un refus lié à des manquants, à des dégradations ou à une non-conformité. Il peut aussi trouver son origine dans l'exercice de son droit de rétention par le transporteur.

Les dispositions de l'article L. 1441-3 C. transp. prescrivant, dans l'éventualité d'une réclamation, l'établissement d'un état séparé des sommes obtenues, paraît impliquer que les intéressés (expéditeurs, destinataires, transporteurs) soient avisés de la faculté qui leur est ouverte. Ces dispositions supposent également, bien qu'elles ne le précisent pas, que le produit des ventes soit versé à la Caisse des dépôts et consignations et conservé jusqu'à ce que les différents protagonistes se manifestent ou, en cas de litige les opposant, jusqu'à ce qu'une décision définitive soit intervenue.

Le Code des transports est muet sur le sort des sommes non réclamées dans les deux ans de la vente par le propriétaire ou ses ayants droit, le transporteur ou d'autres créanciers. Il semble qu'elles soient acquises à l'État comme le prévoient les dispositions combinées des articles L. 1126-4 du CGPPP et L. 518-24 C. mon. fin.

1123.24 Jugement des contestations. Les litiges éventuels relatifs à la vente des objets confiés à des entreprises de transport et au paiement des sommes qui leur sont dues relèvent de la compétence du TJ en application de l'article R. 211-3-7 (1°) du COJ. Si le tribunal comporte une ou plusieurs chambres de proximité, la contestation peut être tranchée par celle dans le ressort de laquelle sont situés les objets non réclamés (COJ, art. ann. tableau IV, 13°). La juridiction statue à juge unique (COJ, art. R. 212-8, 10°), en dernier ressort jusqu'à un montant inférieur ou égal à 5 000 euros et à charge d'appel au-delà (COJ, art. R. 211-3 et R. 211-3-24).

Le ministère d'avocat n'est pas obligatoire de telle sorte que les parties peuvent se défendre elles-mêmes ou se faire assister ou représenter par l'une des personnes énoncées aux articles 761 et 762 C. pr. civ (C. pr. civ., art. 761, 2° et 13°). Les parties étant dispensées de constituer avocat, la procédure est orale en application de l'article 817 C. pr. civ. sous réserve des dispositions particulières propres à la matière. La demande en justice est formée par assignation ou par requête si le montant de la demande n'excède pas 5 000 euros en principal (C.pr. civ., art. 750). Compte tenu de l'urgence et des circonstances de l'espèce, elle ne devrait pas avoir à être précédée d'une tentative de règlement amiable du litige (C. pr. civ., art. 750-1).

CHAPITRE

1124. Marchandises laissées en douane

René Lauba
Magistrat honoraire

SECTION 0
Orienteur

1124.00 **Sommaire du chapitre.**

Sect. 1 Domaine d'application 1124.11
Sect. 2 Mise en œuvre 1124.21 à 1124.24

Division. Concernant cette vente, seront successivement étudiés son domaine d'application (sect. 1) et sa mise en œuvre (sect. 2).

1124.01 **Textes applicables.**

• **C. douanes,** art. 182 à 188.

1124.02 **Jurisprudence de référence.**

> Juge compétent pour la distribution par contribution.

• **Civ. 2e, 6 mai 1997,** n° 95-11.249, P II, n° 134

* V. ss nos 0221.26, 0612.22, 1124.24

« L'article 341 *bis*, 2° du Code des douanes, qui donne compétence au juge d'instance du lieu de rédaction du procès-verbal pour connaître des mesures conservatrices à l'encontre des personnes responsables d'infractions douanières n'a pas été abrogé par la loi du 9 juillet 1991 portant réforme des procédures civiles d'exécution. »

1124.03 **Bibliographie indicative.**

* V. ss n° 112.03

SECTION 1
Domaine d'application

1124.11 **Biens concernés.** Les marchandises qui, à l'importation, n'ont pas été déclarées dans le délai légal ou qui restent en douane pour un autre motif, sont constituées d'office en dépôt (C. douanes, art. 182) et doivent être inscrites sur un registre spécial (C. douanes, art. 183).

À défaut d'enlèvement dans les quatre mois de leur inscription sur le registre spécial, les marchandises constituées en dépôt peuvent être vendues (C. douanes, art. 186).

Les marchandises périssables ou en mauvais état de conservation peuvent cependant être vendues immédiatement sur autorisation du président du tribunal judiciaire (TJ – C. douanes, art. 186, 2°), qui statue par voie d'ordonnance sur requête.

SECTION 2
Mise en œuvre

1124.21 **Conditions du dépôt.** Les marchandises constituées en dépôt de douane demeurent aux risques des propriétaires et leur détérioration pendant leur séjour ne peut donner lieu à des dommages-intérêts (C. douanes, art. 184).

Les frais nécessités par la constitution en dépôt et le séjour des marchandises demeurent à la charge des propriétaires.

Les agents des douanes ne peuvent procéder à l'ouverture des colis et à la vérification de leur contenu qu'en présence du propriétaire ou du destinataire. À défaut et à la requête de l'Administration des douanes, le président du TJ dans le ressort duquel est situé le bureau de douane peut désigner une personne pour assister à ces opérations (C. douanes, art. 185, mod. par Ord. 18 sept. 2019[1], art. 35). Cette désignation ne peut être faite qu'à l'expiration d'un délai de huit jours après notification par lettre recommandée restée sans effet.

1124.22 **Modalités de la vente.** La vente a lieu aux enchères publiques par les soins de l'administration des douanes.

1. Ord. n° 2019-964, 18 sept. 2019, prise en application de la loi n° 2019-222 du 23 mars 2019 de programmation 2018-2022 et de réforme pour la justice, *JO* 19 sept., texte 5.

Les marchandises sont adjugées au plus offrant et dernier enchérisseur, libres de tous droits et taxes perçus par la douane. L'adjudicataire a la faculté d'en disposer pour toutes les destinations autorisées par les lois et règlements en vigueur (C. douanes, art. 187).

Lorsque les marchandises sont d'une valeur inférieure à 152 euros, elles sont réputées abandonnées.

Les douanes ont la possibilité soit de les vendre aux enchères, soit d'en faire don à des hôpitaux, hospices ou autres établissements de bienfaisance (C. douanes, art. 186, 3°).

Enfin, les marchandises dépourvues de valeur vénale sont détruites par l'administration des douanes (C. douanes, art. 182, 2°).

1124.23 **Répartition du prix de vente.** Le produit de la vente est affecté en priorité au règlement « des *frais et autres dépenses des accessoires de toute nature engagées par la douane ou sur son ordre pour la constitution et le séjour en dépôt ainsi que pour la vente des marchandises* ». Il est ensuite affecté au recouvrement des droits et taxes dont sont passibles les marchandises en raison de la destination qui leur est donnée (C. douanes, art. 188, 2°).

Lorsque le produit est suffisant, il est affecté au règlement de « *tous les autres frais pouvant grever les marchandises* » (C. douanes, art. 188, 2°).

Le reliquat éventuel est versé à la Caisse des dépôts et consignations où il est tenu pendant deux ans à la disposition du propriétaire ou de ses ayants droit. Passé ce délai, il est acquis au Trésor (C. douanes, art. 188, 2°).

1124.24 **Juge compétent pour la distribution par contribution.** Lorsque le produit de la vente est insuffisant pour régler les créances énumérées à l'article 188, 3° C. douanes, il est versé à la Caisse des dépôts et consignations. Il est réparti selon la procédure de distribution par contribution.

Depuis le 1er janvier 2020, l'article 188, 3° C. douanes donne compétence au président du TJ du lieu du dépôt (anct au juge d'instance). La réforme des voies d'exécution n'a pas modifié cette règle de compétence particulière. En effet, la Cour de cassation a jugé à propos des mesures conservatoires prises à l'encontre des responsables d'infractions douanières, que la loi du 9 juillet 1991 n'avait pas abrogé les dispositions spéciales du Code des douanes attribuant compétence en la matière, à l'époque, au juge d'instance[1]. Cette décision vaut également pour les dispositions du Code des douanes relatives à la répartition du prix de vente.

1. Civ. 2e, 6 mai 1997, n° 95-11.249, P II, n° 134 ; *JCP E* 1997. IV. 695.

LIVRE

12. LA SAISIE-CONTREFAÇON ET LA RETENUE EN DOUANE DE MARCHANDISES CONTREFAISANTES

SECTION 0

ORIENTEUR

12.00 **Sommaire du livre.**

Division. La saisie-contrefaçon en matière de propriété industrielle (titre 121) obéit à des règles sensiblement communes, qu'il s'agisse de brevets d'invention, de marques, de dessins et modèles, d'obtentions végétales ou, depuis la loi du 29 octobre 2007 [1], de topographies de produits semi-conducteurs ou d'indications géographiques. Les règles applicables en matière de propriété littéraire et artistique (titre 122) sont désormais, depuis la loi du 11 mars 2014 [2], renforçant la lutte contre la contrefaçon, également très proches, qu'il s'agisse de droits d'auteur *stricto sensu*, de logiciels, de bases de données ou, depuis la loi du 29 octobre 2007, des droits *sui generis* des producteurs de bases de données. Enfin, sera examinée une mesure autorisant les services douaniers à retenir des marchandises soupçonnées de contrefaçon, mesure qui constitue parfois une antichambre de la saisie-contrefaçon : la retenue en douane (titre 123).

12.03 **Bibliographie indicative.**

Actualisables. Rép. com., v° *Brevet d'invention*, janv. 2018 (actu. janv. 2025), par N. Binctin, n°s 293 s. ; v° *Dessins et modèles*, avr. 2023 (actu. juill. 2024), par Y. Basire et C. Le Goffic, n°s 149 s. ; v° *Marque*, oct. 2020 (actu. janv. 2025), par N. Binctin, n°s 545 s. ; v° *Obtentions végétales*, sept. 2019, par N. Bouche, n° 309 – *J.-Cl. Civ.*, v° *Propriété littéraire et artistique* [Contrefaçon. Preuve. Procédure. Sanction], par E. Dreyer, fasc. 1611, n°s 9 s. – *J.-Cl. Com.*, v° *Brevets*, par J.-P. Stenger, fasc. 4631 [Saisie-contrefaçon. Introduction. Ordonnance autorisant la saisie-contrefaçon] ; fasc. 4631-10 [Saisie-contrefaçon. Formules] ; fasc. 4632 [Saisie-contrefaçon. Exécution de la saisie-contrefaçon] ; fasc. 4633 [Saisie-contrefaçon. Effets de la saisie-contrefaçon] ; fasc. 4634 [Saisie-contrefaçon. Recours après saisie-contrefaçon] – *J.-Cl. Com.*, v° *Dessins et Modèles*, par C. de Haas, fasc. 3470 [Contrefaçon. Constatation. Saisie-contrefaçon] – *J.-Cl. Com.*, v° *Marques*, par Carreau, fasc. 7501-1 [Contrefaçon de marque : lutte contre la contrefaçon de marque. Mise en œuvre de procédures contentieuses], n°s 4 s. – *J.-Cl. Com.*, v° *Marques*, par J. Sigrist et C. Vilmart, fasc. 7530 [Rôle des douanes en matière de contrefaçon] – *J.-Cl. Com.*, v° *Marques*, par Verneret et Lenoir, fasc. 7540 [L'action en contrefaçon de marque],

1. L. n° 2007-1544, 29 oct. 2007, de lutte contre la contrefaçon, *JO* 30 oct., p. 17775.

2. L. n° 2014-315, 11 mars 2014, renforçant la lutte contre la contrefaçon, *JO* 12 mars, p. 5112.

n°s 52 s. – Lamy *Droit de l'informatique et des réseaux*, 2011 – Lamy *Droit commercial, v° Propriété industrielle*, par Y. Basire, N. Bouche, P. De Candé, C. De Haas, O. Hubert et C. Le Goffic, 2025.

Ouvrages généraux. J. Azéma et J.-C. Galloux, *Droit de la propriété industrielle*, 8e éd., « Précis », Dalloz, 2017 – C. Bernault, A. Lucas et A. Lucas-Schloetter, *Traité de la propriété littéraire et artistique*, 5e éd., LexisNexis, 2017 – A. R. Bertrand, Dalloz action *Droit d'auteur*, 2011/2012 ; 4e éd., 2025/2026 [en cours] – C. Caron, *Droit d'auteur et droits voisins*, 7e éd., LexisNexis, 2025 – D. Cohen, *Le droit des dessins et modèles*, 5e éd., Economica, 2019 – C. Colombet, *Propriété littéraire et artistique et droits voisins*, 9e éd., « Précis », Dalloz, 1999 – B. Edelman, *Droits d'auteur, droits voisins*, Dalloz référence, 1993 – J. Foyer et M. Vivant, *Le droit des brevets*, PUF, 1991 – A. Françon, *Cours de propriété littéraire, artistique et industrielle*, Litec, 1999 – J.-C. Galloux, *Droit de la propriété industrielle*, 2e éd., « Cours », Dalloz, 2003 – P.-Y. Gautier, *Propriété littéraire et artistique*, 11e éd., PUF, 2019 – F. Greffe et P. Greffe, *Traité des dessins et modèles*, 10e éd., LexisNexis, 2019 – O. Hubert, *Aspects procéduraux de la contrefaçon de brevet d'invention*, LexisNexis, 2017 – P. Mathély, *Le nouveau droit français des brevets d'invention*, Éd. Journ. not., 1991 ; *Le droit français des signes distinctifs*, Éd. Journ. not., 1984 ; *Le nouveau droit français des marques*, Éd. Journ. not., 1994 – J. Passa, *Droit de la propriété industrielle*, t. 1, 2e éd., LGDJ, 2009 ; t. 2, 1re éd., LGDJ, 2013 – F. Pollaud-Dulian, *La propriété industrielle*, Economica, 2022 ; *Le droit d'auteur*, 2e éd., Economica, 2014 – J. Raynard, E. Py et P. Tréfigny, *Droit de la propriété industrielle*, 2e éd., LexisNexis, 2023 – P. Sirinelli *et alii*, *Code de la propriété intellectuelle*, Dalloz, 2025 – M. Vivant et J.-M. Bruguière, *Droit d'auteur et droits voisins*, 5e éd., « Précis », Dalloz, 2024 – J.-M. Bruguière, *Code de la propriété intellectuelle*, LexisNexis, 2025.

Ouvrages spéciaux. Y. Marcellin, *La saisie-contrefaçon*, 3e éd., Cedat, 2001 – P. Véron *et alii*, Dalloz référence *Saisie-contrefaçon*, 2013/2014 [également publié en version trilingue allemand, anglais, français en 2015, Véron & Associés, éditeur].

12.05 Définition. Le nom de « *saisie-contrefaçon* » est trompeur, car cette mesure n'est pas une saisie comme les autres. Il s'agit d'une **mesure probatoire spécifique aux divers domaines de la propriété intellectuelle** (propriété industrielle et propriété littéraire et artistique). Elle permet au titulaire d'un droit de propriété intellectuelle de faire pratiquer par un officier public des investigations, comprenant, en général, la description de la contrefaçon alléguée, de ses circonstances et de son étendue et la saisie d'objets qui se rapportent à la contrefaçon (produits argués de contrefaçon, documents se rapportant à la contrefaçon ou matériels et instruments servant à la réalisation de la contrefaçon). Elle est soigneusement réglementée par la loi que la jurisprudence interprète avec vigilance. Si la Juridiction unifiée du brevet peut désormais prescrire, en matière de contrefaçon de brevet européen, une mesure de « *conservation des preuves* » [1] analogue à la saisie-contrefaçon de droit français, il n'en demeure pas moins que cette dernière, recevable devant cette nouvelle juridiction, apparaît plus avantageuse pour le titulaire des droits [2].

12.06 Caractère facultatif de la saisie-contrefaçon. Le recours à la procédure de saisie-contrefaçon n'est pas obligatoire [3]. En effet, la contrefaçon, étant un fait juridique, peut être prouvée par tous les moyens de preuve admis en droit civil (ou en droit pénal, lorsque les poursuites sont engagées par la voie pénale) : témoignages, présomptions, constats d'« huissiers » (devenus « commissaires de justice ») [4],

1. Acc. JUB, 2013/C 175/01, 19 févr. 2013, art. 60 – Pour une première application de cette disposition par la division locale parisienne du tribunal de première instance de la Juridiction unifiée du brevet : Paris, LD, 14 nov. 2023, UPC_CFI_397/2023.
2. P. Véron, « La procédure devant la Juridiction unifiée du brevet. Invitation au voyage », *Propr. ind.* 2023. Dossier 3, spéc. n° 22 – Et sur l'ensemble de la question : P. Véron et N. Bouche, « La saisie-contrefaçon devant la juridiction unifiée du brevet », *Propr. intell.* 2014. 332 ; *Propr. intell.* 2015. 28 – V. AUSSI : J. Sartorius, « Analyse comparée : saisie JUB *versus* saisie française », *Propr. ind.* 2024. Étude 12.
3. PAR EX. : TGI Paris, ord. réf., 22 févr. 2019, RG n° 18/58204, *Jurinpi* n° B20190012 – Colmar, 1re ch. civ. A, 18 sept. 2019, RG n° 16/04036, *PIBD* 2020, n° 1129. III. 16 – Paris, pôle 5, 1re ch., 29 juin 2021, RG n° 18/05368, *PIBD* 2021, n° 1167. III. 6 – Paris, pôle 5, 2e ch., 15 avr. 2022, RG n° 20/07813, *PIBD* 2022, n° 1187. III. 8 – Paris, pôle 5, 1re ch., 18 sept. 2024, RG n° 22/14799 – V. CEP., la condamnation d'un breveté pour procédure abusive pour avoir engagé un procès sans raison et sans même avoir fait procéder à une saisie-contrefaçon : TGI Paris, 3e ch., 1re sect., 5 nov. 2015, RG n° 10/10178 – La saisie-contrefaçon n'est pas non plus un préalable obligatoire à l'exercice du « *droit à l'information* » applicable en matière de propriété intellectuelle (CPI, art. L. 331-1-2, L. 521-5, L. 615-5-2, L. 623-27-2, L. 716-4-9 et L. 722-5) : TGI Paris, 3e ch., 1re sect., ord. JME, 7 mars 2019, RG n° 18/01885, *Jurinpi* n° M20190061.
4. Aix-en-Provence, 2e ch., 26 juin 2006, RG n° 04/10951, *Juris-Data* n° 305921 ; *Expertises* déc. 2007,P. 433 s., note Le Carré, « La saisie-contrefaçon est-elle toujours opportune ? », *Expertises* déc. 2007, pP.422 s. – Paris, 4e ch., sect. B, 28 sept. 2007, RG n° 05/11912 – Paris, 4e ch., sect. A, 18 mai 2005, RG n° 03/13550, *PIBD* 2005, n° 814. III. 496 – Paris, 3 mars 2004, *Propr. ind.* 2004, n° 65, note Greffe – Refusant toute force probante à un constat d'achat dressé par un huissier qui n'avait pas assisté *de visu* à l'achat : Aix-en-Provence, 10 janv. 2005, *Propr. intell.* 2005. 459, obs. De Haas – *CONTRA* : reconnaissant force probante à un constat d'achat dressé par un huissier qui n'avait pas assisté *de visu* à l'achat, Paris, 4e ch., sect. A, 29 nov. 2006, RG n° 05/23987, *Propr. intell.* 2007. 477, obs. De Haas – TGI Paris, 3e ch., 2e sect., 5 juill. 2013, *PIBD* 2013, n° 992. III. 1491 – Paris, pôle 5, 1re ch., 7 mars 2017, RG n° 15/17850, *Jurinpi* n° M20170140 – Aix-en-Provence, 2e ch., 29 nov. 2018, RG n° 16/06137, *Jurinpi* n° D20180105 – En vertu de ses pouvoirs généraux (Ord. n° 2016-728, 2 juin 2016, art. 1er, II, anc^{t} Ord. n° 45-2592, 2 nov. 1945, relative au statut des huissiers, *JO* 3 nov., telle que modifiée par L. n° 2010-1609, 22 déc. 2010, relative à l'exécution des décisions de justice, aux conditions d'exer-▶

► cice de certaines professions réglementées et aux experts judiciaires, *JO* 23 déc., texte 1), le commissaire de justice peut effectuer des constatations purement matérielles en s'abstenant de toute démarche active : Paris, pôle 5, 1re ch., 11 juin 2019, RG nº 16/16167, *PIBD* 2019, nº 1124. III. 454 (nullité du constat internet réalisé par un huissier ayant procédé à une sélection sur Internet des robes lui paraissant contrefaisantes ainsi qu'à une analyse de la contrefaçon) – TJ Lyon, 10e ch., 20 oct. 2020, RG nº 15/12514, *PIBD* 2020, nº 1148. III. 7 (nullité « *sans qu'il y ait lieu à caractériser un grief* » du constat d'achat réalisé par un huissier ayant lui-même procédé à l'achat litigieux dans le magasin du prétendu contrefacteur) – CONFIRMÉ PAR Lyon, ch. civ. 1 A, 22 févr. 2024, RG nº 20/06309, *PIBD* 2024, nº 1223. III. 4 et sa brève – Paris, pôle 5, 2e ch., 28 janv. 2022, RG nº 20/03048, *Jurinpi* nº B20220015 (agissant sur simple requête d'un particulier, le commissaire de justice ne peut procéder à aucune interpellation) – VALIDITÉ D'UN CONSTAT RÉALISÉ SUR UN SALON PROFESSIONNEL : TGI Paris, 3e ch., 3e sect., 27 sept. 2013, *PIBD* 2014, nº 998. III. 84 – Paris, pôle 5, 2e ch., 30 sept. 2016, RG nº 15/22360, *PIBD* 2016, nº 1062. III. 963 – S. Dorol, « Aux frontières du constat : le lieu privé ouvert au public », *Dr. et proc.* janv. 2015, p. 1 s. – NULLITÉ D'UN CONSTAT QUI CONSTITUAIT UNE SAISIE-CONTREFAÇON DÉGUISÉE : Paris, pôle 5, 1re ch., 7 mai 2014, RG nº 12/02428 – VALIDITÉ D'UN CONSTAT DÉCRIVANT LES OPÉRATIONS DE MONTAGE ET DE DÉMONTAGE D'UN PRODUIT PRÉALABLEMENT APPRÉHENDÉ LORS D'UNE SAISIE-CONTREFAÇON : Paris, pôle 5, 1re ch., 31 janv. 2017, RG nº 15/09498, *Jurinpi* nº B20170016 – RAPPR., TGI Paris, 3e ch., 3e sect., 25 mai 2018, RG nº 16/04437, *Jurinpi* nº B20180048 ; *Propr. intell.* 2019. 84, obs. De Haas – VALIDITÉ D'UN CONSTAT RELATIF À L'ACHAT EN MAGASIN, AU TRANSPORT ET AU DÉBALLAGE, PAR UN TIERS, DU PRODUIT ARGUÉ DE CONTREFAÇON : Com, 20 mars 2024, nº 22-22.406, *Jurinpi* nº B20240013 : « *Ayant relevé que l'huissier de justice avait constaté l'achat d'un produit dans un magasin par un tiers acheteur puis le transport du produit par cette même personne au cabinet du conseil de la société Smart Trike, où elle l'avait déballé, l'huissier de justice ayant alors photographié le produit avant de le placer sous scellés, la cour d'appel en a exactement déduit que cet officier ministériel s'était borné à réaliser des constatations purement matérielles sans s'engager dans aucune démarche active* » – RAPPR. TJ Paris, 3e ch., 1re sect., 25 avr. 2024, RG nº 21/14571, *PIBD* 2024, nº 1229. III. 3 (validité du constat relatif à la livraison d'un produit précédemment acheté sur internet) – V. AUSSI : TGI Paris, 3e ch., 1re sect., 8 déc. 2016, RG nº 15/04321, *Proc.* 2018. Chron. 1, obs. O. Hubert (sur les conditions de validité du constat d'achat en magasin) – Lyon, ch. civ. 1 A, 28 mars 2024, RG nº 21/00436 (validité du constat relatif à l'achat réalisé par une employée de l'étude de l'huissier avec les fonds de l'étude) – NULLITÉ D'UN CONSTAT D'ACHAT SUR INTERNET, l'huissier de justice ayant créé un compte client à son nom avant de procéder lui-même à l'acquisition du produit litigieux : Civ. 1re, 20 mars 2014, nº 12-18.518, P I, nº 54 ; *PIBD* 2014, nº 1007. III. 475 ; *Procédures* 2014, nº 133, note Perrot ; *CCE* 2014, nº 9, note Boiron et Franco ; *CCE* 2014, nº 12, note de Candé et Blanchard – *CONTRA* : Paris, pôle 5, 2e ch., 26 avr. 2013, *PIBD* 2013, nº 987. III. 1280 – VALIDITÉ D'UN CONSTAT D'ACHAT SUR INTERNET : TGI Paris, 3e ch., 3e sect., 13 sept. 2013, *PIBD* 2013, nº 995. III. 1619 (acte d'achat effectué par un salarié du demandeur) – Paris, pôle 5, 1re ch., 25 oct. 2016, RG nº 15/05739, *Jurinpi* nº M20160472 (acte d'achat réalisé par l'huissier qui a utilisé l'adresse électronique, le mot de passe et les coordonnées bancaires d'un salarié du demandeur) – Colmar, 1re ch. civ. A, 18 sept. 2019, RG nº 16/04036, préc. ; *PIBD* 2020, nº 1129. III. 16 ►

► (acte d'achat réalisé sous le contrôle de l'huissier par un salarié du requérant non-demandeur à l'action en contrefaçon) – Paris, pôle 5, 1re ch., 7 févr. 2024, RG nº 22/03229 (acte d'achat effectué en ligne par un autre huissier, sans création préalable d'un compte client) – S. Dorol, « Le constat d'achat sur Internet », *Propr. ind.* 2017. Étude 5 – VALIDITÉ DE CONSTATS DÉCRIVANT respectivement le contenu d'un site internet, l'objet argué de contrefaçon précédemment acheté par le breveté et l'ouverture des cartons contenant cet objet : Paris, pôle 5, 1re ch., 27 juin 2017, RG nº 14/25023, *Jurinpi* nº B20170109 – EN CE SENS, Paris, pôle 5, 2e ch., 29 janv. 2021, RG nº 19/04589, *PIBD* 2021, nº 1158. III. 9 ; *Propr. ind.* 2021. Comm. 26, note Greffe – RAPPR., Paris, pôle 5, 1re ch., 4 déc. 2018, RG nº 17/01202, *Jurinpi* nº B20180137 – V. AUSSI, Colmar, 1re ch. civ. A, 18 sept. 2019, RG nº 16/04036, préc. – Validité du constat réalisé sur le site internet d'archivage « Archive.org » : Paris, pôle 5, 2e ch., 5 juill. 2019, RG nº 17/03974, *Propr. ind.* 2019. Comm. 49, note S. Dorol : conditionnant toutefois la recevabilité et la validité du constat à l'accomplissement, par l'huissier, des prérequis obligatoires en matière de constat internet, sur lesquels : v. S. Dorol, « Du neuf pour les constats d'huissier établis sur archive.org », *Propr. ind.* 2019. Comm. 49 – V. AUSSI, sur ces prérequis : Paris, pôle 5, 1re ch., 18 sept. 2024, RG nº 22/14799 – COMP., Montpellier, 2e ch., 15 mai 2020, RG nº 17/02469, *Jurinpi* nº M20200101, et RG nº 17/04045, *Jurinpi* nº M20200108 : écartant des débats les simples captures d'écran établies sur site internet « archive.org » au motif que celles-ci n'étaient pas corroborées par un constat d'huissier détaillant ces prérequis – RAPPR. : Aix-en-Provence, ch. 3-1, 6 janv. 2022, RG nº 18/04513, *PIBD* 2022, nº 1178. III. 7 – Mais sur le caractère non contraignant de la norme Afnor NZ Z67-147 : TJ Paris, 3e ch., 2e sect., 20 déc. 2024, RG nº 22/08038 – SUR L'IDENTITÉ DU TIERS ASSISTANT LE COMMISSAIRE DE JUSTICE : jugé que le stagiaire de l'avocat du requérant ne peut, sans méconnaître l'exigence d'un procès équitable ni le principe de loyauté dans l'administration de la preuve, assister l'huissier pendant les opérations de constat d'achat, alors que « *la personne qui assiste l'huissier instrumentaire lors de l'établissement d'un procès-verbal de constat* [doit être] *indépendante de la partie requérante* » : Civ. 1re, 25 janv. 2017, nº 15-25.210, P I, nº 107 ; *Propr. ind.* 2017, nº 27, note crit. Gasnier ; *CCE* 2017, nº 3, repère Caron ; *CCE* 2017. Étude 14, note S. Dorol ; *JCP* 2017. 271, note Legrain ; *Gaz. Pal.* 2 mai 2017, p. 69, note Mayer ; *Procédures* 2018. Chron. 1, note O. Hubert – Cette décision, ignorant tant le principe d'indépendance de la profession d'avocat (L. nº 71-1130, 31 déc. 1971, portant réforme de certaines professions judiciaires et juridiques, *JO* 5 janv., p. 131, art. 1er) que les contraintes pratiques des huissiers – seulement autorisés à effectuer des constatations purement matérielles sans pouvoir procéder eux-mêmes à l'achat de la marchandise arguée de contrefaçon –, semble finalement avoir été cantonnée par les juges du fond aux seules hypothèses dans lesquelles l'huissier n'a pas précisé, dans son constat, l'identité et la qualité du tiers acheteur : Paris, pôle 5, 2e ch., 28 févr. 2020, RG nº 18/03683, *PIBD* 2020, nº 1144. III. 1 et sa note (refusant d'annuler le constat relatif à l'achat effectué par le stagiaire du cabinet d'avocats du requérant, dès lors que le procès-verbal mentionnait explicitement que l'acheteur avait cette qualité, et qu'il n'y avait eu aucune manœuvre frauduleuse) – INFIRMANT TGI Paris, 3e ch., 2e sect., 22 déc. 2017, RG nº 16/07565, *Jurinpi* nº B20170204 ; *Procédures* 2019. Chron. 1, spéc. nº 11, note Hubert : – RAPPR., refusant d'annuler des constats d'achat dès lors que les nom et qualité des tiers acheteurs, respectivement mandataire et salarié du requérant, figuraient clairement sur chacun des ►

expertise privée[1], *etc.* La loi du 11 mars 2014[2] (art. 4) a explicitement confirmé ce caractère facultatif en précisant que « *la juridiction peut ordonner, d'office ou à la demande de toute personne ayant qualité pour agir en contrefaçon, toutes les mesures d'instruction légalement admissibles même si une saisie-contrefaçon n'a pas préalablement été ordonnée* » (CPI, art. L. 521-4-1, L. 615-5-1-1, L. 623-27-1-1, L. 716-4-8[3] et L. 722-4-1). Cet article a pour objet de transposer l'article 6 de la directive n° 2004/48/CE[4] qui concerne « *les éléments de preuve* [...] *qui se trouvent sous le contrôle de la partie adverse* ». Ces dispositions devraient donc permettre au demandeur à l'action en contrefaçon de demander la production forcée de preuve (C. pr. civ., art. 138 à 142) sans qu'il puisse lui être reproché l'absence de saisie-contrefaçon préalable. Toutefois, en vertu de l'article 146 C. pr. civ., le demandeur devra notamment démontrer qu'il ne peut pas rapporter autrement la preuve en question. La rédaction large de ce nouvel article devrait aussi permettre de demander que soit ordonnée la mesure d'expertise prévue à l'article 145 C. pr. civ., à la place de la saisie-contrefaçon, mais il ne devra pas s'agir d'une saisie-contrefaçon déguisée[5] et il faudra que cette mesure soit suffisante pour la solution du litige (C. pr. civ., art. 147). Cependant, compte tenu de son efficacité et de sa commodité, la procédure de saisie-contrefaçon est d'un emploi extrêmement fréquent. On doit toutefois noter que, alors même qu'il ne s'agit que d'un moyen de preuve facultatif, il n'est pas possible de faire pratiquer des opérations analogues à une saisie-contrefaçon (notamment lorsqu'elles impliquent une atteinte au droit de propriété ou une contrainte) en dehors des formes légales prévues pour cette mesure, toutes les fois qu'elle pourrait être pratiquée[6].

► procès-verbaux : TGI Paris, 3e ch., 4e sect., 22 nov. 2018, RG n° 17/12253, *PIBD* 2019, n° 1108. III. 49 – Paris, pôle 5, 1re ch., 6 avr. 2022, RG n° 20/17307, *PIBD* 2022, n° 1190. III. 8 : « *Le seul fait que l'achat de la valise a été effectué par un stagiaire du cabinet d'avocats de la requérante ne porte pas non plus, en soi, atteinte au droit* [de la défenderesse] *à un procès équitable, cette dernière ayant tout loisir de contester, comme elle le fait, le procès-verbal de constat d'achat* » – RAPPR. Paris, pôle 5, 1re ch., 18 sept. 2024, RG n° 22/14799 (validité du constat relatif à un achat effectué par la mère de la requérante dont seul le patronyme, commun avec celui de la requérante, était mentionné sur le procès-verbal de constat) – Jugé en revanche que « *l'absence d'indication dans le procès-verbal tant en ligne qu'en magasin de la qualité de stagiaire du conseil* [du requérant] *constitue une violation du principe de loyauté de l'administration de la preuve qui affecte la validité des deux procès-verbaux de constat d'achat* » : Paris, pôle 5, 2e ch., 18 oct. 2019, RG n° 18/08962, *PIBD* 2020, n° 1131. III. 74 ; *Propr. ind.* 2019. Comm. 66, note Greffe – COMP. Paris, pôle 5, 2e ch., 29 nov. 2019, RG n° 18/04181, *Jurinpi* n° D20190062 : « *Si le manque d'indépendance du tiers* [un commerçant] *est susceptible d'entacher de nullité les constats d'achat effectués, il appartient à celui qui allègue ce manque d'indépendance de prouver les éléments qui lui permettent de le faire* » – Sur la validité du procès-verbal de constat mentionnant simplement que le tiers assistant l'huissier est « *sans lien avec le requérant* » : Nancy, ch. civ. 1, 11 mars 2024, RG n° 22/01816, *Jurinpi* n° D20240011 – RAPPR. Lyon, ch. civ. 1 A, 28 mars 2024, RG n° 21/00436 – COMP. : jugeant précédemment que le tiers assistant l'huissier lors d'un constat devrait de plus être extérieur à l'étude de l'huissier et sans lien avec la personne de l'huissier de justice : TGI Paris, 3e ch., 4e sect., 22 nov. 2018, RG n° 17/12253, préc. – La mention par laquelle l'huissier identifie le tiers acheteur et précise que ce dernier est sans lien avec lui ou son étude, le requérant ou l'avocat du requérant, fait foi jusqu'à preuve contraire et suffit à s'assurer de la régularité de l'acte : Lyon, 19 nov. 2020, RG n° 18/00895, *Jurinpi* n° M20200242 – TJ Paris, 3e ch., 3e sect., 25 mai 2021, RG n° 20/01644, *PIBD* 2021, n° 1165. III. 7 – V. SUR L'ENSEMBLE DE LA QUESTION : S. Dorol et S. Racine, « La preuve de l'indépendance du tiers acheteur », *Propr. ind.* 2020. Étude 13. – Récemment jugé que le conseil en propriété industrielle habituel du requérant, qui n'est par définition « *ni le préposé ni le représentant* » de ce dernier, peut valablement assister l'huissier lors d'un constat d'achat sur Internet : Paris, pôle 5, 2e ch., 29 janv. 2021, RG n° 19/04589, *PIBD* 2021, n° 1158. III. 9 ; *Propr. ind.* 2021. Comm. 26, note Greffe – V. AUSSI sur la pratique du « *constat déporté* » utilisée lorsque le tiers acheteur ne peut se rendre en l'étude de l'huissier (en période de confinement par exemple) : S. Dorol, S. Racine, « Le constat d'achat 2.0 », *Propr. ind.* 2021. Étude 3.

1. Mais LA PREUVE DE LA CONTREFAÇON NE PEUT RÉSULTER EXCLUSIVEMENT D'UNE EXPERTISE PRIVÉE : Com. 29 janv. 2013, n° 11-28.205, NP ; *Propr. ind.* 2013, n° 27, note Gaumont-Prat ; *Propr. ind.* 2013, n° 28, comm. Bouche, appliquant la jurisprudence Cass., ch. mixte, 28 sept. 2012, n° 11-18.710, P, n° 2 ; *D.* 2012. 769 ; *RTD civ.* 2012. 769, comm. Perrot.
2. L. n° 2014-315, 11 mars 2014, art. 4.

12.07 Qu'est-ce que la contrefaçon ? Le terme « *contrefaçon* » désigne, en la matière, différentes

3. Créé par Ord. n° 2019-1169, 13 nov. 2019, relative aux marques de produits ou de services, *JO* 14 nov., texte 12, et remplaçant l'ancien article L. 716-7-1 A du CPI.
4. Dir. n° 2004/48/CE du Parlement européen et du Conseil, 29 avr. 2004, relative au respect des droits de propriété intellectuelle, *JOUE*, n° L 157, 30 avr., p. 45-86.
5. V. PAR EX., en matière de propriété littéraire et artistique : Civ. 1re, 28 nov. 2012, n° 11-20.531, NP – V. AUSSI, en matière de propriété industrielle : Paris, pôle 5, ch. 2, 18 mai 2018, RG n° 16/23862 – Toulouse, 3e ch., 17 déc. 2019, RG n° 19/02289.
6. PAR EX. : TGI Lyon, 10e ch., 20 mars 1995, *PIBD* 1995, n° 590. III. 310 – TGI Paris, 3e ch., 3e sect., 9 sept. 2003, *PIBD* 2004, n° 782. III. 178 – TGI Paris, 3e ch., 1re sect., 5 mai 2009, RG n° 2007/06254, *Jurinpi* n° B20090070 ; *PIBD* 2009, n° 900. III. 1205 – Chambéry, ch. com., 16 déc. 2008, RG n° 08/02310, *Juris-Data* n° 008030 – TGI Paris, 3e ch., 1re sect., 8 juin 2010, RG n° 08/16283 – TGI Paris, 3e ch., 4e sect., 10 juin 2010, RG n° 09/09853, *Juris-Data* n° 028661 – Paris, pôle 5, 2e ch., 11 mars 2011, RG n° 09/29067 – Paris, pôle 5, 1re ch., 7 mai 2014, RG n° 12/02428 – Paris, pôle 1, 3e ch., 24 nov. 2015, RG n° 14/16359, *PIBD* 2015, n° 1041. III. 5 – TGI Paris, 3e ch., 4e sect., 14 avr. 2016, RG n° 14/15677, *PIBD* 2016, n° 1053. III. 568 – Paris, pôle 5, 2e ch., 30 sept. 2016, RG n° 15/19136, *Jurinpi* n° M20160449.

formes d'**atteintes à un droit patrimonial de propriété intellectuelle**. Plus précisément, il s'agit d'atteintes au droit exclusif conféré par la loi de reproduire, utiliser, mettre en œuvre, fabriquer, *etc.*, un produit ou un procédé (brevet), une variété végétale (certificat d'obtention végétale), un signe distinctif (marque), un dessin ou un modèle ornemental, la topographie d'un produit semi-conducteur, une indication géographique, une œuvre de l'esprit (droit d'auteur), une création objet d'un droit voisin du droit d'auteur ou une base de données. L'atteinte aux droits moraux de l'auteur n'est pas en elle-même une contrefaçon au sens juridique du terme, mais la jurisprudence[1] a admis le recours à la saisie-contrefaçon pour en rapporter la preuve.

12.08 **Avertissement.** L'étude de la contrefaçon déborde évidemment le cadre d'un ouvrage consacré aux voies d'exécution. Avant d'envisager la mise en œuvre d'une mesure de saisie-contrefaçon, le praticien sera bien avisé de vérifier que les faits dont il se préoccupe sont bien constitutifs, s'ils sont avérés, de contrefaçon (ainsi, l'usage d'une marque déposée pour désigner des produits différents de ceux visés au dépôt n'est pas une contrefaçon ; la mise en œuvre des enseignements d'un brevet d'invention à des fins expérimentales n'est pas, non plus, une contrefaçon).

12.09 **Remarque de l'auteur.** La plupart des textes concernant la saisie-contrefaçon parlant d'huissier, il a été choisi de laisser ce terme dans les développements qui suivent en lieu et place de commissaire de justice.

1. Paris, 4e ch. A, 17 mai 1993, *RD prop. int.* 1993, no 49, p. 78.

TITRE

121. La saisie-contrefaçon en matière de propriété industrielle

SECTION 0 ORIENTEUR

121.00 Sommaire du titre.

Division. Une saisie-contrefaçon ne peut être valablement requise que si un certain nombre de conditions préalables sont remplies (chap. 1211). Elle ne peut être pratiquée qu'en vertu d'une ordonnance sur requête du magistrat compétent (chap. 1212). L'exécution de cette ordonnance répond à des règles strictes (chap. 1213). Enfin, la saisie-contrefaçon connaît généralement des suites, notamment à l'initiative du demandeur, par l'engagement d'une procédure au fond (chap. 1214). Elle peut susciter un contentieux délicat (chap. 1215).

CHAPITRE

1211. Conditions de fond de la saisie-contrefaçon

Olivier Hubert
Avocat*

SECTION 0

Orienteur

1211.00 **Sommaire du chapitre.**

Division. Il convient de présenter les titres de propriété industrielle susceptibles de fonder une saisie-contrefaçon (sect. 1) avant d'examiner successivement les deux parties à la saisie-contrefaçon que sont le demandeur à la saisie (sect. 2) et le saisi (sect. 3).

1211.01 **Textes applicables.**

• **CPI,** art. L. 513-3, L. 513-7, L. 521-2, L. 521-4, L. 612-15, L. 613-9, L. 614-11, L. 614-15, L. 615-2, L. 615-4, L. 615-10, L. 622-7, L. 623-14, L. 623-24 à L. 623-27-1, L. 714-7, L. 716-4-2, L. 722-1 à L. 722-7.

• **Règl. CE nº 2100/94 du Conseil, 27 juill. 1994,** instituant un régime de protection communautaire des obtentions végétales, art. 23, 24, 87, 92, 94 à 106, *JOCE* L 227, 1er sept., p. 1-30.

• **Règl. CE nº 6/2002 du Conseil, 12 déc. 2001,** sur les dessins ou modèles communautaires, art. 11, 12, 19, 20, 32, 33, 88, 90, 93, *JOCE* L 003, 5 janv. 2002, p. 1-24, tel que modifié par Règl. UE nº 2024/2822 du Parlement européen et du Conseil, 23 oct. 2024, *JOUE* L 2024/2822, 18 nov.

• **Règl. CE nº 510/2006 du Conseil, 20 mars 2006,** relatif à la protection des indications géographiques et des appellations d'origine des produits agricoles et des denrées alimentaires, art. 7, *JOUE*, nº L 93, 31 mars, p. 12-25.

• **Règl. UE nº 2017/1001 du Parlement européen et du Conseil, 14 juin 2017,** sur la marque de l'Union européenne, art. 9, 11, 25, 27, 122, 131, *JOUE* L 154, 16 juin, p. 1-99.

1211.03 **Bibliographie indicative.**

* V. ss nº 12.03.

SECTION 1

Titre de propriété industrielle

1211.11 **Titres délivrés.** La saisie-contrefaçon est destinée à procurer la preuve de la contrefaçon de tous les titres protégeant, sur le territoire français :

– une **invention** : brevet français, brevet européen désignant la France, brevet européen à effet unitaire[1], certificat d'utilité, certificat complémentaire de protection, certificat d'addition demandé avant la suppression de ce titre par la loi du 26 novembre 1990[2] ;

– une **obtention végétale** : certificat d'obtention végétale français, certificat de protection communautaire des obtentions végétales ;

– une **marque** : enregistrement d'une marque française, partie française d'une marque enregistrée internationalement en application, notamment, de l'Arran-

* La dixième édition de cette contribution était l'œuvre de Pierre Véron et Olivier Hubert, et les précédentes, sous la direction de Pierre Véron, étaient celle d'Isabelle Romet, Thomas Bouvet, Blandine Tronel et Nicolas Bouche.

1. P. Véron et N. Bouche, « La saisie-contrefaçon devant la juridiction unifiée du brevet », *Propr. intell.* 2015. 28.
2. L. nº 90-1052, 26 nov. 1990, relative à la propriété industrielle, *JO* 28 nov. 1990, p. 14624.

gement de Madrid du 14 avril 1891, marque de l'Union européenne, anciennement marque communautaire ;

– un **dessin ou modèle :** dépôt français ou international désignant la France, ou dessin ou modèle de l'Union européenne enregistré ou non enregistré (à compter de la première divulgation dans l'Union européenne) ;

– une **topographie de produits semi-conducteurs** : enregistrement français ;

– une **indication géographique :** nationale (appellation d'origine, indication géographique vitivinicole) ou communautaire (appellation d'origine protégée, indication géographique protégée).

On notera que par un arrêt du 14 décembre 2010, la chambre commerciale de la Cour de cassation a décidé qu'il n'était pas possible de requérir l'autorisation de procéder à une saisie-contrefaçon sur le fondement d'un brevet ou d'un titre assimilé – certificat complémentaire de protection (CCP) ou certificat d'utilité – expiré. Cette solution discutable (parce que la saisie-contrefaçon n'est pas une voie d'exécution qui ne se concevrait que pour un titre en vigueur, mais une voie de preuve qui se conçoit tout autant pour une contrefaçon passée que pour une contrefaçon en cours) semble généralisable à tout autre titre de propriété intellectuelle[1].

En cas d'annulation ultérieure du titre, la saisie-contrefaçon sera annulée[2].

1211.12 **Demandes de titres publiées.** Dans la plupart des cas, une demande publiée est opposable aux tiers et peut donc fonder une saisie-contrefaçon[3], bien que, dans différentes matières, le tribunal ait l'obligation de surseoir à statuer au fond en l'attente de la délivrance du titre. Quelques exceptions méritent cependant d'être signalées.

En matière de **brevet d'invention**, la notification à un tiers d'une copie certifiée de la demande, par hypothèse, antérieurement à la publication de cette demande, rend celle-ci opposable à ce tiers. Une demande publiée ou notifiée n'est en revanche opposable que si ses revendications n'ont pas fait l'objet, depuis la publication ou la notification, de modifications ayant pour effet d'en étendre la portée (CPI, art. L. 615-4).

En matière d'**obtention végétale**, les faits postérieurs à la notification au prétendu contrefacteur d'une copie conforme de la demande française et antérieurs à la publication de cette demande, sont, de la même manière, opposables à ce dernier (CPI, art. L. 623-26).

En matière de **marque de l'Union européenne**, une action en contrefaçon et donc une saisie-contrefaçon n'est possible qu'à compter de la publication de l'enregistrement[4].

1211.13 **Demandes non publiées.** Sauf en matière de brevet européen où la question paraît ouverte[5], une demande non publiée peut fonder une saisie-contrefaçon à condition qu'elle soit préalablement notifiée individuellement au présumé contrefacteur. En l'absence de notification préalable, une saisie-contrefaçon effectuée sur le fondement d'une demande de titre non publiée est nulle (en matière de brevet[6], en matière de certificat d'obtention végétale, en matière de marque[7], en matière de dessins et modèles). Il est à noter que, depuis l'entrée en vigueur, le 1er juillet 2020, du décret du 8 janvier 2020[8], la demande de brevet peut faire l'objet d'un dépôt sous forme provisoire, permettant de différer de douze mois la remise, entre autres, des revendications et de l'abrégé de l'invention (CPI, art. R. 612-3-1 et R. 612-3-2).

1. Com. 14 déc. 2010, n° 09-72.946, P IV, n° 196 ; *Propr. ind.* 2011, n° 22, note J. Raynard ; *Propr. ind.* 2011, n° 28, note crit. N. Bouche ; *CCE* 2011, n° 19, note C. Caron ; *Propr. intell.* 2011. 247, obs. Warusfel – EN CE SENS : TGI Paris, 3e ch., 1re sect., ord. réf., 11 févr. 2016, RG n° 15/15073, *Jurinpi* n° B20160026.
2. TGI Paris, 3e ch., 2e sect., 13 janv. 2017, RG n° 15/03165, *Jurinpi* n° B20170012 ; *PIBD* 2017, n° 1071. III. 314 – TGI Paris, 3e ch., 2e sect., 31 mars 2017, RG n° 11/07054 – CONFIRMÉ PAR : Paris, pôle 5, 2e ch., 24 janv. 2022, RG n° 17/12908, *Jurinpi* n° B20200001 – POURVOI REJETÉ PAR : Com. 28 sept. 2022, n° 20-16.874, NP ; *PIBD* 2022, n° 1193. III. 2.
3. V. CEP. cet arrêt refusant de faire droit à une demande de saisie-contrefaçon fondée sur une demande de brevet européen publiée au motif que la délivrance du titre n'apparaissait pas suffisamment vraisemblable : Paris, pôle 5, 1re ch., 28 févr. 2024, RG n° 23/01453 – La lettre de l'article 60 de l'Acc. JUB, qui ne vise que le « *brevet* », s'oppose quant à elle à ce qu'une mesure de « *conservation des preuves* » puisse être ordonnée par la JUB sur le fondement d'une demande de brevet européen : P. Véron et N. Bouche, « La saisie-contrefaçon devant la juridiction unifiée du brevet », *Propr. intell.* 2015. 28.
4. Règl. UE 2017/1001, Parlement et Conseil, 14 juin 2017, art. 11.
5. L'article L. 614-9 du CPI ne prévoit pas expressément la possibilité, pour le titulaire d'une demande de brevet européen non publiée, de procéder à une notification individuelle de sa demande au présumé contrefacteur. En outre, aux termes des articles 67 (1) et 64 (1) de la Convention sur le brevet européen, une demande européenne ne bénéficie du même régime qu'une demande nationale qu'à compter de sa publication. Mais, le titulaire d'une demande européenne non publiée pourra solliciter une publication anticipée de sa demande, en vertu de l'article 93 (1b) de la même Convention.
6. TGI Paris, 28 juin 1983, *Dossiers Brevets* 1984. II. 5 – TGI Lille, 25 avr. 1984, *Dossiers Brevets* 1985. III. 2.
7. Colmar, 13 mai 1994, *Ann. propr. ind.* 1995. 275 – TGI Lille, 16 juin 1994, *PIBD* 1994, n° 575. III. 513.
8. Décr. n° 2020-15, 8 janv. 2020, relatif à la création d'une demande provisoire de brevet et à la transformation d'une demande de certificat d'utilité en demande de brevet d'invention, *JO* 10 janv., texte 15.

Par hypothèse, cette demande provisoire n'est pas publiée avant sa mise en conformité aux prescriptions de l'article R. 612-3, relatif à la requête en délivrance de brevet (CPI, art. L. 615-4 et L. 612-21). Néanmoins, le droit exclusif naissant, sans distinction, à compter « *du dépôt de la demande* » (CPI, art. L. 613-1), cette demande provisoire devrait pouvoir servir de fondement à l'action en contrefaçon et partant, à la saisie-contrefaçon, à compter de la notification au prétendu contrefacteur de sa copie certifiée conforme.

SECTION 2
LE DEMANDEUR À LA SAISIE

1211.20 **Plan.** Selon la formule désormais commune à tous les droits de propriété industrielle (depuis l'uniformisation opérée par la loi du 29 octobre 2007 [1]), le demandeur à la saisie-contrefaçon doit avoir qualité pour agir en contrefaçon. Il est ainsi renvoyé aux autres dispositions du Code de la propriété intellectuelle et des règlements communautaires et européens qui définissent les personnes pouvant exercer l'action en contrefaçon. C'est dire que le demandeur doit déjà jouir de la capacité d'ester en justice (§ 1) mais qu'il doit encore plus précisément se voir reconnaître qualité à agir en contrefaçon par une disposition spécifique [2] (§ 2). Enfin, l'acte lui conférant le droit en vertu duquel il agit doit être opposable aux tiers (§ 3).

§ 1
Capacité pour requérir une saisie-contrefaçon

1211.31 **Capacité d'ester en justice.** Quiconque requiert l'autorisation de faire pratiquer une saisie-contrefaçon doit être capable d'ester en justice, selon les règles générales de procédure civile [3]. Il a été ainsi jugé qu'une société non encore immatriculée, ou immatriculée mais absorbée, dépourvue de ce fait de la personnalité morale, n'est pas recevable à faire procéder à une saisie-contrefaçon, celle-ci devant être annulée [4] ou l'ordonnance rétractée [5].

1. L. n° 2007-1544, 29 oct. 2007, de lutte contre la contrefaçon, *JO* 30 oct., p. 17775.
2. Com. 29 janv. 2008, n° 07-14.709, P IV, n° 18 ; *PIBD* 2008, n° 871. III. 203 ; *CCE* 2008, n° 34, note C. Caron ; *Propr. intell.* 2008. 276, note Abello.
3. Toutefois, le défaut de capacité de l'un des requérants n'affecte pas la validité de l'ordonnance aux fins de saisie-contrefaçon à l'égard des autres requérants juridiquement capables : Paris, pôle 5, 1re ch., 4 juin 2019, RG n° 17/15068, *PIBD* 2019, n° 1125. III. 460 ; *Propr. intell.* 2019. 115, note Derambure.
4. TGI Paris, 10e ch. corr., 25 févr. 1977, *Ann. propr. ind.* 1978. 143 – TGI Paris, 3e ch., 2e sect., 6 avr. 2007, *PIBD* 2007, n° 855. III. 427.

§ 2
Qualité pour requérir une saisie-contrefaçon

1211.41 **Propriétaire.** En toutes matières, le propriétaire d'un titre de propriété intellectuelle (ou d'une demande de titre dûment publiée ou notifiée) a qualité pour faire procéder à une saisie-contrefaçon, sans que la loi distingue selon le mode d'acquisition de son droit de propriété.

On soulignera la particularité de la situation en matière d'**indications géographiques.** À la différence des autres droits de propriété industrielle, les indications géographiques ne bénéficient pas à un titulaire enregistré mais peuvent être librement utilisées par tous les producteurs qui remplissent les conditions posées, par une décision judiciaire ou administrative, relativement à l'aire géographique de production et aux qualités et caractéristiques que doivent présenter les produits. C'est pourquoi alors que l'article L. 722-4 du CPI, selon le principe désormais commun, ouvre la voie de la saisie-contrefaçon à « *toute personne ayant qualité pour agir en vertu du présent titre* », c'est-à-dire agir pour une atteinte à une indication géographique, l'alinéa 1er de l'article L. 722-2 du même code énonce en réponse simplement que : « *L'action civile pour contrefaçon est exercée par toute personne autorisée à utiliser l'indication géographique concernée ou tout organisme auquel la législation donne pour mission la défense des indications géographiques* » [6]. L'alinéa 2 de l'article L. 722-2 reconnaît à ces mêmes personnes la qualité « *à intervenir dans l'instance engagée par une autre partie pour contrefaçon* ».

1211.42 **Copropriétaire.** En matière de brevet et d'obtention végétale, la loi organise un régime de copropriété qui permet à chaque copropriétaire de prendre l'initiative d'une procédure en contrefaçon, sous réserve de notifier l'assignation aux autres copropriétaires. Il faut en déduire que, en ces matières, chaque copropriétaire peut prendre l'initiative d'une saisie-contrefaçon. La position est plus incertaine en matière de marques, de dessins et modèles, et de topographies de produits semi-conducteurs où, en l'absence de dispositions légales spécifiques, les copropriétaires se trouvent sous le régime de l'indivision et où la meilleure solution consiste à régler la question contractuellement.

1211.43 **Licencié exclusif.** D'une manière générale, le licencié exclusif peut faire procéder à une saisie-contrefaçon. Ainsi, s'agissant des **dessins ou**

5. TGI Paris, ord. réf., 5 avr. 2006, RG n° 06/04814, *Jurinpi* n° B20060055.
6. V. NOT., N. Bouche, « Les indications géographiques protégeant les produits industriels et artisanaux », *Propr. ind.* 2016. Étude 7, spéc. n° 12.

modèles français et des **certificats d'obtention végétale français**, le licencié exclusif se voit reconnaître le droit d'agir en contrefaçon à condition d'avoir préalablement mis en demeure sans succès le titulaire du droit d'exercer lui-même l'action, sauf stipulation contraire du contrat de licence (pour les dessins et modèles français, CPI, art. L. 521-2 – pour les certificats d'obtention végétale français, CPI, art. L. 623-25, al. 2). Il est permis d'en déduire qu'il peut, aux mêmes conditions, faire pratiquer une saisie-contrefaçon. L'obligation de mise en demeure préalable est toutefois inutile lorsque le licencié exclusif en est expressément dispensé, soit par les termes du contrat (« *sauf stipulation contraire* »), soit par l'accord exprès du donneur de licence en dehors de toute mise en demeure [1]. Dans tous ces cas, le licencié exclusif doit joindre à sa requête aux fins de saisie-contrefaçon la justification du respect de la condition de mise en demeure.

Les règles sont globalement identiques en matière de **marques françaises** (CPI, art. L. 716-4-2), de **marques de l'Union européenne** [2] et de **dessins ou modèles de l'Union européenne** [3] puisque le licencié exclusif, sauf stipulation contraire, peut agir en contrefaçon avec le consentement du titulaire et, par exception, peut même agir sans le consentement du titulaire lorsqu'il l'a vainement mis en demeure d'exercer l'action en contrefaçon.

Depuis l'entrée en vigueur de l'ordonnance n° 2018-341 du 9 mai 2018 [4], le 1er juin 2023, les conditions se sont assouplies en matière de **brevet d'invention** (CPI, art. L. 615-2, al. 2) et de **topographies de produits semi-conducteurs** (CPI, art. L. 622-7, qui renvoie à CPI, art. L. 615-2), puisque le licencié exclusif est désormais recevable à agir en contrefaçon, « *sauf stipulation contraire du contrat de licence* », à la seule condition d'avoir préalablement informé le titulaire du droit de son intention d'agir [5].

En revanche, en matière de **certificat de protection communautaire des obtentions végétales**, le schéma est radicalement différent puisque l'article 104 § 1 du règlement n° 2100/94 reconnaît par principe qualité au licencié exclusif d'agir en contrefaçon, sans aucune autre condition (et notamment pas celle d'une vaine mise en demeure d'agir adressée au titulaire) sauf si cette possibilité lui a été expressément retirée par une stipulation contraire du contrat de licence.

1211.44 Titulaire d'une licence non contractuelle en matière de brevet ou de certificat d'obtention végétale. Le droit pour ces derniers de faire procéder à une saisie-contrefaçon est soumis à la condition d'avoir préalablement mis en demeure en vain le titulaire d'agir lui-même (CPI, art. L. 615-2, al. 4, et L. 623-25, al. 2). L'effet d'une stipulation contraire est réservé s'agissant des certificats d'obtention végétale et non des brevets.

En matière de **certificat de protection communautaire des obtentions végétales**, le titulaire d'une licence obligatoire, accordée par l'Office communautaire des variétés végétales, peut agir en contrefaçon, sans aucune autre condition (et notamment pas celle d'une vaine mise en demeure d'agir adressée au titulaire) sauf si cette possibilité lui a été expressément retirée par une stipulation contraire du contrat de licence. Il peut requérir une saisie-contrefaçon aux mêmes conditions.

1211.45 Titulaire d'une licence contractuelle non exclusive. En matière de **dessins et modèles français** et de **certificat d'obtention végétale français**, les textes refusent pour le moment de reconnaître au licencié non exclusif qualité pour agir en contrefaçon et donc, pour solliciter une saisie-contrefaçon (pour les dessins et modèles français, CPI, art. L. 521-2 – pour les certificats d'obtention végétale français, CPI, art. L. 623-25, al. 2). Il lui est ici seulement reconnu la possibilité d'intervenir à l'instance engagée par le titulaire.

En revanche, le licencié contractuel non exclusif d'une **marque de l'Union européenne** [6], d'un **dessin ou modèle de l'Union européenne** [7] ou, depuis l'entrée en vigueur de l'ordonnance du 13 novembre 2019 [8], le 11 décembre 2019, d'une **marque française** (CPI, art. L. 716-4-2), peut engager une procédure relative à la contrefaçon du titre en question, sauf stipulation contractuelle contraire, avec le consentement du titulaire. Il est permis d'en déduire qu'il peut, aux mêmes conditions, faire pratiquer une saisie-contrefaçon. Par ailleurs, et assez étonnamment, le licen-

1. TGI Paris, 3e ch., 2e sect., 13 mars 1998, *RDPI* 1998. 29.
2. Règl. UE 2017/1001, Parlement et Conseil, 14 juin 2017, art. 25 § 3.
3. Règl. CE 6/2002, Conseil, 12 déc. 2001, tel que mod. par Règl. UE 2024/2822, Parlement et Conseil, 23 oct. 2024, art. 32 § 3.
4. Ord. n° 2018-341, 9 mai 2018, relative au brevet européen à effet unitaire et à la juridiction unifiée du brevet, *JO* 10 mai, texte 9, dont l'entrée en vigueur était suspendue à celle de l'accord relatif à la juridiction unifiée du brevet, signé à Bruxelles le 19 février 2013, intervenue le 1er juin 2023.
5. L'article 47, § 3, Acc. JUB énonce de la même manière que, « sauf si l'accord de licence en dispose autrement », le licencié exclusif est habilité à engager une action devant la Juridiction unifiée du brevet à condition le titulaire du brevet soit informé au préalable.
6. Règl. UE 2017/1001, Parlement et Conseil, 14 juin 2017, art. 25 § 3.
7. Règl. CE 6/2002, Conseil, 12 déc. 2001, tel que mod. par Règl. UE 2024/2822, Parlement et Conseil, 23 oct. 2024, art. 32 § 3.
8. Ord. n° 2019-1169, 13 nov. 2019, relative aux marques de produits ou de services, *JO* 14 nov., texte 12.

cié contractuel non exclusif d'un **certificat de protection communautaire d'obtention végétale** bénéficie, d'après la lettre de l'article 104 § 1 du règlement n° 2100/94, du droit d'agir en contrefaçon (et donc corrélativement de solliciter une saisie-contrefaçon), sans même pouvoir en être privé par une stipulation contraire. Depuis l'entrée en vigueur de l'ordonnance du 9 mai 2018[1], le 1er juin 2023, le licencié non exclusif d'un **brevet d'invention** peut quant à lui exercer l'action en contrefaçon et donc, solliciter une saisie-contrefaçon, si le contrat de licence l'y autorise expressément et que le titulaire du brevet en a été préalablement informé (CPI, art. L. 615-2, al. 3). Il en va de même, par renvoi à cette disposition, en matière de **topographies de produits semi-conducteurs** (CPI, art. L. 622-7, renvoyant à CPI, art. L. 615-2).

1211.46 Personne habilitée à faire usage d'une marque de garantie ou de certification ou d'une marque collective. Depuis l'entrée en vigueur de l'ordonnance du 13 novembre 2019[2], le 11 décembre 2019, la personne habilitée à faire usage d'une **marque de garantie** ou d'une **marque collective française**[3] peut agir en contrefaçon (et ainsi requérir une saisie-contrefaçon) à condition d'avoir obtenu le consentement du titulaire de celle-ci, sauf mention contraire du règlement d'usage (CPI, art. L. 716-4-2, al. 2).

Il en va de même pour la personne habilitée à utiliser une **marque collective de l'Union européenne,** celle-ci étant autorisée à engager l'action en contrefaçon dans les mêmes conditions que le licencié d'une marque de l'Union européenne[4].

En revanche, l'action en contrefaçon d'une **marque de certification de l'Union européenne** ne peut être exercée que par le titulaire de cette marque ou par une personne expressément autorisée à cet effet par ce dernier[5].

1211.47 Sanction. Outre qu'il constitue une cause de rétractation de l'ordonnance aux fins de saisie-contrefaçon, le défaut de qualité ou de capacité du saisissant peut être invoqué pour obtenir, devant le juge du fond et à tout moment de la procédure, la nullité sans grief du procès-verbal de saisie-contrefaçon[6].

§ 3
Opposabilité des droits du requérant

1211.51 Principe de l'inscription obligatoire. Quel que soit le titre, les actes transmettant ou modifiant les droits qui lui sont attachés doivent, pour être opposables aux tiers, être inscrits sur le registre approprié :

– Registre national des brevets pour un brevet ou une demande de brevet français (CPI, art. L. 613-9, al. 1er) ;

– Registre européen des brevets pour un brevet ou une demande publiée de brevet européen (CPI, art. L. 614-11) ;

– ces deux registres pour une invention faisant l'objet d'un brevet ou d'une demande de brevet français et européen n'ayant pas fait l'objet d'une dérogation à la compétence exclusive de la Juridiction unifiée du brevet ou ayant fait l'objet d'une telle dérogation tant que le brevet ou la demande de brevet français n'a pas cessé de produire ses effets, et ayant la même date de dépôt ou la même date de priorité (CPI, art. L. 614-14, al. 2) ;

– Registre national des certificats d'obtention végétale pour un certificat français ou Registre des demandes de certificat d'obtention végétale pour une demande de certificat (CPI, art. L. 623-14 et L. 623-24 qui renvoie à L. 613-9) ;

– Registre de la protection communautaire des obtentions végétales pour un certificat communautaire[7] ;

– Registre national des marques pour une marque ou une demande d'enregistrement de marque (CPI, art. L. 714-7) ;

– Registre des marques de l'Union européenne pour une marque ou une demande de marque de l'Union européenne[8] ;

– Registre national des dessins et modèles pour un dessin ou modèle déposé (CPI, art. L. 513-3) ;

– Registre des dessins ou modèles de l'Union européenne pour un dessin ou modèle de l'Union européenne enregistré ou une demande d'enregistrement d'un dessin ou modèle de l'Union européenne[9] ;

– Registre national des dépôts de topographies de produits semi-conducteurs pour une topographie enregistrée ou une demande de protection d'une topographie (CPI, art. L. 622-7, qui renvoie à L. 613-9, al. 1er).

1. Ord. n° 2018-341, 9 mai 2018, préc.
2. Ord. n° 2019-1169, 13 nov. 2019, préc.
3. N. Binctin, « Marque collective et marque de garantie », *CCE* 2020. Étude 10.
4. Règl. UE 2017/1001, Parlement et Conseil, 14 juin 2017, art. 80 et art. 25 § 3.
5. Règl. UE 2017/1001, Parlement et Conseil, 14 juin 2017, art. 90 § 1.
6. Paris, 27 mars 1985, *Ann. propr. ind.* 1986. 48.
7. Règl. CE 2100/94, Conseil, 27 juill. 1994, art. 23 § 4
8. Règl. UE n° 2017/1001, Parlement et Conseil, 14 juin 2017, art. 27 § 1 et 28.
9. Règl. CE n° 6/2002, Conseil, 12 déc. 2001, tel que mod. par Règl. UE 2024/2822, Parlement et Conseil, 23 oct. 2024, art. 33 § 1 et 34 – Paris, 28 mars 2001, *PIBD* 2001, n° 728. III. 508 – Paris, pôle 5, 2e ch., 25 janv. 2013, *PIBD* 2013, n° 981. III. 1124 – TGI Paris, 3e ch., 1re sect., 30 janv. 2014, *PIBD* 2014, n° 1008, III. 531.

1211.52 Modifications devant être inscrites. Doivent être inscrits, pour être opposables aux tiers, tous les actes ayant une incidence sur l'identité de la personne physique ou morale qui est propriétaire ou licenciée du titre ou de la demande de titre : cession du titre[1], en totalité ou en partie, fusion-absorption du titulaire de droits, apport en nature des droits, apport partiel d'actif[2], donation, dévolution successorale, licence ou tout contrat incluant un contrat de licence (contrat de franchise, contrat de location-gérance, contrat de distribution). Par un arrêt du 24 avril 2024 rendu en matière de brevet d'invention, la Cour de cassation a rappelé que « *tant que le transfert n'a pas été inscrit au registre, l'ayant cause ne peut se prévaloir des droits découlant de l'acte lui ayant transmis la propriété du brevet. Il n'est donc pas recevable à agir en contrefaçon* »[3]. Toutefois, selon la Cour, à compter de l'inscription au registre du transfert de la propriété du brevet, l'ayant cause devient recevable à agir en contrefaçon aux fins d'obtenir réparation du préjudice que lui ont causé les faits postérieurs au transfert, même antérieurs à l'inscription. Se limitant au seul droit à réparation, cette solution ne semble pas pouvoir être invoquée pour sauver rétroactivement la saisie-contrefaçon sollicitée par le cessionnaire avant inscription.

1211.53 Modifications dont l'inscription est facultative. La loi n'imposant que la publication des modifications touchant la personne titulaire des droits, il n'est pas indispensable d'inscrire un changement de dénomination de l'entité juridique titulaire de droits ou un changement d'adresse. C'est ainsi qu'un licencié exclusif qui n'avait pas inscrit au Registre national des brevets son changement de dénomination a été déclaré recevable à intervenir dans une procédure en contrefaçon[4]. Dans le même sens, le titulaire d'une marque, qui n'avait pas inscrit au Registre national des marques son changement de dénomination et son changement d'adresse, a été déclaré recevable à agir en contrefaçon[5]. Cependant, l'inscription de ces modifications reste conseillée pour éviter toute difficulté.

1211.54 Exception lorsque le contrefacteur est en connaissance de cause ? Il résulte de l'article L. 613-9, alinéa 2 du CPI en matière d'**invention,** également applicable aux **topographies de produits semi-conducteurs** (CPI, art. L. 622-7 qui renvoie à L. 613-9, al. 2) et en matière d'**obtention végétale** (CPI, art. L. 623-24 qui renvoie à CPI, art. L. 613-9), que des actes de cession ou de licence sont opposables aux tiers avant leur inscription s'il est prouvé que ces tiers ont acquis des droits sur ces titres en connaissance de l'acte avant cette inscription[6] (connaissance préalable non retenue dans certaines espèces[7]). La même règle se retrouve en matière de **marques de l'Union européenne**[8] et de **dessins ou modèles de l'Union européenne**[9]. Et, depuis la loi du 4 août 2008[10], de modernisation de l'économie, cette règle se retrouve également en matière de **marques** (CPI, art. L. 714-7, al. 2) et de **dessins et modèles** (CPI, art. L. 513-3, al. 2).

Bien que tous ces textes ne paraissent, à la lettre, concerner que les conflits entre acquéreurs successifs de droits (« *tiers qui ont acquis des droits* »)[11], **la jurisprudence avait parfois étendu l'exception de connaissance acquise aux contrefacteurs.** Par exemple en matière de brevet, des actes de cession ou de licence de brevet avaient été jugés opposables aux tiers contrefacteurs avant leur inscription s'il était prouvé que ces tiers en avaient eu connaissance avant cette inscription[12].

1211.55 Exception spécifique aux certificats de protection communautaire. La lettre de l'article 23 § 4 du règlement CE 2100/94 du 27 juillet 1994, qui ne semble viser par « *transfert* » que le transfert « *par cession* », conduit à considérer que l'inscription d'une licence ne constitue pas une condition d'opposabilité du droit du licencié et n'a d'incidence que sur le montant des condamnations[13].

1211.56 Exceptions spécifiques à la marque de l'Union européenne et aux dessins ou modèles de l'Union européenne. L'article 27 § 2 du règlement UE 2017/1001 du 14 juin 2017[14] relatif à la marque de l'Union européenne et l'article 33 § 2 du règlement CE

1. Com. 24 avr. 2024, n° 22-22.999, P ; *Jurinpi* n° B20240020 ; *PIBD* 2024, n° 1226. III. 1 ; *Propr. ind.* 2024, n° 39, note Raynard ; *Propr. intell.* 2024. 7, obs. Passa.
2. TGI Paris, 3e ch., 1re sect., ord. réf., 2 mars 2017, RG n° 17/01404, *Jurinpi* n° B20170037.
3. Com. 24 avr. 2024, n° 22-22.999, P (préc. ss prést n°).
4. Paris, 4e ch., 5 févr. 1992, *PIBD* 1992, n° 524. III. 330.
5. Bordeaux, 1re ch. civ., sect. A, 3 nov. 2011, RG n° 10/02124.
6. TGI Paris, 17 mars 1980, *PIBD* 1980, n° 266. III. 188 – Paris, 24 avr. 1986, *RD propr. ind.* 1986, n° 5, p. 146 – TGI Paris, 3e ch., 15 mai 1991, *PIBD* 1991, n° 510. III. 638.
7. TGI Paris, 3e ch., 24 févr. 1984, *PIBD* 1984, n° 350. III. 169 – Paris, 4e ch., 6 janv. 1994, *PIBD* 1994, n° 565. III. 225.
8. Règl. UE n° 2017/1001, Parlement et Conseil, 14 juin 2017, art. 27 § 1.
9. Règl. CE n° 6/2002, Conseil, 12 déc. 2001, tel que mod. par Règl. UE 2024/2822, Parlement et Conseil, 23 oct. 2024, art. 33 § 1.
10. L. n° 2008-776, 4 août 2008, de modernisation de l'économie, *JO* 5 août, p. 12471.
11. Pour un exemple d'application de cet article entre acquéreurs successifs de droits, v. TGI Paris, 3e ch., 2e sect., 27 juin 2003, *PIBD* 2003, n° 775. III. 567.
12. Paris, 24 avr. 1986, *RD propr. ind.* 1986, n° 5, p. 146 – TGI Paris, 3e ch., 15 mai 1991, *PIBD* 1991, n° 510. III. 638 – Paris, 4e ch., sect. A, 10 mai 2000, RG n° 1998/27017 – POURVOI REJETÉ PAR : Com. 19 nov. 2002, n° 00-18.189, NP.
13. Règl. CE 2100/94, Conseil, 27 juill. 1994, art. 94 § 2.
14. Règl. UE 2017/1001, Parlement et Conseil, art. 27 § 2.

du 12 décembre 2001[1] sur les dessins ou modèles de l'Union européenne précisent que la formalité de l'inscription n'est pas nécessaire lorsque la marque de l'Union européenne, le dessin ou modèle de l'Union européenne, ou un droit sur ces titres, sont acquis « *par transfert de l'entreprise dans sa totalité ou par toute autre succession à titre universel* ». Si cette dérogation vise sans nul doute la cession à l'occasion d'une opération d'absorption par fusion de sociétés, elle ne s'applique probablement pas à un transfert à l'occasion d'une cession de fonds qui n'entraîne pas, en droit français, une cession à titre universel. La Cour de justice de l'Union européenne avait, par ailleurs, considéré que la formalité d'inscription n'était pas une condition de recevabilité de l'action en contrefaçon du licencié de marque communautaire[2] et de dessins ou modèles communautaires[3].

SECTION 3
LE SAISI

1211.61 **Lieux de la saisie.** La saisie peut être autorisée dans tous les lieux où se trouve la preuve de la contrefaçon, la loi ne faisant aucune restriction, à savoir dans :

– une usine, un entrepôt, un magasin, un garage, un chantier, un site d'abattage, un centre d'essais, des bureaux, *etc.* ;

– tous lieux publics tels que salons, foires, expositions, *etc.* ;

– le domicile personnel du saisi ;

– le greffe du tribunal où se trouvent les objets provenant d'une précédente saisie annulée.

Ainsi, c'est ce qui ressort d'un arrêt de la cour d'appel de Paris[4], énonçant que le breveté a la faculté, sur la base de faits nouveaux, de faire pratiquer au greffe une nouvelle saisie sur les objets contrefaisants saisis réellement lors d'une première saisie nulle et déposés au greffe[5], déclarant valable l'ordonnance autorisant une saisie-contrefaçon au greffe du tribunal mais annulant la saisie de copies de documents annexées au procès-verbal, ces copies faisant partie intégrante du procès-verbal et se trouvant donc invalidées par la décision d'annulation[6] ;

– les locaux du distributeur des objets argués de contrefaçon[7] ;

– les propres locaux du requérant[8] ;

(v. not. la saisie-contrefaçon opérée par la société Chanel, dans une de ses boutiques, d'une montre à sa marque qui lui avait été confiée pour réparation[9]) ;

– à bord d'un aéronef faisant escale sur le territoire français[10].

Toutefois, pareille saisie ne peut concerner que les marchandises transportées et non les navires et aéronefs eux-mêmes qui bénéficient en matière de brevet, par application de l'article 5 *ter* de la Convention d'Union de Paris du 20 mars 1883, d'une sorte de privilège d'extraterritorialité lorsqu'ils sont en transit ; une règle semblable existe en matière de dessins et modèles nationaux (CPI, art. L. 513-7) et de dessins ou modèles de l'Union européenne[11] ;

– un organisme de droit public, tel qu'une administration (l'art. L. 615-10 du CPI, qui vise les inventions exploitées par l'État pour les besoins de la Défense nationale et admet le principe d'une saisie-contrefaçon à l'encontre de l'État en prévoyant des aménagements afin de préserver le secret de la défense, confirme qu'une saisie-contrefaçon peut aussi bien être ordonnée à l'encontre d'une personne de droit privé qu'à l'encontre d'un organisme de droit public), que cet organisme soit lui-même contrefacteur ou qu'il détienne seulement des preuves de la contrefaçon commise par un tiers.

Ainsi, une saisie-contrefaçon effectuée dans les locaux de l'Agence du médicament (actuelle ANSM [Agence nationale de sécurité du médicament et des produits de santé]) a été jugée valable, alors même que cette agence n'était aucunement suspectée de contrefaçon mais qu'il s'agissait, pour le demandeur, d'obtenir des informations, utiles à la preuve de la contrefaçon qu'il alléguait, figurant dans le

1. Règl. CE 6/2002, Conseil, 12 déc. 2001, tel que mod. par Règl. UE 2024/2822, Parlement et Conseil, 23 oct. 2024, art. 33 § 3.
2. CJUE 4 févr. 2016, aff. C-163/15, *D.* 2016. 927, note F. Pollaud-Dulian ; *Propr. ind.* 2016, n° 18, note Folliard-Monguiral ; *Propr. intell.* 2016. 374, obs. Basire ; *RTD com.* 2016. 731, obs. J. Azéma ; *Procédures* 2017. Chron. 1, note O. Hubert, spéc. n° 2.
3. CJUE 22 juin 2016, aff. C-419/15, *Jurinpi* n° D20160098 ; *Propr. ind.* 2016, n° 63, note Marino ; *Procédures* 2017. Chron. 1, note O. Hubert, spéc. n° 2.
4. Paris, 4e ch., sect. A, 20 déc. 2000, *PIBD* 2001, n° 718. III. 203.
5. Douai, 2 févr. 1893, *Ann. propr. ind.* 1893. 149 – Paris, 7 mai 1996, *PIBD* 1996, n° 617. III. 454 – TGI Paris, 6 déc. 1996, *PIBD* 1997, n° 629. III. 174 – TGI Paris, 3e ch., 2e sect., 6 avr. 2007, *PIBD* 2007, n° 855. III. 427 ; *Propr. intell.* 2007. 478, obs. de Haas.
6. EN CE SENS : Paris, 13 avr. 1983, *Dossiers Brevets* 1984. III. 1 – Paris, 7 mai 1996, *PIBD* 1996, n° 617. III. 454 – Paris, 4e ch., 20 déc. 2000, *PIBD* 2001, n° 718. III. 203 – POURVOI REJETÉ PAR : Com. 1er juill. 2003, n° 01-10.807, P IV, n° 112 ; *RTD civ.* 2004. 305, chron. J.-C. Galloux.
7. Paris, pôle 5, 1re ch., 13 janv. 2015, RG n° 12/22214, *PIBD* 2015, n° 1024. III. 219 ; *Propr. intell.* 2015. 329, obs. B. Warusfel.
8. RAPPR. Paris, pôle 5, 2e ch., 15 févr. 2019, RG n° 17/15550 : pour une saisie-contrefaçon autorisée dans les locaux du comité dont le requérant est membre.
9. TGI Paris, 3e ch., 3 mai 1990, *PIBD* 1990, n° 489. III. 686.
10. Com. 4 juill. 1995, n° 93-15.575, NP.
11. Règl. CE n° 6/2002, Conseil, 12 déc. 2001, tel que mod. par Règl. UE 2024/2822, Parlement et Conseil, 23 oct. 2024, art. 20 § 1, f)

dossier de demande d'autorisation de mise sur le marché du médicament argué de contrefaçon[1]. De même, la cour d'appel de Paris a reconnu valable la saisie-contrefaçon pratiquée entre les mains de la direction départementale de l'équipement du Calvados qui avait reçu, dans le cadre d'un appel d'offres relatif à l'aménagement d'un échangeur, des documents susceptibles de révéler une offre d'utilisation d'un procédé contrefaisant[2].

1211.62 Saisie à l'encontre d'un État étranger. Dans le cadre d'une saisie-contrefaçon réalisée sur le stand d'un salon professionnel, il a été jugé que la saisie-contrefaçon étant une mesure probatoire et non une voie d'exécution, elle ne relève pas des immunités d'exécution dont jouissent les États étrangers[3]. Une saisie-contrefaçon peut donc également avoir lieu à l'encontre d'un État étranger.

1. TGI Paris, 3e ch., 30 sept. 1998, *PIBD* 1999, no 673. III. 133 – TGI Bobigny, 1re ch., sect. 5, 17 mars 2004, RG no 03/02744 – TGI Paris, 3e ch., 2e sect., 2 juill. 2004, RG no 02/18798, *PIBD* 2004, no 796. III. 615.
2. Paris, 4e ch., sect. A, 24 nov. 2004, RG no 03/14212, *PIBD* 2005, no 803. III. 131.
3. TGI Paris, 3e ch., 4e sect., ord. réf., 30 août 2012, RG no 12/11810.

CHAPITRE

1212. Ordonnance de saisie-contrefaçon

Olivier Hubert
Avocat*

SECTION 0
Orienteur

1212.00 Sommaire du chapitre.

Division. Il convient de présenter successivement la juridiction compétente (sect. 1), la présentation de la requête aux fins de saisie-contrefaçon (sect. 2), les mentions nécessaires (sect. 3 à 5), les dispositions concernant les modalités de la saisie-contrefaçon (sect. 6) et, enfin, les pouvoirs du président à qui est présentée la requête (sect. 7).

1212.01 Textes applicables.

• **CPI**, art. L. 521-1, L. 521-3-1, L. 521-4, L. 615-3, L. 615-5, L. 615-17, L. 622-7, L. 623-27-1, L. 623-31, L. 716-4-7, L. 716-5, L. 722-4, L. 722-8, R. 521-2, D. 521-6, R. 522-1, R. 615-4, R. 622-6, R. 623-51, D. 631-1, D. 631-2, R. 716-2, D. 716-12, R. 717-11, R. 722-2 et D. 722-6.

• **C. pr. civ.**, art. 454, 458 à 460, 494, 845, 846 et 958.

• **COJ**, art. L. 211-10, L. 211-11, L. 211-11-1, D. 211-5, D. 211-6, D. 211-6-1 et R. 211-7.

• **Dir. n° 2004/48/CE du Parlement européen et du Conseil, 29 avr. 2004,** relative au respect des droits de propriété intellectuelle, art. 2 et 7, *JOUE* L 157, 30 avr., p. 45.

1212.02 Jurisprudence de référence.

> Saisie-contrefaçon. Requête.

• **Com. 22 mars 2023,** n° 21-21.467, NP

* V. s^s n° 1212.14, 1212.22, 1212.91

La saisie-contrefaçon, procédure dérogatoire au droit commun, est ouverte au titulaire d'un droit de marque sans que ce dernier ait à justifier de circonstances particulières pour bénéficier de cette procédure non contradictoire, et ce, même au cas où une instance est en cours, indépendamment de la possibilité de recourir à la procédure contradictoire du droit d'information.

> Saisie-contrefaçon en cours d'instance au fond. Compétence.

• **Com. 26 mars 2008,** n° 05-19.782, P IV, n° 70

* V. s^s n° 1212.14

Dès lors que la juridiction est saisie au fond, l'[ancien] article 812, alinéa 3 [devenu 845, alinéa 3], du Code de procédure civile est applicable, et la requête en saisie-contrefaçon doit être présentée au président de la chambre à laquelle l'affaire a été distribuée ou au juge déjà saisi.

> Saisie-contrefaçon. Motivation.

• **Paris, pôle 5, 1re ch., 16 mai 2017,** RG n° 15/15693, *Jurinpi* n° B20170085, et RG n° 15/15766, *Jurinpi* n° B20170086

• **Paris, pôle 5, 2e ch., 26 mai 2017,** RG n° 15/10201, *Jurinpi* n° B20170100, et RG n° 15/10204, *Jurinpi* n° B20170101

* V. s^s n° 1212.32

Le requérant n'est pas tenu d'établir, par un commencement de preuve, la contrefaçon qu'il allègue.

* La dixième édition de cette contribution était l'œuvre de Pierre Véron et Olivier Hubert, et les précédentes, sous la direction de Pierre Véron, étaient celle d'Isabelle Romet, Thomas Bouvet, Blandine Tronel et Nicolas Bouche.

> Saisie-contrefaçon. Loyauté du requérant.

• **Com. 6 déc. 2023,** n° 22-11.071, P

* V. s^s n°s 1212.32, 1215.91

Le requérant doit faire preuve de loyauté dans l'exposé des faits au soutien de sa requête en saisie-contrefaçon, afin de permettre au juge d'autoriser une mesure proportionnée.

Ainsi, la partie qui sollicite l'autorisation de faire pratiquer une saisie-contrefaçon doit présenter, au soutien de sa requête, l'ensemble des faits objectifs de nature à permettre au juge d'appréhender complètement les enjeux du procès en vue duquel lui était demandée cette autorisation et ainsi d'exercer pleinement son pouvoir d'appréciation des circonstances de la cause.

> Saisie-contrefaçon. Indépendance de l'expert.

• **Civ. 1re, 6 juill. 2000,** n°s 97-21.404, 97-22.141, 97-22.392 et 97-22.430, P I, n° 210

* V. s^s n°s 1212.52, 1213.73, 1222.37

Le droit à un procès équitable impose que l'expert visé par l'article L. 332-4 du Code de la propriété intellectuelle pour assister l'huissier instrumentaire ou le commissaire de police qui pratique la saisie-contrefaçon d'un logiciel, soit indépendant des parties.

> Saisie-contrefaçon. Absence d'indépendance de l'expert salarié du saisissant.

• **Com. 28 avr. 2004,** n° 02-20.330, P IV, n° 75

* V. s^s n°s 1212.52, 1213.73

Le droit à un procès équitable, consacré par l'article 6.1 de la Convention européenne de sauvegarde des droits de l'homme et des libertés fondamentales, exige que l'expert mentionné à l'article L. 615-5 du Code de la propriété intellectuelle pour assister l'huissier instrumentaire procédant à la saisie-contrefaçon soit indépendant des parties. Méconnaît les exigences du premier de ces textes et viole le second, la cour d'appel qui, pour refuser de rétracter une ordonnance autorisant cet huissier à se faire assister d'un préposé de la partie demanderesse, retient que ce préposé s'est avéré être l'expert compétent, que rien n'interdit la désignation comme expert d'un salarié du saisissant dont les compétences techniques sont indispensables pour assister l'huissier, également assisté de conseils en propriété industrielle indépendants de la partie saisissante, et qu'il n'a pas été contrevenu au droit à un procès équitable.

> Saisie-contrefaçon. Indépendance de l'expert conseil personnel du saisissant.

• **Com. 8 mars 2005,** n° 03-15.871, P IV, n° 53

* V. s^s n°s 1212.52, 1213.73

Viole l'article 6.1 de la Convention européenne de sauvegarde des droits de l'homme et des libertés fondamentales, par fausse application, et l'[ancien] article L. 716-7 [devenu L. 716-4-7] du Code de la propriété intellectuelle, par fausse interprétation, la cour d'appel qui confirme la rétractation d'une ordonnance autorisant une saisie-contrefaçon aux motifs que l'homme de l'art pouvant assister l'huissier doit être indépendant des parties, qu'en l'espèce la personne choisie était le conseil personnel de la société demanderesse, et qu'elle était présente aux opérations de saisie, alors que le conseil en propriété industrielle, fût-il le conseil habituel de la partie saisissante, exerce une profession indépendante dont le statut est compatible avec sa désignation en qualité d'expert du saisissant, dans le cadre d'une saisie-contrefaçon de marque, mission qui ne constitue pas une expertise au sens des articles 232 et suivants du nouveau Code de procédure civile.

• **Com. 27 mars 2019,** n° 18-15.005, P IV, n° 325

* V. s^s n°s 1212.52, 1213.73

Le fait que le conseil en propriété industrielle de la partie saisissante ait, à l'initiative de celle-ci, établi un rapport décrivant les caractéristiques du produit incriminé ne fait pas obstacle à sa désignation ultérieure, sur la demande du saisissant, en qualité d'expert pour assister l'huissier dans le cadre d'une saisie-contrefaçon de brevet, sa mission n'étant pas soumise au devoir d'impartialité et ne constituant pas une expertise au sens des articles 232 et suivants du Code de procédure civile.

> Saisie-contrefaçon. Interdiction pour le saisissant et ses préposés d'assister aux opérations.

• **Com. 8 juill. 2008,** n° 07-15.075, P IV, n° 142

* V. s^s n° 1212.54

L'annulation d'une saisie n'implique pas l'interdiction, pour le titulaire du droit privatif, de faire pratiquer toute nouvelle mesure légalement admissible, et de procéder en conséquence à la réitération de la saisie annulée, sauf abus, qui ne saurait se déduire du seul caractère quasi-immédiat de cette réitération.

Ni le requérant, ni ses préposés, ne sont au nombre des personnes pouvant assister aux opérations de saisie-contrefaçon, peu important que le juge de la requête leur en ait donné l'autorisation.

1212.03 Bibliographie indicative.

* V. s^s n° 12.03.

1212.05 Remarque de l'auteur. La plupart des textes concernant la saisie-contrefaçon parlant d'huissier, il a été choisi de laisser ce terme dans les développements qui suivent en lieu et place de commissaire de justice.

SECTION 1
JURIDICTION COMPÉTENTE

1212.11 Compétence matérielle. Tous les articles organisant la saisie-contrefaçon en matière de propriété industrielle (CPI, art. L. 521-4, L. 615-5, L. 622-7, L. 623-27-1, L. 716-4-7 et L. 722-4), dans leur rédaction commune, font dépendre la saisie-contrefaçon « *d'une ordonnance rendue sur requête par la juridiction civile compétente* ». Cette juridiction civile compétente est le tribunal judiciaire (TJ) – anciennement, tribunal de grande instance (TGI) – et, comme il s'agit d'une ordonnance sur requête, la compétence revient au président du TJ. Cela résulte des articles suivants du Code de la propriété intellectuelle :

– en matière de **brevets d'invention, certificats d'utilité et certificats complémentaires de protection** : CPI, art. L. 615-17 et R. 615-4 ;

– en matière de **topographies de produits semi-conducteurs** : CPI, art. L. 622-7 et L. 615-17 ; CPI, art. R. 622-6 et R. 615-4 ;

– en matière d'**obtentions végétales** : CPI, art. L. 623-31 et R. 623-51 ;

– en matière de **marques** : CPI, art. L. 716-5[1] et R. 716-16 ;

– en matière de **marques de l'Union européenne** : COJ, art. L. 211-11 et R. 211-7 ;

– en matière de **dessins et modèles** : CPI, art. L. 521-3-1 et R. 521-2 ;

– en matière de **dessins ou modèles « *communautaires* » (devenus dessins ou modèles de l'Union européenne)** : COJ, art. L. 211-11-1 et R. 211-7 ; CPI, art. R. 522-1 ;

– en matière d'**indications géographiques** : CPI, art. L. 722-8 et R. 722-2.

Le président du tribunal de commerce (TC) est donc incompétent pour autoriser une saisie-contrefaçon. La règle doit être appliquée dans toute sa rigueur avec au besoin une requalification des faits. Ainsi des investigations dûment autorisées par le président du TC, en vertu des pouvoirs généraux relatifs aux ordonnances sur requête, doivent être annulées si elles correspondent en fait à une saisie-contrefaçon déguisée, dont l'autorisation doit être nécessairement accordée par le président du TJ[2].

1212.12 **Compétence territoriale.** Alors qu'avant la réforme de 2007, le magistrat territorialement compétent était toujours celui dans le ressort duquel les opérations de saisie-contrefaçon devaient être effectuées, cette règle générale a été modifiée par le décret d'application du 27 juin 2008[3].

1° En effet, en matière de **brevets**, de **topographies de produits semi-conducteurs** et d'**obtentions végétales**, les articles R. 615-4, R. 622-6 et R. 623-51 du CPI, continuent de donner compétence au président du TJ « *dans le ressort duquel les opérations doivent être effectuées* ». Les présidents des TJ sont ainsi susceptibles d'être saisis en vue d'ordonner une saisie-contrefaçon si c'est dans leur ressort que les opérations de saisie-contrefaçon doivent se dérouler. Le président du TJ compétent parce que c'est dans son ressort que les opérations de saisie-contrefaçon doivent être effectuées n'est pas nécessairement celui du tribunal devant lequel doit être engagée l'action, sur le fond, en contrefaçon. En effet, dès lors que pour ordonner la saisie-contrefaçon, la compétence revient au président du TJ dans le ressort duquel les opérations doivent se dérouler (peu importe qu'il s'agisse d'un TJ au ressort territorial normal ou élargi, v. s[s] n° 1212.13), la saisie-contrefaçon peut être ainsi pratiquée dans un lieu autre que celui du domicile ou du siège des défendeurs potentiels à l'action au fond, ce domicile ou siège devant être pris en considération pour déterminer le TJ (à ressort territorial normal ou élargi) compétent pour statuer sur l'action au fond.

Lorsque les opérations de saisie-contrefaçon doivent être réalisées sur plusieurs sites relevant du ressort de tribunaux différents, il est nécessaire d'obtenir des ordonnances des présidents de chacun des TJ compétents. Compte tenu des règles de compétence territoriale des commissaires de justice, plusieurs de ces officiers ministériels devront instrumenter.

2° En revanche, en matière de **dessins et modèles**, de **marques** et d'**indications géographiques**, les articles R. 521-2, R. 716-16 et R. 722-2 du CPI attribuent désormais compétence pour ordonner la saisie-contrefaçon au président du TJ « *compétent pour connaître du fond* ». Mais c'est le cas également en matière de **marque de l'Union européenne** et de **dessins ou modèles « communautaires » (devenus dessins ou modèles de l'Union européenne)** car si l'article R. 211-7 du COJ accorde certes une compétence exclusive au seul TJ de Paris pour connaître des actions et demandes concernant ces deux titres, il n'en reste pas moins que, s'agissant spécialement de la saisie-contrefaçon, faute de dispositions propres à la saisie-contrefaçon fondée sur des titres de l'Union européenne, elle ne pourra être menée qu'en application respectivement des articles R. 716-16 et R. 521-2 qui donnent compétence au « *président du tribunal judiciaire compétent pour connaître du fond* ».

Dans toutes ces hypothèses, la compétence pour ordonner la saisie-contrefaçon ne se distingue pas de la compétence pour statuer sur le fond, en contrefaçon. Certes, cette solution peut simplifier les démarches lorsque l'on envisage la réalisation d'opérations de saisie-contrefaçon sur plusieurs sites relevant de ressort de TJ différents. Il ne sera pas nécessaire de s'adresser à autant de tribunaux différents que de ressorts différents concernés par les opérations de saisie-contrefaçon puisque, au contraire, la compétence pour toutes ces opérations sera centralisée auprès d'une seule juridiction, celle compétente pour connaître du fond. Toutefois, il convient de souligner à nouveau que la saisie-contrefaçon a pour objectif précisément de collecter des informations sur une contrefaçon soupçonnée, mais nullement établie avec précision dans tous ses aspects, si bien qu'il sera parfois impossible, de déterminer, avant l'accomplissement de la saisie, le juge compétent au fond. Il serait ainsi souhaitable de revenir sur cette

1. Cette disposition désigne encore à ce jour, par erreur, les « *tribunaux de grande instance* » (CPI, art. L. 716-5, II).
2. TGI Lyon, 10e ch., 20 mars 1995, *PIBD* 1995, n° 590. III. 310 – V. AUSSI en matière de propriété littéraire et artistique : Versailles, 21 mars 2024, RG n° 23/04979.
3. Décr. n° 2008-624, 27 juin 2008, pris pour l'application de la loi n° 2007-1544 du 29 oct. 2007 de lutte contre la contrefaçon et portant modification du Code de la propriété intellectuelle, *JO* 29 juin, p. 10467.

maladresse réglementaire. La meilleure solution consisterait à confier la compétence pour autoriser la saisie-contrefaçon aussi bien au président du tribunal dans le ressort (spécialement élargi en matière de propriété industrielle) duquel les mesures doivent être accomplies qu'au président du tribunal compétent pour connaître du fond de l'affaire. Les décrets d'application de la loi du 11 mars 2014[1], renforçant la lutte contre la contrefaçon, n'ont pas modifié cette règle.

Il a été jugé qu'une saisie-contrefaçon effectuée en exécution d'une ordonnance rendue par un président incompétent était nulle[2].

1212.13 Ressort élargi de certains tribunaux judiciaires. Pour certains droits de propriété industrielle, le ressort territorial de quelques TJ a été géographiquement considérablement élargi au détriment d'autres TJ. L'idée est de restreindre le nombre de TJ compétents pour statuer sur des litiges de propriété industrielle complexes, aux aspects techniques ou scientifiques très marqués. On concentre la compétence au profit d'un nombre restreint de juridictions qui seront ainsi confrontées à un nombre plus important de litiges et pourront développer l'expertise technique ou scientifique particulièrement marquée, nécessaire à la résolution de ces litiges. C'est le cas :

– en matière de **brevets d'invention**, de **certificats d'utilité**, de **certificats complémentaires de protection** : l'article R. 615-4 du CPI énonce : « *la saisie, descriptive ou réelle, prévue au deuxième alinéa de l'article L. 615-5 est ordonnée par le président d'un des tribunaux judiciaires mentionnés à l'article D. 631-2, dans le ressort duquel les opérations doivent être effectuées* » et, depuis les décrets n° 2009-1204 et n° 2009-1205 du 9 octobre 2009[3], l'article D. 631-2 du même code précise alors, par renvoi à l'article D. 211-6 du COJ, que le TJ de Paris est exclusivement compétent ; on ne pourra évidemment pousser plus loin la concentration de compétence judiciaire nationale ;

– en matière de **topographies de produits semi-conducteurs** : l'article R. 622-6 du CPI renvoie entre autres à l'article R. 615-4 du même code, cité ci-dessus et complété par l'article D. 631-2 qui renvoie lui-même à l'article D. 211-6 du COJ et donne compétence exclusive également au TJ de Paris ;

– en matière d'**obtentions végétales (certificats français ou communautaires)** : l'article R. 623-51 du CPI énonce : « *la saisie, descriptive ou réelle, prévue à l'article L. 623-27-1 est ordonnée par le président de l'un des tribunaux judiciaires énumérés à l'article D. 631-1, dans le ressort duquel les opérations doivent être effectuées* ». L'article D. 631-1 du même code précise alors, par renvoi à l'article D. 211-5 du COJ, que ce sont seulement dix TJ déterminés (Marseille, Bordeaux, Strasbourg, Lille, Limoges, Lyon, Nancy, Paris, Rennes, Toulouse) qui sont ainsi compétents. Cette restriction à dix TJ – et non à moins comme l'impliquerait le mouvement général de concentration de compétence en matière de propriété intellectuelle – a longtemps résulté d'une contrainte législative puisque l'article L. 623-31 du CPI énonçait que : « *Les actions civiles et les demandes relatives aux obtentions végétales, y compris lorsqu'elles portent également sur une question connexe de concurrence déloyale, sont exclusivement portées devant des tribunaux judiciaires, dont le nombre ne peut être inférieur à dix, à l'exception des recours formés contre les actes administratifs ministériels, qui relèvent de la juridiction administrative* » (al. 1er). Ce verrou législatif a disparu puisque la loi du 13 décembre 2011[4], relative à la répartition des contentieux et à l'allègement de certaines procédures juridictionnelles par son article 7, a supprimé au premier alinéa de l'article L. 623-31 du CPI, les mots « *dont le nombre ne peut être inférieur à dix* ». L'idée serait ensuite de confier également le contentieux des obtentions végétales au seul tribunal judiciaire de Paris. Toutefois, à ce jour, la liste des dix TJ n'a pas été réduite ;

– en matière de **dessins et modèles nationaux**, de **marques nationales** et d'**indications géographiques (nationales ou communautaires)** : les articles R. 521-2, R. 716-2 et R. 722-2 du Code de la propriété intellectuelle renvoient pour la saisie-contrefaçon au président du TJ compétent pour connaître du fond ; or, depuis les décrets n° 2009-1204 et n° 2009-1205 du 9 octobre 2009, les articles L. 521-3-1, L. 716-5 et L. 722-8 renvoient respectivement aux articles D. 521-6, D. 716-12 et D. 722-6 qui donnent, par renvoi à l'article D. 211-6-1 du COJ, modifié par un décret n° 2010-1369 du 12 novembre 2010[5], une compétence exclusive à seulement dix TJ déterminés (Bordeaux, Lille, Lyon, Marseille, Nanterre, Nancy, Paris, Rennes, Strasbourg et Fort-de-France) ;

1. L. n° 2014-315, 11 mars 2014, renforçant la lutte contre la contrefaçon, *JO* 12 mars, p. 5112.
2. TGI Paris, 3e ch., 1re sect., 23 oct. 2007, *PIBD* 2008, n° 866. III. 32 – TGI Paris, 3e ch., 3e sect., 7 janv. 2009, RG n° 2008/00116, *Jurinpi* n° B20090019 ; *PIBD* 2009, n° 894. III. 951 – TGI Paris, 3e ch, 3e sect., 14 janv. 2009, RG n° 07/11208, *PIBD* 2009, n° 901. III. 1267 ; *Jurinpi* n° B20090030 ; *Propr. intell.* 2009. 398, obs. De Haas – Aix-en-Provence, 2e ch., 2 févr. 2011, RG n° 09/07185.
3. Décr. n° 2009-1204, 9 oct. 2009, relatif à la spécialisation des juridictions en matière de propriété intellectuelle, *JO* 11 oct., p. 16630 – Décr. n° 2009-1205, 9 oct. 2009, fixant le siège et le ressort des juridictions en matière de propriété intellectuelle, *JO* 11 oct., p. 16630 – Ces décrets sont entrés en vigueur le 1er novembre 2009 ; la juridiction saisie demeure compétente pour statuer sur les procédures introduites antérieurement à la date d'entrée en vigueur du décret.
4. L. n° 2011-1862, 13 déc. 2011, relative à la répartition des contentieux et à l'allègement de certaines procédures juridictionnelles, *JO* 14 déc., p. 21105.
5. Décr. n° 2010-1369, 12 nov. 2010, portant modification du tableau VI annexé à l'article D. 211-6-1 du Code de l'organisation judiciaire, *JO* 14 nov., p. 20292.

– en matière de **dessins ou modèles de l'Union européenne ou de marques de l'Union européenne :** les articles R. 522-1 et R. 717-11 du CPI renvoient pour les actions et demandes en matière de dessins ou modèles « *communautaires* » (devenus dessins ou modèles de l'Union européenne) ou de marques de l'Union européenne à l'article R. 211-7 du COJ qui donne une compétence exclusive au TJ de Paris (qui statue alors en tant que tribunal des dessins et modèles « *communautaires* » – devenu tribunal des dessins ou modèles de l'Union européenne – ou tribunal des marques de l'Union européenne).

1212.14 **Requête présentée à l'occasion d'une instance en cours.** La jurisprudence a eu l'occasion de rappeler qu'aucune disposition n'interdit la mise en œuvre d'une mesure de saisie-contrefaçon en cours d'instance[1]. Une requête aux fins de saisie-contrefaçon présentée à l'occasion d'une instance en cours doit être présentée au président de la chambre du TJ saisie ou à laquelle l'affaire a été distribuée ou au juge déjà saisi, conformément à l'article 845 alinéa 3 C. pr. civ.[2] remplaçant, depuis l'entrée en vigueur du décret du 11 décembre 2019[3], le 1er janvier 2020, l'ancien article 812 alinéa 3 du même code[4]. Cette règle résulte à l'origine d'un arrêt de chambre commerciale de la Cour de cassation du 26 mars 2008[5] qui énonçait que « *dès lors que la juridiction est saisie au fond, seul l'*[ancien] *article 812 du Code de procédure civile* [était] *applicable à l'exclusion de l'*[ancien] *article L. 716-7* [devenu L. 716-4-7] *du Code de la propriété intellectuelle* ». Il n'entre donc pas dans les pouvoirs du juge de la mise en état d'ordonner une saisie-contrefaçon en cours d'instance et il commet un excès de pouvoir s'il en ordonne une[6].

1. Com. 26 oct. 1993, n° 91-18.049, P IV, n° 357 ; *PIBD* 1994, n° 558. III. 22 – Com. 21 mars 1995, n° 93-15.391, NP – TGI Paris, 3e ch., 3e sect., 17 févr. 2004, *PIBD* 2004, n° 787. III. 323 – TGI Paris, 3e ch., 2e sect., 9 juill. 2004, *PIBD* 2004, n° 796. III. 610 – Paris, 14e ch., sect. B, 19 oct. 2007, *Juris-Data* n° 351511 ; *CCE* 2008, n° 65, note Caron – Paris, pôle 5, 1re ch., 15 déc. 2020, RG n° 20/05642, *PIBD* 2021, n° 1153. III. 1 – Com. 22 mars 2023, n° 21-21.467, NP ; *Jurinpi* n° M20230050 ; *PIBD* 2023, n° 1208. III. 3 ; *Propr. ind.* 2023, n° 56, note Tréfigny ; *Propr. ind.* 2023. Alerte 54, note Thrierr – Il en va de même devant la JUB pour la mesure de conservation des preuves, qui peut être ordonnée « *avant même l'engagement d'une action au fond* » (Acc. JUB, art. 60 § 3), ce qui implique qu'elle peut également l'être après, comme le confirme explicitement les règles 192 § 1 et 193 du régl. de proc. JUB.
2. Paris, pôle 5, 1re ch., 15 déc. 2020, RG n° 20/05642 – Paris, pôle 5, 2e ch., 17 juin 2022, RG n° 21/11413, *Jurinpi* n° B20220061 – Com. 1er févr. 2023, n° 21-22.225, P ; *Jurinpi* n° B20230006 ; *PIBD* 2023, n° 1199. III. 1 ; *Propr. ind.* 2023, n° 20, obs. C. Guyot et P. Langlais ; *RTD. com.* 2023. 82, obs. J.-C. Galloux ; *ibid.* 323, obs. J. Passa ; *JCP E* 2023. 1142, obs. A. Mendoza-Caminade ; *D.* 2023. 772, obs. M. Dhenne.
3. Décr. n° 2019-1333, 11 déc. 2019, réformant la procédure civile, *JO* 12 déc., texte 3.

En instance d'appel, la requête doit être présentée au premier président de la cour d'appel, conformément aux dispositions de l'article 958 C. pr. civ.[7].

SECTION 2

PRÉSENTATION DE LA REQUÊTE UNILATÉRALE

1212.21 **Ministère d'avocat.** Les requêtes aux fins de saisie-contrefaçon, quel que soit le titre de propriété industrielle invoqué, ne peuvent être présentées que par un avocat du barreau du ressort du TJ dont l'autorisation du président est sollicitée, conformément au droit commun de la procédure civile (C. pr. civ., art. 846)[8].

1212.22 **Procédure non contradictoire.** La procédure d'ordonnance sur requête n'est pas contradictoire[9]. Le saisi n'est donc pas informé de la procé-

4. Jurisprudence rendue en application de l'ancien article 812 alinéa 3 C. pr. civ. : TGI Paris, 3e ch., 3e sect., 14 janv. 2009, RG n° 07/11208 (préc., v. ss n° 1212.12) – Orléans, ch. com., 29 janv. 2009, RG n° 2008/00454, *PIBD* 2009, n° 894. III. 964 ; *Jurinpi* n° M20090103 ; *Propr. intell.* 2010. 991, obs. Sabatier – Paris, pôle 5, 1re ch., 2 juin 2015, RG n° 14/03083, *Jurinpi* n° D20150095 – TGI Paris, 3e ch., 2e sect., 21 déc. 2018, RG nos 18/11112 et 18/11113 – CONTRA : considérant que la règle de « *droit spécial* » attribuant, en matière de brevet d'invention, compétence au président du tribunal du lieu de la saisie, doit primer (v. ss nos 1212.12 s.), Paris, pôle 5, 1re ch., 6 mars 2015, RG n° 12/17517, *Jurinpi* n° B20150015.
5. Com. 26 mars 2008, n° 05-19.782, P IV, n° 70 ; *PIBD* 2008, n° 875. III. 340.
6. Civ. 1re, 5 févr. 2014, n° 12-25.492, NP ; *PIBD* 2014, n° 1003. III. 317 – Paris, pôle 5, 1re ch., 2 juin 2015, RG n° 14/03083, *Jurinpi* n° D20150095.
7. Com. 14 sept. 2010, n° 09-16-854, NP ; *Jurinpi* n° M20100408 ; *PIBD* 2011, n° 931. III. 17 – Lyon, ch. civ. 1 A, 22 févr. 2024, RG n° 20/06309, *Jurinpi* n° D20240009 ; *PIBD* 2024, n° 1223. III. 4 et sa brève.
8. Remplaçant, depuis l'entrée en vigueur du décret du 11 décembre 2019, le 1er janvier 2020, l'ancien article 813 C. pr. civ., sur lequel, V. PAR EX. : TGI Paris, 3e ch., 2e sect., ord. réf., 6 juin 2014, RG n° 14/04723, *Jurinpi* n° B20140128. – Paris, pôle 5, 1re ch., 27 juin 2017, RG n° 15/18722, *Jurinpi* n° B20170111 – Paris, pôle 5, 2e ch., 4 mai 2018, RG n° 17/06372, *PIBD* 2018, n° 1098. III. 484.
9. En matière de saisie-contrefaçon, le requérant n'a pas à démontrer l'existence de circonstances particulières l'autorisant à emprunter la voie non contradictoire de la requête : Paris, pôle 5, 1re ch., 11 juin 2019, RG n° 17/04525, *PIBD* 2019, n° 1123. III. 412 – RAPPR. En matière de propriété littéraire et artistique : Paris, pôle 5, 2e ch., 15 mai 2020, RG n° 19/10844 – Et ce même si une instance est en cours et malgré la possibilité de recourir à la procédure. Cette règle prévaut sur celle visée à l'ancien article 812 alinéa 2 C. pr. civ. (remplacé par C. pr. civ., art. 845 al. 2), même lorsque, conformément à l'alinéa 3 du même article (remplacé par C. pr. civ., art. 845, al. 3), la requête aux fins de saisie-contrefaçon a été présentée à l'occasion d'une instance en cours au président de la chambre du tribunal à laquelle l'affaire a été distribuée (v. ss n° 1212.14) : TGI Paris, 3e ch., 2e sect., 21 déc. 2018, RG nos 18/11112 et 18/11113.

dure antérieurement à la saisie elle-même[1], ce qui confère à la saisie-contrefaçon son efficacité. Par un arrêt du 22 mars 2023 rendu en matière de marque mais applicable aux autres droits de propriété intellectuelle, la Cour de cassation a rappelé que le requérant n'a pas à justifier de circonstances particulières pour bénéficier de cette procédure non contradictoire, et ce même si une instance est en cours, indépendamment de la possibilité pour lui de recourir à la procédure contradictoire du droit d'information[2].

1212.23 **Objet.** La requête doit indiquer l'objet de la demande, à savoir les opérations pour lesquelles une autorisation est sollicitée ; celles-ci ne doivent pas apparaître, en effet, uniquement dans le projet d'ordonnance qu'il est d'usage de joindre à la requête. L'indication de l'objet de la demande est une formalité substantielle[3].

1212.24 **Formalisme.** Conformément au droit commun des ordonnances sur requête, la requête aux fins de saisie-contrefaçon doit être présentée en double exemplaire, en application de l'article 494, alinéa 1er C. pr. civ. Aucun texte n'exige qu'elle soit accompagnée d'un projet d'ordonnance destiné à la signature du président du TJ. En pratique, il est d'usage de joindre un tel projet[4].

La requête doit être signée. La signature par l'un des membres du cabinet d'avocats qui représente la partie demanderesse aux opérations de saisie suffit à satisfaire les exigences de l'article 846 C. pr. civ., remplaçant l'ancien article 813 C. pr. civ.[5].

1. Et il n'a pas à l'être : Bordeaux, ch. civ. 1, 15 nov. 2022, RG n° 20/00280, *Jurinpi* n° M20220318.
2. Com. 22 mars 2023, n° 21-21.467, P (préc., v. ss n° 1212.14) – À l'inverse, la JUB ne peut ordonner de mesure de conservation des preuves de manière non contradictoire que si « *tout retard est susceptible de causer un préjudice irréparable au requérant ou lorsqu'il existe un risque démontrable que les preuves puissent être détruites ou qu'elles ne soient plus disponibles* » (Règl. de proc. JUB, règle 197 ; Acc. JUB, art. 60 § 5), ce qui peut être difficile à prouver : P. Véron, « La procédure devant la Juridiction unifiée du brevet – Invitation au voyage », *Propr. ind.* 2023, Dossier 3, spéc. n° 22 – V. CEP. pour des mesures de conservation des preuves ordonnées de manière non contradictoire au motif que les données numériques ciblées par le demandeur pourraient être facilement cachées ou effacées si le saisi était averti : Paris, LD, 14 nov. 2023, UPC_CFI_397/2023 : « *Data capture is one of the Applicant's targets and it is generally accepted that digital data can be easily hidden or erased if it is given previous notice of this kind of application* ».
3. Paris, 4e ch., sect. A, 17 mai 1995, *Ann. propr. ind.* 1997. 65.
4. La Cour de cassation a validé cette pratique dans une affaire concernant les visites et saisies en matière fiscale : « *En apposant sa signature au pied de la requête, le juge des libertés et de la détention est réputé s'en approprier les motifs, sans que cette manière de procéder soit de nature à faire naître un doute légitime quant à son impartialité* », Com. 18 déc. 2012, n° 11-28.786, NP ; *CCC* 2013, n° 87, note Bosco.

SECTION 3

MENTIONS DE LA REQUÊTE CONCERNANT LE REQUÉRANT

1212.31 **Droits invoqués par le requérant.** La requête doit identifier le requérant. Celui-ci doit indiquer le ou les titres de propriété industrielle qu'il invoque au soutien de sa demande d'autorisation de saisie ainsi que les droits (propriété, licence) qui lui permettent de l'invoquer[6]. Bien entendu, ces droits doivent être en vigueur et opposables (v. ss nos 1211.11 à 1211.13). La requête doit être accompagnée des pièces justificatives.

1212.32 **Motivation.** La requête aux fins de saisie-contrefaçon doit être motivée, comme toute requête, en application de l'article 494 C. pr. civ. En pratique, cette motivation est relativement succincte et se limite à la mention des atteintes alléguées[7], étayées par des pièces[8]. L'autorisation de saisie-contrefaçon n'est pas subordonnée à la production d'une preuve de la contrefaçon. Le requérant n'est en principe pas tenu d'établir, par un commencement de preuve, l'existence de la contrefaçon qu'il allègue

5. TGI Paris, 3e ch., 3e sect., ord. réf., 15 févr. 2013, *PIBD* 2013, n° 985. III. 1211 – TGI Paris, 3e ch., 4e sect., 2 juill. 2015, RG n° 12/11488, *Jurinpi* n° B20150120 ; *PIBD* 2015, n° 1038. III. 737 – CONFIRMÉ PAR : Paris, pôle 5, 1re ch., 27 juin 2017, RG n° 15/18722, *Jurinpi* n° B20170111 – Bordeaux, 1re ch. civ., 10 janv. 2019, RG n° 17/06219, *Jurinpi* n° M20190007 : la requête aux fins de saisie-contrefaçon doit être signée par l'avocat représentant la partie demanderesse devant la juridiction saisie et non par l'avocat plaidant, quand bien même ce dernier appartiendrait au même cabinet que l'avocat postulant – RAPPR. Douai, 1re ch., 2e sect., 15 avr. 2021, RG n° 20/03492, *Jurinpi* n° M20210096 – Paris, pôle 5, 2e ch., 18 nov. 2022, RG n° 20/18533 : l'absence de signature de l'avocat postulant constitue une irrégularité pour vice de fond de la requête – V. AUSSI, en matière de propriété littéraire et artistique : TJ Marseille, civ. 1, 11 juill. 2024, RG n° 19/04364 : l'absence de signature de l'avocat postulant constitue une cause de nullité sans grief de la requête entraînant, par voie de conséquence, la nullité du procès-verbal de saisie-contrefaçon pour défaut de pouvoir du représentant (C. pr. civ., art. 846 et 117) :.
6. PAR EX. : Paris, pôle 5, 1re ch., 14 sept. 2021, RG n° 20/16706, *Jurinpi* n° B20210060.
7. La possible contrefaçon de la seule revendication principale d'un brevet est suffisante pour autoriser la saisie-contrefaçon : TJ Paris, ord. réf., 8 févr. 2022, RG n° 21/08692, *PIBD* 2022, n° 1182. III. 1 – CONFIRMÉ PAR : Paris, pôle 5, 2e ch., 13 janv. 2023, RG n° 22/05879, *PIBD* 2023, n° 1202. III. 1.
8. TGI Paris, 3e ch., 3e sect., ord. réf., 8 sept. 2017, RG n° 17/08471 – Paris, pôle 5, 1re ch., 11 sept. 2018, RG n° 18/01099, *PIBD* 2018, n° 1104. III. 682 ; *Propr. intell* 2019. 77, note De Haas – TJ Paris, 3e ch., 3e sect., 7 sept. 2021, RG n° 15/06549 – TJ Paris, ord. réf., 8 juill. 2022, RG n° 22/01229 – V. AUSSI en matière de propriété littéraire et artistique : Paris, pôle 5, 2e ch., 15 mai 2020, RG n° 19/10844 – Paris, pôle 5, 1re ch., 19 avr. 2023, RG n° 22/04029.

puisque le but de la saisie-contrefaçon est précisément d'apporter cette preuve[1]. Par quatre arrêts des 16 et 26 mai 2017, la cour d'appel de Paris a rappelé ce principe[2], disqualifiant ainsi quelques décisions qui avaient exigé la production d'un commencement de preuve. Depuis, la cour d'appel de Paris a fermement réitéré sa position[3].

Le requérant est tenu à une obligation de bonne foi et de loyauté lors de la présentation de sa requête. Selon la Cour de cassation, cette obligation impose au requérant de présenter au juge « *l'ensemble des faits objectifs de nature à* [lui] *permettre* [...] *d'appréhender complètement les enjeux du procès en vue duquel lui était demandée cette autorisation et ainsi d'exercer pleinement son pouvoir d'appréciation des circonstances de la cause* »[4]. Il a ainsi été jugé, par exemple, que le requérant doit mentionner les procédures d'opposition qu'il avait précédemment engagées sans succès contre le prétendu contrefacteur[5] ou encore qu'il doit joindre les premières requêtes et ordonnances de refus à sa nouvelle demande de saisie-contrefaçon[6]. En revanche, celui qui sollicite une saisie-contrefaçon n'est pas tenu de faire état des moyens au fond que le défendeur pourrait évoquer. Ainsi, il a notamment été décidé que les questions relatives à un éventuel épuisement des droits ou aux causes de nullité du titre sont des éléments de défense au fond, qui n'ont pas à être évoqués au stade de la requête aux fins de saisie-contrefaçon[7]. Dans ce contexte, la vraisemblance de validité du titre invoqué à l'appui de la requête aux fins de saisie-contrefaçon ne devrait pas conditionner la délivrance de l'ordonnance[8].

SECTION 4

MENTIONS DE LA REQUÊTE CONCERNANT LE SAISI

1212.41 **Identification du saisi.** La personne au préjudice de laquelle doit être effectuée la saisie-contrefaçon est en principe identifiée dans la requête. Toutefois, l'identification précise de la personne juridique à l'encontre de laquelle vont être menées les opérations de saisie-contrefaçon n'est pas toujours possible à l'avance et ne pourra, quelquefois, être faite que par les opérations de saisie. La pratique admet donc parfaitement des requêtes visant « *un stand à l'enseigne N... dans tel salon professionnel* » ou encore « *un établissement à l'enseigne N... à telle adresse* »[9].

1212.42 **Lieu de la saisie.** Le lieu de la saisie doit être indiqué dans la requête. En matière de topographies de produits semi-conducteurs et d'obtentions végétales, la détermination du lieu de la saisie est même particulièrement importante, puisque c'est en fonction de ce lieu que se détermine la compétence territoriale du TJ qui autorise la saisie-contrefaçon (v. s^s n° 1212.12). En pratique, il est souvent demandé dans la requête que la saisie puisse être étendue à tous autres lieux où des faits contrefaisants pourraient être constatés, dès lors qu'ils se trouvent dans les ressorts de compétence du TJ et de l'huissier instrumentaire, ce qui permet notamment de couvrir les éventuels établissements secondaires exploités par le saisi et les locaux qu'il pourrait occuper[10].

1. Nîmes, 14 sept. 1998, *RDPI* 1999, n° 96, p. 43 – TGI Bobigny, ord. réf., 14 oct. 1998, RG n° 11490/98, NP – Douai, 1re ch., 4 févr. 2002, *Propr. ind.* 2002, n° 40 – TGI Paris, 3e ch., 3e sect., ord. réf., 18 oct. 2006, *PIBD* 2007, n° 845. III. 82 – Aix-en-Provence, 1re ch. C, 1er juill. 2010, RG n° 2010/00886, *Jurinpi* n^o B20100121 ; *PIBD* 2010, n° 925. III. 603 – TGI Paris, 3e ch., 3e sect., ord. réf., 15 févr. 2013, RG n° 12/15552, *PIBD* 2013, n° 985. III. 1211 – V. AUSSI : J. Blanchard, « Faut-il prouver la contrefaçon pour être autorisé à faire pratiquer une saisie-contrefaçon ? », *Propr. ind.* 2024. Prat. 6.
2. Paris, pôle 5, 1re ch., 16 mai 2017, RG n° 15/15693, *Jurinpi* n^o B20170085 – Paris, pôle 5, 1re ch., 16 mai 2017, RG n° 15/15766, *Jurinpi* n^o B20170086 – Paris, pôle 5, 2e ch., 26 mai 2017, RG n° 15/10201, *Jurinpi* n^o B20170100 – Paris, pôle 5, 2^e ch., 26 mai 2017, RG n° 15/10204, *Jurinpi* n^o B20170101 – EN CE SENS : Versailles, 14e ch., 25 oct. 2018, RG n° 18/01547, *Jurinpi* n^o D20180086 – Paris, pôle 5, 1re ch., 15 juin 2021, RG n° 21/00096, *Jurinpi* n^o D20210031.
3. Paris, pôle 5, 1re ch., 15 juin 2021, RG n° 21/00096, *Jurinpi* n^o D20210031, et RG n° 21/00321, *Jurinpi* n^o D20210032 – V. AUSSI en matière de propriété littéraire et artistique : Paris, pôle 5, 1re ch., 19 avr. 2023, RG n° 22/04029 (préc. s^s prés^t n^o).
4. Com. 6 déc. 2023, n° 22-11.071, P ; *Jurinpi* n^o M20230250 ; *PIBD* 2024, n° 1219. III. 2 ; *Propr. ind.* 2024. Repère 3, note Le Stanc ; *Propr. ind.* 2024, n° 17, note Binctin – REJETANT LE POURVOI CONTRE : Paris, pôle 5, 2e ch., 26 nov. 2021, RG n° 20/05827, *PIBD* 2022, n° 1175. III. 6.
5. Paris, pôle 5, 2e ch., 26 nov. 2021, RG n° 20/05827 (préc. s^s prés^t n^o) – POURVOI REJETÉ PAR : Com. 6 déc. 2023, n° 22-11.071, P (préc. s^s prés^t n^o).
6. Paris, pôle 5, 2e ch., 17 juin 2022, RG n° 21/11413, *Jurinpi* n^o B20220061.
7. Sur la question de l'épuisement des droits : TGI Paris, 3e ch., 4e sect., ord. réf., 29 nov. 2013, RG n° 13/15971 – *CONTRA* : TGI Paris, 3e ch., 3e sect., ord. réf., 29 mars 2013, *PIBD* 2013, n° 987. III. 1287 – Sur la question des causes de nullité du titre : TGI Paris, 3e ch., 3e sect., ord. réf., 15 nov. 2013, RG n° 13/12247 – TGI Paris, 3e ch., 4e sect., ord. réf., 28 mai 2015, RG n° 15/03751 – TGI Paris, 3e ch., 4e sect., ord. réf., 8 mars 2018, RG n° 17/16220, *Jurinpi* n^o M20180438 – Paris, pôle 5, 1re ch., 22 sept. 2018, RG n° 18/04300, *Jurinpi* n^o B20180080 ; *Propr. intell.* 2019. 97, note Galloux.
8. V. CEP. : Paris, pôle 5, 1re ch., 28 févr. 2024, RG n° 23/01453 (à propos d'une demande de brevet européen publiée).
9. PAR EX. : Paris, pôle 5, 1re ch., 16 janv. 2018, RG n° 16/04377, *Jurinpi* n^o M20180006.
10. PAR EX. : Paris, pôle 5, 1re ch., 24 sept. 2019, RG n° 18/00814, *Jurinpi* n^o D20190038.

SECTION 5

MENTIONS DE LA REQUÊTE CONCERNANT LES PARTICIPANTS

1212.51 Huissier de justice au choix du requérant. La saisie-contrefaçon en matière de propriété industrielle ne peut être effectuée que par un huissier de justice. Les articles L. 521-4 (**dessins et modèles**), L. 615-5 (brevets d'invention)[1], L. 623-27-1 (**certificats d'obtentions végétales**), L. 716-4-7 (**marques**) et L. 722-4 (**indications géographiques**) du CPI, ainsi que l'article L. 622-7 du même code (**topographies de produits semi-conducteurs**) qui renvoie notamment à l'article L. 615-5, prévoient expressément que le choix de l'huissier instrumentaire revient au requérant (« *par tous huissiers* »). Il ne s'agit pas d'un huissier commis et il n'est donc pas nécessaire que l'huissier soit nominativement identifié dans la requête ou l'ordonnance. Au contraire, muni de l'ordonnance présidentielle, le requérant peut faire appel à tout huissier territorialement compétent[2]. Certains magistrats, ayant sans doute à l'esprit les textes du Code de procédure civile qui régissent les mesures d'instructions et, en particulier les constatations, désignent quelquefois l'huissier chargé d'effectuer la saisie-contrefaçon. Dans la mesure où les dispositions législatives spéciales laissent le choix au requérant, une telle pratique ne repose sur aucun fondement juridique.

1. COMP. Règl. de proc. JUB, règle 196 § 5, qui prévoit que la personne (un « *professionnel* » ou un « *expert* ») chargée d'exécuter l'ordonnance de conservation des preuves « *peut être un huissier ou être assistée d'un huissier* », si bien que les mesures peuvent être réalisées par un technicien non-huissier, assisté ou non d'un huissier. Toutefois, la règle 196 § 5, selon laquelle « *la personne chargée d'exécuter les mesures* » doit être désignée « *conformément au droit national applicable du lieu où les mesures sont exécutées* », renvoie, pour le territoire français, à l'article 1er, I, 1°, de l'ordonnance n° 2016-728 du 2 juin 2016 (relative au statut de commissaire de justice, *JO* 3 juin, texte 24), relatif au monopole des huissiers, devenus « *commissaires de justice* », en matière d'exécution forcée (les « *commissaires de justice* […] *ont seuls qualité* […] *pour ramener à exécution les décisions de justice ainsi que les actes ou titres en forme exécutoire* ») si bien que la personne chargée d'exécuter l'ordonnance sur le territoire français devrait à tout le moins être toujours assistée d'un huissier – EN CE SENS : Paris, LD, 14 nov. 2023, UPC_CFI_397/2023 (ordonnance de mesure de conservation des preuves désignant un expert technicien pour exécuter l'ordonnance, assisté d'un huissier).
2. La Cour de cassation a par ailleurs retenu que l'huissier instrumentaire pouvait valablement être accompagné de plusieurs huissiers : Com. 3 mai 2016, n° 13-23.416, NP ; *PIBD* 2016, n° 1051. III. 484 – Il peut aussi être assisté par sa secrétaire, même si la présence de celle-ci n'a pas été explicitement autorisée par l'ordonnance : Bordeaux, ch. civ. 1, 10 nov. 2021, RG n° 18/06847, *PIBD* 2021, n° 1172. III. 6.

1212.52 Tous experts au choix du requérant. Les différents articles du Code de la propriété intellectuelle relatifs à la saisie-contrefaçon en matière de propriété industrielle (v. ss n° 1212.51) permettent expressément au requérant de faire procéder à la saisie-contrefaçon par tous huissiers « *le cas échéant assistés d'experts désignés par le demandeur* »[3]. Le terme « *expert* » n'implique pas que cette personne soit inscrite sur une liste d'experts mais vise toute personne dont la présence peut être utile lors de la saisie-contrefaçon : conseil en propriété industrielle[4], photographe, serrurier, expert en mécanique, en électronique, en électricité, expert-comptable, informaticien (en matière de logiciels[5]), utilisateur[6], dessinateur chargé de relever le plan des objets saisis, architecte, spécialiste pour démonter et remonter la machine contrefaisante[7].

La Cour de cassation a décidé que le principe du droit à un procès équitable exige que l'expert choisi pour assister l'huissier instrumentaire – voire, avant la loi du 11 mars 2014[8], le commissaire de police, pour une saisie en matière de propriété littéraire et artistique – soit indépendant des parties[9].

Le conseil en propriété industrielle habituel du requérant est bien considéré comme étant indépendant des parties[10], en raison des règles déontolo-

3. PAR EX. en matière de brevet d'invention : CPI, art. L. 615-5, al. 2 – COMP. Règl. de proc. JUB, règle 196 § 5 préc.
4. La JUB pouvant, dans l'ordonnance de conservation des preuves, autoriser la présence d'une personne représentant le requérant lors des opérations (Règl. de proc. JUB, règle 196 § 3), elle devrait pouvoir autoriser celle du conseil en propriété industrielle du requérant.
5. Paris, 15 janv. 1997, *PIBD* 1997, n° 639. III. 517.
6. Il s'agissait en l'espèce d'un agriculteur, utilisateur du broyeur prétendument contrefait : TGI Paris, 3e ch., 2e sect., 1er oct. 2004, RG n° 03/05352.
7. Paris, 4e ch., 14 mars 1991, *PIBD* 1991, n° 506. III. 500.
8. L. n° 2014-315, 11 mars 2014, préc.
9. Civ. 1re, 6 juill. 2000, nos 97-21.404, 97-22.141, 97-22.392 et 97-22.430, P I, n° 210 ; *D.* 2000. 362, obs. Poisson ; *D.* 2001. 370, note Véron ; *RTD com.* 2001. 85, obs. Galloux – Tel est le cas de l'expert informatique qui n'a aucun lien de subordination ou capitalistique avec le requérant : Paris, pôle 5, 2e ch., 17 mars 2017, RG n° 15/24488 – En revanche, il n'en va pas de même de l'homme de l'art qui, alors que cela n'a pas été mentionné au procès-verbal de saisie-contrefaçon, entretient une relation d'amitié avec le président-directeur général de la société requérante, au sein de laquelle il a été salarié et qui emploie toujours son épouse : Paris, pôle 5, 1re ch., 29 nov. 2023, RG n° 21/22461, *Jurinpi* n° D20230046.
10. TGI Paris, 3e ch., 2e sect., 12 oct. 2001, *RDPI* 2002, n° 136, p. 34 – TGI Paris, 3e ch., 2e sect., 13 déc. 2002, *Propr. ind.* 2003, n° 58 – Rennes, 25 mai 2004, *PIBD* 2004, n° 796. III. 626 ; *Propr. intell.* 2004. 794, obs. J.-C. Galloux, A. Gutmann et B. Warusfel – TGI Paris, 3e ch., 2e sect., 2 juill. 2004, RG n° 02/18798, *PIBD* 2004, n° 796. III. 615 – Com. 8 mars 2005, n° 03-15.871, P.IV, n° 53 ; *D.* 2005. AJ 838 ; *JCP E* 2005. II. 648, p. 716, note C. Caron ; *CCE* 2005, n° 102, note C. Caron ; *Propr. ind.* 2005, n° 45, ▶

giques auxquelles il est soumis ; ce n'est pas le cas du salarié du saisissant[1].

Par un important arrêt de cassation du 27 mars 2019, la Cour de cassation a précisé que « *le fait que le conseil en propriété industrielle de la partie saisissante ait, à l'initiative de celle-ci, établi un rapport décrivant les caractéristiques du produit incriminé ne fait pas obstacle à sa désignation ultérieure, sur la demande du saisissant, en qualité d'expert pour assister l'huissier dans le cadre d'une saisie-contrefaçon de brevet, sa mission n'étant pas soumise au devoir d'impartialité et ne constituant pas une expertise au sens des articles 232 et suivants du Code de procédure civile* »[2].

L'ajout de la mention « *le cas échéant* » par la loi du 11 mars 2014 indique que l'assistance d'un expert n'est pas obligatoire.

1212.53 **Force publique.** Avant la réforme réalisée par la loi du 29 octobre 2007[3], seul l'article L. 521-1 alinéa 2 du CPI prévoyait expressément, en matière de **dessins et modèles**, que : « *Le président a la faculté d'autoriser le requérant à se faire assister d'un officier de police* ». Toutefois, cette possibilité pour le requérant de solliciter la présence d'un représentant de la force publique était également admise en matière de **brevets d'invention**, d'**obtentions végétales et** de **marques**, sans que les textes les concernant n'y fassent pourtant aucune allusion. Désormais, quand bien même la loi du 29 octobre 2007[4] a unifié les différents articles concernant la saisie-contrefaçon en matière de propriété industrielle autour d'une rédaction commune qui ne fait plus aucune référence à cette possible présence d'un officier de police, cette présence est généralement prévue dans l'ordonnance[5]. Elle est au demeurant toujours possible dès lors que l'ordonnance de saisie-contrefaçon est revêtue de la formule exécutoire qui « *mande et ordonne* [...] *à tous commandants et officiers de la force publique de prêter main-forte lorsqu'ils en seront légalement requis* »[6]. Le requérant use d'ailleurs très souvent de cette faculté, la présence d'un représentant de la force publique s'avérant, en pratique, avoir des vertus dissuasives et faciliter, par là même, l'exécution de la saisie-contrefaçon.

1212.54 **Saisissant.** La plupart des ordonnances excluent expressément la présence du requérant ou de salariés du requérant, tant dans le souci d'éviter le grief de captation de secrets des affaires que pour respecter l'exigence d'un procès équitable posée par l'article 6 § 1 de la Convention européenne de sauvegarde des droits de l'homme et des libertés fondamentales[7]. Par un arrêt du 8 juillet 2008, la Cour de cassation a posé en principe que « *ni le requérant, ni ses préposés, ne sont au nombre des personnes pouvant assister aux opérations de saisie-contrefaçon, peu important que le juge de la requête leur en ait donné l'autorisation* »[8].

SECTION 6

DISPOSITIONS DE LA REQUÊTE CONCERNANT LES MODALITÉS DE LA SAISIE

1212.61 **Principe général.** La requête et l'ordonnance définissent limitativement les pouvoirs de l'huissier. Aussi, le requérant doit prévoir dans sa requête,

► note J. Raynard – TGI Paris, 3e ch., 1re sect., 5 oct. 2005, RG no 03/11548 – TGI Paris, 3e ch., 2e sect., 27 avr. 2006, RG nos 04/12418 et 04/12420 – Paris, 4e ch., sect. B, 11 mai 2007, *PIBD* 2007, no 865. III. 474 – TGI Paris, 3e ch., 1re sect., 24 oct. 2007, RG no 01/18185 – Paris, 4e ch., sect. B, 30 juin 2006, *PIBD* 2006, no 839. III. 685 – Paris, 4e ch., sect. B, 11 mai 2007, *PIBD* 2007, no 856. III. 474 – TGI Paris, 3e ch., 2e sect., 15 févr. 2008, RG no 06/05416 – TGI Paris, 3e ch., 2e sect., 13 juin 2008, RG no 06/04324 – TGI Paris, 3e ch., 2e sect., 13 juin 2008, RG no 06/04322 – Paris, pôle 5, 1re ch., 11 juin 2019, RG no 17/04525, *PIBD* 2019, no 1123. III. 412 : le fait que les conseils en propriété industrielle désignés par le saisissant pour assister l'huissier lors des opérations de saisie-contrefaçon aient été liés au cabinet en charge de la gestion de droits de propriété industrielle du saisi n'est pas de nature à altérer leur indépendance par rapport au saisissant – TJ Paris, ord. réf., 11 sept. 2024, RG no 24/04422 : il en va de même du conseil en propriété industrielle du saisissant qui avait précédemment adressé une lettre au saisi, prétendu contrefacteur, détaillant selon lui la contrefaçon du brevet litigieux.

1. Com. 28 avr. 2004, no 02-20.330, P IV, no 75 ; *PIBD* 2004, no 791. III. 431 ; *D.* 2004. AJ 1671 ; *Procédures* 2004, no 162, note H. Croze ; *Propr. intell.* 2004. 793, obs. J.-C. Galloux, A. Gutmann et B. Warusfel ; *JCP* 2004. II. 10171, note C. Caron ; *Gaz. Pal.* 23-25 janv. 2005, p. 34, note Tellier-Loniewski et Mauriello ; *Propr. ind.* 2005, no 45, note J. Raynard – TGI Paris, 3e ch., 1re sect., 24 oct. 2007, RG no 01/18185.
2. Com. 27 mars 2019, no 18-15.005, P IV, no 325 ; *PIBD* 2019, no 1115. III. 225 ; *CCE* 2019. Comm. 40, note C. Caron – ET SUR RENVOI : Paris, pôle 5, 2e ch., 6 nov. 2020, RG no 19/15536, *PIBD* 2020, no 1150. III. 1 – V. AUSSI : TJ Paris, 3e ch., 3e sect., 7 sept. 2021, RG no 15/06549.
3. L. no 2007-1544, 29 oct. 2007, de lutte contre la contrefaçon, *JO* 30 oct., p. 17775.
4. L. no 2007-1544, 29 oct. 2007, préc.
5. PAR EX. : TGI Paris, 3e ch., 4e sect., 15 mars 2018, RG no 14/16600, *Jurinpi* no B20180070.
6. Décr. no 47-1047, 12 juin 1947, relatif à la formule exécutoire, art. 1er, *JO* 13 juin.
7. TGI Paris, 3e ch., 15 oct. 2002, *PIBD* 2003, no 763. III. 328.
8. Com. 8 juill. 2008, no 07-15.075, P IV, no 142 ; *PIBD* 2008, no 882. III. 559 ; *Propr. ind.* 2010, no 27, note Vigand – EN CE SENS : Lyon, ch. civ. 1 A, 2 juill. 2009, RG no 08/06722, *Juris-Data* no 022194 – Paris, pôle 5, 2e ch., 4 juin 2010, RG no 08/21745, *Jurinpi* no M20100299 ; *PIBD* 2010, no 925. III. 620 ; *Propr. intell.* 2010. 990, obs. Sabatier – Paris, pôle 5, 2e ch., 12 déc. 2014, RG no 14/08433 ; *Jurinpi* no M20140711 – Jugé, toutefois, dans une affaire aux circonstances particulières, que la saisie-contrefaçon avait pu être valablement réalisée en présence de la requérante qui était membre du comité dans les locaux duquel les opérations avaient eu lieu : Paris, pôle 5, 2e ch., 15 févr. 2019, RG no 17/15550.

de manière aussi exhaustive que possible, les actes qu'il souhaite que l'huissier soit autorisé à accomplir. Le requérant ajuste donc sa requête aux circonstances de l'espèce, en fonction des faits à constater et des éléments de preuve qu'il recherche.

Seront envisagés *d'une part* les mentions relatives à la description, à la saisie réelle et à la saisie de documents et, *d'autre part*, les pouvoirs de l'huissier, le règlement des difficultés de la saisie et la constitution de garanties.

§ 1
Description

1212.71 Définition et exécution de la description. Depuis la réforme réalisée par la loi du 29 octobre 2007[1], les différents articles relatifs à la saisie-contrefaçon en matière de propriété industrielle, dans leur rédaction commune, indiquent que la juridiction compétente peut ordonner « *la description détaillée, avec ou sans prélèvement d'échantillons* » (CPI, art. L. 521-4, L. 615-5, L. 622-7, L. 623-27-1, L. 716-4-7 et L. 722-4). Dans sa forme la plus simple, la saisie-contrefaçon, qui semble alors bien improprement dénommée, consiste donc en une **simple description des objets prétendus contrefaisants, sans aucune appréhension matérielle.** Les objets demeurent alors aux mains du saisi qui peut librement en disposer. Puisqu'elle n'implique pas d'enlèvement physique, la saisie par voie de photographie doit être considérée comme une description et non comme une saisie réelle[2]. À cet égard, l'huissier seulement autorisé à saisir réellement des exemplaires du produit argué de contrefaçon ne saurait réaliser un reportage photographique portant sur ces produits sans excéder ses pouvoirs[3]. En revanche, si cela s'avère nécessaire, la description peut être corroborée par un « *prélèvement d'échantillons* ».

Le requérant indique, dans sa requête, les objets que l'huissier pourra décrire :

– en matière de **brevets**, il pourra s'agir, selon l'objet du brevet, d'un produit (une machine, un appareil, une installation, un dispositif, un outil, la composition chimique d'un produit, *etc.*) ou d'un procédé (le mode de fonctionnement d'une machine ou d'une installation, un procédé de fabrication, de traitement ou d'utilisation, *etc.*) ;

– en matière de **certificats d'obtentions végétales**, il serait illusoire de croire qu'une simple description des plantes ou parties de plantes, des éléments de reproduction ou de multiplication argués de contrefaçon, non étayée par le prélèvement d'échantillons, puisse parvenir à établir la matérialité de la contrefaçon dès lors que la contrefaçon, en ce domaine, suppose un matériel biologique bien identifié d'un point de vue phénotypique (caractères apparents) mais aussi génotypique (caractères génétiques pas nécessairement tous apparents) qui ne peuvent être établis et comparés que par des analyses du matériel végétal et une mise en culture[4] ;

– en matière de **marques**, le requérant sollicitera la description du signe argué de contrefaçon et de son utilisation (produits le portant, services désignés, *etc.*) ;

– en matière de **dessins et modèles**, le requérant sollicitera la description du modèle argué de contrefaçon ;

– en matière de **topographies de produits semi-conducteurs**, le requérant sollicitera la description de toute reproduction de la topographie protégée ou de tout produit semi-conducteur l'incorporant ;

– en matière d'**indications géographiques**, le requérant sollicitera la description des produits portant indûment l'indication géographique ou des pratiques par lesquelles des personnes mettent l'indication géographique en relation avec des produits qui n'y ont pas droit.

1212.72 Élargissement de la description détaillée aux matériels et instruments de la contrefaçon. Le législateur de 2007 avait ouvert la possibilité d'une saisie réelle des matériels et instruments de la contrefaçon. La loi du 11 mars 2014[5] précise qu'il peut être procédé à la simple description détaillée des matériels et instruments utilisés pour produire ou distribuer les contrefaçons. Cet ajout est le bienvenu, car, si le juge peut ordonner la saisie réelle, il doit logiquement (*a fortiori*) pouvoir en ordonner simplement la description détaillée qui prête moins à conséquence et peut parfois amplement suffire à remplir la finalité probatoire de la saisie-contrefaçon.

§ 2
Saisie réelle

1212.81 Définition de la saisie réelle. La saisie réelle consiste en une **appréhension matérielle par l'huissier d'objets argués de contrefaçon.** Il faut souligner, *d'une part*, que la saisie réelle est désormais distincte de la description et que la démarcation qui peut être ainsi faite entre la « *saisie réelle* » et la « *description détaillée avec prélèvement d'échantillons* » tient respectivement à l'absence ou à la présence d'une

1. L. n° 2007-1544, 29 oct. 2007, préc.
2. Paris, pôle 5, 2e ch., 16 mars 2018, RG n° 16/08346, *Jurinpi* n° D20180017.
3. Paris, pôle 5, 2e ch., 18 janv. 2019, RG n° 17/00535, *Jurinpi* n° M20190012.
4. Paris, 4e ch., sect. B, 24 oct. 2003, *Gaz. Pal.* 5-6 janv. 2005, p. 11.
5. L. n° 2014-315, 11 mars 2014, préc.

description, à côté de l'appréhension matérielle d'un certain nombre d'objets prétendus contrefaisants. La seule description désormais nécessaire en cas de « *saisie réelle* » est celle nécessaire à l'identification des produits saisis. Par exemple, l'huissier décrira l'objet saisi, par l'indication de sa nature et de son éventuel numéro d'identification. Mais en aucun cas l'huissier n'est tenu de rentrer, par exemple, dans la description des caractéristiques du produit susceptibles de caractériser la contrefaçon. De la même manière, l'huissier seulement autorisé à saisir réellement des exemplaires du produit argué de contrefaçon ne saurait réaliser, pendant les opérations, un reportage photographique portant sur ces produits sans excéder ses pouvoirs [1].

D'autre part, **cette appréhension matérielle ne peut porter que sur un nombre restreint d'objets** car la saisie-contrefaçon n'a jamais qu'une finalité probatoire, comme l'atteste la lettre, par exemple, de l'article L. 615-5 du CPI qui énonce tout d'abord que « *la contrefaçon peut être prouvée par tous moyens. À cet effet* [...] » et encore que « *la juridiction peut ordonner, aux mêmes fins probatoires*, [...] ». Cette finalité probatoire de la saisie réelle devrait ainsi en pratique lui interdire généralement de porter sur tout un stock, car la saisie réelle d'une multitude d'objets identiques n'apporte, du point de vue de la preuve de la contrefaçon, rien de plus que la saisie d'un seul de ces objets, et ne se justifie donc pas. La saisie réelle non justifiée par sa finalité probatoire, comme celle de tout un stock de produits identiques, est à rechercher au titre des mesures provisoires et conservatoires, éventuellement sur requête, que la loi du 29 octobre 2007, en transposant la directive n° 2004/48/CE, a introduit, par exemple en matière de brevets, à l'article L. 615-3 du CPI. Assez étrangement, le législateur n'a pas relevé l'incongruité qu'il y a à autoriser la « *saisie réelle des* [...] *procédés* » (CPI, art. L. 615-5) [2] ou la « *saisie réelle des* [...] *services* » (CPI, art. L. 716-4-7) prétendus contrefaisants. Il ne peut pourtant être question d'appréhender matériellement quelque chose d'aussi immatériel qu'un procédé ou un service. Seuls pourront être réellement saisis des objets matériels se rapportant au procédé ou au service considéré, tels que des appareils qui mettent en œuvre le procédé, des modes d'emploi qui décrivent le procédé, des brochures publicitaires qui décrivent le service, *etc.*

1212.82 Objets à saisir réellement. Le requérant indique les objets que l'huissier pourra saisir réellement. La requête précise le plus souvent que les objets seront saisis moyennant paiement de leur prix. Généralement, le requérant demande qu'une partie des objets saisis soit annexée au procès-verbal de saisie-contrefaçon pour lui être remis et que les autres soient déposés au greffe.

1212.83 Élargissement de la saisie réelle aux matériels et instruments de la contrefaçon. La loi du 29 octobre 2007 a élargi la portée de la saisie réelle en ajoutant dans tous les articles relatifs à la saisie-contrefaçon en matière de propriété industrielle un troisième alinéa qui autorise « *aux mêmes fins probatoires,* [...] *la saisie réelle des matériels et instruments* » qui ont permis la **constitution** (produire les objets, fabriquer les produits, fournir les services, mettre en œuvre les procédés prétendus contrefaisants) ou la **diffusion** (distribuer les produits ou objets prétendus contrefaisants) de la contrefaçon [3]. On peut ainsi saisir réellement des objets qui ne sont pas en eux-mêmes le siège de la contrefaçon mais qui ont servi à la contrefaçon. La restriction aux « *fins probatoires* » laisse entendre qu'il ne s'agit pas là non plus de réaliser une saisie susceptible, par son ampleur, d'affecter ou d'entraver l'activité économique du saisi qui n'est encore qu'un contrefacteur prétendu et non avéré. Il conviendra donc de restreindre la saisie au nombre de matériels et d'instruments strictement nécessaire à ses seules fins probatoires.

§ 3
Saisie de documents

1212.91 Textes. Depuis la réforme réalisée par la loi du 29 octobre 2007, tous les articles relatifs à la saisie-contrefaçon en matière de propriété industrielle autorisent expressément la saisie « *de tout document* [se] *rapportant* » à la contrefaçon. La généralité des termes employés est très appréciable. C'est en effet « *tout document* » qui peut être saisi dès lors qu'il se « *rapporte* » à la contrefaçon. Cette formulation englobe non seulement les documents qui permettent d'établir la **réalité** de la contrefaçon mais également les documents qui permettront d'établir **l'origine**, la **destination** ou **l'importance quantitative** de la contrefaçon [4], notamment les documents commerciaux et comptables [5]. Cette nouvelle rédaction disqualifie ainsi définitivement les quelques

1. Paris, pôle 5, 2e ch., 18 janv. 2019, RG n° 17/00535, *Jurinpi* n° M20190012.
2. COMP. Règl. de proc. JUB, règle 196 § 1, b) et c), qui ne prévoit pas la saisie réelle des procédés mais seulement des « *produits dont la contrefaçon est alléguée* » et des « *matériels et instruments utilisés pour la production ou la distribution de ces produits et tout document s'y rapportant* ».
3. PAR EX., en matière de brevet : CPI, art. L. 615-5, al. 3 – COMP. Règl. de proc. JUB, règle 196, qui ne prévoit pas la saisie réelle des matériels et instruments utilisés pour mettre en œuvre les procédés prétendus contrefaisants.
4. TGI Paris, 3e ch., 1re sect., 3 nov. 2009, RG n° 09/15054, *Jurinpi* n° B20090174 ; *PIBD* 2010, n° 909. III. 7.
5. Paris, pôle 5, 1re ch., 20 sept. 2016, RG n° 16/00148, *Juris-Data* n° 029310 ; *Propr. ind.* 2016, n° 3, repère Le Stanc.

décisions qui, sous l'empire du droit antérieur, avaient émis des réserves quant à la saisie par voie de photocopie de documents commerciaux et comptables[1]. De plus, comme l'a jugé la Cour de cassation, la formulation retenue permet d'envisager que la saisie-contrefaçon se réduise à cette seule saisie de documents se rapportant à la contrefaçon[2]. Les textes n'ont jamais subordonné la réalisation de la saisie des documents à l'accomplissement préalable d'une autre opération de saisie-contrefaçon telle que, par exemple, la constatation de la présence dans les lieux des objets argués de contrefaçon[3]. Certaines décisions allant cependant en sens contraire, la loi n° 2014-315 du 11 mars 2014[4] est ensuite venue préciser ce point en disposant expressément que « *l'ordonnance peut autoriser la saisie réelle de tout document se rapportant aux produits ou procédés prétendus contrefaisants en l'absence de ces derniers* » (CPI, art. L. 615-5, L. 521-4, L. 622-7, L. 623-27-1, L. 716-4-7 et L. 722-4)[5].

1212.92 Modalités de la saisie de documents. Le requérant demande généralement que l'huissier soit autorisé à saisir des documents, soit réellement, soit sous forme de photographies, de photocopies ou de copies. Lorsque des documents sont saisis par voie de photocopie, l'exemplaire original reste en possession du saisi. Puisqu'elle n'implique pas d'enlèvement physique, la saisie par voie de photocopie doit être considérée comme une description et non comme une saisie réelle[6].

Le requérant doit énumérer, dans sa requête, les catégories de documents que l'huissier pourra saisir réellement (notices, brochures, publications, documents techniques, fiches de fabrication, plans, *etc.*).

Le requérant précisera le nombre d'exemplaires qu'il souhaite voir saisir réellement ou sous forme de photographies, de photocopies ou de copies. Généralement, le requérant prévoit qu'un exemplaire sera annexé au procès-verbal de saisie-contrefaçon et les autres remis à lui-même ou déposés au greffe.

1212.93 Documents commerciaux et comptables. Le requérant a le plus grand intérêt à demander au président d'autoriser l'huissier à inventorier les stocks de produits contrefaisants et à se faire présenter et à parapher *ne varietur*, à faire photographier, photocopier ou copier en deux exemplaires tous documents, correspondances ou pièces de comptabilité dont pourrait résulter la preuve de l'origine et de l'étendue de la contrefaçon alléguée, au besoin avec l'assistance d'un expert-comptable.

§ 4
Pouvoirs de l'huissier

1212.101 Dispositions classiques. Dans la mesure où les pouvoirs de l'huissier sont limitativement définis par l'ordonnance, le requérant devra indiquer dans sa requête tous les actes qu'il souhaite que l'huissier puisse accomplir :

– ouvrir ou faire ouvrir par tout serrurier toutes portes de locaux, de meubles meublants ou de véhicules se trouvant sur place ;

– démonter ou faire démonter par tout technicien la machine contrefaisante ;

– faire fonctionner, avec l'aide de tout technicien, la machine, l'appareil ou l'installation contrefaisante ;

– se faire présenter et parapher *ne varietur*, faire photographier, photocopier ou copier en « x » exemplaires telle et telle catégories de documents ;

– emporter, si nécessaire, les pièces à copier afin de les reproduire en son étude ;

1. Aix-en-Provence, 1er déc. 1976, *PIBD* 1977, n° 186. III. 63 ; *Ann. propr. ind.* 1978. 293 – TGI Paris, 3e ch., 26 mai 1995, *PIBD* 1995, n° 595. III. 420 – TGI Paris, 3e ch., 2e sect., 13 mars 1998, *RDPI* 1998, n° 85, 29 – TGI Lille, 3 mai 2007, RG n° 04/02731, *Jurinpi* n° M20070243 ; *Propr. ind.* 2008, n° 73, spéc. p. 18, étude Buffet Delmas d'Autane et Morelli – T. com. Marseille, 3 sept. 2007, *Propr. ind.* 2008, n° 72, spéc. p. 17, étude Buffet Delmas d'Autane et Morelli.
2. Arrêt rendu en matière de propriété littéraire et artistique, qui est transposable car la règle posée à l'article L. 332-1 du Code de la propriété intellectuelle prévoit la saisie de « *tout document* [se] *rapportant* [à la contrefaçon] » exactement dans les mêmes termes que les articles organisant la saisie-contrefaçon en matière de propriété industrielle (CPI, art. L. 615-5, auquel renvoient les art. L. 622-7, L. 521-4, L. 623-27-1, L. 716-4-7 et L. 722-4) : Civ. 1re, 11 déc. 2013, n° 12-14.030, NP ; *PIBD* 2014, n° 1000. III. 168 ; *Propr. ind.* 2014, n° 35, note Greffe – Civ. 1re, 11 mai 2017, n° 16-14.213, NP ; *Jurinpi* n° D20170059 ; *PIBD* 2017, n° 1075. III. 534 – Pareille ordonnance, limitée à la recherche des éléments relatifs à l'étendue de la contrefaçon, peut valablement être sollicitée sur requête au cours de l'instance au fond en contrefaçon, malgré l'existence du « *droit à l'information* » : Paris, pôle 5, 1re ch., 29 juin 2021, RG n° 20/15507, *PIBD* 2021, n° 1167. III. 5 – POURVOI REJETÉ PAR : Com. 22 mars 2023, n° 21-21.467, P (préc., v. ss nos 1212.14 et 1212.22) ; *Jurinpi* n° M20230050 ; *PIBD* 2023, n° 1208. III. 3 ; *Propr. ind.* 2023, n° 56, note Tréfigny ; *Propr. ind.* 2023. Alerte 54, note Thrierr.
3. Paris, pôle 5, 2e ch., 3 juin 2011, RG n° 10/08000 – Douai, 1re ch., sect. 2, 6 mars 2013, RG n° 11/05268 – TGI Paris, 3e ch., 3e sect., 11 sept. 2015, RG n° 12/15632, *Jurinpi* n° M20150409 ; *PIBD* 2015, n° 1040. III. 849 – Paris, pôle 5, 2e ch., 23 oct. 2015, RG n° 14/06720, *Jurinpi* n° M20150451 ; *PIBD* 2015, n° 1039. III. 790 – Paris, pôle 5, 2e ch., 5 mai 2017, RG n° 15/20349, *Jurinpi* n° M20170231 ; *PIBD* 2017, n° 1075. III. 512.
4. L. n° 2014-315, 11 mars 2014, préc.
5. POUR UNE ILLUSTRATION : Paris, pôle 5, 2e ch., 5 févr. 2021, RG n° 18/19397, *PIBD* 2021, n° 1161. III. 3.
6. Com. 1er juill. 2003, n° 01-10.807, P IV, n° 112 ; *RTD civ.* 2004. 305, chron. J.-C. Galloux (rejetant le pourvoi contre Paris, 4e ch., sect. A, 20 déc. 2000, *PIBD* 2001, n° 718. III. 203).

– réaliser ou faire réaliser, au besoin avec le concours de techniciens, une édition sur papier ou une copie de données informatiques.

§ 5
Règlement des difficultés de la saisie

1212.111 **Disposition classique.** Généralement, le requérant demande à ce qu'il soit procédé aux opérations de saisie-contrefaçon nonobstant toute opposition de la partie saisie et qu'il en soit référé au président en cas de difficulté, mais seulement après que les opérations de saisie autorisées auront été effectuées (v. s[s] n°s 1213.34 et 1215.62).

§ 6
Constitution de garanties

1212.121 **Garantie facultative.** La loi du 29 octobre 2007 a supprimé le cautionnement obligatoire, auparavant imposé par l'ancien article L. 521-1 du CPI à l'étranger qui requérait la saisie de dessins ou de modèles, pour généraliser parmi tous les droits de propriété industrielle l'idée de garanties facultatives. L'alinéa 4 des articles L. 615-5 (auquel renvoie également l'art. L. 622-7), L. 521-4, L. 623-27-1, L. 716-4-7 et L. 722-4 du CPI dispose que l'autorisation de procéder à toute saisie, descriptive ou réelle (le texte vise « *l'exécution des mesures qu'elle* [la juridiction compétente] *ordonne* »), peut être subordonnée par le président à « *la constitution par le demandeur de garanties destinées à assurer l'indemnisation éventuelle du défendeur si l'action en contrefaçon est ultérieurement jugée non fondée ou la saisie annulée* »[1]. Cette garantie pourra prendre la forme d'une consignation ou d'un cautionnement destiné à garantir l'indemnisation du préjudice que le saisi pourrait subir en cas d'abus[2].

1212.122 **Pratique.** En matière de saisie-description, une garantie peut être considérée comme exceptionnelle. Elle reste très rare même en matière de saisie réelle, notamment lorsque celle-ci porte sur un nombre réduit de produits et que la requête prévoit le paiement du prix de ces produits.

SECTION 7
ORDONNANCE

1212.131 **Pouvoirs du président du tribunal judiciaire.** Le président du TJ compétent n'a pas le pouvoir de refuser d'autoriser une saisie-description, si le requérant justifie de ses droits. En effet, la loi confère au titulaire de droits de propriété industrielle un véritable droit de recueillir la preuve de la contrefaçon alléguée[3]. En revanche, le président a le pouvoir de refuser toute mesure lui paraissant inutile à la collecte des preuves et de nature à porter une atteinte non justifiée au saisi[4], telle qu'une saisie réelle d'une étendue excessive. Le président contrôle donc les modalités de la saisie sollicitée. Il peut également ordonner la constitution d'une garantie – consignation ou cautionnement – s'il apparaît nécessaire de garantir la réparation du préjudice que la saisie pourrait causer. Le président peut également préciser, si cela paraît nécessaire, un délai d'exécution de la saisie[5].

1212.132 **Signature de l'ordonnance de saisie-contrefaçon.** L'ordonnance est signée par le président du TJ compétent. La signature du greffier n'est pas nécessaire[6].

1. COMP. : au contraire, dès qu'elle rend une ordonnance de conservation des preuves sans que le défendeur ait été entendu, la JUB doit, par principe, ordonner au requérant de fournir une garantie, « *à moins que des circonstances particulières ne le permettent pas* » (Règl. de proc. JUB, règle 196 § 6).
2. TGI Paris, 3e ch., 1re sect., ord. réf., 4 mai 2010, RG n° 10/04663 (garantie bancaire de 20 000 euros) – Douai, 1re ch., 2e sect., 15 avr. 2021, RG n° 20/03492, *Jurinpi* n° M20210096 (consignation de 17 000 euros) – TJ Paris, 3e ch., 1re sect., ord. réf., 29 févr. 2024, RG n° 23/10347 (consignation de 350 000 euros) – COMP. Acc. JUB, règle 196 § 6 *in fine* : « *La Juridiction décide s'il est approprié d'ordonner la garantie sous forme de dépôt de fonds ou de garantie bancaire* ».
3. Aix-en-Provence, 1er déc. 1976, *PIBD* 1977, n° 186. III. 63 ; *Ann. propr. ind.* 1978. 293.
4. Douai, 1re ch., 4 févr. 2002, *Propr. ind.* 2002, n° 40.
5. Les opérations de saisie-contrefaçon doivent alors être exécutées pendant ce délai, à l'expiration duquel elles sont automatiquement clôturées : Paris, pôle 5, 1re ch., 26 févr. 2019, RG n° 17/13117, *PIBD* 2019, n° 1114. III. 201, *D.* 2019. 1582, note J.-C. Galloux.
6. TGI Paris, 3e ch., 3e sect., 8 févr. 2013, RG n° 10/14491 – TGI Paris, 3e ch., 4e sect., 30 mai 2014, RG n° 11/03116.

CHAPITRE

1213. Exécution de la saisie-contrefaçon et incidents

OLIVIER HUBERT
AVOCAT*

SECTION 0

ORIENTEUR

1213.00 Sommaire du chapitre.

Division. Il convient d'examiner successivement les formalités préalables à l'exécution de la saisie-contrefaçon (sect. 1), le déroulement de la saisie qui doit nécessairement être exécutée dans le respect des dispositions légales (sect. 2) et de l'ordonnance (sect. 3), l'huissier instrumentaire devant accomplir sa mission (sect. 4) et rédiger un procès-verbal (sect. 5) ; puis il convient de s'attacher aux difficultés d'exécution (sect. 6 et 7) et aux formalités postérieures à la saisie (sect. 8 à 9) et, enfin, à la charge des frais qu'elle entraîne (sect. 10).

1213.01 Textes applicables.

• **CPI,** art. L. 521-4, L. 521-4-1, L. 615-5, L. 615-5-1-1, L. 615-10, L. 622-7, L. 623-27-1, L. 623-27-1-1, L. 623-30, L. 716-4-7, L. 716-4-8, L. 722-4, L. 722-4-1, R. 521-2, R. 521-3, R. 521-5, R. 615-4, R. 615-5, R. 615-7, R. 622-6, R. 623-51, R. 623-51-1, R. 623-53-1, R. 716-16, R. 716-17, R. 716-19, R. 722-2, R. 722-3 et R. 722-5.

• **C. pr. civ.,** art. 114 à 116, 495, 496, 648 et 664.

* La dixième édition de cette contribution était l'œuvre de Pierre Véron et Olivier Hubert, et les précédentes, sous la direction de Pierre Véron, étaient celle d'Isabelle Romet, Thomas Bouvet, Blandine Tronel et Nicolas Bouche.

1213.02 Jurisprudence de référence.

> Saisie-contrefaçon. Indépendance de l'expert.

• **Civ. 1re, 6 juill. 2000,** nos 97-21.404, 97-22.141, 97-22.392 et 97-22.430, P I, no 210

* V. ss nos 1212.52, 1213.73, 1222.37

Le droit à un procès équitable impose que l'expert visé par l'article L. 332-4 du Code de la propriété intellectuelle pour assister l'huissier instrumentaire ou le commissaire de police qui pratique la saisie-contrefaçon d'un logiciel, soit indépendant des parties.

> Saisie-contrefaçon. Absence d'indépendance de l'expert salarié du saisissant.

• **Com. 28 avr. 2004,** no 02-20.330, P IV, no 75

* V. ss nos 1212.52, 1213.73

Le droit à un procès équitable, consacré par l'article 6.1 de la Convention européenne de sauvegarde des droits de l'homme et des libertés fondamentales, exige que l'expert mentionné à l'article L. 615-5 du Code de la propriété intellectuelle pour assister l'huissier instrumentaire procédant à la saisie-contrefaçon soit indépendant des parties. Méconnaît les exigences du premier de ces textes et viole le second, la cour d'appel qui, pour refuser de rétracter une ordonnance autorisant cet huissier à se faire assister d'un préposé de la partie demanderesse, retient que ce préposé s'est avéré être l'expert compétent, que rien n'interdit la désignation comme expert d'un salarié du saisissant dont les compétences techniques sont indispensables pour assister l'huissier, également assisté de conseils en propriété industrielle indépendants de la partie saisissante, et qu'il n'a pas été contrevenu au droit à un procès équitable.

> Saisie-contrefaçon. Indépendance de l'expert conseil personnel du saisissant.

• **Com. 8 mars 2005,** no 03-15.871, P IV, no 53

* V. ss nos 1212.52, 1213.73

Viole l'article 6.1 de la Convention européenne de sauvegarde des droits de l'homme et des libertés fondamentales, par fausse application, et l'[ancien] article L. 716-7 [devenu L. 716-4-7] du Code de la propriété intellectuelle, par fausse interprétation, la cour d'appel qui confirme la rétractation d'une ordonnance autorisant une saisie-contrefaçon aux motifs que l'homme de l'art pouvant assister l'huissier doit être indépendant des parties, qu'en l'espèce la personne choisie était le conseil personnel de la société demanderesse, et qu'elle était présente aux opérations de saisie, alors que le conseil en propriété industrielle, fût-il le conseil habituel de la partie saisissante, exerce une profession indépendante dont le statut est compatible avec sa désignation en qualité d'expert du saisissant, dans le cadre d'une saisie-contrefaçon de marque, mission qui ne constitue pas une expertise au sens des articles 232 et suivants du nouveau Code de procédure civile.

• **Com. 27 mars 2019,** no 18-15.005, P IV, no 325

* V. ss nos 1212.52, 1213.73

Le fait que le conseil en propriété industrielle de la partie saisissante ait, à l'initiative de celle-ci, établi un rapport décrivant les caractéristiques du produit incriminé ne fait pas obstacle à sa désignation ultérieure, sur la demande du saisissant, en qualité d'expert pour assister l'huissier dans le cadre d'une saisie-contrefaçon de brevet, sa mission n'étant pas soumise au devoir d'impartialité et ne constituant pas une expertise au sens des articles 232 et suivants du Code de procédure civile.

> Saisie-contrefaçon. Conditions du recueil des déclarations par l'huissier instrumentaire.

• **Com. 7 juill. 2009,** no 08-18.598, P IV, no 103

* V. ss no 1213.115

En l'absence de découverte préalable sur les lieux de la saisie d'objets argués de contrefaçon, l'huissier instrumentaire ne peut, sans y avoir été expressément et précisément autorisé, produire aux personnes présentes ceux des objets visés par l'ordonnance de saisie-contrefaçon afin de recueillir les déclarations spontanées quant aux actes argués de contrefaçon.

> Notification de l'ordonnance désignant un huissier de justice aux fins d'investigations et de constatations.

• **Civ. 2e, 10 févr. 2011,** no 10-13.894, P II, no 36

* V. ss nos 1031.31, 1213.21

En matière d'ordonnance sur requête, le respect du principe de la contradiction qui fonde l'exigence posée à l'alinéa 3 de l'article 495 du Code de procédure civile, requiert que copie de la requête et de l'ordonnance soit remise à la personne à laquelle elle est opposée antérieurement à l'exécution des mesures d'instruction qu'elle ordonne et impose que l'ordonnance ne puisse être exécutée contre cette personne qu'après lui avoir été notifiée.

Dès lors, viole les articles 495, alinéa 3, et 503 du Code de procédure civile, la cour d'appel qui, pour dire n'y avoir lieu à rétractation d'une ordonnance désignant un huissier de justice aux fins d'investigations et de constatations et autorisant cet huissier de justice à ne faire état de l'ordonnance le commettant et fixant sa mission qu'une fois cette dernière accomplie, retient que l'ordonnance sur requête autorise l'huissier de justice à agir dans l'anonymat et qu'aucun texte ne précise quand l'huissier de justice commis doit dévoiler son identité.

> Secret des affaires. Séquestre provisoire.

• **Com. 1er févr. 2023,** no 21-22.225, P

* V. ss nos 1213.174

Afin d'assurer la protection du secret des affaires de la partie saisie, le président, statuant sur une demande de saisie-contrefaçon, ne peut que recourir, au besoin d'office, à la procédure spéciale de placement sous séquestre provisoire.

1213.03 Bibliographie indicative.

* V. ss no 12.03.

1213.05 Remarque de l'auteur. La plupart des textes concernant la saisie-contrefaçon parlant d'huissier, il a été choisi de laisser ce terme dans les développements qui suivent en lieu et place de commissaire de justice.

SECTION 1
FORMALITÉS PRÉALABLES À L'EXÉCUTION DE LA SAISIE-CONTREFAÇON

1213.10 Importance capitale de la remise de l'ordonnance. Plan. La saisie-contrefaçon constitue une intrusion dans l'entreprise au préjudice de laquelle elle est réalisée. Il est donc apparu nécessaire que, avant qu'elle ne soit pratiquée, celui qui va en être l'objet soit informé des motifs qui justifient cette mesure et de l'étendue des investigations autorisées. C'est la raison d'être de la remise de l'ordonnance. Les développements qui suivent envisagent le principe (§ 1) et les modalités de cette remise (§ 2), puis les sanctions de l'inobservation de cette formalité (§ 3).

§ 1
Principe de remise de l'ordonnance

1213.21 Obligation de remise préalable. L'huissier instrumentaire doit, sous peine de nullité de la saisie et de dommages-intérêts contre lui, remettre aux détenteurs des objets qu'il vient saisir ou décrire une copie de l'ordonnance sur requête avant le déroulement des opérations de saisie-contrefaçon[1]. Cette règle est expressément prévue en matière de **brevets d'invention** (CPI, art. R. 615-5, al. 2[2], auquel ne renvoie plus – sans que cela n'ait d'incidence – l'art. R. 622-6 en matière de **topographies de produits semi-conducteurs**[3]), de **dessins et modèles** (CPI, art. R. 521-3, al. 2), de **certificats d'obtention végétale** (CPI, art. R. 623-51-1, al. 2), de **marques** (CPI, art. R. 716-17, al. 2) et d'**indications géographiques** (CPI, art. R. 722-3, al. 2). Ces articles spécifiques à la saisie-contrefaçon se combinent avec l'article 495 alinéa 3 C. pr. civ. qui, s'agissant de l'exécution de toute ordonnance sur requête, exige que copie de la requête et de l'ordonnance soit « *laissée* » à la personne à laquelle elle est opposée. La deuxième chambre civile de la Cour de cassation, dans une décision du 10 février 2011, a indiqué que « *le respect du principe de la contradiction qui fonde l'exigence posée à l'alinéa 3 de l'article 495 du Code de procédure civile, requiert que copie de la requête et de l'ordonnance soit remise à la personne à laquelle elle est opposée antérieurement à l'exécution des mesures d'instruction qu'elle ordonne* »[4]. Les articles spécifiques à la saisie-contrefaçon n'apportent désormais plus rien par rapport au droit commun de la procédure civile qui est plus exigeant puisqu'il impose la remise préalable, tant de la copie de l'ordonnance que de la copie de la requête ; et la sanction classique en cas de manquement à l'exigence de l'article 495, alinéa 3 C. pr. civ. est bien la nullité des opérations réalisées en exécution de l'ordonnance[5]. Aucun de ces textes n'impose

1. L'huissier doit, de plus, être porteur de la minute de cette ordonnance : Paris, pôle 5, 2e ch., 29 juin 2018, RG no 16/10313, *Jurinpi* no B20180055 ; *Propr. intell.* 2019. 84, note C. de Haas – TGI Paris, 3e ch. 4e sect., 15 mars 2018, RG no 14/16600, *Jurinpi* no B20180070 : la mention du procès-verbal de saisie-contrefaçon par laquelle l'huissier déclare avoir agi « *en vertu d'une ordonnance* », suffit à le démontrer – EN CE SENS, Paris, pôle 5, 1re ch., 28 mai 2019, RG no 16/22934, *Jurinpi* no M20190151 – Dans certaines circonstances, une attestation de l'huissier instrumentaire certifiant qu'il était bien en possession de la minute de l'ordonnance permet également de démontrer le respect de cette exigence : Paris, pôle 5, 1re ch., 24 sept. 2019, RG no 18/00814, *Jurinpi* no D20190038.
2. COMP. Règl. de proc. JUB, règle 197 § 2 qui prévoit que le « *défendeur* » (défini comme la « *partie affectée* » par les mesures, selon l'article 60 § 6 de l'Acc. JUB) aux mesures de conservation des preuves ordonnées *ex parte* doit en être « *avisé, immédiatement au moment de la mise à exécution des mesures* » – P. Véron et N. Bouche, « La saisie-contrefaçon devant la juridiction unifiée du brevet », *Propr. intell.* 2015. 28, spéc. 29 : « *La notion de* "parties affectées" *doit s'entendre uniquement de la partie à l'encontre de laquelle la mesure doit être effectuée et non de toute partie qui pourrait être indirectement affectée par son exécution* » – Sur les difficultés relatives à l'exécution en France d'une ordonnance de mesure de conservation des preuves potentiellement rédigée en anglais : J. Sartorius, « Analyse comparée : saisie JUB versus saisie française », *Propr. ind.* 2024. Étude 12.
3. Avant l'entrée en vigueur du décret no 2018-429 du 31 mai 2018 relatif au brevet européen à effet unitaire et à la juridiction unifiée du brevet (*JO* 2 juin, texte 5), le 1er juin 2023, l'article R. 622-6 renvoyait bien à l'ancien article R. 615-2-1 CPI qui prévoyait cette obligation de remise préalable d'une copie de l'ordonnance. Cependant, ledit décret a transféré le texte de l'ancien article R. 615-2-1 vers le nouvel article R. 615-5 du CPI, auquel ne renvoie pas l'article R. 622-6, qui n'a pas tenu compte de cette évolution. Reste que l'article L. 622-7 du CPI renvoie toujours à l'article L. 615-5 du CPI relatif à la saisie-contrefaçon en matière de brevet d'invention, et que l'article R. 615-5, qui en précise les contours, impose une remise préalable d'une copie de l'ordonnance aux fins de saisie-contrefaçon. Il peut ainsi être soutenu que, par ce biais, l'article L. 622-7 renvoie indirectement aux dispositions réglementaires pertinentes du droit des brevets, de sorte que, malgré la difficulté, l'obligation de remise préalable de la copie de l'ordonnance en matière de topographies des produits semi-conducteurs reste régie par l'article R. 615-5. En tout cas, les dispositions générales et plus contraignantes du Code de procédure civile, imposant la remise préalable d'une copie tant de l'ordonnance que de la requête (C. pr. civ., art. 495), demeurent pleinement applicables si bien que la difficulté rencontrée est sans incidence.
4. Civ. 2e, 10 févr. 2011, no 10-13.894, P II, no 36 ; *RTD civ.* 2011. 387, obs. R. Perrot – V. EN CE SENS, en matière de propriété industrielle : Paris, pôle 5, 1re ch., 22 mai 2013, *PIBD* 2013, no 968. III. 1313 – Paris, pôle 5, 2e ch., 4 mars 2016, RG no 13/08345, *Jurinpi* no B20160034 – COMP. : jugeant, en matière de logiciel, que le juge des requêtes peut autoriser l'huissier à ne signifier l'ordonnance qu'après la mesure d'instruction, lorsque l'effet de surprise est indispensable au succès de cette mesure, Civ. 2e, 4 sept. 2014, no 13-22.971, NP ; *Procédures* 2014, no 291, comm. Croze.
5. PAR EX. : Versailles, 1re ch., 1re sect., 24 nov. 2020, RG no 19/03995.

à l'huissier de respecter un quelconque délai entre la signification de l'ordonnance et le début des opérations de saisie, et rien n'empêche de faire suivre immédiatement la remise de l'ordonnance de la réalisation de la saisie[1]. Les juges du fond exigent, toutefois, de laisser au saisi un délai raisonnable pour prendre connaissance de l'ordonnance et prendre conseil (sans, pour autant, lui permettre de faire disparaître les preuves de la contrefaçon !)[2]. La cour d'appel de Paris avait ainsi annulé des opérations de saisie-contrefaçon après avoir retenu que, en l'absence de mention sur le procès-verbal de saisie-contrefaçon et sur l'acte de signification de l'ordonnance, de l'heure à laquelle la signification était intervenue, elle n'avait pas pu vérifier que cette signification avait été effectuée préalablement aux opérations de saisie, ni qu'un délai suffisant avait été laissé au saisi pour prendre connaissance de l'ordonnance[3]. La Cour de cassation a cependant censuré cette décision au motif qu'il suffisait que l'acte de signification de l'ordonnance ait lieu préalablement aux opérations[4].

L'article 495 alinéa 3 C. pr. civ. ne contraint pas l'huissier à remettre au saisi les pièces citées à l'appui de la requête aux fins de saisie-contrefaçon[5].

1213.22 Signification de la requête et de l'ordonnance au tiers susceptible d'être assigné au fond ? Les

1. Paris, 4e ch., sect. A, 22 févr. 2006, *PIBD* 2006, no 831. III. 390 ; *Propr. intell.* 2006. 464, obs. C. de Haas ; *RTD civ.* 2007. 75, chron. J.-C. Galloux – Lyon, 1re ch. civ. A, 29 nov. 2018, RG no 15/06406, *Jurinpi* no B20180133 ; *Propr. intell.* 2019. 83, note C. de Haas – Bordeaux, 1re ch. civ., 18 mars 2021, RG no 18/03457, *Jurinpi* no M20210074 – EN CE SENS en matière de propriété littéraire et artistique : TJ Paris, 3e ch. 2e sect., 14 juin 2024, RG no 22/06062, *Jurinpi* no D20240041 (ajoutant qu'en tout état de cause, le délai de vingt minutes laissé au saisi était suffisant).
2. Afin de vérifier que le saisi a disposé d'un délai raisonnable, l'huissier instrumentaire doit inscrire l'heure à laquelle la signification de la requête et de l'ordonnance a eu lieu, ainsi que l'heure à laquelle les opérations de saisie ont commencé (décisions en matière de propriété littéraire et artistique transposables en propriété industrielle) : Paris, pôle 5, 1re ch., 13 févr. 2013, *Propr. intell.* 2013, no 47, p. 206, obs. A. Lucas – TGI Paris, 3e ch., 3e sect., 21 juin 2013, RG no 11/06870 – COMP. : l'existence d'un délai raisonnable peut, en l'absence d'indication sur le procès-verbal de saisie-contrefaçon de l'heure du début des opérations, se déduire des circonstances de l'espèce, TGI Paris, 3e ch., 1re sect., 4 sept. 2014, RG no 11/12739, *Jurinpi* no B20140149 – Décisions ayant considéré que le délai raisonnable n'avait pas été respecté : TGI Paris, 6 oct. 2009, RG no 2008/02618, *Jurinpi*no M20090525 ; *PIBD* 2010, no 909. III. 29 (une minute) – TGI Paris, 3e ch., 3e sect., 17 janv. 2014, *PIBD* 2014, no 1007. III. 482 (aucun délai) – Paris, pôle 5, 2e ch., 5 juin 2015, RG no 14/17304, *Jurinpi* no D20150097 (aucun délai) – Paris, pôle 5, 2e ch., 30 sept. 2022, RG no 21/00511, *Jurinpi* no D20220062 (deux minutes) – Versailles, 12e ch., 15 déc. 2022, RG no 21/00881, *PIBD* 2023, no 1198. III. 7 (délai impossible à vérifier à cause d'une contradiction horaire dans le procès-verbal de saisie-contrefaçon) – COMP. : Paris, pôle 5, 1re ch., 1er oct. 2021, RG no 19/09013, *Jurinpi* no B20210066 (la simple erreur de plume sur l'heure de début de la saisie-contrefaçon n'entraîne pas la nullité du procès-verbal) – POURVOI REJETÉ PAR : Com. 28 juin 2023, no 22-10.124, NP ; *PIBD* 2023, no 1212. III. 2 – Décisions ayant considéré que le délai raisonnable avait été respecté : Paris, pôle 5, 1re ch., 2 oct. 2013, RG no 11/23300 (cinq minutes) – Paris, pôle 5, 2e ch., 8 févr. 2013, *PIBD* 2013, no 982.III. 1145 ; *Propr. intell.* 2013, no 47, p. 206, obs. A. Lucas (dix minutes) – Paris, pôle 5, 2e ch., 9 mai 2014, RG no 12/15690, *Jurinpi* no B20140081 ; *PIBD* 2014, no 1009. III. 537 (cinq minutes) – TGI Paris, 3e ch., 2e sect., 14 nov. 2017, RG no 13/01380, *Jurinpi* no M20140644 ; *PIBD* 2015, no 1023. III. 206 – Paris, pôle 5, 1re ch., 12 avr. 2016, RG no 14/21043, *Jurinpi* no M20160171 ; *PIBD* 2016, no 1050. III. 403 (une minute, étant précisé que le saisi avait lui-même invité l'huissier à débuter ses opérations au terme de ce délai) – Paris, pôle 5, 2e ch., 9 juin 2017, RG no 16/01781 (treize minutes, étant précisé que l'huissier s'était assuré de la parfaite compréhension par le saisi de l'ordonnance et lui avait demandé s'il avait des ▶ questions à lui poser) – Paris, pôle 5, 2e ch., 22 déc. 2017, RG no 13/14419 (quinze minutes) – Paris, pôle 5, 1re ch., 4 juin 2019, RG no 17/15068, *PIBD* 2019, no 1125. III. 460 (trente minutes) – Paris, pôle 5, 2e ch., 5 févr. 2021, RG no 18/19397, *PIBD* 2021, no 1161. III. 3 (vingt-trois minutes) – Paris, pôle 5, 1re ch., 18 sept. 2024, RG no 22/14799 (quinze minutes) – Aix-en-Provence, ch. 3-1, 25 janv. 2024, RG no 18/13943, *Jurinpi* no M20240027 (la mention par laquelle l'huissier précise avoir « *laissé le temps aux personnes rencontrées sur les lieux de prendre connaissance de l'ordonnance et de la requête* » est suffisante, aucune obligation n'étant faite à l'huissier de préciser l'heure de signification au saisi desdits actes) – RAPPR. : Paris, pôle 5, 1re ch., 2 nov. 2021, RG no 18/14439, *Jurinpi* no D20210063 – Paris, pôle 5, 2e ch., 26 janv. 2024, RG no 21/13081, *Jurinpi* no B20240032 (il résulte de la mention selon laquelle l'huissier a « *accordé un laps de temps suffisant* [au salarié du saisi] *pour lui permettre de prendre lecture desdits documents* » et du fait que ce dernier a pu joindre son responsable par téléphone pour lui transmettre la photographie d'une pièce, qu'un délai raisonnable a été respecté).
3. Paris, pôle 5, 2e ch., 5 juill. 2013, RG no 12/10770, *Jurinpi* no D20130149.
4. Civ 1re, 19 mars 2015, no 13-25.311, P I, no 315 ; *CCE* 2015, no 39, comm. C. Caron.
5. TGI Paris, 3e ch., 2e sect., 26 oct. 2012, RG no 10/11400 – TGI Paris, 3e ch., 2e sect., 16 sept. 2016, RG no 14/17280, *Jurinpi* no M20160538 – En matière de propriété littéraire et artistique : Paris, pôle 5, 2e ch., 27 oct. 2023, RG no 23/02298 – L'absence de communication des pièces n'entache pas la régularité de l'ordonnance, même si seules ces pièces contenaient la liste des mots-clés permettant de définir l'étendue exacte des investigations prévues par l'ordonnance : Civ. 2e, 14 janv. 2021, no 20-15.673, P (en matière de mesure d'instruction *in futurum*) – La cour d'appel de Paris a toutefois retenu que l'huissier est tenu de présenter le bordereau de pièces à l'appui de la requête : Paris, pôle 5, 1re ch., 24 mars 2015, RG no 13/23338, *Jurinpi* no D20150026 –COMP. : Paris, pôle 5, 2e ch., 16 mars 2018, RG no 16/08346, *Jurinpi* no D20180017 : la liste des pièces n'a pas à être spécialement communiquée par l'huissier au moment de la saisie si elle est annexée à la requête qui a elle-même fait l'objet d'une signification.

opérations de saisie-contrefaçon peuvent concerner un tiers connu au moment de la saisie-contrefaçon et susceptible d'être assigné par la suite en contrefaçon, sans qu'elles ne se déroulent dans ses établissements. Toutefois, les articles susvisés du Code de la propriété intellectuelle prévoient la signification de l'ordonnance seulement à l'encontre du détenteur des objets saisis ou décrits. Il a donc été jugé qu'aucun texte n'imposait la signification de la requête et de l'ordonnance au tiers susceptible d'être assigné au fond[1]. En cas de signification irrégulière ou d'absence de signification, seule la partie à qui la notification a été mal faite ou non faite peut s'en prévaloir[2].

§ 2 Modalités de la remise d'une copie de l'ordonnance

1213.31 La remise effective de l'ordonnance est nécessaire. La simple lecture de l'ordonnance par l'huissier ne vaut pas remise d'une copie et ne saurait suffire[3].

1213.32 La remise de la requête est également nécessaire. Les dispositions précitées du Code de la propriété intellectuelle ne visent que la remise préalable de l'ordonnance. Il convient néanmoins de rappeler les dispositions de l'article 495 C. pr. civ. qui prévoient qu'une copie de la requête et de l'ordonnance doit être remise à la personne à laquelle elle est opposée, ainsi que l'arrêt précité du 10 février 2011 de la deuxième chambre civile de la Cour de cassation selon lequel « *le respect du principe de la contradiction qui fonde l'exigence posée à l'alinéa 3 de l'article 495 du Code de procédure civile, requiert que copie de la requête et de l'ordonnance soit remise à la personne à laquelle elle est opposée antérieurement à l'exécution des mesures d'instruction qu'elle ordonne* ». Comme pour l'ordonnance, la simple lecture de la requête est insuffisante[4]. Par ailleurs, la seule mention de la remise de l'ordonnance ne démontre pas la remise de la requête[5].

1213.33 Remise par acte séparé ou par un même acte ? La signification ne doit pas nécessairement être faite par un acte séparé du procès-verbal de saisie-contrefaçon. Dans le cas d'un acte unique, la preuve de la signification préalable est recherchée dans le texte du procès-verbal. C'est ainsi qu'ont été annulés les procès-verbaux indiquant « *copies desdites requête et ordonnance étant données avec le présent* » ou « *en vertu d'une ordonnance sur requête dont copie est donnée en tête des présentes* »[6]. Ce dernier arrêt a cependant été cassé[7]. En revanche, s'il ressort des termes du procès-verbal que l'ordonnance a été laissée en copie préalablement aux opérations de saisie-contrefaçon, le saisi ne saurait obtenir la nullité de la saisie pour défaut de signification préalable sauf inscription de faux[8].

1213.34 Mention des voies de recours. La question de savoir si la signification de l'ordonnance doit mentionner les voies de recours est discutée. Ces mentions sont celles de l'article 496 alinéa 2 C. pr. civ. selon lesquelles « *tout intéressé peut en référer au juge* ». Un courant de jurisprudence a certes estimé à cet égard que les mentions portées dans l'ordonnance sont suffisantes lorsque celle-ci indique : « *En cas de difficulté, il nous en sera référé, mais seulement saisie préalablement faite* »[9]. Toutefois, la jurisprudence plus récente, dont un arrêt de la chambre commerciale de la Cour de cassation, estime que le défaut de mention de la voie de recours est une nullité de forme qui ne peut être prononcée en l'absence de grief[10]. Il

1. TGI Paris, 3e ch., 4e sect., 28 juin 2012, RG n° 11/06485 – TGI Paris, 3e ch., 4e sect., 11 avr. 2013, RG n° 10/18237 – Paris, pôle 5, 2e ch., 20 mars 2015, RG n° 13/00552, *Jurinpi* n° B20150026 ; *PIBD* 2015, n° 1030. III. 435 – TGI Paris, 3e ch., 2e sect., 24 juin 2016, RG n° 14/06468, *Jurinpi* n° B20160097 – TGI Paris, 3e ch., 3e sect., 25 mai 2018, RG n° 16/04437, *Jurinpi* n° B20180048 ; *Propr. intell.* 2019. 84, note C. de Haas – Bordeaux, ch. civ. 1, 21 déc. 2017, RG n° 16/00802, *Jurinpi* n° D20170131 ; *Propr. intell.* 2019. 84, note C. de Haas – TJ Paris, 3e ch., 1re sect., ord. réf., 12 sept. 2024, RG n° 23/13271.
2. Civ. 2e, 14 nov. 2013, n° 12-26.930, P II, n° 449.
3. TGI Lyon, 27 mai 1971, *Ann. propr. ind.* 1971. 268 – TGI Paris, 10 juill. 1974, *PIBD* 1975, n° 142. III. 71 – Paris, 31 mars 1977, *Ann. propr. ind.* 1977. 179 – TGI Paris, 25 oct. 1990, *PIBD* 1991, n° 493. III. 79 – TGI Paris, 3e ch., 1re sect., 7 mai 2015, RG n° 14/03748, *PIBD* 2015, n° 1035. III. 649 – TGI Paris, 3e ch., 4e sect., 17 mars 2016, RG n° 14/12684, *PIBD* 2016, n° 1052. III. 524 – TGI Paris, 3e ch., 2e sect., 24 juin 2016, RG n° 14/06468, *Jurinpi* n° B20160097.
4. TGI Paris, 3e ch., 4e sect., 10 avr. 2014, RG n° 12/08270, *Jurinpi* n° B20140095 – Colmar, 1re ch. civ. A, 16 déc. 2019, RG n° 17/03556, *Jurinpi* n° M20190335.
5. Paris, pôle 5, 2e ch., 5 juill. 2019, RG n° 17/03974, *Propr. ind.* 2019. Comm. 49, note S. Dorol – TJ Paris, 3e ch., 3e sect., 20 déc. 2023, RG n° 21/13585.
6. TGI Paris, 30 oct. 1987, *PIBD* 1988, n° 430. III. 124 – TGI Paris, 24 oct. 1989, *Dossiers Brevets* 1989. V. 7 – Paris, 23 oct. 1989, *PIBD* 1990, n° 474. III. 162.
7. Civ. 2e, 29 mai 1991, n° 90-10.713, P II, n° 162 ; *RDPI* 1993, n° 50, p. 30 ; *Ann. propr. ind.* 1991. 6.
8. Paris, 6 juill. 1983, *PIBD* 1983, n° 334. III. 267 – TGI Paris, 12 févr. 1997, *PIBD* 1997, n° 632. III. 263.
9. TGI Paris, 7 avr. 1995, *PIBD*, 1995, n° 593. III. 367 – TGI Paris, 12 mars 1997, *PIBD* 1997, n° 636. III. 391.
10. TGI Paris, 3e ch., 1re sect., 20 janv. 1999, *RDPI* 1999, n° 96, p. 39 – TGI Paris, 3e ch., 1re sect., 10 nov. 1999, *PIBD* 2000, n° 699. III. 275 – Paris, 4e ch., sect. A, 18 déc. 2002, *Gaz. Pal.* 2004. Somm. 629, n° 3 ; *Propr. intell.* 2004. 938, obs. C. de Haas – Com. 14 janv. 2003, n° 01-01.759, NP ; *Propr. intell.* 2004. 938, obs. C. de Haas – TGI Paris, 3e ch., 1re sect., 5 oct. 2005, RG n° 03/11548, *Jurinpi* n° B20050229 – Paris, 4e ch., sect. B, 11 avr. 2008, RG ▶

est donc préférable de mentionner dans la signification les dispositions de l'article 496 alinéa 2 C. pr. civ[1].

1213.35 **Remise de l'acte constatant le dépôt de garantie.** Lorsque le juge a subordonné la saisie à la constitution de garanties, celles-ci doivent être constituées avant qu'il soit procédé à la saisie. De plus, la copie de l'acte constatant la constitution de garanties doit être remise à la partie saisie, avant la saisie, à peine de nullité et de dommages-intérêts contre l'huissier[2]. Cela résulte en matière de **brevets d'invention** de l'article R. 615-5 du CPI (auquel ne renvoie plus CPI, art. R. 622-6 en matière de **topographies de produits semi-conducteurs**[3]), en matière de **dessins et modèles** de l'article R. 521-3, en matière de **certificats d'obtention végétale** de l'article R. 623-51-1, en matière de **marques** de l'article R. 716-17, et en matière d'**indications géographiques** de l'article R. 722-3 du CPI.

► nº 06/14920, *Jurinpi* nº B20080067 – Paris, 4e ch., sect. A, 3 déc. 2008, RG nº 2007/13569, *PIBD* 2009, nº 892. III. 878 ; *Jurinpi* nº B20080166 – TGI Paris, 3e ch., 1re sect., 25 sept. 2014, RG nº 12/07270.

1. COMP. en matière de propriété littéraire et artistique où la mention figurant sur l'acte de signification de l'ordonnance aux fins de saisie-contrefaçon de la possibilité d'engager un référé-rétractation alors que cette procédure est inapplicable en la matière, cause, en l'absence de mention de la possibilité de solliciter plutôt la mainlevée ou le cantonnement de la mesure, nécessairement grief au saisi qui n'a pas agi dans le délai requis : Civ. 1re, 8 nov. 2017, nº 16-24.212, NP – ET SUR RENVOI : Paris, pôle 5, 1re ch., 15 janv. 2019, RG nº 18/05537 : prononçant la nullité des procès-verbaux de signification de l'ordonnance et, par voie de conséquence, des opérations et procès-verbaux de saisie-contrefaçon – TJ Marseille, ch. civ. 1, 11 juill. 2024, RG nº 19/04364.
2. TGI Paris, 3e ch., 16 déc. 1993, *PIBD* 1994, nº 564. III. 223 ; *RDPI* 1994, nº 53, p. 44.
3. Avant l'entrée en vigueur du décret nº 2018-429 du 31 mai 2018 (préc.), le 1er juin 2023, l'article R. 622-6 du CPI renvoyait bien à l'ancien article R. 615-2-1 du CPI qui prévoyait cette obligation de remise préalable de l'acte constatant le dépôt de garantie. Cependant, ledit décret a transféré le texte de l'ancien article R. 615-2-1 vers le nouvel article R. 615-5 du CPI, auquel ne renvoie pas l'article R. 622-6, qui n'a pas tenu compte de cette évolution. Reste que l'article L. 622-7 du CPI renvoie toujours à l'article L. 615-5 du CPI, selon lequel l'exécution d'une ordonnance aux fins de saisie-contrefaçon peut être subordonnée à la constitution d'une garantie, et que l'article R. 615-5 précise, le cas échéant, la teneur de cette obligation et la sanction applicable en cas de non-respect. Il peut ainsi être soutenu que, par ce biais, l'article L. 622-7 renvoie indirectement aux dispositions réglementaires pertinentes du droit des brevets, de sorte que, malgré la difficulté, la remise de l'acte constatant le dépôt de garantie en matière de topographies des produits semi-conducteurs reste régie par l'article R. 615-5.

§ 3

Sanction de l'inobservation de cette formalité

1213.41 **Le défaut de remise préalable est un vice de forme.** Le défaut de remise préalable de l'ordonnance, de la requête ou de l'acte constatant le dépôt de garantie est une cause de nullité[4]. La Cour de cassation a estimé en 1991 que le défaut de notification était un vice de forme impliquant la démonstration d'un grief[5]. Cette position semble maintenant adoptée par les tribunaux[6]. La Cour de cassation a, depuis, réitéré cette position[7].

SECTION 2

LA SAISIE DOIT ÊTRE EXÉCUTÉE DANS LE RESPECT DES DISPOSITIONS LÉGALES

1213.51 **Date et heure de la saisie.** L'huissier de justice doit respecter les dispositions de l'article 664 C. pr. civ. La saisie-contrefaçon ne pourra donc être effectuée avant six heures et après vingt-et-une heures. La saisie doit donc débuter obligatoirement dans l'intervalle ainsi défini, mais elle peut se poursuivre régulièrement après vingt-et-une heures[8]. Le même

4. V. note précédente.
5. Civ. 2e, 29 mai 1991, nº 90-10.713, P II, nº 162 ; *RDPI* 1993, nº 50, p. 30 ; *Ann. propr. ind.* 1991. 6.
6. TGI Paris, 2 nov. 1994, *PIBD* 1995, nº 583. III. 107 – TGI Paris, 11 janv. 1995, *PIBD* 1995, nº 586. III. 208 – TGI Paris, 5 juin 1996, *PIBD* 1996, nº 619. III. 515 – TGI Paris, 30 janv. 1998, *PIBD* 1998, nº 653. III. 244 – TGI Paris, 3e ch., 1re sect., 30 sept. 1998, NP – TGI Paris, 3e ch. 1re sect., 20 janv. 1999, *RDPI* 1999, nº 96, 39 – TGI Paris, 3e ch., 16 juin 2000, *PIBD* 2000, nº 710. III. 605 – Paris, 4e ch., sect. A, 2 juill. 2008, RG nº 07/06442 – TGI Paris, 3e ch., 3e sect., 17 janv. 2014, *PIBD* 2014, nº 1007. III. 482 – TGI Paris, 3e ch., 2e sect., 16 sept. 2016, RG nº 14/17280, *Jurinpi* nº M20160538 – Paris, pôle 5, 1re ch., 30 mai 2017, RG nº 16/00246, *Jurinpi* nº D20170072 – Colmar, ch. civ. 1 A, 16 déc. 2019, RG nº 17/03556, *Jurinpi* nº M20190335 – TJ Paris, 3e ch., 3e sect., 20 déc. 2023, RG nº 21/13585.
7. Com. 25 avr. 2001, nº 98-19.503, NP ; *PIBD* 2001, nº 726. III. 428 – En matière de propriété littéraire et artistique : Civ. 1re, 31 oct. 2012, nº 11-21.920, NP ; *PIBD* 2013, nº 975. III. 886 ; *Propr. intell.* 2013, nº 46, p. 79, obs. A. Lucas.
8. V. CEP. ce jugement annulant le procès-verbal de saisie-contrefaçon parce que les opérations, qui avaient débuté un matin à 9h10, s'étaient poursuivies jusqu'à 2 h15 le lendemain, alors qu'aucun risque de dépérissement des preuves éventuelles n'était raisonnablement encouru : TJ Paris, 3e ch., 1re sect., 26 févr. 2021, RG nº 17/06462, *Jurinpi* nº B20210016 – CONFIRMÉ PAR : Paris, pôle 5, 1re ch., 29 juin 2022, RG nº 21/06171, *PIBD* 2022, nº 1190. III. 2.

article 664 C. pr. civ. paraît empêcher de réaliser des saisies-contrefaçon les dimanches et jours fériés ou chômés. L'ordonnance de saisie-contrefaçon peut cependant autoriser l'huissier de justice, si cela s'avère nécessaire, à réaliser une saisie hors des heures précédemment indiquées ou un dimanche ou un jour férié ou chômé.

SECTION 3
LA SAISIE DOIT ÊTRE EXÉCUTÉE DANS LE RESPECT DE L'ORDONNANCE

1213.60 **Plan.** L'ordonnance détermine la nature et les modalités des opérations à réaliser. L'huissier instrumentaire doit donc veiller au respect de cette ordonnance, notamment en ce qui concerne les participants à la saisie (§ 1), la personne saisie et le lieu de la saisie (§ 2) et les actes de contrefaçon allégués (§ 3).

§ 1
Personnes susceptibles de participer à la saisie-contrefaçon

1213.71 **Exécution de la saisie par l'huissier.** En matière de propriété industrielle, la saisie-contrefaçon doit être réalisée par un huissier de justice. En effet, même lorsqu'il est assisté[1], l'huissier de justice, et lui seul, procède à la saisie[2]. Comme indiqué précédemment, le choix de l'huissier de justice appartient au seul saisissant (v. s^s n° 1212.51).

1213.72 **Représentant de la force publique.** La présence d'un représentant de la force publique est généralement prévue dans l'ordonnance bien qu'elle soit autorisée de droit par les dispositions générales relatives à l'exécution des décisions de justice (v. s^s n° 1212.53).

1213.73 **Expert.** L'ordonnance autorise souvent l'huissier à se faire assister d'un expert (v. s^s n° 1212.52). Lorsque c'est le cas, la présence de ce dernier ne pose pas de difficulté, à condition qu'il soit indépendant des parties[3]. C'est le cas du conseil

1. Rien ne s'oppose à ce que l'huissier soit, par exemple, assisté d'un ou de plusieurs préposés de son étude, même lorsque cette faculté n'est pas expressément prévue dans l'ordonnance : Paris, pôle 5, 2e ch., 23 oct. 2015, RG n° 14/06720, *Jurinpi* n° M20150451 ; *PIBD* 2015, n° 1039. III. 790 – TGI Paris, 3e ch., 3e sect., 10 juin 2016, RG n° 13/16947, *Jurinpi* n° 20160320 ; *PIBD* 2016, n° 1061. III. 925 – TGI Paris, 3e ch., 4e sect., 15 déc. 2016, RG n° 15/15103 – Bordeaux, ch. civ. 1, 10 nov. 2021, RG n° 18/06847, *PIBD* 2021, n° 1172. III. 6 – Et, en matière de propriété littéraire et artistique : Colmar, 24 janv. 2022, RG n° 19/04529, *Jurinpi* n° D20220011 – Toutefois, le clerc doit seulement assister l'huissier et non se comporter comme un second huissier exécutant individuellement l'ordonnance aux fins de saisie-contrefaçon, auquel cas le procès-verbal de saisie-contrefaçon est annulé : TGI Paris, 3e ch., 1re sect., 25 juill. 2019, RG n° 17/08246, *PIBD* 2020, n° 1134. III. 9 – CONFIRMÉ PAR : Paris, pôle 5, 1re ch., 11 janv. 2022, RG n° 19/17384, *Jurinpi* n° D20220004.
2. L'huissier ne peut pas déléguer entièrement sa mission de traitement des données informatiques à l'expert informatique l'accompagnant : Paris, pôle 5, 1re ch., 29 nov. 2016, RG n° 15/22561, *Jurinpi* n° M20160530 ; *PIBD* 2017, n° 1068. III. 223 – Il ne revient pas au conseil en propriété industrielle accompagnant l'huissier d'interpeller directement et à de nombreuses reprises le saisi, même sur des questions techniques : Paris, pôle 5, 2e ch., 13 mars 2020, RG n° 18/05198, *PIBD* 2020, n° 1138. III. 1 – RAPPR., Bordeaux, ch. civ. 1, 10 nov. 2021, RG n° 18/06847 (préc. s^s prés^t n°) – V. CEP. le fait que l'huissier n'ait pas lui-même décrit les produits argués de contrefaçon n'invalide pas son procès-verbal : Paris, pôle 5, 2e ch., 27 mai 2022, RG n° 20/07426, *Jurinpi* n° B20220053 – COMP. Règl. de proc. JUB, règle 196 § 5, qui prévoit que la personne (un « *professionnel* » ou un « *expert* ») chargée d'exécuter l'ordonnance de conservation des preuves « *peut être un huissier ou être assistée d'un huissier* », si bien que les mesures peuvent être réalisées par un technicien non-huissier, assisté ou non d'un huissier. Toutefois, la règle 196 § 5, selon laquelle « *la personne chargée d'exécuter les mesures* » doit être désignée « *conformément au droit national applicable du lieu où les mesures sont exécutées* », renvoie, pour le territoire français, à l'article 1er, I, 1°, de l'ordonnance n° 2016-728 du 2 juin 2016 (relative au statut de commissaire de justice, *JO* 3 juin, texte 24), relatif au monopole des huissiers, devenus « *commissaires de justice* », en matière d'exécution forcée (les « *commissaires de justice* [...] *ont seuls qualité* [...] *pour ramener à exécution les décisions de justice ainsi que les actes ou titres en forme exécutoire* ») si bien que la personne chargée d'exécuter l'ordonnance sur le territoire français devrait à tout le moins être toujours assistée d'un huissier – EN CE SENS : Paris, LD, 14 nov. 2023, UPC_CFI_397/2023 (ordonnance de mesure de conservation des preuves désignant un expert technicien pour exécuter l'ordonnance, assisté d'un huissier).
3. Civ. 1re, 6 juill. 2000, n°s 97-21.404, 97-22.141, 97-22.392 et 97-22.430, P I, n° 210 ; *D.* 2010. 370, note P. Véron (préc., v. s^s n° 1212.52) – Dijon, 2e ch. civ., 20 nov. 2014, RG n° 12/01777, *Jurinpi* n° M20140694 ; *PIBD* 2015, n° 1022. III. 156 : « *La présence d'un technicien dont il n'est pas établi qu'il était indépendant suffit à vicier la saisie-contrefaçon* » – Civ 1re, 9 avr. 2015, n° 14-11.853, P I, n° 83 ; *Propr. intell.* 2015, n° 56, p. 294, obs. A. Lucas ; *CCE* 2015, n° 48, comm. C. Caron : doit être annulé le procès-verbal de saisie-contrefaçon dans lequel l'huissier énonçait avoir effectué ses opérations avec l'assistance d'un tiers, sans indiquer les qualités ni les liens de dépendance que ce tiers pouvait avoir vis-à-vis du requérant – Paris, pôle 5, 1re ch., 29 nov. 2023, RG n° 21/22461, *Jurinpi* n° D20230046 : nullité du procès-verbal de saisie-contrefaçon qui ne mentionnait pas que l'homme de l'art (non-conseil en propriété industrielle) assistant l'huissier entretenait une relation d'amitié avec le président-directeur général de la société requérante, au sein de laquelle il avait été salarié et qui employait toujours son épouse.

en propriété industrielle, même habituel, du saisissant[1] mais pas du salarié du saisissant[2].

§ 2
Personne saisie et lieu de la saisie

1213.81 **Lieu de la saisie.** La saisie est nulle si elle n'est pas pratiquée dans les locaux visés par l'ordonnance[3]. Lorsque l'ordonnance est libellée de façon plus large et autorise la saisie dans un certain territoire, celle-ci n'encourt la nullité que si elle est réalisée hors du territoire indiqué[4]. Une certaine souplesse est cependant nécessaire pour ne pas paralyser les opérations. Ainsi, une saisie-contrefaçon est valable lorsqu'elle se déroule dans les lieux visés par l'ordonnance, même si ceux-ci ne sont pas l'entière propriété de la personne visée à l'ordonnance[5]. En revanche, l'huissier ne peut pas demander au saisi de lui apporter les produits argués de contrefaçon situés dans un lieu non visé par l'ordonnance[6].

L'huissier de justice qui procède aux opérations de saisie-contrefaçon ne peut instrumenter que dans le ressort territorial de sa compétence[7] ainsi que, le cas échéant, dans celui de la juridiction ayant rendu l'ordonnance aux fins de saisie-contrefaçon[8].

1213.82 **Personne saisie.** La saisie est nulle si elle est opérée à l'encontre d'une personne non désignée dans l'ordonnance[9].

§ 3
Actes de contrefaçon allégués

1213.91 **Les investigations doivent se limiter à la contrefaçon du droit invoqué.** L'huissier ne saurait rechercher, ni même constater, la preuve de la contrefaçon de titres autres que ceux visés dans l'ordonnance de saisie-contrefaçon[10].

SECTION 4
L'HUISSIER INSTRUMENTAIRE DOIT ACCOMPLIR SA MISSION

1213.100 **Plan.** Il convient de rappeler que la saisie-contrefaçon doit être réalisée avec probité (§ 1) avant d'indi-

1. Com. 8 mars 2005, n° 03-15.871, P IV, n° 53 ; *Propr. ind.* 2005, n° 45 (préc., v. s[s] n° 1212.52) – TGI Paris, 3e ch., 3e sect., 1er mars 2013, RG n° 10/0427 – Lyon, ch. civ. 1 A, 12 mars 2015, RG n° 11/00311, *Juris-Data* n° 020842 ; *Jurinpi* n° B20150020 – Com. 27 mars 2019, n° 18-15.005, P IV, n° 325 (préc., v. s[s] n° 1212.52) ; *PIBD* 2019, n° 1115. III. 225 ; *CCE* 2019. Comm. 40, note C. Caron : « *Le fait que le conseil en propriété industrielle de la partie saisissante ait, à l'initiative de celle-ci, établi un rapport décrivant les caractéristiques du produit incriminé ne fait pas obstacle à sa désignation ultérieure, sur la demande du saisissant, en qualité d'expert pour assister l'huissier dans le cadre d'une saisie-contrefaçon de brevet, sa mission n'étant pas soumise au devoir d'impartialité et ne constituant pas une expertise au sens des articles 232 et suivants du Code de procédure civile* » – ET SUR RENVOI : Paris, pôle 5, 2e ch., 6 nov. 2020, RG n° 19/15536, *PIBD* 2020, n° 1150. III. 1 – V. AUSSI : TJ Paris, 3e ch., 3e sect., 7 sept. 2021, RG n° 15/06549 – RAPPR. Paris, pôle 5, 1re ch., 11 juin 2019, RG n° 17/04525, *PIBD* 2019, 1123. III. 412 : le fait que les conseils en propriété industrielle désignés par le saisissant pour assister l'huissier lors des opérations de saisie-contrefaçon aient été liés au cabinet en charge de la gestion de droits de propriété industrielle du saisi n'est pas de nature à altérer leur indépendance par rapport au saisissant – TJ Paris, ord. réf., 11 sept. 2024, RG n° 24/04422 : il en va de même du conseil en propriété industrielle du saisissant qui avait précédemment adressé une lettre au saisi, prétendu contrefacteur, détaillant selon lui la contrefaçon du brevet litigieux.
2. Com. 28 avr. 2004, n° 02-20.330, P IV, n° 75 ; *Propr. ind.* 2005, n° 45 (préc., v. s[s] n° 1212.52) – RAPPR. Règl. de proc. JUB, règle 196 § 5 *in fine* : « *En aucun cas un employé ou un dirigeant du requérant ne peut être présent lors de l'exécution des mesures* ».
3. Paris, 29 oct. 1984, *PIBD* 1985, n° 375. III. 256 – TGI Paris, 3e ch., 4e sect., 11 sept. 2014, RG n° 12/08041, *Jurinpi* n° B20140150 – Paris, pôle 5, 1re ch., 17 mai 2016, RG n° 14/25316, *Jurinpi* n° D20160074 ; *PIBD* 2016, n° 1053. III. 585 – V. AUSSI, en matière de propriété littéraire et artistique mais transposable à la propriété industrielle, Civ. 1re, 8 nov. 2017, n° 16-21.751, NP ; *PIBD* 2017, n° 1084. III. 864 ; *RLDI.* 143, note L. Costes : approuvant une cour d'appel d'avoir annulé les opérations de saisie-contrefaçon réalisées dans des lieux non visés par l'ordonnance après avoir retenu que les « *opérations de saisie-contrefaçon effectuées par un huissier de justice instrumentant en violation des limites fixées par l'ordonnance qui les autorise, sont frappées d'une nullité d'ordre public* ».
4. Besançon, 25 mai 1977, *PIBD* 1979, n° 242. III. 297 – TJ Lyon, 10e ch., 20 oct. 2020, RG n° 15/12514, *PIBD* 2020, n° 1148. III. 7 – Paris, pôle 5, 1re ch., 29 juin 2022, RG n° 20/08885.
5. Civ. 2e, 29 mai 1991, n° 90-10.711, NP ; *RDPI* 1993, n° 50, p. 30.
6. TJ Paris, 3e ch., 3e sect., 27 nov. 2023, RG n° 18/13437, *Jurinpi* n° B20230079.
7. Civ. 2e, 6 juin 2013, n° 12-17.771, P II, n° 114 ; *Gaz. Pal.* 1er-3 sept. 2013, p. 34.
8. Lyon, ch. civ. 1 A, 22 févr. 2024, RG n° 20/06309, *PIBD* 2024, n° 1223. III. 4 et sa brève.
9. TGI Paris, 7 oct. 1974, *Dossiers Brevets* 1975. II. 4 – Paris, 25 févr. 1992, *Ann. propr. ind.* 1992. 178 – Ou TGI Paris, 21 janv. 1994, *RDPI* 1994, n° 56, p. 37 – TGI Paris, 3e ch., 1re sect., 7 mai 2015, RG n° 14/03748, *Jurinpi* n° D20150066 ; *PIBD* 2015, n° 1035. III. 649 – TGI Paris, 3e ch., 3e sect., 2 oct. 2015, RG n° 13/06835, *Juris-Data* n° 034039.
10. TGI Paris, 22 oct. 1975, *PIBD* 1976, n° 171. III. 250 – TGI Paris, 20 mars 1980, *PIBD* 1980, n° 264. III. 167 – TGI Paris, 28 nov. 1986, *PIBD* 1987, n° 409. III. 132 – Com. 3 juill. 2019, n° 16-28.543, NP, *PIBD* 2019, n° 1121. III. 381 ; *RTD com.* 2020. 347, note J. Passa – ET SUR RENVOI : Paris, pôle 5, 2e ch., 19 févr. 2021, RG n° 19/14338, *PIBD* 2021, n° 1160. III. 6 – RAPPR. Aix-en-Provence, 26 avr. 2019, RG n° 19/00159, *Jurinpi* n° M20190112 : rétractation d'une ordonnance aux fins de saisie-contrefaçon dont l'objet n'était pas limité aux droits de marque du requérant (« *Pisani* ») mais était étendu, de par l'imprécision des termes de la requête, aux droits de marque non contestés du saisi (« *Nicolas Pisani* »), comportant en combinaison la marque du requérant.

quer les modalités pratiques d'une saisie-description (§ 2) et d'une saisie réelle (§ 3).

§ 1
La saisie-contrefaçon doit être réalisée avec probité

1213.111 L'huissier doit constater les actes de contrefaçon. L'huissier a pour principale mission de collecter des informations nécessaires à la preuve de la contrefaçon. C'est donc à cette tâche qu'il doit essentiellement s'atteler. S'il ne saurait lui être reproché de ne pas « *instruire tant à décharge qu'à charge* » [1], l'huissier doit rester neutre dans ses constatations [2]. Par ailleurs, l'huissier n'a pas l'obligation de procéder à toutes les opérations autorisées [3].

1213.112 L'huissier peut poser toutes questions utiles à l'accomplissement de sa mission. Quel que soit le contenu de l'ordonnance, l'huissier est en droit de poser les questions nécessaires à l'accomplissement de sa mission [4], c'est-à-dire nécessaires à la réalisation de la saisie réelle ou de la description. C'est notamment ce qui a été jugé dans une affaire où les mentions relatives aux questions devant être posées par l'huissier de justice avaient été supprimées de l'ordonnance par le magistrat [5]. La Cour a, en effet, estimé que « *l'ordonnance prescrivant d'effectuer toutes recherches et constatations utiles, il est vain de croire que le juge qui avait autorisé la saisie ait entendu réduire l'huissier au silence* ».

1213.113 L'huissier peut recueillir des explications du personnel du saisi. Dans le cadre de la recherche d'informations, l'huissier de justice peut recueillir les observations du personnel du saisi ou de son dirigeant [6]. Il n'est pas tenu de vérifier la compétence de la personne qui lui donne les explications [7].

1213.114 Toute enquête est interdite. La saisie-contrefaçon ne doit pas se transformer en un véritable interrogatoire. La saisie-contrefaçon est une procédure exceptionnelle permettant au titulaire d'un droit de pénétrer chez autrui mais qui ne confère pas à l'huissier ou aux personnes qui l'accompagnent un pouvoir d'enquête [8].

Dans ce cadre, la saisie-contrefaçon ne doit pas permettre au saisissant d'obtenir des informations qui dépassent la mission de l'huissier de justice [9]. La jurisprudence est vigilante sur ce point : dans une affaire où le saisissant avait obtenu des informations sur les procédés de fabrication d'un concurrent direct à l'occasion d'une saisie-contrefaçon au cours de laquelle l'huissier de justice avait posé vingt-quatre questions hors de sa mission, la Cour de cassation a considéré que le saisissant avait commis une faute et devait être condamné à verser au saisi une indemnité [10]. De même, la Cour de cassation a retenu que, en l'absence d'objets argués de contrefaçon sur le lieu de la saisie, l'huissier n'était pas en droit de recueillir les déclarations du saisi [11].

1213.115 Apport de pièces. Il a été jugé à plusieurs reprises que l'huissier n'était pas en droit, à défaut d'autorisation spécifique dans l'ordonnance, d'apporter une pièce étrangère à la saisie destinée à provoquer des déclarations du saisi et de son personnel [12].

1. Nancy, 13 sept. 1988, *Dossiers Brevets* 1989. IV. 2 ; *RD propr. ind.* 1989, n° 21, p. 61.
2. TGI Paris, 3e ch., 2e sect., 14 déc. 2018, RG n° 15/18744 – Paris, pôle 5, 2e ch., 29 nov. 2019, RG n° 18/04181, *Jurinpi* n° D20190062 ; *CCE* 2020. Chron. 9, note Kahn.
3. TGI Paris, 13 juill. 1988, *PIBD* 1988, n° 446. III. 583 – Paris, pôle 5, 1re ch., 4 juin 2019, RG n° 17/15347, *Jurinpi* n° D20190029 – V. CEP., sur le possible rejet de la demande d'expertise tendant à la description des produits argués de contrefaçon que la saisie-contrefaçon permettait déjà : Paris, pôle 5, 2e ch., 15 mai 2020, RG n° 19/00916, *Jurinpi* n° B20200018.
4. TGI Paris, 3e ch., 3e sect., 11 sept. 2015, RG n° 12/15632, *Jurinpi* n° M20150409 ; *PIBD* 2015, n° 1040. III. 849 – Paris, pole 5, 1re ch., 10 mars 2023, RG n° 21/06275, *PIBD* 2023, n° 1206. III. 5.
5. Paris, 15 janv. 1997, *PIBD* 1997, n° 639. III. 517.
6. TGI Paris, 3e ch., 1re sect., 27 janv. 2009, RG n° 2008/15962, *PIBD* 2009, n° 897. III. 1110 – Paris, pôle 5, 2e ch., 13 sept. 2013, RG n° 11/13732 – Les explications peuvent être recueillies par téléphone sous certaines conditions : TGI Paris, 3e ch., 4e sect., 19 déc. 2013, RG n° 12/11247 – Paris, pole 5, 1re ch., 10 mars 2023, RG n° 21/06275 (préc. ss prést n°).
7. TGI Paris, 7 mai 1997, *PIBD* 1997, n° 639. III. 500.
8. Paris, pôle 5, 2e ch., 4 mars 2016, RG n° 13/08345, *Jurinpi* n° B20160034 – Paris, pôle 5, 2e ch., 30 sept. 2022, RG n° 21/00511 (préc. ss prést n°).
9. Qui n'est pas une « *mission générale d'investigation* » mais qui consiste, pour l'huissier, à « *recueillir les éléments en rapport avec les imputations de contrefaçon* » : Com. 17 janv. 2018, n° 15-29.114, NP ; *Propr. ind.* 2018. Comm. 30, note Py.
10. Com. 12 févr. 2013, n° 11-26.361, NP ; *PIBD* 2013, n° 981. III. 1089.
11. Civ 1re, 9 avr. 2015, n° 14-11.853, P I, n° 83 ; *Propr. intell.* 2015, n° 56, p. 294, obs. A. Lucas ; *CCE* 2015, n° 48, comm. C. Caron.
12. Com. 7 juill. 2009, n° 08-18.598, P IV, n° 103 ; *Jurinpi* n° D20090083 ; *PIBD* 2009, n° 904. III. 1418 – Com. 29 sept. 2009, n° 08-20.486, NP ; *Jurinpi* n° D20090114 ; *PIBD* 2010, n° 910. III. 76 – Paris, pôle 5, 2e ch., 4 févr. 2011, RG n° 09/22712 – Com. 29 juin 2010, n° 09-67.722, NP ; *Jurinpi* n° M20100364 ; *PIBD* 2010, n° 925. III. 619 ; *Propr. intell.* 2010. 989, obs. Sabatier – Civ. 1re, 10 avr. 2013, n° 12-13.034, NP ; *PIBD* 2013, n° 985. III. 1237 – TGI Paris, 3e ch., 1re sect., 19 juin 2014, RG n° 13/00622, *Jurinpi* n° B20140124 – CONFIRMÉ PAR : Paris, pôle 5, 2e ch., 5 mai 2017, RG n° 14/20216, *Jurinpi* n° B20170071 – Com. 16 sept. 2014, n° 13-20.589, P IV, n° 748 ; *PIBD* 2015, n° 1020. III. 94 ; *RLDI* oct. 2014. 22, obs. de Romanet – L'huissier n'est pas non plus en droit de provoquer les déclarations du saisi en faisant état, avant toute découverte des produits argués de contrefaçon, ▶

§ 2
Description des objets argués de contrefaçon

1213.121 Description des objets par l'huissier et constatations de l'homme de l'art. L'huissier doit en principe procéder lui-même à la description de l'objet argué de contrefaçon. Lorsqu'il est assisté d'un homme de l'art, il a l'obligation de distinguer, dans son procès-verbal, ses constatations personnelles des explications de l'expert[1], et doit vérifier les interprétations fournies par l'homme de l'art[2]. Afin d'apprécier le caractère personnel des constatations de l'huissier, les tribunaux peuvent vérifier le vocabulaire employé par celui-ci pour décrire le dispositif ou procédé argué de contrefaçon[3]. Rien n'interdit néanmoins à l'huissier d'employer des termes techniques relativement simples et issus du brevet[4]. La description peut valablement conduire l'huissier à procéder au démontage d'un produit[5]. La description peut être complétée ou non d'un prélèvement d'échantillons (v. s^s^ n° 1212.71).

1213.122 Force probante de la description et erreur de description. Les constatations effectuées personnellement par l'huissier de justice valent jusqu'à inscription de faux (v. s^s^ n°s 1215.100 s.). Il n'en va pas de même de celles qui lui ont été dictées par l'homme de l'art, sans que l'huissier puisse les vérifier[6]. Il convient donc d'engager la procédure d'inscription de faux lorsque l'huissier prétend décrire des objets qui, en réalité, ne lui avaient pas été remis[7].

1213.123 Informations comptables. Depuis la réforme du 29 octobre 2007, tous les articles relatifs à la saisie-contrefaçon en matière de propriété industrielle (CPI, art. L. 615-5, L. 521-4, L. 622-7, L. 623-27-1, L. 716-4-7 et L. 722-4) autorisent désormais expressément la saisie ou la description de tout document se « *rapportant* » à la contrefaçon, formule suffisamment générale pour englober les documents porteurs d'informations comptables. En outre, le décret du 27 juin 2008[8] a repris et également généralisé à la saisie-contrefaçon en matière de propriété industrielle (CPI, art. R. 521-2, R. 615-4, R. 622-6 qui renvoie à R. 615-4, R. 623-51, R. 716-16, R. 722-2), la formule auparavant réservée aux seuls brevets (CPI, anc. art. L. 615-5), selon laquelle le président du tribunal « *peut autoriser l'huissier à procéder à toute constatation utile en vue d'établir l'origine, la consistance et l'étendue de la contrefaçon* », dont la jurisprudence s'était inspirée pour admettre la possibilité pour l'huissier, accompagné ou non d'un expert-comptable, de rechercher des informations comptables du saisi (v. s^s^ n° 1212.93). La loi n° 2014-315 du 11 mars 2014, renforçant la lutte contre la contrefaçon[9], est venue préciser, de la façon la plus claire, que « *l'ordonnance peut autoriser la saisie réelle de tout document se rapportant aux produits ou procédés prétendus contrefaisants en l'absence de ces derniers* » (CPI, art. L. 615-5, L. 521-4, L. 622-7, L. 623-27-1, L. 716-4-7 et L. 722-4).

1213.124 Nombre d'échantillons pouvant être prélevés. Le prélèvement éventuel d'échantillons en complément de la description doit naturellement se faire dans les limites fixées par l'ordonnance. Ce principe doit être interprété avec la souplesse nécessaire à la pleine efficacité de la saisie. Il a ainsi été jugé que l'huissier autorisé à saisir deux exemplaires des produits contrefaisants pouvait valablement saisir deux exemplaires de chacun des trois modèles de produits contrefaisants trouvés sur les lieux[10]. À

► d'informations extérieures à la requête ou à l'ordonnance : Paris, pôle 5, 1re ch., 11 juin 2019, RG n° 17/04525, *PIBD* 2019, n° 1123. III. 412.

1. Com. 29 mars 1977, *PIBD* 1977, n° 200. III. 355 : décision de rejet sur Paris, 7 mai 1975, *PIBD* 1976, n° 163. III. 47 – TGI Paris, 16 juin 1986, *PIBD* 1986, n° 402. III. 430 – TGI Lyon, 24 févr. 1987, *Dossiers Brevets* 1987. II. 10 – TGI Toulouse, 31 oct. 1996, *PIBD* 1997, n° 626. III. 90 – Paris, 15 janv. 1997, *PIBD* 1997, n° 639. III. 517 – TGI Paris, 3e ch., 1re sect., 20 janv. 1999, *RDPI* 1999. 39 – Com. 6 avr. 1999, n° 97-14.193, P IV, n° 78 ; *PIBD* 1999, n° 682. III. 343 – Com. 21 mars 2000, n° 97-18.914, NP ; *PIBD* 2000, n° 701. III. 334 – Paris, 1re ch., aud. sol., 13 sept. 2000, *PIBD* 2001, n° 720. III. 258 – TGI Paris, 3e ch., 2e sect., 13 mars 2015, RG n° 13/09332 – TGI Paris, 3e ch., 4e sect., 9 févr. 2017, RG n° 14/18169, *Jurinpi* n° B20170023 ; Paris, pôle 5, 1re ch., 13 juin 2017, RG n° 15/10544, *Jurinpi* n° B20170106 – Paris, pôle 5, 1re ch., 3 juill. 2018, RG n° 16/20760, *Jurinpi* n° B20180061 (validité du procès-verbal de saisie-contrefaçon) – Paris, pôle 5, 2e ch., 26 janv. 2024, RG n° 21/13081, *Jurinpi* n° B20240032 (validité du procès-verbal de saisie-contrefaçon) – Lyon, ch. civ. 1 A, 26 sept. 2019, RG n° 16/08625 (nullité du procès-verbal de saisie-contrefaçon).
2. Com. 29 sept. 2015, n° 14-12.430, P IV, n° 139 ; *PIBD* 2015, n° 1038. III. 735 ; *CCE* 2015, n° 87, note C. Caron.
3. Paris, pôle 5, 1re ch., 22 mai 2013, *PIBD* 2013, n° 968. III. 1313 – TGI Paris, 3e ch., 4e sect., 11 oct. 2012, RG n° 09/11848 – Paris, pôle 5, 1re ch., 25 nov. 2014, RG n° 11/20583, *Jurinpi* n° 20140188.
4. Paris, pôle 5, 2e ch., 20 mars 2015, RG n° 13/00552, *Jurinpi* n° B20150026 ; *PIBD* 2015, n° 1030. III. 435 – POURVOI REJETÉ PAR : Com. 5 juill. 2017, n° 15-20.554, P IV, n° 997 – Paris, pôle 5, 2e ch., 26 janv. 2024, RG n° 21/13081 (préc. s^s^ prés^t^ n°).
5. TGI Paris, 17 sept. 2004, *PIBD* 2005, n° 799. III. 7.
6. Paris, 1er juill. 1977, *PIBD* 1978, n° 213. III. 187.
7. Nancy, 12 mars 1991, *RD propr. ind.* 1991, n° 34, p. 30.
8. Décr. n° 2008-624, 27 juin 2008, pris pour l'application de la loi n° 2007-1544 du 29 oct. 2007 de lutte contre la contrefaçon et portant modification du Code de la propriété intellectuelle, *JO* 29 juin, p. 10467.
9. L. n° 2014-315, 11 mars 2014, renforçant la lutte contre la contrefaçon, *JO* 12 mars, p. 5112.
10. Com. 29 mars 1977, *PIBD* 1977, n° 200. III. 355 – RAPPR : Paris, pôle 5, 1re ch., 20 févr. 2018, RG n° 16/22858, ►

l'inverse, l'huissier autorisé à saisir deux exemplaires d'un produit contrefaisant peut valablement n'en saisir qu'un exemplaire[1].

§ 3
Saisie réelle

1213.131 Définition de la saisie réelle. La saisie réelle consiste en une appréhension matérielle par l'huissier d'objets argués de contrefaçon. La saisie réelle ne nécessite pas de description et elle se distingue ainsi de la « *description détaillée avec prélèvement d'échantillons* » (v. s^s n°s 1212.81 s.). La saisie de documents par voie de photocopie est considérée comme une description et non comme une saisie réelle[2].

1213.132 Conditions de la saisie réelle. L'huissier ne peut procéder à une saisie réelle que si cela a été autorisé[3]. Dans le cas où seule la saisie-description a été autorisée, l'huissier outrepasserait ses pouvoirs en procédant à une saisie réelle, ne serait-ce qu'en plaçant sous scellés les objets argués de contrefaçon ou en saisissant un catalogue, et la saisie réelle, alors affectée d'une irrégularité de fond, serait nulle[4].

Il est conseillé à l'huissier d'indiquer dans son procès-verbal de saisie-contrefaçon où et quand il procède à la saisie réelle, et de marquer d'un scellé l'objet saisi, pour ne pas risquer d'affecter la force probante de l'objet saisi[5].

1213.133 La description est-elle obligatoire en cas de saisie réelle ? Les différents articles du Code de la propriété intellectuelle relatifs à la saisie-contrefaçon sont désormais libellés de manière identique et indiquent tous que l'huissier peut procéder « *soit à la description détaillée avec ou sans prélèvement d'échantillons, soit à la saisie réelle des* » objets prétendus contrefaisants « *ainsi que de tout document s'y rapportant* ». La description et la saisie réelle étant ainsi clairement présentées sous la forme d'une alternative, il est désormais évident qu'une description n'est pas obligatoire en cas de saisie réelle[6]. Cette réforme rend ainsi caduque la jurisprudence[7] qui, sous l'empire du droit antérieur, exigeait la description même en cas de saisie réelle, en s'appuyant sur une lecture exigeante de l'ancienne rédaction des articles du Code de la propriété intellectuelle consacrés à la saisie-contrefaçon en matière de dessins et modèles, de brevets et de certificats d'obtention végétale (qui visaient tous « *une description détaillée avec ou sans saisie réelle* »).

1213.134 Paiement du prix des objets saisis réellement. Le saisissant doit payer le prix des objets saisis si cela est prévu par l'ordonnance[8]. Dans le silence de l'ordonnance, le saisissant n'est pas tenu de s'acquitter du prix des objets saisis. Il a notamment été jugé que le paiement du prix ne pouvait être imposé au saisissant lorsque le saisi ne l'a pas demandé lors des opérations de saisie[9].

SECTION 5
RÉDACTION DU PROCÈS-VERBAL DE SAISIE-CONTREFAÇON

§ 1
Forme du procès-verbal de saisie-contrefaçon

1213.141 Respect du droit commun. Le procès-verbal de saisie-contrefaçon est un acte d'huissier soumis aux règles générales du Code de procédure civile et notamment à l'article 648 qui dispose que :

► *Jurinpi* n° M20180059 : l'huissier autorisé à saisir deux exemplaires des produits contrefaisants peut valablement saisir deux boîtes contenant chacune douze produits contrefaisants, ces boîtes étant elles-mêmes revêtues du signe contrefaisant et les produits étant conditionnés par douze.

1. TGI Paris, 3e ch., 18 mai 1999, *PIBD* 2000, n° 690. III. 31 – CONFIRMÉ PAR Paris, 4e ch., sect. B, 29 mars 2002, *Ann. propr. ind.* 2002. 199.
2. Com. 1er juill. 2003, n° 01-10.807, P IV, n° 112 – Rejetant le pourvoi contre Paris, 4e ch., sect. A, 20 déc. 2000, *PIBD* 2001, n° 718. III. 203.
3. TGI Paris, 1er avr. 1993, *RDPI* 1993, n° 46, p. 28 – TGI Paris, 3e ch., 4e sect., 22 oct. 2015, RG n° 13/04671, *Jurinpi* n° B20150202 : l'huissier n'est pas en droit de commander les objets argués de contrefaçon et absents des lieux de la saisie lorsque l'ordonnance ne l'autorisait qu'à présenter au saisi la photographie de ces objets afin de recueillir ses observations.
4. TGI Paris, 3e ch., 19 janv. 1996, *PIBD* 1996, n° 610. III. 262 – TGI Paris, 3e ch., 2e sect., ord. JME, 8 juill. 2016, RG n° 13/11952, *Juris-Data* n° 019763.
5. TGI Paris, 3e ch., 1re sect., 26 juin 2012, RG n° 10/16055.
6. Pour autant, l'huissier seulement habilité à réaliser une saisie réelle, mais qui décrit sommairement les produits saisis aux seules fins de les identifier, n'outrepasse pas ses pouvoirs : Paris, pôle 5, 1re ch., 2 nov. 2021, RG n° 18/14439, *Jurinpi* n° D20210063.
7. TGI Paris, 3e ch., 2e sect., 11 mai 2001, RG n° 99/14493, *PIBD* 2002, n° 736. III. 71 – TGI Paris, 3e ch., 2e sect., 12 oct. 2001, RG n° 99/21442.
8. Il doit à tout le moins offrir d'en payer le prix : Paris, pôle 5, 1re ch., 22 oct. 2019, RG n° 17/20261, *Jurinpi* n° D20190050 – Il a été jugé que le paiement du prix était impossible en cas de saisie réelle de produits détenus par les douanes : Paris, pôle 5, 1re ch., 29 janv. 2019, RG n° 17/11182, *PIBD* 2019, n° 1113. III. 164 – Le supposé retard de paiement par l'huissier des produits saisis, sur la base d'une facture qui lui a été adressée après les opérations de saisie-contrefaçon, n'affecte pas la validité du procès-verbal, l'huissier n'étant pas soumis, dans l'exercice de sa mission, à la législation applicable aux délais de paiement entre commerçants : Paris, pôle 5, 1re ch., 19 oct. 2021, RG n° 17/22624, *Jurinpi* n° B20210078.
9. TGI Lyon, ord. réf., 29 août 1994, *Dossiers Brevets* 1994. III. 5 – En matière de propriété littéraire et artistique : TGI Paris, 3e ch., 4e sect., 3 oct. 2013, RG n° 12/02044.

« Tout acte d'huissier de justice indique, indépendamment des mentions prescrites par ailleurs :

1o sa date ;

2o a) si le requérant est une personne physique : ses nom, prénoms, profession, domicile, nationalité, date et lieu de naissance ;

b) si le requérant est une personne morale : sa forme, sa dénomination, son siège social et l'organe qui la représente légalement ;

3o les nom, prénoms, demeure et signature de l'huissier de justice ;

4o si l'acte doit être signifié, les nom et domicile du destinataire, ou, s'il s'agit d'une personne morale, sa dénomination et son siège social.

Ces mentions sont prescrites à peine de nullité ».

1213.142 Identité de l'huissier instrumentaire. Alors qu'un important courant jurisprudentiel tendait à reconnaître la validité des procès-verbaux de saisie-contrefaçon mentionnant seulement le nom de la société civile professionnelle d'huissiers, sans préciser le nom de celui des huissiers qui avait instrumenté, la Cour de cassation[1] a rejeté un pourvoi contre un arrêt de la cour d'appel de Lyon[2] qui avait annulé un procès-verbal de saisie-contrefaçon mentionnant seulement le nom de la société civile professionnelle d'huissiers, sans précision du nom de l'huissier instrumentaire.

La Cour de cassation a confirmé sa position[3], précisant de manière plus explicite que l'absence de mention des nom et prénom de l'huissier instrumentaire sur le procès-verbal de saisie-contrefaçon constitue une nullité de forme.

Aux termes des articles 114 à 116 C. pr. civ., cette nullité ne peut être accueillie qu'à charge pour celui qui l'invoque de prouver le grief qu'elle lui cause et est susceptible de régularisation.

§ 2
Contenu du procès-verbal de saisie

1213.151 Le procès-verbal doit relater le déroulement de la saisie. Le procès-verbal doit relater les principales étapes de la saisie. L'huissier doit en effet consigner l'ensemble des démarches qu'il a effectuées dans le cadre de ses opérations. Il est souhaitable que le procès-verbal de saisie-contrefaçon indique clairement l'identité de l'ensemble des personnes qui ont accompagné l'huissier. En effet, à défaut de cette indication, il n'est pas possible de savoir si l'ordonnance a bien été respectée. De même, il ne saurait être toléré que les personnes qui sont entrées avec l'huissier dans les locaux du saisi ne soient pas clairement identifiées. Toutefois, la cour d'appel de Paris a admis que l'omission dans le procès-verbal de la qualité de la personne accompagnant l'huissier puisse être réparée en cours de procédure[4]. En revanche, il n'est pas indispensable à la validité de la saisie-contrefaçon que le procès-verbal soit signé par le saisi[5].

1213.152 Identification des annexes. Une mention au procès-verbal de saisie-contrefaçon indiquant le nombre de photographies prises pour chaque objet argué de contrefaçon permet de prouver que les photographies non immédiatement remises au saisi ont bien été prises lors des opérations de saisie-contrefaçon[6]. La Cour de cassation semble toutefois admettre qu'il n'est pas nécessaire que la prise de clichés photographiques soit mentionnée dans le corps du procès-verbal de saisie-contrefaçon s'il est établi par d'autres moyens que les photographies ont été prises lors de la saisie (ainsi pour l'établissement de cette preuve par un constat d'huissier[7]). Il n'est pas non plus nécessaire que la requête et l'ordonnance d'autorisation soient annexées au procès-verbal de saisie[8].

SECTION 6
DIFFICULTÉS D'EXÉCUTION TENANT À LA RÉSISTANCE DU SAISI

1213.161 Attitude du saisi et pouvoir de l'huissier. L'huissier peut se heurter à la résistance du

1. Com. 20 oct. 1998, no 95-15.804, P IV, no 252 ; *RDPI* 1999, no 96, p. 37.
2. Lyon, 4 mai 1995, *Ann. propr. ind.* 1995. 302 – V. AUSSI : Paris, pole 5, 1re ch., 11 janv. 2022, RG no 19/17384, *Jurinpi* no D20220004 – COMP. : sur la validité du procès-verbal dans lequel le nom du second associé de la société civile professionnelle d'huissiers avait été rayé sans ambiguïté par l'huissier instrumentaire : Paris, pôle 5, 1re ch., RG no 19/10340, *Jurinpi* no B20210068.
3. Com. 23 avr. 2003, no 01-12.812, NP – CONFIRMATION RÉITÉRÉE en matière de propriété littéraire et artistique : Civ. 1re, 31 oct. 2012, no 11-21.920, NP ; *PIBD* 2013, no 975. III. 886 ; *Propr. intell.* 2013, no 46, p. 79, obs. A. Lucas.
4. Paris, 4e ch., sect. A, 1er févr. 2006, *PIBD* 2006, no 828. III. 298 – RAPPR. : TGI Paris, 3e ch., 2e sect., 14 déc. 2018, RG no 15/18744 : l'absence de mention de la qualité du conseil en propriété industrielle accompagnant l'huissier constitue un vice de forme impliquant la démonstration d'un grief.
5. Paris, 29 janv. 1991, *Ann. propr. ind.* 1991. 22.
6. Paris, pôle 5, 2e ch., 16 mars 2018, RG no 16/08346, *Jurinpi* no D20180017 – Encore faut-il pouvoir s'assurer que les photographies et vidéos prises au cours des opérations et non immédiatement remises au saisi à l'issue des opérations de saisie-contrefaçon lui ont été finalement communiquées dans leur intégralité et sans tri de la part du requérant : Paris, pôle 5, 1re ch., RG no 19/10340 (préc., v. ss no 1213.142).
7. Com. 6 avr. 1999, no 97-14.193, P IV, no 78 ; *PIBD* 1999, no 682. III. 343.
8. Aix-en-Provence, ch. réun., 12 févr. 1999, *PIBD* 1999, no 678. III. 265.

saisi, soit que celui-ci refuse de lui ouvrir sa porte, soit qu'il refuse de lui fournir les documents demandés. L'huissier de justice est alors en droit de passer outre la résistance du saisi. En pratique, dans de telles hypothèses, la présence d'un agent de la force publique, voire d'un serrurier, sera des plus utiles. Il a été jugé que l'huissier peut requérir la force publique, même si le texte de l'ordonnance ne le prévoit pas [1]. La question s'est posée de savoir si la résistance du saisi pouvait être interprétée comme une preuve de culpabilité. La cour d'appel de Paris a répondu par l'affirmative, estimant que le refus de collaborer aux opérations de saisie pouvait constituer une présomption de culpabilité [2]. Une décision similaire a été rendue en matière d'obtentions végétales, l'attitude du saisi, cherchant à égarer l'huissier et l'expert chargés de rechercher l'origine d'un lot de rosiers, n'étant pas celle d'un détenteur de bonne foi [3].

SECTION 7
DIFFICULTÉS D'EXÉCUTION QUANT À LA SAISIE DE DOCUMENTS CONFIDENTIELS

1213.170 Bibliographie indicative. Articles. T. Bouvet et E. Tréppoz (dir.), dossier « Les secrets d'affaires : de la directive à sa transposition, actes du colloque centre Paul Roubier », *Propr. ind.* 2018. Dossier 6 – Y. Strickler, « Les dispositions du décret nº 2018-1126 du 11 décembre 2018 relatif à la protection du secret des affaires », *Procédures* 2019. Étude 2 – P. Véron, « Le secret dans les procédures juridictionnelles en matière de propriété industrielle », *La propriété industrielle et le secret*, Ceipi-Litec, 1996, nº 40, p. 63 ; « Documents confidentiels appréhendés lors d'une saisie-contrefaçon », *RDPI* 1998, nº 83, p. 11.

1213.171 Énoncé du problème. La saisie-contrefaçon donne au saisissant des pouvoirs d'investigation nécessaires à la recherche de la matérialité et de l'étendue de la contrefaçon. Pour y parvenir, le saisissant doit avoir accès à tous les documents susceptibles de contribuer à la preuve de la contrefaçon, y compris ceux susceptibles d'être confidentiels [4]. Les secrets industriels et commerciaux et, plus largement, depuis l'entrée en vigueur de la loi du 30 juillet 2018 [5], les « *secrets d'affaires* » [6] du saisi doivent néanmoins être préservés dans la mesure du possible. La difficulté réside donc dans la conciliation des droits du saisissant à obtenir la preuve de la contrefaçon et le respect des secrets du saisi [7].

1213.172 Principe de l'accès à l'ensemble des documents. Il est de principe constant que le saisissant doit avoir accès à tous les documents susceptibles de contribuer à la preuve de la contrefaçon, quand bien même ils seraient confidentiels [8]. En effet, il ne saurait être laissé à la seule latitude du saisi le soin de qualifier de confidentiels les documents saisis pour empêcher ainsi leur remise à l'huissier [9]. La saisie de documents contenant des informations confidentielles ne saurait donc être contestée lorsqu'il entrait dans la mission de l'huissier de les appréhender [10]. En prévoyant que « *le juge ordonne la communication ou la production de la pièce dans sa version intégrale lorsque celle-ci est nécessaire à la solution du litige, alors même qu'elle est susceptible de porter atteinte à un secret des affaires* », l'article R. 153-6 C. com., applicable à la saisie-contrefaçon, consacre ce principe. La contrepartie est que le saisissant effectue les opérations sous son entière responsabilité. Toute divulgation d'éventuels secrets collectés lors d'une saisie pourra donc lui être reprochée.

1213.173 Recommandation pour éviter le grief de captation du secret des affaires. Il est recommandé à l'huissier instrumentaire de veiller à n'appréhender que les éléments utiles au procès en contrefaçon. S'agissant, par exemple, des factures établies

1. TGI Paris, 3ᵉ ch., 29 mai 1987, *RIPIA* 1987. 180.
2. Paris, 10 juin 1982, *Dossiers Brevets* 1982. V. 5.
3. TGI Paris, 8 janv. 1980, *PIBD* 1980, nº 260. III. 126.
4. Doit être réservé le cas de la saisie de documents protégés par la confidentialité des échanges entre un avocat et son client, conformément à l'article 66-5 de la loi nº 71-1130 du 31 décembre 1971 portant réforme de certaines professions judiciaires et juridiques (*JO* 5 janv., p. 131), cette confidentialité devant s'étendre à la discussion de la stratégie de défense en aval de la correspondance échangée. Il a ainsi été jugé que les documents internes à l'entreprise qui, à la suite d'un entretien ou d'une correspondance avec l'avocat, reprennent les termes de cette correspondance, ne sauraient faire l'objet d'une saisie : Paris, pôle 5, 1ʳᵉ sect., 28 juin 2023, RG nº 22/17810.
5. L. nº 2018-670, 30 juill. 2018, relative à la protection du secret des affaires, *JO* 31 juill., texte 1, transposant la directive UE 2016/943 du 8 juin 2016 sur la protection des savoir-faire et des informations commerciales non divulgués (secrets d'affaires) contre l'obtention, l'utilisation et la divulgation illicites, *JOUE* L 157, 15 juin, p. 1-18.
6. J.-C. Galloux, « L'identification des secrets des affaires », *Propr. ind.* 2018. Dossier 8, spéc. nº 2.
7. A. Pezard, « Les limites à la protection : vers une nouvelle proportionnalité judiciaire ? », *Propr. ind.* 2018, dossier 12.
8. TGI Lyon, réf., 24 nov. 1988, *Dossiers Brevets* 1988. V. 6 – TGI Bobigny, réf., 17 mars 2004, RG nº 2003/02744, NP – TGI Paris, 3ᵉ ch., 3ᵉ sect., ord. réf., 15 nov. 2013, RG nº 13/12247 – Paris, pôle 5, 1ʳᵉ ch., 25 sept. 2018, RG nº 18/04300, *Jurinpi* nº B20180080 ; *Propr. intell.* 2019. 97, obs. J.-C. Galloux – Paris, pôle 5, 1ʳᵉ ch., 25 oct. 2018, RG nº 18/15706, *Jurinpi* nº B20180107 – Versailles, 14ᵉ ch., 25 oct. 2018, RG nº 18/01547, *Jurinpi* nº D20180086 – TGI Paris, ord. réf., 7 juin 2019, RG nº 19/54542 – TGI Paris, 3ᵉ ch., 3ᵉ sect., ord. réf., 22 nov. 2019, RG nº 19/10783.
9. TGI Paris, 4 juill. 1997, *PIBD* 1997, nº 644. III. 639.
10. Paris, 16 janv. 1998, *PIBD* 1998, nº 653. III. 239 – L'huissier n'étant d'ailleurs pas juge de la nature confidentielle des documents qu'il saisit : Paris, pôle 5, 1ʳᵉ ch., 19 oct. 2021, RG nº 17/22624, *Jurinpi* nº B20210078.

par le présumé contrefacteur, il est souhaitable que l'huissier instrumentaire en prenne photocopie en occultant le nom et l'adresse des clients – sauf à ce que ces éléments présentent une utilité particulière pour le procès – et ne laisse apparaître que leur code postal ou leur ville[1].

1213.174 Préservation des informations confidentielles par la mise en place d'un séquestre provisoire. Le décret du 27 juin 2008[2], décret d'application de la loi du 29 octobre 2007, consacrait la pratique consistant pour le saisi à demander au juge[3] d'ordonner, après coup, le placement provisoire des documents saisis sous enveloppe scellée et leur remise au saisissant qu'une fois effectués le tri de ces documents et la mise à l'écart des documents confidentiels sans intérêt pour la preuve de la contrefaçon poursuivie. Ce décret généralisait ainsi dans les différentes dispositions réglementaires relatives à la saisie-contrefaçon (CPI, anc. art. R. 521-5, anc. art. R. 615-4 – auquel renvoyait l'article R. 622-6 en matière de topographies de produits semi-conducteurs –, R. 623-53-1, R. 716-19 et R. 722-5[4]) la formule suivante : « *Le président du tribunal de grande instance peut ordonner, au vu du procès-verbal de saisie, toute mesure pour compléter la preuve des actes de contrefaçon allégués. À la demande de la partie saisie agissant sans délai et justifiant d'un intérêt légitime, il peut également prendre toute mesure pour préserver la confidentialité de certains éléments* ». Il arrivait également que le juge saisi d'une requête aux fins de saisie-contrefaçon ordonne directement à l'huissier instrumentaire de placer les documents qu'il estimerait confidentiels sous enveloppe scellée, aux mêmes fins de tri[5].

S'inspirant de cette dernière pratique et supprimant le texte issu du décret du 27 juin 2008, le décret du 11 décembre 2018[6] relatif à la protection du secret des affaires, pris en application de la loi du 30 juillet 2018, a introduit dans le Code de commerce un nouvel article R. 153-1, dont l'alinéa 1er dispose : « *Lorsqu'il est saisi sur requête sur le fondement de l'article 145 du Code de procédure civile ou au cours d'une mesure d'instruction ordonnée sur ce fondement, le juge peut ordonner d'office le placement sous séquestre provisoire des pièces demandées afin d'assurer la protection du secret des affaires* ». Des dispositions réglementaires du CPI issues du même décret ont uniformément étendu cette possibilité à la saisie-contrefaçon (CPI, art. R. 521-2, al. 3 et anc. art. R. 615-2, al. 5, devenu, depuis l'entrée en vigueur du décret du 31 mai 2018[7], le 1er juin 2023, art. R. 615-4, al. 5[8] – auquel renvoie toujours l'article R. 622-6 en matière de topographies de produits semi-conducteurs –, R. 623-51, al. 5, R. 716-16, al. 3, R. 722-2, al. 3) en prévoyant que : « *Afin d'assurer la protection du secret des affaires, le président peut ordonner d'office le placement sous séquestre provisoire des pièces saisies, dans les conditions...*

1. TGI Paris, 3e ch., 2e sect., 13 mars 1998, *RDPI* 1998, no 85, p. 29 – L'huissier ne commet pas de faute en communiquant au requérant la copie des documents saisis expurgés des informations considérées par le saisi comme confidentielles, mais comportant, en l'absence de précision sur ce point par le saisi, le nom des fournisseurs : TGI Paris, 3e ch., 3e sect., 10 juin 2016, RG no 13/16947, *Jurinpi* no M20160320 ; *PIBD* 2016, no 1061. III. 925.
2. Décr. no 2008-624, 27 juin 2008, préc.
3. En pratique, à défaut d'avoir pu l'obtenir de la part de l'huissier instrumentaire.
4. DÉJÀ, le décret no 2004-199 du 25 février 2004, modifiant le code de la propriété intellectuelle, *JO* 3 mars, texte 24, avait inséré cette même formule à l'ancien article R. 615-4 du CPI et ainsi consacré la pratique s'agissant toutefois des seules saisies en matière de brevets d'invention, de certificats complémentaires de protection, de certificats d'utilité et de certificats d'addition – Selon ce texte, le saisi devait présenter sa demande rapidement (TGI Paris, 3e ch., 4e sect., ord. réf, 6 juin. 2013, RG no 13/06002 : jugeant tardive la demande présentée un mois après la saisie-contrefaçon – TGI Paris, 3e ch., 1re sect., ord. JME, 19 juin 2014, RG no 12/17367) à compter de la notification du procès-verbal de saisie-contrefaçon (Com. 1er mars 2017, no 15-16.159, P IV, no 272 ; *PIBD* 2017, no 1070. III. 287) au juge des requêtes (TGI Paris, 3e ch., 1re sect., ord. JME, 19 juin 2014, RG no 12/17367 – EN CE SENS : Com. 1er mars 2017, no 15-16.159, P IV, no 272 ; *PIBD* 2017, no 1070. III. 287).
5. Validant cet usage, Com. 17 janv. 2018, no 15-29.114, NP ; *PIBD* 2018, no 1091. III. 220 ; *Propr. ind.* 2018. Comm. 30, note E. Py : « *Ne constitue pas une délégation de pouvoir juridictionnel la mission confiée à un huissier de justice de mettre sous séquestre les données susceptibles de porter atteinte à la vie privée ou au secret des affaires, une telle précaution n'ayant pour but, dans l'intérêt des parties saisies, que de procéder à une première sélection de documents pouvant apparemment présenter cette nature, l'appréciation définitive de cette qualification ne relevant que du juge du fond* ».
6. Décr. no 2018-1126, 11 déc. 2018, relatif à la protection du secret des affaires, *JO* 13 déc., texte 6.
7. Décr. no 2018-429, 31 mai 2018, préc.
8. L'article R. 615-2 du CPI a été transféré à l'article R. 615-4 par le décret du 31 mai 2018 dans sa version à la date d'entrée en vigueur de ce décret, c'est-à-dire dans sa version issue de la loi no 2018-670 du 30 juillet 2018 (préc.) et de son décret d'application no 2018-1126 du 11 décembre 2018 (préc.), ainsi que de la loi no 2019-222 du 23 mars 2019 de programmation 2018-2022 et de réforme pour la justice (*JO* 24 mars, texte 2) et du décret no 2019-966 du 18 septembre 2019 portant substitution du tribunal judiciaire au tribunal de grande instance et au tribunal d'instance en application de l'article 95 de la loi no 2019-222 du 23 mars 2019 de programmation 2018-2022 et de réforme pour la justice et diverses dispositions relatives à l'organisation judiciaire et modifiant l'annexe du décret no 2019-913 du 30 août 2019 pris en application de l'article 95 de la loi no 2019-222 du 23 mars 2019 de programmation (2018-2022) et de réforme pour la justice (*JO* 19 sept., texte 7) – Sur cet imbroglio législatif et réglementaire, v. O. Hubert et O. Moussa, « Disparition du séquestre provisoire en matière de brevet d'invention ? », *Propr. ind.* 2023. Alerte 64.

tions prévues à l'article R. 153-1 du Code de commerce »[1].

Ainsi, le juge saisi d'une requête aux fins de saisie-contrefaçon peut, même d'office, prévoir dans son ordonnance que les pièces appréhendées par l'huissier instrumentaire seront immédiatement placées sous séquestre provisoire et ce, afin de prévenir tout risque d'atteinte au secret des affaires du prétendu contrefacteur. Par un important arrêt du 1er février 2023, la Cour de cassation a précisé que, désormais, pour assurer la protection du secret des affaires de la partie saisie, le juge des requêtes « *ne peut que recourir, au besoin d'office, à la procédure spéciale de placement sous séquestre provisoire* »[2], à l'exclusion, dès lors, de l'ancienne procédure de placement sous scellés.

Dans les cas où le requérant peut penser que la partie saisie invoquera un tel risque, il pourra prévoir lui-même dans sa requête et dans son projet d'ordonnance aux fins de saisie-contrefaçon le placement sous séquestre provisoire des pièces saisies. Il a été jugé que le placement sous séquestre provisoire concerne, outre les pièces saisies, les mentions du procès-verbal de saisie-contrefaçon issues de ces mêmes pièces[3].

L'article R. 153-1 alinéa 2 C. com. précise que la durée de ce séquestre provisoire est d'un mois[4] à compter de la signification de l'ordonnance et que le séquestre est levé et les pièces – jusqu'alors considérées comme potentiellement confidentielles – sont transmises au saisissant si aucune demande de modification ou de rétractation de l'ordonnance prononçant le séquestre n'a été formée dans ce délai (v. s^s n° 1213.175). Le saisissant n'a donc pas à introduire de demande de levée du séquestre pour accéder aux pièces : en l'absence de demande de protection du secret des affaires dans le délai d'un mois, celles-ci lui sont intégralement remises de plein droit. En pratique, cependant, compte tenu de l'impossibilité pour lui de pouvoir démontrer le fait négatif de l'absence de demande de protection du secret des affaires, le saisissant sera bien avisé d'envoyer à l'huissier détenteur des pièces placées sous séquestre une lettre recommandée avec avis de réception, et à son adversaire, une copie de cette lettre, indiquant que, à sa connaissance, aucune demande de modification ou de rétractation de l'ordonnance n'a été introduite dans le délai prescrit, et lui demandant en conséquence de lui transmettre ces pièces, sauf à son adversaire à rapporter la preuve contraire dans tel délai. Ce délai est toutefois difficilement conciliable avec l'obligation par ailleurs faite au saisissant d'engager une action au fond en contrefaçon dans le délai réglementaire de vingt jours ouvrables ou trente et un jours civils à compter des opérations de saisie-contrefaçon et sous peine de nullité de celles-ci (v. ss nos 1214.11 s.). La prudence invite alors le saisissant à assigner son adversaire en contrefaçon dans le délai prescrit sur la base des seuls éléments en sa possession, puis à compléter ou modifier ses écritures au regard des informations qui lui seront divulguées ultérieurement, à la levée du séquestre, sauf à convenir dans l'intervalle avec l'adversaire de la communication anticipée de certaines d'entre elles.

Lorsqu'aucun séquestre provisoire n'a été ordonné par le juge, la possibilité reste ouverte pour le saisi ou le prétendu contrefacteur de former un référé-rétractation pour en obtenir la mise en place et ainsi bloquer la transmission au saisissant, qui pourra s'y opposer, de l'ensemble des pièces appréhendées par l'huissier (C. com., art. L. 153-1 et R. 153-1)[5]. Il n'est par ailleurs pas impossible que le saisi demande directement à l'huissier instrumentaire de placer provisoirement les documents saisis sous enveloppe scellée. Dans ce cas, la levée du scellé et la remise ou le tri des documents pourront être sollicités judiciairement par le saisissant[6].

1213.175 Préservation des informations confidentielles par le tri des pièces placées sous séquestre provisoire. Une fois que le séquestre provisoire a été constitué (v. ss n° 1213.174), il revient au saisi ou au prétendu contrefacteur désireux de protéger ses secrets d'affaires d'introduire un **référé-rétractation** devant le juge ayant rendu l'ordonnance (C. pr. civ., art. 497) dans le délai d'un mois à compter de la signification de cette ordonnance, sans quoi cette mesure provisoire sera automatiquement levée

1. RAPPR. en matière de propriété littéraire et artistique : CPI, art. R. 332-1 et R. 343-2 – COMP. Règl. de proc. JUB, règle 196 § 1, *in fine* : « *Pour la protection des informations confidentielles, la Juridiction peut ordonner que les mesures ci-dessus soient uniquement divulguées à certaines personnes nommément désignées et sous réserve d'un engagement de non-divulgation approprié* ».
2. Com. 1er févr. 2023, n° 21-22.225, P ; *Jurinpi* n° B20230006 ; *PIBD* 2023, n° 1199. III. 1 ; *Propr. ind.* 2023, n° 20, obs. C. Guyot et P. Langlais ; *RTD. com.* 2023. 82, obs. J.-C. Galloux ; *ibid.* 323, obs. J. Passa ; *JCP E* 2023. 1142, obs. A. Mendoza-Caminade ; *D.* 2023. 772, obs. M. Dhenne.
3. TGI Paris, ord. réf., 7 juin 2019, RG n° 19/54542.
4. Le juge des requêtes ne peut prévoir dans l'ordonnance aux fins de saisie-contrefaçon une durée plus courte : TGI Paris, 3e ch., 3e sect., ord. réf., 22 nov. 2019, RG n° 19/10783.
5. TGI Paris, ord. réf., 7 juin 2019, RG n° 19/54542 (demande de mise sous séquestre provisoire des pièces placées sous scellée par l'huissier à la demande du saisi) – Paris, pôle 5, 1re ch., 28 sept. 2022, RG n° 22/06168, *PIBD* 2022, n° 1194. III. 1 – V. AUSSI en propriété littéraire et artistique : TJ Rennes, ord. réf., 15 nov. 2024, RG n° 23/00837 (demande formée devant le juge de la mainlevée) – V. AUSSI en matière de mesure d'instruction *in futurum* : Versailles, 14e ch., 5 déc. 2019, RG n° 19/01968.
6. TJ Paris, 3e ch., 1re sect., ord. JME, 6 mai 2021, RG n° 20/07066, *PIBD* 2021, n° 1164. III. 2 – Paris, pôle 5, 1re ch., 5 juill. 2023, RG n° 23/10904, *Jurinpi* n° M20230096.

(C. com., art. R. 153-1). À peine d'irrecevabilité, il devra alors remettre au seul juge[1], dans le délai fixé par celui-ci (C. com., art. R. 153-3)[2], un mémoire faisant valoir ses arguments sur le caractère secret[3], mais aussi sur l'inutilité pour la preuve de la contrefaçon (v. C. com, art. R. 153-6, al. 1er, et R. 153-7) des informations concernées, ainsi qu'une version confidentielle intégrale et une version non confidentielle ou résumée de chaque pièce litigieuse (C. com., art. R. 153-3) qui pourront, le cas échéant, être communiquées au saisissant à l'issue de la procédure de tri[4].

Le juge appelé à statuer sur le sort des pièces placées sous séquestre provisoire peut prendre connaissance seul de ces pièces[5] ou ordonner une expertise de tri de ces documents (C. com., art. L. 153-1, 1°)[6]. Il peut alors solliciter l'avis, pour chacune des parties, d'une personne habilitée à l'assister ou la représenter, conformément à la pratique antérieure[7].

Par un étonnant arrêt du 25 février 2016, la première chambre civile de la Cour de cassation a toutefois censuré une cour d'appel qui avait autorisé les avocats des deux parties à accéder lors d'une **expertise de tri** aux documents confidentiels saisis, en retenant, au visa de l'article 66-5 de la loi du 31 décembre 1971[8], que « *le secret professionnel des avocats ne s'étend pas aux documents détenus par l'adversaire de leur client, susceptibles de relever du secret des affaires, dont le refus de communication constitue l'objet même du litige* »[9]. Cette vision restrictive du secret professionnel de l'avocat se heurte néanmoins aux termes généraux des dispositions légales et réglementaires applicables à cette profession[10], ainsi qu'à la jurisprudence, jusqu'alors constante, selon laquelle le secret professionnel de l'avocat couvre l'ensemble des informations dont l'avocat a connaissance dans l'exercice de son activité professionnelle[11]. Au demeurant, la loi du 30 juillet 2018, relative à la protection du secret des affaires, a spécialement soumis les

1. La finalité des dispositions relatives à la protection du secret des affaires excluant, à ce stade, tout débat contradictoire : TJ Paris, 3e ch., 2e sect., ord. réf., 26 avr. 2024, RG n° 23/10305 – Paris, pôle 5, 1re ch., 18 sept. 2024, RG n° 23/14918 – V. AUSSI, TJ Paris, 3e ch., 1re sect., ord. réf. 1er août 2024, RG n° 22/03334, *Jurinpi* n° B20240042 (à propos d'une mesure d'instruction de droit commun ordonnée dans le cadre d'une action en revendication de propriété de brevet d'invention).
2. Le mémoire et les versions confidentielle et non confidentielle ou résumée des pièces litigieuses n'ayant pas à être remis dans le délai d'un mois à compter de la signification de l'ordonnance : TJ Paris, 3e ch., 1re sect., ord. réf., 29 févr. 2024, RG n° 23/10347.
3. TJ Paris, 3e ch., 3e sect., ord. réf., 8 févr. 2022, RG n° 21/08692, *PIBD* 2022, n° 1182. III. 1 (accordant la protection au titre du secret des affaires pour certaines pièces et la refusant pour d'autres) – CONFIRMÉ PAR Paris, pôle 5, 2e ch., 13 janv. 2023, RG n° 22/05879, *PIBD* 2023, n° 1202. III. 1 – V. AUSSI TJ Paris, 3e ch., 1re sect., ord. JME, 6 mai 2021, RG n° 20/07066, préc. ss n° 1213.174 (refusant la protection au titre du secret des affaires de certains documents pour lesquels aucune mesure concrète organisant des restrictions d'accès n'a été rapportée, dans une affaire dans laquelle les documents saisis avaient été placés sous enveloppe scellée par l'huissier instrumentaire à la demande du saisi, en l'absence de mention dans l'ordonnance).
4. L'exercice de ce droit par le saisi suppose qu'il ait une connaissance complète des pièces placées sous séquestre, si bien qu'il peut en demander au juge la communication préalable à son profit : TJ Paris, ord. réf., 11 sept. 2024, RG n° 24/04422.
5. TGI Paris, ord. réf., 7 juin 2019, RG n° 19/54542 – TGI Paris, ord. réf., 22 nov. 2019, RG n° 19/10783.
6. Même sans expert, dans le cadre d'un cercle de confidentialité : TJ Paris, 3e ch., 2e sect., ord. réf., 25 oct. 2024, RG n° 24/03351.
7. PAR EX. : TGI Paris, 3e ch., 2e sect., ord. JME, 19 avr. 2013, RG n° 10/14073 – TGI Paris, ord. réf., 23 août 2013, RG n° 13/55102 – Ces dispositions n'interdisent pas la recherche d'un accord amiable entre les parties sur les pièces protégées par le secret des affaires et nécessaires à la solution du litige : TJ Paris, 3e ch., 2e sect., ord. réf., 15 déc. 2023, RG n° 23/09805, *Jurinpi* n° B20230065.
8. L. n° 71-1130, 31 déc. 1971, portant réforme de certaines professions judiciaires et juridiques, *JO* 5 janv., p. 131.
9. Civ. 1re, 25 févr. 2016, n° 14-25.729, P I, n° 189 ; *RTD civ.* 2016. 439, obs. Ph. Théry ; *Procédures* 2016, n° 119, comm. Y. Strickler ; *CCE* 2017. Prat. 8, note crit. De Candé et Blanchard.
10. L. n° 71-1130, 31 déc. 1971, portant réforme de certaines professions judiciaires et juridiques, *JO* 5 janv., art. 66-5 *in fine*, visant « *plus généralement, toutes les pièces du dossier* » – RAPPR. L. n° 71-1130, 31 déc. 1971, art. 12-2 : « *La personne admise à la formation est astreinte au secret professionnel pour tous les faits et actes qu'elle a à connaître au cours de sa formation et des stages qu'elle accomplit auprès des professionnels, des juridictions et des organismes divers* » – C. pén., art. 226-13 : « *La révélation d'une information à caractère secret par une personne qui en est dépositaire soit par état ou par profession, soit en raison d'une fonction ou d'une mission temporaire, est punie d'un an d'emprisonnement et de 15 000 euros d'amende* » – RIN (profession d'avocat), art. 2.2 : « *Le secret professionnel couvre en toute matière, dans le domaine du conseil ou celui de la défense, et quels qu'en soient les supports* [...] *toutes les pièces du dossier, toutes les informations et confidences reçues par l'avocat dans l'exercice de la profession* » – RAPPR., RIN (profession d'avocat), art. 21.2.3.2 (C. déont. av. eur.) : « *L'avocat doit respecter le secret de toute information confidentielle dont il a connaissance dans le cadre de son activité professionnelle* ».
11. Civ. 1re, 7 juin 1983, n° 82-14.469, P I, n° 169 : « *Le secret professionnel couvre toutes les confidences que l'avocat a pu recevoir à raison de son état ou de sa profession* » – Paris, 1re ch., sect. A, 30 nov. 1994, *D.* 1996. 311, obs. J. Castelain – Crim. 2 mars 2004, n° 03-85.295, NP : rejetant le pourvoi formé contre un arrêt de cour d'appel ayant, « *sans insuffisance ni contradiction* [...] *caractérisé en tous ses éléments, tant matériels qu'intentionnel, le délit* [de violation du secret professionnel] », en retenant que « *le secret professionnel de l'avocat couvre non seulement les renseignements reçus du client par son avocat, mais également ceux reçus à son propos ou à propos de tiers, dans le cadre des affaires concernant ledit client* [...] ».

représentants et conseils des parties autorisés à participer aux opérations d'expertise de tri à une obligation de confidentialité leur interdisant, même à l'égard de leurs clients, toute utilisation ou divulgation des informations portées à leur connaissance et couvertes ou susceptibles d'être couvertes par le secret des affaires (C. com., art. L. 153-2, al. 1er et 4, et L. 153-1, 1°). Le juge peut d'ailleurs renforcer cette obligation en défendant expressément à ces mêmes personnes de copier ou reproduire les pièces litigieuses (C. com., art. R. 153-2). Naturellement, cette obligation de confidentialité disparaît lorsque le secret tombe ou que le juge décide, par une décision insusceptible de recours, que les informations concernées ne sont finalement pas couvertes par le secret des affaires (C. com., art. L. 153-2, al. 5). Elle est aménagée pour les besoins du procès lorsque les informations sont à la fois couvertes par le secret des affaires et nécessaires à la preuve de la contrefaçon (C. com., art. R. 153-6 et R. 153-7) [1]. En pratique, les avocats participant aux opérations d'expertise de tri concluent souvent un **accord de confidentialité** par lequel ils s'interdisent de révéler à quiconque, y compris à leur client, les informations confidentielles portées à leur connaissance (« cercle de confidentialité »).

Enfin, après avoir éventuellement entendu chaque partie séparément (C. com, art. R. 153-3, al. 2), le juge statue sans audience (C. com., art. R. 153-4), par décision néanmoins motivée, conformément au droit commun (C. pr. civ., art. 455), sur le sort des pièces mises sous séquestre provisoire. Il refusera la communication des pièces étrangères à la preuve de la contrefaçon (C. com., art. R. 153-5) [2] mais ordonnera la communication de celles nécessaires à la solution du litige, même susceptibles d'être couvertes par le secret des affaires, soit dans leur version intégrale (C. com., art. R. 153-6) soit, lorsque seuls certains éléments non nécessaires à la solution du litige sont couverts par le secret des affaires, dans une version non confidentielle ou résumée (C. com., art. R. 153-7) [3]. Lorsqu'il ordonne la communication intégrale d'une pièce susceptible d'être couverte par le secret des affaires, le juge ordonne la mise en place d'un cercle de confidentialité en désignant la ou les personnes autorisées à accéder à cette pièce (C. com., art. R. 153-6, al. 2) [4].

La décision faisant droit, même partiellement, à la demande de levée du séquestre et de communication des pièces ne peut en aucun cas être assortie de l'exécution provisoire (C. com., art. R. 153-8, al. 2, *in fine*). Si cette règle permet de prévenir toute divulgation inopportune du secret des affaires en cas d'infirmation de la décision, elle retarde encore l'accès du saisissant aux informations pourtant jugées utiles à la preuve de la contrefaçon par le premier juge. Logiquement, les délais de recours et recours exercés dans ces délais sont eux-mêmes suspensifs d'exécution (C. com., art. R. 153-8, al. 2 et R. 153-9). Conformément au droit commun, le délai d'appel contre les ordonnances de référé statuant sur la demande de communication des pièces est de quinze jours (C. com. art. R. 153-8 al. 1er ; C. pr. civ., art. 490). La lettre de l'article R. 153-8 C. com. invite toutefois maladroitement à penser qu'il n'en va ainsi que lorsque cette décision intervient « *avant tout procès au fond* », ce qui sera rarement le cas en matière de contrefaçon (v. ss n° 1213.174). En réalité, la voie de recours dépend de la nature de la décision contestée plus que du moment auquel celle-ci est rendue. La règle édictée à l'article R. 153-8 devrait donc s'appliquer dès que la demande de communication – et non la décision statuant sur cette demande – est intervenue avant l'engagement de l'action au fond. À cet égard, l'article R. 153-9, II C. com. précise bien que, lorsqu'elle est rendue « *dans le cadre d'une instance au fond* », la décision faisant droit à la demande de communication peut être frappée d'appel immédiat dans les quinze jours « *de la signification de l'ordonnance du juge de la mise en état ou de la date de l'ordonnance du juge chargé d'instruire l'affaire* ». Cette disposition ne s'applique donc pas aux ordonnances du juge des requêtes statuant en référés, même rendues après l'assignation au fond. L'article R. 153-9, I C. com. précise quant à lui que la décision de rejet rendue dans le cadre d'une instance au fond n'est susceptible de recours qu'avec la décision au fond.

1213.176 Cas particulier des documents intéressant la Défense nationale. Les articles L. 615-10

1. TGI Paris, ord. réf., 22 nov. 2019, RG n° 19/10783 : restreignant à quelques personnes l'accès aux pièces dont la communication sera ordonnée à la suite de la levée du séquestre, « *étant précisé que les avocats* [du saisissant] *seront tenus d'une obligation de confidentialité à l'égard* [de leur client] *et que les conseils en propriété intellectuelle* [...] *ainsi que les représentants de cette société devront signer un engagement de confidentialité* ».
2. TJ Paris, ord. réf., 4 juin 2020, RG n° 20/01390, *Jurinpi* n° B20200072 (refus de communication de pièces relatives à la contrefaçon commise à l'étranger) – TJ Paris, 3e ch., 1re sect., ord. JME, 6 mai 2021, RG n° 20/07066, *PIBD* 2021, n° 1164. III. 2 (refus de communication de pièces relatives à la contrefaçon commise pendant la période prescrite) – TJ Paris, 3e ch., 2e sect., ord. réf., 26 avr. 2024, RG n° 23/10305.
3. PAR. EX. : TGI Paris, ord. réf., 7 juin 2019, RG n° 19/54542 – TGI Paris, ord. réf., 22 nov. 2019, RG n° 19/10783 – TJ Paris, ord. réf., 29 oct. 2020, RG n° 20/07070 – CONFIRMÉ PAR Paris, pôle 5, 1re ch., 14 sept. 2021, RG n° 20/16706 – TJ Paris, 3e ch., 3e sect., ord. réf., 8 févr. 2022, RG n° 21/08692 (préc. ss prést n°) – CONFIRME PAR Paris, pôle 5, 2e ch., 13 janv. 2023, RG n° 22/05879 (préc., v. ss n° 1213.175).
4. TJ Paris, 3e ch., 2e sect., ord. réf., 26 avr. 2024, RG n° 23/10305 – RAPPR. TJ Paris, 3e ch., 1re sect., ord. JME, 27 mai 2021, RG n° 20/04019 (hors saisie-contrefaçon).

alinéa 2 (brevets d'invention), L. 622-7 (topographies de produits semi-conducteurs, par renvoi à l'article L. 615-10) et L. 623-30 alinéa 2 (certificats d'obtention végétale) du CPI organisent une procédure particulière lorsque la saisie amènerait à compulser des documents comportant une classification de **sécurité de défense.** L'huissier doit en effet surseoir à la saisie qui sera remplacée par une expertise confiée à un expert, désigné par le président du tribunal judiciaire (TJ) sur la demande de l'ayant droit (le titulaire du brevet, de la protection attachée à la topographie enregistrée ou du certificat d'obtention végétale) et agréé par le ministre de la Défense. Une solution identique a été appliquée, malgré l'absence de texte exprès, en matière de logiciel et semble devoir être également retenue en toute matière[1].

SECTION 8

SUITES DE LA SAISIE

1213.180 **Plan.** À l'issue de ses opérations, l'huissier instrumentaire doit remettre copie du procès-verbal au saisi (§ 1). Il doit parfois également déposer un exemplaire des objets ou pièces saisis au greffe du tribunal. Le procès-verbal de saisie-contrefaçon pourra être utilisé dans tout procès (§ 2). Au vu du procès-verbal, le président du TJ peut ordonner des mesures destinées à compléter la preuve de la contrefaçon (§ 3). Ces questions sont examinées ci-après. L'engagement du procès au fond fait l'objet d'un chapitre spécial (v. s^s n°s 1214.00 s.).

§ 1

Remise d'une copie du procès-verbal

1213.191 **Obligation.** L'huissier instrumentaire doit remettre au détenteur une copie du procès-verbal de saisie-contrefaçon à l'issue de ses opérations. Cette obligation est désormais expressément prévue en toutes les matières de propriété industrielle[2] : « *Copie doit être laissée aux mêmes détenteurs du procès-verbal de saisie* » (CPI, art. R. 521-3, al. 2, *in fine*, R. 615-5, al. 2, *in fine*[3] – auquel ne renvoie plus l'article R. 622-6 en matière de topographies de produits semi-conducteurs[4] –,art. R. 623-51-1, al. 2, *in fine*, art. R. 716-17, al. 2, *in fine*, art. R. 722-3, al. 2, *in fine*).

1213.192 **Délai de la remise.** La copie du procès-verbal ne doit pas nécessairement être remise immédiatement à l'issue des opérations. Elle peut être adressée postérieurement à l'accomplissement de la saisie[5]. Il suffit en effet que le procès-verbal soit remis dans un délai raisonnable pour que le saisi puisse faire valoir ses droits éventuels[6]. Il a été jugé que le procès-verbal de saisie pouvait être valablement remis lors de l'assignation[7]. Une remise trop tardive, au cas particulier, dans un délai de sept jours, a entraîné l'annulation du procès-verbal[8].

1213.193 **Sanction du défaut de remise.** Le défaut de remise dans un délai raisonnable au saisi de la copie du procès-verbal de saisie-contrefaçon entraîne la nullité des opérations. Il est difficile de trouver au sein de la jurisprudence la réponse au statut de la nullité pour défaut de remise du procès-verbal. Certaines décisions retiennent une nullité de fond[9] tandis que d'autres, majoritaires, parlent de vice de forme[10] ou identifient des griefs sans toutefois le dire expressément[11].

1. Civ. 1re, 21 mars 2006, n° 05-13.302, P I, n° 168 ; *CCE* 2006, n° 78 ; *RLDI* 2006. Actu. 436 ; *Expertises* juill. 2006. 269 ; *PIBD* 2006, n° 832. III. 419.
2. Sauf en matière de topographies de produits semi-conducteurs (v. CPI, art. R. 622-6).
3. COMP. Règl. de proc. JUB, règle 196 § 4 : la personne chargée d'exécuter les mesures a seulement pour obligation de présenter à la seule Juridiction unifiée du brevet (et non au saisi) un « *rapport écrit sur les mesures de conservation des preuves, conformément au droit national applicable du lieu où les mesures sont exécutées dans le délai qu'elle fixe* ».
4. Avant l'entrée en vigueur du décret n° 2018-429 du 31 mai 2018 (préc.), le 1er juin 2023, l'article R. 622-6 renvoyait bien à l'ancien article R. 615-2-1 du CPI qui prévoyait cette obligation de remise d'une copie du procès-verbal au saisi. Cependant, ledit décret a transféré le texte de l'ancien article R. 615-2-1 vers le nouvel article R. 615-5 du CPI, auquel ne renvoie pas l'article R. 622-6, qui n'a pas tenu compte de cette évolution. Reste que l'article L. 622-7 du CPI renvoie toujours à l'article L. 615-5 du CPI, relatif à la saisie-contrefaçon, et que l'article R. 615-5 en précise les contours, en prévoyant notamment l'obligation de remise de la copie du procès-verbal. Il peut ainsi être soutenu que, par ce biais, l'article L. 622-7 renvoie indirectement aux dispositions réglementaires applicables du droit des brevets, de sorte que, malgré la difficulté, l'obligation de remise d'une copie du procès-verbal de saisie-contrefaçon en matière de topographies des produits semi-conducteurs reste régie par l'article R. 615-5.
5. TGI Paris, 12 sept. 1990, *PIBD* 1991, n° 491. III. 7 – Paris, 14 mars 1991, *PIBD* 1991, n° 506. III. 500 – Paris, pôle 5, 2e ch., 4 mars 2016, RG n° 15/10592, *Jurinpi* n° M20160115 ; *Juris-Data* n° 019273 – Paris, pôle 5, 1re ch., 4 juin 2019, RG n° 17/15068, *PIBD* 2019, n° 1125. III. 460.
6. TJ Paris, 3e ch., 1re sect., 25 avr. 2024, RG n° 22/03187, *Jurinpi* n° M20240099 (un délai de cinq jours, comportant un samedi et un dimanche, est jugé raisonnable) – TJ Paris, 3e ch., 2e sect., 14 juin 2024, RG n° 22/01870, *Jurinpi* n° D20240039 (un délai de trois jours est accepté, en l'absence de grief).
7. TGI Paris, 25 oct. 1990, *PIBD* 1991, n° 493. III. 79 – Paris, 14 mars 1991, *RD propr. ind.* 1991, n° 34, p. 20.
8. TGI Strasbourg, 7 févr. 1989, *PIBD* 1989, n° 460. III. 406.
9. TGI Lyon, 27 mai 1971, *PIBD* 1972, n° 86. III. 200.
10. TGI Paris, 12 sept. 1990, *PIBD* 1991, n° 491. III. 7 – Paris, pôle 5, 1re ch., 29 nov. 2016, RG n° 15/22561, *Jurinpi* n° M20160530 ; *PIBD* 2016, n° 1068. III. 223.
11. TGI Strasbourg, 7 févr. 1989, *PIBD* 1989, n° 460. III. 406.

§ 2
Sort des pièces et documents saisis

1213.201 Dépôt au greffe. Aucun texte n'impose le dépôt au greffe des objets saisis. Il a cependant été d'usage que l'ordonnance prévoie le dépôt au greffe du tribunal d'un exemplaire des objets ou documents saisis afin de conserver un exemplaire témoin. Lorsque tel est le cas, cette prescription doit être respectée.

1213.202 Utilisation du procès-verbal de saisie-contrefaçon. Dès lors que la saisie-contrefaçon a été suivie d'une assignation valable, elle pourra être utilisée librement comme mode de preuve, dans tout procès[1], y compris dans une procédure menée à l'étranger[2].

§ 3
Mesures de nature à compléter la preuve des actes de contrefaçon

1213.211 Toute mesure de nature à compléter la preuve des actes de contrefaçon. Le décret du 27 juin 2008[3], d'application de la loi du 29 octobre 2007, reprenait une formule que le décret du 25 février 2004[4] avait introduite, uniquement en matière de brevets d'invention, de certificats complémentaires de protection, de certificats d'utilité et de certificats d'addition, à l'ancien article R. 615-4 du CPI, et la généralisait à l'ensemble des dispositions réglementaires relatives à la saisie-contrefaçon en matière de propriété industrielle. Mis à part un changement de numérotation dans les parties réglementaires relatives aux marques, intervenu à la suite la transposition de la directive (UE) n° 2015/2436[5] par l'ordonnance du 13 novembre 2019[6], et aux brevets d'invention, causés par l'entrée en vigueur du décret du 31 mai 2018[7], ainsi que la substitution, parfois, du « *tribunal judiciaire* » au « *tribunal de grande instance* »[8], ces dispositions[9] prévoient toujours que le président du tribunal « *peut ordonner, au vu du procès-verbal de saisie, toute mesure pour compléter la preuve des actes de contrefaçon allégués* » (CPI, art. R. 521-5, R. 615-7 – auquel ne renvoie plus l'article R. 622-6 en matière de topographies de produits semi-conducteurs[10] –, R. 623-53-1, R. 716-19[11] et R. 722-5[12]). Ce texte permet de demander des mesures de nature à obtenir des preuves complémentaires. Bien que le texte ne le mentionne pas explicitement, il convient sans doute de s'adresser au président du tribunal ayant autorisé la saisie-contrefaçon, dans les mêmes formes que pour la requête aux fins de saisie-contrefaçon[13].

SECTION 9
ÉPUISEMENT DES EFFETS D'UNE ORDONNANCE

1213.221 Possibilité de réaliser une seule saisie. Sauf disposition contraire de l'ordonnance autori-

1. TGI Paris, 15 nov. 1982, *PIBD* 1983, n° 322. III. 98 – TGI Paris, 30 avr. 1997, *PIBD* 1997, n° 636. III. 385 – TGI Paris, 3e ch., 2e sect., ord. JME, 19 avr. 2013, RG n° 10/14073.
2. TGI Paris, 3e ch., 1re sect., 30 sept. 1998, *PIBD* 1999, n° 673. III. 136 – Paris, pôle 5, 2e ch., 4 oct. 2019, RG n° 18/23117, *PIBD* 2019, n° 1133. III. 123 – TGI Paris, 3e ch., 3e sect., ord. réf., 22 nov. 2019, RG n° 19/10783 – Réciproquement, une saisie-contrefaçon réalisée à l'étranger peut être invoquée devant le juge français pour prouver la matérialité de la contrefaçon en France : Paris, pôle 5, 2e ch., 29 sept. 2017, RG n° 15/23689, *Jurinpi* n° B20170147 ; *Propr. intell.* 2018. 98, obs. B. Warusfel.
3. Décr. n° 2008-624, 27 juin 2008, préc.
4. Décr. n° 2004-199, 25 févr. 2004, préc.
5. Dir. UE 2015/2436, Parlement et Conseil, 16 déc. 2015, rapprochant les législations des États membres sur les marques, *JOUE* L 336, 23 déc., p. 1-26.
6. Ord. n° 2019-1169, 13 nov. 2019, relative aux marques de produits ou de services, *JO* 14 nov., texte 12.
7. Décr. n° 2018-429, 31 mai 2018, préc.
8. Décr. n° 2019-966, 18 sept. 2019, préc. – COMP. CPI, art. R. 615-7 et R. 716-19, désignant simplement le « *président du tribunal* ».
9. Sauf celles applicables aux topographies de produits semi-conducteurs (V. CPI, art. R. 622-6).
10. Avant l'entrée en vigueur du décret n° 2018-429 du 31 mai 2018 (préc.), le 1er juin 2023, l'article R. 622-6 du CPI renvoyait bien à l'ancien article R. 615-4 du CPI qui prévoyait la possibilité pour le président du tribunal d'ordonner, au vu du procès-verbal de saisie-contrefaçon, toute mesure probatoire complémentaire. Cependant, ledit décret a transféré le texte de l'ancien article R. 615-4 vers le nouvel article R. 615-7 du CPI, auquel ne renvoie pas l'article R. 622-6, qui n'a pas tenu compte de cette évolution. Reste que l'article L. 622-7 du CPI renvoie toujours à l'article L. 615-5 du CPI, applicable en matière de saisie-contrefaçon de brevet, et que l'article R. 615-7, qui en détermine les contours, permet au président du tribunal d'ordonner toutes mesures probatoires complémentaires au vu du procès-verbal de saisie-contrefaçon. Il peut ainsi être soutenu que, par ce biais, l'article L. 622-7 renvoie indirectement aux dispositions réglementaires concernées du droit des brevets, de sorte que, malgré la difficulté, le président du tribunal pourrait ordonner, y compris en matière de topographies des produits semi-conducteurs, toute mesure probatoire complémentaire au vu du procès-verbal de saisie-contrefaçon, conformément à l'article R. 615-7.
11. Remplaçant l'anc. art. R. 716-5 CPI.
12. La phrase selon laquelle, « *à la demande de la partie saisie agissant sans délai et justifiant d'un intérêt légitime*, [le président du tribunal] *peut également prendre toute mesure pour préserver la confidentialité de certains éléments* », a en revanche été supprimée de ces articles (et, en matière de marques, de l'anc. art. R. 716-5 CPI) par le décret n° 2018-1126 du 11 décembre 2018 relatif à la protection du secret des affaires.
13. Paris, pôle 5, 2e ch., 25 oct. 2024, RG n° 23/17701.

sant la saisie-contrefaçon, une ordonnance permet de procéder à une saisie, et une seule[1]. Cela signifie que le droit de réaliser une saisie est épuisé à l'issue de la saisie. Il en résulte que l'huissier ne peut retourner sur les lieux pour compléter ses recherches, s'il s'avère qu'il n'a pas collecté l'ensemble des informations souhaitées. L'huissier n'est pas non plus autorisé à réaliser de nouveaux actes d'investigation, de tri et de sélection des fichiers recueillis, une fois rentré en son étude pour établir son procès-verbal de saisie-contrefaçon[2].

1213.222 Possibilité de suspendre les opérations de saisie. L'épuisement des effets de l'ordonnance ne fait pas obstacle à la suspension des opérations de saisie lorsque cela s'avère nécessaire pour mener à bien la mission fixée dans l'ordonnance. La saisie peut alors se dérouler sur plusieurs jours si besoin est[3]. Cependant, lorsqu'un délai d'exécution de la saisie a été prévu dans l'ordonnance, les opérations doivent impérativement intervenir pendant ce délai (v. s^s n° 1212.131). À cet égard, la cour d'appel de Paris a eu l'occasion de préciser que, si les opérations de saisie-contrefaçon peuvent être valablement clôturées par un procès-verbal de constat d'huissier, elles le sont en tout état de cause automatiquement à l'expiration du délai d'exécution[4].

SECTION 10
FRAIS DE SAISIE-CONTREFAÇON

1213.231 Frais de saisie-contrefaçon. Bien que la jurisprudence soit partagée sur la question, les frais de la saisie-contrefaçon, ou tout au moins certains d'entre eux, devraient être inclus dans les dépens dès lors qu'ils sont bien afférents à une instance et peuvent rentrer dans les catégories de frais énumérés à l'article 695 C. pr. civ.[5]

1. TGI Paris, 1er juin 1988, *PIBD* 1988, n° 443. III. 479 – TGI Toulouse, 12 mars 1998, *PIBD* 1998, n° 656. III. 321 – Paris, 4e ch., sect. A, 28 févr. 2001, *JCP E* 2002. I. 1043.
2. Paris, pôle 5, 2e ch., 23 mars 2018, RG n° 17/08791, *Jurinpi* n° M20180125.
3. TGI Paris, 16 janv. 1989, *PIBD* 1989, n° 454. III. 220.
4. Paris, pôle 5, 1re ch., 26 févr. 2019, RG n° 17/13117, *PIBD* 2019, n° 1114. III. 201 ; *D.* 2019. 1582, note J.-C. Galloux.
5. N. Bouche, « Les frais de saisie-contrefaçon entrent-ils dans les dépens ? », *Propr. ind.* 2009. Étude 13 – TJ Paris, 3e ch., 2e sect., 13 sept. 2024, RG n° 22/06613.

CHAPITRE

1214. Procès au fond dans le délai prescrit

Olivier Hubert
Avocat*

SECTION 0
Orienteur

1214.00 **Sommaire du chapitre.**

Division. En matière de propriété industrielle, la saisie-contrefaçon fait courir un délai pendant lequel le saisissant doit se pourvoir en contrefaçon. Il convient de présenter ce principe (sect. 1), le mode de computation du délai (sect. 2), les modalités de saisine de la juridiction (sect. 3) ainsi que les sanctions encourues en cas de non-respect (sect. 4).

1214.01 **Textes applicables.**

- **CPI,** art. L. 521-4, L. 615-5, L. 622-7, L. 623-27, L. 623-27-1, L. 716-4-7, L. 722-4, R. 521-4, R. 521-5, R. 615-6, R. 615-7, R. 622-6, R. 623-50-1, R. 623-53, R. 623-53-1, R. 716-18, R. 716-19, R. 722-4 et R. 722-5.
- **C. pr. civ.,** art. 46, 81, 82, 641, 642 et 754.

1214.03 **Bibliographie indicative.**

* V. s[s] n° 12.03.

1214.05 **Remarque de l'auteur.** La plupart des textes concernant la saisie-contrefaçon parlant d'huissier, il a été choisi de laisser ce terme dans les développements qui suivent en lieu et place de commissaire de justice.

SECTION 1
Obligation de poursuivre dans le délai prescrit

1214.11 **Raison d'être du principe.** La saisie-contrefaçon offre au saisissant des pouvoirs d'investigation étendus qui ne doivent être utilisés que pour les besoins d'une procédure et non à des fins d'intimidation, voire d'espionnage industriel. Pour cette raison, la personne saisie ne doit pas être laissée dans le doute. La loi impose donc au saisissant de se pourvoir devant le tribunal dans un délai relativement bref, à peine de nullité. En effet, si la saisie a confirmé les craintes du titulaire des droits, ce dernier doit saisir la juridiction. Dans l'hypothèse inverse, si le saisissant décide de ne pas poursuivre, la saisie-contrefaçon ne doit plus produire aucun effet.

1214.12 **Textes applicables.** L'obligation du saisissant de se pourvoir au fond, par la voie civile ou pénale, dans le délai prescrit, est commune à tous les droits de propriété industrielle. Ce principe est formulé de manière identique à l'alinéa 5 des différents articles relatifs à la saisie-contrefaçon en matière de propriété industrielle (CPI, art. L. 615-5, art. L. 521-4, art. L. 622-7 – par renvoi à l'article L. 615-5 –,art. L. 623-27-1, art. L. 716-4-7, art. L. 722-4) : « *À défaut pour le demandeur de s'être pourvu au fond, par la voie civile ou pénale, dans un délai fixé par voie réglementaire, l'intégralité de la saisie, y compris la description, est annulée à la demande du saisi, sans que celui-ci ait à motiver sa demande et sans préjudice des dommages et intérêts qui peuvent être réclamés* ». La détermination du délai est renvoyée au règlement.

* La dixième édition de cette contribution était l'œuvre de Pierre Véron et Olivier Hubert, et les précédentes, sous la direction de Pierre Véron, étaient celle d'Isabelle Romet, Thomas Bouvet, Blandine Tronel et Nicolas Bouche.

Le décret d'application du 27 juin 2008[1] de la loi du 29 octobre 2007[2] avait opté pour le délai que l'article 7 de la directive n° 2004/48/CE[3] proposait aux États membres qui souhaitaient ne pas laisser le soin de fixer le délai à l'autorité judiciaire compétente : délai de « *vingt jours ouvrables ou de trente-et-un jours civils si ce délai est plus long, à compter du jour où est intervenue la saisie ou la description* ». Le décret d'application déclinait ce principe, qui demeure inchangé, pour les différents droits de propriété industrielle (CPI, art. R. 521-4, R. 615-6, R. 716-18[4] et R. 722-4).

Initialement, seul le domaine des obtentions végétales posait problème en raison d'une double erreur dans la rédaction du décret d'application du 27 juin 2008. En effet, littéralement, c'est l'article R. 623-50-1 qui prévoyait que « *le délai prévu au dernier alinéa de l'article L. 623-27-1* [qui régit la saisie-contrefaçon en matière d'obtentions végétales] et *imparti au demandeur pour se pourvoir au fond est de vingt jours ouvrables ou de trente-et-un jours civils si ce délai est plus long, à compter de la date de l'ordonnance* ». À première vue, le point de départ du délai était donc dérogatoire par rapport aux autres droits de propriété industrielle. Toutefois, l'article R. 623-53 énonçait également que « *le délai prévu au dernier alinéa de l'article L. 623-7-1* [article inexistant] et *imparti au demandeur pour se pourvoir au fond est de vingt jours ouvrables ou de trente-et-un jours civils si ce délai est plus long, à compter du jour où est intervenue la saisie ou la description* ». La référence à un article L. 623-7-1 inexistant, ainsi qu'à « *la saisie ou la description* » *in fine*, révélait la double erreur de rédaction du décret. En réalité, l'article R. 623-50-1 énonçait le délai évoqué dans le dernier alinéa de l'article L. 623-27 relatif aux mesures provisoires et conservatoires tandis que l'article R. 623-53 faisait référence à la saisie-contrefaçon de l'article L. 623-27-1. Le décret du 27 juin 2014[5] a corrigé l'erreur de numérotation dans l'article R. 623-53, celui-ci se référant désormais à l'article L. 623-27-1. Mais ce décret n'avait pas corrigé l'erreur dans l'article R. 623-50-1, celui-ci se référant toujours à l'article L. 623-27-1 au lieu de l'article L. 623-27. Il ne faisait toutefois aucun doute que le délai mentionné à l'article L. 623-27-1 était prévu par l'article R. 623-53. Le décret n° 2014-1550 du 19 décembre 2014[6] est enfin venu corriger cette erreur de rédaction.

Depuis l'entrée en vigueur du décret du 31 mai 2018[7], le 1er juin 2023, le domaine des topographies des produits semi-conducteurs soulève des difficultés, faute d'adaptation de l'article R. 622-6 du CPI à la nouvelle numérotation des articles pertinents en droit des brevets. Précédemment, l'article R. 622-6 renvoyait bien à l'ancien article R. 615-3 du CPI qui prévoyait l'obligation pour le demandeur à la saisie-contrefaçon d'agir au fond dans le délai de vingt jours ouvrables ou trente-et-un jours civils si ce délai est plus long, à compter du jour de la saisie. Cependant, ledit décret a transféré le texte de l'ancien article R. 615-3 vers le nouvel article R. 615-6 du CPI, auquel ne renvoie pas l'article R. 622-6, qui n'a pas tenu compte de cette évolution. Reste que l'article L. 622-7 du CPI renvoie toujours à l'article L. 615-5 du CPI, qui prévoit l'obligation, à peine de nullité, de se pourvoir au fond dans un délai fixé par voie réglementaire, et que l'article R. 615-6 détermine spécialement ce délai. Il peut ainsi être soutenu que, par ce biais, l'article L. 622-7 renvoie indirectement aux dispositions réglementaires concernées du droit des brevets, si bien que, malgré la difficulté, le délai pour se pourvoir au fond en matière de topographies des produits semi-conducteurs reste régi par l'article R. 615-6. Par prudence, il pourrait être demandé au juge des requêtes de prévoir expressément ce délai dans l'ordonnance, conformément à l'article 7 de la directive n° 2004/48/CE[8].

SECTION 2
COMPUTATION DU DÉLAI

1214.21 **Principe.** Le point de référence pour apprécier si le requérant s'est bien pourvu dans le délai imparti est la **date de délivrance de l'assignation** (v. ss n° 1214.47) et non la date de l'enrôlement de l'assignation[9]. L'assignation doit être signi-

1. Décr. n° 2008-624, 27 juin 2008, pris pour l'application de la loi n° 2007-1544 du 29 oct. 2007 de lutte contre la contrefaçon et portant modification du Code de la propriété intellectuelle, *JO* 29 juin, p. 10467.
2. L. n° 2007-1544, 29 oct. 2007, de lutte contre la contrefaçon, *JO* 30 oct., p. 17775.
3. Dir. n° 2004/48/CE, Parlement et Conseil, 29 avr. 2004, relative au respect des droits de propriété intellectuelle, art. 7, *JOUE* L 157, 30 avr., p. 45.
4. Issu de Décr. n° 2019-1316, 9 déc. 2019, relatif aux marques de produits ou de services, *JO* 10 déc., texte 10.
5. Décr. n° 2014-731, 27 juin 2014, relatif à l'instance nationale des obtentions végétales, *JO* 29 juin, p. 10798.
6. Décr. n° 2014-1550, 19 déc. 2014, pris pour l'application de la loi n° 2014-315 du 11 mars 2014 renforçant la lutte contre la contrefaçon, *JO* 21 déc., p. 21667.
7. Décr. n° 2018-429, 31 mai 2018, relatif au brevet européen à effet unitaire et à la juridiction unifiée du brevet, *JO* 2 juin, texte 5.
8. Dir. n° 2004/48/CE, Parlement et Conseil, 29 avr. 2004, relative au respect des droits de propriété intellectuelle, *JOUE* L 157, 30 avr., p. 45.
9. Aix-en-Provence, 2e ch., 8 nov. 2005, n° 02/17462, *Juris-Data* n° 292647 – Paris, 4e ch., sect. B, 15 déc. 2006, *PIBD* 2007, n° 847. III. 183 – et sur la possibilité de proroger le délai par une nouvelle assignation placée hors délai mais « *sur et aux fins* » d'une précédente assignation qui n'a pas été enrôlée en temps utile : Civ. 1re, 3 nov. 2005, n° 04-11.756, P II, n° 279 ; *Propr. intell.* 2006. 466, obs. C. de Haas.

fiée dans le délai de vingt jours ouvrables [1], ou trente-et-un jours civils si ce délai est plus long, à compter du jour où est intervenue la saisie ou la description. Le point de départ est le jour du procès-verbal de saisie, c'est-à-dire le jour de la réalisation des opérations de saisie-contrefaçon, comme tel était le cas avant le décret du 27 juin 2008 [2]. Cela ne facilite pas toujours la détermination du point de départ du délai car si le prononcé de l'ordonnance se réalise en un trait de temps et peut être très facilement connu avec certitude, au contraire, les opérations de saisie-contrefaçon peuvent s'accomplir sur plusieurs jours et plusieurs saisies peuvent être pratiquées en vertu d'une même ordonnance (si exceptionnellement l'ordonnance elle-même autorise la réalisation de plusieurs saisies, v. s[s] n° 1213.221).

Dans le premier cas, lorsque les opérations de saisie se déroulent sur plusieurs jours, le point de départ doit être le dernier jour de la saisie, à savoir celui où l'huissier remet son procès-verbal (sur la notion de suspension de la saisie-contrefaçon, v. s[s] n° 1213.222).

Dans le second cas, bien que toutes issues d'une même ordonnance, chaque saisie-contrefaçon constitue une saisie distincte faisant chacune courir le délai imposé au requérant pour se pourvoir au fond [3] ; une assignation délivrée après l'expiration du délai courant à partir des premières saisies réalisées ne peut pas les protéger de la nullité, mais peut en revanche protéger de la nullité les dernières saisies réalisées pour lesquelles le délai prescrit n'est pas encore expiré [4].

1214.22 **Règles de computation.** La computation se fait selon les règles ordinaires des articles 641 et 642 C. pr. civ., à savoir :

– début du délai : le jour de la saisie-contrefaçon ne compte pas, le délai commence à courir le lendemain ;

– fin du délai : vingtième jour ouvrable [5] à vingt-quatre heures, ou trente-et-unième jour civil à vingt-quatre heures ;

– dérogation : si le dernier jour est un samedi, dimanche, jour férié ou chômé, le délai est prorogé jusqu'au premier jour ouvrable suivant [6].

1214.23 **Assignation hors délai.** Le non-respect de ces règles, c'est-à-dire l'assignation hors délai, entraîne la nullité de la saisie sans qu'il soit nécessaire de justifier d'un grief [7]. Les conséquences en sont précisées plus loin (v. s[s] n°s 1214.61 s.).

SECTION 3
MODALITÉS DE SAISINE DE LA JURIDICTION

1214.30 **Plan.** Les textes exigent que le saisissant se pourvoie au fond dans le délai de vingt jours ouvrables ou trente-et-un jours civils. Dans la majorité des cas, le saisissant se pourvoira par une assignation (§ 1), mais la validité de la saisie-contrefaçon est également préservée par la saisine d'un tribunal correctionnel (§ 2) ou par la formation d'une demande additionnelle (§ 3).

§ 1
Assignation valable

1214.40 **Plan.** La saisie-contrefaçon ne peut être valable que si la juridiction est régulièrement saisie, ce qui signifie que l'assignation doit être régulière. En outre, la question s'est posée de savoir si l'obligation de se pourvoir visait uniquement la délivrance de l'assignation ou si d'autres formalités devaient être accomplies.

1214.41 **Observation préliminaire sur la régularité de l'assignation.** Naturellement, l'assignation doit être régulière pour que la saisie-contrefaçon soit

1. En théorie, le délai de vingt jours ouvrables peut parfois être plus long que celui de trente-et-un jours civils. Ce ne sera toutefois que très exceptionnellement vérifié en pratique, en cas de cumuls de fêtes ou d'évènements exceptionnels, si bien que le praticien sera mieux avisé de ne retenir que le délai de trente et un jours civils qui est au surplus facile à décompter sur un calendrier.
2. Com. 2 mai 1978, n° 76-12.414, P IV, n° 121 – Douai, 1re ch., 2e sect., 31 janv. 2006, *PIBD* 2006, n° 826. III. 231.
3. EN CE SENS : Paris, pôle 5, 1re ch., 28 juin 2016, RG n° 14/17051, *Jurinpi* n° D20160097 ; *PIBD* 2016, n° 1055. III. 678 ; *Propr. intell.* 2016, n° 61, p. 512, obs. de Candé.
4. Com. 3 juin 2003, n° 01-14.214, P IV, n° 91 ; *PIBD* 2003, n° 774. III. 557 ; *Propr. ind.* 2003, n° 70, note P. Kamina ; *Propr. intell.* 2004. 938, obs. C. de Haas– EN CE SENS, également : Pau, 2e ch., 1re sect., 28 mars 2013, *PIBD* 2013, n° 987. III. 1297.
5. Jugé, en matière de saisie-contrefaçon, que les samedis, dimanches et jours fériés ou chômés n'ont pas à être décomptés d'un délai exprimé en jours, « *rien ne justifiant que leur statut diffère selon qu'ils surviennent en cours ou en fin de délai* » : TGI Paris, 3e ch., 1re sect., 30 mars 2017, RG n° 15/05884, *PIBD* 2017, n° 1078. III. 625 ; *Propr. intell.* 2017. 107, note De Candé – CONFIRMÉ SUR CE POINT PAR : Paris, pôle 5, 1re ch., 29 janv. 2019, RG n° 17/11182, *PIBD* 2019, n° 1113. III. 164 – V. EN CE SENS, en matière de retenue en douane (v. s[s] n° 1231.32) : TGI Paris, 3e ch., 2e sect., 7 juill. 2017, RG n° 15/02924, *PIBD* 2017, n° 1082. III. 784 – CONFIRMÉ PAR : Paris, pôle 5, 2e ch., 27 sept. 2019, RG n° 17/19592, *PIBD* 2019, n° 1128. III. 570 – V. DÉJÀ : Crim. 22 févr. 2012, n° 11-83.034, NP.
6. Paris, 28 nov. 1977, *Ann. propr. ind.* 1978. 60 – TGI Paris, 17 mars 1980, *PIBD* 1980, n° 266. III. 188 – TGI Paris, 5 juill. 1995, *PIBD* 1996, n° 617. III. 476.
7. TGI Paris, 20 janv. 1984, *Dossiers Brevets* 1984. V. 4 – Paris, 28 juin 1996, *PIBD* 1996, n° 621. III. 583 – Com. 3 juin 2003, n° 01-14.214, P IV, n° 91 ; *PIBD* 2003, n° 774. III. 557 ; *Propr. ind.* 2003, n° 70, note P. Kamina ; *Propr. intell.* 2004. 938, obs. De Haas – Paris, pôle 5, 1re ch., 24 janv. 2017, RG n° 15/14549, *Jurinpi* n° M20170033 – Aix-en-Provence, 3e ch., 3 déc. 2020, RG n° 17/05219, *Jurinpi* n° M20200291.

valable. L'annulation de l'assignation entraîne, en effet, sauf si celle-ci est régularisée ou suivie d'une assignation valable dans le délai prescrit, automatiquement la nullité de la saisie-contrefaçon[1].

De même, la caducité de l'assignation pourtant délivrée dans le délai prescrit mais non remise au greffe au moins quinze jours avant la date d'audience, conformément à l'article 754 C. pr. civ.[2], entraîne la nullité de la saisie-contrefaçon[3].

Le demandeur doit, normalement, indiquer dans l'assignation les revendications du ou des brevets qu'il invoque et les caractéristiques des modèles sur lesquels il fonde sa demande. Toutefois ces précisions peuvent être apportées par voie de conclusions postérieures[4]. Bien entendu, lorsque toutes les revendications d'un brevet sont invoquées, il n'est pas nécessaire de les citer individuellement[5].

1214.42 Le défendeur n'est pas nécessairement le saisi. Il n'est pas nécessaire d'assigner le saisi qui peut n'être qu'un simple utilisateur non coupable de contrefaçon, car de bonne foi[6]. Le demandeur peut donc assigner le saisi ou un tiers[7].

1214.43 Conséquences de l'absence d'assignation du saisi. Le saisi qui n'a pas été assigné n'est pas à l'abri de poursuites ultérieures. En effet, la saisie-contrefaçon n'est pas nulle à l'égard du saisi si une assignation a été valablement délivrée à un tiers dans le délai légal[8]. Le saisi qui n'a pas été assigné n'est pas non plus victime d'une saisie abusive. En effet, la saisie ne devient pas abusive au seul motif qu'aucune action n'est engagée à l'encontre du saisi, voire même à l'encontre de quiconque. La saisie n'est abusive que si elle est réalisée dans des conditions fautives.

1214.44 Pluralité de défendeurs. Il suffit qu'une assignation soit délivrée dans le délai légal pour éviter la nullité de la saisie-contrefaçon. En cas de pluralité de défendeurs, la saisie sera opposable à tous dès lors que l'assignation a été régulièrement délivrée à l'un d'eux[9].

1214.45 Assignation devant un tribunal compétent. L'assignation doit, en principe, être délivrée devant le tribunal compétent matériellement et territorialement (v. s^{s} n°s 1212.11 s.). Certains tribunaux devant lesquels une action en contrefaçon a été renvoyée par un premier tribunal qui s'était déclaré territorialement incompétent, ont jugé que l'assignation délivrée devant un tribunal incompétent n'empêchait pas la nullité de la saisie-contrefaçon[10]. Il semble cependant qu'il importe peu d'assigner devant un tribunal incompétent puisque, en vertu des articles 81 et 82 C. pr. civ., le juge qui se déclare incompétent désigne la juridiction qu'il estime compétente devant laquelle la procédure se poursuit. C'est donc à juste titre que, par référence à l'ancien article 97 C. pr. civ. remplacé depuis par l'article 82 C. pr. civ.[11], la solution contraire a été retenue par la cour d'appel de Douai dans un arrêt du 12 février 2008 : « *La délivrance au saisi d'une assignation valable dans le délai de quinze jours de la saisie a pour effet d'ouvrir l'instance en contrefaçon, et en cas de saisine d'une juridiction incompétente, c'est la même instance qui se poursuit devant la juridiction déclarée compétente* »[12]. En outre, cette interprétation est conforme à l'article 2241 C. civ., tel que modifié par la loi n° 2008-561 du 17 juin 2008, portant réforme de la prescription en matière civile[13], qui énonce : « *La demande en justice, même en référé, interrompt le délai de prescription ainsi que le délai de forclusion. Il en est de même lorsqu'elle est portée devant une juridiction incompétente ou lorsque l'acte de saisine de la juridiction est annulé par l'effet d'un vice de procédure* ».

Le tribunal compétent peut être un autre que celui dans le ressort territorial duquel la saisie a été réalisée. Il est cependant fréquent de voir pratiquer des saisies-contrefaçon pour justifier la compétence territoriale de tel tribunal. En effet, le lieu de saisie étant, en règle générale, un lieu de la contrefaçon,

1. PAR EX. : Paris, pôle 5, 1re ch., 30 oct. 2018, RG n° 18/03000, *Jurinpi* n° D20180091.
2. Décr. n° 2021-1322, 11 oct. 2021, relatif à la procédure d'injonction de payer, aux décisions en matière de contestation des honoraires d'avocat et modifiant diverses dispositions de procédure civile, *JO* 13 oct.
3. Jurisprudence rendue en application de l'anc. art. 757 C. pr. civ. : TGI Paris, 16 mars 1978, *PIBD* 1978, n° 224. III. 373.
4. TGI Lille, 1re ch., 28 mai 1998, *PIBD* 1998, n° 663. III. 510 – TGI Paris, 3e ch., 18 janv. 2000, *PIBD* 2001, n° 716. III. 130.
5. TGI Paris, 12 oct. 2001, *RDPI* 2002, n° 136, p. 34.
6. Paris, 4e ch., 1er déc. 1988, *PIBD* 1989, n° 451. III. 135.
7. Lyon, 20 mars 1972, *PIBD* 1973, n° 99. III. 55 – TGI Paris, 3e ch., 26 avr. 1975, *PIBD* 1976, n° 163. III. 60 – TGI Paris, 2 juin 1986, *PIBD* 1986, n° 400. III. 385 – Paris, 1er déc. 1988, *Ann. propr. ind.* 1988. 292 – TGI Paris, 3e ch., 2e sect., 27 mai 2016, RG n° 14/05443, *Jurinpi* n° D20160096.
8. Lyon, 20 mars 1972, *PIBD* 1972, n° 99. III. 55.
9. Com. 7 juill. 2015, n° 14-12.733, P IV, n° 675 ; *PIBD* 2015, n° 1034. III. 574.
10. TGI Toulouse, 31 oct. 1996, *PIBD* 1997, n° 626. III. 90 – TGI Paris, 19 mars 1981, *PIBD* 1981, n° 286. III. 186 – TGI Paris, 25 mars 1988, *PIBD* 1988, n° 440. III. 385.
11. Décr. n° 2017-891, 6 mai 2017, relatif aux exceptions d'incompétence et à l'appel en matière civile, *JO* 10 mai, texte 113.
12. Douai, 1re ch., 2e sect., 12 févr. 2008, *PIBD* 2008, n° 872. III. 239 ; *Propr. intell.* oct. 2008. 474, obs. J.-C. Galloux – QUI INFIRME AINSI : TGI Lille, 1re ch., sect. A, 20 oct. 2005, *PIBD* 2005, n° 820. III. 723, qui était conforme à la jurisprudence antérieure contraire.
13. L. n° 2008-561, 17 juin 2008, portant réforme de la prescription en matière civile, *JO* 18 juin, p. 9856.

c'est, au sens de l'article 46 C. pr. civ., un lieu où le préjudice est causé. En cas de pluralité de défendeurs, le demandeur peut saisir la juridiction du lieu où demeure l'un d'eux[1].

En matière de brevet européen, l'assignation consécutive à une saisie-contrefaçon de droit français peut être valablement délivrée devant la Juridiction unifiée du brevet dans les cas où celle-ci est bien compétente pour connaître du fond de l'affaire[2].

1214.46 **Assignation fondée sur les droits invoqués pour pratiquer la saisie-contrefaçon.** Des saisies-contrefaçon demandées sur le fondement de dépôts de modèles sont nulles si l'assignation subséquente, bien que délivrée dans le délai prescrit, n'est fondée que sur les droits d'auteur correspondant aux modèles[3]. En revanche, le procès-verbal d'une saisie-contrefaçon réalisée sur le fondement d'un brevet d'invention peut être invoqué pour prouver la contrefaçon de marque révélée lors des opérations, pour autant que l'assignation en contrefaçon de brevet ait été délivrée dans le délai requis[4].

1214.47 **Délai de remise de l'assignation au greffe.** La question s'est posée de savoir si seule la délivrance de l'assignation devait intervenir dans le délai prescrit ou s'il fallait aussi, dans ce délai, remettre l'assignation au greffe. La question portait donc sur l'interprétation de l'expression « *se pourvoir* » utilisée par le Code de la propriété intellectuelle.

La majorité de la jurisprudence et la doctrine considèrent que seule l'assignation doit être délivrée dans ce délai, la remise de l'assignation au greffe pouvant intervenir ultérieurement, en principe, au moins quinze jours avant la date d'audience, conformément au nouvel article 754 C. pr. civ.[5] :

– en matière de brevets d'invention[6] ;

– en matière de marques[7] ;

– en matière de dessins et modèles[8].

La solution doit s'imposer de la même façon pour l'ensemble des droits de propriété industrielle.

§ 2
Saisine d'un tribunal correctionnel

1214.51 **Que faut-il entendre par « *saisine d'un tribunal correctionnel* » ?** Le saisissant peut vouloir engager l'action en contrefaçon devant le tribunal correctionnel. La doctrine et la jurisprudence interprètent l'obligation de se pourvoir au fond, imposée par les différents articles du Code de la propriété intellectuelle relatifs à la saisie-contrefaçon, comme celle de saisir la juridiction de jugement, ce qui est le cas lorsque, par exemple, le requérant fait délivrer une citation directe.

Le dépôt d'une plainte simple n'est pas suffisant[9]. Cette possibilité a été ajoutée par la loi n° 2014-315 du 11 mars 2014, renforçant la lutte contre la contrefaçon[10], pour justifier s'être pourvu par la voie correctionnelle en matière de retenues douanières ou pour éviter l'annulation de l'interdiction provisoire obtenue en référé. Mais cette nouvelle loi n'a pas retenu cette possibilité après une saisie-contrefaçon, à l'exception des articles L. 332-3 et L. 332-4 du CPI concernant le droit d'auteur, les droits voisins, les logiciels et les bases de données.

S'agissant des actions au fond, la chambre criminelle de la Cour de cassation a indiqué que les règles

1. TGI Paris, 1er juin 1988, *PIBD* 1988, n° 443. III. 479 – Com. 7 mars 2000, n° 97-20.885, P IV, n° 48 – Paris, 14e ch., sect. A, 1er mars 2000, *CCE* 2000. 25.
2. La JUB n'a, en effet, pas compétence exclusive en matière de mesures probatoires (Acc. JUB, art. 32), lesquelles ne sont d'ailleurs pas limitativement énumérées par l'accord JUB (Acc. JUB, art. 53), et l'article L. 615-5 du CPI n'impose au requérant que de saisir une juridiction compétente pour connaître du fond de l'affaire, peu important que cette juridiction ne soit pas française – À l'inverse, une mesure de « *conservation des preuves* » ordonnées par la Juridiction unifiée du brevet n'est valable que si elle est suivie d'une procédure au fond engagée « *devant la Juridiction unifiée* » (Acc. JUB, art. 60 § 8).
3. Paris, 4e ch., 24 nov. 2000, *PIBD* 2001, n° 716. III. 149.
4. TGI Paris, 3e ch., 2e sect., 13 mars 2015, RG n° 13/09332 – RAPPR. Bordeaux, 1re ch. civ., 15 déc. 2020, RG n° 18/01374, *Jurinpi* n° M20200295 (pour un procès-verbal de saisie-contrefaçon en matière de marque invoqué au soutien d'une action en concurrence déloyale introduite après l'engagement, dans le délai requis, de l'action en contrefaçon de marque) – COMP. Règl. de proc. JUB, règle 196 § 2 : « *L'ordonnance de conservation des preuves précise que, sauf ordre contraire de la Juridiction, le résultat des mesures de conservation des preuves ne peut être utilisé que dans le cadre de la procédure au fond* ».
5. Décr. n° 2021-1322, 11 oct. 2021, relatif à la procédure d'injonction de payer, aux décisions en matière de contestation des honoraires d'avocat et modifiant diverses dispositions de procédure civile, *JO* 13 oct.
6. TGI Bordeaux, 15 avr. 1996, *PIBD* 1996, n° 615. III. 401 – Paris, 28 juin 1996, *PIBD* 1996, n° 621. III. 584 – TGI Paris, 3e ch., 12 févr. 1997, *PIBD* 1997, n° 632. III. 263 – TGI Paris, 19 sept. 1997, *PIBD* 1997, n° 645. III. 4 – Paris, 4e ch., 24 nov. 2000, *PIBD* 2001, n° 716. III. 149.
7. TGI Paris, 27 mai 1994, *PIBD* 1994, n° 573. III. 459 – TGI Chalon-sur-Saône, 28 nov. 1995, *PIBD* 1996, n° 605. III. 101 – TGI Paris, 3e ch., 2e sect., 8 nov. 1996, *Ann. propr. ind.* 1997. 6 – TGI Paris, 3e ch., 2e sect., 7 févr. 1997, *Ann. propr. ind.* 1997. 6 – Rouen, 27 févr. 1997, *PIBD* 1997. 631. III. 246.
8. Paris, 26 mai 1994, *PIBD* 1994, n° 574. III. 487, *RDPI* 1995, n° 57, p. 54 – T. com. Corbeil-Essonne, 26 janv. 1996, *PIBD* 1996, n° 610. III. 268 – Paris, 4e ch., 8 avr. 1998, *Gaz. Pal.* 11-13 oct. 1998. Somm. 13 ; *PIBD* 1998, n° 659. III. 419 – Paris, 4e ch., 18 sept. 1998, *JCP E* 1999. I. 1632.
9. PAR EX. Aix-en-Provence, 2e ch., 6 déc. 2018, RG n° 16/02615, *Jurinpi* n° M20180479.
10. L. n° 2014-315, 11 mars 2014, renforçant la lutte contre la contrefaçon, *JO* 12 mars, p. 5112.

de compétence particulières édictées en matière de contrefaçon ne concernent que les juridictions civiles[1]. Tous les tribunaux correctionnels de France sont donc compétents pour connaître des actions pénales en contrefaçon.

§ 3
Demande additionnelle

1214.61 Faut-il délivrer une nouvelle assignation ? La cour d'appel de Paris avait annulé une saisie-contrefaçon au motif qu'elle avait été réalisée postérieurement à l'engagement d'une action en contrefaçon[2]. En l'espèce, la requérante n'avait pas pris soin de faire délivrer une nouvelle assignation mais s'était contentée de faire notifier des conclusions additionnelles devant la cour d'appel qui connaissait de la procédure. Cette décision a été cassée par la Cour de cassation[3] et la solution est maintenant constante[4]. Il n'est donc pas nécessaire d'assigner à nouveau lorsque la saisie-contrefaçon est réalisée postérieurement à l'engagement d'une action.

SECTION 4
SANCTIONS DU DÉFAUT DE POURSUITE

1214.71 Nullité de la saisie. Les différents articles du Code de la propriété intellectuelle relatifs à la saisie-contrefaçon énoncent : « *À défaut pour le demandeur de s'être pourvu au fond, par la voie civile ou pénale, dans un délai fixé par voie réglementaire, l'intégralité de la saisie, y compris la description, est annulée à la demande du saisi, sans que celui-ci ait à motiver sa demande et sans préjudice des dommages et intérêts qui peuvent être réclamés* » (CPI, art. L. 615-5, L. 521-4, L. 622-7 [par renvoi à L. 615-5], L. 623-27-1, L. 716-4-7 et L. 722-4). À défaut d'assignation valablement délivrée par le demandeur à la saisie-contrefaçon[5] dans le délai prescrit, la saisie-contrefaçon est nulle. Il ne s'agit plus d'une nullité de plein droit, comme avant la réforme de 2007, mais le saisi, qui doit demander la nullité, n'a toutefois pas à motiver sa demande ou à rapporter la preuve d'un grief[6] et cette demande peut être formée pour la première fois en appel[7].

1214.72 Étendue de la nullité. La formule issue de la loi du 29 octobre 2007 indique désormais que la nullité affecte « *l'intégralité de la saisie, y compris la description* ». Cette précision a été apportée pour ne plus restreindre comme auparavant la nullité à la seule saisie réelle, en matière de brevets d'invention et de marques. Dans tous les domaines de la propriété industrielle, le défaut d'assignation emporte donc la nullité de toute la saisie-contrefaçon, descriptive et réelle.

1214.73 Conséquence de la nullité. La nullité de la saisie est sans conséquence sur la recevabilité de l'action en contrefaçon mais la preuve de la contrefaçon devra être apportée par d'autres moyens[8]. La saisie annulée ne peut plus être utilisée, à quelque titre que ce soit[9]. Lorsque la saisie-contrefaçon est annulée, le juge ne peut tenir compte du rapport de l'expert qui a assisté l'huissier lors de la saisie-contrefaçon[10].

1. L'arrêt a été rendu en matière de marques, mais son enseignement peut être étendu aux autres matières : Crim. 19 juin 2013, n° 12-84.533, NP ; *CCE* 2014, n° 1, comm. C. Caron.
2. Paris, 22 mai 1991, *PIBD* 1991, n° 511. III. 663.
3. Com. 26 oct. 1993, n° 91-18.049, P IV, n° 357 ; *PIBD* 1994, n° 558. III. 22.
4. PAR EX. : TGI Paris, ord. JME, 4 sept. 2000, RG n° 1998/18966, NP – TGI Paris, 3e ch., 1re sect., 31 oct. 2006, RG n° 02/16040 – Paris, pôle 5, 1re ch., 6 mars 2015, RG n° 12/17517, *Jurinpi* n° B20150015 – TGI Paris, 3e ch., 2e sect., 21 déc. 2018, RG nos 18/11112 et 18/11113.
5. Paris, pôle 5, 2e ch., 8 sept. 2023, RG n° 21/17309 (indifférence de l'assignation délivrée par un tiers dans le délai imparti).
6. TGI Paris, 17 mars 1983, *PIBD* 1983, n° 330. III. 205 – Paris, 28 juin 1996, *PIBD* 1996, n° 621. III. 583 – Com. 3 juin 2003, n° 01-14.214, P IV, n° 91 ; *PIBD* 2003, n° 774. III. 557 ; *Propr. ind.* 2003, n° 70, note P. Kamina ; *Propr. intell.* 2004. 938, obs. C. de Haas – Paris, pôle 5, 2e ch., 8 sept. 2023, RG n° 21/17309.
7. Com. 3 juin 2003, n° 01-14.214, P (préc. ss prést n°).
8. TGI Paris, 10 juill. 1974, *PIBD* 1975, n° 142. III. 71 – TGI Paris, 26 avr. 1975, *PIBD* 1975, n° 154. III. 328 – TGI Paris, 3e ch., 28 mai 1980, *PIBD* 1980, n° 268. III. 209 – Paris, 23 nov. 1989, *PIBD* 1990, n° 474. III. 162 – Paris, 17 mai 1995, *Ann. propr. ind.* 1997. 65 – TGI Paris, 31 mai 1996, *PIBD* 1996, n° 619. III. 518.
9. Paris, 23 nov. 1989, *PIBD* 1990, n° 474. III. 162 – TGI Paris, 11 janv. 1995, *PIBD* 1995, n° 586. III. 208 – Paris, 13 mars 1996, *PIBD* 1996, n° 612. III. 305 – Paris, 7 mai 1996, *PIBD* 1996, n° 617. III. 454.
10. Com. 6 nov. 1990, n° 88-15.436, NP ; *Ann. propr. ind.* 1991. 7.

CHAPITRE

1215. Contentieux de la saisie-contrefaçon

Olivier Hubert
Avocat*

SECTION 0
Orienteur

1215.00 **Sommaire du chapitre.**

Division. Dans un souci pratique, nous distinguerons le contentieux intervenant devant une juridiction autre que celle saisie de l'action en contrefaçon au fond (sect. 1) et le contentieux relevant du tribunal statuant au fond (sect. 2).

1215.01 **Textes applicables.**

• **CPI,** art. L. 521-4, L. 615-5, L. 622-7, L. 623-27-1, L. 716-4-7 et L. 722-4.

• **C. pr. civ.,** art. 72, 112 à 121, 306 à 313, 460, 493 à 498.

• **C. civ.,** art. 1240.

* La dixième édition de cette contribution était l'œuvre de Pierre Véron et Olivier Hubert, et les précédentes, sous la direction de Pierre Véron, étaient celle d'Isabelle Romet, Thomas Bouvet, Blandine Tronel et Nicolas Bouche.

1215.02 **Jurisprudence de référence.**

> Annulation totale ou partielle du procès-verbal de saisie-contrefaçon. Dépassement de pouvoirs par l'huissier.

• **Com. 14 nov. 2024,** n° 22-20.447, P.

* V. s[s] n°s 1215.94

En cas d'irrégularité, seules les mesures d'exécution de la saisie-contrefaçon qui en sont affectées et les mentions du procès-verbal qui relatent ces mesures, sont annulées.

Il en résulte qu'en cas de violation par l'huissier de justice des limites de l'autorisation donnée par l'ordonnance, la nullité du procès-verbal est limitée aux mesures réalisées en violation de cette autorisation.

1215.03 **Bibliographie indicative.**

* V. s[s] n° 12.03.

1215.05 **Remarque de l'auteur.** La plupart des textes concernant la saisie-contrefaçon parlant d'huissier, il a été choisi de laisser ce terme dans les développements qui suivent en lieu et place de commissaire de justice.

SECTION 1
Contentieux porté devant un juge autre que le juge du fond

1215.10 **Plan.** Il convient de distinguer les possibilités d'appel à l'encontre de la décision du juge saisi de la requête aux fins de saisie-contrefaçon (§ 1), les recours en rétractation ou en modification de l'ordonnance de saisie-contrefaçon (§ 2) et, enfin, les actions dont le saisi dispose lorsque le saisissant ne fait pas suivre la saisie-contrefaçon d'une procédure en contrefaçon (§ 3).

§ 1
Appel

1215.21 **Un recours réservé au requérant dont la requête a été rejetée.** « *S'il n'est pas fait droit à la* *requête, appel peut être interjeté à moins que l'ordonnance n'émane du premier président de la cour d'appel. Le délai d'appel est de quinze jours. L'appel est formé, instruit et jugé comme en matière gracieuse* ». Il résulte de ces termes de l'article 496 alinéa 1er C. pr. civ. que seul le requérant a la possibilité de relever appel, dans la seule hypothèse où sa requête est rejetée ou accueillie partiellement[1].

1215.22 Délai d'appel. L'article 496 alinéa 1er C. pr. civ. ne précise pas le point de départ du délai de quinze jours. Celui-ci commence à courir le jour où l'ordonnance est rendue, sauf à ce qu'il soit démontré que l'ordonnance n'a pas été remise au requérant le jour même de son prononcé[2].

§ 2 Recours en rétractation ou en modification de l'ordonnance

1215.30 Texte applicable. L'article 496 alinéa 2 C. pr. civ. dispose : « *S'il est fait droit à la requête, tout intéressé peut en référer au juge qui a rendu l'ordonnance* ». L'article 497 du même code précise : « *Le juge a la faculté de modifier ou de rétracter son ordonnance, même si le juge du fond est saisi de l'affaire* ».

A. Auteur du recours en rétractation ou en modification d'ordonnance

1215.41 Saisi. Dans la plupart des cas, c'est le saisi qui prendra l'initiative d'une demande en rétractation ou en modification d'ordonnance, afin, par exemple, de solliciter des mesures nécessaires à la préservation de ses secrets industriels et commerciaux ou la mainlevée de la saisie (v. ss nos 1213.170 s.).

1215.42 Requérant. Le requérant peut également avoir à saisir le magistrat qui a rendu l'ordonnance s'il doit solliciter, pendant l'exécution de la saisie-contrefaçon, des mesures complémentaires.

1215.43 Tout intéressé. Il peut arriver qu'un tiers à la saisie-contrefaçon ait intérêt à solliciter la rétractation et la modification de l'ordonnance. Ce peut être le cas du contrefacteur présumé lorsqu'une saisie-contrefaçon est pratiquée à l'encontre de l'un de ses partenaires industriels ou commerciaux[3].

1. Paris, pôle 5, 1re ch., 20 sept. 2016, RG no 16/00148, *JurisData* no 2016-029310.
2. Civ. 2e, 16 mai 1990, no 89-10.243, P II, no 105 – Limoges, 27 janv. 1992, *D.* 1993. Somm. 186, obs. P. Julien ; *RTD civ.* 1993. 194, obs. R. Perrot.

B. Magistrat compétent

1215.51 Le juge qui a rendu l'ordonnance. Ainsi que l'article 496 alinéa 2 C. pr. civ. le prévoit expressément, la demande en rétractation ou en modification de l'ordonnance doit être soumise à l'auteur de l'ordonnance[4]. Mais, il ne s'agit pas forcément de la personne physique qui a rendu l'ordonnance[5].

1215.52 Pendant ou après la saisie-contrefaçon ? La plupart des ordonnances de saisie-contrefaçon prévoient que le magistrat qui a rendu l'ordonnance ne pourra être saisi d'une difficulté qu'après l'exécution de la saisie-contrefaçon.

1215.53 Après la saisine du tribunal au fond. L'article 497 C. pr. civ. prévoit expressément que « *le juge a la faculté de modifier ou de rétracter son ordonnance, même si le juge du fond est saisi de l'affaire* ».

C. Pouvoirs du magistrat

1215.61 Le juge de la rétractation ne dispose pas du pouvoir d'apprécier la régularité de la saisie-contrefaçon. À la différence du tribunal saisi au fond, le juge des requêtes saisi du référé-rétractation, n'est pas compétent pour prononcer la nullité d'une ordonnance ou d'un procès-verbal de saisie-contrefaçon dont il apprécierait la régularité[6]. Il ne peut, en effet, pas statuer sur les conditions d'exécution des mesures de saisie-contrefaçon[7]. Son rôle consiste exclusivement à réexaminer les conditions d'octroi de l'ordonnance de saisie-contrefaçon et la portée de cette dernière[8], en tenant compte non

3. PAR ANALOGIE, en matière de mesures d'instruction sur requête : Civ. 2e, 1er sept. 2016, no 15-19.799, P II, no 1237.
4. Com. 21 oct. 2014, no 13-15.435, NP ; *Jurinpi* no B20140167 ; *PIBD* 2014, no 1017. III. 873 : « *La demande de rétractation d'une ordonnance sur requête relève de la compétence exclusive du juge qui l'a rendue, saisi comme en matière de référé* ».
5. Paris, pôle 1, 2e ch. 13 déc. 2012, RG no 11/13072.
6. Colmar, 27 juill. 1951, *Ann. propr. ind.* 1951. 261.
7. TGI Paris, 3e ch., 3e sect., ord. réf., 15 nov. 2013, RG no 13/12247 – TGI Paris, 3e ch., 1re sect., ord. réf., 13 janv. 2015, RG no 14/14935, *Jurinpi* no M20150079 – TGI Paris, 3e ch., 3e sect., ord. réf., 10 avr. 2015, RG no 15/02178, *Jurinpi* no B20150085 – Paris, pôle 5, 1re ch., 6 avr. 2022, RG no 21/11620, *Jurinpi* no B20220037 – TJ Paris, 3e ch., 2e sect., 2 févr. 2024, RG no 23/12720 (les conditions de la signification de l'ordonnance échappent ainsi à la juridiction du juge de la rétractation).
8. TGI Paris, 3e ch. 4e sect., ord. réf., 7 mai 2015, RG no 15/02367, *Jurinpi* no B20150074 – Paris, pôle 5, 2e ch., 4 oct. 2019, RG no 18/23117, *Jurinpi* no B20190065 ; *PIBD* 2020, no 1133. III. 123 – v. CEP. cette ordonnance qui rétracte une ordonnance aux fins de saisie-contrefaçon parce qu'il n'existait aucune contrefaçon au jour de la requête : TGI Paris, 3e ch., 1re sect., ord. réf., 6 mars 2014, RG no 14/00967.

seulement des éléments de preuve produits au soutien de la requête, mais aussi de ceux fournis ultérieurement[1]. En revanche, dans un arrêt rendu en matière de mesures d'instruction dont la solution est transposable à la saisie-contrefaçon, la Cour de cassation a jugé que, « *saisi de la demande de nullité des mesures d'instruction exécutées sur le fondement de l'ordonnance sur requête dont il prononce la rétractation, le juge doit constater la perte de fondement juridique de ces mesures et la nullité qui en découle* »[2].

1215.62 **Rétractation totale.** Dans l'hypothèse où le saisi serait en mesure de démontrer que les conditions d'autorisation de la saisie-contrefaçon n'étaient pas remplies, l'ordonnance pourrait être révoquée purement et simplement (v. ainsi un arrêt rétractant une ordonnance rendue en faveur d'un propriétaire irrégulier[3] et un arrêt rejetant le pourvoi contre un arrêt qui avait rétracté l'ordonnance au motif que le saisi paraissait en droit, à titre de licencié, d'exploiter la technologie arguée de contrefaçon[4]).

1215.63 **Rétractation partielle.** Le juge a le pouvoir de supprimer de l'ordonnance les dispositions qui s'avéreraient excessives. Tel serait le cas de dispositions excédant les limites prévues par les textes, comme par exemple une ordonnance autorisant la présence d'un salarié du requérant ou permettant la saisie d'éléments sans lien avec les faits de contrefaçon allégués[5].

§ 3
Recours du saisi en l'absence de procès au fond

1215.71 **Demande en restitution du matériel saisi.** Si le saisissant ne fait pas suivre la saisie-contrefaçon d'une assignation en contrefaçon, le saisi peut demander au juge des requêtes saisi du référé-rétractation de constater la nullité de la saisie-contrefaçon, faute d'assignation dans le délai légal, et d'ordonner au saisissant de restituer les objets saisis réellement[6].

1215.72 **Demande en dommages-intérêts pour saisie abusive.** Si le saisissant ne fait pas suivre la saisie-contrefaçon d'une assignation au fond, le saisi qui estimerait avoir fait l'objet d'une procédure abusive pourra engager une action principale en paiement de dommages-intérêts[7] (pour les conditions de succès d'une demande de dommages-intérêts pour procédure abusive, v. s[s] n° 1215.112). Cela résulte de l'alinéa 5 des différents articles relatifs à la saisie-contrefaçon en matière de propriété industrielle qui précise que la saisie est annulée à la demande du saisi « *sans préjudice des dommages et intérêts qui peuvent être réclamés* ».

SECTION 2
CONTENTIEUX DEVANT LE JUGE DU FOND

1215.80 **Plan.** Le tribunal saisi de l'action en contrefaçon au fond est compétent pour statuer sur les moyens de nullité du procès-verbal de saisie-contrefaçon (§ 1), les demandes en inscription de faux à l'encontre du procès-verbal de saisie-contrefaçon (§ 2) et les demandes en réparation (§ 3).

§ 1
Contentieux de l'annulation

1215.91 **Sources de nullité du procès-verbal de saisie-contrefaçon.** La nullité du procès-verbal de saisie-contrefaçon peut résulter de la rétractation de l'ordonnance de saisie-contrefaçon, de la nullité de l'assignation ou d'irrégularités affectant les opérations de saisie-contrefaçon ou le procès-verbal de saisie-contrefaçon lui-même. Ces causes de nullité, leur qualification en nullité de forme ou de fond et leur sanction ont été examinées dans le cadre des explications relatives au demandeur à la saisie, la requête, l'ordonnance, l'exécution de la saisie-contrefaçon et l'obligation d'assigner dans le délai prescrit.

En revanche, la nullité de la saisie-contrefaçon ne devrait pas pouvoir être tirée d'une critique de l'ordonnance de saisie-contrefaçon ou de ses conditions d'obtention, parce que le tribunal saisi du fond ne devrait pas être compétent pour revenir sur cette ordonnance. L'adage « *Voies de nullité n'ont lieu contre les jugements* », codifié à l'article 460 C. pr. civ., paraît interdire au juge saisi du fond de remettre en cause la validité de l'ordonnance[8]. C'est normalement au juge qui a rendu l'ordonnance, et cela même lorsque le juge du fond est saisi de l'affaire (C. pr. civ., art. 497), de

1. Com. 4 mars 2020, n° 17-28.598, NP ; *PIBD* 2020, n° 1140. III. 3 – Rejetant le pourvoi contre Paris, pôle 1, 3e ch., 29 nov. 2017, RG n° 17/07240, *Jurinpi* n° M20170502.
2. Civ. 2e, 5 janv. 2017, n° 15-25.035, P II, n° 23 ; *Propr. intell.* 2018. 92, note C. de Haas ; *Procédures* 2017. Comm. 60, note Y. Strickler.
3. Paris, 6 janv. 1932, *Ann. propr. ind.* 1932. 291, note Fernand-Jacq.
4. Com. 13 déc. 1994, n° 92-20.704, NP ; *PIBD* 1995, n° 583. III. 105.
5. TJ Paris, 3e ch., 3e sect., ord. réf., 19 avr. 2023, RG n° 22/12997.
6. TGI Privas, réf., 16 févr. 1989, *Dossiers Brevets* 1989. I. 4.
7. Paris, 4e ch., sect. A, 19 juin 1990, *RD propr. ind.* 1990, n° 32, p. 49 ; *Ann. propr. ind.* 1990. 169 – Cassé par Com. 30 juin 1992, n° 90-17.782, P IV, n° 254.
8. Exemples de décision en ce sens précédant l'arrêt de la Cour de cassation : TGI Paris, 3e ch., 1re sect., 26 juin 2012, RG n° 10/16055 – TGI Paris, 3e ch., 4e sect., 11 oct. 2012, RG n° 09/11848 ; TGI Paris, 3e ch., 2e sect., 26 oct. 2012, RG n° 10/11400.

la rétracter (ou, sur recours contre sa décision, à la cour d'appel). Par un arrêt du 14 novembre 2012 – rendu en matière de propriété littéraire et artistique et s'agissant d'opérations de constat, mais dont la portée s'étend à la propriété industrielle et à la saisie-contrefaçon –, la Cour de cassation a, cependant, statué en sens contraire, en énonçant que « *les dispositions de l'article 496, alinéa 2, du Code de procédure civile, qui confèrent au juge qui a rendu l'ordonnance sur requête une compétence exclusive pour connaître du recours en rétractation institué par ce texte, ne font pas obstacle à ce que le juge du fond, appréciant la régularité des éléments de preuve qui lui sont soumis, puisse annuler un procès-verbal de constat pour des motifs tirés des conditions de délivrance de l'ordonnance sur requête* »[1]. Les juges du fond semblaient, toutefois, réticents à suivre cette jurisprudence[2]. Par un arrêt du 17 mars 2015 – rendu, cette fois-ci, en matière de propriété industrielle et à propos d'opérations de saisie-contrefaçon – la Cour de cassation a cependant réitéré sa position[3]. Les juges du fond admettent, depuis, largement cette solution[4].

Le procès-verbal peut également être annulé en cas de détournement de la procédure de saisie-contrefaçon. Il a ainsi été jugé qu'en l'absence de toute preuve matérielle de la contrefaçon, le saisissant ne pouvait faire consigner les déclarations du saisi : admettre le contraire reviendrait à permettre à quiconque souhaitant faire entendre une personne suspectée de commettre des actes de contrefaçon de recueillir ses déclarations, voire ses aveux, en soutenant de mauvaise foi qu'elle détient des objets contrefaisants[5].

1215.92 Régime des irrégularités de forme et de fond. Il suffit de rappeler que, conformément au droit commun, une irrégularité de forme est soumise à la règle « *Pas de nullité sans grief* » de l'article 114 C. pr. civ. Celui qui se prévaut d'une irrégularité de forme a donc la charge de préciser en quoi elle lui a causé un grief et de rapporter la preuve de ce grief et de sa relation avec le vice allégué[6]. L'obligation de rapporter la preuve d'un grief vaut également pour l'inobservation de formalités substantielles ou d'ordre public. En revanche, en vertu de l'article 119 C. pr. civ. : « *Les exceptions de nullité fondées sur l'inobservation des règles de fond relatives aux actes de procédure doivent être accueillies sans que celui qui les invoque ait à justifier d'un grief et alors même que la nullité ne résulterait d'aucune disposition expresse* »[7]. La jurisprudence assimile l'inobservation d'une règle d'organisation judiciaire à une irrégularité de fond.

1215.93 Délai de présentation des nullités. Les moyens de nullité du procès-verbal de saisie-contrefaçon étant des défenses au fond et non des exceptions de procédure (plus précisément, des exceptions de nullité), comme l'ont soutenu à tort quelques décisions, ils sont recevables en tout état de cause, même si l'irrégularité constitue un vice de forme, conformément à l'article 72 C. pr. civ.[8]

1. Civ. 1re, 14 nov. 2012, no 11-18.045 – Depuis, jugement rendu, PAR EXEMPLE, EN CE SENS : TGI Paris, 3e ch., 4e sect., 10 oct. 2013, RG no 12/06930.
2. Paris, pôle 5, 1re ch., 12 déc. 2012, RG no 10/19186 – Paris, pôle 5, ch. 2, 15 févr. 2013, RG no 11/02263 – TGI Paris, 3e ch., 3e sect., 1er mars 2013, RG no 10/10427 – TGI Paris, 3e ch., 2e sect., 28 juin 2013, *PIBD* 2013, no 993. III. 1532 – Bordeaux, 5e ch. civ., 5 sept. 2013, deux arrêts : RG nos 12/3462 et 12/4054 – Paris, pôle 5, 2e ch., 9 mai 2014, RG no 12/15690, *Jurinpi* no B20140081 ; *PIBD* 2014, no 1009. III. 537 – Paris, pôle 5, 1re ch., 13 janv. 2015, RG no 12/22214, *PIBD* 2015, no 1024. III. 219 ; *Propr. intell.* 2015. 329, obs. Warusfel.
3. Com. 17 mars 2015, no 13-15.862, NP ; *Jurinpi* no B20150025 ; *PIBD* 2015, no 1027. III. 335.
4. TGI Paris, 3e ch., 4e sect., 2 juill. 2015, RG no 12/11488, *Jurinpi* no B20150120 ; *PIBD* 2015, no 1038. III. 737 – CONFIRMÉ PAR : Paris, pôle 5, 1re ch., 27 juin 2017, RG no 15/18722, *Jurinpi* no B20170111 – TGI Paris, 3e ch, 1re sect., 12 mai 2016, RG no 14/12830, *Jurinpi* no M20160345 ; *PIBD* 2016, no 1060. III. 896 – Paris, pôle 5, 1re ch., 24 janv. 2017, RG no 14/25549, *Jurinpi* no B20170008 ; *PIBD* 2017, no 1072. III. 346 – Paris, pôle 5, 1re ch., 27 juin 2017, RG no 14/25023, *Jurinpi* no B20170109 – Paris, pôle 5, 1re ch., 12 juin 2018, RG no 16/14559, *Jurinpi* no M20180236 – Paris, pôle 5, 2e ch., 24 janv. 2020, RG no 17/12908, *Jurinpi* no B20200001 (nullité du brevet fondant ordonnance) – POURVOI REJETÉ PAR : Com. 28 sept. 2022, no 20-16.874, NP ; *Jurinpi* no B20220077, *PIBD* 2022, no 1193. III. 2 – TJ Paris, 3e ch., 3e sect., 7 sept. 2021, RG no 15/06549 – V. CEP. TGI Paris, 3e ch., 2e sect., 27 mai 2016, RG no 14/05443, *Jurinpi* no D20160096 – Paris, pole 5, 2e ch., 21 avr. 2023, RG no 21/04498, *Jurinpi* no B20230039 (nullité du brevet invoqué au soutien de la requête aux fins de saisie-contrefaçon et fondant l'ordonnance) – Lyon, ch. civ. 1 A, 22 févr. 2024, RG no 20/06309, *PIBD* 2024, no 1223. III. 4 et sa brève (incompétence du magistrat ayant rendu l'ordonnance) – Paris, pôle 5, 2e ch., 26 nov. 2021, RG no 20/05827, *PIBD* 2022, no 1175. III. 6 (manquement du requérant à son obligation de loyauté dans la présentation des faits invoqués au soutien de la requête aux fins de saisie-contrefaçon) – POURVOI REJETÉ PAR : Com. 6 déc. 2023, no 22-11.071, P ; *Jurinpi* no M20230250 ; *PIBD* 2024, no 1219. III. 2 ; *Propr. ind.* 2024. Repère 3, note Le Stanc ; *Propr. ind.* 2024, no 17, note Binctin – TJ Paris, 3e ch., 2e sect., 25 oct. 2024, RG no 20/07661 (changement de titularité de la marque invoquée au soutien de la requête, à la suite d'une action en revendication).
5. Paris, 7 oct. 1998, *JCP E* 1999. I. 1631 ; *PIBD* 1999, no 667. III. 16 ; *RDPI* 1999, no 97, p. 44 – Paris, 4e ch., sect. B, 24 févr. 2006, *PIBD* 2006, no 829. III. 332.
6. PAR EX. : Paris, pôle 5, 2e ch., 15 avr. 2022, RG no 20/07813, *PIBD* 2022, no 1187, III. 8.
7. PAR EX. : Paris, pôle 5, 2e ch., 18 nov. 2022, RG no 20/18533.
8. N. Bouche, « Quelle qualification pour le moyen de nullité de la saisie-contrefaçon ? », *Propr. ind.* 2010. Étude 3, p. 10-14 – Com. 19 janv. 2010, no 08-18.732, NP ; *RLDI* févr. 2010. 30, obs. L. C. – Com. 14 sept. 2010, no 09-69.862, NP – Com. 29 mars 2011, nos 09-16.330 et 09-68.144, NP ; *PIBD* 2011, no 940. III. 339 – Bordeaux, ch. civ. 1, 21 déc. ▶

1215.94 Annulation totale ou partielle du procès-verbal de saisie-contrefaçon. Selon les causes de nullité, le procès-verbal de saisie-contrefaçon sera annulé en totalité ou en partie. Par exemple, à défaut d'assignation dans le délai requis, l'annulation affectera tant la seule saisie réelle que la saisie descriptive (v. s^s n° 1214.72). Inversement, lorsque la saisie-contrefaçon porte sur plusieurs titres, dont certains seulement peuvent fonder une saisie-contrefaçon, l'annulation portera exclusivement sur la partie de la saisie-contrefaçon relative aux autres titres. Par un arrêt du 14 novembre 2024, la Cour de cassation a ajouté qu'« *en cas d'irrégularité, seules les mesures d'exécution de la saisie-contrefaçon qui en sont affectées et les mentions du procès-verbal qui relatent ces mesures sont annulées* » si bien qu'« *en cas de violation par l'huissier de justice des limites de l'autorisation donnée par l'ordonnance, la nullité du procès-verbal est limitée aux mesures réalisées en violation de cette autorisation* »[1].

1215.95 Conséquence de l'annulation du procès-verbal de saisie-contrefaçon. L'annulation du procès-verbal de saisie-contrefaçon emporte impossibilité absolue de se prévaloir du contenu du procès-verbal et des pièces appréhendées lors de la saisie-contrefaçon[2]. Si le demandeur en contrefaçon ne dispose pas d'autres moyens de preuve que le procès-verbal de saisie-contrefaçon, l'annulation de ce dernier entraînera inéluctablement le rejet de la demande en contrefaçon, pour absence de preuve de la contrefaçon alléguée (v. s^s n° 1214.73). En revanche, l'annulation de la saisie-contrefaçon n'affecte ni la validité de l'assignation en contrefaçon, ni la recevabilité de l'action en contrefaçon.

▶ 2017, RG n° 16/00802, *Jurinpi* n° D20170131 ; *Propr. intell.* 2019. 84, note C. de Haas – Et même pour la première fois en cause d'appel : Paris, pôle 5, 1re ch., 13 janv. 2015, RG n° 12/22214, *PIBD* 2015, n° 1024. III. 219 ; *Propr. intell.* 2015. 329, obs. B. Warusfel – TJ Paris, 3e ch., 3e sect. 24 avr. 2024, RG n° 21/00685 – V. AUSSI en matière de propriété littéraire et artistique : Paris, pôle 5, 2e ch., 6 oct. 2023, RG n° 22/15239 : la demande de nullité du procès-verbal de saisie-contrefaçon relève dès lors de la compétence exclusive du juge du fond.

1. Com. 14 nov. 2024, n° 22-20.447, P (cassation de l'arrêt qui avait annulé totalement le procès-verbal de saisie-contrefaçon au motif que l'huissier s'était déplacé dans un lieu non visé par l'ordonnance et avait saisi des documents en ce lieu).
2. Paris, pôle 5, 1re ch., 23 sept. 2014, RG n° 13/04388, *Jurinpi* n° B20140144 ; *PIBD* 2014, n° 1018. III. 902 – Com. 7 mai 2019, n° 17-13.602, NP, *PIBD* 2019, n° 1120. III. 355 – Paris, pôle 5, 1re ch., 11 juin 2019, RG n° 17/04525, *PIBD* 2019, 1123. III. 412 – L'annulation du procès-verbal entraîne celle du rapport d'expertise portant sur l'analyse de l'objet saisi : TGI Paris, 3e ch., 2e sect., 31 mars 2017, RG n° 11/07054 – CONFIRMÉ PAR : Paris, pôle 5, 2e ch., 24 janv. 2020, RG n° 17/12908, *Jurinpi* n° B20200001 – POURVOI REJETÉ PAR : Com. 28 sept. 2022, n° 20-16.874, NP ; *Jurinpi* n° B20220077, *PIBD* 2022, n° 1193. III. 2.

§ 2
Inscription de faux

1215.100 Textes applicables. Dans la mesure où la procédure d'inscription de faux dirigée à l'encontre du procès-verbal de saisie-contrefaçon sera engagée à l'initiative du défendeur en contrefaçon à titre de moyen de défense dans le cadre de l'action en contrefaçon, il s'agit d'une inscription de faux incidente régie par les articles 306 à 313 C. pr. civ.

1215.101 Domaine de l'inscription de faux. Les énonciations du procès-verbal relatives à la matérialité de ce que l'huissier déclare avoir fait, vu ou entendu valent jusqu'à inscription de faux[3]. En revanche, la présomption de vérité jusqu'à inscription de faux ne vaut pas pour les appréciations personnelles de l'huissier. Ces appréciations personnelles ne relèvent donc pas de la procédure d'inscription de faux et sont susceptibles de preuve contraire selon les modalités du droit commun[4].

1215.102 Fondement de l'inscription de faux. Généralement, le demandeur à l'inscription de faux apporte la preuve de ce que les constatations de l'huissier sont erronées. L'inscription de faux peut également être accueillie du seul fait que, compte tenu des circonstances, il est établi que l'huissier n'a pas pu constater ce qu'il a décrit dans son procès-verbal[5]. Ce raisonnement est également accueilli lorsque la force probante de certaines constatations est contestée indépendamment de toute inscription de faux (ainsi d'un arrêt d'appel où certaines énonciations se rapportaient au fonctionnement des machines dans des configurations autres que celles mises en œuvre au moment de la saisie[6]).

1215.103 Sanction. La jurisprudence tend à déterminer les erreurs figurant dans le procès-verbal de saisie-contrefaçon, les déclarer retirées et à confirmer la validité du reste du procès-verbal, dont la saisie réelle[7] (ainsi, dans une espèce où le saisi contestait la force probante du procès-verbal de saisie-contrefaçon en dehors de toute inscription de faux[8]).

3. TGI Paris, 3e ch., 3e sect., 1er mars 2013, RG n° 10/10427 – Paris, pôle 5, 1re ch., 22 mai 2013, *PIBD* 2013, n° 968. III. 1313 – TGI Nanterre, ch. civ. 1, 1er oct. 2015, RG n° 12/07051, *Jurinpi* n° M20150449 ; *PIBD* 2016, n° 1041. III. 39 – TGI Paris, 3e ch., 1re sect., 13 oct. 2016, RG n° 15/14627, *Jurinpi* n° B20160166 – V CEP. : Com. 29 sept. 2015, n° 14-12.430, P IV, n° 139 ; *PIBD* 2015, n° 1038. III. 735 ; *CCE* 2015, n° 87, note Caron : « *En s'appropriant les constatations dictées par l'homme de l'art, l'huissier de justice leur avait conféré foi jusqu'à preuve du contraire, cependant qu'elles n'avaient valeur que de simple témoignage* ».
4. TGI Paris, 3e ch., 8 oct. 1987, *PIBD* 1988, n° 429. III. 101 – TGI Paris, 3e ch., 22 nov. 1996, *PIBD* 1997, n° 628. III. 137.
5. Nancy, 1re ch., 12 mars 1991, *RD propr. ind.* 1991, n° 34, p. 30.
6. Paris, 4e ch., 24 sept. 1991, *RDPI* 1992, n° 41, p. 63.
7. TGI Paris, 3e ch., 22 nov. 1996, *PIBD* 1997, n° 628. III. 137.
8. TGI Paris, 3e ch., 2e sect., 13 mars 1998, *RDPI* 1998, n° 85, p. 29.

§ 3

Contentieux de la réparation

1215.111 Principe général. La saisie-contrefaçon constitue une mesure exorbitante en ce qu'elle permet à un titulaire de droits de propriété industrielle de faire procéder à des investigations dans les locaux du présumé contrefacteur aux fins d'obtenir la preuve de la contrefaçon alléguée. Il importe cependant que le saisissant s'abstienne de tout abus et utilise la procédure de saisie-contrefaçon avec mesure et discernement. La saisie-contrefaçon ne doit pas être détournée de sa finalité exclusivement probatoire. L'exercice, par le titulaire d'un droit de propriété industrielle, de son droit de procéder à une saisie-contrefaçon est apprécié au regard de l'article 1240 C. civ., anciennement 1382 C. civ.

1215.112 Fondements des demandes en dommages-intérêts pour procédure abusive. Au soutien de leur demande reconventionnelle en dommages-intérêts pour procédure abusive, les défendeurs allèguent le plus souvent :

– un trouble commercial résultant de l'atteinte portée à leur réputation du fait de saisies-contrefaçon pratiquées soit en nombre excessif, notamment contre leurs clients, soit dans des conditions de nature à conférer une publicité anormale aux opérations ;

– une captation de leurs secrets industriels et commerciaux ;

– ou le fait que le saisissant ne pouvait se méprendre sur l'étendue de ses droits[1].

Ces griefs ne sont accueillis que dans les cas où ils sont réellement caractérisés[2] et où le saisi peut établir un préjudice[3].

1215.113 Méprise légitime. Un grand nombre de décisions déclarent que le breveté n'a pas abusé de son droit de faire procéder à une saisie-contrefaçon bien que celle-ci soit annulée ou l'action au fond déclarée infondée[4] (ainsi du TGI – devenu TJ – de Lille, qui indiquait : « *Les défenderesses ne justifiaient pas que le breveté ait agi de mauvaise foi, par intention malicieuse ou par une erreur grossière équivalente au dol, qu'aussi longue et confuse qu'ait été la procédure, qu'aussi difficiles qu'en aient été les étapes, illustrées par les changements nombreux de conseils du demandeur, on ne voit là que l'expression exacerbée de la recherche de la reconnaissance d'un droit, fût-il erroné* »[5] – ou le TGI – devenu TJ – de Paris, pour un cas où le défendeur ne faisait pas la preuve d'une perte de clientèle résultant des deux saisies-contrefaçon pratiquées[6]). La jurisprudence estime donc que l'échec de la procédure en contrefaçon ne peut pas, à elle seule, justifier la condamnation du breveté pour procédure abusive.

1215.114 Responsabilité de l'huissier instrumentaire. L'huissier qui procède aux opérations de saisie-contrefaçon peut voir sa responsabilité engagée s'il commet une faute. Selon la jurisprudence, l'huissier étant responsable des actes qu'il délivre et de leur rédaction, il commet une faute professionnelle engageant sa responsabilité en délivrant un

1. TGI Paris, 3e ch., 4e sect., 10 oct. 2013, RG no 12/06748.
2. Com. 3 mars 2021, no 18-15.207, NP : après avoir rappelé que « *celui qui triomphe, même partiellement, en son action ne peut être condamné à des dommages-intérêts pour abus du droit d'agir en justice, sauf circonstances particulières qu'il appartient au juge de spécifier* », la Cour de cassation a cassé un arrêt d'appel qui avait condamné le demandeur en contrefaçon à des dommages-intérêts aux motifs que celui-ci ne pouvait, « *par le biais de la procédure en contrefaçon, éliminer les nouveaux concurrents* […] *en faisant procéder à des saisies-contrefaçons* […] *dans les salons où* [le prétendu contrefacteur] *exposait ses produits ainsi qu'à son siège social, et en saisissant le tribunal* […] *d'une demande en contrefaçon, qu'*[il] *a abandonnée en ne versant pas la consignation complémentaire dès qu'*[il] *avait compris que* [le prétendu contrefacteur] *avait été* [mis] *en liquidation judiciaire* », alors que, selon la Cour de cassation, le brevet litigieux n'avait été révoqué que partiellement, « *ce dont il ressortait que* [le demandeur en contrefaçon] *était en droit d'agir en contrefaçon pour assurer la protection de ses brevets contre toute atteinte présumée* » – Rouen, 12 mars 2020, RG no 18/00137, *Jurinpi* no B20200013 – POURVOI REJETÉ PAR : Com. 26 janv. 2022, no 20-16.425, NP ; *PIBD* 2022, no 1179. III. 1.
3. Com. 12 févr. 2013, no 11-26.361, NP ; *PIBD* 2013, no 981. III. 1089 – V. ÉGAL. la condamnation d'un breveté pour procédure abusive, alors qu'il avait modifié les revendications de son brevet en cours de délivrance afin de les faire correspondre aux machines incriminées : Paris, pôle 5, 2e ch., 18 oct. 2013, *PIBD* 2014, no 997. III. 1 – RAPPR. : Rouen, 12 mars 2020, RG no 18/00137, *Jurinpi* no B20200013 – V. AUSSI la condamnation d'un breveté pour procédure abusive, alors que la saisie-contrefaçon, effectuée dans un salon professionnel portait sur des faits déjà établis par les précédentes saisies-contrefaçon et ne présentait donc aucune utilité probatoire, mais n'a au contraire été effectuée que dans un but de déstabilisation d'un concurrent direct : Paris, pôle 5, 1re ch., 6 sept. 2016, RG no 15/12619, *Jurinpi* no D20160139 – Rouen, 12 mars 2020, RG no 18/00137, *Jurinpi* no B20200013 – POURVOI REJETÉ PAR : Com. 26 janv. 2022, no 20-16.425, NP ; *PIBD* 2022, no 1179. III. 1 – TJ Paris, 3e ch., 2e sect., 4 sept. 2020, RG no 17/01825 – CONFIRMÉ PAR : Paris, pôle 5, 2e ch., 9 sept. 2022, RG no 20/12901, *Jurinpi* no B20220066 – NON REMIS EN CAUSE PAR : Com. 24 avr. 2024, no 22-22.999, P ; *Jurinpi* no B20240020, *PIBD* 2024, no 1226. III. 1 ; *Propr. ind.* 2024, no 39, note Raynard ; *Propr. intell.* 2024. 7, obs. Passa.
4. Paris, 4e ch., 22 févr. 1982, *PIBD* 1982, no 306. III. 162 – TGI Paris, 3e ch., 30 oct. 1987, *PIBD* 1988, no 430. III. 124 – TGI Paris, 3e ch., 4 avr. 1991, *PIBD* 1991, no 507. III. 536 – TGI Paris, 3e ch., 30 juin 1994, *PIBD* 1994, no 576. III. 527 – TGI Paris, 3e ch., 1re sect., 31 mars 2016, RG no 15/03632, *Jurinpi* no M20160056 ; *PIBD* 2016, no 1051. III. 466 – Paris, pôle 5, 1re ch., 21 mars 2017, RG no 16/02113, *Jurinpi* no M20170157 – Paris, pôle 5, 1re ch., 22 janv. 2019, RG no 17/11458, *Jurinpi* no M20190015.
5. TGI Lille, 2e ch., 21 mai 1986, *PIBD* 1986, no 398. III. 337.
6. TGI Paris, 3e ch., 8 juill. 1992, *PIBD* 1992, no 534. III. 643.

acte nul pour défaut de diligence ou de mentions essentielles[1]. Sa responsabilité pourra également être engagée si, au cours de ses opérations, il outrepasse l'autorisation fixée par l'ordonnance aux fins de saisie-contrefaçon[2].

1. Paris, pôle 2, 1re ch., 3 avr. 2013, *Propr. ind.* 2013, nº 52, comm. Tréfigny – Arrêt cassé par la Cour de cassation, mais sur un autre fondement (C. pr. civ., art. 386, sur la péremption d'instance) : Civ. 1re, 2 juill. 2014, nº 13-18.649, NP.
2. Agen, ch. civ., 26 mai 2014, *PIBD* 2014, nº 1009. III. 552 – Poitiers, ch. civ. 1., 5 juill. 2022, RG nº 20/02824, *PIBD* 2022, nº 1190. III. 6 ; *Propr. ind.* 2023. Repère 1, note Le Stanc.

TITRE

122. La saisie-contrefaçon en matière de propriété littéraire et artistique

SECTION 0 ORIENTEUR

122.00 Sommaire du titre.

Division. Seront étudiées la saisie-contrefaçon en matière de droits d'auteur et de droits voisins (chap. 1221) puis la saisie-contrefaçon en matière de logiciels et de bases de données (chap. 1222).

CHAPITRE

1221. Saisie-contrefaçon en matière de droits d'auteur et de droits voisins

Olivier Hubert
Avocat*

Section 0
Orienteur

1221.00 Sommaire du chapitre.

Division. L'étude de la saisie-contrefaçon en matière de droit d'auteur et de droits voisins implique d'examiner successivement ses conditions de fond (sect. 1), l'ordonnance qui l'autorise (sect. 2), son exécution et ses incidents (sect. 3) et ses suites (sect. 4).

1221.01 Textes applicables.

- **CPI,** art. L. 111-1, L. 113-1, L. 321-2, L. 331-1, L. 331-5, L. 331-11, L. 332-1 à L. 332-3, L. 336-2, L. 615-10, L. 623-30, D. 331-1-1, R. 332-1 à R. 332-3.
- **COJ,** art. D. 211-6-1.
- **C. pr. civ.,** art. 496, 497, 845 et 958.

* La dixième édition de cette contribution était l'œuvre de Pierre Véron et Olivier Hubert, et les précédentes, sous la direction de Pierre Véron, étaient celle d'Isabelle Romet, Thomas Bouvet, Blandine Tronel et Nicolas Bouche.

1221.03 Bibliographie indicative.

* V. ss no 12.03.

1221.05 Remarque de l'auteur. La plupart des textes concernant la saisie-contrefaçon parlant d'huissier, il a été choisi de laisser ce terme dans les développements qui suivent en lieu et place de commissaire de justice.

1221.06 Alignement sur la propriété industrielle. En matière de saisie-contrefaçon, la propriété littéraire et artistique obéissait à un régime différent sur de nombreux points de celui régissant les droits de propriété industrielle. La loi du 11 mars 2014[1], renforçant la lutte contre la contrefaçon, est venue harmoniser ces deux régimes en alignant très largement le droit de la propriété littéraire et artistique sur celui de la propriété industrielle, notamment pour les conditions d'obtention, de déroulement et de validité de la saisie-contrefaçon. En revanche, les mesures de saisie-contrefaçon qui ne sont pas d'ordre probatoire et qui sont permises par le droit de la propriété littéraire et artistique, comme par exemple la saisie des recettes ou les mesures d'interdiction, ont été maintenues.

Section 1
Conditions de fond de la saisie-contrefaçon

1221.11 Nécessité d'invoquer un droit d'auteur ou un droit voisin. Selon l'article L. 111-1 du CPI, le droit d'auteur naît « *du seul fait de la création* »,

1. L. no 2014-315, 11 mars 2014, renforçant la lutte contre la contrefaçon, *JO* 12 mars, p. 5112.

indépendamment de tout dépôt et de tout enregistrement. Il suffit donc, en pratique, d'établir l'existence d'une création, et de définir les contours de l'œuvre, pour solliciter l'autorisation de pratiquer une saisie-contrefaçon [1]. La première chambre civile de la Cour de cassation, dans un arrêt du 6 avril 2022, a clairement affirmé que l'originalité de l'œuvre n'a pas à être démontrée au stade de la requête [2]. Les juges du fond, semblent, depuis, largement appliquer cette solution [3].

Depuis le 22 juin 2004, date d'entrée en vigueur de la loi du 21 juin 2004 [4], pour la confiance dans l'économie numérique, l'article L. 332-1 alinéa 6 du CPI permet également aux titulaires de l'un des droits voisins définis au livre II de ce code (artistes-interprètes, producteurs de phonogrammes ou de vidéogrammes, entreprises de communication audiovisuelle) de faire pratiquer une saisie-contrefaçon. Dans la mesure où les droits voisins naissent également hors de tout dépôt ou enregistrement, il suffira aussi, en pratique, d'invoquer une réalisation telle qu'une interprétation, un phonogramme, un vidéogramme ou un programme audiovisuel pour solliciter l'autorisation de pratiquer une saisie-contrefaçon.

1221.12 Justificatifs à produire. La preuve du droit invoqué sera rapportée par la production de l'œuvre elle-même, de sa reproduction, de catalogues, de photographies ou de tout autre document pertinent.

1221.13 Qualité pour agir : l'auteur, ses ayants droit, ses ayants cause ; le titulaire du droit voisin. L'article L. 332-1 du CPI réserve la saisie-contrefaçon à tout auteur d'une œuvre protégée par le livre I, ses ayants droit ou ayants cause, ainsi qu'aux titulaires de droit voisin. Par « *auteur* », il faut entendre le créateur de l'œuvre de l'esprit et titulaire initial du droit d'auteur. L'article L. 113-1 pose à cet égard une présomption simple selon laquelle « *la qualité d'auteur appartient, sauf preuve contraire, à celui ou à ceux sous le nom de qui l'œuvre est divulguée* ». S'agissant spécialement d'une œuvre de collaboration, dès lors que la jurisprudence reconnaît à chaque coauteur la possibilité d'agir en contrefaçon (même si c'est en lui imposant de mettre en cause tous les autres coauteurs), il devrait être parallèlement reconnu à chaque coauteur la possibilité de solliciter une saisie-contrefaçon [5]. Par ayants cause ou ayants droit de l'auteur, il faut entendre celui qui a recueilli une ou plusieurs des prérogatives patrimoniales du droit d'auteur, seules transmissibles à l'exclusion du droit moral, quelles que soient la forme et la nature de la transmission (cession totale ou partielle, absorption de la société propriétaire, succession, *etc.*). En cas de cession partielle des droits d'exploitation de l'œuvre, le cédant reste recevable à agir en contrefaçon et donc à solliciter l'autorisation de pratiquer une saisie pour faire constater l'atteinte portée aux droits qu'il s'est réservés [6]. S'agissant d'un licencié, la jurisprudence semble favorable à l'action en contrefaçon du licencié [7] surtout lorsqu'il bénéficie d'une exclusivité [8] ; cette solution semble pouvoir être étendue par analogie à la saisie-contrefaçon. La transmission des droits doit être dûment établie [9]. La jurisprudence de la Cour de cassation admet toutefois, de façon très libérale, que, en l'absence de revendication du ou des auteurs, l'exploitation d'une œuvre par une personne physique ou morale sous son nom fait présumer, à l'égard des tiers recherchés pour contrefaçon, que cette personne est titulaire, sur

1. Paris, pôle 5, 2e ch., 4 mai 2018, RG no 17/15470, *Jurinpi* no D20180030 : « *Le juge des requêtes n'est pas le juge de l'originalité et sa décision ne peut être contestée sur ce critère* » – Paris, pôle 5, 1re ch., 16 mars 2021, RG no 19/09575, *Jurinpi* no D20210012 : « *Les éléments produits par la société* [requérante] *au stade de la requête tant au titre de l'originalité des œuvres revendiquées que de la présomption de titularité étaient suffisants pour permettre au juge des requêtes de faire droit à ses demandes, dès lors qu'elle a explicité les contours de la protection sollicitée, et justifié d'une exploitation sous son nom* ». – CONTRA : Paris, pôle 5, 1re ch., 12 juin 2018, RG no 16/14559, *Jurinpi* no M20180236 : « *Faute de tout élément tendant à établir l'originalité des œuvres et donc l'existence des droits d'auteur des sociétés* [requérantes] *lors de la présentation de la requête, l'ordonnance ne pouvait autoriser la saisie-contrefaçon sur ce fondement* ».
2. Civ. 1re, 6 avr. 2022, no 20-19.034, NP ; *CCE* 2022, no 49, note crit. P. Kamina : « *L'auteur, ses ayants droit ou ses ayants cause ont qualité pour agir en contrefaçon et solliciter à cet effet l'autorisation par ordonnance rendue sur requête, de faire procéder à des opérations de saisie-contrefaçon, sans avoir à justifier au préalable de l'originalité de l'œuvre sur laquelle ils se déclarent investis des droits d'auteur* ».
3. Douai, 2e ch., 2e sect., 29 sept. 2022, RG no 21/02435 – Paris, pôle 5, 2e ch., 27 oct. 2023, RG no 23/02298 – TJ Paris, 3e ch, 2e sect., ord. réf., 5 janv. 2024, RG no 23/10286 – TJ Paris, 3e ch., 2e sect., 14 juin 2024, RG no 22/06062, *Jurinpi* no D20240041 – TJ Paris, 3e ch., 1re sect., ord. réf., 14 nov. 2024, RG no 24/01764.
4. L. no 2004-575, 21 juin 2004, pour la confiance dans l'économie numérique, *JO* 22 juin, p. 11168.
5. Sans toutefois que la requête aux fins de saisie contrefaçon n'ait à être notifiée aux autres coauteurs : Paris, pôle 5, 2e ch., 9 févr. 2018, RG no 16/15666.
6. Paris, 13 juin 1988, *D.* 1990. Somm. 187.
7. Paris, 7 juill. 1994, *PIBD* 1994, no 576. III. 550.
8. Paris, 10 mars 1983, *RIDA* 1983, no 177, 105 – Paris, 11 juill. 1991, *RDPI* 1991, no 38, 78 – TGI Nanterre, 23 mars 1992, *Expertises* janv. 1993, 33.
9. Paris, 14 avr. 1976, *PIBD* 1976, no 179. III. 435 – Paris, 10 mars 1983, *RIDA* 1983, nos 177, 105 – TGI Paris, 20 mars 1984, *PIBD* 1984, no 354. III. 236 – TGI Nanterre, 23 mars 1992, *Expertises* janv. 1993, 33 – Pour une affaire dans laquelle le requérant n'est pas parvenu à établir la chaîne des droits successoraux : Rennes, 1re ch, 14 janv. 2020, RG no 18/00710.

cette œuvre, du droit d'auteur[1]. N'a pas été considérée comme ayant cause de l'auteur la société dont l'auteur figure parmi les associés[2]. De même, par « *titulaires de droits voisins* », il faut entendre non seulement le titulaire initial des droits, celui qui, à raison de sa réalisation, a été le premier investi du droit voisin par l'effet de la loi (l'artiste-interprète, le producteur du phonogramme ou du vidéogramme, l'entreprise de communication audiovisuelle), mais aussi ses ayants cause ou ayants droit qui ont, après lui, recueilli d'une manière quelconque les prérogatives patrimoniales attachées au droit voisin. Le licencié exclusif d'un droit voisin s'est également vu reconnaître la possibilité d'agir en contrefaçon[3].

1221.14 **Exploitants, distributeurs.** Le distributeur, même exclusif, du modèle contrefait n'a pas qualité pour pratiquer une saisie-contrefaçon[4]. Certains auteurs se demandent néanmoins si le distributeur peut bénéficier de la présomption de titularité que la Cour de cassation reconnaît à la personne physique ou morale, qui, sans protestation ni revendication de l'auteur, exploite, sous son nom, l'œuvre en cause[5].

1221.15 **Organismes collectifs.** L'article L. 331-1 alinéa 2 du CPI prévoit que les organismes de défense professionnelle régulièrement constitués ont qualité pour ester en justice pour la défense des intérêts dont ils ont statutairement la charge. L'article L. 321-2 alinéa 1er du même code attribue la même qualité aux sociétés civiles de perception et de répartition des droits d'auteur et droits voisins. La jurisprudence a déduit de cette qualité pour ester en justice le pouvoir de ces organismes collectifs de demander la saisie-contrefaçon[6].

1221.16 **Lieux de la saisie.** La saisie peut être autorisée dans tous les lieux où se trouve la preuve de la contrefaçon, la loi ne faisant aucune restriction. Les développements qui précèdent relatifs aux droits de propriété industrielle sont donc transposables à la propriété littéraire et artistique (v. ss no 1211.61).

SECTION 2

ORDONNANCE DE SAISIE-CONTREFAÇON

1221.20 **Plan.** Il convient de présenter les mesures probatoires pouvant être mises en œuvre lors d'une saisie-contrefaçon ainsi que la procédure correspondante (§ 1), puis les autres mesures pouvant être demandées dans le cadre d'une saisie-contrefaçon (§ 2).

1221.21 **Suppression de la saisie-contrefaçon par commissaire de police ou juge d'instance.** Avant l'entrée en vigueur de la loi du 11 mars 2014[7], la loi autorisait l'auteur d'une œuvre de l'esprit, ses ayants droit ou ses ayants cause à faire pratiquer une saisie-contrefaçon par un commissaire de police ou, à défaut, un juge d'instance. Désormais, cette possibilité n'existe plus et seul le président du tribunal judiciaire (TJ) peut autoriser l'exécution, par un huissier de justice, d'une saisie-contrefaçon. De ce point de vue, le schéma procédural de la saisie-contrefaçon est ainsi unifié pour toute la propriété intellectuelle.

§ 1

Ordonnance de saisie-contrefaçon à fins probatoires

1221.31 **Juridiction compétente pour examiner la requête.** Il ressort de la combinaison des articles L. 331-1 et L. 332-1 du CPI que le juge compétent pour ordonner une saisie-contrefaçon est le président du TJ. En effet, le premier article indique que la juridiction civile compétente en matière de contrefaçon est le tribunal judiciaire. L'autorisation de faire pratiquer une saisie-contrefaçon étant demandée par requête, c'est le président du TJ qui est compétent pour ordonner une saisie-contrefaçon.

La compétence territoriale n'est définie par aucun texte particulier. La jurisprudence a précisé que, sauf disposition légale contraire – et il n'en existe pas en la matière – le juge territorialement compétent pour rendre une ordonnance sur requête est le président de la juridiction saisie au fond ou celui du lieu où la

1. Civ. 1re, 3 avr. 2001, no 99-15.691, NP ; *PIBD* 2001, no 728. III. 508 ; *Propr. intell.* 2002, no 3, p. 70, obs. de Candé – Com. 20 juin 2006, no 04-20.776, P IV, no 147, *Propr. ind.* 2006, no 80 – V. AUSSI : Paris, pôle 5, 1re ch., 29 janv. 2019, RG no 17/05619, *PIBD* 2019, no 1112. III. 144 – Paris, pôle 5, 2e ch., 10 sept. 2021, RG no 18/28516, *Jurinpi* no D20210052 – Paris, pôle 5, 1re ch., 19 avr. 2023, RG no 22/04029.
2. Paris, 1er mars 1984, *PIBD* 1984, no 351. III. 188.
3. TGI Le Havre, 1re ch., 19 déc. 1996, RIDA 1997. 337.
4. TGI Paris, 17 juill. 1973 – CONFIRMÉ PAR Paris, 6 nov. 1975, *Ann. propr. ind.* 1977. 87 – Paris, 16 juin 1976, *D.* 1977. 516 – Paris, 20 oct. 1988, *Expertises* 1988, no 111, 393 – Paris, 21 févr. 1990, *PIBD* 1990, no 485. III. 563 – SUR POURVOI, Com. 24 mars 1992, no 90-15.713, NP ; *PIBD* 1992, no 525. III. 379 – Paris, 23 mai 1995, *PIBD* 1995, no 594. III. 402 – Paris, 4e ch., 4 déc. 1998, *PIBD* 1999, no 673. III. 160.
5. C. Bernault, A. Lucas et A. Lucas-Schloetter, *Traité de la propriété littéraire et artistique*, 5e éd., LexisNexis, 2017, no 1195, p. 943-944 – A. R. Bertrand, Dalloz action *Droit d'auteur*, 2011/2012, no 103.32 [4e éd., 2022/2023, à paraître] – Civ. 1re, 3 avr. 2001, no 99-15.691, NP ; *PIBD* 2001, no 728. III. 508.
6. Civ. 1re, 10 févr. 1987, no 85-12.074, P I, no 49 ; *Cah. dr. auteur* 1988, no 3, 18.
7. L. no 2014-315, 11 mars 2014, préc.

mesure demandée doit être exécutée[1]. Il faut néanmoins tenir compte de la concentration de compétence territoriale introduite dans le droit de la propriété littéraire et artistique, à l'instar de ce qui existait déjà en propriété industrielle, par les décrets n° 2009-1204 et n° 2009-1205 du 9 octobre 2009[2]. Désormais, en matière de propriété littéraire et artistique, l'article L. 331-1 du CPI (tel que réformé par la loi du 17 mai 2011[3] de simplification et d'amélioration de la qualité du droit et modifié par l'ordonnance du 18 septembre 2019[4]) prévoit que : « *Les actions civiles et les demandes relatives à la propriété littéraire et artistique* », relèvent exclusivement des TJ, et l'article D. 331-1-1 renvoie à l'article D. 211-6-1 du COJ, modifié par un décret du 14 décembre 2011[5] puis par un décret du 30 août 2019[6], et ainsi à une liste de dix TJ déterminés (Bordeaux, Lille, Lyon, Marseille, Nanterre, Nancy, Paris, Rennes, Strasbourg, Fort-de-France).

Avant tout procès, la compétence semble pouvoir revenir soit au président du TJ territorialement compétent pour le lieu d'exécution de la saisie, soit au président du TJ susceptible d'être compétent sur le fond.

Une fois le procès au fond engagé, la requête doit en revanche être présentée au président de la chambre saisie ou à laquelle l'affaire a été distribuée ou au juge déjà saisi (C. pr. civ., art. 845)[7], voire en instance d'appel, au premier président de la cour d'appel (C. pr. civ., art. 958). Il n'entre donc pas dans les pouvoirs du juge de la mise en état d'ordonner une saisie-contrefaçon en cours d'instance et il commet un excès de pouvoir s'il en ordonne une[8].

1221.32 Requête. Les dispositions générales relatives aux ordonnances sur requête devront être respectées (v. s[s] n°s 1212.11 s.). Devront être jointes à la requête les pièces établissant le droit contrefait et la qualité à agir.

1221.33 Ordonnance. Le président du tribunal ne peut refuser l'autorisation de faire pratiquer une saisie-contrefaçon au requérant qui justifie de l'existence de son droit. Mais il dispose d'un pouvoir d'appréciation pour décider de l'étendue des mesures (simple saisie descriptive, saisie réelle partielle, saisie réelle intégrale, saisie des recettes, *etc.*). Le président peut notamment ordonner la constitution préalable de garanties par le saisissant, telles par exemple qu'un cautionnement ou une consignation (CPI, art. L. 332-1, alinéa 5). En cas de rejet total ou partiel de la requête, le requérant peut relever appel de l'ordonnance dans les quinze jours (C. pr. civ., art. 496).

1221.34 Exécution de la saisie. La saisie-contrefaçon doit être exécutée par un huissier qui agira conformément aux règles générales d'exécution d'une ordonnance sur requête (remise préalable d'une copie de l'ordonnance et de la requête)[9] et aux termes de l'ordonnance (personnes autorisées à assister l'huissier, étendue de la saisie). Ainsi, a été annulée la saisie-contrefaçon à laquelle avaient participé deux salariés du requérant alors qu'ils n'y étaient pas autorisés par les termes de l'ordonnance[10]. De la même manière, a été annulée une saisie-contrefaçon au cours de laquelle l'huissier avait dépassé le cadre de sa mission[11].

De manière générale, les règles applicables à l'exécution de la saisie-contrefaçon en matière de propriété littéraire et artistique sont identiques à celles du domaine de la propriété industrielle. Il est donc renvoyé au chapitre ci-avant consacré à ce thème (v. s[s] n°s 1212.11 s.).

1221.35 Apport de pièces. Selon la jurisprudence, l'huissier instrumentaire peut apporter un échantillon de produit pour recueillir les déclarations du saisi, à condition d'y avoir été autorisé par l'ordonnance[12].

1. Civ. 2e, 18 nov. 1992, n° 91-16.447, P II, n° 266 ; *D.* 1993. J. 91 ; *JCP* 1993. I. 3678 ; *RTD civ.* 1993. 648.
2. Décr. n° 2009-1204, 9 oct. 2009, relatif à la spécialisation des juridictions en matière de propriété intellectuelle, *JO* 11 oct., p. 16630 – Décr. n° 2009-1205, 9 oct. 2009, fixant le siège et le ressort des juridictions en matière de propriété intellectuelle, *JO* 11 oct., p. 16630. Ces décrets sont entrés en vigueur le 1er novembre 2009 ; la juridiction saisie demeure compétente pour statuer sur les procédures introduites antérieurement à la date d'entrée en vigueur du décret.
3. L. n° 2011-525, 17 mai 2011, de simplification et d'amélioration de la qualité du droit, *JO* 18 mai, p. 8537.
4. Ord. n° 2019-964, 18 sept. 2019, prise en application de la loi n° 2019-222 du 23 mars 2019 de programmation 2018-2022 et de réforme pour la justice, *JO* 19 sept., texte 5.
5. Décr. n° 2011-1878, 14 déc. 2011, portant modification du tableau VI annexé à l'article D. 211-6-1 du Code de l'organisation judiciaire, *JO* 16 déc., p. 21273.
6. Décr. n° 2019-912, 30 août 2019, modifiant le Code de l'organisation judiciaire et pris en application des articles 95 et 103 de la loi n° 2019-222 du 23 mars 2019 de programmation 2018-2022 et de réforme pour la justice, *JO* 1er sept., texte 2.
7. Jurisprudence rendue en application de l'ancien article 812 alinéa 3 C. pr. civ., remplacé par le nouvel article 845 C. pr. civ. introduit par Décr. n° 2019-1333, 11 déc. 2019, réformant la procédure civile, *JO* 12 déc., texte 3 : TGI Nanterre, réf., 18 nov. 1996, *BICC* 1er mars 1997, n° 234 – Orléans, ch. com., 29 janv. 2009, RG n° 2008/00454, *PIBD* 2009, n° 894. III. 964 ; *Jurinpi* n° M20090103.
8. Civ. 1re, 5 févr. 2014, n° 12-25.492, NP ; *PIBD* 2014, n° 1003. III. 317.
9. Civ. 1re, 31 oct. 2012, n° 11-21.920, NP ; *PIBD* 2013, n° 975. III. 886 ; *Propr. intell.* 2013, n° 46, p. 79, obs. Lucas.
10. TGI Rennes, 28 févr. 1994, *RIPIA* 1994. 71.
11. Paris, pôle 5, 2e ch., 28 sept. 2012, RG n° 10/11535 – Colmar, ch. civ. 1 A, 24 janv. 2022, RG n° 19/04529, *Jurinpi* n° D20220011.
12. Civ. 1re, 10 avr. 2013, n° 12-13.034, NP ; *PIBD* 2013, n° 985. III. 1237 – Civ 1re, 11 mai 2017, n° 16-14.213, NP ; *Jurinpi* n° D20170059 ; *PIBD* 2017, n° 1075. III. 534.

1221.36 Cas particulier des documents intéressant la Défense nationale. Malgré l'absence de texte exprès, il semble qu'une procédure identique à celle prévue par les articles L. 615-10 alinéa 2 (en matière de **brevets d'invention**) et L. 623-30 alinéa 2 (en matière de **certificats d'obtention végétale**) du CPI doive être suivie lorsque la saisie amènerait à compulser des documents comportant une classification de **sécurité de défense** [1] (v. s[s] n° 1213.176).

1221.37 Exemplaires contrefaisants. Il ressort de l'article L. 332-1 du CPI que la saisie-contrefaçon peut porter sur tous les exemplaires contrefaisants. Pareille conclusion découle notamment des mesures permises par l'alinéa 2 de l'article mais également de l'alinéa 3 qui ne contiennent pas, contrairement aux articles correspondants en propriété industrielle, la mention « *aux mêmes fins probatoires* ». En pratique, cependant, le saisissant sera bien inspiré de ne requérir la saisie de tout le stock contrefaisant que s'il a toutes raisons de penser qu'il triomphera dans son procès au fond. Il s'expose, au cas contraire, à des dommages-intérêts.

1221.38 Objets portant atteinte aux mesures techniques. Le point 2° de l'alinéa 3 de l'article L. 332-1 du CPI ajoute, depuis la loi du 1er août 2006 [2] (modifié par la loi du 12 juin 2009 [3]), que la saisie peut également porter, le cas échéant, sur les « *exemplaires, produits, appareils, dispositifs, composants ou moyens, fabriqués ou en cours de fabrication, portant atteinte aux mesures techniques et aux informations mentionnées, respectivement, aux articles L. 331-5 et L. 331-11* ». L'article L. 331-5 vise les mesures techniques de protection, c'est-à-dire les dispositifs techniques destinés à empêcher ou à limiter les utilisations non autorisées par les titulaires d'un droit d'auteur ou d'un droit voisin du droit d'auteur d'une œuvre, autre qu'un logiciel, d'une interprétation, d'un phonogramme, d'un vidéogramme, d'un programme ou d'une publication de presse. L'article L. 331-11 vise les mesures techniques d'informations, les dispositifs techniques destinés à donner sous une forme électronique une information sur le régime des droits (identification de l'objet ou du titulaire de droits, conditions et modalités d'utilisation) afférents à une œuvre, autre qu'un logiciel, une interprétation, un phonogramme, un vidéogramme, un programme ou une publication de presse.

1. Civ. 1re, 21 mars 2006, n° 05-13.302, P I, n° 168 ; *CCE* 2006, n° 78 ; *RLDI* 2006. Actu. 436 ; *Expertises* juill. 2006, p. 269 ; *PIBD* 2006, n° 832. III. 419.
2. L. n° 2006-961, 1er août 2006, relative au droit d'auteur et aux droits voisins dans la société de l'information, *JO* 3 août, p. 11529.
3. L. n° 2009-669, 12 juin 2009, favorisant la diffusion et la protection de la création sur Internet, *JO* 13 juin, p. 9666.

1221.39 Autres modalités de la saisie-contrefaçon et pouvoirs du président du tribunal judiciaire. Les autres modalités de la saisie et les pouvoirs du président du TJ ne diffèrent pas de ce qui a été présenté ci-avant en matière de propriété industrielle. Il est par conséquent renvoyé à ces développements (v. s[s] n°s 1212.61 s. et 1212.131).

§ 2

Autres mesures pouvant être ordonnées dans le cadre d'une saisie-contrefaçon

1221.41 Mesures ayant une finalité d'interdiction provisoire. La loi du 11 mars 2014 [4] a harmonisé la saisie-contrefaçon en matière de propriété littéraire et artistique avec celle pratiquée en matière de propriété industrielle mais elle n'a pas supprimé tous les particularismes existants. Il est ainsi possible d'obtenir du président du tribunal judiciaire des mesures qui ne présentent pas une **finalité probatoire mais une finalité d'interdiction provisoire,** étrangère à la saisie-contrefaçon en matière de propriété industrielle :

– la saisie des exemplaires constituant une reproduction illicite de l'œuvre et la **saisie, quels que soient le jour et l'heure, des exemplaires** constituant une reproduction illicite de l'œuvre, déjà fabriqués ou en cours de fabrication, ou des exemplaires, produits, appareils, dispositifs, composants ou moyens, fabriqués ou en cours de fabrication, portant atteinte aux mesures techniques de protection ou d'information, des recettes réalisées, ainsi que des exemplaires illicitement utilisés ; peut également être ordonnée la saisie réelle des matériels et instruments utilisés pour produire ou distribuer illicitement les œuvres, ainsi que de tout document s'y rapportant [5] (CPI, art. L. 332-1, al. 3, 1° et 2°) ;

– la **saisie des recettes** provenant de toute reproduction, représentation ou diffusion, par quelque moyen que ce soit, d'une œuvre de l'esprit, effectuée en violation des droits de l'auteur ou provenant d'une atteinte aux mesures techniques de protection ou d'information (CPI, art. L. 332-1, al. 3, 3°) ;

– la saisie réelle des œuvres illicites ou produits soupçonnés de porter atteinte à un droit d'auteur ou leur remise entre les mains d'un tiers afin d'empêcher leur introduction ou leur circulation dans les circuits commerciaux [6] (CPI, art. L. 332-1, al. 3, 4°) ;

4. L. n° 2014-315, 11 mars 2014, préc.
5. Selon la Cour de cassation, la saisie-contrefaçon peut porter exclusivement sur des documents comptables : Civ. 1re, 11 déc. 2013, n° 12-14.030, NP ; *PIBD* 2014, n° 1000. III. 168 ; *Propr. ind.* 2014, n° 35, note Greffe.
6. Paris, pôle 5, 1re ch., 23 juin 2015, RG n° 15/03669.

– la suspension ou la prorogation des représentations ou des exécutions publiques en cours ou déjà annoncées (CPI, art. L. 332-1, al. 4, a) ;

– la **suspension de toute fabrication en cours** tendant à la reproduction illicite d'une œuvre [1] ou à la réalisation d'une atteinte aux mesures techniques de protection ou d'information (CPI, art. L. 332-1, al. 4, b).

Au lendemain de la loi du 21 juin 2004 [2], l'ancien article L. 332-1 alinéa 2, 4° offrait également au président du TGI – devenu TJ –, dans le cadre de la procédure de saisie-contrefaçon, la possibilité d'ordonner : « [...] *la suspension, par tout moyen, du contenu d'un service de communication au public en ligne portant atteinte à l'un des droits de l'auteur, y compris en ordonnant de cesser de stocker ce contenu ou, à défaut, de cesser d'en permettre l'accès* » ; et le délai dans lequel la mainlevée ou le cantonnement des effets de cette mesure pouvaient être demandés par le défendeur était spécialement fixé par l'ancien article R. 332-1 du CPI, abrogé depuis, à vingt jours ouvrables ou trente et un jours civils si ce délai était plus long. La loi du 12 juin 2009 [3] favorisant la diffusion et la protection de la création sur Internet, plus connue comme la loi « Hadopi », a certes abrogé ce 4° de l'article L. 332-1. Pour autant, ce moyen de protection des auteurs et titulaires de droits voisins n'a pas disparu puisque désormais l'article L. 336-2 du CPI, dernièrement modifié par l'ordonnance du 22 décembre 2016 [4] puis par celle du 17 juillet 2019 [5], habilite d'une manière générale – et pas spécialement dans le cadre de la procédure de saisie-contrefaçon – le président du TJ, « *statuant selon la procédure accélérée au fond* » [6], « *en présence d'une atteinte à un droit d'auteur ou à un droit voisin occasionnée par le contenu d'un service de communication au public en ligne* », à ordonner « *toutes mesures propres à prévenir ou à faire cesser une telle atteinte à un droit d'auteur ou à un droit voisin, à l'encontre de toute personne susceptible de contribuer à y remédier* », « *à la demande des titulaires de droits sur les œuvres et objets protégés, de leurs ayants droit, des organismes de gestion collective régis par le titre II du livre III ou des organismes de défense professionnelle visés à l'article L. 331-1* ». Il est à noter que les pouvoirs du président du TJ sont même plus largement définis que ne l'étaient ceux du président du TGI, puisqu'il peut ordonner « *toutes mesures propres à prévenir ou à faire cesser* » l'atteinte. Mais en contrepartie, ce moyen de protection n'est accessible qu'à l'issue d'une procédure contradictoire, la procédure « *accélérée au fond* », et non plus sur requête [7].

1221.42 **Liste exemplative ou limitative.** La question de savoir si la liste des mesures ainsi énumérées à l'article L. 332-1 est seulement exemplative [8] ou limitative [9], se pose en jurisprudence.

SECTION 3
EXÉCUTION DE LA SAISIE-CONTREFAÇON ET INCIDENTS

1221.51 **Règles applicables.** Les règles relatives à l'exécution de la saisie-contrefaçon sont identiques, en matière de propriété littéraire et artistique, à celles applicables en matière de propriété industrielle [10]. Il est donc renvoyé aux développements qui précèdent sur ce point (v. s[s] n°s 1213.00 s.).

1. POUR UN EX. de la mainlevée d'une telle saisie : Grenoble, 19 avr. 2000, *JCP E* 2000. I. 1285, obs. Greffe.
2. L. n° 2004-575, 21 juin 2004, art. 8.
3. L. n° 2009-669, 12 juin 2009, favorisant la diffusion et la protection de la création sur Internet, *JO* 13 juin, p. 9666.
4. Ord. n° 2016-1823, 22 déc. 2016, portant transposition de la directive 2014/26/UE du Parlement européen et du Conseil du 26 février 2014 concernant la gestion collective du droit d'auteur et des droits voisins et l'octroi de licences multi-territoriales de droits sur des œuvres musicales en vue de leur utilisation en ligne dans le marché intérieur, *JO* 23 déc., texte 63.
5. Ord. n° 2019-738, 17 juill. 2019, prise en application de l'article 28 de la loi n° 2019-222 du 23 mars 2019 de programmation 2018-2022 et de réforme pour la justice, *JO* 18 juill., texte 3.
6. Remplaçant la procédure « *en la forme des référés* » – V. C. pr. civ., art. 481-1 et 839, créés par Décr. n° 2019-1419, 20 déc. 2019, relatif à la procédure accélérée au fond devant les juridictions judiciaires, *JO* 22 déc., texte 2 – Y. Strickler, « De la forme des référés à la procédure accélérée au fond », *JCP* 2019. Doctr. 928 ; « Les procédures rapides (procédures accélérées au fond, procédures d'urgence) », *Procédures* 2020. Étude 7.
7. C. Alleaume, « Le projet de loi "création et Internet" du 18 juin 2008 », *Propr. intell.* 2008. 388 s., spéc. p. 392.
8. Paris, 4e ch., sect. B, 22 févr. 2008, *PIBD* 2008, n° 872. III. 266.
9. Douai, 1re ch., sect. 2, 22 nov. 2005 et Versailles, 12e ch., sect. 2, 25 nov. 2005, *Propr. intell.* 2006. 465, obs. de Haas ; *RTD civ.* 2007. 75, chron. J.-C. Galloux – V. DÉJÀ : Bourges, 1re ch. civ., 19 févr. 2001, *Ann. propr. ind.* 2001. 263.
10. V. CEP. cet arrêt de la Cour de cassation qui, la procédure de référé-rétractation de l'article 496 étant inapplicable en matière de propriété littéraire et artistique, énonce, au visa de l'article 114 C. pr. civ., que la mention erronée figurant sur l'acte de signification de l'ordonnance aux fins de saisie-contrefaçon de la possibilité d'engager une telle procédure, en l'absence de mention de la possibilité de solliciter la mainlevée ou le cantonnement de la mesure, cause nécessairement grief au saisi qui n'a pas agi dans le délai requis : Civ. 1re, 8 nov. 2017, n° 16-24.212, NP – ET SUR RENVOI : Paris, pôle 5, 1re ch., 15 janv. 2019, RG n° 18/05537 : prononçant la nullité des procès-verbaux de signification de l'ordonnance et, par voie de conséquence, des opérations et procès-verbaux de saisie-contrefaçon – TJ Marseille, ch. civ. 1, 11 juill. 2024, RG n° 19/04364.

SECTION 4
SUITES DE LA SAISIE

1221.60 **Plan.** Il faut envisager les suites de la saisie-contrefaçon quant à la procédure au fond (§ 1), la nullité de la saisie (§ 2) puis la mainlevée et le cantonnement de la saisie (§ 3).

§ 1
Procédure au fond

1221.71 **Avant l'entrée en vigueur de la loi du 11 mars 2014 : absence de délai impératif pour délivrer une assignation.** Avant l'entrée en vigueur de la loi du 11 mars 2014[1], aucun texte ne prévoyait l'obligation d'assigner, *a fortiori* dans tel délai particulier. Tout au plus l'article R. 332-2 du CPI énonçait un délai de vingt jours ouvrables ou trente-et-un jours civils si ce délai est plus long, courant à compter de la saisie, pour saisir la juridiction compétente. Mais la seule sanction du non-respect de ce délai était le maintien du droit pour le saisi de demander mainlevée de la saisie (c'est-à-dire faire cesser les effets réels de la saisie, le procès-verbal d'huissier demeurant et pouvant être invoqué dans la procédure) et, en aucun cas, la nullité de la saisie (jurisprudence constante[2]).

1221.72 **Depuis l'entrée en vigueur de la loi du 11 mars 2014 : obligation de poursuivre dans le délai prescrit.** La loi du 11 mars 2014[3] a révolutionné la matière en alignant la règle sur la propriété industrielle. Désormais, l'article L. 332-3 du CPI dispose qu'« *à défaut pour le saisissant, dans un délai fixé par voie réglementaire, soit de s'être pourvu au fond, par la voie civile ou pénale, soit d'avoir déposé une plainte devant le procureur de la République, l'intégralité de la saisie, y compris la description, est annulée à la demande du saisi ou du tiers saisi, sans que celui-ci ait à motiver sa demande et sans préjudice des dommages et intérêts qui peuvent être réclamés* ». L'article R. 332-3 fixe le délai pour se pourvoir au fond à vingt jours ouvrables ou trente-et-un jours civils si ce délai est plus long, à compter de la saisie.

1221.73 **Dépôt d'une simple plainte devant le procureur de la République.** L'article L. 332-3 du CPI indique qu'il est suffisant, pour la validité de la saisie-contrefaçon, de déposer une plainte devant le procureur de la République. Il convient de noter que le saisi n'est pas immédiatement informé de ce dépôt de plainte et peut donc rester dans l'incertitude quant à la validité de la saisie-contrefaçon en l'absence d'assignation délivrée dans le délai prévu.

S'agissant des actions au fond, la chambre criminelle de la Cour de cassation a indiqué que les règles de compétence particulières édictées en matière de contrefaçon ne concernent que les juridictions civiles[4]. Tous les tribunaux correctionnels de France sont donc compétents pour connaître des actions pénales en contrefaçon.

1221.74 **Compétence des juridictions de l'ordre judiciaire pour connaître du litige né de la non-restitution de l'objet saisi.** Après la procédure au fond, les juridictions de l'ordre judiciaire sont compétentes pour connaître du litige né de la non-restitution de l'objet saisi. C'est ce qu'a jugé le Tribunal des conflits dans le cadre d'une affaire où une œuvre d'art, saisie au cours d'une saisie-contrefaçon, avait été détruite sur décision d'une autorité administrative, alors que la plainte pour contrefaçon avait été rejetée par la juridiction pénale[5].

§ 2
Nullité de la saisie

1221.81 **Sanction du défaut de poursuite.** L'article L. 332-3 du CPI dispose qu'à défaut de poursuite dans le délai prescrit, la saisie-contrefaçon est nulle[6]. Il ne s'agit pas d'une nullité de plein droit mais le saisi, qui doit demander la nullité, n'a pas à motiver sa demande ou à rapporter la preuve d'un grief. Cette nullité concerne l'intégralité de la saisie-contrefaçon, descriptive et réelle, y compris les mesures ayant une finalité d'interdiction provisoire.

1221.82 **Autres sources de nullité du procès-verbal de saisie-contrefaçon.** La nullité du procès-verbal de saisie-contrefaçon peut également résulter de la mainlevée de la saisie-contrefaçon ou d'irrégularités affectant le procès-verbal de saisie-contrefaçon lui-même.

Elle peut également résulter du détournement de la procédure de saisie-contrefaçon. Il a ainsi été jugé qu'en l'absence de toute preuve matérielle de la

1. L. n° 2014-315, 11 mars 2014, préc.
2. Paris, 4 mars 1993, *PIBD* 1993, n° 547. III. 435 – Paris, 6 juill. 1994, *PIBD* 1994, n° 577. III. 586 – Paris, 10 janv. 1996, *PIBD* 1996, n° 608. III. 201 – Civ. 1re, 23 janv. 1996, n° 94-10.041, NP ; *RIDA* 1996, nos 169, 345 – TGI Paris, 12 juin 1996, *PIBD* 1996, n° 618. III. 506 – Civ. 1re, 6 avr. 2016, n° 15-12.376, NP ; *Jurinpi* n° D20160050 – Civ 1re, 11 mai 2017, n° 16-14.213, NP ; *Jurinpi* n° D20170059 ; *PIBD* 2017, n° 1075. III. 534.
3. L. n° 2014-315, 11 mars 2014, préc.
4. L'arrêt a été rendu en matière de marques, mais son enseignement peut être étendu aux autres matières : Crim. 19 juin 2013, n° 12-84.533, NP ; *CCE* 2014, n° 1, comm. C. Caron.
5. T. confl. 15 avr. 2013, n° C3895.
6. PAR EX. : Paris, pôle 5, 2e ch., 30 sept. 2022, RG n° 21/00511, *Jurinpi* n° D20220062.

contrefaçon, le saisissant ne pouvait faire consigner les déclarations du saisi : admettre le contraire reviendrait à permettre à quiconque souhaitant faire entendre une personne suspectée de commettre des actes de contrefaçon de recueillir ses déclarations, voire ses aveux, en soutenant de mauvaise foi qu'elle détient des objets contrefaisants[1].

1221.83 **Conséquence de la nullité.** La nullité de la saisie est sans conséquence sur la recevabilité de l'action en contrefaçon, mais la preuve de la contrefaçon devra être apportée par d'autres moyens[2]. La saisie annulée ne peut plus être utilisée, à quelque titre que ce soit[3]. Lorsque la saisie-contrefaçon est annulée, le juge ne peut tenir compte du rapport de l'expert qui a assisté l'huissier lors de la saisie-contrefaçon[4].

1221.84 **Délai de présentation des nullités.** Comme en matière de propriété industrielle, les moyens de nullité du procès-verbal de saisie-contrefaçon étant des défenses au fond et non des exceptions de procédure (plus précisément, des exceptions de nullité), ils sont recevables en tout état de cause conformément à l'article 72 C. pr. civ.[5]. La cour d'appel de Paris a jugé que le défaut de recours en rétractation de l'ordonnance autorisant la saisie ne prive pas le saisi de la faculté de se prévaloir, devant le juge du fond, de la nullité éventuelle de l'ordonnance et des opérations subséquentes effectuées en son exécution[6]. L'absence de recours en rétractation de la saisie ne constitue donc pas pour le saisi un obstacle pour contester devant le juge du fond la validité de la saisie.

1. Paris, 7 oct. 1998, *JCP* 1999. I. 1631 ; *PIBD* 1999, n° 667. III. 16 ; *RDPI* 1999, n° 97, p. 44 – Paris, 4e ch., sect. B, 24 févr. 2006, *PIBD* 2006, n° 829. III. 332.
2. TGI Paris, 10 juill. 1974, *PIBD* 1975, n° 142. III. 71 – TGI Paris, 26 avr. 1975, *PIBD* 1975, n° 154. III. 328 – TGI Paris, 3e ch., 28 mai 1980, *PIBD* 1980, n° 268. III. 209 – Paris, 23 nov. 1989, *PIBD* 1990, n° 474. III. 162 – Paris, 17 mai 1995, *Ann. propr. ind.* 1997. 65 – TGI Paris, 31 mai 1996, *PIBD* 1996, n° 619. III. 518.
3. Paris, 23 nov. 1989, *PIBD* 1990, n° 474. III. 162 – TGI Paris, 11 janv. 1995, *PIBD* 1995, n° 586. III. 208 – Paris, 13 mars 1996, *PIBD* 1996, n° 612. III. 305 – Paris, 7 mai 1996, *PIBD* 1996, n° 617. III. 454.
4. Com. 6 nov. 1990, n° 88-15.436, NP ; *Ann. propr. ind.* 1991. 7.
5. En matière de propriété littéraire et artistique : Douai, 1re ch., 2e sect., 12 févr. 2013, *RLDI* mars 2013, n° 3020, p. 17, appliquant la jurisprudence de la Cour de cassation en matière de propriété industrielle : N. Bouche, « Quelle qualification pour le moyen de nullité de la saisie-contrefaçon ? », *Propr. ind.* 2010. Étude 3, p. 10-14 – Com. 19 janv. 2010, n° 08-18.732, NP ; *RLDI* févr. 2010, n° 1883, p. 30, obs. L. C. – Com. 14 sept. 2010, n° 09-69.862, NP – Com. 29 mars 2011, nos 09-16.330 et 09-68.144, NP ; *PIBD* 2011, n° 940. III. 339 – V. AUSSI : Douai, 2e ch., 2e sect., 29 sept. 2022, RG n° 21/02435.
6. Paris, 25 sept. 1996, *PIBD* 1997, n° 624. III. 52.

§ 3
Mainlevée et cantonnement de la saisie

1221.91 **Cas d'application.** L'article L. 332-2 du CPI prévoit la possibilité pour le saisi ou le tiers saisi de solliciter la mainlevée (la cessation des effets réels de la saisie) ou le cantonnement de la saisie. L'article L. 332-2 indique que la mainlevée peut permettre la reprise de la fabrication ou celle des représentations ou exécutions publiques.

1221.92 **Personnes recevables à solliciter la mainlevée ou le cantonnement de la saisie.** Le recours en mainlevée ou cantonnement de la saisie n'est ouvert qu'au saisi ou au tiers saisi, c'est-à-dire au propriétaire des biens saisis[7], ou celui entre les mains duquel la saisie a été pratiquée. Le fournisseur contrefacteur, après la vente des biens argués de contrefaçon, est donc irrecevable à solliciter la mainlevée ou le cantonnement de la saisie[8].

1221.93 **Délai pour solliciter la mainlevée ou le cantonnement.** L'article L. 332-2 du CPI renvoie à « *un délai fixé par voie réglementaire* ». Ce délai est « *de vingt jours ouvrables, ou de trente-et-un jours civils si ce délai est plus long, à compter du jour où est intervenue la saisie ou la description* », d'après l'article R. 332-2 du même code, tel que modifié par décret du 19 décembre 2014[9].

La demande de mainlevée, formée dans le délai prescrit, reste recevable même après que le saisissant a saisi le juge du fond[10]. Une fois le délai prescrit expiré, la demande de mainlevée ou de cantonnement est irrecevable[11], même si la saisie n'a pas été notifiée[12].

1221.94 **Juridiction compétente.** Le juge compétent pour prononcer la mainlevée de la saisie ou pour en cantonner les effets est le président du TJ, selon l'article L. 332-2 du CPI. Le texte ne précise pas s'il s'agit du magistrat ayant autorisé la saisie ou du président du TJ du siège du domicile du défendeur. Dans la mesure où les pouvoirs de ce juge des référés ressemblent beaucoup à ceux que possède le

7. PAR EX. : Paris, pôle 5, 2e ch., 27 oct. 2023, RG n° 23/02298.
8. TGI Paris, 5 mars 1997, *PIBD* 1997, n° 636. III. 417 ; *RDPI* 1997, n° 74, p. 30.
9. Décr. n° 2014-1550, 19 déc. 2014, pris pour l'application de la loi du n° 2014-315 du 11 mars 2014 renforçant la lutte contre la contrefaçon, *JO* 21 déc., p. 21667.
10. Civ. 1re, 11 janv. 1977, n° 75-12.870, P I, n° 22 ; *Ann. propr. ind.* 1978. 110 – Dijon, 24 mars 1998, *BICC* n° 487, 15 févr. 1999, p. 37.
11. Versailles, ch. réun., 18 mars 1992, *Juris-Data* n° 044629 – Civ. 1re, 17 déc. 1996, n° 94-21.496, NP.
12. Civ. 1re, 21 mai 1990, n° 88-19.469, P I, n° 116 ; *JCP* 1990. IV. 276.

juge de la rétractation[1], même si l'article 497 C. pr. civ. ne s'applique pas[2], il semble néanmoins possible et logique de s'inspirer des solutions du droit commun (C. pr. civ., art. 496 et 497) et de saisir le magistrat ayant autorisé la saisie[3] ; il est d'ailleurs le mieux placé pour prononcer la mainlevée ou le cantonnement en tout ou partie de l'ordonnance au vu du débat contradictoire qui s'instaurera.

1221.95 **Pouvoirs du magistrat.** Le président du tribunal, statuant en référé (CPI, art. L. 332-2) dispose d'un pouvoir d'appréciation pour maintenir en totalité la saisie[4], cantonner la saisie notamment à ce qui est nécessaire pour apporter la preuve de la contrefaçon alléguée[5], voire donner mainlevée de la saisie[6]. Il tient alors compte non seulement des éléments produits au soutien de la requête, mais aussi de tous ceux, même postérieurs, qui sont produits devant lui, et notamment, des éléments recueillis à l'occasion des opérations de saisie-contrefaçon[7]. Le président du tribunal peut encore autoriser la reprise de la fabrication ou celle des représentations ou exécutions publiques, sous l'autorité d'un administrateur constitué séquestre des produits de cette fabrication ou de cette exploitation (pour un ex. de séquestre[8]).

S'il est fait droit à la demande de mainlevée ou de cantonnement, le président du tribunal peut ordonner à la charge du demandeur la consignation d'une somme affectée à la garantie des dommages et intérêts auxquels l'auteur pourrait prétendre (CPI, art. L. 332-2, al. 2)[9].

1221.96 **Le juge de la mainlevée et du cantonnement de la saisie peut-il statuer sur une nullité éventuelle de la saisie ?** Selon la Cour de cassation, il ne rentre pas dans les pouvoirs du juge saisi d'une demande de mainlevée de statuer sur la demande en nullité des saisies[10], cette dernière relevant du principal et ressortant donc de la compétence du fond, comme l'avait précédemment jugé la cour d'appel de Versailles[11].

En revanche, le défaut de recours en rétractation de l'ordonnance autorisant la saisie ne prive pas le saisi de la faculté de se prévaloir, devant le juge du fond, de la nullité éventuelle de l'ordonnance et des opérations subséquentes effectuées en son exécution. Cela est ressorti, en premier lieu, d'une décision de la cour d'appel de Paris[12]. Certes, celle-ci a été rendue en matière de dessins et modèles, donc dans le cadre de la propriété industrielle où la rétractation de l'ordonnance est possible, alors qu'en matière de propriété littéraire et artistique, seuls la mainlevée ou le cantonnement de l'ordonnance sont possibles[13] ; mais par analogie il était possible d'en déduire que l'absence de recours en mainlevée ou cantonnement de l'ordonnance, ne constitue pas pour le saisi un obstacle pour contester devant le juge du fond la validité de la saisie. La cour d'appel de Paris l'a, à nouveau, jugé, depuis[14].

1. M. Foulon et Y. Strickler, « Le constat sur requête avant tout procès », *Dr. et proc.* mars-avr. 2006, p. 71 s., spéc. p. 84, nº 57.
2. Civ. 1re, 19 mai 1998, nº 96-19.225, NP ; *Expertises* 1998, 310 – Civ. 1re, 30 mai 2000, nº 97-16.548, P I, nº 165 ; *PIBD* 2001, nº 714. III. 88 ; *JCP E* 2000. Pan. rap., p. 1263 ; *CCE* 2001. 30.
3. Versailles, 14e ch., 7 juill. 2016, RG nos 15/04993 et 16/01034 – Paris, pôle 5, 2e ch., 31 mars 2023, RG nº 21/00067, *Jurinpi* nº D20230015.
4. Paris, 27 févr. 1989, *Cah. dr. auteur* 1989 nº 20, p. 21 ; *D.* 1990. Somm. 189 – TGI Paris, 3e ch., 4e sect., ord. JME, 17 oct. 2013, RG nº 13/00100.
5. Paris, 21 avr. 1989, *PIBD* 1990, nº 471. III. 86 – Sur pourvoi, Civ. 1re, 4 avr. 1991, nº 89-17.586, NP – Paris, 25 avr. 1989, *D.* 1990. Somm. 60.
6. Civ. 1re, 28 avr. 1982, nº 80-16.546, P I, nº 152 ; *RIDA* 1983, nos 116, 176 ; *Gaz. Pal.* 1982. 2. Pan. 323 – Paris, 16 mai 1989, *Juris-Data* nº 022326.
7. Com. 7 juill. 2021, nº 20-22.048, P IV, nº 605 – V. AUSSI, TJ Lyon, ord. réf., 17 nov. 2020, RG nº 19/06334.
8. Paris, 12 déc. 1989, *RIDA* 1990, nº 144, 211.
9. Paris, 23 mars 1978, *Gaz. Pal.* 1978. Somm. 398.
10. Com., 7 juill. 2021, nº 20-22.048, P IV, nº 605.
11. Versailles, 13 nov. 1991, *Juris-Data* nº 050082.
12. Paris, 25 sept. 1996, *PIBD* 1997, nº 624. III. 52.
13. Civ. 1re, 30 mai 2000, nº 97-16.548, P I, nº 165 – Com. 3 avr. 2012, nº 11-13.897, NP ; *PIBD* 2012, nº 964. III. 440 – La loi nº 2014-315 du 11 mars 2014 renforçant la lutte contre la contrefaçon n'a pas supprimé cette différence de régime avec le droit de la propriété industrielle – Paris, pôle 5, 1re ch., 29 nov. 2016, RG nº 16/14008, *Juris-Data* nº 025593 ; *Jurinpi* nº D20160176 ; *PIBD* 2017, nº 1063. III. 27.
14. Paris, 4e ch., sect. B, 28 nov. 2008, RG nº 07/08497, *PIBD* 2009, nº 891. III. 872 ; *Jurinpi* nº D20080165 – Paris, pôle 5, ch. 2, 15 juin 2012, RG nº 11/01010 – COMP. : Paris, pôle 5, 2e ch., 4 mai 2018, RG nº 17/15470 : « *La juridiction saisie au fond a bien, à l'expiration du délai imparti pour solliciter la mainlevée de la saisie, compétence exclusive pour statuer sur la contestation relative à la validité de la requête* ».

CHAPITRE

1222. Saisie-contrefaçon en matière de logiciels et bases de données

OLIVIER HUBERT
AVOCAT*

SECTION 0 ORIENTEUR

1222.00 **Sommaire du chapitre.**

Division. Au sein de la propriété littéraire et artistique, la saisie-contrefaçon afférente aux logiciels (sect. 1) et aux bases de données (sect. 2) présente de telles spécificités qu'il convient de l'envisager séparément.

1222.01 **Textes applicables.**

• **CPI,** art. L. 112-2, L. 112-3, L. 113-9, L. 113-9-1, L. 331-1, L. 332-1 à L. 332-3, L. 332-4, L. 341-1 à L. 343-7, L. 615-10, L. 623-30, D. 331-1-1, R. 332-2 à R. 332-4.

• **COJ,** art. L. 211-10 et D. 211-6-1.

• **C. pr. civ.,** art. 496 et 497.

* La dixième édition de cette contribution était l'œuvre de Pierre Véron et Olivier Hubert, et les précédentes, sous la direction de Pierre Véron, étaient celle d'Isabelle Romet, Thomas Bouvet, Blandine Tronel et Nicolas Bouche.

1222.02 **Jurisprudence de référence.**

> Saisie-contrefaçon. Indépendance de l'expert.

• **Civ. 1re, 6 juill. 2000,** nos 97-21.404, 97-22.141, 97-22.392 et 97-22.430, P I, no 210

* V. ss nos 1212.52, 1213.73, 1222.37

Le droit à un procès équitable impose que l'expert visé par l'article L. 332-4 du Code de la propriété intellectuelle pour assister l'huissier instrumentaire ou le commissaire de police qui pratique la saisie-contrefaçon d'un logiciel, soit indépendant des parties.

1222.03 **Bibliographie indicative.**

* V. ss no 12.03.

1222.05 **Remarque de l'auteur.** La plupart des textes concernant la saisie-contrefaçon parlant d'huissier, il a été choisi de laisser ce terme dans les développements qui suivent en lieu et place de commissaire de justice.

SECTION 1 SAISIE EN MATIÈRE DE LOGICIELS

1222.11 **Généralités.** La loi du 3 juillet 1985 a instauré, au profit des logiciels, un régime de protection mixte. D'un côté, les logiciels ont été intégrés parmi les œuvres de l'esprit énumérées à l'article 3 de l'ancienne loi du 11 mars 1957 – aujourd'hui l'article L. 112-2 du CPI – bénéficiant de la protection du droit d'auteur. D'un autre côté, compte tenu de leur spécificité, la loi du 3 juillet 1985, a prévu, pour les programmes d'ordinateur, un régime dérogatoire sur certaines questions particulières. L'article L. 332-4 précise les règles propres aux logiciels, notamment quant aux modalités de la saisie. Elles seront examinées dans le présent chapitre. Pour le reste, il convient de se référer au régime général de la saisie-contrefaçon en matière de droits d'auteur[1] développé au chapitre précédent.

1222.12 **Plan.** Après avoir exposé les conditions préalables de la saisie-contrefaçon en matière de logiciels (§ 1), il conviendra d'envisager l'obtention de l'ordonnance autorisant la saisie (§ 2), puis les questions relatives à l'exécution de la saisie-contrefaçon et ses incidents (§ 3), et enfin, les suites de la saisie (§ 4).

§ 1
Conditions de fond de la saisie-contrefaçon

1222.21 **Qualité requise.** Le deuxième alinéa de l'article L. 332-4 du CPI indique que la saisie peut être demandée par « *toute personne ayant qualité pour agir en contrefaçon* ». L'auteur s'identifie sans difficulté, sauf à rappeler les règles particulières de dévolution en cas de logiciels créés par des salariés ou des agents publics (CPI, art. L. 113-9) ou encore, par des personnes physiques non salariées ni agents publics accueillies par des personnes morales de droit privé ou de droit public et réalisant de la recherche (CPI, art. L. 113-9-1). S'agissant spécialement d'une œuvre de collaboration, la jurisprudence reconnaît à chaque coauteur la possibilité d'agir en contrefaçon (même si c'est en lui imposant de mettre en cause tous les autres coauteurs). Ce peut être l'auteur ou tout ayant droit ou ayant cause, c'est-à-dire toute personne à qui aura été transféré le droit d'exploitation de l'auteur. La jurisprudence semble favorable à l'action en contrefaçon du licencié surtout lorsqu'il bénéficie d'une exclusivité. Le simple titulaire d'un droit d'usage et même le titulaire d'un droit de distribuer le logiciel ne peuvent requérir une saisie-contrefaçon[2]. L'article L. 331-1 alinéa 2 du CPI prévoit que les organismes de défense professionnelle régulièrement constitués ont qualité pour ester en justice pour la défense des intérêts dont ils ont statutairement la charge. La portée très large donnée à l'article L. 331-1 en son alinéa 1er (« *la propriété littéraire et artistique* ») indique que le principe posé au deuxième alinéa vaut également pour toute la propriété littéraire et artistique qui constitue la première partie du Code de la propriété intellectuelle et vaut donc aussi pour les logiciels.

1222.22 **Existence d'un logiciel protégeable.** Le requérant devra établir l'existence d'un logiciel pour faire procéder à une saisie-contrefaçon[3]. La pratique suggère que le requérant à la saisie-contrefaçon établisse son droit auprès du président du tribunal judiciaire (TJ), en produisant un exemplaire de son logiciel – quel qu'en soit le support – et en fournissant, de préférence, des documents établissant la date de création dudit logiciel (procès-verbal de dépôt à l'étude d'un huissier ou au rang d'un notaire, enveloppe *Soleau*, factures de cession de licence ou, de façon fréquente aujourd'hui, procès-verbal d'organismes professionnels organisant des procédures de dépôts officieux tels que l'Agence pour la protection des programmes [APP][4]).

§ 2
Ordonnance de saisie-contrefaçon

1222.31 **Suppression de la saisie-contrefaçon par commissaire de police ou juge d'instance.** Avant l'entrée en vigueur de la loi du 11 mars 2014[5], renforçant la lutte contre la contrefaçon, la loi autorisait le titulaire de droits sur un logiciel, ses ayants droit ou ses ayants cause à faire pratiquer une saisie-contrefaçon par un commissaire de police. Désormais, cette possibilité n'existe plus et seul le président du TJ peut autoriser l'exécution, par un huissier de justice, d'une saisie-contrefaçon. De ce point de vue, le schéma procédural de la saisie-contrefaçon est ainsi unifié pour toute la propriété intellectuelle.

1222.32 **Juridiction compétente pour examiner la requête.** Il ressort de la combinaison des articles L. 331-1 et L. 332-4 du CPI que le juge compétent pour ordonner une saisie-contrefaçon est le président du TJ. En effet, le premier article indique que la juridiction civile compétente en matière d'actions civiles et de demandes relatives à la propriété littéraire et artistique est le TJ. L'autorisation de faire pratiquer une saisie-contrefaçon étant demandée par requête, c'est le président du TJ qui est compétent pour ordonner une saisie-contrefaçon[6].

La compétence territoriale n'est définie par aucun texte particulier. La jurisprudence a précisé que, sauf disposition légale contraire – et il n'en existe pas en la matière – le juge territorialement compétent pour rendre une ordonnance sur requête est le président de la juridiction saisie au fond ou celui du lieu où la

1. Paris, 4e ch., 23 avr. 1990, *PIBD* 1990, n° 482. III. 441.
2. Versailles, 4e ch., 13 nov. 1991, *Juris-Data* n° 050082 – Versailles, 14e ch., 13 déc. 1991, *Juris-Data* n° 047847.
3. Paris, 28 janv. 1993, *PIBD* 1993, n° 545. III. 368.
4. Rouen, 10 juin 1992, *Expertises* 1992, 393.
5. L. n° 2014-315, 11 mars 2014, renforçant la lutte contre la contrefaçon, *JO* 12 mars, p. 5112.
6. Ainsi, les investigations autorisées par le président du tribunal de commerce en vertu de ses pouvoirs généraux en matière d'ordonnance sur requête doivent être annulées si elles constituent en réalité une saisie contrefaçon déguisée, dont l'autorisation aurait dû être accordée par le président du tribunal judiciaire : Versailles, ch. civ. 1 et 5 réun., 21 mars 2024, RG n° 23/04979.

mesure demandée doit être exécutée[1]. Il faut néanmoins tenir compte de la concentration de compétence territoriale introduite dans le droit de la propriété littéraire et artistique, à l'instar de ce qui existait déjà en propriété industrielle, par les décrets n° 2009-1204 et n° 2009-1205 du 9 octobre 2009[2]. Désormais, en matière de propriété littéraire et artistique, l'article L. 331-1 du CPI (tel que réformé par la loi du 17 mai 2011[3] de simplification et d'amélioration de la qualité du droit et modifié par l'ordonnance du 18 septembre 2019[4]) prévoit que : « *Les actions civiles et les demandes relatives à la propriété littéraire et artistique* », relèvent exclusivement des TJ, et l'article D. 331-1-1 renvoie à l'article D. 211-6-1 du COJ, modifié par le décret du 14 décembre 2011[5] et par le décret du 30 août 2019[6], et ainsi à une liste de dix TJ déterminés (Bordeaux, Lille, Lyon, Marseille, Nanterre, Nancy, Paris, Rennes, Strasbourg, Fort-de-France).

Avant tout procès, la compétence semble pouvoir revenir soit au président du TJ territorialement compétent pour le lieu d'exécution de la saisie, soit au président du TJ susceptible d'être compétent sur le fond.

Une fois le procès au fond engagé, la requête doit en revanche être présentée au président de la chambre saisie ou à laquelle l'affaire a été distribuée ou au juge déjà saisi (C. pr. civ., art. 845)[7], voire en instance d'appel au premier président de la cour d'appel (C. pr. civ., art. 958). Il n'entre pas donc pas dans les pouvoirs du juge de la mise en état d'ordonner une saisie-contrefaçon en cours d'instance et il commet un excès de pouvoir s'il en ordonne une[8].

1. Civ. 2e, 18 nov. 1992, n° 91-16.447, P II, n° 266 ; *D.* 1993. J. 91 ; *JCP* 1993. I. 3678 ; *RTD civ.* 1993. 648 – TGI Marseille, 1re ch. civ., 25 oct. 2012, *Expertises* déc. 2012, p. 437.
2. Décr. n° 2009-1204, 9 oct. 2009, relatif à la spécialisation des juridictions en matière de propriété intellectuelle, *JO* 11 oct., p. 16630 – Décr. n° 2009-1205, 9 oct. 2009, fixant le siège et le ressort des juridictions en matière de propriété intellectuelle, *JO* 11 oct., p. 16630. Ces décrets sont entrés en vigueur le 1er novembre 2009 ; la juridiction saisie demeure compétente pour statuer sur les procédures introduites antérieurement à la date d'entrée en vigueur du décret.
3. L. n° 2011-525, 17 mai 2011, de simplification et d'amélioration de la qualité du droit, *JO* 18 mai, p. 8537.
4. Ord. n° 2019-964, 18 sept. 2019, prise en application de la loi n° 2019-222 du 23 mars 2019 de programmation 2018-2022 et de réforme pour la justice, *JO* 19 sept., texte 5.
5. Décr. n° 2011-1878, 14 déc. 2011, portant modification du tableau VI annexé à l'article D. 211-6-1 du Code de l'organisation judiciaire, *JO* 16 déc., p. 21273.
6. Décr. n° 2019-912, 30 août 2019, modifiant le Code de l'organisation judiciaire et pris en application des articles 95 et 103 de la loi n° 2019-222 du 23 mars 2019 de programmation 2018-2022 et de réforme pour la justice, *JO* 1er sept., texte 2.

1222.33 **Requête.** Les dispositions générales relatives aux ordonnances sur requête devront être respectées (v. ss nos 1212.11 s.). Devront être jointes à la requête les pièces établissant le droit contrefait et la qualité à agir.

1222.34 **Ordonnance.** Le président du tribunal ne peut refuser l'autorisation de faire pratiquer une saisie-contrefaçon au requérant qui justifie de l'existence de son droit. Mais il dispose d'un pouvoir d'appréciation pour décider de l'étendue des mesures (simple saisie descriptive, saisie réelle, *etc.*). Le président peut notamment ordonner la constitution préalable de garanties par le saisissant, tel par exemple qu'un cautionnement ou une consignation (CPI, art. L. 332-1, al. 5). En cas de rejet total ou partiel de la requête, le requérant peut relever appel de l'ordonnance dans les quinze jours (C. pr. civ., art. 496).

1222.35 **Étendue de la saisie-contrefaçon autorisée par le président du tribunal.** L'article L. 332-4 du CPI confère au président des pouvoirs moins importants que l'article L. 332-1 en matière de droit d'auteur.

La rédaction de l'article L. 332-4, identique à celle des articles relatifs aux droits de propriété industrielle, montre que le législateur s'est préoccupé de définir précisément les pouvoirs du président du TJ dans la détermination de l'étendue de la saisie-contrefaçon. **Les mesures que le président peut ainsi autoriser en matière de contrefaçon de logiciel sont donc beaucoup plus restreintes que les mesures dont il dispose pour la contrefaçon de toute autre œuvre protégée par le droit d'auteur**, conformément à l'article L. 332-1 alinéas 3 et 4 du CPI (v. ss n° 1221.41). Pour autant, cela ne signifie pas, en pratique, que le président du tribunal ne pourra pas ordonner des mesures telles que celles visées à l'article L. 332-1 pour procéder à des investigations complémentaires visant à établir l'origine, l'importance, la destination, les formes de la contrefaçon. Il devrait pouvoir le faire en prenant simplement soin de viser et de prendre appui sur les textes généraux en matière de mesures d'instruction sur requête.

La référence dans l'article L. 332-4 aux « *fins probatoires* » de la saisie-contrefaçon laisse entendre que, comme en matière de propriété industrielle, la saisie réelle ne peut pas porter sur la totalité du stock ou la totalité des matériels et instruments, car la saisie réelle d'une multitude d'objets identiques n'apporte,

7. Jurisprudence rendue en application de l'ancien article 812 alinéa 3 C. pr. civ., remplacé par l'article 845 C. pr. civ. introduit par Décr. n° 2019-1333, 11 déc. 2019, réformant la procédure civile, *JO* 12 déc., texte 3 : TGI Nanterre, réf., 18 nov. 1996, *BICC* 1er mars 1997, n° 234 – Orléans, ch. com., 29 janv. 2009, RG n° 2008/00454, *PIBD* 2009, n° 894. III. 964 ; *Jurinpi* n° M20090103.
8. Civ. 1re, 5 févr. 2014, n° 12-25.492, NP ; *PIBD* 2014, n° 1003. III. 317.

du point de vue de la preuve de la contrefaçon, rien de plus que la saisie d'un seul de ces objets.

1222.36 Personnes habilitées à procéder à la saisie. Il s'agira, selon le deuxième alinéa de l'article L. 332-4, d'un huissier de justice.

1222.37 Personnes pouvant assister à la saisie. L'article L. 332-4, alinéa 2, prévoit expressément la possibilité pour l'huissier d'être assisté d'un expert désigné par le requérant[1]. Il sera préférable que la présence de l'expert soit prévue par l'ordonnance. L'ordonnance pourra prévoir, et cela est fréquent, que l'expert soit choisi en dehors des salariés du requérant. Le non-respect de cette prescription est un motif de nullité de la saisie[2]. La Cour de cassation a décidé que le principe du droit à un procès équitable exigeait que cet expert soit indépendant des parties[3].

§ 3
Exécution de la saisie-contrefaçon et ses incidents

1222.41 Application des règles générales des saisies-contrefaçon en matière de droits d'auteur. Sauf incident lié aux particularités précédemment exposées, la matière des logiciels n'appelle pas d'observation particulière quant au déroulement de la saisie et quant à ses incidents. On peut simplement citer une décision, sur laquelle la doctrine a émis un avis réservé[4], jugeant que la dénonciation de l'ordonnance aux détenteurs des biens saisis n'était pas nécessaire[5].

1222.42 Cas particulier des documents intéressant la Défense nationale. Malgré l'absence de texte exprès, une procédure identique à celle prévue par les articles L. 615-10 alinéa 2 (en matière de brevets d'invention) et L. 623-30 alinéa 2 (en matière de certificats d'obtention végétale) du CPI paraît devoir être suivie lorsque la saisie amènerait à compulser des documents comportant une classification de *sécurité de défense*[6] (v. s^s^ nº 1213.176).

1. TGI Paris, 6 nov. 1992, *PIBD* 1993, nº 540. III. 183 – Paris, 15 janv. 1997, *PIBD* 1997, nº 639. III. 517.
2. Paris, 30 juin 1995, *PIBD* 1995, nº 598. III. 532 – Civ. 1re, 2 déc. 1997, nº 95-17.029, P I, nº 347 ; *D.* 1998. 21.
3. Civ. 1re, 6 juill. 2000, nºs 97-21.404, 97-22.141, 97-22.392 et 97-22.430, P I, nº 210 ; *D.* 2001. 370, note P. Véron (préc., v. ss nºs 1212.52 et 1213.73).
4. M. Vivant et A. Lucas, « Chronique de droit de l'informatique », *JCP E* 1993. 239.
5. Paris, 13e ch., 24 mars 1992, *Juris-Data* nº 020967.
6. Civ. 1re, 21 mars 2006, nº 05-13.302, P I, nº 168 ; *CCE* 2006, nº 78 ; *RLDI* 2006. Actu. 436 ; *Expertises* juill. 2006, p. 269 ; *PIBD* 2006, nº 832. III. 419.

§ 4
Suites de la saisie-contrefaçon : obligation de poursuivre

1222.51 Obligation de poursuivre dans le délai prescrit. L'article L. 332-4 du CPI dispose qu'« *à défaut pour le saisissant, dans un délai fixé par voie réglementaire, soit de s'être pourvu au fond, par la voie civile ou pénale, soit d'avoir déposé une plainte devant le procureur de la République, l'intégralité de la saisie, y compris la description, est annulée à la demande du saisi ou du tiers saisi, sans que celui-ci ait à motiver sa demande et sans préjudice des dommages et intérêts qui peuvent être réclamés* ». L'article R. 332-4 fixe le délai pour se pourvoir au fond à vingt jours ouvrables ou trente-et-un jours civils si ce délai est plus long, à compter de la saisie.

1222.52 Dépôt d'une simple plainte devant le procureur de la République. L'article L. 332-4 indique qu'il est suffisant, pour la validité d'une saisie-contrefaçon, de déposer une plainte devant le procureur de la République. Il convient de noter que le saisi n'est pas immédiatement informé de ce dépôt de plainte et peut donc rester dans l'incertitude quant à la validité de la saisie-contrefaçon en l'absence d'assignation délivrée dans le délai prévu.

S'agissant des actions au fond, la chambre criminelle de la Cour de cassation a indiqué que les règles de compétence particulières édictées en matière de contrefaçon ne concernent que les juridictions civiles[7]. Tous les TJ de France sont donc compétents pour connaître des actions pénales en contrefaçon.

1222.53 Sanction du défaut de poursuite. L'article L. 332-4 dispose qu'à défaut de poursuite dans le délai prescrit, la saisie-contrefaçon est nulle. Il ne s'agit pas d'une nullité de plein droit mais le saisi, qui doit demander la nullité, n'a pas à motiver sa demande ou à rapporter la preuve d'un grief. Cette nullité concerne l'intégralité de la saisie-contrefaçon, descriptive et réelle[8].

SECTION 2
SAISIE EN MATIÈRE DE BASES DE DONNÉES

1222.61 Définition de la base de données. La base de données est définie au dernier alinéa de l'article L. 112-3 du CPI comme étant « *un recueil*

7. L'arrêt a été rendu en matière de marques, mais son enseignement peut être étendu aux autres matières : Crim. 19 juin 2013, nº 12-84.533, NP ; *CCE* 2014, nº 1, comm. Caron.
8. PAR EX. : Paris, pôle 5, 2e ch., 1er juill. 2016, RG nº 15/15933, *Juris-Data* nº 019266 – NON REMIS EN CAUSE PAR : Civ. 1re, 8 nov. 2017, nº 16-24.212, NP.

d'œuvres, de données ou d'autres éléments indépendants, disposés de manière systématique ou méthodique, et individuellement accessibles par des moyens électroniques ou par tout autre moyen ». Une base de données peut être pour son créateur le siège d'un droit d'auteur, dès lors qu'elle constitue en elle-même une création de forme originale. C'est ce qu'indique le même article L. 112-3 en rangeant les « *bases de données, qui, par le choix ou la disposition des matières, constituent des créations intellectuelles* » au côté des traductions, adaptations, transformations et autres arrangements qui, comme on le sait, jouissent de la protection du droit d'auteur sans préjudice du droit de l'auteur de l'œuvre originale. Mais une base de données peut être aussi, pour son producteur, à raison de son investissement financier, matériel ou humain et indépendamment de toute création et de toute originalité de la forme, le siège d'un droit *sui generis* (CPI, art. L. 341-1)[1]. La saisie-contrefaçon, en matière de bases de données, peut donc être réalisée soit à raison de la contrefaçon du droit d'auteur portant sur une base de données originale (CPI, art. L. 332-4) soit à raison d'une prétendue violation du droit *sui generis* du producteur sur la base de données (CPI, art. L. 343-1)[2], voire les deux[3].

1222.62 **Renvoi.** Le régime de la saisie-contrefaçon à raison de la violation du droit d'auteur portant sur une base de données est exactement identique à celui de la saisie-contrefaçon de logiciels puisqu'il est organisé par le même texte, à savoir l'article L. 332-4 du CPI. Comme les logiciels, les bases de données bénéficient donc du régime général du droit d'auteur en matière de saisie-contrefaçon, les règles spécifiques concernant la saisie-contrefaçon de logiciels (examinées précédemment) étant transposées aux bases de données par l'effet de l'article L. 332-4 du CPI. Il suffit donc de se référer *mutatis mutandis* à la section 1 du présent chapitre (v. s^s n°s 1222.11 s.). Il ne sera étudié ci-après que la saisie-contrefaçon à raison de la prétendue violation du droit *sui generis* du producteur de bases de données (CPI, art. L. 343-1).

1. H. Bitan, « Le droit des bases de données – Entre droit d'auteur et droit *sui generis* », *Propr. intell.* 2008. 164 s.
2. L'article L. 343-1 confirme expressément que la saisie-contrefaçon peut s'appliquer à la protection du droit *sui generis* du producteur sur sa base de données (ce que révélaient les travaux préparatoires de la loi du 1er juill. 1998) mais lui donne un régime autonome et bien distinct de celui de la saisie-contrefaçon réalisée sur le fondement de l'art. L. 332-4, c'est-à-dire du droit d'auteur portant sur la base de données envisagée en tant qu'œuvre originale – V. H. Bitan, « La saisie-contrefaçon de logiciels et de bases de données à l'aune de la loi du 29 octobre 2007 relative à la lutte contre la contrefaçon », *CCE* 2008. 13 s., spéc. p. 13-14.
3. Aix-en-Provence, 2e ch., 21 juin 2007, RG n° 05/19590, *Juris-Data* n° 345467 – Paris, pôle 5, 1re ch., 27 juin 2012, RG n° 2006/015905.

1222.63 **Plan.** L'étude de la saisie-contrefaçon à raison de l'atteinte au droit *sui generis* du producteur d'une base de données implique d'examiner successivement ses conditions de fond (§ 1), ses modalités d'exécution (§ 2) et enfin ses suites (§ 3).

§ 1
Conditions de fond de la saisie-contrefaçon

1222.71 **Nécessité d'invoquer une base de données et de démontrer un investissement substantiel.** À l'instar du droit d'auteur et à la différence des droits de propriété industrielle, le droit *sui generis* du producteur de bases de données naît sans formalité administrative particulière, indépendamment de tout dépôt et de tout enregistrement, du seul fait de la réalisation d'un « *investissement substantiel* » dans « *la constitution, la vérification ou la présentation* » du contenu d'une base de données[4], le producteur de la base de données étant « *la personne qui* [a pris] *l'initiative et le risque des investissements correspondants* » (CPI, art. L. 341-1). Le requérant devra donc se prévaloir d'indices tendant à démontrer l'existence d'une base de données, ainsi que d'un investissement, « *financier, matériel ou humain* », qui doit être « *substantiel* » dans la constitution, la vérification ou la présentation du contenu de la base de données.

1222.72 **Producteur, ayants cause et licenciés exclusifs.** L'article L. 343-1 du CPI réserve la saisie-contrefaçon à « *toute personne ayant qualité pour agir en vertu du présent titre* », c'est-à-dire au producteur lui-même, à ses ayants cause, auxquels un ou plusieurs de ces droits ont été « *transmis ou cédés* » par un procédé quelconque (cession totale, cession partielle, succession, absorption de la société titulaire, *etc.*), et aux licenciés. S'agissant toutefois des licenciés, on peut penser que la jurisprudence, à l'instar de ce qu'elle décide en matière de droit d'auteur, devrait tendre à réserver la qualité pour agir au licencié qui bénéficie d'une exclusivité, afin de respecter ainsi le lien ébauché par l'alinéa 6 de l'article L. 343-1 entre la saisie-contrefaçon en matière de bases de données et la saisie-contrefaçon en matière de droits d'auteur. Enfin, l'article L. 331-1 alinéa 2 du CPI prévoit que les organismes de défense professionnelle régulièrement constitués ont qualité pour ester

4. Selon la CJCE 9 nov. 2004, aff. C-203/02, *The British Horseracing Board e.a., CCE* 2005, n° 2, note Caron : « *La notion d'investissement lié à l'obtention du contenu d'une base de données* [...] *doit s'entendre comme désignant les moyens consacrés à la recherche d'éléments existants et à leur rassemblement dans ladite base. Elle ne comprend pas les moyens mis en œuvre pour la création des éléments constitutifs du contenu d'une base de données* ».

en justice pour la défense des intérêts dont ils ont statutairement la charge. La portée très large donnée à l'article L. 331-1 en son alinéa 1er (« *la propriété littéraire et artistique* ») laisse supposer que le principe posé au deuxième alinéa vaut également pour toute la propriété littéraire et artistique qui constitue la première partie du Code de la propriété intellectuelle et vaut donc aussi pour les bases de données.

§ 2
Exécution de la saisie-contrefaçon

1222.81 **Juridiction compétente.** L'article L. 343-1 du CPI prévoit que la saisie-contrefaçon peut être réalisée « *sur ordonnance rendue sur requête par la juridiction civile compétente* ». Corrélativement, l'article L. 211-10 du COJ, tel qu'issu de la loi du 29 octobre 2007 et dernièrement modifié par loi du 23 mars 2019[1], énonce : « *Des tribunaux judiciaires spécialement désignés connaissent des actions en matière de propriété littéraire et artistique* [...] *dans les cas et conditions prévus par le Code de la propriété intellectuelle* ». Au sein du Code de la propriété intellectuelle, auquel il est ainsi renvoyé par l'article L. 211-10 du COJ, il faut alors s'appuyer sur l'article L. 331-1 du CPI qui, dans sa rédaction issue de la loi du 17 mai 2011[2] de simplification et d'amélioration de la qualité du droit, telle que modifiée par l'ordonnance du 18 septembre 2019[3], donne une compétence exclusive aux TJ déterminés par voie réglementaire pour statuer sur « *les actions civiles et les demandes relatives à la propriété littéraire et artistique* [...] ». Or, les articles L. 341-1 et suivants, consacrés au droit *sui generis* du producteur de bases de données, étant formellement intégrés à la première partie du Code de la propriété intellectuelle intitulée et consacrée à « *la propriété littéraire et artistique* », la juridiction civile compétente pour l'action aux fins de saisie-contrefaçon de l'article L. 343-1 doit donc être le seul TJ et plus précisément, s'agissant d'une ordonnance sur requête, le seul président du TJ. Quant à la compétence territoriale, elle n'est pas définie par l'article L. 343-1 du CPI. On peut donc penser qu'à l'instar de ce qu'a décidé la jurisprudence en matière de droit d'auteur, sauf disposition légale contraire – ce qui est le cas – le juge territorialement compétent pour rendre une ordonnance sur requête est, selon les cas, le président de la juridiction saisie au fond ou celui compétent pour le lieu où la mesure demandée doit être exécutée. Il faut toutefois tenir compte de la concentration de compétence territoriale introduite dans le droit de la propriété littéraire et artistique, à l'instar de ce qui existait déjà en propriété industrielle, par les décrets n° 2009-1204 et n° 2009-1205 du 9 octobre 2009. Désormais, en matière de propriété littéraire et artistique, l'article L. 331-1 du CPI (tel que réformé par la loi n° 2011-525 du 17 mai 2011 de simplification et d'amélioration de la qualité du droit et modifié par l'ordonnance du 18 septembre 2019) prévoit que « *les actions civiles et les demandes relatives à la propriété littéraire et artistique* », c'est-à-dire toute la propriété littéraire et artistique rassemblant tant le droit d'auteur que les droits voisins du droit d'auteur et le droit *sui generis* du producteur de bases de données, relèvent exclusivement des TJ et l'article D. 331-1-1 renvoie à l'article D. 211-6-1 du COJ, modifié par le décret du 14 décembre 2011[4] et par le décret du 30 août 2019[5], et ainsi à une liste de dix TJ déterminés (Bordeaux, Lille, Lyon, Marseille, Nanterre, Nancy, Paris, Rennes, Strasbourg, Fort-de-France – v. ss n° 1221.31). Avant tout procès, le président du TJ territorialement compétent pour le lieu d'exécution de la mesure est compétent. Une fois le procès au fond engagé et le TJ saisi, la requête doit être présentée au président de la chambre saisie ou à laquelle l'affaire a été distribuée ou au juge déjà saisi (C. pr. civ., art. 845), voire en instance d'appel au premier président de la cour d'appel (C. pr. civ., art. 958). Il n'entre donc pas dans les pouvoirs du juge de la mise en état d'ordonner une saisie-contrefaçon en cours d'instance et il commet un excès de pouvoir s'il en ordonne une[6].

1222.82 **Requête.** Les dispositions générales relatives aux ordonnances sur requête devront être respectées (v. ss nos 1212.11 s.). Devront être jointes à la requête les pièces établissant le droit contrefait et la qualité à agir.

1222.83 **Ordonnance.** Le président du TJ dispose, dans le cadre de la saisie-contrefaçon, des pouvoirs qu'énumère l'article L. 343-1 du CPI. Il peut ordonner :

– la description détaillée, avec ou sans prélèvement d'échantillons, des supports ou produits portant prétendument atteinte aux droits du producteur de bases de données, ou ;

– la saisie réelle des supports ou produits portant prétendument atteinte aux droits du producteur de bases de données ainsi que de tout document s'y rapportant, ou ;

– aux mêmes fins probatoires, la description détaillée ou la saisie réelle des matériels et instruments

1. L. n° 2019-222, 23 mars 2019, de programmation 2018-2022 et de réforme pour la justice, *JO* 24 mars, texte 2.
2. L. n° 2011-525, 17 mai 2011, préc.
3. Ord. n° 2019-964, 18 sept. 2019, préc.
4. Décr. n° 2011-1878, 14 déc. 2011, préc.
5. Décr. n° 2019-912, 30 août 2019, préc.
6. Civ. 1re, 5 févr. 2014, n° 12-25.492, NP ; *PIBD* 2014, n° 1003. III. 317.

utilisés pour produire ou distribuer les supports ou produits portant prétendument atteinte aux droits du producteur de bases de données, ainsi que de tout document s'y rapportant.

Les références expressément faites dans l'article L. 343-1 aux « *fins probatoires* » (al. 3) de la saisie-contrefaçon en matière de droit *sui generis* du producteur de bases de données (« *L'atteinte aux droits du producteur de bases de données peut être prouvée par tous moyens. À cet effet* [...] », al. 1er), ainsi que la possibilité donnée par l'article L. 343-2 à « *toute personne ayant qualité pour agir dans le cas d'une atteinte aux droits du producteur de bases de données* » d'obtenir en référé ou même sur requête « *toute mesure urgente destinée à prévenir une atteinte aux droits du producteur de bases de données ou à empêcher la poursuite d'actes portant prétendument atteinte à ceux-ci* », laissent entendre que, comme en matière de propriété industrielle (v. ss no 1212.81), la saisie réelle ne peut pas porter sur la totalité du stock (supports ou produits), la totalité des matériels et instruments, car la saisie réelle d'une multitude d'objets identiques n'apporte, du point de vue de la preuve de la contrefaçon, rien de plus que la saisie d'un seul de ces objets.

Le président dispose d'un pouvoir d'appréciation en particulier pour décider de l'étendue des mesures (simple saisie descriptive, saisie réelle partielle, saisie réelle intégrale...). Le président peut notamment ordonner la constitution préalable de garanties par le saisissant, telles par exemple qu'un cautionnement ou une consignation, destinées à assurer l'indemnisation éventuelle du saisi si l'action engagée au fond pour atteinte au droit du producteur est ultérieurement jugée non fondée ou si la mainlevée de la saisie est prononcée (CPI, art. L. 343-1, al. 5). En cas de rejet total ou partiel de la requête, le requérant peut relever appel de l'ordonnance dans les quinze jours (C. pr. civ., art. 496).

1222.84 **Exécution de la saisie.** La saisie-contrefaçon doit être exécutée par un huissier, choisi par le requérant, qui agira conformément aux règles générales d'exécution d'une ordonnance sur requête (signification préalable de l'ordonnance) et aux termes de l'ordonnance (personnes autorisées à assister l'huissier, étendue de la saisie).

De manière générale, les règles applicables à l'exécution de la saisie-contrefaçon en propriété littéraire et artistique sont identiques à celles du domaine de la propriété industrielle. Il est donc renvoyé au chapitre consacré à ce thème (v. ss nos 1213.21 s.).

1222.85 **Cas particulier des documents intéressant la Défense nationale.** Malgré l'absence de texte exprès, une procédure identique à celle prévue par les articles L. 615-10 alinéa 2 (en matière de brevets d'invention) et L. 623-30 alinéa 2 (en matière de certificats d'obtention végétale) du Code de la propriété intellectuelle paraît devoir être suivie lorsque la saisie amènerait à compulser des documents comportant une classification de sécurité de défense[1] (v. ss no 1213.176).

§ 3
Suites de la saisie-contrefaçon

1222.91 **Rapprochement.** L'article L. 343-1 dans son dernier alinéa indique que « *la mainlevée de la saisie peut être prononcée selon les modalités prévues par les articles L. 332-2 et L. 332-3* ». Il sera donc examiné les possibilités d'obtenir la mainlevée ou le cantonnement de la saisie ou d'obtenir sa nullité.

1222.92 **Mainlevée et cantonnement de la saisie.** L'article L. 332-2 du CPI prévoit la possibilité pour le saisi ou le tiers saisi de solliciter la mainlevée ou le cantonnement de la saisie. Il faut néanmoins souligner que le dernier alinéa de l'article L. 343-1 ne renvoie aux articles L. 332-2 et L. 332-3 littéralement que relativement à la « *mainlevée* », aucune mention n'étant ici faite du cantonnement de la saisie. Il ne serait pourtant pas très logique que le juge qui dispose d'un large pouvoir d'appréciation pour décider de l'étendue des mesures ordonnées dans le cadre de la saisie-contrefaçon, dispose ensuite du pouvoir de faire cesser les effets réels de la saisie (mainlevée, le procès-verbal de l'huissier demeurant et pouvant être invoqué dans la procédure) et ne dispose pas du pouvoir, pourtant plus modéré, d'en simplement cantonner les effets.

Que l'on retienne ou non une lecture littérale de l'article L. 343-1 du CPI, il convient de remarquer que le(s) pouvoir(s) ainsi conféré(s) au juge peu(ven)t, à défaut de précision contraire, s'appliquer aux deux types de saisies (saisie descriptive, saisie réelle).

1222.93 **Personnes recevables à solliciter la mainlevée ou le cantonnement de la saisie.** Le recours en mainlevée ou cantonnement de la saisie n'est ouvert qu'au saisi ou au tiers saisi, c'est-à-dire au propriétaire des biens saisis, ou celui entre les mains duquel la saisie a été pratiquée. Le fournisseur contrefacteur, après la vente des biens argués de contrefaçon, est donc irrecevable à solliciter la mainlevée ou le cantonnement de la saisie.

1222.94 **Délai pour solliciter la mainlevée ou le cantonnement.** L'article L. 332-2 du CPI renvoie à « *un délai fixé par voie réglementaire* ». Ce délai est

1. Civ. 1re, 21 mars 2006, no 05-13.302, P I, no 168 ; *CCE* 2006, no 78 ; *RLDI* 2006. Actu. 436 ; *Expertises* juill. 2006, p. 269 ; *PIBD* 2006, no 832. III. 419.

« *de vingt jours ouvrables ou de trente et un jours civils si ce délai est plus long, à compter du jour où est intervenue la saisie ou la description* », d'après l'article R. 332-2 du même code, tel que modifié par décret du 19 décembre 2014[1].

La demande de mainlevée, formée dans le délai prescrit, reste recevable même après que le saisissant a saisi le juge du fond[2]. Une fois le délai prescrit expiré, la demande de mainlevée ou de cantonnement est irrecevable[3], même si la saisie n'a pas été notifiée[4].

1222.95 **Juridiction compétente.** Le juge compétent pour prononcer la mainlevée de la saisie ou pour en cantonner les effets est le président du TJ, selon l'article L. 332-2 du CPI. Le texte ne précise pas s'il s'agit du magistrat ayant autorisé la saisie ou du président du TJ du siège du domicile du défendeur. Dans la mesure où les pouvoirs de ce juge des référés ressemblent beaucoup à ceux que possède le juge de la rétractation[5], même si l'article 497 C. pr. civ. ne s'applique pas[6], il semble néanmoins possible et logique de s'inspirer des solutions du droit commun (C. pr. civ., art. 496 et 497) et de saisir le magistrat ayant autorisé la saisie[7] ; il est d'ailleurs le mieux à même d'ordonner la mainlevée ou le cantonnement de la saisie réalisée en exécution de son ordonnance au vu du débat contradictoire qui s'instaurera.

1222.96 **Pouvoirs du magistrat.** Le président du tribunal, statuant en référé (CPI, art. L. 332-2), dispose d'un pouvoir d'appréciation pour maintenir en totalité la saisie ou en donner mainlevée. Il tient alors compte non seulement des éléments produits au soutien de la requête, mais aussi de tous ceux, même postérieurs, qui sont produits devant lui, et notamment, des éléments recueillis à l'occasion des opérations de saisie-contrefaçon[8]. Il semble qu'il faille admettre que le juge a aussi le pouvoir de cantonner la saisie notamment à ce qui est nécessaire pour apporter la preuve de la contrefaçon alléguée voire d'autoriser la reprise de l'extraction ou celle des réutilisations, sous l'autorité d'un administrateur constitué séquestre des produits de cette extraction ou de cette réutilisation.

S'il est fait droit à la demande de mainlevée ou de cantonnement, le président du tribunal peut ordonner à la charge du demandeur la consignation d'une somme affectée à la garantie des dommages et intérêts auxquels le producteur de la base de données pourrait prétendre (CPI, art. L. 332-2, al. 2)[9].

1222.97 **Le juge de la mainlevée et du cantonnement de la saisie peut-il statuer sur une nullité éventuelle encourue par la saisie ?** Selon la Cour de cassation, il ne rentre pas dans les pouvoirs du juge saisi d'une demande de mainlevée de statuer sur la demande en nullité des saisies[10], cette dernière relevant du principal et ressortant donc de la compétence du fond, comme l'avait précédemment jugé la cour d'appel de Versailles[11].

En revanche, le défaut de recours en rétractation de l'ordonnance autorisant la saisie ne prive pas le saisi de la faculté de se prévaloir, devant le juge du fond, de la nullité éventuelle de l'ordonnance et des opérations subséquentes effectuées en son exécution. Cela est ressorti, en premier lieu, d'une décision de la cour d'appel de Paris[12]. Certes, celle-ci a été rendue en matière de dessins et modèles, donc dans le cadre de la propriété industrielle où la rétractation de l'ordonnance est possible, alors qu'en matière de propriété littéraire et artistique, seuls la mainlevée ou le cantonnement de l'ordonnance sont possibles[13] ; mais par analogie il était possible d'en déduire que l'absence de recours en mainlevée ou cantonnement de l'ordonnance, ne constitue pas pour le saisi un obstacle pour contester devant le juge du fond la validité de la saisie. La cour d'appel de Paris l'a, à nouveau, jugé, depuis[14].

1222.98 **Nullité de la saisie à défaut de poursuite ultérieure.** L'article L. 343-1 du CPI ne contient expressément aucune obligation d'assigner ou même de poursuivre à l'issue de la saisie-contrefaçon. Toutefois, son dernier alinéa prévoit la possibilité de demander la mainlevée de la saisie « *selon les modalités prévues par les articles L. 332-2 et L. 332-3* ».

1. Décr. n° 2014-1550, 19 déc. 2014, pris pour l'application de la loi du n° 2014-315 du 11 mars 2014 renforçant la lutte contre la contrefaçon, *JO* 21 déc., p. 21667.
2. Civ. 1re, 11 janv. 1977, n° 75-12.870, P I, n° 22 ; *Ann. propr. ind.* 1978. 110 – Dijon, 24 mars 1998, *BICC* n° 487, 15 févr. 1999, 37.
3. Versailles, ch. réun., 18 mars 1992, *Juris-Data* n° 044629 – Civ. 1re, 17 déc. 1996, n° 94-21.496, NP.
4. Civ. 1re, 21 mai 1990, n° 88-19.469, P I, n° 116 ; *JCP* 1990. IV. 276.
5. M. Foulon et Y. Strickler, « Le constat sur requête avant tout procès », *Dr. et proc.* mars-avr. 2006, p. 71 s., spéc. p. 84, n° 57.
6. Civ. 1re, 19 mai 1998, n° 96-19.225, NP ; *Expertises* 1998. 310 – Civ. 1re, 30 mai 2000, n° 97-16.548, P I, n° 165 ; *PIBD* 2001, n° 714. III. 88 ; *JCP E* 2000. Pan. 1263 ; *CCE* 2001. 30.
7. Versailles, 14e ch., 7 juill. 2016, RG nos 15/04993 et 16/01034.
8. Com. 7 juill. 2021, n° 20-22.048, P IV, n° 605.
9. Paris, 23 mars 1978, *Gaz. Pal.* 1978. Somm. 398.
10. Com. 7 juill. 2021, n° 20-22.048, P IV, n° 605.
11. Versailles, 13 nov. 1991, *Juris-Data* n° 050082.
12. Paris, 25 sept. 1996, *PIBD* 1997, n° 624. III. 52.
13. Civ. 1re, 30 mai 2000, n° 97-16.548, P I, n° 165 – Com. 3 avr. 2012, n° 11-13.897, NP ; *PIBD* 2012, n° 964. III. 440 – La loi n° 2014-315 du 11 mars 2014 renforçant la lutte contre la contrefaçon n'a pas supprimé cette différence de régime avec le droit de la propriété industrielle.
14. Paris, 4e ch., sect. B, 28 nov. 2008, RG n° 07/08497, *PIBD* 2009, n° 891. III. 872 ; *Jurinpi* n° D20080165 – Paris, pôle 5, 2e ch., 15 juin 2012, RG n° 11/01010.

L'article L. 332-2 est effectivement relatif à la mainlevée et au cantonnement de la saisie. Mais l'article L. 332-3 n'est plus relatif à la mainlevée, depuis les modifications apportées par la loi du 11 mars 2014 [1], mais à la nullité de la saisie-contrefaçon. Cet article dispose qu'« *à défaut pour le saisissant, dans un délai fixé par voie réglementaire, soit de s'être pourvu au fond, par la voie civile ou pénale, soit d'avoir déposé une plainte devant le procureur de la République, l'intégralité de la saisie, y compris la description, est annulée à la demande du saisi ou du tiers saisi, sans que celui-ci ait à motiver sa demande et sans préjudice des dommages et intérêts qui peuvent être réclamés* ». Ce délai est, selon l'article R. 332-3, de vingt jours ouvrables ou de trente et un jours civils si ce délai est plus long. Dès lors, bien que l'article L. 343-1 ne mentionne expressément aucune obligation de poursuivre, il faut interpréter le dernier alinéa de cet article comme prévoyant que les dispositions de l'article L. 332-3 s'appliquent et donc qu'il est nécessaire, sous peine de nullité, d'assigner au fond, au civil ou au pénal, ou de déposer une plainte devant le procureur de la République, dans le délai prescrit. Seule cette interprétation du dernier alinéa de l'article L. 343-1 permet au droit *sui generis* du producteur d'une base de données d'être homogène avec les autres droits de propriété intellectuelle qui contiennent tous une obligation de poursuite ultérieure.

1. L. n° 2014-315, 11 mars 2014, préc.

TITRE

123. La retenue en douane de marchandises contrefaisantes

SECTION 0

ORIENTEUR

123.00 **Sommaire du titre.**

CHAPITRE

1231. Retenue en douane de marchandises contrefaisantes

Olivier Hubert
Avocat*

SECTION 0
Orienteur

1231.00 Sommaire du chapitre.

Division. Après avoir défini le champ d'application des différents textes en vigueur (sect. 1), seront étudiées les conditions préalables à la retenue en douane de marchandises contrefaisantes (sect. 2) ainsi que la procédure applicable (sect.3).

1231.01 Textes applicables.

• **CPI,** art. L. 335-10 à L. 335-18, L. 521-14 à L. 521-19, L. 614-32 à L. 614-39, L. 622-8, L. 623-36 à L. 623-44, L. 716-8 à L. 716-8-8, L. 717-2, L. 722-9 à L. 722-17, R. 335-6 à R. 335-18, R. 614-36 et R. 614-37, R. 623-60, R. 716-6 et R. 722-7.

• **Règl. (UE) n° 608/2013 du Conseil, 12 juin 2013,** concernant le contrôle, par les autorités douanières, du respect des droits de propriété intellectuelle et abrogeant le règlement (CE) n° 1383/2003, *JOUE* L 181, 29 juin.

1231.05 Définition. La retenue en douane de marchandises arguées de contrefaçon est une mesure qui autorise les services douaniers à retenir des marchandises soupçonnées d'être contrefaisantes pendant une certaine période, pour permettre au titulaire des droits de vérifier l'origine des marchandises et, le cas échéant, de faire constater la contrefaçon, voire d'agir directement contre les responsables de cette atteinte. C'est en quelque sorte la salle d'attente de la saisie-contrefaçon.

* La dernière édition de cette contribution était l'œuvre de Pierre Véron et Olivier Hubert, et les précédentes, sous la direction de Pierre Véron, étaient celle d'Isabelle Romet, Thomas Bouvet, Blandine Tronel et Nicolas Bouche.

Il existe à l'heure actuelle **deux régimes distincts de retenue en douane**, l'un de **droit de l'Union européenne**, l'autre de **droit national**, très proches par leurs mécanismes mais radicalement distincts par leur **champ d'application respectif** puisque le droit de l'Union européenne a vocation à s'appliquer aux marchandises qui franchissent la frontière extérieure de l'Union européenne pour y pénétrer ou en sortir, tandis que le droit national a vocation à s'appliquer aux marchandises qui franchissent non pas la frontière extérieure de l'Union (pour y pénétrer ou en sortir) mais les frontières entre la France et les autres États membres de l'Union (pour circuler entre États membres). Les textes français indiquent ainsi que la retenue en droit français s'applique « *en dehors des cas prévus par la réglementation de l'Union européenne* » (CPI, art. L. 335-10, L. 521-14, L. 614-32, L. 623-36, L. 716-8 et L. 722-9).

Le régime de l'Union européenne trouve toute sa réglementation dans des règlements européens qui s'intègrent en tant que tels dans le droit interne de chacun des États membres dont la France. Le dernier règlement en date est le règlement du Conseil UE 608/2013 du 12 juin 2013 qui a pris effet à compter du 1er janvier 2014. Le régime national trouve sa réglementation dans différents articles législatifs et réglementaires du Code de la propriété intellectuelle.

La loi du 11 mars 2014 [1] renforçant la lutte contre la contrefaçon a modifié le droit français en la matière afin qu'il concerne désormais la quasi-totalité des droits de propriété intellectuelle et afin d'en harmoniser les règles avec le droit communautaire. Le décret en Conseil d'État du 15 avril 2015 [2], complété par

1. L. n° 2014-315, 11 mars 2014, renforçant la lutte contre la contrefaçon, *JO* 12 mars, p. 5112.
2. Décr. n° 2015-427, 15 avr. 2015, relatif au placement en retenue des marchandises présumées contrefaisantes par l'administration des douanes, *JO* 17 avr., p. 6819.

deux arrêtés du 29 juin 2015[1], sont venus fixer les conditions d'application des nouveaux articles introduits par la loi du 11 mars 2014.

SECTION 1 CHAMP D'APPLICATION DES DIFFÉRENTS TEXTES

1231.11 Droits concernés par la retenue en douane. Le règlement UE 608/2013, en son article 2, vise :

1° la marque nationale, la marque « *communautaire* » (devenue marque de l'Union européenne) et la marque internationale ;

2° le droit d'auteur et les droits voisins nationaux (qui n'ont pas d'équivalent au niveau européen) ;

3° les dessins et modèles nationaux et « *communautaires* » (devenus dessins ou modèles de l'Union européenne ; enregistrés ou non) et les modèles d'utilité ;

4° le brevet national et le brevet « *au sens du droit de l'Union* » (le règlement semble ainsi aussi viser le brevet européen à effet unitaire) ;

5° les certificats complémentaires de protection de médicaments et de produits phytopharmaceutiques ;

6° le certificat d'obtention végétale national et la protection communautaire des obtentions végétales ;

7° les appellations d'origine et les indications géographiques nationales ainsi que les appellations d'origine protégées et les indications géographiques protégées ;

8° la topographie de produit semi-conducteur ;

9° le nom commercial.

La **retenue en douane européenne** ne peut donc pas être pratiquée sur le fondement de tous les droits de propriété intellectuelle. Échappe ainsi à la liste, le droit *sui generis* du producteur de bases de données qui par son emplacement au sein de la première partie « *La propriété littéraire et artistique* » mais en dehors du livre II intitulé « Les droits voisins du droit d'auteur » n'est formellement pas intégré aux droits voisins. De même, l'intitulé du livre troisième, qui énonce les « *dispositions générales relatives au droit d'auteur, aux droits voisins et droits des producteurs de bases de données* », n'assimile pas les droits du producteur de bases de données aux droits voisins.

Le **droit positif national de la retenue en douane** concerne :

1° le droit d'auteur et les droits voisins (CPI, art. L. 335-10 à L. 335-18) ;

2° les dessins et modèles déposés (CPI, art. L. 521-14 à L. 521-19) et les dessins ou modèles « *communautaires* » (devenus dessins ou modèles de l'Union européenne) (CPI, art. L. 522-1 renvoyant aux dispositions du chapitre I *bis* dont font partie notamment les articles L. 521-14 et suivants) ;

3° les brevets d'invention et les certificats complémentaires de protection (CPI, art. L. 614-32 à L. 614-39) ;

4° les topographies de produits semi-conducteurs (CPI, art. L. 622-8 qui renvoie aux articles L. 614-32 à L. 614-39) ;

5° les certificats d'obtentions végétales (CPI, art. L. 623-36 à L. 623-43) ;

6° les marques enregistrées nationales (CPI, art. L. 716-8 à L. 716-8-8) et les marques de l'Union européenne (CPI, art. L. 717-2 renvoyant entre autres aux articles L. 716-8 et suivants) ;

7° les indications géographiques nationales ou communautaires (CPI, art. L. 722-9 s. ; pour les indications communautaires, CPI, art. L. 722-1).

La retenue en douane, en droit interne, n'est pas prévue pour la défense du droit *sui generis* du producteur de bases de données et ne semble pas mobilisable pour la défense d'une protection communautaire des obtentions végétales, faute de toute disposition en ce sens.

1231.12 Marchandises concernées par la retenue en douane. Le règlement UE 608/2013, dans ses trois premiers articles, définit de manière très précise les marchandises qui peuvent faire l'objet de la retenue en douane européenne. D'une manière générale, il s'agit des marchandises portant atteinte à l'un des droits de propriété intellectuelle protégés par le règlement[2].

Toutefois, s'agissant des marchandises portant atteinte au droit de marque ou d'une indication géographique, afin de faire échec aux pratiques des contrefacteurs consistant à importer séparément le produit et les éléments matériels de marquage du produit, l'article 2 indique bien que les « *marchandises de contrefaçon* » comprennent les marchandises, mais aussi « *tout emballage, étiquette, autocollant, brochure, notice, document de garantie ou autre article*

1. Arr. 29 juin 2015, fixant les modalités de présentation de la demande d'intervention, *JO* 4 août, p. 13313 – Arr. 29 juin 2015, précisant la définition des denrées périssables dans le cadre du placement en retenue de marchandises présumées contrefaisantes par l'administration des douanes, *JO* 4 août, p. 13314.

2. La CJUE a précisé, notamment, que la retenue en douane peut viser une marchandise vendue à une personne résidant sur le territoire d'un État membre à partir du site internet de vente en ligne situé sur un pays tiers, sans que la marchandise ait fait l'objet d'une offre de vente ou d'une publicité s'adressant aux consommateurs de cet État : CJUE 6 févr. 2014, aff. C-98/13.

similaire, même présenté séparément ». Sont également assimilés à des marchandises soupçonnées de porter atteinte à un droit de propriété intellectuelle les « *dispositifs, produits ou composants qui sont principalement conçus, produits ou adaptés dans le but de permettre ou de faciliter le contournement de toute technologie, tout dispositif ou tout composant qui, dans le cadre normal de son fonctionnement, empêche ou limite, en ce qui concerne les œuvres, les actes qui ne sont pas autorisés par le titulaire* [...] » et « *tout moule ou toute matrice spécifiquement conçue ou adaptée pour fabriquer des marchandises portant atteinte à un droit de propriété intellectuelle, à condition que ce moule ou cette matrice ait un lien avec un acte portant atteinte à un droit de propriété intellectuelle dans cet État* ».

En revanche, l'article 1er du règlement exclut du champ de la retenue en douane européenne, les marchandises ayant déjà donné lieu à un épuisement du droit, ainsi que les marchandises fabriquées par un licencié en violation d'un contrat de licence. Et l'article 3 § 2 du règlement exclut les marchandises se trouvant dans les bagages personnels des voyageurs, à moins que les circonstances ne suggèrent un trafic commercial.

En application de l'arrêt *Nokia et Philips* de la Cour de justice de l'Union européenne[1], les autorités douanières peuvent retenir les marchandises provenant d'un État tiers lorsqu'il est prouvé qu'elles sont destinées à une mise en vente dans l'Union. Cette preuve peut résulter de ce que la destination des marchandises n'est pas déclarée alors que le régime suspensif sollicité exige une telle déclaration, de l'absence d'informations précises ou fiables sur l'identité ou l'adresse du fabricant ou de l'expéditeur des marchandises, d'un manque de coopération avec les autorités douanières ou encore de la découverte de documents ou d'une correspondance concernant les marchandises en cause de nature à laisser supposer qu'un détournement de celles-ci vers les consommateurs dans l'Union est susceptible de se produire[2].

En matière de marques, l'article 9 (4) du règlement UE 2017/1001[3] sur la marque de l'Union européenne, dispose simplement que le titulaire d'une marque de l'Union européenne est « *habilité à empêcher tout tiers d'introduire des produits, dans la vie des affaires, dans l'Union sans qu'ils y soient mis en libre pratique, lorsque ces produits, conditionnement inclus, proviennent de pays tiers et portent sans autorisation une marque qui est identique à la marque de l'Union européenne enregistrée pour ces produits ou qui ne peut être distinguée, dans ses aspects essentiels, de cette marque* »[4]. De la même manière, l'article L. 713-3-2 du CPI, introduit par l'ordonnance du 13 novembre 2019[5] et transposant l'article 10 (4) de la directive UE 2015/2436[6], prévoit qu'est « *interdite l'introduction sur le territoire national, dans la vie des affaires, de produits, sans qu'ils y soient mis en libre pratique, lorsque ces produits, conditionnement inclus, proviennent de pays tiers et sont, sans autorisation du titulaire, revêtus d'un signe identique à la marque enregistrée pour ces produits ou d'un signe qui ne peut en être distingué dans ses aspects essentiels* ».

La retenue en douane selon les textes français s'applique « *en dehors des cas prévus par la réglementation de l'Union européenne* » et ne peut pas concerner des marchandises en provenance de pays tiers ou des marchandises mises en libre pratique dans un autre État membre ou qui sont placées sous le régime du transit (CPI, art. L. 335-10, L. 521-14, L. 614-32, L. 623-36, L. 716-8 et L. 722-9).

SECTION 2
CONDITIONS PRÉALABLES À LA RETENUE

1231.21 **Préliminaire obligatoire : demande d'intervention.** D'une manière générale, l'intervention des douanes n'a lieu que si le titulaire des droits a adressé préalablement une demande d'intervention à l'autorité compétente[7]. En France, il s'agit de la Direction générale des douanes et des droits indi-

1. CJUE 1er déc. 2011, aff. C-446/09 et C-495/09, *Propr. ind.* 2012, n° 28, comm. Folliard-Monguiral et Tréfigny-Goy – V. ÉGAL. une ordonnance faisant application de la jurisprudence *Nokia et Philips* pour rétracter une ordonnance de saisie-contrefaçon de marchandises retenues : TGI Paris, 3e ch., 4e sect., ord. JME, 9 févr. 2012, RG n° 11/16635.
2. V. Rép. min à QE n° 12027, *JO* 8 janv. 2013 : le ministre des Affaires étrangères a indiqué que l'arrêt *Nokia et Philips* avait affaibli l'action des autorités douanières dans la protection des droits de propriété intellectuelle. C'est pourquoi les autorités françaises ont demandé que la révision du règlement CE 1383/2003 permette aux autorités douanières d'agir dès l'introduction des marchandises sur le territoire de l'Union, y compris lorsqu'elles sont en transit ou en transbordement, afin que toute marchandise soupçonnée de contrefaçon puisse être effectivement interceptée. Mais cette demande n'a pas été prise en compte dans le texte final du règlement UE 608/2013.
3. Règl. UE 2017/1001, Parlement et Conseil, 14 juin 2017, sur la marque de l'Union européenne, *JOUE* L 154/1, 16 juin.
4. V. DÉJÀ à propos de l'article (4) du règlement (CE) n° 207/2009 tel que modifié par le règlement (UE) n° 2015/2424 du 16 décembre 2015 : A. Folliard-Monguiral, « La réforme du règlement sur la marque de l'Union européenne. Première partie », *Propr. ind.* 2016. Étude 16, spéc. n° 77.
5. Ord. n° 2019-1169, 13 nov. 2019, relative aux marques de produits ou de services, *JO* 14 nov., texte 12.
6. Dir. UE 2015/2436, 16 déc. 2016, rapprochant les législations des États membres sur les marques, *JOUE* L 336, 23 déc., p. 1.
7. L'absence de demande d'intervention étant susceptible de causer la nullité de la saisie douanière subséquente : Crim. 1er févr. 2017, n° 15-86.180, NP.

rects, sous-direction du commerce international, section propriété intellectuelle et contrefaçons [1]. Depuis le 3 octobre 2024, cette demande d'intervention, dite « demande d'intervention éléctronique » (« eAFA »), doit être adressée par l'intermédiaire du portail dédié : « *IP Enforcement Portal* » (« IPEP ») [2]. Le contenu du formulaire de demande est prévu par l'article 6 du règlement européen, tel que modifié par le règlement d'exécution UE 2020/1209 du 13 août 2020 [3], ajoutant un champ obligatoire relatif au « *numéro d'enregistrement et d'identification des opérateurs économiques* » (« EORI »), que la demande d'intervention doit impérativement contenir depuis le 15 septembre 2020 [4]. Le contenu du formulaire de demande selon le droit français est fixé par le décret du 15 avril 2015 et par l'arrêté du 29 juin 2015 fixant les modalités de présentation de la demande d'intervention [5].

1231.22 Demandeur à la retenue en douane. L'article 3 du règlement UE 608/2013 reconnaît la possibilité de présenter une demande d'intervention aux personnes suivantes :

– au niveau national ou au niveau de l'Union, les titulaires de droits, les organismes de défense professionnelle (au sens de la directive 2004/48/CE) et les groupements de producteurs prévus dans le droit de l'Union, notamment les producteurs de produits comportant une indication géographique ;

– au niveau national : les « *personnes ou entités autorisées à utiliser des droits de propriété intellectuelle* », c'est-à-dire les licenciés, « *qui ont officiellement été autorisés par le titulaire de droits à engager une procédure* » en contrefaçon, et les groupements de producteurs prévus dans les législations nationales concernant les indications géographiques ;

– au niveau de l'Union : « *Les titulaires de licences exclusives couvrant l'intégralité du territoire de deux États membres ou plus* », lorsqu'ils ont été officiellement autorisés par le titulaire à engager une procédure en contrefaçon.

Le droit français retient des règles différentes selon les droits concernés :

– en matière de **droit d'auteur, de droits voisins et de certificat d'obtention végétale** (CPI, art. L. 335-10 et L. 623-36), seul le titulaire est visé ; les licenciés exclusifs ne semblent donc pas être en mesure de demander la retenue douanière ;

– en matière de **marques et de dessins et modèles** (CPI, art. L. 716-8 et L. 521-14), la demande de retenue douanière peut émaner du « *titulaire d'une marque enregistrée* [6] *ou du bénéficiaire d'un droit exclusif d'exploitation* », du « *propriétaire d'un dessin ou modèle déposé ou du bénéficiaire d'un droit exclusif d'exploitation* » [7]. Force est de constater qu'il n'est pas fait obligation au licencié de mettre préalablement le titulaire des droits en demeure, à la différence de ce qui est requis pour l'engagement d'une action en contrefaçon ou pour une saisie-contrefaçon. Cependant, en pratique, compte tenu de la brièveté des délais qui vont lui être impartis, si le licencié exclusif envisage de réaliser une saisie-contrefaçon après avoir obtenu la retenue en douane, il sera bien avisé de mettre le titulaire des droits en demeure d'agir, avant que la retenue soit notifiée ;

– en matière de brevets, de certificats complémentaires de protection et de topographie des produits semi-conducteurs, la demande de retenue peut émaner du titulaire du titre et des licenciés, même non exclusifs (CPI, art. L. 614-32) ;

– en matière d'indication géographique, la demande de retenue peut émaner de toute personne autorisée à utiliser l'indication géographique ou de tout organisme de défense des indications géographiques (CPI, art. L. 722-9).

Toutes ces personnes doivent bien entendu produire des justificatifs de leurs droits, ce qui peut ne

1. Direction générale des douanes et des droits indirects, Bureau COMINT3 – Politique tarifaire et commerciale, Section propriété intellectuelle et contrefaçons, 11, rue des Deux Communes, 93 558 Montreuil Cedex, tél. : 0.800.94.40.40, fax : 01.57.53.40.68, messagerie électronique : contrefac@douane.finances.gouv.fr.
2. Accessible à l'adresse suivante : https://euipo.europa.eu/ohimportal/fr/web/observatory/ip-enforcement-portal-homepage – Tant que la signature électronique n'est pas disponible via le portail IPEP, le demandeur doit ensuite envoyer, par voie dématérialisée, une copie de sa demande signée de manière manuscrite, ainsi que la demande d'intervention fondée sur le CPI, à l'adresse électronique suivante : contrefac@douane.finances.gouv.fr (https://www.douane.gouv.fr/demarche/deposer-une-demande-dintervention-aupres-des-services-douaniers).
3. Règl. d'exéc. UE 2020/1209, Commission, 13 août 2020, modifiant le règlement d'exécution UE 1352/2013 établissant les formulaires prévus par le règlement UE 608/2013 du Parlement européen et du Conseil concernant le contrôle, par les autorités douanières, du respect des droits de propriété intellectuelle, *JOUE* L 247, 21 août, p. 3.
4. Cette immatriculation peut être demandée gratuitement auprès des douanes françaises, *via* la plateforme SOPRANO-Accès simplifié : https://www.douane.gouv.fr/service-en-ligne/demande-dautorisation-douaniere-et-fiscale-soprano-acces-simplifie.
5. Arr. 29 juin 2015, fixant les modalités de présentation de la demande d'intervention, *JO* 4 août, p. 13313, dont l'article 2, I précise que les informations fournies, le cas échéant, dans la demande d'intervention déposée au titre du règlement européen valent aussi pour la demande d'intervention déposée selon le droit français, dès lors que les droits de propriété intellectuelle visés dans les deux demandes sont identiques.
6. À défaut d'être enregistrée au jour de la demande de surveillance, il semble suffisant que la marque soit enregistrée au jour où le contrôle des douanes est intervenu, v. TGI Paris, 3e ch., 3e sect., 31 oct. 2007, *PIBD* 2008, no 865. III. 12.
7. TGI Paris, 3e ch., 1re sect., 13 févr. 2014, RG no 11/09481.

pas toujours être aisé en matière de droit d'auteur où les droits ne font pas l'objet d'un enregistrement.

En tout état de cause, les droits du demandeur doivent être opposables aux tiers [1].

1231.23 **Instruction de la demande par la Direction générale des douanes et des droits indirects.** La Direction générale des douanes vérifie tout d'abord que la demande du titulaire est accompagnée de tous les documents justificatifs et informations requis, à l'article 6 du règlement UE 608/2013 du 12 juin 2013, s'agissant de la retenue en douane européenne et à l'article R. 335-6 du CPI, s'agissant du droit français.

1231.24 **Portée et durée de l'agrément.** Si la demande d'intervention est acceptée, la Direction générale des douanes en informe aussitôt les services douaniers afin qu'ils débutent la surveillance. Cette autorisation d'intervention, selon le droit interne, est valable un an et peut être renouvelée (CPI, art. R. 337-3, applicable, par renvoi, à tous les autres droits) autant de fois que nécessaire, sur simple lettre de reconduction. Selon le droit européen [2], l'autorisation d'intervention est valable pour une durée fixée par le service douanier, d'un an maximum, et prorogeable sur demande du titulaire du droit.

1231.25 **Exception au principe de la demande préalable d'intervention.** La demande d'intervention doit en principe se faire préalablement à l'introduction des marchandises sur le territoire. Le régime européen et le droit interne depuis la loi du 29 octobre 2007 [3] prévoient cependant la **possibilité de mettre en œuvre une retenue anticipée, menée d'office par l'administration douanière, sans demande d'intervention préalable.**

L'article 18 du règlement UE 608/2013 prévoit que si, lors d'un contrôle, et avant qu'une demande de retenue n'ait été déposée ou acceptée, les services douaniers identifient des marchandises pour lesquelles il existe des motifs suffisants de soupçonner qu'il s'agit de marchandises portant atteinte à un droit de propriété intellectuelle, ils peuvent retenir ces marchandises. Ils devront alors notifier la retenue au titulaire des droits, pour peu qu'il soit connu, et la retenue en douane des marchandises pourra être maintenue pendant un délai de quatre jours ouvrables à compter de la notification de la retenue [4] (art. 18 et 5 §3). Le titulaire du droit doit donc mettre à profit ces quatre jours ouvrables pour présenter une demande d'intervention, auquel cas la procédure de retenue en douane classique débute.

En droit interne (CPI, art. L. 335-11, L. 521-15, L. 614-33, L. 623-37, L. 716-8-1 et L. 722-10), un mécanisme similaire est prévu. « *En l'absence de demande écrite* » (doit-on donc en conclure que le mécanisme est exclu si une demande écrite a été déposée mais pas encore acceptée, contrairement à ce que prévoit le droit européen ?), l'administration des douanes peut, dans le cadre de ses contrôles, retenir une marchandise susceptible de porter atteinte à un droit pour lequel une retenue est possible. La retenue est immédiatement notifiée au propriétaire du droit ou au bénéficiaire du droit d'exploitation, avec indication de la nature et la quantité réelle ou estimée des marchandises ainsi que des images des marchandises, ainsi qu'au procureur de la République. La mesure de retenue est levée de plein droit si le propriétaire du droit ou le bénéficiaire du droit exclusif d'exploitation n'a pas déposé la demande d'intervention dans un délai de quatre jours ouvrables à compter de la notification de la retenue. Pendant ce même délai, le propriétaire ou le bénéficiaire du droit d'exploitation peut, à sa demande ou à la demande de l'administration des douanes, inspecter les marchandises retenues. Et lors du contrôle des marchandises retenues, l'administration des douanes peut prélever des échantillons. À la demande du propriétaire ou du bénéficiaire du droit d'exploitation, ces échantillons peuvent, en règle générale, lui être remis aux seules fins d'analyse et en vue de faciliter les actions qu'il peut être amené à engager par la voie civile ou pénale (CPI, art. L. 335-13, L. 521-17, L. 716-8-3 et L. 722-12). Cette possibilité est toutefois écartée, en droit interne, lorsque la retenue repose sur un brevet d'invention ou un certificat d'obtention végétale (CPI, art. L. 614-35, L. 623-39, R. 614-37 et R. 623-60).

Tant en droit européen qu'en droit interne, cette possibilité de retenue sans demande préalable n'est pas possible lorsque les marchandises sont des denrées périssables.

SECTION 3

PROCÉDURE DE RETENUE

1231.31 **Notification de la retenue.** Dès que les services douaniers identifient des marchandises susceptibles de constituer une contrefaçon, ils en informent le titulaire des droits. Si celui-ci confirme que les marchandises suspectes ont tout lieu d'être des contrefaçons, le service des douanes notifie officiellement la retenue au demandeur.

En **droit interne**, le service douanier doit informer sans délai, de la retenue à laquelle il a procédé, le demandeur, le procureur de la République, ainsi que le détenteur des marchandises (CPI, al. 2 des

1. TGI Angoulême, 20 avr. 1995, *RDPI* 1995, n° 58, p. 55, note Marcellin.
2. Règl. UE 608/2013, 12 juin 2013, art. 11 et 12
3. L. n° 2007-1544, 29 oct. 2007, de lutte contre la contrefaçon, *JO* 30 oct., p. 17775.
4. Règl. UE 608/2013, 12 juin 2013, art. 18 et 5 § 3.

art. L. 335-10, L. 521-14, L. 614-32, L. 623-36, L. 716-8 et L. 722-9).

En cas de **retenue européenne**, le service douanier doit informer de cette mesure le titulaire du droit (entendu au sens large du titulaire, de toute personne autorisée à utiliser le droit, ou un représentant) ainsi que le déclarant ou le détenteur des marchandises (Règl. UE n° 608/2013, art. 17 § 3).

C'est cette notification qui fait courir le délai de dix jours de la retenue. Le service des douanes est alors libéré d'une partie de son secret professionnel vis-à-vis du demandeur et peut lui communiquer un certain nombre d'informations essentielles, *d'une part* pour bien prendre connaissance de la nature et de l'ampleur des marchandises soupçonnées d'être contrefaisantes et retenues, *d'autre part* pour disposer des informations nécessaires à l'exercice de l'action en contrefaçon.

1231.32 **Durée de la retenue.** En **droit interne**, le service des douanes ne peut retenir les marchandises contrefaisantes que pendant un **délai de dix jours ouvrables** [1] qui court à compter de la notification de la retenue au requérant. Si à l'issue de ce délai, le demandeur n'a pas accompli les diligences attendues de lui, la mesure de retenue est levée de plein droit (CPI, al. 4 des art. L. 335-10, L. 521-14, L. 614-32, L. 623-36, L. 716-8 et L. 722-9). Ce **délai est réduit à trois jours ouvrables lorsque les marchandises retenues sont des denrées périssables** [2]. Sur requête motivée du demandeur, l'administration des douanes peut proroger le délai de dix jours ouvrables de dix jours ouvrables supplémentaires maximum (une **prorogation** du délai n'est pas possible pour les denrées périssables).

En cas de **retenue en douane européenne** (Règl. UE n° 608/2013, art. 23 § 3), si dans un **délai de dix jours ouvrables** à compter de la réception de la notification de la retenue, le bureau de douane n'a pas été informé qu'une procédure a été engagée pour déterminer s'il y a eu contrefaçon ou que le titulaire du droit donnait son accord à la procédure simplifiée de destruction des marchandises sans jugement sur la contrefaçon, la mesure de retenue est levée, sous réserve que toutes les formalités douanières aient été accomplies. Ce délai peut être **prorogé de dix jours ouvrables** au maximum, sur requête motivée du demandeur, « *s'il y a lieu* », c'est-à-dire que les services douaniers disposent d'un pouvoir discrétionnaire pour accorder une seule et unique prorogation dans des cas appropriés, par exemple lorsque le délai initial de dix jours ouvrables est insuffisant pour accomplir toutes les formalités nécessaires à l'engagement de l'action en contrefaçon (Règl. UE n° 608/2013, art. 23 § 4). Le délai est ici aussi réduit à trois jours ouvrables (non prorogeables) lorsque les marchandises retenues sont des denrées périssables [3] (Règl. UE n° 608/2013, art. 23 § 3).

Pendant la durée de la retenue, le demandeur peut inspecter les marchandises et, en règle générale, prélever des échantillons. Cette possibilité est toutefois écartée, en droit interne, en matière de brevet d'invention et de certificat d'obtention végétale.

1231.33 **Suites de la retenue.** Pendant le délai de dix jours, les marchandises sont **indisponibles.**

En **droit interne**, le demandeur doit justifier auprès des services douaniers (CPI, al. 4 des art. L. 335-10, L. 521-14, L. 614-32, L. 623-36, L. 716-8 et L. 722-9) :

– « *soit de mesures conservatoires décidées par la juridiction civile compétente* » [4] ;

– « *soit de s'être pourvu par la voie civile ou la voie correctionnelle et d'avoir constitué les garanties destinées à l'indemnisation éventuelle du détenteur des marchandises au cas où la contrefaçon ne serait pas ultérieurement reconnue* » ;

– « *soit d'avoir déposé une plainte auprès du procureur de la République* » [5].

En cas de **retenue européenne**, pendant le délai de dix jours, le demandeur doit informer les services douaniers :

– soit que, conformément à la procédure simplifiée de l'article 23 § 1 du règlement, les marchan-

1. Il a été jugé que les samedis et dimanches ne sont pas des jours ouvrables et qu'ils ne doivent donc pas être décomptés de ce délai : TGI Paris, 3e ch., 2e sect., 7 juill. 2017, RG n° 15/02924, *PIBD* 2017, n° 1082. III. 784 – CONFIRMÉ PAR : Paris, pôle 5, 2e ch., 27 sept. 2019, RG n° 17/19592, *PIBD* 2019, n° 1128. III. 570 – V. DÉJÀ : Crim. 22 févr. 2012, n° 11-83.034, NP.
2. La denrée périssable est définie en droit français conformément à l'article 2, 20) du Règl. UE n° 608/2013 comme « *toute marchandise dont les autorités douanières estiment qu'elle se détériore si elle est conservée jusqu'à vingt jours à compter de la date de suspension de la mainlevée ou de retenue* » : Arr. 29 juin 2015, précisant la définition des denrées périssables dans le cadre du placement en retenue de marchandises présumées contrefaisantes par l'administration des douanes, *JO* 4 août, p. 13314.
3. Sur la définition de la denrée périssable, v. Règl. UE 608/2013, art. 2, 20).
4. La réalisation des opérations de saisie-contrefaçon constitue une mesure conservatoire au sens de ce texte : TGI Paris, 3e ch., 1re sect., 30 mars 2017, RG n° 15/05884, *PIBD* 2017, n° 1078. III. 625 ; *Propr. intell.* 2017. 107, note De Candé – CONFIRMÉ SUR CE POINT PAR : Paris, pôle 5, 1re ch., 29 janv. 2019, RG n° 17/11182, *PIBD* 2019, n° 1113. III. 164 – Il n'en va cependant pas de même de la seule obtention de l'ordonnance aux fins de saisie-contrefaçon : Paris, pôle 5, 2e ch., 14 oct. 2016, RG n° 15/18737, *Jurinpi* n° M20160467 ; *PIBD* 2016, n° 1061. III. 916.
5. Cette dernière condition a été ajoutée par la loi n° 2014-315 du 11 mars 2014, mais, auparavant, la jurisprudence considérait que le dépôt d'une plainte simple justifiait de s'être pourvu par la voie correctionnelle : Com. 11 mars 2014, n° 12-22.241 et 12-22.454, P IV, n° 50 ; *PIBD* 2014, n° 1005. III. 372 ; *Prop. intell.* 2014. 304, obs. Canlorbe.

dises qui font l'objet de la retenue portent atteinte à un droit de propriété intellectuelle et que leur destruction reçoit l'accord du titulaire du droit, du déclarant ou du détenteur des marchandises (en l'absence de réponse de la part du déclarant ou du détenteur des marchandises, les autorités douanières peuvent considérer qu'il consent à la destruction). Il faut toutefois rappeler que la procédure simplifiée ne peut s'appliquer que si les États membres l'ont prévue dans leur législation nationale, ce qui est désormais le cas du droit français (CPI, art. L. 335-14, L. 521-17-1, L. 614-36, L. 623-40, L. 716-8-4 et L. 722-13). Le décret précité du 15 avril 2015 fixe les modalités de cette destruction (CPI, art. R. 335-18) ;

– soit « *qu'une procédure pour déterminer s'il a été porté atteinte à un droit de propriété intellectuelle* » a été engagée (Règl. UE n° 608/2013, art. 23 § 3).

1231.34 **Sort des produits retenus.** Si le requérant n'effectue pas les formalités requises dans le délai de dix jours, la mainlevée de la retenue est accordée de plein droit[1] (Règl. UE n° 608/2013, art. 23 § 5 ; CPI, al. 4 des art. L. 335-10, L. 521-14, L. 614-32, L. 623-36, L. 716-8 et L. 722-9). En revanche, si le demandeur a effectué les diligences requises, la mainlevée de la retenue n'est pas de droit. Les mesures conservatoires peuvent avoir prévu la saisie réelle des marchandises arguées de contrefaçon. Le cas échéant, les marchandises sont remises au demandeur. Si le demandeur n'a réalisé qu'une saisie-description, avec éventuellement la saisie réelle limitée à des échantillons, les formalités douanières peuvent être effectuées pour les marchandises non saisies.

La personne visée par la retenue peut saisir le juge des référés, au titre de l'article 809 C. pr. civ., pour qu'il prescrive les mesures conservatoires ou de remise en état qui s'imposent afin de faire cesser un trouble manifestement illicite[2].

1231.35 **Demande de mainlevée anticipée des marchandises ou de levée anticipée de la retenue.** Lorsque la retenue en douane a été effectuée en vertu du règlement européen, si les autorités douanières ont été informées de l'ouverture d'une procédure visant à déterminer s'il y a eu violation d'un dessin ou modèle, d'un brevet, d'un modèle d'utilité, d'une topographie de produit semi-conducteur ou de la protection d'une obtention végétale (tous les droits ne sont donc pas visés, notamment le droit d'auteur et la marque ne sont pas concernés), le déclarant ou le détenteur des marchandises peut demander la mainlevée des marchandises ou la levée de la retenue des marchandises en question avant la fin de cette procédure (Règl. UE n° 608/2013, art. 24), aux conditions suivantes :

– le déclarant ou le détenteur des marchandises a déposé une garantie qui est d'un montant suffisant pour protéger les intérêts du demandeur à la retenue ;

– il n'a pas été ordonné de mesures conservatoires ;

– toutes les formalités douanières ont été accomplies.

1231.36 **Frais.** La demande de retenue en douane est gratuite.

En revanche, les frais liés à la retenue, notamment de stockage ou de destruction des marchandises (CPI, art. R. 335-15), sont à la charge du demandeur (Règl. UE n° 608/2013, art. 29 ; CPI, al. 5 des art. L. 335-10, L. 521-14, L. 614-32, L. 623-36, L. 716-8 et L. 722-9). L'arrêté du 11 décembre 2018[3] qui fixait les modalités de calcul de ces frais a finalement été abrogé par arrêté du 29 juillet 2022[4].

1. Auquel cas les demandeurs à l'action en contrefaçon sont jugés irrecevables à produire des éléments de preuve remis par le service des douanes : TGI Paris, 3e ch., 1re sect., 19 sept. 2013, *PIBD* 2013, 994. III. 1548 – DE MÊME, la saisie-contrefaçon réalisée dans les locaux des douanes postérieurement à la levée de la retenue est jugée nulle : TGI Paris, 3e ch., 4e sect., 30 juin 2016, RG n° 15/03355, *Jurinpi* n° M20160624 – EN CE SENS : Paris, pôle 5, 2e ch., 14 oct. 2016, RG n° 15/18737, *Jurinpi* n° M20160467 ; *PIBD* 2016, n° 1061. III. 916 – Paris, pôle 5, 2e ch., 18 janv. 2019, RG n° 17/00535, *Jurinpi* n° M20190012 : validant toutefois la saisie-contrefaçon portant sur des marchandises matériellement distinctes de celles appréhendées par les douanes – COMP. V. AUSSI, sur la rétractation de l'ordonnance aux fins de saisie-contrefaçon rendue postérieurement à la mainlevée de la retenue : Paris, pôle 1, 2e ch., 19 oct. 2017, RG n° 16/12617, *PIBD* 2018, n° 1089. III. 174 – POURVOI REJETÉ PAR : Com. 18 déc. 2019, n° 18-10.272, P IV, n° 974 ; *PIBD* 2020, n° 1131. III. 68 – POURTANT, les marchandises qui ont fait l'objet d'une retenue douanière régulière demeurent, après la mainlevée de la retenue et en l'absence de demande de restitution de ces marchandises par leur propriétaire ou détenteur, légalement détenues par les douanes, qui sont alors habilitées à procéder à la saisie douanière de ces marchandises : Com. 5 juill. 2017, n° 16-13.698, P IV, n° 1029 ; *PIBD* 2017, n° 1079. III. 654 – Crim. 4 déc. 2019, n° 18-81.756, P, n° 2471 – Il en va différemment, et la saisie douanière ainsi que tous les actes subséquents sont annulés, si la retenue douanière pendant laquelle cette saisie a été effectuée était irrégulière : Crim. 7 sept. 2022, n° 21-81.262, NP ; *PIBD* 2022, n° 1194. III. 5.
2. Paris, pôle 1, 2e ch., 21 mars 2012, *PIBD* 2012, n° 964. III. 427 – QUI N'EST PAS REMIS EN CAUSE SUR CE POINT PAR : Com. 11 mars 2014, nos 12-22.241, P, et 12-22.454, P (préc., v. ss n° 1231.33) – Com. 4 déc. 2012, n° 11-26.752, NP.
3. Arr. 11 déc. 2018, fixant les modalités de calcul des frais de stockage, de manutention, de transport et de destruction des marchandises soupçonnées d'être contrefaisantes, *JO* 21 déc., texte 72.
4. Arr. 29 juill. 2022, portant abrogation de l'arrêté du 11 décembre 2018 fixant les modalités de calcul des frais de stockage, de manutention, de transport et de destruction des marchandises soupçonnées d'être contrefaisantes, *JO* 6 août, texte 8.

LIVRE

13. LES SAISIES IMMOBILIÈRES

SECTION 0

ORIENTEUR

13.00 Sommaire du livre.

La procédure de saisie immobilière, qui était restée en dehors de la réforme des procédures civiles d'exécution en 1991, a finalement été réformée par l'ordonnance du 21 avril 2006[1] et le décret du 27 juillet 2006[2] et son entrée en vigueur a été fixée au 1er janvier 2007[3]. Jusqu'alors, cette mesure d'exécution était soumise aux dispositions d'un décret-loi de 1938, codifiées dans l'ancien code de procédure civile. Cette procédure, qui se déroulait devant le juge des criées du tribunal de grande instance, débutait par un commandement de saisie qui devait ensuite être publié à la Conservation des hypothèques pour produire un effet de saisie. Une audience, éventuelle, permettait de soulever des incidents et de former des dires. Le saisi pouvait solliciter la conversation en vente volontaire, simple faculté de direction de la procédure. Dans cette procédure, l'appel n'était recevable qu'à l'égard des jugements d'incidents ayant statué sur des moyens de fond et le non-respect des délais était sanctionné par des déchéances. La procédure fonctionnait plutôt bien mais elle était suivie par la procédure de distribution du prix qui ne présentait pas les mêmes qualités.

La procédure issue de l'ordonnance du 21 avril 2006 et du décret du 27 juillet 2006 se déroule devant le juge de l'exécution (JEX) du tribunal d'instance. Elle offre désormais au saisi la faculté de solliciter la vente amiable, et même, depuis la loi n° 2019-222 du 23 mars 2019[4], de vendre l'immeuble de gré à gré, jusqu'à l'ouverture des enchères, s'il obtient l'accord du poursuivant et des créanciers inscrits. Le caractère judiciaire de cette saisie a été renforcé et la phase de distribution du prix de vente incluse dans la procédure.

1. Ord. n° 2006-461, 21 avr. 2006, réformant la saisie immobilière, *JO* 22 avr., p. 6072.
2. Décr. n° 2006-936, 27 juill. 2006, relatif aux procédures de saisie immobilière et de distribution du prix d'un immeuble, *JO* 29 juill., p. 11316.
3. Sur les dispositions transitoires, v. Décr. n° 2009-160, 12 févr. 2009, pris pour l'application de l'ordonnance n° 2008-1345 du 18 décembre 2008 portant réforme du droit des entreprises en difficulté et modifiant les procédures de saisie immobilière et de distribution du prix d'un immeuble, *JO* 13 févr., p. 2596, art. 153.
4. L. n° 2019-222, 23 mars 2019, de programmation 2018-2022 et de réforme pour la justice, *JO* 24 mars, texte 2.

Division. Dans cette partie, après une brève introduction aux saisies immobilières (chapitre 1301), seront d'abord posées les conditions d'une saisie immobilière (titre 131). Puis, seront exposées les saisies immobilières en Alsace-Moselle (titre 132).

Ensuite, seront présentées les règles qui régissent le déroulement de la procédure de saisie immobilière (titre 133) et enfin les effets de la vente sur saisie immobilière (titre 134).

CHAPITRE

1301. Introduction

ANNE LEBORGNE
PROFESSEUR ÉMÉRITE D'AIX-MARSEILLE UNIVERSITÉ

SECTION 0

ORIENTEUR

1301.00 **Sommaire du chapitre.**

Division. Seront abordées la diversité des procédures de saisie immobilière (sect. 1) et la procédure de saisie immobilière de droit commun (sect. 2).

SECTION 1

DIVERSITÉ ET DISTINCTION DES PROCÉDURES

1301.11 **Saisie immobilière de droit commun.** Lorsqu'un débiteur est propriétaire de biens immobiliers, ses créanciers peuvent envisager de saisir et de vendre ses biens pour être payés de leur créance. La saisie immobilière, mesure d'exécution forcée qui n'avait pas été réformée à l'occasion de la loi du 9 juillet 1991[1], était réglementée par les articles 673 à 748-*e* ACPC, issus d'un décret-loi du 17 juin 1938.

Selon la qualité du créancier poursuivant, sociétés de crédit foncier et établissements prêteurs assimilés, et les caractéristiques des prêts à l'origine de la dette, une procédure simplifiée avait été instaurée par le décret du 28 février 1852 instituant les sociétés de Crédit foncier. Mais la loi du 29 juillet 1998[2], relative à la lutte contre les exclusions ayant abrogé les dispositions des articles du décret consacrées à la procédure de saisie immobilière simplifiée, depuis cette date, quelles que soient la qualité du créancier et les caractéristiques des prêts, la procédure d'exécution immobilière était engagée selon le droit commun du décret de 1938.

La loi du 26 juillet 2005[3], pour la confiance et la modernisation de l'économie ayant autorisé le gouvernement à réformer les dispositions du livre III du Code civil relatives à l'expropriation et la procédure de distribution du prix de vente des immeubles, pour simplifier les procédures civiles d'exécution immobilières et les rapprocher des procédures civiles d'exécution mobilières, renforcer le contrôle du juge et favoriser la vente amiable, une réforme est issue de l'ordonnance du 21 avril 2006 et de son décret d'application, en date du 27 juillet 2006. L'ordonnance a été ratifiée par la loi du 22 décembre 2010[4] relative à l'exécution des décisions de justice, aux conditions d'exercice de certaines professions réglementées et aux experts judiciaires (art. 6, I).

Dans le Code civil, avant la réforme opérée par l'ordonnance du 21 avril 2006[5], il était seulement question de l'expropriation forcée des biens, au titre XIX du livre III, consacré aux différentes manières dont on acquiert la propriété. La vente forcée des biens immeubles n'était pas spécialement qualifiée, alors même que l'essentiel des dispositions de ce titre intéressait les biens immobiliers. Le terme apparaissait en revanche en procédure, l'ancien Code de procédure civile comportant un titre XII, intitulé « *De la saisie immobilière* », au livre V, consacré à l'exécution des jugements, et la vente forcée était traditionnellement définie comme la vente sur saisie.

1. L. n° 91-650, 9 juill. 1991, portant réforme des procédures civiles d'exécution, *JO* 14 juill., p. 9228.
2. L. n° 98-657, 29 juill. 1998, relative à la lutte contre les exclusions, *JO* 31 juill., p. 11679.
3. L. n° 2005-842, 26 juill. 2005, pour la confiance et la modernisation de l'économie, *JO* 27 juill., p. 12160.
4. L. n° 2010-1609, 22 déc. 2010, relative à l'exécution des décisions de justice, aux conditions d'exercice de certaines professions réglementées et aux experts judiciaires, *JO* 23 déc., p. 22552.
5. Ord. n° 2006-461, 21 avr. 2006, réformant la saisie immobilière, *JO* 22 avr., p. 6072.

En 2006, le titre XIX du livre III du Code civil a été abrogé et remplacé par de nouvelles dispositions. Selon l'article 2 de l'ordonnance du 21 avril, le titre XIX a été intitulé « *De la saisie et de la distribution du prix de vente de l'immeuble* ».

Subsistent par ailleurs toujours, en Alsace-Moselle, pour des raisons historiques, des particularités procédurales qui méritaient d'être distinguées. L'ordonnance du 21 avril 2006 n'a pas modifié les dispositions applicables dans les départements du Bas-Rhin, du Haut-Rhin et de la Moselle (art. 21).

Au 1er juin 2012, le Code des procédures civiles d'exécution est entré en vigueur et le titre XIX du Code civil a été abrogé. La procédure de saisie immobilière est désormais réglementée aux articles L. 311-1 à L. 334-1 et R. 311-1 à R. 334-3 C. pr. exéc. La codification opérée, respectivement par l'ordonnance du 19 décembre 2011[1] et le décret du 30 mai 2012[2], présentée comme étant à droit constant, a cependant été l'occasion de modifications rédactionnelles dont certaines ne sont pas insignifiantes. Elles seront signalées au fur et à mesure des développements.

1301.12 Distinction des saisies immobilières et des ventes en la forme des saisies. Parfois, l'exécution forcée est rendue plus difficile en raison d'obstacles juridiques : le débiteur ne possède que des droits indivis sur un immeuble et/ou fait l'objet d'une procédure collective. Dans ces derniers cas, l'exécution immobilière n'est pas impossible mais elle est soumise à des régimes distincts, empruntant à la procédure de saisie immobilière mais à l'issue d'actes préalables propres. Il ne s'agit pas alors de ventes sur saisie mais de ventes en la forme des saisies, réalisées aux enchères publiques après publicité (v. ss nos 14.05 s.).

1301.13 Droit commun des ventes aux enchères publiques. Le fait toutefois que, dans toutes ces hypothèses, l'immeuble pourra être vendu aux enchères publiques, emporte des effets communs à ces différentes procédures : la vente est faite au plus offrant, après publicités, sous autorité de justice ; elle n'est pas rescindable pour lésion car le bien peut être remis en vente sur surenchère ; en principe, l'adjudicataire ne peut invoquer la garantie des vices cachés.

SECTION 2

PROCÉDURE DE LA SAISIE IMMOBILIÈRE DE DROIT COMMUN

1301.21 Définition. C'est la saisie pratiquée par un créancier muni d'un titre exécutoire sur un immeuble de son débiteur. Elle peut encore être poursuivie contre un tiers acquéreur lorsque le créancier bénéficie d'un droit de suite en vertu d'une hypothèque ou d'un privilège.

1301.22 Des textes nouveaux applicables depuis le 1er janvier 2007. La loi du 9 juillet 1991, portant réforme des procédures civiles d'exécution, avait laissé de côté les biens immobiliers, en attente d'une réforme à venir. Auparavant, un décret du 1er mars 1967[3] avait bien envisagé de réformer la saisie immobilière mais le décret d'application n'ayant pas été promulgué, cette réforme n'était donc jamais entrée en vigueur. Ainsi, l'exécution immobilière était-elle encore principalement régie par le décret-loi du 17 juin 1938 et le décret du 7 janvier 1959[4], codifiés aux articles 673 à 748 ACPC. Cette procédure a été modifiée par l'ordonnance du 21 avril 2006 et le décret du 27 juillet 2006 et la réforme est entrée en vigueur le 1er janvier 2007. Des difficultés d'application étant toutefois apparues assez rapidement, un décret en date du 12 février 2009, entré en vigueur le 1er mars 2009, a apporté un certain nombre de modifications aux dispositions initiales. Par la suite, plusieurs interventions législatives et réglementaires sont venues améliorer la procédure.

1301.23 Une procédure complexe par rapport aux procédures d'exécution mobilières. Le particularisme irréductible de cette exécution – au demeurant, qu'il s'agisse *stricto sensu* de saisie ou de vente sur faillite ou licitation –, tient à la nature des biens en cause, les immeubles. L'exécution immobilière est en effet l'occasion d'une rencontre entre les règles de la publicité foncière, le droit des sûretés et le droit de l'exécution.

La coexistence de ces catégories de règles rend donc plus complexe l'approche et la compréhension de la stricte réglementation de la saisie immobilière.

1301.24 Observations complémentaires. Plus encore qu'en matière mobilière, la connaissance du droit des sûretés s'impose. Le plus souvent, en effet, le créancier poursuivant sera titulaire de sûretés ; il faut donc connaître les effets, les avantages et les

1. Ord. no 2011-1895, 19 déc. 2011, relative à la partie législative du Code des procédures civiles d'exécution, *JO* 20 déc., p. 21464.
2. Décr. no 2012-783, 30 mai 2012, relatif à la partie réglementaire du Code des procédures civiles d'exécution, *JO* 31 mai, p. 9375.
3. Décr. no 67-167, 1er mars 1967, relatif à la saisie immobilière et à l'ordre, *JO* 5 mars, p. 2219.
4. Décr. no 59-89, 7 janv. 1959, modifiant le décret no 55-22 du 4 janvier 1955 portant réforme de la publicité foncière et divers codes et lois particulières en ce qui concerne la publicité foncière, *JO* 8 janv., p. 574.

limites éventuelles de ces garanties. Or, la matière a d'abord été réformée par une **ordonnance du 23 mars 2006** [1] puis par l'ordonnance du 15 septembre 2021 [2] et les décrets du 29 décembre 2021 [3]. **S'agissant du droit de la publicité foncière, il est issu du décret** du 4 janvier 1955 [4], également modifié à plusieurs reprises depuis [5]. Le poursuivant doit savoir obtenir et lire les renseignements hypothécaires (à quel service de la publicité foncière s'adresser, comment distinguer les immeubles urbains et ruraux, *etc.*). Tout ce qui est régulièrement inscrit aux services de la publicité foncière est en principe opposable sous réserve d'être renouvelé en temps utile ; mais dans le même temps, les informations données ne le sont pas en temps réel et la consultation du fichier ne renseigne que sur la réalité immobilière publiée, au jour de la demande de renseignement ou au jour de la formalité visée.

1. Ord. nº 2006-346, 23 mars 2006, relative aux sûretés, *JO* 24 mars, p. 4475.
2. Ord. nº 2021-1192, 15 sept. 2021, portant réforme du droit des sûretés, *JO* 16 sept., texte 19.
3. Décr. nº 2021-1887, 29 déc. 2021, relatif au registre des sûretés mobilières et autres opérations connexes, *JO* 30 déc., texte 52 – Décr. nº 2021-1888, 29 déc. 2021, pris en application de l'ordonnance nº 2021-1192 du 15 septembre 2021 portant réforme du droit des sûretés, *JO* 30 déc., texte 53 – Décr. nº 2021-1889, 29 déc. 2021, relatif à des mesures d'application et de coordination de l'ordonnance nº 2021-1192 du 15 septembre 2021 portant réforme du droit des sûretés, *JO* 30 déc., texte 54.
4. Décr. nº 55-22, 4 janv. 1955, réforme de la publicité foncière, *JO* 7 janv., p. 346.
5. L'article 51 de la loi nº 2023-1059 du 20 novembre 2023, d'orientation et de programmation du ministère de la Justice (*JO* 21 nov., texte 2) avait habilité le gouvernement à légiférer par ordonnance pour réformer le droit de la publicité foncière et le codifier dans le Code civil. Une ordonnance nº 2024-562 (du 19 juin 2024, modifiant et codifiant le droit de la publicité foncière, *JO* 20 juin, texte 35) avait été prise, qui aurait dû être ratifiée par l'Assemblée nationale au plus tard le 20 septembre 2024. À la suite de la dissolution de l'Assemblée nationale, le 9 juin 2024, aucune loi de ratification n'a été déposée et l'ordonnance est désormais caduque. L'entrée en vigueur de la réforme était fixée au plus tard le 31 décembre 2028.

TITRE

131. Les conditions d'une saisie immobilière de droit commun

SECTION 0

ORIENTEUR

131.00 **Sommaire du titre.**

Division. Les développements contenus dans ce titre viennent, le plus souvent, compléter ceux de la première partie de l'ouvrage. Toutefois, ils peuvent, ponctuellement, y déroger.

Seront envisagés d'abord les parties à la procédure de saisie immobilière (chap. 1311 à 1314) puis l'objet et l'assiette de la mesure (chap. 1315 et 1316) et les limites et obstacles au droit du saisissant (chap. 1317 à 1319).

131.05 **Originalité de la saisie immobilière.** Comme toute mesure d'exécution, la saisie immobilière met en présence un créancier (chap. 1311) et un saisi (chap. 1313). Lorsque le débiteur bénéficie d'une procédure de rétablissement personnel, c'est le liquidateur qui agira en exécution forcée (chap. 1312). La présence des créanciers inscrits à la procédure (chap. 1314) mérite en outre quelques développements.

131.06 **Objet et assiette de la saisie.** Le créancier qui remplit les conditions pour agir en exécution peut entreprendre une saisie immobilière, dès lors que son débiteur est titulaire de droits réels sur des immeubles. L'objet de la saisie n'est pas un immeuble mais des droits sur celui-ci (chap. 1315). L'intérêt du créancier étant de saisir tout ce qui apporte de la valeur au droit réel, l'assiette de la mesure d'exécution doit être déterminée avec précision (chap. 1316).

131.07 **Restrictions et limites.** Si le droit à l'exécution du créancier titré lui permet de faire choix d'une mesure d'exécution immobilière, certaines dispositions restreignent cette liberté (chap. 1317), le créancier ne parviendra à la saisie immobilière que tout autant que certains obstacles légaux ne lui seront pas opposés, obstacles tenant à la situation personnelle du saisi (chap. 1318), comme obstacles tenant à la situation juridique des biens (chap. 1319).

CHAPITRE

1311. Créancier

ANNE LEBORGNE
PROFESSEUR ÉMÉRITE D'AIX-MARSEILLE UNIVERSITÉ

SECTION 0
ORIENTEUR

1311.00 **Sommaire du chapitre.**

Division. La mesure d'exécution envisagée étant une saisie immobilière, des précisions doivent être ajoutées tenant à la qualité du créancier (sect. 1), à sa capacité de saisir (sect. 2), ainsi qu'au titre et aux caractères de la créance (sect. 3).

1311.02 **Jurisprudence de référence.**

> Validité de la saisie immobilière poursuivie en vertu d'un jugement exécutoire par provision.

• **Civ. 2e, 17 févr. 1983,** n° 81-16.274, P II, n° 46

* V. s^{s} n°s 0121.31, 1311.81, 1322.21

Selon l'article 2215 du Code civil [devenu C. pr. exéc., art. L. 331-2], la poursuite de la saisie immobilière peut avoir lieu en vertu d'un jugement provisoire ou définitif, exécutoire par provision mais l'adjudication ne peut se faire qu'après un jugement définitif en dernier ressort, ou passé en force de chose jugée. Encourt par suite la cassation le jugement qui annule une saisie effectuée en vertu d'une ordonnance de référé condamnant le saisi à verser au saisissant une somme déterminée à titre de provision, aux motifs que l'ordonnance de référé n'est pas un jugement, qu'elle n'est d'ailleurs pas une décision définitive en dernier ressort et que les ordonnances de référé sont des décisions provisoires n'ayant pas au principal l'autorité de la chose jugée, alors que l'ordonnance de référé qui avait alloué une provision était un jugement provisoire exécutoire par provision nonobstant appel et que son caractère imposait seulement qu'il fut sursis à l'adjudication.

> Saisie immobilière. Nullité de l'adjudication poursuivie en vertu d'un jugement exécutoire par provision.

• **Civ. 2e, 27 nov. 1985,** n° 84-14.862, P II, n° 180

* V. s^{s} n°s 0411.111, 0412.11, 1311.81, 1322.21

La poursuite de saisie immobilière peut avoir lieu en vertu d'un jugement provisoire ou définitif, exécutoire par provision nonobstant appel, mais l'adjudication ne peut se faire qu'après un jugement définitif en dernier ressort ou passé en force de chose jugée. Par suite, les jugements prononcés en référé n'ayant pas au principal l'autorité de la chose jugée, viole l'article 2215 du Code civil [devenu C. pr. exéc., art. L. 331-2] l'arrêt qui pour confirmer la décision d'un tribunal ordonnant la mise en vente immédiate de l'immeuble saisi en vertu de décisions de référé liquidant à titre provisoire l'astreinte due par le débiteur, énonce que le juge du fond ne pouvait revenir sur cette liquidation provisoire.

> Titre exécutoire à l'égard de la personne même qui doit exécuter. Concours entre créanciers d'une procédure civile d'exécution et ceux d'une procédure collective.

• **Civ. 2e, 19 mai 1998,** n°s 96-12.944 et 96-13.268, P II, n° 161

* V. s^{s} n°s 0112.103, 0144.81, 0712.11, 0716.45, 0716.82, 0811.13, 1012.152, 1311.92, 1311.94

1° Toute exécution forcée implique que le créancier soit muni d'un titre exécutoire à l'égard de la personne même qui doit exécuter, et que le titre délivré à l'encontre d'une société n'emporte pas le droit de saisir les biens des associés, fussent-ils tenus indéfiniment et solidairement des dettes sociales, à défaut de titre exécutoire pris contre eux.

2° La procédure de saisie-vente ne s'achève que par la vente des biens saisis qui fait sortir ces biens du patrimoine du débiteur, les dispositions de l'article 54 de la loi du 9 juillet 1991 [devenu C. pr. exéc., art. L. 221-5] n'ayant pour objet que de déterminer les créanciers admis à concourir sur le prix de la vente. Dès lors, la règle d'ordre public de l'arrêt des poursuites individuelles [consécutive à l'ouverture d'une procédure collective] s'applique tant que cette procédure d'exécution n'a pas, par la vente, produit ses effets.

> Titre exécutoire délivré uniquement à l'encontre du conjoint de la personne poursuivie.

• **Civ. 2e, 28 oct. 1999,** no 97-20.071, P II, no 163

* V. ss nos 0112.102, 0144.141, 0811.13, 0941.81, 1311.92, 1311.93, 1313.172

Toute exécution forcée implique que le créancier soit muni d'un titre exécutoire à l'égard de la personne même qui doit exécuter. Dès lors, le titre exécutoire produit à l'encontre d'un époux en recouvrement d'une dette ayant pour objet l'entretien du ménage ou l'éducation des enfants n'emporte pas le droit de saisir les biens de son conjoint, à défaut de titre exécutoire pris contre celui-ci, les deux époux fussent-ils tenus solidairement des dettes de ménage.

> Titre exécutoire portant condamnation de la personne qui doit exécuter.

• **Civ. 2e, 21 mars 2002,** no 00-19.051, P II, no 56

* V. ss nos 0112.84, 0131.20, 0214.23, 0941.12, 1311.111

Toute exécution forcée implique que le créancier soit muni d'un titre exécutoire portant condamnation de la personne qui doit exécuter.

> Dénomination inexacte de la personne à l'encontre de la laquelle la saisie est pratiquée.

• **Civ. 2e, 17 nov. 2005,** no 04-14.604, P II, no 298

* V. ss nos 0112.106, 0214.23, 1311.91

N'excède pas ses pouvoirs le juge de l'exécution qui, pour rejeter une demande de nullité d'un commandement et d'un procès-verbal de saisie-attribution, constate qu'en dépit d'une dénomination différente, l'entité à l'encontre de laquelle les saisies ont été pratiquées et la personne à laquelle s'appliquait le titre exécutoire ne formaient en réalité qu'une seule et même personne morale.

> Titre exécutoire. Arrêt condamnant le débiteur principal et disant que les cautions sont engagées.

• **Civ. 2e, 23 oct. 2008,** no 07-20.035, P II, no 224

* V. ss nos 0112.105, 0214.23, 1311.91, 1311.95, 1311.111

L'arrêt condamnant le débiteur principal au paiement d'une certaine somme et disant que les cautions sont engagées vis-à-vis du créancier par un cautionnement simple constitue un titre exécutoire à l'encontre de ces dernières.

Les cautions qui, sur les premières poursuites pénales engagées contre elles, n'ont proposé aucun bien à la discussion du créancier, ni avancé les deniers suffisants pour faire la discussion, ne remplissant pas les conditions de l'article 2300 du Code civil, c'est à bon droit que la cour d'appel en a déduit que le bénéfice de discussion n'était pas valablement requis par elles, de sorte que le titre exécutoire constatait bien une créance liquide et exigible à leur encontre, correspondant au montant de la condamnation prononcée contre le débiteur.

> Acte notarié revêtu de la formule exécutoire modifié par des avenants sous seing privé.

• **Civ. 2e, 6 mai 2010,** no 09-67.058, P II, no 90

* V. ss nos 0112.214, 0122.25, 0214.22, 1311.72

Constitue un titre exécutoire, un acte notarié de prêt, revêtu de la formule exécutoire, modifié par des avenants sous seing privé, dès lors que ces avenants n'avaient pas opéré novation.

> Titre exécutoire. Omission des annexes d'un acte authentique notarié.

• **Cass., ch. mixte, 21 déc. 2012,** nos 11-28.688 et 12-15.063, P, nos 3 et 4

* V. ss nos 0122.29, 0214.22, 1311.73

L'inobservation de l'obligation, pour le notaire, de faire figurer les procurations en annexe de l'acte authentique ou de les déposer au rang de ses minutes ne fait pas perdre à l'acte son caractère authentique et, partant, son caractère exécutoire.

> Titre exécutoire. Ordonnance du premier président infirmant une ordonnance de taxe du bâtonnier.

• **Civ. 2e, 9 janv. 2014,** no 12-28.220, P II, no 5

* V. ss nos 1311.83, 1311.91

Ne constitue pas un titre exécutoire valable autorisant une saisie, l'ordonnance d'un premier président, qui infirme les ordonnances de taxe du bâtonnier de l'ordre des avocats désignant le débiteur des honoraires et décide que la détermination du débiteur ne peut être jugée par la procédure de taxe.

> Titre exécutoire. Exécution forcée de la décision d'un bâtonnier sur présentation d'une expédition revêtue de la formule exécutoire.

• **Civ. 2e, 30 janv. 2014,** no 12-29.246, P II, no 30

* V. ss nos 0111.24, 0231.12, 1311.83

En application de l'article 502 du Code de procédure civile, nul jugement, nul acte ne peut être mis à exécution que sur présentation d'une expédition revêtue de la formule exécutoire à moins que la loi n'en dispose autrement.

Il s'ensuit que, faute de constituer une décision à laquelle la loi attache les effets d'un jugement, la décision d'un bâtonnier, même exécutoire de droit à titre provisoire, en application de l'article 153 du décret du 27 novembre 1991, comme portant sur des honoraires dus dans la limite de neuf mois de rétrocession d'honoraires, ne peut faire l'objet d'une mesure d'exécution forcée que sur présentation d'une expédition revêtue de la formule exécutoire.

1311.05 **Règles. Plan.** Cette voie d'exécution est ouverte à tout créancier remplissant les conditions générales exposées dans le livre 1er de l'ouvrage (*capacité et représentation*, v. ss nos 0131.05 s. et *choix d'une procédure*, v. ss nos 0133.05 s.), c'est-à-dire à tout créancier muni d'un titre exécutoire constatant une créance liquide et exigible. Parce que la mesure d'exécution envisagée est une saisie immobilière, des précisions doivent être ajoutées tenant à la qualité du créancier (sect. 1), à sa capacité de saisir (sect. 2), ainsi qu'au titre et aux caractères de la créance (sect. 3).

SECTION 1
TOUT CRÉANCIER

1311.11 Chirographaire, privilégié ou hypothécaire. Tout créancier peut entreprendre cette voie d'exécution, en vertu du droit de gage général, affirmé depuis l'entrée en vigueur de l'ordonnance du 23 mars 2006 [1] relative aux sûretés aux articles 2284 et 2285 C. civ. [2] Il est cependant peu fréquent que des créanciers chirographaires engagent cette procédure, qui est onéreuse, sans être assurés de pouvoir participer à la distribution du prix. Au demeurant, s'ils le font alors que le montant des créances privilégiées dépasse de manière criante la valeur de l'immeuble, le débiteur devrait pouvoir les poursuivre sur le fondement de l'abus de droit (sur le principe de proportionnalité, v. ss nos 1317.05 s.). C'est donc dans l'hypothèse où la lecture de la fiche d'immeuble révélerait une absence de créanciers inscrits, voire des inscriptions mais une valeur du bien nettement supérieure à l'ensemble des créances, que les créanciers chirographaires pourraient avoir intérêt à saisir l'immeuble de leur débiteur. Il est vrai, cependant, qu'en pratique il est difficile de connaître la créance résiduelle des créanciers inscrits et même la valeur qu'atteindra l'immeuble aux enchères.

1311.12 Cas particuliers des créanciers hypothécaires. De fait, le plus souvent, une saisie immobilière est engagée par un créancier inscrit car, en vertu de sa sûreté, il bénéficie d'un droit de préférence sur le prix du bien réalisé, en fonction de son rang d'inscription. Ces créanciers sont distingués, et par le droit des sûretés, et par le droit des voies d'exécution. L'article 2450 C. civ. indique que le créancier hypothécaire impayé peut poursuivre la vente du bien hypothéqué selon les modalités prévues par le Code des procédures civile d'exécution, auxquelles la convention d'hypothèque ne peut déroger. Toutefois, le droit des sûretés tempère cette affirmation.

• **Droit des sûretés : faculté d'attribution du bien en paiement.** Selon l'article 2451 C. civ. [3], (anc. C. civ., art. 2458), un créancier hypothécaire impayé peut demander en justice que l'immeuble lui demeure en paiement. Dans ce cas, le créancier fait choix de ne pas recourir à une mesure d'exécution. Et à l'article 2452 C. civ., il est indiqué qu'il peut être convenu dans la convention d'hypothèque que le créancier deviendra propriétaire de l'immeuble hypothéqué.

Cette faculté ne lui sera toutefois pas offerte lorsque l'immeuble constitue la résidence principale du débiteur. De même, la clause insérée dans la convention d'hypothèque sera sans effet sur l'immeuble qui constitue la résidence principale du débiteur (anc. C. civ., art. 2459).

• **Droit des voies d'exécution : obligation pour le créancier hypothécaire de saisir prioritairement le bien grevé.** Le Code civil distingue aussi ces créanciers en restreignant leur droit d'agir sur les biens du débiteur. Ainsi, selon l'ancien article 2209, le créancier ne pouvait poursuivre la vente des immeubles qui ne lui étaient pas hypothéqués que dans le cas d'insuffisance des biens qui lui étaient hypothéqués.

L'ordonnance portant réforme de la saisie immobilière avait réécrit cette règle à l'article 2192 alinéa 2 (devenu C. pr. exéc., art. L. 311-5, al. 2 [4]). Depuis la codification, la règle est énoncée à l'article L. 311-5, qui dispose que « *le créancier ne peut saisir les immeubles qui ne sont pas hypothéqués en sa faveur que dans le cas où l'hypothèque dont il bénéficie ne lui permet pas d'être rempli de ses droits* ».

1311.13 Suppression du régime spécifique réservé aux établissements de crédit foncier et assimilés. Les sociétés de crédit foncier et établissements prêteurs assimilés, bénéficiaient d'une procédure simplifiée instaurée par le décret du 28 février 1852 instituant les sociétés de Crédit foncier. La loi du 29 juillet 1998 [5], relative à la lutte contre les exclusions, a abrogé les dispositions des articles du décret consacrés à la procédure de saisie. Désormais, quelles que soient la qualité du créancier et les caractéristiques des prêts, les procédures d'exécution immobilière devront être engagées selon le droit commun.

1311.14 Cas particulier où le créancier est le Trésor public. En vertu du décret du 22 décembre 1964 [6], relatif au recouvrement des amendes et condamnations pécuniaires par les comptables de la Direction générale des finances publiques, modifié par le décret du 23 septembre 2021 [7], la saisie immobilière ne peut être effectuée que sur autorisation du directeur départemental ou, le cas échéant, régional des finances publiques [8].

1. Ord. no 2006-346, 23 mars 2006, relative aux sûretés, *JO* 24 mars, p. 4475.
2. C. civ., anc. art. 2092 et 2093.
3. Créé par Ord. no 2021-1192, 15 sept. 2021, portant réforme du droit des sûretés, *JO* 16 sept., texte 19.
4. Ord. no 2011-1895, 19 déc. 2011, relative à la partie législative du Code des procédures civiles d'exécution, *JO* 20 déc., p. 21464.
5. L. no 98-657, 29 juill. 1998, relative à la lutte contre les exclusions, *JO* 31 juill.
6. Décr. no 64-1333, 22 déc. 1964, relatif au recouvrement des amendes et condamnations pécuniaires par les comptables directs du Trésor, *JO* 29 déc., p. 11794.
7. Décr. no 2021-1221, 23 sept. 2021, relatif aux mesures d'harmonisation des procédures de recouvrement forcé des créances publiques, *JO* 25 sept., texte 2.
8. Décr. no 64-1333, 22 déc. 1964, art. 6 mod.

SECTION 2
CAPACITÉ

1311.21 **Capacité complète.** En principe, une saisie est un acte d'administration (v. C. pr. exéc., art. L. 111-9). Mais dans le cas particulier de la saisie immobilière, le défaut d'enchérisseurs lors de l'adjudication a pour conséquence que le poursuivant sera déclaré adjudicataire (C. pr. exéc., art. L. 322-6, al. 1er) ; dès lors, devenant propriétaire du bien dont il poursuivait la vente forcée, le saisissant doit avoir la capacité d'accomplir des actes de disposition. À défaut, la procédure sera nulle (v. ss no 1331.22).

L'article R. 321-1 alinéa 2 C. pr. exéc.[1], dispose explicitement que « *la délivrance du commandement de payer valant saisie est un acte de disposition, réalisé aux risques du créancier* »[2].

En outre, la procédure étant judiciaire, le poursuivant doit aussi avoir la capacité d'ester en justice.

Certains événements peuvent affecter la capacité du créancier à agir en exécution forcée : ainsi, l'instauration d'une mesure de protection juridique des majeurs et l'ouverture d'une procédure de liquidation judiciaire.

§ 1
Personnes protégées

1311.31 **Majeurs protégés représentés.** La loi du 5 mars 2007[3] portant réforme de la protection juridique des majeurs et entrée en vigueur le 1er janvier 2009, a instauré un nouveau titre XII au Livre Ier du Code civil. En vertu de l'article 473 C. civ., sous réserve des cas où la loi autorise la personne en tutelle à agir elle-même, le tuteur la représente dans tous les actes de la vie civile. L'article 496 alinéa 1er C. civ. précise que « *le tuteur représente la personne protégée dans les actes nécessaires à la gestion de son patrimoine* ». Aux termes de l'article 504 C. civ., « *le tuteur accomplit seul les actes conservatoires et, sous réserve des dispositions du second alinéa de l'article 473, les actes d'administration nécessaires à la gestion du patrimoine de la personne protégée* ». Le décret du 22 décembre 2008[4] donne, en annexe 1[5], la liste des actes qui sont regardés, pour l'application de la réforme, comme des actes d'administration relatifs à la gestion courante du patrimoine et comme des actes de disposition qui engagent celui-ci de manière durable et substantielle. S'agissant des actes de poursuite et d'exécution, les mesures conservatoires et les procédures civiles d'exécution sont analysées comme des actes d'administration[6] ; la saisie immobilière est qualifiée d'acte de disposition[7]. En principe, et conformément aux dispositions de l'article 505 alinéa 1er C. civ., dans sa rédaction issue de la loi no 2022-267 du 28 février 2022[8], « *le tuteur ne peut, sans y être autorisé par le conseil de famille ou, à défaut, le juge, faire des actes de disposition au nom de la personne protégée* ». Toutefois, si aux termes de l'article 505 alinéa 2, « *l'autorisation détermine les stipulations et le cas échéant, le prix ou la mise à prix pour lequel l'acte est passé* », il est ajouté que « *l'autorisation n'est pas exigée en cas de vente forcée sur décision judiciaire ou de vente amiable sur autorisation du juge* ». Est-ce à dire que l'autorisation ne serait pas nécessaire en cas de saisie immobilière ? Il semble cependant difficile d'admettre que le tuteur puisse entreprendre une saisie immobilière dans les intérêts de la personne protégée sans autorisation[9], compte tenu des effets possibles d'une telle mesure d'exécution (le poursuivant peut être adjudicataire) sauf à considérer que l'appréciation des intérêts du majeur protégé est transférée, à l'occasion de la saisie, au juge de l'exécution (JEX). Ce qui ne paraît pas opportun[10].

1. Décr. no 2012-783, 30 mai 2012, relatif à la partie réglementaire du Code des procédures civiles d'exécution, *JO* 31 mai, p. 9375.
2. Décr. no 2006-936, 27 juill. 2006, relatif aux procédures de saisie immobilière et de distribution du prix d'un immeuble, *JO* 29 juill., p. 11316.
3. L. no 2007-308, 5 mars 2007, portant réforme de la protection juridique des majeurs, *JO* 7 mars, p. 4325.
4. Décr. no 2008-1484, 22 déc. 2008, relatif aux actes de gestion du patrimoine des personnes placées en curatelle ou en tutelle, et pris en application des articles 452, 496 et 502 du Code civil, *JO* 31 déc., p. 20631.
5. Annexe 1, mod. par Décr. no 2021-1888, 29 déc. 2021, pris en application de l'ordonnance no 2021-1192 du 15 septembre 2021 portant réforme du droit des sûretés, *JO* 30 déc., texte 53.
6. V. Décr. no 2008-1484, 22 déc. 2008, *JO* 31 déc., p. 20631, annexe 1, colonne 1, VIII.
7. V. Décr. no 2008-1484, 22 déc. 2008, *JO* 31 déc., p. 20631, annexe 1, colonne 2, VIII.
8. L. no 2022-267, 28 févr. 2022, visant à moderniser la régulation du marché de l'art, *JO* 1er mars, texte 1.
9. V. TOUTEFOIS, avant la réforme de 2007, Civ. 1re, 4 mai 1994, no 92-14767, P II, no 158 ; *RTD civ.* 1994. 568, obs. dubitatives J. Hauser ; *Defrénois* 1994. 1455, obs. Massip ; *JCP* 1995. II. 22413, note T. Fossier. La Cour juge que le tuteur, chargé de percevoir les revenus de la personne protégée, peut poursuivre les voies d'exécution qui s'avèrent nécessaires et notamment, solliciter, sans autorisation préalable du juge des tutelles, la vente forcée des biens d'un débiteur, objets d'une hypothèque judiciaire.
10. PAR ANALOGIE, on peut raisonner à la lumière d'un avis rendu par la deuxième chambre civile, à propos de l'articulation des dispositions de l'article 815-3 C. civ. en matière d'indivision et de l'article R. 322-15 C. pr. exéc. pour l'autorisation de vente amiable, qui exclut que le JEX autorise un indivisaire à solliciter la vente amiable en l'absence d'accord des autres indivisaires : Civ. 2e, avis, 16 juill. 2021, no 21-70.008, B ; *D.* 2022. 1338, obs. A. Leborgne ; *RTD civ.* 2021. 935, obs. Ph. Théry. Pas plus que le JEX n'est juge de l'indivision, il ne devrait être le juge de la tutelle.

1311.32 Majeurs protégés assistés. En vertu de l'article 467 C. civ., dans sa rédaction issue de la loi du 5 mars 2007, portant réforme de la protection juridique des majeurs, « *la personne en curatelle ne peut, sans l'autorisation du curateur, faire aucun acte qui, en cas de tutelle, requerrait une autorisation du juge ou du conseil de famille* ». Ce qui signifie qu'en principe, le majeur en curatelle doit être assisté pour diligenter une saisie immobilière, acte de disposition[1]. L'article 505 alinéa 2 disposant que « *l'autorisation n'est pas exigée en cas de vente forcée sur décision judiciaire ou de vente amiable sur autorisation du juge* », on peut s'interroger sur l'éventuelle dispense d'autorisation compte tenu de la présence du JEX (v. s[s] nº 1311.31), tout en émettant les mêmes réserves que ci-dessus.

§ 2
Incidence d'une procédure de traitement des difficultés des entreprises ouverte contre le poursuivant

1311.41 Entreprises en difficulté. La loi du 26 juillet 2005[2] a introduit une nouvelle législation de traitement des difficultés des entreprises, applicable à compter du 1er janvier 2006, les procédures en cours demeurant toutefois soumises au droit en vigueur à l'époque de leur ouverture. L'ordonnance du 18 décembre 2008[3] a apporté, à compter du 15 février 2009, un certain nombre de modifications aux articles du Code de commerce concernés, puis, à la suite de la loi nº 2010-658 relative à l'entrepreneur individuel à responsabilité limitée[4], l'ordonnance du 9 décembre 2010[5] a adapté la législation des procédures collectives à l'entrepreneur individuel à responsabilité limitée en procédant au toilettage de tout le livre VI du Code de commerce[6]. L'ordonnance du 12 mars 2014[7] a réformé à nouveau le droit des entreprises en difficulté au 1er juillet 2014. C'est ensuite la loi du 18 novembre 2016[8] de modernisation de la justice du XXIe siècle, dite loi « J 21 », qui a introduit de nouvelles dispositions destinées à adapter le traitement des entreprises en difficulté, puis l'ordonnance nº 2021-1193 du 15 septembre 2021[9] a modifié le livre VI du Code de commerce en tenant compte de la réforme du droit des sûretés issue de l'ordonnance nº 2021-1192 de la même date.

L'ouverture d'une procédure collective peut avoir, pour le débiteur, des conséquences sur l'administration et la disposition de ses biens.

1311.42 Sauvegarde. Une procédure de sauvegarde peut être ouverte au bénéfice de toute personne exerçant une activité commerciale ou artisanale, tout agriculteur, toute autre personne physique exerçant une activité professionnelle indépendante, y compris une profession libérale soumise à un statut législatif ou réglementaire ou dont le titre est protégé, ainsi que de toute personne morale de droit privé, qui justifie de difficultés qu'elle n'est pas en mesure de surmonter, de nature à la conduire à la cessation des paiements, ou, selon la formulation en vigueur depuis le 15 février 2009, « *qui sans être en cessation des paiements, justifie de difficultés qu'il* [le débiteur] *n'est pas en mesure de surmonter* ». « *Cette procédure est destinée à faciliter la réorganisation de l'entreprise afin de permettre la poursuite de l'activité économique, le maintien de l'emploi et l'apurement du passif* » (C. com., art. L. 620-1).

Dans cette procédure, « *l'administration de l'entreprise est assurée par son dirigeant* » (C. com., art. L. 622-1, I), l'administrateur n'étant chargé que de surveiller le débiteur dans sa gestion ou de l'assister pour tous les actes de gestion ou certains d'entre eux. Ainsi, « *le débiteur continue à exercer sur son patrimoine les actes de disposition et d'administration, ainsi que les droits et actions qui ne sont pas compris dans la mission de l'administrateur* » (C. com., art. L. 622-3). Sous réserve d'une mission particulière de l'administrateur, un débiteur en procédure de sauvegarde peut donc mettre en œuvre seul des mesures d'exécution forcée et, notamment, une saisie immobilière.

1311.43 Redressement judiciaire. La loi du 26 juillet 2005, modifiée par l'ordonnance du 12 mars 2014, n'a pas bouleversé la philosophie du redressement judiciaire tel que réglementé par la loi du 25 janvier 1985, procédure ouverte « [...] *à tout débiteur* [...] *qui, dans l'impossibilité de faire face au passif exigible avec son actif disponible, est en cessation des paiements* » afin de permettre la poursuite de l'activité de l'entre-

1. Conformément à la nomenclature des actes établie par Décr. nº 2008-1484, 22 déc. 2008.
2. L. nº 2005-845, 26 juill. 2005, de sauvegarde des entreprises, *JO* 27 juill., p. 12187 et rectif. *JO* 22 oct., p. 16750.
3. Ord. nº 2008-1345, 18 déc. 2008, portant réforme du droit des entreprises en difficulté, *JO* 19 déc., p. 19462.
4. L. nº 2010-658, 15 juin 2010, relative à l'entrepreneur individuel à responsabilité limitée, *JO* 16 juin, p. 10984.
5. Ord. nº 2010-1512, 9 déc. 2010, portant adaptation du droit des entreprises en difficulté et des procédures de traitement des situations de surendettement à l'entrepreneur individuel à responsabilité limitée, *JO* 10 déc., p. 21617.
6. A. Lienhard, « Entreprise individuelle à responsabilité limitée : adaptation du droit des procédures collectives », *D.* 2011. 2903.
7. Ord. nº 2014-326, 12 mars 2014, portant réforme de la prévention des difficultés des entreprises et des procédures collectives, *JO* 14 mars, p. 5249.
8. L. nº 2016-1547, 18 nov. 2016, de modernisation de la justice du XXIe siècle (dite « J 21 »), *JO* 19 nov., texte 1.
9. Ord. nº 2021-1193, 15 sept. 2021, portant modification du livre VI du Code de commerce, *JO* 16 sept., texte 21.

prise (C. com., art. L. 631-1). Dans ce cas, la loi n'impose pas le dessaisissement ni même l'assistance systématiques du débiteur.

Le ou les administrateurs sont chargés « *d'assister le débiteur pour tous les actes relatifs à la gestion ou certains d'entre eux, ou d'assurer seuls, entièrement ou en partie, l'administration de l'entreprise* » (C. com., art. L. 631-12). Le débiteur conserve les mêmes pouvoirs qu'en phase de sauvegarde, l'article L. 631-14 opérant un renvoi à l'article L. 622-3.

1311.44 **Liquidation judiciaire.** Le principe est celui du dessaisissement du débiteur.

C'est l'article L. 641-9 C. com. qui énonce la règle du dessaisissement du débiteur de l'administration et de la disposition de ses biens ; les droits et actions du débiteur concernant son patrimoine étant exercés pendant toute la durée de la liquidation par le liquidateur, sauf la faculté maintenue pour le débiteur d'accomplir les actes et d'exercer les droits et actions qui ne sont pas compris dans la mission du liquidateur ou de l'administrateur lorsqu'il en a été désigné. L'ordonnance du 12 mars 2014 n'a pas modifié le principe posé à l'article L. 641-9 C. com., mais elle a modifié le périmètre de la procédure de liquidation judiciaire s'agissant d'un débiteur personne physique. Désormais, le liquidateur ne peut, sauf accord du débiteur, réaliser les biens ou droits acquis au titre d'une succession ouverte après l'ouverture ou le prononcé de la liquidation judiciaire, ni provoquer le partage de l'indivision pouvant en résulter.

SECTION 3
TITRE ET CRÉANCE

1311.51 **Texte.** L'article L. 311-2 C. pr. exéc. dispose que « *tout créancier muni d'un titre exécutoire constatant une créance liquide et exigible peut procéder à une saisie immobilière dans les conditions fixées par le présent livre et par les dispositions qui ne lui sont pas contraires du livre Ier* ». Selon le rapport remis au président de la République lors de la réforme[1], cette disposition était destinée à « *harmoniser les conditions de la saisie immobilière avec celles des procédures civiles d'exécution en disposant que la saisie ne peut être pratiquée qu'en vertu d'un titre exécutoire constatant une créance liquide et exigible et en prévoyant que la loi portant réforme des procédures civiles d'exécution sera applicable à la saisie immobilière, sauf dispositions contraires. Ainsi, l'ensemble des solutions dégagées en matière de procédure civile d'exécution mobilière trouvera à s'appliquer en matière de saisie immobilière* ».

1. Rapp. au président de la République relatif à Ord. nº 2006-461, 21 avr. 2006, réformant la saisie immobilière, *JO* 22 avr., p. 6088.

Le titre exécutoire doit constater l'existence d'une créance liquide et exigible détenue par le poursuivant à l'encontre de son débiteur.

§ 1
Un titre

1311.61 **Spécificité de la procédure de saisie immobilière.** Si aucune voie d'exécution ne peut être mise en œuvre sans titre exécutoire, en matière immobilière, lorsque le titre est une décision de justice, la vente ne pourra être ordonnée qu'en vertu d'une décision définitive passée en force de chose jugée.

A.
Caractéristiques du titre

1°
Un titre exécutoire

1311.71 **Généralité.** Tous les titres exécutoires de l'article L. 111-3 C. pr. exéc. permettent d'engager une saisie immobilière (sur ces titres, v. déjà s[s] n°s 012.05 s.). Le plus souvent, il s'agira d'une décision de justice ou d'accords auxquels une juridiction aura conféré force exécutoire, ou d'un acte notarié mais rien n'interdit d'engager une saisie immobilière sur le fondement d'un titre émis par un commissaire de justice, mais aussi sur la base de la convention par laquelle des époux consentent mutuellement à leur divorce par acte sous signature privée contresigné par avocats et déposé au rang des minutes d'un notaire (C. civ., art. 229-1) et encore sur le fondement d'une transaction[2] ou d'un acte constatant un accord issu d'une médiation, d'une conciliation ou d'une procédure participative par avocat lorsque ces accords sont contresignés par les avocats de chacune des parties et revêtus de la formule exécutoire par le greffe de la juridiction compétente.

1311.72 **Exclusion des actes sous seing privé.** Ne constitue pas un titre authentique et exécutoire, un engagement sous seing privé de payer au lieu et place[3]. Et le dépôt d'un acte sous seing privé effectué par le créancier entre les mains d'un officier public ne confère pas à cet acte un caractère authentique dès lors que

2. Civ. 2e, 26 oct. 2023, nº 21-19.844, B ; *D.* 2023. 1906 ; *ibid.* 2024. 613, obs. N. Fricero ; *ibid.* 1303, obs. J.-D. Pellier ; *RTD civ.* 2024. 205, obs. Ph. Théry, la Cour juge que n'étant pas dissociable de la transaction à laquelle elle confère force exécutoire, l'ordonnance homologuant la transaction doit être notifiée, lorsqu'elle a été rendue à la requête d'une seule partie, à la partie contre laquelle l'exécution est poursuivie.
3. Com. 2 mai 2001, nº 99-10.414, NP ; *Procédures* août-sept. 2001, nº 175.

le débiteur n'y a pas participé[1]. De même, est nul, sur le fondement de l'ancien article 2213 C. civ., le commandement de saisie signifié par une banque en vertu d'un engagement de caution sous seing privé, alors que l'acte notarié d'affectation hypothécaire ne contient de la part des cautions, aucune reconnaissance de dette pour une somme déterminée[2]. Mais si l'acte notarié de cautionnement hypothécaire mentionne l'identité du débiteur principal et que les engagements souscrits par celui-ci sont rappelés dans l'acte, il constitue bien un titre exécutoire autorisant des poursuites de saisie immobilière sur l'immeuble des garants[3].

De même, l'acte notarié, qui a fait l'objet d'avenants sous seing privé réaménageant la dette souscrite par l'emprunteur, peut fonder une saisie immobilière dès lors que lesdits avenants stipulaient expressément qu'ils n'opéraient pas novation[4].

1311.73 **Acte notarié.** Il est fréquent, en matière d'exécution immobilière, que le titre soit un acte notarié. Ainsi, l'acte notarié contenant ouverture de crédit, qui stipule que le prêt devient immédiatement exigible par la survenance d'un seul défaut de paiement, constitue un titre exécutoire pouvant fonder les poursuites de saisie immobilière[5]. La copie d'un acte notarié, revêtue de la formule exécutoire qui comporte le paraphe du notaire ou qui reproduit les paraphes de toutes les parties sur chaque feuille et la signature du notaire en dernière page ainsi que la mention de la conformité à l'original, conformément aux dispositions de l'article 34 du décret du 26 novembre 1971[6], constitue également un titre exécutoire[7].

Sur l'acte notarié, qui fait l'objet d'avenants sous seing privé réaménageant la dette souscrite par l'emprunteur, v. s[s] n° 1311.72.

Cependant, suffit-il qu'un notaire dresse un acte pour que celui-ci ait le caractère authentique ? La question s'est posée dans plusieurs affaires où des notaires avaient omis d'annexer une procuration donnée par un client et n'en avaient pas fait non plus dépôt au rang de leurs minutes, obligation imposée par l'article 8 du décret du 26 novembre 1971, devenu les articles 21 et 22 du même décret. Le défaut de respect de cette obligation pouvait-il faire perdre à l'acte son caractère exécutoire, de sorte qu'il ne puisse plus servir de fondement à une saisie immobilière ? C'est en ce sens que s'était prononcée la deuxième chambre civile en juin 2012 au visa de l'ancien article 1318 C. civ. (devenu C. civ., art. 1370)[8], alors que la première chambre avait jugé le contraire en mars 2012[9]. La Cour de cassation, réunie en chambre mixte, a mis un terme à cette divergence, en affirmant que l'inobservation de l'obligation pour le notaire de faire figurer les procurations en annexe de l'acte authentique ou de les déposer au rang de ses minutes ne faisait pas perdre à l'acte son caractère authentique, et partant son caractère exécutoire[10]. En 2015, la première chambre a précisé que les exigences posées par le décret de 1971 relatif aux actes établis par les notaires ne visaient pas la copie exécutoire délivrée par le rédacteur de l'acte[11]. Les articles 21 et 34 du décret imposent seulement la conformité à l'original de la copie.

Le contentieux de la validité des titres notariés peut encore porter sur des irrégularités affectant la représentation conventionnelle d'une partie à l'acte, qu'il s'agisse d'une nullité, d'un dépassement ou d'une absence de pouvoir du mandataire auquel une procuration a été donnée. Cependant, la Cour de cassation juge que de telles irrégularités ne relèvent pas de défauts de forme sanctionnés par la perte du caractère authentique et partant exécutoire. Certes, une procuration donnée à « *tout clerc* » suppose que le signataire ait une compétence et une formation spécifique. Signé par une secrétaire, l'acte sera entaché de nullité[12] ; de même, une procuration qui ne mentionne pas l'identité de la personne à qui le mandat a été donné[13] Toutefois, il ne s'agit que d'une nullité relative qui peut être couverte par une ratification ultérieure de l'acte par l'emprunteur, conformément aux dispositions de l'article 1998 C. civ. Tel est le cas lorsque l'emprunteur prend possession du bien, bénéficie des avantages fiscaux liés à l'acquisition, perçoit des loyers et, dans un premier temps, rembourse l'emprunt[14].

Une question se pose également s'agissant de la mise en œuvre d'une procédure de saisie immobilière sur le fondement d'un acte notarié, lorsque ce

1. Civ. 2e, 11 janv. 1968, P II, n° 15 ; *Gaz. Pal.* 1968. 1. 250.
2. TGI Boulogne-sur-Mer, 22 déc. 1978, *Gaz. Pal.* 1979. 1. Somm. 271.
3. Civ. 2e, 25 mars 2010, n° 09-12.127, P II, n° 74.
4. Civ. 2e, 6 mai 2010, n° 09-67.058, P II, n° 90 ; *D.* 2011. 1513, obs. A. Leborgne.
5. Civ. 2e, 25 mars 1998, n° 96-16.008, NP.
6. Décr. n° 2005-973, 10 août 2005, modifiant le décret n° 71-941 du 26 novembre 1971, relatif aux actes établis par les notaires, *JO* 11 août, p. 13096.
7. Civ. 2e, 24 juin 2010, n° 09-67.887, NP.
8. Civ. 2e, 7 juin 2012, n°s 11-17.759 et 11-19.022, P II, n° 102.
9. Civ. 1re, 22 mars 2012, n° 11-11.925, P I, n° 66.
10. Cass., ch. mixte, 21 déc. 2012, n° 11-28.688, P, n° 3 ; *D.* 2013. Pan. 1576, obs. A. Leborgne – La deuxième chambre a, depuis, modifié sa jurisprudence : Civ. 2e, 21 mars 2013, n°s 11-25.256 et 11-22.312, NP – Civ. 2e, 30 janv. 2014, n° 12-19.191, NP.
11. Civ. 1re, 10 sept. 2015, n° 14-13.237, P I, n° 203.
12. Civ. 1re, 12 juill. 2012, n° 11-22.637, P I, n° 164.
13. Civ. 1re, 22 juin 2017, n° 16-13.336, NP.
14. Civ. 1re, 30 oct. 2013, n°s 12-14.992 et 12-15.468, NP – Civ. 1re, 22 janv. 2014, n° 12-28.298, NP ; *D.* 2014. 1466, obs. A. Leborgne – Civ. 1re, 2 juill. 2014, n° 13-19.113, NP – Civ. 1re, 22 juin 2017, n° 16-13.336, NP (préc. s[s] prés[t] n°).

titre comporte une clause de conciliation ou médiation (v. s[s] n° 1311.158).

1311.74 **Décision d'admission d'une créance en procédure collective.** Dans le cas où une procédure collective est ouverte, les créanciers sont tenus de déclarer leurs créances (C. com., art. L. 622-24 s.). Toutefois, la décision d'admission ne doit pas être confondue avec un titre exécutoire car elle est rendue dans le cadre d'une procédure collective et ne tend pas à la condamnation du débiteur[1]. Cette décision a pour seul objet la constatation de la créance et la fixation de son montant dans le cadre de la procédure collective, à l'exclusion de toute condamnation du débiteur. Elle ne constitue donc pas un titre exécutoire et ne peut servir de fondement à une mesure d'exécution[2].

1311.75 **Titre émis par le Trésor public.** Est valable la poursuite fondée sur le titre émis par le Trésor public, l'opposition formée par le débiteur à son encontre ayant pour seul effet de suspendre la procédure d'exécution jusqu'à la décision de la juridiction administrative[3].

1311.76 **Prescription du titre.** Depuis la loi du 17 juin 2008[4], qui a modifié les règles régissant la prescription en matière civile « *l'exécution des décisions de justice et des actes assimilés* [C. pr. exéc., art. L. 111-3, 1° à 3°] *ne peut être poursuivie que pendant dix ans, sauf si les actions en recouvrement des créances qui y sont constatées se prescrivent par un délai plus long. Le délai mentionné à l'article 2232 du Code civil n'est pas applicable dans le cas prévu au premier alinéa* » (C. pr. exéc., art. L. 311-4).

Cet article limite donc désormais le **délai de poursuite des décisions de justice et actes assimilés à dix ans**, sauf l'hypothèse particulière prévue[5]. Les autres titres exécutoires de l'article L. 111-3, 4° à 6°, C. pr. exéc., dont la valeur juridique n'a pas été sanctionnée par un juge, restent donc soumis pour leur exécution au délai de prescription de la créance qu'ils constatent, délai en principe ramené à **cinq ans** par la loi du 17 juin 2008[6], mais qui peut éventuellement être plus court. Tel est le cas des crédits immobiliers accordés par un établissement bancaire à un consommateur qui sont soumis à la prescription biennale de l'article L. 218-2 C. consom.[7], [8].

D'une manière générale, les créanciers doivent donc être prudents et veiller à interrompre le délai de prescription, que ce soit en introduisant une demande en justice, alors même qu'ils seraient déjà porteurs d'un titre notarié[9] ou en diligentant une mesure conservatoire ou d'exécution forcée lorsqu'ils sont déjà porteurs d'un titre exécutoire. Il a en outre été jugé que si, en principe, l'interruption de la prescription ne peut s'étendre d'une action à une autre, il en est autrement lorsque les deux actions, bien qu'ayant une cause distincte, tendent à un seul et même but, de sorte que la seconde est virtuellement comprise dans la première. Ainsi, l'action en recouvrement forcée engagée par le créancier sur des immeubles de son débiteur au moyen d'un commandement de payer valant saisie immobilière n'était pas prescrite, le délai de prescription ayant été interrompu par l'exercice d'une action paulienne tendant à ce que l'apport de ces immeubles par le débiteur à un tiers lui soit déclaré inopposable[10].

1311.77 **Incidence de l'annulation du titre.** L'annulation d'une décision de justice ayant servi de base aux poursuites de saisie immobilière a nécessairement pour conséquence la nullité de toute la procédure de saisie et notamment celle du jugement d'adju-

1. Sur la nature juridique et les effets de la déclaration de créance, v. P.-M. Le Corre, Dalloz action *Droit et pratique des procédures collectives*, 2025/2026, n°s 661.00 s.
2. Com. 4 juill. 2018, n° 16-22.986 NP – Civ. 2e, 14 janv. 2021, n° 18-23.238, P.
3. Civ. 2e, 6 déc. 2001, n° 99-20.593, P II, n° 186.
4. L. n° 2008-561, 17 juin 2008, portant réforme de la prescription en matière civile, *JO* 18 juin, p. 9856.
5. L'art. 2232 C. civ. est ainsi rédigé : « *Le report du point de départ, la suspension ou l'interruption de la prescription ne peut avoir pour effet de porter le délai de la prescription extinctive au-delà de vingt ans à compter du jour de la naissance du droit* ».
6. V. O. Salati, « Nouvel article 3-1 de la loi du 9 juillet 1991 : la prescription des titres exécutoires de l'article 3, 1° à 3°, de la loi est décennale », *Procédures* 2008, n° 45, p. 2 – Pour une comparaison entre le droit antérieur et celui issu de la loi de 2008, v. Ph. Malaurie, « La réforme de la prescription civile », *Defrénois* 2008. Doctr. 38842 et spéc. p. 2043 à 2048.
7. Anc[t] C. consom., art. L. 1372-2.
8. Civ. 1re, 28 nov. 2012, n° 11-26.508, P I, n° 247 ; *D.* 2012. 2885, obs. V. Avena-Robardet ; *D.* 2013. 945, obs. H. Aubry ; *D.* 2013. 1574, obs. A. Leborgne ; *D.* 2013. 2420, obs. D. R. Martin – Mais pour apprécier l'existence d'une prescription, il faut s'assurer que le délai n'a pas été interrompu par des règlements : EN CE SENS, Civ. 2e, 17 oct. 2013, n° 12-25.599, NP – Ou par la reconnaissance, même partielle, que le débiteur fait du droit de celui contre lequel il prescrivait : Civ. 1re, 25 févr. 2016, n° 15-15.994, NP – Civ. 1re, 17 mars 2016, n°s 15-14.191 et 15-10.631, NP.
9. L'introduction d'une action en justice est pourtant, *a priori*, conditionnée à L'EXISTENCE D'UN INTÉRÊT À AGIR : Civ. 1re, 16 oct. 2013, n° 12-21.917, P I, n° 200 ; *D.* 2014. 795, obs. N. Fricero, ce qui ne paraissait pas être le cas lorsque le créancier était déjà porteur d'un titre notarié – Cette analyse n'a pas été partagée par les autres chambres civiles : Civ. 3e, 24 mars 2015, n° 14-10.077, NP, et Civ. 2e, 18 févr. 2016, n°s 15-13.991, 15-15.778 et 15-13.945, P II, n° 51 ; *D.* 2016. 491, qui ont jugé que l'acte notarié, bien que constituant un titre exécutoire, ne revêt pas les attributs d'un jugement et qu'aucune disposition légale ne fait obstacle à ce qu'un créancier dispose de deux titres exécutoires pour la même créance – Et la première chambre a fait sienne cette solution : Civ. 1re, 1er mars 2017, n° 15-28.012, P I, n° 52 ; *D.* 2017. 580.
10. Civ. 2e, 28 juin 2012, n° 11-20.450, P II, n° 173.

dication, alors même qu'il aurait été publié[1]. De même, viole l'ancien article 2213 C. civ. la cour d'appel qui, pour rejeter la demande tendant à l'annulation du commandement et de la procédure de saisie, formée par une société débitrice saisie qui soutenait, qu'à défaut d'immatriculation au registre du commerce et des sociétés présumée à tort dans l'acte de prêt, retient que la société qui a reçu les fonds postérieurement à son immatriculation, puis effectué des versements, a exécuté en partie son obligation et renouvelé son accord, alors qu'un acte nul ne peut fonder une poursuite de saisie immobilière[2]. La nullité d'un acte authentique de prêt résultant du défaut de signature de l'une des parties affecte l'ensemble des conventions qu'il renferme, et ainsi les cautionnements et garanties hypothécaires consenties au créancier. Du fait de la nullité de l'acte de prêt, les poursuites de saisie immobilière engagées à l'encontre des cautions ne sont pas fondées (ainsi est cassé l'arrêt d'appel qui jugeait que tant que les parties n'avaient pas été remises en l'état antérieur à la conclusion de leurs conventions annulées, l'obligation de restituer inhérente au contrat de prêt demeurait valable et que les cautionnements subsistaient[3]). De même, lorsque le titre authentique est entaché de faux, il ne peut servir de fondement aux poursuites et la procédure de saisie immobilière doit être annulée[4].

1311.78 Un titre au profit du créancier. Le titre doit identifier le ou les créanciers bénéficiaires. Ainsi, lorsque, en présence d'un *pool* bancaire, le titre fondant des poursuites de saisie immobilière désigne chaque banque individuellement en qualité de créancière, chacune d'elles a qualité pour faire délivrer, avec les autres, un commandement aux fins de saisie[5].

Si l'identité du créancier doit figurer dans le titre exécutoire, cela n'exclut cependant pas que, par le jeu d'une transmission de créance, les poursuites soient finalement exercées par le cessionnaire de la créance subrogé dans les droits du cédant.

Ainsi, dans une espèce où le cessionnaire d'une créance agissait en exécution forcée contre les cautions d'une société mise en liquidation judiciaire en usant d'un titre exécutoire obtenu par le cédant, la Cour de cassation approuve les juges du fond d'avoir estimé que le titre exécutoire détenu par le cédant à l'encontre des cautions était l'accessoire du cautionnement, lequel cautionnement était lui-même un accessoire de la créance cédée[6].

1. Civ. 2e, 3 mai 2001, no 98-18.162, P II, no 91.
2. Civ. 2e, 21 nov. 2002, no 01-10.222, P II, no 270.
3. Civ. 1re, 10 mai 2005, no 03-20.769, P I, no 207 ; *Dr. et proc.* 2005. 303, obs. A. Leborgne.
4. Civ. 2e, 13 mars 2008, no 06-21.105, P II, no 70.
5. Civ. 2e, 24 juin 2004, no 02-18.078, NP.
6. Com. 27 mars 2007, no 05-20.696, P IV, no 99.

2°

Lorsque le titre est une décision de justice

1311.81 Un titre définitif pour vendre. L'ancien article 2215 C. civ. introduisait une distinction, qui n'existe pas en matière d'exécution mobilière, entre la phase de poursuite proprement dite et celle de la vente forcée. La poursuite pouvait avoir lieu en vertu d'un jugement provisoire ou définitif, exécutoire par provision, nonobstant appel ; en revanche l'adjudication ne pouvait se faire qu'après un jugement définitif en dernier ressort ou passé en force de chose jugée. Si un titre provisoire suffisait donc en phase de saisie, l'adjudication en revanche devait être faite à partir d'un titre exécutoire définitif. Le créancier pouvait déjà agir, c'est-à-dire engager la poursuite même s'il n'avait pas encore un titre définitif et une créance liquidée, mais il ne lui était pas permis de se passer d'un titre définitif pour vendre.

L'ordonnance portant réforme de la saisie immobilière a reproduit la règle, qui est désormais codifiée à l'article L. 311-4 C. pr. exéc. : seule une décision définitive passée en force de chose jugée – ce qui exclut l'ordonnance de référé au stade de la vente aux enchères – peut servir de fondement à une vente forcée.

Ainsi a-t-il été jugé que constituait un titre pouvant servir de fondement à une saisie immobilière, une ordonnance de référé accordant une provision au créancier[7] ; et encore, une ordonnance de référé liquidant une astreinte[8]. Pour des développements plus complets sur les différents titres exécutoires, le lecteur sera renvoyé au livre 1er de l'ouvrage (v. ss nos 012.06 à 0124.32). Mais s'agissant d'une saisie immobilière, si le créancier requiert l'adjudication alors que son titre n'est que provisoire, la procédure doit être suspendue, la vente ne pouvant être requise tant que le titre n'est pas définitif[9].

1311.82 Décisions rendues par défaut. L'article L. 311-4 C. pr. exéc. interdit également l'engagement d'une saisie immobilière sur le fondement d'une décision rendue par défaut, tant que le délai d'opposition n'est pas expiré ; en effet, dans le cas de la décision rendue par défaut, le risque est grand qu'elle soit remise en cause par l'opposition du défendeur et le débat contradictoire.

7. Civ. 2e, 17 févr. 1983, no 81-16.274, P II, no 46 ; *RTD civ.* 1983. 601, obs. R. Perrot ; *Gaz. Pal.* 1983. Pan. 180, obs. Véron.
8. Civ. 2e, 27 nov. 1985, no 84-14.862, P II, no 180 ; *D.* 1986. 169, note J. Prévault ; *Gaz. Pal.* 1986. Somm. 424, obs. Véron ; *RTD civ.* 1987. 155, obs. R. Perrot.
9. Civ. 2e, 17 févr. 1983, no 81-16.274, P II, no 46 – Et Civ. 2e, 27 nov. 1985, no 84-14.862, P II, no 180.

1311.83 **Variété de décisions.** Un arrêt de cassation sans renvoi[1], une ordonnance de taxe[2] comme la sentence d'un bâtonnier[3], peuvent servir de fondement à une exécution forcée dès lors qu'ils satisfont aux exigences légales.

B. Un titre à l'encontre de chaque saisi

1311.91 **Principe : nomination du débiteur par le titre.** L'exécution forcée implique que le créancier soit muni d'un titre exécutoire à l'égard de la personne même qu'il doit exécuter[4] (v. s[s] n°s 0111.11 à 0112.221). Tel n'est pas le cas d'une ordonnance de taxe rendue par le premier président d'une cour d'appel à la suite d'une contestation d'honoraires lorsque, tout en ayant fixé le montant desdits honoraires, le premier président s'est déclaré incompétent pour désigner le débiteur à qui finalement la dépense incombait et renvoyé les parties à saisir la juridiction compétente[5].

Il a toutefois été jugé que lorsqu'il apparaît que deux entités ne forment qu'une seule et même personne morale, le titre exécutoire contre l'une pourra être poursuivi contre l'autre[6]. Et le JEX a le pouvoir d'interpréter le titre pour déterminer l'identité de la personne condamnée[7].

1311.92 **Cas particulier de la solidarité légale.** Lorsque la loi instaure une solidarité entre débiteurs, la question s'était posée de savoir si le titre détenu par un créancier contre l'un des débiteurs permettait d'agir en exécution forcée contre les autres. La jurisprudence juge que la solidarité légale n'exonère pas le créancier de l'obligation d'être titulaire d'un titre contre chacune des personnes qu'il saisit (jugé ainsi pour les associés d'une société en nom collectif[8] ; pour des époux tenus à la solidarité en vertu de l'article 220 C. civ.[9]).

1311.93 **Cas des conjoints.** Le fait, pour le créancier, d'être porteur d'un titre exécutoire obtenu à l'encontre d'un époux, pour le recouvrement d'une dette ayant pour objet l'entretien du ménage ou l'éducation des enfants n'emporte pas le droit de saisir les biens de son conjoint à défaut de titre exécutoire pris contre celui-ci, les époux fussent-ils tenus solidairement des dettes de ménage[10] (v. aussi s[s] n° 1313.172). De même, lorsque la solidarité invoquée est conventionnelle, le créancier ne pourra agir en exécution sur les biens des deux époux que s'il détient un titre à l'encontre de chacun des conjoints[11].

1311.94 **Cas des associés.** Le même raisonnement a été opposé au créancier, ne disposant d'un titre que contre une société civile immobilière, et qui cherchait à exécuter contre les associés solidairement tenus[12].

1311.95 **Cas des cautions.** La décision qui a condamné le débiteur principal à payer une certaine somme à la banque et dit que les cautions étaient engagées vis-à-vis de celle-ci par un cautionnement simple, constitue pour le créancier un titre exécutoire à l'encontre desdites cautions[13].

1311.96 **Substitution de plein droit dans les obligations du débiteur originaire.** Par l'effet d'un acte de partage d'une société civile immobilière, les attributaires sont substitués de plein droit, aux termes de l'article L. 311-8 du CCH, dans les obligations du débiteur originaire, en sorte que l'acte notarié de prêt fondant les poursuites vaut titre exécutoire à leur encontre[14].

1311.97 **Cas du cessionnaire d'un titre exécutoire.** Il ne peut poursuivre la saisie qu'après que la signification du transport a été faite au débiteur (C. civ., anc. art. 2214 qui reprend le principe posé à l'art. 1690), à moins que la cession n'ait été acceptée par le cédé[15] ; en effet une fois la cession signifiée, le cessionnaire est devenu propriétaire de la créance

1. La cassation d'un arrêt d'appel ayant été exécuté constitue un titre ouvrant droit à restitution : Civ. 2e, 7 janv. 2010, n° 09-65.035, NP ; *D.* 2010. Pan. 1307, obs. A. Leborgne – V. AUSSI, Civ. 2e, 8 juill. 2010, n° 09-67.093, NP ; *D.* 2011. Pan. 1509, obs. A. Leborgne – Civ. 2e, 12 juill. 2011, n° 10-16.911, NP ; *D.* 2012. 520, obs. J. Raynard ; *D.* 2012. 1512, obs. A. Leborgne ; *Procédures* 2011, n° 303, obs. R. Perrot.
2. Civ. 2e, 9 janv. 2014, n° 12-28.220, P II, n° 5 ; mais à la condition d'identifier le débiteur, *D.* 2014. 1466, obs. A. Leborgne (v. s[s] n° 1311.73).
3. Civ. 2e, 30 janv. 2014, n° 12-29.246, P II, n° 30 ; *D.* 2014. 377 ; *D. avocats* 2014. 114, obs. G. Royer, à condition d'être revêtue de la formule exécutoire.
4. La condition sera satisfaite si le créancier, agissant en exécution forcée à l'encontre des cautions, se fonde sur une décision judiciaire qui condamne le débiteur principal à payer et dit que les cautions sont engagées vis-à-vis du créancier par un cautionnement simple : Civ. 2e, 23 oct. 2008, n° 07-20.035, P II, n° 224 ; *D.* 2008. AJ 2802.
5. Civ. 2e, 9 janv. 2014, n° 12-28.220, P (préc., v. s[s] n° 1311.83).
6. Civ. 2e, 17 nov. 2005, n° 04-14.604, P II, n° 298 ; *Procédures* févr. 2006, n° 31.
7. Civ. 2e, 6 nov. 2008, n° 07-18.465, NP ; *Procédures* 2009, n° 14, obs. R. Perrot, pour un débiteur dont le prénom avait été mal orthographié dans le jugement.
8. Civ. 2e, 19 mai 1998, n° 96-12.944, P II, n° 161 ; *D.* 1998. 405.
9. Civ. 2e, 28 oct. 1999, n° 97-20.071, P II, n° 163.
10. Civ. 2e, 28 oct. 1999, n° 97-20.071, P II, n° 163.
11. TGI Carpentras, 5 juin 2003, X... c/Monsieur le comptable de la trésorerie d'Apt, jug. n° 03/34, inéd.
12. Civ. 2e, 19 mai 1998, n° 96-12.944, P II, n° 161 – Com. 26 oct. 1999, n° 97-17.823, NP.
13. Civ. 2e, 23 oct. 2008, n° 07-20.035, P II, n° 224.
14. Civ. 2e, 16 déc. 1999, n° 97-20.441, P II, n° 192 ; *Procédures* mars 2000, n° 70, obs. J. Junillon.
15. Dijon, 11 juin 1889, *S.* 1889. 2. 232.

à l'égard des tiers et peut donc se servir du titre pour saisir le débiteur[1].

En revanche, lorsqu'il y a transmission des éléments d'actif et de passif à titre universel, les formalités prescrites par l'article 1690 C. civ. ne sont pas requises (jugé en ce sens pour la fusion de deux sociétés[2] ; pour un apport partiel d'actif sous le régime des scissions[3]).

1311.98 **Actes notariés.** Ils peuvent être au porteur et donc cessibles de la main à la main. Jusqu'en 1976, il n'était pas opéré de distinction selon que le titre au porteur constatait une créance chirographaire ou hypothécaire. La loi du 15 juin 1976[4] a prohibé les « *grosses au porteur* », autorisant seulement les titres hypothécaires à ordre. Désormais, la cession de ces titres s'opère par endossement, selon un formalisme strict : la cession est réalisée par un acte notarié qui désigne l'endossataire et comporte son acceptation ; il est ensuite notifié au débiteur et au notaire rédacteur du titre initial par lettre recommandée avec avis de réception[5].

1311.99 **Extension au créancier subrogé.** L'obligation de signifier s'impose encore quand il y a eu subrogation accordée par le créancier, ou subrogation légale[6] ; le débiteur doit être officiellement avisé. En revanche si la subrogation est consentie par le débiteur, les dispositions de l'ancien article 2214 C. civ. ne devraient pas s'appliquer.

1311.100 **Notification du titre à l'héritier.** Le créancier ne peut poursuivre l'exécution du titre exécutoire qu'il possédait contre le défunt qu'après notification de ce titre à l'héritier. La règle s'applique même si la partie saisie était également partie à l'acte exécutoire, dès lors que la poursuite est aussi dirigée contre elle, en sa qualité d'héritière[7] (et v. s^s n°s 1313.122 à 1313.125 s.).

C. Portant condamnation de la personne qui doit exécuter ?

1311.111 **Principe.** Le titre doit constater la créance liquide et exigible que détient le créancier à l'encontre du débiteur. Est-ce à dire que ce titre doit expressément prononcer une condamnation à l'encontre de la personne qui doit exécuter ? C'est ce que la jurisprudence avait semblé imposer, qui avait sanctionné un créancier ayant tenté de recouvrer une indemnité d'occupation en se fondant sur une décision qui avait prononcé l'expulsion des occupants d'un appartement, fixé une indemnité d'occupation mais ne contenait pas formellement de condamnation à payer à l'encontre des ex-locataires[8].

Toutefois, depuis 2008, il semblait que la Cour de cassation admettait qu'un titre exécutoire puisse servir de fondement à des poursuites même s'il ne prononçait pas expressément de condamnation à l'encontre des personnes dont les biens font l'objet de mesures d'exécution forcée, en vertu du pouvoir d'interprétation des titres désormais reconnu au juge de l'exécution[9]. Une hésitation est toutefois permise depuis qu'un arrêt de la première chambre civile a considéré, au visa de l'article L. 111-2 C. pr. exéc. et de l'article 1014 C. civ. qu'une décision accueillant une demande de délivrance d'un legs de somme d'argent ne constitue pas un titre exécutoire autorisant un légataire à procéder à des mesures d'exécution forcée[10].

En revanche, dans le cas où une procédure collective est ouverte, la décision d'admission des créances (C. com., art. L. 622-24 s.) ne doit pas être confondue avec un titre exécutoire car elle est rendue dans le cadre d'une procédure collective et ne tend pas à la condamnation du débiteur. Cette décision a pour seul objet la constatation de la créance et la fixation de son montant dans le cadre de la procédure collective, à l'exclusion de toute condamnation du débiteur. Elle ne constitue donc pas un titre pouvant servir de fondement à une mesure d'exécution[11].

Par ailleurs, un arrêt de cassation peut constituer un titre exécutoire permettant d'engager une saisie immobilière afin d'obtenir le remboursement des sommes versées au titre de l'arrêt cassé, car, en vertu de l'article 625 C. pr. civ., la cassation replace les parties en l'état où elles se trouvaient avant la décision cassée. Il n'est donc pas nécessaire que la restitution soit ordonnée expressément[12].

1. Pau, 25 janv. 1832, *S.* 1834. 2. 316 ; *DP* 1834. 2. 81.
2. Com. 1er juin 1993, n° 91-14.740, P IV, n° 214.
3. Civ. 2e, 12 juill. 2001, n° 98-10.444, P II, n° 137.
4. L. n° 76-519, 15 juin 1976, relative à certaines formes de transmission des créances, *JO* 16 juin.
5. L. n° 76-519, 15 juin 1976, art. 6.
6. Dijon, 11 juin 1889, *S.* 1889. 2. 232 – Req. 9 nov. 1891, *S.* 1892. 1. 185, note Garsonnet ; *DP* 1892. 1. 504.
7. Civ. 2e, 18 mars 1987, n° 85-17.392, P II, n° 69.
8. Civ. 2e, 21 mars 2002, n° 00-19.051, P II, n° 56 ; *Dr. et proc.* 2002. 306, obs. A. Leborgne.
9. Civ. 2^e, 23 oct. 2008, n° 07-20.035, P II, n° 224 ; *D.* 2009. 757, chron. J.-M. Sommer et C. Nicoletis ; *ibid.* 1168, obs. A. Leborgne ; *D.* 2010. 1312, obs. A. Leborgne – Civ. 3e, 27 juin 2019, n° 18-10.836, P ; *D.* 2019. 1388 ; *ibid.* 2020. 1380, obs. A. Leborgne ; *RTD civ.* 2019. 922, obs. Ph. Théry.
10. Civ. 1re, 21 sept. 2022, n° 19-22.693, B ; *D.* 2022. 1711 ; *RTD civ.* 2022. 950, obs. M. Grimaldi ; *ibid.* 960, obs. Ph. Théry ; *D.* 2023. 1284, obs. J.-D. Pellier ; *Gaz. Pal.* 22 nov. 2022, p. 2, obs. C. Brenner.
11. Com. 4 juill. 2018, n° 16-22.986, NP – Civ. 2e, 14 janv. 2021, n° 18-23.238, P.
12. Civ. 2e, 7 janv. 2010, n° 09-65.035, NP, pour une cassation sans renvoi – DE MÊME, pour une cassation avec renvoi : Civ. 2e, 8 juill. 2010, n° 09-67.093, NP.

En revanche, lorsque la décision de justice que produit un créancier à l'appui des mesures d'exécution forcée ne comporte qu'une condamnation à payer une certaine somme au titre de l'article 700 C. pr. civ., elle ne peut lui servir pour agir en recouvrement forcé des dépens de ladite instance[1].

§ 2
Spécificité quant à la créance

1311.120 **Une créance liquide et exigible. Plan.** Avant **la réforme de 2006,** l'article 551 ACPC exigeait du créancier, pour entreprendre toute saisie mobilière ou immobilière, qu'il soit porteur d'un titre exécutoire pour des choses liquides et certaines, et l'ancien article 2213 C. civ. conditionnait la vente forcée des immeubles à la liquidité de la dette. Ainsi, les poursuites immobilières pouvaient être valablement engagées avec une dette non liquidée mais l'adjudication ne pouvait être faite qu'après liquidation. **Désormais,** cette souplesse a disparu, car, aux termes des articles L. 311-2 et L. 311-4 C. pr. exéc., le créancier doit être muni d'un titre exécutoire constatant une créance liquide et exigible dès l'engagement de la procédure de saisie immobilière. Par ailleurs, l'ordonnance de 2006 ayant abrogé l'article 551 ACPC, il n'est plus fait explicitement allusion au caractère certain de la créance, ce qui est regrettable (A). On retrouve ainsi, pour l'exécution immobilière, les mêmes conditions que celles posées à l'article L. 111-2 C. pr. exéc. pour engager une mesure d'exécution mobilière, à savoir, un titre exécutoire constatant une créance liquide (B) et exigible (C).

A.
Difficultés tenant au caractère certain de la créance

1311.131 **Une question de fond.** Lorsque le caractère certain de la créance pour le recouvrement de laquelle est engagée la procédure de saisie immobilière est contesté, cette contestation pose une question de fond[2].

1311.132 **Hypothèses de disparition du caractère certain de la créance. 1) Paiement du principal et poursuite pour les frais.** Sous l'empire du décret-loi de 1938, il avait été jugé que la vente forcée ne pouvait être poursuivie si, le principal ayant été réglé, il demeurait seulement une incertitude sur les frais ; dans ce cas, la dette n'est plus certaine et il faut préalablement s'assurer que des frais restent dus[3]. Depuis l'entrée en vigueur de la réforme de 2006, ce cas de figure aurait pu plutôt être regardé comme un abus du droit d'agir en exécution forcée (v. s^s n° 1317.14). Toutefois, il a été jugé qu'un créancier poursuivant, bien que désintéressé des causes du commandement en principal par le saisi, restait fondé à poursuivre la procédure de saisie immobilière à son encontre tant qu'il n'avait pas obtenu le règlement de ses frais ; les frais de poursuite sont en effet les accessoires de la dette pour le paiement de laquelle la procédure d'exécution a été diligentée[4].

2) Décision de justice frappée de pourvoi. Une difficulté peut également surgir lorsque le créancier poursuit la vente en vertu d'un arrêt frappé de pourvoi. Au moment où il requiert la vente, son titre est bien valable, mais il court le risque, selon l'issue du procès devant la Cour de cassation, d'une invalidation *a posteriori*. Dès lors, si finalement, postérieurement à la saisie et à l'adjudication, le titre servant de fondement aux poursuites est annulé parce que la créance visée au commandement de saisie est jugée inexistante, la procédure dans son ensemble devrait être annulée et l'immeuble restitué à son propriétaire[5]. En 2012, les auteurs de la codification des procédures d'exécution ont pris en compte l'hypothèse d'une décision frappée de pourvoi et prévu à l'article L. 111-11 C. pr. exéc. que le pourvoi en cassation n'empêchant pas l'exécution de la décision attaquée, l'exécution ne peut être imputée à faute et qu'elle ne peut donner lieu qu'à restitution.

1311.133 **Éventualité de l'extinction de la créance.** La créance ne doit pas être éteinte. C'est une évidence. Un certain nombre d'événements peuvent cependant emporter extinction alors même qu'une procédure d'exécution a été engagée. Il faut en outre distinguer extinction de la créance et validité du titre exécutoire qui la constaterait car la poursuite de l'exécution d'un titre exécutoire est soumise à prescription (v. s^s n° 1311.76).

1311.134 **Effacement des dettes personnelles d'un débiteur en situation de surendettement.** La situation de surendettement des personnes physiques est caractérisée par l'impossibilité manifeste pour le débiteur de bonne foi de faire face à l'ensemble de ses dettes non professionnelles exigibles et à échoir ainsi que par l'impossibilité manifeste de faire face à l'engagement donné de cautionner ou d'acquitter solidairement la dette d'un entrepreneur individuel ou d'une société. Lorsque les ressources ou l'actif réalisable du débiteur le permettent, un plan conventionnel de redressement peut être recherché avec les créanciers et, en cas d'échec du plan, des mesures de traitement peuvent être prescrites par la commission de surendettement des particuliers. En revanche, si le débiteur se trouve dans une situation irrémédiablement compromise caractérisée par l'impossibilité

1. Civ. 2e, 3 mai 2007, n° 06-12.485, P II, n° 120.
2. Civ. 2e, 23 févr. 1994, n° 92-19.774, P II, n° 75.
3. Civ. 2e, 17 mai 1993, n° 91-20.673, P II, n° 177.
4. Civ. 2e, 22 juin 2017, n° 16-18.901, P II, n° 147.
5. EN CE SENS, Civ. 2e, 3 mai 2001, n° 98-18.162, P II, n° 91 ; *Procédures* 2001, n° 177.

manifeste de mettre en œuvre des mesures de traitement, la commission peut, soit recommander un rétablissement personnel sans liquidation, soit saisir le juge d'une demande d'ouverture d'une procédure de rétablissement avec liquidation (C. consom., art. L. 742-2 [1]). Le traitement d'une situation de surendettement peut avoir pour conséquence d'effacer tout ou partie des dettes du débiteur. En effet, aux termes de l'article L. 733-7, 2° C. consom. [2], dans le cadre d'un plan conventionnel de redressement, la commission peut recommander un effacement partiel des créances, voire total pour les dettes fiscales. Si une procédure de rétablissement personnel sans liquidation judiciaire est ouverte, elle emportera l'effacement des dettes non professionnelles du débiteur dans les conditions de l'article L. 741-3 C. consom. [3]. Si une procédure de redressement avec liquidation est ouverte mais qu'elle est clôturée pour insuffisance d'actif, la clôture entraînera effacement de toutes les dettes non professionnelles du débiteur dans les conditions de l'article L. 742-22 C. consom. [4]. Surendettement et faillite « civile » peuvent ainsi conduire à l'extinction de la créance du poursuivant.

1311.135 Effacement des dettes d'un débiteur en rétablissement professionnel. Aux termes de l'article L. 645-11 C. com., modifié par la loi du 18 novembre 2016, la clôture de la procédure de rétablissement professionnel entraîne effacement des dettes à l'égard des créanciers dont la créance est née antérieurement au jugement d'ouverture de la procédure, a été portée à la connaissance du juge commis par le débiteur et a fait l'objet de l'information prévue à l'article L. 645-8 C. com. Ne peuvent être effacées toutefois, les dettes correspondant aux créances des salariés, aux créances alimentaires et aux créances mentionnées aux 1° et 2° du I et au II de l'article L. 643-11 C. com. Les dettes effacées sont mentionnées dans l'ordonnance de clôture.

1311.136 Liquidation judiciaire et clôture pour insuffisance d'actif.

A) Avant l'entrée en vigueur de la loi du 26 juillet 2005 [5]. L'article L. 622-32 C. com. posait le principe que le jugement de clôture de liquidation judiciaire pour insuffisance d'actif ne faisait pas recouvrer aux créanciers l'exercice individuel de leurs actions. Ce même article prévoyait toutefois des atténuations à ce principe, mais pour que renaisse un droit individuel de poursuite pour une créance ayant son origine antérieurement au jugement d'ouverture, il fallait que le créancier ait déclaré sa créance à la procédure collective. À défaut, la créance était éteinte. Toutefois, la question même de l'extinction donnait lieu à controverses lorsqu'un créancier chirographaire n'avait pas déclaré sa créance au passif de la procédure collective de son débiteur, du fait de la dissimulation de cette créance par le débiteur au représentant des créanciers. Si la procédure était clôturée pour insuffisance d'actif, la chambre commerciale de la Cour de cassation, pour faire revivre la créance, jugeait que la fraude du débiteur faisait recouvrer au créancier, après clôture de la liquidation judiciaire pour insuffisance d'actif, son droit de poursuite individuelle afin de lui permettre d'obtenir à titre de dommages et intérêts, en application de l'article 1382 C. civ., le paiement de l'équivalent de la créance éteinte [6]. La deuxième chambre avait condamné cette analyse : l'extinction de la créance résultant du défaut de déclaration ne pouvant être couverte et la saisie immobilière engagée devait être annulée [7].

B) Droit positif. Désormais c'est à l'article L. 643-11 C. com. [8] qu'est posé le principe selon lequel « *Le jugement de clôture de liquidation judiciaire pour insuffisance d'actif ne fait pas recouvrer aux créanciers l'exercice individuel de leurs actions contre le débiteur* [...] », et que sont énumérées les exceptions (C. com., art. L. 643-11, I et III). L'hypothèse de la fraude à l'encontre d'un ou plusieurs créanciers est également visée (C. com., art. L. 643-11, IV). Cependant, si l'absence de reprise des poursuites individuelles équivaut, sur un plan économique, à une suppression de la dette, juridiquement toutefois, la créance ne disparaît pas. En réalité l'action en justice est fermée au créancier et toute possibilité d'obtenir paiement autre que volontairement de la part du débiteur est exclue [9].

B. Liquidité

1311.141 Notion. Sur cette notion, v. s[s] n° 0132.22.

Aux termes de l'article L. 111-6 C. pr. exéc., la créance est liquide lorsqu'elle est évaluée en argent ou lorsque le titre contient tous les éléments per-

1. Anc[t] C. consom., art. L. 330-1, al. 6.
2. Anc[t] C. consom., art. L. 331-7-1, 2°.
3. Anc[t] C. consom., art. L. 332-5.
4. Anc[t] C. consom., art. L. 332-9.
5. L. n° 2005-845, 26 juill. 2005, préc.
6. Com. 16 nov. 1993, n° 91-19.570, P IV, n° 408 ; *D.* 1994. 157, note F. Derrida et J.-P. Sortais – Com. 26 oct. 1999, n° 97-12.092, P IV, n° 186 ; *D.* 1999. AJ 93 ; *RTD com.* 2001. 226, obs. A. Martin-Serf.
7. Civ. 2e, 26 juin 2003, n° 01-16.166, P II, n° 215 ; *D.* 2003. 1911, obs. A. Lienhard.
8. Mod. par Ord. n° 2017-1519, 2 nov. 2017, portant adaptation du droit français au règlement (UE) n° 2015/848 du Parlement européen et du Conseil du 20 mai 2015 relatif aux procédures d'insolvabilité, *JO* 3 nov., texte 11.
9. Pour de plus amples explications, v. P.-M. Le Corre, Dalloz action *Droit et pratique des procédures collectives*, 2025/2026, n°s 592.63 s.

mettant son évaluation. L'appréciation du caractère liquide peut porter sur la détermination précise d'une dette[1], comme sur ses éléments d'appréciation[2]. Si sous l'empire du décret de 1938, le caractère liquide de la créance n'était exigé qu'au stade de l'adjudication, depuis l'entrée en vigueur de l'ordonnance de 2006, l'exigence de liquidité s'impose dès la signification du commandement de payer valant saisie conformément aux articles L. 311-2 et L. 311-4 C. pr. exéc.

1311.142 **Exception de compte.** La règle est énoncée à l'article R. 321-3 C. pr. exéc., qui, après avoir indiqué que les mentions que doit contenir le commandement de payer valant saisie sont prescrites à peine de nullité, ajoute que « *la nullité n'est pas encourue au motif que les sommes réclamées sont supérieures à celles qui sont dues au créancier* ».

1311.143 **Cas particulier d'un acte notarié avec convention de compte courant.** Compte tenu du fonctionnement d'un compte courant, il n'est pas possible de chiffrer, lors de la rédaction de l'acte notarié qui sert de titre, le montant de la créance en résultant qui peut n'être connu qu'au moment de la clôture. Mais, dès lors que le principe de la créance n'est pas discuté et que la dette est constante pour une somme justifiant suffisamment la saisie, peu importe que cette dette soit en partie contestée[3]. L'issue d'une instance en paiement n'est pas de nature à remettre en cause le caractère certain et liquide de la créance si elle ne porte pas sur le principe de la dette. Sous l'empire du décret-loi de 1938, il a été jugé que l'exigence de liquidité n'impliquait pas, que le montant exact des sommes pour lesquelles est poursuivie la saisie fasse l'objet d'une liquidation préalable à la vente[4].

1. EN CE SENS, v. Civ. 2e, 19 nov. 2008, nº 07-18.987, P II, nº 253.
2. V. Civ. 2e, 10 avr. 2014, nº 13-15.150, NP : ne dispose pas de titres exécutoires contenant une créance liquide et exigible pouvant fonder des poursuites, la banque qui produit des actes de cautionnement avec affectation hypothécaire qui se bornent à fixer le plafond des dettes garanties mais n'indiquent pas les éléments permettant l'évaluation des créances correspondantes – Civ. 2e, 23 juin 2016, nº 15-12.113, NP, pour un acte notarié concernant un prêt libellé en francs suisses et remboursable dans cette monnaie étrangère, avec faculté de conversion à la demande de l'emprunteur mais sans stipulation relative aux conditions de conversion en euros. Il a été jugé qu'à défaut de stipulations relatives aux modalités de conversion dans le titre exécutoire, la contre-valeur en euros de la créance stipulée en monnaie étrangère pouvait être fixée au jour du commandement de payer à fin de saisie immobilière, qui engage l'exécution forcée, de sorte que la créance, dont le montant était déterminable à cette date, se trouvait, par là-même, liquide.
3. Poitiers, 28 janv. 1878, *DP* 1878. 2. 145.
4. Civ. 2e, 23 févr. 1994, nº 92-19.774, P II, nº 75 – Civ. 2e, 14 mai 1997, nº 95-14.497, P II, nº 147.

C. Exigibilité

1311.151 **Principe.** V. ss nº 0132.23.

1311.152 **Obstacles à l'exigibilité.** Le créancier est empêché d'agir quand sa créance n'est pas exigible. C'est le cas lorsque le débiteur a obtenu des délais de paiement **avant** toute mesure d'exécution.

Parfois, c'est la créance du saisissant qui sera rendue indisponible suite à une saisie, ce qui pourra avoir des répercussions sur le droit d'agir du créancier.

Par ailleurs, l'ouverture d'une procédure collective et, dans une certaine mesure, celle d'une procédure de surendettement des particuliers, peuvent avoir une incidence sur l'exigibilité des créances (pour les hypothèses de suspension des voies d'exécution, v. ss nos 1318.21 s.).

1311.153 **Terme de grâce.** En vertu de l'article 1244-1 C. civ., devenu l'article 1343-5 C. civ., le débiteur peut avoir bénéficié d'une condamnation qui lui accorde des délais pour s'exécuter ou les avoir obtenus après que le créancier ait acquis un titre exécutoire, mais avant qu'il n'ait entrepris d'agir en exécution. La décision rendue sur le fondement de cet article impose donc au créancier titré d'attendre l'expiration des délais pour agir en exécution. Obtenus après que le créancier ait son titre et avant qu'il n'ait entrepris la saisie immobilière, ces délais font donc obstacle à la saisie puisque la créance n'est plus exigible (v. ss nos 0144.11 s.).

Si des procédures d'exécution étaient déjà engagées avant que le débiteur n'obtienne des délais, l'ancien article 1244-2 C. civ., devenu C. civ., art. 1343-5, dispose que la décision du juge les suspend. Lorsque le débiteur sollicite des délais en réponse à un commencement d'exécution, **après** réception du commandement de saisie immobilière, il oppose un moyen de défense au créancier dont les effets doivent être étudiés dans le cadre de l'examen du déroulement de la procédure de saisie immobilière (v. ss nº 1335.101).

1311.154 **Créance du saisissant rendue indisponible par une saisie.** La question s'est d'abord posée à l'occasion d'une saisie pénale affectant la créance du poursuivant. La deuxième chambre civile a jugé que dès lors que le commandement de saisie immobilière, que l'article R. 321-1 C. pr. exéc. assimile à un acte de disposition et qui constitue un acte d'exécution forcée, avait été délivré après que la créance cause de la saisie eut été rendue indisponible par une saisie pénale en application de l'article 706-145 C. pr. pén., la mainlevée de la saisie immobilière devait être ordonnée[5]. Dans ce cas, en effet, du

5. Civ. 2e, 18 févr. 2016, nº 14-24.321, P. II, nº 57.

fait de la saisie pénale antérieure, le poursuivant n'avait plus la disposition de sa créance, et ne pouvait entreprendre une mesure d'exécution forcée sur son fondement.

En revanche, une saisie conservatoire de créance réalisée après engagement d'une procédure de saisie immobilière aura certes pour effet de rendre indisponible la créance du saisissant, mais elle ne remettra pas en cause son exigibilité[1].

1311.155 Procédure de conciliation et délais de grâce[2]. Des délais peuvent aussi être accordés dans le cadre d'une procédure de conciliation prévue par l'article L. 611-4 C. com., « *dont peuvent bénéficier les débiteurs exerçant une activité commerciale ou artisanale qui éprouvent une difficulté juridique, économique ou financière, avérée ou prévisible, et ne se trouvent pas en cessation des paiements depuis plus de quarante-cinq jours* ». Cette procédure qui n'est pas une procédure collective n'a pas pour effet d'interdire aux créanciers antérieurs à son ouverture d'agir en justice contre le débiteur. Parce qu'il n'y a pas d'arrêt des poursuites individuelles[3] ni de suspension des voies d'exécution, le législateur permet au débiteur au cours de la procédure de demander au juge qui a ouvert la procédure de faire application de l'article 1343-5 C. civ. à l'égard d'un créancier qui l'a mis en demeure ou poursuivi ou qui n'a pas accepté, dans le délai imparti par le conciliateur, la demande faite par ce dernier de suspendre l'exigibilité de la créance. L'ordonnance du 12 mars 2014[4] permet désormais au juge de subordonner la durée des mesures sollicitées par le débiteur à la conclusion de l'accord de conciliation (C. com., art. L. 611-7, al. 5) ; l'ouverture de la procédure de conciliation fait en outre bénéficier les garants des débiteurs des délais de grâce que celui-ci aura obtenus pendant la recherche de l'accord sans avoir besoin de saisir le juge (C. com., art. L. 611-10-2, al. 1er).

1311.156 Procédures collectives et exigibilité des créances. La loi du 26 juillet 2005[5], entrée en vigueur le 1er janvier 2006, a instauré une procédure de sauvegarde et modifié les procédures de redressement judiciaire et de liquidation. L'ordonnance du 18 décembre 2008[6] a réformé, à compter du 15 février 2009, le droit des entreprises en difficulté en modifiant certaines dispositions du Code de commerce sans toutefois porter atteinte à l'architecture et à la philosophie de la réforme opérée en 2005. Ainsi, ce n'est qu'en phase de liquidation judiciaire que les créances non échues deviennent exigibles. L'ordonnance du 12 mars 2014 a institué, à certaines conditions, une procédure de rétablissement professionnel sans liquidation ouverte à tout débiteur, personne physique, mentionné au premier alinéa de l'article L. 640-2, en cessation des paiements et dont le redressement est manifestement impossible (C. com., art. L. 645-1). La loi n° 2022-172 du 14 février 2022 en faveur de l'activité professionnelle indépendante[7] qui a rendue automatique la séparation des patrimoines est venu ajouter un alinéa à l'article L. 645-1 afin d'indiquer que la procédure de rétablissement personnel a pour objet le traitement simplifié du passif grevant le ou les patrimoines du débiteur personne physique.

• **Sauvegarde.** Selon l'article L. 620-1 C. com. : « *Il est institué une procédure de sauvegarde ouverte sur demande d'un débiteur* [...] *qui, sans être en cessation des paiements, justifie de difficultés qu'il n'est pas en mesure de surmonter* ». Cette procédure est destinée à faciliter la réorganisation de l'entreprise afin de permettre la poursuite de l'activité économique, le maintien de l'emploi et l'apurement du passif. Selon l'article L. 622-29, « *le jugement d'ouverture ne rend pas exigibles les créances non échues à la date de son prononcé. Toute clause contraire est réputée non écrite* ».

• **Redressement judiciaire.** En phase de **redressement judiciaire**, on retrouve la même règle. Le jugement d'ouverture ne rend pas exigibles les créances non échues à la date de son prononcé et toute clause contraire est réputée non écrite (C. com., art. L. 631-14[8], faisant renvoi à l'art. L. 622-29).

• **Liquidation judiciaire.** En phase de **liquidation judiciaire**, en revanche, les créances non échues deviennent exigibles (C. com., art. L. 643-1 s.) ; les créanciers titulaires d'un privilège spécial, d'un gage, d'un nantissement ou d'une hypothèque et le Trésor public pour ses créances privilégiées, peuvent, dès lors qu'ils ont déclaré leurs créances, même s'ils ne sont pas admis, exercer leur droit de poursuite individuelle si le liquidateur n'a pas entrepris la liquidation des biens grevés, dans le délai de trois mois à compter du jugement qui ouvre ou prononce la liquidation (sur la procédure, v. ss nos 141.05 s.).

1. Civ. 2e, 6 sept. 2018, n° 16-26.059, P II, n° 169.
2. Sur l'octroi de ces délais qui ne sont pas, *stricto sensu* des délais de grâce mais des délais « *ayant pour but d'imposer des contraintes à des créanciers isolés menaçant de faire échouer une négociation acceptée par la majorité* », v. Ph. Pétel, « Engagement cambiaire et délais imposés par le juge de la conciliation », *Mél. Neau-Leduc*, LGDJ, 2018, p. 791 s – V. ÉGAL. P.-M. Le Corre, Dalloz action *Droit et pratique des procédures collectives*, 2025/2026, nos 142.11 s.
3. Civ. 3e, 10 déc. 2008, n° 07-19.899, P III, n° 199 ; *D.* 2009. AJ 16, obs. A. Lienhard ; *RTD com.* 2009. 448, obs. F. Macorig-Venier.
4. Ord. n° 2014-326, 12 mars 2014, préc.
5. L. n° 2005-845, 26 juill. 2005, préc.
6. Ord. n° 2008-1345, 18 déc. 2008, préc.
7. L. n° 2022-172, 14 févr. 2022, en faveur de l'activité professionnelle indépendante, *JO* 15 févr., texte 2.
8. Le texte de l'article L. 631-14 a été complété par l'ordonnance du 18 décembre 2008, puis rectifié par la loi n° 2009-526 du 12 mai 2009, de simplification et de clarification du droit et d'allégement des procédures.

• **Rétablissement professionnel sans liquidation.** Dans le cadre de cette procédure, si le débiteur est mis en demeure ou poursuivi par un créancier au cours de la procédure, le juge commis peut, à la demande du débiteur, reporter le paiement des sommes dues dans la limite de quatre mois et ordonner, pour cette même durée, la suspension des procédures d'exécution qui auraient été engagées par le créancier (C. com., art. L. 645-6). Lorsque la procédure de rétablissement professionnel est clôturée, cela entraîne effacement des dettes à l'égard des créanciers dont la créance est née antérieurement au jugement d'ouverture de la procédure à l'exception les dettes correspondant aux créances des salariés, aux créances alimentaires et aux créances mentionnées aux 1° à 3° du I et au II de l'article L. 643-11. Les dettes effacées sont mentionnées dans le jugement de clôture (C. com., art. L. 645-11, réd. L. 18 nov. 2016). Depuis la loi du 14 février 2022 [1], il est précisé que ne peuvent être effacées les dettes grevant un patrimoine dont la situation n'est pas irrémédiablement compromise.

1311.157 **Surendettement et exigibilité.** L'article L. 330-1 alinéa 1er C. consom., devenu C. consom., art. L. 711-1 à la suite de la recodification réalisée par l'ordonnance du 14 mars 2016 [2], réglemente la situation de surendettement des personnes physiques, caractérisée par l'impossibilité manifeste pour le débiteur de bonne foi de faire face à l'ensemble de ses dettes non professionnelles exigibles et à échoir. L'impossibilité de faire face à un engagement de cautionner ou d'acquitter solidairement la dette d'un entrepreneur individuel ou d'une société caractérise également une situation de surendettement.

Lorsque les ressources ou l'actif réalisable du débiteur le permettent, des mesures de traitement (report, rééchelonnement, remise des dettes, réduction ou suppression du taux d'intérêt, consolidation, création ou substitution de garantie) peuvent être prescrites devant la commission de surendettement des particuliers dans les conditions prévues aux articles L. 733-1 à L. 733-11 C. consom. L'article L. 733-1 prévoit notamment qu'en cas d'échec de sa mission de conciliation, la commission peut rééchelonner le paiement des dettes de toute nature, y compris, le cas échéant, en différant le paiement d'une partie d'entre elles, sans que le délai de report ou de rééchelonnement puisse excéder sept ans [3] ou la moitié de la durée de remboursement restant à courir des emprunts en cours (C. consom., art. L. 733-1, 1). La commission peut également suspendre l'exigibilité des créances autres qu'alimentaires pour une durée qui ne peut excéder deux ans (C. consom., art. L. 733-1, 4°). Les mesures peuvent cependant excéder la durée de sept ans lorsqu'elles concernent le remboursement de prêts contractés pour l'achat d'un bien immobilier constituant la résidence principale du débiteur dont elles permettent d'éviter la cession, ou lorsqu'elles permettent au débiteur de rembourser la totalité de ses dettes tout en évitant la cession du bien immobilier constituant sa résidence principale (C. consom., art. L. 733-3). En cas de vente forcée comme amiable, l'effacement partiel des créances peut être combiné avec les mesures de l'article L. 733-1. Et par exception, lorsque le bien immobilier appartenant au débiteur constitue sa résidence principale un tel effacement peut ne pas être subordonné à la vente préalable du bien lorsque le débiteur établit qu'il se trouverait dans l'impossibilité manifeste, au regard de sa situation personnelle et professionnelle, de faire face au coût d'un éventuel relogement, sous réserve que sa situation ne soit pas irrémédiablement compromise au sens de l'article L. 724-1 al. 1er C. consom. [4] En revanche, conformément à l'article L. 711-4, 1° C. consom., les dettes alimentaires [5] ne pouvant faire l'objet d'une remise d'un rééchelonnement ou d'un effacement, demeurent exigibles par le créancier d'aliment.

1311.158 **Clause de conciliation ou de médiation.** Le développement de la culture de l'amiable conduit aujourd'hui de nombreux rédacteurs d'actes à intégrer une clause préalable de conciliation ou médiation avant toute instance ou tout litige [6]. De telles clauses peuvent-elles suspendre l'exigibilité de la créance en empêchant un créancier d'agir tant qu'une démarche amiable n'a pas été tentée ? Tout dépend en fait de la manière dont la clause a été rédigée. S'il est stipulé l'applicabilité de la clause « *en cas de litige* », la deuxième chambre a jugé qu'elle imposait sa mise en œuvre avant la signification d'un commandement de payer valant saisie-vente [7]. La solution peut être étendue à la saisie immobilière. En revanche, si la clause impose ou permet une

1. L. n° 2022-172, 14 févr. 2022, préc.
2. Ord. n° 2016-301, 14 mars 2016, relative à la partie législative du Code de la consommation, *JO* 16 mars, texte 29.
3. Si l'article L. 733-3 précise que la durée totale des mesures mentionnées à l'article L. 733-1 ne peut excéder sept années, il ajoute toutefois que les mesures peuvent excéder cette durée lorsqu'elles concernent le remboursement de prêts contractés pour l'achat d'un bien immobilier constituant la résidence principale du débiteur dont elles permettent d'éviter la cession ou lorsqu'elles permettent au débiteur de rembourser la totalité de ses dettes tout en évitant la cession du bien immobilier constituant sa résidence principale.
4. Civ. 2e, 22 mai 2025, n° 23-12.659, B.
5. Sur la notion de dette alimentaire, v. Cass., avis, 5 sept. 2016, n° 16-70.007, P, n° 7.
6. La clause de conciliation peut avoir été insérée dans un document annexe : Civ. 3e, 7 mars 2024, n° 21-22.372, NP.
7. Civ. 2e, 19 févr. 2015, n° 13-27.968, NP.

médiation préalablement à la présentation « *d'une demande en justice relative aux droits et obligations contractuels des parties* », elle ne pourra, en l'absence de stipulation expresse en ce sens, faire obstacle à l'accomplissement d'une mesure d'exécution forcée[1].

1. Civ. 2e, 22 juin 2017, no 16-11.975, P II, no 146 ; *D.* 2017. 1369 et 1868, chron. E. de Leiris ; *D.* 2018. 692, obs. N. Fricero ; *D.* 2018. 1228, obs. A. Leborgne – Civ. 2e, 21 mars 2019, no 18-14.773, NP – Civ. 2e, 2 juill. 2020, no 19-16.329, NP.

CHAPITRE

1312. Liquidateur du débiteur en rétablissement personnel avec liquidation judiciaire

Anne Leborgne
Professeur émérite d'Aix-Marseille Université

SECTION 0

Orienteur

1312.00 Sommaire du chapitre.

Division. Le débiteur déclaré en rétablissement personnel peut faire l'objet d'une liquidation judiciaire : seront étudiées les conditions d'ouverture de cette procédure (sect. 1), ses effets de la procédure et le rôle du liquidateur (sect. 3) et les juges compétents (sect. 2).

1312.05 Droit positif. Lorsqu'un débiteur obtient le bénéfice d'une procédure de surendettement, les créanciers perdent leur droit d'action individuel au profit d'un liquidateur nommé par le tribunal. Depuis l'ordonnance du 14 mars 2016[1], relative à la partie législative du Code de la consommation, c'est au titre IV du livre VII de ce code qu'est réglementée la procédure de rétablissement personnel du débiteur. Le titre IV distingue entre la procédure de rétablissement personnel sans liquidation judiciaire et avec liquidation judiciaire qui est confiée à un liquidateur (C. consom., art. L. 742-14). Plusieurs lois postérieures sont venues modifier la réglementation de la procédure, ainsi, l'ordonnance n° 2019-964 du 18 septembre 2019 prise en application de la loi n° 2019-222 du 23 mars 2019 de programmation 2018-2019 et de réforme pour la justice[2] qui a créé le juge des contentieux de la protection (JCP) et la loi n° 2022-172 du 14 février 2022 en faveur de l'activité professionnelle indépendante[3] qui a rendu automatique la séparation des patrimoines.

SECTION 1

Conditions d'ouverture

1312.11 Appréciation de la situation du débiteur surendetté. Aux termes de l'article L. 711-1 C. consom., la situation de surendettement des personnes physiques est caractérisée par l'impossibilité manifeste pour le débiteur de bonne foi de faire face à l'ensemble de ses dettes, professionnelles et non professionnelles, exigibles et à échoir et encore, par l'impossibilité de faire face à l'engagement donné de cautionner ou d'acquitter solidairement la dette d'un entrepreneur individuel ou d'une société. Le fait d'être propriétaire de sa résidence principale dont la valeur estimée à la date du dépôt du dossier de surendettement est égale ou supérieure au montant de l'ensemble des dettes professionnelles et non professionnelles exigibles et à échoir ne fait pas obstacle à la caractérisation de la situation de surendettement.

L'article L. 724-1 C. consom. distingue entre le cas du débiteur surendetté dont les ressources ou l'actif réalisable permettent des mesures de traitement et celui du débiteur qui se trouve dans une situation irrémédiablement compromise, caractérisée par l'impossibilité manifeste de mettre en œuvre ces mesures de traitement et qui peut solliciter l'ouverture d'une procédure de rétablissement personnel avec ou sans liquidation judiciaire, selon la consis-

1. Ord. n° 2016-301, 14 mars 2016, relative à la partie législative du Code de la consommation, *JO* 16 mars, texte 29.
2. Ord. n° 2019-964, 18 sept. 2019, prise en application de la loi n° 2019-222 du 23 mars 2019 de programmation 2018-2022 et de réforme pour la justice, *JO* 19 sept., texte 5.
3. L. n° 2022-172, 14 févr. 2022, en faveur de l'activité professionnelle indépendante, *JO* 15 févr., texte 2.

tance et la valeur des biens qui composent son patrimoine.

Ainsi, la commission recommandera un rétablissement personnel sans liquidation judiciaire si elle constate que le débiteur ne possède que des biens meublants nécessaires à la vie courante et des biens non professionnels indispensables à l'exercice de son activité professionnelle ou que l'actif n'est constitué que des biens dépourvus de valeur marchande ou dont les frais de vente seraient manifestement disproportionnés au regard de leur valeur vénale. Si la commission constate, en revanche, que le débiteur ne se trouve pas dans cette situation, elle saisira, avec l'accord du débiteur, le juge des contentieux de la protection (JCP) aux fins d'ouverture d'une procédure avec liquidation judiciaire.

SECTION 2
JUGES COMPÉTENTS

1312.21 Procédures de surendettement engagées avant le 1er janvier 2020. Il faut encore distinguer avant et après le 1er septembre 2011.

Avant le 1er septembre 2011 : juge de l'exécution. Après l'entrée en vigueur de l'ordonnance du 21 avril 2006, les compétences du juge des criées en matière de saisie immobilière avaient été transférées au juge de l'exécution, lequel était resté, par ailleurs, juge du surendettement.

Ainsi, soit le juge de l'exécution était saisi d'une demande de rétablissement personnel avant que ne soit engagée une procédure de saisie immobilière, et les dispositions du Code de la consommation en vigueur s'appliquaient, confiant au liquidateur éventuel la réalisation de l'actif ; soit une procédure de saisie immobilière avait déjà été engagée et le jugement prononçant l'ouverture de la procédure entraînait la suspension des procédures d'exécution diligentées contre le débiteur et portant sur les dettes autres qu'alimentaires ; la suspension étant acquise jusqu'au jugement de clôture.

Le saisi pouvait former lors de l'audience d'orientation une demande tendant à la suspension de la procédure de saisie immobilière en raison de sa situation de surendettement, dans les conditions du Code de la consommation (Décr. 27 juill. 2006, art. 50, al. 1er [devenu C. pr. exéc., art. R. 322-16 [1]]). Et si la vente forcée avait déjà été ordonnée, elle pouvait être reportée par le juge de l'exécution, juge de la saisie immobilière, sur demande de la commission de surendettement formée en application des dispositions du Code de la consommation, lors de l'audience d'adjudication (Décr. 27 juill. 2006, art. 61 [devenu C. pr. exéc., art. R. 322-28]).

L'entrée en vigueur de la loi du 1er juillet 2010, qui a distingué entre rétablissement avec et sans liquidation judiciaire, n'avait pas porté atteinte au principe selon lequel, lorsqu'une saisie immobilière est en cours, c'est au juge de cette mesure d'exécution qu'il appartient d'apprécier les demandes de suspension et de report de la saisie. Les articles 50 et 61 du décret de 2006 avaient simplement été réécrits afin de viser les nouvelles dispositions réglementaires applicables issues du décret du 29 octobre 2010 [2].

Entre le 1er septembre 2011 et le 31 décembre 2019 : juge d'instance. Au 1er septembre 2011, le traitement du surendettement avait été transféré du JEX au juge d'instance par la loi du 22 décembre 2010 [3]. L'article L. 330-1 dernier alinéa C. consom., devenu l'article L. 712-1 C. consom., avait confié au juge du TI les mesures de traitement des situations de surendettement des particuliers et la procédure de rétablissement personnel. C'est donc le juge d'instance qui devait être saisi aux fins d'ouverture d'une procédure de rétablissement personnel avec liquidation judiciaire et c'est lui qui désignait le liquidateur, pour vendre les biens du débiteur à l'amiable ou, à défaut, organiser une vente forcée dans les conditions relatives aux procédures civiles d'exécution (C. consom., art. L. 742-16).

1312.22 Procédures de surendettement engagées depuis le 1er janvier 2020 : juge des contentieux et de la protection. La loi du 23 mars 2019 [4], de programmation 2018-2022 et de réforme pour la justice, a confié au juge des contentieux de la protection (JCP) les mesures de traitement des situations de surendettement des particuliers et de la procédure de rétablissement personnel (COJ, art. L. 213-4-7). L'ordonnance du 18 septembre 2019 [5], prise en application de la loi de mars 2019, a mis les articles du Code de la consommation qui visaient le juge d'instance, en conformité avec la loi. Ainsi, l'article L. 713-1 C. consom. énonce que le JCP connaît des mesures de traitement des situations de surendettement des particuliers et de la procédure de rétablissement personnel. C'est donc ce juge qui doit être saisi aux fins d'ouverture d'une procédure de rétablissement personnel avec

1. Décr. n° 2012-783, 30 mai 2012, relatif à la partie réglementaire du Code des procédures civiles d'exécution, *JO* 31 mai, p. 9375.
2. Décr. n° 2010-1304, 29 oct., relatif aux procédures de traitement des situations de surendettement des particuliers, *JO* 31 oct., p. 19604.
3. L. n° 2010-737, 22 déc. 2010, portant réforme du crédit à la consommation, *JO* 2 juill., texte 1.
4. L. n° 2019-222, 23 mars 2019, de programmation 2018-2022 et de réforme pour la justice, *JO* 24 mars, texte 2.
5. Ord. n° 2019-764, 18 sept. 2019, prise en application de la loi n° 2019-222 du 23 mars 2019 de programmation 2018-2022 et de réforme pour la justice, *JO* 19 sept., texte 5.

liquidation judiciaire et c'est lui qui désignera le liquidateur pour vendre les biens du débiteur à l'amiable (C. consom., art. L. 742-14) ou, à défaut, organiser une vente forcée dans les conditions relatives aux procédures civiles d'exécution (C. consom., art. L. 742-16) et c'est à lui que le liquidateur rendra compte de sa mission (C. consom., art. L. 742-19).

1312.23 **Incidence d'une saisie immobilière.** C'est en revanche au JEX, juge de la saisie immobilière, qu'il appartient d'apprécier les demandes de suspension et de report de la saisie immobilière si la vente forcée a été ordonnée alors qu'une procédure de surendettement est ouverte au bénéfice du débiteur. Au stade de l'audience d'orientation, la demande tendant à la **suspension de la procédure de saisie immobilière en raison de la situation de surendettement du débiteur** est formée, conformément aux dispositions de l'article L. 721-4 C. consom., dans les conditions prévues à l'article R. 721-5 de ce code (C. pr. exéc., art. R. 322-16) ; et si la procédure de surendettement est ouverte après que la vente forcée a été ordonnée, elle pourra être reportée, pour causes graves et dûment justifiées, sur la demande de la commission de surendettement formée en application des articles L. 722-4 ou L. 721-7 C. consom. (C. pr. exéc., art. R. 322-28) [1].

SECTION 3

EFFETS DE L'OUVERTURE DE LA PROCÉDURE ET RÔLE DU LIQUIDATEUR

1312.31 **Le jugement rendu entraîne la suspension des procédures d'exécution jusqu'au jugement de clôture (C. consom., art. L. 742-7 [anc^{t} C. consom., art. L. 332-6]).** Lorsque le juge prononce l'ouverture d'une procédure de rétablissement avec liquidation judiciaire, le jugement entraîne, jusqu'au jugement de clôture, la suspension et l'interdiction des procédures d'exécution diligentées à l'encontre des biens du débiteur ainsi que des cessions de rémunération consenties par celui-ci et portant sur les dettes autres qu'alimentaires. Il entraîne, également, la suspension des mesures d'expulsion du logement du débiteur, à l'exception de celles fondées sur un jugement d'adjudication rendu en matière de saisie immobilière ainsi que de celles ordonnées sur le fondement de l'article L. 321-2 alinéa 3 C. pr. exéc. [2].

1312.32 **Réalisation de l'actif et rôle du liquidateur.** À compter de l'ouverture de la procédure, le débiteur ne peut aliéner ses biens sans l'accord du juge ou d'un mandataire désigné par le juge (C. consom., art. L. 742-9). Les créanciers doivent produire leurs créances à défaut de les voir déclarer éteintes (C. consom., art. L. 742-10), puis le juge prononce la liquidation judiciaire du patrimoine personnel du débiteur. Le jugement qui prononce la liquidation emporte en effet, de plein droit, dessaisissement du débiteur de la disposition de ses biens (C. consom., art. L. 742-15). Ses droits et actions personnelles seront exercés pendant toute la durée de la liquidation par le liquidateur. Ce dernier dispose d'un délai de douze mois pour vendre les biens du débiteur à l'amiable ou, à défaut, organiser une vente forcée dans les conditions relatives aux procédures civiles d'exécution (C. consom., art. L. 742-16). S'il est prévu que le liquidateur rende compte de sa mission au juge (C. consom., art. L. 742-19), dans des conditions qui sont fixées par décret en Conseil d'État, il a toute liberté pour faire choix des procédures d'exécution et les mener conformément aux dispositions en vigueur.

En cas de **vente forcée**, lorsqu'une procédure de saisie immobilière engagée avant le jugement d'ouverture a été suspendue par l'effet de ce dernier, les actes effectués par le créancier saisissant sont réputés accomplis pour le compte du liquidateur qui procède à la vente des immeubles. La saisie immobilière peut reprendre son cours au stade où le jugement d'ouverture l'avait suspendue (C. consom., art. L. 742-17).

C'est encore le liquidateur qui procède à la répartition du produit des actifs et désintéresse les créanciers suivant le rang des sûretés assortissant leurs créances (C. consom., art. L. 742-18).

Ainsi, lorsqu'un débiteur est surendetté et qu'une procédure de rétablissement avec liquidation judiciaire est ouverte, ses créanciers ne retrouveront pas un droit de poursuite individuelle.

1. Civ. 2e, 5 sept. 2019, n° 18-15.547, NP.

2. Ord. n° 2011-1895, 19 déc. 2011, relative à la partie législative du Code des procédures civiles d'exécution, *JO* 20 déc., p. 21464.

CHAPITRE

1313. Saisi

ANNE LEBORGNE
PROFESSEUR ÉMÉRITE D'AIX-MARSEILLE UNIVERSITÉ

SECTION 0
ORIENTEUR

1313.00 **Sommaire du chapitre.**

Division. Parce que l'exécution porte sur des droits immobiliers susceptibles de sûretés, la saisie pourra être dirigée contre le débiteur ou un tiers acquéreur tenu en vertu du droit de suite (sect. 1) ; cette expression a été substituée à celle de tiers détenteur, car plus exacte, lors de la réforme du droit des sûretés opérée par l'ordonnance du 15 septembre 2021[1] et les décrets du 29 décembre 2021[2]. Le tiers ayant consenti une sûreté réelle en garantie de la dette d'autrui pourra également subir une saisie immobilière. Par ailleurs, certains événements touchant personnellement le saisi peuvent affecter la procédure (sect. 2).

1313.02 **Jurisprudence de référence.**

> Titre exécutoire délivré uniquement à l'encontre du conjoint de la personne poursuivie.

• Civ. 2e, 28 oct. 1999, no 97-20.071, P II, no 163

* V. ss nos 0112.102, 0144.141, 0811.13, 0941.81, 1311.92, 1311.93, 1313.172

Compte joint entre époux. Identification de l'origine des fonds. Refus de la saisie par Toute exécution forcée implique que le créancier soit muni d'un titre exécutoire à l'égard de la personne même qui doit exécuter. Dès lors, le titre exécutoire produit à l'encontre d'un époux en recouvrement d'une

1. Ord. no 2021-1192, 15 sept. 2021, portant réforme du droit des sûretés, *JO* 16 sept., texte 19.
2. Décr. no 2021-1887, 29 déc. 2021, relatif au registre des sûretés mobilières et autres opérations connexes, *JO* 30 déc., texte 52 – Décr. no 2021-1888, 29 déc. 2021, pris en application de l'ordonnance no 2021-1192 du 15 septembre 2021 portant réforme du droit des sûretés, *JO* 30 déc., texte 53 – Décr. no 2021-1889, 29 déc. 2021, relatif à des mesures d'application et de coordination de l'ordonnance no 2021-1192 du 15 septembre 2021 portant réforme du droit des sûretés, *JO* 30 déc., texte 54.

dette ayant pour objet l'entretien du ménage ou l'éducation des enfants n'emporte pas le droit de saisir les biens de son conjoint, à défaut de titre exécutoire pris contre celui-ci, les deux époux fussent-ils tenus solidairement des dettes de ménage.

> Compte joint entre époux. Identification de l'origine des fonds. Refus de la saisie par un créancier personnel d'un époux d'un compte joint alimenté par les revenus de chacun des époux.

• **Civ. 1re, 3 avr. 2001,** n° 99-13.733, P I, n° 92

* V. ss nos 0141.221, 0144.145, 0921.33, 1313.172

Par application de l'article 1415 du Code civil, chacun des époux ne peut engager que ses biens propres et ses revenus par un cautionnement ou un emprunt, contractés sans le consentement exprès de l'autre. En conséquence, n'est pas saisissable en exécution d'un cautionnement contracté par un seul des époux le compte alimenté par les revenus de chacun d'eux, faute pour le créancier d'identifier les revenus de l'époux débiteur.

> Saisie immobilière. Notification et contenu du commandement. Titre exécutoire constatant une créance liquide et exigible.

• **Civ. 2e, 30 avr. 2009,** n° 08-12.105, P II, n° 111

* V. ss nos 0821.32, 1313.181, 1313.194, 1319.134, 1331.25, 1331.131, 1331.201, 1331.232, 1331.233, 1333.70

Il ne résulte ni de l'ordonnance du 21 avril 2006, relative à la saisie immobilière, ni de son décret d'application, une obligation, pour le créancier poursuivant, de signifier le commandement de payer valant saisie au concubin du débiteur, lorsque la saisie porte sur un bien, appartenant en propre au débiteur et constituant la résidence de la famille.

Le commandement de payer valant saisie, qui ne comporte pas l'indication de la date et de la nature du titre exécutoire et qui ne contient pas un décompte détaillé des sommes réclamées, contrairement aux exigences de l'article 15, 2° et 3° du décret du 27 juillet 2006, est affecté d'une irrégularité de forme, même si ces mentions figurent dans un document qui y est annexé.

La cour d'appel, qui constate que le débiteur n'a saisi les juridictions administratives d'aucun recours contre les rôles d'impôts directs rendus exécutoires servant de fondement aux poursuites, en déduit exactement que ces titres exécutoires constatent une créance liquide et exigible.

> Inconstitutionnalité de la suspension des mesures conservatoires ou d'exécution en faveur des rapatriés.

• **Cons. const. 27 janv. 2012,** n° 2011-213 QPC

* V. ss nos 0521.121, 1313.232

5. Considérant qu'il résulte de ces dispositions que, dès le dépôt d'un dossier [aux fins de bénéficier de la procédure de désendettement des rapatriés], le juge doit, quel que soit l'état de la procédure, constater la suspension des poursuites dirigées à l'encontre de ces personnes ; que cette suspension s'applique aux actions en justice tendant à voir constater toute créance, quelle qu'en soit la cause ; qu'elle s'applique également aux procédures collectives et interdit la mise en œuvre des mesures conservatoires ou d'exécution, à l'exclusion des dettes fiscales ; que le créancier ne dispose d'aucune voie de recours pour s'y opposer ; que la suspension des poursuites se prolonge jusqu'à la décision de l'autorité administrative compétente, les recours gracieux contre celle-ci, ou, en cas de recours contentieux, la décision définitive de l'instance juridictionnelle compétente ; [...]

6. Considérant qu'après l'accession à l'indépendance de territoires antérieurement placés sous la souveraineté, le protectorat ou la tutelle de la France, le législateur a adopté, au titre de la solidarité nationale, des mesures pour venir en aide aux Français ayant dû ou estimé devoir quitter ces territoires et, en particulier, des dispositions permettant la suspension provisoire des poursuites contre les rapatriés ; [...]

7. Considérant que, toutefois, l'article 100 de la loi de finances pour 1998 a procédé à la refonte de ce régime de suspension des poursuites et lui a conféré la portée résultant des dispositions précitées ; que, compte tenu de l'ancienneté des faits à l'origine de ce dispositif ainsi que de l'effet, de la portée et de la durée de la suspension qui ne s'applique pas seulement aux dettes liées à l'accueil et à la réinstallation des intéressés, les dispositions contestées méconnaissent les exigences constitutionnelles précitées ;

8. Considérant qu'il résulte de ce qui précède que, sans qu'il soit besoin d'examiner les autres griefs, l'article 100 de la loi du 30 décembre 1997 susvisée, dans sa rédaction postérieure à l'article 25 de la loi du 30 décembre 1998 susvisée, doit être déclaré contraire à la Constitution [...].

SECTION 1

SAISIE CONTRE LE DÉBITEUR, LE TIERS ACQUÉREUR ET LE TIERS AYANT CONSENTI UNE SÛRETÉ RÉELLE POUR AUTRUI

1313.10 **Précision terminologique. Plan.** Un créancier peut saisir les immeubles de son débiteur ou plus exactement les droits immobiliers détenus par celui-ci sur un immeuble. Un créancier hypothécaire peut aussi, par l'effet du droit de suite attaché à l'hypothèque (C. civ., art. 2461 [1]), poursuivre l'exécution sur un immeuble appartenant à un tiers, étranger à la dette. De même, un tiers a-t-il pu donner son bien en garantie, à titre de sûreté réelle, d'une obligation qui ne lui est pas personnelle. Par « *saisi* » nous entendons donc le débiteur saisi (§ 1), le tiers acquéreur (§ 2) et le tiers ayant consenti une sûreté réelle pour la dette d'autrui (§ 3).

L'article L. 311-1 C. pr. exéc. dans sa rédaction issue de l'ordonnance du 15 septembre 2021 [2] réformant le droit des sûretés, dispose que « *la saisie immobilière tend à la vente forcée de l'immeuble du débiteur ou, le cas échéant, du tiers acquéreur en vue de la distribution de son prix* ».

1. Issu de Ord. n° 2006-346, 23 mars 2006, relative aux sûretés, *JO* 24 mars, p. 4475 – C. civ., anc. art. 2166.
2. Ord. n° 2021-1192, 15 sept. 2021, préc.

§ 1
Saisie contre le débiteur

1313.21 Détermination de ses droits immobiliers par la lecture du fichier immobilier. La lecture de la fiche personnelle de propriétaire permet d'identifier les immeubles lui appartenant et les droits réels dont il dispose sur des immeubles (Décr. 14 oct. 1955[1], art. 4). La saisie d'un immeuble n'appartenant pas au débiteur est nulle, sauf le cas où le créancier agira en vertu du droit de suite (v. s^s n°s 1313.41 s.).

1313.22 Constructions édifiées par un tiers. L'existence de constructions édifiées par un tiers sur l'immeuble objet de la saisie immobilière n'est pas une cause de nullité du commandement de saisie ; d'abord parce que ces constructions peuvent être devenues la propriété du débiteur par incorporation ou accession (v. s^s n°s 1316.11 s.), ensuite, parce que même si les constructions sont restées la propriété du tiers, celui-ci peut agir autrement qu'en nullité pour faire valoir ses droits[2].

§ 2
Saisie contre le tiers acquéreur

1313.30 Évolution. Plan. Avant la réforme de la saisie immobilière, la notion de tiers détenteur semblait regrouper deux situations distinctes : celle du tiers acquéreur et celle de celui qui a consenti une hypothèque pour garantir la dette d'autrui ; tous deux sont en effet, tiers à la dette. Un créancier peut agir en exécution contre un tiers acquéreur en vertu de son droit de suite (A), et il peut également saisir un immeuble appartenant à celui qui a spécialement affecté cet immeuble lui appartenant en garantie au profit d'un tiers. Avant 2006, la procédure à tiers détenteur était donc utilisée par les praticiens dans ces deux situations. Les auteurs de la réforme ont réduit le domaine d'application de la procédure à tiers détenteur au seul tiers acquéreur (B), tenu en vertu du droit de suite du créancier titulaire d'une sûreté. Le garant de la dette d'autrui, quant à lui, subira la procédure de saisie immobilière de droit commun. La réforme du droit des sûretés opérée par l'ordonnance du 15 septembre 2021[3] et les décrets du 29 décembre 2021[4] ont consacré l'expression de « tiers acquéreur » dans le Code civil (aux articles 2454 s.) et dans le Code des procédures civiles d'exécution (C).

1. Décr. n° 55-1530, 14 oct. 1955, pris pour l'application du décret n° 55-22 du 4 janvier 1955 portant réforme de la publicité foncière, *JO* 15 oct., p. 10125.
2. Civ. 3e, 22 oct. 1974, n° 73-12.127, P III, n° 372.
3. Ord. n° 2021-1192, 15 sept. 2021, préc.
4. Décr. n°s 2021-1887, 2021-1888 et 2021-1889, 29 déc. 2021, préc.

A.
Droit de suite

1313.41 Principe du droit de suite. L'acquéreur d'un immeuble doit, lors de son acquisition, **purger les inscriptions** (C. civ., art. 2461[5] s., anc. art. 2477 s.[6]) sinon, en vertu du droit de suite, les hypothèques nées du chef du vendeur continueront à grever le bien et il demeurera, par le seul effet de ces inscriptions, garant comme détenteur de toutes les dettes hypothécaires (C. civ., art. 2454[7], anc. art. 2462[8]). Cette tâche incombe, en principe à l'acquéreur mais le plus souvent, en pratique, au notaire. Quand cette opération de purge n'est pas accomplie, le créancier titulaire de la sûreté peut agir sur le bien de l'acquéreur qui n'est pourtant pas son débiteur[9]. Il a été jugé que le droit de suite est un droit réel, opposable à tous et notamment à tout acquéreur, indépendamment de sa bonne ou mauvaise foi[10]. La lecture de la fiche d'immeuble révèle la mutation de propriété et l'absence de purge. La procédure à engager par le créancier est alors particulière.

L'article 6 de l'ordonnance du 21 avril 2006[11] avait réécrit l'article 2464 C. civ. issu de l'ordonnance du 23 mars 2006, portant réforme de sûretés. L'ordonnance du 23 mars 2006 reproduisait sous cette nouvelle numérotation les étapes à suivre par le créancier, à savoir délivrance d'un commandement au débiteur et d'une sommation au tiers détenteur. L'article 2464 disposait que « *faute par le tiers détenteur de satisfaire à l'un de ces obligations* [payer ou délaisser], *chaque créancier titulaire d'un droit de suite sur l'immeuble a le droit de poursuivre la saisie et la vente de l'immeuble dans les conditions du titre XIX du livre III du Code civil* [devenu le livre III du Code des procédures civiles d'exécution] ». L'ordonnance du 15 septembre 2021[12] et les décrets d'application du 29 décembre 2021[13] ont modernisé les textes relatifs au droit de suite.

5. Issu de Ord. n° 2021-1192, 15 sept. 2021, préc.
6. Issu de Ord. 23 mars 2006 – C. civ., anc. art. 2182.
7. Issu de Ord. n° 2021-1192, 15 sept. 2021.
8. Issu de Ord. 23 mars 2006 – C. civ., anc. art. 2167.
9. Mais si la vente est annulée, les créanciers de l'acquéreur ne peuvent agir à l'encontre du vendeur redevenu propriétaire car la résolution a produit un effet rétroactif, qui a eu pour conséquence l'anéantissement de tous les droits constitués sur l'immeuble : Civ. 3e, 7 janv. 2016, n° 14-18.360, P III, n° 5. En effet, le vendeur, dans ce cas, n'a pas la qualité de tiers détenteur – V. DÉJÀ DANS LE MÊME SENS : Civ. 3e, 6 nov. 2002, n° 01-11.882, P III, n° 219 ; *AJDI* 2003. 795, obs. F. Cohet-Cordey.
10. Civ. 3e, 6 nov. 2002, n° 01-11.882, P III, n° 219 ; *Defrénois* 2003. 1618, obs. Ph. Théry.
11. Ord. n° 2006-461, 21 avr. 2006, réformant la saisie immobilière, *JO* 22 avr., p. 6072.
12. Ord. n° 2021-1192, 15 sept. 2021, préc.
13. Décr. n°s 2021-1887, 2021-1888 et 2021-1889, 29 déc. 2021, préc.

Ainsi, à l'article 2454 il est indiqué que « *s'il reste impayé, le créancier hypothécaire peut poursuivre la vente de l'immeuble hypothéqué dans les conditions prévues par le livre III du Code des procédures civiles d'exécution* ».

La procédure à suivre est exposée aux articles R. 321-4 et R. 321-5 C. pr. exéc., où le mot « détenteur » a été remplacé par le mot « acquéreur »[1].

B. Facultés offertes au tiers acquéreur

1313.51 **Moyens de défense.** Avant l'entrée en vigueur de la réforme du droit des sûretés, le tiers avait alors plusieurs possibilités pour éviter la vente : il pouvait invoquer le **bénéfice de discussion** (C. civ., art. 2465 et 2466[2]) ou **payer ou délaisser** (C. civ., art. 2463[3]), mais encore **purger** (C. civ., art. 2478[4]). Enfin, il jouissait des **termes** et **délais** accordés au débiteur originaire (C. civ., art. 2462[5]). Mais, contre toute logique, il avait été jugé qu'un tiers acquéreur, recherché en sa qualité de tiers détenteur du bien immobilier, débiteur du droit de suite, n'était pas fondé à se prévaloir de la prescription de la créance principale à l'appui de sa demande de mainlevée du commandement de payer valant saisie[6]. La réforme, opérée par l'ordonnance du 15 septembre 2021[7] et les décrets d'application du 29 septembre 2021[8], entrée en vigueur au 1er janvier 2022, entraîne plusieurs améliorations aux droits du tiers acquéreur. Les articles 2455 et 2456 C. civ. exposent les différentes options qui sont ouvertes au tiers acquéreur subissant le droit de suite : il peut toujours invoquer le bénéfice de discussion, payer, purger l'immeuble ou se laisser saisir.

1313.52 **Bénéfice de discussion. Avant l'entrée en vigueur de la réforme du droit des sûretés,** l'article 2465 C. civ.[9] renvoyait au titre « *Du cautionnement* » : s'il était demeuré d'autres immeubles hypothéqués à la même dette dans la possession du principal ou des principaux obligés, le tiers pouvait en requérir la discussion préalable ; pendant ce temps il était sursis à la vente du bien. Cette situation était peu fréquente ; elle nécessitait non seulement que le tiers connaisse bien le patrimoine de son vendeur, ou à tout le moins s'informe de celui-ci en levant des fiches de propriétaire et d'immeubles mais encore que ce patrimoine soit suffisant pour désintéresser le créancier. En outre, l'article 2466[10] interdisait d'opposer le bénéfice de discussion au créancier titulaire d'un privilège ou d'une sûreté spéciale. De même, le tiers ne pouvait invoquer le bénéfice de discussion s'il était en parallèle engagé en qualité de caution solidaire.

Si toutefois le tiers se trouvait dans un cas où il pouvait invoquer le bénéfice de discussion (lorsque le poursuivant était créancier chirographaire), il devait le faire avant la publication de la sommation, sous forme de demande incidente s'il y avait déjà une instance en cours, ou par voie d'assignation en sursis aux poursuites de saisie[11].

Depuis le 1er janvier 2022, l'alinéa 1er de l'article 2455 C. civ. dispose que : « *Le tiers acquéreur qui n'est pas personnellement obligé à la dette peut s'opposer à la vente de l'immeuble s'il demeure d'autres immeubles hypothéqués à la même dette, en la possession du débiteur principal et en requérir la discussion préalable selon la forme réglée au chapitre 1er du titre 1er du livre IV du Code civil. Pendant cette discussion il est sursis à la vente de l'immeuble hypothéqué* ».

L'alinéa 2 ajoute que : « *Ce tiers acquéreur peut encore, comme le pourrait une caution, opposer au créancier toutes les exceptions qui appartiennent au débiteur principal* ». Cet alinéa revient sur la jurisprudence critiquée de la Cour de cassation (v. ss no 1313.51) qui ne permettait pas au tiers acquéreur d'opposer au créancier les exceptions appartenant au débiteur principal.

L'article 2455 C. civ. reconnaît donc de manière générale au tiers acquéreur la faculté d'opposer au créancier hypothécaire le bénéfice de discussion et d'opposer toutes les exceptions appartenant au débiteur principal. L'extension de cette règle par rapport au droit antérieur est justifiée par le fait que le tiers acquéreur ne contribue pas à la dette et elle évitera ainsi des recours.

1313.53 **Disparition de la faculté de délaissement. Avant l'entrée en vigueur de la réforme du droit des sûretés,** il s'agissait d'abandonner l'immeuble sans aucune réserve (C. civ., art. 2463[12]). Le délaissement s'effectuait par déclaration au greffe du tribunal du lieu de situation des biens, qui en donnait acte (C. civ., art. 2469[13]). Tout tiers qui avait la capacité d'aliéner pouvait en faire la déclaration, s'agissant d'un acte de disposition (C. civ., art. 2467[14]). La

1. Décr. no 2021-1888, 29 déc. 2021, art. 5, IX.
2. C. civ., anc. art. 2170 et 2171.
3. C. civ., anc. art. 2168.
4. C. civ., anc. art. 2183.
5. C. civ., anc. art. 2167.
6. Civ. 2e, 19 févr. 2015, no 13-27.691, P II, no 148 ; *D.* 2015. 964, note Ph. Théry ; *D.* 2015. 1339, obs. A. Leborgne ; *D.* 2015. 1810, obs. P. Crocq ; *RTD civ.* 2015. 652, obs. W. Dross – V. ÉGAL. dans cette affaire : Civ. 2e, 23 juin 2016, no 15-14.633, P II, no 175, sur la recevabilité de la tierce opposition du débiteur à l'encontre de l'arrêt de 2015.
7. Ord. no 2021-1192, 15 sept. 2021, préc.
8. Décr. nos 2021-1887, 2021-1888 et 2021-1889, 29 déc. 2021, préc.
9. C. civ., anc. art. 2170.
10. C. civ., anc. art. 2171.
11. Toulouse, 9 juin 1955, *JCP* 1955. II. 8809, note G. M.
12. C. civ., anc. art. 2168.
13. C. civ., anc. art. 2174.
14. C. civ., anc. art. 2172.

jurisprudence semblait toutefois décider que cette faculté de délaisser pouvait être retirée à l'acquéreur lorsqu'il s'était engagé à verser le prix de vente entre les mains des créanciers inscrits et que ce prix était supérieur au montant des charges hypothécaires [1]. La propriété du bien n'était cependant pas transférée au créancier, dont l'intérêt était seulement de voir sa créance honorée. L'article 2469 C. civ. [2] prévoyait ainsi qu'il était alors nommé un curateur contre lequel la vente de l'immeuble était poursuivie, dans les formes prescrites pour les expropriations.

Depuis le 1er janvier 2022, cette faculté de délaissement n'existe plus. Elle avait pour but d'éviter au tiers acquéreur d'apparaître dans la procédure de saisie immobilière afin de ne pas porter une atteinte à sa réputation. Cela n'est plus apparu pertinent aux auteurs de la réforme [3].

1313.54 **Purge.** Si le tiers acquéreur veut se garantir de l'effet des poursuites d'un créancier titulaire de sûreté exerçant son droit de suite, il est tenu de purger les inscriptions.

Depuis le 1er janvier 2022, la procédure de purge est réglementée aux nouveaux articles 2461 à 2472 C. civ. (C. civ., anc. art. 2474 à 2478 [4]). Le fond des textes n'est pas modifié mais leur rédaction est clarifiée et modernisée. Un tiers acquéreur aura toujours intérêt à purger sans attendre les poursuites, l'article 2464 C. civ. (C. civ., anc. art. 2478) lui permettant encore d'y procéder dans le mois au plus tard, à compter de la première sommation qui lui est faite.

Pour tenir compte de la nouvelle faculté de gage portant sur un immeuble par destination, ouverte à l'article 2334, l'article 2472 nouveau prévoit qu'en cas d'aliénation d'un immeuble incluant un immeuble par destination gagé, la purge amiable de l'article 2463 nouveau peut concerner le créancier gagiste et que celui-ci sera intégré à la procédure de purge judiciaire.

1313.55 **Paiement du prix.** Le tiers peut toujours désintéresser le créancier. Selon l'article 2454 C. civ. (C. civ., anc. art. 2463), il est alors obligé, dans la limite des inscriptions, à toute la dette garantie en capital et intérêt, quel qu'en soit le montant.

Toutefois, par intérêts exigibles il ne peut s'agir que de ceux qui peuvent lui être légitimement réclamés en qualité de tiers acquéreur, c'est-à-dire ceux conservés, soit, par l'inscription principale à concurrence de trois ans soit, par des inscriptions particulières, prises avant son acquisition, pour les intérêts et accessoires, non couverts par l'inscription principale (il a été jugé que les créances d'intérêts non inscrits tombent dans la masse chirographaire et le tiers détenteur ne peut en être tenu que s'il est obligé personnellement au paiement du capital ou desdits intérêts [5]). Dans ce cas, le tiers se trouve subrogé dans les droits du créancier et l'hypothèque s'éteint par réunion des qualités de créancier hypothécaire et de propriétaire de l'immeuble grevé sur la même tête. Cette solution ne peut être conseillée que si le prix d'acquisition est supérieur au montant de la créance et si l'acquéreur ne l'a pas encore payé au vendeur ; ou encore, si, bien qu'ayant payé le prix en totalité, l'acquéreur est prêt à rajouter au prix, en désintéressant le créancier. Et, pour décider de payer le créancier qui se manifeste, l'acquéreur devra apprécier le risque de découvrir ensuite d'autres créanciers impayés : la lecture de la fiche d'immeuble du bien vendu est alors utile pour faire la liste des créanciers inscrits, susceptibles de se prévaloir du droit de suite sur le bien.

C.
Effets

1313.61 **Recours contre le débiteur principal.** Le tiers acquéreur qui paie la dette hypothécaire ou subit l'expropriation de l'immeuble dispose d'un **recours en garantie** contre le débiteur principal. Avant la réforme du droit des sûretés, l'article 2473 indiquait simplement « *le tiers détenteur a le recours en garantie, tel que de droit, contre le débiteur principal* » (C. civ., art. 2473 [6]). Le nouvel article 2460 dispose que « *le tiers acquéreur qui a payé la dette hypothécaire ou subi la saisie de l'immeuble hypothéqué, a un recours en garantie dans les conditions du droit commun et un recours subrogatoire contre le débiteur principal* ». Avant la réforme, la jurisprudence a jugé que le tiers détenteur dispose de ce recours, même s'il s'est porté adjudicataire [7].

1313.62 **Saisie.** Le tiers va subir la saisie s'il n'a pas pu invoquer le bénéfice de discussion et s'il n'a pas les moyens de payer.

§ 3
Saisie contre le tiers ayant consenti une sûreté réelle pour autrui

A.
Caractéristiques de la garantie

1313.71 **Nature juridique.** La garantie offerte par une **sûreté réelle pour autrui** est un cas de figure

1. Req. 1er juill. 1850, *DP* 1850. 1. 177.
2. C. civ., anc. art. 2174.
3. EN CE SENS, Rapport au Président de la République, *JO* 16 sept. 2021, NOR : JUSC2113814P.
4. C. civ., anc. art. 2179.
5. Paris, 15 déc. 1927, *DH* 1928. 157.
6. C. civ., anc. art. 2178.
7. Civ. 10 oct. 1897, *DP* 1898. 1. 13.

différent du jeu du droit de suite exercé par le créancier hypothécaire contre le tiers acquéreur. La nature juridique de cette garantie a été, il y a quelques années, sujette à controverses doctrinales et jurisprudentielles, issues de la qualification de cautionnement réel retenue par la doctrine majoritaire et la jurisprudence.

Tout d'abord, la « *caution réelle* » a été analysée comme une **sûreté réelle**[1]. Le créancier a obtenu la garantie d'un tiers à la dette d'un débiteur principal par l'affectation de la valeur d'un immeuble. La dette de la « *caution* » est donc limitée à la valeur du bien hypothéqué et la « caution » peut être libérée par la vente forcée du bien, même si la dette garantie n'est pas entièrement éteinte, sauf si une stipulation spéciale engage la « *caution* » au-delà de la valeur des biens grevés.

Toutefois, la nature de cet engagement réel a été remise en cause à la suite des arrêts de la première chambre civile de la Cour de cassation en 2002[2] et de la chambre commerciale, la même année[3]. Les deux chambres penchaient plutôt vers une **nature mixte**, pour partie engagement personnel, pour partie sûreté réelle, alors que la deuxième chambre semblait, éluder la question[4]. Puis, la chambre commerciale avait modifié sa jurisprudence en jugeant, à partir de 2003 que « *le cautionnement réel n'impliquait aucun engagement personnel sous-jacent* »[5]. Or, analyser cet engagement réel comme une pure sûreté réelle, ou comme un engagement mixte emporte des effets différents. Ainsi, opter pour le caractère mixte devrait conduire à admettre que la caution réelle ne pourra se libérer en utilisant la faculté de délaissement de l'immeuble. Sur le plan procédural en outre, la question se posait de savoir si le créancier qui actionne une caution réelle devait encore commencer par délivrer un commandement de payer au débiteur principal, puis une sommation de payer ou délaisser à la caution réelle, ou s'il pouvait se passer du commandement préalable[6].

Mais le 2 décembre 2005, la Cour de cassation réunie en chambre mixte a tranché en décidant que « *la sûreté réelle consentie pour garantir la dette d'un tiers n'impliquant aucun engagement personnel à satisfaire la dette d'autrui, n'est pas un cautionnement* »[7]. La **négation de la qualification de cautionnement**, génératrice d'incertitudes quant au régime de cette garantie a suscité une certaine perplexité chez les auteurs (pour l'un, la nouvelle terminologie renvoyait à la catégorie plus étendue des garanties de la dette d'autrui mais n'interdisait pas d'appliquer à la sûreté réelle pour autrui certains éléments du régime du cautionnement[8] ; un autre avait estimé que la garantie devait rester dans la famille du cautionnement car même s'il s'agissait d'une sûreté réelle, elle était destinée à garantir la dette d'un tiers...[9]). Des arrêts postérieurs ont repris la formulation[10] et il n'y a donc plus lieu aujourd'hui de parler de cautionnement réel mais de **sûreté réelle pour autrui**[11]. Il est clair aujourd'hui que puisque le constituant se borne à conférer un droit réel accessoire sur l'un de ses biens, le bénéficiaire de cette sûreté n'est pas créancier de ce garant et qu'il ne peut agir en paiement contre lui, mais seulement mettre en œuvre une mesure d'exécution forcée sur le bien donné en garantie[12].

L'ordonnance portant réforme du droit des sûretés du 15 septembre 2021[13] et ses décrets d'application du 29 décembre 2021[14] ont confirmé la nature de sûreté réelle de cette garantie. Le nouvel article 2325 C. civ. confirme que face à cette sûreté, « *le créancier n'a d'action que sur le bien affecté en garantie* ».

Toutefois, certaines ambiguïtés peuvent demeurer et il appartiendra toujours aux tribunaux de déterminer la nature de l'engagement pour autrui.

1. Civ. 1re, 4 mai 1999, no 97-15.378, P I, no 144 ; *JCP* 1999. I. 156, obs. Ph. Simler – Civ. 1re, 29 févr. 2000, no 98-10.902, P I, no 69 ; *D.* 2000. 829, note V. Bonnet.
2. Civ. 1re, 15 mai 2002, nos 00-15.298, 00-13.527 et 99-21.464, P I, nos 127, 128 et 129 ; *D.* 2002. 1780, note C. Barberot ; *JCP* 2002. I. 162, p. 1563 ; *JCP* 2002. II. 10109, concl. Petit et note S. Piedelièvre ; *RTD civ.* 2002. 546, obs. P. Crocq.
3. Com. 11 juin 2002, nos 99-17.194 et 99-17.195, NP – Com. 18 juin 2002, no 01-01.518, NP – et Com. 13 nov. 2002, no 95-18.994, P IV, no 161 ; *RTD civ.* 2003. 1. 128 s., obs. P. Crocq.
4. Civ. 2e, 17 oct. 2002, no 01-13.553, P II, no 232 ; *D.* 2002. 3143 ; *RTD civ.* 2003. 325, obs. P. Crocq.
5. Com. 24 sept. 2003, no 00-17.976, NP ; *JCP* 2004. I. 141, no 5, obs. Ph. Simler – Com. 14 janv. 2004, no 01-13.626, NP.
6. Pour une première illustration des difficultés : Civ. 2e, 17 oct. 2002, no 01-13.553, P II, no 232.
7. Cass., ch. mixte, 2 déc. 2005, no 03-18.210, P, no 7 ; *JCP* 2005. II. 10183, note Ph. Simler ; *JCP E* 2006. 1056, note S. Piedelièvre ; *Banque et Droit* 2006. 55, obs. Jacob.
8. L. Aynès, *D.* 2006. 733.
9. Ph. Simler, *JCP* 2006. I. 131.
10. Civ. 1re, 7 févr. 2006, no 02-16.010, P I, no 53 – Et Com. 21 févr. 2006, no 04-14.051, P IV, no 42 ; *D.* 2006. 574, obs. V. Avéna-Robardet – Civ. 3e, 15 févr. 2006, no 04-19.847, P III, no 35 – Civ. 1re, 28 févr. 2006, no 02-10.602, P I, no 102 – Civ. 1re, 7 mai 2008, no 07-11.692, P I, no 125.
11. Ce qui a pour conséquence, not., que si la sûreté est une hypothèque sur un bien, elle est nécessairement adaptée aux capacités financières du constituant, ainsi qu'aux risques de l'endettement né de l'octroi du crédit. Justifie ainsi sa décision, la cour d'appel qui retient que la banque qui fait souscrire une telle sûreté n'est dès lors pas tenue d'un devoir de mise en garde à l'égard du constituant, que celui-ci soit ou non averti : Com. 24 mars 2009, no 08-13.034, P IV, no 43.
12. Ainsi, en cas d'ouverture d'une procédure collective à l'encontre du garant, le bénéficiaire de la sûreté réelle pour autrui n'aura pas à déclarer sa créance au passif d'une personne qui n'est pas son débiteur personnel mais seulement un obligé réel à la dette : Com. 17 juin 2020, no 19-13.153, NP ; *Gaz. Pal.* 3 nov. 2020, p. 31, obs. Dumont, pour un nantissement de parts sociales donné en garantie.
13. Ord. no 2021-1192, 15 sept. 2021, préc.
14. Décr. nos 2021-1887, 2021-1888 et 2021-1889, 29 déc. 2021, préc.

Ainsi, la chambre commerciale a jugé que les juges doivent rechercher si tout en constituant en garantie des dettes d'une société un de leurs biens, les garants n'avaient pas, en outre, entendu se porter cautions personnelles de ces dettes ; le cautionnement conjoint à une hypothèque consentie pour garantir la dette d'autrui peut donc demeurer un cautionnement[1].

On signalera enfin, que depuis l'entrée en vigueur de l'ordonnance du 23 mars 2006, portant réforme du droit des sûretés, un alinéa a été ajouté à l'article 1422 C. civ., afin de prévoir que les époux ne peuvent l'un sans l'autre affecter un bien commun à la garantie de la dette d'un tiers.

B. Extension des recours

1313.81 Bénéfice de division et de discussion écarté. Le bénéfice de division et de discussion était écarté avant les arrêts de la première chambre civile du 15 mai 2002 (v. s^s n° 1313.71), la caution réelle ne paraissant pas pouvoir l'invoquer en l'absence d'une stipulation particulière[2] (ainsi d'une décision qui semble lier cautionnement réel et renonciation au bénéfice de discussion[3]). Cette solution était justifiée par l'engagement *propter rem* de la caution réelle[4], qui ne doit pas pouvoir se prévaloir de facultés consenties à la caution personnelle, en raison du caractère général de l'engagement de celle-ci sur tout son patrimoine, mais la doctrine s'interrogeait à la suite de la qualification mixte, sûreté pour partie réelle, pour partie personnelle, retenue à partir des années 2002 (v. s^s n° 1313.71). Avec l'arrêt de chambre mixte du 2 décembre 2005[5], on était revenu à un régime clair, détaché du cautionnement, et à la jurisprudence excluant le bénéfice de division et de discussion qui concerne les engagements de payer une somme d'argent[6].

Toutefois, et en rupture avec le droit antérieur, les auteurs de la réforme du droit des sûretés de 2021 ont souhaité faire bénéficier le garant d'un certain nombre de règles protectrices de la caution, à savoir le **devoir de mise en garde** (C. civ., art. 2299), les **obligations d'information** (C. civ., art. 2302 à 2304), le **bénéfice de discussion** (C. civ., art. 2305 et 2305-1), les **recours de la caution** (C. civ., art. 2308 à 2312) et le **bénéfice de subrogation** (C. civ., art. 2314). L'application de ces règles est justifiée par le fait que c'est un tiers qui s'engage en garantie de la dette du débiteur et qu'il a donc besoin de protection ; cette raison d'être se retrouve en présence d'une sûreté réelle pour autrui. Toutefois, chacun des textes auquel il est renvoyé ne sera applicable à la sûreté réelle pour autrui que si ses conditions sont réunies ; ainsi, par exemple, l'article 2299 ne sera applicable que si le constituant est une personne physique et le créancier un professionnel.

S'il n'est pas tenu personnellement vis-à-vis du créancier du débiteur principal, le garant pourra toutefois user de la faculté de payer la dette, s'il veut libérer son bien offert en garantie.

SECTION 2 ÉVÉNEMENTS PERSONNELS AFFECTANT LE SAISI

1313.90 Incidence sur la régularité de la procédure. Plan. Un certain nombre d'événements touchant personnellement le saisi, comme le tiers saisi, ont des répercussions procédurales que le créancier ne peut pas ignorer : le décès du saisi ou du tiers saisi (§ 1), son éventuelle incapacité (§ 2), sa situation matrimoniale (§ 3), l'ouverture contre lui d'une procédure collective (§ 4), d'une procédure de surendettement ou de rétablissement personnel (§ 5), la qualité de rapatrié du saisi (§ 6).

§ 1 Incidence du décès

1313.100 Plan. Lorsque le débiteur propriétaire de biens immobiliers décède, la marche à suivre pour le créancier qui entend entreprendre une saisie immobilière en est compliquée ; la situation est encore plus délicate lorsque la mesure d'exécution forcée était déjà engagée contre ce débiteur. La réforme des successions et libéralités opérée par la loi du 23 juin 2006[7] introduit des modifications intéressant les droits des créanciers de la succession. Comme par le passé toutefois, il faut distinguer selon que le créancier ignore le décès de son débiteur (A) ou que celui-ci lui est connu (B).

A. Ignorance du décès ou des héritiers

1313.111 Ignorance du décès par le créancier. Si l'attestation après décès n'est pas publiée, le créancier ne peut se voir reprocher d'avoir ignoré cet événement. Il risque alors de l'apprendre lorsque le commissaire de justice ira signifier le commandement de

1. Com. 21 mars 2006, n° 05-12.864, P I, n° 72 ; *LPA* 2006, n° 108, p. 17, note Prigent.
2. Civ. 1re, 21 juin 1978, n° 76-14.524, P I, n° 236 – Civ. 1re, 6 mars 1979, n° 77-11.840, P I, n° 78 ; *JCP* 1979. II. 19140, concl. Gulphe ; *Defrénois* 1980. 590, obs. J.-L. Aubert.
3. Poitiers, 3 sept. 1986, *Juris-Data* n° 44777.
4. EN CE SENS, concl. av. gén. Gulphe s^s Civ. 1re, 6 mars 1979, P (préc. s^s prés^t n°).
5. Cass., ch. mixte, 2 déc. 2005, n° 03-18.210, P, n° 7.
6. EN CE SENS, Com. 4 avr. 2006, n° 02-17.160, NP ; *RLDC* juin 2006, p. 31.
7. L. n° 2006-728, 23 juin 2006, portant réforme des successions et des libéralités, *JO* 24 juin, p. 9513.

saisie immobilière, à moins que la signification ne s'effectue selon les dispositions de l'article 659 alinéa 1er C. pr. civ. Dans ce cas la procédure sera poursuivie dans l'ignorance de cette situation ; la nullité ne sera pas soulevée et l'adjudication pourra être retranscrite.

Si la procédure était déjà ouverte, le décès du saisi en cours de procédure n'interrompt pas l'instance ; seule la notification de ce décès par les héritiers entraîne interruption (C. pr. civ., art. 370). Le créancier peut donc demeurer dans l'ignorance si les héritiers ne lui notifient pas le décès et poursuivre la procédure jusqu'à l'adjudication définitive. Cette situation présente donc de graves inconvénients pratiques que la jurisprudence contemporaine tente de réduire[1].

1313.112 Connaissance du décès mais ignorance des héritiers. Le créancier a pu apprendre le décès à l'occasion de la signification d'un acte mais ignorer quels sont les héritiers du défunt. S'il n'arrive pas à obtenir d'informations il pourra demander la désignation d'un mandataire *ad hoc* à cette fin pour tenter d'obtenir cette information.

Si le créancier ignore quels sont les héritiers mais connaît le notaire chargé de régler la succession, il peut tenter d'obtenir de lui un certificat relatant les qualités héréditaires (Décr. 14 oct. 1955[2], mod. par Décr. 26 déc. 2012[3], art. 36-3-*b*).

B. Connaissance des héritiers

1313.121 Position du problème. Des héritiers peuvent régler spontanément les dettes de leur auteur. S'ils ne le font pas, le créancier qui a connaissance du décès de son débiteur, peut diriger sa procédure d'exécution contre les héritiers, lorsqu'il les connaît ; la lecture de l'attestation après décès publiée au service de la publicité foncière pourra le renseigner ou la notification des héritiers opérée en vertu de l'article 370 C. pr. civ. Il pourra même agir avant que l'attestation de propriété n'ait été publiée s'il est sûr de connaître tous les héritiers (Décr. 14 oct. 1955, art. 36-3-b).

1313.122 Option des héritiers et suspension temporaire des voies d'exécution. La loi du 23 juin 2006 portant réforme des successions et des libéralités a apporté d'importantes modifications au titre I du livre III du Code civil. Le chapitre IV réglemente l'option de l'héritier : celui-ci « *peut accepter la succession purement et simplement ou y renoncer* », mais « *il peut également accepter la succession à concurrence de l'actif net lorsqu'il a une vocation universelle ou à titre universel* » (C. civ., art. 768).

« *L'héritier* [...] *qui accepte purement et simplement la succession répond indéfiniment des dettes et charges qui en dépendent* » (C. civ., art. 785).

Un héritier peut déclarer qu'il n'entend prendre cette qualité qu'à concurrence de l'actif net. Dans ce cas, l'article 771 C. civ. dispose que « *l'héritier ne peut être contraint à opter avant l'expiration d'un délai de quatre mois à compter de l'ouverture de la succession* » mais qu'« *à l'expiration de ce délai, il peut être sommé, par acte extrajudiciaire, de prendre parti, notamment, à l'initiative d'un créancier de la succession* [...] ».

Dans le cas où l'héritier n'accepte la succession qu'à concurrence de l'actif net (C. civ., art. 787 s.), il ne sera « *tenu au paiement des dettes de la succession que jusqu'à concurrence de la valeur des biens qu'il a recueillis* » (C. civ., art. 791, 3°). La déclaration de l'héritier s'effectue au greffe du tribunal judiciaire (TJ) du ressort duquel la succession est ouverte ou devant notaire. Elle comporte élection d'un domicile unique, qui peut être le domicile de l'un des acceptants à concurrence de l'actif net, ou celui de la personne chargée du règlement de la succession. Le domicile doit être situé en France ; elle est enregistrée et fait l'objet d'une publication nationale qui peut être faite par voie électronique (C. civ., art. 788).

Les créanciers de la succession peuvent déclarer leurs créances en notifiant leur titre au domicile élu de la succession[4]. Les créances dont le montant n'est pas encore définitivement fixé sont déclarées à titre provisionnel sur la base d'une évaluation[5]. Faute de déclaration dans un délai de quinze mois à compter de la publicité de l'article 788, les créances non assorties de sûretés sur les biens de la succession sont

1. Ainsi, la première chambre civile a jugé que la notification d'un arrêt à une partie décédée était opposable à sa succession : Civ. 1re, 27 mars 2007, no 06-11.000, P I, no 135 ; *RTD civ.* 2007. 381, obs. R. Perrot – V. AUSSI : Civ. 2e, 10 mars 2004, no 00-18.976, P II, no 106 ; *D.* 2004. 995 ; *RTD civ.* 2004. 351, obs. R. Perrot, qui juge que si le décès n'a pas été notifié à l'adversaire et s'il n'est pas établi qu'il en avait connaissance par ailleurs, le pourvoi formé contre la personne décédée doit être réputé dirigé contre sa succession.
2. Décr. no 55-1350, 14 oct. 1955, pris pour l'application du décret no 55-22 du 4 janvier 1955 portant réforme de la publicité foncière, *JO* 15 oct., p. 10125.
3. Décr. no 2012-1462, 26 déc. 2012, pris pour l'application de l'ordonnance no 2010-638 du 10 juin 2010 portant suppression du régime des conservateurs des hypothèques et pour l'adaptation de la publicité foncière, *JO* 28 déc., p. 20582.
4. Sur le respect de l'obligation de déclaration au domicile élu, v. Civ. 1re, 8 mars 2017, no 16-14.360, P I, no 59 ; *D.* 2017. 2119, obs. V. Brémond ; *AJ fam.* 2017. 311, obs. N. Levillain ; *Dr. fam.* 2017. 106, obs. A. Tani – Civ. 1re, 16 janv. 2019, no 18-11.916, P, p. 301.
5. Dès lors que la déclaration provisionnelle est admise, un créancier ne peut échapper à l'extinction de sa créance non déclarée au domicile élu dans le délai légal en invoquant le fait que celle-ci n'avait pas été encore consacrée par un titre, Civ. 1re, 16 janv. 2019, no 18-11.916, P.

éteintes à l'égard de celle-ci (C. civ., art. 792)[1]. Le fait qu'un créancier du défunt ait obtenu un titre exécutoire antérieurement à l'ouverture de la succession ne saurait le dispenser de l'obligation de déclarer sa créance dans le délai légal à compter de la publicité nationale dont la déclaration d'acceptation à concurrence de l'actif nef a fait l'objet[2].

À compter de sa publication et pendant le délai de l'article 792, la déclaration de l'héritier arrête ou interdit toute voie d'exécution et toute nouvelle inscription de sûreté de la part des créanciers de la succession et portant tant sur les meubles que sur les immeubles (C. civ., art. 792-1). Saisi par la Cour de cassation de cinq questions prioritaires de constitutionnalité (QPC) portant sur le second alinéa de l'article 792 C. civ., le Conseil constitutionnel l'a déclaré conforme à la Constitution, jugeant qu'en adoptant ces dispositions le législateur avait cherché, en assurant l'efficacité de l'acceptation de la succession à concurrence de l'actif net, à faciliter la transmission des patrimoines et avait ainsi poursuivi un objectif d'intérêt général. Compte tenu de l'objectif poursuivi et des garanties prévues par le texte, le Conseil a jugé que ces dispositions ne portaient pas une atteinte disproportionnée au droit de propriété[3].

Au demeurant, l'héritier peut souhaiter conserver en nature un ou plusieurs biens de la succession ; dans ce cas, il en devra la valeur fixée dans l'inventaire. Il peut aussi vendre les biens qu'il n'entend pas conserver (C. civ., art. 793). Quel que soit son choix, il est tenu de régler le passif de la succession et doit payer les créanciers inscrits selon le rang de la sûreté assortissant leurs créances ; les autres créanciers qui ont déclaré leur créance sont désintéressés dans l'ordre des déclarations (C. civ., art. 796).

Les articles 809 à 811-3 règlent le cas des successions vacantes et en déshérence.

1313.123 Exécution contre les héritiers. Lorsque les héritiers ne s'acquittent pas des dettes de la succession, les créanciers peuvent agir en exécution forcée sur les biens de la succession, voire sur leurs biens personnels selon l'option exercée.

1313.124 Signification des titres aux héritiers. Selon l'article 877 C. civ., réécrit par la loi du 23 juin 2006 mais non modifié dans son principe, le titre exécutoire contre le défunt l'est aussi contre l'héritier huit jours après que la signification lui en a été faite.

À défaut, la procédure de saisie serait nulle ainsi que l'adjudication si elle avait eu lieu[4]. En cas de procédure de saisie immobilière sur un immeuble appartenant à deux époux, dont l'un décède en cours de procédure, la signification des titres doit alors être effectuée au profit des héritiers de cet époux[5] ; la règle s'applique même si la partie saisie était également partie à l'acte exécutoire dès lors que la poursuite est dirigée contre elle aussi en sa qualité d'héritière[6].

1313.125 La procédure est ensuite menée contre les héritiers. Il s'agit d'une procédure de saisie de droit commun ; le créancier n'a pas à respecter les règles du droit de suite à l'encontre des héritiers de son débiteur car ces derniers ne peuvent être assimilés à des tiers détenteurs[7].

Si le décès du saisi est postérieur au commandement : après avoir indiqué à l'article R. 322-8 C. pr. exéc., que la dénonciation aux créanciers inscrits du commandement de payer valant saisie peut être faite aux domiciles élus sur les bordereaux d'inscription, l'alinéa 2 ajoute qu'« *elle peut être faite aux héritiers collectivement sans désignation des noms et qualités respectifs, à domicile élu ou à défaut au domicile du défunt* ».

On rappellera par ailleurs, que lorsque la procédure était déjà ouverte, ce qui est le cas lorsque l'assignation à comparaître a été délivrée au débiteur, le décès du saisi en cours de procédure n'interrompt pas l'instance, seule la notification de ce décès par les héritiers entraîne interruption (C. pr. civ., art. 370). Le créancier qui ignorera le décès du saisi ne saura pas qu'il doit dénoncer le commandement aux héritiers et l'audience d'orientation sera menée par défaut... Il n'y aura donc pas de demande de vente amiable.

§ 2
Incidence de l'incapacité

1313.131 Textes. Le droit de l'incapacité, que l'on présente plutôt aujourd'hui comme celui des personnes protégées, résulte principalement de la loi du 5 mars 2007[8] portant réforme de la protection juridique des majeurs, entrée en vigueur le 1er janvier

1. Sur la nécessité de respecter la procédure spécifique pour déclarer la créance, v. Civ. 1re, 31 mars 2016, no 15-10.799, P I, no 74 ; *D.* 2016. 2086, obs. V. Brémond ; *AJ fam.* 2016. 346, obs. S. Ferré-André ; *RTD civ.* 2016. 423, obs. M. Grimaldi ; *Gaz. Pal.* 2016. 1561, note S. Valory.
2. Civ. 1re, 22 mars 2017, no 15-25.545, P I, no 70 ; *D.* 2017. 2119, obs. V. Brémond ; *AJ fam.* 2017. 310, obs. N. Levillain.
3. Cons. const. 5 oct. 2016, no 2016-574/575/576/577/578, *D.* 2016. Actu. 2001.
4. Civ. 1re, 15 janv. 1974, no 72-10.282, P I, no 23 ; *D.* 1974. 307.
5. En vertu de l'art. 877 C. civ., dans sa rédaction antérieure à celle issue de la loi no 2006-728 du 23 juin 2006, les titres exécutoires contre le défunt ne sont exécutoires contre l'héritier personnellement que huit jours après leur signification à la personne ou au domicile de l'héritier ; est donc irrégulière une signification effectuée par procès-verbal de recherches infructueuses : Civ. 1re, 1er févr. 2012, no 10-25.578, P I, no 22 ; *D.* 2012. 436.
6. Civ. 2e, 18 mars 1987, no 85-17.392, P II, no 69.
7. Civ. 2e, 30 juin 1993, no 91-11.784, P II, no 243 ; *D.* 1993. IR 208.
8. L. no 2007-308, 5 mars 2007, portant réforme de la protection juridique des majeurs, *JO* 7 mars, p. 4325.

2009, et codifiée aux titres X et XI du livre Ier du Code civil. Tout en améliorant la protection de ces personnes, le législateur n'a pas bouleversé en profondeur les principes antérieurs s'agissant des conséquences de l'incapacité d'un débiteur dont l'immeuble est saisi, ainsi, des solutions rendues antérieurement à la réforme de 2007 peuvent encore être consultées. Quant aux interventions législatives postérieures [1], elles n'ont pas eu d'incidence sur les droits des créanciers d'une personne protégée, mineure ou majeure.

1313.132 Deux effets. Comme pour n'importe quelle procédure d'exécution, le fait que le saisi soit incapable impose au créancier de tenir compte du régime de l'incapacité pour déterminer contre qui diligenter sa procédure. La nature immobilière du bien menacé de saisie justifie en outre une protection renforcée des incapables mineurs et majeurs en tutelle, qui passe par le préalable de la discussion de leur mobilier. En revanche, le fait que l'article 426 C. civ. dispose que quels que soient le régime de protection, le logement de la personne protégée et les meubles meublants dont il est garni, qu'il s'agisse d'une résidence principale ou secondaire, sont conservés à sa disposition aussi longtemps que possible, n'instaure pas une insaisissabilité des tiers sur l'habitation et l'autorisation du juge des tutelles n'est pas une condition nécessaire à la saisie immobilière [2].

A. Contre qui diriger la procédure ?

1313.141 Tutelle (mineur non émancipé, majeur en tutelle ou sous administration légale). Un incapable doit être représenté dans les actes de la vie civile, sauf pour les actes de la vie courante dans lesquels n'entre pas la défense à une action en justice. La saisie ne sera donc pas dirigée directement contre lui mais **contre le tuteur**, qui selon l'article 504 C. civ. agit seul en justice pour faire valoir les droits patrimoniaux de la personne protégée, sans autorisation du conseil de famille.

Toutefois, depuis l'entrée en vigueur de la réforme de la procédure de saisie immobilière issue de l'ordonnance du 21 avril 2006, le saisi peut solliciter du JEX, l'autorisation de vendre amiablement son immeuble. En principe, et conformément aux dispositions de l'article 505 alinéa 1er C. civ., « *le tuteur ne peut, sans y être autorisé par le conseil de famille ou, à défaut, le juge, faire des actes de disposition au nom de la personne protégée* ». La **vente amiable judiciaire** est manifestement un **acte de disposition**. Toutefois, l'article 505 alinéa 2 précise que « *l'autorisation n'est pas exigée en cas de vente forcée sur décision judiciaire ou de vente amiable sur autorisation du juge* ». Dans le cas d'une vente amiable judiciaire, il faudra toutefois en faire la demande au JEX. Il semble donc curieux que le tuteur soit, dans ce cas, dispensé d'une autorisation du juge des tutelles. Aussi serait-il plus prudent pour le tuteur qui représentera une personne protégée dont l'immeuble est saisi de solliciter une **autorisation du juge des tutelles avant de présenter la demande de vente amiable au JEX.**

En revanche, la saisie sera dirigée directement contre le mineur émancipé devenu capable. Toutefois, seuls les actes passés postérieurement à l'ouverture de la tutelle, par la personne protégée, sont nuls de droit ; ainsi il a été jugé que l'adjudication de l'immeuble d'une personne sous tutelle ne devait pas être annulée, le jugement n'ayant pas la nature d'un acte accompli par l'incapable [3] (sur la nature du jugement d'adjudication, v. s^s^ n° 1341.41 s.).

1313.142 Curatelle. Comme avant la réforme des majeurs protégés, la saisie est dirigée contre l'incapable en curatelle, qui peut faire seul tous les actes qui, sous le régime de la tutelle, ne nécessiteraient pas l'autorisation du conseil de famille (C. civ., art. 467, al. 1er *a contrario* – sur la difficulté pour apprécier la nécessité d'une autorisation en cas de saisie de l'immeuble de la personne protégée, v. s^s^ n° 1313.141). L'article 467 alinéa 3 C. civ. impose toutefois de faire au curateur, à peine de nullité, toutes les significations faites au majeur en curatelle [4]. La signification faite au curateur est imposée à peine de nullité [5] mais elle ne peut

1. Notamment les lois n° 2015-177 du 16 février 2015 relative à la modernisation et à la simplification du droit et des procédures dans les domaines de la justice et des affaires intérieures (*JO* 17 févr., texte 1) et n° 2019-222 du 23 mars 2019 de programmation 2018-2022 et de réforme pour la justice (*JO* 24 mars, texte 2).
2. Paris, 18 sept. 2001, *D.* 2002. 2161, obs. J.-J. Lemouland ; *RTD civ.* 2002. 75, obs. J. Hauser.
3. Civ. 1re, 10 nov. 1965, *RTD civ.* 1966. 480.
4. Mais le curateur d'une personne à laquelle a été dévolue la fonction de gérante d'une SCI n'est pas investi du pouvoir d'assister la société, de sorte que la dénonciation d'un acte de saisie destinée à la société n'a pas à lui être signifiée : Civ. 2e, 7 avr. 2016, n° 15-12.739, P II, n° 100 ; *D.* 2016. 1523, obs. Noguéro ; *RTD civ.* 2016. 823, obs. J. Hauser ; *RTD civ.* 2016. 927, obs. N. Cayrol, pour une saisie-attribution, mais la solution est transposable.
5. Il s'agit d'une irrégularité de fond. EN CE SENS, Civ. 2e, 7 mars 1984, n° 82-12.804, P II, n° 45 (cassation) – Civ. 1re, 6 févr. 1996, n° 93-21.053, P I, n° 65 – TOUTEFOIS, la jurisprudence avait semblé évoluer en 2009 (Civ. 1re, 8 juill. 2009, n° 07-19.465, P I, n° 160 ; *D.* 2009. 1970, obs. V. Egéa), mais la première chambre est revenue à la solution antérieure : l'omission de la signification d'un acte de procédure au curateur est une irrégularité de fond qui ne peut être couverte par l'intervention volontaire du curateur en cours de procédure : Civ. 1re, 23 févr. 2011, n° 09-13.867, P I, n° 37, et n° 10-11.968, P I, n° 38 ; *D.* 2011. 747, obs. I. Gallmeister ; *D.* 2011. 1265, note R. Loir ; *D.* 2011. 2501, obs. D. Noguéro ; *RTD civ.* 2011. 324, obs. ▶

suppléer l'absence d'acte délivré au majeur[1]. L'article 467 alinéa 3 ne prévoit pas l'ordre dans lequel les significations doivent être entreprises (pas plus que C. civ., anc. art. 510[2]).

B.
Préalable de la discussion du mobilier des personnes protégées

1313.151 **Domaine et limites.** Lorsqu'un créancier entend agir en exécution sur les immeubles d'un mineur, même émancipé, ou d'un majeur protégé, l'article L. 311-8 C. pr. exéc. impose préalablement la discussion du mobilier de ces débiteurs particuliers. Toutefois, la discussion des meubles n'est pas requise avant la saisie des immeubles entre un majeur et un mineur ou un majeur en curatelle ou en tutelle si la dette leur est commune. Elle ne l'est pas non plus dans le cas où les poursuites ont commencé alors que le majeur n'était pas encore placé sous curatelle ou tutelle.

Il convient de signaler que si le Code civil de 1804 ne consacrait que la protection des immeubles des majeurs en tutelle, le domaine de protection de l'article L. 311-8 C. pr. exéc. est plus étendu, qui vise, outre les mineurs, même émancipés, les « *majeurs en curatelle ou tutelle* ».

1313.152 **Portée de la règle.** Cette discussion préalable est considérée par la doctrine comme une condition de fond de la validité de la procédure de saisie immobilière. Sous l'empire du décret-loi de 1938, la nullité de la saisie immobilière entreprise sans discussion préalable pouvait donc être soulevée à tout moment. Il n'est pas certain que cela soit encore possible depuis la réforme de la saisie immobilière opérée en 2006 (v. s[s] n° 1334.13).

1313.153 **Mode de discussion.** S'agissant de la **tutelle**, on s'accorde pour considérer que le créancier doit faire au tuteur sommation de déclarer quels sont les biens du mineur susceptibles d'être discutés. Si le tuteur ne répond pas, il peut alors être passé outre à la saisie, après un délai raisonnable. Mais le créancier peut encore agir en exécution sur l'immeuble directement, s'il est en mesure de prouver que le mineur ne possédait aucun bien susceptible d'être discuté.

Pour la **curatelle**, on peut penser que la sommation devra être adressée au majeur et à son curateur conformément aux dispositions de l'article 467 alinéa 3 C. civ.

1313.154 **Délai.** On admet que les actes de procédure de la saisie ne peuvent être entrepris avant la tentative de discussion[3]. S'il s'avère, cependant qu'une fois la poursuite engagée parce que la discussion préalable n'a rien révélé, le mineur acquiert un mobilier d'une valeur suffisante pour désintéresser le créancier, la procédure pourra alors être suspendue jusqu'à ce que le nouveau mobilier soit discuté[4].

1313.155 **Responsabilité du tuteur.** Un autre problème tient à la difficulté pour connaître la composition mobilière du patrimoine, à l'inverse des immeubles répertoriés au service des hypothèques. Le créancier qui apprend la mise sous tutelle du débiteur ou qui entend saisir l'immeuble d'un mineur doit s'informer de l'existence de ce mobilier ; il peut ainsi faire sommation au tuteur ou à l'administrateur légal de désigner le mobilier de l'incapable. Mais il ne pourra, à l'impossible nul n'est tenu, lui être reproché de ne pas avoir discuté un mobilier qu'il n'a pu identifier, surtout lorsque le tuteur ne coopère pas. Dans ce dernier cas, le tuteur peut être condamné envers le créancier à tous les dépens de l'instance du fait de sa mauvaise volonté et également à indemniser le mineur des intérêts de la dette qui ont continué à courir à raison de son comportement[5].

La curatelle protège le majeur qui, sans être hors d'état d'agir lui-même, a besoin d'être conseillé ou contrôlé dans les actes de la vie civile. Qu'en déduire sur le terrain de la responsabilité lorsque le créancier ne parviendra pas à savoir s'il existe des meubles à discuter ? Le défaut de réponse du majeur assisté ne devrait pas engager la responsabilité du curateur qui ne le représente pas.

§ 3
Incidence de la situation matrimoniale du saisi

1313.160 **Plan.** Le régime matrimonial choisi par les époux détermine l'assiette des droits des créanciers. Il faut donc distinguer les régimes séparatistes (B), des régimes de communauté (C), en envisageant l'hypothèse particulière des dettes de l'article 220 C. civ. (A), pour savoir contre qui le créancier va poursuivre la procédure de saisie immobilière. Depuis l'entrée en vigueur de la loi du 15 novembre 1999[6], il

► J. Hauser ; *Dr. et proc.* 2011. 148, obs. M.-P. Mourre-Schreiber – Civ. 1re, 23 sept. 2015, n° 14-19.098, P I, n° 219 – Civ. 1re, 8 juin 2016, n° 15-19.715, P, *D.* 2016. 1311 ; *RTD civ.* 2016. 588, obs. J. Hauser.

1. Civ. 1re, 5 oct. 1994, n° 92-20.149, P I, n° 274 ; *D.* 1995. 358, 2e esp., note J. Massip ; *JCP* 1995. II. 22555, note Th. Fossier ; *RTD civ.* 1995, obs. J. Hauser – Paris, 30 sept. 1999, *D.* 1999. IR 244.
2. Civ. 1re, 6 janv. 1998, n° 95-19.902, P I, n° 3.
3. Req. 8 juill. 1901, *DP* 1903. 1. 539 ; *S.* 1904. 1. 185.
4. Req. 8 juill. 1901, préc. s[s] prés[t] n°.
5. Req. 8 juill. 1901, *DP* 1903. 1. 539 ; *S.* 1904. 1. 185.
6. L. n° 99-944, 15 nov. 1999, relative au pacte civil de solidarité, *JO* 16 nov., p. 16959.

fallait en outre se demander si la conclusion d'un pacte civil de solidarité (PACS) n'emportait pas des effets sur une éventuelle exécution immobilière. La loi du 23 juin 2006 portant réforme des successions et des libéralités a apporté des modifications au régime du PACS (D), et notamment au régime des biens.

A. Dette de l'article 220 du Code civil

1313.171 **Principe de solidarité.** Les époux sont solidairement responsables des dettes contractées pour l'entretien du ménage et l'éducation des enfants, dans les limites posées par l'article 220 et en vertu de ses applications jurisprudentielles, quel que soit le régime matrimonial choisi. On sait que la solidarité n'a pas lieu si les contrats qui ont pour objet l'entretien du ménage ou l'éducation des enfants n'ont été conclus du consentement des deux époux, pour les achats à tempérament ni pour les emprunts, à moins que ces derniers ne portent sur des sommes modestes nécessaires aux besoins de la vie courante. La loi du 17 mars 2014 [1], relative à la consommation, dite loi Hamon, a complété l'article 220 C. civ. afin d'imposer en outre de vérifier que le montant cumulé de ces sommes, en cas de pluralité d'emprunts, ne soit pas manifestement excessif eu égard au train de vie du ménage. Dans ce cas, quand bien même ils seraient nécessaires aux besoins de la vie courante, de tels emprunts n'engageront pas l'autre époux.

1313.172 **Procédure.** Le créancier d'une telle dette peut donc, en théorie, agir en exécution sur les biens de l'un ou l'autre des époux, obligés à la totalité de la dette (livre 1er de cet ouvrage : *Les parties et les tiers à l'exécution*, v. s^s^ n°s 01.00 s.). L'article 1418 C. civ. dispose d'ailleurs que lorsqu'il y a solidarité, la dette est réputée entrer en communauté du chef des deux époux. Mais le propriétaire poursuivi n'est pas nécessairement celui des deux époux qui avait contracté la dette, mais celui qui, étant titulaire de droits réels immobiliers va contribuer à la dette, en vertu du principe de solidarité. Avant la réforme opérée par l'ordonnance du 21 avril 2006, une difficulté pratique se présentait lorsque le poursuivant ne disposait d'un titre exécutoire que contre un seul des époux, mais pouvait prétendre agir en exécution forcée sur les biens de l'autre, en vertu de l'article 220 C. civ. La Cour de cassation avait jugé que « *toute exécution forcée implique que le créancier soit muni d'un titre exécutoire à l'égard de la personne même qu'il doit exécuter* » [2] (et v. s^s^ n° 1311.91).

Lors de la réforme de la procédure de saisie immobilière, l'importance qu'un bien immobilier revêtait dans le patrimoine d'un couple a paru justifier que soit écartée la règle de l'administration concurrente des biens communs édictée par l'article 1421 C. civ. Il a ainsi été décidé que dans le cas où un immeuble commun serait saisi, la procédure devrait être poursuivie contre les deux époux (C. pr. exéc., art. L. 311-7 – v. s^s^ n° 1313.194).

B. Régimes séparatistes

1313.181 **Principe et procédure.** Selon l'article R. 321-1 C. pr. exéc., dans le cas où un immeuble appartenant en propre à l'un des époux constitue la résidence de la famille, le commandement de payer valant saisie qui est délivré au débiteur est dénoncé à son conjoint (v. s^s^ n° 1331.25). La mise en évidence de l'affectation familiale du bien conduit à penser que l'objectif du législateur est de veiller à ce que le conjoint non-propriétaire soit informé de la mesure d'exécution engagée sur ce bien. La Cour de cassation, écartant le raisonnement par analogie, a refusé d'étendre cette protection au concubin du débiteur [3]. Initialement, le décret de 2006 ne prévoyait pas de sanction en cas de manquement. Le décret du 12 février 2009 [4] a réparé cet oubli. L'article R. 311-11 C. pr. exéc. qui énumère les délais prescrits à peine de caducité du commandement de payer valant saisie vise désormais l'article R. 321-1 (v. s^s^ n° 1331.26). La *caducité du commandement de payer* sera donc encourue à défaut de dénonce du commandement aux personnes explicitement visées à l'article R. 321-1 C. pr. exéc.

1313.182 **Exception en cas d'achat en indivision.** Le créancier des deux époux en indivision peut faire saisir le bien indivis. La procédure est en effet dirigée contre les deux indivisaires, c'est dire qu'il s'agit d'un créancier de l'indivision, ce qui exclut les dispositions de l'article 815-17 C. civ. Le créancier d'un seul des époux en revanche, doit faire procéder à la licitation-partage (v. s^s^ n°s 1421.05 s.).

C. Régimes de communauté

1313.191 **Principe.** Les biens communs répondent des dettes personnelles de chacun des époux, nées

1. L. n° 2014-344, 17 mars 2014, relative à la consommation, *JO* 18 mars, p. 5400.
2. Civ. 2e, 28 oct. 1999, n° 97-20.071, P II, n° 163 – RAPPR. Civ. 1re, 3 avr. 2001, n° 99-13.733, P I, n° 92 ; *D.* 2001. Somm. 2933, obs. M. Nicod ; *JCP* 2002. I. 103, n° 13, obs. Ph. Simler ; *JCP* 2002. II. 10080, note Bourdaire.
3. Civ. 2e, 30 avr. 2009, n° 08-12.105, P II, n° 111 ; *D.* 2009. 2255, obs. A. Leborgne.
4. Décr. n° 2009-160, 12 févr. 2009, pris pour l'application de l'ordonnance n° 2008-1345 du 18 déc. 2008 portant réforme du droit des entreprises en difficulté et modifiant les procédures de saisie immobilière et de distribution du prix d'un immeuble, *JO* 13 févr., p. 2596.

pendant la communauté, pour le régime de communauté réduite aux acquêts (C. civ., art. 1413) et pour toute dette, pour le régime de communauté universelle ; le créancier de l'un, peut donc faire vendre le bien commun, sans que l'autre puisse s'y opposer, sauf en cas de fraude de l'époux débiteur ou mauvaise foi du créancier.

1313.192 Dispositions particulières du Code de commerce. Au livre V, titre II, chapitre VI, se trouvent les dispositions relatives à la protection de l'entrepreneur individuel et de son conjoint. S'agissant de l'entrepreneur individuel, la loi du 1er août 2003 [1], pour l'initiative économique, avait autorisé les personnes physiques immatriculées à un registre de publicité légale à caractère professionnel ou exerçant une activité professionnelle agricole ou indépendante à déclarer insaisissables leurs droits sur l'immeuble où est fixée leur résidence principale (v. ss no 1319.51).

L'article L. 526-1 C. com. a été modifié par la loi no 2015-990 du 6 août 2015 pour la croissance, l'activité et l'égalité des chances [2], qui a renforcé la protection de la personne immatriculée au registre national des entreprises [3] en instaurant une **insaisissabilité de droit pour la résidence principale de l'entrepreneur individuel** pour les créanciers dont les droits naissent à l'occasion de l'activité professionnelle de la personne [4]. Également, lorsque la résidence principale est utilisée en partie pour un usage professionnel, la partie non utilisée pour cet usage professionnel est de droit insaisissable sans qu'un état descriptif de division soit nécessaire. La loi de 2015 a maintenu, par ailleurs, la possibilité, toujours par dérogation aux articles 2284 et 2285 C. civ., pour la personne physique immatriculée au registre national des entreprises de déclarer insaisissables ses droits sur tout bien foncier, bâti ou non bâti, qu'elle n'a pas affecté à son usage professionnel. La protection a toutefois des limites. Ainsi, qu'elle soit de plein droit ou déclarée, l'insaisissabilité ne sera pas opposable à l'administration fiscale lorsque celle-ci relèvera, à l'encontre de la personne, soit des manœuvres frauduleuses, soit l'inobservation grave et répétée de ses obligations fiscales. Et l'insaisissabilité des droits sur la résidence principale comme la déclaration d'insaisissabilité peuvent à tout moment faire l'objet d'une renonciation (C. com., art. L. 526-3, al. 2).

L'article L. 526-3 alinéa 1er C. com. précise qu'en cas de cession des droits immobiliers sur la résidence principale, le prix obtenu demeure insaisissable sous la condition du remploi, dans le délai d'un an, des sommes à l'acquisition par la personne d'un immeuble où sera fixée sa résidence principale. Et pour protéger le conjoint, lors de sa demande d'immatriculation au registre du commerce et des sociétés, au registre spécial des agents commerciaux, au registre spécial des entreprises individuelles à responsabilité limitée ou au registre national des entreprises, la personne physique mariée sous un régime de communauté légale ou conventionnelle doit justifier que son conjoint a été informé des conséquences sur les biens communs des dettes contractées dans l'exercice de sa profession (C. com., art. L. 526-4).

Par ailleurs, en vertu de l'article L. 526-6 C. com., pour l'exercice de son activité en tant qu'entrepreneur individuel à responsabilité limitée, un entrepreneur individuel peut affecter à son activité professionnelle un patrimoine séparé de son patrimoine personnel sans création d'une personne morale. Aux termes de l'article L. 526-11, lorsque tout ou partie des biens affectés sont des biens communs ou indivis, il doit justifier de l'accord exprès de son conjoint ou de ses coïndivisaires et de leur information préalable sur les droits des créanciers mentionnés au 1° de l'article L. 526-12 C. com. sur le patrimoine affecté. Un même bien commun ou indivis ou une même partie d'un bien immobilier commun ou indivis ne peut entrer dans la composition que d'un seul patrimoine affecté. Lorsque l'affectation d'un bien commun ou indivis est postérieure à la constitution du patrimoine affecté, elle donne lieu au dépôt d'une déclaration complémentaire au registre où est déposée la déclaration prévue à l'article L. 526-7. Le non-respect des règles prévues au présent article entraînera l'inopposabilité de l'affectation (v. ss nos 1319.101 s.).

1313.193 Procédure pour la communauté antérieure à 1985. Pour les créanciers dont la créance est née antérieurement au 1er juillet 1986, date de l'entrée en vigueur de la loi du 23 décembre 1985 [5], les dispositions de l'ancien article 2208 C. civ. demeurent applicables, qui prévoient que l'expropriation des immeubles qui font partie de la communauté se poursuit contre le mari débiteur, seul, quoique la femme soit obligée à la dette. Lorsque les époux sont codébiteurs, le commandement doit être signifié à chacun d'eux [6]. Pour l'expropriation des immeubles de la

1. L. no 2003-721, 1er août 2003, pour l'initiative économique, *JO* 5 août, p. 13449.
2. L. no 2015-990, 6 août 2015, pour la croissance, l'activité et l'égalité des chances économiques, *JO* 7 août, p. 13537.
3. Créé par Ord. no 2021-1189, 15 sept. 2021, portant création du registre national des entreprises, *JO* 16 sept.
4. D. Bert et S. Kherbouche, « L'insaisissabilité de droit de la résidence principale : une réforme insaisissable ? », *RTD com.* 2016. 241 – L. Lauvergnat, « L'insaisissabilité de droit de la résidence principale de l'entrepreneur individuel », *Dr. et proc.* 2015. 110 – R. Dalmau, « L'insaisissabilité : protection du débiteur ou des créanciers auxquels elle est opposable ? », *Rev. proc. coll.* 2016. Étude 18.
5. L. no 85-1372, 23 déc. 1985, relative à l'égalité des époux dans les régimes matrimoniaux et des parents dans la gestion des biens des enfants mineurs, *JO* 26 déc., p. 15111.
6. Civ. 2e, 8 juin 2000, no 98-14.110, P II, no 99.

femme, non entrés en communauté, la poursuite est dirigée contre le mari et la femme laquelle, au refus du mari de procéder avec elle ou si le mari est mineur, peut être autorisée en justice. La référence à des immeubles non entrés en communauté renvoie aux biens propres mais encore aux immeubles de la femme en régime de séparation.

1313.194 **Procédure depuis la loi du 23 décembre 1985.** En l'état de l'abrogation de l'ancien article 2208, la saisie immobilière du bien commun doit-elle être dirigée contre les deux époux ? S'ils sont tous les deux débiteurs, la réponse est évidemment affirmative. La question est plus délicate lorsque seul un époux a contracté la dette. En vertu de l'article 1421 C. civ., chaque époux ayant le pouvoir d'administrer seul les biens communs, on pouvait en déduire que chaque époux avait qualité pour exercer seul, en demande ou en défense les actions en justice relatives aux biens communs, s'agissant d'actes d'administration[1]. Mais pouvait-on transposer ce raisonnement sans hésitation aux procédures civiles d'exécution ? La défense à exécution forcée de l'immeuble commun n'exigeait-elle pas la mise en cause des deux époux ?

Avant la réforme de la procédure de saisie immobilière, il était généralement admis que le créancier pouvait mener la procédure contre son seul débiteur mais décider, en opportunité, de dénoncer le commandement au conjoint voire, de le sommer de prendre connaissance du cahier des charges, à toutes fins utiles.

Depuis, la réforme de la procédure de saisie immobilière, la réponse se trouve dans le Code des procédures civiles d'exécution qui distingue entre immeuble commun et immeuble en propre mais affecté au logement de la famille.

1313.195 **Immeuble commun.** L'article L. 311-7 C. pr. exéc. dispose que « *la saisie des immeubles communs est poursuivie contre les deux époux* », ce qui devrait conduire le créancier à signifier tous les actes de la procédure aux deux époux. Les auteurs de la réforme n'ont toutefois pas indiqué quelle est la sanction en cas de non-respect de cette nouvelle règle (v. s^{s} n° 1331.232). Il a en outre été précisé par la Cour de cassation que le fait que la mesure d'exécution doive être poursuivie contre les deux époux n'impose pas au poursuivant, qui ne serait créancier que de l'un des deux époux, de signifier à l'autre la décision de condamnation qui sert de fondement aux poursuites[2].

1. Civ. 1re, 19 mars 1991, n° 88-18.488, P I, n° 91 ; *Defrénois* 1992. 850, obs. G. Champenois ; *RTD civ.* 1992. 443, obs. F. Lucet et B. Vareille – Pau, 28 mai 1997, *JCP* 1998. IV. 1643 – Orléans, 1er févr. 2001, *JCP* 2002. I. 103, n° 4, obs. G. Wiederkehr.

1313.196 **Immeuble propre mais affecté au logement de la famille.** L'article R. 321-1 C. pr. exéc. dispose que dans le cas où un immeuble appartenant en propre à l'un des époux constitue la résidence de la famille, le commandement de payer valant saisie qui est délivré au débiteur doit être dénoncé à son conjoint au plus tard le premier jour ouvrable suivant la signification de l'acte. Cet article a pour finalité d'assurer l'information du conjoint non-propriétaire afin de lui permettre, le cas échéant, de prendre toutes dispositions de nature à protéger le logement familial[3]. Initialement, le décret de 2006 ne prévoyait pas de sanction en cas de manquement. Le décret du 12 février 2009[4] a modifié le texte d'origine et l'article R. 311-11 C. pr. exéc., qui énumère les délais prescrits à peine de caducité du commandement de payer valant saisie, ajoute l'article R. 321-1 (v. s^{s} n° 1331.26). La **caducité du commandement de payer** sera donc encourue à défaut de dénonce du commandement aux personnes visées à l'article R. 321-1 C. pr. exéc.[5].

1313.197 **Concubins.** En avril 2009, la Cour de cassation a jugé qu'aucune disposition législative ou réglementaire ne prévoit l'obligation pour le créancier poursuivant de signifier le commandement de payer valant saisie au concubin du débiteur[6].

D.
Pacte civil de solidarité

1313.201 **Effets.** La conclusion d'un pacte civil de solidarité (PACS) emporte deux conséquences susceptibles d'intéresser les créanciers de chacun des partenaires ainsi que leurs créanciers communs ; il s'agit du régime des biens ainsi que de la solidarité des dettes.

1313.202 **Régime des biens.** L'indivision était le principe retenu par le législateur de 1999. Il a été remplacé en 2006, par un régime de séparation ; l'indivision pouvant toutefois être choisie conventionnellement par les partenaires.

2. Civ. 2e, 15 oct. 2015, n° 14-22.684, P II, n° 232.
3. L'objectif de la dénonce est uniquement d'informer le conjoint non-propriétaire de la saisie visant la résidence de la famille. En conséquence, il a été jugé que l'épouse n'avait pas qualité pour contester le montant de la créance : Civ. 2e, 9 juin 2022, n° 20-23.623, B ; *D.* 2023. 1289, obs. A. Leborgne ; *AJDI* 2022. 774, obs. F. Cohet ; *Rev. prat. rec.* 2022. 8, chron. F. Kieffer et O. Salati.
4. Décr. n° 2009-160, 12 févr. 2009, préc.
5. Toutefois, qui peut le plus, peut le moins. Ainsi, la deuxième chambre civile a jugé que par la signification du commandement de payer valant saisie à l'épouse non-propriétaire, se trouvait accomplie la formalité prévue par l'article R. 321-1 C. pr. exéc. : Civ. 2e, 22 mars 2018, n° 17-10.106, NP ; *Procédures* 2018, n° 184, obs. Laporte ; *AJDI* 2018. 373.
6. Civ. 2e, 30 avr. 2009, n° 08-12.105, P II, n° 111 ; *D.* 2009. 2255, obs. A. Leborgne.

A) Régime de l'indivision (loi du 15 novembre 1999), tous les biens dont les partenaires devenaient propriétaires à titre onéreux postérieurement à la conclusion du PACS étaient présumés indivis par moitié si l'acte d'acquisition ou de souscription n'en disposait autrement (C. civ., art. 515-5) et y compris si le bien avait été acquis par l'un des partenaires à l'insu de l'autre[1].

B) Régime de la séparation. Les partenaires peuvent dans la convention initiale, ou dans une convention modificative, choisir de soumettre au régime de l'indivision les biens qu'ils acquièrent ensemble ou séparément à compter de l'enregistrement de ces conventions. Ces biens sont alors réputés indivis par moitié, sans recours de l'un des partenaires contre l'autre au titre d'une contribution légale (C. civ., art. 515-5-1). L'article 515-5-2 énumère ensuite les catégories de biens qui demeurent la propriété exclusive de chacun et notamment, les biens ou portion de biens acquis avec des deniers appartenant à un partenaire antérieurement à l'enregistrement de la convention initiale ou modificative aux termes de laquelle ce régime a été choisi (C. civ., art. 515-5-2, 4°) et ceux acquis avec des deniers reçus par donation ou succession (C. civ., art. 515-5-2, 5°) ; l'emploi de tels deniers doit faire l'objet d'une mention dans l'acte d'acquisition, à défaut le bien sera réputé indivis par moitié et ne donnera lieu qu'à une créance entre partenaires.

Si les partenaires ont opté pour une convention d'indivision pour administrer des biens indivis, à peine d'inopposabilité, cette convention est, à l'occasion de chaque acte d'acquisition d'un bien soumis à publicité foncière, publiée au fichier immobilier (C. civ., art. 515-5-3, al. 2). Enfin, et par dérogation à l'article 1873-3 C. civ., la convention d'indivision ne sera réputée conclue que pour la durée du PACS ; lors de la dissolution du pacte, les partenaires pouvant toutefois décider qu'elle continuera de produire ses effets (C. civ., art. 515-5-3, al. 3).

En cas d'acquisition d'un bien immeuble en indivision, le créancier de l'un seul des partenaires pourra donc agir en licitation partage ; celui qui sera créancier des deux pourra entreprendre une saisie immobilière.

Selon l'article 47, V de la loi du 23 juin 2006, relatif aux dispositions transitoires, les articles 515-5 à 515-5-3 C. civ. ne s'appliquent de plein droit qu'aux PACS conclus après l'entrée en vigueur de la loi. Toutefois, les partenaires ayant conclu un PACS sous l'empire de la loi ancienne se sont vu reconnaître la faculté de soumettre celui-ci aux dispositions de la loi nouvelle par convention modificative. La convention par laquelle les partenaires modifient le PACS est remise ou adressée à l'officier de l'état civil ou au notaire qui a reçu l'acte initial afin d'y être enregistrée (C. civ., art. 515-3, al. 64).

1313.203 Solidarité de certaines dettes. Ici encore, la loi du 23 juin 2006 avait apporté des améliorations aux règles d'origine. En vertu de l'article 515-4 alinéa 2 C. civ. issu de la loi du 19 novembre 1999, les partenaires étaient tenus solidairement à l'égard des tiers des dettes contractées par l'un d'eux pour « *les besoins de la vie courante et pour les dépenses relatives au logement commun* ». L'article 515-4 alinéa 2, dans sa rédaction issue de la loi de 2006, ne visait plus que « *les dettes contractées par l'un d'eux pour les besoins de la vie courante* » et excluait la solidarité pour les dettes manifestement excessives. Selon l'article 47, V, 3° de la loi du 23 juin 2006, toutefois, le droit de poursuite des créanciers dont la créance était née antérieurement à l'entrée en vigueur de la loi restait déterminé par les dispositions en vigueur à cette date. Sous ces réserves, une saisie immobilière pouvait donc porter sur l'immeuble, propriété de l'un des partenaires, voire sur l'immeuble acquis en indivision, pour obtenir paiement de telles dettes.

La loi du 1er juillet 2010[2], portant réforme du crédit à la consommation, a encore modifié la rédaction de l'article 515-4 alinéa 2 C. civ. La solidarité n'a pas lieu pour les dépenses manifestement excessives ; elle n'a pas lieu non plus, s'ils n'ont été conclus du consentement des deux partenaires, pour les achats à tempérament ni pour les emprunts, à moins que ces derniers ne portent sur des sommes modestes nécessaires aux besoins de la vie courante. La loi du 17 mars 2014[3], dite loi Hamon, a complété l'article 515-4 C. civ. pour imposer que soit également vérifié que le montant cumulé de ces sommes, en cas de pluralité d'emprunts, ne soit pas manifestement excessif eu égard au train de vie du ménage. Dans ce cas, quand bien même ils seraient nécessaires aux besoins de la vie courante, de tels emprunts n'engageront pas l'autre partenaire.

Lorsqu'un partenaire ne sera tenu à la dette qu'en vertu de la solidarité, le créancier devra toutefois penser, préalablement, à obtenir un titre exécutoire contre lui (v. ss n° 1311.91), ce qui supposera qu'il connaisse et son existence et son identité[4] (sur l'accès aux informations conservées, v. Décr. 21 déc. 1999[5],

1. Rép. min. n° 23816, *Dr. fam.* 2001. 27, note H. Lécuyer.

2. L. n° 2010-737, 1er juill. 2010, portant réforme du crédit à la consommation, *JO* 2 juill., p. 12001.
3. L. n° 2014-344, 17 mars 2014, préc.
4. C. Laporte, « Pacs et exécution », *Procédures* août-sept. 2000, p. 3.
5. Décr. n° 99-1090, 21 déc. 1999, relatif aux conditions dans lesquelles sont traitées et conservées les informations relatives à la formation, la modification et la dissolution du pacte civil de solidarité, *JO* 24 déc., p. 19217.

art. 5). La publicité du PACS est assurée par les dispositions de l'article 515-3-1, qui prévoit qu'il est fait mention en marge de l'acte de naissance de chaque partenaire de la déclaration de PACS avec l'indication de l'identité du partenaire. Selon l'article 47 V, 1° de la loi du 23 juin 2006 toutefois, pendant un délai d'un an à compter de l'entrée en vigueur de la loi (soit le 1er janvier 2007), les dispositions relatives à la publicité n'ont été applicables qu'aux PACS conclus à compter de sa date d'entrée en vigueur. Pendant ce délai, les partenaires engagés dans les liens d'un PACS conclu conformément aux dispositions de la loi de 1999 ont pu faire connaître leur accord pour qu'il soit procédé aux formalités de publicité. À l'issue de ce délai d'un an, les greffiers des tribunaux d'instance concernés ont adressé, dans un délai maximum de six mois, un avis de mention de déclaration de PACS aux officiers d'état civil détenteurs des actes de naissance de chaque partenaire. Les droits des créanciers sont désormais assurés.

§ 4
Incidence du droit des entreprises en difficulté

1313.211 **Les différentes procédures.** Depuis la loi du 26 juillet 2005 [1], de sauvegarde des entreprises, codifiée au livre VI du Code de commerce, pour connaître des droits des créanciers d'agir en exécution forcée sur les immeubles du débiteur soumis à une procédure collective, il faut distinguer selon que celui-ci fait l'objet d'une procédure de sauvegarde, de redressement judiciaire ou de liquidation judiciaire mais aussi tenir compte de ce que certains immeubles peuvent échapper à l'effet réel de la procédure collective [2]. Avec l'entrée en vigueur de la loi du 15 juin 2010 [3], relative à l'entrepreneur à responsabilité limitée, qui permet à un entrepreneur d'isoler une masse de biens et de droits pour exploiter une entreprise tout en le préservant, en cas de difficultés financières, d'une procédure collective dans laquelle il engloutirait tous ses biens, il a fallu en outre, adapter les dispositions du livre VI du Code commerce à ce débiteur particulier. L'ordonnance du 12 mars 2014 [4], réformant le droit des entreprises en difficulté, a apporté des améliorations aux différentes procédures du livre VI du Code de commerce, et a instauré une procédure de rétablissement professionnel sans liquidation, qui n'est pas une procédure collective [5]. Enfin, la loi du 18 novembre 2016 [6] de modernisation de la justice du XXIe siècle, dite loi « J 21 », a adapté le traitement des entreprises en difficulté en complétant et modifiant certaines dispositions du livre VI du Code de commerce (pour plus de détails, v. ss nos 1318.41 s.).

1313.212 **Entrepreneur individuel à responsabilité limitée** [7]. L'ordonnance du 9 décembre 2010 [8] a toiletté tout le livre VI et ajouté un titre VIII, spécialement consacré à l'entrepreneur à responsabilité limitée. Ainsi, lorsque les dispositions des titres Ier à VI du présent livre sont appliquées en raison des activités professionnelles exercées par un entrepreneur individuel à responsabilité limitée, elles le sont patrimoine par patrimoine (C. com., art. L. 680-1). Les dispositions des titres Ier à VI du livre VI qui intéressent la situation économique ou les biens, droits ou obligations du débiteur entrepreneur individuel à responsabilité limitée doivent, sauf dispositions contraires, être comprises comme visant les éléments du seul patrimoine affecté à l'activité en difficulté ou, si l'activité est exercée sans affectation de patrimoine, du seul patrimoine non affecté (C. com., art. L. 680-2) et les dispositions des titres Ier à VI du livre VI qui intéressent les droits ou obligations des créanciers du débiteur, entrepreneur individuel à responsabilité limitée, s'appliquent, sauf dispositions contraires, dans les limites du seul patrimoine affecté à l'activité en difficulté ou, si l'activité est exercée sans affectation de patrimoine, du seul patrimoine non affecté (C. com., art. L. 680-3).

1313.213 **Effets de l'ouverture d'une procédure collective : généralités.** L'ouverture d'une procédure collective peut affecter le droit des créanciers de recourir à des mesures d'exécution mais n'interdit pas toute procédure d'exécution (en revanche pour les obstacles à l'exécution, v. ss nos 1318.41 s.) ; lorsqu'il est possible à un créancier d'agir en exécution, la procédure peut alors, en phase de sauvegarde et de redressement, être dirigée contre le débiteur, seul ou

1. L. n° 2005-845, 26 juill. 2005, de sauvegarde des entreprises, *JO* 27 juill., p. 12187.
2. Ainsi les immeubles ayant fait l'objet d'une déclaration notariée d'insaisissabilité ne sont pas des éléments du gage commun et peuvent être saisis par les créanciers auxquels la déclaration n'est pas opposable, v. ss n° 1411.127.
3. L. n° 2010-658, 15 juin 2010, relative à l'entrepreneur individuel à responsabilité limitée, *JO* 16 juin, p. 10984.
4. Ord. n° 2014-326, 12 mars 2014, portant réforme de la prévention des difficultés des entreprises et des procédures collectives, *JO* 14 mars, p. 5249.
5. P.-M. Le Corre, « Premiers regards sur l'ordonnance n° 2014-326 du 12 mars 2014 réformant le droit des entreprises en difficulté », *D.* 2014. 733.
6. L. n° 2016-1547, 18 nov. 2016, de modernisation de la justice du XXIe siècle, *JO* 19 nov., texte 1.
7. P.-M. Le Corre, V. Legrand et A. Guesmi, « L'entreprise individuelle à responsabilité limitée en difficulté », *D.* 2011. 90.
8. Ord. n° 2010-1512, 9 déc. 2010, portant adaptation du droit des entreprises en difficulté et des procédures de traitement des situations de surendettement à l'entrepreneur individuel à responsabilité limitée, *JO* 10 déc., p. 21617.

assisté, et en phase de liquidation, contre le débiteur représenté.

La loi du 26 juillet 2005, de sauvegarde des entreprises, a réorganisé par ailleurs le traitement amiable des difficultés rencontrées par le débiteur ; il ne s'agit toutefois pas d'une procédure collective, son ouverture ne produisant aucun effet restrictif sur les droits du débiteur et de ses créanciers (sur les obstacles à l'exécution, v. s[s] n°s 1318.05 s.).

L'ordonnance du 18 décembre 2008 [1] a réformé la législation de 2005 sur certains points dans le but d'assouplir le recours aux outils élaborés par la loi de sauvegarde, d'améliorer le fonctionnement des comités de créanciers et de favoriser le recours à la procédure de liquidation judiciaire simplifiée. Le nouveau régime a été appliqué aux procédures ouvertes depuis le 15 février 2009. Les améliorations apportées par l'ordonnance du 12 mars 2014, sont entrées en vigueur au 1er juillet 2014. Le droit des entreprises en difficulté a encore été amélioré par la loi du 18 novembre 2016 ; aux termes de l'article 114 de la loi toutefois, certaines des modifications ou améliorations apportées au livre VI ne sont pas applicables aux procédures en cours. Enfin, l'ordonnance n° 2021-1193 du 15 septembre 2021 [2] a encore apporté des modifications au livre VI du Code de commerce afin de transposer la directive (UE) n° 2019/1023 du 30 juin 2019 du Parlement européen et du Conseil relative aux cadres de restructuration préventive, à la remise des dettes et aux déchéances [3]. Elle a notamment renforcé la protection des personnes physiques qui se portent garantes d'une entreprise, modifié les droits des créanciers titulaires de sûretés en cas d'ouverture d'une procédure préventive ou collective de traitement des difficultés pour favoriser une meilleure lisibilité de ces droits, notamment en cas de liquidation judiciaire du débiteur.

1313.214 En phase de sauvegarde. La procédure de sauvegarde est une procédure préventive qui ne peut intervenir qu'avant cessation des paiements mais elle est en même temps judiciaire, à la différence de la phase amiable et elle produit des effets similaires à l'ouverture d'un redressement judiciaire. Il s'agit d'une véritable procédure collective qui emporte arrêt des poursuites individuelles et obligation de déclarer les créances au passif (C. com., art. L. 622-21, I et II). Mais l'entreprise n'est pas à vendre, aucun plan de cession n'étant envisageable. Le jugement ne rend pas exigibles les créances non échues à la date de son prononcé (C. com., art. L. 622-29). L'ordonnance du 18 décembre 2008 a modifié l'article L. 620-1 C. com. afin de permettre l'ouverture d'une procédure pour le débiteur qui « *sans être en état de cessation des paiements, justifie de difficultés qu'il n'est pas en mesure de surmonter* ».

Le débiteur conserve la direction de ses affaires mais un administrateur peut être désigné qui le surveillera ou l'assistera (C. com., art. L. 622-1, II). Selon l'article L. 622-3, le débiteur continue à exercer sur son patrimoine les actes de disposition et d'administration ainsi que les droits et actions qui ne sont pas compris dans la mission de l'administrateur. Les actions en justice et les voies d'exécution, autres que celles visées à l'article L. 622-21 sont poursuivies au cours de la période d'observation à l'encontre du débiteur après mise en cause de l'administrateur et du mandataire judiciaire (C. com., art. L. 622-23).

Une distinction est opérée entre les créanciers antérieurs et postérieurs à la procédure. Aux termes de l'article L. 622-17, les créances « *nées régulièrement après le jugement d'ouverture pour les besoins du déroulement de la procédure, ou de la période d'observation, ou en contrepartie d'une prestation fournie au débiteur pendant cette période sont payées à leur échéance* ».

Ainsi, même pour les créanciers dont la créance est née postérieurement au jugement d'ouverture, seules certaines créances permettront à leur titulaire d'agir en recouvrement : le jugement emportant non seulement interdiction de payer toute créance née avant l'ouverture de la procédure mais encore interdiction de payer toute créance née après, « *non mentionnée au I de l'article L. 622-17. Ces interdictions ne sont pas applicables au paiement des créances alimentaires* » (C. com., art. L. 622-7). En revanche, selon l'article L. 622-21, II C. com., le jugement d'ouverture arrête ou interdit toute voie d'exécution tant sur les meubles que sur les immeubles ainsi que toute procédure de distribution n'ayant pas produit un effet attributif avant le jugement d'ouverture de la part de tous les créanciers dont la créance n'est pas mentionnée au I de l'article L. 622-17 (v. s[s] n°s 1318.41 s.).

1313.215 En phase de redressement. La plupart des règles de fonctionnement du redressement judiciaire sont calquées sur les règles de fonctionnement de la procédure de sauvegarde par renvoi des articles du redressement aux articles concernant la procédure de sauvegarde. L'ordonnance du 18 décembre 2008 n'apporte pas de modifications profondes à cette procédure dont les règles sont seulement aménagées pour tenir compte des observations de la pratique et des leçons tirées de la jurisprudence.

1. Ord. n° 2008-1345, 18 déc. 2008, portant réforme du droit des entreprises en difficulté, *JO* 19 déc., p. 19462.
2. Ord. n° 2021-1193, 15 sept. 2021, portant modification du livre VI du Code de commerce, *JO* 16 sept., texte 21.
3. Dir. UE n° 2019/1023, 30 juin 2019, du Parlement européen et du Conseil relative aux cadres de restructuration préventive, à la remise des dettes et aux déchéances, et aux mesures à prendre pour augmenter l'efficacité des procédures en matière de restructuration, d'insolvabilité et de remise de dettes, et modifiant la directive (UE) 2017/1132 (directive sur la restructuration et l'insolvabilité), *JOUE*, n° L. 172, 26 juin, p. 18.

Le redressement judiciaire a pour finalité la poursuite d'activité, totale ou partielle, par le débiteur moyennant un plan de continuation soutenu par un plan d'apurement du passif (C. com., art. L. 631-1). L'ordonnance du 18 décembre 2008 apporte des précisions à l'article L. 631-1 sur la définition de la situation de cessation des paiements qui impose ouverture d'une procédure collective. Pour l'essentiel, les dispositions issues de la loi de 2005 demeurent inchangées.

Les mécanismes mis en place en phase de redressement judiciaire sont analogues à ceux de la sauvegarde, le jugement ne rendant pas exigibles les créances non échues à la date de son prononcé (C. com., art. L. 622-29, auquel fait renvoi l'article L. 631-14, al. 1er). Le ou les administrateurs assistent le débiteur pour tous les actes relatifs à la gestion ou certains d'entre eux, voire assurent seuls, entièrement ou en partie, l'administration de l'entreprise (C. com., art. L. 631-12). L'article L. 622-3, qui dispose que le débiteur continue à exercer sur son patrimoine les actes de disposition et d'administration ainsi que les droits et actions qui ne sont pas compris dans la mission de l'administrateur, est applicable au redressement. D'une manière plus générale, les articles L. 622-2 à L. 622-9 et L. 622-13 à L. 622-33 sont applicables à la procédure de redressement judiciaire (C. com., art. L. 631-14, al. 1er), ce qui signifie que les créanciers de l'article L. 622-17, I peuvent agir en paiement et recouvrement de leur créance et que les voies d'exécution, tant sur les meubles que sur les immeubles, sont arrêtées ou suspendues pour les créanciers antérieurs.

1313.216 **Liquidation judiciaire.** Cette procédure est destinée à mettre fin à l'activité de l'entreprise et à permettre au liquidateur de réaliser l'actif.

Le jugement qui ouvre ou prononce la liquidation emporte dessaisissement pour le débiteur de l'administration et de la disposition de ses biens. Les droits et actions concernant le patrimoine du débiteur sont exercés pendant toute la liquidation judiciaire par le liquidateur (C. com., art. L. 641-9). L'ordonnance du 12 mars 2014 a cependant modifié le périmètre de la procédure de liquidation judiciaire s'agissant d'un débiteur personne physique. Désormais, le liquidateur ne peut, sauf accord du débiteur, réaliser les biens ou droits acquis au titre d'une succession ouverte après l'ouverture ou le prononcé de la liquidation judiciaire, ni provoquer le partage de l'indivision pouvant en résulter. Cela semble signifier que les créanciers pourront exercer leurs poursuites individuelles sur ces biens sans attendre la clôture de la procédure[1]. S'agissant des autres biens, si, dans un délai de trois mois à compter du jugement, le liquidateur n'a pas entrepris la liquidation des biens grevés d'un gage, d'un privilège spécial, nantissement ou d'une hypothèque, les créanciers titulaires d'un privilège spécial, d'un gage, d'un nantissement ou d'une hypothèque et le Trésor public pour ses créances privilégiées, peuvent, dès lors qu'ils ont déclaré leurs créances, exercer leur droit de poursuite individuelle (C. com., art. L. 643-2 – pour le déroulement ou la reprise d'une procédure de saisie immobilière engagée avant le jugement d'ouverture, v. ss nos 1411.81 s.).

1313.217 **Rétablissement professionnel.** Les auteurs de la réforme de 2014 ont souhaité faire preuve de pragmatisme face aux nombreux dossiers dans lesquels l'absence ou la faiblesse de l'actif rendent illusoire la liquidation des biens. Il a donc été institué une procédure de rétablissement professionnel, ouverte à tout débiteur, personne physique, mentionné à l'article L. 640-2 C. com., en cessation des paiements et dont le redressement est manifestement impossible, qui n'a pas cessé son activité depuis plus d'un an, n'a employé aucun salarié au cours des six derniers mois et dont l'actif déclaré a une valeur inférieure à un montant fixé par décret en Conseil d'État. La procédure ne peut être ouverte à l'égard d'un débiteur qui a affecté à l'activité professionnelle en difficulté un patrimoine séparé de son patrimoine personnel en application de l'article L. 526-6 C. com. Elle ne peut être davantage ouverte en cas d'instance prud'homale en cours impliquant le débiteur au titre de l'un quelconque de ses patrimoines (C. com., art. L. 645-1[2]).

Il ne s'agit pas d'une procédure collective de paiement car les créanciers ne sont pas assujettis à une discipline collective et la règle de l'interdiction des poursuites individuelles ne les concerne pas. Le tribunal qui ouvre la procédure désigne un juge commis chargé de recueillir tous les renseignements sur la situation patrimoniale du débiteur, notamment le montant de son passif et la valeur de ses actifs ; il nomme pour assister le juge commis un mandataire judiciaire (C. com., art. L. 645-4). Si le débiteur est mis en demeure ou poursuivi par un créancier au cours de la procédure, le juge commis peut, à la demande du débiteur, reporter le paiement des sommes dues dans la limite de quatre mois et ordonner, pour cette même durée, la suspension des procédures d'exécution qui auraient été engagées par le créancier (C. com., art. L. 645-6). La clôture de la procédure emporte effacement des dettes, professionnelles, comme non professionnelles nées antérieurement à l'ouverture du rétablissement professionnel, à l'exception des dettes alimentaires et des dettes salariales.

1. EN CE SENS, Ph. Pétel, « Entreprises en difficulté : encore une réforme ! », *JCP E* 2014. 1223, no 26.

2. Mod. par L. no 2019-486, 22 mai 2019, relative à la croissance et la transformation des entreprises, *JO* 23 mai, texte 2.

§ 5
Incidence d'une procédure de surendettement ou de rétablissement personnel

1313.221 Droit positif. La loi du 1er juillet 2010[1], portant réforme du crédit à la consommation, a modifié à compter du 1er novembre 2010 les dispositions du Code de la consommation réglementant le traitement du surendettement des particuliers[2]. Désormais, soit les ressources ou l'actif réalisable du débiteur permettent à la commission de surendettement de prescrire des mesures de traitement, soit le débiteur se trouve dans une situation irrémédiablement compromise et la commission recommandera un rétablissement personnel avec ou sans liquidation judiciaire.

Selon le traitement adopté, il en résultera, ou non, une interdiction ou une suspension des mesures d'exécution, de plein droit.

Les articles 61 et 68 à 72 de la loi du 26 juillet 2013[3], de séparation et de régulation des activités bancaires, ont introduit des modifications à la procédure de traitement des situations de surendettement, notamment pour porter d'un à deux ans le délai de suspension et d'interdiction des procédures d'exécution diligentées à l'encontre des biens du débiteur. La loi du 24 mars 2014[4], pour l'accès au logement et un urbanisme rénové, a encore apporté des modifications aux dispositions du Code de la consommation relatives à la procédure de surendettement. La loi n° 2016-1547 du 18 novembre 2016 de modernisation de la justice du XXIe siècle[5] et la loi n° 2016-1691 du 9 décembre 2016[6], dite loi Sapin, ont renforcé les pouvoirs des commissions de surendettement. Le Code de la consommation a fait l'objet d'une recodification par l'ordonnance du 14 mars 2016[7] et les dispositions concernant le traitement des situations de surendettement se trouvent maintenant au livre VII.

1313.222 Application à l'entrepreneur individuel à responsabilité limitée (EIRL). L'ordonnance du 9 décembre 2010[8], portant adaptation du droit des entreprises en difficulté et des procédures de traitement des situations de surendettement à l'entrepreneur individuel à responsabilité limitée a harmonisé les dispositions de la loi du 15 juin 2010[9] qui permet à un entrepreneur d'isoler une masse de biens et de droits pour exploiter une entreprise.

L'article L. 711-7 C. consom.[10] dispose que le débiteur qui a procédé à une déclaration d'affectation conformément à l'article L. 526-7 C. com. est éligible à une procédure de surendettement[11].

1313.223 Suspension des procédures d'exécution. Aux termes de l'article L. 722-2 C. consom.[12], lorsque la commission déclare la demande du débiteur recevable et prescrit des mesures de traitement, la décision déclarant la recevabilité de la demande emporte, de plein droit, suspension et interdiction des procédures d'exécution diligentées à l'encontre des biens du débiteur ainsi que des cessions de rémunération consenties par celui-ci et portant sur les dettes autres qu'alimentaires. Cet effet se produit, selon les cas, jusqu'à l'approbation du plan conventionnel de redressement prévu à l'article L. 732-1, jusqu'à la décision imposant les mesures prévues aux articles L. 733-1, L. 733-4, L. 733-7 et L. 741-1 C. consom., jusqu'au jugement prononçant un rétablissement personnel sans liquidation judiciaire ou jusqu'au jugement d'ouverture d'une procédure de rétablissement personnel avec liquidation judiciaire. Cette suspension et cette interdiction ne peuvent excéder deux ans (C. consom., art. L. 722-3). Toutefois, lorsqu'en cas de saisie immobilière la vente forcée a été ordonnée, le report de la date d'adjudication ne peut résulter que d'une décision du juge chargé de la saisie immobilière, saisi à cette fin par la commission, pour causes graves et dûment justifiées (C. consom., art. L. 722-4)[13].

Lorsque la commission déclare le dossier recevable, elle peut encore saisir le juge des contentieux de la protection (JCP) aux fins de suspension des mesures d'expulsion du logement du débiteur (C. consom.,

1. L. n° 2010-737, 1er juill. 2010, préc.
2. V. Vigneau et A. Lauriat, « La réforme du droit du surendettement des particuliers par la loi du 1er juillet 2010 », *D.* 2010. 2593.
3. L. n° 2013-672, 26 juill. 2013, de séparation et de régulation des activités bancaires, *JO* 27 juill., p. 12530.
4. L. n° 2014-366, 24 mars 2014, pour l'accès au logement et un urbanisme rénové, *JO* 26 mars, p. 5809.
5. L. n° 2016-1547, 18 nov. 2016, préc.
6. L. n° 2016-1691, 9 déc. 2016, relative à la transparence, à la lutte contre la corruption et à la modernisation de la vie économique, *JO* 10 déc., texte 2.
7. Ord. n° 2016-301, 14 mars 2016, relative à la partie législative du Code de la consommation, *JO* 16 mars, texte 29.
8. Ord. n° 2010-1512, 9 déc. 2010, portant adaptation du droit des entreprises en difficulté et des procédures de traitement des situations de surendettement à l'entrepreneur individuel à responsabilité limitée, *JO* 10 déc., texte 18.
9. L. n° 2010-658 du 15 juin 2010, relative à l'entrepreneur individuel à responsabilité limitée, *JO* 16 juin, texte 1.
10. Anct C. consom., art. L. 333-7.
11. V. Legrand, « Le chapitre II de l'ordonnance du 9 décembre 2010 concernant le surendettement de l'entrepreneur individuel à responsabilité limitée : premiers constats et déceptions », dossier « L'entreprise individuelle à responsabilité limitée en difficulté » (dir. P.-M. Le Corre), *D.* 2011. 99.
12. Anct C. consom., art. L. 331-3-1.
13. Civ. 2e, 5 sept. 2019, n° 18-15.547, P, dans le cas où la recevabilité de la demande du saisi était postérieure à l'audience d'orientation.

art. L. 722-6). Si la situation du débiteur l'exige, le juge prononce la suspension provisoire des mesures d'expulsion de son logement, à l'exception de celles fondées sur un jugement d'adjudication rendu en matière de saisie immobilière et de celles ordonnées sur le fondement du troisième alinéa de l'article L. 321-2 C. pr. exéc. Cette suspension est acquise, pour une période maximale de deux ans et, selon les cas, jusqu'à l'approbation du plan conventionnel de redressement, prévu à l'article L. 732-1 C. consom., jusqu'à la décision imposant les mesures prévues par l'article L. 733-1 C. consom., jusqu'à l'homologation par le juge des mesures recommandées en application des articles L. 733-7, L. 733-8 et L. 741-1 C. consom. ou jusqu'au jugement prononçant un rétablissement personnel sans liquidation judiciaire, ou jusqu'au jugement d'ouverture d'une procédure de rétablissement personnel avec liquidation judiciaire (C. consom., art. L. 722-9).

D'autre part, aux termes de l'article L. 721-4 C. consom.[1], à la demande du débiteur, la commission peut saisir, à compter du dépôt du dossier et jusqu'à la décision statuant sur la recevabilité de la demande de traitement de la situation de surendettement, le JCP aux fins de suspension des procédures d'exécution diligentées à l'encontre des biens du débiteur ainsi que des cessions de rémunération consenties par celui-ci et portant sur les dettes autres qu'alimentaires. En cas de saisie immobilière, lorsque la vente forcée de l'immeuble a été ordonnée, le report de la date d'adjudication ne peut résulter que d'une décision du juge chargé de la saisie immobilière, saisi à cette fin par la commission, pour causes graves et dûment justifiées (C. consom., art. L. 721-7).

Si un plan conventionnel a été adopté mais qu'en cours d'exécution il apparaît que la situation du débiteur est irrémédiablement compromise, la commission peut recommander un rétablissement sans liquidation ou saisir le JCP d'une demande d'ouverture d'un rétablissement avec liquidation judiciaire. Cette recommandation ou cette saisine emporte suspension ou interdiction des procédures d'exécution diligentées à l'encontre des biens du débiteur (C. consom., art. L. 724-3). La commission peut également demander au juge de suspendre les mesures d'expulsion (C. consom., art. L. 724-5). La suspension et l'interdiction sont acquises jusqu'à la date de la décision de la commission imposant un rétablissement personnel sans liquidation judiciaire, jusqu'au jugement prononçant un rétablissement personnel sans liquidation judiciaire ou jusqu'au jugement d'ouverture d'une procédure de rétablissement personnel avec liquidation judiciaire. Cette suspension et cette interdiction ne peuvent excéder deux ans (C. consom., art. L. 724-4).

Lorsqu'une procédure de redressement avec liquidation est ouverte, l'article L. 742-7 C. consom.[2] dispose que le jugement d'ouverture entraîne, jusqu'au jugement de clôture, la suspension et l'interdiction des procédures d'exécution diligentées à l'encontre des biens du débiteur ainsi que des cessions de rémunération consenties par celui-ci et portant sur les dettes autres qu'alimentaires. Il entraîne également la suspension des mesures d'expulsion du logement du débiteur, à l'exception de celles fondées sur un jugement d'adjudication rendu en matière de saisie immobilière ainsi que de celles ordonnées sur le fondement du troisième alinéa de l'article L. 321-2 C. pr. exéc.

§ 6
Qualité de rapatrié du débiteur saisi

1313.231 **Incidence de la qualité de rapatrié du débiteur saisi : position du problème.** Depuis 1961, existait un dispositif de protection des rapatriés d'outre-mer, progressivement étoffé par des lois successives, qui prévoyait globalement trois types de mesures : indemnisation des rapatriés pour les pertes subies dans les territoires qu'ils ont quittés, aménagements ou remises de dettes et suspension des poursuites relatives à celles-ci. En réalité, l'évolution législative avait abouti à une suspension quasi générale des poursuites contre les rapatriés qui faisaient une demande d'aide.

L'article 100 de la loi de finances pour 1998 du 30 décembre 1997[3], modifié par les lois du 2 juillet 1998[4] et du 30 décembre 1998[5], accordait à toutes les personnes ayant déposé un dossier auprès des commissions départementales d'aide aux rapatriés une « *suspension provisoire des poursuites engagées à leur encontre, jusqu'à décision de l'autorité administrative compétente* ». La suspension affectait également les procédures collectives et les mesures conservatoires et, par le jeu d'un renvoi au I de l'article 44 de la loi du 30 décembre 1986[6], le décret du 4 juin 1999[7], relatif au désendettement des rapatriés réinstallés

1. Anc^t C. consom., art. L. 331-5.

2. Anc^t C. consom., art. L. 332-6.
3. L. n° 97-1269, 30 déc. 1997, de finances pour 1998, *JO* 31 déc., p. 19261.
4. L. n° 98-546, 2 juill. 1998, portant diverses dispositions d'ordre économique et financier, *JO* 3 juill., p. 10127.
5. L. n° 98-1267, 30 déc. 1998, de finances rectificative pour 1998, *JO* 31 déc., p. 20116.
6. L. n° 86-1318, 30 déc. 1986, de finances rectificative pour 1986, *JO* 31 déc., p. 15873.
7. Décr. n° 99-469, 4 juin 1999, relatif au désendettement des rapatriés réinstallés dans une profession non salariée, *JO* 6 juin, p. 8334.

dans une profession non salariée, ouvrait l'accès de la commission de désendettement aux sociétés industrielles et commerciales dont le capital était détenu par des rapatriés à concurrence de 51 %, si la société avait été créée avant le 15 juillet 1970 et de 90 % si elle avait été constituée après. Ce dispositif déjà très protecteur avait été conforté par une jurisprudence extrêmement favorable aux rapatriés, la Cour de cassation jugeant que le juge judiciaire n'était pas compétent pour apprécier la recevabilité de la demande d'aide présentée par le rapatrié et qu'il devait s'abstenir de statuer dès lors qu'une telle demande était présentée[1] et que la suspension des poursuites concernait les actions relatives à toutes les dettes[2], quelle que soit leur date de naissance[3]. Les dispositions légales accordant le bénéfice de plein droit d'une suspension provisoire des poursuites aux rapatriés avaient toutefois été exclues par la Cour de cassation pour la procédure d'expulsion d'un bien immobilier dont l'adjudication était devenue irrévocable[4].

Ce dispositif de protection était fortement contesté devant les juridictions du fond et finalement la Cour de cassation, réunie en assemblée plénière le 7 avril 2006, avait rejeté un pourvoi formé contre un arrêt de la cour d'appel de Montpellier qui avait écarté l'application de la législation. Il avait été jugé que les mesures d'aide aux rapatriés ne devaient pas recevoir application dans la mesure où elles méconnaissaient l'article 6 § 1er de la Convention européenne de sauvegarde des droits de l'homme et des libertés fondamentales (Conv. EDH)[5]. Pour la Cour de cassation, « *si l'article 6-1 de la Convention européenne de sauvegarde des droits de l'Homme et des libertés fondamentales permet à l'État de limiter le droit d'accès à un tribunal dans un but légitime, c'est à la condition que la substance même de ce droit n'en soit pas atteinte et que, si tel est le cas, les moyens employés soient proportionnés à ce but. Ayant exactement retenu que les dispositions relatives au désendettement des rapatriés réinstallés dans une profession non salariée, résultant des articles 100 de la loi du 30 décembre 1997, 76 de la loi du 2 juillet 1998, 25 de la loi du 30 décembre 1998, 2 du décret du 4 juin 1999 et 77 de la loi du 17 janvier 2002, organisent, sans l'intervention d'un juge, une suspension automatique des poursuites, d'une durée indéterminée, portant atteinte, dans leur substance même, aux droits des créanciers, privés de tout recours alors que le débiteur dispose de recours suspensifs devant les juridictions administratives, puis relevé que la dette de la SCI n'était pas discutée et qu'à la date à laquelle elle se prononçait, la suspension des poursuites, qui lui interdisait de statuer, perdurait sans qu'aucune décision ne soit intervenue sur l'admission de sa demande, la cour d'appel en a déduit à bon droit que la SCI devait être condamnée à payer la provision réclamée* ». Si cette solution avait ensuite été répétée à plusieurs reprises[6], la deuxième chambre civile exigeait toutefois que les juges du fond motivent leur décision lorsqu'ils déboutaient un demandeur de sa demande de suspension. Ainsi, violait l'article 6 § 1er de la Conv. EDH, un tribunal qui, pour rejeter la demande de suspension des poursuites liée au dispositif de désendettement des rapatriés installés dans une profession non salariée, se fondait sur des motifs d'ordre général, sans analyser les éléments de l'espèce propres à caractériser l'atteinte portée au droit du créancier à accéder à un tribunal dans un but légitime[7].

Il ne fallait sans doute pas déduire de cet arrêt que le principe d'un dispositif de protection en faveur des rapatriés était nécessairement contraire à la Convention européenne, mais seulement qu'en l'état de sa réglementation, il apparaissait contraire aux droits fondamentaux des créanciers, pour les raisons énoncées par la Cour de cassation. Que soit introduit un recours judiciaire, par exemple, et comme en matière de surendettement des particuliers ou de procédures collectives, une suspension provisoire « *contrôlée* » semblait pouvoir être admise.

En réponse à cette jurisprudence, en novembre 2006, il a été ajouté au décret du 4 juin 1999[8] un article 8-1[9] qui dispose que, « *en application de l'article 100 de la loi de finances pour 1998 (no 97-1269 du 30 décembre 1997), dans sa rédaction issue de la loi no 98-1267 du 30 décembre 1998, tout juge saisi d'un litige entre le débiteur ayant déposé un dossier d'admis-*

1. Civ. 2e, 18 mars 2004, no 01-14.223, P II, no 138 – Com. 28 sept. 2004, no 02-16.299, NP.
2. Civ. 1re, 22 avr. 1997, no 95-15.589, P I, no 126.
3. Civ. 1re, 19 déc. 1995, no 93-14.372, P I, no 480 – Civ. 1re, 25 févr. 1997, nos 94-22.088 et 94-21.928, P I, no 74 – Civ. 1re, 11 déc. 2001, no 99-21.802, P I, no 315.
4. Civ. 2e, 1er déc. 2005, no 04-13.681, P II, no 306 ; *Dr. et proc.* 2006. 165, obs. A. Leborgne.
5. Cass., ass. plén., 7 avr. 2006, no 05-11.519, P, no 3 – V. D. Mouralis, « Constitution, Convention européenne des droits de l'homme et dispositif de protection des rapatriés : une nouvelle lecture », *Dr. et proc.* 2006. 193.
6. Ainsi, on ne dénombre pas moins de treize décisions inédites, en 2007. Pour l'année 2008 : v. Civ. 2e, 17 avr. 2008, no 06-16.556, NP ; *Procédures* 2008, no 181 – Civ. 2e, 22 mai 2008, no 07-11.602, NP – Civ. 2e, 12 juin 2008, nos 05-21.438, 07-12.874 et 06-17.024, NP – Civ. 2e, 26 juin 2008, no 07-13.245, P II, no 157 ; *D.* 2008. AJ 2007 – Civ. 2e, 26 juin 2008, no 07-13.248, NP – Civ. 2e, 3 juill. 2008, no 07-15.491, NP.
7. Civ. 2e, 9 avr. 2009, no 07-21.546, P II, no 92 : en l'espèce le tribunal s'était borné à indiquer que la règle de suspension provisoire des poursuites s'appliquant en cas de recours contre une décision de la CONAIR imposait un sacrifice excessif des droits des créanciers et qu'elle était, à ce titre, contraire à la Conv. EDH.
8. Décr. no 99-469, 4 juin 1999, préc.
9. Décr. no 2006-1420, 22 nov. 2006, modifiant le décret no 99-469 du 4 juin 1999, relatif au désendettement des rapatriés réinstallés dans une profession non salariée, *JO* 23 nov., p. 17560.

sion au dispositif de désendettement et un de ses créanciers sursoit à statuer et saisit la commission. Dans ce cas, celle-ci dispose d'un délai de six mois à compter de la notification qui lui est faite pour accomplir sa mission. Lorsqu'elle constate l'échec de la conciliation, la commission en avise le juge. L'instance est poursuivie à la diligence des parties ou à l'initiative du juge ». La deuxième chambre civile avait, ensuite, jugé que l'article 8-1 du décret du 4 juin 1999 n'imposait pas au juge judiciaire de suspendre les poursuites contre le débiteur, ce texte ayant seulement pour objet de limiter le délai dont dispose, pour statuer, la commission d'aide aux rapatriés, saisie d'une demande d'admission au dispositif de désendettement des rapatriés. Ainsi, lorsque la commission n'avait pas accompli sa mission dans le délai de six mois à compter de la notification qui lui a été faite, les juges du fond pouvaient décider que l'instance pouvait être poursuivie[1].

1313.232 **Abrogation de l'article 100 et suites.** Saisi par la Cour de cassation d'une question prioritaire de constitutionnalité (QPC), relative à la conformité aux droits et libertés que la Constitution garantit de l'article 100 de la loi du 30 décembre 1997[2] et de l'article 25 de la loi du 30 décembre 1998[3] de finances rectificative pour 1998, le Conseil constitutionnel a, en 2012, jugé que l'article 100 était contraire à la Constitution.

L'abrogation de l'article 100 de la loi du 30 décembre 1997 a pris effet à compter de la décision du Conseil et a été déclarée applicable à toutes les instances non jugées définitivement à cette date[4].

Et en toute logique, l'article 8-1 aurait dû être abrogé en même temps. Or, il ne l'a pas été explicitement. Devait-il être considéré comme abrogé tacitement son maintien étant incompatible avec la décision du Conseil constitutionnel ? À tout le moins, l'abrogation de l'article 100 en 2012 aurait dû faire tomber en désuétude l'article 8-1 introduit en application de l'article 100 de la loi de finances de 1997. Pourtant, en 2014, un décret[5] a modifié la rédaction de l'article 8-1 pour transférer au ministre chargé des Rapatriés la mission jusqu'alors exercée par la commission. Selon l'article 8-1 dans sa nouvelle rédaction, c'est le ministre, qui, lorsqu'il constate l'échec de la négociation, en avise le juge, ce qui laisse à penser que le système a perduré. L'article 6 du décret de 1999 a été modifié afin d'indiquer que « *les demandes déposées postérieurement au dernier jour du mois civil suivant la date de la publication du présent décret sont déclarées irrecevables par le directeur général de l'Office national des anciens combattants et victimes de guerre, ou l'agent qu'il aura habilité* ». Ainsi, il semble que **ce dispositif de désendettement ait continué à recevoir application jusqu'au 1er février 2015.**

1. Civ. 2e, 7 janv. 2010, no 09-11.961, P II, no 4.
2. L. no 97-1269, 30 déc. 1997, préc.
3. L. no 98-1267, 30 déc. 1998, préc.
4. Cons. const. 27 janv. 2012, no 2011-213 QPC, *JO* 28 janv., p. 1675 ; *Dr. et proc.* 2012. 80, obs. A. Leborgne.
5. Décr. no 2014-1698, 29 déc. 2014, portant modification de divers décrets relatifs à certaines allocations et aides en faveur des anciens membres des formations supplétives, des rapatriés et de leurs familles, *JO* 31 déc., p. 23401.

CHAPITRE

1314. Créanciers titulaires d'une sûreté réelle sur l'immeuble ou sur un immeuble par destination

ANNE LEBORGNE
PROFESSEUR ÉMÉRITE D'AIX-MARSEILLE UNIVERSITÉ

SECTION 0
ORIENTEUR

1314.00 **Sommaire du chapitre.**

Division. Des créanciers ont pu inscrire une hypothèque sur le bien immeuble ou être titulaires d'une hypothèque spéciale légale, anciennement, privilège spécial sur l'immeuble (sect. 1). Le créancier saisissant en aura connaissance en prenant des renseignements hypothécaires. Une fois le commandement publié, il peut encore arriver que certains créanciers délivrent également un commandement de saisie immobilière, qui sera inscrit en marge du premier commandement publié au bureau des hypothèques du service de la publicité foncière (sect. 2). En cas de saisies simultanées de plusieurs de ses immeubles, le débiteur pourra obtenir la conversion partielle des saisies en hypothèques (sect. 3). Et depuis le 1er janvier 2022, il faut encore tenir compte des créanciers ayant inscrit un gage sur des meubles immobilisés par destination, à la suite de l'entrée en vigueur de la réforme du droit des sûretés opérée par l'ordonnance du 15 septembre 2021 [1] et des décrets d'application du 29 décembre 2021 [2], car ils participeront à la distribution du prix (sect. 4).

SECTION 1
CRÉANCIERS INSCRITS

1314.10 **Les créanciers inscrits sont ceux qui sont portés sur l'état hypothécaire au jour de la publication du commandement [3] ainsi que ceux qui ont inscrit une sûreté après la publication du commandement mais avant la publication de la vente. Plan.** On peut distinguer ici les créanciers hypothécaires, de ceux titulaires d'une hypothèque légale publiée, sur l'immeuble.

1. Ord. n° 2021-1192, 15 sept. 2021, portant réforme du droit des sûretés, *JO* 16 sept., texte 19.
2. Décr. n° 2021-1887, 29 déc. 2021, relatif au registre des sûretés mobilières et autres opérations connexes, *JO* 30 déc., texte 52 – Décr. n° 2021-1888, 29 déc. 2021, pris en application de l'ordonnance n° 2021-1192 du 15 septembre 2021 portant réforme du droit des sûretés, *JO* 30 déc., texte 53 – Décr. n° 2021-1889, 29 déc. 2021, relatif à des mesures d'application et de coordination de l'ordonnance n° 2021-1192 du 15 septembre 2021 portant réforme du droit des sûretés, *JO* 30 déc., texte 54.
3. N'est pas considéré comme inscrit le créancier bénéficiaire d'une sûreté judiciaire provisoire qui ne figure que sur le certificat, délivré par le conservateur des hypothèques, relatif aux formalités seulement acceptées en dépôt et en instance d'enregistrement au fichier immobilier : Civ. 2e, 10 avr. 2014, n° 13-13.770, NP.

Les premiers ont un **droit de suite sur le bien** et un **droit de préférence sur le prix**. On pourrait donc penser qu'ils ne seront concernés qu'au moment de la distribution du prix d'adjudication. Lors de la réforme de la saisie immobilière, il a été mis à la charge de ces créanciers une obligation de déclaration de leur créance en cours de procédure de saisie immobilière, afin d'améliorer les procédures de distribution.

L'ordonnance du 15 septembre 2021[1], portant réforme du droit des sûretés, a remplacé certains des privilèges immobiliers spéciaux par des hypothèques légales spéciales. L'objectif poursuivi par le législateur était de renforcer la sécurité juridique en mettant fin à la rétroactivité de l'inscription des privilèges.

Parmi les créanciers, auparavant titulaires d'un privilège spécial publié, figuraient le vendeur pour le paiement du prix, le prêteur de deniers ainsi que le syndicat des copropriétaires pour le lot vendu (C. civ., art. 2402 nouv.). Pour ce dernier, on peut remarquer le traitement particulier dont il a fait l'objet. En effet, si conformément à l'alinéa 1er du nouvel article 2418 C. civ., les hypothèques légales prendront rang à la date de leur inscription prise au fichier immobilier, l'alinéa 2 instaure un régime exceptionnel pour l'hypothèque du syndicat des copropriétaires en la dispensant d'inscription. Comme par le passé, on aura donc un créancier occulte.

Les privilèges précédemment inscrits resteront toutefois soumis aux effets de la loi ancienne.

D'une manière générale, le fait d'avoir inscrit une sûreté sur l'immeuble conduit à prendre en compte ces créanciers dans la procédure (§ 1), ce qui leur donne des droits dans la procédure (§ 2).

§ 1
Prise en compte de ces créanciers dans la procédure de saisie

1314.21 Créanciers inscrits au jour de la publication du commandement. Le commandement de payer valant saisie est dénoncé aux créanciers inscrits[2] au jour de la publication du commandement[3].

• **Assignation à comparaître et sommation de déclarer :** la dénonciation vaut assignation à comparaître à l'audience d'orientation du JEX (C. pr. exéc., art. R. 322-6[4])[5] et contient également sommation de déclarer les créances inscrites sur le bien saisi en principal, frais et intérêts échus avec indication du taux des intérêts moratoires, par acte d'avocat déposé au greffe du JEX et accompagné d'une copie du titre de créance et du bordereau d'inscription, et sommation de dénoncer[6], le même jour ou le premier jour ouvrable suivant, cette déclaration au créancier poursuivant et au débiteur dans les mêmes formes ou par signification[7] (C. pr. exéc., art. R. 322-7, 4°)[8]. Selon R. 322-8 C. pr. exéc, la dénonciation aux créanciers inscrits peut être faite aux domiciles élus sur les bordereaux d'inscription.

Ces créanciers en effet, participeront à la distribution du prix.

L'innovation la plus importante résulte de l'article L. 331-2 C. pr. exéc. qui dispose que les créanciers sommés de déclarer leur créance et qui auront omis de le faire seront déchus du bénéfice de leur sûreté pour la distribution du prix de vente de l'immeuble[9]. Le but de la réforme est d'inciter les créanciers susceptibles de participer à la distribution de déclarer leur créance en temps voulu, sans que leur négligence ne paralyse les opérations.

L'article R. 322-12 C. pr. exéc. prévoit que le délai dans lequel le créancier inscrit qui a été sommé doit déclarer sa créance est de deux mois avec une possibilité de déclaration postérieure si le créancier justi-

1. Ord. n° 2021-1192, 15 sept. 2021, préc.
2. Sur la notion de créancier inscrit, v. Civ. 2e, 10 avr. 2014, n° 13-13.770, NP, qui juge que le bénéficiaire d'une hypothèque judiciaire provisoire qui apparaît sur le certificat de dépôt des documents en instance d'enregistrement au fichier immobilier qui a été délivré au créancier poursuivant ne peut être considéré comme inscrit au sens de l'article R. 322-6 C. pr. exéc.
3. Sans doute doit-on pouvoir transposer la solution rendue par la deuxième chambre civile le 8 juillet 2010 : Civ. 2e, 8 juill. 2010, n° 09-15.051, P, sous l'empire des dispositions de l'ancien Code de procédure civile, jugeant que l'effet interruptif de prescription du commandement de payer valant saisie bénéficiait à tous les créanciers inscrits, en le faisant courir à compter de la dénonce du commandement de payer.
4. Décr. n° 2012-783, 30 mai 2012, relatif à la partie réglementaire du Code des procédures civiles d'exécution, *JO* 31 mai, p. 9375.
5. Décr. n° 2006-936, 27 juill. 2006, relatif aux procédures de saisie immobilière et de distribution du prix d'un immeuble, *JO* 29 juill., p. 11316.
6. Un créancier inscrit est recevable à contester la régularité d'une déclaration de créance antérieure à l'audience d'orientation, après cette audience et jusqu'au stade de la distribution du prix, dès lors qu'elle ne lui a pas été dénoncée : Civ. 2e, 1er oct. 2020, n° 19-15.612, P ; *D.* 2021. 1358, obs. A. Leborgne ; *Rev. prat. rec.* 2020. Chron. 9, obs. M. Draillard.
7. L'obligation faite au créancier de dénoncer sa déclaration de créance au poursuivant et au débiteur au plus tard le premier jour ouvrable suivant la déclaration n'est pas prescrite à peine de nullité ou d'irrecevabilité. On ne peut donc tirer de la seule dénonciation tardive de la déclaration de créance d'un créancier inscrit, une déchéance du bénéfice de son rang dans la distribution : Civ. 2e, 13 juin 2024, n° 22-10.340, NP.
8. Tout créancier inscrit doit déclarer sa créance, peu importe qu'elle ne soit pas encore exigible et que le décompte ne soit pas actualisé au jour de la déclaration : Civ. 2e, 28 sept. 2017, n° 16-17.010, P II, n° 187.
9. Peu importe que la créance ne soit pas exigible et que le décompte ne soit pas actualisé au jour même de sa déclaration : Civ. 2e, 28 sept. 2017, n° 16-17.010, P II, n° 187 ; *D.* 2018. Pan. 1229, obs. A. Leborgne ; *Dr.et proc.* 2017. 252, note F. Vinckel ; *RD banc. fin.* 2017, n° 259, obs. S. Piedelièvre.

fie que sa défaillance n'est pas de son fait. Dans ce cas, c'est le juge, saisi sur requête, qui autorisera la déclaration.

• **Demande de vente amiable présentée avant l'audience d'orientation** : par ailleurs, les créanciers inscrits, comme le poursuivant, étant concernés par la vente amiable sur autorisation judiciaire, le débiteur autorisé à vendre devra les mettre en cause si la demande de vente amiable est présentée et jugée avant la signification de l'assignation à comparaître à l'audience d'orientation (C. pr. exéc., art. R. 322-20) ; le débiteur devra encore leur notifier la décision ordonnant la reprise de la procédure en cas de carence du débiteur (C. pr. exéc., art. R. 322-22).

1314.22 Créanciers inscrits après la publication du commandement et avant la publication de la vente. Tant qu'un immeuble est dans le patrimoine d'un débiteur[1], ses créanciers peuvent, s'ils l'estiment opportun, inscrire une sûreté sur ce bien. Ne figurant pas au service de la publicité foncière lorsque le poursuivant a délivré son commandement de payer valant saisie, ils ne seront pas connus de celui-ci, mais il leur appartiendra, pour intervenir à la procédure, de **déclarer leur créance**. À peine d'irrecevabilité, la déclaration est faite **par acte d'avocat** déposé au greffe du JEX dans un délai d'un mois suivant leur inscription, accompagnée d'une copie du titre de créance et du bordereau d'inscription et d'un état hypothécaire levé à la date de l'inscription. La déclaration est dénoncée dans les mêmes formes ou par signification, le même jour ou le premier jour ouvrable suivant, au créancier poursuivant et au débiteur (C. pr. exéc., art. R. 322-13).

Comme le créancier poursuivant et les créanciers inscrits sur l'immeuble saisi à la date de la publication du commandement de payer valant saisie, ces créanciers inscrits sur l'immeuble avant la publication du titre de vente et qui seront intervenus dans la procédure, seront admis à faire valoir leurs droits sur le prix de la vente (C. pr. exéc., art. L. 331-1). Mais ces créanciers ne peuvent être concernés par la sanction de l'article L. 331-2, n'étant pas sommés par le poursuivant[2].

1. L'inscription peut être prise jusqu'à publication de la mutation de l'immeuble au profit d'un tiers. Pour un conflit entre créancier hypothécaire et acquéreur de droits immobiliers à raison d'une publicité requise le même jour relativement au même immeuble, v. Civ. 3e, 7 nov. 2024, no 23-12.514, B, qui juge que lorsque le titre de l'inscription est antérieur à l'acte à publier, l'inscription hypothécaire est réputée d'un rang antérieur, quel que soit l'ordre du registre au service de la publicité foncière.
2. Civ. 2e, 28 juin 2018, no 17-15.054, P ; *D. actu.* 11 juill. 2018, obs. G. Payan ; *Gaz. Pal.* 11 déc. 2018, p. 29, obs. J.-J. Ansault.

§ 2
Droits des créanciers inscrits

A.
Droits en cours de procédure

1314.31 Droits des créanciers inscrits en cours de procédure.

• **Publicité** : en cours de vente forcée les droits des créanciers inscrits ont été augmentés. Désormais, comme le poursuivant, ils peuvent, sans avoir à recueillir l'autorisation du juge, recourir à tous moyens complémentaires d'information à l'effet d'annoncer la vente (C. pr. exéc., art. R. 322-36) et ils peuvent saisir le juge d'une requête tendant à aménager, restreindre ou compléter les mesures judiciaires de publicité (C. pr. exéc., art. R. 322-37).

• **Information des créanciers inscrits** : lorsque la commission de surendettement saisit le juge de la saisie immobilière d'une demande de remise de l'adjudication pour causes graves (C. pr. exéc., art. R. 322-28), les créanciers inscrits seront destinataires du jugement statuant sur la remise de la vente forcée. Selon l'article R. 721-8 C. consom.[3], le jugement leur est notifié, ainsi qu'à la commission, au débiteur et au créancier poursuivant, par lettre recommandée avec demande d'avis de réception par le greffe du juge chargé de la saisie immobilière.

Enfin, selon l'article R. 322-60 C. pr. exéc., le jugement d'adjudication est notifié au débiteur, aux créanciers inscrits et à l'adjudicataire, par le créancier poursuivant ; et en cas de surenchère, les créanciers inscrits sont avisés, par le greffe de la date d'audience, par lettre recommandée avec avis de réception (C. pr. exéc., art. R. 322-53). En cas de réitération d'enchères (ancienne « folle enchère »), ils sont de même avisés par le greffe de la nouvelle date d'audience par lettre recommandée avec avis de réception (C. pr. exéc., art. R. 322-69).

• **Distribution du prix** : les développements détaillés sont exposés au Livre 15 du présent ouvrage (v. ss nos 15.00 s.). On peut toutefois indiquer d'ores et déjà que, au stade de la distribution du prix, l'article R. 332-2C. pr. exéc. dispose que lorsqu'il existe plusieurs créanciers répondant aux conditions de l'article L. 331-1 C. pr. exéc., la partie poursuivante notifie, dans les deux mois suivant la publication du titre de vente une demande de déclaration actualisée des créances aux créanciers inscrits. Le décompte actualisé doit être produit dans les quinze jours de la demande ; à défaut, le créancier est déchu des intérêts postérieurs à sa déclaration initiale. On notera cependant que le délai suivant la publication du titre de

3. Anct C. consom., art. R. 331-11-2.

vente dans lequel la partie poursuivant la distribution notifie la demande de déclaration actualisée de créance n'est assorti d'aucune sanction ; en outre, le débiteur saisi peut lui-même poursuivre la distribution judiciaire. En conséquence, la deuxième chambre civile a jugé que le dépassement du délai ne pouvait être sanctionné par l'engagement de la responsabilité civile du créancier saisissant [1].

La deuxième chambre civile, faisant application des dispositions de l'article 2215 C. civ. (devenu C. pr. exéc., art. L. 331-2) à une procédure de distribution faisant suite à une saisie immobilière intervenue sous l'empire du droit antérieur, a jugé que dans une procédure de distribution du prix de vente d'un immeuble, dont l'ouverture de l'ordre, au sens de l'article 750 ACPC, n'a pas été requise avant le 1er janvier 2007, devait être déchu du bénéfice de sa sûreté un créancier qui n'avait pas déclaré sa créance dans le délai de quinze jours de la sommation qui lui avait été faite. L'article 113 du décret de 2006 (devenu C. pr. exéc., art. R. 332-2), en effet, dispose que lorsqu'une déclaration de créance n'avait pas à être faite (ce qui était le cas des créanciers dans l'ancienne procédure de saisie immobilière), la demande de déclaration actualisée vaut sommation au sens de l'article 2215 C. civ. (devenu C. pr. exéc., art. L. 331-2). La déchéance de la sûreté est une sanction très sévère car on aurait pu penser que dans un tel cas cette déclaration pouvait être accomplie dans le délai de deux mois imparti à l'article 46 pour la déclaration initiale [2]. La deuxième chambre a ensuite précisé qu'il n'était pas possible de prétendre que cette déchéance ne pouvait être opposée au créancier sous prétexte qu'il n'aurait pas été invité régulièrement à produire sa créance dans le cadre de la phase initiale de la procédure de saisie immobilière [3].

La partie poursuivante élabore ensuite un projet de distribution amiable (C. pr. exéc., art. R. 332-3), qu'elle notifie aux créanciers inscrits, au débiteur, et, par lettre recommandée avec demande d'avis de réception, au syndic qui a formé l'opposition prévue par l'article 20 de la loi du 10 juillet 1965 [4] fixant le statut de la copropriété des immeubles bâtis, dans un délai d'un mois suivant l'expiration du délai imparti aux créanciers pour actualiser leur créance (C. pr. exéc., art. R. 332-4). Ce délai d'un mois n'est assorti d'aucune sanction [5]. Si les créanciers parties à la procédure et le débiteur parviennent à un accord sur la distribution du prix et sur la mainlevée des inscriptions et publications, il en est dressé un procès-verbal signé des créanciers et du débiteur (C. pr. exéc., art. R. 332-8). À défaut, la distribution sera judiciaire.

Si les créanciers inscrits sont tenus de dénoncer leur déclaration de créances au poursuivant et au débiteur, conformément aux dispositions de l'article R. 322-7, 4° C. pr. exéc. ils n'ont pas l'obligation de la dénoncer aux autres créanciers inscrits. Ainsi, lors de la phase de distribution, tout créancier inscrit sera recevable à contester la régularité de la déclaration de créance d'un autre créancier inscrit [6].

B.
Radiation de la saisie

1314.41 Radiation de la saisie. Selon l'article R. 322-9 C. pr. exéc., mention de la délivrance de l'assignation et des dénonciations est portée en marge de la copie du commandement de payer valant saisie publié au bureau des hypothèques, dans les huit jours de la dernière signification en date. Du jour de cette mention, l'inscription du commandement ne peut plus être radiée que du consentement de tous les créanciers inscrits ou en vertu d'un jugement qui leur est opposable (C. pr. exéc., art. R. 322-9, al. 2).

C.
Droit de se substituer au poursuivant défaillant

1314.51 Droit de se substituer au poursuivant défaillant. Selon l'article R. 311-9 C. pr. exéc., les créanciers inscrits et ceux énumérés au 1° *bis* de l'article 2374 et à l'article 2375 C. civ., peuvent à compter de la publication du commandement valant saisie et à tout moment de la procédure demander au JEX leur subrogation dans les droits du créancier poursuivant, par voie de demande incidente ou verbalement à l'audience d'adjudication [7].

1. Civ. 2e, 21 mars 2013, n° 12-13.813, P II, n° 60.
2. Civ. 2e, 17 févr. 2011, n° 10-15.100, P II, n° 48 ; *D.* 2011. 1519, obs. A. Leborgne.
3. Civ. 2e, 11 juill. 2013, n° 12-18.055, NP.
4. L. n° 65-557, 10 juill. 1965, fixant le statut de la copropriété des immeubles bâtis, *JO* 11 juill., p. 5950.
5. En conséquence, c'est à bon droit qu'une cour d'appel qui a relevé qu'aucun procès-verbal d'accord amiable revêtu de la formule exécutoire n'avait été établi, a fait droit à la requête en distribution judiciaire, conformément à l'article R. 331-1 alinéa 2 C. pr. exéc. : Civ. 2e, 5 janv. 2017, n° 15-28.798, P ; *JCP* 2017. 75, obs. C. Laporte.
6. Civ. 2e, 1er oct. 2020, n° 19-15.612, P ; *D.* 2021. 1358, obs. A. Leborgne ; *Gaz. Pal.* 2021, n° 4, p. 84, obs. Th. Habbu Groud, qui juge qu'il résulte des articles R. 311-5 et R. 322-13 que le créancier inscrit est recevable à contester la régularité d'une déclaration de créance antérieure à l'audience d'orientation, après cette audience, dès lors qu'elle ne lui a pas été dénoncée. En effet, on ne peut, dans ce cas, mettre à la charge d'un créancier inscrit une obligation de vérification non prévue par les textes.
7. L'instance engagée par une caisse de Crédit Agricole aux fins d'être subrogée dans les droits d'une caisse de Crédit Agricole concurrente ne concerne que ces deux créanciers à l'exclusion du saisi lequel n'est pas recevable à contester la demande de subrogation en se prévalant du moyen de fond tiré de l'absence de justification de la créance. L'appel ▶

Plus spécifiquement, au jour indiqué pour l'adjudication, le créancier poursuivant ou à défaut tout créancier inscrit alors subrogé dans les poursuites, sollicitera la vente (C. pr. exéc., art. R. 322-27).

SECTION 2
CRÉANCIERS AYANT DÉLIVRÉ DES COMMANDEMENTS POSTÉRIEURS

1314.61 **Distinction.** Les créanciers ayant délivré des commandements postérieurs ne seront pas nécessairement des créanciers titulaires de sûretés même si, en pratique, c'est la situation la plus fréquente (v. s[s] n° 1311.11). Il pourrait paraître logique d'assimiler les créanciers poursuivants postérieurs aux créanciers inscrits si on considère qu'à compter de la mention en marge de leur commandement ils sont associés à la procédure de saisie immobilière. Mais ils ne sont pas « *inscrits* » sur le bien pour autant. Si leur volonté de vendre l'immeuble sur saisie immobilière est établie, cela ne les rend pas titulaires de droits réels sur le bien s'ils n'en avaient pas par ailleurs. Il a ainsi été jugé, avant la réforme de 2006, que le fait pour un créancier chirographaire de publier un commandement ne lui ouvre pas une cause de préférence car la publication ne le transforme pas en créancier inscrit ; toutefois, il pourra opposer le bénéfice de la publication aux créanciers inscrits postérieurement à la publication de son commandement[1]. Cette jurisprudence a été confirmée[2].

§ 1
Des droits limités

1314.71 **Publication en marge et consentement à la radiation de la saisie.** Seul le commandement du premier saisissant est publié (toutefois v. l'hypothèse de la publication d'une pluralité de commandements requise simultanément, v. s[s] n° 1331.264). Ainsi, selon l'article R. 321-9 C. pr. exéc., lorsqu'un commandement de payer valant saisie a déjà été publié, il n'y a pas lieu de publier un nouveau commandement relatif au même bien. Le service de la publicité foncière mentionne le ou les actes qui ne sont pas publiés, en marge de la copie du précédent commandement publié dans l'ordre de leur présentation (C. pr. exéc., art. R. 321-10, al. 1er)[3].

Dès lors, « *la radiation de la saisie ne peut être opérée sans le consentement de tous les créanciers poursuivants postérieurs* » (C. pr. exéc., art. R. 321-10, al. 3).

§ 2
Absence de pouvoir de réquisition de vente

1314.81 **Procédures de saisie immobilière soumises à l'ordonnance du 21 avril 2006 et au décret du 27 juillet 2006 : maintien de la distinction.** À défaut du créancier poursuivant, l'article R. 322-27 C. pr. exéc. ne permet qu'aux créanciers inscrits de requérir la vente.

SECTION 3
CONVERSION DE SAISIES EN HYPOTHÈQUES

1314.91 **Initiative du débiteur.** Sous l'empire des dispositions du décret-loi du 17 juin 1938, en cas de saisie simultanée d'immeubles situés dans plusieurs arrondissements, le débiteur pouvait demander un sursis aux poursuites sur un ou plusieurs immeubles en justifiant que la valeur des biens sur lesquels les poursuites seraient continuées était suffisante pour désintéresser le créancier saisissant et les créanciers inscrits. La décision rendue indiquait les biens sur lesquels les poursuites étaient discontinuées et provisoirement, les poursuites étaient suspendues mais pouvaient reprendre si les biens adjugés n'avaient pas suffi à désintéresser le créancier.

Selon l'article L. 321-6 C. pr. exéc., en cas de **saisies simultanées de plusieurs de ses immeubles**, le débiteur peut demander au juge le **cantonnement de celles-ci**. Mais il peut également solliciter du juge une **conversion partielle des saisies en hypothèque sur certains de ses immeubles** qui prendra rang au jour de la publication de la saisie, sous réserve de l'inscription de la sûreté dans le mois de la notification de la décision.

C'est alors ce créancier poursuivant (le terme de saisissant aurait sans doute été plus heureux) qui fait procéder à la publication du jugement en marge de la copie du commandement (C. pr. exéc., art. R. 321-12, al. 2).

À la différence du cantonnement, les effets de cette décision de conversion sont subordonnés à la réalisation par le créancier des diligences nécessaires à l'inscription de l'hypothèque, dans les conditions

► formé par le saisi à l'encontre du jugement de subrogation est dès lors irrecevable : Limoges, 12 mai 2009, RG n° 08/01767, *BICC* 1er avr. 2010, n° 481.

1. Civ. 3e, 26 mai 1992, n° 90-13.248, P III, n° 173.
2. Civ. 2e, 28 sept. 2017, n° 16-20.437, P II, n° 189. La publication d'un commandement de saisie immobilière n'est pas assimilable à une inscription d'hypothèque sur l'immeuble saisi ; par conséquent, si le saisi est ensuite placé en redressement judiciaire, la créance ne peut être admise qu'à titre chirographaire.
3. V. C. Laporte, « Saisie immobilière et publicité foncière », *Procédures* 2008, fiche pratique p. 32.

du droit commun : ainsi, le créancier devra faire inscrire son hypothèque à la Conservation des hypothèques. À défaut, son droit d'hypothèque sera inopposable.

En application de l'article L. 321-6 C. pr. exéc., l'hypothèque prendra rang à la date de la publication du commandement de payer valant saisie sous réserve, que le créancier sollicite l'inscription de son hypothèque dans un délai d'un mois suivant la notification de la décision. Ce mécanisme permet de ne pas faire perdre au créancier le bénéfice résultant de la saisie, sans toutefois porter atteinte aux droits des tiers, puisque le commandement publié leur est opposable. On ne peut s'empêcher de penser qu'en pratique, une telle hypothèse sera rarissime…

SECTION 4
CRÉANCIERS AYANT INSCRIT UN GAGE SUR UN IMMEUBLE PAR DESTINATION

1314.101 **Nouveauté.** L'ordonnance du 15 septembre 2021[1] portant réforme du droit des sûretés a rendu possible l'inscription d'un gage sur des immeubles par destination. Le nouvel article 2334 C. civ. dispose que « *le gage peut avoir pour objet des meubles immobilisés par destination. L'ordre de préférence entre le créancier hypothécaire et le créancier gagiste est déterminé conformément à l'article 2149* ». Et en vertu de cet article, ce seront les dates auxquels les titres respectifs auront été publiés qui détermineront l'ordre de préférence. Ainsi, le créancier qui entreprend une saisie immobilière aura intérêt à savoir s'il existe des meubles, immobilisés par des destination, gagés, ou s'il peut les englober dans l'assiette de sa saisie immobilière.

S'agissant d'un gage sans dépossession, cette sûreté devra être publiée pour être opposable (v. C. civ., art. 2337 nouv.).

Conformément à l'article 37 de l'ordonnance du 15 septembre 2021, les dispositions des articles 2334 et 2337 C. civ. sont entrées en vigueur au 1er janvier 2022, alors que l'entrée en vigueur de l'article 2338 nouveau, qui précise que « *le gage est publié par une inscription sur un registre spécial dont les modalités sont réglées par décret en Conseil d'État* », avait été reportée au 1er janvier 2023. Aussi, pour l'année 2022, il fallait lire les articles R. 331-4 et R. 331-5 C. pr. exéc. dans leur rédaction issue du décret nº 2021-1888 du 29 décembre 2021[2], qui renvoyait au système de publicité applicable aux gages sans dépossession instauré par le décret du 23 décembre 2006[3]. Depuis le 1er janvier 2023, conformément aux dispositions du décret nº 2021-1887[4], les articles R. 331-4 et R. 331-5 C. pr. exéc. font renvoi au registre spécial tenu par le greffe du tribunal de commerce et qui est réglementé aux articles R. 521-1 C. com. et suivants.

Quoi qu'il en soit, pour tenir compte de ce créancier, susceptible de participer à la distribution du prix de l'immeuble saisi, l'article L. 331-1 C. pr. exéc. a été modifié pour inclure les créanciers titulaires d'une sûreté publiée sur les immeubles par destination avant la publication du titre de vente. Mais, mise à part la phase de distribution, ces créanciers ne participeront pas à la procédure de saisie immobilière. Et au demeurant, ces créanciers gagistes pourront, indépendamment de l'existence d'une saisie immobilière, procéder à la réalisation de leur gage par voie de saisie-vente à moins qu'ils ne préfèrent la voie de l'attribution judiciaire ou conventionnelle[5]. L'article L. 112-3 C. pr. exéc. a également été modifié par l'ordonnance du 15 septembre 2021, pour préciser toutefois, que la réalisation du gage ne serait possible qu'à condition que la séparation de ces biens d'avec l'immeuble auquel ils ont été rattachés puisse intervenir sans dommage pour les biens.

1. Ord. nº 2021-1192, 15 sept. 2021, préc.
2. Décr. nº 2021-1888, 29 déc. 2021, préc.
3. Décr. nº 2006-1804, 23 déc. 2006, art. 1 et 9.
4. Décr. nº 2021-1887, 29 déc. 2021, préc.
5. J.-D. Pellier, « Le Code des procédures d'exécution amendé », *Rev. prat. rec.* 2021, nº 8, dossier spécial Réforme du droit des sûretés (saison 2), p. 47.

CHAPITRE

1315. Objet de la saisie

ANNE LEBORGNE
PROFESSEUR ÉMÉRITE D'AIX-MARSEILLE UNIVERSITÉ

SECTION 0
ORIENTEUR

1315.00 **Sommaire du chapitre.**

Division. L'objet de la saisie immobilière de droit commun est constitué par des droits réels immobiliers (sect. 1), droits de propriété et autres droits réels (sect. 2).

1315.02 **Jurisprudence de référence.**

> Saisie d'un immeuble grevé d'une clause de tontine.

• **Civ. 1re, 18 nov. 1997**, no 95-20.842, P I, no 315
* V. ss nos 1315.34, 1421.44

Les acquéreurs d'un immeuble grevé d'une clause de tontine aux termes de laquelle celui-ci appartiendra en totalité au survivant d'entre eux, ne sont pas titulaires d'un droit privatif de propriété sur le bien ou partie de ce bien tant que la condition suspensive de survie n'est pas réalisée. Il s'ensuit que, le droit de gage général des créanciers ne pouvant s'exercer que sur les biens dont le débiteur est propriétaire, il ne peut être reproché à une cour d'appel d'avoir annulé le commandement aux fins de saisie immobilière délivré à l'un des acquéreurs à une date où la condition de survie n'était pas réalisée.

1315.05 **Biens et droits saisissables.** L'ancien article 2204 C. civ. était très imprécis voire erroné, qui indiquait seulement que le créancier peut poursuivre l'expropriation forcée des biens immobiliers et de leurs accessoires réputés immeubles appartenant en propriété à son débiteur et de l'usufruit du débiteur sur les biens de même nature. En réalité, le créancier saisit des droits réels portant sur des immeubles.

Les auteurs de la réforme de la saisie immobilière ont adopté une définition de l'objet de la saisie plus rigoureuse. Ainsi, aux termes de l'article L. 311-6 C. pr. exéc. : « *Sauf dispositions législatives particulières, la saisie immobilière peut porter sur tous les droits réels afférents aux immeubles, y compris leurs accessoires réputés immeubles, susceptibles de faire l'objet d'une cession* ».

SECTION 1
DES DROITS RÉELS AFFÉRENTS AUX IMMEUBLES

1315.11 **Principe : des droits réels susceptibles de faire l'objet d'une cession.** Avant la réforme de la saisie immobilière, la doctrine estimait qu'étaient susceptibles d'être saisis tous les droits qui pouvaient faire l'objet d'une hypothèque : le droit de propriété ou copropriété, la nue-propriété, l'usufruit, l'emphytéose et le bail à construction, le droit de superficie, ainsi que le droit du concessionnaire d'énergie hydraulique ; on distinguait cependant la concession de mines, qui tout en n'étant pas susceptible d'hypothèque paraissait pouvoir faire l'objet d'une saisie immobilière. Les auteurs de la réforme ont éclairé le débat en visant des droits susceptibles de faire l'objet d'une cession.

1315.12 **La liste des droits réels immobiliers saisissables est-elle limitative ?** La question se pose depuis que la Cour de cassation a validé le principe de la libre création de droits réels par le propriétaire d'un bien[1] ; par voie de conséquence, la question de

1. Par deux arrêts *Maison de la poésie*, la troisième chambre a admis qu'un propriétaire puisse consentir un droit réel conférant le bénéfice d'une jouissance spéciale de son bien, distincte du droit d'usage et d'habitation, sous réserve des règles d'ordre public : Civ. 3e, 31 oct. 2012, no 11-16.304, P III, no 159 ; *D.* 2012. 2596, obs. A. Tadros ; *D.* 2013. 53, note L. d'Avout et B. Mallet-Bricout ; *RTD civ.* 2013. 136, note P.-Y. Gautier ; *RTD civ.* 2013. 169, obs. Ph. Théry – Sur la durée de ce droit de jouissance spéciale, v. Civ. 3e, 8 sept. 2016, no 14-26.953, P III, no 105 ; *D.* 2016. 2238, obs. A.-L. Méano.

la possibilité de procéder à une saisie immobilière sur des droits toujours nouveaux se pose également. En l'état de cette possible discussion seront envisagés seulement les droits réels immobiliers pour lesquels la loi ou la jurisprudence estiment sans controverse qu'ils peuvent faire l'objet d'une saisie immobilière ; mais la question reste ouverte.

SECTION 2

ESSAI D'UNE CLASSIFICATION

1315.20 **Présentation. Plan.** On va distinguer le droit réel par excellence, le droit de propriété (§ 1), pour lequel le droit se confond avec l'objet du droit qu'est l'immeuble, des autres droits réels (§ 2).

§ 1

Droit de propriété

1315.31 **Propriété.** La saisie peut porter sur le droit de propriété du débiteur sur un bien immobilier ; c'est le cas le plus fréquent, où le droit et le bien se confondent, d'où cette confusion terminologique avec le bien, objet du droit, à l'ancien article 2204 C. civ. qui ne se retrouve pas à l'article L. 311-6 C. pr. exéc. Dans ce cas, la seule question qui se pose est celle de l'assiette du droit de propriété, qui conduit à déterminer avec précision les biens immeubles que le créancier peut englober dans la saisie immobilière et ceux qui ne pourront faire l'objet que de mesures d'exécution mobilière (v. s[s] n°s 1314.101 et 1316.05 s.).

1315.32 **Copropriété.** On parle communément de la **saisie d'un lot dépendant d'un immeuble en copropriété**. Pour être plus précis, le copropriétaire d'un lot jouit d'un double droit : droit divis sur les parties privatives et droit indivis sur les parties communes, ce qui complique l'exercice de la mesure d'exécution. En saisissant un lot de copropriété c'est principalement le droit divis de propriété sur les parties privatives qui est visé ; le droit indivis du copropriétaire sur les parties communes ne peut être vendu aux enchères indépendamment du droit divis auquel il est attaché, car cette indivision particulière portant sur les parties communes n'a jamais vocation à cesser, s'agissant d'une indivision forcée. Un lot peut aussi être composé d'un droit exclusif d'utiliser une surface pour y édifier des constructions, assorti d'une quote-part de la propriété du sol et des parties communes, c'est ce que l'on appelle la « *copropriété horizontale* »[1].

Avant la réforme de la procédure de saisie immobilière, l'ancien article 2217 alinéas 2 et 3 C. civ. précisait que pour les besoins de leur publication, les commandements portant sur des lots dépendant d'un immeuble soumis au statut de la copropriété étaient réputés ne pas porter sur la quote-part des parties communes comprises dans ces lots ; néanmoins les créanciers saisissants exerçaient leur droit sur ladite quote-part, prise dans sa consistance au moment de la mutation, dont le prix forme l'objet de la distribution.

On ne retrouve pas dans l'ordonnance du 21 avril 2006[2] l'équivalent de l'ancien article 2217 alinéas 2 et 3. Toutefois, même si le cas particulier de la saisie de droits portant sur un lot de copropriété n'est plus envisagé distinctement, le rédacteur du commandement, pour les besoins de la publicité foncière, devra toujours définir les droits divis et indivis attachés aux parties privatives.

1315.33 **Exclusion des droits indivis.** Les droits d'un débiteur sur un immeuble en indivision ne peuvent faire l'objet d'une saisie. Le créancier ne pourra que provoquer le partage et la licitation aux enchères publiques, si le partage en nature s'avère impossible (v. s[s] n°s 1422.101 s.).

1315.34 **Exclusion de l'immeuble grevé d'une clause de tontine.** Le créancier ne peut agir que sur un droit de propriété privatif. Doit en conséquence être annulé le commandement de saisie immobilière portant sur un immeuble grevé d'une clause de tontine, si la condition suspensive de survie n'était pas réalisée à la date de la délivrance du commandement, car le débiteur ne dispose pas d'un droit de propriété privatif sur le bien saisi[3] (v. aussi s[s] n°s 1421.44 s.).

§ 2

Autres droits réels

1315.41 **Principe.** Le droit et le bien immobilier ne se confondent pas. La saisie porte sur la valeur du droit, laquelle est différente de celle du bien vendu en pleine propriété, ce qui parfois confère peu de valeur, donc d'intérêt, à la saisie immobilière. On citera tous les **droits réels démembrés** qui sont habituellement envisagés mais, parmi eux, certains, en pratique, ne font que très rarement l'objet de saisies immobilières.

1315.42 **Nue-propriété.** Ce droit peut faire l'objet d'une saisie immobilière ; se greffe toutefois une difficulté, celle de déterminer l'assiette de l'immeuble

1. Civ. 3e, 15 nov. 1989, n° 87-18.188, P III, n° 213 ; *D.* 1990. 216, obs. P. Capoulade et Cl. Giverdon ; *RTD civ.* 1990. 304, obs. F. Zenati.
2. Ord. n° 2006-461, 21 avr. 2006, réformant la saisie immobilière, *JO* 22 avr., p. 6072.
3. Civ. 1re, 18 nov. 1997, n° 95-20.842, P I, n° 315 ; *JCP* 1998. II. 10051, obs. E. du Rusquec.

durant le démembrement de propriété et lorsque l'usufruit prend fin, surtout si l'usufruitier a réalisé des constructions et améliorations susceptibles d'être incorporées à l'immeuble principal (v. s[s] n°s 1316.31 et 1316.53).

1315.43 Usufruit. Droit qui donne à son titulaire la jouissance du bien immobilier à charge d'en conserver la substance. Le droit de l'usufruitier sur les biens immeubles est saisissable par les créanciers de l'usufruitier, sauf hypothèses légales d'insaisissabilité (v. s[s] n° 1319.21). Ce qui compte c'est la nature du droit exercé par le débiteur lorsque le créancier veut entreprendre une mesure d'exécution. Ainsi, le débiteur qui, postérieurement à la dette, fait donation de la nue-propriété de l'immeuble et s'en réserve l'usufruit ne peut plus être saisi immobilièrement que pour ce droit d'usufruit, sauf au créancier à exercer l'action paulienne pour que la donation soit rétroactivement révoquée et qu'il puisse saisir la pleine propriété[1].

1315.44 Emphytéose. Le bail emphytéotique confère au preneur un droit réel, droit de jouissance de longue durée (entre dix-huit et quatre-vingt-dix-neuf ans) où le preneur moyennant un loyer modique s'engage à faire des travaux importants sur le fonds (C. rur., art. L. 451-1 à L. 451-13). Ce droit est susceptible d'hypothèque et donc de saisie immobilière, depuis la loi du 25 juin 1902[2].

1315.45 Bail à construction. Constitue un bail à construction le bail par lequel le preneur s'engage, à titre principal, à édifier des constructions sur le terrain du bailleur et à les conserver en bon état d'entretien pendant toute la durée du bail (CCH, art. L. 251-1). Le bail à construction confère au preneur un **droit réel immobilier**. Ce droit peut être hypothéqué, de même que les constructions édifiées sur le terrain loué ; il peut être saisi dans les formes prescrites pour la saisie immobilière (CCH, art. L. 251-3).

1315.46 Bail à réhabilitation. Ce contrat impose au preneur de faire des travaux d'amélioration et de conserver l'immeuble en bon état pendant la durée du bail (CCH, art. L. 252-1). Bien que le preneur ne soit pas propriétaire de l'immeuble, il est titulaire d'un droit réel qu'il peut hypothéquer ou céder ; il peut être saisi dans les formes prescrites pour la saisie immobilière (CCH, art. L. 252-2 s.).

1315.47 Bail réel solidaire. Issu d'une ordonnance de 2016[3], le bail réel solidaire est un bail de longue durée (entre dix-huit et quatre-vingt-dix-neuf ans, renouvelable) par lequel un propriétaire personne physique ou personne morale de droit privé consent à un preneur, avec obligation de construire ou de réhabiliter des constructions existantes, des droits réels en vue de la location ou de l'accession temporaire à la propriété de logements, avec s'il y a lieu, obligation pour ce dernier de construire ou réhabiliter des constructions existantes (CCH, art. L. 255-1 s.). Ce droit peut être saisi dans les formes prescrites pour la saisie immobilière (CCH, art. L. 255-9).

1315.48 Droit de superficie. C'est un **droit réel** (par consensus de la doctrine et de la jurisprudence car aucun texte ne le dit), appartenant à une personne autre que le propriétaire du sol, sur ce qui se trouve dessus, des constructions, des arbres, des plantations à la surface du sol, ou sur ce qui se trouve dessous, garage en sous-sol, tunnel, cave. Le droit de superficie écarte donc le jeu de la règle de l'accession de l'article 552 C. civ. Le plus souvent, le droit de superficie résulte d'une convention, par laquelle le propriétaire du sol renonce au bénéfice de l'accession, ou d'une cession du droit de planter ou de construire. La superficie peut encore résulter d'un bail, le bailleur donnant le droit de construire au preneur et renonçant à l'accession. Dans ces différents cas, le bénéficiaire de la convention, le superficiaire, détient la propriété des constructions et plantations pendant la durée du contrat, le propriétaire du sol en devenant acquéreur en fin de contrat, gratuitement ou contre indemnité. C'est ce droit du superficiaire qui est susceptible de saisie immobilière.

1315.49 Droit sur les volumes. Le simple droit de construire (ou droit de superficie dématérialisé) avant même toute construction est encore un droit réel susceptible d'hypothèque. L'ancien article 2133 alinéa 2 C. civ. l'indiquait expressément, qui envisageait l'hypothèque de bâtiments commencés ou simplement projetés.

Cette hypothèse avait été reprise à l'article 2420, 3° C. civ., dans sa rédaction issue de l'ordonnance du 23 mars 2006 portant réforme des sûretés[4]. C'est aujourd'hui l'article 2414 C. civ. qui dispose laconiquement que l'hypothèque peut être consentie sur des immeubles présents ou futurs.

Ce droit sur les volumes, complètement dématérialisé, ne devient corporel que lorsque la construction est achevée. Il constitue un droit réel immobilier[5] et cessible. Comme le droit de superficie portant

1. Civ. 1re, 6 févr. 1996, n° 92-19.895, P I, n° 62 ; *JCP* 1996. IV. 728, pour une donation.
2. Civ. 3e, 15 mai 1991, n° 89-20.008, P III, n° 140 – Civ. 3e, 13 mai 1998, n°s 96-13.586 et 96-14.076, P III, n° 101 ; *D.* 1998. Somm. 346, obs. A. Robert.
3. Ord. n° 2016-985, 20 juill. 2016, relative au bail réel solidaire, *JO* 21 juill., texte 26.
4. Ord. n° 2006-346, 23 mars 2006, relative aux sûretés, *JO* 24 mars, p. 4475.
5. Civ. 3e, 15 nov. 1989, n° 87-18.188, P III, n° 213 ; *D.* 1990. 216, note P. Capoulade et C. Giverdon ; *RTD civ.* 1990. 304, obs. F. Zenati.

sur une construction existante, il est susceptible d'hypothèque.

En pratique, il s'agira le plus souvent d'un droit de surélévation.

1315.50 **Concession de mines et carrières.** Selon le Code minier, les mines sont immeubles (C. minier, art. L. 131-4). Sont aussi immeubles, outre les bâtiments des exploitations des mines, les machines, puits, galeries et autres travaux établis à demeure. Sont immeubles par destination, les machines et l'outillage servant à l'exploitation. Les mines ne peuvent être exploitées qu'en vertu d'une concession ou par l'État (C. minier, art. L. 131-1).

Le droit de concession est également un droit immobilier, distinct du fonds. L'institution d'une concession, même au profit du propriétaire de la surface, crée un droit immobilier distinct de la propriété de la surface (C. minier nouv., art. L. 132-8). Le concessionnaire dispose d'un droit réel sur des immeubles, droit qui devrait pouvoir être saisi séparément de celui du propriétaire du fonds. Toutefois, depuis une loi du 16 juin 1977 (C. minier, anc. art. 36, al. 2) ce droit n'est plus susceptible d'hypothèque ; faut-il en déduire qu'il n'est plus susceptible de saisie ?

Pour les carrières, le tréfonds n'est pas saisissable séparément de la superficie. Le titulaire du permis d'exploiter verse au propriétaire de la surface une indemnité d'occupation et une redevance ; et la valeur de la redevance réunie à la valeur de la surface est affectée avec elle aux hypothèques prises par les créanciers du propriétaire (C. minier, art. L. 333-7).

CHAPITRE

1316. Assiette de la saisie

ANNE LEBORGNE
PROFESSEUR ÉMÉRITE D'AIX-MARSEILLE UNIVERSITÉ

SECTION 0

ORIENTEUR

1316.00 **Sommaire du chapitre.**

Division. L'assiette de la saisie immobilière est constituée par les biens immobiliers par nature, destination et incorporation (sect. 1), les fruits immobilisés par la saisie (sect. 2), les accessoires juridiques de l'immeuble (sect. 3) et les sommes représentant la valeur de l'immeuble (sect. 4).

1316.02 **Jurisprudence de référence.**

> Procédure d'exécution applicable à l'immeuble dont la démolition a été ordonnée.

• **Civ. 3e, 10 juin 1981,** n° 79-15.907, P III, n° 119

* V. ss nos 0711.23, 1316.46

Le bâtiment que le constructeur sur le terrain d'autrui a été condamné à enlever par une décision devenue irrévocable, ne prend pas juridiquement le caractère de meubles. Par suite il ne peut pas faire l'objet dans les rapports entre le propriétaire du sol et le constructeur, d'une saisie mobilière.

> Saisie des meubles par anticipation.

• **Com. 24 nov. 1981,** n° 80-13.395, P IV, n° 408

* V. ss nos 0711.22, 0721.33, 1316.84

Un tribunal ayant retenu qu'un exploitant forestier n'avait eu, de l'acquisition d'un bois, en vue, que l'exploitation de sa superficie, a pu en déduire que les arbres à abattre avaient été mobilisés par anticipation peu important que certains de ces arbres fussent de haute futaie.

> Effets de l'adjudication d'un immeuble où était implanté un fonds de commerce.

• **Com. 31 mars 2009,** n° 08-14.180, P IV, n° 47

* V. ss n° 1316.81

Justifie légalement sa décision la cour d'appel qui constate que par le seul effet de l'adjudication, l'exploitant d'un fonds de commerce, qui n'était pas locataire mais propriétaire de l'immeuble où était implanté ce fonds, était dépourvu de titre lui permettant de poursuivre son exploitation et de justifier de son maintien dans les locaux acquis par l'adjudicataire, qui n'était pas tenu de lui consentir un bail commercial.

1316.05 **Principe. Plan.** La saisie immobilière concerne des biens de nature immobilière ; c'est une évidence à énoncer, mais l'assiette de la mesure d'exécution est parfois délicate à déterminer avec précision. En effet, les droits saisis ne portent pas toujours sur le bien immobilier principal, identifié au service de publicité foncière, mais encore sur tout ce qui peut y être attaché et qui emprunte la nature immobilière. Il est donc de l'intérêt du créancier poursuivant de connaître l'exacte assiette de son gage. Pour cela il convient d'abord de se référer nécessairement aux articles du Code civil qui définissent les immeubles, par nature, destination ou incorporation (sect. 1) mais aussi d'envisager les éventuels accessoires juridiques de l'immeuble (sect. 2). Il convient en outre d'isoler les développements consacrés aux fruits naturels et industriels comme civils de l'immeuble (sect. 3), car leur nature immobilière est définitivement fixée à compter de la mise en œuvre de la procédure de saisie immobilière.

SECTION 1
BIENS IMMOBILIERS PAR NATURE, DESTINATION ET INCORPORATION

1316.11 **Avertissement.** La question de la distinction meubles-immeubles ayant déjà été évoquée à propos de la saisie-vente, le lecteur sera renvoyé à ces développements afin de délimiter le domaine d'application de la saisie immobilière (v. Livre 7 de cet ouvrage : *Les saisies mobilières à fin de vente du bien*, v. ss nos 07.00 s.). Seront seulement apportées quelques précisions sur des difficultés spécifiques se dégageant à l'occasion de la saisie immobilière. La confrontation des règles du droit des biens et du droit du bail avec celles de la saisie immobilière soulève en effet un certain nombre de questions délicates. Il nous a paru intéressant de les poser, même si les réponses ne peuvent le plus souvent qu'être esquissées, en l'absence de jurisprudence publiée.

§ 1
Immeubles par nature

1316.21 **Rappel.** Pour déterminer les biens immeubles par nature, il faut se référer aux dispositions des articles 517 et suivants C. civ. : ces articles visent d'abord directement les fonds de terre, plus couramment appelés sols ou terrains, et les bâtiments ; ensuite, divers biens incorporés au sol ou au bâtiment, lequel est lui-même incorporé au fonds : articles 519 s. C. civ. Ainsi, les moulins à vent ou à eau, fixés sur pilier et faisant partie du bâtiment sont immeubles par nature ; ils ne peuvent donc faire l'objet d'une saisie mobilière[1]. En revanche, la saisie immobilière d'un moulin ne peut s'étendre au moteur dudit moulin, non fixé et ne faisant pas partie du bâtiment[2] ; c'est encore le cas des tuyaux servant à la conduite des eaux qui sont immeubles et font partie du fonds auquel ils sont attachés. Tous ces biens sont susceptibles d'être saisis avec l'immeuble parce qu'ils y sont attachés. Les constructions et améliorations apportées au fonds et aux bâtiments peuvent toutefois suivre un régime différent selon la qualité de celui qui les a édifiés, propriétaire du sol, locataire ou usufruitier. Le créancier du propriétaire du fonds peut éventuellement les englober dans l'assiette de la saisie immobilière mais les créanciers du locataire et de l'usufruitier peuvent également prétendre saisir ces bâtiments à certaines conditions.

A.
Sort des constructions et améliorations réalisées par le propriétaire du sol

1316.31 **Constructions.** Toutes les constructions, même légères et temporaires qui font l'objet d'un dispositif d'ancrage, de liaison ou de fondation révélant une adhésion à l'immeuble ont une nature immobilière résultant de leur fixité ; elles peuvent donc être englobées dans la saisie immobilière du fonds dirigée contre le propriétaire (v. ss nos 071.05 s.). De même, pour des accessoires, boiseries, fresques, bas-reliefs dès lors qu'ils sont intimement et spécialement incorporés à l'immeuble (v. cep. un contre ex., à propos de convecteurs électriques, dont il ne fut pas constaté qu'ils étaient indissociablement liés à l'immeuble et ne pouvaient être enlevés sans porter atteinte à son intégrité[3]).

1316.32 **Sort des améliorations, autres que des constructions.** Avant 2006, le Code civil disposait déjà que l'hypothèque s'étendait à toutes les améliorations survenues à l'immeuble hypothéqué, sans distinguer s'il s'agissait d'immeubles par nature ou par destination[4]. La jurisprudence avait étendu la règle à la saisie immobilière, dès lors que l'amélioration était ajoutée au support fondamental d'origine (ainsi pour des constructions incorporées au terrain[5] ; pour des serres[6]). Le créancier poursuivant, qu'il soit ou non privilégié (v. ss no 1311.11), englobait donc dans sa saisie le bien et ses améliorations, tout autant que celles-ci ne pouvaient être matériellement dissociées du fonds[7]. À la suite de l'entrée en vigueur de l'ordonnance du 23 mars 2006[8] relative aux sûretés, l'extension de l'hypothèque aux améliorations qui surviennent à l'immeuble avait été ajou-

1. Civ. 19 juill. 1893, *DP* 1893. 1. 603 ; *S.* 1894. 1. 241, note Wahl.
2. Req. 27 oct. 1931, *DH* 1933. 37.
3. Civ. 3e, 23 janv. 2002, no 99-18.102, P III, no 12.
4. Req. 2 juill. 1901, *DP* 1909. 1. 342 – Civ. 1er mai 1906, *DP* 1909. 1. 345 – Req. 24 févr. 1926, *DH* 1926. 206.
5. Paris, 19 mars 1935, *DH* 1935. 321.
6. Civ. 3e, 6 janv. 1972, no 70-11.872, P III, no 11 ; *D.* 1972. 398.
7. Com. 24 mars 1981, no 79-15.258, P IV, no 159.
8. Ord. no 2006-346, 23 mars 2006, relative aux sûretés, *JO* 24 mars, p. 4475.

tée à l'article 2397 alinéa 3 C. civ. Conformément à l'ordonnance du 15 septembre 2021[1] portant réforme du droit des sûretés, depuis le 1er janvier 2022, la règle figure à l'article 2389 C. civ.

1316.33 Conflit d'intérêts entre le créancier sur saisie immobilière et des créanciers du propriétaire du fonds, qui sont à l'origine des améliorations. Pour faciliter le crédit aux exploitations et entreprises, des textes dérogatoires ont créé des exceptions au mécanisme de l'incorporation : ainsi, la loi du 30 avril 1906 modifiée par le décret-loi de 1935 en matière de *warrants* agricoles, permettait d'éviter, sur les biens objets du *warrant*, récoltes, animaux et matériel agricole, le jeu des mécanismes d'immobilisation par incorporation ou par destination. Les *warrants* agricoles sont aujourd'hui réglementés dans le Code rural et de la pêche maritime. La constitution du *warrant* avant la saisie immobilière exclut donc les fruits naturels et industriels de l'assiette du gage. En vertu de l'article L. 342-12 C. rur., dans sa rédaction issue de l'ordonnance du 23 mars 2006 portant réforme des sûretés, modifiée par l'ordonnance du 18 septembre 2019[2], « *lorsque les objets warrantés ont le caractère d'immeubles par nature ou par destination en vertu des articles 520 et 524 du Code civil et qu'il y a concours sur ces objets entre le porteur du warrant et les créanciers hypothécaires ou privilégiés, en vertu de l'article 2374 du Code civil, le prix de vente se distribue entre eux d'après la date respective des inscriptions du warrant et des privilèges ou hypothèques et, pour les hypothèques dispensées d'inscription, d'après la date à laquelle ont pris naissance les droits du créancier* [...]. *L'ordonnance du juge du tribunal judiciaire suffit pour régler cette distribution* ».

Mais à part ce *warrant* agricole qui demeure, l'ordonnance n° 2021-1192 du 15 septembre 2021 qui a, à nouveau, réformé le droit des sûretés pour le simplifier et le moderniser a supprimé les diverses sûretés spéciales du Code de commerce, ainsi, le warrant hôtelier et le warrant pétrolier, le nantissement d'outillage et de matériel d'équipement ainsi que le gage de stock ; le gage de droit commun suffisant à répondre aux besoins de la pratique. L'article 2334 dispose que le gage peut avoir pour objet des meubles immobilisés par destination et ajoute que l'ordre de préférence entre créancier hypothécaire et créancier gagiste est déterminée conformément à l'article 2419 C. civ., c'est-à-dire par les dates auxquelles les titres respectifs ont été publiés.

Depuis l'ordonnance du 15 septembre 2021 relative aux sûretés, la règle selon laquelle l'hypothèque s'étend à toutes les améliorations qui surviennent à l'immeuble ainsi qu'aux accessoires réputés immeubles est posée à l'article 2389 C. civ.

1316.34 Jeu de la clause de réserve de propriété. Un vendeur avec réserve de propriété peut revendiquer les biens meubles vendus et impayés tout autant qu'ils se retrouvent en nature dans le patrimoine de l'acquéreur[3]. Peuvent-ils en revanche avoir été incorporés à l'immeuble et donc être devenus immeubles, ce qui permettrait au créancier du propriétaire de l'immeuble de les viser dans la saisie immobilière ? La question se pose souvent, notamment pour des éléments de cuisine sur-mesure incorporés à des immeubles d'habitation ou du matériel industriel.

La Cour de cassation l'admet lorsque le rattachement matériel à l'immeuble conduit bien à l'incorporation des matériels vendus avec réserve de propriété au fonds immobilier, de sorte qu'ils n'existent plus en nature empêchant la clause de produire effet. Ainsi, pour un séchoir qui ne pouvait être démonté[4], pour des matériels intégrés à une ligne de sciage[5], pour des installations de chauffage, ventilation, de la plomberie et des sanitaires[6], pour des profils porteurs destinés à soutenir des dalles de faux plafonds d'un immeuble, qui tout en étant démontables matériellement ne pouvaient l'être sans que disparaisse l'ensemble du faux plafond lui-même[7] ; dans tous ces cas, il apparaissait que le bien meuble était non seulement attaché à l'immeuble mais avait acquis une indissociabilité fonctionnelle avec le support. En revanche, l'incorporation n'a pas été retenue, et le matériel, une rotative, a pu être revendiqué lorsqu'il n'est pas apparu que la fixation au sol n'avait pas eu pour conséquence de rendre la rotative indissociable de son support de béton[8] ; de même, lorsque les éléments livrés sont aisément démontables dans l'immeuble auquel ils n'ont été fixés que pour remplir leur fonction industrielle et commerciale et que leur adjonction ou suppression n'entraîne pas la dépréciation de cet immeuble, on considérera qu'ils se retrouvent en nature[9]. En effet, l'article 2370 C. civ. dispose que l'incorporation d'un meuble faisant l'objet d'une réserve de propriété à un autre bien ne fait pas

1. Ord. n° 2021-1192, 15 sept. 2021, portant réforme du droit des sûretés, *JO* 16 sept., texte 19.
2. Ord. n° 2019-964, 18 sept. 2019, prise en application de la loi n° 2019-222 du 23 mars 2019 de programmation 2018-2022 et de réforme pour la justice, *JO* 19 sept., texte 5.
3. Y compris en cas de procédure collective de l'acheteur, v. C. com., art. L. 624-16.
4. Com. 6 janv. 1987, n° 85-16.577, P IV, n° 4 : *D.* 1987. 242, note J. Prévault ; *RTD com.* 1988. 119, note B. Bouloc.
5. Com. 10 juill. 1990, n° 89-13.091, P IV, n° 206 ; *RTD com.* 1991. 285, note B. Bouloc.
6. Com. 2 mars 1999, n° 95-18.643, P IV, n° 50 ; *RTD civ.* 1999. 442, obs. P. Crocq ; *D.* 2000. Somm. 69, obs. D. Mainguy.
7. Paris, 3e ch. B, 30 avr. 1993, *D.* 1993. Somm. 291, obs. F. Pérochon.
8. Com. 12 févr. 1991, n° 89-19.314, P IV, n° 69 ; *Gaz. Pal.* 1992. 1. 86, note Cressard ; *JCP E* 1992. I. 136, n° 17, obs. M. Cabrillac et Ph. Pétel ; *D.* 1993. 291.
9. Com. 17 mars 1998, n° 95-11.209, P IV, n° 108.

obstacle aux droits du créancier lorsque ces biens peuvent être séparés sans subir de dommage.

B. Constructions et améliorations réalisées par le locataire

1316.41 Principe : immeubles par nature appartenant au propriétaire. Lorsque des constructions ont été réalisées par le locataire sur une terre à lui louée, seront-elles également incluses dans l'assiette de la saisie immobilière dirigée contre le propriétaire du fonds ? *A priori*, les constructions sont immeubles par nature, donc saisissables uniquement selon la procédure d'exécution immobilière et seulement par les créanciers du propriétaire[1] ; du moins tout autant qu'elles adhéreront au sol. Il faut cependant examiner les conditions du bail pour savoir si le locataire était en droit de les élever et à qui elles resteront acquises à l'expiration du contrat de louage. En outre, la question se pose encore de l'opposabilité des termes du bail au créancier saisissant et donc à l'adjudicataire (v. s[s] n° 1331.342).

1316.42 Constructions autorisées par le bailleur. Il faut ici distinguer selon le droit positif applicable à la relation locative.

1316.43 Sous l'empire des dispositions du Code civil : c'est le contrat qui fait foi. Lorsque les constructions ont été autorisées par le bail et qu'il est prévu une indemnité au profit du locataire en fin de bail, ces constructions sont la propriété du locataire pendant la durée d'exécution du contrat ; le preneur à bail peut donc les hypothéquer[2] et ses créanciers pourront les saisir par voie immobilière, l'adjudicataire en devenant propriétaire pour la durée du bail restant à courir[3].

1316.44 Loi n° 89-462 du 6 juillet 1989 en matière de louage d'habitation[4] : en principe, pas de transformation possible de la chose louée. Le principe posé à l'article 7-f est l'interdiction de transformer : « *Le locataire a l'obligation de ne pas transformer les locaux et équipements loués sans l'accord écrit du propriétaire* » ; mais ce dernier peut toujours autoriser le locataire à réaliser des transformations dans les lieux loués qui lui semblent utiles ; une clause du contrat le prévoira ou l'autorisation en sera donnée par le bailleur dans un acte postérieur qui pour être opposable à l'adjudicataire devra avoir date certaine (v. s[s] n° 1331.342). Les transformations, éventuellement immeubles par incorporation, devraient donc rester la propriété du locataire pendant la durée du contrat.

De même, dans un contrat de location soumis à la loi du 6 juillet 1989, l'article 6-*a* prévoit que les parties peuvent envisager la réalisation de travaux par le locataire, en cours d'exécution du contrat parce que le local n'est pas en bon état d'usage et de réparations de toutes espèces, moyennant une diminution de loyer corrélative et une indemnisation du locataire en cas de départ anticipé. Dans ce cas, le locataire réalisant des travaux à la place du propriétaire, on doit pouvoir en déduire un droit immédiat du propriétaire sur ces constructions et améliorations qui échappent alors au gage des créanciers du locataire.

1316.45 Opposabilité des dispositions du bail au poursuivant. Le locataire ne peut arguer d'un droit, tiré de son bail si ce contrat n'est pas opposable au créancier poursuivant. L'article L. 321-4 C. pr. exéc. dispose que « *les baux consentis par le débiteur après la saisie sont, quelle que soit leur durée, inopposables au créancier poursuivant comme à l'acquéreur* » (v. s[s] n° 1331.343). Si le domaine de la règle est clair, il s'agit des baux, on pouvait s'interroger sur le sens à donner à la formule « *consentis* [...] *après la saisie* » ? L'article R. 321-3 C. pr. exéc., qui énonce les mentions du commandement valant saisie dispose que cet acte comporte « *l'indication que le commandement vaut saisie de l'immeuble et que le bien est indisponible à l'égard du débiteur à compter de la signification de l'acte et à l'égard des tiers à compter de la publication de celui-ci au bureau des hypothèques* ». Pour le débiteur, la saisie débute donc dès la signification du commandement. Par ailleurs, l'article R. 321-13 C. pr. exéc. affirme « *la restriction aux droits de jouissance et d'administration du débiteur* [...] *à compter de la signification du commandement de payer valant saisie* ». Et, l'alinéa 3 dispose que « *dans le cas où une convention a été conclue antérieurement à la publication du commandement par le débiteur saisi en violation des effets attachés à la signification du commandement, sa nullité est déclarée par le juge à la demande du cocontractant* ».

On notera que la sanction d'un tel bail n'est plus la nullité mais l'inopposabilité au poursuivant et à l'acquéreur.

1316.46 Absence de disposition conventionnelle, constructions non autorisées ou bail non opposable au poursuivant : la solution est donnée par l'article 555 du Code civil. Lorsque les constructions n'ont pas été autorisées, le bailleur peut soit en demander la destruction, soit opter pour la conservation moyennant remboursement du coût des matériaux ou de la plus-value (C. civ., art. 555). Cette option du bail-

1. Grenoble, 3 mars 1903, *DP* 1905. 2. 240.
2. Paris, 30 mai 1864, *DP* 1866. 2. 174 ; *S.* 1864. 2. 266.
3. Civ. 7 avr. 1862, *DP* 1862. 1. 281 ; *S.* 1862. 1. 450 – Paris, 1er févr. 1928, *Gaz. Pal.* 1928. 1. 396.
4. L. n° 89-462, 6 juill. 1989, dite Mermaz-Malandain, tendant à améliorer les rapports locatifs et portant modification de la loi n° 86-1290 du 23 décembre 1986, *JO* 8 juill., p. 8541.

leur ne s'exercera toutefois, qu'en fin de bail. Même réalisées illicitement, les constructions ou transformations ne sont pas acquises au bailleur en cours de contrat, ce dernier ne pouvant qu'exiger la remise en état en fin de bail. Ainsi, en cours de bail, le preneur demeure propriétaire des constructions réalisées [1]. Le créancier du locataire pourrait donc les saisir en cours de bail mais l'adjudicataire perdra tout droit sur ces constructions en fin de bail. Il n'est pas conseillé d'envisager une saisie dans ce cas puisque le propriétaire du sol peut exiger la démolition de ces constructions.

L'article 7, f de la loi du 6 juillet 1989 en matière de louage d'habitation distingue en outre, le cas où les transformations réalisées mettent en péril le bon fonctionnement des équipements et la sécurité du local : le bailleur peut alors ordonner la remise en état immédiate, sans attendre donc l'expiration du contrat, ce qui peut conduire à une démolition des constructions réalisées, le locataire demeurant seulement propriétaire des matériaux.

En cas de destruction ordonnée par le propriétaire, les créanciers du locataire n'ont donc qu'un droit portant sur les matériaux provenant de la démolition, ce qui ne leur ouvre ici encore qu'une voie d'exécution mobilière. La question se pose toutefois de savoir si c'est la démolition effective qui redonne aux matériaux une nature mobilière ou s'ils perdent leur caractère immobilier dès que le propriétaire a exprimé sa volonté de les faire détruire. En d'autres termes, peut-on considérer comme des meubles par anticipation les matériaux à provenir d'une démolition ? La réponse semble négative depuis un arrêt de la Cour de cassation de 1981, qui décide que dès lors que les constructions n'ont pas été démolies, elles ne peuvent faire l'objet d'une saisie mobilière [2].

1316.47 Aménagements. En matière de locations à usage d'habitation soumises aux dispositions de la loi du 6 juillet 1989, la loi fait interdiction aux locataires de transformer les locaux sans l'accord du propriétaire (v. s[s] n° 1316.44), mais autorise « *les simples aménagements réalisés par le locataire dès lors que ceux-ci ne constituent pas une transformation de la chose louée* » (L. 6 juill. 1989, art. 6-*d*). Dans ce cas, le locataire n'a donc aucune autorisation à demander et en fin de bail le propriétaire ne peut lui imposer la remise en état. Par aménagement il faut entendre des dispositions plus commodes, pour tel ou tel usage ; mais la jurisprudence a considéré comme un aménagement le fait d'installer une douche dans un coin cuisine [3]. Ces transformations peuvent donc devenir immeubles par incorporation ; elles resteront alors acquises au bailleur et pourront être saisies avec l'immeuble. Lorsque le locataire peut les démonter sans préjudice pour l'immeuble en revanche, elles échappent à l'incorporation et restent dans le patrimoine du preneur à bail.

C.
Constructions et améliorations réalisées par l'usufruitier

1316.51 Assiette de l'usufruit. L'usufruitier du sol qui réalise des constructions et améliorations étend l'assiette de son droit d'usufruit.

1316.52 Améliorations. S'il réalise des améliorations [4], l'article 599 C. civ. décide qu'il ne peut réclamer aucune indemnité à la cessation de l'usufruit, même si la valeur de la chose s'en est trouvée augmentée ; il peut seulement enlever les glaces, tableaux et autres ornements qu'il aurait fait placer si ces objets sont détachables. Pendant la durée de l'usufruit, ses créanciers peuvent alors saisir son usufruit ainsi amélioré. Quant aux créanciers du nu-propriétaire, ils peuvent saisir la nue-propriété du bien amélioré en cours d'usufruit et la pleine propriété à expiration de l'usufruit.

1316.53 Constructions. Aux améliorations, la jurisprudence assimile les constructions nouvelles édifiées par l'usufruitier dès lors qu'elles s'ajoutent au fonds ou achèvent ou agrandissent un bâtiment existant [5], refusant de considérer l'usufruitier comme un tiers et d'appliquer les dispositions de l'article 555 C. civ. [6] Il ne paraît pas envisageable, pour l'usufruitier, d'hypothéquer la propriété de la construction, ni pour un de ses créanciers de le saisir. En tout état de cause, un créancier n'a pas intérêt à s'exposer à réaliser une vente annulable ; il est donc déconseillé d'entreprendre une telle saisie.

Il faut cependant distinguer l'hypothèse où ces améliorations ont conduit à la réalisation d'une chose nouvelle, distincte du fonds sur lequel elles ont été élevées (jugé ainsi pour une chambre de bonne distincte de l'appartement, objet de l'usufruit, mais contiguë à celui-ci [7]).

1. Civ. 1re, 1er déc. 1964, *JCP* 1965. II. 14213, note Esmein ; *RTD civ.* 1965. 373, note J.-D. Bredin – Civ. 1re, 23 oct. 1990, n° 88-20.296, P I, n° 217.
2. Civ. 3e, 10 juin 1981, n° 79-15.907, P III, n° 119 ; *RTD civ.* 1982. 164, obs. Cl. Giverdon.
3. Civ. 1re, 18 févr. 1963, *D.* 1963. Somm. 46.
4. Sur la notion d'améliorations, v. Com. 12 juin 2012, n° 11-11.424, P IV, n° 123 ; *D.* 2012. 2128, obs. B. Mallet-Bricout et N. Reboul-Maupin.
5. Besançon, 5 avr. 1887, *DP* 1888. 2. 222 – Com. 12 juin 2012, n° 11-11.424, P (préc., v. s[s] n° 1316.52), pour des travaux de démolition, de reconstruction d'une habitation de superficie supérieure, de construction d'une piscine et d'aménagement du terrain.
6. Req. 4 nov. 1885, *DP* 1886. 1. 361.
7. Paris, 4 mars 1966, *Gaz. Pal.* 1966. 2. 6, note Cabanac ; *RTD civ.* 1966. 835, obs. J.-D. Bredin.

1316.54 Nature de l'indemnisation pour grosses réparations. Selon l'article 605 C. civ., l'usufruitier n'est pas tenu aux grosses réparations qui demeurent à la charge du propriétaire sauf si elles ont été occasionnées par le défaut d'entretien depuis l'ouverture de l'usufruit ; toutefois, l'usufruitier ne peut contraindre le nu-propriétaire à réaliser ces travaux[1]. L'usufruitier qui procède alors lui-même à une grosse réparation est fondé à réclamer au nu-propriétaire le montant de la plus-value en résultant lors de la cessation de l'usufruit[2]. Le créancier du nu-propriétaire va saisir le droit de son débiteur sur un immeuble réparé, c'est-à-dire dont la valeur aura augmenté ou à tout le moins été maintenue grâce à la dépense de l'usufruitier. Mais quelle sera l'étendue du droit de l'adjudicataire de l'usufruit ? Pourra-t-il prétendre à l'indemnité de plus-value en fin d'usufruit en considérant que la créance est attachée au droit d'usufruit, ou cette créance est-elle strictement personnelle à l'usufruitier, ce qui permettra à ce dernier seulement d'en exiger paiement auprès du nu-propriétaire, lorsque l'usufruit est vendu aux enchères ? La question ne semble pas avoir donné lieu à jurisprudence publiée. Il semble toutefois que le principe jurisprudentiel du droit à indemnisation étant fondé sur l'enrichissement sans cause, la créance soit personnelle à l'usufruitier. En outre, compte tenu du caractère viager de l'usufruit, les tribunaux admettent parfois que l'usufruitier réclame son indemnité dès la fin des travaux et sans attendre la fin de l'usufruit[3], ce qui résoudrait la question d'un éventuel droit de l'adjudicataire.

D.
Sort des constructions réalisées par un tiers

1316.61 Théorie de l'accession. Selon les dispositions de l'article 551 C. civ., tout ce qui s'unit ou s'incorpore à la chose appartient au propriétaire et, selon les dispositions de l'article 555, lorsque des plantations, constructions et ouvrages ont été faits par un tiers avec des matériaux appartenant à ce dernier, le propriétaire du fonds a le droit d'en conserver la propriété sous réserve d'indemniser le tiers évincé. La construction peut donc être incluse dans l'assiette d'une saisie immobilière dirigée contre le propriétaire du sol. Toutefois, cette accession est-elle automatique ou doit-elle faire l'objet d'une manifestation de volonté de la part du propriétaire du terrain ? La Cour de cassation a jugé que sauf convention contraire, l'accession opérait de plein droit, l'acquisition de la propriété des constructions n'étant pas soumise à l'action du propriétaire du sol ni à celle du créancier poursuivant. La haute juridiction a ainsi refusé de faire droit à la demande en distraction de la saisie immobilière formée par une épouse, séparée de biens de son mari, se prétendant propriétaire d'un pavillon construit sur le terrain appartenant à celui-ci[4].

§ 2
Droit d'accession

1316.71 Principe : la propriété du sol emporte propriété du dessus et du dessous. L'article 552 C. civ. pose une présomption d'accession qui est toutefois susceptible d'être combattue par la preuve contraire résultant d'un titre ou de la prescription acquisitive (jugé ainsi pour un local en sous-sol[5] ; pour une cave située sous deux immeubles contigus[6] ; pour une terrasse aménagée sur le toit d'une remise appartenant à un autre propriétaire[7]). Le saisissant doit donc vérifier l'étendue des droits de son débiteur pour savoir si la saisie immobilière du sol englobera le dessus et le dessous[8].

§ 3
Régime des meubles immobilisés par destination ou incorporés

1316.81 Principe et exception. L'article 2092-2 C. civ. le précisait avant la réforme des voies d'exécution mobilière, les immeubles par destination « *ne peuvent être saisis indépendamment de l'immeuble sauf pour paiement de leur prix* ». Cette règle n'avait pas été modifiée en 1991 et elle s'était retrouvée codifiée à l'article L. 112-3 C. pr. exéc. Dès lors qu'on était en présence d'un immeuble par destination (pour la

1. Req. 10 déc. 1900, *DP* 1901. 1. 209, note Guénée – Civ. 3e, 30 janv. 1970, no 68-12.197, P III, no 83 – Civ. 3e, 10 juill. 2002, no 00-22.158, NP ; *Rev. loyers* 2002. 562, obs. Rémy – Civ. 1re, 18 déc. 2013, no 12-18.537, P I, no 243 ; *D.* 2014. 77 ; *AJ fam.* 2014. 240, obs. S. Thouret ; *RTD civ.* 2014. 149, obs. W. Dross.
2. Civ. 17 juill. 1911, *DP* 1911. 1. 457 – Paris, 31 oct. 1961, *Gaz. Pal.* 1962. 1. 75 – Pontoise, 17 mars 1976, *Gaz. Pal.* 1976. 2. 573, note Plancqueel.
3. Paris, 27 juill. 1928, *DP* 1929. 2. 1, obs. Josserand ; *S.* 1930. 2. 73, obs. Chavegrin.
4. Civ. 3e, 27 mars 2002, no 00-18.201, P III, no 78 ; *JCP* 2003. I. 111, no 20, obs. M. Storck ; *RDI* 2002. 384, obs. M. Bruschi ; *Rev. loyers* 2002. 329, obs. Rémy.
5. Civ. 3e, 12 juill. 2000, no 97-13.107, P III, no 144 ; *RTD civ.* 2002. 539, obs. Th. Revet ; *JCP* 2001. I. 305, no 1, obs. H. Périnet-Marquet ; *Defrénois* 2001. 451, obs. C. Atias ; *RDI* 2000. 525, obs. M. Bruschi.
6. Civ. 3e, 26 mai 1992, no 90-22.145, P III, no 172.
7. Civ. 3e, 7 oct. 1998, no 96-18.748, P III, no 200 ; *Defrénois* 1999. 424, obs. C. Atias ; *RTD civ.* 1999. 142, obs. F. Zenati.
8. Civ. 3e, 13 mai 2015, no 13-27.342, P III, no 44 ; *D.* 2015. 1893, obs. N. Reboul-Maupin ; *D.* 2016. 167, obs. J.-D. Bretzner et A. Aynès ; *RTD civ.* 2015. 902, obs. W. Dross.

détermination de la nature du bien, v. Livre 7 de cet ouvrage : *Les saisies mobilières à fin de vente du bien*, v. s[s] n°s 07.00 s.), il était donc compris de plein droit dans la saisie du fonds. C'est en ce sens au demeurant, que se prononce la jurisprudence pour déterminer l'assiette de l'hypothèque qui grève un immeuble : la sûreté grève également les immeubles par destination (en l'occurrence des serres qui y sont attachées[1]) et les biens ne peuvent donc échapper à la saisie immobilière[2]. Toutefois, pour que le bien meuble change de nature et acquière la qualité d'immeuble par destination encore faut-il qu'il n'y ait pas d'obstacles juridiques à cette transformation. Ainsi, des cuves en inox, bien que scellées, ne peuvent être saisies au même titre que les biens et droits immobiliers appartenant au groupement foncier agricole saisi, sans que soit préalablement tranchée la question de savoir si le fait que ce matériel avait été acquis par contrats de crédit-bail et restait la propriété du crédit bailleur jusqu'à la levée d'option, ne faisait pas obstacle à ce que ces cuves aient pu faire l'objet d'un apport au profit du groupement foncier agricole[3].

Le principe de l'inclusion des immeubles par destination dans l'assiette de la saisie immobilière vient toutefois d'être assorti d'une exception. L'ordonnance du 15 septembre 2021[4], portant réforme du droit des sûretés a rendu possible l'inscription d'un gage sur ces meubles devenus immeubles par destination. Le nouvel article 2334 C. civ. dispose que « *le gage peut avoir pour objet des meubles immobilisés par destination. L'ordre de préférence entre le créancier hypothécaire et le créancier gagiste est déterminé conformément à l'article 2149* » Le créancier qui entreprend une saisie immobilière devra donc vérifier si les meubles, immobilisés par destination ont été gagés, ou s'il peut les englober dans l'assiette de sa saisie immobilière. S'agissant d'un gage sans dépossession, cette sûreté devra être publiée pour être opposable (v. C. civ., art. 2337 nouv.).

Conformément à l'article 37 de l'ordonnance du 15 septembre 2021[5], les dispositions des articles 2334 et 2337 sont entrées en vigueur au 1er janvier 2022, alors que l'entrée en vigueur de l'article 2338 nouveau, qui précise que « *le gage est publié par une inscription sur un registre spécial dont les modalités sont réglées par décret en Conseil d'État* », avait été reportée au 1er janvier 2023. Aussi, pour l'année 2022, il fallait lire les articles R. 331-4 et R. 331-5 C. pr. exéc. dans leur rédaction issue du décret n° 2021-1888 du 29 décembre 2021[6], qui renvoyait au système de publicité applicable aux gages sans dépossession instauré par le décret du 23 décembre 2006[7]. Depuis le 1er janvier 2023, conformément aux dispositions du décret n° 2021-1887, les articles R. 331-4 et R. 331-5 opèrent renvoi au registre spécial tenu par le greffe du tribunal de commerce et qui est réglementé à l'article R. 521-1 C. com. et suivants.

Quoi qu'il en soit, l'admission de ce gage portant sur un immeuble par destination impose de prévoir l'intégration du créancier gagiste dans la procédure de distribution du prix, ce qui a été fait par l'ordonnance du 15 septembre 2021, qui a complété l'article L. 331-1 C. pr. exéc. en ce sens.

1316.82 Nécessité de viser les biens dans le commandement ? Avant la réforme opérée par l'ordonnance du 15 septembre 2021, la jurisprudence estimait que les immeubles par destination étaient implicitement compris dans la saisie immobilière, même si le saisissant ne les avait pas visés dans le commandement (ainsi pour des animaux placés sur le domaine[8]) et même si ces immeubles n'existaient pas lors de la constitution de l'hypothèque (ainsi pour le mobilier d'un hôtel[9]). Toutefois, quand le poursuivant avait clairement exclu certains accessoires des immeubles saisis, ainsi en ne les visant pas tous au commandement et dans les affiches annonçant la vente, l'adjudicataire ne pouvait réclamer que les immeubles par destination énumérés au commandement et au cahier des charges (ainsi pour la vente sur adjudication d'une métairie et d'une tuilerie, où la saisie ne s'étendait qu'aux accessoires de la tuilerie visés dans le commandement et les affiches[10]).

La description des immeubles avait pu d'ailleurs apparaître plus néfaste qu'utile après qu'une autre décision ait décidé que l'énumération précise et détail-

1. Civ. 3e, 6 janv. 1972, n° 70-11.872, P III, n° 11 ; *D.* 1972. 398.
2. Ainsi, les meubles affectés à l'exploitation commerciale d'un hôtel et placés au service du fonds de commerce par le saisi constituent des immeubles par destination ; ils sont donc englobés dans l'assiette de la saisie et l'adjudicataire en devient propriétaire ; EN CE SENS Com. 31 mars 2009, n° 08-14.180, P IV, n° 47 ; *JCP E* 2009. 1899, note Plankeel.
3. Civ. 3e, 19 juin 2002, n° 00-18.746, P III, n° 144 ; *JCP* 2002. IV, n° 2402.
4. Ord. n° 2021-1192, 15 sept. 2021, préc.
5. Ord. n° 2021-1192, 15 sept. 2021, préc.
6. Décr. n° 2006-1804, 23 déc. 2006, préc.
7. Décr. n° 2006-1804, 23 déc. 2006, art. 1er et 9.
8. Req. 12 nov. 1890, *S.* 1891. 1. 76 – Bourges, 9 août 1894, *DP* 1894. 2. 299 – Pau, 30 janv. 1905, *S.* 1906. 2. 214 – Bordeaux, 27 mars 1906, *DP* 1908. 2. 10.
9. Paris, 13 mai 1936, *DH* 1936. 384 – Depuis la loi n° 2015-177 du 16 février 2015 (relative à la modernisation et à la simplification du droit et des procédures dans les domaines de la justice et des affaires intérieures, *JO* 19 févr., p. 2961), les animaux sont définis comme des êtres vivants doués de sensibilité (C. civ., art. 515-14), tout en étant soumis au régime juridique des biens. L'article 524 précise que, placés par le propriétaire du fonds au service et à l'exploitation de celuici, les animaux seront soumis au régime des immeubles par destination.
10. Angers, 5 janv. 1877, *DP* 1877. 2. 79.

lée des immeubles par destination dans le cahier des charges, en l'absence d'indications contraires dans le commandement, avait pour conséquence de laisser hors de la saisie les immeubles par destination non compris dans cette énumération (ainsi pour le matériel d'un sanatorium[1]). La solution, très critiquée n'avait pas été reproduite depuis.

Désormais, selon les informations que le créancier poursuivant aura pu recueillir avant de rédiger le commandement de payer valant saisie, il devra préciser si les immeubles par destination sont ou non inclus dans l'assiette de la saisie immobilière.

1316.83 Séparation du fonds et cessation de l'immobilisation. Une difficulté encore peut surgir lorsque les immeubles par destination sont vendus par leur propriétaire, qui les sépare ainsi du fonds immeuble auquel ils étaient affectés. La jurisprudence estime en principe, que tant que la livraison n'a pas été opérée et que l'objet est encore sur le fonds où il était précédemment incorporé, les créanciers hypothécaires conservent le droit de les comprendre dans la saisie[2]. L'appréciation du moment précis où s'opère la cessation de l'immobilisation est cependant toujours délicate : le seul fait que des éléments mobiliers soient démontables et que le propriétaire ait la volonté de les aliéner séparément de l'immeuble où ils étaient installés, ne permet pas de conclure sans hésitation qu'ils ont perdu leur qualité immobilière (ainsi pour des machines situées dans des usines textiles, où il a été jugé, à propos d'un conflit opposant commissaires-priseurs et notaires, que la question constituait une contestation sérieuse, échappant à la compétence du juge des référés[3]).

La difficulté est plus grande encore lorsque le propriétaire dissocie la vente des bâtiments d'exploitation de la vente du fonds de terre sur lequel ils sont édifiés : quelle nature reconnaître aux objets mobiliers attachés à l'exploitation du fonds rural ? La Cour de cassation a jugé que la cession du matériel d'exploitation d'une champignonnière avec les bâtiments, mais sans le fonds de terre, faisait cesser l'immobilisation du matériel ; bien que les bâtiments soient immeubles par nature, ils ne constituaient pas à eux seuls une partie du fonds rural auquel étaient attachés les objets mobiliers servant à son exploitation[4].

1316.84 Mobilisation par anticipation des produits. Une question particulière se pose pour la **vente d'arbres à abattre** : la Cour de cassation a jugé qu'un exploitant forestier qui achète un bois alors qu'il n'avait d'autre but que l'exploitation de sa superficie a mobilisé par anticipation lesdits arbres[5] ; cette solution semble donc exclure qu'un poursuivant les englobe dans l'assiette d'une saisie immobilière. Toutefois, il a aussi été jugé qu'une vente d'arbres à abattre ne saurait s'analyser qu'en une vente immobilière et donc se trouverait assujettie à publicité foncière en tant que restriction au droit de disposer, ce qui permettrait de saisir les arbres. Cette décision, très critiquée, semble cependant avoir opéré une confusion sur l'objet de la publicité foncière (en l'espèce, n'ayant pas été publiée, elle fut jugée inopposable aux acheteurs du fond[6]).

SECTION 2
FRUITS : BIENS IMMOBILISÉS PAR LA SAISIE

1316.91 Idée directrice. La saisie immobilière va permettre au créancier non seulement d'appréhender l'immeuble pour le faire vendre mais encore de bénéficier de valeurs complémentaires, issues des fruits de l'immeuble, immobilisés à son profit. La technique est la même qu'il s'agisse des fruits naturels et industriels, ou des fruits civils, loyers et fermages.

L'article L. 321-3 C. pr. exéc. dispose que « *la saisie d'un immeuble emporte saisie de ses fruits, sauf l'effet d'une saisie antérieure* ». Aucune distinction n'ayant été opérée selon les fruits, l'immobilisation des fruits civils est ainsi envisagée de la même manière que celle des autres fruits.

1316.92 Renvoi. V. s^{s} n°s 1331.351 s.

§ 1
Saisie de tous les fruits

1316.101 Principe. L'article L. 321-3 C. pr. exéc. dispose que « *la saisie d'un immeuble emporte saisie de ses fruits, sauf l'effet d'une saisie antérieure* ». Par cette formule générale, semblent visés et les fruits naturels et industriels et les fruits civils. Tous sont désormais saisis au même titre que l'immeuble.

1316.102 Date d'effet : la signification du commandement de payer valant saisie. Cet effet se produit lors de la signification du commandement de payer valant saisie au débiteur. Selon l'article R. 321-3, 7° C. pr. exéc., le commandement comporte « *l'indication que le commandement vaut saisie des fruits et que le débiteur en est séquestre* ».

1. Orléans, 30 juill. 1946, *Gaz. Pal.* 1947. 1. 21 ; *RTD civ.* 1947. 206.
2. Angers, 6 juin 1894, *S.* 1896. 2. 25 – Com. 16 juin 1965, P IV, n° 381.
3. Civ. 1re, 20 juill. 1994, n° 92-14.665, P I, n° 259.
4. Com. 21 juill. 1987, n° 85-18.723, P IV, n° 206 ; *JCP N* 1988. II. 312.
5. Com. 24 nov. 1981, n° 80-13.395, P IV, n° 408.
6. Reims, 10 mai 1982, *JCP* 1984. II. 20225, note crit. M. Dagot ; *RTD civ.* 1984. 334, obs. crit. C. Giverdon.

De même, selon l'article R. 321-5 alinéa 2 C. pr. exéc., la mention du débiteur au 7° s'entend de celle du tiers détenteur.

L'article R. 321-13 C. pr. exéc. le réaffirme ensuite, la saisie des fruits court à compter de la signification du commandement de payer valant saisie.

§ 2
Sort des fruits

1316.111 **Source.** Une sous-section 4, intitulée « *La saisie des fruits* », et comprenant les articles R. 321-16 à R. 321-18 C. pr. exéc. précise le sort des fruits saisis.

1316.112 **Immobilisation.** Selon l'article R. 321-16 C. pr. exéc., tous « *les fruits sont immobilisés à compter de la signification du commandement de payer valant saisie et distribués avec le prix de l'immeuble selon le même ordre que la distribution de celui-ci* ».

1316.113 **Pouvoir du créancier de vendre les fruits naturels et industriels.** L'article R. 321-17 C. pr. exéc., dispose que « *le créancier poursuivant pourra autoriser le saisi à vendre les fruits à l'amiable ou faire procéder lui-même, sur autorisation du juge de l'exécution à la coupe et à la vente des fruits qui seront vendus aux enchères ou par tout autre moyen dans le délai que le juge aura fixé. Le prix sera déposé entre les mains du séquestre désigné par le créancier poursuivant ou à la caisse des dépôts et consignation* ».

1316.114 **Immobilisation des fruits civils.** Pour les loyers et fermages, le créancier poursuivant pourra, par acte d'huissier de justice, s'opposer à ce que le locataire se libère des loyers et fermages entre les mains du débiteur et lui faire obligation de les verser entre les mains d'un séquestre qu'il désigne ou de les consigner à la caisse des dépôts et consignations. À défaut d'une telle opposition, les paiements faits au débiteur sont valables et celui-ci est séquestre des sommes reçues.

§ 3
Effets d'une saisie antérieure

1316.121 **Principe.** L'article L. 321-3 C. pr. exéc., pose un même principe pour tous les fruits : la saisie de l'immeuble emporte saisie de ses fruits, sauf l'effet d'une saisie antérieure. Les fruits qui auront fait l'objet d'une saisie avant la signification du commandement de payer valant saisie resteront donc hors de l'assiette de la saisie immobilière.

La solution est intéressante, surtout s'agissant des fruits civils. Avant la réforme, on s'interrogeait sur l'incidence d'une saisie attribution sur la créance de loyers, créance à exécution successive, à cause de l'effet d'immobilisation produit par le dépôt du commandement à la Conservation des hypothèques sur ces sommes. La rédaction de l'article L. 321-3 C. pr. exéc. semble résoudre la difficulté. Si la saisie de l'immeuble emporte saisie des fruits sauf effet d'une saisie antérieure, cela devrait signifier que les fruits ne seront immobilisés (C. pr. exéc., art. R. 321-16) que tout autant qu'ils sont demeurés saisissables. Ainsi, la saisie attribution engagée avant la délivrance du commandement de payer valant saisie se poursuivra malgré la mise en œuvre d'une mesure d'exécution sur l'immeuble.

Pour les fruits naturels et industriels, on peut envisager le cas des récoltes sur pied se trouvant dans les six semaines qui précèdent l'époque habituelle de leur maturité. Depuis la réforme des procédures civiles d'exécution, ces fruits, qui auparavant étaient saisis par la procédure de saisie-brandon, peuvent être saisis grâce à la procédure de saisie-vente. Si une telle procédure a été engagée avant la délivrance du commandement de payer valant saisie, ces fruits seront exclus de l'assiette de la saisie immobilière.

SECTION 3
ACCESSOIRES JURIDIQUES DE L'IMMEUBLE

1316.131 **Identité d'assiette avec l'hypothèque.** Lorsqu'une hypothèque est inscrite sur un immeuble, son assiette va s'étendre aux accessoires réputés immeubles (C. civ., art. 2397). Depuis le 1er janvier 2022, la règle figure au nouvel article 2389 C. civ. Peuvent ainsi être englobés dans la saisie de l'immeuble ses accessoires juridiques, c'est-à-dire les droits réels démembrés qui ne sont pas susceptibles de faire l'objet d'une sûreté à titre principal, et les droits qui offrent un mode d'usage de l'immeuble. La saisie immobilière pourra donc logiquement prétendre à la même assiette que la sûreté immobilière.

§ 1
Les droits réels démembrés, insusceptibles de sûretés à titre principal

1316.141 **Droits visés.** Ce sont les servitudes [1], les droits de mitoyenneté et tous les droits réels démembrés accessoires, insusceptibles de sûretés à titre principal. Ils seront inclus dans la saisie immobilière du fonds auquel ils se rattachent.

1. Paris, 10 mai 1898, *DP* 1898. 2. 497, note Planiol.

§ 2

Les droits qui permettent un mode d'usage du bien immeuble

1316.151 **Une liste ouverte ?** L'idée est que ces droits sont liés à l'utilisation de l'immeuble ; ils en sont également les accessoires. La liste donnée n'est donc pas nécessairement exhaustive, dès lors qu'on arrive à faire la démonstration du caractère accessoire et indispensable à l'immeuble. Des jurisprudences anciennes en donnent des exemples qui présentent l'intérêt d'illustrer la question et de fournir un cadre de réflexion, la question étant susceptible de se poser d'une manière nouvelle avec les droits de plantation de vigne.

1316.152 **Jurisprudences anciennes.** Il a été jugé que la redevance minière, due par le concessionnaire d'une mine au propriétaire, étant une indemnité à caractère mobilier, ne pouvait être saisie immobilièrement si elle était séparée du sol[1], mais qu'avant cette séparation, elle formait un accessoire du fonds compris dans la saisie immobilière[2].

De même, une concession du droit d'éclairage, bien meuble, consentie par une ville au propriétaire d'une usine à gaz, a pu être saisie en même temps que l'usine établie pour son exploitation car, d'après les circonstances, elle devait être considérée comme un accessoire inséparable de l'immeuble[3].

Et encore, le droit au bail, portant sur un terrain contigu à une propriété, objet d'une saisie immobilière, a été englobé dans la saisie immobilière parce qu'il a été démontré que la jouissance de ce terrain était l'accessoire nécessaire de la propriété saisie[4].

1316.153 **Droits de plantation.** La question se pose de leur saisissabilité en même temps que le sol car il y a un enjeu économique certain pour le créancier. Le créancier qui a une hypothèque sur des parcelles de terre plantées en vigne englobe-t-il ces droits dans sa saisie ? La réponse passe par la détermination de la nature juridique de ces droits ; or cette question a été très discutée[5]. La culture de la vigne fait l'objet d'une réglementation européenne très stricte qui interdit toute plantation nouvelle dans l'Union et fait dépendre la culture d'autorisations administratives accordées dans les limites de contingents annuels à des exploitants remplissant certaines conditions. Les droits de plantations nouvelles ne sont ainsi que la conséquence de droits d'arrachage avec autorisation de transfert d'exploitation. Pour un viticulteur qui souhaite exploiter une parcelle de terre non plantée, en vigne, il est donc nécessaire d'être titulaire des droits correspondants, sinon son projet ne peut aboutir. La jurisprudence a affirmé le caractère immobilier de ces droits, attachés à l'exploitation viticole[6] ; mais la formule n'est pas exempte d'ambiguïté car exploitation et sol ne sont pas nécessairement confondus. La jurisprudence a ensuite encore précisé qu'en cas de location de la terre, les droits de plantation revenaient au propriétaire du fonds affermé, par le mécanisme de l'accession[7], le locataire ne pouvant imposer au bailleur l'arrachage[8]. Il faudrait logiquement considérer les droits de plantation comme des droits réels, permettant un mode particulier d'usage du sol, et attachés au fonds immeuble, donc saisissables avec lui.

1316.154 **Primes d'arrachages.** Qu'en est-il des primes allouées par l'Union européenne au propriétaire du fonds pour l'inciter à arracher ? En l'état des divergences des juges du fond, la Cour de cassation a jugé que les indemnités offertes contre renonciation aux droits de plantation ne constituaient pas le prix d'un produit, n'étant pas la valeur de la vigne détruite, et qu'en conséquence le créancier poursuivant n'avait pas de droit de préférence sur ces sommes[9]. Ainsi faut-il se garder de confondre les droits, attachés au fonds, et la contrepartie financière de la renonciation au bénéfice de ces droits, à savoir les primes d'arrachage qui entrent dans le patrimoine du renonçant et peuvent faire l'objet d'une mesure d'exécution mobilière (dans l'arrêt de 1994, le créancier saisissant l'immeuble était d'ailleurs en concurrence avec des créanciers qui avaient pratiqué une saisie-arrêt sur la prime). La prime d'arrachage a elle aussi une nature particulière, sur laquelle la Cour de cassation ne s'est pas prononcée, nature *sui generis* sans doute, car elle récompense la renonciation à un droit et ne représente pas la contre-valeur de ce droit, comme le ferait une indemnité d'assurance ou d'expropriation (v. s^s n°s 1316.163 et 1316.165).

1. Civ. 13 nov. 1848, *S.* 1848. 1. 682.
2. Civ. 10 nov. 1845, *S.* 1846. 1. 176 – Civ. 27 oct. 1885, *S.* 1887. 1. 252.
3. Civ. 21 janv. 1878, *DP* 1879. 1. 263.
4. TGI Versailles, 27 avr. 1964, *JCP* 1964. II. 14299, note P. Raynaud, qui souligne l'originalité de la solution.
5. Géninet, « Du droit de planter la vigne », *RD rur.* 1991. 1 – P. Devarenne, « Nature juridique des droits de plantation et de replantation », *RD rur.* 1996. 302, n° spécial, spéc. p. 322.
6. Civ. 3e, 17 avr. 1996, n° 94-13.521, P III, n° 105 ; *RD rur.* 1996. 225, concl. Weber ; *RD rur.* 1996. 322, chron. Devarenne ; *RD rur.* 1996. 410, note Géninet ; *JCP* 1997. II. 22783, note Roussel ; *D.* 1997. 318, note E. Agostini.
7. Civ. 3e, 7 janv. 1998, n° 95-20.785, P III, n° 2 ; *D.* 1998. 582, note E. Agostini – Civ. 3e, 24 mars 1999, n° 97-14.303, P III, n° 77 ; *D.* 2000. 139, note E. Agostini et concl. Weber.
8. Civ. 3e, 18 nov. 1998, n°s 96-18.438 et 96-22.102, P III, n°s 217 et 218 ; *D.* 1999. IR 10 – Civ. 3e, 29 mars 2000, n° 98-18.794, P III, n° 71.
9. Civ. 3e, 12 oct. 1994, n° 92-14.367, P III, n° 180 ; *RDI* 1995. 141, obs. Ph. Delebecque et Ph. Simler – J.-L. Bergel (dir.), *Les grands arrêts de droit immobilier*, Dalloz, 2001, n° 87, comm. Leborgne.

SECTION 4
SOMMES REPRÉSENTANT LA VALEUR DE L'IMMEUBLE

1316.161 **Des indemnités de toute nature.** Les indemnités d'expropriation pour cause d'utilité publique, celles dues par des tiers ou l'État au titre de la solidarité, les indemnités d'assurance de toutes sortes, quel que soit le risque pris en charge (perte, détérioration mais aussi risque locatif), représentent la valeur du bien immeuble. Ce sont des valeurs, substituées à celles des droits réels du débiteur, sur lesquelles certains créanciers peuvent prétendre à un droit préférentiel.

1316.162 **Problème.** Ces indemnités entrent-elles dans l'assiette de la saisie immobilière ? La question ne se pose qu'en cas d'indemnisation partielle de la valeur du bien immeuble menacé de saisie. Si l'immeuble n'existe plus du tout, ou si le titulaire du droit en a été exproprié, le droit réel est transformé en créance de prix contre l'assureur ou l'État. Le créancier qui envisageait une saisie immobilière ne peut l'entreprendre. Si toutefois il était titulaire d'une sûreté réelle sur ce droit immobilier, a-t-il alors un droit de préférence sur l'indemnité ? La réponse diffère selon la nature de l'indemnité.

1316.163 **Indemnités d'assurance.** L'article L. 121-13 C. assur., dans sa rédaction issue de l'ordonnance du 10 février 2016[1], attribue toutes les indemnités d'assurance (incendie, grêle, mortalité du bétail, risque locatif ou autres risques), sans qu'il y ait besoin de délégation expresse, aux créanciers privilégiés ou hypothécaires, suivant leur rang. Le titulaire de la sûreté dispose d'un droit propre contre l'assureur, qui ne passe pas par le patrimoine du débiteur. Il peut donc l'appréhender même s'il n'a pas déclaré sa créance à la faillite du débiteur, et malgré la suspension des poursuites[2].

Toutefois, une difficulté pratique peut venir de l'ignorance de l'existence d'un créancier titulaire de sûreté par l'assureur. Or, l'article L. 121-13 alinéa 2 C. assur. dispose que les paiements faits de bonne foi avant opposition sont valables, ce qui ne favorise pas le créancier titulaire de sûretés. Et la Cour de cassation, à propos d'un gage sur véhicule automobile, n'a pas estimé que l'inscription de la sûreté la rendait opposable à l'assureur de plein droit[3].

La solution a été transposée aux créanciers titulaires de sûretés réelles publiées par la première chambre civile[4]. Cette analyse repose sur l'interprétation de la notion de tiers, dans l'article 30 du décret du 4 janvier 1955 : sont concernés par l'opposabilité des actes publiés au service de la publicité foncière, ceux qui ont sur l'immeuble des droits concurrents ; l'assureur n'en ferait donc pas partie et le paiement qu'il fait à l'assuré est libératoire malgré l'inscription[5]. L'opposabilité du droit propre au paiement de l'indemnité d'assurance est donc subordonnée à une demande en paiement adressée par le créancier privilégié à l'assureur.

1316.164 **Autres indemnités. Indemnité due par un tiers responsable ou par l'État.** En principe, pas de droit de préférence sur ces sommes pour le titulaire de sûretés, sauf dispositions spéciales. Ainsi, en cas d'incendie du fait du locataire ou d'un voisin, le créancier bénéficie encore de l'indemnité de responsabilité en vertu de l'article L. 121-13 alinéa 3 C. assur.

1316.165 **Indemnité d'expropriation.** L'article L. 222-2 C. expr. le précise : « *L'ordonnance d'expropriation éteint, par elle-même et à sa date, tous droits réels ou personnels existant sur les immeubles expropriés.* » Mais conformément aux dispositions de l'article L. 222-3 du même code, « *les droits des créanciers régulièrement inscrits sur les immeubles expropriés, soit avant la publication au fichier immobilier de l'ordonnance d'expropriation, de l'ordonnance de donner acte ou de l'acte de cession consentie après la déclaration d'utilité publique, soit postérieurement à ladite publication en ce qui concerne les privilèges conservés suivant les prescriptions des articles 2379 et 2380 du Code civil, sont reportés sur l'indemnité compte tenu du rang de préférence qui leur est reconnu par les textes qui les régissent* ». Et en vertu de l'article R. 311-8 du même code, « *si l'indemnité fixée à l'amiable après la déclaration d'utilité publique entre l'expropriant et l'exproprié est inférieure au montant total des créances pour le recouvrement desquelles il a été pris inscription, les créanciers bénéficiaires d'inscriptions de privilèges ou d'hypothèques sur l'immeuble ou le droit réel exproprié, ainsi que les créanciers bénéficiaires d'une inscription de nantissement sur un fonds de commerce dont l'expropriation entraîne l'éviction, peuvent encore exiger que l'indemnité acceptée par leur débiteur soit soumise au juge* »[6]. Les articles suivants déterminent la procédure à suivre.

1. Ord. n° 2016-131, 10 févr. 2016, portant réforme du droit des contrats, du régime général et de la preuve des obligations, *JO* 11 févr., texte 26.
2. Com. 4 févr. 1986, n° 84-16.639, P IV, n° 2 – Com. 18 févr. 1992, n° 90-12.840, P IV, n° 81 ; *Gaz. Pal.* 1992. Pan. 187 ; *JCP* 1992. I. 3623, n° 23, obs. Ph. Delebecque.
3. Civ. 1re, 17 juin 1969, *D.* 1970. 21, note Besson.
4. Civ. 1re, 29 févr. 2000, n° 97-21.099, P I, n° 63 ; *JCP* 2000. I. 259, n° 13, obs. Ph. Delebecque.
5. L. Aynès et P. Crocq, *Les sûretés, la publicité foncière*, 2e éd., Defrénois, 2006, n° 700.
6. TGI Paris, 6 oct. 1987, AJPI 1988. 155 – TGI Paris, 4 déc. 1987, AJPI 1988. 524.

CHAPITRE

1317. Pluralité d'immeubles et restrictions aux droits du créancier

ANNE LEBORGNE
PROFESSEUR ÉMÉRITE D'AIX-MARSEILLE UNIVERSITÉ

SECTION 0 ORIENTEUR

1317.00 **Sommaire du chapitre.**

Division. Seront ici examinés le droit à exécution et choix des mesures du créancier (sect. 1) en cas de pluralité d'immeubles du débiteur et les restrictions à ces droits (sect. 2).

1317.02 **Jurisprudence de référence.**

> Droit à l'exécution effective des décisions de justice.

• **CEDH 19 mars 1997,** *Hornsby c/Grèce*, req. n° 18357/91

* V. s[s] n°s 0101.11, 0133.06, 0211.51, 0231.05, 0251.151, 04.05, 0522.23, 1317.11, 16.05, 1711.252, 1711.304

40. La Cour rappelle sa jurisprudence constante selon laquelle l'article 6 par. 1 (art. 6-1) garantit à chacun le droit à ce qu'un tribunal connaisse de toute contestation relative à ses droits et obligations de caractère civil ; il consacre de la sorte le « droit à un tribunal », dont le droit d'accès, à savoir le droit de saisir un tribunal en matière civile, constitue un aspect (arrêt Philis c/Grèce du 27 août 1991, série A n° 209, p. 20, par. 59). Toutefois, ce droit serait illusoire si l'ordre juridique interne d'un État contractant permettait qu'une décision judiciaire définitive et obligatoire reste inopérante au détriment d'une partie. En effet, on ne comprendrait pas que l'article 6 par. 1 (art. 6-1) décrive en détail les garanties de procédure – équité, publicité et célérité – accordées aux parties et qu'il ne protège pas la mise en œuvre des décisions judiciaires ; si cet article (art. 6-1) devait passer pour concerner exclusivement l'accès au juge et le déroulement de l'instance, cela risquerait de créer des situations incompatibles avec le principe de la prééminence du droit que les États contractants se sont engagés à respecter en ratifiant la Convention (voir, mutatis mutandis, l'arrêt Golder c/Royaume-Uni du 21 février 1975, série A n° 18, pp. 16-18, § 34-36). L'exécution d'un jugement ou arrêt, de quelque juridiction que ce soit, doit donc être considérée comme faisant partie intégrante du « procès » au sens de l'article 6 (art. 6) ; la Cour l'a du reste déjà reconnu dans les affaires concernant la durée de la procédure (voir, en dernier lieu, les arrêts Di Pede c/Italie et Zappia c/Italie du 26 septembre 1996, *Recueil des arrêts et décisions* 1996-IV, pp. 1383-1384, § 20-24, et pp. 1410-1411, § 16-20, respectivement).

> La marge d'appréciation dont jouissent les États pour intervenir dans une procédure d'exécution d'une décision de justice, ne peut avoir comme conséquence d'empêcher, d'invalider ou de retarder l'exécution de manière excessive.

• **CEDH, 28 juill. 1999,** *Immobiliare Saffi c/Italie*, req. n° 22774/93

* V. s[s] n°s 0101.15, 0101.18, 0133.06, 1317.11, 16.05

64. La société requérante se plaint que la procédure d'expulsion a duré environ treize ans. De plus, elle dénonce le fait qu'à la suite de l'action du préfet de Livourne et de la commission préfectorale, qui examinent les expulsions au cas par cas afin de déterminer celles qui vont être exécutées, il y a eu méconnaissance de la décision du juge d'instance de Livourne, qui avait statué sur la date d'exécution de l'expulsion lors de la procédure au fond. Immobiliare Saffi n'aurait donc pas eu accès à un tribunal afin d'obtenir satisfaction de son droit à récupérer son appartement et à obtenir l'exécution de l'ordonnance d'expulsion à partir du 30 septembre 1984.

65. La Cour note que le bailleur ne peut demander l'exécution de l'ordonnance d'expulsion d'un locataire qu'à partir de la date que le juge d'instance, tenant compte des exigences particulières du bailleur et du locataire et des raisons de l'expulsion, a fixée dans l'ordonnance. La loi fixe un délai maximum de sursis à l'exécution de six mois, exceptionnellement douze mois, après quoi l'ordonnance doit pouvoir être exécutée (§ 20 ci-dessus). Le juge d'instance de Livourne avait fixé la date d'exécution de l'ordonnance en faveur de I. B. au 30 septembre 1984. Or, les dispositions législatives

passées entre décembre 1984 et avril 1989 ont reporté cette date, à chaque fois de quelques mois (§ 23-26 ci-dessus).

66. La Cour rappelle que le droit au tribunal garanti à l'article 6 protège également la mise en œuvre des décisions judiciaires définitives et obligatoires qui, dans un État qui respecte la prééminence du droit, ne peuvent rester inopérantes au détriment d'une partie (voir, mutatis mutandis, l'arrêt Hornsby précité, p. 510, § 40). Par conséquent, l'exécution d'une décision judiciaire ne peut être retardée de manière excessive.

67. La société requérante, toutefois, ne se plaint pas en particulier de cette suspension législative de l'exécution de son ordonnance d'expulsion. En revanche, elle se plaint que le législateur italien a conféré au préfet et à la commission préfectorale le pouvoir d'examiner les expulsions au cas par cas afin de déterminer celles qui doivent être exécutées, ce qui rend la décision du juge d'instance de Livourne inopérante.

68. Le Gouvernement souligne à ce propos que si le préfet, en tant qu'auxiliaire de justice, doit prêter son concours à l'exécution des décisions de justice exécutoires, il a également le pouvoir, dans le cadre de ses fonctions d'autorité administrative chargée de maintenir l'ordre public, de ne pas déférer à une demande de concours de la force publique quand une telle exécution risquerait de provoquer de graves troubles à l'ordre public. Un tel pouvoir ne méconnaîtrait pas le droit au tribunal garanti à l'article 6 § 1 de la Convention, considérant que le respect des critères généraux par le préfet est soumis à un contrôle juridictionnel.

69. La Cour reconnaît qu'un sursis à l'exécution d'une décision de justice pendant le temps strictement nécessaire à trouver une solution satisfaisante aux problèmes d'ordre public peut se justifier dans des circonstances exceptionnelles.

70. Ce qui est en cause en l'espèce n'est cependant pas, comme le Gouvernement semble le soutenir, un refus ponctuel opposé par le préfet à la demande de concours de la force publique en raison d'un risque de graves troubles à l'ordre public. Dans la présente affaire, le sursis à l'exécution à partir de janvier 1990 a résulté de l'intervention ultérieure du législateur, qui a remis en cause la décision du juge d'instance quant à la date de la libération des lieux par le locataire. En effet, à partir du 1er janvier 1990 et pendant plus de six ans, l'exécution de l'ordonnance d'expulsion en faveur de la société I.B. a été reportée à plusieurs reprises (§ 28-29 ci-dessus) et, en fait, n'a jamais eu lieu, Immobiliare Saffi ayant récupéré son appartement à la suite du décès du locataire. Le législateur, présumant la persistance du risque de graves troubles à l'ordre public déjà constaté en 1984, en raison du grand nombre d'expulsions à exécuter en même temps, a conféré au préfet, en tant qu'autorité administrative chargée de maintenir l'ordre public, un pouvoir, voire un devoir, d'intervention systématique dans l'exécution des ordonnances d'expulsion, tout en fixant le cadre dans lequel il devrait exercer ce pouvoir.

71. Or la Cour constate en premier lieu que la remise en cause de la date de la libération des lieux a ôté tout effet utile à la décision du juge d'instance de Livourne sur ce point dans son ordonnance du 21 novembre 1983. Il convient de souligner à cet égard que la décision quant à l'octroi de l'assistance de la force publique est fondée sur les mêmes éléments – situation du bailleur et du locataire ; motif de l'expulsion – pris en compte par le juge d'instance conformément à l'article 56 de la loi no 392/78.

72. En outre, la Cour observe que l'évaluation de l'opportunité de surseoir ultérieurement à l'exécution de l'ordonnance d'expulsion, donc de proroger de fait le bail, était soustraite à tout contrôle judiciaire effectif, l'étendue du contrôle des décisions du préfet étant limitée au respect de l'application des critères de priorité (paragraphe 42 ci-dessus).

73. De surcroît, la prorogation semestrielle du système d'échelonnement du concours de la force publique durant presque neuf ans (paragraphes 28-34 ci-dessus) donne le sentiment que les autorités italiennes se sont contentées d'avoir recours à ce système plutôt que de rechercher d'autres solutions efficaces aux problèmes d'ordre public liés au domaine du logement.

74. En conclusion, si on peut admettre que les États contractants, dans des circonstances exceptionnelles et, comme en l'espèce, dans le cadre de la marge d'appréciation dont ils jouissent en matière de réglementation de l'usage des biens, interviennent dans une procédure d'exécution d'une décision de justice, pareille intervention ne peut avoir comme conséquence ni d'empêcher, invalider ou encore retarder de manière excessive l'exécution, ni, encore moins, de remettre en question le fond de cette décision.

Dans la présente affaire, comme la Cour l'a exposé aux § 54-56 ci-dessus concernant le grief tiré de l'article 1 du Protocole no 1, l'appréciation du juge d'instance de Livourne dans son ordonnance du 21 novembre 1983 a été privée de tout effet utile par les dispositions législatives incriminées. De plus, à partir du moment où le préfet est devenu l'autorité ayant compétence pour fixer la date de l'expulsion forcée, et au vu de l'absence d'un contrôle judiciaire effectif de ses décisions, la société requérante a été privée de son droit à ce que la contestation l'opposant à son locataire soit décidée par un tribunal, comme le veut l'article 6 de la Convention. Cela est contraire au principe de la prééminence du droit.

Partant, il y a eu violation de l'article 6 § 1 de la Convention.

75. Quant au grief portant sur la durée de la procédure d'exécution, la Cour estime qu'il doit être considéré comme absorbé par le précédent (paragraphes 64-73 ci-dessus).

> Droit d'accès à un tribunal et droit à un tribunal dont le droit à l'exécution fait partie intégrante.

• **CEDH 11 janv. 2001,** *P. M. Lunari et Tanganelli c/Italie*, req. no 21463/93

* V. ss nos 0133.06, 0522.23, 1317.11

39. La Cour rappelle que dans des affaires italiennes concernant également les retards dans l'expulsion de locataires, elle a examiné les griefs tirés de la durée de la procédure d'expulsion sous l'angle, plus général, du droit à un tribunal, et elle est parvenue à la conclusion que les requérants n'avaient pas bénéficié du droit d'accès à un tribunal (voir les arrêts Immobiliare Saffi précité, § 61 ; Edoardo Palumbo c/Italie, no 5919/89, § 42-45).

40. Il s'agissait d'affaires dans lesquelles l'exécution de l'ordonnance d'expulsion avait été retardée de manière excessive en conséquence du refus, opposé par le préfet, d'accor-

der l'assistance de la force publique. La Cour avait observé en particulier qu'à partir du moment où le préfet était devenu l'autorité ayant compétence pour fixer la date de l'expulsion forcée, et au vu de l'absence d'un contrôle judiciaire effectif de ses décisions, les propriétaires avaient été privés de leur droit à ce que la contestation les opposant à leurs locataires soit décidée par un tribunal, comme le veut l'article 6 de la Convention.

41. La Cour considère que la présente affaire diffère des affaires susmentionnées. En l'occurrence, le requérant a saisi, le 14 décembre 1991, le juge de l'exécution d'une demande visant à obtenir que sa locataire, étant en retard avec le paiement des loyers, ne puisse pas bénéficier de la suspension de l'octroi de la force publique. Ce juge a examiné la question et a ensuite fait droit à cette demande le 17 avril 1993 (voir § 17 ci-dessus). Peu après, le 2 juillet 1993, le requérant a obtenu le concours de la force publique (voir § 20 ci-dessus).

42. Dans ces conditions, la Cour estime que le requérant a bénéficié de son droit d'accès à un tribunal. Il faut encore examiner si le requérant a bénéficié de son droit à un tribunal, dont le droit à l'exécution d'un jugement ou arrêt, de quelque juridiction que ce soit, fait partie intégrante (voir, *mutatis mutandis*, l'arrêt Hornsby c/Grèce du 19 mars 1997, *Recueil* des arrêts et décisions 1997-II, p. 510, § 40).

43. La Cour rappelle à cet égard que l'exécution d'une décision judiciaire ne peut être empêchée, invalidée ni retardée de manière excessive (arrêt Immobiliare Saffi précité, § 74).

44. En l'espèce, le requérant a obtenu en date du 9 octobre 1987 une ordonnance d'expulsion (voir paragraphe ci-dessus), qui ne fut exécutée que le 2 juillet 1993, soit environ quatre ans après que le requérant eût signifié, le 3 août 1989, à la locataire le commandement de libérer les lieux, en commençant ainsi la procédure d'exécution (voir paragraphe 14 ci-dessus). La Cour souligne à cet égard que le requérant avait le droit d'obtenir l'octroi de l'assistance de la force publique en priorité, la locataire étant en retard dans le paiement des loyers ; environ seize mois durent cependant passer avant que cette priorité ne soit reconnue par le juge d'instance (voir § 17 ci-dessus).

45. La Cour estime que le Gouvernement n'a pas démontré que ce sursis à l'exécution n'ait duré que le temps strictement nécessaire à trouver une solution satisfaisante aux problèmes d'ordre public auxquels les autorités italiennes étaient confrontées ; en particulier, la Cour note que le Gouvernement, qui fait valoir que la locataire avait un enfant à sa charge et percevait un revenu modeste, n'a pas prouvé que pendant ces quatre années les autorités aient cherché une solution aux problèmes de logement de celle-ci (voir, *mutatis mutandis*, l'arrêt A.O. c/Italie, n° 22534/93, § 29).

46. Dans ces conditions, la Cour estime qu'il y a eu violation du droit à un tribunal garanti à l'article 6 § 1 de la Convention. Le grief tiré de la durée de la procédure doit être considéré comme absorbé par le précédent.

> Droit à la mise en œuvre sans délai d'une décision de justice définitive et obligatoire.

• **CEDH 7 mai 2002,** *Bourdov c/Russie*, req. n° 59498/00

* V. s^s n°s 0101.18, 0133.06, 0142.11, 0215.14, 1317.11

33. L'article 6 § 1 de la Convention, en ses passages pertinents, se lit ainsi : « Toute personne a droit à ce que sa cause soit entendue équitablement [...] par un tribunal [...] qui décidera [...] des contestations sur ses droits et obligations de caractère civil [...] ».

34. La Cour rappelle que l'article 6 § 1 garantit à chacun le droit à ce qu'un tribunal connaisse de toute contestation relative à ses droits et obligations de caractère civil ; il consacre de la sorte le « droit à un tribunal », dont le droit d'accès, à savoir le droit de saisir un tribunal en matière civile, constitue un aspect. Toutefois, ce droit serait illusoire si l'ordre juridique interne d'un État contractant permettait qu'une décision judiciaire définitive et obligatoire reste inopérante au détriment d'une partie. On ne comprendrait pas que l'article 6 § 1 décrive en détail les garanties de procédure – équité, publicité et célérité – accordées aux parties et qu'il ne protège pas la mise en œuvre des décisions judiciaires ; si cet article devait passer pour concerner exclusivement l'accès au juge et le déroulement de l'instance, cela risquerait de créer des situations incompatibles avec le principe de la prééminence du droit que les États contractants se sont engagés à respecter en ratifiant la Convention. L'exécution d'un jugement ou arrêt, de quelque juridiction que ce soit, doit donc être considérée comme faisant partie intégrante du « procès » au sens de l'article 6 (Hornsby c/Grèce, arrêt du 19 mars 1997, *Recueil* 1997-II, p. 510, § 40).

35. Une autorité de l'État ne saurait prétexter du manque de ressources pour ne pas honorer une dette fondée sur une décision de justice. Certes, un retard dans l'exécution d'un jugement peut se justifier dans des circonstances particulières, mais le retard ne peut avoir pour conséquence une atteinte à la substance même du droit protégé par l'article 6 § 1 (Immobiliare Saffi c/Italie [GC], n° 22774/93, § 74, CEDH 1999-V). En l'espèce, le requérant n'aurait pas dû se trouver dans l'impossibilité de bénéficier de l'issue heureuse de la procédure, qui portait sur la réparation d'un dommage causé à sa santé à l'occasion d'une participation obligatoire à une opération d'urgence, en raison des difficultés financières que connaîtrait l'État.

36. La Cour relève que les jugements rendus par le tribunal municipal de Chakhty les 3 mars 1997, 21 mai 1999 et 9 mars 2000 sont demeurés inexécutés en tout ou en partie au moins jusqu'au 5 mars 2001, date à laquelle le ministère des Finances a pris la décision de régler intégralement la dette envers le requérant. La Cour constate également que ce dernier paiement n'a eu lieu qu'après la communication de la présente requête au Gouvernement.

37. En s'abstenant pendant des années de prendre les mesures nécessaires pour se conformer aux décisions judiciaires définitives rendues en l'espèce, les autorités russes ont privé les dispositions de l'article 6 § 1 de la Convention de tout effet utile.

38. Dès lors, il y a eu violation de cet article.

> Charge de la preuve du caractère excessif des mesures d'exécution.

• **Civ. 2e, 15 mai 2014,** n° 13-16.016, P II, n° 113

* V. s^s n°s 0133.21, 0212.92, 0311.171, 1317.13, 1331.22

Il résulte des articles L. 111-7 du Code des procédures civiles d'exécution et 1315 du Code civil que le créancier ayant le choix des mesures propres à assurer l'exécution de sa créance, il appartient au débiteur, qui en poursuit la mainlevée, d'établir qu'elles excèdent ce qui se révèle nécessaire pour obtenir le paiement de l'obligation.

1317.05 Une liberté encadrée. La liberté d'action du créancier se retrouve consacrée en matière d'exécution immobilière. *D'une part*, parce qu'elle résulte des dispositions des articles 2284 et 2285 C. civ.[1] ; *d'autre part*, parce que les grands principes affirmés par les auteurs de la réforme des procédures civiles d'exécution dans la loi du 9 juillet 1991[2] valent aussi pour cette saisie. Toutefois, il faut ici tenir compte, en sus, de certaines dispositions du Code civil qui peuvent restreindre, en partie, la liberté de choix des créanciers.

1317.06 Une liberté exercée aux risques du créancier. L'article R. 321-1 alinéa 2 C. pr. exéc., pris pour l'application de la réforme de la saisie immobilière dispose que « *la délivrance du commandement est un acte de disposition, réalisé aux risques du créancier* »[3]. L'idée que l'exécution forcée se réalise aux risques du créancier poursuivant était déjà exprimée dans la loi du 9 juillet 1991 à l'article 31 alinéa 2 (devenu C. pr. exéc., art. L. 111-10, al. 2[4]). Mais le risque ne semblait envisagé que dans l'hypothèse où une mesure d'exécution allait être menée jusqu'à son terme avec un titre exécutoire à titre provisoire. L'article R. 321-1 C. pr. exéc. insiste donc sur la responsabilité du créancier poursuivant qui entreprend une saisie immobilière car, dans la procédure de saisie immobilière, le poursuivant court le risque d'être déclaré adjudicataire à défaut d'enchérisseur.

1317.07 Incidence d'une clause de médiation ou de conciliation. Ces clauses, qui visent à parvenir à une résolution amiable du litige, font dans un premier temps obstacle à la saisine du juge et imposent aux parties d'entreprendre des diligences avant toute instance judiciaire. On en trouve désormais assez fréquemment dans les contrats notariés de prêt[5]. En 2014, à l'occasion d'une procédure de saisie immobilière, la première chambre civile avait jugé que la clause d'un contrat instituant une procédure de conciliation obligatoire et préalable à toute instance judiciaire s'imposait au juge, quelle que soit la nature de celle-ci, cassant l'arrêt qui avait estimé que la clause de conciliation préalable ne comportait aucune disposition relative aux contestations ayant trait à l'exécution forcée de l'acte de prêt[6].

Puis, la deuxième chambre civile a jugé en 2017 qu'une clause imposant ou permettant une médiation préalablement à la présentation d'une demande en justice relative aux droits et obligations contractuels des parties ne peut, en l'absence de stipulation expresse en ce sens, faire obstacle à l'accomplissement d'une mesure d'exécution forcée. Ainsi, nonobstant une telle clause et l'engagement d'une procédure de médiation, un commandement de payer valant saisie immobilière peut être délivré et le débiteur assigné à comparaître à une audience d'orientation du juge de l'exécution[7]. La manière dont la clause sera rédigée a donc toute son importance.

SECTION 1
RAPPEL : DROIT À L'EXÉCUTION ET LIBERTÉ DE CHOIX DES MESURES

1317.11 Un principe : le droit à l'exécution. Tout créancier peut agir en exécution sur un bien quelconque de son débiteur (v. s[s] n°s 0133.05 s.). L'article L. 111-1 C. pr. exéc. peut être invoqué à l'appui de toute mesure d'exécution, mobilière comme immobilière ; il fait partie de ces dispositions générales qui s'appliquent également à la saisie immobilière. Au demeurant, en l'état de la jurisprudence de la Cour européenne des droits de l'homme, le droit à l'exécution apparaît comme un droit fondamental, découlant du droit au procès équitable[8].

1. C. civ., anc. art. 2092 et 2093.
2. L. n° 91-650, 9 juill. 1991, portant réforme des procédures civiles d'exécution, *JO* 14 juill., p. 9228.
3. Décr. n° 2006-936, 27 juill. 2006, relatif aux procédures de saisie immobilière et de distribution du prix d'un immeuble, *JO* 29 juill., p. 11316.
4. Ord. n° 2011-1895, 19 déc. 2011, relative à la partie législative du Code des procédures civiles d'exécution, *JO* 20 déc., p. 21464.
5. La clause peut même avoir été insérée dans un document annexe. EN CE SENS, Civ. 3e, 7 mars 2024, n° 21-22.372, NP.
6. Civ. 1re, 1er oct. 2014, n° 13-17.920, P I, n° 157 ; *D.* 2014. 2541, obs. Th. Clay ; *D.* 2015. 287, obs. N. Fricero ; *D.* 2015. 1345, obs. A. Leborgne ; *RTD civ.* 2015. 131, obs. H. Barbier ; *RTD civ.* 2015. 187, obs. Ph. Théry.
7. Civ. 2e, 22 juin 2017, n° 16-11.975, P II, n° 146 ; *D.* 2017. 1369 et 1868, chron. E. de Leiris ; *D.* 2018. 692, obs. N. Fricero ; *D.* 2018. 1223, obs. A. Leborgne ; *RTD civ.* 2017. 653, obs. H. Barbier ; *RTD civ.* 2018. 478, obs. Ph. Théry – Confirmé par : Civ. 2e, 21 mars 2019, n° 18-14.773, NP ; *D.* 2019. 1306, obs. A. Leborgne ; *AJDI* 2019. 381 ; *RTD civ.* 2019. 578, obs. H. Barbier – Civ. 2e, 2 juill. 2020, n° 19-16.326, NP.
8. CEDH 19 mars 1997, Hornsby c/Grèce, req. n° 18357/91, *JCP* 1997. II. 22949 – Et depuis, CEDH 28 juill. 1999, Immobiliare Saffi c/Italie, req. n° 22774/93, *JCP* 2000. I. 203, chron. F. Sudre – CEDH 14 déc. 1999, Antonakopoulos, Vortsela et Antonakopoulou c/Grèce, req. n° 37098/97, *JCP* 2000. I. 203, chron. F. Sudre – CEDH 11 janv. 2001, Lunari c/Italie, req. n° 21463/93, *RTD civ.* 2001. 447, obs. J.-P. Marguénaud – CEDH 7 mai 2002, Bourdov c/Russie, req. n° 59498/00, *Dr. et proc.* 2002. 290, obs. N. Fricero – CEDH 15 nov. 2002, Cau c/Italie, req. n° 34819/97 *Dr. et proc.* 2003. 87, obs. N. Fricero et B. Menut – CEDH 31 mars 2005, Matheus c/France, req. n° 62740/00, *AJDI* déc. 2005. 928, obs. J. Raynaud.

1317.12 Sur tous les biens de son débiteur. Le fait d'être titulaire de sûretés immobilières n'interdit pas au créancier de préférer agir en exécution forcée sur les meubles de son débiteur si tel lui paraît être son intérêt, ni de mener ensemble plusieurs procédures d'exécution. Un créancier hypothécaire n'est donc pas tenu de commencer par saisir l'immeuble hypothéqué avant de saisir les meubles dépendants du patrimoine de son débiteur[1], sauf dans le cas où le saisi est incapable (v. s^s n°s 1313.151 s.).

1317.13 Hors abus et mauvaise foi. L'article L. 111-7 C. pr. exéc. pose comme principe que les mesures d'exécution ne peuvent excéder ce qui se révèle nécessaire pour obtenir le paiement de l'obligation (v. s^s n°s 0133.07 s.).

Avant l'entrée en vigueur de la loi de 1991, la jurisprudence avait déjà consacré quelques applications de la théorie de l'abus en matière de saisie immobilière (v. ainsi une espèce, où pour une dette de 1 600 francs, le créancier avait fait saisir et vendre un immeuble, en l'absence du débiteur, alors que celui-ci possédait un compte postal présentant un solde créditeur supérieur au montant de la dette et des biens meubles ainsi que des sommes d'argent et un livret de caisse d'épargne[2] – une autre où fut considérée comme abusive la saisie entreprise alors que la créance était d'un montant minime, la Cour refusant de tenir compte des frais inhérents à l'affichage de la vente destinée à en assurer le règlement[3]).

Il a été jugé depuis, par la première chambre de la Cour de cassation, dans une espèce où le débiteur avait remboursé le montant principal du crédit et où le commandement, délivré pour les intérêts et pénalités de retard, était postérieur de six ans à la date d'exigibilité de la créance, que la bonne foi du créancier qui se prévalait du jeu d'une clause résolutoire pour engager une saisie immobilière devait être préalablement démontrée sur le fondement de l'ancien article 1134 alinéa 3[4].

Pour la deuxième chambre civile cependant, la charge de **la preuve de l'atteinte au principe de proportionnalité incombe au débiteur** puisque le créancier a le choix des mesures propres à assurer l'exécution de sa créance ; il appartient donc au débiteur qui poursuit la mainlevée d'une saisie immobilière d'établir qu'elle excède ce qui se révèle nécessaire pour obtenir le paiement de l'obligation[5]. Il a encore été jugé par la deuxième chambre civile de la Cour de cassation que le créancier qui n'accepte pas un abandon partiel de sa créance et poursuit la vente sur saisie immobilière, alors même que les biens sont vendus aux enchères pour un montant inférieur à la proposition de rachat, ne commet pas un abus de droit[6]. Par ailleurs, le saisi qui régulièrement sommé n'a pas, à l'audience éventuelle, formé de dire pour contester l'exigibilité de la créance ou solliciter la suspension des poursuites en l'état d'une transaction signée avec le syndicat des copropriétaires, créancier poursuivant, ne peut, une fois le bien adjugé, assigner le syndicat des copropriétaires aux fins d'annulation pour fraude de la saisie immobilière[7]. L'abus peut encore être imputé à un créancier inscrit, subrogé dans les droits du poursuivant, mais, là encore, il appartiendra au saisi de démontrer la faute ; il a ainsi été jugé qu'il ne pouvait être reproché à ce créancier titulaire d'un titre exécutoire d'avoir tenté de recouvrer sa créance, alors même qu'il n'avait perçu aucun fonds à la suite de la procédure de saisie immobilière, le produit de la vente ayant été attribué au créancier hypothécaire de premier rang ; la procédure de saisie immobilière ne pouvait donc être qualifiée d'inutile puisqu'elle avait permis de rembourser la dette des saisis à l'égard de ce créancier de premier rang[8].

Enfin, la validité de la saisie immobilière n'est pas liée à la « *nécessaire proportionnalité* » de celle-ci avec la valeur des biens saisis[9], même s'il est tout de même intéressant de vérifier si la saisie ou la vente est une mesure proportionnée au montant de la dette lorsque d'autres mesures d'exécution forcée étaient envisageables[10].

Il semble donc que pour apprécier l'abus éventuel du créancier, le montant de la créance et l'attitude

1. Paris, 7 avr. 1938, *Gaz. Pal.* 1938. 2. 100.
2. Orléans, 29 nov. 1973, *JCP* 1974. IV. 6414.
3. Civ. 2e, 13 mai 1991, n° 90-10.452, P II, n° 150 ; *D.* 1991. IR 159.
4. Civ. 1re, 31 janv. 1995, n° 92-20.654, P II, n° 57 ; *D.* 1995. 389, note P. Julien ; *Defrénois* 1995. 749, obs. Ph. Delebecque.
5. Civ. 2e, 15 mai 2014, n° 13-16.016, P II, n° 113 ; *D.* 2015. 554, note C. Hugon ; *D.* 2015. 1343, obs. A. Leborgne ; *JCP* 2014. 782, note L. Lauvergnat ; *Dr. et proc.* mai 2014, p. 117, obs. S. Dorol, qui casse un arrêt qui n'avait pas répondu au moyen du poursuivant qui faisait valoir qu'il n'existait pas d'autre mesure d'exécution susceptible d'être utilement mise en œuvre pour parvenir au recouvrement de sa créance.
6. Civ. 2e, 18 mars 2004, n° 02-11.898, P II, n° 141 ; *Dr. et proc.* 2004. 288, obs. A. Leborgne.
7. Civ. 2e, 7 juill. 2011, n° 10-23.955, NP.
8. Civ. 2e, 27 févr. 2014, n° 13-11.865, P II, n° 60 ; *D.* 2014. Pan. 1466, obs. A. Leborgne ; *RD banc. fin.* 2014, n° 109, obs. S. Piedelièvre.
9. Civ. 2e, 11 mars 1998, n° 95-21.518, NP – Civ. 2e, 15 mai 2014, n° 13-16.016, P (préc. s^s prés^t n°), où la valeur de l'immeuble était environ dix fois supérieure à la dette du saisi.
10. EN CE SENS : Civ. 2e, 10 mai 2007, n° 05-13.628, NP ; *Procédures* 2007, n° 246, obs. R. Perrot ; *D.* 2008. Pan. 1170, obs. A. Leborgne, dans une affaire où le syndicat de copropriété avait vendu l'immeuble d'un copropriétaire aux enchères. La Cour de cassation sanctionne les juges du fond qui n'avaient pas recherché, comme il le leur était demandé, si la saisie, puis la vente d'un tel bien, était proportionnée au montant de la dette, alors qu'ils avaient relevé que des mesures de saisie sur salaire étaient pratiquées par ailleurs.

du saisi doivent être examinées par les juges[1]. Et il appartient au juge de l'exécution (JEX) saisi de cette demande de motiver sa décision sur le caractère disproportionné ou non de la procédure de saisie immobilière[2].

• **Ordonnance portant réforme de la saisie immobilière : un principe de responsabilité.** L'article R. 321-1 C. pr. exéc. pris pour l'application de la réforme de la saisie immobilière, qui dispose que la délivrance du commandement de payer valant saisie est réalisée aux risques du créancier, insiste sur la responsabilité du créancier ; on peut dès lors penser que le risque visé dans cet article est celui d'un **abus de saisie.**

• **Distinction de l'abus et de la fraude.** Il ne faut toutefois pas confondre abus et fraude de la part du créancier. Il y aura fraude, par exemple, lorsque le créancier mènera volontairement la procédure à l'insu du débiteur, en signifiant les actes à une adresse qu'il sait erronée.

1317.14 **Paiement des frais.** Une saisie immobilière peut-elle être engagée uniquement pour obtenir le paiement des frais restant dus alors que le principal a été réglé ? Plusieurs arguments contre cette solution ont pu être proposés. Dans un tel cas, en effet, si la dette est éteinte, en vertu de quel titre poursuivre l'exécution forcée ? Mais la Cour de cassation a jugé que le titre servant de fondement aux poursuites permettait le recouvrement des frais de l'exécution forcée, qui sont à la charge du débiteur et qui, en l'absence de contestation, n'ont pas à faire l'objet d'une procédure de vérification[3].

En outre, un conseil de l'ordre ne peut soumettre à autorisation préalable du bâtonnier les poursuites de saisie immobilière dont les frais prévisibles à exercer excèdent ou sont équivalents au montant de la créance ; en investissant le bâtonnier d'un tel pouvoir, le conseil de l'ordre excède ses attributions réglementaires, ce pouvoir étant de nature à paralyser même sous certaines conditions une voie d'exécution légalement ouverte aux parties sous la responsabilité de l'avocat[4].

1. Sur le caractère inutile de la saisie, v. Civ. 2e, 22 juin 2017, no 16-16.871, NP ; *RTD civ.* 2017. 732, obs. N. Cayrol ; *Procédures* 2017, no 234, obs. C. Laporte.
2. Le juge ne peut, pour refuser de faire droit à la contestation du débiteur, retenir le fait que celui-ci règle de manière irrégulière et insuffisante ses charges de copropriété, contraignant la copropriété à engager des procédures judiciaires. Dans cette espèce, le débiteur se plaignait de ce que son créancier avait décidé de mettre en œuvre une saisie immobilière sur deux lots lui appartenant, alors que la valeur d'un seul, de surcroît, non affecté à l'habitation, aurait suffi à le désintéresser, Civ. 2e, 10 sept. 2020, no 19-12.511, NP.
3. Civ. 2e, 8 juill. 2004, no 03-15.804, P II, no 368.
4. Civ. 1re, 8 déc. 1987, no 85-14.813, P II, no 329 ; *D.* 1988. 19 ; *JCP* 1988. IV. 64.

Ne pouvait-on alors, pour s'opposer à la saisie, arguer de ce que, le débiteur ayant réglé la créance en principal, il ne pourra y avoir de distribution du prix, les frais étant payés avant toute distribution par l'adjudicataire, or saisie et distribution constituent les deux phases d'une même procédure ? La Cour de cassation ne l'a pas plus admis, dans une affaire où n'existait qu'un seul créancier ; elle a jugé, au visa de l'article L. 111-8 C. pr. exéc., que les frais de poursuite étant l'accessoire de la dette pour le paiement de laquelle est diligentée la procédure de saisie immobilière, le créancier saisissant, bien qu'ayant été désintéressé des causes du commandement en principal par le saisi, était fondé à continuer les poursuites de saisie immobilière contre celui-ci tant qu'il n'avait pas obtenu le règlement desdits frais[5].

SECTION 2

Différentes limites

1317.21 **Fondements des restrictions à la liberté de choix.** Avant la réforme de la procédure de saisie immobilière, deux cas de figure pouvaient se présenter :

– soit le créancier poursuivant était titulaire de sûretés sur certains biens immobiliers appartenant au débiteur, mais pas sur tous ;

– soit les biens ressortaient de plusieurs arrondissements.

Dans les deux cas, le Code civil limitait la liberté d'action du créancier, sauf à admettre une approche économique qui conduisait à saisir ensemble les biens composant une exploitation unique, approche qui avait été consacrée par le Code de procédure civile. C'est parce que ses biens pouvaient faire partie d'une seule et même exploitation, que le débiteur pouvait requérir que la vente des uns et des autres soit poursuivie ensemble.

Les articles L. 311-5 et L. 321-6 C. pr. exéc. consacrent une approche voisine mais toutefois différente des limitations apportées à la liberté d'action du créancier : demeure la distinction entre immeubles hypothéqués et non hypothéqués et un certain pouvoir d'initiative est réaffirmé au profit du saisi, mais le droit des créanciers d'entreprendre la saisie de plusieurs immeubles en même temps est conditionné.

5. Civ. 2e, 22 juin 2017, no 16-18.901, P II, no 147 ; *D.* 2017. Pan. 1230, obs. A. Leborgne ; *RTD civ.* 2017. 733, obs. N. Cayrol ; *Gaz. Pal.* 11 juill. 2017, p. 19, note Sillard et Cordier ; *Ibid.* 31 oct. 2017, p. 72, obs. L. Lauvergnat ; *Ibid.* 19 déc. 2017, p. 38, obs. C. Brenner ; *Dr. et proc.* 2017. 191, note A. Leborgne ; *Procédures* 2017, no 185, obs. C. Laporte.

§ 1
Interdiction de saisir plusieurs immeubles en même temps

1317.31 **Principe.** Lors de l'entrée en vigueur de l'ordonnance portant réforme de la saisie immobilière, l'article L. 311-5 alinéa 1er C. pr. exéc. disposait que le créancier qui avait procédé à la saisie d'un immeuble de son débiteur ne pouvait engager une nouvelle procédure de saisie sur un autre bien immobilier de celui-ci que dans le cas d'insuffisance du bien déjà saisi. On comprend aisément la *ratio legis* de ce texte. Il s'agit, en matière immobilière, de n'agir en exécution forcée que si cela est strictement nécessaire, ce qui n'interdisait toutefois pas de procéder à la saisie simultanée de plusieurs immeubles, conformément aux dispositions de l'article L. 321-6 C. pr. exéc.

La mise en œuvre de cet article posait toutefois quelques difficultés. Tout d'abord, la notion d'« *insuffisance des biens* » suscitait des interrogations. En outre, que fallait-il entendre par « *avoir procédé à la saisie d'un immeuble* » ? Avoir saisi, vendu et distribué le prix ? Ce n'est en effet, le cas échéant, qu'au stade de la distribution que le créancier peut savoir si la mesure d'exécution forcée lui a permis de recouvrer sa créance intégralement.

On notait encore qu'à cet alinéa, il n'était pas instauré de distinction entre les créanciers. Si tout créancier est susceptible de se heurter à « *l'insuffisance du bien saisi* », au moment de la distribution du prix, ce sont les créanciers chirographaires qui risquent d'être les premiers concernés. Enfin, il ne fallait pas confondre le domaine d'application de l'article L. 311-5 alinéa 1er C. pr. exéc. et celui de l'article L. 321-6 du même code qui dispose qu'« *en cas de saisies simultanées de plusieurs immeubles, le débiteur peut demander au juge le cantonnement de celles-ci* [ou la] *conversion* [...] *en hypothèque* » (v. ss no 1317.61). En pratique, lorsqu'un débiteur était propriétaire de plusieurs immeubles, il semblait donc plus avantageux, pour un créancier, de procéder à des saisies simultanées conformément à l'article L. 321-6, qui ne posait pas de condition, plutôt que d'engager des saisies successives.

La loi du 23 mars 2019[1] a réécrit l'article L. 311-5 alinéa 1er C. pr. exéc. pour disposer que « *le créancier ne peut procéder à la saisie de plusieurs immeubles de son débiteur que dans le cas où la saisie d'un seul ou de certains d'entre eux n'est pas suffisante pour le désintéresser et désintéresser les créanciers inscrits* ». Ce qui revient à poser un principe de proportionnalité spécifique à la procédure de saisie immobilière. Ainsi, simultanées ou successives, les saisies de plusieurs immeubles ne sont désormais envisageables que tout autant qu'elles apparaissent nécessaires pour désintéresser tous les créanciers. Cette évaluation reste à l'appréciation du poursuivant et il appartient au saisi, qui contesterait le bien-fondé des saisies de rapporter la preuve de l'abus et/ou de solliciter le cantonnement sur le fondement de l'article L. 321-6 C. pr. exéc.

1. L. no 2019-222, 23 mars 2019, de programmation 2018-2022 et de réforme pour la justice, *JO* 24 mars, texte no 2.

§ 2
Choix entre immeubles hypothéqués et non hypothéqués

1317.41 **Principe.** En 1804, l'article 2209 C. civ. avait instauré une restriction à la liberté de choix des créanciers titulaires de privilèges ou hypothèques : ces créanciers devaient d'abord saisir le ou les immeubles affectés à leur garantie, ce qui revenait à leur interdire de choisir de vendre d'abord les biens non grevés à leur profit. Toutefois, l'article 2209 introduisait une exception à l'exception : si les immeubles sur lesquels portait le privilège ou l'hypothèque ne suffisaient pas à désintéresser le créancier hypothécaire, celui-ci retrouvait la liberté de saisir des biens non hypothéqués à son profit. Il y avait donc bien une restriction à la liberté de saisir telle qu'elle résultait des anciens articles 2092 et 2093[2] C. civ., et ce n'est que si ces biens hypothéqués étaient d'une valeur insuffisante pour que leur réalisation éteigne la dette, que le créancier pouvait librement faire porter sa mesure d'exécution forcée sur d'autres biens. Dans ce cas, il n'avait alors, bien évidemment, que la qualité de créancier chirographaire.

Par cette prohibition était déjà réglée la question d'un éventuel abus de la part du créancier poursuivant ; mais cette disposition ne concernait que les titulaires de sûretés. Sous l'empire de l'article 2209, le chirographaire conservait une liberté de choix entière car les immeubles ne sont pas grevés à son profit, si tant est que son absence de privilège le laissait réellement libre de décider d'opter pour une mesure d'exécution efficace. L'idée directrice, découlant de la logique du droit des sûretés, était que l'intérêt du propriétaire des immeubles de conserver dans son patrimoine, dans la mesure du possible, des biens, libres de toute charge réelle, était conciliable avec l'intérêt du créancier d'être désintéressé.

L'article L. 311-5 alinéa 2 C. pr. exéc. a repris la même règle avec une formulation plus moderne : « *Le créancier ne peut saisir les immeubles qui ne sont pas hypothéqués en sa faveur que dans le cas où l'hypothè-*

2. C. civ., art. 2284 et 2285 (transf. par Ord. no 2006-346, 23 mars 2006).

que dont il bénéficie ne lui permet pas d'être rempli de ses droits ». Cette règle est désormais posée à la suite de la restriction contenue à l'alinéa premier de l'article L. 311-5 C. pr. exéc., qui conditionne la saisie de plusieurs immeubles en même temps à l'insuffisance de la saisie d'un seul (v. s[s] n° 1317.31).

1317.42 **Insuffisance des biens.** Pour savoir si le bien hypothéqué sera ou non suffisant pour désintéresser le créancier, il faut déjà calculer le **montant de la dette en principal, intérêts et frais.**

L'évaluation ensuite est une question de fait relevant de l'appréciation des juges du fond. Elle peut résulter de la reconnaissance faite par le débiteur et est alors opposable aux autres créanciers, en l'absence de fraude[1], de l'examen des revenus de l'immeuble et de la comparaison avec le revenu indiqué à la matrice du rôle de la contribution foncière[2] ou de situations particulières (ainsi pour des biens situés en Algérie[3]).

1317.43 **Charge de la preuve.** La question de savoir qui doit établir l'insuffisance du bien est controversée. Il existe une ancienne décision de justice qui a fait reposer la charge de la preuve sur le créancier[4], et des opinions doctrinales en sens inverse qui estiment que le saisi doit l'établir, étant demandeur à l'exception[5]. En pratique, en effet, la question ne se posera sans doute qu'une fois que le créancier aura agi directement contre des immeubles qui ne lui sont pas hypothéqués ; le débiteur, pour tenter de s'opposer à la saisie de ces immeubles, invoquera alors le fait que la démonstration doit être rapportée de l'insuffisance de valeur des immeubles sur lesquels portaient les sûretés dont était titulaire le poursuivant ; le débiteur soulevant une fin de non-recevoir se trouverait alors tenu de démontrer cette insuffisance. Mais le Code civil posant une restriction au principe général de liberté de saisie, celui qui tente d'échapper à cette restriction ne devrait-il préalablement démontrer qu'il se trouve dans le cas de l'exception à l'exception, prévue par le texte ? Il serait donc plus conforme à la formulation de l'ancien article 2209, et désormais à celle de l'article L. 311-5 alinéa 2, de faire supporter la charge de la preuve par le créancier. La jurisprudence estime d'ailleurs que le saisissant n'a pas à établir l'insuffisance en vendant d'abord le bien hypothéqué à son profit mais qu'il peut demander l'autorisation de saisir les immeubles qu'il pense nécessaires au complément de son futur paiement[6]. La question de la charge de la preuve n'est donc pas définitivement tranchée en l'absence d'arrêts de la Cour de cassation.

Les auteurs de la réforme n'ont pas explicité cette question mais, puisque désormais l'article R. 321-1 alinéa 2 C. pr. exéc. dispose que **la délivrance d'un commandement de payer valant saisie s'effectue aux risques du créancier**, il faut inciter les créanciers à une grande prudence en ce domaine. On peut aussi penser que la faculté offerte par l'article L. 321-6 C. pr. exéc. (v. s[s] n° 1317.61) au débiteur de solliciter le cantonnement des saisies revient à mettre à sa charge la preuve de la démonstration de la valeur des biens saisis.

À la suite de ce conseil, il faut cependant ajouter que l'engagement d'une saisie immobilière au mépris de ces dispositions restrictives n'est pas sanctionné par la nullité de la saisie mais seulement par la réduction de la mesure aux biens hypothéqués, dès lors qu'il est démontré qu'ils sont suffisants pour désintéresser le créancier ; le créancier qui l'engagerait sans vérifier l'insuffisance des biens ne risquerait donc qu'une réduction de l'assiette de sa saisie (il aurait donc fait des frais inutiles), sauf à être aussi condamné à des dommages et intérêts si le débiteur démontrait une malveillance. En pratique, on constate que le créancier qui pense que les biens hypothéqués vont être insuffisants commence généralement par solliciter l'autorisation de prendre une hypothèque judiciaire. Rien n'empêche en effet, un créancier disposant déjà d'une sûreté réelle sur un immeuble d'en obtenir une autre sur un autre bien, en garantie de la même dette[7].

§ 3
Biens situés dans différents arrondissements

1317.51 **Historique.** Le débiteur peut être propriétaire de biens dans différents arrondissements. L'intérêt du créancier n'est pas nécessairement de les vendre tous ; cela dépend du montant de sa créance. Les dispositions des anciens articles 2210 et 2211 C. civ. posaient, ici encore, une restriction à la liberté d'action du créancier.

Le principe d'origine, posé par le Code civil de 1804, était que la vente forcée des biens devait être provoquée successivement, devant le tribunal du ressort

1. Req. 17 mai 1897, *DP* 1898. 1. 221 ; *S.* 1898. 1. 16.
2. Bordeaux, 10 janv. 1946, *Pandectes* 1946. 2. 474.
3. Civ. 1re, 7 oct. 1970, n° 67-13.591, P I, n° 253.
4. Toulouse, 26 juill. 1835, *S.* 1835. 2. 232.
5. M. et J.-B. Donnier, *Voies d'exécution et procédures de distribution*, 10e éd., Litec, 2020, n° 1256 – J.-Cl. *Pr. civ.*, fasc. 840-2, n° 166, par Ph. Goichot.
6. Pau, 6 nov. 1899, *S.* 1900. 2. 14.
7. Ainsi, un prêteur de deniers, qui a inscrit son privilège sur l'immeuble financé par le contrat de prêt, peut engager une saisie immobilière sur un autre bien que celui hypothéqué en sa faveur, en vertu de l'acte notarié dont il se prévaut, parce que le bien saisi avait fait l'objet d'une inscription d'hypothèque judiciaire définitive à son profit : Civ. 2e, 10 juin 2010, n° 09-12.565, NP ; *RD banc. fin.* 2010, n° 187, obs. S. Piedelièvre.

de chacun de ces biens (C. civ., anc. art. 2210, al. 1er). La vente était alors suivie devant le tribunal dans le ressort duquel se trouvait le chef-lieu de l'exploitation ou à défaut de chef-lieu, dans le ressort du tribunal dans lequel se trouvait la partie des biens qui présentait le plus grand revenu, d'après la matrice du rôle.

Toutefois, si les biens faisaient partie d'une seule et même exploitation, l'intérêt économique était alors nécessairement de procéder à la vente forcée de l'ensemble des éléments composant cette unité, ce que l'ancien article 2210 admettait dans ce cas.

L'ancien article 2211 permettait, en outre, au débiteur de requérir la vente d'ensemble des biens situés dans différents arrondissements, comme la vente des biens hypothéqués à un créancier poursuivant et de ceux non affectés en garantie à son profit, dès lors que tous ces biens faisaient partie de la même exploitation.

Dès 1808, la réglementation fut modifiée : la saisie immobilière des biens d'un débiteur situés dans plusieurs arrondissements pouvait être faite simultanément toutes les fois que la valeur totale desdits biens était inférieure au montant réuni des sommes dues, tant aux saisissants qu'aux autres créanciers poursuivants. La loi prévoyait le mode d'évaluation des biens : à partir des baux authentiques ou à défaut, d'après le rôle des contributions « *sur le pied du dernier trente* »[1], et la procédure : le créancier désireux d'invoquer cette faculté devant être autorisé par ordonnance sur requête du tribunal de l'arrondissement du domicile du débiteur[2] ; la charge de la preuve de l'insuffisance des biens situés dans un même arrondissement étant donc, dans ce cas, supportée par le créancier. Ainsi, soit la référence à une exploitation unique, soit le calcul de la valeur des biens au regard des créances en jeu permettaient de vendre simultanément.

Puis, avec le décret-loi du 17 juin 1938, le créancier s'était vu reconnaître le droit de provoquer simultanément l'expropriation forcée des biens immeubles, même situés dans différents arrondissements et sans préjudice des dispositions de l'ancien article 2209, à condition d'établir un commandement pour chaque immeuble. Ainsi, tout créancier pouvait agir simultanément sur plusieurs immeubles, même situés dans des ressorts différents, sauf à commencer son action par les biens pour lesquels il bénéficiait d'une sûreté et à élargir sa saisine quand la valeur de ces biens était insuffisante.

1317.52 **Réforme de la saisie immobilière.** Les auteurs de la réforme de la procédure de saisie immobilière ont envisagé l'hypothèse où un créancier procède à la saisie simultanée de plusieurs immeubles d'un débiteur situés dans des ressorts de plusieurs tribunaux. Dans ce cas, la procédure sera portée devant le JEX du tribunal judiciaire dans le ressort duquel est situé l'immeuble saisi où demeure le débiteur ou, à défaut, devant le juge du ressort dans lequel est situé l'un quelconque des immeubles (C. pr. exéc., art. R. 311-3).

§ 4 Rôle du saisi

1317.61 **Initiative personnelle.** Le droit positif offre au saisi deux facultés en cas de saisie simultanées de plusieurs de ses immeubles par des créanciers.

Selon l'article L. 321-6 alinéa 1er C. pr. exéc., le débiteur peut, en cas de saisies simultanées de plusieurs immeubles, demander au juge le **cantonnement des saisies.** L'article R. 321-12 C. pr. exéc. est venu préciser que le JEX fera droit à la demande du débiteur tendant à ce que les effets de la saisie soient provisoirement cantonnés à un ou plusieurs de ses immeubles, lorsque celui-ci établit que la valeur de ces biens est insuffisante pour désintéresser le créancier poursuivant et les créanciers inscrits[3] (v. ss no 1317.42). Le jugement rendu devra indiquer les immeubles sur lesquels les poursuites seront provisoirement suspendues. Après la vente définitive, le créancier pourra reprendre les poursuites sur les biens ainsi exceptés si le prix des biens adjugés ne suffit pas à le désintéresser.

L'alinéa 2 consacre ensuite une faculté originale : le saisi pourra également solliciter du juge une **conversion partielle des saisies en hypothèque sur certains de ses immeubles** qui prendra rang au jour de la publication de la saisie, sous réserve de l'inscription de la sûreté dans le mois de la notification de la décision. Une telle faculté intéressera les créanciers chirographaires. Ainsi, le droit du créancier sera protégé, par l'inscription sur d'autres biens que sur celui qui fera finalement l'objet de la saisie, et le saisi gardera la libre disposition des autres biens. On imagine que le saisi ne pourra proposer une telle conversion que tout autant que ses autres biens seront libres de toute inscription ou à tout le moins que le créancier poursuivant pourrait venir en rang utile.

Selon l'article R. 321-12 alinéa 2 C. pr. exéc., lorsque, dans les mêmes conditions, le juge ordonnera la radiation de la saisie sur les immeubles initialement

1. L. 14 nov. 1808, art. 2.
2. L. 14 nov. 1808, art. 3.

3. Tel ne sera pas le cas lorsque le saisi produit une unique estimation du bien, faite par un agent immobilier, qui paraît insuffisante, eu égard au contexte économique, pour établir que le prix de vente de l'immeuble permettra de désintéresser les créanciers : Paris, 2 juill. 2009, pôle 4, ch. 8, RG no 09/03868, W… c/CRCM du Sud Seine et Marne.

saisis qu'il désignera et l'inscription d'une hypothèque judiciaire, le créancier poursuivant qui entendra voir l'inscription prendre rang à la date de publication du commandement de payer valant saisie, fera procéder à la publication du jugement en marge de la copie du commandement et à l'inscription de l'hypothèque, dans les conditions de droit commun. L'alinéa 2 fait référence « *aux mêmes conditions* » que celles de l'alinéa 1er. Il s'agira donc pour le juge d'apprécier le bien-fondé de la demande de conversion partielle à la lumière des arguments du saisi tenant à la valeur des biens saisis et au désintéressement possible des créanciers (v. ss no 1319.121).

Une telle hypothèse, qui suppose déjà que le débiteur soit propriétaire de plusieurs immeubles, puis que la valeur de l'un suffise à désintéresser le créancier poursuivant et les créanciers inscrits sur ce bien, mais encore un autre créancier, reste très marginale.

CHAPITRE

1318. Suspension temporaire du droit de saisir des immeubles tenant à la situation personnelle du saisi

ANNE LEBORGNE
PROFESSEUR ÉMÉRITE D'AIX-MARSEILLE UNIVERSITÉ

SECTION 0
ORIENTEUR

1318.00 **Sommaire du chapitre.**

Division. Ce chapitre traite des obstacles subjectifs à la saisie tenant à la situation personnelle du saisi et entraînant la suspension temporaire du droit de saisir des immeubles : parmi eux se trouvent : les délais de grâce accordés au saisi (sect. 1), le surendettement ou rétablissement personnel du saisi (sect. 2), le cas des rapatriés (sect. 3), les procédures collectives affectant le saisi (sect. 3) et l'incidence de son régime matrimonial (sect. 4).

1318.02 **Jurisprudence de référence.**

> Immeuble adjugé après saisie immobilière. Collocation du créancier hypothécaire.

• Com. 11 juin 2002, n° 00-20.981, P IV, n° 103

* V. s^s n°s 1318.65, 1332.50

Le créancier hypothécaire qui exerce son droit de suite et de préférence sur un immeuble adjugé après saisie immobilière, à une personne mise ultérieurement en procédure collective, puis revendu à des tiers, doit être colloqué sans avoir à déclarer sa créance au passif de la procédure collective.

1318.05 **Diversité.** Menacé d'une vente forcée de son bien immeuble, le saisi peut opposer divers moyens de défense tenant à sa situation personnelle. Ce sont les **obstacles subjectifs**, déjà envisagés au chapitre 1313 (v. s^s n°s 1313.10 s.) consacré au saisi et sur lesquels il faut revenir car les solutions sont complexes, compte tenu de la nature immobilière du bien.

SECTION 1
DÉLAIS DE GRÂCE EN CONSIDÉRATION DE L'ARTICLE 1343-5 (ANC. ART. 1244-1) DU CODE CIVIL

1318.11 **Exclusion du tiers acquéreur.** Les délais ne peuvent être demandés que par le débiteur et non le tiers saisi qui n'est pas tenu à la dette, puisque l'article 1343-5 C. civ.[1] ne concerne que des délais de paiement (v. s^s n°s 0144.11 s.).

1318.12 **Droit positif.** Les auteurs de la réforme de 2006 ont confié au JEX compétence en matière de saisie immobilière[2]. Le débiteur peut-il alors le saisir, après avoir reçu un commandement de payer valant saisie, d'une demande de délais de paiement sur le fondement de l'article 1343-5 C. civ.[3] ?

Cette hypothèse n'est pas expressément envisagée, mais la compétence générale du JEX en matière de délais de paiement (C. pr. civ., art. 510 s.) permet d'admettre la demande plutôt que d'imposer au débiteur d'assigner spécialement devant le JEX à cette seule fin. Les juges du fond se sont prononcés favorablement sur cette faculté[4]. La demande peut être formée à compter de la délivrance du commandement de payer valant saisie et jusqu'à l'audience d'orientation car l'article R. 311-5 C. pr. exéc. dispose qu'à peine d'irrecevabilité prononcée d'office, aucune demande incidente ne peut être formée après l'audience d'orientation à moins qu'elle porte sur des actes de procédure postérieurs à celle-ci.

Ainsi, s'ils ne l'ont pas été devant le JEX, les délais ne pourront pas être demandés en appel du jugement d'orientation[5]. On pourrait s'étonner de la sévérité de cette solution en sachant que, d'une manière générale des délais de paiement peuvent être sollicités en tout état de cause, y compris pour la première fois en appel. Toutefois, la deuxième chambre juge irrecevables les appels qui ne visent qu'à solliciter des délais de grâce, sans tendre à l'annulation ou la réformation du jugement[6]. S'agissant des demandes de délais formées à l'occasion d'une procédure de saisie immobilière, la deuxième chambre civile a cassé, au visa de l'article R. 311-5 C. pr. exéc., l'arrêt qui avait fait droit à une demande de délais présentée pour la première fois en appel estimant qu'il s'agissait d'une mesure de grâce. Pour la Cour de cassation, la demande de délai de paiement est une demande incidente comme une autre et, à ce titre, elle est donc soumise aux dispositions de l'article R. 311-5 C. pr. exéc.[7] et cela même si le saisi n'a pas été assisté d'un avocat en première instance[8].

1. Anc^t C. civ., art. 1244-1.
2. C'est désormais l'art. L. 213-6 al. 3 du COJ qui énonce les compétences du JEX en matière immobilière.
3. Anc^t C. civ., art. 1244-1.
4. EN CE SENS, Aix-en-Provence, 15e ch. sect. B, 24 sept. 2008, RG n° 08/10585, *Bull. Aix-en-Provence* 2008-4, p. 93, obs. A. Leborgne – 9 janv. 2009, 15e ch. sect. A, RG n° 08/05099, SA Bonnasse Lyonnaise de banque c/consorts Cohen – V. AUSSI : Paris, 9 avr. 2009, 8e ch. sect. B, RG n° 09/00723, Santin Vve Crucy c/CRCAM Paris et d'Île de France, Trésor Public et Société de Crédit Logement, qui rappelle qu'une inscription d'hypothèque ne pouvant être assimilée à une saisie, les dispositions de l'article 512 C. pr. civ. ne sont pas applicables à la demande de délais formulée par la débitrice.
5. Civ. 2e, 20 oct. 2011, n° 10-25.787, NP.
6. Civ. 2e, 24 juin 2010, n° 09-16.069, P II, n° 121.

SECTION 2

DU SURENDETTEMENT ET DU RÉTABLISSEMENT PERSONNEL

§ 1

Surendettement

1318.21 **Suspension et interdiction des procédures civiles d'exécution.** Depuis la loi du 1er juillet 2010[9] portant réforme du crédit à la consommation qui a apporté d'importantes modifications au droit du surendettement applicables à compter du 1er novembre 2010[10], auxquelles il faut ajouter celles introduites par la loi du 26 juillet 2013[11] de séparation et de régulation des activités bancaires, et le décret du 21 février 2014[12], relatif aux procédures de traitement des situations de surendettement des particuliers, la protection du débiteur pendant le traitement de son surendettement a été renforcée et il faut distinguer selon que la suspension et l'interdiction des voies d'exécution se produisent de plein droit ou qu'elles résultent d'une décision du juge en charge du surendettement. Le Code de la consommation a été recodifié par l'ordonnance du 14 mars 2016[13] et les dispositions relatives au traitement des situations de surendettement se trouvent maintenant au livre VII du code. La loi n° 2019-222 du 23 mars 2019[14] a confié au juge des contentieux de la protection (JCP) le contentieux du surendettement.

Le droit du surendettement impacte ainsi, et le droit des obligations et le droit des procédures civiles d'exécution[15].

7. Civ. 2e, 26 juin 2014, n° 13-20.560, P II, n° 163 – Civ. 1re, 3 juin 2015, n° 14-15.442, NP – Civ. 2e, 17 mars 2016, n° 15-14.150, NP.
8. Civ. 2e, 20 oct. 2011, n° 10-25.787, NP.
9. L. n° 2010-737, 1er juill. 2010, portant réforme du crédit à la consommation, *JO* 2 juill., p. 12001.
10. V. Vigneau et A. Lauriat, « La réforme du droit du surendettement des particuliers par la loi du 1er juillet 2010 », *D.* 2010. 2593.
11. L. n° 2013-672, 26 juill. 2013, de séparation et de régulation des activités bancaires, *JO* 27 juill., p. 12530.
12. Décr. n° 2014-190, 21 févr. 2014, relatif aux procédures de traitement des situations de surendettement des particuliers, *JO* 23 févr., p. 3214.
13. Ord. n° 2016-301, 14 mars 2016, relative à la partie législative du Code de la consommation, *JO* 16 mars, texte 29.
14. L. n° 2019-222, 23 mars 2019, de programmation 2018-2022 et de réforme pour la justice, *JO* 24 mars, texte 2.
15. J.-B. Donnier, « L'impact de la législation relative au surendettement sur la théorie des voies d'exécution », *RD banc. fin.* 2012. Dossier 20.

Pendant la phase administrative, aux termes de l'article L. 722-2 C. consom.[1], lorsque le débiteur a saisi la commission de surendettement et que celle-ci déclare la demande du débiteur recevable et prescrit des mesures de traitement, la décision déclarant la recevabilité de la demande emporte, de plein droit, suspension et interdiction des procédures d'exécution diligentées à l'encontre des biens du débiteur ainsi que des cessions de rémunération consenties par celui-ci et portant sur les dettes autres qu'alimentaires ; cette suspension et cette interdiction ne peuvent excéder deux ans (C. consom., art. L. 722-3). Toutefois, lorsqu'en cas de saisie immobilière la vente forcée a été ordonnée, le report de la date d'adjudication ne peut résulter que d'une décision du juge chargé de la saisie immobilière, saisi à cette fin par la commission, pour causes graves et dûment justifiées (C. consom., art. L. 722-4)[2].

Au-delà de la suspension automatique des procédures d'exécution à compter de la décision de recevabilité, il est possible, aux termes de l'article L. 721-4 C. consom.[3], à la demande du débiteur, que la commission saisisse, à compter du dépôt du dossier et jusqu'à la décision de recevabilité, le juge du surendettement, c'est-à-dire, depuis le 1er janvier 2020[4], le juge des contentieux de la protection (v. s^s^ n° 1318.22), aux fins de suspension des procédures d'exécution diligentées à l'encontre des biens du débiteur ainsi que des cessions de rémunération consenties par celui-ci et portant sur les dettes autres qu'alimentaires. Lorsqu'en cas de saisie immobilière la vente forcée a été ordonnée, le report de la date d'adjudication ne pourra résulter que d'une décision du juge chargé de la saisie immobilière, saisi à cette fin par la commission, pour causes graves et dûment justifiées (C. consom., art. L. 721-7).

Aux termes de l'article L. 724-2 C. consom.[5], si un plan conventionnel est adopté mais qu'en cours d'exécution il apparaît que la situation du débiteur devient irrémédiablement compromise, le débiteur peut saisir la commission afin de bénéficier d'une procédure de rétablissement personnel avec ou sans liquidation judiciaire. Après avoir constaté la bonne foi du débiteur la commission peut, soit recommander une procédure de rétablissement sans liquidation ou saisir le juge aux fins d'ouverture d'une procédure de rétablissement avec liquidation judiciaire. Dans ces hypothèses, cette recommandation ou cette saisine emportent suspension et interdiction des procédures d'exécution diligentées à l'encontre des biens du débiteur ainsi que des cessions de rémunération consenties par celui-ci et portant sur les dettes autres qu'alimentaires (C. consom., art. L. 724-3). La suspension et l'interdiction sont acquises jusqu'à l'homologation par le juge de la recommandation ou jusqu'au jugement d'ouverture. Suspension et interdiction ne peuvent excéder deux ans (C. consom., art. L. 724-4). La commission peut également demander au juge de suspendre les mesures d'expulsion du logement du débiteur (C. consom., art. L. 724-5).

Lorsqu'une procédure de redressement avec liquidation est ouverte, l'article L. 742-7 C. consom.[6] dispose que le jugement d'ouverture entraîne, jusqu'au jugement de clôture, la suspension et l'interdiction des procédures d'exécution diligentées à l'encontre des biens du débiteur ainsi que des cessions de rémunération consenties par celui-ci et portant sur les dettes autres qu'alimentaires. Il entraîne également la suspension des mesures d'expulsion du logement du débiteur, à l'exception de celles fondées sur un jugement d'adjudication rendu en matière de saisie immobilière ainsi que de celles ordonnées sur le fondement du troisième alinéa de l'article L. 321-2 alinéa 3 C. pr. exéc.[7].

En conséquence, les créanciers auxquels ces dispositions sont opposables ne peuvent exercer de procédures d'exécution à l'encontre des biens du débiteur pendant la durée des mesures[8].

1318.22 Répartition des compétences entre le juge de l'exécution, le juge de la saisie immobilière, le juge d'instance et le juge des contentieux de la protection. Lors de la réforme de la procédure de saisie immobilière, en 2006, le contentieux de cette mesure d'exécution avait été confié au JEX ; ce magistrat se retrouvait ainsi en charge et du traitement du surendettement et de l'exécution forcée.

• **Avant la loi du 1er juillet 2010.** Selon le droit positif applicable avant la réforme du crédit à la consommation opérée par la loi du 1er juillet 2010, l'engagement d'une procédure de surendettement

1. Anc^t^ C. consom., art. L. 331-3-1.
2. Y compris lorsque le jugement d'orientation ordonnant la vente forcée a été frappé d'appel, car ce jugement est exécutoire de plein droit nonobstant l'appel. Dès lors, le report de la date d'adjudication ne peut résulter que d'une décision du JEX saisi par la commission de surendettement des particuliers, pour causes graves et dûment justifiées : Civ. 2e, 5 sept. 2019, n° 18-15.547, P, p. 311.
3. Anc^t^ C. consom., art. L. 331-5.
4. En vertu de la loi n° 2019-222 du 23 mars 2019, préc.
5. Anc^t^ C. consom., art. L. 331-7-3.
6. Anc^t^ C. consom., art. L. 332-6.
7. Ord. n° 2011-1895, 19 déc. 2011, relative à la partie législative du Code des procédures civiles d'exécution, *JO* 20 déc., p. 21464.
8. Jugé ainsi pour un créancier qui avait engagé une saisie immobilière alors que la commission avait alloué un délai de douze mois au débiteur pour vendre son bien : Civ. 1re, 14 nov. 2001, n° 99-18.163, P I, n° 281 ; *Dr. et proc.* 2002. 183, obs. Bourdillat – DE MÊME, lorsqu'un plan conventionnel a été arrêté et qu'il est respecté par le débiteur, la créance n'est pas exigible et le créancier ne peut délivrer un commandement de payer valant saisie immobilière : TGI Paris 1er avr. 2008, *Juris-Data* n° 376547.

n'avait pas pour effet à lui seul de suspendre les voies d'exécution en cours contre le débiteur [1]. La décision de la commission déclarant recevable la demande du débiteur tendant à bénéficier de la procédure de désendettement n'interrompait pas les poursuites ; la suspension d'une procédure de saisie immobilière dépendait de la décision du JEX et cette décision ne pouvait intervenir qu'à la demande de la commission ou à la demande des parties dans les conditions et sous les réserves prévues par le décret du 27 juillet 2006 aux articles 50 et 61 (devenus C. pr. exéc., art. R. 322-16, R. 322-17 et R. 322-28). Même si le JEX était à la fois juge du surendettement et juge de la saisie immobilière, le fait que la suspension dépende d'une décision judiciaire créait une certaine insécurité juridique.

• **Après la loi du 1er juillet 2010 mais avant le 1er septembre 2011.** À la suite de la réforme opérée par la loi du 1er juillet 2010 (v. ss no 1318.21), la décision de recevabilité prononcée par la commission bloquait désormais automatiquement les voies d'exécution en cours sauf si la vente forcée de l'immeuble avait déjà été ordonnée auquel cas, le report de l'adjudication ne pouvait résulter que d'une décision du JEX (juge de la saisie immobilière) dans les conditions et sous les réserves prévues par le décret du 27 juillet 2006 aux articles 50 et 61, modifiés par la loi du 1er juillet 2006 (devenus C. pr. exéc., art. R. 322-16, R. 322-17 et R. 322-28). Et de même, tant que la décision de recevabilité n'était pas acquise, la commission pouvait demander au JEX de suspendre les procédures en cours mais si une saisie immobilière était engagée et que la vente forcée avait déjà été ordonnée, le report de l'adjudication était conditionné à une décision du juge de la saisie immobilière dans les conditions et sous les réserves prévues par le décret du 27 juillet 2006 aux articles 50 et 61, modifiés par la loi du 1er juillet 2006. Le JEX, tantôt avec sa casquette de juge du surendettement, tantôt avec celle de juge de la saisie immobilière, connaissait donc de la situation d'un débiteur surendetté dont l'immeuble était saisi.

• **Du 1er septembre 2011 au 31 décembre 2019.** La loi du 22 décembre 2010 [2] a transféré le traitement du surendettement au juge d'instance avec effet au 1er septembre 2011 (v. L. 22 déc. 2010, art. 11, supprimant le dernier alinéa de l'article L. 213-6 du COJ qui énonce les compétences du JEX et insérant un article L. 221-8-1 à la suite des dispositions relatives aux compétences du juge d'instance) et le décret du 28 juin 2011 [3] qui met en œuvre ce transfert de compétence.

L'article L. 713-1 C. consom. [4] confiait au juge du tribunal d'instance la procédure de traitement des situations de surendettement devant la commission de surendettement des particuliers et la procédure de rétablissement personnel. Toutefois, lorsqu'une saisie immobilière est en cours, c'est au JEX, juge de la saisie immobilière, qu'il appartient d'apprécier les demandes de suspension et de report de la mesure d'exécution, dans les conditions et sous les réserves prévues par le décret du 27 juillet 2006 aux articles 50 et 61 (devenus C. pr. exéc., art. R. 322-16, R. 322-17 et R. 322-28).

• **Instances en cours.** Aux termes de l'article 2 du décret du 28 juin 2011, le JEX est demeuré compétent pour statuer sur les procédures de surendettement introduites devant lui avant cette date. Au 1er mars 2012, toutes les instances encore en cours ont été transférées en l'état au juge du tribunal d'instance compétent, sans qu'il y ait lieu de renouveler les actes, formalités et jugements intervenus antérieurement à cette date, à l'exception des convocations et assignations données aux parties et aux témoins qui n'auraient pas été suivies d'une comparution devant le JEX.

• **Depuis le 1er janvier 2020.** La loi du 23 mars 2019 [5] de programmation 2018-2022 et de réforme pour la justice a confié au juge des contentieux de la protection (JCP) les mesures de traitement des situations de surendettement des particuliers et de la procédure de rétablissement personnel (COJ, art. L. 213-4-7). L'ordonnance du 18 septembre 2019 [6], prise en application de la loi de mars 2019 a mis les articles du Code de la consommation qui visaient le juge d'instance, en conformité avec la loi.

1318.23 **Bénéficiaires : saisi, tiers acquéreur.** La suspension des procédures d'exécution bénéficie à celui qui en fait la demande. Lorsque la procédure d'exécution est menée contre un tiers acquéreur et que le débiteur est surendetté, le créancier doit pouvoir mener la vente forcée contre le tiers sans que lui soit opposé le jugement de suspension des poursuites du débiteur ; en effet, si le créancier doit délivrer un commandement de payer au débiteur, il ne s'agit pas d'un acte de saisie mais d'un commandement simple. Si le tiers saisi est lui-même surendetté, le créancier poursuivant agissant en vertu de son droit de suite est-il concerné par la suspension des poursuites prononcée ? Il ne le devrait pas puisqu'il n'invoque

1. E. Putman, « Le sort des procédures civiles d'exécution en cas de surendettement », *Dr. et proc.* 2007. 248 s.
2. L. no 2010-737, 22 déc. 2010, préc.
3. Décr. no 2011-741, 28 juin 2011, relatif au transfert du contentieux du surendettement du juge de l'exécution au juge du tribunal d'instance, *JO* 29 juin, p. 10959.
4. Anct C. consom., art. 330-1, dern. al.
5. L. no 2019-222, 23 mars 2019, préc.
6. Ord. no 2019-964, 18 sept. 2019, prise en application de la loi no 2019-222 du 23 mars 2019 de programmation 2018-2022 et de réforme pour la justice, *JO* 19 sept., texte 5.

pas une créance contre lui, mais agit en vertu de son droit de suite, le tiers acquéreur n'étant pas tenu de satisfaire l'obligation d'autrui [1]. En tout état de cause, la dette du débiteur n'est pas devenue celle du tiers saisi et celui-ci n'a pas pu la faire figurer dans son dossier de surendettement.

Si le débiteur est surendetté, la suspension des poursuites dirigées contre lui est opposable à ses créanciers. L'article R. 321-5 C. pr. exéc. dispose que le créancier poursuivant fait signifier un commandement de payer au débiteur principal et que l'acte comporte la mention que le commandement de payer valant saisie est délivré au tiers détenteur. Ainsi, le débiteur surendetté sera-t-il avisé de la procédure menée à l'encontre du tiers acquéreur.

§ 2
Rétablissement personnel avec liquidation judiciaire

1318.31 Réforme du crédit et traitement du surendettement. Le traitement du surendettement passe désormais, depuis l'entrée en vigueur de la loi du 1er juillet 2010, portant réforme du crédit, par une distinction entre rétablissement personnel avec ou sans liquidation selon la consistance du patrimoine du débiteur et la valeur de l'actif. Ainsi, aux termes de l'article L. 724-1 C. consom. [2], lorsque le débiteur se trouve dans une situation irrémédiablement compromise caractérisée par l'impossibilité manifeste de mettre en œuvre des mesures de traitement, la commission de surendettement peut soit recommander un rétablissement personnel sans liquidation judiciaire si elle constate que le débiteur ne possède que des biens meublants nécessaires à la vie courante et des biens non professionnels indispensables à son activité professionnelle ou que l'actif n'est constitué que de biens dépourvus de valeur marchande ou dont les frais de vente seraient manifestement disproportionnés au regard de leur valeur vénale, soit saisir avec l'accord du débiteur le juge du surendettement (v. ss no 1318.22) aux fins d'ouverture d'une procédure de rétablissement personnel avec liquidation si le débiteur n'est pas dans une situation d'indigence totale.

1318.32 Effets de l'ouverture de la procédure de rétablissement avec liquidation judiciaire. Lorsqu'une procédure de redressement avec liquidation est ouverte, l'article L. 742-7 C. consom. [3] dispose que le jugement d'ouverture entraîne, jusqu'au jugement de clôture, la suspension et l'interdiction des procédures d'exécution diligentées à l'encontre des biens du débiteur ainsi que des cessions de rémunération consenties par celui-ci et portant sur les dettes autres qu'alimentaires. Il entraîne également la suspension des mesures d'expulsion du logement du débiteur, à l'exception de celles fondées sur un jugement d'adjudication rendu en matière de saisie immobilière ainsi que de celles ordonnées sur le fondement du troisième alinéa de l'article L. 321-2 alinéa 3 C. pr. exéc.

Également, le jugement qui prononce la liquidation emporte de plein droit dessaisissement du débiteur de la disposition de ses biens. Ses droits et actions personnelles seront exercés pendant toute la durée de la liquidation par le liquidateur. Ce dernier dispose d'un délai de douze mois pour vendre les biens du débiteur à l'amiable ou à défaut, organiser une vente forcée dans les conditions relatives aux procédures civiles d'exécution (C. consom., art. L. 742-15 et L. 742-16 [4]). Le liquidateur procèdera ensuite à la répartition du produit des actifs et désintéressera les créanciers suivant le rang de leurs sûretés (C. consom., art. L. 742-18).

1318.33 Effets quant aux procédures de saisie immobilière en cours. L'article L. 742-17 C. consom. [5] dispose qu'en cas de vente forcée, lorsqu'une procédure de saisie immobilière engagée avant le jugement d'ouverture a été suspendue par l'effet de ce dernier, les actes effectués par le créancier saisissant sont réputés accomplis pour le compte du liquidateur qui procède à la vente des immeubles. La saisie immobilière peut ainsi reprendre son cours au stade où le jugement d'ouverture l'avait suspendue.

SECTION 3
Procédures collectives

1318.41 Chronologie. Depuis la loi du 26 juillet 2005 [6] de sauvegarde des entreprises, pour connaître les droits des créanciers qui souhaitent agir en exécution forcée sur les immeubles du débiteur, il faut désormais distinguer la sauvegarde, le redressement judiciaire et la liquidation judiciaire. La loi du 26 juillet 2005 n'étant applicable qu'aux procédures ouvertes à compter du 1er janvier 2006, les développements consacrés aux dispositions de la loi de 1985 modifiée en 1994 ont été maintenus. Le droit des entre-

1. V. Com. 25 nov. 2020, no 19-11.525, P, p. 253, pour un raisonnement par analogie.
2. Anct C. consom., art. L. 330-1.
3. Anct C. consom., art. L. 332-6.
4. Anct C. consom., art. L. 332-8.
5. Anct C. consom., art. L. 332-8, al. 4.
6. L. no 2005-845, 26 juill. 2005, de sauvegarde des entreprises, *JO* 27 juill., p. 12187.

prises en difficulté a été amélioré par l'ordonnance du 18 décembre 2008 [1] et le décret du 12 février 2009 [2]. L'ordonnance du 9 décembre 2010 [3] a ensuite adapté le livre VI du Code de commerce à la spécificité de l'entrepreneur individuel à responsabilité limitée, issu de la loi du 15 juin 2010. L'ordonnance du 12 mars 2014 [4], portant réforme de la prévention des difficultés des entreprises et des procédures collectives, a encore réformé le droit des entreprises en difficulté afin d'en améliorer le fonctionnement. Et le droit des entreprises en difficulté a encore été modifié par la loi du 18 novembre 2016 [5], de modernisation de la justice du XXIe siècle, dite loi « J 21 » ; aux termes de l'article 114 de la loi toutefois, certaines des modifications ou améliorations apportées au livre VI ne sont pas applicables aux procédures en cours.

A) Procédures engagées avant le 1er janvier 2006. En phase de redressement judiciaire, le législateur impose la suspension provisoire de l'exécution à tous les créanciers dont la créance est née antérieurement au jugement déclaratif. Ces derniers peuvent retrouver leur droit d'agir individuellement en exécution lorsque le redressement échoue et que le débiteur est déclaré en liquidation judiciaire.

B) Droit positif. En phase de sauvegarde comme de redressement judiciaire, le législateur impose la suspension provisoire de l'exécution à tous les créanciers dont la créance n'est pas visée à l'article L. 622-17, I C. com. Ces derniers peuvent retrouver leur droit d'agir individuellement en exécution lorsque le redressement échoue et que le débiteur est déclaré en liquidation judiciaire.

Par ailleurs, il existe une procédure spécifique de règlement amiable destinée à prévenir et à régler les difficultés financières des exploitations agricoles, réglementée dans le Code rural et de la pêche maritime. Cette procédure, exclusive de celle relative à la prévention et au règlement amiable des difficultés des entreprises, est applicable à toute personne physique ou morale exerçant une activité agricole au sens de l'article L. 311-1 C. rur. (v. ss no 1318.71).

1. Ord. no 2008-1345, 18 déc. 2008, portant réforme du droit des entreprises en difficulté, *JO* 19 déc., p. 19462.
2. Décr. no 2009-160, 12 févr. 2009, pris pour l'application de l'ordonnance no 2008-1345 du 18 décembre 2008 portant réforme du droit des entreprises en difficulté et modifiant les procédures de saisie immobilière et de distribution du prix d'un immeuble, *JO* 13 févr., texte 13.
3. Ord. no 2010-1512, 9 déc. 2010, portant adaptation du droit des entreprises en difficulté et des procédures de traitement des situations de surendettement à l'entrepreneur individuel à responsabilité limitée, *JO* 10 déc., p. 21617.
4. Ord. no 2014-326, 12 mars 2014, portant réforme de la prévention des difficultés des entreprises et des procédures collectives, *JO* 14 mars, p. 5249.
5. L. no 2016-1547, 18 nov. 2016, de modernisation de la justice du XXIe siècle, *JO* 19 nov., texte 1.

§ 1
Sauvegarde et redressement judiciaire

1318.51 Suspension des voies d'exécution pour les créanciers « antérieurs ».

A) Procédures ouvertes avant le 1er janvier 2006. C'est la mise en redressement judiciaire qui suspend les voies d'exécution pour tous les créanciers dont la créance a son origine antérieurement au jugement de redressement (C. com., anc. art. L. 621-40) [6]. Aucune saisie immobilière ne peut être entreprise pendant ce temps par ces créanciers sur les immeubles subissant l'effet réel de la procédure collective puisque ces biens sont leur gage commun (sur les droits des créanciers auxquels une déclaration notariée d'insaisissabilité sera inopposable, v. ss nos 1319.51 s.).

B) Procédures ouvertes entre le 1er janvier 2006 et le 14 février 2009. Au 1er janvier 2006, l'article L. 622-21, II C. com. disposait que le jugement d'ouverture arrête ou interdit toute voie d'exécution tant sur les meubles que sur les immeubles de la part de tous les créanciers dont la créance n'est pas mentionnée au I de l'article L. 622-17 C. com. (v. ss no 1313.214).

C) Procédures ouvertes à partir du 15 février 2009. En vertu de l'ordonnance du 18 décembre 2008 [7], la formulation de l'article L. 622-21, II C. com. a été modifiée, qui dispose désormais que le jugement d'ouverture « *arrête ou interdit également toute procédure d'exécution de la part de ces créanciers tant sur les meubles que sur les immeubles ainsi que toute procédure de distribution n'ayant pas produit un effet attributif avant le jugement d'ouverture* ».

Ce texte, applicable à la phase de sauvegarde comme de redressement (par renvoi de C. com., art. L. 631-14, al. 1er) permet aux créanciers de l'article L. 622-17, I d'agir en paiement et recouvrement de leur créance dans les conditions de l'article L. 622-23. En revanche, pour les autres créanciers, les voies d'exécution sont arrêtées ou suspendues [8].

Venant en complément de la réforme du droit commun des sûretés, l'ordonnance du 15 septembre 2021 [9] portant modification du titre VI du Code de commerce a reformulé le II de ce texte : « *sans préjudice des droits des créanciers dont la créance est mentionnée au I de l'article L. 622-17, le jugement d'ouverture arrête ou interdit toute procédure d'exécution sur*

6. L. no 85-98, 25 janv. 1985, relative au redressement et à la liquidation judiciaires des entreprises, anc. art. 47, *JO* 26 janv.
7. Ord. no 2008-1345, 18 déc. 2008, 18 déc. 2008, préc.
8. Pour plus de détails, v. P.-M. Le Corre, Dalloz action *Droit et pratique des procédures collectives*, 2025/2026, nos 621.00 s. et 622.00 s.
9. Ord. no 2021-1193, 15 sept. 2021, portant modification du livre VI du Code de commerce, *JO* 16 sept., texte 21.

les biens du débiteur, ainsi que toute procédure de distribution n'ayant pas produit un effet attributif avant le jugement d'ouverture ». La modification rédactionnelle, minime en apparence, qui ne fait plus référence à « *ces créanciers* » (ce qui renvoyait aux créanciers non éligibles au traitement de l'article L. 622-17 C. com.) conduit à englober désormais également les procédures d'exécution entreprises par les bénéficiaires de sûretés réelles consenties sur des biens du débiteur en garantie de la dette d'autrui[1]. Ce qui met un terme à la jurisprudence de la Cour de cassation qui permettait à ces bénéficiaires d'échapper à la discipline collective[2].

D) Procédures ouvertes à l'encontre d'un entrepreneur individuel à responsabilité limitée. L'ordonnance du 9 décembre 2010[3] a introduit au titre VIII du livre VI du Code de commerce des dispositions particulières consacrées au débiteur entrepreneur à responsabilité limitée. Il s'agit des articles L. 680-1 à 680-7.

Ainsi, en vertu de l'article L. 680-3 C. com., « *les dispositions des titres Ier à VI du livre VI qui intéressent les droits ou obligations des créanciers du débiteur entrepreneur individuel à responsabilité limitée s'appliquent, sauf dispositions contraires, dans les limites du seul patrimoine affecté à l'activité en difficulté ou, si l'activité est exercée sans affectation de patrimoine, du seul patrimoine non affecté* »[4].

1318.52 Effet de l'ouverture d'une procédure de sauvegarde ou de redressement judiciaire sur une procédure de saisie en cours[5].

A) Procédure ouverte avant le 1er janvier 2006. La procédure engagée avant le jugement d'ouverture doit être suspendue pendant la phase de redressement ou de plan. Le redressement judiciaire prononcé avant la réalisation de l'adjudication interrompt la saisie immobilière en cours qui ne pourra être reprise que dans les formes et conditions de l'ancien article L. 622-16 C. com.[6]. Si, malgré tout, l'adjudication était prononcée elle devrait être déclarée nulle[7]. Toutefois, la prorogation du commandement de saisie immobilière publié avant le jugement d'ouverture constitue une mesure conservatoire échappant à l'arrêt ou à l'interdiction de toutes les voies d'exécution[8].

Sanction. En principe, c'est le débiteur qui avisera le créancier poursuivant de sa mise en redressement judiciaire par un dire. Mais s'il ne le fait pas, le jugement d'adjudication sera nul[9]. Il appartient donc au poursuivant de se tenir informé de l'éventuelle mise en redressement judiciaire de son débiteur, par exemple, en s'informant au greffe du tribunal de commerce avant de requérir l'adjudication. Le jugement déclaratif prenant effet à 0 heure, le jugement d'adjudication qui ne sera pas intervenu antérieurement sera donc nul, quand bien même le débiteur n'aurait pas avisé le poursuivant. La solution est la même quand le redressement judiciaire a été prononcé entre la déclaration de surenchère et l'adjudication définitive de l'immeuble[10].

1318.53 Effet sur une procédure de saisie en cours *(suite)*.

B) Procédure ouverte après le 1er janvier 2006. Il résulte de la combinaison de l'article L. 622-21, II C. com., rendu applicable au redressement judiciaire par l'article L. 631-14, et des articles L. 642-18 alinéa 2 et L. 643-2 alinéas 1er et 3 que l'ouverture d'une procédure de sauvegarde, de redressement ou de liquidation judiciaire entraîne la suspension de la procédure de saisie immobilière en cours à la date du jugement d'ouverture. Ainsi, tant qu'une adjudication définitive n'est pas intervenue avant le jugement d'ouverture du redressement judiciaire du saisi, la procédure de saisie immobilière en cours à son encontre doit être arrêtée. Tel est le cas lorsque le bien a été adjugé mais qu'une surenchère a été formée, car celle-ci résout les droits de l'adjudicataire et le bien revient dans le patrimoine du saisi[11]. Il en sera de même en cas de réitération des enchères[12].

La procédure de saisie est donc suspendue par l'effet de l'ouverture de la procédure de sauvegarde ou de redressement et ce n'est qu'au stade de la liquidation judiciaire que le liquidateur pourra être subrogé dans les droits du créancier saisissant pour

1. N. Borga et J. Théron, « Ordonnance du 15 septembre 2021 réformant le droit des entreprises en difficulté, un tournant ? », *D.* 2021. Chron. 1773 – J.-J. Ansault et Ch. Gijsbers, « Droit des sûretés », *D.* 2021. Pan. 1879.
2. Com. 25 nov. 2020, n° 19-11.525, *D.* 2021. 555, note D. Robine ; *D.* 2021. 532, Point de vue, R. Dammann et K. Malavielle, *RTD com.* 2021. 194, obs. A. Martin-Serf.
3. Ord. n° 2010-1512, 9 déc. 2010, préc.
4. Ces règles s'appliquent quand bien même le jugement d'ouverture et sa mention au *BODACC* ne précisent pas qu'ils ne visent que les seuls éléments du patrimoine affecté en difficulté : Com. 23 oct. 2019, n° 18-19.952, P ; *D.* 2019. 2390, note V. Legrand ; *JCP E* 2020. 1092, note C. Lebel.
5. V. P.-M. Le Corre, Dalloz action *Droit et pratique des procédures collectives*, 2025/2026, nos 622.11 à 622.31.
6. L. 25 janv. 1985, anc. art. 154.
7. Com. 24 oct. 1995, n° 93-13.888, P IV, n° 247 ; *D.* 1995. IR 251 – Com. 4 janv. 2000, n° 96-20.805, NP ; *Procédures* avr. 2000, n° 100.
8. Civ. 2e, 23 oct. 1991, n° 90-12.457, P II, n° 283 ; *RJ com.* 1992. 347, note Honorat – Civ. 2e, 25 juin 1997, n° 95-12.503, P II, n° 208.
9. Com. 24 oct. 1995, n° 93-13.888, P IV, n° 247.
10. Civ. 2e, 24 mars 1993, n° 90-18.599, P II, n° 128.
11. Dès lors, si le saisi est ensuite mis en redressement judiciaire, la règle de l'arrêt des poursuites individuelles fait obstacle à la reprise de la procédure de saisie : Civ. 2e, 24 mars 1993, n° 90-18.599, P II, n° 128 – Com. 4 mars 2014, n° 13-17.216, P IV, n° 43.
12. Civ. 2e, 19 mai 1998, n° 96-10.198, P II, n° 154, pour une folle enchère résultant d'un défaut de paiement de prix.

les actes que celui-ci a effectués, lesquels sont réputés accomplis pour le compte du liquidateur qui procède à la vente des immeubles. La suspension emporte maintien des actes de procédure et juridictionnels afférents à cette procédure intervenus avant le jugement d'ouverture[1]. La saisie immobilière pourra alors reprendre son cours au stade où le jugement d'ouverture l'avait suspendue. En cas de défaillance du liquidateur, les créanciers titulaires d'un privilège ou d'une hypothèque pourront exercer leur droit de poursuite individuel dans les conditions de l'article L. 643-2.

Comme sous l'empire de la loi antérieure, on doit pouvoir affirmer que la procédure de saisie qui serait poursuivie dans l'ignorance de la suspension des poursuites due à l'ouverture d'une procédure de sauvegarde ou de redressement sera nulle.

1318.54 Publication d'une adjudication réalisée avant la survenance de la procédure collective.

A) Solution antérieure à la réforme de juin 1994 – Sous l'empire de l'article 57 de la loi du 25 janvier 1985. Avant la loi de 1994, l'article 57 interdisait, « *à compter du jugement d'ouverture, l'inscription des actes et décisions judiciaires translatifs ou constitutifs de droits réels* ». Pour être opposable à la faillite, le jugement d'adjudication devait être publié avant l'ouverture de la procédure. Lorsque tel n'a pas été le cas, la chambre commerciale décide donc que le jugement d'adjudication publié postérieurement au jugement d'ouverture est inopposable à la procédure collective et ajoute que cette inopposabilité n'affecte pas la validité de l'adjudication qui a fait sortir l'immeuble du patrimoine du débiteur et n'a d'effet que sur la répartition de créance de prix relevant désormais de la compétence du liquidateur[2].

B) L'ancien article L. 621-50 alinéa 1er C. com. (réd. L. nº 94-475, 10 juin 1994[3]). Ce texte ne mentionnait plus les actes et décisions judiciaires translatifs ou constitutifs de droits réels. La publication pouvait donc être effectuée alors même que le débiteur saisi était mis en redressement ou en liquidation. La nouvelle rédaction avait fait l'objet de vives critiques de la part de la doctrine en ce qu'elle donnait prise, voire incitait à la fraude[4]. La chambre commerciale a finalement jugé que, à défaut d'avoir été publié avant le jugement d'ouverture, le jugement d'adjudication était inopposable à la procédure collective et la répartition de la créance du prix de vente relevait de la compétence du liquidateur judiciaire[5].

1318.55 Publication d'une adjudication réalisée avant la survenance de la procédure collective (*suite*).

C) À compter du 1er janvier 2006. L'article L. 622-30 C. com., dispose que « *les hypothèques, nantissements et privilèges ne peuvent plus être inscrits postérieurement au jugement d'ouverture. Il en va de même des actes et des décisions judiciaires translatifs ou constitutifs de droits réels, à moins que ces actes n'aient acquis date certaine ou que ces décisions ne soient devenues exécutoires avant le jugement d'ouverture* ». Pourra-t-on en déduire que la publication d'une adjudication pourra être réalisée malgré l'ouverture d'une procédure de sauvegarde, de redressement ou de liquidation ? La discussion porte désormais sur la date certaine et/ou le caractère exécutoire du jugement d'adjudication. On peut penser que lorsque le délai pour former surenchère aura expiré avant l'ouverture de la procédure collective, le jugement d'adjudication pourra être publié.

D) À compter du 15 février 2009. L'ordonnance du 18 décembre 2008 ajoute à l'article L. 622-30 C. com., l'interdiction d'inscrire « les gages » à celle concernant les hypothèques, privilèges et nantissements.

1318.56 Ouverture d'une procédure de distribution du prix antérieurement à la suspension des poursuites.

A) Avant la réforme des procédures collectives. La jurisprudence, au visa des anciens articles L. 621-39, L. 621-40, L. 621-9 et L. 621-16 C. com., distinguait selon que l'adjudication avait ou non été publiée au jour du jugement d'ouverture pour déterminer si la distribution de prix incombait au juge aux ordres ou au liquidateur[6].

B) Depuis l'entrée en vigueur de la loi du 26 juillet 2005. Selon l'article 94 du décret du 28 décembre 2005, pris pour l'application de la loi du 26 juillet 2005, conformément au II de l'article L. 622-21 C. com., les procédures de distribution en cours, en dehors de toutes procédures d'exécution ayant produit un effet attributif avant le jugement d'ouverture en cours au jour de ce jugement sont caduques. Les fonds sont remis au mandataire judiciaire, le cas échéant par le séquestre qui par cette remise est libéré à l'égard des parties.

1. Com. 8 mars 2023, nº 21-18.722, B ; *D.* 2023. Chron. C. cass. 1431, obs. Barbot ; *RTD com.* 2023. 733, obs. A. Martin-Serf ; *JCP E* 2023. 1306, nº 3, obs. Ph. Pétel.
2. Com. 22 janv. 2002, nº 97-17.430, P IV, nº 18 ; *D.* 2002. 722, obs. A. Lienhard ; *JCP* 2002. I. 144, p. 1129, obs. Ph. Pétel – Com. 15 mars 2005, nº 03-19.085, NP.
3. L. nº 94-475, 10 juin 1994, relative à la prévention et au traitement des difficultés des entreprises, *JO* 11 juin, p. 8440.
4. F. Derrida, *D.* 1995. Chron. 257.
5. Com. 11 févr. 2014, nº 12-19.722, P IV, nº 34.
6. Com. 12 juill. 1994, nº 92-14.090, P IV, nº 262 ; *D.* 1994. 569, rapp. J.-P. Rémery, note A. Honorat ; *JCP* 1995. I. 3815, § 7 – Com. 23 janv. 1996, nº 92-21.642, P IV, nº 25 ; *D.* 1996. Somm. 282, obs. A. Honorat ; *JCP* 1996. I. 3935, § 14 ; *Defrénois* 1996. 940, obs. Sénéchal – Com. 15 mars 2005, nº 03-19.085, NP.

Si le tribunal arrête un plan, le mandataire judiciaire remet ces fonds au commissaire à l'exécution du plan aux fins de répartition.

L'article 94 a ultérieurement été modifié par le décret du 27 juillet 2006[1] (art. 154) pour que le texte soit conforme à la nouvelle réglementation des procédures de distribution issue de la réforme de la procédure de saisie immobilière.

En vertu de l'**ordonnance du 18 décembre 2008**[2], la formulation de l'article L. 622-21, II est modifiée, qui dispose désormais que le jugement d'ouverture « *arrête ou interdit également toute procédure d'exécution de la part de ces créanciers tant sur les meubles que sur les immeubles ainsi que toute procédure de distribution n'ayant pas produit un effet attributif avant le jugement d'ouverture* ». En vertu de l'article R. 622-19 C. com., une procédure de distribution du prix de vente d'un immeuble qui ne fait pas suite à une procédure d'exécution ayant produit un effet attributif avant le jugement d'ouverture, en cours, au jour de ce jugement, est caduque. Les fonds sont alors remis au mandataire judiciaire, le cas échéant par le séquestre, qui par cette remise est libéré à l'égard des parties[3]. Le juge compétent pour constater la caducité est le JEX en application de l'article L. 213-6 du COJ[4].

1318.57 Créanciers « postérieurs méritants » pouvant agir en exécution forcée[5].

A) Procédures ouvertes avant le 1er janvier 2006 : créanciers de l'ancien article L. 621-32 du Code de commerce (L. 25 janv. 1985, anc. art. 40). Les détenteurs de créances répondant aux conditions de l'article L. 621-32 peuvent user d'une voie d'exécution[6].

B) Procédures ouvertes à compter du 1er janvier 2006. Les créanciers dont la créance est née postérieurement au jugement d'ouverture ne sont pas tous autorisés à agir en exécution forcée ; seules certaines créances leur ouvriront ce droit : le jugement d'ouverture de la sauvegarde ou du redressement judiciaire emporte interdiction de payer toute créance née après, « *non mentionnée au I de l'article L. 622-17, à l'exception des créances liées aux besoins de la vie courante du débiteur personne physique et des créances alimentaires* » (C. com., art. L. 622-7). Selon l'article L. 622-17, il s'agit des créances « *nées régulièrement après le jugement d'ouverture pour les besoins du déroulement de la procédure ou de la période d'observation, ou en contrepartie d'une prestation fournie au débiteur, pour son activité professionnelle, pendant cette période* ».

C) Procédures ouvertes à compter du 15 février 2009. L'article L. 622-7 est modifié. Si le principe de l'interdiction de payer les créances nées après le jugement d'ouverture non mentionnées au I de l'article L. 622-17 demeure, le domaine des exceptions se réduit : seules les créances alimentaires ne sont pas concernées par l'interdiction.

Les créanciers de l'article L. 622-17, I et les créanciers alimentaires conservent ainsi le droit d'agir en exécution forcée contre le débiteur en phase de sauvegarde et de redressement. Les actions en justice et les voies d'exécution autres que celles visées à l'article L. 622-21 peuvent être poursuivies au cours de la période d'observation, à l'encontre du débiteur, après mise en cause de l'administrateur ou du mandataire judiciaire (C. com., art. L. 622-23).

§ 2
Liquidation judiciaire

1318.61 Principe. La survenance de la liquidation permet de reprendre la poursuite, mais c'est au liquidateur en principe que cette tâche incombe ; toutefois, les créanciers pourront entreprendre une saisie ou reprendre une procédure interrompue dans l'hypothèse de la carence du liquidateur, mais il ne pourra demander l'attribution judiciaire de l'immeuble hypothéqué qui s'analyse en une dation en paiement[7].

Sous l'empire de la loi de 1985, modifiée en 1994, cette hypothèse était régie par les anciens articles L. 622-16 et L. 622-23 C. com.[8].

À la suite de l'entrée en vigueur de la loi du 26 juillet 2005, cette faculté de reprise des poursuites individuelles offerte aux créanciers titulaires de sûretés est exposée à l'article L. 643-2 C. com., et à l'article 268

1. Décr. n° 2006-936, 27 juill. 2006, relatif aux procédures de saisie immobilière et de distribution du prix d'un immeuble, *JO* 29 juill., texte 26.
2. Ord. n° 2008-1345, 18 déc. 2008, préc.
3. La seule consignation du prix d'adjudication ne suffit pas à faire produire un effet attributif à l'égard des créanciers : Com. 17 avr. 2019, n° 17-15.960, P, p. 239 ; *RD banc. fin.* 2019. Comm. 132, obs. S. Piedelièvre.
4. Com. 20 oct. 2020, n° 19-15.171, P, p. 194.
5. Pour plus de détails, v. P.-M. Le Corre, Dalloz action *Droit et pratique des procédures collectives*, 2025/2026, n° 622.05.
6. Paris, 10 mars 1989, *JCP E* 1989. II. 15591, obs. M. Cabrillac.
7. La chambre commerciale juge que la demande d'un créancier hypothécaire impayé tendant à ce que l'immeuble grevé lui demeure en paiement, par application de l'article 2458 C. civ., tend au paiement d'une somme d'argent, au sens de l'article L. 622-21 C. com. La Cour en déduit donc qu'à défaut de disposition autorisant, par dérogation au principe de l'interdiction des poursuites posé par ce texte, la présentation d'une telle demande en cas de procédure collective, comme il en existe pour l'attribution judiciaire du gage, la demande d'attribution judiciaire de l'immeuble hypothéqué est irrecevable : Com. 28 juin 2017, n° 16-10.591, P ; *D.* 2017. 1356, obs. A. Lienhard – V. DÉJÀ EN CE SENS, T. com. Saint-Pierre, 1er mars 2016, *D.* 2016. 1185, note D. Boustani ; *D.* 2016. Pan. 1894, obs. P.-M. Le Corre.
8. L. n° 85-98, 25 janv. 1985, anc. art. 154 et 161, mod. en 1994.

du décret du 28 décembre 2005, modifié par l'article 155 du décret du 27 juillet 2006 (v. s[s] n° 1411.92).

1318.62 **Notion de voie d'exécution.** Mettant fin à une divergence entre juges du fond quant à la portée de l'article 161 de la loi du 25 janvier 1985 (devenu C. com., art. L. 622-23), un arrêt de la chambre commerciale de 1995 exclut la faculté pour les créanciers titulaires d'un privilège de vendeur d'exercer l'action résolutoire en phase de liquidation, car il s'agit d'une action en justice et non d'une voie d'exécution [1]. La Cour déclare que « *la suspension ou l'interdiction des actions en justice est maintenue durant toute la durée de la procédure collective et que le droit de poursuite individuel tiré de l'article 161, qui ne peut avoir pour effet de modifier l'ordre des paiements, autorise seulement la poursuite ou l'engagement des voies d'exécution* ». Bien que le liquidateur n'ait pas entrepris la liquidation des biens grevés dans le délai de trois mois, le vendeur est donc irrecevable à exercer l'action résolutoire.

1318.63 **Difficulté.** Que se passe-t-il si le débiteur est en faillite et non le tiers acquéreur ou inversement ?

1318.64 **Dans le cas où est ouverte une procédure collective contre le débiteur, mais où le bien immeuble est entré dans le patrimoine du tiers acquéreur avant la période suspecte.**

A) Avant la réforme des procédures collectives. La saisie est valablement entreprise contre le tiers saisi et le créancier peut délivrer préalablement un commandement de payer au débiteur malgré la suspension des poursuites car le commandement de saisie immobilière est un acte préalable à l'exécution. Toutefois, pour que la signification soit valable encore faut-il que le débiteur puisse recevoir l'acte. Il faut donc, dans le cas d'un redressement judiciaire, que le créancier se renseigne sur l'étendue de la mission de l'administrateur (C. com., anc. art. L. 621-22 et L. 621-23 [2]) pour éventuellement lui dénoncer l'acte et, dans le cas d'une liquidation, que le créancier signifie au liquidateur (C. com., anc. art. L. 622-9 [3]).

B) Depuis l'entrée en vigueur de la loi du 26 juillet 2005, la mission de l'administrateur est envisagée à l'article L. 622-1, en phase de sauvegarde, et à l'article L. 631-12, en phase de redressement judiciaire. Dans le cas d'une liquidation, le débiteur est dessaisi en vertu de l'article L. 641-9 C. com.

1. Com. 19 déc. 1995, n° 92-19.525, P IV, n° 305 ; *D.* 1996. 145, note M.-J. Campana ; *RTD civ.* 1996. 533, obs. A. Martin-Serf ; *JCP E* 1995. I. 554, obs. Ph. Pétel ; *Defrénois* 1996. 937, obs. Sénéchal ; *Rev. proc. coll.* 1996. 145, obs. B. Soinne.
2. L. n° 85-98, 25 janv. 1985, anc. art. 31 et 32 – Par analogie pour une saisie-attribution, v. Com. 16 févr. 1999, n° 95-17.928, NP ; *Procédures* 1999, n° 274, obs. C. Laporte.
3. L. n° 85-98, 25 janv. 1985, anc. art. 152.

C) Depuis l'entrée en vigueur de la réforme de la saisie immobilière, le débiteur recevra un commandement de payer et le tiers un commandement de payer valant saisie (C. pr. exéc., art. R. 321-5). Le commandement de payer adressé au débiteur qui n'est plus propriétaire du bien pourra-t-il être délivré alors que ce débiteur bénéficiera d'une suspension des poursuites ? Le commandement de payer réalisant une simple mise en demeure et non une action en justice tendant à la condamnation du débiteur au paiement d'une somme d'argent ou le premier acte d'une mesure d'exécution (C. com., art. L. 622-21), on devrait pouvoir répondre positivement.

1318.65 **Si une procédure de redressement judiciaire est ouverte contre le tiers acquéreur, ses biens immeubles sont le gage de ses propres créanciers.** Le créancier titulaire d'une hypothèque qui invoque son droit de suite peut délivrer un commandement de payer au débiteur mais la procédure peut-elle ensuite être menée contre le bien du tiers acquéreur en l'état de la suspension des poursuites dont il bénéficie ? Le créancier, agissant en vertu de son droit de suite, n'a pas de créance contre le tiers, mais n'est-il pas pour autant concerné par la procédure collective ? Comment pourrait-il prétendre exercer des droits sur un bien englobé dans la procédure collective sans avoir déclaré sa créance ? Et doit-on faire une distinction selon que tiers détenteur est l'acquéreur du bien non purgé ou le tiers ayant affecté un immeuble en garantie de la dette d'autrui ? Dans le premier cas, le créancier hypothécaire agit en vertu de son droit de suite, dans le second en vertu de l'affectation hypothécaire.

Avant la réforme de la saisie immobilière. La question a d'abord été posée à la chambre commerciale de la Cour de cassation, à propos d'une caution réelle. La Cour a décidé que le créancier bénéficiaire d'un cautionnement réel devait déclarer sa créance car il dispose à l'égard de la caution d'un droit de créance, lequel, en cas de défaillance du débiteur principal, est limité aux biens affectés à la garantie de l'engagement [4]. La solution a été approuvée par la doctrine ; c'est en effet la seule voie pour que la créance soit prise en considération et que le titulaire de la sûreté puisse participer aux distributions. Il faut rappeler en outre, que depuis la loi du 10 juin 1994, le titulaire d'une sûreté publiée doit être averti d'avoir à déclarer sa créance ; il n'y a donc pas de difficultés à attendre de lui qu'il remplisse cette obligation (C. com., anc. art. L. 621-43 et L. 621-46) [5]. Depuis,

4. Com. 27 oct. 1998, n° 96-14.037, P IV, n° 260 ; *Defrénois* 1999. 280, note S. Piedelièvre ; *RDI* 1999. 295, obs. Ph. Théry.
5. L. n° 85-98, 25 janv. 1985, anc. art. 50 et 53, mod. par L. 10 juin 1994.

la même règle a été reproduite à l'article L. 622-24 issu de la loi du 26 juillet 2005 de sauvegarde des entreprises, portant réforme des procédures collectives.

On pouvait toutefois se demander si la solution ne serait pas remise en cause par l'évolution jurisprudentielle qui dénie la qualité de cautionnement à la garantie réelle affectée à la dette d'autrui. Pouvait-on encore avancer que le créancier hypothécaire a une créance contre le tiers ? La réponse, négative, avait été donnée par la chambre commerciale en 2020, qui avait jugé qu'une sûreté réelle, consentie pour garantir la dette d'un tiers, n'impliquant aucun engagement personnel du constituant de cette sûreté à satisfaire à l'obligation d'autrui, le bénéficiaire d'une telle sûreté ne peut agir en paiement contre le constituant qui n'est pas son débiteur et n'ayant pas la qualité de créancier, il n'est donc pas soumis à l'arrêt des voies d'exécution, qui résulte de l'ouverture de la procédure collective du constituant. La Cour de cassation en déduisait que ce créancier pouvait poursuivre ou engager une procédure de saisie immobilière contre le constituant, après avoir mis en cause l'administrateur et le représentant des créanciers[1]. Mais cette jurisprudence vient d'être condamnée par l'ordonnance du 15 septembre 2021[2] réformant le droit des entreprises en difficulté qui a réécrit l'article L. 622-21, II. Sans préjudice des droits des créanciers de l'article L. 622-17 C. com., ce sont toutes les procédures d'exécution qui sont arrêtées ou suspendues à compter du jugement d'ouverture de la procédure collective[3]. La modification entre en vigueur au 1er janvier 2022.

Par ailleurs, la question posée se présente-t-elle différemment lorsque le propriétaire du bien est tenu non en vertu d'un cautionnement réel, mais par l'effet d'un droit de suite, le bien acquis étant grevé d'une hypothèque non purgée ? Sans doute pas car dans le cas du tiers acquéreur, le créancier n'est pas non plus concerné par la procédure collective. À quel titre le contraindrait-on à effectuer une déclaration de créance ? Certes, le liquidateur a seul compétence pour dresser l'état de collocation préalable à la distribution du prix, mais il doit le faire suivant les règles de la publicité foncière. Dans deux hypothèses de ce type, la cour d'appel d'Aix-en-Provence avait exclu l'obligation de déclarer[4]. La Cour de cassation a approuvé cette solution. Par deux arrêts, l'un de cassation, l'autre de rejet, la chambre commerciale a affirmé que le créancier hypothécaire exerçant son droit de suite n'avait pas à déclarer sa créance à la procédure collective du tiers acquéreur pour pouvoir être colloqué sur le prix de revente du bien grevé[5].

Le principe est donc clair : **seuls les créanciers du débiteur placé en redressement judiciaire ou en liquidation sont soumis à la discipline collective ; ceux d'un débiteur *in bonis* ne le sont pas.** (Il demeure une exception qui obscurcit le débat, c'est la situation particulière de conjoints, propriétaires d'un immeuble commun, grevé d'hypothèque. Les créanciers hypothécaires du conjoint *in bonis* doivent être soumis à la procédure collective parce que les droits des deux conjoints sur le même bien ne peuvent être individualisés. Sur cette particularité, v. ss nos 1318.111 s.)

§ 3
Règlement amiable, redressement et liquidation judiciaire de l'exploitant agricole

1318.71 **Domaine d'application et procédure.** Aux termes des articles L. 351-1 et suivants C. rur., pour les exploitations agricoles, personnes physiques ou morales de droit privé exerçant une activité agricole au sens de l'article L. 311-1 C. rur., qui rencontrent des difficultés financières, une procédure de règlement amiable peut être ouverte afin de prévenir et de régler les difficultés dès qu'elles sont prévisibles ou dès leur apparition, notamment par la conclusion d'un accord amiable entre le débiteur et ses principaux créanciers. En revanche, les sociétés commerciales exerçant une activité agricole demeurent soumises aux dispositions du chapitre 1er du titre 1er du livre VI du Code de commerce, relatives à la prévention des difficultés des entreprises (C. com., art. L. 611-1 à L. 611-17).

Les dirigeants des exploitations agricoles en difficulté ou leurs créanciers peuvent saisir le président du tribunal judiciaire (TJ) dans le ressort duquel se trouve le siège de l'exploitation d'une demande tendant à la désignation d'un conciliateur.

Compte tenu de la situation économique et financière de l'exploitation agricole et de ses perspectives de règlement, soit le président du tribunal nomme un **conciliateur** en lui fixant un délai pour l'accomplissement de sa mission, soit rend **une ordonnance**

1. Com. 25 nov. 2020, no 19-11.525, P, p. 253.
2. Ord. no 2021-1193, 15 sept. 2021, préc.
3. Com. 25 nov. 2020, no 19-11.525, P (v. ss no 1318.51).
4. Aix-en-Provence, 15e ch., 15 janv. 1997, RG no 95/22229, X… c/Me Y… et a., inéd. – Aix-en-Provence, 15e ch., 5 mai 1999, RG no 97/850, X… c/Me Y… et a., inéd.
5. Com. 11 juin 2002, no 00-20.981, P IV, no 103, cassant un arrêt de la cour d'appel de Montpellier – Com. 15 oct. 2002, no 99-17.526, NP, rejetant le pourvoi formé contre Aix-en-Provence, 15e ch., 5 mai 1999 (préc. ss prést no) ; *RTD civ.* 2003, nos 2, 328 s., obs. P. Crocq ; *JCP* 2003. I. 113, no 6, obs. M. Cabrillac – *JCP* 2002. II. 10116, note J.-P. Rémery ; *Defrénois* 2003, art. 37691, no 24, p. 417, obs. Ph. Théry – Et sur renvoi de cassation de l'arrêt du 11 juin 2002, v. Aix-en-Provence, 1re ch., 9 sept. 2005, RG no 2005/439, *Bull. Aix-en-Provence* 2006-2, p. 110, obs. Bouzon-Roulle.

de rejet. Le conciliateur a pour mission de favoriser le règlement de la situation financière de l'exploitation agricole par la conclusion d'un accord amiable entre le débiteur et ses principaux créanciers sur des délais de paiement ou des remises de dettes. En nommant le conciliateur, le président du tribunal peut également prononcer la suspension provisoire des poursuites pour un délai n'excédant pas deux mois. Ce délai peut être prorogé pour la même durée.

Si le débiteur ne se trouve pas en cessation des paiements ou si l'accord y met fin, le président du tribunal constatera l'accord conclu en présence du conciliateur ou, sur son rapport, mettra fin à sa mission. À la demande du débiteur, le président du tribunal pourra homologuer l'accord.

Si la situation financière s'aggrave, les dispositions du livre VI du Code de commerce relatives aux procédures de sauvegarde, de redressement judiciaire et de liquidation judiciaire seront applicables à l'exploitation agricole.

1318.72 Effets de la décision de nomination d'un conciliateur. Le président qui nomme le conciliateur peut également prononcer la suspension provisoire des poursuites pour un délai n'excédant pas deux mois. Ce délai peut être prorogé pour la même durée. Cette décision suspend ou interdit toute action en justice de la part de tous les créanciers dont la créance a son origine antérieurement tendant à la condamnation du débiteur au paiement d'une somme d'argent ainsi qu'à la résolution d'un contrat pour défaut de paiement d'une somme d'argent ; elle arrête ou interdit également toute voie d'exécution de la part de ces créanciers, tant sur les meubles que sur les immeubles (C. rur., art. L. 351-5). Ainsi, si une procédure de saisie immobilière est en cours, elle devra être suspendue et la vente reportée. Commet un excès de pouvoir le JEX qui a débouté un exploitant agricole de sa demande visant à ce que soit constatée la suspension des poursuites et des voies d'exécution et qu'il ne soit pas procédé à la vente par adjudication des immeubles saisis, alors qu'une ordonnance du président du tribunal, prise en application de l'article L. 351-1 C. rur., avait suspendu toute voie d'exécution pour deux mois[1].

Sauf autorisation du président du tribunal, la décision qui prononce la suspension provisoire des poursuites interdit au débiteur, à peine de nullité, de payer, en tout ou partie, une créance quelconque née antérieurement à cette décision, ou de désintéresser les cautions qui acquitteraient des créances nées antérieurement, ainsi que de faire un acte de disposition étranger à la gestion normale de l'exploitation ou de consentir une hypothèque ou un nantissement (C. rur., art. L. 351-5).

1318.73 Effets de l'accord. L'accord constaté ou homologué entraîne la suspension, pendant la durée de son exécution, de toute action en justice et de toute poursuite individuelle, tant sur les meubles que sur les immeubles du débiteur, formée dans le but d'obtenir le paiement de créances qui font l'objet de l'accord. L'accord fait également obstacle, pendant la durée de son exécution, à ce que des sûretés soient prises pour garantir le paiement de ces créances. Les délais qui, à peine de déchéance ou de résolution des droits afférents à ces créances, étaient impartis aux créanciers sont suspendus pendant la durée de l'accord (C. rur., art. L. 351-6).

SECTION 4
INCIDENCE DU RÉGIME MATRIMONIAL DU SAISI

1318.81 Problème. Lorsque le débiteur est marié, l'immeuble peut être un bien commun, indivis ou propre. Quelle est l'incidence de son régime matrimonial sur le droit d'agir des créanciers ? La solution diffère bien évidemment selon le régime matrimonial du saisi et se pose lorsque l'un des conjoints peut opposer au créancier une mesure de suspension d'exécution sur ses biens et pas l'autre. Une saisie immobilière est-elle possible malgré tout ?

§ 1
Communauté de biens

1318.91 Principe. Lorsque deux époux sont mariés sous le régime de la communauté légale, le principe posé à l'article 1413 C. civ. est que « *le paiement des dettes dont chaque époux est tenu, pour quelque cause que ce soit, pendant la communauté, peut toujours être poursuivi sur les biens communs* ». Ainsi, si l'immeuble est un acquêt, il sert de gage aux créanciers de chacun des époux, ce qui peut d'autant plus nuire à l'époux non débiteur, si le bien est affecté au logement familial (v. aussi s^s^ n°s 1319.131 s.). La situation se complique lorsqu'un époux fait l'objet d'une procédure collective ou dans le cas de l'ouverture d'une procédure de surendettement.

A.
Procédures collectives

1318.100 Renvoi. Pour plus de précisions, v. P.-M. Le Corre, Dalloz action *Droit et pratique des procédures collectives*, 2025/2026, chap. 741, sur le conjoint.

1. Civ. 2e, 16 nov. 2017, no 16-17.259, NP : la Cour de cassation juge qu'il s'agit d'un cas spécifique de suspension des procédures d'exécution engagées qui doit recevoir application en cas de saisie immobilière, en sus des cas permettant le report de la vente forcée prévue par les articles R. 322-28 C. pr. exéc.

1°
Position du problème

1318.111 **Conjoint *in bonis*.** Si le débiteur, menacé de saisie, bénéficie d'une procédure collective, les poursuites contre ses biens sont suspendues en phase de redressement, qu'il s'agisse de ses biens propres comme communs qui servent de gage à ses créanciers (v. sᵗ n° 1318.51). Mais si c'est le conjoint *in bonis* qui est menacé de saisie, le droit d'agir de ses créanciers personnels est nécessairement affecté par la procédure collective de son conjoint dès lors que les biens communs répondent des dettes incluses dans la procédure collective, ou en d'autres termes, que l'ouverture d'une procédure collective emporte saisie collective des biens du débiteur. Il en résulte que les créanciers du conjoint *in bonis* ne peuvent poursuivre le recouvrement de leurs créances sur un bien commun pendant la procédure collective.

Il faut toutefois introduire une réserve pour le cas où les époux étaient codébiteurs et où le créancier a omis de déclarer sa créance à la procédure collective.

1318.112 **Conflit d'intérêts.** La confrontation des dispositions de la loi du 23 décembre 1985 sur les régimes matrimoniaux avec celles de la loi du 25 janvier 1985 organisant le redressement et la liquidation de biens du commerçant avait été à l'origine d'un débat vif. La question qui se posait était celle de savoir si les créanciers personnels du conjoint pouvaient agir sur les biens communs, inclus dans la procédure ouverte contre l'autre époux ; la difficulté résultait de ce qu'en cas de procédure collective ouverte contre un époux commun en biens, les biens communs servent de gage aux créanciers professionnels de l'époux. D'où un conflit d'intérêts entre les créanciers de la procédure collective et les créanciers personnels de l'époux *in bonis* puisque l'assiette de leur gage est la même, le problème se posant principalement au stade de la liquidation judiciaire.

2°
Solution de principe

1318.121 **Suspension des poursuites et déclaration de créance.** Depuis l'arrêt de l'assemblée plénière du 23 décembre 1994, la position de la Cour de cassation est connue qui a fixé la situation des créanciers personnels du conjoint d'un débiteur soumis à une procédure collective[1]. Tout en décidant que « *la liquidation judiciaire d'une personne mariée sous le régime de communauté de biens ne modifie pas les droits que les créanciers tiennent du régime matrimonial* », la Cour de cassation leur interdit de poursuivre les biens communs « *en dehors des cas où les créanciers du débiteur soumis à la liquidation judiciaire peuvent eux-mêmes agir* ».

1318.122 **Suspension des poursuites.** Ce qui signifie d'abord que les poursuites des créanciers personnels sont suspendues en phase de redressement judiciaire. La solution a été, depuis, réaffirmée par la chambre commerciale[2].

1318.123 **Nécessité de produire pour participer aux distributions.** Ensuite, l'arrêt de 1994[3] affirme que les créanciers personnels ne retrouvent le droit d'agir qu'en vertu des dispositions de la loi du 25 janvier 1985, c'est-à-dire en phase de liquidation, à condition d'avoir déclaré leurs créances et si le liquidateur n'a pas entrepris la liquidation dans le délai de trois mois à compter du jugement de liquidation (C. com., anc. art. L. 622-23)[4]. Le droit des créanciers personnels du conjoint *in bonis* d'agir sur les biens communs est donc conditionné à une déclaration de créance dans une procédure à laquelle ils peuvent être totalement étrangers. Souvent il est vrai, le créancier de l'époux *in bonis* sera en même temps créancier de l'autre ; les deux époux se seront engagés solidairement vis-à-vis du créancier qui en outre, aura obtenu des garanties, dont une hypothèque sur l'immeuble commun. Mais la solution posée en 1994 n'entre pas dans ces considérations ; il en résulte donc aujourd'hui que les créanciers personnels d'un époux *in bonis* ont intérêt à avoir connaissance à temps de la procédure collective ouverte contre le conjoint qui ne serait nullement leur débiteur, pour satisfaire à l'exigence de production. Et avant la mise en liquidation, ils ne pourront agir sur les biens communs, ce qui ne les empêchera toutefois pas d'agir sur les biens propres s'il en existe. La nécessité de déclarer a été confirmée en 1996 : « *Les banques, si elles étaient privées, en l'absence de déclaration de leurs créances, de tout droit de participer aux répartitions faites dans le cadre de la liquidation judiciaire...* »[5] et elle a été réaffirmée par la suite[6].

1. Cass., ass. plén., 23 déc. 1994, n° 90-15.305, P, n° 7 ; *D.* 1995. 145, rapp. Y. Chartier ; *Defrénois* 1995. 485, note Derrida ; *LPA* 1ᵉʳ mars 1995, note Derrida ; *RJDA* 1995. 101, concl. Rœhrich ; *JCP E* 1995. II. 660, note Petel ; *JCP N* 1995. II. 243, note Randoux ; *RJ com.* 1995. 55, note M. Storck ; *Defrénois* 1995. 445, obs. G. Champenois ; *RTD com.* 1995. 657, obs. A. Martin-Serf ; *JCP* 1995. I. 3869, n° 8, obs. Ph. Simler ; *Banque* 1995. 91, obs. Guillot ; *Dr. et patr.* 1995. 65, obs. A. Bénabent ; *Gaz. Pal.* 1995. 2. 11, note La Marnierre ; *Rev. proc. coll.* 1995. 23, note F. Vauvillé.
2. Com. 17 juin 1997, n° 94-14.109, P IV, n° 192 ; *D. Affaires* 1997. 901.
3. Cass., ass. plén., 23 déc. 1994, n° 90-15.305, P, n° 7.
4. L. n° 85-98, 25 janv. 1985, anc. art. 161.
5. Com. 14 mai 1996, n° 94-11.366, P IV, n° 129 ; *D.* 1996. 460 ; *LPA* 11 sept. 1996, p. 15 ; *Defrénois* 1996, art. 36394, note Derrida ; *Defrénois* 1997, art. 36497, n° 2, p. 246, note Sénéchal ; *Defrénois* 1997, art. 36526, n° 45, obs. Aynès ; *D. Affaires* 1996. 811 ; *LPA* 19 juill. 1996, p. 23 ; *Rev. proc. coll.* 1996. 427, note B. Soinne ; *JCP* 1996. I. 3962, n° 13, obs. Ph. Simler ; *RTD civ.* 1996. 666, n° 4, obs. P. Crocq.
6. Com. 14 oct. 1997, n° 96-12.853, P IV, n° 260 ; *JCP* 1998. II. 10003, note B. Beignier.

1318.124 Cas particulier des créanciers titulaires de sûretés. Les créanciers titulaires de sûretés doivent être avisés personnellement par le mandataire d'avoir à déclarer leur créance (C. com., art. L. 622-24).

3°
Précisions postérieures

1318.131 Conservation de sa sûreté par le créancier personnel qui n'aurait pas produit mais efficacité réduite. L'arrêt de la chambre commerciale de la Cour de cassation du 14 mai 1996 a encore admis que le créancier hypothécaire du conjoint *in bonis* conservait sa sûreté, inscrite sur l'immeuble commun inclus dans la procédure : « *Les banques, si elles étaient privées, en l'absence de déclaration de leurs créances, de tout droit de participer aux répartitions faites dans le cadre de la liquidation judiciaire, conservaient cependant, après paiement de tous les créanciers admis, le droit de faire valoir leur hypothèque sur le solde pouvant subsister sur le prix de l'immeuble grevé, ce dont il résulte que l'absence de déclaration n'affectait que l'exercice dans le cadre de la procédure collective des droits hypothécaires des banques mais non leur existence et que la radiation de l'hypothèque ne pouvait être ordonnée du chef de l'épouse.* »[1] À défaut de déclaration à la faillite du conjoint, le créancier ne pourra se prévaloir de sa sûreté qu'après paiement de tous les créanciers admis à la procédure collective et donc seulement sur le solde éventuel du prix de l'immeuble grevé. C'est dire que la sûreté n'est pleinement efficace que si le créancier de l'époux *in bonis*, comme les créanciers de son conjoint, déclare et fait vérifier sa créance ; dans ce cas il participera à la distribution du prix au même titre que les créanciers admis de la faillite, et pourra invoquer les avantages issus de son hypothèque : rang préférentiel et intérêts garantis, sinon il ne pourra faire valoir sa sûreté que sur le solde éventuel du prix[2].

1318.132 Droit de déclarer pour participer aux distributions pour le créancier hypothécaire. La déclaration apparaît ainsi comme un droit pour les créanciers personnels du conjoint *in bonis*[3]. La précision est importante car il était à craindre, en pratique, que ces productions soient dans un premier temps refusées par les premiers juges comme émanant de créanciers extérieurs à la faillite du commerçant. La solution a été confirmée par l'arrêt du 14 octobre 1997 précité[4].

1318.133 Sanction du défaut de déclaration. À défaut de déclaration dans les délais prévus à l'article L. 622-24 C. com., le créancier forclos ne subit pas l'extinction de sa créance mais il ne sera pas admis dans les répartitions et les dividendes à moins que le juge-commissaire ne le relève de sa forclusion (C. com., art. L. 622-26).

1318.134 Alignement du sort des créanciers personnels sur celui des créanciers de la procédure collective. La Cour de cassation a encore précisé que le sort des créanciers personnels du conjoint *in bonis* devait être calqué sur celui des créanciers de la procédure collective.

Ainsi, un arrêt de la chambre commerciale du 2 avril 1996 décide que ces créanciers personnels ne peuvent, pendant la période suspecte, obtenir une hypothèque garantissant une créance antérieure sur l'immeuble commun[5].

La même solution vaut pour une inscription postérieure au jugement déclaratif. Le raisonnement avait déjà été tenu par le JEX de Lyon en 1994 : les créanciers personnels ne peuvent publier utilement leur sûreté sur un bien commun inclus dans la procédure collective après l'ouverture de la procédure[6] ; cette analyse est confirmée par la chambre commerciale[7].

De même, les créanciers personnels doivent-ils respecter les dispositions du plan de redressement portant sur des biens communs[8].

1318.135 Explication. La solution est justifiée par l'impossibilité d'individualiser les droits des deux conjoints qui s'exercent sur le même bien et par la notion d'effet réel de la procédure collective. Dès lors tous les créanciers des conjoints doivent être soumis aux mêmes règles de poursuite sur le bien (en ce sens, v. les obs. d'un auteur à propos de la différence de traitement du créancier hypothécaire exerçant un droit de suite[9]) et l'ouverture d'une

1. Com. 14 mai 1996, n° 94-11.366, P IV, n° 129 ; *D.* 1996. 460 ; *LPA* 11 sept. 1996, p. 15 ; *Defrénois* 1996, art. 36394, note Derrida ; *Defrénois* 1997. 246, art. 36497, n° 2, note Sénéchal ; *Defrénois* 1997, art. 36526, n° 45, obs. L. Aynès ; *D. Affaires* 1996. 811 ; *LPA* 19 juill. 1996, p. 23 ; *Rev. proc. coll.* 1996. 427, note B. Soinne ; *JCP* 1996. I. 3962, n° 13, obs. Ph. Simler ; *RTD civ.* 1996. 666, n° 4, obs. P. Crocq.
2. V. ENCORE, Com. 2 mai 2001, n° 98-13.039, Receveur des impôts de Lens Sud c/Soinne, P IV, n° 80.
3. EN CE SENS, F. Derrida, « La situation des créanciers personnels du conjoint débiteur soumis à une procédure de redressement-liquidation judiciaires : bilan », *Defrénois* 1997. 356, art. 36523, n° 6.
4. Com. 14 oct. 1997, n° 96-12.853, P IV, n° 260 ; *JCP* 1998. II. 10003, note B. Beignier.
5. Com. 2 avr. 1996, n° 93-20.562, P IV, n° 106 ; *D.* 1996. Somm. 340, obs. A. Honorat ; *JCP* 1997. I. 3991, n° 13.
6. TGI Lyon, JEX, 20 sept. 1994, *D.* 1994. IR 242 ; *RDI* 1994. 655, obs. Ph. Delebecque.
7. Com. 20 mai 1997, n° 94-10.997, NP ; *JCP* 1998. II. 103, n° 20 ; *D. Affaires* 1997. 1042 ; *LPA* 8 août 1997, p. 4, obs. B. Soinne.
8. TGI Lyon, JEX, 15 juin 1993, *D.* 1995. Somm. 8, obs. Derrida – Agen, 11 sept. 1995, *Cah. jurispr. Aquitaine* 1996. 112, note Saintourens ; *JCP* 1996. IV. 569.
9. P. Crocq, *RTD civ.* 2003. 328 s.

procédure collective emporte saisie collective des biens du débiteur.

B. Surendettement et rétablissement personnel

1318.141 Surendettement. Contrairement à l'intitulé de la loi du 31 décembre 1989[1] relative à la prévention et au règlement des situations de surendettement qui visait les particuliers et les familles, elle ne s'appliquait qu'aux individus. Et il en a été de même des législations successives en matière de surendettement. Le législateur ne tient pas compte de la situation familiale du débiteur ni de son régime matrimonial. Or, le surendettement concerne essentiellement des « *ménages* », qui ont mis en commun leurs ressources, alors que le bénéfice des mesures de redressement peut n'être sollicité que par un époux[2]. Toutefois, la jurisprudence et la doctrine estiment que les mesures de redressement judiciaire civil doivent avoir un caractère indivisible entre les époux débiteurs[3].

On notera cependant que la loi du 17 mars 2014[4], relative à la consommation, s'est intéressée aux époux et aux partenaires d'un pacte civil de solidarité (PACS). S'agissant des dépenses qui ont pour objet l'entretien du ménage ou l'éducation des enfants, le législateur a complété les articles 220 et 515-4 C. civ. qui écartent le jeu de la solidarité légale pour les achats à tempérament et les emprunts non conclus du consentement de deux époux ou des deux partenaires à moins que ces derniers ne portent sur des sommes modestes nécessaires aux besoins de la vie courante, Désormais, pour que joue la solidarité légale il faut en outre, en cas de pluralité d'emprunts, que le montant cumulé de ces sommes ne soit pas manifestement excessif eu égard au train de vie du ménage. Dans ce cas, même nécessaires aux besoins de la vie courante, les emprunts n'engageront pas l'époux ou le partenaire non débiteur. C'est une manière de s'intéresser à l'endettement sous l'angle du ménage mais en dehors d'une procédure de surendettement.

1318.142 Rétablissement personnel. La situation de surendettement des personnes physiques est caractérisée par l'impossibilité manifeste pour un débiteur de bonne foi de faire face à l'ensemble de ses dettes non professionnelles exigibles et à échoir, et ce sont les ressources ou l'actif réalisable de ce débiteur qui sont examinés. Les mesures de traitement préconisées, comme l'ouverture éventuelle d'une procédure de rétablissement personnel, avec ou sans liquidation judiciaire, sont individuelles, ce qui n'empêche toutefois pas des époux de déposer chacun une demande (v. s^s n°s 1313.221 s.).

§ 2 Incidence d'une indivision

1318.151 Bien commun devenant indivis en cours de saisie. Que se passe-t-il lorsque le bien, jusqu'alors commun, donc saisissable par les créanciers de chacun des deux époux, devient indivis en cours de procédure de saisie ? La situation peut se présenter à la suite d'un divorce ou d'un décès. En vertu de l'article 815-17 alinéa 1er C. civ., la saisie engagée se poursuit car la créance a pris naissance avant l'indivision post-communautaire (divorce) ou post-communautaire et successorale (décès d'un conjoint en présence d'héritiers ; dans ce cas, la procédure doit être reprise contre les héritiers, v. s^s n° 1313.124). Le créancier peut poursuivre la vente et la saisie des biens indivis.

1318.152 Indivision et procédure collective. Si l'ouverture de la procédure collective est antérieure à l'événement à l'origine de l'indivision, ou plus exactement à l'événement qui rend cette indivision opposable aux tiers (en matière de divorce, c'est la retranscription du jugement[5]), les dispositions de l'article 815-17 alinéa 1er C. civ. sont encore applicables. Le liquidateur qui représente les créanciers aurait pu agir sur l'immeuble litigieux avant la création de l'indivision post-communautaire ; il est donc recevable en application des dispositions de l'article 815-17 alinéa 1er C. civ. à poursuivre la vente forcée de l'immeuble[6]. Mais l'action du mandataire liquidateur aux fins de partage d'un bien dont le

1. L. n° 89-1010, 31 déc. 1989, relative à la prévention et au règlement des difficultés liées au surendettement des particuliers et des familles, *JO* 2 janv.
2. Certains couples, mariés ou non, forment toutefois des demandes conjointes : v. Civ. 1re, 17 nov. 1998, n° 97-04.038, NP – Ce qui peut poser problème lorsque l'un des demandeurs est de bonne foi mais pas l'autre : EN CE SENS, Civ. 1re, 18 oct. 2000, n° 99-04.181, NP.
3. Civ. 1re, 22 nov. 1994, n° 93-04.097, P I, n° 342 – Civ. 1re, 7 avr. 1999, n° 97-04.142, NP – C. Marie, « Indivisibilité des mesures de redressement judiciaire civil entre époux et voies de recours », *CCC* déc. 2000, HS, p. 244.
4. L. n° 2014-344, 17 mars 2014, relative à la consommation, *JO* 18 mars, p. 5400.
5. EN CE SENS, Com. 27 sept. 2016, n° 15-10.426, NP ; *D.* 2016. 1998. Le divorce d'époux, communs en biens, prononcé avant l'ouverture d'une procédure de redressement judiciaire de l'un d'entre eux, mais retranscrit sur les actes d'état civil pendant la période d'observation, n'a été rendu opposable aux tiers, en ce qui concerne les biens des époux, que postérieurement à l'ouverture de la procédure collective. Il en résulte que l'immeuble dépendant de la communauté était entré dans le gage commun des créanciers de celle-ci avant qu'il ne devienne indivis, de sorte que le liquidateur judiciaire pouvait procéder à sa réalisation dans les conditions prévues à l'article L. 642-18 C. com.
6. Civ. 1re, 21 mai 1997, n° 95-14.102, P I, n° 163 ; *JCP* 1997. I. 4054, n° 14, obs. Ph. Pétel – Com. 27 sept. 2016, n° 15-10.426, NP (préc. s^s prés^t n^o).

caractère indivis est antérieur à l'ouverture de la procédure collective est étrangère au droit des procédures collectives et obéit aux règles du partage civil, s'agissant d'une action oblique engagée sur le fondement de l'article 815-17 alinéa 3 C. civ.[1] Inversement, si l'indivision préexiste à l'ouverture de la procédure collective (par ex. parce que les époux divorcent, puis que l'un d'eux est mis en redressement judiciaire), le créancier de l'indivision (généralement, le banquier prêteur pour l'acquisition de l'immeuble commun) peut poursuivre la saisie et la vente de l'immeuble indivis avant tout partage[2].

§ 3 Séparation de biens

1318.161 Principe : indépendance des patrimoines. Les patrimoines étant séparés, les créanciers de chaque époux disposent d'un gage distinct que sont les biens de leurs débiteurs. La procédure collective de l'un des époux ne peut affecter les créanciers de l'autre.

1318.162 Exception : indivision entre époux séparés de biens. Certains achats immobiliers peuvent être effectués en indivision ; il faut alors distinguer selon que le poursuivant est créancier d'un seul des époux ou des deux si ces derniers se sont engagés solidairement à son égard.

Le créancier de l'un seul des époux, face à cette indivision conventionnelle, ne peut saisir les droits indivis de son débiteur sur l'immeuble (v. s^s n°s 1421.05 s.) mais seulement provoquer le partage (C. civ., art. 815-17, al. 2 et 3).

Si, comme cela est fréquent lorsque les époux ont acheté en indivision le logement familial, le vendeur et/ou prêteur de deniers est créancier des deux époux, la saisie est alors possible car dirigée contre l'ensemble des indivisaires ; elle vise la réunion de tous les droits indivis ; le créancier est en fait créancier de l'indivision ; ce qui peut encore lui arriver, quand il est créancier en vertu d'une dette contractée par l'indivision ou qu'il est titulaire d'une hypothèque consentie par tous les indivisaires (C. civ., anc. art. 2125, al. 2, devenu art. 2414)[3].

1318.163 Incidence d'une procédure collective ouverte contre un indivisaire. La procédure collective de l'un des indivisaires a-t-elle une incidence sur le droit de poursuivre du créancier du débiteur *in bonis* ? Il faut ici distinguer :

– si le créancier est seulement créancier de l'indivisaire *in bonis*, la partie la plus diligente, liquidateur ou créancier de l'époux *in bonis*, assignera en licitation-partage et le tribunal retiendra la première assignation enrôlée (le liquidateur entreprendra la licitation-partage sur autorisation du juge-commissaire[4] – v. s^s n° 1411.123) ; le créancier personnel du conjoint *in bonis* n'a pas à déclarer sa créance[5], il n'entre en effet pas en concours avec les créanciers de l'époux en liquidation sur la part indivise ;

– si le créancier est en fait créancier de l'indivision, la situation est plus particulière car, ce créancier disposant d'une hypothèque consentie par les conjoints indivisaires, la saisie immobilière est envisageable, en vertu de l'article 815-17 alinéa 1er. Cependant, pour le liquidateur, seul les droits indivis de l'époux en liquidation servent de gage aux créanciers, ce qui ne lui permet que de demander la licitation-partage. La jurisprudence décide alors que la procédure collective ouverte à l'encontre de l'un des indivisaires ne fait pas obstacle à l'exercice, par un créancier de l'indivision, des droits qui lui sont reconnus par l'article 815-17 alinéa 1er C. civ.[6] La chambre commerciale de la Cour de cassation a précisé que le créancier de l'époux *in bonis* doit solliciter l'autorisation du juge-commissaire pour entreprendre la vente sur saisie immobilière de l'immeuble indivis : sans préjudice de la délivrance d'un commandement aux indivisaires maîtres de leurs droits, il est tenu de présenter requête au juge-commissaire, dont l'ordonnance se substitue au commandement de droit commun[7]. La solution peut paraître surprenante puisque le bien n'est pas inclus dans l'actif de la faillite. On peut l'expliquer par ses

1. Com. 20 sept. 2017, n° 16-14.295, P.
2. Com. 18 févr. 2003, n° 00-11.008, P IV, n° 21 ; *Gaz. Pal.* 30 avr.-3 mai 2003. Pan. 28.
3. Civ. 1re, 20 nov. 1990, n° 89-13.876, P I, n° 259 ; *Gaz. Pal.* 1991. 2. Somm. 265, obs. Véron ; *Defrénois* 1991. 1054, note Savatier ; *RTD civ.* 1992. 147, obs. F. Zenati ; *RDI* 1991. 371, obs. Ph. Delebecque et Ph. Simler – Civ. 1re, 14 juin 2000, n° 98-10.577, P I, n° 182 ; *D.* 2000. AJ 318, obs. A. Lienhard ; *D.* 2001. Somm. 696, obs. L. Aynès ; *JCP* 2001. I. 309, n° 11, obs. M. Storck ; *JCP N* 2000. 1357, étude F. Vauvillé ; *Defrénois* 2001. 368, obs. Sénéchal – Civ. 1re, 28 juin 2005, n° 02-20.452, P I, n° 283 ; *JCP* 2005. I. 185, n° 14, obs. Ph. Delebecque ; *JCP N* 2006. 1025, note V. Brémond.
4. Civ. 1re, 20 déc. 1993, n° 92-11.189, P I, n° 318 ; *D.* 1994. 358 ; *JCP* 1994. I. 3799.
5. POUR UNE APPLICATION : Com. 23 oct. 2001, n° 99-12.504, P IV, n° 175 ; *JCP E* 2002. 1165, p. 1290, note L. de Gentili-Picard.
6. Com. 6 juill. 1999, n° 97-14.096, P IV, n° 152 ; *D.* 2000. Somm. 395, obs. S. Piedelièvre – Civ. 1re, 14 juin 2000, n° 98-10.577, P I, n° 182 ; *D.* 2000. AJ 318, obs. A. Lienhard – Com. 19 déc. 2000, n° 97-17.728, P IV, n° 202 ; *D.* 2001. AJ 379 ; *JCP* 2001. I. 315, n° 11, obs. Ph. Delebecque ; *Defrénois* 2001. 943, obs. Ph. Théry – Et notamment, l'extinction de la créance, faute de déclaration au passif de l'indivisaire soumis à la procédure collective, est sans incidence sur le droit du créancier de l'indivision, de poursuivre la réalisation des biens indivis : Com. 7 févr. 2012, n°s 11-12.787 et 11-13.213, P IV, n° 31.
7. Com. 22 avr. 1997, n° 94-19.420, P IV, n° 99 ; *JCP* 1997. II. 4054, n° 15 ; *D. Affaires* 1997. 704 ; *Gaz. Pal.* 1998. 1. 15.

conséquences : elle permettrait à l'autorité judiciaire de contrôler les conditions de vente et le prix. Mais déjà la chambre commerciale avait affirmé que le juge-commissaire devait autoriser la vente sur saisie immobilière d'un immeuble acheté en indivision par deux époux, dont l'un est soumis à une procédure collective et en avait déduit que, malgré cette autorisation, le créancier devait délivrer tout de même un commandement de payer à l'époux *in bonis*, faute de quoi la procédure était nulle[1]. C'est dire que bien que les immeubles indivis ne rentrent pas dans l'actif des procédures collectives, les organes de ces procédures ont un droit de regard sur l'exécution entreprise par le créancier de l'indivision.

1318.164 **Incidence d'une procédure de rétablissement personnel avec liquidation judiciaire ouverte contre un indivisaire.** Cette procédure emporte dessaisissement du débiteur au profit d'un liquidateur chargé de réaliser les biens. Peuvent donc se retrouver face-à-face les créanciers du ou des indivisaires *in bonis* et le liquidateur de l'indivisaire en procédure de rétablissement personnel. On peut imaginer que la pratique raisonnera alors comme elle le fait dans le cas d'un indivisaire en procédure collective : lorsque sont confrontés un créancier du ou des indivisaires *in bonis*, et le liquidateur de l'indivisaire en procédure de rétablissement personnel, la partie la plus diligente assignera en licitation-partage (v. s^s n° 1318.163).

1. Com. 28 janv. 1997, n° 94-14.763, P IV, n° 37.

CHAPITRE

1319. Obstacles au droit de saisir des immeubles tenant à la situation juridique des biens

ANNE LEBORGNE
PROFESSEUR ÉMÉRITE D'AIX-MARSEILLE UNIVERSITÉ

SECTION 0 ORIENTEUR

1319.00 **Sommaire du chapitre.**

Division. Il est encore possible au saisi ou tiers saisi de s'opposer à la saisie immobilière en développant des arguments tenant à la situation juridique des biens qui peuvent être indisponibles ou insaisissables (sect. 1). En outre, la nature immobilière du bien menacé de saisie offre à son propriétaire quelques arguments propres pour s'opposer à la mesure d'exécution (sect. 2).

1319.02 **Jurisprudence de référence.**

> Saisie immobilière. Portée de la clause d'inaliénabilité frappant l'immeuble saisi.

• **Civ. 2e, 30 juin 1993,** n° 91-14.775, P II, n° 241
* V. ss nos 1319.34, 1331.304

Est légalement justifié l'arrêt qui relevant qu'à la date de la publication du commandement de saisie immobilière l'immeuble était frappé d'une clause d'inaliénabilité insérée dans l'acte de donation antérieurement publié et établie dans l'intérêt du donateur, sa vie durant, retient que la validité de la saisie doit s'apprécier compte tenu de la donation au moment où elle est pratiquée, à savoir, la publication du commandement et qu'il convient de prononcer la nullité de celui-ci, comme portant sur un bien insaisissable.

> Saisie immobilière. Notification et contenu du commandement. Titre exécutoire constatant une créance liquide et exigible.

• **Civ. 2e, 30 avr. 2009,** n° 08-12.105, P II, n° 111
* V. ss nos 0821.32, 1313.181, 1313.197, 1319.134, 1331.25, 1331.131, 1331.201, 1331.232, 1331.233, 1333.70

Il ne résulte ni de l'ordonnance du 21 avril 2006, relative à la saisie immobilière, ni de son décret d'application, une obligation, pour le créancier poursuivant, de signifier le commandement de payer valant saisie au concubin du débiteur, lorsque la saisie porte sur un bien, appartenant en propre au débiteur et constituant la résidence de la famille.

Le commandement de payer valant saisie, qui ne comporte pas l'indication de la date et de la nature du titre exécutoire et qui ne contient pas un décompte détaillé des sommes réclamées, contrairement aux exigences de l'article 15, 2° et 3° du décret du 27 juillet 2006, est affecté d'une irrégularité de forme, même si ces mentions figurent dans un document qui y est annexé.

La cour d'appel, qui constate que le débiteur n'a saisi les juridictions administratives d'aucun recours contre les rôles d'impôts directs rendus exécutoires servant de fondement aux poursuites, en déduit exactement que ces titres exécutoires constatent une créance liquide et exigible.

SECTION 1
INDISPONIBILITÉ ET INSAISISSABILITÉ DES BIENS

1319.10 Variété. Plan. Certains biens sont insaisissables en vertu de la loi (§ 1), d'autres en vertu de la volonté du propriétaire (§ 2) ; ceux qui font l'objet d'une saisie pénale sont indisponibles (§ 3) ; d'autres, affectés à une activité ou à un but déterminés, ne sont saisissables que par certains créanciers (§ 4).

§ 1
Biens indisponibles ou insaisissables par détermination de la loi

1319.21 Distinction. L'indisponibilité est une restriction du droit de disposer du bien. La doctrine et la jurisprudence en déduisent l'insaisissabilité du bien.

Sont insaisissables :

– les immeubles des syndicats, en vertu de l'article L. 2132-4 C. trav. ;

– l'usufruit légal des père et mère (C. civ., art. 382), s'il porte sur un immeuble appartenant au mineur, ainsi que l'usufruit du conjoint survivant portant sur les biens de la succession du conjoint prédécédé (C. civ., art. 767) ;

– les immeubles dotaux[1] (s'il en reste) ;

– le droit d'usage et d'habitation ;

– les droits d'une personne physique immatriculée au registre national des entreprises sur l'immeuble où est fixée sa résidence principale par les créanciers dont les droits naissent à l'occasion de l'activité de la personne (C. com., art. L. 526-1 – V. s^s n°s 1319.51 s.).

Sont indisponibles, les immeubles du domaine privé et public de l'État.

En revanche, le fait que l'article 426 C. civ., dispose que « *le logement de la personne protégée et les meubles dont il est garni, qu'il s'agisse d'une résidence principale ou secondaire, sont conservés à la disposition de celle-ci aussi longtemps que possible* », n'instaure pas une insaisissabilité des tiers sur l'habitation[2].

De même, l'existence d'une sépulture n'a pas pour effet de rendre inaliénable et incessible la propriété dans laquelle celle-ci est située. Il a ainsi été jugé que la vente amiable ou judiciaire d'un bien immeuble sur lequel se trouvait une sépulture était possible sous réserve qu'il en soit fait mention dans le cahier des charges et qu'un accès soit réservé à la famille[3].

§ 2
Biens indisponibles ou insaisissables par volonté du propriétaire

1319.31 Biens de famille. Au début du siècle, le législateur avait cherché à assurer la sécurité des petites propriétés rurales : à cette fin, il fut rendu possible de constituer un immeuble en bien de famille, afin de le rendre insaisissable (L. 12 juill. 1909, mod. par L. 14 mars 1928, L. 22 févr. 1931, L. 13 févr. 1937, L. 7 juill. 1948 et L. 12 mars 1953). La loi visait les immeubles par nature ou par destination, maison ou portion divise de maison, maison et terres attenantes ou voisines, ou seulement terres ou enfin maison avec boutique ou atelier. Des biens ruraux (C. rur., anc. art. 775) acquis ou aménagés au moyen du livret de domaine-retraite pouvaient encore être constitués en biens de famille. La loi posait une condition tenant à la valeur des biens : elle ne devait pas dépasser, lors de sa fondation, la somme de 50 000 francs (soit 7 622,45 euros), non réévaluée depuis 1953 (L. 12 mars 1953, art. 2, 4 et 15), mais sans tenir compte de la plus-value qu'il pouvait prendre ensuite. À compter de la publication de cette constitution, l'immeuble et les fruits de celui-ci étaient insaisissables (L. 12 mars 1953, art. 10 et 11), mais l'insaisissabilité cessait au décès du bénéficiaire. Compte tenu du faible intérêt pécuniaire qu'elle présentait, la loi était tombée en désuétude. Elle a été abrogée par l'article 12 de la loi du 13 décembre 2011[4] relative à la répartition des contentieux et à l'allègement de certaines procédures juridictionnelles.

1319.32 Biens disponibles déclarés insaisissables dans une libéralité. En vertu de l'article L. 112-2, 4 C. pr. exéc.[5], certains biens disponibles peuvent être déclarés insaisissables par le testateur ou le donateur. La clause d'insaisissabilité est opposable aux créanciers, du donataire ou de l'héritier, antérieurs à l'acte de donation ou de legs. En revanche, avec la permission du juge, et pour la portion qu'il détermine, les créanciers postérieurs à l'acte de donation ou à l'ouverture du legs pourront saisir le bien[6].

1. G. Marty et P. Raynaud, *Droit civil, Les régimes matrimoniaux*, LGDJ, 1978, p. 97.
2. L. n° 2007-308, 5 mars 2007, portant réforme de la protection juridique des majeurs, *JO* 7 mars, p. 4325 – Paris, 18 sept. 2001, *D.* 2002. Somm. 2161, obs. J.-J. Lemouland ; *RTD civ.* 2002. 75, obs. J. Hauser.
3. Civ. 2e, 17 oct. 2013, n° 12-23.375, P II, n° 206.
4. L. n° 2011-1862, 13 déc. 2011, relative à la répartition des contentieux et à l'allègement de certaines procédures juridictionnelles, *JO* 14 déc., p. 21105.
5. Ord. n° 2011-1895, 19 déc. 2011, relative à la partie législative du Code des procédures civiles d'exécution, *JO* 20 déc., p. 21464.
6. Civ. 20 déc. 1864, *DP* 1865. 1. 24 – Civ. 23 mars 1898, *DP* 1898. 1. 414.

1319.33 Clauses d'inaliénabilité affectant un bien donné ou légué[1]. Elles sont licites quand elles répondent aux exigences posées à l'article 900-1 C. civ., c'est-à-dire lorsqu'elles sont limitées dans le temps et justifiées par un intérêt sérieux et légitime. On en déduit l'insaisissabilité du bien, mais le donataire ou le légataire peuvent être judiciairement autorisés à disposer du bien, si l'intérêt qui avait justifié la clause a disparu ou s'il advient qu'un intérêt plus important l'exige. Cette faculté de demander la mainlevée judiciaire de l'inaliénabilité peut-elle être exercée par les créanciers du donataire ou légataire exerçant l'action oblique ? Les juridictions du fond étaient partagées[2]. La première chambre a décidé que l'action prévue à l'article 900-1 était exclusivement attachée à la personne, en sorte qu'elle ne pouvait être exercée par un créancier à la place de son débiteur[3]. La première chambre a ensuite semblé admettre la solution inverse, en janvier 2000, à propos de l'action du liquidateur judiciaire du donataire[4]. Mais des arrêts postérieurs sont résolument venus limiter le jeu de l'action oblique réaffirmant que le droit d'obtenir la levée judiciaire de l'inaliénabilité est exclusivement attaché à la personne du donataire[5] ; elle ne peut donc être exercée par le représentant des créanciers du donataire[6], ni par un créancier agissant par la voie oblique[7], ni par le liquidateur[8].

1. La Cour de cassation a jugé qu'une clause d'inaliénabilité pouvait également être stipulée dans un acte à titre onéreux : Civ. 1re, 31 oct. 2007, no 05-14.238, P I, no 337 ; *LPA* 2008, no 189, p. 6, note Khun.
2. Pour une admission de l'action oblique, TGI Cherbourg, 13 févr. 1974, *D.* 1975. 30, note crit. Vouin ; *JCP* 1974. II. 17861, note crit. M. Dagot – EN SENS INVERSE, TGI Bessuire, 1er juin 1976, *JCP N* 1977. II. 140, note Thuillier ; *Gaz. Pal.* 1977. 1. 297, note L. C – Pour une action exercée par le syndic de la liquidation des biens du donataire, Lyon, 19 mai 1981, *JCP N* 1983. II. 208 – Civ. 1re, 10 juill. 1990, no 87-16.773, P I, no 192 ; *JCP N* 1991. II. 197, note P. Salvage ; *Defrénois* 1991. 272, note F. Lucet ; *RTD civ.* 1991. 141, obs. F. Zenati ; et *RTD civ.* 1991. 580, obs. J. Patarin.
3. Civ. 1re, 3 juin 1998, no 96-12.372, P I, no 192 ; *JCP* 1998. II. 10167, note J. Casey ; *JCP* 1998. I. 177, no 14, obs. G. Loiseau ; *Defrénois* 1999. 93, note R. Savatier ; *RTD civ.* 1998. 677, obs. J. Mestre ; *RTD civ.* 1998. 963, obs. J. Patarin ; *Dr. fam.* 1998, no 90, note B. Beignier.
4. Civ. 1re, 11 janv. 2000, no 97-19.136, P I, no 3 ; *JCP* 2000. I. 278, p. 2235 ; *RJPF* 2000-4/28 ; *JCP* 2000. 523, note G. Loiseau ; *RTD civ.* 2000. 332, obs. J. Mestre en ce sens.
5. Civ. 1re, 29 mai 2001, no 99-15.776, P I, no 150 ; *JCP* 2001. IV. 2335 ; *RTD civ.* 2001. 644, obs. J. Patarin ; *RTD civ.* 2001. 882, obs. J. Mestre et B. Fages – Com. 9 nov. 2004, no 02-18.617, P IV, no 191 ; *D.* 2004. AJ 3068, obs. A. Lienhard ; *JCP N* 2005. 1201, obs. F. Vauvillé ; *Dr. fam.* 2005, no 15, note B. Beignier.
6. Civ. 1re, 8 janv. 2002, no 99-15.547, P I, no 3 ; *Dr. fam.* 2002. Comm. 92.
7. Civ. 1re, 25 mai 2004, no 02-12.268, P I, no 149 ; *Defrénois* 2004. 1397, obs. R. Libchaber ; *Dr. fam.* 2004, no 129, obs. B. Beignier – Et après rabat d'arrêt, Civ. 1re, 16 nov. 2004, no 02-12.268, P I, no 265.

1319.34 Effet d'une clause publiée. Un donateur ou un testateur peuvent donc assortir dons et legs d'une clause d'inaliénabilité, de laquelle la jurisprudence déduit l'insaisissabilité du bien. S'agissant de biens immeubles, ces clauses affectant la disponibilité du bien doivent être publiées au service de la publicité foncière de la situation des immeubles[9]. En principe, la clause d'inaliénabilité dérogeant au principe de libre disposition des biens, c'est à celui qui se prévaut d'une telle clause qu'il appartient de justifier de l'intérêt sérieux légitime qu'il allègue[10]. Le créancier poursuivant, titulaire d'une hypothèque, devrait donc pouvoir saisir le bien, à charge pour le propriétaire de s'y opposer en démontrant le caractère licite de la clause dont il se prévaut. La Cour de cassation ne l'admet pas, qui décide que la clause tient la saisie en échec tant qu'elle est en vigueur[11]. Il appartient au créancier qui poursuit la saisie immobilière d'un immeuble ayant fait l'objet d'une donation assortie d'une clause d'inaliénabilité, de contester préalablement la validité de la clause. Le commandement délivré malgré la clause en vigueur est nul[12] et la mainlevée de la saisie doit être ordonnée[13]. La solution s'explique par les règles de la publicité foncière : le créancier qui entend saisir un bien est lié par les informations et éventuelles restrictions à la libre disposition publiées à la Conservation des hypothèques ; elles lui sont opposables. Pour saisir, il doit d'abord faire radier la clause, ce qui revient à faire juger que la clause est nulle au regard des exigences de l'article 900-1 C. civ. ou à opposer un intérêt plus important. La saisine du juge appartient au créancier s'il veut que la clause publiée ne lui soit plus opposée, même si à l'occasion de ce procès, la charge de la preuve pèsera sur le bénéficiaire de la clause[14]. La seule publication de la clause rend donc le bien, momentanément, insusceptible de saisie.

En revanche, une sûreté peut être inscrite malgré l'existence d'une clause d'inaliénabilité[15].

8. Civ. 1re, 4 juill. 2006, no 04-12.350, P I, no 344 ; *D.* 2006. IR 2275 ; *JCP* 2007. I. 113, obs. Cabrillac ; *RJPF* 2006-11/45, obs. J. Casey.
9. Décr. no 55-22, 4 janv. 1955, portant réforme de la publicité foncière, *JO* 7 janv., art. 28, 2o.
10. Civ. 1re, 15 juin 1994, no 92-12.139, P I, no 211 ; *D.* 1994. 342, note A. Leborgne ; *D.* 1995. Somm. 50, obs. M. Grimaldi ; *Defrénois* 1995. 51, note R. Savatier ; *RTD civ.* 1995. 666, obs. J. Patarin ; et *RTD civ.* 1995. 919, obs. F. Zenati ; *JCP* 1995. I. 3876, no 8, obs. R. Le Guidec.
11. Civ. 1re, 9 oct. 1985, no 84-13.306, P I, no 252 ; *RTD civ.* 1986. 622, obs. J. Patarin – Civ. 1re, 15 juin 1994, no 92-12.139, P I, no 211 – Civ. 1re, 8 févr. 2000, no 97-20.727, P I, no 43.
12. Civ. 1re, 15 juin 1994, no 92-12.139, P I, no 211.
13. Civ. 1re, 8 févr. 2000, no 97-20.727, P I, no 43.
14. Civ. 1re, 15 juin 1994, no 92-12.139, P I, no 211.
15. Civ. 1re, 25 juin 1980, no 79-12.704, P I, no 200 ; *D.* 1981. IR 90, obs. D. R. Martin ; *Defrénois* 1981. 468, obs. G. Champenois ; *RTD civ.* 1981. 671, obs. J. Patarin – Civ. 2e, 30 juin 1993, no 91-14.775, P II, no 241 ; *D.* 1993. IR 196.

§ 3
Biens indisponibles à la suite d'une saisie pénale

1319.41 Biens indisponibles à la suite d'une saisie pénale. Un des moyens pour lutter contre la criminalité et la délinquance organisée est d'ordonner la confiscation des produits de l'infraction afin de garantir le paiement des amendes encourues ainsi que, le cas échéant, l'indemnisation des victimes. Afin de ne pas attendre l'issue de l'instruction, il est possible de rendre ces produits indisponibles ou de les grever d'un droit de suite en pratiquant des mesures conservatoires sur les biens, meubles ou immeubles, divis ou indivis, de la personne mise en examen sur le fondement de l'article 706-103 C. pr. pén. (en cas d'information ouverte pour l'une des infractions entrant dans le champ d'application des articles 706-73 et 706-74 C. pr. pén.). Depuis la loi du 9 juillet 2010[1], des saisies peuvent également être pratiquées afin de garantir l'exécution d'une peine complémentaire de confiscation, sur le fondement des articles 706-141 à 706-158 C. pr. pén.

Ces saisies peuvent porter sur tout ou partie des biens d'une personne, sur un bien ou un droit mobilier incorporel, sur une créance[2] ou sur un bien immobilier[3] ; cela pourra être un bien indivis[4], un immeuble commun en répression d'une infraction commise par l'un des époux[5], et même un immeuble grevé d'une clause de tontine[6]. Les saisies sont mises en œuvre selon les dispositions du Code de procédure pénale[7] mais s'agissant des saisies pénales d'immeuble, réglementées aux articles 706-150 à 706-152 C. pr. pén., elles doivent également être mises en œuvre dans le respect des règles de la publicité foncière[8]. Ainsi, la saisie pénale n'est opposable aux tiers qu'à compter de la publication de la décision ordonnant la saisie au bureau des hypothèques ; les formalités sont réalisées au nom du procureur de la République ou du juge d'instruction, par l'Agence de gestion et de recouvrement des avoirs saisis et confisqués (C. pr. pén., art. 706-151, al. 1er). Et la publication d'un commandement de payer valant saisie sur l'immeuble ne fera pas obstacle à la publication de la décision de saisie pénale immobilière. Pas plus que le jugement d'ouverture d'une procédure de sauvegarde[9].

À compter de la date à laquelle la saisie pénale devient opposable, et conformément à l'article 706-145 alinéa 2 C. pr. pén., celle-ci suspend ou interdit toute procédure d'exécution sur le bien objet de la saisie pénale[10]. On en déduit un effet d'indisponibilité[11]. S'agissant d'un immeuble, jusqu'à la mainlevée de la saisie pénale ou de la confiscation de l'immeuble, la saisie porte sur la valeur totale de l'immeuble, sans préjudice des privilèges et hypothèques préalablement inscrits ou de privilèges immobiliers, visés à l'article 2378 C. civ. et nés antérieurement à la date de publication de la décision de la saisie pénale (C. pr. pén., art. 706-151, al. 2).

Les contestations sur la validité ou l'opposabilité de la saisie pénale doivent être portées devant les juridictions pénales[12].

1. L. n° 2010-768, 9 juill. 2010, visant à faciliter la saisie et la confiscation en matière pénale, *JO* 10 juill., p. 12753.
2. Si un commandement de payer valant saisie est délivré après que la créance cause de la saisie a été rendue indisponible par une saisie pénale en application de l'article 706-145 C. pr. pén., la mainlevée de la mesure d'exécution devra être ordonnée : Civ. 2e, 18 févr. 2016, n° 14-24.321, P II, n° 57 ; *D. actu.* 9 mars 2016, obs. V. Avena-Robardet – Jugé également que lorsque la saisie pénale de la créance, cause de la saisie immobilière, a été ordonnée par un juge d'instruction postérieurement à une première adjudication, le juge de l'exécution ne peut poursuivre la vente sur surenchère de l'immeuble. Mais cette vente sur surenchère pourra avoir lieu sur l'autorisation du juge des libertés et de la détention ou du juge d'instruction : Crim., avis, 7 août 2019, n° 19-80.988, NP ; *Rev. proc. coll.* 2019. Étude 24, note L. Camensuli-Feuillard, et Étude 25, note Salomon.
3. Crim. 18 sept. 2012, n° 12-82.759, P, n° 192 – Crim. 23 mai 2013, n° 12-87.473, P, n° 113 – Crim. 5 mars 2014, n° 13-84.977, P, n° 67 – En cas de démembrement du droit de propriété, la saisie immobilière ne pourra porter que sur le droit démembré confiscable, à l'exclusion de la pleine propriété du bien, sauf à ce que chacun des droits démembrés soit en lui-même confiscable : Crim. 2 oct. 2024, n° 23-86.664, B.
4. Crim. 20 mai 2015, n° 14-87.741, P, n° 121 – Crim. 15 mars 2017, n° 16-80.801, P, n° 74 – Crim. 31 mai 2017, n° 16-86.872, P, n° 147.
5. Crim. 9 sept. 2020, n° 18-84.619, P.
6. Crim. 7 déc. 2022, n° 21-80.743, B.
7. C. Cutajar, « Commentaire des dispositions de droit interne de la loi du 9 juillet 2010 visant à faciliter la saisie et la confiscation en matière pénale », *D.* 2010. 2305 – H. Robert, « Une importante réforme de procédure pénale inachevée », *JCP* 2010. 2013 – E. Camous, « Les saisies en procédure pénale : un régime juridique modernisé », *RD pén.* 2011. 7.
8. A. Fournier, « La saisie pénale des immeubles : spécificité et incertitudes pour le conservateur », *JCP N* 2010. Actu. 930.
9. Crim. 24 juin 2020, n° 19-85.874, P.
10. A. Darmstädter-Delmas, « La mise en œuvre et le sort d'une procédure civile d'exécution confrontée à une saisie pénale », *Dr. et proc.* juin 2010. 146.
11. Si le bien saisi est un bien commun, la saisie pénale emportera dévolution pour le tout à l'État, sans que ce bien demeure grevé des droits de l'époux non condamné pénalement, y compris lorsque ce dernier est de bonne foi : jugé en ce sens à propos d'une confiscation : Crim. 9 sept. 2020, n° 18-84.619, P.
12. Lorsqu'une procédure collective est ouverte à l'encontre du saisi, le liquidateur qui entendrait contester la validité ou l'opposabilité à la procédure collective de la saisie pénale immobilière, doit exercer tout recours devant la juridiction pénale compétente. Le juge-commissaire n'a pas compétence pour se prononcer sur la validité de la saisie pénale et sur la régularité des notifications de l'ordonnance du juge d'instruction l'ayant instituée. Et la requête du liquidateur tendant à voir ordonner la vente aux enchères publiques de biens rendus indisponibles par la saisie pénale doit être rejetée : Com. 15 nov. 2017, n° 16-17.868, P IV, n° 152.

En outre, conformément aux dispositions de l'article 706-146 C. pr. pén., si le maintien de la saisie du bien en la forme n'est pas nécessaire, un créancier muni d'un titre exécutoire constatant une créance liquide et exigible pourra être autorisé, dans les conditions prévues à l'article 706-144, à engager ou reprendre une procédure civile d'exécution sur le bien, conformément aux règles applicables à ces procédures[1]. Toutefois, il ne peut alors être procédé à la vente amiable du bien et la saisie pénale pourra être reportée sur le solde du prix de cession, après désintéressement des créanciers titulaires d'une sûreté ayant pris rang antérieurement à la date à laquelle la saisie pénale est devenue opposable. Le solde du produit de la vente sera consigné. En cas de classement sans suite, de non-lieu ou de relaxe, ou lorsque la peine de confiscation n'est pas prononcée, ce produit sera restitué au propriétaire du bien s'il en fait la demande.

En cas de reprise d'une procédure civile d'exécution suspendue par la saisie pénale, les formalités qui ont été régulièrement accomplies n'auront pas à être réitérées.

§ 4
Patrimoines d'affectation

A.
L'insaisissabilité de la résidence principale de l'entrepreneur individuel

1319.51 **Historique.** La loi du 1er août 2003[2] pour l'initiative économique avait ajouté un chapitre VI, au titre II du livre V du Code de commerce, intitulé « *De la protection de l'entrepreneur individuel et du conjoint* », qui permettait, par dérogation aux articles 2284 et 2285[3] C. civ., aux personnes physiques immatriculées à un registre de publicité légale à caractère professionnel ou exerçant une activité professionnelle agricole ou indépendante, de déclarer insaisissables leurs droits sur l'immeuble où est fixée leur résidence principale[4]. Inséré aux articles L. 526-1 à L. 526-4 C. com., ce dispositif était donc destiné à protéger le logement de l'entrepreneur individuel qui n'exerce pas son activité sous forme sociétaire. Dans ce cas en effet, aucune distinction n'est établie entre le patrimoine professionnel et le patrimoine privé, et en vertu du droit de gage général, les créanciers professionnels ont le droit de saisir et vendre le logement principal de leur débiteur. En offrant aux entrepreneurs individuels la faculté de limiter l'assiette du gage, le législateur avait entendu ainsi protéger la famille du débiteur. Cette volonté l'avait même conduit à prévoir que lors de sa demande d'immatriculation à un registre de publicité légale à caractère professionnel, la personne physique mariée sous le régime de la communauté légale ou conventionnelle devait justifier que son conjoint avait été informé des conséquences sur les biens communs des dettes contractées dans l'exercice de sa profession (C. com., art. L. 526-4). Cette disposition est toujours applicable.

L'ordonnance du 23 mars 2006[5] relative aux sûretés n'avait pas remis en cause les dispositions spécifiques et dérogatoires de l'article L. 526-1 C. com., l'article 2284 réaffirmant le droit de gage général des créanciers dans les mêmes termes que l'ancien article 2092 C. civ.[6].

Puis, la loi du 4 août 2008[7], de modernisation de l'économie avait étendu la protection à tous les biens fonciers bâtis ou non bâtis non affectés à l'usage professionnel. L'objectif initial, qui était la constitution d'un patrimoine de dignité, avait ainsi été perdu de vue du fait de cette extension du domaine à des biens fonciers non affectés à la résidence principale.

Par ailleurs, la déclaration d'insaisissabilité avait rapidement montré ses limites, notamment du fait de son insécurité juridique en cas d'ouverture d'une procédure collective. On se demandait en effet, si en cas de liquidation judiciaire de l'entrepreneur, le liquidateur ne pourrait pas demander la mainlevée de la clause[8]. Mais la chambre commerciale ayant finalement jugé qu'en cas de procédure collective, la déclaration d'insaisissabilité pouvait faire obstacle à la vente aux enchères publiques des biens immobiliers[9], et que le liquidateur, qui ne peut légalement agir que dans l'intérêt de tous les créanciers et non dans l'intérêt personnel d'un créancier ou d'un groupe de créanciers, n'avait pas qualité pour agir en inopposabilité de la déclaration d'insaisissabilité, dans l'intérêt des seuls créanciers dont les droits naissent à l'occasion

1. Crim. 6 mai 2015, n° 14-87.902, NP.
2. L. n° 2003-721, 1er août 2003, pour l'initiative économique, *JO* 5 août, p. 13449.
3. C. civ., anc. art. 2092 et 2093 (mod. par Ord. n° 2006-346, 23 mars 2006).
4. V. C. Malecki, « La loi pour l'initiative économique et l'insaisissabilité de la résidence principale de l'entrepreneur individuel », *D.* 2003. Chron. 2220.
5. Ord. n° 2006-346, 23 mars 2006, relative aux sûretés, *JO* 24 mars, p. 4475.
6. Rép. min. QE n° 93297, *JOAN Q* 20 juin 2006, p. 6643.
7. L. n° 2008-776, 4 août 2008, de modernisation de l'économie, *JO* 5 août, p. 12471 – O. Salati, « Modifications apportées au dispositif d'insaisissabilité de la résidence principale de l'entrepreneur individuel par la loi du 4 août 2008 de modernisation de l'économie », *Procédures* 2008, n° 11, p. 2.
8. V. P. Martin, *Rev. proc. coll.* janv. 2010. Étude 6, et M. Sénéchal, *Bull. Joly* 2009, qui penchent pour une réponse affirmative – SENS CONTRAIRE : P.-M. Le Corre, *AJDI* 2004. 185 s.
9. Com. 28 juin 2011, n° 10-15.482, P IV, n° 109 ; *D.* 2011. 1751, note A. Lienhard ; *D.* 2012. 1573, obs. P. Crocq ; *D.* 2012. 2196, obs. P.-M. Le Corre ; *D.* 2012. 1509, obs. A. Leborgne.

de l'activité professionnelle du déclarant postérieurement à la publication de la déclaration[1], l'efficacité de cette déclaration s'était ainsi trouvée démontrée. Toutefois, l'ordonnance du 12 mars 2014[2], portant réforme de la prévention des difficultés des entreprises et des procédures collectives en avait limité l'intérêt en ajoutant la déclaration d'insaisissabilité faite par le débiteur à la liste des actes nuls de plein droit, lorsqu'ils sont intervenus depuis la date de cessation des paiements (C. com., art. L. 623-1, I). Et, si elle a été faite dans les six mois précédant la date de cessation des paiements, la déclaration pourra être annulée par le tribunal (C. com., art. L. 632-1, II).

1319.52 **Loi nº 2015-990 du 6 août 2015, dite « loi Macron ».** Ce dispositif a été modifié par la loi du 6 août 2015[3], qui combine insaisissabilité de plein droit sur la résidence principale, à laquelle il est possible de renoncer, et déclaration d'insaisissabilité pour les autres biens immeubles, non affectés à un usage professionnel. On le comprend, l'insaisissabilité de la résidence principale est destinée à protéger l'entrepreneur contre les risques de son entreprise en évitant de lui faire perdre son immeuble d'habitation Mais comme la loi nouvelle introduit la faculté d'y renoncer le risque est désormais de créer des **inégalités entre les créanciers** qui auront pu faire pressions sur le débiteur et le contraindre à cette renonciation à leur profit et les autres, dont le gage sera limité par l'effet légal.

Les déclarations d'insaisissabilité publiées avant la loi nouvelle continuent de produire effet. Les dispositions nouvelles, quant à elles, ne produisent effet qu'à l'égard des créanciers dont les droits sont nés à l'occasion de l'activité professionnelle après publication de la loi nouvelle.

1°
Insaisissabilité de plein droit des droits portant sur la résidence principale

1319.61 **Conditions (C. com., art. L. 526-1, al. 1er).** Aux termes de l'article L. 526-1 alinéa 1er C. com. issu de la loi du 6 août 2015, par dérogation aux articles 2284 et 2285 C. civ., les droits d'une personne physique immatriculée au registre national des entreprises[4] sur l'immeuble où est fixée sa résidence principale[5] sont de droit insaisissables par les créanciers dont les droits naissent à l'occasion de l'activité professionnelle de la personne. Lorsque la résidence principale est utilisée en partie pour un usage professionnel, la partie non utilisée pour un usage professionnel est de droit insaisissable, sans qu'un état descriptif de division soit nécessaire. La domiciliation de la personne dans son local d'habitation en application de l'article L. 123-10 C. com. ne fait pas obstacle à ce que ce local soit de droit insaisissable, sans qu'un état descriptif de division soit nécessaire.

1319.62 **Cession des droits.** En cas de cession des droits immobiliers sur la résidence principale, la protection s'étend au prix de cession ; ainsi le prix obtenu demeure insaisissable, sous la condition du **remploi dans le délai d'un an des sommes** à l'acquisition par la personne mentionnée au premier alinéa de l'article L. 526-1 d'un immeuble où est fixée sa résidence principale (C. com., art. L. 526-3, al. 1er).

2°
Déclaration d'insaisissabilité sur des biens fonciers non affectés à un usage professionnel

1319.71 **Conditions (C. com., art. L. 526-1, al. 2).** Par dérogation aux articles 2284 et 2285 C. civ., cette possibilité est offerte à toute personne physique immatriculée à un registre de publicité légale à caractère professionnel ou exerçant une activité professionnelle agricole ou indépendante, c'est-à-dire aux entrepreneurs en nom propre, commerçants et artisans, aux agents commerciaux, aux professionnels libéraux et aux agriculteurs[6]. Ce propriétaire peut déclarer insaisissables ses droits sur tout bien foncier, bâti ou non bâti, qu'il n'a pas affecté à son usage professionnel. Lorsque le bien foncier n'est pas utilisé en totalité pour un usage professionnel, la partie non affectée à un usage professionnel ne peut

1. Com. 13 mars 2012, nº 11-15.438, P IV, nº 53 ; *D.* 2012. 807, obs. A. Lienhard ; *D.* 2012. 1460, obs. F. Marmoz ; *D.* 2012. 1573, obs. P. Crocq ; *D.* 2012. 2196, obs. P.-M. Le Corre.
2. Ord. nº 2014-326, 12 mars 2014, portant réforme de la prévention des difficultés des entreprises et des procédures collectives, *JO* 14 mars, p. 5249.
3. L. nº 2015-990, 6 août 2015, pour la croissance, l'activité et l'égalité des chances économiques, *JO* 7 août, p. 13537.
4. Qui a remplacé le registre de publicité légale à caractère professionnel depuis le 1er janvier 2023, date d'entrée en vigueur de l'Ord. nº 2021-1189 du 15 septembre 2021, portant création du registre national des entreprises, *JO* 16 sept., qui a créé ce registre.
5. Il incombera au débiteur de rapporter la preuve qu'il s'agit de sa résidence principale : Com. 14 juin 2023, nº 21-24.207, B ; *D.* 2023. Actu. 1174 ; *Rev. sociétés* 2023. 550, obs. Ph. Roussel-Galle ; *JCP E* 2023. 1307, obs. Cerat – V. ÉGAL. Com. 22 nov. 2023, nº 22-18.795, B ; *D.* 2023. Actu. 2133 ; *D.* 2024. 1071, obs. B.-L. Dugourd – Et si l'entrepreneur divorce et que la jouissance du logement familial est attribuée à son épouse, il a été jugé que l'immeuble perdait la qualité de résidence principale pour cet entrepreneur et que les droits qu'il détient sur ce bien ne sont plus insaisissables par les créanciers dont les droits naissent à l'occasion de son activité professionnelle : Com. 18 mai 2022, nº 20-22.768, B ; *D.* 2022. Actu. 990 ; *RTD civ.* 2022. 687, obs. I. Dauriac ; *AJDI* 2022. 770, obs. F. Cohet ; *JCP* 2022. 748, note J.-J. Barbiéri.
6. V. « L'insaisissabilité de la résidence principale de l'entrepreneur individuel », *D.* 2003. Chron. 1898.

faire l'objet de la déclaration que si elle est désignée dans un état descriptif de division. La domiciliation du déclarant dans son local d'habitation, en application de l'article L. 123-10 C. com., ne fait pas obstacle à ce que ce local fasse l'objet de la déclaration sans qu'un état descriptif de division soit nécessaire (C. com., art. L. 526-1, al. 2.).

1319.72 Modalités (C. com., art. L. 526-2). La déclaration d'insaisissabilité est reçue par notaire sous peine de nullité[1]. Elle contient la description détaillée des biens et l'indication de leur caractère propre, commun ou indivis. Lorsque la personne est immatriculée dans un registre de publicité légale à caractère professionnel, la déclaration doit y être mentionnée. Lorsque la personne n'est pas tenue de s'immatriculer dans un registre de publicité légale, un extrait de la déclaration doit être publié dans un journal d'annonces légales du département dans lequel est exercée l'activité professionnelle, pour que cette personne puisse se prévaloir du bénéfice du deuxième alinéa de l'article L. 526-1.

3°
Effets communs

1319.81 Insaisissabilité. Que l'immeuble soit insaisissable de plein droit ou qu'il fasse l'objet d'une déclaration d'insaisissabilité publiée au bureau des hypothèques, l'effet est identique. Les droits détenus sur l'immeuble sont insaisissables par les créanciers auxquels cette déclaration est opposable[2]. En effet, l'insaisissabilité n'a d'effet qu'à l'égard des **créanciers dont les droits naissent, postérieurement à la publication de la loi nouvelle, à l'occasion de l'activité professionnelle du déclarant**[3]. Les créanciers auxquels la déclaration d'insaisissabilité est inopposable bénéficient d'un droit de poursuite sur l'immeuble et peuvent donc faire procéder à la saisie et à la vente de ce bien, mais ils peuvent également déclarer leur créance au passif de la procédure collective du débiteur ce qui peut présenter un intérêt sur le terrain de la prescription des créances[4].

1319.82 Survie en cas de dissolution du régime matrimonial ou décès. Les effets de l'insaisissabilité et ceux de la déclaration subsistent après la dissolution du régime matrimonial lorsque la personne mentionnée au premier alinéa de l'article L. 526-1 C. com., ou le déclarant mentionné au deuxième alinéa du même article L. 526-1 C. com., est attributaire du bien.

Ils subsistent également en cas de décès de la personne mentionnée au premier alinéa dudit article L. 526-1 ou du déclarant mentionné au deuxième alinéa du même article L. 526-1 jusqu'à la liquidation de la succession (C. com., art. R. 526-3, al. 3).

1319.83 Administration fiscale. L'insaisissabilité de plein droit comme les déclarations d'insaisissabilité ne sont pas opposables à l'administration fiscale lorsque celle-ci relève, à l'encontre de la personne, soit des manœuvres frauduleuses, soit l'inobservation grave et répétée de ses obligations fiscales, au sens de l'article 1729 du CGI (C. com., art. L. 526-1, al. 3).

1319.84 Droit de saisir des créanciers auxquels la déclaration est inopposable. L'insaisissabilité ne s'impose qu'aux créanciers dont la créance naît de l'activité professionnelle du débiteur après la publicité obligatoire de la déclaration. Mais pour les autres créanciers l'immeuble demeure saisissable puisque le bien est extérieur au périmètre de la procédure collective[5]. La situation juridique est paradoxale puisque l'immeuble est saisissable par certains et pas par d'autres (sur les droits de ces créanciers en cas de liquidation judiciaire du débiteur, v. s^s^ nº 1411.127). Le créancier auquel la déclaration d'insaisissabilité est inopposable bénéficie, indépendamment de ses droits dans la procédure collective de son débiteur[6],

1. V. J.-F. Humbert, « Le système de publicité foncière est à la fois le meilleur et le seul moyen de protéger tant le professionnel que les tiers », *LPA* 2 avr. 2003, p. 4.
2. Toutefois une déclaration d'insaisissabilité n'interdit pas l'inscription d'une hypothèque judiciaire à titre conservatoire sur le bien : Com. 11 juin 2014, nº 13-13.643, P IV, nº 106 ; *D.* 2014. Pan. 1613, obs. P. Crocq ; *Procédures* 2014. 232, obs. R. Perrot.
3. Il en résulte que le liquidateur ne peut agir en licitation-partage de l'immeuble indivis constituant la résidence principale de l'indivisaire en liquidation que si tous les créanciers de la procédure ont des créances nées avant la publication de la loi, les droits du débiteur sur l'immeuble étant alors appréhendés par le gage commun : Com. 13 avr. 2022, nº 20-23.165, B ; *D. actu.* 12 mai 2022, obs. B. Ferrari ; *LPA* 31 août 2022, note V. Legrand – L'insaisissabilité n'est pas opposable aux créanciers dont la créance est née antérieurement à la publication de la loi : Com. 13 déc. 2023, nº 22-16.752, B ; *D.* 2023. Actu. 2237 ; *Rev. sociétés* 2024. 208, obs. F. Reille.
4. Com. 24 mars 2021, nº 19-23.413, P ; *D.* 2021. Pan. 1737, obs. P. Cagnoli ; *RTD com.* 2021. 432, obs. A. Martin-Serf ; *JCP E* 2021. 1424, nº 20, obs. Ph. Pétel.
5. Com. 5 avr. 2016, nº 14-24.640, P IV, nº 56 ; *D.* 2016. 1296, note N. Borga ; Pan. 1894, obs. P.-M. Le Corre.
6. Ainsi, a-t-il la faculté de déclarer sa créance au passif de la procédure collective du débiteur. Jugé que s'il fait usage de cette faculté, il bénéficie de l'effet interruptif de prescription attaché à sa déclaration de créance, cet effet interruptif se prolongeant en principe jusqu'à la date de la décision ayant statué sur la demande d'admission, dès lors que ce créancier n'est pas dans l'impossibilité d'agir sur l'immeuble au sens de l'article 2234 C. civ. Toutefois, lorsque aucune décision n'a statué sur cette demande d'admission, l'effet interruptif de prescription attaché à la déclaration de créance se prolonge jusqu'à la clôture de la procédure collective : Com. 24 mars 2021, nº 19-23.413, B ; *D.* 2021. 1736, obs. F.-X. Lucas et P. Cagnoli ; *RTD com.* 2021. 432, obs. A. Martin-Serf

d'un droit de poursuite sur cet immeuble, qu'il doit être en mesure d'exercer en obtenant, s'il n'en détient pas déjà un, un titre exécutoire dès lors qu'il remplit les conditions posées par le Code des procédures civiles d'exécution [1]. Et tant que sa créance n'est pas prescrite, il peut aussi inscrire une hypothèque provisoire sur ce bien dans les conditions du droit commun [2].

1319.85 **Faculté de renonciation.** L'insaisissabilité des droits sur la résidence principale et la déclaration d'insaisissabilité portant sur tout bien foncier, bâti ou non bâti, non affecté à l'usage professionnel peuvent, à tout moment, faire l'objet d'une renonciation soumise aux conditions de validité et d'opposabilité prévues à l'article L. 526-2 C. com. La renonciation peut porter sur tout ou partie des biens ; elle peut être faite au bénéfice d'un ou de plusieurs créanciers mentionnés à l'article L. 526-1 C. com. désignés par l'acte authentique de renonciation. Lorsque le bénéficiaire de cette renonciation cède sa créance, le cessionnaire peut se prévaloir de celle-ci. La renonciation peut, à tout moment, être révoquée dans les conditions de validité et d'opposabilité prévues à l'article L. 526-2. Cette révocation n'a d'effet qu'à l'égard des créanciers mentionnés à l'article L. 526-1 dont les droits naissent postérieurement à sa publication (C. com., art. R. 526-3, al. 2).

B.

La fiducie

1319.91 **Objet.** La loi du 19 février 2007 [3], instituant la fiducie, modifiée par la loi du 4 août 2008 [4], a créé un titre XIX au livre III du Code civil. Aux termes de l'article 2011, la fiducie est l'opération par laquelle un ou plusieurs constituants transfèrent des biens, des droits ou des sûretés, ou un ensemble de biens, de droits ou de sûretés, présents ou futurs, à un ou plusieurs fiduciaires, qui, les tenant séparés de leur patrimoine propre, agissent dans un but déterminé, au profit d'un ou plusieurs bénéficiaires. Il s'agit bien d'un patrimoine d'affectation composé des actifs fiduciaires sortis du patrimoine du constituant [5].

1319.92 **Saisissabilité réservée à certains créanciers.** Aux termes de l'article 2025 C. civ., ce patrimoine fiduciaire est réservé aux titulaires de créance nées de la conservation ou de la gestion de ce patrimoine sans toutefois que la fiducie préjudicie aux droits des créanciers du constituant titulaire d'un droit de suite attaché à une sûreté publiée antérieurement au contrat de fiducie et hors les cas de fraude aux droits des créanciers des constituants.

Le patrimoine fiduciaire ne peut donc être saisi que par ceux dont la créance est née de la conservation ou de la gestion de ce patrimoine. Toutefois, l'article 2025 alinéa 2 C. civ. permet aux créanciers d'étendre, en cas d'insuffisance du patrimoine fiduciaire, leur droit de gage général au patrimoine du constituant (sauf stipulation contraire du contrat de fiducie mettant tout ou partie du passif à la charge du fiduciaire), ce qui fragilise considérablement la fiducie-gestion permettant d'isoler un patrimoine professionnel. Le contrat de fiducie peut également limiter l'obligation au passif fiduciaire au seul patrimoine fiduciaire ; une telle clause n'est opposable qu'aux créanciers qui l'ont expressément acceptée.

C.

L'entrepreneur individuel à responsabilité limitée : « EIRL »

1319.101 **Objet.** La loi du 15 juin 2010 [6], relative à l'entrepreneur individuel à responsabilité limitée, avait offert aux entrepreneurs individuels, personnes physiques, commerçants ou non, la possibilité d'affecter à leur activité professionnelle, un patrimoine séparé de leur patrimoine personnel, sans création d'une personne morale. Il s'agissait d'isoler une masse de biens et de droits pour exploiter une entreprise [7]. Les dispositions nouvelles avaient été codifiées à la suite des articles consacrés à l'insaisissabilité de la résidence principale de l'entrepreneur individuel, au chapitre VI, du titre II du livre V du Code de commerce, consacré à la protection de l'entrepreneur individuel et son conjoint. Ces articles (C. com., art. L. 526-5-1 à L. 526-21) ont été successivement modifiés par la loi du 17 mai 2011 [8], de simplifica-

1. Com. 13 sept. 2017, n° 16-10.206, P IV, n° 110 ; *D.* 2017. Actu. 1759, obs. A. Lienhard.
2. Com. 7 oct. 2020, n° 19-13.560, P ; *D.* 2020. 2007 ; *D.* 2021. 1736, obs. F.-X. Lucas et P. Cagnoli ; *Rev. sociétés* 2021. 205, obs. F. Reille ; *RTD com.* 2021. 189, obs. A. Martin-Serf – Après clôture de la liquidation judiciaire pour insuffisance d'actif un tel créancier pourra exercer son droit de poursuite sur l'immeuble qui n'était pas entré dans le gage commun des créanciers de la liquidation judiciaire : Com. 13 déc. 2023, n° 22-19.749, B ; *D.* 2023. Actu. 2236 ; *Rev. sociétés* 2024. 208, obs. F. Reille.
3. L. n° 2007-211, 19 févr. 2007, instituant la fiducie, *JO* 21 févr., p. 3052.
4. L. n° 2008-776, 4 août 2008, préc.
5. L. Kakzmarek, « Propriété fiduciaire et droits des intervenants à l'opération », *D.* 2009. Chron. 1845 – Dossier « Fiducie », *D.* 2007. Chron. 1346 s.
6. L. n° 2010-658, 15 juin 2010, relative à l'entrepreneur individuel à responsabilité limitée, *JO* 16 juin, p. 10984.
7. F. Marmoz, « L'entreprise individuelle à responsabilité limitée : nouvelle technique d'organisation de l'entreprise », *D.* 2010. Chron. 1570.
8. L. n° 2011-525, 17 mai 2011, de simplification et d'amélioration de la qualité du droit, *JO* 18 mai, p. 8537.

tion et d'amélioration de la qualité du droit, la loi du 18 juin 2014 [1], relative à l'artisanat, au commerce et aux très petites entreprises, la loi du 9 décembre 2016 [2], relative à la transparence, à la lutte contre la corruption et à la modernisation de la vie économique et par la loi du 22 mai 2019 [3], relative à la croissance et la transformation des entreprises. Ce régime s'est révélé trop complexe et finalement, les dispositions de l'article L. 526-5-1 C. com. ont été abrogées par la loi nº 2022-172 du 14 février 2022 [4], prenant effet à compter du 14 mai 2022 et un nouveau statut a été appliqué de plein droit aux entrepreneurs individuels. Avant d'exposer le nouveau statut, on rappellera l'ancien.

1319.102 **L'ancien statut d'entrepreneur individuel à responsabilité limitée.** Aux termes de l'article L. 526-5-1 C. com., toute personne physique souhaitant exercer une activité professionnelle en nom propre déclarait, lors de la création de l'entreprise, si elle souhaitait exercer en tant qu'entrepreneur individuel ou sous le régime de l'entrepreneur individuel à responsabilité limitée. L'entrepreneur individuel pouvait également opter à tout moment pour le régime de l'entrepreneur individuel à responsabilité limitée. L'objectif était de mettre à l'abri le patrimoine personnel, en créant un ou des patrimoines dédiés à l'exercice d'une ou de plusieurs activités professionnelles spécifiques. Cette atteinte à la théorie du patrimoine avait des répercussions sur les droits des créanciers, dont l'étendue du droit de gage se trouvait limité à l'actif composant l'un ou l'autre des patrimoines, et par voie de conséquence sur les procédures civiles d'exécution qu'ils pouvaient entreprendre sur les biens (C. pr. exéc., art. L. 162-1).

En vertu de l'article L. 526-6 C. com., ce patrimoine de l'EIRL est composé de l'ensemble des biens, droits, obligations ou sûretés dont l'entrepreneur individuel est titulaire, nécessaires à l'exercice de son activité professionnelle. Il peut comprendre également les biens, droits, obligations ou sûretés dont l'entrepreneur individuel est titulaire, utilisés pour l'exercice de son activité professionnelle et qu'il décide d'y affecter. Un même bien, droit, obligation ou sûreté ne peut entrer dans la composition que d'un seul patrimoine affecté et qu'il peut ensuite décider de retirer du patrimoine affecté. Pour l'exercice de l'activité professionnelle à laquelle le patrimoine est affecté, l'entrepreneur individuel utilise une dénomination incorporant son nom, précédé ou suivi immédiatement des mots : « Entrepreneur individuel à responsabilité limitée » ou des initiales : « EIRL ».

La constitution du patrimoine affecté résulte du dépôt d'une déclaration selon les modalités précisées à l'article L. 526-7 C. com. L'affectation d'un bien immobilier ou d'une partie d'un tel bien est reçue par acte notarié et publiée au bureau des hypothèques ou, dans les départements du Bas-Rhin, du Haut-Rhin et de la Moselle, au livre foncier de la situation du bien. L'entrepreneur individuel qui n'affecte qu'une partie d'un ou de plusieurs biens immobiliers désigne celle-ci dans un état descriptif de division (C. com., art. L. 526-9). Lors de la constitution du patrimoine affecté, l'entrepreneur individuel mentionne la nature, la qualité, la quantité et la valeur des biens, droits, obligations ou sûretés qu'il affecte à son activité professionnelle sur un état descriptif déposé au registre où est effectuée la déclaration prévue à l'article L. 526-7 C. com. pour y être annexé. La valeur inscrite est la **valeur vénale** ou, en l'absence de marché pour le bien considéré, la **valeur d'utilité** (C. com., art. L. 526-8).

1319.103 **Effets pour les créanciers.** Aux termes de l'article L. 526-12 C. com., la déclaration d'affectation est opposable de plein droit aux créanciers dont les droits sont nés postérieurement à la déclaration d'affectation.

Par dérogation aux articles 2284 et 2285 C. civ., les créanciers auxquels la déclaration d'affectation est opposable et dont les droits sont nés à l'occasion de l'exercice de l'activité professionnelle à laquelle le patrimoine est affecté ont pour seul gage général le patrimoine affecté. Les autres créanciers auxquels la déclaration est opposable ont pour seul gage général le patrimoine non affecté.

Lorsque la valeur d'un élément d'actif du patrimoine affecté, autre que des liquidités, mentionnée dans l'état descriptif prévu à l'article L. 526-8 C. com. ou en comptabilité, est supérieure à sa valeur réelle au moment de son affectation, l'EIRL est responsable, pendant une durée de cinq ans, à l'égard des tiers sur la totalité de son patrimoine, affecté et non affecté, à hauteur de la différence entre la valeur réelle du bien au moment de l'affectation et la valeur mentionnée dans l'état descriptif ou en comptabilité.

L'EIRL est encore responsable sur la totalité de ses biens et droits en cas de fraude ou en cas de manquement grave aux règles de constitution et de gestion comptable de l'EIRL.

En cas d'insuffisance du patrimoine non affecté, le droit de gage général des créanciers qui ont pour gage le patrimoine non affecté peut s'exercer sur le

1. L. nº 2014-626, 18 juin 2014, relative à l'artisanat, au commerce et aux très petites entreprises, *JO* 19 juin, p. 10105.
2. L. nº 2016-1691, 9 déc. 2016, relative à la transparence, à la lutte contre la corruption et à la modernisation de la vie économique, *JO* 10 déc., texte 2.
3. L. nº 2019-486, 22 mai 2019, relative à la croissance et la transformation des entreprises, *JO* 23 mai, texte 2.
4. L. nº 2022-172, 14 févr. 2022, en faveur de l'activité professionnelle indépendante, *JO* 15 févr., texte 2.

bénéfice réalisé par l'entrepreneur individuel à responsabilité limitée lors du dernier exercice clos.

1319.104 Le nouveau statut d'entrepreneur individuel : articles L. 526-22 à L. 526-31 du Code de commerce. En vertu de la loi n° 2022-172 du 14 février 2022 en faveur de l'activité professionnelle indépendante[1], *d'une part*, les biens, droits, obligations et sûretés dont est titulaire un entrepreneur individuel et qui sont utiles à son activité professionnelle ou à ses activités professionnelles indépendantes constituent le patrimoine professionnel de l'entrepreneur individuel et *d'autre part*, les éléments de son patrimoine, non compris dans le patrimoine professionnel, constituent son patrimoine personnel. L'entrepreneur individuel est une personne physique qui exerce en son nom propre une ou plusieurs activités. Par dérogation aux articles 2284 et 2285 C. civ., et sans préjudice des dispositions légales relatives à l'insaisissabilité de certains biens, l'entrepreneur individuel n'est tenu de tenir son engagement à l'égard de ses créanciers dont les droits sont nés à l'occasion de son exercice professionnel que sur son seul patrimoine professionnel sauf sûretés conventionnelles ou renonciation dans les conditions prévues à l'article L. 526-25. Quant aux créanciers personnels, ils n'ont de droits que sur les biens personnels de l'entrepreneur et subsidiairement d'un droit sur les biens professionnels si le patrimoine personnel se révèle insuffisant et dans la limite du montant du bénéfice réalisé (C. com., art. L. 526-22, al. 6). En conséquence, une procédure d'exécution à l'encontre d'un débiteur entrepreneur individuel ne peut porter que sur les biens du patrimoine sur lesquels le créancier dispose d'un droit de gage général en vertu de l'article L. 526-22 C. com. (C. pr. exéc., art. L. 162-1).

Ce nouveau système n'exige aucune déclaration. La scission du patrimoine est acquise à compter de l'immatriculation au registre dont l'entrepreneur relève pour son activité (C. com., art. L. 526-23). Si le nouveau système de protection est simple en apparence, la difficulté résidera dans l'application du critère de l'utilité qui sert à distinguer entre les deux patrimoines[2]. En tout état de cause, cependant, le domicile de l'entrepreneur individuel sera insaisissable par ses créanciers professionnels en vertu de l'article L. 526-1 C. com., qui ne pourront appréhender que les biens utiles à l'activité professionnelle de l'entrepreneur[3].

1. T. Revet, « La désubjectivation du patrimoine », *D.* 2022. 469.
2. Issu de Décr. n° 2022-725, 28 avr. 2022, relatif à la définition du patrimoine professionnel de l'entrepreneur individuel et aux mentions sur les documents et correspondances à usage professionnel, *JO* 29 avr., texte 11, l'article R. 526-26 C. com. précise que les biens utiles à l'activité professionnelle sont ceux qui, par nature, par destination, ou en fonction de leur objet, servent à cette activité.

SECTION 2
PARTICULARITÉS TENANT À LA NATURE IMMOBILIÈRE DU BIEN MENACÉ DE SAISIE

1319.110 Justifications. Plan. La nature immobilière d'un bien explique certaines dispositions particulières, qui distinguent l'exécution immobilière des voies d'exécution sur les biens meubles. Ainsi, si le bien dont la saisie est envisagée produit des revenus importants (§ 1), il est possible, à certaines conditions, d'en déléguer la perception au créancier poursuivant, afin d'éviter l'expropriation ; cette solution s'expliquait d'autant mieux à l'époque où la fortune était principalement immobilière. Par ailleurs, l'affectation de l'immeuble au logement du débiteur est une circonstance (§ 2) qui n'est pas totalement indifférente, car le créancier menace de vente un bien socialement sensible.

§ 1
Un bien de valeur

1319.121 De la délégation des loyers au cantonnement ou à la conversion. Avant la réforme de la saisie immobilière, l'ancien article 2212 C. civ. permettait au propriétaire, qui justifiait par baux authentiques d'un revenu suffisant, d'en offrir délégation au créancier afin de suspendre la poursuite sur ses immeubles. À cette fin, il fallait calculer le revenu net et libre sur une année ; la dette à prendre en considération était calculée en principal, intérêts et frais ; il fallait encore que le débiteur offre de déléguer son revenu au créancier. Lorsque toutes ces conditions étaient remplies, la poursuite pouvait être suspendue par les juges, sauf à être reprise s'il survenait quelque opposition ou obstacle au paiement ; c'est dire que la suspension n'était ni automatique ni définitive. À la suite de la réforme des procédures mobilières d'exécution, cette faculté ne présentait plus beaucoup d'intérêt pratique compte tenu des dispositions sur la saisie-attribution (v. s[s] n°s 08.05 s.).

L'article L. 321-6 C. pr. exéc. offre désormais au débiteur, en cas de saisies simultanées de plusieurs de ses immeubles, la faculté de demander au juge le cantonnement de celles-ci ou la conversion partielle des saisies en hypothèques sur certains de ses immeubles. C'est la valeur des biens qui justifie l'une comme l'autre de ces mesures.

Selon l'article R. 321-12 C. pr. exéc., pour que les effets de la saisie soient provisoirement cantonnés à un ou plusieurs immeubles du débiteur, le débiteur doit établir que la valeur de ces biens est suffisante pour désintéresser le créancier poursuivant et les créan-

3. J.-J. Ansault et I. Airinei, « L'extension de l'insaisissabilité des immeubles à l'aune de la loi du 14 février 2022 relative à l'entrepreneur individuel », *RCJPP*, n° 6, nov.-déc. 2024, p. 104 s.

ciers inscrits. La demande sera formée devant le JEX, en charge du contentieux de l'exécution immobilière, et le jugement rendu indiquera les immeubles sur lesquels les poursuites seront provisoirement suspendues. Après la vente définitive le créancier pourra reprendre les poursuites sur les biens ainsi exceptés si le prix des biens adjugés ne suffit pas à le désintéresser. Le mécanisme du cantonnement entraînera la suspension provisoire des poursuites sur les biens, ce qui correspond à un cas de sursis légal à statuer, réglé par les articles 378 et suivants C. pr. civ. Ainsi, après la vente définitive, à défaut de diligences du créancier pour faire rappeler l'affaire, et en l'absence de rappel d'office par le juge, l'instance encourra la péremption après un délai de deux années suivant la vente des biens non exceptés par le cantonnement.

Dans les mêmes conditions, le juge peut ordonner la radiation de la saisie sur les immeubles initialement saisis qu'il désignera et l'inscription d'une hypothèque judiciaire. Ce mécanisme de conversion en hypothèque conduira à radier la saisie sur certains immeubles et à inscrire aux lieux et place une hypothèque judiciaire (v. aussi s^s n° 1317.61).

§ 2
Un bien affecté au logement

1319.131 **Évolution.** La prise en compte de cette circonstance particulière était, jusqu'en 1998, demeurée indifférente au législateur ; la loi du 23 janvier 1998[1], renforçant la protection des personnes surendettées en cas de saisie immobilière, en a tenu compte pour augmenter les droits du débiteur dans la procédure de saisie immobilière, mais cette affectation n'interdit pas la mesure d'exécution. Il faut cependant signaler des différences terminologiques : en droit de la famille, il est question de logement familial ; en droit de la consommation, de logement principal ; et désormais, avec le décret du 27 juillet 2006, de « résidence de la famille ». Le plus souvent ces notions devraient se recouper ; toutefois, on peut imaginer un débiteur en instance de divorce, propriétaire de plusieurs immeubles, dont l'un est affecté au logement de sa famille, et un autre est occupé par lui-même à titre principal.

La loi du 5 mars 2007[2], 2007, qui a instauré un droit au logement opposable, avait souhaité renforcer la protection du logement d'un débiteur qui sollicitait une mesure de rétablissement personnel : l'article L. 331-3-1 C. consom. disposait que la saisine du juge aux fins de rétablissement personnel emportait suspension des voies d'exécution, y compris des mesures d'expulsion du logement du débiteur, jusqu'au jugement d'ouverture.

Ce dispositif a été modifié par la loi du 1er juillet 2010[3], portant réforme du crédit et recodifié par l'ordonnance du 14 mars 2016[4] : aux termes de l'article L. 722-2 C. consom., la décision de recevabilité de la demande de traitement du surendettement emporte interdiction et suspension de plein droit des procédures d'exécution diligentées sur les biens du débiteur. S'agissant toutefois des mesures d'expulsion, les articles L. 722-6 à L. 722-9 C. consom. offrent à la commission la faculté de saisir le juge des contentieux de la protection (JCP) aux fins de suspension des mesures d'expulsion du logement du débiteur. Si la situation l'exige, le juge prononcera la suspension provisoire des mesures d'expulsion à l'exception de celles fondées sur un jugement d'adjudication rendu en matière de saisie immobilière et de celles ordonnées sur le fondement du troisième alinéa de l'article 2198 C. civ., devenu l'article L. 321-2 alinéa 3 C. pr. exéc.

En cas d'ouverture d'une procédure de rétablissement personnel avec liquidation judiciaire, le jugement entraîne jusqu'au jugement de clôture suspension des procédures d'exécution diligentées sur les biens du débiteur et suspension des mesures d'expulsion du logement du débiteur, à l'exception de celles fondées sur un jugement d'adjudication rendu en matière de saisie immobilière et de celles ordonnées sur le fondement du troisième alinéa de l'article 2198 C. civ., devenu l'article L. 321-2 alinéa 3 C. pr. exéc. (C. consom., art. L. 742-7).

1319.132 **Logement familial.** L'article 215 alinéa 3 C. civ. a prévu que les époux ne pouvaient disposer l'un sans l'autre des droits par lesquels est assuré le logement familial. La constitution d'une hypothèque conventionnelle par l'un seul des époux est donc interdite car assimilée en jurisprudence à un acte de disposition puisqu'à terme, le créancier titulaire de la sûreté pourra faire vendre le bien[5].

En revanche, l'inscription d'une hypothèque judiciaire est considérée comme un simple exercice d'une

1. L. n° 98-46, 23 janv. 1998, renforçant la protection des personnes surendettées en cas de saisie immobilière, *JO* 24 janv., p. 1127.
2. L. n° 2007-290, 5 mars 2007, instituant un droit au logement opposable et portant diverses mesures en faveur de la cohésion sociale, *JO* 6 mars, p. 4190.
3. L. n° 2010-737, 1er juillet 2010, portant réforme du crédit à la consommation, *JO* 2 juill., p. 12001.
4. Ord. n° 2016-301, 14 mars 2016, relative à la partie législative du Code de la consommation, *JO* 16 mars, texte 29.
5. Civ. 1re, 17 déc. 1991, n° 90-11.908, P I, n° 357 ; *JCP* 1992. I. 3614, n° 1, obs. G. Wiederkehr ; *Defrénois* 1992. 396, 1re esp., obs. G. Champenois – EN REVANCHE, est valable la promesse de cautionnement hypothécaire consentie par un époux seul sur le logement de la famille car une promesse d'hypothèque n'est pas un acte de disposition : Civ. 3e, 29 mai 2002, n° 99-21.018, P III, n° 118 ; *D.* 2003. 1024, note M. Azavant ; *RJPF* 2002-11/21, obs. F. Vauvillé.

prérogative légale reconnue au titulaire d'une créance même chirographaire ; ce n'est pas en soi un acte de disposition au sens de l'article 215 alinéa 3 [1]. Le créancier de l'un des époux, propriétaire d'un immeuble affecté au logement familial, peut donc inscrire une hypothèque judiciaire puis saisir et faire vendre le bien, sans que le conjoint non-propriétaire ne puisse s'y opposer en arguant de la destination familiale du bien [2].

Le créancier peut entreprendre la saisie de l'immeuble assurant la résidence de la famille, les dispositions de l'article 215 qui exigent le consentement des deux époux afin de protéger le logement familial lui étant inopposables, sous peine de frapper les biens d'une insaisissabilité contraire à la loi [3].

Le fait que le bien assure le logement familial, quel que soit le régime matrimonial des époux, est donc sans incidence sur le droit du créancier de mettre en œuvre une saisie immobilière car l'indisponibilité du bien n'emporte pas son insaisissabilité. En revanche, le liquidateur qui agirait en partage de l'indivision sur le fondement de l'article 815 C. civ., en tant que représentant de l'époux débiteur dessaisi, devra respecter l'article 215 C. civ. applicable à une demande en partage d'un bien indivis par lequel est assuré le logement de la famille [4].

Enfin, depuis la loi du 6 août 2015 [5], pour la croissance, l'activité et l'égalité des chances économiques, dite « loi Macron », la résidence principale d'un entrepreneur individuel est insaisissable de droit (v. s^s n° 1319.131) [6]. C'est ici clairement la volonté de maintenir le « toit » familial qui explique ces nouvelles dispositions (v. s^s n° 1319.51).

1319.133 Sort procédural du conjoint du débiteur lorsque le bien saisi est le logement familial. **Distinction selon le régime matrimonial des époux.** Selon l'article L. 311-7 C. pr. exéc., la saisie des immeubles communs est poursuivie contre les deux époux (v. s^s n°s 1331.232 et 1331.233).

Dans le cas où un immeuble appartenant en propre à l'un des époux constitue la résidence de la famille, l'article R. 321-1 alinéa 3 C. pr. exéc. prévoit que le commandement de payer valant saisie sera dénoncé à son conjoint au plus tard le premier jour ouvrable suivant la signification de l'acte.

Le défaut de respect de ce délai est sanctionné par la caducité du commandement de payer valant saisie (C. pr. exéc., art. R. 311-1), aucune sanction en revanche n'est explicitement prévue en cas d'omission de cette dénonce. On peut donc hésiter entre la nullité et l'inopposabilité du commandement lorsque le conjoint n'a pas été avisé. Mais, parce que l'article R. 321-1 C. pr. exéc. a pour finalité d'assurer l'information du conjoint non propriétaire afin de lui permettre, le cas échéant, de prendre toutes dispositions de nature à protéger le logement familial, la deuxième chambre a jugé que la signification du commandement, selon exploits délivrés, à l'épouse et au débiteur, par remise à la personne de son épouse présente au domicile, satisfaisait aux exigences de l'article R. 321-1 [7].

Pour mener la procédure de saisie sur un immeuble appartenant à une personne mariée, le créancier devra donc adopter une démarche procédurale différente selon que le bien sera commun (saisie menée contre les deux époux) ou propre (commandement simplement dénoncé au conjoint).

1319.134 Concubins. La Cour de cassation a jugé qu'aucune disposition législative ou réglementaire ne prévoit l'obligation pour le créancier poursuivant de signifier le commandement de payer valant saisie au concubin du débiteur, alors même que l'immeuble assurerait le logement familial du couple [8].

1. Civ. 1re, 4 oct. 1983, n° 82-13.781, P I, n° 216 ; *JCP* 1984. II. 20188, 1re esp., note Y. Chartier ; *Gaz. Pal.* 1984. 2. 445, note Henry – Civ. 1re, 8 janv. 1985, n° 83-15.647, P I, n° 7 – Civ. 1re, 5 févr. 1985, n° 83-14.697, *JCP N* 1986. II. 72, note Ph. Simler ; *Defrénois* 1986. 186, note Ph. Théry.
2. Civ. 1re, 4 juill. 1978, n° 76-15.253, P I, n° 256 ; *JCP* 1980. II. 19368, note Lablouz – Paris, 20 nov. 1984, *JCP* 1986. II. 20584, note M. Dagot.
3. Civ. 1re, 18 juin 1985, n° 83-14.915, P I, n° 188 ; *D.* 1986. 485, note Mouly ; *Defrénois* 1985. 1456, art. 33636, note J.-L. Aubert – V. ÉGAL. Civ. 3e, 12 oct. 1977, n° 76-12.482, P I, n° 345 ; *D.* 1978. 333, note Y. Chartier ; *RTD civ.* 1979. 584, obs. R. Nerson, pour une vente sur liquidation des biens en vertu de la loi du 13 juillet 1967 et Civ. 1re, 21 mai 1997, n° 95-14.102, P I, n° 163 ; *JCP* 1997. I. 4054, obs. Ph. Pétel ; *Dr. et patr.* avr. 1998. 53, sous l'empire de la loi du 25 janvier 1985.
4. Civ. 1re, 3 avr. 2019, n° 18-15.177, P ; *Gaz. Pal.* 2019, n° 25, p. 75, note L. Antonini-Cochin ; *Rev. proc. coll.* mai-juin 2020, n° 87, note C. Lisanti.
5. L. n° 2015-990, 6 août 2015, pour la croissance, l'activité et l'égalité des chances économiques, dite « loi Macron », *JO* 7 août, p. 13537.
6. Toutefois, si l'entrepreneur divorce et que la jouissance du logement familial est attribuée à son épouse, il a été jugé que l'immeuble perdait la qualité de résidence principale pour cet entrepreneur et que les droits qu'il détient sur ce bien ne sont plus insaisissables par les créanciers dont les droits naissent à l'occasion de son activité professionnelle : Com. 18 mai 2022, n° 20-22.768, B ; *D.* 2022. Actu. 990 ; *RTD civ.* 2022. 687, obs. I. Dauriac ; *AJDI* 2022. 770, obs. F. Cohet ; *JCP* 2022. 748, note J.-J. Barbièri. Une telle solution n'est protectrice ni des intérêts du couple, qui demeure tant que le divorce n'est pas définitivement prononcé, ni de l'ensemble de la famille.
7. Elle a ainsi cassé l'arrêt qui avait jugé que le créancier ne justifiait pas d'avoir respecté les dispositions de l'article R. 321-1 en l'absence de dénonce par acte séparé à l'épouse : Civ. 1re, 22 mars 2018, n° 17-10.106, NP ; *D.* 2018. Pan. 1129, obs. A. Leborgne ; *AJDI* 2018. 373 ; *Procédures* 2018, n° 184, obs. C. Laporte.
8. Civ. 2e, 30 avr. 2009, n° 08-12.105, P II, n° 111 ; *D.* 2009. 2255, obs. A. Leborgne.

TITRE

132. Les saisies immobilières spécifiques à l'Alsace-Moselle

SECTION 0

ORIENTEUR

132.00 Sommaire du titre.

Division. En droit local d'Alsace et de Moselle, il existe deux saisies immobilières d'importance pratique inégale : l'exécution forcée immobilière et l'administration forcée des immeubles. Elles sont applicables pour tout immeuble situé en Alsace ou en Moselle, quel que soit le domicile du débiteur ou celui du créancier[1].

L'exécution forcée immobilière se distingue essentiellement par son caractère déjudiciarisé, le rôle du tribunal d'exécution (chap. 1321) se limitant à l'ouverture de la procédure (chap. 1322) et au contrôle des opérations d'adjudication (chap. 1323) et de distribution (chap. 1324), dont la conduite est confiée au notaire qu'il désigne en ouvrant la procédure. Le notaire apparaît ainsi comme l'organe principal de la procédure d'exécution forcée immobilière, la cheville ouvrière, agissant comme « *délégué de la justice* ». Les mêmes observations valent pour l'administration forcée des immeubles, mais elle est quasiment tombée en désuétude (chap. 1325).

132.03 Bibliographie indicative.

Sur l'ensemble de la procédure d'exécution forcée immobilière.

Actualisable. *J.-Cl. Alsace-Moselle*, fasc. 625, spéc. nº 4, par R. Mischler, ci-après désigné par MISCHLER, *J.-Cl.*

Ouvrages[2]. R. MISCHLER, *L'exécution forcée immobilière en droit local – Guide pratique*, Conseil interrégional des notaires des cours d'appel de Colmar et de Metz, 2002.

132.05 Droit local – Abrogation. L'article 14 alinéa 2 de la loi du 24 juillet 1921 prévenant et réglant les conflits entre la loi française et la loi locale d'Alsace et Lorraine en matière de droit privé définit la loi locale – ou **droit local** – comme « *la loi qui est applicable dans les départements du Bas-Rhin, du Haut-Rhin et la Moselle* »[3]. Par opposition, il est d'usage de désigner,

1. L. 24 juill. 1921, art. 5, al. 2.

2. Les ouvrages dont le nom des auteurs figure en petites capitales en bibliographie seront cités par le seul nom des auteurs en petites capitales en notes de bas de page.

3. Saisi d'une question prioritaire de constitutionnalité (QPC) portant sur la règle locale de la fermeture dominicale des commerces et exploitations, codifiée aujourd'hui à l'article L. 3134-11 C. trav., le Conseil constitutionnel a consacré la conformité du droit local avec la Constitution de 1958 en l'élevant au rang d'un principe fondamental reconnu par les lois de la République, tout en encadrant strictement son contenu et son évolution : Cons. const. 5 août 2011, nº 2011-157 QPC, *D.* 2011. 2049 – V. AUSSI, J.-M. Woehrling, « La décision du Conseil constitutionnel sur le droit local ►

dans ces trois départements, le droit applicable sur l'ensemble du territoire national de **droit général**[1].

Jusqu'à la loi du 9 juillet 1991[2], les voies d'exécution étaient régies en Alsace-Moselle, par le livre VIII du Code de procédure civile local correspondant au Code de l'Empire allemand du 30 janvier 1877 (ZPO), maintenu en vigueur par l'article 88 de la loi du 1er juin 1924[3].

D'abord amputé des articles 704 à 721 par l'article 14 du décret du 5 décembre 1975[4], il a finalement fait l'objet d'une abrogation générale, sous réserve des dispositions expressément maintenues par l'article 94, 4° de la loi du 9 juillet 1991, en ces termes : « *Sont abrogés : [...] 4° la section 1, à l'exception des articles 794 (2-a et 5), 795-a, 797 (2e et 3e al.), 799 et 800*[5], *la section 2, à l'exception du titre II, et les sections III, IV et V du livre VIII du Code de procédure civile local* ».

En conséquence, sont désormais applicables en Alsace-Moselle, toutes les règles nouvelles issues de la loi du 9 juillet 1991 et de son décret d'application du 31 juillet 1992[6], qu'il s'agisse des **dispositions communes** à toutes les procédures civiles d'exécution ou de celles régissant les **mesures d'exécution forcée sur les meubles** ou les **mesures conservatoires,** que celles-ci portent sur des biens mobiliers ou immobiliers (mais sur ce dernier point, l'article R. 534-1 C. pr. exéc., prévoit que les publications provisoires et définitives des hypothèques judiciaires conservatoires obéissent en Alsace et en Moselle aux règles applicables au Livre foncier).

Seules subsistent quelques **dispositions communes** qui s'ajoutent à celles du droit général et surtout, sous réserve des mesures conservatoires, toute la **matière immobilière** qui reste soumise au droit local malgré la réforme de la saisie immobilière opérée en droit général par l'ordonnance du 21 avril 2006[7] et son décret d'application du 27 juillet 2006[8], codifiés respectivement aux articles L. 311-1 à L. 334-1 et R. 311-1 à R. 334-3 du Code des procédures civiles d'exécution par l'ordonnance du 19 décembre 2011[9] et le décret du 30 mai 2012[10].

132.06 Dispositions communes maintenues. Elles concernent les titres exécutoires et la délivrance de copies exécutoires.

• À la liste des titres exécutoires prévue par l'article L. 111-3 C. pr. exéc., il faut ajouter, en Alsace-Moselle, celle désormais inscrite à l'article L. 111-5 C. pr. exéc., qui a regroupé les diverses dispositions de droit local prescrivant des titres exécutoires. Il s'agit des titres suivants :

– les **actes de partage** (C. pr. exéc., art. L. 111-5, 4°, et L. 1er juin 1924, art. 236, non abrogé) ;

– les **bordereaux de collocation exécutoires** en matière d'exécution forcée immobilière (C. pr. exéc., art. L. 111-5, 3°, et L. 1er juin 1924, art. 208, non abrogé ; v. ss n° 1324.91) ;

– les **contraintes** émises par les caisses d'assurance-accidents agricoles pour le recouvrement des cotisations arriérées (C. pr. exéc., art. L. 111-5, 5°, et Règl. local 26 mai 1905, relatif à l'exécution forcée pour le recouvrement des sommes d'argent par voie administrative, art. 42, non abrogé) ;

– les **ordonnances de taxation des frais** (C. pr. exéc., art. L. 111-5, 2°)[11], qu'elles émanent du greffier (cas le plus fréquent) ou qu'elles soient apposées directement sur le jugement (cas très exceptionnel en fait ; C. pr. civ. loc., anc. art. 794-2-a et 795-5, abrogés par Ord. de codification[12], 19 déc. 2011, art. 4, 4°) ;

– les **actes** établis par les notaires nommés en Alsace et en Moselle (C. pr. exéc., art. L. 111-5, 1° ; C. pr. civ. loc., anc. art. 794-5, abrogé[13]) ; mais ces actes,

► alsacien-mosellan : consécration ou restrictions ? Les difficultés d'élaboration du cadre constitutionnel pour un droit régional », *Rev. dr. local* oct. 2011. 2.

1. Sur la coexistence de ces deux droits, v. E. Sander, « Le droit local alsacien-mosellan : un pluralisme juridique dans un système unitaire », *Rev. dr. local* 2005, nos 44 et 45.
2. L. n° 91-650, 9 juill. 1991, portant réforme des procédures civiles d'exécution, *JO* 14 juill., p. 9228.
3. Sur l'ensemble de l'évolution historique du droit local, P. Haegel, « Le Nouveau Code de procédure civile 20 ans après. L'harmonisation avec le droit local alsacien-mosellan », *Rev. dr. local* 1998, n° 23, p. 34 s. – Sur un bilan récent, E. Sander, « Le droit local alsacien-mosellan : un pluralisme juridique dans un système unitaire », *Rev. dr. local* juin-sept. 2005.
4. Décr. n° 75-1122, 9 déc. 1975, abrogeant et modifiant certaines dispositions en matière de procédure civile, *JO* 9 déc., p. 12518.
5. Sur ce texte abrogé entre-temps, v. ss n° 1322.44.
6. Décr. n° 92-755, 31 juill. 1992, instituant de nouvelles règles relatives aux procédures civiles d'exécution pour l'application de la loi n° 91-650 du 9 juillet 1991 portant réforme des procédures civiles d'exécution, *JO* 5 août, p. 10530.
7. Ord. n° 2006-461, 21 avr. 2006, réformant la saisie immobilière, *JO* 22 avr., p. 6072.
8. Décr. n° 2006-936, 27 juill. 2006, relatif aux procédures de saisie immobilière et de distribution du prix d'un immeuble, *JO* 29 juill., p. 11316.
9. Ord. n° 2011-1895, 19 déc. 2011, relative à la partie législative du Code des procédures civiles d'exécution, *JO* 20 déc., p. 21464.
10. Décr. n° 2012-783, 30 mai 2012, relatif à la partie réglementaire du Code des procédures civiles d'exécution, *JO* 31 mai, p. 9375.
11. La procédure de taxation des dépens reste soumise aux art. 103 à 107 C. pr. civ. loc., non abrogés par Décr. n° 75-1122, 5 déc. 1975, art. 14.
12. Ord. de codification n° 2011-1895, 19 déc. 2011, art. 4, 4°.
13. Antérieurement à son abrogation, la Cour de cassation avait été saisie d'une QPC fondée sur l'objectif de valeur constitutionnelle d'accessibilité et d'intelligibilité de la loi ; mais elle ne l'a pas renvoyée au Conseil constitutionnel au motif qu'elle était sans incidence sur la solution du litige qui portait sur une procédure de saisie immobilière de vieille France poursuivie sur le fondement de la formule exécutoire de droit général et selon les règles du Code des procédures civiles ►

contrairement à ceux soumis au droit général, ne constituent un titre exécutoire qu'à deux conditions [1].

D'une part, l'acte notarié doit comporter la mention que le débiteur se *soumet* à l'exécution forcée immédiate [2]. Traditionnellement la procuration donnée par le débiteur à une personne afin de consentir à la soumission à l'exécution forcée devait être authentique. Mais le décret du 20 mai 2005 (art. 11) [3] avait modifié l'article 37 du décret du 18 novembre 1924 pour autoriser aussi la forme authentiquement légalisée. C'est la solution désormais inscrite à l'article 54-2° du décret du 7 octobre 2009 [4].

D'autre part, l'acte notarié devait traditionnellement porter sur le versement d'une somme d'argent déterminée ou la fourniture d'une quantité déterminée d'autres choses fongibles ou de valeurs mobilières. Il avait toujours été admis que l'adjectif « *déterminé* » devait s'entendre largement en ce sens que répondait à cette exigence tout acte notarié, tel un contrat de prêt, permettant par ces mentions de déterminer le montant de la créance au jour des poursuites. Mais par un arrêt rendu le 9 avril 2016 [5], la première chambre civile de la Cour de cassation a inauguré une jurisprudence nouvelle, suivie par la deuxième chambre [6], qu'un auteur a qualifiée d'« *éversive* » [7]. Selon cette jurisprudence, un acte notarié de prêt n'est pas un titre exécutoire car il ne prévoit pas la fixation de la somme restant due au moment de l'engagement des poursuites. Autrement dit, la créance constatée dans le titre devait être déterminée au sens strict et ne pouvait donc être simplement déterminable au sens de l'article L. 111-6 C. pr. exéc. Pour sauver l'efficacité des actes notariés en Alsace-Moselle, la pratique avait alors mis en œuvre la stipulation d'un mandant irrévocable donné au notaire par les deux parties afin d'arrêter les comptes et ainsi déterminer le montant de la créance due à la date d'engagement des poursuites [8]. Finalement la loi du 23 mars 2019 [9], dite « Belloubet », est venue au secours du droit local par son article 108 qui a modifié la rédaction de l'article L. 111-5, 1°. Désormais ce texte pose la condition d'une somme d'argent ou d'une quantité d'autres choses fongibles « *déterminée ou déterminable* ». Mais cette rédaction nouvelle procédant d'une loi relative aux procédures civiles d'exécution ne peut s'appliquer qu'aux actes d'exécution forcée postérieurs à l'entrée en vigueur de la loi, peu important la date de l'acte notarié servant de fondement aux poursuites. Les actes d'exécution forcée engagés antérieurement restent donc soumis à la rédaction ancienne, mais non à la jurisprudence « éversive ». En effet, la deuxième chambre civile a opéré un revirement de jurisprudence pour « *rapprocher les règles applicables en droit local de celles du droit général* » et admettre ainsi que constitue un titre exécutoire au sens de l'ancien article L. 111-5, 1°, un acte notarié de prêt qui mentionne, outre la clause de soumission à l'exécution forcée, « *le montant du capital emprunté et ses modalités de remboursement permettant, au jour des poursuites, d'évaluer la créance dont le recouvrement est poursuivi* » [10]. Autrement dit, désormais en droit local la créance constatée dans l'acte notarié peut à nouveau être déterminée ou déterminable, quelle que soit la date de l'acte ou celle de l'engagement des poursuites.

• Comme en droit général, les copies exécutoires sont délivrées par le détenteur ou le possesseur de la minute. Ainsi en est-il du notaire pour les actes qu'il reçoit [11] et de l'autorité publique pour les actes

▶ d'exécution : Civ. 2e, 23 janv. 2014, n° 13-40.069, NP. Cette question est aujourd'hui dépassée dès lors que ce texte a été abrogé et sa solution inscrite dans le Code des procédures civiles d'exécution dont ni l'accessibilité ni l'intelligibilité ne sont contestables.

1. Ces conditions sont applicables à tous les actes reçus par un notaire nommé en Alsace ou en Moselle, quel que soit le lieu de situation de l'immeuble ou de signature de l'acte. En cas de concours de notaires, elles s'appliquent si le notaire détenteur de la minute est celui nommé dans l'un des trois départements de l'Est ; v. la note établie par le Comité d'études juridiques du conseil interrégional des notaires des cours d'appel de Colmar et de Metz, « À propos de la force exécutoire des actes des notaires d'Alsace-Moselle », *RD loc.*, déc. 2012, p. 15.
2. En faveur de l'abrogation de cette formalité locale, héritée du droit allemand, devenue « *aujourd'hui injustifiée et inutile* », afin de créer « *une seule sorte d'acte notarié exécutoire en France* », v. W. Nonnenmacher, « L'utilité de la clause de soumission à l'exécution forcée en droit local alsacien-mosellan », *Rev. dr. local* mars 2022. 92.
3. Décr. n° 2005-563, 20 mai 2005, modifiant le décret du 18 novembre 1924 relatif à la tenue du Livre foncier dans les départements du Bas-Rhin, du Haut-Rhin et de la Moselle et le décret du 14 janvier 1927 complétant le décret du 18 novembre 1924, *JO* 28 mai, p. 9380.
4. Décr. n° 2009-1193, 7 oct. 2009, relatif au Livre foncier et à son informatisation dans les départements du Bas-Rhin, du Haut-Rhin et de la Moselle, *JO* 9 oct., p. 16478, qui a abrogé le chapitre 1er du titre I, le chapitre 2 du titre II, sauf pour son application aux livres fonciers des mines, et le titre IV du décret du 18 novembre 1924.
5. Civ. 1re, 6 avr. 2016, n° 15-11.077, NP – DANS LE MÊME SENS : Civ. 1re, 4 oct. 2017, n° 16-15.458, NP.
6. Civ. 2e, 19 oct. 2017, nos 16-19.675 et 16-26.413, NP – Civ. 2e, 22 mars 2018, n° 17-10.635, NP.
7. E. Sander, « Épilogue sur le caractère exécutoire des actes notariés en Alsace-Moselle ayant pour objet le paiement d'une créance déterminable », *Rev. dr. local* sept. 2020. 39.
8. E. Sander, préc.
9. L. n° 2019-222, 23 mars 2019, de programmation 2018-2022 et de réforme pour la justice, *JO* 24 mars, texte n° 2.
10. Civ. 2e, 25 juin 2020, n° 19-23.219, P ; *Gaz. Pal.* 2020, n° 43, p. 38, obs. C. Brenner – DANS LE MÊME SENS : Civ. 2e, 20 mai 2021, n° 20-13.633, *D.* 2021.1036 – Civ. 2e, 22 oct. 2020, n° 19-17.569, P ; *JCP N* 2020. Act. 894, note E. Sander.
11. La Cour de cassation a jugé que l'absence de date sur l'expédition exécutoire délivrée par le notaire n'affecte pas la régularité de la procédure d'exécution forcée immobilière : Civ. 2e, 9 juill. 2009, n° 08-18.329, P II, n° 185 ; arrêt en ligne sur ▶

qu'elle est chargée de conserver (C. pr. civ. loc., art. 797, al. 1er).

Quant au contentieux sur l'admissibilité de la formule exécutoire ainsi que les demandes de délivrance d'une seconde expédition exécutoire, ils relèvent de la compétence du tribunal d'instance du lieu d'établissement du notaire ou de l'autorité publique concernée (C. pr. civ. loc., art. 797, al. 2).

132.07 Matière immobilière. À l'origine de l'annexion de l'Alsace et de la Moselle à l'Empire allemand, une loi du 30 avril 1880 y régissait spécialement la saisie des immeubles pour concilier le droit civil français, maintenu provisoirement en vigueur, avec les règles de procédure allemande immédiatement introduites. Mais à partir de l'entrée en vigueur du Code civil allemand, le 1er juillet 1900, ces dispositions n'étaient plus adaptées. Elles furent donc abrogées et remplacées par la loi d'Empire du 24 mars 1897.

Lors du retour à la France de ces trois départements, la loi du 1er juin 1924 y a réintroduit notamment le Code civil français (art. 1er, 1°, a) et la loi du 14 novembre 1808 relative à la saisie immobilière des biens d'un débiteur situés dans plusieurs arrondissements (art. 1er, 2°, r) et abrogé la loi du 24 mars 1897 (art. 88, al. 2). Mais le législateur, ayant parallèlement maintenu les lois locales de procédure et le système du Livre foncier, n'a pas introduit les règles de la saisie immobilière de la vieille France. Il a institué, au contraire, par les articles 141 s. de la loi du 1er juin 1924, des règles spéciales, largement inspirées de la loi du 30 avril 1880 dont le contexte avait ainsi été ressuscité. Mais comme ces règles de droit local risquaient d'entrer en conflit avec la législation française parallèlement introduite, l'article 88 alinéa 1er de la loi du 1er juin 1924 a posé pour principe que « *les règles de procédure des lois civiles françaises présentement mises en vigueur (en particulier les articles 2204 à 2217 du Code civil et la loi du 14 novembre 1808) ne sont applicables qu'en tant qu'elles ne sont pas contraires à celles des lois locales* ».

Cette **prééminence du droit local** a été maintenue par l'ordonnance du 21 avril 2006 [1] dont l'article 21 (devenu C. pr. exéc., art. L. 341-1) dispose que le livre consacré à la saisie immobilière « *ne modifie pas les dispositions applicables dans les départements du Bas-Rhin, du Haut-Rhin et de la Moselle* ». Mais ce texte imprécis a suscité le doute sur le sens à donner aux « *dispositions applicables* ». Comme le projet d'ordonnance prévoyait, à l'origine, que les règles nouvelles ne seraient « *pas applicables* » dans ces départements, on aurait pu en déduire que seules les dispositions de droit local de la procédure d'exécution forcée immobilière doivent rester inchangées et que celles nouvelles inscrites dans le Code civil sont applicables dans la mesure où elles ne sont pas contraires, conformément au principe posé par l'article 88 de la loi du 1er juin 1924.

Mais la Cour de cassation semble favorable à une interprétation beaucoup plus large, englobant aussi les dispositions de droit général antérieures à la réforme de la saisie immobilière. En effet, statuant à propos du commandement de payer préalable au débiteur (v. ss nos 1322.31 à 1322.33), elle a jugé que l'article 2217 C. civ. est « *toujours en vigueur dans les départements du Bas-Rhin, du Haut-Rhin et de la Moselle* » [2]. Or ce qui est vrai pour l'article 2217, devrait l'être aussi pour tous les autres textes cités par l'article 88 de la loi du 1er juin 1924, car il n'y a aucune raison de les traiter différemment. Il s'ensuivrait que les règles nouvelles issues de l'ordonnance du 21 avril 2006 ne seraient en aucun cas applicables en Alsace et en Moselle, où les dispositions de droit local des articles 141 et suivants de la loi 1er juin 1924 devraient continuer à se combiner avec celles non contraires des articles 2204 à 2217 C. civ. dans leur rédaction ancienne et de la loi du 14 novembre 1808, malgré leur remplacement ou leur abrogation [3]. Le droit local se trouve ainsi paré d'une vertu nouvelle, celle de maintenir en vie des dispositions de droit général qui ont disparu de l'ordonnance juridique ailleurs en France.

132.08 Procédures locales d'exécution sur les immeubles. En droit local, et contrairement au droit général, la saisie immobilière peut revêtir deux formes distinctes prévues par la loi locale du 1er juin 1924, dont les dispositions n'ont pas été introduites dans le Code des procédures civiles d'exécution :

– la première, de loin la plus pratiquée, qui tend, comme la saisie immobilière de droit général, à la vente forcée de l'immeuble : l'exécution forcée sur les immeubles – ou **exécution forcée immobilière** – régie par les articles 141 à 170 de la loi du 1er juin 1924 ;

– la seconde, inconnue en vieille France et très peu usitée, qui tend seulement à priver provisoirement le débiteur de l'administration et, en principe,

► dalloz.fr (*D. actu.* 8 sept. 2009, brève V. Avena-Robardet) ; *Rev. dr. local* sept. 2009. 37, note E. Sander – Sur l'ensemble de la question, v. W. Nonnenmacher, « Note sur la copie exécutoire des actes notariés », *Rev. dr. local* juin 2020. 25.

1. Ord. no 2006-461, 21 avr. 2006, préc.

2. Civ. 2e, 9 juill. 2009, no 08-18.329, P (préc., v. ss no 132.06).

3. CONTRA : E. Sander, note préc., qui considère qu'à l'exception de l'ancien article 2217, les autres « *articles du Code civil visés par la loi civile du 1er juin 1924 suivent les évolutions du droit général et en dernier lieu celles issues de l'ordonnance no 2006-461 du 21 avril 2006 réformant la saisie immobilière* ». En conséquence, cet auteur considère que seraient applicables en droit local les nouveaux articles 2190 à 2197 du Code civil (devenus C. pr. exéc., art. L. 311-1 à L. 311-8).

de la jouissance de l'immeuble, pour permettre au(x) créancier(s) de se payer sur les revenus qu'il produit : **l'administration forcée des immeubles** régie par les articles 171 à 186 de la loi du 1er juin 1924.

Il faut y ajouter la procédure de distribution prévue aux articles 194 à 213 de la loi du 1er juin 1924, conçue pour l'exécution forcée immobilière et applicable par analogie à l'administration forcée des immeubles. Ces procédures, très marginalement modifiées par l'article 35-II de l'ordonnance du 15 septembre 2021[1] portant réforme du droit des sûretés, s'inscrivent dans le régime local de la publicité foncière réformé dans la perspective de l'informatisation du Livre foncier, selon le projet AMALFI (Alsace-Moselle Application pour un Livre Foncier Informatisé), par la loi du 4 mars 2002[2] et ses décrets d'application du 3 décembre 2002[3] et du 20 mai 2005[4]. En revanche, elles échappent désormais à la procédure civile locale, à l'exception des articles 864 à 871 C. pr. civ. loc., et obéissent, comme toute autre procédure civile d'exécution, aux règles communes issues de la réforme de 1991. Enfin, elles devraient continuer à se combiner avec les dispositions non contraires des anciens articles 2204 à 2217 C. civ. et de la loi du 14 novembre 1808, qui demeurent, *a priori*, en vigueur en Alsace et en Moselle selon l'arrêt de la Cour de cassation du 9 juillet 2009 (v. ss no 132.07).

Les articles 864 à 871 C. pr. loc., s'ils n'ont pas été abrogés, sont tombés pour l'essentiel en désuétude, à l'exception des articles 866 et 867. Ils régissent l'**hypothèque de garantie**, aussi appelée **hypothèque d'exécution forcée.** Il s'agit d'une hypothèque légale qui prend naissance du fait de son inscription au Livre foncier à la requête du créancier. Mais il faut la combiner avec l'hypothèque judiciaire de l'article 2242 C. civ. qui est aussi applicable en Alsace-Moselle. Il est admis aujourd'hui que l'hypothèque de garantie peut être inscrite à chaque fois que l'hypothèque judiciaire est inapplicable. Comme celle-ci est ouverte pour garantir l'exécution de tous les jugements exécutoires ainsi que les sentences arbitrales et les jugements étrangers déclarés exécutoires, l'hypothèque de garantie joue pour tous les autres titres exécutoires admis en droit local. Il s'agit des actes notariés, qu'ils aient été établis par un notaire établi en Alsace-Moselle ou en vieille France, ainsi que de tous les autres titres exécutoires cités aujourd'hui à l'article L. 111-5 C. pr. exéc. (v. ss no 132.06). Aux termes de l'article 866 C. pr. civ. loc., l'hypothèque de garantie apparaît comme une modalité de l'exécution forcée sur un immeuble aux côtés de l'exécution forcée immobilière et de l'administration forcée. Aussi, il est généralement admis qu'elle est soumise aux mêmes conditions et qu'elles requièrent donc la signification préalable du titre exécutoire et d'un commandement de payer (sur ces conditions, v. ss nos 1322.22 et 1322.31 à 1322.33), dont il doit être justifié au moment de la requête en inscription au Livre foncier[5].

Toutes ces règles de droit local sont impérativement applicables à tous les immeubles situés dans l'un des trois départements de l'est de la France, Bas-Rhin, Haut-Rhin et Moselle, selon l'article 4 de la loi du 24 juillet 1921 prévenant et réglant les conflits entre la loi française et la loi locale d'Alsace et Lorraine en matière de droit privé[6].

1. Ord. no 2021-1192, 15 sept. 2021, portant réforme du droit des sûretés, *JO* 16 sept., texte 19.
2. L. no 2002-306, 4 mars 2002, *JO* 5 mars ; *Rec. jur. de l'Est* 2002. Doctr. 1 s. – Sur un premier commentaire, v. C. Lapp, « Observations relatives aux articles 38-4 et 62 de la loi de 1924 », *Rec. jur. de l'Est* 2002. Doctr. 7 s.
3. Décr. no 2002-1426, 3 déc. 2002, *JO* 10 déc., p. 20352.
4. Décr. no 2005-563, 20 mai 2005 – V. NOT., E. Sander, « Informatisation du Livre foncier : les nouvelles avancées du décret du 20 mai 2005 », *Rev. dr. local* sept. 2005. 23.
5. V. la note établie par le Comité d'études juridiques du conseil interrégional des notaires des cours d'appel de Colmar et de Metz, spéc. p. 18 (préc., v. ss no 132.06).
6. V. *J.-Cl. Alsace-Moselle*, fasc. 100, Droit alsacien-mosellan – Principes généraux », no 90, par J.-M. Woehrling.

CHAPITRE

1321. Exécution forcée immobilière : tribunal d'exécution

PHILIPPE HOONAKKER
PROFESSEUR ÉMÉRITE DE L'UNIVERSITÉ DE STRASBOURG
AVOCAT HONORAIRE

SECTION 0

ORIENTEUR

1321.00 Sommaire du chapitre.

Division. Seront étudiées la compétence territoriale (sect. 2) et la compétence d'attribution (sect. 3) du tribunal d'exécution et la procédure en vigueur devant cette juridiction.

1321.02 Jurisprudence de référence.

> Incompétence du juge de l'exécution pour connaître de demandes tendant à remettre en cause le titre exécutoire en son principe.

• **Cass., avis, 16 juin 1995,** n° 09-50.008, P, n° 9

* V. s^s n°s 0212.51, 0214.24, 0942.87, 1321.32, 1641.54

Le juge de l'exécution ne peut être saisi de difficultés relatives à un titre exécutoire qu'à l'occasion des contestations portant sur les mesures d'exécution forcée engagées ou opérées sur le fondement de ce titre, et n'a pas compétence pour connaître de demandes tendant à remettre en cause le titre dans son principe, ou la validité des droits et obligations qu'il constate.

• **Civ. 2e, 18 juin 2009,** n° 08-10.843, P II, n° 165

* V. ss nos 0211.12, 0214.24, 0942.87, 1321.32

Mais la Cour de cassation a finalement opéré un revirement de jurisprudence en jugeant que le juge de l'exécution peut connaître de la validité de l'acte notarié invoqué à l'appui des poursuites et cette solution avait toujours été admise en droit local au profit du tribunal d'exécution saisi d'une procédure d'exécution forcée immobilière.

1321.05 Désignation. Plan. Autrefois, le tribunal d'exécution était en Alsace et en Moselle, le tribunal d'instance, tant en matière mobilière qu'immobilière (COJ, anc. art. L. 911-3). Ainsi les trois départements de l'Est ont connu, bien avant la lettre, un « *juge de l'exécution* », centralisant l'ensemble du contentieux en la matière.

Mais à compter de l'entrée en vigueur de la loi du 9 juillet 1991[1], le TI, dans ces départements, n'exerçait plus cette fonction en **matière mobilière**, cette compétence étant dévolue au JEX conformément à l'article L. 213-6 du COJ. S'il est vrai, qu'en fait, le juge d'instance continuait à connaître de ce contentieux, c'était en qualité de JEX sur délégation du président du TGI, conformément aux anciens articles L. 213-5 et R. 213-10 à R. 213-12 du COJ, pratique largement suivie en Alsace et en Moselle du fait précisément de cette longue expérience antérieure.

En revanche, comme la réforme n'avait pas porté sur la matière immobilière, l'article 90 de la loi de 1991 y avait maintenu la compétence du TI en conférant à l'article L. 911-3 du COJ [ancien] la rédaction suivante : « *Le tribunal d'instance est le tribunal de l'exécution forcée en matière immobilière* ». Cette solution n'avait pas été remise en cause par l'ordonnance du 21 avril 2006[2] qui, réformant la saisie immobilière en droit général, a donné compétence au JEX, car ces dispositions nouvelles ne modifient pas le droit local (sur ce point, v. ss n° 132.07). C'est donc à juste titre que l'ordonnance du 8 juin 2006[3], ayant procédé à la refonte de la partie législative du Code de l'organisation judiciaire, avait maintenu à l'ancien article L. 223-2 cette compétence locale du TI. En conséquence, en droit local, comme en droit général avant la réforme de la saisie immobilière, le juge de

1. L. n° 91-650, 9 juill. 1991, portant réforme des procédures civiles d'exécution, *JO* 14 juill., p. 9228.
2. Ord. n° 2006-461, 21 avr. 2006, réformant la saisie immobilière, *JO* 22 avr., texte 30.
3. Ord. n° 2006-673, 8 juin 2006, portant refonte du Code de l'organisation judiciaire et modifiant le Code de commerce, le Code rural et le Code de procédure pénale (partie législative), *JO* 9 juin, p. 8710.

l'exécution n'était « *pas compétent en matière d'exécution forcée sur les immeubles* »[1].

Depuis le 1er janvier 2020, date d'entrée en vigueur de la loi du 23 mars 2019[2], dite « Belloubet », la fonction du tribunal d'exécution en matière immobilière a été attribuée aux tribunaux judiciaires (TJ) d'Alsace-Moselle (COJ, art. L. 215-8), statuant à juge unique (COJ, art. R. 212-8, 20°), ou le cas échéant, à leurs chambres de proximité (tableau IV-III, 3°, auquel renvoie l'art. D. 212-19-1)[3].

Si les réformes antérieures avaient maintenu la compétence du tribunal d'instance, elles ne sont pas restées sans incidence sur les règles applicables, qu'elles concernent la procédure (sect. 1), la compétence territoriale (sect. 2) ou la compétence d'attribution (sect. 3).

SECTION 1
RÈGLES DE PROCÉDURE

1321.11 **Nature de la procédure.** La procédure suivie devant le tribunal d'exécution relève, par essence, de la matière contentieuse[4] et se trouve donc régie par toutes les dispositions correspondantes du Code de procédure civile, applicables en Alsace et en Moselle selon l'article 1er de l'Annexe, « *sous réserve des dispositions particulières non abrogées et des dispositions permanentes ci-après* ». Elle est soumise, pour la même raison, aux exigences posées par l'article 6 § 1 de la Convention européenne des droits de l'homme (en ce sens, au moins implicitement, v. un arrêt de la deuxième chambre civile[5] : cette décision a été rendue à propos d'une procédure portée devant une cour d'appel sur pourvoi immédiat – sur ce recours, v. ss no 1321.14 – formé contre le jugement d'un tribunal d'exécution, mais sa solution vaut aussi pour la procédure suivie devant le tribunal d'exécution[6] ; en revanche, cette décision a expressément écarté l'application de l'article 6 § 1 à la phase notariale de la procédure ; sur ce point, v. ss no 1323.11).

Au titre des dispositions locales maintenues, figurent des règles d'essence **gracieuse**, ce qui peut parfois poser des difficultés d'harmonisation avec le droit général et désormais de compatibilité avec l'article 6 § 1 de la Conv. EDH. Ainsi l'ouverture de la procédure d'exécution forcée immobilière se fait-elle par voie de requête (v. ss no 1322.61), acte introductif d'instance habituellement réservé à la matière gracieuse, ce qui a suscité des difficultés en matière d'**assistance et de représentation des parties** devant le tribunal d'exécution. Mais aussi et surtout, de telles règles interviennent au niveau des **décisions** du tribunal d'exécution et de la voie de recours ouverte, en l'occurrence, le **pourvoi immédiat**.

1321.12 **Assistance et représentation des parties.** S'agissant d'une procédure contentieuse qui jusqu'au 31 décembre 2020 relevait de la compétence du tribunal d'instance, l'assistance et la représentation des parties étaient régies par l'article 828 C. pr. civ., à défaut de dispositions locales particulières. En conséquence, devant le tribunal d'exécution, les parties se défendaient elles-mêmes ou pouvaient se faire assister ou représenter par l'une des personnes désignées à l'ancien article 828, étant rappelé que si le mandataire n'était pas avocat, il devait justifier d'un pouvoir spécial[7]. Il fallait réserver cependant l'introduction de la procédure d'exécution forcée immobilière. Celle-ci se faisant par voie de requête (v. ss no 1322.61), les cours d'appel locales avaient jugé qu'elle pouvait être introduite par tout mandataire conformément à l'article 852 C. pr. civ.[8]. Mais si le mandataire n'était pas avocat, il devait justifier d'un pouvoir spécial. À défaut, la requête était entachée d'une nullité de fond (C. pr. civ., art. 117), laquelle pouvait être couverte avant que le juge ne statue (C. pr. civ., art. 121), notamment par la constitution d'un avocat[9]. Mais la cour d'appel de Colmar était revenue sur cette solution en imposant l'application de l'ancien article 828 C. pr. civ. dès le stade de la requête[10].

Depuis le 1er janvier 2020 où la fonction de tribunal d'exécution est exercée par le tribunal judiciaire (v. ss no 1321.05), la **représentation par avocat est devenue obligatoire** faute de toute disposition dérogatoire[11]. Et cette règle nouvelle devrait valoir tant

1. Cass., avis, 5 mai 1995, no 09-50.005, P, no 5 ; *D.* 1995. 154.
2. L. no 2019-222, 23 mars 2019, de programmation 2018-2022 et de réforme pour la justice, *JO* 24 mars, texte 2.
3. V. S. Guinchard (dir.), Dalloz action *Droit et pratique de la procédure civile*, 2024/2025, par Ph. Hoonakker, no 811.61.
4. Not., Civ. 2e, 15 avr. 1981, *Gaz. Pal.* 1981. Pan. 310.
5. Civ. 2e, 21 mars 2002, no 00-14.700, P II, no 48 ; *Rec. jur. de l'Est* 2002. 45 ; *D.* 2002. Somm. 2643, obs. N. Fricero – V. AUSSI, C. Lapp, « Article 6-1 de la Convention européenne des droits de l'homme et procédure d'exécution forcée immobilière de droit local », *Rec. jur. de l'Est* 2002. Doctr. 29.
6. EN CE SENS, C. Lapp, p. 30 (préc. ss prést no) – MISCHLER, *Addendum*, p. 5.
7. Sur l'ensemble de la question, S. Guinchard (dir.), Dalloz action *Droit et pratique de la procédure civile*, 2024/2025, par N. Cayrol, nos 281.31 s.
8. Metz, 31 oct. 1986, RG no 2165/86, Weber c/Blanke, inéd. – Colmar, 23 mars 1989, RG no II W 874/89, Lapp c/Froell, inéd.
9. Metz, 31 oct. 1986 (préc. ss prést no).
10. Colmar, 27 févr. 2004, *Rec. jur. de l'Est* 2004. 38, obs. R. Schwob.
11. Metz, 23 juin 2022, Sàrl M et O Bâtiment c/Me Guerbert, RG no 21/0083, minute no 22/00208 – Sur l'ensemble de la question, v. S. Guinchard (dir.), Dalloz action *Droit et pratique de la procédure civile*, 2024/2025, par Ph. Hoonakker, no 822.101.

pour l'introduction de la procédure par le créancier poursuivant (v. s^s n° 1322.61) que pour l'exercice de toutes les voies de recours ouvertes, qu'il s'agisse du pourvoi immédiat formé contre toutes les décisions prises par cette juridiction (v. s^s n°s 1321.15, 1322.76 et 1323.44) ou des objections et observations élevées en cours de procédure contre des décisions du notaire désigné par la décision d'ouverture de la procédure d'exécution forcée immobilière (v. s^s n° 1323.41). En revanche, les parties peuvent toujours comparaître elles-mêmes ou se faire assister ou représenter par tout mandataire de leur choix devant le notaire ainsi désigné (v. s^s n° 1323.21) [1].

1321.13 Décisions. Aux termes de l'article 167 de la loi civile du 1er juin 1924, « *toutes les décisions du tribunal d'exécution peuvent être prises sans débat oral préalable* ». Il s'agit très exactement de la règle consacrée, de manière générale, pour toute la matière gracieuse, par l'article 28 C. pr. civ. Mais la procédure étant contentieuse (sur ce point, v. s^s n° 1321.11), trois précisions importantes s'imposent.

En premier lieu, la dispense du débat oral, qui est normalement public et obligatoire en matière contentieuse [2], n'exonère évidemment pas le tribunal d'exécution du respect du principe du contradictoire. Cette règle, consacrée pour la procédure gracieuse [3], s'impose, *a fortiori*, dans une matière contentieuse [4] (solution expressément consacrée par la Cour de cassation [5]).

En second lieu, la légalité même de cette dispense se heurte aujourd'hui à l'article 6 § 1 de la Convention européenne des droits de l'homme. Mais dans la mesure où la Cour européenne n'exige pas que les débats soient publics à tous les stades de la procédure, pourvu que les parties puissent en bénéficier à une étape au moins du procès, elle pourrait être admise devant le tribunal d'exécution à condition que des débats publics soient possibles devant la cour d'appel saisie sur pourvoi immédiat [6] (sur le pourvoi immédiat, v. s^s n° 1321.15).

Enfin et *en troisième lieu*, cette dérogation, fût-elle possible, est évidemment d'interprétation restrictive, de sorte que les autres règles gouvernant les décisions rendues en matière gracieuse ne sauraient s'appliquer. En particulier, le tribunal d'exécution ne peut donc fonder sa décision sur des faits non allégués par le requérant (C. pr. civ., art. 26) ou intéresser, même d'office, des tiers à la procédure dont il est saisi (C. pr. civ., art. 27 al. 2, 29 et 332 al. 2) [7].

1321.14 Pourvoi immédiat. Selon l'article 167 de la loi du 1er juin 1924 *in fine*, toutes les décisions du tribunal d'exécution « *sont susceptibles de pourvoi immédiat* ». Mais depuis l'introduction du Code de procédure civile en Alsace et en Moselle, cette voie de recours est régie par les articles 5 à 8 de l'Annexe, inclus dans le chapitre 1er réservé aux dispositions particulières à la matière gracieuse. Aussi pour assurer la compatibilité de ces textes de droit local, le décret n° 76-899 du 29 septembre 1976 a-t-il complété l'Annexe en prévoyant à l'article 43 alinéa 1er qu'« *en matière de voies d'exécution* [...], *les pourvois suivent les règles relatives aux pourvois en matière gracieuse* ».

Mais cette nouvelle intrusion de la procédure gracieuse dans une matière éminemment contentieuse ne va pas sans difficulté, qu'il s'agisse du régime de cette voie de recours ou de son effet jugé finalement non suspensif.

1321.15 Régime. Le pourvoi est la voie de recours traditionnelle en matière gracieuse dans les trois départements de l'Est, au lieu et place de l'appel ouvert en droit général. Il est dit immédiat lorsqu'il est enfermé dans un délai (C. pr. civ., art. 8 Annexe – à l'inverse le pourvoi ordinaire peut être formé sans délai) [8]. Ce délai est de quinze jours, sous réserve des cas de prorogation prévus aux articles 643 à 647 C. pr. civ. (C. pr. civ., art. 8 Annexe). Il court à compter de la notification de la décision du tribunal d'exécution qui doit le rappeler expressément sous peine de nullité [9]. Il s'agit de la **notification aux parties** et non de la délivrance d'une expédition aux avocats (laquelle ne fait pas courir le délai [10]). Cette notification se fait normalement par lettre recommandée avec accusé de réception (C. pr. civ., art. 5, al. 1er Annexe). Mais si l'avis de la poste ne revient pas signé, il faudra procéder par voie de signification conformément à l'article 670-1 C. pr. civ. (v. à propos d'une procédure de partage judiciaire [11] ; mais cette décision rendue

1. Sur l'ensemble de la question, v. E. Sander, « Pleins feux sur l'avocat et le tribunal de l'exécution forcée immobilière », *Rev. dr. local* juin 2020. 28.
2. S. Guinchard (dir.), Dalloz action *Droit et pratique de la procédure civile*, 2024/2025, par N. Cayrol, n°s 431.11 s.
3. S. Guinchard (dir.), Dalloz action *Droit et pratique de la procédure civile*, 2024/2025, par N. Cayrol, n° 432.51.
4. EN CE SENS, C. Lapp, « La procédure d'exécution forcée immobilière en droit local et le principe du contradictoire », *Rec. jur. de l'Est* 1992. Doctr. 26.
5. Civ. 2e, 9 déc. 1997, n° 95-21.123, NP ; *Rec. jur. de l'Est* 1998. 48, obs. C. Lapp.
6. EN CE SENS, v. G. Hénon, « Les procédures d'exécution forcée immobilière et de partage judiciaire confrontées à l'article 6-1 de la Convention européenne des droits de l'homme », *Rec. jur. de l'Est* 2001. Doctr. 10 s.
7. Sur l'ensemble de la question en matière gracieuse, S. Guinchard (dir.), Dalloz action *Droit et pratique de la procédure civile*, 2024/2025, par N. Cayrol, n°s 432.52 et 432.53.
8. Sur l'ensemble de la question, V NOT., E. Sander, « Le pourvoi du droit local », *Rev. dr. local* 1993, n° 8, p. 27 s.
9. Civ. 2e, 19 avr. 1985, n° 84-10.607, P II, n° 80 ; *Gaz. Pal.* 1985. Pan. 241.
10. EN CE SENS, Colmar, 1er févr. 2001, *Rec. jur. de l'Est* 2002. 60.
11. Civ. 1re, 12 déc. 2006, n° 04-17.822, P I, n° 541 ; *Rec. jur. de l'Est* 2007. 1, obs. R. Schwob.

notamment au visa de l'article 6 § 1 Conv. EDH vaut aussi pour la notification des décisions rendues par le tribunal d'exécution, et ce d'autant plus que l'article 21 alinéa 3 de l'Annexe, rendu applicable par l'article 44 de l'Annexe, renvoie « *pour le surplus* » aux dispositions du Code de procédure civile ; pour la notification aux personnes demeurant à l'étranger, et à propos de l'ordonnance ouvrant la procédure d'exécution forcée immobilière, v. ss no 1322.72 ; à propos des décisions sur objections et observations, v. ss no 1323.44).

Le pourvoi immédiat est ouvert à **tout intéressé** (C. pr. civ., art. 7, al. 1er Annexe) et pas seulement aux parties et aux tiers destinataires d'une notification comme l'appel en droit général contre les décisions de la juridiction gracieuse. De plus, il peut être formé contre **toute décision** du tribunal d'exécution, y compris de sursis à statuer car l'article 380 C. pr. civ. n'est applicable qu'à l'appel et non au pourvoi immédiat (ainsi à propos d'un jugement ordonnant l'ouverture d'un partage judiciaire[1], mais la solution est transposable à l'exécution forcée immobilière).

Il est **formé, instruit** et **jugé** selon les règles applicables en matière gracieuse devant la cour d'appel ; c'est dire qu'il est soumis aux articles 950 à 953 C. pr. civ., ce dernier texte renvoyant aux règles applicables en la matière devant le TJ, en l'occurrence les articles 808 à 811[2] C. pr. civ. En conséquence, le pourvoi immédiat est formé par une déclaration faite ou adressée par pli recommandé au greffe du tribunal d'exécution qui a rendu la décision (C. pr. civ., art. 950 – conformément à l'article 668 C. pr. civ., la date du pourvoi immédiat est celle, le cas échéant, de l'expédition de la lettre et non celle de sa réception par le greffe[3]). En principe la représentation n'est pas obligatoire, l'article 7 alinéa 2 *in fine* de l'Annexe autorisant expressément, par dérogation à l'article 950 C. pr. civ., la partie elle-même, ou le notaire lorsqu'il a déjà saisi le tribunal d'exécution à l'origine de la procédure, à former le pourvoi[4]. Mais comme depuis le 1er janvier 2020, la représentation par avocat est obligatoire devant le tribunal d'exécution (v. ss no 1321.12), cette règle devrait s'appliquer aussi au pourvoi immédiat formé contre les décisions de ce tribunal, de sorte que la dérogation inscrite au second alinéa de l'article 7 de l'Annexe devrait être écartée et la règle posée à l'article 950 C. pr. civ. s'appliquer[5].

Suite au pourvoi immédiat, le tribunal d'exécution peut décider de modifier ou de rétracter sa décision (C. pr. civ., art. 952, al. 1er – en revanche, il ne peut le faire d'office comme en cas de pourvoi ordinaire, C. pr. civ., art. 6 Annexe). À défaut, le dossier est transmis sans délai au greffe de la cour (C. pr. civ., art. 952, al. 2). Dans les deux cas, le tribunal d'exécution doit informer les parties, dans le délai d'un mois, de sa décision d'examiner à nouveau l'affaire ou de la transmettre à la cour (C. pr. civ., art. 952, al. 3 ; l'option ainsi ouverte doit être exercée par le tribunal lui-même, de sorte que le greffe ne saurait transmettre d'office le dossier à la cour[6]). Dans cette dernière hypothèse, la cour statuera comme en matière gracieuse et devrait donc, elle aussi, pouvoir prendre sa décision sans débat oral préalable conformément à l'article 28 C. pr. civ. Mais si des débats publics n'ont pas eu lieu en première instance (sur ce point, v. ss no 1321.13), ils devraient être organisés devant la cour en vertu de l'article 6 § 1 de la Conv. EDH, si toutefois une partie le demande, ce grief ne pouvant être formulé pour la première fois devant la Cour de cassation[7]. Mais la Cour de cassation a finalement jugé que l'article 28 C. pr. civ., en ce qu'il n'impose pas de débats publics, n'est pas contraire à l'article 6 § 1[8]. Pour autant, il ne faudrait pas en conclure que cette disposition ne serait jamais applicable devant la cour d'appel saisie d'un pourvoi, ni que celle-ci ne devrait jamais organiser de débats. Il faut distinguer :

– si le ministère public a déposé des conclusions, fût-ce pour requérir simplement la confirmation de l'ordonnance attaquée en l'absence de tout moyen développé à l'appui du pourvoi, et que celles-ci n'ont pas été mises à la disposition des parties, la cour d'appel doit organiser des débats sous peine de méconnaître le principe du contradictoire et d'encourir la cassation sur le fondement de l'article 16 C. pr. civ.[9] ; mais cette règle ne joue pas lorsque le ministère public se contente de s'en remettre à justice car cet avis, « *étant sans influence sur la solution du lige, n'a pas à être communiqué aux parties* »[10] ;

– si le pourvoi n'a pas été motivé, la cour d'appel ne peut statuer sans inviter l'auteur du recours à faire valoir ses moyens, sous peine de méconnaître,

1. Colmar, 31 mai 2002, *Rec. jur. de l'Est* 2002. 106.
2. Nouvelle numérotation issue de Décr. no 2019-1333, 11 déc. 2019, réformant la procédure civile, *JO* 12 déc., texte 3, art. 4, qui a repris intégralement les dispositions inscrites antérieurement aux articles 797 à 800.
3. Civ. 2e, 23 nov. 1994, no 93-10.723, P II, no 236 ; *Gaz. Pal.* 1995. Pan. 114.
4. V. S. Guinchard (dir.), Dalloz action *Droit et pratique de la procédure civile*, 2024/2025, par Ph. Hoonakker, no 821.22.
5. *CONTRA* sur ce point : Metz, 23 juin 2022, Sàrl M et O Bâtiment c/Me Guerbert, RG no 21/0083, minute no 22/00208.
6. Colmar, 1er juin 2001, *Rec. jur. de l'Est* 2001. 148.
7. Civ. 2e, 21 mars 2002, no 00-14.700, P (préc., v. ss no 1321.11) – Civ. 2e, 23 nov. 2006, no 05-18.224, P II, no 326.
8. Civ. 2e, 28 juin 2006, no 04-17.913, P II, no 170 ; *D.* 2006. 2051 ; *Rec. jur. de l'Est* 2006. 109.
9. Civ. 2e, 28 juin 2006, no 04-17.913, P (préc. ss prést. no).
10. Civ. 2e, 1er sept. 2016, no 15-14.596, P ; *D.* 2016. 1759.

dans ce cas, l'article 6 § 1[1] ; mais ce grief est écarté, si le pourvoi était motivé, la cour d'appel pouvant alors statuer, en l'état, sans débats préalables[2].

1321.16 Effet non suspensif. Aux termes de l'ancien alinéa 3 de l'article 5 de l'Annexe, le délai et l'exercice du pourvoi immédiat étaient suspensifs d'exécution, règle qui n'existait pas avant le Code de procédure civile[3]. Aussi, dès son entrée en vigueur en Alsace et en Moselle, la pratique notariale avait appliqué « *à la lettre* [ces] *nouvelles dispositions* » et les débiteurs en avaient abusé en multipliant les pourvois immédiats dans un but purement dilatoire.

Cette situation était d'autant plus choquante qu'elle résultait de l'application d'une règle de la procédure gracieuse, où elle est sans doute justifiée, à une matière éminemment contentieuse, où elle paraissait plus discutable. De plus, elle semblait en contradiction avec le texte particulier de l'article 161 de la loi du 1er juin 1924 qui envisage expressément la possibilité d'une adjudication nonobstant des contestations élevées contre la procédure d'exécution et non encore définitivement tranchées. C'est ainsi sur le fondement de ce texte que la cour d'appel de Colmar avait jugé, par arrêt du 12 mars 1980, que le délai du pourvoi immédiat ne pouvait avoir d'effet suspensif[4]. Mieux encore, la Cour de cassation avait finalement décidé de manière péremptoire, ce qui était sans doute plus contestable au regard de la lettre de l'ancien texte[5], qu'il n'était pas applicable en matière contentieuse[6]. Vingt ans plus tard, elle avait réaffirmé cette solution, mais en se montrant, cette fois, plus prudente quant au fondement juridique applicable[7]. Quoi qu'il en soit, il n'était plus contesté que le délai comme l'exercice du pourvoi immédiat n'avaient pas d'effet suspensif en matière d'exécution forcée immobilière[8].

Le décret du 11 décembre 2019[9] a définitivement supprimé toute discussion en abrogeant le troisième alinéa de l'article 5 de l'Annexe de sorte que désormais le pourvoi immédiat, tout comme le pourvoi ordinaire, est privé d'effet suspensif[10].

1. Civ. 2e, 4 mars 2004, no 02-13.164, P II, no 85.
2. Civ. 2e, 1er déc. 1993, no 92-12.726, P II, no 343 ; *JCP* 1995. II. 22399, note Le Ninivin.
3. HAEGEL, SCHWOB ET VALLENS, no 319 – E. SANDER, p. 28 (préc., v. ss no 1321.15).
4. Colmar, 12 mars 1980, *Rec. jur. de l'Est* 1980. 170.
5. EN CE SENS, *J.-Cl. Alsace-Moselle*, fasc. 615, no 13, par Heck et Henon.
6. Civ. 2e, 15 avr. 1981, *Gaz. Pal.* 1981. Pan. 310.
7. Civ. 2e, 22 mars 2001, no 98-21.951, NP ; *Dr. et proc.* 2001. 241, obs. Ph. Hoonakker ; *Rec. jur. de l'Est* 2001. 89.
8. MISCHLER, *J.-Cl.*, no 80.
9. Décr. no 2019-1333, 11 déc. 2019, préc.
10. V. S. Guinchard (dir.), Dalloz action *Droit et pratique de la procédure civile*, 2024/2025, par Ph. Hoonakker, no 821.23.

SECTION 2 COMPÉTENCE TERRITORIALE

1321.20 Textes applicables. Les règles de compétence territoriale sont prévues à l'article 141 alinéa 1er de la loi du 1er juin 1924. Ce texte pose le principe que le tribunal territorialement compétent est celui du lieu de situation de l'immeuble.

Mais lorsque la procédure engagée porte sur plusieurs immeubles, ces règles devraient continuer à se combiner avec celles, non contraires, prévues par les anciens articles 2204 à 2217 C. civ. et de la loi du 14 novembre 1808, qui demeurent, *a priori*, en vigueur en Alsace et en Moselle (v. ss no 132.07). Il s'agit de l'ancien article 2210 C. civ. et de l'article 1er de la loi du 14 novembre 1808 qui distinguent selon que les immeubles poursuivis sont situés dans le même ressort territorial d'un tribunal compétent *ratione materiae* ou dans plusieurs ressorts territoriaux.

1321.21 Immeuble(s) situé(s) dans un même ressort. Lorsque la vente forcée doit porter sur plusieurs immeubles d'un même débiteur, situés dans le ressort territorial d'un même tribunal d'exécution, elle peut être poursuivie simultanément à l'encontre de tous. Cette solution résulte implicitement mais nécessairement de l'ancien article 2210 C. civ. qui n'envisage que le cas d'immeubles situés dans différents ressorts territoriaux. Dans ces cas, le tribunal d'exécution territorialement compétent est celui dans le ressort duquel les immeubles sont situés[11].

A fortiori, lorsque la vente forcée ne doit porter que sur un seul immeuble, elle relève de la compétence du tribunal d'exécution du lieu de situation.

1321.22 Immeubles situés dans plusieurs ressorts. Dans cette hypothèse, l'ancien article 2210 C. civ. pose le principe que la vente forcée doit être poursuivie successivement sur chacun des immeubles du débiteur. Autrement dit, le créancier doit engager une procédure d'exécution forcée immobilière distincte contre chacun des immeubles, pris l'un après l'autre. Le tribunal d'exécution compétent pour connaître de chacune de ces procédures est alors à chaque fois celui du lieu de situation de l'immeuble concerné[12]. Mais selon les textes anciens demeurés en vigueur, *a priori*, la saisie simultanée de tous les immeubles situés dans des ressorts territoriaux différents est possible dans deux hypothèses :

– celle où ils font partie « *d'une seule et même exploitation* » (C. civ., anc. art. 2210, al. 1er) ;

– celle où leur valeur totale est inférieure au montant réuni des sommes dues tant aux saisissants qu'aux autres créanciers inscrits[13].

Dans ces cas, le tribunal compétent est désigné sur requête par le TGI dans le ressort duquel les

11. L. 1er juin 1924, art. 141, al. 1er
12. L. 1er juin 1924, art. 141, al. 1er
13. L. 1808, art. 1er

immeubles concernés sont situés en tout ou partie, conformément à l'article 141 alinéa 1er *in fine* de la loi du 1er juin 1924[1].

SECTION 3
COMPÉTENCE D'ATTRIBUTION

1321.31 **Chefs de compétence.** La compétence du tribunal d'exécution est strictement limitée à l'**ouverture** de la procédure et au **contrôle** des opérations conduites par le notaire qu'il a désigné.

Ces chefs de compétence seront détaillés au fur et à mesure de l'étude de la procédure d'exécution forcée immobilière. Mais d'ores et déjà deux questions générales, intéressant l'étendue des pouvoirs conférés au tribunal d'exécution, doivent être abordées :

– peut-il connaître du principe même des poursuites en se prononçant sur la créance ou la régularité du titre invoqué ?

– peut-il suspendre la procédure en attendant qu'une difficulté soulevée par une partie soit tranchée ou pour accorder des délais ?

1321.32 **Principe des poursuites.** Traditionnellement la jurisprudence déniait au tribunal d'exécution la compétence de se prononcer sur le principe même des poursuites, et donc de trancher une difficulté touchant à l'existence ou à la validité de la créance ou à la régularité du titre invoqué. Cette solution était fondée sur l'article 158 de la loi du 1er juin 1924, qui écarte de la compétence du tribunal d'exécution saisi de difficultés soulevées pendant la procédure, les matières traitées par les dispositions du Code de procédure civile local auquel il renvoie et qui concernent pour l'essentiel ces questions. L'intéressé devait alors saisir la juridiction de droit commun de telles contestations[2].

Mais cette limitation des pouvoirs du tribunal d'exécution semblait contraire aux articles 141 et 143 de la loi du 1er juin 1924, faisant obligation à cette juridiction de vérifier que les demandes sont fondées (v. ss no 1322.71). Aussi la Cour de cassation avait-elle fini par abandonner cette jurisprudence traditionnelle dès 1987, en reconnaissant au tribunal d'exécution, sur le fondement de ces textes, le pouvoir de connaître du principe même des poursuites, en l'occurrence, dans l'espèce qui lui était soumise, de la réalité de la créance invoquée[3].

À cet égard, cette solution s'est trouvée renforcée, après la réforme de 1991, du fait de l'abrogation de toutes les dispositions du Code de procédure civile locale auxquelles renvoie l'article 158 de la loi du 1er juin 1924. Mais une autre difficulté aurait pu surgir de la réforme pour les raisons suivantes. Aux termes de l'article L. 311-12-1 du COJ [ancien], « *le juge de l'exécution connaît des difficultés relatives aux titres exécutoires* [...], *même si elles portent sur le fond du droit...* » (repris à COJ, art. L. 213-6) et « *tout juge autre que le juge de l'exécution doit relever d'office son incompétence* » (repris par C. pr. exéc., art. R. 121-1). Certes, la Cour de cassation a considéré que le JEX n'avait aucune compétence en matière immobilière (v. ss no 1321.05). Mais les contestations touchant au fondement des poursuites ne sont pas propres à la procédure engagée, elles ont, au contraire, vocation à concerner toute voie d'exécution, quelle qu'elle soit. Fallait-il alors considérer que désormais ces difficultés relèveraient de la compétence exclusive du JEX et échapperaient donc, de ce chef, au tribunal d'exécution ?

La Cour de cassation ne l'a pas pensé. Au contraire, elle a confirmé, depuis la réforme, à plusieurs reprises déjà, la solution consacrée en 1987[4], dont de surcroît elle a repris l'attendu de principe à la lettre[5] (v. aussi deux décisions rendues à propos de contestations portant sur la validité et la force probante d'un acte notarié[6] et une autre intéressant une caution contestant le montant de la créance faute d'information annuelle[7]).

Mais les cours d'appel de Colmar et de Metz ont fait de la résistance. Ainsi par un arrêt du 8 septembre 1995, la première a-t-elle considéré que « *seul le juge de l'exécution a compétence pour trancher un litige lié à l'exécution d'un acte* »[8]. Si depuis lors, elle s'est ralliée à la jurisprudence de la deuxième chambre civile[9] (v. surtout un arrêt qui a jugé expressément que « *le tribunal d'exécution immobilière doit vérifier le bien-fondé de la requête en exécution forcée immobilière et donc la validité du titre* »[10]), la cour de Metz, en revanche, a repris, dans le même temps, la distinction ancienne. Elle a jugé, en effet, à propos d'une demande en suspension de la procédure d'exécution forcée immobilière, que le tribunal d'exécution ne peut connaître que des contestations portant sur la procédure, celles intéressant le fond relevant désormais de la compétence exclusive du JEX[11]. Mais

1. MISCHLER, *J.-Cl.*, no 42.
2. Colmar, 15 juin 1984, *Rec. jur. de l'Est* 1985. 15.
3. Civ. 2e, 11 févr. 1987, no 85-18.106, P II, no 39.
4. Civ. 2e, 11 févr. 1987, no 85-18.106, P (préc. ss prést no).
5. Civ. 2e, 7 déc. 1994, no 92-21.872, P II, no 252.
6. Civ. 2e, 17 janv. 1996, no 94-10.211, P II, no 2 ; *JCP* 1996. IV. 528 ; *Rec. jur. de l'Est* 1996. 48 – Et Civ. 2e, 25 juin 1997, no 95-14.494, P II, no 201 ; *Gaz. Pal.* 1998. Pan. 66.
7. Civ. 2e, 25 févr. 1998, no 96-13.455, P II, no 56 ; *JCP* 1998. IV. 1827.
8. Colmar, 8 sept. 1995, *Rec. jur. de l'Est* 1996. 222.
9. Colmar, 8 janv. 1999, *Rec. jur. de l'Est* 1999. 126.
10. Colmar, 20 sept. 1999, *Rec. jur. de l'Est* 2000. 63.
11. Metz, 1er sept. 1998, *Rec. jur. de l'Est* 1999. 43 – Sur l'ensemble de la question, G. Hénon, « Juge de l'exécution et tribunal de l'exécution forcée immobilière : bilan (provisoire) d'une cohabitation compliquée », *Rec. jur. de l'Est* 2000. 9.

cette décision a été cassée par la deuxième chambre civile qui, fidèle à sa jurisprudence, a rappelé que « *le tribunal d'exécution doit rechercher si les demandes sont fondées* »[1].

Le tribunal d'exécution est donc incontestablement compétent pour connaître du principe même des poursuites, mais il dispose aussi, pour ce faire, de pouvoirs plus étendus que ceux du JEX saisi de difficultés relatives à un titre exécutoire. Il faut se souvenir sur ce point que depuis son avis du 16 juin 1995, la Cour de cassation décide de manière constante que le JEX ne peut « *connaître de demandes tendant à remettre en cause le titre dans son principe ou dans la validité des droits ou obligations qu'il constate* »[2]. Certes lorsque le titre exécutoire invoqué est un jugement, le tribunal d'exécution ne saurait, pas plus qu'un JEX ou tout autre juge, remettre en cause ce qui a été jugé (solution rappelée pour le JEX par C. pr. exéc., art. R. 121-1, mais qui vaut pour toute juridiction en vertu du principe général de l'autorité de la chose jugée). Il ne peut donc connaître que de contestations portant sur l'existence même du titre, son caractère exécutoire, son étendue ou, plus généralement, nées de circonstances postérieures à son prononcé, tels un paiement, une compensation ou une renonciation (v. s^s^ n°s 0212.21 s.). Mais cette limitation était aussi appliquée aux actes notariés et interdisait donc au JEX de se prononcer sur la validité de ces actes, que ce soit pour des motifs de fond (dans l'espèce qui a donné lieu à l'avis du 16 juin 1995, le débiteur faisait valoir la nullité de l'acte notarié pour insanité d'esprit) ou de forme[3]. Critiquée car elle n'est imposée par aucun texte ni principe et qu'elle engendre une nouvelle dispersion du contentieux de l'exécution[4], elle a finalement été abandonnée par la Cour de cassation qui a jugé que le JEX peut connaître de la validité d'un acte notarié invoqué à l'appui des poursuites[5]. Cette solution avait toujours été admise en droit local par la Cour de cassation qui y juge de manière constante que le tribunal d'exécution doit, en vertu des articles 141 et 143 de la loi du 1er juin 1924, se prononcer sur la validité de l'acte notarié contestée devant lui[6] (v. aussi, à propos de la nullité d'un prêt hypothécaire accordé en France par un établissement bancaire allemand dépourvu d'agrément, avant la loi du 16 juillet 1992[7]). Mais il n'a pas à vérifier d'office la validité de l'acte, encore faut-il qu'elle soit concrètement contestée, par exemple par l'invocation de vices du consentement[8]. De même, il n'a pas à trancher une contestation relative au montant de la créance invoquée pour ouvrir une procédure d'exécution forcée immobilière, il suffit qu'il constate l'existence de la créance du requérant en son principe[9]. *A fortiori*, et à l'*instar* du JEX[10], il n'entre pas dans les attributions du tribunal d'exécution de se prononcer sur une demande, formée par le débiteur saisi, tendant à la compensation avec une créance alléguée de dommages et intérêts contre le créancier saisissant dont la responsabilité serait engagée[11]. Mais si de telles questions sont déjà soumises au juge de droit commun au moment où le tribunal d'exécution est saisi, celui-ci pourra alors prononcer un sursis à l'exécution jusqu'à ce qu'elles soient tranchées (v. s^s^ n° 1321.33).

1321.33 Suspension de la procédure. Aux termes des articles 732 alinéa 2, 769 et 775 C. pr. civ. loc., auxquels renvoie l'article 158 de la loi du 1er juin 1924, le tribunal d'exécution pouvait ordonner le **sursis à l'exécution forcée** essentiellement dans trois séries de cas : dans l'attente du règlement de difficultés qui lui étaient soumises concernant la procédure d'exécution forcée immobilière en cours, du règlement de questions de fond par la juridiction de droit commun saisie ou en conséquence de délais de grâce accordés au débiteur[12]. Du reste, ce pouvoir du tribunal d'exécution subsiste pour toutes les procédures ouvertes avant le 1er janvier 1993, conformément à l'article 97 de la loi du 9 juillet 1991[13] et il peut même l'exercer en référé[14].

1. Civ. 2e, 2 mars 2000, n° 98-21.180, NP ; *Rec. jur. de l'Est* 2000. 40 – V. AUSSI, Civ. 2e, 30 janv. 2003, n° 01-03.118, NP ; *Rec. jur. de l'Est* 2003. 41 – P. Haegel, « Propos sur le tribunal de l'exécution forcée immobilière », *Rec. jur. de l'Est* 2003. Doctr. 12.
2. Cass., avis, 16 juin 1995, n° 09-50.008, P, n° 9 ; *RTD civ.* 1995. 691, obs. R. Perrot.
3. V. NOT., Civ. 1re, 16 oct. 2001, n° 99-14.711, P I, n° 258 ; *RTD civ.* 2002. 351, obs. J. Normand.
4. V. NOT., R. Perrot, *RTD civ.* 1995. 691 – Ph. Hoonakker, *Dr. et proc.* 2002. 40. 158 ; *Dr. et proc.* 2003. 40. 179.
5. Civ. 2e, 18 juin 2009, n° 08-10.843, P II, n° 165 ; *D.* 2009. 1768, obs. V. Avena-Robardet ; *Procédures* 2009. Comm. 273, obs. R. Perrot ; *Dr. et proc.* 2009. 281, obs. Lefort, à propos d'un acte notarié dont la nullité pour dol était invoquée par le débiteur au soutien de sa contestation de la saisie-attribution pratiquée – V. AUSSI, ultérieurement : Civ. 2e, 31 janv. 2013, n° 11-26.992, P II, n° 19 ; *Dr. et proc.* 2013. 114, obs. T. Vinckel ; *Gaz. Pal.* 2013. 2367, obs. C. Bolze.
6. Civ. 2e, 17 janv. 1996, n° 94-10.211, P (préc. s^s^ prés^t^ n°) – Civ. 2e, 25 juin 1997, n° 95-14.494, P (préc. s^s^ prés^t^ n°).
7. Colmar, 27 févr. 2004, *Rec. jur. de l'Est* 2004. 111.
8. Civ. 2e, 20 nov. 2003, n° 02-11.616, NP ; *Rec. jur. de l'Est* 2004. 1.
9. Civ. 2e, 11 mai 2006, n° 04-13.557, P II, n° 122 ; *Rec. jur. de l'Est* 2006. 125.
10. V. not., Civ. 2e, 3 oct. 2024, n° 21-24.852, B ; *Procédures* n° 12, déc. 2024, comm. 271, R. Laher.
11. Civ. 2e, 23 mai 2024, n° 22-12.254, B.
12. Not., HAEGEL, SCHWOB et VALLENS, n°s 303 et 304 – J.-L. Vallens, « Le juge d'instance et l'exécution forcée immobilière : le sursis aux mesures d'exécution », *Rev. dr. local* 1996, n° 17, p. 34 s.
13. Colmar, 14 mai 1993, *Rec. jur. de l'Est* 1993. 118, note C. Lapp.
14. Colmar, 6 sept. 1994, *Rec. jur. de l'Est* 1995. 68.

Mais pour les procédures postérieures, cette faculté a normalement disparu du fait de l'abrogation de toutes les dispositions du Code de procédure civile local auxquelles renvoie l'article 158 de la loi du 1er juin 1924. Il faut donc faire application des dispositions générales issues de la réforme. Or celles-ci ne prévoient aucune procédure de sursis à l'exécution forcée, au contraire :

– l'article L. 112-2 C. pr. exéc., applicable à toute procédure civile d'exécution sans distinction, pose pour principe que le « *créancier muni d'un titre exécutoire constatant une créance liquide et exigible peut en poursuivre l'exécution sur tous les biens de son débiteur dans les conditions propres à chaque mesure d'exécution* » ;

– l'article R. 121-1 alinéa 2 C. pr. exéc. interdit expressément au JEX de suspendre l'exécution d'un titre exécutoire ; certes le JEX n'a aucune compétence en matière immobilière (v. ss no 1321.05), mais ce texte indique, à tout le moins, que ce n'est pas dans les dispositions communes à toutes les voies d'exécution que le tribunal d'exécution pourra trouver la possibilité de maintenir ou de remplacer la procédure de sursis à l'exécution forcée qui existait auparavant[1].

La jurisprudence admet la possibilité d'un sursis à l'exécution forcée immobilière lorsqu'une procédure en contestation du titre servant de base aux poursuites est déjà pendante devant une autre juridiction[2]. Cette solution s'explique par le fait qu'il appartient au tribunal d'exécution de rechercher si la demande est justifiée, et en particulier, si le titre invoqué est régulier (v. ss no 1321.32) ; or si cette question est d'ores et déjà soumise à une autre juridiction, il peut préférer attendre que ce litige soit tranché et suspendre, en attendant, la procédure d'exécution forcée immobilière. Mais encore faut-il que la demande de sursis soit présentée au titre du pourvoi immédiat formé contre l'ordonnance ayant ouvert la procédure (v. ss no 1322.76)[3]. Par ailleurs, il appartient au tribunal, ainsi saisi, d'apprécier le caractère sérieux des motifs invoqués[4] et il dispose, à ce titre, d'un pouvoir discrétionnaire[5].

Sous cette réserve, les seules possibilités de suspendre une procédure d'exécution forcée immobilière résultent, *d'une part*, des **délais de grâce** que le débiteur peut obtenir, et *d'autre part*, de dispositions particulières applicables en cas de **surendettement.**

1321.34 **Délais de grâce.** La question se pose de savoir si le tribunal d'exécution est compétent pour accorder des délais de grâce en cas de procédure d'exécution forcée immobilière. Interrogée sur ce point dans le cadre d'une procédure de saisie immobilière, la Cour de cassation a dit pour avis que le JEX n'est compétent pour accorder des délais de grâce qu'à condition d'être saisi **avant la publication du commandement** à fin de saisie immobilière et de statuer **avant la fixation de la date de l'adjudication** résultant de la délivrance de la sommation de prendre communication du cahier des charges[6]. Cette solution ne semble pas remise en cause par la réforme de la saisie immobilière, sauf que désormais la date de l'adjudication résultera de la décision du JEX prise en application de l'article 59 du décret du 27 juillet 2006[7] (devenu C. pr. exéc., art. R. 322-26). Il en découle les deux conséquences suivantes : *d'une part*, seul le juge de la saisie immobilière est compétent pour accorder des délais de grâce **après publication du commandement** (certes il s'agira désormais du JEX, mais il devrait s'agir obligatoirement de celui compétent pour connaître de la saisie immobilière en cause) ; *d'autre part*, après la fixation de la date d'adjudication, les règles propres à la saisie immobilière l'emportent sur les règles de droit commun des articles 1244-1 et suivants C. civ. Avant la réforme, il s'agissait de l'article 703 ACPC qui n'envisageait qu'un report de la date d'adjudication, sur décision du juge de la saisie, dans la limite de quatre mois (délai résultant de L. 29 juill. 1998, loi d'orientation relative à la lutte contre les exclusions, art. 106) et à condition de justifier d'une cause grave. À présent, il s'agit de l'article 61 du décret du 27 juillet 2006 (devenu C. pr. exéc., art. R. 322-28), qui n'autorise le report de la vente forcée qu'en cas de force majeure ou de surendettement (sur ce point, v. ss nos 1321.36 et 1321.37). Transposé en droit local, cet avis signifie que le tribunal d'exécution devrait être compétent pour accorder des délais de grâce après le dépôt de la requête en ouverture de cette procédure[8]. En revanche, comme il n'existe aucune règle particulière relative au report de la date d'adjudication en matière d'exécution forcée immobilière,

1. Sur l'ensemble de la question, C. Lapp, « Des incidences de la loi du 9 juillet 1991 portant réforme des procédures civiles d'exécution et de son décret d'application du 31 juillet 1992 sur la procédure d'exécution forcée immobilière du droit local », *Rec. jur. de l'Est* 1995. Doctr. 24 s.
2. Civ. 2e, 2 mars 2000, no 98-21.180, NP ; *Rec. jur. de l'Est* 2000. 40.
3. Colmar, 20 sept. 1999, *Rec. jur. de l'Est* 2000. 63.
4. Colmar, 8 janv. 1999, *Rec. jur. de l'Est* 1999. 126.
5. Civ. 2e, 6 mai 2004, no 02-14.637, NP ; *Rec. jur. de l'Est* 2004. 103.
6. Cass., avis, 5 mai 1995, no 09-50.005, P, no 5 ; *D.* 1995. 154 (v. ss no 1321.05) – SOLUTION DÉJÀ APPLIQUÉE antérieurement par le JEX du TGI de Lyon : TGI Lyon, JEX, 6 avr. 1993 et 30 mars 1993, *Gaz. Pal.* 1993. Somm. 276 – et REPRISE par : Civ. 2e, 14 mai 1997, no 95-12.946, P II, no 145 – Civ. 2e, 11 mars 1998, no 95-21.855, P II, no 80.
7. Décr. no 2006-936, 27 juill. 2006, relatif aux procédures de saisie immobilière et de distribution du prix d'un immeuble, *JO* 29 juill., texte 26.
8. EN CE SENS, C. Lapp (préc., v. ss no 1321.33), *Rec. jur. de l'Est* 1995. Doctr. 24 s., spéc. p. 29.

le tribunal d'exécution, tout comme le JEX saisi avant la requête, reste compétent pour accorder des délais de grâce, en vertu des règles de droit commun des articles 1244-1 C. civ., même après la fixation de la date d'adjudication.

Mais cette solution est-elle encore applicable depuis l'entrée en vigueur du décret du 18 décembre 1996[1] qui a modifié sur ce point l'article 510 C. pr. civ. et complété l'article 8 alinéa 2 *in fine* du décret du 31 juillet 1992 (devenu C. pr. exéc., art. R. 121-1, al. 2) ? En effet, désormais les délais de grâce sont accordés par la décision dont l'exécution doit être différée, et à défaut :

– par le juge des référés en cas d'urgence ;

– par le JEX après signification d'un commandement ou d'un acte de saisie.

Certes le JEX ne dispose d'aucune compétence en matière immobilière (v. s[s] n° 1321.05). Mais les délais de grâce affectent directement le titre exécutoire et empêchent donc toutes les voies d'exécution, quelles qu'elles soient. L'on pourrait donc concevoir que la compétence pour accorder des délais de grâce appartienne dorénavant au JEX, même en cas de procédure d'exécution forcée sur des immeubles, et ce d'autant plus que les articles 510 C. pr. civ. et R. 121-1 alinéa 2 C. pr. exéc. visent tout « *commandement* » sans aucune distinction. Dans ce cas, ce ne serait que si le notaire désigné devait refuser de suspendre les opérations ou si le créancier devait s'y opposer que le tribunal d'exécution pourrait être saisi de cette difficulté et ordonner alors la suspension de la procédure consécutivement aux délais accordés par le JEX. Mais la Cour de cassation semble toujours favorable à la compétence du tribunal d'exécution (v. ainsi un arrêt où elle rappelle le pouvoir discrétionnaire dont dispose le juge, ici la cour d'appel saisie sur pourvoi immédiat d'une décision d'un tribunal d'exécution, en matière de délais de grâce[2]).

1321.35 **Surendettement.** Depuis la loi du 1er juillet 2010[3], portant réforme du crédit à la consommation, et la loi du 22 décembre 2010[4], dite « loi Béteille », qui a transféré la compétence pour connaître des procédures de surendettement du JEX au juge du tribunal d'instance, la procédure d'exécution forcée immobilière peut être arrêtée de plein droit ou judiciairement en cas de surendettement[5].

1321.36 **Arrêt de plein droit.** Selon le premier alinéa de l'article L. 722-2 C. consom., la **décision de recevabilité** prononcée par la commission de surendettement « *emporte suspension et interdiction des procédures d'exécution diligentées à l'encontre des biens du débiteur ainsi que des cessions de rémunération consenties par celui-ci et portant sur les dettes autres qu'alimentaires* ». Cette règle vaut notamment en matière immobilière, ce qui signifie que la saisie immobilière en droit général et l'exécution forcée immobilière en droit local sont arrêtées de plein droit à compter de la décision de recevabilité, sous les deux réserves suivantes. *D'une part*, seules les procédures contre les biens étant affectées, l'expulsion subsiste sauf la possibilité pour le débiteur d'obtenir une suspension judiciaire (v. s[s] n° 1321.37). *D'autre part*, l'article L. 722-4 du même code prévoit qu'en cas de saisie immobilière, si la vente forcée a déjà été ordonnée, « *le report de la date d'adjudication ne peut résulter que d'une décision du juge chargé de la saisie immobilière, saisi à cette fin par la commission, pour causes graves et dûment justifiées* ». Transposé en droit local, ce texte signifie que si au jour de la décision de recevabilité le notaire chargé de la procédure d'exécution forcée immobilière en cours a déjà fixé la date de l'adjudication, seule la commission peut saisir le tribunal d'instance statuant comme tribunal d'exécution d'une demande de report pour causes graves et dûment justifiées[6]. Les règles de procédure applicables sont celles prévues par les articles R. 722-7 et R. 722-8 auxquels renvoie l'article R. 722-7 C. consom. Il s'ensuit que la demande de la commission est transmise par lettre recommandée avec demande d'avis de réception (LRAR) ou remise contre émargement au greffe, pourvue des mentions et des annexes listées au second alinéa de l'article R. 722-7. Le jugement, qui est notifié par lettre recommandée avec demande d'avis de réception du greffe, n'est susceptible ni d'appel ni d'opposition.

Cet arrêt de l'exécution forcée immobilière, comme de toutes les autres procédures d'exécution visées, dure jusqu'à l'issue de la procédure de surendettement, sans pouvoir excéder deux ans (C. consom., art. L. 722-3). Mais à l'issue de la procédure, tout dépend de la solution adoptée. En cas de **plan conventionnel**, les créanciers sont liés par les mesures acceptées et ne retrouvent donc pas leur droit de poursuite

1. Décr. n° 96-1130, 18 déc. 1996, modifiant le décret n° 92-755 du 31 juillet 1992 instituant de nouvelles règles relatives aux procédures civiles d'exécution pour l'application de la loi n° 91-650 du 9 juillet 1991 portant réforme des procédures civiles d'exécution, *JO* 26 déc.
2. Civ. 2e, 1er févr. 2001, n° 99-15.712, NP ; *Rec. jur. de l'Est* 2001. 46.
3. L. n° 2010-737, 1er juill. 2010, portant réforme du crédit à la consommation, *JO* 2 juill., texte 1.
4. L. n° 2010-1609, 22 déc. 2010, relative à l'exécution des décisions de justice, aux conditions d'exercice de certaines professions réglementées et aux experts judiciaires, *JO* 23 déc., texte 1.
5. L'ordonnance n° 2016-301 du 14 mars 2016 (relative à la partie législative du Code de la consommation, *JO* 16 mars, texte n° 29) ayant procédé, à droit constant, à une nouvelle codification de la partie législative du Code de la consommation, entrée en vigueur le 1er juillet 2016, tous les textes sont cités avec leur nouvelle numérotation.
6. Civ. 2e, 7 janv. 2016, n° 14-26.908, P II, n° 1.

individuelle. En cas de **plan judiciaire de redressement**, l'article L. 733-16 prend le relais de la suspension en prévoyant que les créanciers auxquels sont opposables les mesures imposées par la Commission ou décidées par le juge ne peuvent exercer de procédure d'exécution à l'encontre des biens du débiteur pendant la durée d'exécution de ces mesures.

En cas de **rétablissement personnel**, il faut distinguer selon ses modalités.

En cas de **rétablissement personnel sans liquidation judiciaire**, imposé par la commission et non contesté (C. consom., art. L. 741-2), confirmé par le juge en cas de contestation (C. consom., art. L. 41-6) ou prononcé par lui en cas de contestation des mesures imposées par la commission (C. com., art. L. 741-7), toutes les dettes non professionnelles sont effacées à l'exception de celles visées à l'article L. 741-2. Pour les dettes effacées, les mesures d'exécution deviennent sans objet et pour les autres, elles peuvent reprendre.

En cas de **rétablissement personnel avec liquidation judiciaire**, le jugement d'ouverture prolonge et étend l'arrêt attaché à la décision de recevabilité. En effet, outre la suspension et l'interdiction des mêmes procédures d'exécution, il entraîne de plein droit la suspension des mesures d'expulsion du logement du débiteur (C. consom., art. L. 742-7). Mais il faut excepter celles fondées sur un jugement d'adjudication rendu en matière de saisie immobilière ainsi que celles ordonnées sur le fondement du troisième alinéa de l'article L. 321-2 C. pr. exéc. La transposition de la première exception à l'exécution forcée immobilière ne pose aucune difficulté. En revanche, la seconde ne pourrait jouer que s'il était admis que le texte en cause est applicable en droit local (v. s[s] n° 132.07). En tout cas, les actes accomplis avant la suspension au titre d'une saisie immobilière, et donc d'une exécution forcée immobilière en droit local, ne sont pas perdus. En effet, selon l'article L. 742-17 C. consom., si le liquidateur poursuit la vente forcée, ces actes accomplis par le créancier saisissant sont réputés accomplis pour le compte du liquidateur, de sorte que la procédure pourra reprendre au stade où le jugement d'ouverture l'avait suspendue. Enfin, en cas de clôture de la procédure pour insuffisance d'actif, les mesures d'exécution deviennent sans objet car cette clôture emporte l'effacement des dettes non professionnelles, à l'exception de celles visées à l'article L. 742-22.

1321.37 **Arrêt judiciaire.** Le juge du tribunal d'instance statuant en matière de surendettement peut lui-même arrêter certaines procédures d'exécution avant ou après la décision de recevabilité.

• **Avant la décision de recevabilité**, il peut **anticiper** l'arrêt de plein droit dans les conditions prévues aux articles L. 721-4, L. 721-6, R. 721-5 et R. 721-6 C. consom.

À ce stade, la commission de surendettement peut saisir le juge par lettre selon les modalités prévues à l'article R. 721-5 à la demande du débiteur, aux fins de suspension des mêmes procédures d'exécution que celles qui seront arrêtées de plein droit par la décision de recevabilité (v. s[s] n° 1321.36). En cas d'urgence, la demande peut aussi être formée par le président de la commission ou son délégué ou par le représentant local de la Banque de France.

Le juge statue sur cette demande par voie d'ordonnance qui est notifiée par le greffe selon les modalités prévues par le second alinéa de l'article R. 721-6. Comme toute ordonnance rendue en matière de surendettement, celle-ci peut faire l'objet d'un recours en rétractation dans un délai de quinze jours par toute partie intéressée qui n'a pas été mise en mesure de s'opposer à la demande (C. consom., art. R. 713-9), c'est-à-dire ici par les créanciers poursuivants dont la procédure d'exécution est suspendue. Lorsque la suspension est ordonnée, elle est soumise aux mêmes conditions et modalités que celles applicables à la suspension de plein droit produite par la décision de recevabilité (v. s[s] n° 1321.36).

Cette suspension judiciaire peut donc s'appliquer notamment à une saisie immobilière en cours. Mais si la vente forcée a déjà été ordonnée, le report de la date d'adjudication, comme en cas d'arrêt de plein droit (v. s[s] n° 1321.36), ne peut résulter que d'une décision du JEX en charge de la procédure, saisi à cette fin par la commission, pour causes graves et dûment justifiées (C. consom., art. L. 721-7). Les règles de procédure applicables sont celles prévues à l'article R. 722-7 qui régit aussi l'arrêt de plein droit sur ce point (v. s[s] n° 1321.36). Ces règles devraient être transposables à l'exécution forcée immobilière si le notaire en charge de la procédure a déjà fixé la date de l'adjudication, comme pour l'arrêt de plein droit (v. s[s] n° 1321.36).

• **Après la décision de recevabilité**, le juge du tribunal d'instance statuant en matière de surendettement peut **élargir** l'arrêt de plein droit en ordonnant la suspension des mesures d'expulsion du logement, selon les règles prévues aux articles L. 722-6 à L. 722-9, R. 722-9 et R. 722-10 C. consom.

Le juge est saisi par la commission qui a rendu une décision de recevabilité au moyen d'une lettre répondant aux modalités fixées par l'article R. 722-9. En cas d'urgence, il peut aussi être saisi par le président de la commission ou son délégué, le représentant local de la Banque de France ou le débiteur lui-même. Lorsque la suspension est ordonnée, elle court pour la même durée que celle applicable à l'arrêt de plein droit (C. consom., art. L. 722-9 – v. s[s] n° 1321.36).

Mais la suspension est exclue lorsque les mesures d'expulsion sont fondées sur un jugement d'adjudication rendue en matière de saisie immobilière ou sur le troisième alinéa de l'article L. 321-2 C. pr.

exéc. (v. aussi C. consom., art. L. 722-8). Ces exceptions, identiques à celles applicables à l'arrêt de plein droit attaché à l'ouverture d'une procédure de rétablissement personnel avec liquidation judiciaire, sont transposables à l'exécution forcée immobilière sous la même réserve (v. s[s] n° 1321.36).

CHAPITRE

1322. Exécution forcée immobilière : ouverture de la procédure

PHILIPPE HOONAKKER
PROFESSEUR ÉMÉRITE DE L'UNIVERSITÉ DE STRASBOURG
AVOCAT HONORAIRE

SECTION 0 ORIENTEUR

1322.00 Sommaire du chapitre.

Division. La procédure d'exécution forcée immobilière s'ouvre toujours sur requête du créancier poursuivant (sect. 2). Mais sous peine d'irrecevabilité de sa requête, le créancier doit remplir d'abord toutes les conditions préalables que lui impose la combinaison des dispositions de droit local et de droit général (sect. 1).

1322.02 Jurisprudence de référence.

> Validité de la saisie immobilière poursuivie en vertu d'un jugement exécutoire par provision.

• **Civ. 2e, 17 févr. 1983,** n° 81-16.274, P II, n° 46

* V. s^s n°s 0121.31, 1311.81, 1322.21

Selon l'article 2215 du Code civil [devenu art. L. 331-2 C. pr. exéc.], la poursuite de la saisie immobilière peut avoir lieu en vertu d'un jugement provisoire ou définitif, exécutoire par provision mais l'adjudication ne peut se faire qu'après un jugement définitif en dernier ressort, ou passé en force de chose jugée. Encourt par suite la cassation le jugement qui annule une saisie effectuée en vertu d'une ordonnance de référé condamnant le saisi à verser au saisissant une somme déterminée à titre de provision, aux motifs que l'ordonnance de référé n'est pas un jugement, qu'elle n'est d'ailleurs pas une décision définitive en dernier ressort et que les ordonnances de référé sont des décisions provisoires n'ayant pas au principal l'autorité de la chose jugée, alors que l'ordonnance de référé qui avait alloué une provision était un jugement provisoire exécutoire par provision nonobstant appel et que son caractère imposait seulement qu'il fut sursis à l'adjudication.

> Saisie immobilière. Nullité de l'adjudication poursuivie en vertu d'un jugement exécutoire par provision.

• **Civ. 2e, 27 nov. 1985,** n° 84-14.862, P II, n° 180

* V. s^s n°s 0411.111, 0412.11, 1311.81, 1322.21

La poursuite de saisie immobilière peut avoir lieu en vertu d'un jugement provisoire ou définitif, exécutoire par provision nonobstant appel, mais l'adjudication ne peut se faire qu'après un jugement définitif en dernier ressort ou passé en force de chose jugée. Par suite, les jugements prononcés en référé n'ayant pas au principal l'autorité de la chose jugée, viole l'article 2215 du Code civil [devenu art. L. 331-2 C. pr. exéc.] l'arrêt qui pour confirmer la décision d'un tribunal ordonnant la mise en vente immédiate de l'immeuble saisi en vertu de décisions de référé liquidant à titre provisoire l'astreinte due par le débiteur, énonce que le juge du fond ne pouvait revenir sur cette liquidation provisoire.

1322.05 Conditions de fond. Faute de dispositions particulières en droit local, l'exécution forcée immobilière est soumise à toutes les conditions de fond du droit général, qu'il s'agisse de celles communes à toutes les procédures civiles d'exécution résultant de la loi n° 92-755 du 9 juillet 1991[1] ou de celles particulières prescrites par les anciens articles 2204 à 2217 C. civ., qui demeurent, *a priori*, en vigueur en Alsace et en Moselle (v. s^s n° 132.07). Les conditions de fond nouvelles, introduites par l'ordonnance du 21 avril 2006 n'auront donc pas

1. L. n° 91-650, 9 juill. 1991, portant réforme des procédures civiles d'exécution, *JO* 14 juill., p. 9228.

vocation à s'appliquer, qu'elles concernent les parties ou les immeubles à saisir[1].

Quant aux parties, le créancier pourra toujours engager une procédure d'exécution forcée immobilière si sa créance n'est pas encore liquide, cette condition n'étant requise qu'au stade de l'adjudication (C. civ., anc. art. 2213), alors qu'elle doit désormais être remplie *ab initio* en droit général (C. pr. exéc., art. L. 321-2[2]). Pour le débiteur, lorsque la saisie doit porter sur un immeuble commun, l'incertitude subsistera sur la question de la poursuite des deux époux[3], si l'article L. 311-7 C. pr. exéc. n'est pas applicable[4].

Quant aux immeubles, lorsque le débiteur en possède plusieurs, ils ne seront saisissables simultanément que dans les cas et conditions prévus selon leur situation géographique (v. s^s^ n°s 1321.21 et 1321.22), alors qu'aucune de ces restrictions n'a été reprise par l'ordonnance du 21 avril 2006 en droit général. Mais par voie de conséquence, le cantonnement aux biens de valeur suffisante ou la substitution d'une hypothèque judiciaire à la saisie de certains des biens, prévus à l'article L. 321-6 C. pr. exéc. ne seront pas davantage applicables. Ceci étant, il faut évidemment que l'immeuble soit saisissable conformément aux règles de droit commun, combinées, le cas échéant, avec celles particulières de droit local. Il a ainsi été jugé qu'un immeuble grevé d'une interdiction d'aliéner est insaisissable tant que celle-ci est inscrite au Livre foncier, même si un juge de l'exécution (JEX) avait antérieurement déclaré l'immeuble saisissable en application de l'article L. 112-2, 4° C. pr. exéc. De même, la présence d'une sépulture sur une propriété privée ne rend pas celle-ci insaisissable, mais comme la sépulture elle-même et le sol qui la supporte sont inaliénables et insaisissables, l'adjudication forcée ne sera possible que sous réserve qu'il soit fait mention de la sépulture dans le cahier des charges et qu'un accès soit réservé à la famille[5] (v. s^s^ n° 1323.31).

1. Ord. n° 2006-461, 21 avr. 2006, réformant la saisie immobilière, *JO* 22 avr., p. 6072.
2. Ord. n° 2011-1895, 19 déc. 2011, relative à la partie législative du Code des procédures civiles d'exécution, *JO* 20 déc., p. 21464.
3. En dernier lieu, sous l'empire des textes antérieurs à l'ordonnance du 21 avril 2006, la Cour de cassation avait jugé que le commandement devait être signifié au seul débiteur et non au conjoint commun en biens : Civ. 2e, 22 févr. 2007, n° 06-12.295, P II, n° 50 ; *RTD civ.* 2008. 534, obs. B. Vareille – Mais auparavant, elle s'était prononcée en sens contraire : v. NOT., Civ. 2e, 8 juin 2000, n° 98-14110, P II, n° 99.
4. Sur les règles applicables en cas de décès du débiteur, v. R. Mischler, « Décès du débiteur ou de son représentant et exécution forcée immobilière », *Rev. dr. local* janv. 2021. 13.
5. Civ. 2e, 17 oct. 2013, n° 12-23.375, P II, n° 206 ; *RD loc.* nov. 2013. 28, note E. Sander.

SECTION 1
CONDITIONS PRÉALABLES

1322.10 **Conditions de forme. Plan.** Dans tous les cas, le créancier doit disposer d'un titre exécutoire (§ 1). Mais avec la réforme de la saisie immobilière, la question du commandement de payer préalable au débiteur (§ 2) et celle des formalités à accomplir à l'égard du détenteur (§ 3) lorsque le créancier entend exercer son droit de suite, vont poser de sérieuses difficultés.

§ 1
Titre exécutoire

1322.21 **Caractère provisoire.** En principe, tout titre exécutoire permet au créancier d'engager toute procédure civile d'exécution (C. pr. exéc., art. L. 111-10, al. 1er). Il s'agit, en Alsace et en Moselle, outre les titres énumérés à l'article L. 111-3 C. pr. exéc., de ceux énumérés à l'article L. 111-5 C. pr. exéc. (v. s^s^ n° 132.06 : s'agissant de l'acte notarié qui sert de fondement aux poursuites, il doit être rédigé en français et, le cas échéant, mentionner les dispositions essentielles du prêt principal en langue allemande dont le recouvrement est poursuivi[6]).

Mais en matière immobilière et en Alsace-Moselle, il faut réserver l'ancien article 2215 C. civ., qui demeure, *a priori*, applicable (v. s^s^ n° 132.07) ; mais sur ce point, la solution reste identique en droit général car l'ancien article 2215 a été repris dans une rédaction légèrement modifiée, à l'article 2191 (devenu C. pr. exéc., art. L. 311-4). *Il résulte de ce texte* qu'une décision de justice bénéficiant de l'exécution provisoire permet toujours d'engager une procédure d'exécution forcée immobilière. Mais elle n'autorise en aucun cas l'adjudication, laquelle n'est possible que sur le fondement d'une décision définitive passée en force de chose jugée. L'adjudication est donc interdite non seulement en vertu d'un jugement définitif assorti de l'exécution provisoire, légale ou judiciaire, frappé d'appel[7], mais aussi en vertu de décisions provisoires, quelles qu'elles soient, telles les ordonnances de référé[8]. Dans ce dernier cas, cette restriction est même plus forte car lorsqu'une telle décision passe en force de chose jugée, elle reste provisoire et n'autorise donc pas l'adjudication[9]. En revanche, l'exécution forcée immobilière est toujours possible en vertu d'une décision définitive en dernier ressort

6. Civ. 2e, 18 nov. 1999, n° 98-15.105, NP ; *Rec. jur. de l'Est* 2000. 13.
7. Colmar, 29 août 1989, *Rec. jur. de l'Est* 1989. 186.
8. Civ. 2e, 17 févr. 1983, n° 81-16.274, P II, n° 46 ; *Gaz. Pal.* 1983. Pan. 180 ; *RTD civ.* 1983. 601, obs. R. Perrot – Colmar, 8 sept. 1989, *Rec. jur. de l'Est* 1989. 186.
9. Civ. 2e, 27 nov. 1985, n° 84-14.862, P II, n° 180 ; *D.* 1986. 169, note Prévault.

frappée d'un pourvoi en cassation[1]. Pour les jugements rendus par défaut assortis de l'exécution provisoire, les mêmes solutions s'appliquent, mais il faut attendre l'expiration du délai d'opposition pour engager la poursuite. Passé ce délai, de deux choses l'une :

– ou bien, aucune opposition n'a été formée, et dans ce cas, le jugement aura acquis force de chose jugée et, pour peu qu'il ne soit pas provisoire, une exécution forcée immobilière pourra être poursuivie sans entrave ;

– ou bien, une opposition a été formée, et dans ce cas, cette saisie pourra être engagée en vertu de l'exécution provisoire, mais l'adjudication devra être différée comme en cas d'appel.

Mais il faut réserver les dispositions contraires de droit local, conformément à l'article 88 de la loi du 1er juin 1924 (v. ss no 132.07). Cette réserve concerne, en la matière, les décisions rendues en **la procédure spéciale sur titres et lettres de change** (C. pr. civ. loc., art. 592 à 605, maintenus en vigueur par Décr. 5 déc. 1975[2], art. 14)[3]. Dans la mesure où ces jugements réservent, en cas de condamnation, les droits du débiteur au fond, la procédure restant d'ailleurs pendante devant le tribunal saisi à ce titre, ils ont nécessairement un **caractère provisoire.** Mais comme aux termes de l'article 599 C. pr. civ. loc., de telles décisions sont à considérer comme « *jugement*(s) *de fin d'instance en ce qui concerne* [...] *l'exécution forcée* », la cour d'appel de Colmar a jugé qu'elles permettent de conduire la procédure d'exécution forcée immobilière jusqu'à son terme, l'adjudication[4].

1322.22 Notification préalable. Avant la réforme de 1991, l'article 750 C. pr. civ. loc. subordonnait l'exécution forcée à la signification préalable ou concomitante au débiteur du jugement et l'article 798 interdisait toute exécution forcée des ordonnances de taxation des frais et des actes notariés reçus dans l'un des trois départements de l'Est avant l'expiration d'un délai de trois jours courant à compter de la signification de ces titres exécutoires.

Mais ces textes ont été abrogés par l'article 94, 4 de la loi du 9 juillet 1991 (v. ss no 132.05). Il faut donc désormais faire application des dispositions générales de l'article 503 C. pr. civ. Or ce texte ne vise expressément que les seuls « *jugements* » dont il impose la notification préalable à toute exécution forcée. Le doute est donc permis pour les autres titres exécutoires et, en particulier, pour les actes notariés où les juges du fond étaient divisés[5]. Finalement, la Cour de cassation l'a exclue pour les seuls actes notariés[6]. Elle devrait donc s'appliquer pour les autres titres exécutoires, et notamment pour les titres émis par les personnes morales de droit public où elle a toujours été exigée bien qu'aucun texte ne la prévoie expressément[7]. Par ailleurs, ces abrogations ont fait naître une condition nouvelle, le commandement de payer préalable au débiteur.

§ 2
Commandement de payer préalable au débiteur

1322.31 Droit local antérieur. En droit général, le **commandement préalable** était prévu, avant la réforme de la saisie immobilière par l'ancien article 2217 alinéa 1er C. civ. en ces termes : « *Toute poursuite en expropriation d'immeubles doit être précédée d'un commandement de payer, fait, à la diligence et requête du créancier, à la personne du débiteur ou à son domicile, par le ministère d'un huissier* ».

Mais cette disposition n'était applicable en Alsace-Moselle qu'à défaut de dispositions contraires de droit local[8] (L. 1er juin 1924, art. 88). Or il avait toujours été admis que les articles 750 et 798 C. pr. civ. loc., en prévoyant pour seule formalité préalable, la signification du titre au débiteur, dérogeaient à l'article 2217 C. civ. et rendaient ainsi inutile le commandement de payer préalable.

1322.32 Droit positif après la loi du 9 juillet 1991. L'abrogation des articles 750 et 798 C. pr. civ. loc. par l'article 94, 4 de la loi du 9 juillet 1991 avaient ainsi levé tous les obstacles à l'application, en Alsace-Moselle, de l'ancien article 2217 alinéa 1er C. civ. Aussi, la doctrine s'était rapidement prononcée en faveur du commandement de payer préalable (v. la note de doctrine rédigée par M. Vallens à partir d'une analyse des textes par Me Charles Lapp pour l'Institut de droit local[9] et la jurisprudence a fini par consacrer logiquement cette exigence nouvelle qui a

1. Colmar, 22 oct. 1993, *Rec. jur. de l'Est* 1994. 26.
2. Décr. no 75-1122, 9 déc. 1975, abrogeant et modifiant certaines dispositions en matière de procédure civile, *JO* 9 déc., p. 12518.
3. Sur cette procédure locale, not. HAEGEL, SCHWOB et VALLENS, nos 65 s.
4. Colmar, 14 avr. 1989, *Rec. jur. de l'Est* 1989. 186.
5. Pour la notification préalable, V. NOT., TGI Strasbourg, JEX, 13 mars 2002, no 11-01-002720, SCI Locabad c/UCB, inéd. – *CONTRA*, TGI Blois, JEX, 13 oct. 1995, *Rev. huiss.* 1996. 1271, obs. J.-P. P. Faget.
6. Civ. 2e, 4 déc. 2003, no 02-11.353, P II, no 68, à propos de la saisie immobilière sous l'empire de l'article 673 ACPC ; mais la solution devrait valoir pour toutes les mesures d'exécution forcée – EN CE SENS, R. PERROT et PH. THÉRY, *Procédures civiles d'exécution*, 3e éd., Dalloz, 2013, no 150.
7. En dernier lieu : Civ. 2e, 1er juill. 1999, no 97-13.255, P II, no 130 – Civ. 1re, 18 mars 2003, no 00-21.274, P I, no 82 ; *Dr. et proc.* 2003. 315, obs. P. Caille.
8. L. 1er juin 1924, art. 88.
9. J.-L. Vallens, « Exécution forcée immobilière : la formalité du commandement de payer préalable », *Rev. dr. local* 1995, no 26, p. 24.

bouleversé les habitudes des praticiens du droit local[1]).

En conséquence, à compter du 1er janvier 1993, toute procédure d'exécution forcée immobilière devait, comme la saisie immobilière en droit général, être précédée de la signification au débiteur d'un commandement de payer conformément aux dispositions de l'ancien article 2217 alinéa 1er C. civ. À défaut, la requête en exécution forcée immobilière était irrecevable et la décision qui aurait ordonné néanmoins l'adjudication était nulle.

En droit général, les modalités de ce commandement étaient précisément définies par l'article 673 ACPC. Mais ce texte n'était pas applicable à la procédure d'exécution forcée immobilière[2]. Cependant doctrine et pratique étaient d'avis de faire figurer dans le commandement de payer toutes les mentions prévues par ce texte, y compris celles issues de la loi n° 98-46 du 23 janvier 1998 renforçant la protection des personnes surendettées en cas de saisie immobilière[3], à condition qu'elles soient compatibles avec le droit local[4]. En conséquence, outre les mentions communes à tous les actes d'huissier de justice prévues à l'article 648 C. pr. civ (selon C. civ., anc. art. 2217, il s'agissait d'un acte d'huissier de justice), ce commandement devait comporter : la mention du titre et de sa signification, le décompte des sommes dues en principal, intérêts et frais, la menace d'une procédure d'exécution forcée immobilière et la désignation de l'immeuble concerné ; en revanche, il n'avait pas à préciser les voies de recours éventuellement ouvertes au débiteur pour contester le titre exécutoire[5], ni la copie d'un pouvoir spécial donné à l'huissier instrumentaire[6]. Mais il devait comporter également, lorsque le débiteur était une personne physique, les mentions nouvelles issues de la loi du 23 janvier 1998, compatibles avec le droit local, à savoir : la possibilité pour le débiteur de saisir la Commission de surendettement et celle de bénéficier de l'aide juridictionnelle (v. en ce sens, à propos d'un commandement de payer délivré avant la réforme de la saisie immobilière[7]). Sur ces bases, une formule de commandement de payer préalable avait été élaborée sous le contrôle de la Commission d'harmonisation du droit privé[8].

1322.33 Réforme de la saisie immobilière. L'introduction du commandement préalable en droit local était principalement justifiée par deux raisons : l'abrogation des articles 750 et 798 C. pr. civ. loc. qui avait rendu possible l'application de l'ancien article 2217 C. civ. et le fait qu'il s'agissait d'un « *acte préparatoire et non d'un acte d'exécution proprement dit* », permettant d'informer le débiteur avant toute saisie de ses immeubles[9]. Si l'article 21 de l'ordonnance du 21 avril 2006 (devenu C. pr. exéc., art. L. 341-1) avait été interprété en ce sens qu'il rende applicable en Alsace-Moselle les dispositions nouvelles introduites dans le Code civil, non contraires à celles du droit local conformément au principe posé par l'article 88 de la loi du 1er juin 1924, le commandement préalable se serait trouvé privé de fondement juridique. En effet, l'article 2217 a été abrogé et aucune des dispositions nouvelles du Code civil, codifiées aux articles L. 311-1 à L. 334-1 C. pr. exéc., ne prévoit la délivrance d'un commandement préalable à la saisie immobilière. Cette formalité est désormais prévue aux articles 13 à 16 du décret n° 2006-936 du 27 juillet 2006 (devenus C. pr. exéc., art. R. 321-1 à R. 321-4[10]) et de surcroît elle vaut saisie.

Mais la Cour de cassation a surmonté cette difficulté en jugeant que l'article 2217 C. civ. demeure applicable dans les départements de Bas-Rhin, du Haut-Rhin et de la Moselle (v. ss n° 132.07). Un commandement de payer préalable doit donc toujours être délivré au débiteur. Mais son contenu, outre les mentions communes à tous les actes d'huissier de justice prévues à l'article 648 C. pr. civ., ne saurait être dicté par l'article R. 321-3 C. pr. exéc. car il n'est pas applicable[11]. En revanche, rien n'interdit de s'en inspirer, comme auparavant de l'article 673 ACPC (v. ss n° 1322.32), pour faire figurer dans le commandement toutes les mentions compatibles avec le droit local. Ainsi sont certainement compatibles, les mentions prévues aux 2° (indication du titre exécutoire[12]), 3° (décompte des sommes dues), 5° (dési-

1. Colmar, 8 sept. 1995, *Rec. jur. de l'Est* 1996. 37, note R. Schwob – Civ. 2e, 1er juill. 1999, n° 97-20.487, P II, n° 127 ; *Rec. jur. de l'Est* 1999. 158 ; *JCP* 1999. IV. 2571.
2. Civ. 2e, 5 avr. 1991, n° 90-11.336, P II, n° 105.
3. Not., H. Croze et T. Moussa, *JCP* 1998. Actu. 633 s.
4. G. Hénon, *Rec. jur. de l'Est* 1998. Doctr. 6 s., n° 85 – E. Sander, « Exécution forcée immobilière en Alsace-Moselle – Formule de commandement de payer », fasc. 626 – V. AUSSI, mais avec plus de réticence, MISCHLER, nos 58 et 59.
5. Colmar, 21 août 2001, *Rec. jur. de l'Est* 2002. 21.
6. Colmar, 27 févr. 2004, *Rec. jur. de l'Est* 2004. 38, obs. R. Schwob.
7. Colmar, 13 juill. 2007, *Rec. jur. de l'Est* 2007. 128.
8. Sur cette commission, v. S. Guinchard (dir.), Dalloz action *Droit et pratique de la procédure civile*, 2024/2025, par Ph. Hoonakker, n° 8.02 – Sur cette formule, *J.-Cl. Alsace-Moselle*, fasc. 626.
9. EN CE SENS, J.-L. Vallens (préc., v. ss n° 1322.32).
10. Décr. n° 2012-783, 30 mai 2012, relatif à la partie réglementaire du Code des procédures civiles d'exécution, *JO* 31 mai, p. 9375.
11. Civ. 2e, 14 nov. 2013, n° 12-28.270, P II, n° 219 ; *D.* 2013. 2706.
12. Ainsi que de l'acte de transmission, le cas échéant. En revanche, lorsque le titre exécutoire invoqué est un acte notarié, la date de l'expédition exécutoire délivrée par le notaire n'a pas à être mentionnée dans le commandement de payer (et son absence sur l'expédition exécutoire n'est ▶

gnation des immeubles saisis), 9° (sommation d'indiquer à l'huissier de justice l'adresse du preneur si l'immeuble est loué[1]), 12° (aide juridictionnelle) et 13° (situation de surendettement pour les débiteurs personnes physiques). Inversement, sont certainement incompatibles et n'ont donc pas à figurer dans le commandement, les mentions prévues aux 1° (constitution de l'avocat du créancier), 4° (paiement dans un délai de huit jours sous peine de poursuite de la procédure avec assignation à comparaître à une audience d'orientation), 6° et 7° (effets de la saisie car en droit général le commandement vaut saisie), 8° (faculté de vente amiable ouverte au débiteur), 10° (procès-verbal de description[2]) et 11° (indication du juge de l'exécution compétent). La formule de commandement préalable de payer, élaborée sous le contrôle de la Commission d'harmonisation du droit privé (v. s^s n° 1322.32), reste donc d'actualité, sous réserve de la sommation d'indiquer à l'huissier de justice l'adresse du preneur, qui doit être ajoutée si l'immeuble à saisir est loué.

Les articles R. 321-6 et R. 311-11 C. pr. exéc. ne sont pas non plus applicables en droit local[3]. Il s'ensuit que le commandement préalable, qui ne vaut pas saisie, n'encourt pas la caducité si sa signification n'est pas suivie de l'ordonnance du tribunal d'exécution ouvrant la procédure d'exécution forcée immobilière (v. s^s n° 1322.71).

§ 3

Formalités à l'égard du tiers acquéreur

1322.41 Sommation au tiers acquéreur. Selon l'article 142 alinéa 1er de la loi du 1er juin 1924[4], « *contre un tiers acquéreur, l'exécution forcée ne peut être poursuivie qu'après qu'on lui aura signifié, avec la sommation mentionnée à l'article 2454 du Code civil, une copie du titre de la créance à exécuter, et que, depuis cette signification, il se sera écoulé un délai d'un mois* ».

Le tiers acquéreur est la nouvelle désignation du tiers détenteur résultant de la réforme des sûretés opérée par l'ordonnance du 15 septembre 2021[5]. Il s'agit toujours du titulaire d'un droit réel sur l'immeuble, généralement le droit de propriété, autre que le débiteur, contre lequel le créancier dispose d'un droit de suite. Mais comme les droits réels immobiliers ne sont opposables aux tiers, en Alsace-Moselle, qu'après publication au Livre foncier, la sommation au tiers acquéreur n'est requise que pour les procédures d'exécution forcée immobilière engagées après l'accomplissement de cette formalité[6] (v. aussi à propos d'un droit d'usage et d'habitation consenti avant l'engagement de la procédure d'exécution forcée immobilière, mais inscrite au Livre foncier des années plus tard[7]).

Le renvoi actuel à l'article 2454 C. civ. résulte des réformes successives du droit des sûretés et il est toujours aussi problématique depuis la réforme de la saisie immobilière opérée en 2006. Dans un premier temps, l'ordonnance du 23 mars 2006[8] relative aux sûretés, a fait de l'ancien article 2169 C. civ., l'article 2464 auquel renvoyait donc l'article 142 alinéa 1er par l'effet de l'article 54 de la même ordonnance. Par la suite, ce texte a été modifié par l'article 6 de l'ordonnance du 21 avril 2006[9] qui y a inscrit un simple renvoi à la nouvelle procédure de saisie immobilière, alors inscrite au Code civil, prévoyant un commandement valant saisie, incompatible avec les règles de droit de local. Malheureusement la nouvelle réforme des sûretés issue de l'ordonnance du 15 septembre 2021[10] s'est contentée de remplacer l'article 2464 par le nouvel article 2454 qui renvoie désormais au livre III du Code des procédures civiles d'exécution régissant la procédure de saisie immobilière depuis l'avènement de ce code. Aussi, pour la même raison que l'ancien article 2217 C. civ. a été jugé encore en vigueur dans les trois départements de l'Est (v. s^s n° 132.07), ces modifications successives devraient rester sans portée. Le renvoi de l'article 142 alinéa 1er de la loi du 1er juin 1924 à l'article 2169, devenu d'abord l'article 2464 puis l'article 2454, devrait donc continuer à s'entendre dans sa rédaction antérieure à la réforme de la saisie immobilière, qui était ainsi libellée : « *trente jours après commandement fait au débiteur originaire, et sommation faite au tiers détenteur de payer la dette exigible ou de délaisser l'héritage* ».

Il s'ensuit qu'en droit local le créancier doit signifier au tiers acquéreur une copie de son titre exécutoire avec la sommation d'avoir à payer ou délaisser

▶ pas de nature à affecter la régularité de la procédure) : Civ. 2e, 9 juill. 2009, n° 08-18.329, P II, n° 185 (arrêt en ligne sur le site www.dalloz.fr [*D. actu.* 8 sept. 2009, brève V. Avena-Robardet]) ; *Rev. dr. local* sept. 2009, note E. Sander.

1. Colmar, 18 janv. 2013, min. n° 12 M 31/13, *RD loc.* juin 2013, p. 30, obs. E. Sander.
2. Colmar, 18 janv. 2013 (préc. s^s prés^t n°).
3. Civ. 2e, 28 janv. 2016, n° 14-27.129, PII, n° 29 ; *Rev. dr. local* 2016, n° 77, p. 25.
4. Réd. issue de Ord. n° 2021-1192, 15 sept. 2021, art. 35, II, 5° et 6°.
5. Ord. n° 2021-1192, 15 sept. 2021, portant réforme du droit des sûretés, *JO* 16 sept., texte 19.
6. Colmar, 17 févr. 1937, *Rec. jur. de l'Est* 1937. 65, note Thomas.
7. Civ. 2e, 7 mars 2002, n° 00-11.770, NP ; *Rec. jur. de l'Est* 2002. 47.
8. Ord. n° 2006-346, 23 mars 2006, relative aux sûretés, *JO* 24 mars, p. 4475.
9. Ord. n° 2006-461, 21 avr. 2006, préc.
10. Ord. n° 2021-1192, 15 sept. 2021, portant réforme du droit des sûretés, *JO* 16 sept., texte 19.

conformément à l'option qui lui est ouverte par l'article 2456 C. civ. (C. civ., anc. art. 2168, puis 2463). Cette formalité fait courir un double délai dans lequel la procédure d'exécution forcée immobilière doit être engagée à son encontre.

1322.42 **Au plus tôt.** Au plus tôt, le créancier ne pourra agir avant l'expiration d'un délai d'un mois à compter de la signification de la sommation au tiers acquéreur (L. 1er juin 1924, art. 142, al. 1er *in fine*). Mais ce délai doit sans doute s'ajouter à celui prévu à l'ancien article 2169 dans la mesure où il devrait demeurer applicable, car il n'autorise la sommation au « tiers détenteur » que trente jours après commandement fait au débiteur originaire.

1322.43 **Au plus tard.** Au plus tard, le créancier doit avoir déposé sa requête aux fins d'exécution forcée immobilière dans l'année qui suit la sommation. À défaut, il devra la renouveler sous peine d'irrecevabilité de sa requête (L. 1er juin 1924, art. 142, al. 2).

1322.44 **Publication au Livre foncier de la clause de soumission ?** La question se posait en droit local de savoir si l'engagement d'une procédure d'exécution forcée immobilière à l'encontre d'un tiers détenteur, désormais le tiers acquéreur, est subordonné à la publication, au Livre foncier, de la clause de soumission à l'exécution forcée contenue dans l'acte notarié d'affectation hypothécaire, comme le prévoyait l'article 800 alinéa 1er C. pr. civ. loc.

Pendant très longtemps, cette disposition, datant du Code de l'Empire allemand du 30 janvier 1877 (v. ss no 132.05), avait été considérée comme tacitement abrogée, notamment du fait de la soumission du droit de suite aux dispositions du droit français par la loi du 1er juin 1924 (L. 1er juin 1924, art. 36, 47, 51 et 142)[1]. Cette solution avait été consacrée expressément par la cour d'appel de Colmar[2].

Mais le débat a rebondi avec la loi du 9 juillet 1991, qui a expressément maintenu en vigueur l'article 800 C. pr. civ. loc. (v. ss no 132.05). Du coup, un jugement du tribunal d'instance de Kaysersberg, rendu le 23 janvier 1997, a rejeté une requête aux fins d'exécution forcée immobilière dirigée contre un tiers détenteur, au motif que la déclaration de soumission à l'exécution forcée n'avait pas été publiée au Livre foncier[3]. L'article 800 C. pr. civ. loc. ne prescrivant aucune sanction à la règle qu'il édicte, cette solution était fondée, en outre, sur les articles 38 *f* et 40 de la loi du 1er juin 1924 (dans leur rédaction antérieure à la loi du 4 mars 2002, mais la rédaction nouvelle ne change rien au problème posé ; sur cette loi, v. ss no 132.08). L'article 38 énumère les droits qui doivent faire l'objet d'une publication au Livre foncier, et l'article 40 prescrit l'inopposabilité de tous ces droits non publiés.

Force était cependant de constater que l'article 38 ne vise pas la clause de soumission à l'exécution forcée (pas plus avant qu'après la loi du 4 mars 2002). C'est la raison pour laquelle cette décision se fondait sur le paragraphe *f* visant les restrictions conventionnelles au droit de disposer (sous réserve d'une faute de frappe, restitutions au lieu de restrictions, rien n'a changé avec la loi du 4 mars 2002), auxquelles la clause de soumission était ainsi assimilée, ce qui était pour le moins contestable[4]. Fallait-il alors considérer qu'en l'état des textes toute procédure d'exécution forcée immobilière était impossible contre un tiers détenteur au motif que la publication de la clause de soumission, prévue à l'article 800 alinéa 1er C. pr. civ. loc., est juridiquement impossible, faute d'être prévue à l'article 38 de la loi du 1er juin 1924 dont la liste est limitative[5] ? Ou fallait-il admettre plutôt que l'article 800 du code, conçu exclusivement pour les hypothèques de droit allemand, est purement et simplement sans objet pour les hypothèques de droit français, seules possibles en Alsace-Moselle[6] ?

C'est cette dernière solution qui a finalement été consacrée par la loi « *Béteille* » du 22 décembre 2010, dont l'article 6, III abroge l'article 800 C. pr. civ. loc. Désormais il ne fait donc plus de doute que l'engagement d'une procédure d'exécution forcée immobilière contre un tiers détenteur, désormais tiers acquéreur, n'est pas subordonné à la publication, au Livre foncier, de la clause de soumission à l'exécution forcée contenue dans l'acte notarié d'affectation hypothécaire.

SECTION 2
PROCÉDURE

1322.51 **Division.** La procédure d'exécution forcée immobilière débute toujours par une requête du créancier qui aboutit à une ordonnance du tribunal d'exécution.

1. Sur l'ensemble de la question, E. Sander, « La publicité au Livre foncier de la clause de soumission à l'exécution forcée », *Rev. dr. local* 1998. 43.
2. Colmar, 29 nov. 1997, inéd., cité par C. Lapp, « Un texte sans objet au regard du droit hypothécaire français : l'article 800 du Code de procédure civile local », *Rec. jur. de l'Est* 1998. Doctr. 26 s.
3. TI Kaysersberg, 23 janv. 1997, inéd., cité par C. Lapp (note préc. ss prést no).
4. EN CE SENS, C. Lapp (note préc. ss prést no) – E. Sander (note préc. ss prést no).
5. EN CE SENS, E. Sander, *Rev. dr. local* 1998. 43 (préc. ss prést no).
6. EN CE SENS, C. Lapp (note préc. ss prést no) – MISCHLER, nos 127 à 137.

§ 1
Requête du créancier

1322.61 **Forme.** Aux termes de l'article 141 alinéa 1er de la loi du 1er juin 1924, « *la demande qui tend à faire ordonner l'exécution forcée sur les biens immeubles doit être présentée* [...] *soit par écrit soit par déclaration prise en procès-verbal par le greffier* ».

Comme cette demande est présentée de manière non contradictoire et qu'elle aboutit directement à une ordonnance dont seule la notification permettra d'instaurer un débat contradictoire par l'ouverture du pourvoi immédiat (v. ss no 1322.72), la pratique comme les tribunaux la qualifie habituellement de requête.

Aucun délai n'est imposé entre la délivrance du commandement et la requête du créancier[1]. De même aucune formalité particulière n'est prévue, la demande pouvant être tant **écrite** que **verbale**. Dans le silence des textes, la requête écrite peut être déposée au greffe ou adressée par voie postale, sans que la forme recommandée ne soit requise ; même la télécopie paraît parfaitement possible. Quant à la requête verbale, elle doit toujours être prise en procès-verbal par le greffier.

Rappelons que si traditionnellement la jurisprudence admettait que la requête pouvait être présentée personnellement par le créancier ou pour son compte par tout mandataire de son choix, cette solution avait été remise en cause par la cour d'appel de Colmar qui avait imposé l'application des modalités de représentation prévues à l'ancien article 828 C. pr. civ. dès ce stade de la procédure (v. ss no 1321.12). Mais depuis le 1er janvier 2020, la requête doit être présentée par avocat car la représentation est obligatoire devant le tribunal d'exécution (v. ss no 1321.12).

1322.62 **Contenu.** Bien que l'article 141 de la loi du 1er juin 1924 ne le prévoie pas expressément, la requête doit sans doute préciser l'identité complète ainsi que l'adresse du créancier poursuivant, du débiteur et, le cas échéant, du tiers acquéreur. Elle devra également comporter un décompte précis des sommes restant dues.

Par ailleurs, elle pourra contenir, « *les **conclusions éventuelles** du créancier au sujet de l'époque, du lieu, du mode et des conditions de l'adjudication, ainsi que de la personne du notaire qui en sera chargé* » (L. 1er juin 1924, art. 141-5o). Ces conclusions sont purement **facultatives**, l'avantage qu'elles présentent étant de permettre au créancier de recourir contre l'ordonnance s'il n'y est pas fait droit (v. ss no 1322.76).

Enfin, l'article 141-4o de la loi du 1er juin 1924, prévoit que la requête doit aussi comporter « *la déclaration d'une mise à prix pour chaque article* ». *A priori*, cette mention paraît obligatoire, mais en réalité, elle est dépourvue de toute sanction et de tout intérêt à ce stade de la procédure. En effet, la jurisprudence considère qu'il s'agit d'une règle de pure forme soumise à l'article 114 C. pr. civ. La nullité ne serait donc encourue que si elle était expressément prescrite, ou si la mention requise constituait une formalité substantielle ou d'ordre public, et à condition que la preuve d'un grief soit rapportée. Or en la matière, il ne s'agit pas d'une telle formalité et aucun texte ne prescrit la nullité[2]. De plus, l'omission de cette mention ne saurait faire grief alors que la mise à prix est fixée ultérieurement par le notaire, après un débat contradictoire et sous le contrôle du juge (v. ss no 1323.22)[3]. C'est l'analyse confirmée par la Cour de cassation, qui sans écarter d'office la nullité, approuve les juges du fond de l'avoir rejetée en rappelant que la mise à prix est fixée par le notaire et alors qu'aucun grief n'était allégué[4].

1322.63 **Annexes** L'article 141 de la loi du 1er juin 1924, prévoit trois séries d'annexes qui doivent être jointes à la requête :

– l'expédition en forme dûment exécutoire du titre de la créance (L. 1er juin 1924, art. 141-1o) ;

– la preuve des circonstances à l'existence desquelles est subordonnée l'ouverture de l'exécution forcée (L. 1er juin 1924, art. 141-2o) ; il s'agit notamment de la justification de la signification préalable du titre et, le cas échéant, de la sommation au tiers acquéreur et du mandat spécial habilitant le tiers, non-avocat, qui présente la requête pour le compte du créancier ; il s'y ajoute, depuis la loi du 9 juillet 1991, le commandement de payer préalable au débiteur qui reste exigé, nonobstant l'abrogation de l'ancien article 2217 C. civ. par l'ordonnance du 21 avril 2006 ayant réformé la saisie immobilière en droit général (v. ss no 1322.33) ;

– une copie du Livre foncier concernant les immeubles dont la vente par expropriation forcée est demandée (L. 1er juin 1924, art. 141-3o).

§ 2
Ordonnance

1322.71 **Types d'ordonnances.** Saisi par la requête du créancier, le tribunal d'exécution peut rendre quatre types d'ordonnances.

1. Metz, 15 mai 2013, RG no 13/00351, *RD loc.* juin 2013, p. 30, obs. E. Sander, qui rejette l'application par analogie de l'article R. 321-6 C. pr. exéc. imposant en droit général, à peine de caducité, que le commandement de payer valant saisie soit publié au fichier immobilier dans un délai de deux mois.

2. Colmar, 2 févr. 1990, *Rec. jur. de l'Est* 1990. 130 – Colmar, 1er juin 2001, *Rec. jur. de l'Est* 2001. 153.
3. Colmar, 5 juill. 1991, *Rec. jur. de l'Est* 1991. 91.
4. Civ. 2e, 6 oct. 2005, nos 03-18.793 et 03-18.794, NP ; *Rec. jur. de l'Est* 2005. 162.

Lorsque la requête est incomplète, il « *ordonne* [sa] *régularisation* » (L. 1er juin 1924, art. 143, al. 1er). L'usage du présent implique le caractère obligatoire d'une telle ordonnance, de sorte que le juge ne saurait rejeter la requête au seul motif qu'elle est incomplète.

Ce n'est que si la requête lui paraît « *non fondée* » que le tribunal pourra rendre une **ordonnance de rejet** (L. 1er juin 1924, art. 143, al. 1er). Pour apprécier le bien-fondé, le tribunal d'exécution doit, même d'office, sur le fondement des articles 141 et 143 de la loi du 1er juin 1924, vérifier, au vu des éléments dont il est saisi, si toutes les conditions de l'exécution forcée sont remplies, et en particulier, la validité du titre invoqué et l'existence de la créance alléguée (sur ces questions, v. ss no 1321.32 et les décisions citées).

En revanche, lorsque la requête lui paraît fondée, le tribunal « *ordonne l'exécution forcée* » (L. 1er juin 1924, art. 144, al. 1er). Aucun délai n'est imposé en droit local de sorte que le commandement préalable ne saurait encourir la caducité si cette ordonnance n'est pas prononcée dans les deux mois de sa signification (v. ss no 1322.33). Mais l'ordonnance rendue doit comporter les mentions prévues à l'article 144 alinéa 2 de la loi du 1er juin 1924[1] :

– les nom, profession et domicile du créancier poursuivant ainsi que du débiteur et, le cas échéant, du tiers acquéreur ;

– la désignation des immeubles ;

– l'ordonnance de mise en vente et la nomination d'un notaire chargé de l'adjudication ; selon l'article 144 alinéa 3 de la loi du 1er juin 1924, ce notaire doit être choisi, « *autant que possible* », parmi ceux du ressort du ou des tribunaux d'exécution où se situent le ou les immeuble(s) en cause ; il n'est donc pas interdit de choisir un notaire hors du ressort territorial du tribunal, mais il faut alors que les circonstances le justifient (v. not. en ce sens un arrêt de la cour d'appel de Colmar où l'étude du notaire choisi n'était pas très éloignée du lieu de situation de l'immeuble et pratiquait la langue des parties, en l'occurrence l'allemand[2]) ; à compter de sa nomination, il est le délégué du tribunal d'exécution dans la procédure d'exécution forcée immobilière.

Enfin, lorsque le tribunal d'exécution a déjà ordonné l'exécution forcée d'un même immeuble, toute requête ultérieure, qui lui paraît fondée, donne lieu à une **ordonnance d'adhésion**, permettant au nouveau créancier requérant de participer à la procédure. Mais le premier requérant conserve alors la qualité de créancier poursuivant, sauf la possibilité pour un **adhérant**, dit aussi **intervenant**, de reprendre la procédure négligée ou abandonnée par celui-ci (L. 1er juin 1924, art. 143, al. 2). Cette reprise pourra avoir lieu, à tout moment, au stade où la procédure se trouve, mais sans que le créancier intervenant ne dispose de plus de droits que le poursuivant lui-même (ainsi pour une reprise avant le jour fixé pour l'adjudication[3] – pour le cas particulier de la défaillance du créancier poursuivant au jour fixé pour l'adjudication, v. ss no 1323.71).

1322.72 **Formalités subséquentes.** Selon l'article 145 alinéa 1er de la loi du 1er juin 1924, « *l'ordonnance d'exécution est signifiée d'office au débiteur et au tiers acquéreur et inscrite d'office au Livre foncier* ». En pratique, ces formalités subséquentes incombent au greffier qui doit ainsi procéder d'office à la notification de l'ordonnance et à son inscription au Livre foncier.

S'agissant de la *notification*, bien que ce texte vise la signification (cette expression s'explique par l'ancienne signification par voie postale que connaissait le droit local jusqu'en 1975[4]), l'ordonnance d'exécution est en réalité notifiée par les soins du greffe par **lettre recommandée avec demande d'avis de réception** conformément à l'article 5 de l'Annexe, applicable en la matière en vertu de l'article 43 alinéa 1er de l'Annexe. Ce n'est que si cette lettre de notification ne parvient pas à son destinataire que le greffier invitera le créancier à procéder par voie de signification conformément à l'article 670-1 C. pr. civ. (Annexe, art. 21, al. 3, qui renvoie « *pour le surplus* » aux dispositions du C. pr. civ. et qui est applicable à l'exécution forcée immobilière selon l'art. 44 de l'Annexe). Mais lorsque le domicile du débiteur ou du tiers acquéreur est inconnu, la notification se fait entre les mains d'un curateur désigné sur requête du créancier poursuivant par le tribunal d'exécution (L. 1er juin 1924, art. 145, al. 2). En revanche, si le débiteur demeure à l'étranger, l'obligation de désigner dans le département où le notaire est établi un fondé de pouvoir pour recevoir les notifications ne peut recevoir application à ce stade de la procédure[5]. En conséquence, l'ordonnance lui est notifiée à son domicile à l'étranger selon les mêmes formes, sous réserve des règles de droit international qui prévalent toujours sur les règles de droit interne. En particulier, s'il demeure dans un État de l'Union européenne, la notification devra se faire désormais

1. Bien que ce texte n'impose pas expressément la motivation de l'ordonnance, il a été jugé qu'il l'impose implicitement en envisageant l'hypothèse où la « *demande est reconnue fondée* » : Colmar, 29 juill. 2011, RG no 11/00208, *Rev. dr. local* oct. 2011. 24, note Ducourtioux.
2. Colmar, 27 août 2001, *Rec. jur. de l'Est* 2001. 151.
3. TGI Strasbourg, 8 juin 1976, *Rev. jur. Alsace-Lorraine* 1976. 180, note Goetz et Lapp.
4. V. NOT., *J.-Cl. Alsace-Moselle*, Vo Procédure de distribution des deniers par ordre en Alsace-Moselle, par Sander, fasc. 630, no 13.
5. EN CE SENS, MISCHLER, *J.-Cl.*, no 45.

selon les prescriptions du règlement (CE) n° 1393/2007 du 13 novembre 2007 applicable depuis le 13 novembre 2008[1]. Selon l'article 145 de la loi du 1er juin 1924, la notification n'est faite qu'au débiteur et au tiers acquéreur. Mais comme elle fait **courir le délai** du pourvoi immédiat (v. ss n° 1321.15), il convient aussi de la notifier au créancier poursuivant pour la rendre définitive. La cour d'appel de Colmar a jugé que nonobstant le silence de l'article 145 de la loi de 1924, la requête du créancier doit être notifiée conjointement avec l'ordonnance dans les mêmes conditions que celles prévues à l'article 495 C. pr. civ., compte tenu de l'évolution de la jurisprudence fondée sur l'article 16 C. pr. civ. et sur le principe général de la contradiction. Mais elle retient que l'absence de notification de la requête n'a pas pour effet d'invalider l'ordonnance elle-même, régulière en la forme ; elle a pour seule conséquence de ne pas faire courir le délai de recours, en l'occurrence du pourvoi immédiat[2]. Le pourvoi en cassation dirigé contre cet arrêt a été rejeté car l'article 495 C. pr. civ. n'est pas applicable et que la cour d'appel a retenu « *par des motifs non critiqués* [...] *que les dispositions des articles 144 et 145 de cette loi* [celle du 1er juin 1924] *assurent le respect de la contradiction* »[3]. Ainsi cette décision, non publiée au *Bulletin*, ne règle ni la question de la contradiction car les motifs tirés des articles 144 et 145 de la loi de 1924 n'étaient pas critiqués, ni la question du point de départ du délai du pourvoi immédiat car le pourvoi en cassation a critiqué sur ce point un motif surabondant, la recevabilité du pourvoi immédiat n'ayant pas été discutée devant les juges du fond.

L'*inscription* de l'ordonnance d'exécution au Livre foncier s'opère, à l'initiative du greffier du tribunal d'exécution, par le dépôt d'une requête au greffe du juge du Livre foncier. Elle ne mentionne ni le nom du créancier poursuivant, ni le montant de sa créance, et du coup ne concerne que l'ordonnance initiale et non les éventuelles ordonnances d'adhésion[4]. Mais entre le dépôt de la requête et l'inscription effective de l'ordonnance, il peut s'écouler un délai relativement long, si bien qu'il s'était posé la question de savoir à partir de quel moment courent les effets attachés à l'inscription. Par un arrêt rendu le 2 février 2000, la troisième chambre civile de la Cour de cassation avait jugé que si en vertu des articles 40 et 45 de la loi du 1er juin 1924, le dépôt de la requête confère le rang aux droits inscrits, l'inscription elle-même, et partant l'opposabilité aux tiers du droit (en l'espèce le droit de propriété) qu'elle conditionne, n'existe qu'à compter de son exécution matérielle[5]. Il en résultait notamment qu'une ordonnance d'exécution ne produisait ses effets à l'égard des tiers qu'à compter de la réalisation matérielle de l'inscription et non du dépôt de la requête, ce qui était critiqué et une intervention du législateur était souhaitée[6]. Celle-ci a finalement été réalisée en deux temps. D'abord la loi du 4 mars 2002 (v. ss n° 132.08), modifiant l'article 38-1 de la loi du 1er juin 1924, n'a expressément prévu que les droits et restrictions visés à l'article 38 (lequel n'énumère plus désormais que les droits à inscrire aux fins d'opposabilité aux tiers) sont opposables aux tiers inscrits sur l'immeuble « *dès le dépôt de la requête en inscription* ». Ensuite et pour lever définitivement tout doute, l'article 3 de décret du 3 décembre 2002 (v. ss n° 132.08) a ajouté un article 6-1 au décret du 18 novembre 1924 relatif à la tenue du Livre foncier, ainsi libellé : « *Dans toutes les dispositions applicables dans les départements du Bas-Rhin, du Haut-Rhin et de la Moselle en vertu de la loi du 1er juin 1924 précitée, la date de l'inscription d'une sûreté ou d'un droit s'entend par référence à l'article 45 de cette loi, de la date du dépôt de la requête en inscription* » (l'article 45 fixe le rang des inscriptions à la date du dépôt de la requête). Il ne devrait donc plus faire de doute aujourd'hui que les effets attachés à l'inscription de l'ordonnance d'exécution jouent dès la **date du dépôt de la requête en inscription**[7]. Aucun délai n'est imposé en droit local pour procéder à cette inscription et, en particulier, le délai de deux mois, prévu en droit général à peine de caducité pour la publication du commandement de payer valant saisie par les articles R. 321-6 et R. 311-11 C. pr. exéc., n'est pas applicable[8].

1. Règl. CE n° 1393/2007 du Parlement européen et du Conseil, 13 nov. 2007, relatif à la signification et à la notification dans les États membres des actes judiciaires et extrajudiciaires en matière civile ou commerciale (« signification ou notification des actes »), et abrogeant le règlement CE n° 1348/2000 du Conseil, *JOUE* L 324, 10 déc., p. 79.
2. Colmar, 29 juill. 2011, RG n° 11/00208 (préc., v. ss n° 1322.71).
3. Civ. 2e, 21 févr. 2013, n° 12-11.769, NP ; *Rev. dr. local* juin 2013, p. 31, obs. E. Sander.
4. TPI Mulhouse, 13 mars 1956, *Rec. jur. de l'Est* 1956. 28, obs. Reeb.
5. Civ. 3e, 2 févr. 2000, n° 98-10.203, P III, n° 17.
6. V. NOT., MISCHLER, n° 263.
7. EN CE SENS, MISCHLER, *Addendum*, p. 3 et 4
8. Cette solution a été consacrée par la Cour de cassation à propos de l'inscription au Livre foncier de l'ordonnance du juge-commissaire qui autorise la vente par adjudication de l'immeuble d'un débiteur en liquidation judiciaire : Com. 13 déc. 2016, n° 14-29.732, P IV, n° 157 ; *Gaz. Pal.* 28 mars 2017, p. 61, obs. Ph. Hoonakker. – Mais elle vaut aussi pour l'ordonnance du tribunal d'exécution car la vente par adjudication judiciaire obéit, en Alsace-Moselle, aux règles de la procédure d'exécution forcée immobilière sous réserve des dispositions dérogatoires prévues par le droit des procédures collectives. En vertu de ces règles, l'ordonnance du juge-commissaire est substituée à celle du tribunal d'exécution. – Sur l'ensemble de la question, v. Ph. Hoonakker, « La conjugaison du droit local et du droit général : l'exemple de l'exécution forcée immobilière et des procédures collectives », *Mél. Vallens*, Joly, 2017.

Ainsi en pratique, les effets attachés à la notification de l'ordonnance d'exécution, qui restreint les droits du saisi, se produisent quasiment en même temps que l'opposabilité aux tiers résultant de son inscription au Livre foncier.

1322.73 **Restrictions aux droits du saisi.** Selon l'article 164 de la loi du 1er juin 1924, « *à partir de la notification de l'ordonnance d'exécution forcée, le débiteur et le tiers acquéreur sont considérés comme séquestres judiciaires des immeubles saisis* ». Faute de dispositions particulières, il faut faire application ici des règles de droit commun prévues aux articles 1961 à 1963 du Code civil. Il s'ensuit les restrictions suivantes aux droits du saisi, débiteur ou tiers acquéreur, sur l'immeuble saisi.

Il est sans doute comptable à l'égard du créancier poursuivant, de la perception des fruits et revenus. Mais le tribunal d'exécution peut toujours ordonner l'une des mesures suivantes, à la requête de tout intéressé (L. 1er juin 1924, art. 164) :

– commettre un tiers pour l'administration générale ou seulement pour la perception des revenus et des fruits des immeubles ;

– faire défense aux locataires et fermiers de payer au débiteur ou tiers acquéreur.

Dès notification de l'une de ces décisions aux locataires ou fermiers, ceux-ci ne peuvent plus se libérer qu'en payant, selon le cas, l'administrateur, les créanciers désignés ou la Caisse des consignations (L. 1er juin 1924, art. 164).

Mais le séquestre judiciaire concerne aussi plus généralement l'immeuble saisi lui-même car le séquestre ne peut accomplir que des actes de conservation et d'administration, et en aucun cas des actes de disposition. Il s'ensuit l'indisponibilité de l'immeuble saisi dès la notification de l'ordonnance d'exécution forcée[1]. Certes aucun texte de droit local ne la prévoit expressément, mais outre qu'elle découle de la mission de séquestre judiciaire conférée au saisi[2], elle peut se réclamer aussi de l'article L. 141-2 C. pr. exéc. qui prescrit de manière générale l'indisponibilité de tout bien saisi. Cette incursion du droit général vaut aussi pour la sanction de l'indisponibilité. Il s'ensuit que la vente de l'immeuble saisi n'est pas frappée de nullité. La faculté exceptionnellement offerte au cessionnaire, en droit général par l'article R. 321-13 alinéa 3 C. pr. exéc.[3], de demander la nullité de la vente consentie entre la signification du commandement valant saisie et sa publication au fichier immobilier (v. ss no 1331.302), n'est pas applicable en droit local. La seule sanction envisageable est celle de l'inopposabilité de la vente au créancier poursuivant (en matière mobilière, v. ss no 0714.62). Mais en matière immobilière, il faut tenir compte ici des règles de la publicité foncière qui conditionnent l'opposabilité de la saisie aux tiers.

1322.74 **Opposabilité aux tiers.** L'opposabilité de la saisie aux tiers court à compter de l'inscription de l'ordonnance d'exécution forcée au Livre foncier, c'est-à-dire du dépôt de la requête au greffe (v. ss no 1322.72), dans les conditions prévues aux articles 165 et 166 de la loi du 1er juin 1924.

Selon l'article 165, « *les fruits perçus ou les loyers et fermages échus après l'inscription de l'ordonnance sont, vis-à-vis des créanciers, assimilés aux immeubles et le montant en est distribué avec le prix de ces biens, d'après le rang des hypothèques* » (L. 1er juin 1924, art. 165). Toute saisie mobilière de ces fruits, civils ou naturels, devient donc impossible postérieurement à l'inscription au Livre foncier. Quant à celles pratiquées avant l'inscription, elles conservent leurs effets du moins pour les fruits antérieurs[4]. Mais depuis la réforme de 1991, il faut réserver la **saisie-attribution** des créances à exécution successive. En effet, une telle saisie opère transfert de la propriété de la créance dès le jour où elle est pratiquée, quelle que soit la date des échéances postérieures (v. ss nos 0831.73 et 0831.91). Dans ces conditions, les loyers et fermages échus après l'inscription au Livre foncier devraient continuer à revenir au créancier ayant pratiqué une saisie-attribution antérieurement, et ce jusqu'à l'apurement de sa créance (mais un auteur, assimilant la saisie-attribution à une cession de créance, considère que si elle doit porter sur plus de trois années de loyers, elle devrait être inscrite au Livre foncier conformément à l'article 38-e de la loi du 1er juin 1924 [réd. L. 4 mars 2002 – v. ss no 132.08, ce texte impose notamment, sous peine d'inopposabilité, l'inscription au Livre foncier de la cession d'une somme équivalent à au moins trois années de loyers ou de fermages non échus, solution qui résultait antérieurement de la combinaison des articles 38-e et 40 alinéa 3 ; à défaut, elle serait inopposable aux tiers pour les loyers échus au-delà de la troisième année[5]]).

Selon l'article 166 alinéa 1er, « *les aliénations, charges, hypothèques, baux et locations consenties par le débiteur après l'inscription de l'ordonnance d'exécution forcée ne sont opposables ni au créancier poursuivant, ni aux créanciers hypothécaires antérieurement*

1. EN CE SENS, Colmar, 10 mai 1994, *Rec. jur. de l'Est* 1996. 221 – Colmar, 10 nov. 2006, RG no 12M 255/06, Me Ruhard, inéd. – *CONTRA* : R. Mischler, « Exécution forcée en droit local : peut-on encore publier une vente après l'inscription de la mention ? », *Rev. dr. local* déc. 2009-janv. 2010. 17.
2. EN CE SENS, E. Sander, Lamy Droit de l'exécution forcée, *vo Ouverture de la procédure d'exécution forcée immobilière*, no 703-130.
3. Décr. no 2012-783, 30 mai 2012, relatif à la partie réglementaire du Code des procédures civiles d'exécution, *JO* 31 mai, p. 9375.
4. HAEGEL, SCHWOB et VALLENS, no 300.
5. EN CE SENS, MISCHLER, no 163.

inscrits, ni au futur adjudicataire ». Cet effet attaché à la publication de la saisie est ainsi plus limité qu'en droit général où les aliénations et les inscriptions du chef du débiteur (sous réserve des privilèges immobiliers qui rétroagissent), quelle que soit leur date, « *non publiées ou publiées postérieurement* » sont inopposables au créancier poursuivant (et *a fortiori* aux créanciers inscrits antérieurement) et à l'acquéreur (adjudicataire ou cessionnaire en cas de vente amiable ; C. pr. exéc., art. L. 321-5). En droit local, il faut, au contraire, distinguer selon la **date des actes consentis par le saisi.**

Pour les actes consentis avant l'inscription, mais qui n'ont pas encore été publiés, l'inopposabilité prévue à l'article 166 ne leur est pas applicable. Mais cela ne signifie pas pour autant qu'ils seraient de plein droit opposables dès leur inscription au Livre foncier. En effet, il faut leur appliquer les règles de droit commun de la publicité foncière qui, en droit local, sont prévues aux articles 38 et 38-1 de la loi du 1er juin 1924. Il s'ensuit qu'il faut opérer la distinction suivante[1] :

– *à l'égard du créancier poursuivant inscrit sur l'immeuble*, ils sont inopposables si bien qu'en particulier, l'exécution forcée immobilière inscrite au Livre foncier se poursuivra contre le débiteur ou le tiers acquéreur nonobstant une vente antérieure publiée ultérieurement ;

– *à l'égard du créancier poursuivant chirographaire*, l'inopposabilité ne joue pas car il n'est pas un tiers au sens de l'article 38-1 et la saisie ne crée pas de droit réel à son profit ; en conséquence, une vente consentie avant l'inscription au Livre foncier de l'exécution forcée immobilière leur reste opposable et ils devront donc abandonner toute poursuite dès sa publication au Livre foncier.

Mais parmi ces actes antérieurs, il faut faire une place particulière à ceux qui sont consentis après la notification de l'ordonnance d'exécution forcée en raison des restrictions qu'elle apporte aux droits du saisi (v. ss no 1322.73), même s'ils sont très rares en pratique, car la notification et le dépôt de la requête aux fins d'inscription au Livre foncier s'opèrent quasi simultanément (v. ss no 1322.72). S'agissant des *baux inférieurs à douze ans*, ils ne posent aucune difficulté dès lors qu'il s'agit d'actes d'administration qui ne sont pas interdits au saisi (v. ss no 1322.73). Ils sont donc réguliers et opposables, alors qu'en droit général, ils sont inopposables au créancier poursuivant et à l'acquéreur s'ils sont consentis postérieurement à la signification du commandement valant saisie selon l'article L. 321-4 C. pr. exéc. En revanche, les *aliénations, charges et hypothèques* se heurtent à l'indisponibilité de l'immeuble saisi. De tels actes sont sans doute inopposables *a fortiori* aux créanciers inscrits antérieurement.

Mais qu'en est-il des créanciers chirographaires ? Malheureusement en droit local, ils ne peuvent invoquer ni la nullité, contrairement au droit général (v. ss no 1322.73), ni l'inopposabilité car l'article 166 ne vise que les actes consentis après l'inscription de l'ordonnance au Livre foncier. Ils ne pourraient donc que rechercher la responsabilité pénale du débiteur sur le fondement de l'article 314-6 du Code pénal.

Pour les actes consentis après l'inscription au Livre foncier de l'ordonnance d'exécution forcée, l'article 166 alinéa 1er commande leur inopposabilité, ce qui appelle les trois observations suivantes.

En premier lieu, elle joue pour tous les actes cités, en l'occurrence, les **aliénations, charges, hypothèques, baux et locations, à condition qu'ils portent sur l'immeuble saisi** (elle ne s'applique donc pas, en particulier, à la vente du fonds de commerce exploité dans l'immeuble par le propriétaire poursuivi[2] – en revanche, cet arrêt n'exclut pas l'inopposabilité du bail commercial consenti accessoirement à la vente du fonds, mais elle n'est pas prononcée car elle n'avait pas été demandée).

En second lieu, l'**inopposabilité ne signifie pas nullité.** Ces actes sont donc valables *inter partes*, mais ils sont privés d'effet à l'égard des personnes limitativement énumérées, savoir : le créancier poursuivant, les créanciers hypothécaires antérieurement inscrits et le futur adjudicataire.

Enfin et en troisième lieu, la vente consentie après l'inscription au Livre foncier de l'ordonnance d'exécution forcée peut être « *validée* », c'est-à-dire rendue opposable (comme en droit général pour les aliénations non publiées ou publiées postérieurement au commandement valant saisie selon C. pr. exéc., art. L. 321-5 alinéa 2), aux deux conditions prévues à l'article 166 alinéa 2 de la loi du 1er juin 1924 :

– l'acquéreur doit consigner une somme suffisante, tant pour désintéresser les créanciers dont il s'agit, que pour couvrir les frais ; les créanciers concernés sont non seulement tous les créanciers poursuivants, mais aussi tous les créanciers inscrits sur l'immeuble ;

– il doit faire opposition à l'adjudication auprès du notaire désigné avant l'ouverture des enchères (sur l'ouverture, v. ss no 1323.72).

À défaut, la vente consentie postérieurement à l'inscription au Livre foncier de l'ordonnance d'exécution forcée reste inopposable, et ceci même si le prix convenu est supérieur à la mise à prix car son acceptation par les créanciers ne démontre nullement leur intention de renoncer au surplus[3]. L'exé-

1. V. NOT., E. Sander, Lamy Droit de l'exécution forcée, *Vo Ouverture de la procédure d'exécution forcée immobilière*, no 704-155.

2. Metz, 13 janv. 2000, *Rec. jur. de l'Est* 2000. 65.
3. Colmar, 20 janv. 1989, *Rec. jur. de l'Est* 1989. 21.

cution forcée immobilière doit alors se poursuivre sans que le notaire[1] ou le juge sur pourvoi[2] n'ait à différer ou suspendre l'adjudication. La seule possibilité de sauver la vente amiable serait de recueillir l'accord de tous les créanciers, poursuivants et inscrits, de renoncer à la procédure moyennant attribution du prix convenu, malgré son insuffisance pour les désintéresser tous.

Mais la cour d'appel de Colmar refuse aussi l'inscription au Livre foncier d'une vente consentie après la publication de l'ordonnance d'exécution forcée (près de onze ans plus tard dans un cas[3], près de dix-sept mois dans l'autre[4]). Dans des termes identiques, elle se fonde sur l'indisponibilité de l'immeuble saisi à compter de la notification de l'ordonnance d'exécution forcée et sur l'absence de toute consignation dans les conditions de l'article 166 de la loi du 1er juin 1924. Dans la seconde décision, elle ajoute que cette solution présenterait l'avantage de rapprocher le droit local du droit général et d'éviter les inconvénients inhérents à la seule inopposabilité au créancier poursuivant.

Cette jurisprudence est justement critiquée[5] dès lors que :

– le droit général envisage expressément aux articles L. 321-5 alinéa 2 C. pr. exéc. et R. 321-14 C. pr. exéc., la possibilité de publier une aliénation postérieurement à la publication du commandement de payer valant saisie ; mais celle-ci sera privée d'effet à l'égard du poursuivant et de l'acquéreur sauf en cas de consignation dans les conditions prévues par ces textes ; la solution critiquée éloigne donc le droit local du droit général et non l'inverse ;

– l'indisponibilité n'est pas sanctionnée par la nullité mais par l'inopposabilité relative de la cession et, en tout cas, le juge du Livre foncier n'est juge ni de l'opposabilité, ni de la validité des actes à transcrire, en dehors des cas de nullité visés à l'article 46 de la loi du 1er juin 1924 et des cas d'ordre public[6].

1322.75 **Saisine du notaire.** Dans le délai d'une **semaine** suivant l'accomplissement des deux formalités prescrites à l'article 145 de la loi du 1er juin 1924, à savoir : la notification au débiteur et au tiers acquéreur et l'inscription au Livre foncier, « *les pièces de la procédure doivent, en tant qu'elles sont nécessaires pour procéder à l'adjudication, être transmises au notaire chargé de l'adjudication* » (L. 1er juin 1924, art. 146, al. 1er).

Mais en pratique, les greffiers attendent souvent que l'ordonnance d'exécution forcée ait acquis force de chose jugée, et ce malgré le caractère impératif de cette disposition et l'absence de tout effet suspensif attaché à la voie de recours ouverte et à son exercice (v. ss no 1322.76).

Par la suite, le greffe transmettra également au notaire désigné, toutes les ordonnances ultérieurement rendues ainsi que toutes les pièces qui lui sont adressées si elles peuvent avoir quelque influence sur l'adjudication ou sur l'inscription du procès-verbal d'adjudication (L. 1er juin 1924, art. 146, al. 2).

1322.76 **Voie de recours.** Comme toute décision du tribunal d'exécution, l'ordonnance d'exécution forcée immobilière est susceptible d'un **pourvoi immédiat** (v. ss no 1321.14). Cette voie de recours, ouverte à tout intéressé (v. ss no 1321.15), pourra sans doute être exercée par le débiteur ou le tiers acquéreur. Quant au créancier poursuivant, il pourra évidemment y recourir pour contester une ordonnance de rejet, mais aussi pour critiquer une ordonnance de régularisation qu'il jugerait injustifiée ou une ordonnance d'exécution forcée qui n'aurait pas fait droit intégralement à sa requête, notamment en rejetant implicitement ou explicitement certaines de ses conclusions éventuelles (v. ss no 1322.62). C'est du reste, la seule voie de recours ouverte même pour soulever une question de compétence, le contredit n'étant pas recevable en la matière[7]. En revanche, aucun pourvoi n'est possible contre une simple ordonnance intermédiaire[8].

Pour le surplus, le pourvoi immédiat est soumis aux règles habituelles déjà exposées plus haut (v. ss no 1321.15). En particulier, la représentation par avocat devrait être obligatoire (v. ss no 1321.15) et il ne produit aucun effet suspensif (v. ss no 1321.16).

Chaque partie doit veiller à invoquer tous les moyens existants de nature à étayer la contestation de la décision rendue. À défaut, elle serait irrecevable à les soulever ultérieurement au titre des observations et objections qui sont ouvertes au cours de la procédure d'exécution forcée immobilière (v. ss nos 1323.41 et 1323.43). Cette irrecevabilité tient d'abord à la nature même du pourvoi immédiat. En effet, étant soumis à un délai, il n'est plus possible de contester la décision rendue après son expiration, tous les moyens doivent donc être soulevés à l'appui de ce recours. Mais elle peut aussi se réclamer du principe de la concentration des moyens[9] qui a vocation à

1. Colmar, 19 mai 1993, *Rec. jur. de l'Est* 1993. 122.
2. Colmar, 20 janv. 1989 (préc. ss prést no).
3. Colmar, 10 mai 1994, *Rec. jur. de l'Est* 1996. 221.
4. Colmar, 10 nov. 2006, RG no 12M 255/06, Me Ruhard, inéd.
5. V. MISCHLER, *J.-Cl.*, no 53 – E. Sander, Lamy Droit de l'exécution forcée, *vo Ouverture de la procédure d'exécution forcée immobilière*, no 703-170.
6. EN CE SENS, v. *J.-Cl. Alsace-Moselle, Vo* Publicité foncière, par Lotz et Mischler, fasc. 431, nos 25 s.
7. Colmar, 27 août 2001, *Rec. jur. de l'Est* 2001. 155.
8. Colmar, 4 nov. 2005, *Rec. jur. de l'Est* 2006. 22.
9. SUR CE PRINCIPE, V. NOT. S. Guinchard (dir.), Dalloz action *Droit et pratique de la procédure civile*, 2024/2025, par N. Fricero, nos 521.145 s.

s'appliquer devant toutes les juridictions, y compris le tribunal d'exécution [1].

1322.77 Interruption de la prescription de l'exécution forcée. Aucun texte de droit local ne règle la question de l'interruption du délai de prescription de l'exécution forcée en cas de recours à la procédure locale d'exécution forcée immobilière. Il faut donc se tourner vers les règles du droit général [2]. Conformément à l'article 2244 C. civ., il ne fait aucun doute que cette mesure d'exécution forcée est interruptive de prescription. Mais à quel moment et pour quelle durée ?

Quant au **moment**, trois actes interruptifs sont *a priori* envisageables. Avant la réforme de la prescription civile opérée par la loi du 17 juin 2008, le **commandement de payer** était certainement interruptif de prescription en vertu de l'ancien article 2244 C. civ., qui visait expressément cet acte [3]. Mais désormais il ne pourrait produire un tel effet que s'il valait saisie, comme le commandement en droit général de la saisie immobilière. Or tel n'est pas le cas en droit local où le commandement requis n'est qu'un acte préparatoire (v. s^{s} n° 1322.33). Il ne produit donc plus aucun effet interruptif [4]. La **requête du créancier** pourrait produire un tel effet si elle pouvait être qualifiée de demande en justice au sens de l'article 2441 du Code civil. Cette qualification suppose non seulement que l'acte contienne des prétentions, mais aussi qu'il vise à introduire une procédure contradictoire [5]. Si la requête du créancier contient bien une prétention, en l'occurrence, le droit au recouvrement forcé de la créance de somme d'argent constatée dans le titre exécutoire servant de fondement aux poursuites, elle n'engage, à ce stade, aucune procédure contradictoire (v. s^{s} n°s 1322.61 à 1322.76). Elle ne produit donc pas non plus d'effet interruptif [6]. Reste alors le troisième acte, **l'ordonnance d'exécution** qui ouvre la procédure d'exécution forcée immobilière et désigne le notaire pour y procéder (v. s^{s} n° 1322.71). Mais les effets de la saisie ne se produisent qu'au moment de sa notification au débiteur, qui est alors considéré comme « *séquestre judiciaire des immeubles saisis* », selon l'article 164 de la loi civile de 1924 (v. s^{s} n° 1322.73). L'ordonnance d'exécution interrompt donc la prescription de l'exécution forcée au plus tard à cette date. Mais dans la mesure où celle-ci engage la procédure d'exécution forcée immobilière, on pourrait aussi soutenir que l'effet interruptif se produit dès le prononcé de l'ordonnance d'exécution. C'est la solution retenue par la cour d'appel de Colmar, même s'il est vrai qu'aucune motivation n'est développée sur ce point, l'arrêt se contentant de fixer cet effet à la date du prononcé de l'ordonnance [7].

Quant à la **durée de l'interruption**, l'acte interruptif d'une prescription extinctive fait normalement courir immédiatement un nouveau délai identique selon l'article 2231 du Code civil. Mais à l'*instar* de la solution retenue en droit général pour certaines saisies, dont la saisie immobilière [8], la Cour de cassation a jugé, à propos de cette procédure locale, que l'effet interruptif « *se poursuit jusqu'à l'abandon de la procédure d'exécution forcée immobilière ou la clôture des opérations d'exécution forcée immobilière* » [9].

1. Colmar, 25 janv. 2016, RG n° 15/06119, Le Guilly c/BPALC, inéd.
2. Sur l'ensemble de la question, v. Ph. Hoonakker, « L'écoulement du temps dans les procédures locales : prescription extinctive et péremption », *in* Cridon Lyon, cahier spécial févr. 2025, *Le droit local alsacien-mosellan, un droit moderne et vivant*, p. 99, spéc. n°s 31 à 36.
3. Civ. 2e, 10 nov. 2016, n° 15-22.048, NP, où le commandement, dont l'effet interruptif est retenu, avait été délivré le 30 nov. 2002.
4. EN CE SENS : Colmar, 30 avr. 2020, RG n° 19/04742.
5. À propos des requêtes de l'article 145 C. pr. civ., v. not : Civ. 2e, 14 janv. 2021, n° 19-20.316, P, où il est jugé qu'« *une requête fondée sur l'article 145 du Code de procédure civile, qui introduit une procédure non contradictoire, n'est pas une demande en justice au sens de l'article 2241 du Code civil* ». – À propos des requêtes en injonction de payer : v. not., Civ. 1re, 5 nov. 2009, n° 08-18.095, NP.
6. EN CE SENS : Colmar, 30 avr. 2020, RG n° 19/04742.
7. EN CE SENS : Colmar, 30 avr. 2020, RG n° 19/04742.
8. Civ. 2e, 2 mars 2023, n° 20-20.776, B, qui distingue selon que le prix de vente de l'immeuble revient à un seul ou plusieurs créanciers ; *dans le premier cas*, l'interruption se poursuit jusqu'à l'expiration d'un délai de 15 jours après la notification du paiement au débiteur ; *dans le second cas*, il en va ainsi jusqu'à l'ordonnance d'homologation du projet ou de l'accord de distribution ou, à défaut d'accord, jusqu'au jugement de répartition – V. AUSSI, à propos de la saisie des rémunérations du travail (procédure ancienne, antérieure à celle issue de l'article 47 de la loi n° 2023-1059 du 20 nov. 2023, d'orientation et de programmation du ministère de la justice 2023-2027, qui entrera en vigueur le 1er juill. 2025, conformément au décr. n° 2025-125 du 12 févr. 2025, relatif à la nouvelle procédure de saisie des rémunérations) : Civ. 2e, 13 mai 2015, n° 14-16.025, P – à propos de la saisie-attribution : Civ. 2e, 10 janv. 2019, n° 16-24.742, P.
9. Civ. 2e, 10 nov. 2016, n° 15-22.048, NP, étant rappelé qu'en l'espèce le moment de l'effet interruptif est fixé au jour du commandement car il avait été délivré le 30 novembre 2002, soit encore sous l'empire de l'ancien article 2244 du Code civil.

CHAPITRE

1323. Exécution forcée immobilière : adjudication

PHILIPPE HOONAKKER
PROFESSEUR ÉMÉRITE DE L'UNIVERSITÉ DE STRASBOURG
AVOCAT HONORAIRE

SECTION 0
ORIENTEUR

1323.00 **Sommaire du chapitre.**

Division. Seront successivement étudiés la préparation de l'adjudication (sect. 1), son déroulement (sect. 2) et ses effets (sect. 3).

1323.02 **Jurisprudence de référence.**

> Refus du concours de la force publique. Le législateur ne saurait subordonner l'octroi de ce concours à l'accomplissement d'une diligence administrative.

• **Cons. const. 29 juill. 1998,** n° 98-403 DC, *JO* 31 juill., p. 11710

* V. s[s] n°s 0101.22, 0231.05, 0251.201, 0522.23, 1323.92, 1333.240

44. Considérant que l'article 119 crée une section 2, portant dispositions diverses, dans le chapitre III du titre Ier du livre VI du Code de la construction et de l'habitation dont l'intitulé devient : « Dispositions particulières applicables en matière d'expulsion » ; que cette section comporte un article L. 613-6 aux termes duquel : « Lorsque le représentant de l'État dans le département accorde le concours de la force publique, il s'assure qu'une offre d'hébergement tenant compte, autant qu'il est possible, de la cellule familiale est proposée aux personnes expulsées. Le défaut de concours de la force publique pour ce motif ne fait pas obstacle au droit pour le bailleur d'obtenir une indemnisation du préjudice subi, conformément à l'article 16 de la loi n° 91-650 du 9 juillet 1991 [devenu art. L. 153-1 C. pr. exéc.] précitée » ;

45. Considérant que les requérants font grief à cette disposition de porter atteinte à l'autorité de la chose jugée et, partant, au principe de séparation des pouvoirs, dans la mesure où, en soumettant à « la réalisation préalable d'une démarche administrative tendant à l'hébergement de la personne expulsée » l'octroi du concours de la force publique par le préfet, le législateur méconnaît la force exécutoire des décisions de justice ;

46. Considérant que toute décision de justice a force exécutoire ; qu'ainsi, tout jugement peut donner lieu à une exécution forcée, la force publique devant, si elle y est requise, prêter main-forte à cette exécution ; qu'une telle règle est le corollaire du principe de la séparation des pouvoirs énoncé à l'article 16 de la Déclaration des droits de l'homme et du citoyen ; que si, dans des circonstances exceptionnelles tenant à la sauvegarde de l'ordre public, l'autorité administrative peut, sans porter atteinte au principe sus-évoqué, ne pas prêter son concours à l'exécution d'une décision juridictionnelle, le législateur ne saurait subordonner l'octroi de ce concours à l'accomplissement d'une diligence administrative ;

47. Considérant qu'il résulte des termes mêmes de l'article L. 613-6 inséré dans le Code de la construction et de l'habitation, et notamment de la deuxième phrase dudit article, que le fait pour le représentant de l'État dans le département de ne pas s'être assuré qu'une offre d'hébergement a été proposée aux personnes expulsées pourrait être un motif spécifique de refus de concours de la force publique à l'exécution d'une décision juridictionnelle émanant du juge judi-

ciaire ; que, s'agissant d'un motif qui ne justifie pas, par lui-même, un refus de ce concours en raison de la nécessité de sauvegarder l'ordre public, le dispositif ainsi institué porte atteinte au principe de la séparation des pouvoirs ; que l'article 119 de la loi déférée est donc contraire à la Constitution.

1323.05 **Vente forcée.** La seule issue de l'exécution forcée immobilière, envisagée par les articles 141 et suivants de la loi du 1er juin 1924, est la vente forcée par adjudication aux enchères publiques. La vente amiable introduite en droit général par l'ordonnance du 21 avril 2006 réformant la saisie immobilière n'est donc en aucun cas applicable. Mais cela n'empêchera pas évidemment la poursuite de la pratique, largement suivie, de la vente volontaire de droit commun, conclue avec l'accord du créancier poursuivant et sous l'égide du notaire à l'occasion des débats qu'il doit organiser.

SECTION 1
PRÉPARATION DE L'ADJUDICATION

1323.11 **Rôle du notaire.** La préparation de l'adjudication se fait sous la direction du notaire qui désormais joue le rôle principal dans la procédure d'exécution forcée immobilière. Mais il agit toujours avec la participation active des parties et sous le contrôle du juge. Aussi, même s'il lui appartient d'arrêter toutes les conditions de l'adjudication qu'il consignera dans le **cahier des charges,** il doit d'abord recueillir l'avis des parties à l'occasion de **débats** qu'il organise et celles-ci peuvent toujours en référer au tribunal d'exécution en lui présentant toutes **objections et observations** sur le déroulement des opérations ou les décisions prises.

Il a été jugé que cette phase de la procédure serait gracieuse et qu'en conséquence l'article 386 C. pr. civ. relatif à la péremption d'instance n'est pas applicable[1]. Mais comme l'annotatrice de cet arrêt l'a démontré, le caractère gracieux est à la fois indifférent et contestable ; si l'article 386 doit être écarté, c'est que cette phase de la procédure ne correspond pas à une « *instance* », laquelle se déroule exclusivement devant le tribunal d'exécution, d'abord en amont au moment de l'ouverture de la procédure, puis à l'occasion de toutes objections ou observations portées devant lui. Le notaire, en effet, bien que considéré comme le délégué du tribunal, ne dispose pas lui-même de pouvoirs juridictionnels, si bien que la phase notariale de la procédure d'exécution forcée immobilière n'est pas une instance judiciaire[2] et n'est donc soumise ni aux règles générales de la procédure civile, ni à l'article 6 § 1 de la Convention européenne des droits de l'homme (v. en ce sens un arrêt de la deuxième chambre civile[3] : pour la doctrine la plus autorisée, cette décision de la Cour de cassation n'est pas incompatible avec celle rendue par la Cour européenne des droits de l'homme[4], espèce dans laquelle la Cour européenne était saisie d'une procédure de partage judiciaire [comparable à la procédure d'exécution forcée immobilière car un notaire y est aussi désigné par le tribunal pour mener les opérations de partage] dont elle a jugé la durée déraisonnable en prenant en considération les deux phases, judiciaire et notariale – mais si l'article 6 § 1 est ainsi appliqué à la phase notariale, c'est « *par le biais du contrôle que le tribunal exerce sur la procédure de partage* »[5] ; et non à raison d'une instance qui se déroulerait devant le notaire[6] – dans le même sens un arrêt de la Cour européenne, mais son annotateur justifie cette opposition apparente de jurisprudence en faisant prévaloir, sur l'approche fonctionnelle de ces décisions, une approche matérielle fondée sur l'absence de contentieux à trancher devant le notaire[7]). La phase notariale de la procédure d'exécution forcée immobilière est donc exclusivement régie par les règles de droit local maintenues en vigueur. Mais comme celles-ci ne prévoient aucun mode d'extinction de la procédure d'exécution forcée immobilière, l'exclusion de la péremption d'instance du droit général est d'autant plus gênante que la durée de l'interruption de la prescription de l'exécution forcée a été étendue par la jurisprudence jusqu'au terme de cette mesure d'exécution forcée (v. ss no 1322.77). Aussi, le Congrès interrégional des notaires des cours d'appel de Colmar et de Metz, *Le droit local : un siècle de modernité au cœur de l'Europe*, qui s'est tenu à Strasbourg, le 17 juin 2024, a formulé, dans le prolongement des Congrès de Mulhouse de 2008 et de Metz de 2019, le vœu que la péremption d'instance du droit général soit étendue à l'exécution forcée immobilière (ainsi qu'à la procédure locale de partage judiciaire)[8].

1. Colmar, 9 oct. 1998, *Rec. jur. de l'Est* 1999. 120, note Wagner.
2. EN CE SENS, Colmar, 5 juill. 2013, min. no 12 M 182/13, Brigenti c/SA UBS, à propos de la péremption d'instance qui est écartée.
3. Sur ce dernier point, Civ. 2e, 21 mars 2002, no 00-14.700, P II, no 48 (préc., v. ss no 1321.11).
4. CEDH 28 nov. 2000, *Rec. jur. de l'Est* 2001. 9 ; *Procédures* 2001. Comm. 83, obs. N. Fricero – V. AUSSI, D. Dargone, « La durée d'une procédure de partage judiciaire à l'épreuve de la Convention européenne des droits de l'homme », *Rev. dr. local* 2001. 31 – G. Hénon, « Les procédures d'exécution forcée immobilière et de partage judiciaire confrontées à l'article 6-1 de la Convention européenne des droits de l'homme », *Rec. jur. de l'Est* 2001. Doctr. 10 – C. Lapp, « Plaidoirie pour un tribunal », *Rec. jur. de l'Est* 2002. Doctr. 11.
5. N. Fricero, obs. ss CEDH 28 nov. 2000 (préc. ss prést no).
6. V. AUSSI, en ce sens, les commentaires de N. Fricero et C. Lapps ss Civ. 2e, 21 mars 2002, no 00-14.700, P (préc. ss prést no).
7. CEDH 10 avr. 2003, *Rec. jur. de l'Est* 2003. 132, note G. Hénon.
8. V. *in* Cridon Lyon, cahier spécial févr. 2025, *Le droit local alsacien-mosellan, un droit moderne et vivant*, p. 109, nos 45 et 46, et p. 112.

§ 1
Débats

1323.21 **Participants.** Le notaire doit convoquer le **créancier poursuivant**, le **débiteur** et, le cas échéant, le **tiers acquéreur**[1]. Il n'a donc pas, en principe, à convoquer les éventuels créanciers intervenants. Mais en pratique, comme ces créanciers sont intéressés par le sort de la procédure qu'ils doivent pouvoir reprendre, à tout moment, en cas de négligence du poursuivant (v. s[s] n° 1323.71), le notaire les tient généralement informés du déroulement de la procédure, et en particulier, de la tenue des débats qu'il organise. S'ils décident alors d'y participer, ils ne pourront le faire qu'en tant que simples observateurs, sans que le notaire n'ait à recueillir leur avis sur les points à discuter.

Les convocations sont faites par **plis recommandés** adressés aux intéressés[2]. Mais si l'avis de réception revient non signé du destinataire, le notaire doit procéder à une nouvelle convocation par voie de signification (en ce sens, dans le cadre d'une procédure de partage judiciaire, à propos d'une convocation par lettre recommandée avec demande d'avis de réception qui est revenue non réclamée[3] ; mais cette décision rendue notamment au visa de l'article 6 § 1 Conv. EDH est parfaitement transposable à la procédure d'exécution forcée immobilière). Si les intéressés demeurent à l'étranger, ils sont tenus de désigner dans le département où le notaire est établi un fondé de pouvoir chargé de recevoir les notifications (C. pr. civ., art. 21 et 44 Annexe). À défaut, elles seront acheminées « *par la voie postale* », ce qui signifie par lettre recommandée avec demande d'avis de réception selon l'article 44 de l'Annexe. Autrement dit, les intéressés demeurant à l'étranger n'ayant pas désigné de fondé de pouvoir sont convoqués à leur domicile dans les mêmes formes que ceux qui demeurent en France. Mais l'identité n'est pas parfaite car il faut réserver les textes de droit international public qui prévalent toujours sur le droit interne. En particulier, si l'intéressé demeure dans un État de l'Union européenne, la notification devra se faire selon les prescriptions du règlement (CE) n° 1393/2007 du 13 novembre 2007[4] applicable depuis le 13 novembre 2008. Par ailleurs, si l'avis de réception revient non signé, le notaire doit, comme pour les intéressés demeurant en France, procéder par voie de signification, mais celle-ci relève alors des articles 683 à 688 C. pr. civ.

La loi n'impose aucun délai pour l'envoi des convocations, mais le notaire doit veiller à respecter un « **délai raisonnable** » qu'il doit apprécier en fonction notamment de « *l'éloignement et de la complexité de la procédure* »[5]. En pratique, les notaires appliquent souvent, par analogie, les délais prévus en matière de partage judiciaire par l'article 225 de la loi civile du 1er juin 1924, soit quinze jours pour les parties demeurant dans l'un des trois départements de l'Est et un mois pour les autres. Mais pour les parties demeurant à l'étranger, les délais de distance prévus à l'article 643 C. pr. civ. sont-ils applicables ? Il faut se souvenir que cette disposition est réservée aux demandes portées devant une juridiction. Or la phase notariale de la procédure d'exécution forcée immobilière ne correspond pas à une instance judiciaire car le notaire est dépourvu de tout pouvoir juridictionnel, ce qui explique notamment l'exclusion de l'article 6 § 1 Conv. EDH (v. s[s] n° 1323.11). L'article 643 C. pr. civ. n'a donc pas vocation à s'appliquer[6]. Le nombre des réunions n'est pas fixé non plus de sorte que le notaire peut organiser autant de débats que nécessaire pour épuiser toutes les questions à débattre.

Les parties ainsi convoquées peuvent comparaître personnellement devant le notaire ou se faire représenter, et *a fortiori* assister, par toute personne de leur choix. Mais le **mandataire** doit justifier d'une procuration déposée au rang des minutes du notaire (C. pr. civ., art. 22 et 44 Annexe) et à ce titre, il suffira qu'elle soit annexée au procès-verbal des débats que le notaire dressera (sur ce point, v. s[s] n° 1323.23). De plus, tout intéressé, ou le notaire lui-même, peut toujours demander que la procuration soit « *authentiquement légalisée* » (C. pr. civ., art. 22 et 44 Annexe).

Si une partie régulièrement convoquée ne comparaît pas, la procédure n'en sera affectée que dans les circonstances suivantes. Si c'est le créancier poursuivant qui est absent aux débats, la procédure pourrait normalement se poursuivre jusqu'à l'adjudication car ce n'est qu'à ce stade que la loi la déclare close lorsque le poursuivant ne se présente pas[7] (v. s[s] n° 1323.71). Mais en pratique, le notaire hésitera beaucoup à poursuivre la procédure et à multiplier les frais, alors que le principal intéressé s'en désintéresse. Aussi préférera-t-il généralement dresser un procès-verbal de carence et suspendre la procédure que tout créancier intervenant pourra alors reprendre. À défaut, le notaire adressera copie de son procès-verbal au

1. L. 1er juin 1924, art. 147, al. 1er.
2. L. 1er juin 1924, art. 147, al. 1er.
3. Civ. 1re, 12 déc. 2006, n° 04-17.822, P I, n° 541 ; *Rec. jur. de l'Est* 2007. 1, obs. R. Schwob.
4. Règl. (CE) n° 1393/2007, Parlement et Conseil, 13 nov. 2007, relatif à la signification et à la notification dans les États membres des actes judiciaires et extrajudiciaires en matière civile ou commerciale (signification ou notification des actes), et abrogeant le règlement (CE) n° 1348/2000 du Conseil, *JOUE* L 324/79, 10 déc.
5. TI Mulhouse, 1er févr. 1993, *Rec. jur. de l'Est* 1993. 85.
6. Sur l'ensemble de la question, v. G. Hardy, « Exécution forcée immobilière en Alsace-Moselle et délais de distance », *RD loc.* juin 2014, p. 28.
7. L. 1er juin 1924, art. 151.

tribunal d'exécution qui pourra alors la déclarer close immédiatement. En revanche, la défaillance du débiteur ou du tiers acquéreur n'emporte jamais suspension de la procédure. Il en va de même des créanciers intervenants dont la convocation, et *a fortiori* la présence aux débats, ne sont que facultatives.

1323.22 Objet des débats. Selon l'article 147 alinéa 1er de la loi du 1er juin 1924, les débats portent « *sur les points à examiner, notamment la mise à prix, les conditions, l'époque, le mode et le lieu de l'adjudication* ». Cette liste n'est évidemment pas limitative. Plus généralement, le notaire devra interroger les parties sur toutes les circonstances, générales ou particulières, nécessaires à la préparation et à la réalisation de la vente. Ainsi, il lui appartiendra également de s'informer sur la situation locative de l'immeuble, son origine de propriété, *etc.*

Mais le **but** des débats n'est en aucun cas de parvenir, à tout prix, à un accord des parties sur tous les points à examiner, ce qui serait bien illusoire souvent. Il est seulement de permettre au notaire de recueillir leur **avis** avant d'arrêter lui-même toutes les conditions et modalités de la vente qu'il consignera dans le cahier des charges lui appartenant d'établir (v. s^s n° 1323.31).

À cet égard, la fixation de la **mise à prix**, qui constitue sans doute le point le plus important des débats, offre une excellente illustration du rôle respectif du notaire et des parties. Il résulte, en effet, d'une jurisprudence abondante, consacrée à cette question, les règles suivantes. Il n'est plus discuté depuis très longtemps que la mise à prix est fixée par le notaire, comme du reste toutes les autres conditions et modalités de la vente, dès lors qu'il lui appartient de rédiger le cahier des charges (v. s^s n° 1323.31 – sur l'ensemble de la question, v. not. le communiqué du Conseil régional des notaires sur la fixation de la mise à prix en cas d'exécution forcée sur les biens immeubles [1]). Mais pour ce faire, il ne dispose pas d'un pouvoir discrétionnaire. Outre qu'il agit toujours sous le contrôle du juge (v. s^s n° 1323.41), il doit veiller au respect des prescriptions suivantes. Sur ce point essentiel, le droit local se distingue fondamentalement du droit général de la saisie immobilière où la mise à prix est, en principe, fixée par le créancier poursuivant, lui-même, dans le cahier des conditions de vente, substitué à l'ancien cahier des charges :

– avant toute décision, il doit recueillir l'avis des parties à l'occasion des débats [2] ;

– si ces débats aboutissent à un accord du créancier poursuivant et du débiteur sur la mise à prix, celui-ci s'impose au notaire qui ne peut plus modifier la mise à prix ainsi convenu entre les parties [3] ;

– à défaut, le notaire doit fixer la mise à prix en tenant compte d'éléments objectifs, tels que l'état de l'immeuble, sa situation, les conditions du marché, pour parvenir à un compromis équitable entre les intérêts du créancier et du débiteur, assurant un prix attractif qui ne peut correspondre à la valeur vénale [4] ; à cet égard, il est généralement admis que la mise à prix peut correspondre à environ deux tiers de la valeur vénale [5]. En cas de contestation, la Cour de cassation reconnaît aux juges du fond un pouvoir souverain d'appréciation pour la fixation de la mise à prix [6] ;

– pour apprécier ces éléments objectifs, le notaire peut décider de recourir à une expertise ; mais dans ce cas également, il devra d'abord recueillir l'avis des parties à l'occasion des débats [7].

Toutes ces règles dégagées à l'occasion de la mise à prix sont évidemment applicables, *mutatis mutandis*, à toutes les autres conditions et modalités de la vente. L'essentiel au stade des débats étant de recueillir l'avis des parties présentes que le notaire devra prendre soin de consigner dans le procès-verbal.

1323.23 Procès-verbal. Le notaire dresse un procès-verbal de tous les débats qu'il organise [8]. Aucun texte ne prescrivant expressément son **contenu**, il est généralement admis qu'il doit rappeler les éléments essentiels de la procédure (ordonnance d'exécution forcée, identité des parties, désignation complète des immeubles, date, lieu et heure des débats, comparution des parties, *etc.*) et surtout retracer le plus fidèlement possible la teneur des débats. À ce titre, il appartient au notaire de consigner les **déclarations** des parties sur tous les points abordés et, le cas échéant, de préciser avec soin les **accords** qui ont pu intervenir ou les **décisions** qu'il a d'ores et déjà pu annoncer, avec les éventuelles réserves ou contestations des parties.

Sur la **forme**, il n'a jamais été contesté que le procès-verbal est rédigé et signé par le notaire. Mais la question de la **signature des parties** est bien plus controversée. En l'absence de décisions propres à la procédure d'exécution forcée immobilière, la pratique se référait habituellement aux solutions dégagées par la jurisprudence en matière de partage judiciaire où le notaire est aussi le

1. *Rec. jur. de l'Est* 1951. Doctr. 65.
2. V. NOT., TGI Strasbourg, 17 févr. 1961, *Rec. jur. de l'Est* 1961. 380 – TGI Mulhouse, 22 nov. 1950, *Rec. jur. de l'Est* 1951. 190.
3. Colmar, 7 févr. 1992, *Rec. jur. de l'Est* 1992. 56.
4. Metz, 14 oct. 1985, *Rev. jur. Alsace-Lorraine* 1986. 14.
5. Metz, 17 oct. 2024, R c/Caisse régionale du crédit agricole mutuel de Lorraine, RG n° 23/01893, minute n° 24/00288 ; Colmar, 20 sept. 1999, *Rec. jur. de l'Est* 2000. 63 – TI Mulhouse, 1er févr. 1993, *Rec. jur. de l'Est* 1993. 85 – V. AUSSI, MISCHLER, *J.-Cl.*, n° 62 ; MISCHLER, N° 258.
6. Civ. 2e, 8 mars 2007, n° 05-21.107, P II, n° 57 ; *Rec. jur. de l'Est* 2007. 64.
7. TI Saverne, 24 juin 1994, *Rec. jur. de l'Est* 1994. 109.
8. L. 1er juin 1924, art. 147, al. 2.

délégué du tribunal[1]. En la matière et en dernier lieu, après avoir imposé la signature de tous les procès-verbaux sur le fondement de l'article 195 C. pr. civ. relatif à la comparution personnelle des parties[2], les cours d'appel de Metz et de Colmar ont opéré la distinction suivante : les procès-verbaux qui constatent un accord, même partiel, des parties doivent comporter leur signature en vertu de l'article 130 C. pr. civ. ; en revanche, les autres, qui se limitent à des constatations matérielles faites par le notaire, sont dispensés de leur signature car au lieu de l'article 195 C. pr. civ. qui est écarté au motif que les débats devant le notaire ne sauraient être assimilés à une mesure de comparution personnelle, il faut faire application de l'article 241 de la loi du 1er juin 1924, prescrivant que la procédure de partage devant le notaire est régie par les prescriptions générales sur les opérations et les actes des notaires, lesquelles ne requièrent pas la signature des parties[3].

Malheureusement cette disposition particulière n'a pas d'équivalent dans la procédure d'exécution forcée immobilière. Cette difficulté a finalement été réglée par la Cour de cassation qui a jugé que « *l'article 147 de la loi du 1er juin 1924 n'impose pas que le procès-verbal établi par le notaire soit signé par les parties et que l'article 195 NCPC n'était pas applicable en l'espèce* »[4]. L'exclusion de l'article 195, comme celle de l'article 6 § 1 de la Convention européenne des droits de l'homme, s'explique sans doute par le fait que le notaire ne dispose pas de pouvoirs juridictionnels (sur ce point, v. ss no 1323.11). Mais alors, l'article 130 C. pr. civ. n'est pas plus applicable en la matière. Pour autant, faut-il alors en conclure que les procès-verbaux constatant un accord des parties ne requièrent pas non plus leur signature ? Il ne le semble pas car, à défaut, un tel procès-verbal risquerait d'être privé de toute force probante à l'égard des parties qui se sont engagées devant le notaire[5].

§ 2
Cahier des charges

1323.31 **Rédaction.** Selon l'article 147 alinéa 2 de la loi du 1er juin 1924, le notaire « *procède sans délai à la rédaction du cahier des charges* ». Mais cette prescription n'étant assortie d'aucune sanction, le notaire n'établira le cahier des charges que lorsqu'il aura réuni toutes les informations et pris toutes les décisions nécessaires à la vente[6]. C'est aussi à ce moment-là qu'il fera procéder à la mise à jour du Livre foncier prescrite également par l'article 147 alinéa 2 de la loi.

Il doit être rédigé en langue française, mais rien n'empêche l'utilisation de traductions au titre des documents annexés sous la réserve suivante : elles doivent être accomplies par un **traducteur assermenté** pour les documents qui participent du fond de l'acte (il s'agit des mentions obligatoires prévues à l'article 148 évoqué ci-après), une **traduction libre**, sous la responsabilité du notaire, n'étant possible que pour les documents annexés à titre d'information, tel que le procès-verbal des délibérations d'une société relatives à son gérant et à son siège social[7]. Son contenu est précisément prévu par l'article 148 alinéa 1er de la loi du 1er juin 1924 qui prescrit les **mentions obligatoires** suivantes :

– « *1o la teneur de l'ordonnance d'exécution forcée et la mention de la signification et de l'inscription de cette ordonnance* » ; il est aussi recommandé de mentionner, le cas échéant, les ordonnances d'adhésion d'autant que les créanciers intervenants sont susceptibles de poursuivre la procédure négligée par le poursuivant ;

– « *2o l'énonciation du titre exécutoire et de la sommation notifiée au tiers détenteur* » (il faut lire désormais « tiers acquéreur » bien que l'ordonnance du 15 septembre 2021[8] ait omis de procéder à cette modification) ; sans doute faut-il y ajouter aujourd'hui l'énonciation du commandement de payer préalable au débiteur (v. ss no 1322.32) ;

– « *3o les mises à prix et les conditions de la vente* » ; il s'agit ici des décisions incombant au notaire, sauf accord des parties lui retirant toute marge d'appréciation (v. ss no 1323.22) ; mais il n'a à faire figurer dans le cahier des charges que les conditions particulières qui nécessitent précisément une prise de décision et non les conditions générales résultant de la loi ; à ce titre, l'article 148 alinéa 2 de la loi du 1er juin 1924 prévoit expressément que « *les conditions de la vente résultant tacitement, soit du droit civil, soit de la présente loi [...] ne figurent pas au cahier des char-*

1. *J.-Cl. Alsace-Moselle*, par Lotz et Mischler, fasc. 362, nos 21 s. – Haegel, Schwob et Vallens, nos 149 à 151 – C. Lapp, « Contribution à deux questions concernant le partage judiciaire », *Rec. jur. de l'Est* 1996. Doctr. 7 – Mischler, *J.-Cl.*, no 54.
2. Metz, 17 oct. 1984, *Rec. jur. de l'Est* 1985. 128.
3. Metz, 16 déc. 1985, *Rec. jur. de l'Est* 1986. 63 – Colmar, 2 févr. 1993, *Rec. jur. de l'Est* 1993. 89 – Colmar, 29 mai 1998, *Rec. jur. de l'Est* 1998. 147.
4. Civ. 2e, 21 mars 2002, no 00-14.700, P (préc., v. ss no 1323.11).
5. En ce sens, C. Lapp, « Article 6-1 de la Convention européenne des droits de l'homme et procédure d'exécution forcée immobilière de droit local », *Rec. jur. de l'Est* 2002. Doctr. 29 s., spéc. p. 37 et 38.
6. En tout cas, le notaire, même s'il s'agit d'un second notaire désigné en remplacement du premier qui avait organisé les débats et dressé le procès-verbal, n'aura pas à convoquer à nouveau les intéressés (v. ss no 1323.21) avant de rédiger le cahier des charges : Civ. 2e, 1er oct. 2020, no 19-14.973, P ; *D.* 2020. 1961 ; v. R. Mischler, « Quel délai pour la rédaction du cahier des charges de l'adjudication ? », *Rev. dr. local* mai 2021. 13.
7. Civ. 2e, 14 avr. 2022, no 20-10.741, NP.
8. Ord. no 2021-1192, 15 sept. 2021, portant réforme du droit des sûretés, *JO* 16 sept., texte 19.

ges » ; il peut ainsi être prévu, par exemple, les modalités de paiement du prix d'adjudication (v. s^s nº 1323.152), la fourniture d'une garantie par l'adjudicataire (v. s^s nº 1323.91) ou le mode de répartition des frais entre la masse et l'adjudicataire (v. s^s nº 1323.151) ; si la propriété saisie comporte une sépulture, le cahier des charges doit la mentionner et prévoir un droit d'accès à la famille, car si la sépulture ne rend pas la propriété insaisissable, elle est elle-même inaliénable et insaisissable tout comme le sol qui la supporte (v. s^s nº 1322.05) ;

– « *4º le mode, les lieu, jour et heure de l'adjudication* » ; il s'agit là aussi de décisions qui incombent au notaire, sauf accord des parties et sous les deux réserves suivantes : *d'une part*, la date de l'adjudication ne peut se situer à plus de trois mois du jour où elle a été fixée (L. 1er juin 1924, art. 148, al. 3 – cette fixation résultant du cahier des charges, c'est sa rédaction qui fait courir le délai de trois mois et non les débats ou le procès-verbal qui en a été établi [1] ; par ailleurs, la méconnaissance de ce délai n'est sanctionnée par la nullité qu'en cas de grief en vertu du second alinéa de l'article 159 de la loi du 1er juin 1924 [2]) ; *d'autre part*, les dispositions de la loi de 1924, « *au sujet du mode d'adjudication* » (L. 1er juin 1924, art. 148, al. 2), n'ont pas à figurer dans le cahier des charges qui ne contient donc que les modalités particulières, telles que l'ordre de vente des biens immobiliers ou la vente par lots, le cas échéant.

1323.32 Annonce de l'adjudication. Sur la base du cahier des charges, le notaire doit ensuite rédiger une **annonce de l'adjudication** qui doit contenir les mentions prescrites à l'article 149 de la loi du 1er juin 1924 :

1º la date de l'ordonnance du tribunal d'exécution décidant la vente, les nom, prénom, profession et domicile du créancier poursuivant, du débiteur et du tiers acquéreur, la désignation des immeubles, la mise à prix, le mode, les lieu, jour et heure de l'adjudication ; ces mentions précises résultent de l'article 1er du décret du 20 juillet 1989 [3] qui a modifié le 1º de l'article 149 de la loi du 1er juin 1924, lequel imposait, dans sa rédaction initiale, la reproduction intégrale de l'ordonnance d'exécution forcée immobilière, ce qui était unanimement critiqué ;

2º l'avis que le cahier des charges et les actes de procédures complets sont déposés en l'étude du notaire et que chacun peut en prendre connaissance sans frais ;

3º un renvoi à l'alinéa 1er de l'article 159 de la loi du 1er juin 1924 qui prévoit la possibilité de soumettre au tribunal d'exécution les objections et observations concernant la procédure antérieure à l'adjudication (v. s^s nº 1323.41) ; ce renvoi devra notamment préciser le délai ouvert pour exercer ce recours (v. s^s nº 1323.42) ;

4º la sommation aux créanciers hypothécaires ou autres intéressés inconnus de faire valoir leurs droits par une inscription au Livre foncier avant l'inscription du procès-verbal d'adjudication ;

5º la sommation aux créanciers titulaires d'une sûreté publiée sur les immeubles par destination objet de l'ordonnance d'exécution d'avoir à déclarer leur créance, soit par une déclaration prise en procès-verbal par le notaire soit par la remise d'un acte signé d'un avocat ou notaire [4].

L'annonce ainsi rédigée devra faire l'objet de trois types de publication imposés par l'article 150 de la loi du 1er juin 1924 :

– affichage d'un exemplaire au tableau du tribunal d'exécution, ainsi qu'aux endroits destinés aux publications officielles dans la commune de situation des biens ; le premier affichage est constaté par une attestation du greffier, le second par une attestation du maire ou d'un huissier [5] ;

– insertion dans un journal d'annonces légales publié dans le ressort du tribunal d'exécution ; cette insertion est constatée par la production d'un exemplaire du journal [6] ;

– envoi sous pli recommandé d'exemplaires aux créanciers et autres titulaires de droits inscrits sur le Livre foncier, ainsi qu'aux créanciers à hypothèques légales connus et aux créanciers titulaires d'une sûreté publiée sur les immeubles par destination objet de l'ordonnance d'exécution [7] ; ces envois sont constatés par une attestation du notaire et de la poste [8].

Ces publications légales doivent avoir lieu dans les **délais** suivants : au plus tôt deux mois et plus tard deux semaines avant l'adjudication [9].

En outre, le notaire peut encore faire procéder à d'autres publications notamment par voie d'insertion d'extraits sommaires de l'annonce [10]. Pour ces **publications facultatives,** aucun délai n'est imposé, l'article 150 alinéa 2 visant exclusivement les publications obligatoires [11]. La pratique la plus couramment suivie par les notaires est de faire paraître dans

1. EN CE SENS, MISCHLER, nº 192.
2. Civ. 2e, 1er oct. 2020, nº 19-14.973, préc.
3. Décr. nº 89-511, 20 juil. 1989.
4. Mention aj. par Ord. nº 2021-1192, 15 sept. 2021, art. 35, II, 7º – V. E. Sander, « L'incidence de l'ordonnance du 15 septembre 2021 sur le droit local alsacien-mosellan des sûretés immobilières », *Rev. dr. local* juill. 2022. 93.
5. L. 1er juin 1924, art. 150, al. 3.
6. L. 1er juin 1924, art. 150, al. 4.
7. L. 1er juin 1924, art. 150, 3º (réd. issue de Ord. nº 2021-1192, 15 sept. 2021).
8. L. 1er juin 1924, art. 150, al. 4.
9. L. 1er juin 1924, art. 150, al. 2.
10. L. 1er juin 1924, art. 150, al. 5.
11. Cep., Colmar, 6 févr. 1930, *Rev. jur. Alsace-Lorraine* 1930. 540.

la presse, quelques jours avant l'adjudication, un rappel sous la forme d'un court extrait de l'annonce légale.

1323.33 **Notification.** Aucun texte ne prévoit la notification du cahier des charges dont chacun peut prendre connaissance, sans frais, en l'étude du notaire [1] (v. s^s nº 1323.32). En conséquence, le défaut de notification ne saurait entraîner la nullité de l'adjudication, mais dans ce cas, le délai ouvert pour contester le cahier des charges ne saurait courir. C'est la solution qui résulte d'un arrêt de la Cour de cassation [2], rendu dans une espèce où le cahier des charges avait été signifié dans la semaine précédant l'adjudication, alors que le délai était expiré (sur ce délai, v. s^s nº 1323.42). La Cour écarte la nullité de l'adjudication car aucun texte ne prévoit la notification du cahier des charges, mais elle juge que le délai de contestation n'a pu courir.

C'est la raison pour laquelle, il est généralement procédé, en pratique, à la notification du cahier des charges aux parties : créanciers, poursuivant et intervenants, débiteur et, le cas échéant, tiers acquéreur. Cette notification, qui se fait par pli recommandé avec demande d'avis de réception, rappelle alors expressément la possibilité de présenter des objections et observations dans les conditions de forme et de délai prévues à l'article 159 alinéa 1er de la loi du 1er juin 1924 [3].

En revanche, à l'égard des tiers, et en particulier des éventuels enchérisseurs, non seulement aucune notification n'est requise, mais le notaire n'a pas davantage à leur fournir une copie du cahier des charges qu'ils consultent librement en son étude [4].

§ 3
Objections et observations

1323.41 **Domaine.** Si le notaire joue le rôle principal dans la conduite de la procédure, il agit toujours sous le contrôle du tribunal d'exécution, appelé à intervenir par le biais des observations et objections qui peuvent lui être présentées tout au long de la procédure [5]. Celles-ci peuvent porter :

– sur le déroulement de la procédure jusqu'à l'adjudication (sur les contestations postérieures, v. s^s n°s 1323.111 à 1323.113), et notamment sur les convocations, l'organisation et la tenue des débats, les procès-verbaux, le cahier des charges, les publications, *etc.* ;

– sur toutes les décisions que le notaire est appelé à prendre et qui sont consignées parfois dans un procès-verbal des débats et, en tout cas, dans le cahier des charges ; il s'agit notamment de la mise à prix, des conditions et mode de l'adjudication, de ses lieu, jour et heure ;

– et normalement aussi sur le principe même des poursuites depuis que la jurisprudence a admis qu'il appartenait au tribunal d'exécution, même d'office dès la requête initiale, de vérifier la régularité du titre et l'existence de la créance invoquée (v. s^s nº 1321.32) ; mais il a été jugé que de telles objections doivent, sous peine d'irrecevabilité, être soulevées par la voie du pourvoi immédiat formé contre l'ordonnance ouvrant la procédure d'exécution forcée immobilière et ne peuvent donc plus l'être en cours de procédure sous la forme d'objections ou d'observations [6] ; une telle solution apparaît en contradiction avec l'article 163 de la loi du 1er juin 1924 qui autorise, au moins implicitement, des objections concernant la délivrance de la formule exécutoire et la créance elle-même jusqu'à l'adjudication ; pour résoudre cette contradiction, la seule solution est d'admettre que ces objections de fond doivent porter sur des faits **postérieurs** au jour où l'ordonnance d'exécution forcée immobilière est devenue définitive (v. en ce sens à propos du paiement de la dette [7]).

Dans le silence des textes, il est admis que les objections et observations peuvent être présentées par **tout intéressé** [8]. **Cette solution s'appuie d'abord sur le fait que le pourvoi immédiat est lui-même ouvert, à tout intéressé, contre toutes les décisions du tribunal d'exécution** (v. s^s n°s 1321.14 et 1321.15) ; *a fortiori* faut-il donc admettre que tout intéressé puisse critiquer les actes et décisions du notaire en présentant des objections ou observations qui constituent ainsi « *la première étape de la procédure de pourvoi* » [9]. Mais l'on peut aussi invoquer l'annonce de l'adjudication qui doit informer les tiers de la possibilité de former des observations ou objections par le renvoi à l'article 159 alinéa 1er qu'elle doit comporter (v. s^s nº 1323.32).

Les **parties**, créancier poursuivant, débiteur et tiers acquéreur, sont évidemment les premiers à pouvoir présenter des observations ou objections. Mais la jurisprudence déniait traditionnellement ce droit aux parties qui n'avaient pas assisté aux débats et à celles qui, présentes, n'avaient pas formulé de réserves [10]. Ces solutions, généralement critiquées, ont finalement été abandonnées, du moins par la cour d'appel

1. L. 1er juin 1924, art. 149, 2º.
2. Civ. 2e, 23 nov. 2006, nº 05-18.224, P II, nº 326 ; *Rec. jur. de l'Est* 2007. 3.
3. Mischler, *J.-Cl.*, nº 58.
4. Civ. 2e, 18 janv. 2024, nº 21-04.587, B.
5. L. 1er juin 1924, art. 158 et 159.
6. Colmar, 20 sept. 1999, *Rec. jur. de l'Est* 2000. 63.
7. Colmar, 15 juin 2001, *Rec. jur. de l'Est* 2002. 23.
8. Colmar, 3 avr. 1992, *Rec. jur. de l'Est* 1992. 60.
9. Colmar, 3 avr. 1992 (préc. s^s prés^t nº).
10. Metz, 14 oct. 1985, *Rev. jur. Alsace-Lorraine* 1986. 14 – Haegel, Schwob et Vallens, Nº 311.

de Colmar qui juge désormais de manière constante que ni l'absence aux débats, ni l'absence de réserves des parties présentes ne sauraient les priver de leur droit de contestation ; il ne peut en aller autrement que pour celles qui ont expressément manifesté leur accord [1]. Quant aux **tiers**, ils peuvent être admis à présenter des observations ou objections à condition qu'ils justifient d'un **intérêt légitime**. Il a ainsi été jugé qu'un tiers, ni créancier, ni débiteur, ni tiers acquéreur, n'a pas d'intérêt légitime à critiquer une mise à prix [2]. En revanche, un créancier, même chirographaire et non poursuivant, justifie d'un intérêt évident à critiquer la mise à prix [3].

1323.42 **Modalités.** Comme depuis le 1er janvier 2020, la **représentation par avocat est obligatoire** devant le tribunal d'exécution (v. s^s^ n° 1321.12), cette règle devrait s'appliquer aussi aux objections et observations ainsi élevées contre des décisions du notaire devant ce tribunal.

Les objections qui concernent la délivrance de la formule exécutoire ou la créance elle-même doivent obligatoirement être soulevées **avant l'adjudication**, faute de quoi elles ne seraient plus opposables à l'adjudicataire [4] (rappelons que ces objections doivent porter sur des faits postérieurs au jour où l'ordonnance d'exécution forcée immobilière est devenue définitive ; v. s^s^ n° 1323.41). Jusqu'à la désignation du notaire, celles-ci sont formées par déclaration au tribunal d'exécution, soit par écrit, soit verbalement, auquel cas, elles sont prises en procès-verbal par le greffier ; après sa désignation, elles le sont par déclaration au notaire. À défaut, ces objections ou observations ne seraient pas opposables à l'adjudicataire [5]. Mais ces dernières dispositions ont beaucoup perdu de leur intérêt depuis que le tribunal d'exécution peut trancher lui-même de telles objections. Il ne suffit donc plus de former une déclaration, mais l'intéressé doit saisir cette juridiction, soit à l'origine par un pourvoi immédiat contre l'ordonnance d'exécution forcée pour les griefs qui existent à cette date, soit en cours de procédure pour ceux qui apparaissent postérieurement, par déclaration écrite ou verbale, comme sont présentées toutes les autres objections (v. s^s^ n°s 1322.76 et 1323.41).

En effet, toutes les objections concernant la procédure antérieure à l'adjudication sont présentées, soit par **écrit**, soit par **déclaration** prise en procès-verbal par le greffier [6]. Mais elles doivent l'être au plus tard **une semaine** avant l'adjudication [7] (comme il n'existe plus de dispositions propres à la computation des délais en droit local, il faut faire application de celles prévues par le Code de procédure civile ; mais celui-ci ne connaît que les délais exprimés en jours, mois et années ; c'est la raison pour laquelle la Cour de cassation a jugé qu'un délai exprimé en semaine en droit local doit être assimilé à un délai exprimé en jours et donc soumis à l'article 641 C. pr. civ. [8] : à propos du délai de deux semaines prévu à l'article 190 alinéa 2 de la loi du 1er juin 1924, assimilé à un délai de 14 jours ; en conséquence, un délai d'une semaine équivaut à un délai de sept jours). Ce délai doit être indiqué dans l'annonce de l'adjudication pour être opposable aux tiers [9] et il ne court à l'égard des parties que si le cahier des charges leur a été notifié plus d'une semaine avant l'adjudication [10] (v. aussi s^s^ n° 1323.33). Il s'agit évidemment du délai ultime au-delà duquel ces objections ne sont plus recevables et la fin de non-recevoir qui en résulte a été jugée d'ordre public, de sorte qu'elle doit être relevée d'office par le juge [11] (ainsi, il a été jugé que des observations et objections, « *formées par télécopie de surcroît après l'heure de fermeture du secrétariat-greffe* » et par un écrit déposé au greffe après l'expiration du délai de sept jours, sont tardives [12]). En revanche, la cour d'appel saisie sur pourvoi immédiat contre la décision d'un tribunal d'exécution ayant statué d'office sur ce point n'a plus besoin de provoquer de débat contradictoire [13]. Mais auparavant, des objections ou observations sont toujours possibles ; elles peuvent donc, dans cette limite, être présentées à tout moment, et si nécessaire, à plusieurs reprises.

1323.43 **Effets.** Pas plus que le pourvoi immédiat en la matière (v. s^s^ n° 1321.16), les objections ou observations **ne produisent d'effet suspensif**, si bien que la procédure doit se poursuivre. Mais le notaire hésitera souvent à continuer ses diligences et préférera surseoir dans l'attente de la décision du tribunal. Le créancier poursuivant pourrait alors, à son tour, élever une objection contre cette décision ou attitude du notaire. Mais en pratique, elle ne sera généralement pas tranchée avant celles qui l'ont motivée.

1. V. NOT., Colmar, 15 mars 1996, RG n°s 12195/96, Kohler, *et* 12197/96, Mann, inéd., citées par MISCHLER, n° 260 – Colmar, 6 oct. 2000, *Rec. jur. de l'Est* 2001. 29.
2. HAEGEL, SCHWOB et VALLENS, n° 311.
3. V. pourtant, TGI Strasbourg, 17 févr. 1961, *Rec. jur. de l'Est* 1961. 380.
4. L. 1er juin 1924, art. 163.
5. L. 1er juin 1924, art. 163.
6. L. 1er juin 1924, art. 159, al. 1er.
7. L. 1er juin 1924, art. 159, al. 1er.
8. Civ. 2e, 14 févr. 2002, n° 99-13.000, NP ; *Rec. jur. de l'Est* 2002. 43, obs. R. Schwob.
9. Colmar, 3 avr. 1992, *Rec. jur. de l'Est* 1992. 60.
10. Civ. 2e, 23 nov. 2006, n° 05-18.224, P II, n° 326 ; *Rec. jur. de l'Est* 2007. 3.
11. Civ. 2e, 9 nov. 2006, n° 05-18.758, P II, n° 308 ; *Rec. jur. de l'Est* 2006. 156.
12. Civ. 2e, 28 janv. 2016, n° 14-26.355, NP ; *Rev. dr. loc.* juin 2016, p. 25.
13. Civ. 2e, 9 nov. 2006, n° 05-18.758, P (préc. s^s^ prés^t^ n°).

Quoi qu'il en soit, il appartient au tribunal d'exécution d'apprécier les irrégularités qui lui sont déférées et d'en tirer toutes les conséquences sur la procédure en cours. À cet égard, l'article 159 alinéa 2 de la loi du 1er juin 1924 prévoit expressément que « *les infractions aux prescriptions sur la procédure entraînent la nullité complète ou partielle, selon l'importance des prescriptions enfreintes, l'étendue des infractions et le préjudice vraisemblablement causé aux parties intéressées* ». Le tribunal dispose ainsi d'un large pouvoir d'appréciation pour prononcer la sanction la plus appropriée aux circonstances de chaque espèce. Mais il ne saurait en aucun cas, en présence d'irrégularités dûment constatées, « *valider* » la procédure sans rechercher si les conditions d'une nullité, totale ou partielle, sont remplies au regard des critères posés par l'article 159 alinéa 2 de la loi du 1er juin 1924[1]. Mais pour l'appréciation de ces critères, il dispose d'un pouvoir souverain[2].

Quant aux frais afférents aux actes annulés, ils sont à la charge du notaire dont la faute a entraîné l'annulation (L. 1er juin 1924, art. 159, al. 3 qui, dans sa rédaction issue de Décr. 5 déc. 1975[3], art. 37, renvoie désormais à C. pr. civ., art. 698 – auparavant il renvoyait à C. pr. civ. loc., art. 102, qui autorisait le juge à condamner le notaire, même d'office, à supporter les frais auxquels il aura donné lieu par sa faute lourde).

1323.44 **Voies de recours.** Comme toutes les décisions du tribunal d'exécution (v. ss no 1321.14), celles statuant sur des objections ou observations sont susceptibles d'un pourvoi immédiat dans les quinze jours de leur notification. Elle se fait par lettre recommandée avec demande d'avis de réception et par signification si l'avis ne revient pas signé (v. ss no 1321.15). Pour les intéressés demeurant à l'étranger, elle est adressée dans ces formes au fondé de pouvoir désigné dans le département où le notaire est établi (C. pr. civ., art. 21 et 44 Annexe). Mais à défaut de désignation, il faudra procéder comme pour les convocations incombant au notaire (v. ss no 1323.21). Dans tous les cas, la notification devra indiquer le délai et les formes du pourvoi immédiat ouvert sous peine de nullité (v. ss no 1321.15).

Mais cette voie de recours n'est jamais ouverte directement contre les actes ou décisions du notaire consignées dans un procès-verbal ou dans le cahier des charges. Les objections ou observations constituent donc toujours le préalable nécessaire du pourvoi immédiat. C'est sur ce fondement qu'un pourvoi immédiat a été requalifié en « *objections et observations* » et renvoyé devant le tribunal d'exécution pour être tranché[4]. Comme depuis le 1er janvier 2020, la **représentation par avocat est obligatoire** devant le tribunal d'exécution (v. ss no 1321.12), cette règle devrait s'appliquer aussi au pourvoi immédiat formé contre les décisions de ce tribunal rendues sur des objections et observations, comme contre toutes les autres décisions de ce tribunal (v. ss no 1321.15).

SECTION 2

DÉROULEMENT DE L'ADJUDICATION

1323.50 **Plan.** L'adjudication est prononcée par le notaire au terme d'enchères publiques qu'il organise (§ 1) et constatée dans un procès-verbal (§ 2) qu'il dresse et fait publier. Mais comme la procédure antérieure, elle peut faire l'objet d'objections et d'observations (§ 3) susceptibles de la remettre en cause.

§ 1
Enchères publiques

1323.60 **Plan.** Elles sont ouvertes par le notaire (A) et aboutissent à la désignation de l'adjudicataire qui est le dernier des enchérisseurs, et à défaut, le créancier poursuivant lui-même (B).

A.
Ouverture des enchères

1323.71 **Créancier poursuivant.** Les enchères sont ouvertes les jour et heure fixés à condition que le créancier poursuivant soit **présent**, personnellement ou par son mandataire (la présence du créancier s'apprécie au moment de l'ouverture des enchères – sur ce moment, v. ss no 1323.72 – en conséquence, il peut encore arriver pendant l'accomplissement des formalités préalables, v. ss no 1323.72 – et s'il se retire après l'ouverture des enchères, il sera néanmoins considéré comme présent avec toutes les conséquences qui s'y attachent[5] ; en présence du créancier, et *a fortiori* s'il requiert expressément la vente forcée, le notaire ne saurait engager sa responsabilité s'il la poursuit, même pour le seul recouvrement des frais laissés impayés, dès lors que les débiteurs n'avaient pas obtenu de sursis à l'exécution et qu'il ne peut décider de lui-même de surseoir à la vente[6]). À défaut, « *la procédure est close* »[7] (cependant cette sanction n'est pas applicable en cas

1. Civ. 16 juin 1931, *Rev. jur. Alsace-Lorraine* 1931. 643.
2. Civ. 2e, 23 nov. 2006, no 05-18.224, P (préc., v. ss no 1323.42).
3. Décr. no 75-1122, 9 déc. 1975, abrogeant et modifiant certaines dispositions en matière de procédure civile, *JO* 9 déc., p. 12518.
4. Colmar, 31 mars 1995, *Rec. jur. de l'Est* 1995. 67.
5. EN CE SENS : MISCHLER, no 202.
6. Civ. 2e, 9 juin 2005, no 02-13.683, P II, no 148 ; *Rec. jur. de l'Est* 2005. 99.
7. L. 1er juin 1924, art. 151, al. 1er.

de report de la vente forcée décidé dans le cadre d'un accord transactionnel signé la veille du jour fixé ; si par la suite, cet accord n'est pas respecté, il suffira au créancier de reprendre la procédure devant le notaire[1]). Mais les créanciers peuvent encore échapper à cette clôture de deux manières.

D'une part, le **créancier poursuivant** peut saisir le tribunal d'exécution, dans les **deux semaines**, d'une demande de **reprise** de la procédure qui sera ordonnée s'il démontre qu'il a été empêché de comparaître sans négligence de sa part[2]. S'il est fait droit à sa demande, le notaire devra fixer une nouvelle date pour l'adjudication et procéder à sa publication conformément aux dispositions de l'article 150 de la loi du 1er juin 1924[3] (v. ss no 1323.32), sous réserve des délais qui dans ce cas sont d'un mois au plus tôt et de deux semaines au plus tard avant l'adjudication[4]. Quant au débiteur et au créancier, ils sont informés par lettre recommandée[5]. Si la procédure n'est pas reprise, le créancier poursuivant n'est évidemment pas déchu de son droit de poursuite ; il pourra engager une nouvelle procédure d'exécution forcée *ab initio*[6]. Mais en tout état de cause, il devra toujours supporter les frais occasionnés par sa non-comparution[7].

D'autre part, l'article 151 alinéa 1er *in fine* prescrit expressément la clôture de la procédure « *sous réserve du droit que peut avoir un autre créancier de la reprendre* ». Il s'agit de l'application concrète de la faculté ouverte, par l'article 143 alinéa 2 de la loi du 1er juin 1924, aux **créanciers intervenants**, de reprendre, en tout état de cause, la procédure négligée ou abandonnée par le poursuivant (v. ss no 1322.71). En conséquence, un créancier intervenant, **présent** à l'adjudication, pourra immédiatement reprendre la procédure qui se poursuivra sur-le-champ, sans qu'il soit nécessaire de revenir au stade de la mise à prix, ni de reporter l'adjudication[8]. Mais ces créanciers, ne disposant pas de plus de droits que le poursuivant lui-même (v. ss no 1322.71), subiront la clôture de la procédure s'ils sont absents et n'auront alors d'autre possibilité que de solliciter une reprise judiciaire dans les conditions de l'article 151 alinéa 2 (en ce sens, une note du Conseil régional des notaires de la cour d'appel de Colmar[9] qui se réfère à un ancien avis de la cour d'appel de Colmar en sa séance plénière du 29 mai 1888, toujours d'actualité sur ce point). À défaut, il leur appartiendra d'engager une nouvelle procédure d'exécution forcée immobilière car, *a fortiori*, ils n'encourent aucune déchéance de leur droit d'action de ce chef.

1. Colmar, 12 mars 2004, *Rec. jur. de l'Est* 2004. 117.
2. L. 1er juin 1924, art. 151, al. 2.
3. L. 1er juin 1924, art. 151, al. 2.
4. L. 1er juin 1924, art. 151, al. 2.
5. L. 1er juin 1924, art. 151, al. 2.
6. Colmar, 17 déc. 1993, *Rec. jur. de l'Est* 1994. 63.
7. L. 1er juin 1924, art. 151, al. 3.
8. Colmar-Metz, 21 nov. 1956, *Rev. jur. Alsace-Lorraine* 1957. 137 ; *Rec. jur. de l'Est* 1957. 185, note du Conseil régional des notaires de la cour d'appel de Colmar.
9. Note ss Colmar-Metz, 21 nov. 1956, *Rec. jur. de l'Est* 1957. 185.

1323.72 **Formalités.** Outre la présence obligatoire du créancier poursuivant ou d'un intervenant acceptant de reprendre la procédure (v. ss no 1323.71), l'ouverture des enchères suppose encore l'accomplissement par le notaire des deux **formalités préalables** suivantes, prévues à l'article 152 de la loi du 1er juin 1924 :

– il doit informer les personnes présentes des pièces de la procédure et des procès-verbaux des débats sur les contestations qu'il a tenus à la disposition de tout intéressé auparavant[10] ; il ne s'agit pas pour le notaire de donner lecture de tous ces documents, mais de donner connaissance des informations essentielles, et tout particulièrement, d'attirer l'attention sur l'existence d'objections non encore tranchées et susceptibles d'affecter la validité de la procédure ;

– en revanche, il doit donner lecture des conditions de la vente[11] ; il s'agit ici de la lecture du cahier des charges dont il ne peut donc faire l'économie ; en outre, il doit donner une indication approximative des frais tombant à la charge de la masse, ce qui permettra aux créanciers présents d'apprécier plus précisément les chances de recouvrement de leur créance au regard des enchères successives (sur ces frais, v. ss no 1323.151).

Ces formalités accomplies, le notaire pourra enfin **ouvrir les enchères**. Pour ce faire, la loi ne prescrit aucune formalité particulière, et notamment l'allumage des bougies n'est nullement requis dès ce stade, elle ne sera indispensable que pour le prononcé de l'adjudication (v. ss no 1323.91). Le plus simple est que le notaire prononce expressément l'ouverture, mais celle-ci pourrait résulter aussi directement ou indirectement de tout autre fait ou acte, pourvu qu'il soit non équivoque. Quoi qu'il en soit, c'est après cette ouverture que les immeubles sont mis aux enchères sur les mises à prix[12] et que les enchérisseurs peuvent alors porter leurs mises.

B. Enchérisseurs

1323.81 **Capacité.** L'article 154 alinéa 1er de la loi du 1er juin 1924 exclut des enchérisseurs, le juge d'instance, le greffier, le notaire et le débiteur. Toute autre personne, et en particulier le créancier poursui-

10. L. 1er juin 1924, art. 152, al. 1er.
11. L. 1er juin 1924, art. 152, al. 2.
12. L. 1er juin 1924, art. 152, al. 3.

vant ou les éventuels créanciers intervenants, peuvent se porter enchérisseur à la seule condition de respecter les règles de capacité de droit commun.

Mais la question s'est posée de savoir si l'**avocat** représentant, le cas échéant, le créancier poursuivant, peut se porter personnellement enchérisseur. Cette faculté était exclue traditionnellement pour la saisie immobilière du droit général par l'article 711 C. pr. civ. sous peine de nullité et de dommages-intérêts. La Cour de cassation l'a admis aux motifs que l'article 711 n'est pas applicable en Alsace-Moselle et que la liste fournie par l'article 154 alinéa 1er de la loi du 1er juin 1924 est limitative[1]. Cette solution n'a pas été remise en cause par la réforme de la saisie immobilière dans la mesure où l'article 72 du décret du 27 juillet 2006[2] (devenu C. pr. exéc., art. R. 322-39[3]), qui a pris la suite de l'article 711 et qui a étendu l'interdiction à tous les auxiliaires de justice étant intervenus à un titre quelconque dans la procédure, n'est pas non plus applicable en droit local.

1323.82 **Modalités.** Tout enchérisseur peut porter **personnellement** ses mises ou se faire représenter par **tout mandataire** de son choix (il s'agit d'une différence essentielle avec la saisie immobilière du droit général où les enchères sont obligatoirement portées par un avocat admis à postuler devant le tribunal de grande instance chargé de la procédure ; cette règle a été maintenue par la réforme de la saisie immobilière, mais désormais, selon l'article 73 alinéa 3 du décret du 27 juillet 2006 (devenu C. pr. exéc., art. R. 322-40), un avocat ne peut plus être porteur que d'un seul mandat), pourvu d'un mandat spécial déposé au rang des minutes du notaire s'il n'est avocat (v. ss no 1323.21). La forme des enchères n'est prescrite par aucun texte, mais il n'est pas contesté qu'elles doivent toujours être **publiques.** À ce titre, un arrêt, rendu à propos d'une adjudication intervenue dans le cadre d'un partage judiciaire, dont la solution est sans doute transposable à la procédure d'exécution forcée immobilière[4], a jugé qu'une enchère doit être déclarée par l'enchérisseur ou par son mandataire, « *au vu du public et de manière intelligible* », de sorte que sont irrégulières « *des enchères par signes, billets, communications particulières, verbales ou autres au notaire* »[5].

Tout enchérisseur reste tenu par sa mise jusqu'à ce qu'elle soit couverte par une **mise supérieure,** à moins que celle-ci ne soit « *immédiatement déclarée irrecevable par le notaire ou contestée par un intéressé, dans les conditions de l'article 154* »[6]. Une enchère peut donc être immédiatement déclarée irrecevable par le notaire ou contestée par un intéressé si elle émane d'une personne interdite d'enchères par l'article 154 de la loi du 1er juin 1924 (v. ss no 1323.81). Il est même admis que le notaire pourrait immédiatement déclarer irrecevable une enchère émanant d'un incapable ou contraire au cahier des charges (par ex., non-fourniture d'une caution qui y serait prévue[7]) ; à défaut, une telle enchère pourrait, en tout cas, faire l'objet d'objections ultérieures (v. ss nos 1323.111 à 1323.113). Quoi qu'il en soit, une enchère immédiatement déclarée irrecevable ou contestée ne lie pas son auteur et laisse donc subsister l'enchère antérieure.

Dans tous les cas, c'est le dernier enchérisseur, dont la mise a ainsi été la plus élevée, qui sera déclaré adjudicataire dans les conditions ci-après.

C. Adjudicataire

1323.91 **Dernier enchérisseur.** Selon l'article 153 alinéa 1er de la loi du 1er juin 1924, « *l'article mis en vente est adjugé aussitôt que trois bougies, dont chacune aura brûlé au moins pendant une minute, se seront successivement éteintes sans nouvelle enchère* ». C'est donc à ce stade que l'**allumage des bougies** devient indispensable ; sans cette formalité substantielle, aucune adjudication ne saurait régulièrement être prononcée. En principe, le notaire se sert de bougies spéciales, préparées d'avance, dont la durée de feu est d'au moins une minute (la possibilité de recourir à tout moyen visuel ou sonore signalant au public chaque minute écoulée, introduite en droit général par l'article 78 du décret du 27 juillet 2006 (devenu C. pr. exéc., art. R. 322-45), ne pourra être utilisée en droit local). Mais il a été jugé qu'il n'est pas obligé d'attendre que les bougies se consument d'elles-mêmes et qu'il peut donc les éteindre lui-même dès qu'il s'est assuré, « *montre en main* », qu'elles ont brûlé au moins une minute[8].

L'adjudicataire ainsi désigné devra fournir la garantie prévue au cahier des charges, le cas échéant (v. ss no 1323.31). À défaut, il pourra être tenu, « *à la requête d'un intéressé [...] de fournir immédiatement une caution convenable ou une autre garantie* »[9]. Cette demande peut émaner de tout intéressé, c'est-à-dire

1. Civ. 6 janv. 1937, *Rev. jur. Alsace-Lorraine* 1937. 200.
2. Décr. no 2006-936, 27 juill. 2006, relatif aux procédures de saisie immobilière et de distribution du prix d'un immeuble, *JO* 29 juill., texte 26.
3. Décr. no 2012-783, 30 mai 2012, relatif à la partie réglementaire du Code des procédures civiles d'exécution, *JO* 31 mai, p. 9375.
4. LOTZ, no 98.
5. Colmar, 18 mars 1958, *Rec. jur. de l'Est* 1958. 239, concl. av. gén. Sutter et note Hauger.
6. L. 1er juin 1924, art. 153, al. 3.
7. EN CE SENS : Fr. LOTZ, no 99.
8. Colmar, 2 févr. 1934, *Rev. jur. Alsace-Lorraine* 1934. 482.
9. L. 1er juin 1924, art. 154, al. 2.

de toute personne ayant intérêt à ce que le prix soit payé, comme un créancier, poursuivant, intervenant ou inscrit, le débiteur, voire le tiers acquéreur. Quant au choix de la garantie à fournir, le texte est très souple, l'essentiel semblant être qu'elle soit sérieuse. Il peut ainsi s'agir d'une caution bancaire ou d'une garantie hypothécaire, mais aussi de la production d'un extrait de compte bancaire accompagné de l'engagement de la banque de verser les fonds ou même de la caution d'un tiers solvable. En tout cas, la prudence impose que tout enchérisseur prenne la précaution de se munir d'une telle garantie de nature à couvrir la mise qu'il est décidé à porter car, le cas échéant, elle doit être fournie sur-le-champ, sous peine de déchéance de la qualité d'adjudicataire. En effet, si l'adjudicataire ne fournit pas immédiatement de garantie lorsqu'il y est requis, de deux choses l'une, selon l'article 154 alinéa 2 :

– ou bien l'intéressé renonce finalement à sa demande et l'adjudication reste acquise ;

– ou bien il persiste, et dans ce cas, « *il est procédé à de nouvelles enchères sur la mise encore valable ou, à son défaut, sur la mise à prix* » ; autrement dit, l'adjudication est écartée et la vente forcée doit être recommencée ; mais elle débutera à la dernière enchère valable ayant précédé l'adjudication, et ce n'est qu'à défaut, qu'elle reprendra à la mise à prix.

Si au contraire l'adjudicataire fournit la garantie requise, la vente est achevée, mais il ne deviendra pas nécessairement le propriétaire de l'immeuble. En effet, il dispose alors d'un délai de **trois jours** à compter de l'adjudication pour déclarer par-devant le notaire qu'il a enchéri **pour le compte d'un tiers,** c'est la **déclaration de command** (désormais interdite en droit général par l'article L. 322-8 C. pr. exéc. [1]), si bien que l'article R. 322-46 C. pr. exéc. impose à l'avocat du dernier enchérisseur de déclarer **au greffier, avant l'issue de l'audience, l'identité de son mandat.** Si ce tiers confirme, dans le même délai et la même forme, cette déclaration, alors il est réputé adjudicataire direct, c'est dire que tout se passe comme s'il avait été adjudicataire *ab initio.* Mais pour autant, le premier adjudicataire n'est pas libéré de toute obligation puisqu'il devient alors codébiteur solidaire du paiement du prix d'adjudication [2].

Tout ce mécanisme suppose évidemment qu'un enchérisseur se manifeste pour au moins couvrir la mise à prix. À défaut, c'est le créancier poursuivant qui sera déclaré adjudicataire.

1323.92 Créancier poursuivant. En effet, « *si la mise à prix n'est pas couverte, le créancier poursuivant est déclaré adjudicataire* » [3]. Le créancier poursuivant visé est évidemment celui qui a cette qualité au moment de l'adjudication ; il peut donc s'agir soit du poursuivant initial, soit d'un créancier intervenant ayant repris la procédure entre-temps (v. s[s] n° 1322.71), fût-ce le jour de l'adjudication en cas d'absence du créancier poursuivant (v. s[s] n° 1323.71). Cette solution est aussi admise en droit général, sauf que la mise à prix pour laquelle le poursuivant est déclaré adjudicataire, en cas de carence d'enchères, est celle qu'il avait lui-même fixée dans le cahier des charges. Mieux encore, dans l'hypothèse particulière où la mise à prix est fixée par le juge sur recours du débiteur dont le logement principal est saisi, la loi du 23 janvier 1998 avait institué un système d'enchères descendantes, de manière à aboutir, en cas de carences successives d'enchères, à l'adjudication au poursuivant pour la mise à prix initiale. Il est vrai que la loi du 29 juillet 1998 relative à la lutte contre les exclusions avait abrogé ce système et prévu de déclarer le poursuivant adjudicataire pour la mise à prix fixée par le juge. Mais cette disposition a été déclarée contraire à la Constitution, car portant atteinte au droit de propriété [4], et la réforme de la saisie immobilière a logiquement repris ce mécanisme des enchères descendantes inscrit désormais aux articles 2206 C. civ. (devenu C. pr. exéc., art. L. 322-6) et 80 du décret du 27 juillet 2006 (devenu C. pr. exéc., art. R. 322-47 – v. sur une critique de ce mécanisme [5]). En revanche, aucune modification n'a été apportée au droit local dont la constitutionnalité semble ainsi en cause sur ce point, sauf dans les cas où la mise à prix est fixée avec l'accord du créancier poursuivant. Mais seul le créancier pourrait s'en prévaloir pour poser, le cas échéant, une question prioritaire de constitutionnalité, et certainement pas le débiteur [6].

§ 2
Procès-verbal d'adjudication

1323.101 Contenu. Le notaire doit établir un procès-verbal d'adjudication qui doit contenir toutes les mentions prévues par l'article 157 de la loi du 1er juin 1924 :

– « *une mention de l'ordonnance d'exécution forcée et du cahier des charges* » ;

1. Décr. n° 2012-783, 30 mai 2012, relatif à la partie réglementaire du Code des procédures civiles d'exécution, *JO* 31 mai, p. 9375.
2. L. 1er juin 1924, art. 155.
3. L. 1er juin 1924, art. 153, al. 2.
4. Cons. const. 29 juill. 1998, n° 98-403 DC, *JO* 31 juill. 1998.
5. Ph. Hoonakker, « Réflexions sur l'adjudication au poursuivant à défaut d'enchère », *Mél. Simler*, Dalloz-LexisNexis-Litec, 2006, p. 867.
6. Colmar, 14 mars 2014, min. n° 12 M 68/14, SCI Le Manège c/CCM Bourse – TI Strasbourg, 28 mars 2014, n° 14-14-049, Banque populaire d'Alsace c/SCI Seize.

– « *la désignation du créancier poursuivant* [...] *du débiteur et du tiers acquéreur* » ;

– « *la date de l'annonce d'adjudication et de sa publication* » ;

– « *la constatation que toutes les pièces de la procédure ont été exposées et portées à la connaissance des personnes présentes à l'adjudication* » ;

– « *la constatation qu'il a été donné lecture des conditions de l'adjudication* », *c'est-à-dire du cahier des charges ;*

– « *la désignation de chaque immeuble mis en adjudication ; mais il suffit, à ce titre, de renvoyer au cahier des charges* » ;

– « *l'indication des plus forts enchérisseurs* » ; il n'est donc pas nécessaire d'énumérer exhaustivement toutes les enchères qui ont été portées, mais seulement d'indiquer les plus fortes, c'est-à-dire les dernières ;

– « *la constatation de l'adjudication faite dans la forme prescrite à l'article 153* » (v. s^s n° 1323.91) ; il a été jugé[1], à ce titre, que le procès-verbal doit renfermer toutes les mentions propres à établir la régularité de l'adjudication, et en particulier, que les enchères ont été portées publiquement (sur cette exigence et ses conséquences, v. s^s n° 1323.82), pour permettre à l'autorité judiciaire d'exercer son contrôle ;

– « *la désignation de la garantie fournie* » ; cette mention suppose évidemment qu'une garantie ait été sollicitée au moment de l'adjudication (v. s^s n° 1323.91) ;

– « *la désignation des fondés de pouvoir que les adjudicataires ont pu désigner pour recevoir les significations* » ; curieusement la désignation des adjudicataires eux-mêmes n'est pas expressément requise, mais elle résulte sans doute de la mention de l'adjudication elle-même ;

– « *la déclaration que l'acquisition a été faite pour des tiers* » ; il s'agit ici de l'application de l'article 155 de la loi du 1er juin 1924 (v. s^s n° 1323.91) ; mais en pratique, cette déclaration n'intervient quasiment jamais le jour de l'adjudication où ce procès-verbal est établi car, par hypothèse, le tiers, qui recourt à la déclaration de command, ne souhaite pas que son identité soit révélée à cette occasion ; en conséquence, le notaire est généralement conduit à constater la double déclaration de l'adjudicataire et du tiers dans un procès-verbal distinct et postérieur.

Si l'article 157 détaille ainsi de manière très précise toutes les mentions requises, il ne désigne pas les personnes appelées à signer le procès-verbal d'adjudication. Dans ces conditions, il faut sans doute appliquer les solutions dégagées pour les procès-verbaux des débats (v. s^s n° 1323.23). À ce titre, le procès-verbal doit certainement être signé par le notaire, et sans doute par le créancier poursuivant (s'il ne s'est pas retiré après l'ouverture des enchères ; sur ce point, v. s^s n° 1323.71) et l'adjudicataire, voire le débiteur, du moins s'il devait renoncer à élever toute objection contre l'adjudication[2]. En revanche, les différents enchérisseurs n'ont certainement pas à le signer.

1323.102 Publication. En vue de la publication de l'adjudication au Livre foncier, le notaire doit préparer une **expédition** du procès-verbal et du cahier des charges[3]. Mais l'inscription ne pourra avoir lieu que lorsque l'adjudication sera devenue **définitive**[4], c'est-à-dire si aucune objection n'a été élevée dans les délais ouverts ou, en cas d'objections, lorsque celles-ci auront été définitivement tranchées (v. s^s n° 1323.121).

De même, des **extraits** du procès-verbal d'adjudication sont délivrés à l'adjudicataire à condition qu'il justifie avoir satisfait aux conditions préalables[5], c'est-à-dire au paiement des sommes qu'il doit (v. s^s n°s 1323.151 et 1323.152).

§ 3
Objections et observations

1323.111 Domaine. Après l'adjudication, les seules objections et observations encore possibles sont celles élevées contre la **procédure d'adjudication.** Celles concernant la procédure antérieure ne sont plus recevables à l'expiration de la semaine qui précède le jour de l'adjudication (v. s^s n° 1323.42)[6]. Quant à celles portant sur le principe des poursuites, qu'elles concernent le titre exécutoire ou la créance invoquée, elles ne peuvent plus être élevées au préjudice de l'adjudicataire[7] (v. s^s n° 1323.42).

1323.112 Régime. Ces objections ou observations doivent être produites au plus tard deux semaines après l'adjudication[8] (rappelons qu'un délai de deux semaines doit être assimilé pour sa computation à un délai de quatorze jours et que conformément à l'article 641 C. pr. civ., le *dies a quo* ne compte pas ; v. s^s n° 1323.42). Pour le surplus, les règles applicables sont les mêmes que celles régissant les objections et observations antérieures (v. s^s n°s 1323.42 à 1323.44). Elles sont donc formées par déclaration écrite ou verbale, peuvent conduire à la nullité totale ou partielle de la procédure et les frais des actes annulés sont mis à la charge du notaire dont la faute a, le cas échéant, entraîné l'annulation. Quant aux décisions ainsi rendues par le tribunal d'exécution,

1. Colmar, 18 mars 1958, *Rec. jur. de l'Est* 1958. 239, concl. av. gén. Sutter et note Hauger.

2. EN CE SENS : MISCHLER, *J.-Cl.*, n° 66 ; MISCHLER, n° 210.
3. L. 1er juin 1924, art. 160.
4. L. 1er juin 1924, art. 194.
5. L. 1er juin 1924, art. 160.
6. V. NOT., Colmar, 27 août 2001, *Rec. jur. de l'Est* 2001. 155.
7. L. 1er juin 1924, art. 163.
8. L. 1er juin 1924, art. 159, al. 1er.

elles peuvent être frappées d'un pourvoi immédiat (en revanche, cette voie de recours est irrecevable si elle est dirigée directement contre un acte du notaire, et en particulier, contre le procès-verbal d'adjudication, mais elle peut alors être requalifiée en « *objections et observations* » et être jugée à ce titre par le tribunal d'exécution[1]).

1323.113 **Effet suspensif.** Alors que les objections et observations antérieures à l'adjudication ne produisent aucun effet suspensif et n'empêchent donc pas la poursuite de la procédure (v. s^s^ n° 1323.43), il n'en va plus de même après l'adjudication. En effet, celle-ci ne produit ses effets que lorsqu'elle est devenue définitive (v. s^s^ n° 1323.121). En conséquence, le délai de deux semaines pour élever des objections après l'adjudication, tout comme les objections elles-mêmes, produisent un effet suspensif par rapport à l'adjudication. Mieux encore, s'il subsiste des objections antérieures, celles-ci produiront le même effet, car l'adjudication n'est définitive que lorsque toutes les objections, quelles qu'elles soient, ont été définitivement tranchées.

SECTION 3
EFFETS DE L'ADJUDICATION

1323.121 **Caractère définitif.** L'adjudication emporte des effets à l'égard des créanciers par la purge des hypothèques, à l'égard du débiteur ou du tiers acquéreur qui doit délaisser l'immeuble et à l'égard de l'adjudicataire qui doit remplir ses obligations et bénéficiera des droits attachés à l'immeuble.

Mais tous ces effets ne se produisent que lorsque l'adjudication est définitive[2] (s'agissant des effets à l'égard du débiteur ou du tiers acquéreur et à l'égard de l'adjudicataire, v. s^s^ n°s 1323.141 et 1323.151 – L. 1er juin 1924, art. 194, al. 1er, s'agissant de la purge, v. s^s^ n° 1323.131). Ce caractère n'est acquis qu'à l'expiration du délai de deux semaines suivant l'adjudication et à condition qu'il n'y ait pas d'objections ; en cas d'objections, qu'elles soient antérieures ou postérieures à l'adjudication, celle-ci ne sera définitive que lorsqu'elles auront toutes été définitivement écartées (il a été jugé que cette condition est remplie dès l'arrêt de la cour d'appel rejetant les objections élevées contre la procédure, nonobstant tout pourvoi en cassation[3]). En revanche, l'adjudication ne peut pas être remise en cause par la procédure de surenchère du dixième prévue pour la saisie immobilière par les articles 94 à 99 du décret du 27 juillet 2006[4] (devenus C. pr. exéc., art. R. 322-50 à R. 322-55) (avant la réforme elle était prévue aux articles 708 à 710 ACPC), laquelle n'a pas été introduite en droit local[5].

§ 1
À l'égard des créanciers

1323.131 **Purge des hypothèques.** Selon l'article 162 alinéa 2 de la loi du 1er juin 1924[6], « *l'inscription au Livre foncier entraîne la purge de toutes les sûretés publiées en ce sens que les droits des créanciers portent sur le prix d'adjudication* ». La purge n'est donc pas directement attachée à l'adjudication, mais à son **inscription** au Livre foncier. Or celle-ci n'intervient, sur requête du notaire à laquelle est jointe une expédition du cahier des charges et du procès-verbal d'adjudication, que lorsque l'adjudication est devenue définitive[7].

Mais pour autant, la **radiation** des hypothèques purgées n'intervient pas aussitôt[8]. En effet, lorsque l'adjudication est inscrite au Livre foncier, un nouveau feuillet est ouvert au nom de l'adjudicataire, lequel va reprendre, dans un premier temps, toutes les hypothèques inscrites du chef du débiteur, lesquelles ne seront radiées qu'après distribution du prix de vente (sur les modalités applicables, en cas d'accord amiable[9], v. s^s^ n° 1324.06 – en cas de procédure de distribution[10], v. s^s^ n°s 1324.111 à 1324.114 – mais en pratique, les bureaux fonciers, pour s'économiser ce travail fastidieux, préfèrent généralement laisser l'affaire « *en instance de transcription* » et ne procéder à l'inscription de l'adjudicataire qu'une fois les hypothèques du chef du débiteur radiées[11]).

§ 2
À l'égard du débiteur ou du tiers acquéreur

1323.141 **Délaissement de l'immeuble.** Le débiteur ou, le cas échéant, le tiers acquéreur, doit délaisser l'immeuble pour permettre l'entrée en jouissance de l'adjudicataire. Il doit donc **évacuer** personnellement l'immeuble et y cesser, le cas échéant, toute activité professionnelle qu'il y exerçait ; il en va ainsi même

1. Colmar, 27 août 2001 (préc., v. s^s^ n° 1323.111) – V. AUSSI, s^s^ n° 1323.44.
2. L. 1er juin 1924, art. 161, al. 1er.
3. Colmar, 14 mai 2004, *Rec. jur. de l'Est* 2004. 114.
4. Décr. n° 2006-936, 27 juill. 2006, préc.
5. MISCHLER, n° 221.
6. Réd. issue de Ord. n° 2021-1192, 15 sept. 2021, art. 35, II, 9°, qui a substitué les mots « sûretés publiées » ou mot « hypothèques ».
7. L. 1er juin 1924, art. 194, al. 1er.
8. PAR EX., TI Thionville, 27 mai 1933, *Rev. jur. Alsace-Lorraine* 1934. 633.
9. L. 1er juin 1924, art. 64.
10. L. 1er juin 1924, art. 208 et 212.
11. V. MISCHLER, n° 209.

lorsqu'il y exploitait un fonds de commerce qui n'a pas été inclus dans la vente forcée[1]. Il doit aussi assurer l'évacuation de tous occupants de son chef, y compris les locataires auxquels un bail aurait été consenti postérieurement à l'inscription de l'ordonnance d'exécution forcée, car ces « *baux et locations* » sont inopposables à l'adjudicataire[2] (v. s[s] n° 1322.74).

Si le débiteur ou, le cas échéant, le tiers acquéreur, refuse ou tarde à évacuer l'immeuble volontairement, l'adjudicataire ne peut en aucun cas poursuivre son **expulsion** sur le fondement du procès-verbal d'adjudication (solution expressément consacrée, sur le fondement de l'article 61 de la loi du 9 juillet 1991[3] (devenu C. pr. exéc., art. L. 411-1 et R. 411-3), pour le jugement d'adjudication rendu en matière de saisie immobilière qui vaut *a fortiori* pour le procès-verbal d'adjudication établi par le notaire en droit local[4] ; mais cette solution ne vaut plus en droit général, car l'article 2210 C. civ. (devenu C. pr. exéc., art. L. 322-13) fait désormais du jugement d'adjudication un titre d'expulsion à l'encontre du saisi). Il doit la demander au juge qui en droit local peut être le tribunal d'exécution[5] (il s'agit évidemment du tribunal d'instance, v. s[s] n° 1321.05 – et non du juge de l'exécution (JEX) qui ne dispose pas d'une telle compétence[6]) ou, cette compétence n'étant pas exclusive, le juge des référés du tribunal de grande instance qui tient de l'article 809 C. pr. civ. le pouvoir de faire cesser un trouble manifestement illicite[7] (compétence qui avait aussi été admise en droit général pour la saisie immobilière[8]). Quel que soit le tribunal saisi, les opérations d'expulsion qui s'en suivront, le cas échéant, seront menées conformément aux règles de droit commun, faute de dispositions locales particulières[9] (L. 1er juin 1924, art. 218 [qui renvoie à C. pr. civ. loc., art. 724 s., not. pour l'exécution forcée des ordonnances d'expulsion], est devenu sans objet depuis l'abrogation de ces dispositions par L. 9 juill. 1991, art. 94, 4° – v. s[s] n° 132.05), prévues actuellement aux articles L. 411-1 et suivants C. pr. exéc. et R. 411-1 et suivants C. pr. exéc. (sur ce point, v. s[s] n°s 05.05 s.).

Mais encore faut-il, comme le rappelle l'article 161 alinéa 1er, que l'adjudicataire ait « *le droit d'entrée en possession* ». C'est que non seulement l'obligation de délaissement ne naît que lorsque l'adjudication est devenue **définitive** (L. 1er juin 1924, art. 161, al. 1er – condition remplie dès le rejet des objections élevées par l'arrêt de la cour d'appel, nonobstant tout pourvoi en cassation[10]), mais de plus l'article 161 établit une stricte **corrélation** entre les obligations réciproques des parties. Aussi le débiteur ou, le cas échéant, le tiers acquéreur, n'est-il tenu d'évacuer que si l'adjudicataire a rempli ses propres obligations, c'est-à-dire a **payé tous les montants mis à sa charge**[11]. **Mais cette règle n'est que supplétive** et ne vaut donc que « *sauf stipulation contraire du cahier des charges* »[12], lequel peut ainsi valablement prévoir l'évacuation de l'immeuble le jour où l'adjudication devient définitive, indépendamment du paiement du prix par l'adjudicataire. Inversement, et *a fortiori*, la corrélation des obligations s'applique si le cahier des charges fixe lui-même l'entrée en jouissance à la date de paiement du prix d'adjudication[13].

§ 3
À l'égard de l'adjudicataire

1323.151 Obligation de paiement. L'adjudication emporte l'obligation pour l'adjudicataire de payer les montants mis à sa charge. Mais leur exigibilité est reportée au jour où l'adjudication devient **définitive**[14] (v. s[s] n° 1323.121), étant toutefois rappelé que l'adjudicataire peut être contraint, dès l'adjudication, à fournir une garantie pour assurer l'exécution de cette obligation (v. s[s] n° 1323.91). Mais si aucune garantie n'est demandée, et *a fortiori* fournie, et que le prix n'est pas payé, il avait toujours été admis que la procédure de la folle enchère, prévue pour la saisie immobilière par les articles 733 s. ACPC, n'était pas applicable car elle n'avait pas été introduite en droit local. La même solution vaut désormais pour la procédure de réitération des enchères inscrite aux articles R. 322-66 à R. 322-72 C. pr. exéc. Le meilleur moyen reste donc d'inscrire le privilège du vendeur et l'action résolutoire et d'engager, le cas échéant, une nouvelle procédure d'exécution, cette fois contre l'adjudicataire, à la requête du débiteur ou plus vraisemblablement d'un créancier agissant par la voie oblique[15]. Mais même en l'absence de ces

1. Colmar, 7 juill. 1978, *Rec. jur. de l'Est* 1979. 30.
2. L. 1er juin 1924, art. 166, al. 1er.
3. L. n° 91-650, 9 juill. 1991, portant réforme des procédures civiles d'exécution, *JO* 14 juill., p. 9228.
4. Civ. 2e, 7 mars 2002, n° 99-15.782, P II, n° 28 ; *RTD civ.* 2002. 364, obs. R. Perrot ; *Dr. et proc.* 2002. 240, obs. J.-J. Bourdillat – Civ. 2e, 10 juill. 2003, n° 00-19.579, P II, n° 247 ; *D.* 2003. 2053.
5. L. 1er juin 1924, art. 161, al. 1er *in fine*.
6. Civ. 2e, 10 juill. 2003, n° 00-19.579 (préc. s[s] prés[t] n°), à propos d'une saisie immobilière.
7. Civ. 2e, 30 sept. 1999, n° 97-13.008, P II, n° 144.
8. V. NOT., Civ. 2e, 15 févr. 2001, n° 99-13.829, NP ; *Dr. et proc.* 2001. 206.
9. EN CE SENS : HAEGEL, SCHWOB et VALLENS, n° 337.
10. Colmar, 14 mai 2004 (préc., v. s[s] n° 1323.121).
11. Civ. 2e, 20 avr. 1988, n° 87-10.598, P II, n° 92 ; *Rec. jur. de l'Est* 1988. 3-1.
12. Civ. 2e, 20 avr. 1988, P (préc. s[s] prés[t] n°).
13. Civ. 2e, 21 oct. 1987, n° 86-14.233, P II, n° 203 ; *Rec. jur. de l'Est* 1988. 1-1.
14. L. 1er juin 1924, art. 161, al. 1er.
15. MISCHLER, n° 220.

précautions, une action résolutoire de droit commun est toujours possible contre l'adjudicataire qui n'a pas payé le prix[1].

Les montants dus englobent non seulement le prix d'adjudication, mais aussi les **intérêts et les frais.** À ce dernier titre, il faut se référer à l'article 156 de la loi du 1er juin 1924 qui détermine les frais à la charge de l'adjudicataire, à savoir : les frais de l'enregistrement, de l'expédition et les émoluments revenant au notaire pour l'adjudication (ce texte vise aussi les frais du timbre et de l'inscription au Livre foncier, mais ces frais ayant disparu, il est devenu sans objet sur ces points ; le timbre a été supprimé par l'article 95 de la loi du 30 décembre 2004[2] de finances rectificative pour 2004 ; quant aux frais d'inscription au Livre foncier, ils n'existent plus depuis la loi du 30 décembre 1977[3] instaurant la gratuité des actes juridiques, mais depuis le 1er janvier 2016 **la requête en inscription est tarifée à 35 euros du fait de l'informatisation du Livre foncier**). S'il y a plusieurs adjudicataires, chacun supporte ces frais proportionnellement au prix d'adjudication qu'il doit acquitter[4]. En sus, chaque adjudicataire doit toujours régler les frais de son extrait d'adjudication[5]. En pratique, l**e cahier des charges stipule parfois un forfait au titre des frais incombant à l'adjudicataire.** Cette solution est expressément envisagée par la circulaire ministérielle d'application de la loi civile du 1er juin 1924[6] et a été admise par la Cour de cassation, « *dans un souci de clarté* »[7]. Mais elle ne saurait permettre de déroger à la tarification des émoluments revenant au notaire car celle-ci est d'ordre public.

Deux situations peuvent donc se présenter.

La première est celle où le forfait stipulé conduit à un excédent au regard des émoluments dus au notaire. Comme il ne peut le conserver, il faut admettre qu'il doit être restitué à l'adjudicataire sauf si le cahier des charges prévoit qu'il s'agit d'un supplément de prix revenant à la masse et qui s'ajoutera ainsi à l'assiette des droits de mutation.

La seconde situation est celle où le forfait est insuffisant pour couvrir les émoluments dus au notaire. Celle-ci est comparable à une vente « *acte en main* ». Il s'ensuit que les fonds manquants doivent être imputés à la masse et pour éviter toute difficulté le mieux est que le cahier des charges le stipule expressément[8]. Du reste, tel est toujours le cas pour les **autres frais** qui sont, dans tous les cas, à la charge de la masse, c'est-à-dire qu'ils sont prélevés par priorité sur le prix de vente[9] (rappelons qu'au moment de l'adjudication, avant d'ouvrir les enchères, le notaire doit donner une indication approximative des frais tombant ainsi à la charge de la masse – v. ss no 1323.72).

1323.152 Modalités de paiement. Le paiement des **frais** ne pose aucune difficulté particulière, il s'opère généralement entre les mains du notaire qui conserve la partie lui revenant au titre des émoluments de l'adjudication, des frais d'expédition et d'extrait, et emploie le solde pour régler les formalités qui lui incombent (enregistrement et timbres). D'ailleurs, l'article 161 alinéa 2 *in fine* autorise expressément l'adjudicataire à se libérer, à ce titre, sans offres préalables, « *par le paiement des frais tombant à sa charge* ».

En revanche, le paiement du **prix** et des **intérêts** pose davantage de difficultés car il doit servir à désintéresser les créanciers. Aussi l'adjudicataire doit-il, en principe, leur verser directement les sommes dues, soit conformément à l'accord amiable qui a pu intervenir entre eux (v. ss no 1324.06), soit sur présentation des bordereaux de collocation établis par le notaire en cas d'ouverture d'une procédure de distribution (v. ss nos 1324.07 s.). Mais ces formalités peuvent être longues et, en attendant, l'adjudicataire qui n'a pas payé ne peut normalement entrer en possession de l'immeuble (v. ss no 1323.141). C'est la raison pour laquelle, l'article 161 de la loi du 1er juin 1924, a prévu la possibilité d'une libération par **consignation** du prix et des intérêts selon les modalités suivantes :

– l'adjudicataire peut ainsi décider lui-même de procéder, sans offres préalables, à la consignation du prix et des intérêts[10] (parallèlement il devra payer les frais[11]) ; à partir du moment où la procédure de distribution sera ouverte (sur ce point, v. ss no 1324.07), il ne pourra plus retirer la somme

1. Civ. 2e, 21 oct. 1987, no 86-14.223, P II, no 203, à propos d'une demande en « nullité » de l'adjudication pour défaut de paiement du prix où l'arrêt d'appel est censuré pour avoir déclaré la demande du débiteur irrecevable car il n'avait pas lui-même rempli son obligation de délaisser l'immeuble alors que le contrat de vente présentait un caractère synallagmatique et que le cahier des charges prévoyait que l'adjudicataire ne prendrait jouissance des lieux qu'au jour du paiement de la totalité du prix.
2. L. no 2004-1485, 30 déc. 2004, de finances rectificative pour 2004, *JO* 31 déc., p. 22522.
3. L. no 77-1468, 30 déc. 1977, instaurant la gratuité des actes juridiques, *JO* 31 déc., p. 6359.
4. L. 1er juin 1924, art. 156.
5. L. 1er juin 1924, art. 156.
6. *BOAL* 1934. 1117.
7. Civ. 2e, 3 juill. 2014, no 13-20.228, NP, où le cahier des charges prévoyait un forfait de 10 % du prix d'adjudication au titre des frais, débours et émoluments à la charge de l'adjudicataire.
8. EN CE SENS, V. NOT., Conseil interrégional des notaires des cours d'appel de Colmar et de Metz, procès-verbal de la réunion du comité d'études juridiques du 22 mai 2014, aff. 988/14 – E. Sander, Lamy Droit de l'exécution forcée, no 704-90.
9. L. 1er juin 1924, art. 156.
10. L. 1er juin 1924, art. 161, al. 2.
11. L. 1er juin 1924, art. 161, al. 2.

consignée sans l'accord « des *autres intéressés* »[1] ; il faut sans doute entendre par là non seulement toutes les parties à la procédure, mais aussi tous les autres créanciers inscrits ;

– à défaut, le tribunal d'exécution peut ordonner la consignation du prix exigible (sur ce point, v. s^s^ nº 1323.152), à la requête du créancier poursuivant, du débiteur ou du tiers acquéreur[2] ; dans ce cas, copie de l'ordonnance de consignation est transmise d'office à la Caisse des dépôts et consignations[3] ; mais pour être réputé libéré à la date de la consignation, l'adjudicataire devra remettre au tribunal, dans le délai d'une semaine, l'original ou une copie du certificat de consignation ; à défaut, il ne sera libéré qu'à la date de remise du certificat[4] ; après consignation, l'adjudicataire ne pourra plus retirer les fonds sans l'accord « des *autres intéressés* »[5] (sur cette notion, v. ci-dessus).

Mais ces dispositions n'étant que **supplétives**, il y est généralement dérogé dans le cahier des charges en ce sens qu'il stipule le paiement du prix **en l'étude du notaire** qui procédera lui-même à la consignation à la Caisse des dépôts et consignations en cas d'ouverture d'une procédure de distribution[6]. Dans ce cas, l'adjudicataire est libéré dès paiement du prix, des intérêts et des frais entre les mains du notaire.

1. L. 1er juin 1924, art. 161, al. 5.
2. L. 1er juin 1924, art. 161, al. 3, réd. issue de Ord. nº 2021-1192, 15 sept. 2021, art. 35, II, 4º.
3. L. 1er juin 1924, art. 161, al. 3.
4. L. 1er juin 1924, art. 161, al. 4.
5. L. 1er juin 1924, art. 161, al. 5.
6. EN CE SENS : MISCHLER, *J.-Cl.*, nº 69.

1323.153 Droits. Selon l'article 162 alinéa 1er, « *l'adjudicataire est l'ayant cause du débiteur* » ; il s'agit évidemment de l'**ayant cause à titre particulier.** Il vient en conséquence aux droits et actions du débiteur relativement à l'immeuble adjugé. En particulier, il bénéficiera de toutes les garanties attachées à l'immeuble (notamment décennale et biennale en fonction de la date de construction de l'immeuble vendu) et des assurances contractées par le débiteur. Mais sur ce dernier point, il faut réserver la résiliation, conformément aux dispositions de droit local, soit par l'assureur, moyennant un préavis d'un mois et à condition qu'il agisse dans le mois où il a connaissance de la vente, soit par l'adjudicataire, sans préavis, mais à condition qu'il agisse dans le mois de l'acquisition ou du jour où il a eu connaissance du contrat s'il l'ignorait au moment de la vente[7].

Mais il ne peut avoir plus de droits que le débiteur lui-même n'en avait sur l'immeuble. Il souffrira donc des droits que le débiteur avait consentis et régulièrement publiés **avant** l'inscription de l'ordonnance d'exécution forcée au Livre foncier. En revanche, les droits consentis postérieurement lui sont inopposables (v. s^s^ nº 1322.74).

7. L. 30 mai 1908, art. 70, al. 1er et 2, applicable aux ventes aux enchères par l'effet de L. 30 mai 1908, art. 73.

CHAPITRE

1324. Exécution forcée immobilière : distribution du prix

PHILIPPE HOONAKKER
PROFESSEUR ÉMÉRITE DE L'UNIVERSITÉ DE STRASBOURG
AVOCAT HONORAIRE

SECTION 0
ORIENTEUR

1324.00 Sommaire du chapitre.

Division. Pour distribuer le prix de l'exécution forcée immobilière, il faut tout d'abord établir l'état de collocation (sect. 1) avant de l'exécuter (sect. 2).

1324.01 Textes applicables.

• **L. 1er juin 1924,** art. 194 à 213.

1324.03 Bibliographie indicative.

Actualisable. Sur l'ensemble de la question, v. *J.-Cl. Alsace-Moselle, V°* Procédure et distribution des deniers par ordre, par E. Sander, fasc. 630, ci-après désigné par SANDER.

1324.05 Généralités. Elle est régie par les articles 194 à 213 de la loi du 1er juin 1924, qui instituent un système original dans le prolongement et à l'image de la procédure d'exécution forcée immobilière en amont. La compétence est attribuée au **notaire chargé de l'adjudication**[1], lequel conserve donc le bénéfice de la délégation qui lui a été consentie par l'ordonnance initiale ayant ouvert la procédure de vente forcée (v. ss n° 1322.71) et assurera la direction de la procédure sous le contrôle du juge.

Mais avant d'engager la distribution du prix, le notaire devra d'abord faire inscrire l'adjudication au Livre foncier, publication qui elle-même ne peut intervenir que lorsque l'adjudication est devenue définitive[2] (v. ss n° 1323.102). De plus, cette publication accomplie, il ne sera amené à ouvrir une procédure de distribution que dans les conditions suivantes.

D'abord toute procédure est évidemment inutile si le prix d'adjudication est **suffisant** pour désintéresser tous les créanciers ou s'il n'existe qu'**un seul créancier**. Dans ces cas, le notaire procède directement à leur paiement, sans formalité particulière, mais il devra veiller, le cas échéant, à recueillir le consentement des créanciers à la **mainlevée** de leur inscription pour permettre la radiation des hypothèques déjà purgées par l'effet de l'adjudication (v. ss n° 1323.131). Traditionnellement ce consentement devait être consenti en la forme authentique conformément à l'article 64 alinéa 1er de la loi du 1er juin 1924. Mais l'article 52, III de l'ordonnance du 23 mars 2006[3] relative aux sûretés a modifié ce texte, qui autorise désormais la radiation d'une hypothèque ou d'un privilège par le dépôt au bureau foncier d'une copie authentique de l'acte notarié certifiant que le créancier a, à la demande du débiteur, donné son accord à la radiation.

Ensuite, la procédure locale de distribution est une véritable procédure d'**ordre** qui ne règle donc

1. L. 1er juin 1924, art. 195 et 196.
2. L. 1er juin 1924, art. 194.
3. Ord. n° 2006-346, 23 mars 2006, relative aux sûretés, *JO* 24 mars, p. 4475.

que le concours entre créanciers hypothécaires ou privilégiés. Aussi n'est-elle pas applicable en cas de concours entre créanciers **chirographaires**, soit qu'il n'existe aucun créancier inscrit, soit qu'il subsiste un solde du prix d'adjudication à répartir après le désintéressement des créanciers inscrits. Dans ces cas, faute de toute disposition spécifique de droit local, il faut appliquer, comme pour la saisie immobilière de droit général (v. not. s^s n° 1511.12), les règles prévues actuellement aux articles R. 251-1 à R. 251-11 C. pr. exéc.[1], étant précisé que le notaire doit être considéré comme « *l'agent chargé de la vente* », au sens de ces dispositions, et qu'en cas de désaccord, la compétence revient au juge de l'exécution (JEX)[2].

Enfin, lorsqu'il y a bien concours entre créanciers inscrits, ce qui est, de loin, le cas le plus fréquent en pratique, la procédure de distribution ne sera ouverte par le notaire qu'à défaut d'accord amiable.

1324.06 **Accord amiable.** Selon l'article 195 de la loi du 1er juin 1924, « *les intéressés peuvent s'entendre à l'amiable sur la distribution devant le notaire chargé de l'adjudication* ». Il s'agit du seul texte consacré à l'accord amiable dont il faut donc déduire les règles de procédure applicables, faute de dispositions expresses.

Pour rechercher un tel accord lorsqu'il l'estime possible, le notaire peut consulter les intéressés par écrit ou les réunir dans son cabinet pour en discuter de vive voix. Dans tous les cas, si un accord général sur la distribution du prix est trouvé, il devra en dresser **procès-verbal,** lequel est obligatoirement signé par lui-même et par tous les intéressés pour les engager (sur cette question, v. s^s n° 1323.23). Le notaire devra veiller aussi à s'assurer du consentement des créanciers à la **mainlevée** de leurs inscriptions pour permettre la **radiation** des hypothèques déjà purgées par l'effet de l'adjudication définitive (v. s^s n° 1323.131), conformément à l'article 64 alinéa 1er de la loi du 1er juin 1924 (sur ce point, v. s^s n° 1324.05).

1324.07 **Procédure de distribution.** « *À défaut d'entente amiable, le notaire ouvre la procédure de distribution et en dresse procès-verbal* »[3]. Il est donné avis de cette ouverture à la Caisse des dépôts et consignations, si l'adjudicataire a consigné volontairement le prix d'adjudication[4] (sur la consignation volontaire, v. s^s n° 1323.152) ; curieusement un tel avis n'est pas prescrit en cas de consignation sur ordonnance du tribunal d'exécution ou sur décision du notaire conformément aux stipulations du cahier des charges (v. s^s n° 1323.152).

Toute cette procédure est organisée autour de l'**état de collocation** qui est **établi** par le notaire avec le concours des intéressés et sous le contrôle du juge, et dont l'**exécution** permettra d'assurer le paiement des créanciers selon leur rang, dans la limite du prix d'adjudication, ainsi que la radiation de toutes les hypothèques déjà purgées.

SECTION 1
ÉTABLISSEMENT DE L'ÉTAT DE COLLOCATION

1324.10 **Plan. Étapes de la procédure.** L'état de collocation est **rédigé** par le notaire à partir de la **production** des créances (§ 1), puis soumis à la **discussion** de tous les intéressés (§ 2).

§ 1
Production des créances

1324.21 **Sommation de produire.** Dès l'ouverture de la procédure de distribution, le notaire doit faire sommation au **créancier poursuivant**, aux **créanciers inscrits** et aux créanciers titulaires d'une sûreté publiée sur les immeubles par destination saisis avant la publication du titre de vente de produire et de justifier leurs créances en principal, intérêts, frais et accessoires[5]. Cette sommation est, en principe, « **signifiée d'office** »[6] à chacun des destinataires. Mais il ne faut pas prendre cette expression dans le sens qui lui est donné par l'article 651 alinéa 2 C. pr. civ. comme « *la notification faite par acte d'huissier de justice* », car elle s'explique par l'ancienne signification par voie postale que connaissait le droit local jusqu'en 1975[7]. C'est la raison pour laquelle les notaires procèdent par **pli recommandé avec demande d'avis de réception et** cette pratique a été consacrée par la Cour de cassation[8]. Du reste, cette forme est expressément prévue par l'article 196 alinéa 2 de la loi du 1er juin 1924 lorsque la sommation est destinée à un créancier domicilié en dehors des trois départements (Bas-Rhin, Haut-Rhin et Moselle) et il serait pour le moins contestable que ces créanciers puissent être sommés plus facilement que ceux qui demeurent dans l'un de ces départements. Mais si l'avis de réception revient non signé du destinataire, le notaire doit procéder par voie de signification (en ce sens, dans le cadre d'une procédure de partage judiciaire, à propos d'une convocation par lettre

1. Décr. n° 2012-783, 30 mai 2012, relatif à la partie réglementaire du Code des procédures civiles d'exécution, *JO* 31 mai, p. 9375.
2. EN CE SENS : SANDER, n° 1.
3. L. 1er juin 1924, art. 196, al. 1er.
4. L. 1er juin 1924, art. 196, al. 3.
5. L. 1er juin 1924, art. 196, al. 1er, réd. issue Ord. n° 2021-1192, 15 sept. 2021, art. 35, II, 16°, qui a ajouté les créanciers titulaires d'une sûreté publiée sur les immeubles par destination.
6. L. 1er juin 1924, art. 196, al. 1er.
7. Sur ce point, v. SANDER, n° 13.
8. Civ. 2e, 28 juin 2006, n° 04-13.414, P II, n° 169.

recommandée avec demande d'avis de réception qui est revenue non réclamée[1] ; mais cette décision rendue notamment au visa de l'article 6 § 1 Conv. EDH est parfaitement transposable à la procédure de distribution par ordre). À cela s'ajoute que pour les créanciers qui demeurent à l'étranger, il faut faire application de l'article 22 de l'Annexe C. pr. civ. (déclaré applicable par l'article 44 de la même Annexe). Ceux-ci doivent donc désigner dans le département où le notaire est établi un fondé de pouvoir chargé de recevoir les notifications. À défaut, elles seront acheminées « *par la voie postale* », ce qui signifie par lettre recommandée avec demande d'avis de réception selon l'article 44 de l'Annexe. Autrement dit, la sommation est adressée aux créanciers demeurant à l'étranger, qui n'ont pas désigné de fondé de pouvoir, selon la même forme qu'à ceux qui demeurent en France. Mais l'identité n'est pas parfaite car il faut réserver les textes de droit international public qui prévalent toujours sur le droit interne. En particulier, si l'intéressé demeure dans un État de l'Union européenne, la notification devra se faire selon les prescriptions du règlement (CE) n° 1393/2007 du 13 novembre 2007[2] applicable depuis le 13 novembre 2008. Par ailleurs, si l'avis de réception revient non signé, le notaire devra procéder par voie de signification, comme pour les intéressés demeurant en France, mais celle-ci relève alors des articles 683 à 688 C. pr. civ.

La sommation ainsi notifiée aux créanciers, poursuivant et inscrits, doit également préciser que la production devra intervenir dans le mois à peine de forclusion[3]. Mais il a été jugé que cette information peut aussi figurer dans le procès-verbal d'ouverture de la procédure de distribution dès lors qu'il a été notifié par pli recommandé avec demande d'avis de réception[4].

1324.22 Modalités de la production. La production peut être **verbale** ou **écrite**. La production verbale se fait par déclaration prise en **procès-verbal** par le notaire[5], laquelle, faute de dispositions contraires, peut émaner directement du créancier. Ce procès-verbal doit indiquer de manière précise le jour de la production et le notaire doit en délivrer une attestation au créancier sur sa demande[6]. En revanche, la production écrite doit obligatoirement être signée par un **avocat** ou un **notaire**[7] (elle ne saurait donc émaner d'une autre personne, comme une société chargée de la gestion d'une rente viagère[8]). Bien qu'aucune forme ne soit prescrite, il est de l'intérêt du créancier que cette production écrite soit expédiée par pli recommandé pour ménager la preuve de sa date et donc du respect du délai prescrit sous peine de forclusion.

En effet, la production doit obligatoirement intervenir dans le délai d'**un mois**, courant pour chaque créancier, soit à compter de la signification de la sommation, soit pour ceux domiciliés en dehors des trois départements de l'Est, à compter « *de la remise à la poste* »[9]. Mais dans la mesure où les formes locales de notification ont été abrogées, le point de départ doit être déterminé aujourd'hui selon les règles fixées par le Code de procédure civile, en fonction du mode de notification utilisé[10].

Qu'elle soit écrite ou verbale, la production devra non seulement préciser le montant de la créance réclamée en principal, intérêts, frais et accessoires, mais également être accompagnée de pièces et explications justifiant de l'existence et du montant de la créance.

1324.23 Sanction. Faute de production dans ces formes et délai, le créancier est forclos[11], c'est-à-dire qu'il est déchu de son rang et ne pourra prétendre à un paiement que s'il reste des fonds après désintéressement de tous les créanciers qui ont produit. Mais cette sanction n'est applicable qu'aux créanciers inscrits auxquels le notaire a fait délivrer une sommation de produire dans les conditions prévues à l'article 196 (v. s^s n°s 1324.21 et 1324.22).

C'est la raison pour laquelle l'article 199 alinéa 1er de la loi du 1er juin 1924 prévoit que si la sommation « *n'a pas eu lieu* », l'intéressé conserve le droit de produire sa créance, et donc de concourir dans la distribution du prix d'adjudication « *jusqu'à l'expiration du délai fixé à l'article 206, alinéa 2* ». Il s'agit du délai d'une semaine qui court après la clôture de l'état pour permettre à tout intéressé de se pourvoir contre la clôture devant le tribunal d'exécution (v. ss n° 1324.82). Faute de dispositions particulières, il faut admettre que la production tardive d'un créancier omis obéit aux mêmes règles de forme que toutes les autres, c'est-à-dire qu'elle est déclarée verbalement ou adressée par écrit au notaire chargé de la procédure[12] (v. ss n° 1324.22). Si une telle production survient dans ce délai, elle pourra remettre en cause l'état de

1. Civ. 1re, 12 déc. 2006, n° 04-17.822, P I, n° 541 ; *Rec. jur. de l'Est* 2007. 1, obs. R. Schwob.
2. Règl. (CE) n° 1393/2007, Parlement et Conseil, 13 nov. 2007, relatif à la signification et à la notification dans les États membres des actes judiciaires et extrajudiciaires en matière civile ou commerciale (« signification ou notification des actes »), et abrogeant le règlement CE n° 1348/2000 du Conseil, *JOUE* L 324, 10 déc., p. 79.
3. L. 1er juin 1924, art. 196, al. 1er *in fine*.
4. Civ. 2e, 28 juin 2006, n° 04-13.414, P (préc. ss prést n°).
5. L. 1er juin 1924, art. 197.
6. L. 1er juin 1924, art. 198, al. 2.
7. L. 1er juin 1924, art. 197.
8. Metz, 7 juill. 1994, RG n° A II 269/93, Caisse mutuelle de dépôts et de prêts c/Hartmann.
9. L. 1er juin 1924, art. 198, al. 1er.
10. EN CE SENS : SANDER, n° 22.
11. L. 1er juin 1924, art. 196, al. 1er *in fine*.
12. L. 1er juin 1924, art. 197.

collocation qui devra alors être modifié en conséquence (v. s[s] n° 1324.83). À défaut, l'état sera maintenu et la procédure se poursuivra normalement.

Mais quelle est la sanction si la sommation de produire a eu lieu, mais qu'elle est **irrégulière** ? À défaut de dispositions locales particulières, il faut faire application des règles de droit général. Il a ainsi été jugé, sur le fondement de l'article 670-1 C. pr. civ., que le délai de production n'a pu commencer à courir faute de signification de la sommation lorsque l'avis de réception a été retourné par la poste avec la mention « *n'habite pas à l'adresse indiquée* »[1]. Quant aux sommations incomplètes, elles peuvent être annulées en vertu de l'article 114 C. pr. civ. si la mention omise constitue une formalité substantielle et a causé un grief (il devrait en être ainsi si la sommation n'a pas indiqué les modalités ou le délai de la production incombant au destinataire). Mais quelle que soit l'irrégularité, la limite posée par l'article 199 alinéa 1er en cas d'omission de la sommation devrait s'appliquer, *a fortiori*. La production devra donc intervenir avant l'expiration de délai de l'article 206 alinéa 2.

Mais dans tous les cas, le créancier qui n'a pas produit conserve toujours la faculté d'une action en restitution contre les créanciers colloqués à son préjudice, conformément à l'article 199 alinéa 2 qui prévoit, en effet, qu'une telle action « *n'est éteinte ni par le fait que la production n'a pas eu lieu, ni par la mise à exécution de l'état de collocation* ».

§ 2
Rédaction de l'état de collocation

1324.31 **Délai.** À partir des créances ainsi produites, il appartient au **notaire** de rédiger l'état de collocation. Il dispose pour ce faire d'un délai d'**un mois** courant à compter de l'expiration des délais de production[2]. Ces délais, eux-mêmes d'un mois, courant séparément à l'encontre de chacun des créanciers inscrits (v. s[s] n° 1324.22), le délai laissé au notaire pour rédiger l'état de collocation expirera donc deux mois après la dernière des sommations de produire qu'il a fait délivrer.

1324.32 **Contenu.** Il est détaillé à l'article 200 alinéa 2 de la loi du 1er juin 1924 qui prévoit les mentions obligatoires suivantes :

– « *1° la déclaration que les créanciers qui n'ont pas produit à temps leurs prétentions demeurent forclos* » ; cette déclaration ne vise évidemment pas les créanciers omis (v. s[s] n° 1324.23) ;

– « *2° l'état de la masse à distribuer avec l'indication du taux de l'intérêt et du jour à partir duquel courent les intérêts* » ; il s'agit du prix d'adjudication et des intérêts stipulés au cahier des charges ; mais à partir du jour où l'adjudicataire s'est valablement libéré en consignant le prix, les seuls intérêts qui pourront encore courir sont ceux servi par la Caisse des dépôts et consignations ;

– « *3° l'état du passif comprenant :*

a) les ***frais*** *à la charge de la masse, sous réserve d'un arrêté de compte ultérieur* » ; il s'agit donc d'une indication provisoire qui devra être corrigée à la fin de la procédure (sur la répartition des frais de la procédure d'adjudication entre l'adjudicataire et la masse, v. s[s] n° 1323.151 – sur les frais de la procédure de distribution, v. s[s] n° 1324.81) ;

« *b) les créances admises d'après leur rang, les intérêts, les frais et autres accessoires ; pour les intérêts et les rentes, la désignation du taux et du jour à partir duquel ils courent, ainsi que la mention qu'ils seront colloqués jusqu'à la clôture de l'état* » (mais les parties peuvent convenir d'un autre ordre que celui résultant du Livre foncier par une convention qui peut intervenir avant l'inscription des droits concernés au Livre foncier et qui aura force obligatoire entre les parties, sans pouvoir préjudicier aux droits des créanciers qui y sont demeurés étrangers[3]).

Dans le cas particulier où plusieurs immeubles auraient été **vendus en bloc** pour un même prix d'adjudication, le notaire devra indiquer, en outre, dans l'état de collocation, « *la portion du prix total devant échoir, proportionnellement à sa valeur, à chaque immeuble en particulier* »[4]. Le notaire devra donc estimer la valeur respective de chacun des immeubles vendus en bloc. Pour ce faire, il pourra prendre « *l'avis d'un ou de trois experts* », cet avis devant alors être inséré également dans l'état de collocation[5] (il est vrai que ce texte prévoit l'insertion de l'avis « *au procès-verbal* » ; mais il s'agit sans doute d'une erreur, cette disposition traitant exclusivement du contenu de l'état de collocation).

Mais l'état ainsi rédigé par le notaire n'est qu'un **projet** devant obligatoirement être soumis à la discussion de tous les intéressés, avant de pouvoir devenir définitif et faire l'objet d'une clôture qui seule permettra sa mise à exécution.

§ 3
Discussion obligatoire de l'état de collocation devant le notaire

1324.41 **Dénonciation.** La discussion de l'état de collocation suppose qu'il soit porté à la connais-

1. Metz, 7 juill. 1994, Caisse mutuelle de dépôts et de prêts c/ Hartmann (préc., v. s[s] n° 1324.22).
2. L. 1er juin 1924, art. 200, al. 1er.
3. Civ. 3e, 5 sept. 2024, n° 21-15.829, B.
4. L. 1er juin 1924, art. 200, al. 3.
5. L. 1er juin 1924, art. 200, al. 3 *in fine*.

sance des intéressés pour leur permettre de faire valoir leurs observations et contestations. C'est la raison pour laquelle, le notaire doit, après l'établissement de l'état de collocation [1] :

– le tenir à la disposition des intéressés qui peuvent en prendre communication ;

– fixer le jour d'une réunion à laquelle l'état sera discuté devant lui ; cette réunion devra être éloignée d'au moins deux semaines de la notification des sommations dont il va être question ci-après [2] (rappelons qu'un délai de deux semaines doit être assimilé pour sa computation à un délai de quatorze jours et que le *dies a quo* ne compte pas ; v. s^s^ nº 1323.42).

En effet, selon le second alinéa de l'article 201, le notaire doit ensuite adresser au créancier poursuivant, aux créanciers inscrits ainsi qu'au débiteur et au « tiers détenteur » (il faut lire « tiers acquéreur » bien que l'ordonnance du 15 septembre 2021 [3] ait omis de modifier ce texte), une sommation de :

– prendre communication de l'état de collocation ; mais en fait, le notaire préférera souvent joindre immédiatement une copie de cet état à la sommation ;

– comparaître à la réunion fixée devant lui pour faire valoir leurs observations sur l'état ;

– faire valoir au plus tard à cette réunion leurs contestations sous peine d'être forclos (sur les contestations, v. s^s^ nº 1324.42).

Ces sommations sont notifiées dans les mêmes formes que les sommations de produire [4] (sur ce point, v. s^s^ nº 1324.21). Parallèlement, le notaire avise l'adjudicataire du jour de la réunion fixée devant lui [5].

1324.42 Contestations. Elles peuvent être élevées contre l'état de collocation **jusqu'à la réunion** fixée devant le notaire pour en discuter, y compris à cette occasion pour la première fois. Lorsqu'elles le sont avant cette réunion, elles doivent être formées dans les mêmes conditions que les productions de créances [6]. Elles peuvent donc être **verbales** et émaner directement des intéressés, auquel cas, elles sont prises en procès-verbal par le notaire, lequel indique avec précision leur date et une attestation en est délivrée au contestant à sa demande (L. 1er juin 1924, art. 198, al. 2, auquel renvoie l'article 202 *in fine ;* ce texte cite le « *greffier* », mais il s'agit manifestement d'une erreur de plume, comme en témoigne le renvoi à l'article 198 alinéa 2, qui vise bien le notaire ; mais du fait de cette erreur, il a été considéré qu'une contestation devrait pouvoir être déclarée verbalement tant au notaire qu'au greffier, celui-ci devant alors la transmettre sans délai au notaire [7]). Elles peuvent aussi être **écrites,** mais dans ce cas elles doivent obligatoirement être signées d'un avocat ou d'un notaire (sur ces points, v. s^s^ nº 1324.22). En conséquence, une contestation formée directement par pli postal du créancier est nulle, sauf pour le créancier à établir que la sommation qui lui a été adressée ne comportait pas les modalités requises pour élever des contestations contre l'état de collocation [8].

Toutes ces contestations seront débattues à la réunion fixée devant le notaire.

1324.43 Réunion devant le notaire. À cette réunion, le notaire doit lire et expliquer l'état de collocation [9]. La discussion s'engage alors sur les contestations élevées antérieurement ou à cette occasion, chacun des intéressés devant fournir ses observations « *séance tenante* » [10]. À l'issue de la réunion, le notaire devra en dresser un **procès-verbal,** lequel est lu aux intéressés ou leur est présenté pour qu'ils en prennent connaissance ; il comporte mention de ces formalités. En outre, le procès-verbal devra indiquer s'il a été adopté ou quelles contestations ont été élevées [11].

C'est que cette réunion peut aboutir à deux situations distinctes :

– ou bien toutes les contestations sont vidées, c'est-à-dire qu'un accord général intervient entre tous les intéressés sur la distribution du prix d'adjudication, et dans ce cas, l'état de collocation devra être rectifié éventuellement [12], avant d'être clôturé et mis à exécution (v. s^s^ n°s 1324.81 s.) ;

– ou bien il subsiste des contestations, et dans ce cas elles devront être soumises au juge pour être tranchées ; dans cette attente, la clôture de l'état de collocation et sa mise à exécution seront différées, du moins pour les créances contestées (v. s^s^ n°s 1324.102 s.).

§4
Discussion éventuelle de l'état de collocation devant le juge

1324.51 Obligation d'engager la procédure. Lorsqu'une contestation n'a pas été vidée à la réunion devant le notaire, son auteur doit lui fournir, dans le **délai d'un mois,** « *la preuve qu'il a actionné les intéressés* » [13]. Il faut entendre par « *les intéressés* », les créanciers contre lesquels la contestation est élevée (si plusieurs contestations ont été élevées contre des créanciers distincts, il n'est pas nécessaire de les

1. L. 1er juin 1924, art. 201, al. 1er.
2. L. 1er juin 1924, art. 201, al. 3 *in fine.*
3. Ord. nº 2021-1192, 15 sept. 2021, portant réforme du droit des sûretés, *JO* 16 sept., texte 19.
4. L. 1er juin 1924, art. 201, al. 3, qui renvoie à l'article 196.
5. L. 1er juin 1924, art. 201, al. 2 *in fine.*
6. L. 1er juin 1924, art. 202.
7. EN CE SENS : SANDER, nº 33 et la réf cit.
8. Colmar, 30 mars 2004, *Rec. jur. de l'Est* 2004. 108.
9. L. 1er juin 1924, art. 203, al. 1er.
10. L. 1er juin 1924, art. 203, al. 2.
11. L. 1er juin 1924, art. 203, al. 3.
12. L. 1er juin 1924, art. 203, al. 2.
13. L. 1er juin 1924, art. 209.

actionner tous ; mais dans ce cas, les contestations intéressant les créanciers non poursuivis devront être ignorées par le notaire, faute d'engagement de la procédure[1]). Pour actionner ces intéressés, l'auteur de la contestation devra engager une procédure judiciaire à leur encontre, non devant le tribunal d'exécution, mais, faute de dispositions dérogatoires, devant la juridiction compétente en application des règles de **droit commun,** à raison de la nature de la contestation et de la valeur en litige. Non seulement cette procédure devra être engagée dans le délai d'un mois courant à compter de la réunion qui s'est tenue devant le notaire, mais dans ce même délai, le contestant devra en fournir la preuve au notaire. Pour ce faire, il doit lui adresser une copie de l'acte de procédure choisi pour introduire l'instance. Il s'agit essentiellement, en pratique, de l'assignation et de l'acte introductif d'instance ouvert en droit local pour saisir le tribunal judiciaire[2].

Mais dans ce dernier cas, la question se pose de savoir s'il suffit de communiquer une copie de l'acte déposé au greffe ou s'il faut aussi communiquer ultérieurement, et dans le même délai d'un mois, une copie de la signification au défendeur de l'acte introductif et de l'ordonnance fixant la date de la première conférence[3]. La copie de l'acte devrait suffire dès lors qu'il a été jugé que son dépôt au greffe emporte saisine du tribunal et interruption de la prescription et des délais pour agir[4]. De plus, exiger aussi la communication d'une copie de l'acte de signification ultérieur au défendeur dans le délai d'un mois relèverait souvent de la mission impossible car l'ordonnance fixant la première conférence relève de la seule initiative du président du tribunal.

À défaut, « *l'état est clos, sans égard à la contestation* »[5]. C'est-à-dire que la contestation est ignorée et que l'état de collocation rédigé par le notaire est maintenu, au moins sur ce point, et pourra être mis à exécution[6]. Cependant l'opposant négligeant conserve toujours le « *droit de faire valoir par voie d'assignation sa priorité à l'égard du créancier colloqué à tort* »[7]. Mais il s'agit alors d'une procédure en restitution de droit commun, menée indépendamment de la procédure de distribution qui se poursuit normalement sans avoir à tenir compte de la contestation en cause. Le notaire n'a donc pas à établir un procès-verbal de difficulté[8] (v. cep. une décision qui a ordonné, sur le fondement de l'article 209, une modification de l'état de collocation, alors qu'à défaut d'introduction de la procédure, et *a fortiori* de sa justification, dans le délai d'un mois, l'état devait être clôturé et exécuté sans égard à la contestation qui n'aurait pu aboutir qu'à un remboursement des fonds distribués à tort[9]).

1324.52 Conséquences de la procédure. Lorsque la procédure est engagée et qu'il en est justifié dans le délai d'un mois, « *la clôture de l'état est ajournée jusqu'à ce que le jugement statuant sur le payement de la portion litigieuse de la masse ait acquis l'autorité de chose jugée* »[10] (il faut sans doute comprendre « *force de chose jugée* » au sens de l'article 500 C. pr. civ.). La contestation soumise à la juridiction compétente produit alors un **effet suspensif** sur la procédure de distribution, au moins à l'égard des créances contestées, et ce jusqu'à ce qu'une décision définitive intervienne. À l'issue de la procédure, deux situations sont alors envisageables :

– ou bien la contestation est définitivement écartée, et dans ce cas, l'état de collocation initial est maintenu, au moins sur ce point ; il pourra alors être clôturé et mis à exécution (v. s[s] n° 1324.102) ; mieux encore, le créancier non colloqué, tout comme le débiteur ou le tiers acquéreur, qui auront subi un préjudice du fait de la procédure, notamment en raison des intérêts qui ont continué à courir au profit des créanciers mieux placés dont le paiement a été retardé, ont un recours en indemnisation contre l'opposant dont la contestation a ainsi été jugée non fondée[11] ;

– ou bien la contestation est définitivement accueillie, en tout ou partie, et dans ce cas, l'état de collocation sera modifié en conséquence avant d'être clôturé et mis à exécution (v. s[s] n° 1324.102).

Dans tous les cas, et à la demande de la partie gagnante, les frais mis à la charge d'un créancier colloqué sont prélevés sur les fonds lui revenant dans la distribution[12].

SECTION 2
EXÉCUTION DE L'ÉTAT DE COLLOCATION

1324.60 Plan. L'exécution de l'état de collocation se traduit par le paiement des créanciers colloqués (§ 1) et la radiation des hypothèques (§ 2) déjà purgées par l'effet de l'adjudication.

1. TGI Strasbourg, 20 sept. 1988, *Rec. jur. de l'Est* 1989. 99.
2. V. S. Guinchard (dir.), Dalloz action *Droit et pratique de la procédure civile*, 2024/2025, par Ph. Hoonakker, n°s 822.111 s.
3. Sur ce point : C. Lapp, « Le notaire et l'article 209 de la loi civile d'introduction du 1er juin 1924 », *Rec. jur. de l'Est* 2007. 1.
4. V. S. Guinchard (dir.), Dalloz action *Droit et pratique de la procédure civile*, 2024/2025, par Ph. Hoonakker, n° 822.112 et les réf. cit.
5. L. 1er juin 1924, art. 209.
6. EN CE SENS : Colmar, 5 févr. 1993, RG n° II W 5996/92, CIAL c/Heinisch, inéd.
7. L. 1er juin 1924, art. 209 *in fine*.
8. Colmar, 18 janv. 1994, *Rec. jur. de l'Est* 1994. 53.
9. Metz, 22 févr. 2001, *Rec. jur. de l'Est* 2001. 121.
10. L. 1er juin 1924, art. 210, al. 1er.
11. L. 1er juin 1924, art. 211.
12. L. 1er juin 1924, art. 210, al. 2.

§ 1
Paiement des créanciers colloqués

1324.71 **Distinction.** Le paiement des créanciers colloqués ne peut intervenir qu'en vertu de **bordereaux de collocation** (B) qui eux-mêmes ne sont délivrés, par le notaire, qu'après **clôture** de l'état de collocation (A). Il est ainsi aisé de comprendre que le paiement n'interviendra pas dans les mêmes conditions selon que l'on est ou que l'on n'est pas en présence de contestations (C).

A.
En l'absence de contestation : clôture de l'état de collocation

1324.81 **Modalités.** L'absence de contestation suppose soit qu'aucune contestation n'ait été élevée contre l'état de collocation, soit que les contestations élevées aient été vidées à la réunion devant le notaire[1]. Dans ces cas, l'état de collocation, éventuellement modifié à l'occasion des discussions (v. s^s^ n° 1324.43), est clôturé en toutes ses dispositions[2], soit le jour même de la réunion, soit au plus tard dans la semaine qui suit[3].

Le procès-verbal de clôture est dressé dans ce délai par le notaire qui pour ce faire doit établir les calculs suivants[4] :

– de la masse à distribuer, c'est-à-dire le prix d'adjudication augmenté des intérêts échus ;

– des frais à la charge de la masse ; outre les frais afférents à la procédure d'exécution forcée visés à l'article 156 de la loi du 1er juin 1924 (v. s^s^ n° 1323.151), sont à la charge de la masse, ceux de la procédure de distribution, y compris les frais de la radiation des créanciers non colloqués ; ces frais à la charge de la masse sont toujours prioritaires dans la distribution, c'est dire qu'ils sont colloqués par préférence à toutes autres créances[5] ; pour ces frais qui ont été avancés par le créancier poursuivant, ils sont colloqués au même rang[6] mais augmentés d'intérêts au taux de 5 %[7] ;

– du montant de la créance de chaque créancier colloqué ; à ce montant, s'ajoutent, le cas échéant, pour chaque créancier colloqué, les sommes qu'il a payées à un mandataire dans la procédure de distribution ou pour la confection de l'acte de production de sa créance[8] (v. s^s^ n° 1324.22) ou de contestation de l'état de collocation[9] (v. s^s^ n° 1324.42) ; mais encore faut-il que ces sommes, qui portent essentiellement sur les frais et honoraires versés à un notaire ou un avocat mandaté par un créancier colloqué, soient « *estimées nécessaires* »[10].

La clôture ainsi établie par le notaire n'est pas définitive, les intéressés conservant encore la possibilité de la contester par des pourvois.

1324.82 **Pourvois.** Pour permettre la contestation, encore faut-il que la clôture de l'état de collocation puisse être consultée. C'est la raison pour laquelle les intéressés peuvent en prendre connaissance en l'étude du notaire pendant une semaine. Ce délai commence à courir « *à partir du jour qui a été désigné lors de la discussion* »[11]. Pour fixer cette date, le notaire tiendra compte du jour d'établissement de la clôture qui n'intervient pas nécessairement à l'issue de la réunion, mais peut encore être établie dans la semaine qui suit[12] (v. s^s^ n° 1324.81).

C'est dans ce délai d'une semaine, que tout intéressé pourra « *se pourvoir contre la clôture de l'état devant le tribunal d'exécution* »[13]. Mais aucune règle de forme particulière n'est prévue à ce titre. Aussi les parties procèdent-elles généralement comme pour les observations et objections de la procédure d'exécution forcée immobilière prévues à l'article 159 alinéa 1er de la loi du 1er juin 1924, c'est-à-dire par écrit ou par déclaration verbale prise en procès-verbal par le greffier (v. s^s^ n° 1323.42). En tout cas, il serait inutile de se référer aux modalités prévues à l'article 7 de l'Annexe, car même s'il est enfermé dans un délai, il ne s'agit pas d'un recours contre la décision d'un tribunal, mais contre un acte du notaire, en l'occurrence, la clôture de l'état de collocation, et il ne peut donc être qualifié de pourvoi, et *a fortiori*, de pourvoi immédiat, au sens des articles 5 à 8 de l'Annexe.

En revanche, le recours ouvert contre la décision que rendra le tribunal d'exécution est bien un pourvoi immédiat au sens de ces textes car il s'agit cette fois de contester une décision juridictionnelle dans un certain délai (C. pr. civ., art. 8 Annexe). En effet, selon l'article 206, alinéa 2 de la loi du 1er juin 1924, cette décision du tribunal d'exécution est « *susceptible d'un nouveau pourvoi dans la semaine qui suit la signification* »[14] (malgré l'usage du terme de « signification », la décision sera notifiée par pli recommandé conformément à C. pr. civ., art. 5 Annexe – sur ce point, v. s^s^ n° 1321.15). Ce recours est égale-

1. L. 1er juin 1924, art. 204, al. 1er.
2. L. 1er juin 1924, art. 204, al. 1er *in fine.*
3. L. 1er juin 1924, art. 206, al. 1er.
4. L. 1er juin 1924, art. 204, al. 2.
5. L. 1er juin 1924, art. 204, al. 3.
6. L. 1er juin 1924, art. 204, al. 3.
7. L. 1er juin 1924, art. 204, al. 4.
8. L. 1er juin 1924, art. 197.
9. L. 1er juin 1924, art. 202.
10. L. 1er juin 1924, art. 204, al. 5.
11. L. 1er juin 1924, art. 206, al. 2.
12. L. 1er juin 1924, art. 206, al. 1er.
13. L. 1er juin 1924, art. 206, al. 3.
14. L. 1er juin 1924, art. 206, al. 2.

ment ouvert contre les décisions rendues par le tribunal d'exécution dans le cadre de la procédure d'exécution forcée immobilière (v. s^s n° 1321.14), sauf que pour la procédure de distribution, il produit incontestablement un **effet suspensif**, l'état de collocation ne pouvant être mis à exécution que lorsque le pourvoi a fait l'objet d'une décision définitive[1] (v. s^s n° 1324.91).

Mais ces pourvois ne sauraient en aucun cas permettre aux intéressés de faire valoir des contestations qu'ils auraient dû élever auparavant contre l'état de collocation (v. s^s n° 1324.42). Ils ne peuvent donc qu'invoquer des **circonstances nouvelles**, contemporaines ou postérieures à la réunion devant le notaire où a été discuté l'état de collocation qu'il a préparé. Il s'agira donc essentiellement d'**erreurs**, qui peuvent être purement matérielles, mais qui peuvent aussi résulter d'une mauvaise reprise des modifications qui ont été convenues à la réunion chez le notaire pour vider les contestations[2].

1324.83 **Créanciers omis.** Cette procédure de clôture de l'état de collocation peut encore se compliquer si des créanciers omis produisent leurs créances « *après coup* »[3]. Rappelons qu'en effet, ces créanciers, auxquels le notaire a omis de faire délivrer une sommation de produire, peuvent encore produire leurs créances jusqu'à l'expiration du délai prévu à l'article 206 alinéa 2 pour se pourvoir contre la clôture de l'état de collocation[4] (v. s^s n° 1324.23). En conséquence, si une telle production survient postérieurement à l'établissement de l'état de collocation, mais avant la fin de la semaine ouverte pour contester la clôture (sur ce délai, v. s^s n° 1324.82), elle remettra en cause l'état existant et nécessitera un **supplément de procédure** pour l'y intégrer.

À cette fin, l'article 207 alinéa 1er prévoit que le notaire, auquel la production est déclarée ou adressée[5] (v. s^s n°s 1324.22 et 1324.23), doit fixer une nouvelle réunion « *pour s'expliquer sur cette créance et pour rectifier, s'il y a lieu, l'état de collocation* ». Il en avise les intéressés, en particulier l'adjudicataire, et surtout fait sommation au créancier poursuivant, aux créanciers inscrits, au débiteur et, le cas échéant, au tiers acquéreur, de comparaître pour[6] :

– fournir leurs observations sur la créance tardivement produite ;

– présenter, sous peine d'être forclos, les contestations qu'ils sont habilités à élever.

Quant aux **modalités**, toutes ces contestations sont nécessairement formées à la nouvelle réunion : *d'une part*, l'article 202 de la loi du 1er juin 1924, régissant les contestations élevées contre l'état de collocation avant la première réunion, ne paraît pas applicable ici (sur ces contestations, v. s^s n° 1324.42) ; *d'autre part*, les contestations élevées postérieurement à la nouvelle réunion sont radicalement irrecevables, le contestant étant alors forclos[7]. Quant à l'objet des contestations, si le créancier produisant peut élever toutes les contestations « *sans restriction* » contre l'état de collocation, les autres intéressés, en revanche, ne le peuvent « *qu'autant qu'ils risquent de ne pas être satisfaits pour leurs créances par suite de la production tardive* ». Ils ne peuvent donc élever de contestations que contre la créance nouvellement produite et à condition qu'elle leur porte préjudice.

Curieusement l'article 207 ne règle pas le sort de ces contestations. Mais dans le silence de ce texte, il faut sans doute faire application, par analogie, des règles prévues dans le cadre du déroulement normal de la procédure aux articles 203, 209 et 210 de la loi du 1er juin 1924 (v. s^s n°s 1324.42 s.). En conséquence, de deux choses l'une :

– ou bien, toutes ces contestations sont vidées à la seconde réunion où elles sont nécessairement élevées, et dans ce cas, l'état de collocation sera modifié, le cas échéant, en conséquence et la procédure de clôture pourra reprendre *ab initio* (v. s^s n° 1324.81) ;

– ou bien, des contestations subsistent, et dans ce cas, leurs auteurs devront les faire trancher en engageant une procédure contre les intéressés devant le tribunal compétent dans le mois de la nouvelle réunion (v. s^s n° 1324.51) ; quant à la clôture de l'état de collocation, elle ne pourra plus se faire selon les règles précédemment exposées puisque désormais l'on sera en présence de contestations non vidées ; ce sont donc les règles applicables à cette hypothèse qu'il faudra suivre (v. s^s n°s 1324.101 et 1324.102).

B. En l'absence de contestation : bordereaux de collocation

1324.91 **Délivrance et paiement.** Il appartient au **notaire** de délivrer les bordereaux de collocation. Mais il ne pourra le faire que lorsque la clôture de l'état sera devenue **définitive**, c'est-à-dire s'il n'a pas été formé de pourvoi ou si le pourvoi formé a fait l'objet d'une décision définitive[8]. Dans le cas particulier d'une production tardive par un créancier omis, c'est évidemment l'état de collocation issu de la nouvelle réunion dont la clôture devra être définitive pour permettre la délivrance des bordereaux de collocation.

1. L. 1er juin 1924, art. 208, al. 1er.
2. EN CE SENS, HAEGEL, SCHWOB et VALLENS, n° 348.
3. L. 1er juin 1924, art. 207, al. 1er.
4. L. 1er juin 1924, art. 199.
5. L. 1er juin 1924, art. 197.
6. L. 1er juin 1924, art. 207, al. 3.
7. L. 1er juin 1924, art. 207, al. 2.
8. L. 1er juin 1924, art. 208.

Ces bordereaux constituent des **titres exécutoires** délivrés, soit contre l'adjudicataire qui ne s'est pas encore libéré, soit, en cas de consignation du prix d'adjudication, contre la Caisse des dépôts et consignations[1] (ce titre exécutoire est aussi cité désormais à l'article L. 111-5 C. pr. exéc. qui énumère les titres spécifiques du droit local, v. s^s n° 132.06). C'est donc sur le fondement de ces bordereaux que les créanciers colloqués pourront enfin être payés, en recourant au besoin à la contrainte des voies d'exécution. Mais celles-ci ne présentent évidemment un intérêt qu'à l'égard de l'adjudicataire, étant rappelé que dans l'immense majorité des cas, celui-ci aura dû fournir une garantie sérieuse au moment de l'adjudication (v. s^s n° 1323.91).

C. En cas de contestation

1324.101 Clôture partielle. Lorsque des contestations subsistent après la réunion devant le notaire (v. s^s n° 1324.43), voire après la nouvelle réunion tenue suite à la production tardive d'un créancier omis (v. s^s n° 1324.83), le notaire procède à une clôture partielle de l'état de collocation portant sur[2] :

– les créances antérieures à celles qui restent contestées ;

– les créances postérieures, à condition de réserver une somme suffisante pour couvrir les créances contestées.

Cette clôture partielle est soumise exactement aux mêmes règles que celles applicables en l'absence de contestation, qu'il s'agisse des **modalités** (v. s^s n° 1324.81) ou des **pourvois** (v. s^s n° 1324.82). De même, elle pourra se compliquer par la production tardive d'un **créancier omis,** auquel cas, il sera également fait application des dispositions prévues à l'article 207 de la loi du 1er juin 1924 (v. s^s n° 1324.83).

Lorsque la clôture partielle sera devenue définitive, c'est-à-dire qu'aucun pourvoi n'aura été formé ou que les pourvois formés auront fait l'objet d'une décision définitive, le notaire délivrera aux créanciers déjà colloqués, de rang antérieur ou éventuellement postérieur aux créances encore contestées, des **bordereaux de collocation** qui leur permettront d'être payés dans les mêmes conditions que précédemment[3] (v. s^s n° 1324.91).

1324.102 Clôture ajournée. Pour les contestations qui n'ont pas été vidées à la réunion initiale ou éventuellement à la nouvelle réunion, la clôture sera ajournée jusqu'à ce qu'elles soient réglées. Cet ajournement sera plus ou moins long selon que les contestations sont ou non suivies de l'engagement d'une procédure dans le délai d'un mois prévu à l'article 209 de la loi du 1er juin 1924 (v. s^s n°s 1324.51 et 1324.83).

En l'**absence de procédure,** la clôture intervient, relativement aux créances qui étaient contestées, dès l'expiration du délai d'un mois[4]. Mais cette disposition ne prévoit pas les règles applicables à cette clôture et il ne peut être fait application pure et simple de l'article 206 de la loi du 1er juin 1924. En effet, le **délai d'établissement** de la clôture, prévu à l'alinéa 1er (v. s^s n° 1324.81), ne peut être tenu puisqu'il est au maximum d'une semaine à compter de la réunion, alors que dans cette hypothèse, la clôture ne peut intervenir avant un mois. Faute de disposition particulière sur ce point, il faut donc admettre que le notaire n'est tenu par aucun délai pour clôturer l'état dans ce cas. De même, le **délai d'une semaine** prévu à l'alinéa second pour contester la clôture est difficilement praticable car il court à compter du jour fixé à l'occasion de la réunion devant le notaire (v. s^s n° 1324.82). Mais il est ici impératif de fixer un délai. Deux solutions sont alors envisageables : ou bien le notaire prévoit, dès la réunion, ce cas particulier en fixant un point de départ spécifique ; ou alors il faut faire application, par analogie, de l'article 210 alinéa 3 de la loi du 1er juin 1924, applicable à l'hypothèse où une procédure est engagée, et qui charge le notaire de fixer le point de départ du délai et d'en informer les intéressés par lettre recommandée (v. ci-après). Sous ces réserves, les règles précédemment exposées s'appliquent sans difficulté, qu'il s'agisse de la **clôture** elle-même (v. s^s n° 1324.81), éventuellement compliquée par la production tardive d'un **créancier omis** (v. s^s n° 1324.83), ou des **bordereaux de collocation** que le notaire établira dès que la clôture sera devenue définitive (v. s^s n° 1324.91).

Lorsque la **procédure est engagée** dans le délai, « *la clôture de l'état est ajournée jusqu'à ce que le jugement statuant sur le paiement de la portion litigieuse de la masse ait acquis l'autorité de la chose jugée* »[5]. Toute décision de justice étant revêtue de l'autorité de la chose jugée, il faut sans doute comprendre ici « **force de chose jugée** », c'est-à-dire que le jugement ne doit plus être susceptible d'une voie de recours suspensive. C'est donc à ce moment-là que pourra intervenir la clôture relativement aux créances qui étaient contestées, le notaire devant alors mettre en œuvre la solution résultant du jugement définitif qui a été rendu. Pour établir cette clôture, aucun délai n'est prescrit. En revanche, l'article 210 alinéa 2 de la loi du 1er juin 1924 prévoit expressément l'application des alinéas 2 et 3 de l'article 206 concernant la contestation de la clôture (v. s^s n° 1324.82), sous cette seule

1. L. 1er juin 1924, art. 208, al. 2.
2. L. 1er juin 1924, art. 205.
3. L. 1er juin 1924, art. 205 et 208.
4. L. 1er juin 1924, art. 209.
5. L. 1er juin 1924, art. 210, al. 1er.

réserve : le délai d'une semaine pour se pourvoir court à compter du jour fixé, à cette occasion, par le notaire, et dont il informe les intéressés par pli recommandé. À l'appui du pourvoi ainsi ouvert, un intéressé pourra notamment faire valoir le fait que le notaire n'a pas transcrit scrupuleusement la solution donnée à la contestation antérieure par le jugement définitif qui a été rendu (plus généralement, sur les moyens ouverts, v. ss no 1324.82). Pour le surplus, les règles précédemment exposées s'appliquent, qu'il s'agisse de la **clôture** (v. ss no 1324.81), éventuellement compliquée par un **créancier omis** (v. ss no 1324.83) ou des **bordereaux de collocation** (v. ss no 1324.91).

§ 2
Radiation des hypothèques

1324.111 **Distinction.** Si l'adjudication emporte purge des hypothèques, leur radiation du Livre foncier n'intervient jamais immédiatement (v. ss no 1323.131). Au contraire, toutes ces inscriptions sont reprises sur le feuillet ouvert au nom de l'adjudicataire après inscription de l'adjudication (v. ss no 1323.131) et ne seront pas radiées avant, au plus tôt, la clôture de l'état de collocation. Mais là encore une distinction s'impose, car certaines inscriptions sont radiées dès la clôture, alors que d'autres ne le seront qu'après paiement du créancier.

1324.112 **Après clôture de l'état de collocation.** Lorsque la clôture de l'état de collocation est devenue **définitive**, le notaire transmet au préposé du Livre foncier un extrait de l'état renfermant les collocations et la requête en radiation[1]. Le préposé doit alors procéder immédiatement à la radiation des inscriptions suivantes[2] :

– celles des créanciers non colloqués ;

– celles des créanciers colloqués sur la Caisse des dépôts et consignations.

De plus l'adjudicataire qui a consigné le prix avec les intérêts échus peut même demander la radiation de toutes les inscriptions existantes dès la clôture de l'état[3], sans avoir à attendre qu'elle soit devenue définitive.

1324.113 **Après paiement.** Lorsque le prix d'adjudication n'a pas été consigné, les bordereaux de collocation sont délivrés contre l'adjudicataire qui doit alors payer directement chacun des créanciers colloqués. Dans ce cas, la radiation de chaque inscription ne peut intervenir qu'en vertu d'un acte de **mainlevée** auquel le créancier concerné est tenu de consentir dès qu'il a été payé[4] (depuis l'ordonnance du 23 mars 2006[5] relative aux sûretés, dont l'article 52, III a modifié l'article 64 de la loi du 1er juin 1924, cette radiation peut être opérée par le dépôt au bureau foncier d'une copie authentique de l'acte notarié certifiant que le créancier a, à la demande du débiteur, donné son accord à la radiation). Chaque radiation est alors opérée à l'initiative de l'adjudicataire qui en supporte les frais[6].

Si malgré l'obligation qui est faite au créancier payé de consentir à la mainlevée de son hypothèque, celui-ci s'y refusait, l'adjudicataire devrait alors solliciter une **décision judiciaire** qui en tiendra lieu. Mais alors les frais de cette procédure devront être mis à la charge du créancier qui a refusé, sans motif légitime, de donner le consentement requis[7].

1324.114 **Fin de la procédure.** Lorsque la procédure est terminée, « *les pièces relatives à la procédure d'exécution forcée, de purge des hypothèques et de distribution sont remises au tribunal d'exécution, y compris une expédition sur papier libre du cahier des charges, du procès-verbal d'adjudication et de l'état de collocation* »[8].

1. L. 1er juin 1924, art. 208, al. 1er et art. 204, al. 2 *in fine*.
2. L. 1er juin 1924, art. 208, al. 1er et art. 204, al. 2 *in fine*.
3. L. 1er juin 1924, art. 213.
4. L. 1er juin 1924, art. 212.
5. Ord. no 2006-346, 23 mars 2006, relative aux sûretés, *JO* 24 mars, texte 29.
6. L. 1er juin 1924, art. 212.
7. TPI Thionville, 27 mai 1933, *Rev. jur. Alsace-Lorraine* 1934. 633.
8. L. 1er juin 1924, art. 219.

CHAPITRE

1325. Administration forcée des immeubles

PHILIPPE HOONAKKER
PROFESSEUR ÉMÉRITE DE L'UNIVERSITÉ DE STRASBOURG
AVOCAT HONORAIRE

SECTION 0
ORIENTEUR

1325.00 Sommaire du chapitre.

Division. Les règles applicables ne sont pas toujours de compréhension et d'interprétation faciles car elles sont souvent imprécises, notamment lorsqu'elles se contentent de renvoyer aux dispositions de la procédure d'exécution forcée immobilière ou de distribution, *a fortiori* lorsque ces dispositions sont déclarées applicables par analogie, et ceci qu'il s'agisse de l'ouverture de la procédure (sect. 1), de l'administration de l'immeuble (sect. 2) ou du paiement des créanciers (sect. 3).

1325.01 Textes applicables.
Elle est régie par les articles 171 à 186 de la loi du 1er juin 1924 (chapitre II du titre V), auxquels s'ajoutent les articles suivants de l'Annexe du Code de procédure civile : 5 à 8 (C. pr. civ., art. 43 Annexe, qui vise indifféremment toutes les voies d'exécution) ainsi que 21 et 22 (C. pr. civ., art. 44 Annexe, qui vise tout le titre V de la loi du 1er juin 1924). Ce corps de règles doit, si nécessaire, être complété par les dispositions de droit général non contraires[1].

1325.03 Bibliographie indicative.
Actualisable. Sur l'ensemble de la question, *J.-Cl. Alsace-Moselle, V°* Administration forcée des immeubles en Alsace-Moselle, par E. Sander, fasc. 627.

1325.05 Généralités. L'administration forcée des immeubles correspond à la seconde forme de saisie immobilière du droit local, inconnue du droit général, qui tend seulement à priver provisoirement le débiteur de l'administration, et normalement de la jouissance, de l'immeuble, pour permettre au(x) créancier(s) de se payer **sur les revenus** qu'il produit.

Elle est peu utilisée en pratique : lorsque le créancier dispose d'une créance importante, il préfère souvent engager directement l'exécution forcée immobilière qui lui permettra d'aboutir à la vente de l'immeuble ; à l'opposé, lorsque sa créance est plus modeste, il privilégiera généralement une saisie mobilière, et tout particulièrement aujourd'hui la saisie-attribution qui peut parfaitement porter sur les revenus d'un immeuble et le mettra, de plus, à l'abri d'un éventuel concours avec d'autres créanciers, et même d'une procédure collective ultérieurement ouverte contre le débiteur (sous réserve de la nullité facultative introduite par la loi de sauvegarde du 26 juillet 2005 à l'article L. 632-2 alinéa 2 C. com., applicable notamment à la saisie-attribution opérée en période suspecte alors que le créancier connaissait la cessation des paiements). Mais l'administration forcée présente néanmoins un intérêt certain face à un **débiteur négligent** ou de **mauvaise foi**, car elle permettra d'assurer une gestion utile de son immeuble et donc de garantir la production de revenus.

1. L. 1er juin 1924, art. 88.

Il n'est donc pas possible d'ignorer cette procédure originale, mais elle sera présentée plus sommairement.

SECTION 1
OUVERTURE DE LA PROCÉDURE

1325.11 **Dualité de règles.** Selon l'article 171 de la loi du 1er juin 1924, « *l'administration forcée d'un immeuble est ordonnée par le tribunal d'exécution. L'ordonnance est soumise aux mêmes règles que celles ordonnant la vente aux enchères, sous réserve des dispositions ci-après* ».

Il en résulte que l'ouverture est soumise à deux séries de règles complémentaires : celles communes à la procédure d'exécution forcée immobilière (§ 1) et celles spécifiques à l'administration forcée (§ 2).

§ 1
Règles communes à la procédure d'exécution forcée immobilière

1325.21 **Compétence – Procédure.** Depuis le 1er janvier 2020, la compétence revient au tribunal judiciaire (COJ, art. L. 215-8), statuant à juge unique (COJ, art. R. 212-8, 20°) ou, le cas échéant, aux chambres de proximité (Tableau IV-III, 3°, auquel renvoie l'art. D. 212-19-1), qui exercent la fonction de tribunal d'exécution en matière immobilière[1].

Faute de dispositions particulières, il faut faire application des mêmes règles de compétence et de procédure que celles en vigueur en matière d'exécution forcée immobilière (v. ss nos 1321.11 s.). En particulier, la procédure est de nature contentieuse, mais elle est introduite par requête, les décisions peuvent être rendues sans débat oral préalable (sur la question de la compatibilité avec Conv. EDH, art. 6 § 1, v. cep. ss no 1321.13) et elles sont susceptibles de pourvoi immédiat, lequel ne produit pas d'effet suspensif (sur l'ensemble de la question, v. ss no 1321.16).

1325.22 **Conditions préalables.** Le créancier ne peut solliciter l'ouverture d'une procédure d'administration forcée que s'il détient un **titre exécutoire** préalablement **signifié** au débiteur, en principe. Il suffit là aussi de se référer aux règles exposées pour l'exécution forcée immobilière (v. ss nos 1322.05 et 1322.10 s.), sous une réserve. Ce titre peut être parfaitement **provisoire** car la restriction prévue à l'article L. 311-4 C. pr. exéc.[2] n'est pas applicable dès lors que la procédure d'administration forcée ne tend nullement à la vente de l'immeuble (sur cette restriction, v. ss no 1322.21).

Quant aux **commandements préalables,** il faut distinguer. S'agissant du commandement de payer au **débiteur,** il était admis, avant la réforme de la saisie immobilière, qu'il n'est pas nécessaire car l'ancien article 2217 du Code civil, sur lequel il était fondé en matière d'exécution forcée immobilière (v. ss no 1322.32), n'est pas applicable en la matière. Comme la Cour de cassation a jugé que cette disposition reste en vigueur pour la procédure d'exécution forcée immobilière, nonobstant son abrogation en droit général (v. ss no 1322.33), il n'y a pas de raison, *a fortiori*, de changer la solution pour l'administration forcée des immeubles. En revanche, pour le commandement de délaisser au **tiers acquéreur**, la solution doit être calquée sur celle de l'exécution forcée immobilière. À supposer que l'administration forcée soit possible à la requête d'un créancier inscrit[3], l'exigence de ce commandement semble s'imposer pour les raisons suivantes : *d'une part*, elle résulte de l'article 142 de la loi du 1er juin 1924 (v. ss nos 1322.31 et 1322.32), lequel s'applique par l'effet de l'article 171 de la même loi dès lors qu'il n'y est pas dérogé, avec toutes les incertitudes créées par la réforme de la saisie immobilière (v. ss no 1322.41) ; *d'autre part*, elle présente un intérêt certain dans la mesure où l'ouverture de la procédure emporte privation de l'administration et de la jouissance de l'immeuble (v. ss no 1325.41). Mais l'article 800 C. pr. civ. loc. ayant été abrogé, il ne fait plus de doute, à présent, que la **clause de soumission à l'exécution forcée** contenue dans l'acte notarié constitutif d'hypothèque n'a pas à être publiée au Livre foncier (sur ce point, v. ss no 1322.44).

1325.23 **Requête.** Elle obéit exactement aux mêmes règles de **forme** que celle qui tend à l'exécution forcée immobilière (L. 1er juin 1924, art. 141, al. 1er – v. ss no 1322.61). Elle peut être verbale ou écrite et présentée depuis le 1er janvier 2020 par un avocat.

Quant au **contenu** (v. ss no 1322.62), il faut évidemment l'adapter à l'objectif poursuivi qui est l'administration forcée et non la vente de l'immeuble. En conséquence, la requête pourra comporter des conclusions sur les modalités de l'administration forcée et proposer le nom d'un administrateur ; en aucun cas, elle n'aura à indiquer une mise à prix.

1325.24 **Ordonnance.** Comme pour l'exécution forcée immobilière, le tribunal d'exécution peut **rejeter** la requête s'il l'estime mal fondée, en ordonner la **régularisation** si elle est incomplète ou

1. V. S. Guinchard (dir.), Dalloz action *Droit et pratique de la procédure civile*, 2024/2025, par Ph. Hoonakker, no 811.61.

2. Ord. no 2011-1895, 19 déc. 2011, relative à la partie législative du Code des procédures civiles d'exécution, *JO* 20 déc., p. 21464.

3. EN CE SENS, SANDER, no 13.

ordonner l'administration forcée s'il la juge bien fondée (L. 1er juin 1924, art. 143 et 144 – v. ss no 1322.71). Dans ce dernier cas, il faudra évidemment adapter le contenu de l'ordonnance prévu à l'article 144 alinéa 2 (v. ss no 1322.71). En particulier, le tribunal ordonnera l'administration forcée de l'immeuble en cause et nommera un administrateur (v. ss no 1325.61).

Reste la question de l'ordonnance d'**intervention** ou d'adhésion (termes synonymes, v. ss no 1322.71). Bien qu'elle ne soit pas prévue expressément, rien ne permet de l'écarter, alors surtout que plusieurs textes particuliers font référence aux éventuels intervenants[1]. En conséquence, si un créancier requiert l'administration forcée alors que celle-ci a déjà été ordonnée à la demande d'un autre créancier, le tribunal rendra une ordonnance d'intervention qui lui permettra de participer à la procédure ouverte et de percevoir des fonds dans la double limite de son rang et des revenus disponibles (v. ss nos 1325.80 s.).

Lorsqu'une ordonnance d'administration est rendue, elle est notifiée et inscrite au Livre foncier avec tous les effets que la loi attache à ces formalités. Mais sur ces points, il existe des règles spécifiques.

§ 2
Règles spécifiques à la notification de l'ordonnance

1325.31 **Modalités et effet.** Alors que l'ordonnance d'exécution forcée immobilière est notifiée d'office par pli recommandé au débiteur et éventuellement au tiers acquéreur[2] (v. ss no 1322.72), l'ordonnance d'administration forcée est notifiée d'office dans la même forme, mais « *à tous les intéressés inscrits au Livre foncier* »[3]. Il s'agit évidemment du débiteur, du tiers acquéreur, le cas échéant, et des créanciers hypothécaires ou privilégiés. Mais l'on doit sans doute y ajouter également les titulaires d'autres droits inscrits au Livre foncier dans la mesure où ils peuvent être concernés par la procédure, tels que : l'usufruitier, le titulaire d'un droit d'usage et d'habitation, d'un bail à construction, d'un bail emphytéotique, d'un bail de plus de douze ans, *etc.*[4]

Le seul effet de la notification est de faire courir le délai de quinze jours du **pourvoi immédiat** (sur cette voie de recours, v. ss no 1321.14). C'est la raison pour laquelle l'ordonnance doit aussi être notifiée au requérant bien qu'il ne soit pas expressément visé.

§ 3
Règles spécifiques à l'inscription au Livre foncier

1325.41 **Effets à l'égard du débiteur.** Faute de dispositions particulières, il faut admettre, comme pour l'ordonnance d'exécution forcée immobilière[5] (v. ss no 1322.74), que l'ordonnance d'administration forcée est **inscrite d'office** au Livre foncier. En revanche, les effets de cette formalité sont spécifiquement prévus par les articles 172 et 173 de la loi du 1er juin 1924.

Selon l'article 172, l'inscription emporte **saisie** et contraint le débiteur **au dessaisissement** de l'**administration** et de la **jouissance** de l'immeuble. Mais sur ce dernier point, le débiteur qui habite l'immeuble au moment de la saisie, donc de l'inscription de l'ordonnance au Livre foncier, doit être laissé « *dans les locaux indispensables à son ménage* »[6]. Cette protection profite au débiteur lui-même et aux membres de sa famille à condition qu'ils vivent avec lui au moment de la saisie. Mais elle est strictement limitée aux seuls locaux indispensables à la vie du débiteur et de sa famille, elle ne s'étend donc pas aux locaux commerciaux, agricoles ou professionnels. De plus, elle n'est pas absolue. En effet, « *si le débiteur ou une personne habitant avec lui, met l'immeuble en péril ou en entrave l'administration, le tribunal d'exécution ordonne, sur requête, l'évacuation de l'immeuble* »[7].

Ces effets liés à l'inscription de l'ordonnance au Livre foncier se produisent désormais dès le dépôt de la requête en inscription et non ultérieurement au moment de son exécution matérielle, conformément à l'article 6-1 du décret du 18 novembre 1924, ajouté par l'article 3 du décret du 3 décembre 2002 (v. ss no 1322.74).

1325.42 **Effets à l'égard des tiers débiteurs.** La saisie produite par l'inscription au Livre foncier ne devient effective à l'égard des tiers débiteurs qu'au moment de la notification d'une **défense de payer** au débiteur saisi[8]. Cette notification se fait par pli recommandé à l'initiative du tribunal ou de l'administrateur. Elle fait interdiction aux tiers débiteurs, c'est-à-dire aux débiteurs du débiteur saisi, de se libérer entre les mains de ce dernier.

À compter de cette notification, ces tiers débiteurs ne pourront plus se libérer valablement qu'entre les mains de l'administrateur (v. ss no 1325.71). Mais il faut tenir compte d'une éventuelle saisie-attribution antérieurement pratiquée. En effet, une telle

1. L. 1er juin 1924, art. 179 et 182.
2. L. 1er juin 1924, art. 145, al. 1er.
3. L. 1er juin 1924, art. 171 *in fine*.
4. EN CE SENS, SANDER, no 13.
5. L. 1er juin 1924, art. 145.
6. L. 1er juin 1924, art. 173, al. 2.
7. L. 1er juin 1924, art. 173, al. 2.
8. L. 1er juin 1924, art. 175.

saisie emporte transfert au saisissant de la créance saisie, même lorsque celle-ci est à exécution successive et quelles que soient ses échéances postérieures (v. s[s] n°s 0831.73 et 0831.91).

SECTION 2 ADMINISTRATION DE L'IMMEUBLE

1325.50 **Plan.** Lorsque la procédure est ouverte, l'administration est confiée à l'administrateur dont la loi fixe le statut (§ 1) et détaille la fonction (§ 2).

§ 1 Statut de l'administrateur

1325.61 **Nomination.** L'administrateur est nommé par le tribunal d'exécution dans l'ordonnance ouvrant la procédure d'administration forcée[1]. Faute de toute précision dans la loi, il peut s'agir de n'importe quel professionnel, pourvu qu'il soit compétent dans la gestion immobilière, tel que : un administrateur de biens, un gérant d'immeuble, un notaire, un avocat ou un huissier de justice. Bien que le texte ne le prévoie pas expressément, la personne désignée est évidemment libre de refuser sa nomination. Dans ce cas, le tribunal d'exécution devra pourvoir à son remplacement.

En principe, il est nommé pour toute la durée de l'administration forcée dont il est en charge. Mais il peut être mis fin à ses fonctions à tout moment, le tribunal d'exécution disposant du pouvoir de le congédier[2] (v. s[s] n° 1325.72). L'administrateur de son côté pourrait aussi être amené à démissionner, mais il devra alors se montrer particulièrement prudent pour ne pas engager sa responsabilité (v. s[s] n° 1325.63).

1325.62 **Rémunération.** Elle est fixée par le tribunal d'exécution après audition du débiteur et du créancier. Il ne peut donc pas la fixer d'office dès l'ordonnance d'administration forcée. Il devra d'abord convoquer les parties pour recueillir leur avis.

La rémunération de l'administrateur comme tous les autres frais et dépenses de l'administration sont prélevés par priorité sur les produits de l'immeuble[3] (v. s[s] n° 1325.102). Il faut donc qu'ils soient suffisamment importants pour laisser un solde à distribuer aux créanciers, faute de quoi, l'administration forcée ne présenterait aucun intérêt. Il s'agit là d'un inconvénient majeur, mais incontournable, qui explique aussi que le recours à cette procédure soit si rare (v. s[s] n° 1325.05).

1325.63 **Responsabilité.** Selon l'article 178 de la loi du 1er juin 1924, « *l'administrateur est responsable envers tous les intéressés* ». Faute de disposition particulière, il faut admettre que cette responsabilité est soumise aux règles de droit commun des articles 1382 s. C. civ. Elle requiert donc la preuve par la victime d'une faute, d'un préjudice et d'un lien de causalité.

Quoi qu'il en soit, l'administrateur doit se montrer prudent en prenant soin de s'entourer de l'avis des intéressés avant de prendre une décision et, en tout cas, de suivre scrupuleusement les instructions que le tribunal d'exécution doit lui donner pour l'exercice de sa fonction.

§ 2 Fonction de l'administrateur

1325.71 **Gestion de l'immeuble.** Pour l'exercice de sa fonction, l'administrateur est d'abord **mis en possession** de l'immeuble. Pour ce faire, le tribunal d'exécution doit soit commettre un huissier chargé de remettre l'immeuble à l'administrateur, soit l'autoriser à se mettre lui-même en possession[4]. Ces modalités, qui conditionnent l'entrée en fonction de l'administrateur, sont en principe fixées dans l'ordonnance d'administration, ce qui n'empêchera pas le tribunal de les modifier ultérieurement, à la requête de l'administrateur, notamment en cas de difficultés.

Il doit alors **gérer** l'immeuble pour le faire produire des revenus qui devront servir à payer les créanciers. Il dispose, à ce titre, de tous les pouvoirs pour « *effectuer toutes les opérations nécessaires au maintien de l'immeuble dans son état d'exploitation et sa gestion normale* »[5]. Comme il tient ces pouvoirs directement de la loi, il n'a pas à recueillir le consentement du propriétaire, mais la prudence lui impose néanmoins de solliciter son avis et de le tenir informé.

Il peut ainsi conclure tous les **baux** nécessaires à une bonne gestion de l'immeuble. Mais encore faut-il que les locaux soient disponibles car tous les baux antérieurement conclus par le débiteur lui sont opposables[6]. Dans tous les cas, il veille au **recouvrement** des loyers entre ses mains, et plus généralement de toutes les créances relatives à l'immeuble qu'il administre. C'est à ce titre qu'il devra rapidement prendre l'initiative de notifier, à tous les tiers débiteurs, une défense de paiement au débiteur saisi si le tribunal ne l'a pas encore fait[7] (v. s[s] n° 1325.42).

Il doit aussi veiller à la **conservation** et au bon entretien de l'immeuble, et plus généralement rem-

1. L. 1er juin 1924, art. 171 et 174.
2. L. 1er juin 1924, art. 177, al. 2 *in fine*.
3. L. 1er juin 1924, art. 179.
4. L. 1er juin 1924, art. 174.
5. L. 1er juin 1924, art. 176, al. 1er.
6. L. 1er juin 1924, art. 176, al. 2.
7. L. 1er juin 1924, art. 175.

plir toutes les obligations incombant au bailleur. De même, il lui appartient de régler « *sans délai, les contributions et autres charges publiques venant à échéance pendant l'administration* »[1].

1325.72 **Rôle du tribunal.** Mais dans l'exercice de sa fonction, l'administrateur n'est pas totalement livré à lui-même et ne dispose en aucun cas de pouvoirs discrétionnaires. Outre qu'il agit toujours sous le regard vigilant des intéressés qui peuvent à tout moment décider d'engager sa responsabilité (v. s[s] nº 1325.63), la loi confère au tribunal d'exécution un rôle particulièrement actif.

Il lui appartient ainsi, après audition du débiteur et du créancier, de donner les **instructions nécessaires** à l'administrateur et de **surveiller sa gestion**[2]. Il peut agir d'office ou à la demande des intéressés. L'administrateur peut donc solliciter lui-même des instructions du tribunal, surtout lorsqu'il se heurte aux objections du débiteur ou du créancier, ce qui le mettra à l'abri de toute contestation ultérieure, et en particulier d'une action en responsabilité sur ce point. Inversement, le débiteur ou le créancier peuvent aussi saisir le tribunal d'exécution, en cours d'administration, pour lui déférer, dans le cadre de sa mission de surveillance, les décisions prises par l'administrateur.

À l'appui de cette double mission d'instruction et de surveillance, le tribunal dispose de pouvoirs de coercition contre l'administrateur. Il peut ainsi exiger une caution de l'administrateur pour garantir la représentation des fonds qu'il encaisse et manie, lui infliger des amendes punies des peines d'amende prévues pour les contraventions de la première classe relevant du 1º de l'article 131-13 C. pén. (actuellement 38 euros) ou encore le congédier ce qui correspond à la sanction la plus grave qui pourra être suivie d'une action en responsabilité[3].

SECTION 3
PAIEMENT DES CRÉANCIERS

1325.80 **Observations liminaires. Plan.** C'est sur ce point que la loi est la plus imprécise. Elle prévoit quelques dispositions particulières[4], souvent elliptiques, et pour le surplus, se contente de renvoyer aux règles prescrites par le chapitre IV du titre V de la loi du 1er juin 1924 (relatif à la procédure de distribution consécutive à une procédure d'exécution forcée immobilière[5] – v. s[s] n°s 1324.07 s.), déclarées « *applicables, par analogie, en tant qu'elles ne sont pas contraires à celles du présent chapitre* »[6].

Pour autant, des difficultés ne risquent de se poser qu'en cas de **concours** entre créanciers, étant précisé que les créanciers inscrits sont colloqués d'office sans qu'ils n'aient à intervenir à la procédure, ni même à produire leurs créances[7] (v. s[s] nº 1325.91). Il n'y aura donc pas de concours en présence d'un seul créancier poursuivant et en l'absence de tout créancier inscrit ou lorsque le seul créancier poursuivant est aussi le seul créancier inscrit. Dans ces cas, l'administrateur versera directement au créancier, jusqu'à apurement de sa dette, les revenus disponibles, au fur et à mesure de leur encaissement, après déduction des frais et dépenses de l'administration[8].

Dans tous les autres cas, il y a lieu à **distribution**. Il en est ainsi à chaque fois qu'au moins deux créanciers sont dans la procédure, l'un poursuivant, l'autre intervenant, ou même en présence du seul créancier poursuivant, lorsqu'il existe, par ailleurs, au moins un autre créancier inscrit sur l'immeuble. La distribution ne pose aucune difficulté si tous les intéressés trouvent un **accord** et que la preuve en est rapportée par acte authentique[9]. Dans cette hypothèse, aucune procédure de distribution n'est nécessaire, l'administrateur procédera alors à la distribution des revenus disponibles conformément à l'accord constaté dans l'acte authentique qu'il peut avoir reçu lui-même s'il est notaire.

À défaut d'accord entre tous les intéressés, la distribution sera décidée par le tribunal d'exécution qui doit établir un état de distribution (§ 1), puis en assurer l'exécution en ordonnant le paiement des créanciers (§ 2).

§ 1
Établissement de l'état de distribution

1325.91 **Audience devant le tribunal.** Lorsqu'il y a lieu à distribution judiciaire, le tribunal d'exécution fixe une audience à laquelle « *un état de distribution est établi* »[10].

Mais le tribunal ne dresse pas un état chaque fois que des sommes disponibles sont à distribuer, il dresse **un seul état** « *pour toute la durée de l'administration* »[11]. Du coup, il ne pourra pas définir avec précision les sommes revenant à chaque créancier, alors surtout que les intérêts continuent à courir et que les revenus à encaisser sont à exécution successive et peuvent toujours évoluer dans leur *quantum*. L'état ne comportera donc que des directives de distribution, étant précisé que :

– sont admises d'office toutes les créances résultant du Livre foncier[12] ; c'est dire que le tribunal doit intégrer dans l'état, toutes les créances bénéfi-

1. L. 1er juin 1924, art. 180, al. 1er.
2. L. 1er juin 1924, art. 177, al. 1er.
3. L. 1er juin 1924, art. 177, al. 2, réd. L. nº 92-1336, 16 déc. 1992, applicable depuis le 1er mars 1994.
4. L. 1er juin 1924, art. 180 à 184.
5. L. 1er juin 1924, art. 194 à 214.
6. L. 1er juin 1924, art. 186.
7. L. 1er juin 1924, art. 181.
8. L. 1er juin 1924, art. 179.
9. L. 1er juin 1924, art. 185.
10. L. 1er juin 1924, art. 180, al. 2.
11. L. 1er juin 1924, art. 180, al. 2.
12. L. 1er juin 1924, art. 181.

ciant d'une inscription au Livre foncier, même si leurs titulaires ne sont pas parties à la procédure, et sans qu'ils n'aient à formaliser la moindre production ;

– les créanciers hypothécaires et privilégiés sont désintéressés dans l'ordre de leur rang que l'état devra établir, l'un après l'autre, au fur et à mesure des encaissements, et les créanciers chirographaires seront réglés en dernier, les sommes disponibles étant réparties entre eux au marc-le-franc.

Pour établir cet état, le tribunal doit recueillir l'avis des intéressés, c'est-à-dire du débiteur, de tous les créanciers inscrits, parties ou non à la procédure, et des créanciers chirographaires, poursuivant ou intervenants. Dans cette perspective, il doit leur notifier la date de l'audience [1] ; bien qu'aucune précision ne soit fournie sur ce point, il convient sans doute, pour éviter toute contestation ultérieure, de procéder par pli recommandé et de laisser aux destinataires un délai suffisant pour pouvoir comparaître s'ils le souhaitent. À l'audience, le tribunal devra auditionner tous les intéressés présents et pourra même se faire assister d'un expert [2]. L'état ainsi dressé ne sera pas définitif puisqu'il pourra faire l'objet de contestations des intéressés.

1325.92 Contestations. L'article 181 de la loi du 1er juin 1924 prévoit que :

– « *les débats, les pourvois et la mise à exécution de l'état sont réglés par les articles 876 à 882 du Code local de procédure civile* » ; il s'agissait des dispositions qui régissaient la procédure de distribution en matière d'exécution forcée sur les meubles mais elles ont été abrogées par l'article 94, 4° de la loi du 9 juillet 1991 [3] (v. ss no 132.05) ;

– « *l'opposition du débiteur contre une créance exécutoire est soumise aux règles des articles 767, 769 et 770 du même code* » ; ces textes organisaient l'action accordée au débiteur pour contester la créance résultant du titre pour des circonstances postérieures à sa naissance, tels que la nullité du titre lui-même, la compensation, le paiement, la prescription, *etc.* ; mais ils ont aussi été abrogés par l'article 94, 4° de la loi du 9 juillet 1991 (v. ss no 132.05).

Dans ces conditions, ces dispositions de l'article 181 de la loi du 1er juin 1924 sont devenues **sans objet** et il faut pallier la carence ainsi créée. La seule solution semble être de revenir à la règle générale posée par l'article 186 de la loi du 1er juin 1924 qui rend applicables les dispositions relatives à la procédure de distribution en matière d'exécution forcée immobilière (v. ss nos 1324.07 s.), **par analogie** et dans la mesure où elles ne sont pas contraires aux règles du chapitre 2 (administration forcée des immeubles), ce qui ne risque plus d'être le cas sur ce point. S'agissant d'établir l'état de distribution, il faut faire application, par analogie, des dispositions régissant l'établissement de l'état de collocation à partir de la réunion qui se tient chez le notaire, agissant comme délégué du tribunal d'exécution (v. ss nos 1324.43 s.).

Sans revenir sur le détail de ces règles, la procédure à suivre devra désormais se dérouler de la manière suivante. À l'audience devant le tribunal d'exécution, tous les intéressés présents peuvent faire valoir leurs contestations sur l'état de distribution dressé par le tribunal. Si toutes les contestations peuvent être vidées d'un commun accord entre les parties présentes, le tribunal modifiera, si nécessaire, l'état en conséquence, et celui-ci pourra alors être définitivement dressé sur-le-champ. Dans le cas contraire, il appartiendra au contestant d'agir contre les intéressés devant la juridiction compétente, dans le délai d'un mois, pour faire trancher ses objections. S'il n'est pas justifié de l'introduction de la procédure dans ce délai, le tribunal passera outre et dressera définitivement l'état de distribution. Dans le cas contraire, l'état ne pourra définitivement être établi que lorsque les contestations subsistantes auront été définitivement tranchées, le tribunal devant alors y intégrer les solutions retenues.

1325.93 Modifications ultérieures. Même lorsque l'état de distribution est ainsi définitivement dressé, il pourra encore faire l'objet de modifications ultérieures dans les circonstances suivantes.

Il se peut d'abord qu'un nouveau créancier chirographaire **intervienne** en cours de procédure. Il faudra alors tenir compte de ses droits éventuels dans la distribution des revenus de l'immeuble. Dans ce cas, le tribunal d'exécution devra, le cas échéant, modifier l'état en suivant la même procédure.

Mais de plus, l'article 184 de la loi du 1er juin 1924 prévoit que « *tout intéressé peut, par voie d'assignation, demander la modification de l'état* ». Il s'agit de la possibilité de contester l'état dressé par le tribunal d'exécution, par **voie principale**, devant la juridiction compétente. Mais compte tenu de l'autorité de chose jugée attachée à toute décision judiciaire, cette voie d'action ne permettra certainement pas à une partie de faire trancher, à nouveau, une contestation déjà vidée par l'accord de tous les intéressés à l'audience fixée pour dresser l'état ou qui a déjà été soumise au tribunal compétent suite à cette audience (v. ss no 1325.92). Cette voie n'est donc ouverte qu'aux intéressés qui par négligence (par exemple, intéressé absent à l'audience du tribunal), ou pour toute autre cause, n'ont pas fait valoir leurs objections dans le cadre de la procédure d'établissement de l'état de distribution. Mais du coup, si cette action devait

1. L. 1er juin 1924, art. 180, al. 2.
2. L. 1er juin 1924, art. 180, al. 3.
3. L. no 91-650, 9 juill. 1991, portant réforme des procédures civiles d'exécution, *JO* 14 juill., p. 9228.

aboutir à une modification de l'état, celle-ci ne donnera « *pas lieu à remboursement des paiements effectués conformément à l'état primitif* »[1].

§ 2
Exécution de l'état de distribution

1325.101 Paiement ordonné par le tribunal. Selon l'article 182 de la loi du 1er juin 1924, il appartient au tribunal d'exécution d'ordonner le paiement des différentes sommes aux intéressés conformément à l'état de distribution. Il n'y a donc pas lieu de faire application ici de la lourde procédure de clôture de l'état de collocation applicable pour la distribution du prix d'adjudication d'un immeuble (v. ss nos 1324.71 s.). Le tribunal doit faire application directement de l'état de collocation pour prescrire le paiement des créanciers. Mais cela suppose qu'il soit définitivement établi. S'il subsiste des contestations après l'audience, soumises dans le délai d'un mois au tribunal compétent pour être tranchées, il devra surseoir, sauf à ordonner, le cas échéant, le paiement des créances qui ne préjudicient pas aux contestations en cours.

Si postérieurement un nouveau créancier devait être admis, cette décision de paiement devra être complétée[2], conformément à l'état de distribution qui aura été modifié en conséquence (v. ss no 1325.93). De même, si l'état était modifié suite à une action par voie principale (v. ss no 1325.93), le tribunal devra rectifier sa décision de paiement.

1325.102 Paiement effectué par l'administrateur. Le paiement ainsi ordonné par le tribunal d'exécution est exécuté par l'administrateur qui, selon l'article 182 *in fine* de la loi du 1er juin 1924, fait « *les versements* [...] *à leur échéance, dans la mesure des disponibilités* ».

Il ne peut verser aux créanciers que les **fonds disponibles**, c'est-à-dire les revenus encaissés sous déduction des frais et dépenses de l'administration qu'il prélève toujours par priorité sur les produits de l'immeuble[3]. Les dépenses sont celles nécessitées par la gestion de l'immeuble, et en particulier, celles relative à sa conservation et à son entretien ainsi que toutes les charges publiques engendrées par l'immeuble (v. ss no 1325.71).

Tous les paiements faits à un créancier s'imputent d'abord sur les **intérêts** de la dette. Lorsque l'administrateur en vient à régler le **principal** d'une hypothèque, le tribunal d'exécution devra fixer une date si l'administrateur le demande[4], ce qui permettra à tous les intéressés d'en discuter contradictoirement. En tout cas, dès qu'un créancier hypothécaire est désintéressé, il appartient au tribunal lui-même de requérir la **radiation de l'inscription** au Livre foncier[5]. Mais l'application de cette disposition suppose que l'administrateur informe le tribunal du paiement de la créance hypothécaire.

D'ailleurs et de manière générale, l'administrateur « *doit rendre ses comptes au tribunal qui les communique au créancier et au débiteur* »[6]. Le texte ne précise pas s'il s'agit d'une reddition de compte unique à la fin de l'administration ou de redditions régulières. Mais compte tenu de la complexité des opérations, l'administrateur, qui de surcroît engage sa responsabilité en cas de faute (v. ss no 1325.63), a sans doute intérêt à rendre ses comptes régulièrement. Du reste, le tribunal d'exécution, qui est chargé notamment de surveiller la gestion de l'administrateur, peut toujours, à ce titre, lui demander de rendre ses comptes.

1. L. 1er juin 1924, art. 184.
2. L. 1er juin 1924, art. 182.
3. L. 1er juin 1924, art. 179.
4. L. 1er juin 1924, art. 183.
5. L. 1er juin 1924, art. 183.
6. L. 1er juin 1924, art. 178 *in fine*.

TITRE

133. La procédure issue de l'ordonnance du 21 avril 2006

SECTION 0

ORIENTEUR

133.00 Sommaire du titre.

Division. Seront successivement étudiés les formalités tendant à la saisie de l'immeuble du débiteur (chap. 1331), celles en cas de poursuite contre un tiers acquéreur (chap. 1332), les actes préparatoires à la vente (chap. 1333), l'audience d'orientation (chap. 1334), les droits des parties et des tiers (chap. 1335), la vente amiable sur autorisation judiciaire (chap. 1336), la vente de gré à gré (chap. 1337), les informations à délivrer avant la vente forcée (chap. 1338) et l'audience d'adjudication (chap. 1339).

133.05 Objet de la saisie immobilière. Le droit des procédures civiles d'exécution a été codifié par l'ordonnance du 19 décembre 2011[1] et le décret du 30 mai 2012[2]. La procédure de saisie immobilière, réformée par l'ordonnance du 21 avril 2006[3] et le décret du 27 juillet 2006[4], modifié par le décret du

1. Ord. n° 2011-1895, 19 déc. 2011, relative à la partie législative du Code des procédures civiles d'exécution, *JO* 20 déc., p. 21464.
2. Décr. n° 2012-783, 30 mai 2012, relatif à la partie réglementaire du Code des procédures civiles d'exécution, *JO* 31 mai, p. 9375.
3. Ord. n° 2006-461, 21 avr. 2006, réformant la saisie immobilière, *JO* 22 avr., p. 6072.
4. Décr. n° 2006-936, 27 juill. 2006, relatif aux procédures de saisie immobilière et de distribution du prix d'un immeuble, *JO* 29 juill., p. 11316.

12 février 2009 [1], est désormais réglementée au livre III, parties L et R.

Cette mesure d'exécution est définie à l'article L. 311-1 C. pr. exéc., comme la procédure qui « *tend à la vente forcée de l'immeuble du débiteur ou, le cas échéant, du tiers détenteur en vue de la distribution de son prix* ».

133.06 **Une procédure d'ordre public.** Selon l'article L. 311-3 C. pr. exéc., « *est nulle toute convention portant qu'à défaut d'exécution des engagements pris envers lui, le créancier peut faire vendre les immeubles de son débiteur en dehors des formes prescrites pour la saisie immobilière* ».

Depuis le 1er juin 2012, ces formalités sont exposées au livre III de la partie réglementaire du Code des procédures civiles d'exécution.

133.07 **Exceptions : attribution du bien en paiement et pacte commissoire.** Un créancier hypothécaire impayé peut toutefois demander en justice que l'immeuble lui demeure en paiement. Cette faculté ne lui sera cependant pas offerte lorsque l'immeuble constituera la résidence principale du constituant (C. civ., art. 2458 anc., puis depuis le 1er janv. 2022, C. civ., art. 2451 nouv. [2]).

En outre, le créancier hypothécaire peut également convenir dans la convention d'hypothèque qu'il deviendra propriétaire de l'immeuble hypothéqué. Cette clause est cependant sans effet sur l'immeuble qui constitue la résidence principale du débiteur (C. civ., art. 2459 anc., puis depuis le 1er janv. 2022, C. civ., art. 2452 nouv. [3]). L'immeuble, dans ces deux cas, sera estimé par un expert désigné à l'amiable ou judiciairement. Si sa valeur excède le montant de la dette garantie, le créancier doit au débiteur une somme égale à la différence ; s'il existe d'autres créanciers hypothécaires, il la consigne (C. civ., art. 2460 anc., puis depuis le 1er janv. 2022, C. civ., art. 2453 nouv. [4]).

Dans ces deux hypothèses, le créancier fait choix de ne pas recourir à une mesure d'exécution. Il n'est pas certain qu'il y gagne car de nombreuses questions se posent quant aux droits des créanciers lors de la mise en œuvre, notamment sur le plan de l'effet de purge des inscriptions [5]. Quoi qu'il en soit, lorsque l'immeuble sert de résidence principale au débiteur, seule la saisie immobilière sera envisageable.

133.08 **Un droit spécial.** La procédure de saisie immobilière est régie par les dispositions du livre III, partie R du Code des procédures civiles d'exécution, mais aussi par celles qui ne lui sont pas contraires du livre Ier, partie R, issues du décret du 31 juillet 1992 [6] instituant des nouvelles règles relatives aux procédures civiles d'exécution pour l'application de la loi du 9 juillet 1991 [7] portant réforme des procédures civiles d'exécution. Selon l'article R. 121-5 C. pr. exéc., les dispositions communes du livre Ier du Code de procédure civile sont applicables devant le juge de l'exécution aux procédures civiles d'exécution, à l'exclusion des articles 481-1 et 484 à 492 C. pr. civ.

La procédure de saisie immobilière obéit donc d'abord à un droit spécial au sein du droit spécial des procédures civiles d'exécution et le livre III, partie R, comporte notamment quelques articles exposant les règles, purement procédurales, applicables. La saisie immobilière est en effet une **mesure d'exécution judiciaire,** poursuivie initialement, devant le JEX du TGI et depuis le 1er janvier 2020, devant le tribunal judiciaire (TJ) [8] dans le ressort duquel est situé l'immeuble saisi ou, en cas de saisie simultanée de plusieurs immeubles d'un même débiteur situés dans des ressorts de plusieurs TJ, devant le JEX du tribunal dans le ressort duquel est situé l'immeuble saisi où demeure le débiteur et, à défaut, devant le juge dans le ressort duquel est situé l'un quelconque des immeubles (C. pr. exéc., art. R. 311-2).

C'est désormais aux articles R. 311-1 à R. 311-11 C. pr. exéc. que sont détaillées ces règles purement procédurales. Elles concernent le ministère d'avocat (C. pr. exéc., art. R. 311-4), le moment et la forme des contestations et demandes (C. pr. exéc., art.

1. Décr. n° 2009-160, 12 févr. 2009, pris pour l'application de l'ordonnance n° 2008-1345 du 18 décembre 2008 portant réforme du droit des entreprises en difficulté et modifiant les procédures de saisie immobilière et de distribution du prix d'un immeuble, *JO* 13 févr., p. 2596 – V. C. Laporte, « Du nouveau en matière de ventes judiciaires », *Procédures*, actualité, mars 2009. 3, n° 221 – F. Pommier, « Saisie immobilière : l'achèvement de la réforme », *LPA* 6 avr. 2009, n° 68, p. 3 – J.-M. Hocquard et D. Talon, « La chandeleur du procédurier… », *Gaz. Pal.* 1er-2 avr. 2009, p. 9.
2. Réd. Ord. n° 2021-1192, 15 sept. 2021, portant réforme du droit des sûretés, *JO* 16 sept., texte 19, art. 15 et 22.
3. Réd. Ord. n° 2021-1192, 15 sept. 2021, préc., art. 15.
4. Réd. Ord. n° 2021-1192, 15 sept. 2021, préc., art. 15.
5. L. Aynès et P. Crocq, *Droit civil, Les sûretés, la publicité foncière*, 2e éd., Defrénois, 2006, nos 686 et 687 – A. Leborgne, « Voies d'exécution : ordonnance sur ordonnance vaut ! », *Bull. Aix-en-Povence* 2007. 1, p. 63 – S. Piedelièvre, *Droit des sûretés*, 2e éd., Ellipses, 2015, n° 681.
6. Décr. n° 92-755, 31 juill. 1992, instituant des nouvelles règles relatives aux procédures civiles d'exécution pour l'application de la loi n° 91-650 du 9 juillet 1991 portant réforme des procédures civiles d'exécution, *JO* 5 août, p. 10530.
7. L. n° 91-650, 9 juill. 1991, portant réforme des procédures civiles d'exécution, *JO* 14 juill., p. 9228.
8. Conformément à l'article 9 de Décr. n° 2019-966, 18 sept. 2019, portant substitution du tribunal judiciaire au tribunal de grande instance et au tribunal d'instance en application de l'article 95 de la loi n° 2019-222 du 23 mars 2019 de programmation 2018-2022 et de réforme pour la justice et diverses dispositions relatives à l'organisation judiciaire et modifiant l'annexe du décret n° 2019-913 du 30 août 2019 pris en application de l'article 95 de la loi n° 2019-222 du 23 mars 2019 de programmation (2018-2022) et de réforme pour la justice, *JO* 19 sept., texte 7.

R. 311-5 et R. 311-6)[1], l'appel (C. pr. exéc., art. R. 311-7), les demandes en distraction et subrogation (C. pr. exéc., art. R. 311-8 et R. 311-9), les nullités (C. pr. exéc., art. R. 311-10) et la sanction du défaut de respect des délais (C. pr. exéc., art. R. 311-11).

133.09 Entrée en vigueur de la réforme de 2006 : domaine d'application du décret du 27 juillet 2006 et dispositions transitoires. La date d'entrée en vigueur de la réforme de la procédure de saisie immobilière avait été fixée au 1er janvier 2007[2]. Les dispositions nouvelles n'étaient pas applicables aux procédures de saisies immobilières ayant donné lieu, avant leur entrée en vigueur, au dépôt du cahier des charges prévu à l'article 688 ACPC[3]. Elles n'étaient pas non plus applicables aux procédures de distribution du prix de vente de l'immeuble lorsque, quelle que soit la date de l'adjudication, il avait été requis l'ouverture de l'ordre, au sens de l'article 750 ACPC[4]. En effet, dans ces deux hypothèses, les juges compétents, c'est-à-dire la **chambre des saisies immobilières** et le **juge aux ordres** avaient déjà été saisis. Les procédures leur ont donc été laissées afin qu'ils les règlent selon les dispositions applicables lors de l'ouverture de la procédure. Le dernier alinéa de l'article 168 précise que « *les actes régulièrement accomplis sous l'empire de la réglementation applicable avant l'entrée en vigueur du présent décret restent valables* ».

La juxtaposition de deux réglementations a été source de difficultés. Ainsi, un commandement de saisie immobilière conforme aux exigences de l'article 673 ACPC ne comporte nécessairement pas d'information sur la faculté de vente amiable, pourtant offerte désormais au débiteur. Or, lorsque le cahier des charges n'a pas été délivré au 1er janvier 2007, le créancier, pour poursuivre la procédure, doit respecter les dispositions nouvelles et donc prévoir une audience d'orientation. De même, si une procédure de distribution du prix de vente d'un immeuble, adjugé sous l'empire du décret-loi de 1938, n'a été ouverte qu'après le 1er janvier 2007, elle est soumise aux dispositions nouvelles, et notamment aux articles L. 331-2 et R. 332-2 C. pr. exéc. La deuxième chambre civile a ainsi approuvé une cour d'appel d'avoir jugé que, lorsque l'ordre au sens de l'article 750 ACPC n'avait pas été requis avant le 1er janvier 2007, était déchu du bénéfice de sa sûreté le créancier qui n'avait pas déclaré sa créance dans le délai de quinze jours de la sommation qui lui avait été faite[5]. C'est une sanction très grave pour des créanciers qui, sous l'ancienne réglementation, n'avaient pas à déclarer leurs créances. Et la deuxième chambre civile a refusé de suivre l'argumentation du créancier qui prétendait que cette déchéance ne pouvait lui être opposée parce qu'il n'avait pas été invité régulièrement à produire sa créance dans le cadre de la phase initiale de la procédure de saisie immobilière[6].

133.10 Modifications législatives et réglementaires ultérieures : 1°. Domaine d'application du décret du 12 février 2009 et dispositions transitoires. Le décret du 12 février 2009, pris pour l'application de l'ordonnance du 18 décembre 2008[7] portant réforme du droit des entreprises en difficulté et modifiant les procédures de saisie immobilière et de distribution de prix d'un immeuble, a introduit des modifications notables à certaines dispositions du décret de 2006, notamment au stade de l'appel du jugement d'orientation (v. ss nos 1334.180 s.). Ces modifications sont entrées en vigueur le 1er mars 2009[8], et les nouvelles dispositions ont été applicables aux procédures en cours, sous les réserves suivantes :

– les actes régulièrement accomplis avant cette date restent valables ;

– la durée des délais en cours à cette date n'est pas modifiée ;

– les appels formés contre les décisions notifiées avant cette date sont demeurés soumis aux règles de la procédure ordinaire devant la cour d'appel[9].

133.11 Modifications législatives et réglementaires ultérieures : 2°. Décrets n° 2017-891 et n° 2017-892 du 6 mai 2017. En 2017, deux décrets ont opéré un toilettage de la procédure de saisie immobilière. Le décret du 6 mai 2017[10] relatif aux exceptions d'incompétence et à l'appel en matière civile a modifié la rédaction de l'article R. 311-7 afin d'ajouter au droit commun de l'appel des jugements rendus en matière de saisie immobilière la possibilité d'un appel à jour fixe, si les droits des parties sont en péril. Cette disposition est entrée en vigueur le 1er septembre 2017[11].

1. Civ. 2e, 6 mars 2025, no 22-18.023, B : conformément à l'article R. 311-6 C. pr. exéc., c'est par voie de conclusions que la contestation de la décision de prorogation d'un commandement de payer valant saisie immobilière doit être formée
2. Décr. no 2006-936, 27 juill. 2006, art. 168, al. 1er.
3. Décr. no 2006-936, 27 juill. 2006, art. 168, al. 2.
4. Décr. no 2006-936, 27 juill. 2006, art. 168, al. 3.
5. Civ. 2e, 17 févr. 2011, no 10-15.100, P II, no 48.
6. Civ. 2e, 11 juill. 2013, no 12-18.055, NP.
7. Ord. no 2008-1345, 18 déc. 2008, portant réforme du droit des entreprises en difficulté, *JO* 19 déc., texte 29.
8. Civ. 2e, 10 juin 2010, no 09-66.395, NP : il a été jugé qu'une cour d'appel, qui rend son arrêt le 2 mars, n'avait pas à rouvrir les débats afin de faire application des dispositions nouvelles, le décret du 12 février 2009 ne pouvant s'appliquer à des actes de procédure réalisés avant son entrée en vigueur.
9. Civ. 2e, 8 juill. 2010, no 09-15.051, P II, no 139 : et le délai d'un mois prévu par le nouvel article 52 du décret de 2006 ne sera pas applicable.
10. Décr. no 2017-891, 6 mai 2017, relatif aux exceptions d'incompétence et à l'appel en matière civile, *JO* 10 mai, texte 113.
11. Décr. no 2017-891, 6 mai 2017, art. 42.

Un autre décret du 6 mai 2017[1], portant diverses mesures de modernisation et de simplification de la procédure civile, comporte quelques mesures qui intéressent les procédures civiles d'exécution. S'agissant de la procédure de saisie immobilière le décret harmonise les dispositions du Code des procédures civiles d'exécution avec la nouvelle numérotation du Code de la consommation issue de l'ordonnance du 14 mars 2016[2] et réécrit l'article R. 321-5 C. pr. exéc. qui réglemente le commandement de payer valant saisie au tiers détenteur. Ces modifications sont entrées en vigueur le lendemain de la publication du décret, c'est-à-dire le 11 mai 2017.

133.12 Modifications législatives et réglementaires ultérieures : 3°. Loi n° 2019-222 de programmation et de réforme pour la justice du 23 mars 2019. La loi du 23 mars 2019[3] comporte plusieurs dispositions intéressant la procédure de saisie immobilière. *Tout d'abord*, l'article L. 311-5 C. pr. exéc. a été réécrit afin de permettre plus largement la saisie de plusieurs immeubles du débiteur si la saisie d'un seul ou de certains d'entre eux se révèle insuffisante. *Ensuite*, la loi a introduit, à l'article L. 322-1, la possibilité pour le débiteur, en cas d'accord de ses créanciers de vendre l'immeuble saisi de gré à gré, après l'audience d'orientation et jusqu'à l'ouverture des enchères. *Enfin*, la loi de 2019 a modifié l'article L. 322-4 pour imposer, au même titre que pour les frais taxés, le paiement des frais de la vente amiable sur autorisation judiciaire, et non plus leur consignation. Ces modifications sont entrées en vigueur le 25 mars 2019.

133.13 Modifications législatives et réglementaires ultérieures : 4°. Décret n° 2019-966 du 18 septembre 2019. Depuis le 1er janvier 2020, la procédure de saisie immobilière est poursuivie devant le tribunal judiciaire (TJ) qui a remplacé le tribunal de grande instance (TGI) et le tribunal d'instance (TI)[4].

133.14 Modifications législatives et réglementaires ultérieures : 5°. Ordonnance n° 2021-1192 du 15 septembre 2021 et décrets d'application 2021-1887 et 2021-1888 du 29 décembre 2021 portant réforme du droit des sûretés. La réforme du droit des sûretés est entrée en application au 1er janvier 2022, pour l'essentiel de ses dispositions. S'agissant de la procédure de saisie immobilière, cette réforme entraîne une renumérotation de certaines dispositions du Code civil ainsi qu'une amélioration et clarification des droits des créanciers hypothécaires et des tiers acquéreurs ; les dispositions du Code des procédures civiles d'exécution, parties législative et réglementaire ont été modifiées en conséquence. Rendre le droit des sûretés plus lisible a notamment consisté à clarifier la nature de la sûreté réelle consentie pour garantir la dette d'autrui et à introduire le gage sur les immeubles par destination.

133.15 Unicité de la procédure. Division. La Cour de cassation l'avait indiqué dans un avis en 2008[5], qui a été suivi par la deuxième chambre civile en 2011[6] : « *Il résulte de l'article 2190 du Code civil que la saisie immobilière tend à la vente forcée de l'immeuble du débiteur en vue de la distribution de son prix de sorte que la saisie et la distribution constituent les deux phases d'une même procédure* ».

La première phase de la procédure de saisie immobilière, qui opère saisie et vente de l'immeuble, se décompose pour le créancier en plusieurs temps, le conduisant d'abord à accomplir les formalités tendant à la saisie de l'immeuble du débiteur (chap. 1331) ou d'un tiers acquéreur (chap. 1332), puis à réaliser les actes préparatoires à la vente (chap. 1333).

La suite de la procédure, qui se déroule devant le JEX, commence par l'audience d'orientation (chap. 1334) qui sera l'occasion pour les parties à la procédure de saisie immobilière, de vérifier la régularité de la mesure et de faire valoir leurs droits (chap. 1335). Le JEX pourra autoriser le saisi à vendre amiablement le bien (chap. 1336), à défaut, la vente forcée s'imposera (chap. 1338 et 1339). Et même si la vente forcée a été ordonnée, l'article L. 322-1 C. pr. exéc., permet désormais au débiteur, avec l'accord de tous ses créanciers, de vendre l'immeuble saisi de gré à gré, jusqu'à l'ouverture des enchères (chap. 1337).

Enfin, *la deuxième phase* conduira à distribuer le prix d'adjudication.

Les développements suivront le déroulement de la procédure, acte après acte, jusqu'à l'audience d'adjudication définitive, qui emporte vente à la barre du tribunal puis distribution du prix d'adjudication.

133.16 Parties en présence. Le créancier, qui remplit les conditions pour saisir et ne se heurte pas à un obstacle procédural ou de fond peut entreprendre de vendre le bien. Le saisi peut intervenir à la procédure, voire être autorisé à vendre amiablement son

1. Décr. n° 2017-892, 6 mai 2017, portant diverses mesures de modernisation et de simplification de la procédure civile, *JO* 10 mai, texte 114.
2. Ord. n° 2016-301, 14 mars 2016, relative à la partie législative du Code de la consommation, *JO* 16 mars, texte 29 – Décr. n° 2016884, 29 juin 2016, relatif à la partie réglementaire du Code de la consommation, *JO* 30 juin, texte 62 – C. Laporte, « "Nouveau" Code de la consommation et procédures civiles d'exécution », *Procédures* 2016. Alerte 37.
3. L. n° 2019-222, 23 mars 2019, de programmation 2018-2022 et de réforme pour la justice, *JO* 24 mars, texte 2.
4. Décr. n° 2019-966, 18 sept. 2019, art. 9.
5. Cass., avis, 16 mai 2008, n° 00-80.002, P, n° 3 ; *Dr. et proc.* 2008. 285, obs. A. Leborgne ; *Procédures* 2008, n° 112, note C. Laporte.
6. Civ. 2e, 5 mai 2011, n° 10-14.066, P II, n° 105.

bien. Les droits des créanciers inscrits seront également pris en considération.

133.17 Procédure contre le débiteur ou un tiers acquéreur. Avant d'engager sa mesure d'exécution, le poursuivant doit lever un état hors formalité[1] ou une fiche d'immeuble qui lui révélera une éventuelle cession du bien par le débiteur et induira la procédure à mettre en œuvre. Si le débiteur est toujours propriétaire de l'immeuble, la procédure sera évidemment dirigée contre lui ; lorsqu'en vertu du droit de suite, le créancier poursuivra un tiers acquéreur, la procédure sera menée contre le débiteur et ce tiers, propriétaire du bien.

133.18 Esprit général de cette mesure d'exécution. La saisie immobilière reste une **procédure essentiellement judiciaire** mais elle offre désormais, sous le contrôle du juge, un double visage ; l'esprit de déjudiciarisation de la loi du 9 juillet 1991[2] n'a pas conduit les auteurs de la réforme à bouleverser en profondeur cette voie d'exécution, mais seulement, et cela est heureux, à aménager une faculté pour le saisi de **vente amiable judiciaire** ; sans doute parce qu'en cette matière particulièrement sensible, économiquement, socialement et psychologiquement, la présence du juge s'avère indispensable pour arbitrer entre les intérêts contradictoires des saisis et des créanciers poursuivants.

Le TGI du lieu de situation de l'immeuble initialement, et depuis le 1er janvier 2020, le TJ, est compétent et plus précisément, en vertu de l'article 12 de l'ordonnance du 21 avril 2006 et de l'article R. 311-2 C. pr. exéc., le JEX devant lequel se trouve regroupé tout le contentieux de l'exécution forcée.

Le ministère d'avocat est obligatoire[3], sauf disposition contraire, pour qui veut intervenir à la procédure et les règles de procédure des articles R. 121-6 à R. 121-12, R. 442-2 à R. 442-4 et R. 121-13 à R. 121-22 C. pr. exéc., relatives à la procédure devant ce juge, seront appliquées sauf disposition contraire.

Cette mesure d'exécution se caractérise ensuite, toujours par sa complexité. Un certain nombre d'actes doivent être accomplis, respectant des conditions de forme strictes, et dans des délais précis. Cependant, la réforme a opéré une simplification sur le terrain des sanctions des irrégularités de forme, comme de délais.

133.19 Incidences de la crise sanitaire sur la procédure de saisie immobilière. La crise sanitaire Covid-19 avait conduit, au printemps 2020, le Parlement à autoriser le Gouvernement à légiférer par voie d'ordonnances dans certains domaines[4]. Ainsi, pour la procédure de saisie immobilière, il fallait se référer à l'ordonnance du 25 mars 2020[5], portant adaptation des règles applicables aux juridictions statuant en matière non pénale et aux contrats de syndics de copropriété, et à l'ordonnance du 25 mars 2020[6], relative à la prorogation des délais échus pendant la période d'urgence sanitaire et à l'adaptation des procédures pendant cette même période. La suspension de certains délais avait été instaurée pendant une période juridiquement protégée qui est allée du jeudi 12 mars 2020 à 0 heure au mardi 23 juin 2020 à minuit.

Pour la procédure de saisie immobilière, avaient été suspendus les délais prévus aux articles L. 311-1 à L. 311-14 et R. 311-1 à R. 322-72 C. pr. exéc. De ce fait, il fallait prendre en considération les jours déjà écoulés avant le 12 mars 2020 pour déterminer le nombre de jours restants afin d'accomplir les actes et formalités à la fin de la période juridiquement protégée, c'est-à-dire à partir du 24 juin 2020. Les délais suspendus ont donc repris leur cours le 24 juin 2020 à 0 heure.

Toutefois, alors même que la Cour de cassation considère que la saisie immobilière et la distribution du prix de l'immeuble constituent les deux phases d'une même procédure (v. ss no 133.15), le régime spécifique de suspension des délais de la procédure n'a pas concerné la phase de distribution du prix de l'immeuble. À ce stade, ce sont les dispositions générales de l'ordonnance du 25 mars 2020 qui s'appliquaient, à savoir le mécanisme de report du terme ou de l'échéance qui permet la régularisation de l'acte

1. Décr. no 55-1350, 14 oct. 1955, pris pour l'application du décret no 55-22 du 4 janvier 1955 portant réforme de la publicité foncière, *JO* 15 oct., art. 41.
2. L. no 91-650, 9 juill. 1991, portant réforme des procédures civiles d'exécution, *JO* 14 juill., p. 9228.
3. L'exception de multipostulation prévue à l'art. 1er, III, al. 2 de la loi no 71-1130 du 31 déc. 1971, s'appliquant à la procédure de saisie immobilière, il s'agit d'un avocat inscrit au barreau du tribunal de grande instance devant lequel la vente est poursuivie – EN CE SENS, Cass., avis, 16 mai 2008, no 00-80.002, P (préc., v. ss no 133.15) – CONFIRMÉ par Civ. 2e, 5 mai 2011, no 10-14.066, P (préc., v. ss no 133.15) – L'irrégularité affectant le commandement de payer valant saisie immobilière, résultant de la constitution d'un avocat au barreau de Niort qui n'avait pas le pouvoir de représenter le créancier dans une procédure de saisie-immobilière relevant de la compétence territoriale du TGI de Bressuire, constitue le défaut de pouvoir d'une personne assurant la représentation d'une partie en justice ; conformément aux art. 117 et 121 C. pr. civ., cette irrégularité de fond peut être couverte si sa cause a disparu au moment où le juge statue : Civ. 2e, 18 oct. 2012, no 11-18.730, NP.
4. L. no 2020-290, 23 mars 2020, d'urgence pour faire face à l'épidémie de Covid-19, *JO* 24 mars, texte 2.
5. Ord. no 2020-304, 25 mars 2020, portant adaptation des règles applicables aux juridictions de l'ordre judiciaire statuant en matière non pénale et aux contrats de syndic de copropriété, *JO* 26 mars, texte 5.
6. Ord. no 2020-306, 25 mars 2020, relative à la prorogation des délais échus pendant la période d'urgence sanitaire et à l'adaptation des procédures pendant cette même période, *JO* 26 mars, texte 9.

(qui serait tardif) dans un nouveau délai égal au délai initialement imparti par la loi ou le règlement, lequel commençait à courir à compter de la fin de la période juridiquement protégée, sans pouvoir excéder deux mois [1].

1. EN CE SENS, Circ. n° CIV/01/20, 26 mars 2020, de présentation des dispositions du titre I de l'ordonnance n° 2020-306 du 25 mars 2020 relative à la prorogation des délais échus pendant la période d'urgence sanitaire et à l'adaptation des procédures pendant cette même période, NOR : JUSC 2008608C.

CHAPITRE

1331. Formalités tendant à la saisie de l'immeuble du débiteur

Anne Leborgne
Professeur émérite d'Aix-Marseille Université

SECTION 0 ORIENTEUR

1331.00 **Sommaire du chapitre.**

Division. Les formalités à accomplir sont la délivrance du commandement de payer valant saisie (sect. 1) et la publication de ce commandement (sect. 2). Seront ensuite étudiés les effets du commandement signifié et publié pour le débiteur et les tiers (sect. 3).

1331.02 **Jurisprudence de référence.**

> Saisie immobilière. Portée de la clause d'inaliénabilité frappant l'immeuble saisi.

• **Civ. 2e, 30 juin 1993,** no 91-14.775, P II, no 241

* V. ss nos 1319.34, 1331.304

Est légalement justifié l'arrêt qui relevant qu'à la date de la publication du commandement de saisie immobilière l'immeuble était frappé d'une clause d'inaliénabilité insérée dans l'acte de donation antérieurement publié et établie dans l'intérêt du donateur, sa vie durant, retient que la validité de la saisie doit s'apprécier compte tenu de la donation au moment où elle est pratiquée, à savoir, la publication du commandement et qu'il convient de prononcer la nullité de celui-ci, comme portant sur un bien insaisissable.

> Saisie immobilière. Contenu du commandement.

• **Com. 29 mars 1994,** no 92-14.695, P IV, no 136

* V. ss no 1331.41

Aucun texte n'exige que le nom de la personne physique qui agit pour une personne morale faisant signifier un commandement de saisie immobilière soit mentionné sur cet acte et l'absence d'une telle précision ne constitue pas une irrégularité.

> Nullité de la procédure de saisie immobilière diligentée sciemment à une adresse erronée.

• **Civ. 2e, 7 nov. 2002,** no 01-14.229, P II, no 239

* V. ss nos 1331.41, 1331.235, 1341.85, 1341.311

Justifie sa décision une cour d'appel qui, pour annuler un jugement d'adjudication, retient souverainement l'existence d'une fraude de la part du créancier poursuivant qui a diligenté la procédure de saisie immobilière à une adresse qu'il savait erronée et manifesté sa volonté de procéder à la vente forcée à l'insu des débiteurs saisis.

> Sanction de l'omission d'une mention d'un acte d'huissier de justice.

• **Civ. 2e, 7 nov. 2002,** no 01-00.379, P II, no 245

* V. ss nos 0522.31, 0811.41, 1331.42

Si, dans les actes signifiés par une société civile professionnelle en application des articles 6 et 7 de la loi du 27 décembre 1923 doit figurer, à peine de nullité, l'indication des nom et prénom de l'huissier qui a instrumenté, l'omission de cette mention constitue une irrégularité de forme qui n'est sanctionnée par la nullité de l'acte que s'il en résulte un grief pour l'intéressé.

> Saisie immobilière. Responsabilité de l'huissier rédacteur du procès-verbal de description.

• **Civ. 1re, 25 mai 2005,** no 03-18.261, P I, no 226

* V. ss nos 1331.221, 1333.34, 1341.286

Justifie légalement sa décision la cour d'appel qui, ayant relevé que le règlement du lotissement dont dépendait le terrain faisant l'objet d'une saisie immobilière appelait l'attention sur les règles à respecter en raison du caractère inondable de la parcelle à liciter, retient, pour en déduire que chacun de ces officiers ministériels avait commis une faute, que les huissiers de justice, auteurs, l'un du procès-verbal de description du bien se trouvant dans son ressort et, l'autre, du commandement, s'étaient bornés au rappel d'un acte antérieur aux termes duquel cette parcelle était située dans un lotissement, sans mentionner son caractère inondable ni la constructibilité avec réserves qui figuraient dans le règlement du lotissement, éléments essentiels des caractéristiques du bien saisi, existant déjà au moment de la rédaction des documents litigieux.

> Nullité de la saisie signifiée par un clerc.

• **Civ. 2e, 28 juin 2006,** no 04-17.514, P II, no 178

* V. ss nos 0112.27, 0122.33, 0252.62, 0821.15, 1331.42

Les actes d'exécution forcée sont de la compétence exclusive des huissiers de justice. En conséquence, viole l'article 6 de la loi du 27 décembre 1923 relative à la création de clercs assermentés, ensemble les articles 18 de la loi no 91-650 du 9 juillet 1991 et 56 du décret no 92-755 du 31 juillet 1992, la cour d'appel qui refuse d'annuler des actes de saisie-attribution, alors qu'elle avait constaté que ces actes avaient été signifiés par un clerc assermenté.

> Saisie immobilière. Notification et contenu du commandement. Titre exécutoire constatant une créance liquide et exigible.

• **Civ. 2e, 30 avr. 2009,** no 08-12.105, P II, no 111

* V. ss nos 0821.32, 1313.181, 1313.194, 1319.134, 1331.25, 1331.131, 1331.201, 1331.232, 1331.233, 1333.70

Il ne résulte ni de l'ordonnance du 21 avril 2006, relative à la saisie immobilière, ni de son décret d'application, une obligation, pour le créancier poursuivant, de signifier le commandement de payer valant saisie au concubin du débiteur, lorsque la saisie porte sur un bien, appartenant en propre au débiteur et constituant la résidence de la famille.

Le commandement de payer valant saisie, qui ne comporte pas l'indication de la date et de la nature du titre exécutoire et qui ne contient pas un décompte détaillé des sommes réclamées, contrairement aux exigences de l'article 15, 2o et 3o du décret du 27 juillet 2006, est affecté d'une irrégularité de forme, même si ces mentions figurent dans un document qui y est annexé.

La cour d'appel, qui constate que le débiteur n'a saisi les juridictions administratives d'aucun recours contre les rôles d'impôts directs rendus exécutoires servant de fondement aux poursuites, en déduit exactement que ces titres exécutoires constatent une créance liquide et exigible.

> Saisie immobilière. Demande d'aide juridictionnelle.

• **Civ. 2e, 24 juin 2010,** no 08-19.974, P II, no 120

* V. ss nos 0143.91, 1331.91, 1333.104, 1334.13, 1341.82

Commet un excès de pouvoir et viole l'article 25 de la loi du 10 juillet 1991 relative à l'aide juridictionnelle et l'article 6 de la Convention de sauvegarde des droits de l'homme et des libertés fondamentales, le juge qui procède à la vente forcée d'un bien, sans s'assurer que le débiteur saisi, qui avait sollicité l'aide juridictionnelle, avait été informé de la décision rendue sur cette demande et du nom de l'avocat désigné à ce titre.

> Saisie immobilière. Opposabilité du bail au créancier poursuivant et à l'acquéreur.

• **Civ. 2e, 6 juin 2013,** no 12-19.116, P II, no 120

* V. ss nos 1331.343, 1333.272, 1341.285

En application des articles 2198 et 2199 du Code civil, devenus L. 321-2 et L. 321-4 du Code des procédures civiles d'exécution, est opposable au créancier saisissant et à l'acquéreur le bail consenti par un débiteur saisi dont la réalité et l'antériorité à la signification du commandement valant saisie immobilière sont établies et qui, étant d'une durée inférieure à douze ans, n'est pas soumis à publicité foncière pour son opposabilité.

> Charge de la preuve du caractère excessif des mesures d'exécution.

• **Civ. 2e, 15 mai 2014,** no 13-16.016, P II, no 113

* V. ss nos 0133.21, 0212.92, 0311.171, 1317.13, 1331.22

Il résulte des articles L. 111-7 du Code des procédures civiles d'exécution et 1315 du Code civil que le créancier ayant le choix des mesures propres à assurer l'exécution de sa créance, il appartient au débiteur, qui en poursuit la mainlevée, d'établir qu'elles excèdent ce qui se révèle nécessaire pour obtenir le paiement de l'obligation.

1331.04 Formulaire de procédure civile (renvois).

• *Saisie immobilière – Commandement de payer valant saisie* (Commandement de payer valant saisie délivrée au débiteur – C. pr. exéc., art. R. 321-1)

• *Saisie immobilière – Commandement de payer valant saisie* (Commandement de payer valant saisie délivrée au tiers acquéreur – C. pr. exéc., art. R. 321-1 et R. 321-19)

1331.05 Un commandement qui engage la saisie. Sous l'empire du décret-loi du 17 juin 1938, le créancier délivrait un commandement valant procès-verbal de saisie au(x) débiteur(s) mais la saisie proprement dite n'était réalisée que par la publication de l'acte. Désormais, selon l'article R. 321-1 C. pr. exéc.[1], « *en application de l'article L. 321-1, la procédure d'exécution est engagée par la signification au débiteur ou au tiers détenteur d'un commandement de payer valant saisie à la requête du créancier poursuivant* ». Ce commandement ensuite devra être publié, ce qui produira des effets importants pour le débiteur, les créanciers et les tiers.

SECTION 1

DÉLIVRANCE DU COMMANDEMENT DE PAYER VALANT SAISIE

1331.10 Plan. Un commandement de payer valant saisie est signifié au débiteur à la requête du créancier poursuivant. On précisera sa nature (§ 1), son contenu (§ 2), les formalités de signification (§ 3) et ses effets (§ 4).

§ 1 Nature du commandement de payer valant saisie

1331.21 Un acte de saisie. Selon l'article R. 321-1 alinéa 1er C. pr. exéc.[2], la procédure d'exécution est engagée par la **signification du commandement de payer** valant saisie au débiteur à la requête du créancier poursuivant. L'acte de saisie résulte donc de la seule signification de ce commandement de payer, à l'instar de la plupart des procédures civiles d'exécution mobilières. On notera toutefois, qu'en matière de saisie-vente des meubles corporels, procédure qui est tout de même la plus proche de la saisie immobilière, le commandement n'initie pas la saisie mais

1. Décr. no 2012-783, 30 mai 2012, relatif à la partie réglementaire du Code des procédures civiles d'exécution, *JO* 31 mai, p. 9375.
2. Décr. no 2012-783, 30 mai 2012, relatif à la partie réglementaire du Code des procédures civiles d'exécution, *JO* 31 mai, p. 9375.

ouvre au contraire un délai de huit jours à l'intérieur duquel le procès-verbal de saisie ne peut être dressé (C. pr. exéc., art. L. 221-1[1] et R. 221-1). En saisie immobilière et selon l'article R. 321-3, 6° C. pr. exéc., le commandement comporte l'indication qu'il vaut saisie et que le bien est indisponible à l'égard du débiteur dès la signification de l'acte et à l'égard des tiers dès la publication.

1331.22 **Un acte de disposition aux risques du créancier.** L'article R. 321-1 alinéa 2 C. pr. exéc. le précise : il s'agit d'un acte de disposition effectué aux risques du créancier poursuivant. La procédure de saisie immobilière a pour effet, en cas de carences d'enchères, de rendre le créancier adjudicataire du bien ; il faut donc qu'il ait la capacité d'accomplir des actes de disposition (v. s^s^ n° 1311.21). L'allusion aux risques, au stade de la délivrance du commandement, invite le créancier à mesurer, d'une manière générale, l'opportunité d'entreprendre une telle mesure d'exécution. Ce terme renvoie également à l'alinéa 2 de l'article L. 111-10 C. pr. exéc. qui dispose que le créancier qui n'a qu'un titre provisoire poursuit l'exécution à ses risques. En matière de saisie immobilière toutefois, la vente forcée ne pourra intervenir qu'après que le créancier ait obtenu une décision définitive passée en force de chose jugée (C. pr. exéc., art. L. 311-4). Il n'y a donc pas transposition exacte de l'article L. 111-10 C. pr. exéc. Qu'il ait un titre provisoire ou déjà définitif, l'abus du droit d'agir en exécution forcée du créancier pourra être ainsi opposé par le débiteur[2]. Cependant, parce qu'il résulte des articles L. 111-7 C. pr. exéc. et 1353 C. civ. que le créancier a le choix des mesures propres à assurer l'exécution de sa créance, il appartient au débiteur, qui en poursuit la mainlevée, d'établir qu'elles excèdent ce qui se révèle nécessaire pour obtenir le paiement de l'obligation[3].

1331.23 **Un commandement de payer.** Le commandement comporte le décompte des sommes réclamées (C. pr. exéc., art. R. 321-3, 3°) et avertit le débiteur qu'il doit payer lesdites sommes dans un délai de huit jours, à défaut, la procédure à fin de vente de l'immeuble se poursuivra (C. pr. exéc., art. R. 321-3, 4°). Est-ce à dire que l'effet de saisie ne se produira qu'à l'expiration de ce délai de huit jours ? Ce serait logique, mais est en réalité contredit par l'article R. 321-1 C. pr. exéc. qui dispose que la « *procédure est engagée par la signification du commandement* ». Dès lors, il faut comprendre que la saisie sera radiée si le paiement intervenait dans les huit jours.

En tout état de cause, ce commandement de payer vaut mise en demeure et produit les effets habituels de toute mise en demeure : interruption de la prescription[4] pour le poursuivant comme pour les créanciers inscrits[5], point de départ des intérêts moratoires.

1331.24 **Recours devant le juge de l'exécution.** Le débiteur est mis en demeure de payer et est averti qu'à défaut de paiement, il sera assigné à comparaître devant le juge de l'exécution (JEX) à une audience d'orientation (C. pr. exéc., art. R. 321-3, 4°). Peut-il toutefois, sans attendre cette audience, saisir le JEX par assignation et contester la dette ou solliciter des délais ? Rien ne semblait l'interdire dès lors que le commandement est aussi analysé comme un acte d'exécution[6]. La contestation, comme la demande de délais de paiement (C. civ., art. 1343-5 [C. civ., anc. art. 1244-1] – v. s^s^ n° 1335.101), pouvant relever alors de la compétence du JEX. Au demeurant, l'article R. 322-20 C. pr. exéc. permet au débiteur de saisir le JEX sans attendre l'audience d'orientation pour être autorisé à vendre amiablement (v. s^s^ n° 1334.71). Toutefois, admettre que le saisi, sans attendre l'audience d'orientation puisse saisir le JEX pour soulever devant lui des contestations, présentait un sérieux inconvénient au regard du principe de concentration des moyens[7] et de l'autorité de chose jugée des décisions du JEX. Le saisi n'aurait pu émettre d'autres contestations, à l'audience d'orientation si le JEX avait statué. Saisie de cette question, la deuxième chambre civile de la Cour de cassation a jugé que, hors les cas prévus par la loi, telle la demande de vente amiable de l'immeuble saisi prévue à l'article R. 322-20, les contestations et demandes ne peu-

1. Ord. n° 2011-1895, 19 déc. 2011, relative à la partie législative du Code des procédures civiles d'exécution, *JO* 20 déc., p. 21464.
2. Aix-en-Provence, 10e ch., 26 nov. 2008, *Juris-Data* n° 005145, qui condamne sur le fondement de l'art. 1382 C. civ., la banque qui, n'ignorant pourtant pas l'existence d'une difficulté juridique d'exécution de la saisie immobilière en l'état de la contestation portant sur le titre exécutoire, a poursuivi sans désemparer la saisie. Le commandement de saisie ayant été annulé ainsi que tous les actes de poursuite ultérieurs, la banque est condamnée à réparer les conséquences dommageables résultant de la poursuite de l'exécution.
3. Civ. 2e, 15 mai 2014, n° 13-16.016, P II, n° 113 ; *Dr. et proc.* mai 2014, p. 117, obs. S. Dorol – Et c'est au JEX de motiver sa décision sur le caractère disproportionné ou non de la procédure de saisie immobilière : Civ. 3e, 10 sept. 2020, n° 19-12.511, NP.
4. Et cela, même si le commandement n'est pas suivi d'une procédure de saisie immobilière : Civ. 2e, 24 mars 2005, n°s 02-20.216 et 03-16.312, P II, n° 85 ; *D.* 2005. 1609, note P. Julien et G. Taormina – L'effet interruptif demeurera même si le commandement publié est ensuite frappé de péremption : Civ. 2e, 25 sept. 2014, n° 13-19.935, P II, n° 198.
5. Civ. 2e, 8 juill. 2010, n° 09-15.051, P II, n° 139.
6. EN CE SENS, Aix-en-Provence, 15e ch. A, 10 oct. 2007, RG n° 07/595, pour une contestation portant sur le titre exécutoire.
7. Civ. 2e, 24 sept. 2015, n° 14-20.009, P II, n° 221 : la contestation portait sur la prescription des intérêts formée à l'audience d'orientation ; elle a été jugée irrecevable.

vent être formées par le débiteur, à peine d'irrecevabilité, qu'à l'audience d'orientation à laquelle ce dernier a été assigné à comparaître. C'est seulement si le débiteur n'a pas été régulièrement assigné à une audience d'orientation qu'il aura la faculté de saisir le JEX de contestations ou de demandes formées conformément aux dispositions de l'article R. 121-11 C. pr. exéc., par assignation délivrée au créancier poursuivant ainsi qu'aux créanciers, la procédure obéissant alors, en application de l'article R. 311-1, aux dispositions des articles R. 311-2 et suivants C. pr. exéc.[1]. Le temps des contestations est ainsi simplement différé, ce qui, précise la deuxième chambre civile, ne méconnaît pas le droit du débiteur, garanti par l'article 6 § 1 de la Convention de sauvegarde des droits de l'homme et des libertés fondamentales, à ce que sa cause soit entendue équitablement et dans un délai raisonnable par un tribunal indépendant et impartial. On ne peut qu'approuver cette solution.

1331.25 Un acte éventuellement signifié ou dénoncé au conjoint mais pas au concubin. Si le débiteur est un époux commun en biens, la procédure devra être menée contre les deux époux (v. s[s] n° 1331.232). Dans le cas où l'immeuble appartenant en propre à l'un des époux constitue la résidence de la famille, le commandement sera dénoncé au conjoint, au plus tard le premier jour ouvrable suivant la signification de l'acte (C. pr. exéc., art. R. 321-1, 3°). Cette disposition s'explique par la volonté des auteurs de la réforme de permettre au conjoint non-propriétaire de prendre toute disposition pour protéger le logement familial (un commandement, signifié selon exploits délivrés aux débiteurs, pour son épouse à sa personne et pour le débiteur à la personne de son épouse présente à son domicile, satisfait aux exigences réglementaires alors même qu'il n'a pas été dénoncé à l'épouse ; par la signification du commandement de payer valant saisie se trouve accomplie la formalité de l'article R. 321-1[2]) : acquitter la dette sur ses propres deniers ou solliciter l'autorisation du juge compétent aux fins d'être habilité à prendre les décisions rendues nécessaires par la saisie, en application des articles 217, 219 et 1426 C. civ. On remarquera que le législateur n'a étendu la protection ni aux couples de concubins ni aux partenaires pacsés, lesquels, il est vrai, ne disposent pas des règles des régimes matrimoniaux pour organiser les comptes entre eux. Et, saisie en 2009, la deuxième chambre de la Cour de cassation a jugé qu'aucune disposition législative ou réglementaire ne prévoit l'obligation pour le créancier poursuivant de signifier le commandement de payer valant saisie au concubin du débiteur[3].

C'est donc une recherche, et sur la situation matrimoniale de son débiteur et son régime matrimonial, et sur l'affectation de l'immeuble, que le créancier devra entreprendre avant de délivrer le commandement. On peut envisager de donner mission à l'huissier de justice qui signifiera le commandement de payer valant saisie, de recueillir ces informations en vue de réaliser la dénonce.

Parce que l'acte de dénonciation n'est pas un acte d'exécution, il peut donc être délivré par un clerc assermenté[4] (v. s[s] n° 1331.42).

1331.26 Sanction. Quelle est la sanction de l'omission de cette dénonce ? La réponse différera selon la **date** à laquelle le commandement aura été délivré.

Le **décret du 27 juillet 2006** n'a pas prévu de sanction, ni à l'article 13 (devenu C. pr. exéc., art. R. 321-1) ni aux articles 11 et 12 (devenus C. pr. exéc., art. R. 311-10 et R. 311-11) qui règlent la sanction des irrégularités de forme et de fond des actes de procédure et celle du non-respect des délais. Nullité et caducité étaient envisagées mais il n'était rien dit sur l'omission d'un acte en général et sur celui-ci en particulier. On pouvait en déduire l'inopposabilité du commandement au conjoint, ou encore la nullité pour l'inobservation d'une formalité substantielle, voire l'engagement de la responsabilité du créancier poursuivant en cas de démonstration de la faute, du préjudice et du lien de causalité.

Le **décret du 12 février 2009** a remédié à ce silence en ajoutant une référence à l'article 13, et à l'article 12 du décret de 2006, devenus les articles R. 321-1 et R. 311-11 C. pr. exéc., qui impose le respect de certains délais à peine de caducité du commandement de payer valant saisie. Si la dénonce au conjoint n'est pas effectuée au plus tard le premier jour ouvrable suivant la signification de l'acte, **le commandement est caduc**, sous réserve, pour le créancier poursuivant, de faire rapporter cette déclaration de caducité en justifiant d'un motif légitime (v. s[s] n° 1331.252). Si une sanction était nécessaire, celle-ci paraît bien lourde.

1. Civ. 2e, 21 nov. 2024, n° 22-12.499, B ; *Procédures* 2025, n° 7, obs. C. Laporte. En l'espèce la demande formée par le débiteur a été jugée irrecevable mais la cour a précisé que la décision déclarant irrecevables les contestations formées avant l'expiration du délai imparti au créancier pour assigner à l'audience d'orientation, n'étant pas revêtue de l'autorité de chose jugée, ne saurait faire échec à l'examen de ces contestations ou demandes si elles étaient à nouveau formées lors de l'audience d'orientation.
2. Civ. 2e, 22 mars 2018, n° 17-10.106, NP ; *D.* 2018. Pan. 1129, obs. A. Leborgne ; *Procédures* 2018, n° 184, obs. C. Laporte.
3. Civ. 2e, 30 avr. 2009, n° 08-12.105, P II, n° 111 ; *D.* 2009. 2255, obs. A. Leborgne.
4. Com. 7 juill. 2015, n° 14-18.766, NP.

1331.27 **Point de départ des délais.** Selon l'article R. 321-6 C. pr. exéc., une fois le commandement signifié, s'ouvre un délai de deux mois pour le publier. Selon les dispositions de l'article 641 C. pr. civ., le délai étant exprimé en mois, il expirera le dernier jour du dernier mois portant le même quantième que le jour de l'acte. À défaut d'un quantième identique, le délai expire le dernier jour du mois.

§ 2
Mentions du commandement de payer valant saisie

1331.30 **Plan.** Le commandement de payer valant saisie est un acte de commissaire de justice (A) qui obéit à un strict formalisme (B), puisqu'il engage la saisie immobilière et doit être publié pour être opposable aux tiers. On notera la disparition de l'exigence d'un pouvoir spécial.

A.
Un acte de commissaire de justice

1331.41 **Dispositions applicables.** Le commandement de saisie immobilière est un acte de commissaire de justice ; comme tel, il est d'abord soumis aux dispositions de l'article 648 C. pr. civ. : il doit donc être daté, contenir l'identification du requérant, l'identification du commissaire de justice et les nom et domicile (ou siège social) du destinataire puisqu'il sera signifié[1].

Aucun texte n'exige que le nom de la personne physique qui agit pour une personne morale faisant signifier un commandement de saisie immobilière soit mentionné sur l'acte (a ainsi été rejeté le pourvoi qui arguait d'un grief résultant de l'impossibilité de vérifier l'habilitation de la personne physique à agir pour la personne morale[2]). Cependant, il faut pouvoir justifier de ce pouvoir spécial de disposer ; l'avocat lui-même devra donc s'assurer que son mandant en est bien titulaire.

Ensuite, s'ajoutent les dispositions de l'article R. 321-3 C. pr. exéc. qui énumèrent les mentions du commandement de payer valant saisie.

1331.42 **Signifié par un commissaire de justice et non un clerc significateur.** La loi du 27 décembre 1923, relative à la création des clercs assermentés, disposait en son article 6 alinéa 1er que les actes judiciaires et extrajudiciaires à l'exception des procès-verbaux de constat et d'exécution et des ventes mobilières judiciaires ou volontaires devaient à peine de nullité être signifiés par des huissiers ou des clercs assermentés ; l'alinéa 2 précisait que les procès-verbaux de constat et d'exécution resteraient de la compétence exclusive des huissiers. Le commandement de payer valant saisie étant le premier acte d'exécution, il devait donc être signifié par un commissaire de justice et non par un clerc assermenté[3]. À la suite de la création de la nouvelle profession de commissaire de justice par l'ordonnance n° 2016-728 du 2 juin 2016, les compétences des commissaires de justice ont été précisées par le décret n° 2021-1625 du 10 décembre 2021 et les conditions d'exercice, par le décret n° 2022-949 du 29 juin 2022. Les clercs significateurs ont remplacé les clercs assermentés. L'article 55-6 du décret de 2022, modifié par le décret n° 2025-258 du 21 mars 2025 relatif au statut des clercs, dispose désormais que le clerc significateur peut signifier tous les actes judiciaires et extrajudiciaires à l'exception des procès-verbaux d'exécution qui sont de la compétence exclusive des commissaires de justice. Ainsi, comme avant la création de la nouvelle profession, un commandement de payer valant saisie qui est le premier acte d'exécution, doit obligatoirement être signifié par un commissaire de justice, et non par un clerc significateur. À défaut le commandement sera nul[4].

À l'inverse, la dénonce du commandement de payer valant saisie n'est pas un acte d'exécution ; il peut donc être délivré par un clerc assermenté[5].

Dans les actes établis par une société civile professionnelle d'huissiers, doivent figurer à peine de nullité, en vertu de l'article 648, 3° C. pr. civ., les nom, prénoms, la qualité d'associé et la signature de l'huissier de justice qui a instrumenté ainsi que la mention de la société dont il est membre et l'adresse du siège de cette société ; la mention du nom de l'huissier permettant de s'assurer de sa qualité[6]. Toutefois, l'omission des nom et prénom de l'huissier ayant instrumenté au nom d'une société civile professionnelle ne constitue qu'une irrégularité de forme, sanctionnée par la nullité de l'acte que s'il en résulte un

1. V. SUR LES CONSÉQUENCES d'une signification à une adresse que le créancier savait erronée, v. Civ. 2e, 7 nov. 2002, n° 01-14.229, P II, n° 239 ; *JCP* 2002. IV. 3065.
2. Com. 29 mars 1994, n° 92-14.695, P IV, n° 136 – Civ. 2e, 8 juill. 2010, n° 09-15.973, NP : rejet également d'un pourvoi qui arguait de la nullité d'un commandement de payer valant saisie délivré par une société anonyme déclarant agir « *aux poursuites et diligences de ses directeurs et administrateurs* » ; l'acte n'est affecté que d'une nullité de forme et les saisis n'avaient pas invoqué de grief.
3. Civ. 2e, 14 oct. 2010, n° 09-69.580, NP, qui rejette le pourvoi formé contre un arrêt ayant constaté que l'acte de signification du commandement valant saisie était signé par l'huissier de justice, en dessous de son nom, et que celui-ci confirmait dans une attestation sur l'honneur, dont le juge avait souverainement apprécié la force probante, avoir personnellement délivré l'acte.
4. Pour une saisie-attribution, v. Civ. 2e, 28 juin 2006, n° 04-17.514, P II, n° 178 ; *Dr. et proc.* nov. 2006, obs. A. Leborgne.
5. Com. 7 juill. 2015, n° 14-18.766, NP.
6. Paris, 23 mars 2001, *D.* 2001. IR 1436.

grief dont l'appréciation relève du pouvoir souverain des juges du fond[1].

1331.43 Signification à une personne résidant à l'étranger. Le Code de procédure civile réglemente les notifications d'actes à l'étranger aux articles 683 à 688. Si l'article 684 prévoit que l'acte destiné à être notifié à une personne ayant sa résidence habituelle à l'étranger est remis au parquet, l'article 683 dispose préalablement que la transmission des actes judiciaires et extrajudiciaires à l'étranger n'est faite par voie de notification ou signification internationale que sous réserve de l'application, des règlements communautaires et des traités internationaux. Ainsi, pour notifier un acte judiciaire ou extrajudiciaire à une personne résidant dans un État membre de l'Union européenne autre que l'État d'origine, le commissaire de justice procédera selon les dispositions du règlement (UE) n° 2020/1784 du Parlement européen et du Conseil du 25 novembre 2020, entré en application au 1er juillet 2022[2].

1331.44 Nullité. Selon l'article 648 C. pr. civ., les mentions que doit contenir un acte de commissaire de justice sont prescrites à peine de nullité, et l'article 649 C. pr. civ. dispose que la nullité de ces actes est régie par les dispositions qui gouvernent la nullité des actes de procédure qui distinguent entre les nullités de forme qui doivent causer grief et les nullités de fond.

B. Un exploit qui opère une saisie

1331.50 Présentation. Plan. L'article R. 321-3 C. pr. exéc. fixe le contenu du commandement qui doit comporter, outre les mentions habituelles des actes de commissaire de justice, treize mentions qui peuvent être regroupées en fonction de leur objet. On distinguera les mentions d'ordre procédural (constitution d'avocat, indication du tribunal compétent, faculté de vendre à l'amiable, information sur le bénéfice d'une procédure de surendettement et sur l'aide juridictionnelle) (1°), de celles relatives à la poursuite en exécution proprement dite (titre, état de la dette, description des biens menacés, effets de la saisie sur le bien et les fruits) (2°) et de la sommation éventuelle (3°), lorsque le bien fait l'objet d'un bail, de l'obligation d'indiquer au commissaire de justice l'identité du preneur. On envisagera ensuite la sanction des irrégularités affectant le commandement et la sommation (4°).

1. Civ. 2e, 7 nov. 2002, n° 01-00.379, P II, n° 245.
2. Règl. UE n° 2020/1784, Parlement et Conseil, 25 nov. 2020, relatif à la signification et à la notification des actes judiciaires et extrajudiciaires en matière civile ou commerciale (« signification ou notification des actes ») (refonte), *JOUE* L 405, 2 déc., p. 40 – Pour une application jugée sous l'empire du précédent règlement Notifications (Règl. CE n° 1393/2007, Parlement et Conseil, 13 nov. 2007, relatif à la signification et à la notification dans les États membres des actes judiciaires et extrajudiciaires en matière civile ou commerciale (« signification ou notification des actes »), et abrogeant le règlement 1348/2000 du Conseil, *JOUE* L 324, 10 déc., p. 79 s.), v. Civ. 2e, 8 janv. 2015, n° 13-26.224, P II, n° 6 – D'une manière plus générale, sur les difficultés de la signification des actes à l'étranger, v. S. Jobert, S. Doriol, P. Cuba-Sichler, « La signification des actes à l'étranger », Table ronde, Colloque « Les ateliers des voies d'exécution », 13 oct. 2023, *Gaz. Pal.* 23 janv. 2024, p. 42.

1° Mentions d'ordre procédural

a. Mention de la constitution d'avocat du créancier poursuivant et élection de domicile (C. pr. exéc., art. R. 321-3, 1°)

1331.61 Un ministère maintenu. Selon l'article R. 311-4 C. pr. exéc., « *les parties sont, sauf disposition contraire, tenues de constituer avocat* ». L'article R. 321-3, 1° C. pr. exéc. place la mention de la constitution de l'avocat du poursuivant en première place de l'énumération des mentions du commandement de payer valant saisie. Certes, la procédure de saisie immobilière relève de la compétence du JEX, devant lequel, en principe, la constitution d'avocat n'est pas obligatoire. Toutefois, les auteurs de la réforme, et c'est heureux, n'ont pas envisagé de rendre facultative l'assistance de ce professionnel du droit. Sa constitution emportera élection de domicile de plein droit et c'est en son cabinet que pourront être notifiés les actes d'opposition au commandement, les offres réelles et toute signification relative à la saisie. En outre, cette constitution investit l'avocat d'un mandat général de représentation en justice dans les intérêts du créancier poursuivant ; ainsi, s'il n'est pas établi que l'avocat a eu connaissance du décès du créancier poursuivant au moment où il a effectué des actes de procédure en son nom, la procédure de saisie immobilière n'est pas entachée de nullité[3].

1331.62 Un avocat inscrit au barreau du tribunal judiciaire devant lequel la vente est poursuivie. Lors de l'entrée en vigueur de la réforme, la question s'est posée de savoir si la procédure devait être menée par un avocat inscrit au barreau du TGI devant lequel la vente était poursuivie parce que le décret de 2006 ne le précisait pas à l'article 5 (devenu C. pr. exéc., art. R. 311-4) et semblait l'exiger, à l'article 73 (devenu C. pr. exéc., art. R. 322-40) mais seulement pour porter les enchères. Elle intéressait, notamment, les avocats parisiens qui bénéficient de la multipostulation en vertu de la loi du 31 décembre 1971[4]. La

3. Civ. 2e, 26 juin 1991, n° 90-15.334, P II, n° 199 ; *JCP* 1991. IV. 347.
4. L. n° 71-1130, 31 déc. 1971, portant réforme de certaines professions judiciaires et juridiques, *JO* 5 janv. 1972, p. 131.

question a très vite été soumise pour avis à la Cour de cassation qui a répondu que, l'exception à la multipostulation prévue par la loi de 1971 [à l'époque, à l'article 1er, III, alinéa 2 de la loi, et désormais à l'article 5 de la loi, modifiée par la loi du 6 août 2015 [1]] s'appliquant à la procédure de saisie immobilière, tous les actes soumis à représentation obligatoire devaient être accomplis par un avocat inscrit au barreau du TGI devant lequel la vente est poursuivie [2]. Cette solution a ensuite été consacrée par la deuxième chambre civile [3]. L'irrégularité résultant de la constitution d'un avocat qui ne serait pas inscrit au barreau du TGI devant lequel la vente est poursuivie constitue un défaut de pouvoir d'une personne assurant la représentation d'une partie en justice ; il s'agit d'une irrégularité de fond qui, certes, affecte la validité du commandement de saisie immobilière, mais peut être couverte, conformément aux articles 117 à 121 C. pr. civ., si sa cause a disparu au moment où le juge statue [4].

La loi du 6 août 2015 [5], dite « loi Macron », entrée en vigueur le 1er août 2016, avait modifié la loi du 31 décembre 1971 en étendant la territorialité de la postulation pour permettre aux avocats d'exercer leur ministère devant l'ensemble des TGI du ressort de la cour d'appel [6]. Depuis le 1er janvier 2020, suite à l'entrée en vigueur de la loi de programmation pour la réforme de la justice du 23 mars 2019 [7], qui a supprimé les TGI et instauré les tribunaux judiciaires (TJ), c'est devant l'ensemble des TJ du ressort de la cour d'appel qu'il faut comprendre la territorialité de la postulation. Toutefois, s'agissant des procédures de saisie immobilière, de partage et de licitation, il est dérogé à l'extension : les avocats ne peuvent pas postuler devant un autre tribunal que celui auprès duquel est établie leur résidence professionnelle [8]. **Ainsi, il faut toujours un avocat local pour la saisie immobilière, le partage et la licitation.**

b.
Mention de l'indication du juge de l'exécution territorialement compétent
(C. pr. exéc., art. R. 321-3, 11o)

1331.71 **Principe.** Selon l'article R. 311-2 C. pr. exéc., la procédure de saisie immobilière est poursuivie devant le JEX du TJ dans le ressort duquel est situé l'immeuble saisi ; c'est lui qui connaîtra de la procédure de saisie et des contestations et demandes incidentes y afférant. S'il n'y a qu'un immeuble ou que tous les immeubles sont situés dans le ressort du même tribunal, il n'y a pas de difficulté.

1331.72 **Pluralité de biens saisis.** Sous l'empire du décret-loi de 1938, était envisagée l'hypothèse de la saisie de plusieurs immeubles consistant ou dépendant d'une seule exploitation située dans le ressort de TGI différents. Dans ce cas, le tribunal compétent était suivant les cas, celui dans le ressort duquel se trouvait, soit la principale exploitation, soit le chef-lieu d'exploitation ou à défaut la partie des biens représentant le plus de valeur (ACPC, art. 675, al. 2 et 677, al. 2 – C. civ., anc. art. 2210). En revanche, lorsque le créancier saisissait simultanément des immeubles situés dans des ressorts différents mais ne faisant pas partie de la même exploitation, l'article 678 ACPC édictait qu'il fallait poursuivre autant de procédures qu'il y avait d'immeubles situés dans des ressorts différents.

Les auteurs de la réforme n'ont pas raisonné par référence à une unité d'exploitation mais ont seulement envisagé la saisie simultanée de plusieurs immeubles d'un même débiteur situés dans des ressorts de plusieurs TGI, et depuis le 1er janvier 2020, de plusieurs TJ, sera portée devant le JEX du tribunal du ressort dans lequel est situé l'immeuble saisi où demeure le débiteur, à défaut devant le juge du ressort dans lequel est situé l'un quelconque des immeubles (C. pr. exéc., art. R. 311-3).

Quant à l'hypothèse de la saisie d'immeubles situés dans le ressort de plusieurs services de la publicité foncière, c'est à l'article R. 321-2 C. pr. exéc. qu'il est prévu que le créancier devra établir un commandement de payer par ressort. Pour chacun d'eux, sera indiquée la compétence du JEX dans le ressort duquel l'immeuble est situé.

1331.73 **Principe de proportionnalité.** L'article L. 311-5 C. pr. exéc., dans sa rédaction initiale, disposait que « *le créancier qui a procédé à la saisie d'un immeuble de son débiteur ne peut engager une nouvelle procédure de saisie sur un autre bien immobilier de*

1. L. no 2015-990, 6 août 2015, pour la croissance, l'activité et l'égalité des chances économiques, *JO* 7 août, p. 13537.
2. Cass., avis, 16 mai 2008, no 00-80.002, P, no 3 ; *Dr. et proc.* 2008. 285, obs. A. Leborgne ; *Procédures* 2008, no 112, note C. Laporte.
3. Civ. 2e, 5 mai 2011, no 10-14.066, P II, no 105.
4. V. dans le cas de la constitution d'un avocat au barreau de Niort qui n'avait pas le pouvoir de représenter le créancier dans une procédure de saisie-immobilière relevant de la compétence territoriale du TGI de Bressuire : Civ. 2e, 18 oct. 2012, no 11-18.730, NP – V. ÉGAL., POUR UNE DÉCLARATION D'APPEL : Civ. 2e, 9 avr. 2015, no 14-18.772, P I, no 91, la décision frappée d'appel ayant été prononcée par le TGI de Nanterre, la déclaration d'appel aurait dû être effectuée par un avocat inscrit à la cour d'appel de Versailles – V. ÉGAL. Civ. 2e, 10 janv. 2019, no 17-28.805, P ; *D.* 2019. Pan. 1306, obs. A. Leborgne ; *RTD civ.* 2019. 399, obs. N. Cayrol ; *Procédures* 2019, no 70, obs. Y. Strickler ; *RD banc. fin.* 2019, no 55, obs. S. Piedelièvre, pour un avocat honoraire.
5. L. no 2015-990, 6 août 2015, préc.
6. L. no 71-1130, 31 déc. 1971, art. 1er.
7. L. no 2019-222, 23 mars 2019, de programmation 2018-2022 et de réforme pour la justice, *JO* 24 mars, texte 2.
8. L. no 71-1130, 31 déc. 1971, art. 5.

celui-ci que dans le cas d'insuffisance du bien déjà saisi ». Outre la formulation maladroite de cet article (par « *insuffisance du bien* » il fallait sans doute entendre insuffisance du résultat des enchères ou de la valeur du bien au regard de la créance du poursuivant), on pouvait s'interroger sur le moment auquel serait appréciée l'insuffisance (v. s^{s} n°s 1317.41 s.). Il ne fallait pas confondre en outre, le domaine de l'article L. 311-5 C. pr. exéc. avec celui de l'article R. 311-3 C. pr. exéc. qui envisage la saisie simultanée de plusieurs immeubles situés dans des ressorts de plusieurs tribunaux. En effet, ce qui semblait visé à l'article R. 311-3 C. pr. exéc. correspondait à l'hypothèse d'immeubles consistant ou dépendant d'une seule exploitation. Dans ce cas, on pouvait penser qu'il n'y avait pas pluralité de saisies mais pluralité de biens saisis, simultanément, par une même procédure. La loi du 23 mars 2019 a modifié la rédaction de l'article L. 311-5 C. pr. exéc. Désormais, cet article dispose que « *le créancier ne peut procéder à la saisie de plusieurs immeubles de son débiteur que dans le cas où la saisie d'un seul ou de certains d'entre eux n'est pas suffisante pour le désintéresser et désintéresser les créanciers inscrits* ». Les saisies simultanées, comme successives, sont donc soumises à un principe de proportionnalité, à charge pour le saisi qui veut s'opposer à la saisie de démontrer l'excès. Mais cette nouvelle rédaction laisse intactes les interrogations sur la démonstration de l'insuffisance, qui ne se vérifiera qu'une fois le ou les biens vendus.

c.
Mention de l'indication que la partie saisie a la faculté de rechercher un acquéreur (C. pr. exéc., art. R. 321-3, 8°)

1331.81 Maintien du pouvoir de vendre amiablement, sous contrôle judiciaire. Les articles L. 311-3 et L. 322-1 C. pr. exéc.[1] en posent le principe, les biens peuvent être vendus soit à l'amiable sur autorisation judiciaire, soit par adjudication. Sous l'empire du décret-loi du 17 juin 1938, le saisi ne se voyait reconnaître que la faculté de demander la conversion en vente volontaire, c'est-à-dire de mener lui-même la saisie. La réforme de la procédure de saisie immobilière a transposé à l'exécution immobilière la faculté organisée en 1991 en matière de vente de meubles corporels. Le saisi est ainsi informé dès la signification du commandement de ce qu'il garde la possibilité de rechercher un acquéreur pour l'immeuble saisi et de procéder à la vente amiable, ou encore de donner mandat à cet effet. En droit, le débiteur qui recevait un commandement de saisie immobilière pouvait déjà, sous l'empire du décret-loi de 1938, chercher un acquéreur et le proposer au poursuivant. Il le pouvait d'autant plus que la seule signification du commandement n'emportait pas saisie. Mais en pratique, le débiteur n'en était pas nécessairement informé et le créancier était seul juge du sérieux des propositions de paiement qui lui étaient faites. Désormais, si le saisi trouve un acquéreur, avant même que le poursuivant ne l'assigne à l'audience d'orientation, il pourra saisir le JEX d'une demande de vente amiable, sous réserve de mettre en cause les créanciers inscrits sur le bien (C. pr. exéc., art. R. 322-20 – v. s^{s} n° 1335.41). Si le juge fait droit à sa demande la procédure de saisie immobilière sera suspendue. La demande d'autorisation de vendre amiablement sera toutefois le plus souvent formée lors de l'audience d'orientation. Quel que soit le moment où cette demande est formée, s'il l'autorise, le JEX en déterminera les conditions, notamment de prix minimum.

Mais pouvait-on admettre que le saisi soit encore autorisé à vendre amiablement son bien, avec l'accord de ses créanciers, une fois l'audience d'orientation passée et la vente orientée en vente aux enchères publiques ? En l'état de la rédaction initiale de l'article L. 322-1 C. pr. exéc., la Cour de cassation ne l'avait pas admis, jugeant que lorsque le jugement d'orientation avait ordonné la vente forcée, il était interdit de procéder à la vente du bien selon une autre modalité que celle prévue par le juge[2]. La loi du 23 mars 2019 de programmation pour la réforme de la justice a modifié l'article L. 322-1 afin d'autoriser le saisi, ayant obtenu l'accord du créancier poursuivant, des créanciers inscrits sur l'immeuble saisi à la date de publication du commandement de payer valant saisie, des créanciers inscrits sur l'immeuble avant la publication du titre de vente et qui sont intervenus dans la procédure et du créancier mentionné au 1° *bis* de l'article 2374 C. civ., à vendre son bien de gré à gré après l'orientation en vente forcée et jusqu'à l'ouverture des enchères. Le prix sera donc ici, fixé librement tout autant que les créanciers en seront d'accord.

Cette nouvelle disposition n'a pas été assortie de dispositions réglementaires, ce qui rend incertaine sa mise en œuvre. En effet, s'il ne s'agit pas d'une vente de gré à gré classique mais manifestement, d'une troisième modalité de vente sur saisie immobilière, ce qui doit conduire à conclure qu'elle doit rester sous le contrôle du JEX. C'est au demeurant ce que semble signifier la circulaire d'application[3] qui

1. Issu de Ord. n° 2006-461, 21 avr. 2006, réformant la saisie immobilière, *JO* 22 avr., p. 6072.

2. Civ. 2e, 9 avr. 2015, n° 14-16.878, P II, n° 96 ; *D.* 2015. 1791, obs. H. Adida-Canac, Th. Vasseur et E. de Leiris ; *D.* 2015. 1928, note Ph. Théry et C. Brenner ; *Dr. et proc.* 2015. 116, note L. Lauvergnat ; *Gaz. Pal.* 20 mai 2015, p. 12, note S. Piedelièvre ; *JCP N* 2015. 1109, note F. Vauvillé.

3. Circ. n° CIV/04/2019, 25 mars 2019, de présentation des entrées en vigueur des dispositions civiles de la loi n° 2019-222 du 23 mars 2019 de programmation 2018-2022 et de réforme pour la justice, NOR : JUSC1909309C, *BOMJ* 29 mars, ann. 3.

indique que, dans ce cas, les créanciers participeront à la distribution [1]. Mais il aurait alors fallu préciser quels sont les pouvoirs du JEX lorsque le bien est ainsi vendu. En toute logique, il devrait avoir à constater la vente lors de l'audience d'adjudication ou le désistement du poursuivant (v. s^s n°s 1338.00 s.).

d.

Mention que le débiteur peut bénéficier de l'aide juridictionnelle (C. pr. exéc., art. R. 321-3, 12°)

1331.91 **Bénéficie de l'aide juridictionnelle pour les débiteurs.** Cette disposition vise à renforcer l'information des débiteurs et attire leur attention sur le fait que la procédure de saisie est judiciaire. Cette mention, qui avait été ajoutée en 1998 aux mentions du commandement de saisie immobilière, intéresse tous les débiteurs qui pourront en faire la demande. La mention doit préciser que l'attribution de l'aide juridictionnelle s'opérera si le débiteur remplit les conditions de ressources prévues par la loi du 10 juillet 1991 [2] relative à l'aide juridique et le décret n° 2020-1717 du 28 décembre 2020 [3] portant application de ladite loi. Le bénéficiaire de l'aide juridictionnelle a droit à un avocat ; il s'agit là d'un droit fondamental pour le saisi et la Cour de cassation veille à ce qu'il soit respecté [4].

1331.92 **Extension aux tiers saisis.** L'article R. 321-3, 12° C. pr. exéc. ne vise que les débiteurs. Toutefois, s'agissant du tiers détenteur, l'article R. 321-5 alinéa 2 C. pr. exéc. dispose que le commandement de payer valant saisie prévu à l'article R. 321-1 C. pr. exéc. qui est délivré au tiers détenteur comporte les mentions énumérées à l'article R. 321-3 C. pr. exéc. et que la mention du débiteur aux 6°, 7°, 8°, 12° et 13° s'entend de celle du tiers détenteur.

e.

Mention que le débiteur, personne physique, a la faculté de saisir la commission de surendettement

1331.101 **Indication que le débiteur surendetté peut saisir la commission de surendettement des particuliers.** Cette disposition vise à renforcer l'information des débiteurs en situation de surendettement qui ignoreraient leurs droits. Elle avait été ajoutée en 1998 aux mentions du commandement de saisie immobilière. La signification du commandement peut être l'occasion pour le débiteur en situation de surendettement de réagir et de saisir la commission de surendettement des particuliers (C. consom., art. L. 712-1 [5]). La pratique révélait que, bien souvent, c'est plus tard dans la procédure de saisie immobilière que le débiteur tentait de s'opposer à la vente de son immeuble, ce qui générait des conflits entre les règles propres à la saisie immobilière et le droit de la consommation. En l'avisant de ses droits, dès la signification du commandement, et donc avant que le JEX ne soit saisi, le législateur renforce donc bien la protection de ces débiteurs qui ne pourront ignorer cette faculté ou la découvrir plus tardivement.

1331.102 **Extension aux tiers saisis.** L'article R. 321-3, 13° C. pr. exéc. ne vise que les débiteurs. S'agissant du tiers acquéreur, l'article R. 321-5 alinéa 2 C. pr. exéc. dispose que le commandement de payer valant saisie prévu à l'article R. 321-1 C. pr. exéc. qui est délivré au tiers acquéreur comporte les mentions énumérées à l'article R. 321-3 C. pr. exéc. et que la mention du débiteur aux 6°, 7°, 8°, 12° et 13° s'entend de celle du tiers détenteur.

f.

Disparition de l'exigence de la copie d'un pouvoir spécial

1331.111 **Raison d'être de ce pouvoir spécial sous l'empire du décret-loi de 1938.** Le commandement devait comprendre la copie d'un pouvoir spécial de saisir, à moins qu'il ne contienne sur l'original et la copie, le bon pour pouvoir, signé du poursuivant. Cette exigence était requise afin d'habiliter l'huissier, mandataire du créancier, à procéder à la saisie immobilière, acte dont les conséquences sont si graves qu'il n'était pas admis de présumer le pouvoir. Ainsi, l'huissier de justice qui avait signifié un commandement de saisie immobilière sans pouvoir spécial du créancier poursuivant pouvait être désavoué par celui-

1. Toutefois, les créanciers de l'art. 2375 (frais de justice et un certain nombre de créance salariales) ne sont pas visés par l'art. L. 322-1 alors qu'ils ont vocation à participer à la distribution.
2. L. n° 91-647, 10 juill. 1991, relative à l'aide juridique, *JO* 13 juill.
3. Décr. n° 2020-1717, 28 déc. 2020, portant application de la loi n° 91-647 du 10 juillet 1991 relative à l'aide juridique et relatif à l'aide juridictionnelle et à l'aide à l'intervention de l'avocat dans les procédures non juridictionnelles, *JO* 29 déc., texte 32.
4. EN CE SENS, Civ. 2e, 24 juin 2010, n° 08-19.974, P II, n° 120, qui juge que commet un excès de pouvoir et viole l'art. 25 de la loi du 10 juill. 1991 relative à l'aide juridictionnelle et l'art. 6 Conv. EDH, le juge qui procède à la vente forcée d'un bien, sans s'assurer que le débiteur saisi, qui avait sollicité l'aide juridictionnelle, avait été informé de la décision rendue sur cette demande et du nom de l'avocat désigné à ce titre – V. AUSSI, Civ. 2e, 16 mai 2012, n° 11-14.449, P II, n° 86 ; *Dr. et proc.* sept. 2012 – Civ. 2e, 6 juin 2019, n° 18-11.668, P, pour une demande formée en appel, qui juge que le délai d'appel n'étant pas interrompu par la demande d'AJ en application de l'art. 38 du décret du 19 déc. 1991 portant application de la loi sur l'aide juridique, dans sa version antérieure au décret du 27 déc. 2016, le droit de l'appelant à l'assistance effective d'un avocat, en application de l'art. 6 § 1 Conv. EDH, imposait que le délai de huit jours pour déposer la requête à fin d'autorisation d'assigner à jour fixe, prévue à l'art. 919 C. pr. civ. fût interrompu par la demande d'aide juridictionnelle.

5. Anc^t C. consom., art. L. 331-1.

ci. Il apparaissait donc que cette mention portée sur un acte destiné au débiteur, avait pour but de couvrir la responsabilité professionnelle de l'huissier de justice.

Certes, en l'absence de pouvoir spécial ou de bon pour pouvoir sur le commandement, le débiteur poursuivi pouvait soulever la nullité de l'acte, mais seulement en établissant en quoi cette irrégularité lui avait causé préjudice[1] ; la nullité n'était pas d'ordre public.

Désormais, la question de la preuve du pouvoir de saisir, donné par le créancier qui entend engager une procédure de saisie immobilière, à un huissier de justice se réglera directement entre eux, selon les règles du mandat.

2°
Mentions propres à la mesure d'exécution entreprise

a.
Mention de la date et de la nature du titre exécutoire (C. pr. exéc., art. R. 321-3, 2°)

1331.121 Identification du titre. Sous l'empire des dispositions du décret-loi de 1938, le commandement devait comprendre la mention du titre exécutoire, s'il s'agissait d'une obligation notariée contenant la date et la nature du titre et le montant de la dette dont le paiement est réclamé. Dans tous les autres cas, le titre devait être signifié en même temps que le commandement s'il ne l'avait été déjà. Cette distinction s'expliquait par la connaissance nécessaire que le débiteur avait du contenu de l'acte notarié ; joindre le titre étant alors inutile, une simple mention suffisait à l'informer du fondement de la créance du poursuivant. Dans les autres cas, la signification du titre pouvait s'effectuer dans le commandement, sauf si la signification avait déjà été opérée, auquel cas l'acte contenait seulement la mention du titre. Le défaut de signification du titre exécutoire n'était toutefois sanctionné par la nullité que tout autant qu'un grief résultant de cette omission était démontré. Cette exigence de signification préalable n'a pas été reprise par les auteurs de la réforme.

L'article L. 311-2 C. pr. exéc. dispose que « *tout créancier muni d'un titre exécutoire constatant une créance liquide et exigible peut procéder à une saisie immobilière* », et l'article R. 321-3 ne distingue pas selon la nature du titre mais impose seulement de faire figurer la date et la nature du titre exécutoire en vertu duquel le commandement est délivré. Ainsi, n'est-il pas demandé au commissaire de justice qui signifie cet acte de remettre au débiteur saisi une copie du titre exécutoire sur le fondement duquel la saisie est entreprise[2]. Toutefois, si le titre est un jugement, s'ajouteront les dispositions de l'article 503 C. pr. civ. qui imposent la notification préalable avant exécution (le saisi qui invoque la nullité des actes de signification des décisions de justice servant de fondement aux poursuites ne soulève pas une exception de procédure mais une défense au fond pouvant être proposée en tout état de cause[3]).

1331.122 Cession de créance. Selon l'article R. 321-3 C. pr. exéc., si le créancier agit en vertu d'une transmission à quelque titre que ce soit, de la créance contenue dans le titre exécutoire servant de fondement aux poursuites, le commandement visera l'acte de transmission[4] à moins que le débiteur n'en ait été régulièrement avisé au préalable. Avant la réforme opérée par l'ordonnance du 21 avril 2006, l'article 2214 C. civ. envisageait la cession de la créance pour imposer au cessionnaire la signification du transport au débiteur. Faut-il comprendre qu'« *aviser régulièrement* » est synonyme de signification ? Il aurait été plus clair de le dire ainsi.

b.
Mention du décompte des sommes dues (C. pr. exéc., art. R. 321-3, 3°)

1331.131 Un décompte précis. L'article 673 ACPC exigeait seulement que le commandement indique « *le montant de la dette* ». Comme en matière d'exécution mobilière (pour la saisie-vente, C. pr. exéc., art. R. 221-1 – pour la saisie des valeurs mobilières, C. pr. exéc., art. R. 232-5), l'article R. 321-3, 3° C. pr. exéc. précise que les commandements de payer valant saisie devront préciser « *le décompte des sommes réclamées en principal, frais et intérêts échus ainsi que l'indication du taux des intérêts moratoires* » (mais échoue à obtenir l'annulation du commandement de payer

1. Civ. 2e, 12 déc. 1990, no 89-18.876, P II, no 267 ; *JCP* 1991. IV. 57 – Civ. 2e, 8 avr. 1992, no 90-20.854, P II, no 120 ; *JCP* 1992. IV. 1746.

2. Civ. 1re, 24 oct. 2019, no 18-15.852, P ; *D.* 2019. 2089 ; *D.* 2019. 2455, obs. J.-D. Pellier.
3. Civ. 2e, 5 sept. 2019, no 17-28.471, P, dans une affaire où le saisi avait d'abord soulevé deux fins de non-recevoir tirée de la prescription de la créance et du défaut de qualité du poursuivant.
4. À défaut la nullité pourra être constatée en cas de démonstration d'un grief : EN CE SENS, Civ. 2e, 10 janv. 2013, no 11-25.800, NP, qui approuve une cour d'appel d'avoir retenu que le défaut de la mention de la transmission de la créance à la société absorbante par suite d'une fusion absorption, avait empêché le saisi qui n'avait pas connaissance de cette transmission d'en vérifier la régularité – Civ. 2e, 26 sept. 2019, no 18-17.302, NP – Mais, jugé que la publicité au registre du commerce et des sociétés de la fusion-absorption concernant le créancier poursuivant ne pouvait suppléer l'absence de visa de la transmission : Civ. 2e, 29 sept. 2022, no 21-16.146, B ; *AJDI* 2023. 136, obs. F. Cohet ; *Rev. prat. rec.* 2022. 10, chron. M. Draillard ; *RTD civ.* 2023. 718, obs. Ph. Théry.

pour défaut de décompte sincère et vérifiable en l'absence de respect par le prêteur d'ordres d'imputation des paiements, le saisi qui n'a effectué que des paiements partiels. En effet, le droit de déclarer quelle dette un débiteur entend acquitter implique, sauf accord du créancier, que le paiement soit intégral [C. civ., anc. art. 1244 et 1253][1]). Toutefois, les intérêts capitalisés ne constituant plus des intérêts, mais un nouveau capital s'ajoutant au premier, les dispositions de l'article R. 321-3 C. pr. exéc. n'imposent pas que le commandement de payer distingue les intérêts capitalisés du capital échu[2]. En matière d'exécution mobilière, les manquements à cette exigence stricte d'information ont été sévèrement appréciés (est ainsi jugé nul le procès-verbal de saisie de valeurs mobilières ne contenant pas l'indication du taux des intérêts pratiqués, alors même qu'il comportait le décompte en principal, frais et intérêts échus[3]). Toutefois, s'agissant de la nullité des actes de procédure, l'article R. 311-10 C. pr. exéc. renvoie à la section IV du chapitre II du titre V du livre 1er du Code de procédure civile, qui subordonne les nullités de forme à la démonstration d'un grief[4]. Il a ainsi été jugé que si un commandement qui vise simplement les rôles des impôts directs émis et rendus exécutoires et le montant de la somme due selon un bordereau de situation signifié en même temps, est affecté d'une irrégularité, celle-ci n'a causé aucun grief au saisi qui était en situation de connaître la ventilation des sommes qui lui étaient réclamées[5].

1331.132 Commandement délivré pour une somme supérieure à la créance. Le titre fonde le droit d'agir du créancier. Il est toutefois possible que depuis l'obtention de ce titre le créancier ait été en partie désintéressé. Le commandement délivré pour une somme supérieure à celle réellement due ne sera pas nul et conservera ses effets pour la partie non contestable. L'article R. 321-3 dernier alinéa *in fine* C. pr. exéc. reprend la règle jusque-là contenue à l'ancien article 2216 C. civ.[6], qui disposait qu'une poursuite ne pouvait être annulée sous prétexte que le créancier l'aurait commencée pour une somme plus forte que celle qui lui était due. La règle n'avait pas été reproduite par l'ordonnance du 21 avril 2006, au titre des dispositions modifiant le Code civil ; elle se trouve donc exprimée dans cet article qui dispose que « *la nullité n'est pas encourue au motif que les sommes réclamées sont supérieures à celles qui sont dues au créancier* »[7], sous réserve que le créancier ne se voit pas reprocher un abus du droit d'agir en exécution (v. ss no 1317.13).

c.
Mention de l'avertissement de payer (C. pr. exéc., art. R. 321-3, 4o)

1331.141 Avertissement. Le commandement doit contenir l'avertissement que faute de payer, la procédure à fin de vente de l'immeuble se poursuivra et qu'à cet effet, le débiteur sera assigné à comparaître à une audience du JEX pour voir statuer sur les modalités de la procédure. Cette mention a pour but de faire prendre conscience au débiteur de ce qui le menace s'il ne paie pas sa dette. Sous l'empire du décret-loi de 1938, on considérait que cet avertissement était une formalité substantielle ; l'acte extrajudiciaire dans lequel l'ordre de payer n'était pas formulé sous peine d'une saisie ne pouvait pas valoir commandement, mais constituait seulement une mise en demeure. La même analyse devrait prévaloir, d'autant plus que désormais la signification du commandement vaut saisie.

1331.142 Délai pour payer. La mention de l'article R. 321-3, 4o C. pr. exéc. prévient le débiteur qu'il doit payer les sommes dues dans un délai de huit jours. Cela signifie-t-il que la saisie ne sera effective qu'à expiration de ce délai, le débiteur conservant la disponibilité du bien à l'intérieur de ces huit jours, et à défaut de paiement, la saisie et donc ses effets, rétroagiraient à la date de la signification du commandement ? On doit plutôt penser que la saisie est bien réalisée dès la signification du commandement, l'article R. 321-1 qui dispose que la procédure est engagée par la signification du commandement allant dans ce sens (v. ss no 1331.23), mais qu'elle ne sera pas poursuivie si le paiement est réalisé.

1331.143 Sûreté réelle consentie pour garantir la dette d'un tiers. Les auteurs de la réforme ont distingué l'hypothèse où le commandement de payer

1. Civ. 1re, 27 nov. 2019, no 18-21.570, P.
2. Civ. 2e, 8 janv. 2015, no 13-26.657, P II, no 2 ; *D.* 2015. Actu. 166 ; *D.* 2015. Pan. 1345, obs. A. Leborgne ; *Procédures* 2015, no 76, obs. C. Laporte ; *Dr. et proc.* 2015. 57, note A. Leborgne ; *RD banc. fin.* 2015, no 52, note S. Piedelièvre.
3. Civ. 2e, 31 mai 2001, no 99-20.170, NP.
4. V. Paris, 8e ch., 3 juill. 2008, *Juris-Data* no 372368, qui juge nul un commandement de payer valant saisie dès lors que les tableaux d'amortissement des deux prêts produits aux débats ne mentionnaient aucune date précise d'exigibilité des échéances, si ce n'est la mention d'une périodicité mensuelle.
5. Civ. 2e, 30 avr. 2009, no 08-12.105, P (préc., v. ss no 1331.25) – MÊME SOLUTION : Civ. 3e, 27 janv. 2010, nos 08-21.324 et 08-21.325, P III, no 25.
6. Abr. par Ord. 21 avr. 2006.
7. Pour des ex. rendus au visa de l'anc. art. 2216 C. civ. (devenu C. pr. exéc., art. L. 334-1) : Civ. 1er juill. 1909, *DP* 1910. 1. 319 – TGI Toulouse, 11 janv. 1971, *JCP* 1971. II. 16647, note J. A. – Paris, 12 janv. 1983, *Journ. not. et av.* 1984. 112 – Civ. 2e, 3 juill. 1996, no 94-22.177, NP – Et sous l'empire du décret de 2006 : Civ. 3e, 27 janv. 2010, nos 08-21.324 et 08-21.325, P III, no 25.

valant saisie sera délivré à l'encontre de celui qui a consenti une hypothèque sur son immeuble en garantie de la dette d'un tiers. Auparavant, la pratique utilisait la procédure à tiers détenteur contre ce garant, un temps qualifié de « caution réelle ». Désormais, la saisie est conduite directement à l'encontre du garant. Quoi qu'il en soit, le délai pour acquitter la dette est porté à un mois, afin de permettre à ce garant de s'acquitter de la dette s'il le souhaite et le peut, et éviter ainsi la vente forcée. On imagine que cette faculté pourra l'intéresser tant que la dette sera inférieure à la valeur de l'immeuble mais que s'il estime avoir seulement affecté la valeur de ce bien en garantie, il ne sera pas enclin à régler une dette supérieure...

Ce garant hypothécaire est donc assimilé au débiteur principal, à l'exception du délai qui lui est offert pour payer. Toutefois, si comme l'indique désormais clairement l'article 2325 C. civ. à la suite de l'entrée en vigueur de l'ordonnance du 15 septembre 2021 portant réforme du droit des sûretés[1] le créancier n'a d'action que sur le bien affecté en garantie, cette garantie en rupture avec le droit antérieur, présente aujourd'hui un caractère hybride car la protection dont bénéficie une caution lui a été étendue (devoir de mise en garde, obligations d'information, bénéfice de discussion, recours de la caution et bénéfice de subrogation)[2].

d.
Mention de la désignation des biens ou droits (C. pr. exéc., art. R. 321-3, 5°)

1331.151 **Étendue de la désignation.** Le commandement doit désigner les biens ou droits sur lesquels porte la saisie immobilière. Si la référence aux droits saisis est heureuse, qui est plus exacte que la seule allusion aux immeubles, l'article R. 321-3, 5° C. pr. exéc. n'impose pas de faire figurer des précisions relatives à l'assiette de la saisie : accessoires juridiques du droit saisi, immeubles incorporés, immeubles par destination (v. s^s^ n°s 1316.81 s.). Comme par le passé, la saisie devrait leur être étendue de plein droit sans qu'il soit besoin de les désigner dans le commandement. Il est toutefois toujours recommandé d'ajouter à la désignation de la parcelle, la référence à toutes aisances, constructions et dépendances pour prévenir des contestations ultérieures sur l'assiette de la propriété saisie.

1331.152 **Besoins de la publicité foncière.** L'article 673 alinéa 2, 4° ACPC imposait pour chacun des immeubles sur lequel portait la saisie, l'indication dans le commandement de leur nature, situation, contenance et leur désignation cadastrale précise (section, numéro du plan, lieu-dit). D'autres indications s'ajoutaient (indication du nom du fermier ou du colon s'il est connu du poursuivant) et selon qu'il s'agissait d'immeubles urbains ou ruraux, le poursuivant devait indiquer la rue et le numéro ou la partie de la commune ; en pratique, il devait même préciser l'ancienne dénomination cadastrale, en cas de rénovation du cadastre postérieure à la date d'obtention de son titre ou de sa sûreté. Les exigences de l'article 673 renvoyaient en fait à celles de l'article 7 du décret du 4 janvier 1955. À défaut de désignation complète et précise, la publication du commandement était en effet rejetée (mais une régularisation est toujours possible, C. civ., anc. art. 2148[3] – Décr. 14 oct. 1955, art. 33, 34 § 3, 36, 37). Toutefois, une désignation imprécise au stade de la signification du commandement pouvait ne pas encourir la nullité s'il n'en résultait pas un grief pour le débiteur poursuivi qui pouvait, malgré tout, être en mesure d'identifier les biens visés. Et même si la nullité était prononcée faute de désignation suffisante d'un ou plusieurs des immeubles compris dans la saisie, elle n'entraînait pas nécessairement la nullité de la poursuite en ce qui concernait les autres immeubles (ACPC, art. 715, al. 2).

L'article R. 321-3, 5° C. pr. exéc. reprend cette exigence de manière moins précise en visant simplement l'obligation de désigner de chacun des biens ou droits sur lesquels porte la saisie immobilière, telle qu'exigée par les règles de la publicité foncière. Il s'agit toujours de satisfaire aux exigences du décret du 4 janvier 1955. Si tel n'était pas le cas toutefois, et comme avant la réforme, la nullité du commandement ne serait encourue, selon les dispositions de l'article R. 311-10 C. pr. exéc., que tout autant que le saisi démonterait le grief causé par une désignation non conforme aux exigences du décret du 4 janvier 1955.

1331.153 **Disparition de la mention de la copie de la matrice du rôle de la contribution foncière pour les biens à saisir.** Ce document qui est délivré par le cadastre fait apparaître toutes les parcelles appartenant à une personne sur une même commune. Il révèle les autres biens éventuels, répertoriés comme appartenant au débiteur ainsi que l'existence de constructions ayant pu être édifiées sur la ou les

1. Ord. n° 2021-1192, 15 sept. 2021, portant réforme du droit des sûretés, *JO* 16 sept., texte 19.
2. Toutefois, cette sûreté réelle consentie pour garantir la dette d'un tiers n'implique aucun engagement personnel à satisfaire l'obligation d'autrui : elle n'est pas un cautionnement de sorte que l'éventuel caractère manifestement disproportionné des engagements pris n'a pas à être examiné, peu important que le constituant de la sûreté se soit également rendu caution de la même dette : Com. 5 avr. 2023, n° 21-14.166, B ; *D.* 2023. 991, note J.-D. Pellier ; *ibid.* 1282, obs. A. Leborgne et J.-D. Pellier.
3. Désormais, C. civ., art. 2428 (mod. par Ord. n° 2006-346, 23 mars 2006).

parcelles saisies (le cadastre n'est cependant pas toujours à jour...). L'article 673, 5° ACPC en imposait la copie dans le commandement de saisie immobilière. Ce document est en réalité utile au saisissant pour désigner les biens, les mentions qui y figurent devant correspondre à la désignation du bien contenu à l'acte. Le créancier aura donc toujours intérêt à le solliciter pour en reproduire les mentions mais il n'est plus nécessaire que le commandement de payer valant saisie en reproduise une copie.

e.
Mention de l'indication que le commandement vaut saisie et que le bien est indisponible (C. pr. exéc., art. R. 321-3, 6°)

1331.161 **Le commandement vaut saisie.** Selon l'article R. 321-1 C. pr. exéc., la procédure de saisie immobilière est engagée par la signification du commandement de payer valant saisie. Le commandement doit donc en porter mention et attirer l'attention du destinataire de l'acte sur ses effets. Comme tout acte de saisie, il emporte indisponibilité du bien à l'égard du débiteur dès la signification et, à l'égard des tiers, à compter de la publication aux services de la publicité foncière (sur le détail des effets du commandement, v. s^s n°s 1331.280 s.).

1331.162 **Extension au tiers acquéreur**[1]. L'article R. 321-3 C. pr. exéc. ne vise que les débiteurs mais s'agissant du tiers acquéreur, l'article R. 321-5 alinéa 2 C. pr. exéc., dispose que le commandement de payer valant saisie prévu à l'article R. 321-1 C. pr. exéc. qui est délivré au tiers acquéreur comporte les mentions énumérées à l'article R. 321-3 C. pr. exéc. et que la mention du débiteur aux 6°, 7°, 8°, 12° et 13° s'entend de celle du tiers acquéreur. La signification du commandement au tiers acquéreur rendra donc l'immeuble indisponible et cet effet sera opposable aux tiers à compter à compter de la publication au bureau des hypothèques.

f.
Mention de l'indication que le commandement vaut saisie des fruits et que le débiteur en est séquestre (C. pr. exéc., art. R. 321-3, 7°)

1331.171 **Tous les fruits.** L'article L. 321-3 C. pr. exéc., dispose que « *l'acte de saisie d'un immeuble emporte saisie de ses fruits, sauf l'effet d'une saisie antérieure* » (v. s^s n° 1316.111). Ici encore, les auteurs de la réforme ont souhaité que le destinataire de l'acte en soit clairement informé. Le commandement doit donc comprendre l'indication de la saisie de ces fruits et la précision que le débiteur les percevra pour le compte des créanciers, comme séquestre. De ce fait, le saisi sera soumis aux dispositions de l'article 1962 C. civ. qui mettent à la charge du gardien judiciaire un devoir de conservation des effets saisis par des soins raisonnables.

L'article L. 321-3 C. pr. exéc. ne distingue pas entre les différents fruits, mais on trouve aux articles R. 321-16 à R. 321-18 l'illustration de leur diversité : fruits naturels, industriels comme civils ; tous sont désormais engobés dans l'assiette de la saisie (v. s^s n°s 1331.351 s.).

1331.172 **Extension au tiers acquéreur**[2]. L'article R. 321-3 C. pr. exéc. ne vise que les débiteurs mais s'agissant du tiers acquéreur, l'article R. 321-5 alinéa 2 C. pr. exéc., dispose que le commandement de payer valant saisie prévu à l'article R. 321-1 C. pr. exéc. qui est délivré au tiers acquéreur comporte les mentions énumérées à l'article R. 321-3 C. pr. exéc. et que la mention du débiteur aux 6°, 7°, 8°, 12° et 13° s'entend de celle du tiers acquéreur. Le tiers acquéreur sera donc également séquestre des fruits que son immeuble pourrait produire.

g.
Mention de l'indication que le commissaire de justice pourra pénétrer dans les lieux (devenu C. pr. exéc., art. R. 321-3, 10°)

1331.181 **Justification.** Pour vendre le bien aux enchères, il faudra en faire la description la plus précise. Cette fonction sera confiée par le poursuivant à un commissaire de justice qui, pour satisfaire à sa mission, devra pénétrer dans les lieux (sur les conditions de pénétration et de rédaction de ce procès-verbal de description, v. s^s n° 1333.11). L'information sur cette intrusion à venir est ainsi donnée au débiteur, dès la délivrance du commandement. Toutefois, si le débiteur n'occupe pas l'immeuble, il n'est pas certain qu'il la répercutera sur son locataire ou ayant droit. D'où la mention, dans le commandement, de ce que lorsque le bien fait l'objet d'un bail, le saisi sera sommé d'indiquer à l'huissier de justice les nom, prénom et adresse du preneur ou s'il s'agit d'une personne morale, sa dénomination et son siège social (v. s^s n° 1331.191).

1. L'ordonnance du 15 septembre 2021 portant réforme du droit des sûretés ayant substitué l'expression « tiers acquéreur » à celle de tiers détenteur, le décret n° 2021-1888 du 29 décembre 2021 a rectifié en ce sens les dispositions réglementaires du Code des procédures civiles d'exécution.

2. L'ordonnance du 15 septembre 2021 portant réforme du droit des sûretés ayant substitué l'expression « tiers acquéreur » à celle de « tiers détenteur », le décret n° 2021-1888 du 29 décembre 2021 a rectifié en ce sens les dispositions réglementaires du Code des procédures civiles d'exécution.

3°
Sommation, lorsque le bien fait l'objet d'un bail, d'avoir à indiquer au commissaire de justice les nom, prénom et adresse du preneur ou, s'il s'agit d'une personne morale, sa dénomination et son siège social (C. pr. exéc., art. R. 321-3, 9°)

1331.191 **Deux actes en un.** Selon l'article R. 321-3, 9° C. pr. exéc., c'est le commandement qui comportera sommation. Rien ne devrait interdire cependant au commissaire de justice qui aurait omis d'interroger le débiteur sur l'existence d'un bail de faire une sommation par acte distinct, ultérieurement.

1331.192 **Intérêts de la sommation.** Le fait que le bien menacé de saisie soit loué n'est indifférent ni pour le saisissant et les créanciers inscrits, ni pour le saisi, ni pour le locataire lui-même. Cette information intéresse encore l'adjudicataire (v. s^s^ n°s 1331.341 s.). Le commandement de payer valant saisie doit être signifié au débiteur, propriétaire du bien qui a pu le donner à bail. C'est donc lui qui est le mieux placé pour renseigner le commissaire de justice significateur. En pratique, le créancier qui donne mandat à un commissaire de justice de signifier le commandement pourra être informé de l'existence d'un bail, voire de l'identité du locataire. Quoi qu'il en soit, lorsque l'adresse du débiteur n'est pas celle de l'immeuble, le poursuivant sait que l'immeuble n'est pas occupé par son propriétaire. Il appartiendra alors au commissaire de justice de faire sommation au débiteur pour recueillir les renseignements identifiant un éventuel preneur.

1331.193 **Objet de la sommation.** Le débiteur doit simplement indiquer les nom, prénom et adresse du preneur (laquelle sera, *a priori* celle de l'immeuble...) ou s'il s'agit d'une personne morale, sa dénomination et son siège social. Les auteurs de la réforme n'ont pas envisagé de mettre à la charge du bailleur une obligation d'information sur les conditions du bail (nature, date d'effet, durée, montant du loyer, incidents éventuels). Toute information que le commissaire de justice pourrait recueillir sera toutefois utile, notamment parce que le commandement vaut saisie des fruits civils et que le bail sera opposable aux créanciers tout autant qu'il aura été conclu avant l'engagement de la saisie (v. s^s^ n° 1331.343).

1331.194 **Défaut de réponse.** Il peut être dû à la mauvaise volonté du débiteur, comme à l'impossibilité de lui remettre le commandement ; ainsi, en cas de signification selon les dispositions de l'article 659 C. pr. civ. Cela ne voudra pas nécessairement dire que l'immeuble ne sera pas loué, et il appartiendra au créancier de rechercher cette information, utile pour lui, par d'autres voies (légales).

4°
Sanctions

1331.201 **Mentions prescrites à peine de nullité.** Selon l'article R. 321-3 dernier alinéa C. pr. exéc., « *les mentions prévues au présent article sont prescrites à peine de nullité* »[1]. Et l'article R. 311-10 C. pr. exéc. renvoie aux dispositions de la section IV du chapitre II du titre V du livre premier du Code de procédure civile. Ainsi, et conformément aux articles 112 à 121 C. pr. civ., seront distinguées la nullité du commandement pour vices de forme et la nullité pour irrégularités de fond. Une nullité de forme ne pourra être prononcée qu'à charge pour celui qui l'invoque de prouver le grief que lui cause l'irrégularité. Le défaut d'une mention de l'article R. 321-3 C. pr. exéc. ne sera donc sanctionné par la nullité que tout autant que l'irrégularité causera un grief aux parties[2] ; les irrégularités de fond pouvant éventuellement être couvertes si leur cause a disparu au moment où le juge statue (v. pour un commandement portant constitution d'un avocat honoraire mais, irrégularité couverte par la délivrance de l'assignation à comparaître à l'audience d'orientation mentionnant la constitution d'un avocat ayant le pouvoir de représenter le créancier dans la procédure de saisie immobilière[3]).

1331.202 **Sanction du défaut de sommation ?** Si le commandement ne contient pas la sommation, quelle sera la sanction de cette omission ? On ne devrait pas en déduire la nullité du commandement, car l'article R. 321-3 *in fine* C. pr. exéc. dispose que « *les mentions* » sont prévues à peine de nullité. Or, la sommation n'est pas une mention, c'est-à-dire une indication destinée au saisi, mais une interpellation qui lui est adressée dans les intérêts du créancier poursuivant. Toutefois, le régime de nullités de forme des mentions reposant sur la démonstration d'un grief, l'ignorance de l'identité du locataire pourrait être source d'un préjudice pour l'adjudicataire. Mais en principe, ce n'est pas de la connaissance de l'identité du locataire que se déduira l'opposabilité de son bail au poursuivant, mais de la date de conclusion dudit contrat (v. toutefois s^s^ n° 1331.343, les évolutions jurisprudentielles).

1. En aucun cas, un acte nul ne pourra engager une procédure de saisie immobilière : EN CE SENS, Civ. 2e, 21 nov. 2002, n° 01-10.222, P II, n° 270.
2. V. TOUTEFOIS, s^s^ n° 1331.141 pour l'hypothèse d'une formalité substantielle, et Civ. 2e, 30 avr. 2009, n° 08-12.105, P (préc., v. s^s^ n°s 1331.25 et 1331.131).
3. Civ. 2e, 10 janv. 2019, n° 17-28.805, P ; *D.* 2019. Pan. 1306, obs. A. Leborgne ; *RTD civ.* 2019. 399, obs. N. Cayrol ; *Procédures* 2019, n° 70, obs. Y. Strickler.

§ 3 Rédaction et signification du commandement de payer valant saisie

1331.210 **Plan.** Le commandement est rédigé (A) et signifié (B) sous la responsabilité du commissaire de justice.

A. Rédaction

1331.221 **Compétence et responsabilité du commissaire de justice.** Le commissaire de justice est officiellement rédacteur du commandement, même si souvent l'avocat du poursuivant lui envoie, aux seules fins de signification, le projet qu'il a établi à partir des documents dont il dispose. Toutefois, en droit, le commandement est un acte rédigé sous la responsabilité de l'officier ministériel qui se doit de vérifier sa régularité au regard des exigences du droit positif. C'est donc lui qui engage sa responsabilité en cas d'irrégularité ou d'erreurs [1], cette responsabilité ayant pour contrepartie les pouvoirs qui sont reconnus à ce professionnel pour recueillir les informations et établir le commandement. Le commissaire de justice devra donc en contrôler toutes les mentions : la régularité du titre exécutoire, la désignation des biens, *etc.*, car l'acte signifié engagera sa responsabilité. Ainsi, lorsqu'il aura mentionné à tort que l'immeuble saisi était constructible, en s'en tenant aux seules indications contenues dans le titre exécutoire sans rechercher si le caractère constructible du terrain, élément essentiel de la nature du bien saisi, n'avait pas été ultérieurement modifié par la suite d'un changement des règles d'urbanisme, l'huissier aura commis une faute engageant sa responsabilité [2]. De même, ont commis une faute les huissiers rédacteurs, l'un du commandement de saisie, l'autre du procès-verbal descriptif qui, ayant relevé que le règlement du lotissement appelait l'attention sur les règles à respecter en raison du caractère inondable de la parcelle, se sont bornés au rappel d'un acte notarié antérieur, aux termes duquel cette parcelle était située dans un lotissement, sans mentionner son caractère inondable ni la constructibilité avec réserve qui figurait dans le règlement du lotissement, éléments essentiels des caractéristiques du bien saisi. Et le lien de causalité entre la faute et le dommage est caractérisé dès lors qu'il est établi que les adjudicataires n'auraient pas acquis un terrain dont le caractère inondable compromettait la constructibilité [3].

B. Signification

1331.231 **Codébiteurs.** Le créancier d'une obligation contractée solidairement devra adresser un commandement à chacun des codébiteurs originaires, dès lors qu'ils restent tenus de la dette [4].

1331.232 **Époux communs en biens.** Selon l'article L. 311-7 C. pr. exéc., lorsque des poursuites de saisie immobilière sont exercées sur un immeuble dépendant de la communauté de biens existant entre des époux, la procédure doit être poursuivie contre les deux époux [5]. Le commandement de payer valant saisie sera donc signifié à chacun d'eux. Quelle sanction sera appliquée lorsque le poursuivant aura omis un époux, ou lorsque la signification sera irrégulièrement effectuée à l'égard de l'un des deux époux seulement ? La procédure de saisie sera-t-elle nulle ou seulement inopposable au conjoint oublié ? La jurisprudence ne s'est pas encore prononcée.

1331.233 **Dénonce à l'époux séparé de biens lorsque l'immeuble constitue la résidence de la famille.** Selon l'article R. 321-1 alinéa 3 C. pr. exéc., le commandement délivré à l'époux débiteur sera dénoncé à son conjoint [6] au plus tard le premier jour ouvrable suivant la signification de l'acte. L'article R. 321-1 a pour finalité d'assurer l'information du conjoint non-propriétaire afin de lui permettre le cas échéant de prendre toutes dispositions de nature à protéger le logement familial. Le fait que le commandement soit dénoncé au conjoint séparé de biens pouvait laisser à penser que cela lui permettrait d'intervenir volontairement à l'audience d'orientation pour former des contestations. Telle n'est pas la lecture de la Cour de cassation pour laquelle l'objectif de dénonciation de ce commandement est uniquement d'informer le conjoint non-propriétaire de la saisie visant la résidence de la famille ; celui-ci n'étant pas débiteur n'aurait pas qualité pour contester le montant de la créance du poursuivant, ni la prescription, pas plus qu'il ne pourrait invoquer à son profit le droit au retrait litigieux [7].

1. Et l'annulation du commandement emporte de graves conséquences car elle prive cet acte et tous les actes de procédure subséquents de leur effet interruptif de prescription : Civ. 2e, 23 mars 2023, no 21-20.447, B.
2. Pour un commandement établi trois ans après l'acte notarié, Civ. 1re, 11 oct. 1994, no 92-14.402, P I, no 284 ; *Gaz. Pal.* 1996. 1. Somm. 17, obs. Véron.
3. Civ. 1re, 25 mai 2005, no 03-18.261, P I, no 226 ; *Dr. et proc.* 2005. 360, obs. A. Leborgne.
4. Civ. 2e, 8 janv. 1997, no 95-10.976, P II, no 3.
5. Cette disposition ne s'applique pas aux concubins ; EN CE SENS, Civ. 2e, 30 avr. 2009, no 08-12.105, P (préc., v. ss nos 1331.25, 1331.131 et 1331.201).
6. Cette expression ne pouvant s'entendre que de l'époux du débiteur et non du concubin ; EN CE SENS, Civ. 2e, 30 avr. 2009, no 08-12.105, P (préc., v. ss nos 1331.25, 1331.131, 1331.201 et 1331.232).
7. Civ. 2e, 9 juin 2022, no 20-23.623, B ; *AJDI* 2022. 774, obs. F. Cohet ; *AJ fam.* 2022. 392, obs. F. Eudier.

Cette solution est surprenante au regard des dispositions de l'article 2253 C. civ. qui permet à toute personne qui y a intérêt à invoquer la prescription, lors même que le débiteur y renonce[1]... Par ailleurs, on pouvait s'interroger sur la sanction de l'inexécution de cette obligation : inopposabilité, nullité, en l'état du silence de l'article 13 du décret de 2006, devenu l'article R. 321-1 C. pr. exéc. dans sa rédaction initiale (v. s^s^ n° 1331.25). Le décret du 12 février 2009[2] a levé l'incertitude en modifiant l'article 12 du décret de 2006 (devenu C. pr. exéc., art. R. 311-11) ; il est désormais prévu que le délai de l'article R. 321-1 C. pr. exéc. est prescrit à peine de caducité du commandement de payer valant saisie (ainsi, lorsque le bien saisi est un propre du mari, le créancier qui fait signifier le commandement selon exploits délivrés aux débiteurs, pour l'épouse, à sa personne et pour le mari, à la personne de son épouse présente à son domicile, satisfait aux prescriptions de l'art. R. 321-1, bien que n'ayant pas dénoncé le commandement[3]). La dénonce n'étant pas un acte d'exécution, elle pourra être effectuée par un clerc assermenté[4].

1331.234 Délivrance. Le commandement doit être délivré à personne ou au domicile du débiteur selon les règles des articles 653 s. C. pr. civ. Le décret du 28 décembre 2005[5] a modifié les dispositions applicables aux significations par acte d'huissier de justice dans le sens du renforcement de la prééminence de la signification à personne et du contrôle des diligences accomplies pour y parvenir (C. pr. civ., art. 655, 656, 657 et 658). Les autres articles sont inchangés.

Lorsque le saisi est une personne morale, il est alors indispensable de lever un extrait K *bis* auprès du greffe du tribunal de commerce. En effet, en vertu de l'article 654 alinéa 2 C. pr. civ., l'huissier doit remettre l'acte au représentant légal de la personne morale[6]. La jurisprudence décide que pour la trouver, le commissaire de justice a seulement l'obligation de se présenter au siège social et n'a pas à rechercher le domicile du dirigeant social[7]. Ainsi, s'il ne se trouve au siège social personne représentant la personne morale ou habilité à cet effet, ni personne pour vouloir prendre copie de l'acte, le commissaire de justice n'a pas d'autre obligation que de délivrer l'acte à l'adresse du siège social tel qu'indiqué sur le K *bis*[8]. Toutefois, si l'officier ministériel a connaissance du lieu de résidence du gérant voire même du principal associé, le poursuivant pourra souhaiter que l'acte lui soit dénoncé pour information, compte tenu de son objet.

Aucun texte n'impose ou n'admet la signification à domicile élu des actes afférents à la procédure de saisie immobilière et destinés au débiteur saisi[9] ; et l'élection de domicile faite à seules fins fiscales, rend irrégulière la signification d'actes de procédure à ce domicile (ainsi, pour un débiteur personne morale ayant son siège social à l'étranger)[10].

1331.235 Changement de domicile. En cours d'instance, il ne sera opposable au créancier que s'il lui a été notifié. La partie saisie qui n'a pas procédé à cette notification n'est pas fondée à demander la nullité des actes de procédure qui lui ont été valablement signifiés au domicile qu'elle avait au début de l'instance[11]. Mais en procédant à la signification, le commissaire de justice, s'il ne peut remettre l'acte à personne, doit effectuer des vérifications pour s'assurer que le destinataire demeure bien à l'adresse qui lui a été communiquée par le requérant (C. pr. civ., art. 656 et 663). La procédure de saisie immobilière diligentée à une adresse que le créancier savait erronée, peut en effet être annulée sur le fondement de la fraude[12].

1331.236 Signification (C. pr. civ., art. 659, art. 683 et 684). Lorsque le débiteur n'a ni domicile, ni résidence, ni lieu de travail connu, le commandement sera malgré tout délivré, dans le respect des dispositions du Code de procédure civile. L'article 659 C. pr. civ. impose au commissaire de justice d'adresser l'acte en recommandé avec accusé de réception et lettre simple au dernier domicile connu. Le com-

1. V. *D.* 2023. 1289, obs. crit. A. Leborgne.
2. Décr. n° 2009-160, 12 févr. 2009, pris pour l'application de l'ordonnance n° 2008-1345 du 18 décembre 2008 portant réforme du droit des entreprises en difficulté et modifiant les procédures de saisie immobilière et de distribution du prix d'un immeuble, *JO* 13 févr., texte 13.
3. Civ. 2e, 22 mars 2018, n° 17-10.106, NP ; *D.* 2018. Pan. 1129, obs. A. Leborgne ; *Procédures* 2018, n° 184, obs. C. Laporte.
4. Com. 7 juill. 2015, n° 14-18.766, NP.
5. Décr. n° 2005-1678, 28 déc. 2005, relatif à la procédure civile, à certaines procédures d'exécution et à la procédure de changement de nom, *JO* 29 déc. 2005, p. 20350.
6. L'irrégularité de fond affectant un commandement de payer et un acte introductif d'instance délivrés à une personne morale dont le représentant légal était décédé ne peut être couverte par l'intervention volontaire de l'administrateur provisoire qui avait été judiciairement désigné pour représenter la société, dès lors que cette intervention avait pour objet de faire constater la nullité de ces actes : Civ. 2e, 26 sept. 2013, n° 12-25.875, P II, n° 182.
7. Civ. 2e, 20 nov. 1991, n° 90-14.723, P II, n° 316 – Civ. 2e, 21 juin 1995, n° 93-16.761, P II, n° 192 ; *D.* 1995. IR 217.
8. Civ. 3e, 3 févr. 2010, n° 09-11.389, P III, n° 32, les juges ayant en outre relevé que l'extrait du Registre du commerce et des sociétés ne comportait, par ailleurs, aucune mention d'un établissement principal ou secondaire.
9. Civ. 2e, 16 nov. 1988, n° 87-16.307, P II, n° 224 ; *Gaz. Pal.* 1989. 1. Somm. 261 ; *JCP* 1989. II. 21377, note Prévault.
10. Civ. 2e, 26 janv. 1994, n° 92-17.300, P II, n° 40.
11. Soc. 23 oct. 1947, *D.* 1948. 43 – Soc. 24 mars 1949, *D.* 1949. 313 – Civ. 2e, 21 févr. 1990, n° 88-17.230, P II, n° 40 ; *Gaz. Pal.* 1990. 1. Pan. 108.
12. EN CE SENS, Civ. 2e, 7 nov. 2002, n° 01-14.229, P II, n° 239.

missaire de justice devra toutefois être très précis dans l'indication des formalités et diligences accomplies en vertu de l'article 663, afin d'éviter tout risque d'annulation ultérieure du commandement, pour diligences insuffisantes. Toutefois, le débiteur ne peut se plaindre de ce que la signification ait été effectuée en vertu de l'article 659, alors que sa nouvelle adresse aurait été connue du poursuivant, s'il ne démontre pas que cette forme de signification lui a causé grief (ainsi pour une signification à parquet en 1975[1]).

Lorsque le saisi réside à l'étranger il est fait application des dispositions du Code de procédure civile, articles 683 et 684. Ainsi, l'acte destiné à être notifié à une personne ayant sa résidence habituelle à l'étranger est remis au parquet, sauf dans les cas où un règlement européen ou un traité international autorise l'agent de l'exécution ou le greffe à transmettre directement cet acte à son destinataire ou à une autorité compétente de l'État de destination.

SECTION 2
PUBLICATION DU COMMANDEMENT DE PAYER VALANT SAISIE

1331.240 **Plan.** Elle a pour objet de rendre le commandement de payer et ses effets opposables aux tiers (§ 3) et résulte du dépôt au service de la publicité foncière de l'acte à publier, dans le délai de l'article R. 321-6 C. pr. exéc.[2] (§ 1) et selon les exigences du décret de 1955[3] (§ 2). Une fois publié, cet acte servira de support aux actes publiés postérieurement.

1331.241 **Immeubles situés dans plusieurs ressorts.** Lorsque la saisie porte sur des immeubles situés dans le ressort de plusieurs bureaux des hypothèques, l'article R. 321-2 C. pr. exéc. impose d'établir un commandement de payer par ressort. Pour les besoins de la publicité foncière en effet, chaque commandement sera publié auprès du bureau concerné. Si les immeubles sont situés dans le même bureau, en revanche, un seul commandement suffit qui décrit tous les biens visés.

§ 1
Délai pour procéder à la publication : deux mois à compter de la signification

1331.251 **Absence de délai minimal.** Les auteurs du décret du 27 juillet 2006 n'ont fixé qu'une date butoir à compter de laquelle le créancier devra réitérer sa démarche s'il souhaite publier le commandement. En théorie, le créancier peut donc déposer le commandement aux fins de publication sans délai, après avoir toutefois respecté le **délai de huit jours** offert au débiteur par le commandement pour régler sa dette. L'intérêt du créancier est de publier sans délai s'il souhaite rendre opposable la saisie (v. s[s] n°s 1331.271 s.).

Le **délai de vingt jours** imposé par l'article 674 alinéa 2 ACPC avant lequel l'état sur formalité ne pouvait être requis n'a pas été reproduit au décret du 27 juillet 2006 qui s'est contenté de renvoyer, pour les formalités de publication, aux décrets du 4 janvier 1995[4] portant réforme de la publicité foncière et du 14 octobre 1955[5], pris pour l'application de ce décret. Il sera observé, qu'en pratique, certaines Conservations des hypothèques exigeaient que la publication du commandement ne soit effectuée que postérieurement à l'expiration du délai de vingt jours. Désormais il n'y a plus de disposition contraignante, toutefois, il faut toujours faire avec les délais des services de la publicité foncière.

1331.252 **Un délai à peine de caducité.** Le respect du délai est prévu à peine de caducité du commandement par l'article R. 311-11 C. pr. exéc. Cette sanction ne doit pas être confondue avec la nullité qui peut être encourue en cas de vice de forme ou de fond affectant l'acte de saisie[6] (v. s[s] n° 1331.44).

Contrairement à la déchéance de l'article 715 ACPC, la caducité n'est déclarée par le juge qu'à la demande d'une partie intéressée mais il n'y sera pas fait droit si le créancier poursuivant justifie d'un motif légitime. Il a été jugé que les difficultés de transmission résultant de la grève des services de

1. Civ. 2e, 9 oct. 1975, n° 74-12.785, P II, n° 249.
2. Anc[t] Mod. par Décr. n° 2006-936, 27 juill. 2006, relatif aux procédures de saisie immobilière et de distribution du prix d'un immeuble, art. 18, *JO* 29 juill., texte 26.
3. La réglementation de la publicité foncière a fait l'objet d'une réforme par voie d'ordonnance (Ord. n° 2024-562, 19 juin 2024, codifiant et codifiant le droit de la publicité foncière, *JO* 20 juin, texte 35), prise en application de l'article 51 de la loi n° 2023-1059 du 20 novembre 2023 (d'orientation et de programmation du ministère de la justice 2023-2027, *JO* 21 nov., texte 2) habilitant de gouvernement à légiférer par ordonnance, pour une entrée en vigueur, au plus tard, au 1er janvier 2029. Le droit de la publicité foncière devait être codifié au titre V du livre II du Code civil aux articles 710-1 à 710-47, l'obligation de publier le commandement de payer valant saisie devant figurer à l'article 710-30 C. civ. Toutefois, le projet de loi de ratification de l'ordonnance devait être déposé devant le Parlement dans un délai de trois mois à compter de publication de l'ordonnance, soit au plus tard le 20 septembre 2024. Or, du fait de la dissolution de l'Assemblée nationale le 9 juin 2024, le projet de loi n'a pas été déposé. En conséquence, à ce jour, et conformément aux dispositions de l'article 38 de la Constitution, l'ordonnance est devenue caduque.
4. Décr. n° 55-22, 4 janv. 1955, réforme de la publicité foncière, *JO* 7 janv., p. 346.
5. Décr. n° 55-1350, 14 oct. 1955, pris pour l'application du décret n° 55-22 du 4 janvier 1955 portant réforme de la publicité foncière, *JO* 15 oct., p. 10125.
6. Civ. 2e, 5 janv. 2017, n° 15-25.692, P II, n° 4 ; *D.* 2017. Pan. 1394, obs. A. Leborgne ; *AJDI* 2017. 363, obs. F. de La Vaissière ; *Procédures* 2017, n° 34, obs. C. Laporte.

La Poste ne permettaient pas au créancier d'échapper à la caducité dès lors qu'il lui appartenait de prendre toute disposition permettant l'accomplissement des formalités de publicité dans les délais, ce dont il doit justifier par la preuve des diligences accomplies à cet effet[1]. Si le juge déclare le commandement caduc, il ordonnera, en tant que de besoin, qu'il en soit fait mention en marge de la copie du commandement publié au service de la publicité foncière. La déclaration de caducité pourra même être rapportée si le créancier poursuivant fait connaître au greffe du JEX, dans un délai de quinze jours à compter du prononcé de celle-ci, le motif légitime qu'il n'aurait pas été en mesure d'invoquer en temps utile.

Si le juge rapporte cette caducité, il devra, en tant que de besoin, convoquer les parties à une audience ultérieure pour poursuivre la procédure.

1331.253 Conséquences de la caducité du commandement. La caducité est l'état d'un acte juridique valablement formé mais privé d'effet du fait de la survenance d'un événement postérieur. Les auteurs du décret ont exclu la sanction de droit commun des délais de procédure qui est l'irrecevabilité de l'acte tardif, dans la mesure où cette sanction aurait laissé perdurer les effets du commandement de payer vis-à-vis du débiteur. En déclarant caduc le commandement, ses effets vis-à-vis du débiteur cessent. Quelles sont les conséquences de cette caducité ? Avant la réforme de la procédure de saisie immobilière, le commandement de saisie immobilière ayant, en son temps, interrompu la prescription de la créance, la deuxième chambre civile jugeait que l'absence de publication était sans incidence sur l'effet interruptif de prescription[2]. Désormais, parce que le défaut de publication est sanctionné par la caducité, celle-ci prive rétroactivement le commandement de tous ses effets et, notamment, de son effet interruptif de prescription[3]. Caduc, le commandement de payer valant saisie ne vaudra donc même pas comme mise en demeure. La caducité atteint également les actes postérieurs[4]. En revanche, la deuxième chambre civile a jugé que la caducité du commandement valant saisie immobilière qui anéantit la mesure d'exécution laissait subsister la disposition du jugement statuant sur une demande en revendication qui n'avait pas perdu son fondement juridique[5].

1331.254 Reprise des poursuites obligatoires. L'inobservation du délai maximum de deux mois obligera le poursuivant à reprendre les poursuites en réitérant le commandement (pour un ex. de dépassement du délai de quatre-vingt-dix jours, sous l'empire du décret-loi de 1938[6]).

1331.255 Calcul : deux mois à compter de la signification du commandement. En vertu de l'article 642-1 C. pr. civ. (« *les dispositions des articles 640 à 642 sont également applicables aux délais dans lesquels les inscriptions et autres formalités de publicité doivent être opérées* »), le délai se calcule selon les dispositions des articles 641 et suivants C. pr. civ. Ainsi, le jour où il a été procédé à la signification n'est pas compté (C. pr. civ., art. 641, al. 1er), et le délai expire le dernier jour à vingt-quatre heures ; il est prorogé jusqu'au premier jour ouvrable suivant s'il expire un samedi, un dimanche ou un jour férié ou chômé (C. pr. civ., art. 642).

1331.256 Délai augmenté. Le délai peut être augmenté lorsque la formalité de publication a été retardée en raison d'un rejet soulevé par le conservateur[7]. L'article R. 321-7 alinéa 2 C. pr. exéc. prévoit que le délai est alors augmenté du nombre de jours écoulés entre le dépôt du commandement et l'exécution de la formalité ; la date du dépôt et celle de l'exécution de la formalité étant constatées par les conservateurs au registre prévu à l'article 2453 C. civ. (sur la tenue du registre des remises et la faculté ouverte, avec la loi du 6 avril 1998[8], portant réforme de la réglementation comptable et adaptation du régime de publicité foncière de tenir un registre informatique, v. C. civ., art. 2453 et 2454). Dès lors que la formalité a été régularisée dans les conditions du décret, la publication est réputée faite au jour du dépôt[9].

Il a été jugé, sous l'empire du décret-loi de 1938 qu'une opposition n'emportait pas suspension du délai[10]. La solution est transposable.

Les auteurs du décret n'ont pas reproduit les articles du décret de 1955 réglant l'hypothèse du refus de publier que peut opposer le service de la publicité foncière (v. s^s n° 1331.262).

1331.257 Dépassement du délai. Le conservateur n'est pas juge de la régularité de la procédure de

1. Aix-en-Provence, 21 nov. 2008, *Dr. et proc.* 2009. 109, note Llahi ; *D.* 2008. 1174, obs. A. Leborgne.
2. Civ. 2e, 24 mars 2005, n° 02-20.216, P II, n° 85 ; *D.* 2005. 1609, note P. Julien et G. Taormina.
3. Civ. 2e, 4 sept. 2014, n° 13-11.887, P II ; *D.* 2014. 1828 ; *D.* 2015. 1339, obs. A. Leborgne.
4. Civ. 2e, 19 févr. 2015, n° 13-28.445, P II, n° 47 ; *D.* 2015. 1339, obs. A. Leborgne ; *D.* 2015. 1791, obs. H. Adida-Canac, Th. Vasseur et E. de Leiris ; *AJDI* 2015. 457, obs. F. de La Vaissière.
5. Civ. 2e, 2 juin 2016, n° 15-12.828, P II, n° 151.
6. Com. 15 juill. 1987, *Gaz. Pal.* 1988. Somm. 155, obs. Véron.
7. Décr. n° 55-1350, 14 oct. 1955, art. 34-3.
8. L. n° 98-261, 6 avr. 1998, portant réforme de la réglementation comptable et adaptation du régime de publicité foncière, *JO* 7 avr. 1998, p. 5384.
9. Civ. 2e, 5 juin 2014, n° 12-29.280, P II, n° 131 ; *D.* 2015. Pan. 1139, obs. A. Leborgne ; *Gaz. Pal.* 26 juin 2014, p. 25, obs. Berlaud.
10. Civ. 2e, 15 mars 1976, n° 74-13.098, P II, n° 107 ; *D.* 1976. 444, note Santa-Croze ; *JCP* 1976. IV. 6622 ; *RTD civ.* 1976. 838, obs. R. Perrot.

saisie mais seulement de la régularité des dépôts aux fins de publication, selon les dispositions des décrets du 4 janvier et 14 octobre 1955. En conséquence, il ne peut refuser de publier un commandement qui lui est présenté après l'expiration du délai. Il appartient à celui qui contestera la régularité de la publication de soulever l'argument devant le juge, avant l'audience d'orientation à peine d'irrecevabilité d'office (v. s^s n°s 1335.13 s.), pour que la nullité soit prononcée.

§ 2
Formalités de publication

1331.261 **Règles de la publicité foncière.** La publication du commandement de payer valant saisie obéit aux dispositions des décrets respectivement des 4 janvier[1] et 14 octobre 1955[2] sur la publicité foncière. Elle s'opère conformément aux prescriptions des articles 34 et 35 du décret du 4 janvier 1955 et de celles de l'article 79 du décret du 14 octobre 1955[3]. L'original est rendu au déposant revêtu de la mention de publication. Si les services n'ont aucun pouvoir au fond pour contrôler la validité des actes dont la publication est demandée[4], ils peuvent toutefois refuser le dépôt pour les irrégularités les plus graves ou rejeter la formalité, pour les irrégularités les moins graves (C. civ., art. 2452)[5].

1331.262 **Refus du dépôt et rejet de la formalité de publication.** Selon les règles de la publicité foncière, le conservateur peut refuser de publier le commandement, en vertu de l'article 34, 1° du décret du 4 janvier 1955 (par ex., en cas d'absence de l'extrait cadastral). S'il accepte le dépôt, il en fait mention à sa date sur le registre des dépôts, mais peut encore ensuite, selon l'article 34, 3°, rejeter la formalité lorsqu'il constate que l'acte s'avère irrégulier (par ex., en cas de discordance entre les énonciations contenues dans le document à publier et les énonciations correspondantes contenues dans les titres déjà publiés).

Le refus de publier n'interrompt pas le délai de publication ; le créancier doit représenter la formalité régulièrement remplie s'il est toujours dans le délai de l'article R. 321-6 C. pr. exéc.

En cas de rejet, le décret d'octobre 1955 ouvre un droit à régularisation au déposant pendant lequel le délai de l'article R. 321-6 C. pr. exéc. est prorogé. Dans ce cas, la formalité déposée aux fins de publication reste en attente de la régularisation qui peut intervenir dans le délai d'un mois[6]. Lorsque les erreurs ou omissions ont été réparées par le déposant dans le délai d'un mois à compter de la notification de rejet par le conservateur, la formalité prend rang rétroactivement à la date du dépôt[7] (v. s^s n° 1331.256).

Le refus comme le rejet peuvent faire l'objet d'un recours devant le tribunal de la situation des immeubles, statuant comme en référé[8].

1331.263 **Empêchement de publier.** L'article R. 321-7 C. pr. exéc. prévoit que si le conservateur ne peut procéder à la formalité de publicité à l'instant de la réquisition, il fait mention sur les copies qui lui sont déposées de la date du dépôt. La nature de l'empêchement n'est pas précisée, la disposition visant seulement à assurer l'antériorité du droit du premier déposant.

1331.264 **Pluralité de commandements sur le même bien déposés le même jour.** Si la publicité de plusieurs commandements valant saisie du même immeuble est requise simultanément, seul peut être publié le commandement qui mentionne le titre exécutoire portant la date la plus ancienne ; si les titres portent la même date, seul le commandement le plus ancien est publié et si les commandements portent la même date, seul est publié celui dont la créance en principal est la plus élevée (C. pr. exéc., art. R. 321-8), solution plus moderne que celle qui consistait à donner priorité à l'avocat le plus ancien.

§ 3
Effets de la publication d'un commandement sur la (ou les) procédure(s) de saisie immobilière

1331.271 **Opposabilité.** Aux termes de l'article L. 321-5 C. pr. exéc., « *la saisie immobilière est opposable aux tiers à partir de sa publication au fichier immobilier* » (v. s^s n°s 1331.303 s.).

Une fois publié, cet acte publié va servir de supports à ceux qui seront ensuite présentés au service de la publicité foncière aux fins de publication.

1. Décr. n° 55-22, 4 janv. 1955, art. 34 et 35.
2. Décr. n° 55-1350, 14 oct. 1955, art. 79.
3. Mod. par Décr. n° 2006-936, 27 juill. 2006, relatif aux procédures de saisie immobilière et de distribution du prix d'un immeuble, art. 147, *JO* 29 juill., texte 26.
4. EN CE SENS, à propos d'une question de délimitation de parcelles : Civ. 3e, 6 sept. 2018, n° 17-19.241, NP.
5. Pour plus de précisions sur les pouvoirs des services de la publicité foncière, v. J. et S. Piedelièvre, *La publicité foncière*, 2e éd., Defrénois, 2020, n°s 136 s.
6. Décr. n° 55-1350, 14 oct. 1955, art. 34-3.
7. Pour une application à propos d'une ordonnance du juge-commissaire, v. Civ. 2e, 5 juin 2014, n° 12-29.280, P II, n° 131 ; *D.* 2015. Pan. 1139, obs. A. Leborgne ; *Gaz. Pal.* 26 juin 2014, p. 25, obs. Berlaud.
8. Décr. n° 55-22, 4 janv. 1955, art. 26, réd. L. n° 98-261, 6 avr. 1998.

1331.272 Mentions en marge. Le commandement publié sert de support à la publication de documents postérieurs intéressant l'immeuble et la procédure de saisie ; ils sont alors publiés en marge du commandement initial. C'est donc le cas des commandements postérieurs (v. s^s n° 1331.274), mais encore de l'assignation du saisi et des dénonces aux créanciers inscrits ainsi que de tous les actes qui intéressent la poursuite (distraction, subrogation, *etc.*) et qui devront être mentionnés en marge du commandement.

Le fait pour un créancier chirographaire de publier le commandement ne lui ouvre pas une cause de préférence à l'égard des autres chirographaires du saisi[1] car le fait d'avoir publié le commandement ne le transforme pas en créancier inscrit. En effet, la publication d'un commandement n'est pas assimilable à l'inscription d'une hypothèque sur l'immeuble[2]. En revanche, il oppose le bénéfice de la publication aux créanciers inscrits postérieurement à la publication du commandement.

1331.273 Adaptation des règles de publicité foncière à la nouvelle procédure de saisie immobilière. En 2007, la Direction générale des impôts a publié une instruction afin de tirer les conséquences pratiques de la réforme. Il y est rappelé le principe de la publication des différents actes se rattachant à la procédure de saisie, conformément à l'article 80 du décret du 14 octobre 1955, modifié par l'article 149 du décret du 27 juillet 2006, et les modalités de cette publication qui s'opère sous forme de publication en marge de la copie du commandement publiée[3]. Ces mentions en marge sont destinées à l'information des tiers et elles renseignent en même temps le conservateur des hypothèques sur l'état d'avancement de la procédure de saisie immobilière.

1331.274 Commandements postérieurs sur le même bien. L'article R. 321-9 alinéa 1er C. pr. exéc. dispose que lorsqu'un commandement valant saisie a déjà été publié, il n'y aura pas lieu de publier un nouveau commandement relatif au même bien.

Selon l'article R. 321-10 alinéa 1er C. pr. exéc., les commandements postérieurs qui ne sont pas publiés (commandements de C. pr. exéc., art. R. 321-8 et R. 321-9, al. 1er) seront toutefois portés en marge de la copie du précédent commandement publié dans l'ordre de leur présentation, avec les nom, prénom et domicile du ou des nouveaux poursuivants ou, s'il s'agit d'une personne morale de sa dénomination et de son siège social ainsi que l'indication de l'avocat qui le ou les représente (C. pr. exéc., art. R. 321-10). Cette mention en marge préservera les droits des créanciers saisissants postérieurs, qui deviennent parties à la procédure de saisie. Comme avant la réforme, la radiation de la saisie ne pourra donc être opérée sans le consentement des créanciers saisissants postérieurs ainsi révélés (C. pr. exéc., art. R. 321-10, al. 3).

Le service de la publicité foncière indiquera également en marge ou à la suite de la copie du commandement présenté son refus de le publier. Il y mentionnera en outre, chacun des commandements antérieurement publiés ou mentionnés, avec les indications énoncées à l'article R. 321-10 alinéa 1er C. pr. exéc. et celle du JEX compétent pour connaître de la saisie.

1331.275 Nouveau commandement comprenant plus d'immeubles. Selon l'article R. 321-9 alinéa 2 C. pr. exéc., si un nouveau commandement comprenant plus d'immeubles que le précédent est signifié, il sera publié pour les biens non compris dans ce dernier. Le nouveau créancier poursuivant sera alors tenu de dénoncer le commandement publié au précédent créancier qui poursuivra les deux procédures si elles sont au même état ; dans le cas contraire, ce dernier suspend sa propre poursuite et suit la nouvelle procédure jusqu'à ce qu'elle soit au même état. Faute pour le créancier de poursuivre la nouvelle saisie à lui dénoncée, le nouveau créancier pourra demander la subrogation dans les conditions fixées à l'article R. 311-9 C. pr. exéc.

1331.276 Jonction d'instances. Dans les cas de jonction d'instances, la procédure sera continuée par le créancier dont le commandement aura été publié le premier (C. pr. exéc., art. R. 321-11, al. 1er). Si les commandements ont été publiés le même jour, la procédure est poursuivie par le créancier dont le commandement est le premier en date et si les commandements sont du même jour, par celui dont la créance en principal est la plus élevée (C. pr. exéc., art. R. 321-11, al. 2).

SECTION 3

EFFETS DU COMMANDEMENT SIGNIFIÉ ET PUBLIÉ POUR LE DÉBITEUR ET LES TIERS

1331.280 Distinction entre le débiteur et les tiers. Plan. La saisie rend l'immeuble indisponible[4], restreint les

1. Civ. 3e, 26 mai 1992, n° 90-13.248, P III, n° 173 ; *D.* 1992. IR 185.
2. Civ. 2e, 28 sept. 2017, n° 16-20.437, P II, n° 189.
3. C. Laporte, « Saisie immobilière et publicité foncière », *Procédures* 2008. Prat. 6.
4. Toutefois, la deuxième chambre civile a jugé que le débiteur qui a consenti une promesse de vente postérieurement à la délivrance d'un commandement de payer valant saisie immobilière, n'est pas fondé à se prévaloir des effets de l'indisponibilité du bien prévue à l'article L. 321-2 C. pr. exéc. : Civ. 2e, 7 déc. 2017, n° 16-21.356, P II, n° 231 ; *D.* 2018. Pan. 1128, obs. A. Leborgne ; *D.* 2018. 1684, note Ph. Théry et C. Brenner ; *AJDI* 2018. 377, note F. Cohet ; *Procédures* 2018, n° 42, obs. C. Laporte ; *RD banc. fin.* 2018, n° 17, ▶

droits de jouissance et d'administration du débiteur (C. pr. exéc., art. L. 321-2) (§ 1) et emporte saisie de ses fruits (C. pr. exéc., art. L. 321-3) (§ 2). Pour être efficaces, ces effets ne doivent pas uniquement concerner le débiteur saisi mais également tous les tiers qui pourraient se voir conférer un droit sur le bien. Aussi, la saisie immobilière sera-t-elle opposable aux tiers à compter de sa publication au fichier immobilier (C. pr. exéc., art. L. 321-5, al. 1er), ce qui s'entend de la publication du commandement (C. pr. exéc., art. R. 321-13, al. 2). La saisie n'affecte cependant pas la faculté pour les tiers d'inscrire des droits sur l'immeuble ; le bien pourra donc toujours faire l'objet d'une servitude légale nouvelle ou d'une hypothèque judiciaire prise par un créancier. Les effets du commandement ont enfin une durée limitée dans le temps (§ 3).

§ 1 Indisponibilité du bien saisi et restrictions des droits

1331.290 **Point de départ. Plan.** Les droits du débiteur sur l'immeuble sont réduits à compter de la signification du commandement : le bien ne peut être ni aliéné ni grevé de droits réels (A) par le débiteur sous réserve des dispositions des articles L. 311-3 et L. 322-1 C. pr. exéc. et le Code civil envisage le sort des baux conclus avant la saisie (C). Si le débiteur reste propriétaire de l'immeuble, il en est, en principe, constitué séquestre (B), à moins que le bien ne soit loué ou que des circonstances justifient de son expulsion.

A. Interdiction d'aliéner l'immeuble et de le grever de droits réels

1° Principe

1331.301 **Interdiction des aliénations et constitutions de droits réels.** À compter de la signification du commandement, la partie saisie ne peut ni aliéner ni grever de droits réels les immeubles saisis. Le débiteur demeure propriétaire de son bien mais ne peut accomplir d'acte de disposition[1].

1331.302 **Nullité de la convention conclue par le saisi antérieurement à la publication du commandement.** L'article R. 321-13 alinéa 3 C. pr. exéc. précise la protection des tiers qui se seraient vus conférer des droits sur le bien par le débiteur avant sa publication, c'est-à-dire à un moment où seuls le créancier et le saisi savent qu'une procédure de saisie immobilière est engagée. Si malgré l'indication qui lui est donnée dans le commandement de ce que cet acte emporte indisponibilité du bien, le débiteur a conclu une convention en violation des effets attachés à la signification du commandement, la nullité sera déclarée par le juge à la demande du cocontractant.

1331.303 **Opposabilité aux tiers à compter de la publication du commandement.** Pour donner toute sa portée au principe d'indisponibilité du bien, l'article L. 321-5 alinéa 1er C. pr. exéc. dispose que « *la saisie immobilière est opposable aux tiers à partir de sa publication au fichier immobilier* ».

1331.304 **Inopposabilité des actes non publiés avant la publication du commandement.** En matière immobilière, l'aliénation ou la constitution de droits réels ne peuvent être opposées que si elles ont fait l'objet d'une publication au service de la publicité foncière. Ainsi, selon l'alinéa 2 de l'article L. 321-5 C. pr. exéc., les aliénations et inscriptions non publiées ou publiées postérieurement à la saisie seront inopposables au créancier poursuivant comme à l'acquéreur (en cas de vente amiable) ; même réalisés avant la signification du commandement, ces actes d'aliénations ne seront pas opposables s'ils n'ont pas été publiés avant la date de publication du commandement[2]. De même, les droits réels régulièrement constitués avant la publication du commandement s'imposeront au créancier poursuivant. Ainsi, une clause d'inaliénabilité régulièrement publiée empêche la saisie tant qu'elle est en vigueur[3].

1331.305 **Inscriptions du chef du saisi.** Le dernier alinéa de l'article L. 321-5 C. pr. exéc. réservait toutefois le droit des créanciers titulaires du privilège de vendeur, du prêteur de deniers et du copartageant, qui bénéficiaient d'un effet rétroactif légal de leur inscription en application des articles 2379 à 2381 C. civ. Mais l'ordonnance n° 2021-1192 du 15 septembre 2021, portant réforme du droit des sûretés, a remplacé les privilèges spéciaux soumis à publicité par des hypothèques légales et a mis fin à la rétroactivité des inscriptions. Désormais, **c'est l'inscription de la sûreté qui détermine son rang** et non plus la date de naissance de la créance qui en est assortie (C. civ., art. 2418, al. 1er). Cette nouvelle règle est source de simplicité et de sécurité juridique. Toutefois, pour les privilèges immobiliers spéciaux nés avant l'entrée en vigueur de la réforme, le législateur a fait le choix, pour l'avenir, de les assimiler à des hypothèques légales, sans préjudice le cas échéant de la rétroactivité de leur rang.

▶ obs. S. Piedelièvre ; *Dr. et proc.* 2018. 56, obs. T. Vinckel ; *Defrénois* 2018. 27, obs. Bouirat. Dans cette affaire toutefois, la procédure de saisie immobilière avait été radiée postérieurement à la conclusion de la promesse de vente.

1. Ce qui ne l'empêchera pas, en pratique, de passer outre cette interdiction. – POUR UNE APPLICATION : Civ. 2e, 7 déc. 2017, n° 16-21.356, P (préc., v. ss n° 1331.280).

2. De tels actes sont toutefois valables, mais inopposables au créancier poursuivant : Civ. 3e, 23 juill. 1986, n° 85-10.937, P III, n° 133.

3. Civ. 2e, 30 juin 1993, n° 91-14.775, P II, n° 241 ; *D.* 1993. IR 196 ; *JCP* 1993. IV. 2259.

2°
Consignation

1331.311 **Faculté de consigner.** L'assimilation de la saisie à une hypothèque conduit également à aligner la situation de celui qui acquiert des droits réels sur le bien saisi sur celle du tiers acquéreur d'un bien hypothéqué, à savoir notamment le droit de purger les inscriptions en payant les créances inscrites. C'est ainsi que l'article L. 321-5 C. pr. exéc. prévoit une exception à l'inopposabilité, lorsque l'acquéreur, le titulaire du droit réel ou le saisi consigne une somme suffisante pour acquitter en principal, intérêts et frais, ce qui est dû aux créanciers inscrits ainsi qu'au saisissant. Le texte précise bien évidemment que la somme ainsi consignée sera affectée au paiement des créanciers inscrits et du créancier poursuivant. L'article L. 321-5 alinéa 2 C. pr. exéc. reproduit ainsi la limite à l'interdiction d'aliéner et de constituer des droits réels qui existait déjà sous l'empire de la législation antérieure : pour rendre opposable au créancier poursuivant comme à l'acquéreur dans les conditions des articles L. 311-3 et L. 322-1 C. pr. exéc. (vente amiable) une aliénation non publiée ou publiée postérieurement à la publication du commandement de payer valant saisie, l'acquéreur devra avoir consigné une somme suffisante pour acquitter, en principal, intérêts et frais, ce qui est dû aux créanciers inscrits et au poursuivant. La somme ainsi consignée leur sera affectée spécialement.

Cette faculté de consignation doit être distinguée de l'hypothèse où le JEX autorise le débiteur à vendre amiablement son bien et mentionne le prix en deçà duquel le bien ne pourra être vendu (v. s[s] n°s 1336.81 s.). Lorsque le saisi use de la faculté de consignation offerte par l'article L. 321-5 C. pr. exéc., la somme consignée peut très bien être inférieure au montant fixé par le JEX qui a autorisé la vente amiable ; ce qui compte c'est qu'elle soit suffisante pour désintéresser les créanciers[1].

L'article R. 321-14 C. pr. exéc. précise que la consignation devra être signifiée au créancier poursuivant ainsi qu'aux créanciers inscrits avant l'audience d'adjudication sans qu'il puisse être accordé un délai pour y procéder.

1331.312 **Raison d'être.** Ce que le poursuivant et les créanciers inscrits recherchent c'est l'apurement de leur créance. Si le débiteur saisi arrive, avant l'adjudication à obtenir d'un tiers une somme d'argent suffisante, en contrepartie de la vente de son bien ou de la constitution de droits réels dessus, il pourra réaliser l'opération envisagée à condition de consigner cette somme. La faculté de consignation est applicable aux deux situations visées par l'article L. 321-5 C. pr. exéc. : des aliénations publiées postérieurement à la publication du commandement comme des actes réalisés antérieurement mais non publiés. Il avait ainsi été jugé qu'un acquéreur était donc fondé à opposer au créancier saisissant la vente à lui consentie, avant la transcription du commandement et transcrite après, dès lors qu'il consignait le prix[2].

1331.313 **Montant.** Cette somme doit, bien évidemment être suffisante pour désintéresser les créanciers inscrits sur l'immeuble au moment de l'aliénation ainsi que le poursuivant[3]. Mais l'acquéreur n'a pas à désintéresser les créanciers inscrits après l'accomplissement de cette formalité.

1331.314 **Moment.** Il a été jugé, sous l'empire de la législation antérieure, que la somme doit être consignée avant l'adjudication, à défaut aucun délai ne serait accordé. Mais elle peut être valablement faite jusqu'au jour de l'adjudication dès lors qu'elle est réalisée avant qu'il n'y soit procédé[4]. Si elle est réalisée, la consignation attribue les fonds spécialement aux créanciers inscrits et au saisissant (il n'y a donc pas de saisie-attribution possible).

Si la consignation intervient entre la déclaration de surenchère et l'audience de surenchère, le créancier hypothécaire auquel une hypothèque a été consentie par le saisi postérieurement à la déclaration de surenchère peut faire valider son hypothèque et demander que la saisie et la surenchère subséquente ne soient pas poursuivies[5].

B.
Maintien dans les lieux

1°
Le saisi est séquestre

1331.321 **Maintien en possession mais restrictions des droits.** L'article L. 321-2 alinéa 3 C. pr. exéc. prévoit qu'à moins que l'immeuble ne soit loué, le saisi en est constitué séquestre, sauf à ce que les circonstances justifient la désignation d'un tiers ou

1. EN CE SENS, Rép. min. n° 94727, *JOAN Q* 19 juill. 2011, p. 7869.
2. Angers, 6 janv. 1943, *DC* 1944. 125, note Cezar-Bru ; *RTD civ.* 1943. 141, obs. P. Raynaud.
3. Req. 23 avr. 1903, *DP* 1905. 1. 121, note de Loynes ; *S.* 1906. 1. 137, note Tissier.
4. Com. 24 oct. 1949, *JCP A* 1949. IV. 1304 ; *S.* 1950. 1. 157 ; *Gaz. Pal.* 1949. 2. 400 – Pour une vente après publication du commandement dont la nullité est alors couverte par la consignation, Civ. 2e, 19 oct. 1962, *D.* 1963. Somm. 60 ; *RTD civ.* 1963. 170, obs. P. Raynaud.
5. T. civ. Bergerac, 6 mai 1960, *JCP N* 1960. II. 11842, note Mourgeon ; *RTD civ.* 1961. 194, obs. P. Raynaud – TGI Évry-Corbeil, 11 juill. 1972, *JCP* 1973. IV. 6296, obs. J. A.

l'expulsion du débiteur pour cause grave[1], ce qui pourrait être le cas si le débiteur commettait des actes de dégradation sur le bien[2], car, selon l'article R. 321-15 C. pr. exéc., à moins que son expulsion soit ordonnée, le débiteur conserve l'usage de l'immeuble sous réserve de n'accomplir aucun acte matériel susceptible d'en amoindrir la valeur.

1331.322 **Exception : l'immeuble loué.** Si l'immeuble est loué, le locataire est détenteur du bien ce qui interdit d'en rendre le débiteur séquestre. Mais le locataire ne peut pas non plus être lui-même séquestre du bien saisi, dans la mesure où il dispose de droits opposables au créancier saisissant, qui sont inconciliables avec les règles du séquestre. Pour mémoire, l'obligation de conservation du locataire se distingue en effet de celle du séquestre et le locataire dispose de droits de jouissance qui ne sont pas conférés au séquestre. En tout état de cause, si le locataire ne respecte pas son obligation de conservation, telle qu'elle résulte des règles du bail, le débiteur saisi et, à son défaut, le créancier poursuivant sur le fondement de l'action oblique pourra en imposer le respect ou obtenir la résiliation du bail. En revanche, il n'est pas nécessaire de réserver le cas où l'immeuble est occupé par un tiers sur le fondement d'un droit réel, tel l'usufruit, dans la mesure où seul le droit réel du débiteur fait l'objet d'une saisie.

1331.323 **Usage de l'immeuble.** Le saisi restera donc en possession de son bien jusqu'à la vente à moins que son expulsion soit ordonnée. La propriété lui appartient toujours et s'il avait la jouissance du bien avant la saisie il peut la conserver. Ainsi, il demeure dans les lieux sans contrepartie financière et peut y habiter ou les utiliser à sa convenance.

1331.324 **Conservation de la valeur.** En vertu de ses obligations de séquestre, le saisi devra entretenir le bien et en assurer la conservation en bon père de famille (C. civ., art. 1962). La jurisprudence estime que les actes à entreprendre sont commandés par la nature du bien (par ex. pour un séquestre conventionnel[3], mais le raisonnement au regard de la nature du bien doit être transposable au séquestre judiciaire).

L'article R. 321-15 C. pr. exéc. adopte une conception plus sévère à l'égard du débiteur saisi en visant désormais clairement la conservation de la valeur du bien : le débiteur conserve l'usage de son bien sous réserve de n'accomplir aucun acte matériel susceptible d'en amoindrir la valeur à peine de dommages et intérêts[4] et sans préjudice s'il y a lieu des peines prévues par l'article 314-6 C. pén. Cette formulation est plus exigeante que celle autrefois contenue à l'article 683 ACPC, qui visait seulement l'interdiction des coupes de bois et des dégradations.

1331.325 **Sanctions.** Sous l'ancien Code pénal, l'article 400 (crime et délit contre la propriété) punissait d'une peine de six jours à six mois et de 500 à 15 000 francs d'amende le saisi qui avait détruit ou tenté de détruire des objets saisis sur lui et confiés à sa garde et l'article 434 (destructions dégradations, dommages) punissait de trois mois à deux ans et 2 500 à 50 000 francs d'amende, celui qui volontairement avait détruit ou détérioré des objets mobiliers ou immobiliers appartenant à autrui. Aujourd'hui, l'article 314-6 C. pén. punit de trois ans et 375 000 euros d'amende[5] le fait pour le saisi de détruire un objet saisi entre ses mains en garantie des droits d'un créancier et confié à sa garde et l'article 322-1 punit de deux ans et 30 000 euros[6] la dégradation ou détérioration d'un bien appartenant à autrui.

1331.326 **Accomplissement de certains actes.** Selon l'article R. 321-15 alinéa 2 C. pr. exéc., si les circonstances le justifient, le JEX peut, à la demande du créancier poursuivant ou du débiteur, autoriser l'accomplissement de certains actes sur le bien saisi. La formule est souple, qui ne se résume pas au seul entretien des biens, mais sans doute à leur valorisation (v. s^s n°s 1335.61 s.).

2°

Faculté d'expulsion du saisi

1331.331 **Problématique.** Laisser le saisi dans l'immeuble offre aux créanciers un séquestre gratuit, mais les créanciers peuvent craindre qu'il soit plus difficile de vendre le bien aux enchères si l'immeu-

1. La collusion frauduleuse entre le saisi et les fols enchérisseurs pourrait-elle constituer une telle cause ? C'est ce qu'avait soutenu un liquidateur judiciaire pour obtenir l'expulsion des saisis mais l'arrêt a été cassé car la procédure de saisie immobilière n'était pas soumise aux dispositions de l'ordonnance du 21 avril 2006, de sorte que l'article 2198 C. civ. ne pouvait servir de fondement valable à la demande d'expulsion : Civ. 2e, 2 déc. 2010, n° 09-14.180, NP. La question reste donc posée.
2. EN CE SENS, Rép. min. 22 janv. 2008, *JOAN Q*, p. 598 ; *Dr. et proc.* 2008. 115.
3. Civ. 1re, 21 févr. 1995, n° 93-12.436, P I, n° 101 ; *Defrénois* 1995. 1053, obs. Ph. Delebecque.
4. Jugé à propos d'un séquestre confié à un notaire que les demandes tendant à l'indemnisation de préjudices résultant de l'inexécution de la mission de séquestre judiciaire sont des actions en responsabilité extra-contractuelle soumises à la prescription décennale de l'anc. art. 2270-1 : Civ. 1re, 14 févr. 2018, n° 16-20.278, P I, n° 33 ; *RDC* 2018. 349, obs. S. Pellet. Cette solution doit pouvoir être appliquée à l'action qu'engagerait l'adjudicataire à l'encontre du saisi en cas de dégradation du bien.
5. Selon Ord. n° 2000-916, 19 sept. 2000.
6. 200 000 francs auparavant.

ble est occupé, ou que le saisi ne dégrade le bien, si des éléments de fait le laissent craindre.

1331.332 **Principe.** L'article 681 ACPC opérait un équilibre entre les intérêts des créanciers et les besoins du débiteur saisi en décidant que ce dernier restait en possession à moins qu'un ou plusieurs créanciers ne demandent son expulsion. Cet article ne posait cependant pas de conditions pour fonder cette expulsion ; elle pouvait être décidée par le juge en opportunité et en fonction des intérêts en présence et la jurisprudence jugeait que les dispositions de l'article 681 étaient spéciales et dérogeaient de ce fait aux articles aux articles 61 (devenu C. pr. exéc., art. L. 411-1 et R. 411-3) et 62 de la loi du 9 juillet 1991 (devenu C. pr. exéc., art. L. 412-1, L. 412-2 et R. 412-2) qui prévoient que l'expulsion ne peut avoir lieu qu'à l'expiration d'un délai de deux mois en suite du commandement[1].

L'article R. 321-15 C. pr. exéc. est encore plus elliptique qui ne se prononce ni sur les conditions ni sur la procédure et dispose simplement le débiteur conserve l'usage de l'immeuble saisi, « *à moins que son expulsion soit ordonnée* ». Le fait que la faculté d'expulsion soit envisagée dans le même article que celui qui impose au débiteur séquestre de maintenir la valeur du bien, permet de penser que l'expulsion n'est envisagée que comme la sanction d'un comportement négligent voire délictuel. Il risque ainsi d'être difficile pour les créanciers de prétendre avoir un intérêt légitime à solliciter l'expulsion du saisi en dehors de tout reproche. Selon le rapport au président de la République, « *ce texte permet de constituer un tiers séquestre, voire d'expulser le débiteur pour cause grave lorsque les circonstances le justifient ; ces circonstances appréciées par le juge pourront résulter d'un irrespect par débiteur des obligations du séquestre* ».

1331.333 **Procédure.** Sous l'empire du décret-loi de 1938, la procédure d'expulsion était menée devant le président du TGI du lieu de situation de l'immeuble qui examinait la demande, et rendait une décision dans la forme des ordonnances de référés. La décision était sans recours[2] et l'appel interjeté, déclaré irrecevable[3]. Mais il était possible de former un appel nullité, en cas de violation d'un principe juridique fondamental.

Désormais, la demande devrait être portée devant le JEX mais les règles des articles L. 411-1, L. 412-1, L. 412-2, R. 411-3 et R. 412-2 C. pr. exéc., qui ne prévoient l'évacuation qu'après écoulement d'un délai de deux mois après la signification du commandement d'avoir à libérer les locaux et l'information du représentant de l'État dans le département en vue de la prise en compte de la demande de relogement de l'occupant, s'appliqueront-elles ? On peut signaler que sous l'empire du décret-loi de 1938, la jurisprudence excluait l'application de la législation sur l'expulsion aux saisis[4]. En effet, les dispositions applicables à l'expulsion, si elles sont protectrices du droit au logement du saisi, semblent peu appropriées lorsque ce dernier ne respecte pas ses obligations de séquestre et qu'il y a urgence à lui faire quitter les lieux. Les articles L. 411-1 et R. 411-3 C. pr. exéc. réservent au demeurant l'hypothèse où l'expulsion serait soumise à des dispositions spéciales.

C.
Sort des baux

1331.341 **Exposé du problème.** Le fait de consentir un bail sur un immeuble peut en affecter la valeur vénale et détourner les acquéreurs potentiels. Pourtant il ne s'agit pas nécessairement d'un acte de disposition, certains baux relevant des actes d'administration. Par ailleurs, il peut être tentant pour le débiteur d'antidater le bail en s'entendant avec un complice.

1331.342 **Sous l'empire du décret-loi de 1938.** Une distinction était opérée selon que les baux avaient ou non acquis date certaine avant la signification du commandement. Les baux qui n'avaient pas acquis date certaine avant le commandement pouvaient être annulés, ceux conclus après la signification du commandement devaient être annulés à la demande des créanciers ou de l'adjudicataire. La date certaine en effet, assure le preneur de ses droits en rendant le contrat opposable aux créanciers, poursuivant et inscrits, et à l'adjudicataire. Ont date certaine, les baux passés par acte authentique (date de la conclusion du bail portée par le notaire) ou sous seing privé, aux conditions de l'article 1328 C. civ. (enregistrement, décès de celui ou de l'un de ceux qui les ont souscrits, constatation de leur substance dans un acte dressé par un officier public).

Par ailleurs, les baux de longue durée, baux de plus de douze ans, devant être publiés en vertu du décret du 4 janvier 1955 car le droit qu'ils font naître au profit du preneur s'apparente à un droit réel[5], la publication les rend ainsi opposables aux tiers qui ont acquis sur l'immeuble des droits concurrents soumis également à publicité[6].

1. TGI Versailles, 9 mai 1993, *Gaz. Pal.* 22 mai 1993, note Sillard.
2. Rennes, 5 déc. 1979, *Gaz. Pal.* 1980. 1. 92, note E. du Rusquec.
3. Civ. 2e, 14 janv. 1987, no 85-12.025, P II, no 16 ; *D.* 1987. 615, note J. Prévault.
4. TGI Versailles, réf., 9 mai 1993, *Gaz. Pal.* 1993. 1. 259, note G. A. Sillard.
5. Décr. no 55-22, 4 janv. 1955, art. 28-1o, b.
6. Civ. 3e, 7 mars 2007, no 05-10.794, P III, no 33.

1331.343 **Réforme.** Les auteurs de la réforme ont, en apparence, simplifié la règle. Désormais, il est seulement indiqué à l'article L. 321-4 alinéa 1er C. pr. exéc., que les baux consentis par le débiteur après la saisie (il faut donc comprendre après la signification du commandement de payer valant saisi au débiteur) sont, quelle que soit leur durée, inopposables au créancier poursuivant comme à l'acquéreur[1]. Toutefois, les droits du preneur se prévalant d'un contrat antérieur à la saisie seront préservés car l'alinéa 2 de l'article L. 321-4 C. pr. exéc. prévoit la possibilité de prouver par tout moyen l'antériorité du bail. Ainsi, à lire ce texte, seule importe la date à laquelle le bail a été conclu ; si la réalité du bail et son antériorité à la signification du commandement de payer valant saisie sont établies, l'adjudicataire ne pourra faire déclarer le bail inopposable, sous prétexte que le titre n'a pas été porté à sa connaissance[2].

Cependant, la troisième chambre civile avait jugé que, même conclu postérieurement au commandement de saisie, le bail dont l'adjudicataire a eu connaissance lorsqu'il a poussé les enchères lui est opposable et elle refusait, dans ce cas, de faire droit à la demande de nullité du bail[3]. Pour la troisième chambre, c'est la connaissance par l'adjudicataire de la situation locative qui permet d'exclure la règle. Cette jurisprudence, *contra legem*, très favorable au locataire, pouvait s'expliquer par le fait qu'elle était rendue par la chambre de la Cour de cassation en charge du contentieux locatif.

Mais, la deuxième chambre a adopté la même analyse en précisant la lecture de l'article L. 321-4 C. pr. exéc. dans une affaire où le contrat de location était venu à expiration après la délivrance du commandement de payer valant saisie et où se posait la question de sa tacite reconduction. Littéralement, la délivrance du commandement n'interdit pas au saisi de conclure un bail (ni de faire produire effet à une tacite reconduction qui équivaut à un nouveau bail) mais il faut s'interroger sur son opposabilité. Or, pour résoudre la question, la deuxième chambre se fonde, non sur la date à laquelle le contrat est renouvelé, mais sur la connaissance que l'adjudicataire a eue avant l'adjudication[4]. Cette solution présente un danger pour le créancier poursuivant qui aura déterminé la mise à prix du bien à vendre en fonction de l'existence ou non d'un bail ; en outre, s'il est admis que le locataire puisse opposer son bail, cela lui permettre également d'exercer un droit de préemption et de se substituer à l'adjudicataire. On ne peut donc pas approuver cette solution. Elle a toutefois été réitérée[5] et il faut donc admettre que c'est la connaissance avant l'adjudication, par l'adjudicataire, de l'existence d'un bail qui le lui rendra opposable ; ce qui pose le problème de la preuve de cette connaissance.

En outre, s'agissant des baux de plus de douze ans, les dispositions de l'article 28, 1°, b) du décret du 4 janvier 1955 qui imposent leur publication au bureau des hypothèques de la situation des immeubles sont toujours applicables. Ainsi, même conclu avant la signification du commandement de payer valant saisie, un bail à long terme non publié sera inopposable aux tiers pour la période excédant douze ans[6].

§ 2
Saisie des fruits

1331.351 **Définition.** Ni l'ordonnance ni le décret ne précisent ce qu'il faut entendre par fruits, ce qui permet de viser tout ce qui sera produit par l'immeuble périodiquement sans en affecter la substance. Toutefois, l'article R. 321-17 C. pr. exéc. envisage la vente amiable des fruits et l'article R. 321-18 C. pr. exéc. distingue le sort des loyers et fermages. On peut donc continuer à parler de **fruits naturels** (émanant directement de l'immeuble en dehors de tout travail), **industriels** (liés au travail de l'homme) et de **fruits civils** (revenus perçus par le propriétaire du bien mis à la disposition d'un tiers, soit des loyers et fermages).

1331.352 **Immobilisation.** L'article L. 321-3 C. pr. exéc. dispose que la saisie d'un immeuble emporte saisie de ses fruits. C'est donc à compter de la signification du commandement que cet effet se produit à l'égard du débiteur.

L'article R. 321-16 C. pr. exéc. précise en outre, que les fruits immobilisés à compter de la signification du commandement de payer valant saisie sont

1. V. TOUTEFOIS, Civ. 3e, 31 mars 2016, no 14-25.604, P, où, parce que la caducité du commandement de payer valant saisie emporte des effets sur les actes conclus postérieurement, le bail conclu alors que le saisi ne disposait plus de son bien, n'a pas été annulé.
2. Civ. 2e, 6 juin 2013, no 12-19.116, P II, no 120 ; *D.* 2014. Pan. 1466, obs. A. Leborgne ; *Dr. et proc.* juill.-août 2013, p. 174, obs. A. Leborgne : en application des art. L. 321-2 et L. 321-4 C. pr. exéc., est opposable au créancier saisissant et à l'acquéreur le bail consenti par un débiteur saisi dont la réalité et l'antériorité à la signification du commandement valant saisie immobilière sont établies et qui, étant d'une durée inférieure à douze ans, n'est pas soumis à publicité foncière pour son opposabilité.
3. Civ. 3e, 11 févr. 2004, no 02-12.762, P II, no 24 – Civ. 3e, 23 mars 2011, no 10-10.804, P III, no 43 ; *D.* 2011. 1596, note C. Juillet.
4. Civ. 2e, 27 févr. 2020, no 18-19.174, P ; *D.* 2020. 494 et 1148, obs. N. Damas ; *ibid.* 1387, obs. A. Leborgne ; *Loyers et copr.* avr. 2020, no 45, obs. B. Vial-Pedroletti. Et dans cette affaire, le P-V de description et le P-V de placard mentionnaient que le bien faisait l'objet d'un bail.
5. Civ. 2e, 16 janv. 2025, nos 21-17.794 et 21-21.340, B.
6. Civ. 3e, 3 févr. 2010, no 09-11.389, P III, no 32.

distribués avec le prix de l'immeuble. Cela revient à dire que la saisie opère un changement de la nature de ces fruits, de biens meubles, ils deviennent par l'effet de la saisie, immeubles et seront distribués en même temps que le prix de l'immeuble.

1331.353 **Perception.** Par ailleurs, parce que le saisi est institué séquestre, en vertu de l'article 1962 C. civ., il percevra les fruits de l'immeuble pour le compte des créanciers.

1331.354 **Vente des fruits.** Parce qu'il est séquestre, le saisi devra les récolter et les conserver en nature. Mais l'intérêt des créanciers est de conserver leur valeur. Il peut donc être plus efficace de les vendre. L'article R. 321-17 C. pr. exéc. décide donc que le créancier poursuivant peut autoriser le saisi à vendre les fruits à l'amiable ou faire procéder lui-même, sur autorisation du JEX, à la coupe et à la vente des fruits qui seront vendus aux enchères, ou par tout autre moyen, dans un délai que le juge aura fixé.

Le prix sera déposé entre les mains d'un séquestre désigné par le créancier poursuivant ou à la Caisse des dépôts et consignation.

Sous l'empire de la législation antérieure, la doctrine estimait que cette faculté devait être reconnue à tous les créanciers et pas seulement aux inscrits ; les créanciers chirographaires pratiquant une saisie ayant tout autant intérêt à provoquer la vente des fruits au moment opportun. Les auteurs du décret du 27 juillet 2006 n'ont visé que le poursuivant, titulaire ou non d'une sûreté.

1331.355 **Loyers et fermages.** Même si l'immobilisation des fruits est de plein droit, en vertu de l'article R. 321-16 C. pr. exéc., pour les loyers et fermages, le créancier peut préférer s'opposer à ce que le locataire se libère des loyers et fermages entre les mains du débiteur. L'article R. 321-18 C. pr. exéc. lui permet de faire obligation au preneur « *de les verser entre les mains d'un séquestre qu'il désigne ou de les consigner à la Caisse des dépôts et consignations* ». Cette formulation signifie-t-elle que le locataire conserve le choix ? En tout état de cause, le créancier a d'ailleurs intérêt à profiter de cette faculté car à défaut d'une telle opposition, les paiements faits au débiteur seront valables et celui-ci sera séquestre des sommes reçues.

1331.356 **Pluralité de commandements.** L'immobilisation des fruits et les effets de l'acte d'opposition profitent au créancier, à compter de la signification commandement. C'est dire que si plusieurs commandements sont signifiés successivement, c'est le premier qui sert de point de départ à l'immobilisation des fruits au profit du requérant, mais encore des saisissants ultérieurs.

1331.357 **Effet d'une saisie attribution pratiquée le même jour que la signification du commandement de saisie ?** La question ne semble pas encore avoir fait l'objet d'une décision publiée et on pouvait s'interroger avant la réforme. Désormais, l'article L. 321-3 C. pr. exéc. donne la réponse : « *L'acte de saisie immobilière emporte saisie des fruits, sauf l'effet d'une saisie antérieure* ». Si une saisie immobilière et une saisie-attribution entre les mains du locataire sont entreprises le même jour, la saisie immobilière s'étendra donc aux loyers.

§ 3
Délai de validité du commandement

1331.360 **Initialement, un délai de validité de deux ans, étendu à cinq ans par le décret n° 2020-1452 du 27 novembre 2020. Plan.** Dans l'intérêt de tous, débiteurs et créanciers, il faut qu'un délai soit fixé pour que les saisies abandonnées ne continuent pas à produire effet indéfiniment. Ce délai est désormais de cinq ans (A). Selon l'article R. 321-20 C. pr. exéc., le commandement de payer valant saisie cesse de plein droit de produire effet si dans ce délai, il n'a pas été mentionné en marge de cette publication un jugement constatant la vente du bien saisi (C). Le créancier doit donc être diligent et noter, non seulement la date de publication du commandement pour calculer le calendrier des actes de procédure suivants mais encore la date d'expiration des effets du commandement pour penser à temps à en solliciter la prorogation (B).

1331.361 **Allongement du délai.** En 2006, les auteurs de la réforme avaient raccourci le délai de validité du commandement qui était auparavant de trois ans. Cela s'est finalement avéré inopportun et en 2020, le délai a été porté à cinq ans. L'article 2 du décret du 27 novembre 2020[1], portant diverses dispositions relatives notamment à la procédure civile et à la procédure d'indemnisation des victimes d'actes de terrorisme et autres infractions, a modifié la rédaction de l'article R. 321-20 en ce sens. Les dispositions de l'article 2 sont entrées en vigueur le 1er janvier 2021 et, aux termes de l'article 12 du décret, ces modifications s'appliquent aux instances en cours à cette date.

Cet allongement a donc bénéficié immédiatement aux procédures de saisie immobilière en cours, ce qui signifie que la durée de validité des commandements publiés avant le 1er janvier 2021 est *de facto* portée à cinq ans. En revanche, il faut certainement distinguer le cas où un commandement publié avant le 1er janvier 2021 avait fait l'objet d'un jugement de

1. Décr. n° 2020-1452, 27 nov. 2020, portant diverses dispositions relatives notamment à la procédure civile et à la procédure d'indemnisation des victimes d'actes de terrorisme et autres infractions, *JO* 28 nov., texte 14.

prorogation avant le 1er janvier 2021. Dans ce cas en effet, la durée de validité a été prorogée par une décision judiciaire, pour deux ans supplémentaires, conformément au droit en vigueur lorsque le JEX a statué. C'est donc l'expiration de ce délai de deux ans que le poursuivant devra guetter s'il doit demander une nouvelle prorogation, à ce moment-là, pour cinq ans.

A. Calcul du délai de validité

1331.371 Importance de la publication du jugement d'adjudication. Le jugement d'adjudication doit être mentionné en marge de la publication du commandement de payer valant saisie. C'est donc toujours la publication du jugement d'adjudication qui doit intervenir dans le délai ; le seul jugement d'adjudication ne suffit pas à interrompre le délai [1].

1331.372 Point de départ du délai. L'article R. 321-20 alinéa 2 C. pr. exéc. précise, qu'en cas de refus du dépôt du commandement ou de rejet de la formalité de publication, le délai de deux ans ne commencera à courir qu'à compter de la régularisation de la demande ou de la décision mentionnée à l'article 26 du décret du 4 janvier 1955.

En revanche, il avait été jugé que le délai n'était pas susceptible d'être suspendu ou interrompu par des actes de procédure accomplis depuis la publication du commandement [2]. Cependant, la force majeure et la mauvaise foi du saisi avaient été admises comme causes suspensives. L'article R. 311-11 C. pr. exéc. qui prévoit la sanction du défaut de respect des délais et notamment du délai de publication du commandement (C. pr. exéc., art. R. 321-6), envisage toutefois qu'il ne sera pas fait droit à la demande de caducité si le créancier poursuivant justifie d'un motif légitime, hypothèse, nous semble-t-il, qu'il faut distinguer de celle d'un refus du dépôt ou d'un rejet de la formalité car ces deux cas de figure sont déjà pris en compte à l'article R. 321-7 C. pr. exéc. pour augmenter le délai de deux mois (v. ss no 1331.262).

1. EN CE SENS, sous l'empire du Décr.-L. de 1938, Civ. 2e, 3 mai 1990, no 89-12.474, P II, no 81 ; *D.* 1990. IR 137 – Il avait encore été jugé que si le commandement avait été prorogé, la prorogation prenait effet à compter de la publication du jugement qui l'avait ordonnée et non de l'expiration du premier délai de trois ans, Civ. 2e, 27 janv. 1993, no 91-17.724, P II, no 39 ; *D.* 1993. Somm. 282, obs. P. Julien.
2. Montpellier, 30 janv. 1880, *DP* 1891. 2. 308 – Civ. 1re, 29 juin 1961, P I, no 358 ; *D.* 1962. Somm. 16.

B. Suspension et prorogation

1331.381 Allongement du délai. L'article R. 321-22 C. pr. exéc. dispose que « *ce délai est suspendu ou prorogé, selon le cas, par la mention en marge du commandement publié d'une décision de justice ordonnant la suspension des procédures d'exécution, le report de la vente, la prorogation des effets du commandement ou la décision ordonnant la réitération des enchères* ».

1° Diversité des hypothèses

1331.391 Suspension ou prorogation. Le délai est soit suspendu, soit prorogé.

En cas de publication d'un jugement de prorogation, la validité du commandement de payer était initialement prorogée de deux ans. À compter du 1er janvier 2021, les jugements de prorogation viseront le nouveau délai de cinq ans. Mais, si un commandement publié avant le 1er janvier 2021 avait fait l'objet d'un jugement de prorogation avant le 1er janvier 2021, la décision judiciaire n'aura pu proroger le délai de validité de ce commandement que de deux ans supplémentaires, conformément au droit en vigueur à l'époque. C'est donc l'expiration de ce délai de deux ans que le poursuivant devra guetter [3] s'il doit demander une nouvelle prorogation, à ce moment-là, pour cinq ans.

Le délai peut aussi être suspendu par la mention, en marge du commandement de payer valant saisie publié au service de la publicité foncière, d'une décision de justice emportant suspension des procédures d'exécution, tant que cette décision produit ses effets, ainsi que d'une décision ordonnant le report, en vertu d'une disposition particulière de l'adjudication ou de la réitération dans l'attente de l'adjudication à venir [4]. La suspension du délai résultant de la survenance d'un événement, la durée de la suspension ne peut être prévue à l'avance.

3. Pour obtenir une prorogation, le créancier ne devra pas attendre l'expiration du délai : Civ. 2e, 18 oct. 2018, no 17-24.199, P ; *Gaz. Pal.* 29 janv. 2019, p. 84, obs. L. Lauvergnat ; *Procédures* 2019, no 12, obs. C. Laporte – Toutefois, il est possible que le délai ait été dépassé sans que les parties ne s'en émeuvent. Ainsi, il a été jugé que ne commet pas un excès de pouvoir, la cour d'appel qui proroge un commandement de payer valant saisie après avoir vérifié qu'il ne s'était pas écoulé plus de deux ans depuis la publication de la dernière décision de prorogation, peu important que le commandement qui était alors périmé ait pu être prorogé par une décision antérieure non contestée par les parties : Civ. 2e, 19 mars 2020, no 19-10.469, P.
4. Civ. 2e, 7 sept. 2017, no 16-17.824, P II, no 170 ; *Dr. et proc.* nov. 2017, obs. A. Leborgne.

1331.392 Prorogation des effets du commandement. Le créancier peut saisir le JEX d'une demande de prorogation de la validité du commandement publié. Les auteurs de la réforme n'ont pas indiqué à quelles conditions sera soumise la décision de prorogation. Avant la réforme, le tribunal y faisait droit s'il estimait que les circonstances le justifiaient[1]. Il appartient au juge saisi d'une demande de prorogation des effets du commandement de payer valant saisie de vérifier au jour où il statue, que le délai prévu à l'article R. 321-20 C. pr. exéc. n'est pas expiré[2].

1331.393 Suspension des procédures d'exécution. À la suite de l'ouverture d'une procédure collective, d'une procédure de surendettement ou de rétablissement personnel, la saisie ne peut momentanément se poursuivre car les voies d'exécution sont suspendues. Il est donc impossible que le créancier obtienne et publie un jugement d'adjudication à l'intérieur du délai de validité du commandement. Il aura donc intérêt à faire mentionner le jugement ordonnant la suspension des mesures d'exécution en marge du commandement publié pour ne pas se voir opposer la péremption du commandement.

1331.394 Décisions ordonnant le report de la vente. On peut tout d'abord songer à une demande de délais sur le fondement de l'article 1343-5 C. civ. (anc. C. civ., art. 1244-1) formée par le saisi. Le délai sera alors suspendu pendant le temps du report (v. s^s n° 1335.101).

On peut encore penser au jugement qui autorise la vente amiable avant même l'audience d'orientation. L'article R. 322-20 C. pr. exéc. qui l'envisage dispose à l'alinéa 2 que la décision qui fait droit à la demande suspend la procédure (v. s^s n° 1336.61).

1331.395 Décision ordonnant la réitération des enchères. La décision sera portée en marge du commandement publié et emportera suspension du cours du délai de péremption depuis sa publication et jusqu'à la date fixée pour la réitération[3].

1. Civ. 2e, 1er mars 1995, n° 93-13.342, P II, n° 69 ; *Gaz. Pal.* 1996. 1. Somm. 241, obs. Véron, qui indique que le juge devait alors s'expliquer dans sa décision sur les circonstances autorisant la prorogation – CONTRA : Civ. 2e, 1er avr. 2004, n° 02.12.597, P II, n° 151, qui a jugé que dès lors qu'il s'est assuré que le délai prévu par l'art. 694, al. 3 C. pr. civ. n'est pas expiré, le juge, qui n'est pas tenu de préciser les circonstances justifiant la prorogation des effets d'un commandement, ne fait, en accueillant cette mesure, qu'exercer le pouvoir qu'il tient de ce texte.
2. Civ. 2e, 19 oct. 2017, n° 16-15.236, P II, n° 204.
3. Si l'audience sur réitération est ensuite renvoyée, le renvoi ordonné pour des causes étrangères aux causes de report de l'adjudication prévues par les art. R. 322-19 et R. 322-28 C. pr. exéc., sera sans effet sur le cours du délai de péremption : Civ. 2e, 7 sept. 2017, n° 16-17.824, P (préc., v. s^s n° 1331.391).

2°
Procédure

1331.401 Devant le juge de l'exécution. Avant la réforme, le créancier devait saisir le tribunal en chambre des criées dans les formes et règles applicables à la procédure devant le TGI. L'article R. 321-22 C. pr. exéc. envisage seulement une décision de justice, sans préciser la juridiction compétente mais il s'agira désormais du JEX. Seul le créancier poursuivant ou le subrogé devrait pouvoir demander la prorogation[4].

Au contradictoire de qui demander cette prorogation ? Les auteurs de la réforme ne l'ont pas dit. Bien évidemment, du saisi mais sans doute aussi des créanciers inscrits non subrogés qui ont intérêt à être tenus informés. Sous l'empire de la législation antérieure, il avait encore été précisé que le tribunal devait statuer dans le délai de validité de trois ans : en cas d'absence d'adjudication dans ce délai, le tribunal saisi postérieurement à l'expiration du délai ne pouvait faire droit à la requête en prorogation du poursuivant[5]. La solution est transposable, à l'intérieur désormais, du délai de deux ans, aujourd'hui allongé à cinq ans.

La demande de prorogation de délai de validité du commandement de payer, qui est nécessairement liée au risque d'expiration du délai de validité du commandement de payer valant saisie, ne peut s'analyser en une demande incidente au sens de l'article R. 311-5 C. pr. exéc. Il en résulte qu'elle peut être valablement formée après l'audience d'orientation[6].

A priori, cette demande devra être formée par dépôt au greffe de conclusions signées par l'avocat du poursuivant[7].

1331.402 Mention du jugement en marge du commandement. Le jugement sera mentionné en marge du commandement. Avant la réforme, il avait été jugé que la prorogation prenant effet à compter de la publication du jugement qui l'a ordonnée, le tribunal ne pouvait pas fixer les effets de la prorogation du commandement à une date déterminée[8]. La solution devrait être la même.

4. EN CE SENS, avant la réforme, Civ. 2e, 5 juin 1996, n° 94-15.956, P II, n° 141.
5. Civ. 2e, 25 févr. 1987, n° 85-16.437, P II, n° 57 ; *JCP* 1987. IV. 153 ; *Gaz. Pal.* 1987. Somm. 342, obs. Véron – Civ. 2e, 25 mai 1987, n° 86-10.796, P II, n° 120 ; *JCP* 1987. IV. 265.
6. Civ. 2e, 9 juin 2011, n° 10-30.310, P II, n° 131 ; *D.* 2011. 1696.
7. V. TOUTEFOIS, Bordeaux, 5e ch., 1er avr. 2009, *Juris-Data* n° 377418, qui admet une saisine du JEX par assignation, en jugeant que la violation de la règle de l'art. 7 du décret ne constitue pas une irrégularité de fond et qu'en l'espèce, s'agissant d'une simple irrégularité de forme, aucun grief n'avait été démontré.
8. Civ. 2e, 25 oct. 1995, n° 94-11.719, P II, n° 263.

1331.403 Recours. Conformément à l'article R. 311-7 C. pr. exéc., le jugement qui statue sur la demande de prorogation est appelable. Mais l'arrêt est-il susceptible de pourvoi ? Analysant la nature de la demande, la Cour de cassation a répondu par la négative.

En application des articles 606, 607 et 608 C. pr. civ., sauf dans les cas spécifiés par la loi, les jugements en dernier ressort qui ne mettent pas fin à l'instance ne peuvent être frappés de pourvoi en cassation, indépendamment du jugement sur le fond, que s'ils tranchent dans leur dispositif tout ou partie du principal. Dès lors, est irrecevable le pourvoi formé contre l'arrêt d'une cour d'appel ordonnant la prorogation des effets du commandement valant saisie immobilière, faute pour cet arrêt de trancher une partie du principal et de mettre fin à l'instance relative à la procédure de saisie immobilière, pendante devant le JEX par l'effet du renvoi ordonné de l'audience d'orientation [1] ou devant cette cour d'appel par l'effet de l'appel interjeté contre le jugement d'orientation [2].

1331.404 Procédures collectives, surendettement et rétablissement personnel. Lorsque le saisi est en liquidation judiciaire, la prorogation de l'ordonnance du juge-commissaire ordonnant la vente de l'immeuble d'un débiteur en liquidation judiciaire sera demandée par le liquidateur ou le créancier au JEX [3] (v. s^s n°s 1411.20 s.). Il a été jugé que lorsqu'un commandement a été publié antérieurement au jugement d'ouverture d'une procédure de redressement judiciaire, la prorogation de sa validité peut être demandée, par un créancier, en cours de procédure collective car cette demande est un acte conservatoire, non atteint par la suspension des poursuites individuelles [4] (v. s^s n°s 1411.81 s.).

Depuis la loi du 1er août 2003 [5], d'orientation et de programmation pour la ville et la rénovation urbaine, instaurant la procédure de rétablissement personnel, il appartient au liquidateur de veiller à la prorogation du commandement de saisie immobilière.

Le même raisonnement doit être tenu dans le cas du surendettement du débiteur, c'est-à-dire que c'est au créancier poursuivant, nonobstant l'ouverture d'une procédure de surendettement, qu'il appartient de solliciter la prorogation du commandement ; à défaut de prorogation dans les délais, on lui opposera la péremption [6].

C. Péremption

1331.411 Défaut de publication du jugement dans le délai : péremption. L'article R. 321-20 C. pr. exéc. le précise : la péremption produit ses effets de plein droit [7]. Si le jugement d'adjudication n'est pas publié à temps ni la prorogation accordée et publiée dans le même délai, le commandement est périmé et le débiteur ne devrait pas, en théorie, avoir besoin de le faire constater par le tribunal.

Toutefois, la situation sera plus claire si elle est constatée et portée à la connaissance de tous par publication au bureau des hypothèques.

C'est pourquoi, l'article R. 321-21 C. pr. exéc. prévoit qu'à l'expiration du délai prévu à l'article R. 321-20, et *jusqu'à publication du titre de vente* [8], toute partie intéressée pourra demander au juge de constater la péremption du commandement et ordonner la mention de celle-ci en marge de la copie du commandement publié au bureau des hypothèques [9]. Avant la réforme de la procédure de saisie immobilière, il avait été jugé que la publication du jugement d'adjudication, même tardive, purgeant tous les vices, la péremption ne pouvait plus être invoquée ensuite [10]. Mais si le juge a été saisi d'une demande de constat de la péremption antérieurement à la publication, celle-ci, réalisée tardivement, ne purgera pas les vices [11].

1. Civ. 2e, 24 sept. 2015, n° 14-16.622, P II, n° 211.
2. Civ. 2e, 24 sept. 2015, n° 14-22.168, P II, n° 211.
3. Cass., avis, 18 avr. 2018, n° 18-70.005, P, n° 8 ; *D. actu.* 3 mai 2018, obs. G. Payan ; *Procédures* 2018, n° 181, note C. Laporte ; *Dr. et proc.* 2018. 113, obs. T. Vinckel.
4. Civ. 2e, 23 oct. 1991, n° 90-12.457, P II, n° 283 ; *Gaz. Pal.* 1992. 1. Pan. 29 ; *D.* 1992. Somm. 184, obs. A. Honorat ; *D.* 1993. Somm. 282, obs. P. Julien.
5. L. n° 2003-710, 1er août 2003, d'orientation et de programmation pour la ville et la rénovation urbaine, *JO* 2 août, texte 7.
6. Civ. 2e, 25 juin 1997, n° 95-12.503, P II, n° 208 ; *Procédures* 1997, n° 233.
7. Elle s'impose donc au juge qui n'aura pas à se prononcer sur l'éventuelle nullité du commandement de payer valant saisie ; cessant de plein droit, le commandement met fin à la procédure : Civ. 2e, 21 mars 2019, n° 17-31.170, P ; *Procédures* mai 2019, n° 154, obs. C. Laporte – DE MÊME, Civ. 2e, 19 mars 2020, n° 19-11.722, P : la péremption, en mettant fin à l'instance, exclut que le juge se prononce sur la caducité du commandement.
8. Les dispositions de l'art. R. 321-1 dérogent à celles de l'art. R. 311-5 qui imposent de soulever des contestations au plus tard à l'audience d'orientation : Civ. 2e, 18 oct. 2018, n° 17-21.293, P ; *D.* 2018. Actu. 2144 ; *Procédures* 2018, n° 368, obs. C. Laporte. L'affaire était intéressante en ce que la péremption était déjà acquise avant l'audience d'orientation mais le saisi n'en avait pas fait état. La contestation présentée pour la première fois devant la cour d'appel a été jugée recevable.
9. L'arrêt confirmatif qui proroge le commandement de payer valant saisie n'est pas susceptible de pourvoi : Civ. 2e, 24 sept. 2015, n°s 14-16.622, P II, n° 211, et 14-22198, NP.
10. Civ. 2e, 24 sept. 1997, n° 95-19.776, P II, n° 232 – Civ. 2e, 10 févr. 2005, n° 03-12.794, P II, n° 25.
11. Civ. 2e, 9 avr. 2015, n° 14-16.805, P II, n° 95.

En 2019, la Cour de cassation a eu l'occasion de préciser que la péremption du commandement de payer valant saisie pouvait être soulevée d'office par le JEX[1].

1331.412 **Effets de la péremption.** Le créancier poursuivant doit tirer les conséquences de la péremption et engager une nouvelle poursuite ; on ne peut lui opposer les errements de la première[2] mais il perd les effets du premier commandement, ainsi, l'immobilisation des fruits et tant qu'un autre commandement n'est pas signifié, le débiteur retrouve l'entière disponibilité de son bien. Toutefois, l'effet interruptif de prescription produit par le commandement demeure, peu important que ledit commandement soit ensuite frappé de péremption[3]. L'interruption de prescription produit ses effets jusqu'à l'extinction de l'instance subséquente au commandement, faisant naître à compter de cette date un nouveau délai de prescription[4]. La survie de l'effet interruptif de prescription est une différence notable avec la caducité du commandement de payer valant saisie qui fait perdre l'effet interruptif de prescription[5].

Lorsqu'une deuxième procédure est engagée, il est possible que la deuxième adjudication se réalise à un prix inférieur au premier prix d'adjudication obtenu. Le saisi ou un créancier peuvent-ils se plaindre de ce manque à gagner et agir en responsabilité civile contre le poursuivant négligent ? Le principe semble admissible. La deuxième chambre de la Cour de cassation a toutefois rejeté une demande en ce sens émanant de créanciers inscrits qui réclamaient, à titre de dommages et intérêts, le montant de la différence entre ces deux prix. Il faut cependant préciser que dans cette affaire, les demandeurs s'étaient abstenus, pendant plus de trois ans, de poursuivre l'adjudicataire par la voie de la folle enchère[6].

1. Civ. 2e, 21 mars 2019, nº 17-31.170, P ; *D. actu.* 4 avr. 2019, obs. Couturier ; *D.* 2019. 1306, obs. A. Leborgne ; *AJDI* 2019. 807, obs. F. Cohet ; *Gaz. Pal.* 22 juill. 2019, p. 67, obs. L. Lauvergnat ; *RD banc. fin.* 2019, nº 97, obs. S. Piedelièvre. Et la cour d'appel peut donc soulever cette péremption, quand bien même, elle ne serait pas saisie d'une telle demande.
2. Civ. 2e, 20 juill. 1987, nº 86-14.092, P II, nº 179 ; *Gaz. Pal.* 1988. Somm. 43, obs. Véron.
3. Civ. 2e, 25 sept. 2014, nº 13-19.935, P II, nº 198 ; *D.* 2015. 1339, obs. A. Leborgne – Civ. 2e, 2 févr. 2023, nº 21-17.352, NP.
4. Civ. 2e, 11 avr. 2019, nº 17-27.212, NP.
5. Civ. 2e, 4 sept. 2014, nº 13-11.887, P II, nº 179 – Cette caducité atteint tous les actes de la procédure de saisie qu'il engage : Com. 6 mars 2019, nº 17-20.643, NP.
6. Civ. 2e, 30 mai 2002, nº 01-02.076, P II, nº 109 ; *D.* 2002. IR 1959.

CHAPITRE

1332. Formalités en cas de poursuite contre un tiers acquéreur

Anne Leborgne
Professeur émérite d'Aix-Marseille Université

SECTION 0 ORIENTEUR

1332.00 **Sommaire du chapitre.**

Division. Les formalités au cas de poursuite contre un tiers détenteur concernent la rédaction et délivrance des actes (sect. 1) et la publication du commandement valant saisie (sect. 2).

1332.02 **Jurisprudence de référence.**

> Immeuble adjugé après saisie immobilière. Collocation du créancier hypothécaire.

• **Com. 11 juin 2002,** n° 00-20.981, P IV, n° 103

* V. s^s n°s 1318.65, 1332.50

Le créancier hypothécaire qui exerce son droit de suite et de préférence sur un immeuble adjugé après saisie immobilière, à une personne mise ultérieurement en procédure collective, puis revendu à des tiers, doit être colloqué sans avoir à déclarer sa créance au passif de la procédure collective.

> Saisie immobilière poursuivie contre un tiers détenteur.

• **Civ. 2e, 26 juin 2014,** n° 13-18.428, P II, n° 164

* V. s^s n°s 1332.32, 1332.48, 1332.71, 1333.42

Fait une exacte application de l'article R. 322-4 du Code des procédures civiles d'exécution la cour d'appel qui retient qu'aucune disposition légale n'exige que le débiteur soit assigné à l'audience d'orientation quand la saisie immobilière est poursuivie contre un tiers détenteur.

1332.04 **Formulaire de procédure civile (renvoi).**

• *Saisie immobilière – Commandement de payer valant saisie* (Commandement de payer adressé au débiteur lorsque l'immeuble est détenu par un tiers – C. pr. exéc., art. R. 321-5)

1332.05 **Une procédure menée contre les tiers acquéreurs.** L'ancien Code de procédure civile ne contenait aucune disposition particulière lorsque la procédure devait être menée contre le tiers détenteur ; seul le Code civil envisageait cette circonstance aux anciens articles 2166 à 2179, comme un effet du droit de suite pour les créanciers privilégiés. Désormais, selon l'article L. 311-1 C. pr. exéc. [1], « *la saisie immobilière tend à la vente forcée de l'immeuble du débiteur ou, le cas échéant, du tiers acquéreur en vue de la distribution de son prix* ».

1332.06 **Domaine d'application : tiers à la dette, à qui la propriété du bien a été transmise.** On entend par cette formule, le tiers qui a acquis le bien [2], ou l'a reçu en donation, ou encore au titre d'un apport en société [3]. Sous l'empire du décret-loi de 1938, la prati-

1. Ord. n° 2011-1895, 19 déc. 2011, relative à la partie législative du Code des procédures civiles d'exécution, *JO* 20 déc., p. 21464.
2. Ainsi, si la vente est résolue rétroactivement et les droits constitués sur l'immeuble, anéantis, le vendeur ne devient pas pour autant un tiers détenteur. Dès lors, le syndicat de copropriété ne peut exercer un droit de suite, au titre des charges impayées par l'acheteur : Civ. 3e, 7 janv. 2016, n° 14-18.360, P III, n° 5.
3. Civ. 3e, 27 janv. 2010, n°s 08-21.324 et 08-21.325, P III, n° 25, dans une affaire où la validité de la procédure à tiers détenteur était contestée car l'opposabilité de l'inscription hypothécaire était discutée parce que le bordereau de renouvellement de l'inscription hypothécaire ne comportait pas la ▶

que utilisait aussi cette procédure à l'encontre du tiers ayant donné un immeuble en garantie de la dette d'autrui, hypothèse un temps appelée « *cautionnement réel* ». Mais depuis la réforme opérée par l'ordonnance et le décret de 2006, il faut distinguer **tiers acquéreur** (terme plus approprié que celui de « *tiers détenteur* »), et **tiers garant**.

En effet, le tiers garant est désormais assimilé à un débiteur ; il est visé à l'article R. 321-3 C. pr. exéc.[1] et désigné sous la périphrase de « *la personne qui a consenti une hypothèque sur l'un de ses biens pour garantir la dette d'un tiers* » (v. s[s] n°s 1313.71 s.).

Alors qu'à l'article R. 321-4 C. pr. exéc., est envisagée la procédure que doivent utiliser les « *créanciers titulaires d'un droit de suite* ». Il s'agit des créanciers qui ont constitué une hypothèque sur l'immeuble du chef de leur débiteur et dont le droit de suite n'a pas été purgé lors de l'acquisition par le tiers détenteur[2].

Ainsi, lorsque le créancier agira en vertu d'un droit de suite, il devra respecter la procédure à tiers acquéreur ; lorsqu'il agira en exécution forcée sur un immeuble donné en garantie par un tiers, il poursuivra une procédure de saisie immobilière contre ce tiers (v. s[s] n° 1331.143). Cela signifie que le tiers garant ne pourra bénéficier de la faculté de délaisser prévue à l'article 2463 C. civ. (v. s[s] n° 1332.72).

1332.07 **Annonce.** Le créancier devra délivrer deux actes, l'un au débiteur principal, l'autre au tiers acquéreur.

SECTION 1
RÉDACTION ET DÉLIVRANCE DES ACTES

1332.10 **Plan.** Deux actes (§ 1) sont délivrés, dont les effets (§ 2) diffèrent.

§ 1
Deux actes

1332.21 **Deux actes.** Le décret de 2006 prévoyait que le créancier devait délivrer un commandement de payer au débiteur principal et un commandement de payer valant saisie au tiers détenteur. À l'issue de la codification du Code des procédures civiles d'exécution, l'article R. 321-5 alinéa 1er dans sa rédaction initiale disposait que « *le créancier poursuivant fait signifier un commandement de payer valant saisie au débiteur principal* » et l'alinéa 2, que « *le commandement de payer valant saisie est signifié à la diligence du créancier poursuivant au tiers détenteur* », ce qui ne pouvait que susciter la perplexité, car l'immeuble par définition, n'est plus dans le patrimoine du débiteur. La rédaction de cet article a été améliorée par le décret du 6 mai 2017[3]. La réforme du droit des sûretés opérée par l'ordonnance du 15 septembre 2021[4], a conduite depuis le 1er janvier 2022, à désigner par les termes de « tiers acquéreur », plutôt que « tiers détenteur », celui qui reste obligé à la dette garantie, en vertu d'une hypothèque consentie par le précédent propriétaire (v. C. civ., art. 2454 à 2460[5]). Le décret du 29 décembre 2021[6] a mis en œuvre cette modification rédactionnelle dans la partie règlementaire du Code des procédures civiles d'exécution.

A.
Commandement délivré au débiteur

1332.31 **Objet.** Mettant fin aux incertitudes antérieures à la réforme de 2006, l'article 17 alinéa 1er du décret du 27 juillet 2006 disposait que le créancier poursuivant faisait délivrer un commandement de payer au débiteur principal. Il s'agissait donc d'un simple commandement de payer. La mesure d'exécution envisagée en effet, portant sur un bien qui n'est plus dans le patrimoine du débiteur, il ne servirait à rien de lui délivrer un commandement de payer valant saisie.

Rompant avec une codification à droit constant, l'article R. 321-5 alinéa 1er C. pr. exéc. disposait que le créancier poursuivant faisait signifier un « *commandement de payer valant saisie* » au débiteur principal. La modification était maladroite, car elle faisait naître une incertitude quant aux mentions que doit comporter l'acte et créait une confusion sur la place que le créancier doit faire au débiteur au sein de la procédure de saisie immobilière (v. s[s] n° 1332.32) et sur la nature de cet acte. Le décret 6 mai 2017[7] a mis fin à cette maladresse ; l'article

▶ mention en marge relative à la modification intervenue dans la personne du créancier. Ce moyen est rejeté, cette omission n'emportait pas la nullité de ce renouvellement dès lors qu'elle n'avait pas pour effet d'aggraver la situation du débiteur principal ou du tiers détenteur.

1. Décr. n° 2012-783, 30 mai 2012, relatif à la partie réglementaire du Code des procédures civiles d'exécution, *JO* 31 mai, p. 9375.
2. Sur la procédure de purge et la pratique notariale, v. L. Aynès, P. Crocq et A. Aynès, *Droit civil, Les sûretés, la publicité foncière*, 15e éd., LGDJ/Lextenso, 2015.
3. Décr. n° 2017-892, 6 mai 2017, portant diverses mesures de modernisation et de simplification de la procédure civile, *JO* 10 mai, texte 114.
4. Ord. n° 2021-1192, 15 sept. 2021, portant réforme du droit des sûretés, *JO* 16 sept., texte 19.
5. Conformément à l'article 37 de l'ordonnance, cette disposition est entrée en vigueur le 1er janv. 2022.
6. Décr. n° 2021-1888, 29 déc. 2021, pris en application de l'ordonnance n° 2021-1192 du 15 sept. 2021 portant réforme du droit des sûretés, *JO* 30 déc., texte 53.
7. Décr. n° 2017-892, 6 mai 2017, préc.

R. 321-5 dispose désormais que « *le créancier poursuivant fait signifier un commandement de payer au débiteur principal. L'acte comporte la mention que le commandement de payer valant saisie prévu à l'alinéa ci-après est délivré au tiers détenteur* ».

1332.32 Mentions. Comme avant la codification, le commandement doit mettre le débiteur en demeure de payer et porter mention de ce que le commandement valant saisie est délivré au tiers acquéreur. Le débiteur principal est ainsi tenu informé de ce qu'une procédure d'exécution est entreprise sur le bien d'autrui. Mais en 2006, en visant un « *commandement de payer valant saisie* », et en indiquant que « *ce commandement est délivré au tiers détenteur* », les auteurs de la codification avaient semblé faire renvoi au commandement décrit à l'article R. 321-3 C. pr. exéc. Contre toute logique, il semblait donc que pour respecter la lettre de l'article R. 321-5, le poursuivant devait faire figurer dans ce commandement toutes les mentions de l'article R. 321-3, dont la majorité d'entre elles paraissaient inappropriées. Pour ajouter à la confusion, ni l'article 17 alinéa 1er du décret de 2006 ni l'article R. 321-5 alinéa 1er ne précisent si ces mentions sont, comme c'est le cas à l'article R. 321-3, prévues à peine de nullité. On pouvait alors conseiller au poursuivant de faire figurer ces mentions à toutes fins utiles tout en exprimant des réserves sur leur utilité[1]. Toutefois, en s'attachant à la suite de la procédure (v. ss nos 1332.71 s.), on peut constater que l'article R. 321-10 C. pr. exéc. énonce que la signification du commandement de payer valant saisie au tiers détenteur produit à l'égard de celui-ci les effets attachés à la signification du commandement de payer valant saisie au débiteur et que, à défaut pour le tiers détenteur de satisfaire à la sommation qui lui est faite, la saisie immobilière et la vente sont poursuivies à l'encontre de ce dernier, et non à l'encontre du débiteur. Ainsi, la deuxième chambre civile de la Cour de cassation, après avoir relevé qu'aucune disposition légale n'exigeait que le débiteur soit assigné à l'audience d'orientation quand la saisie immobilière était poursuivie contre le tiers détenteur, a approuvé des juges du fond d'avoir refusé de prononcer la nullité d'une procédure de saisie à tiers détenteur dans laquelle seul le tiers détenteur avait été assigné à l'audience d'orientation[2]. Ce raisonnement qui ne pouvait qu'être approuvé, semblait confirmer, implicitement, que le créancier n'avait pas à délivrer un commandement de payer valant saisie au débiteur, mais un simple commandement de payer. Le décret du 6 mai 2017 lève désormais toute incertitude. La saisie immobilière est dirigée contre le tiers détenteur, désormais nommé tiers acquéreur, et le débiteur quant à lui doit seulement être mis en demeure de payer la dette.

1332.33 Sanction de l'omission du commandement et chronologie. Avant la réforme, l'omission du commandement préalable au débiteur emportait nullité de la procédure[3]. Il semblait logique, au regard des articles 16 et 17 du décret du 27 juillet 2006 devenus les articles R. 321-4 et R. 321-5 C. pr. exéc., sous la réserve exposée ci-dessus, consacrés à la procédure menée contre un tiers détenteur, de considérer que le commandement délivré au débiteur est le premier des deux actes nécessaires à la validité de la procédure à tiers détenteur. L'omission de ce commandement emporterait nullité du commandement de payer valant saisie délivré directement au tiers détenteur. Mais la deuxième chambre civile ne l'a pas entendu ainsi qui a jugé qu'aucun texte n'imposait, pour sa validité que le commandement délivré au tiers détenteur soit postérieur à celui adressé au débiteur[4]. La solution s'appuyait certes sur la lettre du texte mais elle n'était pas conforme à la *ratio legis* de la saisie immobilière. L'article R. 321-5 alinéa 1er C. pr. exéc. dispose désormais que le créancier poursuivant fait signifier un commandement de payer au débiteur principal et que l'acte comporte la mention qu'un commandement de payer valant saisie est délivré au tiers acquéreur, sans plus de précision cependant, sur l'ordre de ces deux actes[5].

1332.34 Pluralité de débiteurs. Comme par le passé, le créancier d'une obligation contractée solidairement ne pourra se contenter de s'adresser à celui des débiteurs qu'il veut choisir mais devra adresser un commandement à chacun des codébiteurs originaires, dès lors qu'ils restent tenus de la dette[6].

1. V. A. Leborgne, *Procédures* 2013. Chron. 1, no 2 – C. Laporte, « Dérèglement de la procédure de saisie immobilière poursuivie contre le tiers détenteur », *Procédures* 2012. Alerte 41.
2. Civ. 2e, 26 juin 2014, no 13-18.428, P II, no 164.
3. Civ. 2e, 3 déc. 1980, no 79-12.431, P II, no 254, qui juge que le commandement préalable ne constitue pas une formalité de procédure dont l'inobservation ne serait susceptible d'entraîner la nullité de la saisie immobilière que dans les conditions de l'art. 114 C. pr. civ., c'est-à-dire en démontrant un grief.
4. Civ. 2e, 19 févr. 2015, no 13-27.691, P II, no 48 ; *D.* 2015. 1339, obs. A. Leborgne ; *Procédures* 2015, no 158, obs. C. Laporte ; *RD banc. fin.* 2015, no 95, obs. S. Piedelièvre.
5. V. TOUTEFOIS, Civ. 2e, 13 janv. 2022, no 20-11.081, B ; *D.* 2022. 544, note C. Lledo ; *AJDI* 2022. 537, obs. F. Cohet ; *Rev. prat. rec.* 2022. 9, chron. M. Draillard ; *ibid.* 18, chron. A.-A. Le Roux ; *RTD civ.* 2022. 207, obs. N. Cayrol, qui indique que « *préalablement à la procédure judiciaire, le débiteur est destinataire, en application de l'article R. 321-5 du même code, d'un commandement de payer mentionnant la délivrance du commandement valant saisie au tiers détenteur* », ce qui pourrait signifier que l'acte a été délivré ?
6. Civ. 2e, 8 janv. 1997, no 95-10.976, P II, no 3.

B. Commandement délivré au tiers acquéreur

1332.41 **Mentions.** Selon l'article R. 321-5 C. pr. exéc., c'est le commandement de payer valant saisie prévu à l'article R. 321-1 C. pr. exéc. qui est signifié au tiers acquéreur. Il comportera ainsi les mentions énumérées à l'article R. 321-3 C. pr. exéc. (v. s[s] nº 1331.50), à l'exception de l'avertissement de payer (C. pr. exéc., art. R. 321-3, 4º) qui sera adapté à la situation du tiers acquéreur.

1332.42 **Sommation de payer ou délaisser.** Le tiers acquéreur n'est pas débiteur. Aussi, l'avertissement d'avoir à payer (prévue à C. pr. exéc., art. R. 321-3, 4º) avait été remplacé par la sommation d'avoir à satisfaire à l'une des obligations énoncées à l'article 2463 C. civ.[1] dans un délai d'un mois[2], à savoir, payer tous les intérêts et capitaux exigibles, à quelque somme qu'ils puissent monter ou délaisser l'immeuble hypothéqué sans aucune réserve.

Depuis le 1er janvier 2022, les droits et obligations des tiers acquéreurs seront exposés aux articles 2454 à 2460 C. civ., dans leur rédaction issue de la réforme opérée par l'ordonnance du 15 septembre 2021. Selon le nouvel article 2456, une fois sommé de payer, et sauf le bénéfice de discussion, le tiers acquéreur pourra soit payer[3], soit purger l'immeuble de ses inscriptions, soit se laisser saisir. Selon le nouvel article 2455 C. civ., qui expose la faculté de discussion, le tiers acquéreur qui n'est pas personnellement obligé à la dette pourra s'opposer à la vente de l'immeuble s'il demeure d'autres immeubles, hypothéqués à la même dette, en la possession du débiteur principal, et en requérir la discussion préalable. Pendant cette discussion, il sera sursis à la vente de l'immeuble hypothéqué. Ce tiers acquéreur pourra désormais, comme le pourrait une caution, opposer au créancier toutes les exceptions qui appartiennent au débiteur principal.

1332.43 **Extension de certaines informations du commandement.** L'article R. 321-5 C. pr. exéc. précise encore qu'à l'article R. 321-3 C. pr. exéc., les mentions du commandement qui font référence au débiteur sont étendues au tiers acquéreur. Il s'agit de l'indication que le commandement vaut saisie de l'immeuble et que le bien est indisponible (C. pr. exéc., art. R. 321-3, 6º), de celle que le saisi devient séquestre (C. pr. exéc., art. R. 321-3, 7º), qu'il garde la possibilité de rechercher un acquéreur pour procéder à la vente amiable (C. pr. exéc., art. R. 321-3, 8º), qu'il peut bénéficier de l'aide juridictionnelle (C. pr. exéc., art. R. 321-3, 12º) et qu'il a la faculté de saisir la commission de surendettement (C. pr. exéc., art. R. 321-3, 13º).

1332.44 **Rappel des règles du droit de suite.** Le commandement de payer valant saisie rappellera enfin les dispositions du droit des sûretés qui prévoient que faute pour le tiers de satisfaire à l'une de ces obligations, chaque créancier titulaire d'un droit de suite sur l'immeuble a le droit de poursuivre la saisie et la vente de l'immeuble. Le droit de suite est en effet un attribut de l'hypothèque, droit réel sur l'immeuble. Depuis le 1er janvier 2022, c'est à l'article 2454 alinéa 1er C. civ. que la règle du droit de suite est exposée : « *en cas d'aliénation de l'immeuble, l'hypothèque le suit entre les mains du tiers acquéreur* ». L'alinéa 3 précisant : « *S'il reste impayé, le créancier hypothécaire peut poursuivre en justice la vente de l'immeuble hypothéqué dans les conditions prévues par le livre III du Code des procédures civiles d'exécution* ».

Chaque créancier titulaire d'un droit de suite sur l'immeuble aura ainsi le droit de poursuivre la saisie et la vente de l'immeuble. La Cour de cassation avait jugé en 2015 que, recherché en sa qualité de tiers détenteur du bien immobilier, débiteur d'un droit de suite, le tiers n'était pas fondé à se prévaloir de la prescription de la créance principale. La solution avait été vivement critiquée et elle méritait d'être repensée[4]. La réforme du droit des sûretés opérée par l'ordonnance du 15 septembre 2021[5] est venue heu-

1. C. civ., anc. art. 2168 (transf. par Ord. nº 2006-346, 23 mars 2006).
2. Sous l'empire des anc. art. 2169 et 2183 C. civ., il a été jugé qu'aucun de ces textes n'exigeait que la sommation faite au tiers détenteur indique le délai de trente jours pour payer ou délaisser : Civ. 2e, 5 avr. 2007, nº 06-11.084, P II, nº 89 ; *AJDI* 2007. 764, note F. Coher-Cordey. Désormais l'indication de ce délai est prévue à l'art. 17 du décret de 2006 mais pas celle de la sanction de son omission…
3. Sur l'étendue des obligations du tiers acquéreur et le contenu du jugement d'orientation, v. Civ. 2e, 8 déc. 2022, nº 20-14.302, B ; *D.* 2022. 2298 ; *ibid.* 2023. 2060, obs. S. Godechot-Patris et C. Grare-Didier ; *D. actu.* 10 janv. 2023, obs. Q. Guiguet-Schielé ; *AJDI* 2023. 289, obs. F. Cohet ; *AJ fam.* 2023. 123, obs. N. Levillain ; *RTD civ.* 2023. 430, obs. I. Dauriac : en premier lieu, le tiers acquéreur qui n'est pas personnellement obligé à la dette n'est tenu au paiement que des seules dettes hypothécaires, à l'exclusion des dettes chirographaires pour lesquelles le créancier poursuivant, qui poursuit la saisie en exécution de son droit de suite, ne peut être colloqué lors de la distribution du prix, en second lieu, que si le prix de vente excède la dette hypothécaire, la différence est pour le tiers acquéreur, sauf les droits de ses créanciers inscrits sur l'immeuble.
4. Civ. 2e, 19 févr. 2015, nº 13-27.691, P II, nº 48 ; *D.* 2015. 964, note Ph. Théry ; *D.* 2015. 1339, obs. A. Leborgne ; *JCP* 2015. 496, note V. Brémond ; *JCP* 2015. 604, note Ph. Delebecque ; *Gaz. Pal.* 9 avr. 2015, p. 13, note Mignot ; *Gaz. Pal.* 16 juin 2015, p. 36, obs. L. Lauvergnat ; *Gaz. Pal.* 31 juill. 2015, p. 22, note Bolze ; *Gaz. Pal.* 5 sept. 2015, p. 18, obs. C. Brenner ; *Procédures* 2015, nº 158, obs. C. Laporte ; *RD banc. fin.* 2015, nº 95, obs. S. Piedelièvre – L'affaire a toutefois pu connaître une meilleure fin, à la suite de la tierce opposition formée par le débiteur : Civ. 2e, 23 juin 2016, nº 15-14.633, P.
5. Ord. nº 2021-1192, 15 sept. 2021, préc.

reusement, mettre un terme à cette jurisprudence. Le nouvel article 2455 alinéa 2 C. civ. dispose que ce tiers acquéreur peut encore, comme le pourrait une caution, opposer au créancier toutes les exceptions qui appartiennent au débiteur principal. À la lumière de cette réforme on comprend que la Cour de cassation ait pu redire qu'aucune disposition légale n'exigeait que le débiteur soit assigné à l'audience d'orientation quand la saisie immobilière était poursuivie contre le tiers acquéreur[1].

1332.45 Droit de pénétrer ? Pour répondre aux exigences de désignation précise du bien, l'huissier peut-il pénétrer chez le tiers acquéreur ? On peut en douter car le créancier n'a pas de titre exécutoire contre lui, le créancier ne met pas à proprement parler en œuvre une voie d'exécution mais il exerce son droit de suite. La nuance est d'importance, mais l'intérêt du créancier comme des tiers commande une désignation précise du bien qui justifie, en opportunité, que l'huissier pénètre dans les lieux comme dans l'hypothèse de la saisie des biens de son débiteur. Les auteurs de la réforme de 2006 n'avaient pas pris en compte cette situation particulière et si lors de la codification, un article L. 322-2 a été créé, qui dispose, dans son premier alinéa, que « *l'huissier de justice instrumentaire peut pénétrer dans les lieux et le cas échéant faire procéder à l'ouverture des portes et des meubles afin de décrire l'immeuble saisi* », l'hypothèse particulière de l'entrée de l'huissier dans l'immeuble du tiers détenteur n'a pas été réglementée. Toutefois, l'alinéa 2 ajoute que « *lorsque les lieux sont occupés par un tiers en vertu d'un droit opposable au débiteur, l'huissier de justice ne peut y pénétrer que sur autorisation préalable du juge de l'exécution, à défaut d'accord de l'occupant* ».

À la lecture de ce texte on songe d'abord au locataire du bien menacé de saisie mais la lettre du texte n'interdit pas d'inclure le tiers acquéreur dans cette catégorie et, par prudence, de recourir à une autorisation en cas de défaut d'accord du tiers détenteur. La *ratio legis* cependant ne paraît pas aller dans le même sens.

L'article 35 du décret du 27 juillet 2006 (devenu C. pr. exéc., art. R. 322-1) qui réglemente le procès-verbal descriptif donne au demeurant à l'huissier le droit de pénétrer dans les lieux.

Toutefois, selon l'article R. 322-1 C. pr. exéc., c'est à l'expiration d'un délai de huit jours que l'huissier de justice peut pénétrer dans les lieux désignés dans le commandement. Or, le tiers acquéreur bénéficie d'un délai d'un mois pour satisfaire aux obligations de l'article 2463 C. civ., ce qui pose un problème... Le décret du 12 février 2009[2], qui a apporté diverses améliorations au décret du 27 juillet 2006, est malheureusement resté muet sur ce point.

1332.46 Délai de délivrance. Avant la réforme, le créancier poursuivant devait laisser s'écouler un délai de trente jours après avoir signifié le commandement de payer au débiteur originaire. Le Code des procédures civiles d'exécution dispose seulement que le commandement de payer valant saisie sera délivré au tiers acquéreur, à la diligence du créancier (C. pr. exéc., art. R. 321-5, al. 2).

1332.47 Sanction de l'omission d'une mention. À la différence de l'article R. 321-3 C. pr. exéc., l'article R. 321-5 alinéa 2 du même code ne précise pas si les mentions sont prévues à peine de nullité. Dans le silence du texte, il semblerait alors conforme à la *ratio legis* de cet article d'y voir des mentions substantielles au sens de l'article 114 C. pr. civ., dont l'omission emportera nullité automatique du commandement de payer valant saisie. Il appartiendra toutefois à la jurisprudence de se prononcer. On signalera, en outre, que s'agissant de la sommation d'avoir à satisfaire à l'une des obligations énoncées à l'article 2463 C. civ., avant la réforme, la jurisprudence y voyait une formalité substantielle, dont l'omission emportait nullité de la procédure[3].

1332.48 Rapports avec le commandement délivré au débiteur. Les deux actes se complétant l'un par l'autre, avant la réforme, la jurisprudence admettait que la nullité du commandement délivré au débiteur principal pouvait être invoquée par le tiers détenteur[4]. Toutefois, il a été depuis rappelé que si l'acte de signification du commandement de payer au débiteur est affecté d'un vice de forme, la nullité de l'acte, et donc de la procédure de saisie, est subordonnée à la preuve d'un grief[5].

1332.49 Procédure collective, rétablissement personnel et surendettement du débiteur. (V. s[s]

1. Civ. 2e, 13 janv. 2022, no 20-11.081, B (préc. avec comm., v. ss no 1332.33), qui relève que le débiteur est recevable à former tierce opposition contre le jugement d'orientation.

2. Décr. no 2009-160, 12 févr. 2009, pris pour l'application de l'ordonnance no 2008-1345 du 18 décembre 2008 portant réforme du droit des entreprises en difficulté et modifiant les procédures de saisie immobilière et de distribution du prix d'un immeuble, *JO* 13 févr., p. 2596.
3. Civ. 2e, 5 juill. 1982, no 81-12.931, P II, no 103 ; *D.* 1982. IR 429.
4. EN CE SENS, avant la réforme, Civ. 17 mars 1886, *DP* 1886. 1. 340 – Civ. 2e, 31 janv. 1990, no 88-14.506, P II, no 19 ; *D.* 1990. Somm. 348.
5. Civ. 2e, 26 juin 2014, no 13-18.428, P (préc., v. ss no 1332.32), 1er moyen : en l'espèce, le vice de forme tenait à l'insuffisance des diligences de l'huissier de justice pour délivrer l'acte au débiteur. Les juges du fond ont estimé que cette irrégularité affectant la signification du commandement de saisie au débiteur n'avait pas causé un grief au tiers détenteur contre lequel la procédure de saisie immobilière était poursuivie.

n°s 1312.31 s., 1318.41 et 1318.63 s.). Avant la codification, on pouvait affirmer que si le débiteur faisait l'objet d'une suspension des poursuites, le commandement pouvait tout de même lui être délivré puisqu'il ne s'agissait pas d'un acte d'exécution[1]. Dans ce cas, le créancier devait veiller à délivrer l'acte à la personne capable de le recevoir. Ainsi, la deuxième chambre avait-elle jugé que le commandement délivré au mandataire judiciaire du débiteur originaire en liquidation judiciaire était nul, si était survenue la clôture des opérations de liquidation pour insuffisance d'actif, car elle privait ledit mandataire du droit de représenter le débiteur (il s'agissait toutefois d'une caution réelle et on aurait pu considérer que les dispositions de l'ancien article 2169 C. civ. ne s'appliquaient pas, mais la deuxième chambre a occulté le débat sur la nature de cette sûreté[2]).

La lettre de l'article R. 321-5 C. pr. exéc., dans sa rédaction issue du décret de 2017, qui prévoit la délivrance d'un commandement de payer, simple, au débiteur le permet clairement désormais (v. s^s n° 1332.33).

1332.50 **Procédure collective du tiers acquéreur.** Selon une jurisprudence antérieure à la réforme mais qui demeure applicable, le créancier hypothécaire exerçant son droit de suite n'a pas à déclarer sa créance à la procédure collective du tiers acquéreur[3]. En effet, le détenteur hypothécaire n'est pas débiteur personnel du créancier inscrit[4].

§ 2
Effets pour le débiteur

1332.61 **Mise en demeure.** L'acte délivré au débiteur étant un commandement de payer simple, il produit un effet de mise en demeure. Aussi, le débiteur qui le reçoit peut payer, ce qui évitera la saisie immobilière du bien du tiers acquéreur dont il est informé de la menace, solliciter des délais devant le JEX, saisir la commission de surendettement, voire ne rien faire du tout. Des mesures d'exécution mobilières peuvent être entreprises à son encontre.

1332.62 **Procédure collective, rétablissement personnel et surendettement du débiteur.** (V. s^s n°s 1312.31, 1318.21 s., 1318.41 s.). Parce qu'il ne s'agit que d'un commandement de payer simple et non d'un acte d'exécution, il doit pouvoir être délivré au débiteur faisant l'objet d'une suspension des poursuites (v. s^s n° 1332.32).

§ 3
Effets pour le tiers acquéreur

1332.71 **Effets d'une saisie.** Selon l'article R. 321-19 C. pr. exéc., la signification du commandement de payer valant saisie au tiers acquéreur produit à l'égard de celui-ci les effets attachés à la signification du commandement de payer valant saisie au débiteur. À défaut pour le tiers acquéreur de satisfaire à la sommation qui lui est faite, la saisie immobilière et la vente sont poursuivies à l'encontre de ce dernier selon les modalités prévues au livre III du Code des procédures civiles d'exécution. Se référant à cet article, la deuxième chambre civile de la Cour de cassation, après avoir relevé qu'aucune disposition légale n'exigeait que le débiteur soit assigné à l'audience d'orientation quand la saisie immobilière était poursuivie contre le tiers détenteur, a, en 2014, approuvé des juges du fond d'avoir refusé de prononcer la nullité d'une procédure de saisie à tiers détenteur dans laquelle seul le tiers détenteur avait été assigné à l'audience d'orientation[5]. Toutefois, l'absence du débiteur à l'audience d'orientation peut être dommageable pour le tiers acquéreur. En effet, en 2015, la Cour de cassation a jugé que « *recherché en sa qualité de tiers détenteur du bien immobilier, débiteur du droit de suite, le tiers n'est pas fondé à se prévaloir de la prescription de la créance principale* ». Cette solution a été unanimement critiquée[6] qui laisse à la charge de l'acquéreur la dette de son vendeur, à l'encontre duquel il ne pourra exercer utilement un recours subrogatoire puisqu'il lui sera opposé la prescription de la dette[7]...

1. Civ. 1re, 14 nov. 1984, n° 83-13.333, P I, n° 304.
2. Civ. 2e, 17 oct. 2002, n° 01-13.553, P II, n° 232 ; *RTD civ.* 2003. 325, obs. P. Crocq.
3. Com. 11 juin 2002, n° 00-20.981, P IV, n° 103 – Com. 15 oct. 2002, n° 99-17.526, NP ; *D.* 2002. 2470 ; *JCP* 2002. II. n° 10116, note J.-P. Rémery ; *JCP* 2003. I. 113, n° 6, obs. Cabrillac ; *RTD civ.* 2003. 328, obs. P. Crocq ; *Defrénois* 2003, art. 37691, n° 24, p. 417, obs. Ph. Théry – Com. 10 mars 2004, n° 02-16.474, P IV, n° 47 ; *D.* 2004. AJ 1021 ; *D.* 2004. Somm. 2710, obs. L. Aynès ; *D.* 2004. Somm. 2146, obs. P.-M. Le Corre – Com. 24 janv. 2006, n° 02-15.295, NP.
4. Pour plus de précisions, v. P.-M. Le Corre, Dalloz action *Droit et pratique des procédures collectives*, 2025/2026, n°s 711.00 s. et spéc. n° 711.21.
5. Civ. 2e, 26 juin 2014, n° 13-18.428, P (préc., v. s^s n°s 1332.32 et 1332.48), 2e moyen.
6. Civ. 2e, 19 févr. 2015, n° 13-27.691, P II, n° 48 ; *D.* 2015. 964, note Ph. Théry ; *D.* 2015. 1339, obs. A. Leborgne ; *JCP* 2015. 496, note V. Brémond ; *JCP* 2015. 604, note Ph. Delebecque ; *Gaz. Pal.* 9 avr. 2015, p. 13, note Mignot ; *Gaz. Pal.* 16 juin 2015, p. 36, obs. L. Lauvergnat ; *Gaz. Pal.* 31 juill. 2015, p. 22, note Bolze ; *Gaz. Pal.* 5 sept. 2015, p. 18, obs. C. Brenner ; *Procédures* 2015, n° 158, obs. C. Laporte ; *RD banc. fin.* 2015, n° 95, obs. S. Piedelièvre.
7. Pratiquement, une solution a toutefois été trouvée dans cette affaire, suite à la tierce opposition formée par le débiteur : Civ. 2e, 23 juin 2016, n° 15-14.633, P II, n° 175. Il faut cependant espérer que la deuxième chambre civile abandonnera ce raisonnement à l'avenir – À l'inverse, la chambre commerciale a admis la recevabilité de l'action ▶

La procédure de saisie immobilière dirigée contre l'immeuble hypothéqué en vertu du droit de suite emporte indisponibilité du bien et restrictions des droits du tiers acquéreur. Le tiers acquéreur est également institué séquestre et les fruits sont immobilisés dès la signification du commandement, dans les conditions du décret du 27 juillet 2006. Se pose ici, la même question qu'à l'occasion d'une saisie diligentée contre le débiteur : le conflit de droits né de la signification d'une saisie attribution, le même jour que la délivrance du commandement de payer valant saisie est aujourd'hui réglé par l'article L. 321-3 C. pr. exéc.

1332.72 **Option pour le tiers acquéreur.** Selon l'article R. 321-5 alinéa 2 C. pr. exéc., la sommation ouvre une option au tiers acquéreur dans le délai d'un mois d'avoir à satisfaire aux obligations de l'article 2456 C. civ., c'est-à-dire payer, purger ou subir la saisie (v. s[s] n°s 1313.51 s.). À défaut pour le tiers acquéreur de satisfaire à la sommation qui lui est faite, la saisie immobilière et la vente sont poursuivies à l'encontre de celui-ci selon les modalités prescrites par le décret du 27 juillet 2006, codifié au livre III de la partie réglementaire du Code des procédures civiles d'exécution.

1332.73 **Responsabilité du tiers acquéreur.** Depuis le 1er janvier 2022, l'article 24572470 C. civ., dans sa rédaction issue de l'ordonnance du 15 septembre 2021[1], rend le tiers acquéreur responsable vis-à-vis des créanciers hypothécaires des dégradations qui ont diminué la valeur de l'immeuble ; il leur doit indemnisation dans ce cas.

1332.74 **Dépenses et améliorations.** Également, selon l'article 24572470 C. civ., dans sa rédaction issue de l'ordonnance du 15 septembre 2021, le tiers acquéreur pourra obtenir remboursement par prélèvement sur le prix de vente, de ses dépenses nécessaires à la conservation de l'immeuble et de celles qui en ont augmenté la valeur, dans la limite de la plus-value estimée au jour de la restitution. Cet article est plus précis que ne l'était l'ancien article 2470 C. civ. qui ne distinguait pas selon la nature des dépenses. S'il semblait que le tiers pouvait se faire rembourser ses dépenses d'entretien[2], la question se discutant de savoir s'il pouvait obtenir réparation intégrale des impenses nécessaires à la conservation de l'immeuble, la date d'appréciation de la plus-value ne figurait pas à l'article 2470 et c'est une jurisprudence ancienne qui avait estimé que la plus-value devait être appréciée à la date de l'adjudication définitive[3] ; mais le tiers détenteur ne disposait d'aucun privilège sur le prix d'adjudication pour se faire payer sa créance d'impenses ou d'améliorations et, par ailleurs, il ne pouvait exercer de droit de rétention sur l'immeuble[4].

▶ exercée par le tiers acquéreur à l'encontre de la décision d'admission du créancier hypothécaire au passif du débiteur principal : Com. 5 avr. 2016, n° 14-20.467, P IV, n° 55 ; *D.* 2016. 838 ; *Gaz. Pal.* 28 juin 2016, p. 67, obs. P.-M. Le Corre.

1. Ord. n° 2021-1192, 15 sept. 2021, préc.
2. Req. 2 avr. 1886, *DP* 1887. 1. 293.

SECTION 2

Publication du commandement valant saisie et effets vis-à-vis des tiers

1332.81 **Principe.** Avant la réforme, on s'interrogeait sur la nécessité de publier non seulement la sommation délivrée au tiers détenteur mais encore le commandement délivré au débiteur. La Cour de cassation avait finalement été saisie de la question et avait exclu la publication du commandement de payer au débiteur. Les auteurs de la réforme ayant distingué clairement, en 2006, entre les deux actes, seul le commandement de payer valant saisie était publié à la Conservation des hypothèques dans le délai de l'article 18 du décret du 27 juillet 2006 (devenu C. pr. exéc., art. R. 321-6), soit dans le délai de deux mois à compter de sa signification. La modification rédactionnelle opérée lors de la codification avait réintroduit une incertitude. Littéralement, l'article R. 321-6 C. pr. exéc. imposait la publication du commandement de payer valant saisie, sans distinguer selon qu'il s'agissait de l'acte délivré au débiteur ou au tiers saisi. En toute logique, seul le commandement de payer valant saisie destiné au tiers détenteur doit être publié car c'est lui qui est propriétaire du bien. La modification rédactionnelle de l'article R. 321-6 C. pr. exéc. a clarifié la situation. Seul le commandement de payer valant saisie, délivré au tiers acquéreur doit être publié au fichier immobilier dans un délai de deux mois à compter de sa signification.

1332.82 **Effets vis-à-vis des tiers.** C'est à compter de la publication que la saisie sera opposable aux tiers. On renverra pour le détail le lecteur au chapitre 1361 (v. spéc[t] s[s] n°s 1331.240 s.).

1332.83 **Péremption.** Les dispositions des articles R. 321-20 à R. 321-22 C. pr. exéc. étant applicables à tous les commandements de payer valant saisie, le tiers acquéreur pourra se prévaloir de la péremption du commandement au même titre que le débiteur, si dans le délai de l'article R. 321-20 C. pr. exéc. (initialement deux ans et, depuis le 1er janvier 2021, cinq ans, en vertu de l'article 2 du décret

3. Civ. 8 déc. 1897, *DP* 1898. 1. 161 – Civ. 27 janv. 1914, *DP* 1916. 1. 97.
4. Civ. 14 nov. 1881, *DP* 1882. 1. 168 ; *S.* 1882. 1. 257.

du 27 novembre 2020[1]) il n'a pas été mentionné en marge de cette publication un jugement constatant la vente du bien saisi, sous réserve d'une éventuelle suspension ou prorogation.

1. Décr. n° 2020-1452, 27 nov. 2020, portant diverses dispositions relatives notamment à la procédure civile et à la procédure d'indemnisation des victimes d'actes de terrorisme et autres infractions, *JO* 28 nov., texte 14.

CHAPITRE

1333. Actes préparatoires à la vente

ANNE LEBORGNE
PROFESSEUR ÉMÉRITE D'AIX-MARSEILLE UNIVERSITÉ

SECTION 0
ORIENTEUR

1333.00 Sommaire du chapitre.

Division. La procédure à tiers acquéreur se poursuivant dans les mêmes conditions et délais que la saisie contre le débiteur, il ne sera plus nécessaire, à partir de maintenant, de distinguer ces situations. Les développements relatifs au débiteur doivent être entendus comme s'appliquant au tiers acquéreur lorsque le créancier poursuit la procédure en vertu de son droit de suite. Ainsi, les formalités destinées à préparer la vente seront identiques : élaboration d'un procès-verbal de description des lieux (sect. 1), assignation à comparaître à une audience d'orientation (sect. 2), rédaction et dépôt du cahier des conditions de la vente et d'un état hypothécaire (sect. 3), et déclaration des créances (sect. 4).

Précision. Au moment de la délivrance du commandement, la menace de saisie demeure encore relativement confidentielle : seuls, le créancier poursuivant, le débiteur ou le tiers acquéreur, en ont connaissance. La phase suivante consiste à préparer la vente. Toutefois, elle ne conduira pas nécessairement à une vente aux enchères. Désormais, le saisi pourra, sous le contrôle du juge, être autorisé à procéder à la vente amiable de son bien et, le bien pourra même être vendu de gré à gré après l'audience d'orientation en vente forcée et jusqu'à l'ouverture des enchères si le débiteur trouve un accord avec le poursuivant, les créanciers inscrits et le cas échéant le syndicat des copropriétaires (v. s^s n°s 1337.00 s.). Quelles que soient finalement les modalités de la vente, des actes préparatoires doivent être effectués par le créancier poursuivant, qui, outre le dépôt du cahier des conditions de la vente, devra, afin d'accélérer la procédure de distribution, établir un projet de distribution, ce qui conduira à imposer aux créanciers inscrits de déclarer leurs créances. Sont donc ménagés à la fois les intérêts du saisi, ceux des créanciers inscrits et ceux du poursuivant.

1333.02 Jurisprudence de référence.

> Refus du concours de la force publique. Le législateur ne saurait subordonner l'octroi de ce concours à l'accomplissement d'une diligence administrative.

• **Cons. const. 29 juill. 1998,** n° 98-403 DC, *JO* 31 juill., p. 11710

* V. s^s n°s 0101.22, 0231.05, 0251.201, 0522.23, 1323.92, 1333.240

44. Considérant que l'article 119 crée une section 2, portant dispositions diverses, dans le chapitre III du titre Ier du livre VI du Code de la construction et de l'habitation dont l'intitulé devient : « Dispositions particulières applicables en matière d'expulsion » ; que cette section comporte un article L. 613-6 aux termes duquel : « Lorsque le représentant de l'État dans le département accorde le concours de la force publique, il s'assure qu'une offre d'hébergement tenant compte, autant qu'il est possible, de la cellule familiale est proposée aux personnes expulsées. Le défaut de concours de la force publique pour ce motif ne fait pas obstacle au droit pour le bailleur d'obtenir une indemnisation du préjudice subi, conformément à l'article 16 de la loi n° 91-650 du 9 juillet 1991 [devenu art. L. 153-1 C. pr. exéc.] précitée » ;

45. Considérant que les requérants font grief à cette disposition de porter atteinte à l'autorité de la chose jugée et, partant, au principe de séparation des pouvoirs, dans la mesure où, en soumettant à « la réalisation préalable d'une démarche administrative tendant à l'hébergement de la personne expulsée » l'octroi du concours de la force publique par le préfet, le législateur méconnaît la force exécutoire des décisions de justice ;

46. Considérant que toute décision de justice a force exécutoire ; qu'ainsi, tout jugement peut donner lieu à une exécution forcée, la force publique devant, si elle y est requise, prêter main-forte à cette exécution ; qu'une telle règle est le corollaire du principe de la séparation des pouvoirs énoncé à l'article 16 de la Déclaration des droits de l'homme et du citoyen ; que si, dans des circonstances exceptionnelles tenant à la sauvegarde de l'ordre public, l'autorité administrative peut, sans porter atteinte au principe sus-évoqué, ne pas prêter son concours à l'exécution d'une décision juridictionnelle, le législateur ne saurait subordonner l'octroi de ce concours à l'accomplissement d'une diligence administrative ;

47. Considérant qu'il résulte des termes mêmes de l'article L. 613-6 inséré dans le Code de la construction et de l'habitation, et notamment de la deuxième phrase dudit article, que le fait pour le représentant de l'État dans le département de ne pas s'être assuré qu'une offre d'hébergement a été proposée aux personnes expulsées pourrait être un motif spécifique de refus de concours de la force publique à l'exécution d'une décision juridictionnelle émanant du juge judiciaire ; que, s'agissant d'un motif qui ne justifie pas, par lui-même, un refus de ce concours en raison de la nécessité de sauvegarder l'ordre public, le dispositif ainsi institué porte atteinte au principe de la séparation des pouvoirs ; que l'article 119 de la loi déférée est donc contraire à la Constitution.

> Nature du jugement d'adjudication.

• **Civ. 2e, 3 oct. 2002,** n° 00-18.395, P II, n° 199

* V. s^s n°s 1333.302, 1336.343, 1341.41

Un jugement d'adjudication ne constituant pas « un contrat réalisant ou constatant une vente », les dispositions de la loi du 18 décembre 1996 [dite loi Carrez] sont sans application aux ventes sur poursuites de saisie immobilière.

> Saisie immobilière. Responsabilité de l'huissier rédacteur du procès-verbal de description.

• **Civ. 1re, 25 mai 2005,** n° 03-18.261, P I, n° 226

* V. s^s n°s 1331.221, 1333.34, 1341.286

Justifie légalement sa décision la cour d'appel qui, ayant relevé que le règlement du lotissement dont dépendait le terrain faisant l'objet d'une saisie immobilière appelait l'attention sur les règles à respecter en raison du caractère inondable de la parcelle à liciter, retient, pour en déduire que chacun de ces officiers ministériels avait commis une faute, que les huissiers de justice, auteurs, l'un du procès-verbal de description du bien se trouvant dans son ressort et, l'autre, du commandement, s'étaient bornés au rappel d'un acte antérieur aux termes duquel cette parcelle était située dans un lotissement, sans mentionner son caractère inondable ni la constructibilité avec réserves qui figuraient dans le règlement du lotissement, éléments essentiels des caractéristiques du bien saisi, existant déjà au moment de la rédaction des documents litigieux.

> Saisie immobilière. Office du juge de l'exécution. Unicité de la procédure. Postulation.

• **Cass., avis, 16 mai 2008,** n° 08-00.002, P, n° 3

* V. s[s] n°s 0212.81, 1333.141, 1333.350, 1334.12, 1337.43, 1512.21, 1512.23, 1512.42, 1512.74, 1513.12, 1531.12

1° Le juge de l'exécution est tenu de trancher les contestations relatives à la validité des déclarations de créance soulevées au cours de l'audience d'orientation.

2° La saisie immobilière et la distribution du prix constituent les deux phases d'une même procédure.

3° Les déclarations de créance mentionnées aux articles 46 et 47 du décret n° 2006-936 du 27 juillet 2006 [devenus art. R. 322-12 et R. 322-13 C. pr. exéc.] doivent être faites par acte d'un avocat inscrit au barreau du tribunal de grande instance devant lequel la vente est poursuivie, les dispositions de la loi n° 71-1130 du 31 décembre 1971 demeurant en vigueur.

> Saisie immobilière. Notification et contenu du commandement. Titre exécutoire constatant une créance liquide et exigible.

• **Civ. 2e, 30 avr. 2009,** n° 08-12.105, P II, n° 111

* V. s[s] n°s 0821.32, 1313.181, 1313.194, 1319.134, 1331.25, 1331.131, 1331.201, 1331.232, 1331.233, 1333.70

Il ne résulte ni de l'ordonnance du 21 avril 2006, relative à la saisie immobilière, ni de son décret d'application, une obligation, pour le créancier poursuivant, de signifier le commandement de payer valant saisie au concubin du débiteur, lorsque la saisie porte sur un bien, appartenant en propre au débiteur et constituant la résidence de la famille.

Le commandement de payer valant saisie, qui ne comporte pas l'indication de la date et de la nature du titre exécutoire et qui ne contient pas un décompte détaillé des sommes réclamées, contrairement aux exigences de l'article 15, 2° et 3° du décret du 27 juillet 2006, est affecté d'une irrégularité de forme, même si ces mentions figurent dans un document qui y est annexé.

La cour d'appel, qui constate que le débiteur n'a saisi les juridictions administratives d'aucun recours contre les rôles d'impôts directs rendus exécutoires servant de fondement aux poursuites, en déduit exactement que ces titres exécutoires constatent une créance liquide et exigible.

> Saisie immobilière. Régime des exceptions de nullité pour irrégularité de forme du cahier des conditions de vente.

• **Civ. 2e, 1er oct. 2009,** n° 08-19.104, P II, n° 235

* V. s[s] n°s 1333.32, 1333.234, 1334.151, 1335.171

En application de l'article 112 du Code de procédure civile, auquel renvoie l'article 11 du décret du 27 juillet 2006 relatif aux procédures de saisie immobilière et de distribution du prix d'un immeuble, la nullité pour irrégularité de forme du cahier des conditions de vente doit être invoquée, à peine d'irrecevabilité, avant toute défense au fond ou fin de non-recevoir.

> Saisie immobilière. Demande d'aide juridictionnelle.

• **Civ. 2e, 24 juin 2010,** n° 08-19.974, P II, n° 120

* V. s[s] n°s 0143.91, 1331.91, 1333.104, 1334.13, 1341.82

Commet un excès de pouvoir et viole l'article 25 de la loi du 10 juillet 1991 relative à l'aide juridictionnelle et l'article 6 de la Convention de sauvegarde des droits de l'homme et des libertés fondamentales, le juge qui procède à la vente forcée d'un bien, sans s'assurer que le débiteur saisi, qui avait sollicité l'aide juridictionnelle, avait été informé de la décision rendue sur cette demande et du nom de l'avocat désigné à ce titre.

> Saisie immobilière. Responsabilité de l'avocat rédacteur du cahier des conditions de vente.

• **Civ. 1re, 25 nov. 2010,** n° 09-70.767, P I, n° 243

* V. s[s] n° 1333.34

L'avocat du créancier poursuivant ayant, sur la foi d'un acte notarié instituant une hypothèque conventionnelle et d'un procès-verbal de description établi par huissier de justice, rédigé un cahier des charges inexact dans la désignation du bien saisi comme comprenant des constructions qui, pour des raisons inconnues, ont été édifiées non sur le terrain donné en garantie comme prévu, mais sur une parcelle voisine, n'engage sa responsabilité que s'il disposait d'éléments de nature à éveiller ses soupçons quant à cette discordance.

> Saisie immobilière. Adjudication d'office au créancier poursuivant à défaut d'enchérisseur.

• **Cons. const. 16 déc. 2011,** n° 2011-206 QPC

* V. s[s] n°s 0101.23, 1333.240, 1335.282, 1339.192

4. Considérant qu'il appartient au législateur, compétent en application de l'article 34 de la Constitution pour déterminer les principes fondamentaux du régime de la propriété, des droits réels et des obligations civiles et commerciales, de définir les modalités selon lesquelles, pour permettre l'exécution des obligations civiles et commerciales, les droits patrimoniaux des créanciers et des débiteurs doivent être conciliés ; que l'exécution forcée sur les biens du débiteur est au nombre des mesures qui tendent à assurer cette conciliation ;

5. Considérant, en premier lieu, que l'article 2190 du Code civil prévoit que la saisie immobilière est une procédure d'exécution forcée sur l'immeuble du débiteur en vue de la distribution de son prix ; qu'elle constitue une modalité de paiement d'une créance exécutoire ; qu'il en résulte que, si l'adjudication conduit à ce que le débiteur soit privé de la propriété de ce bien, cette procédure n'entre pas dans le champ d'application de l'article 17 de la Déclaration de 1789 ;

6. Considérant, en second lieu, que, *d'une part*, en prévoyant que le montant de la mise à prix est fixé par le créancier poursuivant et en disposant qu'à défaut d'enchère, ce dernier est déclaré adjudicataire, les dispositions contestées ont pour objet d'éviter que la procédure de saisie immobilière demeure suspendue faute d'enchérisseur ; qu'en prévoyant que le créancier poursuivant est déclaré adjudicataire d'office au montant de la première enchère fixée par lui, elles font obstacle à ce que le créancier poursuivant se voie imposer un transfert de propriété moyennant un prix auquel il n'aurait pas consenti ; que l'objectif poursuivi de garantir dans ces conditions l'aboutissement de la procédure constitue un motif d'intérêt général ;

7. Considérant que, *d'autre part*, les articles 2202 et 2203 du Code civil reconnaissent au débiteur du bien saisi le droit

d'obtenir l'autorisation judiciaire de vendre le bien à l'amiable ; qu'à défaut, la vente a lieu par *adjudicatio* ; que les articles 2205 et 2206 disposent que l'adjudication de l'immeuble a lieu aux enchères publiques à l'audience du juge ; que, dans le cadre de cette procédure, le débiteur peut saisir le juge afin de voir fixer une mise à prix en rapport avec la valeur vénale de l'immeuble et les conditions du marché ; que l'enchère est ouverte à toute personne qui justifie de garanties de paiement ; que l'adjudication d'office au créancier poursuivant au montant de la mise à prix initiale n'intervient qu'à défaut de toute enchère ; que, dans ces conditions, l'atteinte portée aux droits du débiteur saisi ne revêt pas un caractère disproportionné au regard du but poursuivi ; [...]

> Saisie immobilière. Opposabilité du bail au créancier poursuivant et à l'acquéreur.

• **Civ. 2e, 6 juin 2013,** no 12-19.116, P II, no 120

* V. ss nos 1331.343, 1333.272, 1341.285

En application des articles 2198 et 2199 du Code civil, devenus L. 321-2 et L. 321-4 du Code des procédures civiles d'exécution, est opposable au créancier saisissant et à l'acquéreur le bail consenti par un débiteur saisi dont la réalité et l'antériorité à la signification du commandement valant saisie immobilière sont établies et qui, étant d'une durée inférieure à douze ans, n'est pas soumis à publicité foncière pour son opposabilité.

> Saisie immobilière poursuivie contre un tiers détenteur.

• **Civ. 2e, 26 juin 2014,** no 13-18.428, P II, no 164

* V. ss nos 1332.32, 1332.48, 1332.71, 1333.42

Fait une exacte application de l'article R. 322-4 du Code des procédures civiles d'exécution la cour d'appel qui retient qu'aucune disposition légale n'exige que le débiteur soit assigné à l'audience d'orientation quand la saisie immobilière est poursuivie contre un tiers détenteur.

1333.04 Formulaire de procédure civile (renvois).

- *Saisie-immobilière – Description de l'immeuble saisi* (Commission d'un commissaire de justice à l'effet d'établir un procès-verbal de description de l'immeuble saisi – C. pr. exéc., art. L. 322-2 et R. 322-1, R. 322-2 et R. 322-3)
- *Saisie immobilière – Audience d'orientation* (Assignation du débiteur à comparaître à l'audience d'orientation en l'absence de tiers détenteur – C. pr. exéc., art. R. 322-4)
- *Saisie immobilière – Audience d'orientation* (Assignation du débiteur à comparaître à l'audience d'orientation en présence d'un tiers détenteur – C. pr. exéc., art. R. 322-4)
- *Saisie immobilière – Audience d'orientation* (Dénonciation aux créanciers inscrits de l'assignation délivrée au débiteur et assignation délivrée aux créanciers inscrits – C. pr. exéc., art. R. 322-6 s.)
- *Saisie immobilière – Cahier des conditions de vente* (Cahier des conditions de vente – C. pr. exéc., art. R. 322-10)
- *Saisie immobilière – Déclaration de créances* (Déclaration de créances par les créanciers inscrits – C. pr. exéc., art. R. 322-12)
- *Saisie immobilière – Déclaration de créances* (Dénonciation de déclaration de créances au bénéfice d'un créancier ayant inscrit sa sûreté postérieurement à la publication du commandement de payer valant saisie – C. pr. exéc., art. R. 322-13)
- *Saisie immobilière – Déclaration de créances* (Requête aux fins d'être autorisé à déclarer une créance postérieurement au délai imparti – C. pr. exéc., art. R. 322-12, al. 2)
- *Saisie immobilière – Déclaration de créances* (Dénonciation d'ordonnance et déclaration de créances)

SECTION 1
PROCÈS-VERBAL DESCRIPTIF

1333.11 Raison d'être. Pour procéder à la mise en vente du bien saisi dans de bonnes conditions, encore faut-il que le créancier dispose d'éléments d'information précis, qu'il ait une idée de la consistance du bien et de sa valeur. Les constatations *de visu* s'avèrent donc souvent très utiles pour recueillir les renseignements nécessaires à la rédaction du commandement. C'est l'objet du procès-verbal descriptif, prévu et organisé aux articles R. 322-1 à R. 322-3 C. pr. exéc.[1].

1333.12 Plan. Ce constat est réalisé par un commissaire de justice (§ 2) qui à cette fin sera autorisé à pénétrer dans les lieux (§ 1).

§ 1
Droit de pénétrer dans les lieux

1333.21 Fondement. Avant la réforme, et depuis. Dans le cas où le débiteur s'opposait à l'entrée de l'huissier, la question se posait, en pratique, de savoir si l'officier ministériel pouvait obtenir le **concours de la force publique en vertu de la formule exécutoire** portée sur le titre du saisissant ou si, rencontrant une difficulté, il devait **saisir le juge des référés d'une requête en ouverture de porte.** La réponse différait selon les tribunaux même si, sur question écrite, le ministère de la Justice avait estimé que l'huissier pouvait obtenir le concours de la force publique sans formalité supplémentaire[2].

Les auteurs de la réforme ont réglé cette difficulté. L'article R. 322-1 C. pr. exéc. autorise l'huissier de justice instrumentaire, désormais commissaire de justice, à pénétrer dans les lieux désignés dans le commandement afin de dresser ce procès-verbal descriptif dans les conditions des articles L. 142-3 et L. 142-1 C. pr. exéc. Le commissaire de justice devra donc justifier du titre exécutoire et en cas d'absence du saisi ou de l'occupant de l'immeuble, il ne pourra y

1. Décr. no 2012-783, 30 mai 2012, relatif à la partie réglementaire du Code des procédures civiles d'exécution, *JO* 31 mai, p. 9375.
2. Rép. min., *JOAN Q* 22 janv. 1996, p. 395.

pénétrer qu'en présence du maire de la commune, d'un conseiller municipal ou d'un fonctionnaire municipal délégué par le maire à cette fin, d'une autorité de police ou de gendarmerie requis pour assister au déroulement des opérations, ou à défaut de deux témoins majeurs qui ne sont ni à son service, ni à celui du créancier.

1333.22 **Délai.** Le créancier doit attendre **huit jours** avant de faire dresser le procès-verbal[1]. Il s'agit de respecter l'expiration du délai de sommation contenu dans le commandement valant saisie afin d'éviter l'engagement de frais qui se révéleraient inutiles en cas de paiement de la créance dans le délai imparti. Cette logique est prise en défaut s'agissant du tiers acquéreur et du tiers garant de la dette d'autrui.

1333.23 **Protection du tiers occupant de l'immeuble.** La protection organisée par la loi du 9 juillet 1991 est apparue insuffisante lorsque l'occupant du local n'est pas le débiteur saisi mais un **tiers disposant d'un droit opposable au débiteur** ; en pratique, un locataire mais encore un usufruitier ou tout bénéficiaire d'un contrat d'occupation. En application de la garantie d'éviction que leur doit le propriétaire, les occupants ne doivent pas être troublés dans leur jouissance pour une cause imputable au propriétaire.

S'inspirant de la procédure de saisie-vente d'un bien mobilier détenu par un tiers, l'ordonnance du 21 avril 2006 a ainsi prévu une **procédure particulière pour pénétrer dans les lieux** en ajoutant un alinéa à l'article 21 de la loi du 9 juillet 1991, devenu l'article L. 142-1 C. pr. exéc. Dans ce cas en effet, le commissaire de justice n'est pas porteur d'un titre à l'encontre de l'occupant. Pour pénétrer dans les lieux occupés par un tiers, en vertu d'un droit opposable au débiteur, il devra donc solliciter une **autorisation préalable du juge de l'exécution (JEX) à défaut d'accord dudit occupant.** Faut-il pour cela qu'il soit représenté par un avocat ?

La question a été posée à la cour d'appel de Lyon, au visa de l'article 5 du décret du 27 juillet 2006 qui impose aux parties de constituer avocat, sauf disposition contraire. La cour d'appel de Lyon a jugé que cette disposition ne s'appliquait pas à l'huissier de justice qui n'est pas une partie à la procédure mais le mandataire du créancier poursuivant. La demande d'autorisation au JEX s'intègre à la mission de l'officier ministériel en charge de l'exécution[2].

1. Ne peut être assimilé au procès-verbal prévu à l'art. R. 322-1 et R. 322-2 C. pr. exéc. un procès-verbal de description des lieux établi avant la délivrance du commandement de payer valant saisie immobilière : Civ. 2e, 21 févr. 2013, no 12-15.643, P II, no 42 ; *Dr. et proc.* mai 2013, p. 117, obs. A. Leborgne.
2. Lyon, 6e ch., 31 janv. 2008, RG no 07/07387, SCP Pierre A. Fradin, *Dr. et proc.* 2008, no 3, p. 147, obs. A. Leborgne.

1333.24 **Tiers acquéreur.** L'article R. 321-19 alinéa 2 C. pr. exéc. dispose qu'à défaut pour le tiers acquéreur de satisfaire à la sommation qui lui est faite, la saisie immobilière et la vente sont poursuivies à l'encontre de celui-ci selon les modalités prévues par le livre III du Code des procédures civiles d'exécution. Aucune disposition particulière n'a donc distingué ce cas de figure au stade de la rédaction du procès-verbal descriptif. Or, sa rédaction engendre au moins deux difficultés.

D'abord, pour répondre aux exigences de désignation précise du bien, le commissaire de justice instrumentaire devra pénétrer chez le tiers acquéreur. Toutefois, dans ce cas, le créancier n'a pas de titre exécutoire contre lui, il ne met pas à proprement parler en œuvre une voie d'exécution mais exerce son droit de suite. La nuance est importante. L'intérêt du créancier comme des tiers, commande une désignation précise du bien qui justifie, en opportunité, que l'officier ministériel pénètre dans les lieux comme dans l'hypothèse de la saisie des biens de son débiteur.

Or, l'article R. 322-1 C. pr. exéc. ne semble pas prendre en considération cette hypothèse et on se demande si le tiers saisi peut être classé dans la catégorie des tiers occupant les lieux en vertu d'un droit opposable au débiteur, visés par l'article L. 322-2, et qui peuvent s'opposer à l'entrée de l'huissier de justice dans les lieux ? (v. ss no 1332.45). La lettre du texte permet de le soutenir même si la *ratio legis* du texte n'est pas en ce sens. Le poursuivant devra alors saisir le JEX pour être autorisé à violer l'intimité du tiers acquéreur qui refuserait de laisser le commissaire de justice pénétrer chez lui.

Ensuite, toujours selon l'article R. 322-1 C. pr. exéc., c'est à l'expiration d'un délai de huit jours que le commissaire de justice peut pénétrer dans les lieux désignés dans le commandement. Or, le tiers acquéreur bénéficie, pour sa part, d'un délai d'un mois à compter de la signification du commandement pour satisfaire aux obligations de l'article R. 322-5 alinéa 2 C. pr. exéc. L'intrusion du commissaire de justice au bout de huit jours apparaîtra prématurée et irrespectueuse de l'intimité du tiers acquéreur.

1333.25 **Tiers garant de la dette d'autrui.** Le garant de la dette d'autrui bénéficie d'un délai d'un mois pour payer et éviter la saisie (C. pr. exéc., art. R. 321-3). Ici encore, l'article R. 322-1 C. pr. exéc. n'opère pas de distinction. Cependant dans ce cas, le commissaire de justice est porteur d'un titre contre ce garant ; il a donc, *a priori*, le droit de pénétrer dans les lieux dès l'expiration du délai de huit jours. Toutefois, cette intrusion, avant l'expiration du délai de sommation d'un mois, n'a pas de raison d'être et pourrait également être qualifiée de prématurée.

§ 2
Rédaction du procès-verbal descriptif

1333.31 Nature et auteur du procès-verbal descriptif. L'article 673 ACPC, avant-dernier alinéa, distinguait l'hypothèse où les immeubles se trouvaient en dehors de l'arrondissement où le commandement devait être signifié. Dans ce cas, le créancier poursuivant s'adressait à deux huissiers, l'un territorialement compétent pour faire les constatations sur les lieux, voire y pénétrer, l'autre pour signifier le commandement au débiteur. L'huissier qui exerçait dans le ressort de la situation du bien rédigeait donc un procès-verbal de description qui avait valeur de simple constat et qui n'était pas signifié ; l'huissier chargé de signifier le commandement pouvait joindre ce procès-verbal au commandement, ou en reproduire des extraits pour répondre aux exigences de l'article 673 ACPC, et le dénoncer en tête du commandement de saisie immobilière.

Les auteurs de la réforme n'ont apporté aucune précision sur les compétences respectives des huissiers, rédacteur et significateur, l'article R. 322-1 C. pr. exéc. visant simplement le commissaire de justice « *instrumentaire* ». La pratique développée sous l'empire du décret-loi de 1938 devrait donc être reproduite.

1333.32 Mentions. L'article R. 322-2 C. pr. exéc. détaille les mentions qui devront figurer dans le procès-verbal ; ces informations sont d'ordre matériel, voire technique mais aussi juridique[1] :

– la description des lieux, leur composition et leur superficie ;

– l'indication des conditions d'occupation et l'identité des occupants ainsi que la mention des droits dont ils se prévalent ;

– le cas échéant, le nom et l'adresse du syndic de copropriété ;

– tous autres renseignements sur l'immeuble fournis par l'occupant.

Le décret n'indique pas que ces mentions soient prévues à peine de nullité du procès-verbal. En effet, en cas d'inexactitude ou d'omission, c'est par la mise en œuvre de la responsabilité du rédacteur que la difficulté sera réglée (v. s^s n° 1333.34)[2].

1333.33 Moyens. L'article R. 322-3 C. pr. exéc. dispose que l'huissier pourra utiliser tout moyen approprié pour décrire les lieux et se faire assister par tout professionnel qualifié en cas de nécessité. Ainsi, l'huissier de justice pourra-t-il joindre un plan, des photographies et faire intervenir à ses côtés un architecte, un géomètre expert, un métreur, *etc.*

1333.34 Responsabilité. L'assistance de ces professionnels est d'autant plus utile à requérir que si les mentions du procès-verbal ne sont pas prévues à peine de nullité, en cas d'inexactitude ou d'omission, elles engageront la responsabilité du commissaire de justice à l'égard de son mandant[3], voire ensuite, à l'égard de l'adjudicataire. Il a ainsi été jugé, qu'ont commis une faute les huissiers rédacteurs, l'un du commandement de saisie, l'autre du procès-verbal descriptif qui, ayant relevé que le règlement du lotissement appelait l'attention sur les règles à respecter en raison du caractère inondable de la parcelle, se sont bornés au rappel d'un acte notarié antérieur, aux termes duquel cette parcelle était située dans un lotissement, sans mentionner son caractère inondable ni la constructibilité avec réserve qui figurait dans le règlement du lotissement, éléments essentiels des caractéristiques du bien saisi. Le lien de causalité entre la faute et le dommage a été jugé caractérisé dès lors qu'il était établi que les adjudicataires n'auraient pas acquis un terrain dont le caractère inondable compromettait la constructibilité[4].

En revanche, l'avocat du créancier poursuivant qui a, sur la foi d'un acte notarié instituant une hypothèque conventionnelle et d'un procès-verbal de description établi par huissier de justice, rédigé un cahier des charges inexactes dans la désignation du bien saisi comme comprenant des constructions qui, pour des raisons inconnues, ont été édifiées, non sur le terrain donné en garantie comme prévu, mais sur une parcelle voisine, n'engagera sa responsabilité que s'il disposait d'éléments de nature à éveiller ses soupçons quant à cette discordance[5]. Rendue à propos d'un cahier des charges, ancienne procédure de saisie immobilière, la cassation prononcée au visa de l'ancien article 1382 C. civ., désormais article 1240 C. civ., est transposable à la nouvelle procédure.

SECTION 2
ASSIGNATION À COMPARAÎTRE À UNE AUDIENCE D'ORIENTATION

1333.41 Ouverture d'une instance. Auparavant, le créancier prévoyait une audience éventuelle qui servait, si besoin était, à régler le sort des nullités qui

1. Civ. 2e, 26 juin 2024, n° 22-13.236, B, à propos de l'empiètement d'un bien sur une parcelle contiguë à celle faisant l'objet de la saisie immobilière.
2. V. TOUTEFOIS, Civ. 2e, 1er oct. 2009, n° 08-19.104, P II, n° 235, dont le pourvoi posait la question de l'éventuelle nullité du cahier des conditions de vente du fait du caractère incomplet du procès-verbal descriptif. L'argument n'a pas été examiné car, formée après les défenses au fond, la demande en nullité a été jugée irrecevable.
3. EN CE SENS, Civ. 2e, 26 juin 2024, n° 22-13.236, B (préc., v. s^s n° 1333.32).
4. Civ. 1re, 25 mai 2005, n° 03-18.261, P I, n° 226 ; *Dr. et proc.* 2005. 360, obs. A. Leborgne.
5. Civ. 1re, 25 nov. 2010, n° 09-70.767, P I, n° 243.

étaient soulevées au moyen de « dires » ; et le saisi, sauf s'il développait un moyen de fond touchant au droit à agir du créancier, ne pouvait espérer s'opposer à la vente forcée. Désormais, lors de l'audience d'orientation, le saisi pourra, sous certaines conditions, être autorisé à vendre à l'amiable son bien et les parties appelées à l'audience pourront former des contestations et des demandes. La question s'est donc posée de savoir si l'assignation ouvrait une instance [1]. La procédure de saisie immobilière en effet est une mesure d'exécution, qui se distingue en principe d'une instance selon le droit commun du procès civil. Toutefois, la deuxième chambre civile a jugé que l'assignation à comparaître à l'audience d'orientation, ouvrait une instance au cœur de la mesure d'exécution [2] qui ne s'éteint que lorsque le JEX ne peut plus être saisi d'une contestation à l'occasion de la saisie immobilière [3]. La fin de l'instance sera ainsi déterminée au cas par cas [4], ce qui aura des effets sur la prescription.

1333.42 **Plan.** Cette audience intéresse donc le débiteur [5] (§ 1) mais aussi les créanciers inscrits (§ 2) auxquels le commandement de payer valant saisie sera dénoncé ce qui vaudra pour eux assignation. Mention de la délivrance de l'assignation devra ensuite être opérée au service de la publicité foncière (§ 3).

§ 1
Assignation du débiteur [6]

1333.50 **Plan.** On précisera les conditions à respecter pour délivrer l'assignation (A), puis les mentions qu'elle doit comporter (B).

A.
Conditions de délivrance de l'assignation

1333.61 **Un délai prescrit à peine de caducité.** L'article R. 322-4 C. pr. exéc. ouvre au créancier poursuivant un délai de deux mois, augmenté le cas échéant des délais de distance [7], à compter de la publication du commandement de payer valant saisie au bureau des hypothèques, pour assigner le débiteur ou le tiers détenteur devant le JEX à une audience d'orientation. À défaut, et selon l'article R. 311-11 C. pr. exéc. le commandement de payer valant saisie sera caduc. Cette caducité doit être demandée au JEX [8] ; il n'y est pas fait droit si le créancier poursuivant justifie d'un motif légitime et la déclaration de caducité peut encore être rapportée selon les conditions de l'article R. 311-11 alinéa 4 C. pr. exéc.

1333.62 **Fixation de la date de l'audience.** L'assignation sera délivrée dans un délai compris entre un et trois mois avant la date de l'audience (C. pr. exéc., art. R. 322-4, al. 2). Quelles seront les sanctions si l'audience n'est pas fixée dans ce délai ?

– *Un délai minimum* : le débiteur doit pouvoir disposer d'un délai d'au moins un mois pour préparer l'audience. Les auteurs du décret n'ont pas prévu de sanction spécifique en cas d'audience prématurée. Conformément au droit commun, le non-respect de ce délai peut être sanctionné par une irrecevabilité (C. pr. civ., art. 122 s.) [9] mais cette fin de non-recevoir sera susceptible d'être écartée par un renvoi de l'affaire (C. pr. civ., art. 126). Au demeurant, ce délai n'est pas au nombre des délais qui, aux termes de

1. Ph. Théry, « Une saisie immobilière n'est pas une instance », *RTD civ.* 2006. 603 – L. Leroy-Gissenger, « La décision du juge de l'exécution en matière immobilière : nature et effets », *Procédures* 2019. Dossier 8.
2. Civ. 2e, 6 sept. 2018, no 17-21.337, P ; *D.* 2019, Pan., obs. A. Leborgne ; *Gaz. Pal.* 11 déc. 2018, p. 28, obs. C. Brenner, à propos de la durée de l'effet interruptif de prescription de la créance – Civ. 2e, 19 janv. 2022, no 20-22.205, B.
3. Civ. 2e, 2 mars 2023, no 20-20.776, B, et Civ. 2e, 12 avr. 2023, no 21-14.540, B : 1er moyen : l'instance se poursuit soit jusqu'au jugement d'homologation du projet de répartition du prix de vente, soit jusqu'à l'état de répartition établi par le juge ou lorsqu'il n'y a qu'un seul créancier répondant aux critères de l'article L. 331-1 C. pr. exéc., jusqu'à l'expiration du délai de quinze jours suivant la notification du jugement ou le cas échéant jusqu'à la date de la décision tranchant la contestation formée dans ce délai.
4. Civ. 2e, 26 oct. 2023, no 21-12.580, B : en cas de pourvoi en cassation il faudra tenir compte de la solution de la Cour, rejet ou cassation avec renvoi, pour déterminer la fin de la procédure de saisie immobilière.
5. Ou le tiers détenteur lorsque le créancier agit en vertu de son droit de suite. Dans cette hypothèse, seul le tiers détenteur est assigné, aucune disposition légale n'exigeant que le débiteur soit assigné à l'audience d'orientation dans ce cas : Civ. 2e, 26 juin 2014, no 13-18.428, P II, no 164.
6. Lorsque la saisie immobilière est poursuivie contre un tiers acquéreur en vertu du droit de suite, la Cour de cassation a jugé qu'aucune disposition légale n'exigeait que le débiteur soit assigné à l'audience d'orientation : Civ. 2e, 26 juin 2014, no 13-18.428, P ; *D.* 2015. 1339, obs. A. Leborgne ; *AJDI* 2015. 53, obs. F. de la Vaissière ; *RD banc. fin.* 2014, no 178, obs. S. Piedelièvre – Rien ne devait cependant interdire de faire venir le débiteur à cette audience afin de lui permettre de soulever la prescription de la créance principale, ce que le tiers détenteur n'avait pas été autorisé à faire : Civ. 2e, 23 juin 2016, no 15-14.633, P ; *D.* 2017. 1388, obs. A. Leborgne ; *RTD civ.* 2017. 209, obs. Ph. Théry – Depuis la réforme du droit des sûretés, opérée par l'ordonnance du 15 septembre 2021, le tiers acquéreur peut, comme le pourrait une caution, opposer au créancier toutes les exceptions qui appartiennent au débiteur principal (C. civ., art. 2455).
7. Civ. 2e, 21 févr. 2019, no 17-27.487, P ; *D. actu.* 20 mars 2019, obs. M.-P. Mourre-Schreiber ; *D.* 2019. Pan. 1306, obs. A. Leborgne ; *Gaz. Pal.* 2019, no 22, obs. C. Brenner ; *Procédures* 2019, no 119, obs. C. Laporte.
8. Le JEX n'est pas tenu de relever d'office le dépassement du délai pour assigner : Civ. 2e, 31 janv. 2013, no 12-12.670, P II, no 21 ; *D.* 2013. Actu. 373 ; *Dr. et proc.* 2013. 96, note A. Leborgne ; *RD banc. fin.* 2013, no 104, note S. Piedelièvre.
9. EN CE SENS, Aix-en-Provence, 15e ch. A, 25 févr. 2011, RG no 10/20888, *D.* 2011. Pan. 1518, obs. A. Leborgne.

l'article R. 311-11 C. pr. exéc., sont prescrits à peine de caducité du commandement de payer[1].

– *Un délai maximum* : les dispositions de l'article R. 311-11 C. pr. exéc. s'appliquent, à savoir que la caducité du commandement de payer valant saisie pourra être déclarée, sauf motif légitime invoqué par le créancier poursuivant et la déclaration de caducité pourra être rapportée. La jurisprudence a précisé qu'en cas de renvoi de l'audience d'orientation, l'article R. 322-4 C. pr. exéc. n'imposait pas que l'audience se tienne dans ce délai de trois mois mais seulement que l'assignation ait été délivrée dans le délai de trois mois[2].

1333.63 Signification. La signification doit être faite à personne ou à domicile mais cette formule n'exclut pas que l'huissier procède selon les dispositions de l'article 659 C. pr. civ. s'il ne peut trouver l'adresse ni le lieu de travail du saisi.

1333.64 Compétence du juge de l'exécution. La procédure de saisie immobilière est désormais menée devant le JEX, saisi par la remise au greffe de l'assignation. Aux termes de l'article L. 213-6 alinéa 3 du COJ, dans sa rédaction issue de la loi du 22 décembre 2010[3], le JEX connaît de la procédure de saisie immobilière, des contestations qui s'élèvent à l'occasion de celle-ci et des demandes nées de cette procédure ou s'y rapportant directement, même si elles portent sur le fond du droit ainsi que de la procédure de distribution qui en découle. On rappellera qu'il s'agit du **JEX du tribunal judiciaire** dans le ressort duquel est situé l'immeuble saisi (C. pr. exéc., art. R. 311-2). Aux termes de l'article L. 213-7 du COJ, le JEX peut renvoyer à la formation collégiale du tribunal qui statue comme JEX. La formation collégiale comprend alors le juge qui a ordonné le renvoi.

Si les auteurs de la réforme ont souhaité **regrouper le contentieux de l'exécution devant un seul juge**, il n'est cependant pas apparu opportun, compte tenu de la technicité de la procédure de saisie immobilière, de se contenter des règles procédurales applicables devant ce juge. Ainsi, il sera, sauf dispositions contraires, dérogé aux règles d'oralité et de représentation devant le JEX (v. s[s] n°s 1334.18 et 1334.19). Par ailleurs, les dispositions dérogatoires au droit commun en matière d'appel seront applicables : absence d'effet suspensif du délai d'appel comme de l'appel (C. pr. exéc., art. R. 321-18) et en cas d'appel, sursis à l'exécution ordonnée par le premier président (C. pr. exéc., art. R. 321-19).

B. Mentions de l'assignation

1333.70 Plan. L'assignation comportera les mentions communes à toute assignation et prescrites à l'article 56 C. pr. civ.[4] ; en revanche, la reproduction des mentions spécialement exigées devant le JEX par le second alinéa de l'article R. 121-11 C. pr. exéc. (reproduction de C. pr. exéc., art. R. 121-6 à R. 121-10) n'aura pas à être opérée car ces mentions concernent des règles de procédure qui ne sont pas applicables en matière de saisie immobilière. Le Code des procédures civiles d'exécution prévoit en revanche, à peine de nullité des mentions d'ordre procédural (1°) ainsi que des mentions relatives au projet de vente aux enchères (2°) et des mentions tenant aux droits dont dispose le débiteur (3°).

1° Mentions d'ordre procédural

1333.81 Lieu, jour et heure de l'audience d'orientation. L'article R. 322-5, 1° C. pr. exéc. envisage d'abord la mention de l'indication des lieu, jour et heure[5] de l'audience d'orientation du JEX.

1333.82 Objet de l'audience. Selon l'article R. 322-5, 2° C. pr. exéc., l'assignation comportera ensuite l'indication que l'audience d'orientation a pour objet d'examiner la validité de la saisie, de statuer sur les contestations et demandes incidentes liées à celle-ci et de déterminer les modalités selon lesquelles la procédure sera poursuivie. Cette audience permettra ainsi de vérifier la régularité de la procédure jusqu'à ce stade. Qu'il s'agisse de la régularité formelle du commandement, de l'accomplissement des formalités de publicité, mais aussi du respect des délais impartis au créancier. Ce sera donc le moment de solliciter la déclaration de caducité ou de faire constater la nullité du commandement. Le débiteur pourra soulever des contestations portant sur le fond du droit et former une demande de vente amiable.

1333.83 Comparution. L'article R. 322-5, 3° C. pr. exéc. impose l'information de ce que, si le débiteur n'est pas présent ou représenté par un avocat

1. Civ. 2e, 21 févr. 2019, n° 17-27.487, P (préc., v. s[s] n° 1333.61).
2. Civ. 2e, 24 juin 2010, n° 09-67.887, NP ; *Procédures* 2011. Chron. 1, n° 9, obs. A. Leborgne.
3. L. n° 2010-1609, 22 déc. 2010, relative à l'exécution des décisions de justice, aux conditions d'exercice de certaines professions réglementées et aux experts judiciaires, *JO* 23 déc., p. 22552.
4. C'est-à-dire l'objet de la demande avec un exposé des moyens en fait et en droit. La deuxième chambre civile juge que satisfait à cette obligation, l'assignation qui rappelle le commandement de payer et l'objet de la saisie : Civ. 2e, 30 avr. 2009, n° 08-12.105, P II, n° 111 ; *D.* 2009. 2255, obs. A. Leborgne.
5. Pour une erreur sur l'heure de l'audience, v. Civ. 2e, 20 oct. 2011, n° 10-24.109, P II, n° 194 ; *D.* 2012. Pan. 1516, obs. A. Leborgne ; *Procédures* 2011, n° 367, obs. R. Perrot ; *ibid.* 2013. Chron. 1, n° 13, obs. A. Leborgne.

à l'audience[1], la procédure sera poursuivie en vente forcée, sur les seules indications fournies par le créancier. La comparution du débiteur n'est toutefois pas une condition de validité de la procédure ; à défaut, celle-ci se déroulera selon les indications fournies par le créancier et donc nécessairement, aux enchères publiques.

1333.84 Information sur la manière de former une contestation ou demande incidente. L'article R. 322-5, 7° C. pr. exéc. dispose que l'assignation doit contenir l'indication, en caractères très apparents[2], qu'à peine d'irrecevabilité, toute contestation ou demande incidente doit être déposée au greffe du JEX par conclusions d'avocat au plus tard le jour de l'audience. Les règles procédurales sont ici profondément modifiées par rapport à celles de la procédure du décret-loi de 1938. Il n'est plus question de « dire » mais de conclusions d'avocat et surtout, c'est jusqu'au jour de l'audience que cette contestation ou demande pourra être formée. À supprimer le système antérieur des délais à rebours, on a sans doute gagné en simplicité, mais le principe du contradictoire est malmené. Toutefois, selon l'article R. 311-6 C. pr. exéc., le juge peut convoquer les parties à une autre audience « *lorsque la contestation ou la demande incidente ne peut être examinée à l'audience d'orientation* ». Cette nouvelle convocation pourrait alors permettre de faire respecter le contradictoire.

2°
Informations relatives au projet de vente forcée

1333.91 Sommation de prendre connaissance des conditions de la vente. Le créancier va fixer les conditions de la vente forcée. À cette fin, il dresse le cahier des conditions de la vente, et doit le déposer au greffe du JEX, au plus tard le cinquième jour ouvrable après l'assignation (C. pr. exéc., art. R. 322-5, 4°). L'assignation fait donc sommation au débiteur de consulter ce document et lui indiquera le délai dans lequel le créancier devra accomplir cette formalité. Initialement, il était seulement prévu la consultation du cahier des conditions de vente au greffe du JEX. Le décret du 12 février 2009 a ajouté une faculté de consultation au cabinet de l'avocat du créancier poursuivant[3] (C. pr. exéc., art. R. 322-5, 4° et R. 322-11).

1333.92 Indication de la mise à prix. L'article R. 322-5, 5° C. pr. exéc. concerne l'indication de la mise à prix telle que fixée dans le cahier des conditions de la vente[4] et la possibilité d'en contester le montant pour insuffisance manifeste. Cela signifie que le créancier devra en pratique avoir, concomitamment, préparé le cahier des conditions de la vente lorsqu'il fera délivrer l'assignation au débiteur. Pour le déposer en revanche, il devra attendre que le commissaire de justice l'informe de la signification en lui adressant une copie de son acte de signification.

3°
Indication sur ses droits

1333.101 Indication de la faculté de contester la mise à prix pour insuffisance manifeste. La loi du 23 janvier 1998 avait ajouté cette mention au commandement de l'article 673 ACPC, mais seulement dans le cas où le bien saisi était le logement principal du débiteur et dans les conditions de l'article 690. Cette faculté est désormais offerte au saisi, débiteur ou tiers acquéreur, quelle que soit l'affectation de l'immeuble (sur ce qu'il faut entendre par insuffisance v. s^s^ n° 1335.184).

1333.102 Avertissement (C. pr. exéc., art. R. 322-5, 6°). Le débiteur est averti de ce qu'il pourra demander au JEX à être autorisé à vendre le bien saisi à l'amiable s'il justifie qu'une vente non judiciaire peut être conclue dans des conditions satisfaisantes.

1333.103 Rappel des dispositions des articles R. 322-16 et R. 322-17 C. pr. exéc. (C. pr. exéc., art. R. 322-5, 8°). Il s'agit d'informer le saisi sur deux points importants. Tout d'abord, de ce qu'il pourra former une demande tendant à la suspension de la procédure de saisie immobilière en raison de sa situation de surendettement conformément aux dispositions de l'article L. 721-4 C. consom., dans les conditions de l'article R. 721-5 C. consom. Selon cet article, dans le cas où lui est délivrée l'assignation aux fins de comparaître à l'audience d'orientation du JEX, le débiteur en informe la commission sans délai. Si celle-ci estime opportun de faire application du deuxième alinéa de l'article L. 721-4, elle

1. Cet article n'impose pas la mention du barreau d'appartenance de l'avocat ; il appartient donc à l'avocat choisi par le saisi de prendre toutes les dispositions s'il ne peut assurer lui-même la représentation devant la juridiction devant laquelle est attrait son client : Lyon, 21 juin 2012, *Dr. et proc.* 2012. 271, note Desmarthon.
2. La mention qui apparaît une première fois au début de l'assignation en lettres majuscules et en exergue et qui est rappelée une seconde fois dans l'acte, remplit manifestement l'exigence de mention « *caractères très apparents* », prévue par le décret : Chambéry, 3 juin 2008, *D.* 2009. Pan. 1177, obs. A. Leborgne.
3. Décr. n° 2009-160, 12 févr. 2009, pris pour l'application de l'ordonnance n° 2008-1345 du 18 décembre 2008 portant réforme du droit des entreprises en difficulté et modifiant les procédures de saisie immobilière et de distribution du prix d'un immeuble, *JO* 13 févr., p. 2596.
4. Le défaut de mention du montant de la mise à prix constitue un vice de forme supposant la preuve d'un grief, Civ. 2e, 9 avr. 2015, n° 14-13.233, NP ; *AJDI* 2015. 459.

saisit le juge des contentieux de la protection (JCP) par lettre indiquant les nom, prénoms et adresse du débiteur ainsi que ceux des créanciers poursuivants ou, pour les personnes morales, leur dénomination et leur siège social. Y sont annexés un état des revenus du débiteur, un relevé des éléments actifs et passifs de son patrimoine et la liste des procédures d'exécution diligentées à l'encontre de ses biens établis au moyen des documents dont dispose la commission. Y est également jointe la copie de l'acte de poursuite fondant la demande (C. consom., art. R. 721-5).

Ensuite, selon l'article R. 322-17 C. pr. exéc., l'assignation informe le saisi de ce que la demande aux fins d'autorisation de vente amiable ainsi que les actes consécutifs à cette vente sont dispensés du ministère d'avocat ; cette demande pouvant être formée verbalement à l'audience d'orientation par le débiteur.

1333.104 **Aide juridictionnelle (C. pr. exéc., art. R. 322-5, 9°).** L'assignation doit encore comporter l'indication que le débiteur qui en fait préalablement la demande peut bénéficier de l'aide juridictionnelle pour la procédure de saisie s'il bénéficie des conditions de ressources prévues par la loi du 10 juillet 1991 et le décret n° 2020-1717 du 28 décembre 2020 [1]. Cette information est d'autant plus importante que la Cour de cassation juge que commet un excès de pouvoir et viole l'article 25 de la loi du 10 juillet 1991 et l'article 6 § 1 de la Convention européenne des droits de l'homme, le juge qui procède à la vente forcée d'un bien saisi, sans s'assurer que le débiteur saisi, qui avait sollicité l'aide juridictionnelle, avait été informé de la décision rendue sur cette demande et du nom de l'avocat désigné à ce titre [2].

1333.105 **Sanctions.** L'article R. 322-5 C. pr. exéc. prescrivant toutes ces mentions à peine de nullité, renvoie à l'article R. 311-10 C. pr. exéc. qui dispose que la nullité des actes de la procédure de saisie immobilière est régie par la section IV du chapitre II du titre V du livre premier du Code des procédures civiles d'exécution. La nullité de l'acte pour vice de forme sera donc ici conditionnée à la démonstration d'un grief (C. pr. civ., art. 112 à 116) [3]. Les nullités pour irrégularité de fond pourront éventuellement être couvertes (C. pr. civ., art. 117 à 121) [4].

§ 2

Assignation aux créanciers inscrits : dénonce du commandement valant saisie

1333.110 **Plan.** C'est la dénonce du commandement de payer (B) qui vaudra assignation à comparaître à l'audience d'orientation (A).

A.

Un acte qui vaut assignation

1333.121 **Dénonce valant assignation.** Les créanciers doivent être avisés de la procédure puisque le jugement d'adjudication purgera leurs inscriptions. La réforme en fait des parties à la procédure. Ils devront donc être présents à l'audience d'orientation, il incombera au poursuivant de les informer de la mesure d'exécution engagée. Avant la réforme, le créancier leur faisait sommation de prendre connaissance du cahier des charges et leur indiquait les dates de l'audience éventuelle et de l'audience d'adjudication. Désormais, le commandement de payer valant saisie leur sera dénoncé. L'article R. 322-6 C. pr. exéc. dispose que c'est cette dénonce qui vaudra assignation à comparaître à l'audience du JEX, ce qui signifie en pratique que l'acte de dénonce comprendra un certain nombre de mentions à peine de nullité.

1333.122 **Délai.** Selon l'article R. 322-6 C. pr. exéc., au plus tard le cinquième jour ouvrable suivant la délivrance de l'assignation au débiteur, le commandement de payer valant saisie est dénoncé aux créanciers inscrits au jour de la publication du commandement. Le respect de ce délai est prévu à peine de caducité du commandement de payer valant saisie par l'article R. 311-11 C. pr. exéc.

1. Décr. n° 2020-1717, 28 déc. 2020, portant application de la loi n° 91-647 du 10 juillet 1991 relative à l'aide juridique et relatif à l'aide juridictionnelle et à l'aide à l'intervention de l'avocat dans les procédures non juridictionnelles, *JO* 29 déc., texte 32.
2. Civ. 2e, 24 juin 2010, n° 08-19.974, P II, n° 120 ; *D.* 2010. Actu. 1800 ; *D.* 2011. 265, obs. N. Fricero ; *ibid.* Pan. 1509, obs. A. Leborgne ; *Dr. et proc.* 2010. 323, note. A. Leborgne – DE MÊME, viole l'art. 25 de la loi de 1991 et l'art. 6 § 1 Conv. EDH, la cour d'appel qui confirme le jugement d'orientation ordonnant la vente forcée du bien, alors qu'elle constatait qu'au jour où le juge avait examiné l'affaire, en l'absence du débiteur saisi, qui avait sollicité un renvoi dans l'attente de l'issue du recours qu'il avait formé contre la décision ayant rejeté sa demande d'aide juridictionnelle, il n'avait pas encore été statué sur ce recours : Civ. 2e, 16 mai 2012, n° 11-14.449, P II, n° 86 ; *D.* 2013. Pan. 1581, obs. A. Leborgne ; *RD banc. fin.* 2012, n° 190, note S. Piedelièvre ; *Dr. et proc.* 2012. 213, note A. Leborgne.
3. Pour un exemple, à l'occasion d'une ERREUR SUR L'HEURE DE L'AUDIENCE, v. Civ. 2e, 20 oct. 2011, n° 10-24.109, P II, n° 194 ; *D.* 2012. Pan. 1516, obs. A. Leborgne ; *Procédures* 2011, n° 367, obs. R. Perrot ; *ibid.* 2013. Chron. 1, n° 13, obs. A. Leborgne – Pour le défaut de mention du montant de la mise à prix, Civ. 2e, 9 avr. 2015, n° 14-13.233, NP ; *AJDI* 2015. 459.
4. Civ. 2e, 26 sept. 2013, n° 12-25.875, P II, n° 182.

1333.123 Destinataires. Ce sont d'abord les créanciers qui ont inscrit un **privilège** ou une **hypothèque** avant la publication du commandement qui sont visés, c'est-à-dire ceux dont le poursuivant aura appris l'existence à la lecture de l'état sur formalité requis lors de la publication du commandement de payer valant saisie. La dénonce sera faite à tous les créanciers inscrits, même à ceux qui n'ont qu'une hypothèque provisoire[1] et même à ceux qui auraient perdu le bénéfice de leur sûreté pour défaut de déclaration de leur créance[2]. Mais ne sera pas considéré comme inscrit le créancier bénéficiaire d'une sûreté judiciaire provisoire qui ne figure que sur le certificat, délivré par le conservateur des hypothèques, relatif aux formalités seulement acceptées en dépôt et en instance d'enregistrement au fichier immobilier[3].

L'article R. 322-8 alinéa 2 C. pr. exéc. précise ensuite que la dénonciation peut être faite aux héritiers collectivement, sans désignation des noms et qualités respectifs, à domicile élu ou à défaut, au domicile du défunt.

Le créancier poursuivant, même titulaire d'une sûreté inscrite sur le bien qu'il saisit, n'a pas à se dénoncer à lui-même le commandement de payer valant saisie, ni à déclarer sa créance selon la procédure applicable aux créanciers ayant inscrit une sûreté sur le bien saisi[4].

1333.124 Réquisitions. Le créancier doit requérir du service chargé de la publicité foncière[5] l'état des créanciers inscrits à la date de publication du commandement. C'est ce service qui certifie la réalité des informations à la date de la publication du commandement de payer valant saisie. Le créancier n'a donc pas d'autre obligation que de s'en tenir aux informations portées sur les états. Cette réquisition s'effectue conformément aux dispositions des articles 40 s. du décret du 14 octobre 1955, modifié par le décret du 26 décembre 2012[6]. Les informations portées sur les états engagent désormais la responsabilité de l'État et déchargent d'autant celle du poursuivant. Si des créanciers sont omis, le créancier poursuivant n'est pas tenu de leur dénoncer l'assignation. Toutefois, il prendra soin, s'il a connaissance d'autres créanciers, notamment au vu d'une fiche d'immeuble qu'il aurait précédemment requise, de leur dénoncer l'assignation également, à seule fin de prévenir des contestations inutiles.

Sous l'empire de la législation antérieure, il avait été jugé que le poursuivant ne commettait aucune faute en ne sommant pas les créanciers qui ne lui étaient révélés ni par l'état que lui avait délivré le conservateur, ni par l'extrait de la matrice du rôle de la contribution foncière, ni par son titre[7]. Et les créanciers que le conservateur avait omis de porter sur l'état délivré par ses soins ne possédaient de recours que contre lui[8] ; la saisie n'était pas nulle, seule la responsabilité du conservateur était engagée sur le fondement de l'article 2451 C. civ. En tout état de cause il ne pouvait être reproché au créancier poursuivant d'avoir sommé des créanciers portés sur l'état délivré par le conservateur mais dont les inscriptions s'étaient révélées nulles ; le poursuivant n'étant pas juge de la validité de ces inscriptions[9].

Ces solutions continueront à recevoir application.

1333.125 Difficultés. En pratique, la difficulté est malheureusement souvent d'obtenir les états dans des délais compatibles avec ceux prescrits pour la procédure. Le dépôt du cahier des conditions de la vente devant s'effectuer dans les trois jours ouvrables de l'assignation délivrée au débiteur (la dénonce pouvant être délivrée dans les cinq jours) il faut donc requérir l'état au plus tôt et l'obtenir à l'intérieur du délai de deux mois maximum qui court à partir de la délivrance du commandement de payer valant saisie. Certes, souvent, l'avocat a pu obtenir des renseignements « verbaux », mais cette pratique semble quasi révolue ; elle laissait, au demeurant, supporter à l'avocat poursuivant une responsabilité anormale.

1333.126 Le vendeur et le coéchangiste. Parmi les créanciers, le décret-loi de 1938 en distinguait certains. L'article 692 ACPC visait ainsi le vendeur de l'immeuble saisi ou un coéchangiste et ceux qui ont le droit d'exercer la folle enchère. La sommation devait porter qu'à défaut de former et de faire mentionner à la suite du cahier des charges la demande en résolution de vente ou la poursuite de folle enchère ils seraient déchus de leur droit d'exercer ces actions à l'égard de l'adjudicataire. La même sanction était prévue pour ceux qui ayant droit d'exercer la folle enchère ne la poursuivaient pas et ne la faisaient pas mentionner au cahier des charges. Poursuivre la résolution de la vente est en effet une mesure très grave

1. POUR L'ANCIENNE SOMMATION : Civ. 15 févr. 1968, *JCP A* 1968. I. 5284, obs. J. A. ; *RTD civ.* 1968. 782, obs. P. Raynaud.
2. Car la procédure demeure indivisible à leur égard, peu important qu'ils aient omis de déclarer leur créance : Civ. 2e, 2 déc. 2021, no 20-15.274, B ; *Rev. prat. rec.* 2021/12, p. 8, obs. M. Draillard ; *RTD civ.* 2022. 209, obs. N. Cayrol.
3. Civ. 2e, 10 avr. 2014, no 13-13.770, NP.
4. Rép. min.no 15649, *JOAN Q* 30 sept. 2008.
5. L'ordonnance no 2010-638 du 10 juin 2010 a supprimé le régime des conservateurs des hypothèques chargés de la publicité foncière. Elle est entrée en vigueur au 1er janvier 2013 ; la mission est aujourd'hui assurée par à la Direction générale des finances publiques.
6. Décr. no 2012-1462, 26 déc. 2012, pris pour l'application de l'ordonnance no 2010-638 du 10 juin 2010 portant suppression du régime des conservateurs des hypothèques et pour l'adaptation de la publicité foncière, *JO* 28 déc., p. 20582.
7. Civ. 25 mai 1897, *S.* 1898. 1. 321, note Tissier.
8. Poitiers, 26 févr. 1846, *DP* 1847. 2. 54.
9. Civ. 6 mars 1895, *DP* 1895. 1. 385, note Glasson.

puisqu'elle peut aboutir à faire sortir le bien du patrimoine du saisi. Les autres créanciers et l'adjudicataire devaient donc savoir à quoi s'en tenir lors de l'audience éventuelle à l'occasion de laquelle cette action était envisagée. La sommation devait donc contenir un avertissement pour ces créanciers particuliers, outre les indications habituelles de prendre connaissance du cahier des charges. On ne retrouve rien de tel dans le décret du 27 juillet 2006, ce qui conduit à se demander si cela signifie que le droit de demander la résolution de la vente est refusé à ces créanciers ou si simplement, ils ne bénéficient plus d'une information particulière.

1333.127 **Signification.** La dénonce sera formée et signifiée par acte d'un commissaire de justice.

Avant la réforme, elle devait être faite à domicile élu. Toutefois, même dans le cas d'une notification à domicile élu, la jurisprudence estimait que l'huissier de justice devait, en application de l'article 648 C. pr. civ., mentionner sur l'acte le domicile ou le siège social réel du destinataire[1].

Désormais, l'article R. 322-8 C. pr. exéc. dispose qu'elle peut être faite à domicile élu sur les bordereaux d'inscriptions. Cette faculté risque d'être source d'insécurité juridique.

En outre, et toujours en cas de signification à domicile élu ou lorsque la signification est faite à une personne morale, le commissaire de justice doit respecter les formalités édictées par l'article 658 C. pr. civ., à savoir l'envoi d'une lettre simple le jour même ou au plus tard le premier jour ouvrable, à l'adresse réelle du destinataire, comportant les mêmes mentions que l'avis de passage et rappelant, si la copie de l'acte a été déposée en son étude, les dispositions du dernier alinéa de l'article 656 C. pr. civ. ; la lettre contient en outre une copie de l'acte de signification. Ces formalités garantissent la parfaite information du créancier, qui pourra invoquer la nullité de la signification si leur omission lui a causé un grief.

1333.128 **Élection de domicile des créanciers inscrits.** Les créanciers inscrits ont obligatoirement fait élection de domicile sur les bordereaux d'inscription de leur sûreté. Si la dénonce à domicile élu reste possible, l'article R. 322-8 alinéa 1er C. pr. exéc. n'en fait plus une obligation.

Si le créancier connaît le domicile réel ou si le commissaire de justice peut délivrer à personne, la signification sera valable, conformément aux dispositions de l'article 689 C. pr. civ. Dans le cas où la signification est faite à domicile élu il a été jugé, qu'il appartenait au professionnel chez qui élection de domicile était faite de la transmettre à l'intéressé ; un notaire n'ayant pas transmis une sommation, a ainsi engagé sa responsabilité toutefois les poursuites sont demeurées valables[2].

1333.129 **Décès du destinataire.** En cas de décès du destinataire, l'article R. 322-8 alinéa 2 C. pr. exéc. autorise la délivrance de la dénonce aux héritiers collectivement, sans désignation des noms et qualités respectifs, à domicile élu ou à défaut au domicile du défunt (v. ss no 1333.123).

B. Mentions de la dénonce

1333.130 **Plan.** Outre les mentions prescrites par l'article 56 C. pr. civ., la dénonciation comprend à peine de nullité des mentions d'ordre procédural (1o), d'autres relatives au projet de vente judiciaire (2o), et enfin des mentions détaillant les obligations des créanciers inscrits (3o).

1° Informations d'ordre procédural

1333.141 **Indication des lieu, jour et heure de l'audience d'orientation (C. pr. exéc., art. R. 322-7, 1o).** C'est une audience du JEX, et les créanciers comme le saisi devront constituer avocat[3]. Cette obligation se déduit de l'article R. 322-10, 6° C. pr. exéc.

1333.142 **Modalités de présentation d'une contestation ou d'une demande incidente (C. pr. exéc., art. R. 322-7, 6o).** La dénonce devra reproduire les dispositions de l'article R. 311-6 C. pr. exéc., qui précise qu'« *à moins qu'il en soit disposé autrement, toute contestation ou demande incidente est formée par le dépôt au greffe de conclusions signées d'un avocat.* [...] *Lorsque la contestation ou la demande incidente ne peut être examinée à l'audience d'orientation, le greffe convoque les parties à une audience par lettre recommandée avec demande d'avis de réception dans un délai de quinze jours à compter du dépôt de la contestation ou de la demande. L'examen des contestations ou des demandes incidentes ne suspend pas le cours de la procédure* ».

L'article R. 322-7, 6° C. pr. exéc. ne précise cependant pas dans quel délai ces contestations et deman-

1. EN CE SENS, Civ. 2e, 17 janv. 1996, no 94-12.139, P II, no 5.

2. TGI Pontoise, 18 juin 1975, *JCP* 1975. IV. 6539 – Paris, 15 oct. 1976, *JCP* 1977. II. 18565, note J. A. – Civ. 3e, 27 juin 1978, no 77-10.815, P III, no 269 ; *JCP* 1979. II. 19253 – Civ. 2e, 16 nov. 1988, no 87-16.307, P II, no 224 ; *JCP* 1989. II. 21377, note J. Prévault.

3. Parce qu'il doit s'agir d'un avocat inscrit au barreau du tribunal devant lequel la procédure est menée (Cass., avis, 16 mai 2008, no 08-00.002, P, no 3, et Civ. 2e, 5 mai 2011, no 10-14.066, P II, no 105), il appartient à l'avocat choisi par le saisi de prendre toutes les dispositions s'il ne peut assurer lui-même la représentation devant la juridiction devant laquelle est attrait son client : Lyon, 21 juin 2012, *Dr. et proc.* 2012. 271, note Desmarthon.

des incidentes doivent être déposées, mais la solution est donnée par l'article R. 311-5 C. pr. exéc. qui interdit de les déposer après l'audience d'orientation à peine d'irrecevabilité.

2°
Informations relatives au projet de vente aux enchères

1333.151 Consultation du cahier des conditions de vente (C. pr. exéc., art. R. 322-7, 2°). L'acte de dénonce doit faire sommation aux créanciers inscrits de prendre connaissance du cahier des conditions de la vente. Initialement, il était seulement prévu la consultation du cahier des conditions de vente au greffe du JEX. Le décret du 12 février 2009 a ajouté, à l'article 41, 2° du décret, devenu l'article R. 322-7, 2° C. pr. exéc., une faculté de consultation au cabinet de l'avocat du créancier poursuivant.

Ce document doit être déposé par le créancier poursuivant le cinquième jour ouvrable au plus tard après la date de l'assignation du débiteur à l'audience d'orientation. C'est uniquement l'information sur les obligations du poursuivant que la dénonce doit contenir et l'indication que ce cahier des conditions de la vente sera consultable au greffe du JEX et au cabinet de l'avocat du créancier poursuivant.

1333.152 Montant de la mise à prix (C. pr. exéc., art. R. 322-7, 3°). Comme pour le saisi, les créanciers inscrits sont informés du montant fixé par le poursuivant pour la mise à prix dans le cahier des conditions de vente. Cependant, à la différence du saisi, il n'est pas offert aux créanciers inscrits la faculté de contester ce montant car cela n'est d'aucun intérêt pour eux.

3°
Informations relatives aux obligations des créanciers

1333.161 Sommation d'avoir à déclarer les créances inscrites sur le bien saisi et à dénoncer cette déclaration (C. pr. exéc., art. R. 322-7, 4°). Les créanciers inscrits sont sommés dès le début de la procédure de saisie immobilière de déclarer leurs créances, en principal, fruits et intérêts échus au jour de la déclaration, avec l'indication du taux des intérêts moratoires par acte d'avocat déposé au greffe du JEX et accompagné d'une copie du titre de créance et du bordereau d'inscription. L'information sur cette obligation est primordiale car, selon l'article L. 331-2 C. pr. exéc., les créanciers sommés de déclarer leur créance et qui auront omis de le faire seront déchus du bénéfice de leur sûreté pour la distribution du prix de vente de l'immeuble. L'objet de la sommation a été étendu par le décret du 12 février 2009 qui a ajouté la sommation d'avoir à dénoncer, le même jour ou le premier jour ouvrable suivant cette déclaration, au créancier poursuivant et au débiteur, dans les mêmes formes ou par signification (C. pr. exéc., art. R. 322-7, 4°). Toutefois, aucune sanction n'est prévue en cas de dépassement du délai[1].

1333.162 Reproduction en caractères très apparents des articles L. 331-2 et de l'article R. 322-12 C. pr. exéc. (C. pr. exéc., art. R. 322-7, 5°). Le Code des procédures civiles d'exécution prévoit à l'article R. 322-12 alinéa 1er le délai à l'intérieur duquel le créancier inscrit à qui le commandement de payer valant saisie a été dénoncé, doit déclarer sa créance. Il est fixé à **deux mois** à compter de la dénonciation. L'alinéa 2 autorise toutefois le créancier qui justifie que sa défaillance n'est pas de son fait à déclarer sa créance au-delà du délai imparti[2]. Le relevé de forclusion ne concerne que les créanciers n'ayant pas déclaré leur créance dans le délai de deux mois suivant la sommation qui leur a été adressée[3].

L'article R. 322-12 C. pr. exéc. précise la procédure à suivre pour être relevé de forclusion.

Il est apparu nécessaire d'attirer l'attention des créanciers sur cette obligation. Pour cela, l'article R. 322-7, 5° C. pr. exéc. dans sa rédaction issue du décret du 27 juillet 2006 prévoyait que le créancier devait reproduire, en caractères très apparents[4] les dispositions de l'article 46 dans l'acte de dénonciation du commandement. Le décret du 12 février 2009 a ajouté à l'article 41, 5°, devenu l'article R. 322-7, 5° C. pr. exéc., l'obligation de reproduction des dispositions de l'article L. 331-2 C. pr. exéc. qui prévoient la sanction du défaut de déclaration, à savoir la déchéance des sûretés.

1333.163 Sanction : nullité. Les mentions de l'article R. 322-7 C. pr. exéc. sont prescrites à peine de nullité. L'article R. 311-10 C. pr. exéc. renvoie à la section IV du chapitre II du titre V du livre Ier du

1. Notant que cette dénonciation n'est pas prévue à peine de déchéance du bénéfice de la sûreté édictée par l'article L. 331-2, qui ne sanctionne que les créanciers défaillants qui omettent de déclarer leur créance, la Cour de cassation a jugé que l'obligation faite au créancier inscrit de dénoncer sa créance au poursuivant et au débiteur, au plus tard le premier jour ouvrable suivant la déclaration n'était pas prescrite à peine de nullité ou d'irrecevabilité : Civ. 2e, 13 juin 2024, no 22-10.340, NP ; *Procédures* août-sept. 2024, no 200, obs. C. Laporte, qui estime toutefois que c'est à condition que cette dénonciation ait bien lieu et qu'elle ne fasse pas grief en cas de tardiveté importante avérée. On ne peut que partager cette analyse.
2. Civ. 2e, 17 mars 2016, no 15-10.611, NP ; *Procédures* 2016, no 154, obs. C. Laporte.
3. Civ. 2e, 28 juin 2018, no 17-15.054, P ; *D. actu.* 11 juill. 2018, obs. G. Payan ; *Gaz. Pal.* 11 déc. 2018, p. 29, note J.-J. Ansault, pour des créanciers intervenus volontairement.
4. V. ss no 1333.84 et la jurisprudence citée sur ce qu'il faut entendre par caractères « très apparents ».

C. pr. civ. qui impose la démonstration d'un grief pour les irrégularités de forme.

§ 3
Mentions au fichier immobilier

1333.171 **Modalités.** Selon l'article R. 322-9 C. pr. exéc., mention de la délivrance de l'assignation et des dénonciations doit être faite, dans les huit jours de la dernière signification en date, en marge de la copie du commandement publiée au fichier immobilier. Une seule mention en marge peut être requise[1].

1333.172 **Finalité de cette mention.** Les mentions en marge sont destinées à l'information des tiers. Toute personne est ainsi informée par la lecture d'une fiche d'immeuble de l'état d'avancement de la procédure et tous les créanciers inscrits auxquels le commandement a été dénoncé sont associés à la procédure. Du jour de cette mention, la saisie ne peut plus être rayée que du consentement de tous les créanciers inscrits ou en vertu d'un jugement qui leur soit opposable. Le créancier ne pourra plus décider seul d'abandonner la poursuite même si le débiteur le désintéresse ; il devra obtenir l'accord des autres créanciers[2] et s'il ne l'obtient pas, le jour de l'adjudication, tout créancier inscrit pourra requérir la vente (v. s^s^ n° 1339.41). À compter de cette mention, les créanciers inscrits sont parties à la procédure.

1333.173 **Absence de sanction.** Le délai de huit jours pour faire mention des sommations en marge n'est pas prescrit à peine de caducité. L'article R. 311-11 C. pr. exéc. qui énumère les délais prescrits à peine de caducité ne vise pas l'article R. 322-9 C. pr. exéc.

SECTION 3
RÉDACTION ET DÉPÔT DU CAHIER DES CONDITIONS DE VENTE

1333.180 **Déroulement. Plan.** Une fois le commandement régulièrement publié, les droits des créanciers inscrits et du poursuivant sont préservés conformément au délai prévu à l'article R. 321-20 (initialement, pour deux ans et désormais pour cinq ans) (v. s^s^ n° 1331.360). Il est donc possible de passer à la réalisation du gage. C'est le poursuivant qui rédige le cahier des conditions de vente comportant l'état descriptif de l'immeuble et les modalités de la vente (§ 1). Il y joint la copie de l'assignation délivrée au débiteur et un état hypothécaire certifié à la date de la publication du commandement de payer valant saisie et dépose le tout au greffe (§ 2) où les créanciers inscrits et le saisi pourront en prendre connaissance.

1. C. Laporte, « Saisie immobilière et publicité foncière », *Procédures* 2008. Prat. 6.
2. Civ. 2e, 7 janv. 1965, *JCP* 1966. IV. 23.

§ 1
Élaboration du cahier des conditions de vente

1333.190 **Importance de ce document. Plan.** C'est l'avocat poursuivant (A) qui en établit le projet pour que soient fixées les conditions de la vente forcée, selon les dispositions de l'article R. 322-10 C. pr. exéc. ; il ne liera les parties et les tiers à la procédure qu'une fois passée l'audience d'orientation au cours de laquelle le saisi, les créanciers inscrits, et même le poursuivant pourront y apporter des modifications et y faire des ajouts. Ce faisant, il présente une nature juridique très particulière (B) et son contenu doit être examiné en détail (C).

A.
Rédaction du cahier des conditions de vente

1333.201 **Auteur et responsabilité : créancier poursuivant.** L'article R. 322-11 C. pr. exéc. indique qu'il est élaboré sous la responsabilité du créancier poursuivant. Avant la réforme on estimait que c'était l'avocat du poursuivant qui fixait les conditions de la vente aux enchères, sans qu'il lui soit besoin de justifier d'un pouvoir spécial et qu'il était porté officiellement à la connaissance des tiers, sous sa responsabilité professionnelle[3]. L'avocat du créancier poursuivant pouvait encore voir sa responsabilité engagée dans ses rapports avec son mandant[4]. Le décret de 2006 n'envisage que la responsabilité du créancier poursuivant, mais si un recours devait être dirigé contre lui, il pourra, comme c'était souvent le cas auparavant, appeler en garantie son avocat, ou attendre d'avoir été condamné pour actionner la responsabilité professionnelle de son mandataire.

1333.202 **Cahier type.** Avant la réforme, certains conseils de l'ordre faisaient établir des cahiers des charges types que les avocats du ressort devaient respecter. La Cour de cassation admettait cette pratique, sous certaines conditions[5]. Depuis 2009[6], le règlement intérieur national (RIN) de la profession

3. Pour une omission d'informations sur la TVA à acquitter, Lyon, 10 mars 1989, *Gaz. Pal.* 1989. 1. 116, note Renard.
4. Pour une mise à prix trop élevée, v. Com. 20 oct. 1998, n° 96-15.107, P IV, n° 248 ; *Procédures* 1999, n° 26.
5. Civ. 1re, 15 févr. 1983, n° 82-11.888, P I, n° 59 ; *D.* 1984. IR 117, obs. Brunois ; *Gaz. Pal.* 1983. 1. 271.
6. À la suite de la décision normative du CNB du 24 avril 2009, *JO* 12 mai 2009, p. 7875 ; C. Laporte, « Ventes judiciaires et Conseil national des barreaux », *Procédures* 2009. Focus 42.

d'avocat, élaboré par le Conseil national des barreaux, imposait le respect de clauses types lors de l'élaboration des cahiers à déposer dans les ventes judiciaires. Toutefois, en 2012, la codification des procédures civiles d'exécution avait conduit le Conseil national des barreaux à refondre les cahiers-types (RIN, art. 12), mais la décision n'avait pas fait l'objet d'une publication au *Journal officiel*, cette absence leur faisant perdre leur valeur normative. Une décision du 13 février 2019 a réparé cet oubli et opéré un toilettage[1]. Les avocats sont tenus, déontologiquement, d'utiliser ces clauses, de caractère général ; pour le reste, ils rédigent les conditions particulières des cahiers des conditions de vente en fonction de la situation particulière de chaque affaire.

B.
Nature juridique du cahier des conditions de vente

1333.211 **D'un projet à une convention.** Le cahier des conditions de la vente est le document qui va fixer les conditions juridiques de la vente aux enchères. L'avocat du poursuivant le rédige et le dépose au greffe du JEX ; on pourrait penser qu'il s'impose dès lors au saisi, aux créanciers et aux enchérisseurs. En réalité, jusqu'à l'audience d'orientation, il peut être contesté et complété (v. s[s] n°s 1334.80 s.). Il est donc plus exact de considérer qu'il n'a, dans l'attente de cette audience, pas encore force obligatoire, qu'il n'est qu'à l'état de projet. Il ne devient la loi des parties qu'après l'audience d'orientation en vue de laquelle tout intéressé peut en contester les stipulations (C. pr. exéc., art. R. 322-11, al. 3).

Traditionnellement, la jurisprudence enseignait, s'agissant du cahier des charges, qu'il « *constitue une convention ayant force obligatoire entre le saisissant, les créanciers du saisi, le saisi lui-même et l'adjudicataire* »[2].

Mais par ailleurs, les dispositions de l'ancien article 1147 C. civ. n'étaient pas appliquées dans les rapports du poursuivant et de l'adjudicataire ; en cas d'erreur ou d'omission au cahier des charges, la responsabilité du créancier poursuivant était établie sur le fondement de l'ancien article 1382 C. civ. (désormais C. civ., art. 1240)[3]. Et parce qu'il n'existe pas non plus de contrat entre l'avocat rédacteur du cahier des charges et l'adjudicataire[4], la Cour de cassation jugeait qu'aucune clause du cahier des charges ne pouvait exonérer par avance le rédacteur de sa responsabilité (stipulant par exemple que tous les renseignements relatifs à la propriété de l'immeuble étaient donnés sans aucune garantie et sans que l'avocat rédacteur puisse en aucune façon être recherché à ce sujet) ; si elle figurait au cahier des charges, cette clause ne pouvait être valablement opposée à l'adjudicataire ; le rédacteur du cahier des charges y demeurait tiers et sa responsabilité professionnelle pouvait être recherchée sur le fondement de l'ancien article 1382 C. civ. (désormais C. civ., art. 1240).

Cette jurisprudence devrait continuer à s'appliquer, l'article R. 322-11 alinéa 1er C. pr. exéc. disposant que le cahier des conditions de vente est élaboré sous la responsabilité du créancier poursuivant, sans apporter de précision sur la nature de cette responsabilité.

1333.212 **Contestation.** L'article R. 322-11 alinéa 3 C. pr. exéc. dispose que tout intéressé peut contester les stipulations du cahier des conditions de la vente, sous réserve des dispositions de l'article L. 322-6 C. pr. exéc. qui intéressent le montant de la mise à prix et qui ne peut être contestée que par le saisi, dans certaines conditions. Les contestations seront examinées à l'audience d'orientation par le JEX.

1333.213 **Force obligatoire.** Une fois l'audience d'orientation passée, tout ce qui est dans le cahier des conditions de la vente devrait, comme auparavant le cahier des charges, s'imposer aux parties et aux tiers[5].

C.
Contenu du cahier des conditions de vente

1333.220 **Un document complet à peine de nullité. Plan.** L'article R. 322-10 C. pr. exéc. énumère les mentions que doit contenir ce document à peine de nullité (1°). Toutefois, le rédacteur est libre d'apporter en outre toutes les précisions qui lui paraissent utiles pour fixer les droits concernés, comme pour régler les suites de l'adjudication (2°). À ce cahier des conditions de la vente doit être annexé le procès-verbal descriptif.

1°
Mentions visées par l'article R. 322-10 C. pr. exéc.

1333.231 **Énonciation du titre exécutoire en vertu duquel les poursuites sont exercées (C. pr. exéc., art. R. 322-10, 1°).** Il n'est pas demandé au poursuivant de le joindre, ni même d'en fournir une

1. Décision du 13 févr. 2019 portant réforme du RIN de la profession d'avocat, *JO* 7 mars – *D. actu.* 22 févr. 2021, obs. F. Kieffer.
2. Civ. 2e, 1er déc. 1976, n° 74-14.584, P II, n° 323 ; *JCP* 1981. II. 19561 – Civ. 2e, 14 janv. 1981, n° 80-10.693, P II, n° 3 – Civ. 3e, 6 nov. 1984, n° 83-13.749, P III, n° 184 ; *D.* 1985. 547, note H. Souleau ; *Gaz. Pal.* 1985. 1. Pan. 61 – Civ. 2e, 2 juill. 1986, n° 85-12.884, P II, n° 102 ; *D.* 1987. 110, note J. Prévault ; *JCP* 1986. IV. 267 ; *Gaz. Pal.* 1987. Somm. 57, obs. Véron.
3. Civ. 2e, 14 juin 1984, n° 83-11.837, P II, n° 109 ; *Gaz. Pal.* 1984. 1. Pan. 317, obs. Véron.
4. Civ. 2e, 15 juin 1994, n° 92-18.048, P II, n° 155.
5. Civ. 2e, 2 juill. 1986, n° 85-12.884, P II, n° 102.

copie, mais seulement de l'énoncer. Le saisi en effet, en a nécessairement eu connaissance, soit préalablement à la délivrance du commandement, soit lors de la signification de celui-ci (v. s[s] n° 1331.121).

1333.232 Décompte des sommes dues au créancier poursuivant (C. pr. exéc., art. R. 322-10, 2°). Il s'agit d'un décompte détaillé, en principal, frais et intérêts échus ainsi que de l'indication du taux des intérêts moratoires[1].

1333.233 Énonciation du commandement avec la mention de sa publication et des autres actes intervenus postérieurement (C. pr. exéc., art. R. 322-10, 3°). Le créancier doit justifier avoir respecté les prescriptions antérieures ; la vérification que le commandement a bien été publié dans les délais peut ainsi être opérée par le saisi et les créanciers inscrits qui viendront consulter le cahier des conditions de vente.

1333.234 Désignation juridique de l'immeuble saisi et procès-verbal descriptif (C. pr. exéc., art. R. 322-10, 4°). Le cahier des conditions de la vente doit comprendre tout d'abord la désignation du bien, c'est-à-dire une description minutieuse qui réponde aux exigences du décret de 1955 en matière de publicité foncière : nature, situation, contenance, désignation cadastrale. Une jurisprudence ancienne décide qu'une erreur de peu d'importance n'est pas une cause de nullité si elle n'est pas de nature à porter préjudice aux parties[2].

Il convient ensuite d'indiquer l'origine de propriété, les servitudes grevant l'immeuble et les baux consentis sur celui-ci[3].

Outre ces informations juridiques, le cahier des conditions de la vente reproduira le procès-verbal descriptif[4]. Pour satisfaire aux exigences de l'article R. 322-10 C. pr. exéc., le procès-verbal de description des lieux doit avoir été établi conformément aux dispositions des articles R. 322-1 et R. 322-2[5] (v. s[s] n° 1333.11).

1333.235 Conditions de la vente judiciaire (C. pr. exéc., art. R. 322-10, 5°). L'ancien Code de procédure civile ne donnait aucune indication sur celles-ci, et le décret du 27 juillet 2006 n'a pas été plus précis. Or ce sont là des dispositions très importantes puisqu'elles vont déterminer les droits du futur adjudicataire. Le poursuivant va fournir des informations sur l'état du bien quand bien même l'action en vice caché n'est pas ouverte à l'adjudicataire (v. s[s] n° 1341.335), sur sa situation juridique et sur tout élément qui lui paraît devoir être porté à la connaissance des candidats à l'adjudication. Avant la réforme, on conseillait de se conforter au modèle du cahier des charges type, pour les clauses générales ; pour les clauses « particulières », par définition exclues d'un cahier des charges type, toute information qui paraissait utile au créancier pouvait être portée. Les mêmes conseils peuvent être donnés au créancier poursuivant, qui de surcroît devra respecter les dispositions du RIN (v. s[s] n° 1333.202). Ce dernier a en effet intérêt à être le plus précis possible dans sa description du bien, puisqu'il vend sous sa responsabilité.

On rencontre généralement des clauses réglant la transmission de propriété, l'adjudicataire prenant les biens en l'état ; des indications sur les servitudes éventuelles ; une clause fixant les conditions de l'entrée en jouissance : ici sont précisées les conditions d'occupation éventuelle du bien, les baux consentis, les charges existantes, les modalités de paiement du prix, les garanties que devra fournir l'adjudicataire, les frais à payer, *etc.* Toutes précisions destinées à prévenir d'éventuels contentieux.

1. Chambéry, 25 mai 2008, *Juris-Data* n° 374996 : le débiteur soulevait la nullité du cahier des conditions de vente pour défaut d'indication du taux des intérêts moratoires. Il est débouté, la Cour estimant que la contestation portant sur le mode de calcul du taux variable des intérêts qui était énoncé dans l'acte de prêt et dont le saisi avait parfaitement connaissance, l'omission de la mention ne lui faisait pas grief au sens de C. pr. civ., art. 114.
2. Bordeaux, 8 déc. 1831, *Jur. gén., V° Vente publique d'immeubles*, n° 769.
3. Civ. 3e, 25 mai 2023, n° 21-23.015, B, qui juge qu'il résulte des articles L. 411-69 alinéas 1er et 4 C. rur. et R. 322-11 alinéa 1er C. pr. exéc. que si le preneur et le bailleur doivent à la demande du rédacteur du cahier des conditions de vente, et sous leur responsabilité, lui fournir les indications relatives à la nature au coût et à la date des améliorations apportées par le preneur, l'omission de ces mentions dans le cahier des conditions de vente ne peut avoir pour effet de priver le preneur de son droit de demander à l'adjudicataire, bailleur à expiration du bail, le paiement d'une indemnité au titre de ces améliorations.
4. La nullité des actes de procédure devant être invoquée, à peine d'irrecevabilité, simultanément avant toute défense au fond ou fin de non-recevoir, est irrecevable la demande de nullité du cahier des conditions de vente pour caractère incomplet du procès-verbal descriptif, présenté après les défenses au fond : Civ. 2e, 1er oct. 2009, n° 08-19.104, P II, n° 235 ; *D.* 2010. 2973, note A. Leborgne.
5. La deuxième chambre civile a jugé qu'un procès-verbal descriptif établi avant la délivrance du commandement de payer valant saisie ne pouvait être assimilé au procès-verbal prévu par les art. R. 322-1 et R. 322-2 C. pr. exéc. et elle en a déduit que, dès lors que le procès-verbal de description annexé au cahier des conditions de vente n'avait pas été dressé conformément aux articles susmentionnés, le commandement se trouvait caduc, à défaut de dépôt au greffe, dans le délai de l'art. R. 322-10 du même code, d'un cahier des conditions de vente comportant l'état descriptif de l'immeuble : Civ. 2e, 21 févr. 2013, n° 12-15.643, P II, n° 42 ; *D. actu.* 21 mars 2013, obs. V. Avena-Robardet ; *Gaz. Pal.* 2013. 1623, note C. Laporte ; *Dr. et proc.* 2013. 117, note A. Leborgne ; *RD. banc. fin.* 2013, n° 105, note S. Piedelièvre. La solution est cependant discutable car si le procès-verbal non conforme équivaut à une absence de procès-verbal, entachant le cahier des conditions de vente d'une nullité, encore fallait-il établir en quoi cette irrégularité de forme causait grief.

1333.236 **Mise à prix initiale fixée par le poursuivant.** C'est toujours le poursuivant qui la fixe. Peut-il la modifier, dès lors qu'il invoquera un motif légitime et sérieux [1] ? Par exemple si l'immeuble venait à être endommagé après le dépôt du cahier des conditions de vente ? Rien ne devrait l'interdire, toutefois, en opportunité, la jurisprudence, avant la réforme, était plutôt sévère (pour un ex., v. le cas où un poursuivant avait été débouté de sa demande de baisse de mise à prix initialement fixée à 20 000 000 francs ; le créancier souhaitait la diminuer à 12 500 000 francs craignant de se voir déclaré adjudicataire sur une mise à prix trop élevée [2]). Cette sévérité a été confirmée ; la deuxième chambre a jugé en 2018 que le montant de la mise à prix fixé par le créancier poursuivant ne pouvait être modifié qu'à la demande du débiteur dans les conditions de l'article L. 322-6, dans une espèce où le poursuivant sollicitait une diminution de la mise à prix en invoquant son erreur [3]. Cette jurisprudence semble donc exclure formellement toute demande émanant du poursuivant, ce qui paraît contestable lorsque ce dernier peut faire état d'une cause étrangère. Cela confirme l'extrême prudence dont doit faire preuve le poursuivant lorsqu'il fixe la mise à prix.

Sur la faculté du saisi de contester la mise à prix en cas d'insuffisance manifeste (v. s^s^ n° 1335.184).

1333.237 **Montant.** À combien doit-elle être fixée ? Le décret-loi de 1938 ne prévoyait qu'une limite à la baisse, aujourd'hui dérisoire : le total ne pouvait être inférieur à 500 (anciens) francs (c'est-à-dire 5 francs, soit 0,75 euro). Les auteurs de la réforme n'ont donné aucune indication. En matière d'exécution forcée, ce qui est recherché c'est l'apurement d'une dette. Il ne s'agit pas d'une vente amiable avec une offre de vente. La difficulté pour le créancier poursuivant tient au fait qu'il faut que la mise à prix soit attractive (sur la responsabilité de l'auxiliaire de justice dans la fixation de la mise à prix en cas de carence d'enchères v. s^s^ n°s 1333.201 s.) ; elle ne correspond en aucune façon à la valeur de l'immeuble, ce que les saisis ne comprennent pas toujours. C'est donc généralement au regard du marché et du montant de sa créance que le poursuivant la fixera, sachant qu'à défaut d'enchères il sera déclaré adjudicataire en vertu de l'article L. 322-6 alinéa 1er C. pr. exéc. Cette circonstance explique que ni les autres créanciers ni le saisi ne peuvent être autorisés à fixer la mise à prix à sa place.

1333.238 **Aspects fiscaux du prix.** Les auteurs du décret étant restés muets sur ces questions, la pratique et la jurisprudence développées sous l'empire du décret-loi de 1938 devraient pouvoir continuer à recevoir application.

• **Régime fiscal.** Le rédacteur du cahier des conditions de vente doit informer les tiers intéressés du régime fiscal applicable à la vente : soit celle-ci est soumise à la TVA immobilière, soit la vente donne lieu au paiement de droits d'enregistrement. Lorsque des droits d'enregistrement doivent être réglés, la charge définitive en incombe à l'acquéreur, qui les réglera en sus du prix (CGI, art. 1712). Lorsque la vente est soumise à TVA immobilière, il faudra en outre rechercher sur qui pèse la charge de la TVA.

• **Prix hors taxe ou TVA.** À défaut de stipulation contraire dans le cahier des conditions de vente, un prix stipulé sans mention de TVA doit être réputé inclure la taxe, qui sera supportée par celui qui en est redevable en vertu des dispositions du Code général des impôts.

La clause du cahier des conditions de vente selon laquelle l'acquéreur supportera la TVA, à la décharge du vendeur, ne signifie pas que l'acquéreur doit régler la taxe pour le compte de celui-ci, mais au lieu et place du vendeur [4]. Il doit être à cet égard précisé que la formulation de la clause relative à la charge de TVA permettra ou non à l'adjudicataire d'invoquer les éventuels droits à déduction du vendeur. Ainsi, le fait de devoir contractuellement payer la TVA pour le compte du vendeur, ne permettra pas pour autant à l'adjudicataire de prétendre déduire du montant de l'impôt la TVA déjà payée par le vendeur lors de l'acquisition du bien ou de la réalisation des constructions. Avant la réforme, il a été jugé que l'avocat qui n'avait pas fait mention de la TVA due par l'adjudicataire engageait sa responsabilité [5].

1333.239 **Influence du débiteur sur la modification de la mise à prix.** Avant la réforme, et à la suite de la loi n° 98-46 du 23 janvier 1998 [6], les débiteurs dont le logement principal était saisi s'étaient vu reconnaître la faculté de saisir le tribunal pour contester la mise à prix fixée, en cas d'insuffisance manifeste. Cette faculté a été reprise et étendue par l'ordonnance du 21 avril 2006 à tous les saisis, quelle que soit l'affectation de l'immeuble. Le juge, dans ce cas, fixait une nouvelle mise à prix en

1. EN CE SENS, TGI Limoges, 3 nov. 1988, *JCP* 1989. II. 21346, note J. Prévault – Civ. 2e, 1er juin 1988, n° 87-13.044, P II, n° 130 ; *D.* 1988. IR 184.
2. Civ. 2e, 22 mai 1995, n° 93-17.109, P II, n° 147.
3. Civ. 2e, 28 juin 2018, n° 17-11.076, P ; *D.* 2018. 1443 ; *D. actu.* 6 juill. 2018, obs. G. Payan ; *JCP* 2018. 917, note C. Laporte, pour une mise à prix initiale fixée à la somme de 2 900 000 euros, une expertise ayant ensuite démontré que la valeur de l'immeuble saisi était en réalité de 780 000 euros.
4. TGI Bourgoin-Jallieu, 9 mars 1983, *JCP* 1984. IV. 329.
5. Lyon, 10 mars 1988, *JCP* 1988. II. 21155, note J. Prévault.
6. L. n° 98-46, 23 janv. 1998, renforçant la protection des personnes surendettées en cas de saisie immobilière, *JO* 24 janv., p. 1127.

rapport avec la valeur vénale du bien et les conditions du marché et l'article 690 ACPC qui réglementait cette faculté prévoyait l'éventualité d'une consultation ou d'une expertise, sans pour autant dire à la charge de qui elle serait mise, saisi ou poursuivant. En définitive, prévoir le recours à une expertise était risqué car cela pouvait aboutir à majorer les frais préalables et ainsi, à diminuer d'autant le prix d'adjudication.

L'article L. 322-6 C. pr. exéc. reproduit cette faculté sans distinction d'affectation. Tous les saisis pourront donc contester la mise à prix devant le JEX en établissant son insuffisance manifeste. Le juge se déterminera selon la valeur vénale du bien et les conditions du marché mais il n'est plus fait référence à une expertise ou consultation. La charge de la preuve pèsera toutefois toujours sur le saisi demandeur à qui il incombera de fournir aux débats des éléments permettant d'accorder crédit à son allégation selon laquelle la mise à prix serait manifestement insuffisante[1].

Comme auparavant, le saisi ne pourra contester un prix qui lui paraîtrait simplement trop élevé et dissuasif pour les acquéreurs ; il est vrai que cela ne sera jamais son intérêt car l'adjudication purgeant les inscriptions (v. s[s] n° 1341.301) le débiteur sera toujours gagnant si le prix est élevé (même s'il y a carence d'enchères puisque le poursuivant sera adjudicataire).

1333.240 Carence d'enchères suite à une mise à prix modifiée. Dans l'hypothèse d'une mise à prix majorée à la demande du saisi, le poursuivant ne doit pas risquer d'être déclaré adjudicataire en cas de carence d'enchères. L'article L. 322-6 C. pr. exéc. dispose que dans ce cas, le poursuivant ne pourra être déclaré adjudicataire que pour la mise à prix initiale[2], ce qui est conforme à la jurisprudence du Conseil constitutionnel[3]. En tout état de cause, l'article R. 322-47 C. pr. exéc. prévoit qu'en cas de carence d'enchères sur la mise à prix réévaluée par le juge, le bien est immédiatement remis en vente sur baisses successives, jusqu'au plancher constitué par le montant de la mise à prix initiale proposée par le poursuivant (v. s[s] n° 1339.193).

1333.241 Désignation d'un séquestre (C. pr. exéc., art. R. 322-10, 7°) et taux d'intérêt (C. pr. exéc., art. R. 322-57). Dernière information visée à l'article R. 322-10 C. pr. exéc. et que doit contenir le cahier des conditions de la vente, celle relative à la désignation d'un séquestre des fonds provenant de la vente (bâtonnier de l'ordre ou président de la Carpa, selon ce qui aura été prévu par le règlement intérieur de chaque ordre[4]), ou de la Caisse des dépôts et consignations, consignataire des fonds[5].

L'article R. 322-57 C. pr. exéc. dispose en outre que lorsque les fonds sont séquestrés, ils produisent intérêt à un taux fixé par le cahier des conditions de la vente et qui ne peut être inférieur au taux d'intérêt servi par la caisse des dépôts et consignations. La mention de ce taux d'intérêt devra donc figurer dans le cahier des conditions de la vente.

2°
Clauses relatives à l'état de l'immeuble

1333.251 Dossier de diagnostic technique. Depuis quelques années, le législateur a cherché à améliorer la protection des acquéreurs de bien immobilier et à organiser l'assainissement de l'habitat. Il en est résulté successivement des obligations d'information spécifiques sur l'état de l'immeuble à la charge des propriétaires désireux de vendre leur bien : selon les cas, présence (ou absence) d'amiante, de plomb, et de termites ; état des risques naturels et technologiques, état de l'installation intérieure de gaz, diagnostic de performance énergétique, état de l'installation électrique, présence ou non d'un risque de mérule, document établi à l'issue du contrôle des installations d'assainissement non collectif et, éventuellement, lorsque le bien est situé dans l'une des zones de bruit définies par un plan d'exposition au bruit des aérodromes, un document comportant l'indication claire et précise de cette zone.

Récapitulant ces informations, l'article L. 271-4 du CCH, dans sa rédaction issue de la loi n° 2024-322 du 9 avril 2024[6], visant à l'accélération et à la simplification de la rénovation de l'habitat dégradé et des grandes opérations d'aménagement, dispose qu'en cas de vente de tout ou partie d'un immeuble bâti, un **dossier de diagnostic technique** doit être fourni

1. Pour un ex. rendu sous l'empire de l'ancienne législation, Civ. 2e, 7 déc. 2000, n° 98-22.072, P II, n° 166 – Pour une ILLUSTRATION postérieure : Civ. 2e, 24 sept. 2015, n° 14-22.407, NP ; *AJDI* 2015. 856.
2. Et non pour le montant de la mise à prix modifiée : Civ. 2e, 12 avr. 2018, n° 17-15.418, P II, n° 84 ; *AJDI* 2019. 138, obs. F. de la Vaissière ; *JCP* 2018. 509, obs. C. Laporte ; *Procédures* 2018, n° 187, obs. C. Laporte.
3. Cons. const. 29 juill. 1998, n° 98-403 DC, *JO* 31 juill., p. 11710 – V. AUSSI, Cons. const. 16 déc. 2011, n° 2011-206 QPC, *Dr. et proc.* 2012. 80, obs. A. Leborgne, qui juge conforme à la Constitution les dispositions de l'ancien article 2206 C. civ.
4. Art. 13 du cahier type des conditions de vente en matière de saisie immobilière, annexé au RIN.
5. L'absence de mention de l'identité de l'organisme entre les mains duquel le prix de vente devra être versé est un vice de forme supposant la preuve d'un grief pour le prononcé de la nullité du cahier des conditions de vente : Civ. 2e, 13 nov. 2014, n° 13-25.546, NP ; *Procédures* 2015, n° 38, obs. C. Laporte.
6. L. n° 2024-322, 9 avr. 2024, visant à l'accélération et à la simplification de la rénovation de l'habitat dégradé et des grandes opérations d'aménagement, *JO* 10 avr., texte 2.

par le vendeur ; en cas de vente publique, ce dossier doit être annexé au cahier des charges. L'accomplissement de cette obligation repose donc sur le professionnel qu'est l'avocat, rédacteur du cahier des conditions de vente. La durée de validité de certains des documents prévus à l'article L. 271-4 du CCH est fixée par décret en fonction de la nature du constat, de l'état ou du diagnostic.

D'autres informations peuvent être utiles à fournir dans le descriptif du bien saisi, sans pour autant être imposées au titre du dossier de diagnostics ; ainsi l'existence d'un dispositif de protection d'une piscine ou la justification de l'entretien des ascenseurs ou des portes de garage.

1333.252 Dispositif amiante (CSP, art. L. 1334-13). Le décret du 7 février 1996[1], applicable à tous les immeubles bâtis à la seule exception des immeubles à usage d'habitation comportant un seul logement, avait imposé aux propriétaires de rechercher la présence de calorifugeages et de flocages contenant de l'amiante, afin d'en informer les éventuels acquéreurs et, le cas échéant, de faire procéder à des travaux d'isolation ou d'enlèvement de ce produit. Puis, la loi du 13 décembre 2000, dite « loi SRU »[2] avait institué l'obligation d'annexer à tout contrat de promesse de vente ou d'achat et à toute vente d'immeuble un état mentionnant la présence ou l'absence de matériaux ou produits de la construction contenant de l'amiante. En l'absence d'un tel état, aucune clause d'exonération de la garantie des vices cachés ne pouvait être invoquée. Par la suite, un décret du 13 septembre 2001[3] a procédé à une réforme générale du décret du 7 février 1996, sur le plan technique et juridique, en précisant le déroulement des opérations menant du dépistage de l'amiante à sa mise hors d'état de nuire[4], suivi d'un décret du 3 mai 2002[5], et de deux arrêtés des 2 janvier et 22 août 2002[6]. Au-delà des précisions techniques sur les modalités de repérage de l'amiante, l'analyse des produits ou la démolition de l'immeuble, il faut s'arrêter à l'obligation qui pèse aujourd'hui sur le vendeur, en vertu de l'article L. 1334-13 du CSP, de produire « *un état mentionnant la présence ou, le cas échéant, l'absence de matériaux ou produits de la construction contenant de l'amiante, lors de la vente d'un immeuble bâti, dans les conditions et selon les modalités prévues aux articles L. 271-4 à L. 271-6 du Code de la construction et de l'habitation* ».

1333.253 Lutte contre le saturnisme (plomb) (CSP, art. L. 1334-5 et L. 1334-6)[7]. Depuis 1998, il est prévu l'établissement d'un constat des risques d'exposition au plomb qui, selon l'actuel article L. 1334-6 du CSP, doit être produit lors de la vente de tout ou partie d'un immeuble à usage d'habitation construit avant le 1er janvier 1949.

1333.254 Protection des acquéreurs et propriétaires d'immeubles contre les termites et autres insectes xylophages et la mérule. L'arsenal de textes destinés à protéger les acquéreurs de bien immeuble s'est enrichi en 2006 d'une loi visant à lutter contre le danger que représente pour un immeuble la présence de termites et de mérule, sorte de champignon qui se développe sur le bois. L'article L. 126-24 du CCH depuis le 1er juill. 2021 (suite à la recodification du livre Ier du Code de la construction et de l'habitation par l'ordonnance du 29 janv. 2020) dispose que, en cas de vente d'un immeuble bâti situé dans une zone délimitée en application d'un arrêté préfectoral délimitant les zones contaminées), un état relatif à la présence de termites est produit dans les conditions et selon les modalités prévues à l'article L. 271-4 du CCH.

De même, lorsque des foyers de mérule ont été identifiés dans une ou plusieurs communes (CCH, art. L. 131-3 au 1er juill. 2021), une information sur la présence de ce risque doit être produite dans les conditions et selon les modalités prévues à l'article L. 271-4 du CCH.

En vertu de l'article L. 271-4 du CCH, ces exigences s'appliquent également aux ventes publiques.

1333.255 Diagnostic de performance énergétique. Un diagnostic de performance énergétique d'un bâtiment ou d'une partie de bâtiment et le cas échéant l'audit énergétique prévu aux articles L. 126-26 et L. 126-28 du CCH sont encore exigés.

Ce diagnostic est un document qui comprend la **quantité d'énergie effectivement consommée ou estimée** pour une utilisation standardisée du bâtiment ou de la partie de bâtiment et une **classification en fonction de valeurs de référence**, afin que les consommateurs puissent comparer et évaluer sa performance énergétique. Il est accompagné de **recommandations** destinées à améliorer cette performance. Ce diagnostic fait partie du dossier de diagnostic technique qui doit être annexé au cahier des conditions

1. Mod. par Décr. no 97-8555, 12 sept. 1997.
2. L. no 2000-1208, 13 déc. 2000, relative à la solidarité et au renouvellement urbains, *JO* 14 déc., p. 19777 – CSP, art. L. 1334-13 (transf. par L. no 2004-806, 9 août 2004, *JO* 11 août, p. 14277).
3. Décr. no 2001-840, 13 sept. 2001, modifiant le décret no 96-97 du 7 février 1996 relatif à la protection de la population contre les risques sanitaires liés à une exposition à l'amiante dans les immeubles bâtis et le décret no 96-98 du 7 février 1996 relatif à la protection des travailleurs contre les risques liés à l'inhalation de poussières d'amiante, *JO* 18 sept., p. 14799.
4. B. Wertenschlag, « Le nouveau dispositif amiante », *AJDI* 2001. 855.
5. Décr. no 2002-839, 3 mai 2002, *JO* 5 mai, p. 8832.
6. Arr. 2 janv. 2002, *JO* 2 févr., p. 2220 – Et Arr. 22 août 2002, 19 sept. p. 15425 – B. Wertenschlag, « Mise en œuvre du dispositif amiante », *AJDI* déc. 2002. 840.
7. CSP, art. L. 1334-5 (réd. Ord. no 2005-655, 8 juin 2005).

de vente, conformément aux dispositions de l'article L. 271-4 du CCH.

L'article L. 126-33 du CCH dispose qu'en cas de vente ou de location d'un bien immobilier, le classement du bien au regard de sa performance énergétique est mentionné dans les annonces relatives à la vente ou à la location du bien.

Et l'article R. 134-5-1 du CCH précise que « *toute annonce relative à la mise en vente ou en location d'un bien immobilier devant faire l'objet d'un diagnostic de performance énergétique insérée dans la presse écrite à compter du 1er janvier 2011 mentionne la lettre correspondant à l'échelle de référence du classement énergétique prévu par le e de l'article R. 134-2. Cette mention respectivement précédée des mots "classe énergie" et "classe climat"* [conformément au II de l'article 6 du décret du 17 déc. 2020[1], l'article, dans cette rédaction est applicable depuis le 1er janv. 2022] *doivent être en majuscules et d'une taille au moins égale à celle des caractères du texte de l'annonce* ». En cas de vente publique, il sera prudent de faire figurer cette information dans les publicités légales (v. ss nos 1338.04 s.).

Depuis le 1er juillet 2021, l'article L. 126-26 du CCH précise encore que pour les biens immobiliers à usage d'habitation et à titre d'information, une indication devra être fournie sur le montant des dépenses théoriques de l'ensemble des usages énumérés dans le diagnostic de performance énergétique. Tout manquement par un professionnel à l'obligation d'information mentionnée au présent article est passible d'une amende administrative dont le montant ne peut excéder 3 000 euros pour une personne physique et 15 000 euros pour une personne morale. Cette amende est prononcée dans les conditions prévues au chapitre II du titre II du livre V du Code de la consommation.

L'état du plomb, du gaz et de l'installation intérieure d'électricité ne sont requis que pour les immeubles ou parties d'immeuble à usage d'habitation. Le document relatif à l'exposition au bruit n'est requis que pour les immeubles à usage d'habitation ou à usage professionnel et d'habitation.

1333.256 **État des risques naturels et technologiques.** Depuis 2003, dans les zones mentionnées au I de l'article L. 125-5 C. envir., le dossier de diagnostic technique doit comporter l'état des risques naturels et technologiques prévu au deuxième alinéa du I du même article qui met à la charge de tout vendeur ou bailleur d'un bien immobilier l'obligation d'informer les acquéreurs et les locataires des risques naturels et technologiques liés à l'implantation de ce bien. Sont visés tous les biens immobiliers bâtis ou non bâtis (appartement, maison, terrain), situés à l'intérieur du périmètre d'un plan de prévention des risques naturels ou technologiques ou en zone sismique réglementée et l'obligation se traduit par l'annexion au contrat de vente ou de location d'un état des risques, ainsi que, le cas échéant, d'une déclaration des sinistres pour lesquels le propriétaire ou bailleur a été indemnisé. Cette obligation s'applique également à tout bien qui a fait l'objet depuis 1982 d'une ou plusieurs indemnisations après un événement reconnu comme catastrophe naturelle. Le non-respect de cette obligation par le vendeur ou le bailleur peut entraîner la résolution du contrat ou une diminution du prix de vente du bien. La liste des communes concernées et celle des arrêtés de reconnaissance de l'état de catastrophe naturelle ou technologique sont consultables en mairie, à la préfecture ou la sous-préfecture. Un imprimé spécifique « *État des risques* » doit être rempli par le bailleur ou le vendeur.

1333.257 **Gaz.** Pour l'état d'installation du gaz, selon l'article L. 134-9 du CCH, depuis le 1er juill. 2021, « *en cas de vente de tout ou partie d'un immeuble à usage d'habitation comportant une installation intérieure de gaz réalisée depuis plus de quinze ans, un état de cette installation en vue d'évaluer les risques pouvant compromettre la sécurité des personnes est produit dans les conditions et selon les modalités prévues aux articles L. 271-4 à L. 271-6* ». Selon l'article R. 134-7, l'état d'installation comprend par exemple « *au regard des exigences de sécurité, l'état des tuyauteries fixes d'alimentation en gaz et leurs accessoires* ». Cet état fait partie du **dossier de diagnostic technique** qui doit être annexé au cahier des conditions de vente, conformément aux dispositions de l'article L. 271-4 du CCH.

1333.258 **Installation intérieure d'électricité.** En vertu de l'article L. 134-7 du CCH, en cas de vente de tout ou partie d'un immeuble à usage d'habitation, un état de l'installation intérieure d'électricité, lorsque cette installation a été réalisée depuis plus de quinze ans, est produit en vue d'évaluer les risques pouvant porter atteinte à la sécurité des personnes, dans les conditions et selon les modalités prévues aux articles L. 271-4 à L. 271-6.

1333.259 **Document établi à l'issue du contrôle des installations d'assainissement non collectif (CSP, art. L. 1331-1-1).** En vertu de l'article L. 1331-1-1 du CSP, les immeubles non raccordés au réseau public de collecte des eaux usées sont équipés d'une installation d'assainissement non collectif dont le propriétaire fait régulièrement assurer l'entretien et la vidange par une personne agréée par le représentant de l'État dans le département, afin d'en garantir le bon fonctionnement. La commune délivre au propriétaire de l'installation d'assainissement non collectif un document attestant de la conformité de son

1. Décr. no 2020-1609, 17 déc. 2020, relatif au diagnostic de performance énergétique et à l'affichage des informations relatives à la consommation d'énergie des logements dans les annonces et les baux immobiliers, *JO* 18 déc., texte 40.

installation d'assainissement non collectif à la réglementation en vigueur. Ce document fait partie du **dossier de diagnostic technique** qui doit être annexé au cahier des conditions de vente conformément à l'article L. 271-4 du CCH.

1333.260 **Zone d'exposition au bruit.** Lorsque le bien est situé dans l'une des zones de bruit définies par un plan d'exposition au bruit des aérodromes prévu à l'article L. 112-6 C. urb., le dossier doit comporter un document comportant l'indication claire et précise de cette zone ainsi que les autres informations prévues au I de l'article L. 112-11 du même code.

1333.261 **Certificat attestant la conformité de l'appareil de chauffage au bois aux règles d'installation et d'émission fixées par le représentant de l'État dans le département.** Ce document est exigé lorsque le bien est situé dans le périmètre d'un plan de protection de l'atmosphère prévu à l'article L. 222-4 C. envir. qui dispose que dans toutes les agglomérations de plus de 250 000 habitants, ainsi que dans les zones où, dans des conditions précisées par décret en Conseil d'État, les normes de qualité de l'air mentionnées à l'article L. 221-1 ou, le cas échéant, les normes spécifiques mentionnées au 2° du I de l'article L. 222-1, applicables aux plans de protection de l'atmosphère ne sont pas respectées ou risquent de ne pas l'être, le préfet élabore un plan de protection de l'atmosphère, compatible avec les orientations du plan régional pour la qualité de l'air s'il existe et, à compter de son adoption, avec les orientations du schéma régional du climat, de l'air et de l'énergie.

1333.262 **Arrêtés pris au titre de la police de la sécurité et de la salubrité des immeubles, locaux et installations régis par le titre Ier du livre V du Code de la construction et de l'habitation, tout autant qu'ils existent.** Le livre V du Code de la construction et de l'habitation est consacré à la lutte contre l'habitat indigne. Au titre Ier, qui ne comporte qu'un seul chapitre, sont exposés le champ d'application (CCH, art. L. 511-1 à L. 511-3) ainsi que les pouvoirs de l'autorité compétente (maire ou représentant de l'État dans le département) ainsi que la procédure (CCH, art. L. 511-4 à L. 511-18). La règlementation est complétée par les articles R. 511-1 à R. 511-13 CCH.

La police, mentionnée à l'article L. 511-4, a pour objet de protéger la sécurité et la santé des personnes en remédiant aux situations suivantes :

1° les risques présentés par les murs, bâtiments ou édifices quelconques qui n'offrent pas les garanties de solidité nécessaire au maintien de la sécurité des occupants ou des tiers ;

2° le fonctionnement défectueux ou défaut d'entretien des équipements communs d'un immeuble collectif à usage principal d'habitation ;

3° l'entreposage dans un local attenant ou compris dans un immeuble collectif à usage principal d'habitation de matières explosives ou inflammables ;

4° l'insalubrité telle qu'elle est définie aux articles L. 1331-22 et L. 1331-23 du CSP.

Ainsi, pour sécuriser les ventes immobilières et protéger l'acquéreur immobilier, l'article L. 271-4, 12° CCH impose, lorsqu'existent des arrêtés pris au titre de la police de la sécurité et de la salubrité des immeubles, locaux et installations, de les joindre au dossier de diagnostic technique.

1333.263 **Informations complémentaires : piscines, ascenseurs et portes de garages.** La loi du 3 janvier 2003 [1] relative à la sécurité des piscines a mis à la charge des propriétaires de piscines enterrées non closes privatives, à usage individuel ou collectif, installées avant le 1er janvier 2004, l'obligation d'équiper au 1er janvier 2006 leur piscine d'un dispositif de sécurité normalisé, sous réserve qu'existe à cette date un tel dispositif adaptable à leur équipement. Cette obligation est codifiée à l'article L. 134-10 du CCH et son irrespect est puni de 45 000 euros d'amende (CCH, art. L. 152-12).

Pour les ascenseurs, ce sont les articles L. 134-1 s. du CCH, et, pour les portes automatiques de garages, les articles L. 134-11 s. du CCH qui imposent ce dispositif de sécurité normalisé.

Le rédacteur du cahier des conditions de vente pourra envisager de préciser par une clause la situation du bien au regard de ces obligations et notamment, si nécessaire, attirer l'attention des adjudicataires sur l'éventuelle absence de dispositif de protection ou de justificatifs d'entretien.

3°
Autres mentions

1333.271 **Diversité.** Le créancier poursuivant inclut encore dans le cahier des conditions de vente des clauses destinées à préciser la situation juridique du bien et à régler les suites de l'adjudication : situation locative, interdiction pour le saisi de détériorer le bien ; paiement des frais et droits d'enregistrement, attribution de juridiction, élection de domicile, obligation d'effectuer une consignation d'un montant précisé à peine de nullité des enchères, paiement provisionnel au profit du créancier premier inscrit, surenchère, réitération des enchères.

1333.272 **Situation locative :**

– indication de l'existence d'un bail : lors de la signification du commandement le commissaire de justice aura interrogé le saisi pour obtenir cette infor-

1. L. n° 2003-9, 3 janv. 2003, relative à la sécurité des piscines, *JO* 4 janv., p. 278.

mation. Toutefois, l'absence d'indication de l'existence d'un bail dans le cahier des conditions de vente n'emporte pas nécessairement inopposabilité du contrat de louage à l'adjudicataire ; la question devrait se régler en fonction de la date de conclusion dudit contrat[1] bien que la jurisprudence récente semble aujourd'hui y ajouter l'éventuelle connaissance de l'adjudicataire (v. s^s n° 1331.343) (sur la question de savoir si cette mention emporte également exercice d'un droit de préemption, même hors des hypothèses légales où un tel droit est ouvert, v. s^s n° 1338.132) ;

– indication, de la faculté offerte à la commune de faire usage de son droit de préemption pour assurer le maintien dans les lieux des locataires (L. 13 juin 2006, dite « loi Aurillac »[2] – v. s^s n° 1338.195) ;

– indemnité d'éviction ;

– présence de squatters ;

– procès en cours.

1333.273 **Clauses illicites.** Avant la réforme, pour s'assurer du paiement de leurs créances, des créanciers avaient songé à faire insérer au cahier des charges des clauses de solidarité entre le saisi et l'adjudicataire. Les syndicats de copropriétaires notamment, qui subissent fréquemment de lourds impayés de la part de copropriétaires en difficulté, ceux-là même, bien souvent, qui feront l'objet de mesures d'exécution forcée sur leurs biens, avaient eu recours à ces clauses. Avant la loi du 21 juillet 1994[3], qui leur a accordé un privilège spécial immobilier primant le vendeur et le prêteur de deniers (C. civ., anc. art. 2103, 1° *bis*[4]), des syndicats avaient tenté d'imposer au poursuivant l'insertion dans le cahier des charges de clauses de solidarité, destinées à obliger l'adjudicataire à régler les impayés du copropriétaire saisi. À la suite d'une évolution, la Cour de cassation avait fini par déclarer ces clauses non écrites, sur le fondement des anciens articles 2093 et 2094 C. civ.[5] au motif qu'elles avaient pour effet de créer un privilège non prévu par la loi, puisque les syndicats de copropriété étaient sûrs d'être payés alors qu'ils n'étaient pas privilégiés[6]. La situation du syndicat de copropriétaires s'est aujourd'hui améliorée (v. s^s n° 1333.291), mais la question de la validité de ce type de clauses se pose toujours. Les solutions dégagées avant la réforme de la procédure de saisie immobilière devraient donc encore trouver à s'appliquer.

Le principe est établi, depuis 1991, qu'il n'est pas permis aux parties de déroger aux règles impératives de la saisie immobilière par les clauses d'un cahier des charges de nature contractuelle ; le cahier des charges ne peut modifier directement ou indirectement l'ordre dans lequel le prix des biens du débiteur, qui constitue le gage commun des créanciers, doit être réparti entre eux. La Cour de cassation l'a réaffirmé à propos d'une facture d'eau impayée par le saisi[7], d'un arriéré de cotisations dues à une association foncière ayant pris en charge des travaux de rénovation de lots de copropriété[8] et encore d'une dation en paiement inexécutée du prix de vente du bien saisi[9]. En l'état de ces jurisprudences, il semblait donc qu'étaient illicites non seulement les clauses qui conféraient à un créancier un privilège non prévu par la loi, mais encore les clauses qui imposaient à l'adjudicataire une obligation de nature personnelle, prise par le débiteur au profit d'un créancier.

Parmi les clauses renvoyant à des obligations personnelles du saisi, on peut citer la clause mettant à la charge de l'adjudicataire le paiement de l'indemnité d'éviction due par le bailleur-saisi à son locataire et qui ne l'aurait pas encore réglée. La jurisprudence estime, en effet, que l'obligation demeurant personnelle au bailleur-saisi, ne se transmet pas avec la propriété du bien[10]. Et le locataire, créancier d'une telle indemnité en vertu du décret de 1953, ne pouvant être obligé de quitter les lieux avant de l'avoir reçue, son droit au maintien dans les lieux est opposable à l'acquéreur, même non tenu au paiement de l'indemnité d'éviction[11].

Mais si ces clauses dérogent directement ou indirectement à l'égalité entre créanciers, la nullité devait-elle pour autant être qualifiée d'ordre public ? La deuxième chambre de la Cour de cassation a, depuis, affiné sa réflexion, à propos des arriérés de charges de copropriété. Elle estime qu'un adjudicataire est irrecevable à invoquer l'illicéité d'une clause de nature à modifier, directement ou indirectement, l'ordre

1. V. Civ. 2e, 6 juin 2013, n° 12-19.116, P II, n° 120, qui juge que la réalité d'un bail, qui, inférieur à une durée de douze ans n'avait pas à être publié, ainsi que son antériorité au commandement de payer valant saisie, étant établies, il sera opposable alors même qu'il n'aura pas été porté à la connaissance des parties intéressées, ni dans le procès-verbal des lieux, ni lors de l'audience d'orientation, ni même lors de l'audience d'adjudication.
2. L. n° 2006-685, 13 juin 2006, relative au droit de préemption et à la protection des locataires en cas de vente d'un immeuble, *JO* 14 juin, p. 8944.
3. L. n° 94-624, du 21 juill. 1994, relative à l'habitat, *JO* 24 juill., p. 10685.
4. C. civ., art. 2374 (Ord. n° 2006-346, 23 mars 2006).
5. C. civ., art. 2285 et 2323 (transf. par Ord. n° 2006-346, 23 mars 2006).
6. Civ. 3e, 6 mars 1991, n° 88-17.828, P III, n° 76 ; *D.* 1992. 113, note H. Souleau.
7. Civ. 2e, 2 déc. 1992, n° 91-16.582, P II, n° 296 ; *D.* 1994. 116, note J.-P. Verschave.
8. Civ. 2e, 13 mars 1996, n° 93-11.755, P II, n° 61 ; *Gaz. Pal.* 1996. 2. Pan. 282.
9. Civ. 2e, 9 juill. 1997, n° 95-19.232, P II, n° 217 ; *JCP* 1998. I. 103, obs. Ph. Delebecque ; *RTD civ.* 1998. 128, obs. P.-Y. Gautier.
10. Civ. 3e, 27 oct. 1993, n° 91-18.859, NP ; *Rev. huiss.* 1994. 318 ; *Rev. loyers* 1994. 105 ; *JCP* 1995. II. 22390, note B. Boccara.
11. Civ. 3e, 18 févr. 1998, n° 96-15.030, P III, n° 37.

dans lequel le prix de vente sera réparti entre les créanciers[1]. L'adjudicataire n'aurait donc pas qualité pour arguer de l'illicéité de la clause (sa demande ayant été jugée irrecevable, il faut en déduire qu'il n'a pas d'intérêt pour agir ?), ce qui n'interdirait pas au saisi et aux créanciers inscrits de soulever la nullité lors de l'audience éventuelle. La solution a surpris, mais elle rejoint l'analyse de la chambre commerciale qui considère que, s'agissant des créanciers inscrits et du saisi, la nullité des clauses illicites devrait être soulevée, à peine d'irrecevabilité, avant l'audience éventuelle[2]. Ainsi, seuls les créanciers inscrits et le saisi auraient qualité pour contester la validité de ces clauses dérogeant à l'égalité des créanciers, mais ne pourraient le faire que jusqu'à l'audience éventuelle qui fixe le contenu du cahier des charges. L'adjudicataire, n'étant pas lésé par la clause et ayant été informé de son existence par la lecture du cahier des charges ne pourrait faire modifier, après l'adjudication, le montant de ses obligations. Cette solution a été réaffirmée depuis[3].

1333.274 Clause fixant le point de départ des contributions. Le cahier des conditions de la vente peut en revanche dire que l'adjudicataire payera les contributions et charges de toute nature dont les biens sont grevés à compter du jour fixé pour son entrée en jouissance ; dans ce cas, on ne peut lui réclamer l'arriéré sans dénaturer la clause[4].

D. Spécificités de la saisie d'un immeuble en copropriété

1° Règlement

1333.281 Règlement de copropriété. Il n'est pas nécessaire de joindre le règlement de copropriété mais les références de publication au service de la publicité foncière figurent dans la désignation du bien faite dans le commandement et reprise au cahier des conditions de vente. En matière de bail d'habitation, alors même que le locataire n'est en principe titulaire que d'un droit personnel contre son bailleur, le législateur impose de communiquer au locataire des extraits du règlement de copropriété concernant la destination de l'immeuble, la jouissance et l'usage des parties communes et de préciser la quote-part afférente au lot loué dans chacune des catégories de charges ; ces extraits du règlement de copropriété sont aujourd'hui communiqués par voie dématérialisée, sauf opposition explicite de l'une des parties au contrat[5]. La situation est ici différente puisque l'adjudicataire deviendra titulaire de droits réels.

2° Arriéré de charges : privilège occulte du syndicat de copropriétaires

1333.291 Principe. Le syndicat dresse l'état de la dette éventuelle du copropriétaire saisi. Depuis le 1er janvier 1995 date d'entrée en vigueur de la loi du 21 juillet 1994, les syndicats de copropriété jouissaient d'un privilège occulte pour le paiement des charges et travaux des articles 10 et 30 de la loi du 10 juillet 1965[6] : ils sont préférés aux vendeur et prêteur de deniers pour les créances afférentes aux charges et travaux de l'année courante et des deux dernières années échues, et viennent conjointement avec le vendeur et le prêteur de deniers pour les charges et travaux relatifs à l'année courante et aux quatre dernières années échues. La règle était contenue à l'article 2374, 1 *bis* C. civ. L'ordonnance du 15 septembre 2021[7] réformant le droit des sûretés a supprimé certains privilèges spéciaux, conduisant à une renumérotation d'un certain nombre d'articles et elle a remplacé les privilèges immobiliers spéciaux soumis à publicité par des hypothèques légales. Ainsi, s'agissant du syndicat de copropriétaires, depuis le 1er janvier 2022, c'est l'article 2402, 3° C. civ. qui indique que l'hypothèque légale, portant sur le lot vendu du copropriétaire débiteur, lui garantit les créances de toute nature, relatives à l'année courante ainsi qu'aux quatre dernières années échues. L'article 2418 C. civ. nouveau précise que, « *par exception, l'hypothèque prévue au 3° de l'article 2402 est dispensée d'inscription. Elle prime toutes les autres hypothèques pour l'année courante et pour les deux dernières années échues. Elle vient en concours avec l'hypothèque du vendeur et du prêteur de deniers pour les années antérieures* ».

1333.292 Conditions. Lors de la mutation à titre onéreux d'un lot et si le vendeur n'a pas présenté au notaire un certificat du syndic ayant moins d'un mois

1. Civ. 2e, 18 févr. 1999, no 97-12.323, P II, no 30 – V. obs. crit. P. Julien, *D.* 1999. Somm. 218 ; M. Bosquet, *Gaz. Pal.* 5-6 nov. 1999, p. 21 – COMP. J. Junillon, *Procédures* 1999, no 157, qui s'en réjouit.
2. Com. 3 févr. 1998, no 94-18.991, NP ; *Procédures* juill. 1998, no 176.
3. Civ. 2e, 21 déc. 2000, no 99-11.333, NP ; *Loyers et copr.* 2001, no 98 ; A. Cermolacce, « Validité des clauses de paiement des charges de copropriété insérées dans un cahier des charges », *JCP N* 2002, no 1616 – Civ. 2e, 7 juill. 2011, no 10-13.913, NP.
4. Civ. 2e, 8 janv. 1992, no 90-18.508, P II, no 6.
5. L. no 89-462, 6 juill. 1989, tendant à améliorer les rapports locatifs et portant modification de la loi no 86-1290 du 23 décembre 1986, *JO* 8 juill., art. 3, 10o.
6. L. no 65-557, 10 juill. 1965, fixant le statut de la copropriété des immeubles bâtis, *JO* 11 juill., p. 5950.
7. Ord. no 2021-1192, 15 sept. 2021, portant réforme du droit des sûretés, *JO* 16 sept., texte 19.

de date attestant qu'il est libre de toute obligation à l'égard du syndicat, avis de la mutation doit être donné au syndic de l'immeuble par lettre recommandée avec avis de réception. Avant l'expiration d'un délai de quinze jours à compter de la réception de l'avis de mutation qui lui est adressé, le syndic peut former au domicile élu, par acte extrajudiciaire, opposition au versement des fonds pour obtenir le paiement des sommes restant dues par l'ancien propriétaire. Cette opposition contient élection de domicile dans le ressort du tribunal judiciaire (TJ) de la situation de l'immeuble et, à peine de nullité, énonce le montant et les causes de la créance. L'opposition régulière vaut au profit du syndicat mise en œuvre de l'hypothèque légale prévue à l'article 2402 C. civ., modifié par la loi n° 2024-322 du 9 avril 2024[1], visant à l'accélération et à la simplification de la rénovation de l'habitat dégradé et des grandes opérations d'aménagement. Le décret du 17 mars 1967[2] pris pour l'application de l'article 20 de la loi du 10 juillet 1965, précise, à l'article 5-1, que si le lot fait l'objet d'une vente sur licitation ou saisie immobilière l'avis de mutation est donné au syndic selon le cas, soit par le notaire, soit par l'avocat du demandeur ou du créancier poursuivant.

1333.293 **Délais.** L'article 81-3 de la loi du 13 décembre 2000, dite loi SRU, a ajouté à l'article 20 de la loi du 10 juillet 1965, pour imposer la notification de l'avis dans un délai de quinze jours à compter de la date du transfert de propriété (pour un ex. d'inconvénient de l'absence de délai où il a été jugé que le délai pour former opposition n'avait pas couru, le poursuivant, en l'occurrence le syndicat de copropriétaires, ne s'étant pas envoyé à lui-même, l'avis de mutation ![3]). Mais quelle date devra être retenue lorsque la vente se déroulera aux enchères ? La date de l'adjudication qui produit des effets entre le saisi et l'adjudicataire, la date de la publication du jugement d'adjudication au service des hypothèques ? Avant l'entrée en vigueur de cette loi, les praticiens considéraient que l'avocat poursuivant devait donner avis de mutation avant de déposer le cahier des charges pour solliciter l'attestation du syndic et la joindre au cahier des charges. L'article 5-1 du décret du 17 mars 1967 n'a pas été modifié par la loi SRU et les pratiques, commandées par la logique, semblent être demeurées. Le décret du 2 juillet 2020, pris pour l'application de l'ordonnance du 30 octobre 2019 réformant le droit de la copropriété des immeubles bâtis, n'a pas apporté de modification sur ce point à l'article 5-1 du décret.

1. L. n° 2024-322, 9 avr. 2024, préc.
2. Décr. n° 67-223, 17 mars 1967, pris pour l'application de la loi n° 65-557 du 10 juillet 1965 fixant le statut de la copropriété des immeubles bâtis, *JO* 22 mars, texte 3.
3. Civ. 3e, 18 juill. 2001, n° 00-13.404, P III, n° 99.

1333.294 **Difficultés.** Pour que les syndicats puissent faire jouer ce privilège, encore faut-il que l'opposition formée soit régulière. Sur ce point la jurisprudence a apporté peu à peu des précisions utiles.

Tout d'abord, sur la personne auprès de qui former opposition. L'article 20 de la loi du 10 juillet 1965 peut en effet apparaître imprécis qui dispose simplement que « *le syndic peut former au domicile élu, par acte extrajudiciaire opposition au versement des fonds* ». Dans le cas d'une vente sur saisie, la Cour de cassation a approuvé une cour d'appel d'avoir refusé de considérer comme valable une opposition formée au domicile du bâtonnier séquestre du prix d'adjudication. Le séquestre a été regardé comme « *tiers étranger à la procédure de mise en œuvre du privilège spécial du syndicat* ». Le syndicat soutenait que le domicile élu devait nécessairement s'entendre du domicile de la personne auprès de laquelle les fonds ont été séquestrés ; la Cour de cassation, sans se prononcer plus précisément sur le destinataire de l'opposition, a rejeté cette analyse[4]. C'est manifestement auprès de l'avocat du créancier poursuivant que l'opposition doit être formée, à charge pour lui, s'il n'ouvre pas l'ordre, de transmettre à l'avocat du créancier le plus diligent, à la partie ou à l'adjudicataire qui y procédera. Ensuite, quant aux éléments que doit contenir l'opposition : la cour d'appel de Paris a ainsi refusé le bénéfice du privilège à un syndicat de copropriétaires parce que l'opposition formée par le syndic n'énonçait pas de manière précise les causes et le montant des créances de l'année courante, des deux dernières années échues et des deux années antérieures[5].

1333.295 **Clauses relatives aux charges et aux frais.** La pratique s'était interrogée sur l'opportunité de faire insérer aux cahiers des charges des clauses mettant à la charge de l'adjudicataire, en sus du prix, le règlement des dernières années de charges de copropriété impayées (v. ss n° 1333.273). Une telle obligation en effet, présente l'avantage, pour le syndicat d'être payé sans avoir à concourir à la procédure de distribution. Compte tenu de l'évolution de la jurisprudence de la deuxième chambre de la Cour de cassation sur ces clauses, cette faculté semble envisageable, il faut cependant se souvenir que la troisième chambre n'a pas rendu, à ce jour, de décision dans le même sens. Seuls les créanciers inscrits et le saisi pourraient s'y opposer en démontrant une atteinte à l'égalité des créanciers et à condition d'avoir déposé un dire en nullité avant l'audience éventuelle.

4. Civ. 3e, 28 févr. 2001, n° 99-15.330, P III, n° 24.
5. Paris, 4 mars 2003, *Gaz. Pal.* 6-7 juin 2003, p. 27, note F.-J. Pansier.

Par ailleurs, la question s'est posée de savoir qui du copropriétaire saisi et de l'adjudicataire devait régler les frais de l'état daté que le syndic doit effectuer à l'occasion de la mutation à titre onéreux d'un lot ou d'une fraction de lot. Conformément à l'article 10-1 de la loi du 10 juillet 1965 [1] en effet, les honoraires du syndic afférents aux prestations qu'il doit effectuer pour l'établissement de l'état daté sont imputables au copropriétaire concerné par la mutation du lot. Mais selon l'article L. 322-9 C. pr. exéc., l'adjudicataire doit payer les frais de vente. La troisième chambre civile de la Cour de cassation a donc jugé que l'imputation du coût de l'état daté au copropriétaire concerné n'était pas applicable en cas de vente par adjudication [2].

1333.296 **Distribution.** Au stade de la distribution du prix, la partie poursuivante est dispensée d'adresser une demande d'actualisation de créance aux créanciers énumérés à l'article 2402 C. civ. (dont fait partie le syndicat de copropriétaires sur le lot vendu, pour le paiement des charges et travaux mentionnés aux articles 10 et 30 de la loi du 10 juillet 1965, relatifs à l'année courante et aux quatre dernières années échues) ; mais le créancier poursuivant devra notifier, par lettre recommandée avec demande d'avis de réception (LRAR), le projet de distribution au syndic qui a formé l'opposition prévue par l'article 20 de la loi du 10 juillet 1965 (C. pr. exéc., art. R. 332-2 et R. 332-4).

E. Garantie de contenance

1333.301 **Objet.** La loi du 18 décembre 1996, améliorant la protection des acquéreurs des lots de copropriété, dite « **loi Carrez** » [3], a rétabli un article 46 dans la loi du 10 juillet 1965 (fixant le statut de la copropriété, modifiée par la loi du 20 décembre 2014 [4]), qui dispose que tout contrat réalisant ou constatant la vente d'un lot ou d'une fraction de lot de copropriété doit mentionner la superficie de la partie privative de ce lot ou fraction de lot. À défaut, la nullité de l'acte peut être invoquée. Si la superficie est supérieure à celle indiquée dans l'acte, l'excès de mesure ne donne lieu à aucun supplément de prix mais si la superficie est inférieure de plus d'un vingtième à celle exprimée dans l'acte, le vendeur, à la demande de l'acquéreur, supporte une diminution de prix proportionnelle à la moindre mesure. L'article 46 s'applique quelle que soit l'affectation de l'immeuble mais la loi prévoit deux séries d'exceptions [5] tenant compte de la nature du lot (exclusion des caves, garages et emplacements de stationnement) et de la superficie ; si elle est inférieure à 8 m^2, l'article n'est plus applicable [6].

1333.302 **Domaine.** La question s'est posée de savoir si cette garantie de contenance était due en cas de **vente forcée** et comment la diminution de prix pouvait être appliquée.

La doctrine majoritaire avait opté pour une réponse positive estimant que la référence à un acte, sans plus de précision, permettait d'envisager aussi bien les ventes amiables que les ventes aux enchères, forcées ou volontaires [7]. Les décisions de première instance publiées étaient en ce sens [8]. La même solution semblait pouvoir être appliquée pour la licitation-partage et les ventes sur faillite [9]. Un arrêt de la cour d'appel de Paris avait relancé le débat en écartant l'application de la loi du 18 décembre 1996 [10], et c'est cette solution qui a également été adoptée par la Cour de cassation. Pour exclure les dispositions de la loi Carrez des ventes sur saisie immobilière, la deuxième chambre a raisonné sur la nature du jugement d'adjudication. Selon la Cour, celui-ci ne « *constituant pas un jugement constatant ou réalisant une vente* », les dispositions de la loi du 18 décembre 1996 sont **sans application** aux ventes sur poursuites de saisie immobilière [11]. On peut regretter cette solution qui revient à traiter différemment deux acquéreurs, sans raison logique [12], mais elle a le mérite de la clarté (l'affirmation selon laquelle le jugement d'adjudication n'est pas assimilable à une convention a été en quelque sorte réitérée dans une affaire où était débattue la question de la prescription de l'action en nullité de ce jugement. Pour la Cour de cassation, l'action en nullité du jugement d'adjudication ne tendant pas à l'annulation d'une

1. L. n° 65-557, 10 juill. 1965, fixant le statut de la copropriété des immeubles bâtis, *JO* 11 juill.
2. Civ. 3e, 20 mai 2021, n° 20-15.633, P.
3. L. n° 96-1107, 18 déc. 1996, améliorant la protection des acquéreurs des lots de copropriété, *JO* 19 déc., p. 18688.
4. L. n° 2014-1545, 20 déc. 2014, relative à la simplification de la vie des entreprises et portant diverses dispositions de simplification et de clarification du droit et des procédures administratives, *JO* 21 déc. texte 1.
5. L. n° 65-557, 10 juill. 1965, art. 46, al. 3.
6. Décr. n° 97-532, 23 mai 1997, portant définition de la superficie privative d'un lot de copropriété, *JO* 29 mai.
7. C. Giverdon, *RDI* 1997. 32 ; M. Dagot, « Garantie de contenance du lot de copropriété vendu », *JCP* 1997. I. 4034 – EN SENS INVERSE, Hocquard, « De la nature du jugement d'adjudication », *Gaz. Pal.* 1997. 2. Doctr. p. 1479.
8. TGI Dijon, 9 nov. 1999, *RDI* 2000. 228, obs. Ph. Théry – TGI Paris, 2e ch., 17 févr. 2000, *Gaz. Pal.* 17-18 mars 2000, p. 22 – TGI Paris, 29 févr. 2000, *Gaz. Pal.* 31 mars-1er avr. 2000, p. 32 – TGI Limoges, 16 déc. 1999, *Procédures* 2000, n° 200.
9. Rép. min. n° 48586, *JOAN Q* 31 mars 1997, p. 1683.
10. Paris, 17 janv. 2002, *AJDI* avr. 2002. 307.
11. Civ. 2e, 3 oct. 2002, n° 00-18.395, P II, n° 199 ; *Dr. et proc.* 2003. 122, note A. Leborgne.
12. EN CE SENS, C. Laporte, « Saisie immobilière : réflexions en matière de rédaction du cahier des charges », *Procédures* févr. 2003, n° 3.

convention, les dispositions de l'art. 1304 C. civ.[1] ne sont pas applicables)[2].

En revanche, lorsque la vente sera réalisée amiablement sous contrôle du JEX, ne pourrait-on considérer qu'il s'agit d'un jugement constatant une vente, conformément à l'article R. 322-25 C. pr. exéc., ce qui rendrait les dispositions de la loi Carrez applicables ? La question reste ouverte.

§ 2
Dépôts au greffe du juge de l'exécution

1333.310 **Plan.** Plusieurs documents seront déposés au greffe du JEX : le cahier des conditions de vente comportant le procès-verbal descriptif (A), mais aussi une copie de l'assignation délivrée au saisi et un état hypothécaire certifié à la date de la publication du commandement de payer valant saisie (B).

A.
Cahier des conditions de vente comportant le procès-verbal descriptif

1333.321 **Raison d'être.** Selon l'article R. 322-11 C. pr. exéc., le cahier des conditions de vente pourra, une fois déposé, être consulté au greffe du JEX ainsi qu'au cabinet de l'avocat du créancier poursuivant. Ce document est essentiel pour la suite de la procédure et sa consultation intéresse le saisi et les créanciers inscrits. Les auteurs de la réforme ont conservé l'esprit du décret-loi de 1938 : le poursuivant n'est pas tenu de notifier ce cahier des conditions de la vente. Il appartient aux intéressés d'aller le consulter au greffe ou, depuis le 1er mars 2009, au cabinet de l'avocat du créancier poursuivant.

1333.322 **Lieu et formalités.** Le poursuivant dépose le cahier des conditions de vente au greffe du tribunal, c'est-à-dire au tribunal judiciaire du lieu de situation de l'immeuble, auprès du greffe du JEX. Le décret ne le précisant pas, la justification du dépôt varie selon les tribunaux : acte de dépôt, visa apposé sur un double, *etc.*

1333.323 **Délai.** Initialement, l'article 44 du décret du 27 juillet 2006 avait fixé à trois jours le délai pour déposer le cahier des conditions de vente, après que le créancier ait délivré l'assignation au débiteur saisi. Toutefois, dans le même temps, les auteurs du décret avaient laissé un délai de cinq jours ouvrables au poursuivant pour assigner les créanciers inscrits. La discordance entre ces deux délais ne pouvait qu'être source de difficultés. Le décret du 23 décembre 2006[3] a modifié l'article 44, devenu l'article R. 322-10 C. pr. exéc., avant son entrée en vigueur. C'est au plus tard le cinquième jour ouvrable, suivant l'assignation délivrée au débiteur saisi, que le créancier poursuivant devra déposer le cahier des conditions de la vente au greffe du JEX. La règle se trouve aujourd'hui à l'article R. 322-10 C. pr. exéc.

1333.324 **À peine de caducité.** L'article R. 322-10 C. pr. exéc. fait partie de ces articles visés à l'article R. 311-11 C. pr. exéc., et pour lesquels le défaut de respect du délai prescrit emportera caducité du commandement de payer valant saisie. Comme pour les autres formalités prescrites à peine de caducité du commandement, le créancier qui n'aura pas respecté ce délai pourra toutefois justifier d'un motif légitime pour éviter que la caducité ne soit déclarée ; il pourra encore en obtenir le report.

1333.325 **Procès-verbal descriptif.** L'article R. 322-10 C. pr. exéc. précise que le cahier des conditions de vente doit comporter, à peine de nullité, l'état descriptif de l'immeuble. Le procès-verbal descriptif sera donc joint au cahier des conditions de vente. Un procès-verbal incomplet ou erroné pourrait-il entacher de nullité le cahier des conditions de vente ? On pouvait hésiter dans la mesure où ce document n'est pas un acte de la procédure mais un élément d'information qui engage la responsabilité de son rédacteur (v. ss no 1333.34). Toutefois, ce procès-verbal doit figurer dans le cahier des conditions de vente à peine de nullité. Et la deuxième chambre civile a jugé qu'en l'absence de dépôt d'un cahier des conditions de vente comportant un procès-verbal de description dressé selon les modalités des articles R. 322-1 (qui prévoit le délai qui doit être respecté entre la signification du commandement de payer valant saisie et l'établissement du procès-verbal) et R. 322-2 (qui décrit le contenu de ce procès-verbal) dans le délai prévu par l'article R. 322-10 C. pr. exéc., le commandement de payer était caduc, conformément aux dispositions de l'article R. 311-11 du même code[4].

B.
Copie de l'assignation et état sur formalité

1333.331 **Raison d'être.** Déposer au greffe une copie de l'assignation ne présente pas de difficulté puisque nécessairement cette assignation précède le dépôt du cahier des conditions de la vente. L'état sur

1. Réd. antérieure à Ord. no 2016-131, 10 juin 2016, portant réforme du droit des contrats, du régime général et de la preuve des obligations, *JO* 11 févr., texte 26.
2. Civ. 2e, 4 juin 2020, nos 18-22.930 et 18-24.382, P.
3. Décr. no 2006-1805, 23 déc. 2006, relatif à la procédure en matière successorale et modifiant certaines dispositions de procédure civile, art. 9, *JO* 31 déc., texte 70.
4. Civ. 2e, 21 févr. 2013, no 12-15.643, P II, no 42 : en réalité, un cahier des conditions de vente, mais entaché d'une irrégularité de forme, avait bien été déposé dans le délai.

formalité est le document qui permet au créancier poursuivant de connaître les créanciers inscrits auxquels il devra dénoncer l'assignation. Le fait de déposer ces documents au greffe où ils pourront être consultés par le saisi comme par les créanciers inscrits organise ainsi le contradictoire entre toutes les parties et leur permet de vérifier la régularité de ces actes et formalités.

1333.332 État hypothécaire. Le créancier doit requérir du service de la publicité foncière l'état des créanciers inscrits à la date de publication du commandement. Cette réquisition s'effectue conformément aux dispositions des articles 40-2 et suivants du décret du 14 octobre 1955. Les informations portées sur les états engagent la responsabilité du conservateur et déchargent d'autant celle de l'avocat. C'est le service de la publicité foncière qui certifie la réalité des informations à la date de la publication du commandement de payer valant saisie.

1333.333 Suppression du délai de vingt jours. Selon l'article 674 alinéa 2 ACPC, les états ne pouvaient être requis à peine de déchéance avant vingt jours écoulés depuis la date du commandement sous peine de déchéance des poursuites. Cette exigence, très sévèrement sanctionnée, ne s'expliquait sans doute que par la volonté de neutraliser le délai de mise à jour du fichier immobilier car le commandement pouvait parfaitement être publié dès sa signification si le créancier le souhaitait, mais les états ne pouvaient être requis avant l'expiration du délai. La sanction de l'inobservation du délai était la déchéance dans la poursuite, alors même que le débiteur ne subissait aucun préjudice mais la Cour de cassation appliquait très strictement le texte[1]. Et il ne servait à rien de réitérer la réquisition dans le délai si une première réquisition avait été formée prématurément[2]. En cas de contestation par le débiteur, la preuve que le délai pour la réquisition de l'état sur formalité avait été respecté pesait sur le créancier saisissant[3].

Cette règle a disparu lors de la réforme de 2006.

1333.334 Récapitulatif : conseils pratiques. Une fois le commandement délivré, le créancier a deux mois pour le publier. À compter de la publication, s'ouvre un nouveau délai de deux mois pour assigner, puis trois jours pour le dépôt du cahier des conditions de vente, et cinq jours pour les dénonces. Autant dire que lorsque le créancier assigne il doit avoir ses états sur formalités et son cahier des ventes prêt.

1. Civ. 2e, 10 oct. 1990, no 89-17.676, P II, no 194.
2. Civ. 2e, 12 mars 1997, no 95-13.480, P II, no 76 ; *RDI* 1999. 296, obs. Ph. Théry.
3. Civ. 2e, 22 mars 2001, no 99-18.303, P II, no 62.

SECTION 4
DÉCLARATION DE CRÉANCES

1333.341 Raison d'être. Il s'agit de l'une des innovations phare de la réforme. Elle est destinée à accélérer le processus de distribution. Sous l'empire du décret-loi de 1938, la production des titres de créance n'avait lieu qu'après la publication du jugement d'adjudication. Le créancier le plus diligent demandait l'ouverture de l'ordre en présentant un état des inscriptions hypothécaires au jour de cette publication. Les auteurs de la réforme ont souhaité que cette procédure de distribution soit préparée dès le stade de la saisie immobilière, la durée de la procédure de saisie étant ainsi mise à profit pour accélérer la procédure de distribution. Le non-respect des obligations imposées aux créanciers inscrits est sanctionné très sévèrement.

1333.342 Plan. À la suite de la dénonce du commandement de payer valant saisie par le poursuivant, les créanciers hypothécaires devront déclarer leurs créances dans les deux mois, à peine de déchéance de leur sûreté (§ 1). Initialement, le créancier poursuivant devait produire un état ordonné des créances selon le rang de leur inscription avant la vente du bien, obligation qui a été supprimée par le décret du 12 février 2009 (§ 2).

§ 1
Déclaration de créances

1333.350 Plan. Il faut distinguer entre les créanciers inscrits sur l'immeuble au jour de la publication du commandement de payer valant saisie, qui sont les créanciers sommés, et ceux qui auraient inscrit leur sûreté après cette publication mais avant la publication du jugement d'adjudication. Les articles R. 322-12 à R. 322-14 C. pr. exéc. réglementent la déclaration de créances.

Saisie pour avis le 16 mai 2008 par le JEX de Nanterre, la Cour de cassation a estimé que les déclarations de créances mentionnées aux articles 46 et 47 du décret du 27 juillet 2006 (devenus C. pr. exéc., art. R. 322-12 et R. 322-13), devaient être faites par un avocat inscrit au barreau du TGI devant lequel la vente est poursuivie, les dispositions de la loi du 31 décembre 1971[4] demeurant en vigueur[5]. En outre, dans ce même avis la Cour de cassation a précisé que le JEX est tenu de trancher les contestations relatives à la validité des déclarations de créances soulevées au cours de l'audience d'orientation.

4. L. no 71-1130, 31 déc. 1971, portant réforme de certaines professions judiciaires et juridiques, *JO* 5 janv. 1972, p. 131.
5. Cass., avis, 16 mai 2008, no 08-00.002, P, no 3 ; *Procédures* 2008, no 212, obs. C. Laporte.

A. Créanciers sommés

1333.361 Obligation de déclarer et de dénoncer cette déclaration. Il s'agit pour les créanciers inscrits de déclarer la créance inscrite sur le bien en principal, frais et intérêts échus avec l'indication du taux des intérêts moratoires. À cette déclaration sera jointe une copie du titre de créance et du bordereau d'inscription. Cette déclaration doit être dénoncée, le même jour ou le premier jour ouvrable, au créancier poursuivant et au débiteur.

1333.362 Un avocat inscrit au barreau du tribunal devant lequel la vente est poursuivie. Le décret du 27 juillet 2006 ne précisait pas si le déclarant devait impérativement être inscrit au barreau du TGI devant lequel la vente était poursuivie ; aussi, la Cour de cassation a-t-elle été saisie pour avis par le JEX de Nanterre confronté à une déclaration de créance effectuée par un avocat parisien. Elle a répondu que les déclarations de créances mentionnées aux articles 46 et 47, devenus les articles R. 322-12 et R. 322-13 C. pr. exéc., devaient être faites par acte d'avocat inscrit au barreau du TGI devant lequel la vente était poursuivie, l'exception à la multipostulation prévue par la loi de 1971[1], s'appliquant à tous les actes de la procédure de saisie immobilière soumis à la représentation obligatoire[2]. La deuxième chambre civile a, par la suite, fait application de cette solution[3].

La loi du 6 août 2015[4], dite « loi Macron », entrée en vigueur le 1er août 2016, a modifié la loi du 31 décembre 1971 en étendant la territorialité de la postulation pour permettre aux avocats d'exercer leur ministère devant l'ensemble des TGI du ressort de la cour d'appel[5]. Toutefois, s'agissant des procédures de saisie immobilière, de partage et de licitation, il est dérogé à l'extension : les avocats ne peuvent pas postuler devant un autre tribunal que celui auprès duquel est établie leur résidence professionnelle[6]. Ainsi, **il faut toujours un avocat local pour la saisie immobilière, le partage et la licitation.**

Depuis le 1er janvier 2020, c'est le tribunal judiciaire (TJ) qui est compétent.

1. À l'époque, L. n° 71-1130, 31 déc. 1971, mod., art. 1er, III, al. 2, et désormais L. n° 71-1130, 31 déc. 1971, art. 5, mod. par L. n° 2015-990, 6 août 2015.
2. Cass., avis, 16 mai 2008, n° 08-00.002, P, n° 3 ; *BICC* 15 sept. 2008, p. 9, rapp. J.-M. Sommer, p. 10, concl. Maynial, p. 30 ; *D.* 2008. AJ 1631 ; *D.* 2009. Pan. 1168, obs. A. Leborgne ; *JCP* 2008. II. 10134 ; *Procédures* 2008, n° 212, obs. C. Laporte ; *Gaz. Pal.* 15-17 juin 2008, p. 15, obs. Talon.
3. Civ. 2e, 5 mai 2011, n° 10-14.066, P II, n° 105.
4. L. n° 2015-990, 6 août 2015, pour la croissance, l'activité et l'égalité des chances économiques, *JO* 7 août, p. 13537.
5. L. n° 71-1130, 31 déc. 1971, art. 1er.
6. L. n° 71-1130, 31 déc. 1971, art. 5.

1° Obligation de déclarer

1333.371 Forme et modalités de dépôt. C'est par acte d'avocat déposé au greffe du JEX ou par signification que la déclaration sera opérée. L'article R. 322-12 C. pr. exéc. ne prévoit pas de sanction en cas de non-respect du formalisme alors que l'article R. 322-13 C. pr. exéc., pour les créanciers inscrits après (v. ss n° 1333.394), envisage une irrecevabilité.

1333.372 Une obligation qui conditionnait celle du poursuivant. Initialement, le créancier poursuivant devait établir l'état ordonné des créances à partir des informations recueillies par le greffe lors des déclarations effectuées par les créanciers inscrits et des documents remis (copie du titre de créance et du bordereau d'inscription). Ces informations lui étaient donc indispensables pour préparer la distribution. L'état ordonné des créances a été supprimé par le décret du 12 février 2009 qui est entré en application au 1er mars 2009 et est applicable aux procédures en cours (v. ss n° 1333.401).

1333.373 Une obligation sanctionnée par une déchéance. L'article L. 331-2 C. pr. exéc. impose cette déclaration aux créanciers inscrits, sommés, à peine de déchéance du bénéfice de leur sûreté pour la distribution du prix de vente de l'immeuble. Les créanciers inscrits perdent ainsi la situation avantageuse qui est la leur au stade de la distribution, mais leur droit de créance n'est pas atteint[7]. Cette obligation de déclarer la créance pèse sur les créanciers inscrits, peu important que leur créance ne soit pas exigible et que le décompte de la créance ne soit pas actualisé au jour de la déclaration[8]. En tout état de cause, le montant de la créance pourra être fixé en appel, si entre-temps la créance est devenue exigible[9].

1333.374 Délai pour déclarer sa créance. Selon l'article R. 322-12 alinéa 1er C. pr. exéc., le délai pendant lequel le créancier inscrit à qui a été dénoncé le commandement de payer valant saisie doit déclarer sa créance est de deux mois à compter de la dénonciation.

7. Un créancier inscrit est recevable à contester une déclaration de créance effectuée hors délai qui n'aurait pas été dénoncée, et ce, même après l'audience d'orientation. En l'espèce, au stade de la distribution du prix de vente : Civ. 2e, 1er oct. 2020, n° 19-15.612, P ; *D.* 2021. 1358, obs. A. Leborgne.
8. La nullité de la déclaration ne peut donc être prononcée au motif que la créance ne serait pas exigible ou que le décompte ne serait pas actualisé : Civ. 2e, 28 sept. 2017, n° 16-17.010, P II, n° 187 – DE MÊME, si l'exigibilité de la créance est suspendue en conséquence d'une réclamation présentée dans les conditions prévues par l'art. L. 277 du LPF, le créancier inscrit doit déclarer cette créance : Civ. 2e, 6 sept. 2018, n° 17-22.364, P ; *D. actu.* 21 sept.2018, obs. G. Payan.
9. Civ. 2e, 28 juin 2018, n° 17-19.894, P.

1333.375 **Relevé de forclusion.** La gravité de la sanction encourue par les créanciers inscrits qui ne déclareraient pas leur créance dans le délai a conduit les auteurs de la réforme à ouvrir au créancier qui justifie que sa défaillance n'est pas de son fait, la faculté de demander à être autorisé à déclarer sa créance postérieurement au délai imparti (C. pr. exéc., art. L. 322-12, al. 2) Conformément à l'article R. 311-6 alinéa 3 C. pr. exéc., ni la demande ni l'éventuel recours contre l'ordonnance du JEX ne devraient suspendre le cours de la procédure.

1333.376 **Procédure et délai pour agir en relevé de forclusion (C. pr. exéc., art. L. 322-12, al. 2).** Le créancier saisira le juge par requête, à peine d'irrecevabilité quinze jours au plus tard avant la date fixée pour l'audience d'adjudication ou de constatation de vente amiable. On notera d'abord, qu'il s'agit d'un délai à rebours, dont la Cour de cassation a jugé en 2005 qu'ils se calculaient en remontant le temps[1].

On notera ensuite, que ce délai paraît inapproprié, quand on sait que le créancier poursuivant a l'obligation, à peine de caducité du commandement de remettre au greffe l'état ordonné des créances quinze jours au moins avant la date fixée pour l'audience d'adjudication ou de constatation de vente amiable... Il n'aura ainsi pas la possibilité de savoir à temps qu'une autre créance doit être prise en compte.

1333.377 **Ordonnance sur requête.** Le JEX statuera par ordonnance sur requête qui devra être déposée, à peine d'irrecevabilité, quinze jours au plus tard avant la date fixée pour l'audience d'adjudication ou de constatation de la vente amiable.

Si on se réfère aux dispositions des articles 495 et suivants C. pr. civ., l'ordonnance sur requête sera exécutoire sur sa seule minute et copie en sera laissée à la personne à laquelle elle est opposée ; c'est-à-dire ici sans doute, au poursuivant, à la diligence du créancier retardataire. Toutefois par prudence, le retardataire pourrait envisager aussi de notifier au saisi et aux autres créanciers inscrits.

1333.378 **Rétractation de l'ordonnance.** Les modalités ne sont pas réglementées par le Code des procédures civiles d'exécution. L'ordonnance sur requête ayant fait droit à une demande de relevé de forclusion, sur le fondement de l'article R. 322-12 alinéa 2 C. pr. exéc. relatif aux procédures de saisie immobilière et de distribution du prix d'un immeuble, doit cependant pouvoir être contestée par tout intéressé devant le juge qui l'a rendue. Mais dans le silence du décret on pouvait se demander s'il fallait saisir le JEX conformément aux dispositions de droit commun (C. pr. civ., art. 496 et 497), c'est-à-dire par voie d'assignation en référé, ou par voie de dépôt de conclusions au greffe conformément aux dispositions de l'article 7 du décret de 2006 (devenu C. pr. exéc., art. R. 311-6) ? La deuxième chambre civile a jugé que, en matière de saisie immobilière, la demande de rétractation de l'ordonnance statuant sur la requête en relevé de la forclusion d'un créancier inscrit, qui tend à faire trancher contradictoirement par le JEX ayant rendu l'ordonnance la contestation de la validité de la déclaration de créance, était introduite selon les modalités prévues à l'article 7 du décret du 27 juillet 2006[2], devenu l'article R. 311-6 C. pr. exéc. À cette occasion, la Cour de cassation a également précisé que l'appréciation des causes de la défaillance du créancier qui demandait à être relevé de la forclusion relevait du pouvoir souverain des juges du fond[3].

2°
Obligation de dénoncer la déclaration

1333.381 **Dénonce de la déclaration.** Le décret du 12 février 2009 a précisé que le poursuivant devait sommer les créanciers inscrits, non seulement de déclarer leurs créances mais encore de dénoncer, le même jour ou le premier jour ouvrable suivant, cette déclaration au créancier poursuivant et au débiteur. Ainsi, l'information du poursuivant et du débiteur procédera-t-elle de l'initiative des créanciers inscrits, qui dénonceront leur déclaration par acte d'avocat ou par signification (C. pr. exéc., art. R. 322-7, 4°). Cette exigence nouvelle (qui est entrée en vigueur à compter du 1er mars 2009), si elle a alourdi la charge pesant sur les créanciers inscrits, est plus protectrice des intérêts du débiteur et plus pratique pour le créancier poursuivant qui n'a pas à se rendre au greffe pour savoir si les créanciers ont déclaré leurs créances.

1333.382 **Sanctions ?** La dénonce de la déclaration est désormais imposée aux créanciers inscrits. Mais en cas de défaut d'exécution de cette obligation, quelle sera la sanction ? Le décret de 2009 est silencieux sur ce point. L'article R. 322-7 C. pr. exéc. n'est pas visé par l'article R. 311-11 C. pr. exéc. qui sanctionne le non-respect de certains délais par la

1. Civ. 2e, 20 oct. 2005, no 04-10.138, P II, no 259 ; *JCP* 2006. II. 10005, obs. A. Leborgne.

2. Civ. 2e, 9 sept. 2010, no 09-15.728, P II, no 153 ; *D.* 2011. Pan. 1509, obs. A. Leborgne ; *Procédures* 2010, no 374, obs. R. Perrot : en l'espèce, les juges du fond ont estimé que la banque qui avait adressé tardivement à son avocat les éléments nécessaires à formaliser la déclaration de créance dans le délai légal et qui n'avait pas pris le soin de s'assurer de la disponibilité de son avocat n'établissait pas que sa défaillance n'était pas due à son fait.

3. POUR UN EXEMPLE DE REFUS DE RELEVÉ DE FORCLUSION, l'inaction du créancier venant d'une carence fautive de sa part : Civ. 2e, 17 mars 2016, no 15-10.611, NP ; *Procédures* 2016, no 154, obs. C. Laporte.

caducité du commandement de payer valant saisie ; ce qui, au demeurant, est heureux, compte tenu de la gravité d'une telle sanction. Pour les créanciers postérieurs (v. s[s] n° 1333.391), l'article R. 322-13 C. pr. exéc. sanctionne par une irrecevabilité une déclaration tardive. Pouvait-on raisonner par analogie ? La question s'est d'abord posée à propos de la **dénonce tardive d'un créancier sommé :** un JEX a déclaré irrecevable une dénonce tardive et le créancier inscrit a été déchu du bénéfice de son rang dans la répartition du prix de vente[1]. Puis, la deuxième chambre civile a jugé que l'obligation faite au créancier inscrit de dénoncer sa déclaration de créance au créancier poursuivant et au débiteur, au plus tard le premier jour ouvrable suivant la déclaration, n'est pas prescrite à peine de nullité ou d'irrecevabilité et que le premier juge ne pouvait pas tirer de la seule dénonciation tardive de la déclaration de créance du créancier une déchéance du bénéfice de son rang dans la distribution, une telle sanction édictée à l'article L. 331-2 C. pr. exéc. étant seulement prévue pour l'omission de la déclaration de créance[2].

B.
Créanciers postérieurs

1333.391 Créanciers ayant inscrit leur sûreté après la publication du commandement, mais avant la publication de la vente (C. pr. exéc., art. R. 322-13). Ces créanciers n'ont pu être sommés par le poursuivant puisqu'ils n'apparaissaient évidemment pas sur l'état hypothécaire requis. Cependant, conformément au droit commun des sûretés immobilières, ils disposent d'un droit réel opposable au débiteur et aux tiers au jour de sa publication. Il était donc nécessaire de prévoir leur participation à la procédure de saisie et de distribution. Mais seuls les créanciers inscrits ayant été préalablement sommés de déclarer leur créance pourront être déchus du bénéfice de leur sûreté[3].

1333.392 Intervention. Ces créanciers vont intervenir à la procédure pour déclarer leur créance. Selon l'article 66 C. pr. civ., l'intervention a pour objet de rendre un tiers partie à un procès engagé entre les parties originaires. Les modalités d'une intervention sont exposées aux articles 325 à 330 C. pr. civ.

1333.393 Déclaration : forme et délai. La déclaration vise la créance arrêtée en principal, frais et intérêts échus au jour de la déclaration. Comme pour les créanciers sommés, elle sera accompagnée d'une copie du titre de créance et du bordereau d'inscription. La déclaration est faite par acte d'avocat déposé au greffe du JEX.

Initialement, l'article 47 imposait aux créanciers postérieurs d'effectuer leur déclaration dans un délai de quinze jours suivant l'inscription de leur sûreté. Ce qui était pratiquement impossible en pratique. Le décret du 12 février 2009 a allongé le délai à un mois à compter de l'inscription (l'article 47 dans sa nouvelle rédaction est devenu C. pr. exéc., art. R. 322-13).

1333.394 Délai à peine d'irrecevabilité. L'article R. 322-13 C. pr. exéc. dispose qu'« *à peine d'irrecevabilité, la déclaration sera effectuée par acte d'avocat déposé au greffe du juge de l'exécution dans un délai d'un mois suivant l'inscription* ». Sans doute, l'irrecevabilité sera la sanction du défaut de respect du délai, mais la rédaction de la phrase n'interdit pas d'envisager qu'une déclaration formée autrement que par acte d'avocat serait irrecevable. Il faudra donc respecter les deux conditions, de délai et de forme.

1333.395 Dénonce. Selon l'article 47 du décret du 27 juillet 2006, dans sa rédaction initiale, cette « *déclaration est dénoncée, dans les mêmes formes, le même jour ou le premier jour ouvrable suivant, au créancier poursuivant et au débiteur* ». Ici encore la rédaction du texte n'était pas fameuse. Pour la forme du dépôt de la déclaration, il était fait par acte d'avocat déposé au greffe, ce qui excluait le recours à un huissier de justice. Comment alors réaliser la dénonce au contradictoire du débiteur non représenté ? Le décret de 2009 a amélioré la réglementation en indiquant que la déclaration est dénoncée « *dans les mêmes formes ou par signification, le même jour ou le premier jour ouvrable suivant, au créancier poursuivant et au débiteur* ». La règle se trouve aujourd'hui à l'article R. 322-13 C. pr. exéc. *in fine*.

1333.396 Effet. Ces créanciers ont vocation à participer à la distribution mais leur sûreté ne sera pas opposable au créancier poursuivant. Les créances prendront donc rang après celle du poursuivant.

1333.397 Article R. 322-14 C. pr. exéc. : remise d'une copie des créances. L'article R. 322-14 C. pr. exéc. dispose que « *le créancier poursuivant se fait remettre par le greffe copie des créances produites en vue d'établir le projet de distribution prévu à l'article R. 332-3* ». Selon qu'il est lui-même titulaire d'une sûreté ou chirographaire, le poursuivant a ainsi une idée de ses chances d'être payé. Les créances garanties par des sûretés inscrites après la publication du commandement passeront après celle du poursuivant.

1. Civ. 2e, 1er oct. 2020, n° 19-15.612, P ; *Rev. prat. rec.* 2020. 9, chron. M. Draillard, qui admet que la contestation portant sur la tardiveté soit soulevée par un autre créancier inscrit au stade de la distribution du prix.
2. Civ. 2e, 13 juin 2024, n° 22-10.340, NP.
3. Civ. 2e, 28 juin 2018, n° 17-15.054, P ; *D. actu.* 11 juill. 2018, obs. G. Payan ; *Gaz. Pal.* 11 déc. 2018, p. 29, obs. J.-J. Ansault.

§ 2
Remise d'une copie des créances (disparition de l'état ordonné)

1333.401 **Évolution de la réglementation.** Initialement, le décret du 27 juillet 2006 (art. 48) avait mis à la charge du poursuivant l'établissement d'un état ordonné des créances selon leur rang. Le décret du 12 février 2009 l'a supprimé. L'établissement de cet état posait en effet plusieurs difficultés, notamment pour tenir compte des déclarations effectuées postérieurement par des créanciers inscrits, mais aussi parce qu'on s'interrogeait sur la valeur du classement des créances réalisé à ce stade par le poursuivant et encore parce que le JEX ne pouvait constater la vente amiable que tout autant que l'état ordonné lui était présenté.

Cette modification est effective depuis le 1er mars 2009, conformément à l'article 155 du décret du 12 février 2009, qui précise que les modifications sont applicables aux procédures en cours.

Les développements consacrés à l'élaboration de l'état ordonné des créances ont toutefois été maintenus afin de pouvoir vérifier la régularité d'une procédure achevée avant l'entrée en vigueur du décret de 2009, et pour laquelle le poursuivant aurait été soumis aux dispositions initiales de l'article 48.

CHAPITRE

1334. Audience d'orientation

ANNE LEBORGNE
PROFESSEUR ÉMÉRITE D'AIX-MARSEILLE UNIVERSITÉ

SECTION 0
ORIENTEUR

1334.00 **Sommaire du chapitre.**

Division. Le juge va apprécier la suite à donner à la mesure d'exécution engagée par le créancier. L'audience d'orientation permet ainsi au saisi de démontrer que le bien peut se vendre amiablement dans de bonnes conditions et de suspendre la saisie (sect. 1). Cette audience est encore l'occasion pour le juge de trancher l'ensemble des questions relatives à la saisie immobilière (sect. 2). L'audience d'orientation s'achève par un jugement (sect. 3).

1334.02 **Jurisprudence de référence.**

> Sursis à l'exécution des décisions du juge de l'exécution. Domaine d'application.

• **Civ. 2e, 18 déc. 1996**, no 95-12.602, P II, no 305
* V. ss nos 0222.11, 0842.31, 1334.211

Le premier président de la cour d'appel peut ordonner le sursis à l'exécution de toutes les décisions du juge de l'exécution, à l'exception de celles qui, dans les rapports entre créanciers et débiteurs, statuent sur les demandes dépourvues d'effet suspensif à moins qu'elles n'ordonnent la mainlevée d'une mesure.

> Saisie immobilière. Recevabilité des contestations et demandes incidentes formulées après le renvoi de l'audience d'orientation. Saisine de la cour d'appel en cas d'appel contre le jugement d'orientation personnel de l'astreinte.

• **Civ. 2e, 28 oct. 2008**, no 08-13.404, P II, no 226
* V. ss nos 0211.71, 0212.81, 0222.24, 1334.13, 1334.14, 1334.196, 1335.51, 1336.61, 1336.291

1o En cas de renvoi de l'audience d'orientation, les contestations et demandes incidentes formulées au plus tard à l'audience de renvoi sont recevables.

2o Il n'appartient qu'au seul juge de l'exécution de suivre la procédure postérieure à l'autorisation de la vente amiable. En renvoyant l'affaire à son audience pour vérifier les conditions de la réalisation de la vente après avoir autorisé le débiteur à vendre l'immeuble saisi à l'amiable, la cour d'appel viole les articles 54 et 58 du décret du 27 juillet 2006 [devenus art. R. 322-21 et R. 322-25 C. pr. exéc.].

> Saisie immobilière. Régime des exceptions de nullité pour irrégularité de forme du cahier des conditions de vente.

• **Civ. 2e, 1er oct. 2009,** no 08-19.104, P II, no 235

* V. ss nos 1333.32, 1333.234, 1334.151, 1335.171

En application de l'article 112 du Code de procédure civile, auquel renvoie l'article 11 du décret du 27 juillet 2006 relatif aux procédures de saisie immobilière et de distribution du prix d'un immeuble, la nullité pour irrégularité de forme du cahier des conditions de vente doit être invoquée, à peine d'irrecevabilité, avant toute défense au fond ou fin de non-recevoir.

> Saisie immobilière. Irrecevabilité des contestations et demandes incidentes présentées postérieurement à l'audience d'orientation.

• **Civ. 2e, 11 mars 2010,** no 09-13.312, P II, no 55

* V. ss nos 1334.14, 1334.104, 1334.196

Le juge de l'exécution ayant le pouvoir de modifier, en cas de besoin, la date de l'audience à laquelle sera ordonnée, sur saisie immobilière, la vente forcée d'un bien, le moyen qui critique la cour d'appel d'avoir elle-même fixé la date de cette audience devant le juge de l'exécution est inopérant.

À peine d'irrecevabilité prononcée d'office, aucune contestation ni aucune demande incidente ne peut, sauf disposition contraire, être formée après l'audience d'orientation, à moins qu'elle porte sur les actes de procédure postérieurs à celle-ci. Par suite, viole les articles 125 du Code de procédure civile et 6 du décret no 2006-936 du 27 juillet 2006, la cour d'appel qui rejette, comme non fondées, les demandes d'annulation du commandement valant saisie, de dommages-intérêts et de compensation, alors que ces demandes, formées pour la première fois en cause d'appel, avaient été présentées par le débiteur saisi après l'audience d'orientation, à laquelle il n'avait pas comparu, et ne portaient pas sur des actes postérieurs à celle-ci, de sorte qu'elles devaient être déclarées d'office irrecevables.

> Saisie immobilière. Demande d'aide juridictionnelle.

• **Civ. 2e, 24 juin 2010,** no 08-19.974, P II, no 120

* V. ss nos 0143.91, 1331.91, 1333.104, 1334.13, 1341.82

Commet un excès de pouvoir et viole l'article 25 de la loi du 10 juillet 1991 relative à l'aide juridictionnelle et l'article 6 de la Convention de sauvegarde des droits de l'homme et des libertés fondamentales, le juge qui procède à la vente forcée d'un bien, sans s'assurer que le débiteur saisi, qui avait sollicité l'aide juridictionnelle, avait été informé de la décision rendue sur cette demande et du nom de l'avocat désigné à ce titre.

> Saisie immobilière. Saisine de la cour d'appel statuant sur appel d'un jugement d'orientation.

• **Civ. 2e, 10 févr. 2011,** no 10-11.944, P II, no 39

* V. ss nos 1334.14, 1334.196

Statuant en appel d'un jugement d'orientation, la cour d'appel est tenue d'examiner le moyen présenté par le débiteur saisi qui n'avait pas comparu à l'audience d'orientation, tendant à la nullité de l'assignation qui lui avait été délivrée pour cette audience.

Dès lors qu'elle rejette cette contestation, la cour d'appel est tenue de relever, d'office, l'irrecevabilité de toutes les demandes formulées devant elle par le débiteur saisi, non comparant à l'audience d'orientation.

> Saisie immobilière. Office du juge de l'exécution.

• **Civ. 2e, 31 janv. 2013,** no 12-12.670, P II, no 21

* V. ss nos 1334.13, 1334.50, 1334.104, 1334.143

Le juge de l'exécution n'est pas tenu de relever d'office le dépassement du délai dans lequel doit être délivrée l'assignation à comparaître à l'audience d'orientation et la caducité qui en résulte, en application de l'article 12 du décret no 2006-936 du 27 juillet 2006, devenu R. 311-11 du Code des procédures civiles d'exécution.

> Saisie immobilière. Irrecevabilité des contestations et demandes formées prématurément.

• **Civ. 2e, 21 nov. 2024,** no 22-12.499, B

* V. ss nos 1334.16, 1334.41, 1334.102, 1334.104,

1o Hors les cas prévus par la loi, telle la demande de vente amiable de l'immeuble saisi prévue à l'article R. 322-20 du Code des procédures civiles d'exécution, les contestations qui s'élèvent à l'occasion de la procédure de saisie immobilière et les demandes nées de cette procédure ou s'y rapportant directement ne peuvent être formées par le débiteur, à peine d'irrecevabilité, qu'à l'audience d'orientation à laquelle ce dernier est assigné à comparaître, selon les formes prescrites à l'article R. 311-6 du Code des procédures civiles d'exécution.

2o La décision déclarant irrecevables les contestations et demandes formées par le débiteur avant l'expiration du délai imparti au créancier pour assigner à l'audience d'orientation, qui n'est pas revêtue de l'autorité de la chose jugée, ne saurait faire échec à l'examen de ces contestations et demandes si elles étaient à nouveau formées lors de l'audience d'orientation.

SECTION 1

RÈGLES DE PROCÉDURES À L'AUDIENCE D'ORIENTATION

1334.11 **Enjeux.** L'audience d'orientation, qui obéit à des règles propres, est destinée à vérifier la régularité de la procédure d'exécution, à statuer sur les éventuelles contestations et demandes incidentes et à déterminer les modalités de poursuite de la procédure en autorisant la vente amiable à la demande du débiteur ou en ordonnant la vente forcée.

1334.12 **Une audience obligatoire.** Sous l'empire du décret-loi de 1938, l'audience éventuelle se révélait inutile si aucune partie n'avait rien à demander au tribunal. Il n'y avait donc d'audience que si des dires, recevables ou non, avaient été formés. Depuis la réforme de la procédure de saisie immobilière, cette audience est obligatoire, le juge de l'exécution (JEX) qui devra contrôler et orienter la procédure de saisie immobilière aura ainsi obligatoirement connaissance de la mesure d'exécution avant l'audience d'adjudication et pourra la suspendre. Désormais, cette audience ouvre une instance qui ne prendra fin qu'à l'extinction de la procédure de saisie immobilière, c'est-à-dire, parce que la saisie de l'immeuble et la distribution du prix constituent les deux phases d'une même procédure[1], lorsque le JEX ne pourra plus être saisi d'une contestation à l'occasion de la saisie immobilière[2].

1334.13 Date à laquelle elle se tient. Sous l'empire du décret-loi de 1938, l'audience éventuelle ne se renvoyait pas. Le décret de 2006 n'a ni interdit ni explicitement admis le renvoi de l'audience d'orientation et l'article 7, devenu l'article R. 311-6 C. pr. exéc.[3], précise que l'examen des contestations et demandes incidentes ne suspend pas le cours de la procédure. Certains juges du fond en avaient déduit l'impossibilité de renvoyer l'audience d'orientation. Toutefois, en 2008, la deuxième chambre civile de la Cour de cassation a implicitement admis la faculté de renvoi de l'audience et en a déduit la recevabilité des contestations et demandes présentées lors de l'audience de renvoi[4]. Il est en effet apparu aux magistrats qu'il était « *difficile, faute d'un texte clair et impératif, de limiter les droits des parties avant même que l'audience n'ait eu lieu* »[5]. Le renvoi peut au demeurant, permettre au saisi de constituer avocat, voire d'attendre la désignation d'un avocat au titre de l'aide juridictionnelle[6]. Comment alors déterminer la **date de l'audience d'orientation** ? Ce qui compte n'est pas la date pour laquelle les parties ont été assignées mais celle à laquelle le juge va réellement examiner les contestations et les demandes. Ainsi, soit l'audience d'orientation s'est tenue, et peu importe alors que le tribunal n'ait pas totalement vidé son délibéré ou qu'il ait ordonné un sursis à statuer[7], soit l'affaire n'a pas été examinée lorsqu'elle a été appelée et elle le sera à la date à laquelle elle a été renvoyée. Il est encore possible que l'audience se soit tenue mais que le juge ordonne une réouverture totale des débats ; dans ce cas, l'audience d'orientation se tiendra à l'audience à laquelle l'affaire est rappelée[8]. En revanche, une fois l'audience tenue, il ne sera pas possible de développer des arguments au moyen d'une note en délibéré[9].

1334.14 Une audience qui couvre les nullités de forme et de fond. Selon l'article 6 du décret du 27 juillet 2006[10], devenu l'article R. 311-5 C. pr. exéc., à peine d'irrecevabilité, aucune contestation ni aucune demande incidente ne peuvent, sauf disposition contraire, être formées après l'audience d'orientation, à moins qu'elles portent sur des actes de procédure postérieurs à celle-ci. Cette disposition a donné lieu à de vifs débats. Devait-on en déduire qu'une fois l'audience d'orientation passée, il serait trop tard pour former une demande ou élever une contestation alors que par ailleurs, le jugement d'orientation était susceptible d'appel ? Les juges du fond étaient partagés et la Cour de cassation a tranché en faveur d'une interprétation stricte des dispositions de l'article 6 du décret : formées pour la première fois en cause d'appel par le débiteur saisi qui n'avait pas comparu lors de l'audience d'orientation, les demandes d'annulation du commandement valant saisie, de dommages et intérêts et de compensation, devaient être d'office déclarées irrecevables, au visa de l'article 6 du décret de 2006[11], devenu l'article R. 311-5 C. pr. exéc. Ainsi, que le débiteur n'ait pas comparu, qu'il ait comparu seul sans avocat – ce qui exclut que le juge statue sur les contestations ainsi formées (v. s[s] nº 1335.42) – ou que régulièrement représenté il ait omis de soulever certaines contestations, la solution sera identique : formées pour la première fois en cause d'appel, les contestations et demandes doivent être regardées comme présentées après l'audience d'orientation de sorte que leur irrecevabilité doit être prononcée d'office au visa de l'article R. 311-5 C. pr.

1. Cass., avis, 16 mai 2008, nº 08-00.002, P, nº 3 ; *D.* 2009. Pan. 1168, obs. A. Leborgne ; *JCP* 2008. II. 10134, obs. C. Laporte.
2. Civ. 2e, 2 mars 2023, nº 20-20.776, B ; *D.* 2023. 510 ; *Rev. prat. rec.* 2023. 5, chron. I. Faivre – Sur les conséquences de cette analyse, en termes de prescription, v. *D.* 2023. Pan. 1282 et spéc. 1290, obs. A. Leborgne.
3. Décr. nº 2012-783, 30 mai 2012, relatif à la partie réglementaire du Code des procédures civiles d'exécution, *JO* 31 mai, p. 9375.
4. Civ. 2e, 23 oct. 2008, nº 08-13.404, P II, nº 226 ; *D.* 2008. 3120, note A. Leborgne.
5. V. les obs. de M. le conseiller référendaire J.-M. Sommer, *D.* 2009. Chron. 768.
6. EN CE SENS, Paris, 8e ch., 30 oct. 2008, *Juris-Data* nº 375000 – Civ. 2e, 24 juin 2010, nº 08-19.974, P II, nº 120 ; *D.* 2011. 1509, obs. A. Leborgne : la Cour de cassation juge que « *commet un excès de pouvoir et viole l'article 25 de la loi du 10 juillet 1991 relative à l'aide juridictionnelle et l'article 6 de la Convention de sauvegarde des droits de l'homme et des libertés fondamentales, le juge qui procède à la vente forcée d'un bien, sans s'assurer que le débiteur saisi, qui avait sollicité l'aide juridictionnelle, avait été informé de la décision rendue sur cette demande et du nom de l'avocat désigné à ce titre* » – Civ. 2e, 16 mai 2012, nº 11-14.449, P II, nº 86 ; *Dr. et proc.* sept. 2012, obs. A. Leborgne : la deuxième chambre civile le rappelle, au visa des art. 25 de la loi nº 91-647 du 10 juillet 1991 relative à l'aide juridique et 6 § 1 Conv. EDH, « *le bénéficiaire de l'aide juridictionnelle a droit à l'assistance d'un avocat* ». Aussi, le JEX doit-il attendre, pour tenir l'audience, que le recours formé contre la décision de rejet de la demande d'aide juridictionnelle ait été jugé.
7. Civ. 2e, 17 nov. 2011, nº 10-25.439, P II, nº 216.
8. Civ. 2e, 5 déc. 2013, nº 12-26.980, P II, nº 233.
9. Civ. 2e, 31 janv. 2013, nº 12-12.670, P II, nº 21.
10. Décr. nº 2006-936, 27 juill. 2006, relatif aux procédures de saisie immobilière et de distribution du prix d'un immeuble, *JO* 29 juill., p. 11316.
11. Civ. 2e, 11 mars 2010, nº 09-13.312, P II, nº 55 ; *D.* 2010. AJ 771, obs. V. Avena-Robardet ; *D.* 2011. Pan. 1509, obs. A. Leborgne ; *Dr. et proc.* 2010. 189, obs. A. Leborgne ; *JCP* 2010. 345, note C. Laporte.

exéc.[1] Il s'agit d'une fin de non-recevoir d'ordre public[2]. Cette règle s'applique à toutes les parties appelées à l'audience d'orientation, y compris au poursuivant[3]. Mais cette obligation ne s'applique pas aux tiers à l'instance, lesquels par définition n'auront pas été assignés[4].

Quels peuvent être alors, dans ce cas, l'objet et l'intérêt de l'appel du jugement d'orientation si le débiteur ne peut former ni demandes ni contestations ? Pour répondre à cette question, il faut préciser qu'en 2008[5], la Cour de cassation a jugé que l'appel du jugement d'orientation était un appel dont l'effet dévolutif était limité à l'incident en cause. Dès lors qu'aucune contestation n'a été formée devant le JEX lors de l'audience d'orientation, il n'y aura rien à examiner au second degré. Toutefois, l'appel demeure ouvert car, *d'une part*, pourront toujours être soulevés des moyens révélés par le jugement lui-même, voire des fins de non-recevoir et, *d'autre part*, le débiteur qui n'aurait pas été régulièrement assigné pour l'audience d'orientation pourra toujours faire valoir en appel ses demandes et contestations[6] (v. s^s n° 1334.196).

Reste que l'on a pu se demander si cette rigueur ne fermait pas un accès au juge et, ainsi, si cette jurisprudence n'était pas contraire aux dispositions de l'article 6 § 1er de la Convention européenne de sauvegarde des droits de l'homme et des libertés fondamentales[7] ? Toutefois, les dispositions de l'article 6 du décret de 2006, devenu l'article R. 311-5 C. pr. exéc., n'interdisent pas de relever appel mais restreignent seulement l'objet de celui-ci.

Ainsi, la cour d'appel de Bordeaux[8] avait-elle écarté le moyen tiré de la violation de l'article 6, § 1er Conv. EDH en jugeant *d'une part* que « *le droit à un tribunal se prête à des limitations et n'impose ni la nécessité de créer un double degré de juridiction ni* a fortiori *d'interdire une limitation au droit de saisir la juridiction d'appel* » et *d'autre part* que « *la restriction imposée n'atteint pas le droit d'accès dans sa substance même et qu'elle a un but légitime* [...] ; *le but poursuivi par cet article est d'éviter des recours dilatoires afin de bloquer le déroulement de la procédure alors que le créancier bénéficie d'un titre exécutoire* [...] ; *il existe donc bien un rapport raisonnable entre les moyens employés pour permettre l'exécution du titre exécutoire et la nécessité d'éviter les recours limitant le déroulement de la procédure* ».

La deuxième chambre civile a par la suite affirmé qu'« *en matière de saisie immobilière, la règle selon laquelle à peine d'irrecevabilité aucune contestation ni aucune demande incidente ne peut, sauf disposition contraire, être formée après l'audience d'orientation à moins qu'elle ne porte sur des actes de procédure postérieurs à celle-ci, ne méconnaît pas les exigences de l'article 6 § 1 de la Convention de sauvegarde des droits de l'homme et des libertés fondamentales* »[9].

Il est vrai que le saisi pourra toujours, en appel, soulever une fin de non-recevoir concernant, selon l'article 122 C. pr. civ., le défaut de qualité, le défaut de droit d'agir, le défaut d'intérêt, la prescription, le délai préfix et la chose jugée, et ainsi invoquer une violation de ses droits fondamentaux.

1334.15 Date. Le créancier doit assigner dans les deux mois de la publication du commandement et l'assignation doit être délivrée dans un délai compris entre un et trois mois avant la date d'audience (C. pr. exéc., art. R. 322-4 – v. s^s n°s 1333.41 s.).

1334.16 Saisine du juge de l'exécution par le saisi. Le commandement de payer valant saisie ayant informé le saisi de ce qu'il pourrait vendre amiablement s'il y était autorisé par le juge, celui-ci est en droit de saisir le juge afin de faire examiner cette demande[10], sans attendre d'être assigné par le poursuivant, mais dans ce cas le ministère d'avocat sera obligatoire conformément aux dispositions de l'article R. 311-4 C. pr. exéc. (v. s^s n° 1334.18). Le saisi fera délivrer une assignation au poursuivant et il devra également faire venir à l'audience les créanciers révélés par un état hypothécaire. Il devra donc lever un état hors formalité à cette fin.

1. AINSI, pour une offre de retrait litigieux faite en appel : Civ. 2e, 4 déc. 2014, n° 13-25.433, P II, n° 245 – Civ. 2e, 25 juin 2015, n° 14-18.967, P II, n° 179, pour des contestations portant sur l'exigibilité de la créance du débiteur principal qui a obtenu des délais dans le cadre d'un plan de surendettement.
2. Une cour d'appel doit donc prononcer d'office l'irrecevabilité des contestations formées par le débiteur dès lors qu'il a été régulièrement assigné à l'audience d'orientation, que les contestations ne sont pas antérieures à cette audience et qu'elles ne portent pas sur des actes qui lui sont postérieurs : Civ. 2e, 10 févr. 2011, n° 10-11.944, P II, n° 39.
3. Civ. 2e, 22 juin 2017, n° 16-18.343, P II, n° 148 ; *D.* 2017. Actu. 1370 ; *D.* 2017. Pan. 1230, obs. A. Leborgne ; *Gaz. Pal.* 19 déc. 2017, p. 42, obs. C. Brenner – Civ. 2e, 14 nov. 2019, n° 18-21.917, P ; *D. actu.* 4 déc. 2019, obs. F. Kieffer ; *D.* 2019. 2256.
4. Civ. 2e, 4 déc. 2014, n° 13-24.870, P II, n° 244 ; *D.* 2014. 2534 ; *Procédures* 2015, n° 335, obs. C. Laporte ; *RD banc. fin.* 2015, n° 51, obs. S. Piedelièvre.
5. Civ. 2e, 23 oct. 2008, n° 08-13.404, P (préc., v. s^s n° 1334.13).
6. Ainsi, statuant en appel d'un jugement d'orientation, la cour d'appel est tenue d'examiner le moyen présenté par le débiteur saisi qui n'avait pas comparu à l'audience d'orientation, tendant à la nullité de l'assignation qui lui avait été délivrée pour cette audience : Civ. 2e, 10 févr. 2011, n° 10-11.944, P (préc., v. s^s prés^t n^o).
7. EN CE SENS, Montpellier 5 févr. 2009, *Gaz. Pal.* 25 juin 2009, p. 16, obs. C. Hugon.
8. Bordeaux, 5e ch. civ., 4 oct. 2010, RG n°s 10/4291 et 10/5370.
9. Civ. 2e, 17 nov. 2011, n° 10-26.784, P II, n° 214.
10. Mais une contestation ou une autre demande, formées sans attendre l'audience d'orientation seront irrecevables : Civ. 2e, 21 nov. 2024, n° 22-12.499, B.

1334.17 Parties à la procédure. Le saisi a été assigné mais peut être défaillant. Les créanciers inscrits ont été également invités à se présenter à la suite de la dénonce du commandement de payer valant saisie qui vaut assignation à comparaître (v. s[s] n°s 1333.110 s.).

1334.18 Ministère d'avocat. Le principe en est posé à l'article R. 311-4 C. pr. exéc., qui admet toutefois d'y déroger par dispositions contraires.

Les auteurs de la réforme ont jugé que le ministère d'avocat n'était pas nécessaire au saisi qui souhaitait vendre son bien amiablement ; l'article R. 322-17 C. pr. exéc. l'en dispense donc pour former cette demande[1] et pour celle tendant à la suspension de la procédure pour cause de surendettement pour lesquelles ce ministère est expressément écarté.

Toutefois, s'agissant d'autres demandes, contestation ou demande incidente, le principe retrouve sa force. Le saisi en est au demeurant avisé dans l'assignation conformément à la septième mention de l'article R. 322-5 C. pr. exéc.

Le poursuivant comme les créanciers inscrits devront donc toujours être représentés. Pour le saisi, tout dépendra de l'objet de sa demande[2].

1334.19 Procédure orale ou écrite ? Selon l'article R. 322-15 alinéa 1er C. pr. exéc., le juge commence par entendre les parties présentes ou représentées. Parce que le saisi peut se dispenser du ministère d'avocat pour former une demande de vente amiable, l'article R. 322-17 C. pr. exéc. indique expressément que la demande peut être formée verbalement. La Cour de cassation a jugé que cette demande pouvait également être formée verbalement par l'avocat du saisi[3].

Toutefois, selon l'article R. 311-6 C. pr. exéc., les contestations ou demandes incidentes devront être déposées par conclusions signées d'un avocat, ce qui n'exclut pas que les avocats développent oralement les demandes contenues dans leurs conclusions. Les règles procédurales de la saisie immobilière dérogent aux principes posés par le décret du 31 juillet 1992, dont les règles sont codifiées au livre Ier du Code des procédures civiles d'exécution, et qui demeurent applicables aux procédures d'exécution mobilières.

1. Mais elle peut également être formée par l'avocat du saisi, et dans ce cas, verbalement : Civ. 2e, 7 avr. 2016, no 15-14.856, P II, no 105 ; *D.* 2017. 1396, obs. A. Leborgne ; *Gaz. Pal.* 21 juin 2016, p. 45, note C. Brenner ; *Gaz. Pal.* 31 août 2016, p. 80, note L. Lauvergnat ; *RD banc. fin.* 2016, no 123, note S. Piedelièvre ; *Procédures* 2016, no 198, obs. C. Laporte.
2. Si le saisi conteste la procédure de saisie, la contestation devra être formée par avocat ; à défaut, elle sera irrecevable : Paris, 8e ch., 11 sept. 2008, *Juris-Data* no 004377.
3. Civ. 2e, 7 avr. 2016, no 15-14.856, P (préc., v. s[s] no 1334.18).

1334.20 Une audience qui fixe le cahier des conditions de vente. Comme sous l'empire du décret-loi de 1938, à l'issue de cette audience, le cahier des conditions de vente ne pourra être modifié.

Il a été jugé que l'adjudicataire n'était pas recevable à invoquer l'illicéité d'une clause de nature à modifier directement ou indirectement l'ordre dans lequel le prix de vente sera réparti entre les créanciers[4].

SECTION 2
POUVOIRS DU JUGE DE L'EXÉCUTION

1334.30 Plan. Le JEX est juge du principal (§ 1). Il doit effectuer d'office certaines vérifications (§ 2). En outre, s'il a été saisi d'une demande ou d'une contestation, il devra l'examiner en tout état de cause (§ 3), avant d'orienter la vente (§ 4).

§ 1
Le juge de l'exécution, juge du principal

1334.41 Compétence étendue et exclusive. La compétence du JEX est délimitée par l'article L. 213-6 du COJ. De la combinaison des alinéas 1er et 3, il ressort qu'il connaît de manière exclusive, des difficultés relatives aux titres exécutoires même si elles portent sur le fond du droit à moins qu'elles n'échappent à la compétence des juridictions de l'ordre judiciaire[5] ; en saisie immobilière, il connaît sous la même réserve, des contestations qui s'élèvent à l'occasion de celle-ci et des demandes nées de cette procédure ou s'y rapportant directement, même si elles portent sur le fond du droit[6].

Le JEX statue comme juge du principal (C. pr. exéc., art. R. 121-14)[7], et se prononce y compris sur des questions relevant du fond du droit (COJ, art. L. 213-6)

4. Civ. 2e, 18 févr. 1999, no 97-12.323, P II, no 30.
5. Civ. 2e, 16 janv. 2025, no 22-15.627, B : il résulte de la loi des 16 et 24 août 1790 et des articles L. 199 et L. 281 du LPF que le juge administratif est seul compétent pour statuer sur la question de la prescription de l'action en recouvrement d'impôts directs. N'étant pas compétent pour statuer sur la contestation relative à la prescription de l'action en recouvrement des impositions concernées, le juge judiciaire doit seulement, dans ce cas, vérifier, en application de l'article 49, alinéa 2 C. pr. civ., si cette question soulève ou non une difficulté sérieuse justifiant de saisir la juridiction administrative d'une question préjudicielle.
6. Sur l'irrecevabilité des contestations formées avant l'audience d'orientation, v. Civ. 2e, 21 nov. 2024, no 22-12.499, B (préc. s[s] no 1334.16).
7. V. S. Lemoine et E. de Leiris, « Le juge de l'exécution, juge du principal », *in* L. Flise et E. Jeuland (dir.), *L'exécution forcée : des procès dans le procès ? Actes des 7es rencontres de procédure civile*, IRJS éd., 2017, p. 61 s.

de sorte que ses décisions ont, sauf disposition contraire, autorité de la chose jugée au principal[1].

C'est cette autorité de la chose jugée dont est revêtu le jugement d'orientation qui rend irrecevable toute contestation portant sur la procédure antérieure à l'audience d'orientation[2]. Toutefois, si le JEX est saisi par le débiteur d'une contestation, avant l'expiration du délai imparti au créancier pour l'assigner à l'audience d'orientation, la deuxième chambre civile a jugé que la décision déclarant irrecevable la contestation n'était pas revêtue de l'autorité de chose jugée ; ainsi, elle ne saurait faire échec à l'examen de contestations et demandes si elles étaient présentées lors de l'audience d'orientation[3].

§ 2
Vérifications du juge

1334.50 **Plan.** Selon l'article R. 322-15 C. pr. exéc., le JEX va vérifier d'office si les conditions posées dans les articles L. 311-2, L. 311-4 et L. 311-6 C. pr. exéc.[4] sont réunies. Il s'agit de savoir si le créancier est titré et si le bien objet de la saisie immobilière est saisissable.

En revanche, ni le Code civil ni le Code des procédures civiles d'exécution ne mettent à la charge du JEX le contrôle d'office du montant de la créance du poursuivant[5] qui doit seulement la mentionner dans son jugement. Le JEX n'est pas non plus tenu de vérifier la régularité de sa saisine[6].

Il est curieux que le décret n'ait pas mis également à la charge du juge la vérification du bien-fondé de la saisie, c'est-à-dire l'absence d'abus (C. pr. exéc., art. L. 111-7 et L. 121-2) ou la proportionnalité de l'action du créancier, en visant l'article L. 311-5 C. pr. exéc. Il appartiendra donc au saisi de soulever cette contestation, s'il le souhaite[7] (sur les restrictions au droit du créancier en matière immobilière, v. s[s] n°s 1317.05 s.).

A.
Vérification du titre exécutoire (C. pr. exéc., art. L. 311-2 et L. 311-4)

1334.61 **Un titre exécutoire constatant une créance liquide et exigible.** L'analyse des conditions de l'action du créancier et des articles L. 311-2 et L. 311-4 C. pr. exéc. ayant été opérée en détail au titre du chapitre 1311, consacré au créancier, il y sera renvoyé le lecteur.

On rappellera simplement que tout créancier qui veut entreprendre une procédure d'exécution doit être porteur d'un **titre exécutoire constatant une créance liquide et exigible.** Le principe, déjà posé à l'article L. 111-2 C. pr. exéc., est affirmé également à l'article L. 311-2 C. pr. exéc. Au stade de l'audience d'orientation, l'article R. 322-15 impose au JEX après avoir entendu les parties présentes ou représentées, de vérifier que le créancier est bien porteur d'un tel titre exécutoire[8]. Il s'agit donc bien d'un **pouvoir d'office.** Dès lors, il est sans effet que le débiteur lui-même n'ait pas contesté l'existence de la créance censée être consacrée par le titre fondant la délivrance du commandement de payer valant saisie immobilière le visant[9].

1. En conséquence, la radiation du commandement de saisie, en suite d'un jugement ayant ordonné sa mainlevée, ne fait pas obstacle à l'examen par la cour d'appel des contestations élevées par l'appelant à l'encontre de ce jugement : Civ. 2e, 11 mai 2017, n° 16-15.473, P – De même, pour la caducité du commandement : Civ. 2e, 2 juin 2016, n° 15-12.828, P. En effet, si la mesure d'exécution disparaît, y compris rétroactivement, cela ne modifie pas pour autant les données de la contestation tranchée par le JEX, pour laquelle le jugement conserve toute son autorité. L'autorité de chose jugée sur le fond à l'occasion d'une contestation de la mesure d'exécution survit donc à la disparition de cette mesure d'exécution.
2. Civ. 2e, 21 févr. 2019, n° 18-10.362, P : ainsi, une contestation portant sur la régularité de la signification des actes de procédure antérieurs à l'audience d'orientation ne pourra être soulevée que dans le cadre de l'appel du jugement d'orientation. En revanche, des contestations se rapportant à des actes postérieurs à l'audience d'orientation, comme des contestations qui, nées postérieurement à celle-ci, seraient de nature à empêcher la poursuite de la saisie, seront recevables après l'audience d'orientation.
3. Civ. 2e, 21 nov. 2024, n° 22-12.499, B (préc. s[s] n° 1334.16 et prés[t] n°).
4. Ord. n° 2011-1895, 19 déc. 2011, relative à la partie législative du Code des procédures civiles d'exécution, *JO* 20 déc., p. 21464.
5. Ainsi, en l'absence de contestation sur ce point, le juge ne peut d'office réduire la créance du poursuivant et le montant de celle-ci doit être retenu à la somme figurant au commandement de payer valant saisie : Paris, 14 févr. 2008, *D.* 2009. Pan. 1168, obs. A. Leborgne ; *Gaz. Pal.* 27-28 févr. 2008, p. 20, obs. G.-A. Sillard ; *Dr. et patr.* nov. 2008. 100, obs. P. Crocq ; *RD banc. fin.* 2008. Comm. 58, obs. S. Piedelièvre – Mais le juge peut réévaluer la créance du poursuivant, lorsqu'il est saisi de cette demande : Civ. 2e, 24 sept. 2015, n° 14-20.009, P II, n° 221.
6. ET, PAR EX., de relever d'office le dépassement du délai pour assigner : Civ. 2e, 31 janv. 2013, n° 12-12.670, P II, n° 21 ; *Dr. et proc.* avr. 2013, p. 96, obs. A. Leborgne.
7. POUR UN EXEMPLE, Civ. 2e, 22 juin 2017, n° 16-18.901, P II, n° 147, qui juge, au visa de l'art. L. 111-8 C. pr. exéc., qu'est fondé à poursuivre la saisie pour obtenir le règlement des frais de celle-ci le poursuivant qui a été désintéressé des causes du commandement de payer valant saisie, les frais de poursuite étant l'accessoire de la dette.
8. On sait depuis plusieurs années qu'il est possible pour le saisi de contester la validité du titre s'il s'agit d'un acte notarié : Civ. 2e, 18 juin 2009, n° 08-10.843, P – Civ. 2e, 7 déc. 2017, n° 16-19.336, P II, n° 227 ; *D.* 2017. Pan. 1230, obs. A. Leborgne ; *JCP* 2018. 45, note C. Laporte ; *Gaz. Pal.* 19 déc. 2017, p. 24, note P.-L. Boyer ; *Dr. et proc.* 2018. 52, note F. Vinckel – C'est encore le cas pour un accord transactionnel homologué : Civ. 2e, 28 sept. 2017, n° 16-19.184, P – Civ. 2e, 14 sept. 2022, n° 17-15.388, B.
9. Civ. 2e, 7 déc. 2017, n° 16-19.336, P (préc. s[s] prés[t] n° et n° 1334.195).

Toutefois, ce pouvoir de vérification d'office a d'abord semblé avoir des limites, la Cour de cassation ayant déduit de l'article R. 322-15 C. pr. exéc. que si le JEX était tenu d'effectuer cette vérification, il n'avait toutefois pas l'obligation de relever d'office la prescription du titre servant de fondement aux poursuites[1]. Cela était tout de même curieux car l'article L. 311-2 C. pr. exéc. précise bien que le titre doit constater une créance liquide et exigible ; or, si le titre est prescrit, la créance ne sera plus exigible. Ne devrait-on pas alors admettre que le juge effectue également cette vérification ? D'autant plus que le caractère exécutoire du titre peut être contesté. Une telle contestation constituera non une exception de procédure, mais une défense au fond, pouvant à ce titre être soulevée en tout état de cause[2].

1334.62 Super pouvoirs du JEX[3] et devoirs tirés du droit de la consommation[4]. Depuis quelques années, la réflexion sur les pouvoirs du JEX s'est approfondie. Parce qu'il est juge du principal, il fallait en déduire que le JEX exerce l'office qui lui est imparti non seulement par le Code de procédure civile et le Code des procédures civiles d'exécution mais encore par des dispositions particulières. Or, dans le domaine des relations de consommation, le JEX peut être amené à se prononcer sur le caractère abusif de certaines clauses[5]. La Cour de cassation avait déjà eu l'occasion de dire que le JEX devait avoir **un rôle actif en phase d'exécution de la décision rendue**[6] mais il semblait, en l'état de l'article R. 121-1 alinéa 2 C. pr. exéc., qui lui interdit de modifier le dispositif de la décision de justice qui sert de fondement aux poursuites, que cela ne pouvait pas aller jusqu'à remettre en cause un titre exécutoire judiciaire. C'était oublier le droit communautaire et la directive n° 93/13/CEE du Conseil du 5 avril 1993[7], transposée en droit interne par la loi n° 95-96 du 1er février 1995[8], qui a introduit l'article L. 132-1 C. consom., devenu l'article L. 212-1 C. consom. actuellement en vigueur : la Cour de justice de l'Union européenne (CJUE) a affirmé l'importance du juge national dans la **lutte contre les clauses abusives dans les contrats conclus avec les consommateurs**[9], comme lorsque le titre est judiciaire et donc y compris lorsque cela implique de remettre en cause le titre exécutoire sur lequel se fondent les poursuites[10]. Ainsi, l'autorité de chose jugée ne fait pas obstacle, en soi, à ce que le juge national soit tenu d'apprécier, à la demande des parties ou d'office, le caractère éventuellement abusif d'une clause, même au stade d'une mesure d'exécution forcée, dès lors que cet examen n'a pas été effectué à l'occasion du précédent contrôle juridictionnel ayant abouti à la décision revêtue de l'autorité de chose jugée et tout autant que le juge national dispose des éléments de droit et de fait nécessaires à cet effet. La conséquence de cette jurisprudence est que désormais le JEX est tenu de s'interroger systématiquement[11] sur l'existence de clauses abusives dans les contrats conclus avec les consommateurs, dans les titres notariés comme dans les titres judiciaires portant condamnation de consommateurs sur le fondement d'un contrat de consommation[12].

Pour le JEX, **cette logique européenne, non seulement heurte l'autorité de chose jugée des titres judiciaires mais soulève des problèmes de mise en œuvre pratique.** Le JEX de Paris a donc saisi pour avis la Cour de cassation le 11 janvier 2024[13] et la réponse, tout en consacrant la prééminence du droit européen et l'obligation pour le juge national d'appliquer le droit communautaire, a cherché à circonscrire le travail du JEX dans des limites[14]. La Cour com-

1. Civ. 2e, 11 janv. 2018, n° 15-27.941, P II, n° 1 ; *D. actu.* 7 févr. 2018, obs. L. Camensuli-Feuillard ; *D.* 2018. Pan. 1129, obs. A. Leborgne ; *AJDI* 2018. 451, obs. F. de La Vaissière ; *Procédures* 2018, n° 78, obs. C. Laporte ; *Gaz. Pal.* 19 juin 2018, p. 47, obs. C. Brenner ; *RD banc. fin.* 2018, n° 46, obs. S. Piedelièvre.
2. Civ. 2e, 5 sept. 2019, n° 17-28.471, P ; *D.* 2019. 1716 ; *RTD civ.* 2019. 923, obs. Ph. Théry ; *JCP* 2019. 1052, note K. Salhi ; *D.* 2020. Pan. 1387, obs. A. Leborgne ; *Gaz. Pal.* 5 nov. 2019, p. 73, note L. Lauvergnat ; *ibid.* 10 déc. 2019, p. 30, obs. C. Brenner.
3. G. Poissonnier, « Les nouveaux superpouvoirs du juge de l'exécution en droit de la consommation », *D.* 2022. 1162.
4. J.-D. Pellier, « Voies d'exécution et droit de la consommation », *in La civilisation des procédures civiles d'exécution : universalité ou variabilité ? Une approche combinée Droit de l'exécution – Droits substantiels* », Colloque Strasbourg, 3 déc. 2024, à paraître.
5. EN CE SENS, Cass., avis, 12 avr. 2018, n° 18.70-004.
6. Cass., avis, 4 juill. 2016, n° 16-70.004, P ; *D.* 2017. 539, obs. E. Poillot ; *ibid.* 1388, obs. A. Leborgne.
7. Dir. n° 93/13/CEE, Conseil, 5 avr. 1993, concernant les clauses abusives dans les contrats conclus avec les consommateurs, *JOCE*, L 95, 21 avr., p. 29.
8. L. n° 95-96, 1er févr. 1995, concernant les clauses abusives et la présentation des contrats et régissant diverses activités d'ordre économique et commercial, *JO* 2 févr.
9. CJUE 17 mai 2022, Impuls Leasing Romania, aff. C-725/19 – CJUE 18 janv. 2024, SPV Project 1503, aff. C-693/19.
10. CJUE 26 janv. 2017, Banco Primus, aff. C-21/14 – CJUE 17 mai 2022, Banco di Desio e della Brianza e.a., aff. C-693/19 et C-831/19 – CJUE 17 mai 2022, Ibercaja Bancoaff, aff. C-600/19, *D.* 2022. 989 ; *D.* 2023. 616, obs. E. Poillot ; *ibid.* 1286, obs. J.-D. Pellier.
11. En cours de mesure d'exécution mais encore, une fois la procédure d'exécution achevée, si une demande en réparation est formée par le débiteur : EN CE SENS, CJUE 17 mai 2022, Ibercaja Bancoaff, aff. C-600/19 (préc. s^s prés^t n°).
12. Civ. 1re, 22 mars 2023, n° 21-16.476, B – Com. 8 févr. 2023, n° 21-17.763, B – Civ. 2e, 13 avr. 2023, n° 21-14.540, B ; *D.* 2023. 1287, obs. J.-D. Pellier.
13. Paris, JEX, 11 janv. 2024, RG n° 20/81791.
14. Cass., avis, 11 juill. 2024, n° 24-70.001, P ; *D. actu.* 10 sept. 2024, obs. C. Hélaine ; *Procédures* oct. 2024, n° 225, obs. C. Laporte ; *CCC* 2024. Comm. 155, obs. S. Bernheim-Desvaux ; *RD banc. fin.* 2024. Comm. 121, obs. S. Piedelièvre, qui estime qu'en pratique, le juge de l'exécution sera amené, dans ce cas, à réécrire le titre et donc à le modifier…

mence par rappeler que le JEX peut constater, dans le dispositif de sa décision, le caractère réputé non écrit d'une clause abusive ; que lorsqu'il répute non écrite une clause abusive, il ne peut ni annuler le titre ni le modifier, qu'il ne peut pas non plus statuer sur une demande en paiement, hors les cas prévus par la loi. Elle ajoute que le titre exécutoire étant privé d'effet en tant qu'il applique une clause abusive réputée non écrite, le JEX est tenu de calculer à nouveau le montant de la créance selon les dispositions propres aux mesures d'exécution forcée dont il est saisi ; le JEX tire ensuite toutes les conséquences de l'évaluation de cette créance sur les contestations des mesures d'exécution dont il est saisi. Lorsqu'il constate que le débiteur ne doit plus aucune somme, il doit ordonner la mainlevée. Par cet avis, la deuxième chambre civile a cherché à articuler le droit à l'exécution des créanciers et la protection des débiteurs, en tenant compte du bouleversement de l'équilibre, initialement poursuivi par la réforme des procédures civiles d'exécution, dû à la récente jurisprudence de la CJUE[1].

1334.63 Distinction entre poursuite et vente quand le titre est judiciaire. En matière d'exécution immobilière, et par dérogation à l'article L. 111-10 C. pr. exéc., si la poursuite est engagée avec une décision de justice exécutoire par provision, la vente forcée ne pourra intervenir qu'après une décision définitive passée en force de chose jugée. Pendant le délai d'opposition, aucune poursuite ne peut être engagée en vertu d'un jugement rendu par défaut (C. pr. exéc., art. L. 311-4).

B.
Vérification de l'objet de la saisie (C. pr. exéc., art. L. 311-6)

1334.71 Principe. Selon l'article L. 311-6 C. pr. exéc., sauf dispositions législatives particulières, la saisie immobilière peut porter sur tous les droits réels afférents aux immeubles, y compris leurs accessoires réputés immeubles susceptibles de faire l'objet d'une cession (les biens concernés par la saisie devront donc se retrouver dans le jugement que rendra le JEX. Cependant, en cas d'omission dans la désignation d'un bien dans le dispositif, alors que ledit bien était visé par le jugement dans l'objet de l'incident, il a été jugé que l'erreur purement matérielle pouvait être rectifiée[2]). Ici encore, on renverra le lecteur aux développements complets tenus aux chapitres 1315 (consacré à l'objet de la saisie) et 1316 (consacré à l'assiette de la saisie immobilière).

1334.72 Insaisissabilités. Les droits d'un créancier peuvent toutefois se heurter à une insaisissabilité légale, auxquelles font allusion, d'une manière générale, les articles L. 111-2 et L. 112-3 C. pr. exéc. Les insaisissabilités relatives aux immeubles ont été envisagées au chapitre 1319, auquel sera renvoyé le lecteur[3].

§ 3
Contestations et demandes incidentes

1334.80 Plan. Aux termes de l'article L. 213-6 alinéa 3 du COJ, le JEX connaît « *de la procédure de saisie immobilière, des contestations qui s'élèvent à l'occasion de celle-ci et des demandes nées de cette procédure ou s'y rapportent directement même si elles portent sur le fond du droit* [...] ».

Lorsque le JEX est saisi d'une demande ou d'une contestation à l'audience d'orientation, le jugement d'orientation la tranchera[4]. Il convient donc de préciser tout d'abord ce qu'il faut entendre par contestations et demandes nées de la procédure ou s'y rapportant directement (A), puis de préciser le régime procédural propre à cette instance (B).

A.
Contestations et demandes nées de la procédure ou s'y rapportant directement

1334.91 Diversité des objets. La terminologie employée fait penser aux anciens incidents de saisie immobilière tout en étant plus large puisqu'il est question à la fois de demandes et de contestations. Au fil des années, la jurisprudence a précisé le domaine de l'article L. 213-6 du COJ, confirmant la compé-

1. EN CE SENS, v. les très convaincantes explications de la présidente de la deuxième chambre civile, Agnès Martinel : « De la difficile articulation entre le droit à l'exécution des créanciers et la protection des débiteurs », *in* « L'AAPPE fait son festival : les procédures d'exécution sous les projecteurs », Actes du colloque de l'AAPPE, 11 oct. 2024, Cannes, *RCJPP* nov.-déc. 2024, p. 72 s.
2. Civ. 2e, 22 sept. 2011, no 11-10.119, P II, no 172 ; *D.* 2012. 644, obs. L. Leroy-Gissinger ; *D.* 2012. Pan. 1517, obs. A. Leborgne.
3. L'affectation irrévocable d'un bien immeuble à une fondation ne fait pas naître une insaisissabilité mais signifie simplement que le donateur ne peut remettre en cause son acte. Le fait de soutenir que l'immeuble saisi a été donné « *à titre de fonds de réserve n'est donc pas une contestation susceptible d'interrompre la procédure de saisie immobilière* » : Paris, 8e ch., 10 déc. 2008, *Juris-Data* no 005818 – Pas plus que le fait que sur le bien saisi se trouve une sépulture ; l'existence de celle-ci n'a pas pour effet de rendre inaliénable et incessible la propriété dans laquelle elle est située et la vente amiable ou judiciaire reste possible sous réserve qu'il en soit fait mention dans le cahier des charges et qu'un accès soit réservé à la famille : Civ. 2e, 17 oct. 2013, no 12-23.375, P II, no 206.
4. La décision rendue sera susceptible d'appel. Mais une fois la contestation ou la demande réexaminée par les juges du second degré, la procédure reviendra devant le JEX, v. ss no 1334.196.

tence très étendue du JEX, à l'exclusion des questions qui ne relèvent pas de l'ordre judiciaire.

S'agissant des contestations, le JEX peut se prononcer sur toute prétention émise en défense en vue d'obtenir la mainlevée de la saisie.

Ces **contestations** pourront porter sur le droit d'agir du créancier (titre [1], créance, saisissabilité, abus éventuel, existence d'une clause de conciliation ou médiation préalable [2]), sur les conditions de la vente (C. pr. exéc., art. R. 322-11, al. 3), mais aussi sur la régularité de la procédure (nullités, caducité). Le but poursuivi pourra donc être, soit d'ajouter ou de modifier quelque chose au cahier des conditions de la vente, soit d'anéantir la mesure d'exécution (v. s^s^ n°s 1335.00 s.). Parce que le principe, comme le montant de la créance du poursuivant, peut être contesté, le juge pourra trancher une question portant sur le taux d'intérêt applicable [3], réévaluer la créance [4], en déterminer le montant et à cette fin faire, s'il y a lieu, les comptes entre les parties, sans pouvoir s'y refuser en se fondant sur l'insuffisance des preuves fournies [5], comme procéder à une compensation [6].

Toutefois, dès lors qu'un créancier a déclaré par conclusions écrites se désister de la procédure de saisie immobilière qu'il avait engagée, le JEX n'est plus compétent pour trancher les contestations qui avaient été élevées à l'occasion de celle-ci, ni pour statuer sur les demandes reconventionnelles nées de cette procédure ou s'y rapportant [7].

En revanche, il n'entrera pas dans les attributions du JEX de statuer sur des actions en responsabilité qui ne seraient pas fondées sur l'exécution ou l'inexécution dommageable de la mesure. Ainsi, il est exclu qu'il statue sur une demande reconventionnelle en paiement de dommages et intérêts égale à la dette de l'emprunteur, qui n'est pas une compensation [8] ; de même, ne peut-il juger de la responsabilité des notaires rédacteurs d'un acte de vente, titre fondant la saisie immobilière [9], ni d'une demande en remboursement d'un trop-perçu formulé par le saisi à l'encontre du poursuivant, cette demande relevant du juge du fond [10].

Au titre des **demandes accessoires**, on trouvera la demande en distraction d'un tiers, la demande de subrogation d'un créancier dans les droits du poursuivant ou encore celle du saisi d'être autorisé à vendre amiablement et encore la demande de suspension des voies d'exécution de la commission de surendettement (v. s^s^ n°s 1335.11 s.).

B. Régime procédural propre des demandes et contestations

1334.101 **Forme et contradictoire.** Aux termes de l'article R. 311-6 alinéa 1er C. pr. exéc., les demandes ou contestations sont formées, sauf disposition contraire, par conclusions signées d'un avocat et déposées au greffe [11]. Afin d'assurer le contradictoire, l'alinéa 2 dispose que « *la communication des conclusions et des pièces entre avocats est faite dans les conditions prévues par l'article 766 du Code de procédure civile. La communication des conclusions est faite par signification au débiteur qui n'a pas constitué avocat* ».

Il a été jugé, en vertu de l'arrêté du 7 avril 2009 [12], relatif à la communication par voie électronique devant les TGI, que les procédures de saisie immobilière étaient incluses dans le périmètre de l'arrêté [13]. Entre avo-

1. La contestation portant sur le caractère exécutoire de la décision de justice sur le fondement de laquelle est pratiquée la saisie immobilière constitue non une exception de procédure mais une défense au fond, pouvant être proposée en tout état de cause : Civ. 2e, 5 sept. 2019, n° 17-28.471, P ; *D.* 2019. 1716 ; *D.* 2020. Pan. 1387, obs. A. Leborgne ; *RTD civ.* 2019. 923, obs. Ph. Théry.
2. Civ. 2e, 22 juin 2017, n° 16-11.975, P II, n° 146 ; *D.* 2017. 1870, obs. E. de Leiris ; *D.* 2017. Pan. 1128, obs. A. Leborgne ; *RTD civ.* 2017. 653, obs. H. Barbier ; *JCP* 2017. 1355, obs. R. Libchaber ; *RTD civ.* 2018. 478, note Ph. Théry.
3. Civ. 2e, 13 oct. 2016, n° 15-13.302, P II, n° 231.
4. Civ. 2e, 24 sept. 2015, n° 14-20.009, P (préc., v. s^s^ n° 1334.50).
5. Civ. 2e, 11 mai 2017, n° 16-16.106, P II, n° 95.
6. Civ. 2e, 13 oct. 2016, n° 15-23.437, P II, n° 225 ; *D.* 2017. 1396, obs. A. Leborgne ; *RTD civ.* 2017. 151, obs. H. Barbier. Dans cette affaire, la décision du JEX opérant la compensation avait fait l'objet d'un référé du premier président qui avait arrêté l'exécution provisoire du jugement. Mais la compensation légale s'étant opérée de plein droit à l'instant même où les créances s'étaient trouvées exister à la fois, la décision d'arrêt de l'exécution provisoire ne pouvait remettre en cause la compensation légale.
7. Civ. 2e, 11 janv. 2018, n° 16-22.829, P II, n° 5 – De même, si la procédure de saisie immobilière s'est terminée par l'effet de la caducité du commandement de payer valant saisie, le poursuivant n'ayant pas requis la vente : Civ. 2e, 14 janv. 2021, n° 19-20.517, P.
8. Civ. 2e, 24 sept. 2014, n° 13-20.561, P II, n° 95 ; Civ. 2e, 15 avr.2021, n° 19-20.281, P : le défaut de pouvoir juridictionnel du JEX devant être analysé comme une fin de non-recevoir, qui peut être proposée en tout état de cause, et non comme une exception d'incompétence.
9. Civ. 2e, 8 janv. 2015, n° 13-21.044, P II, n° 3.
10. Civ. 2e, 3 déc. 2015, n° 13-28.177, P II, n° 265 ; *AJDI* 2016, n° 284, obs. F. de la Vaissière.
11. Seules en sont dispensées les demandes de vente amiable formées par le saisi. Si ce dernier ne forme pas de demande EN CE SENS mais conteste la procédure de saisie, cette contestation formée sans avocat est irrecevable : Paris, 8e ch., 11 sept. 2008, *Juris-Data* n° 004377.
12. Arr. 7 avr. 2009, relatif à la communication par voie électronique devant les tribunaux judiciaires, NOR : JUSC0907573A, *JO* 11 avr.
13. À propos d'une demande de report de l'audience de vente forcée : Civ. 1re, 1er mars 2018, n° 16-25.462, P I, n° 38 ; *D. actu.* 13 mars 2018, obs. C. Bléry ; *D.* 2018. Pan. 1231, obs. A. Leborgne ; *JCP* 2018. 388, obs. C. Laporte ; *ibid.* 514, note L. Raschel ; *Gaz. Pal.* 19 mars 2018, p. 48, note C. Brenner.

cats, les communications peuvent donc se faire par la voie du réseau privé virtuel des avocats (RPVA).

L'article R. 311-6 alinéa 3 C. pr. exéc. réserve l'hypothèse où la contestation ou la demande incidente n'aura pu être examinée à l'audience d'orientation. Dans ce cas, le greffe convoquera les parties à une audience, par lettre recommandée avec demande d'avis de réception dans un délai de quinze jours à compter du dépôt de la contestation ou de la demande incidente.

L'examen de ces contestations ne suspend pas le cours de la procédure (C. pr. exéc., art. R. 311-6, al. 4).

1334.102 Irrecevabilité des contestations et demandes formées après, comme avant, l'audience d'orientation. Les contestations et les demandes, hors celle formée par le saisi d'être autorisé à vendre amiablement son bien (C. pr. exéc., art. R. 322-20), ne peuvent être formées qu'à l'audience d'orientation, ni après, ni avant ; sauf, bien sûr, à porter sur des actes de procédure postérieurs à l'audience d'orientation.

Une abondante jurisprudence a d'abord montré, pour celui qui souhaite soulever une contestation ou former une demande, la nécessité de le faire lors de cette audience obligatoire. Selon l'article R. 311-5 C. pr. exéc., en effet, aucune contestation et demande incidente ne peut être formée après l'audience d'orientation. Cette disposition s'impose à toutes les parties appelées à l'audience d'orientation, et notamment au créancier poursuivant [1]. Parce que cette audience est au cœur de la procédure, le juge doit pouvoir trancher l'ensemble des questions relatives à la saisie immobilière. Mais aucun délai à rebours par référence à cette audience n'est prévu, ce qui semble permettre de les déposer jusqu'au jour de l'audience et n'est pas très conforme aux règles du contradictoire et à la confraternité.

En principe donc, toute demande nouvelle sera irrecevable si elle n'a pas été présentée à l'audience d'orientation. Toutefois, il faut mettre à part l'hypothèse où la contestation soulevée après l'audience n'est en fait pas de la compétence du JEX. Tel sera le cas d'une demande d'indemnisation formée, par le saisi, à l'encontre du poursuivant pour manquement à son obligation d'information et de mise en garde. Une telle demande n'entre pas en effet dans les attributions du JEX [2] et ainsi, l'action en réparation du dommage causé par le créancier ne se heurte pas à l'autorité de chose jugée par le jugement d'orientation qui a fixé la créance du poursuivant [3]. Différente est l'hypothèse où, au cours d'une procédure de saisie immobilière, un défaut de qualité pour agir est jugé irrecevable, sur le fondement de l'article R. 311-5 C. pr. exéc. car soulevé après l'audience d'orientation. La Cour de cassation a jugé que le débiteur pouvait malgré tout soulever cette même contestation à l'occasion d'une autre procédure d'exécution entreprise par le même créancier [4].

S'agissant de l'irrecevabilité d'une contestation formée avant l'audience d'orientation, c'est la Cour de cassation qui l'a jugée irrecevable dans une affaire où le débiteur, sans attendre d'être assigné, avait saisi le JEX d'une demande de nullité du commandement de payer valant saisie [5]. La deuxième chambre civile estime cette contestation prématurée. Elle pose la règle selon laquelle, hors le cas où le saisi est autorisé à vendre amiablement son bien (C. pr. exéc., art. R. 322-20), les contestations et demandes ne peuvent être formées à peine d'irrecevabilité, qu'à l'audience d'orientation à laquelle ce dernier a été assigné à comparaître. En revanche, s'il n'a pas été assigné à l'audience d'orientation dans le délai de l'article R. 322-4, il pourra alors saisir le JEX de contestations ou demandes formées conformément aux dispositions de l'article R. 121-11 C. pr. exéc., par assignation délivrée au créancier poursuivant et aux créanciers inscrits et la procédure obéira aux dispositions de l'article R. 311-2 C. pr. exéc. On le voit, la délivrance du commandement de payer valant saisie qui engage la mesure d'exécution, contraint le saisi à attendre que l'instance soit introduite devant le JEX immobilier pour développer ses arguments car c'est à cette audience que le magistrat doit vérifier que les conditions de validité de la saisie immobilière sont réunies, et qu'il statuera sur les éventuelles contestations et demandes conformément à l'article R. 322-15 C. pr. exéc.

1334.103 Dérogations. Les contestations portant sur les actes de procédure postérieurs à l'audience seront recevables [6] à condition d'être formées dans

1. Civ. 2e, 22 juin 2017, no 16-18.343, P II, no 148. Dans cette affaire, lors de l'audience d'orientation, le créancier n'avait pas répondu aux contestations formées par le saisi et qui portaient sur la prescription de la créance et l'interruption de l'instance. Est cassé l'arrêt qui avait estimé que le fait de ne pas avoir répondu lors de l'audience d'orientation ne valait pas renonciation aux demandes initiales et que la reprise de ces demandes en appel était recevable.
2. Civ. 2e, 25 sept. 2014, no 13-20.561, P II, no 195 ; *D.* 2015. 517, chron. T. Vasseur, E. de Leiris et H. Adida-Canac ; *RTD civ.* 2015. 192, obs. Ph. Théry – Civ. 2e, 15 avr. 2021, no 19-20.281, P ; *D.* 2022. 625, obs. N. Fricero ; *AJDI* 2021. 462 ; *Rev. prat. rec.* 2021, 6, chron. O. Salati.
3. Civ. 2e, 20 oct. 2022, no 21-11.783, B ; *D.* 2023. 1291, obs. A. Leborgne ; *Rev. prat. rec.* 2022. 8, chron. O. Salati.
4. Civ. 2e, 8 déc. 2022, no 21-10.590, B ; *D.* 2023. 1291, obs. A. Leborgne ; *AJDI* 2023. 290, obs. F. Cohet.
5. Civ. 2e, 21 nov. 2024, no 22-12.499, B (préc., v. ss nos 1334.16 et 1334.30).
6. PAR EX., une contestation portant sur les publicités annonçant la vente : Civ. 2e, 6 févr. 2025, no 21-23.315, NP – Ou une demande tendant à faire constater l'irrecevabilité d'une demande de report de l'adjudication : Civ. 2e, 6 févr. 2025, no 22-16.771, NP.

les quinze jours de leur notification[1], à moins qu'il n'en soit disposé autrement (ainsi, les contestations relatives à la validité des enchères devront être formées immédiatement en application de l'article R. 322-59 C. pr. exéc.).

La demande en distraction (v. s[s] n°s 1335.351 s.) et la demande de subrogation (v. s[s] n°s 1335.251 s.) échappent également à ce délai. Elles pourront être formées à tout moment.

Il en est de même de la demande de prorogation de la validité du commandement de payer valant saisie ; nécessairement liée au risque d'expiration du délai de validité du commandement valant saisie, cette demande peut être formée après l'audience d'orientation[2].

1334.104 Sanction : irrecevabilité prononcée d'office. L'article R. 311-5 C. pr. exéc. l'indique clairement, aucune contestation ni aucune demande incidente ne peut, sauf disposition contraire, être formée après l'audience d'orientation, à peine d'irrecevabilité prononcée d'office. La Cour de cassation a adopté une interprétation stricte de ces dispositions[3]. Si l'audience d'orientation peut être renvoyée (v. s[s] n° 1334.13), elle ne « *revit* » pas en appel (v. s[s] n° 1334.14). Dès lors que l'audience à laquelle les contestations ont été examinées s'est tenue, peu importe que le jugement rendu ait ordonné un sursis à statuer sur certains points ou que le tribunal n'ait pas totalement vidé son délibéré[4]. Il est toutefois possible que l'audience se soit tenue mais que le juge ordonne une réouverture totale des débats ; dans ce cas, l'audience d'orientation se tiendra à l'audience à laquelle l'affaire est rappelée[5]. En revanche, une fois l'audience tenue, il ne sera pas possible de développer des arguments au moyen d'une note en délibéré[6].

Faisant application du **principe de concentration des moyens,** la deuxième chambre civile juge d'autre part que si une contestation ou une demande a été tranchée avant l'audience d'orientation par le JEX, les moyens au soutien de celle-ci ne pourront être développés à nouveau à l'audience d'orientation[7]. De même, le saisi ne peut invoquer, dans une instance au fond, des contestations nouvelles, après que s'est tenue l'audience d'orientation[8]. Ainsi, que le débiteur ait saisi le JEX sans attendre l'audience d'orientation ou qu'il ait engagé une procédure visant à contester le droit à agir de son créancier, devant des juges du fond avant même qu'une saisie immobilière soit entreprise sur son immeuble, il se verra opposer le fait que la contestation a déjà été examinée par le JEX, et sera irrecevable à développer à nouveau ses arguments ou à en proposer d'autres[9]. Tenant compte de cela, la deuxième chambre, saisie de la recevabilité d'une contestation avant l'audience d'orientation a approuvé les juges du fond de l'avoir déclarée irrecevable, tout en précisant que la décision d'irrecevabilité n'était pas revêtue de l'autorité de chose jugée ; ainsi, une contestation présentée prématurément sera irrecevable mais n'ayant pas été examinée, elle pourra être soumise au JEX à l'audience d'orientation[10].

1334.105 Communication des conclusions par voie de signification. Parce que l'examen de la demande ou de la contestation ouvre une véritable instance, l'article R. 311-6 C. pr. exéc. opère un renvoi aux dispositions de l'article 766 C. pr. civ. pour la communication des conclusions et des pièces entre avocats. Mais lorsque le saisi n'a pas constitué avocat, la communication des conclusions doit lui être faite par voie de signification.

1334.106 Auteurs des contestations et demandes. Ces demandes sont déposées dans les intérêts du saisi, des créanciers inscrits, du poursuivant qui peut souhaiter ajouter ou modifier quelque chose au cahier des conditions de la vente[11] et demander au juge de fixer les modalités de visite de l'immeuble (C. pr. exéc., art. R. 322-26, dern. al.).

Sous l'empire du décret-loi de 1938, la jurisprudence admettait encore que les créanciers chirogra-

1. Conformément aux dispositions de l'art. R. 311-5 C. pr. exéc., qui dispose que les contestations et demandes incidentes portant sur des actes postérieurs à l'audience d'orientation doivent être formées dans les quinze jours à compter de la notification de l'acte. Celui qui veut contester la validité des opérations de publicité de la vente forcée doit former sa contestation dans les quinze jours à compter de leur accomplissement : Civ. 2e, 26 juin 2014, n° 13-20.193, P II, n° 162.
2. Civ. 2e, 9 juin 2011, n° 10-30.310, P II, n° 131.
3. Civ. 2e, 11 mars 2011, n° 09-13.312, P II, n° 55 – Civ. 2e, 6 janv. 2011, n° 09-16.641, NP – Civ. 2e, 31 mars 2011, n° 10-13.929, NP – Com. 3 nov. 2011, n° 09-70.312, P IV, n° 165.
4. Civ. 2e, 17 nov. 2011, n° 10-25.439, P II, n° 216.
5. Civ. 2e, 5 déc. 2013, n° 12-26.980, P II, n° 233.
6. Civ. 2e, 31 janv. 2013, n° 12-12.670, P II, n° 21.
7. Civ. 2e, 24 sept. 2015, n° 14-20.009, P (préc., v. s[s] n°s 1334.50 et 1334.91) – Il n'est pas plus possible de développer des moyens de pur droit devant la Cour de cassation s'ils n'ont pas été d'abord débattus devant le JEX : Civ. 2e, 13 nov. 2015, n° 14-25.179, P II, n° 252.
8. Civ. 2e, 1er déc. 2016, n° 14-27.169, P II, n° 264 ; *D.* 2016. 2580 ; *D.* 2016. 1395, obs. A. Leborgne ; *AJDI* 2017. 216, obs. F. de la Vaissière.
9. Et encore, Civ. 2e, 22 juin 2016, n° 15-12.954, NP.
10. Civ. 2e, 21 nov. 2024, n° 22-12.499, B (préc. s[s] n°s 1334.16, 1334.30 et 1334.102).
11. V. TOUTEFOIS, Civ. 2e, 28 juin 2018, n° 17-11.076, P ; *D.* 2019. Pan. 1312, obs. A. Leborgne ; *AJDI* 2019. 142, obs. F. Cohet ; *JCP* 2018. 917, obs. C. Laporte, qui juge que le montant de la mise à prix fixé par le créancier poursuivant dans le cahier des conditions de vente ne peut être modifié qu'à la demande du débiteur, ce qui semble exclure une demande de modification du cahier des conditions de vente formée par le poursuivant.

phaires déposent des dires[1], comme les locataires[2], ou le syndicat de copropriété ou encore les titulaires de droits réels principaux sur l'immeuble (usufruitier, titulaire d'un bail à construction, d'un bail emphytéotique, *etc.*), les cessionnaires de revenus à échoir[3]. En fait, toute personne y ayant intérêt. Il ne semblait pas qu'il y ait de raison d'exclure ces hypothèses aujourd'hui, toutefois on peut hésiter à la lecture de récentes décisions[4].

1334.107 **Sursis obligatoire de la procédure.** L'audience d'orientation pourra être l'occasion d'informer le juge de la survenance de certains événements rendant le sursis de la procédure obligatoire. Le juge doit cependant être saisi de cette demande et ne peut donc ordonner d'office le sursis. Le plus souvent la durée en sera indéterminée. Ce sera le cas :

– *à la suite du décès du débiteur*, puisqu'il faut signifier préalablement le titre exécutoire aux héritiers (v. s[s] n° 1313.124) ;

– *en l'état d'une procédure collective*[5] *et d'un surendettement* (v. s[s] n°s 1318.41 et 1318.21) ;

– *en l'état d'une plainte pour faux* : la règle « *le criminel tient le civil en état* » implique-t-elle sursis obligatoire de la saisie immobilière ? En vertu de l'article 1371 C. civ. (anc[t] C. civ., art. 1319), à la suite d'une plainte en faux principal, l'exécution de l'acte argué de faux sera suspendue par la mise en accusation ; si l'argument de faux est soulevé incidemment, les tribunaux peuvent, suivant les circonstances, suspendre provisoirement l'exécution de l'acte. Et selon l'article 312 C. pr. civ., si des poursuites pénales sont engagées contre les auteurs ou complices du faux, il est sursis au jugement civil jusqu'à ce qu'il ait été statué au pénal, à moins que le principal puisse être jugé sans tenir compte de la pièce arguée de faux ou qu'il y ait eu, sur le faux, renonciation ou transaction. Dès lors, si le titre qui sert de fondement à la poursuite, ou tout autre acte, est argué de faux, le JEX doit-il alors obligatoirement suspendre la saisie le temps que l'affaire soit instruite ? La réponse est à trouver dans la nature de la saisie immobilière : la règle « *le criminel tient le civil en l'état* » ne concernant que l'action civile et non la poursuite d'une voie d'exécution, le JEX n'est pas lié par la demande de sursis qu'il peut rejeter dans l'exercice de son pouvoir souverain d'appréciation[6].

La Cour de cassation juge que l'article 312 n'était pas applicable devant le JEX et que l'article 4 du Code de procédure pénale ne concernait que l'action civile et non l'exercice d'une voie d'exécution[7]. Selon les circonstances, le JEX pourra donc décider ou non de suspendre la saisie immobilière ;

– *en cas de décès ou de cessation de fonction de l'avocat poursuivant* : la représentation étant obligatoire, les poursuites ne peuvent plus être menées ; le tribunal doit donc surseoir jusqu'à ce qu'un nouvel avocat ait été constitué ;

– *en cas de saisie pénale*[8], si l'immeuble faisait déjà l'objet d'une saisie immobilière, il y aura prédominance des règles du Code de procédure pénale sur celles du Code des procédures civiles d'exécution, les principes gouvernant l'exécution forcée ne trouvant pas à s'appliquer. La saisie pénale est en effet mise en œuvre afin de garantir l'exécution de la peine complémentaire de confiscation. Comme une voie d'exécution classique, la saisie pénale d'un immeuble aura pour effet de le rendre indisponible. Aux termes de l'article 706-145, « *à compter de la date à laquelle elle devient opposable et jusqu'à sa mainlevée ou la confiscation du bien, la saisie pénale suspend ou interdit toute procédure civile d'exécution sur le bien objet de la saisie pénale* ».

1334.108 **Issue.** Soit la contestation emporte mainlevée de la saisie[9], soit elle est rejetée. Dans ce dernier cas, le juge déterminera les modalités de pour-

1. Toulouse, 24 janv. 1851, *DP* 1852. 2. 102 – Pau, 16 mars 1892, *S.* 1892. 2. 136.
2. Angers, 14 juin 1866, *DP* 1866. 2. 145.
3. Douai, 27 avr. 1850, *DP* 1855. 2. 191.
4. V. Civ. 2e, 27 sept. 2018, n° 17-20.134, P, qui s'appuie sur l'absence d'intérêt à agir de personnes se présentant comme créancières du saisi – Et encore, Civ. 2e, 5 juin 2022, n° 20-23.623, B ; *D.* 2023. 1282, obs. A. Leborgne ; *Procédures* 2022, n° 197, obs. C. Laporte, *Rev. prat. rec.* 2022/6, p. 8, obs. F. Kieffer, qui juge irrecevable la contestation portant sur le montant de la créance et la prescription du titre, soulevée par le conjoint, non propriétaire de la résidence de la famille, au motif le commandement de payer valant saisie ne lui était dénoncé qu'à titre d'information. La solution nous semble critiquable au regard de la notion d'intérêt à agir.
5. Sauvegarde, redressement ou liquidation judiciaire, et encore en cas de procédure de règlement amiable prévue aux articles L. 351-1 à L. 351-7-1 C. rur.
6. Civ. 2e, 28 sept. 2000, n° 98-22.071, NP ; *Procédures* 2001, n° 11.
7. Civ. 2e, 18 févr. 1999, n° 96-21.045, P II, n° 35 ; *JCP* 1999. 10139, obs. E. du Rusquec – Civ. 2e, 28 sept. 2000, n° 98-20.049, NP ; *Procédures* 2001, n° 11 – Civ. 1re, 28 mars 2008, n° 06-19.988, NP.
8. Le juge d'instruction ou le juge des libertés et de la détention peuvent toutefois décider que la saisie pénale sera reportée sur la somme revenant au créancier dans le prix d'adjudication et consignée sans délai auprès de l'Agence de gestion et de recouvrement des avoirs saisis et confisqués sur le fondement de l'article 706-160 alinéa 1er, 2° C. pén. : Civ. 2e, 5 déc. 2019, n° 17-23.576, P.
9. Dans ce cas, le commandement de payer valant saisie doit être radié. Mais la Cour de cassation a jugé qu'en cas d'appel du jugement d'orientation, la radiation du commandement en conséquence du jugement ayant ordonné sa mainlevée ne faisait pas obstacle à l'examen par la cour d'appel des contestations soulevées par l'appelant à l'encontre de ce jugement : Civ. 2e, 11 mai 2017, n° 16-15.473, P II, n° 100 ; *Dr. et proc.* 2017. 132, note F. Vinckel. Dans cette affaire, le saisi avait, avec succès, soulevé la prescription de la créance du poursuivant. Ce dernier avait donc intérêt à éviter qu'une décision ayant autorité de chose jugée lui soit opposée.

suites de la procédure, vente forcée ou amiable sur autorisation judiciaire. Il en est de même, lorsqu'il a simplement statué sur une demande visant à modifier ou compléter le cahier des conditions de la vente. Sauf dispositions contraires (pour le rejet de la demande de subrogation, v. s[s] n° 1335.276), un recours est ouvert contre le jugement, sans que le délai d'appel ni l'appel lui-même n'aient d'effet suspensif (v. s[s] n° 1334.196).

1334.109 **L'audience purge la procédure antérieure et valide le cahier des conditions de vente.** Si personne n'a souhaité ajouter quelque chose au cahier des conditions de vente, ni contester la procédure, une fois passée cette audience, il ne sera plus possible de soulever une nullité portant sur les actes de procédure (C. pr. exéc., art. R. 311-5, dern. al.). L'autorité de chose jugée du jugement d'orientation (v. s[s] n° 1334.120 s.) rend ainsi irrecevables les contestations portant sur un vice de procédure antérieur à l'audience[1]. Des contestations relatives aux actes de procédure postérieurs à l'audience d'orientation seront en revanche recevables par la suite.

§ 4
Orientation en vente amiable ou forcée

1334.111 **Cas de figure.** C'est lors de l'audience d'orientation que le JEX décidera des modalités de la vente de l'immeuble, soit en autorisant la vente amiable (v. s[s] n° 1334.145), soit en ordonnant la vente forcée (v. s[s] n° 1334.144).

Lorsque le saisi ne se présente pas à l'audience ou n'en fait pas la demande, le juge ordonnera nécessairement que le bien soit vendu aux enchères publiques. Lors de l'entrée en vigueur de la réforme de la procédure de saisie immobilière, l'article L. 322-1 C. pr. exéc. n'envisageait que deux modalités de vente, la **vente amiable judiciaire** ou la **vente par adjudication**. En conséquence, il avait été jugé que le jugement qui ordonnait la vente forcée de l'immeuble saisi, interdisait de procéder à la vente du bien selon une autre modalité que celle qu'il a prévue[2]. Les dispositions de l'article L. 322-1 ont été complétées par la loi du 23 mars 2019[3] afin de permettre à un débiteur de vendre l'immeuble saisi de gré à gré après l'orientation en vente forcée et jusqu'à l'ouverture des enchères. Pour cela, le débiteur doit obtenir l'accord du créancier poursuivant, des créanciers inscrits sur l'immeuble saisi à la date de publication du commandement de payer valant saisie, des créanciers inscrits sur l'immeuble avant la publication du titre de vente et qui sont intervenus dans la procédure ainsi que du créancier mentionné au 3° de l'article 2402 C. civ. (anc. 1° *bis* de l'article 2374 C. civ. – (v. s[s] n°s 1337.00 s.).

Lorsque le saisi demandera à être autorisé à vendre son bien amiablement[4], le JEX appréciera souverainement le respect des dispositions de l'article R. 322-15 C. pr. exéc., c'est-à-dire qu'il vérifiera si la vente peut être conclue dans des conditions satisfaisantes compte tenu de la situation du bien, des conditions économiques du marché et des diligences éventuelles du saisi[5]. Si le juge autorise la vente amiable, il lui incombera alors de fixer le montant du prix et les conditions de la vente[6].

SECTION 3
JUGEMENT

1334.120 **Plan.** Le juge rend une décision qui a autorité de chose jugée (§ 1), qui sera notifiée et susceptible de recours (§ 2).

À la différence du jugement rendu lors de l'ancienne audience éventuelle qui statuait nécessairement et uniquement sur les incidents, le jugement d'orientation est plus complexe qui oriente obligatoirement la suite de la procédure et ne statue qu'éventuellement sur des contestations ou demandes incidentes. Ce jugement doit en outre mentionner le montant de la créance du poursuivant.

§ 1
Autorité et teneur de la décision

1334.130 **Plan.** À l'audience d'orientation, après avoir opéré ses vérifications, le juge est amené à déterminer les modalités de poursuite de la procédure et éventuellement à statuer sur les demandes incidentes et à trancher les contestations. Ainsi, selon la décision prise, il pourra ordonner la mainlevée de la saisie, sa suspension, autoriser une vente amiable ou ordonner la vente forcée. La teneur de la décision

1. Ainsi, un jugement d'adjudication ne peut être annulé à la demande d'une partie pour des motifs tirés des vices dont la procédure de saisie immobilière aurait été affectée. Civ. 2e, 21 févr. 2019, n° 18-10.362, P ; *D.* 2019. Pan. 1314, obs. A. Leborgne.
2. Civ. 2e, 9 avr. 2015, n° 14-16.878, P II, n° 96 ; *D.* 2015. 1928, note Ph. Théry et C. Brenner ; *D.* 2015. 1791, chron. H. Adida-Canac, T. Vasseur, E. de Leiris ; *D.* 2016. Pan. 1286, obs. A. Leborgne.
3. L. n° 2019-222, 23 mars 2019, de programmation 2018-2022 et de réforme pour la justice, *JO* 24 mars, texte 2.
4. Le JEX n'est pas juge du fonctionnement de l'indivision. Ainsi, au stade de l'audience d'orientation, pour autoriser la vente amiable, il n'est tenu qu'à s'assurer du caractère satisfaisant des conditions de la vente envisagée. Dès lors, la demande formée en application de l'article 815-5 C. civ. devant le JEX n'est pas recevable : Cass., avis, 16 juill. 2021, n° 21-70.008, P ; *D.* 2022. 1338, obs. A. Leborgne ; *RTD civ.* 2021. 935, obs. Ph. Théry.
5. Civ. 2e, 10 sept. 2009, n° 08-70.204, P II, n° 212 ; *D.* 2010. Chron. C. cass. 534, J.-M. Sommer et L. Leroy-Gissinger ; *RD banc. fin.* 2009. 207, obs. S. Piedelièvre.
6. Civ. 2e, 1er mars 2017, n° 16-10.142, P II, n° 50.

sera donc différente selon que le saisi aura formé une demande de vente amiable et que des contestations et/ou des demandes incidentes auront (A), ou non (B), été soulevées. Qu'il statue seulement sur l'orientation de la procédure ou qu'il tranche également des contestations ou examine des demandes incidentes, le juge ne rendra cependant qu'un seul jugement, ayant autorité de chose jugée et susceptible de recours[1].

1334.131 **Autorité de chose jugée.** Parce que le JEX statue comme juge du principal et se prononce y compris sur le fond du droit (C. pr. exéc., art. R. 121-14, et COJ, art. L. 213-6) ses décisions ont autorité de chose jugée. Ces dernières années, la deuxième chambre civile de la Cour de cassation a eu l'occasion de préciser les conséquences juridiques et pratiques de l'autorité de chose jugée. Ainsi, a-t-elle jugé que même si la procédure de saisie n'est pas poursuivie en raison de la caducité du commandement de payer valant saisie, la disposition du jugement d'orientation qui a tranché une contestation n'a pas perdu son fondement juridique[2]. Par ailleurs, et selon l'article 1355 C. civ., l'autorité de chose jugée n'aura lieu qu'à l'égard de ce qui aura fait l'objet du jugement et il faut donc que la chose demandée soit la même, que la demande soit fondée sur la même cause et que la demande soit entre les mêmes parties et formées par elles et contre elles en la même qualité[3]. En outre, attachée au seul dispositif de la décision, l'autorité de chose jugée ne peut être opposée lorsque des événements postérieurs sont venus modifier la situation antérieurement reconnue en justice[4]. La deuxième chambre civile a encore jugé que l'autorité de chose jugée n'interdit pas au débiteur d'agir, devant le juge du fond, en réparation du dommage causé par le créancier[5], puisque le JEX n'est pas compétent pour connaître d'une telle demande[6], ni de soulever un défaut de qualité devant une autre juridiction[7], ni de former une demande en dommages et intérêts (C. civ., art. 1240) à raison des irrégularités commises[8].

1. Ce jugement d'orientation n'est pas un titre exécutoire même si le juge fixe le montant de la créance, il ne la constate pas au sens de l'article L. 111-2 C. pr. exéc. : Civ. 2e, 17 mai 2023, n° 21-17.853, B ; *D.* 2023. 1018 et 1969, obs. F. Jollec ; *RTD civ.* 2023. 964, obs. Ph. Théry ; *D.* 2024. 1309, obs. A. Leborgne.
2. Civ. 2e, 26 sept. 2020, n° 18-21.261, NP – Civ. 2e, 9 juin 2022, n° 21-10.961, NP.
3. Civ. 2e, 10 déc. 2020, n° 19-12.140, P.
4. Civ. 2e, 10 déc. 2020, n° 19-12.140, préc.
5. Pour un manquement au devoir d'information du banquier poursuivant, v. Civ. 2e, 20 oct. 2022, n° 21-11.783, B ; *D.* 2023. 1291, obs. A. Leborgne ; *Rev. prat. rec.* 2022. 8, chron. O. Salati.
6. Civ. 2e, 15 avr. 2021, n° 19-20.281, P.
7. Pour des fins de non-recevoir, déclarées irrecevables devant le JEX car soulevées après l'audience d'orientation, v. Civ. 2e, 8 déc. 2022, n° 21-10.590, B ; *D.* 2023. 1291, obs. A. Leborgne ; *AJDI* 2023. 290, obs. F. Cohet.

A. En l'absence de toute contestation et demande incidente

1334.141 **Validité de la saisie.** Le juge procédant à un examen d'office de la régularité de l'action du créancier, au visa des articles L. 311-2 et L. 311-4 C. pr. exéc. (v. ss nos 1334.50 s.), pourrait être amené à déclarer nulle une procédure alors même que personne ne soulèverait d'argument portant sur le titre et sur le bien.

1334.142 **Mention du montant de la créance.** Mis à part ce qui lui est imposé aux articles L. 311-2 et L. 311-4 C. pr. exéc., le JEX ne semblait pas chargé de procéder à d'autres vérifications concernant la procédure engagée devant lui. Toutefois, aux termes de l'article R. 322-18 C. pr. exéc., le jugement d'orientation doit encore mentionner le montant retenu pour la créance du poursuivant en frais, intérêts et autres accessoires.

L'utilisation du verbe « *mentionner* » à l'article R. 322-18 semblait, en l'absence de contestation, priver le JEX de tout pouvoir juridictionnel. Et ainsi, en l'absence de contestation[9], des juridictions du fond avaient considéré que le JEX ne pouvait d'office réduire la créance du poursuivant et que le montant de celle-ci devait être retenu à la somme figurant au commandement de payer valant saisie immobilière[10].

Mais la Cour de cassation a eu une autre analyse, considérant que le JEX exerce, à l'audience d'orientation, un **véritable pouvoir juridictionnel**. Cette analyse a conduit les magistrats de la deuxième chambre civile à juger tout d'abord que mentionner le montant de la créance était un office obligatoire du juge[11],

8. Civ. 2e, 23 mars 2023, n° 21-13.281, B ; *D.* 2023. 1291, obs. A. Leborgne.
9. Pour le cas où une contestation est élevée, v. ss nos 1334.151 s.
10. Paris, 14 févr. 2008, *D.* 2009. 1168, obs. A. Leborgne ; *Gaz. Pal.* 27-28 févr. 2008, p. 20, obs. G.-A. Sillard ; *Dr. et patr.* nov. 2008. 100, obs. P. Crocq ; *RD banc. fin.* 2008. Comm. 58, obs. S. Piedelièvre – Montpellier, 9 mars 2009, *Juris-Data* n° 003517, qui juge qu'en ne sollicitant pas l'avis du créancier sur la diminution de la pénalité contractuelle avant d'y procéder, le JEX a outrepassé ses pouvoirs – Rouen, 4 juin 2009, *Juris-Data* n° 378271, de même, en l'absence de contestation du débiteur de la créance, le juge ne peut réduire d'office la clause pénale en application de l'anc. art. 1152 C. civ. (désormais C. civ., art. 1231-5).
11. Civ. 2e, 11 mai 2017, n° 16-16.106, P II, n° 95 ; *D. actu.* 8 juin 2017, obs. L. Camensuli-Feuillard ; *D.* 2017. Actu. 1133 ; *RD banc. fin.* 2017, n° 177, obs. S. Piedelièvre, qui juge que lorsque seul le montant de la créance demeure à fixer, le juge est tenu de déterminer ce montant et de faire s'il y a lieu les comptes entre les parties sans pouvoir s'y refuser en se fondant sur l'insuffisance des preuves qui lui sont fournies – Mais le dispositif n'a pas à ventiler les sommes dues, en principal, intérêt et frais : Civ. 2e, 14 avr. 2022, n° 20-22.303, B ; *D.* 2022. 1337, obs. A. Leborgne.

puis à considérer que même en l'absence de contestation sur le montant de la créance, le jugement d'orientation qui a fixé la créance aura autorité de chose jugée quant à l'existence et au montant de la créance du poursuivant[1]. Ainsi, le débiteur qui a été régulièrement appelé à l'audience d'orientation ne sera plus recevable à contester ultérieurement le montant retenu pour la créance du poursuivant s'il n'a pas formé de contestation à l'audience. Saisie pour avis, la Cour de cassation a ensuite répondu qu'en matière de saisie immobilière, pour fixer le montant de la créance du poursuivant en application de l'article R. 322-18 C. pr. exéc., le JEX était tenu de vérifier que celui-ci était conforme aux énonciations du titre exécutoire fondant les poursuites, en application des dispositions de l'article R. 322-15 du même code, que le débiteur conteste ou non le montant de la créance[2].

En revanche, en l'absence de demande en ce sens, la cour d'appel n'est pas tenue d'actualiser le montant de la créance en principal, frais, intérêts et autres accessoires de la créance réclamée dans le commandement de payer valant saisie[3].

L'analyse de la deuxième chambre civile a ensuite évolué. En 2017, elle a en effet précisé que le JEX exerce un office obligatoire ; aussi doit-il déterminer la créance, même s'il semble manquer d'éléments[4]. La même année, elle a eu l'occasion de dire que parce que le jugement d'orientation va fixer le montant de la créance du poursuivant, il aura autorité de la chose jugée au principal qu'une contestation ait été élevée ou non sur ce montant[5]. Aussi, saisie pour avis, en 2018, de la question de savoir si en matière de saisie immobilière, le JEX devait vérifier la créance invoquée par le créancier poursuivant au soutien de la mention prescrite par l'article R. 322-18 C. pr. exéc. lorsque le défendeur ne comparaît pas à l'audience d'orientation, ou lorsqu'il comparaît sans contester la créance, la Cour de cassation a émis l'avis que le JEX exerçait, dans ce cadre, son pouvoir juridictionnel, sans que celui-ci soit conditionné par l'existence d'une contestation relative au montant de la créance ; à cet égard, et pour fixer le montant de la créance du poursuivant en application de l'article R. 322-18 C. pr. exéc., elle en a déduit que le JEX était tenu de vérifier que celui-ci est conforme aux énonciations du titre exécutoire fondant les poursuites, en application des dispositions de l'article R. 322-15 du même code, que le débiteur conteste ou non ce montant[6]. On le voit, le JEX en matière de saisie immobilière n'est pas cantonné à un rôle de simple vérification formelle du titre et des comptes entre les parties mais il doit se prononcer sur la validité du décompte même en l'absence de contestation du saisi.

1334.143 **Limites.** L'office du JEX est donc déterminé par les dispositions des articles R. 322-16 et R. 322-18 C. pr. exéc.

Ce devoir ne met pas à sa charge l'obligation d'actualiser le montant de la créance en l'absence de demande du créancier en ce sens[7]. Le pouvoir de vérification d'office du JEX se comprend à la lumière des dispositions de l'article L. 311-2. Ainsi, le juge n'a pas à contrôler le déroulement procédural de la mesure. La Cour de cassation en déduit donc qu'il n'était pas tenu de relever d'office le dépassement d'un délai, si le saisi ne l'invoque pas[8], et que s'il peut relever d'office la péremption du commandement de payer valant saisie[9], il n'est pas tenu de le faire[10] ; il a également été jugé que l'article R. 322-15 ne mettait pas à la charge du JEX l'obligation de relever d'office la prescription du titre exécutoire, ce qui est plus contestable au regard de l'article L. 311-2 C. pr. exéc.[11].

1. Com. 13 sept. 2017, nº 15-28.833, P IV, nº 109 ; *D.* 2017. Pan. 1229, obs. A. Leborgne ; *AJDI* 2018. 295, obs. F. de La Vaissière ; *Gaz. Pal.* 19 déc. 2017, p. 45, obs. C. Brenner ; *Procédures* 2017, nº 261, note C. Laporte ; *RD banc. fin.* 2017, nº 260, note S. Piedelièvre ; *Act. proc. coll.* 2017. Comm. 260, obs. P. Cagnoli : si le saisi est mis en liquidation judiciaire après que le jugement d'orientation a fixé le montant de la créance du poursuivant, l'existence comme le montant de la créance ne pourront être contestés ensuite, ni par le débiteur ni par le liquidateur lors de la procédure d'admission des créances à la procédure collective.
2. Cass., avis, 12 avr. 2018, nº 18-70.004, P, nº 6.
3. Civ. 2e, 1er févr. 2018, nº 16-28.066, P II, nº 15.
4. Civ. 2e, 11 mai 2017, nº 16-16.106, P ; *D. actu.* 8 juin 2017, obs. L. Camensuli-Feuillard ; *D.* 2017. 1133 ; *RD banc. fin.* 2017, nº 177, obs. S. Piedelièvre. La Cour juge que lorsque seul le montant de la créance du poursuivant demeure à fixer, le juge est tenu de déterminer ce montant et, à cette fin, de faire, s'il y a lieu, les comptes entre les parties, sans pouvoir s'y refuser en se fondant sur l'insuffisance des preuves qui lui sont fournies.
5. Com. 13 sept. 2017, nº 15-28.833, P ; *D.* 2017. Actu. 1829 ; *Gaz. Pal.* 19 déc. 2017, p. 45, obs. C. Brenner ; *Procédures* 2017, nº 261, obs. C. Laporte ; *RD banc. fin.* 2017, nº 260, obs. S. Piedelièvre ; *ibid.* nº 236, note C. Houin-Bressand ; *D.* 2018. Pan. 1229, obs. A. Leborgne.
6. Cass., avis, 12 avr. 2018, nº 18-70.004, P ; *D.* 2018. 855 et 1229, obs. A. Leborgne ; *AJDI* 2018. 797, obs. F. Cohet – Et le jugement fixant le montant de la créance aura autorité de chose jugée : Civ. 2e, 6 sept. 2018, nº 17-21.337, P ; *D.* 2019. 1306, obs. A. Leborgne ; *AJDI* 2019. 301, obs. E. de la Vaissière.
7. Civ. 2e, 1er févr. 2018, nº 16-28.066, P.
8. Civ. 2e, 31 janv. 2013, nº 12-12.670, P II, nº 21 ; *D.* 2013. Actu. 373 ; *Dr. et proc.* 2013. 96, note A. Leborgne ; *RD banc. fin.* 2013, nº 104, note S. Piedelièvre.
9. Civ. 2e, 21 mars 2019, nº 17-31.170, P ; *D.* 2019. 1306, obs. A. Leborgne ; *AJDI* 2019. 807, obs. F. Cohet.
10. Civ. 2e, 5 oct. 2023, nº 21-17.190, B ; *D.* 2024. 1308, obs. A. Leborgne ; *Rev. prat. rec.* 2023. 6, chron. A. Alexandre Le Roux et O. Salati.
11. Civ. 2e, 11 janv. 2018, nº 15-27.941, P.

1334.144 **Vente forcée.** Si le saisi ne forme pas de demande de vente amiable, si elle est rejetée, ou simplement s'il est absent, le juge ordonnera la vente forcée. Dans ce cas, selon l'article R. 322-26 C. pr. exéc., le juge fixera la date de l'audience à laquelle il y sera procédé dans un délai compris entre deux et quatre mois à compter du prononcé de sa décision. Il déterminera encore les modalités de visite de l'immeuble à la demande du poursuivant (v. s[s] n° 1338.201). La mise à prix sera celle fixée par le poursuivant, sauf demande contraire du saisi, satisfaite par le juge (v. s[s] n° 1335.181).

1334.145 **Autorisation de vente amiable.** Selon l'article R. 322-15 alinéa 2 C. pr. exéc., le juge qui autorise la vente amiable doit s'assurer, par une appréciation souveraine[1], qu'elle peut être conclue dans des conditions satisfaisantes, compte tenu de la situation du bien, des conditions économiques du marché et des diligences éventuelles du débiteur[2]. Si tel est le cas, il autorise la vente amiable et fixe le montant du prix ainsi que les conditions de la vente[3].

B. En cas de contestations et de demandes incidentes

1334.151 **Enjeux.** Le juge peut faire droit à une contestation et anéantir la saisie. Il peut aussi faire droit à une demande comme débouter le demandeur. L'examen de ces demandes et contestations doit donc s'effectuer avant que ne soit décidée la suite de la procédure d'exécution. Et la Cour de cassation a jugé, en application des dispositions de l'article 112 C. pr. civ., que les nullités des actes de procédure devaient être invoquées, à peine d'irrecevabilité, simultanément et avant toute défense au fond ou de fin de non-recevoir[4].

1334.152 **Un seul jugement.** Quelle que soit l'issue, le dispositif du jugement d'orientation tranchera la demande ou contestation, et se prononcera ensuite sur les modalités de la poursuite et sur le montant contesté de la créance du poursuivant[5]. Ainsi, lorsqu'il statue à la fois sur une contestation ou une demande puis sur l'orientation de la procédure, le JEX ne rendra qu'un seul jugement, ce qui complique l'objet et les effets de l'appel ouvert à l'encontre de ce jugement.

§ 2 Notification et recours

1334.160 **Plan.** Le jugement sera notifié (A) et des recours pourront être formés (B).

A. Notification

1334.171 **Évolution.** Initialement, l'article 52 du décret du 27 juillet 2006 prévoyait une notification effectuée par le greffe du JEX, quelle que soit la teneur du jugement. Le décret du 12 février 2009 a modifié la réglementation. L'article R. 322-19 C. pr. exéc. réglemente l'appel formé contre le jugement d'orientation (v. s[s] n°s 1334.180 s.) et c'est désormais à l'article R. 311-7 C. pr. exéc. que se trouvent les dispositions relatives à la notification de toutes les décisions du JEX.

1334.172 **Principe d'une signification.** Aux termes de l'article R. 311-7 C. pr. exéc., la notification des décisions est, en principe, faite par voie de signification, c'est-à-dire par acte de commissaire de justice. Toutefois, en cas de « *notification du jugement d'orientation vers une vente amiable lorsque le débiteur n'a pas constitué avocat* », la décision sera notifiée simultanément aux parties et à leurs avocats par le

1. Civ. 2e, 10 sept. 2009, n° 08-70.204, P II, n° 212 ; *D.* 2010. Chron. C. cass. 534, J.-M. Sommer, L. Leroy-Gissinger ; *RD banc. fin.* 2009. 207, obs. S. Piedelièvre ; *Procédures* 2011. Chron. 1, n° 9, obs. A. Leborgne.
2. Ainsi, il y a lieu d'autoriser la vente amiable et de fixer le prix minimum de vente lorsque les débiteurs produisent une estimation du bien et justifient avoir donné plusieurs mandats non exclusifs de vente et les créanciers étant par ailleurs assurés d'être intégralement remboursés compte tenu du montant de la créance et de la valeur du bien : Paris 19 juin 2008, *Procédures* 2009. Chron. 1, obs. A. Leborgne – MAIS est rejetée la demande de vente amiable dès lors que le saisi ne produit aucune estimation du bien mettant les juges dans l'impossibilité de s'assurer que la vente est conclue dans les conditions satisfaisantes de l'art. 51 : Paris, 12 juin 2009, *Procédures* 2009. Chron. 1, obs. A. Leborgne – DE MÊME, lorsque le saisi se borne à produire une offre d'achat d'un tiers et un compromis de vente non signé et qu'en outre, le débiteur n'occupe pas le bien qu'il a acquis dans le cadre d'une opération d'investissement : Bordeaux, 25 sept. 2007, *Procédures* 2009. Chron. 1, obs. A. Leborgne.
3. Cette tâche lui incombe. – EN CE SENS, Civ. 1re, 1er mars 2017, n° 16-10.142, P.
4. Civ. 2e, 1er oct. 2009, n° 08-19.104, P II, n° 235 ; *D.* 2009. 2973, note A. Leborgne. Le moyen pris de la nullité du commandement de payer valant saisie immobilière, qui tend à faire déclarer irrégulière ou éteinte la procédure judiciaire introduite par l'assignation du créancier poursuivant à l'audience d'orientation, constitue une exception de procédure au sens de l'article 73 C. pr. civ. : Civ. 2e, 25 mars 2010, n° 08-17.196, *D.* 2011, chron. C. cass. 2012, obs. J.-M. Sommer et L. Leroy-Gissenger, *D.* 2011, Pan. 1509, obs. A. Leborgne - Civ. 2e, 6 mars 2025, n° 22-12.742, B.
5. Civ. 2e, 24 sept. 2015, n° 14-20.009, P II, n° 221 ; *D.* 2016. 736, chron. H. Adida-Canac, T. Vasseur, E. de Leiris, qui juge que le JEX n'est pas tenu par le montant mentionné par le créancier et qu'il peut statuer sur la contestation soulevée par le saisi.

greffe. Mais la décision qui se borne à ordonner la réouverture des débats et à inviter les parties à produire des pièces complémentaires et à renvoyer l'affaire à une date ultérieure est une mesure d'administration judiciaire, qui n'est susceptible d'aucun recours et n'est pas soumise aux dispositions de l'article R. 311-7, de sorte qu'elle n'a pas à être signifiée[1].

1334.173 Retranscription des jugements. Avant la réforme, les demandes étaient tranchées par le juge dans des jugements qui étaient retranscrits en minute par le greffier à la suite du cahier des charges, devenant ainsi partie de ce document. Ainsi, le jugement qui modifiait la mise à prix, qui prenait note de l'existence d'une servitude, d'un procès en cours, *etc.* Toute information qui allait s'imposer à l'adjudicataire. Les jugements en revanche qui avaient statué sur des contestations sujettes à appel étaient levés et signifiés. Selon l'article R. 322-59 C. pr. exéc., le jugement d'adjudication doit seulement « viser » le jugement d'orientation et les jugements tranchant les contestations.

B. Recours

1334.180 Plan. Le fait que le jugement d'orientation constitue à la fois une étape de la procédure d'exécution forcée et qu'il puisse avoir préalablement tranché un incident n'avait pas été approfondi par les rédacteurs du décret de 2006. À l'article 8 du décret, il était indiqué que les jugements statuant sur les contestations ou les demandes incidentes étaient, sauf disposition contraire, susceptibles d'appel et l'article 52 indiquait simplement que le jugement d'orientation était susceptible d'appel.

Le principe général de l'appel à l'encontre de tous les jugements, a été modifié par le décret du 12 février 2009 et les rédacteurs ont tenu à distinguer le cas de l'**appel du jugement d'orientation ayant ordonné la vente forcée**.

Pour examiner le régime de l'appel du jugement d'orientation il faut aujourd'hui combiner la lecture des dispositions de l'article R. 311-7 C. pr. exéc. et celles de l'article R. 322-19 C. pr. exéc. et se souvenir que toutes les dispositions du Code de procédure civile relatives à l'appel ne sont pas nécessairement applicables à l'appel du jugement d'orientation. En effet, l'instance qui se déroule devant la cour d'appel diffère à la fois de celle qui s'est tenue devant le JEX et se distingue également d'une instance d'appel de droit commun, comme on va le voir.

L'appel n'étant pas suspensif, un sursis à exécution de la décision du JEX est envisageable lorsque la vente forcée a été ordonnée par le JEX.

Par ailleurs, ni l'opposition ni le contredit ne sont ouverts à l'encontre du jugement d'orientation.

1. Civ. 2e, 13 mai 2015, no 14-16.483, P II, no 116.

1° Appel du jugement d'orientation : dispositions générales

1334.191 Principe et exceptions. L'article R. 311-7 alinéa 1er C. pr. exéc., dispose que « *les jugements sont, sauf dispositions contraires, susceptibles d'appel* ». La voie de l'appel est ainsi ouverte à l'encontre de tous les jugements, à l'exception des hypothèses où une disposition spéciale prévoit le contraire. Et les dispositions dérogatoires sont relativement nombreuses. Il en est ainsi, de la décision par laquelle le juge reporte la date de l'audience d'adjudication ou fixe l'audience d'adjudication après que la vente forcée a été confirmée en appel (C. pr. exéc., art. R. 322-19), de la décision rejetant la demande de subrogation à moins qu'elle mette fin à la procédure (C. pr. exéc., art. R. 322-11), de la décision constatant l'extinction de l'instance en cas de vente amiable (C. pr. exéc., art. R. 322-25) et de celle constatant la carence du débiteur en cas d'autorisation préalable de vente amiable (C. pr. exéc., art. R. 322-22), de la décision par laquelle le juge aménage la publicité (C. pr. exéc., art. R. 322-37), de celle par laquelle il ordonne la radiation des inscriptions sur requête de l'adjudicataire (C. pr. exéc., art. R. 322-65) et de celle par laquelle il statue sur la contestation de l'adjudicataire relative au certificat du greffe en cas de réitération des enchères (C. pr. exéc., art. R. 322-68).

Le jugement d'orientation est quant à lui, susceptible d'appel selon les dispositions de l'article R. 322-19 C. pr. exéc.

1334.192 Objet de l'appel du jugement d'orientation et parties. Les créanciers pourront contester l'autorisation de vendre amiablement[2], ou simplement les conditions accordées pour cette vente, et le saisi pourra former un recours en cas de refus du juge de l'y autoriser. Toute contestation portant sur les vérifications opérées d'office par le JEX pourra encore être déférée à la cour d'appel. Parce que le JEX ne rend qu'un seul jugement lors de l'audience d'orientation (v. ss no 1334.152), l'appel pourra également être dirigé contre l'appréciation faite par le JEX de la contestation soulevée ou de la demande incidente formée lors de cette audience. Conformément à l'article 553 C. pr. civ., et parce qu'en matière de saisie immobilière, il existe un lien indivisible entre tous

2. POUR UN EXEMPLE : Rouen, 4 juin 2009, *Juris-Data* no 378271, où l'autorisation de vente amiable visait un prix plancher inférieur au montant de la créance du poursuivant et ne répondait pas aux exigences de l'article 49 du décret ; en effet, le débiteur avait donné des mandats de vente dans quinze agences immobilières, sans qu'un acheteur ne se soit présenté. Le jugement est infirmé et la vente aux enchères publiques ordonnée.

les créanciers, l'appel de l'une des parties à l'instance, fût-il limité à la contestation de la créance du poursuivant, devra être dirigé contre toutes les parties à l'instance, à peine d'irrecevabilité de l'appel[1].

1334.193 **Délai.** Aux termes de l'article R. 311-7 C. pr. exéc., l'appel est formé dans un délai de quinze jours, à compter de la notification qui en est faite. Mais pour que le délai d'appel ait couru, encore faut-il que l'acte de notification mentionne la voie de recours ouverte, le délai ainsi que les modalités d'exercice. À défaut, le délai n'aura pas couru[2].

1334.194 **Notification.** Comme pour les autres jugements, et conformément aux dispositions de l'article R. 311-7 C. pr. exéc., le délai court à compter de la notification, qui est faite par voie de signification, sauf lorsque le jugement d'orientation a autorisé la vente amiable et que le débiteur n'avait pas constitué avocat. Dans ce cas, le jugement est notifié par le greffe simultanément aux parties et à leurs avocats.

1334.195 **Procédure d'appel à jour fixe : article R. 322-19 du Code des procédures civiles d'exécution.** Initialement, les auteurs de la réforme n'avaient pas instauré de régime particulier pour l'appel du jugement d'orientation qui était, comme les autres jugements rendus en matière de saisie immobilière, jugé selon la procédure prévue au second alinéa de l'article 910 C. pr. civ. (devenu C. pr. civ., art. 905 à la suite du Décr. 9 déc. 2009[3]) qui dispose que, « *lorsque l'affaire semble présenter un caractère d'urgence ou être en état d'être jugée,* [...] *le président de la chambre saisie, d'office ou à la demande d'une partie, fixe à bref délai l'audience à laquelle elle sera appelée ; au jour indiqué, il est procédé selon les modalités prévues aux articles 760 à 762* ». Cette procédure n'est pas apparue suffisamment protectrice des intérêts des parties en présence s'agissant de l'appel du jugement d'orientation.

C'est pourquoi les auteurs du décret du 12 février 2009 ont modifié la réglementation afin de distinguer ce cas de figure.

L'article R. 322-19 C. pr. exéc. prévoit ainsi que l'appel contre le jugement d'orientation est formé, instruit et jugé selon la procédure à jour fixe[4] sans que l'appelant ait à se prévaloir dans sa requête d'un péril.

La Cour de cassation veille scrupuleusement au respect de ces dispositions du Code de procédure civile. En effet, **l'appel à jour fixe n'est pas une simple modalité procédurale de l'appel mais une condition de recevabilité du recours**[5].

Ainsi, l'appel contre le jugement d'orientation doit impérativement être formé selon la procédure à jour fixe, à peine d'irrecevabilité relevée d'office[6]. L'acte de signification doit donc indiquer les modalités de l'appel[7] ; à défaut, le délai n'aura pas couru[8]. Mais cette absence ou cette irrégularité de la signification du jugement n'a de répercussion que sur le délai d'appel qui n'aura pas couru ; cela n'aura pas d'incidence sur la recevabilité de l'appel au regard des règles énoncées aux articles R. 311-7 et R. 322-19 C. pr. exéc.[9]. Toutefois, si l'appel est jugé irrecevable, cette décision ne fera pas obstacle à un nouvel appel se conformant au formalisme du Code des procédures civiles d'exécution[10]. À l'exception de la démonstration d'un péril, l'appel à jour fixe du jugement d'orientation obéit aux articles 917 à 920 C. pr. civ. : l'appelant doit présenter une requête au premier président qui fixera le jour auquel l'affaire sera appelée par priorité et l'appelant assignera la partie adverse pour le jour fixé. Toutefois, depuis peu, la deuxième chambre civile examine la recevabilité de ces recours à la lumière de l'article 6 § 1 de

1. Civ. 2e, 21 févr. 2019, no 17-31.350, P ; *D.* 2019. Pan. 1314, obs. A. Leborgne.
2. Civ. 2e, 3 déc. 2015, no 14-24.909, P II, no 267 ; *Gaz. Pal.* 9 févr. 2015, p. 66, obs. L. Mayer ; *ibid.* p. 81, obs. L. Lauvergnat ; *RD banc. fin.* 2016, no 31, obs. S. Piedelièvre – Civ. 2e, 28 janv. 2016, no 15-11.391, P II, no 31 ; *D.* 2016. Pan. 1279, obs. A. Leborgne, *RLDC* juin 2017.35, obs. O. Salati.
3. Décr. no 2009-1524, 9 déc. 2009, relatif à la procédure d'appel avec représentation obligatoire en matière civile, *JO* 11 déc., p. 21386.
4. Et ce même si le juge dans son jugement n'a pas fixé les modalités de la vente mais s'est contenté de trancher des contestations et de fixer le montant de la créance : Civ. 2e, 25 sept. 2014, no 13-19.000, P II, no 199. Ainsi, dès lors qu'ils sont rendus à l'audience d'orientation par le JEX, l'appel de ces jugements relève de la procédure à jour fixe ; et pas de la procédure à bref délai, même si l'objectif de célérité est commun aux deux procédures : Civ. 2e, 16 oct. 2014, no 13-24.634, P II, no 217.
5. Civ. 2e, 22 févr. 2012, no 10-24.410, P II, no 37 – Civ. 2e, 25 sept. 2014, no 13-19.000, P (préc. ss prést no) ; *D.* 2015. Pan. 1339, obs. A. Leborgne ; *RTD civ.* 2015. 194, obs. N. Cayrol.
6. Civ. 2e, 22 févr. 2012, no 10-24.410, P (préc. ss prést no) ; *D.* 2012. Actu. 690 ; *Gaz. Pal.* 13-15 mai 2012, p. 21, obs. C. Brenner ; *Gaz. Pal.* 25-26 mai 2012, obs. E. Jullien ; *Procédures* 2012, no 146, obs. R. Perrot ; *ibid.* 2013. Chron. 1, no 19, obs. A. Leborgne ; *RD banc. fin.* 2012, no 94, obs. S. Piedelièvre – Civ. 2e, 16 oct. 2014, no 13-24.634, P II, no 217 ; *D.* 2015. Pan. 293, obs. N. Fricero ; *D.* 2015. 1339, obs. A. Leborgne ; *Gaz. Pal.* 21-23 déc. 2014, p. 36, obs. C. Bléry ; *Procédures* 2015, no 36, obs. C. Laporte ; *RD banc. fin.* 2015, no 17, obs. S. Piedelièvre.
7. Civ. 2e, 24 sept. 2015, no 14-23.768, P II, no 214.
8. Et même si c'était à l'avocat du débiteur de faire appel : Civ. 2e, 3 déc. 2015, no 14-24.909, P (préc., v. ss no 1334.193) – Et même si l'appelant a usé de la voie de la procédure à jour fixe mais a formé un appel tardif : Civ. 2e, 28 janv. 2016, no 15-11.391, P (préc., v. ss no 1334.193).
9. Civ. 2e, 28 sept. 2017, no 16-22.143, P II, no 188.
10. Civ. 2e, 7 sept. 2017, no 16-16.847, P II, no 167.

la Convention de sauvegarde des droits de l'homme et des libertés fondamentales et de l'accès au juge[1].

La procédure à jour fixe impose donc tout d'abord de **saisir le premier président d'une requête** lui demandant de fixer le jour auquel l'affaire sera appelée par priorité[2] (C. pr. civ., art. 917).

En 2017, la deuxième chambre avait admis que cette requête soit remise manuellement car, en vertu de l'article 930-1 alinéas 1er et 5 C. pr. civ., seuls les actes de procédure à destination de la cour d'appel semblaient devoir être remis par voie électronique[3]. En 2020, un arrêté du garde des Sceaux relatif à la communication par voie électronique[4] en matière civile entre avocats ou entre un avocat et la juridiction, dans le cas d'une procédure avec ou sans représentation obligatoire devant la cour d'appel ou son premier président, est venu définir les modalités des échanges par voie électronique. La question des modalités de la remise de la requête s'est donc reposée car aux termes de l'article 2 de l'arrêté du 20 mai 2020, les envois, remises et notifications mentionnés à l'article 748-1 C. pr. civ. doivent répondre aux garanties fixées par cet arrêté, ce qui pouvait laisser penser que seule une remise de la requête par voie électronique rendait l'appel recevable. La deuxième chambre n'en a pas jugé ainsi. Notant que la disposition imposant le recours à la voie électronique était applicable aux procédures devant la cour d'appel mais également devant son premier président, elle a toutefois jugé que la méconnaissance d'une telle prescription, propre aux procédés techniques utilisés en matière de communication électronique, ne saurait avoir pour effet de rendre l'appel irrecevable, une telle conséquence étant disproportionnée au regard du but poursuivi[5]. La solution est heureuse.

Aux termes de l'article 918 C. pr. civ., la requête tendant à voir fixer le jour auquel l'affaire sera appelée par priorité doit contenir les conclusions sur le fond et viser les pièces justificatives. Toutefois, après avoir jugé que l'absence de conclusions au fond emportait irrecevabilité de l'appel[6], la deuxième chambre civile a reconsidéré cette interprétation à la lumière de l'article 6 § 1 de la Convention de sauvegarde des droits de l'homme et des libertés fondamentales et de l'accès au juge, pour juger que constituait une sanction disproportionnée l'irrecevabilité de l'appel d'un jugement d'orientation prononcée du seul fait que la requête adressée au premier président ne contenait pas les conclusions au fond[7].

En outre, conformément à l'article 919 alinéa 2 C. pr. civ., la requête tendant à être autorisé à assigner ses adversaires à jour fixe doit être présentée au plus tard dans les huit jours de la déclaration d'appel. À défaut, l'appel dirigé contre le jugement d'orientation sera irrecevable[8].

Au vu de la requête, le premier président autorisera l'appelant à assigner pour le jour fixé. La Cour de cassation a précisé que l'ordonnance par laquelle le premier président de la cour d'appel fixe, en application de l'article 917 alinéa 1er C. pr. civ., la date à laquelle l'affaire sera appelée par priorité devant la cour d'appel est dénuée d'effet sur la recevabilité de l'appel et constitue une mesure d'administration judiciaire, insusceptible de recours et ne peut donner lieu à rétractation[9].

1. V. obs. D. Cholet, s[s] Civ. 2e, 12 déc. 2024, n° 22-11.816, B ; *RCJPP* janv.-févr. 2025, p. 27.
2. La requête n'a pour objet que de fixer la date de l'audience. En conséquence, en cas de pluralité de parties, si l'appelant a omis d'en intimer certaines, mais a ensuite régularisé par une seconde déclaration d'appel, il n'a pas créé une nouvelle instance et la seconde déclaration d'appel n'implique pas que soit présentée une nouvelle requête. L'instance sera valablement introduite selon la procédure à jour fixe dès lors que la première déclaration d'appel aura été précédée ou suivie d'une requête régulière en autorisation d'assigner à jour fixe : Civ. 2e, 15 avr. 2021, n° 19-21.803, P.
3. La remise manuelle au greffe, d'une requête établie sur support papier sera recevable. En effet, les dispositions de l'article 930-1 C. pr. civ., qui imposent une remise par voie électronique, ne visent que les actes de procédure destinés à la cour d'appel : Civ. 2e, 7 déc. 2017, n° 16-19.336, P II, n° 227 ; *D.* 2017. Pan. 1230, obs. A. Leborgne ; *D.* 2018. Pan. 695, obs. N. Fricero ; *JCP* 2018. 45, obs. C. Laporte ; *Gaz. Pal.* 19 déc. 2017, p. 24, note L. Boyer ; *Dr. et proc.* 2018. 52, note F. Vinckel.
4. Arr. 20 mai 2020, relatif à la communication par voie électronique en matière civile devant les cours d'appel, *JO* 21 mai, texte 15.
5. Civ. 2e, 28 nov. 2024, n° 21-13.648, B ; *D. actu.* 16 déc. 2024, obs. C. Bléry ; *RCJPP* janv.-févr. 2025, p. 23, obs. M. Plissonnier.
6. Civ. 2e, 7 avr. 2016, n° 15-11.042, P II, n° 104 ; *D.* 2017. Pan. 1396, obs. A. Leborgne ; *Gaz. Pal.* 30 août 2016, p. 77, note H. Herman ; *Procédures* 2016, n° 216, obs. C. Laporte – Civ. 2e, 27 sept. 2018, n° 17-21.833, P – Des conclusions ultérieures ne pouvant être formées qu'en cas de faits nouveaux : Civ. 2e, 27 janv. 2021, n° 18-22.540, NP.
7. Civ. 2e, 23 mai 2024, n° 22-12.517, B.
8. Civ. 2e, 19 mars 2015, n° 14-14.926, P I, n° 69 ; *D.* 2015. Actu. 742 ; *D.* 2015. 1791, obs. H. Adida-Cagnac, T. Vasseur, E. de Leiris ; *RTD civ.* 2015. 461, obs. N. Cayrol ; *JCP* 2015, n° 357, note P. Gerbay ; *Procédures* 2015, n° 156, obs. C. Laporte – Le droit de l'appelant à l'assistance effective d'un avocat impose toutefois que le délai de huit jours soit interrompu par la demande d'aide juridictionnelle déposée par l'appelant : Civ. 2e, 6 juin 2019, n° 18-11.668, P.
9. Civ. 2e, 19 mars 2015, n° 14-14.926, P (préc. s[s] prés[t] n°) – Civ. 2e, 17 mars 2016, n° 15-10.865, P II, n° 80 ; *Procédures* 2016, n° 156, obs. C. Laporte – Un pourvoi en cassation reste cependant ouvert lorsqu'est caractérisée une atteinte à un droit à l'accès au juge : Civ. 2e, 28 nov. 2024, n° 21-13.648, B, ce qui n'était pas le cas en l'espèce – PAR AILLEURS, le non-respect du délai fixé par le premier président dans l'ordonnance autorisant l'assignation à jour fixe ne peut être sanctionné par la caducité de l'ordonnance et partant de l'assignation à jour fixe qu'elle autorise et est sans incidence sur la recevabilité de l'appel : Civ. 2e, 10 nov. 2016, n° 15-11.407, P.

Les autres conditions de la procédure à jour fixe doivent également être respectées [1].

L'appelant doit ensuite **assigner** les parties pour le jour fixé (C. pr. civ., art. 920) [2]. L'assignation doit contenir les copies de la requête, de l'ordonnance du premier président et un exemplaire de la déclaration d'appel visé par le greffier. La requête doit être jointe à l'assignation. À défaut, là encore, l'appel sera irrecevable [3]. Il incombe encore à l'appelant de joindre à son assignation une copie intègre de l'ordonnance du premier président. À défaut, l'appel sera irrecevable [4]. Mais l'article 922 n'impose pas que soient jointes à la copie de l'assignation remise au greffe, les pièces destinées à l'information de l'intimée mentionnées à l'article 920 C. pr. civ. [5]

La cour d'appel est saisie par la remise d'une copie de l'assignation au greffe avant la date fixée pour l'audience, faute de quoi la déclaration sera caduque.

Il a été jugé que, conformément à l'article 930-1 C. pr. civ., l'assignation à jour fixe devait être remise au greffe par voie électronique, à peine de caducité de l'appel [6]. Cette sanction pourrait-elle être jugée disproportionnée, compte tenu des récentes évolutions jurisprudentielles [7] ? En revanche, si la copie remise au greffe est affectée d'un vice de forme, la nullité de l'acte ne sera prononcée que sur la démonstration d'un grief par l'intimé [8].

1334.196 Effets de l'appel et particularisme en procédure de saisie immobilière. Ni le décret de 2006 ni celui de 2009 ne comportent de dispositions précisant les effets de l'appel. Selon les dispositions du livre 1er du Code de procédure civile, l'appel emporte un **effet suspensif** (C. pr. civ., art. 539) et un effet dévolutif (C. pr. civ., art. 561). Toutefois, s'agissant de l'appel du jugement d'orientation, il faut faire application de l'article R. 121-21 C. pr. exéc. qui déroge aux dispositions du livre 1er du Code de procédure civile, en prévoyant que le délai d'appel et l'appel lui-même n'ont pas d'effet suspensif. En effet, dans le silence du décret de 2006, l'article 1er dudit décret, l'article R. 311-1 fait renvoi, à défaut de dispositions spéciales, aux dispositions du décret du 31 juillet 1992, désormais codifiées aux articles R. 121-1 à R. 121-24 du C. pr. exéc.

Quant à l'**effet dévolutif**, la jurisprudence a eu l'occasion de préciser qu'il était **limité**. Les juges du second degré sont en effet seulement saisis du réexamen des questions débattues devant le premier juge. L'effet dévolutif de l'appel n'aura pas pour conséquence de permettre de formuler pour la première fois, au stade de la cour, des contestations ou des demandes qui ne l'auraient pas été au plus tard le jour de l'audience dès lors qu'elles ne portent pas sur des actes postérieurs à celle-ci [9]. La règle posée à l'article R. 311-5 C. pr. exéc. l'interdit en effet (v. s^s n° 1334.14). Ainsi, même une demande de délais sur le fondement de l'ancien article 1244-1 C. civ. (désormais C. civ., art. 1343-5), présentée pour la première fois en appel, sera irrecevable [10]. Cependant, même si les parties n'ont pas comparu en première instance ou n'ont pas été régulièrement représentées, elles pourront toujours soulever des moyens révélés par le jugement d'orientation lui-même, ainsi lorsqu'il sera dit que le débiteur a été régulièrement assigné, ce qu'il contesterait. Ensuite, et parce que le JEX doit effectuer des vérifications (v. s^s n°s 1334.61 s.), conformément à l'article R. 322-15, il sera toujours loisible de contester l'effectivité de ces vérifications en appel.

Le particularisme de l'appel du jugement d'orientation se manifeste encore dans l'éviction de certaines dispositions du Code de procédure civile applicables au procès d'appel de droit commun. L'article

1. Sera nulle l'assignation qui n'aura pas été précédée d'une requête visant les pièces ainsi que l'ordonnance autorisant la procédure à jour fixe, laquelle doit être visée dans la déclaration d'appel, peu important que la date d'audience ait déjà été fixée. En conséquence la caducité de l'appel devra être prononcée : Lyon, 5 nov. 2009, *Procédures* 2010. Prat. 1, obs. C. Laporte.
2. Mais le non-respect du délai fixé par le premier président dans l'ordonnance autorisant l'assignation à jour fixe pour la délivrance des assignations ne peut être sanctionné par la caducité de l'ordonnance, et partant, de l'assignation à jour fixe qu'elle autorise, et est sans incidence sur la recevabilité de l'appel : Civ. 2e, 10 nov. 2016, no 15-11.407, P II, no 248 ; *D.* 2016. Actu. 2350 ; *D.* 2016. Pan. 1396, obs. A. Leborgne ; *AJDI* 2016. 855, obs. F. de la Vaissière ; *Procédures* 2017, no 5, obs. C. Laporte.
3. Civ. 2e, 27 sept. 2018, no 17-21.833, P ; *D.* 2018. Actu. 1920 ; *JCP* 2018. 1069, note Gerbay ; *Procédures* 2019, no 9, obs. C. Laporte.
4. Civ. 2e, 20 mai 2021, nos A 19-19.258 et B 19-19.259 : pour la copie d'une ordonnance, dépourvue de la signature du premier président et comportant une date différemment dactylographiée par rapport à l'ordonnance datée et signée par la présidente de la chambre et figurant au dossier de procédure.
5. Civ. 2e, 17 mai 2023, no 21-20.690, B ; *D.* 2023. 1016 ; *ibid.* 1969, chron. C. Bohnert ; *D.* 2024. 1309, obs. A. Leborgne.
6. Et cela, quand bien même une copie de cette assignation aura été déposée au greffe de la cour avant le jour de l'audience : Civ. 2e, 9 janv. 2020, no 18-24.513, P ; *D. actu.* 24 janv. 2020, obs. F. Kieffer ; *D.* 2020. 88 ; *JCP* 2020. 263, note A. Leborgne.
7. En ce sens, Civ. 2e, 17 mai 2023, no 21-20.690, B (préc. ss prést no), et Civ. 2e, 23 mai 2024, no 22-12.517, B (préc. ss prést no).
8. Civ. 2e, 4 nov. 2021, no 20-11.875, B : il s'agissait ici d'une copie incomplète, ne comportant que trois des sept pages de l'assignation.
9. Civ. 2e, 11 mars 2010, no 09-13.312, P II, no 55 ; *D.* 2010. 2102. Chron. C. cass., J.-M. Sommer et L. Leroy-Gissinger ; *Dr. et proc.* 2010. 189, obs. A. Leborgne – Civ. 2e, 10 févr. 2011, no 10-11.944, P II, no 39.
10. Civ. 2e, 20 oct. 2011, no 10-25.787, NP – Civ. 2e, 26 juin 2014, no 13-20.560, P II, no 163.

R. 311-5 C. pr. exéc., qui dispose donc qu'à peine d'irrecevabilité prononcée d'office, aucune contestation ou demande incidente ne peut être formée après l'audience d'orientation, à moins qu'elle porte sur des actes de procédure postérieurs à celle-ci, est ainsi exclusif de l'article 564 C. pr. civ. qui permet, dans une procédure d'appel de droit commun, à une partie, de soumettre de nouvelles prétentions à la cour pour faire écarter les prétentions adverses ou faire juger de questions nées de l'intervention d'un tiers ou de la survenance ou de la révélation d'un fait[1]. De même, l'article R. 311-5 C. pr. exéc. exclut-il également l'application des dispositions de l'article 566 C. pr. civ. selon lequel les parties peuvent ajouter aux demandes et défenses soumises au premier juge toutes les demandes qui en sont l'accessoire, la conséquence ou le complément[2].

En revanche, l'article R. 311-5 C. pr. exéc. ne fait pas obstacle à ce qu'un créancier inscrit qui, à peine de déchéance de sa sûreté pour la distribution du prix de l'immeuble, doit déclarer sa créance même non exigible dans les deux mois de la dénonciation du commandement de payer valant saisie (v. s^s^ n°s 1333.371 s.), demande en cause d'appel qu'il soit pris acte de la déchéance du terme prononcée postérieurement au jugement d'orientation et que le montant de sa créance soit fixé en conséquence[3].

Lorsque des contestations ou des demandes auront été formées, l'effet dévolutif sera donc limité à la demande ou à l'incident tranché par le JEX[4]. La deuxième chambre a jugé que cette solution ne méconnaissait pas les exigences de l'article 6 § 1 de la Conv. EDH[5].

Une fois l'appel jugé, la mesure d'exécution reprendra son cours devant le JEX[6]. Toutefois la cour, lorsqu'elle renverra l'affaire devant le JEX, conserve le pouvoir de fixer la date de la vente forcée sans porter atteinte aux dispositions de l'article R. 322-23 C. pr. exéc. car le JEX aura toujours le pouvoir de modifier cette date en cas de besoin[7]. Et si le jugement d'orientation a ordonné la mainlevée de la saisie immobilière mais que la cour d'appel infirme, il lui appartiendra de fixer les modalités de la vente et mentionner le montant de la créance du poursuivant en principal, intérêts et autres accessoires. En effet, après avoir infirmé la mainlevée, la cour a rendu une décision d'orientation[8].

2°
Dispositions particulières applicables au jugement d'orientation ayant ordonné la vente forcée

1334.201 **L'appel du jugement ayant ordonné la vente forcée.** Dès l'entrée en vigueur de la réforme de la procédure de saisie immobilière, la pratique avait immédiatement dénoncé la difficulté résultant de l'ouverture d'un recours à l'encontre du jugement d'orientation ordonnant la vente forcée, qui ne serait pas encore jugé au jour de l'audience d'adjudication. Le poursuivant se trouvait en effet confronté à un dilemme dans ce cas, requérir la vente en prenant le risque que le jugement d'orientation soit réformé, ou s'abstenir par prudence mais encourir la caducité du commandement de payer valant saisie[9].

Les auteurs du décret du 12 février 2009 ont distingué, à l'article 52 alinéa 2 du décret de 2006, devenu l'article R. 322-19 alinéa 2 C. pr. exéc., l'hypothèse qui posait problème : lorsque l'appel est formé contre un jugement ordonnant la vente par adjudication, la cour devra statuer au plus tard un mois avant la date prévue pour l'adjudication[10]. À défaut, le JEX pourra, à la demande du créancier poursuivant, reporter la date de l'audience de vente forcée.

Par dérogation au principe général du droit d'appel à l'encontre des jugements, posé à l'article R. 311-7

1. Ainsi, pour la prescription de la créance. En droit commun de l'appel, cette fin de non-recevoir peut être proposée en tout état de cause. Mais soulevée pour la première fois en cause d'appel sans avoir été débattue devant le JEX, l'exception sera irrecevable dans le cas de l'appel d'un jugement d'orientation du fait de l'art. R. 311-5 C. pr. exéc. : Civ. 2e, 31 janv. 2019, n° 17-27.508, P ; *D.* 2019. 853, obs. E. de Leiris.
2. Civ. 2e, 31 janv. 2019, n° 18-10.930, P ; *JCP* 2019. 163, pour une demande d'indemnisation – DE MÊME, Civ. 2e, 14 nov. 2019, n° 18-21.917, P ; *RD banc. fin.* 2020, n° 10, obs. S. Piedelièvre ; *Procédures* 2020, n° 8, obs. C. Laporte, pour un créancier qui invoquait, en appel seulement, la qualité de professionnel du saisi pour échapper à la prescription biennale de sa créance.
3. Civ. 2e, 28 juin 2018, n° 17-19.894, P ; *Procédures* 2018, n° 286, note C. Laporte ; *RD banc. fin.* 2018, n° 130, note S. Piedelièvre ; *Dr. et proc.* 2018. 154, note O. Salati.
4. Ainsi, la cour qui, statuant en appel d'un jugement d'orientation ayant autorisé la vente amiable du bien saisi, infirme le jugement de ce chef et ordonne la vente forcée du bien, alors qu'aucune partie n'avait interjeté appel du jugement en ce qu'il avait autorisé la vente amiable, mais seulement critiqué le jugement en ce qu'il avait rejeté les contestations relatives à la créance, modifie l'objet du litige : Civ. 2e, 24 oct. 2019, n° 18-15.852, P ; *D.* 2020. Pan. 1388, obs. A. Leborgne.
5. Civ. 2e, 17 nov. 2011, n° 10-26.784, P II, n° 214.
6. Civ. 2e, 23 oct. 2008, n° 08-13.404, P II, n° 226 ; *D.* 2008. 3120, note A. Leborgne ; *D.* 2009. 757, chron. J.-M. Sommer et C. Nicoletis.
7. Civ. 2e, 11 mars 2010, n° 09-13.312, P (préc. s^s^ prés^t^ n^o^).
8. Civ. 2e, 16 mai 2019, n° 18-10.033, P ; *D.* 2019. 1112 ; *D.* 2020. Pan. 1388, obs. A. Leborgne.
9. Bordeaux, 1re ch. civ., sect. A, 25 sept. 2007, RG n° 07/02044, qui pour éviter cette sanction faisait de l'appel un motif légitime permettant au juge de ne pas constater la caducité.
10. Conformément à l'art. 155-II du décret du 12 février 2009, ces nouvelles dispositions ne sont pas applicables aux appels formés avant le 1er mars 2009 qui restent soumis au droit antérieur et notamment à la procédure ordinaire devant la cour d'appel. Il en résulte que le délai d'un mois prévu par l'article 52 dans sa rédaction nouvelle ne leur est pas applicable : Civ. 2e, 8 juill. 2010, n° 09-15.051, P II, n° 139.

C. pr. exéc., la décision du JEX de reporter la date de l'audience de vente forcée lorsque la cour d'appel n'a pas statué au plus tard un mois avant la date prévue pour l'adjudication ne sera pas susceptible d'appel (C. pr. exéc., art. R. 322-19, al. 2). La Cour de cassation a jugé que ce jugement n'était pas non plus susceptible de pourvoi[1].

3° Sursis à exécution : article R. 121-22 C. pr. exéc.

1334.211 **Article R. 121-22 C. pr. exéc.** Le sursis à exécution d'une décision du JEX peut-il être demandé au premier président s'il existe des moyens sérieux d'annulation ou de réformation de la décision, conformément à l'article R. 121-22 C. pr. exéc.[2] ? Rien ne permettait de l'exclure à la lecture du décret de 2006, qu'il s'agisse des jugements statuant sur une contestation ou d'une demande incidente ou du jugement d'orientation. Des juges du fond l'avaient cependant écarté, en s'appuyant sur la jurisprudence de la Cour de cassation[3] rendue en application de l'article R. 121-22 C. pr. exéc., avant la réforme de la saisie immobilière[4] et sur les dispositions de l'article R. 311-6 C. pr. exéc. qui dispose que l'examen des contestations et demandes incidentes ne suspend pas le cours de la procédure.

(Sur la procédure et les conditions d'application de cet article, v. s^s^ n°s 0222.11 s.)

1334.212 **Hypothèse envisagée par le décret du 12 février 2009.** Le recours aux dispositions de l'article R. 121-22 C. pr. exéc. a été admis implicitement par les auteurs du décret de 2009. Le nouvel article R. 322-19 C. pr. exéc. dispose en effet, que « *lorsqu'une suspension des poursuites résultant de l'application de l'article R. 121-22 interdit de tenir l'audience d'adjudication à la date qui était prévue et que le jugement qui ordonnait l'adjudication a été confirmé en appel, la date de l'adjudication est fixée sur requête par ordonnance du juge de l'exécution* ».

L'action relative à l'arrêt de l'exécution provisoire doit désormais être jugée recevable et le premier président devra apprécier, au cas par cas, s'il existe des moyens sérieux d'annulation ou de réformation du jugement frappé d'appel[5].

1334.213 **Sursis ordonné et suites procédurales.** Si le premier président fait droit à la demande de sursis, l'effet suspensif de l'appel est rétabli le temps que la Cour se prononce sur l'appel du jugement d'orientation ordonnant la vente forcée, mais, si la décision est confirmée, le JEX devra fixer la date de l'adjudication.

La décision par laquelle le JEX fixe la date de l'adjudication ne sera pas susceptible d'appel (C. pr. exéc., art. R. 322-19, al. 2).

4° Ni opposition ni contredit

1334.221 **Absence d'opposition.** Dans sa rédaction initiale, l'article 8 du décret du 27 juillet 2006 ne concernait que les jugements statuant sur les contestations ou demandes incidentes. Il affirmait le droit d'appel à l'encontre de ces décisions, sauf dispositions contraires, et excluait l'opposition en son dernier alinéa. Cette disposition demeure après la réécriture de l'article 8 par le décret du 12 février 2009, devenu l'article R. 311-7 C. pr. exéc., mais sa formulation est maladroite qui ne vise que les jugements statuant sur les contestations ou demandes incidentes. Toutefois, en vertu des dispositions de l'article 473 C. pr. civ., dès lors que l'appel est possible, la voie de l'opposition est fermée.

1334.222 **Absence de contredit.** Le décret de 2006, comme celui de 2009, étant silencieux sur ce point, il faut se référer aux dispositions du Code des procédures civiles d'exécution dont l'article R. 121-3 prévoit que « *les décisions du juge de l'exécution statuant sur la compétence ne sont pas susceptibles de contredit* »[6].

1. Civ. 2e, 8 janv. 2015, n° 14-10.205, P II, n° 2 ; *D.* 2015. Pan. 1339, obs. A. Leborgne ; *Procédures* 2015, n° 73, obs. C. Laporte.
2. Mais la jurisprudence a décidé, de manière générale, que le sursis à exécution n'était pas ouvert en cas d'appel d'une décision de rejet de délais de paiement par le JEX : Civ. 2e, 18 déc. 1996, n° 95-12.602, P II, n° 305 ; *RTD civ.* 1997. 749, obs. R. Perrot – Civ. 2e, 19 nov. 2020, n° 19-17.931, P, pour des délais refusés à l'occasion d'une saisie de parts sociales mais la solution est transposable à la saisie immobilière.
3. Civ. 2e, 18 déc. 1996, n° 95-12.602, P (préc. s^s^ prés^t^ n°), qui juge que le premier président peut ordonner le sursis à exécution de toutes les décisions du JEX à l'exception de celles qui, entre créanciers et débiteurs, statuent sur des demandes dépourvues d'effet suspensif à moins qu'elles n'ordonnent la mainlevée d'une mesure.
4. Aix-en-Provence, ord. réf., 13 déc. 2007, RG n° 07/00682 – Aix-en-Provence, ord. réf., 6 févr. 2008, RG n° 08/00062 – EN SENS INVERSE, Lyon, ord. réf., 1er oct. 2007, RG n° 07/00188, qui en a admis le principe.
5. Aix-en-Provence, ord. 1er prés. réf., 12 mai 2011, RG n° 11/00205, *D.* 2012. Pan. 1558, obs. A. Leborgne, qui, après avoir admis la recevabilité de la demande, juge qu'une contestation portant sur le montant de la créance n'est pas de nature à remettre en cause la vente forcée de sorte que la demande de sursis à exécution n'est pas fondée.
6. TOUTEFOIS, la deuxième chambre civile a jugé que lorsqu'elle était saisie à tort par la voie du contredit contre une décision du JEX, la cour d'appel n'en demeurait pas moins saisie : Civ. 2e, 10 févr. 2005, n° 03-15.324, P II, n° 26 ; *Procédures* 2005. Comm. 131.

CHAPITRE

1335. Droits des parties et des tiers

ANNE LEBORGNE
PROFESSEUR ÉMÉRITE D'AIX-MARSEILLE UNIVERSITÉ

SECTION 0

ORIENTEUR

1335.00 **Sommaire du chapitre.**

Division. Le débiteur peut former des contestations, solliciter un sursis, mais encore proposer de vendre lui-même en obtenant l'autorisation du juge de l'exécution (sect. 1). Les créanciers inscrits ainsi que le créancier poursuivant peuvent aussi avoir intérêt à déposer des conclusions avant l'audience d'orientation (sect. 2). Enfin des tiers concernés par la saisie et la vente de l'immeuble peuvent avoir intérêt à intervenir (sect. 3).

1335.02 **Jurisprudence de référence.**

> Saisie immobilière. Recevabilité des contestations et demandes incidentes formulées après le renvoi de l'audience d'orientation. Saisine de la cour d'appel en cas d'appel contre le jugement d'orientation personnel de l'astreinte.

• **Civ. 2e, 28 oct. 2008**, no 08-13.404, P II, no 226

* V. ss nos 0211.71, 0212.81, 0222.24, 1334.13, 1334.14, 1334.196, 1335.51, 1336.61, 1336.291

1° En cas de renvoi de l'audience d'orientation, les contestations et demandes incidentes formulées au plus tard à l'audience de renvoi sont recevables.

2° Il n'appartient qu'au seul juge de l'exécution de suivre la procédure postérieure à l'autorisation de la vente amiable. En renvoyant l'affaire à son audience pour vérifier les conditions de la réalisation de la vente après avoir autorisé le débiteur à vendre l'immeuble saisi à l'amiable, la cour d'appel viole les articles 54 et 58 du décret du 27 juillet 2006 [devenus art. R. 322-21 et R. 322-25 C. pr. exéc.].

> Saisie immobilière. Régime des exceptions de nullité pour irrégularité de forme du cahier des conditions de vente.

• **Civ. 2e, 1er oct. 2009,** n° 08-19.104, P II, n° 235

* V. ss nos 1333.32, 1333.234, 1334.151, 1335.171

En application de l'article 112 du Code de procédure civile, auquel renvoie l'article 11 du décret du 27 juillet 2006 relatif aux procédures de saisie immobilière et de distribution du prix d'un immeuble, la nullité pour irrégularité de forme du cahier des conditions de vente doit être invoquée, à peine d'irrecevabilité, avant toute défense au fond ou fin de non-recevoir.

> La contestation de la validité d'un commandement de payer valant saisie constitue une exception de procédure.

• **Civ. 2e, 25 mars 2010,** n° 08-17.196, P II, n° 72

* V. ss n° 1335.171

La contestation de la validité d'un commandement de payer valant saisie, soulevée après l'assignation par le créancier poursuivant, constitue une exception de procédure.

1335.04 Formulaire de procédure civile (renvoi).

• *Saisie immobilière – Contestation* (Conclusions aux fins de contestation ou de demande incidente – C. pr. exéc., art. R. 311-5)

SECTION 1
CONTESTATIONS ET DEMANDES DU SAISI

1335.11 Participer ou s'opposer ? Sous l'empire du décret-loi de 1938, la procédure de saisie immobilière menée par le créancier laissait le saisi en partie à l'écart de la vente de son bien mais toute initiative n'était pas exclue ; il pouvait solliciter la conversion en vente volontaire, obtenir un sursis aux poursuites, intervenir seulement ponctuellement pour soulever des nullités de forme comme de fond, voire ne rien faire du tout et subir totalement la procédure.

Les auteurs de la réforme le responsabilisent en lui offrant la **faculté de demander l'autorisation de vendre amiablement.** Pour le reste, on retrouve les mêmes possibilités que celles qui s'offraient à lui avant la réforme.

1335.12 Forme. Aux termes de l'article R. 311-6 C. pr. exéc.[1], à moins qu'il n'en soit disposé autrement, toute contestation ou demande doit être formée par le dépôt au greffe de conclusions signées d'un avocat. Toutefois, le saisi pourra former la demande d'autorisation en vente amiable oralement et sans être représenté (C. pr. exéc., art. R. 322-17) et, parce qu'aucun texte n'empêche par ailleurs le débiteur de saisir le juge de l'exécution (JEX) avant le dépôt au greffe de l'assignation à l'audience d'orientation pour contester le commandement de payer valant saisie[2] ou pour former toute autre demande, se pose la question de la forme de cette saisine.

1335.13 Délais. En principe, les demandes incidentes et contestations portant sur la régularité de la procédure doivent être formées au plus tard à l'audience d'orientation, à peine d'irrecevabilité à moins bien sûr qu'il ne s'agisse de contestations portant sur des actes postérieurs à l'audience (C. pr. exéc., art. R. 311-5). La deuxième chambre civile juge également, en s'appuyant sur l'article R. 311-5 C. pr. exéc. que, pour être recevables, les demandes, sauf disposition particulière[3], ne peuvent être présentées avant l'audience d'orientation[4].

§ 1
Demandes incidentes

1335.20 Plan. L'innovation vient de la faculté, offerte au saisi, de demander à être autorisé à vendre amiablement (A). Le décret lui permet encore de demander à être autorisé à accomplir certains actes (B). Comme avant la réforme, il peut encore former des demandes de sursis aux poursuites (C).

A.
Demande de vente amiable

1335.30 Plan. La demande obéit à un formalisme simplifié et, si elle est satisfaite, suspendra le cours de la procédure de saisie.

1°
Conditions

1335.41 Moment pour la former. La demande tendant à la vente amiable peut être présentée et jugée avant la signification de l'assignation à comparaître à l'audience d'orientation, en vertu de l'article R. 322-20 C. pr. exéc., sous réserve pour le débiteur de mettre en cause les créanciers inscrits sur le bien.

1. Décr. n° 2012-783, 30 mai 2012, relatif à la partie réglementaire du Code des procédures civiles d'exécution, *JO* 31 mai, p. 9375.

2. EN CE SENS, Aix-en-Provence, 15e ch. sect. A, 10 oct. 2007, RG n° 07/05459.

3. V. C. pr. exéc., art. R. 322-20, qui offre, sans attendre l'audience d'orientation, une faculté de vente amiable sur autorisation judiciaire au saisi. Mais tel est également le cas de la demande en subrogation qui peut être présentée par les créanciers inscrits et les créanciers énumérés à l'article 2377 et au 3° de l'article 2402 C. civ. à tout moment de la procédure en vertu de l'article R. 311-9 C. pr. exéc.

4. Civ. 2e, 21 nov. 2024, n° 22-12.499, B.

Mais le plus souvent, la demande sera formée le jour même de l'audience d'orientation, verbalement, conformément à l'article R. 322-17 alinéa 2 C. pr. exéc.

Il résulte de cette faculté offerte au saisi, de demander à être autorisé à vendre amiablement son bien sans attendre l'audience d'orientation, que sauf abus, il n'est pas possible de mettre en jeu la responsabilité du créancier saisissant en raison de ce qu'il aurait tardé à répondre avant l'audience d'orientation à la sollicitation du débiteur[1].

1335.42 **Ministère d'avocat.** Aux termes de l'article R. 311-4 C. pr. exéc., les parties étant, sauf disposition contraire, tenues de constituer avocat, il faut en déduire que si la demande est formée avant l'audience d'orientation, le saisi devra être représenté. En revanche, lors de l'audience d'orientation, et conformément aux dispositions de l'article R. 322-17 alinéa 2 C. pr. exéc., la demande du débiteur aux fins d'autorisation de vente amiable et les actes consécutifs à cette vente sont dispensés du ministère d'avocat.

1335.43 **Forme de la demande.** Il faut distinguer selon le moment où la demande est formée.

À l'audience d'orientation, la demande peut être formée verbalement si le saisi n'a pas constitué avocat, puisque pour former cette demande[2] il en est dispensé (C. pr. exéc., art. R. 322-17). Mais rien n'interdit de prendre un conseil à cette fin. La Cour de cassation a jugé que l'avocat du saisi pouvait lui aussi former la demande verbalement[3].

Le saisi doit convaincre le juge que la vente amiable pourra être conclue dans des conditions satisfaisantes compte tenu de la situation du bien, des conditions économiques du marché et des diligences du saisi (C. pr. exéc., art. R. 322-15) et il sera bien avisé de constituer avocat à cette fin.

Si la **demande de vente amiable** est **formée avant la signification de l'assignation à comparaître à l'audience d'orientation**, conformément à l'article R. 322-20 C. pr. exéc., doit-elle l'être **par assignation** ? L'article R. 322-20 ne le précise pas, mais impose pourtant au saisi de « *mettre en cause les créanciers inscrits sur le bien* », ce qui semble justifier le recours à une **assignation.** Par ailleurs, l'article R. 311-6 C. pr. exéc. indique qu'« *à moins qu'il en soit disposé autrement, toute contestation ou demande incidente est formée par dépôt au greffe de conclusions signées d'un avocat* », ce qui semble imposer, également dans ce cas, la **saisine du greffe par conclusions** alors même que le tribunal ne sera encore saisi par aucune assignation. Le ministère d'avocat étant toutefois obligatoire lorsque la demande du saisi est formée conformément à l'article R. 322-20 la **communication des conclusions et des pièces du saisi au créancier poursuivant**, s'effectuera entre avocats. Le décret du 12 février 2009 avait précisé que cette communication devait être faite dans les formes prévues par l'article 815 C. pr. civ.[4] ; depuis l'entrée en vigueur du décret du 11 décembre 2019[5], l'article 815 est devenu l'article 766 C. pr. civ.

En revanche, avant l'audience d'orientation, les avocats des créanciers inscrits ne seront pas connus... L'assignation paraît donc le meilleur mode de saisine du JEX. Au demeurant, même si l'article R. 311-6 C. pr. exéc. dispose que toute demande doit être formée par dépôt au greffe de conclusions, cet article ne comporte aucune sanction, or, en vertu des dispositions de l'article 114 C. pr. civ., ce vice de forme ne peut entraîner la nullité de l'acte qu'à la condition de démontrer l'existence d'un grief[6].

1335.44 **Objet de la demande.** Il s'agit pour le saisi d'être autorisé à vendre amiablement par le JEX, ce qui suspendra la procédure de saisie. La demande est adressée au juge, les créanciers n'ayant pas à donner leur accord ; ils peuvent cependant chercher à s'y opposer (pour le détail de la vente amiable judiciaire, v. s^s n°s 1336.00 s.).

1335.45 **Examen de la demande.** Il paraîtrait conforme aux principes de procédure civile que les justifications du bien-fondé de sa demande par le saisi soient produites au contradictoire du poursuivant et des créanciers inscrits, même si c'est le juge qui décidera des modalités de la vente. Toutefois, comment leur remettre ces documents ? Par signification ? Par remise à l'audience à leurs avocats ? Le décret de 2006 n'imposait aucune forme particulière. L'article R. 311-6 C. pr. exéc. prévoit que « *la communication des conclusions et des pièces entre avocats est faite dans les conditions prévues par l'article 766 du Code de procédure civile* » et que « *la commu-*

1. Civ. 2e, 3 févr. 2022, no 20-20.355, B ; *Rev. prat. rec.* 2022/2, p. 9, obs. A. Alexandre-Leroux.
2. Mais cette demande seulement. Lorsque le saisi ne sollicite pas la vente amiable mais conteste globalement la procédure de saisie, sa contestation doit être présentée par un avocat, à défaut, elle est irrecevable : Paris, 8e ch., sect. B, 11 sept. 2008, *Juris-Data* no 004377.
3. Civ. 2e, 7 avr. 2016, no 15-14.856, P II, no 105 ; *D.* 2017. Pan. 1396, obs. A. Leborgne ; *Gaz. Pal.* 21 juin 2016, p. 45, note C. Brenner ; *Gaz. Pal.* 31 août 2016, note L. Lauvergnat ; *RD banc. fin.* 2016, no 129, note S. Piedelièvre ; *Procédures* 2016, no 198, obs. C. Laporte.
4. Décr. no 2009-160, 12 févr. 2009, pris pour l'application de l'ordonnance no 2008-1345 du 18 décembre 2008 portant réforme du droit des entreprises en difficulté et modifiant les procédures de saisie immobilière et de distribution du prix d'un immeuble, *JO* 13 févr., p. 2596.
5. Décr. no 2019-1333,11 déc. 2019, réformant la procédure civile, *JO* 12 déc., texte 3.
6. EN CE SENS, Aix-en-Provence, 10 oct. 2007, RG no 07/05459.

nication des conclusions est faite par signification au débiteur qui n'a pas constitué avocat », mais rien n'est précisé lorsque le saisi n'est pas représenté, et qu'il forme une demande d'autorisation de vente amiable ; il faudra pourtant, s'il en a, qu'il communique ses pièces au poursuivant et aux créanciers inscrits, afin que le contradictoire soit respecté.

2°
Effets de l'autorisation de vente amiable

1335.51 **Procédure suspendue.** Selon l'article R. 322-20 alinéa 2 C. pr. exéc., la décision qui fait droit à la demande suspend le cours de la procédure d'exécution [1]. Le créancier poursuivant devra attendre le résultat des diligences du saisi pour savoir si la procédure reprendra son cours ou provoquer la vente forcée en faisant constater par le juge la carence du débiteur (C. pr. exéc., art. R. 322-22).

1335.52 **Précision apportée par le décret de 2009.** Si le cours de la procédure d'exécution est suspendu, le décret du 12 février 2009 a précisé que c'est **à l'exception du délai imparti aux créanciers inscrits pour déclarer leur créance**, ce qui allait de soi, mais est encore plus évident une fois précisé par le décret.

1335.53 **Effets de la saisie maintenus.** Pendant un temps, le saisi est **autorisé à chercher un acheteur mais pas à vendre directement.** Il ne retrouve donc pas la disponibilité de son bien. L'autorisation de vendre amiablement laisse subsister les effets de la saisie issus de la délivrance et de la publication du commandement, tout autant que la publication aura été réalisée. Si tel n'était pas encore le cas, le poursuivant publiera le commandement pour préserver ses droits.

B.
Demande d'autorisation d'accomplir certains actes sur l'immeuble (C. pr. exéc., art. R. 321-15, al. 2)

1335.61 **Fondement.** La saisie de l'immeuble restreint les droits du propriétaire (v. s^s^ n°s 1331.290 s.). S'il en conserve l'usage, il est tenu, en qualité de séquestre, de conserver la valeur du bien. L'autorisation du JEX sera ainsi nécessaire pour accomplir certains actes sur le bien. L'article R. 321-15 alinéa 2 C. pr. exéc. a réglementé cette hypothèse en permettant au débiteur, comme au créancier poursuivant, de demander au JEX cette autorisation.

1335.62 **Objet.** L'article R. 321-15 alinéa 2 C. pr. exéc. n'apporte aucune précision. Il ne peut s'agir que d'actes destinés à valoriser l'immeuble, car la conservation du bien relèvera de la mission de séquestre et ne nécessitera pas d'autorisation.

1335.63 **Saisine du juge de l'exécution.** La demande est formée par conclusions signées d'un avocat et déposées au greffe ; il s'agit d'une demande incidente au sens de l'article R. 311-6 C. pr. exéc.

1335.64 **Respect du contradictoire.** Conformément aux dispositions de l'article R. 311-6 C. pr. exéc., la communication des conclusions et des pièces entre avocats est faite dans les conditions prévues par l'article 815 C. pr. civ.

1335.65 **Moment.** Au plus tard le jour de l'audience d'orientation, toujours selon l'article R. 311-5 C. pr. exéc., qui interdit de former une demande incidente après l'audience d'orientation à peine d'irrecevabilité (la seule exception concernant la contestation des actes de procédure postérieurs).

Pourrait-on toutefois admettre que, compte tenu des circonstances et dans l'intérêt de la procédure, le JEX puisse être saisi à tout moment, comme on saisirait un juge des référés, en parallèle de la procédure d'exécution ? Si une telle faculté semble conforme à l'esprit de l'article R. 321-15 alinéa 2 C. pr. exéc., elle paraît se heurter à la lettre de l'article R. 311-5 C. pr. exéc. qui interdit, sous peine d'irrecevabilité, de saisir le JEX après l'audience d'orientation. Toutefois, rien ne permet d'affirmer qu'il ne pourrait pas être saisi avant la signification de l'assignation à comparaître à l'audience d'orientation.

C.
Demandes de sursis aux poursuites

1335.71 **Diversité des causes.** Le saisi peut obtenir un sursis aux poursuites portant sur plusieurs immeubles, ce qui ne signifie pas qu'il évitera la vente mais seulement qu'il interrompra la procédure momentanément. Pour cela, il peut opposer au créancier poursuivant le fait que les biens saisis ont une valeur supérieure à la créance ; il peut lui offrir de cantonner la saisie, voire de radier la saisie sur les immeubles initialement saisis pour inscrire une hypothèque judiciaire. Le sursis aux poursuites s'impose encore en cas de surendettement et de procédures collectives du débiteur. Enfin, le saisi peut

1. Cette précision figure à l'art. R. 322-20, dont l'al. 1er est relatif à la faculté offerte au saisi de former sa demande de vente amiable sans attendre l'audience d'orientation. Fallait-il en déduire que l'al. 2 ne s'appliquait que dans cette hypothèse ? C'est ce qui avait été soutenu, entre autres, devant la Cour de cassation en octobre 2008. Cette analyse n'a pas été retenue par les magistrats de la deuxième chambre civile. La décision qui fait droit à la demande de vente amiable qu'elle soit présentée avant ou à l'audience d'orientation suspend le cours de la procédure d'exécution : Civ. 2e, 23 oct. 2008, n° 08-13.404, P II, n° 226 ; *D.* 2008. 3120, obs. A. Leborgne.

tenter d'obtenir un délai de grâce, suspendant les poursuites, sur le fondement de l'article 1343-5 C. civ. (anc[t] C. civ., art. 1244-1 – v. s[s] n° 1335.101).

1°

Sursis résultant d'offres faites par le saisi

1335.81 **Raison d'être.** Ce que recherche le créancier c'est le paiement de sa créance. Dès avant la réforme de 1991 des procédures civiles d'exécution mobilières, l'ancien Code de procédure civile assurait l'équilibre entre les droits du créancier poursuivant et ceux du saisi. Ainsi, ce dernier pouvait obtenir le sursis aux poursuites dès lors qu'il ne cherchait pas à diminuer les droits de son créancier. En considération de la nature immobilière du bien menacé de saisie, qui suppose une certaine valeur marchande, le saisi s'était vu reconnaître la faculté d'obtenir des sursis sur le fondement de l'article 676 ACPC. On retrouve cette idée aujourd'hui, à l'article L. 321-6 C. pr. exéc. [1], lorsque la saisie portera sur plusieurs immeubles, qui permet au saisi de solliciter le cantonnement ou une conversion partielle des saisies en hypothèques, ce qui conduira à radier la saisie pour ces immeubles.

1335.82 **Conditions communes aux deux cas.** La saisie doit être poursuivie sur plusieurs immeubles simultanément. Le saisi doit, à l'appui de sa demande, justifier que la valeur des biens sur lesquels les poursuites seront continuées est suffisante pour désintéresser le créancier saisissant et tous les créanciers inscrits (C. pr. exéc., art. R. 321-12). Sous l'empire du décret-loi de 1938, il avait été jugé que si le débiteur se contentait de solliciter une expertise sans justifier que la valeur était suffisante, la mesure d'instruction pouvait être refusée, le tribunal n'ayant pas à suppléer la carence du saisi [2].

1335.83 **Forme.** Le Code des procédures civiles d'exécution n'impose pas de forme particulière, ce qui devrait conduire le saisi à procéder conformément à l'article R. 311-6 C. pr. exéc., c'est-à-dire par conclusions signées par un avocat et déposées au greffe.

1335.84 **Cantonnement.** Si le juge y fait droit (v. s[s] n° 1317.61), il indique dans sa décision les immeubles sur lesquels les poursuites seront suspendues ; ce faisant, le jugement suspend, provisoirement seulement, les poursuites sur les biens auxquels elles s'appliquent. Après la vente définitive, le créancier qui n'est pas totalement désintéressé, qu'il soit poursuivant ou seulement inscrit, peut reprendre les poursuites sur les biens provisoirement exceptés.

1335.85 **Conversion en hypothèque.** Lorsque le juge ordonne la radiation de la saisie sur les immeubles initialement saisis qu'il désigne et l'inscription d'une hypothèque judiciaire, le créancier poursuivant, qui entend voir l'inscription prendre rang à la date de publication du commandement de payer valant saisie, fait procéder à la publication du jugement en marge de la copie du commandement et à l'inscription de la sûreté, dans le mois de la notification de la décision (C. pr. exéc., art. L. 321-6, al. 2).

1335.86 **Offres réelles, suivies de consignation (C. civ., art. 1345 et 1345-1).** Avant la réforme du droit des contrats par l'ordonnance n° 2016-131 du 10 février 2016 [3], un débiteur pouvait recourir à la **procédure des offres réelles** lorsqu'il était confronté à un créancier refusant de recevoir son paiement. Est-ce encore possible ? Rien ne semble l'interdire. Toutefois, la **nouvelle procédure de consignation**, réglementée aux articles 1345 et 1345-1 du Code civil, rend cette faculté plus difficile à mettre en œuvre. En effet, lorsqu'un créancier, sans motif légitime refuse de recevoir le paiement qui lui est dû ou l'empêche par son fait, le débiteur peut le mettre en demeure d'en accepter ou d'en permettre l'exécution et si l'obstruction n'a pas pris fin dans les deux mois de la mise en demeure, le débiteur peut consigner la somme à la Caisse des dépôts et consignation. La **conciliation du délai de deux mois avec les délais de la procédure de saisie immobilière** semble délicate selon le stade d'avancement de la mesure d'exécution.

2°

Bénéfice de discussion opposé par le tiers acquéreur

1335.91 **Fondement.** Le tiers acquéreur qui n'est pas personnellement obligé à la dette peut s'opposer à la vente de l'immeuble s'il demeure d'autres immeubles hypothéqués à la même dette, en la possession du débiteur principal et en requérir la discussion préalable. Pendant cette discussion, il est sursis à la vente de l'immeuble hypothéqué (C. civ., art. 2465 et 2455, réd. Ord. 15 sept. 2021 [4], depuis le 1er janvier 2022).

1. Ord. n° 2011-1895, 19 déc. 2011, relative à la partie législative du Code des procédures civiles d'exécution, *JO* 20 déc., p. 21464.
2. Civ. 2e, 10 févr. 1977, n° 75-13.844, P II, n° 32 ; *JCP* 1977. IV. 88.
3. Ord. n° 2016-131, 10 févr. 2016, portant réforme du droit des contrats, du régime général et de la preuve des obligations, *JO* 11 févr., texte 26.
4. Ord. n° 2021-1192, 15 sept. 2021, portant réforme du droit des sûretés, *JO* 16 sept., texte 19.

3° Délais de grâce

1335.101 Domaine résiduel de l'article 1343-5 du Code civil ? En dehors de tout surendettement, le débiteur peut tenter de solliciter des délais au regard de sa situation personnelle. Les délais de grâce qui seraient accordés interrompraient alors la poursuite le temps de leur exécution. Avant la réforme, un problème se posait qui était dû à la répartition des compétences entre le JEX et le juge de la saisie immobilière. La Cour de cassation décidait que le JEX pouvait être encore saisi d'une telle demande tant que le commandement de saisie n'était pas publié ; et s'il était saisi avant la publication mais statuait une fois la publication effectuée, il ne pouvait accorder des délais que tout autant que les sommations de prendre connaissance du cahier des charges contenant les dates des audiences n'avaient pas été délivrées [1]. C'est-à-dire que des délais de paiement pouvaient être accordés tant que la saisie n'était pas encore engagée, et même si le commandement avait été publié, tant que le calendrier de la procédure de saisie n'était pas fixé et porté à la connaissance des créanciers et du saisi ; en définitive, tant que le créancier poursuivant n'avait pas mis les créanciers dans la cause et déclenché la phase judiciaire.

Aujourd'hui, le JEX est toujours le juge compétent pour accorder des délais de paiement en vertu des dispositions de l'article R. 121-1 C. pr. exéc. et il est devenu également, le juge de la saisie immobilière.

Le Code des procédures civiles d'exécution ne fait pas référence aux délais de grâce. Que décider alors si, sans former de demande d'autorisation de vente amiable lors de l'audience d'orientation, le débiteur sollicite simplement des délais de paiement lors de cette audience, voire avant l'audience d'orientation, en saisissant le JEX à réception du commandement de payer valant saisie ? La seule délivrance du commandement vaut saisie, mais cette situation juridique n'interdit pas au débiteur de solliciter des délais de paiement sur le fondement de l'article 1343-5 C. civ. (anc^t C. civ., art. 1244-1). En effet, selon l'article 510 alinéa 3 C. pr. civ., « *après signification d'un commandement ou d'un acte de saisie, selon le cas, le juge de l'exécution a compétence pour accorder un délai de grâce* ». La seule limite est posée à l'article 512 qui dispose que les délais ne peuvent toutefois être accordés au débiteur dont les biens sont saisis par d'autres créanciers, ni à celui qui est en état de redressement judiciaire ou de liquidation des biens ; le débiteur perdant même dans ce cas les délais qu'il avait précédemment obtenus. Sous cette réserve, cette faculté est donc ouverte au saisi et le JEX disposera d'un pouvoir souverain pour apprécier si des délais peuvent être accordés ou refusés [2].

Pour admettre la recevabilité d'une demande de délais, on peut noter qu'il s'agit d'une demande née de la procédure de saisie ou qui s'y rapporte directement au sens de l'article L. 213-6 du COJ parce qu'elle est consécutive à la délivrance du commandement de payer valant saisie et a pour objet de suspendre le cours de la procédure ; et également que l'article R. 311-1 C. pr. exéc., opère renvoi aux dispositions qui ne lui sont pas contraires du livre Ier de ce code et ainsi à l'article R. 121-1 qui permet au JEX d'accorder un délai de grâce [3].

La demande de délais peut-elle cependant être présentée en tout état de cause ? En principe, c'est ce qui est admis, en droit commun, par la jurisprudence [4], cependant, en matière de saisie immobilière et parce que l'appel du jugement d'orientation ne fait pas revivre une nouvelle audience mais permet seulement un second degré d'examen des contestations formées devant le JEX (v. s^s n° 1334.196), la deuxième chambre civile juge que, présentée pour la première fois en cause d'appel, la demande de délais est irrecevable [5], nonobstant le fait que le saisi n'ait pas été assisté par un avocat en première instance [6].

4° Sursis obligatoires

1335.111 Hypothèses. Ils peuvent résulter de l'existence d'une procédure de surendettement (a), d'une procédure de rétablissement personnel (b), comme de l'ouverture d'une procédure collective (c) et encore d'une procédure de règlement amiable agricole (d).

a. Surendettement

1335.121 Procédure. La procédure est engagée devant la commission à la demande du débiteur et la commission dispose d'un délai de trois mois, à compter du dépôt du dossier pour examiner la recevabilité de la demande (C. consom., art. L. 721-1). À la demande

1. Civ. 2e, 14 mai 1997, n° 95-12.946, P II, n° 145 – Civ. 2e, 21 janv. 1999, n° 97-10.304, NP ; *Procédures* 1999, n° 190.
2. POUR DES EX. de refus de délais, v. Nancy, 2e ch., 1er déc. 2008, *Juris-Data* n° 004728 – Rouen, 4 juin 2009, *Juris-Data* n° 378270 – Versailles, 16e ch., 8 avr. 2010, RG n° 09/08220, *Juris-Data* n° 014008 – Paris, pôle 4, ch. 8, 1er avr. 2010, RG n° 09/28706, *Juris-Data* n° 2005745.
3. Ainsi, après avoir jugé le contraire, la cour d'appel d'Aix-en-Provence admet désormais le recours à l'art. 1343-5 C. civ. (anc. C. civ., art. 1244-1) : Aix-en-Provence, 15e ch., 24 sept. 2008, *Juris-Data* n° 004978 ; *Bull. Aix-en-provence* 2008-4, obs. A. Leborgne ; *JCP* 2009. IV. 1463 – Paris, 8e ch., 9 avr. 2009, *Juris-Data* n° 004617.
4. EN CE SENS, Civ. 1re, 29 juin 2004, n° 02-12.598, P I, n° 187.
5. Civ. 2e, 26 juin 2014, n° 13-20.560, P II, n° 163.
6. Civ. 2e, 20 oct. 2011, n° 10-25.787, NP.

du débiteur, la commission peut, avant la décision de recevabilité, saisir le juge des contentieux de la protection (JCP) [1] aux fins de suspension des procédures d'exécution (C. consom., art. L. 721-4, al. 1er) ; lorsqu'en cas de saisie immobilière la vente forcée a été ordonnée, le report de la date d'adjudication ne peut résulter que d'une décision du juge chargé de la saisie immobilière, saisi à cette fin par la commission pour causes graves et dûment justifiées (C. consom., art. L. 721-7). La seule saisine de la commission n'assure donc pas au débiteur la suspension des procédures d'exécution.

Mais une fois la demande jugée recevable, la décision de recevabilité emportera suspension et interdiction de plein droit des procédures d'exécution diligentées à l'encontre des biens du débiteur pour une durée de deux années maximum [2] (C. consom., art. L. 722-2). Toutefois, ici encore, lorsqu'en cas de saisie immobilière la vente forcée aura été ordonnée, le report de la date d'adjudication ne pourra résulter que d'une décision du juge chargé de la saisie immobilière, saisi à cette fin par la commission pour causes graves et dûment justifiées (C. consom., art. L. 722-4).

Ainsi, ou l'audience d'orientation n'a pas encore eu lieu, et il faudra au jour où elle se tiendra informer le juge de la saisie immobilière de l'existence d'une procédure de surendettement en cours et solliciter la suspension de la mesure d'exécution [3], ou l'audience d'orientation est passée et la vente forcée a été ordonnée, auquel cas il faudra solliciter le report de la date d'adjudication [4]. Nécessairement, cette demande s'effectuera après l'audience d'orientation (v. ss n° 1339.272).

1335.122 **Devoir du débiteur.** Le débiteur qui, ayant reçu un commandement de payer valant saisie, puis une assignation pour l'audience d'orientation du JEX et qui souhaite bénéficier d'une procédure de surendettement devra, à réception de cette assignation aux fins de comparaître à l'audience d'orientation du JEX, en informer la commission sans délai afin qu'elle saisisse le JEX. En effet, si l'article R. 322-16 C. pr. exéc. permet au débiteur, lors de l'audience d'orientation, de former une demande de suspension de la procédure de saisie immobilière en raison de sa situation de surendettement, il doit le faire conformément aux dispositions des articles R. 721-5 et suivants C. consom., c'est-à-dire que, concrètement, c'est la commission de surendettement qui saisira le JEX.

1335.123 **Pouvoirs de la commission.** En application des articles L. 721-4 et R. 722-7 C. consom., dans le cas où la vente forcée d'un bien immobilier du débiteur a été ordonnée, la commission pourra saisir le juge chargé de la saisie immobilière afin de lui demander la suspension des voies d'exécution diligentées contre le débiteur avant toute décision de recevabilité, par lettre recommandée avec demande d'avis de réception (LRAR) ou remise contre émargement au greffe du JEX. La lettre de saisine du juge indique les nom, prénoms, profession et adresse du débiteur et ceux des créanciers poursuivants ou, pour les personnes morales, leur dénomination et leur siège social. Elle précise les causes graves et dûment justifiées invoquées à l'appui de la demande. Y sont annexés un état des revenus du débiteur, un relevé des éléments actifs et passifs de son patrimoine, l'état de son endettement et la liste des procédures d'exécution à l'encontre de ses biens. Y est également jointe la copie de l'acte de poursuite fondant la demande.

Lorsqu'en cas de saisie immobilière la date d'adjudication a été fixée, la commission pourra, pour causes graves et dûment justifiées, saisir le juge aux fins de remise de l'adjudication (C. pr. exéc., art. R. 322-28). Dans ce cas, l'article R. 722-7 C. consom. prévoit que la commission transmet la demande par lettre recommandée avec demande d'avis de réception ou remise contre émargement au greffe, quinze jours au moins avant la date prévue pour la vente (v. ss n° 1339.272).

b. Rétablissement personnel, rétablissement professionnel et procédures collectives

1335.131 **Rétablissement personnel.** Depuis la loi du 1er août 2003, d'orientation et de program-

1. C. consom., art. L. 713-1, mod. par Ord. n° 2019-964, 18 sept. 2019, prise en application de la loi n° 2019-222 du 23 mars 2019 de programmation 2018-2022 et de réforme pour la justice, *JO* 19 sept., texte 5.
2. Ainsi, à compter de la décision de recevabilité du débiteur au bénéfice de la procédure de surendettement, le créancier ne peut interrompre la prescription en diligentant une procédure d'exécution et il ne peut lui être imposé d'introduire une action au fond afin de suspendre la prescription : Civ. 2e, 8 févr. 2024, n° 22-14.528, B.
3. Dans ce cas, lorsque la décision de recevabilité de la demande est intervenue avant que le jugement d'orientation soit rendu, le JEX se contentera de constater la suspension de la procédure de saisie immobilière, conformément à l'art. L. 722-2 ; il n'aura pas à cette occasion à procéder aux vérifications relatives à la créance ni à en mentionner le montant : Cass., avis, 12 mars 2020, n° 19-70.022, P ; *D.* 2020. Pan. 1320, obs. A. Leborgne ; *RD banc. fin.* 2020, n° 63, obs. S. Piedelièvre ; *Rev. proc. coll.* sept-oct. 2020, n° 120, obs. S. Gjidara-Decaix.
4. Même si le jugement d'orientation qui a ordonné la vente forcée, a été frappé d'appel, la décision étant exécutoire de plein droit, le report de la date d'adjudication ne peut résulter que d'une décision du juge chargé de la saisie immobilière saisi par la commission de surendettement conformément à l'art. L. 722-4. Les saisis ne sont pas fondés à invoquer l'effet suspensif du jugement les ayant admis au bénéfice de l'ouverture d'une procédure de surendettement : Civ. 2e, 5 sept. 2019, n° 18-15.547, P ; *RD banc. fin.* déc. 2019, n° 201, obs. S. Piedelièvre.

mation pour la ville et la rénovation urbaine, le droit la consommation prend en compte la situation « *irrémédiablement compromise* » des débiteurs, personnes physiques, pour lesquels il apparaît tout de suite qu'il n'est pas possible de mettre en œuvre les mesures de traitement habituelles. À la suite de la loi du 1er juillet 2010[1], portant réforme du crédit, il est distingué désormais entre rétablissement avec ou sans liquidation judiciaire. Lorsque la commission recommande le rétablissement sans liquidation, cela entraîne l'effacement de toutes les dettes en l'absence de contestation (C. consom., art. L. 741-2). En cas de contestation de la décision de la commission, c'est le JCP qui appréciera la situation (C. consom., art. L. 741-4 à L. 741-9).

Si l'examen de la demande de traitement de la situation de surendettement fait apparaître que le débiteur se trouve dans la situation irrémédiablement compromise définie au deuxième alinéa de l'article L. 724-1 C. consom. et dispose de biens autres que ceux mentionnés au 1° du même article, la commission, après avoir convoqué le débiteur et obtenu son accord, saisit le JCP aux fins d'ouverture d'une procédure de rétablissement personnel avec liquidation judiciaire (C. consom., art. L. 742-1). Dans ce cas, le juge, après avoir entendu le débiteur s'il se présente et apprécié le caractère irrémédiablement compromis de sa situation ainsi que sa bonne foi, rend un jugement prononçant l'ouverture de la procédure (C. consom., art. L. 742-3). Le jugement entraîne la suspension des procédures d'exécution diligentées à l'encontre des biens du débiteur et portant sur les dettes autres qu'alimentaires (C. consom., art. L. 742-7). La suspension est acquise jusqu'au jugement de clôture (v. ss nos 1312.11 s.).

1335.132 **Rétablissement professionnel.** Depuis le 1er juillet 2014[2] il existe une procédure de rétablissement professionnel, ouverte à tout débiteur personne physique mentionné à l'article L. 640-2 C. com., et dont le redressement est manifestement impossible, n'a pas cessé son activité depuis plus d'un an, n'a employé aucun salarié au cours des six derniers mois et dont l'actif déclaré a une valeur inférieure à un montant fixé par décret (C. com., art. L. 645-1). Il ne s'agit pas d'une procédure collective de paiement car les créanciers ne sont pas assujettis à une discipline collective et la règle de l'interdiction des poursuites ne les concerne pas. Toutefois, l'article L. 645-6 C. com. prévoit que si le débiteur est mis en demeure ou poursuivi par un créancier au cours de la procédure, le juge commis pourra, à la demande du débiteur, reporter le paiement des sommes dues dans la limite de quatre mois et ordonner, pour cette même durée, la suspension des procédures d'exécution qui auraient été engagées par le créancier. La clôture de la procédure de rétablissement professionnel emportera effacement des dettes, professionnelles comme non professionnelles, à l'exception des dettes alimentaires et des dettes salariales.

1335.133 **Procédures collectives.** Le principe de l'arrêt et de l'interdiction des actions et voies d'exécution de la part des créanciers antérieurs au jugement d'ouverture est applicable à la procédure de sauvegarde, de redressement et de liquidation. L'article L. 622-21, I C. com. interrompt ou interdit toute action en justice de la part des créanciers ne bénéficiant pas du privilège des créances postérieures, tendant à la condamnation du débiteur au paiement d'une somme d'argent. L'article L. 622-21, II ajoute que ledit jugement arrête ou interdit également toute procédure d'exécution de la part de ces créanciers, tant sur les meubles que sur les immeubles, ainsi que toute procédure de distribution n'ayant pas produit un effet attributif avant le jugement d'ouverture[3]. Le sursis joue de plein droit, mais il est bon que le débiteur en avise le poursuivant qui pourrait ignorer le jugement et poursuivre la procédure en toute bonne foi. Le débiteur n'en a cependant pas l'obligation et le jugement d'adjudication qui interviendrait en méconnaissance de la procédure collective serait nul de plein droit (v. ss n° 1318.52). Cette suspension de la procédure de saisie immobilière n'anéantit pas les actes d'exécution forcée accomplis avant le jugement d'ouverture, mais emporte maintien des actes de procédure et juridictionnels afférents à cette procédure[4].

C.
Règlement amiable agricole

1335.141 **Suspension provisoire des poursuites.** La procédure de règlement amiable est destinée à prévenir et à régler les difficultés financières des exploitations agricoles dès qu'elles sont prévisibles ou dès leur apparition, notamment par la conclusion d'un accord amiable entre le débiteur et ses principaux créanciers. L'article L. 351-5 C. rur. donne au président du TJ le pouvoir de nommer un conciliateur et de prononcer la suspension provisoire des poursuites

1. L. n° 2010-737, 1er juillet 2010, portant réforme du crédit à la consommation, *JO* 2 juill., p. 12001.
2. Ord. n° 2014-326, 12 mars 2014, portant réforme de la prévention des difficultés des entreprises et des procédures collectives, *JO* 14 mars, p. 5249.
3. V. P.-M. Le Corre, Dalloz action *Droit et pratique des procédures collectives*, 2025/2026, n° 622.111 – Ainsi, si une surenchère a été formée, la saisie immobilière sera arrêtée par le jugement d'ouverture de la procédure collective : Com. 4 mars 2014, n° 13-17.216, P IV, n° 43 ; *Gaz. Pal.* 29 juin 2014, p. 28, note I. Rohart-Messager ; *Act. proc. coll.* 2014, n° 7, comm. 133, note P. Cagnoli.
4. Com. 8 mars 2023, n° 21-18.722, B, dans le cas de l'ouverture d'un redressement judiciaire.

pour un délai n'excédant pas deux mois, pouvant être prorogé pour la même durée. L'ouverture de cette procédure arrête ou interdit toute voie d'exécution de la part des créanciers dont la créance a son origine antérieurement à la décision, tant sur les meubles que sur les immeubles[1].

S'agissant des procédures de sauvegarde, de redressement judiciaire et de liquidation judiciaire, les dispositions du livre VI du Code de commerce relatives aux difficultés des entreprises sont applicables à toute personne exerçant des activités agricoles au sens de l'article L. 311-1 C. rur. (C. rur. et pêche maritime, art. L. 351-8).

§ 2 Contestation du saisi

1335.151 **Objectifs.** Le saisi peut chercher à éviter la vente aux enchères de son bien. Il pourra ainsi opposer des arguments de fond, contester la régularité de la procédure jusque-là menée par le poursuivant, ou simplement chercher à modifier ou ajouter au cahier des conditions de la vente et notamment contester la mise à prix fixée par le poursuivant.

A. Contestation de fond

1335.160 **Rappel.** Le saisi peut contester le droit du créancier de le poursuivre et invoquer des arguments touchant au fond du droit, exigibilité de la créance, compensation, *etc.* Ces moyens de défense seront formulés par conclusions. Il est toutefois nécessaire d'attendre l'audience d'orientation pour soulever une contestation[2].

B. Nullités de forme et caducités

1335.171 **Distinction.** La procédure de saisie immobilière est très formaliste et les différents actes préparatoires à la vente, on l'a vu, doivent être accomplis dans le strict respect des délais légaux. Le saisi pourra donc soulever des nullités de forme et arguer de la caducité du commandement de payer en cas de non-respect des délais visés à l'article R. 311-11 C. pr. exéc. Mais pour être recevables les nullités et demandes de caducité doivent être proposées au plus tard à l'audience d'orientation, conformément aux dispositions de l'article R. 311-5 C. pr. exéc.

En outre, en application des dispositions de l'article 112 C. pr. civ., les nullités des actes de procédure doivent être invoquées, à peine d'irrecevabilité, simultanément et avant toute défense au fond ou fin de non-recevoir[3].

C. Contestation de la mise à prix

1335.181 **Dire du saisi en contestation du montant de la mise à prix.** Le montant de la mise à prix de l'immeuble du débiteur, fixée par le poursuivant, peut faire l'objet d'une contestation. Avant la réforme, et à la suite d'une loi du 23 janvier 1998, les débiteurs dont le logement principal était saisi s'étaient vu reconnaître la faculté de saisir le tribunal pour contester la mise à prix fixée, en cas d'insuffisance manifeste. L'article L. 322-6 C. pr. exéc. reproduit cette faculté de contestation de la mise à prix pour tous les saisis, sans distinction d'affectation de l'immeuble.

1335.182 **Forme.** Conclusions signées par un avocat et déposées au greffe.

1335.183 **Délai.** Selon l'article R. 311-5 C. pr. exéc., à peine d'irrecevabilité prononcée d'office, aucune contestation ni aucune demande incidente ne peut, sauf disposition contraire, être formée après l'audience d'orientation à moins de porter sur les actes de procédure postérieurs à celle-ci. C'est donc au plus tard le jour de l'audience d'orientation que ces contestations et demandes devront être formées (pour la détermination de la date de l'audience d'orientation, v. s[s] n° 1334.13).

1335.184 **Insuffisance manifeste.** Dans ce cas, le juge fixait une nouvelle mise à prix en rapport avec la valeur vénale du bien et les conditions du marché. Avant la réforme, l'article 690 ACPC qui réglementait cette faculté prévoyait l'éventualité d'une consultation ou d'une expertise, sans pour autant dire à la charge de qui elle serait mise, saisi ou poursuivant. Finalement, prévoir le recours à une expertise était risqué car cela pouvait aboutir à majorer les frais préalables et ainsi, à diminuer d'autant le prix d'adjudication.

Désormais, le juge se déterminera toujours selon la valeur vénale du bien et les conditions du marché, mais la réforme ne fait plus référence à une expertise ou consultation. La charge de la preuve pèsera toutefois toujours sur le saisi demandeur à qui il incombera de fournir aux débats des éléments permettant

1. Pour une application au stade de l'audience d'adjudication : Civ. 2e, 16 nov. 2017, n° 16-17.259, NP.
2. Civ. 2e, 21 nov. 2024, n° 22-12.499, B.
3. Civ. 2e, 1er oct. 2009, n° 08-19.104, P II, n° 235 ; *D.* 2009. 2973, obs. A. Leborgne – Est une exception de procédure une contestation portant sur la validité du commandement de payer valant saisie, Civ. 2e, 25 mars 2010, n° 08-17.196, P II, n° 72 ; *D.* 2010. Actu. 969, obs. V. Avena-Robardet ; *D.* 2010. 2102, chron. J.-M. Sommer et L. Leroy-Gissinger.

d'accorder crédit à son allégation selon laquelle la mise à prix serait manifestement insuffisante[1]. Or, le montant d'une mise à prix ne préjuge pas du montant auquel le bien trouvera preneur à la barre et une mise à prix trop élevée peut être de nature à dissuader les éventuels acquéreurs[2].

Comme auparavant, le saisi ne pourra contester un prix qui lui paraîtrait simplement trop élevé et dissuasif pour les acquéreurs ; il est vrai que cela ne sera jamais son intérêt car l'adjudication purgeant les inscriptions (v. s[s] n° 1341.301) le débiteur sera toujours gagnant si le prix est élevé (même s'il y a carence d'enchères puisque le poursuivant sera adjudicataire).

SECTION 2
DEMANDES DES CRÉANCIERS

1335.190 Plan. Ils ne mènent pas la procédure mais elle les intéresse au premier chef, notamment pour les créanciers inscrits (§ 1), parce que la vente purge leurs sûretés. Le poursuivant (§ 2), quant à lui, peut encore avoir des demandes incidentes à formuler.

§ 1
Créanciers inscrits

1335.200 Créanciers auxquels le commandement a été dénoncé. Plan. Ayant été informés de la saisie par la dénonce, ils vont pouvoir faire valoir leurs droits en exerçant certaines actions avant la vente : solliciter la jonction de plusieurs saisies (A) et la subrogation (B). Peuvent-ils aussi demander l'expulsion du saisi (C) ?

A.
Concours de saisies

1335.211 Diversité. Lorsque plusieurs saisies d'immeubles différents sont poursuivies contre un même débiteur, il y aura en principe autant de procédures que de saisies. Toutefois, ces procédures peuvent être jointes dans un **souci de bonne administration de la justice**. Pourront encore être jointes des saisies, soit parce qu'est pratiquée une saisie plus ample, soit parce qu'il convient de réunir des saisies ayant la même assiette. Le concours entre ces différents créanciers peut se régler relativement aisément en matière immobilière puisque la publicité foncière permet de les connaître et que leurs droits régulièrement inscrits avant la saisie sont opposables au premier poursuivant. On peut cependant rencontrer un concours de saisies mettant en présence un poursuivant titulaire de sûretés immobilières et un autre, simple chirographaire. En tout état de cause, les créanciers saisissants postérieurs seront rassemblés en une seule procédure, menée par le premier saisissant. Les autres créanciers inscrits profiteront ainsi de la procédure unique.

1°
Jonction de saisies d'immeubles différents

1335.221 Hypothèse. Deux ou plusieurs saisissants ont fait publier, du chef de la même partie saisie, des commandements sur des immeubles différents dont la saisie est poursuivie devant le même tribunal car situés dans le même arrondissement. Les poursuites peuvent être réunies et continuées par le premier saisissant. Mais s'il s'agit d'immeubles situés dans des ressorts différents, les procédures de saisie demeureront distinctes.

1335.222 Procédure. Selon les dispositions du Code de procédure civile, la jonction peut être ordonnée d'office ou à la demande des parties. Il ne semble pas que le juge puisse la refuser, mais il ne s'agit que d'une mesure d'administration judiciaire.

Le code ne dit pas non plus à quel moment former la demande, mais on devrait déduire de l'article R. 311-5 C. pr. exéc. qu'elle ne pourra plus l'être après l'audience d'orientation.

1335.223 Effet. En cas de jonction d'instances, la procédure est continuée par le créancier dont le commandement a été publié en premier. Si les commandements ont été publiés le même jour, la procédure est poursuivie par le créancier dont le commandement est le premier en date et si les commandements sont du même jour, par celui dont la créance en principal est la plus élevée (C. pr. exéc., art. R. 321-11).

2°
Saisie plus ample

1335.231 Hypothèse. Un deuxième commandement publié comprend plus d'immeubles que le premier. Si tous les immeubles sont situés dans le même ressort, ou font partie de la même exploitation le conservateur doit alors le publier pour les biens jusque-là non compris dans la saisie (C. pr. exéc., art. R. 321-9, al. 2).

1335.232 Procédure et effet. Le nouveau créancier poursuivant doit dénoncer le commandement publié au précédent créancier qui poursuivra les deux procédures si elles sont au même état ; dans le cas contraire, il suspend sa propre procédure et suit la

1. POUR UN EX. rendu sous l'empire de l'ancienne législation : Civ. 2e, 7 déc. 2000, n° 98-22.072, P II, n° 166.
2. EN CE SENS, pour refuser de faire droit à la demande d'augmentation de la mise à prix de 45 000 euros à 130 000 euros : TGI Bourges, JEX, 17 déc. 2008, Banque populaire Val de France c/ Ép[x] Tunzuni.

nouvelle jusqu'à ce qu'elle soit au même état. Faute pour le premier créancier de poursuivre la nouvelle saisie à lui dénoncée, le nouveau créancier pourra demander la subrogation dans les conditions de l'article R. 311-9 C. pr. exéc.

3°
Saisies ayant la même assiette

1335.241 **Unité de procédure.** Lorsque la publication de plusieurs commandements valant saisie du même immeuble est requise simultanément, un seul commandement sera publié. L'article R. 321-8 C. pr. exéc. fait choix du commandement mentionnant le titre exécutoire le plus ancien, et en cas d'identité de date, le commandement le plus ancien sera publié. Si les commandements ont la même date, seul sera publié celui dont la créance en principal est la plus élevée. Les autres commandements ne sont pas publiés mais portés en marge de la publication du premier (v. s^s nº 1331.274). C'est le créancier dont le commandement est publié qui dirige la procédure.

1335.242 **Avantages.** Même lorsqu'existe déjà un commandement publié, il est utile pour les autres créanciers de faire délivrer un commandement et de le présenter au service de la publicité foncière ; ce faisant, ils apparaîtront dans la procédure comme créanciers poursuivants postérieurs s'ils n'étaient que chirographaires et la radiation de la saisie ne pourra plus être opérée sans leur consentement (C. pr. exéc., art. R. 321-10).

B.
Subrogation

1335.251 **Raison d'être.** La subrogation permet aux créanciers, qu'il s'agisse des inscrits ou des saisissants postérieurs d'exercer leurs droits d'action en se substituant, dans certaines hypothèses, au poursuivant. Si elle est accordée par le juge, le créancier subrogé se retrouvera maître de la direction de la procédure.

1°
Hypothèses où la subrogation peut être demandée

1335.261 **Article R. 311-9 C. pr. exéc.**[1]. Avant la réforme, on considérait que tout créancier avait intérêt à demander la subrogation dès lors que le poursuivant initial ne poursuivait pas. Cela pouvait être le cas d'un créancier inscrit antérieurement[2] ou postérieurement[3] et même d'un chirographaire[4], même si la subrogation d'un chirographaire à un hypothécaire n'avait aucun effet sur la nature de la créance qui reste chirographaire[5].

Les créanciers personnels d'un créancier du saisi pouvaient encore agir sur le fondement de l'action oblique. La personne qui désintéresse le créancier poursuivant pouvait être également subrogée par le tribunal et autorisée à reprendre les poursuites à partir du dernier acte utile[6].

Les auteurs de la réforme de la saisie immobilière ont restreint les titulaires de l'action. Seuls certains créanciers inscrits peuvent demander au JEX leur subrogation dans les droits du poursuivant. Il s'agit du syndicat des copropriétaires et des créanciers disposant d'une créance privilégiée sur la généralité des immeubles (C. civ., art. 2377 et 2402, 3°, depuis le 1er janvier 2022, et C. civ., anc. art. 2375 et 2374, 1° *bis*) On ne comprend toujours pas pourquoi la demande n'est pas simplement subordonnée à la démonstration d'un intérêt à agir.

1335.262 **Causes.** La subrogation pourra tout d'abord être demandée en cas de désistement du poursuivant par un des créanciers inscrits sur le bien et même, par le créancier poursuivant qui, désintéressé du montant de la créance à l'origine de la procédure de saisie immobilière, s'est désisté de ses poursuites en qualité de poursuivant mais bénéficie, en sa qualité de créancier inscrit au titre d'une créance différente de celle visée au commandement de payer, d'un titre exécutoire l'autorisant à être subrogé dans les poursuites pour le recouvrement de cette autre créance[7]. La subrogation peut encore être envisagée s'il y a négligence, collusion, fraude ou toute autre cause de retard imputable au poursuivant. Par collusion on entendra une entente entre le poursuivant et le saisi en vue de retarder le développement de la procédure, voire de réaliser volontairement des actes irrégulièrement ou tardivement au regard des exigences de forme et de délais de la procédure de saisie. La négligence, sans collusion frauduleuse sera également envisagée (retard, formalités omises) ainsi que tout retard même non sanctionné par une déchéance et même s'il n'est dû ni à la fraude ni à la négligence[8].

1. Le décret nº 2021-1888 du 29 décembre 2021 pris pour l'application de la réforme du droit des sûretés opérée par l'ordonnance nº 2021-1192 du 1er septembre 2021 (*JO* 30 déc., texte 53) et entrée en vigueur au 1er janvier 2022, a modifié l'article R. 311-9 C. pr. exéc. pour substituer la nouvelle numérotation des articles du Code civil.

2. Req. 14 janv. 1874, *DP* 1874. 1. 57.
3. Req. 21 févr. 1906, *DP* 1908. 1. 157 – Civ. 15 et 16 avr. 1913, *DP* 1914. 1. 49.
4. TGI Évry, 2 déc. 1986, *Gaz. Pal.* 1987. 1. 284.
5. Pau, 12 juill. 1962, *Gaz. Pal.* 1962. 2. 332.
6. Civ. 2e, 17 oct. 1973, nº 72-12.234, P II, nº 257 ; *JCP* 1973. IV. 6375.
7. Civ. 2e, 10 mars 2011, nº 10-14.111, NP.
8. Civ. 2e, 29 oct. 1980, nº 79-10.735, P II, nº 221 ; *D.* 1981. IR 150, obs. P. Julien.

Il n'y aura évidemment pas lieu à subrogation si le débiteur a bénéficié d'un délai de grâce[1], puisque l'interruption de la poursuite n'est pas due au fait du poursuivant. Plus généralement, il faudra distinguer les hypothèses où les retards dans la procédure dépendent de la volonté du saisissant des autres cas de figure (délais de grâce, suspension des poursuites, sursis à la procédure de vente).

1335.263 Article R. 321-9 C. pr. exéc. Faute par le premier saisissant d'avoir poursuivi sur la seconde saisie à lui dénoncée conformément à l'article R. 321-9 alinéa 2 C. pr. exéc., le second saisissant pourra demander la subrogation dans les conditions fixées à l'article R. 311-9 C. pr. exéc. Ici, les raisons de la négligence ne seront pas recherchées ; le simple constat de l'absence de poursuite de la procédure de la seconde saisie, interrompue par le jugement de jonction, suffira à fonder la demande.

1335.264 Cas particulier de l'article R. 322-22 C. pr. exéc. Lorsque le débiteur a été autorisé à vendre amiablement son bien, le créancier poursuivant peut, à tout moment, assigner le débiteur devant le JEX aux fins de voir constater sa carence et ordonner la reprise de la procédure sur vente forcée. S'agit-il d'une subrogation ? Avant la réforme, lorsque le saisi avait obtenu la conversion en vente volontaire, le poursuivant pouvait avoir fait figurer dans le cahier des charges une clause assurant la subrogation en cas de carence du saisi[2]. À défaut, il pouvait faire constater la subrogation et faire fixer l'adjudication par le tribunal[3]. Toutefois, l'autorisation de vendre amiablement diffère de la conversion en vente volontaire, qui permettait simplement au débiteur de diriger la procédure d'exécution forcée. L'autorisation de vente amiable en revanche, suspend la saisie. Le créancier qui établit la carence du saisi (v. s^s^ n° 1336.201) reprend donc la procédure qui avait été suspendue. Il n'est donc pas subrogé mais retrouve son pouvoir d'action.

1335.265 Procédure collective. Lorsqu'une saisie immobilière a été suspendue du fait de l'ouverture d'une procédure collective, le liquidateur est subrogé dans les droits du créancier saisissant pour les actes que celui-ci a accomplis (v. s^s^ n° 1411.81).

2° Conditions

1335.271 Forme. Selon l'article R. 311-9 alinéa 1er C. pr. exéc., la demande sera formée par voie de demande incidente (et donc selon les modalités de l'article R. 311-6 C. pr. exéc., c'est-à-dire par dépôt au greffe de conclusions signées d'un avocat et communication des conclusions et pièces entre avocats conformément aux dispositions de l'article 815 C. pr. civ.) ou verbalement, à l'audience d'adjudication[4].

1335.272 Moment pour former la demande. La demande peut être formée à compter de la publication du commandement valant saisie et à tout moment de la procédure, jusqu'à l'audience d'adjudication (C. pr. exéc., art. R. 311-9, al. 1er)[5].

1335.273 Examen du bien-fondé de la recevabilité de la demande. Avant la réforme, la demande de subrogation devait être précédée d'une sommation de continuer les poursuites, faite par acte d'avocat à avocat, aux créanciers poursuivants ou aux créanciers dont les commandements ont été antérieurement mentionnés au Bureau des hypothèques. La sommation préalable était impérative ; en cas d'omission, la demande était irrecevable. Ce n'était que huit jours après la sommation que la demande pouvait être présentée ; il fallait en effet laisser le temps aux créanciers sommés de réagir et de justifier de leurs diligences, ce qui pouvait rendre la demande sans fondement.

Désormais, il n'est plus prévu de sommation préalable, mais rien ne devrait empêcher les praticiens de continuer à y recourir pour se constituer la preuve de la négligence du poursuivant.

La jurisprudence admettait, avant la réforme, que lorsque la subrogation était demandée parce que le créancier avait été désintéressé, celui-ci pouvait s'y opposer et requérir la vente pour le paiement de ses frais[6].

1335.274 Notification du jugement. Initialement, selon l'article 8 du décret du 27 juillet 2006[7], la notification des jugements sur demande incidente était faite par le greffe. Le décret du 12 février 2009 a modifié l'article 8, devenu l'article R. 311-7 C. pr. exéc., pour poser le principe de la **notification des décisions par voie de signification.** Toutefois, lorsqu'en vertu d'une disposition particulière, le JEX statue par ordonnance rendue en dernier ressort, sa décision est notifiée par le greffe simultanément aux parties

1. Civ. 2e, 22 nov. 1978, n° 77-10.256, P II, n° 248 ; *JCP* 1978. IV. 41.
2. Civ. 2e, 28 avr. 1986, *Gaz. Pal.* 1987. Somm. 59, obs. M. Véron – Civ. 2e, 27 juin 1990, n° 89-12.540, P II, n° 155 ; *Gaz. Pal.* 1991. Somm. 161, obs. M. Véron.
3. Civ. 2e, 10 nov. 1998, n° 96-12.894, P II, n° 272.
4. V. TOUTEFOIS, les critiques de G.-A. Sillard, « La subrogation dans la saisie immobilière », *D.* 2011. 404, sur la forme prévue pour la demande de subrogation.
5. Sur les risques de caducité pour non-respect des délais de publicité et sur le fait que la vente forcée ne peut être reportée, v. G.-A. Sillard, « La subrogation dans la saisie immobilière », *D.* 2011. 404.
6. Civ. 2e, 24 oct. 1973, n° 72-11.801, P II, n° 271 ; *JCP* 1974. IV. 6390.
7. Décr. n° 2006-936, 27 juill. 2006, relatif aux procédures de saisie immobilière et de distribution du prix d'un immeuble, *JO* 29 juill., p. 11316.

et à leurs avocats. Or, l'article R. 311-9 alinéa 3 C. pr. exéc. dispose que la décision qui rejette la demande de subrogation n'est pas susceptible de recours à moins qu'elle mette fin à la procédure.

1335.275 Publication du jugement. Selon l'article 80, 8° du décret du 14 octobre 1955[1], le jugement de subrogation sera mentionné en marge de la publication du commandement.

1335.276 Recours. Si la demande de subrogation est rejetée, il n'y aura pas de recours à moins que la décision mette fin à la procédure (C. pr. exéc., art. R. 311-9, al. 3). Tel n'est pas le cas lorsque la demande de subrogation a été jugée irrecevable par le JEX ; dans cette hypothèse, distincte de celle du rejet, l'appel sera possible[2].

Si le JEX fait droit à la demande de subrogation, l'appel sera ouvert conformément aux dispositions de l'article R. 311-7 C. pr. exéc., en matière de jugement sur demande incidente[3]. L'opposition est exclue dans ce cas.

3° Effets

1335.281 Le demandeur est substitué au saisissant initial. La subrogation emporte substitution dans les poursuites et dans les droits et obligations fixées au cahier des conditions de la vente (C. pr. exéc., art. R. 311-9, al. 4). La poursuite est désormais menée par le subrogé qui la reprend au stade où elle s'était interrompue. Il avait ainsi été jugé que le subrogé n'avait donc pas à remettre le saisi en cause ni à lui signifier un nouveau commandement[4], ni à lui notifier le jugement de subrogation[5]. Ces jurisprudences ont semblé confirmées par les auteurs de la réforme qui n'ont imposé aucune obligation au subrogé, sinon d'exécuter celles du cahier des conditions de la vente[6].

1. Décr. n° 55-1350, 14 oct. 1955, pris pour l'application du décret n° 55-22 du 4 janvier 1955 portant réforme de la publicité foncière, *JO* 15 oct.
2. Civ. 2e, 12 avr. 2012, n° 10-26.564, NP ; *Procédures* 2012, n° 117, obs. R. Perrot ; *ibid.* 2013. Chron. 1, n° 10, obs. A. Leborgne.
3. Civ. 2e, 16 mai 2013, n° 12-18.938, P II, n° 97 ; *D.* 2014. Pan. 1466, obs. A. Leborgne ; *Procédures* 2013, n° 212, obs. R. Perrot ; *RD banc. fin.* 2013, n° 162, obs. S. Piedelièvre.
4. Pau, 12 juill. 1962, *JCP A* 1963. IV. 4166, obs. J. A. ; *Gaz. Pal.* 1962. 332, obs. P. Raynaud – Civ. 2e, 4 mars 1982, n° 81-10.981, P II, n° 36 ; *JCP* 1982. IV. 181 – Civ. 2e, 16 juill. 1992, n° 91-13.624, P II, n° 216 ; *D.* 1993. Somm. 281, obs. P. Julien.
5. Civ. 2e, 18 nov. 1992, n° 91-15.367, P II, n° 270 ; *D.* 1993. Somm. 281, obs. P. Julien.
6. V. TOUTEFOIS, les observations de G.-A. Sillard, « La subrogation dans la saisie immobilière », *D.* 2011. 404.

1335.282 Mise à prix initialement fixée. Avant la réforme, l'article 724 ACPC accordait au subrogé la faculté de modifier par un dire annexé à l'enchère la mise à prix fixée par le poursuivant. Cette faculté d'intervention du subrogé sur les conditions de la vente ne concernait que la mise à prix ; le nombre de lots, par exemple, ne pouvait être modifié. On ne retrouve pas pareille disposition dans le Code des procédures civiles d'exécution. Or, c'est le nouveau poursuivant qui serait adjudicataire en cas de carence d'enchères et il le deviendra donc pour un prix qu'il n'aura pas lui-même fixé[7]. Certes, il en sera informé lorsqu'il demandera la subrogation, mais il n'est pas certain que cette situation soit conforme à la jurisprudence du Conseil constitutionnel[8].

1335.283 Remise des pièces de la poursuite. Selon l'article R. 311-9 alinéa 5 C. pr. exéc., le poursuivant contre lequel la subrogation aura été prononcée sera tenu de remettre les pièces de la poursuite au subrogé qui en accusera réception. Le subrogé poursuivra ainsi la procédure à ses risques et périls, le poursuivant se trouvant déchargé de ses obligations par la seule remise des pièces. Tant que cette remise n'aura pas eu lieu, le poursuivant ne sera pas déchargé de ses obligations.

1335.284 Défaillance du subrogé. On devrait admettre, comme avant la réforme, que si le subrogé fait ensuite lui-même preuve de négligence, un autre créancier, y compris le poursuivant initial, pourra demander à être subrogé.

1335.285 Frais et dépens. Avant la réforme, en vertu de l'article 723 alinéa 1er ACPC, la partie qui succombait sur la contestation relative à la subrogation était condamnée aux dépens. En revanche, le poursuivant qui abandonnait volontairement la procédure parce qu'il était payé ne s'opposait pas à la demande de subrogation et donc ne « succombait » pas ; le tribunal pouvait alors déclarer les dépens frais privilégiés de vente, puisque la subrogation avait nécessairement été obtenue judiciairement, mais sans négligence ni opposition de la part du poursuivant.

En l'absence de dispositions particulières, ce seront les règles de droit commun qui s'appliqueront, à savoir les dispositions du titre XVIII du livre Ier du C. pr. civ. et notamment l'article 696 qui met, en principe, les dépens à la charge de la partie « *perdante* ».

Le poursuivant contre lequel la subrogation sera prononcée ne sera payé de ses frais qu'après l'adjudication, soit sur le prix, soit par l'adjudicataire. En

7. Civ. 2e, 6 déc. 2018, n° 17-24.173, P ; *D.* 2019. Pan. 1315, obs. A. Leborgne ; *JCP* 2019. 71, pour une association loi de 1901.
8. Cons. const. 16 déc. 2011, n° 2011-206 QPC, *D.* 2012. 1581, obs. A. Leborgne.

pratique, souvent, il est désintéressé de sa créance et de ses frais en même temps par le débiteur.

C. Expulsion du saisi

1335.291 **Principe.** L'article R. 321-15 C. pr. exéc. envisage la possibilité pour le saisi d'être expulsé mais sans indiquer à la demande de qui, ni pour quel motif. L'article L. 321-2 alinéa 3 C. pr. exéc. indique toutefois que la saisie rend l'immeuble indisponible mais que le débiteur en est constitué séquestre sauf à ce que les circonstances justifient de son expulsion pour cause grave. Peut-on alors reconnaître un intérêt à agir en expulsion au profit des créanciers inscrits, en cas d'abstention du poursuivant, voire contre la volonté du poursuivant ? On peut imaginer en effet que le poursuivant s'il est créancier de premier rang soit assuré d'être désintéressé par la vente du bien, même occupé par le saisi et que les créanciers postérieurs souhaitent plutôt que le bien soit vendu libre de toute occupation. Toutefois, il n'est pas certain que cette motivation soit recevable. L'atteinte au droit de jouissance du saisi, et partant à son droit au logement, risque d'être interprétée strictement et sans doute plutôt à la lumière du comportement du saisi qu'à celle des intérêts des créanciers (v. s[s] n°s 1331.324 s.). Reste l'hypothèse de dégradations commises par le saisi et dont les créanciers inscrits auraient eu vent, dégradations qui pourraient constituer la cause grave envisagée à l'article L. 321-2 alinéa 3 C. pr. exéc.

1335.292 **Forme et délai.** On peut considérer qu'il s'agit d'une demande incidente, soumise aux articles R. 321-6 et R. 321-7 C. pr. exéc. ; cependant, si la demande est causée par des dégradations, celles-ci peuvent être commises à tout moment de la procédure et il faudra bien admettre que la demande soit formée en dehors de l'audience d'orientation.

§ 2 Poursuivant

1335.300 **Plan.** Sans prétendre être exhaustif, on peut déjà penser que le poursuivant aura toujours intérêt à demander au juge de fixer les conditions de visite du bien (A) ainsi que la taxation de ses frais de poursuite (B). Plus ponctuellement, il pourra former diverses demandes (C), en fonction des circonstances particulières à la saisie, et notamment, depuis le décret du 12 février 2009, une demande de report de l'audience de vente forcée, en cas d'appel du jugement d'orientation, mais à certaines conditions seulement, et également une demande de prorogation des effets du commandement de payer valant saisie.

A. Demande en fixation des conditions de visite des lieux

1335.311 **Justification.** On conçoit rarement, en pratique, de se porter acquéreur d'un bien sans l'avoir préalablement visité. Aussi, le poursuivant a-t-il intérêt à organiser des visites de l'immeuble. Cette mesure s'explique par la nécessité d'informer efficacement les éventuels acheteurs.

1335.312 **Modalités.** Avant la réforme, en pratique, quand il ne rencontrait pas d'opposition, l'avocat du poursuivant chargeait l'huissier d'organiser les visites, à la convenance du saisi. En cas de difficulté, le poursuivant devait se faire autoriser en référé à faire procéder à des visites, l'ordonnance fixant en outre, les jours et heures.

L'article R. 322-26 alinéa 2 C. pr. exéc. prévoit désormais que lorsqu'il ordonne la vente forcée, le JEX fixe les jours et heures de visite à la demande du créancier poursuivant. Et l'article R. 322-31 alinéa 3, 2° prévoit que l'avis destiné à être apposé au tribunal, mentionne « *le cas échéant, les dates et heures de visite* » (v. s[s] n° 1338.52). On peut encore imaginer que cette information soit fournie par publicité complémentaire en vertu des dispositions de l'article R. 322-37 C. pr. exéc. (v. s[s] n° 1338.71).

B. Taxation des frais de poursuite en cas de vente amiable

1335.321 **Intérêt.** Lors de l'audience d'orientation, le juge peut autoriser le saisi à vendre son bien amiablement. Dans ce cas, selon l'article R. 322-23 C. pr. exéc., le prix payé par l'acquéreur sera consigné en vue de sa distribution mais les frais du poursuivant qu'il aura fait taxer lui seront réglés directement par l'acheteur. L'article R. 322-21 alinéa 2 C. pr. exéc. prévoit que le JEX qui autorise la vente amiable taxe les frais de poursuite à la demande du créancier poursuivant. Ce n'est donc pas automatique et le poursuivant ne devra pas omettre d'en faire la demande, d'autant plus que l'acte notarié de vente ne pourra être établi par le notaire que sur justification du paiement des frais taxés (v. s[s] n° 1336.261).

1335.322 **Modalités.** Comment procéder sachant qu'avant l'audience, le poursuivant ne saura pas nécessairement que le saisi va former cette demande, ce qu'il peut faire verbalement, ni si elle sera acceptée ? Il paraît donc plus prudent de solliciter systématiquement la taxe à ce stade de la procédure, à toutes fins utiles. Dans ce cas, la demande devrait être formée par conclusions, à moins de l'inclure directement dans l'assignation, comme pour la demande en fixation des visites.

C.
Autres demandes

1335.331 Autorisation d'effectuer certains actes. Selon l'article R. 321-15 alinéa 2 C. pr. exéc., si les circonstances le justifient, le poursuivant peut être autorisé à accomplir certains actes sur le bien saisi ; les auteurs du décret n'ont pas donné plus de précision sur la nature de ces actes, et ont laissé au JEX le pouvoir d'apprécier l'opportunité de la demande.

1335.332 Coupe et vente des fruits. L'article R. 321-17 C. pr. exéc. prévoit que le poursuivant pourra être autorisé par le JEX à procéder lui-même à la coupe et vente des fruits immobilisés avec le bien saisi. Le prix en sera ensuite séquestré à la Caisse des dépôts et consignations.

1335.333 Expulsion du saisi. Les articles L. 321-2 alinéa 3 et R. 321-15 C. pr. exéc. prévoient l'éventuelle expulsion du saisi auquel le commandement de payer valant saisie a été délivré pour cause grave. Il semble que ce qui soit recherché est d'éviter que le débiteur amoindrisse la valeur du bien saisi (v. s^s^ n° 1331.324). Le poursuivant est donc le premier intéressé par la conservation de cette valeur et l'éventuelle expulsion du saisi.

1335.334 Clause du cahier des conditions de la vente. Rien ne paraît interdire au poursuivant de modifier ou compléter le cahier des conditions de la vente en en formant la demande au JEX lors de l'audience d'orientation[1]. En revanche, il semble exclu que le poursuivant puisse obtenir la modification de la mise à prix[2].

1335.335 Report de l'audience de vente forcée. En vertu de l'article R. 322-28 C. pr. exéc., la vente forcée ne peut être remise que pour un cas de force majeure ou sur la demande de la commission de surendettement sur le fondement des articles L. 722-2 ou L. 721-4 C. consom. Depuis le décret du 12 février 2009, il est désormais permis au poursuivant de demander au JEX le report de la date de l'audience de vente forcée, dans le cas où un appel a été formé contre le jugement d'orientation ordonnant la vente par adjudication mais, qu'un mois avant la date prévue pour l'adjudication, la cour n'a pas statué (C. pr. exéc., art. R. 322-19).

Cette demande interviendra donc nécessairement après l'audience d'orientation. Il aurait été souhaitable que la demande de report puisse être formée avant l'accomplissement des publicités. Or, cela sera quasiment impossible en pratique car la vente forcée doit être annoncée, à l'initiative du poursuivant, dans un délai compris entre un et deux mois avant l'audience d'adjudication.

Ce renvoi ne sera pas automatique, l'article R. 322-19 C. pr. exéc. disposant que le JEX « *peut, à la demande du créancier poursuivant, reporter* [...] ».

La demande de report de l'audience d'adjudication est une demande incidente soumise aux formes prescrites à l'article R. 311-6 C. pr. exéc. ; elle doit donc être formée par voie de conclusions[3].

1335.336 Prorogation des effets du commandement de payer valant saisie. Aux termes de l'article R. 321-20 alinéa 1er C. pr. exéc., dont la rédaction a été modifiée par le décret du 27 novembre 2020[4], le commandement de payer valant saisie cesse de plein droit de produire effet si, dans les cinq ans de sa publication, il n'a pas été mentionné en marge de cette publication un jugement constatant la vente du bien saisi. Toutefois, en vertu de l'article R. 321-22 C. pr. exéc., ce délai peut être prorogé par la mention en marge du commandement publié d'une copie d'une décision de justice ordonnant la prorogation des effets du commandement. Le créancier poursuivant pourra former cette demande en déposant au greffe des conclusions signées par son avocat, conformément aux dispositions de l'article R. 311-6 C. pr. exéc.[5]. La demande de prorogation, qui est nécessairement liée

1. Peut-il encore le faire après cette audience ? C'est ce que la cour d'appel de Bordeaux a semblé admettre dans une affaire où le poursuivant avait assigné à une audience du JEX aux fins de prorogation des effets du commandement de payer et de modification de la mise à prix : Bordeaux, 5e ch., 1er avr. 2009, *Juris-Data* n° 377418.
2. Au visa de l'art. L. 322-6, al. 2, la deuxième chambre civile de la Cour de cassation a jugé que le montant de la mise à prix fixée par le poursuivant dans le cahier des conditions de vente ne pouvait être modifié qu'à la demande du débiteur : Civ. 2e, 28 juin 2018, n° 17-11.076, P ; *D.* 2018. 1443 ; *D.* 2019. Pan. 1312, obs. A. Leborgne ; *AJDI* 2019. 142, note F. Cohet ; *JCP* 2018. 917, note C. Laporte.
3. Civ. 2e, 22 févr. 2012, n° 11-11.914, P II, n° 38 ; *D. actu.* 7 mars 2012, obs. V. Avena-Robardet ; *Procédures* 2012, n° 147, obs. R. Perrot ; *ibid.* 2013. Chron. 1, n° 9, obs. A. Leborgne ; *Dr. et proc.* 2012. 184, obs. O. Salati ; *Gaz. Pal.* 13-15 mai 2012, p. 19, obs. C. Brenner ; *RD banc. fin.* 2012, n° 95, obs. S. Piedelièvre : l'avocat du poursuivant doit donc impérativement déposer des conclusions pour éviter la caducité du commandement et ne pas se contenter des mentions portées par le greffier sur la note d'audience – Jugé également, que l'absence de signature des conclusions est une irrégularité de forme qui ne peut entraîner la nullité de l'acte que s'il est justifié d'un grief : Civ. 2e, 4 nov. 2021, n° 20-16.393, B.
4. Décr. n° 2020-1452, 27 nov. 2020, portant diverses dispositions relatives notamment à la procédure civile et à la procédure d'indemnisation des victimes d'actes de terrorisme et autres infractions, *JO* 28 nov., texte 14.
5. Toutefois, si le poursuivant a procédé par voie d'assignation, il a été jugé que la violation des dispositions de l'art. 7 du décret ne constituait pas une irrégularité de fond affectant la régularité de l'acte. Ainsi, en l'absence de preuve d'un grief, le JEX a pu examiner la demande : Bordeaux, 5e ch., 1er avr. 2009, *Juris-Data* n° 377418.

au risque d'expiration du délai de validité du commandement valant saisie, peut être formée après l'audience d'orientation [1].

SECTION 3

LES TIERS

1335.340 **Principe. Plan.** Sans être créanciers, ils peuvent souhaiter intervenir à la procédure pour faire reconnaître ou préserver leurs droits. C'est le cas du tiers qui demande la distraction de certains biens (§ 1), comme de tout tiers concerné par la procédure (§ 2).

§ 1

Demande en distraction

1335.351 **Objet.** Il s'agit pour le tiers de faire échapper tout ou partie des biens à la procédure en démontrant son droit réel sur l'immeuble saisi. L'action en distraction qui est une forme d'action en revendication est envisagée à l'article R. 311-8 C. pr. exéc.

1335.352 **Bénéficiaires.** Elle est exercée par ceux qui se prétendent titulaires sur l'immeuble saisi d'un droit identique à celui du saisi ; le plus souvent un droit de propriété mais la saisie peut porter sur des droits réels démembrés (v. s^{s} n°s 1316.141 s.). Cette procédure n'est ouverte qu'aux tiers à la procédure de saisie. Cela exclut le saisi lui-même qui invoquerait l'insaisissabilité du bien (ainsi d'une épouse qui invoquait la dotalité du bien saisi [2]), ou qui prétendrait avoir vendu à un tiers certains des immeubles saisis [3] ; est encore exclu, le tiers qui contesterait l'affectation hypothécaire de son bien au profit du créancier pour la dette du débiteur [4], et le créancier partie à la saisie qui prétendrait par ailleurs qu'un immeuble lui appartenant a été englobé dans la saisie [5].

1335.353 **Délai pour agir.** La demande peut être formée en tout état de cause et donc jusqu'au jour de l'adjudication car faute d'être informé de la procédure, il doit pouvoir revendiquer le bien en tout état de cause.

Après la vente, une telle demande pourrait-elle encore prospérer ? Avant la réforme, il avait été jugé que le tiers devait engager une action en revendication devant une autre juridiction que celle du juge des criées, contre l'adjudicataire [6], avec les problèmes de responsabilité qu'elle suppose.

La jurisprudence contemporaine, en matière d'exécution mobilière, a toutefois admis la compétence du JEX pour une action en répétition de l'indu, alors même que la mesure d'exécution était achevée [7], ce qui peut sembler contraire aux dispositions de l'article L. 213-6 du COJ, qui donne compétence au JEX pour connaître des contestations qui s'élèvent « *à l'occasion de l'exécution forcée* ».

1335.354 **Procédure.** La demande en distraction est une demande incidente, soumise au formalisme de l'article R. 311-6 C. pr. exéc. (conclusions déposées au greffe, notification entre avocats conformément aux dispositions de l'article 766 C. pr. civ. et signification au débiteur saisi qui n'aurait pas constitué avocat).

Si la demande est rejetée, la procédure de saisie est reprise ; en revanche, si le tribunal fait droit à une demande de distraction portant sur l'intégralité des immeubles saisis, la procédure de saisie n'a plus de fondement. Il en est autrement en cas de distraction partielle.

1335.355 **Distraction partielle.** Le tiers peut ne demander qu'une distraction partielle des biens saisis ou n'être reçu que partiellement ; dans ce cas, nonobstant cette demande, les poursuites seront continuées pour le reste des biens saisis à moins que le juge n'accorde le sursis pour le tout. Si la distraction partielle est ordonnée, le poursuivant devrait alors être admis à modifier la mise à prix portée au cahier des charges. Les auteurs de la réforme ne semblent pas avoir prévu cette hypothèse mais le bon sens conduit à l'admettre. Le poursuivant déposerait alors une demande incidente en ce sens et le saisi devrait retrouver la faculté de contester cette nouvelle mise à prix.

§ 2

Autres tiers

1335.361 **Diversité.** Tout tiers peut prétendre avoir une demande incidente à former.

Par exemple, un locataire qui voudrait faire reconnaître son bail comme opposable [8] (v. s^{s} n° 1331.343). Ce sera souvent le cas en matière de bail verbal : le preneur demandera que l'existence de son bail soit

1. Civ. 2e, 9 juin 2011, n° 10-30.310, P II, n° 131.
2. Civ. 20 août 1861, *DP* 1861. 1. 380.
3. Civ. 2e, 10 déc. 1986, *Gaz. Pal.* 1987. Somm. 178, obs. M. Véron.
4. Lyon, 30 août 1850, *DP* 1851. 2. 175.
5. Civ. 29 août 1855, *DP* 1855. 2. 406 – Req. 24 mai 1894, *DP* 1894. 1. 304 – Civ. 2e, 10 janv. 1974, n° 72-13.843, P II, n° 20 ; *JCP* 1974. IV. 68.
6. Civ. 22 oct. 1906, *DP* 1913. 1. 142 – T. civ. Seine, 15 janv. 1942, *Gaz. Pal.* 1942. 1. 172.
7. Civ. 2e, 19 déc. 2002, n° 00-20.774, P II, n° 293 ; *Dr. et proc.* 2003. 179, obs. Ph. Hoonakker.
8. Sur le risque d'expulsion du locataire, y compris commerçant, dont le bail ne sera pas opposable à l'adjudicataire, v. sous l'empire du décret-loi de 1938 : Civ. 2e, 16 sept. 2008, n°s 07-19.675 et 07-19.963, NP ; *Dr. et proc.* 2009. 40, obs. A. Leborgne.

mentionnée au cahier des conditions de vente. Ce pourra être encore un créancier saisissant par voie d'exécution mobilière certains biens menacés d'être englobés dans la saisie immobilière et qui contesterait la qualification d'immeubles par destination.

En revanche, un tiers dont les droits ne sont pas en discussion ne peut contester la saisie immobilière. Sa contestation sera irrecevable[1].

1. Civ. 2e, 27 sept. 2018, no 17-20.134, P II, no 195 ; *Procédures* 2019, no 10, obs. C. Laporte. Ce tiers en effet n'a pas qualité pour défendre à l'action engagée contre le débiteur saisi.

CHAPITRE

1336. Vente amiable sur autorisation judiciaire

Anne Leborgne
Professeur émérite d'Aix-Marseille Université

SECTION 0 Orienteur

1336.00 Sommaire du chapitre.

Division. C'est l'une des innovations majeures de la réforme, inspirée de la réforme des procédures d'exécution mobilières opérées en 1991. Le débiteur peut être autorisé par le juge de l'exécution à vendre amiablement son immeuble (sect. 1) lors de l'audience d'orientation ou même avant (v. s[s] n° 1335.41). C'est le juge qui fixe les conditions de la vente amiable (sect. 2), ce qui n'exclut pas que la procédure d'exécution forcée reprenne en cas de carence du saisi. Si les conditions sont respectées, la vente amiable sera constatée par décision du juge de l'exécution. Elle est assimilée à une vente volontaire (sect. 3) et le jugement sera publié et purgera les inscriptions. En 2019, a été ajoutée la possibilité pour le saisi, jusqu'à l'ouverture des enchères, de vendre l'immeuble saisi de gré à gré avec accord de ses créanciers, alors même que le jugement d'orientation aura ordonné la vente forcée (sur cette nouvelle modalité, v. s[s] n°s 1337.00 s.).

1336.02 Jurisprudence de référence.

> Nature du jugement d'adjudication.

• **Civ. 2e, 3 oct. 2002,** n° 00-18.395, P II, n° 199

* V. s[s] n°s 1333.302, 1336.343, 1341.41

Un jugement d'adjudication ne constituant pas « un contrat réalisant ou constatant une vente », les dispositions de la loi du 18 décembre 1996 [dite loi Carrez] sont sans application aux ventes sur poursuites de saisie immobilière.

> Saisie immobilière. Recevabilité des contestations et demandes incidentes formulées après le renvoi de l'audience d'orientation. Saisine de la cour d'appel en cas d'appel contre le jugement d'orientation personnel de l'astreinte.

• **Civ. 2e, 28 oct. 2008,** no 08-13.404, P II, no 226

* V. ss nos 0211.71, 0212.81, 0222.24, 1334.13, 1334.14, 1334.196, 1335.51, 1336.61, 1336.291

1o En cas de renvoi de l'audience d'orientation, les contestations et demandes incidentes formulées au plus tard à l'audience de renvoi sont recevables.

2o Il n'appartient qu'au seul juge de l'exécution de suivre la procédure postérieure à l'autorisation de la vente amiable. En renvoyant l'affaire à son audience pour vérifier les conditions de la réalisation de la vente après avoir autorisé le débiteur à vendre l'immeuble saisi à l'amiable, la cour d'appel viole les articles 54 et 58 du décret du 27 juillet 2006 [devenus art. R. 322-21 et R. 322-25 C. pr. exéc.].

> Saisie immobilière. Nature juridictionnelle de l'acte par lequel le juge de l'exécution constate la vente amiable. Lieu de la consignation.

• **Civ. 2e, 6 déc. 2012,** no 11-24.443, P II, no 203

* V. ss nos 1336.252, 1336.311, 1336.313

1o Le jugement par lequel le juge de l'exécution constate la vente amiable, après avoir contrôlé la conformité de l'acte notarié aux conditions fixées par le jugement qui l'a autorisée et la consignation du prix de vente, constitue une décision juridictionnelle susceptible de tierce opposition.

2o Il résulte des articles 2, 14o de l'ordonnance du 3 juillet 1816 et L. 518-19 du Code monétaire et financier que, lorsque la loi ordonne une consignation sans en indiquer le lieu, comme dans le cas de l'article 2203 du Code civil, applicable au litige, les juridictions ne peuvent autoriser de consignation auprès d'organismes autres que la Caisse des dépôts et consignations, de sorte que le juge de l'exécution constatant la vente amiable d'un bien à l'occasion d'une procédure de saisie immobilière ne peut ordonner la consignation du prix de vente à la caisse des règlements pécuniaires des avocats.

1336.04 **Formulaire de procédure civile (renvoi).**

• *Saisie immobilière – Vente amiable* (Assignation tendant à faire sanctionner la carence du débiteur en cas de vente amiable du bien – C. pr. exéc., art. R. 322-22, al. 2)

SECTION 1
LES POUVOIRS DU JUGE DE L'EXÉCUTION

1336.10 **Plan.** Le juge de l'exécution (JEX) ne se contente pas d'autoriser le saisi à vendre amiablement son bien (§ 1), il fixe également le prix minimum et le délai pour y procéder (§ 2).

§ 1
Autorisation de la vente

1336.20 **Plan.** On rappellera comment le juge peut être saisi (A) ainsi que les conditions de l'examen de la demande (B).

Distinction. En principe la demande du débiteur est examinée à l'audience d'orientation, cependant elle peut aussi intervenir plus tôt.

A.
Saisine du juge

1o
Avant l'audience

1336.31 **Article R. 322-20 du Code des procédures civiles d'exécution.** Selon l'article R. 322-20 C. pr. exéc. [1], la demande tendant à la vente amiable peut être présentée et jugée avant la signification de l'assignation à comparaître à l'audience d'orientation [2]. Le saisi en effet, a été informé par le commandement de payer valant saisie (C. pr. exéc., art. R. 321-3, 8o – v. ss no 1331.81) de ce qu'il gardait la possibilité de rechercher un acquéreur pour procéder à la vente amiable du bien et la mention que cette vente ne pourrait néanmoins être conclue qu'après autorisation du JEX.

1336.32 **Raison d'être.** Le créancier qui engage une procédure de saisie immobilière a en effet deux mois pour publier son commandement et encore deux mois, à compter de la publication, pour assigner le débiteur ; l'assignation devant être délivrée dans un délai compris entre un et trois mois avant l'audience. Cette audience d'orientation peut donc intervenir plusieurs mois après la signification du commandement valant saisie. Le débiteur aura-t-il réellement intérêt à accélérer le déroulement des événements en étant autorisé à vendre son bien dès avant l'audience d'orientation ? Il a été avancé qu'il aurait d'autant plus intérêt à le faire que, s'il peut trouver un acquéreur, il éviterait ainsi des frais de la procédure, notamment ceux liés à l'élaboration du cahier des conditions de vente. Mais cette économie sera-t-elle à la hauteur de l'avantage qu'il retirera à profiter des délais de la procédure ?

1336.33 **Procédure.** Le saisi assignera le poursuivant et les créanciers inscrits à une audience du JEX. L'article R. 322-20 C. pr. exéc. impose en effet au saisi de mettre lui-même en cause les créanciers inscrits

1. Décr. no 2012-783, 30 mai 2012, relatif à la partie réglementaire du Code des procédures civiles d'exécution, *JO* 31 mai, p. 9375.
2. Décr. no 2006-936, 27 juill. 2006, relatif aux procédures de saisie immobilière et de distribution du prix d'un immeuble, *JO* 29 juill., p. 11316.

sur le bien (sur la forme de la saisine, par assignation plutôt que par conclusions, v. s[s] n° 1335.43). Un débat avec les créanciers inscrits s'impose puisque la vente amiable sur autorisation judiciaire prive ces derniers du droit de surenchérir qu'ils tiennent, pour les ventes amiables de droit commun, de l'article 2480 C. civ.

On mesure encore mieux ici le caractère peu attractif de cette faculté offerte au débiteur, qui préférera le plus souvent attendre et laisser le poursuivant faire les frais de l'assignation des créanciers à comparaître à l'audience d'orientation[1].

Le saisi qui souhaiterait toutefois prendre l'initiative de la procédure devra faire signifier une assignation motivée et justifier de ce qu'une vente peut être conclue dans des conditions satisfaisantes.

La **demande de vente amiable présentée en dehors de l'audience d'orientation** ne sera **pas dispensée du ministère d'avocat.** Cette conclusion s'impose à la lecture parallèle de l'article R. 311-4 C. pr. exéc. – ministère obligatoire sauf disposition contraire – et des articles R. 322-16 et R. 322-17 C. pr. exéc. – qui excluent le ministère d'avocat pour formuler la demande à l'audience d'orientation.

Lorsqu'il est ainsi saisi, **le juge statue sans attendre l'audience d'orientation.** Initialement, se présentait ici une difficulté lorsque le juge, saisi avant l'audience d'orientation, donnait l'autorisation de vendre amiablement, en l'état des dispositions de l'article 53 alinéa 2 du décret du 27 juillet 2006 qui précisait que la décision du juge suspendait la procédure. Comment alors le créancier pouvait-il dresser l'état ordonné des créances, sachant que c'est lorsqu'il assigne les créances inscrites pour l'audience d'orientation qu'il les somme de produire leurs créances ? Or, cet état ordonné des créances était indispensable au juge pour constater judiciairement la vente amiable, si elle se réalisait (v. s[s] n° 1336.292). La difficulté a disparu depuis le 1er mars 2009 puisque le décret de 2009 a supprimé l'état ordonné des créances.

2°
À l'audience

1336.41 Demande à l'audience d'orientation. Le saisi peut former cette demande dans les conditions de l'article R. 322-17 C. pr. exéc., c'est-à-dire sans ministère d'avocat et verbalement (v. s[s] n° 1335.43). La simplicité procédurale ne doit cependant pas induire en erreur. Il ne s'agira pas de se contenter d'affirmer devant le juge que l'on est d'accord pour vendre. Le débiteur devra convaincre le JEX, et faire état de diligences éventuelles déjà réalisées. Le saisi assisté d'un conseil sera donc bien mieux armé pour préparer cette audience et rassembler les éléments justifiants du sérieux de son projet.

1336.42 Justifications du saisi. Comme l'assignation à comparaître à l'audience d'orientation le précise (C. pr. exéc., art. R. 322-5, 6°), pour obtenir l'autorisation de vendre amiablement, « *le débiteur doit justifier de ce qu'une vente non judiciaire peut être conclue dans des conditions satisfaisantes compte tenu de la situation du bien* ». Cette exigence vaudra aussi lorsque le saisi aura pris l'initiative d'assigner lui-même les créanciers devant le JEX.

B.
Examen de la demande

1336.51 Appréciation souveraine du magistrat. Selon l'article R. 322-15 alinéa 2 C. pr. exéc., pour autoriser la vente, « *le juge s'assure qu'elle peut être conclue dans des conditions satisfaisantes compte tenu de la situation du bien, des conditions économiques du marché et des diligences éventuelles du débiteur* ». Il ne s'agira donc pas d'une simple impression ou d'une autorisation à toutes fins utiles.

Le JEX dispose d'un pouvoir souverain pour apprécier la demande[2].

1336.52 Situation du bien et conditions économiques. Pour satisfaire aux conditions du décret, le JEX devra donc avoir une bonne connaissance du marché immobilier ou être en possession de documents émanant de professionnels de l'immobilier. En outre, il appréciera d'autant mieux le bien, son état et donc sa valeur, qu'il aura entre les mains le procès-verbal descriptif du bien.

Est ainsi rejetée la demande de vente amiable dès lors qu'il n'est produit aucune estimation du bien mettant les juges dans l'impossibilité de s'assurer que la vente est conclue dans les conditions satisfaisantes de l'article R. 322-15, al. 2 C. pr. exéc., que l'acte ne comporte que le nom et l'adresse de l'acquéreur ainsi que le prix de vente mais qu'aucune indication n'est donnée sur les organismes financiers auxquels va s'adresser l'acquéreur qui ne dispose d'aucun fonds propre[3].

1336.53 Diligences et démarches éventuelles du débiteur. L'article R. 322-15 C. pr. exéc. impose sans doute au débiteur de chercher à démontrer que son

1. Mais sauf abus, le saisi ne peut engager la responsabilité du créancier poursuivant en raison de ce qu'il aurait tardé à répondre, avant le jugement d'orientation autorisant la vente amiable, à sa sollicitation tendant à être autorisé à vendre amiablement le bien saisi : Civ. 2e, 3 févr. 2022, n° 20-20.355, B.

2. Civ. 2e, 10 sept. 2009, n° 08-70.204, P II, n° 212 ; *D.* 2010, Chron. C. cass. 534, J.-M. Sommer et L. Leroy-Gissinger ; *D.* 2010. 0307, obs. A. Leborgne.
3. Paris, 12 juin 2008, *Procédures* 2009. Chron. 1, obs. A. Leborgne.

bien peut se vendre rapidement. Les preuves à rapporter ici sont celles susceptibles d'établir l'existence d'une proposition d'achat à un prix sérieux. Le simple fait d'indiquer avoir déjà mis l'immeuble en vente, par l'intermédiaire d'agents immobiliers et/ou d'annonces, répond-il à la lettre de l'article R. 322-15 C. pr. exéc. ? En théorie oui, si on s'en tient à la lettre de l'article R. 322-15 C. pr. exéc. qui n'envisage que des diligences « *éventuelles* » du débiteur – ce qui confirme que ce dernier aura intérêt à attendre cette audience pour former sa demande. Toutefois, les juges du fond semblent plus exigeants que la lettre des textes.

Ainsi, la vente amiable a été autorisée dans une espèce où les débiteurs produisaient une estimation du bien et justifiaient avoir donné plusieurs mandats non exclusifs de vente, les juges ayant en outre constaté que les créanciers étaient assurés d'être intégralement remboursés compte tenu du montant de la créance et de la valeur du bien[1]. En revanche, la demande a été rejetée dès lors que le débiteur ne justifiait pas d'un compromis de vente et se bornait à produire une offre d'achat d'un tiers, une attestation d'un notaire chargé d'établir l'acte et un projet de compromis de vente non signé et qu'enfin le débiteur n'occupait manifestement pas le bien à titre de résidence principale, l'acquisition de l'immeuble apparaissant comme un investissement locatif[2].

Par ailleurs, dans l'hypothèse où le bien est indivis et fait l'objet d'une saisie immobilière par un créancier de l'indivision (sur l'hypothèse, différente, où l'exécution immobilière est poursuivie contre le titulaire de droits indivis, v. titre 142), un indivisaire n'est pas recevable à solliciter du JEX qu'il l'autorise, seul, à vendre amiablement le bien. En effet, selon l'article 815-3 C. civ., les actes de disposition nécessitent, sauf exception, l'accord de tous les indivisaires. Certes, lorsque le refus d'un indivisaire de conclure un tel acte met en péril l'intérêt commun, un indivisaire peut être autorisé à passer seul l'acte de vente (C. civ., art. 815-5). Mais ces dispositions relèvent du fonctionnement de l'indivision ; une telle demande ne sera pas recevable devant le JEX. En conséquence, il appartiendra à l'indivisaire qui souhaite être autorisé à vendre amiablement l'immeuble indivis, avant de former cette demande devant le JEX, d'avoir, préalablement fait les démarches nécessaires à la conclusion de la vente et ainsi, obtenu du tribunal judiciaire l'autorisation de passer seul l'acte de vente[3]. Le JEX n'a à s'assurer que du caractère satisfaisant des conditions de la vente.

C.
Effets de l'autorisation

1336.61 **Effet suspensif.** Selon l'article R. 322-20 alinéa 2 C. pr. exéc., la décision qui fait droit à la demande suspend le cours de la procédure, ce qui signifie que même si le saisi obtient l'autorisation de vendre amiablement, cela n'entraîne pas mainlevée de la procédure d'exécution. Simplement, si cette autorisation débouche sur une vente amiable, elle rend inutile la réalisation des actes de procédure subséquents. L'article R. 311-6 C. pr. exéc. qui dispose que l'examen des demandes incidentes ne suspend pas le cours de la procédure est ici exclu.

Cet effet suspensif joue également lorsque le juge est saisi avant l'audience d'orientation[4].

1336.62 **Limites.** Si la demande était formée et jugée avant l'expiration du délai de deux mois à compter de la signification du commandement, le créancier doit tout de même publier son commandement pour préserver ses droits en cas de carence ultérieure du saisi. Au demeurant, l'article R. 322-25 alinéa 3 C. pr. exéc. prévoit que le jugement sur vente amiable sera non seulement publié pour opérer le transfert de propriété mais mentionné en marge du commandement. On doit donc considérer que l'effet suspensif ne concerne, au sens strict, que les actes de procédure, pas les formalités de publicité destinées au service de la publicité foncière et qui sont inhérentes à la mesure d'exécution immobilière.

Aux termes de l'article R. 322-20 alinéa 2 C. pr. exéc., la décision faisant droit à la demande de vente amiable suspendait le cours de la procédure d'exécution « *à l'exception du délai imparti aux créanciers inscrits pour déclarer leurs créances* ».

§ 2
Fixation des conditions de la vente

1336.70 **Plan.** Le jugement qui fait droit à la demande du débiteur doit comporter certaines mentions nécessaires à la poursuite de la procédure. Le juge va autoriser la vente amiable à certaines conditions (A) et à l'intérieur d'un délai (B). Il n'a pas d'autre recherche à effectuer[5].

Jugement (renvoi). Sur la motivation, les conditions de notification et de recours à l'encontre du jugement rendu lors de l'audience d'orientation, v. s[s] n°s 1334.145 et 1334.171 s.

1. Paris, 19 juin 2008, *Procédures* 2009. Chron. 1, obs. A. Leborgne.
2. Bordeaux, 25 sept. 2007, *Procédures* 2009. Chron. 1, obs. A. Leborgne.
3. Cass., avis, 16 juill. 2021, n° 21-70.008, P.
4. EN CE SENS, Civ. 2e, 23 oct. 2008, n° 08-13.404, P II, n° 226 ; *D.* 2008. 3120 et spéc. 3122.
5. Civ. 2e, 2 juin 2016, n° 14-29.456, P II, n° 152 ; *AJDI* 2016. 780, note F. de la Vaissière ; *RD banc. fin.* 2016, n° 171, note S. Piedelièvre.

A.
Conditions de la vente

1336.81 Un prix minimum. En vertu de l'article R. 322-21 C. pr. exéc., le juge fixe le montant du prix en deçà duquel l'immeuble ne peut être vendu ; eu égard aux conditions économiques du marché. *A priori* le système paraît parfait[1]. Le poursuivant ne peut espérer légitimement mieux que le prix du marché.

La fragilité du système vient de ce qu'il implique que les juges aient une exacte connaissance du marché. Il n'est pas prévu d'expertise, ce qui n'exclut pas qu'il en soit produit une, mais pose la question de la charge des frais.

Les créanciers pourront contester l'évaluation du juge. L'article R. 322-21 C. pr. exéc. ne leur ouvre pas de droit particulier mais le jugement qui autorise la vente amiable étant susceptible d'appel, les créanciers devraient pouvoir tout aussi bien contester le principe de l'autorisation de vendre amiablement, que le prix minimum fixé par le juge.

1336.82 Conditions particulières. On peut par exemple penser que le juge pourra prévoir le maintien d'un droit d'usage pour un occupant, comme mettre à la charge de l'acquéreur l'obligation de faire son affaire personnelle de l'obtention du certificat d'achèvement des travaux[2].

B.
Délai pour réaliser la vente

1336.91 Sept mois maximum. L'article R. 322-21 C. pr. exéc. précise que le juge fixe d'abord l'affaire à une audience qui doit se tenir au plus tard à quatre mois. Ensuite, lorsque l'affaire revient, et parce que ce délai est très court, il pourra encore, à certaines conditions, accorder un nouveau délai de trois mois. Ces délais sont impératifs, de sorte que le juge ne peut y contrevenir en ordonnant un sursis à statuer[3].

1°
Audience de renvoi à quatre mois maximum

1336.101 Renvoi à une nouvelle audience. Dans le jugement autorisant la vente amiable, le juge va fixer une nouvelle audience, à laquelle l'affaire sera rappelée. Il s'agit en effet de laisser au saisi du temps pour réaliser la vente. Lorsque l'affaire sera rappelée, le juge vérifiera les diligences accomplies.

1336.102 Délai : quatre mois maximum. Le délai de renvoi ne doit pas excéder quatre mois. Il appartiendra au juge d'apprécier, en fonction de la situation qui lui est soumise, la durée devant être accordée au débiteur pour procéder à cette vente amiable, sans pouvoir dépasser quatre mois. Ce sera donc, à la fois un délai à respecter pour le saisi, mais encore pour le greffe du JEX qui devra organiser ses audiences en conséquence.

1336.103 Carence du débiteur et vente forcée. L'article R. 322-22 C. pr. exéc. dispose que le créancier peut à tout moment assigner le débiteur aux fins de voir constater sa carence et ordonner la reprise de la procédure en vente forcée. Mais le poursuivant peut aussi attendre l'audience de renvoi et former une demande de reprise de la procédure et de la vente forcée (v. s[s] n°s 1336.180 s.).

La deuxième chambre civile a admis que cette demande soit formée oralement[4] par le créancier. Elle a également jugé que lorsque l'affaire revenait à l'audience de renvoi, la reprise des poursuites n'était pas subordonnée à la preuve de la carence du débiteur saisi et le JEX n'est pas tenu d'accorder un délai supplémentaire à celui-ci[5].

2°
Deuxième renvoi facultatif à trois mois maximum

1336.111 Audience d'examen des diligences. Le juge va vérifier que le débiteur a bien mis à profit le délai alloué pour rechercher un acquéreur. Si tel est le cas, il pourra accorder un nouveau délai pour permettre l'établissement de l'acte de vente.

1336.112 Un délai soumis à conditions. Selon l'article R. 322-21 alinéa 4 C. pr. exéc., à cette audience, le juge ne peut accorder un délai supplémentaire que si le demandeur justifie d'un engagement écrit d'acquisition et qu'à fin de permettre la rédaction et la conclusion de l'acte authentique de

1. Il incombe au juge de fixer lui-même ce prix – CASSATION DE L'ARRÊT qui, pour rejeter la demande d'autorisation de vente amiable des biens saisis et ordonner leur vente forcée, relève que l'emprunteur justifie, en cause d'appel, d'un mandat de vente et de deux avis de valeur des biens, mais que les parties ne s'expliquant pas sur le montant du prix en-deçà duquel l'immeuble ne peut être vendu eu égard aux conditions économiques du marché et de conditions particulières de la vente, aucun élément ne permet de se prononcer d'office sur ce montant : Civ. 2e, 1er mars 2017, n° 16-10.142, P II, n° 50 ; *D.* 2017. 565 ; *D.* 2017. Pan. 1396, obs. A. Leborgne ; *Procédures* 2017, n° 86, obs. C. Laporte ; *RD banc. fin.* 2017, n° 175, obs. S. Piedelièvre ; *CCC* 2017, n° 111, note S. Bernheim-Desvaux.
2. V. ÉGAL. Civ. 2e, 24 juin 2021, n° 18-19.771, NP, où la vente avait été consentie avec faculté de rachat par le saisi (dite « vente à réméré ») mais dissimulait en réalité un pacte commissoire prohibé et un taux usuraire.
3. Civ. 2e, 13 janv. 2012, n° 11-13.495, P II, n° 12 ; *D.* 2012. Pan. 1518, obs. A. Leborgne ; *Procédures* 2012, n° 71, obs. R. Perrot ; *Dr. et proc.* avr. 2012, p. 105, obs. A. Leborgne ; *RD banc. fin.* 2012, n° 97, obs. S. Piedelièvre ; *Gaz. Pal.* 13-15 mai 2012, p. 18, obs. C. Brenner.
4. Civ. 2e, 6 janv. 2011, n° 09-71.146, P II, n° 7.
5. Civ. 2e, 13 janv. 2012, n° 11-13.495, P (préc., v. s[s] n° 1336.91).

vente. Ce sont donc seulement les formalités préalables à l'établissement de l'acte notarié de vente qui fonderont ce nouveau délai [1]. Le juge n'est pas tenu d'accorder ce délai supplémentaire [2].

1336.113 **Trois mois maximum.** Le délai supplémentaire ne pourra cette fois, excéder trois mois. Que se passera-t-il toutefois, si ce délai ne peut être respecté à cause de la longueur de certaines formalités, que dénoncent les praticiens ? Ou du retard pris par le notaire, qui pourrait alors engager sa responsabilité à l'égard du saisi si finalement la vente forcée était reprise du fait de la carence de ce professionnel... On pouvait penser qu'une certaine souplesse serait possible, mais la deuxième chambre civile a jugé que les délais fixés à l'article R. 322-21 C. pr. exéc. [3] étaient impératifs, de sorte que le juge ne pouvait y contrevenir en ordonnant un sursis à statuer [4].

1336.114 **Vente forcée.** L'article R. 322-25 alinéa 4 C. pr. exéc. envisage l'hypothèse où le juge ne pourra pas constater la vente amiable quelle qu'en soit la cause. Dans ce cas, il ordonnera la vente forcée dans les conditions prévues aux troisième et quatrième alinéas de l'article R. 322-22 C. pr. exéc. Toutefois, même dans ce cas, le saisi conserve une faculté de vente de gré à gré, à certaines conditions, jusqu'à l'ouverture des enchères (v. s^s n°s 1337.00 s.).

SECTION 2
OBLIGATIONS DU SAISI ET DROITS DU POURSUIVANT

1336.120 **Plan.** Des obligations pèsent sur le débiteur autorisé à vendre amiablement (§ 1). En cas de carence, le créancier pourra reprendre ses poursuites (§ 2).

§ 1
Obligations du saisi

1336.130 **Plan.** Pendant le temps qui lui est accordé, le saisi va devoir réaliser des diligences pour conclure la vente aux conditions fixées par le juge [5] (A) et il devra en rendre compte au poursuivant (B).

A.
Accomplir des diligences nécessaires à la conclusion de la vente

1336.141 **Objet.** Pour obtenir l'autorisation de vendre amiablement, le débiteur n'est, en théorie, pas astreint à accomplir des diligences particulières (v. s^s n° 1336.53, l'article R. 322-15 C. pr. exéc. n'envisageant que les « *diligences éventuelles* » du débiteur). Une fois autorisé à vendre amiablement en revanche, l'article R. 322-22 C. pr. exéc. dispose que le débiteur doit accomplir les diligences « *nécessaires à la conclusion de la vente amiable* ».

1336.142 **Illustrations.** Il va donc lui falloir, non seulement rechercher mais trouver un acquéreur. Pour espérer parvenir à réaliser la vente dans le délai qui lui est offert, il faudrait, en réalité, que le jour de l'audience d'orientation le débiteur ait déjà accompli certaines démarches en ce sens ; ainsi, qu'il ait déjà donné mandat à des agents immobiliers, passé des annonces dans la presse et éventuellement sur des sites internet. Les diligences à accomplir après avoir été autorisé à vendre ont en effet pour objet la conclusion de la vente, ce qui suppose déjà un ou plusieurs acquéreurs potentiels.

B.
Rendre compte

1336.151 **Objet de l'obligation.** Selon l'article R. 322-22 alinéa 1er C. pr. exéc., le débiteur doit rendre compte au créancier poursuivant, sur sa demande, des démarches accomplies à cette fin. L'emploi du terme « *démarches* » confirme qu'il s'agit dans ce laps de temps de matérialiser l'accord, ce qui est assez irréaliste. C'est en vue de ces formalités préalables à l'établissement d'un acte notarié de vente que se justifient les dispositions de l'article R. 322-21 alinéa 4 C. pr. exéc. permettant d'accorder au débiteur un délai supplémentaire de trois mois.

1336.152 **Initiative du poursuivant.** C'est donc à la demande du poursuivant que le débiteur s'exécutera. Il n'est pas tenu à rendre compte spontanément de ses diligences.

§ 2
Droits du poursuivant

1336.160 **Plan.** Le poursuivant pourra exiger des comptes (A) et éventuellement reprendre la procédure en cas de carence du débiteur (B).

1. Pour une application, v. Paris, 22 mai 2008, RG n° 07/16029, *Procédures* 2009. Chron. 1, obs. A. Leborgne.
2. EN CE SENS, Civ. 2e, 13 janv. 2012, n° 11-13.495, P (préc., v. s^s n°s 1336.91 et 1336.103).
3. Anc^t Décr. n° 2006-936, 27 juill. 2006, art. 54.
4. EN CE SENS, Civ. 2e, 13 janv. 2012, n° 11-13.495, P (préc., v. s^s n°s 1336.91, 1336.103 et 1336.112).
5. Ce qui ne lui interdit cependant pas d'user de la faculté, offerte à l'art. 2200 C. civ. (devenu C. pr. exéc., art. L. 321-5) de vendre le bien saisi en consignant le prix dès lors qu'il permet de désintéresser les créanciers (Rép. min. n° 94727, *JOAN Q* 19 juill. 2011, p. 7869), v. s^s n° 1331.311.

A.
Exiger des comptes

1336.171 **Initiative personnelle du poursuivant.** L'article R. 322-22 C. pr. exéc. ne vise que le poursuivant et pas les créanciers inscrits. Ces derniers au demeurant, pourraient-ils demander à être subrogés en cas d'inaction du poursuivant ? Cela n'est même pas certain, car selon l'article R. 322-20 alinéa 2 C. pr. exéc., la décision qui fait droit à la demande de vente amiable suspend la procédure (v. s^{s} n° 1336.61).

1336.172 **Modalités.** Le débiteur disposant d'un certain délai, au maximum quatre mois, à l'issue duquel il devra apporter la preuve que la vente est parfaite, même si l'acte authentique n'est pas encore signé voire rédigé, à quel moment, s'il a des craintes, le poursuivant peut-il interroger son débiteur ? À tout moment certainement, sous réserve d'abus.

Et sous quelle forme ? Le ministère d'avocat n'étant pas obligatoire pour le saisi, le poursuivant pourra recourir à une sommation interpellative ou simplement à des courriers recommandés avec avis de réception, s'il veut une réponse utile à l'intérieur du délai.

1336.173 **Inaction du poursuivant.** Si le poursuivant ne demande rien, cela peut être parce qu'il fait confiance au débiteur, comme par négligence. Toutefois, le délai octroyé au débiteur est relativement bref, au maximum quatre mois, et le créancier peut simplement attendre l'audience de renvoi pour faire constater l'état des diligences du saisi, ce qui lui évitera des frais d'assignation (v. s^{s} n° 1336.192). Les autres créanciers pourraient-ils le lui reprocher ? *A priori*, non, le poursuivant n'est pas tenu de les informer de la procédure, il en est le maître.

B.
Reprendre les poursuites

1336.180 **Plan.** Le créancier poursuivant peut assigner le débiteur (§ 1) afin d'obtenir une décision ordonnant la reprise des poursuites (§ 2).

1°
Assignation

1336.191 **À tout moment.** Selon l'article R. 322-22 alinéa 2 C. pr. exéc., c'est à tout moment que le créancier peut agir, à l'intérieur du délai octroyé au saisi.

1336.192 **Formalisme.** Aux termes de l'article R. 322-22 alinéa 2 C. pr. exéc., c'est par voie d'assignation que le poursuivant fait venir le débiteur devant le JEX. Les dispositions du livre Ier du Code des procédures civiles d'exécution relatives au JEX trouveront donc à s'appliquer. Mais si le poursuivant attend l'audience de renvoi pour former sa demande de reprise de la procédure et de vente forcée, la deuxième chambre civile a jugé qu'il pouvait le faire oralement [1], ce qui est une bonne chose.

1336.193 **Objet.** Il s'agit de faire constater la carence et ordonner la reprise sans attendre l'expiration du délai accordé. C'est l'inaction du débiteur que le juge constate et qui permet de reprendre la procédure de saisie momentanément suspendue.

2°
Jugement

1336.201 **Constat de la carence.** Selon l'article R. 322-22 alinéa 2 C. pr. exéc., à l'initiative du poursuivant ou à l'audience de renvoi, le JEX peut constater la carence du débiteur, laquelle peut être le fait de son acquéreur. C'est donc un constat objectif. Sur le plan des principes, on pourrait peut-être envisager de demander des dommages et intérêts au saisi s'il a abusé de cette faculté de manière dilatoire, mais il y a peu d'espoir qu'il soit solvable.

1336.202 **Reprise.** Le plus souvent l'audience d'orientation se sera déjà tenue. Dans ce cas, en plus d'ordonner la reprise de la procédure, le juge fixera encore la date d'adjudication qui devra se tenir dans un délai entre deux et quatre mois.

Mais si la demande d'autorisation du saisi avait été formée et satisfaite avant (v. s^{s} n° 1336.31), la procédure reprendra au stade où elle avait été suspendue et le poursuivant devra tout de même assigner à une audience d'orientation pour statuer sur les éventuelles contestations et demandes et sommer les créanciers inscrits de déclarer leurs créances.

1336.203 **Notification de la décision.** Selon l'article R. 322-22 alinéa 3 C. pr. exéc., la décision du juge est notifiée non seulement au débiteur saisi et au créancier poursuivant, mais également aux créanciers inscrits, qui connaîtront ainsi la date de l'audience de vente.

1336.204 **Ni appel, ni pourvoi.** L'article R. 322-22 alinéa 4 C. pr. exéc. dispose que la décision qui ordonne la reprise de la procédure n'est pas susceptible d'appel [2]. Ce jugement, qui a ordonné la poursuite de la procédure d'exécution, n'a pas tranché une partie du principal ni mis fin à l'instance ; en conséquence, il n'est pas susceptible de pourvoi [3].

1. Civ. 2e, 6 janv. 2011, n° 09-71.146, P II, n° 7.
2. Civ. 2e, 26 janv. 2017, n° 16-11.713, NP.
3. Civ. 2e, 6 déc. 2012, n° 11-26.683, P II, n° 199 ; *D. actu.* 19 déc. 2012, obs. V. Avena-Robardet ; *D.* 2013. Pan. 1582, obs. A. Leborgne ; *Procédures* 2013, n° 42, obs. R. Perrot ; *Dr. et proc.* 2013. 43, note A. Leborgne ; *Procédures* 2013. Chron. 1, n° 21, obs. A. Leborgne.

SECTION 3

UNE VENTE JUDICIAIRE MAIS VOLONTAIRE

1336.210 **Plan.** La vente amiable est réalisée à l'occasion de la procédure de saisie immobilière, selon des modalités particulières ayant permis au saisi de retrouver un certain pouvoir d'initiative. Elle est assimilée dans ses effets, à une vente volontaire (§ 1). Les articles L. 322-3 et L. 322-4 C. pr. exéc.[1, 2] et R. 322-23 à R. 322-25 C. pr. exéc.[3] exposent les dispositions spécifiques à cette vente (§ 2 et § 3). La codification des articles 2203 C. civ. et 56 du décret de 2006 n'ayant pas été entièrement opérée à droit constant, les difficultés seront signalées au fur et à mesure des développements qui suivent.

§ 1

Une vente

1336.220 **Plan.** La vente amiable fait intervenir un notaire (A) et est consentie pour un certain prix (B) qui sera consigné. Il s'ensuit un effet de purge (C).

A.

Un acte notarié

1336.231 **Condition préalable.** Selon l'ancien article 2203 C. civ., c'est un acte notarié de vente qui doit être établi au vu de la consignation du prix et des frais de la vente et justification du paiement des frais taxés. Lors de la codification, l'article L. 322-4 C. pr. exéc. avait reproduit cette exigence, en y ajoutant la précision que la consignation du prix et des frais de vente s'opère à la Caisse des dépôts et consignations. Mais la rédaction de ces articles était maladroite qui semblait imposer de consigner, non seulement le prix, mais également les frais de vente, c'est-à-dire les frais de notaire (droits de mutation, contribution de sécurité immobilière, émoluments du notaire et débours), en contradiction avec les règles déontologiques du notariat. En outre, cette obligation n'était pas cohérente avec les dispositions de l'article L. 322-14 C. pr. exéc., commun aux ventes amiables judiciaires et aux ventes forcées, qui ne prévoit pas la consignation des frais de la vente mais seulement leur paiement.

La loi du 23 mars 2019[4] a donc modifié la rédaction de l'article L. 322-4 qui prévoit désormais la simple justification du paiement des frais de la vente et non plus la consignation de ceux-ci. Les frais de la vente n'ont donc pas à être consignés à la Caisse des dépôts et consignations.

1336.232 **Information des bénéficiaires d'un droit de préemption.** Les titulaires d'un droit de préemption devront être informés de la vente, dans le respect des délais légaux (v. s[s] n°s 1338.120 s.), ce qui imposera aux notaires des calendriers très stricts pour ne pas dépasser le délai de quatre mois.

1336.233 **Documents recueillis.** L'article R. 322-24 alinéa 1er C. pr. exéc. prévoit, pour éviter une réitération des diligences, que « *le notaire chargé d'établir l'acte de vente peut obtenir, contre récépissé, la remise par le créancier poursuivant des documents recueillis pour l'élaboration du cahier des conditions de vente* ». Il pourrait s'agir, par exemple, des certificats d'urbanisme, des états hypothécaires, du procès-verbal descriptif.

1336.234 **Conditions de la vente.** La vente présente cette particularité que les parties ne sont pas libres de faire figurer les conditions qu'elles veulent dans l'acte. Le JEX ayant fixé les conditions de la vente lorsqu'il a autorisé le saisi à vendre amiablement, l'acte de vente doit s'y conformer.

B.

Paiement et consignation

1336.240 **Plan.** L'article R. 322-23 C. pr. exéc., comme l'article L. 322-4 C. pr. exéc., envisageait le sort des sommes versées sans préciser auprès de quel organisme opérer la consignation. La codification n'a pas été opérée à droit constant, qui a également ajouté au texte de cet article, pour imposer la consignation à la Caisse des dépôts et consignations.

1°

Le prix

1336.251 **Les sommes.** Concrètement, l'acquéreur peut être amené à régler différentes sommes ; outre le prix de vente lui-même, il pourra verser une indemnité d'immobilisation en cas de promesse unilatérale, un acompte en cas de compromis ou encore des arrhes ou une somme à titre de dédit en cas de vente sous condition. Le prix de vente devra en outre, correspondre à ce qui a été fixé au minimum par le juge lorsqu'il a fait droit à la demande de vente amiable du saisi (v. s[s] n° 1336.81).

1336.252 **Consignation.** Ces sommes doivent être consignées et elles sont acquises aux créanciers participants à la distribution, ainsi que le cas échéant au saisi. L'article 56 du décret du 27 juillet 2006 ne précisait pas auprès de quel organisme elles devaient être consignées, ni à quel moment. Les notaires et les avocats s'opposaient sur cette question, les pre-

1. Ord. n° 2011-1895, 19 déc. 2011, relative à la partie législative du Code des procédures civiles d'exécution, *JO* 20 déc., p. 21464.
2. Anc[t] C. civ., art. 2202 et 2203.
3. Décr. n° 2006-936, 27 juill. 2006, art. 56.
4. L. n° 2019-222, 23 mars 2019, de programmation 2018-2022 et de réforme pour la justice, *JO* 24 mars, texte 2.

miers souhaitant consigner à la Caisse de dépôts et consignations (CDC), alors que les cahiers des conditions de vente élaborés par les seconds prévoyaient une consignation auprès des Caisses des règlements pécuniaires des avocats (Carpa). Lors de la codification, il a été prévu explicitement à l'article R. 322-23 C. pr. exéc. que la consignation devait s'effectuer auprès de l'organisme habituel des notaires. Le Conseil national des barreaux avait saisi le Conseil d'État en référé, sur le fondement de l'article L. 521-1 du CJA, le 31 mai 2012, afin d'obtenir la suspension de l'entrée en vigueur de l'ordonnance du 19 décembre 2011[1], relative à la partie législative du Code des procédures civiles d'exécution, en ce que l'article 1er de cette ordonnance a adopté l'article L. 322-4 C. pr. exéc. La requête avait été rejetée, la condition d'urgence n'étant pas apparue remplie[2], mais le débat demeurait sur le fond. Cependant, la deuxième chambre civile de la Cour de cassation ayant jugé en décembre 2012 et sous l'empire des anciens articles que, quand la loi ordonne une consignation sans en indiquer le lieu, les juridictions ne peuvent autoriser de consignation auprès des organismes autres que la CDC, il a fallu en conclure que les Carpa ne peuvent recevoir le prix de vente amiable d'un immeuble à titre de séquestre[3].

1336.253 Sort des sommes versées en cas de défaut de conclusion de la vente. Il est possible que l'acquéreur fasse finalement échec à la vente alors même qu'il a déjà effectué des versements. Le second alinéa de l'article R. 322-23 C. pr. exéc. précise donc que ces sommes resteront consignées et acquises aux créanciers si la vente n'est pas réalisée du fait de l'acquéreur. Ces sommes s'ajouteront alors au prix d'adjudication.

Dans le droit commun de la vente, la non-réalisation de l'opération conduirait à remettre ces sommes au vendeur sous réserve du pouvoir du juge. Du fait de la saisie, les sommes seront affectées aux créanciers sans que le juge n'ait de pouvoir d'appréciation, semble-t-il.

Toutefois, le second alinéa de l'article R. 322-23 C. pr. exéc. rappelle que cette attribution des sommes versées par l'acquéreur ne saurait faire échec au droit de rétractation (CCH, art. L. 271-2), qui impose le remboursement de toute somme versée par l'acquéreur qui exerce cette faculté dans le délai imparti par ce texte. En effet, cette faculté de rétractation doit rester gratuite.

2° Les frais et émoluments

1336.261 Taxe. L'article R. 322-24 alinéa 2 C. pr. exéc. dispose que les frais taxés sont versés directement par l'acquéreur en sus du prix de vente. En outre, le notaire ne peut établir l'acte de vente que sur justification du paiement de ces frais taxés (C. pr. exéc., art. L. 322-4). Il faut donc attirer l'attention du poursuivant, en cas d'autorisation de vente amiable, sur la nécessité de faire taxer les frais engagés, à toutes fins utiles lors de l'audience d'orientation, ou postérieurement. Selon l'article R. 322-21, lorsqu'il autorise la vente amiable, le juge taxe les frais de poursuite à la demande du créancier poursuivant. Mais aucun texte n'interdit en effet, que ces frais soient taxés postérieurement à cette audience[4]. Quoi qu'il en soit, il est nécessaire que le poursuivant ait sollicité la taxation pour que ces frais soient mis à la charge de l'acquéreur. En revanche, les parties à l'acte de vente ne peuvent déroger aux dispositions impératives du second alinéa de l'article R. 322-24 et prévoir, par exemple, que les frais de poursuite de saisie immobilière resteront à la charge du vendeur[5].

1336.262 Émoluments, frais et débours. Initialement, l'émolument de l'avocat était calculé à partir du tarif des avoués[6]. À la suite de la loi du 6 août 2015[7], pour la croissance, l'activité et l'égalité des chances économiques, dite « loi Macron », les droits et émoluments de l'avocat en matière de saisie immobilière ont été réglementés au titre IV *bis* du livre IV du Code de commerce (C. com., art. L. 444-1 s.). La notion de frais et débours est définie à l'article R. 444-2 C. com. Et, indépendamment des remboursements des frais et débours, la rémunération des profession-

1. Ord. n° 2011-1895, 19 déc. 2011, 19 déc. 2011, relative à la partie législative du Code des procédures civiles d'exécution, *JO* 20 déc.
2. CE, réf., 31 mai 2012, req. n° 359300, NP ; *D.* 2013. Pan. 1581, obs. A. Leborgne. Le Conseil national des barreaux (CNB) faisait notamment valoir que la consignation à la Caisse de dépôts et consignations aurait pour effet de priver les barreaux et les Carpa de fonds qui étaient jusqu'alors susceptibles d'y être consignés avec pour conséquence la perte des intérêts résultant du placement de ces fonds, ainsi que de l'intérêt public qui s'attache au bon fonctionnement de la justice.
3. Civ. 2e, 6 déc. 2012, n° 11-24.443, P II, n° 203 ; *D. actu.* 19 déc. 2012, obs. V. Avena-Robardet ; *D.* 2012. 2976, obs.V. Avena-Robardet ; *ibid.* 2013. Pan. 610, obs. L. Leroy-Gissinger et F. Renault-Malignac ; *JCP N* 2012. Actu. 1098, obs. F. Hébert ; *D. avocats* 2013. 67, obs. L. Dargent ; *Dr. et proc.* 2013. 43, note A. Leborgne ; *Procédures* 2013. Chron. 1, n° 21, obs. A. Leborgne.
4. Caen, 27 sept. 2012, *Gaz. Pal.* 30 oct. 2012, p. 21, note G.-A. Sillard – V. ÉGAL. A. Coulot, *J.-Cl. Pr. civ.*, fasc. 1700-60, nos 61 et 66.
5. Civ. 2e, 22 juin 2017, n° 16-12.882, P II, n° 149 ; *D.* 2018. Pan. 1231, obs. A. Leborgne ; *Gaz. Pal.* 19 déc. 2017, p. 41, obs. C. Brenner ; *RD banc. fin.* 2017, n° 219, obs. S. Piedelièvre.
6. Selon Décr. n° 60-323, 2 avr. 1960, portant règlement d'administration publique et fixant le tarif des avoués, *JO* 7 avr.
7. L. n° 2015-990, 6 août 2015, pour la croissance, l'activité et l'égalité des chances économiques, *JO* 7 août, p. 13537.

nels réglementés a lieu sur la base d'émoluments en fonction d'un tarif réglementé. La liste des prestations réglementées par le tarif est détaillée dans les articles annexe 4-7, annexe 4-8 et annexe 4-9 (C. com., art. R. 444-3).

La loi du 23 mars 2019[1], puis la loi du 24 décembre 2020[2] ont apporté des modifications au Code de commerce. Aujourd'hui, l'article L. 444-2 C. com. dispose que « *les tarifs mentionnés à l'article L. 444-1 prennent en compte les coûts pertinents du service rendu et une rémunération raisonnable, définie sur la base de critères objectifs* ». Le tarif de chaque prestation est arrêté conjointement par les ministres de la justice et de l'économie et il est révisé tous les cinq ans. Pour calculer l'émolument de l'avocat, l'article A. 444-191 C. com. applicable aux avocats renvoie à l'émolument perçu par les notaires et défini à l'article A. 444-102 C. com.[3].

C. Purge

1336.271 **Purge des inscriptions.** Lorsqu'une vente immobilière se réalise selon le droit commun, il appartient à l'acquéreur d'un bien hypothéqué (à son notaire) de procéder aux formalités de purge, à défaut de quoi, les créanciers inscrits du chef du vendeur pourraient exercer leur droit de suite sur le bien (C. civ., art. 2461 à 2474). Avant la réforme de la saisie immobilière, lorsqu'un immeuble était vendu sur saisie immobilière, c'était la publication du jugement d'adjudication qui emportait purge des inscriptions.

En vertu de l'article L. 322-14 C. pr. exéc., en cas de vente sur saisie immobilière, et quelles qu'en soient les modalités (vente amiable, comme sur adjudication), c'est la consignation du prix et le paiement des frais de la vente qui purgent de plein droit l'immeuble de toute hypothèque et de tout privilège du chef du débiteur. Cet effet se produira dès que l'acquéreur aura rempli ses obligations financières. L'innovation est très importante et sans doute pas exempte de dangers.

Comment en effet, rendre cet effet de purge opposable, sinon par la publication du jugement constatant la vente ? Que se passera-t-il alors si personne ne réalise la publication ?

La loi du 22 décembre 2010[4], dite « loi Béteille », a modifié l'article 2213, devenu l'article L. 322-14 C. pr. exéc., afin de conditionner l'effet de purge à la publication du titre de vente, ce qui est une bonne chose.

1336.272 **Radiations service de la publicité foncière.** En tout état de cause, la radiation ne sera opérée par le service que lors de la publication (v. s[s] n° 1336.332).

1336.273 **Obligation du créancier poursuivant.** Lorsque le saisi a attendu l'audience d'orientation pour solliciter l'autorisation de vendre amiablement son bien, le créancier poursuivant a dû, en vue de cette audience, déposer au greffe un état hypothécaire certifié à la date de la publication du commandement de payer valant saisie (v. s[s] n° 1333.332). Les créanciers inscrits, ont été sommés de déclarer leur créance.

§ 2 Une vente judiciaire

1336.280 **Plan.** À l'audience de renvoi, le juge constate la vente et rend un jugement. C'est donc à l'occasion de la procédure de saisie immobilière que se réalise la vente.

A. Audience à fin de constatation de la vente

1336.291 **Objet.** C'est l'audience à laquelle le juge a renvoyé l'affaire lorsqu'il a autorisé la vente amiable, au plus tard quatre mois après l'audience d'orientation à moins qu'un nouveau délai de trois mois maximum n'ait été alloué pour permettre la rédaction et la conclusion de l'acte authentique (v. s[s] n°s 1336.91 s.).

Cette audience est destinée à vérifier que la vente se réalise conformément aux conditions fixées par le juge.

À défaut de pouvoir constater la vente amiable, l'article R. 322-25 alinéa 4 C. pr. exéc. dispose que le juge ordonne la vente forcée aux conditions prévues aux 3° et 4° de l'article R. 322-22 C. pr. exéc.

Il n'appartient qu'au JEX de suivre la procédure postérieure à l'autorisation de la vente amiable[5].

1336.292 **Vérifications.** L'article R. 322-25 C. pr. exéc. dispose qu'à l'audience à laquelle l'affaire est rappelée, le juge, sur présentation de l'acte de vente

1. L. n° 2019-222, 23 mars 2019, préc.
2. L. n° 2020-1672, 24 déc. 2020, relative au Parquet européen, à la justice environnementale et à la justice pénale spécialisée, *JO* 26 déc., texte 4.
3. V. C. Laporte, « Tarif des professions réglementées : la saga continue ! », *JCP* 2020. Aperçu 297, p. 510.
4. L. n° 2010-1609, 22 déc. 2010, relative à l'exécution des décisions de justice, aux conditions d'exercice de certaines professions réglementées et aux experts judiciaires, *JO* 23 déc., p. 22552.
5. Ainsi, si cette autorisation n'a été obtenue qu'en appel, les juges du second degré ne conserveront pas le dossier après avoir fait droit à la demande et la mesure d'exécution reprendra son cours devant le JEX : Civ. 2e, 23 oct. 2008, n° 08-13.404, P II, n° 226 ; *D.* 2008. 3120, note A. Leborgne.

conforme aux conditions qu'il a fixées et de la justification de la consignation du prix, constate la vente et ordonne la radiation des inscriptions prises du chef du débiteur. Ces vérifications conditionnent le constat de la vente. Le juge n'a pas à choisir un acquéreur ; ainsi, l'intervention volontaire d'une personne qui se prétendrait acheteur évincé n'est pas recevable[1].

1336.293 Inexécution ou exécution partielle. Que se passera-t-il si lors de cette audience, l'acte est dressé, mais le prix pas encore consigné ? L'article R. 322-25 C. pr. exéc. est clair : le juge ne constate la vente que lorsque les deux conditions sont remplies : un acte et un prix consigné. La pratique admettra-t-elle toutefois un renvoi à bref délai de cette audience, au-delà du délai maximum de sept mois ? Cela pourrait être de l'intérêt de tous.

B.
Jugement constatant ou refusant de constater la vente

1336.300 Plan. Le JEX doit rendre un jugement constatant que la vente est réalisée (1°). Il devra être publié et porté en marge du commandement de saisie immobilière (3°). À défaut, de pouvoir constater la vente, le juge ordonnera la vente forcée (2°).

1°
Jugement constatant la vente

1336.311 Nature. Le jugement n'ordonne pas la vente. Il ne fait que constater la vente qui a été dressée par le notaire. C'est donc un jugement d'une nature particulière, seulement rendu entre les parties à la procédure de saisie, poursuivant, créanciers inscrits et débiteur ; l'acquéreur n'y est pas partie. Même si le juge ne tranche rien, il s'agit d'un jugement de nature juridictionnelle[2].

1336.312 Contenu. Le jugement devra reproduire les vérifications du juge et constater ensuite la vente du bien saisi. L'acte du notaire y sera annexé en vue de la publication de ce jugement (v. s^s^ n° 1336.331).

Le jugement ordonnera en outre, la radiation des inscriptions prises du chef du débiteur (C. pr. exéc., art. R. 322-25, al. 1er).

1336.313 Recours. L'article R. 322-25 alinéa 2 C. pr. exéc. le précise, le jugement ainsi rendu n'est pas susceptible d'appel.

Parce qu'il s'agit d'une décision juridictionnelle, ce jugement sera susceptible de tierce opposition[3] et de pourvoi en cassation[4].

2°
Jugement refusant de constater la vente et ordonnant la reprise de la procédure

1336.321 Cas particulier du jugement qui, à défaut de constater la vente amiable, ordonne la reprise de la procédure en vente forcée. Le juge après avoir constaté le défaut d'une ou de plusieurs des conditions, ordonnera la reprise de la procédure et fixera la date de l'audience d'adjudication. La décision sera notifiée au saisi, au poursuivant et aux créanciers inscrits (C. pr. exéc., art. R. 322-22, al. 3). La décision qui fixe la date de l'audience de vente forcée devra faire l'objet d'une mention en marge de la copie du commandement de saisie (Décr. 14 oct. 1955[5], art. 80, 8°).

La décision ordonnant la reprise de la procédure ne sera pas susceptible d'appel (C. pr. exéc., art. R. 322-22, al. 2).

Parce que le jugement qui a ordonné la poursuite de la procédure d'exécution n'a pas tranché une partie du principal ni mis fin à l'instance, il ne sera pas susceptible non plus de pourvoi en cassation[6].

3°
Publication du jugement

1336.331 Publication du jugement. Selon l'article R. 322-25 alinéa 3 C. pr. exéc., c'est le service de la publicité foncière qui procède à la publication du jugement. Rien n'est précisé s'agissant de l'acte authentique. Toutefois, c'est cet acte notarié qui comportera toutes les informations nécessaires à la rédaction des bordereaux de publication. Il apparaît ainsi

1. Civ. 2e, 2 juin 2016, n° 14-29.456, P ; *AJDI* 2016. 780, note F. de la Vaissière ; *RD banc. fin.* 2016, n° 171, note S. Piedelièvre.
2. Ce qui ouvre la voie de la tierce opposition : Civ. 2e, 6 déc. 2012, n° 11-24.443, P II, n° 203 ; *D.* 2013. Pan. 610, obs. L. Leroy-Gissinger et F. Renault-Malignac ; *JCP N* 2012. 1098, note F. Hébert ; *Procédures* 2013. Chron. 1, n° 21, obs. A. Leborgne.
3. Civ. 2e, 6 déc. 2012, n° 11-24.443, P II, n° 203 ; *D.* 2013. Pan. 610, obs. L. Leroy-Gissinger et F. Renault-Malignac.
4. Toutefois, le créancier qui aura été désintéressé sera sans intérêt à critiquer le jugement qui constate la vente amiable : Civ. 2e, 18 oct. 2012, n° 11-20.450, P II, n° 173 ; *D.* 2012. Actu. 2539 ; *AJDI* 2013. 58, note S. Porcheron ; *Dr. Et proc.* 2013. 43, note A. Leborgne ; *RD banc. fin.* 2013, n° 95, obs. S. Piedelièvre ; *Procédures* 2013. Chron. 1, n° 21, obs. A. Leborgne.
5. Décr. n° 55-1350, 14 oct. 1955, pour l'application du décret n° 55-22 du 4 janvier 1955 portant réforme de la publicité foncière, *JO* 15 oct.
6. Civ. 2e, 6 déc. 2012, n° 11-26.683, P II, n° 199 ; *D. actu.* 19 déc. 2012, obs. V. Avena-Robardet ; *D.* 2013. Pan. 1582, obs. A. Leborgne ; *Procédures* 2013, n° 42, obs. R. Perrot ; *Dr. et proc.* 2013. 43, note A. Leborgne ; *Procédures* 2013. Chron. 1, n° 21, obs. A. Leborgne.

évident qu'il doit être annexé au jugement. Parallèlement, l'acte de vente devra également être publié, à la diligence du notaire, selon le droit commun des ventes d'immeuble. La publication rend opposable le transfert de propriété (v. s[s] n° 1336.271).

1336.332 Mention en marge du commandement et radiations. Le service de la publicité foncière en fait ensuite mention en marge de la publication du commandement et procède aux radiations correspondantes. Ainsi les tiers sont informés de la situation du bien et de l'état de la procédure.

§ 3

Une vente qui produit les effets d'une vente volontaire

1336.341 Principe. Selon l'article 2202 C. civ. dans sa rédaction issue de l'ordonnance du 21 avril 2006, la vente amiable sur autorisation judiciaire produisait tous les effets d'une vente volontaire.

1336.342 Vente volontaire. Cette formule a suscité des questions lors de l'entrée en vigueur de la réforme. Une vente amiable se distingue d'une vente forcée. Mais à part cela ? Selon le rapport au président de la République, le fait que la vente amiable soit assimilée à une vente volontaire dans ses effets rendrait applicable le droit commun de la vente. Une telle affirmation ne pouvait manquer de surprendre. Ainsi, le vendeur serait tenu de la garantie de contenance et de celle des vices cachés, sauf stipulation contraire ? La rescision pour lésion pourrait être invoquée ?

Mais cette vente est réalisée dans le cadre d'une saisie immobilière et en cette matière, certaines dispositions du droit commun de la vente sont habituellement écartées.

La loi du 22 décembre 2010[1], en modifiant les dispositions de l'article 2202 C. civ., devenu l'article L. 322-3 C. pr. exéc., a levé une ambiguïté s'agissant de la rescision pour lésion, mais les autres interrogations demeurent.

1. L. n° 2010-1609, 22 déc. 2010, préc.

1336.343 Contenance et loi Carrez. Selon l'article 46 de la loi du 10 juillet 1965, fixant le statut de la copropriété, tout contrat constatant ou réalisant la vente d'un lot ou d'une fraction de lot de copropriété doit mentionner la superficie de la partie privative de ce lot ou fraction de lot. À défaut, la nullité de l'acte peut être invoquée. La Cour de cassation a exclu l'application de ces dispositions aux ventes sur saisies immobilières, considérant que le jugement d'adjudication ne constituait pas un contrat constatant ou réalisant une vente[2]. Que pensera-t-elle du jugement constatant la vente amiable ? Il semble bien qu'il constate une vente.

1336.344 Vices cachés. Selon l'article 1649 C. civ., la garantie de vices cachés n'a pas lieu pour « *les ventes faites par autorité de justice* ». Cet article concerne-t-il la vente amiable ? Même qualifiée de vente volontaire, elle demeure une vente judiciaire, réalisée à l'occasion de la saisie immobilière. En ce sens, l'article L. 322-14 C. pr. exéc., selon l'intitulé de la section 4 du chapitre consacré à la vente, énonce des dispositions communes aux ventes sur saisie immobilière. Elle n'est toutefois pas réalisée « *par* » mais « *sous* » autorité de justice. Le saisi serait donc tenu à garantir l'acquéreur. Mais *quid* si une action est introduite ? L'acheteur a le choix dans ce cas de rendre la chose et de se faire restituer le prix ou de garder la chose et se faire rendre une partie du prix (C. civ., art. 1644). Comment appliquer ces dispositions avec l'effet de purge et la phase de distribution du prix ?

1336.345 Rescision pour lésion. « *Elle n'a pas lieu en toutes ventes qui, d'après la loi, ne peuvent être faites que d'autorité de justice* » (C. civ., art. 1684). Se posait ici le même problème, qui est celui de la conciliation de cette action avec le particularisme d'une saisie...

La loi du 22 décembre 2010 a modifié la rédaction de l'article 2202 C. civ. (devenu C. pr. exéc., art. L. 322-3) afin d'exclure la rescision pour lésion, ce qui ne peut qu'être approuvé mais laisse entier le problème de la **garantie des vices cachés** et de la **garantie de contenance** lorsque la loi Carrez est applicable.

2. Civ. 2e, 3 oct. 2002, n° 00-18.395, P II, n° 199 ; *Dr. et proc.* 2003. 122, note A. Leborgne.

CHAPITRE

1337. Vente de gré à gré

ANNE LEBORGNE
PROFESSEUR ÉMÉRITE D'AIX-MARSEILLE UNIVERSITÉ

SECTION 0 ORIENTEUR

1337.00 Sommaire du chapitre.

Division. On distinguera les conditions (sect. 1) pour bénéficier de cette nouvelle faculté de vente de gré à gré et la nature de cette vente (sect. 2).

1337.05 Une nouveauté. En 2006, lors de la réforme de la procédure de saisie immobilière, seules deux modalités de vente du bien saisi avaient été envisagées : la **vente amiable judiciaire**, qui constituait une innovation, et la **vente par adjudication**. Lors de la codification la règle avait été posée à l'article L. 322-1 C. pr. exéc. Le saisi peut former une demande de vente amiable sans attendre d'être assigné à l'audience d'orientation ou lors de cette audience. En revanche, lorsque la vente forcée était ordonnée, la vente amiable n'était plus possible. Or, la pratique avait montré que parfois, alors même que la saisie avait été orientée en vente forcée, le saisi parvenait à trouver un acheteur à un prix permettant de désintéresser ses créanciers. Mais la Cour de cassation avait jugé que le jugement d'orientation qui ordonne la vente forcée de l'immeuble interdisait de procéder à la vente du bien selon une autre modalité que celle qu'il avait prévue[1]. Cette absence de souplesse pouvait donc se révéler dommageable, aussi, la loi du 23 mars 2019[2] a-t-elle remédié à cet inconvénient en ajoutant un alinéa à l'article L. 322-1 **pour autoriser le saisi, jusqu'à l'ouverture des enchères, à vendre l'immeuble saisi de gré à gré** sous certaines conditions.

1337.06 Entrée en vigueur. La nouvelle rédaction de l'article L. 322-1 C. pr. exéc. est applicable aux procédures de saisie immobilière en cours dès l'entrée en vigueur de la loi, c'est-à-dire au lendemain de sa publication, soit au 25 mars 2020. La circulaire d'application[3] précise que la disposition nouvelle s'applique à tous les immeubles pour lesquels les enchères n'ont pas été encore ouvertes.

1337.07 Texte. L'article L. 332-1 C. pr. exéc. dispose : « *Les biens sont vendus soit à l'amiable sur autorisation judiciaire, soit par adjudication.*

En cas d'accord entre le débiteur, le créancier poursuivant, les créanciers inscrits sur l'immeuble saisi à la date de la publication du commandement de payer valant saisie, les créanciers inscrits sur l'immeuble avant la publication du titre de vente et qui sont intervenus dans la procédure ainsi que le créancier mentionné au 3° de l'article 2042 du Code civil (anc. 1° bis de l'article 2374 du Code civil), ils peuvent également être vendus de gré à gré après l'orientation en vente forcée et jusqu'à l'ouverture des enchères ».

1. Civ. 2e, 9 avr. 2015, n° 14-16.878, P II, n° 96 ; *D.* 2015. Actu. 873 ; *D.* 2015. 1791, obs. H. Adida-Canac, T. Vasseur et E. de Leiris ; *D.* 2015. 1928, note Ph. Théry et C. Brenner

2. L. n° 2019-222, 23 mars 2019, de programmation 2018-2022 et de réforme pour la justice, *JO* 24 mars, texte 2.
3. Circ. n° CIV/04/2019, 25 mars 2019, de présentation des entrées en vigueur des dispositions civiles de la loi n° 2019-222 du 23 mars 2019 de programmation 2018-2022 et de réforme pour la justice, NOR : JUSC1909309C, *BOMJ* 29 mars ; *D.* 2019. Pan. 1308, obs. A. Leborgne ; C. Laporte, « Les procédures civiles d'exécution après la loi Belloubet », *Procédures* 2019. Étude 13.

SECTION 1
CONDITIONS

1337.10 Plan. Il y a des conditions tenant à la procédure de saisie immobilière (§ 1) et des conditions tenant à l'accord des créanciers (§ 2).

§ 1
Condition tenant à la procédure de saisie immobilière

1337.21 Vente forcée ordonnée. La faculté de vente de gré à gré ne s'envisage que dans le cas où, initialement, le juge de l'exécution (JEX) aura ordonné la vente par adjudication. Le saisi n'a pas la possibilité de demander à vendre son bien de gré à gré à l'audience d'orientation. La saisie immobilière a rendu le bien indisponible, de ce fait, seule la vente amiable autorisée par le JEX était envisageable lors de cette audience. Mais désormais, le législateur prend en considération la situation, favorable, où le saisi trouvera un acquéreur après que la vente forcée a été ordonnée.

1337.22 Point de départ : diversité des cas de figure. Cette faculté est offerte après l'orientation en vente forcée. Tel sera le cas lorsque le saisi n'aura pas sollicité l'autorisation de vendre amiablement son bien, ou se sera vu refuser cette autorisation, mais encore lorsque, autorisé à vendre amiablement l'immeuble aux conditions fixées par le JEX, il n'y sera pas parvenu ce qui aura entraîné une reprise de la procédure de saisie immobilière (v. s^s n° 1336.202).

1337.23 Limite : l'ouverture des enchères. La demande pourra être faite après l'orientation en vente forcée et jusqu'à l'ouverture des enchères. Ce qui exclut donc l'hypothèse d'une surenchère et d'une réitération des enchères [1].

§ 2
Condition tenant aux créanciers

1337.31 L'accord de tous ? L'alinéa 2 de l'article L. 322-1 C. pr. exéc. énumère tous les créanciers qui doivent consentir à cette vente. Il s'agit des créanciers inscrits sur l'immeuble saisi à la date de la publication du commandement de payer valant saisie, des créanciers inscrits sur l'immeuble avant la publication du titre de vente et qui sont intervenus dans la procédure ainsi que du créancier mentionné au 3° de l'article 2402 C. civ. [2], c'est-à-dire, dans l'hypothèse où le bien est soumis au statut de la copropriété, du syndicat des copropriétaires, pour le paiement des charges et travaux mentionnés à l'article 10, au c du II de l'article 24 et à l'article 30 de la loi du 10 juillet 1965 [3].

1337.32 Un accord sur le prix. À la différence de la vente amiable judiciaire, le JEX n'a pas à fixer un prix minimum. Le prix est fixé librement par le saisi, tout autant que ses créanciers sont d'accord, alors même que l'intégralité de leur créance ne serait pas éteinte s'ils estiment cela opportun. En présence de nombreux créanciers inscrits, la difficulté pourra être d'obtenir l'accord de tous si le prix ne suffit pas à désintéresser intégralement chacun d'eux.

SECTION 2
NATURE DE LA VENTE ET SES CONSÉQUENCES

1337.41 Une vente hors procédure ? La vente de gré à gré doit-elle être regardée comme une troisième modalité de vente du bien saisi ou comme une vente « hors procédure » ? En choisissant d'inscrire cette possibilité à l'article L. 322-1 C. pr. exéc., le législateur a semblé en faire une modalité particulière de la vente de l'immeuble saisi. Le cadre est bien celui de la procédure de saisie immobilière. C'est après l'orientation en vente forcée et avant l'ouverture des enchères que s'ouvre cette faculté. Mais cette disposition nouvelle issue de la loi du 23 mars 2019 n'a pas été complétée par des dispositions réglementaires exposant comment cette vente peut s'articuler avec la saisie [4].

En pratique, certains JEX estiment que le bien échappe à la saisie pour relever de l'office du notaire ; lorsque le dossier de la procédure de saisie vient à l'audience d'adjudication, ils se contentent de constater le désistement du poursuivant. On peut cependant avoir une autre lecture de l'article L. 322-1 alinéa 2 C. pr. exéc. et considérer qu'il appartient au JEX, à l'audience d'adjudication, de constater l'accord de tous les créanciers permettant la vente selon cette modalité et notamment celui du syndicat de copropriétaires, qui n'a pas à être sollicité dans une vente hors saisie. Reste une difficulté : cette vente de gré à gré particulière met-elle un terme à la procédure de saisie immobilière (v. s^s n° 1337.43) ?

1337.42 Une vente de gré à gré particulière ? Le législateur de 2019 n'a apporté aucune précision sur les conséquences de la qualification de vente de gré à gré. Le droit commun recevra-t-il application ? Il

1. V. Circ. n^o CIV/04/2019, 25 mars 2019, préc.
2. Ord. n° 2021-1192, 15 sept. 2021, portant réforme du droit des sûretés, *JO* 16 sept., texte 19.
3. L. n° 65-557, 10 juill. 1965, fixant le statut de la copropriété des immeubles bâtis, *JO* 11 juill.
4. V. A. Coulot, *J.-Cl. Pr. civ.*, fasc. 1700-6°, n°s 93 et 94.

faudrait alors admettre que la vente puisse faire l'objet d'une rescision pour lésion, ce qui paraît difficilement conciliable avec le fait que le prix a été validé par les créanciers inscrits et qu'il aura été distribué. Il y aurait donc un avantage à considérer cette vente comme une modalité de la procédure de saisie immobilière pour pouvoir faire application de l'article 1684 C. civ. qui exclut la rescision pour lésion pour les ventes faites d'autorité de justice[1].

1337.43 Distribution du prix. La question se pose de savoir comment le prix va être distribué. On sait depuis 2008 que la saisie et la distribution du prix constituent les deux phases d'une même procédure[2]. Or, la circulaire d'application indique que les créanciers participeront à la procédure de distribution[3]. On ne serait donc pas en présence d'une vente de gré à gré classique et la distribution du prix pourrait être réalisée selon les dispositions de l'article R. 331-1 C. pr. exéc. c'est-à-dire à la diligence du créancier saisissant ou à défaut du créancier le plus diligent, ou du débiteur[4].

1. Un raisonnement par analogie avec la vente de gré à gré de l'immeuble d'un débiteur en liquidation judiciaire, autorisée par le juge commissaire pourrait être proposé. Dans ce cas en effet, la jurisprudence considère que cette vente, fût-elle de gré à gré, est une vente qui d'après l'article L. 622-16, devenu l'article L. 642-18, ne peut être faire que d'autorité de justice et donc, n'est en conséquence pas susceptible de rescision pour lésion : Com. 16 juin 2004, n° 01-17.185, P IV, n° 125 ; *D.* 2004. AJ 2045 ; *JCP* 2004. II. 10173, note Garçon ; *JCP* 2005. I. 107, note Cabrillac ; *Defrénois* 2005. 695, obs. Roussel Galle – Civ. 3e, 6 oct. 2010, n° 09-66.683, P III, n° 182 ; *D.* 2010. Actu. 2449, obs. A. Lienhard. Cependant, dans les ventes de gré à gré autorisées par le juge commissaire, ce dernier fixe le prix et les conditions de cette vente, ce que ne fait pas le juge de l'exécution.

2. Cass., avis, 16 mai 2008, n° 08-00.002, P, n° 3 ; *D.* 2009. Pan. 1168, obs. A. Leborgne ; *JCP* 2008. II. 10134, note C. Laporte.
3. Circ. n° CIV/04/2019, 25 mars 2019, préc., ann. 3.
4. À ce jour, en l'absence de décision de la Cour de cassation ou de saisine pour avis, les solutions retenues par les cours d'appel sont contradictoires : v. Versailles, 29 oct. 2020, RG n° 20/03659, n° Portalis DBV3-V-B7E-T7TI, qui a appliqué les dispositions du Code des procédures civiles d'exécution – Aix-en-Provence, ch. 1-9, 15 avr. 2021, RG n° 20/05585, n° Portalis, DBVB-V-B7E-BF53, P, qui a jugé que la vente de gré à gré dessaisissait le JEX – Ainsi que Riom, 5 avr. 2022, RG n° 21/02023, qui a considéré que la vente de gré à gré devait être assimilée à une vente amiable conclue en dehors de la procédure de saisie immobilière, la vente relevant désormais des diligences du notaire.

CHAPITRE

1338. Informations avant la vente forcée

Anne Leborgne
Professeur émérite d'Aix-Marseille Université

SECTION 0

Orienteur

1338.00 **Sommaire du chapitre.**

Division. Les articles R. 322-30 à R. 322-38 C. pr. exéc.[1] organisent la publicité destinée à tous (sect. 1). À ces dispositions s'ajoutent des textes spéciaux concernant les personnes intéressées par la vente et qui devront en être informées (sect. 2). En effet, outre la réalisation d'une publicité préalable pour annoncer la vente, le poursuivant devra aviser les bénéficiaires d'un droit de préemption. Une complète information doit enfin renseigner les oblateurs éventuels sur les dates et heures de visite des lieux qui vont être vendus aux enchères (sect. 3).

1338.02 **Jurisprudence de référence.**

> Contestation des publicités.

• **Civ. 2e, 26 juin 2014,** no 13-20.193, P II, no 162

* V. ss nos 1334.103, 1338.43, 1339.331

Celui qui veut contester la validité des opérations de publicité de la vente forcée doit former sa contestation dans les quinze jours à compter de leur accomplissement.

> Contenu de l'avis.

• **Civ. 2e, 18 févr. 2016,** no 14-29.052, P II, no 56

* V. ss nos 1338.52, 1339.142, 1342.45

Les informations contenues dans l'avis affiché ne pourront remettre en cause les dispositions légales et prévoir des modalités autres que celles prévues aux articles R. 322-39 et suivants C. pr. exéc.

1338.04 **Formulaire de procédure civile (renvois).**

• *Saisie immobilière – Publicité* (Aménagement judiciaire de la publicité – C. pr. exéc., art. R. 322-37, al. 1)

1. Décr. no 2012-783, 30 mai 2012, relatif à la partie réglementaire du Code des procédures civiles d'exécution, *JO* 31 mai, p. 9375.

- *Saisie immobilière – Publicité* (Procès-verbal d'apposition de l'avis simplifié au lieu de situation de l'immeuble saisi – C. pr. exéc., art. R. 322-33)
- *Saisie immobilière – Publicité* (Avertissement donné au greffe du juge de l'exécution du respect des mesures de publicité entourant la vente – C. pr. exéc., art. R. 322-33)

1338.05 **Avertissement.** Seront seulement envisagées ici les dispositions relatives à **l'information préalable** que doit réaliser le créancier en vue de la vente par adjudication. Le déroulement de l'audience, le jugement d'adjudication et ses effets seront examinés dans un chapitre suivant.

SECTION 1
OPÉRATIONS DE PUBLICITÉ

1338.11 **Des formalités, pour l'essentiel, reprises des dispositions du décret du 11 janvier 2002.** L'organisation des publicités avait été modernisée par un décret du 11 janvier 2002 pris pour l'application de la loi de juillet 1998. Les auteurs de la réforme n'ont opéré que quelques aménagements.

Selon l'article R. 322-30 C. pr. exéc., la vente forcée est poursuivie après une publicité réalisée par le poursuivant et visant à permettre l'information du plus grand nombre d'enchérisseurs possible. En cas de surenchère, le décret prévoit aussi une publicité relative à la faculté de surenchère en distinguant l'annonce de l'adjudication, de son compte rendu, une fois celle-ci tenue.

§ 1
Publicité en vue de l'adjudication

1338.21 **Deux modalités.** Le droit commun de la publicité est réglementé aux articles R. 322-31 à R. 322-35 C. pr. exéc. et un aménagement éventuel de celle-ci par le juge qui peut restreindre ou compléter les mesures est prévu aux articles R. 322-38 et R. 322-39 C. pr. exéc.

A.
Droit commun de la publicité

1338.31 **Innovation.** Si pour l'essentiel, les dispositions rappellent celles introduites avant la réforme de la procédure de saisie immobilière par le décret du 11 janvier 2002[1], une innovation a toutefois été introduite à l'article R. 322-36 C. pr. exéc. au bénéfice du poursuivant et des créanciers inscrits. Aujourd'hui, l'annonce de la vente peut encore résulter d'une communication via un réseau électronique.

1°
Articles R. 322-31 à 322-35 C. pr. exéc. et devoirs du poursuivant

1338.41 **Délai (C. pr. exéc., art. R. 322-31, al. 1er).** L'annonce de l'adjudication est réalisée à l'initiative de l'avocat poursuivant la vente, dans un délai compris entre un et deux mois avant l'audience d'adjudication (au lieu de quarante jours au plus tôt et vingt jours au plus tard avant l'audience d'adjudication, selon le dispositif antérieur). Le poursuivant, en opportunité, peut faire choix d'une publicité au plus près de la date butoir du délai. Le non-respect du délai est sanctionné par la caducité du commandement de payer valant saisie (C. pr. exéc., art. R. 311-11).

1338.42 **Deux avis.** L'annonce s'effectue au moyen de deux avis, l'un qui sera déposé au greffe, l'autre, dit « avis simplifié », qui sera apposé à l'entrée ou à défaut, en limite de l'immeuble saisi.

1338.43 **Contestations portant sur les publicités.** Conformément aux dispositions de l'article R. 311-5 C. pr. exéc., les contestations et demandes incidentes portant sur des actes postérieurs à l'audience d'orientation doivent être formées dans les quinze jours à compter de la notification de l'acte. Celui qui veut contester la validité des opérations de publicité de la vente forcée doit former sa contestation dans les quinze jours à compter de leur accomplissement[2].

a.
Avis déposé au greffe

1338.51 **Présentation (C. pr. exéc., art. R. 322-31).** Le décret réglemente son contenu et les conditions de son dépôt. Cet avis doit ensuite être publié dans un des journaux d'annonces légales de l'arrondissement de la situation de l'immeuble saisi. La réglementation est contraignante qui va jusqu'à imposer la forme et les caractères d'imprimerie de l'avis.

1338.52 **Contenu.** L'avis mentionne :

– les nom, prénom et domicile du créancier poursuivant et de son avocat ;

– la désignation de l'immeuble saisi[3] et la description sommaire indiquant sa nature, son occupa-

1. Décr. nº 2002-77, 11 janv. 2002, pris pour l'application de l'article 697 du Code de procédure civile (ancien) et réformant les modalités de la publicité en matière de saisie immobilière, *JO* 18 févr., p. 1089.

2. Civ. 2e, 26 juin 2014, nº 13-20.193, P II, nº 162.

3. Cette désignation doit être exempte d'erreurs et correspondre à la réalité du bien saisi : Civ. 2e, 13 janv. 2022 nº 20-18.155, B, qui précise qu'il s'agit de formalités substantielles, sanctionnées par une nullité de forme à charge de prouver le grief que cause l'irrégularité, *AJDI* 2022. 538, obs. F. Cohet ; *Rev. prat. rec.* 2022/1, p. 18, obs. A. Alexandre Le Roux et O. Salati ; *RTD civ.* 2022. 210, obs. N. Cayrol ; *JCP* 2022, ►

tion éventuelle et tous éléments connus relatifs à sa superficie, ainsi que le cas échéant les dates et heures de visite. En visant la superficie, le décret ne fait toutefois pas peser sur le poursuivant l'obligation de faire établir la contenance de l'immeuble puisqu'il est simplement question d'éléments « *connus* » (pour les immeubles en copropriété, v. le débat sur l'application éventuelle de la loi Carrez aux ventes aux enchères et la réponse de la Cour de cassation, s^s n°s 1333.301 et 1333.302) ;

– le montant de la mise à prix ;

– les jour, heure et lieu de la vente ;

– l'indication que les enchères ne peuvent être portées que par un avocat inscrit au barreau du tribunal judiciaire (TJ) du lieu de la vente ;

– l'indication que le cahier des conditions de la vente peut être consulté au greffe du JEX.

L'article R. 322-31 C. pr. exéc. dispose dans son avant-dernier alinéa que l'avis publié dans le journal d'annonces légales ne doit contenir aucune autre mention. Ainsi, l'avis ne contiendra aucune indication relative à l'identité du saisi (ni nom ni adresse, laquelle peut être différente de celle de l'immeuble saisi). Et quoi qu'il en soit, les informations contenues dans l'avis affiché ne pourront remettre en cause les dispositions légales et prévoir des modalités autres que celles prévues aux articles R. 322-39 s. C. pr. exéc.[1].

1338.53 **Formes et caractères.** L'avis affiché doit être rédigé en caractères dont la hauteur ne peut être inférieure à celle du corps 30, sur format A3 (40 × 29,7 cm).

1338.54 **Dépôt au greffe.** Selon l'article R. 322-31 C. pr. exéc., le créancier poursuivant (son avocat) assure le dépôt de cet avis au greffe du JEX, pour qu'il soit affiché sans délai mais c'est le greffier qui fait procéder à l'affichage dans les locaux de la juridiction, « *à un emplacement aisément accessible au public* ».

1338.55 **Publication de l'avis.** L'avis doit être publié dans un des journaux d'annonces légales de l'arrondissement de la situation de l'immeuble saisi, toujours dans un délai compris entre un et deux mois avant l'audience d'adjudication. Il est justifié de l'insertion de l'avis par un exemplaire du journal (C. pr. exéc., art. R. 322-33).

1338.56 **Sanctions.** Les articles R. 322-30 à R. 322-38 C. pr. exéc. ne précisent pas les sanctions encourues en cas de défaut de respect de ces prescriptions de forme et de délai. Il faut donc se reporter aux articles R. 311-10 à R. 311-11 C. pr. exéc. Ainsi, en cas de non-respect des formalités, la nullité de l'acte sera encourue si un grief est démontré[2], et le non-respect du délai de l'article R. 322-31 C. pr. exéc. pourra être sanctionné par la caducité du commandement de payer valant saisie[3].

1338.57 **Diagnostic de performance énergétique : articles L. 126-33 et R. 126-21 du Code de la construction et de l'habitation.** La loi du 12 juillet 2010[4], portant engagement national pour l'environnement, dite « Grenelle II », avait notamment, cherché à renforcer l'information des acquéreurs d'immeuble concernant le diagnostic de performance énergétique et ainsi, l'article L. 134-4-3 du CCH disposait qu'à compter du 1er janvier 2011, « *en cas de vente ou de location d'un bien immobilier, le classement du bien au regard de sa performance énergétique est mentionné dans les annonces relatives à la vente ou à la location* ». Cette information doit donc figurer sur les avis annonçant la vente forcée. Suite à la recodification d'une partie du Code de la construction et de l'habitation, depuis le 1er juillet 2021, cette obligation figure à l'article L. 126-33 du CCH, dans sa rédaction issue de l'article 8 de l'ordonnance du 29 janvier 2020[5] modifiée par la loi du 22 août 2021[6], qui impose, en cas de vente d'un bien immobilier, que le classement du bien au regard de sa performance énergétique et de sa performance en matière d'émissions de gaz à effet de serre, soit mentionnée dans les annonces relatives à la vente y compris celles diffusées sur une plateforme numérique, et que, pour les biens à usage d'habitation et à titre d'information, figure une indication sur le montant des dépenses théoriques de l'ensemble des usages énumérés dans le diagnostic de performance énergétique. Le décret du 30 juin

▶ n° 352, obs. C. Laporte. Dans cette affaire, les publicités visaient des dépendances qui n'existaient pas, des entrées situées à des adresses inexistantes et des parcelles non comprises dans le périmètre de la saisie !

1. AINSI, pour un avis qui avait prévu à la place de la caution bancaire de l'article R. 322-41 le dépôt d'une somme sur un compte Carpa : Civ. 2e, 18 févr. 2016, n° 14-29.052, P II, n° 56.

2. TGI Béthune, 13 juin 2002, *D.* 2002. IR 2383, qui juge, avant la réforme de 2006, que la publicité n'ayant pas été effectuée au siège du tribunal, ce défaut portait préjudice au débiteur en ce sens que les enchérisseurs potentiels ne pouvaient être valablement informés et que le prix obtenu lors de l'audience de vente risquait d'être moins élevé. Le raisonnement est transposable.

3. Aix-en-Provence, 15e ch., sect. A, 21 nov. 2008, *Dr. et proc.* 2009. 109, obs. L. Llahi, qui refuse de voir dans la grève des services de La Poste un motif légitime permettant le report de la caducité du commandement.

4. L. n° 2010-788, 12 juill. 2010, portant engagement national pour l'environnement, *JO* 13 juill., p. 12905.

5. Ord. n° 2020-71, 29 janv. 2020, relative à la réécriture des règles de construction et recodifiant le livre Ier du Code de la construction et de l'habitation, *JO* 31 janv., texte 62.

6. L. n° 2021-1104, 22 août 2021, portant lutte contre le dérèglement climatique, *JO* 24 août, texte 1.

2021[1] a précisé le contenu des mentions d'information dans les annonces immobilières : les annonces dans la presse écrite doivent mentionner les lettres correspondant aux échelles de référence des classements énergétiques et climatiques, ces mentions respectivement précédées des mots « classe énergie » et « classe climat » doivent être en majuscule et d'une taille au moins égale à celle des caractères du texte de l'annonce (CCH, art. R. 126-21).

b. Avis simplifié

1338.61 **Présentation (C. pr. exéc., art. R. 322-32).** Le créancier poursuivant doit encore, à sa diligence et dans le même délai de l'article R. 322-31 C. pr. exéc., faire apposer un avis à l'entrée, ou à défaut en limite de l'immeuble saisi et cet avis est publié dans des journaux.

1338.62 **Contenu.** Selon l'article R. 322-32 C. pr. exéc., il indique :

– la mise en vente aux enchères publiques de l'immeuble ;
– la nature de l'immeuble et son adresse ;
– le montant de la mise à prix ;
– les jour, heure et lieu de la vente ;
– l'indication que le cahier des conditions de la vente peut être consulté au greffe du JEX.

L'article R. 322-32 C. pr. exéc. exclut que l'avis fasse état du caractère forcé de la vente et de l'identité du saisi.

1338.63 **Diagnostic de performance énergétique : articles L. 126-33 et R. 126-21 du Code de la construction et de l'habitation.** Conformément à ces articles, l'avis simplifié doit contenir les informations relatives au classement énergétique et climatique du bien immobilier (v. s^{s} n° 1338.57).

1338.64 **Formes et caractères.** Comme pour l'avis à déposer au greffe, cet avis simplifié doit être rédigé en caractères dont la hauteur ne peut être inférieure à celle du corps 30, sur format A3 (40 × 29,7 cm). La discrétion n'est pas de mise. Mais il s'agit d'attirer le plus de personnes intéressées par le bien et dès lors que l'identité du saisi ne figure pas sur l'avis, on peut considérer que son intimité sera préservée.

1338.65 **Apposition.** L'avis va être apposé sur l'immeuble, à l'entrée ou à défaut en limite de l'immeuble saisi. Dès lors, les observations faites ci-dessus sur le respect de la vie privée du saisi sont à relativiser. Selon l'immeuble, appartement ou maison individuelle, l'avis désignera clairement son propriétaire par son seul emplacement, ou l'indication de son étage. Initialement, l'article 66 du décret du 27 juillet 2006 avait prévu qu'il serait justifié de l'opposition de l'avis par une attestation de l'avocat du créancier poursuivant et non plus par constat d'huissier de justice. Le retrait de cet acte aux huissiers de justice ne se justifiait aucunement, les avocats ne l'ayant, au demeurant, nullement souhaité. Le décret du 23 décembre 2006[2], rétablit la justification de l'opposition par procès-verbal d'huissier de justice, familièrement dénommé « PV de placard » (Décr. 27 juill. 2006, art. 66 mod., devenu C. pr. exéc., art. R. 322-33).

1338.66 **Publication.** L'avis simplifié sera inséré par l'avocat poursuivant, dans le délai de l'article R. 322-31 C. pr. exéc., dans deux éditions périodiques de journaux à diffusion locale ou régionale, au tarif des annonces ordinaires. La production d'un exemplaire des journaux permet au poursuivant de justifier de l'accomplissement de cette formalité.

1338.67 **Sanctions.** Les articles R. 311-10 à R. 311-11 C. pr. exéc. sont applicables lorsque les formalités et délais prescrits n'ont pas été respectés ; à savoir, pour le non-respect des formalités, la nullité en cas de grief. S'agissant du non-respect des délais toutefois, seul l'article R. 322-31 C. pr. exéc. est visé par l'article R. 311-11 C. pr. exéc., pas l'article R. 322-32 C. pr. exéc., ce qui exclurait toute sanction.

2° Moyens complémentaires d'information (C. pr. exéc., art. R. 322-36)

1338.71 **Publicité complémentaire : une innovation de la réforme.** Le créancier poursuivant ou les créanciers inscrits peuvent, sans avoir à recueillir l'autorisation du juge, recourir à tous moyens complémentaires d'information à l'effet d'annoncer la vente. Ces moyens ne doivent ni entraîner des frais pour le débiteur, ni faire apparaître le caractère forcé de la vente ou le nom du débiteur. Cet article permet ainsi de donner un cadre légal aux nombreuses initiatives prises au plan local, notamment par les barreaux, pour assurer une information conforme aux canons des annonces publicitaires de ventes d'immeubles. Elle permet également une diffusion par les nouvelles techniques de l'information et de la communication, via des sites internet. Cet article autorise les créanciers inscrits à réaliser cette publicité complémentaire dans la mesure où ils peuvent y avoir intérêt. Lorsque le créancier sera un organisme institutionnel, il aura sans doute des facilités pour systématiser des méthodes de diffusion de ces informations.

1. Décr. n° 2021-872, 30 juin 2021, recodifiant la partie réglementaire du livre 1er du Code de la construction et de l'habitation […], *JO* 1er juill., texte 43.
2. Décr. n° 2006-1805, 23 déc. 2006, relatif à la procédure en matière successorale et modifiant certaines dispositions de procédure civile, *JO* 31 déc., texte 70.

Cette nouvelle faculté n'est pas apparue comme entrant en contradiction avec les règles des articles R. 322-37 et R. 322-38 C. pr. exéc. qui réglementent l'aménagement judiciaire de la publicité. La différence semble provenir de ce que ces moyens complémentaires resteront toujours à la charge de ceux qui y recourent (v. s[s] n° 1338.87).

1338.72 **Affichage et communication électronique.** Pour diffuser l'information de la vente aux enchères à venir, l'avocat poursuivant peut afficher celle-ci dans ses locaux professionnels. Mais la diffusion reste relativement confidentielle. Aussi, est-il apparu nécessaire de communiquer sur la vente aux enchères via un réseau de communication électronique. Le Code des procédures civiles d'exécution ne l'impose pas mais assurer une communication via des réseaux est aujourd'hui indispensable pour une bonne information du public. Le Conseil national des barreaux a donc mis en ligne un **site national d'annonces de ventes aux enchères publiques**, afin de permettre une diffusion plus large des informations sur les ventes sur saisies immobilières et licitation : c'est la plateforme « avosventes.fr ». Chaque cabinet d'avocats peut ainsi y déposer ses annonces avant adjudication. Le site est accessible au grand public en libre-service et gratuitement mais il est n'est pas obligatoire et seule la mise en place d'une plateforme sécurisée, imposée, au niveau national permettrait d'assurer la publicité de l'ensemble des ventes immobilières, juridiction par juridiction[1].

1338.73 **Les exigences du Code de la construction et de l'habitation : articles R. 126-21 et R. 126-23 du Code de la construction et de l'habitation.** Cette communication par affiche dans les locaux professionnels comme sur une plateforme numérique est réglementée par le Code de la construction et de l'habitation. Conformément aux dispositions de l'article R. 126-22 du CCH, toute annonce relative à la mise en vente d'un bien immobilier devant faire l'objet d'un diagnostic de performance énergétique qui serait affichée dans les locaux des personnes physiques ou morales exerçant une activité liée à la vente d'immeubles bâtis, « *doit mentionner de façon lisible et en couleur les classements énergétiques et climatiques du bien sur les échelles de référence respectivement prévues par le « e » et le « f » de l'article R. 126-16.* ». Une telle obligation s'imposera donc à l'avocat qui affichera la vente dans ses locaux.

1. EN CE SENS, A. Leborgne, « La modernisation de la saisie immobilière », *in* R. Laher (dir.), *Le 10e anniversaire du Code des procédures civiles d'exécution*, LexisNexis, 2023, p. 109 s. – M.-L. Guémas, F. Kieffer, A. Leborgne et V. Rieu, « La saisie immobilière aujourd'hui et demain », *in* « L'AAPPE fait son festival : les procédures d'exécution sous les projecteurs », *Actes du colloque de l'AAPPE*, 11 oct. 2024, Cannes, *RCJPP* nov.-déc. 2024, p. 72.

Et de même, pour toute annonce relative à la mise en vente d'un bien immobilier devant faire l'objet d'un diagnostic de performance énergétique, présentée au public par un réseau de communications électroniques.

Et l'article R. 126-23 dispose que pour les biens immobiliers à usage d'habitation, les annonces inventoriées aux articles R. 126-21 et R. 126-22 comportent une indication sur le montant des dépenses théoriques annuelles de l'ensemble des usages énergétiques mentionnés au « e » de l'article R. 126-16. Cette indication, d'une taille au moins égale à celle des caractères du texte de l'annonce, est précédée de la mention : « *Montant estimé des dépenses annuelles d'énergie pour un usage standard* », et précise l'année de référence des prix de l'énergie utilisés pour établir cette estimation.

B. Aménagement judiciaire de la publicité

1338.81 **Principe.** L'aménagement de la publicité, à défaut d'être gratuit, devra être autorisé par le JEX.

1338.82 **Titulaires du droit (C. pr. exéc., art. R. 322-37, al. 1er).** Le JEX peut être saisi de la demande de restriction ou de complément des publicités par le créancier poursuivant, l'un des créanciers inscrits ou la partie saisie. Le ministère d'avocat sera donc nécessaire. Avant 2002, la faculté d'obtenir du juge l'autorisation d'organiser une publicité complémentaire n'appartenait qu'au créancier poursuivant.

1338.83 **Moment pour former la demande.** Lors de l'audience d'orientation, mais encore deux mois au plus tard avant l'audience d'adjudication (C. pr. exéc., art. R. 322-37).

1338.84 **Modalités.** Le juge est saisi par requête et il statuera par ordonnance. Et l'ordonnance rendue sera notifiée par le greffe.

1338.85 **Ordonnance d'aménagement (C. pr. exéc., art. R. 322-37, 1°, 2° et 3°).** Le juge peut aménager, restreindre ou compléter les mesures de publicité mentionnées aux articles R. 322-31 à R. 322-35 C. pr. exéc., en tenant compte de la nature, de la valeur, de la situation de l'immeuble et de toutes autres circonstances particulières. En pratique, c'est à la fois pour réduire la publicité et son coût que le juge peut être saisi, si la vente du bien ne permet pas d'espérer un prix d'adjudication élevé, et pour l'augmenter, lorsque l'immeuble est susceptible d'atteindre un bon prix aux enchères et d'intéresser une clientèle nationale, voire internationale.

Le magistrat peut ainsi, notamment, ordonner que soit adjoint aux mentions prévues aux articles R. 322-31 et R. 322-32 C. pr. exéc. toute autre indication ou document relatif à l'immeuble. Il peut ordonner que les mesures de publicité soient accomplies par d'autres modes de communication qu'il indique. Il peut encore ordonner que l'avis mentionné à l'article R. 322-32 C. pr. exéc. (avis apposé sur l'immeuble) soit affiché aux lieux qu'il désigne dans les communes de la situation des biens.

1338.86 **Absence de recours.** L'ordonnance d'aménagement n'est pas susceptible de recours.

1338.87 **Coût de cette publicité complémentaire.** En application de l'article R. 322-38 C. pr. exéc., les publicités complémentaires sont réalisées à la diligence et aux frais avancés de la partie requérante, ce qui dissuade les demandes injustifiées. Ils seront considérés comme frais préalables de vente quand ils seront réalisés par le poursuivant.

1338.88 **Sanctions.** Le non-respect du délai de l'article R. 322-378 C. pr. exéc., pour saisir le juge de cette requête ne paraît assorti d'aucune sanction. Le juge saisi tardivement déclarera-t-il alors la requête irrecevable ?

§ 2
Publicité après l'adjudication

1338.90 **Raison d'être de cette innovation. Plan.** Parce que les ventes aux enchères publiques peuvent faire l'objet d'une surenchère, le décret du 11 janvier 2002 avait organisé, à cette fin, l'information des tiers une fois le bien adjugé. Ainsi, le saisi pouvait-il espérer que le meilleur prix serait retiré de son immeuble sur remise en vente. Le décret du 27 juillet 2006 a repris ces dispositions aux articles 67 et 68, devenus les articles R. 322-34 et R. 322-35 C. pr. exéc. Une information sur l'adjudication doit être donnée (A) et la nouvelle audience peut elle-même faire l'objet d'une publicité (B).

A.
Information sur l'adjudication

1338.101 **Avis après adjudication : un extrait du procès-verbal d'audience.** Selon l'article R. 322-34 C. pr. exéc., un extrait du procès-verbal d'audience est affiché par le greffe à la porte de la salle d'audience pendant le délai au cours duquel la surenchère peut être exercée (c'est-à-dire dix jours, conformément à C. pr. exéc., art. R. 322-34).

1338.102 **Objet : information sur le prix et faculté d'enchérir.** Cet avis mentionne la désignation et la description sommaire de l'immeuble telle qu'elle figurait dans l'avis initial, le prix de la vente, les frais taxés ainsi que l'indication du greffe compétent pour recevoir les offres de surenchère et du délai de dix jours suivant la vente pour les former.

1338.103 **Délai.** C'est au premier jour ouvrable suivant l'adjudication que l'extrait du procès-verbal d'audience sera affiché.

1338.104 **Rôle du greffe.** En mettant la rédaction et l'affichage à la charge du greffe, le législateur a fait choix d'une personne extérieure à la procédure : ni l'adjudicataire (qui n'a pas intérêt à ce que le bien soit revendu sur surenchère), ni le poursuivant, qui pourrait être négligent. Mais les auteurs du décret n'ont pas prévu de sanction en cas d'inexécution ou de mauvaise exécution de cette nouvelle publication.

B.
Publicité pour l'audience de surenchère

1338.111 **Publicité de la nouvelle audience en cas de surenchère (C. pr. exéc., art. R. 322-35).** La nouvelle audience sera précédée de la publicité de droit commun et pourra également faire l'objet d'une publicité complémentaire (C. pr. exéc., art. R. 322-37) à la requête du poursuivant ou des créanciers inscrits.

1338.112 **Délai.** La requête devra être adressée au JEX, dans le délai de deux jours ouvrables après l'adjudication. Toutefois, aucune sanction n'est prévue en cas d'irrespect de ce délai.

1338.113 **Frais.** En cas de publicités après surenchère, les frais résultant des mesures complémentaires sont taxés et inclus dans les frais de vente.

1338.114 **Suite de l'adjudication sur surenchère.** Cette nouvelle adjudication ne donnera ensuite pas lieu à affichage de l'extrait du procès-verbal, après l'adjudication (C. pr. exéc., art. R. 322-34, al. 1er).

SECTION 2
INFORMATION DES BÉNÉFICIAIRES D'UN DROIT DE PRÉEMPTION

1338.120 **Principe. Plan.** La vente aux enchères publiques va emporter transfert de propriété ; or certaines personnes peuvent bénéficier d'un droit de préemption, en vertu de la loi, leur ouvrant une vocation prioritaire à acquérir le bien. Pour préserver les droits de ces bénéficiaires, il faut les informer de l'adjudication[1]. C'est le cas du preneur à bail

1. Lors d'une vente de gré à gré, la jurisprudence exige depuis plusieurs années que le vendeur fournisse une information loyale aux bénéficiaires d'un droit de préemption – EN CE SENS, Civ. 3e, 24 juin 2015, no 14-18.684, P III, no 64 – Civ. 3e, 16 mars 2017, no 15-22.397, P ; *D.* 2017. 705 ; *D.* 2017. 1640, note F. Roussel. Cette exigence doit pouvoir être transposée au cas où le bien est vendu aux enchères publiques, mais alors le devoir d'information loyale pèsera sur le rédacteur du cahier des conditions de vente.

rural (§ 1) des sociétés d'aménagement foncier et d'établissement rural (Safer) (§ 2), ainsi que des collectivités et établissements publics (§ 3). Depuis la loi du 29 juillet 1998, relative à la lutte contre les exclusions[1], un nouveau droit de préemption a été ouvert aux communes. La situation du preneur à bail d'habitation (§ 4), plus originale, est inchangée, les modifications rédactionnelles apportées lors de la réforme de la procédure de saisie immobilière ayant seulement eu pour objectif de coordonner le nouveau dispositif avec les dispositions concernant l'occupant d'un local saisi.

§ 1
Preneur à bail rural

1338.131 Information du bénéficiaire. Selon l'article L. 412-11 C. rur. et pêche maritime, « *dans le cas d'une vente faite par adjudication volontaire ou forcée, le preneur bénéficiaire du droit de préemption* [sur les conditions d'ouverture de ce droit, C. rur., art. L. 412-5] *doit, à peine de nullité de la vente, y être convoqué par lettre recommandée avec demande d'avis de réception* (LRAR) *ou par acte de commissaire de justice, vingt jours au moins avant la date de l'adjudication, soit par le notaire chargé de la vente, soit en cas de vente poursuivie devant le tribunal, par le secrétaire-greffier en chef dudit tribunal* ». Si la convocation émane du greffe, c'est l'avocat du poursuivant qui portera à la connaissance du greffier l'existence d'un preneur à bail et qui lui communiquera son identité et son adresse.

1338.132 Force obligatoire du cahier des conditions de vente. Le fait que, dans le cahier des conditions de la vente, figure une clause mentionnant l'existence d'un locataire emporte-t-il acquisition d'un droit de préemption à son profit, alors même que l'exercice de ce droit pourrait être contesté, en l'état des conditions légales posées pour en bénéficier ? La jurisprudence, après l'avoir refusé dans le passé pour un locataire suivant bail verbal, jugeant que ni la convocation à l'audience, ni la mention du droit de préemption ne peuvent faire la preuve du droit du preneur à bail s'il ne remplit pas les conditions légales[2], avait décidé, pour le cahier des charges, que pour les preneurs à bail rural, la clause conventionnelle, extensive du droit de préemption, prévu par le Code rural et de la pêche maritime, s'imposait à l'adjudicataire[3]. De même, avait-il été jugé, qu'en vertu d'un cahier des charges englobant dans un lot unique un bien rural loué seulement pour partie, le droit de préemption pouvait être étendu à la totalité du lot, par le saisissant, avec l'accord des parties ; l'extension fut jugée licite et imposée à l'adjudicataire[4].

1. L. n° 98-657, 29 juill. 1998, relative à la lutte contre les exclusions, *JO* 31 juill., p. 11679.
2. Civ. 3e, 8 févr. 1968, P III, n° 47.
3. Civ. 3e, 19 févr. 1980, n° 78-13.969, P III, n° 40.

1338.133 Exercice du droit. Le preneur à bail disposera d'un délai de vingt jours encore pour faire connaître au secrétaire-greffier sa décision de faire valoir son droit de préemption (C. rur., art. L. 412-11, al. 2). Ce délai doit-il être soumis aux dispositions des articles 641 et 642 C. pr. civ., et ainsi peut-il être prorogé s'il expire un samedi, dimanche, ou un jour férié ? La question se pose car il ne s'agit pas d'un délai de procédure à proprement parler. Il a cependant été jugé que l'article 641 C. pr. civ. n'était que l'expression, en matière procédurale, d'une règle de portée générale, valable pour tout acte de procédure[5]. À la suite de cette jurisprudence, les dispositions des articles 641 et 642 ont été jugées applicables au délai d'exercice d'une action en rescision de vente d'immeuble[6] ou au calcul du délai de l'article 27 du décret du 30 septembre 1953[7]. On pourrait donc envisager de raisonner par analogie pour l'exercice du droit de préemption. Cette extension du domaine d'application des articles 641 s. C. pr. civ. est cependant critiquée par la doctrine[8].

La déclaration de préemption comporte l'indication de la personne exerçant le droit, faite par acte authentique ou par acte de commissaire de justice, annexée au procès-verbal ou au jugement d'adjudication et publiée en même temps ; cette déclaration emporte substitution pure et simple à l'adjudicataire[9]. Dans le cas où une surenchère serait formée, elle est dénoncée au preneur dans les mêmes formes et délais qu'à l'adjudicataire et le preneur peut encore intervenir dans l'instance en validité de surenchère. La sanction du défaut de règlement des frais de l'adjudication par le fermier qui a préempté n'est donc pas la déchéance du droit de préemption mais la poursuite sur folle enchère[10], désormais réitération des enchères.

Selon l'article L. 412-11 C. rur., la déclaration peut être faite au nom d'un descendant dans les condi-

4. Civ. 3e, 26 juin 1973, n° 72-11.919, P III, n° 434.
5. Civ. 3e, 21 déc. 1987, nos 85-10.794 et 85-17.293, P III, nos 215 et 216 ; *JCP* 1988. II. 21012, note crit. J. Prévault.
6. Civ. 3e, 8 déc. 1993, n° 90-22.070, P III, n° 165 ; *D.* 1994. Somm. 235, obs. G. Paisant.
7. Pour une demande en révision du loyer commercial : Civ. 3e, 23 févr. 1994, n° 91-20.075, P III, n° 31 ; *JCP* 1994. II. 22328, note crit. B. Boccara.
8. Notes ss Civ. 3e, 21 déc. 1987, nos 85-10.794 et 85-17.293, P III, nos 215 et 216 – Et Civ. 3e, 23 févr. 1994, n° 91-20.075, P III, n° 31.
9. La substitution s'effectue aux conditions de la vente aux enchères, aucune disposition légale ou réglementaire ne prévoyant une modification postérieure des éléments d'une telle vente : Civ. 3e, 17 nov. 2021, n° 20-16.904, NP : en l'espèce, le cahier des conditions de vente prévoyait une mise à prix globale de l'ensemble des biens composant un lot unique, ce qui excluait une répartition des parcelles entre l'adjudicataire évincé et les preneurs à bail.
10. Civ. 3e, 27 juin 1990, n° 89-14.057, P III, n° 158 ; *D.* 1990. 582, note J. Prévault.

tions de l'article L. 412-5 alinéa 3. Cet alinéa visant également le conjoint peut-on alors lui étendre le bénéfice du droit ? La doctrine ne se prononce pas[1] et il n'y a pas eu à notre connaissance de jurisprudence publiée sur cette question avant la réforme.

1338.134 **Sanction du défaut de convocation.** Le Code rural et de la pêche maritime impose la convocation par le greffe à peine de nullité. L'omission de la convocation ou l'inobservation du délai n'entraîne pas substitution du fermier à l'adjudicataire mais la nullité de la vente[2], sauf si le bénéficiaire du droit de préemption avait eu, en fait, connaissance de la vente en temps opportun, mais a renoncé de façon caractéristique à son droit après avoir assisté à la vente et porté des enchères[3]. Il a encore été jugé que la nullité n'est pas encourue quand il ressort des circonstances la volonté tacite du bénéficiaire de renoncer à se prévaloir de l'irrégularité commise (ainsi pour la participation sans réserve à l'adjudication qui vaut renonciation à se prévaloir de la nullité résultant de l'inobservation de la formalité elle-même[4]).

§ 2
Sociétés d'aménagement foncier et d'établissement rural

1338.141 **Principe.** Les Safer, sont, dans les conditions de l'article L. 143-7 C. rur., titulaires d'un droit de préemption en cas d'aliénation à titre onéreux de biens immobiliers à utilisation agricole et de biens mobiliers qui leur sont attachés ou de terrains à vocation agricole (C. rur., art. L. 143-1, al. 1er, réd. L. n° 2006-11, 5 janv. 2006). Ce droit leur a été attribué par le législateur afin de leur permettre de s'opposer à la réalisation d'opérations contraires aux orientations définies dans le cadre de la politique agricole[5] ; il peut également être exercé en cas d'aliénation à titre onéreux de bâtiments d'habitation faisant partie d'une exploitation agricole ou de bâtiments d'exploitation ayant conservé leur utilisation agricole. Dans les communes et parties de communes de montagne telles que définies par les articles 3 et 4 de la loi n° 85-30 du 9 janvier 1985 relative au développement et à la protection de la montagne, ce droit de préemption peut également être exercé en cas d'aliénation à titre onéreux de bâtiments qui ont été utilisés pour l'exercice d'une activité agricole au cours des cinq dernières années qui ont précédé cette aliénation, pour leur rendre un usage agricole (C. rur., art. L. 143-1, al. 3). Dans les communes littorales au sens de l'article L. 321-2 C. envir., ce droit porte sur l'aliénation de bâtiments utilisés pour l'exploitation de cultures marines ou une activité agricole au cours des vingt années qui ont précédé l'aliénation lorsque ces propriétés n'ont pas fait l'objet d'un changement de destination.

Seule la Safer, dont les intérêts auraient été méconnus par l'inobservation des formalités prévues par le Code rural et de la pêche maritime, a qualité pour s'en prévaloir[6].

Toutefois, ce droit de préemption est primé par celui du preneur à bail rural, de son conjoint et de son descendant et par ceux des collectivités et établissements publics (C. rur., art. L. 143-6).

1338.142 **Conditions.** Lorsque le bien fait l'objet d'une saisie immobilière, l'article L. 143-8 dispose que le droit de préemption s'exerce dans les conditions de l'article L. 412-11 C. rur. : la Safer doit être avisée, dans le délai d'un mois, avant la date de l'adjudication de la date et des conditions de la mise à prix, et elle doit être convoquée vingt jours au moins avant l'audience (C. rur., art. R. 143-11) dans les mêmes formes, par le greffe[7] ; les deux formalités peuvent être regroupées en une formalité unique un mois avant la vente. En outre, la Safer devra être informée des éventuels reports et des décisions d'adjudication dans les huit jours de leur prononcé.

Le non-respect des règles permettant la mise en œuvre du droit de préemption ne peut donner lieu qu'à annulation du jugement d'adjudication et non à substitution dans les droits de l'adjudicataire[8]. L'action en nullité doit à peine de forclusion être intentée dans le délai de six mois à compter du jour où la date de la vente a été connue de la Safer (C. rur., art. L. 412-12).

1. J. Lachaud, « Ventes aux enchères et droit de préemption en matière rurale », *Gaz. Pal.* 1998. 1. Doctr. p. 562.
2. En matière rurale, Civ. 3e, 13 janv. 1981, n° 79-13.008, P III, n° 9 – Civ. 3e, 11 juill. 1990, n° 88-19.346, P III, n° 176, qui précise que l'action en nullité doit être exercée dans le délai de six mois à compter du jour où le preneur a eu connaissance du jugement d'adjudication et cela à peine de forclusion.
3. Soc. 17 juin 1964, P IV, n° 513.
4. Soc. 16 févr. 1951, *D.* 1951. 433, note R. Savatier.
5. V. Civ. 3e, 3 avr. 2014, n° 14-40.006, P III, n° 46, qui refuse de renvoyer au Conseil constitutionnel une QPC portant sur les articles L. 143-1 et L. 142-2 C. rur. La question ne présente pas de caractère sérieux, dès lors que ces articles organisent le droit de préemption accordé aux Safer pour leur permettre de réaliser la mission d'intérêt général qui leur est confiée par la loi pour l'amélioration des structures agricoles, qu'ils le subordonnent à des objectifs spécifiques d'intérêt général et qu'au regard de ces objectifs et de la procédure qui en organise l'exercice et le contrôle, il n'apparaît pas susceptible de porter une atteinte disproportionnée au droit de propriété et aux principes de la liberté contractuelle et de la liberté d'entreprendre.
6. Civ. 2e, 1er févr. 2006, n° 05-15.047, NP.
7. En cas d'omission de la notification par le greffe, la faute lourde du service de la justice peut être retenue : Poitiers, ch. civ. 1, 26 nov. 2008, *Juris-Data* n° 378700.
8. Civ. 3e, 13 janv. 1981, n° 79-13.008, P III, n° 9.

La Safer dispose d'un délai d'un mois, à compter de l'adjudication pour se substituer à l'adjudicataire. La déclaration s'effectuera par acte authentique ou par acte de commissaire de justice. La notification au greffe doit être motivée et préciser en quoi la préemption correspond à l'un des objectifs prévus à l'article L. 143-2 C. rur., à peine de nullité du droit de préemption (C. rur., art. L. 143-3).

Pour permettre au preneur en place d'exercer en priorité son droit de préemption, la Safer disposera, en vue de se substituer à l'adjudicataire, d'un délai d'un mois à compter de l'adjudication (C. rur., art. L. 143-11)[1]. Son droit de préemption en effet, ne peut s'exercer contre le preneur en place que s'il exploite le bien concerné depuis moins de trois ans (C. rur., art. L. 143-6). Et selon l'article R. 143-9 C. rur., la personne chargée de l'aliénation d'un fonds agricole ou d'un terrain à vocation agricole, situé dans une zone où la société d'aménagement foncier et d'établissement rural est autorisée à exercer le droit de préemption, doit préalablement déclarer à cette société les aliénations consenties au profit des bénéficiaires de droit de préemption primant celui de la société, comme celui du preneur en place depuis plus de trois ans[2].

La qualité de frère du propriétaire mis en liquidation judiciaire, dont l'actif est réalisé au moyen d'une vente aux enchères publiques par le liquidateur judiciaire sur autorisation du juge-commissaire, n'ouvre pas droit à l'adjudicataire des parcelles ainsi vendues de se prévaloir des dispositions de l'article L. 143-4, 3° C. rur. pour faire obstacle au droit de préemption d'une Safer[3].

La troisième chambre civile a jugé au visa des articles L. 143-3 et R. 143-6 C. rur. que lorsque la Safer notifie au greffe sa décision de préempter, elle doit également, à peine de nullité, notifier aux adjudicataires évincés sa décision motivée de préemption par lettre recommandée avec avis de réception dans les quinze jours de la notification faite à la personne chargée de dresser l'acte d'aliénation[4].

§ 3
Droits de préemption des collectivités et établissements publics

1338.150 **Plan.** Le titre Ier du livre II du Code de l'urbanisme réglemente les droits de préemption ouverts par le législateur au profit de certaines personnes publiques, **dans l'intérêt général**, pour des raisons de politiques urbaines (C. urb., art. L. 210-1) (A).

Par ailleurs, il existe également un droit de préemption **au bénéfice des communes**, destiné à assurer le maintien dans les lieux de personnes saisies (C. urb., art. L. 210-2, et CCH, art. L. 616) (B). Enfin, la loi n° 2008-776 du 4 août 2008 de modernisation de l'économie[5] a introduit dans le Code de l'urbanisme un **droit de préemption « commerciale »** au profit des communes (C. urb., art. L. 214-1 s.) (C).

Ces différents droits de préemption, qui peuvent être exercés à l'occasion d'une vente sur adjudication, suivent une procédure similaire.

A.
Droit de préemption urbain exercé pour des raisons de politique urbaine

1338.161 **Diversité des droits de préemption du Code de l'urbanisme.** L'article L. 210-1 indique tout d'abord, de manière introductive, que ces droits sont exercés en vue de la réalisation, dans l'intérêt général, des actions ou opérations répondant aux objets définis à l'article L. 300-1, à l'exception de ceux visant à sauvegarder ou à mettre en valeur les espaces naturels, à préserver la qualité de la ressource en eau ou pour constituer des réserves foncières en vue de permettre la réalisation desdites actions ou opérations d'aménagement. Aux termes de l'article L. 300-1, ces actions ou opérations d'aménagement ont pour objet de mettre en œuvre un projet urbain, une politique locale de l'habitat, d'organiser le maintien, l'extension ou l'accueil des activités économiques, de favoriser le développement des loisirs et du tourisme, de réaliser des équipements collectifs ou des locaux de recherche ou d'enseignement supérieur, de lutter contre l'insalubrité et l'habitat indigne ou dangereux, de permettre le renouvellement urbain, de sauvegarder ou de mettre en valeur le patrimoine bâti ou non bâti et les espaces naturels[6].

Ces droits de préemption, sont ouverts au profit de communes dotées d'un plan d'occupation des sols rendu public ou d'un plan local d'urbanisme approuvé. Ils concernent tout d'abord les zones urbaines (C. urb., art. L. 211-1 à L. 211-7), les zones d'aménagement différé et périmètres provisoires (C. urb., art. L. 212-1 à L. 212-5).

Il existe également des droits de préemption dans les espaces naturels et sensibles (C. urb., art. L. 215-1 à L. 215-24). Afin de préserver la qualité des sites,

1. V. Civ. 3e, 5 juin 2013, n°s 11-26.088 et 11-26.153, P III, n° 77, qui juge que même en cas de surenchère, la Safer doit respecter le délai d'un mois à compter de l'adjudication pour notifier l'exercice de la préemption au greffe du tribunal.
2. Civ. 3e, 1er oct. 2014, n° 12-24.626, P III, n° 125.
3. Civ. 3e, 10 juin 2009, n° 08-13.166, P III, n° 141.
4. Civ. 3e, 29 juin 2011, n° 10-30.272, P III, n° 116.
5. L. n° 2008-776, 4 août 2008, de modernisation de l'économie, *JO* 5 août, p. 12471.
6. Mais une opération ponctuelle de résorption de l'habitat insalubre ne peut justifier le recours au droit de préemption : CE 6 mai 2009, C^ne^ du Plessis-Trévise, req. n° 311167, *RDI* 2009. 438, obs. P. S-C.

des paysages, des milieux naturels et des champs naturels d'expansion des crues et d'assurer la sauvegarde des habitats naturels selon les principes posés à l'article L. 101-2, le département est compétent pour élaborer et mettre en œuvre une politique de protection, de gestion et d'ouverture au public des espaces naturels sensibles, boisés ou non. Pour la mise en œuvre de la politique prévue à l'article L. 113-8 C. urb., le conseil départemental peut créer des zones de préemption. Le droit de préemption est exercé par le département ou à défaut par le Conservatoire de l'espace littoral et des rivages lacustres territorialement compétent, qui peut se substituer au département si celui-ci n'exerce pas le droit de préemption, à défaut par la commune (C. urb., art. L. 215-5 à L. 215-7) et encore à d'autres titulaires par délégation (C. urb., art. L. 215-8).

Les collectivités locales ou les établissements publics de coopération intercommunale compétents peuvent encore exercer leur droit de préemption, conformément aux dispositions du présent code, en vue de l'acquisition de terrains destinés à la création ou à l'aménagement de jardins familiaux (C. urb., art. L. 216-1).

Enfin, il existe depuis 2019, un droit de préemption pour la préservation des ressources en eau destinées à la consommation humaine (C. urb., art. L. 218-1 à L. 218-14) qui a pour objectif de préserver la qualité de la ressource en eau dans laquelle est effectué le prélèvement, et depuis 2021, un droit de préemption pour l'adaptation du territoire au recul du trait de côte (C. urb., art. L. 219-1 à L. 219-13).

1338.162 Application du droit de préemption urbain aux ventes forcées. La loi du 13 décembre 2000[1], relative à la solidarité et au renouvellement urbains, dite « *loi SRU* », qui a, notamment, accru les possibilités d'interventionnisme foncier a mis un terme à un délicat débat jurisprudentiel : avant l'entrée en vigueur de cette loi, l'alinéa 1er de l'article L. 213-1 C. urb., ouvrait le droit de préemption urbain lorsque l'immeuble était « *aliéné(s) volontairement à titre onéreux, sous quelque forme que ce soit* ». La stricte lecture de cet alinéa aurait donc dû conduire les praticiens à exclure les ventes sur saisies immobilières du champ d'application du droit de préemption urbain. Toutefois, l'alinéa 3 du même article envisageait l'hypothèse où la vente est réalisée obligatoirement aux enchères publiques en vertu d'une disposition législative ou réglementaire. La pratique en avait déduit le droit pour les communes d'exercer leur droit de préemption et la jurisprudence semblait l'admettre[2]. Un arrêt de la cour administrative de Paris s'était toutefois inscrit en sens inverse, estimant que, bien qu'il s'agisse d'une adjudication prévue par la loi, la vente sur saisie immobilière n'étant pas volontaire, les dispositions de l'article L. 213-1 ne pouvaient s'appliquer. Pour les juges du fond, l'alinéa 3 de l'article L. 213-1 devait être seulement regardé comme prévoyant une modalité particulière pour l'exercice du droit de préemption (par substitution), et non comme une extension du champ d'application de l'article[3]. La solution avait été approuvée par le Conseil d'État[4]. La loi du 13 décembre 2000 a ensuite supprimé le mot « *volontairement* » dans le premier alinéa de l'article L. 213-1 C. urb., permettant ainsi aux collectivités d'exercer leur droit de préemption sur les biens aliénés dans le cadre de toute vente aux enchères, que ce type de vente soit forcée ou volontaire[5] (à propos de la vente des biens d'un débiteur en liquidation, v. aussi s^s n°s 1412.141 s.).

La question ne se discute plus aujourd'hui, l'article L. 213-1 C. urb. dispose explicitement qu'en cas d'adjudication, lorsque cette procédure est autorisée ou ordonnée par un juge, l'acquisition par le titulaire du droit de préemption a lieu au prix de la dernière enchère, par substitution à l'adjudicataire. Cette disposition n'est toutefois pas applicable à la vente mettant fin à une indivision créée volontairement, à moins que celle-ci résulte d'une donation-partage.

1338.163 Mise en œuvre du droit de préemption : la déclaration d'intention d'aliéner. Lors d'une vente sur adjudication d'un bien situé dans une des zones sensibles, la procédure de préemption est réglementée aux articles R. 213-14 et R. 213-15 C. urb., pour les zones urbaines, R. 215-17 et R. 215-18, pour les espaces naturels sensibles, R. 218-13 pour la préservation des ressources en eau destinée à la consommation humaine, et L. 219-6 et R. 219-6 pour l'adaptation des territoires au recul du trait de côte. Ces articles prévoient qu'une déclaration préalable doit être adressée au titulaire du droit de préemption pour lui permettre d'exercer sa prérogative. Cette déclaration d'intention d'aliéner (DIA) comporte l'indication de la date d'audience et les modalités de la vente (C. urb., art. L. 213-2, al. 1er). La validité de l'adjudication est subordonnée à la mise en œuvre du droit de préemption de la collectivité publique ; si le titulaire du droit n'a pas été mis en mesure de préempter, l'adjudication peut faire l'objet d'une action en nullité qui se prescrit par cinq ans à compter de la

1. L. n° 2000-1208, 13 déc. 2000, relative à la solidarité et au renouvellement urbains, *JO* 14 déc., p. 19777.
2. V. crit. S. Pérignon, « Le domaine du droit de préemption urbain », *AJPI* 1998. 5.
3. CAA Paris, 29 avr. 1997, *RJDA* 1997. 1088 ; *Dr. adm.* 1997. Comm. 263.
4. CE 27 oct. 1999, C^ne de Houdan, req. n° 188685, *Lebon* 326.
5. S. Pérignon, « L'interventionnisme foncier public après la loi SRU », *Constr.-Urb.* mai 2001, p. 23.

publication de l'acte emportant transfert de propriété (C. urb., art. L. 213-2, al. 4).

Le greffier de la juridiction doit adresser à l'autorité compétente pour préempter, une déclaration lui faisant connaître la date fixée pour la vente et les modalités, trente jours au moins avant la date fixée pour l'adjudication ; la déclaration est adressée par LRAR ou par voie électronique dans les conditions prévues aux articles L. 112-11 et L. 112-12 du Code des relations entre le public et l'administration [CRPA] (C. urb., art. R. 213-15, al. 2, R. 215-18 et R. 218-14). Le seul acte porté directement à la connaissance du titulaire du droit de préemption est la déclaration d'intention d'aliéner ; aucune notification de l'adjudication et de ses conditions n'est ensuite envoyée. Il appartient donc au titulaire du droit de préemption de se renseigner sur le résultat de l'adjudication, s'il n'y assiste pas.

1338.164 **Délai.** Le titulaire du droit de préemption dispose alors d'un délai de trente jours à compter de l'adjudication pour informer le greffier de sa décision de se substituer à l'adjudicataire (C. urb., art. R. 213-15, al. 3, pour les zones urbaines, et C. urb., art. R. 215-18, al. 3, pour les espaces naturels sensibles). Le Conseil d'État a jugé que les dispositions de l'article 668 C. pr. civ. ne sauraient s'appliquer aux décisions de préemption intervenant dans le cadre d'une procédure d'adjudication rendue obligatoire par la loi, qui sont des décisions administratives régies par le Code de l'urbanisme et pour lesquelles les dispositions de l'article R. 213-15 sont seules applicables. Ces dispositions sont une garantie pour l'adjudicataire qui doit pouvoir savoir de façon certaine, au terme du délai imparti au titulaire du droit de préemption, s'il est devenu propriétaire du bien dont il s'est porté acquéreur. En conséquence, le respect par l'Administration du délai imparti pour notifier sa décision de préemption doit s'apprécier à la date de sa réception par le notaire ou le greffier du tribunal et non à celle de son envoi par l'expéditeur[1].

Et le délai pour préempter ne sera pas prolongé par le délai de surenchère ; toutefois l'exercice effectif d'une surenchère interrompt le délai de trente jours qui commence alors à courir de nouveau lors de la nouvelle adjudication[2]. Le silence, dans le délai imparti, équivaut à une renonciation à l'exercice du droit.

1338.165 **Modalités d'exercice du droit.** La décision de se substituer à l'adjudicataire est notifiée au greffier par lettre recommandée avec demande d'avis de réception[3] ou par voie électronique dans les conditions prévues aux articles L. 112-11 et L. 112-12 du CRPA (C. urb., art. R. 213-15, al. 5, et R. 215-18, al. 5). La substitution s'effectue au prix de la dernière enchère ou surenchère par substitution à l'adjudicataire (C. urb., L. 213-1, al. 3, R. 213-15, al. 4, et R. 215-18, al. 3). La copie de la décision de substitution est ensuite annexée au jugement d'adjudication et publiée aux services de la publicité foncière en même temps que celui-ci (C. urb., art. R. 213-15, al. 6, et R. 215-18, al. 6).

1338.166 **Substitution aux conditions du cahier des conditions de la vente.** Le bénéficiaire du droit de préemption est convoqué à l'adjudication pour qu'il puisse ensuite exercer son droit et se substituer à l'adjudicataire. S'il décide de préempter, il devra le faire aux conditions du cahier des conditions de la vente, notamment quant aux délais de paiement (toutefois, une rép. min.[4] estime qu'il ne devrait pas être fait grief à la collectivité publique de ne pas respecter les délais du cahier des charges si elle ne dépasse pas ceux prévus par la loi, C. urb., art. L. 213-14). Il a été jugé que le titulaire du droit de préemption qui dispose, en vertu de l'article L. 213-14 C. urb., d'un délai de quatre mois à compter de la date du jugement d'adjudication pour se libérer du prix, ne peut être tenu au paiement d'intérêts avant l'expiration de ce délai[5].

B. Droit de préemption urbain destiné à assurer le maintien dans les lieux d'un locataire

1338.171 **Nouveau droit de préemption destiné à assurer le maintien dans les lieux du saisi.** Depuis la loi du 29 juillet 1998[6], il existe un droit de préemption destiné à assurer le maintien dans les lieux du saisi en cas de vente sur saisie immobilière d'un immeuble ou partie d'un immeuble constituant sa résidence principale. Ce droit est réglementé à l'article 616 du CCH. Ce droit de préemption toutefois, ne peut être exercé qu'au profit d'une personne qui remplit des conditions de ressources pour l'attribution d'un logement à loyer modéré. Destiné à « *assurer le maintien dans les lieux du saisi* », il est exercé suivant les modalités prévues par le Code de l'urbanisme en matière de droit de préemption urbain en cas de vente par adjudication lorsque cette procédure est rendue obligatoire de par la loi ou le règlement (v. s[s] nº 1338.163). La commune se voit encore reconnaître la faculté de déléguer ce droit de préemption à un office public d'habitations à loyer modéré ou office

1. CE 17 déc. 2008, Office d'Habitation du Gers, req. nº 304840, *RDI* 2009. 439.
2. CE 29 déc. 1993, M. Lebouc, req. nº 112421.
3. Sur l'appréciation de la date, v. CE 17 déc. 2008, req. nº 304840 (préc., v. s[s] nº 1338.164).
4. Rép. min. *JOAN Q* 15 oct. 1990, p. 4857.
5. Civ. 3e, 14 nov. 1991, nº 90-10.314, P III, nº 277.
6. L. nº 98-657, 29 juill. 1998, préc.

public d'aménagement et de construction, selon les conditions définies à l'article L. 213-3 C. urb. On retrouve ce droit de préemption dans le Code de l'urbanisme qui, depuis la loi n° 2006-685 du 13 juin 2006[1] relative au droit de préemption et à la protection des locataires en cas de vente d'un immeuble à usage d'habitation, prévoit aussi qu'« *en cas de vente d'un immeuble à usage d'habitation, la commune peut faire usage de son droit de préemption pour assurer le maintien dans les lieux des locataires* » (C. urb., art. L. 210-2).

1338.172 Difficultés de mise en œuvre. Tant qu'il n'était question au profit des communes que de droits de préemption résultant de la situation du bien saisi dans une zone « *sensible* », la lecture des documents cadastraux permettait de déceler les hypothèses où ces droits pouvaient s'exercer. Mais dans quels cas faudra-t-il mettre en œuvre le nouveau droit de préemption de l'article L. 616 du CCH ? On peut imaginer qu'il sera principalement utilisé dans les communes à fort taux de logements sociaux mais l'absence de jurisprudence publiée rend difficile l'évaluation de ce dispositif. Certes, ce nouveau droit de préemption est ouvert aux communes dans l'intérêt des saisis, mais il s'agit d'un droit de préemption légal ; le renvoi qui est opéré au Code de l'urbanisme pouvait-il conduire à considérer que ce droit devait être mis en œuvre sous peine de nullité du transfert de propriété (C. urb., art. L. 213-1) ? La commune pouvait estimer avoir intérêt, dans l'absolu, à préempter. Faut-il alors, à toutes fins utiles, adresser la déclaration à la commune, à charge pour celle-ci de vérifier les conditions de ressources du saisi ? Mais le créancier court alors le risque d'ouvrir au profit de la commune un droit de préemption qui n'existait pas en l'espèce (v. s^s^ n° 1338.132, l'évolution de la jurisprudence relative au droit de préemption du preneur à bail rural). En tout état de cause, la mauvaise volonté du saisi pourrait ouvrir droit à indemnisation au profit du créancier mais certainement pas l'exonérer de son obligation de mettre la commune en mesure de préempter.

Par ailleurs, l'objectif affiché du texte étant de permettre le maintien du saisi dans les lieux, ce dernier peut-il reprocher au poursuivant de ne pas avoir fait en sorte que la commune exerce son droit ? Et quelles sanctions appliquer, lorsque le créancier n'aura pas mis la commune en situation d'exercer son droit de préemption ? Le contentieux publié est resté rare et, à ce jour, la Cour de cassation n'a été saisie qu'à deux reprises : en 2001, par des débiteurs qui avaient soulevé la nullité de la procédure de saisie, par dire, avant l'audience d'adjudication, pour violation de la loi, faute pour le créancier d'avoir mis la commune en situation d'exercer son droit de préemption ; à titre subsidiaire, ils sollicitaient la remise de l'adjudication sur le fondement de l'article 703 ACPC. Le tribunal a rejeté le moyen de nullité et dit n'y avoir lieu à remise et la troisième chambre de la Cour de cassation, l'a approuvé, notant que le non-respect des dispositions de l'article L. 616 du Code de la construction et de l'habitation n'est pas sanctionné par la nullité de la procédure de saisie immobilière et que s'agissant de la demande de remise, l'appréciation du juge des criées est souveraine[2]. En 2005, la troisième chambre a rejeté le pourvoi formé par des saisis qui avaient assigné le créancier poursuivant en annulation d'un jugement d'adjudication d'un immeuble constituant leur résidence principale, faute par le greffier de la juridiction d'avoir fait connaître à la commune, titulaire du droit de préemption, la date et les modalités de la vente. Les juges du fond avaient estimé que cette obligation constituait non pas une irrégularité de fond, mais une nullité pour vice de forme exigeant la preuve d'un grief et qu'en l'espèce il n'y avait pas de grief faute d'établir que la commune, dûment avertie, aurait préempté. En outre, les juges avaient estimé que la notification de la vente à la commune pour qu'elle exerce son droit de préemption étant une obligation du greffe du TGI du lieu de situation du bien immeuble, objet du commandement aux fins de saisie immobilière, il appartenait aux débiteurs saisis, d'interpeller la commune quant à l'exercice de son droit de préemption. La Cour de cassation pour rejeter le pourvoi, se contente de noter que les époux X n'étant pas titulaires du droit de préemption et n'invoquant l'existence d'aucune fraude, n'avaient pas qualité pour demander la nullité du jugement d'adjudication[3].

C.
Mise en œuvre du droit de préemption commercial

1338.181 Raison d'être. Le législateur a attribué au droit de l'urbanisme une dimension commerciale en intégrant l'aménagement commercial dans le droit de l'urbanisme proprement dit. Le droit de préemption des communes, à l'origine outil d'intervention dans des périmètres sensibles, a été étendu aux terrains à vocation commerciale afin de tenter de préserver l'équilibre commercial des villes. Il a été fait choix d'instaurer un régime de préemption spécifique plutôt que de l'intégrer dans le droit de la préemption urbaine. Ce nouveau droit fait l'objet d'un chapitre IV au titre Ier du livre II du Code de l'urbanisme (C. urb., art. L. 214-1 à L. 214-3). Les modalités

1. L. n° 2006-685, 13 juin 2006, préc.

2. Civ. 3e, 28 févr. 2001, n° 99-14.872, P III, n° 26.
3. Civ. 3e, 26 oct. 2005, n° 04-12.430, P III, n° 206.

concrètes d'exercice de ce droit de préemption nouveau, sont réglementées aux articles R. 214-3 à R. 214-10 C. urb.

1338.182 **Objet.** Le conseil municipal peut, par délibération motivée, délimiter un périmètre de sauvegarde du commerce et de l'artisanat de proximité, à l'intérieur duquel sont soumises au droit de préemption institué par le présent chapitre les cessions de fonds artisanaux, de fonds de commerce ou de baux commerciaux. À l'intérieur de ce périmètre, sont également soumises au droit de préemption les cessions de terrains portant ou destinés à porter des commerces d'une surface de vente comprise entre 300 et 1 000 mètres carrés. (C. urb., art. L. 214-1, al. 1er et 2).

1338.183 **Déclaration d'intention d'aliéner.** Le droit de préemption s'exerce à l'occasion de l'aliénation à titre onéreux de fonds artisanaux, fonds de commerce, baux commerciaux, et terrains portant des commerces ou destinés à porter des commerces dans un délai de cinq ans à compter de leur aliénation, dès lors que ces commerces sont des magasins de vente au détail ou des centres commerciaux au sens de l'article L. 752-3 C. com., ayant une surface de vente comprise entre 300 et 1 000 mètres carrés.

Chaque cession est subordonnée, à peine de nullité, à une déclaration préalable faite par le cédant à la commune (C. urb., art. L. 214-1, al. 3, et R. 214-4).

Aux termes de l'article R. 214-7 alinéa 1er, en cas de cession, par voie d'adjudication, d'un fonds artisanal, d'un fonds de commerce, d'un bail commercial ou d'un terrain portant ou destiné à porter des commerces d'une surface de vente comprise entre 300 et 1 000 mètres carrés, c'est le greffier de la juridiction qui procède à la déclaration préalable prévue à l'article L. 214-1. Cette déclaration est établie dans les formes prescrites à l'article R. 214-4 et indique la date et les modalités de la vente. Elle est adressée au maire trente jours au moins avant la date fixée pour la vente par lettre recommandée avec demande d'avis de réception ou par voie électronique dans les conditions prévues aux articles L. 112-11 et L. 112-12 du CRPA.

1338.184 **Délai et modalités pour exercer le droit.** Le titulaire du droit de préemption dispose d'un délai de trente jours à compter de l'adjudication pour notifier, par lettre recommandée avec demande d'avis de réception [1], au greffier sa décision de se substituer à l'adjudicataire. Copie de cette décision est annexée au jugement ou à l'acte de l'adjudication et publiée aux services de la publicité foncière en même temps que celui-ci. (C. urb., art. R. 214-7, al. 2).

1338.185 **Substitution.** La substitution ne peut intervenir qu'au prix et aux conditions de la dernière enchère ou de la surenchère. (C. urb., art. R. 214-7, al. 3).

Le greffier informe l'adjudicataire évincé de l'acquisition réalisée par voie de préemption (C. urb., art. R. 214-7, al. 4).

1338.186 **Information.** Lorsqu'un terrain situé dans un périmètre délimité en application de l'article R. 214-1 fait l'objet d'une aliénation sans que celle-ci ait été précédée de la déclaration, le vendeur en informe l'acquéreur par une mention spécifique figurant dans l'acte de vente ou, en cas de vente par adjudication, par une mention spécifique portée dans le cahier des charges (C. urb., art. R. 214-4-3).

§ 4
Droit de substitution du locataire d'habitation

1338.191 **Deux droits.** Il n'existe pas de droit de préemption au profit des locataires du saisi. Certes, l'article 15, II de la loi n° 89-462 du 6 juillet 1989 pour les locaux d'habitation [2], comme l'article L. 145-46-1 C. com., pour les locaux à usage commercial ou artisanal, instituent l'obligation pour le propriétaire qui envisage de vendre le logement ou le local d'en informer son locataire en indiquant le prix et les conditions de la vente projetée. La notification vaut offre de vente. Mais aucune disposition légale ne prévoit que cette faculté d'acquisition s'applique en cas de vente faite d'autorité de justice [3].

Toutefois, deux textes spéciaux, la loi du 31 décembre 1975 [4] et la loi du 13 juin 2006 [5], organisent la protection de locataires ou occupants de locaux à

1. V. ss n° 1338.164, la jurisprudence du Conseil d'État qui juge que la date à prendre en compte est celle de la réception de la lettre par le greffier ou le notaire.

2. L. n° 89-462, 6 juill. 1989, tendant à améliorer les rapports locatifs et portant modification de la loi n° 86-1290 du 23 décembre 1986, *JO* 8 juill.
3. La Cour de cassation exclut de faire application de l'article L. 145-46-1 C. com. pour les ventes faites d'autorité de justice, qu'il s'agisse d'une vente sur saisie immobilière : Civ. 3e, 17 mai 2018, n° 17-16.113, P – Civ. 3e, 30 nov. 2023, n° 22-17.505, P ; *D.* 2024. 1309, obs. A. Leborgne. Comme d'une vente de gré à gré d'un actif immobilier dépendant d'une liquidation judiciaire : Com. 23 mars 2022, n° 20-19.174, B – Civ. 3e, 15 févr. 2023, n° 21-16.475, B. La même interprétation stricte devrait valoir pour l'article 15, II de la loi du 6 juillet 1989.
4. L. n° 75-1351, 31 déc. 1975, relative à la protection des occupants de locaux à usage d'habitation, *JO* 4 janv.
5. L. n° 2006-685, 13 juin 2006, relative au droit de préemption et à la protection des locataires en cas de vente d'un immeuble, *JO* 14 juin, p. 8944.

usage d'habitation ou à usage mixte d'habitation et professionnel, respectivement lorsqu'est envisagée la vente du local consécutivement à une division par lots de l'immeuble, et lorsqu'est envisagée la vente d'un immeuble entier. Si le législateur a précisé que les dispositions de la loi du 31 décembre 1975 s'appliquaient aux ventes sur saisie immobilière, il ne l'a pas explicitement prévu pour les ventes réglementées par la loi du 13 juin 2006.

1338.192 Le droit original de la loi n° 75-1351 du 31 décembre 1975 (réd. L. n° 2014-366, 24 mars 2014[1]). La loi du 31 décembre 1975 relative à la protection des occupants de locaux à usage d'habitation ou à usage mixte d'habitation et professionnel, n'instaure pas à proprement parler un droit de préemption, lorsque la vente d'un local, consécutive à la division initiale ou subdivision de tout ou partie d'un immeuble par lots, a lieu par adjudication volontaire ou forcée[2]. Le législateur ouvre à l'article 10, II au profit du locataire ou de l'occupant de bonne foi, le droit d'être convoqué à l'adjudication, un mois au moins avant la date de l'audience, pour monter les enchères s'il désire acquérir l'appartement. Le locataire doit donc être informé de la vente forcée afin d'éventuellement venir pousser les enchères. Si le bien est adjugé à un tiers, et que le locataire a été régulièrement convoqué, aucun droit de substitution ne lui sera ouvert[3].

Cette convocation doit être adressée au locataire ou à l'occupant de bonne foi à la diligence, soit du vendeur ou du poursuivant, soit de leur mandataire, par LRAR un mois au moins avant la date de l'adjudication. L'article 7 du décret du 30 juin 1977[4] précise que la convocation doit indiquer s'il y a une mise à prix ou non et, dans l'affirmative, elle en précise le montant. Elle indique les jour, lieu et heure de l'audience d'adjudication ainsi que le tribunal ou le notaire devant lequel elle se fera ; elle indique en outre que les enchères sont portées devant le tribunal par ministère d'avocat et reproduit les termes du paragraphe II de l'article 10 de la loi du 31 décembre 1975. Si l'adjudication est reportée, il est procédé à une nouvelle convocation dans les délais et formes prévus au précédent alinéa.

À défaut de convocation, le locataire ou l'occupant de bonne foi peut, pendant un délai d'un mois à compter de la date à laquelle il a eu connaissance de l'adjudication, déclarer se substituer à l'adjudicataire. Toutefois, en cas de vente sur licitation, il ne peut exercer ce droit si l'adjudication a été prononcée en faveur d'un indivisaire (v. s^s n° 1422.194).

1338.193 Notification de l'adjudication. L'article 7, II du décret du 30 juin 1977 dispose ensuite que tout jugement ou procès-verbal d'adjudication doit lui être notifié, à la diligence du greffier du tribunal, ou du notaire devant lequel l'adjudication a été prononcée, entre le dixième et le quinzième jour suivant cette dernière. La notification doit préciser le montant de la dernière enchère, le nom et l'adresse de l'adjudicataire ou éventuellement de l'adjudicataire commandé. Le greffier reproduit le texte du paragraphe II de l'article 10 de la loi du 31 décembre 1975 et indique, s'il y a lieu, que la convocation n'a pas été faite.

1338.194 Substitution à l'adjudicataire en cas de défaut de convocation. Dans ce cas, le paragraphe IV de l'article 7 du décret du 30 juin 1977, dispose que dans le délai d'un mois à compter de la réception de la notification prévue au paragraphe II, le locataire ou l'occupant de bonne foi peut déclarer se substituer à l'adjudicataire, aux prix et conditions de l'adjudication. La déclaration sera faite par lettre recommandée, avec demande d'avis de réception, adressée au greffier du tribunal. La substitution ne s'effectue donc qu'en cas de défaut de convocation, à titre de sanction, en quelque sorte.

La jurisprudence a étendu la solution prévue en cas d'absence de convocation à l'hypothèse d'une convocation irrégulière (pour une convocation libellée de manière imprécise et ambiguë, en des termes ne faisant pas apparaître la nécessité d'avoir à se présenter à l'audience[5]).

Lorsque les biens saisis sont pour partie loués, une difficulté peut se présenter lorsque la vente est poursuivie en un seul lot. Le locataire, non convoqué, peut-il faire usage de son droit de préférence sur la partie louée, sans porter préjudice à l'adjudicataire ? En matière rurale, il a été jugé, il y a quelques années, que le droit de préférence pouvait être étendu à la totalité des biens adjugés, dès lors que le preneur à bail en payait le prix (v. s^s n° 1338.132). Mais que décider lorsque le locataire n'entend exercer son droit que sur la partie à lui louée ? La cour d'appel de Pau

1. L. n° 2014-366, 24 mars 2014, pour l'accès au logement et un urbanisme rénové, *JO* 26 mars, p. 5809.
2. Lorsque le bail litigieux porte, sans distinction, sur l'ensemble immobilier, lequel est vendu non divisé, les preneurs ne peuvent invoquer le droit de substitution institué par l'art. 10, I de la loi de 1975 : Com. 31 mai 2011, n° 10-18.311, NP.
3. Ce droit de substitution n'est ouvert au locataire qu'en cas de vente sur adjudication. En dehors du cas où la vente se réalise selon cette modalité, la sanction du défaut du droit de préemption du locataire est la nullité de la vente : Civ. 3e, 15 nov. 2006, n° 04-15.679, P III, n° 226, *Loyers et copr.* 2007. Comm. 21, obs. B. Vial-Pedroletti – Civ. 3e, 7 juill. 2009, n° 08-13.195, *Loyers et copr.* 2009. Comm. 230, obs. B. Vial-Pedroletti.
4. Décr. n° 77-742, 30 juin 1977, pris pour l'application de l'article 10 de la loi n° 75-1351 du 31 décembre 1975 relative à la protection des occupants de locaux à usage d'habitation, *JO* 9 juill.
5. Versailles, 22 nov. 1988, *D.* 1990. 14, note J. Prévault.

avait envisagé de remédier au manque à gagner de l'adjudicataire en estimant que l'absence de prix de l'immeuble, objet du droit de préférence, pouvait être réparée par une évaluation à dire d'expert. La deuxième chambre a cassé l'arrêt sur le fondement de l'ancien article 1134 C. civ. (devenu C. civ., art. 1104), jugeant que les juges du fond avaient modifié l'économie du contrat[1].

1338.195 **Loi n° 2006-685 du 13 juin 2006 – Vente d'un immeuble entier.** Selon la loi du 13 juin 2006[2], dite « loi Aurillac », lors de la vente d'un immeuble entier d'habitation, le vendeur doit, préalablement à la vente, offrir à chaque locataire d'acquérir son logement, à moins que l'acquéreur de l'entier immeuble ne s'engage à proroger les baux en cours pour une durée d'au moins six ans. C'est à l'occasion de la vente projetée que naît le droit du locataire à une protection particulière. Préalablement à la vente, le locataire se voit offrir au choix du vendeur, soit la prorogation de son bail, soit la préemption du logement. L'article 10-1 de la loi du 31 décembre 1975, dans sa rédaction issue de la loi du 24 mars 2014, qui réglemente le droit des locataires, ne fait aucune allusion à cette faculté en cas de vente par adjudication.

Se pose donc la question de savoir si ces ventes par adjudication judiciaire ou amiable pourraient cependant être concernées au même titre que les ventes de gré à gré et, si oui, comment exercer éventuellement ce nouveau droit de préemption. Parce que le saisi est un vendeur contraint, il ne va rien pouvoir proposer à ses locataires si la vente est ordonnée par voie d'adjudication. Dans le silence de la loi, il paraît donc difficile d'envisager que la protection du locataire doive jouer lorsque la vente sera forcée. Mais on peut toujours imaginer qu'en l'absence de disposition particulière, il faudrait alors que le poursuivant prévoie, en rédigeant le cahier des conditions de vente, une clause mettant à la charge de l'adjudicataire l'obligation de proroger les baux en cours en cas de non-exercice du droit de préemption.

SECTION 3

INFORMATIONS SUR LES DATES ET HEURES DE VISITE DES LIEUX

1338.201 **Justification.** On conçoit rarement, en pratique, de se porter acquéreur d'un bien sans l'avoir préalablement visité. Aussi, le poursuivant a-t-il intérêt à organiser des visites de l'immeuble. Cette mesure s'explique par la nécessité d'informer efficacement les éventuels acheteurs.

1338.202 **Modalités.** Avant la réforme, en pratique, quand il ne rencontrait pas d'opposition, l'avocat du poursuivant chargeait l'huissier d'organiser les visites, à la convenance du saisi. En cas de difficulté, le poursuivant devait se faire autoriser en référé à faire procéder à des visites, l'ordonnance fixant en outre, les jours et heures.

L'article R. 322-26 alinéa 2 C. pr. exéc. prévoit désormais que lorsqu'il ordonne la vente forcée, le JEX fixe les jours et heures de visite à la demande du créancier poursuivant.

L'article R. 322-31 C. pr. exéc. prévoit que l'avis destiné à être apposé au tribunal, mentionne « *le cas échéant, les dates et heures de visite* » (v. s^s^ n° 1338.52).

On peut encore imaginer que cette information soit fournie par publicité complémentaire, en vertu des dispositions de l'article R. 322-37 C. pr. exéc. (v. s^s^ n° 1338.71).

1. Civ. 2e, 16 mai 2002, n° 00-22.104, P II, n° 97 – V. AUSSI, Civ. 3e, 5 mars 1986, n° 84-16.525, P III, n° 26.
2. L. n° 2006-685, 13 juin 2006, préc.

CHAPITRE

1339. Audience d'adjudication

ANNE LEBORGNE
PROFESSEUR ÉMÉRITE D'AIX-MARSEILLE UNIVERSITÉ

SECTION 0
ORIENTEUR

1339.00 **Sommaire du chapitre.**

Division – Déroulement. Selon l'article L. 322-5 C. pr. exéc.[1], l'adjudication a lieu aux enchères publiques à l'audience du juge (sect. 1). Le bien sera attribué au plus offrant. Un certain nombre de difficultés peuvent cependant encore se présenter, que le juge devra trancher avant que le poursuivant ne puisse requérir la vente et que ne s'ouvrent les enchères (sect. 2).

1339.02 **Jurisprudence de référence.**

> Saisie immobilière. Adjudication d'office au créancier poursuivant à défaut d'enchérisseur.

• **Cons. const. 16 déc. 2011,** n° 2011-206 QPC

* V. s^s n°s 0101.23, 1333.240, 1335.282, 1339.192

1. Ord. n° 2011-1895, 19 déc. 2011, relative à la partie législative du Code des procédures civiles d'exécution, *JO* 20 déc., p. 21464.

4. Considérant qu'il appartient au législateur, compétent en application de l'article 34 de la Constitution pour déterminer les principes fondamentaux du régime de la propriété, des droits réels et des obligations civiles et commerciales, de définir les modalités selon lesquelles, pour permettre l'exécution des obligations civiles et commerciales, les droits patrimoniaux des créanciers et des débiteurs doivent être conciliés ; que l'exécution forcée sur les biens du débiteur est au nombre des mesures qui tendent à assurer cette conciliation ;

5. Considérant, en premier lieu, que l'article 2190 du Code civil prévoit que la saisie immobilière est une procédure d'exécution forcée sur l'immeuble du débiteur en vue de la distribution de son prix ; qu'elle constitue une modalité de paiement d'une créance exécutoire ; qu'il en résulte que, si l'adjudication conduit à ce que le débiteur soit privé de la propriété de ce bien, cette procédure n'entre pas dans le champ d'application de l'article 17 de la Déclaration de 1789 ;

6. Considérant, en second lieu, que, *d'une part*, en prévoyant que le montant de la mise à prix est fixé par le créancier poursuivant et en disposant qu'à défaut d'enchère, ce dernier est déclaré adjudicataire, les dispositions contestées ont pour objet d'éviter que la procédure de saisie immobilière demeure suspendue faute d'enchérisseur ; qu'en prévoyant que le créancier poursuivant est déclaré adjudicataire d'office au montant de la première enchère fixée par lui, elles font obstacle à ce que le créancier poursuivant se voie imposer un transfert de propriété moyennant un prix auquel il n'aurait pas consenti ; que l'objectif poursuivi de garantir dans ces conditions l'aboutissement de la procédure constitue un motif d'intérêt général ;

7. Considérant que, *d'autre part*, les articles 2202 et 2203 du Code civil reconnaissent au débiteur du bien saisi le droit d'obtenir l'autorisation judiciaire de vendre le bien à l'amiable ; qu'à défaut, la vente a lieu par *adjudicatio* ; que les articles 2205 et 2206 disposent que l'adjudication de l'immeuble a lieu aux enchères publiques à l'audience du juge ; que, dans le cadre de cette procédure, le débiteur peut saisir le juge afin de voir fixer une mise à prix en rapport avec la valeur vénale de l'immeuble et les conditions du marché ; que l'enchère est ouverte à toute personne qui justifie de garanties de paiement ; que l'adjudication d'office au créancier poursuivant au montant de la mise à prix initiale n'intervient qu'à défaut de toute enchère ; que, dans ces conditions, l'atteinte portée aux droits du débiteur saisi ne revêt pas un caractère disproportionné au regard du but poursuivi ; […]

1339.04 **Formulaire de procédure civile (renvoi).**

- *Saisie immobilière – Garantie de paiement* (Récépissé de remise d'une garantie de paiement établi par l'avocat de l'enchérisseur – C. pr. exéc., art. R. 322-41)

SECTION 1
PROCÉDURE DE L'AUDIENCE D'ADJUDICATION

1339.10 **Plan.** La vente doit être requise au jour de l'audience. Elle se déroulera ensuite selon la procédure des enchères, à la barre du tribunal. L'adjudication emportera des obligations pour l'avocat de l'adjudicataire.

§ 1
Réquisition de vente

1339.21 **Particularité.** La vente aux enchères doit être requise, elle n'a pas lieu d'office. Toutefois, même si le poursuivant renonce à la requérir, le saisi n'évitera pas nécessairement la vente car un créancier inscrit peut encore décider de le faire à sa place.

A.
Exigence d'une réquisition

1339.31 **Caractère obligatoire.** Selon l'article R. 322-27 C. pr. exéc. [1], au jour fixé pour l'adjudication, il y est procédé sur la demande du poursuivant ou à défaut, sur celle de l'un des créanciers inscrits, subrogé dans les poursuites. Il faut donc que la vente soit requise pour que s'ouvrent les enchères. La vente, audiencée, n'est pas ordonnée d'office par le juge. Il est vrai que celui-ci ne déclare pas la vente mais la constate seulement (sur la nature du jugement d'adjudication, v. s^s n° 1341.21) et que le juge ne vend pas lui-même comme le fait le commissaire-priseur dans le cas de la saisie-vente (C. pr. exéc., art. L. 221-4 – et C. pr. exéc., art. R. 221-37).

La réquisition se fait sans forme, elle peut n'être que verbale [2], et c'est en pratique toujours ainsi qu'elle est formulée.

1339.32 **Disparition de la condition préalable.** Initialement, pour que le juge ouvre les enchères, le créancier qui sollicitait la vente, devait, à peine d'irrecevabilité constatée d'office, justifier du dépôt de l'état ordonné des créances dans les conditions prévues à l'article R. 322-14 C. pr. exéc. (C. pr. exéc., art. R. 322-27, al. 2). Cette condition a disparu avec l'entrée en vigueur du décret du 12 février 2009 puisque l'état ordonné des créances a été supprimé [3].

1339.33 **Conséquence d'une absence de réquisition.** Si aucun créancier ne sollicite la vente, le juge constatera la caducité du commandement de payer valant saisie. Cette sanction est grave qui produit des effets sur la prescription de la créance. Et le constat de la caducité du commandement de payer valant saisie va encore emporter anéantissement de la procédure de saisie immobilière. Toutefois, un jugement d'orientation a bien été rendu en amont, qui a autorité de

1. Décr. n° 2012-783, 30 mai 2012, relatif à la partie réglementaire du Code des procédures civiles d'exécution, *JO* 31 mai, p. 9375.
2. Req. 16 nov. 1926, *S.* 1926. 1. 380.
3. Décr. n° 2009-160, 12 févr. 2009, pris pour l'application de l'ordonnance n° 2008-1345 du 18 décembre 2008 portant réforme du droit des entreprises en difficulté et modifiant les procédures de saisie immobilière et de distribution du prix d'un immeuble, *JO* 13 févr., p. 2596.

chose jugée. Certes, la disposition de ce jugement qui orientait la procédure n'a plus d'effet ; en revanche, des contestations ont pu être tranchées et la créance a été fixée. Ces chefs de jugements subsisteront donc[1]. Selon les règles de droit commun de la procédure civile, l'abandon des poursuites emporte en principe, soumission de payer les frais de l'instance. L'article R. 322-27 alinéa 3 C. pr. exéc. dispose que dans ce cas, le créancier poursuivant défaillant conservera à sa charge l'ensemble des frais de la saisie engagés sauf décision contraire du juge spécialement motivée[2].

B.
Auteur de la réquisition

1339.41 **Le poursuivant ou les créanciers inscrits.** En principe, c'est le poursuivant qui requiert la vente. Cependant, si le créancier poursuivant accepte, le jour même de l'adjudication, des offres tardives faites par le débiteur saisi, il n'aura plus d'intérêt pour faire vendre le bien aux enchères. Pour préserver les droits des autres créanciers inscrits, et comme le prévoyait déjà le décret-loi de 1938, l'article R. 322-27 C. pr. exéc. dispose qu'au « *jour indiqué, le créancier poursuivant ou à défaut tout créancier inscrit, alors subrogé dans les poursuites, sollicite la vente* ». Le créancier poursuivant qui, désintéressé du montant de la créance à l'origine de la procédure de saisie immobilière s'est désisté de ses poursuites en qualité de poursuivant mais bénéficie, en sa qualité de créancier inscrit au titre d'une créance différente de celle visée au commandement de payer, d'un titre exécutoire l'autorisant à être subrogé dans les poursuites pour le recouvrement de cette autre créance, peut également demander à être subrogé afin de requérir la vente[3].

L'article R. 311-9 C. pr. exéc. permet par ailleurs aux créanciers inscrits de demander au juge de l'exécution (JEX) leur subrogation dans les droits du poursuivant, verbalement le jour de l'adjudication. De la combinaison de ces deux articles on peut déduire que le créancier inscrit qui requiert la vente est subrogé dans les droits du poursuivant.

1339.42 **Ministère d'avocat.** De la lecture de l'article R. 322-27 C. pr. exéc., peut-on déduire que le poursuivant peut requérir seul, sans ministère d'avocat ? Il faut répondre par la négative s'agissant d'une procédure avec représentation obligatoire. Pour les créanciers inscrits, la référence à une constitution implique-t-elle un acte d'avocat à avocat préalable ? Suivant la pratique, la réquisition étant verbale, l'intervention orale d'un avocat postulant semble suffire. Il n'existe toutefois pas de jurisprudence publiée sur cette question.

1339.43 **Autres personnes ?** Sont exclues toutes les autres personnes qui pourraient cependant prétendre à un intérêt : ainsi, les créanciers chirographaires, mais encore les créanciers privilégiés en vertu d'un privilège occulte (syndicat de copropriété) qui auraient eu connaissance de la procédure et auraient été informés de la date de l'audience (grâce aux affiches et placards ou, pour le syndicat, par le poursuivant sollicitant le certificat de charges) et encore les créanciers saisissants postérieurs. Tous ces créanciers n'étant pas visés par l'article R. 322-27 C. pr. exéc., ils ne pourront requérir la vente en cas de désintéressement du poursuivant. Pourtant, ils pourraient avoir intérêt à le faire.

Le droit accordé aux créanciers inscrits s'explique parce qu'ils étaient parties à la procédure ; le poursuivant leur avait dénoncé le commandement de saisie et ainsi assignés à l'audience d'orientation. Mais l'exclusion d'autres créanciers, et spécialement des poursuivants postérieurs, pour lesquels l'article R. 321-10 alinéa 3 C. pr. exéc. prévoit que la radiation de la saisie ne peut plus être opérée sans leur consentement, ne s'explique pas.

§ 2
Caractères de la vente

1339.50 **Plan.** La vente se réalise à la barre du tribunal (A). Certaines personnes sont interdites d'enchères (B), les autres doivent justifier de garanties de paiement (C).

A.
Une vente à la barre

1°
Déroulement

1339.61 **Des professionnels du droit.** La vente sur saisie immobilière se déroule devant et en présence des professionnels du droit que sont les magistrats et les avocats.

1. Et la caducité qui atteint une mesure d'exécution la prive rétroactivement de tous ses effets : Civ. 2e, 4 sept. 2014, no 13-11.887, P II, no 179 ; *D.* 2014. Actu. 1828 ; *AJDI* 2014. 798, note S. Porcheron ; *D.* 2015. Pan. 1339, obs. A. Leborgne ; *Gaz. Pal.* 2014. 1345, note M. Mignot ; *Procédures* 2014, no 293, obs. C. Laporte ; *RD banc. fin.* 2014, no 204, obs. S. Piedelèvre ; *Dr. et proc.* 2015. 53, obs. L. Choquet – La caducité atteint tous les actes de la procédure, mais, elle laisse subsister la disposition du jugement statuant sur la demande en revendication, qui n'a pas perdu son fondement : Civ. 2e, 2 juin 2016, no 15-12.828, P II, no 151 ; *D.* 2016. Actu. 1263 ; *D.* 2016. 1886, obs. H. Adida-Canac, Th. Vasseur et E. de Leiris ; *D.* 2017. 1397, obs. A. Leborgne ; *AJDI* 2016. 781, note F. de La Vaissière ; *JCP* 2016. 1296, no 5, obs. R. Libchaber ; *RD banc. fin.* 2016, no 172, obs. S. Piedelièvre – Civ. 2e, 14 janv. 2021, no 19-20.517, B ; *D.* 2021. 1360, obs. A. Leborgne ; *Rev. prat. rec.* 2021. 11, chron. M. Draillard.
2. POUR UN EX. : Civ. 2e, 20 janv. 2011, no 10-30.041, NP.
3. Civ. 2e, 10 mars 2011, no 10-14.111, NP.

1339.62 **Le tribunal.** L'adjudication de l'immeuble a lieu aux enchères publiques, à l'audience du juge (C. pr. exéc., art. L. 322-5). Il s'agit du JEX du tribunal judiciaire (TJ) dans le ressort duquel est situé l'immeuble (C. pr. exéc., art. R. 311-2). Les différentes chambres d'un tribunal ne sont que des formations particulières de celui-ci et non des juridictions distinctes ; le JEX est donc compétent pour connaître de la procédure de vente et des contestations portant sur des actes postérieurs à l'audience d'orientation.

1339.63 **Magistrats.** Il s'agit de magistrats du siège, mais également du Ministère public qui peut intervenir volontairement si l'ordre public le nécessite (C. pr. civ., art. 431).

Les membres de la juridiction devant laquelle la vente est poursuivie sont interdits d'enchères pour des raisons de morale publique (v. s^s n° 1339.112).

1339.64 **Constitution d'avocat obligatoire.** Lors des enchères, le Code des procédures civiles d'exécution impose la représentation à toute personne voulant se porter adjudicataire. Selon l'article R. 322-40 C. pr. exéc., les enchères doivent être portées par le ministère d'un avocat inscrit au barreau du TJ devant lequel la vente est poursuivie.

La « loi Macron » du 6 août 2015[1] a étendu le principe de la postulation de l'avocat aux TGI (TJ depuis le 1er janvier 2020) du ressort de la cour d'appel. Mais malgré cela, l'article 5 alinéa 3 de la loi du 31 décembre 1971[2], portant réforme de certaines professions judiciaires et juridiques, réécrit par la loi de 2015, dispose que par dérogation, les avocats ne peuvent postuler devant un autre tribunal que celui auprès duquel est établie leur résidence professionnelle dans le cadre des procédures de saisie immobilière.

Le poursuivant a nécessairement constitué avocat lorsqu'il a fait signifier le commandement de payer valant saisie et les autres parties, et toute partie qui souhaitait former une demande incidente ou une contestation, ont également dû constituer avocat.

1339.65 **Monopole pour pousser les enchères.** La même exigence est formulée pour pousser les enchères (C. pr. exéc., art. R. 322-40). Elle est de bon sens compte tenu de la complexité de la procédure et des incidents qui peuvent l'émailler ; pour aborder le « monde » des ventes aux enchères il faut en connaître les règles. Cette exigence figure désormais sur les publicités qui annoncent la vente (C. pr. exéc., art. R. 322-31, 5°). Ainsi, l'enchère portée par une personne non représentée sera non pas nulle mais inexistante[3]. La différence est importante car une enchère inexistante ne couvre pas l'enchère précédente (v. s^s n° 1339.183).

2°

Pluralité de pouvoirs

1339.71 **Position du problème.** Avant la réforme, la question se posait de savoir si un même avocat peut représenter plusieurs clients, voire, être à la fois avocat du poursuivant et requérir à ce titre la vente et, en même temps, accepter des mandats pour pousser les enchères. Ces dernières années, certains conseils de l'ordre avaient interdit cette pratique pour des raisons déontologiques. En 1987, la Cour de cassation avait jugé qu'une telle délibération était illégale car de nature à porter atteinte à la liberté des enchères ; la délibération avait ainsi été annulée[4]. Depuis, le Conseil national des barreaux (CNB), a adopté un règlement intérieur national (RIN), qui comporte des dispositions relatives à la déontologie et la pratique de l'avocat en matière de ventes judiciaires. L'article 12.2 notamment, interdit aux avocats de porter des enchères pour des personnes qui sont en conflit d'intérêts et également, interdit de porter des enchères pour un même bien pour le compte de plusieurs mandants. En outre, lorsqu'un avocat s'est rendu adjudicataire pour le compte d'une personne, il ne peut accepter de former surenchère au nom d'une autre personne, à défaut d'accord écrit de l'adjudicataire initial.

1339.72 **Interdiction d'être porteur de plusieurs mandats d'enchérir.** Désormais, l'article R. 322-40 alinéa 3 C. pr. exéc. dispose que l'avocat ne pourra être porteur que d'un seul mandat. Cette règle a été présentée comme destinée à assurer la transparence des enchères et la pleine concurrence entre enchérisseurs. La pluralité de mandats génère un conflit d'intérêts. L'insertion de cette interdiction dans le Code des procédures civiles d'exécution, outre qu'elle pérennise la disposition prise par le CNB, permet d'en sanctionner l'inexécution par la nullité des enchères, là où auparavant, l'avocat ne pouvait encourir que des sanctions disciplinaires.

L'article R. 322-40 C. pr. exéc. ne régit que les enchères[5], rien ne semble donc interdire à l'avocat

1. L. n° 2015-990, 6 août 2015, pour la croissance, l'activité et l'égalité des chances économiques, *JO* 7 août, p. 13537.
2. L. n° 71-1130, 31 déc. 1971, portant réforme de certaines professions judiciaires et juridiques, *JO* 5 janv.
3. Req. 30 déc. 1902, *DP* 1093. 1. 137 ; *S.* 1903. 1. 257.
4. Civ. 1re, 16 juill. 1987, n° 85-15.092, P I, n° 222 ; *D.* 1988. Somm. 237, obs. A. Brunois ; *Gaz. Pal.* 1988. Somm. 35, obs. S. Guinchard et T. Moussa.
5. L'art. 73 du décret, devenu l'art. R. 322-40 C. pr. exéc., qui interdit à l'avocat d'être porteur de plusieurs mandats pour enchérir, ne régit que les enchères, de sorte qu'il n'interdit pas à l'avocat représentant le colicitant ayant exercé un droit de substitution de former une déclaration de surenchère pour le compte d'une autre personne : Civ. 2e, 5 déc. 2013, n° 10-22.901, P II, n° 232.

du poursuivant de requérir la vente et ensuite de pousser les enchères pour un mandant à moins que le créancier poursuivant ne lui ait déjà donné mandat de monter les enchères[1]. Le critère d'appréciation ici devrait être celui d'un éventuel conflit d'intérêts, conformément aux dispositions de l'article 12.2 alinéa 2 du RIN. Cet article énonce des obligations déontologiques qui s'ajoutent aux dispositions du Code de procédures civiles d'exécution[2] : « *L'avocat doit s'enquérir auprès du client et sur déclaration de celui-ci, de sa capacité juridique, de sa situation juridique, et s'il s'agit d'une personne morale, de la réalité de son existence, de l'étendue de son objet social et des pouvoirs de son représentant.*

L'avocat ne peut porter d'enchères pour des personnes qui sont en conflit d'intérêts.

L'avocat ne peut notamment porter d'enchères pour un même bien le compte de plusieurs mandants.

Lorsqu'un avocat s'est rendu adjudicataire pour le compte d'une personne, il ne peut accepter de former une surenchère au nom d'une autre personne sur cette adjudication, à défaut d'accord écrit de l'adjudicataire initial [...] ».

1339.73 Insuffisance d'avocats. Si le nombre d'avocats se révèle insuffisant pour représenter l'ensemble des enchérisseurs – ce qui peut être le cas des enchères conduites dans des tribunaux dotés de barreaux de petite taille –, l'article 5 de la loi du 31 décembre 1971 portant réforme de certaines professions judiciaires et juridiques avait prévu un mécanisme correctif : un avocat établi auprès d'un autre tribunal de la cour d'appel pouvait être autorisé par la cour à diligenter des actes de procédure, soit, en l'occurrence à représenter un enchérisseur. Et lors de la réforme de la procédure de saisie immobilière, en 2006, la circulaire d'application faisait référence à cette faculté en cas de nombre d'avocats insuffisant. Mais la réécriture de l'article 5 de la loi de 1971 par la loi « Macron » (v. s[s] n° 1339.64) qui dispose que les avocats ne peuvent postuler devant un autre tribunal que celui auprès duquel est établie leur résidence professionnelle dans le cadre des procédures de saisie immobilière crée une réelle difficulté pratique.

1. Il peut encore arriver que le créancier poursuivant établissement bancaire souhaite pousser les enchères via une filiale marchands de biens afin d'éviter d'être déclaré adjudicataire en cas de carence d'enchères. Rien ne le lui interdit. V. Rép. min. n° 93722, *JOAN Q*, 28 févr. 2017, p. 1869 – *Procédures* 2017, n° 85, obs. C. Laporte.
2. CNB, 13 févr. 2019, décision portant réforme du règlement intérieur national (RIN) de la profession d'avocat, *JO* 7 mars, texte 10 – *JCP* 2018. 1294, *Procédures* 2019. Comm. 75.

B. Enchérisseurs

1339.81 Liberté sous conditions. La liberté des enchères est d'ordre public. Elle est pénalement protégée par l'article 313-6 C. pén. qui prohibe « *le fait, dans une adjudication publique, par dons, promesses, ententes ou tout autre moyen frauduleux, d'écarter un enchérisseur ou de limiter les enchères ou les soumissions* », ou « *d'entraver ou de troubler la liberté des enchères ou des soumissions, par violences, voies de fait ou menaces* ». Toute stipulation susceptible d'entraver cette liberté, par exemple dans le cahier des conditions de vente, est ainsi réputée non écrite. Cependant, cette liberté ne signifie pas que l'on ne doive pas écarter les enchérisseurs inconséquents ou ceux qui pourraient être suspectés de collusion ou de conflits d'intérêts. Ainsi, toute personne peut envisager d'acquérir un bien aux enchères sous condition de capacité et éventuellement de pouvoir, d'absence d'interdictions et de garanties de paiement.

1° Capacité et pouvoir

1339.91 Capacité de s'engager. L'adjudication emporte transfert de propriété au profit de l'adjudicataire. Pour donner mandat de pousser les enchères il faut donc être capable de s'engager au sens du droit commun des contrats (C. civ., art. 1145), c'est-à-dire de jouir de la capacité de disposer. Ainsi, un majeur en tutelle ne pourra se porter acquéreur que représenté par son tuteur, lui-même autorisé par le conseil de famille ou le juge des tutelles. En effet le majeur protégé n'est en principe pas atteint d'une incapacité de jouissance mais d'une incapacité d'exercice.

Mais d'autres difficultés peuvent se présenter qui mettent principalement en jeu le droit des sociétés, ainsi on peut s'interroger sur la capacité des sociétés en formation.

Avant la réforme, il fallait distinguer entre la capacité le jour de l'audience d'adjudication et celle le jour de la déclaration d'adjudicataire. La Cour de cassation jugeait ainsi de la validité d'une déclaration de command en fonction de l'existence légale d'une société, au jour de cette déclaration[3]. Il semblait en résulter que la capacité de l'enchérisseur devait exister plutôt au jour de la déclaration d'adjudicataire, ce qui évitait en pratique, la création d'une personne morale en vue d'une adjudication hypothétique. En revanche, une société en formation, non encore immatriculée, n'avait pas la capacité de former une surenchère[4], la déclaration de surenchère

3. Civ. 2e, 6 oct. 1993, n° 91-20.612, NP.
4. Civ. 2e, 18 mai 1989, n° 88-12.849, P II, n° 109.

ne pouvant être validée rétroactivement[1] et la capacité du surenchérisseur s'appréciait au plus tard à la date d'expiration du délai pour former surenchère[2].

Avec la réforme, l'avocat dernier enchérisseur sera tenu de déclarer avant l'issue de l'audience l'identité de son mandant (C. pr. exéc., art. R. 322-46 – v. s^s^ n° 1339.212). La capacité du denier enchérisseur devra donc être acquise au jour de l'audience d'adjudication. Pour admettre la validité d'une enchère portée pour le compte d'une société en formation, on pouvait essayer de raisonner par référence aux ventes amiables où des acquisitions s'effectuent par les associés, pour le compte de la société en formation, et sous réserve de l'immatriculation au Registre du commerce, qui peut intervenir postérieurement ; l'extrait du registre du commerce faisant ensuite l'objet d'un dépôt aux rangs des minutes d'un notaire et d'une publication aux services de la publicité foncière, qui emporte rétroactivement propriété au profit de la personne morale. Dans cet esprit, des pouvoirs peuvent être établis au nom des associés eux-mêmes, à condition qu'ils aient la capacité d'enchérir, déclarant agir pour le compte de la société en formation. Ce raisonnement pouvait être étendu aux ventes aux enchères publiques : la déclaration d'adjudicataire étant prononcée à leur profit, avec la faculté ultérieure du dépôt de l'extrait d'immatriculation aux minutes d'un notaire et de sa publication aux services de la publicité foncière[3].

Et finalement, la deuxième chambre civile a jugé valable une enchère portée pour le compte d'une SCI en formation, ladite SCI ayant repris les actes accomplis pour son compte pendant sa formation ; les engagements souscrits ont été, en raison de leur reprise, réputés avoir été contractés dès l'origine par la société[4].

1339.92 **Pouvoir.** Le représentant de la personne morale qui se portera adjudicataire doit en outre justifier d'un pouvoir à cette fin. Doit-il en justifier lors de l'audience d'adjudication ? Cela semble plus prudent pour éviter toute contestation ultérieure. En matière de surenchère, il a en outre été jugé que la constatation par le jugement d'adjudication de l'existence d'un pouvoir faisait foi jusqu'à inscription de faux, même si ledit pouvoir n'était pas demeuré annexé à la minute de la déclaration de surenchère faite par l'avocat, comme le tribunal l'avait ordonné[5]. Et le défaut de pouvoir de celui qui déclare surenchérir en qualité de représentant d'une personne morale ne peut être couvert après l'expiration du délai imparti pour former surenchère (ainsi pour le maire d'une commune qui avait agi sans autorisation du conseil municipal, la surenchère ayant été approuvée ensuite[6]).

2°
Interdictions d'enchérir

1339.101 **Fondements.** Le droit de monter les enchères est refusé à certaines personnes, et par le Code civil, et par le Code des procédures civiles d'exécution. Ces interdictions concernent le saisi, les auxiliaires de justice et les magistrats, mais encore les tuteurs et les mandataires de justice. Ils ne peuvent se porter enchérisseurs, ni par eux-mêmes, ni par personne interposée. Le fondement de ces interdictions est toutefois, différent pour le saisi et pour les professionnels.

a.
Interdiction en raison des fonctions

1339.111 **Code civil.** L'article L. 322-7 C. pr. exéc. dispose que toute personne peut se porter enchérisseur sous réserve des incapacités tenant aux fonctions qu'elle exerce. Or, l'article 1596 C. civ. écarte des enchères certaines personnes en raison de leurs fonctions. Ainsi, ne peuvent se rendre adjudicataires, sous peine de nullité, ni par eux-mêmes ni par personnes interposées[7], les tuteurs, les mandataires, les administrateurs, les officiers publics, relativement aux biens qui leur sont confiés ainsi que les fiduciaires pour les biens ou droits composant le patrimoine fiduciaire (C. civ., art. 1596).

1339.112 **Magistrats (C. pr. exéc., art. R. 322-39, 3°).** Les membres de la juridiction devant laquelle la vente est poursuivie sont interdits d'enchères pour des raisons de morale publique.

1. Civ. 2e, 30 mars 2000, n° 98-16.648, NP ; *Procédures* 2000, n° 171.
2. Civ. 2e, 30 mars 2000, n° 98-16.648, NP ; *Procédures* 2000. Comm. 171, note J. Junillon – Civ. 2e, 21 sept. 2000, n° 98-21.096, NP ; *Procédures* 2001, n° 64.
3. EN CE SENS, v. Civ. 2e, 18 mai 1989, n° 88-12.849, P II, n° 109, qui semblait semble insister sur le fait que la déclaration avait été faite au nom de la société en formation.
4. Civ. 2e, 19 déc. 2002, n° 00-20.250, P II, n° 290 ; *JCP* IV, 1295 – Civ. 2e, 10 sept. 2009, n° 08-15.882, P II, n° 207 ; *D.* 2009. AJ 2280 ; *Dr. et proc.* 2010. 49, obs. A. Leborgne ; *Gaz. Pal.* 21-22 avr. 2010, p. 16, obs. A.-F. Zattara-Gros ; *RD banc. fin.* 2009, n° 206, obs. S. Piedelièvre ; *Dr. sociétés* 2009, n° 217, note M.-L. Coquelet ; *RLDA* nov. 2009. 10, note A. Cerati-Gauthier.
5. Civ. 2e, 20 févr. 1975, n° 73-10.033, P II, n° 60 ; *JCP* 1975. IV. 121.
6. Civ. 2e, 17 oct. 2002, n° 00-21.106, P II, n° 224 ; *D.* 2002. IR 2988.
7. POUR UN EXEMPLE d'interposition : Civ. 2e, 10 nov. 2016, n° 15-25.460, NP – Et dans le cas de la vente des actifs d'une personne en liquidation judiciaire, la chambre commerciale a jugé, au visa de l'article L. 642-3 C. com., que les parents et alliés jusqu'au deuxième degré inclusivement, des dirigeants de droit ou de fait ne sont pas admis à former surenchère : Com. 3 févr. 2021, n° 19-20.616, B ; *D. actu.* 22 févr. 2021, obs. B. Ferrari.

1339.113 **Auxiliaires de justice (C. pr. exéc., art. R. 322-39, 2°).** Les auxiliaires de justice qui sont intervenus à un titre quelconque dans la procédure[1], ne peuvent également enchérir. Il s'agit là d'éviter les conflits d'intérêts. Sont certes visés les avocats, mais aussi les commissaires de justice.

1339.114 **Nature de ces interdictions.** Les interdictions d'enchérir édictées par ces textes constituent des mesures de police des enchères. Elles sont prescrites à peine de nullité de l'enchère soulevée d'office (C. pr. exéc., art. R. 322-48, al. 1er – et v. ss n° 1339.71).

b.

Exclusion du saisi

1339.121 **Principe et réalité.** En théorie, le saisi ne peut racheter son bien aux enchères ; l'article R. 322-39, 1° C. pr. exéc. le lui interdit, par lui-même ou par personne interposée. En pratique, il essaie souvent de le faire par l'intermédiaire de membres de sa famille interposés.

1339.122 **Fondement.** L'interdiction est de bon sens. Si le bien du saisi est vendu aux enchères c'est qu'il n'a pas payé sa dette et il ne saurait être possible de purger les inscriptions dudit bien au moyen d'une adjudication à son profit, pour une somme éventuellement inférieure au montant des inscriptions ; en outre, le fait de monter les enchères révélerait la mauvaise foi du saisi qui, disposant de fonds, a malgré tout obligé son créancier à le poursuivre en exécution forcée. L'interdiction d'enchérir qui frappe le saisi ne sera donc pas subordonnée à la preuve de son insolvabilité notoire[2].

1339.123 **Étendue de l'interdiction.** L'interdiction concerne le débiteur mais encore son héritier acceptant pur et simple[3] ; elle ne s'applique pas en revanche au tiers détenteur qui n'est pas tenu à la dette, ni à l'héritier bénéficiaire[4]. Toute personne tenue à la dette à la suite de laquelle la saisie est pratiquée ne peut enchérir[5].

1339.124 **Personnes interposées.** C'est un moyen de tourner l'interdiction. La difficulté est celle de la preuve de l'interposition. Celle-ci se réalise souvent au moyen de sociétés familiales ; dans ce cas, les présomptions légales des articles 911 et 1099 C. civ. sont inapplicables (père, mère, enfant, descendants et époux) et il faut apporter la démonstration de l'interposition en fonction des éléments de la cause[6]. L'appréciation de l'interposition est du pouvoir souverain des juges du fond[7].

c.

Exclusion des marchands de sommeil

1339.131 **Lutte contre l'habitat indigne.** Dans le cadre de la lutte contre l'habitat indigne[8], la volonté de sanctionner les marchands de sommeil qui mettent en location des logements insalubres s'est notamment traduite dans la loi n° 2018-1021 relative à l'évolution du logement, de l'aménagement et du numérique dite « loi ELAN », du 23 novembre 2018[9],

1. Est ainsi nulle la surenchère portée par une SCI dont le gérant et unique associé, avocat, était intervenu en tant qu'auxiliaire de justice dans la procédure de saisie immobilière en se présentant, lors de la visite préalable à l'adjudication, comme le conseil de l'un des associés de la société, débitrice saisie : Civ. 2e, 18 oct. 2012, n° 11-23.646, P II, n° 178 ; *D. actu.* 5 nov. 2012, obs. V. Avena-Robardet ; *D.* 2013. Pan. 1582, obs. A. Leborgne ; *Gaz. Pal.* 20 nov. 2012, p. 10, note L. Lauvergnat ; *RD banc. fin.* 2013, n° 3, obs. S. Piedelièvre ; *Procédures* 2013. Chron. 1, n° 22, obs. A. Leborgne.
2. EN CE SENS, avant la réforme : Civ. 2e, 20 mars 1989, n° 88-11.717, P II, n° 77 ; *Gaz. Pal.* 1989. Somm. 463, obs. M. Véron ; *RTD civ.* 1990. 151, obs. R. Perrot.
3. Civ. 28 mars 1904, *DP* 1904. 1. 315.
4. Limoges, 5 déc. 1833, *DP* 1838. 2. 208 – CONTRA : Pau, 2 août 1844, *DP* 1846. 1. 134.
5. Civ. 2e, 26 févr. 1975, n° 73-11.671, P II, n° 67 ; *JCP* 1975. IV. 134.
6. Paris, 10 juin 1850, *DP* 1852. 2. 116 – Req. 29 juill. 1890, *DP* 1891. 1. 200 – Paris, 2e ch., 3 mars 1978, *Juris-Data* n° 0097.
7. V. Civ. 2e, 15 nov. 2012, n° 11-24.599, NP : dans cette affaire, la société, surenchérisseur, et la société, débitrice saisie, avaient le même gérant, qui était l'unique associé de la société débitrice dont il détenait 99 % des parts sociales. Les juges du fond en ont conclu qu'il s'agissait d'un cas où une même personne se trouvait, sous le couvert de deux sociétés dont elle possédait quasiment toutes les parts, à la fois débiteur saisi et surenchérisseur.
8. La notion d'habitat « indigne » est apparue dans la loi n° 2009-323 du 25 mars 2009 de mobilisation pour le logement et la lutte contre l'exclusion, dite « Boutin » (*JO* 27 mars, texte 1). La référence a ensuite été intégrée dans l'article 4 de la loi n° 90-449 du 31 mai 1990, visant à la mise en œuvre du droit au logement, dite « Dalo » (*JO* 2 juin). C'est ensuite la loi n° 2014-366 du 20 mars 2014, pour l'accès au logement et un urbanisme rénové, dite « Alur » (*JO* 26 mars), qui a ajouté un article 1-1, qui précise que « *constituent un habitat indigne les locaux ou les installations utilisés aux fins d'habitation et impropres par nature à cet usage, ainsi que les logements dont l'état, ou celui du bâtiment dans lequel ils sont situés, expose les occupants à des risques manifestes pouvant porter atteinte à leur sécurité physique ou à leur santé* ». L'article précise que « *sont constitutifs d'un habitat informel les locaux ou les installations à usage d'habitation édifiés majoritairement sans droit ni titre sur le terrain d'assiette, dénués d'alimentation en eau potable ou de réseaux de collecte des eaux usées et des eaux pluviales, ou de voiries ou d'équipements collectifs propres à en assurer la desserte, la salubrité et la sécurité dans des conditions satisfaisantes* ». Il y a donc deux catégories d'habitats indignes : les locaux impropres par nature à l'habitation et ceux insatisfaisants au regard des exigences de salubrité et de sécurité.
9. L. n° 2018-1021, 23 nov. 2018, portant évolution du logement, de l'aménagement et du numérique, JO 24 nov., texte 1 – D. Boulanger, « La loi ELAN et la lutte contre l'habitat indigne et les marchands de sommeil », *Loyers et copr.* avr. 2019. Étude 1.

par l'introduction dans le Code des procédures civiles d'exécution d'un nouvel article L. 322-7-1[1]. Ainsi, la personne condamnée à l'une des peines complémentaires prévue par le Code pénal, le Code de la santé publique et le Code de la construction et de l'habitation ne peut se porter enchérisseur, pendant la durée de cette peine, pour l'acquisition d'un bien immobilier à usage d'habitation ou d'un fonds de commerce d'un établissement recevant du public à usage total ou partiel d'hébergement, sauf le cas d'une acquisition pour une occupation à titre personnel.

Le contrôle de la véracité des attestations est effectué par le greffe lorsque le bien est adjugé à l'attestant. Dans ce cas, si le contrôle révèle que l'adjudicataire a fait l'objet d'une condamnation à l'une des peines mentionnées à l'article L. 322-7-1 C. pr. exéc., le JEX saisi par le greffe sollicite les observations des parties et prononce d'office la nullité de l'adjudication par une ordonnance non susceptible d'appel dans laquelle il fixe la nouvelle audience de vente à une date comprise dans un délai de deux à quatre mois suivant le prononcé de sa décision. L'ordonnance est notifiée par le greffe au débiteur saisi, au créancier poursuivant, aux créanciers inscrits et à l'adjudicataire par lettre recommandée avec demande d'avis de réception (LRAR) (C. pr. exéc., art. R. 322-49-1, al. 3). Pour la remise en vente du bien saisi, il est fait application des articles R. 322-70 à R. 322-72 (relatifs à la réitération des enchères) : l'adjudicataire conserve à sa charge les frais taxés lors de l'adjudication annulée et est tenu des intérêts au taux légal sur son enchère, passé un délai de deux mois suivant son adjudication et jusqu'à la nouvelle vente, comme un adjudicataire défaillant.

3°
Garanties de paiement

1339.141 **Fondement.** L'article 711 ACPC, posait l'interdiction d'enchérir pour toute personne notoirement insolvable. Il s'agissait d'éviter, autant que faire se peut, le risque d'une revente sur folle enchère pour défaut de paiement du prix d'adjudication Si le critère était pertinent dans son principe, sa mise en œuvre était sujette à interprétation et pouvait conduire à limiter ou à étendre de façon excessive la faculté d'enchérir.

Désormais, l'article L. 322-7 C. pr. exéc. dispose que toute personne peut se porter enchérisseur, sous réserve des incapacités tenant aux fonctions qu'elle exerce, si elle justifie de garanties de paiement. Et l'article R. 322-41 C. pr. exéc., pose un critère objectif : avant de porter les enchères, l'avocat doit se fait remettre par son mandant et contre récépissé, une caution bancaire irrévocable ou un chèque de banque rédigé à l'ordre du séquestre ou de la Caisse des dépôts et consignation, représentant 10 % du montant de la mise à prix, sans que le montant de cette garantie puisse être inférieur à 3 000 euros afin de garantir au moins le paiement des frais de publicité si l'adjudicataire se révélait défaillant. Avant la réforme, en cas d'insolvabilité notoire, les avocats étaient tenus d'indemniser les parties (ACPC, art. 711, al. 2) et ils s'exposaient à des sanctions disciplinaires. Cette nouvelle pratique est donc protectrice des intérêts de tous, y compris du professionnel.

1339.142 **Garanties : une caution bancaire ou un chèque de banque.** Certains règlements intérieurs en faisaient déjà une obligation pour les avocats de leur barreau avant la réforme. Si cette garantie est versée par chèque, celui-ci est encaissé par le séquestre ou le consignataire, qui le restitue immédiatement à l'issue de l'audience de vente forcée à l'enchérisseur qui n'a pas été déclaré acquéreur[2]. Autre intérêt d'une telle garantie, en cas de défaillance de l'adjudicataire, la somme en cause est acquise aux créanciers poursuivants pour leur être distribuée avec le prix de l'immeuble. Le mécanisme est ainsi identique à celui prévu en cas de défaillance de l'acquéreur en cas d'autorisation de vente amiable.

L'article R. 322-41 C. pr. exéc. impose la remise d'une caution bancaire irrévocable ou d'un chèque de banque. Aucune autre garantie ne peut donc être acceptée[3]. Les informations contenues dans l'avis annonçant la vente ne peuvent remettre en cause les dispositions de l'article R. 322-41 C. pr. exéc. Ainsi, le dépôt d'une somme sur un compte de la Caisse locale des règlements pécuniaires des avocats (Carpa) ne constitue pas la caution bancaire irrévocable prévue par cet article[4]. Pas plus qu'un acte intitulé « garantie autonome (C. civ., art. 2321) Paiement à terme »[5].

Compte tenu de la rédaction très générale de l'article R. 322-41 C. pr. exéc., faut-il en déduire que cette garantie sera également demandée au créancier de premier rang et encore aux établissements finan-

1. Décr. n° 2019-488, 22 mai 2019, relatif aux personnes condamnées à une peine leur interdisant de se porter enchérisseur, *JO* 23 mai, texte 8 : création des articles R. 322-41-1, R. 322-49-1, et R. 322-49-2 C. pr. exéc. et modifications des articles R. 322-46, R. 322-55 et R. 322-71.
2. Cette exigence d'encaissement, puis de restitution à l'issue de l'audience à l'enchérisseur qui n'a pas été déclaré adjudicataire, pose une difficulté matérielle évidente. En pratique, le cahier des conditions de vente type annexé au RIN ne prévoit pas l'encaissement mais seulement la remise du chèque ou de la caution et sa restitution à l'issue de l'audience.
3. Civ. 2e, 10 mars 2011, n° 10-15.486, P I, n° 66, qui juge irrecevable une surenchère à défaut de remise par le surenchérisseur d'une garantie valable : en l'espèce celui-ci avait, notamment, fourni un nantissement.
4. Civ. 2e, 18 févr. 2016, n° 14-29.052, P II, n° 56 ; *D. actu.* 15 mars 2016, obs. V. Avena-Robardet.
5. Civ. 2e, 20 mai 2021, n° 20-15.111.

ciers ? On n'en comprendrait pas l'intérêt dans ces deux hypothèses.

1339.143 **Montant.** Cependant, 10 % de la mise à prix paraissait une somme bien minime, ne permettant pas d'être assuré de la solvabilité de l'enchérisseur face à l'enchère finale. Les auteurs du décret du 12 février 2009 ont ajouté à l'ancien article 74 du décret du 27 juillet 2006, devenu l'article R. 322-41 C. pr. exéc., l'indication que le montant de cette garantie ne pouvait être inférieur à 3 000 euros, ce qui doit permettre de couvrir les frais de poursuite mais peut être dissuasif lorsque la mise à prix est très basse.

1339.144 **Récépissé.** Selon l'article R. 322-41 alinéa 2 C. pr. exéc., l'avocat remet à l'enchérisseur un récépissé contenant ces informations, afin que ce dernier soit pleinement informé de ses droits et surtout de ses obligations.

1339.145 **Origine des fonds.** Depuis 1990 [1], et la volonté du législateur de lutter contre le blanchiment des capitaux provenant du trafic de stupéfiants, les professionnels ne peuvent plus négliger, au regard des règles qui régissent leurs maniements de fonds, l'origine des sommes qui leur sont remises (les articles 2 et 3 de la loi du 12 juillet 1990 avaient ainsi imposé à toutes personnes, qui dans l'exercice de leur profession réalisent, contrôlent ou conseillent des opérations entraînant des mouvements de capitaux, de déclarer au procureur de la République les opérations dont elles ont connaissance et qui portent sur des sommes qu'elles savent provenir du trafic de stupéfiants). C'est désormais dans le Code monétaire et financier que se trouve l'obligation de déclaration.

Le blanchiment est défini comme le fait « *de faciliter par tout moyen, la justification mensongère de l'origine des biens ou des revenus de l'auteur d'un crime ou d'un délit ayant procuré à celui-ci un profit direct ou indirect* », ainsi que « *le fait d'apporter un concours à une opération de placement, dissimulation ou de conversion du produit direct ou indirect d'un crime ou d'un délit. Le blanchiment est puni de cinq ans d'emprisonnement et de 375 000 euros d'amende* » (C. pén., art. 324-1). Lorsqu'il est commis de façon habituelle ou en utilisant les facilités que procure l'exercice d'une activité professionnelle, ou en bande organisée il est puni d'une peine de dix ans d'emprisonnement et de 750 000 euros d'amende (C. pén., art. 324-2).

Les avocats étaient-ils, d'une manière générale, concernés par ces dispositions ? La question était discutée et elle s'était reposée à l'occasion de la discussion de la loi n° 2001-420 du 15 mai 2001, loi relative aux nouvelles régulations économiques [2]. Un amendement au projet de loi avait été déposé, afin de contraindre les avocats à déclarer leurs soupçons en matière de blanchiment ; la liste établie par la loi de 1990, précitée *supra*, aurait ainsi été complétée afin d'obliger ces professionnels, dès qu'ils seraient intervenus en qualité de conseil, de déclarer au procureur de la République les opérations dont ils auraient eu connaissance et portant sur des sommes qui seraient susceptibles de provenir du trafic de stupéfiants. Mais cette déclaration de soupçon remettant en cause le secret professionnel, les avocats en avaient finalement obtenu le retrait. Le débat n'en est pas resté là car la lutte contre le blanchiment est une préoccupation européenne et l'approche du secret professionnel peut être différente au niveau communautaire [3].

Ainsi, la directive européenne n° 2001/97/CE du Parlement européen et du Conseil du 4 décembre 2001, relative à la prévention de l'utilisation du système financier aux fins de blanchiment de capitaux, modifiant la directive n° 91/308 CEE du Conseil sur le même thème, constatait dans son préambule que les blanchisseurs de capitaux ont de plus en plus tendance à « *utiliser* » les professions non financières et désigne, à ce titre, les notaires et les « *membres des professions juridiques indépendantes* », ce qui conduisait à reposer la question de l'assujettissement des avocats à la déclaration de soupçons. La directive semblait certes, distinguer deux catégories d'activités professionnelles pour les avocats : l'activité judiciaire, qui serait dispensée de l'obligation de déclaration de soupçons, et l'activité de conseil juridique et fiscal, qui y serait astreinte. Mais le préambule prévoyait encore que les avocats devraient être soumis aux dispositions de la directive « *lorsqu'ils participent à des transactions de nature financière ou pour le compte de sociétés, y compris lorsqu'ils fournissent des conseils fiscaux* », et la notion de « transaction financière » et de « participation » sont définies à l'article 2 *bis* § 5 nouveaux de la directive de la façon suivante : « *En assistant leur client dans la préparation ou la réalisation de transactions concernant l'achat et la vente de biens immeubles* [...], *la constitution* [...] *de fiducies, de sociétés ou de structures similaires, ou en agissant au nom de leur client et pour le compte de celui-ci dans toute transaction financière ou immobilière* » [4]. La France

1. L. n° 90-614, 12 juill. 1990, relative à la participation des organismes financiers à la lutte contre le blanchiment des capitaux provenant du trafic des stupéfiants, *JO* 14 juill., p. 8329.

2. L. n° 2001-420, 15 mai 2001, relative aux nouvelles régulations économiques, *JO* 16 mai, p. 7776.
3. Sur cette question, v. *D.* 2001, Cah. dr. aff. n° 19, p. 1399.
4. V. Y. Repiquet, « Les avocats français et la directive européenne relative à la prévention de l'utilisation du système financier aux fins de blanchiment de capitaux », *Gaz. Pal.* 6-8 juill. 2003, Libres propos, p. 11 – Et *JCP E* 2003, n° 4, suppl. au n° 37, *Le blanchiment des capitaux*, spéc. A. Larue et P. Mousseron, « Les professionnels du droit face au blanchiment des capitaux », p. 3.

a intégré cette directive dans la loi du 11 février 2004 [1], réformant le statut de certaines professions judiciaires et juridiques, experts judiciaires, conseils en propriété industrielle et des experts en vente aux enchères publiques. Dès cette époque, les avocats ont ainsi été inclus dans la liste des personnes obligées à une déclaration de soupçons [2]. Ils sont désormais tenus aux mêmes obligations que celles qui incombent aux banques et toute omission de déclaration est susceptible de sanctions disciplinaires mais aussi pénales (C. pén., art. 324-2).

En 2005, une troisième directive a ensuite été adoptée [3]. La directive n° 2005/60/CE du Parlement européen et du Conseil du 26 octobre 2005, relative à la prévention de l'utilisation du système financier aux fins de blanchiment de capitaux et du financement du terrorisme, était applicable au secteur financier ainsi qu'aux avocats, notaires, comptables, agents immobiliers, casinos, fiducies et prestataires de services pour les sociétés. Son champ d'application recouvrait aussi tous les fournisseurs de marchandises, lorsque les paiements en espèces dépassent 15 000 euros. Les personnes relevant de la directive devaient établir et vérifier l'identité de leur client et de son ayant droit, et soumettre la relation d'affaires avec le client à une surveillance ; faire état des soupçons de blanchiment d'argent ou de financement du terrorisme aux pouvoirs publics – généralement la Cellule nationale de renseignements financiers ; et prendre des mesures adéquates, comme assurer une bonne formation du personnel et instaurer des politiques et procédures internes de prévention appropriées. Par souci de clarté, la directive existante de 1991, modifiée en 2001, ne devait être abrogée et remplacée par la présente directive, que lors de son entrée en vigueur effective. Les États membres étaient convenus de mettre la directive en œuvre dans un délai de deux années à compter de sa publication au *Journal officiel de l'Union européenne*. La transposition a été réalisée, avec retard, par la France par l'ordonnance du 31 janvier 2009 [4], ensuite modifiée par la loi du 26 juillet 2013 [5], de séparation et de régulation des activités bancaires.

1. L. n° 2004-130, 11 févr. 2004, réformant le statut de certaines professions judiciaires et juridiques des experts judiciaires, des conseils en propriété industrielle et des experts en ventes aux enchères publiques, *JO* 12 févr., p. 2847.
2. L'obligation figure aujourd'hui aux articles L. 561-2, 13° et L. 561-3 C. mon. fin.
3. *Dr. et patr.* juill.-août 2005. Actu. 6 – Et F. Baillet, « Blanchiment : l'état de législation », *Gaz. Pal.* 2005, n° 285, p. 2 – C. Juncu, *LPA* 2005, n° 117, p. 4.
4. Ord. n° 2009-104, 31 janv. 2009, relative à la prévention de l'utilisation du système financier aux fins de blanchiment de capitaux et de financement du terrorisme, *JO* 31 janv., p. 1819.
5. L. n° 2013-672, 26 juill. 2013, de séparation et de régulation des activités bancaires, *JO* 27 juill., p. 12530.

Le titre VI du livre V du Code monétaire et financier a été refondu en 2009 dans le but de lui donner une cohérence globale. La pratique a immédiatement dénoncé l'insécurité du dispositif applicable aux avocats, ainsi que l'insécurité juridique résultant du périmètre de la déclaration de soupçons [6]. La réglementation a été modifiée et complétée ensuite par l'ordonnance du 1er décembre 2016 [7], l'ordonnance du 12 février 2020 [8], par la loi du 22 décembre 2021 [9] pour la confiance dans l'institution judiciaire et encore modifiée par l'ordonnance du 15 octobre 2024 [10]. En pratique, les professionnels sont tenus d'une **obligation de vigilance** à l'égard de leur clientèle (C. mon. fin., art. L. 561-4-1 à L. 561-14-2) et d'une **obligation de déclaration et d'information** conformément aux dispositions des articles L. 561-15 à L. 561-22 C. mon. fin. En vertu de l'article L. 561-2, 13° C. mon. fin., sont assujettis aux obligations de lutte contre le blanchiment, les avocats au Conseil d'État et à la Cour de cassation, les avocats, les notaires, les commissaires de justice, les administrateurs judiciaires, les mandataires judiciaires dans les conditions prévues à l'article L. 561-3. Ainsi, les avocats pourront être concernés par la lutte contre le blanchiment dès lors qu'ils participeront « *au nom et pour le compte de leur client à toute transaction financière ou immobilière* » (C. mon. fin., art. L. 561-3, I, 1°), également lorsqu'ils assistent leur client dans la préparation ou la réalisation de certaines transactions et lorsqu'ils fournissent, directement ou par toute personne interposée à laquelle ils sont liés, des conseils en matière fiscale (C. mon. fin., art. L. 561-3, I, 3°). Toutefois, en vertu de l'article L. 561-3, II C. mon. fin., « *les avocats au Conseil d'État et à la Cour de cassation, les avocats dans l'exercice d'une activité mentionnée au I, ne sont pas soumis aux dispositions de la section 4 du présent chapitre lorsque l'activité se rattache à une procédure juridictionnelle, que les informations dont ils disposent soient reçues ou obtenues avant, pendant ou après cette procédure, y compris dans le cadre de conseils relatifs*

6. Pour une analyse du dispositif : v. C. Cutajar, « Droit du blanchiment : une ordonnance nécessaire mais à parfaire », *D.* 2009. Chron. 821 – C. Charrière-Bournazel, « Ordonnance n° 2009-104 du 30 janvier 2009 transposant la troisième directive anti-blanchiment », *Gaz. Pal.* 15-17 févr. 2009, p. 34.
7. Ord. n° 2016-1635, 1er déc. 2016, renforçant le dispositif français de lutte contre le blanchiment et le financement du terrorisme, *JO* 2 déc., texte 14.
8. Ord. n° 2020-115, 12 févr. 2020, enforçant le dispositif national de lutte contre le blanchiment de capitaux et le financement du terrorisme, *JO* 13 févr., texte 12.
9. L. n° 2021-1729, 22 déc. 2021, pour la confiance dans l'institution judiciaire, *JO* 23 déc., texte 2.
10. Ord. n° 2024-937, 15 oct. 2024, relative au renforcement des obligations de lutte contre le blanchiment de capitaux et le financement du terrorisme en matière de transfert de crypto-actifs, *JO* 17 oct., texte 19.

à la manière d'engager ou d'éviter une telle procédure, non plus que lorsqu'ils donnent des consultations juridiques, à moins qu'elles n'aient été fournies à des fins de blanchiment de capitaux ou de financement du terrorisme ou en sachant que le client les demande aux fins de blanchiment de capitaux ou de financement du terrorisme ». Si on admet que le fait pour un avocat de permettre à un client de devenir acquéreur d'un immeuble faisant l'objet d'une procédure de saisie immobilière est une activité se rattachant à une procédure juridictionnelle, il n'y aurait pas matière à déclaration de soupçons. L'incertitude peut toutefois demeurer car traditionnellement, on considère qu'une saisie immobilière n'est pas une instance mais une mesure d'exécution et le fait de pousser les enchères pourrait être regardé comme constitutif d'une assistance pour réaliser un achat de bien immobilier.

L'ordonnance de 2009, plusieurs fois modifiée, a également créé une cellule nationale de renseignements financiers qui recueille, analyse, enrichit et exploite tout renseignement propre à établir l'origine ou la destination des sommes ou la nature des opérations ayant fait l'objet d'une déclaration (C. mon. fin., art. L. 561-23). En vertu de l'article L. 561-25, II C. mon. fin., dans sa rédaction issue de l'ordonnance du 12 février 2020, ce service peut adresser des demandes de communication de pièces auprès des avocats au Conseil d'État et à la Cour de cassation. Ces demandes sont présentées par le service, selon le cas, au président de l'Ordre des avocats au Conseil d'État et à la Cour de cassation, au bâtonnier de l'ordre auprès duquel l'avocat est inscrit et le professionnel concerné communique à l'autorité dont il relève les pièces qu'elle lui demande et celle-ci les transmet au service. À défaut du respect de cette procédure, l'avocat au Conseil d'État et à la Cour de cassation, et l'avocat près la cour d'appel sont en droit de s'opposer à la communication des pièces demandées par le service mentionné à l'article L. 561-23. Cette dérogation ne s'applique pas à l'avocat agissant en qualité de fiduciaire en application du deuxième alinéa de l'article 2015 C. civ.

L'article L. 561-25, III C. mon. fin. interdit, sous peine des sanctions prévues à l'article L. 574-1, aux dirigeants et aux personnes mentionnées au II *bis* à II *quater* du présent article et à l'article L. 561-2, au président de l'Ordre des avocats au Conseil d'État et à la Cour de cassation ou au bâtonnier de l'ordre auprès duquel l'avocat est inscrit de porter à la connaissance du propriétaire des sommes ou de l'auteur de l'une des opérations mentionnées à l'article L. 561-15 ou à des tiers, autres que les autorités de contrôle, ordres professionnels et instances représentatives nationales mentionnées à l'article L. 561-36, les informations provenant de l'exercice par le service mentionné à l'article L. 561-23 du droit de communication prévu à l'article L. 561-25. Toutefois, le fait pour les personnes mentionnées au 13° de l'article L. 561-2 de s'efforcer de dissuader leur client de prendre part à une activité illégale ne constitue pas une divulgation au sens de cet alinéa.

L'article L. 561-25-1 C. mon. fin. permet à la cellule de renseignement de demander aux Carpa des informations relatives au montant, à la provenance, et à la destination des fonds déposés par un avocat, l'identité de l'avocat concerné et l'indication de la nature de l'affaire telle qu'enregistrée par la caisse. Les Carpa devront communiquer les informations demandées par l'intermédiaire du bâtonnier de l'ordre auprès duquel l'avocat concerné est inscrit[1]. L'article L. 561-36, 3° C. mon. fin. précise que le contrôle du respect des dispositions applicables en matière de lutte contre le blanchiment des capitaux et le financement du terrorisme est assuré par le conseil de l'ordre du barreau auprès duquel les avocats sont inscrits, conformément à l'article 17 de la loi du 31 décembre 1971[2] portant réforme de certaines professions judiciaires et juridiques et qu'il peut être assisté dans sa mission de contrôle par le Conseil national des barreaux conformément à l'article 21-1 de la loi de 1971.

4°
Attestation sur l'honneur pour certaines ventes

1339.151 Lutte contre les marchands de sommeil. Pour lutter contre les marchands de sommeil qui mettent en location des logements insalubres, la loi du 23 novembre 2018[3], sur l'évolution du logement, de l'aménagement et du numérique, dite « loi Elan », a introduit dans le Code des procédures civiles d'exécution un nouvel article L. 322-7-1 afin d'exclure des enchères publiques, pendant la durée de leur peine, les personnes reconnues coupables du délit de soumission à des conditions d'hébergement incompatibles avec la dignité humaine (C. pén., art. 225-14) et condamnées à une peine complémentaire d'interdiction d'acheter un bien immobilier, prévue dans le Code pénal, le Code de la santé publique et le Code de la construction et de l'habitation. L'interdiction ne concerne toutefois que l'acquisition d'un bien immobilier à usage d'habitation ou d'un fonds de commerce d'un établissement recevant du public à usage total ou partiel d'hébergement ; et elle ne s'applique pas dans le cas où acquisition serait faite en vue d'une occupation à titre personnel.

En application de cette disposition, l'article R. 322-41-1 C. pr. exéc. met désormais à la charge des avocats

1. « CARPA : leur rôle consacré par le Code monétaire et financier », Entretien avec Marc Bérenger, *D.* 2017. 400.
2. L. n° 71-1130, 31 déc. 1971, préc.
3. L. n° 2018-1021, 23 nov. 2018 sur l'évolution du logement, de l'aménagement et du numérique, *JO* 24 nov., texte 1.

l'obligation, avant de porter les enchères de se faire remettre par son mandant une attestation sur l'honneur indiquant s'il fait l'objet ou non d'une condamnation à l'une des peines mentionnées à l'article L. 322-7-1 C. pr. exéc. et, lorsque le mandant est une personne physique, si le bien est destiné ou non à son occupation personnelle. Si le mandant est une société civile immobilière ou en nom collectif, il indique également si ses associés et mandataires sociaux font l'objet ou non d'une condamnation à l'une de ces peines.

S'agissant d'une attestation sur l'honneur, on devrait pouvoir affirmer que l'avocat n'a pas à vérifier la sincérité des déclarations de son mandant.

Le contenu de l'attestation est précisé à l'alinéa 2 : lorsque le mandant est une personne physique, l'attestation mentionne ses nom, prénoms, date et lieu de naissance et domicile, ainsi que, lorsqu'il est né à l'étranger, les nom et prénoms de ses parents ; lorsque le mandant est une personne morale, l'attestation mentionne sa dénomination et son numéro SIREN. S'il s'agit d'une société civile immobilière ou en nom collectif, l'attestation mentionne également pour ses associés et mandataires sociaux, l'ensemble des informations requises, tant pour les personnes physiques que morales. L'attestation est datée et signée par le mandant.

§ 3 Déroulement des enchères

1339.160 **Plan.** Une fois les enchères requises (v. s[s] n° 1339.31), le poursuivant doit annoncer les frais (A). Puis les enchères s'ouvrent et les enchérisseurs font des offres par l'intermédiaire de leurs mandataires (B). Avant le début des enchères à proprement parler, le juge diffuse également aux enchérisseurs certaines informations destinées à les éclairer (C).

1339.161 **Liberté des enchères.** Les enchères sont libres, hors les interdictions d'enchérir (v. s[s] n°s 1339.101 s.), ce qui signifie que toute personne doit pouvoir acheter aux enchères sans que le jeu de celles-ci ne soit faussé. Le respect de cette liberté est sanctionné pénalement. L'ancien Code pénal connaissait un délit d'entrave à la liberté des enchères (C. pén., anc. art. 412). Le « nouveau » Code pénal a supprimé le délit propre pour traiter plus globalement des « *infractions voisines de l'escroquerie* ». Le principe de la répression demeure le même, il s'agit de lutter contre le fait, par dons, promesses, ententes ou tout autre moyen frauduleux, d'écarter un enchérisseur ou de limiter les enchères et soumissions (C. pén., art. 313-6) ; les sanctions ont été alourdies : six mois d'emprisonnement et 22 500 euros d'amende.

A. Annonce des frais

1339.171 **Montant taxé.** En vertu de l'article R. 322-42 C. pr. exéc., le montant de la taxe est publiquement annoncé avant l'ouverture des enchères et reproduit dans le jugement. Cela signifie que, désormais, le poursuivant devra faire taxer les frais de poursuites, dûment justifiés, par le juge préalablement, ce qui n'était pas le cas jusqu'alors devant toutes les chambres des criées sous l'empire du décret-loi de 1938. L'avocat doit donc préparer cet état en annexant les justificatifs des frais payés (débours et émoluments).

1339.172 **Contestations.** La matière est strictement tarifée ; il ne pourra rien être exigé au final de plus que le montant de la taxe. Toute stipulation contraire quelle qu'en soit la forme est réputée non écrite (C. pr. exéc., art. R. 322-42).

Toutes les parties qui ont un intérêt peuvent donc contester la taxe en formant opposition : le poursuivant[1] comme l'adjudicataire[2]. À notre sens le même droit doit être ouvert au saisi puisque l'importance des frais est de nature à réduire le montant de l'adjudication.

Le juge de la taxe est, en l'espèce, le JEX. Sa décision est susceptible d'appel, conformément aux dispositions des articles R. 311-7 et R. 121-19 C. pr. exéc.

B. Enchères

1° Modalités

1339.181 **Auteur.** Les enchères sont portées, sous le contrôle du juge qui assure en effet la police de l'audience, par les avocats postulants près le tribunal judiciaire (sur le monopole, v. s[s] n°s 1339.64 et 1339.65), qui ne peuvent avoir plusieurs pouvoirs (v. s[s] n° 1339.72).

1339.182 **Annonce de la mise à prix.** La mise à prix fixée au cahier des conditions de la vente sert de point de départ. Selon l'article R. 322-43 C. pr. exéc., le juge doit rappeler que les enchères partiront du

1. Aix-en-Provence, 15e ch. A, 27 mai 2011, RG n° 10/02656, qui infirme une ordonnance de taxe ayant exclu le coût de courriers recommandés adressés au débiteur par le Trésor public conformément aux dispositions des art. L. 255, L. 258 et L. 277 du LPF, ainsi que les émoluments sur remise au greffe de déclarations complémentaires au dépôt du cahier des conditions de vente. Ces débours et émoluments sont réintégrés dans le compte des frais taxés de saisie immobilière présenté par le poursuivant au JEX.
2. Civ. 10 janv. 1939, *DH* 1939. 145.

montant de la mise à prix fixé, selon le cas, dans le cahier des conditions de la vente ou par décision judiciaire prévue au second alinéa de l'article L. 322-6 C. pr. exéc. Le juge qui modifierait la mise à prix à l'audience d'adjudication en proposant aux enchères et en adjugeant faute d'enchérisseur, l'immeuble au créancier poursuivant, à un prix inférieur à la mise à prix arrêtée irrévocablement par le jugement d'orientation commettrait un excès de pouvoir[1]. À défaut d'enchères en effet, si le montant de la mise à prix a été modifié conformément aux dispositions de l'article L. 322-6 par le juge, le bien pourra être immédiatement remis en vente sur baisses successives de ce montant, le cas échéant jusqu'au montant de la mise à prix initiale (C. pr. exéc., art. R. 322-47).

1339.183 **Enchères.** Selon l'article R. 322-44 C. pr. exéc., les enchères sont pures et simples. Le mécanisme même de l'adjudication interdit en effet, de porter des enchères sous une condition de quelque nature que ce soit.

Chaque enchère doit couvrir l'enchère qui la précède. Il s'agit d'un système d'enchères montantes.

Cependant, le montant de chacune des enchères (offres d'acheter à tel prix) varie selon les pratiques locales et les cahiers des conditions de la vente. Le poursuivant a pu en effet fixer des enchères minimums que les enchérisseurs devront respecter puisqu'ils auront été informés de cette modalité de la vente. En revanche, il a été jugé qu'il n'appartenait pas au tribunal de le faire, sauf si tous les intéressés le demandaient[2] ; et leur accord ne se présumerait pas de leur silence lors de l'audience[3]. Mais en pratique, on savait, avant la réforme, que devant tel TGI il était d'usage de monter sans minimum ou avec, les tribunaux déterminant avant l'ouverture des enchères, et souvent en fonction de l'immeuble, le montant minimal auquel les enchères devaient être portées.

Les enchères sont formulées à voix haute, par les avocats, dans les intérêts de leurs mandants.

1339.184 **Modalités techniques.** Initialement, aux termes de l'article 78 du décret du 27 juillet 2006, les opérations devaient être arrêtées lorsque trois minutes se seraient écoulées depuis la dernière enchère. Le décret du 23 décembre 2006[4] a modifié l'article 78, devenu l'article R. 322-45 C. pr. exéc., afin de raccourcir le temps entre chaque enchère : selon la nouvelle rédaction de l'article 78 (devenu C. pr. exéc., art. R. 322-45), les enchères seront arrêtées lorsque quatre-vingt-dix secondes se seront écoulées depuis la dernière enchère. Ce temps est décompté par tout moyen visuel ou sonore qui signale au public chaque seconde écoulée. Ce nouveau décompte remplace ainsi le mécanisme des trois bougies qui duraient approximativement une minute chacune. Le système désuet en apparence, du décret-loi de 1938 avait cependant été adapté ; l'article 705 alinéa 3 permettant en effet que les « bougies » soient remplacées par un autre moyen, comme des feux électriques de la durée légale. Et le volume du rôle devant certains tribunaux avait même conduit ces derniers à ne faire allumer en pratique que le troisième feu, les deux premiers étant seulement annoncés verbalement par l'huissier. Rien ne semble, au demeurant, interdire de maintenir ce système.

Dès que ce temps est écoulé, le juge constate sur-le-champ le montant de la dernière enchère laquelle emporte adjudication (C. pr. exéc., art. R. 322-45, al. 2). Ce dernier terme est maintenu et préféré à celui de vente, qui suppose en effet un accord de volonté entre le vendeur et l'acquéreur.

2°
Carence d'enchères

1339.191 **Définition.** Il y a carence d'enchères lorsqu'aucune offre, supérieure à la mise à prix, n'a été formulée ; le fait de déclarer acquiescer à la mise à prix ne constitue pas une enchère[5].

1339.192 **Effet.** En cas de carence d'enchères, le poursuivant est déclaré adjudicataire pour la mise à prix (C. pr. exéc., art. L. 322-6)[6]. Le JEX ne peut adjuger l'immeuble en dessous de la mise à prix fixée par le jugement d'orientation[7]. Il a été jugé que

1. Civ. 2e, 19 févr. 2015, no 14-13.786, P II, no 46 ; *RTD civ.* 2015. 458, obs. N. Cayrol – Civ. 2e, 12 avr. 2018, no 17-15.418, P ; *AJDI* 2019. 138, obs. F. de la Vaissière ; *JCP* 2018. 509, obs. C. Laporte ; *Procédures* 2018, no 187, obs. C. Laporte – Civ. 2e, 13 juin 2024, no 22-10.790, B.
2. Civ. 6 avr. 1857, *DP* 1857. 1. 157.
3. Civ. 6 avr. 1857.
4. Décr. no 2006-1805, 23 déc. 2006, relatif à la procédure en matière successorale et modifiant certaines dispositions de procédure civile, *JO* 31 déc., texte 70.
5. Civ. 2e, 27 mai 1983, no 82-10.761, P II, no 114.
6. Ce dispositif a été jugé conforme aux droits et libertés que garantit la Constitution : Cons. const. 16 déc. 2011, no 2011-206 QPC, *Dr. et proc.* 2012. 80, obs. A. Leborgne – Il peut même conduire à « tordre » le droit des associations : ainsi, a-t-il été jugé que les dispositions de l'art. 6 de la loi du 1er juill. 1901, qui interdisent à une association d'acquérir à titre onéreux des immeubles qui ne sont pas strictement nécessaires à l'accomplissement du but qu'elle se propose ne font pas obstacle à l'adjudication en application de l'art. L. 322-6, à une association diocésaine, ayant la qualité de créancier poursuivant, d'un immeuble dont la destination ne rentre pas dans son objet : Civ. 2e, 6 déc. 2018, no 17-24.173, P ; *D.* 2018. 2421 ; *D.* 2019. Pan. 1306, obs. A. Leborgne ; *JA* 2019, no 593, p. 9, obs. P. Viudès ; *AJDI* 2019. 552, obs. F. Cohet ; *RTD com.* 2019. 182, obs. D. Hiez ; *JCP* 2019. 71, note C. Laporte ; *Procédures* 2019, no 46, obs. C. Laporte.
7. Civ. 2e, 19 févr. 2015, no 14-13.786, P II, no 46 ; *D. actu.* 4 mars 2015, obs. V. Avena-Robardet ; *Gaz. Pal.* 16 juin 2015, p. 35, note L. Lauvergnat ; *RD banc. fin.* 2015, no 93, obs. S. Piedelièvre.

l'auxiliaire de justice qui a fixé la mise à prix pour le compte du poursuivant peut être déclaré responsable du préjudice subi par ce dernier en l'absence d'enchères [1] ; la décision pourrait toutefois être différente si le mandant avait eu une compétence en matière de vente sur saisie immobilière (dans l'espèce précitée, le poursuivant était une caisse d'épargne ; les juges du fond, tout en reconnaissant que cet établissement était un professionnel du prêt immobilier, ont admis son incompétence dans le domaine de la vente sur saisie immobilière).

1339.193 **Remise en vente sur baisse de mise à prix.** Lorsque la mise à prix, jugée manifestement insuffisante par le saisi, aura été modifiée par le juge, à l'audience d'orientation (v. s[s] n°s 1335.181 s.), le poursuivant n'en est plus responsable ; il est dès lors inéquitable qu'il demeure adjudicataire pour le prix réévalué. Ainsi, selon l'article R. 322-47 C. pr. exéc., à défaut d'enchères et lorsque le montant de la mise à prix a été modifié par le juge, le bien est immédiatement remis en vente sur baisses successives, le cas échéant jusqu'au montant de la mise à prix initiale. L'article R. 322-47 C. pr. exéc. complète ainsi les dispositions de l'article L. 322-6 C. pr. exéc. qui ne visait pas la baisse de mise à prix.

C. Nullité des enchères

1339.201 **Sanction des irrégularités.** Selon l'article R. 322-48 alinéa 1er C. pr. exéc., les dispositions de la section consacrée aux enchères (C. pr. exéc., art. R. 322-39 à R. 322-47) sont prescrites à peine de nullité de l'enchère soulevée d'office. Ainsi, sera nulle toute enchère portée en violation de ces règles, sans démonstration de grief.

« *Toute nouvelle enchère régulièrement portée couvre la nullité des enchères précédentes* » (C. pr. exéc., art. R. 322-48, al. 2). Cette règle évite ainsi de réitérer les enchères et favorise l'augmentation du prix d'adjudication.

« *La nullité de la dernière enchère entraîne de plein droit la nullité de l'adjudication* » (C. pr. exéc., art. R. 322-48, al. 3). Si l'enchère nulle est la dernière qui ait été portée, elle entraîne la nullité de la vente et impose de remettre le bien en vente. Afin de lever toute interrogation sur la nature et le régime de cette sanction (nullité de procédure pour vice de forme ou vice de fond ; nullité contractuelle ; voire irrecevabilité), le texte précise que cette nullité est prononcée de plein droit. Tout pouvoir d'appréciation du juge – notamment sur l'existence d'un grief – est donc écarté.

1. Civ. 1re, 20 oct. 1998, n° 96-10.408, NP ; *Procédures* 1999, n° 26.

1339.202 **Contestations.** Pour éviter une remise en cause tardive des enchères, qui imposerait la réorganisation d'une audience coûteuse, l'article R. 322-49 C. pr. exéc. impose que les contestations relatives à la validité des enchères soient formées verbalement à l'audience [2], par ministère d'avocat. Le juge statue sur-le-champ et, le cas échéant, reprend immédiatement les enchères dans les conditions prévues à l'article R. 322-43 C. pr. exéc. Mais cette disposition est difficile à mettre en œuvre car s'agissant d'une interposition de personnes comme d'une attestation sur l'honneur mensongère elles ne seront détectables qu'après l'audience.

1339.203 **Nullité de l'article R. 322-49-1 C. pr. exéc.**

Il résulte de l'article R. 322-48 C. pr. exéc. que les dispositions des nouveaux articles R. 322-41-1 et R. 322-46 du même code sont prescrites à peine de nullité, soumises à la démonstration d'un grief. Dès lors, le JEX et le greffe doivent veiller à la remise de l'attestation sur l'honneur avant la fin de l'audience d'adjudication et s'assurer de sa régularité formelle. Toutes les mentions requises en application de l'article R. 322-41-1 sont en effet indispensables à la consultation du bulletin n° 2 du casier judiciaire des adjudicataires et des associés et mandataires sociaux des sociétés civiles immobilière (SCI) et sociétés en nom collectif (SNC) déclarés adjudicataires. Dès lors, le défaut de remise de l'attestation à l'avocat avant qu'il porte les enchères, puis au greffe avant l'issue de l'audience, comme la remise d'une attestation incomplète seront sanctionnés par la nullité de l'enchère soulevée d'office par le JEX. Lorsqu'il s'agira de la dernière enchère, l'adjudication sera nulle. Une attestation erronée pourrait en outre donner lieu à des poursuites pour faux, sur le fondement des articles 441-1 et 441-9 C. pén.

§ 4 Adjudication

1339.211 **Automaticité.** Même en cas de carence d'enchères, le tribunal prononcera une adjudication au profit du poursuivant [3]. Lorsqu'il n'est plus intervenu de nouvelle enchère pendant quatre-vingt-dix

2. La nullité ne pourra donc pas être soulevée à l'occasion de la contestation du jugement d'adjudication : Civ. 2e, 24 sept. 2015, n° 14-19.659, NP.
3. Civ. 2e, 27 mai 1983, n° 82-10.761, P II, n° 114. – V. Rép. min. n° 93722, *JOAN Q*, 28 févr. 2017, p. 1869 – *Procédures* 2017, n° 85, note C. Laporte – V. ÉGAL. Civ. 2e, 6 déc. 2018, n° 17-24.173, P, pour une association diocésaine ; *D.* 2019. Pan. 1306, obs. A. Leborgne ; *AJDI* 2019. 552, obs. F. Cohet ; *RTD com.* 2019. 182, obs. D. Hiez ; *JCP* 2019. 71, note C. Laporte ; *Procédures* 2019, n° 46, obs. C. Laporte.

secondes à l'issue de la dernière enchère, le dernier enchérisseur est déclaré adjudicataire. Cette règle connaît cependant une exception en cas de vente sur licitation-partage (v. s[s] n° 1422.234).

1339.212 **Déclaration.** L'avocat n'est qu'un mandataire ; au moment de l'adjudication nul ne peut savoir pour qui il a poussé les enchères. Avant la réforme, l'avocat du dernier enchérisseur demandait au tribunal de le déclarer adjudicataire, sous réserve de déclarer son nom dans les trois jours et de fournir son acceptation ou son pouvoir. L'article 707 ACPC ouvrait un délai de trois jours pour en faire la déclaration, ce qui permettait notamment de vérifier si l'enchérisseur était en droit de se porter adjudicataire. L'article R. 322-46 C. pr. exéc. dispose que l'avocat dernier enchérisseur est désormais tenu de déclarer au greffier, avant l'issue de l'audience, l'identité de son mandant. Cette obligation est prévue à peine de nullité des enchères conformément aux dispositions de l'article R. 322-48 C. pr. exéc.

L'article R. 322-61 ajoute que si les renseignements d'identité fournis par l'adjudicataire sont incomplets au regard des exigences de la publicité foncière, l'avocat de l'adjudicataire les complétera par une déclaration écrite remise au greffe au plus tard le troisième jour ouvrable suivant l'audience d'adjudication. Cette déclaration complémentaire sera annexée au titre de vente. En cas de difficulté, le greffe en référera au juge, qui statuera par une ordonnance non susceptible d'appel.

1339.213 **Remise de l'attestation sur l'honneur et diligences du greffe.** L'article R. 322-46 C. pr. exéc. prévoit encore que l'attestation sur l'honneur mentionnée à l'article R. 322-41-1 du même code sera remise par l'avocat dernier enchérisseur au greffe en même temps qu'il déclare l'identité de son mandant.

En l'absence de surenchère valide, si l'attestation mentionnée à l'article R. 322-41-1 C. pr. exéc. ne précise pas que le bien est destiné à l'occupation personnelle du mandant, le service du greffe devra demander le bulletin n° 2 du casier judiciaire de l'enchérisseur déclaré adjudicataire et, s'il s'agit d'une société civile immobilière ou en nom collectif, de ses associés et mandataires sociaux.

S'il s'avère que l'enchérisseur déclaré adjudicataire ou, s'il s'agit d'une société civile immobilière ou en nom collectif, l'un de ses associés ou mandataires sociaux, a fait l'objet d'une condamnation à l'une des peines mentionnées à l'article L. 322-7-1 C. pr. exéc., le service du greffe en référera au juge qui, après avoir sollicité les observations des parties, prononcera d'office la nullité de l'adjudication par une ordonnance non susceptible d'appel dans laquelle il fixera la nouvelle audience de vente à une date comprise dans un délai de deux à quatre mois suivant le prononcé de sa décision.

L'ordonnance est notifiée par le greffe au débiteur saisi, au créancier poursuivant, aux créanciers inscrits et à l'adjudicataire par LRAR (C. pr. exéc., art. R. 322-49-1).

Lorsque l'immeuble est remis en vente par la voie d'une nouvelle adjudication en application des dispositions de l'article R. 322-49-1 C. pr. exéc., il est fait application des dispositions des articles R. 322-70 à R. 322-72 (C. pr. exéc., art. R. 322-49-2).

1339.214 **Suppression de la faculté de déclarer command.** L'article 707 alinéa 2 ACPC offrait une facilité fiscale : la faculté offerte à l'adjudicataire, dans les vingt-quatre heures de la déclaration de l'avocat, de déclarer command à l'Administration de l'enregistrement, c'est-à-dire de substituer un autre bénéficiaire en évitant un double droit de mutation.

En cas de déclaration de command, l'administration fiscale ne perçoit qu'un droit forfaitaire en sus des droits de mutation, sans pouvoir prétendre à une double mutation (saisi/adjudicataire, puis adjudicataire/bénéficiaire du command). Toutefois, l'Administration de l'enregistrement est toujours en mesure de démontrer l'existence de mutations secrètes et de faire payer deux fois les droits de mutation [1].

Cette faculté a été supprimée par les auteurs de la réforme (C. pr. exéc., art. L. 322-8). Cette disposition est inspirée par un souci de transparence des enchères bien mal compris. La déclaration de command permet simplement de substituer à l'adjudicataire déclaré une autre personne. Cette faculté existe et est utilisée en droit commun de la vente (CGI, art. 686) et on ne comprend pas pourquoi il en serait différemment en matière de saisie immobilière.

1339.215 **Exercice du droit de préemption.** Dans les conditions et délais légaux propres à chaque type de droit de préemption ouverts par la loi (v. s[s] n°s 1338.120 s.), le bénéficiaire doit faire connaître sa décision. Il peut ainsi se substituer à l'adjudicataire dans les conditions de l'adjudication. À défaut d'avoir fait connaître sa décision, il est déchu de son droit.

SECTION 2
ÉVÉNEMENTS POUVANT AFFECTER LA VENTE

1339.220 **Pluralité d'obstacles. Plan.** Les cas de report obligatoire qui ont été envisagés lors de l'audience d'orientation peuvent encore se présenter à l'occasion de l'audience d'adjudication (v. s[s] n° 1335.111). L'article R. 322-28 C. pr. exéc. envisage en outre, les cas où, exceptionnellement, la

1. Civ. 2e, 27 oct. 1969, *JCP* 1970. II. 16233.

vente pourra être remise. Tenant compte des difficultés résultant de l'existence d'un appel formé à l'encontre du jugement d'orientation ordonnant la vente aux enchères et non encore jugé, les auteurs du décret du 12 février 2009 ont permis au poursuivant de demander au JEX le report de la date d'audience de vente forcée (§ 1). Enfin, la mesure d'exécution peut faire l'objet d'une mainlevée. Également, avant d'ordonner la vente, le tribunal doit trancher les contestations soulevées par le saisi ou les créanciers (§ 2).

Si la vente est renvoyée à une audience ultérieure, il est procédé à de nouvelles publicités.

§ 1
Report de l'audience

1339.231 **Diversité des cas de figure.** Initialement, les auteurs du décret de 2006 n'avaient admis un report de la vente que pour un cas de **force majeure** ou sur la **demande de la commission de surendettement.** Cette remise ne peut, en effet, être ordonnée qu'exceptionnellement, compte tenu des effets qu'elle emporte. Le décret du 12 février 2009 a complété ce dispositif en prenant en considération l'hypothèse où l'appel à l'encontre du jugement d'orientation est encore en cours et celle où une suspension des poursuites a été ordonnée sur le fondement de l'article R. 121-22 C. pr. exéc. Ces hypothèses sont limitatives ; la demande d'aide juridictionnelle, non encore instruite par le bureau d'aide juridictionnelle, ne fait pas partie des cas de report de la vente forcée[1].

A.
Conditions

1339.240 **Plan.** Il faut distinguer les dispositions de l'article R. 322-28 C. pr. exéc. de celles de l'article R. 322-19.

1°
Fondements

a.
Reports sur le fondement de l'article R. 322-28 du Code des procédures civiles d'exécution

1339.251 **Report pour force majeure.** Avant la réforme, selon l'article 703 alinéa 1er ACPC, la remise de la vente n'était possible que pour causes graves et dûment justifiées (circonstances extérieures à la procédure, grève, catastrophe naturelle, événements monétaires nationaux ou encore circonstances internes, comme une erreur dans les publicités) c'est-à-dire des causes qui pouvaient avoir une influence sérieuse sur le résultat de la vente et qui permettaient d'espérer que le saisi se trouve rapidement en état de désintéresser les créanciers et de payer les frais de poursuite. De nouveaux délais pouvaient encore être accordés ultérieurement en cas de force majeure (ACPC, art. 703, al. 3). Les applications étaient rares. Une nouvelle cause de même gravité que la première fois ne suffisait donc pas.

Désormais, c'est la démonstration des éléments caractérisant la force majeure qui devra être apportée[2]. Le domaine de l'article R. 322-28 C. pr. exéc. est donc plus restreint que celui de l'ancien article 703. On a avancé l'exemple de la destruction partielle de l'immeuble saisi, qui imposerait de modifier le cahier des conditions de la vente... Par analogie avec la jurisprudence développée sur le fondement de l'article 703 alinéa 3, on pouvait déjà penser que le fait qu'une instance soit pendante devant une cour d'appel ne pouvait caractériser la force majeure[3]. C'est ce qui a conduit à une modification du dispositif initial (v. s^s n° 1339.261).

1339.252 **Report à la demande de la commission de surendettement.** Les auteurs de la réforme ont distingué le cas où le débiteur a déposé un dossier auprès de la commission de surendettement. Dans cette situation, et lorsque la vente forcée a été ordonnée, c'est la commission, et elle seule[4], qui a qualité pour demander le report de la date d'adjudication au juge chargé de la saisie immobilière, en application des articles L. 721-7 ou L. 722-4 C. consom.

L'article L. 721-7 C. consom. concerne l'hypothèse où la commission, pendant qu'elle examine la demande de surendettement du débiteur, a la faculté de saisir, à compter du dépôt du dossier et jusqu'à la décision statuant sur la recevabilité de la demande

1. Mais la demande d'aide juridictionnelle interrompt le délai pour former appel : v. L. n° 91-647, 10 juill. 1991, relative à l'aide juridique, *JO* 13 juill., et Décr. n° 2020-1717, 28 déc. 2020, portant application de la loi n° 91-647 du 10 juillet 1991 relative à l'aide juridique et relatif à l'aide juridictionnelle et à l'aide à l'intervention de l'avocat dans les procédures non juridictionnelles, *JO* 29 déc., texte 32, art. 43 – V. ÉGAL., pour une présentation de l'évolution des textes, E. Jullien, note s^s Civ. 2e, 19 nov. 2020, n° 19-16.792, P ; *Rev. prat. rec.* 2021/2, p. 8.

2. Sur l'exigence du cumul des caractères d'imprévisibilité et d'irrésistibilité, v. Cass., ass. plén., 14 avr. 2006, n°s 02-11.168 et 04-18.902, P, n°s 5 et 6 ; *D.* 2006. 1577, note P. Jourdain – Cass., ass. plén., 10 juill. 2020, n°s 18-18.542, et 18-21.814, P : qui réaffirme l'exigence du caractère d'extériorité pour établir qu'un événement est constitutif de force majeure.
3. EN CE SENS, sous l'empire du Décr.-L. de 1938, Civ. 2e, 27 juin 2002, n° 00-22.642, P II, n° 144 – DE MÊME, Paris, 7 janv. 2009, *Dr. et proc.* 2009. 176 – Ce qu'a confirmé Civ. 2e, 5 déc. 2019, n° 18-24.387, NP ; *Procédures* 2020, n° 42, obs. C. Laporte.
4. Civ. 2e, 7 janv. 2016, n° 14-26.908, P. Y compris dans le cas où la vente forcée a été ordonnée avant que la commission de surendettement n'ait déclaré le dossier recevable – Civ. 2e, 5 sept. 2019, n° 18-15.547, P ; *JCP E* 2019. Actu. 583 ; *Procédures* 2019, n° 283, obs. C. Laporte ; *RD banc. fin.* 2019, n° 201, obs. S. Piedelièvre.

de traitement de la situation de surendettement, le juge des contentieux de la protection aux fins de suspension des procédures d'exécution. S'il y fait droit, et que la vente forcée avait déjà été ordonnée, le report de la date d'adjudication ne peut résulter que d'une décision du juge chargé de la saisie immobilière, saisi à cette fin par la commission, pour causes graves et dûment justifiées.

L'article L. 722-4 C. consom. s'applique lorsque la demande de surendettement a été jugée recevable, ce qui a emporté interdiction et suspension des procédures d'exécution, mais que la vente forcée a déjà été ordonnée. Dans ce cas également, le report de la date d'adjudication ne peut résulter que d'une décision du juge chargé de la saisie immobilière, saisi à cette fin par la commission, pour causes graves et dûment justifiées.

Le report ne peut donc résulter que d'une décision du juge chargé de la saisie immobilière, saisi à cette fin par la commission, pour causes graves et dûment justifiées. Mais est-ce que le juge de la saisie immobilière sera lié par la demande de la commission ?

La question se posait déjà avant la réforme. L'ancien article L. 331-5 C. consom. semblait laisser tout pouvoir d'appréciation au juge de la saisie pour décider si la demande de la commission était justifiée. Cependant, si un délai avait été préalablement octroyé par le JEX, la décision de ce magistrat s'imposait au juge des criées[1]. Et la Cour de cassation avait jugé au double visa des articles 703 ACPC et 480 C. pr. civ. que la décision du JEX ordonnant la suspension des voies d'exécution, décision dont les demandeurs avaient fait état devant le juge des criées, s'imposait au tribunal sans que l'article 703 fût applicable[2].

L'article R. 721-7 C. consom. qui expose les modalités de saisine du JEX précise que la commission doit indiquer les causes graves et dûment justifiées invoquées à l'appui de sa demande. S'il estime la demande fondée, le JEX rendra une décision de report qui devra être motivée. Ainsi, doit-il pouvoir refuser le report s'il n'est pas convaincu par la demande ou si celle-ci n'est pas appuyée par des justificatifs (v. s^s^ n° 1339.272).

b.
Reports en cas d'appel contre un jugement ordonnant la vente forcée (C. pr. exéc., art. R. 322-19, al. 2)

1339.261 Appel du jugement d'orientation en cours : demande de remise émanant du créancier poursuivant. Afin de sécuriser la vente aux enchères et d'éviter que le poursuivant soit confronté au dilemme, soit de vendre en l'état d'un appel du jugement d'orientation, soit de ne pas requérir la vente et d'encourir la caducité du commandement de payer valant saisie, les auteurs du décret du 12 février 2009 ont non seulement décidé que **l'appel du jugement d'orientation serait jugé selon la procédure à jour fixe**[3], mais encore que **la cour devrait statuer au plus tard un mois avant la date prévue pour l'adjudication** (v. s^s^ n° 1334.195). Par prudence, l'article R. 322-19 alinéa 2 C. pr. exéc. dispose encore qu'« *à défaut, le juge de l'exécution peut, à la demande du créancier poursuivant, reporter la date de l'audience de vente forcée* ».

1339.262 Suspension des poursuites ordonnée et report de plein droit. Une autre hypothèse de report a encore été envisagée au même article. C'est celle où une suspension des poursuites a été ordonnée, en application de l'article R. 121-22 C. pr. exéc., c'est-à-dire par le premier président de la cour d'appel. Dans ce cas, la décision du premier président interdit de tenir l'audience à la date prévue et le report est de plein droit (v. s^s^ n° 1339.352) ; si le jugement ordonnant l'adjudication est confirmé en appel, la date de l'adjudication sera fixée sur requête par ordonnance du JEX.

2°
Titulaires du droit de demander la remise

a.
Report de l'article R. 322-28 C. pr. exéc.

1339.271 Toute personne intéressée en cas de force majeure. Il est fréquent que le saisi tente de s'opposer à la vente de son bien en déposant une demande aux fins de remise. L'ancien Code de procédure civile l'y autorisait aux conditions de l'article 703. Le Code des procédures civiles d'exécution ne comporte aucune indication, donc aucune restriction sur les titulaires du droit. Aussi bien donc, le saisi, que les créanciers inscrits, le poursuivant, voire des tiers ayant des droits sur l'immeuble, devraient pouvoir la demander.

1339.272 Commission de surendettement. L'article R. 322-28 C. pr. exéc. dispose que la vente forcée peut être reportée sur la demande de la commission de surendettement formée en application des articles L. 722-4 (lorsque la commission a déclaré la demande

1. Civ. 1re, 14 nov. 2001, n° 99-18.163, P I, n° 281 ; *Dr. et proc.* 2002. 183, obs. J.-J. Bourdillat.
2. Civ. 2e, 22 mars 2006, n° 04-10.776, P II, n° 80 ; *D.* 2006. IR 1252 ; *Dr. et proc.* 2006, n° 5, obs. A. Leborgne.
3. Il résulte de l'art. 155 du décret n° 2009-160 du 12 févr. 2009 que les appels contre les décisions notifiées avant le 1er mars 2009 sont soumis à la procédure ordinaire devant la cour d'appel, de sorte que le délai d'un mois prévu par l'art. 52 du décret du 27 juill. 2006 (devenu C. pr. exéc., art. R. 322-19) ne leur est pas applicable : Civ. 2e, 8 juill. 2010, n° 09-15.051, P II, n° 139 ; *D.* 2011. Pan. 1509, obs. A. Leborgne.

du débiteur recevable)[1] ou L. 721-7 C. consom. (avant toute décision de recevabilité).

Lorsque la vente forcée a été ordonnée, l'article R. 721-7 C. consom. réglemente les modalités de la saisine du juge chargé de la saisie immobilière : la commission saisit le JEX qui connaît de la saisie immobilière d'une demande de remise de la vente adressée par LRAR ou remise contre émargement au greffe, quinze jours au moins avant la date prévue pour la vente[2].

Cette demande indique les noms, prénoms et adresse du débiteur ainsi que ceux des créanciers poursuivants et précise en outre les causes graves et dûment justifiées invoquées à l'appui de la demande. Sont annexés à cette demande un état des revenus du débiteur, un relevé des éléments actifs et passifs de son patrimoine et la liste des procédures d'exécution diligentées à l'encontre de ses biens, des cessions des rémunérations qu'il a consenties et des mesures d'expulsion de son logement établis au moyen des documents dont dispose la commission.

Le jugement statuant sur le report de la date d'adjudication est notifié par le greffe du juge chargé de la saisie immobilière, par lettre simple à la commission, et par lettre recommandée avec demande d'avis de réception au débiteur, au créancier poursuivant et aux créanciers inscrits par LRAR. La notification indique que ce jugement n'est susceptible ni d'appel ni d'opposition (C. consom., art. R. 721-8).

b.
Remise de l'article R. 322-19 du Code des procédures civiles d'exécution

1339.281 **Le créancier poursuivant.** Si l'appel formé par le saisi à l'encontre du jugement ordonnant la vente forcée n'est pas encore jugé, un mois avant la date prévue pour l'audience d'adjudication, c'est lui en effet qui a intérêt à obtenir le report de l'audience. On peut toutefois penser que s'il ne le faisait pas, les créanciers inscrits pourraient agir par voie de subrogation.

3°
Procédure

1339.291 **Forme de la demande.** Qu'il s'agisse d'une **demande de report pour force majeure** ou d'une **demande de report en l'état d'un appel pendant**, en l'absence de dispositions spéciales, il faudra, conformément à l'article R. 311-6 C. pr. exéc., former la demande sous forme de conclusions signées par un avocat et déposées au greffe[3]. En effet, la demande de report de l'audience d'adjudication est une demande incidente[4].

La demande émanant de la commission de surendettement, en revanche, est formée par LRAR ou lettre remise contre émargement au greffe (C. consom., art. R. 721-7 – v. s[s] n° 1339.272).

1339.292 **Délais.** Les demandes formées selon les dispositions de l'article R. 311-6 C. pr. exéc. ne sont pas soumises à un délai de dépôt préalable. En revanche, la demande formée par la commission doit être formée quinze jours au moins avant la date prévue pour la vente (C. consom., art. R. 721-7).

1339.293 **Contradictoire.** Initialement, le décret de 2006 n'avait rien prévu lorsque la demande de remise émane d'une partie à la procédure. Le juge est saisi de cette demande par le dépôt au greffe mais ne fallait-il pas, au moins pour des raisons confraternelles, la dénoncer aux autres parties ? Le décret du 12 février 2009 a donc amélioré la rédaction. Ainsi, l'article R. 311-6 C. pr. exéc. prévoit l'**obligation de communiquer les conclusions et pièces entre avocats** conformément aux dispositions de l'article 766 C. pr. civ. ; et de **signifier les conclusions** au débiteur qui n'aurait pas constitué avocat.

1339.294 **Jugement accordant le report pour force majeure.** La décision de reporter la vente va faire l'objet d'un jugement[5] qui devra être mentionné en marge de la copie du commandement publié (C. pr. exéc., art. R.321-22). Avant la réforme, on enseignait que si le tribunal faisait droit à la demande de remise, il devait dans sa décision fixer le nouveau jour de l'adjudication, qui ne pouvait être éloignée

1. Civ. 2e, 5 sept. 2019, n° 18-15.547, P ; *RD banc. fin.* 2019, n° 201, obs. S. Piedelièvre.
2. Si la saisine du juge est irrégulière, la demande de remise sera irrecevable : Civ. 2e, 29 sept. 2011, n° 10-31.062, NP.
3. Jugé que l'absence de signature des conclusions est une irrégularité de forme qui ne peut entraîner la nullité de l'acte que s'il est justifié d'un grief : Civ. 2e, 4 nov. 2021, n° 20-16.393, P.
4. Civ. 2e, 22 févr. 2012, n° 11-11.914, P II, n° 38 ; *D. actu.* 7 mars 2012, obs. V. Avena-Robardet ; *Procédures* 2012, n° 147, obs. R. Perrot ; *ibid.* 2013. Chron. 1, n° 9, obs. A. Leborgne ; *Dr. et proc.* 2012. 184, obs. O. Salati ; *Gaz. Pal.* 13-15 mai 2012, p. 19, obs. C. Brenner ; *RD banc. fin.* 2012, n° 95, obs. S. Piedelièvre : l'avocat du poursuivant doit donc impérativement déposer des conclusions pour éviter la caducité du commandement et ne pas se contenter des mentions portées par le greffier sur la note d'audience.
5. Ayant constaté que le dispositif du jugement reportant la vente forcée omettait de mentionner la totalité des biens immobiliers concernés par la procédure de saisie immobilière visés dans le commandement de payer et rappelés par ce jugement dans l'objet de l'incident, un JEX décide, sans modifier les droits et obligations reconnus aux parties par cette décision et excéder ses pouvoirs, que l'omission dans la désignation des biens procédait d'une erreur purement matérielle rectifiable : Civ. 2e, 22 sept. 2011, n° 11-10.119, P II, n° 172 ; *D.* 2012. Chron. C. cass. 644, obs. L. Leroy-Gissinger ; *ibid.*, Pan. 1517, obs. A. Leborgne ; *RD banc. fin.* 2012, n° 24, obs. S. Piedelièvre.

de plus de quatre mois ; la remise ne pouvant, en tout état de cause, être effectuée à une date indéterminée. L'article R. 322-29 C. pr. exéc. dispose seulement que « *lorsque la vente forcée est renvoyée à une audience ultérieure, il sera procédé à une nouvelle publicité dans les formes et délais de la première vente* ». Ce qui suppose donc que le jugement de remise fixe une nouvelle date d'audience. Mais dans quel délai ?

1339.295 **Délai de report.** Initialement fixé à soixante jours par le décret-loi de 1938, Le délai de report avait été repoussé à quatre mois par la loi du 29 juillet 1998[1]. Ce que l'article 703 ACPC prévoyait ne pouvait être un renvoi *sine die*, mais une remise fondée sur un motif précis. Le domaine de l'article 703 supposait une situation susceptible de trouver une solution dans ce délai. Cette hypothèse était donc à distinguer de celle où le juge devra ordonner le sursis à la vente dans l'attente d'un événement plus lointain (discontinuation des poursuites, décès du débiteur, instance risquant de remettre en cause la procédure, cassation contre un jugement d'incident).

Les auteurs de la réforme n'ont pas donné pas d'indication sur le délai du report. Il faut sans doute en conclure qu'en fonction de l'événement, le report pourra être *sine die*.

1339.296 **Radiation du rôle.** En pratique, il arrive que le débiteur verse des acomptes. Avant la réforme, la pratique admettait que le créancier poursuivant renvoie la vente de huit jours en huit jours jusqu'à parfait paiement. Dans ce cas, le juge radiait l'affaire administrativement, laissant au poursuivant la faculté de reprendre la procédure si finalement la créance n'était pas éteinte ; cette faculté appartenait encore aux créanciers inscrits si le poursuivant renonçait à la procédure. Il est possible que des pratiques similaires se développent devant certains JEX, dans l'intérêt de toutes les parties.

1339.297 **Recours en cas de report fondé sur l'article R. 322-28 C. pr. exéc. : appel immédiat.** Selon l'article 703 alinéa 3 ACPC, le jugement n'était susceptible d'aucun recours. La règle posée était générale et absolue, excluant tous les recours, que la décision ait fait droit à la demande de remise ou qu'elle s'y soit opposée. Elle s'expliquait par le fait que remettre en cause la décision revenait à largement dépasser le strict délai légal au-delà duquel la vente ne pouvait être reportée.

On ne trouve pas pareille restriction formulée dans le code s'agissant de la remise de l'article R. 322-28 C. pr. exéc. *A priori*, et selon l'article R. 311-7 C. pr. exéc., le jugement statuant sur cette demande semblait être susceptible d'appel, formé dans les quinze jours à compter de sa notification par le greffe. La Cour de cassation l'a confirmé implicitement en jugeant que le jugement qui reporte la vente pour force majeure étant susceptible d'appel, le pourvoi en cassation était irrecevable[2].

On notera tout de même une difficulté lorsque la vente est remise à la demande de la commission de surendettement, l'article R. 721-8 C. consom. dispose que la notification du jugement statuant sur le report de la date d'adjudication indique que ce jugement n'est susceptible ni d'appel ni d'opposition[3].

Quant au pourvoi en cassation, les auteurs de la réforme ont également été silencieux, mais, au visa des articles 606, 607 et 608 C. pr. civ., la deuxième chambre civile a jugé irrecevables, le pourvoi formé contre l'arrêt qui avait confirmé le jugement de report et renvoyé l'audience d'adjudication à une date qu'il a fixée[4] comme le pourvoi formé contre l'arrêt confirmant le rejet de la demande de report de l'adjudication pour force majeure[5].

1339.298 **Exclusion d'un recours en cas de remise fondée sur l'article R. 322-19 C. pr. exéc.** L'article R. 322-19 C. pr. exéc. dispose que les décisions du JEX rendues en application de l'alinéa 2 ne sont pas susceptibles d'appel[6]. La Cour de cassation a jugé en outre, que le jugement par lequel le juge, après avoir reporté la date d'audience de l'adjudication dans l'attente de l'arrêt de la cour, se borne à fixer la date de l'audience à laquelle il sera procédé à la vente forcée du bien confirmée en appel, ne met pas fin à l'instance et ne tranche aucune partie du principal ; en conséquence il n'est pas susceptible de pourvoi[7].

B. Effets du report de la vente

1339.301 **Avertir les intéressés.** S'agissant d'une **demande de report fondée sur l'article** R. 322-28 C. pr. exéc., qui est susceptible d'appel (v. s^s n° 1339.297), la notification sera effectuée soit conformément aux dispositions de l'article R. 311-7 C. pr. exéc., c'est-à-dire désormais par voie de signification et les intéressés seront ainsi informés de la nouvelle date d'audience, soit, s'il s'agit d'une remise suite à une

1. L. n° 98-657, 29 juill. 1998, relative à la lutte contre les exclusions, *JO* 31 juill., p. 11679.
2. Civ. 2e, 10 avr. 2014, n° 13-14.193, NP – Civ. 2e, 9 avr. 2015, n° 14-13.330, NP ; *Procédures* 2015, n° 189, obs. C. Laporte.
3. En cas d'appel, l'irrecevabilité de ce recours doit être relevée d'office : Civ. 2e, 29 sept. 2011, n° 10-27.658, P II, n° 179.
4. Civ. 2e, 19 févr. 2015, n° 14-12.226, P II, n° 37 ; *RD banc. fin.* 2015, n° 96, obs. S. Piedelièvre.
5. Civ. 2e, 3 déc. 2015, n° 14-20.390, P II, n° 264.
6. Civ. 2e, 13 nov.2014, n° 13-25164, NP ; *Procédures* 2015, n° 8, obs. C. Laporte.
7. Civ. 2e, 8 janv. 2015, n° 14-10-205, P II, n° 2.

demande formée par la commission de surendettement, par lettre simple à la commission, et par LRAR adressée par le greffe du juge chargé de la saisie immobilière au débiteur, au créancier poursuivant et aux créanciers inscrits par LRAR (C. consom., art. R. 721-8, qui dispose toutefois que ce jugement n'est susceptible ni d'appel ni d'opposition).

Si le **report résulte de l'application des dispositions de l'article** R. 322-19 alinéa 2 C. pr. exéc., la décision sera notifiée par le greffe simultanément aux parties et à leurs avocats (C. pr. exéc., art. R. 311-7, al. 2).

1339.302 État complémentaire des inscriptions ? Lorsque la vente n'aura pu être réalisée à la date initialement prévue, faudra-t-il lever un état complémentaire des inscriptions survenues depuis la délivrance du premier état ? Avant la réforme on le faisait si la vente ne survenait pas dans le délai de six mois et les créanciers révélés par ce nouvel état étaient sommés d'assister, si bon leur semblait à l'adjudication, et ce, sans préjudice des dispositions de l'article 686 ACPC. La même démarche devrait continuer à s'imposer.

1339.303 Publicités. La remise de l'adjudication a pour conséquence nécessaire d'entraîner de nouvelles publicités.

Lorsque la vente est reportée à une audience ultérieure, pour force majeure ou à la demande de la commission de surendettement, conformément à l'article R. 322-28, l'article R. 322-29 C. pr. exéc. dispose qu'il est procédé à une nouvelle publicité dans les formes et délais de la première vente forcée, c'est-à-dire dans un délai compris entre un et deux mois avant l'adjudication.

Dans le cas de l'article R. 322-19 C. pr. exéc., rien n'est précisé. L'article dispose seulement que lorsqu'un appel est formé contre le jugement d'orientation ordonnant la vente par adjudication, la cour doit statuer au plus tard un mois avant la date prévue pour l'adjudication et à défaut, le JEX peut, à la demande du créancier poursuivant, reporter la date de l'audience de vente forcée. Dans ce cas, une nouvelle date d'audience sera fixée sur requête du JEX par ordonnance et il sera également nécessaire de procéder à de nouvelles publicités pour annoncer la vente. Toutefois, si finalement, la cour d'appel rend son arrêt confirmatif moins d'un mois avant la date initialement fixée pour l'audience d'adjudication, la Cour de cassation a jugé que cette audience pouvait se tenir à cette date, les publicités ayant été nécessairement faites en vue de cette audience et les éventuels enchérisseurs, avisés[1].

1. Civ. 2e, 17 mars 2016, no 14-29.458, NP.

§ 2
Contestations et demandes incidentes soulevées avant l'audience

1339.311 Objet. Le JEX peut, à nouveau, être saisi de contestations et de demandes incidentes portant sur les actes postérieurs à l'audience d'orientation (C. pr. exéc., art. R. 311-5). Selon la nature de contestations ou demandes et l'appréciation que le juge fera de leur bien-fondé, la suite de la procédure peut en être affectée.

A.
Domaine

1339.321 Diversité. L'audience d'orientation a déjà pu être l'occasion de contestations ou de demandes incidentes ; lors de l'audience d'adjudication, des nullités de forme, concernant les actes dressés après l'audience d'orientation puisque celle-ci a couvert les nullités de forme des actes antérieurs[2], ainsi que des contestations portant sur le respect des délais, peuvent encore être soulevées. Il existe en revanche, une incertitude quant à la faculté de faire valoir des moyens portant sur le fond du droit.

1339.322 Contestations portant sur la régularité des actes de procédure postérieurs à l'audience d'orientation. Selon l'article R. 311-10 C. pr. exéc., la nullité des actes de la procédure de saisie immobilière est régie par la section IV du chapitre II du titre V du livre premier du Code de procédure civile ; le prononcé de la nullité est conditionné à la démonstration d'un grief.

1339.323 Dires de caducité. Le délai prévu à l'article R. 322-31 C. pr. exéc. est prescrit à peine de caducité du commandement de payer valant saisie. Selon l'article R. 311-11 C. pr. exéc., il n'y a pas lieu à déclarer la caducité si le poursuivant justifie d'un motif légitime et la déclaration de caducité peut encore être rapportée si le créancier fait connaître au greffe, dans un délai de quinze jours à compter du prononcé de celle-ci le motif légitime.

1339.324 Exclusion des défenses au fond ? Avant la réforme, on jugeait que le saisi pouvait opposer à tout moment une contestation tenant au droit de saisir, à la créance, et aux moyens de fond. La rédaction de l'article R. 311-5 C. pr. exéc. est embarrassante qui dispose qu'« *à peine d'irrecevabilité pronon-*

2. Le jugement d'orientation, qui a autorité de chose jugée rend irrecevables les contestations portant sur un vice de procédure antérieur à l'audience. Si elles n'ont pas été soulevées à l'audience d'orientation, le jugement d'orientation couvrira ainsi les irrégularités de la procédure antérieure : Civ. 2e, 21 févr. 2019, no 18-10.362, P.

cée d'office, aucune contestation ni demande incidente ne peut, sauf disposition contraire, être formée après l'audience d'orientation prévue à l'article R. 322-15 à moins qu'elle porte sur des actes de procédure postérieurs à celle-ci ». Ainsi une contestation portant sur le fond du droit non soulevée à l'audience d'orientation serait irrecevable ? C'est surprenant. Toutefois, lors de l'audience d'orientation, le juge aura opéré des vérifications, portant sur le titre et la saisissabilité du bien (v. s^s n°s 1334.50 à 1334.72), donc toute irrégularité tenant à ces questions serait bien couverte. Mais que fera le JEX lorsqu'une demande de compensation sera formulée ? Selon le Code de l'organisation judiciaire[1], il aurait le pouvoir de statuer, mais il ne semble pas qu'il puisse le faire encore lors de l'audience d'adjudication, compte tenu de la rédaction de l'article R. 311-5, ce qui risque de poser problème.

1339.325 Exceptions pour certaines demandes :

– selon l'article R. 311-9 C. pr. exéc., la subrogation peut être demandée jusqu'à l'audience d'adjudication (v. s^s n° 1335.272) ;

– selon l'article R. 311-8 C. pr. exéc., la demande en distraction peut être formée en tout état de cause (v. s^s n° 1335.353).

B. Procédure

1339.331 Délai. Selon l'article R. 311-5 C. pr. exéc., lorsque la contestation ou la demande incidente porte sur un acte postérieur à l'audience d'orientation, elle devra être formée dans un délai de quinze jours à compter de la notification de l'acte. Formée au-delà de ce délai, une contestation ne sera plus recevable[2].

1339.332 Forme. Aux termes de l'article R. 311-6 C. pr. exéc., toute contestation ou demande incidente est formée par dépôt au greffe de conclusions signées par avocat.

1339.333 Audience. Le juge attendra-t-il l'audience d'adjudication ou faudra-t-il tenir une audience spéciale ? Selon l'article R. 311-6 alinéa 3 C. pr. exéc., le greffe convoquera les parties par LRAR dans un délai de quinze jours à compter du dépôt de la contestation ou de la demande. Ici, le contradictoire serait donc respecté, toutefois le texte n'indique pas dans quel délai se tiendra l'audience.

C. Effets

1339.341 Annulation ou poursuite de la procédure. Si les moyens prospèrent, la suite de la procédure en est affectée.

• S'agissant des **nullités de forme**, si le tribunal annule les actes postérieurs à l'audience d'orientation que deviendra la procédure ? En principe, et selon l'article R. 322-27 alinéa 3 C. pr. exéc., le magistrat devrait constater la caducité du commandement car personne ne pourra requérir la vente. Une telle solution a-t-elle été voulue par les rédacteurs du décret ?

On pourrait plutôt imaginer que la procédure soit reprise à ce stade, le juge fixant une nouvelle date d'audience d'adjudication.

• S'agissant du **non-respect des délais**, la poursuite sera caduque (C. pr. exéc., art. R. 311-11).

• S'agissant des **moyens de fond**, ils ne paraissent plus pouvoir être soulevés (v. s^s n° 1339.324).

Si le tribunal rejette la contestation, il ordonnera la vente. Même si l'objet de la demande ou contestation rend le jugement appelable, ce qui sera le plus souvent le cas désormais en vertu de l'article R. 311-7 C. pr. exéc., le juge pourra immédiatement ouvrir les enchères, car ni le délai d'appel ni l'appel n'ont d'effet suspensif.

§ 3 Demandes de sursis obligatoire

1339.350 Rappel. Les cas de figure où le juge doit obligatoirement suspendre la procédure, lorsqu'il en est requis, ont été envisagés à propos de l'audience d'orientation à laquelle il sera renvoyé, les mêmes événements pouvant être invoqués lors de l'audience d'adjudication (v. s^s n° 1335.71).

1339.351 Suspension des poursuites : article R. 121-22 C. pr. exéc. L'article R. 322-19 C. pr. exéc. admet implicitement qu'une suspension des poursuites ait été ordonnée, en application de l'article R. 121-22 C. pr. exéc. Dans ce cas, la décision du premier président interdit de tenir l'audience à la date prévue et le report est de plein droit.

1339.352 Effet : suspension de la procédure et renvoi de la vente. Le Code des procédures civiles d'exécution n'apporte aucune précision. Par référence aux pratiques antérieures, on peut conclure que la procédure sera reprise, à l'initiative de tout intéressé, lorsque la cause de la suspension aura pris fin ou à expiration du délai de report. Le juge fixera

1. Al. introduit par Ord. n° 2006-461, 21 avr. 2006, et applicable à compter de l'entrée en vigueur du décret portant refonte de la partie réglementaire du COJ, au plus tard le 1er janv. 2007 – Mais art. abr. par Ord. n° 2006-673, 8 juin 2006 (COMP. COJ, art. L. 216-3).
2. Et cela, sans méconnaître le principe du droit à un recours effectif au juge : Civ. 2e, 26 juin 2014, n° 13-20.193, P II, n° 162, pour une contestation tardive portant sur la validité des publicités annonçant la vente.

le jour de la nouvelle adjudication et il faudra procéder à de nouvelles publicités.

Toutefois, dans l'hypothèse de l'article R. 322-19 C. pr. exéc., il est précisé que si le jugement ordonnant l'adjudication est confirmé en appel, il faudra saisir le JEX par requête afin qu'il fixe la nouvelle date d'adjudication, par ordonnance. La décision du JEX ne sera pas susceptible d'appel.

§ 4
Mainlevée de la saisie

1339.361 **Hypothèses.** La mesure d'exécution peut faire l'objet d'une mainlevée : ce sera le cas lorsque les créanciers, saisissant, inscrits et poursuivants postérieurs, accepteront la radiation ou que le juge l'ordonnera, mais encore, lorsque par l'effet de la péremption du commandement la radiation sera acquise de plein droit. Si la mainlevée ordonnée par le JEX est infirmée par la cour d'appel, celle-ci devra déterminer les modalités de poursuite et mentionner le montant de la créance du poursuivant[1].

1339.362 **Radiation de la saisie.** Elle s'opère par mention en marge du commandement publié ; il s'agit de la radiation de la mesure d'exécution, qui s'analyse en une mainlevée, à distinguer de la simple radiation administrative (C. pr. civ., art. 381) qui peut être opérée à la suite d'une décision de suspension de la procédure.

La radiation de la saisie peut intervenir sur accord de tous les créanciers : poursuivant, saisissants postérieurs (C. pr. exéc., art. R. 321-10) et créanciers inscrits liés à la procédure, à compter de la mention en marge de la publication de la saisie des dénonciations aux créanciers inscrits (C. pr. exéc., art. R. 322-9).

La radiation peut encore être le résultat d'un jugement ordonnant la mainlevée de la saisie.

1339.363 **Péremption.** La radiation s'opère de plein droit par suite de la péremption. Selon l'article R. 321-20 C. pr. exéc., le jugement d'adjudication doit être publié dans les cinq ans de la publication du commandement de saisie immobilière sauf prorogation du délai (v. s[s] n° 1331.391) ; à défaut, le commandement cessera de « *plein droit de produire effet* ». Bien que l'article R. 321-20 C. pr. exéc. ne dispose pas explicitement que c'est la saisie qui cesse de plein droit lorsque la péremption est acquise, c'est la solution admise[2].

Conformément à l'article R. 321-21 C. pr. exéc., toute partie intéressée, peut à l'expiration du délai de cinq ans, et jusqu'à publication du titre de vente, demander au JEX de constater la préemption du commandement et d'ordonner la mention de celle-ci en marge de la copie du commandement publié au service de la publicité foncière.

1339.364 **Abus de saisie.** Le Code des procédures civiles d'exécution envisage spécialement l'abus de saisie aux articles L. 111-7 et L. 121-2 C. pr. exéc. et l'article L. 121-2 donne pouvoir au JEX d'ordonner la mainlevée de toute mesure inutile ou abusive. La jurisprudence avait admis, dès avant la réforme des procédures d'exécution mobilières, que le juge des criées pouvait apprécier l'éventuel abus du créancier poursuivant (v. s[s] n° 1317.13). Dans le cas où la procédure de saisie immobilière sera déclarée abusive, le juge en ordonnera donc la mainlevée.

Toutefois, une telle demande peut-elle encore être formée au moment de l'audience d'adjudication ? *A priori*, lors de l'audience d'orientation, le juge doit examiner d'office le respect des articles L. 311-2, L. 311-4 et L. 311-6 C. pr. exéc. L'article L. 311-5 du même code qui pose un principe de proportionnalité n'étant pas visé, ce ne sera que si le saisi invoque l'abus que le juge se prononcera sur ce grief.

Cette contestation ne devrait donc plus pouvoir être soulevée à moins de considérer qu'elle porte sur « *les actes de la procédure postérieurs à l'audience d'orientation* », ce qui reviendrait à adopter une interprétation large de la formule « *actes de procédure* ».

1. Civ. 2e, 16 mai 2019, n° 18-10.033, P.

2. Sur la nature juridique de la péremption du commandemprent, Civ. 2e, 8 janv. 1992, n° 90-17.545, NP ; *JCP* 1992. II. 21967, note J. Prévault.

TITRE

134. Les effets de la vente sur saisie immobilière selon l'ordonnance du 21 avril 2006

SECTION 0
ORIENTEUR

134.00 **Sommaire du titre.**

Division. L'audience d'adjudication s'achève avec la demande de l'avocat du dernier enchérisseur d'être déclaré adjudicataire, demande à laquelle le juge de l'exécution (JEX) répond dans le sens demandé par un jugement (chap. 1341). Une fois l'audience levée, les formalités ne sont pas achevées. L'avocat devra former la déclaration d'adjudicataire à l'audience et le JEX rendra un jugement qui, publié au service de la publicité foncière, emportera transfert de propriété. Toutefois, la déclaration d'adjudicataire ne met pas nécessairement un terme à la procédure. La loi admet une faculté de surenchère qui conduira à reprendre les enchères avec une mise à prix d'un dixième, supérieure au prix d'adjudication obtenu (chap. 1342).

Différente est l'hypothèse d'un défaut de paiement du prix d'adjudication qui peut emporter remise en vente du bien et réitération des enchères ; il peut en résulter des conséquences pour l'adjudicataire qui ne s'est pas acquitté de son obligation de payer le prix et les frais (chap. 1343). Le décret du 12 février 2009[1] n'ayant apporté que quelques modifications mineures aux articles d'origine, le dispositif demeure identique à celui issu du décret du 27 juillet 2006[2], codifié, depuis le 1er juin 2012, au livre III de la partie réglementaire du Code des procédures civiles d'exécution[3].

1. Décr. nº 2009-160, 12 févr. 2009, pris pour l'application de l'ordonnance nº 2008-1345 du 18 décembre 2008 portant réforme du droit des entreprises en difficulté et modifiant les procédures de saisie immobilière et de distribution du prix d'un immeuble, *JO* 13 févr., p. 2596.
2. Décr. nº 2006-936, 27 juill. 2006, relatif aux procédures de saisie immobilière et de distribution du prix d'un immeuble, *JO* 29 juill., p. 11316.
3. Décr. nº 2012-783, 30 mai 2012, relatif à la partie réglementaire du Code des procédures civiles d'exécution, *JO* 31 mai, p. 9375.

CHAPITRE

1341. Vente judiciaire

ANNE LEBORGNE
PROFESSEUR ÉMÉRITE D'AIX-MARSEILLE UNIVERSITÉ

SECTION 0
ORIENTEUR

1341.00 Sommaire du chapitre.

Division. Selon l'article L. 322-10 C. pr. exéc. [1], « *l'adjudication emporte vente forcée du bien saisi et en transmet la propriété à l'adjudicataire* ». Un jugement d'adjudication est rédigé (sect. 1) qui permet d'élaborer le titre de vente qui sera publié, à la condition que le prix d'adjudication soit régulièrement consigné conformément aux clauses et conditions du cahier des conditions de vente (sect. 2). L'adjudication emporte des effets originaux (sect. 3).

1. Ord. nº 2011-1895, 19 déc. 2011, relative à la partie législative du Code des procédures civiles d'exécution, *JO* 20 déc., p. 21464.

1341.02 **Jurisprudence de référence.**

> Nature du jugement d'adjudication.

• **Civ. 2e, 3 oct. 2002,** no 00-18.395, P II, no 199

* V. ss nos 1333.302, 1336.343, 1341.41

Un jugement d'adjudication ne constituant pas « un contrat réalisant ou constatant une vente », les dispositions de la loi du 18 décembre 1996 [dite loi Carrez] sont sans application aux ventes sur poursuites de saisie immobilière.

> Nullité de la procédure de saisie immobilière diligentée sciemment à une adresse erronée.

• **Civ. 2e, 7 nov. 2002,** no 01-14.229, P II, no 239

* V. ss nos 1331.41, 1331.235, 1341.85, 1341.311

Justifie sa décision une cour d'appel qui, pour annuler un jugement d'adjudication, retient souverainement l'existence d'une fraude de la part du créancier poursuivant qui a diligenté la procédure de saisie immobilière à une adresse qu'il savait erronée et manifesté sa volonté de procéder à la vente forcée à l'insu des débiteurs saisis.

> Saisie immobilière. Responsabilité de l'huissier rédacteur du procès-verbal de description.

• **Civ. 1re, 25 mai 2005,** no 03-18.261, P I, no 226

* V. ss nos 1331.221, 1333.34, 1341.286

Justifie légalement sa décision la cour d'appel qui, ayant relevé que le règlement du lotissement dont dépendait le terrain faisant l'objet d'une saisie immobilière appelait l'attention sur les règles à respecter en raison du caractère inondable de la parcelle à liciter, retient, pour en déduire que chacun de ces officiers ministériels avait commis une faute, que les huissiers de justice, auteurs, l'un du procès-verbal de description du bien se trouvant dans son ressort et, l'autre, du commandement, s'étaient bornés au rappel d'un acte antérieur aux termes duquel cette parcelle était située dans un lotissement, sans mentionner son caractère inondable ni la constructibilité avec réserves qui figuraient dans le règlement du lotissement, éléments essentiels des caractéristiques du bien saisi, existant déjà au moment de la rédaction des documents litigieux.

> Saisie immobilière. Demande d'aide juridictionnelle.

• **Civ. 2e, 24 juin 2010,** no 08-19.974, P II, no 120

* V. ss nos 0143.91, 1331.91, 1333.104, 1334.13, 1341.82

Commet un excès de pouvoir et viole l'article 25 de la loi du 10 juillet 1991 relative à l'aide juridictionnelle et l'article 6 de la Convention de sauvegarde des droits de l'homme et des libertés fondamentales, le juge qui procède à la vente forcée d'un bien, sans s'assurer que le débiteur saisi, qui avait sollicité l'aide juridictionnelle, avait été informé de la décision rendue sur cette demande et du nom de l'avocat désigné à ce titre.

> Saisie immobilière. Opposabilité du bail au créancier poursuivant et à l'acquéreur.

• **Civ. 2e, 6 juin 2013,** no 12-19.116, P II, no 120

* V. ss nos 1331.343, 1333.272, 1341.285

En application des articles 2198 et 2199 du Code civil, devenus L. 321-2 et L. 321-4 du Code des procédures civiles d'exécution, est opposable au créancier saisissant et à l'acquéreur le bail consenti par un débiteur saisi dont la réalité et l'antériorité à la signification du commandement valant saisie immobilière sont établies et qui, étant d'une durée inférieure à douze ans, n'est pas soumis à publicité foncière pour son opposabilité.

> Saisie immobilière. Autorité du jugement d'adjudication. Demande de radiation.

• **Civ. 2e, 11 juill. 2013,** no 12-13.737, P II, no 157

* V. ss nos 1341.42, 1341.83, 1343.24

1o Le jugement d'adjudication qui ne statue sur aucun incident n'est pas revêtu de l'autorité de la chose jugée.

2o Statue sur une partie du principal la cour d'appel qui, dans un litige tendant à la radiation de la publication d'un jugement d'adjudication sur surenchère, accueille dans son dispositif une demande tendant à voir dire que l'adjudicataire sur surenchère n'a pas payé le prix d'adjudication, et ordonne la réouverture des débats.

1341.04 **Formulaire de procédure civile (renvoi).**

• *Saisie immobilière – Hypothèque et privilège* (Requête aux fins de radiation des hypothèques et privilèges pris sur l'immeuble du chef du débiteur – C. pr. exéc., art. R. 322-65)

SECTION 1
JUGEMENT D'ADJUDICATION

1341.11 **Principe.** Le transfert de propriété ne résulte pas d'un accord de volonté mais du jugement d'adjudication. C'est toutefois un jugement original (§ 1) qui, parce qu'il emporte vente forcée du bien saisi, emprunte aussi au droit de la vente (§ 2).

§ 1
Un jugement original

1341.21 **Originalité.** Ce jugement, qui s'ajoute en minute au cahier des conditions de la vente, a toujours présenté une nature originale, à tel point qu'avant la réforme on parlait de contrat judiciaire. Désormais, toutefois, sa nature juridictionnelle est accentuée et il constitue un titre d'expulsion à l'encontre du saisi. Ainsi, peut-on y voir un jugement de nature hybride, juridictionnel dans sa forme, mais contractuel dans sa substance.

A.
Forme et contenu

1341.31 **Forme.** Selon l'article L. 322-5 C. pr. exéc., « *l'adjudication de l'immeuble a lieu aux enchères publiques à l'audience du juge* ». Le juge de l'exécution (JEX) rend ainsi une décision, à la suite d'une audience, décision intitulée jugement et revêtue de la formule exécutoire. Elle devra en outre être signifiée pour permettre à l'adjudicataire d'entrer en possession.

L'article R. 322-59 C. pr. exéc.[1] le confirme, qui dispose d'abord que, « *outre les mentions prescrites pour tout jugement, le jugement d'adjudication vise le jugement d'orientation, les jugements tranchant les contestations et le cahier des conditions de vente* ».

1341.32 **Contenu.** L'article 712 ACPC ne fournissait pas d'indications sur le contenu de ce jugement, qui se présentait le plus souvent comme le récit de l'audience d'adjudication et s'achevait par le constat que tel bien avait été adjugé à tel avocat à telle date pour telle somme ; le nom de l'adjudicataire n'y figurait pas, sauf l'hypothèse, rare en pratique, où l'avocat avait déclaré l'identité de l'adjudicataire lors de la réquisition.

Les auteurs de la réforme ont été plus exigeants. L'article R. 322-59 C. pr. exéc. précise que ce jugement désigne le créancier poursuivant et le cas échéant le créancier subrogé dans ses droits. Comme antérieurement, il mentionnera les formalités de publicité et leur date, la désignation de l'immeuble adjugé, les date et lieux de la vente forcée, mais aussi désormais, l'identité de l'adjudicataire. Il indiquera le prix de l'adjudication et le montant des frais taxés.

Le cas échéant, il comportera les contestations qu'il aura tranchées.

Le jugement est daté et signé par le juge et le greffier et revêtu de la formule exécutoire.

B. Nature

1341.41 **Caractère juridictionnel.** Quelle est sa nature exacte ? La question présente un intérêt sous l'angle de ses effets ; s'il s'agit d'un jugement il doit être signifié et est susceptible de voies de recours ; si c'est un contrat, un certain nombre de dispositions relatives aux conventions peuvent alors trouver application.

Traditionnellement, la doctrine et la jurisprudence s'accordaient pour parler de **contrat judiciaire**[2] en déniant à la décision d'adjudication le caractère de jugement, ou de sentence. En effet, il ne pouvait s'agir d'une décision contentieuse, à tout le moins lorsqu'elle ne statuait sur aucun incident. En outre, ni le nom du saisi, du poursuivant et de l'adjudicataire n'y figuraient. La procédure en outre n'exigeant pas de comparution, le jugement n'était jamais rendu par défaut. Dans le même temps, l'adjudication n'est pas un contrat passé amiablement entre l'adjudicataire et le poursuivant à la suite d'enchères publiques ; d'où le recours à la formule du contrat judiciaire qui voulait mettre en évidence l'absence de caractère contentieux et le rôle du tribunal : une décision gracieuse rendue par le juge saisi d'une demande dont la loi exige, en raison de la nature de l'affaire, qu'elle soit soumise à son contrôle (C. pr. civ., art. 25).

Toutefois, au regard de la nature judiciaire de cette vente, la jurisprudence exclut certaines règles propres au droit de la vente. Ainsi à l'occasion du contentieux de la loi Carrez (v. s[s] n°s 1333.301 s.), la doctrine s'était interrogée sur l'application de la loi n° 96-1107 du 18 décembre 1996[3] aux ventes sur saisies immobilières et la deuxième chambre avait exclu les ventes aux enchères du domaine de la loi, au motif qu'elles n'étaient pas des « *contrats constatant ou réalisant une vente* », mais sans pour autant préciser leur objet exact, voire leur nature juridique[4]. Dans une décision rendue le même jour, la Cour avait également jugé que la prescription quinquennale de l'action en nullité des conventions ne s'appliquait pas aux ventes sur saisie immobilière[5].

Les auteurs de la réforme n'ont pas indiqué quelle était la nature de ce jugement. Mais en précisant qu'il devait contenir toutes les mentions prescrites pour les jugements et qu'il devait désigner le créancier poursuivant et indiquer l'identité de l'adjudicataire, ils ont insisté sur son aspect juridictionnel.

Plus récemment, la Cour de cassation a jugé, à l'occasion d'une action en nullité du jugement d'adjudication, que celle-ci ne tendait pas à l'annulation d'une convention[6], ce qui confirme le fait que l'on ne peut voir dans ce jugement l'équivalent d'un contrat de vente de droit commun.

1341.42 **Originalité.** Ce n'est toutefois pas, non plus, un jugement comme les autres car en l'absence de contestations, il ne tranchera aucun différend et comme par le passé se contentera de constater l'adjudication. Est-ce pour autant une décision gracieuse ? On pourrait le penser au vu de l'article 25 C. pr. civ., plus difficilement au regard de l'article 451 C. pr. civ. qui dispose que les décisions gracieuses sont rendues hors la présence du public. En outre, une vente aux enchères publiques s'accommoderait mal du fait qu'une décision gracieuse, n'ayant pas l'autorité de chose jugée, serait susceptible d'être rapportée ou

1. Décr. n° 2012-783, 30 mai 2012, relatif à la partie réglementaire du Code des procédures civiles d'exécution, *JO* 31 mai, p. 9375.
2. Civ. 2e, 19 janv. 1977, n° 75-12.351, P II, n° 12 ; *D.* 1977. IR 175 ; *Gaz. Pal.* 1977. 2. 455, obs. J. Viatte – Civ. 2e, 20 mai 1985, n° 83-16.680, P II, n° 99 ; *Gaz. Pal.* 1985. 2. 270, obs. S. Guinchard et T. Moussa ; *RTD civ.* 1986. 431, obs. R. Perrot.
3. L. n° 96-1107, 18 déc. 1996, améliorant la protection des acquéreurs de lots de copropriété, *JO* 19 déc., p. 18688.
4. V. A. Leborgne, note s[s] Civ. 2e, 3 oct. 2002, n° 00-18.395, P II, n° 199 ; *Dr. et proc.* 2003. 122.
5. Civ. 2e, 3 oct. 2002, n° 01-01.481, P II, n° 206.
6. Et ainsi, les dispositions relatives à la prescription des conventions ne sont pas applicables : Civ. 2e, 4 juin 2020, n° 18-22.930, P.

modifiée si les circonstances dans lesquelles elle a été rendue ont elles-mêmes changé.

Par ailleurs, lorsqu'il ne tranche aucun incident, ce « *jugement* » ne sera pas revêtu de l'autorité de chose jugée[1]. En l'absence de contestation, ce jugement se borne à relater un acte qui s'est déroulé devant le JEX.

1341.43 **Le jugement constitue le titre d'expulsion.** Avant la réforme, le jugement d'adjudication ne permettait pas d'expulser le saisi. L'adjudicataire devait obtenir une décision ordonnant ou autorisant l'expulsion et tel n'était pas le cas du jugement d'adjudication. Pour expulser le saisi demeuré dans les lieux, désormais sans droit ni titre, on faisait généralement un référé. Parce que cette obligation d'introduire une procédure d'expulsion se révélait longue et coûteuse et ainsi susceptible de dissuader les particuliers à participer à des ventes aux enchères, l'ordonnance du 21 avril 2006[2] a posé, à l'ancien article 2210 C. civ., devenu l'article L. 322-13 C. pr. exéc., que « *le jugement d'adjudication constitue un titre d'expulsion à l'encontre du saisi* ». Il ne semble pas nécessaire toutefois, que l'expulsion soit ordonnée dans ledit jugement. Rien n'est prévu en ce sens à l'article R. 322-59 C. pr. exéc. (v. s^s n° 1341.32) et l'article L. 322-13 C. pr. exéc. énonce simplement que ce jugement « *constitue* » un titre.

§ 2 Effets

1341.51 **Des effets contrastés.** Parce qu'il s'agit d'un jugement, il faudra le notifier ; mais lorsqu'il ne tranchera aucune contestation, il sera insusceptible d'appel. Comme il emporte vente forcée, l'influence du droit des contrats ne peut être niée.

A. Caractère juridictionnel

1341.61 **Notification.** Le caractère juridictionnel du jugement d'adjudication impose de le notifier pour pouvoir l'exécuter. Avant la réforme, la Cour de cassation faisait en cette matière une simple application des dispositions de droit commun de l'article 503 C. pr. civ. selon lequel : « *Les jugements ne peuvent être exécutés contre ceux auxquels ils sont opposés qu'après leur avoir été notifiés* »[3]. En pratique, la notification était opérée par signification d'huissier. Mais la signification du jugement d'adjudication pouvait intervenir tardivement (ainsi lorsque l'adjudicataire n'avait régularisé qu'en cours de procédure d'expulsion[4]). Cette exigence de notification confirmerait ainsi le caractère juridictionnel de ce jugement.

1341.62 **Destinataires.** Selon l'article 716 ACPC, il devait seulement être signifié au saisi.

Initialement, l'article 88 du décret du 27 juillet 2006 disposait que le jugement d'adjudication était notifié par le greffe du JEX. Cet article a été modifié par le décret du 12 février 2009[5]. Désormais, afin d'alléger la charge du greffe, c'est le créancier poursuivant qui notifie le jugement au débiteur, au créancier inscrit et à l'adjudicataire[6] ainsi qu'à toute personne ayant élevé une contestation tranchée par la décision (C. pr. exéc., art. R. 322-60).

Il a été jugé que lorsque le saisi est en liquidation judiciaire le jugement doit encore lui être signifié, bien qu'il soit dessaisi par le jugement prononçant la liquidation[7].

1341.63 **Formalisme.** Selon l'article 716 ACPC, il devait seulement être signifié au saisi.

Initialement, dans le silence du décret de 2006, on avait déduit que le greffe devait procéder à la notification selon les règles du décret n° 92-755 du 31 juillet 1992[8]. Aux termes de la nouvelle rédaction issue du décret de 2009 la notification du jugement d'adjudication sera faite par voie de signification (C. pr. exéc., art. R. 322-60).

B. Influence du droit des contrats

1341.71 **Principe.** Selon l'article R. 322-60 alinéa 2 C. pr. exéc., seul le jugement d'adjudication qui statue sur une contestation est susceptible d'appel de ce chef. Par ailleurs, il ne faut pas confondre le jugement d'adjudication avec le jugement qui statue sur une demande de nullité de l'adjudication.

1. Civ. 2e, 11 juill. 2013, n° 12-13.737, P II, n° 157.
2. Ord. n° 2006-461, 21 avr. 2006, réformant la saisie immobilière, *JO* 22 avr., p. 6072.
3. Civ. 2e, 6 janv. 1988, n° 86-16.806, P II, n° 1 – Civ. 2e, 10 oct. 1990, n° 89-15.945, P II, n° 195 – Civ. 2e, 1er mars 1995, n° 93-16.007, P II, n° 62 ; *Gaz. Pal.* 1995. 2. Pan. 204 – Civ. 2e, 5 juin 1996, n° 94-15.060, P II, n° 127.
4. Civ. 2e, 13 juill. 2005, n° 03-18.490, P II, n° 207.
5. Décr. n° 2009-160, 12 févr. 2009, pris pour l'application de l'ordonnance n° 2008-1345 du 18 décembre 2008 portant réforme du droit des entreprises en difficulté et modifiant les procédures de saisie immobilière et de distribution du prix d'un immeuble, *JO* 13 févr., p. 2596.
6. Civ. 2e, 2 juin 2016, n° 15-17.716, NP.
7. Civ. 2e, 5 juin 1996, n° 94-15.060, P II, n° 127 ; *D.* 1996. IR 175.
8. Décr. n° 92-755, 31 juill. 1992, instituant des nouvelles règles relatives aux procédures civiles d'exécution pour l'application de la loi n° 91-650 du 9 juillet 1991 portant réforme des procédures civiles d'exécution, *JO* 5 août, p. 10530.

1° Jugement d'adjudication simple

1341.81 **Absence d'appel.** *A contrario* de l'article R. 322-60 C. pr. exéc., le jugement d'adjudication simple, celui qui ne tranche pas de contestation et se contente de constater la vente, sera donc insusceptible d'appel. Et même d'un appel nullité pour excès de pouvoir puisque le pourvoi est ouvert dans ce cas[1].

1341.82 **Absence de toute voie de recours ?** L'article R. 322-60 C. pr. exéc. ne dit rien sur l'exercice d'autres voies de recours.

Avant la réforme, la jurisprudence écartait aussi bien l'appel[2], que le pourvoi en cassation[3], la tierce opposition[4] et le recours en révision[5], jugeant que le jugement d'adjudication qui ne fait que constater un contrat judiciaire n'a pas le caractère de jugement.

Bien que la rédaction de l'article R. 322-59 C. pr. exéc. semble mettre en avant le caractère juridictionnel du jugement d'adjudication, la même solution s'impose s'agissant de l'absence d'appel[6] comme de tierce opposition[7].

Également, au visa des articles 605 C. pr. civ. et R. 322-60 C. pr. exéc., en l'absence d'excès de pouvoir, la deuxième chambre civile exclut le pourvoi en cassation à l'encontre d'un jugement d'adjudication qui ne statue sur aucun incident[8]. Mais elle a admis que ce jugement toutefois, pouvait faire exceptionnellement l'objet d'un pourvoi pour excès de pouvoir. Il a été jugé que n'excédait pas ses pouvoirs, le juge qui prononce l'adjudication de l'immeuble désigné au cahier des conditions de vente[9] ; de même, il n'y a pas d'excès de pouvoir quand, à défaut d'enchères, le créancier poursuivant est déclaré adjudicataire pour la mise à prix initiale fixée dans le cahier des conditions de vente et non pour celle modifiée par le juge en application de l'article L. 322-6 alinéa 2 C. pr. exéc.[10] ; et il n'y a pas non plus d'atteinte au droit au juge dans le fait, après avoir rejeté la demande de report, de procéder à l'adjudication[11]. En revanche, commet un excès de pouvoir le JEX qui procède à la vente forcée sans s'assurer que le débiteur qui avait sollicité l'aide juridictionnelle avait été informé de la décision rendue sur cette demande et du nom de l'avocat désigné à ce titre[12].

1341.83 **Action en nullité.** Le jugement d'adjudication qui ne tranche aucun incident n'est pas revêtu de l'autorité de chose jugée[13].

Il peut toujours faire l'objet d'une annulation par voie d'action et d'exception pour des motifs autres que ceux tenant à la procédure de saisie, comme la jurisprudence l'admettait avant la réforme[14]. C'était le cas lorsque l'adjudicataire invoquait un vice du consentement mais encore lorsque le droit de saisir, ayant en théorie fondé l'action du créancier, était contesté ainsi qu'en cas de fraude du créancier. La solution demeure[15].

1341.84 **Vices du consentement.** L'adjudicataire peut toujours invoquer une cause de nullité tirée du

1. Civ. 2e, 6 déc. 2012, no 11-24.028, P II, no 198 ; *D. actu.* 18 déc. 2012, obs. V. Avena-Robardet.
2. Civ. 2e, 5 déc. 1973, no 72-13.149, P II, no 317 ; *JCP* 1974. IV. 28 – Civ. 2e, 24 avr. 1976, no 74-15.068, P II, no 123 ; *JCP* 1976. IV. 194 – Civ. 2e, 11 janv. 1979, no 77-11.069, P II, no 16 ; *JCP* 1979. IV. 91 – Civ. 2e, 20 oct. 1993, no 92-13.236, P II, no 289 ; *D.* 1994. Somm. 349, obs. P. Julien.
3. Civ. 2e, 19 nov. 1986, no 85-14.580, P II, no 167 – Civ. 2e, 9 juin 1982, no 81-11.339, P II, no 87.
4. Civ. 2e, 10 mai 1984, no 83-13.285, P II, no 80 ; *JCP* 1984. IV. 228 – Civ. 2e, 8 avr. 2004, no 02-15.356, P II, no 160 ; *D.* 2004. IR 1354 ; *AJDI* 2004. 909 – Civ. 2e, 19 nov. 2009, P II, no 266 ; *D. actu.* 8 déc. 2009, obs. L. Dargent ; *D.* 2010. Pan. 532, obs. J.-M. Sommer et L. Leroy-Gissinger ; *ibid.* 1307, obs. A. Leborgne – Civ. 2e, 6 janv. 2011, no 09-70.437, P II, no 1 ; *D.* 2011. Actu. 249.
5. Civ. 2e, 20 mai 1985, no 83-16.680, P II, no 99 ; *Gaz. Pal.* 1985. Pan. 270, obs. S. Guinchard et T. Moussa ; *RTD civ.* 1986. 431, obs. R. Perrot – Civ. 2e, 16 juill. 1987, no 86-11.367, P II, no 154 ; *JCP* 1987. IV. 342 ; *Rev. huiss.* 1988. 1619, note D. Talon.
6. Mais si le jugement d'adjudication a accueilli une demande de subrogation dans les poursuites, l'appel devient recevable : Civ. 2e, 16 mai 2013, no 12-18.938, P II, no 97 ; *D.* 2014. Pan. 1466, obs. A. Leborgne ; *Procédures* 2013, no 212, obs. R. Perrot ; *RD banc. fin.* 2013, no 162, obs. S. Piedelièvre.
7. Civ. 2e, 6 janv. 2011, no 09-70.437, P II, no 1 ; *D.* 2011. Actu. 249.
8. Civ. 2e, 19 nov. 2009, no 08-20.798, P II, no 266 ; *D.* 2009. AJ 2938, *Procédures* 2010. Prat. 1, C. Laporte ; *Dr. et proc.* 2010. 97, obs. A. Leborgne ; *RD banc. fin.* 2010, no 22, S. Piedelièvre – La solution a été réaffirmée depuis : Civ. 2e, 24 juin 2010, no 09-15.596, NP ; *Procédures* 2011. Chron. 1, no 15, obs. A. Leborgne – Civ. 2e, 8 juill. 2010, no 09-16.200, NP ; *Procédures* 2011. Chron. 1, no 15, obs. A. Leborgne – Civ. 2e, 14 oct. 2010, no 09-12.979, NP – Civ. 2e, 15 oct. 2015, no 14-24.960, NP – Civ. 2e, 7 avr. 2016, no 15-16.227, NP – Civ. 2e, 20 avr. 2017, no 15-13.075, NP.
9. Civ. 2e, 19 nov. 2009, no 08-70.024, P II, no 266 ; *D.* 2009. AJ 2938 ; *Procédures* 2010. Prat. 1, obs. C. Laporte ; *Dr. et proc.* 2010. 97, obs. A. Leborgne ; *RD banc. fin.* 2010, no 22, obs. S. Piedelièvre.
10. Civ. 2e, 12 avr. 2018, no 17-15.418, P II, no 84 ; *JCP* 2018. 509 ; *Procédures* 2018. Comm. 187, obs. C. Laporte.
11. Civ. 2e, 12 avr. 2018, no 17-15.418, préc. ss prést no.
12. Civ. 2e, 24 juin 2010, no 08-19.974, P II, no 120 ; *Dr. et proc.* 2010. 333, obs. A. Leborgne.
13. Civ. 2e, 11 juill. 2013, no 12-13.737, P II, no 157.
14. Civ. 2e, 19 janv. 1977, no 75-12.351, P II, no 12 ; *Gaz. Pal.* 1977. 455, note J. Viatte ; AJPI 1978. 131, note D. Talon – Civ. 2e, 19 nov. 1986, no 85-14.580, P II, no 167 ; *JCP* 1987. IV. 31 – Civ. 2e, 13 juill. 1999, no 97-19.226, NP ; *Procédures* 2000, no 67, *a contrario* – Civ. 2e, 27 mai 2004, no 02-20.467, P II, no 240.
15. Civ. 2e, 4 juin 2020, no 18-22.930, P, dans le cas où le titre exécutoire était un faux en écriture publique.

droit des contrats[1]. Selon l'article L. 322-10 C. pr. exéc. en effet, l'adjudication emporte vente forcée du bien (v. s^s n°s 1341.271 s.).

1341.85 Moyens touchant au fond du droit ? Avant la réforme, la jurisprudence admettait que le jugement d'adjudication soit annulé lorsque le titre servant de fondement aux poursuites était annulé[2]. De même, en cas de fraude du créancier, on permettait au saisi de faire annuler la procédure. La difficulté résidait bien sûr dans l'établissement de la preuve de l'intention frauduleuse. Il avait été jugé que tel était le cas lorsque le créancier poursuivant avait diligenté la saisie à une adresse qu'il savait erronée et avait manifesté la volonté de procéder à la vente forcée à l'insu des débiteurs saisis[3]. Mais désormais, à l'audience d'orientation, le juge aura procédé à des vérifications touchant au titre et à la saisie. Certains griefs risquent alors d'être irrecevables ensuite, et notamment les moyens touchant au fond du droit que l'on ne devrait plus pouvoir soulever après l'audience d'orientation.

En revanche, si l'immeuble a été saisi à l'encontre d'une personne qui n'en était pas le véritable propriétaire, ce dernier n'ayant pas agi en distraction en cours de procédure de saisie, peut-on admettre une action en nullité ? La Cour de cassation l'avait admis, avant la réforme de 2006[4]. Aujourd'hui, l'article R. 311-8 C. pr. exéc. permet de former une demande en distraction qui peut être formée jusqu'à la vente ; mais si tel n'a pas été le cas, la nullité de la vente devrait pouvoir être formée après l'adjudication sur le fondement de l'article 1599 C. civ. qui dispose que la vente de la chose d'autrui est nulle.

1341.86 Moyens inopérants : contestations portant sur les actes de procédure. En revanche, les saisis ne pourront agir en nullité du jugement d'adjudication en arguant d'une éventuelle irrégularité de la signification du commandement[5] ou des dénonces aux créanciers inscrits (ainsi, avant la réforme pour les sommations de l'article 689 ACPC[6]) puisqu'elles auront été couvertes par l'audience d'orientation[7]. Mais cela n'interdira pas de former une demande en dommages et intérêts à raison de ces irrégularités sur le fondement de l'article 1240 C. civ.[8].

1341.87 Prescription de l'action. L'action en nullité est-elle soumise à la prescription quinquennale de l'article 1144 C. civ. ? C'est ce que la Cour de cassation jugeait dans les années soixante[9]. Puis, la Haute juridiction a semblé nuancer son analyse en énonçant que la prescription quinquennale édictée par l'article 1144 ne concernait « *que les actions introduites par les parties contractantes* » ; elle est donc inopposable au donateur du bien saisi[10]. L'exclusion paraît cependant avoir été généralisée par une décision du 3 octobre 2002 qui affirme, que « *la prescription quinquennale édictée par l'article 1304 du Code civil* [devenu C. civ., art. 1144] *ne concerne que les actions en nullité d'une convention et n'est donc pas applicable aux ventes sur saisie immobilière* »[11]. Or, autant il paraît logique d'exclure les dispositions restrictives de l'article 1144 C. civ. lorsque la demande d'annulation du jugement d'adjudication est la conséquence de l'annulation des actes de procédure[12], autant cette solution paraît inopportune hors ce cas, par exemple, lorsque la demande d'annulation reposera sur un vice du consentement[13].

2° Jugement qui tranche une contestation ou fait droit à une demande

1341.91 Un jugement pour partie contentieux. Lorsque le juge, saisi d'une contestation ou d'une demande l'a examinée, le jugement d'adjudication présente un aspect contentieux, par la contestation qu'il a tranchée ou la demande sur laquelle il a statué, et un aspect non contentieux, de constat de la vente aux enchères.

1341.92 Appel. Selon l'article R. 322-60 C. pr. exéc., le jugement d'adjudication qui a statué sur une contestation est susceptible d'appel de ce chef, dans

1. Civ. 2e, 9 févr. 1977, n° 75-10.834, P II, n° 28 ; *Gaz. Pal.* 1977. 2. 453, note J. Viatte – Civ. 2e, 8 oct. 1997, n° 95-15.269, P II, n° 245.
2. Civ. 2e, 13 janv. 2000, n° 98-10.619, P II, n° 9 – Civ. 2e, 3 mai 2001, n° 98-18.162, P II, n° 91.
3. Civ. 2e, 7 nov. 2002, n° 01-14.229, P II, n° 239 ; *JCP* 2002. IV. n° 3065.
4. Civ. 2e, 23 oct. 1996, n° 94-12.173, NP ; *D.* 1997. 159, note J. Prévault. Dans cette affaire, le propriétaire avait formé tierce opposition à titre principal à l'encontre du jugement d'adjudication et demandé l'annulation à titre subsidiaire.
5. Civ. 2e, 13 juill. 1999, n° 97-19.226, NP ; *Procédures* 2000, n° 67.
6. Civ. 2e, 27 mai 2004, n° 02-20.467, P II, n° 240.
7. EN CE SENS, Civ. 2e, 21 févr. 2019, n° 18-10.362, P ; *D.* 2019. Pan. 1314, obs. A. Leborgne ; *Procédures* 2019. Comm. 115, obs. C. Laporte. L'autorité de chose jugée dont est revêtu le jugement d'orientation rend irrecevables les contestations portant sur un vice de procédure antérieur à l'audience.
8. Civ. 2e, 23 mars 2023, n° 21-13.281, B ; *D.* 2023. 1291, obs. A. Leborgne.
9. Civ. 2e, 20 oct. 1961, P II, n° 682 ; *RTD civ.* 1961. 192, obs. P. Raynaud.
10. Civ. 2e, 8 oct. 1997, n° 95-15.269, P II, n° 245 ; *Gaz. Pal.* 11-12 févr. 1998. Somm. 15.
11. Civ. 2e, 3 oct. 2002, n° 01-01.481, P II, n° 206 ; *D.* 2003. 1596, note M. Lehot ; *Gaz. Pal.* 14-15 mars 2003, p. 19, obs. crit. C. Brenner.
12. EN CE SENS, Civ. 2e, 18 nov. 1987, n° 86-14.232, P II, n° 232 – Civ. 2e, 5 oct. 1988, n° 87-16.290, NP ; *Gaz. Pal.* 1989. Somm. 168, note M. Veron – Et depuis la réforme, Civ. 2e, 4 juin 2020, n° 18-22.930, P, pour l'annulation d'un jugement d'adjudication suite à l'annulation du titre servant de fondement aux poursuites.
13. EN CE SENS, V. AUSSI obs. C. Brenner s^s Civ. 2e, 3 oct. 2002, n° 01-01.481, P II, n° 206.

un délai de quinze jours à compter de sa notification. Les parties ne sont donc pas recevables à présenter de nouvelles contestations ou demandes à l'occasion de cette instance d'appel[1]. *Stricto sensu* cet article ne semblait ouvrir l'appel que dans le cas où le jugement d'adjudication avait statué sur une contestation. La deuxième chambre civile, au visa de l'article R. 322-60 C. pr. exéc., a jugé qu'un jugement d'adjudication qui a accueilli la demande du syndicat des copropriétaires tendant à être subrogé dans les poursuites était susceptible d'appel[2]. Il en est de même pour le jugement qui a ordonné le report de la vente[3].

3°
Jugement qui statue sur une demande de nullité de l'adjudication

1341.101 **Recours.** Le jugement d'adjudication simple est insusceptible d'appel mais la décision rendue par le tribunal judiciaire qui examine l'éventuelle nullité du jugement d'adjudication est un jugement contentieux (v. s[s] n° 1341.83). Il doit donc être susceptible d'appel et de pourvoi dans les termes du droit commun. C'est en ce sens que se prononce la Cour de cassation, que la nullité invoquée repose sur un argument touchant au fond du droit, ou que le grief formulé à l'encontre du jugement d'adjudication concerne la régularité de la procédure (ainsi pour un vice de forme[4] ; pour un jugement de surenchère[5]). Dans ce cas, l'appel devra être formé dans le mois de la signification et sera suspensif.

SECTION 2
SUITES DE L'ADJUDICATION

1341.110 **Plan.** Une fois l'adjudication devenue définitive, l'adjudicataire doit payer le prix et les frais dans les intérêts des créanciers et du saisi (§ 1). Le titre de vente doit encore être délivré par le greffe et publié (§ 2).

§ 1
Consignation du prix et paiement des frais

1341.120 **Plan.** Selon l'article L. 322-9 C. pr. exéc., une fois l'adjudication devenue définitive, l'adjudicataire doit consigner le prix sur un compte séquestre ou à la Caisse des dépôts et consignations et il doit payer les frais. Ces deux obligations sont complémentaires mais elles n'obéissent pas exactement à la même logique.

A.
Modalités et délai

1341.131 **Chronologie.** L'adjudicataire ne peut être immédiatement assuré d'être devenu propriétaire. Deux événements, qui parfois peuvent se cumuler, sont susceptibles de remettre en cause son acquisition : l'existence d'une surenchère, mais aussi l'exercice d'un droit de préemption. L'adjudicataire devra donc attendre avant de consigner le prix et de payer les frais.

1°
Écoulement des délais d'attente

1341.141 **Écoulement du délai d'exercice du droit de préemption.** Lorsque le bénéficiaire d'un droit de préemption a été informé de la procédure de saisie immobilière et des délais pour exercer son droit, l'adjudicataire doit attendre l'expiration de ce délai, variable selon le titulaire du droit (v. s[s] n° 1338.133, pour le preneur à bail rural ; v. s[s] n° 1338.142, pour la Safer ; s[s] n° 1338.194, pour le locataire à usage d'habitation ; v. s[s] n° 1338.164, pour les établissements publics), pour prétendre à la propriété du bien. Si le droit est exercé dans le délai, le bénéficiaire se substitue à l'adjudicataire dans les mêmes conditions et obligations ; à défaut, le bénéficiaire est déchu de son droit de préemption et l'adjudicataire conserve l'adjudication. La troisième chambre civile de la Cour de cassation a jugé que même dans l'hypothèse où une surenchère a été formée, le droit de préemption devait malgré tout être exercé dans le délai légal, alors qu'il semblait plus logique d'attendre l'issue de la vente sur surenchère pour mettre en œuvre le droit de préemption[6].

1341.142 **Écoulement du délai de surenchère.** L'article R. 322-51 C. pr. exéc. réglemente la faculté de surenchère (v. s[s] n°s 1342.11 s.) et le délai pour la former : toute personne peut, dans les dix jours suivant l'adjudication faire une surenchère du dixième au moins du prix principal de la vente (sur l'information des tiers quant à la faculté de surenchère, organisée au moyen d'une publicité au tribunal après l'adjudication, v. s[s] n°s 1338.90 s.). Ainsi, à compter

1. Civ. 2e, 5 oct. 2023, n° 21-17.190, B, ce qui exclut que soit contestée en appel la péremption du commandement de payer valant saisie, le JEX n'étant pas tenu de la relever d'office.
2. Civ. 2e, 16 mai 2013, n°s 12-18.938 et 12-18.939, P II, n° 97 ; *D.* 2014. Pan. 1472, obs. A. Leborgne.
3. Civ. 2e, 10 avr. 2014, n° 13-14.193, NP.
4. Civ. 2e, 14 déc. 1988, n° 87-17.985, P II, n° 249.
5. Civ. 2e, 13 déc. 1993, n° 92-12.820, P II, n° 363 – V. AUSSI, Civ. 2e, 20 juin 1996, n° 94-16.607, P II, n° 165 ; *Gaz. Pal.* 5-6 mars 1997. Somm. 25, obs. E. du Rusquec.
6. Pour le droit de préemption de la Safer : Civ. 3e, 5 juin 2013, n°s 11-26.088 et 11-26.153, P III, n° 77. Pourtant, la surenchère a remis en cause l'adjudication et fait renaître les droits du saisi sur l'immeuble. Il apparaît en outre difficile de préempter sans connaître le prix auquel l'immeuble sera finalement adjugé sur surenchère…

du jour de l'audience d'adjudication s'ouvre un délai de dix jours. Est-ce un délai franc ? Cela pourrait l'être puisqu'il est calculé à compter d'une date précise ; il suffirait d'ajouter dix jours et de reporter au premier jour ouvrable si le délai expire un samedi, dimanche ou jour férié. L'article R. 322-51 C. pr. exéc. déroge cependant aux dispositions des articles 640 et suivants C. pr. civ. *D'une part* il ne s'agit pas de former la surenchère avant l'expiration d'un délai de dix jours mais dans les dix jours ; le jour de l'adjudication ne compte pas. *D'autre part*, l'article R. 322-51 C. pr. exéc. prévoit simplement que la déclaration de surenchère est formée par acte d'avocat déposé au greffe du JEX. Avant la réforme, l'article 708 ACPC indiquait clairement que la déclaration de surenchère ne serait pas reçue après l'heure fixée par le tribunal pour la fermeture du greffe. L'article R. 322-51 C. pr. exéc. ne reproduisant pas cette restriction, il faudra certes, tenir compte des horaires de fermeture du greffe, mais on devrait pouvoir considérer, en vertu des dispositions de l'article 642 C. pr. civ., que le délai pour former déclaration de surenchère expire à minuit, ce qui permettrait de reporter la déclaration au lendemain ?

2°
Modalités

1341.151 **Prix.** Selon l'article L. 322-9 C. pr. exéc., le prix doit être consigné sur un compte séquestre ou à la Caisse des dépôts et consignations. Il sera conservé en vue de la distribution. En pratique, les praticiens prévoient généralement que la consignation sera effectuée soit, entre les mains de la Caisse locale des règlements pécuniaires des avocats (Carpa), soit sur un compte séquestre particulier souvent dénommé « compte du Bâtonnier », le Conseil national des barreaux ayant réservé cette option dans le règlement national intérieur (RIN, art. 12). Dans ce cas, les fonds à provenir de la vente seront séquestrés entre les mains du bâtonnier de l'Ordre des avocats du barreau de l'avocat postulant[1].

Pour être libératoire, la consignation devra être conforme aux conditions du cahier des conditions de la vente.

1341.152 **Frais et droits de mutation.** Selon l'article R. 322-58 C. pr. exéc., les frais de poursuite taxés sont payés par l'adjudicataire par priorité (ce qui ne semble pas vouloir dire par privilège, comme le disait l'article 714 ACPC) en sus du prix. À la différence du paiement du prix qui va être consigné pour être distribué (v. s[s] nº 1341.192), les frais avancés par les acteurs de la procédure leur sont ainsi remboursés sans attendre. L'adjudicataire en fournit justificatif au greffe en vue de la délivrance du titre.

Sur incitation des praticiens, les auteurs du décret du 12 février 2009 ont complété l'ancien article 86 du décret du 27 juillet 2006, devenu l'article R. 322-58 C. pr. exéc., art., afin d'ajouter à la charge de l'adjudicataire le paiement des droits de mutation.

3°
Délai de deux mois

1341.161 **Prix.** L'article R. 322-56 C. pr. exéc. impose la consignation de prix dans le délai de deux mois à compter de la date d'adjudication définitive, à peine de réitération des enchères. Passé ce délai, en outre, le prix de vente sera augmenté de plein droit des intérêts au taux légal jusqu'à la consignation complète du prix. Ce délai a été jugé suffisant pour permettre à l'adjudicataire de réunir les fonds nécessaires, y compris pour souscrire un emprunt.

1341.162 **Frais et droits de mutation.** Le code n'impose pas directement un délai de paiement pour les frais et, désormais, les droits de mutation, mais pour s'assurer que le paiement a bien été effectué, l'article R. 322-58 C. pr. exéc. prévoit que le justificatif du paiement de ces frais et des droits de mutation devra être fourni au greffe avant l'expiration du délai de deux mois à compter de la date d'adjudication définitive à peine de réitération des enchères. Toute stipulation contraire sera réputée non écrite.

L'adjudicataire doit donc payer ces frais et les droits de mutation dans le délai de deux mois et en justifier dans ce même délai.

B.
Effets et sanction du défaut d'exécution

1341.170 **Plan.** Les deux obligations sont liées ; elles produisent donc des effets communs et sont soumises à la même sanction. S'ajoutent en outre, des effets propres et des sanctions spécifiques à chaque obligation.

1°
Effets

1341.181 **Effets pour l'adjudicataire. • Interdiction d'accomplir des actes de disposition.** En vertu de l'article L. 322-9 alinéa 2 C. pr. exéc., tant qu'il n'a pas consigné le prix et payé les frais, l'adjudicataire ne pourra pas accomplir d'acte de disposition sur le bien à l'exception de la constitution d'une hypothèque accessoire à un contrat de prêt destiné à financer l'acquisition du bien.

1. Et c'est sur le bâtonnier que pèseront les obligations du tiers saisi en cas de saisie attribution et saisie conservatoire portant sur ce prix d'adjudication, et non sur la Carpa : Civ. 2e, 17 mars 2016, nº 14-18.692, P ; *Gaz. Pal.* 7 juin 2016, p. 75, note O. Salati.

• **Effet de purge.** Selon l'article L. 322-14 C. pr. exéc. (anc[t] C. civ., art. 2213, réd. L. n° 2010-1609, 22 déc. 2010[1]), c'est à compter de la publication du titre de vente que la consignation du prix et le paiement des frais purgeront de plein droit l'immeuble de toute hypothèque et de tout privilège du chef du débiteur (v. s[s] n° 1341.301).

• **Expulsion du saisi.** L'article R. 322-64 C. pr. exéc. dispose que, sauf si le cahier des conditions de vente prévoit le maintien dans les lieux du débiteur saisi, l'adjudicataire peut mettre à exécution le titre d'expulsion dont il dispose à l'encontre du saisi et de tout occupant de son chef n'ayant aucun droit qui lui soit opposable, à compter de la consignation du prix et du paiement des frais taxés. Mais le saisi qui se maintiendra dans les lieux sera redevable d'une indemnité d'occupation du jour de l'adjudication au jour de son expulsion[2].

1341.182 **Effets de la consignation pour les créanciers.** Lorsque des fonds sont consignés à la Caisse des dépôts et consignations, ils produisent des intérêts de plein droit. Dans le cahier des conditions de la vente, le poursuivant a pu toutefois préférer désigner un séquestre[3]. Dans un souci[4] d'harmonisation, les auteurs de la réforme ont étendu cette règle au cas où un séquestre aura été désigné. L'article R. 322-57 C. pr. exéc. dispose qu'une fois séquestrés, les fonds vont produire intérêt à un taux fixé par le cahier des conditions de la vente et qui ne peut être inférieur au taux d'intérêt servi par la caisse des dépôts et consignations. Les intérêts sont ainsi acquis aux créanciers, et le cas échéant, au débiteur, pour être distribué avec le prix de l'immeuble.

Lorsque le titre sera publié (v. s[s] n° 1341.221), le créancier de premier rang pourra demander au séquestre, d'être payé à titre provisionnel pour le principal de sa créance, sans attendre la distribution. Ce créancier devra tout de même participer à la procédure de distribution pour le règlement des accessoires de sa créance (v. les procédures de distribution, s[s] n°s 15.00 s.).

1341.183 **Effets de la consignation pour le saisi.** Désormais, en vertu de l'article L. 334-1 C. pr. exéc., si la distribution du prix n'est pas intervenue dans le délai prévu par le décret, la consignation produit à l'égard du débiteur tous les effets d'un paiement à hauteur de la part du prix de vente qui sera remise aux créanciers après la distribution.

2°
Sanctions

1341.191 **Sanction commune.** Selon l'article L. 322-12 alinéa 1er C. pr. exéc., à défaut de consignation du prix et du paiement des frais, la vente sera résolue de plein droit. Cette disposition semble produire un effet automatique. En réalité, il n'en est rien. La Cour de cassation a jugé que dès lors que le prix a été consigné, même au-delà du délai de deux mois, le débiteur n'était plus recevable à agir en résolution de la vente[5]. Le JEX sera compétent pour apprécier la demande en résolution de la vente sur adjudication[6] et ce n'est qu'en l'absence de consignation ou de versement du prix et paiement des frais à la date où le juge statue que la résolution de la vente pourra être constatée à l'occasion de la procédure de réitération des enchères ou par une action tendant à cette seule résolution[7].

1341.192 **Sanction du défaut de consignation.** L'article R. 322-56 C. pr. exéc. prévoit que si la consignation n'est pas effectuée dans le délai, les enchères pourront être réitérées. Dans ce cas, et selon l'article L. 322-12 alinéa 2 C. pr. exéc., l'adjudicataire défaillant sera tenu au paiement de la différence entre son enchère et le prix de la revente, si celui-ci est moindre, sans prétendre à la répétition des sommes qu'il aurait acquittées (v. s[s] n° 1343.251).

1341.193 **Sanction du défaut de paiement des frais.** Selon l'article L. 322-11 C. pr. exéc., le titre de vente ne sera délivré à l'adjudicataire que sur justification de paiement des frais taxés. Et si le paiement des frais et, désormais, des droits de mutation, n'est pas justifié dans le délai, les enchères pourront être réitérées (C. pr. exéc., art. R. 322-58).

1. L. n° 2010-1609, 22 déc. 2010, relative à l'exécution des décisions de justice, aux conditions d'exercice de certaines professions réglementées et aux experts judiciaires, *JO* 23 déc., p. 22552.
2. Civ. 2e, 11 mars 2010, n° 09-12.712, P II, n° 54 ; *D. actu.* 31 mars 2010, obs. V. Avena-Robardet ; *Dr. et patr.* nov. 2010, p. 94, obs. C. Lefort ; *RD banc. fin.* 2010, n° 106, obs. S. Piedelièvre – Civ. 2e, 6 juin 2019, n° 18-12.353, P ; *D.* 2019. 1235 ; *AJDI* 2019. 817, obs. F. Cohet ; et *AJDI* 2019. 745, point de vue D. Tomasin ; *D.* 2020. Pan. 1388, obs. A. Leborgne.
3. AINSI le bâtonnier de l'ordre peut être désigné séquestre. C'est alors lui qui sera tiers saisi et la responsabilité de la Carpa ne pourra être recherchée au titre des obligations pesant sur le tiers saisi en cas de saisie-attribution ou saisie conservatoire sur les fonds : Civ. 2e, 17 mars 2016, n° 14-18.692, P ; *Gaz. Pal.* 7 juin 2016, p. 75, note O. Salati.
4. Civ. 2e, 23 févr. 2017, n° 16-13.178, P II, n° 37 ; *D. actu.* 10 mars 2017, note L. Camensuli-Feuillard ; *D.* 2017. Pan. 1397, obs. A. Leborgne.
5. Civ. 2e, 17 sept. 2020, n° 16-17.234, NP.
6. Civ. 2e, 22 févr. 2017, n° 16-13.178, NP ; *Procédures* 2017. Comm. 62, obs. C. Laporte.
7. Civ. 2e, 1er oct. 2020, n° 19-12.830, P ; *Rev. prat. rec.* 2020. 15, chron. I. Faivre – Civ. 2e, 3 févr. 2022, n° 20-19.522, B ; *D.* 2022. 864, chron. C. Bohnert et F. Jollec ; *ibid.* 1331, obs. A. Leborgne ; *AJDI* 2022. 633, obs. F. Cohet ; *Procédures* 2022, n° 91, obs. C. Laporte.

§ 2 Délivrance et publication du titre

1341.201 Titre de vente = jugement + cahier des conditions de la vente + quittance du paiement des frais. Selon l'article R. 322-61 C. pr. exéc., le titre de vente consiste dans l'expédition du cahier des conditions de la vente revêtue de la formule exécutoire, à la suite de laquelle est transcrit le jugement d'adjudication. Le décret nº 2006-1805 du 23 décembre 2006[1] a ajouté un deuxième alinéa à l'ancien article 89 du décret du 27 juillet 2006, devenu l'article R. 322-61 C. pr. exéc. : « *Si les renseignements d'identité fournis par l'adjudicataire sont incomplets au regard des exigences de la publicité foncière, l'avocat de l'adjudicataire les complète par une déclaration écrite remise au greffe au plus tard le troisième jour ouvrable suivant l'audience d'adjudication. Cette déclaration complémentaire est annexée au titre de vente. En cas de difficulté, le greffe en réfère au juge, qui statue par une ordonnance non susceptible d'appel* ».

C'est donc à partir d'une copie du cahier des conditions de la vente élaboré par le poursuivant, à la suite de laquelle est retranscrit le jugement d'adjudication qu'est réalisé le titre de cette vente aux enchères publiques. Une fois les frais payés par l'adjudicataire, la quittance du paiement des frais est annexée.

A. Conditions de délivrance du titre

1341.211 Destinataires. L'article R. 322-62 alinéa 1er C. pr. exéc. prévoit que le titre est délivré par le greffier à l'adjudicataire[2]. Il l'est également, à sa demande au créancier poursuivant pour procéder aux formalités de publication du titre à défaut de diligence à cet effet par l'adjudicataire. Ce créancier a en effet intérêt à la publication du titre pour pouvoir poursuivre les opérations de distribution.

Initialement, le décret du 27 juillet 2006 prévoyait également qu'en tout état de cause, une copie du titre devait être adressée au débiteur et au créancier poursuivant. Cet alinéa a été supprimé par le décret du 12 février 2009.

1341.212 Condition nécessaire : paiement des frais. Selon l'article L. 322-11 C. pr. exéc., le titre n'est délivré à l'adjudicataire que sur justification du paiement des frais de vente taxés et, selon l'article R. 322-62 C. pr. exéc., la quittance du paiement des frais est annexée au titre de vente.

Cette exigence apporte une sécurité à ce type de vente. Si l'adjudicataire ne consigne pas le prix, le paiement des frais restera acquis au créancier qui les a exposés et qui pourra dès lors poursuivre la réitération des enchères sans accroître le montant de ses avances. Par ailleurs, le paiement des frais permet de supposer la solvabilité de l'acquéreur.

Bien que le décret du 12 février 2009 ait ajouté à la charge de l'adjudicataire l'obligation de payer les droits de mutation (v. ss nº 1341.152), il n'a pas été prévu de quittancement de ce paiement (sur le détail de ces droits, v. ss nº 1341.214).

1341.213 Condition suffisante. La délivrance du titre n'est pas subordonnée au paiement intégral du prix. L'adjudicataire peut avoir besoin d'obtenir un prêt pour s'acquitter du prix d'adjudication. Il l'obtiendra d'autant plus aisément qu'il accordera une garantie hypothécaire au prêteur. Il faut donc que son titre soit publié. L'article L. 322-9 alinéa 2 C. pr. exéc., vise expressément cette constitution d'hypothèque accessoire au contrat de prêt destiné à financer l'acquisition de l'immeuble.

1341.214 Paiement des droits de mutation. Dès réception de la quittance des frais, le greffier adresse le dossier d'adjudication au bureau de l'enregistrement qui invitera directement l'avocat de l'adjudicataire au paiement des droits de mutation applicables en fonction, *d'une part* de la qualité de l'adjudicataire, *d'autre part*, du régime fiscal applicable à l'immeuble.

Si la déclaration d'adjudicataire a été faite en qualité de marchand de biens, l'adjudicataire marchand de biens pourra prétendre bénéficier du régime spécial d'imposition de l'article 1115 du CGI. L'absence de mention et d'engagement dans la déclaration d'adjudicataire le lui interdira.

Suivant l'immeuble, l'avocat de l'adjudicataire devra, le cas échéant, convenir avec l'administration de l'assiette des différents droits applicables[3]. Les droits de mutation des ventes sur adjudication suivent le même régime que les ventes amiables. Si la vente entre dans le champ d'application de la TVA, l'adjudicataire tenu par les dispositions du cahier des conditions de vente d'en assurer le paiement, pourra prétendre bénéficier des droits à déduction du vendeur, si cette faculté lui a été expressément réservée dans le cahier des conditions de vente. En revanche, si le cahier des conditions de vente est muet sur l'hypothèse de l'application de la TVA, le

1. Décr. nº 2006-1805, 23 déc. 2006, relatif à la procédure en matière successorale et modifiant certaines dispositions de procédure civile, *JO* 31 déc., p. 20370.
2. Mais aucune disposition ne prévoit que le greffe délivre à l'adjudicataire le jugement d'adjudication qui est signifié à ce dernier par le créancier poursuivant : Civ. 2e, 2 juin 2016, nº 15-17.716, NP.
3. M. Marteau-Lamarche, « Réforme de la TVA immobilière : l'adaptation des droits d'enregistrement », *Defrénois* 2011. 1233.

prix d'adjudication est réputé TTC et la TVA, dont le redevable légal est le vendeur, viendra alors en déduction du prix à distribuer entre les différents créanciers.

Pour la TVA, due pour les immeubles en l'état futur d'achèvement, un arrêt a décidé que le vendeur d'immeubles, tenu d'acquitter la TVA pouvait la répercuter ensuite sur l'adjudicataire [1]. Mais le cahier des conditions de vente peut en décider autrement.

Ce n'est qu'après acquittement des droits que le dossier est retourné au greffe pour l'établissement de la grosse d'adjudication.

1341.215 **Vente en plusieurs lots.** L'article R. 322-61 C. pr. exéc. dispose que le titre d'adjudication, délivré par le greffe, consiste dans l'expédition du cahier des conditions de la vente et du jugement d'adjudication. En principe, une seule expédition est délivrée. Mais si l'adjudication a été poursuivie en plusieurs lots, les différents adjudicataires sont chacun concernés par la délivrance de l'expédition. Selon l'article R. 322-62 alinéa 3 C. pr. exéc., une expédition devra être délivrée à chacun des adjudicataires.

1341.216 **Copropriété.** Si le bien vendu est un lot dépendant d'un immeuble en copropriété, le transfert de propriété doit être porté à la connaissance du syndicat de copropriétaires. L'article 6 du décret du 17 mars 1967 [2] prévoit donc que le transfert de propriété d'un lot ou d'une fraction de lot doit être notifié sans délai soit par les parties, soit par l'avocat qui a obtenu la décision judiciaire au syndic de la copropriété (Décr. 17 mars 1967, art. 6 [3]). L'exécution de cette diligence est également imposée déontologiquement par l'article 12.2 du Règlement intérieur national des barreaux (RIN) qui met à la charge de l'avocat poursuivant la notification de l'adjudication au syndic de copropriétaires.

Cette notification comporte la désignation du lot ou de la fraction de lot intéressé et l'indication des nom, prénoms, domicile réel ou élu et, sous réserve de leur accord exprès, l'adresse électronique de l'acquéreur ou du titulaire de droit et, le cas échéant, du mandataire commun prévu aux deuxième et troisième alinéas de l'article 23 de la loi du 10 juillet 1965 [4] de l'acquéreur.

La notification du transfert de propriété ne doit pas être confondue avec la notification de l'avis de mutation au syndic qui est prévue aux articles 20 de la loi du 10 juillet 1965 modifiée et 5-1 alinéa 3 du décret du 17 mars 1967 qui fait courir le délai d'opposition du syndicat pour mettre en œuvre son hypothèque légale (C. civ., art. 2402, 3°). Cette notification incombe à l'avocat du poursuivant.

L'avocat du créancier poursuivant doit également informer les créanciers de l'opposition qu'aura formée le syndic et sur leur demande leur en adressera copie (Décr. 17 mars 1967, art. 6-1).

B. Publication du titre de vente

1341.221 **Principe.** Selon l'article R. 322-63 alinéa 1er C. pr. exéc., le titre est publié au fichier immobilier selon les règles prévues pour les ventes judiciaires, à la requête de l'acquéreur ou à défaut, du créancier poursuivant la distribution.

1° Réalisation de la publication dans les deux mois

1341.231 **Auteur de la formalité.** Le jugement d'adjudication est translatif de propriété ; il doit donc être publié pour être opposable. Mention de la publication est opérée d'office en marge de la copie du commandement par le conservateur. C'est donc l'adjudicataire qui est le premier intéressé par l'accomplissement de cette formalité.

Avant la réforme, il était toutefois apparu que le fait que la charge de cette publication fut dévolue à l'adjudicataire était source de problèmes. C'est l'avocat poursuivant qui détient déjà les éléments permettant une publication aisée ; de même, c'est lui qui doit veiller à ne pas laisser se périmer sa procédure de saisie avant que le jugement ne soit valablement publié. C'est la raison pour laquelle, dans divers barreaux, il était d'usage que ce soit l'avocat poursuivant qui publie lui-même le jugement d'adjudication, puis adresse la grosse publiée à l'avocat de l'adjudicataire après le retour de la Conservation des hypothèques. C'est ce que confirme l'article R. 322-62 C. pr. exéc. qui permet au poursuivant de demander le titre afin de procéder lui-même aux formalités de publicité. Et le créancier poursuivant a tout intérêt à publier le titre de vente afin de pouvoir poursuivre les opérations de distribution du prix.

1. Grenoble, 5 mars 1975, *D.* 1975. Somm. 63 ; *Gaz. Pal.* 1975. 1. 432.
2. Décr. n° 67-223, 17 mars 1967, portant rap pour l'application de la loi n° 65-557 du 10 juillet 1965 fixant le statut de la copropriété des immeubles bâtis, *JO* 22 mars, p. 2742.
3. Mod. par Décr. n° 95-162, 15 févr. 1995, modifiant le décret n° 67-223 du 17 mars 1967 pris pour l'application de la loi n° 65-557 du 10 juillet 1965 fixant le statut de la copropriété des immeubles bâtis, *JO* 17 févr., p. 2615 et par Décr. n° 2020-834, 2 juill. 2020, pris pour l'application de l'ordonnance n° 2019-1101 du 30 octobre 2019 portant réforme du droit de la copropriété des immeubles bâtis et relatif à diverses mesures concernant le fonctionnement de la copropriété, *JO* 3 juill., texte 3.
4. L. n° 65-557, 10 juill. 1965, fixant le statut de la copropriété des immeubles bâtis, *JO* 11 juill., p. 5950.

1341.232 **Délai, sanction ?** Ni l'ordonnance ni le décret de 2006 ne visent un délai, à l'inverse du décret-loi de 1938 qui prévoyait que le titre devait être publié dans les deux mois sous peine de revente sur folle enchère (ACPC, art. 716, al. 2). Les auteurs de la réforme ont renvoyé seulement aux règles prévues en matière de publicité foncière qui imposent la publication dans un délai de deux mois. Il n'y aurait donc plus de sanction en cas de défaut de publication, sinon, indirectement pour le poursuivant, la péremption du commandement de payer valant saisie à expiration du délai de cinq ans.

La responsabilité de l'avocat qui n'accomplirait pas les formalités indispensables à l'exécution du jugement pourrait, notamment, être engagée sur le fondement de l'article 32 du décret du 4 janvier 1955[1].

La loi du 22 décembre 2010 a modifié l'article 2213 C. civ., devenu l'article L. 322-14 C. pr. exéc., qui disposait que la consignation du prix et le paiement des frais purgent de plein droit l'immeuble de toute inscription et de tout privilège du chef du débiteur, afin de conditionner cet effet de purge à la publication du titre de vente, ce qui ne peut qu'inciter à publier ce titre sans tarder.

2°

Effet de la publication du jugement d'adjudication sur la validité du commandement

1341.241 **Durée du délai et prorogation.** Initialement, en vertu de l'article R. 321-20 C. pr. exéc., le commandement publié ne produisait effet que pendant deux ans. Cet article a été modifié par le décret du 27 novembre 2020[2]. Désormais, le commandement de payer valant saisie cesse de plein droit de produire effet si, dans les cinq ans de sa publication, il n'a pas été mentionné en marge de cette publication un jugement constatant la vente du bien saisi ; dans ce délai, une adjudication doit donc être intervenue, sinon, le commandement étant périmé, c'est toute la procédure qui sera caduque[3]. L'adjudication, ou un jugement prorogeant le délai de l'adjudication, seront donc mentionnés en marge de la publication du commandement avant l'expiration du délai de cinq ans. En cas de refus du dépôt du commandement ou de rejet de la formalité de publication, le délai de cinq ans ne commence à courir qu'à compter de la régularisation de la demande ou de la décision mentionnée à l'article 26 du décret du 4 janvier 1955[4] portant réforme de la publicité foncière.

C'est la publication du jugement d'adjudication qui interrompra le délai et non le jugement d'adjudication lui-même[5] car le jugement d'adjudication ne peut produire ses effets qu'à la date de la mention.

SECTION 3

EFFETS DE L'ADJUDICATION

1341.250 **Plan.** La survenance de l'adjudication emporte modification des droits du saisi. Le bien sort de son patrimoine et entre dans celui de l'adjudicataire, qui doit exécuter les obligations du cahier des conditions de la vente. Mais la procédure de saisie immobilière ne sera achevée que lorsque le prix sera distribué (sur la procédure de distribution du prix, v. s[s] n°s 1511.11 à 1513.101) et, si les créanciers ont déclaré leurs créances, leurs sûretés seront reportées sur le prix, à la condition qu'il soit consigné. Pour les tiers enfin, la publication de l'adjudication officialise le transfert de propriété.

1341.251 **Précision.** On raisonnera sur un jugement définitif, c'est-à-dire sans surenchère ou après surenchère et sans action en nullité du jugement d'adjudication.

§ 1

Une vente d'une nature particulière

1341.261 **Nature particulière.** Elle se réalise entre le saisi et l'adjudicataire mais emporte purge des inscriptions et n'est pas totalement soumise au droit commun de la vente ; elle emporte transfert de propriété et des risques mais dans les limites des droits appartenant au saisi.

A.

Transfert de propriété et des risques

1341.271 **Principe.** S'agissant d'un immeuble, la publication du titre de vente s'impose, qui emporte opposabilité du transfert de propriété aux tiers. Entre les parties, l'effet translatif est acquis du jour de l'adjudication (C. pr. exéc., art. L. 322-10).

1341.272 **Effet entre les parties.** L'immeuble est aux risques de l'adjudicataire à compter du jour de l'adjudication ; l'adjudicataire en devra donc le prix

1. EN CE SENS, avant la réforme, Paris, 4 mars 1993, *D.* 1994. 497, note J. Prévault.
2. Décr. n° 2020-1452, 27 nov. 2020, portant diverses dispositions relatives notamment à la procédure civile et à la procédure d'indemnisation des victimes d'actes de terrorisme et d'autres infractions, *JO* 28 nov., texte 14.
3. EN CE SENS, avant la réforme, pour le délai de trois ans : Civ. 2e, 7 janv. 1965, *JCP* 1966. IV. 23.
4. Décr. n° 55-22, 4 janv. 1955, portant réforme de la publicité foncière, *JO* 7 janv.
5. EN CE SENS, avant la réforme : Civ. 2e, 3 mai 1990, n° 89-12.474, P II, n° 81 ; *D.* 1990. Somm. 347, obs. P. Julien – Civ. 2e, 27 janv. 1993, n° 91-17.724, P II, n° 39 ; *D.* 1993. Somm. 282.

même si l'immeuble périt avant sa mise en possession (C. civ., art. 1196).

1341.273 Restriction. Le droit d'accomplir des actes de disposition est conditionné à la consignation du prix et au paiement des frais, à l'exception de la constitution d'une hypothèque accessoire à un contrat de prêt destiné à financer l'acquisition de l'immeuble (C. pr. exéc., art. L. 322-9, al. 2).

1341.274 Pour les tiers. La publication doit s'effectuer dans les deux mois du jugement d'adjudication (v. ss nos 1341.231 et 1341.232). Mais le transfert de propriété n'est opposable aux tiers qu'à compter de la publication effective (Décr. 4 janv. 1955, art. 30-1). Jusqu'à cette date, ils peuvent opposer à l'adjudicataire les droits qu'ils détiennent contre le saisi ; ainsi des hypothèques inscrites après l'adjudication. Cependant, dans le même temps, les tiers peuvent se prévaloir du jugement d'adjudication, dès lors qu'ils en ont connaissance dans leurs rapports avec l'adjudicataire : ainsi, éventuellement réclamer des impôts à l'adjudicataire à compter de l'adjudication.

1341.275 Exclusion de certaines garanties. Selon le Code civil, pour les ventes faites par autorité de justice, il n'y a lieu ni à garantie des vices rédhibitoires (C. civ., art. 1649 – v. ss no 1341.335), ni à rescision pour lésion (C. civ., art. 1684), les dispositions des articles R. 322-50 à R. 322-55 C. pr. exéc. réglant la faculté de surenchère (v. ss nos 1342.04 s.).

1341.276 Assiette du bien. L'adjudicataire n'acquiert que la propriété des immeubles désignés dans le commandement[1] et celle des immeubles qui peuvent être englobés dans la saisie à titre accessoire (v. ss nos 1316.05 s.).

B. Vente par le saisi

1341.281 Qualité de vendeur du saisi. C'est le saisi qui est tenu des obligations d'un vendeur, ce qui n'exclut pas que la responsabilité du poursuivant puisse être également recherchée sur le terrain quasi délictuel mais le créancier n'étant pas considéré comme vendeur, ne sera pas tenu des garanties d'un vendeur. Le saisi est donc tenu à délivrance (v. ss no 1341.333) et à garantie d'éviction (C. pr. exéc., art. L. 322-10 – V. ss nos 1341.334 s.).

1341.282 Transfert des droits du saisi. Si en vertu de l'article L. 322-10 alinéa 1er C. pr. exéc., la vente sur adjudication emporte vente forcée du bien saisi et en transmet la propriété à l'adjudicataire (sous réserve qu'une surenchère ne soit pas formée, v. ss nos 1342.05 s.), l'alinéa 2 précise que cette vente ne confère pas à l'adjudicataire d'autres droits que ceux appartenant au saisi. C'est du saisi que l'adjudicataire tient son droit, bien que le prix ne soit pas versé au saisi mais consigné en vue d'être distribué. Toutefois, il a été jugé que si le démembrement du droit de propriété (en l'espèce la constitution d'un droit d'usage et d'habitation et d'un droit de passage au travers de l'immeuble, par le saisi, au profit de ses parents) opéré par le saisi, était déclaré inopposable à son créancier sur le fondement de l'article 1341-2 C. civ., l'inopposabilité des droits portant sur l'immeuble une fois prononcée conférait au créancier le droit de poursuivre la vente forcée de l'immeuble libre de tous droits ; il en résultait que l'adjudicataire recevait à son tour l'immeuble libre de ces droits[2]. On en vient alors à douter que l'adjudicataire soit toujours l'ayant cause du saisi car dans cette situation, il recueille plus de droits sur l'immeuble que le propriétaire n'en détenait[3].

1341.283 Limites. L'adjudicataire acquiert les droits du saisi avec toutes leurs faiblesses (procès) et leurs restrictions (démembrements et contrats).

1341.284 Le saisi devait être propriétaire. La vente peut être annulée si le saisi n'était pas le véritable propriétaire et l'adjudicataire ne pourra s'y opposer.

Si le droit saisi n'était qu'un droit de nue-propriété l'adjudicataire ne pourra réclamer l'usufruit[4], pas plus qu'il n'obtiendra la jouissance du bien si un précédent propriétaire se l'était réservée[5].

De même, les procès engagés avant la délivrance du commandement et qui produisent des effets après l'adjudication s'imposeront au nouveau propriétaire (rescision, révocation, réduction en cas d'atteinte à la réserve).

Avant la réforme, il a été jugé que nul ne pouvant céder des droits dont il ne dispose pas, le véritable propriétaire était toujours en droit de revendiquer l'immeuble à l'encontre de l'adjudicataire, qu'il ait ou non fait publier son privilège (ainsi pour un immeuble vendu à terme[6]), en formant une demande de nullité à l'encontre du jugement d'adjudication.

1341.285 Lorsque des charges grevaient l'immeuble. Conformément à la jurisprudence antérieure à la réforme, l'adjudicataire sera tenu de respecter les contrats conclus avant l'adjudication s'ils lui sont oppo-

1. Bordeaux, 13 juin 1912, *DP* 1913. 2. 357 – Civ. 15 avr. 1913, *DP* 1914. 1. 131.

2. Civ. 1re, 29 janv. 2002, no 98-20.155, P II, no 27.
3. EN CE SENS, v. *Defrénois* 2002, art. 37591, no 59.
4. Civ. 15 avr. 1913, *DP* 1914. 1. 131 – Civ. 1re, 11 juin 1954, *JCP* 1954. II. 8288, note J. Becqué.
5. Civ. 2e, 27 oct. 1975, no 73-14.956, P II, no 276.
6. Civ. 2e, 23 oct. 1996, no 94-12.173, NP ; *D.* 1997. 159, note J. Prévault.

sables : ainsi, pour les baux consentis avant la saisie [1]. Pour un bail rural, les droits acquis par le preneur doivent être non précaires [2]. De même, en cas d'exploitation d'un fonds de commerce dans l'immeuble saisi [3]. Toutefois, les droits nés avant l'adjudication ne seront pas toujours opposables à l'adjudicataire. Ainsi, celui-ci ne pourra se prévaloir des loyers impayés avant l'adjudication pour faire jouer une clause résolutoire dont le jeu n'aurait pas encore été acquis. À l'inverse, l'indemnité d'éviction, en cours de fixation au moment de l'adjudication ne pourra être réclamée à l'adjudicataire, s'agissant d'un droit personnel et non patrimonial de l'ancien bailleur. Il a encore été jugé que des droits portant sur l'immeuble, jugés inopposables au créancier poursuivant, en vertu de l'article 1341-2 C. civ., ne seront par voie de conséquence pas opposables à l'adjudicataire (il en avait été jugé ainsi à propos de la constitution d'un droit d'usage et d'habitation et d'un droit de passage au travers de l'immeuble par le saisi au profit de ses parents [4]).

1341.286 **Étendue des droits.** Le cahier des conditions de la vente détermine l'assiette du bien et les droits saisis. En cas d'omissions, d'erreurs ou d'irrégularités, le poursuivant peut voir sa responsabilité engagée, à charge pour lui de se retourner contre son mandataire.

Avant la réforme, le procès en responsabilité était parfois dirigé à titre principal contre le rédacteur du cahier des charges ; parce qu'il n'existe pas non plus de lien contractuel entre le rédacteur de ce document et l'adjudicataire, l'avocat rédacteur ne peut s'exonérer de ses fautes par une clause de non-responsabilité au cahier des conditions de la vente (ainsi pour le cahier des charges [5]). L'adjudicataire peut encore agir contre l'huissier qui en commettant une erreur dans le commandement sur le caractère constructible du bien a engagé sa responsabilité professionnelle [6] ; de même à propos du caractère inondable du terrain [7].

1341.287 **Exclusion.** Certains droits, dont pouvait bénéficier le saisi, ne seront pas automatiquement transmis à l'adjudicataire. Ainsi, avant la réforme, la troisième chambre civile de la Cour de cassation avait jugé que la garantie financière d'achèvement de l'article R. 261-21 du CCH ne pouvant être mise en jeu qu'à l'occasion d'une vente en l'état futur d'achèvement, et tel n'étant pas le cas d'une vente sur adjudication, l'adjudicataire de l'immeuble prenait celui-ci en l'état où il se trouvait [8]. La solution peut s'expliquer encore par le fait que l'adjudication ayant été réalisée à un prix tenant compte de l'état inachevé de la construction et sans que soit évoqué le droit de créance relatif à la garantie, l'adjudicataire achetant à un faible prix cet immeuble ne pouvait espérer ultérieurement le faire achever en faisant jouer la garantie. La solution aurait sans doute pu être différente si le bénéfice de cette garantie avait été visé au cahier des conditions de la vente, car le promoteur saisi l'avait tout de même souscrite !

C.
Vente « rénovée »

1341.290 **Double purge. Plan.** La consignation du prix et le paiement des frais emportent, à compter de la publication du titre de vente, transfert d'une propriété rénovée, c'est-à-dire purge des inscriptions (1°). La jurisprudence y ajoute la purge des éventuels vices de la procédure de saisie (2°).

1°
Purge des inscriptions

1341.301 **Purge de plein droit.** Avant la réforme, et selon l'ancien Code de procédure civile, c'était la publication du jugement qui emportait la purge. La doctrine et la jurisprudence estimaient toutefois que l'effet de purge ne se produisait que si le prix était consigné.

Dans sa rédaction initiale issue de l'ordonnance du 21 avril 2006, l'ancien article 2213 C. civ., devenu l'article L. 322-14 C. pr. exéc., disposait seulement que la consignation du prix et le paiement des frais purgeaient de plein droit toutes les hypothèques, même celles qui ont été inscrites postérieurement à la délivrance des états d'inscriptions et les créanciers n'ont plus d'action que sur le prix. C'était une purge auto-

1. Ainsi, un bail antérieur au commandement sera opposable à l'adjudicataire, même si son existence n'a pas été signalée lors des visites du bien, ni indiqué dans le procès-verbal descriptif : Civ. 2e, 6 juin 2013, no 12-19.116, P II, no 120 ; *D.* 2014. Pan. 1472, obs. A. Leborgne. En revanche, consentis par le débiteur après l'acte de saisie, les baux seront inopposables au créancier poursuivant comme à l'adjudicataire ; la preuve de l'antériorité se faisant par tout moyen – Mais la jurisprudence a admis que même conclu après le commandement de payer valant saisie, le bail dont l'adjudicataire avait eu connaissance lui était opposable : Civ. 3e, 11 févr. 2004, no 02-12.762, P III, no 24 ; *D.* 2005. 755 et 749, obs. N. Damas – Civ. 3e, 23 mars 2011, no 10-10.804, P III, no 43 ; *D.* 2011. 1073, obs. Y. Rouquet ; *ibid.* 1596, obs. C. Juillet – Civ. 2e, 27 févr. 2020, no 18-19.174, P.
2. Civ. 3e, 22 juin 1977, no 76-11.812, P III, no 282 ; AJPI 1978. 395, note D. Talon.
3. Limoges, 26 nov. 1990, *D.* 1992. 452, note J. Prévault.
4. Civ. 1re, 29 janv. 2002, no 98-20.155, P II, no 27.
5. Civ. 2e, 15 juin 1994, no 92-18.048, P II, no 155 ; *D.* 1994. IR 183.
6. Civ. 1re, 11 oct. 1994, no 92-14.402, P I, no 284 ; *Gaz. Pal.* 1995. 1. Pan. 42.
7. Civ. 1re, 25 mai 2005, no 03-18.261, P I, no 226 ; *Dr. et proc.* 2005. 360, obs. A. Leborgne.
8. Civ. 3e, 20 nov. 2002, no 01-12.518, P III, no 229 ; *Procédures* févr. 2003, no 42, obs. J. J.

matique qui emportait report des sûretés sur le prix à distribuer, à condition qu'il ait été consigné préalablement.

Pour être libératoire, la consignation doit toutefois être conforme aux conditions du cahier des conditions de la vente.

La loi du 22 décembre 2010[1] a complété l'article 2213 C. civ., devenu l'article L. 322-14 C. pr. exéc., afin de conditionner l'effet de purge à compter de la publication du titre de vente.

1341.302 **Condition de propriété.** La purge ne se produit que tout autant que le saisi était le véritable propriétaire du bien (pour des parcelles englobées dans une saisie mais qui n'étaient pas la propriété du saisi[2]). Constituées par le véritable propriétaire ou inscrites du chef du véritable propriétaire, les inscriptions subsisteront malgré l'adjudication dès lors que la saisie aura été dirigée contre un débiteur non-propriétaire.

1341.303 **Radiation.** Même si l'effet de purge se produit de plein droit, il faut matériellement radier les inscriptions. À cette fin, l'article R. 322-65 C. pr. exéc. prévoit que l'adjudicataire saisira le JEX par requête afin qu'ayant constaté la purge, il ordonne la radiation des inscriptions correspondantes au bureau des hypothèques. L'adjudicataire établira ainsi sa consignation, le paiement des frais et des droits de mutation dont le justificatif aura été déposé au greffe conformément à l'article R. 322-65 C. pr. exéc. (v. s^s n° 1341.152). L'ordonnance n'est pas susceptible d'appel.

1341.304 **Titulaire de l'action résolutoire et coéchangiste.** En vertu de l'article 717 alinéa 2 ACPC, le titulaire d'une action résolutoire qui n'avait pas agi dans les délais en résolution était déchu de son droit à l'égard de l'adjudicataire, afin d'assurer la sécurité de celui-ci, et ne pouvait que faire valoir sa créance sur le prix. Dans ce cas, la publication du jugement purgeait à la fois son privilège et son action résolutoire à l'égard de l'adjudicataire ; mais si la vente venait à être annulée, le créancier pouvait encore exercer son droit dans ses rapports avec le saisi et les autres créanciers. Ni l'ordonnance ni le décret du 27 juillet 2006 n'envisagent le sort de ces créanciers particuliers, ce qui est regrettable.

2°
Purge des vices antérieurs à l'adjudication

1341.311 **Solution jurisprudentielle.** Aucun texte ne le prévoyait, mais avant la réforme, la jurisprudence affirmait que la publication de l'adjudication purgeait les irrégularités procédurales de la procédure antérieure, en l'absence de fraude (ainsi pour un cahier des charges déposé après le délai de quarante jours, dont la déchéance n'avait pas été soulevée à l'audience éventuelle[3] – de même dans un cas où les débiteurs invoquaient la caducité du commandement, faute d'adjudication dans les trois ans[4], délai en vigueur à l'époque). Et même, dans le cas où la publication du jugement d'adjudication était intervenue tardivement[5] ! Ainsi, même postérieurement à l'expiration du délai de trois ans, la publication du jugement opérait un effet de purge, sauf hypothèse d'une fraude.

La solution paraissait devoir être maintenue car elle est source de sécurité et c'est, effectivement, la solution qu'a adoptée la deuxième chambre civile dès 2014[6]. Le raisonnement a été affiné par la suite. En effet, s'agissant des vices antérieurs à l'audience d'orientation, ce n'est pas la publication du jugement d'adjudication qui a purgé la procédure de saisie immobilière de ses vices mais l'autorité de chose jugée dont est revêtu le jugement d'orientation qui a rendu nécessairement irrecevables les contestations autres que celles se rapportant à des actes de procédure postérieurs à cette audience d'orientation. Pour les vices de procédure antérieurs à l'audience d'orientation, c'est le jugement d'orientation qui les a purgés[7].

Il faut en déduire que c'est une propriété exempte de vices qui est transmise à l'adjudicataire. La fraude du créancier toutefois, justifierait l'annulation du jugement d'adjudication (il en est jugé ainsi à propos du créancier ayant diligenté la procédure à une adresse qu'il savait erronée, manifestant la volonté de mener la saisie à l'insu des débiteurs[8]).

Cependant, le fait que l'adjudication soit intervenue n'empêchera pas le saisi et des tiers à la procédure (par ex., un propriétaire qui revendique) d'agir en annulation contre le jugement d'adjudication (v. s^s

1. L. n° 2010-1609, 22 déc. 2010, préc.
2. Req. 2 déc. 1878, *DP* 1879. 1. 259.

3. Civ. 2e, 7 mars 1985, n° 83-14.589, P II, n° 58.
4. Civ. 2e, 24 sept. 1997, n° 95-19.776, P II, n° 232 ; *Gaz. Pal.* 11-12 févr. 1998, *v° Procédures civiles d'exécution*, p. 14 ; *JCP* 1998. II. 10029, obs. E. du Rusquec : « *La publication du jugement emporte, en l'absence de fraude, purge de tous les vices de la procédure antérieure* » – Civ. 2e, 4 déc. 2014, n° 13-25.932, NP.
5. Civ. 2e, 10 févr. 2005, n° 03-12.794, P II, n° 25.
6. Civ. 2e, 4 déc. 2014, n° 13-25.932, NP ; *Procédures* 2015. Comm. 40, obs. C. Laporte – Civ. 2e, 24 sept. 2015, n° 14-20.132, P II, n° 212 ; *D.* 2015. 1961 ; *D.* 2016. 736, chron. H. Adida-Canac, Th. Vasseur et E. de Leiris, *D.* 2016. Pan. 1288, obs. A. Leborgne ; *AJDI* 2016. 130, obs. F. de La Vaissière.
7. Civ. 2e, 21 févr. 2019, n° 18-10.362, P ; *D.* 2019. Pan. 1314, obs. A. Leborgne ; *Procédures* 2019. Comm. 115, obs. C. Laporte.
8. Civ. 2e, 7 nov. 2002, n° 01-14.229, P II, n° 239 ; *JCP* 2002. IV. 3065.

nº 1341.362) mais les parties, régulièrement sommées d'assister à la procédure, ne pourront plus en invoquer les vices, postérieurement à la publication du jugement. Ainsi, comme avant la réforme, en suite de la publication du jugement, l'annulation de la procédure ne pourra plus être entreprise pour irrégularités.

Toutefois, si des moyens de nullité ont été soulevés à l'audience d'orientation et rejetés par le JEX, des recours auront pu être formés. Une difficulté se présentera dans l'hypothèse où le jugement rejetant ces moyens sera infirmé voire, l'arrêt confirmatif cassé, des mois après que l'adjudication a été publiée. L'existence de ces éventuelles instances parallèles n'autorise pas pour autant l'adjudicataire à ne pas publier le jugement d'adjudication. On peut même considérer qu'il y a plutôt intérêt : à défaut de publication dans les deux mois, il risque la réitération des enchères ; si le commandement n'est pas prorogé, il risque de perdre son droit de propriété ; enfin, la publication de son titre valorise le préjudice qu'il sera en droit d'invoquer contre le professionnel responsable si l'adjudication vient à être annulée.

§ 2
Suites de l'adjudication pour le saisi

1341.320 **Plan.** L'adjudication emporte expropriation de son bien pour le saisi ; durant la procédure de saisie, il était encore propriétaire, généralement resté en possession de l'immeuble et souvent séquestre pour le compte des créanciers (v. ss nos 1331.321 s.). Désormais il n'a plus aucun droit. Cela implique en pratique qu'il doit quitter les lieux s'il les occupait, que ses obligations de propriétaire cessent (charges de copropriété, impôts et dettes afférents à la propriété) et que ses relations avec ses créanciers dépendront du prix de l'adjudication et de la distribution.

A.
Relations avec l'adjudicataire

1341.331 **Obligations.** Le saisi doit délivrance et garantie d'éviction (C. pr. exéc., art. L. 322-10, al. 2) ; en revanche, le Code civil exclut la garantie des vices cachés. À compter de l'adjudication il est encore tenu de restituer les fruits qu'il aurait perçus.

1341.332 **Délivrance.** Parce que l'adjudication emporte vente forcée du bien saisi et en transmet la propriété à l'adjudicataire, le saisi est tenu à délivrance à l'encontre de l'adjudicataire ; cela concerne l'immeuble mais s'étend encore aux accessoires et immeubles par destination (v. ss nos 1316.11 s.). Le saisi doit donc quitter les lieux, à compter de la notification du jugement d'adjudication puisqu'il doit délivrance du bien. S'il ne libère pas les lieux, il peut être condamné à payer une indemnité d'occupation et l'adjudicataire peut recourir à la force publique en vertu de son titre[1]. Parce que le transfert de propriété se produit lors de l'adjudication, il en résulte que, sauf disposition contraire du cahier des conditions de vente, le saisi perd tout droit d'occupation dès le prononcé du jugement d'adjudication[2]. Il peut encore être condamné à des dommages et intérêts s'il est démontré un préjudice distinct (ainsi pour des dégradations commises dans les lieux par les saisis après l'adjudication[3]).

Le saisi expulsé qui se réinstallerait dans les lieux commettrait une voie de fait (C. pr. exéc., art. R. 441-1). Le JEX est alors compétent pour y mettre fin et ordonner son expulsion dès lors que l'occupation s'est faite sans titre dans les mêmes locaux, à la suite du jugement d'adjudication valant obligation de délaisser l'immeuble[4]. Par ailleurs, dans un tel cas, le commandement initial n'a pas à être renouvelé et, s'agissant d'un local affecté à l'habitation principale, le juge peut supprimer, par application des dispositions de l'article L. 412-1 C. pr. exéc., le délai de deux mois devant suivre le commandement d'avoir à quitter les lieux[5].

L'éviction peut être dirigée contre des occupants autres que le saisi, par exemple un usufruitier ; mais depuis le décret du 4 janvier 1955 sur la publicité foncière, le recours contre l'usufruitier échouera si le droit d'usufruit a été régulièrement publié et est opposable à l'adjudicataire[6].

1341.333 **Titre et expulsion.** Avant la réforme, le jugement d'adjudication ne constituait pas la décision de justice requise par l'ancien article 61 de la loi du 9 juillet 1991 pour que le créancier puisse faire procéder à l'expulsion du débiteur saisi ; il fallait une décision qui ordonne ou autorise l'expulsion et tel n'était pas le cas du jugement d'adjudication. Désormais, l'article L. 322-13 C. pr. exéc. dispose que le jugement d'adjudication constitue un titre d'expulsion contre le saisi. Et l'article R. 322-64 C. pr. exéc. prévoit que, sauf si le cahier des conditions de vente prévoit le maintien dans les lieux du débiteur saisi, l'adjudicataire peut mettre à exécution le titre d'expulsion dont il dispose à l'encontre du saisi et de tout occupant de son chef n'ayant aucun droit qui lui soit opposable, à compter de la consignation du prix et du paiement des frais taxés. Si le saisi qui se

1. Civ. 2e, 1er mars 1995, nº 93-16.007, P II, nº 62.
2. Civ. 2e, 6 juin 2019, nº 18-12.353, P ; *D. actu.* 9 juill. 2019, obs. F. Kieffer ; *D.* 2020. Pan. 1388, obs. A. Leborgne ; *AJDI* 2019. 817, note F. Cohet ; *AJDI* 2019. 745, obs. D. Tomasin, *JCP* 2019. 629, obs. C. Laporte.
3. Civ. 3e, 25 mai 2005, nº 03-17.917, P III, nº 115.
4. Civ. 2e, 6 mai 1999, nº 96-21.081, NP ; *Procédures* 1999, nº 199, obs. J. Junillon.
5. Civ. 2e, 6 mai 1999, nº 96-21.081, NP.
6. COMP. avant 1955, Civ. 1re, 11 juin 1954, *JCP* 1954. II. 8288, note J. Becqué.

maintient dans les lieux après l'adjudication ne peut se voir appliquer le régime de l'astreinte, prévu par les articles L. 421-1 et L. 421-2 C. pr. exéc. pour obliger l'occupant à quitter les lieux, et qui n'a été conçu que pour les personnes entrées dans les lieux en vertu d'un bail[1], l'adjudicataire pourra toutefois saisir le juge pour assortir d'une astreinte provisoire une condamnation à quitter les lieux, conformément aux dispositions de l'article L. 131-1 C. pr. exéc.

Comme le jugement est notifié par le créancier poursuivant (v. s[s] n° 1341.62), l'huissier n'aurait pas besoin de le signifier avant d'expulser mais il devra toujours signifier un commandement d'avoir à libérer les lieux (C. pr. exéc., art. L. 411-1). Les dispositions des articles L. 431-1 et R. 432-1 et suivants seront applicables à la procédure d'expulsion. Il a été jugé, avant la réforme, qu'ayant constaté que le commandement d'avoir à libérer les lieux ne comportait pas les mentions prescrites à peine de nullité par les articles 194, 2° et 195 du décret du 31 juillet 1992 (devenus C. pr. exéc., art. R. 411-1 et R. 412-1), mais ayant relevé que les saisis avaient formé, dix jours après la délivrance du commandement, une contestation devant le juge compétent et sollicité des délais, des juges du fond avaient pu décider que les appelants ne prouvant pas le grief que leur causaient ces irrégularités, leur demande de nullité devait être rejetée[2].

1341.334 **Éviction.** C'est le saisi seul qui est tenu de la garantie vis-à-vis de l'adjudicataire[3]. Le créancier poursuivant ne peut être assimilé à un vendeur et ne peut donc être tenu envers l'adjudicataire à la garantie édictée par l'article 1626 C. civ. au profit de l'acquéreur contre le vendeur (il en avait été jugé ainsi dans un cas où le Trésor public avait délivré un avis à tiers détenteurs aux locataires pour avoir paiement de taxes foncières : l'adjudicataire estimait que cette situation occasionnait un trouble obligeant le vendeur à garantie[4]).

1341.335 **Exclusion de la garantie des vices cachés.** En vertu de l'article 1649 C. civ., la garantie des vices cachés n'a pas lieu dans les ventes faites par autorité de justice qui dérogent partiellement au droit commun de la vente (pour la rescision pour lésion, v. s[s] n° 1341.275). Il appartient donc à l'adjudicataire de chercher à se renseigner sur l'état du bien, et de s'en faire une idée précise lorsqu'il le visite. Toutefois, une adjudication peut être annulée en raison d'une erreur de l'adjudicataire sur les qualités substantielles du bien, présenté à tort comme constructible[5].

1341.336 **Restitution des fruits.** À compter du jour de l'adjudication le saisi qui était séquestre ne perçoit plus les fruits pour le compte des créanciers et doit donc les restituer à l'adjudicataire. L'adjudication définitive met fin à la mission du séquestre.

1341.337 **Charges.** Les obligations qui pesaient encore sur le saisi en qualité de propriétaire s'éteignent pour l'avenir : les charges de copropriété doivent être arrêtées, ainsi que les dettes diverses relatives à l'immeuble. L'adjudicataire en devient débiteur.

B. Relations avec ses créanciers

1341.341 **Libération partielle ou totale.** La vente ne le libère de ses dettes que tout autant que le prix principal couvre les créances. Pour le savoir, il faudra attendre la phase de distribution du prix où les productions des créanciers sont examinées dans leur *quantum* et où il sera tenu compte de leur rang. Un solde débiteur peut demeurer et le saisi en restera tenu.

1341.342 **Reprise des poursuites sur des biens provisoirement distraits.** Le créancier pourra reprendre les poursuites sur des biens provisoirement distraits si le prix des biens adjugés n'a pas suffi pour le désintéresser[6].

§ 3 Effets de l'adjudication pour l'adjudicataire

1341.351 **Acquisition de la propriété.** L'adjudication le rend propriétaire. Il acquiert le bien sans avoir plus de droits sur celui-ci que le saisi n'en avait (v. s[s] n°s 1341.283 s.) ; mais c'est une propriété rénovée (v. s[s] n° 1341.290).

A. Règlement de l'acquisition

1341.361 **Obligation de payer le prix.** On l'a vu (v. s[s] n°s 1341.120 s.), l'adjudicataire doit payer le prix de son acquisition. S'il ne consigne pas, l'effet de purge ne se produira pas et il risquera la réitération des enchères. Il a donc tout intérêt à le faire.

1341.362 **Difficulté en cas d'action en nullité ouverte à l'encontre du jugement d'adjudication.** Si une action en nullité de l'adjudication est engagée,

1. ANC[t] L. 9 juill. 1991, art. 33 – Civ. 2e, 24 mars 1993, n° 91-18.205, P II, n° 121 – Civ. 2e, 16 déc. 1999, n° 98-12.549, NP ; *RDI* 2000. 229, obs. Ph. Théry.
2. Civ. 2e, 13 juill. 2006, n° 04-13.248, P II, n° 212.
3. Civ. 5 déc. 1952, *JCP A* 1953. IV. 2039 ; *RTD civ.* 1953. 593, obs. P. Raynaud.
4. Civ. 2e, 22 nov. 2001, n° 99-16.356, P II, n° 174 ; *Dr. et proc.* 2002. 185, obs. A. Leborgne.
5. Civ. 3e, 9 févr. 2000, n° 98-14.426, NP.
6. Civ. 2e, 19 déc. 2002, n° 01-13.286, P II, n° 237.

l'adjudicataire a alors intérêt à s'opposer à la distribution du prix et à solliciter du JEX, devant lequel il doit être convoqué, un sursis, dans l'attente du résultat de l'instance susceptible de remettre en cause l'adjudication. S'il ne le faisait pas, pourrait-il agir en répétition de l'indu une fois les créanciers payés ? On pourrait l'imaginer. Est-ce toutefois aussi simple ? Si les créanciers ont été payés, ils vont opposer le caractère définitif de la distribution. Dans un tel cas, si l'adjudication est ensuite annulée, on se trouve en présence d'une contrariété de décisions. Le jugement d'annulation emporte remise des parties en état, c'est-à-dire restitution du bien au saisi et restitution du prix à l'adjudicataire. Mais à qui l'adjudicataire va-t-il réclamer cette restitution, la distribution ayant parallèlement éteint les dettes du saisi vis-à-vis de ses créanciers ? Admettre une action contre les créanciers du saisi non parties à l'adjudication présente l'avantage d'offrir à l'adjudicataire un recours contre des personnes solvables. Mais est-ce juridiquement acceptable ?

1341.363 **Modalités et montant.** C'est le cahier des conditions de vente qui prévoit le mode de paiement du prix et les taxes (v. s[s] n° 1333.238) et les modalités de la consignation (v. s[s] n° 1333.241). En pratique, avant la réforme, les cahiers des charges fixaient souvent les délais et conditions financières de la consignation. L'adjudicataire disposait ainsi d'un délai pour payer le prix sans intérêt. Au-delà de ce délai, des intérêts étaient stipulés, opposables à l'adjudicataire et qui pouvaient être calculés de manière rétroactive au jour de l'adjudication définitive (après expiration du délai de surenchère) ou de l'entrée en jouissance. L'article R. 322-49 C. pr. exéc. semble interdire tout aménagement conventionnel.

1341.364 **Bénéficiaire d'un droit de préemption.** En cas de substitution à l'adjudicataire, le bénéficiaire d'un droit de préemption qui ne réglerait pas le prix encourra la réitération des enchères, comme n'importe quel autre adjudicataire[1].

B. Autres charges

1341.371 **Date d'effet.** Le cahier des conditions de vente peut prévoir que les obligations afférentes à la propriété résulteront de l'entrée en jouissance de l'adjudicataire ou du transfert de propriété. Il faut distinguer entre ce qui est dû du fait de la qualité de propriétaire (impôts, taxes, charges de copropriété dans des résidences troisième âge) et ce qui est dû au titre de l'occupation.

1. Civ. 3e, 27 juin 1990, n° 89-14.057, P II, n° 158 ; *D.* 1990. II. 582, note J. Prévault.

1341.372 **Charges réelles.** Elles sont supportées par l'adjudicataire qui recueille la propriété du saisi.

1341.373 **Charges d'un immeuble en copropriété.** Une difficulté particulière peut se présenter lorsque le bien vendu dépend d'un immeuble en copropriété. Le syndicat de copropriété, créancier des charges impayées par le copropriétaire saisi cherchera à faire payer à l'adjudicataire, personne solvable, les dettes du copropriétaire. À cette fin, des clauses ont pu être insérées au cahier des conditions de vente mettant certaines dettes à la charge de l'adjudicataire. La jurisprudence les a jugées nulles (v. s[s] n° 1333.273) comme portant atteinte à l'ordre dans lequel le prix des biens doit être réparti entre les créanciers[2]. Mais récemment, la deuxième chambre de la Cour de cassation a jugé que l'adjudicataire n'avait pas qualité pour se prévaloir de cette illicéité[3] (v. s[s] n° 1333.273).

1341.374 **Obligations personnelles contractées par le saisi.** Le cahier des conditions de vente peut prévoir que l'adjudicataire reprendra à sa charge les contrats d'assurance ou d'abonnement en cours. La clause s'imposera alors à l'adjudicataire. En revanche, la jurisprudence décide aujourd'hui que des obligations personnelles qui auront pour effet de modifier l'ordre des paiements seront illicites (à titre de comparaison, pour une dation en paiement, la Cour de cassation a jugé qu'en l'absence d'une clause du cahier des charges prévoyant que l'adjudicataire reprendrait à son compte un engagement personnel contracté par le saisi, telle une obligation de faire, cette obligation n'était pas passivement transmissible à l'adjudicataire[4]).

1341.375 **Obligation personnelle de l'avocat du créancier poursuivant.** Avant la réforme opérée par la loi du 21 juillet 1994[5] et le décret du 15 février 1995[6], l'avis de mutation devait être donné au syndic par l'adjudicataire ; désormais, il est donné par l'avocat du créancier poursuivant (Décr. 17 mars 1967, mod., art. 5-1). En cas d'opposition du syndicat, l'avocat du poursuivant en informe les autres créanciers inscrits et sur leur demande leur en adresse une copie (Décr. 17 mars 1967, mod. par Décr. 15 févr. 1995, art. 6-1). Si cette information n'est pas donnée au syndicat il ne pourra former son opposition qui met en œuvre son privilège (L. 10 juill.

2. Civ. 3e, 6 mars 1991, n° 88-17.828, P III, n° 76 – Civ. 3e, 17 juin 1992, n° 89-19.328, P III, n° 209 – Civ. 2e, 2 déc. 1992, n° 91-16.582, P II, n° 296.
3. Civ. 2e, 18 févr. 1999, n° 97-12.323, P II, n° 30.
4. Civ. 2e, 9 janv. 1991, n° 89-16.367, P II, n° 2 – Civ. 2e, 9 juill. 1997, n° 95-19.232, P II, n° 217.
5. L. n° 94-624, du 21 juill. 1994, relative à l'habitat, *JO* 24 juill., p. 10685.
6. Mod. par Décr. n° 95-162, 15 févr. 1995, préc.

1965[1], art. 20, al. 3)[2]. Certes, la jurisprudence antérieure à la réforme devrait se maintenir, à savoir que la négligence de l'avocat ne sera constitutive de dommages et intérêts pour le syndicat que tout autant qu'elle lui aura causé un préjudice[3] ; mais la grande différence aujourd'hui est, qu'en l'état de la réforme de 1994 instaurant un privilège occulte pour le syndicat (C. civ., anc. art. 2103, 1 *bis*[4]), ce créancier privilégié aura désormais toutes les chances d'être payé (au lieu d'être primé par les créanciers inscrits) et son ignorance de la mutation par négligence du professionnel sera presque toujours constitutive d'un préjudice !

§ 4
Effets de la vente sur les créanciers

1341.381 Purge des inscriptions et productions. L'adjudication emporte obligation de produire à la procédure de distribution (v. s[s] n°s 1513.51 s.) et permet, lorsque le prix a été régulièrement consigné, le report des sûretés sur le prix, tout autant que les créanciers auront déclaré leur créance (v. s[s] n° 1333.373).

1341.382 Faculté de paiement provisionnel pour le premier inscrit. Selon l'article 85 du décret du 27 juillet 2006, dans sa rédaction initiale, après la publication du titre et au vu d'un état hypothécaire, le créancier premier inscrit pouvait demander au séquestre ou au consignataire de lui payer, à titre provisionnel, le principal de sa créance. Le décret du 12 février 2009 avait modifié l'article 85 afin de donner au JEX le pouvoir de statuer sur la requête du créancier de premier rang et d'ordonner qu'il soit payé par le séquestre ou le consignataire. La codification n'a pas été totalement opérée à droit constant car, dans la logique de la modification rédactionnelle opérée à l'article L. 322-4 C. pr. exéc. (v. s[s] n°s 1336.231 et 1336.252) soit le prix est séquestré, soit il est consigné à la Caisse des dépôts et consignations. Ainsi, l'article R. 334-1 dispose-t-il désormais que le juge a le pouvoir d'ordonner que le créancier de premier rang soit payé par le séquestre ou la Caisse des dépôts et consignations. La décision du JEX est notifiée par le créancier de premier rang au débiteur et aux créanciers inscrits lesquels disposent d'un délai de quinze jours pour faire opposition à cette décision. Les intérêts, frais et accessoires de cette créance sont payés une fois le projet de distribution devenu définitif ; toute stipulation contraire est réputée non écrite.

1341.383 Frais ordinaires. Les frais ordinaires sont ceux afférents à la procédure normale de saisie immobilière, exposés jusqu'à l'adjudication. Ces frais de poursuite, taxés par le juge et annoncés au début de l'audience d'adjudication par le poursuivant (v. s[s] n° 1339.171) doivent être payés, en priorité et en sus du prix, par l'adjudicataire qui sollicite la délivrance du titre (C. pr. exéc., art. L. 322-11 et R. 322-58).

1341.384 Frais extraordinaires. Ce sont les frais relatifs aux contestations et demandes incidentes. Ils sont également payés, par priorité en sus du prix par l'adjudicataire. En pratique, un adjudicataire prudent fixera le montant de son enchère en fonction du prix et des accessoires de sorte que l'augmentation des frais préalables de vente diminuera d'autant le montant des enchères.

Il a été jugé que lorsque le saisi est mis en redressement judiciaire, le poursuivant qui a exposé des frais antérieurement au jugement d'ouverture, est en droit d'en réclamer le paiement à l'adjudicataire et cette créance, dont le montant ne s'impute pas sur le prix, échappe aux dispositions de la faillite (en l'espèce, dans cette affaire, la loi du 25 janvier 1985[5]).

1. L. n° 65-557, du 10 juill. 1965, fixant le statut de la copropriété des immeubles bâtis, *JO* 11 juill., p. 5950.
2. Mod. par L. 21 juill. 1994.
3. Civ. 3e, 25 oct. 1989, n° 88-12.820, NP ; *D.* 1990. II. 581, note H. Souleau.
4. C. civ., art. 2374 (transf. par Ord. n° 2006-346, 23 mars 2006).
5. Civ. 2e, 13 déc. 1993, n° 92-10.660, P II, n° 369 ; *D.* 1994. IR 43 ; *JCP* 1994. IV. 489.

CHAPITRE

1342. Surenchère

ANNE LEBORGNE
PROFESSEUR ÉMÉRITE D'AIX-MARSEILLE UNIVERSITÉ

SECTION 0 ORIENTEUR

1342.00 Sommaire du chapitre.

Division. La surenchère est ouverte à toute personne qui remplit les conditions pour enchérir (sect. 1) ; elle se déroule selon une procédure fixée par les articles R. 322-50 à R. 322-55 [1] C. pr. exéc., et se termine par un deuxième jugement d'adjudication (sect. 2). Elle revient à reprendre les enchères là où elles s'étaient arrêtées lors de l'audience d'adjudication.

1342.04 Formulaire de procédure civile (renvois).

- *Saisie immobilière – Surenchère* (Attestation de remise d'une garantie de paiement par un surenchérisseur – C. pr. exéc., art. R. 322-51, al. 2)
- *Saisie immobilière – Surenchère* (Déclaration de surenchère – C. pr. exéc., art. R. 322-51)
- *Saisie immobilière – Surenchère* (Dénonciation de surenchère au créancier poursuivant, au précédent adjudicataire et au débiteur saisi – C. pr. exéc., art. R. 322-52)

1342.05 Fondement. Afin de permettre au poursuivant d'obtenir le meilleur prix du bien saisi, l'immeuble peut être remis en vente à la suite d'une surenchère d'un dixième. Toute personne intéressée par le bien et qui est prête à payer un dixième au moins de plus que l'enchère finale peut donc provoquer une nouvelle adjudication. Avant la réforme, on constatait en pratique que la surenchère pouvait aussi émaner, non d'un acheteur potentiel, mais d'un créancier qui estimait que le bien n'avait pas atteint sa valeur et espérait, en le remettant en vente, susciter des enchères plus élevées, au risque de rester adjudicataire. Cette faculté demeure mais les obligations imposées désormais au surenchérisseur décourageront peut-être les créanciers.

1342.06 Information sur la faculté de surenchère : article R. 322-34 C. pr. exéc. Au premier jour ouvrable suivant la vente, un extrait du procès-verbal d'audience est affiché par le greffe à la porte de la salle d'audience pendant le délai, au cours duquel la

1. Décr. n° 2012-783, 30 mai 2012, relatif à la partie réglementaire du Code des procédures civiles d'exécution, *JO* 31 mai, p. 9375.

surenchère peut être exercée. Le bien est sommairement décrit et le prix de l'adjudication ainsi que les frais sont communiqués. L'avis indique enfin la faculté de surenchère dans les dix jours suivant la vente (v. s^s n°s 1338.111 s.).

Toutefois, le Code des procédures civiles d'exécution ne prévoit pas de sanction en cas d'inexécution, ou d'exécution incorrecte, de cette obligation par le greffe. L'omission de cet avis ne devrait donc avoir aucune conséquence ni sur la validité de l'adjudication ni sur celle de la procédure de revente, s'il est formé une surenchère.

On peut cependant s'interroger sur les conséquences d'une éventuelle erreur du greffe portant sur l'un des éléments visés à l'article R. 322-34 C. pr. exéc. : mauvaise description du bien, erreur sur le prix ou les frais, voire, erreur dans l'indication du délai. Une personne trompée pourra-t-elle se plaindre ? Sans doute, même si cet avis ne fournit qu'une information, mais de là à établir l'existence d'un préjudice, cela sera peut-être plus difficile. Pour former surenchère, il faut en effet passer par l'intermédiaire d'un avocat, lequel rectifiera alors l'erreur portant sur la désignation comme sur le prix ou les frais, et la personne intéressée renoncera éventuellement à son projet. La seule difficulté réelle peut venir d'une erreur sur le délai pour former surenchère. S'il était indiqué, à tort, un délai plus long que le délai légal, on peut imaginer que la personne qui se manifesterait trop tard invoque un préjudice, causé par un dysfonctionnement des services de la justice.

Cet « avis après-vente », destiné à susciter d'éventuels surenchérisseurs, peut aussi être affiché dans la commune du lieu de situation des biens (C. pr. exéc., art. R. 322-37, al. 4, 3°), par ordonnance du juge de l'exécution (JEX) saisi par le créancier poursuivant, l'un des créanciers inscrits ou la partie saisie. Si le juge fait droit à cette demande d'aménagement, l'article R. 322-37 ajoute que son ordonnance n'est pas susceptible d'appel. La circulaire d'application de la réforme de 2006 [1] a précisé qu'un pourvoi immédiat était exclu par l'article 608 C. pr. civ.

SECTION 1
CONDITIONS

1342.11 **Principe.** Comme auparavant, c'est une faculté réservée à toute personne qui avait la qualité pour se porter enchérisseur, dès lors qu'elle offre un dixième de plus que le montant de l'adjudication et en fait la déclaration, dans les dix jours de l'audience d'adjudication. Les auteurs de la réforme ont ajouté l'obligation de remise d'une caution bancaire ou d'un chèque de banque, remise dont l'avocat doit attester.

1. Circ. n° CIV/17/06, 14 nov. 2006, relative à la réforme de la saisie immobilière, NOR : JUS C 06 20 848 C, *BOMJ*, n° 104, 25 janv. 2007.

§ 1
Liberté de former surenchère

1342.21 **Interdiction des ententes et faculté de remettre en vente.** Le principe de liberté des enchères interdit toutes ententes pour éviter la surenchère et offre aux tiers ainsi qu'à tous les participants à la première audience d'adjudication, sauf au saisi, la faculté de remettre le bien en vente.

A.
Liberté des enchères

1342.31 **Fondement de la règle.** Lors d'une vente aux enchères publiques, rien ni personne ne doit faire obstacle aux projets des candidats acquéreurs, sinon leurs disponibilités, de manière à ce que le bien ainsi mis en vente atteigne le meilleur prix. Aucune entente, aucune manœuvre ne doit fausser le jeu des offres publiques. Le législateur a donc érigé en délit les comportements susceptibles de fausser les enchères.

L'ancien délit d'entrave à la liberté des enchères, devenu un cas particulier d'escroquerie, réprime le fait d'avoir, dans une adjudication publique, par dons, promesses, ententes ou tout autre moyen, écarté un enchérisseur ou de limiter les enchères ou les soumissions par des dons, promesses, ententes ou autres moyens frauduleux [2]. Le délit est puni d'une peine de six mois d'emprisonnement et de 22 500 euros d'amende (C. pén., art. 313-6). Lorsqu'un bien a été adjugé à un prix intéressant au regard de sa valeur vénale sur le marché, l'adjudicataire va craindre la surenchère qui lui fera perdre le bénéfice de l'adjudication. La tentation est alors grande d'essayer de s'entendre, moyennant indemnisation, avec celui qui menace de surenchérir pour éviter la remise en vente.

L'intention frauduleuse peut être des deux côtés : l'adjudicataire peut chercher à décourager les candidats à la surenchère qu'il pressent, en les indemnisant, et un *quidam* peut aussi brandir la menace d'une surenchère pour obtenir de l'argent de l'adjudicataire contre renonciation à son projet.

Or, le fait de monnayer, par une entente, la renonciation à un projet de surenchère écarte par là même des enchérisseurs éventuels et porte dès lors atteinte

2. Il s'agit d'un délit instantané consommé par l'acceptation d'un don ou d'une promesse en contrepartie de la renonciation à enchérir. Le point de départ de la prescription sera la remise de la contrepartie : Crim. 5 juin 2007, n° 05-87.782, P, n° 151.

aux intérêts que la loi a entendu protéger [1]. Commet le délit d'escroquerie, celui qui se présente chez l'adjudicataire d'un immeuble et se fait remettre des fonds sous menace de former surenchère [2]. Toutefois, l'existence d'une menace s'apprécie restrictivement : ainsi, n'a pas porté atteinte à la liberté des enchères, le maire qui a fait publier, le matin même de la vente aux enchères d'une propriété, un article dans lequel, rappelant les décisions du conseil municipal et les actes administratifs intervenus jusque-là, il laissait entrevoir à ses lecteurs l'hypothèse d'une future expropriation, n'ayant fait état d'aucun élément autre que les prérogatives appartenant à l'autorité publique [3]. De même, il a été jugé qu'une cour d'appel qui, pour condamner le prévenu du délit d'entrave à la liberté des enchères, a retenu que ce dernier avait proposé contre paiement d'une somme de s'abstenir d'enchérir, puis était intervenu dans le cours des enchères, sans caractériser en quoi il avait porté atteinte à leur liberté par la mise à l'écart d'enchérisseurs éventuels, n'avait pas justifié sa décision [4].

Avant la réforme, afin d'éviter de telles pratiques, certains cahiers des charges conditionnaient la validité d'une surenchère à la consignation d'une somme importante, qui pouvait être égale au tiers de la nouvelle mise à prix, voire plus, de manière à décourager des surenchérisseurs non véritablement intéressés par l'acquisition du bien. Incontestablement le risque d'une surenchère frauduleuse était limité. Rien n'interdit de maintenir cette pratique, qui doit être distinguée de la garantie désormais imposée au surenchérisseur (v. s[s] n° 1342.45).

B.
Toute personne peut former surenchère

1342.41 **Principe.** Selon l'article R. 322-50 C. pr. exéc., toute personne peut faire une surenchère.

1342.42 **Surenchérisseurs.** Toute personne peut surenchérir, à condition toutefois de remplir les conditions de capacité et de ne pas être interdite (v. s[s] n°s 1339.91 s.).

1342.43 **Capacité.** Avant la réforme, la Cour de cassation avait jugé qu'une société en formation, non encore immatriculée, n'avait pas la capacité de former une surenchère [5], la déclaration de surenchère ne pouvant être validée rétroactivement [6] et la capacité du surenchérisseur s'appréciant au plus tard à la date d'expiration du délai pour former surenchère [7]. À cette époque, la Cour de cassation jugeait également que les enchères ne pouvaient être poussées par une société en formation (v. s[s] n° 1339.91). Cependant, depuis, la deuxième chambre civile a admis que des enchères soient portées pour le compte d'une SCI en formation, en relevant que ladite SCI ayant repris les actes accomplis pour son compte pendant sa formation, les engagements souscrits avaient été, en raison de leur reprise, réputés avoir été contractés dès l'origine [8]. Cette jurisprudence ne devrait-elle pas être transposée à la déclaration de surenchère ? Ou doit-on continuer à apprécier la capacité du surenchérisseur à la date d'expiration du délai pour former surenchère et donc ne valider la surenchère que tout autant que la société aura été immatriculée avant l'expiration du délai pour former surenchère, comme semble l'exiger la jurisprudence [9] ? Mais alors comment justifier la différence de régime entre pousser des enchères et former une déclaration de surenchère ?

Se pose encore la question du pouvoir dont doit justifier le représentant de la personne morale qui a formé surenchère ; la jurisprudence juge que le défaut de pouvoir ne peut être couvert après l'expiration du délai imparti pour faire la surenchère [10] et, parallèlement, la constatation par le jugement d'adjudication de l'existence d'un pouvoir fait foi jusqu'à inscription de faux, même si ledit pouvoir n'est pas demeuré annexé à la minute de la déclaration de surenchère faite par l'avocat comme le tribunal l'avait ordonné [11]. La jurisprudence analyse, en effet, la déclaration de surenchère comme un acte de disposition et en déduit que le défaut de pouvoir de celui qui déclare surenchérir en qualité de représentant d'une personne morale ne peut être couvert après l'expiration du délai imparti pour former surenchère (ainsi pour le maire d'une commune qui avait agi sans autorisation du conseil municipal, la surenchère ayant été approuvée ensuite [12]).

1. Crim. 12 mai 1975, n° 74-90.582, P, n° 123 ; *JCP* 1975. IV. 212.
2. Crim. 6 mars 1952, *Gaz. Pal.* 1952. 1. 331 – Crim. 25 nov. 1953, *JCP* 1954. II. 7955, note G. M.
3. Crim. 22 nov. 1988, n° 87-90.740, P, n° 396 ; *Gaz. Pal.* 1989. Somm. 279, obs. J.-P. Doucet.
4. Crim. 30 mars 2005, n° 04-85.890, P, n° 106.
5. Civ. 2e, 18 mai 1989, n° 88-12.849, P II, n° 109.
6. Civ. 2e, 30 mars 2000, n° 98-16.648, NP ; *Procédures* 2000, n° 171.
7. Civ. 2e, 25 juin 1997, n° 95-14.546, P II, n° 200 – Civ. 2e, 21 sept. 2000, n° 98-21.096, NP ; *Procédures* 2001, n° 64.
8. Civ. 2e, 19 déc. 2002, n° 00-20.250, P II, n° 290 ; *JCP* 2002. IV. 1295 – Civ. 2e, 10 sept. 2009, n° 08-15.882, P II, n° 207 ; *D.* 2009. AJ 2280 ; *Dr. et proc.* 2010. 49, obs. A. Leborgne ; *Gaz. Pal.* 21-22 avr. 2010, p. 16, obs. A.-F. Zattara-Gros, *RD banc. fin.* 2009, n° 206, obs. S. Piédelièvre ; *Dr. sociétés* 2009, n° 217, note M.-L. Coquelet ; *RLDA* nov. 2009. 10, note A. Cerati-Gauthier.
9. EN CE SENS, Civ. 2e, 20 déc. 2007, n° 07-10.212, NP.
10. Civ. 2e, 17 oct. 2002, n° 00-21.106, P II, n° 224 ; *D.* 2002. IR 2988.
11. Civ. 2e, 20 févr. 1975, n° 73-10.033, P II, n° 60 ; *JCP* 1975. IV. 121.
12. Civ. 2e, 17 oct. 2002, n° 00-21.106, P II, n° 224 ; *D.* 2002. IR 2988 – Civ. 2e, 21 mars 2013, n° 12-10.091, NP ; *Procédures* 2013, n° 146, obs. R. Perrot.

1342.44 **Exclusion du saisi.** Ce n'est pas tant son insolvabilité qui lui interdit de pousser les enchères que sa qualité de débiteur qui ne s'est pas exécuté. Le tiers acquéreur, qui n'est pas débiteur, peut donc former surenchère. La question pouvait se poser de l'intérêt, dans l'absolu, pour le saisi de remettre le bien en vente lorsque celui-ci avait atteint un prix dérisoire. La vente aux enchères purge les inscriptions mais n'efface pas les dettes du saisi ; plus le prix d'adjudication est élevé, plus le saisi sera désengagé. La faculté de surenchère ne lui a pourtant pas été reconnue car elle suppose la capacité financière de payer le prix d'adjudication, augmenté au moins d'un dixième, plus les frais, dans l'hypothèse où aucune enchère ne couvrait la nouvelle mise à prix. Toute surenchère formée par le saisi est donc nulle[1].

Mais si le débiteur saisi est une personne morale, les associés de celle-ci peuvent se porter adjudicataire sur surenchère, le fait qu'ils puissent être poursuivis pour les dettes sociales, dès lors que la personne morale ne s'est pas exécutée, étant sans incidence[2].

En pratique, pour tourner l'interdiction, il est encore loisible de constituer une société familiale (v. s^s^ n° 1339.124) dans laquelle le saisi n'apparaîtra pas[3] ou de faire surenchère par un prête-nom, qui poussera aussi les enchères si cela se révèle nécessaire, mais cela implique double mutation et doubles frais. Certes, l'article R. 322-39 C. pr. exéc. interdit aujourd'hui clairement d'agir par personne interposée, mais la preuve du défaut de respect de cette interdiction sera parfois difficile à apporter[4].

1342.45 **Condition de garantie et recevabilité de la surenchère.** Les auteurs de la réforme ont imposé la remise d'une caution bancaire irrévocable[5] ou d'un chèque de banque du dixième du prix principal de la vente[6] (C. pr. exéc., art. R. 322-51, al. 2). Aucune autre exigence ne conditionne la validité de la surenchère[7]. Cette obligation est calquée, dans son principe, sur celle des enchérisseurs en général, qui représente 10 % du montant de la mise à prix (v. s^s^ n° 1339.143). La garantie remise par le surenchérisseur sera donc bien plus élevée.

C'est à l'avocat du surenchérisseur qu'il appartient d'attester qu'il s'est fait remettre cette garantie. L'article R. 322-51 C. pr. exéc., n'indique pas clairement quelle est la sanction en cas de défaut d'exécution de cette obligation. Irrégularité des enchères, responsabilité de l'avocat, ou plutôt irrecevabilité de la surenchère conformément à l'alinéa 1er de cet article ? La deuxième chambre civile a jugé qu'à défaut de remise d'une garantie de paiement valable, la surenchère était irrecevable[8] ; de même, si la déclaration de surenchère n'est pas accompagnée de l'attestation de la remise à l'avocat du surenchérisseur des garanties exigées, la surenchère sera irrecevable[9]. En revanche, aucun texte n'impose, à peine

1. Civ. 2e, 20 mars 1989, n° 88-11.717, P II, n° 77 – La chambre commerciale juge encore que l'interdiction de cessions des actifs, par quelque voie de droit que ce soit, aux parents jusqu'au deuxième degré, des dirigeants de la personne morale débitrice, est applicable à la vente aux enchères publiques des biens immobiliers de la débitrice en liquidation judiciaire : Com. 3 févr. 2021, n° 19-20.616, B.
2. Civ. 2e, 8 juill. 2004, n° 03-10.560, P II, n° 347 ; *Dr. et proc.* 2005. 47, note A. Leborgne.
3. Mais encore faut-il que cette SCI ait des capacités financières suffisantes, à défaut, la responsabilité civile de l'avocat qui a formé la surenchère pourra être recherchée pour manquement à son obligation de conseil et d'information : Civ. 1re, 7 déc. 2004, n° 03-11.728, NP.
4. TOUTEFOIS, v. pour une affaire dans laquelle l'interposition ayant été établie, la surenchère a été annulée : Bordeaux, 5e ch., 27 juin 2011, RG n° 10/438 – V. AUSSI, Com. 19 déc. 2006, n° 05-13.826, NP – Et Civ. 2e, 3 mai 2007, n° 06-11.798, NP, où il a été retenu que la création de la SCI constituait une fraude destinée à faire échec à la vente sur adjudication.
5. Une garantie constituée, pour partie de chèques de banque et pour partie d'un nantissement délivré par une banque ne constitue pas la caution bancaire irrévocable exigée par l'art. 95 du Décr. 27 juill. 2006 : Civ. 2e, 10 mars 2011, n° 10-15.486, P II, n° 66 ; *D.* 2011. Actu. 891 ; *D.* 2011. Pan. 1518, obs. A. Leborgne ; *Procédures* 2011. Comm. 200, obs. R. Perrot ; *ibid.* 2013. Chron. 1, n° 23, obs. A. Leborgne ; *RD banc. fin.* 2011, n° 105, obs. S. Piedelièvre ; *Dr. et patr.* nov. 2011, p. 81, obs. P. Crocq – DE MÊME que le dépôt de sommes à la Carpa ne constitue pas la caution bancaire irrévocable exigée par l'article R. 322-41, peu important que l'avis annonçant la vente ait indiqué cette modalité ; les informations contenues dans l'avis affiché ne pouvant remettre en cause les dispositions du Code des procédures civiles d'exécution : Civ. 2e, 18 févr. 2016, n° 14-29.052, P ; *D.* 2016. Pan. 1288, obs. A. Leborgne.
6. Aucun texte n'impose, à peine d'irrecevabilité de la surenchère, l'encaissement par l'avocat du surenchérisseur du chèque de banque : Civ. 2e, 28 juin 2012, n° 11-18.121, NP ; *Procédures* 2012, n° 279, obs. C. Laporte.
7. Est cassé l'arrêt qui, pour annuler la déclaration de surenchère, retient, après avoir examiné la situation patrimoniale du surenchérisseur, en l'espèce surendetté, que celui-ci ne justifie pas d'une garantie sérieuse de paiement, nonobstant la consignation à la Carpa de la somme de 6 900 euros, correspondant à 10 % du prix d'adjudication : Civ. 2e, 16 déc. 2010, n° 09-71.807, NP – Ni la règle subordonnant la possibilité de former surenchère à la seule condition que la surenchère soit au moins du dixième du prix principal de la vente, ni aucune autre règle applicable en Polynésie française, n'exigent que le surenchérisseur procède en outre à la consignation d'une partie du prix de vente, *a fortiori* à la consignation d'une somme représentant exactement le dixième du prix auquel il est surenchéri : Civ. 2e, 27 févr. 2020, n° 18-18.625, P.
8. Civ. 2e, 10 mars 2011, n° 10-15.486, P (préc. s^s^ prés^t^ n°), ce qui n'exclut pas une action en responsabilité à l'encontre de l'avocat qui a accepté de former surenchère avec une garantie non-conforme aux exigences du décret du 27 juill. 2006.
9. Civ. 2e, 11 avr. 2013, n°s 12-10.053 et 12-24.715, P II, n° 81 ; *Dr. et proc.* juin 2013, p. 145, obs. A. Leborgne.

d'irrecevabilité de la surenchère, l'encaissement par l'avocat du surenchérisseur du chèque de banque remis en garantie par ce dernier[1].

1342.46 Créanciers. Inscrits ou non, ils peuvent former surenchère ainsi que le poursuivant. L'objectif n'est pas l'acquisition du bien mais l'espoir d'obtenir sur revente un meilleur prix à distribuer.

En pratique plusieurs situations peuvent se présenter : le créancier de premier rang, qui n'a d'autre espoir de récupérer sa créance que sur le prix de vente de l'immeuble peut trouver intérêt à soutenir les enchères jusqu'à concurrence de sa créance ; s'il est adjudicataire, il ne payera pas le prix mais en opérera la compensation avec le montant de sa créance et à due concurrence.

Un créancier de second rang peut également trouver intérêt, si l'estimation du bien le permet, de pousser également les enchères de manière à ce que le prix soit supérieur à la créance du créancier de premier rang, pour pouvoir percevoir une partie de ce prix. Bien évidemment, il ne soutiendra l'enchère que jusqu'à concurrence de l'estimation de la valeur du bien car il prend le risque de devenir adjudicataire. Dans cette hypothèse, il devra certes payer le créancier de premier rang mais obtiendra en compensation la propriété d'un bien dont la valeur serait supérieure.

1342.47 Adjudicataire. Il peut souhaiter former surenchère lorsque son droit a été résolu, du fait de l'exercice d'un droit de préemption. Malgré le caractère d'ordre public de ce droit, la jurisprudence a toujours considéré que la faculté de surenchère devait être maintenue et qu'elle pouvait être exercée par tous, y compris l'adjudicataire[2]. En pratique, l'hypothèse est rare notamment parce que les délais pour préempter sont supérieurs au délai pour former surenchère et que les bénéficiaires du droit de préemption attendaient généralement l'expiration du délai de surenchère avant d'exercer leur droit[3].

1342.48 Exclusion des personnes condamnées à une peine leur interdisant de se porter enchérisseurs. Le décret n° 2019-488 du 22 mai 2019[4], entré en vigueur le 1er septembre 2019, qui organise et contrôle le respect de l'interdiction de se porter enchérisseur, est applicable aux audiences d'adjudication sur surenchère. De ce fait, les dispositions de l'article R. 322-41-1 C. pr. exéc. qui imposent la remise d'une attestation sur l'honneur trouvent à s'appliquer aux audiences de surenchère par l'effet de renvoi opéré par l'article R. 322-55 aux articles R. 322-39 à R. 322-49 C. pr. exéc. Ainsi, une personne condamnée à une des peines d'interdiction d'enchérir mentionnées à l'article L. 322-7-1 C. pr. exéc. ne pourra, pendant la durée de la peine, se porter enchérisseur pour l'acquisition d'un bien immobilier à usage d'habitation ou d'un fonds de commerce d'un établissement recevant du public à usage total ou partiel d'hébergement, sauf dans le cas d'une acquisition pour une occupation à titre personnel. En cas de violation de cette interdiction, la consultation du bulletin n° 2 du casier judiciaire permettra de prononcer d'office la nullité de l'adjudication.

§ 2
Taux et délai

1342.51 Principe. L'article R. 322-50 C. pr. exéc. impose une surenchère du dixième du prix d'adjudication. Selon l'article R. 322-51 C. pr. exéc., elle doit être formée par acte d'avocat déposé au greffe dans un délai de dix jours.

A.
Taux

1342.61 Un dixième minimum du prix d'adjudication. Le seuil a été maintenu à 10 %, comme avant la réforme. De cette manière, la remise en vente ne se réalise pas pour une somme symbolique, mais reste attractive. Le calcul doit s'effectuer sur le prix principal, sans les frais. La jurisprudence a décidé que le surenchérisseur n'est pas tenu de chiffrer la somme qu'il offre, dès lors qu'il indique qu'il porte l'enchère à un dixième plus haut que le prix principal[5]. Mais il est encore possible de faire surenchère pour un montant supérieur à 10 %.

B.
Délai

1342.71 Dans les dix jours qui suivent l'adjudication. Le délai, qui était de dix jours avant la réforme, avait été porté à quinze jours par les auteurs du décret du 27 juillet 2006. Il a été ramené à dix jours avant l'entrée en vigueur des nouvelles dispositions par le

1. Civ. 2e, 28 juin 2012, n° 11-18.121, NP ; *Procédures* 2012, n° 279, obs. R. Perrot ; *ibid.* 2013. Chron. 1, n° 23, obs. A. Leborgne ; *RD banc. fin.* 2012, n° 161, obs. S. Piedelièvre.
2. Soc. 5 janv. 1951, *JCP* 1951. II. 6047, note Lacoste – Rennes, 27 juill. 1948, *D.* 1950. II. 44, note R. Savatier – Lyon, 23 déc. 1965, *D.* 1967. 112, note Rouiller.
3. Mais, selon la troisième chambre civile, la notification du droit de préemption devra être effectuée dans le délai ouvert au bénéficiaire du droit de préemption, même si une surenchère a été formée : Civ. 3e, 5 juin 2013, nos 11-26.088 et 11-26.153, P III, n° 77, pour le droit de préemption de la Safer.
4. Décr. n° 2019-488, 22 mai 2019, relatif aux personnes condamnées à une peine leur interdisant de se porter enchérisseur, *JO* 23 mai, texte 8.
5. Req. 6 déc. 1853, *DP* 1855. 1. 16 – Colmar, 10 mai 1870, *DP* 1871. 2. 38.

décret n° 2006-1805 du 23 décembre 2006[1] qui a modifié la rédaction de l'article 95 (devenu C. pr. exéc., art. R. 322-51).

Pour le calcul du délai, il faut exclure le jour de l'événement (C. pr. civ., art. 641) et ajouter dix jours, outre les prorogations de délai quand le dernier jour tombe un samedi, dimanche ou jour férié[2].

Parce que la déclaration est formée par acte d'avocat déposé au greffe, l'avocat sera donc soumis aux heures d'ouverture et de fermeture du greffe. Ce qui peut poser problème le dernier jour.

Avant la réforme, l'article 708 ACPC indiquait clairement que la déclaration ne serait pas reçue après l'heure fixée par le tribunal pour la fermeture du greffe ; le délai n'expirait donc pas à minuit (dérogeant ainsi à C. pr. civ., art. 642) ce qui excluait la possibilité de former la surenchère le lendemain du dernier jour. L'avocat qui se présentait tardivement se voyait refuser par le greffe l'enregistrement de sa déclaration. Et il n'était pas possible de contourner ce refus en signifiant une surenchère, l'acte ne pouvant avoir d'existence[3]. Cette disposition n'a pas été reproduite. Dans le silence de l'article R. 322-51 C. pr. exéc., le délai doit donc se calculer selon les règles de l'article 642 C. pr. civ. Il pourra cependant être utile de faire constater la fermeture du greffe avant l'expiration du délai (en ce sens, pour une déclaration d'appel, la Cour de cassation a jugé que lorsqu'un constat d'huissier établit que les portes du greffe étaient fermées à dix-neuf heures, l'appelant est recevable à la régulariser le lendemain[4]).

Il avait aussi été jugé, que la déchéance ne serait pas encourue si la surenchère n'avait pu être formée dans le délai légal du fait de la fermeture de tous les cabinets d'avocats, prescrite par le Conseil de l'ordre, qui s'apparentait à un cas de force majeure[5].

1342.72 Irrecevabilité de la déclaration tardive. Selon l'article 715 ACPC, le délai prévu à l'article 708 l'était à peine de déchéance. Si la déclaration avait malgré tout été enregistrée par le greffe, la déchéance pouvait être soulevée à tout moment ; aucun grief n'était exigé. L'article R. 322-51 C. pr. exéc. impose désormais de former la surenchère dans les dix jours à peine d'irrecevabilité.

1. Décr. n° 2006-1805, 23 déc. 2006, relatif à la procédure en matière successorale et modifiant certaines dispositions de procédure civile, *JO* 31 déc., p. 20370.
2. TGI Seine, 24 déc. 1964, *JCP* 1965. 4603 – V. ÉGAL. Civ. 2e, 14 nov. 2019, n° 18-16.294, NP ; *Procédures* 2020, n° 40, obs. C. Laporte, pour le calcul du délai de dénonce de la surenchère.
3. Aix, 15 mars 1952, *JCP A* 1952. 1095, obs. G. Madray – TGI Paris, 12 janv. 1978, *Gaz. Pal.* 1978. 2. 486.
4. Civ. 2e, 4 oct. 2001, n° 00-14.705, P II, n° 149 ; *Procédures* 2002, n° 208, obs. R. Perrot.
5. TGI Montauban, 28 juin 1984, *Gaz. Pal.* 1985. 24, note A. Damien.

§ 3
Formalisme et procédure

1342.81 Une déclaration dénoncée. La déclaration de surenchère doit être formée par acte d'avocat puis, dénoncée dans un acte qui prévoit une audience éventuelle et une audience d'adjudication.

A.
Déclaration de surenchère

1342.91 Déclaration. Elle est faite au greffe du tribunal qui a ordonné la vente, par un avocat constitué pour le surenchérisseur et emporte résolution de l'adjudication.

1°
Formalisme

a.
Modalités

1342.101 Un acte d'avocat déposé au greffe. Selon l'article R. 322-51 C. pr. exéc., à peine d'irrecevabilité, la déclaration est formée par acte d'avocat, déposé au greffe du JEX dans les dix jours suivant l'adjudication.

C'est cette déclaration qui vaut demande de fixation d'une audience de surenchère.

1342.102 Sanction. La rédaction de l'article R. 322-51 C. pr. exéc. invite à se poser la question de la sanction d'une déclaration qui ne serait pas formée par acte d'avocat. Cette déclaration sera-t-elle irrecevable conformément à l'alinéa 1er de cet article, ou nulle mais subordonnée à la démonstration d'un grief, conformément aux dispositions de l'article R. 311-10 C. pr. exéc. ? À moins qu'en vertu de l'article R. 311-4 C. pr. exéc., qui impose le ministère d'avocat, une déclaration non formée par l'intermédiaire de ce conseil soit de toute façon irrecevable ? Selon l'article R. 322-34 C. pr. exéc., le procès-verbal affiché à la porte du greffe qui indique l'adjudication et la faculté de surenchère ne semble pas contenir l'indication de la nécessité du ministère d'avocat pour former cette surenchère...

b.
Avocat auteur de la surenchère

1342.111 Difficulté. La surenchère est formée par ministère d'avocat. Le conseil de l'adjudicataire qui a fait la déclaration d'adjudicataire peut-il accepter de former une surenchère pour un autre client ? La question n'est gênante que sur le terrain déontologique ; rien dans le Code de procédure civile ne paraissait l'interdire ; mais des conseils de l'ordre s'étaient émus de cette situation, qui peut conduire l'adjudicataire à craindre que le surenchérisseur n'apprenne par leur avocat commun le taux maximum de ses offres. Les intérêts de l'adjudicataire et du surenchérisseur sont en effet opposés et occuper pour les deux met l'avocat dans une situation délicate. Les juges du fond étaient partagés sur cette possibilité (la cour d'appel de Paris l'admettait[1] – mais la cour d'appel de Montpellier approuvait une délibération du Conseil de l'ordre qui avait interdit cette pratique[2]).

La première chambre de la Cour de cassation avait décidé en 1983 qu'un conseil de l'ordre n'excédait pas ses attributions réglementaires lorsque pour des motifs déontologiques il se bornait à interdire ou à imposer aux avocats certaines pratiques professionnelles, relatives à l'accomplissement d'actes de procédure qui n'affectaient ni la portée ni la validité de ces actes ; en l'espèce la délibération disposait que « *l'avocat de l'adjudicataire ne peut accepter de former surenchère au nom d'une autre personne sur cette adjudication* »[3].

À la suite de la réforme, la question est un peu différente dans les faits, mais pas dans l'esprit, puisque l'interdiction de cumul des mandats désormais contenue à l'article R. 322-40 C. pr. exéc. n'envisage pas cette hypothèse explicitement. Légalement, rien n'interdit au conseil de l'adjudicataire de former surenchère mais l'article 12.2 du règlement intérieur national (RIN) dispose que « *lorsqu'un avocat s'est rendu adjudicataire pour le compte d'une personne, il ne peut accepter de former une surenchère au nom d'une autre personne sur cette adjudication, à défaut d'accord écrit de l'adjudicataire initial* ».

1342.112 Contenu de la déclaration. La surenchère ne sera pas valable si elle n'est pas faite au nom de la personne qui avait donné pouvoir à l'avance de surenchérir pour son compte (ainsi pour une surenchère portée par erreur au nom d'une société alors que l'avocat avait reçu pouvoir de surenchérir au nom du gérant[4]). Elle doit donc mentionner les éléments permettant d'identifier le surenchérisseur, notamment son adresse et sa profession[5] ; l'appréciation de ces éléments identifiant relève du pouvoir souverain des juges[6].

1342.113 Sanction. L'indication dans l'acte de surenchère d'une adresse erronée du surenchérisseur constituera un vice de forme. On peut dans ce cas envisager que la sanction soit une nullité à charge pour celui qui l'invoque de prouver le grief que lui cause l'irrégularité, conformément aux dispositions de l'article R. 311-10 C. pr. exéc.

2°
Effets

1342.121 Impossibilité de se rétracter. Comme avant la réforme, l'article R. 322-51 C. pr. exéc. précise que la déclaration de surenchère ne peut être rétractée. Un surenchérisseur ne peut se soustraire à la procédure qu'il a engagée en invoquant une possible extinction de la créance, objet de la saisie[7].

1342.122 Résolution rétroactive de l'adjudication. La surenchère anéantit la première adjudication et les parties sont remises dans l'état dans lequel elles se trouvaient avant l'adjudication.

Ainsi, les droits de l'adjudicataire (v. s[s] n°s 1341.351 s.) se trouvent résolus par l'effet de la surenchère. Entre la déclaration de surenchère et l'adjudication définitive, l'immeuble redevient donc la propriété du saisi, qui est provisoirement rétabli dans son droit vis-à-vis de l'adjudicataire et vis-à-vis des tiers jusqu'à la publication du jugement d'adjudication définitive[8]. En cas de procédure collective ouverte dans cet intervalle à l'encontre du saisi, les poursuites individuelles sont suspendues[9].

Les droits de l'adjudicataire sont résolus au jour de la déclaration de surenchère et non au jour du jugement d'adjudication sur surenchère[10]. Mais en l'état d'une adjudication suivie d'une surenchère frappée de déchéance, l'adjudication n'acquiert un caractère définitif à l'égard de l'adjudicataire qu'à la date à laquelle la contestation sur la surenchère a été définitivement tranchée[11].

Quant au saisi, il peut profiter de ce délai pour acquitter sa dette sans que ce paiement ne soit constitutif d'une entrave à la liberté des enchères ; le saisi conservant toujours la possibilité de s'exécuter en cours de procédure, le surenchérisseur comme l'adjudicataire initial ne peuvent se plaindre de cette situation, même si elle aboutit à les priver de l'acquisition d'un immeuble qui les intéressait[12].

1. Paris, 31 mars 1954, *JCP* 1954. II. 8275 ; *Gaz. Pal.* 1954. 1. 254, note R. Lindon.
2. Montpellier, 16 avr. 1985, *Gaz. Pal.* 1985. 452, note A. D.
3. Civ. 1re, 15 févr. 1983, n° 82-11.888, P I, n° 59.
4. Civ. 2e, 2 déc. 1992, n° 91-16.604, P II, n° 287.
5. Civ. 2e, 29 janv. 1992, n° 90-18.650, P II, n° 29 ; *D.* 1992. IR 93 ; *Gaz. Pal.* 1992. Somm. 455, obs. M. Véron ; *JCP* 1992. IV. 950.
6. Civ. 2e, 7 nov. 1994, n° 93-12.272, NP.
7. Civ. 2e, 10 juill. 1991, n° 90-13.410, NP.
8. Civ. 7 déc. 1868, *DP* 1869. 1. 31 – Civ. 15 janv. 1873, *DP* 1873. 1. 249 – TGI Bergerac, 6 mai 1960, *JCP* 1960. II. 11842, note J. Mourgeon ; *RTD civ.* 1961. 194, obs. P. Raynaud.
9. Civ. 2e, 24 mars 1993, n° 90-18.599, P II, n° 128 – Com. 4 mars 2014, n° 13-10.534, P IV, n° 43 ; *D.* 2014. 717 ; *ibid.* Pan. 1473, obs. A. Leborgne.
10. Civ. 7 déc. 1868 (préc. s[s] prés[t] n°) – Civ. 18 nov. 1924, *DP* 1925. 1. 25, note Matter ; *S.* 1925. 1. 193, note A. Tissier.
11. Civ. 2e, 12 juill. 2001, n° 98-10.444, P II, n° 137.
12. Crim. 22 juin 1994, n° 92-86.292, P, n° 250 ; *D.* 1994. IR 230.

1342.123 **Rôle du surenchérisseur.** Les auteurs de la réforme se sont prononcés sur la charge des nouvelles publicités (v. s[s] n°s 1338.111 s.), qui incombent désormais clairement au surenchérisseur. Avant la réforme, on ne savait pas qui devait réaliser les formalités de publicité. Selon les barreaux, c'était, *a priori*, l'avocat du surenchérisseur et ce n'était que s'il n'y procédait pas que l'avocat du poursuivant le faisait à sa place sans qu'il soit besoin de subrogation ; dans d'autres barreaux, c'était le poursuivant qui conservait la maîtrise de la procédure. Désormais, l'article R. 322-54 C. pr. exéc. prévoit que c'est le surenchérisseur qui accomplira les formalités de publicité. Par ailleurs, et comme auparavant, la déclaration de surenchère emportera remise en vente sur nouvelle mise à prix et à la suite de nouvelles audiences ; en cas de carence d'enchères, c'est le surenchérisseur qui sera déclaré adjudicataire et non le poursuivant.

B. Dénonciation

1342.131 **Objet.** Il s'agit à la fois de porter officiellement cette surenchère à la connaissance de l'adjudicataire, du poursuivant et du saisi et de leur communiquer les dates d'audience car la dénonciation vaut assignation ; la dénonciation doit ensuite être mentionnée à la suite de la surenchère.

1° Formalisme et destinataires

a. Principe

1342.141 **Un acte de commissaire de justice ou une notification entre avocats.** La rédaction initiale de l'article 96 du décret du 27 juillet 2006 était fort différente de celle de l'ancien article 709 ACPC qui visait uniquement les conseils des parties. En 2006, en effet, il avait été prévu que la dénonce s'effectuerait systématiquement par acte d'huissier de justice et non plus par acte d'avocat à avocat. Or, les destinataires étant le créancier poursuivant, l'adjudicataire et le débiteur saisi, seul le saisi pouvait ne pas avoir constitué avocat. Le décret du 12 février 2009 a modifié la rédaction de l'article 96 devenu l'article R. 322-52 C. pr. exéc., afin de permettre la notification entre avocats au créancier poursuivant, à l'adjudicataire[1] et au débiteur saisi, lorsqu'elle est possible.

1. La dénonciation faite au notaire, et non à l'adjudicataire au domicile élu chez le notaire, est irrecevable : Civ. 2e, 28 juin 2012, n° 11-18.121, NP ; *Procédures* 2012, n° 279, obs. R. Perrot.

1342.142 **Destinataires.** Il s'agit d'informer toutes les parties intéressées : créancier poursuivant, adjudicataire[2] et saisi. L'ancien article 709 ACPC dispensait l'avocat du surenchérisseur de dénoncer la surenchère au saisi si celui-ci n'avait pas constitué avocat. L'article R. 322-52 C. pr. exéc. vise désormais le saisi, sans restriction ; si ce dernier n'est pas représenté, le surenchérisseur devra lui signifier la dénonce par acte d'huissier. En cas de pluralité d'adjudicataires, la surenchère devra, à peine d'irrecevabilité, être dénoncée à chacun d'eux, fussent-ils représentés par le même avocat[3]. En revanche, l'article R. 322-52 C. pr. exéc. n'exige pas une double dénonciation de la déclaration de surenchère à la personne ayant à la fois la qualité de coïndivisaire poursuivant et d'adjudicataire par substitution[4].

b. Cas particulier d'un bénéficiaire d'un droit de préemption

1342.151 **Preneur à bail rural.** En vertu de l'article L. 412-11 C. rur., le preneur bénéficiaire du droit de préemption doit être informé de la surenchère. Il sera ensuite à nouveau convoqué dans les formes et délais applicables à la première audience (v. s[s] n°s 1338.131 s.). Il disposera, à nouveau, d'un délai à compter de l'adjudication sur surenchère pour préempter. Le surenchérisseur, n'ayant pas la faculté de former une nouvelle enchère le jour de la vente si aucun autre enchérisseur ne se manifeste, le preneur pourra exercer son droit de préemption pour le prix résultant de la surenchère[5].

1342.152 **Société d'aménagement foncier et d'établissement rural.** L'article L. 143-8 C. rur. et pêche maritime, par renvoi aux dispositions de l'article L. 412-11 C. rur., prévoit qu'en cas de surenchère, la déclaration doit être dénoncée à la société d'aménagement foncier et d'établissement rural (Safer) dans les mêmes formes et délais qu'à l'adjudicataire[6]. La Cour de cassation a jugé que seule la Safer, dont les intérêts auraient été méconnus, avait qualité pour se prévaloir de ce défaut de dénonciation.

2. Civ. 2e, 28 juin 2012, n° 11-18.121, NP ; *Procédures* 2012, n° 279, obs. R. Perrot.
3. Civ. 2e, 20 oct. 2011, n° 10-25.377, P II, n° 197 ; *D.* 2012. 1518, obs. A. Leborgne.
4. Civ. 2e, 5 déc. 2013, n° 10-22.901, P II, n° 232 ; *D. actu.* 10 janv. 2014, obs. V. Avena-Robardet.
5. Civ. 3e, 8 nov. 1978, n° 77-12.524, P II, n° 338 ; *Defrénois* 1979, art. 32038, p. 939, note J.-L. Aubert.
6. V. Civ. 3e, 5 juin 2013, n°s 11-26.088 et 11-26.153, P III n° 77, qui juge que la Safer, dispose, même en cas de surenchère, d'un délai d'un mois à compter de l'adjudication pour notifier l'exercice du droit de préemption au greffe du tribunal. Cette solution n'est pas logique, qui distingue la situation de la Safer de celle du titulaire d'un droit de préemption urbain (v. s[s] n° 1338.194).

prévaloir de l'inobservation des formalités prévues par les articles L. 143-8 et L. 412-11 C. rur. [1]

1342.153 **Locataire.** En vertu de l'article 7, II du décret du 20 juillet 1977, en cas de surenchère, il ne sera procédé à la notification (v. s[s] n° 1338.193) qu'après le jugement appréciant la validité de la surenchère. Si celle-ci est invalidée, la notification sera renvoyée dans un délai de deux jours après le prononcé du jugement pour ouvrir le délai du paragraphe IV. Si en revanche la surenchère n'est ni contestée ou est validée, il sera procédé à une nouvelle convocation comme il est prescrit au paragraphe I. Après l'adjudication la notification est effectuée et à défaut de convocation, le preneur pourra préempter (v. s[s] n° 1338.194).

1342.154 **Titulaires d'un droit de préemption urbain.** En vertu de l'article R. 213-15 C. urb., le droit du titulaire s'exercera dans les mêmes conditions que lors de la première audience ayant donné lieu à surenchère : le greffier adressera la déclaration faisant connaître la date et les modalités de la vente sur surenchère au maire, trente jours au moins avant la date fixée pour la vente, par lettre recommandée avec demande d'avis de réception (LRAR). Le délai de trente jours, ouvert au titulaire du droit de préemption, court à nouveau à compter de l'adjudication sur surenchère [2].

La substitution ne pourra intervenir qu'au prix de la surenchère (C. urb., art. R. 213-15, al. 4). La décision de se substituer à l'adjudicataire sera notifiée au greffe par LRAR.

2°
Contenu

1342.161 **Informations.** Le Code des procédures d'exécution n'apporte que très peu d'indications sur les mentions de cet acte. Simplement, compte tenu de l'objet de la dénonce, l'article R. 322-52 C. pr. exéc. dispose que l'acte de dénonciation devra indiquer que la validité de la surenchère pourra être contestée dans les quinze jours de sa dénonciation, et rappeler les dispositions de l'article R. 311-6 C. pr. exéc. exposant les conditions pour former cette contestation.

Le bon sens conduit à penser que le commissaire de justice devra d'abord porter à la connaissance des personnes concernées l'existence d'un acte de surenchère sur l'adjudication prononcée à telle date par le juge, pour tel immeuble et à tel prix.

Cette dénonce ne contient toutefois pas d'information sur la date de l'audience de surenchère, qui sera communiquée directement par le greffe (v. s[s] n° 1342.196).

1342.162 **Copie de l'attestation de garantie.** Le document par lequel l'avocat atteste s'être fait remettre par son mandant une caution bancaire irrévocable ou un chèque de banque du dixième du prix principal de la vente, doit être joint en copie à la dénonce. La déclaration de surenchère non accompagnée de l'attestation de remise à l'avocat du surenchérisseur des garanties exigées sera irrecevable [3].

1342.163 **Sanction : nullité.** C'est à peine de nullité, supposant la démonstration d'un grief, que la dénonciation doit rappeler les dispositions de l'article R. 311-6 et du 2e alinéa de l'article R. 322-52 et que doit y être jointe une copie de l'attestation prévue à l'article R. 322-51 [4] C. pr. exéc.

3°
Délai

1342.171 **Calcul.** Au plus tard le troisième jour ouvrable suivant la déclaration de surenchère [5], le surenchérisseur doit la dénoncer au poursuivant, à l'adjudicataire et au débiteur saisi.

1342.172 **Sanction : irrecevabilité.** La déclaration doit être dénoncée dans les trois jours, à peine d'irrecevabilité selon l'article R. 322-52 C. pr. exéc. L'irrecevabilité envisagée est celle de la surenchère. L'inobservation du délai pour dénoncer la surenchère étant sanctionnée par l'irrecevabilité de la déclaration et non par la nullité, aucun grief n'est à établir [6].

C.
Audiences

1342.181 **Délais.** Avant la réforme, et en vertu de l'article 709 alinéa 6 ACPC, l'acte de dénonciation contenait avenir pour la première audience utile qui suivait l'expiration d'un délai de vingt jours ; il fixait en même temps la date de la nouvelle adjudication. Désormais, l'audience de surenchère

1. Civ. 2e, 1er févr. 2006, n° 05-15.047, NP ; *Dr. et proc.* 2006. 232, obs. A. Leborgne.
2. CE 29 déc. 1993, Lebouc, req. n° 112421.
3. Civ. 2e, 11 avr. 2013, n°s 12-10.053 et 12-24.715, P II, n° 81 ; *Dr. et proc.* 2013. 145, note A. Leborgne.
4. Civ. 2e, 10 juin 2021, n° 19-21.935, B ; *D.* 2022. 1339, obs. A. Leborgne ; *JCP* 2021. 704, obs. C. Laporte ; *RD banc. fin.* 2021, n° 130, obs. S. Piedelièvre ; *Procédures* 2021, n° 222, obs. C. Laporte.
5. Sur le calcul du délai et le fait que le samedi n'est pas un jour ouvrable au sens de l'art. R. 322-52 C. pr. exéc. : Civ. 2e, 14 nov. 2019, n° 18-16.294, NP ; *Procédures* 2020, n° 40, obs. C. Laporte.
6. Civ. 2e, 8 sept. 2011, n° 10-18.429, NP ; *D.* 2012. Pan. 1518, obs. A. Leborgne, *AJDI* 2011, n° 811, obs. S. Porcheron ; *Procédures* 2011, n° 336, obs. R. Perrot ; *ibid.* 2013. Chron. 1, n° 23, obs. R. Perrot.

est fixée par le juge à une date comprise dans un délai de deux à quatre mois suivant la déclaration de surenchère (C. pr. exéc., art. R. 322-53). En cas de contestation de la déclaration de surenchère, le délai court à compter de la date de la décision de rejet. Il appartiendra donc au greffe, selon qu'une contestation aura ou non été formée, selon les dispositions de l'article R. 311-6 C. pr. exéc., de convoquer d'abord à une audience pour examiner la contestation, puis, si celle-ci est rejetée, de convoquer les intéressés à l'audience d'adjudication. Or, pour savoir si une contestation va être formée, le greffe doit attendre l'expiration d'un délai de quinze jours qui court à compter de la dénonciation dont le greffe n'est pas informé... On comprend de ce fait que la date d'audience ne puisse pas être fixée avant deux mois.

1°
Audience d'examen des contestations

1342.191 **Objet.** Elle sert à vider les contestations relatives à la surenchère et à faire valider celles-ci, une fois les contestations écartées.

1342.192 **Effet d'une saisie pénale de la créance servant de fondement à une saisie immobilière.** Une contestation particulière peut être soulevée à l'occasion d'une surenchère. Il peut en effet arriver qu'alors qu'une surenchère a été régulièrement formée, une saisie pénale de la créance, cause de la saisie immobilière, soit ordonnée par un juge d'instruction. Quels en seront les effets sur la procédure de saisie immobilière ? Une saisie pénale a pour but d'éviter que les biens d'une personne poursuivie pénalement ne disparaissent ou soient utilisés à des fins criminelles. Réglementée par la loi du 9 juillet 2010[1], cette mesure obéit donc à une philosophie différente du droit des procédures civiles d'exécution. Comment alors faire coexister ces différents corps de règles ? Saisie pour avis, la Cour de cassation a répondu que le JEX ne pouvait poursuivre la vente sur surenchère d'un immeuble, quand bien même l'audience d'orientation aurait fixé les termes de la vente sur adjudication du bien immobilier et qu'une première adjudication aurait déjà été ordonnée, dès lors que la saisie pénale de la créance, cause de la saisie immobilière, aura été ordonnée par un juge d'instruction[2]. En effet, la saisie pénale produit un effet d'indisponibilité sur la créance (C. pr. pén., art. 706-145) et la Cour de cassation en conclut que la procédure de saisie de l'immeuble sur lequel le créancier exerçait son droit de poursuite ne peut être poursuivie par le JEX. Le droit pénal va en quelque sorte « prendre le pas » sur le droit des voies d'exécution. Dès lors, la Cour de cassation estime que la vente sur surenchère peut toutefois avoir lieu, nonobstant la saisie spéciale de la créance, mais sur autorisation du juge des libertés et de la détention ou du juge d'instruction délivrée en application des articles 706-143 et 706-144 C. pr. pén. En effet, ce magistrat peut décider que la saisie pénale sera reportée sur la somme revenant au créancier dans le prix d'adjudication et consignée sans délai conformément aux dispositions de l'article 706-160 C. pr. pén.[3].

1342.193 **Effet d'un jugement d'ouverture d'une procédure collective.** Conformément aux dispositions de l'article L. 622-21, II C. com., le jugement d'ouverture d'une procédure collective arrête ou interdit toute voie d'exécution de la part des créanciers dont la créance n'est pas mentionnée au 1 de l'article L. 622-17. Ainsi, en l'absence d'adjudication définitive de l'immeuble avant le jugement d'ouverture, la saisie immobilière sera arrêtée par l'effet du jugement d'ouverture de la procédure collective. En effet, la surenchère emportant reprise des enchères, l'adjudication ne sera pas devenue définitive[4].

1342.194 **Forme des contestations.** Selon l'article R. 311-6 C. pr. exéc., la contestation de la surenchère se fait par dépôt au greffe de conclusions signées par un avocat[5].

S'il s'agit d'une contestation portant sur la forme, la nullité ne sera encourue qu'en cas de grief (C. pr. exéc., art. R. 311-10) ; s'il s'agit de soulever une irrecevabilité, aucun grief ne devrait être exigé ; la contestation pourra encore porter sur la justification de la garantie (v. s[s] n° 1342.162).

1342.195 **Délai pour former des contestations.** Selon l'article R. 322-52 alinéa 2 C. pr. exéc., la validité de la surenchère peut être contestée dans les quinze jours de la dénonciation. D'où le problème du contrôle de la date à laquelle la dénonciation a été effectuée.

1. L. n° 2010-768, 9 juill. 2010, visant à faciliter la saisie et la confiscation en matière pénale, *JO* 10 juill., texte 1.
2. Et quand bien même cette créance résulterait d'une décision de justice : Crim., avis, 7 août 2019, avis n° 19-80.988, NP – V. ÉGAL. L. Camensuli-Feuillard, « Saisie pénale, sauvegarde et procédure de saisie immobilière », *Rev. proc. coll.* 2019. Étude 24.
3. Crim., avis, 7 août 2019, avis n° 19-80.988, préc. s[s] prés[t] n°.
4. Com. 4 mars 2014, n° 13-17.216, P IV, n° 43 ; *Act. proc. coll.* 2014/7, n° 133, note P. Cagnoli – Sur la reprise de la procédure dans le cadre de la procédure collective, v. s[s] n°s 1411.00 s.
5. L'art. R. 322-52 C. pr. exéc. n'exige pas que les conclusions déposées au greffe dans les quinze jours de la dénonciation de la surenchère contiennent à peine d'irrecevabilité tous les moyens pouvant être invoqués au soutien de sa contestation de sa validité : Civ. 2e, 11 avr. 2013, n°s 12-10.053 et 12-24.715, P II, n° 81 ; *Dr. et proc.* 2013. 145, note A. Leborgne.

1342.196 **Convocation.** L'article R. 311-6 C. pr. exéc. dispose que le greffe convoquera les parties à une audience par LRAR dans un délai de quinze jours à compter du dépôt de la contestation.

1342.197 **Récapitulatif.** Le surenchérisseur, au plus tard le troisième jour ouvrable, doit dénoncer au saisi, au poursuivant et à l'adjudicataire. Ces personnes ont quinze jours pour contester la validité de la surenchère, en déposant des conclusions au greffe. Et dès dépôt des conclusions, le greffe a quinze jours pour convoquer les parties à une audience. Puis, la contestation sera examinée et la décision notifiée aux parties par le greffe selon les dispositions de l'article R. 311-7 C. pr. exéc.

1342.198 **Recours contre les jugements.** Les jugements rendus à cette audience sont soumis aux dispositions de l'article R. 311-7 C. pr. exéc., c'est-à-dire qu'ils sont appelables. Certes, devant le JEX, l'appel n'est pas suspensif, mais cela ne simplifiera pas la suite de la procédure pour autant.

2°
Audience de surenchère

1342.201 **Convocation.** Si la contestation est rejetée ou s'il n'y en avait pas, le greffe convoquera pour l'audience de surenchère le débiteur saisi, le créancier poursuivant, les créanciers inscrits, l'adjudicataire et le surenchérisseur par LRAR.

1342.202 **Date : rappel.** Selon l'article R. 322-53 C. pr. exéc., la date devra être comprise dans un délai de deux à quatre mois suivant la déclaration de surenchère.

1342.203 **Publicité.** Si la surenchère n'est pas contestée ou si elle est validée, et une fois l'audience de surenchère fixée, il faudra annoncer la vente sur la mise à prix modifiée par la surenchère. Dans ce cas, l'article R. 322-35 C. pr. exéc. prévoit que la nouvelle vente est précédée de la publicité de droit commun (v. s[s] n°s 1338.111 s.). Selon l'article R. 322-54 C. pr. exéc. les formalités de publicité annonçant la vente sur surenchère sont réalisées à la diligence du surenchérisseur. Dans l'hypothèse du défaut d'accomplissement de la publicité par le surenchérisseur, l'article R. 322-54 prévoit la faculté, pour le créancier poursuivant, de procéder aux formalités de publicité.

Ces formalités sont identiques à celles qui avaient été effectuées en vue de l'audience d'adjudication, à l'exception de la mise à prix nécessairement modifiée par la surenchère.

En revanche, le surenchérisseur n'aura aucun intérêt à prendre l'initiative de publicités complémentaires, mais celles-ci pourront être sollicitées par le poursuivant, un créancier inscrit ou même le saisi, conformément à l'article R. 322-37 C. pr. exéc.

1342.204 **Déroulement de l'audience.** Au jour indiqué les enchères sont reprises, sur la mise à prix modifiée, enchères auxquelles toute personne peut concourir (sous les réserves de l'article R. 322-39 C. pr. exéc., v. s[s] n° 1339.81) et qui se déroulent selon les articles R. 322-40 à R. 322-49 C. pr. exéc. Si la mise à prix n'est pas couverte, le surenchérisseur est déclaré adjudicataire sur le montant de sa surenchère (C. pr. exéc., art. R. 322-55).

La vente est poursuivie aux clauses et conditions de la première adjudication c'est-à-dire conformément aux clauses et conditions du cahier des conditions de vente. Ainsi, les clauses de ce document déposé par le poursuivant, modifié ou complété par les demandes incidentes examinées à l'audience d'orientation, s'appliqueront à tous les enchérisseurs, sans qu'il soit nécessaire aux adjudicataires surenchéris de saisir le juge pour rendre le contenu du cahier des conditions de vente opposable au surenchérisseur (ainsi, avant la réforme, pour une clause imposant aux enchérisseurs intéressés de fournir à leur avocat un cautionnement bancaire ou une consignation sur le compte Carpa s'élevant au minimum au montant de la mise à prix [1]).

Le surenchérisseur qui a déjà remis un chèque de banque ou une caution bancaire irrévocable du dixième du prix d'adjudication (C. pr. exéc., art. R. 322-51) doit-il aussi remettre une caution bancaire ou un chèque de banque d'un montant 10 % de la mise à prix s'il veut pousser les enchères, afin de respecter les dispositions de l'article R. 322-41 ? Il semble logique de conclure par l'affirmative car, aux termes de l'article R. 322-55, le jour de l'audience de surenchère les enchères seront reprises dans les conditions des articles R. 322-39 à R. 322-49 C. pr. exéc. sur la mise à prix modifiée par la surenchère.

1342.205 **Faculté de remise pour force majeure ?** Avant la réforme, la jurisprudence excluait l'application des dispositions de l'article 703 à la revente sur surenchère, aucun article ACPC ne faisant allusion ou ne renvoyant, pour la surenchère, aux dispositions applicables à l'adjudication initiale. Seul un raisonnement par analogie pouvait être envisagé, que la Cour de cassation avait clairement écarté.

Dans le décret du 27 juillet 2006, on ne trouvait pas non plus de disposition en ce sens dans la section consacrée à la surenchère ; toutefois le chapitre VI, relatif à la vente forcée, comportait des articles préalables aux sept sections qui le composaient, et notamment l'article 61, devenu l'article R. 322-28 C. pr. exéc., qui prévoyait le cas de remise pour force majeure.

1. Civ. 2e, 6 oct. 1993, n° 91-17.897, P II, n° 276.

Avec la codification, « *la vente par adjudication* » se trouve réglementée à la section IV du chapitre II du titre II du livre III du Code des procédures civiles d'exécution, chapitre consacré à « *la vente de l'immeuble saisi* » et qui se sous-divise en huit sous-sections. La section IV débute par une sous-section 1, intitulée « Dispositions générales », comportant quatre articles (R. 322-26 à R. 322-29), dont on peut raisonnablement penser qu'ils sont applicables, non seulement à l'audience initiale mais aussi à la surenchère (pour la réitération des enchères, v. s[s] n° 1343.163), réglementée à la sous-section 4. Ainsi, les dispositions de l'article R. 322-28 qui permettent le report de la vente forcée en cas de force majeure et à la demande de la commission de surendettement devraient pouvoir être invoquées lors de l'audience de surenchère.

1342.206 **Absence d'avis après l'adjudication.** Selon l'article R. 322-34 C. pr. exéc., l'affichage de l'extrait du procès-verbal d'audience n'aura pas lieu en cas de surenchère. Il est vrai que cet article a essentiellement pour objectif d'encourager la surenchère puisque le texte prévoit l'obligation pour le greffe d'apposer au tribunal un avis mentionnant la désignation et la description sommaire de l'immeuble telle qu'elle figurait dans l'avis initial, le prix de la vente, les frais taxés et l'indication qu'une surenchère est possible. Il s'agit donc clairement d'une disposition destinée à faire réagir d'éventuels acheteurs afin que le bien se vende au meilleur prix pour le saisi et ses créanciers (v. s[s] n° 1338.90). Toutefois, on aurait pu envisager la réalisation d'une publicité après la vente dans le but d'assurer la transparence de celle-ci et de son prix.

SECTION 2
EFFETS DE L'ADJUDICATION SUR SURENCHÈRE

1342.211 **Principe.** L'adjudication sur surenchère devient adjudication définitive, tout autant que le prix est payé, sinon le bien pourra être revendu sur réitération des enchères (v. s[s] n°s 1343.04 s.). Elle va emporter les mêmes effets, transfert de propriété, obligations à la charge du saisi, obligations de payer et de publier à la charge du nouvel adjudicataire. Quelques précisions doivent cependant être apportées.

§ 1
Transfert de propriété et des risques

1342.221 **Transfert de propriété.** En pratique, à l'issue de la première adjudication, le saisi avait perdu la propriété du bien et devait quitter les lieux au bénéfice de l'adjudicataire ; l'éventualité de la surenchère fige la situation et laisse les parties dans l'attente pendant dix jours d'abord, puis, si une surenchère est formée, pendant le temps de la procédure de revente. Ainsi, dans les rapports du saisi avec l'adjudicataire, le jugement d'adjudication emporte transfert de propriété au profit de l'adjudicataire pendant dix jours, sous condition résolutoire. La déclaration de surenchère fait renaître le droit du saisi sur son bien puisqu'elle remet en question l'adjudication, jusqu'au jour de l'adjudication sur surenchère ; le saisi est donc rétroactivement réputé conserver la propriété, sans aucune interruption, lorsqu'une déclaration de surenchère est faite[1]. Il a été jugé sous l'empire du décret-loi de 1938 qu'en l'état d'une adjudication suivie d'une surenchère frappée de déchéance, l'adjudication n'acquiert un caractère définitif à l'égard de l'adjudicataire qu'à la date à laquelle la contestation sur la surenchère a été définitivement tranchée[2].

1342.222 **Cas où l'adjudication sur surenchère est dévolue à l'adjudicataire initial.** Si l'adjudication sur surenchère a lieu au profit de l'adjudicataire initial, la propriété est confirmée à son profit à l'issue d'une procédure qui peut prendre plusieurs mois. Mais peut-on envisager que la propriété rétroagisse à la date de l'adjudication initiale ? Sans doute pas, dans la mesure où l'on admet que la première adjudication s'est faite sous condition résolutoire d'une surenchère et que la condition s'étant accomplie, la première adjudication est réputée ne jamais être intervenue. D'ailleurs, il s'agit d'une vente et donc d'un accord sur le prix, certes par l'effet des enchères ; or, l'accord sur le prix est différent lors de la première adjudication et de la vente sur surenchère. Raisonner autrement reviendrait à faire peser sur l'adjudicataire initial le risque de la perte de la chose alors qu'il n'aurait aucune certitude sur ses chances d'être déclaré adjudicataire sur surenchère. On doit donc en déduire que le saisi redevient propriétaire jusqu'au jour de la revente sur surenchère, que celle-ci intervienne au profit de l'adjudicataire surenchéri ou de tout autre enchérisseur.

1342.223 **Cas où l'adjudication sur surenchère est dévolue au surenchérisseur.** Aucun problème ne se pose si des enchères sont portées lors de l'audience de surenchère. Mais quelle solution dégager si la surenchère n'est pas couverte, c'est-à-dire en cas de carences d'enchères ? Dans ce cas, l'article R. 322-55 C. pr. exéc. précise que le surenchérisseur est alors déclaré adjudicataire.

1. Civ. 7 déc. 1869, *DP* 1869. 1. 31 – Civ. 15 janv. 1873, *DP* 1873. 1. 249.
2. Civ. 2e, 12 juill. 2001, n° 98-10.444, P II, n° 137.

1342.224 **Absence de surenchère sur surenchère.** Comme avant la réforme, et désormais selon l'article R. 322-55 alinéa 3 C. pr. exéc., aucune surenchère ne pourra être reçue sur la seconde adjudication. Cette restriction est justifiée par la volonté d'éviter un allongement excessif de la procédure.

§ 2
Droits et obligations des parties en présence

1342.231 **Le saisi.** Le saisi n'a pas à quitter les lieux tant que l'adjudication n'est pas définitive. Il va percevoir les fruits de l'immeuble, supporter les charges afférentes à la propriété et passer valablement des actes juridiques relatifs à l'immeuble.

Il peut déjà profiter de cette trêve pour payer ses dettes et ayant désintéressé ses créanciers éviter la revente sur surenchère, ce qui lésera principalement le surenchérisseur[1].

1342.232 **Adjudicataire sur surenchère.** Il ne devient propriétaire, dans ses rapports avec le saisi que du jour de l'adjudication sur surenchère, et dans ses rapports avec les tiers que du jour de la publication du jugement d'adjudication.

1. Il peut également être mis en redressement judiciaire et dans ce cas, les poursuites individuelles seront suspendues, et l'immeuble sera pris en compte au titre de l'actif du débiteur : Com. 4 mars 2014, nº 13-10.534, P IV, nº 43 ; *D.* 2014. Pan. 1473, obs. A. Leborgne.

CHAPITRE

1343. Réitération des enchères

ANNE LEBORGNE
PROFESSEUR ÉMÉRITE D'AIX-MARSEILLE UNIVERSITÉ

SECTION 0

ORIENTEUR

1343.00 Sommaire du chapitre.

Division. Les auteurs de la réforme ont limité les causes de réitération (sect. 1). C'est le créancier poursuivant, mais encore un créancier inscrit ou le débiteur, qui pourront poursuivre la réitération des enchères selon une procédure simple et rapide (sect. 2), génératrice d'effets (sect. 3).

1343.02 Jurisprudence de référence.

> Saisie immobilière. Autorité du jugement d'adjudication. Demande de radiation.

• **Civ. 2e, 11 juill. 2013,** n° 12-13.737, P II, n° 157
* V. s^s n°s 1341.42, 1341.83, 1343.24
1° Le jugement d'adjudication qui ne statue sur aucun incident n'est pas revêtu de l'autorité de la chose jugée.

2° Statue sur une partie du principal la cour d'appel qui, dans un litige tendant à la radiation de la publication d'un jugement d'adjudication sur surenchère, accueille dans son dispositif une demande tendant à voir dire que l'adjudicataire sur surenchère n'a pas payé le prix d'adjudication, et ordonne la réouverture des débats.

1343.04 Formulaire de procédure civile (renvois).

• *Saisie immobilière – Réitération des enchères* (Signification du certificat constatant le défaut de paiement du prix ou des frais taxés ou des droits de mutation par l'adjudicataire et sommation faite à celui-ci d'avoir à y procéder – C. pr. exéc., art. R. 322-67, al. 2)

• *Saisie immobilière – Réitération des enchères* (Requête tendant à la fixation d'une date d'audience pour la réitération des enchères – C. pr. exéc., art. R. 322-69)

1343.05 Objet. La saisie immobilière n'est entreprise que pour réaliser la valeur du bien, gage des créanciers, lorsque le débiteur ne s'est pas exécuté spontanément. En vertu de l'article L. 322-9 C. pr. exéc. [1], l'adjudicataire doit donc consigner le prix et payer les frais. À défaut, l'article L. 322-12 C. pr. exéc. dispose que la vente est résolue de plein droit. Le défaut de paiement du prix ou des frais de vente

1. Ord. n° 2011-1895, 19 déc. 2011, relative à la partie législative du Code des procédures civiles d'exécution, *JO* 20 déc., p. 21464.

impose de remettre le bien en vente pour trouver un nouvel acquéreur. Le mécanisme diffère donc de la surenchère car il ne s'agit pas d'une reprise des enchères mais d'une réitération à l'identique de la mise en vente aux enchères. Ainsi, le jugement de réitération n'est pas la suite de l'application ou l'exécution du jugement d'adjudication ; il ne s'y rattache pas par un lien de dépendance nécessaire dans la mesure où l'adjudication, fût-elle sur réitération, a lieu en vertu du jugement d'orientation[1].

Les auteurs de la réforme ont substitué l'expression « *réitération des enchères* » à « *folle enchère* », utilisée par le décret-loi de 1938, sous prétexte de son caractère désuet. La formule disait pourtant bien quelle était la cause de la difficulté...

SECTION 1
CAUSES DE LA RÉITÉRATION

1343.10 **Plan.** Avant la réforme, était menacé de folle enchère, l'adjudicataire qui ne justifiait pas avoir payé les frais dans les vingt jours et celui qui ne publiait pas son titre dans les deux mois. La sanction menaçait également celui qui n'exécutait pas les clauses de l'adjudication, fixées dans le cahier des charges. Lors de la réforme de la procédure de saisie immobilière, deux obligations légales seulement étaient prescrites à peine de réitération des enchères : le paiement du prix et des frais de la vente dans les délais prescrits. Le décret du 12 février 2009 a ajouté le paiement des droits de mutation[2]. La règle est codifiée à l'article R. 322-66 C. pr. exéc.

§ 1
Défaut de paiement des frais et des droits de mutation

1343.21 **Explication.** L'article L. 322-9 C. pr. exéc. impose le paiement des frais et l'article L. 322-11 C. pr. exéc. dispose que le titre ne peut être délivré que sur justification du paiement des frais. L'adjudicataire a donc tout intérêt à payer ces frais s'il veut publier son titre.

Avant la réforme, l'article 716 ACPC imposait à l'adjudicataire de faire publier son titre au bureau des hypothèques dans les deux mois de sa date, sous peine de revente sur folle enchère. Mais en pratique, ce texte était rarement appliqué. En effet, et tout d'abord, les formalités préalables rendaient généralement difficiles le respect du délai (paiement et quittances des frais, formalités de l'enregistrement, avec les va-et-vient que cela suppose pour le dossier d'adjudication). L'intérêt d'enfermer la publication du jugement d'adjudication dans le délai de deux mois était de pouvoir garantir le paiement du prix par l'inscription d'un privilège, qui, comme celui du vendeur et du prêteur de deniers, rétroagissait dans le délai de deux mois. Ce privilège ne pouvant être inscrit à la Conservation des hypothèques antérieurement à la publication des titres, le législateur de 1938 avait donc naturellement envisagé une sanction grave à l'encontre de l'adjudicataire qui léserait ainsi le droit des créanciers du saisi. Dans la mesure où il était difficilement envisageable de respecter le délai de deux mois et par suite, d'inscrire efficacement le privilège, il n'était guère concevable d'engager la procédure de folle enchère, pour ce seul motif, à l'expiration du délai de deux mois. De surcroît, et ensuite, l'intérêt des créanciers, poursuivants et inscrits, consiste dans le paiement du prix. Or, la délivrance de la grosse d'adjudication est uniquement liée au paiement des frais préalables et des droits de mutation et non à la condition du paiement du prix. Par suite, la publication du jugement d'adjudication ne présente d'intérêt valable pour les créanciers qu'au regard des effets qu'il induit : interruption du délai de péremption de la validité du commandement et effet légal de l'hypothèque. Il en résulte que la sanction de l'article 716 ACPC n'était généralement pas mise en œuvre à la différence des autres cas d'ouverture de la folle enchère. Cette hypothèse a été écartée par les auteurs de la réforme qui s'en sont tenus à l'obligation de payer les frais sous peine de réitération des enchères.

1343.22 **Délai.** Pour obtenir le titre d'adjudication, l'adjudicataire doit payer les frais annoncés par le poursuivant avant la vente et fournir une quittance justificative. L'article 713 ACPC ouvrait un délai de vingt jours, à compter de l'adjudication qu'il était difficile de respecter. Les auteurs de la réforme n'ont pas reproduit de délai. L'article L. 322-11 C. pr. exéc. dispose seulement que le titre de vente n'est délivré à l'adjudicataire que sur justification du paiement des frais taxés. Et l'article L. 322-9 C. pr. exéc. met à sa charge le paiement des frais sans autre précision de délai. C'est en réalité de la lecture de l'article R. 322-58 C. pr. exéc. qu'il faut déduire que le paiement des frais et des droits de mutation devra intervenir au plus tard dans le délai de deux mois de l'adjudication.

1343.23 **Sanctions du défaut de paiement des frais et des droits de mutation.** Les sommes peuvent être relativement modestes par rapport au prix d'adjudication, elles sont donc généralement

1. Ce jugement d'orientation est irrévocable. Ainsi, la cassation du jugement d'adjudication initiale n'entraîne pas l'annulation du jugement d'adjudication sur réitération des enchères : Civ. 2e, 6 sept. 2018, no 17-19.692, P ; *D.* 2019. 1306, obs. A. Leborgne ; *JCP* 2018. 1075 ; *Procédures* 2018, no 329, obs. C. Laporte.
2. Décr. no 2009-160, 12 févr. 2009, pris pour l'application de l'ordonnance no 2008-1345 du 18 décembre 2008 portant réforme du droit des entreprises en difficulté et modifiant les procédures de saisie immobilière et de distribution du prix d'un immeuble, *JO* 13 févr., p. 2596.

acquittées. Mais si l'adjudicataire ne paie pas, l'article R. 322-66 C. pr. exéc. prévoit que le bien pourra être remis en vente.

1343.24 Résolution de vente ou réitération des enchères. Le saisi étant considéré comme vendeur dans ses rapports avec l'adjudicataire, avant la réforme, la jurisprudence admettait qu'il puisse aussi agir en résolution de vente[1]. Sans doute, la folle enchère était-elle une procédure de résolution de la vente aux torts de l'acheteur, plus rapide et simple à mettre en œuvre, mais la Cour de cassation avait réaffirmé la validité d'une action en résolution fondée sur l'article 1654 C. civ.[2]. Cette action peut en effet présenter un intérêt propre[3]. Le juge de l'exécution (JEX) est en effet compétent pour constater la résolution de la vente sur adjudication[4]. Mais si la résolution est la sanction légale de l'inexécution, elle ne présentera pas forcément d'intérêt pour le saisi qui n'éteindra pas sa dette ; il en est de même pour les créanciers qui attendent d'être désintéressés sur le prix de l'immeuble saisi. La réitération semblait donc la voie la plus logique et la deuxième chambre civile de la Cour de cassation a eu l'occasion d'éclaircir le débat.

Elle a tout d'abord jugé que, même si l'article L. 322-12 C. pr. exéc. affirme que la vente est résolue de plein droit, il n'y aura pas d'effet automatique à l'expiration du délai de deux mois. Le JEX saisi d'une demande de résolution de la vente aux enchères doit constater le défaut de paiement du prix et des frais au jour où il statue. Dès lors, si l'adjudicataire consigne le prix et paie les frais au-delà du délai de deux mois, mais avant que le juge n'ait statué, la résolution ne sera pas constatée. En conséquence, la seule sanction du défaut de paiement du prix et de consignation des frais dans le délai de deux mois est la possibilité pour les créanciers et le débiteur de poursuivre la réitération des enchères[5].

La deuxième chambre a ensuite précisé que les dispositions de l'article L. 322-12 C. pr. exéc. étant d'ordre public, la résolution de la vente ne peut être demandée que sur le fondement des dispositions du Code des procédures civiles d'exécution qui dérogent à celles du droit commun de la vente[6].

§ 2
Défaut d'exécution des obligations d'adjudicataire

1343.31 Évolution. L'Ancien Code de procédure civile ne prescrivait pas les conditions de forme et de délais auxquelles l'adjudicataire était assujetti pour le paiement du prix ; les cahiers des charges en fixaient donc librement les modalités. Ils prescrivaient les délais, les assortissaient le cas échéant d'intérêts et désignaient entre les mains de qui la consignation devait être effectuée pour être libératoire. En outre, l'article 733 ACPC punissait de la folle enchère le défaut d'exécution par l'adjudicataire des clauses et conditions de l'adjudication.

Depuis la réforme, on ne trouve désormais qu'une menace de réitération des enchères en cas de défaut de consignation du prix. L'inexécution d'une clause particulière du cahier des conditions de la vente n'exposerait pas l'adjudicataire à une telle sanction, ce qui n'est pas compréhensible.

A.
Défaut de consignation du prix

1343.41 Modalités. Les auteurs de la réforme ont prévu, à l'article L. 322-9 C. pr. exéc., que l'adjudicataire doit consigner le prix sur un compte séquestre ou à la caisse des dépôts et consignations.

1343.42 Délai. L'article R. 322-56 C. pr. exéc. précise que la consignation doit s'effectuer dans un délai de deux mois à compter de la date d'adjudication définitive.

1343.43 Intérêts au taux légal et majoration. Passé ce délai, le prix de vente est augmenté de plein droit des intérêts au taux légal jusqu'à la consignation complète du prix. Selon l'article L. 313-3 C. mon. fin., en cas de condamnation pécuniaire par décision de justice, le taux de l'intérêt légal est majoré de cinq points à l'expiration d'un délai de deux mois à compter du jour où la décision de justice est devenue exécutoire, fût-ce par provision. L'ordonnance du 21 avril 2006 a complété cet article afin que cet effet soit attaché de plein droit au jugement d'adjudica-

1. Civ. 2e, 5 déc. 1952, *JCP A* 1953. IV. 2039, obs. G. Madray ; *RTD civ.* 1953. 393, obs. P. Raynaud.
2. Civ. 2e, 19 mai 1998, no 95-22.053, P II, no 153.
3. Civ. 2e, 11 juill. 2013, no 12-13.737, P II, no 157 ; *Dr. et proc.* 2013. 226, note A. Leborgne. Dans cette espèce, l'adjudicataire avait publié le jugement d'adjudication mais n'avait pas payé le prix. Une procédure de folle enchère avait été engagée, puis radiée car le saisi avait désintéressé le poursuivant. Des années après, les héritiers du saisi décédé ont assigné l'adjudicataire en résolution de vente afin d'obtenir la radiation de la mention de publication de l'adjudication.
4. Civ. 2e, 23 févr. 2017, no 16-13.178, P II, no 37 ; *D.* 2017. 515 ; *D.* 2017. Pan. 1397, obs. A. Leborgne ; *Gaz. Pal.* 18 avr. 2017, p. 24, note R. Laher ; *ibid.* 2 mai 2017, p. 82, note L. Lauvergnat ; *ibid.* 20 juin 2017, p. 48, note J.-J. Ansault.
5. Civ. 2e, 1er oct. 2020, no 19-12.830, P ; *D.* 2021. Pan. « droit de l'exécution », p. 1360, obs. A. Leborgne.
6. Civ. 2e, 3 févr. 2022, no 20-19.522, B ; *D.* 2022, chron. C. cass., p. 864, obs. C. Bohnert et F. Jollec ; *D.* 2022. 1331, obs. A. Leborgne ; *AJDI* 2022. 633, obs. F. Cohet ; *Procédures* 2022. 91, obs. C. Laporte.

tion sur saisie immobilière, quatre mois après son prononcé[1].

Toutefois, selon l'article L. 313-3 alinéa 2, le JEX peut, à la demande du débiteur ou du créancier, et en considération de la situation du débiteur, exonérer celui-ci de cette majoration ou en réduire le montant.

1343.44 **Paiement complet.** L'adjudicataire doit consigner l'intégralité du prix. Tant que cela ne sera pas fait, il sera menacé de réitération des enchères quand bien même une partie du prix et des intérêts aurait été payée.

1343.45 **Justification du défaut de paiement.** Selon le droit commun de la vente (C. civ., art. 1653), l'acheteur qui est troublé ou a juste sujet de craindre d'être troublé par une action, soit hypothécaire soit en revendication, peut suspendre le paiement du prix jusqu'à ce que le vendeur ait fait cesser le trouble. Ainsi, la rétention du prix se justifie déjà pendant le temps pour former surenchère, et même ensuite, si aucune surenchère n'a été formée dès lors que l'adjudicataire peut craindre l'issue de recours formés contre le jugement d'adjudication qui aurait tranché une contestation. Il a été jugé en revanche, qu'elle ne se justifie pas si l'adjudicataire n'est l'objet que d'actions en renouvellement de la part de titulaires de sous-location, non mentionnées au cahier des charges, car de telles demandes ne constituent pas un danger d'éviction[2].

1343.46 **Créancier de premier rang.** Lorsque le bien a été adjugé au profit d'un créancier de premier rang, l'obligation de payer ne lui incombe pas ; il peut, à ses risques et périls, souhaiter opposer la compensation à due concurrence à hauteur du montant de sa créance.

1343.47 **Droit de préemption.** Avant la réforme, la jurisprudence jugeait que pour le titulaire du droit de préemption, le fait de ne pas s'exécuter n'entraînait pas déchéance de son droit, mais poursuite sur folle enchère[3]. Et si la vente avait été poursuivie globalement sur une propriété alors que seule une partie était louée, le preneur qui entendait préempter devait payer le prix intégral de l'adjudication : il ne pouvait envisager de ne régler que la part du prix correspondant à la partie du bien louée ; à défaut il était poursuivi sur folle enchère (ainsi pour un fermier[4]). Le même raisonnement devrait pouvoir être tenu.

1. Ord. n° 2006-461, 21 avr. 2006, réformant la saisie immobilière, *JO* 22 avr., p. 6072.
2. Civ. 3e, 30 janv. 1970, n° 67-13.707, P III, n° 84 ; *D.* 1970. Somm. 116.
3. Civ. 3e, 23 avr. 1969, P III, n° 312.
4. Civ. 3e, 27 juin 1990, n° 89-14.057, P III, n° 158 ; *D.* 1990. 582, note J. Prévault.

B. Défaut de respect des clauses et conditions du cahier des conditions de la vente

1343.51 **Absence de fondement désormais.** L'article 733 ACPC punissait de la folle enchère le défaut d'exécution par l'adjudicataire des clauses et conditions de l'adjudication. Cet article visait les différentes obligations que le cahier des charges pouvait avoir prévues, celles relatives au paiement du prix comme celles imposant d'autres charges à l'adjudicataire. L'ordonnance et le décret n'ont pas prévu cette hypothèse, ce qui semble exclure la menace de la réitération des enchères.

1343.52 **Sanction.** Dans le silence des textes, la sanction ne pourrait être qu'une exécution forcée assortie éventuellement de dommages et intérêts ou une action en résolution de vente (v. ss n° 1343.24).

SECTION 2 PROCÉDURE

1343.61 **Déroulement.** En vertu de l'article R. 322-66 C. pr. exéc., le bien pourra être remis en vente à la demande du créancier poursuivant, d'un créancier inscrit ou du débiteur saisi, aux conditions de la première vente forcée.

§ 1 Titulaires de l'action

1343.71 **Pluralité.** Ce sont d'abord les créanciers (A), poursuivant et inscrits, mais aussi le saisi (B) qui a intérêt à voir ses dettes réglées.

A. Créanciers

1343.81 **Créanciers inscrits sur le bien saisi.** Les créanciers inscrits sont assurés de se partager le prix selon leur rang d'inscription. Ces créanciers ont intérêt à agir ; à défaut ils ne pourront reprocher à l'adjudicataire défaillant une faute leur ouvrant droit à indemnisation (en ce sens, a été rejetée la demande d'un créancier inscrit se plaignant de la négligence de l'adjudicataire, en l'espèce le poursuivant sur défaut d'enchères, la Cour notant que si la revente sur folle enchère n'a eu lieu que trois ans après, le préjudice subi par le créancier inscrit résultait de sa propre inertie procédurale, à savoir son abstention à poursuivre l'adjudication sur folle enchère lui-même[5]).

5. Civ. 2e, 30 mai 2002, n° 01-02.076, P II, n° 109.

On peut également inclure les créanciers subrogés dans les droits d'un créancier inscrit[1], et les créanciers des créanciers exerçant l'action oblique.

En revanche, les créanciers non inscrits, qui peuvent espérer un reliquat sur lequel ils exerceraient une voie d'exécution, ne peuvent prendre l'initiative de la réitération des enchères : leur intérêt à agir n'est ni certain, ni né et actuel (ils ne sont pas assurés qu'il y aura un reliquat) et ils ne peuvent se substituer au poursuivant et aux créanciers inscrits en l'absence de diligences de ces derniers pour requérir la vente.

1343.82 **Créancier poursuivant non privilégié.** Le créancier poursuivant n'est pas nécessairement privilégié ou hypothécaire. En vertu de l'article R. 322-66 C. pr. exéc., il est toutefois titulaire du droit de poursuivre la réitération des enchères. L'avocat du poursuivant est en effet créancier de ses frais de poursuite ; or, ceux-ci sont à la charge de l'adjudicataire. Selon l'article R. 322-58 C. pr. exéc., ces frais doivent être payés par priorité en sus du prix dans les deux mois à compter de la date de l'adjudication définitive, à peine de réitération des enchères.

B.
Saisi

1343.91 **Intérêt propre.** Lui aussi peut craindre que le prix ne soit pas payé et vouloir remettre le bien en vente afin que ses créanciers soient finalement désintéressés[2]. Avant la réforme, on lui reconnaissait encore le droit d'agir en résolution de la vente suivant la procédure de droit commun. Aujourd'hui, l'article L. 322-12 C. pr. exéc. dispose qu'à défaut de consignation du prix et de paiement des frais la vente est résolue de plein droit, mais il faudra toutefois que le juge la constate et la résolution ne pourra être demandée que sur le fondement des dispositions du Code des procédures civiles d'exécution[3].

§ 2
Déroulement de la procédure

1343.100 **Plan.** La personne qui agit doit obtenir du greffe un certificat attestant de l'inexécution de l'adjudicataire pour poursuivre la réitération. Ensuite, elle le fera signifier et sommera le défaillant de s'exécuter, faute de quoi l'immeuble sera remis en vente par la voie d'une nouvelle adjudication. La procédure se distingue de celle organisée par le décret-loi de 1938, dans la chronologie des actes, mais pas dans son esprit. En effet, avant la réforme, il était en pratique habituel de faire préalablement délivrer une sommation à l'adjudicataire par acte d'avocat à avocat avant de requérir le certificat. Désormais, les actes sont inversés : le poursuivant obtient du greffe la justification du défaut d'exécution des obligations légales par l'adjudicataire, puis lui signifie le certificat.

A.
Réquisition du certificat auprès du greffe

1343.111 **Hypothèses.** Si l'adjudicataire n'a même pas payé les frais, il n'a pu obtenir son titre de vente (C. pr. exéc., art. L. 322-11) ; il en sera d'ailleurs de même s'il n'a pas acquitté les droits de mutation. Mais même si le titre a été délivré mais que le prix reste malgré tout impayé, il sera encore possible de poursuivre la réitération des enchères. Dans les deux cas, le certificat est délivré par le greffe à la personne qui entend poursuivre la réitération.

1343.112 **Défaut de paiement des frais et des droits de mutation.** Selon l'article R. 322-67 C. pr. exéc., la personne qui poursuit la réitération des enchères se fait délivrer par le greffe un certificat constatant l'inexécution de l'adjudicataire.

1343.113 **Titre obtenu mais prix non consigné.** Avant la réforme, la situation pouvait même encore se présenter une fois la procédure d'ordre ouverte, puisque celle-ci était indépendante de la satisfaction par l'adjudicataire de l'obligation de payer le prix ; en effet, la procédure d'ordre avait notamment, pour objet de conférer un titre exécutoire sur le prix aux créanciers dont la créance avait été vérifiée et arrêtée par le juge aux ordres. Une fois les bordereaux de collocation délivrés contre l'adjudicataire qui n'avait pas payé le prix, les créanciers pouvaient encore opter pour la poursuite de droit commun en exécution ou pour la folle enchère. Dans cette hypothèse, celle-ci était poursuivie en vertu, non du jugement d'adjudication mais du bordereau de collocation[4]. Il semblerait que les dispositions du décret relatives à la distribution (le titre II du décret du 27 juillet 2006[5], soit les articles 107 à 125, devenus les articles R. 331-1 à R. 334-2C. pr. exéc.), n'envisagent plus que la distribution entre les différents créanciers et non la rédaction de bordereaux de collocation à l'encontre de l'adjudicataire défaillant.

1. Civ. 2e, 17 oct. 1973, no 72-12.234, P II, no 257 ; *JCP* 1974. IV. 6375.
2. Civ. 2e, 5 déc. 1952, *JCP A* 1953. IV. 2039, obs. G. Madray ; *RTD civ.* 1953. 393, obs. P. Raynaud.
3. V. ss no 1343.24 et la jurisprudence citée.
4. Mais le bordereau de collocation ne constitue pas un titre exécutoire contre le saisi permettant de le poursuivre en paiement du reliquat qui n'a pu être colloqué : Civ. 2e, 27 sept. 2012, no 11-20.649, P II, no 159 ; *Dr. et proc.* 2012. 301, note A. Leborgne.
5. Décr. no 2006-936, 27 juill. 2006, relatif aux procédures de saisie immobilière et de distribution du prix d'un immeuble, *JO* 29 juill., p. 11316.

1343.114 **Délai.** C'est nécessairement une fois expiré le délai de deux mois à compter de l'adjudication définitive (C. pr. exéc., art. R. 322-56 à R. 322-58)[1].

B. Signification

1343.121 **Principe.** En vertu de l'article R. 322-67 C. pr. exéc., le certificat est signifié au saisi, à l'adjudicataire et le cas échéant au créancier ayant sollicité la vente par exploit de commissaire de justice Toutefois, selon le destinataire le contenu de l'acte différera et il sera ou non ouvert un recours.

1343.122 **Destinataires.** On aurait pu songer à ne signifier qu'à l'adjudicataire défaillant. Les auteurs du décret ont également imposé une signification au saisi et le cas échéant (c'est-à-dire sans doute si ce n'est pas lui qui poursuit la réitération), au créancier ayant sollicité la vente (C. pr. exéc., art. R. 322-67, al. 2). Cette signification peut s'expliquer pour des motifs d'information de l'avancement de la procédure. Toutefois, elle n'est pas prévue pour les créanciers inscrits.

1343.123 **Acte de commissaire de justice.** C'est un exploit de commissaire de justice qui doit donc contenir les mentions prescrites pour ces actes (C. pr. civ., art. 653 s.) et être porté à la connaissance du destinataire le certificat en copie.

1343.124 **Signification à l'acquéreur défaillant.** En fait, celui qui est directement concerné est l'acquéreur défaillant. Aussi, la signification qui lui sera adressée comprendra à peine de nullité une sommation et le rappel d'un certain nombre de dispositions. Il pourra ensuite élever une contestation.

1° Sommation de payer

1343.131 **Objet.** La signification contient sommation d'avoir à payer le prix, les frais de la vente et les droits de mutation dans un délai de huit jours. Il n'est pas fait mention des intérêts au taux légal alors que selon l'article R. 322-56 C. pr. exéc., une fois le délai de deux mois dépassé, le prix de vente est augmenté de plein droit de ces intérêts jusqu'à consignation complète du prix (v. s[s] n°s 1341.161 s.).

1343.132 **Mentions.** L'acte de signification va contenir le rappel des dispositions du second alinéa de l'article L. 322-12 C. pr. exéc. et des articles R. 311-6, R. 322-56, R. 322-58, R. 322-69 et R. 322-72 C. pr. exéc.

2° Contestation

1343.141 **Principe.** Selon l'article R. 322-68 C. pr. exéc., seul l'adjudicataire peut contester le certificat. Il n'y a évidemment que lui qui est intéressé par cette contestation.

1343.142 **Délai.** La contestation devra être formée dans le délai de quinze jours à compter de la signification. La contestation du certificat n'étant ouverte qu'au seul adjudicataire, la deuxième chambre civile a jugé que le délai de quinze jours prévu par l'article R. 322-68 C. pr. exéc. courait nécessairement à compter de la signification de ce certificat à l'adjudicataire et non à compter de l'ultime notification ou signification effectuée[2].

1343.143 **Modalités.** L'adjudicataire défaillant devra respecter les dispositions de l'article R. 311-6 C. pr. exéc., à savoir une contestation formée par dépôt au greffe de conclusions signées par un avocat. Le greffe convoquera alors les parties à une audience par LRAR dans un délai de quinze jours à compter du dépôt de la contestation. En principe, selon l'article R. 311-6 alinéa 3 C. pr. exéc., l'examen de la contestation ne suspendra pas le cours de la procédure. Toutefois, l'article R. 322-69 alinéa 3 C. pr. exéc. prévoit qu'en cas de contestation, le délai pour fixer la nouvelle audience ne court qu'à compter du rejet de la contestation.

1343.144 **Absence de recours.** Selon l'article R. 322-68 C. pr. exéc., la décision du JEX statuant sur cette contestation n'est pas susceptible d'appel[3]. La raison en est sans doute la volonté d'éviter un allongement excessif de la procédure. De fait, la décision ne présentera pas un trop grand niveau de difficulté s'agissant seulement de vérifier le bien-fondé de la délivrance du certificat. Toutefois, si le jugement ne s'est pas borné à statuer, en dernier ressort, sur la contestation du certificat de non-paiement des frais et du prix mais a également condamné l'adjudicataire défaillant au paiement d'une indemnité d'occupation, il sera susceptible d'appel de ce seul chef, si cette demande a été rejetée[4].

1. EN CE SENS, Civ. 2e, 1er oct. 2020, no 19-12.830, P ; *D.* 2021. Pan. « droit de l'exécution », p. 1360, obs. A. Leborgne.
2. Civ. 2e, 16 déc. 2010, no 09-71.327, P II, no 214 ; *D.* 2011. Actu. 172 ; *D.* 2011. Pan. 1509, obs. A. Leborgne ; *RTD civ.* 2011. 176, obs. R. Perrot ; *RD banc. fin.* 2011, no 62, obs. S. Piedelièvre.
3. La voie du pourvoi immédiat en cassation ne sera pas non plus ouverte en application de l'art. 608 C. pr. civ.
4. Civ. 2e, 30 janv. 2014, no 12-29.687, NP – Civ. 2e, 24 mars 2022, no 21-11.452, B ; *AJDI* 2022. 702, obs. F. Cohet.

1343.145 **Effet.** Soit, l'adjudicataire paie et l'issue de la vente aux enchères aura seulement été retardée, soit il ne paie pas et l'immeuble est remis en vente par la voie d'une nouvelle adjudication (C. pr. exéc., art. R. 322-69).

C. Remise en vente

1343.151 **Une nouvelle adjudication.** C'est une nouvelle adjudication qui se déroulera selon les clauses du cahier des conditions de la vente, à la suite de nouvelles publicités.

1° Fixation

1343.161 **Requête en fixation de l'audience.** Désormais, la partie qui poursuit la réitération saisira le juge d'une requête en fixation de la date de la nouvelle audience. Le saisissant portera à la connaissance du juge la date à laquelle il a signifié le certificat à l'adjudicataire.

1343.162 **Délai.** Avant la réforme, le poursuivant en choisissait la date librement, sans que le Code de procédure civile ne fixe de délai. La folle enchère devait toutefois, intervenir pendant le cours de la validité du commandement, laquelle devait le cas échéant, être prorogée. Désormais, le juge doit fixer l'audience de réitération à une date comprise dans un délai de deux à quatre mois suivant la date de signification du certificat du greffe à l'acquéreur défaillant (C. pr. exéc., art. R. 322-69, al. 2) ou dans un délai de deux à quatre mois suivant la décision de rejet de la contestation[1].

1343.163 **Remise pour force majeure.** Comme en matière de surenchère, on ne trouve pas de disposition explicite dans le sens d'une remise pour force majeure aux articles consacrés à la réitération des enchères.

Toutefois, à la suite de la codification, « *la vente par adjudication* » se trouve réglementée à la section IV du chapitre II du titre II du livre III du Code des procédures civiles d'exécution, chapitre consacré à « *la vente de l'immeuble saisi* » et qui se sous-divise en huit sous-sections. La section IV débute par une sous-section 1, intitulée « *dispositions générales* », comportant quatre articles (R. 322-26 à R. 322-29), dont on peut raisonnablement penser qu'ils sont applicables, non seulement à l'audience initiale (et à l'audience de surenchère, v. s^s^ n° 1342.205) mais aussi à l'audience de réitération, réglementée à la sous-section 8. Ainsi, les dispositions de l'article R. 322-28 qui permettent le report de la vente forcée en cas de force majeure et à la demande de la commission de surendettement devraient pouvoir être invoquées lors de l'audience de surenchère.

Sous l'empire du décret-loi de 1938, l'article 737 ACPC permettait d'ailleurs que l'adjudication soit remise pour causes graves dûment justifiées et exprimées dans le jugement statuant sur la demande de remise, conformément à l'article 703 ACPC.

1343.164 **Notification par le greffe.** L'article R. 322-69 C. pr. exéc. prévoit que le débiteur saisi, le créancier poursuivant, les créanciers inscrits et l'adjudicataire défaillant[2] seront avisés par le greffe de la date de l'audience par LRAR. La notification obéit aux dispositions de l'article R. 121-15 C. pr. exéc. qui concerne la notification des décisions du JEX. En cas de non-respect de ces dispositions, la nullité des opérations de réitération des enchères pourrait-elle être encourue ? La question pouvait se poser car l'article R. 322-71 C. pr. exéc. dispose que les enchères sont réitérées dans les conditions des articles R. 322-39 à R. 322-49 C. pr. exéc. et que l'article R. 322-48 C. pr. exéc. prévoit que les dispositions de cette section sont prescrites à peine de nullité des enchères. La deuxième chambre civile a toutefois jugé que la sanction prévue par l'article 81 (devenu C. pr. exéc., art. R. 322-48) ne s'appliquait pas à la notification par le greffe de la date de la nouvelle audience sur réitération des enchères, cette notification obéissant aux dispositions de l'article 22 du décret du 31 juillet 1992[3], devenu C. pr. exéc., art. R. 121-15.

2° Conditions

1343.171 **Mêmes conditions.** Selon l'article R. 322-66 C. pr. exéc., le bien est remis en vente aux conditions de la première vente forcée. Elle doit toutefois pouvoir être suspendue ou contestée sous les mêmes réserves (v. s^s^ n°s 1339.220 s.).

1343.172 **Clauses et conditions du cahier des conditions de vente.** La revente sera donc poursuivie selon le cahier des conditions de vente utilisé pour l'adjudication.

1. Le délai de l'article R. 322-69 n'est pas imposé à peine d'irrecevabilité de la demande de réitération des enchères : Civ. 2e, 23 févr. 2017, n° 15-28.849, NP.

2. Tant que la résolution n'a pas été constatée, l'adjudicataire défaillant doit être appelé à l'audience d'adjudication sur réitération à laquelle il est partie : Civ. 2e, 9 juin 2022, n° 20-21.352, B ; *D.* 2023. 1292, obs. A. Leborgne ; *Rev. prat. rec.* 2022/5. 6, obs. F. Kieffer.

3. Civ. 2e, 31 mars 2011, n° 10-14.146, P II, n° 81 ; *D.* 2011. Actu. 1090 ; *D.* 2012. Pan. 1518, obs. A. Leborgne ; *Procédures* 2011, n° 265, obs. R. Perrot ; *ibid.* 2013. Chron. 1, n° 24, obs. A. Leborgne.

Comme par le passé, l'exigence que la nouvelle adjudication soit faite sur l'ancien cahier des conditions de vente, ne devrait pas priver le poursuivant d'ajouter des clauses si elles ont été rendues nécessaires par le cours de la procédure et l'inexécution des obligations du premier adjudicataire [1]. On l'avait admis notamment pour l'insertion d'une clause imposant aux enchérisseurs éventuels une consignation préalable conséquente, pour éviter le risque d'une nouvelle folle enchère. Ces clauses complémentaires devraient être formalisées par voie de demandes incidentes, conformément à l'article R. 311-6 C. pr. exéc.

1343.173 **Mise à prix.** Selon la rédaction de l'article 735 ACPC, antérieure à l'entrée en vigueur du décret n° 2000-77 du 11 janvier 2002 [2], la mise à prix de la revente sur folle enchère était fixée par le poursuivant. Le nouvel article 735 était silencieux sur ce point mais les dispositions du décret du 11 janvier 2002 étant applicables à la revente sur folle enchère (Décr. 11 janv. 2002, art. 6), on en avait logiquement déduit que le poursuivant qui rédigeait l'avis, lequel devait contenir la mise à prix, était libre de la fixer. En pratique, elle était généralement celle de la première adjudication. Désormais, l'article R. 322-66 C. pr. exéc. renvoyant aux « *conditions de la première vente forcée* », il faut donc entendre, selon la mise à prix initiale.

1343.174 **Titulaires de droits de préemption.** Ni le Code rural et de la pêche maritime ni le Code de l'urbanisme n'envisagent expressément l'incidence d'une procédure de réitération des enchères. Faut-il en déduire que puisque les titulaires du droit de préemption n'ont pas exercé leur droit lors de l'audience d'adjudication initiale, voire lors de l'audience de surenchère, il n'y a pas lieu de les aviser de la remise en vente sur réitération ou que le législateur a seulement oublié de viser cette hypothèse ? En l'absence, à notre connaissance, de jurisprudence publiée, la question demeure posée.

Il faut en revanche noter que la loi n° 75-1351 du 31 décembre 1975 [3] prévoit, dans l'hypothèse d'une première division par lots, la convocation du locataire. Celui-ci n'est pas à proprement parler titulaire d'un droit de préemption, mais sa convocation à l'audience de vente est obligatoire afin de lui permettre, de monter les enchères s'il le souhaite. L'article 7, V du décret n° 77-742 du 30 juin 1977 [4], modifié par l'article 150 du décret du 27 juillet 2006, prévoit que la convocation pour l'audience de réitération est adressée dans les formes du paragraphe I de l'article 7 du décret du 30 juin 1977, c'est-à-dire par LRAR, un mois au moins avant la date de l'audience. Après adjudication, sont mises en œuvre les dispositions des paragraphes II et IV qui lui permettront, s'il n'a pas été convoqué de se substituer à l'adjudicataire sur réitération des enchères.

1343.175 **Publicité.** En vertu de l'article R. 322-35 C. pr. exéc., en cas de réitération la nouvelle vente est précédée de la publicité de droit commun. Selon l'article R. 322-70 alinéa 1er C. pr. exéc., les formalités de publicité doivent être réitérées dans les formes et conditions prévues par les articles R. 322-31 à R. 322-36 C. pr. exéc. L'alinéa 2 ajoute qu'en outre, elles comporteront le montant de l'adjudication initiale.

1343.176 **Enchères.** Selon l'article R. 322-71 C. pr. exéc., le jour de l'adjudication, les enchères sont réitérées dans les conditions prévues par les articles R. 322-39 à R. 3221-49 C. pr. exéc. La sanction prévue par l'article R. 322-48 C. pr. exéc. ne s'applique pas à la notification par le greffe de la date de la nouvelle audience sur réitération des enchères, cette notification obéissant aux dispositions de l'article R. 121-15 C. pr. exéc. [5].

La question se pose de la sanction d'une carence d'enchères. *A priori*, les dispositions de l'article L. 322-6 alinéa 1er C. pr. exéc., qui prévoit qu'à défaut d'enchères le poursuivant est déclaré adjudicataire d'office sur la mise à prix, trouvent à s'appliquer à l'audience de réitération, qui est une audience de revente aux conditions de l'adjudication précédente. Ainsi, si la réitération fait suite à une vente initiale, c'est le poursuivant qui sera déclaré adjudicataire en cas de carence d'enchères conformément à l'article R. 322-47 C. pr. exéc., et si c'est l'adjudication sur surenchère qui donne lieu à réitération, c'est le surenchérisseur qui devra être déclaré adjudicataire pour le montant de l'enchère si elle n'est pas couverte.

1343.177 **Exclusion des personnes condamnées à une peine leur interdisant de porter les enchères. Renvoi.** V. ss n° 1342.48.

1343.178 **Avis après adjudication.** L'article R. 322-34 C. pr. exéc. n'exclut pas que l'adjudication sur réitération donne lieu aux formalités de cet article, c'est-à-dire à avis rédigé par le greffe et apposé au tribunal (v. ss nos 1338.101 s.). Avant la réforme, cette publicité était exclue sans qu'on en comprenne

1. Civ. 3e, 30 janv. 1970, n° 67-13.707, P III, n° 84.
2. Décr. n° 2002-77, 11 janv. 2002, pris pour l'application de l'article 697 du Code de procédure civile (ancien) et réformant les modalités de la publicité en matière de saisie immobilière, *JO* 18 févr., p. 1089.
3. L. n° 75-1351, 31 déc. 1975, modification de la loi du 1er septembre 1948, *JO* 4 janv., p. 191.
4. Décr. n° 77-742, 30 juin 1977, modification de la loi du 1er septembre 1948, *JO* 9 juill., p. 3620.
5. ANCt Décr. 31 juill. 1992, art. 22 – Civ. 2e, 31 mars 2011, n° 10-14.146, P II, n° 81 ; *D.* 2011. Actu. 1090 ; *D.* 2012. Pan. 1518, obs. A. Leborgne ; *Procédures* 2011, n° 265, obs. R. Perrot ; *ibid.* 2013. Chron. 1, n° 24, obs. A. Leborgne.

la raison. Or, l'hypothèse d'une surenchère sur réitération, qui n'avait pas été explicitement envisagée par les auteurs de la réforme, a été affirmée par la jurisprudence (v. s[s] n° 1343.179). Il semble donc que la rédaction de l'avis s'imposera.

1343.179 **Faculté de surenchère sur réitération.** Avant la réforme, l'article 741-b ACPC, prévoyait que la surenchère du dixième prévue par l'article 708 était admise après adjudication sur folle enchère sauf si la folle enchère n'avait elle-même été précédée d'une surenchère, ce que l'on résumait par la formule « *surenchère sur surenchère ne vaut* ». On ne trouvait rien de semblable dans le décret du 27 juillet 2006. L'absence d'interdiction semblait permettre d'admettre la faculté de surenchère sur réitération, malgré le risque d'allongement de l'issue de la procédure de saisie immobilière. Avec la codification toutefois, la question s'était reposée car la réglementation de la surenchère débute à l'article R. 322-50 C. pr. exéc. ; or l'article R. 322-71 dispose que « *le jour de l'audience les enchères sont réitérées dans les conditions des articles R. 322-39 à R. 322-49* », excluant donc l'article R. 322-50 qui réglemente la surenchère.

Mais la deuxième chambre civile a jugé que le fait que l'article R. 322-71 ne renvoie pas aux dispositions réglementant la surenchère ne constituait pas une exclusion de la faculté de surenchère en cas de réitération des enchères[1]. Si l'analyse est exacte, la solution ouvre cependant la faculté de surenchère sans réserve, là où le droit antérieur avait pris la peine de la limiter.

3°
Obstacles à la revente sur réitération des enchères

1343.180 **Suspension des poursuites. Renvoi.** V. s[s] n°s 1335.71 et 1339.350.

1343.181 **Faillite de l'adjudicataire.** Il a été jugé, sous l'empire du décret-loi de 1938 que, puisque l'adjudicataire est devenu propriétaire du seul fait de l'adjudication et que la procédure de folle enchère tend à la résolution de l'adjudication, si l'adjudicataire est mis en redressement judiciaire avant d'avoir payé le prix, les dispositions (en l'espèce, de l'article 47 de la loi du 25 janvier 1985) qui ordonnent la suspension des poursuites individuelles, interdisent la revente du bien sur folle enchère[2].

La même solution devrait pouvoir continuer à s'appliquer.

1. Civ. 2e, 7 janv. 2016, n° 14-26.887, P II, n° 7 ; *D.* 2016. Actu. 134 ; *D.* 2016. Pan. 1288, obs. A. Leborgne ; *JCP* 2016. 72, obs. C. Laporte ; *Dr. et proc.* 2016. 46, note A. Leborgne ; *Gaz. Pal.* 17 mai 2016, p. 77, note L. Lauvergnat.
2. Civ. 2e, 19 mai 1998, n° 96-10.198, P II, n° 154 ; *RDI* 1999. 140, obs. Ph. Théry.

1343.182 **Nullités.** La nullité des actes accomplis au cours de la procédure de réitération devrait pouvoir être soulevée à l'audience, conformément à l'article R. 311-5 C. pr. exéc.

SECTION 3
EFFETS

1343.191 **Principe.** L'adjudication sur réitération emporte transfert de propriété entre le saisi et l'adjudicataire. Les obligations légales de tout adjudicataire pèsent sur le nouvel adjudicataire, ainsi le paiement des frais et la consignation du prix. L'adjudicataire défaillant est tenu à titre de sanction au paiement de certaines sommes. Enfin, lorsque le titre avait été publié, une régularisation doit être effectuée à la Conservation des hypothèques.

§ 1
Entre les parties en présence

A.
Transfert de propriété

1343.201 **Résolution de l'adjudication initiale.** À la différence de la surenchère (v. s[s] n° 1342.122), où la déclaration de surenchère redonnait au saisi la propriété du bien jusqu'à l'adjudication sur surenchère, la réquisition du certificat est sans effet sur les droits que l'adjudicataire tient du jugement d'adjudication. Celui qui a été déclaré adjudicataire est, dans ses rapports avec le saisi, et éventuellement avec les tiers s'il a publié son titre, devenu propriétaire et le reste tant que ce droit n'est pas remis en cause par un jugement postérieur. Seul le jugement d'adjudication sur réitération anéantira son droit. La jurisprudence antérieure à la réforme décidait que la vente sur folle enchère produisait les effets d'une résolution quant à la précédente adjudication[3] ; le premier adjudicataire était censé n'avoir jamais été propriétaire ; tout se passait comme si la propriété était directement transférée du saisi à l'adjudicataire sur folle enchère, qu'il y ait eu ou non entre-temps surenchère.

Désormais, c'est l'article L. 322-12 C. pr. exéc. qui dispose que le défaut d'exécution des obligations de l'article L. 322-C. pr. exéc. produit de plein droit résolution de la vente.

3. Req. 5 févr. 1856, *DP* 1856. 1. 344 – Com. 4 juin 1951, *JCP A* 1951. IV. 1748, obs. G. Madray ; *Gaz. Pal.* 1951. 2. 145 ; *D.* 1951. 508 – Com. 19 juill. 1982, n° 81-13.625, P IV, n° 277 ; *JCP* 1982. IV. 347 – Civ. 2e, 30 avr. 2002, n° 00-18.560, P II, n° 81 ; *D.* 2002. IR 1598.

1343.202 **Moment du transfert de propriété.** Le saisi, qui avait cru perdre la propriété lors de la première adjudication, se retrouve par l'effet de la résolution, rétroactivement réinvesti dans ses droits jusqu'au jour de l'adjudication. En pratique, le saisi est tenu des obligations d'un vendeur vis-à-vis du premier adjudicataire (v. s[s] n° 1341.320) ; il a dû quitter les lieux et délivrer le bien. Le jugement d'adjudication sur réitération lui rend ses droits pour la période allant de l'adjudication initiale à l'adjudication sur réitération : il apprend qu'il était encore propriétaire au moment où il ne l'est plus...

L'opposabilité aux tiers, quant à elle, résultera toujours de la publication du jugement d'adjudication.

B. Remise en état

1343.211 **Pour l'adjudicataire initial.** L'adjudicataire défaillant s'est cru propriétaire. S'il avait publié le jugement, sans payer le prix, il est tout de même apparu aux yeux des tiers comme propriétaire. Toutefois désormais, et afin de sécuriser la vente, l'article L. 322-9 alinéa 2 C. pr. exéc. lui interdit, avant la consignation du prix, d'accomplir des actes de disposition sur le bien à l'exception de la constitution d'une hypothèque accessoire à un contrat de prêt destiné à financer l'acquisition de ce bien.

1343.212 **Pour le saisi.** S'il a quitté les lieux à la suite de l'adjudication, il doit pouvoir prétendre que le défaut de paiement du prix d'adjudication est constitutif d'une faute de l'adjudicataire défaillant, qui lui a occasionné un préjudice dont il doit être indemnisé. Et cela d'autant plus que l'article L. 322-13 C. pr. exéc. permet à l'adjudicataire d'expulser le saisi avec le seul jugement d'adjudication dès lors qu'il aura payé les frais et consigné le prix.

L'adjudicataire pourrait dans ce cas avoir perçu les fruits. Il ne s'agit en effet pas d'un acte de disposition mais plutôt d'administration. Le saisi pourrait-il alors les revendiquer ? Sans doute pas si on considère que l'adjudicataire défaillant les a perçus en qualité de possesseur de bonne foi.

§ 2 Obligations nées de la vente sur réitération des enchères

1343.221 **Parties concernées.** Le saisi est logiquement tenu envers le nouveau propriétaire, et l'adjudicataire doit exécuter les obligations découlant de l'adjudication ; l'originalité résulte des obligations légales qui pèsent sur l'adjudicataire défaillant.

A. Saisi

1343.231 **Délivrance et garantie d'éviction.** L'adjudicataire final a droit à délivrance. Cela peut le conduire éventuellement à agir en expulsion contre l'occupant de l'immeuble. S'il s'agit du saisi resté dans les lieux, désormais en vertu de l'article L. 322-13 C. pr. exéc., le jugement d'adjudication constituera un titre contre ce saisi ; mais si l'occupant est l'adjudicataire défaillant, l'article L. 322-13 C. pr. exéc., qui n'envisage que le saisi, ne permettra pas que le jugement d'adjudication fonde l'expulsion de cet occupant désormais sans droit ni titre. Et il faudra alors que l'adjudicataire final ait recours à une procédure d'expulsion devant le président du tribunal judiciaire en référé.

B. Adjudicataire final

1343.241 **Paiement du prix.** L'adjudicataire est tenu du montant de la dernière enchère, éventuellement lancée après baisse de mise à prix. S'il ne paie pas, tout intéressé pourra encore revendre sur deuxième réitération. Le système est théoriquement sans fin et la garantie représentant 10 % du montant de la mise à prix n'exclut pas ce risque, même porté à 3 000 euros, conformément à l'article R. 322-41 C. pr. exéc.

1343.242 **Frais.** Comme tout adjudicataire, il doit payer les frais de la procédure sur réitération. C'est ce que prévoit désormais clairement l'article R. 322-72 alinéa 2 C. pr. exéc. (pour le sort des frais de l'adjudication initiale, v. s[s] n° 1343.252).

1343.243 **Publication.** Le titre ne sera délivré qu'après justification du paiement des frais et des droits de mutation. Il devra être publié dans le délai de validité du commandement, éventuellement prorogé. Sa publication emportera aux yeux des tiers, résolution du titre de l'adjudicataire défaillant si celui-ci avait été préalablement publié.

C. Adjudicataire défaillant

1343.251 **Paiement du complément de prix.** L'article L. 322-12 alinéa 2 C. pr. exéc. dispose que l'adjudicataire défaillant de la vente initiale est tenu au paiement de la différence entre son enchère et le prix de la revente, si celui-ci est moindre. La vente à la folle enchère de l'adjudicataire emportait déjà cette conséquence[1].

1. Civ. 2e, 12 juin 2003, n° 01-13.069, P II, n° 193 ; *Dr. et proc.* 2003. 228.

La jurisprudence estimait que cette différence était due à titre de complément de prix et non d'indemnisation reposant sur la responsabilité civile ; il ne s'agirait pas d'une sanction[1].

La somme s'ajoutera donc à celles produites par l'adjudication. Avant la réforme, la jurisprudence jugeait que cette somme devait être distribuée par voie d'ordre entre les créanciers inscrits et non au marc-l'euro entre tous les créanciers du saisi[2].

Si le montant de l'adjudication sur réitération des enchères est supérieur à celui de l'adjudicataire défaillant, il sera libéré et seulement tenu des frais. Mais, il a été jugé avant la réforme qu'il ne sera d'ailleurs pas libéré, par cela seul, qu'il se sera présenté sur la revente un adjudicataire qui aura émis une enchère supérieure à la sienne, si cet adjudicataire ne tient pas ses engagements[3]. Ce qui libère, c'est le paiement effectif de l'enchère.

L'article L. 322-12 alinéa 2 C. pr. exéc. dispose encore que l'adjudicataire défaillant ne pourra prétendre à la répétition des sommes qu'il a acquittées. La formule est embarrassante. Avant la réforme, il était seulement interdit au fol enchérisseur de répéter les frais de procédure et les droits d'enregistrement et de greffe qu'il avait payés. L'interdit est désormais posé de manière générale et semble viser toutes les sommes payées. Or, l'adjudicataire défaillant peut avoir effectué un paiement partiel. Littéralement cet article lui fait donc interdiction de réclamer remboursement de cette partie du prix d'adjudication auprès du séquestre ou de la Caisse des dépôts et consignations, alors même que la vente est résolue. Un tel interdit porte atteinte à son droit de propriété !

1343.252 **Frais.** Il conservera à sa charge les frais taxés lors de la vente initiale (C. pr. exéc., art. R. 322-72, al. 2). L'adjudicataire défaillant est en effet responsable de la résolution de l'adjudication initiale dans ses rapports avec le saisi et le poursuivant. En pratique, cet adjudicataire sera débiteur de frais dont il n'aura pas fait l'avance. Il faudra donc que le poursuivant agisse en exécution forcée contre lui pour les récupérer, si, comme cela est à craindre, l'adjudicataire défaillant ne les règle pas volontairement. Et il ne sera même pas envisageable d'utiliser pour apurer cette dette, le chèque de garantie déposé avant les enchères car l'article R. 322-41 alinéa 4 C. pr. exéc. dispose que « *lorsque l'adjudicataire est défaillant, la somme versée ou la caution apportée est acquise aux créanciers participant à la distribution et, le cas échéant, au débiteur pour leur être distribuée avec le prix de l'immeuble !* »

1. Req. 12 août 1862, *DP* 1863. 1. 25 ; *S.* 1862. 1. 1028 – Nîmes, 30 janv. 1861, *DP* 1861. 2. 239 – Paris, 17 juill. 1872, *D.* 1872. 2. 133.
2. Req. 12 août 1862, *DP* 1863. 1. 25 – Paris, 13 nov. 1985, *D.* 1986. 36, note J. Prévault.
3. Civ. 17 juill. 1947, *D.* 1947. 474.

1343.253 **Intérêts.** Passé un délai de deux mois suivant l'adjudication initiale, il devra aussi les intérêts au taux légal sur son enchère jusqu'à la nouvelle vente. Selon l'article L. 313-3 C. mon. fin., en cas de condamnation pécuniaire par décision de justice, le taux de l'intérêt légal est majoré de cinq points à l'expiration d'un délai de deux mois à compter du jour où la décision de justice est devenue exécutoire, fût-ce par provision. L'ordonnance du 21 avril 2006 a complété cet article afin que cet effet soit attaché de plein droit au jugement d'adjudication sur saisie immobilière, quatre mois après son prononcé.

Toutefois, le JEX pourra toujours, à la demande du débiteur ou du créancier, et en considération de la situation du débiteur, exonérer celui-ci de cette majoration ou en réduire le montant[4].

1343.254 **Garantie.** L'article R. 322-41 alinéa 4 C. pr. exéc. prévoit que lorsque l'adjudicataire est défaillant, la somme versée ou la caution apportée est acquise aux créanciers participants à la distribution, et le cas échéant, au débiteur pour leur être distribuée avec le prix de l'immeuble. L'avocat qui a attesté de la constitution de cette garantie aura donc réellement dû veiller à ce qu'elle soit fournie et conservée.

1343.255 **Responsabilité civile.** Outre la revente sur réitération, la responsabilité civile de l'adjudicataire défaillant peut-elle aussi être recherchée ? N'est-il pas en effet responsable de la résolution de l'adjudication initiale vis-à-vis du poursuivant, du saisi et des créanciers inscrits ? Le fait de porter une enchère sans être en état de faire face aux obligations qui en résultent pourrait constituer une faute, distincte, le créancier poursuivant se trouvant dans l'obligation d'avancer les frais d'une vente sur réitération[5], le saisi ayant été contraint de quitter les lieux prématurément, et les créanciers inscrits voyant le moment où ils seront payés, reporté. Si le principe d'une telle action semble envisageable, les applications sont rares (a été rejetée la demande d'un créancier inscrit se plaignant de la négligence de l'adjudicataire, en l'espèce le poursuivant sur défaut d'enchères, la Cour notant que si la revente sur folle enchère n'a eu lieu que trois ans après, le préjudice subi par le créancier inscrit résultait de sa propre inertie procédurale, à savoir son abstention à poursuivre l'adjudication sur folle enchère lui-même[6]).

4. L'art. L. 313-3, al. 2, C. mon. fin. permet au JEX d'exonérer ou de réduire le montant de la majoration du taux de l'intérêt légal à laquelle le débiteur est tenu en vertu du premier alinéa de cet article, sans distinguer selon que les intérêts sont dus pour la période antérieure ou postérieure à la décision de ce juge : Civ. 2e, 6 juin 2013, no 12-20.129, P II, no 112.
5. Civ. 2e, 16 juill. 1992, no 90-16.098, NP.
6. Civ. 2e, 30 mai 2002, no 01-02.076, P II, no 109.

LIVRE

14. L'EXÉCUTION IMMOBILIÈRE EN LA FORME DES SAISIES

SECTION 0

ORIENTEUR

14.00 **Sommaire du livre.**

14.05 **Distinction traditionnelle : ventes volontaires/ventes nécessaires.** Traditionnellement, on opposait les ventes volontaires aux ventes nécessaires, c'est-à-dire aux ventes auxquelles le propriétaire était obligé de consentir par suite de nécessité juridique. Lorsqu'un créancier poursuivait la vente des biens de son débiteur par voie de saisie immobilière, la vente, nécessaire, prenait plus particulièrement le nom d'expropriation forcée ou vente forcée. Par ailleurs, la loi pouvait prescrire, dans le but de faire porter la chose à sa valeur réelle, que certaines ventes se réaliseraient par la voie d'adjudication aux enchères, dans l'intérêt du propriétaire ou des créanciers. C'est le cas de certaines ventes, volontaires, qui sont alors dénommées ventes faites d'autorité de justice.

L'intérêt de la distinction réside dans la différence de régime qui en résulte : toutes les ventes qui ne peuvent être faites que par autorité de justice ne donnent lieu ni à garanties des vices rédhibitoires, ni à rescision pour lésion[1] ; en revanche, seules les ventes sur adjudication purgent les inscriptions.

14.06 **Vente des biens d'un débiteur en liquidation judiciaire et licitation-partage.** Un créancier qui veut agir en exécution sur les biens immeubles de son débiteur ne pourra pas toujours recourir à la procédure de saisie immobilière de droit commun.

Ainsi, lorsque le débiteur est en liquidation judiciaire, la réalisation de l'actif est confiée à un organe de la procédure, le liquidateur, lequel a le choix entre vendre les biens aux enchères publiques ou devant notaire ou encore réaliser la vente de gré à gré. Dans l'hypothèse de la carence du liquidateur toutefois, certains créanciers retrouveront un pouvoir individuel de poursuite et pourront alors entreprendre, ou reprendre, une procédure conduisant à vendre un bien immeuble aux enchères. Mais même lorsque le créancier retrouvera son droit de poursuites individuelles, il n'engagera pas une saisie immobilière mais une procédure propre, même si le bien est vendu à la barre du, tribunal judiciaire (TJ), en apparence comme à la suite de n'importe quelle saisie immobilière.

1. Sur la question de savoir si la nullité pour dol d'une vente réalisée dans le cadre d'une liquidation judiciaire peut être invoquée, la chambre commerciale de la Cour de cassation a répondu par la négative jugeant qu'une vente faite d'autorité de justice ne pouvait être annulée pour dol. Celui qui se prétend victime d'un dol commis par le liquidateur peut rechercher la responsabilité personnelle de ce dernier, mais il ne peut pas, sur le fondement de ce vice du consentement, agir en nullité de la cession ainsi autorisée : Com. 4 mai 2017, n° 15-27.899, P ; *D.* 2017. 1941, obs. crit. F.-X. Lucas ; *AJ contrats* 2017. 347, obs. B. Lecourt ; *RTD com.* 2017. 441, obs. J.-L. Vallens. La solution devrait toutefois être différente lorsque le vice du consentement invoqué sera l'erreur (v. s[s] n° 1341.83, pour les ventes sur saisie immobilière).

Quant au créancier d'un indivisaire, il ne saisira pas la quote-part indivise de son débiteur, mais mettra en œuvre une procédure spéciale, la licitation-partage, ce qui nécessitera tout d'abord d'obtenir l'autorisation du tribunal de liciter, c'est-à-dire de faire vendre le bien indivis aux enchères, avant de procéder à la vente elle-même, selon des dispositions proches de celles de la saisie immobilière.

Les ventes sur licitation et les ventes réalisées dans le cadre d'une procédure de faillite ne sont donc pas, *stricto sensu*, des ventes sur saisies, mais seulement des ventes qui renvoient, pour partie, à la procédure applicable à la saisie immobilière et s'effectuent aux enchères publiques. D'où leur rattachement initial à la catégorie des ventes dites volontaires, faites sous autorité de justice.

14.07 Distinction avec la « faillite civile ». Lorsqu'une procédure de rétablissement personnel avec liquidation judiciaire est ouverte au bénéfice d'un débiteur qui se trouve dans une situation irrémédiablement compromise du fait de ses dettes non professionnelles (C. consom., art. L. 742-1 s. – v. s[s] n°s 1312.11 s.), l'article L. 742-16 C. consom. indique que le liquidateur « *dispose d'un délai de douze mois pour vendre les biens à l'amiable ou, à défaut, organiser une vente forcée dans les conditions relatives aux procédures civiles d'exécution* ». L'article L. 742-17 C. consom. précise qu'« *en cas de vente forcée, lorsqu'une procédure de saisie immobilière engagée avant le jugement d'ouverture a été suspendue par l'effet de ce dernier, les actes effectués par le créancier saisissant sont réputés accomplis pour le compte du liquidateur qui procède à la vente des immeubles. La saisie immobilière peut reprendre son cours au stade où le jugement d'ouverture l'avait suspendue* ». Ainsi, seul le liquidateur réalise l'actif, et les créanciers personnels du débiteur ne retrouvent pas de droit de poursuite individuelle.

14.08 Une terminologie aujourd'hui inadaptée ? La distinction des saisies immobilières avec les licitations et les ventes des biens d'un débiteur en liquidation selon le clivage ventes forcées/ventes volontaires ne se justifie peut-être plus aujourd'hui. En effet, s'agissant de la vente des biens d'un débiteur en liquidation judiciaire, la réalisation de l'actif s'impose lorsque le débiteur est dans l'impossibilité de redresser l'entreprise et de payer ses dettes ; de même, lorsqu'une licitation-partage est entreprise à l'initiative d'un créancier, c'est bien encore parce que l'indivisaire débiteur n'a pas honoré ses dettes. Dans les deux cas, il ne s'agit pas juridiquement d'une vente volontaire : le créancier met en œuvre des procédures spéciales pour être désintéressé et il est donc question d'exécution forcée. En outre, depuis 1985, le législateur a tiré les conséquences du caractère d'exécution forcée de la vente en décidant que les adjudications des biens immeubles purgeaient les hypothèques.

Les lois postérieures n'ont pas modifié la règle[1].

Toutefois, les ventes sur licitation à la requête d'un créancier ou d'un coïndivisaire conservent une spécificité car elles ne purgent pas les inscriptions.

14.09 Des ventes faites d'autorité de justice, en la forme des saisies. Il est sans doute plus exact aujourd'hui, pour continuer à distinguer les ventes de biens d'un débiteur en liquidation et les ventes sur licitation, des saisies immobilières, de parler d'exécution immobilière en la forme des saisies. Ce mode de réalisation d'un bien immobilier va emprunter aux dispositions de procédure de la saisie immobilière et s'en détacher dans le même temps. Les solutions traditionnelles de jurisprudence pourront, éventuellement, être remises en cause selon que le caractère forcé sera reconnu par les tribunaux ou que le législateur fera explicitement référence au caractère nécessaire de la vente.

14.10 Un renvoi partiel au droit commun de la saisie immobilière. Ventes forcées ou volontaires, les ventes de biens indivis à la requête d'un créancier, comme les ventes de biens d'un débiteur en liquidation judiciaire, entreprises par un créancier selon les formes prescrites en matière de saisie immobilière, sont donc pour partie seulement soumises au droit commun de la saisie immobilière. Un renvoi sera ainsi opéré aux développements tenus dans le *Livre* 13 (v. s[s] n°s 13.00 s.) à chaque fois que cela se justifiera, tout en mettant en évidence les spécificités de ces procédures d'exécution.

1. L. n° 2005-845, 26 juill. 2005, de sauvegarde des entreprises, *JO* 27 juill., p. 12187.

TITRE

141. Les ventes d'immeubles d'un débiteur en liquidation judiciaire

SECTION 0

ORIENTEUR

141.00 **Sommaire du titre.**

Division. Concernant la vente d'immeuble d'un débiteur en liquidation judiciaire, seront successivement étudiés, le domaine de l'exécution immobilière (chap. 1411), la procédure de la vente (chap. 1412) et ses effets (chap. 1413).

141.01 **Textes applicables.**

La réalisation des actifs d'un débiteur en liquidation judiciaire est régie par la loi d'ouverture de la procédure collective, or, depuis quelques années, le droit des procédures collectives a fait l'objet d'interventions législatives successives, ce qui le rend extrêmement difficile à lire[1]. Selon la date à laquelle une procédure a été ouverte, le régime de réalisation de l'actif, et notamment de l'actif immobilier, peut ainsi différer[2]. On pouvait penser que la loi dite de sauvegarde des entreprises du 26 juillet 2005 traduisait une réflexion achevée du législateur ; or, elle a été modifiée par l'ordonnance du 18 décembre 2008[3]. Quant à la réalisation des actifs immobiliers, elle avait, en 2006 lors de la réforme de la procédure de saisie immobilière, été soumise au régime nouveau, réglementé au titre 1er du décret du 27 juillet 2006[4]. Mais cette procédure de droit commun était largement inadaptée à la situation d'un débiteur en procédure collective. Le régime de la vente des immeubles avait donc été repensé par le décret du

1. Pour approfondir le droit des procédures collectives, v. P.-M. Le Corre, Dalloz action *Droit et pratique des procédures collectives*, 2025/2026, chap. 562 et spéc. nos 562.51 à 562.70 [vente sur saisie immobilière].
2. Pour cette nouvelle édition, il a été décidé de ne plus reproduire les anciennes dispositions légales et réglementaires concernant la réalisation des actifs immobiliers. Il en est ainsi de la loi no 67-563 du 13 juill. 1967 (alors même que nombreuses sont les affaires en cours qui sont restées soumises à cette législation, v. C. Laporte, « Les ventes sur liquidation judiciaire à l'épreuve du temps », *Procédures* 2010. Étude 4, et spéc. le tableau récapitulatif, p. 9), et de même, pour les ventes des actifs d'un débiteur en liquidation judiciaire ordonnées selon la réglementation issue de la loi du 25 janvier 1985. Ne sont plus exposées non plus, les règles relatives aux procédures ouvertes à compter du 1er janvier 2006, selon la loi no 2005-845 du 26 juillet 2005 de sauvegarde des entreprises (*JO* 27 juill., p. 12187), lorsque les ventes sont intervenues avant le 1er janvier 2007. Toutefois, la réglementation et la jurisprudence applicables à ces ventes restent consultables dans l'édition 2018-2019 de cet ouvrage.
3. Ord. no 2008-1345, 18 déc. 2008, portant réforme du droit des entreprises en difficulté, *JO* 19 déc., p. 19462.
4. Décr. no 2006-936, 27 juill. 2006, relatif aux procédures de saisie immobilière et de distribution du prix d'un immeuble, *JO* 29 juill., p. 11316.

12 février 2009[1]. La codification des procédures civiles d'exécution, opérée par l'ordonnance du 19 décembre 2011[2] et le décret du 30 mai 2012[3], et entrée en vigueur le 1er juin 2012, a entraîné l'abrogation du décret du 27 juillet 2006 modifié en février 2009. Certaines dispositions du Code de commerce ont à cette occasion été modifiées afin d'harmoniser les renvois de textes. Mais ce travail d'harmonisation avait manifestement été réalisé dans l'urgence car il s'avérait incomplet, certains articles du Code de commerce continuant à faire renvoi à des articles du décret de 2006 désormais abrogés. C'est finalement l'ordonnance du 26 septembre 2014[4], complétant l'ordonnance du 12 mars 2014[5], portant réforme de la prévention des difficultés des entreprises et des procédures collectives qui a corrigé ces maladresses. Depuis, le droit des entreprises en difficultés a subi de nouvelles modifications et améliorations, avec la loi du 6 août 2015 pour la croissance, l'activité et l'égalité des chances économiques[6], la loi du 18 novembre 2016 de modernisation de la justice du XXIe siècle[7], la loi du 22 mai 2019 pour la croissance et la transformation des entreprises, dite loi PACTE[8] et l'ordonnance du 15 septembre 2021 de réforme des sûretés[9]. Cependant, ces lois n'ont pas entraîné de modifications de la règlementation de la cession des actifs du débiteur à l'exception de la loi du 15 septembre 2021 pour les créanciers munis de sûretés.

141.05 Ventes ordonnées à compter du 1er janvier 2007 : incidence de la réforme de la saisie immobilière. Pour tenir compte de la réforme de la procédure de saisie immobilière, entrée en vigueur le 1er janvier 2007, les dispositions du décret du 28 décembre 2005 relatives à la vente des immeubles en la forme des saisies avaient été modifiées. C'était l'objet des articles 154 à 165 du décret du 27 juillet 2006[10] qui avait réécrit pour partie les articles 268 à 275 du décret du 28 décembre 2005. La procédure de saisie immobilière, telle qu'organisée par le décret du 27 juillet 2006 était applicable aux procédures collectives ouvertes à compter du 1er janvier 2007. À la suite de la codification de la partie réglementaire du Code de commerce, réalisée par le décret du 25 mars 2007[11], les dispositions réglementant la cession des actifs du débiteur se retrouvaient aux articles R. 642-22 à R. 642-41 C. com.

141.06 Procédures ouvertes à compter du 15 février 2009. L'article L. 642-18 C. com., dans sa rédaction issue de l'ordonnance du 12 mars 2014 modifiée par l'ordonnance du 26 septembre 2014, dispose désormais que « *les ventes d'immeubles ont lieu conformément aux articles L. 322-5 à L. 322-12 du Code des procédures civiles d'exécution, à l'exception des articles L. 322-6 et L. 322-9, sous réserve que ces dispositions ne soient pas contraires à celles du présent code. Le juge-commissaire fixe la mise à prix et les conditions essentielles de la vente* ». C'est ainsi que le renvoi général aux formes prescrites en matière de saisie immobilière a disparu au profit d'un renvoi spécial, limité aux articles du Code des procédures civiles d'exécution relatifs à l'adjudication, à l'exclusion de l'article L. 322-6 qui concerne la fixation de la mise à prix par le créancier poursuivant et la faculté du débiteur de saisir le juge en cas d'insuffisance manifeste, et de l'article L. 322-9 qui réglemente, en droit commun de la saisie immobilière, la consignation et ses effets. Le décret du 12 février 2009, pris pour l'application de l'ordonnance du 18 décembre 2008 portant réforme du droit des entreprises en difficulté, a réécrit la procédure à suivre pour réaliser la vente des immeubles d'un débiteur en liquidation judiciaire aux articles R. 642-27 à R. 642-29-2 C. com., modifiés par le décret n° 2012-783 du 30 mai 2012, codifiant la partie réglementaire du Code des procédures civiles d'exécution[12], puis par le décret du 26 décembre 2012[13]. Enfin, à

1. Décr. n° 2009-160, 12 févr. 2009, pris pour l'application de l'ordonnance n° 2008-1345 du 18 décembre 2008 portant réforme du droit des entreprises en difficulté et modifiant les procédures de saisie immobilière et de distribution du prix d'un immeuble, *JO* 13 févr., p. 2596 – C. Laporte, « Du nouveau en matière de ventes d'immeubles sur liquidation judiciaire », *Procédures* 2009. Focus 2, n° 5 – J.-M. Hocquard et D. Talon, « La chandeleur du procédurier… », *Gaz. Pal.* 1er-2 avr. 2009, p. 9.
2. Ord. n° 2011-1895, 19 déc. 2011, relative à la partie législative du Code des procédures civiles d'exécution, *JO* 20 déc., p. 21464.
3. Décr. n° 2012-783, 30 mai 2012, relatif à la partie réglementaire du Code des procédures civiles d'exécution, *JO* 31 mai, p. 9375.
4. Ord. n° 2014-1088, 26 sept. 2014, complétant l'ordonnance n° 2014-326 du 12 mars 2014 portant réforme de la prévention des difficultés des entreprises et des procédures collectives, *JO* 27 sept., p. 15725.
5. Ord. n° 2014-326, 12 mars 2014, portant réforme de la prévention des difficultés des entreprises et des procédures collectives, *JO* 14 mars, p. 5249.
6. L. n° 2015-990, 6 août 2015 ; P.-M. Le Corre, *Gaz. Pal.* 18-20 oct. 2015, p. 7.
7. L. n° 2016-1547, 18 nov. 2016 ; P. Roussel Galle et M.-F. Bonneau, *RPC* 2016, Étude 21.
8. L. n° 2019-486, 22 mai 2019 ; P. Roussel Galle, *Rev. sociétés* 2019. 551.
9. Ord. n° 2021-1192, 15 sept. 2021 ; Dossier « Temps nouveaux pour l'entreprise en difficulté », *JCP E* 2021, 1523 s ; Dossier « Le créancier muni de sûreté face à la procédure collective : quelles nouvelles règles du jeu ? », *RPC* 2022, Dossier 27 à 37.
10. Décr. n° 2006-936, 27 juill. 2006, relatif aux procédures de saisie immobilière et de distribution du prix d'un immeuble, *JO* 29 juill., p. 11316.
11. Décr. n° 2007-431, 25 mars 2007, relatif à la partie réglementaire du Code de commerce, *JO* 27 mars, p. 5648.
12. Décr. n° 2012-783, 30 mai 2012, relatif à la partie réglementaire du Code des procédures civiles d'exécution, *JO* 31 mai, p. 9375.
13. Décr. n° 2012-1462, 26 déc. 2012, pris pour l'application de l'ordonnance n° 2010-638 du 10 juin 2010 portant suppression du régime des conservateurs des hypothèques et pour l'adaptation de la publicité foncière, *JO* 28 déc., texte 10.

la suite de la substitution du tribunal judiciaire au tribunal de grande instance et d'instance, le décret du 18 septembre 2019[1] a modifié les articles qui faisaient renvoi au tribunal de grande instance.

141.07 **Récapitulatif.** Plusieurs régimes applicables à la vente des immeubles du débiteur en liquidation judiciaire peuvent encore coexister, compte tenu de la date à laquelle la procédure collective a été ouverte ou de la date à laquelle la vente a été ordonnée (v. s^s n° 141.01).

En pratique, s'il reste des affaires dans lesquelles la vente d'immeubles d'un débiteur en liquidation, a été ordonnée avant le 1er janvier 2007, la procédure applicable est toujours celle du décret-loi du 17 juin 1938 (et donc la procédure doit encore être menée devant le juge des criées et non devant le juge de l'exécution[2]).

Pour les ventes ordonnées à compter du 1er janvier 2007, la procédure suit les dispositions du titre I du décret du 27 juillet 2006.

Depuis le 15 février 2009, des dispositions particulières à la vente par voie d'adjudication judiciaire sont prévues aux articles R. 642-27 à R. 642-29-2 C. com., qui font pour partie renvoi au titre Ier du décret du 27 juillet 2006[3], dans la mesure où il n'y est pas dérogé.

Depuis le 1er juin 2012, date d'entrée en application du Code des procédures civiles d'exécution, le renvoi s'opère en faveur des titres Ier et II du livre III du Code des procédures civiles d'exécution, dans la mesure où il n'y est pas dérogé[4].

D'une manière générale cependant, quel que soit le régime applicable à la procédure de saisie immobilière en cours, lorsqu'un jugement de liquidation judiciaire suspend le cours d'une procédure engagée antérieurement, cette procédure peut être reprise par le liquidateur ou par le créancier poursuivant, sur autorisation du juge-commissaire, dans l'état où elle se trouvait au jour du jugement d'ouverture de la procédure collective, de sorte que les actes et formalités antérieurement effectués bénéficient au liquidateur judiciaire comme au créancier poursuivant dispensés de les accomplir, la vente forcée du bien étant, alors, ordonnée par le juge-commissaire qui en fixe la mise à prix et les conditions essentielles[5].

141.08 **Droit résiduel d'agir pour certains créanciers.** Quelle que soit la loi applicable, le principe est cependant le même, l'ouverture d'une procédure collective est une cause de suspension obligatoire des voies d'exécution ; celles qui auraient été entamées sont interrompues. La sauvegarde de l'entreprise aujourd'hui, comme le redressement judiciaire du débiteur, sont à ce prix. Mais lorsque la liquidation ne peut plus être évitée, le créancier ne retrouve pas la liberté d'agir individuellement en exécution. En principe, cette exécution est réalisée par un organe de la procédure collective, le liquidateur. Ni représentant du saisi, ni représentant des créanciers, il doit agir dans les intérêts des deux parties en présence[6].

Lorsque le débiteur est propriétaire d'immeubles ou titulaire de droits indivis sur un immeuble, le liquidateur pourra entreprendre l'exécution selon une procédure qui peut conduire à vendre le bien à la barre, selon les règles de la saisie immobilière.

Ce n'est que si le liquidateur est inactif que les créanciers, titulaires de sûretés spéciales[7] pourront agir à sa place. Ce droit de poursuite individuelle n'appartient donc qu'à certains créanciers et dans l'hypothèse particulière de la carence d'action du liquidateur.

1. Décr. n° 2019-966, 18 sept. 2019, portant substitution du tribunal judiciaire au tribunal de grande instance et au tribunal d'instance en application de l'article 95 de la loi n° 2019-222 du 23 mars 2019 de programmation 2018-2022 et de réforme pour la justice et diverses dispositions relatives à l'organisation judiciaire et modifiant l'annexe du décret n° 2019-913 du 30 août 2019 pris en application de l'article 95 de la loi n° 2019-222 du 23 mars 2019 de programmation (2018-2022) et de réforme pour la justice, *JO* 19 sept., texte 7.
2. Civ. 2e, 9 sept. 2009, n° 08-20.245, NP.
3. Décr. n° 2006-936, 27 juill. 2006, préc.
4. Ph. Hoonakker, « La saisie immobilière et les procédures collectives », *in* P.-M. Le Corre (dir), *Mesures d'exécution et procédures collectives*, « Procédures », Bruylant 2012, p. 63.
5. Civ. 2e, 7 juin 2012, n° 11-18.426, P II, n° 104.
6. Le liquidateur ne peut donc pas agir uniquement au nom de certains créanciers : EN CE SENS, Com. 13 mars 2012, n° 11-15.438, P IV, n° 53, dans une espèce où le liquidateur avait tenté de s'opposer à une déclaration d'inaliénabilité de sa résidence principale effectuée par le débiteur avant sa mise en liquidation judiciaire. *Idem* : Com. 23 avr. 2003, n° 12-16.035, P IV, n° 68.
7. P.-M. Le Corre, Dalloz action *Droit et pratique des procédures collectives*, 2025/2026, n°s 566.00 s.

CHAPITRE

1411. Domaine de l'exécution immobilière

ANNE LEBORGNE
PROFESSEUR ÉMÉRITE D'AIX-MARSEILLE UNIVERSITÉ

SECTION 0 ORIENTEUR

1411.00 **Sommaire du chapitre.**

Division. Il faut envisager les hypothèses dans lesquelles les créanciers pourront agir (sect. 1) et préciser les immeubles qui pourront faire l'objet d'une mesure d'exécution (sect. 2).

1411.05 **Précisions sur le droit applicable.** Les règles applicables diffèrent selon la législation applicable. Si la procédure collective a été ouverte avant le 1er janvier 2006, la loi du 25 janvier 1985 [1] s'applique. Si la vente sur saisie immobilière a été ordonnée avant le 1er janvier 2007, elle est soumise au décret-loi de 1938. Afin de ne pas alourdir les développements, ces dispositions ne sont plus reproduites dans cette édition ; elles sont toutefois toujours consultables dans l'édition 2018/2019.

Les ventes ordonnées après le 1er janvier 2007 sont soumises aux dispositions issues de la réforme de 2006, aujourd'hui codifiées au livre III, L. et R. du Code des procédures civiles d'exécution. Les procédures collectives ouvertes à compter du 15 février 2009 sont soumises aux règles de l'ordonnance du 18 décembre 2008 [2] et du décret du 12 février 2009 [3].

Le droit des procédures collectives a encore été réformé partiellement par l'ordonnance du 15 septembre 2021 [4] et le décret du 23 septembre 2021 [5]. Les modifications apportées sont applicables aux procédures ouvertes à compter du 1er octobre 2021.

1411.06 **Suspension des voies d'exécution.** Les créanciers d'un débiteur en proceédure collective ont des pouvoirs limités. En vertu de l'article L. 622-21, I C. com., dans sa rédaction issue de l'ordonnance du 18 septembre 2008, « *le jugement d'ouverture interrompt ou interdit toute action en justice de la part de tous les créanciers dont la créance n'est pas mentionnée au I de l'article L. 622-17 et tendant à la condamnation du débiteur au paiement d'une somme d'argent, et à la résolution d'un contrat pour défaut de paiement d'une somme d'argent* ». En vertu du II de cet article, « *le jugement d'ouverture arrête ou interdit également toute procédure d'exécution de la part de ces créanciers tant sur les meubles que sur les immeubles ainsi que toute procédure de distribution n'ayant pas produit un effet attributif avant le jugement d'ouverture* ».

1. L. n° 85-98, 25 janv. 1985, relative au redressement et à la liquidation judiciaire des entreprises, *JO* 26 janv., p. 1097.
2. Ord. n° 2008-1345, 18 déc. 2008, portant réforme du droit des entreprises en difficulté, *JO* 19 déc., p. 19462.
3. Décr. n° 2009-160, 12 févr. 2009, pris pour l'application de l'ordonnance n° 2008-1345 du 18 décembre 2008 portant réforme du droit des entreprises en difficulté et modifiant les procédures de saisie immobilière et de distribution du prix d'un immeuble, *JO* 13 févr., p. 2596.
4. Ord. n° 2021-1193, 15 sept. 2021, portant modification du livre VI du code de commerce, *JO* 16 sept., texte 21.
5. Décr. n° 2021-1218, 23 sept. 2021, portant modification du livre VI du code de commerce, *JO* 24 sept., texte 14.

La formule était plus précise que celle contenue dans la loi de 1985 qui visait la créance ayant son origine antérieurement mais elle avait conduit la Cour de cassation à faire échapper certains créanciers à la discipline collective [1].

L'ordonnance du 15 septembre 2021 [2] a modifié la rédaction de l'article L. 622-21, II C. com. afin d'interdire désormais toute procédure d'exécution tant sur les meubles que sur les immeubles ainsi que toute procédure de distribution n'ayant pas produit un effet attributif avant le jugement d'ouverture. Peu importera donc désormais que ces procédures soient le fait de créanciers du débiteur ou non, et notamment qu'elles émanent de bénéficiaires de sûretés réelles [3].

Les procédures qui auraient été engagées avant le jugement de redressement judiciaire, ainsi une saisie immobilière en cours, doivent donc être momentanément interrompues (v. s^s^ n° 1318.52 [4]). Si elles ne l'étaient pas (ignorance de la survenance du jugement par le créancier et le tribunal) l'adjudication ultérieurement prononcée serait nulle [5].

Et l'effet suspensif de la saisie immobilière, suite à l'ouverture d'une procédure collective, est identique quelle que soit la procédure ouverte. La Cour de cassation l'a confirmé, en rappelant qu'il résulte de la combinaison de l'article L. 622-21, II C. com., rendu applicable au redressement judiciaire par l'article L. 631-14, et les articles L. 642-18 alinéa 2 et L. 643-2 alinéa 1 et 3, que l'ouverture d'une procédure de sauvegarde, de redressement, comme de liquidation judiciaire entraîne la suspension de la procédure de saisie immobilière en cours à la date du jugement d'ouverture. Cette suspension emporte le maintien des actes de procédure et juridictionnels afférents intervenus avant le jugement d'ouverture. En conséquence, viole ces textes la cour d'appel qui constate l'arrêt de la saisie immobilière en cours et l'anéantissement rétroactif des actes d'exécution forcée, dont le commandement de payer valant saisie et le jugement d'orientation, en énonçant que l'article L. 642-18 C. com. ne s'applique pas au redressement judiciaire et qu'en cette matière, il résulte de l'article L. 622-21, II que toute procédure de saisie qui n'a pas produit son effet attributif au jour du jugement d'ouverture se trouve arrêtée et pas seulement suspendue comme en matière de liquidation judiciaire [6].

1411.07 Rétablissement d'un droit de poursuite individuel. La démarche des organes de la procédure collective consiste dans un premier temps à tenter d'organiser la sauvegarde ou le redressement de l'entreprise, ce qui peut conduire à décider de la réalisation de tout ou partie de l'actif immobilier du débiteur.

Pendant cette phase de sauvegarde ou de redressement, les créanciers ont perdu tout droit de poursuite individuelle. Ils ne le retrouveront que si la sauvegarde ou le redressement échouent et que le tribunal prononce la liquidation judiciaire. Et encore, à ce stade, le tribunal nomme un liquidateur avec pour mission de réaliser les opérations de liquidation de l'entreprise. C'est donc normalement, le liquidateur qui procédera à la vente des biens et notamment des immeubles du débiteur. Toutefois, les créanciers titulaires d'un privilège spécial, d'un gage, d'un nantissement ou d'une hypothèque, et le Trésor public pour ses créances privilégiées, retrouvent un droit de poursuites individuelles dans certaines conditions (v. s^s^ n°s 1411.30 s.). Le droit individuel d'agir en exécution forcée contre un débiteur en liquidation judiciaire est donc strictement réglementé, compte tenu de la volonté du législateur de consacrer le caractère de saisie collective des biens de l'entreprise, plutôt que les actions individuelles.

1411.08 Réalisation de l'actif. En vertu de l'ancien article L. 622-16 C. com. [7], le juge-commissaire pouvait choisir de vendre les immeubles du débiteur soit dans les formes de la saisie immobilière, soit en recourant à une adjudication amiable devant notaire, soit encore de gré à gré ; mais il ne lui était pas permis de combiner plusieurs de ces modes ni d'en inventer d'autres (ainsi dans une espèce où le juge-commissaire avait eu recours à une remise d'offres sous pli cacheté [8]).

Pour les procédures ouvertes à compter du 1er janvier 2006, l'article L. 642-18 C. com., dans sa rédaction issue de la loi du 26 juillet 2005, faisait renvoi, pour les ventes d'immeubles, aux **formes prescrites en matière de saisie immobilière**, tout en réservant

1. EN CE SENS, Com. 25 nov. 2020, n° 19-11.525, P ; *D.* 2021. 555, note D. Robine ; *RTD civ.* 2021. 183, obs. C. Gijsbers ; *RTD com.* 2021. 194, obs. A. Martin-Serf.
2. Ord. n° 2021-1193, 15 sept. 2021, préc.
3. N. Borga et J. Théron, « Ordonnance du 15 septembre 2021 réformant le droit des entreprises en difficulté, un tournant ? », *D.* 2021. 1773 et spéc. p. 1776.
4. V. P.-M. Le Corre, Dalloz action, *Droit et pratique des procédures collectives* 2025/2026, n°s 622.00 s.
5. Com. 17 nov. 2015, n° 14-18.345, P IV, n° 159 ; *Act. proc. coll.* 2016/1, n° 4, note O. Salvat ; *Rev. proc. coll.* 2016, n° 30, note P. Cagnoli ; *Rev. sociétés* 2016. 197, note P. Roussel Galle – Com. 2 nov. 2016, n° 14-25.378, NP : parce que le jugement d'ouverture arrête ou interdit toute procédure d'exécution de la part des créanciers du débiteur tant sur ses meubles que sur ses immeubles, et que la procédure de saisie immobilière est arrêtée par l'effet du jugement d'ouverture, le JEX ne peut se prononcer sur les contestations concernant sa régularité.
6. Com. 8 mars 2023, n° 21-18.722, B ; *D.* 2023. 500 ; *ibid.* 1430, chron. S. Barbot et C. Bellino ; *RTD com.* 2023. 733, obs. A. Martin-Serf.
7. L. 25 janv. 1985, anc. art. 154.
8. Orléans, 8 nov. 2001, *JCP* 2002. I. 144, p. 1130, obs. Ph. Pétel.

la faculté pour le juge-commissaire, si la consistance des biens, leur emplacement ou les offres reçues étaient de nature à permettre une cession amiable dans de meilleures conditions, d'ordonner la **vente par adjudication amiable** sur la mise à prix qu'il fixait ou d'autoriser la vente de gré à gré aux prix et conditions qu'il déterminait.

Puis, la rédaction de l'article L. 642-18 C. com. a été modifiée par l'ordonnance du 18 décembre 2008 portant réforme du droit des procédures collectives, et dans sa rédaction issue de l'ordonnance du 12 mars 2014[1] (complétée par Ord. 26 sept. 2014[2]) portant réforme de la prévention des difficultés des entreprises et des procédures collectives, l'alinéa 1er de cet article dispose aujourd'hui que « *les ventes d'immeubles ont lieu conformément aux articles L. 322-5 à L. 322-12 du Code des procédures civiles d'exécution, à l'exception des articles L. 322-6 et L. 322-9, sous réserve que ces dispositions ne soient pas contraires à celles du présent code* ». C'est ainsi que le renvoi général aux formes prescrites en matière de saisie immobilière a disparu au profit d'un **renvoi spécial, limité aux articles du Code des procédures civiles d'exécution relatifs à l'adjudication**, à l'exclusion de l'article L. 322-6 qui concerne la fixation de la mise à prix par le créancier poursuivant et la faculté du débiteur de saisir le juge en cas d'insuffisance manifeste, ainsi que de l'article L. 322-9 qui réglemente, en droit commun de la saisie immobilière, la consignation et ses effets.

Pour la partie réglementaire, ce sont les articles R. 642-27 à R. 642-29-2 qui réglementent la vente des immeubles par voie d'adjudication judiciaire en opérant ponctuellement des renvois au Code des procédures civiles d'exécution[3].

SECTION 1
HYPOTHÈSES D'ACTION DES CRÉANCIERS

1411.10 **Initiative des créanciers. Plan.** Même en phase de liquidation judiciaire, c'est en principe au liquidateur qu'il appartient de réaliser l'actif. Toutefois, l'article L. 643-2 C. com. réglemente l'hypothèse où certains créanciers retrouveront un droit de poursuite individuelle (§ 1). Dans ce cas, il leur appartiendra soit de prendre l'initiative de la vente des immeubles, soit de reprendre le cours d'une saisie immobilière interrompue par le jugement d'ouverture du redressement judiciaire (§ 2).

1. Ord. no 2014-326, 12 mars 2014, portant réforme de la prévention des difficultés des entreprises et des procédures collectives, *JO* 14 mars, p. 5249.
2. Ord. no 2014-1088, 26 sept. 2014, complétant l'ordonnance no 2014-326 du 12 mars 2014 portant réforme de la prévention des difficultés des entreprises et des procédures collectives, *JO* 27 sept., p. 15725.
3. V. P.-M. Le Corre, Dalloz action *Droit et pratique des procédures collectives*, 2025/2026, chap. 562, et spéc. nos 562.51 à 562.60 s.

§ 1
Droit de poursuites individuelles

1411.20 **Droit conditionnel. Plan.** Il n'appartient qu'à certains créanciers (A) et dans l'hypothèse de l'inaction du liquidateur (B).

A.
Créanciers concernés

1411.30 **Texte applicable[4].** Le principe du droit d'action individuelle est posé à l'article L. 643-2 C. com.

Ainsi, pourront exercer un droit de poursuite individuelle, les créanciers titulaires d'un privilège spécial, d'un gage, d'un nantissement ou d'une hypothèque et le Trésor public pour ses créances privilégiées lorsque le liquidateur n'aura pas entrepris la liquidation des biens grevés dans le délai de trois mois à compter du jugement qui ouvre ou prononce la liquidation. L'article L. 643-2 leur impose préalablement d'avoir déclaré leur créance, même s'ils ne sont pas encore admis.

1°
Créanciers

1411.41 **Créanciers titulaires de sûretés spéciales.** Cette faveur ne concerne que les créanciers titulaires de sûretés à savoir, les créanciers d'un privilège spécial, d'un gage, d'un nantissement ou d'une hypothèque et le Trésor public pour ses créances privilégiées, au demeurant susceptibles d'être directement concernés par la distribution du prix. La jurisprudence applique strictement ces dispositions en considérant qu'en accordant à quelques créanciers seulement le droit d'exercer des poursuites individuelles, le législateur a implicitement mais nécessairement décidé que l'exercice d'un tel droit était suspendu ou interdit à tous les autres créanciers[5]. Les créanciers du conjoint *in bonis* ne peuvent exercer eux-mêmes un droit de poursuite individuelle qu'en démontrant qu'ils étaient titulaires d'une sûreté réelle[6].

1411.42 **Exclusion de l'action résolutoire et de l'attribution judiciaire de l'immeuble hypothéqué.** Malgré le rétablissement du droit de poursuite individuelle, la jurisprudence limite le droit des créanciers titulaires de sûretés à la poursuite ou à l'engagement

4. Sur les législations antérieures, v. P.-M. Le Corre, Dalloz action *Droit et pratique des procédures collectives*, 2025/2026, no 562.51.
5. TGI Chalon-sur-Saône, 11 mars 1986, *Gaz. Pal.* 1986. 2. 614, note Brault.
6. Com. 2 févr. 1999, no 96-18.428, NP ; *Act. proc. coll.* mars 1999, no 80.

des voies d'exécution. Il a en effet été jugé que la suspension ou l'interdiction des actions en justice visées à l'article L. 622-21 C. com. qui prend effet dès le jugement d'ouverture, est maintenue durant toute la durée de la procédure collective ; en conséquence, la Cour de cassation refusait à un vendeur d'un ensemble immobilier le droit d'exercer l'action résolutoire du contrat de vente, ne s'agissant pas de l'engagement d'une voie d'exécution, mais d'une action qui aurait pour effet de modifier l'ordre des paiements[1]. Par cette décision, la Cour de cassation avait mis fin à une opposition qui existait entre certains juges du fond qui étaient en faveur du rétablissement de l'action résolutoire et ceux qui s'y opposaient. La solution était critiquée[2], mais elle avait cependant été réaffirmée[3].

Les articles L. 643-2 et L. 622-21 issus de la loi du 26 juillet 2005 étant la reproduction des anciens articles L. 622-23 et L. 621-40, l'action résolutoire demeure exclue pour les procédures ouvertes depuis le 1er janvier 2006, malgré le rétablissement du droit de poursuite individuelle.

De même, la Cour de cassation a jugé que la demande d'un créancier hypothécaire impayé tendant à ce que l'immeuble grevé lui demeure en paiement par application de l'article 2458 C. civ.[4] vise au paiement d'une somme d'argent au sens de l'article L. 622-21 C. com., et à défaut de disposition autorisant, par dérogation au principe de l'interdiction des poursuites posé par ce texte, la présentation d'une telle demande en cas de procédure collective, comme il en existe pour l'attribution judiciaire du gage, la demande d'attribution judiciaire de l'immeuble hypothéqué est irrecevable[5].

2°
Déclaration de créance

1411.51 Préalable. La loi de 2005, modifiée en 2008, conditionne le droit d'agir des créanciers titulaires de sûretés à la déclaration préalable de leur créance, indépendamment d'une admission définitive[6].

B.
Inaction du liquidateur

1411.61 Démonstration. L'acteur principal au stade de la réalisation de l'actif doit demeurer le liquidateur. Ce n'est donc que dans l'hypothèse de son inaction que le législateur a rétabli pour les créanciers titulaires de sûretés ce droit de poursuites individuelles. Si le liquidateur n'a pas entrepris la liquidation des biens grevés dans le délai de trois mois à compter du jugement qui ouvre ou prononce la liquidation judiciaire, les créanciers visés à l'article L. 643-2 pour les procédures engagées depuis le 1er janvier 2005, retrouvent un pouvoir d'initiative.

Cet article n'exige pas que le liquidateur ait réalisé les ventes dans les trois mois du jugement, mais, en indiquant qu'il doit avoir « *entrepris la liquidation* », le législateur a imposé implicitement un minimum de commencement d'exécution[7]. Tel ne sera pas le cas lorsque le liquidateur aura seulement sollicité du juge-commissaire l'autorisation de faire procéder à une expertise afin de déterminer la consistance et la valeur des immeubles du débiteur, et n'aurait même pas saisi l'expert, la décision du juge-commissaire devant être analysée comme une simple mesure préparatoire et non comme un commencement d'exécution[8]. On constate cependant en pratique, que les juges commissaires ont plutôt tendance à écarter la requête d'un créancier au profit d'une demande du liquidateur, même tardive.

§ 2
Procédures d'exécution

1411.71 Reprise ou engagement d'une mesure d'exécution immobilière. Les créanciers remplissant les conditions de l'article L. 643-2 C. com. pour les procédures engagées depuis le 1er janvier 2006, peuvent soit entreprendre une exécution immobilière soit reprendre le cours d'une procédure de saisie immobilière engagée antérieurement (c'est-à-dire, lorsqu'un commandement de payer valant saisie a

1. Com. 19 déc. 1995, no 92-19.525, P IV, no 305 ; *D.* 1996. 145, note M.-J. Campana ; 390, obs. S. Piedelièvre ; *RTD com.* 1996. 533, obs. A. Martin-Serf ; *JCP* 1996. I. 3942, no 9, obs. Ph. Simler et Ph. Delebecque.
2. Ph. Simler et Ph. Delebecque, obs. *JCP* 1996. I. 3942, no 9.
3. Com. 19 janv. 1999, no 95-18.385, NP ; *Act. proc. coll.* 1999, no 73 – Com. 13 nov. 2001, no 98-19.453, NP ; *RJDA* 2002, no 285.
4. Qui, à la suite de l'Ord. no 2021-1192, 15 sept. 2021, portant réforme du droit des sûretés est devenu C. civ., art. 2451 depuis le 1er janv. 2022.
5. Com. 28 juin 2017, no 16-10.591, P IV, no 91 ; *D.* 2017. Actu. 1356, A. Lienhard ; *D.* 2017. Pan. 1941, obs. P.-M. Le Corre – V. DÉJÀ : T. com. Saint-Pierre, 1er mars 2016, *D.* 2016. 1185, note D. Boustani ; *D.* 2016. Pan. 1894, obs. P.-M. le Corre.
6. TGI Fontainebleau, 8 avr. 1987, *D.* 1988. Somm. 145, obs. A. Honorat. Ainsi, le tiers détenteur (désormais appelé tiers acquéreur) ne peut opposer au créancier qui exerce son droit de suite que l'extinction de la créance résultant du défaut de déclaration et non le fait qu'elle n'ait pas été encore admise par le juge-commissaire : Com. 17 déc. 2003, no 01-10.719, P IV, no 210 ; *JCP* E 2004, no 22, p. 862, obs. Ph. Pétel.
7. EN CE SENS : Com. 28 mai 1991, no 89-20.532, P IV, no 186 ; *D.* 1991. 333, obs. A. Honorat ; *RDI* 1992. 100, obs. Ph. Delebecque et Ph. Simler.
8. Com. 28 mai 1991, no 89-20.532, P (préc. ss prést no) – Bourges, 26 oct. 1987, *Rev. proc. coll.* 1988. 324, obs. B. Dureuil.

été délivré) au jugement de redressement ou de liquidation judiciaires. Dans ce cas, si un jugement d'orientation a été rendu qui a fixé la créance du poursuivant, cette décision ayant autorité de chose jugée au principal, le montant retenu ne pourra plus être contesté par le débiteur et la décision sera opposable au liquidateur judiciaire qui ne pourra contester ni le principe ni le montant de la créance, mais seulement vérifier que la créance déclarée est conforme au titre qui l'a constatée[1].

A.
Reprise d'une procédure engagée antérieurement

1411.81 Subrogation dans les droits. L'article L. 642-18 alinéa 2 C. com. énonce la règle de subrogation au profit du liquidateur et l'article L. 643-2 permet de même au créancier titulaire d'une sûreté spéciale d'être dispensé, lors de la reprise des poursuites individuelles, des actes et formalités effectués avant ce jugement. La Cour de cassation a jugé, à l'occasion d'une procédure engagée sous l'empire du décret-loi de 1938, mais d'une manière générale, que, quel que soit le régime applicable à la procédure de saisie immobilière en cours, lorsqu'un jugement de liquidation judiciaire suspend le cours d'une procédure engagée antérieurement, cette procédure peut être reprise par le liquidateur ou par le créancier poursuivant, sur autorisation du juge-commissaire, dans l'état où elle se trouvait au jour du jugement d'ouverture de la procédure collective, de sorte que les actes et formalités antérieurement effectués bénéficient au liquidateur judiciaire comme au créancier poursuivant dispensés de les accomplir, la vente forcée du bien étant, alors, ordonnée par le juge-commissaire qui en fixe la mise à prix et les conditions essentielles[2]. La solution est la même en cas d'ouverture d'une procédure de redressement judiciaire ; les actes de procédure et juridictionnels accomplis avant le jugement d'ouverture sont maintenus après le jugement et ils bénéficieront au liquidateur judiciaire, comme au créancier agissant en vertu de l'article L. 643-2 C. com., qui reprendront la procédure d'exécution[3].

1. Com. 13 sept. 2017, n° 15-28.833, P IV, n° 109 ; *D.* 2017. Actu. 1829, obs. A. Lienhard.
2. Civ. 2e, 7 juin 2012, n° 11-18.426, P II, n° 104 ; *Act. proc. coll.* 2012/13, n° 186, note Ph. Hoonakker ; *Gaz. Pal.* 2012. 2882, note S. Reifegerste.
3. Com. 8 mars 2023, n° 21-18.722, B ; *RTD com.* 2023. 733, obs. A. Martin-Serf ; *APC* 2023/9, comm. 106, note L. Camensuli-Feuillard ; *Dr. sociétés* 2023/7, comm. 89, note Legros ; *Gaz. Pal.* 11 juill. 2023, p. 10, note J.-J. Ansault.

1411.82 Mise à prix, publicités et modalités de visite. Lorsque la vente est poursuivie par un créancier en application de l'article L. 643-2 C. com., la mise à prix est fixée par le juge-commissaire en accord avec le créancier poursuivant. En outre, le juge-commissaire statue dans les conditions de l'article R. 642-36-1, c'est-à-dire, après avoir entendu les observations des contrôleurs et entendu ou dûment appelé le débiteur et son conjoint s'il s'agit d'immeubles dépendant de la communauté (v. ss nos 1412.71 s. et 1412.73).

B.
Engagement d'une procédure d'exécution immobilière

1411.91 Droit de poursuite des créanciers et rôle du juge-commissaire. La situation est plus simple lorsqu'aucune mesure d'exécution immobilière n'avait été entreprise avant le jugement d'ouverture de la procédure collective.

Les dispositions combinées des articles L. 642-18 et L. 643-2 C. com. réglementent le droit de poursuite des créanciers en cas d'inaction du liquidateur.

L'article L. 642-18 C. com. fait renvoi aux articles L. 322-5 à L. 322-12 C. pr. exéc., à l'exception des articles L. 322-6 et L. 322-9, et les dispositions particulières à la vente par voie d'adjudication judiciaire sont codifiées aux articles R. 642-27 à R. 642-29-2 C. com. (v. ss nos 1412.06 s.).

1411.92 Domaine résiduel de l'adjudication par voie judiciaire. Lorsque le débiteur fait l'objet d'une procédure de liquidation judiciaire, la situation pour les créanciers se présente donc ainsi : le liquidateur est chargé de la réalisation de l'actif dans l'intérêt de tous les créanciers. S'agissant des immeubles, il pourra y procéder, soit par vente de gré à gré, soit par adjudication amiable, soit par voie d'adjudication judiciaire, selon l'autorisation que lui délivrera le juge-commissaire. À défaut d'action du liquidateur, les créanciers titulaires de sûretés et qui ont produit peuvent se substituer à lui ; leur initiative est nécessairement limitée à l'introduction ou à la reprise d'une vente judiciaire. La réalisation des biens immobiliers devant la Chambre des notaires ou de gré à gré leur échappe.

SECTION 2
IMMEUBLES CONCERNÉS

1411.100 Diversité des situations juridiques. Plan. Seuls peuvent être vendus, de gré à gré ou à la suite d'une adjudication judiciaire, les biens personnels du débiteur. Mais bien souvent, on trouve dans l'actif du débiteur en liquidation judiciaire soit un immeuble commun, soit un immeuble dont la propriété est détenue en indivision avec un conjoint *in bonis* ou, un, voire des, tiers. La procédure à entreprendre différera alors (§ 2). Le fait que cet immeuble puisse être affecté au logement familial du débiteur et de son conjoint *in bonis*, en outre, pose des problèmes spécifiques (§ 1).

§ 1
Incidence de l'affectation du bien

1411.111 Logement principal et fixation de la mise à prix. Les articles 268, 269, 271, 273, 274, 276, 277, 279, 280, 281, 295 et 298 du décret du 28 décembre 2005, concernant la procédure de saisie immobilière, ont été modifiés lors de la réforme de la procédure de saisie immobilière réalisée en 2006. Les modifications apportées à l'article 268 toutefois, ne concernaient pas le pouvoir du juge-commissaire de déterminer la mise à prix. L'absence de faculté de contestation de la mise à prix au profit du saisi était donc confirmée. Depuis la codification de ces articles, les dispositions concernant la vente des immeubles du débiteur en liquidation se trouvent aux articles R. 642-22 à R. 642-29-2 C. com. Ainsi qu'aux articles R. 642-36-1 à R. 642-37-1 qui exposent les règles communes à toutes les ventes. L'article R. 642-22 expose les pouvoirs du juge-commissaire. Le décret du 12 février 2009 [1] n'a pas apporté de modification sur ce point à cet article : c'est le juge-commissaire qui fixe la mise à prix en accord avec le créancier poursuivant et c'est le juge-commissaire qui précise si, à défaut d'enchères atteignant cette mise à prix, la vente pourra se faire sur une mise à prix inférieure qu'il fixe. Le fait que l'immeuble soit le logement principal du débiteur en liquidation ne lui ouvre pas le droit de contester la mise à prix fixée par le juge-commissaire.

1411.112 Logement familial et régime matrimonial. L'affectation du bien au logement familial pouvait-elle permettre au conjoint *in bonis* de s'opposer à la réalisation forcée de l'immeuble, quel que soit le régime matrimonial choisi par le couple ? En vertu de l'article 215 alinéa 3 C. civ., les époux ne peuvent l'un sans l'autre disposer des droits par lesquels est assuré le logement familial. Mais la jurisprudence a toujours jugé que cette disposition n'était pas opposable au créancier d'un des époux sous peine de frapper le bien d'une insaisissabilité non prévue par la loi (ainsi pour un créancier agissant en vertu d'une hypothèque judiciaire [2]) ; la même solution a été étendue dans l'hypothèse d'une vente forcée poursuivie, en vertu de la loi du 25 janvier 1985, par le liquidateur judiciaire représentant des créanciers [3]. En conséquence, la Cour de cassation jugeait que la procédure n'avait pas à être menée contre les deux époux, et qu'était suffisante la notification de l'ordonnance du juge-commissaire autorisant la vente forcée d'un immeuble dépendant de l'indivision postcommunautaire à un seul époux [4]. Depuis la loi de sauvegarde des entreprises du 26 juillet 2005, en application de l'article R. 641-30 alinéa 1er C. com., le conjoint commun en biens est entendu par le juge-commissaire lorsqu'il est question de vendre des biens dépendant de la communauté, de sorte que son assignation à l'audience d'orientation ne présente pas de caractère obligatoire [5]. Mais l'ordonnance autorisant ou ordonnant, selon le cas, la vente d'un bien doit être notifiée au débiteur et à son conjoint [6]. Ce n'est donc pas l'affectation du bien qui est prise en considération mais la nature de bien commun de l'immeuble, afin d'attraire le conjoint à la procédure sans pour autant en faire une partie.

Ce n'est donc pas l'affectation du bien qui a été prise en considération mais la **nature de bien commun de l'immeuble,** afin d'attraire le conjoint à la procédure sans pour autant en faire une partie.

Le **décret du 27 juillet 2006** n'avait pas modifié l'article R. 641-30, à la suite de l'entrée en vigueur de la réforme de la saisie immobilière. Se posait donc la question de la conciliation des dispositions de l'ancien article 2195 C. civ. (devenu C. pr. exéc., art. L. 311-7), qui disposent que la saisie des immeubles communs doit être poursuivie contre les deux époux, et celles de l'article R. 641-30 C. com. qui se contente d'une audition ou d'une convocation. Dans le silence des textes, il paraissait prudent de tenir compte des dispositions de l'ancien article 2195 C. civ. (devenu C. pr. exéc., art. L. 311-7) et donc, pour répondre à l'esprit de ce texte qui impose que la procédure soit « *poursuivie contre les époux* », de signifier tous les actes aux deux époux.

En vertu de l'ordonnance du 18 décembre 2008, modifiée par l'ordonnance du 12 mars 2014, l'article L. 642-18 C. com. dispose que les ventes d'immeubles ont lieu conformément aux articles L. 322-5 à L. 322-13 C. pr. exéc., à l'exception des articles L. 322-6 et L. 322-9, et sous réserve que ces dispositions ne soient pas contraires à celles du Code de commerce. En excluant explicitement les dispositions de l'article L. 311-7 C. pr. exéc., l'ordonnance du 18 décembre 2008 fait clairement prévaloir les

1. Décr. nº 2009-160, 12 févr. 2009, préc.
2. Civ. 1re, 8 janv. 1985, nº 83-15.647, P I, nº 7.
3. Paris, 9 mars 1992, *D.* 1992. 149 – Colmar, 7 sept. 1993, *Rev. proc. coll.* 1994. 28, obs. B. Dureuil – Grenoble, 23 nov. 1999, *JCP E* 2000. 14. 588.
4. Civ. 1re, 21 mai 1997, nº 95-14.102, P II, nº 163 – Com. 16 janv. 2007, nº 05-13.581, P.
5. Com. 26 janv. 2010, nº 09-10.773, NP ; *Gaz. Pal.* 16-17 avr.2010, nos 106,107, p. 42, note F. Vauvillé.
6. P.-M. Le Corre, Dalloz action *Droit et pratique des procédures collectives* 2025/2026, nº 561.31.

dispositions spéciales du Code de commerce, ce qui semble exclure que la procédure soit menée contre les deux époux. Mais on peut toutefois considérer que, puisqu'en vertu de l'article R. 641-30 C. com. le conjoint commun en biens doit être entendu, l'ordonnance du juge-commissaire se substitue au commandement de payer valant saisie, non seulement pour le débiteur en liquidation judiciaire mais aussi pour son conjoint commun en biens[1].

On distinguera le cas où les époux sont propriétaires indivis de leur logement familial et où l'un d'eux a été mis en liquidation judiciaire : le liquidateur qui a été autorisé à procéder à la vente judiciaire du logement peut provoquer, par la voie de l'action oblique, le partage de l'indivision conventionnelle des époux portant sur ce logement et solliciter la licitation dès lors que le partage ne peut être réalisé en nature[2]. Dans le cas où le liquidateur agit en partage sur le fondement de l'article 815 C. civ. en tant que représentant de l'époux débiteur, il devra alors respecter la règle de l'article 215 C. civ. qui suppose de recueillir le consentement de l'époux coïndivisaire *in bonis*[3] (v. aussi s[s] n°s 1421.111 et 1421.112).

1411.113 Maison d'habitation principale. Jusqu'en 2014, le seul cas où le fait que l'immeuble serve de logement familial au débiteur importait, était celui de la liquidation judiciaire d'un agriculteur. L'article L. 642-18 alinéa 6 C. com., pour les procédures ouvertes depuis le 1er janvier 2006 et, antérieurement, l'ancien article L. 622-16 C. com.[4] en effet, prévoyaient en effet que le tribunal pouvait, en considération de la situation personnelle et familiale du débiteur, lui accorder des délais de grâce dont il déterminait la durée pour quitter sa maison d'habitation principale. Dans cette hypothèse, c'était la double considération, et de l'activité professionnelle du débiteur et de l'affectation du bien qui conduisait à une situation privilégiée, mais au demeurant, seulement à l'issue de la réalisation forcée du bien. L'ordonnance du 18 décembre 2008 n'avait pas modifié l'article L. 642-18 sur ce point et c'est l'ordonnance du 12 mars 2014[5] qui a étendu cette faveur à tout débiteur personne physique. Depuis le 1er juillet 2014, l'article L. 642-18 C. com. dispose qu'en cas de liquidation judiciaire d'un débiteur, personne physique, le tribunal peut, en considération de sa situation personnelle et familiale, lui accorder des délais de grâce dont il détermine la durée pour quitter sa maison d'habitation principale.

§ 2
Situation juridique du bien

1411.121 Distinction. L'hypothèse envisagée ici est celle où les créanciers agissent à l'encontre du débiteur en procédure collective. Le cas des créanciers agissant à l'encontre du conjoint *in bonis* d'un débiteur en procédure collective a déjà été examiné (v. s[s] n°s 1318.111 s.) : lorsque le créancier d'un débiteur *in bonis* entend agir sur un immeuble commun, il est soumis, comme les créanciers du débiteur en procédure collective, à l'obligation de déclarer sa créance et à la suspension des poursuites individuelles. On distinguera enfin le cas du créancier de l'entrepreneur individuel dont l'immeuble a fait l'objet d'une déclaration notariée d'insaisissabilité.

1411.122 L'immeuble est un bien propre. Les créanciers agissant en vertu de l'article L. 643-2 C. com., sont également en effet dépendants du régime matrimonial de leur débiteur.

Il n'y aura pas de difficulté si l'immeuble est un bien propre du débiteur mais le créancier doit-il respecter l'obligation de l'article R. 321-1 C. pr. exéc. qui impose au poursuivant de dénoncer le commandement de payer valant saisie au conjoint du débiteur lorsque le bien propre sert de résidence à la famille ? Fallait-il transposer cette obligation et dénoncer l'ordonnance du juge-commissaire qui produit les effets du commandement (v. s[s] n° 1412.21) ?

L'article R. 642-27 C. com. (dans sa rédaction issue du décret du 30 mai 2012, relatif à la partie réglementaire du Code des procédures civiles d'exécution) dispose que la vente par voie d'adjudication judiciaire est soumise aux dispositions des titres Ier et II du livre III du Code des procédures civiles d'exécution et, dans la mesure où il n'y est pas dérogé, par les dispositions du livre VI du Code de commerce, ce qui peut rendre applicables les dispositions de l'article R. 321-1 C. pr. exéc., sauf à considérer que l'article R. 642-23 C. com. qui dispose que l'ordonnance du juge-commissaire est notifiée au débiteur et aux créanciers inscrits qui n'envisage pas la notification au conjoint, l'exclurait ? L'incertitude demeure donc sur ce point. Certes, s'agissant de la vente des biens dépendant de la communauté d'époux, le conjoint du débiteur en procédure collective doit être entendu ou dûment convoqué avant toute décision autorisant ou ordonnant la vente de ces biens (C. com., art. R. 641-30), mais la règle ne concerne pas l'hypothèse de la vente de biens propres. Il paraît toutefois opportun d'informer ce conjoint lorsque l'immeuble sert de logement à la famille.

1. EN CE SENS, P.-M. Le Corre, Dalloz action *Droit et pratique des procédures collectives* 2025/2026, n° 562.52.
2. Paris, 2 déc. 1995, *RJDA* 1996, n° 706 – Paris, 22 févr. 2000, *D.* 2000. 107.
3. Civ. 1re, 3 avr. 2019, n° 18-15.177, P ; *Gaz. Pal.* 2019, n° 25, p. 75, note L. Antonini-Cochin ; *Rev. proc. coll.* mai-juin 2020, n° 87, note C. Lisanti.
4. L. 25 janv. 1985, anc. art. 154.
5. Ord. n° 2014-326, 12 mars 2014, préc.

1411.123 **L'immeuble est en indivision.** Comment combiner les règles de l'indivision et celles des procédures collectives ? Quel sort réserver aux biens indivis et plus spécialement à l'immeuble indivis ? Peut-il être appréhendé par un créancier du débiteur ?[1]

Il faut tout d'abord rappeler les dispositions de l'article 815-17 C. civ., qui distinguent deux hypothèses : les créanciers qui auraient pu agir sur les biens avant l'indivision ainsi que ceux dont la créance résulte de la conservation ou de la gestion des biens indivis, qui peuvent poursuivre la saisie et la vente des biens indivis (C. civ., art. 815-17, al. 1er) ; et, les créanciers personnels d'un indivisaire qui ne peuvent saisir sa part dans les biens indivis mais seulement provoquer le partage (C. civ., art. 815-17, al. 2 et 3). Ensuite, il convient de distinguer selon l'époque à laquelle la procédure collective a été ouverte.

• **Indivision préexistante à la procédure collective.** Lorsque l'indivision préexiste, les règles de l'indivision ne seront pas affectées par l'ouverture d'une procédure collective à l'encontre d'un indivisaire[2]. Ainsi, les créanciers de l'alinéa 1er peuvent, malgré l'ouverture de la procédure collective, poursuivre la saisie et la vente des biens dépendant de l'indivision pour être payés avant le partage par prélèvement sur l'actif[3]. Ce droit subsiste même si le créancier n'a pas déclaré sa créance au passif de l'indivisaire soumis à la procédure collective ; l'extinction de la créance a été jugée sans incidence sur le droit du créancier de saisir le bien[4]. Quant au créancier personnel d'un indivisaire, il ne peut que provoquer le partage. Dans ce cas, ni le liquidateur ni le juge-commissaire n'ont le pouvoir d'obliger les coïndivisaires, étrangers à la procédure collective, à subir la réalisation du bien selon les conditions, de l'ancien article L. 622-16 C. com.[5] jusqu'au 1er janvier 2006, et depuis cette date, selon les dispositions de l'article L. 642-18 du Code de commerce. L'indivision excluant le droit des procédures collectives, le créancier d'un indivisaire doit recourir à la procédure de droit commun (v. ss nos 1422.01 s.) pour provoquer le partage[6]. Les règles de l'indivision assurent donc efficacement la protection des créanciers antérieurs à l'indivision comme celle des créanciers de l'indivision qui vont en quelque sorte « *ignorer* » la procédure collective[7]. Ainsi, par exemple, en cas de décès du débiteur avant l'ouverture de la procédure collective, les créanciers du défunt peuvent agir sur le bien devenu indivis, suite à l'ouverture de la succession, malgré la procédure collective[8].

La jurisprudence juge donc que la procédure collective ouverte contre l'un des indivisaires ne faisait pas obstacle à l'exercice d'une licitation-partage ; mais l'existence d'une procédure de liquidation judiciaire rend-elle nécessaire l'immixtion du juge-commissaire dans la procédure d'exécution forcée ? Comment conjuguer les pouvoirs du juge-commissaire qui fixe les conditions de la vente et la mise à prix avec le rôle du tribunal en matière de licitation-partage ? L'action en licitation obéit aux règles de droit commun et relève de la compétence du TGI, et désormais du tribunal judiciaire (TJ) ; opérant un revirement de jurisprudence, la Cour de cassation a jugé en 2018 que, lorsque l'indivision préexiste à l'ouverture de la procédure collective d'un indivisaire, l'autorisation du juge-commissaire n'était pas requise[9] (v. aussi ss nos 1421.71 s.).

La situation peut être différente lorsque le créancier du débiteur en liquidation judiciaire est également créancier d'un coïndivisaire *in bonis*. Ceci devrait lui permettre de poursuivre la saisie et la vente du bien sans avoir besoin de provoquer la licitation. En 1997, la chambre commerciale de la Cour de cassation a précisé que le créancier hypothécaire qui exerce des poursuites de saisie immobilière sur un bien indivis, sur lequel une personne soumise à une procédure collective a des droits, est tenu, sans préjudice de la délivrance d'un commandement aux indi-

1. P.-M. Le Corre, Dalloz action *Droit et pratique des procédures collectives*, 2025/2026, nos 561.41 s.
2. Com. 18 févr. 2003, no 00-11.008, P IV, no 21 ; *D.* 2003. Somm. 1620, obs. P.-M. Le Corre ; *Procédures* 2003, no 149, obs. C. Laporte – Com. 20 sept. 2005, no 04-10.678, NP ; *D.* 2006, Pan. 82, obs. P.-M. Le Corre.
3. Civ. 2e, 16 mai 2013, no 12-16.216, P II, no 96 ; *D.* 2013. 1268, pour une indivision post-communautaire.
4. Civ. 1re, 13 déc. 2005, no 02-17.778, P I, no 494 ; *D.* 2006. AJ 302, obs. A. Lienhard, pour le créancier de l'indivision – Com. 7 févr. 2012, nos 11-12.787 et 11-13.213, P IV, no 31, pour une indivision successorale.
5. L. 25 janv. 1985, anc. art. 154.
6. EN CE SENS : Com. 28 nov. 2000, no 98-10.145, NP ; *RJPF* 2001-3/18, obs. F. Vauvillé – Paris, 29 mai 2001, *D.* 2001. 2891. De même, le liquidateur, représentant les intérêts des créanciers personnels de l'indivisaire en liquidation judiciaire est fondé à solliciter la licitation de l'immeuble indivis en vertu de l'article 815-17 alinéa 3 sans avoir à demander l'autorisation préalable du juge-commissaire : Com. 3 oct. 2006, no 05-16.463, P IV, no 194 ; *D.* 2006, AJ 2602, obs. A. Lienhard.
7. Les règles de l'indivision assurent également dans ce cas, la protection des indivisaires. Ainsi, la licitation d'un immeuble indivis, opération de liquidation-partage d'une indivision préexistante au jugement d'ouverture de la liquidation judiciaire de l'un des indivisaires, échappe aux règles applicables en matière de réalisation des actifs de la procédures collective et ne peut être ordonnée qu'après examen des demandes de maintien dans l'indivision et d'attribution préférentielle de l'immeuble formées en application des articles 822 et 831-2 C. civ. : Com. 20 sept. 2017, no 16-14.295, P IV, no 124.
8. Civ. 2e, 20 oct. 2022, no 21-10.150, NP ; *APC* 2023/1, comm. 4, note Leprovaux.
9. Civ. 1re, 24 mai 2018, nos 16-26.378 et 17-11.424, P I, no 93 ; *JCP E* 2018. Chron. 1429, no 16, note Ph. Pétel – V. ÉGAL. P.-M. Le Corre, Dalloz action *Droit et pratique des procédures collectives*, 2025/2026, no 561.44.

visaires maîtres de leurs droits, fût-il titulaire d'une hypothèque consentie par tous les indivisaires et lui permettant dès lors de poursuivre la saisie et la vente de ce bien avant le partage de l'indivision, de présenter requête au juge-commissaire dont l'ordonnance se substitue au commandement de droit commun. Dans ce cas, le créancier hypothécaire devrait à la fois délivrer commandement au conjoint *in bonis* et présenter requête au juge-commissaire pour saisir les droits du débiteur en procédure collective[1]. La chambre commerciale a toutefois ajouté en 1999, que pour agir en saisie immobilière, le créancier hypothécaire du coïndivisaire *in bonis* devait établir la carence du liquidateur dans les trois mois[2]. Par la suite, première chambre civile et chambre commerciale de la Cour de cassation ont jugé que le créancier bénéficiant d'une hypothèque consentie par tous les indivisaires pouvait faire vendre sur saisie le bien indivis et obtenir un paiement intégral sur le prix avant le partage[3]. Comment le créancier devra-t-il procéder sur le plan procédural ? *A priori* en faisant délivrer un commandement de payer sur les parts indivises du ou des débiteur(s) *in bonis*, et en obtenant une ordonnance du juge-commissaire sur les parts du débiteur en faillite.

• **Indivision postérieure à la procédure collective.** Lorsque l'indivision est postérieure à l'ouverture de la procédure de liquidation judiciaire, par exemple suite au décès du débiteur en procédure collective ou à la transcription du divorce des époux à l'état civil, le liquidateur conserve le droit de poursuivre la saisie et la vente de l'immeuble puisqu'il représente les créanciers des indivisaires qui auraient pu agir sur les biens indivis avant qu'il y eût indivision[4]. Le juge-commissaire sera donc compétent pour autoriser la vente de l'immeuble dépendant de la succession[5]. En revanche, il n'y aura pas lieu à licitation-partage car le débiteur n'avait pas la qualité de coïndivisaire au jour de l'ouverture de la procédure collective ; l'indivision est alors inopposable à la procédure collective. Il en est de même lorsque des époux divorcent si le jugement n'est retranscrit sur les actes de l'état civil que postérieurement à l'ouverture de la procédure de redressement judiciaire du mari. Le jugement de divorce n'ayant été rendu opposable aux tiers en ce qui concerne les biens des époux que postérieurement à l'ouverture de la procédure collective, l'immeuble dépendant de la communauté est entré dans le gage commun des créanciers de celle-ci avant qu'il ne devienne indivis, de sorte que le liquidateur peut procéder à sa réalisation dans les conditions prévues à l'article L. 642-18 C. com.[6]

1411.124 L'immeuble est un bien commun. Il fait partie du gage des créanciers du débiteur en procédure collective au même titre que les biens propres de ce débiteur. Si le liquidateur ou les créanciers du débiteur souhaitent agir en exécution forcée, la saisie sera dirigée contre le seul débiteur en procédure collective, en vertu d'une ordonnance du juge-commissaire. Avant la réforme de la saisie immobilière, il était clair que le liquidateur n'avait pas à signifier un commandement de saisie à l'époux *in bonis*[7] (Décr. 27 déc. 1985, art. 126). La question se posait de savoir si le poursuivant ne devait pas notifier l'ordonnance du juge-commissaire également au conjoint et le sommer de prendre connaissance du cahier des charges ; mais en 1997, la Cour de cassation avait jugé que la notification au seul époux en liquidation était suffisante[8].

Depuis 2007, l'article R. 641-30 C. com., dispose que : « *Le conjoint du débiteur doit être entendu ou dûment convoqué avant toute décision ordonnant ou autorisant la vente des biens de la communauté.*

Lorsque, au cours de la procédure, la dissolution de la communauté existant entre le débiteur et son conjoint devient opposable aux tiers, ce conjoint doit être entendu ou dûment convoqué avant toute décision ordonnant ou autorisant la vente des biens de l'indivision ».

Par ailleurs, selon l'article L. 311-7 C. pr. exéc., la procédure doit être menée contre les deux époux, ce qui est plus exigeant que d'entendre le conjoint.

Cependant, l'article L. 642-18 C. com. indique que les ventes d'immeubles ont lieu conformément aux articles L. 322-5 à L. 322-13 C. pr. exéc., à l'exception des articles L. 322-6 et L. 322-9, et sous réserve que ces dispositions ne soient pas contraires à celle du Code de commerce. En excluant explicitement les dispositions de l'article L. 311-7 C. pr. exéc., l'ordonnance du 18 décembre 2008 fait clairement prévaloir les dispositions spéciales du Code de commerce, ce qui semble exclure que la procédure soit menée contre les deux époux, mais n'interdit pas de lui notifier l'ordonnance du juge-commissaire[9].

1. Com. 22 avr. 1997, n° 94-19.420, P IV, n° 99 ; *D.* 1998. 106, obs. S. Piedelièvre ; *D. Affaires* 1997. 704.
2. Com. 6 juill. 1999, n° 97-14.096, P IV, n° 152 ; *D.* 2000. 395, obs. S. Piedelièvre ; *RTD com.* 2001. 230, obs. A. Martin-Serf ; *Dr. et patr.* 1999, n° 76, chron. 2441, obs. M.-H. Monsèriè-Bon.
3. Civ. 1re, 14 juin 2000, n° 98-10.577, P I, n° 182 ; *D.* 2000. 318, obs. A. Lienhard ; *D.* 2001. 696, obs. L. Aynès ; *JCP N* 2000. 38. 1357, obs. F. Vauvillé ; *Dr. et patr.* 2001, n° 89, chron. 2749, obs. M.-H. Monsèriè-Bon – Com. 19 déc. 2000, n° 97-17.728, P IV, n° 202 ; *D.* 2001. 379.
4. Com. 18 févr. 2003, n° 00-13.100, P IV, n° 22 ; *D.* 2003. 766, obs. A. Lienhard ; *D.* 2003. 1620, obs. P.-M. Le Corre ; *Gaz. Pal.* 30 avr.-3 mai 2003. Pan. 28.
5. Com. 19 févr. 2013, n° 11-23.033, NP.
6. Com. 27 sept. 2016, n° 15-10.428, P IV, n° 122 ; *D.* 2017. Actu. 1998 ; *JCP E* 2016. 1661, n° 4, obs. Ph. Pétel.
7. Com. 16 janv. 2007, n° 05-13.581, NP.
8. Civ. 1re, 21 mai 1997, n° 95-14.102, P I, n° 163.
9. P.-M. Le Corre, Dalloz action *Droit et pratique des procédures collectives* 2025/2026, n° 561.31.

1411.125 **Immeuble ayant fait l'objet d'une déclaration notariée d'insaisissabilité.** Depuis 2003, un entrepreneur individuel peut rendre insaisissable un immeuble non affecté à son activité professionnelle (v. s^s n° 1319.51). Cette faculté résulte aujourd'hui de l'alinéa 2 de l'article L. 526-1 C. com. et elle coexiste avec l'insaisissabilité de plein droit de la résidence principale (v. s^s n° 1411.126). Ce faisant, cette insaisissabilité s'impose aux créanciers dont la créance naît de l'activité professionnelle du débiteur après la publicité obligatoire de la déclaration[1]. Mais pour les autres créanciers l'immeuble demeure saisissable. La situation juridique est paradoxale puisque l'immeuble est saisissable par certains et pas par d'autres. Depuis 2011, on sait qu'un immeuble objet d'une déclaration d'insaisissabilité ne peut être vendu par le liquidateur car celui-ci représentant tous les créanciers indistinctement, aussi bien ceux qui ont le droit de saisir le bien, que les autres, ne peut agir dans les intérêts individuels d'un créancier ou d'un groupe de créanciers[2]. Mais quels sont alors, en cas de liquidation judiciaire, les droits des créanciers auxquels la déclaration est inopposable ? Ces derniers peuvent-ils saisir l'immeuble lorsque leur débiteur est en liquidation judiciaire ? L'immeuble, objet de la déclaration d'insaisissabilité, dès lors qu'il est saisissable par certains créanciers mais pas par d'autres n'est donc pas un élément du gage commun ; il est insaisissable par le liquidateur et échappe ainsi à l'effet réel de la procédure collective[3]. C'est ce qu'indique indirectement la Cour de cassation en jugeant que « *si un créancier titulaire d'une sûreté réelle, à qui la déclaration notariée d'insaisissabilité d'un immeuble appartenant à un débiteur en liquidation judiciaire est inopposable* [...] *peut faire procéder à sa vente sur saisie, il ne poursuit pas cette procédure d'exécution dans les conditions de l'article L. 643-2 du Code de commerce* »[4]. Le créancier n'aura donc pas besoin d'être autorisé par le juge-commissaire (v. s^s n° 1412.21), pas plus qu'il ne devra attendre l'inaction du liquidateur pour entreprendre la saisie (v. s^s n° 1411.61). En effet, la discipline collective ne lui est pas applicable : il ne sera concerné ni par l'arrêt des poursuites individuelles et des voies d'exécution, ni par l'obligation de déclarer sa créance au passif, ni par l'arrêt du cours des intérêts et l'arrêt des inscriptions des sûretés[5]. Toutefois, le créancier inscrit auquel la déclaration d'insaisissabilité n'est pas opposable peut préférer déclarer sa créance au passif de la procédure collective de son débiteur[6].

1411.126 **Insaisissabilité légale de la résidence principale.** La loi du 6 août 2015, dite loi Macron, a posé le principe de l'insaisissabilité de plein droit de la résidence principale. Aux termes de l'article L. 526-1 alinéa 1er C. com., par dérogation aux articles 2284 et 2285 C. civ., les droits d'une personne physique immatriculée au registre national des entreprises sur l'immeuble où est fixée sa résidence principale sont, de droit, insaisissables par les créanciers dont les droits naissent à l'occasion de l'activité professionnelle de la personne. Lorsque la résidence principale est utilisée en partie pour un usage professionnel, la partie non utilisée pour un usage professionnel est de droit insaisissable sans qu'un état descriptif de division soit nécessaire. L'instauration de l'insaisissabilité légale n'a pas supprimé la déclaration notariée d'insaisissabilité, qui peut porter sur des biens autres que la résidence principale dès lors qu'ils ne sont pas affectés à l'usage professionnel[7].

Ainsi, les créanciers professionnels dont les droits naissent à l'occasion de l'activité professionnelle, après l'entrée en vigueur de la loi du 6 août 2015 ne peuvent saisir l'immeuble où est fixée la résidence principale. En revanche, les droits immobiliers sur la résidence principale restent saisissables par les créanciers professionnels dont les droits sont nés, au plus tard le 7 août 2015 et les créanciers non professionnels, quelle que soit la date de naissance de leur créance. Le liquidateur ne pourra donc saisir et vendre l'immeuble concerné par l'insaisissabilité légale à moins que tous les créanciers qu'il représente aient le droit de le saisir. Le liquidateur ne peut pas plus agir en licitation-partage de l'immeuble indivis assurant la résidence principale du débiteur à moins que tous les céanciers aient des créances nées avant la publication de la loi[8].

Le créancier auquel l'insaisissabilité légale est inopposable, n'étant pas concerné par l'effet réel de la procédure collective, pourra pratiquer la saisie immo-

1. P.-M. Le Corre, Dalloz action *Droit et pratique des procédures collectives* 2025/2026, n°s 562.17 s.
2. Com. 28 juin 2011, n° 10-15.482, P IV, n° 109 ; *D.* 2011. 1751, obs. A. Lienhard ; *D.* 2012. Pan. 1509, obs. A. Leborgne ; *D.* 2012. 1573, obs. P. Crocq ; *D.* 2012. 2196, obs. P.-M. Le Corre ; *D.* 2013. 318, obs. Ph. Hoonakker.
3. Com. 13 mars 2012, n° 10-27.087, NP ; *D.* 2012. 2196, obs. P.-M. Le Corre.
4. Com. 5 avr. 2016, n° 14-24.640, P IV, n° 56 ; *D.* 2016. 837, obs. A. Lienhard ; *D.* 2016. 1296, note N. Borga ; *D.* 2016. Pan. 1897, obs. P.-M. Le Corre.
5. V. P.-M. Le Corre, Dalloz action *Droit et pratique des procédures collectives* 2025/2026, n°s 562.28 s.
6. Com. 24 mars 2021, n° 19-23.413, P : dans ce cas, ce créancier bénéficie de l'effet interruptif de prescription attaché à sa déclaration de créance ; et cet effet interruptif pourra éventuellement, se prolonger jusqu'à la clôture de la procédure collective.
7. V. P.-M. Le Corre, Dalloz action *Droit et pratique des procédures collectives* 2025/2026, n°s 562.37 s.
8. Com. 13 avr. 2022, n° 20-23.165, B ; *D. actu.* 12 mai 2022, obs. B. Ferrari.

bilière de l'immeuble et n'aura pas besoin de demander l'autorisation du juge-commissaire.

1411.127 **Récapitulatif.** Lorsque le débiteur est en liquidation judiciaire, un créancier ne peut exercer un droit de poursuites individuelles que tout autant qu'il est titulaire d'une sûreté spéciale, qu'il a déclaré sa créance, et que le liquidateur est inactif. Les créanciers pourront agir sur les biens propres de leur débiteur mais également sur les biens communs. Depuis 2006, il faut entendre le conjoint du débiteur en liquidation judiciaire avant toute décision ordonnant ou autorisant la vente des biens dépendant de la communauté mais, depuis l'entrée en application du décret du 12 février 2009, et conformément au nouvel article L. 642-18 issu de l'ordonnance du 18 décembre 2008, les dispositions de l'article L. 311-7 C. pr. exéc. imposant de mener la procédure contre les deux époux ne sont pas applicables. En revanche, la question se pose toujours de la dénonce de l'ordonnance du juge-commissaire au conjoint du débiteur, lorsque l'immeuble sera un propre affecté au logement familial.

Si l'immeuble est en **indivision**, en revanche, les dispositions du Code de commerce ne peuvent être imposées au coïndivisaire étranger à la procédure collective, lorsque celle-ci a été ouverte postérieurement à l'indivision.

Si l'immeuble a fait l'objet d'une **déclaration d'insaisissabilité**, les créanciers auxquels cette déclaration est inopposable conservent le droit de saisir l'immeuble et sont émancipés de la discipline de la procédure collective mais conservent la faculté de déclarer leur créance au passif de la procédure collective de leur débiteur. Il en est de même pour les créanciers auxquels l'insaisissabilité légale sera inopposable.

CHAPITRE

1412. Procédure de vente des immeubles d'un débiteur en liquidation selon le décret du 27 juillet 2006

ANNE LEBORGNE
PROFESSEUR ÉMÉRITE D'AIX-MARSEILLE UNIVERSITÉ

SECTION 0 ORIENTEUR

1412.00 Sommaire du chapitre.

Division. Pour vendre les immeubles, il faudra toujours une ordonnance du juge-commissaire (sect. 1) qui sera notifiée et publiée (sect. 2) ; sera ensuite déposé le cahier des conditions de vente (sect. 3) : les parties pourront alors sous certaines conditions faire valoir leurs droits (sect. 4) et l'audience d'adjudication se tiendra (sect. 5).

1412.05 Textes initialement applicables. Le décret du 27 juillet 2006 [1], pris pour l'application de l'ordonnance du 21 avril 2006 réformant la saisie immobilière [2], et qui est entré en vigueur le 1er janvier 2007, avait modifié certaines dispositions du décret du 28 décembre 2005, relatives à la procédure de vente des immeubles d'un débiteur en liquidation [3]. Il s'agissait des articles 94, 268, 269, 273, 274, 276, 278, 279, 295 et 298 du décret du 28 décembre 2005. La nouvelle procédure n'était pas applicable aux procédures collectives ouvertes avant le

1. Décr. n° 2006-936, 27 juill. 2006, relatif aux procédures de saisie immobilière et de distribution du prix d'un immeuble, *JO* 29 juill., p. 11316.
2. Ord. n° 2006-461, 21 avr. 2006, réformant la saisie immobilière, *JO* 22 avr., p. 6072.
3. Décr. n° 2005-1677, 28 déc. 2005, pris en application de la loi n° 2005-845 du 26 juillet 2005 de sauvegarde des entreprises, *JO* 29 déc., p. 20324.

1er janvier 2006, ni aux ventes d'immeubles et aux procédures subséquentes de distribution de prix, lorsque ces ventes avaient été ordonnées avant l'entrée en vigueur du décret au cours d'une procédure collective ouverte après le 1er janvier 2006. Cependant, conformément aux dispositions transitoires, « *les actes régulièrement accomplis sous l'empire de la réglementation applicable avant l'entrée en vigueur du présent décret restaient valables* (art. 168, al. 4) ».

Pour l'essentiel, l'article 273 du décret du 28 décembre 2005, qui opérait renvoi au titre XII du livre V de l'ancien Code de procédure civile avait été modifié afin de renvoyer au titre premier du décret du 27 juillet 2006. Les ventes d'immeubles d'un débiteur en liquidation judiciaire devaient donc être réalisées selon **la procédure réformée de saisie immobilière**, une fois la vente ordonnée par le juge-commissaire.

La tenue d'une audience d'orientation par le juge de l'exécution semblait ainsi s'imposer alors même que le débiteur était dessaisi et que le juge-commissaire avait opté pour une réalisation des biens aux enchères publiques. Comment le comprendre et surtout comment concilier les règles de la nouvelle procédure de saisie immobilière autorisant le débiteur à vendre amiablement son bien avec la *ratio legis* du droit des procédures collectives, qui repose, notamment, sur le dessaisissement du débiteur en phase de liquidation ? Non réfléchi, ce renvoi global heurtait la logique et les praticiens comme les magistrats avaient tenté, tant bien que mal, de composer avec l'absurdité du dispositif.

1412.06 Réforme du droit des procédures collectives. L'**ordonnance du 18 décembre 2008** [1], portant réforme du droit des procédures collectives, a modifié la rédaction de l'article L. 642-18 C. com., afin de disposer désormais que « *les ventes d'immeubles ont lieu conformément aux articles 2204 à 2212 du Code civil*, devenus, *suite à la codification les articles* L. 322-5 à L. 322-12 du Code des procédures civiles d'exécution [2], *à l'exception des articles 2206 et 2211, devenus les articles L. 322-6* et *L. 322-9 du Code des procédures civiles d'exécution, sous réserve que ces dispositions ne soient pas contraires à celles du présent code* ». C'est ainsi que le renvoi général aux formes prescrites en matière de saisie immobilière a disparu au profit d'un **renvoi spécial, limité aux articles relatifs à l'adjudication**, à l'exclusion de l'article L. 322-6 C. pr. exéc. qui concerne la fixation de la mise à prix par le créancier poursuivant et la faculté du débiteur de saisir le juge en cas d'insuffisance manifeste, et de l'article L. 322-9 C. pr. exéc. qui réglemente, en droit commun de la saisie immobilière, la consignation et ses effets. Quant au détail de la procédure à suivre pour réaliser la vente des immeubles d'un débiteur en liquidation judiciaire, elle a été réécrite au titre 1er du **décret du 12 février 2009** [3]. Aux termes de l'article 155 du décret du 12 février 2009, le titre 1er est entré en vigueur au 15 février 2009 et ses dispositions sont applicables aux seules procédures ouvertes à compter du 15 février 2009.

Depuis cette date, il faut se référer à l'article L. 642-18 dans sa rédaction issue de l'ordonnance du 18 décembre 2008 modifiée par l'ordonnance du 12 mars 2014 [4], et plus spécialement aux articles issus du décret du 12 février 2009. Le décret a restructuré le chapitre consacré à la réalisation de l'actif. La section 2, relative à la cession des actifs, comportait une sous-section consacrée à la vente des immeubles. Cette dernière est désormais divisée en paragraphes qui distinguent les *ventes des immeubles par voie d'adjudication judiciaire*, des *ventes par voie d'adjudication amiable*, de la *vente de gré à gré*. On trouve d'abord des dispositions communes aux *ventes par voie d'adjudication judiciaire* et aux *ventes par voie d'adjudication amiable*, aux articles R. 642-22 à R. 642-25 C.com, puis des dispositions particulières à la vente par voie d'adjudication judiciaire aux articles R. 642-27 à R. 642-29-2 C. com. et enfin, des dispositions communes à toutes les ventes aux articles R. 642-36-1 à R. 642-37-1 C. com.

1412.07 Codification des procédures civiles d'exécution. Le décret du 30 mai 2012 [5], relatif à la partie réglementaire du Code des procédures civiles d'exécution, a abrogé le décret du 27 juillet 2006 ; il a, par voie de conséquence, modifié l'article R. 642-27 C. com. qui dispose désormais que « *la vente par voie d'adjudication judiciaire est soumise aux dispositions des titres Ier et II du livre III du Code des procédures civiles d'exécution, dans la mesure où il n'y est pas dérogé par les dispositions du présent livre* ».

1412.08 Cas particulier de la reprise d'une procédure déjà engagée avant le jugement d'ouverture [6] : article R. 642-24 C. com. Aux termes de l'article

1. Ord. n° 2008-1345, 18 déc. 2008, portant réforme du droit des entreprises en difficulté, *JO* 19 déc., p. 19462.
2. Ord. n° 2011-1895, 19 déc. 2011, relative à la partie législative du Code des procédures civiles d'exécution, *JO* 20 déc., p. 21464.
3. Décr. n° 2009-160, 12 févr. 2009, pris pour l'application de l'ordonnance n° 2008-1345 du 18 décembre 2008 portant réforme du droit des entreprises en difficulté et modifiant les procédures de saisie immobilière et de distribution du prix d'un immeuble, *JO* 13 févr., p. 2596.
4. Ord. n° 2014-326, 12 mars 2014, portant réforme de la prévention des difficultés des entreprises et des procédures collectives, *JO* 14 mars, p. 5249.
5. Décr. n° 2012-783, 30 mai 2012, relatif à la partie réglementaire du Code des procédures civiles d'exécution, *JO* 31 mai, p. 9375 (applicable au 1er juin 2012).
6. V. ÉGAL., P.-M. Le Corre, Dalloz action *Droit et pratique des procédures collectives* 2025/2026, n° 562.60.

L. 642-18 C. com., lorsqu'une procédure de saisie immobilière engagée[1] avant l'ouverture de la procédure de sauvegarde, de redressement ou de liquidation judiciaires a été suspendue par l'effet de cette dernière, le liquidateur peut être subrogé dans les droits du créancier saisissant pour les actes que celui-ci a effectués, lesquels sont réputés accomplis pour le compte du liquidateur qui procède à la vente des immeubles. La saisie immobilière peut alors reprendre son cours au stade où le jugement d'ouverture l'avait suspendue. L'article R. 642-24 alinéa 1er C. com. précise que le juge-commissaire, en application de l'article L. 642-18 alinéa 2, autorise le liquidateur à reprendre la procédure de saisie immobilière suspendue par le jugement d'ouverture de la procédure de liquidation judiciaire. Cette disposition ne devait-elle s'appliquer qu'en cas de liquidation judiciaire, comme la lettre de l'article R. 642-24 semblait l'indiquer ? C'est ce qu'avaient pensé des juges du fond qui en avaient déduit que la procédure de saisie immobilière était arrêtée et non suspendue en cas de redressement judiciaire ; la Cour de cassation a cassé l'arrêt en rappelant qu'il résulte de la combinaison de l'article L. 622-21, II C. com., rendu applicable au redressement judiciaire par l'article L. 631-14, et les articles L. 642-18, alinéa 2, et L. 643-2, alinéa 1 et 3, que l'ouverture d'une procédure de sauvegarde, de redressement ou de liquidation judiciaire entraîne la suspension de la procédure de saisie immobilière en cours à la date du jugement d'ouverture[2]. La procédure pourra donc reprendre.

L'article L. 642-18 C. com. n'édicte pas une obligation à la charge du liquidateur et le créancier poursuivant, voire un autre créancier inscrit, pourra continuer lui-même l'action engagée.

En effet, en vertu des dispositions de l'article L. 643-2 alinéa 1er C. com., les créanciers titulaires d'un privilège spécial, d'un gage, d'un nantissement ou d'une hypothèque et le Trésor public pour ses créances privilégiées peuvent, dès lors qu'ils ont déclaré leurs créances même s'ils ne sont pas encore admis, exercer leur **droit de poursuite individuelle** si le liquidateur n'a pas entrepris la liquidation des biens grevés dans le délai de trois mois à compter du jugement qui ouvre ou prononce la liquidation judiciaire. L'alinéa 3 de ce même article dispose que lorsqu'une procédure de saisie immobilière a été engagée avant le jugement d'ouverture, le créancier titulaire d'une hypothèque est dispensé, lors de la reprise des poursuites individuelles, des actes et formalités effectués avant ce jugement.

Le créancier devra se faire autoriser par une ordonnance du juge-commissaire (C. com., art. R. 642-24). Une saisie continuée sans autorisation du juge-commissaire sera irrégulière et il en résultera la nullité de l'adjudication[3].

L'article R. 642-36-1 C. com. prévoit désormais que le juge-commissaire statue après avoir recueilli les observations des contrôleurs, le débiteur et le liquidateur dûment appelés ; le conjoint devra également être entendu ou appelé lorsqu'il se trouve dans les conditions de l'article R. 641-30 C. com.

La saisie immobilière reprenant son cours au stade où le jugement d'ouverture l'avait suspendue, et ce quel que soit le régime applicable à la procédure de saisie immobilière en cours[4], l'ordonnance du juge-commissaire sera mentionnée en marge de la copie du commandement de payer valant saisie, publié au fichier immobilier[5].

Quel que soit le stade d'avancement de cette procédure, le juge-commissaire fixe les conditions de la vente, c'est-à-dire, la mise à prix, les modalités de publicité et les modalités de visite du bien[6] ; ou simplement modifie la mise à prix si le cahier des conditions de vente était devenu définitif.

Dès lors que la vente est poursuivie par un créancier en application de l'article L. 643-2, la mise à prix sera déterminée en accord avec le poursuivant. Si les publicités avaient été réalisées avant le jugement d'ouverture, de nouvelles publicités devront être effectuées.

Le créancier qui avait engagé la procédure de saisie immobilière remet les pièces de la poursuite contre récépissé. Ses frais de procédure lui seront restitués lors de la distribution du prix.

La procédure ainsi reprise sera poursuivie, au stade où elle en était, dans les conditions des articles R. 642-22 s. C. com.

1. C'est-à-dire une fois que le commandement de payer valant saisie a été délivré.
2. Saisie par l'effet dévolutif de l'appel, il incombe à la cour d'appel de compléter en ce sens l'ordonnance du juge-commissaire qui ne contient pas ces précisions : Com. 8 mars 2023, n° 21-18.722, B ; *RTD com.* 2023. 733, obs. A. Martin-Serf ; *APC* 2023/9, comm. 106, note L. Camensuli-Feuillard ; *Dr. sociétés* 2023/7, comm. 89, note Legros ; *Gaz. Pal.* 11 juill. 2023, p. 10, note J.-J. Ansault.
3. Com. 4 janv. 2000, n° 96-20.805, NP.
4. Civ. 2e, 7 juin 2012, n° 11-18.426, P II, n° 104 ; *D.* 2012. Actu. 1542 ; *Act. proc. coll.* 2012, n° 186, obs. Ph. Hoonakker ; *RD banc. fin.* 2012, n° 162, obs. S. Piedelièvre.
5. La prorogation du commandement de payer valant saisie pourra être demandée au JEX par le créancier poursuivant initial afin d'éviter sa péremption. L'autorisation du juge-commissaire ne sera pas nécessaire, le poursuivant accomplissant dans ce cas un acte conservatoire qui ne contrarie pas la règle de l'arrêt des voies d'exécution : Com. 2 juin 2004, n° 03-10.476,
6. Com. 11 avr. 2018, n° 16-23.607, P IV, n° 41 ; *D.* 2018. Act. 797 ; *JCP* E 2018, 1429, obs. Ph. Pétel, *APC* 2018, n° 151, obs. Ph. Hoonakker.

SECTION 1
ORDONNANCE PRÉALABLE DU JUGE-COMMISSAIRE

1412.11 **Ordonnance tenant lieu de commandement.** En cas d'inaction du liquidateur, le créancier poursuivant sollicite l'autorisation du juge-commissaire de vendre par requête[1] ; lorsqu'il est fait droit à sa demande, l'ordonnance fixe également les conditions et modalités de cette vente.

Selon les articles R. 642-22 et R. 642-23 C. com., le juge-commissaire qui ordonne la vente des immeubles par voie d'adjudication judiciaire ou amiable fixe la mise à prix et les modalités de la vente. L'ordonnance est notifiée à la diligence du greffier par lettre recommandée avec demande d'avis de réception au débiteur et aux créanciers inscrits à domicile élu dont les noms sont indiqués dans l'ordonnance ainsi qu'aux créanciers bénéficiant du privilège général immobilier. L'ordonnance produit les effets du commandement prévu à l'article R. 321-1 C. pr. exéc. ; elle est publiée à la diligence du liquidateur ou du créancier poursuivant au fichier immobilier de la situation des biens, dans les conditions prévues pour ledit commandement. Le service de la publicité foncière procède à la formalité de publicité de l'ordonnance même si des commandements ont été antérieurement publiés. Ces commandements cessent de produire effet à compter de la publication de l'ordonnance.

§ 1 Saisine du juge-commissaire

1412.21 **Requête.** Le créancier doit impérativement requérir l'autorisation du juge-commissaire. Faite sans autorisation de cet organe de la procédure collective, la vente sera jugée nulle[2].

S'agissant d'une procédure devant le tribunal de commerce, le ministère d'avocat n'est pas obligatoire. Il en résulte que le créancier peut présenter la requête lui-même. Il y exposera généralement le rappel de la procédure collective, l'absence de diligences du liquidateur ainsi que les caractères de sa créance, de manière à fonder la demande au regard des dispositions de l'article L. 643-2 C. com. La requête décrit encore le ou les biens dont la vente est poursuivie, l'origine de propriété, la désignation cadastrale et le cas échéant l'indication que l'immeuble est soumis au régime de la copropriété[3].

1412.22 **Audience.** L'article R. 642-36-1 C. com. dispose que le **juge-commissaire statue sur la vente après avoir recueilli les observations des contrôleurs, et entendu ou dûment appelé le débiteur et son conjoint** lorsque celui-ci se trouve dans une des situations prévues à l'article R. 641-30, ainsi que le liquidateur[4]. La nécessité d'entendre, ou à tout le moins de convoquer le conjoint est prévue à l'article R. 641-30 C. com. sans que l'on connaisse de manière précise la nature de la sanction du non-respect de ce texte, certains juges optant pour l'irrecevabilité de la demande du liquidateur[5], d'autres pour l'inopposabilité de la vente[6].

Ainsi, une audience doit être tenue préalablement à la signature de l'ordonnance. Les parties sont convoquées à la diligence du greffier ; bien que le texte ne le prévoie pas, le créancier requérant est également appelé pour soutenir sa requête. Ni la loi ni le décret d'application n'imposent l'organisation d'un débat contradictoire ; toutefois, en présence d'intérêts contradictoires, le juge-commissaire devrait toujours entendre les parties en présence avant de statuer, conformément à l'article 16 C. pr. civ., applicable devant toutes les juridictions[7].

§ 2 Forme et contenu de l'ordonnance

1412.30 **Originalité. Plan.** C'est l'acte qui remplace le commandement dans la procédure de droit commun, c'est dire que si la forme est classique (A), son contenu va lier les parties pour la suite de la procédure (B).

A. Forme de l'ordonnance

1412.41 **Une ordonnance conforme aux dispositions du Code de procédure civile.** L'ordonnance du juge-commissaire est évidemment écrite. Elle doit

1. Com. 26 janv. 2010, n° 09-10.773, NP ; *Gaz. Pal.* 16-17 avr. 2010, n° 106, p. 41, note F. Vauvillé.
2. Com. 4 janv. 2000, n° 96-20.805, NP – v. TOUTEFOIS : TGI Montbrison, aud. criées, 21 nov. 2000, *Gaz. Pal.* 18-19 janv. 2002, p. 38, qui admet, dans une affaire où les poursuites étaient reprises par un créancier, que ce dernier ait agi sans se faire autoriser par le juge-commissaire dès lors que le liquidateur ne s'y était pas opposé.
3. Pour un modèle, v. C. Laporte, *Procédures* janv. 2020, formule, p. 38.
4. Si une saisie immobilière avait été engagée avant l'ouverture de la procédure collective et un jugement d'orientation rendu, le liquidateur ne pourra contester ni le principe ni le montant de la créance du poursuivant. En effet, dans ce cas, le jugement d'orientation aura fixé la créance du poursuivant et cette décision aura autorité de chose jugée à l'égard du débiteur mais aussi du liquidateur : Com. 13 sept. 2017, n° 15-28.833, P IV, n° 109 ; *D.* 2017. Actu. 1829, obs. A. Lienhard.
5. Grenoble, ch. com., 19 juin 2014, RG n° 13/03899.
6. Paris, 3e ch., 15 sept. 2005, RG n° 04/19580.
7. EN CE SENS : Com. 14 févr. 1995, n° 92-20.941, P IV, n° 45.

être datée et signée et doit mentionner le nom et la fonction du juge-commissaire[1].

1412.42 **Motivation.** Pas plus que le décret du 27 décembre 1985[2], celui du 28 décembre 2005 ne précisait si l'ordonnance devait être motivée. Le décret du 27 juillet 2006 n'a rien ajouté et celui du 12 février 2009 n'est pas plus explicite. Les solutions jurisprudentielles antérieures devraient continuer à recevoir application. Ainsi, la Cour de cassation a jugé, à propos d'un recours formé contre une ordonnance d'un juge-commissaire, que l'exigence de motivation était un principe essentiel de la procédure[3]. La motivation peut être sommaire[4] mais ne peut être limitée à un simple visa des pièces jointes à l'appui de la requête[5] ou à un motif « *passe-partout* »[6].

B.
Contenu de l'ordonnance

1412.51 **Article R. 642-22 du Code de commerce.** Aux termes de l'article R. 642-22 C. com., le juge-commissaire détermine la mise à prix de chacun des biens et les conditions essentielles de la vente, les modalités de la publicité compte tenu de la valeur, de la nature et de la situation des biens ainsi que les modalités de visite des biens. Dans le silence des textes, il semble donc que les autres conditions de la vente puissent être fixées selon le droit commun de la saisie immobilière.

L'article R. 642-28 C. com., précise que l'ordonnance qui ordonne la vente par voie d'adjudication judiciaire rendue à la demande du liquidateur ou d'un créancier poursuivant comporte, outre les indications mentionnées à l'article R. 642-22 les énonciations exigées aux 1°, 5°, et 10° de l'article R. 321-3 C. pr. exéc., c'est-à-dire **l'indication de la constitution d'avocat du créancier poursuivant** (laquelle comporte élection de domicile), la désignation de chacun des biens ou droits sur lesquels porte la saisie immobilière telle qu'exigée par les règles de la publicité foncière et l'indication qu'un commissaire de justice pourra pénétrer dans les lieux afin de dresser un procès-verbal de description de l'immeuble.

1. Douai, 18 janv. 1990, *Rev. proc. coll.* 1990. 373, obs. B. Dureuil.
2. Décr. n° 85-1388, 27 déc. 1985, relatif au redressement et à la liquidation judiciaire des entreprises, *JO* 29 déc., p. 15281.
3. Com. 30 mars 1993, n° 90-21.980, P IV, n° 132 – Com. 25 févr. 1997, n°s 95-16.695, 95-16.696 et 95-16.697, NP ; *D. Affaires* 1997. Chron. 418.
4. Civ. 2e, 31 janv. 1985, n° 84-12.769, P II, n° 26 ; *Gaz. Pal.* 1985. 1. Pan. 124, obs. crit. S. Guinchard.
5. Civ. 2e, 6 déc. 1989, n° 88-15.514, P II, n° 216 – Com. 25 juin 1991, n° 89-20.945, P IV, n° 231.
6. Com. 17 juin 1986, n° 84-16.887, P IV, n° 124 ; *Gaz. Pal.* 1987. 1. Pan. 54, obs. S. Guinchard et T. Moussa.

1412.52 **Mise à prix.** Conformément à l'article R. 642-22 C. com., lorsque la vente est poursuivie par un créancier en application de l'article L. 643-2 C. com., le juge-commissaire doit déterminer la mise à prix de chacun des biens à vendre en accord avec le créancier poursuivant. La règle est reproduite à l'article R. 643-1 C. com. L'article R. 642-22 ajoute que le juge-commissaire peut préciser qu'à défaut d'enchères atteignant cette mise à prix, la vente pourra se faire sur une mise à prix inférieure qu'il fixe.

Le principe posé à l'article R. 642-22 est, qu'en cas de vente sur saisie à la requête d'un créancier, la mise à prix est fixée en accord avec ce dernier, mais les motivations de l'un et de l'autre sont nécessairement différentes. Le créancier poursuivant dans une procédure de droit commun cherche principalement à recouvrer sa créance ; le juge-commissaire est censé défendre les intérêts de tous les créanciers. Par suite, le créancier souhaitera une mise à prix éventuellement basse alors que le juge-commissaire sera tenté par une mise à prix proche de la valeur vénale. C'est pourquoi, souvent, les ordonnances en cette matière prévoient des facultés de baisse de mise à prix en cas de carence d'enchères, généralement du quart, voire de la moitié[7]. En pratique, cette solution ne se révèle guère utile. En effet, la faculté de baisse est connue des oblateurs éventuels le jour de l'audience, de sorte que ces derniers attendent la dernière baisse de mise à prix avant de commencer à porter des enchères et en définitive, le prix atteint excède souvent la mise à prix initiale. Il n'en demeure pas moins que cette manière de procéder, sur le plan psychologique, est préférable pour le débiteur qui a moins l'impression que son bien est bradé.

À défaut d'accord entre le créancier et le juge-commissaire, ce dernier l'emporte bien évidemment, sous réserve de l'appréciation du tribunal de commerce en cas de recours.

Le fait que la loi donne pouvoir au juge-commissaire pour fixer la mise à prix, peut présenter un inconvénient en cas de carence d'enchères. L'article R. 642-26 C. com. précise donc que le liquidateur ne peut, en qualité de mandataire, être déclaré adjudicataire des immeubles du débiteur.

1412.53 **Conditions de la vente.** Il s'agit bien évidemment d'une vente aux enchères publiques. Par condition essentielle, il a été jugé qu'il fallait entendre les modalités de ventilation du prix d'adjudication : ainsi lorsqu'un ensemble immobilier est vendu aux enchères, le juge-commissaire réglera la

7. Dès lors que l'ordonnance contient cette faculté, il a été jugé que l'insertion publicitaire relative à la vente n'avait pas à la reproduire à peine de nullité : Civ. 2e, 9 déc. 1997, n° 95-21.200, P II, n° 300.

ventilation du prix d'adjudication entre les différents biens immobiliers individualisables qui le composent ; il décidera notamment de vendre en un seul ou plusieurs lots ou d'insérer une clause d'allotissement. Ces questions échappent à la compétence du tribunal judiciaire (TJ)[1]. Le juge-commissaire a donc une compétence exclusive de celle du TJ[2]. Dans la mesure où la loi lui confère de décider les modalités de la vente, il semble que le juge-commissaire puisse, seul, fixer les clauses relatives aux enchères : enchère minimale et/ou consignation préalable pour enchérir.

Pour les autres modalités, l'ordonnance se limitera généralement à désigner l'avocat postulant qui sera chargé de procéder aux formalités de la vente et notamment de rédiger le cahier des conditions de vente et d'indiquer devant quel juge la vente sera tenue.

1412.54 Modalités de publicité. Le juge-commissaire n'est pas lié par les dispositions applicables à la saisie immobilière de droit commun.

L'article R. 642-22 C. com., précise en effet, simplement que les modalités de la publicité sont fixées en tenant compte de la valeur, de la nature et de la situation des biens.

La doctrine enseigne qu'il est possible de solliciter qu'il soit procédé à une publicité plus large que la publicité légale[3].

Cette analyse est confirmée par l'article R. 642-29-2 C. com. qui précise quelles sont les dispositions de la réforme de la saisie immobilière de 2006, désormais codifiées dans la partie réglementaire du Code des procédures civiles d'exécution, applicables à la vente des actifs par voie d'adjudication judiciaire. **Depuis le 1er juin 2012,** l'article R. 642-29-2 fait renvoi explicitement à certaines des dispositions de la section 4 du chapitre II du titre II du livre III du Code des procédures civiles d'exécution. Or, les articles R. 322-30 à R. 322-38 C. pr. exéc., relatifs à la publicité, ne sont pas visés par l'article R. 642-29-2.

En pratique, le juge-commissaire ordonne généralement une publicité au moins égale à celle prévue pour les ventes sur saisie de droit commun, voire plus large s'il est sollicité en ce sens.

Lorsqu'une procédure d'exécution avait été engagée avant le jugement d'ouverture de la procédure collective[4], elle aura été suspendue, mais elle pourra être reprise, une fois la liquidation judiciaire ouverte, par le liquidateur ou un créancier poursuivant. Dans ce cas, les actes accomplis antérieurement restent valables mais les publicités devront être effectuées à nouveau.

1412.55 Désignation des biens ou droits. L'article R. 642-28 C. com., précise que l'ordonnance qui autorise la vente par voie d'adjudication judiciaire rendue à la demande du liquidateur ou d'un créancier poursuivant comporte, outre les indications mentionnées à l'article R. 642-22 C. com., les énonciations exigées au 5° de l'article R. 321-3 C. pr. exéc., c'est-à-dire, la désignation de chacun des biens ou droits sur lesquels porte la saisie immobilière telle qu'exigée par les règles de la publicité foncière (v. ss nos 1331.50 s.).

Le créancier qui entend se prévaloir des dispositions de l'article L. 643-2 C. com. et qui doit préparer les éléments de l'ordonnance qu'il sollicitera du juge-commissaire, devra donc au préalable requérir une fiche d'immeubles et un extrait cadastral, de manière à obtenir tous les renseignements relatifs à la désignation du bien et à l'origine de la propriété. Cette fiche révélera de surcroît le nom et le domicile des créanciers inscrits, lesquels devront être indiqués au juge-commissaire, car l'ordonnance doit leur être notifiée. En pratique, l'ordonnance précise d'ailleurs ceux à qui elle sera notifiée.

1412.56 Lieu de la vente. En principe, le tribunal est celui du lieu de situation de l'immeuble conformément aux règles de procédure civile.

1412.57 Cas particulier : poursuite simultanée de deux ou plusieurs immeubles. Selon l'article R. 642-29 C. com., modifié par le décret du 18 septembre 2019[5], le juge-commissaire peut autoriser le liquidateur ou le créancier à poursuivre simultanément la vente de plusieurs immeubles, même s'ils sont situés dans des ressorts de tribunaux judiciaires différents.

1. TGI Limoges, 21 avr. 1988, *BICC* 1988, n° 778.
2. En revanche, lorsque l'immeuble d'un débiteur en liquidation judiciaire a été vendu sur saisie immobilière, le juge compétent pour constater la caducité de la procédure de distribution du prix de vente n'ayant pas produit d'effet attributif avant le jugement d'ouverture, en vertu de l'article R. 622-19 C. com., rendu applicable à la liquidation judiciaire par l'article R. 641-23 du même code, et pour ordonner en conséquence, la remise des fonds au liquidateur aux fins de répartition, en vertu de l'article R. 641-24 de ce code est, non le juge des référés mais le juge de l'exécution, en application de l'article L. 213-6 du COJ : Com. 20 oct. 2020, n° 19-15.171, P.
3. P.-M. Le Corre, Dalloz action *Droit et pratique des procédures collectives*, 2025/2026, n° 562.53.
4. C'est-à-dire dès lors que le commandement de payer valant saisie aura été délivré avant le jugement d'ouverture.
5. Décr. n° 2019-966, 18 sept. 2019, portant substitution du tribunal judiciaire au tribunal de grande instance et au tribunal d'instance en application de l'article 95 de la loi n° 2019-222 du 23 mars 2019 de programmation 2018-2022 et de réforme pour la justice et diverses dispositions relatives à l'organisation judiciaire et modifiant l'annexe du décret n° 2019-913 du 30 août 2019 pris en application de l'article 95 de la loi n° 2019-222 du 23 mars 2019 de programmation (2018-2022) et de réforme pour la justice, *JO* 19 sept., texte 7.

L'alinéa 2 précise que le juge-commissaire décide si la vente de ces biens sera poursuivie devant le JEX du TJ dans le ressort duquel chaque immeuble se trouve ou devant celui dans le ressort duquel est située l'adresse de l'entreprise ou de l'activité déclarée par le débiteur personne physique ou le siège du débiteur personne morale. Parce que l'ordonnance ordonnant la vente sur saisie produit les effets du commandement, il faut en déduire que le juge-commissaire doit rendre autant d'ordonnances qu'il y a d'immeubles à vendre, de la même façon que doivent être délivrés autant de commandements qu'il y a d'immeubles à saisir puisque ces commandements et ordonnances doivent être ensuite publiés au fichier immobilier du lieu de situation des biens.

Quant à la compétence du tribunal, l'adjudication peut donc être réalisée devant le TJ dans le ressort duquel chacun des immeubles se trouve ou devant celui dans le ressort duquel est situé le domicile du débiteur ou encore le siège de l'entreprise. Cette formulation semble signifier que les poursuites simultanées pourront toutes être regroupées devant le tribunal du domicile du débiteur ou le tribunal du siège de l'entreprise, mais encore que les poursuites pourront donner lieu à des procédures distinctes, pour chaque immeuble, devant le tribunal de son lieu de situation.

SECTION 2

NOTIFICATION ET PUBLICATION DE L'ORDONNANCE

1412.60 **Effets de l'ordonnance. Plan.** Selon l'article R. 642-23 alinéa 2 C. com., l'ordonnance produit les effets du commandement de l'article R. 321-1 C. pr. exéc. et doit donc être notifiée (§ 1) et publiée au service de la publicité foncière (§ 2).

§ 1

Notification de l'ordonnance

1412.71 **Destinataires.** Aux termes de l'article R. 642-23 alinéa 1er C. com., l'ordonnance du juge-commissaire qui ordonne la vente doit être portée à la connaissance du débiteur, et des créanciers inscrits à domicile élu dont les noms sont indiqués dans l'ordonnance. Les contrôleurs en sont avisés par le greffier.

1412.72 **Modalités.** L'ordonnance est notifiée à la diligence du greffier par lettre recommandée avec demande d'avis de réception (LRAR) au débiteur et aux créanciers inscrits[1]. Le mode d'avis des contrôleurs n'est pas précisé, il est donc informel.

1412.73 **Conjoint.** La question de la signification de l'ordonnance se pose pour le **conjoint** ***in bonis***, que la menace de vente vise un bien commun et/ou un bien qui constitue la résidence de la famille. Le conjoint en effet, est nécessairement concerné par la procédure qui peut aboutir à son expropriation et/ou à son expulsion.

Pour les biens communs, en 1997, la Cour de cassation avait jugé que la notification au seul mari, conformément à l'article 126 du décret du 27 décembre 1985, était suffisante[2] ; on trouvait encore dans certaines décisions l'indication que l'autorisation de vente par le juge-commissaire, puis le jugement rendu sur opposition, se substituaient pour la personne en liquidation, comme pour son conjoint, au commandement prévu par l'article 674 ACPC[3]. La doctrine s'interrogeait cependant sur l'opportunité de la présence du conjoint à la procédure afin que soient préservés ses droits sur l'immeuble ; certains auteurs estimant nécessaire de lui signifier l'ordonnance[4], d'autres préconisant seulement de l'attraire à la procédure[5], ce qui nous semblait plus orthodoxe car il n'y a aucune raison de signifier un commandement à quelqu'un qui n'est pas débiteur.

Les auteurs de la réforme de la saisie immobilière ont mis à la charge du créancier poursuivant l'obligation de poursuivre la saisie d'un immeuble commun contre les deux époux (C. pr. exéc., art. L. 311-7). Mais les auteurs du décret du 27 juillet 2006 n'avaient pas modifié l'alinéa 1er de l'article 269 du décret du 28 décembre 2005 et n'avaient donc pas ajouté le conjoint à la liste des personnes destinataires de la signification. On pouvait toutefois se demander si l'ancien article 2195 C. civ. (devenu C. pr. exéc., art. L. 311-7) n'était pas applicable à la vente des immeubles d'un débiteur en liquidation, bien qu'il ne s'agisse pas à proprement parler d'une saisie immobilière, et s'il ne fallait pas, pour poursuivre la vente contre les deux époux, que le créancier notifie également l'ordonnance au conjoint *in bonis*. Par ailleurs toutefois, l'existence d'un conjoint commun en biens n'avait pas été ignorée par les auteurs de la réforme de 2005 car l'article 241 du décret de 2005, devenu l'article R. 641-30, prévoit que le conjoint du débiteur doit être entendu ou

1. Aucun domicile n'étant élu dans le cadre de la procédure collective, le domicile élu auquel doit avoir lieu la notification ne peut être que celui élu par le créancier inscrit dans l'inscription elle-même : Com. 26 févr. 2020, nº 18-21.575, P ; *D.* 2020. Actu. 485 ; *RJDA* 2020, nº 280.
2. Civ. 2e, 21 mai 1997, nº 95-14.102, P II, nº 163.
3. AINSI : Com. 16 juin 2004, nº 02-19.138, NP.
4. EN CE SENS : chron. F. Vauvillé, *JCP N* 1995. Prat. 3521, p. 1492 – Et J.-P. Sénéchal, *Defrénois* 2002, art. 37522, obs. ss Civ. 2e, 8 juin 2000, nº 98-14.110, P II, nº 99.
5. EN CE SENS : Ph. Pétel, *JCP E* 1997. I. 681, nº 14.

dûment convoqué avant toute décision concernant ou autorisant la vente des biens de la communauté.

La réforme de la procédure de saisie immobilière a compliqué encore un peu les choses lorsque **l'immeuble saisi est un propre qui constitue la résidence de la famille.** Dans ce cas, l'article R. 321-1 alinéa 3 C. pr. exéc. impose de dénoncer le commandement de payer valant saisie au conjoint au plus tard le premier jour ouvrable suivant la signification de l'acte. Cette obligation sera-t-elle transposable à l'ordonnance du juge-commissaire ?

L'article R. 642-27 C. com., qui dispose que « *la vente par voie d'adjudication judiciaire est soumise aux dispositions du titre premier du décret du 27 juillet 2006 dans la mesure où il n'y est pas dérogé* » semble exclure cette application extensive de la protection du conjoint puisque l'article 269 ne le vise pas dans la liste des destinataires de la notification de l'ordonnance ; en opportunité, on peut cependant le regretter.

Actuellement, le renvoi à l'article L. 311-7 C. pr. exéc. est désormais clairement exclu par le nouvel article L. 642-18 C. com., et le conjoint n'a pas été ajouté à la liste des destinataires de la notification de l'article R. 642-23 C. com. L'ordonnance n'aurait donc pas à lui être dénoncée mais l'article R. 642-36-1 du même code impose au juge-commissaire de ne statuer sur une vente qu'après avoir entendu ou dûment appelé le conjoint du débiteur qui se trouve dans la situation de l'article R. 641-30 C. com. La nature de la sanction du non-respect de ce texte demeure incertaine : certains juges optent pour l'irrecevabilité de la demande du liquidateur[1], d'autres pour l'inopposabilité de la vente[2]. Puisqu'en vertu de l'article R. 641-30 C. com. le conjoint commun en biens doit être entendu, on peut en déduire que l'ordonnance du juge-commissaire se substitue au commandement de payer valant saisie, non seulement pour le débiteur en liquidation judiciaire mais aussi pour son conjoint commun en biens[3].

Quoi qu'il en soit, pour que le conjoint puisse faire valoir son éventuel désaccord, il faudra bien lui dénoncer l'ordonnance[4].

Pour les biens propres constituant la résidence de la famille, l'article R. 642-27 C. com. n'ayant pas fait l'objet de modification, la notification ne semble pas nécessaire puisque le conjoint n'est pas visé à l'article R. 642-23. En droit commun, on signalera cependant que les auteurs du décret de 2009 ont soumis le non-respect du délai de la dénonce à une sanction très sévère puisque l'article R. 311-11 C. pr. exéc., qui énumère tous les articles imposant des délais prescrits à peine de caducité du commandement, inclut désormais l'article R. 321-1 C. pr. exéc.

1412.74 Recours contre l'ordonnance du juge-commissaire devant la cour d'appel. Aux titres des dispositions communes à toutes les ventes, l'article R. 642-37-1 C. com. prévoit un recours spécial à l'encontre des ordonnances du juge-commissaire rendues en application de l'article L. 642-18 ; ce recours est formé devant la cour d'appel.

• **Recours du débiteur** : il a été jugé que le débiteur en liquidation judiciaire qui, au titre de ses droits propres, a formé un recours contre l'ordonnance du juge-commissaire ayant autorisé la vente de l'un de ses immeubles, est irrecevable, en cas de rejet de ce recours, à soulever ultérieurement un incident de saisie immobilière, quel qu'en soit le motif, pour s'opposer à la vente[5].

• **Recours du créancier hypothécaire** : il a été jugé qu'un créancier inscrit sur l'immeuble est recevable à former le recours de l'article R. 642-37-1 contre les ordonnances du juge-commissaire rendues en application de l'article L. 642-18 C. com., ce recours étant ouvert non seulement aux parties mais aussi aux personnes dont les droits et obligations sont affectés par ces décisions[6]. Mais encore faut-il que l'auteur du recours ait un intérêt à agir, c'est-à-dire qu'il puisse démontrer que ses droits et obligations sont affectés par cette décision[7]

1412.75 Conjoint *in bonis*. À notre connaissance cette question n'avait pas fait l'objet de jurisprudence publiée, avant la réforme des procédures collectives par la loi du 26 juillet 2005 de sauvegarde des entreprises, mais la doctrine l'excluait. Le fait qu'il soit désormais obligatoirement convoqué ou dûment appelé lorsque doit être prise une décision ordonnant ou autorisant la vente d'un bien commun suffit-il à préserver ses droits ? Cela peut sans doute se discuter. Avant l'entrée en vigueur du décret de 2009, la Cour de cassation avait jugé que, dès lors que le conjoint avait été convoqué devant le juge-commissaire son assignation à l'audience d'orientation, au cours de laquelle le principe et les modalités de la vente telles que fixées par le juge-commissaire ne pouvaient être remises en cause, ne présentait pas de caractère obligatoire[8]. Ainsi, lorsque le conjoint entendait contester l'ordonnance du juge-commissaire, il

1. Grenoble, ch. com., 19 juin 2014, RG n° 13/03899.
2. Paris, 3e ch., 15 sept. 2005, RG n° 04/19580.
3. EN CE SENS, P.-M. Le Corre, Dalloz action *Droit et pratique des procédures collectives*, 2025/2026, n° 562.52.
4. Sur le recours ouvert à l'encontre de l'ordonnance du juge-commissaire pour les personnes dont les droits sont directement affectés par l'ordonnance, v. s^s n° 1412.74.
5. Com. 11 oct. 2016, n° 14-22.796, P IV, n° 129 ; *D.* 2016. Actu. 2118.
6. Com. 18 mai 2016, n° 14-19.622, P IV, n° 74 ; *D.* 2016. 2245, obs. F. Arbellot, *RTD com.* 2016. 856, obs. J.-L. Vallens, *APC* 2016, n° 155, obs. P. Cagnoli.
7. Com. 1er juill. 2020, n° 19-11.337, NP ; *RJDA* 2020, n° 509.
8. Com. 26 janv. 2010, n° 09-10.773, NP ; *Gaz. Pal.* 16-17 avr. 2010, p. 41, note F. Vauvillé.

devait faire valoir son désaccord en amont, à l'occasion de la décision du juge-commissaire ordonnant la vente. Mais cela ne répondait pas à la question du fondement du droit de recours du conjoint. Toutefois, la solution dégagée pour le créancier hypothécaire (v. s[s] n° 1412.74) peut être transposée au conjoint qui est une personne dont les droits et obligations sont affectés par la décision du juge-commissaire ; l'appel doit donc lui être ouvert[1]. À défaut, la voie de la tierce opposition pourrait être utilisée, s'agissant d'une voie de recours extraordinaire ouverte à tout tiers lésé ou simplement menacé par l'effet d'un jugement auquel il reste étranger.

§ 2
Publication de l'ordonnance

1412.81 Rapports avec le commandement. Selon l'article R. 642-23 alinéas 2 et 3 C. com., « *l'ordonnance produit les effets du commandement prévu à l'article R. 321-1 du Code des procédures civiles d'exécution. Elle est publiée à la diligence du liquidateur ou du créancier poursuivant au fichier immobilier de la situation des biens, dans les conditions prévues pour ledit commandement. Le service de la publicité foncière doit procéder à la formalité de publicité de l'ordonnance même si des commandements ont été antérieurement publiés. Ces commandements cessent de produire effet à compter de la publication de l'ordonnance* ».

1412.82 Délai de publication. En visant les conditions prévues pour la publication du commandement de l'article 674 ACPC, le décret du 28 décembre 2005 dans sa rédaction initiale renvoyait donc au délai de quatre-vingt-dix jours entre le commandement, ici l'ordonnance, et la publication au bureau des hypothèques. La question s'était posée de savoir à partir de quelle date décompter de délai de quatre-vingt-dix jours. La Cour de cassation avait répondu que le délai de publication courrait à compter de la date à laquelle l'ordonnance était passée en force de chose jugée à l'égard du débiteur et des créanciers inscrits ; c'est-à-dire, à compter de la notification qui devait leur être adressée, l'ordonnance bénéficiant de plein droit de l'exécution provisoire en vertu de l'article 155 du décret du 27 décembre 1985[2]. En conséquence, le défaut de publication dans les délais emportait déchéances des poursuites et le liquidateur ou en l'espèce, le créancier agissant en suite de l'inaction du liquidateur, devait présenter une nouvelle requête au juge-commissaire pour réitérer la procédure, conformément aux dispositions de l'article 674 ACPC[3].

Dans sa rédaction modifiée, l'article R. 642-23 C. com., renvoie aux conditions prévues à l'article R. 321-6 C. pr. exéc. pour publier le commandement, c'est-à-dire deux mois à compter de la signification du commandement. Le respect de ce délai est prévu à peine de caducité du commandement. Toutefois, l'article R. 321-7 C. pr. exéc. prévoit un allongement du délai en cas de rejet soulevé par le conservateur[4] (v. s[s] n°s 1331.262 s.) et surtout, l'article R. 311-11 C. pr. exéc. permet au créancier de justifier d'un motif légitime pour éviter le prononcé de la caducité ou son rapport.

1412.83 Effets de la publication. L'originalité vient de ce qu'à compter de la publication de l'ordonnance, les commandements publiés antérieurement cessent de produire effet.

Avant la réforme de la saisie immobilière, la publication du commandement emportait immobilisation des fruits au profit des créanciers inscrits et restriction du droit de disposer pour le débiteur. L'article R. 321-13 C. pr. exéc. fait désormais partir ces effets, à l'égard du débiteur, du jour de la signification du commandement de payer valant saisie. L'ordonnance notifiée produit donc les effets du commandement signifié. Comme la publication du commandement de payer valant saisie, la publication de l'ordonnance cesse de produire effet à l'expiration du délai de l'article R. 321-20 C. pr. exéc.[5] (initialement deux ans et depuis le décret du 27 novembre 2020[6], cinq ans). Le JEX sera compétent pour constater la péremption de l'ordonnance[7].

Lorsque l'ordonnance est publiée les créanciers inscrits ne peuvent plus poursuivre la réalisation du bien, à l'exception du créancier poursuivant en vertu de l'article L. 643-2 C. com.

Dans l'hypothèse où aucune saisie immobilière n'avait été commencée avant l'ouverture de la procédure collective, l'ordonnance du juge-commissaire une fois publiée sera inopposable aux tiers ; s'agissant des restrictions au droit de disposer, l'ouverture de la liquidation judiciaire a déjà emporté dessaisissement du débiteur.

1. EN CE SENS, P.-M. Le Corre, Dalloz action *Droit et pratique des procédures collectives*, 2025/2026, n° 562.52.
2. Civ. 2e, 30 mars 2000, n° 96-21.478, P II, n° 59 ; *Procédures* 2000, n° 149.
3. Com. 25 nov. 1997, n° 95-17.443, P IV, n° 303 ; *RTD civ.* 1998. 425, obs. P. Crocq ; *Procédures* 1998, n° 43.
4. POUR UNE APPLICATION, v. Civ. 2e, 5 juin 2014, n° 12-29.280, P II, n° 131.
5. Cass., avis, 18 avr. 2018, n° 18-70.005, P, n° 8 ; *JCP E* 2018. Chron. 1429, obs. Ph. Pétel ; *RTD com.* 2018. 489, n° 18, note J.-L. Vallens ; *Procédures* 2018, n° 181, note C. Laporte ; *Dr. et proc.* 2018. 113, note F. Vinckel.
6. Décr. n° 2020-1452, 27 nov. 2020, portant diverses dispositions relatives notamment à la procédure civile et à la procédure d'indemnisation des victimes d'actes de terrorisme et d'autres infractions, *JO* 28 nov., texte 14.
7. EN CE SENS, Cass., avis, 18 avr. 2018, n° 18-70.005, P.

Dans le cas de l'article L. 643-2 C. com., si une procédure de saisie immobilière avait été engagée avant le jugement d'ouverture, le créancier titulaire d'une hypothèque est dispensé, lors de la reprise des poursuites individuelles des actes et formalités effectués avant ce jugement.

SECTION 3
PROCÉDURE PRÉPARATOIRE À LA VENTE

1412.90 **Textes applicables.** L'article L. 642-18 C. com., dans sa rédaction issue de l'ordonnance du 18 décembre 2008, dispose que les ventes d'immeubles ont lieu conformément aux articles L. 322-5 à L. 322-12 C. pr. exéc., à l'exception des articles L. 322-6 et L. 322-9, sous réserve que ces dispositions ne soient pas contraires à celles du Code de commerce. Puis, les auteurs du décret du 12 février 2009 ont réglementé spécialement la **vente des immeubles par voie d'adjudication judiciaire**, dérogeant explicitement à certaines dispositions de la nouvelle procédure de saisie immobilière. À la suite de la codification des procédures civiles d'exécution, l'article R. 642-27 C. com. dispose que la vente est soumise aux dispositions des titres Ier et II du livre III du Code des procédures civiles d'exécution, dans la mesure où il n'y est pas dérogé. Et l'article R. 642-29-1 alinéa 2 C. com. exclut l'application des sous-sections 2 et 4 de la section 1 et les sections 2 et 3 du chapitre II du titre II du livre III du Code des procédures d'exécution.

Ainsi, s'agissant des actes préparatoires, l'assignation du débiteur à comparaître ainsi que les déclarations de créances et état ordonné des créances n'ont pas lieu d'être, pas plus que l'audience d'orientation et la vente amiable sur autorisation judiciaire.

§ 1
Particularisme de la vente par voie d'adjudication judiciaire

1412.101 **Pas d'assignation à comparaître à l'audience d'orientation.** L'article R. 642-29-1 alinéa 2 C. com. exclut l'application de la sous-section 2 de la section 1 du chapitre II du livre III du Code des procédures civiles d'exécution, c'est-à-dire des articles R. 322-4 à R. 322-9 qui réglementent l'assignation à l'audience d'orientation. La création de l'audience d'orientation est une innovation de la réforme de 2006. Auparavant, le créancier prévoyait une audience éventuelle qui servait, si besoin était, à régler le sort des nullités ; le saisi, sauf s'il développait un moyen de fond touchant au droit à agir du créancier, ne pouvait espérer s'opposer à la vente forcée. L'audience d'orientation, en dehors d'une procédure collective, permet au saisi de solliciter l'autorisation de vendre à l'amiable son bien. Mais cette faculté ne peut lui être ouverte lorsqu'il est en liquidation judiciaire. En revanche, l'audience d'orientation a également pour objet de trancher les contestations et de statuer sur les demandes incidentes. Elle intéresse donc les créanciers inscrits auxquels l'ordonnance du juge-commissaire a été notifiée. Enfin, cette audience est l'occasion pour le juge de déterminer les modalités de visite du bien. Lors de l'entrée en vigueur de la réforme de la procédure de saisie immobilière, tout en notant la difficile transposition des dispositions du décret de 2006 à la vente des biens d'un débiteur en liquidation judiciaire, il apparaissait toutefois, que l'on pouvait trouver un intérêt résiduel à la tenue de cette audience, ne serait-ce que pour déterminer les modalités de visite du bien et fixer la date de l'audience d'adjudication ; toutefois, les modalités de la vente restaient de la compétence du juge-commissaire. Par ailleurs, il avait été jugé que l'assignation à l'audience d'orientation du conjoint du débiteur en liquidation, audience au cours de laquelle le principe et les modalités de la vente telles que fixées par le juge-commissaire ne pouvaient être remis en cause, ne présentait pas de caractère obligatoire[1].

Le décret du 12 février 2009 a clarifié la situation en excluant la tenue d'une audience d'orientation. En conséquence, il n'est pas nécessaire de délivrer une assignation au débiteur, ni à son conjoint commun en biens ni aux créanciers inscrits selon les dispositions des articles R. 322-4 à R. 322-10 C. pr. exéc. Le poursuivant devra toutefois établir un cahier des conditions de vente et le déposer au greffe du JEX du TJ.

1412.102 **Modalités de visite.** Les modalités de visite du bien sont désormais fixées par le juge-commissaire, conformément aux dispositions de l'article R. 642-22, 3° C. com. lorsqu'il ordonne la vente par voie d'adjudication judiciaire, ou conformément aux dispositions de l'article R. 642-24 alinéa 1er, lorsqu'il a autorisé le liquidateur ou le créancier poursuivant à reprendre une procédure de saisie immobilière suspendue par le jugement d'ouverture de la procédure de liquidation.

1412.103 **Contestations.** Seuls les actes de procédure postérieurs à l'ordonnance pourront être contestés par le débiteur. Ainsi, l'ordonnance définitive d'un juge-commissaire à la liquidation judiciaire fixant la vente sur adjudication d'un bien immobilier ne peut être remise en cause à l'audience d'orientation devant le JEX, compétent pour statuer sur les seules contestations postérieures à l'ordonnance du juge-commissaire et fixer la date de l'adjudication[2]. L'article R. 642-29-1 C. com., prévoit que

1. Com. 26 janv. 2010, n° 09-10.773, NP ; *Gaz. Pal.* 16-17 avr. 2010, p. 41, note F. Vauvillé.
2. Civ. 2e, 6 juin 2013, n° 12-18.481, P II, n° 121.

les parties seront convoquées à une audience par le greffe du juge de l'exécution, conformément aux dispositions du troisième alinéa de l'article R. 311-6 C. pr. exéc.

§ 2
Rédaction et dépôt du cahier des conditions de la vente

1412.110 **Textes applicables.** Avant l'entrée en vigueur du décret du 12 février 2009, un renvoi général était opéré aux dispositions du titre Ier du décret de 2006, ce qui conduisait à s'interroger sur la comptabilité des dispositions du décret de 2006 avec le droit des procédures collectives.

S'agissant des actes préparatoires à la vente, le décret du 12 février 2009 a clarifié la situation en excluant expressément les dispositions des sections 2 et 4 du chapitre II du titre II du livre III du Code des procédures civiles d'exécution. Ainsi, sont applicables les articles R. 322-1 à R. 322-3 C. pr. exéc. et les articles R. 322-10 et R. 322-11 C. pr. exéc. relatifs au dépôt du cahier des conditions de vente, sous réserve des précisions apportées par l'article R. 642-29-1 C. com. s'agissant du dépôt de ce document.

1412.111 **Déroulement.** Une fois l'ordonnance régulièrement publiée, les droits des créanciers inscrits et du poursuivant sont préservés ; initialement pour deux ans, et depuis le décret du 27 novembre 2020[1], pour cinq ans (v. ss nos 1331.360 s.). Il est donc possible de passer à la réalisation du gage. Il faudra rédiger le cahier des conditions de la vente comportant l'état descriptif de l'immeuble et les modalités de la vente. Le poursuivant y joint la copie de l'assignation délivrée au liquidateur et un état hypothécaire certifié à la date de la publication de l'ordonnance et dépose le tout au greffe où les créanciers inscrits et le liquidateur pourront en prendre connaissance.

1412.112 **Procès-verbal descriptif.** Pour procéder à la mise en vente du bien saisi dans de bonnes conditions, encore faut-il que le créancier dispose d'éléments d'information précis, qu'il ait une idée de la consistance du bien et de sa valeur. Les constatations *de visu* s'avèrent donc souvent très utiles pour recueillir les renseignements nécessaires à la rédaction du commandement. C'est l'objet du procès-verbal descriptif, prévu et organisé aux articles R. 322-1 à R. 322-3 C. pr. exéc. (v. ss nos 1333.11 s.). L'article R. 322-1 notamment, impose au commissaire de justice d'attendre l'expiration d'un délai de huit jours à compter de la délivrance du commandement de payer valant saisie, pour, à défaut de paiement, pénétrer dans les lieux dans les conditions prévues par l'article L. 322-2 C. pr. exéc. Toutefois, par définition, en phase de liquidation judiciaire, le débiteur ne peut pas payer sa dette. Il ne devrait donc pas être nécessaire d'attendre huit jours après notification de l'ordonnance pour pénétrer dans les lieux. On peut malgré tout analyser ce délai comme une marque de décence, un délai destiné à ménager le débiteur.

1412.113 **Contenu.** Le poursuivant va donc établir un cahier des conditions de vente (C. com., art. R. 642-25).

Ce document doit faire référence à l'ordonnance qui a autorisé la vente, désigner les biens à vendre, mentionner la mise à prix, les conditions de la vente et les modalités de paiement du prix.

Depuis l'entrée en vigueur du décret de 2009, les modalités de paiement du prix doivent être déterminées selon les règles prévues à l'article R. 643-3 alinéa 2 C. com.

À part cela, il n'y a pas là de différence avec la procédure de droit commun sinon que le titre en vertu duquel les poursuites sont exercées est l'ordonnance du juge-commissaire, publiée au service de la publicité foncière.

1412.114 **Dépôt du cahier des conditions de vente au greffe et délai.** L'article R. 642-29-1 C. com. dispose que le cahier des conditions de vente est déposé par le poursuivant au greffe du juge de l'exécution du TJ compétent dans un délai de deux mois à compter de la publication de l'ordonnance du juge-commissaire.

In fine, l'article R. 642-29-1 précise qu'en cas de défaut de respect de ce délai, le juge de l'exécution devra déclarer l'ordonnance du juge-commissaire non avenue, à moins qu'il ne soit justifié d'un motif légitime.

§ 3
Suites du dépôt du cahier des conditions de vente

1412.121 **Avis de l'audience d'adjudication et destinataires.** Aux termes de l'article R. 642-29-1 alinéa 2 C. com., une fois le cahier des conditions de vente déposé, au plus tard, le cinquième jour ouvrable suivant, le poursuivant avise par acte d'huissier de justice, les **créanciers inscrits à domicile élu** et, si la vente porte sur **un bien de la communauté**, le **conjoint du débiteur**, de la date de l'audience d'adjudication.

Aviser le conjoint du débiteur en liquidation permet de concilier les droits du conjoint, qui doit, d'une manière générale, être entendu ou dûment convoqué conformément aux dispositions de l'article R. 641-30 C. com.

1. Décr. no 2020-1452, 27 nov. 2020, préc.

Il est toutefois regrettable que l'hypothèse où l'immeuble, bien propre du débiteur saisi, constitue la résidence de la famille, n'ait pas été prise en compte à l'occasion de la réforme de 2009. La dénonce au conjoint ne se justifierait-elle pas également dans ce cas ?

1412.122 **Notification du cahier des conditions de vente.** L'article R. 642-29-1 alinéa 4 C. com. précise que l'avis vaut notification du cahier des conditions de vente.

1412.123 **Mentions de l'avis.** À peine de nullité, cet avis contient, outre les mentions prévues pour les actes de commissaire de justice :

« *1° L'indication des lieu, jour et heure de l'audience d'adjudication du juge de l'exécution ;*

2° La sommation de prendre connaissance du cahier des conditions de vente et l'indication du greffe du juge de l'exécution ainsi que du cabinet de l'avocat poursuivant où celui-ci peut être consulté ;

3° L'indication en caractères très apparents, qu'à peine d'irrecevabilité, seules les contestations relatives à un acte de procédure postérieure à l'ordonnance du juge-commissaire peuvent être soulevées, dans les quinze jours de l'acte, ou, le cas échéant, de sa notification, par conclusions d'avocat déposées au greffe du juge de l'exécution. »

1412.124 **Délais.** L'avis doit être signifié au plus tard le cinquième jour ouvrable suivant le dépôt du cahier des conditions de vente.

La date de l'audience d'adjudication est fixée, à la diligence du poursuivant, dans un délai compris entre deux et quatre mois suivant celle de l'avis.

Aux termes de l'article R. 642-29-1 C. com., *in fine*, lorsque ces délais sont dépassés, le juge de l'exécution déclare l'ordonnance du juge-commissaire non avenue à moins qu'il ne soit justifié d'un motif légitime.

SECTION 4

DROITS DES PARTIES ET DES TIERS

§ 1

Demandes incidentes et contestations

1412.131 **Droit de former des contestations et modalités.** Aux termes de l'article R. 642-29-1 C. com., à peine d'irrecevabilité, seules les contestations relatives à un acte de procédure postérieur à l'ordonnance du juge-commissaire[1] peuvent être soulevées, dans les quinze jours de l'acte, ou, le cas échéant, de sa notification, par conclusions d'avocat déposées au greffe du juge de l'exécution.

Dès lors que l'avis est notifié aux créanciers inscrits et éventuellement au conjoint lorsque l'immeuble est un bien commun, il faut en déduire que ce sont à la fois les créanciers et le conjoint qui sont titulaires du droit de former des contestations. Le débiteur n'est pas concerné par cet avis car il est dessaisi de ses droits et actions par l'effet du jugement ayant prononcé sa liquidation judiciaire. Toutefois, il pourra toujours, pour faire valoir d'éventuels droits propres, exercer un recours contre l'ordonnance du juge-commissaire ayant autorisé la vente aux enchères publiques de l'immeuble lui appartenant[2].

1412.132 **Une audience propre.** L'article R. 642-29-1 C. com., le précise, dans le cas où une contestation relative à un acte de procédure postérieure à l'ordonnance du juge-commissaire est soulevée, les parties sont convoquées à une audience par le greffe du juge de l'exécution.

1412.133 **Convocation.** Pour les modalités de la convocation, l'article R. 642-29-1 C. com. fait renvoi au troisième alinéa de l'article R. 311-5 C. pr. exéc., qui dispose que le greffe convoque les parties par lettre recommandée avec demande d'avis de réception, dans un délai de quinze jours à compter du dépôt de la contestation ou de la demande.

§ 2

Droits des tiers bénéficiaires d'un droit de préemption

1412.141 **Bénéficiaires.** Lorsque l'immeuble est réalisé par la voie d'une adjudication suivant les formes de la saisie immobilière de droit commun, certaines personnes bénéficient, en vertu de la loi, d'un droit de préemption qui pourra s'exercer au prix de la dernière enchère.

Lorsque le bien est vendu à la barre du tribunal, à la suite d'un jugement de liquidation judiciaire, le preneur à bail rural, la Safer, la commune ou le département, le locataire à usage d'habitation et professionnel lors d'une première division par lots et le locataire en cas de vente d'un immeuble entier peuvent-ils exercer leur droit de préemption dans les mêmes conditions ? Si l'ordonnance du 18 décembre 2008[3] a exclu très clairement l'exercice des droits de préemption institués par le Code rural et de la pêche

1. Civ. 2e, 6 juin 2013, n° 12-18.481, P II, n° 121 : l'ordonnance définitive d'un juge-commissaire à la liquidation judiciaire fixant la vente sur adjudication d'un bien immobilier ne peut être remise en cause à l'audience d'orientation devant le JEX, compétent pour statuer sur les seules contestations postérieures à l'ordonnance du juge-commissaire.
2. Com. 31 janv. 2017, n° 15-14.879, NP ; *Gaz. Pal.* 28 mars 2017, n° 13, p. 63, note J. Théron.
3. Ord. n° 2008-1345, 18 déc. 2008, préc.

maritime et le Code de l'urbanisme en cas de plan de cession de l'entreprise (C. com., art. L. 642-5)[1], on ne trouve pas de disposition similaire dans la section consacrée à la cession des actifs du débiteur en liquidation judiciaire, l'article L. 642-18 disposant seulement que les ventes d'immeubles ont lieu conformément aux articles L. 322-5 à L. 322-12 C. pr. exéc., à l'exception des articles L. 322-6 et L. 322-9 C. pr. exéc. Rien, *a priori*, n'interdit donc aux titulaires d'un droit de préemption de chercher à l'exercer à l'occasion de la vente aux enchères publiques de l'immeuble[2].

1412.142 Preneur à bail rural et locataire à usage d'habitation. Les articles L. 412-11 C. rur. et 10, II de la loi du 31 décembre 1975, se réfèrent à des ventes par adjudication, volontaire ou forcée. Les droits de préemption des preneurs à bail, rural et à usage d'habitation, doivent donc être respectés[3].

1412.143 Société d'aménagement foncier et d'établissement rural (Safer). Lorsque le liquidateur réalise l'actif, la Safer peut exercer son droit de préemption. Cette situation est à distinguer de celle où les biens sont compris dans un plan de cession totale ou partielle de l'entreprise, hypothèse où l'article L. 143-4, 7° C. rur. exclut l'exercice du droit de préemption de la Safer. L'exercice du droit de préemption de la Safer ne peut toutefois avoir pour effet de modifier les conditions de la vente autorisée par le juge-commissaire[4].

La jurisprudence ne s'est pas prononcée sur l'hypothèse de l'exercice d'un droit de préemption, en cas de réalisation de l'actif par un créancier mais seulement dans des cas où la vente est poursuivie à la diligence du liquidateur.

Ainsi, en 2002, la chambre commerciale de la Cour de cassation a jugé que les dispositions de l'article L. 143-4, 7° n'interdisaient pas aux sociétés d'aménagement foncier et d'établissement rural de préempter des biens d'un débiteur en liquidation judiciaire dont le juge-commissaire avait autorisé la vente de gré à gré[5]. Le même jour la chambre commerciale a également jugé que l'article L. 143-4, 7° n'interdisait pas aux Safer de préempter des biens d'un débiteur en liquidation judiciaire, composant une unité de production dont le juge-commissaire avait ordonné la cession globale[6].

En 2003, la troisième chambre civile a jugé dans le même sens, précisant que l'article L. 143-4, 7° C. rur. constitue une exception visant une situation particulière qui ne peut être étendue à une situation différente qui a d'ailleurs un tout autre objet, la liquidation de l'entreprise et non sa poursuite d'activité[7].

Par ailleurs, la qualité de frère du propriétaire mis **en liquidation judiciaire**, dont l'actif est réalisé au moyen d'une vente aux enchères publiques par le liquidateur judiciaire sur autorisation du juge-commissaire, n'ouvre pas droit à l'adjudicataire des parcelles ainsi vendues de se prévaloir des dispositions de l'article L. 143-4, 3° C. rur. (qui exclut l'exercice du droit de préemption de la Safer à l'occasion d'acquisitions effectuées par des cohéritiers sur licitation amiable ou judiciaire et de cessions consenties à des parents ou alliés jusqu'au quatrième degré inclus) pour faire obstacle au droit de préemption[8].

1412.144 Cas particulier des collectivités locales. Le droit de préemption ne semblait pas ouvert aux collectivités locales en cas de vente d'un bien appartenant à un débiteur en liquidation judiciaire. En effet, avant l'entrée en vigueur de la loi sur la solidarité et le renouvellement urbains, du 13 décembre 2000[9], l'alinéa 1er de l'article L. 213-1 C. urb. visait seulement les ventes volontaires et l'alinéa 3 n'envisageait l'hypothèse d'une adjudication que « *lorsque cette procédure est rendue obligatoire par une disposition législative ou réglementaire* ». Or, la qualité de vente volontaire d'un immeuble d'un débiteur en situation de liquidation judiciaire se discute (v. ss n° 14.08), et dans le même temps, la vente pouvant être ordonnée en la forme des saisies, de gré à gré ou sur adjudication amiable, l'adjudication n'était pas rendue obligatoire par une disposition

1. V. Civ. 3e, 19 mai 2010, n° 09-14.167, P III, n° 102 ; *D.* 2010. 1342, obs. A. Lienhard ; *AJDI* 2010. 899, obs. S. Prigent : qui juge qu'il résulte des articles L. 143-4, 7° C. rur., 165-IV de L. 26 juill. 2005 et L. 642-5 C. com., qu'une Safer ne peut se prévaloir d'un droit de préemption sur les biens compris dans le plan de cession totale ou partielle d'une entreprise ordonnée par le tribunal, que celle-ci soit en redressement ou en liquidation judiciaire.
2. Ne sont exclus de l'exercice du droit de préemption que les immeubles compris dans un plan de cession : CE 17 déc. 2008, req. n° 316411, *D.* 2009. AJ 102, obs. A. Vincent ; *JCP N* 2009. 1232, note C. Lebel.
3. Civ. 2e, 5 févr. 2003, n° 01-17.145, P IV, n° 28 ; *D.* 2003. AJ 696 ; *APC* 2003, n° 75, obs. C. Regnaut-Moutier.
4. Civ. 3e, 19 sept. 2012, n° 10-21.858, P III, n° 129 ; *D.* 2012. Actu ; *D.* 2012. 2164, obs. A. Lienhard ; *JCP E* 2012. 1757, n° 10, obs. Ph. Pétel.
5. Com. 15 oct. 2002, n° 98-21.669, P IV, n° 144 ; *D.* 2002. 3012, obs. A. Lienhard ; *JCP* 2003. I. 113, p. 346, obs. Ph. Pétel – La solution a été réaffirmée : Com. 18 mars 2003, n° 99-20.122, NP.
6. Com. 15 oct. 2002, n° 99-17.765, P IV, n° 143 ; *D.* 2002. 3012, obs. A. Lienhard ; *Gaz. Pal.* 20-21 juin 2003. Somm. 17, obs. J. Lachaud.
7. Civ. 3e, 30 avr. 2003, n° 02-10.368, P III, n° 94 ; *D.* 2003. 1365.
8. Civ. 3e, 10 juin 2009, n° 08-13.166, P III, n° 141 ; *AJDI* 2009. 884, obs. S. Prigent.
9. L. n° 2000-1208, relative à la solidarité et au renouvellement urbains, *JO* 14 déc., p. 19777.

législative ou réglementaire. En conséquence, le droit de préemption de l'Administration était écarté dans ce cas[1]. La Cour de cassation avait tenu le même raisonnement à propos d'une vente à forfait réalisée par un syndic[2]. L'article 19 de la loi « SRU » a supprimé le mot « volontairement » dans le premier alinéa de l'article 213-1 C. urb. Toutefois, l'alinéa 3 du même article envisage toujours l'hypothèse d'une adjudication « *rendue obligatoire par une disposition législative ou réglementaire* ». La difficulté demeure donc.

1412.145 **Droits de préemption des communes.** La loi du 29 juillet 1998, relative à la lutte contre les exclusions, a institué un nouveau droit de préemption, au profit des communes à l'article L. 616 du CCH. Cet article envisage l'hypothèse d'une vente sur saisie immobilière d'un immeuble ou partie d'immeuble, constituant la résidence principale d'une personne qui remplit les conditions d'attribution d'un logement à loyer modéré (v. s[s] n° 1338.171) ; cette rédaction semble donc exclure l'extension de ce droit de préemption à d'autres ventes aux enchères publiques.

Par ailleurs, depuis l'entrée en vigueur de la loi n° 2006-685 du 13 juin 2006 relative au droit de préemption et à la protection des locataires[3], dite « *loi Aurillac* », le Code de l'urbanisme prévoit aussi qu'« *en cas de vente d'un immeuble à usage d'habitation, la commune peut faire usage de son droit de préemption pour assurer le maintien dans les lieux des locataires* » (C. urb., art. L. 210-2), mais aucune précision n'est apportée sur les modalités de la vente, volontaire ou forcée.

1412.146 **Droit de préemption du locataire en cas de vente d'un immeuble entier.** Selon la loi du 13 juin 2006[4], dite loi Aurillac, lors de la vente d'un immeuble entier d'habitation, le vendeur doit, préalablement à la vente, offrir à chaque locataire d'acquérir son logement, à moins que l'acquéreur de l'entier immeuble ne s'engage à proroger les baux en cours. C'est à l'occasion de la vente projetée que naît le droit du locataire à une protection particulière. Préalablement à la vente, le locataire se voit offrir au choix du vendeur, soit la prorogation de son bail, soit la préemption du logement.

Se pose déjà la question de savoir si les ventes par adjudication judiciaire ou amiable sont concernées au même titre que les ventes de gré à gré et comment exercer éventuellement ce nouveau droit de préemption. Dans le silence de la loi nouvelle, on pourrait déduire que la protection du locataire doit jouer que la vente soit volontaire ou forcée. L'incidence d'une liquidation judiciaire n'apporterait alors rien de plus et comme pour le droit de préemption de l'article 10 de la loi du 31 décembre 1975[5], on peut admettre l'existence de ce droit en cas de vente sur liquidation judiciaire (v. s[s] n° 1338.195).

SECTION 5
AUDIENCE D'ADJUDICATION

1412.151 **Principes.** Le bien va être vendu à l'audience du juge de l'exécution désigné à cet effet par le juge-commissaire, après que la vente ait été annoncée par des publicités. L'article R. 642-29-2 C. com. prévoit cependant que seules certaines dispositions de la section 4 du chapitre II du titre II du livre III du Code des procédures civiles d'exécution seront applicables à l'adjudication judiciaire de l'immeuble d'un débiteur en liquidation judiciaire (en l'occurrence, il s'agit des dispositions relatives à la capacité d'enchérir, au déroulement et à la nullité des enchères – V. s[s] n°s 1412.170 s.).

§ 1
Publicités

1412.161 **Dispositions applicables.** Aux termes de l'article R. 642-29-2 C. com., seules sont applicables à la cession des actifs du débiteur par voie d'adjudication judiciaire celles des dispositions de la section 4 du chapitre II du titre II du livre III du Code des procédures civiles d'exécution *expressément visées* (en l'occurrence, il s'agit des dispositions relatives à la capacité d'enchérir, au déroulement et à la nullité des enchères – V. s[s] n°s 1412.170 s.).

A contrario, les dispositions qui ne sont pas citées ne pourront trouver application ; ainsi les dispositions relatives aux publicités, à savoir les articles R. 322-30 à R. 322-38 C. pr. exéc., ne s'appliqueront pas car, en vertu de l'article R. 642-22, 2° C. com., le juge-commissaire est libre de fixer les modalités de la publicité en tenant compte de la valeur, de la nature et de la situation des biens.

1. EN CE SENS : sous l'empire de la loi de 1967, CE, sect., 6 oct. 1995, req. n° 112083, *Lebon ; JCP N* 1996. II. 238 ; *Defrénois* 1996, art. 36318, p. 604, n° 5, obs. S. Pérignon – Et pour la loi du 25 janv. 1985 : Paris, 20 sept. 1994, *Rev. proc. coll.* 1995-2, n° 39, obs. B. Soinne – Rép. min., *JOAN* 3 janv. 1994, p. 59 – CE, sect., 27 oct. 1999, C[ne] de Houdan, req. n° 188685, *Lebon* 326.
2. Civ. 3e, 10 nov. 1998, n° 97-10.269, P III, n° 214 ; *Constr.-Urb.* févr. 1999, n° 61.
3. L. n° 2006-685, 13 juin 2006, relative au droit de préemption et à la protection des locataires, *JO* 14 juin, p. 8944.
4. L. n° 2006-685, 13 juin 2006, préc.
5. L. n° 75-1351, 31 déc. 1975, modification de la loi du 1er septembre 1948, *JO* 4 janv., p. 191.

§ 2
Vente

1412.170 **Textes applicables.** Aux termes de l'article R. 642-29-2 C. com., « *à l'audience d'adjudication, il est procédé comme il est dit à la sous-section 3 de la section 4* [du Code des procédures civiles d'exécution] ». Ainsi, les articles R. 322-39 à R. 322-49 C. pr. exéc. relatifs à la capacité d'enchérir, au déroulement des enchères et à la nullité des enchères seront applicables. En revanche, les articles R. 322-26 à R. 322-29 C. pr. exéc. qui réglementent la vente forcée dans la procédure de droit commun sont désormais explicitement écartés lors de l'adjudication judiciaire de l'immeuble d'un débiteur en liquidation judiciaire.

1412.171 **Réquisition de la vente.** Elle est requise selon les dispositions de droit commun (v. ss nos 1339.31 s.).

1412.172 **Renvoi de la vente.** Les articles R. 322-26 à R. 322-29 C. pr. exéc. sont écartés lors de l'adjudication judiciaire de l'immeuble d'un débiteur en liquidation judiciaire. Ainsi, la faculté de reporter la vente pour force majeure ou sur demande de la commission de surendettement est-elle clairement exclue.

1412.173 **Carence d'enchères.** Sur ce point la vente des immeubles d'un débiteur en liquidation judiciaire se distingue de la procédure de droit commun : en effet, lorsque le liquidateur poursuit la vente, il ne peut être déclaré adjudicataire ni en son nom personnel ni en qualité de représentant des créanciers des immeubles du débiteur. L'article R. 642-26 C. com., exclut expressément cette possibilité. C'est notamment pour cette raison que le juge-commissaire peut préciser qu'à défaut d'enchère atteignant la mise à prix la vente pourra se faire sur une mise à prix inférieure.

En revanche, lorsque la saisie est poursuivie par un créancier en vertu de son droit de poursuite individuelle ce créancier peut-il être déclaré adjudicataire en cas de défaut d'enchère ? La question se pose car le créancier n'a pas déterminé lui-même la mise à prix, qui est fixée par le juge-commissaire, en accord avec le créancier poursuivant ; en cas de désaccord, c'est donc le tribunal qui tranchera. Dans ces conditions, le prix pourra être imposé au créancier et une faculté de baisse de mise à prix refusée par le tribunal.

Dans une telle hypothèse, qu'il faut espérer rare en pratique, le créancier n'aurait d'autre choix que de prendre le risque d'être déclaré adjudicataire à défaut d'enchères ou de renoncer aux poursuites. C'est sans doute la raison pour laquelle, avant la réforme, certains auteurs considéraient que lorsque la mise à prix avait été fixée par le juge-commissaire, le créancier ne devait pas pouvoir être déclaré adjudicataire à défaut d'enchères[1]. Mais la chambre commerciale a tranché la question en sens contraire[2].

La solution demeure applicable, l'article L. 322-6 C. pr. exéc. imposant la même sanction à l'adjudicataire en cas de carences d'enchères.

C'est dire que, en cas de désaccord persistant sur la mise à prix, les créanciers devront envisager d'exercer un recours contre la décision du juge-commissaire ou, à tout le moins, essayer de convaincre le juge-commissaire de prévoir une faculté de baisse de mise à prix.

1412.174 **Interdiction d'acquérir.** L'article L. 642-3 C. com. énonce les personnes qui ne peuvent faire des offres au liquidateur. Il s'agit du débiteur, des dirigeants de droit ou de fait de la personne morale en liquidation judiciaire, des parents et alliés de ceux-ci jusqu'au deuxième degré inclusivement et des personnes ayant ou ayant eu la qualité de contrôleur au cours de la procédure, directement ou par personne interposée. Curieusement, avant la loi de sauvegarde des entreprises, cette restriction au droit d'acquérir n'était pas prévue pour les cessions d'actifs réalisées en application de l'article L. 642-18 C. com. relatif aux ventes immobilières. Pouvait-on alors considérer que la prohibition contenue à l'article L. 642-3 ne concernait que la vente d'unités de production et non la vente de biens isolés ? La doctrine était partagée. Pour certains auteurs, la prohibition contenue à l'article L. 642-3 était justifiée par la crainte du législateur que sous le couvert des membres de la famille ou d'une société de façade, le dirigeant puisse se porter acquéreur des « *forces vives* » de l'entreprise moyennant un prix réduit et en avançant l'argument de la sauvegarde de l'emploi. S'agissant en revanche de la vente de biens isolés, une telle attitude ne serait pas à craindre, l'objectif étant seulement d'obtenir le meilleur prix lors de la réalisation du bien. Il n'y aurait donc eu aucune raison, *a priori*, de refuser au dirigeant lui-même ou aux membres de sa famille la faculté de racheter ces biens, tout autant qu'un prix réel et sérieux serait proposé. Pour d'autres auteurs, une telle interprétation était à exclure : le débiteur en liquidation judiciaire ne pouvant prétendre, sans avoir dissimulé des fonds à la liquidation, avoir les moyens de racheter ses propres biens[3].

Par ailleurs, la délicate articulation des dispositions du Code des procédures civiles d'exécution et de celles du Code de commerce se manifeste encore à l'occasion d'une demande d'annulation tirée de la qualité de dirigeant d'une personne morale placée en liquidation.

1. EN CE SENS : P. Le Cannu, J.-M. Lucheux, M. Pitron et J.-P. Sénéchal, *Entreprises en difficulté*, « Pratique des affaires », Éd. Joly, 1994, nº 834.
2. Com. 6 janv. 1998, nº 95-12.258, P IV, nº 2.
3. V. B. Soinne, *Traité des procédures collectives*, 2e éd., Litec, 1995, nº 2403.

En effet aux termes de l'article L. 642-3 C. com. une telle demande doit être présentée dans un délai de trois ans. Or, en cas d'adjudication judiciaire de l'immeuble, la nullité d'une enchère doit être soulevée avant la fin des enchères, conformément aux dispositions de l'article R. 322-49 C. pr. exéc. Il faut en déduire que l'article R. 322-49 qui pose une condition de recevabilité de la contestation en cas de vente d'un immeuble par adjudication judiciaire, s'impose lorsque la cession de l'immeuble est réalisée par voie d'adjudication, alors que l'article L. 642-3, qui prévoit un délai de forclusion, n'est ouvert qu'en dehors de la réalisation d'actifs par voie d'adjudication judiciaire[1].

La loi de sauvegarde des entreprises a éclairci le débat sans l'avoir totalement supprimé : aux termes des dispositions de l'article L. 642-20 C. com., en effet, « *les dispositions de l'article L. 642-3 sont applicables aux cessions d'actifs réalisées en application des articles L. 642-18 et L. 642-19. Dans ce cas, les pouvoirs sont exercés par le juge-commissaire* ». Cependant, ces dispositions, qui interdisent aux parents et alliés du débiteur d'acquérir, entrent en conflit avec le droit commun des ventes aux enchères, tel que réglementé par le Code des procédures civiles d'exécution. Certains auteurs considéraient donc que si l'interdiction d'acquérir était justifiée à l'égard du débiteur, en cas de vente aux enchères, elle devait être tenue pour inexistante s'agissant de ses proches[2]. Cette analyse a été écartée par la chambre commerciale de la Cour de cassation qui a jugé que la prohibition de l'article L. 642-3 C. com., auquel renvoie l'article L. 642-20 du même code, était bien applicable en cas de vente aux enchères publiques, à l'exclusion des dispositions des articles L. 322-7 et R. 322-39 C. pr. exéc.[3].

1. Com. 26 mars 2025, nº 23-20.045, *Act. proc. coll.* nº 10, 16 mai 2025, alerte 118, obs. Th. Scherer. La Cour prend soin de relever que le demandeur au pourvoi avait été régulièrement sommé de prendre connaissance du cahier des conditions de vente et d'assister à l'audience d'adjudication et qu'il s'était abstenu de présenter une quelconque contestation au moment de l'audience lorsque l'identité de l'adjudicataire avait été révélée, comme le lui permettait l'article R. 322-49.
2. P.-M. Le Corre, Dalloz action *Droit et pratique des procédures collectives*, 2025/2026, nº 561.21.
3. Com. 3 févr. 2021, nº 19-20.616, P ; *Gaz. Pal.* 2021, nº 22, p. 33, obs. J.-J. Ansault ; *D.* 2021. 285 ; *AJDI* 2021. 710, obs. F. Cohet ; *Rev. sociétés* 2021. 206, obs. L. C. Henry, dans une espèce où les parents du gérant d'une SCI avaient formé une surenchère. – V. ÉG., Com. 14 déc. 2022, nº 20-17.782, NP, pour l'interdiction pour le dirigeant de droit ou de fait de la personne morale mise en liquidation judiciaire, directement ou par personne interposée, de se porter enchérisseur.

CHAPITRE

1413. Effets de la vente

Anne Leborgne
Professeur émérite d'Aix-Marseille Université

SECTION 0

Orienteur

1413.00 **Sommaire du chapitre.**

Division. L'adjudication réalise une vente (sect. 1 et 2) : le jugement emporte transfert de propriété (sect. 3) et devra être publié par l'adjudicataire (sect. 4 et 5).

1413.05 **Un principe identique.** L'adjudication se déroule comme en matière de saisie immobilière ; le bien est adjugé sur la dernière enchère et à l'expiration des délais de surenchère, le transfert de propriété sera acquis et l'adjudicataire devra publier le jugement d'adjudication. Lorsque l'adjudicataire ne consigne pas le prix d'adjudication et les frais, le bien est revendu sur réitération des enchères.

SECTION 1

Paiement du prix

1413.10 **Textes applicables.** La spécificité de la vente des immeubles d'un débiteur en liquidation judiciaire n'avait pas été prise en considération à l'époque de la réforme de la procédure de saisie immobilière, à tel point que les changements terminologiques n'avaient même pas été intégrés. Ainsi, l'article R. 643-3 C. com. disposait seulement que « *dans les trois mois de l'adjudication, l'adjudicataire doit verser au compte de dépôt ouvert par le liquidateur à la Caisse des dépôts et consignations la totalité du prix de l'adjudication, y compris les intérêts au taux légal à compter du jour où la vente est devenue définitive jusqu'au jour du paiement. Passé ce délai, le liquidateur lui enjoint par lettre recommandée avec demande d'avis de réception de faire le versement sous peine de revente sur folle enchère* ».

C'est le décret du 12 février 2009[1] qui a rectifié l'article R. 643-3 C. com. afin de menacer de « *réitération des enchères* » l'adjudicataire qui ne verserait pas le prix dans le délai, et qui a précisé, à l'article R. 642-29-2 du même code, quelles étaient les dispositions du chapitre VI du titre 1er du décret de 2006, devenues la section 4 du chapitre II du titre II du livre III du Code des procédures civiles d'exécution, applicables à la cession des actifs d'un débiteur en liquidation judiciaire. S'agissant du paiement du prix, seul l'article R. 322-58 C. pr. exéc, qui dispose que les frais de poursuite taxés sont payés par l'adjudicataire par priorité en sus du prix, est applicable. La rédaction de cet article a en outre été complétée par le décret du 12 février 2009[2] afin d'ajouter les droits de mutation au titre des sommes dues par l'adjudicataire.

1. Décr. n° 2012-783, 30 mai 2012, relatif à la partie réglementaire du Code des procédures civiles d'exécution, *JO* 31 mai, p. 9375.
2. Décr. n° 2009-160, 12 févr. 2009, pris pour l'application de l'ordonnance n° 2008-1345 du 18 décembre 2008 portant réforme du droit des entreprises en difficulté et modifiant les procédures de saisie immobilière et de distribution du prix d'un immeuble, *JO* 13 févr., p. 2596.

SECTION 2
JUGEMENT D'ADJUDICATION ET TITRE DE VENTE

§ 1
Contenu du jugement, notification et recours

1413.21 **Une réglementation spéciale.** L'article R. 642-29-2 C. com. énonce les seules dispositions de la section 4 du chapitre II du titre II du livre III du Code des procédures civiles d'exécution applicables. Un renvoi partiel est opéré aux articles R. 322-59 et R. 322-60 C. pr. exéc.

1413.22 **Mentions du jugement.** S'agissant du jugement d'adjudication, un renvoi partiel est opéré à l'article R. 322-59 C. pr. exéc. : « *Outre les mentions prescrites pour tout jugement, le jugement d'adjudication vise l'ordonnance du juge-commissaire ayant ordonné la vente, les jugements tranchant les contestations et le cahier des conditions de vente. Il désigne le poursuivant. Il mentionne les éléments énumérés aux troisième et quatrième phrases de l'article R. 322-59 du même code* » ; il s'agit des formalités de publicité et leur date, la désignation de l'immeuble adjugé, les date et lieu de la vente forcée, l'identité de l'adjudicataire ; le prix d'adjudication et le montant des frais taxés. Il comporte le cas échéant les contestations qu'il tranche.

1413.23 **Notification.** L'article R. 642-29-2 C. com. ajoute que le jugement est notifié par le poursuivant au débiteur, aux créanciers inscrits, à l'adjudicataire ainsi qu'à toute personne ayant élevé une contestation tranchée par la décision. La notification par le poursuivant est désormais la règle dans le droit commun, conformément à l'article R. 322-60 C. pr. exéc. Cette notification est effectuée selon les dispositions de l'article R. 121-15 C. pr. exéc.[1]

1413.24 **Recours.** Les modalités de recours à l'encontre de ce jugement sont fixées par les dispositions du deuxième alinéa de l'article R. 322-60 C. pr. exéc. qui dispose que « *seul le jugement d'adjudication qui statue sur une contestation est susceptible d'appel de ce chef dans un délai de quinze jours à compter de sa notification* ».

§ 2
Publication et effets du titre de vente

1413.31 **Titre de vente.** Aux termes de l'article R. 642-29-2 C. com., les dispositions des articles R. 322-61 à R. 322-63 C. pr. exéc. sont applicables. L'article R. 322-61 C. pr. exéc. décrit le titre de vente comme consistant en l'expédition du cahier des conditions de vente revêtu de la formule exécutoire à la suite de laquelle est transcrit le jugement d'adjudication. L'article R. 322-62 C. pr. exéc. dispose que le titre de vente est délivré par le greffier à l'adjudicataire et à sa demande au créancier poursuivant pour procéder aux formalités de publicité du titre à défaut de diligence à cet effet par l'adjudicataire.

L'article R. 322-63 C. pr. exéc. prévoit enfin que « *le titre de vente est publié au fichier immobilier selon les règles prévues pour les ventes judiciaires, à la requête de l'acquéreur ou, à son défaut, du créancier poursuivant* ». La publication doit donc intervenir dans les deux mois sous peine de réitération des enchères. Les dispositions de l'article R. 321-20 C. pr. exéc. qui règlementent la péremption de l'acte de saisie, en l'absence de publication d'un jugement constatant la vente du bien saisi dans le délai de cinq ans, s'appliquent aux ventes ordonnées par le juge commissaire[2].

1413.32 **Effets.** Ce sont les mêmes effets que dans la procédure de droit commun (v. s[s] n° 1341.241). La publication rend tout d'abord le **transfert de propriété opposable aux tiers.** Emporte-t-elle purge des inscriptions ?

1413.33 ***Quid* de l'effet de purge ?** Lorsque l'adjudication est réalisée, conformément à l'article L. 643-2 C. com., par un créancier, emporte-t-elle purge des hypothèques ? La question pouvait se poser après l'entrée en application de la loi de sauvegarde du 26 juillet 2005, car l'article L. 643-2 C. com. ne renvoyait pas à l'alinéa 4 de l'article L. 642-18, selon lequel les adjudications emportent purge des hypothèques. Toutefois, la doctrine avait admis, avant la réforme, que la solution devait être identique, que l'adjudication ait été poursuivie par le liquidateur ou par un créancier. En effet, à partir du moment où les créanciers inscrits ont été sommés de prendre connaissance du cahier des conditions de vente, ont été convoqués à la vente, et n'ont pas exercé la faculté de surenchère, le prix leur sera opposable. Depuis la loi du 22 décembre 2010[3], qui a modifié l'article 2213 du Code civil, devenu l'article L. 322-14 C. pr. exéc.[4],

1. Ainsi, la sanction prévue à l'art. R. 322-48 C. pr. exéc. n'est pas applicable : Civ. 2e, 31 mars 2011, nos 09-70.920 et 10-14.146, P II, n° 81 ; *D.* 2011. Actu. 1090 ; *D.* 2012. Pan. 1518, obs. A. Leborgne ; *Procédures* 2011, n° 265, obs. R. Perrot ; *Procédures* 2013. Chron. 1, n° 24, obs. A. Leborgne.

2. Cass. avis, 18 avr. 2019, n° 18-70.005, *Bull. avis*, n° 7 ; *BJE* 2018, 252, note Hugon. À l'époque de l'avis, le délai de péremption était de deux ans. Il a été allongé à cinq ans par le décret n° 2020-1452 du 27 novembre 2020, applicable à compter du 1er janvier 2021.

3. L. n° 2010-1609, 22 déc. 2010, relative à l'exécution des décisions de justice, aux conditions d'exercice de certaines professions réglementées et aux experts judiciaires, *JO* 23 déc., p. 22552.

4. Ord. n° 2011-1895, 19 déc. 2011, relative à la partie législative du Code des procédures civiles d'exécution, *JO* 20 déc., p. 21464.

l'effet de purge est conditionné à la publication du jugement d'adjudication (v. s[s] n° 1341.301).

La publication du jugement d'adjudication emporte report des sûretés sur le prix effectivement consigné, tout autant que les créanciers inscrits auront déclaré leur créance au greffe du juge de l'exécution en temps utile (v. s[s] n°s 1333.161 s.).

L'article L. 642-18 alinéa 4 C. com., dans sa rédaction issue de l'ordonnance du 12 mars 2014[1] dispose que « *pour les adjudications réalisées en application des alinéas qui précèdent, le paiement du prix au liquidateur et des frais de vente emportent purge des hypothèques et de tout privilège du chef du débiteur. L'adjudicataire ne peut, avant d'avoir procédé à ces paiements, accomplir un acte de disposition sur le bien à l'exception de la constitution d'une hypothèque accessoire à un contrat de prêt destiné à l'acquisition de ce bien* », ce qui est la reproduction des dispositions de l'article L. 322-9 alinéa 2 C. pr. exéc. Mais l'article L. 643-2 C. com. n'a pas été complété et son alinéa 3 n'opère toujours renvoi qu'aux premier, troisième et cinquième alinéas de l'article L. 642-18 et non au quatrième qui dispose que le paiement du prix et des frais d'adjudication emporte purge des inscriptions !

SECTION 3
EFFETS DE LA VENTE FORCÉE

§ 1
Effets de toute vente sur adjudication

1413.41 **Transfert de propriété.** Comme dans la procédure de droit commun, l'adjudication emporte transfert de propriété entre les parties.

1413.42 **Rescision pour lésion.** La rescision pour lésion « *n'a pas lieu en toutes ventes qui d'après la loi ne peuvent être faites que d'autorité de justice* » (C. civ., art. 1684). La vente d'un bien d'un débiteur en liquidation judiciaire à la requête d'un créancier est-elle une vente qui ne peut être faite que d'autorité de justice ? La jurisprudence avait répondu par la négative pour la vente des biens d'un débiteur en phase préparatoire d'un règlement judiciaire[2] Mais en cas de vente des biens d'un débiteur en liquidation judiciaire, la question pouvait se poser car la vente peut être effectuée autrement qu'en justice puisque le juge-commissaire peut ordonner la vente de gré à gré ou par adjudication amiable (v. s[s] n° 1411.91). Dès lors peut-on affirmer qu'il s'agit d'une vente qui ne peut être faite que d'autorité de justice ? On pouvait se poser la question. Mais la chambre commerciale de la Cour de cassation a eu l'occasion de qualifier la vente de gré à gré des actifs du débiteur en liquidation judiciaire de « *vente faite d'autorité de justice* »[3]. La rescision pour lésion sera donc exclue pour ces ventes, quel que soit le mode de réalisation des actifs.

1413.43 **Vices cachés.** La question semble plus simple pour la garantie des vices cachés. Selon l'article 1649 C. civ., elle est exclue pour les ventes « *faites par autorité de justice* », ce qui laissera de côté les ventes de gré à gré ordonnées par le juge-commissaire et celles faites devant notaire, tout autant qu'on n'analysera pas la formule « *faite par autorité de justice* » comme signifiant « *faite après autorisation en justice* »[4]. La garantie des vices cachés semblerait donc nécessairement exclue lorsque la vente a lieu à la barre du tribunal : cela permettrait d'éviter l'action rédhibitoire, qui devrait conduire à choisir entre rendre la chose ou se faire restituer une partie du prix, hypothèses difficilement compatibles avec une vente forcée.

§ 2
Effets prévus par les textes spéciaux

1413.51 **Effets du jugement d'adjudication pour le débiteur en liquidation judiciaire.** Celui-ci doit libérer les lieux, l'adjudicataire pouvant exiger la délivrance du bien par le saisi[5]. Depuis la réforme de la procédure de saisie immobilière et aux termes de l'article L. 322-13 C. pr. exéc., le jugement d'adjudication constitue un titre d'expulsion contre le saisi (v. s[s] n° 1341.333). Le renvoi aux « *formes prescrites en matière de saisie immobilière* », contenu à l'article L. 642-18 C. com., dans sa rédaction issue de la loi de sauvegarde du 26 juillet 2005, pouvait faire hésiter sur l'application des dispositions de l'article 2210 C. civ. devenu l'article L. 322-13 C. pr. exéc., aux suites de la vente de l'immeuble d'un débiteur en liquidation judiciaire. Le nouvel article L. 642-18 C. com. dispose que les ventes d'immeuble ont lieu conformément aux articles L. 322-5 à L. 322-13 C. pr. exéc., à l'exception des articles L. 322-6 et L. 322-9 C. pr. exéc.

Il n'y a donc plus d'ambiguïté.

1. Ord. n° 2014-326, 12 mars 2014, portant réforme de la prévention des difficultés des entreprises et des procédures collectives, *JO* 14 mars, p. 5249.
2. Com. 8 juill. 1980, n° 77-13.164, P IV, n° 290.
3. À propos d'une action en nullité pour dol : Com. 4 mai 2017, n° 15-27.899, P.
4. *CONTRA* : et pour le refus de cette interprétation, Com. 8 juill. 1980, n° 77-13.164, P (préc., v. s[s] n° 1413.42).
5. Le saisi ne pourra arguer du non-paiement par l'adjudicataire pour refuser de quitter les lieux : Orléans, ch. éco. et fin., 3 mai 2001, *RJDA* 7/2001, n° 792.

En outre, l'article R. 642-29-2 C. com. précise que la vente par adjudication produit les effets prévus par l'article R. 322-64 C. pr. exéc. Cet article prévoit que l'adjudicataire, sauf si le cahier des conditions de vente prévoit le maintien dans les lieux du débiteur saisi, peut mettre à exécution le titre d'expulsion dont il dispose à l'encontre du saisi et de tout occupant de son chef n'ayant aucun droit qui lui soit opposable à compter de la consignation du prix et du paiement des frais taxés. L'expulsion ne pourra toutefois intervenir que si le jugement d'adjudication a été signifié au saisi conformément à l'article R. 322-60 C. pr. exéc.[1]

1413.52 **Délais de grâce.** Depuis le 1er juillet 2014, date d'entrée en vigueur de l'ordonnance du 12 mars 2014, en cas de liquidation judiciaire d'un débiteur, personne physique, le tribunal peut, en considération de sa situation personnelle et familiale, lui accorder des délais de grâce dont il détermine la durée pour quitter sa maison d'habitation principale. Cette faveur, énoncée à l'article L. 642-18 alinéa 6 C. com., n'était jusqu'alors réservée qu'aux agriculteurs. La durée de ces délais n'est pas fixée. L'article R. 642-37 C. com., dispose que la décision qui accorde des délais fixe l'indemnité d'occupation due par le débiteur.

SECTION 4
SURENCHÈRE

1413.61 **Surenchère du dixième.** Selon l'article R. 642-29-2 C. com., la surenchère est régie par les articles R. 322-50 à R. 322-55 C. pr. exéc. (v. ss nos 1342.05 s.). Toutefois, le droit commun de la saisie immobilière n'est pas totalement transposable aux ventes aux enchères d'un débiteur en liquidation judiciaire. En effet, l'article L. 642-3 C. com. énonce des restrictions au droit d'acquérir et aux termes des dispositions de l'article L. 642-20 C. com., « *les dispositions de l'article L. 642-3 sont applicables aux cessions d'actifs réalisées en application des articles L. 642-18 et L. 642-19* ». Or, ces dispositions, qui interdisent aux parents et alliés du débiteur d'acquérir, entrent en conflit avec le droit commun des ventes aux enchères, tel que réglementé par le Code des procédures civiles d'exécution. Certains auteurs considéraient donc que si l'interdiction d'acquérir était justifiée à l'égard du débiteur, en cas de vente aux enchères, elle devait être tenue pour inexistante s'agissant de ses proches[2]. Cette analyse a été écartée par la chambre commerciale de la Cour de cassation qui a jugé, à l'occasion d'une surenchère, que la prohibition de l'article L. 642-3 C. com., auquel renvoie l'article L. 642-20 du même code, était bien applicable en cas de vente aux enchères publiques, à l'exclusion des dispositions des articles L. 322-7 et R. 322-39 C. pr. exéc.[3].

SECTION 5
RÉITÉRATION DES ENCHÈRES

1413.71 **Dispositions applicables.** Selon l'article R. 642-29-2 C. com., la réitération des enchères est régie par les articles R. 322-66 à R. 322-72 C. pr. exéc.

Dès lors, on peut en déduire que le défaut de paiement des frais taxés emporte également réitération des enchères et encore, le défaut de paiement des droits de mutation.

1. Civ. 2e, 5 juin 1996, no 94-15.060, P II, no 127 ; *Rev. huissiers* 1997. 294, obs. Martin.

2. P.-M. Le Corre, Dalloz action *Droit et pratique des procédures collectives*, 2025/2026, no 561.21.
3. Com. 3 févr.2021, no 19-20.616, P ; *Gaz. Pal.* 2021, no 22, p. 33, obs. J.-J. Ansault ; *D.* 2021. 285 ; *AJDI* 2021. 710, obs. F. Cohet ; *Rev. sociétés* 2021. 206, obs. L. C. Henry, dans une espèce où les parents du gérant d'une SCI avaient formé une surenchère. Et peu importera que les dirigeants aient eu ou non l'intention d'agir pour leur compte : Com. 14 déc. 2022, no 20-17.782, NP ; *APC* 2023/1, comm. 7 note Petit ; *Gaz. Pal.* 21 mars 2023, no 10, p.11, note J.-J. Ansault ; *Dr. sociétés* 2023/4, comm. 50, note Legros.

TITRE

142. L'exécution immobilière contre le titulaire de droits indivis

SECTION 0

ORIENTEUR

142.00 **Sommaire du titre.**

Division. Seront successivement étudiés le domaine d'application de l'exécution immobilière contre le titulaire de droits indivis (chap. 1421), la procédure de licitation-partage (chap. 1422) et les effets de l'adjudication (chap. 1423).

142.05 **Indivision et droits des créanciers.** L'existence d'une indivision, sur la propriété d'un immeuble ou d'un ensemble de biens comprenant un immeuble, peut rendre plus délicate la démarche du créancier qui veut agir en exécution forcée, le bien appartenant à l'ensemble des propriétaires indivis. Aux termes de l'article 815-17 alinéa 1er C. civ., les créanciers qui auraient pu agir sur les biens avant qu'il y eût indivision [1], et ceux dont la créance résulte de la conservation ou de la gestion des biens indivis, peuvent poursuivre la saisie et la vente des biens indivis [2]. La jurisprudence applique la même solution pour le créancier qui a tous les coïndivisaires comme codébiteurs solidaires : en vertu des articles 815-17, 1313, 2284 et 2285 C. civ., il n'est pas tenu de provoquer le partage et peut poursuivre la saisie immobilière [3]. Il en est de même dans le cas où une hypothèque a été consentie par tous les coïndivisaires ; le créancier hypothécaire pourra pratiquer une saisie immobilière sur le bien [4].

En revanche, le créancier d'un indivisaire ne trouve dans le patrimoine de son débiteur qu'une quote-part abstraite de la chose. Cette quote-part, son titulaire peut certes l'aliéner et la grever de droits réels conditionnels, et ses créanciers personnels peuvent inscrire des sûretés sur cette part indivise [5], mais, aux termes de l'article 815-17 alinéa 2 C. civ., le

1. AINSI : les créanciers dont la créance est née antérieurement à la dissolution de la communauté. Ils peuvent poursuivre la saisie et la vente des biens dépendant de l'indivision post-communautaire : Civ. 1re, 13 déc. 2005, no 02-17.778, P I, no 494 ; *D.* 2006. 302, obs. A. Lienhard – De même, Civ. 2e, 16 mai 2013, no 12-16.216, P II, no 96 – Civ. 1re, 9 janv. 2019, no 17-27.411, P ; *D.* 2019. 1428, note Ph. Théry et C. Gijsbers ; *RTD civ.* 2019, note P. Crocq ; *RDI* 2019. 211, note H. Heugas-Darraspen ; *JCP N* 2019, no 1131, note E. Simon-Michel, pour un créancier titulaire d'une sûreté légale antérieure à la naissance de l'indivision.
2. Et l'indivisaire titulaire d'une créance résultant de la conservation des biens indivis peut poursuivre la saisie de certains de ces biens sans être tenu d'attendre l'issue des opérations de partage : Civ. 1re, 20 févr. 2001, no 98-13.006, P I, no 41 ; *D.* 2001. 906 ; *RTD civ.* 2001. 642, obs. J. Patarin ; 916, obs. T. Revet – Civ. 1re, 26 juin 2013, no 12-11.818, P I, no 136.
3. Civ. 1re, 6 nov. 2001, no 98-20.518, P I, no 271 ; *JCP* 2002. I. 176, no 8, obs. H. Périnet-Marquet ; *RTD civ.* 2002. 150, obs. R. Perrot ; *JCP N* 2002. 1583, étude V. Brémond ; *Dr. fam.* 2002, no 12, obs. B. Beignier.
4. Civ. 1re, 20 nov.1990, no 89-13.876, P I, no 259 ; *Defrénois* 1991. 1054, note X. Savatier ; *RDI* 1991. 371, obs. Ph. Delebecque ; *RTD civ.* 1992, 147, obs. F. Zenati – Civ. 1re, 14 juin 2000, no 98-10.577, P I, no 182 ; *D.* 2001. Somm. 696, obs.L. Aynes ; *JCP* 2001. I. 309, no 11, obs. M. Storck – Civ. 1re, 28 juin 2005, no 02-20.452, P I, no 283 ; *JCP* 2005. I. 185, no 14, obs. Ph. Delebecque ; *JCP N* 2006, 1025, note Brémond.
5. Civ. 2e, 17 févr.1983, no 81-15.566, P II, no 42 – Civ. 3e, 2 nov.1983, *JCP* 1985. II. 20354, note Joly ; *Defrénois* 1985. 55, note Ph. Théry ; *RTD civ.* 1984. 174, obs. R. Perrot.

créancier ne peut saisir la part de son débiteur dans les biens indivis, meubles ou immeubles[1]. Il ne peut, en exerçant l'action oblique, que provoquer la sortie de l'indivision, et, lorsque le partage en nature est impossible, la licitation, qui consiste à procéder à la vente aux enchères publiques des biens indivis[2].

Le droit des créanciers d'un indivisaire de demander le partage du bien indivis assure en effet la protection du droit de propriété de ces créanciers en leur permettant de passer outre le caractère indivis du bien et ne porte pas une atteinte disproportionnée au droit du coindivisaire[3].

142.06 **Licitation-partage.** La licitation du bien permet en effet, de faire apparaître un prix sur lequel les indivisaires et leurs créanciers pourront exercer leurs droits, ce qui suppose que préalablement les comptes de l'indivision aient été faits.

Le créancier d'un indivisaire n'a donc que des droits conditionnés au résultat des opérations de liquidation, à moins que, lors de la vente aux enchères, son débiteur ne devienne adjudicataire.

Mais avant que le bien ne soit vendu à la barre du tribunal, le créancier doit avoir obtenu l'autorisation de vendre sur licitation. Il établira ensuite le cahier des charges et pourra vendre le bien, à moins que le tribunal ne préfère renvoyer la vente devant notaire.

142.07 **Textes applicables.** Le décret du 27 juillet 2006[4], pris pour l'application de l'ordonnance du 21 avril 2006 réformant la saisie immobilière[5], a emporté modifications de certains articles du Code civil et du Code de procédure civile qui intéressent la procédure de vente d'un bien immeuble sur licitation-partage. Ces modifications sont entrées en vigueur au 1er janvier 2007.

Parallèlement, la réforme des successions, opérée par la loi du 23 juin 2006[6] et le décret du 23 décembre 2006[7], également entrée en vigueur le 1er janvier 2007, a eu des répercussions sur les dispositions procédurales applicables au partage. Le chapitre II du titre III du livre III du Code de procédure civile (C. pr. civ.), relatif aux successions et libéralités, comprend désormais des dispositions spéciales concernant le partage et notamment les articles 1377 et 1378 consacrés à la licitation.

1. Civ. 1re, 20 oct.1982, no 81-15.560, P I, no 297 – Civ. 1re, 15 juill.1999, no 97-14.361, P I, no 243 ; *JCP* 2000. I. 278, no 6, obs. R. Le Guidec (1re esp.) – Civ. 2e, 4 oct. 2001, no 00-11.126, NP ; *RTD. civ.* 2002. 150, obs. R. Perrot.
2. Civ. 1re, 23 mai 2006, no 05-18.065, P I, no 263.
3. Civ. 1re, 28 mars 2012, no 12-40.002, P I, no 78, qui rejette la demande de QPC pour défaut de caractère sérieux.
4. Décr. no 2006-936, 27 juill. 2006, relatif aux procédures de saisie immobilière et de distribution du prix d'un immeuble, *JO* 29 juill., p. 11316.
5. Ord. no 2006-461, 21 avr. 2006, réformant la saisie immobilière, *JO* 22 avr., p. 6072.
6. L. no 2006-728, 23 juin 2006, portant réforme des successions et des libéralités, *JO* 24 juin, p. 9513.
7. Décr. no 2006-1805, 23 déc. 2006, relatif à la procédure en matière successorale et modifiant certaines dispositions de procédure civile, *JO* 31 déc., p. 20370.

CHAPITRE

1421. Domaine d'application

ANNE LEBORGNE
PROFESSEUR ÉMÉRITE D'AIX-MARSEILLE UNIVERSITÉ

SECTION 0 ORIENTEUR

1421.00 Sommaire du chapitre.

Division. Pour délimiter le domaine d'application de l'exécution immobilière contre le titulaire de droits indivis, seront successivement étudiés les droits indivis (sect. 1) et les créanciers (sect. 2).

1421.02 Jurisprudence de référence.

> Saisie d'un immeuble grevé d'une clause de tontine.

• **Civ. 1re, 18 nov. 1997,** n° 95-20.842, P I, n° 315

* V. ss n° 1315.34, 1421.44

Les acquéreurs d'un immeuble grevé d'une clause de tontine aux termes de laquelle celui-ci appartiendra en totalité au survivant d'entre eux, ne sont pas titulaires d'un droit privatif de propriété sur le bien ou partie de ce bien tant que la condition suspensive de survie n'est pas réalisée. Il s'ensuit que, le droit de gage général des créanciers ne pouvant s'exercer que sur les biens dont le débiteur est propriétaire, il ne peut être reproché à une cour d'appel d'avoir annulé le commandement aux fins de saisie immobilière délivré à l'un des acquéreurs à une date où la condition de survie n'était pas réalisée.

1421.05 Principe. Plan. Lorsqu'il cherche à agir en exécution forcée, le créancier doit examiner le patrimoine de son débiteur pour choisir la voie d'exécution appropriée. Si le débiteur n'est pas titulaire d'un droit sur un immeuble mais seulement d'une quote-part abstraite sur un bien immeuble, le créancier ne pourra entreprendre, en principe, une saisie immobilière. La procédure de licitation-partage sera donc choisie, non seulement par le créancier individuel de l'indivisaire mais encore par le liquidateur lorsque l'indivisaire fera l'objet d'une procédure collective.

Il convient donc de préciser à la fois ce qu'il faut entendre par droits indivis ou quote-part indivise (sect. 1), pour déterminer les créanciers qui agiront en exécution forcée (sect. 2).

SECTION 1 DROITS INDIVIS

1421.10 Plan. L'indivision peut être d'origine légale ou conventionnelle (§ 1) mais les droits en indivision seront nécessairement de même nature (§ 2).

§ 1 Origine de l'indivision

A. Indivisions légales

1421.21 Divorce – Ouverture d'une succession. Le décès d'un individu qui a plusieurs héritiers emporte ouverture d'une indivision successorale ; jusqu'au partage, les biens sont la propriété indivise des héritiers. De même, le divorce d'époux mariés en communauté est à l'origine d'une situation nouvelle, l'indivision post-communautaire, jusqu'aux opérations de liquidation et de partage entre les deux ex-époux.

B. Indivision conventionnelle et convention d'indivision

1421.31 **Indivision conventionnelle.** L'indivision peut naître de la volonté des parties qui achètent à plusieurs la même chose ; ainsi des époux séparés de biens, des concubins ou toutes autres personnes. Dans ce cas, les dispositions des articles 815 s. C. civ. réglementent l'exercice des droits sur des biens indivis.

1421.32 **Convention d'indivision.** Il faut aussi signaler une particularité lorsqu'est conclue une convention d'indivision, c'est-à-dire lorsque l'accord est formalisé et défini par un contrat ; ce sont alors les articles 1873-1 s. C. civ. qui trouveront à s'appliquer.

Si la convention est prévue pour une durée déterminée (qui ne saurait être supérieure à cinq ans, mais qui peut être renouvelée par une décision expresse des parties : C. civ., art. 1873-3), le partage ne peut être provoqué avant le terme convenu à moins d'invoquer de justes motifs ; l'article 1873-15 C. civ. dispose alors que les créanciers personnels de l'indivisaire peuvent poursuivre la saisie et la vente de la quote-part de leur débiteur dans l'indivision, en suivant les formes prévues par le Code de procédure civile. Ils agiront alors par voie de saisie mobilière.

En revanche, la convention peut également être conclue pour une durée indéterminée et le partage pourra dans ce cas être provoqué à tout moment, pourvu que ce ne soit pas « *de mauvaise foi ou à contretemps* » (C. civ., art. 1873-3, al. 2).

C. Situation juridique n'ouvrant pas droit à licitation-partage

1° Absence d'indivision

1421.41 **Bien commun.** Les époux mariés en communauté ne sont pas soumis aux dispositions des articles 815 s. C. civ.

L'application des règles de la communauté matrimoniale exclut celles des dispositions sur l'indivision ; le créancier personnel d'un époux ne peut provoquer le partage d'un immeuble commun par application de l'article 815-17 alinéa 3[1] C. civ. Il pourra toujours poursuivre le recouvrement de sa créance sur des biens communs (C. civ., art. 1413), qu'il soit créancier des deux époux ou seulement de l'un. Lorsque le créancier disposera d'un titre à l'encontre des deux époux, il pourra saisir et faire vendre l'immeuble commun sans passer préalablement par les opérations de partage. Lorsque le créancier n'aura qu'un seul débiteur, il pourra agir à l'encontre des biens propres mais également des biens communs en procédant à une saisie immobilière (v. s^{s} n°s 1313.191 s.), sous la réserve des dispositions de l'article 1415 C. civ.

1421.42 **Immeuble en copropriété.** Lorsque l'immeuble est soumis au régime de la copropriété, le titulaire du droit de propriété sur un lot dispose d'un droit divis sur les parties privatives et d'une quote-part indivise sur les parties communes. Avant la réforme, l'article 2217 C. civ. disposait que le commandement de saisie immobilière portant sur un lot de copropriété était réputé ne pas porter sur la quote-part des parties communes comprises dans ce lot. L'ordonnance du 21 avril 2006[2] a modifié le titre XIX du livre III du Code civil et on ne retrouve pas, dans le titre nouveau, désormais codifié dans le livre III, partie législative, du Code des procédures civiles d'exécution, l'équivalent de l'article 2217 alinéas 2 et 3 C. civ. Toutefois, même si le cas particulier de la saisie de droits portant sur un lot de copropriété n'est plus envisagé distinctement, il est utile que le rédacteur du commandement, pour les besoins de la publicité foncière, définisse les droits divis et indivis attachés aux parties privatives (v. s^{s} n° 1315.32).

Les créanciers peuvent donc agir par voie de saisie immobilière et exercer leur droit sur ladite quote-part prise dans sa consistance au moment de la mutation ; le commandement devant toutefois définir les droits indivis attachés aux parties privatives saisies.

1421.43 **Indivision forcée.** Le créancier d'un débiteur qui saisit une propriété divise dont l'accès est desservi par une parcelle appartenant en indivision à l'ensemble des propriétaires qui l'utilisent, pourra saisir en même temps les droits divis et la quote-part indivise du chemin. En effet, la jurisprudence décide que, toutes les fois où une dépendance de plusieurs propriétés a été créée ou conservée pour être utilisée en commun en vue de l'exploitation de ces propriétés, il n'y a pas lieu à partage de la dépendance et l'indivision constitue un état normal et perpétuel auquel il ne peut être mis fin que du consentement unanime de tous les propriétaires des biens dont la dépendance constitue l'accessoire[3].

1. Civ. 1re, 9 nov. 1993, n° 91-20.290, P I, n° 314 ; *RTD civ.* 1995. 173, obs. B. Vareille ; *Defrénois* 1994. 435, obs. L. Aynès.
2. Ord. n° 2006-461, 21 avr. 2006, réformant la saisie immobilière, *JO* 22 avr., p. 6072.
3. Civ. 3e, 12 mars 1969, *D.* 1969. 587 – Civ. 1re, 12 févr. 1985, n° 84-10.301, P I, n° 58.

1421.44 Achat d'un immeuble en tontine. L'immeuble acheté par deux personnes peut être grevé d'une clause d'accroissement, dite clause de tontine, qui stipule que le survivant sera réputé rétroactivement seul propriétaire de la totalité, depuis la date de l'acquisition. La jurisprudence avait décidé en 1986 que la clause n'emportait pas création d'une indivision entre les propriétaires[1]. Un arrêt de 1997 a également exclu d'agir par voie de saisie immobilière : le créancier ne pouvant agir que sur un droit de propriété privatif, le commandement de saisie portant sur l'immeuble grevé d'une clause de tontine a été annulé, la condition suspensive de survie n'étant pas réalisée à la date de délivrance du commandement[2]. Le débiteur ne dispose ni d'un droit de propriété privative sur le bien saisi, ni d'un droit indivis et toute voie d'exécution est donc exclue[3]. Les bénéficiaires n'ont que des droits conditionnels, susceptibles d'hypothèque, mais insaisissables (la jurisprudence parle parfois de droits concurrents et d'indivision en « *jouissance* »[4]).

2°
Droit de saisir malgré l'existence d'une indivision

1421.51 Hypothèque consentie par tous les coïndivisaires *in bonis*. Si une constitution d'hypothèque a été consentie par tous les coïndivisaires (C. civ., anc. art. 2125, al. 2[5]), le créancier pourra pratiquer une saisie immobilière sur le bien[6]. Avant la réforme de la saisie immobilière, si tous n'étaient pas débiteurs ou engagés solidairement à l'égard de ce créancier, celui-ci devait signifier aux coïndivisaires débiteurs un commandement de saisie immobilière portant sur leurs droits indivis et, parallèlement, il devait agir suivant la procédure à tiers détenteur contre les autres ; la validité de ces deux saisies parallèles de droits indivis était réalisée par le dépôt d'un seul cahier des charges tendant à la vente de la pleine propriété du bien en indivision. Le raisonnement est transposable à la nouvelle procédure de saisie immobilière issue de l'ordonnance du 21 avril 2006[7] et du décret du 27 juillet 2006[8] ; toutefois, le créancier devra signifier un commandement de payer valant saisie au débiteur ainsi qu'aux coïndivisaires garants, et non utiliser la procédure à tiers acquéreur qui n'est ouverte qu'au créancier qui agit en vertu d'un droit de suite (v. s[s] n°s 1332.04 s.).

1421.52 Créanciers antérieurs. En vertu de l'article 815-17 alinéa 1er C. civ., les créanciers qui auraient pu agir sur les biens indivis avant qu'il y ait eu indivision et ceux dont la créance résulte de la conservation de la gestion des biens indivis sont payés par prélèvement sur l'actif avant partage ; ils peuvent en outre poursuivre la saisie et la vente de biens indivis. Ainsi, le bien commun, devenant indivis à la suite d'un divorce ou d'un décès, continuera à servir de gage aux créanciers dont la créance avait pris naissance avant l'indivision post-communautaire ou successorale[9].

1421.53 Procédure collective ouverte à l'encontre de l'un des coïndivisaires. La même solution est appliquée lorsque la procédure collective ouverte à l'encontre d'un indivisaire est antérieure à l'événement qui rend l'indivision opposable aux tiers (ouverture de la succession ou retranscription du jugement de divorce). Le créancier pourra faire valoir les droits qu'il tient de l'article 815-17 alinéa 1er C. civ. après l'ouverture de la procédure collective de l'un des indivisaires sans avoir à déclarer sa créance, qu'il s'agisse d'un indivisaire dont la créance résulte de la conservation ou de la gestion des biens indivis[10], comme des créanciers qui auraient pu agir sur les biens indivis avant la naissance de l'indivision[11] (v. aussi s[s] n° 1411.123 – pour le liquidateur, v. s[s] n° 1421.111).

1421.54 Partage réalisé. Il n'y a plus d'indivision si un partage, même amiable, a déjà été réalisé[12].

1. Cass., ch. mixte, 27 nov. 1970, n° 68-10.452, P, n° 3 ; *D.* 1971. Jur. 81, note Lindon ; *RTD civ.* 1971. 400, obs. R. Sabatier, et 671, obs. R. Nerson – Civ. 1re, 11 janv. 1983, n° 81-16.307, P I, n° 15 – Civ. 1re, 27 mai 1986, n° 85-10.031, P I, n° 140 ; *D.* 1987. 139, note Morin ; *JCP* 1987. II. 20763, note M. Dagot ; *RTD civ.* 1987. 382, obs. J. Patarin.
2. Civ. 1re, 18 nov. 1997, n° 95-20.842, P I, n° 315 ; *JCP* 1998. II. 10051, p. 605.
3. C. Grimaldi, « Mystérieuse tontine », *Mél. Champenois*, Defrénois, 2012, p. 417.
4. Civ. 1re, 9 févr. 1994, n° 92-11.111, P I, n° 60 ; *D.* 1994. 417 ; *D.* 1995. Somm. 51, obs. M. Grimaldi ; *JCP* 1995. I. 3876, obs. R. Le Guidec ; *RTD civ.* 1994. 151, obs. F. Zenati ; *RTD civ.* 1995. 159 et 165, obs. J. Patarin.
5. C. civ., art. 2414 (mod. par Ord. n° 2006-346, 23 mars 2006).
6. Civ. 1re, 20 nov. 1990, n° 89-13.876, P I, n° 259 ; *RTD civ.* 1992. 147, obs. F. Zenati ; *Gaz. Pal.* 1991. 2. Somm. 256, obs. M. Véron – Civ. 1re, 14 juin 2000, n° 98-10.577, P I, n° 182 ; *D.* 2000. 318, obs. A. Lienhard ; *D.* 2001. 696, obs. L. Aynès – Civ. 1re, 28 juin 2005, n° 02-20.452, P I, n° 283 ; *JCP* 2005. I. 185, n° 14, obs. Ph. Delebecque ; *JCP N* 2006. 1025, note V. Brémond. – Est considérée consentie par tous les indivisaires, l'affectation hypothécaire sur les biens communs, signée par l'épouse autorisée à agir pour le compte de la communauté : Civ. 1re, 14 mai 2018, n°s 16-26.378 et 17-11.424, P I, n° 93.
7. Ord. n° 2006-461, 21 avr. 2006, réformant la saisie immobilière, *JO* 22 avr., p. 6072.
8. Décr. n° 2006-936, 27 juill. 2006, relatif aux procédures de saisie immobilière et de distribution du prix d'un immeuble, *JO* 29 juill., p. 11316.
9. Civ. 1re, 29 nov. 1994, n° 93-11.317, P I, n° 350 – Civ. 1re, 13 déc. 2005, n° 02-17.778, P I, n° 494 ; *D.* 2006. 302, obs. A. Lienhard.
10. Com. 2 juin 2015, n° 12-29.405, P IV, n° 96 ; *D.* 2015. 1270 ; *AJ fam.* 2015. 546, obs. J. Casey ; *RTD civ.* 2015. 905, obs. W. Dross ; *RTD com.* 2015. 747, obs. A. Martin-Serf.
11. Civ. 1re, 13 déc. 2005, n° 02-17.778, P I, n° 494 ; *D.* 2006. AJ 302, obs. A. Lienhard.
12. Civ. 1re, 25 févr. 1986, n° 84-13.738, P I, n° 35.

§ 2
Nature des droits

1421.61 **Des droits de même nature.** Il n'existe d'indivision qu'entre les titulaires de droits de même nature. L'indivision instaure en effet le concours de plusieurs droits de même nature sur le même objet. Pluralité de titulaires de mêmes droits, l'indivision exclut un concours de droits de nature différente, ainsi entre un nu-propriétaire et un usufruitier. Depuis la loi du 6 juillet 1987 [1], destinée à améliorer la situation des conjoints survivants, lorsque ceux-ci sont bénéficiaires de droits en usufruit dans la succession de leur époux prédécédé et que la nue-propriété du bien grevé fait l'objet d'une indivision entre les héritiers, l'article 815-5 alinéa 2 du Code civil (inchangé à la suite de l'entrée en vigueur de L. 23 juin 2006 [2]) interdit désormais au juge d'ordonner la vente de la pleine propriété d'un bien grevé d'usufruit contre la volonté de l'usufruitier. Auparavant, il était admis de provoquer la licitation, non parce qu'existait une indivision entre des droits de même nature mais parce que la licitation paraissait le seul moyen de déterminer l'assiette de l'usufruit et de protéger les deux parties. La licitation globale était une extension de la licitation des seuls droits indivis qui n'apparaissait pas satisfaisante pécuniairement. Depuis 1987, malgré l'intérêt économique réduit qu'il y a à liciter des droits de nue-propriété en présence d'un usufruitier, c'est la seule voie qui sera ouverte au créancier d'un indivisaire nu-propriétaire s'il entend agir en exécution contre son débiteur.

1421.62 **Des droits réels.** Parce que l'indivision s'entend de la coexistence de droits de même nature sur un même bien, elle peut ne porter que sur une partie des droits des intéressés. Ainsi, une personne peut être usufruitière et nue-propriétaire en indivision avec d'autres ; dans ce cas, il existera une indivision entre les intéressés quant à la nue-propriété et la licitation de la seule nue-propriété pourra être demandée en justice [3]. Cette situation est fréquente à l'issue du décès d'un époux marié en communauté lorsque le conjoint survivant a opté pour une part en nue-propriété et le reste en usufruit. Une indivision peut encore exister entre le droit d'usage et d'habitation et le droit de jouissance du propriétaire [4].

1. L. n° 87-498, 6 juill. 1987, modifiant le deuxième alinéa de l'article 815-5 du Code civil relatif à la vente d'un bien grevé d'usufruit, *JO* 7 juill., p. 7391.
2. L. n° 2006-728, 23 juin 2006, portant réforme des successions et des libéralités, *JO* 24 juin, p. 9513.
3. Civ. 1re, 6 févr. 1996, n° 94-12.085, P I, n° 64 ; *RTD civ.* 1996. 683, obs. J. Patarin ; 1997. 172, obs. F. Zenati ; *RDI* 1997. 205, obs. J.-L. Bergel.

SECTION 2
CRÉANCIERS

1421.71 **Droit à agir des créanciers.** Le droit de provoquer le partage pour faire cesser l'indivision appartient non seulement aux indivisaires mais également à leurs créanciers qui exerceront l'action oblique. Le droit pourra être mis en œuvre par un créancier isolé comme par le liquidateur lorsque l'indivisaire est soumis à une procédure collective, et en cas d'inaction de sa part, par les créanciers de l'article L. 643-2 C. com.

§ 1
Exercice de l'action oblique

1421.81 **Le créancier exerce un droit appartenant à son débiteur.** Le droit pour les créanciers d'un indivisaire de provoquer le partage résulte des dispositions de l'article 815-17 C. civ. issu de la loi du 31 décembre 1976 [5] (inchangé à la suite de l'entrée en vigueur de L. 23 juin 2006 [6], portant réforme des successions et des libéralités) et de l'article 1873-15 C. civ. L'existence de textes propres fondant ce droit à agir ne doit pas faire perdre de vue le fait que les créanciers exercent un droit appartenant à leur débiteur et qu'ils ne peuvent exercer ce droit que tout autant que leur débiteur refuse d'en faire usage et que leur intérêt est compromis [7]. On verra, toutefois, que le créancier dans ce cas ne sera pas soumis à toutes les dispositions procédurales applicables au débiteur (v. ss n° 1422.42).

A.
Textes

1421.91 **Indivisions légale et conventionnelle.** L'article 815-17 alinéa 2 C. civ. dispose que « *les créanciers personnels d'un indivisaire ne peuvent saisir sa part dans les biens indivis meubles ou immeubles* » [8], ni prendre aucune mesure ayant pour effet de rendre cette part indisponible [9]. Ils ont toutefois la faculté

4. Civ. 3e, 7 juill. 2016, n° 15-10.278, P III, n° 93 ; *D.* 2016. 2263, note F. Julienne.
5. L. n° 76-1286, 31 déc. 1976, relative à l'organisation de l'indivision, *JO* 1er janv. 1977, p. 19.
6. L. n° 2006-728, 23 juin 2006, préc.
7. Civ. 1re, 17 mai 1982, n° 81-12.312, P I, n° 176 – Civ. 1re, 11 mars 2003, n° 01-12.170, P I, n° 65 – Civ. 1re, 23 mai 2006, n° 05-18.065, P I, n° 263.
8. Civ. 1re, 20 oct. 1982, n° 81-15.560, P I, n° 297 – Civ. 1re, 1er déc. 1999, n° 97-20.965, P I, n° 331 ; *JCP* 2000. I. 278, n° 6, obs. R. Le Guidec, 2e esp.
9. Civ. 1re, 15 juill. 1999, n° 97-14.361, P I, n° 243 ; *JCP* 2000. I. 278, n° 6, obs. R. Le Guidec, 1re esp. – Civ. 2e, 4 oct. 2001, n° 00-11.126, NP ; *RTD civ.* 2002. 150, obs. R. Perrot.

de provoquer le partage[1] ou d'intervenir dans le partage provoqué par leur débiteur. De même, l'article 1873-15 alinéa 1er C. civ., applicable dans l'hypothèse d'une convention d'indivision, indique que : « *L'article 815-17 est applicable aux créanciers de l'indivision, ainsi qu'aux créanciers personnels des indivisaires* ». L'alinéa 2 ajoute que les créanciers personnels des indivisaires « *ne peuvent provoquer le partage que dans les cas où leur débiteur pourrait lui-même le provoquer* ».

Ainsi, qu'il s'agisse d'une indivision légale ou conventionnelle, les créanciers ont le droit de demander le partage.

B.
Limites du droit à agir

1421.101 Les créanciers n'ont pas plus de droits que leur débiteur. Avant la loi du 31 décembre 1976, l'article 2205 C. civ. (devenu C. pr. exéc., art. L. 322-7[2]) autorisait les créanciers à provoquer le partage s'ils le jugeaient convenable. La doctrine comme la jurisprudence considéraient déjà que cette disposition ne concédait pas aux créanciers personnels des indivisaires un droit propre mais constituait une simple application de l'article 1166 C. civ. (devenu C. civ., art. 1341-1, Ord. 10 févr. 2016[3]), lequel autorise les créanciers à exercer tous les droits et actions de leur débiteur. La loi de 1976 confirme cette analyse, qui n'a pas été remise en cause par la loi nº 2006-728 du 23 juin 2006, portant réforme des successions et des libéralités : l'article 815-17 alinéa 3 C. civ. dispose que les créanciers d'un indivisaire provoquent le partage « *au nom de leur débiteur* ». L'article 1873-15 du même code, applicable aux indivisions conventionnelles, indique que les créanciers ne peuvent « *provoquer le partage que dans les cas où leur débiteur pourrait lui-même le provoquer* ». Le droit des créanciers personnels d'un indivisaire, quelle que soit l'origine de l'indivision, n'est donc qu'une application de l'action oblique. Il en résulte que les créanciers ne peuvent avoir plus de droits que leur débiteur.

Ainsi, ils ne pourront provoquer la licitation que si les biens ne sont pas commodément partageables en nature[4]. Le sursis au partage, qui aura été ordonné par le tribunal sur le fondement de l'article 820 C. civ., leur sera opposable[5]. De même, lorsqu'un héritier est débiteur envers la succession de sommes supérieures à sa part héréditaire, il ne peut lui être fait dans le partage aucune attribution ; en conséquence ses créanciers personnels, agissant par l'action oblique, ne pourront agir en licitation-partage[6].

§ 2
Liquidateur

1421.111 Position du problème. Il est fréquent qu'un débiteur en redressement ou en liquidation judiciaire soit propriétaire indivis, soit en cas d'acquisition d'un bien par des associés de fait, soit parce que le débiteur, marié sous le régime de la séparation de bien, a acquis des biens en indivision avec son conjoint, soit encore, parce que marié en communauté, il a divorcé et que le partage n'est pas encore réalisé. Dans de tels cas, se pose le problème de l'application harmonieuse de deux corps de règles, celles relatives aux procédures collectives et celles régissant l'indivision. S'agissant des immeubles, quel sort réserver à ces biens ? Que peut faire le liquidateur[7], et en cas d'inaction de sa part, les créanciers titulaires d'un privilège spécial, d'un gage, d'un nantissement ou d'une hypothèque retrouvant leur droit de poursuite individuelle (C. com., art. L. 643-3) ?

1421.112 Solutions. Le Code de commerce ne contient pas de dispositions spécifiques et, faute de règles particulières, doctrine et jurisprudence en ont déduit l'application du droit commun de l'indivision[8]. Mais encore faut-il distinguer le moment où l'indivision devient opposable à la procédure collective.

Si l'indivision est antérieure à la procédure collective, le liquidateur ne pourra qu'entreprendre la licitation-partage[9]. Les dispositions de l'article 215 C. civ. concernant le logement familial étant inopposables

1. Paris, 20 nov. 1984, *JCP* 1986. II. 20584, note M. Dagot.
2. Ord. nº 2011-1895, 19 déc. 2011, relative à la partie législative du Code des procédures civiles d'exécution, *JO* 20 déc., p. 21464.
3. Ord. nº 2016-131, 10 févr. 2016, portant réforme du droit des contrats, du régime général et de la preuve des obligations, *JO* 11 févr., texte nº 26.
4. Paris, 16 oct. 1987, *D.* 1988. 302, note A. Breton – Paris, 20 nov. 1984, *JCP* 1986. II. 20584, note M. Dagot.
5. Civ. 1re, 6 févr. 1996, nº 93-21.320, NP.
6. Civ. 1re, 14 déc. 1983, nº 82-14.725, P I, nº 300 ; *D.* 1984. 310, note A. Breton ; *RTD civ.* 1985. 191, obs. J. Patarin.
7. P.-M. Le Corre, Dalloz action *Droit et pratique des procédures collectives*, 2025/2026 , nº 561.41 s.
8. V. Navarre-Laroche, « Le sort de l'immeuble indivis hypothéqué dans la liquidation judiciaire (ou les droits du créancier hypothécaire du débiteur *in bonis*) », *Gaz. Pal.* 19-20 avr. 2000. Doctr. 19.
9. Civ. 1re, 20 déc. 1993, nº 92-11.189, P I, nº 378 ; *D.* 1994. 358, note F. Derrida et A. Honorat ; *D.* 1995. 339, obs. F. Lucet ; *RTD civ.* 1994. 393, obs. J. Patarin ; 895, obs. F. Zenati ; *JCP* 1994. I. 3799 (v. ss nos 1411.123 s.) – COMP. : Com. 28 nov. 2000, nº 98-10.145, NP ; *RJPF* 2001, nº 3, p. 18, obs. F. Vauvillé – Paris, 29 mai 2001, *D.* 2001. AJ 2891 – Orléans, 18 oct. 2001, *Juris-Data* nº 166565 – Paris, 12 févr. 2002, *Juris-Data* nº 175539 – Com. 3 oct. 2006, nº 05-16.463, P IV, nº 194 ; *D.* 2006. 2602, obs. A. Lienhard ; *JCP* 2007. I. 142, nº 29, obs. A. Tisserand-Martin – Com. 22 janv. 2013, nº 11-24.733, NP.

aux créanciers sous peine de frapper les biens d'une insaisissabilité contraire à la loi, lorsque des époux sont propriétaires indivis de leur logement familial et que l'un d'eux a été mis en liquidation judiciaire, le liquidateur, qui a été autorisé par le juge-commissaire à procéder à la vente du logement, peut provoquer par la voie de l'action oblique le partage de l'indivision conventionnelle des époux portant sur ce logement et solliciter la licitation dès lors que le partage ne peut être réalisé en nature[1]. En revanche, si le liquidateur agit en partage de l'indivision sur le fondement de l'article 815 C. civ. en tant que représentant de l'époux débiteur dessaisi, il devra respecter les dispositions de l'article 215 C. civ. qui supposent de recueillir le consentement de l'époux coïndivisaire *in bonis*[2].

La licitation de l'immeuble indivis, qui est l'une des opérations de liquidation et partage de l'indivision préexistante au jugement d'ouverture de la liquidation judiciaire échappe aux règles applicables en matière de réalisation des actifs de la procédure collective. Ainsi, en présence d'une demande de maintien dans l'indivision et d'attribution préférentielle de l'immeuble formée par un des indivisaires, la licitation ne pourra être ordonnée qu'après examen de ces demandes[3].

Si le bien devient indivis après l'ouverture de la procédure collective, le liquidateur conserve le droit de poursuivre la saisie et la vente de l'immeuble puisqu'il représente des créanciers qui « *auraient pu agir sur les biens indivis avant qu'il y eût indivision* », en vertu de l'article 815-17 C. civ.[4]. Dans ce cas, c'est le juge-commissaire qui autorise la vente. Tout se passe comme si l'indivision était inopposable, comme si elle n'existait pas. Lorsque l'indivision naît du divorce d'un couple, il faut encore être attentif à la date de transcription du jugement. En effet, c'est seulement à ce moment-là que le divorce et donc l'indivision des biens des époux sera opposable aux tiers, et donc au liquidateur[5].

Toutefois, si un créancier du débiteur en liquidation judiciaire est également créancier de son conjoint *in bonis*, ou des autres coïndivisaires également *in bonis*, ce créancier serait en droit d'agir par voie de saisie immobilière à l'encontre des coïndivisaires, sur le fondement de l'article 815-17 alinéa 1er C. civ. (sur cette question, v. ss nos **1421.51 s.**).

1. Paris, 2e ch., sect. A, 9 mars 1992, *D.* 1992. 149 – Paris, 2 déc. 1995, *RJDA* 1996, no 706.
2. Civ. 1re, 3 avr. 2019, no 18-15.177, P ; *RTD civ.* 2019. 613, obs. W. Dross. *ibid.* 640, obs. B. Vareille ; *Rev. proc. coll.* mai-juin 2020, no 87, obs. C. Lisanti ; *Gaz. Pal.* 2019, no 25, p. 75, note L. Antonini-Cochin.
3. Com. 20 sept. 2017, no 16-14.295, P IV, no 124 ; *Gaz. Pal.* 16 janv. 2018, no 2, p. 78, note L. Antonini-Cochin ; *JCP E* 2017. Chron. 1688, no 3, note A. Tehrani, qui casse un arrêt qui pour écarter les demandes d'un indivisaire fondées sur les articles 822 et 831-2 C. civ., retient que ces dispositions ne sont pas applicables lorsque le bien concerné est soumis à une vente forcée qui intervient en exécution des dispositions spéciales, d'ordre public, relatives à la procédure collective.
4. Civ. 1re, 21 mai 1997, no 95-14.102, P I, no 163 ; *JCP* 1997. I. 4054, no 15, obs. Ph. Pétel – Com. 18 févr. 2003, no 00-13.100, P IV, no 22 ; *D.* 2003. Somm. 1620, obs. P.-M. Le Corre ; *D.* 2003. 766, obs. A. Lienhard.
5. AINSI, si un jugement de divorce n'est transcrit que postérieurement à l'ouverture de la procédure collective, l'immeuble dépendant de la communauté est entré dans le gage commun des créanciers de celle-ci avant que l'indivision ne leur soit opposable : Com. 27 sept. 2016, no 15-10.428, P IV, no 122 ; *Personnes et famille*, nov. 2016, p. 24, note A. Cerati-Gauthier.

CHAPITRE

1422. Procédure de licitation-partage

ANNE LEBORGNE
PROFESSEUR ÉMÉRITE D'AIX-MARSEILLE UNIVERSITÉ

SECTION 0
ORIENTEUR

1422.00 Sommaire du chapitre.

Division. La procédure de licitation-partage fait suite à l'action en partage (sect. 1) et mène à la réalisation de la vente (sect. 2).

1422.01 Textes applicables.
Avant 2007, les textes applicables se trouvaient dans l'ancien Code de procédure civile (ACPC, livre II, titre VII, art. 966 à 985) qui opérait des renvois aux articles 1271 à 1281 du [Nouveau] Code de procédure civile (C. pr. civ.), relatifs à la vente des immeubles appartenant à des mineurs et majeurs en tutelle (C. pr. civ., livre III, titre II, chap. IV).

La réforme de la procédure de saisie immobilière, opérée par l'ordonnance du 21 avril 2006[1], et celle du droit des successions, opérée par la loi du 23 juin 2006[2], ont eu des conséquences sur les dispositions réglementant la procédure de licitation-partage.

L'article 39 de la loi du 23 juin 2006 a abrogé les articles 941 à 1002 ACPC, à compter du 1er janvier 2007, et donc, notamment, les articles 966 à 985 qui concernaient la vente des immeubles sur licitation.

Par ailleurs, le décret du 23 décembre 2006[3] a complété le chapitre II du titre III du livre III du [Nouveau] Code de procédure civile, renommé Code de procédure civile (C. pr. civ.)

1. Ord. no 2006-461, 21 avr. 2006, réformant la saisie immobilière, *JO* 22 avr., p. 6072.
2. L. no 2006-728, 23 juin 2006, portant réforme des successions et des libéralités, *JO* 24 juin, p. 9513.
3. Décr. no 2006-1805, 23 déc. 2006, relatif à la procédure en matière successorale et modifiant certaines dispositions de procédure civile, *JO* 31 déc., p. 20370.

par la loi du 20 décembre 2007[1], en introduisant des dispositions intéressant le partage judiciaire et la licitation ; il s'agit des articles 1359 à 1378 et spécialement, pour la licitation, des articles 1377 et 1378 C. pr. civ. Selon l'article 1377, « *le tribunal ordonne, dans les conditions qu'il détermine, la vente par adjudication des biens qui ne peuvent être facilement partagés ou attribués. La vente est faite, pour les immeubles, selon les règles prévues aux articles 1271 à 1281* [...] ».

Antérieurement, les articles 1278 et 1279 C. pr. civ. avaient été modifiés par le décret du 27 juillet 2006[2].

En outre, par application de la loi du 12 mai 2009[3] et du décret n° 2009-1591 du 17 décembre 2009[4], le juge aux affaires familiales est désormais compétent en matière de liquidation et partage des intérêts patrimoniaux des époux ainsi que du partage des indivisions entre concubins et entre partenaires liés par un pacte civil de solidarité. Les nouvelles dispositions sont applicables aux demandes en justice formées depuis le 1er janvier 2010[5].

1422.05 **Application de la loi dans le temps : combinaison des articles 47, II de la loi du 23 juin 2006 et 168 du décret du 27 juillet 2006.** Selon l'article 47, II de la loi du 23 juin 2006, lorsque l'instance a été introduite avant l'entrée en vigueur de la présente loi, l'action est poursuivie et jugée conformément à la loi ancienne. Cette loi s'applique également en appel et en cassation. Ainsi, dès lors que l'assignation-partage aura été délivrée avant le 1er janvier 2007, toute la procédure de licitation devrait être menée conformément à la loi ancienne, la licitation n'étant que la phase finale d'une action en partage.

Par ailleurs, selon l'article 168 du décret du 27 juillet 2006[6], la réforme de la saisie immobilière n'est pas applicable « *aux procédures de saisies immobilières ayant donné lieu, avant le 1er janvier 2007, au dépôt du cahier des charges prévu à l'article 688 de l'ancien Code de procédure civile* ». En 2012, la Cour de cassation a jugé que la réforme de la saisie immobilière n'était pas applicable aux procédures de licitation « *ayant donné lieu, avant le 1er janvier 2007, au dépôt du cahier des charges de l'article 688, peu important que la procédure de partage en cours demeure soumise aux dispositions du Code civil antérieures à la loi du 23 juin 2006* »[7].

1. L. n° 2007-1787, 20 déc. 2007, relative à la simplification du droit, *JO* 21 déc., p. 20639.
2. Décr. n° 2006-936, 27 juill. 2006, relatif aux procédures de saisie immobilière et de distribution du prix d'un immeuble, *JO* 29 juill., p. 11316.
3. L. n° 2009-526, 12 mai 2009, de simplification et de clarification du droit et d'allègement des procédures, *JO* 13 mai, texte 1.
4. Décr. n° 2009-1591, 17 déc. 2009, relatif à la procédure devant le juge aux affaires familiales en matière de régimes matrimoniaux et d'indivisions, *JO* 20 déc., texte 10.
5. V. Circ. n° CIV/10/10, 16 juin 2010, *D.* 2011. Pan. 1107, obs. M. Douchy-Oudot.
6. Décr. n° 2006-936, 27 juill. 2006, préc.

1422.06 **Définition et juridiction compétente.** C'est une procédure qui met fin à l'indivision du bien par la vente aux enchères publiques lorsque le partage en nature s'avère mal aisé. Pour pouvoir l'entreprendre, le créancier va tout d'abord assigner devant le tribunal de grande instance (TGI), devenu tribunal judiciaire (TJ) depuis le 1er janvier 2020, en licitation-partage[8] et, s'il est fait droit à sa demande, le bien sera vendu selon une procédure qui emprunte à celle de la saisie immobilière de droit commun. Plus particulièrement, lorsque l'indivision concerne des époux, des partenaires liés par un pacte civil de solidarité ou des concubins, c'est le juge aux affaires familiales (JAF) qui est compétent en matière de partage des intérêts patrimoniaux, sur le fondement de l'article L. 213-3, 2° du COJ, sans que sa compétence soit subordonnée à la séparation des époux[9].

Le juge de l'exécution (JEX) n'est donc pas compétent en matière de licitation-partage.

SECTION 1
ACTION EN PARTAGE

1422.11 **Une action en justice.** Les créanciers, agissant en application de l'article 815-17 alinéa 3 C. civ., vont provoquer le partage au nom de leur débiteur. Dans un tel cas, le partage sera ordonné en justice. Il appartient donc aux créanciers de saisir le tribunal d'une assignation en partage. Lorsque le partage en nature est malaisé, le jugement ordonnera la licitation, qui pourra avoir lieu soit devant notaire soit devant le tribunal judiciaire à l'audience des criées conformément aux dispositions des articles 1271 s. C. pr. civ.

1422.12 **Règles de compétence territoriale.** Si l'indivision est d'origine **conventionnelle**, le tribunal compétent sera, au choix du demandeur, le tribunal du lieu où demeure l'un d'eux, conformément aux dispositions de l'article 42 alinéa 2 C. pr. civ. La jurisprudence analyse toutefois l'action en partage comme une **action mixte** (car une telle demande tend à la détermination du droit privatif du coïndivisaire sur le bien qui sera mis dans son lot[10]) – c'est-à-dire une action qui porte à la fois sur un droit personnel et sur un droit réel –, de telle sorte que la décision qu'elle a pour objet de provoquer en ce qui concerne l'existence du droit personnel a pour effet

7. Civ. 2e, 12 avr. 2012, n° 11-12.480, NP.
8. La demande en licitation d'un bien indivis ne peut être formée qu'à l'occasion d'une instance en partage judiciaire : Civ. 1re, 15 juin 2017, n° 16-16.031, P I, n° 148 ; *D.* 2017. Actu. 1303.
9. Civ. 1re, 1er juin 2017, n° 15-28.344, P I, n° 125 ; *D.* 2017. 2012, note N. Pierre et S. Pierre-Maurice.
10. Civ. 1re, 18 mai 1976, n° 74-13.892, P I, n° 171.

virtuel de résoudre la question de l'existence du droit réel[1] ; ce qui permet également au demandeur d'assigner devant le TJ du lieu de situation de l'immeuble (C. pr. civ., art. 46).

Si l'indivision est d'origine **successorale**, le tribunal compétent sera celui du lieu d'ouverture de la succession (C. pr. civ., art. 45, et C. civ., art. 841).

Si l'indivision fait suite à un **divorce entre époux communs en biens**, le juge compétent sera celui du prononcé du jugement. Pour les indivisions entre concubins ou partenaires pacsés, le juge compétent est celui du lieu où réside celui qui n'a pas pris l'initiative de la procédure (C. pr. civ., art. 1070) et les demandes obéissent aux règles de la procédure en matière contentieuse applicables devant le TJ (C. pr. civ., art. 1136-1)[2].

Division. Seront étudiés l'assignation en partage (§ 1) et le jugement de partage (§ 2).

§ 1
Assignation en partage

1422.21 Particularités. Le créancier délivre la requête à tous les coïndivisaires, selon la procédure ordinaire du tribunal judiciaire, ce qui signifie que le ministère d'avocat est obligatoire. Cette assignation n'a pas à être publiée. Le contenu de cet acte introductif d'instance est en outre particulier.

A.
Procédure et formalités

1422.31 Destinataires. L'action est nécessairement formée contre tous les coïndivisaires. Le partage auquel un copartageant n'aurait pas participé sera nul, la présence de tous les coïndivisaires étant une condition substantielle de la validité du partage[3].

1422.32 Procédures de partage soumises aux dispositions du Code de procédure civile : combinaison de la réforme de la saisie immobilière et de la réforme du droit des successions : une assignation enrôlée. Les dispositions applicables sont issues du décret du 23 décembre 2006[4] qui a ajouté dans le Code de procédure civile, au chapitre relatif aux successions et aux libéralités, une section VI consacrée au partage (C. pr. civ., art. 1358 à 1378).

Selon l'article 1359 C. pr. civ., dans sa rédaction issue du décret du 18 septembre 2019[5], « *en cas de pluralité d'assignations, le demandeur au partage est celui qui a fait en premier enrôler son assignation au greffe du tribunal judiciaire* ».

1422.33 Absence de publication de l'assignation. La question est parfois posée de savoir si cette assignation doit être publiée au service de la publicité foncière et encore si cette publication produirait des effets. À notre sens, il s'agit d'un faux débat. En effet, l'assignation en licitation-partage ne fait pas partie des actes soumis à publicité au titre des dispositions de l'article 28 du décret du 4 janvier 1955 ; la publication n'est donc pas obligatoire.

Quels effets pourraient cependant emporter une publication volontaire ? On pourrait penser qu'en rendant opposable aux tiers la procédure de licitation-partage, toutes autres actions tendant à la mutation du bien concerné seraient paralysées. Mais la vente sur licitation-partage n'emporte pas purge des hypothèques (v. s[s] n° 1423.31) et ne saurait en conséquence interdire l'exercice d'une saisie immobilière. Il paraît donc inutile de publier une assignation en licitation-partage, sauf à informer d'éventuels autres créanciers de la situation, afin d'éviter une seconde procédure.

B.
Contenu de l'assignation

1422.41 Mentions relatives à l'immeuble. N'ayant pas à être publiée au service de la publicité foncière l'assignation n'a pas à comporter les mentions nécessaires à cette formalité : ni l'indication du numéro de section ou de plan cadastral, ni la contenance, ni l'origine de propriété ne seraient prescrites à peine de nullité ou d'irrecevabilité. Il est bien évidemment préférable, le créancier devant antérieurement requérir ces précisions des services compétents, d'en faire d'ores et déjà état dans le corps ou à tout le moins le dispositif de l'assignation.

L'indication de l'immeuble concerné devra, en tout état de cause, être suffisamment précise pour qu'aucun des indivisaires concernés ne puisse se méprendre sur l'objet du procès.

1422.42 Procédures de partage soumises aux dispositions du Code de procédure civile : combinaison de la réforme de la saisie immobilière et de la réforme du droit des successions. L'assignation va contenir la proposition de mise à prix et les condi-

1. Civ. 6 juill. 1952, *DP* 1926. 1. 25, note Crémieu.
2. V. Circ. n° CIV/10/10, 16 juin 2010.
3. Req. 21 mars 1922, *DP* 1923. 1. 60 – Pau, 16 nov. 1988, *Gaz. Pal.* 1986. 1. 379.
4. Décr. n° 2006-1805, 23 déc. 2006, relatif à la procédure en matière successorale et modifiant certaines dispositions de procédure civile, *JO* 31 déc., p. 20370.
5. Décr. n° 2019-966, 18 sept. 2019, portant substitution du tribunal judiciaire au tribunal de grande instance et au tribunal d'instance […], *JO* 19 sept., texte 7 (en vigueur au 1er janv. 2020).

tions essentielles de la vente, et le demandeur aura intérêt à préciser les modalités de la publicité souhaitées. En principe, selon l'article 1360 C. pr. civ., l'assignation en partage doit contenir, à peine d'irrecevabilité [1], un descriptif sommaire du patrimoine à partager et précise les intentions du demandeur quant à la répartition des biens ainsi que les diligences entreprises en vue de parvenir à un partage amiable. L'omission dans l'assignation en partage de tout ou partie des mentions de l'article 1360 C. pr. civ. est susceptible d'être régularisée si sa cause a disparu au moment où le juge statue, conformément à l'article 126 C. pr. civ. [2] Mais lorsqu'aucune diligence n'a été entreprise, la fin de non-recevoir n'est pas susceptible d'être régularisée [3].

La Cour de cassation juge toutefois que, dès lors que le créancier agit en vertu de l'article 815-17 alinéa 3 C. civ., il ne dispose que de la faculté de provoquer le partage au nom du débiteur ; en conséquence, les dispositions de l'article 1360 C. pr. civ. imposant de préciser les diligences entreprises en vue de parvenir à un partage amiable, ne sont pas applicables à l'action oblique en partage [4].

§ 2
Jugement de partage

1422.50 **Déroulement. Plan.** Le tribunal va tout d'abord apprécier le bien-fondé de la demande (A) avant de déterminer les modalités du partage (B) en nature ou sur licitation (C. pr. civ., art. 1361).

A.
Examen du bien-fondé de la demande

1°
Conditions pour agir

1422.61 **Droit à agir.** Le partage ne pourra être ordonné que tout autant que le bien sera en indivision (v. s[s] n°s 1421.10 s. et spéc. n° 1421.54). Le tribunal devra encore préalablement vérifier et purger toute contestation relative à l'existence et à l'exigibilité de la créance.

Exerçant une action oblique, le créancier ne sera par ailleurs recevable à agir en partage que tout autant que le coïndivisaire au nom duquel il agit le serait (v. s[s] n°s 1421.81 s.).

1422.62 **Absence d'abus.** Le tribunal pourra encore apprécier si la demande formée par le créancier n'est pas abusive. Avant 1976, le droit de demander le partage était analysé comme un droit discrétionnaire, insusceptible d'abus [5]. L'article 1873-3 C. civ. contient aujourd'hui une référence explicite à l'éventuel abus du demandeur au partage : lorsque la convention est conclue pour une durée déterminée, « *le partage ne peut être provoqué avant le terme convenu qu'autant qu'il y en a de justes motifs* » et lorsque la convention est conclue pour une durée indéterminée. Ce texte interdit de provoquer le partage « de *mauvaise foi ou à contretemps* ». Certes, cette disposition ne s'applique pas au créancier, qui ne pourra provoquer le partage lorsqu'existe une convention d'indivision mais, exceptionnellement, saisir et vendre la quote-part indivise ; toutefois on peut imaginer, sous l'inspiration du droit des procédures civiles d'exécution (C. pr. exéc., art. L. 111-7), reprocher à un créancier un abus du droit d'agir en licitation-partage (v. s[s] n°s 1317.13 s.).

2°
Restrictions

1422.71 **Inaction du débiteur.** Pour agir en vertu de l'action oblique, le créancier doit d'abord prouver l'inaction de son débiteur et le fait que celle-ci mette en péril le recouvrement de sa créance [6].

1. Le moyen qui tend à faire déclarer irrecevable une assignation en partage, faute de comporter un descriptif sommaire du patrimoine à partager, de préciser les intentions du demandeur quant à la répartition des biens et d'indiquer les diligences entreprises en vue de parvenir à un partage amiable, constitue une fin de non-recevoir. Sauf dispositions spécifiques, le juge de la mise en état n'est pas compétent pour statuer sur une fin de non-recevoir : Cass., avis, 13 févr. 2012, n° 11-00.008, P, n° 1 ; *BICC* 15 mars 2012, p. 5, rapp. L. Leroy-Gissinger, obs. M. Lathoud ; *Dr. et proc.* 2012. 130, note Poisson – Civ. 1re, 4 janv. 2017, n° 15-25.655, NP ; *AJ fam.* 2017. 208, obs. J. Casey.
2. L'appréciation de la situation ne se déduit pas du seul examen de l'assignation : Civ. 1re, 28 janv. 2015, n° 13-50.049, P I, n° 23 ; *D.* 2015. Pan. 515, obs. I. Guyon-Renard ; *AJ fam.* 2015. 166, obs. J. Casey ; *JCP* 2015. 148, obs. S. Thouret ; *Procédures* 2015, n° 125, obs. M. Douchy-Oudot, dans une espèce où l'assignation contenait un descriptif qui fut jugé suffisant. L'article 1360 C. pr. civ. n'impose pas, en effet, de donner la consistance et la valeur exacte du patrimoine à partager.
3. Cass., ch. mixte, 12 déc. 2014, n° 13-19.684, P, n° 3 (rejet), et les arrêts cités – Civ. 1re, 28 janv. 2015, n° 13-50.049, P I, n° 23 – Civ. 1re, 21 nov. 2016, n° 15-23.250, P I, n° 168 ; *Dr. fam.* 2016, n° 235, note M. Nicod.
4. Civ. 1re, 25 sept. 2013, n° 12-21.272, P I, n° 183 ; *D.* 2013. 2273 ; *AJ fam.* 2013. 714, obs. A. de Guillenchmidt-Guignot ; *RDC* 2014. 204, note R. Libchaber – Civ. 1re, 13 janv. 2016, n° 14-29.534, P I, n° 6 ; *D.* 2016. 779, obs. N. Reboul-Maupin ; *AJDI* 2016. 220 ; *AJ fam.* 2016. 163, obs. J. Casey.
5. Civ. 26 déc. 1866, *DP* 1867. 1. 27 – Nancy, 16 nov. 1961, *JCP* 1964. II. 13477, note P. Voirin.
6. Civ. 1re, 17 mai 1982, n° 81-12.312, P I, n° 176 – Civ. 1re, 11 mars 2003, n° 01-12.170, P I, n° 65 ; *AJ fam.* 2003. 189, obs. S. D.-B. – Civ. 1re, 23 mai 2006, n° 05-18.065, P I, n° 263.

1422.72 **Logement familial.** La licitation-partage est-elle ensuite envisageable lorsque le bien en indivision assure le logement familial ? L'affectation du bien ne peut pas être opposée au créancier qui agit par voie de saisie (v. s[s] n° 1319.132) ; en revanche, le créancier qui exerce l'action oblique ne se verra-t-il pas opposer les arguments qui seraient opposés au coïndivisaire ? Traditionnellement, la jurisprudence a écarté cet argument, quelle que soit l'origine de l'indivision, dès lors qu'il s'agissait d'une vente forcée et parce que sinon le bien serait frappé d'une insaisissabilité non prévue par la loi[1]. Toutefois, la Cour de cassation a jugé en 2019 que l'article 215 alinéa 3 C. civ. était applicable à une demande en partage d'un bien indivis par lequel est assuré le logement de la famille, dans l'hypothèse où la demande était formée par le liquidateur judiciaire d'un époux agissant au lieu et place de l'époux débiteur dessaisi[2].

1422.73 **Paiement par les indivisaires.** En vertu de l'article 815-17 C. civ., lorsque le partage est demandé par le créancier de l'un des indivisaires, les coïndivisaires peuvent arrêter le cours de l'action en acquittant l'obligation au nom et en l'acquit du débiteur. Ceux qui exerceraient cette faculté seront remboursés par prélèvement sur le bien indivis. Les dispositions de l'article 815-17 C. civ. ne permettent cependant pas au coïndivisaire qui désire arrêter le cours de l'action en partage exercée par un créancier d'un autre indivisaire, de contester le montant de la créance en vertu de laquelle le créancier poursuit le partage ; le coïndivisaire est seulement autorisé à en acquitter le montant tel qu'il résulte des titres produits[3]. Cependant, dans l'hypothèse où le coïndivisaire est en liquidation judiciaire, le montant de la dette à acquitter ne pourra être connu qu'après admission définitive des créances au passif. Jusqu'à ce moment, les coïndivisaires ne sont pas en mesure de connaître le montant de la dette qu'ils devraient acquitter pour arrêter l'action en partage du liquidateur et, dès lors, il a été jugé que cette proposition devait être rejetée[4]. Il faut donc constater que l'exception de vérification des créances risque de paralyser momentanément l'exécution de la mission du liquidateur. Le fait que la vérification des créances ne soit pas achevée dans le délai légal devrait alors être un argument opposable aux créanciers prétendant agir sur le fondement de la carence du liquidateur ; dans cette hypothèse, il n'y aura pas carence fautive mais impossibilité momentanée d'agir (v. s[s] n° 1411.61).

3°
Clauses destinées à être insérées au cahier des charges

1422.81 **Clauses d'attribution et de substitution.** Dès cette étape de la procédure, les indivisaires pouvant invoquer un droit d'attribution préférentielle[5] (C. civ., art. 831 s.) pourront s'en prévaloir et mettre ainsi fin à la demande de vente sur licitation du créancier. De même, les indivisaires pouvant se substituer au tiers adjudicataire, cette faculté doit être prévue par le cahier des charges (C. civ., art. 815-5) (v. s[s] n°s 1422.183 et 1422.184).

B.
Modalités du partage

1422.91 **Plusieurs questions se posent.** Le tribunal va tout d'abord apprécier si le partage peut être fait en nature ou si la licitation s'impose (C. pr. civ., art. 1361 et 1377). La vente pourra ensuite être ordonnée à la barre du tribunal ou devant notaire. Enfin, le jugement doit contenir la mise à prix, qui sera le cas échéant ordonnée après expertise.

1°
Partage en nature ou licitation

1422.101 **Partage en nature : pouvoir souverain d'appréciation.** Le tribunal pourra estimer que le partage en nature est possible, ou préalablement nommer un expert à l'effet de déterminer si ce partage peut être envisagé et selon quelles modalités (C. pr. civ., art. 1361). D'une manière générale, le partage en nature est toujours présenté comme devant être préféré à la licitation. Sur cette question, les juges du fond disposent d'un pouvoir souverain d'appréciation, et il est fréquent en matière d'immeubles que la licitation soit préférée, le partage en nature se révélant mal commode. En application de l'article 1377 alinéa 1er C. pr. civ., il appartient au juge saisi d'une demande de licitation de biens indivis de vérifier s'ils sont ou non commodément partageables en nature. La Cour de cassation exige ainsi que le

1. Paris, 9 mars 1992, *D.* 1992. 149 – Paris, 2 déc. 1995, *RJDA* 1996, n° 706 – Civ. 1re, 3 déc. 1991, n° 90-13.311, NP ; *Defrénois* 1992. 396.
2. Civ. 1re, 3 avr. 2019, n° 18-15.177, P, *RTD civ.* 2019. 613, obs. W. Dross, *ibid.* 640, obs. B. Vareille ; *AJ fam.* 2019. 339, obs. J. Casey, *AJDI* 2019. 815, obs. F. Cohet.
3. Paris, 27 mai 1987, *D.* 1988. 216, note A. Breton.
4. Civ. 1re, 20 déc. 1993, n° 92-11.189, P I, n° 378 ; *D.* 1994. 358, note F. Derrida et A. Honorat ; *RTD civ.* 1994. 393, obs. J. Patarin ; 895, obs. F. Zenati.
5. Il a ainsi été jugé, lorsque la licitation était demandée par le liquidateur, que l'attribution préférentielle de droit de l'immeuble constituant le logement de la famille ne bénéficiait pas à un époux, propriétaire indivis avec l'autre de ce bien, lorsque le partage de cette indivision était poursuivi au cours du mariage sur le fondement de l'art. 815 C. civ., faute pour cet époux d'avoir la qualité de conjoint survivant : Civ. 1re, 26 sept. 2012, n° 11-16.246, P I, n° 279.

juge ne se prononce en faveur de la licitation qu'après s'être assuré lui-même du caractère mal aisé du partage en nature[1] ou en recourant à une expertise[2]. Le partage en nature peut encore être écarté, alors même qu'il était matériellement possible, lorsque la valeur allotie du bien serait nécessairement inférieure à la licitation dans son intégralité ; ainsi pour une demeure historique[3].

1422.102 **Dispositions applicables à la licitation.** Si le partage ne peut avoir lieu, le tribunal ordonne la vente par licitation. L'article 1377 C. pr. civ., fait, dans ce cas, renvoi aux règles prévues, en matière de vente de biens de mineurs ou de majeurs en tutelle, par les articles 1271 à 1281 C. pr. civ.

2°
Vente à la barre ou devant notaire

1422.111 **Pouvoir souverain encore.** Aux termes de l'article 1272 C. pr. civ., lorsque le tribunal opte pour la licitation, la décision devra indiquer si les enchères seront reçues soit à l'audience des criées par un juge désigné par le tribunal judiciaire, soit par un notaire commis par le tribunal. Sur cette question, le tribunal jouit encore d'un pouvoir discrétionnaire qui s'étend jusqu'au choix du notaire[4].

1422.112 **Vente à la barre.** Lorsque le tribunal opte pour une vente à l'audience des criées, le jugement désignera le tribunal compétent. Le plus souvent il s'agira du tribunal qui aura ordonné le partage, mais, dans l'intérêt de la vente, le tribunal du lieu de situation de l'immeuble pourra être préféré, s'il n'avait pas été saisi de l'assignation en partage.

1422.113 **Vente devant notaire.** Lorsque le tribunal opte pour une vente devant notaire, il peut désigner le notaire. Sous l'empire des dispositions de l'ancien Code de procédure civile (ACPC, art. 969 s.), il avait été jugé que le tribunal peut désigner le même notaire que celui qui est choisi pour réaliser les opérations de liquidation et de partage ou tout autre notaire de son choix. Un associé du notaire commis par le jugement ordonnant le partage n'aura aucune qualité pour procéder à celui-ci[5] ; et un notaire commis ne pourra être récusé que par une demande présentée dans les formes du droit[6]. L'existence de liens d'amitié entre le notaire et l'un des coïndivisaires ne constitue pas un empêchement au sens de l'article 969 ACPC[7].

Il a encore été jugé que le tribunal dispose d'un pouvoir souverain d'appréciation qui lui permet de choisir le notaire[8], comme de désigner deux notaires, lesquels devront alors agir ensemble et notamment pour établir le cahier des charges[9], ou établir une hiérarchie entre les deux notaires et se réserver le droit d'intervenir par la suite pour intervertir les rôles du premier et second notaire[10]. Généralement le choix du tribunal s'opère au regard des circonstances de fait : lorsque l'étude du notaire se rapproche du lieu de situation de l'immeuble, le choix de l'officier ministériel l'emportera, cette proximité apparaissant susceptible de rendre la vente plus attractive[11].

3°
Mise à prix et conditions essentielles de la vente

1422.121 **Détermination.** Selon les dispositions de l'article 1273 C. pr. civ. : « *Le tribunal détermine la mise à prix de chacun des biens à vendre et les conditions essentielles de la vente. Il peut préciser qu'à défaut d'enchères atteignant cette mise à prix, la vente pourra se faire sur une mise à prix inférieure qu'il fixe. Le tribunal peut, si la valeur ou la consistance des biens le justifie, faire procéder à une estimation totale ou partielle* ».

Toutefois, s'agissant de ventes aux enchères publiques, la mise à prix ne doit pas correspondre à la valeur vénale pour être attractive. Il n'est donc généralement pas nécessaire de recourir à une expertise pour déterminer cette mise à prix, peu importan t une erreur d'estimation dès lors que ladite mise à prix sera attractive. Certains jugements fixent une mise à prix élevée avec faculté de baisse de mise à prix au moment des enchères s'il n'y a pas d'amateur. En pratique, on constate alors que les oblateurs attendent souvent la baisse de mise à prix pour pousser les enchères.

En tout état de cause pour fixer le montant de la mise à prix, le juge dispose d'un pouvoir souverain d'appréciation, ainsi que pour décider si le recours à un expert est nécessaire à cette fin[12]. Le tribunal n'est donc jamais tenu d'ordonner une expertise pour évaluer la mise à prix[13] et n'est pas lié par le rapport de l'expert[14] ; il peut donc préférer une mise à prix modérée qui attirera de plus nombreux acqué-

1. Civ. 1re, 12 mai 1987, no 85-18.160, P I, no 152 ; *D.* 1987. 589, note A. Breton. Ainsi le juge doit-il, au besoin, effectuer cette vérification d'office et non se contenter de constater le désaccord des coïndivisaires sur la manière de procéder : Civ. 1re, 5 févr. 2025, no 21-15.932, B.
2. Paris, 16 oct. 1987, *D.* 1988. 302, note A. Breton.
3. Civ. 1re, 13 oct. 1998, no 96-15.256, P I, no 303 ; *RTD civ.* 1999. 446, obs. J. Patarin.
4. Civ. 1re, 19 févr. 1958, P I, no 106.
5. Civ. 1re, 6 juin 1990, no 88-19.657, P I, no 148.
6. Civ. 1re, 5 mai 1986, no 84-14.405, P I, no 117.
7. Civ. 2e, 28 oct. 1999, no 96-22.278, NP ; *Procédures* 2000, no 40, obs. S. Thouret.
8. Civ. 1re, 19 févr. 1958, P I, no 106.
9. Amiens, 28 juin 1960, *D.* 1961. 228.
10. Civ. 1re, 9 janv. 1979, no 76-10.880, P I, no 9 ; *Gaz. Pal.* 1979. 1. Somm. 234.
11. Bourges, 25 juill. 1923, *S.* 1924. 2. 31.
12. Civ. 1re, 9 oct. 1967, P I, no 282.
13. Civ. 1re, 23 juill. 1979, no 78-10.067, P I, no 226.
14. Civ. 1re, 2 mars 1966, P I, no 157.

reurs[1]. Le demandeur pourra toujours fournir au tribunal des éléments d'évaluation.

4°
Estimation des biens

1422.131 **Expertise.** L'article 1362 C. pr. civ. dispose que : « *Sans préjudice des dispositions de l'article 145* [C. pr. civ.], *un expert peut être désigné en cours d'instance pour procéder à l'estimation des biens* [...] ». L'article 1273 alinéa 2 C. pr. civ. précise également que « *le tribunal peut, si la valeur ou la consistance des biens le justifie, faire procéder à leur estimation totale ou partielle* ».

L'expertise n'est toutefois que facultative et s'imposera au juge lorsqu'il ne sera pas en mesure d'apprécier si le partage en nature peut ou non être aisément réalisé[2]. Ici encore le tribunal a toute latitude pour désigner un ou plusieurs experts dont la mission devra être déterminée par le tribunal. Lorsque l'expertise a été ordonnée, le tribunal devra donc attendre l'achèvement des opérations expertales avant de se prononcer sur la faculté de procéder à un partage en nature ou de se résoudre à une licitation. Une fois le rapport déposé, le poursuivant fera revenir l'affaire devant le tribunal par un simple acte d'avocat à avocat. Le rapport de l'expert sera soumis aux débats contradictoires des parties ; le tribunal ne sera pas lié par le rapport.

C.
Notification du jugement et recours

1422.141 **La décision au fond est susceptible d'appel.** Il s'agit d'une décision contentieuse qui devra être notifiée aux avocats et aux parties. La décision est susceptible d'appel dans les délais ordinaires avant de pouvoir réaliser la licitation. Que la vente soit renvoyée devant le tribunal ou devant notaire, le poursuivant devra donc attendre l'expiration du délai d'appel et obtenir un certificat de non-appel. Il a été autrefois jugé que, si un recours était formé, la cour d'appel, même dans l'hypothèse où elle infirmerait la décision des premiers juges et ordonnerait le partage et la licitation qui auraient été refusés en première instance, n'aurait pas qualité pour connaître de l'exécution de ces décisions ; elle ne pourrait donc pas commettre le notaire qui procéderait au partage[3] ni fixer le montant des mises à prix, l'affaire devant alors être renvoyée devant le tribunal de grande instance à ces fins, lorsque le principe du partage aurait été ordonné par la cour. Toutefois, en vertu de l'article 561 C. pr. civ., l'appel produit un effet dévolutif : cette disposition paraît donc contredire cette jurisprudence ancienne.

Lorsque le tribunal aura préalablement commis les experts, la décision avant dire droit sera insusceptible de recours, sauf autorisation préalable du premier président de la cour d'appel, conformément à l'article 272 C. pr. civ. ; sinon, l'appel ne pourra être formé qu'avec le jugement statuant au fond.

Si le tribunal a ordonné le partage et la licitation devant notaire, la grosse du jugement, les significations, le certificat de non-appel et les états de frais seront adressés au notaire afin qu'il procède au partage.

Lorsque le jugement aura, préalablement au partage, ordonné la vente sur licitation des biens à la barre du tribunal, le poursuivant conservera les pièces pour procéder à la vente aux enchères publiques.

D.
Absence de publication obligatoire

1422.151 **Motifs.** Pour les raisons exposées ci-dessus (v. s[s] n° 1422.33), le jugement ordonnant la vente sur licitation, tout comme l'assignation introductive d'instance, n'a pas à être publié au service de la publicité foncière.

SECTION 2
RÉALISATION DE LA VENTE

1422.160 **Plan.** Il convient d'étudier les actes préparatoires à la vente (§ 1), les incidents préalables à l'adjudication (§ 2) et l'adjudication (§ 3).

1422.161 **Textes applicables.** Le jugement de partage détermine si la vente se réalisera devant le tribunal ou devant notaire.

Ce sont les dispositions des articles 1273 s. C. pr. civ. qui apportent des précisions sur les conditions de la vente. On remarquera qu'à l'article 1275, il est toujours question de « cahier des charges » et « d'audience des criées ». La procédure de licitation-partage a donc conservé sa spécificité, l'ensemble des dispositions du titre I du décret du 27 juillet 2006 n'étant pas applicables à cette vente aux enchères. L'article 1278 C. pr. civ., en effet, n'opère renvoi qu'aux articles R. 322-39 à R. 322-49 C. pr. exéc.[4], R. 322-59 C. pr. exéc., R. 322-61 C. pr. exéc., R. 322-62 C. pr. exéc., R. 322-66 à R. 322-72 C. pr. exéc., c'est-à-dire aux dispositions réglementant les enchères,

1. Civ. 1re, 22 janv. 1959, P I, n° 47.
2. Civ. 10 janv. 1927, *Gaz. Pal.* 1927. 1. 485 – Civ. 1re, 7 janv. 1953, *D.* 1953. 223 – Caen, 6 nov. 1951, *D.* 1952. Somm. 24.
3. Civ. 4 nov. 1913, *S.* 1917. 1. 92.
4. Décr. n° 2012-783, 30 mai 2012, relatif à la partie réglementaire du Code des procédures civiles d'exécution, *JO* 31 mai, p. 9375.

le jugement d'adjudication, le titre de vente et la réitération des enchères[1] (sur ces difficultés, v. s[s] n°s 1422.213 et 1422.232).

1422.162 **Procédure.** Selon l'article 1275 C. pr. civ., l'avocat ou le notaire doivent rédiger un cahier des charges qui sera ensuite déposé au secrétariat-greffe du tribunal ou en l'étude du notaire.

L'article 973 ACPC prévoyait qu'une sommation devait être ensuite faite aux colicitants d'en prendre communication, puis le bien pouvait être vendu aux enchères après publicité dont les modalités étaient fixées par le tribunal ; si des difficultés s'élevaient sur le cahier des charges ou sur le droit à agir, elles étaient tranchées par le juge des criées. Cet article a été abrogé par la loi du 23 juin 2006 et on ne retrouve pas de dispositions prévoyant une sommation dans le Code de procédure civile. On ne comprend toutefois pas comment on pourra se passer de sommer les colicitants de prendre communication du cahier des charges.

§ 1
Actes préparatoires à la vente

1422.170 **Mêmes principes que pour une saisie de droit commun. Plan.** Le poursuivant ou le notaire devront établir un cahier des charges (A) sur la base de la mise à prix fixée par le jugement. Ce document sera déposé au greffe du tribunal ou en l'étude du notaire (B) lorsque la vente sera réalisée en son étude. La vente sera précédée d'une publicité ordonnée par le tribunal en application de l'article 1274 C. pr. civ. (C).

A.
Cahier des charges

1422.181 **Nature et contenu.** Avant la réforme, et conformément à l'article 972 ACPC, le cahier des charges devait contenir les nom, demeure et profession du poursuivant ainsi que les nom et demeure de son avocat et les nom, demeure et profession des colicitants et de leurs avocats. On ne trouve pas pareilles exigences aux articles 1271 à 1281 C. pr. civ. auxquels l'article 1377 C. pr. civ., issu du décret du 23 décembre 2006, fait renvoi. En revanche, l'article 1278 C. pr. civ., rend applicables à la licitation-partage les seuls articles R. 322-39 à R. 322-49, R. 322-59, R. 322-61, R. 322-62, R. 322-66 à R. 322-72 C. pr. exéc. À ces dispositions peuvent être ajoutées celles du règlement intérieur des barreaux (RIN), ainsi que toute clause utile. Avant la réforme, ce document pouvait ainsi contenir une clause autorisant la substitution d'un indivisaire au tiers adjudicataire et encore une clause d'attribution au profit d'un indivisaire ; le cahier des charges pouvait préciser encore l'existence d'une faculté de surenchère et admettre de recourir à la procédure de folle enchère lorsque le bien avait été adjugé au profit d'un coïndivisaire. Le renvoi explicite opéré par l'article 1278 C. pr. civ. à certains articles limitativement énumérés du Code des procédures civiles d'exécution invite à examiner le sort de ces éventuelles clauses, à compter du 1er janvier 2007.

1422.182 **Dispositions générales.** L'article 1275 C. pr. civ. dispose tout d'abord, que « *le cahier des charges indique le jugement qui a ordonné la vente, désigne les biens à vendre et mentionne la mise à prix et les conditions de la vente* ». Le décret du 27 juillet 2006 n'a pas apporté de modification à cet article. On peut également penser que le tribunal peut prévoir une faculté de baisse de mise à prix en cas de carences d'enchères sur la mise à prix initiale.

1422.183 **Clauses du cahier des charges type.** À ces dispositions doivent encore être ajoutés l'article 12.1 du règlement intérieur des barreaux (RIN), relatif aux dispositions instituant le bâtonnier séquestre ou bien la Carpa, des dispositions de l'article 13 du RIN qui prévoient les modalités de versement du prix par l'acquéreur et celles de l'article 14 relatives au paiement des frais de poursuite. Le RIN envisage également la faculté de substitution (art. 27) et celle d'attribution (art. 26)[2].

1422.184 **Clause de substitution d'un indivisaire au tiers adjudicataire.** Le cahier des charges peut prévoir la faculté pour un indivisaire de se substituer au tiers adjudicataire. La question a été discutée en l'état de l'article 815-15 alinéa 2 C. civ. (inchangé par L. 23 juin 2006, portant réforme des successions et libéralités) qui prévoit cette faculté de substitution lorsque sont adjugés tout ou partie des droits d'un indivisaire dans le bien indivis. Dans ce cas, chaque indivisaire peut se substituer à l'acquéreur dans un délai d'un mois à compter de l'adjudication par déclaration au secrétariat-greffe ou auprès du notaire. Le premier indivisaire qui fait la déclaration de substitution se trouve seul substitué comme acquéreur à l'adjudicataire[3]. Cette faculté de substi-

1. Ne sont toutefois pas visés les articles R. 322-49-1 et R. 322-60 C. pr. exéc.

2. Sur la licéité d'un règlement intérieur d'un barreau prescrivant un cahier des charges type : Civ. 1re, 15 févr. 1983, n° 82-11.888, P I, n° 59 ; *Gaz. Pal.* 1983. 2. Pan. 182.

3. Civ. 1re, 7 oct. 1997, n° 95-17.071, P I, n° 266 ; *D.* 1998. 145, concl. J. Sainte-Rose ; *JCP* 1998. I. 117, n° 7, obs. H. Périnet-Marquet ; *JCP* 1999. I. 132, n° 1, obs. R. Le Guidec ; *RTD civ.* 1998. 168, obs. J. Patarin – En conséquence, l'indivisaire qui, s'étant prévalu de la faculté de substitution prévue au cahier des charges, a été déclaré adjudicataire du bien, ne peut être condamné au paiement d'une indemnité d'occupation pour une période postérieure à l'adjudication. Cette faculté de substitution a emporté transfert de propriété à son profit et cessation de l'indivision à compter du jour de l'adjudication : Civ. 1re, 11 avr. 2018, n° 17-17.495, P I, n° 68.

tution est d'origine légale ; il n'est donc pas nécessaire, dans cette hypothèse de vente particulière, qu'une clause le prévoie expressément. La jurisprudence estime que les dispositions de cet article ne peuvent être appliquées qu'en cas d'adjudication portant sur les droits d'un indivisaire dans les biens indivis et non sur les biens indivis eux-mêmes[1]. Mais un arrêt de la troisième chambre civile de la Cour de cassation du 3 mai 1989 a posé qu'aucune loi ou règle d'ordre public n'interdisait qu'un droit de substitution soit prévu par les indivisaires au profit de chacun d'eux par une clause du cahier des charges établi en vue de la licitation d'un bien indivis[2] lorsque le bien est vendu sur licitation à la demande du créancier d'un indivisaire. Cette clause pourra éventuellement être insérée par dire à la demande d'un indivisaire ; elle s'imposera alors au poursuivant et à l'adjudicataire[3] si le tribunal y fait droit.

Une clause peut également mettre à la charge des indivisaires désireux de se substituer à l'adjudicataire, l'obligation de déposer le montant de l'adjudication ; à défaut, la déclaration de substitution pourra être annulée[4].

De telles clauses doivent pouvoir être insérées dans les cahiers des charges établis depuis le 1er janvier 2007.

En l'absence de clause spécifique, le droit de substitution ne pourra pas être invoqué.

1422.185 **Clause d'attribution préférentielle.** Il s'agit d'une clause qui prévoit qu'au cas où la dernière enchère serait portée par un colicitant, l'adjudication ne sera pas prononcée et l'enchère vaudra promesse d'attribuer l'immeuble au plus fort enchérisseur dans le partage définitif, pour le prix atteint après l'extinction des feux[5]. Une telle demande peut être opposée à l'action en partage formée par le créancier d'un indivisaire[6].

Le colicitant attributaire ne paiera d'ailleurs ni le prix, ni même la portion correspondant à son pourcentage de droits dans l'indivision ; il paiera seulement, au terme du partage aux autres indivisaires, une soulte que celui-ci déterminera. La Cour de cassation rappelle que ces soultes qui compensent l'inégalité des lots, ne sont dues qu'au moment du partage ; aucun paiement provisionnel n'est exigible tant que le partage n'est pas intervenu[7]. L'objet de cette clause est essentiellement fiscal ; n'engendrant qu'une obligation de faire entrer le bien dans le lot du colicitant lors du partage définitif, elle suspend le transfert de propriété. Tour à tour admise[8], puis déclarée nulle vis-à-vis des tiers comme des colicitants[9], sa validité a finalement été reconnue par la jurisprudence[10]. Toutefois, le paiement du prix étant reculé jusqu'à la fin des opérations de partage au détriment des créanciers, cette clause ne sera sans doute pas introduite par le créancier poursuivant rédacteur du cahier des charges mais appréciée par le tribunal à la demande d'un coïndivisaire[11].

Cette clause soulève deux sortes de problème : tout d'abord celui de la dépréciation monétaire. Entre le moment de l'audience d'adjudication et celui du partage définitif l'appréciation de la valeur de l'immeuble peut avoir considérablement changé ; en période de hausse des prix, la clause d'attribution risque d'entraîner une action en rescision pour lésion[12], qui est, dans cette hypothèse, effectivement envisageable et recevable.

La seconde difficulté tient au défaut de paiement du prix immédiat. La clause d'attribution interdit, *a priori*, aux indivisaires autres que l'attributaire de déclencher une procédure de réitération des enchères (v. ss nos 1422.281 s.).

En revanche, dans la mesure où des tiers participeront aux enchères, il a été jugé que la clause d'attribution figurant au cahier des charges n'interdisait pas aux tiers, qui n'avaient pris aucun engagement concernant le partage futur, de former surenchère[13].

Toutefois il semble que, s'agissant de la vente sur licitation par un créancier, ce dernier s'opposera à l'insertion d'une clause d'attribution à la demande d'un coïndivisaire. Il appartiendra alors au tribunal de trancher le conflit d'intérêts. Il semble que la jurisprudence soit plutôt hostile à cette clause dans

1. Civ. 1re, 14 févr. 1989, no 87-14.392, P I, no 80 ; *D.* 1989. 278, note J.-F. Morin ; *RTD civ.* 1989. 588, obs. F. Zenati ; 1989. 792, obs. J. Patarin – Civ. 1re, 30 juin 1992, no 90-19.052, P I, no 208.
2. Civ. 3e, 3 mai 1989, no 87-17.094, P III, no 99 ; *RTD civ.* 1990. 683, obs. F. Zenati ; *RDI* 1990. 65, obs. J.-L. Bergel
3. Mais cette clause ne permettra pas l'exercice du droit de substitution lorsque l'adjudicataire sera lui-même coïndivisaire : Civ. 1re, 17 nov. 2010, no 09-68.013, P I, no 237 ; *D.* 2010. 2847.
4. Civ. 2e, 6 oct. 1993, no 90-18.590, P II, no 275.
5. Civ. 1re, 27 févr. 1963, *JCP* 1963. IV. 47.
6. Civ. 1re, 8 mars 1983 ; *D.* 1983. 613, note A. Breton ; *RTD civ.* 1984. 539, obs. J. Patarin – V. ÉGAL. Com. 20 sept. 2017, no 16-14.295, P IV, no 124 ; *D.* 2017. 1831 ; *RTD civ.* 2017. 898, obs. W. Dross.
7. Civ. 1re, 5 juill. 1989, no 87-11.390, P I, no 280 – Civ. 1re, 13 oct. 1998, no 96-18.140, P I, no 302.
8. Civ. 12 juill. 1870, *DP* 1871. 1. 17.
9. Civ. 18 oct. 1903, *DP* 1906. 1. 273 – Civ. 27 juin 1928, *DH* 1928. 160.
10. Civ. 15 juill. 1931, *DP* 1931. 1. 161, note R. Savatier – Civ. 26 avr. 1932, *DH* 1932. 315.
11. V. Paris, 24 mars 1926, *DH* 1926. 307 – Paris, 31 déc. 1953, *DP* 1936. 2. 49, note Chéron.
12. *J.-Cl. Civ., vis Vente*, art. 1686 à 1688 ; *Licitation*, nos 126 s., par Veaux.
13. Req. 15 juill. 1931, *DP* 1931. 1. 161, note R. Savatier – T. civ. Saint-Nazaire, 21 janv. 1949, *Gaz. Pal.* 1949. 1. 207 ; *RTD civ.* 1949. 283, obs. R. Savatier.

l'hypothèse de l'opposition d'une des parties[1] ; il a été jugé qu'une clause de nature contractuelle ne pouvait être insérée au cahier des charges qu'avec l'accord de tous[2]. La Cour de cassation rappelle que ces soultes qui compensent l'inégalité des lots ne sont dues qu'au moment du partage ; aucun paiement provisionnel n'est exigible tant que le partage n'est pas intervenu[3].

1422.186 Clause relative à la faculté de surenchère. Avant la réforme, dans le cas où une clause d'attribution figurait au cahier des charges, elle s'opposait *a priori* à ce qu'un copartageant puisse faire une surenchère lorsque l'un des colicitants était le dernier enchérisseur. Désormais, aux termes de l'article 1279 C. pr. civ., la faculté de surenchère est ouverte, conformément aux formalités et délais prévus par les dispositions des articles R. 322-50 à R. 322-55 C. pr. exéc.

1422.187 Réitération des enchères et adjudications réalisée au profit d'un des colicitants. Avant la réforme, la jurisprudence excluait la folle enchère dans l'hypothèse d'une adjudication réalisée au profit d'un des colicitants, sauf clause contraire du cahier des charges[4]. Il avait été également jugé que le cahier des charges pouvait encore contenir une clause prévoyant que dans l'hypothèse où l'adjudicataire ne paierait pas dans un certain délai une certaine fraction du prix, l'adjudication prononcée à son profit serait nulle et le précédent enchérisseur deviendrait adjudicataire définitif[5]. L'article 1278 C. pr. civ. fait désormais clairement application des dispositions des articles R. 322-66 à R. 322-72 C. pr. exéc. à la procédure de licitation-partage, ce qui conduit à parler de réitération des enchères.

1422.188 Clause prévoyant une adjudication à l'unanimité des indivisaires. L'article 1378 C. pr. civ. prévoit que : « *Si tous les indivisaires sont capables et présents ou représentés, ils peuvent décider à l'unanimité que l'adjudication se déroulera entre eux. À défaut, les tiers à l'indivision y seront toujours admis* ». On peut donc déduire que pour limiter l'adjudication aux indivisaires, le cahier des charges devra contenir une clause spéciale.

1. POUR UN EXEMPLE DE REJET DE LA DEMANDE fondée sur le risque que cette attribution ferait courir aux créanciers de l'un des indivisaires sous le coup d'une procédure collective : Com. 3 oct. 2006, n° 05-16.463, P IV, n° 194 ; *D.* 2006. AJ 2602, obs. A. Lienhard.
2. Civ. 1re, 20 avr. 1983, n° 82-11.717, P I, n° 128 ; *Gaz. Pal.* 25 sept. 1983. Pan. 251.
3. Civ. 1re, 5 juill. 1989, n° 87-11.390, P I, n° 280 – Civ. 1re, 13 oct. 1998, n° 96-18.140, P I, n° 302 ; *RTD civ.* 1999. 447, obs. J. Patarin.
4. Req. 13 avr. 1891, *DP* 1892. 1. 203 – Req. 5 août 1902, *DP* 1902. 1. 436.
5. T. civ. Baume-les-Dames, 27 juin 1953, *D.* 1954. 304, note P. Weill.

B. Dépôt du cahier des charges, sommations et convocation des bénéficiaires d'un droit de préemption

1422.191 Dépôt. Si la vente doit être réalisée devant le tribunal, le cahier des charges sera déposé par l'avocat au greffe (C. pr. civ., art. 1275, al. 1er) ; le cahier des charges rédigées par le notaire sera conservé par ce dernier en son étude. Ni les dispositions de l'ancien Code de procédure civile ni les articles 1273 et suivants C. pr. civ., relatifs à la vente des biens d'un immeuble, ne visent un délai pour déposer le cahier des charges. On peut donc, comme auparavant, en conclure que celui-ci sera donc déposé à la diligence du poursuivant ou du notaire.

1422.192 Fixation de la date d'audience. Celle-ci sera déterminée par le poursuivant ou le notaire au moment du dépôt du cahier des charges. L'article 1276 C. pr. civ. dispose qu'en application des dispositions de l'alinéa 1er de l'article 459 C. civ., le subrogé-tuteur est appelé à la vente un mois au moins à l'avance, à la diligence du rédacteur du cahier des charges et informé qu'il sera procédé à la vente même en son absence. Transposant cette disposition, il faut conclure que lorsqu'il dépose le cahier des charges, le rédacteur fixe une date d'audience obligatoirement à plus de trente jours. Lorsque la vente se réalisera à la barre du tribunal, l'avocat conviendra de la date avec le greffier, en tenant en outre compte des délais nécessaires pour accomplir les formalités de publicité.

1422.193 Sommations de prendre connaissance du cahier des charges. L'article 973 ACPC prévoyait que dans la huitaine du dépôt du cahier des charges, sommation était faite par un simple acte aux colicitants en l'étude de leurs avocats, d'en prendre communication. À défaut de constitution d'avocat et d'élection de domicile dans le jugement ayant ordonné la vente sur licitation, la sommation était délivrée au domicile réel des colicitants. Le respect du délai de huit jours n'était pas prescrit à peine de sanction et un dépôt plus tardif paraissait donc sans conséquence sur la régularité de la procédure.

Il avait été jugé que les dispositions de l'article 715 ACPC n'étaient pas applicables[6] de sorte que les déchéances pour non-respect des délais n'étaient pas encourues ; seule la nullité pouvait être invoquée pour inobservation des formalités, suivant les règles de droit commun.

L'article 973 a été abrogé par la loi du 23 juin 2006 et les articles 1271 à 1281 C. pr. civ., auxquels renvoie l'article 1377 C. pr. civ. issu du décret du

6. Civ. 2e, 5 oct. 1988, n° 87-13.336, P II, n° 187.

23 décembre 2006, ne prévoient pas de sommation. Il s'agit sans doute d'une inadvertance, car on ne peut envisager de procéder à la licitation en laissant les indivisaires dans l'ignorance de la date de l'audience d'adjudication sans risquer de porter atteinte aux droits de la défense et au droit de propriété.

Pour les procédures engagées à compter du 1er janvier 2007, il paraît donc nécessaire, en pratique, de maintenir cet acte pour que les colicitants soient avisés du dépôt du cahier des charges. En outre, il est prudent, bien que cela ne soit imposé par aucun texte, de sommer les créanciers inscrits à domicile élu ou réel[1].

Ainsi, une cour d'appel juge fautif le fait pour le notaire de ne pas avoir fait toutes les diligences pour informer le créancier hypothécaire, qui avait fait élection de domicile en son étude, de la sommation de prendre communication du cahier des charges relatif à la vente aux enchères de l'immeuble dont est propriétaire le débiteur. Toutefois, l'existence d'un lien de causalité entre la faute et le préjudice résultant du non-recouvrement de la créance après la licitation n'a pas été établie car le créancier n'a pu démontrer qu'il était en mesure de faire vendre le bien à un prix supérieur à celui intervenu. Le prêteur, créancier de second rang n'ayant aucune chance d'être désintéressé puisque le créancier de premier rang avait absorbé la totalité du prix disponible, la responsabilité du notaire n'a pas été retenue.

1422.194 Convocation des bénéficiaires du droit de préemption. Une première difficulté consiste à identifier les titulaires d'un droit de préemption.

S'agissant du **locataire** ou de l'occupant de bonne foi d'un immeuble à usage d'habitation ou mixte d'habitation et professionnel lors de la première vente d'un local consécutive à la division d'un immeuble par appartements, les dispositions de l'article 10, II de la loi du 31 décembre 1975 (L. n° 75-1351, relative à la protection des occupants de locaux à usage d'habitation[2]) sont applicables aux ventes sur licitation. L'article 10, II dispose en effet que le locataire ou l'occupant doit être convoqué par lettre recommandée avec demande d'avis de réception un mois avant la date de l'adjudication lorsque la vente a lieu par adjudication volontaire ou forcée (v. ss nos 1338.192 s.). La question se pose en revanche de savoir si le nouveau droit de préemption en cas de vente d'un immeuble entier peut être mis en œuvre à l'occasion d'une vente par adjudication (v. ss n° 1338.195).

S'agissant de l'exercice du **droit de préemption urbain** et du droit de préemption dans les zones d'aménagement différé et périmètres provisoires, le 4° de l'article L. 213-1 C. urb. exclut l'exercice du droit de préemption pour les ventes mettant fin à une indivision créée volontairement, à moins que celle-ci ne résulte d'une donation-partage. Le droit de préemption pourrait donc être exercé dans l'hypothèse d'une indivision post-communautaire ou successorale mais serait exclu pour les indivisions conventionnelles. La loi SRU du 13 décembre 2000[3] n'a pas apporté de modification dans ce cas[4].

Quant au **droit de préemption au profit des communes** (CCH, art. L. 616), issu de la loi du 29 juillet 1998 relative à la lutte contre les exclusions, il ne semble pas applicable aux ventes sur licitation. En effet, le texte de cet article ne vise que l'hypothèse d'une vente sur saisie immobilière d'un immeuble ou partie d'immeuble, constituant la résidence principale d'une personne qui remplit les conditions d'attribution d'un logement à loyer modéré et non l'ensemble des ventes sur adjudication. Plus imprécis encore est l'article L. 210-2 C. urb., issu de la loi n° 2006-685 du 13 juin 2006 relative au droit de préemption et à la protection des locataires, dite « loi Aurillac »[5], qui prévoit qu'« *en cas de vente d'un immeuble à usage d'habitation, la commune peut faire usage de son droit de préemption pour assurer le maintien dans les lieux des locataires* ». Il est bien difficile actuellement de savoir si le terme de « *vente* » renvoie à toutes les ventes, amiable comme par adjudication (v. ss n° 1338.162).

S'agissant du **preneur à bail rural**, l'article L. 412-11 C. rur. prévoit l'exercice de ce droit pour les ventes faites par adjudication volontaire ou forcée (v. ss n° 1338.142).

Quant à la **Safer**, littéralement, l'article L. 143-4, 3° du même code exclut l'exercice de son droit de préemption dans le cas d'acquisitions effectuées par des cohéritiers sur licitation amiable ou judiciaire. Pourtant, la Cour de cassation a jugé que l'article L. 143-4, 3° n'excluait pas le droit de préemption de la Safer, en cas de vente par adjudication autorisée par le juge du partage[6].

Une autre question est de savoir comment se règle le conflit entre l'éventuel droit de substitution ou d'attribution du coïndivisaire et les droits de préemption des preneurs et des titulaires du droit de préemption ?

Une distinction doit être opérée suivant la faculté exercée par le colicitant. S'il se substitue à l'adjudicataire, il n'acquiert pas plus de droits que ce dernier et

1. Toulouse, 16 sept. 1996, *Juris-Data* n° 045573.
2. L. n° 75-1351, 31 déc. 1975, modification de la loi du 1er septembre 1948, *JO* 4 janv., p. 191.
3. L. n° 2000-1208, relative à la solidarité et au renouvellement urbains, *JO* 14 déc., p. 19777.
4. S. Pérignon, « L'interventionnisme foncier public après la loi SRU », *Constr.-Urb.* 2001. 23.
5. L. n° 2006-685, 13 juin 2006, relative au droit de préemption et à la protection des locataires, *JO* 14 juin, p. 8944.
6. Civ. 3e, 2 juill. 2014, n° 13-17.768, P III, n° 94.

se retrouve naturellement primé par les bénéficiaires de droits de préemption. Si, en revanche, il est déclaré attributaire sur la plus forte enchère, l'adjudication ne constate plus une vente mais un engagement d'être, lors du partage définitif, attributaire du lot. Dans ce cas, les droits de préemption applicables en cas de vente volontaire ou forcée ne semblent donc pas avoir vocation à s'exercer. La deuxième chambre civile a ainsi jugé que l'acquisition par un aliénation à titre onéreux donnant au preneur en place le bénéfice du droit de préemption prévu à l'article L. 412-1 C. rur. [1]

C.
Publicités préalables à l'adjudication et frais de poursuite

1422.201 **Publicités.** Selon l'article 1274 C. pr. civ., c'est « *le tribunal* [qui] *fixe les modalités de la publicité compte tenu de la valeur, de la nature et de la situation des biens* ». Les dispositions applicables à la saisie immobilière de droit commun sont donc exclues et le juge doit simplement veiller à ce que la licitation soit précédée d'une publicité propre à attirer les enchérisseurs [2]. Le décret du 12 mai 1981 a abrogé les dispositions anciennes concernant la vente aux enchères d'immeubles appartenant à des mineurs, qui renvoyaient aux articles 696 à 700 ACPC applicables à la saisie immobilière de droit commun. En pratique, les jugements sont généralement muets sur les publicités et se bornent à désigner l'avocat chargé d'effectuer les formalités en vue de la vente et, en général, la publicité sera identique à celle pratiquée pour les saisies immobilières.

La réforme de la procédure de saisie immobilière, opérée par l'ordonnance du 21 avril 2006 et le décret du 27 juillet 2006, n'a pas été l'occasion de modifier le mécanisme de fixation des modalités de la publicité, l'article 1274 étant inchangé.

1422.202 **Frais de poursuite.** L'article 1278 C. pr. civ. fait désormais renvoi à l'article R. 322-42 C. pr. exéc., qui prévoit que les frais de poursuite doivent être taxés par le juge et que le montant de la taxe est publiquement annoncé avant l'ouverture des enchères et reproduit dans le jugement.

§ 2
Incidents préalables à l'adjudication

1422.211 **Contestations.** L'article 1278 C. pr. civ. fait renvoi à certains articles du Code des procédures civiles d'exécution et notamment, à l'article R. 322-59 C. pr. exéc., qui dispose que : « *outre les mentions prescrites pour tout jugement, le jugement d'adjudication vise le jugement d'orientation, les jugements tranchant les contestations et le cahier des conditions de vente* [...] ».

S'il n'est pas prévu d'audience d'orientation à l'occasion de la vente des immeubles sur licitation, des contestations peuvent être soulevées et tranchées à l'audience d'adjudication.

1422.212 **Mise à prix.** Si au jour indiqué pour l'adjudication, les enchères ne couvrent pas la mise à prix, il est procédé selon les dispositions de l'article 1277 C. pr. civ. C'est-à-dire que « [...] *le juge ou le notaire, selon le cas, peut constater l'offre la plus élevée et adjuger le bien à titre provisoire pour le montant de cette offre. Sauf renonciation du vendeur, le tribunal qui a fixé la mise à prix, saisi à la requête du notaire, de l'avocat ou de tout intéressé, peut, soit déclarer l'adjudication définitive et la vente réalisée, soit ordonner qu'une nouvelle vente aura lieu ; en ce dernier cas, il fixe le délai de la nouvelle vente sans que celui-ci puisse être inférieur à quinze jours, la mise à prix ainsi que les modalités de la publicité* ».

1422.213 **Recours.** Avant la réforme, en vertu de l'article 973 ACPC, les jugements sur licitation statuant sur les contestations ou les demandes incidentes étaient susceptibles d'appel.

Curieusement, l'article 1278 C. pr. civ. n'a pas opéré de renvoi à l'article R. 322-60 C. pr. exéc. qui envisage l'appel du jugement d'adjudication statuant sur une contestation. Devait-on, pour autant, exclure l'appel lorsque le jugement sur licitation avait tranché une contestation avant de prononcer l'adjudication, et priver ainsi une partie du bénéfice de la règle du double degré de juridiction ? Saisie de cette difficulté, la deuxième chambre civile a tout d'abord reconnu que s'il résultait de la combinaison des articles 1377 et 1271 à 1281 C. pr. civ. que de nombreuses règles régissant la procédure de saisie immobilière étaient applicables, par renvoi de texte, à la procédure de vente judiciaire d'immeubles après partage, ces dispositions ne lui rendaient pas applicable l'article R. 322-60 C. pr. exéc. Toutefois, elle a jugé qu'il ne pouvait en être déduit que les auteurs de la réforme du droit des successions, par la loi du 23 juin 2016, et de la procédure de saisie immobilière, par l'ordonnance du 21 avril 2006 et le décret du 27 juillet 2006 [3], avaient entendu apporter une dérogation au principe général de l'ouverture de l'appel contre les jugements, posé par l'article 543 C. pr. civ., dès lors qu'aucun motif tenant à la nature propre de la procédure de licitation ne permettrait de justifier

1. Civ. 2e, 14 nov. 2013, no 12-13.064, NP.
2. Civ. 1re, 4 mai 1970, no 68-10.707, P I, no 154 ; *D.* 1970. Somm. 220.
3. Décr. no 2006-236, 27 juill. 2006, relatif aux procédures de saisie immobilière et de distribution du prix d'un immeuble, *JO* 29 juill., texte 26.

l'absence d'ouverture de cette voie de recours lorsque le jugement d'adjudication a statué sur une contestation. L'appel est donc ouvert à l'encontre du jugement sur licitation, lorsqu'il statue sur une contestation[1].

§ 3 Adjudication

1422.220 Présentation. Plan. L'adjudication se déroule en audience publique (A) devant le juge de l'exécution (JEX). Le bien pourra être adjugé au jour indiqué dans les sommations, sauf si les enchères ne couvrent pas le montant de la mise à prix, auquel cas une nouvelle vente pourra être organisée. En tout état de cause, une surenchère pourra être formée dans les dix jours qui suivent l'audience d'adjudication (B) et le bien pourra encore être revendu sur réitération des enchères (C).

A. Audience d'adjudication

1422.231 Renvoi au droit commun de la saisie immobilière. L'article 1278 C. pr. civ. dispose que « *sont déclaré*[e]*s communes au présent chapitre les dispositions des articles R. 322-39 à R. 322-49* [réglementant le déroulement des enchères], *R. 322-59* [relatif au jugement d'adjudication], *R. 322-61, R. 322-62* [concernant le titre de vente], *et R. 322-66 à R. 322-72* [qui concernent la réitération des enchères] *du Code des procédures civiles d'exécution* ».

1422.232 Interdictions d'enchérir. L'article R. 322-39 C. pr. exéc. interdit d'enchères le débiteur saisi, les auxiliaires de justice qui sont intervenus à un titre quelconque dans la procédure, les magistrats de la juridiction devant laquelle la vente est poursuivie ; le code ne vise plus les personnes notoirement insolvables mais l'article R. 322-41 impose à l'avocat de se faire remettre par son mandant et contre récépissé, une caution bancaire irrévocable ou un chèque de banque rédigé à l'ordre du séquestre ou du consignataire désigné dans le cahier des conditions de la vente représentant 10 % du montant de la mise à prix. Cet article précise que le montant de cette garantie ne pourrait pas être inférieur à 3 000 euros (v. s[s] n°s 1339.101 s.).

Il faut en outre rajouter les personnes citées à l'article 1596 C. civ., à savoir les tuteurs pour les biens de ceux dont ils ont la tutelle, les mandataires pour les biens qu'ils sont chargés de vendre et les administrateurs pour les biens des communes ou des établissements publics confiés à leurs soins.

Enfin, ne peuvent enchérir en cas de vente renvoyée devant notaire, les parents ou alliés en ligne directe à tous les degrés et, en ligne collatérale jusqu'au degré d'oncle à neveu inclusivement, du notaire chargé de procéder à l'adjudication et ce, en application des dispositions de la loi du 25 ventôse an XI.

On constate par ailleurs, que les dispositions de l'article R. 322-49-1 C. pr. exéc. qui interdisent d'enchères les personnes condamnées au titre de l'habitat indigne (v. s[s] n° 1339.131), sauf si le bien est destiné à l'occupation personnelle, ne sont pas visées par l'article 1278 C. pr. civ. qui n'a pas été complété en ce sens par le décret n° 2019-488 du 22 mai 2019[2], ce qui est regrettable. Ces dispositions devraient toutefois recevoir application.

1422.233 Déroulement de l'audience d'adjudication. Au jour requis pour l'adjudication, il est procédé sur la demande du colicitant sous la constitution d'un avocat.

L'article R. 322-28 C. pr. exéc., qui autorise le renvoi de l'audience en cas de force majeure, ne fait pas partie des articles auxquels renvoie l'article 1278 C. pr. civ. Aucun report pour force majeure ne devrait donc pouvoir être sollicité.

1422.234 Enchères. Conformément à l'article 1377 C. pr. civ., qui opère renvoi à l'article 1278 C. pr. civ., les enchères se dérouleront selon les dispositions des articles R. 322-39 à R. 322-49 C. pr. exéc. (v. s[s] n°s 1339.10 s. – Sur l'absence de l'article R. 322-49-1 C. pr. exéc., v. s[s] n° 1422.232), auxquelles il faut ajouter les dispositions du règlement intérieur national des barreaux (v. s[s] n°s 1339.71 à 1339.73). Aucune disposition ne prévoit la possibilité pour l'adjudicataire de faire une déclaration de command[3].En outre, conformément à l'article 1378 C. pr. civ., si tous les indivisaires sont capables et présents ou représentés, ils auront pu décider à l'unanimité que l'adjudication se déroulera uniquement entre eux (v. s[s] n° 1422.188).

1422.235 Jugement de vente sur adjudication par licitation et titre de vente. L'article 1278 C. pr. civ., déclare communes à la vente sur licitation les dispositions des articles R. 322-59, R. 322-61 et R. 322-62 C. pr. exéc. relatives au jugement d'adjudication et au titre de vente. Il faut en déduire que le jugement de vente sur licitation comportera, outre les mentions prescrites pour tout jugement, le cahier des charges, et désignera le créancier poursuivant, indiquera les formalités de publicité et leur date, la désignation de l'immeuble adjugé, les date et lieu de

1. Civ. 2e, 19 nov. 2019, n°s 19-18.800 et 19-18.801, P – Civ. 2e, 10 déc. 2020, n° 19-16.691, P.

2. Décr. n° 2019-488, 22 mai 2019, relatif aux personnes condamnées à une peine leur interdisant de se porter enchérisseur, *JO* 23 mai, texte 8.
3. Civ. 2e, 14 nov. 2013, n° 12-13.064, NP.

la vente forcée, l'identité de l'adjudicataire, le prix d'adjudication et le montant des frais taxés. Le cas échéant il comportera les contestations qu'il aura tranchées. Dans ce cas, en vertu de la jurisprudence de la deuxième chambre civile, il sera susceptible d'appel du chef de ces contestations (v. s[s] n° 1422.213). En revanche, la deuxième chambre a jugé que le jugement de vente sur adjudication par licitation ne valait pas titre d'expulsion. La Cour relève que s'il résulte de la combinaison des articles 1377 et 1271 à 1281 C. pr. civ. relatives à la vente sur licitation, que de nombreuses règles régissant la procédure de saisie immobilière s'appliquent, par renvoi de texte, à la procédure de vente judiciaire d'immeubles après partage, l'article L. 322-13 C. pr. exéc. ne lui est pas applicable[1]. Si la solution est juridiquement exacte, elle met en évidence une différence qui mériterait d'être supprimée.

B. Surenchère

1422.240 **Principe. Plan.** Selon les dispositions de l'article 1279 C. pr. civ., « *dans les dix jours qui suivent l'adjudication définitive, toute personne peut faire une surenchère du dixième en se conformant aux formalités et délais prévus par les articles R. 322-50 à R. 322-55 du Code des procédures civiles d'exécution* ».

Quelques précisions peuvent être apportées sur les personnes susceptibles d'enchérir (1°), les formes et délais (2°), et les effets de la surenchère (3°).

1° Personnes pouvant former surenchère

1422.251 **Restrictions habituelles.** Avant comme après la réforme de la procédure de saisie immobilière, toute personne peut former surenchère (C. pr. civ., art. 1279).

Le particularisme de la vente sur licitation impose toutefois d'apporter certaines précisions : la faculté de surenchérir du dixième appartient en principe aussi bien aux colicitants qu'aux tiers, mais il faut également tenir compte de l'incidence d'une clause d'attribution contenue au cahier des charges.

1422.252 **La faculté de surenchère appartient aux tiers et aux colicitants.** Le délai pour former surenchère (dix jours) étant plus court que les délais ouverts aux divers titulaires de droits de préemption (v. s[s] n°s 1338.120 s.), ces derniers attendront généralement expiration du délai de surenchère avant de faire connaître leur intention de préempter. Si tel n'était pas le cas toutefois, la surenchère priverait d'effet les préemptions exercées.

1422.253 **Effet d'une clause d'attribution.** Cette clause vaut promesse d'attribuer l'immeuble au plus fort enchérisseur dans le partage définitif pour le montant de la dernière enchère (v. s[s] n° 1422.212). La question se pose de savoir si la faculté de former surenchère est maintenue. En effet, cette clause consacre l'engagement des coïndivisaires d'attribuer le bien licité à celui d'entre eux qui portera la plus forte enchère ; cet engagement serait nécessairement remis en cause si le bien était vendu sur surenchère. On peut en déduire que la faculté de surenchère ne pourrait, dans ce cas, être exercée par les autres colicitants[2] ; il a été, en tout état de cause, jugé que lorsque les tiers participent aux enchères, la clause d'attribution ne leur est pas opposable et ils conservent la faculté de surenchérir[3].

2° Règles procédurales

1422.261 **Avocat auteur de la surenchère.** L'avocat qui a été adjudicataire pourra éventuellement former une surenchère au nom d'une autre personne. Les textes ne l'interdisent pas mais le règlement intérieur des barreaux (RIN) ne l'admet que dans l'hypothèse où le client initial de l'avocat lui donnera son accord (v. s[s] n° 1342.111).

1422.262 **Formes et délais.** Il est renvoyé aux développements contenus au chapitre relatif à la procédure de saisie immobilière de droit commun (v. s[s] n°s 1342.81 s.). La surenchère doit être dénoncée au plus tard le troisième jour ouvrable suivant la déclaration de surenchère. Initialement, l'article 96 du décret de 2006 imposait une dénonce au poursuivant et à l'adjudicataire par acte d'huissier ; le décret du 12 février 2009 a ajouté la faculté de dénoncer la surenchère par **acte d'avocat à avocat** au poursuivant, à l'adjudicataire et au débiteur saisi. La règle est codifiée à l'article R. 322-52 C. pr. exéc. Ce décret était d'application immédiate aux procédures en cours mais n'ayant pas d'effet rétroactif, il ne pouvait régulariser un acte de procédure déjà accompli avant son entrée en vigueur (ainsi, a été jugée irrecevable la surenchère signifiée en décembre 2007 au poursuivant et à l'adjudicataire, d'avocat à avocat par acte du palais[4]).

1. Civ. 2e, 17 nov. 2022, n° 20-18.047, *D.* 2022. 2046 ; *AJ fam.* 2022. 612, obs. F. Eudier ; *D.* 2023. 1292, obs. A. Leborgne.
2. EN CE SENS : *J.-Cl. Civ.*, v[is] *Vente*, art. 1686 à 1688 ; *Licitation*, n° 134, par D. Veaux.
3. Req. 15 juill. 1931, *DP* 1931. 1. 161, note R. Savatier – T. civ., Saint-Nazaire, 21 janv. 1949, *Gaz. Pal.* 1949. 1. 207 ; *RTD civ.* 1949, obs. R. Savatier.
4. Civ. 2e, 10 mars 2011, n° 09-71.695, NP.

1422.263 **Sanctions.** L'article 1279 C. pr. civ. renvoie aux dispositions des articles R. 322-50 à R. 322-55 C. pr. exéc. La sanction du défaut de respect du délai de dix jours est donc l'irrecevabilité de la surenchère.

1422.264 **Recours contre le jugement statuant sur la validité de la surenchère.** Les articles R. 322-50 à R. 322-55 C. pr. exéc. sont silencieux sur les recours ouverts contre le jugement statuant sur la validité de la surenchère, mais l'article R. 311-7 C. pr. exéc. dispose que les jugements sont sauf disposition contraire susceptibles d'appel et l'article 543 C. pr. civ. indique que la voie de l'appel est ouverte en toutes matières, même gracieuses, contre les jugements de première instance s'il n'en est autrement disposé. Aucune disposition n'interdit donc de former un recours contre le jugement statuant sur la validité de la surenchère.

1422.265 **Adjudication devant notaire.** Lorsque l'adjudication a lieu devant notaire, le tribunal peut toujours, par jugement qui valide la surenchère, renvoyer la nouvelle adjudication devant le même notaire conformément aux dispositions de l'article 1279 C. pr. civ. (inchangées sur ce point par Décr. 27 juill. 2006). Et au jour indiqué pour l'adjudication, s'il ne se présente pas d'enchérisseur, le notaire pourra, à la réquisition du poursuivant, remettre la vente à un jour ultérieur[1].

3° Effets de la surenchère

1422.271 **Effets identiques à la procédure de saisie de droit commun.** V. s[s] n°s 1342.211 s.

1422.272 **« Surenchère sur enchère ne vaut ».** L'article 1279 alinéa 3 C. pr. civ., dans sa rédaction d'origine, l'indiquait déjà : « *Lorsqu'une seconde adjudication a lieu après surenchère, aucune autre surenchère des mêmes biens ne peut avoir lieu* ». Cet alinéa est demeuré à l'identique, suite à la modification de l'article 1279 par le décret du 27 juillet 2006 ; il est désormais superfétatoire compte tenu du renvoi opéré par l'article 1279 C. pr. civ. aux articles R. 322-50 à R. 322-55 C. pr. exéc. L'article R. 322-55 C. pr. exéc., en effet, dispose qu'« *aucune surenchère ne pourra être reçue sur la seconde adjudication* ».

C. Réitération des enchères

1422.281 **Application du droit commun de la saisie immobilière.** L'article 1278 C. pr. civ. déclare communs au présent chapitre (« La vente des immeubles et des fonds de commerce appartenant à des mineurs en tutelle ou à des majeurs en tutelle »), les articles R. 322-66 à R. 322-72 C. pr. exéc. Ainsi, faute par l'adjudicataire de payer dans le délai prescrit le prix ou les frais, l'immeuble sera remis en vente aux conditions de la première vente forcée (v. s[s] n°s 1343.00 s.).

1422.282 **En présence d'une clause d'attribution.** Avant la réforme, cette clause semblait interdire de déclencher une procédure de folle enchère à l'encontre de l'attributaire puisque, en vertu de la clause, le paiement du prix était différé. Toutefois, la Cour de cassation avait admis que la procédure de folle enchère pouvait être engagée lorsque le cahier des charges en prévoyait expressément l'hypothèse, dans le cas où l'attributaire du bien ne respecterait pas les délais de paiement fixés par le cahier des charges ou se révélerait incapable de payer la soulte qui lui incombait[2]. La clause, prévoyant la remise en vente sur folle enchère dans ce cas, n'était jugée opposable qu'à la condition d'avoir été acceptée par tous les indivisaires[3].

Le même raisonnement devrait pouvoir être tenu pour les procédures ouvertes à compter du 1er janvier 2007.

1. Req. 19 juill. 1858, *DP* 1859. 1. 13.

2. Civ. 1re, 7 oct. 1981, n° 80-12.799, P I, n° 281 ; *RTD civ.* 1982. 778, obs. J. Patarin.
3. Civ. 1re, 15 oct. 1963, P I, n° 432 ; *JCP* 1963. II. 13420, note J. A. ; *D.* 1964. 141, note P. Ancel ; *RTD civ.* 1964. 150, obs. R. Savatier.

CHAPITRE

1423. Effets de l'adjudication

ANNE LEBORGNE
PROFESSEUR ÉMÉRITE D'AIX-MARSEILLE UNIVERSITÉ

SECTION 0
ORIENTEUR

1423.00 **Sommaire du chapitre.**

Division. On exposera les effets de l'adjudication pour les parties (sect. 1) avant de préciser les suites de l'audience, à savoir la publication et les droits d'enregistrement (sect. 2).

SECTION 1
EFFETS POUR LES PARTIES

1423.10 **Des ressemblances et des différences. Plan.** Que le bien soit adjugé lors de la première audience, sur surenchère ou revendu sur réitération des enchères, les effets sont, pour l'adjudicataire, identiques à ceux produits dans le cadre de la procédure de saisie immobilière de droit commun (§ 1). Pour le créancier et les colicitants, en revanche, certaines différences sont à noter (§ 2).

§ 1
Effets pour l'adjudicataire

1423.21 **Transfert de propriété.** Pour l'adjudicataire, l'adjudication emporte paiement du prix et des accessoires et libération des lieux par l'occupant. La situation n'est toutefois peut-être pas la même que lorsque la procédure est dirigée contre le débiteur puisqu'il s'agit d'un immeuble en indivision qui peut être habité par un des indivisaires ou un tiers ; doit-on considérer tout indivisaire comme un vendeur tenu à l'obligation d'éviction et contre lequel ne pourrait pas être prononcée une astreinte s'il se maintenait dans les lieux ou le traiter comme un tiers ? La question ne semble pas avoir donné lieu à jurisprudence publiée.

1423.22 **Rescision pour lésion.** « *Elle n'a pas lieu en toutes ventes qui, d'après la loi, ne peuvent être faites que d'autorité de justice* » (C. civ., art. 1684).

La formule se révèle ici imprécise : est-ce qu'une licitation-partage à la requête d'un créancier est bien une vente qui ne peut être faite « *que d'autorité de justice* » ?

Il avait été jugé que la vente d'un bien d'un débiteur en règlement judiciaire à la requête d'un créancier n'était pas une vente qui ne pouvait être faite que d'autorité de justice car s'il s'agissait bien d'une vente après autorisation de justice : elle pouvait être effectuée autrement qu'en justice[1]. N'est-ce pas la même situation en matière de licitation-partage ? Lorsque le créancier assigne en licitation, les juges ont le choix de faire liciter par notaire ou à la barre du tribunal. Cette faculté ne signifie-t-elle pas alors qu'il ne s'agirait pas d'une vente qui ne peut être faite « *que d'autorité de justice* » ? Sans doute pas, car lorsque la licitation est réalisée par-devant notaire à la demande du tribunal, il faut considérer que l'officier ministériel agit comme délégué du tribunal.

La question est en outre compliquée parce que la jurisprudence opère une distinction selon que la vente sur licitation est imposée par le désaccord persistant des colicitants ou que les parties choisissent de vendre volontairement selon cette procédure ; dans le premier cas seulement, les dispositions de l'article 1684 seraient applicables[2]. La raison

1. Com. 8 juill. 1980, nº 77-13.164, P IV, nº 290.
2. La disposition selon laquelle la rescision pour lésion n'a pas lieu en toutes ventes, qui, d'après la loi ne peuvent être faites que par autorité de justice, n'est pas applicable à une ▶

en étant qu'il ne pourrait y avoir de lésion dans une licitation faite sous contrôle du juge lorsque les enchères sont ouvertes aux tiers ; le juste prix est garanti par les modalités de la vente[1].

L'action en rescision serait en revanche applicable aux ventes volontairement faites en justice, c'est-à-dire aux enchères par la voie d'une adjudication amiable[2].

1423.23 **Vices cachés.** La question se présente encore différemment, en apparence, pour la garantie des vices cachés. Elle est en effet exclue pour les ventes « *faites par autorité de justice* » (C. civ., art. 1649). Il n'est plus ici fait allusion à une vente qui ne serait faite « *d'après la loi que d'autorité de justice* », comme à l'article 1684 C. civ. ; cette garantie semblerait donc nécessairement exclue lorsque la licitation a lieu à la barre du tribunal et devant notaire, agissant comme délégué du tribunal (v. toutefois un arrêt par lequel un promoteur fut condamné à délivrer une chose exempte de vices, dans le cadre d'une vente qualifiée de forcée par les magistrats[3]).

Cette disposition permet d'éviter l'action rédhibitoire, qui devrait conduire à choisir entre rendre la chose ou se faire restituer une partie du prix, hypothèses difficilement compatibles avec une vente forcée.

§ 2
Effets de l'adjudication pour le créancier

1423.31 **Absence de purge.** La vente sur licitation ne purge pas les hypothèques. Il faut cependant distinguer le créancier d'un indivisaire et les créanciers de l'indivision.

1423.32 **Créancier d'un indivisaire.** Ici, il faut encore distinguer selon que le bien est attribué ou non à son débiteur.

Dans la négative, l'adjudication résout le droit hypothécaire ; l'hypothèque n'étant que conditionnelle, la question s'était posée de savoir si le créancier bénéficiait alors d'un droit de préférence sur la quote-part du prix ou la soulte pouvant échoir à cet indivisaire. Depuis 1888, il est établi que l'anéantissement dû à l'effet déclaratif du partage vaut non seulement à l'égard des copartageants mais aussi de leurs créanciers ; de sorte que, si le bien hypothéqué par un indivisaire fait l'objet d'une licitation à un coïndivisaire et que le constituant a droit à une partie du prix, ses créanciers hypothécaires ne pourront se prévaloir de la moindre préférence sur cette portion ; ils seront en concours avec les créanciers chirographaires[4].

Si le débiteur est attributaire seul du bien, l'inscription d'hypothèque est consolidée et son assiette va porter sur l'intégralité du bien. La vente sur licitation ne purgeant pas les hypothèques et l'éventuelle soulte payée par l'attributaire aux autres colicitants n'intéressant pas son créancier personnel, celui-ci devra procéder suivant les dispositions du droit commun et, le cas échéant, engager une saisie immobilière à l'encontre de son débiteur.

1423.33 **Créanciers de l'indivision.** L'adjudicataire, qu'il s'agisse d'un colicitant ou d'un tiers, devra procéder à la purge de l'immeuble, à moins que le prix ne suffise à désintéresser les créanciers inscrits. À défaut, ces derniers pourraient utilement provoquer la revente du bien suivant la procédure à tiers détenteur ou de saisie immobilière si le bien a été adjugé à l'un des colicitants, débiteur solidaire.

§ 3
Effets pour les colicitants

1423.41 **Vente ou partage.** Ici, il faut distinguer selon que la personne qui est déclarée adjudicataire est un tiers ou un colicitant. La licitation n'aura pas les mêmes effets, valant partage au profit de l'indivisaire et vente au profit du tiers dans les rapports entre indivisaire/vendeur et adjudicataire/acheteur[5]. La solution est étendue à l'hypothèse où l'adjudication a été prononcée au profit conjoint d'un indivisaire et d'un tiers : la licitation vaut vente à l'égard du tiers adjudicataire et est considérée comme une opération préliminaire de partage dans les rapports entre l'indivisaire/adjudicataire et les autres indivisaires[6].

1423.42 **Lorsque l'adjudicataire est un coïndivisaire.** L'adjudication produit l'effet d'un partage entre les parties à l'indivision et s'il avait été prévu une clause d'attribution, le partage définitif étant différé, une action en rescision pour lésion de plus du quart pourrait être introduite à l'issue du partage[7]. Dans

► vente entre majeurs, maîtres de leurs droits, dès lors que la licitation avait été imposée par le désaccord persistant des colicitants et que la vente, offrait les garanties légales entourant les ventes publiques : Civ. 1re, 25 avr. 1984, no 82-16.052, P I, no 135 ; *Defrénois* 1985, art. 33600, p. 1150.

1. Civ. 1re, 17 déc. 1956, P I, no 465 ; *D.* 1957. 281, note R. Lenoan ; *JCP* 1957. II. 9890, note A. Ponsard ; *RTD civ.* 1957. 370, obs. R. Savatier.
2. Paris, 23 mai 1979, *Juris-Data* no 000260.
3. Civ. 3e, 21 nov. 1990, no 89-13.775, P III, no 242.
4. Req. 16 avr. 1888, *DP* 1888. 1. 249.
5. Cass., ch. réun., 5 déc. 1907, *DP* 1908. 1. 113.
6. Civ. 23 juill. 1912, *DP* 1914. 1. 30.
7. Civ. 1re, 4 janv. 1979, no 78-10.481, P I, no 7 – Civ. 1re, 21 févr. 1978, no 76-10.096, P I, no 70 – Sur la prescription de l'action en rescision pour lésion de l'anc. art. 1304 C. civ., v. Aix-en-Provence, 8 avr. 1987, *JCP* 1988. 21022, note Henderycksen – Sur pourvoi, Civ. 1re, 21 févr. 1989, no 87-16.287, P I, no 89 ; *JCP* 1989. II. 21340, note Ph. Simler.

les rapports du coïndivisaire avec les tiers, l'adjudication emporte également des effets différents pour le créancier qui était à l'origine de la licitation-partage : si son débiteur devient adjudicataire, les sûretés qui lui auraient été consenties sur les biens sont consolidées ; en revanche, les droits constitués sur le bien par un indivisaire qui n'en devient pas adjudicataire lors de la licitation sont rétroactivement anéantis[1].

1423.43 Adjudication à un tiers. Lorsque le bien est adjugé à un tiers étranger à l'indivision, elle constitue donc une vente des indivisaires à l'égard de l'adjudicataire. Le coïndivisaire, dont le créancier a engagé la procédure de licitation-partage, est donc susceptible de recueillir à l'issue de l'homologation de l'état liquidatif sa part dans le partage. La jurisprudence décide que, le prix de l'adjudication remplaçant l'immeuble au sein de la masse partageable, par subrogation réelle, c'est la distribution du prix entre les indivisaires qui réalisera le partage[2] et le droit de préférence se reporte sur la quote-part du prix d'adjudication.

SECTION 2
PUBLICATION ET DROITS D'ENREGISTREMENT

1423.51 Publication du titre de vente. La licitation emporte transfert de propriété. Elle est donc soumise au même régime que les ventes ordinaires. Lorsque la licitation s'effectue à l'audience, elle donne lieu à un jugement qui doit être présenté à l'enregistrement et à la publicité foncière.

1423.52 Droits d'enregistrement et taxe de publicité foncière. L'article 750 du CGI expose le régime fiscal des licitations. Ainsi, les parts et portions indivises de biens immeubles acquises par licitation sont assujetties à l'impôt aux taux prévus pour les ventes des mêmes biens. Toutefois, les licitations de biens immobiliers dépendant d'une succession ou d'une communauté conjugale sont assujettis à un droit d'enregistrement ou à une taxe foncière de 2,50 % lorsqu'elles interviennent au profit de membres originaires de l'indivision, de leur conjoint, de leurs ascendants ou descendants ou des ayants droit à titre universel de l'un ou de plusieurs d'entre eux. Il en est de même des licitations portant sur des biens indivis issus d'une donation-partage et des licitations portant sur des biens indivis acquis par des partenaires ayant conclu un pacte civil de solidarité ou par des époux avant ou pendant le pacte ou le mariage[3]. En ce qui concerne les licitations et cessions mettant fin à l'indivision, l'imposition est liquidée sur la valeur des biens, sans soustraction de la part de l'acquéreur.

1. Civ. 1re, 26 avr. 1955, P I, no 171 – Civ. 3e, 7 mai 1986, no 84-16.950, P III, no 66 ; *JCP* 1987. II. 20737, note M. Dagot.
2. Req. 22 févr. 1881, *DP* 1881. 1. 409 – Civ. 18 juin 1900, *DP* 1906. 1. 41, note Colin.
3. V. S. Bérard, « La fiscalité des licitations et des reventes après la licitation », *JCP N* 2012. 1378.

LIVRE

15. LES PROCÉDURES DE DISTRIBUTION DES DENIERS

SECTION 0

ORIENTEUR

15.00 Sommaire du livre.

Division. Parmi les procédures de distribution des deniers, on distingue selon qu'elles portent sur des sommes provenant d'une saisie immobilière (titre 151), d'une saisie mobilière (titre 152), d'une procédure collective (titre 153) et celles portant sur des sommes ne provenant pas d'une procédure d'exécution (titre 154).

15.03 Bibliographie indicative.

Actualisables. Rép. pr. civ., v^is *Distribution des deniers (meubles, aéronefs, bateaux, navires)*, par R. Martin et R. Bour, sept. 2017 (actu. oct. 2024) ; *Saisie immobilière*, par S. Piedelièvre et F. Guerchoun, oct. 2018 (actu. déc. 2024) – *J.-Cl. Commissaires de justice*, V° Distribution des deniers – En cas de procédure d'exécution mobilière – En dehors de toute procédure d'exécution, fasc. 10, par C. Laporte, juill. 2020, actu. par R. Laher – *J.-Cl. Procédure civile*, V° Saisie immobilière – Publication du titre de vente – Distribution du prix, fasc. 1765, par A. Coulot, janv. 2025.

Ouvrages[1]**.** G. COUCHEZ et D. LEBEAU, *Voies d'exécution*, 13e éd., « Sirey université », Sirey, 2021, n°s 519 s. – C. Croze et H. Laporte, *Guide pratique de la saisie immobilière*, 2e éd., Litec, 2010 – M. et J.-B. DONNIER, *Voies d'exécution et procédures de distribution*, 10e éd., « Manuels », LexisNexis-Litec, 2020, n°s 1692 s. – S. Hazoug, Ph. Hoonakker, N. Pierre et S. Pierre-Maurice, *Procédures civiles d'exécution*, 13e éd., « Paradigme-Manuels », Bruylant, 2024 – P. Julien et G. Taormina, *Voies d'exécution et procédures de distribution*, 2e éd., « Manuel », LGDJ, 2010 – A. LEBORGNE, *Droit de l'exécution*, 3e éd., « Précis », Dalloz, 2019, n°s 2427 s. – P.-M. LE CORRE, Dalloz action *Droit et pratique des procédures collectives*, 2025/2026 – R. PERROT et P. THÉRY, *Procédures civiles d'exécution*, 3e éd., Dalloz, 2013, p. 644-648, n°s 751-763 – J. VINCENT et J. PRÉVAULT, *Voies d'exécution et procédures de distribution*, 19e éd., « Précis », Dalloz, 1999.

Traité. GLASSON, TISSIER et MOREL, *Traité théorique et pratique de procédure civile.*

1. Les ouvrages dont le nom des auteurs figure en petites capitales en bibliographie seront cités par le seul nom des auteurs en petites capitales en notes de bas de page.

TITRE

151. La distribution des deniers provenant d'une saisie immobilière

SECTION 0

ORIENTEUR

151.00 Sommaire du titre.

Division. Après avoir présenté à grands traits la procédure de distribution faisant suite à une saisie immobilière (chap. 1511), la procédure de distribution du prix sera examinée en détail (chap. 1512 et 1513).

CHAPITRE

1511. Présentation de la procédure de distribution de prix

EDOUARD DE LEIRIS
CONSEILLER À LA COUR DE CASSATION

SECTION 0

ORIENTEUR

1511.00 **Sommaire du chapitre.**

1511.01 **Textes applicables.**

• **C. pr. exéc.**, art. L. 322-14, L. 331-1 à L. 334-1 et R. 331-1 à R. 334-3.

• **ACPC,** art. 749 à 779, abr. par Ord. nº 2006-461, 21 avr. 2006, réformant la saisie immobilière, *JO* 22 avr., p. 6072.

1511.03 **Bibliographie indicative.**

Actualisables. *J.-Cl. Encyclopédie des huissiers de justice, V°* Distribution du prix de vente des immeubles, fasc. 10, par C. Laporte, nov. 2017 [actu. août 2019] – *J.-Cl. Procédure civile, V°* Saisie immobilière – Publication du titre de vente – Distribution du prix, fasc. 1765, par A. Coulot, janv. 2025 – *Lamy Droit de l'exécution forcée*, édition numérique, études 525 et 526, par P.-A. Mérand.

* V. aussi bibliographie indicative s[s] nº 15.03.

SECTION 1

RAPPEL HISTORIQUE : DE L'ORDRE À LA DISTRIBUTION DE PRIX

1511.11 **Notion d'ordre.** Le terme *ordo*, venu du latin au XIIe siècle, francisé en *ordre*, signifiant organisation, structure, a pris par extension, le sens d'arrangement raisonné, de classement, de hiérarchie, de subordination. La procédure d'ordre avait pour finalité de répartir le prix de vente de l'immeuble vendu aux enchères publiques, en assignant à chaque créance le rang découlant des droits de préférence reconnus par la loi aux privilèges et hypothèques.

1511.12 **Domaine de l'ordre.** Jusqu'à l'ordonnance du 21 avril 2006[1], **la procédure** d'ordre était régie par des dispositions non abrogées de l'ancien Code de procédure civile (titre XIV : ACPC, art. 749 s.) et concernait la distribution du prix d'adjudication, en cas de vente forcée sur saisie immobilière, portant aussi bien sur des immeubles que sur des droits réels principaux à caractère immobilier (usufruit, nue-propriété, emphytéose, bail à construction, droit de superficie). En matière de meubles ou de droits à caractère mobilier, la procédure de répartition était appelée « *distribution par contribution* ». L'ouverture de l'ordre n'était pas réservée aux saisies ; elle pouvait avoir lieu sur l'initiative du propriétaire (vente amiable), ou en exécution d'une décision de justice (c'est-à-dire licitation dans le cadre d'un partage de succession), ou à la suite d'une décision prononçant la liquidation judiciaire (réalisation de l'actif, sur l'initiative du liquidateur). La réforme la plus importante avait été apportée par une loi du 4 mars 1941, validée par l'ordonnance du 9 octobre 1945[2], qui avait institué, dans chaque juridiction, « *un ou plusieurs juges aux ordres, spécialement chargés du règlement des ordres* », désignés par ordonnance du premier président « *pour une durée d'un an au moins et trois ans au plus* ». Il existait donc un service permanent au sein des tribunaux de grande instance, composé de juges et de greffiers.

1. Ord. nº 2006-461, 21 avr. 2006, réformant la saisie immobilière, *JO* 22 avr., p. 6072.
2. Ord. nº 45-2280, 9 oct. 1945, portant validation de textes de l'autorité de fait, émanant du ministère de la Justice, *JO* 10 oct., p. 6375.

1511.13 **Réforme des autres procédures de distribution.** Les procédures de distribution de deniers ont été « *déjuridictionnalisées* » et adaptées à notre époque, en ce qui concerne les fonds provenant des ventes forcées mobilières, par la loi du 9 juillet 1991 [1] et le décret d'application du 31 juillet 1992 [2], modifié par le décret du 18 décembre 1996 [3], et, en dehors de toute procédure d'exécution, par le décret du 14 août 1996 [4] (C. pr. civ., art. 1281-1 à 1281-12).

Ces réformes ont limité l'intervention du juge au seul cas où le projet de répartition est contesté.

1511.14 **Réforme de l'ordre.** Il existait un consensus général en faveur d'une réforme de la procédure d'ordre, mais le caractère immobilier de l'ordre imposait de coordonner la refonte de cette procédure avec la mise à jour de la publicité foncière et la modernisation de la saisie immobilière, ce qui a donné lieu à des difficultés, ou tout du moins à des discussions.

SECTION 2
RÉFORME DU 21 AVRIL 2006

1511.21 **Ordonnance du 21 avril 2006.** La procédure de saisie immobilière a finalement été réformée par l'ordonnance du 21 avril 2006 et le décret du 27 juillet 2006 [5], complété par le décret du 12 février 2009 [6].

Cette réforme d'ensemble inclut la refonte de la procédure de distribution du prix de la vente du bien saisi. Ces textes qui avaient été codifiés au Code civil, pour ceux de nature législative (titre XIX du livre III intitulé « De la saisie et de la distribution du prix de vente d'un immeuble » comprenant trois articles consacrés à la distribution : articles 2214, 2215 et 2216 C. civ.) sont codifiés au Code des procédures civiles d'exécution depuis l'entrée en vigueur le 1er juin 2012 de ce code, résultant de l'ordonnance du 19 décembre 2011 [7] : articles L. 311-1 s. et R. 311-1 s., les règles relatives à la distribution se trouvant aux articles L. 331-1 s. et R. 331-1 s. (v. s^s^ n°s 133.05 à 1343.255). Cette réforme a supprimé la notion d'« *ordre* » pour n'utiliser que les termes de distribution et de répartition. De même le « *juge aux ordres* » a disparu au profit du juge de l'exécution, celui-ci devenant le seul juge ayant compétence pour connaître des procédures civiles d'exécution (sous réserve d'exceptions résiduelles), la saisie immobilière rentrant ainsi, sous cet aspect, dans le droit commun des procédures civiles d'exécution.

Le décret du 12 février 2009 [8] a apporté quelques retouches à la réforme, y compris en ce qui concerne la procédure de distribution des deniers, notamment en supprimant « l'état ordonné des créances » que le créancier poursuivant était tenu d'élaborer en cours de procédure de saisie [9].

1511.22 **Application de la loi dans le temps.** L'article 168 du décret du 27 juillet 2006 prévoit les dispositions de droit transitoire.

Le décret est entré en vigueur le 1er janvier 2007. Toutefois cette entrée en vigueur n'est pas immédiate et trois réserves sont posées par le texte :

– il n'est pas applicable aux procédures de saisies immobilières ayant donné lieu, avant son entrée en vigueur, au dépôt du cahier des charges prévu à l'article 688 ACPC ;

– il n'est pas applicable aux procédures de distribution du prix de vente de l'immeuble lorsque, quelle que soit la date de l'adjudication, il a été requis l'ouverture de l'ordre, au sens de l'article 750 ACPC, avant le 1er janvier 2007 ;

– il n'est pas applicable aux procédures collectives ouvertes avant le 1er janvier 2006, ni aux ventes d'immeubles et aux procédures subséquentes de distribution de prix, lorsque ces ventes ont été ordonnées avant l'entrée en vigueur du décret du 27 juillet 2006 au cours d'une procédure collective ouverte après le 1er janvier 2006.

En toute hypothèse, les actes régulièrement accomplis sous l'empire de la réglementation applicable avant l'entrée en vigueur du décret restent valables. Il n'est pas nécessaire pour les parties de recommencer une procédure de saisie immobilière ou de distri-

1. L. n° 91-650, 9 juill. 1991, portant réforme des procédures civiles d'exécution, *JO* 14 juill., p. 9228.
2. Décr. n° 92-755, 31 juill. 1992, instituant des nouvelles règles relatives aux procédures civiles d'exécution pour l'application de la loi n° 91-650 du 9 juillet 1991 portant réforme des procédures civiles d'exécution, *JO* 5 août, p. 10530.
3. Décr. n° 96-1130, 18 déc. 1996, instituant de nouvelles règles relatives aux procédures civiles d'exécution pour l'application de la loi n° 91-650 du 9 juillet 1991 portant réforme des procédures civiles d'exécution, *JO* 26 déc., p. 19120.
4. Décr. n° 96-740, 14 août 1996, instituant une procédure de distribution des deniers en dehors de toute procédure d'exécution et modifiant le Code de l'organisation judiciaire et le Nouveau Code de procédure civile, *JO* 23 août, p. 12679.
5. Décr. n° 2006-936, 27 juill. 2006, relatif aux procédures de saisie immobilière et de distribution du prix d'un immeuble, *JO* 29 juill., p. 11316.
6. Décr. n° 2009-160, 12 févr. 2009, pris pour l'application de l'ordonnance n° 2008-1345 du 18 décembre 2008 portant réforme du droit des entreprises en difficulté et modifiant les procédures de saisie immobilière et de distribution du prix d'un immeuble, *JO* 13 févr., p. 2596.
7. Ord. n° 2011-1895, 19 déc. 2011, relative à la partie législative du code des procédures civiles d'exécution, *JO* 20 déc., texte 15.
8. Décr. n° 2009-160, 12 févr. 2009, préc.
9. Pour une présentation de ce décret, v. A. Leborgne, *Dr. et proc.* 2009, n° 3, p. 128 – C. Laporte, *Procédures* 2009. Alerte 17.

bution par ordre accomplie en conformité avec les anciens textes.

Le décret du 12 février 2009, qui a apporté quelques modifications, est, selon son article 155, entré en vigueur le 1er mars 2009 et est applicable « *aux procédures en cours sous les réserves suivantes :*

1o Les actes régulièrement accomplis avant cette date restent valables ;

2o La durée des délais en cours à cette date n'est pas modifiée ;

3o Les appels formés contre les décisions notifiées avant cette date demeurent soumis aux règles de la procédure ordinaire devant la cour d'appel ».

Plus récemment, l'ordonnance du 15 septembre 2021[1] portant réforme du droit des sûretés a apporté quelques ajustements destinés à intégrer aux créanciers disposant d'un droit sur le prix de vente de l'immeuble saisi le créancier disposant d'un gage portant sur un immeuble par destination (C. pr. exéc., art. L. 322-14 et L. 331-1).

1511.23 **Coexistence de deux régimes.** Compte tenu de l'ancienneté de la réforme de la saisie immobilière, les dernières procédures ouvertes sous l'ancien régime sont, pour l'essentiel, parvenues à leur terme, de sorte que seul est présenté le nouveau régime (chap. 1512 et 1513).

1. Ord. no 2021-1192, 15 sept. 2021, portant réforme du droit des sûretés, *JO* 16 sept., texte 19, entrée en vigueur le 1er janv. 2022 (art. 37, I).

CHAPITRE

1512. Distribution du prix : généralités

EDOUARD DE LEIRIS
CONSEILLER À LA COUR DE CASSATION

SECTION 0
ORIENTEUR

1512.00 **Sommaire du chapitre.**

1512.01 **Textes applicables.**

• **C. civ.,** art. 1305-4, 2334, 2377, 2402, 2418, 2419, 2465, 2472.

• **C. com.,** art. L. 444-3, A. 444-192 et A. 444-193.

• **C. pr. civ.,** art. 121, 1281-20.

• **C. pr. exéc.,** art. L. 251-1, L. 311-1, L. 321-6, L. 322-4, L. 322-11, L. 322-12, L. 322-14, L. 331-1, L. 331-2, R. 121-21, R. 311-2 s., R. 321-3, R. 322-7, R. 322-12, R. 322-13, R. 322-18, R. 322-21 à R. 322-24, R. 322-41, R. 322-56 à R. 322-58, R. 331-1 à R. 331-5, R. 332-1 s., R. 333-2 et R. 334-1 s.

1512.02 **Jurisprudence de référence.**

> Saisie immobilière. Office du juge de l'exécution. Unicité de la procédure. Postulation.

• **Cass., avis, 16 mai 2008,** n° 08-00.002, P, n° 3

* V. s^s n°s 0212.81, 1333.141, 1333.350, 1337.43, 1512.21, 1512.23, 1512.42, 1512.74, 1513.12, 1531.12

1° Le juge de l'exécution est tenu de trancher les contestations relatives à la validité des déclarations de créance soulevées au cours de l'audience d'orientation.

2° La saisie immobilière et la distribution du prix constituent les deux phases d'une même procédure.

3° Les déclarations de créance mentionnées aux articles 46 et 47 du décret n° 2006-936 du 27 juillet 2006 [devenus art. R. 322-12 et R. 322-13 C. pr. exéc.] doivent être faites par acte d'un avocat inscrit au barreau du tribunal de grande instance devant lequel la vente est poursuivie, les dispositions de la loi n° 71-1130 du 31 décembre 1971 demeurant en vigueur.

1512.03 **Bibliographie indicative.**

* V. bibliographie indicative s^s n° 15.03.

SECTION 1
INTRODUCTION

§ 1
Définition

1512.11 **Distribution dans le cadre d'une procédure d'exécution.** Depuis l'ordonnance du 21 avril 2006[1] réformant la saisie immobilière, la procédure de saisie immobilière est définie comme tendant à « *la vente forcée de l'immeuble du débiteur ou, le cas échéant, du tiers détenteur en vue de la distribution de son prix* » (C. pr. exéc., art. L. 311-1). Ni le Code civil ni le Code des procédures civiles d'exécution ne contient de définition de la notion de distribution. En termes simples, il peut être dit qu'elle consiste, après vente forcée du bien ou des droits immobiliers aux enchères ou à l'amiable, à répartir le produit de la vente entre les créanciers pouvant prétendre à cette répartition ou, en cas de créancier unique, à le remplir de ses droits dans la limite de ce produit.

Selon ses rédacteurs, le décret du 27 juillet 2006[2], a eu pour objet de réorganiser en profondeur la

1. Ord. n° 2006-461, 21 avr. 2006, réformant la saisie immobilière, *JO* 22 avr., p. 6072.
2. Décr. n° 2006-936, 27 juill. 2006, relatif aux procédures de saisie immobilière et de distribution du prix d'un immeuble, *JO* 29 juill., texte 26.

distribution à l'effet d'en accélérer et d'en simplifier le processus en favorisant le règlement amiable[1].

1512.12 Distribution hors procédure d'exécution. La procédure prévue par le Code des procédures civiles d'exécution s'applique également, sauf dispositions contraires, à la répartition entre créanciers du prix d'un immeuble vendu en dehors de toute procédure d'exécution, après purge des inscriptions. Dans ce cas, la procédure se déroule, non devant le juge de l'exécution (JEX), mais devant le tribunal judiciaire (TJ – C. pr. exéc., art. R. 331-3), puisqu'il n'y a pas de mesure d'exécution. En outre, à moins qu'il n'ordonne la consignation du prix, le tribunal désigne un séquestre des fonds, dont la rétribution, fixée par le tribunal en cas de contestation, est prélevée sur les fonds à répartir et supportée par les créanciers, au prorata de la somme qui revient à chacun d'eux.

Il en va de même, depuis l'entrée en vigueur, le 1er janvier 2022, de l'ordonnance du 15 septembre 2021[2] portant réformant des sûretés, dans l'hypothèse où, par application des articles 2465 et 2472 C. civ., tels qu'issus de cette ordonnance, le créancier titulaire d'un gage sur un immeuble par destination requiert, sur la sommation d'un tiers acquéreur, la vente aux enchères de cet immeuble par destination, dont le prix de vente est alors distribué conformément aux dispositions du titre III du livre III du Code des procédures civiles d'exécution (C. pr. civ., art. 1281-20, réd. issue de Décr. 29 déc. 2021[3]).

§ 2 Nature et caractéristiques de la procédure de distribution

1512.21 Une phase de la procédure de saisie immobilière. Les auteurs de la réforme de la saisie immobilière qui ont cherché, notamment, à moderniser et accélérer cette procédure, ont conçu la distribution du prix de la vente comme une phase de la procédure de vente sur saisie, celle-ci étant un *continuum* s'étendant de la délivrance du commandement de payer valant saisie à la répartition du produit de la vente entre les créanciers. Ce point a été le premier à être clarifié par la Cour de cassation après l'entrée en vigueur de la réforme, puisque, à la faveur d'une demande d'avis, la Haute juridiction a énoncé, dès le 16 mai 2008, que « *la saisie immobilière et la distribution du prix constituent les deux phases d'une même procédure* »[4].

Cette conception de la distribution comme n'étant pas une procédure autonome, mais comme faisant partie de la procédure de saisie, présente le très grand mérite de la clarté et de la simplicité. Elle emporte des conséquences de fond et de procédure.

1512.22 Conséquences de fond. Ainsi, alors que la phase de distribution ne débutait, selon l'ancienne législation, qu'après l'adjudication, elle commence dorénavant dès la phase préparatoire de la vente et est imbriquée dans la procédure de saisie immobilière avant adjudication. En effet, les créanciers qui sont inscrits au moment de la publication du commandement valant saisie doivent déclarer leur créance dans les deux mois de la dénonciation de ce commandement qui comporte sommation de déclarer. Faute de le faire, ils sont déchus de leur sûreté pour la distribution du prix de vente de l'immeuble (C. pr. exéc., art. L. 331-2). S'agissant des créanciers inscrits après la publication du commandement mais avant celle de la vente, seuls ceux qui seront intervenus à la procédure en déclarant leur créance au greffe du juge de l'exécution (JEX) dans le mois de l'inscription pourront participer à la distribution (C. pr. exéc., art. L. 331-1). La participation à la distribution dépend donc d'initiatives prises par les créanciers dès la phase antérieure à la vente du bien (sous réserve de la possibilité ouverte par l'article R. 332-2 *in fine* C. pr. exéc. qui sera examinée plus loin). Cette conception de la procédure d'exécution immobilière est de nature à accélérer son dénouement et la rend plus efficiente (sur la déclaration de créance, v. ss nos 1333.341 s.).

1512.23 Conséquences procédurales. Le rattachement de la phase de distribution à la procédure de saisie elle-même a, par ailleurs, l'avantage de la simplicité au regard de la procédure applicable. Ainsi, diverses questions de procédure se trouvent réglées, par application des dispositions énoncées à la section II du livre III du Code des procédures civiles d'exécution régissant la procédure de saisie immobilière (C. pr. exéc., art. R. 311-4 s.).

• **Représentation des parties :** la représentation par un avocat constitué au barreau devant lequel se

1. Circ. min. Justice no CIV/17/06, 14 nov. 2006, relative à la réforme de la saisie immobilière, JUS C 06 20 848 C.
2. Ord. no 2021-1192, 15 sept. 2021, portant réforme du droit des sûretés, *JO* 16 sept., texte 19, entrée en vigueur le 1er janv. 2022 (art. 37, I).
3. Décr. no 2021-1888, 29 déc. 2021, pris en application de l'ordonnance no 2021-1192 du 15 septembre 2021 portant réforme du droit des sûretés, *JO* 30 déc., texte 53, art. 1er, dont l'entrée en vigueur est déterminée par l'art. 7, I, al. 1er et II, du décret, prévoyant son application aux procédures engagées à compter du 1er janv. 2022 ; la notion de procédure engagée doit s'entendre, ici, de la réquisition du créancier gagiste intervenue à compter de cette date.
4. Cass., avis, 16 mai 2008, no 08-00.002, P, no 3 (le rapport et l'avis de l'avocat général sont accessibles sur le site Internet de la Cour de cassation) ; A. Leborgne, « Deux ans de saisie immobilière », *Procédures* 2009. Chron. 1.

déroule la vente est obligatoire pour tous les actes afférents à la distribution, à la déclaration de créance, à la contestation de la validité des créances déclarées [1]. La phase de distribution, comme celle antérieure à la vente, échappait donc à l'exception de multipostulation qui permet aux avocats des barreaux de Paris, Bobigny, Nanterre et Créteil de postuler dans n'importe lequel de ces barreaux. La loi du 6 août 2015 [2], pour la croissance, l'activité et l'égalité des chances économiques, nonobstant une rédaction ambiguë sur ce point, apparaît avoir conservé cette solution, en l'étendant à la multipostulation qu'elle a par ailleurs instaurée entre les barreaux des tribunaux du ressort d'une même cour d'appel (L. 31 déc. 1971 [3], art. 5 et 51) [4].

• **Sanctions des vices affectant la phase de distribution** : les règles régissant la nullité des actes de la procédure de saisie immobilière s'appliquent aux actes de la procédure de distribution (C. pr. exéc., art. R. 311-10). Ainsi, la nullité n'est encourue, s'agissant des vices de forme, qu'au cas où l'irrégularité a causé un grief et est régularisable dans les conditions de l'article 121 C. pr. civ. [5].

• **Contestations et demandes incidentes** : lorsqu'elles ont trait à des actes antérieurs à l'audience d'orientation, les contestations doivent être soulevées à l'occasion de celle-ci, à peine d'irrecevabilité (C. pr. exéc., art. R. 311-5). La Cour de cassation a précisé dans l'avis du 16 mai 2008, précité, que « *le juge de l'exécution est tenu de trancher les contestations relatives à la validité des déclarations de créance soulevées au cours de l'audience d'orientation* ». Toute contestation qui aurait dû être faite avant l'audience d'orientation ou dans les quinze jours de la notification de l'acte paraît donc irrecevable au stade de la distribution (toutefois, v. s[s] n°s 1512.44 s.).

• **Forme des contestations** : l'article R. 311-6 C. pr. exéc. qui prévoit que les contestations ou demandes incidentes doivent être formées par le dépôt au greffe de conclusions signées d'un avocat s'applique en ce qui concerne la phase de déclaration de créance et de distribution, sauf disposition contraire [6].

• **Voies de recours** : sauf disposition contraire, les jugements rendus en la matière sont susceptibles d'appel dans les quinze jours de leur notification (application de C. pr. exéc., art. R. 311-7). Cependant, contrairement à la règle selon laquelle l'appel des décisions du JEX n'est pas suspensif (C. pr. exéc., art. R. 121-21), l'appel du jugement rendu par le JEX en matière de distribution judiciaire est suspensif (C. pr. exéc., art. R. 333-3) et au stade de la distribution le JEX peut être amené à rendre non seulement des jugements, mais aussi des ordonnances (v. s[s] n°s 1513.63 s.).

• **Interruption de la prescription** : dès lors qu'en vertu de l'article 2242 C. civ., l'interruption de la prescription résultant de la demande en justice produit ses effets jusqu'à l'extinction de l'instance, il en résulte que l'instance engagée par la saisine du JEX en vue de la convocation à une audience d'orientation ne s'éteint qu'à l'issue de procédure de distribution ; ainsi a-t-il été jugé, par exemple, que la prescription ne recommençait à courir qu'à compter d'une ordonnance d'homologation du projet de répartition du prix de vente de l'immeuble [7].

1512.24 **Une procédure déjudiciarisée.** Davantage que sous l'empire des anciens textes régissant la procédure d'ordre, la procédure de distribution est avant tout entre les mains, non d'un juge, mais du créancier poursuivant qui a en charge la distribution des deniers. Ce faisant, la procédure de distribution en matière de saisie immobilière se rapproche de la procédure de distribution de deniers résultant du décret du 31 juillet 1992 [8] (codifié au C. pr. exéc., art. L. 251-1 et R. 251-1 à R. 251-11), qui a réformé la distribution de deniers résultant d'une procédure de saisie mobilière et du décret du 14 août 1996 [9] relatif à la distribution de deniers en dehors de toute procédure d'exécution (C. pr. civ., art. 1281-1 s.)

En premier lieu, il faut noter que lorsque le créancier poursuivant est le seul créancier, la procédure de distribution est totalement déjudiciarisée. En second lieu, alors que dans l'ancienne procédure d'ordre, le juge aux ordres procédait à l'élaboration du projet de répartition (« ordre amiable ») contre lequel il pouvait être formé une contestation (appelée « contre-

1. Cass., avis, 16 mai 2008, n° 08-00.002, P (préc., v. s[s] n° 1512.21) – RÉITÉRÉ par : Civ. 2e, 5 mai 2011, n° 10-14.066, P II, n° 105 ; *D.* 2011. 1357 ; A. Leborgne, « Panorama du droit de l'exécution », *D.* 2012. 1509 ; *Procédures* 2011. Comm. 223, obs. R. Perrot ; *RTD civ.* 2011. 585, obs. Ph. Théry.
2. L. n° 2015-990, 6 août 2015, pour la croissance, l'activité et l'égalité des chances économiques, *JO* 7 août, p. 13537.
3. L. n° 71-1130, 31 déc. 1971, portant réforme de certaines professions judiciaires et juridiques, *JO* 5 janv. 1972, p. 131.
4. Circ. NOR n° JUSC1632342, 27 juill. 2016, *BOMJ*, n° 2016-11, 30 nov.
5. Civ 2e, 5 mai 2011, n° 10-14.066, P (préc. s[s] prés[t] n°) ; *RTD civ.* 2011. 585, obs. Ph. Théry.
6. Il existe des dispositions contraires en matière de distribution amiable à l'art. R. 332-9 C. pr. exéc.
7. Civ. 2e, 6 sept. 2018, n° 17-21.337, P II, n° 170 ; *D.* 2019. 1306, obs. A. Leborgne ; *AJDI* 2019. 301, obs. F. de La Vaissière.
8. Décr. n° 92-755, 31 juill. 1992, instituant des nouvelles règles relatives aux procédures civiles d'exécution pour l'application de la loi n° 91-650 du 9 juillet 1991 portant réforme des procédures civiles d'exécution, *JO* 5 août, p. 10530.
9. Décr. n° 96-740, 14 août 1996, instituant une procédure de distribution des deniers en dehors de toute procédure d'exécution et modifiant le Code de l'organisation judiciaire et le Nouveau Code de procédure civile, *JO* 23 août, p. 12679.

dit »), c'est aujourd'hui le créancier poursuivant qui élabore un projet de répartition. Ce n'est que pour donner force exécutoire au projet de répartition dressé par celui-ci que le JEX intervient, avec des pouvoirs limités. Le juge ne joue un rôle véritablement actif que dans le cas où le poursuivant n'aura pu recueillir l'accord de tous les créanciers sur le projet qu'il a élaboré, ou en cas de défaillance de la partie poursuivante.

Afin de poursuivre l'objectif de célérité de la procédure de saisie immobilière, la phase de distribution, comme celle de vente, est marquée par l'existence de délais souvent sanctionnés, ce qui marque la limite de la déjudiciarisation, la réforme ayant donné aux personnes intéressées à la distribution les moyens de s'assurer qu'elle ne s'éternisait pas. Le texte réglementaire initial, qui avait prévu à plusieurs occasions des délais qui se sont révélés trop brefs, a d'ailleurs dû être modifié par le décret du 12 février 2009, dans le sens d'un allongement de nombre d'entre eux afin de tenir compte de certaines contraintes incontournables (not. les délais prévus aux articles R. 332-2 et R. 332-6 C. pr. exéc.).

La volonté de célérité des réformateurs de la saisie se retrouve également dans le fait que, six mois après le versement du prix de vente ou sa consignation, le débiteur saisi est considéré comme ayant payé sa dette, de sorte que les créances des créanciers inscrits cessent de produire intérêts. En effet, selon les articles L. 334-1 et R. 334-3 C. pr. exéc., si la distribution du prix n'est pas intervenue dans un délai de six mois, son versement ou sa consignation auprès de la Caisse des dépôts et consignations par l'acquéreur produit à l'égard du débiteur tous les effets d'un paiement à hauteur de la part du prix de vente qui sera remise aux créanciers après la distribution. Il s'agit là d'une incitation forte à parvenir, dans ce délai, à la distribution des deniers. Observons que c'est à l'égard du seul débiteur que la consignation du prix d'adjudication par l'acquéreur produit les effets d'un paiement si la distribution du prix n'est pas intervenue dans les six mois, de sorte qu'en cas de survenance d'une procédure collective au-delà de ce délai de six mois, les créanciers inscrits ne peuvent se prévaloir de ces dispositions pour soutenir qu'un effet attributif de la procédure de distribution aurait eu lieu à leur profit avant l'ouverture de la procédure collective ; par conséquent, dans une telle hypothèse, les fonds séquestrés doivent être remis au mandataire judiciaire pour être répartis conformément aux règles de la procédure collective[1].

Ce souci de célérité se trouve enfin dans la possibilité ouverte à « *la partie la plus diligente* » ou « *toute partie au projet de distribution* » ou à « *toute partie intéressée* » de saisir le JEX lorsque la partie poursuivant la distribution ne fait pas diligence (v. C. pr. exéc., art. R. 332-6, R. 332-8 et R. 332-1, al. 2).

1. Com. 17 avr. 2019, n° 17-15.960, P ; *D.* 2019. 1479, note A. Touzain ; *RTD com.* 2019. 991, obs. A. Martin-Serf.

SECTION 2
DISPOSITIONS GÉNÉRALES

1512.31 **Présentation.** Ainsi qu'il a été précisé, la distribution consiste à répartir les deniers issus de la vente entre des créanciers, selon des modalités définies. L'examen de cette procédure conduit à définir ce qui sera réparti, entre qui et comment.

§ 1
Qui peut participer à la distribution ?

1512.41 **Créanciers admis à la distribution.** Selon l'article L. 331-1 C. pr. exéc., dans sa rédaction issue de l'ordonnance du 15 septembre 2021[2], portant réforme du droit des sûretés, « *seuls sont admis à faire valoir leurs droits sur le prix de la vente le créancier poursuivant, les créanciers inscrits sur l'immeuble saisi à la date de la publication du commandement de payer valant saisie, les créanciers inscrits sur l'immeuble avant la publication du titre de vente et qui sont intervenus dans la procédure, les créanciers énumérés à l'article 2377 et au 3° de l'article 2402 du code civil ainsi que les créanciers titulaires d'une sûreté publiée sur les immeubles par destination saisis avant la publication du titre de vente* ».

Il convient de distinguer le droit de participer à la distribution du rang auquel viendra la créance du créancier admis à la distribution, question qui relève du droit des sûretés[3].

Les créanciers admis à la répartition sont :

– le **créancier poursuivant** : celui-ci n'est pas pour autant, par sa seule qualité de poursuivant, titulaire d'une hypothèque sur le bien[4] ; toutefois, même s'il n'est qu'un créancier chirographaire, il ne peut pas se voir opposer les inscriptions postérieures à la publication du commandement, sauf inscription du privilège du vendeur, du prêteur de denier et copartageant dans les délais prévus par les textes régissant ces sûretés (C. pr. exéc., art. L. 321-5, al. 3) ;

– les **créanciers ayant inscrit une hypothèque ou un privilège sur l'immeuble avant la délivrance du commandement** valant saisie et ceux qui l'ont inscrit après la publication de ce commandement et avant

2. Ord. n° 2021-1192, 15 sept. 2021, art. 37, I (préc.).
3. *J.-Cl. Civ. Code*, App. 2092 à 2113, *V° Privilèges*, fasc. unique, par Ph. Delebecque.
4. Civ. 2e, 28 sept. 2017, n° 16-20.437, P II, n° 189 ; *D.* 2018. 1223, obs. A. Leborgne.

la publicité de la vente, pourvu qu'ils soient intervenus à la procédure ;

– les **créanciers dispensés de toute inscription**, c'est-à-dire le syndicat des copropriétaires, disposant d'une hypothèque spéciale pour le paiement de ses créances de toute nature relatives à l'année courante ainsi qu'aux quatre dernières années échues (C. civ., art. 2374, 1° *bis*, devenu 2402, 3° depuis l'entrée en vigueur, le 1er janvier 2022 de l'ordonnance du 15 septembre 2021) et les créanciers titulaires d'un privilège général sur les immeubles (C. civ., art. 2375, devenu 2377) ;

– depuis le 1er janvier 2022, les **créanciers ayant publié un gage sur des meubles immobilisés par destination.**

Cette énumération mérite certaines précisions.

Préalablement, on indiquera qu'à la différence de l'ancienne procédure d'ordre, dans laquelle il était prévu que les jugements sur incidents et sur le fond étaient rendus sur les conclusions du ministère public (ACPC, art. 762), la participation de ce dernier à la procédure de distribution n'est pas imposée par les textes la régissant[1].

1512.42 Le créancier poursuivant. Le créancier poursuivant n'a pas à déclarer sa créance. Le montant de sa créance (en principal, frais et intérêts échus, ainsi que le taux des intérêts moratoires) figurera dans le commandement de payer valant saisie (C. pr. exéc., art. R. 321-3) et il fait l'objet d'une « *mention* » dans le jugement d'orientation, en principal, frais, intérêts et autres accessoires (C. pr. exéc., art. R. 322-18). Le JEX aura dû vérifier d'office, à l'audience d'orientation, que la poursuite était diligentée sur la base d'un titre exécutoire constatant une créance liquide et exigible. De cette façon, le titre de créance aura fait l'objet d'un contrôle judiciaire, même si le montant de la créance n'aura pas été vérifié (sur l'office du juge à cet égard, v. ss nos 1334.50 s. et 1334.143). Comme toute autre créance, elle peut faire l'objet d'une contestation de la part du débiteur à l'audience d'orientation ou d'un autre créancier inscrit, contestation que le JEX aura dû trancher[2].

Deux précisions ont été apportées par la jurisprudence sur la créance du poursuivant ainsi mentionnée dans le jugement d'orientation. *D'abord*, s'il est usuellement admis que le créancier poursuivant ne soit pas tenu de disposer d'une créance hypothécaire, il en va autrement dans l'hypothèse où la saisie immobilière est poursuivie contre un tiers détenteur, au titre de l'exercice du droit de suite. Dans un tel cas, seul le montant retenu pour la créance hypothécaire du poursuivant est mentionné[3]. *Ensuite*, si l'article R. 322-18 C. pr. exéc dispose que le jugement d'orientation mentionne le montant retenu pour la créance du poursuivant en principal, frais, intérêts et autres accessoires, il n'implique pas pour autant que le dispositif du jugement d'orientation ventile les sommes dues en principal, intérêts, frais et autres accessoires[4].

1512.43 Créanciers inscrits. Ces créanciers sont de deux types. Ceux qui étaient inscrits sur l'état hypothécaire levé par le poursuivant au moment de la publication du commandement, et ceux qui prendront une inscription après cette date mais avant la publication du titre de vente.

1512.44 Créanciers inscrits au jour de la publication du commandement. Ces créanciers, qui sont connus du poursuivant au moment où il délivre le commandement, se seront vu dénoncer le commandement par lui, ce qui vaut assignation à comparaître à l'audience d'orientation et les rend parties à la procédure de saisie.

La dénonciation du commandement doit notamment prévenir ces créanciers de leur obligation de déclarer, dans les deux mois de cette dénonciation, leur créance en principal, frais et intérêts échus avec indication du taux d'intérêt moratoire, par acte d'avocat déposé au greffe du JEX et accompagnée d'une copie du titre de créance et du bordereau d'inscription.

Le créancier qui justifie que sa défaillance n'est pas de son fait peut demander à être autorisé à déclarer sa créance postérieurement au délai imparti ; en ce cas, le juge statue par ordonnance sur requête qui est formée, à peine d'irrecevabilité, quinze jours au plus tard avant la date fixée pour l'audience d'adjudication ou de constatation de la vente amiable (C. pr. exéc., art. R. 322-12).

Les créanciers sommés de déclarer leur créance et qui omettent de le faire (le cas échéant après relevé de forclusion) sont déchus du bénéfice de leur sûreté pour la distribution du prix (C. pr. exéc., art. L. 331-2). La notification du commandement valant saisie comporte l'indication de cette déchéance. Naturellement, il est exclu de déchoir du bénéfice de sa sûreté un créancier qui n'a pas été préalablement sommé de déclarer sa créance[5].

1. Com. 28 juin 2016, no 14-21.840, NP.
2. Cass., avis, 16 mai 2008, no 08-00.002, P, no 3 – QE no 15649, *JOAN* 30 sept. 2008, p. 8430.
3. Civ. 2e, 8 déc. 2022, no 20-14.302, B ; *D.* 2023. 2060, obs. S. Godechot-Patris et C. Grare-Didier ; *AJDI* 2023. 289, obs. F. Cohet ; *AJ fam.* 2023. 123, obs. N. Levillain ; *RTD civ.* 2023. 430, obs. I. Dauriac.
4. Civ. 2e, 14 avr. 2022, no 20-22.303, B ; *Rev. prat. rec.* 2022. 8, chron. A.-I. Gregori.
5. Civ. 2e, 28 juin 2018, no 17-19.894, P II, no 145 ; *D.* 2019. 1306, obs. A. Leborgne.

Les créanciers inscrits sont également informés de leur obligation de dénoncer cette déclaration le même jour ou le premier jour ouvrable suivant au créancier poursuivant et au débiteur dans les mêmes formes ou par signification (C. pr. exéc., art. R. 322-7). Cette dénonciation permet de faire courir le délai de contestation ouvert à ces destinataires contre cette déclaration de créance : en cas de dénonciation antérieure à l'audience, la contestation sera formée à cette audience ; en cas de dénonciation postérieure, elle ouvrira le délai de quinzaine pour contester les actes de la procédure (C. pr. exéc., art. R. 311-5) [1]. En revanche, il a été jugé que la sanction de la déchéance du bénéfice de la sûreté, en cas de tardiveté de la déclaration de créance, n'est pas applicable à ce cas de tardiveté de la dénonciation de cette déclaration [2]. Quoique non publié, cet arrêt procédait à un contrôle approfondi, qui apparaît lui conférer une portée de principe.

Ainsi, le défaut de dénonciation de la déclaration a pour unique effet de permettre au débiteur saisi et au créancier poursuivant de contester cette déclaration sans se voir opposer le délai de forclusion prévue par l'article R. 311-5 C. pr. exéc. En ce sens, il a été jugé, dans l'hypothèse d'une contestation formée par un créancier inscrit contre la déclaration de créance faite antérieurement à l'audience d'orientation par un autre créancier inscrit, que cette contestation ne se heurtait pas à la forclusion, dès lors que la déclaration de créance ne lui avait pas été dénoncée [3]. Il est évidemment surprenant que la déclaration de créance, qui est un acte de procédure de l'instance de saisie immobilière, ne soit pas notifiée, par son auteur, à toutes les parties à cette instance ayant constitué un avocat (C. pr. exéc., art. R. 311-6, al. 2 ; C. pr. civ., art. 766). Mais, en l'absence d'une telle dénonciation à un créancier inscrit, on ne saurait lui opposer un délai pour contester un acte qui n'a pas été officiellement porté à sa connaissance. L'absence de dénonciation d'une déclaration de créance au créancier poursuivant ou au débiteur n'était pas sanctionnée d'une déchéance de la sûreté, la forclusion de l'article R. 311-5 ne peut que leur être inopposable dans les mêmes conditions.

Dès lors que le créancier inscrit est tenu de respecter ce délai de deux mois, sa créance peut fort bien ne pas encore être exigible à cette date. Cela n'affecte pas pour autant la validité de sa déclaration. Ainsi a-t-il été jugé qu'il importait peu que le créancier ne puisse justifier ni de l'exigibilité de sa créance ni d'un décompte actualisé au jour même de sa déclaration [4]. Il résulte en réalité de l'économie générale du dispositif que la purge des inscriptions hypothécaires consécutive à la vente de l'immeuble saisi (C. pr. exéc., art. L. 322-14) rendra exigibles les créances qui ne le seraient pas encore à cette date (C. civ., art. 1305-4), de sorte que le créancier qui disposait d'une sûreté sera en mesure de procéder à une déclaration actualisée de sa créance, devenue exigible au cours des opérations de distribution amiable. En outre le créancier ayant déclaré une créance non encore exigible demeure recevable, en cause d'appel du jugement d'orientation, à demander qu'il soit pris acte de la déchéance du terme prononcée postérieurement à ce jugement et que le montant de sa créance soit fixée en conséquence [5].

1512.45 **Créanciers inscrits postérieurement à la publication du commandement.** Les seconds, les créanciers inscrits après la publication du commandement mais avant celle de la vente, ne peuvent prendre part à la distribution qu'autant qu'ils seront intervenus à la procédure de saisie. Cette intervention prend la forme d'une déclaration de leur créance, dans le mois de son inscription, au greffe du JEX (C. pr. exéc., art. R. 322-13). Cette intervention doit être dénoncée le même jour ou le premier jour ouvrable suivant la déclaration, au créancier poursuivant et au débiteur, par notification entre avocats ou par signification au cas où le débiteur n'a pas constitué avocat. Le texte précise que la déclaration de créance qui matérialise l'intervention à la procédure de ces créanciers est irrecevable si elle n'est pas faite dans le délai d'un mois de l'inscription (délai initialement fixé à quinze jours et allongé par le décret du 12 février 2009). La rédaction du texte laisse penser que l'irrecevabilité est également encourue au cas où elle n'aurait pas été faite par acte d'avocat (v. s[s] n° 1333.394). Faute d'avoir procédé à la déclaration, selon ces modalités, ces créanciers ne seront pas admis à participer à la distribution.

Ici encore on peut s'interroger sur le cas du créancier qui aurait correctement effectué la déclaration au greffe mais aurait omis de la dénoncer soit au créancier poursuivant soit au débiteur saisi, soit aux deux. Serait-il valablement intervenu à la procédure ? Aucun arrêt ne paraît avoir été rendu sur ce point. La lettre de l'article R. 322-13 C. pr. exéc. qui énonce que les créanciers « *interviennent à la procédure en déclarant leur créance* [...] », permet de considérer que l'intervention est réalisée par la simple déclaration des créances, la dénonciation constituant une formalité autonome. Dès lors qu'aucun texte ne sanctionne le défaut de dénonciation, il pourrait être considéré que l'intervention reste valable, même en

1. M. Draillard, *Rev. prat. rec.* 2020, p. 9, obs. s[s] Civ. 2e, 1er oct. 2020, n° 19-15.612, P.
2. Civ. 2e, 13 juin 2024, n° 22-10.340, NP.
3. Civ. 2e, 1er oct. 2020, n° 19-15.612, P (préc. s[s] prés[t] n°).
4. Civ. 2e, 28 sept. 2017, n° 16-17.010, P II, n° 187 ; *D.* 2017. 1983 ; *D.* 2018. 1223, obs. A. Leborgne – Civ. 2e, 6 sept. 2018, n° 17-22.364, P ; *D.* 2019. 1306, obs. A. Leborgne ; *AJDI* 2019. 299, obs. F. de La Vaissière.
5. Civ. 2e, 28 juin 2018, n° 17-15.054, P II, n° 144.

l'absence de dénonciation [1]. En toute hypothèse, dans un tel cas, le poursuivant comme le débiteur demeureraient recevables à contester cette déclaration de créance même au-delà du délai de quinzaine de l'article R. 311-5 C. pr. exéc. [2].

1512.46 **Syndicat des copropriétaires.** Le syndicat tient son droit de participer à la distribution de la référence faite par l'article L. 331-1 au 1° *bis* de l'article 2374 C. civ., devenu le 3° de l'article 2402, par l'effet de l'ordonnance du 15 septembre 2021. Les créances garanties par ce privilège, désormais qualifié par la loi d'hypothèque légale spéciale, ont fait l'objet d'une extension progressive. Selon la loi du 24 mars 2014 [3] pour l'accès au logement et un urbanisme rénové (dite loi Alur ou loi Duflot), il concernait le produit de la vente d'un lot dépendant de la copropriété pour le paiement des charges et travaux mentionnés à l'article 10, au c du II de l'article 24 et à l'article 30 de la loi du 10 juillet 1965 [4], modifiée par la loi susmentionnée du 24 mars 2014, fixant le statut des immeubles bâtis, et garantissait le paiement des cotisations au fonds de travaux mentionné à l'article 14-2 de la même loi, relatifs à l'année courante et aux quatre dernières années échues ainsi que les dommages et intérêts alloués par les juridictions et les dépens. Puis une ordonnance du 30 octobre 2019 [5] avait modifié l'article 19-1 de la loi du 10 juillet 1965 pour étendre ce privilège immobilier spécial prévu à l'ancien article 2374 C. civ. à l'ensemble des créances susceptibles de faire l'objet de l'inscription par le syndicat de l'hypothèque légale mentionnée à l'article 19 alinéa 1er de la loi du 10 juillet 1965, laquelle garantit le paiement des « *créances de toute nature du syndicat à l'encontre de chaque copropriétaire* [...] *qu'il s'agisse de provision ou de paiement définitif* ». Selon le rapport au président de la République, cela permet d'inclure dans le privilège « *entre autres, les intérêts de retard, les frais irrépétibles de l'article 700 du Code de procédure civile, les créances relatives à certains frais imputables au seul copropriétaire en application de l'article 10-1 de la loi du 10 juillet 1965 (mise en demeure, relance, honoraires et frais pour l'établissement de l'état daté, astreintes, etc.), ou encore la clause pénale stipulée dans le règlement de copropriété* » [6]. Ce dernier texte est entré en vigueur le 1er juin 2020 (Ord. 30 oct. 2019, art. 41, V).

L'ordonnance du 15 septembre 2021 est venue tirer les conséquences de cette évolution législative, en conférant explicitement, au nouvel article 2402, 3°, une hypothèque légale spéciale au syndicat des copropriétaires portant sur « *les créances de toute nature du syndicat des copropriétaires relatives à l'année courante ainsi qu'aux quatre dernières années échues sont garanties sur le lot vendu du copropriétaire débiteur* ».

1512.47 **Opposition du syndicat des propriétaires.** Le syndicat n'est admis à participer à la distribution que pour autant qu'il aura mis en œuvre la procédure d'opposition prévue à l'article 20 de la loi du 10 juillet 1965. En effet, l'hypothèque légale spéciale du syndicat étant « *occulte* », en ce qu'elle ne donne lieu à aucune inscription (C. civ., art. 2378, devenu 2418, al. 2), l'opposition se substitue à l'inscription. Selon l'article 5-1 du décret du 17 mars 1967, issu du décret du 2 juillet 2020 [7], entré en vigueur le 4 juillet suivant, le syndic est informé de la vente par un avis de mutation donné, selon le cas, soit par le notaire, soit par l'avocat créancier poursuivant.

Pour mettre en œuvre son hypothèque légale spéciale, le syndicat doit donc avoir fait une opposition valable au regard de l'article 20 de ladite loi. L'article 5-1 indique que pour l'application des dispositions de l'article 20 de la loi du 10 juillet 1965, il n'est tenu compte que des créances du syndicat effectivement liquides et exigibles à la date de la mutation.

L'opposition est formée dans un délai de quinze jours suivant la réception de l'avis de mutation, par un acte de commissaire de justice [8].

L'article 5-1 ajoute que l'opposition doit énoncer d'une manière précise :

« *1° Le montant et les causes des créances de toute nature du syndicat de l'année courante et des deux dernières années échues ;*

2° Le montant et les causes des créances de toute nature du syndicat des deux années antérieures aux deux dernières années échues ;

3° Le montant et les causes des créances de toute nature du syndicat garanties par une hypothèque légale et non comprises dans les créances privilégiées, visées aux 1° et 2° ci-dessus ;

4° Le montant et les causes des créances de toute nature du syndicat non comprises dans les créances visées aux 1°, 2° et 3° ci-dessus » [9].

1. *Dr. et proc.* 2009, n° 3, chron. 128, avis A. Leborgne.
2. V. *mutatis mutandis* : Civ. 2e, 1er oct. 2020, n° 19-15.612, P (v. ss n° 1512.44).
3. L. n° 2014-366, 24 mars 2014, pour l'accès au logement et un urbanisme rénové, *JO* 26 mars, p. 5809.
4. L. n° 65-557, du 10 juill. 1965, fixant le statut de la copropriété des immeubles bâtis, *JO* 11 juill., p. 5950.
5. Ord. n° 2019-1101, 30 oct. 2019, portant réforme du droit de la copropriété des immeubles bâtis, *JO* 31 oct., texte 3.
6. Rapport au président de la République relatif à l'ordonnance n° 2019-1101 du 30 octobre 2019 portant réforme du droit de la copropriété des immeubles bâtis, *JO* 31 oct., texte 2.
7. Décr. n° 2020-834, 2 juill. 2020, pris pour l'application de l'ordonnance n° 2019-1101 du 30 octobre 2019 portant réforme du droit de la copropriété des immeubles bâtis et relatif à diverses mesures concernant le fonctionnement de la copropriété, *JO* 3 juill., texte 3, art. 6 et 53, VI.
8. L. n° 65-557, 10 juill. 1965, art. 20, I.
9. Sur les conditions de l'opposition, v. Dalloz action *La copropriété*, 2025/2026, nos 232.281 s., par J.-M. Roux.

Le décret a ainsi consolidé la jurisprudence qui exigeait que l'opposition mentionne le détail des sommes réclamées selon leur nature et précise chacun des lots auxquels ces sommes sont afférentes[1].

Le notaire ou l'avocat du créancier poursuivant qui a adressé l'avis de mutation doit être le destinataire de l'opposition[2]. Il est tenu d'informer les créanciers inscrits de l'opposition formée par le syndic et, sur leur demande, leur en adresse copie[3]. Si nécessaire, demeure, *mutatis mutandis*, applicable la jurisprudence qui, sous l'empire de l'ancienne procédure d'ordre, jugeait[4] que « *l'opposition au versement des fonds, formée régulièrement par le syndic, vaut au profit du syndicat mise en œuvre du privilège mentionné à l'article 19-1 de la loi du 10 juillet 1965, de sorte que le destinataire de cette opposition devait en informer le juge chargé des ordres pour faire convoquer le syndicat à la procédure d'ordre et qu'en l'absence du respect de cette formalité, le syndicat était irrecevable à faire opposition au procès-verbal de règlement de l'ordre amiable* ».

1512.48 Créanciers titulaires d'un privilège général sur les immeubles. Bien que l'article L. 331-1 C. pr. exéc. mentionne les créanciers énumérés à l'article 2375, devenu l'article 2377 C. civ., cet article ne vise pas des créanciers mais des créances. Il faut donc comprendre ce renvoi comme permettant à tout créancier titulaire d'une créance visée à cet article de participer à la distribution.

Au sein de cette énumération, le 1°, qui vise les frais de justice, nous intéresse particulièrement.

Les frais de justice visés par le privilège de l'article 2375, devenu 2377 C. civ. sont ceux qui ont servi à la conservation ou à la réalisation du ou des biens et qui ont été engagés dans l'intérêt commun des créanciers auxquels ils sont opposés[5].

Ces frais comprennent en matière de saisie immobilière, les frais de poursuite liés à la vente, qui ont été taxés par le juge. Aux termes de l'article R. 322-58 C. pr. exéc., en cas de vente forcée, les frais de poursuite, de surenchère taxés et les droits de mutation sont payés par l'adjudicataire par priorité en sus du prix. Les frais de poursuite comprennent les frais de tous les actes de commissaire de justice délivrés (commandement valant saisie notamment), les frais de diagnostics obligatoires relativement au bien vendu, *etc.* Il a été jugé que les frais de l'état daté, établi par le syndic de copropriété, sont imputables à l'adjudicataire, tenu au paiement des frais de la vente[6]. Les frais de poursuite seront exposés par la partie poursuivant la vente, créancier poursuivant ou subrogé. Dans les deux cas, il s'agit d'un créancier admis à la distribution. En matière de vente amiable, le créancier poursuivant doit solliciter la taxation des frais de poursuite à l'audience d'orientation (C. pr. exéc., art. R. 322-21, al. 2) et les frais taxés sont versés directement par l'acquéreur en sus du prix de vente. À cet égard, il a été jugé qu'il ne peut être dérogé aux dispositions impératives des articles L. 322-4, R. 322-21 et R. 322-24 C. pr. exéc., en application desquelles l'acte de vente amiable sur autorisation judiciaire d'un immeuble saisi n'est établi par le notaire que sur justification du paiement par l'acquéreur, en sus du prix de vente, des frais de poursuite qui ont été taxés à la demande du créancier poursuivant par le JEX ayant autorisé la vente amiable et que seuls sont à la charge des acquéreurs les frais taxés par le JEX dans le jugement autorisant la vente amiable ou accordant un délai supplémentaire pour y procéder, de sorte qu'il ne peut être exigé des acquéreurs le paiement d'autres frais[7].

S'agissant des frais de distribution, l'article R. 331-2 C. pr. exéc. dispose qu'ils sont avancés par la partie sollicitant la distribution et prélevés par priorité à tous les autres. Il s'agira du créancier saisissant, ou d'un créancier inscrit, puisque selon l'article R. 331-1 C. pr. exéc., la distribution est poursuivie à la diligence du créancier saisissant ou, à son défaut, du créancier le plus diligent ou du débiteur. Ces frais sont inclus dans le projet de distribution élaboré par le créancier poursuivant ou par le JEX lorsqu'il procède à la distribution judiciaire. Ils comprennent notamment les émoluments et débours de l'avocat ayant dressé le projet de distribution. Ceux-ci étaient prévus par les décrets du 25 août 1972[8] et du 2 avril 1960[9], abrogés par le décret du 9 mai 2017[10] relatif aux tarifs réglementés de postulation des avocats en matière de saisie immobilière, de partage, de licitation et de sûretés judiciaires. Ils ont été nettement revalorisés à la suite de la loi du 6 août 2015, ayant créé l'article L. 444-3 C. com., prévoyant une tarification par un arrêté, révisé tous les cinq ans. À cette

1. Civ. 2e, 20 oct. 2005, n° 03-17.550, P II, n° 264 – Civ. 3e, 3 nov. 2011, n° 10-20.182, P III, n° 179 – Civ. 3e, 22 juin 2017, n° 16-15.195, P III, n° 77.
2. V. Dalloz action *La copropriété*, 2025/2026, n° 232.294, par J.-M. Roux.
3. Décr. n° 67-223, 17 mars 1967, pris pour l'application de la loi n° 65-557 du 10 juillet 1965 fixant le statut de la copropriété des immeubles bâtis, art. 6-1, *JO* 22 mars.
4. Civ. 3e, 4 juin 2008, n° 07-10.051, P III, n° 99.
5. *J.-Cl. Civ. Code*, App. 2092 à 2113, *V° Privilèges*, fasc. unique, par Ph. Delebecque.
6. Civ. 3e, 20 mai 2021, n° 20-15.633, P ; *D.* 2021. 1029.
7. Civ. 2e, 22 juin 2017, n° 16-12.882, P II, n° 149.
8. Décr. n° 72-784, 25 août 1972, relatif au régime transitoire de rémunération des avocats à raison des actes de postulation et à la taxe, *JO* 29 août, p. 9282.
9. Décr. n° 60-323, 2 avr. 1960, portant rap et fixant le tarif des avoués, *JO* 7 avr., p. 3194.
10. Décr. n° 2017-862, 9 mai 2017, relatif aux tarifs réglementés de postulation des avocats en matière de saisie immobilière, de partage, de licitation et de sûretés judiciaires, *JO* 10 mai, texte 41.

fin, un arrêté du 6 juillet 2017[1] a inséré notamment les articles A. 444-192 et A. 444-193 C. com., prévoyant une rémunération de l'avocat par un émolument proportionnel, fixé par renvoi à celui dû aux mandataires judiciaires, et un émolument par acte (prestations n°s 32 à 36 du tableau n° 6 de l'article annexe 4-7). À lire ces dispositions, peu précises, l'émolument proportionnel pourrait n'être dû qu'en cas d'aboutissement de la distribution amiable, à l'exclusion de tout émolument proportionnel fixé en cas de distribution judiciaire, laquelle peut en effet donner lieu à l'allocation d'indemnité pour frais irrépétibles : si tel devait être le cas, le débiteur pourrait alors être incité à s'opposer à toute distribution amiable.

1512.49 Créanciers titulaires d'une sûreté publiée sur les immeubles par destination saisis avant la publication du titre de vente. Le nouvel article 2334 C. civ. dispose que : « *Le gage peut avoir pour objet des meubles immobilisés par destination* ». Il est donc organisé la participation de ce créancier gagiste à la distribution du prix de la vente de l'immeuble auxquels sont incorporés les biens meubles immobilisés. Ses droits sont fonction de la date de la publication de sa sûreté (C. civ., art. 2334 et 2419)[2], mais aussi de la part de la valeur des biens meubles gagés dans la valeur globale de l'immeuble saisi. Ce dernier point paraît en effet se déduire, indirectement, de la lecture d'une modification apportée par le décret du 29 décembre 2021[3] à l'article R. 333-2 C. pr. exéc., à l'effet de conférer au JEX saisi d'une contestation le pouvoir de déterminer la fraction du prix de vente correspondant à la valeur d'un immeuble par destination.

Pour autant, à la différence des créanciers titulaires d'une sûreté publiée sur l'immeuble, ce créancier gagiste n'est pas appelé à participer à la procédure de saisie immobilière, mais exclusivement à la procédure de distribution. Par conséquent, sous l'angle du déroulement procédural de la distribution, la situation de ce créancier se rapproche de celle des créanciers dispensés de publier leur sûreté, les nouveaux articles R. 331-4 et R. 331-5 C. pr. exéc. organisant, au moment d'entreprendre la procédure de distribution, la déclaration par le créancier gagiste de sa créance.

1. Arr. 6 juill. 2017, fixant les tarifs réglementés de postulation des avocats en matière de saisie immobilière, de partage, de licitation et de sûretés judiciaires, *JO* 14 juill., texte 39.
2. V. rapport au président de la République relatif à l'ordonnance n° 2021-1192, 15 sept. 2021, portant réforme du droit des sûretés, *JO* 16 sept., texte 18.
3. Décr. n° 2021-1888, 29 déc. 2021, art. 3, dont l'entrée en vigueur est fixée par l'art. 7, I, al. 1er, et II, du décret, prévoyant son application aux procédures engagées à compter du 1er janv. 2022.

1512.50 Honoraires de l'avocat poursuivant la distribution. Avant cette tarification, la question s'est posée de savoir si les frais de distribution pouvaient comprendre les honoraires de cet avocat, perçus pour l'élaboration du projet de distribution, dont le montant est librement fixé entre lui et son client. La Cour de cassation a été saisie de cette question et par un avis du 18 octobre 2010, a répondu que « *dans une procédure de distribution amiable du prix de vente d'un immeuble ayant fait l'objet d'une procédure de saisie immobilière, les honoraires de l'avocat du créancier poursuivant ayant élaboré le projet de distribution du prix ne sont pas des frais de justice* »[4]. Ils ne peuvent donc être compris dans les créances venant à la distribution, malgré ce qu'avait préconisé le Conseil national des barreaux qui avait élaboré un cahier des conditions de vente-type prévoyant qu'en cas de vente forcée la rétribution de l'avocat chargé de la distribution serait prélevée sur les fonds à répartir[5].

Cet avis a considéré que ces frais, non réglementés, ne constituaient pas des frais de justice au sens de l'article 2377 C. civ. Il faut rappeler que les honoraires des avocats sont des frais irrépétibles, qui, dans les instances judiciaires, restent en principe à la charge du mandataire de l'avocat, sauf application de l'article 700 C. pr. civ. ; que leur montant est librement fixé entre le client et l'avocat[6] et que leur contestation suit une procédure particulière dans laquelle le bâtonnier dispose d'une compétence exclusive pour statuer en première instance[7].

La Cour de cassation a confirmé, par un arrêt du 25 septembre 2014, relatif à une distribution effectuée par le juge, que ces honoraires ne ressortent pas des frais visés à l'article R. 331-2 C. pr. exéc., c'est-à-dire des frais de distribution[8]. Il en résulte que le juge peut d'office déduire des sommes revenant à la partie poursuivante des honoraires, seraient-ils qualifiés par l'avocat de « *frais de séquestre* »[9].

4. Cass., avis, 18 oct. 2010, n° 10-00.006, P, n° 6 ; *D.* 2011. 860, comm. A. Leborgne ; *Gaz. Pal.* 9-11 janv. 2011, p. 19, obs. Hocquard.
5. Le Conseil national des barreaux (CNB) est chargé d'unifier, par voie de dispositions générales mais dans le respect des dispositions législatives et réglementaires en vigueur, les règles et usages de la profession (L. n° 71-1130, 31 déc. 1971, portant réforme de certaines professions judiciaires et juridiques, *JO* 5 janv., p. 131, art. 21-1), ces règles devant être notifiées au garde des Sceaux et publiées au *Journal officiel* (Décr. n° 91-1197, 27 nov. 1991, organisant la profession d'avocat, *JO* 28 nov., p. 15502, art. 38-1). Le 24 avril 2009, le CNB avait pris une décision modifiant l'article 12 du règlement intérieur national de la profession d'avocat, notamment pour prévoir l'utilisation d'un cahier des conditions de vente-type en matière de saisie immobilière. Ce cahier des conditions de vente-type n'avait cependant pas été publié au *Journal officiel*.
6. L. n° 71-1130, 31 déc. 1971, art. 10.
7. Décr. n° 91-1197, 27 nov. 1991, art. 174 s.
8. Civ. 2e, 25 sept. 2014, n° 13-15.597, P II, n° 192.
9. Civ. 2e, 28 juin 2018, n° 17-15.054, P II, n° 144.

La tarification opérée en 2017 conforte évidemment cette solution jurisprudentielle.

1512.51 Créanciers exclus de la répartition. En l'état de la rédaction de l'article L. 331-1 C. pr. exéc., la Cour de cassation considère que l'énumération de ce texte est limitative et en déduit que le créancier chirographaire (qui ne serait pas, par ailleurs, créancier poursuivant), qui n'est pas partie à la procédure de distribution, n'a pas qualité à contester le projet de distribution[1].

Il en résulte que les créanciers chirographaires sont exclus de la distribution, même en cas de reliquat après paiement des créanciers énumérés. Au demeurant, il se déduit de l'article R. 334-2 C. pr. exéc. que ce reliquat est versé au débiteur saisi et non au chirographaire, puisqu'il prévoit que le séquestre ou la Caisse des dépôts et consignation procède au paiement des créanciers « et *le cas échéant du débiteur* ». Cette solution diffère de celle résultant du droit antérieur, qui conférait certains droits aux créanciers chirographaires (droit de s'opposer à l'ordre consensuel).

En revanche, le créancier chirographaire du débiteur, peut pratiquer une saisie-attribution entre les mains du séquestre ou de la Caisse des dépôts et consignations, en vue de se voir attribuer le solde résiduel qui excéderait les sommes affectées au bénéfice exclusif des créanciers participant à la distribution[2] (v. s^s^ n° 0831.152). Cette solution n'apparaît pas propre au débiteur saisi : tout créancier apparaît pouvoir saisir entre les mains du séquestre ou du consignataire la créance représentant la part dans la distribution qui revient à son débiteur.

1512.52 Adjudicataire. L'adjudicataire, qui a engagé des frais de radiation des inscriptions, peut-il être admis à la distribution au titre de ces frais ? Engage-t-il des frais de distribution au sens de l'article R. 331-2 C. pr. exéc. ? En cas de réponse positive, ces frais constituent-ils des frais de justice au sens de l'article 2375 C. civ., permettant à l'adjudicataire, bien que ne figurant pas parmi les créanciers autorisés à participer à la distribution, à y prendre part ? La Cour de cassation ne semble pas avoir été appelée à statuer sur cette question et les avis divergent. Cependant, il est permis de penser que la réponse à la question devrait être négative. En effet, il ne paraît pas possible de considérer que les frais de radiation exposés par l'adjudicataire constituent des frais de justice visés à l'article 2375 C. civ., n'étant ni engagés dans l'intérêt de tous les créanciers, ni nécessaires à la réalisation ou la conservation de l'immeuble. Il semble donc qu'ils doivent rester à la charge de l'adjudicataire et non à celle du débiteur saisi[3], en tant que frais de la vente[4].

§ 2
Quelles sommes sont à distribuer ?

1512.61 Sommes versées par l'acquéreur : produit de la vente. Les sommes à distribuer comprennent toutes les sommes versées par l'acquéreur, à l'exception des frais de la vente et des frais taxés[5]. Cela comprend, en premier lieu, le prix d'adjudication ou le montant auquel le bien a été vendu amiablement.

1512.62 Vente par adjudication. Ce prix pourra être augmenté d'intérêts au taux légal si l'adjudicataire ne paie pas le prix dans les deux mois de l'adjudication (C. pr. exéc., art. R. 322-56). L'article L. 313-3 C. mon. fin. dispose que ce taux est augmenté de cinq points quatre mois après le prononcé du jugement d'adjudication, le juge disposant néanmoins d'un pouvoir de modération ou d'exonération de cette majoration, à la demande du débiteur ou du créancier en considération de la situation du débiteur, ce terme désignant ici non le débiteur saisi mais l'adjudicataire, débiteur du paiement[6]. Si les fonds versés par l'adjudicataire sont séquestrés, ils produisent intérêt au taux stipulé au cahier des conditions de vente, lequel ne peut être inférieur à celui servi par la Caisse des dépôts et consignations. Ces intérêts sont acquis aux créanciers pour être distribués (C. pr. exéc., art. R. 322-57).

L'article L. 322-11 C. pr. exéc. conditionne la délivrance du titre de vente à la justification du paiement des frais taxés (dont le montant est annoncé par le juge à l'audience avant l'ouverture des enchères). L'adjudicataire doit, en sus du prix d'adjudication, payer les frais taxés, incluant le cas échéant les frais de surenchère, et les droits de mutation (C. pr. exéc., art. R. 322-58). Par ailleurs, l'article L. 322-12 C. pr. exéc. prévoit la résolution de plein droit de la vente à défaut de versement ou de consignation du prix et des frais. Ainsi, les frais taxés payés par l'adjudicataire entrent dans les sommes à distribuer.

1512.63 Adjudicataire défaillant. Avant de porter les enchères, l'avocat de l'adjudicataire aura fourni

1. Civ. 2e, 12 avr. 2018, n° 17-13.235, P II, n° 85 ; *D.* 2018. 1223, obs. A. Leborgne – Civ. 2e, 27 mars 2025, n° 22-20.194, B.
2. Civ. 1re, 15 mai 2019, n° 18-12.779, P ; *D.* 2019. 1102 ; *AJ fam.* 2019. 536, obs. J. Casey.
3. Pour un avis différent, v. *J.-Cl. Pr. civ.*, fasc. 2485, « La distribution du prix de vente des immeubles », § 12 et 98, par Llahi.
4. RAPPR. : Civ. 3e, 20 mai 2021, n° 20-15.633, P ; *D.* 2021. 1029 ; pour la charge de l'état daté établi par le syndic de copropriété.
5. Civ. 2e, 27 mars 2025, n° 22-20.194, B.
6. SUR LE POUVOIR DE MODÉRATION : Cass., ass. plén., 29 avr. 2022, n°s 18-18.542 et 18-21.814, P ; *RTD civ.* 2020. 623, obs. H. Barbier.

une caution bancaire irrévocable ou un chèque de banque représentant 10 % du montant de la mise à prix et, en tout cas au moins 3 000 euros. Lorsque l'adjudicataire est défaillant, la somme versée ou la caution reste acquise aux créanciers participant à la distribution (C. pr. exéc., art. R. 322-41). Cette somme entrera donc dans le montant à distribuer, de même que toute autre somme que cet adjudicataire aura versée, faute de pouvoir prétendre à la répétition des sommes qu'il a acquittées (C. pr. exéc., art. L. 322-12, al. 2). Ainsi en ira-t-il également en cas de recouvrement à l'encontre de cet adjudicataire défaillant de la différence entre le montant de son enchère impayée et celui, moindre, du prix de revente sur réitération des enchères (C. pr. exéc., art. L. 322-12, al. 1er) : les sommes ainsi recouvrées à l'initiative de la partie la plus diligente viendront accroître les sommes en distribution [1].

1512.64 Fruits du bien vendu. Selon l'article L. 321-16 C. pr. exéc., les fruits de l'immeuble immobilisés à compter de la signification du commandement de payer valant saisie sont distribués avec le prix de l'immeuble selon le même ordre que la distribution de celui-ci.

1512.65 Vente amiable. En matière de vente amiable, l'article R. 322-23 C. pr. exéc. dispose que le prix de vente et toute somme acquittée par l'acquéreur, *à quelque titre que ce soit*, est acquis aux créanciers participant à la distribution ainsi que, le cas échéant, au débiteur pour leur être distribuée. L'acquéreur après vente amiable doit verser non seulement le prix de vente mais aussi les frais que le juge aura taxés au moment de l'autorisation de vente amiable à la demande du poursuivant, c'est-à-dire dans le jugement autorisant cette vente amiable ou dans celui accordant un délai supplémentaire pour y procéder (C. pr. exéc., art. R. 322-21 et R. 322-24) [2].

Par ailleurs, selon l'article L. 322-4 C. pr. exéc., tel que modifié par la loi du 23 mars 2019 [3], « *l'acte notarié de vente n'est établi que sur consignation du prix et justification du paiement des frais de la vente et des frais taxés* ». Initialement ce texte prévoyait la consignation des « *frais de la vente* », plutôt que la justification de leur paiement, ce qui posait une difficulté dès lors que l'article R. 322-23 du même code prévoit de son côté que toute somme payée par l'acquéreur est acquise aux créanciers, alors que les droits de mutation ne sont pas destinés à être répartis entre les créanciers [4]. La clarification apportée par la loi du 23 mars 2019 [5] a mis un terme à cette difficulté.

En toute hypothèse, l'article R. 322-23 C. pr. exéc., lu *a contrario*, conduit à retenir qu'en cas de défaut de conclusion de la vente qui ne découle pas du fait de l'acquéreur, les sommes qu'il a versées échappent à cette affectation au profit des créanciers participant à la distribution. Au contraire, en cas de défaut de conclusion de la vente du fait de l'acquéreur (sous réserve des dispositions relatives au droit de rétractation), les versements qu'il aura effectués restent consignés pour être ajoutés au prix de vente dans la distribution (C. pr. exéc., art. R. 322-23, al. 2).

§ 3
Comment se déroule la procédure de distribution ?

1512.71 Présentation. L'intention des auteurs de la réforme ayant été de déjudiciariser la procédure de distribution et de l'accélérer, le déroulement de la procédure se caractérise par le retrait du juge et l'imposition de délais, souvent sanctionnés.

1512.72 Rôle du créancier poursuivant. L'initiative de la distribution appartient au premier chef au créancier poursuivant. Mais l'article R. 331-1 C. pr. exéc. prévoit qu'à son défaut, l'initiative peut être prise par le créancier le plus diligent ou le débiteur. Il n'est donc pas exclu que la procédure de distribution soit menée par un autre créancier que le poursuivant, même si cela sera probablement rare. S'agissant du débiteur, il sera également en pratique inhabituel qu'il diligente la procédure de distribution, dès lors qu'il devrait faire l'avance des frais de celle-ci.

L'article R. 333-1 C. pr. exéc. prévoit également qu'à défaut de diligence de la partie poursuivante, toute partie intéressée peut saisir le JEX d'une requête aux fins de distribution judiciaire. Ainsi, en cours de procédure de distribution, si le poursuivant qui a pris l'initiative de la distribution se montre négligent, la procédure pourra être soumise au JEX, qui procédera à une distribution purement judiciaire.

C'est au créancier qui prend l'initiative de la distribution que revient la tâche d'élaborer un projet de distribution, de tenter de régler amiablement les contestations soulevées à l'encontre de celui-ci, et de saisir le JEX soit d'une demande d'homologation du projet recueillant l'accord des créanciers soit d'une demande de distribution judiciaire. Une partie des tâches autrefois dévolues au « *juge aux ordres* » relève donc maintenant du créancier saisissant, le JEX n'intervenant qu'en cas d'impossibilité de parvenir à

1. Civ. 2e, 2 mars 2023, no 21-16.237, NP.
2. Civ. 2e, 22 juin 2017, no 16-12.882, P (préc., v. ss no 1512.48).
3. L. no 2019-222, 23 mars 2019, de programmation 2018-2022 et de réforme pour la justice, *JO* 24 mars, texte 2.
4. Sur cette question, v. *J.-Cl. Not. form.*, fasc. 430, « Vente d'immeuble saisi », § 88.
5. L. no 2019-222, 23 mars 2019, de programmation 2018-2022 et de réforme pour la justice, *JO* 24 mars, texte 2.

un règlement amiable de la distribution et n'ayant donc qu'un rôle résiduel.

1512.73 **Juge compétent.** Contrairement à l'ancienne procédure, dans laquelle une formation du tribunal de grande instance intervenait en cas de contestation de l'ordre établi par le « juge aux ordres », la compétence en matière de distribution du prix de vente résultant d'une saisie immobilière relève dorénavant d'un seul juge, le JEX devant lequel s'est déroulée la saisie immobilière (C. pr. exéc., art. R. 311-2). Ainsi, le juge qui sera appelé, le cas échéant, à dresser un état de répartition sera le même que celui qui aura pu statuer sur les contestations des créances déclarées avant l'audience d'orientation ou en cours de procédure.

Lorsque plusieurs immeubles appartenant au même débiteur auront été saisis, il s'agira du JEX du tribunal dans le ressort duquel est situé l'immeuble où demeure le débiteur, à défaut devant le juge du ressort dans lequel est situé l'un quelconque des immeubles (C. pr. exéc., art. R. 311-3).

1512.74 **Procédure.** Comme indiqué précédemment (v. ss nos 1512.21 et 1512.23), la procédure est régie, sauf disposition contraire, par les mêmes règles que celles applicables à la phase de saisie, qui est elle-même soumise, sauf disposition contraire, aux règles du Code de procédure civile.

Il est rappelé à cet égard que toute contestation relative à une créance pourrait être irrecevable durant la phase de distribution puisqu'elle aurait dû être portée devant le JEX au plus tard à l'audience d'orientation, si la créance avait été déclarée avant celle-ci, en application de l'article R. 311-5 C. pr. exéc. [1] Pour les déclarations de créance faites postérieurement, les contestations auront dû être formées dans les quinze jours de leur notification.

Cependant, il convient de noter que, durant la phase se déroulant sous la responsabilité du créancier poursuivant, les notifications et convocations faites par celui-ci et les autres créanciers se font conformément aux règles des notifications entre avocats, sauf à l'égard du débiteur saisi non représenté par avocat, pour lequel la voie de la signification devra être empruntée (C. pr. exéc., art. R. 332-9). Lorsqu'une partie est représentée par avocat, la notification entre avocats suffira, sans qu'il soit besoin d'adresser, en sus, l'acte à la partie elle-même, puisqu'il est expressément renvoyé à l'article 652 C. pr. civ. [2].

Bien que la distribution amiable puisse se dérouler hors la présence du juge, simplement appelé à homologuer le projet établi par le poursuivant, la représentation par avocat n'en demeure pas moins obligatoire. Ainsi la contestation du projet de distribution ne peut-elle avoir lieu que par un acte d'avocat (C. pr. exéc., art. R. 332-6).

Dès lors que la distribution n'est qu'une phase de la procédure de saisie immobilière, il paraît acquis que la partie, spécialement le débiteur, qui a bénéficié de l'aide juridictionnelle au cours de la phase antérieure de vente du bien saisi en conserve le bénéfice pour les besoins de la distribution. Se pose en revanche la question de la possibilité pour le débiteur de solliciter le bénéfice de l'aide juridictionnelle au seul stade de la distribution amiable. L'effectivité de ses droits paraît l'imposer, encore qu'il soit difficile de déterminer l'impact d'une telle demande sur le cours des brefs délais de la distribution amiable. En particulier, se posera la question de savoir si la contestation constitue une « action en justice » ou un « recours », de sorte que son délai se trouverait interrompu par une demande d'aide juridictionnelle (Décr. 28 déc. 2020 [3], art. 43) : d'un côté, la contestation n'introduit aucune instance ; de l'autre, il s'agit d'une condition indispensable pour empêcher l'homologation du projet de distribution et obtenir qu'un juge doté de la plénitude de juridiction établisse la répartition.

1512.75 **Acte constatant la répartition.** La nature de cet acte varie selon que le juge homologuera un projet établi amiablement ou qu'il procédera à une distribution judiciaire. Il rendra une ordonnance non susceptible d'appel dans le premier cas et un jugement susceptible d'appel suspensif dans le second.

1512.76 **Subrogation.** Bien que l'article R. 311-9 C. pr. exéc. prévoie que la subrogation peut être demandée à tout moment de la procédure, les caractéristiques de la phase de distribution laissent penser que cet incident n'y aura généralement pas sa place. En effet, si la distribution est au premier chef poursuivie à la diligence du créancier poursuivant, l'article R. 311-3 C. pr. exéc. dispose qu'à son défaut, elle est poursuivie à celle du créancier le plus diligent.

1. Cass., avis, 16 mai 2008, no 08-00.002, P, no 3.

2. C. pr. civ., art. 652 : « *Lorsqu'une partie a chargé une personne de la représenter en justice, les actes qui lui sont destinés sont notifiés à son représentant sous réserve des règles particulières à la notification des jugements* ».

3. Décr. no 2020-1717, 28 déc. 2020, portant application de la loi no 91-647 du 10 juillet 1991 relative à l'aide juridique et relatif à l'aide juridictionnelle et à l'aide à l'intervention de l'avocat dans les procédures non juridictionnelles, *JO* 29 déc., texte 32.

CHAPITRE

1513. Déroulement de la distribution

EDOUARD DE LEIRIS
CONSEILLER À LA COUR DE CASSATION

SECTION 0

ORIENTEUR

1513.00 Sommaire du chapitre.

Division. Le déroulement de la distribution du prix provenant d'une saisie immobilière obéit à des règles communes (sect. 1) et varie selon qu'il y a créancier unique (sect. 2) ou pluralité de créanciers (sect. 3). La distribution du prix peut aussi être judiciaire (sect. 4).

1513.01 Textes applicables.

• **C. pr. exéc.,** art. L. 331-1, L. 331-2, L. 334-1, R. 331-1 à R. 331-5, R. 332-1 à R. 332-10 et R. 334-1.

• **C. com.,** art. R. 521-31.

ISSUS DES TEXTES SUIVANTS :

• **Décr. n° 2006-936, 27 juill. 2006,** relatif aux procédures de saisie immobilière et de distribution du prix d'un immeuble, art. 112 à 121, *JO* 29 juill., p. 11316.

– mod. par **Décr. n° 2009-160, 12 févr. 2009,** pris pour l'application de l'ordonnance n° 2008-1345 du 18 décembre 2008 portant réforme du droit des entreprises en difficulté et modifiant les procédures de saisie immobilière et de distribution du prix d'un immeuble, *JO* 13 févr., p. 2596.

1513.02 Jurisprudence de référence.

> Saisie immobilière. Office du juge de l'exécution. Unicité de la procédure. Postulation.

• **Cass., avis, 16 mai 2008,** n° 08-00.002, P, n° 3

* V. s[s] n°s 0212.81, 1333.141, 1333.350, 1337.43, 1512.21, 1512.23, 1512.42, 1512.74, 1513.12, 1531.12

1° Le juge de l'exécution est tenu de trancher les contestations relatives à la validité des déclarations de créance soulevées au cours de l'audience d'orientation.

2° La saisie immobilière et la distribution du prix constituent les deux phases d'une même procédure.

3° Les déclarations de créance mentionnées aux articles 46 et 47 du décret n° 2006-936 du 27 juillet 2006 [devenus art. R. 322-12 et R. 322-13 C. pr. exéc.] doivent être faites par acte d'un avocat inscrit au barreau du tribunal de grande instance devant lequel la vente est poursuivie, les dispositions de la loi n° 71-1130 du 31 décembre 1971 demeurant en vigueur.

> Office du juge à l'égard d'une demande tendant à conférer force exécutoire à une transaction.

• **Civ. 2e, 26 mai 2011,** n° 06-19.527, P II, n° 120

* V. s[s] n°s 0121.72, 1513.64

C'est exactement qu'une cour d'appel énonce que lorsque le président du tribunal de grande instance statue en application de l'article 1441-4 du Code de procédure civile [cf. art. 1567], sur une demande tendant à conférer force exécutoire à une transaction, son contrôle ne peut porter que sur la nature de la convention qui lui est soumise et sur sa conformité à l'ordre public et aux bonnes mœurs.

Dès lors, ayant retenu que la transaction litigieuse constituait effectivement une transaction, signée par les parties et présentant toutes les apparences de la régularité formelle, et qu'elle était conforme à l'ordre public et aux bonnes mœurs, la cour d'appel en a déduit à bon droit que le dépôt d'une plainte avec constitution de partie civile, s'il était susceptible de remettre ultérieurement en cause la validité de la transaction, ne justifiait pas en revanche la rétractation de l'ordonnance conférant force exécutoire à cette transaction.

1513.03 **Bibliographie indicative.**
* V. bibliographie indicative s[s] n° 15.03.

1513.04 **Formulaire de procédure civile : renvois.**

- *Saisie-immobilière – Distribution amiable* (Demande en paiement du créancier unique en cas de distribution amiable faisant suite à une vente amiable – C. pr. exéc., art. R. 332-1)
- *Saisie-immobilière – Distribution amiable* (Demande en paiement du créancier unique en cas de distribution amiable faisant suite à une vente forcée – C. pr. exéc., art. R. 332-1)
- *Saisie-immobilière – Distribution amiable* (Demande d'actualisation des créances dans le cadre de la distribution amiable du prix – C. pr. exéc., art. R. 332-2)
- *Saisie-immobilière – Distribution amiable* (Élaboration et notification du projet de distribution – C. pr. exéc., art. R. 332-3)
- *Saisie-immobilière – Distribution amiable* (Homologation du projet de distribution – C. pr. exéc., art. R. 332-6, al. 1)
- *Saisie-immobilière – Distribution amiable* (Convocation des créanciers et du débiteur en cas de contestation du projet de distribution – C. pr. exéc., art. R. 332-7)
- *Saisie-immobilière – Distribution amiable* (Procès-verbal d'accord sur la distribution du prix suite à la convocation des créanciers et du débiteur – C. pr. exéc., art. 332-8)
- *Saisie-immobilière – Distribution amiable* (Homologation du procès-verbal d'accord de distribution – C. pr. exéc., art. R. 332-8)
- *Saisie-immobilière – Distribution judiciaire* (Procès-verbal de difficultés sur la distribution amiable du prix – C. pr. exéc., art. R. 333-1)
- *Saisie-immobilière – Distribution judiciaire* (Saisine du juge de l'exécution aux fins de distribution judiciaire du prix – C. pr. exéc., art. R. 333-1, al. 2)
- *Saisie-immobilière – Demande de paiement* (Demande de paiement adressée au séquestre – C. pr. exéc., art. R. 334-2)

SECTION 1

RÈGLES COMMUNES

1513.11 **Schéma procédural.** La distribution se fait à l'initiative du créancier saisissant ou, à son défaut, du créancier le plus diligent ou du débiteur (C. pr. exéc., art. R. 331-1). L'engagement de la distribution se fait en dehors du juge, et ne requiert aucune demande en justice.

La procédure s'ouvre par une période de deux mois, suivant la publication du titre de vente, au cours de laquelle, s'il n'y a qu'un créancier apte à participer à la distribution, celui-ci peut demander au séquestre le paiement de sa créance, ou, s'il y a plusieurs créanciers, la « *partie poursuivante* » (C. pr. exéc., art. R. 332-2) effectuera la première démarche vers la distribution, qui consiste dans l'envoi d'une demande de déclaration de créance actualisée.

Bien que l'article R. 332-2 C. pr. exéc. ne l'indique pas précisément, il résulte de sa combinaison avec l'article R. 331-1 du même code que, durant le délai de deux mois, tout créancier et même le débiteur, pourraient prendre l'initiative d'engager la distribution amiable. C'est pourquoi, l'article R. 332-2 utilise le terme de « *partie poursuivante* » plutôt que le terme de créancier saisissant ou poursuivant.

Ce n'est qu'après l'expiration de ce délai de deux mois que les autres créanciers pourront saisir le juge de l'exécution (JEX) d'une demande de distribution judiciaire sur la base du second alinéa de l'article R. 333-1 C. pr. exéc.

Exposé de façon synthétique, le schéma procédural d'une distribution est le suivant.

1. Cas particulier : créancier unique :

– demande de paiement direct, dans un délai de deux mois suivant la publication du titre de vente, par lettre recommandée avec demande d'avis de réception ;

– paiement dans le mois de la demande ;

2. Créanciers multiples :

2.1 Créanciers multiples sans contestation :

– la partie poursuivante notifie, dans les deux mois suivant la publication du titre de vente, une demande de déclaration actualisée des créances aux créanciers appelés à participer à la distribution ;

– les avocats produisent un décompte actualisé par conclusions d'avocat, dans les quinze jours suivant la demande d'actualisation ;

– le projet de distribution est établi et notifié aux créanciers et au débiteur, dans un délai d'un mois suivant l'expiration du délai imparti aux créanciers pour actualiser leur créance ;

– dans les quinze jours suivant la réception de la notification, si aucune partie n'a contesté le projet de distribution, le JEX doit être saisi d'une requête en homologation dans un délai d'un mois à compter de l'expiration du délai précédent.

2.2 Créanciers multiples avec contestation réglée à l'amiable :

– si dans les quinze jours suivant la notification du projet de distribution, une partie a formé une contestation ou une réclamation à l'encontre du projet de distribution, convocation des créanciers parties à la procédure et du débiteur pour une réunion devant avoir lieu dans un délai compris entre quinze jours et un mois suivant la première contestation ;

– si les créanciers parties à la procédure et le débiteur parviennent à un accord sur la distribution du prix, homologation par le JEX.

3. En cas d'échec de la concertation, le JEX sera saisi aux fins de distribution judiciaire.

1513.12 **Représentation obligatoire.** Ainsi qu'il a été vu précédemment, la phase de distribution est soumise aux mêmes règles que la phase de vente elle-même, au regard de l'obligation de constituer avocat, de sorte que toute personne « partie » à la distribution, même amiable, devra être représentée par avocat, sous réserve du débiteur saisi (v. ss no 1512.23).

L'avocat devra être un avocat inscrit au barreau devant lequel se déroule la vente, sans que les règles de la multipostulation existantes, permise en toute autre matière en région parisienne, puissent être revendiquées [1] (v. ss no 1512.23).

L'irrégularité prise de ce que l'avocat ayant déclaré une créance n'était pas inscrit au barreau devant lequel se déroulait la vente constitue un vice de fond, entraînant la nullité de l'acte (la déclaration de créance), sans qu'il soit besoin de prouver l'existence d'un grief. Il faut souligner, cependant, que cette irrégularité, comme toute irrégularité de fond, est susceptible d'être régularisée, si la cause de la nullité a disparu au moment où le juge statue (C. pr. civ., art. 121, applicable en matière de saisie immobilière et de distribution par l'effet de l'art. R. 331-1 C. pr. exéc.). C'est ce qu'a rappelé un arrêt de la deuxième chambre civile du 5 mai 2011 [2].

Pour les actes devant être accomplis avec le ministère d'avocat dans la phase de distribution proprement dite, l'application de ces règles régissant l'irrégularité pour vice de fond est toutefois plus délicate. En effet, ces actes sont accomplis dans une phase non judiciaire de la procédure, qui a vocation à déboucher sur une simple homologation judiciaire, pour laquelle le juge ne dispose pas d'une plénitude de juridiction. Il semble par conséquent que, dans cette phase non judiciaire, le poursuivant devrait pouvoir ne pas tenir compte des actes d'une partie adverse qui seraient entachés d'une irrégularité de fond (par ex. une contestation formée par le débiteur lui-même plutôt qu'avec le ministère d'un avocat). Mais il conviendrait, dans une telle orientation, que le juge saisi d'une demande d'homologation se voie remettre l'ensemble des actes des parties, seraient-ils estimés irréguliers par le poursuivant, pour permettre au juge de procéder au contrôle formel de la procédure de distribution qui lui incombe.

1513.13 Anticipation de la procédure de distribution. L'anticipation de la distribution résulte principalement de la déclaration des créances dès avant la vente : **la déclaration** que doivent faire les créanciers inscrits au jour de la publication du commandement de payer et celle des créanciers ayant inscrit une hypothèque ou un privilège postérieurement, mais avant la publication de la vente.

Il faut noter que **l'état ordonné des créances initialement prévu par le décret du 27 juillet 2006 [3] (art. 48)**, que le créancier poursuivant devait remettre au greffe quinze jours au moins avant la date d'adjudication ou de constatation de la vente amiable, a été supprimé par le décret du 12 février 2009 [4].

SECTION 2

CRÉANCIER UNIQUE

1513.21 Créancier unique. Les textes ont prévu une procédure simplifiée pour le cas où il n'existe qu'un seul créancier pouvant participer à la distribution.

Le siège de la matière est l'article R. 332-1 C. pr. exéc. [5]. Il dispose que « *lorsqu'il n'existe qu'un créancier répondant aux conditions de l'article L. 331-1, celui-ci adresse au séquestre ou au consignataire une demande de paiement de sa créance par lettre recommandée avec demande d'avis de réception dans un délai de deux mois suivant la publication du titre de vente* ».

Les situations dans lesquelles un seul créancier est en position de réclamer les sommes à distribuer sont rares. Il faut en effet prêter attention au fait que le texte fait référence à l'absence d'autres « *créanciers répondant aux conditions de l'article L. 331-1* ». Il faut donc qu'il n'existe, en sus de celui qui sollicite l'application de l'article R. 332-1 C. pr. exéc., aucun créancier titulaire d'un privilège dispensé d'inscription (syndicat des copropriétaires notamment).

Il faut que le créancier qui se prétend unique soit lui-même l'un de ceux admis à la distribution [6], mais ceci ne fera normalement pas difficulté puisqu'il s'agira la plupart des cas, du poursuivant.

Comme avant la réforme, le créancier ayant pris plusieurs inscriptions sur un immeuble, peu important qu'elles concernent des prêts distincts, ne doit compter que pour un seul [7]. Ainsi, lorsque le syndicat des copropriétaires, par prudence, publie tous les deux ou trois ans une hypothèque légale, il est compté comme un seul créancier. On doit estimer qu'il en

1. Cass. avis, 16 mai 2008, no 08-00.002, P, no 3.
2. Civ. 2e, 5 mai 2011, no 10-14.066, P II, no 105.
3. Décr. no 2006-936, 27 juill. 2006, relatif aux procédures de saisie immobilière et de distribution du prix d'un immeuble, *JO* 29 juill., p. 11316.
4. Décr. no 2009-160, 12 févr. 2009, pris pour l'application de l'ordonnance no 2008-1345 du 18 décembre 2008 portant réforme du droit des entreprises en difficulté et modifiant les procédures de saisie immobilière et de distribution du prix d'un immeuble, *JO* 13 févr., p. 2596.
5. Anct Décr. no 2006-936, 27 juill. 2006, art. 112, mod. par Décr. no 2009-160, 12 févr. 2009.
6. C. pr. exéc., art. L. 631-1 (anct C. civ., art. 2214) : « *Seuls sont admis à faire valoir leurs droits sur le prix de la vente le créancier poursuivant, les créanciers inscrits sur l'immeuble saisi à la date de la publication du commandement de payer valant saisie, les créanciers inscrits sur l'immeuble avant la publication du titre de vente et qui sont intervenus dans la procédure ainsi que les créanciers énumérés au 1o bis de l'article 2374 et à l'article 2375 du Code civil* ».
7. Req. 25 nov. 1874, *DP* 1875. 1. 358.

va de même du créancier poursuivant ajoutant au montant de sa créance principale, une créance au titre des frais de justice[1].

1513.22 **Demande de paiement direct.** Lorsqu'il n'existe qu'un créancier répondant aux conditions de l'article L. 331-1 C. pr. exéc., celui-ci adresse au séquestre ou au consignataire une demande de paiement de sa créance par lettre recommandée avec demande d'avis de réception, dans un délai de deux mois suivant la publication du titre de vente.

L'article R. 332-1 C. pr. exéc. prévoit que « *la demande de paiement est motivée* ». Cette obligation vise à donner au détenteur des fonds un résumé de la situation lui permettant d'apprécier si le créancier est bien l'un de ceux mentionnés à l'article L. 331-1 C. pr. exéc. et est bien seul en mesure de prétendre à la remise des sommes[2].

1513.23 **Pièces nécessaires.** Lorsque la distribution fait suite à une saisie immobilière, la demande doit être accompagnée d'un certain nombre de pièces :

– un état hypothécaire certifié à la date de la publication du commandement de payer valant saisie ;

– des états des inscriptions prévus aux premier et deuxième alinéas de l'article R. 521-31 C. com. à la date de la publication du titre de vente[3] ;

– une copie revêtue de la formule exécutoire du jugement d'orientation et, selon le cas, du jugement d'adjudication ou du jugement constatant la fin de l'instance à laquelle est annexée une copie du contrat de vente amiable, ainsi que d'un certificat du greffe du JEX attestant qu'aucun créancier inscrit après la date de la publication du commandement n'est intervenu dans la procédure. Le certificat du greffe ne peut être délivré avant l'expiration d'un délai de quinze jours suivant la publication du titre de vente.

L'état hypothécaire et le certificat du greffe permettent au séquestre ou consignataire de vérifier que le créancier, demandeur au paiement, est le seul créancier inscrit.

Il convient d'insister sur le fait que l'état hypothécaire doit être celui établi à la date de publication du commandement de payer valant saisie. C'est en effet cette formalité qui établit de manière définitive la liste des créanciers. Parfois, les avocats fournissent un état hypothécaire antérieur au commandement et le risque est grand de voir des créanciers inscrits à la dernière minute, ce qui ne permet plus au créancier demandeur, qui n'est plus le seul créancier inscrit, de suivre cette procédure simplifiée. Quant aux états hypothécaires postérieurs à la publication de la vente, des créanciers du nouvel acquéreur de l'immeuble peuvent apparaître.

Ce n'est pas au séquestre ou au consignataire de faire le tri entre les créanciers admissibles et les autres. C'est la raison pour laquelle, malgré le silence de l'article R. 332-1 C. pr. exéc., la fourniture de l'état hypothécaire au jour du commandement valant saisie doit être considérée comme une condition dirimante de la demande de paiement.

1513.24 **Paiement.** Le principal objectif de la réforme était d'accélérer les procédures. Aussi, l'article R. 332-1 C. pr. exéc. prévoit que le séquestre ou le consignataire procède au paiement dans le mois de la demande et qu'à l'expiration de ce délai, les sommes dues portent intérêt au taux légal.

Il arrive parfois que des fonds restent une fois le créancier inscrit satisfait. L'article R. 332-1 C. pr. exéc., précité, prévoit que le séquestre ou le consignataire informe le débiteur du montant versé au créancier et, le cas échéant, lui remet le solde.

1513.25 **Difficultés.** Les séquestres ou consignataires sont, à juste titre, prudents. S'il leur arrive de « mal payer », leur responsabilité est encourue et ils devront payer à nouveau les créanciers légitimes.

Afin que cette prudence naturelle ne se transforme en motif de litige ou de refus de paiement systématique, le décret prévoit que le séquestre ou le consignataire ne peut refuser le paiement que si les documents produits démontrent l'existence d'un autre créancier répondant aux conditions de l'article L. 331-1 C. pr. exéc.

Le texte prévoit qu'en cas de contestation, le JEX est saisi par le créancier poursuivant ou le débiteur. Aucune précision n'est donnée sur le mode de saisine du JEX et l'on peut donc penser que l'article R. 311-6 C. pr. exéc. s'applique et qu'il conviendra de procéder par dépôt au greffe de conclusions signées par avocat.

Il faut souligner que l'ensemble de cette « procédure » se déroule en l'absence du débiteur qui n'est informé qu'à l'issue de celle-ci du montant versé au créancier.

La procédure de saisie immobilière s'achève alors, avec pour conséquence que c'est seulement à l'expiration du délai de quinze jours suivant la notification du paiement que cesse l'effet interruptif de prescription attaché à l'instance de saisie immobilière[4].

1. *J.-Cl. Voies exéc.*, fasc. 1160, § 68, par A. Coulot.
2. Rép. pr. civ., v° *Saisie immobilière*, par S. Piedelièvre et F. Guerchoun, nov. 2021 (actu. févr. 2025), n° 331.
3. Exigence posée par : Décr. n° 2021-1887, 29 déc. 2021, relatif au registre des sûretés mobilières et autres opérations connexes, *JO* 30 déc., texte 52.
4. Civ. 2e, 2 mars 2023, n° 20-20.776, P ; *D.* 2023. 1282, obs. A. Leborgne ; *Rev. prat. rec.* 2023. 5, chron. I. Faivre ; *RCJPP* 2024, n° 05, p. 49, chron. F. Kieffer.

SECTION 3
Pluralité de créanciers : tentative de distribution amiable

1513.31 Pluralité de créanciers. Cette procédure, traitée aux articles R. 332-2 s. C. pr. exéc., doit être respectée lorsqu'il existe plusieurs créanciers répondant aux conditions de l'article L. 331-1 C. pr. exéc. (v. s[s] n° 1521.21). Elle ne concerne bien sûr que les créanciers pouvant participer à la distribution au sens de cet article L. 331-1 C. pr. exéc. (v. s[s] n° 1512.41). Elle comporte une phase préalable qui est totalement à la diligence et entre les mains de la partie poursuivant la distribution et qui débute par une demande tendant à l'actualisation des créances adressée aux créanciers.

Le décret du 12 février 2009 a modifié les termes qualifiant l'initiative de la procédure : la distribution du prix de l'immeuble est désormais non plus poursuivie à la « *requête* » mais à la « *diligence* » du créancier. Cette modification est une rectification utile. Au départ, le créancier ne dépose pas de requête devant une juridiction, puisque la procédure débute soit par la demande de paiement motivée du créancier unique soit, en cas de pluralité de créanciers, par la demande d'actualisation des créances.

1513.32 Règles de convocation ou de notification. Selon l'article R. 332-9 C. pr. exéc. [1], « *les notifications et les convocations auxquelles donne lieu le présent chapitre sont faites conformément aux règles des notifications entre avocats. L'article 652 du Code de procédure civile est applicable* ».

S'agissant d'une distribution amiable, la procédure doit être simplifiée. C'est pourquoi cet article prévoit que les notifications et convocations se feront par acte d'avocat à avocat sans qu'il soit besoin de procéder, en sus, à une notification à la partie elle-même[2].

Cependant, l'article R. 332-9 ne nous paraît viser que les notifications réalisées par les créanciers, à l'exclusion des décisions que le juge est appelé à rendre. En effet, l'article 652 C. pr. civ., qui permet de ne notifier les actes qu'à l'avocat de la partie, réserve le cas de la notification des jugements. Par ailleurs, l'article R. 311-7 C. pr. exéc. mentionne que les ordonnances rendues en dernier ressort par le JEX sont notifiées par le greffe simultanément aux parties et à leur avocat. De leur côté, les jugements doivent être notifiés par voie de signification (même article).

1. Anc[t] Décr. n° 2006-936, 7 juill. 2006, art. 120.
2. C. pr. civ., art. 652 : « *Lorsqu'une partie a chargé une personne de la représenter en justice, les actes qui lui sont destinés sont notifiés à son représentant sous réserve des règles particulières à la notification des jugements* ».

§ 1
Cas particulier du créancier de premier rang

1513.41 Paiement provisionnel du créancier de premier rang. Un sort particulier a été réservé au créancier de premier rang. L'article R. 334-1 C. pr. exéc. dispose : « *Après la publication du titre de vente et au vu de l'état hypothécaire, le créancier de premier rang peut demander, par requête au juge de l'exécution, à être payé à titre provisionnel pour le principal de sa créance par le séquestre ou la Caisse des dépôts et consignations* ».

La demande pouvant être faite dès la publication du titre de vente, elle pourra être présentée avant même que le créancier poursuivant n'ait pris aucune initiative pour commencer la phase de distribution.

Cette possibilité de paiement provisionnel, à laquelle il n'est pas possible de déroger (le texte indique *in fine* que « *toute stipulation contraire est réputée non écrite* »), a pour but de faciliter et d'accélérer la distribution pour le créancier dont le paiement ne paraît pas pouvoir être contesté.

L'article R. 334-1 C. pr. exéc. réserve néanmoins la possibilité de contestation, en prévoyant que les créanciers inscrits et le débiteur disposent d'un délai de quinze jours pour faire opposition à cette décision. Pour permettre cette contestation, le texte impose au créancier de premier rang de notifier la décision du juge autorisant le paiement provisionnel au débiteur et aux créanciers inscrits. Notons ici qu'il n'a pas été prévu que les créanciers disposant d'une sûreté « occulte » soient destinataires de cette notification en vue de leur permettre de faire opposition à la décision judiciaire. En va-t-il de même pour le créancier gagiste d'un immeuble par destination ? Certes, l'article R. 334-1 n'a pas été modifié par les décrets du 29 décembre 2021 pris pour l'application de l'ordonnance du 15 septembre 2021 portant réforme des sûretés, toutefois l'expression générique de « créanciers inscrits », employée à cet article, pourrait être de nature à embrasser ce créancier gagiste, auquel il sera donc prudent de notifier la décision.

Ni la nature de la décision rendue par le juge ni la forme de sa notification ne sont précisées par le texte.

Le juge étant saisi par requête, il peut être supposé qu'il statuera par ordonnance, sans avoir à organiser d'audience, le seul recours ouvert contre celle-ci étant « l'opposition » prévue par le texte.

S'agissant des modalités de la notification, il faut noter que l'article R. 334-9 C. pr. exéc. ne s'appliquant qu'au chapitre relatif à la distribution amiable, il ne peut recevoir application à la décision du juge, l'article R. 334-1 ne figurant pas dans ce chapitre. S'agissant d'une décision judiciaire notifiée par une partie, il pourrait être considéré que l'article R. 311-7

C. pr. exéc. impose de procéder par voie de signification[1]. Aucune décision ne paraît avoir été rendue sur cette question[2].

Quel sens donner au terme « opposition » ici utilisé ? Quant à la forme de l'opposition, bien qu'aucune contrainte ne soit posée par le texte, mais en raison du caractère obligatoire de la représentation par avocat, il conviendra, nous semble-t-il, de respecter les conditions de forme prévues à l'article R. 311-6 C. pr. exéc., c'est-à-dire le dépôt au greffe de conclusions signées d'un avocat.

Faut-il déduire de l'existence d'une opposition qu'il s'agit d'une procédure de rétractation, comme en matière d'ordonnance sur requête de droit commun (C. pr. civ., art. 497) ? L'opposition ouvrant un débat contradictoire, le juge doit-il procéder ainsi qu'il est dit au troisième alinéa de l'article R. 311-6, convoquer les parties à une audience, et rendre une décision motivée ? Si tel est le cas, ce qui paraît devoir être retenu en l'absence de disposition spécifique, il faut en déduire que le juge, statuant sur l'opposition, rend un jugement qui, par application de l'article R. 311-7 C. pr. exéc., est susceptible d'appel, dans un délai de quinze jours[3].

§ 2
Déclaration de créance actualisée

1513.51 Demande de déclaration actualisée de créances. L'article R. 332-2 C. pr. exéc. prévoit que la partie poursuivante notifie, dans les deux mois suivant la publication du titre de vente, une demande de déclaration actualisée des créances aux créanciers inscrits.

La partie poursuivante notifie également, si elle en a connaissance, la demande de déclaration actualisée de créance aux créanciers énumérés à l'article 2377 et au 3° de l'article 2402 C. civ., c'est-à-dire aux créanciers titulaires d'une sûreté sur l'immeuble non publiée.

Le décret du 12 février 2009 a remplacé le terme « *actualisation* » de la déclaration de créance par celui de « *déclaration actualisée de créance* » afin d'englober les situations dans lesquelles le créancier n'avait pas eu à faire de déclaration de créance à un stade antérieur de la procédure, notamment lorsque celle-ci s'était déroulée selon la procédure du décret-loi de 1938 ou lorsque le créancier dispose d'une sûreté dispensée de publication et qui n'a donc pas été sommé de déclarer sa créance, mais aussi les cas dans lesquels, malgré cette sommation, le créancier a omis de faire sa déclaration.

Conformément à l'article R. 332-9 C. pr. exéc., la notification sera faite selon les règles des notifications entre avocats.

Elle a pour objet de demander aux créanciers inscrits le montant actualisé de leurs créances. Elle doit être adressée :

– aux créanciers inscrits au jour de la publication du commandement, qu'ils aient ou non déclaré leur créance ;

– aux créanciers inscrits intervenus à la procédure de saisie ;

– aux créanciers qui étaient dispensés de publier leur privilège si la partie poursuivante en a connaissance.

Un dispositif équivalent est institué pour les créanciers titulaires d'un gage sur des immeubles par destination incorporés dans l'immeuble saisi, lesquels sont en effet appelés à participer à la distribution, sans pour autant avoir été associés à la phase de saisie immobilière. À cet effet, les articles R. 331-4 et R. 331-5 C. pr. exéc., créés par le décret n° 2021-1888 du 29 décembre 2021[4] et applicables aux procédures engagées à compter du 1er janvier 2022, détaillent la sommation faite à ces créanciers et le formalisme de leur déclaration.

L'article R. 331-4 prévoit que dans le mois suivant la publication du titre de vente, le créancier poursuivant, ou à défaut le créancier le plus diligent ou le débiteur, fait sommation aux créanciers titulaires d'une sûreté publiée sur un immeuble par destination mentionnés à l'article L. 331-1 d'avoir à déclarer leur créance, cette sommation contenant, à peine de nullité :

1° La copie du commandement de payer valant saisie immobilière ;

2° La sommation d'avoir à déclarer les créances inscrites sur le bien saisi, en principal, frais et intérêts échus, avec l'indication du taux des intérêts moratoires, par acte d'avocat déposé au greffe du juge de l'exécution et accompagné du bordereau d'inscription[5]

1. C. pr. exéc., art. R. 311-7, al. 2 « *La notification des décisions est faite par voie de signification. Toutefois, lorsqu'en vertu d'une disposition particulière le juge de l'exécution statue par ordonnance rendue en dernier ressort, sa décision est notifiée par le greffe simultanément aux parties et à leurs avocats* […] ».
2. Pour un avis différent, considérant que la notification est faite par acte d'avocat à avocat, v. *J.-Cl. Pr. civ.*, fasc. 2485, n° 92, par L. Llahi.
3. Pour un parallèle avec l'ordonnance sur requête rendue par le JEX sur une demande de relevé de forclusion (C. pr. exéc., art. R. 322-12), v. Civ. 2e, 9 sept. 2010, n° 09-15.728, P II, n° 153.
4. Décr. n° 2021-1888, 29 déc. 2021, pris en application de l'ordonnance n° 2021-1192 du 15 septembre 2021 portant réforme du droit des sûretés, *JO* 30 déc., texte 53, art. 1er, dont l'entrée en vigueur est fixée par l'art. 7, I, al. 1er, et II.
5. À compter de l'entrée en vigueur, le 1er janv. 2023, de Décr. n° 2021-1887, 29 déc. 2021, préc., la production du bordereau est remplacée par la production de sa copie.

ou tout élément justifiant de la transcription d'un warrant agricole sur le registre spécial des warrants agricoles[1] et à dénoncer le même jour ou le premier jour ouvrable suivant cette déclaration au créancier poursuivant et au débiteur, dans les mêmes formes ou par signification ;

3° La reproduction, en caractères très apparents, de l'article L. 331-2 C. pr. exéc., qui prévoit la déchéance du bénéfice de sa sûreté pour le créancier qui omet de déclarer sa créance malgré la sommation qui lui a été faite, et de l'article R. 331-5 du même code, qui précise le formalisme de cette déclaration de créance.

Ce dernier texte dispose que le délai dans lequel le créancier titulaire d'une sûreté publiée sur l'immeuble par destination doit déclarer sa créance est de deux mois à compter de la sommation qui lui a été faite, que la déclaration est faite par acte d'avocat déposé au greffe du juge de l'exécution et dénoncée le même jour ou le premier jour ouvrable suivant cette déclaration au créancier poursuivant et au débiteur, dans les mêmes formes ou par signification et qu'elle contient, à peine de nullité :

1° Le montant des créances inscrites sur le bien saisi, en principal, frais et intérêts échus, avec l'indication du taux des intérêts moratoire ;

2° La copie du contrat constitutif de la sûreté, ainsi que toute précision utile permettant l'identification des biens sur lequel elle porte ;

3° La copie du bordereau d'inscription ou tout élément justifiant de la transcription d'un warrant agricole sur le registre spécial des warrants agricoles ;

4° La copie du titre exécutoire constatant la créance, le cas échéant.

Ces textes n'assortissent d'aucune sanction le dépassement par le créancier poursuivant la distribution des délais, respectivement de deux et un mois, qui lui sont impartis pour adresser les demandes de déclaration de créance. La Cour de cassation l'a rappelé dans un arrêt du 21 mars 2013[2], à propos du délai de deux mois prévu par l'article R. 332-2 C. pr. exéc., observant que tout intéressé peut saisir le JEX d'une demande de distribution judiciaire en cas de carence du créancier poursuivant la distribution. Elle en a déduit que la responsabilité de ce créancier ne pouvait être engagée sur le fondement de l'ancien article 1382 C. civ. (devenu C. civ., art. 1240) pour ne pas avoir respecté ce délai.

Par ailleurs, le débiteur saisi, à qui le projet de distribution a été notifié, n'est pas recevable à se prévaloir d'un défaut de notification de la demande de déclaration actualisée des créances ou du projet de distribution aux créanciers[3].

1513.52 Production par conclusions d'avocat. Le décompte actualisé est produit par conclusions d'avocat, dans les quinze jours suivant la demande qui en est faite.

Ce délai est de rigueur et est sanctionné différemment selon les créanciers.

S'agissant des **créanciers inscrits au moment de la délivrance du commandement** valant saisie, ils ont en principe été sommés de procéder à une première déclaration de leur créance, dans la phase de saisie immobilière, en même temps qu'ils ont été appelés à l'audience d'orientation (C. pr. exéc., art. R. 322-7). Or, l'article L. 331-2 C. pr. exéc. prévoit que les créanciers sommés de déclarer leur créance et qui ont omis de le faire, sont déchus du bénéfice de leur sûreté pour la distribution du prix de vente de l'immeuble. À l'égard de ces créanciers déchus, le dernier alinéa de l'article R. 332-2 C. pr. exéc. dispose que nonobstant cette déchéance ils peuvent encore déclarer leur créance à ce stade dans les formes prévues par conclusions d'avocat, mais uniquement en vue de se voir répartir le solde éventuellement restant après distribution entre les autres créanciers participant à la distribution.

S'agissant des **créanciers inscrits postérieurement à la délivrance du commandement,** ils ont dû **intervenir à la procédure** de saisie immobilière en déclarant leur créance (C. pr. exéc., art. R. 322-13). À défaut d'une telle intervention à la procédure, il résulte des termes de l'article L. 331-1 C. pr. exéc. que ces créanciers ne sont pas seulement déchus du bénéfice de leur sûreté, mais purement et simplement exclus de la participation à la distribution du prix de vente.

En revanche, pour ceux de ces créanciers inscrits qui ont déjà fait une première déclaration de créance pendant la phase de saisie immobilière, l'article R. 332-2 C. pr. exéc. prévoit que, s'ils ne produisent pas le décompte actualisé de leur créance dans le délai de quinze jours, ils sont déchus des intérêts postérieurs à leur déclaration initiale.

S'agissant des **créanciers qui n'avaient pas eu à déclarer de créance antérieurement,** l'article R. 332-2

1. À compter de l'entrée en vigueur, le 1er janv. 2023, de Décr. nº 2021-1887, 29 déc. 2021, préc., la justification de transcription d'un warrant agricole sur le registre spécial des warrants agricoles est remplacée par celle de l'inscription au registre mentionné à l'article R. 521-1 C. com.
2. Civ. 2e, 21 mars 2013, nº 12-13.813, P II, nº 60, dont le sommaire est le suivant : « *En matière de saisie immobilière, le délai suivant la publication du titre de vente dans lequel la partie poursuivant la distribution notifie une demande de déclaration actualisée de créance n'est assorti d'aucune sanction et le débiteur saisi peut lui-même poursuivre la distribution judiciaire. Il s'ensuit que le dépassement de ce délai ne peut être sanctionné par l'engagement de la responsabilité civile du créancier saisissant* ».
3. Civ. 2e, 26 oct. 2023, nº 21-20.741, NP.

C. pr. exéc. précise que la **demande de déclaration actualisée de créance vaut sommation** au sens de l'article L. 331-2 C. pr. exéc. Le texte place donc ces créanciers dans la même situation que ceux qui ont été sommés de déclarer au moment de la notification du commandement valant saisie et la circulaire d'application du décret du 12 février 2009 précise bien que le défaut de déclaration est alors sanctionné par la déchéance de la sûreté [1]. Ces créanciers sont le syndicat des copropriétaires, le bénéficiaire d'un privilège général, ainsi, désormais, que les créanciers titulaires d'une sûreté publiée, avant la publication du titre de vente, sur les immeubles par destination saisis.

§ 3
Distribution amiable sans contestation

1513.61 Établissement du projet de distribution. Selon l'article R. 332-3 C. pr. exéc. : « *La partie poursuivante élabore un projet de distribution. À cette fin, elle peut convoquer les créanciers* ».

C'est à la partie poursuivante d'établir le projet de répartition des fonds entre les créanciers.

Le meilleur moyen d'y procéder est sans doute de convoquer les créanciers, comme jadis le juge aux ordres, afin de parvenir à un accord ou d'entendre les revendications des uns et des autres. Le texte, prudemment, dispose que la partie poursuivante *peut* convoquer les créanciers. Ce qui signifie que ce n'est nullement obligatoire à ce stade.

1513.62 Notification du projet de distribution. Selon l'article R. 332-4 C. pr. exéc. [2] : « *Le projet de distribution est établi et notifié aux créanciers mentionnés aux articles R. 332-2 et R. 331-4 et au débiteur* [...], *dans un délai d'un mois suivant l'expiration du délai imparti aux créanciers pour actualiser leur créance* ».

La partie poursuivante doit avoir établi le projet de distribution et le notifier dans le délai d'un mois suivant l'expiration du délai de quinze jours laissé aux créanciers pour faire la déclaration actualisée de créance, dont la demande doit leur être faite au plus tard dans les deux mois de la publication du titre de vente. Ce qui signifie qu'en théorie trois mois et demi après la vente, le projet de distribution est établi et notifié. Dans le droit fil de sa jurisprudence relative au dépassement du délai dans lequel la distribution amiable doit être engagée (v. s[s] n° 1513.51), la Cour de cassation a jugé que faisait une exacte application de l'article R. 333-1 C. pr. exéc., la cour d'appel qui, après avoir constaté que la partie poursuivante n'avait pas respecté le délai d'un mois qui lui était imparti par l'article R. 332-4 dudit code, pour notifier aux débiteurs le projet de distribution amiable, faisant ainsi ressortir le défaut de diligence de la partie poursuivante, fait droit à la requête en distribution judiciaire [3]. Ainsi, le dépassement de ce délai n'est pas directement sanctionné, mais autorise toute partie à la distribution à requérir la distribution judiciaire.

Selon l'article R. 332-5 C. pr. exéc. [4], à peine de nullité, la notification mentionne :

1° qu'une contestation motivée peut être formée par acte d'avocat à avocat, auprès de la partie poursuivante, accompagnée des pièces justificatives nécessaires ;

2° qu'à défaut de contestation dans le délai de quinze jours suivant la réception de la notification, le projet est réputé accepté et qu'il sera soumis au JEX aux fins d'homologation.

La notification, par application de l'article R. 332-9 C. pr. exéc., sera faite selon les règles des notifications entre avocats, sauf à procéder par voie de signification à l'égard du débiteur n'ayant pas constitué avocat. S'agissant du syndicat des copropriétaires, la notification se fera par lettre recommandée avec demande d'avis de réception (C. pr. exéc., art. R. 332-4).

Les notifications pouvant avoir été faites à des dates différentes, sous réserve du respect du délai, chacune des parties considérées dispose d'un délai de quinze jours à compter de sa propre notification pour contester.

Par ailleurs, le débiteur saisi, à qui le projet de distribution a été notifié, n'est pas recevable à se prévaloir d'un défaut de notification de la demande de déclaration actualisée des créances ou du projet de distribution aux créanciers [5].

1513.63 Homologation du projet de distribution. Dans l'hypothèse où, dans les quinze jours suivant la réception de la notification, aucune partie n'a contesté ou réclamé [6] à l'encontre du projet de

1. Circ. DACS n° 03-09 C3, 20 mars 2009, JUSC0906659C, *BOMJ* 30 avr., texte 15, n° 1.4.3.2. Avant cette modification apportée par le décret de 2009, s'est posée la question de la sanction à appliquer, pour la période transitoire (notamment dans le cas d'une procédure de saisie immobilière diligentée selon l'ACPC et dont l'ouverture de l'ordre n'avait pas été requise avant le 1er janvier 2007) en cas de défaut d'envoi du décompte actualisé dans le délai. La deuxième chambre civile de la Cour de cassation a jugé que « *le créancier qui ne déclare pas sa créance dans le délai de quinze jours de la sommation qui lui a été faite se trouve déchu du bénéfice de la sûreté* » (Civ. 2e, 17 févr. 2011, n° 10-15.100, P II, n° 48 – Civ. 2e, 11 juill. 2013, n°s 12-18.069 et 12-23.983, NP).
2. Anc[t] Décr. n° 2006-936, 27 juill. 2006, art. 115.
3. Civ. 2e, 5 janv. 2017, n° 15-28.798, P II, n° 5.
4. Anc[t] Décr. n° 2006-936, 27 juill. 2006, art. 116.
5. Civ. 2e, 26 oct. 2023, n° 21-20.741, NP.
6. Le sens de la distinction opérée par le texte entre la contestation et la réclamation n'apparaît pas clairement, ces notions ne paraissant pas recouvrir des réalités différentes.

distribution, celui-ci est réputé accepté. Nous verrons que la Cour de cassation en a tiré la conséquence que les créanciers concernés n'étaient plus recevables à en contester le contenu par la suite[1].

Toutefois, le législateur a souhaité que le JEX opère un contrôle sur la régularité de la procédure.

C'est pourquoi l'article R. 332-6 C. pr. exéc.[2] prévoit que « *la partie poursuivante, ou, à défaut, toute partie au projet de distribution, sollicite son homologation par le juge. À peine d'irrecevabilité, la requête doit être formée dans un délai d'un mois à compter de l'expiration du délai précédent* ». Antérieurement au décret du 12 février 2009, ce délai était de quinze jours, ce qui était fort court, compte tenu de la sanction qui s'attachait au non-respect du délai, à savoir l'irrecevabilité de la requête.

La Cour de cassation juge que l'irrecevabilité sanctionnant le dépassement du délai de saisine doit être relevée d'office par le JEX, en application de l'article 125 C. pr. civ.[3] Il faut en effet rappeler que les dispositions régissant les procédures d'exécution présentent un caractère d'ordre public[4]. Dans le cas où le délai de saisine du juge serait dépassé, la voie de la distribution judiciaire devrait être empruntée, à la demande de tout intéressé[5].

L'article R. 332-10 C. pr. exéc.[6] dresse la liste des documents qui doivent accompagner la requête en homologation :

1° un état hypothécaire postérieur à la publication de la vente ;

2° les justificatifs de réception du projet de distribution ;

3° le projet de distribution ou le procès-verbal d'accord contenant, le cas échéant, autorisation de mainlevée des inscriptions et radiation du commandement de payer valant saisie ;

4° Un état des inscriptions figurant sur le fichier national des gages sans dépossession du chef du débiteur saisi, ainsi que le cas échéant sur le registre spécial des warrants agricoles tenu par le greffier du tribunal judiciaire du lieu de situation de l'immeuble saisi[7].

Lorsque le prix de vente provient d'une saisie immobilière, il est joint en outre :

1° le cahier des conditions de vente ;

2° le jugement d'orientation ;

3° selon le cas, le jugement constatant la vente auquel est annexée la copie du contrat de vente amiable ou le jugement d'adjudication.

1513.64 **Pouvoirs du juge de l'exécution.** L'article R. 332-6 C. pr. exéc. dispose que « *le juge de l'exécution confère force exécutoire au projet de distribution, après avoir vérifié que tous les créanciers parties à la procédure et le débiteur ont été en mesure de faire valoir leurs contestations ou réclamations dans le délai prévu à l'article R. 332-2* ».

Cet article assimile totalement l'homologation, concept juridique multiforme, à une décision conférant force exécutoire au document soumis au juge puisque le juge saisi d'une requête en homologation (al. 1er) rendra une décision conférant force exécutoire (al. 2)[8].

Le texte prévoit expressément les vérifications auxquelles doit procéder le juge : il doit s'assurer que les parties ont été mises en mesure de contester l'état de distribution dans les conditions prévues par la réglementation. Il en est généralement déduit que le rôle du juge se limite à un contrôle procédural, de pure forme, sans qu'il lui appartienne de soulever d'office la non-conformité du projet aux règles d'ordre public[9]. En faveur de cette conception minimaliste du rôle du JEX, doit être relevé, outre la lettre du texte, le fait qu'aucune pièce de fond ne doit être produite avec la demande d'homologation.

Cependant, des débats demeuraient sur l'étendue de ce contrôle, dès lors qu'il paraît difficile à nombreux praticiens de voir le juge conférer force exécutoire à un projet de distribution qui comporterait des illégalités manifestes ou des violations de l'ordre public[10]. Ainsi, le juge pourrait-il conférer force exécutoire à un projet de distribution dans lequel serait mentionné qu'une créance a été déclarée et actualisée à certains montants, mais admise pour un montant supérieur ? Hors le cas de l'erreur maté-

1. Civ. 2e, 18 oct. 2012, no 11-20.314, P II, no 172 ; *D.* 2012. 2529, obs. G. A. Sillard ; *RD banc. fin.* 2013. Comm. 24, obs. S. Piedelièvre.
2. Anct Décr. no 2006-936, 27 juill. 2006, art. 117.
3. Civ. 2e, 13 oct. 2016, no 15-24.570, P II, no 233 – Civ. 2e, 8 sept. 2022, no 21-14.825, NP.
4. Contra : Ph. Hoonakker, *Procédures civiles d'exécution*, Larcier, 2014, no 735, estimant qu'il ne s'agit pas d'un des cas visés par l'article 125 C. pr. civ., sauf à considérer qu'il s'agit d'une fin de non-recevoir d'ordre public.
5. Circ. DACS no 03-09 C3, 20 mars 2009 (préc., v. ss no 1513.52), p. 14.
6. Anct Décr. no 2006-936, 27 juill. 2006, art. 121.
7. À compter de l'entrée en vigueur, le 1er janv. 2023, de Décr. no 2021-1887, 29 déc. 2021, préc., la référence à ces inscriptions est remplacée par une référence aux états des inscriptions prévus aux premier et deuxième alinéas de l'article R. 521-31 C. com.
8. C. Hugon, « Existe-t-il un droit commun de l'homologation judiciaire ? » *LPA* 11 déc. 2003, no 247.
9. *J.-Cl. Pr. civ.*, fasc. 1417, § 77, par L. Llahi – G. A. Sillard, « La distribution du prix », colloque AAPPE du 23 mai 2008 consultable sur le site de cette association ; « L'homologation dans la distribution amiable du prix de vente d'un immeuble saisi », *D.* 2008. 1783 – P. Julien et G. Taormina, *Voies d'exécution*, 2e éd., « Manuel », LGDJ, 2010, no 789 – A. Leborgne, *Voies d'exécution et procédures de distribution*, 3e éd., « Précis », Dalloz, 2019, § 2468 – J.-F. Pansier, *D.* 2007. 256.
10. G. A. Sillard, *D.* 2008. 1783.

rielle, le juge ne devrait-il pas s'assurer que, par ce biais, il n'est pas tenté de prélever sur les fonds à distribuer une créance de nature chirographaire ? Ne faudrait-il pas faire un parallèle avec le rôle du magistrat chargé de conférer force exécutoire à une transaction, pour lequel il a été jugé qu'il devait contrôler la conformité de celle-ci à l'ordre public et aux bonnes mœurs[1] ?

C'est la solution qu'a finalement retenue la Cour de cassation. Par un arrêt du 17 septembre 2020[2] rendu au visa de l'article 6 C. civ. et de l'article R. 332-6 C. pr. exéc., elle a dit pour droit que, saisi d'une demande d'homologation d'un projet de distribution amiable tendant à lui voir conférer force exécutoire, après vérification que tous les créanciers à la procédure et le débiteur ont été en mesure de faire valoir leurs contestations et réclamations, le JEX n'a pas le pouvoir d'apprécier sur le fond le projet de distribution, sauf à vérifier la conformité de ce projet à l'ordre public. Dans le cas d'espèce, la Cour était saisie d'un pourvoi contre une ordonnance qui, pour rejeter la requête en homologation du projet de distribution du prix d'adjudication, avait retenu que l'adjudicataire, malgré sa qualité de créancier poursuivant, s'étant volontairement abstenu de payer le prix de la vente et les frais taxés, ne pouvait valablement opposer la compensation de sa créance au stade de la distribution. Cette ordonnance est censurée par la Cour de cassation dès lors que le projet de distribution n'avait pas été contesté dans le délai imparti et que la faculté qui y était insérée d'un paiement partiel du prix de vente par compensation n'était pas contraire à l'ordre public. Au reste, on peut s'interroger sur l'existence d'une irrégularité caractérisée par une telle clause, en tout cas lorsque le créancier poursuivant est également créancier de premier rang : dans cette situation, ce créancier semble bien pouvoir se prévaloir de la compensation entre la créance dont il poursuit le recouvrement sur le patrimoine saisi du débiteur et sa dette de paiement du prix de vente à l'égard du débiteur saisi[3]. Mais telle n'était pas la question tranchée par la Cour, qui s'est bornée à estimer que cette clause ne portait pas atteinte à l'ordre public, sans prendre parti sur la régularité d'une telle clause. La Cour a précisé qu'il appartenait au JEX de vérifier la conformité du projet de distribution aux dispositions des articles L. 331-1 et R. 332-3 C. pr. exéc., ce qui concerne les sommes à distribuer et les parties participant à la distribution[4]. Cela conduit donc à un contrôle du JEX assez étendu, pour n'être finalement écarté que pour ce qui concerne l'ordre entre les créanciers.

Observons enfin qu'il a été jugé, à propos d'une procédure de distribution judiciaire, que le JEX était tenu de procéder d'office et sans débat à tous les redressements nécessaires relativement aux frais que le créancier poursuivant entendait voir inclure dans le jugement de répartition, même en l'absence de contestation sur ce point (v. s[s] n° 1513.92). Il n'est pas exclu qu'un tel office existe également, *mutatis mutandis*, dans le cas de la demande d'homologation.

1513.65 Nature juridictionnelle de l'ordonnance d'homologation. L'office particulier du JEX saisi sur homologation, de même que le caractère non contradictoire de l'ordonnance qu'il rend, a suscité l'interrogation quant à la nature juridique de cette ordonnance : s'agit-il d'une ordonnance sur requête, voire d'une mesure d'administration judiciaire ? Doit-elle être motivée, comme toute décision juridictionnelle, en particulier lorsque le JEX confère force exécutoire au projet ? L'ordonnance est-elle revêtue de l'autorité de la chose jugée ?

La Cour de cassation a progressivement répondu à toutes ces questions.

En premier lieu, il ne s'agit assurément pas d'une mesure d'administration judiciaire, ni même d'une ordonnance sur requête, ainsi qu'en témoigne l'ouverture des voies de recours contre l'ordonnance accueillant la demande d'homologation (v. s[s] n° 1513.66).

En second lieu, la Cour de cassation a admis **l'obligation de motivation**, tout en limitant celle-ci au minimum : rejetant un pourvoi faisant valoir que le juge devait analyser, ne fût-ce que sommairement, les documents produits, la Cour retient[5] que « *l'ordonnance conférant force exécutoire au projet de distribution, en application de l'article R. 332-6 du Code des procédures civiles d'exécution, qui vise la requête comportant l'indication de la date de notification du projet de distribution aux créanciers concernés et au débiteur, ainsi que les pièces qui y sont annexées, est réputée en avoir adopté les motifs* ».

En dernier lieu, la Cour de cassation a affirmé que l'ordonnance d'homologation disposait d'une **autorité de la chose jugée**[6]. Elle a retenu cette solution à propos de l'inclusion dans le projet de distribution homologué d'une créance garantie par une hypothèque judiciaire provisoire en énonçant que « *l'autorité de la chose jugée attachée à l'ordonnance d'homolo-*

1. Civ. 2e, 26 mai 2011, n° 06-19.527, P II, n° 120.
2. Civ. 2e, 17 sept. 2020, n° 19-10.366, P ; *D.* 2020. 1844 ; *D.* 2021. 1353, obs. A. Leborgne ; *Rev. prat. rec.* 2020. 15, chron. A.-I. Gregori ; *RTD civ.* 2020. 951, obs. N. Cayrol.
3. S. Piedelièvre, *Rev. dr. banc.* 2020. 137, comm. s[s] Civ. 2e, 17 sept. 2020, n° 19-10.366, P – F. Kieffer, *D. actu.* 24 sept. 2020, obs. sous le même arrêt.
4. Civ. 2e, 27 mars 2025, n° 22-20.194, B.
5. Civ. 2e, 21 févr. 2013, n° 12-13.738, P II, n° 41.
6. Civ. 2e, 4 juin 2020, n° 18-18.534, P ; *D. avocats* 2020. 333 ; *Rev. prat. rec.* 2020. 12, obs. J. Couturier ; *RTD civ.* 2021. 198, obs. Ph. Théry – V. DÉJÀ : Com. 17 avr. 2019, n° 17-15.960, P.

gation du juge de l'exécution a un caractère provisoire pour le créancier titulaire d'une hypothèque judiciaire provisoire, en application des articles R. 532-8 et R. 533-5 du Code des procédures civiles d'exécution ». C'est dire qu'à l'inverse, la fixation dans le projet de distribution homologué du montant d'une créance garantie par une sûreté non pas provisoire mais définitive pourrait être revêtue d'une autorité de la chose jugée au principal. Cette interprétation, *a contrario*, mérite toutefois d'être encore confirmée par la jurisprudence, tant reste délicate la question de l'autorité de la chose jugée attachée à un accord homologué par un juge, chaque fois que celui-ci ne dispose pas à cette occasion d'une plénitude de juridiction. En tout état de cause, cette autorité de la chose jugée ne saurait excéder l'objet du projet de distribution homologué, de sorte, par exemple, qu'elle n'interdit pas à un créancier qui n'a pas été désintéressé au terme de cette distribution d'exercer de nouvelles mesures d'exécution [1].

Quid de l'autorité de la chose jugée attachée à une ordonnance de refus d'homologation ? Celle-ci ne touche évidemment pas le fond des droits en présence. En revanche, une autorité provisoire (procédurale) pourrait bien interdire de saisir à nouveau le juge en vue d'une homologation, en tout cas pour une ordonnance qui ne se bornerait pas à déclarer irrecevable la requête en homologation. Dans un tel cas, les parties, sauf à former un pourvoi contre cette décision, pourraient être contraintes de recourir à une demande de distribution judiciaire.

1513.66 **Notification et recours.** Le dernier alinéa de l'article R. 332-10 C. pr. exéc. prévoit que le juge statue sur la requête en homologation par une ordonnance non susceptible d'appel.

Il en découle, d'abord, que cette ordonnance doit être notifiée par le greffe du JEX simultanément aux parties et à leurs avocats (C. pr. exéc., art. R. 311-7).

La question s'est, ensuite, posée de savoir si la fermeture de l'appel interdisait tout recours contre cette ordonnance. Sur ce point, la Cour de cassation a précisé qu'aucune disposition ne fermait le pourvoi, de sorte que l'ordonnance d'homologation mettant fin à la procédure de saisie immobilière, présentant un caractère juridictionnel et étant rendue en dernier ressort, un pourvoi était recevable [2].

La Cour de cassation, par le même arrêt du 18 octobre 2012, a précisé que les parties, qui n'ont pas contesté le projet de distribution dans le délai de quinze jours de sa notification, sont réputées l'avoir accepté, de sorte qu'elles ne sont pas recevables à le critiquer devant la Cour de cassation [3]. Il s'agissait en l'espèce d'une contestation du montant retenu pour la créance du poursuivant, en ce qu'il comprenait des intérêts qui n'avaient pas été mentionnés dans le jugement d'orientation. Il est permis de penser que la décision de la Cour de cassation n'aurait pas été la même si les auteurs du pourvoi avaient soutenu qu'ils n'avaient pas été destinataires du projet de distribution et n'avaient pas été à même de faire valoir leurs observations. En effet, dans ce cas, le juge aurait manqué à son obligation d'effectuer ces vérifications lui incombant, avant de conférer force exécutoire au projet. En outre, demeure incertaine la question de savoir si le JEX pourrait homologuer le projet établi alors que le débiteur aurait préalablement sollicité le bénéfice de l'aide juridictionnelle, sans l'obtenir à temps pour contester le projet de distribution (v. s^s^ n° 1512.74).

À l'inverse, l'ordonnance qui rejette la demande d'homologation ne tranchant aucune partie du principal et ne mettant pas fin à l'instance relative à la saisie immobilière, n'est pas susceptible de faire l'objet d'un pourvoi immédiat [4]. Rappelons que l'esprit de la procédure veut que l'échec de la procédure de distribution amiable conduise à l'ouverture d'une distribution judiciaire [5].

Enfin, la Cour de cassation a précisé qu'une opposition contre l'ordonnance d'homologation était exclue faute pour celle-ci de constituer un jugement par défaut [6]. À cette occasion, la Cour a en outre exclu que cette ordonnance puisse être non avenue en application de l'article 478 C. pr. civ., faute de signification dans les six mois de sa date, la raison avancée étant que l'ordonnance d'homologation du projet de distribution est une décision non contradictoire, rendue à la requête d'une partie, au terme d'une procédure n'exigeant pas de comparution.

1513.67 **Paiement par le séquestre ou le consignataire. Distribution en présence d'une créance garantie par une hypothèque judiciaire provisoire.** Le séquestre ou le consignataire procède au paiement des créanciers et le cas échéant du débiteur, dans le mois de la notification qui lui est faite, du projet de distribution homologué ou du procès-verbal d'accord revêtu de la formule exécutoire (C. pr. exéc., art. R. 334-2).

1. Civ. 2e, 3 févr. 2022, n° 20-17.502, NP.
2. Civ. 2e, 18 oct. 2012, n° 11-20.314, P II, n° 172 ; *D.* 2012. 2529 ; *Dr. et proc.* 2013, n° 15 ; *Gaz. Pal.* 3-5 mars 2013, n° 21.
3. V. ÉGAL. Civ. 2e, 13 mai 2015, n° 14-15.287, NP.
4. Civ. 2e, 27 févr. 2020, n° 18-22.483, NP.
5. C'est ce qu'indique : Circ. min. Justice n° CIV/17/06, 14 nov. 2006, relative à la réforme de la saisie immobilière, JUS C 06 20 848, § 5.3.2.3 – V. AUSSI, G. A. Sillard, *D.* 2008. 1785, qui explore la possibilité d'un appel nullité en cas de rejet de la requête en homologation pour des motifs de fond, et soutenant qu'il pourrait être considéré que le juge aurait excédé ses pouvoirs.
6. Civ. 2e, 5 janv. 2017, n° 15-29.148, P II, n° 6.

Toutefois, lorsqu'une créance figurant dans le projet de distribution n'est garantie que par une hypothèque judiciaire provisoire, faute de publicité définitive accomplie avant établissement du projet de distribution, la part qui revient au créancier titulaire de cette sûreté est consignée auprès de la Caisse des dépôts et consignations [1]. Dans ce cas, la publicité définitive est remplacée par la signification du titre obtenu par le créancier à la personne poursuivant la distribution, laquelle signification doit intervenir dans les deux mois suivant le jour où le titre est passé en force de chose jugée (C. pr. exéc., art. R. 532-8, R. 533-4 et R. 533-5).

Dans l'hypothèse où, postérieurement à la distribution, la garantie de la sûreté provisoire s'éteint (en raison de l'absence de confirmation de la publicité provisoire dans le délai, de l'extinction de l'instance introduite par le créancier ou du rejet de sa demande), la part du montant du prix distribué qui a été consignée au profit du créancier titulaire de cette sûreté est remise aux créanciers en ordre de le recevoir ou au débiteur (C. pr. exéc., art. R. 533-6).

Enfin, lorsque le titre définitif retient pour la créance garantie un montant inférieur à celui pour lequel l'hypothèque judiciaire provisoire a été inscrite, seul ce montant est attribué au titulaire de cette créance. Se pose alors la question de déterminer le sort du surplus resté consigné. Il semble que l'on puisse en ce cas faire application de l'article R. 533-6 C. pr. exéc., le créancier chargé de la distribution remettant le surplus non distribué aux créanciers en ordre de le recevoir ou au débiteur.

Dans ces conditions, lorsque le projet de distribution inclut une créance garantie par une hypothèque judiciaire provisoire, il paraît indispensable que le poursuivant ne se limite pas à ordonner les créances venant en rang utile, mais classe également les créances d'un rang inférieur, de façon à pouvoir les désintéresser si la créance garantie de la sûreté provisoire venait à diminuer ou la sûreté à disparaître.

§ 4
Distribution amiable après contestation

1513.71 Contestation du projet de distribution. Nous sommes dans l'hypothèse où le projet de distribution a été contesté dans le délai de quinze jours de sa notification par un créancier.

L'article R. 332-7 C. pr. exéc. [2] impose au « *requérant* » de convoquer les créanciers parties à la procédure et le débiteur [3]. Les intéressés doivent être réunis dans un délai compris entre quinze jours et un mois suivant la première contestation. Cette convocation doit se faire selon les règles de notification entre avocats, sauf à assigner le débiteur qui n'a pas constitué avocat (C. pr. exéc., art. R. 332-9).

1513.72 Tentative de résolution amiable de la contestation. À l'issue de la réunion, selon l'article R. 332-8 C. pr. exéc. [4] « *si les créanciers parties à la procédure et le débiteur parviennent à un accord sur la distribution du prix et, lorsqu'il est fait application de l'article R. 331-3 C. pr. exéc., sur la mainlevée des inscriptions et publications, il en est dressé un procès-verbal signé des créanciers et du débiteur* ».

Le libellé de ce texte suppose que toutes les parties convoquées soient présentes à la réunion. Toutes les parties doivent consentir à la distribution, y compris le débiteur. C'est une disposition innovante car le débiteur n'avait pas à consentir à l'ordre amiable.

Dans la mesure où toutes les parties intéressées sont présentes, la diffusion de cet accord est faite : une copie en est remise ou adressée au débiteur et aux créanciers. Il pourra y avoir en effet un décalage entre l'accord verbal intervenu au cours d'une réunion, éventuellement manifesté par un procès-verbal d'accord, et la rédaction de l'état de distribution qui peut être rédigé par la suite.

Il semble devoir être déduit du texte que le procès-verbal doit porter sur la distribution complète et comprendre toutes les créances admissibles et non se borner à constater un accord sur la contestation qui avait été soulevée par un créancier. Plus généralement, il semble qu'en l'état de la contestation formée par un créancier, les autres parties, également convoquées à la réunion de conciliation, devraient pouvoir elles-mêmes émettre des critiques qu'elles avaient omis de formuler à l'appui d'une contestation. En effet, seul l'accord conclu à l'issue de cette réunion permet à la partie poursuivante de soumettre le projet à l'homologation du JEX. Il faut souligner, en faveur de cette solution, que la contestation émise par une partie peut affecter l'ensemble du projet de distribution et par conséquent les droits des autres parties.

1513.73 Homologation par le juge de l'exécution. « *À la requête de la partie la plus diligente, le juge de l'exécution confère force exécutoire au procès-verbal d'accord sur production de celui-ci, après en avoir vérifié la régularité* » (C. pr. exéc., art. R. 332-8).

L'homologation a lieu sur requête de la partie la plus diligente, sans qu'un délai ne soit imposé pour son dépôt. Les pièces à produire sont les mêmes que lorsque le projet de distribution n'a pas fait l'objet de

1. Civ. 2e, 4 juin 2020, no 18-18.534, P (préc., v. ss no 1513.65), faisant état d'un « *blocage* » du montant pour lequel la sûreté provisoire a été inscrite.
2. Anct Décr. no 2006-936, 27 juill. 2006, art. 118.
3. Sous le terme de « requérant », il faut comprendre, nous semble-t-il, le créancier poursuivant la distribution.
4. Anct Décr. no 2006-936, 27 juill. 2006, art. 119.

contestation, l'article R. 332-10 C. pr. exéc. s'appliquant dans les deux hypothèses.

1513.74 **Pouvoirs du juge de l'exécution.** L'article R. 332-8 C. pr. exéc. indique que le juge confère force exécutoire au procès-verbal « *après en avoir vérifié la régularité* », formule différente de celle utilisée au second alinéa de l'article R. 332-6 applicable à l'homologation en l'absence de contestation. L'explication de cette différence textuelle n'est pas évidente et la Cour de cassation ne s'est jamais penchée sur le cas de l'accord survenu entre les parties, qui en pratique paraît rare.

Il ne semble pas que le rôle du JEX doive être ici différent de celui qui lui est conféré en l'absence de toute contestation et il serait même paradoxal qu'il puisse soulever d'office plus d'irrégularités à l'occasion de l'homologation d'un accord exprès qu'à l'accord de l'homologation d'un accord tacite déduit d'une absence de contestation. La référence à la régularité du projet semble donc pouvoir être interprétée comme renvoyant à la vérification que la procédure prévue par l'article R. 332-7 C. pr. exéc. a bien été suivie, notamment que tous les créanciers et le débiteur ont bien été convoqués à la réunion au cours de laquelle l'accord a été tenté et trouvé. En outre, la réserve tenant à l'application des règles d'ordre public, qui présente naturellement un caractère général, paraît devoir jouer ici comme dans le cas précédent. On renverra par conséquent aux développements précédents (v. s^s n° 1513.64).

1513.75 **Nature de l'ordonnance, recours et paiement consécutif.** L'ordonnance rendue par le JEX qui homologue un projet de distribution résultant d'un procès-verbal d'accord est de la même nature que celle rendue en l'absence de contestation du projet de distribution puisque l'article L. 332-10 C. pr. exéc. est commun aux deux hypothèses et les mêmes voies de recours sont ouvertures à son encontre[1].

Il en va de même pour le paiement par le séquestre ou le consignataire, qui intervient dans le mois de la notification qui lui est faite du procès-verbal d'accord revêtu de la formule exécutoire (C. pr. exéc., art. R. 334-2).

Par conséquent, sur ces questions, v. s^s n°s 1513.65 s.

SECTION 4
DISTRIBUTION JUDICIAIRE

§ 1
Saisine du juge

1513.81 **Saisine du juge de l'exécution.** La distribution judiciaire devant être l'exception, seuls trois articles du Code des procédures civiles d'exécution lui sont consacrés.

Selon l'article R. 333-1 C. pr. exéc., la distribution judiciaire peut être sollicitée dans deux situations :

1°) lorsqu'une contestation du projet de distribution amiable a eu lieu et que les parties n'ont pu se mettre d'accord lors de la tentative de conciliation amiable à la diligence de la partie poursuivante ;

2°) lorsque le créancier poursuivant la distribution ne fait pas diligence[2].

Dans le premier cas, « [...] *la partie poursuivante saisit le juge de l'exécution en lui transmettant le projet de distribution, un procès-verbal exposant les difficultés rencontrées ainsi que tous documents utiles* » (C. pr. exéc., art. R. 333-1). Le texte ne précise pas la forme que doit prendre cette saisine du juge. On peut supposer que l'avocat devra déposer des conclusions au greffe en ce sens (C. pr. exéc., art. R. 311-6)[3]. Dans le second cas, si la partie poursuivante ne veut pas initier la procédure de contestation ou ne respecte pas les délais imposés par la procédure, toute partie intéressée peut saisir le JEX d'une requête aux fins de distribution judiciaire (C. pr. exéc., art. R. 311-1, al. 2).

Lorsque la distribution porte sur des sommes provenant d'une saisie immobilière, la demande est formée conformément à l'article R. 311-6 C. pr. exéc., soit par le dépôt au greffe de conclusions signées d'un avocat.

§ 2
Décision du juge

1513.91 **Rôle du juge de l'exécution : cas général.** Le JEX doit remplir deux missions, décrites à l'article R. 333-3 C. pr. exéc. :

– le juge établit l'état des répartitions et statue sur les frais de distribution ;

– le cas échéant, le juge ordonne la radiation des inscriptions des hypothèques et privilèges sur l'immeuble, prises du chef du débiteur.

Le texte est muet sur les modalités de sa prise de décision. Doit-il convoquer les parties à une audience ? Statue-t-il sur pièces ? En l'absence de disposition spécifique, il faut considérer que l'article R. 311-6 C. pr. exéc., qui s'applique à l'ensemble de la procé-

1. Civ. 2e, 18 oct. 2012, n° 11-20.314, P II, n° 172.

2. Il doit être considéré que le second alinéa de l'article R. 333-1 C. pr. exéc. a une portée générale et s'applique à tout défaut de diligence de la partie poursuivante. Cette interprétation du texte se trouve confortée par Civ. 2e, 21 mars 2013, n° 12-13.813, P II, n° 60.

3. Pour une saisine par « requête », v. Rép. pr. civ., v^o *Saisie immobilière*, par S. Piedelièvre et F. Guerchoun, nov. 2021 (actu. févr. 2025), n° 345.

dure de saisie immobilière et donc à la phase de distribution, impose au JEX de faire convoquer toutes les parties à une audience, par lettre recommandée avec demande d'avis de réception, dans les quinze jours de sa saisine.

Cette convocation se fera en considération des créanciers inscrits sur l'état hypothécaire levé sur la publication du titre de vente, en ne retenant que les créanciers admis aux termes de l'article L. 331-1 C. pr. exéc. Le greffe devra convoquer tous les créanciers inscrits avant la publication du commandement valant saisie, car même s'ils n'ont pas déclaré leur créance, ou l'ont fait hors délai, ils peuvent participer à la distribution, n'étant privés que de leur rang. S'agissant des créanciers inscrits postérieurement à la publication du commandement de payer, seuls ceux qui sont intervenus à la procédure doivent être convoqués. En tant que de besoin, le syndicat des copropriétaires devra également être convoqué.

1513.92 Pouvoirs du juge de l'exécution. Lorsqu'il est saisi d'une demande de distribution judiciaire, le JEX doit procéder lui-même à l'établissement de la répartition des sommes à distribuer selon les règles régissant les sûretés et déterminer l'ordre selon lequel les créanciers viendront à distribution. Cela résulte clairement des termes de l'article R. 333-3 C. pr. exéc. qui prévoit que le juge « *établit l'état des répartitions* ». À cet égard, il doit être considéré qu'il n'est aucunement lié par ce qui avait été prévu et, le cas échéant accepté, lors de la tentative d'établissement d'une distribution amiable.

Cependant, se pose la question de l'étendue du contrôle que le juge peut opérer sur les créances déclarées. Il est acquis que les parties ne peuvent, à ce stade, former de contestation concernant les créances elles-mêmes (par opposition à l'ordre de distribution), puisqu'en application de l'article R. 311-5 C. pr. exéc., à peine d'irrecevabilité relevée d'office, aucune contestation ni aucune demande incidente ne peut, sauf disposition contraire, être formée après l'audience d'orientation, à moins qu'elle porte sur un acte de procédure postérieur à celle-ci, auquel cas la contestation doit être formée dans un délai de quinze jours à compter de la notification de l'acte. Mais, le juge pourrait-il d'office procéder à un contrôle du montant de la créance, par exemple en ce qu'elle comporte des intérêts qui seraient indus ?

Un arrêt rendu le 25 septembre 2014[1] conduit à considérer qu'à l'occasion de la distribution judiciaire, le JEX doit exercer la plénitude de ses pouvoirs et veiller au respect des règles d'ordre public régissant la matière. Dans cette affaire, il a été jugé que le JEX, qui doit selon l'article R. 333-3 C. pr. exéc. statuer sur les frais de la distribution, pouvait procéder d'office aux redressements nécessaires afin de rendre l'établissement des frais conforme aux règles régissant la matière. En l'occurrence, la Cour de cassation approuve le juge d'avoir, d'office, exclu des frais de distribution le montant de l'honoraire de l'avocat ayant élaboré un projet de distribution amiable qui n'avait pas permis d'aboutir à un accord.

1513.93 Cas où la vente porte sur plusieurs immeubles : recours à l'expertise. La « ventilation », qui était définie par l'article 757 ACPC, est nécessaire lorsque, *d'une part*, les deniers à distribuer proviennent d'une vente globale, collective, de plusieurs immeubles, moyennant un prix unique, *d'autre part*, lorsque les états hypothécaires révèlent que les créanciers inscrits sont différents, chaque immeuble devant donc faire l'objet d'un ordre distinct.

L'article R. 333-2 C. pr. exéc.[2] donne au JEX les mêmes pouvoirs qu'avait le juge aux ordres. Il procède à la ventilation du prix, sur la réquisition des parties ou d'office. Il apprécie souverainement s'il est nécessaire, ou non, de recourir à une mesure d'instruction (celui qui poursuit l'ordre fait l'avance de la provision qu'il pourra récupérer au titre du privilège des frais de justice), et, dans l'affirmative, il détermine celle qui lui paraît la plus appropriée. En ce cas, il statue par ordonnance.

Le prix global sera ventilé, c'est-à-dire que chaque immeuble sera estimé à une valeur, constituant la somme à distribuer aux créanciers titulaires d'inscriptions portant sur cet immeuble. En outre, depuis l'entrée en vigueur, le 1er janvier 2022, de la réforme des sûretés, par l'ordonnance du 15 septembre 2021, il est prévu que le juge peut également déterminer la fraction du prix de vente correspondant à la valeur d'un immeuble par destination[3], en vue de déterminer la part sur laquelle le créancier titulaire d'un gage sur sur immeuble par destination pourra exercer son droit de préférence. Ainsi qu'il a été précédemment expliqué, de cette disposition technique, on peut être tenté de déduire que les droits du créancier gagiste d'un immeuble par destination se trouvent limités à la valeur de cette immeuble par destination.

Si certaines créances sont communes à plusieurs immeubles, il sera nécessaire de ventiler leur collocation en la calquant sur celle du prix.

L'article R. 333-2 C. pr. exéc. précité permet donc au juge de nommer un expert pour permettre la

1. Civ. 2e, 25 sept. 2014, no 13-15.597, P II, no 192 – Civ. 2e, 28 juin 2018, no 17-15.054, P II, no 144.

2. Anct Décr. no 2006-936, 27 juill. 2006, art. 123.
3. Décr. no 2021-1888, 29 déc. 2021, art. 3, dont l'entrée en vigueur est fixée par l'art. 7, I, al. 1er, et II, du décret, prévoyant son application aux procédures engagées à compter du 1er janv. 2022.

ventilation du prix : « *Lorsqu'il y a lieu à ventilation du prix de plusieurs immeubles vendus collectivement, le juge, à la demande des parties ou d'office, peut désigner un expert par ordonnance. Le juge fixe le délai dans lequel l'expert devra déposer son rapport au vu duquel la ventilation sera prononcée* ». La seule innovation par rapport au droit antérieur est que le juge doit impartir un délai à l'expert : l'impératif de rapidité qui préside à la réforme a conduit le législateur à prévoir cette disposition. Malgré tout, la ventilation par la technique de la surface comparée, pour les lots de copropriété sis dans un même immeuble, sera le moyen le plus rapide.

1513.94 **Voies de recours.** L'article R. 333-3 C. pr. exéc. prévoit que le juge statue par un jugement susceptible d'appel. Le délai d'appel est de quinze jours, à compter de sa notification par voie de signification (C. pr. exéc., art. R. 311-7).

Depuis le décret du 12 février 2009, il est prévu que cet appel est suspensif, contrairement à la règle de droit commun en matière d'appel des jugements du JEX. Toutefois, le jugement de répartition paraît désormais exécutoire par provision. En effet, depuis l'entrée en vigueur, le 1er janvier 2020, du décret du 11 décembre 2019[1], les décisions de première instance sont de droit exécutoires à titre provisoire, à moins que la loi ou la décision rendue n'en dispose autrement (C. pr. civ., art. 514). Or, le caractère non suspensif d'exécution d'un recours et l'exécution provisoire dont bénéficie une décision sont deux notions différentes (C. pr. civ., art. 500 et 501), de sorte que la première ne constitue pas une dérogation apportée à la seconde. Il semble par conséquent que le jugement de répartition soit désormais revêtu de l'exécution provisoire de droit, sauf décision contraire du JEX, ce qui réduit l'intérêt du caractère non suspensif d'exécution de l'appel en cette matière. Rappelons toutefois que l'exécution d'un titre exécutoire à titre provisoire est poursuivie aux risques du créancier (C. pr. exéc., art. L. 111-10).

L'appel est jugé selon la procédure de l'article 905 C. pr. civ., laquelle est désormais assujettie à des diligences et des délais minutieusement réglementés par les articles 905-1 et 905-2 du même code[2].

§ 3
Paiement par le séquestre

1513.101 **Paiement.** Le séquestre ou le consignataire procède au paiement des créanciers et le cas échéant du débiteur, dans le mois de la notification qui lui est faite, d'une copie revêtue de la formule exécutoire de la décision arrêtant l'état de répartition. Le but de ces exigences est de vérifier que la décision de répartition est définitive.

L'appel étant suspensif, tant que le jugement du JEX n'était pas revêtu de l'exécution provisoire de droit, le séquestre ou le consignataire ne pouvait payer que sur production d'un acte d'acquiescement de toutes les parties, ou de l'acte de signification du jugement assorti d'un certificat de non-appel établi par le greffe. Cette solution ne paraît plus d'actualité chaque fois que l'exécution provisoire de droit de son jugement n'a pas été écartée par le JEX.

1. Décr. n° 2019-1333, 11 déc. 2019, réformant la procédure civile, *JO* 12 déc., texte 3.

2. Textes issus du Décr. n° 2017-891, 6 mai 2017, relatif aux exceptions d'incompétence et à l'appel en matière civile, *JO* 10 mai, texte 113, applicable aux appels interjetés à compter du 1er sept. 2017 (art. 53, II *bis*, réd. Décr. n° 2017-1227, 2 août 2017) – V. POUR LE DROIT ANTÉRIEUR : Civ. 2e, 16 mai 2013, n° 12-19.119, P II, n° 90 – Cass., avis, 3 juin 2013, n° 13-70.004, P, n° 8.

TITRE

152. La distribution des deniers provenant d'une saisie mobilière

SECTION 0

ORIENTEUR

152.00 Sommaire du titre.

Division. Après avoir présenté la procédure de distribution des deniers provenant d'une saisie mobilière (chap. 1521), seront étudiés l'établissement du projet de répartition (chap. 1522) et l'intervention du juge de l'exécution (chap. 1523).

CHAPITRE

1521. Présentation de la procédure de distribution de deniers

EDOUARD DE LEIRIS
CONSEILLER À LA COUR DE CASSATION

SECTION 0 ORIENTEUR

1521.00 Sommaire du chapitre.

Division. Après un bref rappel historique (sect. 1), seront présentés les textes d'application (sect. 2) et les caractères de la procédure de distribution des deniers provenant d'une saisie mobilière (sect. 3).

1521.01 Textes applicables.

• **C. civ.,** art. 2285 et 2323.

• **C. pr. exéc.,** art. L. 111-8, L. 121-4, L. 122-1, L. 124-1, L. 221-5, L. 221-6, L. 251-1 ; R. 223-1 à R. 223-12, R. 251-1 à R. 251-11.

• **Décr. n° 96-740, 14 août 1996,** instituant une procédure de distribution des deniers en dehors de toute procédure d'exécution et modifiant le code de l'organisation judiciaire et le nouveau C. pr. civ., *JO* 23 août, p. 12679.

• **Décr. n° 96-1130, 10 déc. 1996,** modifiant le décret n° 92-755 du 31 juillet 1992, instituant de nouvelles règles relatives aux procédures civiles d'exécution pour l'application de la loi n° 91-650 du 9 juillet 1991, portant réforme des procédures civiles d'exécution, *JO* 26 déc., p. 19120.

• **Décr. n° 98-965, 30 oct. 1998,** pris pour l'application de l'article 118 de la loi n° 98-657 du 29 juillet 1998 d'orientation relative à la lutte contre les exclusions et relatif à la saisine du juge de l'exécution en matière d'exécution des décisions d'expulsion, *JO* 31 oct., p. 16442.

1521.03 Bibliographie indicative.

Actualisables. Rép. pr. civ., *V° Distribution des deniers (meubles, aéronefs, bateaux, navires)*, par R. Martin et R. Bour, sept. 2017 (actu. oct. 2024) – *J.-Cl. Pr. civ., V°* Distribution des deniers, fasc. 1700-35, par C. Laporte, juill. 2020, actu. par R. Laher – *Lamy Droit de l'exécution forcée, édition numérique*, étude 475, par J.-L. Virfolet.

Ouvrages[1]. G. COUCHEZ et D. LEBEAU, *Voies d'exécution*, 13e éd., « Sirey université », Sirey, 2021, nos 593 s. – S. Hazoug, Ph. Hoonakker, N. Pierre et S. Pierre-Maurice, *Procédures civiles d'exécution*, 13e éd., « Paradigme-Manuels », Bruylant, 2024, nos 596 s. – P. Julien et G. Taormina, *Voies d'exécution et procédures de distribution*, 2e éd., « Manuel », LGDJ, 2010, nos 936 s. – A. LEBORGNE, *Voies d'exécution et procédures de distribution*, 3e éd., « Précis », Dalloz, 2019, nos 1642 s. – R. PERROT et P. THÉRY, *Procédures civiles d'exécution*, 3e éd., Dalloz, 2013, nos 751 s.

Article. R. Laher, « Distribution des deniers. La procédure de distribution des deniers et la réforme de la justice civile », *Procédures* 2020. Étude 22.

* V. aussi bibliographie indicative ss n° 15.03.

SECTION 1 RAPPEL HISTORIQUE

1521.11 Principe : égalité des créanciers du même débiteur. La distribution des deniers d'un débiteur entre ses créanciers est régie par le principe selon lequel le patrimoine d'une personne est le gage général de ses créanciers, principe posé par l'article 2285[2] C. civ. qui dispose que « *les biens du débiteur sont le gage commun de ses créanciers* ». *Cet article énonce également le principe de l'égalité des créanciers entre eux : « Le prix s'en distribue entre eux par contribution, à moins qu'il n'y ait entre les créanciers*

1. Les ouvrages dont le nom des auteurs figure en petites capitales en bibliographie seront cités par le seul nom des auteurs en petites capitales en notes de bas de page.
2. ANCt C. civ., art. 2093 (Ord. n° 2006-346, 23 mars 2006, relative aux sûretés, *JO* 24 mars, p. 4475).

des causes légitimes de préférence », qui, selon l'article 2323[1] du même code, sont les privilèges et hypothèques (celles-ci ne visant que les immeubles).

Le principe de l'égalité des créanciers chirographaires d'un même débiteur a été maintes fois rappelé par la jurisprudence[2].

1521.12 Distinctions. Notre législation distingue deux procédures de distribution de deniers « *issus d'une vente mobilière* ».

En premier lieu, se trouve la procédure qui fait l'objet de la présente rubrique, qui concerne les deniers provenant de ventes sur saisies ; elle est notamment prévue par les articles L. 221-5 et L. 221-6 C. pr. exéc., qui, à l'occasion du régime des saisies-ventes, énonce un résumé des principes retenus, c'est-à-dire une répartition amiable des fonds entre les créanciers, proposée par l'agent chargé de la vente, et, en cas de rejet de ce projet, saisine du juge de l'exécution (JEX), qui effectue la répartition.

Cette procédure s'applique aux deniers issus de la saisie-vente de biens mobiliers corporels ou de biens incorporels (droits d'associés, valeurs mobilières…) ou la saisie-vente de biens placés dans un coffre-fort. Est également concernée la répartition de sommes provenant d'une conversion en saisie-vente d'une saisie conservatoire de meubles corporels. Il pourra s'agir de ventes forcées ou de ventes amiables sur saisie.

En second lieu, pour les deniers distribués « *en dehors de toute procédure d'exécution* », le décret du 14 août 1996[3], a institué une procédure distincte, intégrée dans les articles 1281-1 à 1281-12 C. pr. civ., qui fait l'objet d'un autre titre (v. ss nos 1541.11 à 1543.41).

Rappelons que les distributions de deniers provenant de ventes sur saisies immobilières, ou de licitations, relèvent de la procédure spécifique qui a été examinée plus haut (v. ss nos 1511.11 s.).

1521.13 Abrogation de la distribution par contribution. Les articles 656 à 672 ACPC qui régissaient la répartition des deniers provenant d'une vente mobilière entre les créanciers selon la procédure dite de « distribution par contribution », ont été abrogés par la loi du 9 juillet 1991[4] et le décret n° 92-755 du 31 juillet 1992[5]. Ces dispositions ont été remplacées par les articles 283 à 293 de ce décret aujourd'hui codifiés aux articles R. 251-1 à R. 251-11 C. pr. exéc.

L'ancien régime de la distribution par contribution, jugé à juste titre obsolète, lent, complexe et onéreux, a été abandonné au profit d'une procédure déjudiciarisée, *dans laquelle* le juge (désormais il s'agit du JEX) n'intervient plus qu'en cas de contestation du projet de répartition établi par « *l'agent chargé de la vente* » ; la répartition des fonds, si les parties tombent d'accord, sera effectuée rapidement et à moindres frais. Cette procédure a cependant un champ d'application plus limité que celle qui résultait de l'Ancien Code de procédure civile, puisqu'elle ne concerne que la répartition des deniers provenant d'une mesure d'exécution.

En raison de l'abrogation, par la loi du 9 juillet 1991 et son décret d'application du 31 juillet 1992, des articles 656 à 672 ACPC, les procédures de distribution par contribution ne relèvent plus, depuis le 1er janvier 1993, des juges chargés des ordres et des distributions par contribution, qui ont toutefois conservé compétence pour se prononcer sur les demandes dont ils avaient été saisis, dès lors qu'avant cette date, ils avaient dressé l'état de distribution provisoire mentionné à l'article 663 ACPC.

Cependant, les articles 283 à 293 du décret précité du 31 juillet 1992, devenus les articles R. 251-1 à R. 251-11 C. pr. exéc., n'ont fixé les modalités de la distribution qu'en ce qui concerne les deniers provenant d'une mesure d'exécution. L'abrogation des articles 656 à 672 ACPC avait ainsi créé une lacune en ce qui concernait la distribution des deniers ne résultant pas d'une saisie. Cette lacune a été comblée depuis, par l'adoption du décret n° 96-740 du 14 août 1996[6], qui a institué la procédure figurant aux articles 1281-1 à 1281-12 C. pr. civ., qui s'inspire de celle mise en place par la loi du 9 juillet 1991 et son décret d'application, aujourd'hui codifiés au Code des procédures civiles d'exécution. Cependant, la compétence reste au tribunal judiciaire (TJ), celle du JEX devant être limitée aux cas où une mesure d'exécution a été engagée (cette procédure fait l'objet du titre 154).

SECTION 2

TEXTES APPLICABLES

1521.21 Le Code des procédures civiles d'exécution, dans sa partie législative (issue de la codification de la loi du 9 juillet 1991). La loi de 1991 n'a

1. ANCt C. civ., art. 2094 (Ord. n° 2006-346, 23 mars 2006).
2. EN DERNIER LIEU, Soc. 19 sept. 1991, n° 89-13.842, P V, n° 374 – Civ. 3e, 26 mai 1992, n° 90-13.248, P III, n° 173 ; *D.* 1993. Somm. 280, obs. P. Julien – Soc. 23 nov. 1995, n° 91-14.890, NP – Com. 10 déc. 2002, n° 99-21.411, P IV, n° 192.
3. Décr. n° 96-740, 14 août 1996, instituant une procédure de distribution des deniers en dehors de toute procédure d'exécution et modifiant le Code de l'organisation judiciaire et le Nouveau Code de procédure civile, *JO* 23 août, p. 12679.
4. L. n° 91-650, 9 juill. 1991, portant réforme des procédures civiles d'exécution, *JO* 14 juill., p. 9228.
5. Décr. n° 92-755, 31 juill. 1992, instituant de nouvelles règles relatives aux procédures civiles d'exécution, *JO* 5 août, p. 10530.
6. Décr. n° 96-740, 14 août 1996, préc.

pas organisé la nouvelle procédure de distribution, renvoyant pour cela aux dispositions d'un décret d'application. Cependant, elle indique, en matière de saisie-vente quels sont les créanciers admis à participer à la distribution : « *Seuls sont admis à faire valoir leurs droits sur le prix de la vente les créanciers* » : 1° saisissants (c'est-à-dire ceux qui ont provoqué la vente forcée) ; 2° les créanciers « opposants », qui se sont manifestés « *avant la vérification des biens saisis* » ; 3° et tous ceux qui, « *avant la saisie* » avaient procédé à des mesures conservatoires sur les mêmes biens. Une règle de même nature existe en matière de saisie de droits incorporels (C. pr. exéc., art. L. 233-1).

En ce qui concerne les véhicules terrestres à moteur, un régime spécial est prévu par les articles R. 223-1 à R. 223-12 C. pr. exéc.

Quant aux navires, bateaux et aéronefs, se reporter à la rubrique qui leur est consacrée (v. s[s] n°s 0724.06 s. à 0726.05 s.) ; leur régime est en effet spécifique.

1521.22 Le Code des procédures civiles d'exécution, dans sa partie réglementaire (issue de la codification du décret du 31 juillet 1992). Le titre V du livre II de la partie réglementaire du Code des procédures civiles d'exécution comporte un chapitre unique intitulé « La distribution des deniers », comprenant les articles R. 251-1 à R. 251-11, qui renferment l'essentiel de la réglementation de la répartition des deniers provenant d'une saisie mobilière.

1521.23 Champ d'application et philosophie des textes. La nouvelle procédure ne concerne que la répartition de deniers issus de la vente forcée ou amiable résultant d'une mesure d'exécution forcée. Son application est donc conditionnée par l'existence d'une vente, ce qui exclut le cas des saisies-attributions ou la saisie des rémunérations, ces situations étant assujetties à des règles qui leur sont propres.

Les textes régissent aussi bien les cas où il n'existe qu'un créancier que ceux dans lesquels il en existe plusieurs. Cependant, s'il n'existe qu'un seul créancier, il n'y a évidemment pas lieu à répartition (C. pr. exéc, art. R. 251-1), mais à une simple remise des fonds à celui-ci. En présence de plusieurs créanciers, la procédure sera plus complète. L'article L. 221-6 C. pr. exéc. prévoit que, « *en cas de concours entre les créanciers, l'agent chargé de la vente propose une répartition amiable entre eux* ». L'article R. 251-2 C. pr. exéc. énonce que lorsque « *plusieurs créanciers se sont manifestés dans les délais impartis, l'agent chargé de la vente élabore un projet de répartition du prix entre les créanciers* ». Il s'agira pour l'agent chargé de la vente de tenter de parvenir à une répartition amiable, par l'établissement d'un projet de répartition, qui sera soumis aux créanciers, lesquels pourront faire valoir leurs contestations éventuelles.

La réforme a visé à répondre aux critiques, qui reprochaient au système antérieur des complications et incidents inutiles, occasionnant une trop longue immobilisation des capitaux, des frais de procédure non justifiés et un manque regrettable d'efficacité. La solution a été recherchée, *d'une part*, dans la réduction au minimum des recours juridictionnels, la distribution étant conduite à l'initiative des parties et de leurs mandataires et devant résulter le plus souvent possible de leur accord, le recours au juge n'étant que résiduel, *d'autre part*, à l'adoption d'une procédure simplifiée en ce qui concerne les interventions du JEX. Cette philosophie est commune à la procédure de répartition des deniers ne provenant pas d'une saisie (v. s[s] n°s 1541.11 s.).

SECTION 3
CARACTÈRES DE LA PROCÉDURE

1521.31 Caractère non contradictoire. La procédure de distribution repose sur l'initiative de l'agent chargé de la vente qui doit, en cas de concours entre créanciers, proposer une répartition amiable entre eux. Dans un premier temps, il ne tient pas de réunion contradictoire mettant en présence le créancier poursuivant, le débiteur et les créanciers opposants. Il agit seul, au vu des pièces dont il dispose (généralement commandement de payer et actes d'opposition), en tenant compte des « *frais encourus* » et des intérêts échus depuis les actes en cause. Cette absence de réunion permet d'accélérer la procédure lorsque la distribution ne pose pas de difficulté particulière.

1521.32 Caractère non judiciaire. La distribution des deniers après vente forcée a été déjudiciarisée. Il n'y a intervention du JEX qu'en cas de désaccord et de contestation. L'accord des parties écarte toute saisine d'une juridiction.

1521.33 Représentation par avocat en cas de contestation portée devant le juge de l'exécution. Depuis l'entrée en vigueur, le 1er janvier 2020, de l'article L. 121-4 C. pr. exéc., ce texte est compris comme imposant aux parties devant le JEX la représentation par avocat, à l'exception des demandes ayant pour origine une créance ou tendant au paiement d'un somme qui n'excède pas un montant fixé à 10 000 euros (C. pr. exéc., art. R. 121-6).

La déclinaison de cette règle en matière de distribution des deniers n'est pas évidente. D'abord parce que le JEX peut être saisi directement par l'agent chargé de la vente, par la transmission d'un procès-verbal de difficulté. Mais aussi parce que même lorsqu'il est saisi par une partie, celle-ci ne sollicite pas exactement le paiement de sa créance, mais la distribution, à l'ensemble des créanciers, des sommes provenant de la vente sur saisie. Dans ces conditions, on peut comprendre les nouveaux textes, *soit*, au terme d'une lecture stricte, comme imposant désormais aux parties (à la différence de l'agent chargé de la vente) en toute hypothèse la représentation par avocat en matière de distribution des deniers, *soit*, au terme d'une lecture plus compréhensive, en ce sens les parties sont dispensées de représentation obligatoire par avocat lorsque les sommes en distribution n'excèdent pas 10 000 euros[1]. Dans l'attente d'une décision de la Cour de cassation sur ce point, il paraît plus prudent pour les parties de faire le choix d'être représentées par un avocat.

1. EN CE SENS : R. Laher, « Distribution des deniers. La procédure de distribution des deniers et la réforme de la justice civile », *Procédures* 2020. Étude 22, § 5.

CHAPITRE

1522. Établissement du projet de répartition

EDOUARD DE LEIRIS
CONSEILLER À LA COUR DE CASSATION

SECTION 0
ORIENTEUR

1522.00 **Sommaire du chapitre.**

Division. Pour établir le projet de répartition (sect. 2), doivent d'abord être déterminées les personnes en présence (sect. 1) et envisagées les pluralités de saisies (sect. 3). Pour produire ses effets le projet de répartition doit être notifié (sect. 4), et ses effets seront différents à défaut de contestation (sect. 5) et en cas de contestation (sect. 6).

1522.01 **Textes applicables.**

• **C. pr. exéc.,** art. L. 121-2, L. 121-3, L. 121-4, L. 122-1, L. 122-2, L. 122-3, L. 123-1, L. 161-1, L. 221-4 s. et R. 121-5 s. et, principalement, art. R. 221-37, R. 251-1 à R. 251-11, R. 522-7 et R. 522-11 s.

• **C. mon. fin.,** art. L. 211-21.

1522.03 **Bibliographie indicative**[1]**.**

* V. bibliographie indicative s^{s} n° 1521.03.

1. Les ouvrages dont le nom des auteurs figure en petites capitales en bibliographie seront cités par le seul nom des auteurs en petites capitales en notes de bas de page.

1522.04 **Formulaire de procédure civile : renvois.**

• *Distribution des deniers – Répartition de prix* (Projet de répartition de prix suite à une procédure civile d'exécution – C. pr. exéc., art. R. 251-1 s.)

• *Distribution des deniers – Notification du projet de répartition* (Notification du projet de répartition de prix suite à une procédure civile d'exécution – C. pr. exéc., art. R. 251-4)

SECTION 1
PROCÉDURE : PERSONNES EN PRÉSENCE

1522.11 **Parties à la saisie.** Les deniers à distribuer peuvent émaner de différents types de saisies mobilières. Aucun texte général n'indiquant quels sont les créanciers admis à la distribution, il faut se reporter à chaque type particulier de saisie.

D'une manière générale, on peut considérer qu'interviennent à la répartition des fonds, les parties à la saisie :

1° le créancier poursuivant ;

2° les autres créanciers, qui se sont manifestés par des oppositions au paiement du prix de vente ou que révèlent les actes ;

3° le débiteur saisi.

En matière de saisie-vente, l'article L. 221-5 C. pr. exéc. dispose que « *seuls sont admis à faire valoir leurs droits sur le prix de vente les créanciers saisissants ou opposants qui se sont manifestés avant la vérification des biens saisis et ceux qui, avant la saisie, ont procédé à une mesure conservatoire sur les mêmes biens* » (v. s^{s} n° 0622.123).

En matière de saisie de droits d'associés et de valeurs mobilières, la procédure de vente est soumise aux mêmes règles que la saisie-vente (C. pr. exéc., art. R. 321-30). L'article R. 233-2 du même code dispose qu'en cas de pluralités de saisies, le produit de la vente est réparti entre les créanciers qui ont procédé à une saisie avant la vente. Cet article réserve également les droits du créancier ayant pratiqué une saisie conservatoire.

1522.12 **Agents de l'exécution.** L'article L. 221-6 C. pr. exéc. prévoit qu'« *en cas de concours entre les créanciers, l'agent chargé de la vente propose une répartition amiable entre eux* ». Les articles R. 251-1 et suivants C. pr. exéc. font également référence à « *l'agent chargé de la vente* ».

La question se pose de déterminer qui est cet agent chargé de la vente.

Lorsqu'il s'agit d'une **vente forcée de biens corporels**, il s'agit d'un officier ministériel habilité à procéder à des enchères publiques de meubles corporels – commissaire de justice – ou dans les cas prévus par la loi de courtiers de marchandises assermentés (C. pr. exéc., art. R. 221-37).

En matière de **saisie de droits d'associés et de valeurs mobilières**, il convient d'opérer un distinguo.

Pour les **titres négociables**, l'agent chargé de la vente est soit un prestataire de services d'investissement membre du marché réglementé où ces titres sont négociés, soit, à défaut de marché réglementé, un prestataire de services d'investissement ou un notaire (C. mon. fin., art. L. 211-21).

Pour les **droits d'associés**, la question est plus délicate et n'a pas été tranchée par la jurisprudence. Selon certains auteurs, la vente ne pourrait alors avoir lieu qu'à la barre du tribunal – ce qui paraît toutefois incertain en l'absence de tout texte régissant de telles opérations par le JEX et qui ne permettrait en outre pas de procéder à une distribution extrajudiciaire – ou par-devant un notaire[1]. D'autres auteurs ajoutent les huissiers de justice[2].

En cas de **vente amiable**, il n'y a pas à proprement parler d'agent chargé de la vente, de sorte que l'interrogation est permise. On peut estimer qu'en tout cas l'huissier ayant pratiqué la saisie devrait pouvoir procéder à cette distribution, qui s'inscrit en effet dans la continuité d'une mesure d'exécution forcée.

L'agent chargé de la vente est en outre, aux termes de l'article L. 221-4 C. pr. exéc., « *responsable de la représentation du prix de l'adjudication* ».

Les honoraires et émoluments de l'agent d'exécution doivent être réclamés lors de l'établissement du projet de répartition, par la production d'un décompte détaillé, lequel doit mentionner « *en caractères très apparents* » que « *tout intéressé peut faire procéder à leur vérification par le greffe du JEX* » (lequel appliquera s'il y a lieu le tarif légal).

1522.13 **Le tiers propriétaire.** Si un tiers a été reconnu être le propriétaire d'un bien vendu à la suite d'une saisie-vente, il est recevable, en application de l'article R. 221-52 C. pr. exéc., à en distraire le prix, non diminué des frais, jusqu'à la distribution des sommes produites par la vente. La Cour de cassation a jugé qu'il était recevable à le faire, même s'il n'avait engagé son action qu'après l'expiration du délai d'un mois prévu à l'article R. 251-1 C. pr. exéc. pour procéder à la remise des fonds au créancier saisissant, dans le cas où il n'existe pas d'autre créancier[3].

SECTION 2
ÉTABLISSEMENT DU PROJET DE RÉPARTITION

§ 1
Créancier unique

1522.21 **Remise des sommes.** S'il n'existe qu'un seul créancier, il n'y a pas lieu à répartition, mais à une simple remise des fonds à celui-ci (C. pr. exéc., art. R. 251-1). L'agent chargé de la vente réglera le créancier (le plus souvent, le créancier saisissant) du principal de la créance, des intérêts, et des frais, un mois au plus tard, à compter :

1° dans l'hypothèse d'une vente forcée, de l'adjudication si la vente a eu lieu aux enchères, et aussi à partir du paiement du prix (ou de sa consignation) qui seul rend la vente définitive ;

2° dans le cas où il y a eu vente amiable, à compter du jour où le prix a été consigné. Dans ce même délai, indique ce texte, le solde est restitué au débiteur.

« *À l'expiration de ce délai, les sommes qui sont dues portent intérêt au taux légal* » (C. pr. exéc., art. R. 251-1).

Il convient de souligner que l'article R. 251-9 C. pr. exéc. prévoit que le délai d'un mois peut être prorogé d'un commun accord entre les créanciers ou par ordonnance du JEX saisi sur requête.

Cette disposition apparaît rendre applicable l'article R. 121-23 alinéa 2 C. pr. exéc., qui dispose que la requête est remise ou adressée au greffe par le requérant ou par son mandataire désigné conformément aux dispositions des articles L. 121-4 et L. 122-2 de ce même code. Or, la Cour de cassation est d'avis que, pour l'application de ce texte, les règles de la postulation ne s'appliquent pas, de sorte que, dans les procédures de distribution des deniers où la représentation par avocat est obligatoire, la requête appa-

1. EN CE SENS, PERROT et THÉRY, n° 730.
2. J.-J. Daigre, « Qui peut procéder à l'adjudication forcée des valeurs mobilières et des droits d'associé ayant fait l'objet d'une saisie ? », *Rev. huissiers* 1193. 1201 – C. Brenner et P. Crocq, Lamy *Droit de l'exécution forcée*, 2016, n° 475-25, par J.-L. Virfolet.
3. Civ. 2e, 8 avr. 2004, n° 02-16.842, P II, n° 188.

raît pouvoir être déposée ou remise par un avocat n'ayant pas sa résidence professionnelle dans le ressort de la cour d'appel dans laquelle se trouve le JEX du tribunal saisi[1], de même qu'elle peut l'être par le commissaire de justice instrumentaire, conformément à l'article L. 122-2 susmentionné. Par conséquent, lorsque la représentation par avocat est obligatoire, ni le créancier poursuivant, ni l'agent chargé de la vente, s'il n'est ni avocat ni commissaire de justice, ne devrait pouvoir présenter lui-même cette requête.

Le texte ne précise pas quel est le JEX compétent pour connaître de cette requête. Il peut être considéré, pour les mêmes raisons que celles qui seront exposées s'agissant du juge qui procédera à la répartition en cas de besoin (v. s[s] n° 1523.12), qu'il s'agit de celui du lieu de l'exécution. S'agissant d'une décision prise sur requête, l'ordonnance prorogeant le délai pourra faire l'objet d'une demande de rétractation ou de modification et l'ordonnance refusant la prorogation pourra faire l'objet d'un appel.

§ 2
Pluralité de créanciers

1522.31 **Répartition amiable.** L'article L. 221-6 C. pr. exéc. prévoit qu'« *en cas de concours entre les créanciers, l'agent chargé de la vente propose une répartition amiable entre eux* ». L'article R. 251-2 C. pr. exéc. énonce que lorsque « *plusieurs créanciers se sont manifestés dans les délais impartis, l'agent chargé de la vente élabore un projet de répartition du prix entre les créanciers* ».

1522.32 **Rôle de l'agent chargé de la vente.** Aux termes de l'article R. 251-2 C. pr. exéc., l'agent chargé de la vente – dont la tâche est facilitée s'il s'agit de l'huissier de justice qui a diligenté la saisie et la vente forcée :

1° déterminera la liste des créanciers au vu des énonciations du commandement de payer, des actes d'opposition opérés par des créanciers s'étant joints à la mesure d'exécution forcée et des autres actes qui lui sont adressés par les créanciers et par les moyens de publicité offerts par la réglementation (registre du commerce et des sociétés, nantissements, *etc.*) ;

2° indiquera le montant des créances du créancier saisissant et des créanciers opposants au regard des énonciations du commandement de payer et des actes d'opposition, ces actes devant comporter obligatoirement le montant des créances en principal, frais et intérêts échus ainsi que le taux des intérêts (C. pr. exéc., art. R. 222-1 et R. 221-42) ;

3° fixera le rang de chacun des créanciers selon son ordre de préférence établi par la loi, et déterminera l'éventuel reliquat, revenant au débiteur (les privilèges mobiliers sont prévus aux articles 2330 et suivants du Code civil).

Pour dresser l'état de répartition, l'agent chargé de la vente ne doit prendre en compte, outre le saisissant, que les créanciers qui « *se sont manifestés dans les délais impartis* » (C. pr. exéc., art. R. 351-2, al. 1er). En matière de saisie-vente, seuls les créanciers ayant fait opposition avant la vérification des biens pourront participer à la distribution (C. pr. exéc., art. R. 221-41).

Si après paiement des créanciers disposant d'un privilège, il existe un reliquat, celui-ci est versé aux créanciers chirographaires. S'il est insuffisant pour permettre le paiement intégral des créances, la somme restant à distribuer sera répartie entre les créanciers, au marc l'euro, au prorata des montants de leurs créances admises.

L'agent chargé de la vente indiquera ensuite, si c'est le cas, que le solde disponible sera restitué au débiteur.

Le projet d'état de répartition doit être soigneusement établi, puisqu'en l'absence de contestation, il constituera l'état définitif ; il importe qu'il renferme une répartition claire et précise, qui ne pourra soulever aucune difficulté, notamment si les sommes doivent être réglées par la Caisse des dépôts et consignations.

Le montant des créances figurant dans le projet de répartition doit, aux termes de l'article R. 251-2, *in fine*, C. pr. exéc., être majoré des intérêts échus depuis l'établissement des actes mentionnant le montant des créances.

1522.33 **Frais de recouvrement.** L'article R. 251-11 C. pr. exéc. dispose que tout paiement ou projet de répartition est accompagné d'un décompte détaillé des frais de recouvrement avec l'indication en caractères très apparents que tout intéressé peut faire procéder à leur vérification par le greffe du JEX du lieu de la vente.

En cas de contestation ou même par mesure de précaution, afin d'éviter de futurs litiges, l'agent chargé de la distribution fera taxer sa rémunération, après vérification au greffe, par le président du tribunal.

1522.34 **Délai.** Le délai imparti à l'agent chargé de la vente pour établir le projet de répartition est d'un mois (C. pr. exéc. art. R. 251-3), courant, en cas de vente forcée, de la date de celle-ci (dans la mesure où l'adjudicataire a versé le prix) et, lorsque la vente forcée a été convertie en vente amiable, du jour du paiement du prix. Ce délai peut être prorogé par « *accord commun des intéressés* » ou par ordon-

1. Civ. 2e, avis, 25 avr. 2024, n° 23-70.020, B ; *D.* 2024. 876 ; *RCJPP* 2024, n° 03, p. 23, obs. A. Léon ; *ibid.*, n° 06, p. 36, chron. S. Pierre Maurice.

nance du JEX « *saisi sur requête* » (C. pr. exéc., art. R. 251-9). Les observations faites s'agissant de la distribution en présence d'un créancier unique valent ici (v. s[s] n° 1522.21).

Le non-respect de ce délai permet à tout intéressé de saisir le JEX afin qu'il procède à la distribution lui-même (C. pr. exéc., art. R. 251-10). Bien que le texte ne le précise pas, on peut supposer que, dans ce cas, l'agent chargé de la vente se trouve dessaisi, comme en cas de saisine du juge à la suite d'un désaccord sur le projet de répartition, et doit consigner les sommes à distribuer à la Caisse des dépôts et consignations, conformément aux exigences de l'article R. 251-8 C. pr. exéc.

§ 3
Conversion de saisie conservatoire

1522.41 Saisie conservatoire – Conversion en saisie-vente. Les articles R. 522-7 s. C. pr. exéc. permettent au créancier, bénéficiaire d'un titre exécutoire, qui a pratiqué une saisie conservatoire, de notifier un acte de conversion en saisie-vente.

Cette procédure peut aboutir à une vente forcée, et à la distribution du prix de l'adjudication. Elle ne change rien aux règles relatives à la distribution des deniers.

SECTION 3
CAS PARTICULIER : PLURALITÉ DE SAISIES

1522.51 Pluralité de saisies. L'hypothèse ici visée est celle où les biens contre lesquels la saisie-vente est poursuivie avaient fait l'objet, antérieurement, d'une ou plusieurs saisies conservatoires (v. s[s] n°s 0622.123 et 0622.124). Dans ce cas, afin que l'auteur de la saisie conservatoire ne se voie pas privé de la garantie qu'il avait prise sur le bien, une procédure prévoyant son information est prévue, afin que sa garantie soit reportée, le cas échéant, sur le prix de vente : à certaines conditions, il pourra prétendre, après obtention d'un titre exécutoire et conversion de sa saisie, à une partie du prix de vente qui aura été consigné à la Caisse des dépôts et consignations.

En effet, l'article L. 221-5 C. pr. exéc. prévoit que sont admis à faire valoir leurs droits sur le prix de vente « [... les créanciers] *qui, avant la saisie, ont procédé à une mesure conservatoire* ». Par ailleurs, l'article R. 251-5 C. pr. exéc. dispose qu'à défaut de contestation du projet de répartition élaboré par l'agent chargé de la vente, celui-ci procède au paiement des créanciers et « *consigne à la Caisse des dépôts et consignations les sommes revenant aux créanciers ayant pratiqué une saisie conservatoire ; ces sommes leur sont payées après signification d'un acte de conversion* ».

La procédure prévue en cas de saisie-vente en présence d'une précédente saisie conservatoire, qui figure aux articles R. 522-12 à R. 522-14 C. pr. exéc., impose donc dans tous les cas à l'huissier de justice de signifier le procès-verbal de saisie ou l'acte de conversion aux créanciers ayant pratiqué une saisie conservatoire antérieure (C. pr. exéc., art. R. 522-12).

1522.52 Vente amiable. Au cas où une vente amiable est envisagée, le créancier poursuivant adresse aux créanciers qui ont saisi les mêmes biens à titre conservatoire une lettre recommandée avec demande d'avis de réception (LRAR) les informant des propositions de vente amiable faites par le débiteur. Cette lettre doit reproduire, à peine de nullité, les trois derniers paragraphes de l'article R. 522-13 C. pr. exéc. Ces créanciers disposent d'un délai de quinze jours à compter de la réception de la lettre d'information, pour prendre parti sur les propositions de vente amiable et faire connaître la nature et le montant de leur créance. À défaut de réponse dans le délai, les créanciers sont réputés avoir accepté les propositions. Surtout, à défaut de donner les informations requises concernant la nature et le montant de leur créance dans le délai, ils perdent le droit de concourir à la distribution des deniers provenant de la vente, sauf sur un solde éventuel après répartition (C. pr. exéc., art. R. 522-13, auquel fait référence l'art. R. 251-2).

1522.53 Vente judiciaire. En cas de vente judiciaire, le créancier saisissant doit avertir les créanciers ayant pratiqué une saisie conservatoire de l'enlèvement des meubles. Ces derniers disposent alors du même délai de quinze jours, pour faire connaître la nature et le montant de leur créance. Faute de le faire dans le délai, ils sont pareillement déchus du droit de concourir à la distribution sous réserve de la possibilité de faire valoir leurs droits sur le solde éventuel après répartition (C. pr. exéc., art. R. 522-14).

1522.54 Vente de biens incorporels. En l'absence de procédure spécifique prévue en cas de saisie de biens incorporels ayant précédemment fait l'objet d'une saisie conservatoire, il est considéré que la procédure ci-dessus décrite s'applique en tant que de besoin. Cependant, au stade de la distribution, les règles sont un peu différentes. En effet, l'article L. 233-2 C. pr. exéc. énonce, en son premier alinéa, un principe général selon lequel : « *En cas de pluralité de saisies, le produit de la vente est réparti entre les créanciers qui ont procédé à une saisie avant la vente* ». Il prévoit, en son second alinéa, une modalité spécifique en cas de saisie conservatoire antérieure puisqu'il indique : « *Toutefois, si une saisie conservatoire a été pratiquée avant la saisie qui a conduit à la vente, le créancier prend part à la distribution du prix mais les sommes qui lui reviennent sont consignées auprès de la*

Caisse des dépôts et consignations jusqu'à ce qu'il ait obtenu un titre exécutoire » (v. s[s] n°s 0629.63 et 0629.64).

En cette matière donc, les créanciers ayant converti une saisie conservatoire précédemment pratiquée, prennent part à la distribution dans tous les cas, alors que ce n'est pas le cas en matière de vente de meubles corporels.

SECTION 4
NOTIFICATION DU PROJET DE RÉPARTITION

1522.61 Formalité substantielle. Cette notification est essentielle. En effet, ou bien les intéressés, à la réception du projet de répartition, le contestent, déclenchant ainsi une instance judiciaire ; ou bien ils resteront taisants et à l'expiration du délai qui leur est imparti, le projet de répartition se transformera en un état de répartition définitif.

1522.62 Délai. La notification doit être faite dans un délai d'un mois. L'article R. 251-4 C. pr. exéc. renvoie à l'article R. 251-3 du même code et au délai d'un mois à compter de la date de la vente forcée, ou, en cas de vente amiable, du jour du paiement du prix. Ce délai peut être prorogé, en vertu de l'article R. 251-9 C. pr. exéc., par un accord commun entre les intéressés ou par ordonnance du JEX saisi sur requête (v. s[s] n° 1522.21).

L'agent chargé de la vente dispose donc d'un délai d'un mois pour établir et notifier le projet de répartition.

1522.63 Forme et destinataires. La notification est opérée par lettre recommandée avec demande d'avis de réception, à l'endroit : 1° du débiteur ; 2° des créanciers figurant dans l'état de répartition ; 3° et même de ceux qui ne sont pas compris dans la répartition faute de s'être manifestés dans les délais prescrits (C. pr. exéc., art. R. 251-4). Ces derniers disposent ainsi de la faculté de contester le projet, étant rappelé qu'ils peuvent faire valoir leurs droits sur le solde éventuel (C. pr. exéc., art. R. 522-13 et R. 522-14).

1522.64 Mentions prescrites à peine de nullité. L'article R. 251-4 C. pr. exéc. en énumère deux.

En premier lieu, avis doit être donné au destinataire, « *qu'il dispose d'un délai de quinze jours, à compter de la réception de la lettre, pour élever une contestation motivée, accompagnée des pièces justificatives nécessaires, auprès de l'huissier de justice qui a établi le projet de répartition* ». Cette contestation, pour être recevable, devra être accomplie dans ce délai ; il est dès lors préférable de l'adresser par lettre recommandée avec demande d'avis de réception, ou par voie de signification, de manière à écarter toute difficulté ultérieure.

En second lieu, doivent être indiquées les conséquences du défaut de contestation dans le délai imparti, à savoir que le silence vaudra consentement ; le projet de répartition sera réputé accepté en l'absence de réponse et sera définitif si aucune contestation n'est élevée.

L'article R. 251-11 C. pr. exéc. ajoute que tout projet de répartition, afin que le destinataire soit exactement informé, « *doit être accompagné d'un décompte détaillé des frais de recouvrement, avec l'indication en caractères très apparents que tout intéressé peut faire procéder à une vérification par le greffe du JEX du lieu de vente* », et donc recourir à la procédure de taxe relative aux frais et dépens. Cette contestation est distincte de celle concernant l'état de répartition ; elle est cantonnée au seul chef des frais de recouvrement.

SECTION 5
EFFETS DE LA NOTIFICATION DU PROJET DE RÉPARTITION (À DÉFAUT DE CONTESTATION)

1522.71 Caractère définitif de l'état de répartition. À l'expiration des délais légaux et en l'absence de contestation, le paiement des créances figurant dans l'état de répartition est effectué.

Bien que l'article R. 251-5 C. pr. exéc. ne prévoie pas le délai dans lequel le paiement doit intervenir, il est considéré que l'article R. 251-10 alinéas 2 et 3 s'applique également dans l'hypothèse où aucune contestation n'a été élevée : ce texte dispose que le paiement doit être fait « *huit jours au plus tard après que la répartition est devenue définitive* » et que passé ce délai les sommes portent intérêt au taux légal. En effet, bien que situé après un alinéa relatif au jugement de répartition, les termes des alinéas 2 et 3 de l'article R. 251-10 sont très généraux. Par ailleurs, cet article est placé en fin de chapitre après et avant des dispositions communes à l'ensemble de la procédure[1].

Selon cette interprétation, passé le délai de huit jours, les sommes portent intérêt au taux légal. De toute manière, si les fonds ont été consignés à la Caisse des dépôts et consignations leur montant est augmenté des intérêts que verse automatiquement la Caisse, au taux fixé pour les consignations.

L'agent répartiteur procédera au paiement des créanciers ayant mis en œuvre une mesure d'exécution forcée. Il consignera à la Caisse des dépôts et

1. EN CE SENS, PERROT et THERY, n° 759 – Pour un avis contraire, *J.-Cl. Pr. civ.*, fasc. 2480, n° 29, par N. Fricero et L. Llahi [anc. fasc.].

consignations les sommes revenant aux créanciers ayant pratiqué une saisie conservatoire, qui obtiendront paiement par la signification de l'acte de conversion qu'ils feront ultérieurement établir à leur profit, sous réserve qu'ils aient respecté les exigences des articles R. 522-13 et R. 522-14 C. pr. exéc. en ce qui concerne les saisies-ventes de biens meubles (v. s[s] n°s 1522.52 et 1522.53). Le reliquat sera (en l'absence d'opposition) restitué au débiteur.

Rappelons que l'article R. 251-11 C. pr. exéc. impose que tout paiement soit accompagné d'un décompte détaillé des frais de recouvrement avec l'indication en caractères très apparents que tout intéressé peut faire procéder à leur vérification par le greffe du JEX du lieu de la vente.

SECTION 6

EFFETS DE LA NOTIFICATION DU PROJET DE RÉPARTITION (EN CAS DE CONTESTATION)

1522.81 **Les contestations.** Chaque destinataire du projet de répartition dispose d'un délai de quinze jours à compter de la réception de la lettre pour élever une contestation (C. pr. exéc., art. R. 251-4). La rédaction du texte conduit à considérer que le délai de quinze jours s'apprécie pour chaque créancier en considération de la date à laquelle il a reçu la lettre, indépendamment de celle à laquelle les autres créanciers l'auront reçue. S'agissant d'un envoi avec demande d'avis de réception cette date sera matérialisée par l'apposition de la date et de la signature du destinataire sur cet avis. En cas de discussion sur la recevabilité de la contestation à raison de sa tardiveté, les règles de droit commun conduisent à considérer qu'il appartiendra à l'agent chargé de la vente ou à tout autre créancier qui élèverait une contestation de justifier, par la production de cet avis de réception, que la contestation a été élevée hors délai.

Le texte ne précise pas la forme selon laquelle la contestation doit être exprimée, mais la computation du délai nécessite que le contestant se ménage la possibilité de rapporter la preuve de la date à laquelle il a émis cette contestation.

Il ne mentionne, par ailleurs, aucune possibilité, pour le créancier destinataire d'être relevé de la forclusion résultant de l'expiration du délai, précisant au contraire que le projet est réputé accepté et définitif. Toute demande formée auprès du JEX pour contester le projet, en arguant de motifs ayant empêché le créancier de former une contestation dans le délai, serait donc *a priori* vouée à l'échec.

Quid de l'hypothèse où un créancier aurait laissé le délai de quinze jours expirer et qui élèverait une contestation par la suite, profitant de ce qu'une contestation recevable a été formulée par un autre créancier dont le délai expirait postérieurement au sien ? On pourrait, d'un côté, relever, que s'il ne fait aucun doute qu'il pourrait présenter des arguments en réponse à la contestation élevée par cet autre créancier, il ne devrait normalement pas pouvoir être recevable à formuler une contestation nouvelle qu'il n'aurait pas présentée dans le délai qui lui était ouvert. De l'autre, le choix fait de ne pas contester le projet n'est-il pas remis en cause par la présentation d'une contestation par une autre partie ? En outre, en l'absence d'accord de toutes les parties à l'issue de la réunion de conciliation organisée par l'agent chargé de la vente, aucun projet ne pourra aboutir, ce qui paraît permettre, de fait, à la partie qui a omis de présenter *ab initio* une contestation de bloquer le processus amiable et d'imposer ainsi l'examen sa contestation au cours de cette réunion.

Le texte indique que la contestation doit être faite auprès de « *l'huissier de justice* ». Toutefois, il ne peut être ignoré que l'agent chargé de la vente ne sera pas toujours un commissaire de justice et l'on pourrait raisonnablement penser que le texte devrait être compris, malgré sa lettre, comme requérant que la contestation soit faite auprès de l'agent chargé de la vente[1]. Par sécurité, dans un tel cas, la contestation gagnera à être concomitamment adressée à l'huissier de justice et à l'agent chargé de la vente.

1522.82 **La contestation doit être motivée.** La question de savoir si l'absence de motivation constitue une fin de non-recevoir rendant la contestation irrecevable ou un simple vice de forme, n'est pas évidente. En effet, par analogie avec la jurisprudence relative à d'autres cas dans lesquels la motivation d'un recours est obligatoire, il pourrait être considéré qu'il s'agit d'une cause d'irrecevabilité de la contestation[2]. Cependant, la procédure étant ici extrajudiciaire, à ce stade sans représentation obligatoire par avocat et une réunion étant organisée pour examiner les contestations, l'on peut se demander si l'explicitation des motifs du recours ne pourrait pas encore se faire au cours de la réunion.

La même interrogation existe s'agissant des pièces justificatives qui doivent être jointes à la contestation, étant observé que seule l'absence de réponse dans le délai rend le projet définitif. Aucune jurisprudence ne paraît avoir été rendue sur ces questions.

1. EN CE SENS, S. Hazoug, Ph. Hoonakker, N. Pierre et S. Pierre-Maurice, *Procédures civiles d'exécution*, 13e éd., « Paradigme-Manuels », Bruylant, 2024, note s[s] § 600 – *J.-Cl. Pr. civ.*, fasc. 2480, « Distribution des deniers », § 36, par N. Fricero et L. Llahi – V. COUCHEZ et D. LEBEAU, G. COUCHEZ et D. LEBEAU, *Voies d'exécution*, 13e éd., « Sirey université », Sirey, 2021, § 599, note 1.
2. *J.-Cl. Pr. civ.*, fasc. 1700-35, « Distribution des deniers », § 40, par C. Laporte.

1522.83 **Tentative de conciliation.** Si une contestation est élevée, dans le délai de quinze jours par l'un des créanciers auxquels le projet a été notifié, l'agent chargé de la vente est tenu de tenter de la résoudre amiablement. L'article R. 251-6 C. pr. exéc. dispose en effet que, dans ce cas, il « *convoque le débiteur et tous les créanciers en vue d'une tentative de conciliation* », à une réunion qui doit avoir lieu dans le mois qui suit la première contestation. L'article R. 251-6 n'étant pas visé à l'article R. 251-9, aucune prorogation du délai d'un mois ne paraît possible. Cependant, aucune sanction spécifique n'est prévue en cas de méconnaissance de ce délai. Ainsi, la seule conséquence de son dépassement par l'agent chargé de la répartition paraît être que tout intéressé pourrait, en application de l'article R. 251-10, saisir le JEX afin qu'il procède à la répartition.

Les modalités de convocation à la réunion ne sont pas précisées, mais l'on peut supposer qu'il devrait être procédé par voie de lettre recommandée avec demande d'avis de réception, par symétrie avec l'envoi du projet de répartition.

1522.84 **Accord après tentative de conciliation.** Si un accord est trouvé pour une répartition au cours de la réunion « *il en est dressé acte* » (C. pr. exéc., art. R. 251-7). La copie de cet accord est remise ou adressée par lettre simple au débiteur et à tous les créanciers.

Il est alors procédé au paiement. Le texte indique qu'il y est procédé « *comme il est dit à l'article R. 251-1* », article qui concerne la remise des fonds en présence d'un seul créancier. Ce renvoi est manifestement le fruit d'une erreur et, tant la raison que la comparaison avec la procédure de distribution des deniers en dehors de toute mesure d'exécution permettent de penser qu'il aurait convenu de se référer à l'article R. 251-5, lui-même conduisant à appliquer l'article R. 251-10 alinéas 2 et 3. D'autant que l'article R. 251-1 prévoit que le paiement doit avoir lieu dans un délai d'un mois, alors que dans tous les autres cas, il doit être fait dans les huit jours, sans que cette différence s'explique d'évidence [1].

Initialement, le texte prévoyait que tout créancier qui ne se présenterait pas à la réunion de conciliation serait réputé avoir accepté l'accord trouvé. Ce texte a été abrogé par le décret n° 2006-936 du 27 juillet 2006 relatif à la procédure de saisie immobilière [2]. Dorénavant, il ne pourra être considéré que la réunion a abouti à un accord que si tous les créanciers auxquels le projet avait été notifié ont été présents à celle-ci et ont participé à l'accord [3].

Aucun texte ne prévoit de possibilité de contestation ultérieure contre l'acte de répartition amiable et sa nature juridique n'est pas clairement déterminée. Notamment, on peut se demander s'il pourrait faire l'objet d'une action en nullité.

1522.85 **Désaccord après tentative de conciliation.** L'absence d'accord trouvé au cours de la réunion entraîne le « *dessaisissement* » de l'agent chargé de la vente, la répartition n'étant plus de son ressort mais de celui-ci du JEX.

En effet, à partir du constat de l'échec de la tentative de conciliation, l'agent chargé de la vente doit, selon l'article R. 251-8 C. pr. exéc. :

1° établir un procès-verbal exposant les difficultés rencontrées auquel sont jointes les pièces nécessaires à la solution du litige ;

2° saisir « *immédiatement* » le JEX du lieu de la vente en lui transmettant le dossier ;

3° consigner « *immédiatement* » les sommes auprès de la Caisse des dépôts et consignations.

La répartition sera alors effectuée par le juge selon la procédure qui sera exposée au chapitre suivant.

La saisine du JEX est obligatoire pour l'agent chargé de la vente. À défaut pour lui d'y procéder, il y a lieu de considérer que tout autre créancier pourrait le faire, par application de l'article R. 251-10 C. pr. exéc., qui permet à toute personne de saisir le JEX en cas de dépassement des délais impartis par l'agent chargé de la vente. En effet, la nécessité de saisir le JEX « *immédiatement* » peut être considérée comme un délai s'imposant à celui-ci.

Dès lors que l'agent chargé de la vente agit ici comme un organe de la procédure, auquel le texte fait obligation de saisir le JEX d'un procès-verbal de difficultés, il semble s'en déduire que ce dispositif n'est pas affecté par l'obligation, désormais posée, d'une représentation par avocat des parties, de même que celle d'une saisine par requête [4].

1. *Lamy Droit de l'exécution forcée*, 1999, indique qu'il s'agit très certainement d'une erreur matérielle. Cependant, malgré plusieurs occasions de rectifier cette éventuelle erreur – au moment de la codification notamment – le pouvoir réglementaire ne l'a pas fait.
2. Décr. n° 2006-936, 27 juill. 2006, relatif aux procédures de saisie immobilière et de distribution du prix d'un immeuble, *JO* 29 juill., p. 11316.
3. Circ. min. Justice n° CIV/17/06, 14 nov. 2006, relative à la réforme de la saisie immobilière, JUS C 06 20 848 C.
4. EN CE SENS : R. Laher, « Distribution des deniers. La procédure de distribution des deniers et la réforme de la justice civile », *Procédures* 2020. Étude 22, § 6.

CHAPITRE

1523. Intervention du juge de l'exécution

EDOUARD DE LEIRIS
CONSEILLER À LA COUR DE CASSATION

SECTION 0
ORIENTEUR

1523.00 **Sommaire du chapitre.**

Division. Le juge de l'exécution (JEX) va statuer lui-même sur la répartition des fonds (sect. 3) en cas de carence de l'agent chargé de la vente (sect. 1) ou de contestations persistantes opposant les parties (sect. 2).

1523.01 **Textes applicables.**

• **C. pr. exéc.**, art. L. 121-3, L. 123-1, R. 121-5 s., R. 121-11 à R. 121-22, et spéct art. R. 251-8, R. 251-10 et R. 251-11.

1523.02 **Jurisprudence de référence.**

> Mesures conservatoires. Compétence du juge de l'exécution du lieu d'exécution de la mesure lorsque le débiteur demeure à l'étranger.

• **Civ. 2e, 9 nov. 2006**, no 04-19.138, P II, no 310
* V. ss nos 0213.31, 0612.25, 0841.33, 1523.12

La compétence attribuée au juge du domicile du débiteur par l'article 211 du décret du 31 juillet 1992 [devenu C. pr. exéc., art. R. 511-2] n'est pas exclusive de l'application de l'article 9, alinéa 2, du même décret [devenu C. pr. exéc., art. R. 121-2], dont les dispositions d'ordre public donnent compétence au juge de l'exécution du lieu d'exécution de la mesure lorsque le débiteur demeure à l'étranger.

1523.03 **Bibliographie indicative[1].**
* V. bibliographie indicative ss no 1521.03.

1523.05 **Généralités.** Le juge de l'exécution (JEX) peut être ou doit être saisi à l'occasion de la distribution de deniers issus d'une mesure d'exécution dans deux situations :

1° En cas de carence de l'agent chargé de la vente, c'est-à-dire lorsqu'il ne respecte pas les délais qui lui sont impartis par les textes régissant son intervention (v. ss no 1522.34). La saisine du juge est alors une simple faculté ouverte aux créanciers et au débiteur (C. pr. exéc., art. R. 251-10) ;

2° Au cas où, alors que le projet de répartition établi par l'agent chargé de la vente a donné lieu à une ou plusieurs contestations, aucun accord n'a pu être trouvé lors de la réunion de conciliation (v. ss no 1522.85). Dans ce cas, la saisine du juge est obligatoire pour l'agent chargé de la vente (C. pr. exéc., art. R. 251-8).

La procédure applicable devant le JEX, sous réserve de dispositions spécifiques qui seraient contenues aux articles R. 251 s. C. pr. exéc., est soumise à la procédure de droit commun devant ce juge (v. ss nos 0215.11 s.). Sur le domaine de la représentation obligatoire par avocat, v. ss no 1521.33.

SECTION 1
CARENCE DE L'AGENT CHARGÉ DE LA DISTRIBUTION

1523.11 **Carence de l'agent répartiteur.** Lorsque l'agent chargé de la vente, et donc d'établir le projet de répartition, ne procède pas aux diligences et actes dont il a la charge, il est possible de se plaindre de sa négligence à l'autorité chargée de la discipline, c'est-à-dire en s'adressant soit à l'organisation professionnelle, soit au procureur de la République. Mais l'action disciplinaire n'aboutira pas à la distribution des deniers ; c'est pourquoi le premier alinéa de l'article R. 251-10 C. pr. exéc. permet à « *tout intéressé* » de saisir le JEX aux fins de répartition, à partir du moment où les délais légaux sont épuisés.

1. Les ouvrages dont le nom des auteurs figure en petites capitales en bibliographie seront cités par le seul nom des auteurs en petites capitales en notes de bas de page.

1523.12 Compétence territoriale. L'article R. 251-10 C. pr. exéc. ne précise pas quel JEX est territorialement compétent pour connaître de la demande et la Cour de cassation ne paraît pas avoir statué sur cette question.

En l'absence de disposition spécifique, il pourrait être considéré que le droit commun de la procédure devant le JEX s'applique, qui prévoit une option entre le lieu du domicile du débiteur et le lieu de l'exécution de la mesure (en l'occurrence, le lieu de la vente, C. pr. exéc., art. R. 121-2). Cependant, il peut être raisonnablement déduit de l'article R. 251-8 que la compétence appartient au juge du lieu de la vente. En effet, selon ce texte, c'est le juge du lieu de la vente qui doit être saisi à la suite d'un désaccord sur le projet établi par l'agent chargé de la vente et l'on comprendrait mal pourquoi la même règle ne s'appliquerait pas lorsque la saisine du JEX est motivée par la carence de celui-ci. En outre, l'article R. 251-11 C. pr. exéc. prévoit, dans tous les cas, la compétence du greffe de ce juge pour opérer la vérification des frais de recouvrement.

Lorsque le débiteur demeure à l'étranger la compétence du juge du lieu de la vente est, en tout état de cause, acquise[1].

1523.13 Modalités de saisine du juge. Le texte ne donne aucune précision sur les modalités de saisine du juge. Dès lors, les dispositions de la procédure ordinaire devant ce juge, figurant aux articles R. 121-11 à R. 121-22 C. pr. exéc., paraissent devoir s'appliquer. Ainsi, il y a lieu de considérer que le juge doit être saisi par assignation (C. pr. exéc., art. R. 121-11), qu'il tient une audience, que la procédure est orale et que le juge peut organiser les échanges entre les parties selon les modalités prévues aux articles R. 212-9 et R. 121-10 C. pr. exéc.

1523.14 Élaboration de l'état de répartition. Aucun texte légal ou réglementaire ne donne de précision sur l'élaboration de cet état. Le juge procédera comme l'agent répartiteur, au vu des justificatifs produits par les créanciers pouvant y participer, commandement de payer, acte d'opposition, etc. et pourra se faire remettre toute autre pièce justificative utile.

Le juge procédera à la vérification des créances et rejettera celles qui ne répondent pas aux conditions posées par les articles L. 221-1 et L. 221-5 C. pr. exéc. en vertu desquels seuls des créanciers saisissants ou opposants, disposant d'un titre exécutoire constatant une créance liquide et exigible, sont admis à faire valoir leurs droits sur le prix de vente, ainsi que les créanciers ayant procédé à une mesure conservatoire sur les biens avant la saisie.

1. Civ. 2e, 9 nov. 2006, no 04-19.138, P II, no 310.

Le juge dressera leur liste dans l'ordre de leur rang éventuel.

SECTION 2 NON-CONCILIATION

1523.21 Saisine du juge en cas de contestation. Selon l'article L. 221-6 C. pr. exéc., à défaut d'accord entre les créanciers, l'agent chargé de la vente saisi le JEX à l'effet de procéder à la répartition du prix.

L'article R. 251-8 C. pr. exéc. précise que l'agent établit alors un procès-verbal exposant les difficultés rencontrées, auquel il joint les pièces nécessaires à la solution du litige puis saisit le JEX du lieu de la vente en lui transmettant le dossier.

Ces dispositions dérogent aux règles de droit commun régissant l'introduction de l'instance devant le JEX. Par conséquent, aucune autre forme n'est exigée pour la saisine du JEX[2], qui sera saisi par la seule réception du dossier.

En revanche, pour le surplus, les règles de la procédure devant le JEX sont applicables à cette procédure, faute de toute autre disposition dérogatoire. Le JEX statuera donc de façon contradictoire, les parties, telles que désignées dans le procès-verbal, devant être entendues ou à tout le moins appelées par le greffe. Celles-ci devront en principe constituer un avocat, sauf le cas où elles en seraient dispensées (v. ss no 1521.33).

1523.22 Consignation des sommes. L'agent chargé de la vente doit immédiatement consigner les fonds à la Caisse des dépôts et consignations (C. pr. exéc., art. L. 221-6).

1523.23 Compétence territoriale. L'article R. 251-8 C. pr. exéc. l'attribue expressément au JEX du lieu de la vente.

1523.24 Établissement de l'état de répartition. Le juge est donc saisi, *d'une part*, d'un projet de répartition, qui, sur certains points, a été contesté, et, *d'autre part*, d'un procès-verbal de difficultés. Celles-ci portent sur les déchéances frappant les productions irrégulières et tardives, la validité, l'exigibilité, et le montant de telle ou telle créance, le droit de préférence revendiqué par les créanciers prétendant être privilégiés, *etc.*

Le juge est-il lié par les points qui n'ont donné lieu à aucune contestation de la part des créanciers ou a-t-il la faculté, voire l'obligation, de réexaminer l'ensemble des créances réparties ? Les textes sont silencieux sur ce point, la pratique des juges de l'exécu-

2. Dans le sens d'une saisine par simple transmission du dossier au juge : PERROT et THÉRY, no 762.

tion est variable et il ne semble pas que la Cour de cassation ait statué sur cette question.

Cependant, dans ce cas, le juge doit exercer la plénitude de son office, conformément au droit[1] et dans les limites ordinaires de la matière litigieuse.

Le JEX dispose de la faculté de décider que les frais occasionnés par la contestation seront provisoirement prélevés sur les fonds ainsi consignés (C. pr. exéc., art. R. 251-8, *in fine*).

SECTION 3

JUGEMENT DE RÉPARTITION ET PAIEMENT DES CRÉANCIERS

1523.31 Jugement de répartition. Bien que le texte ne donne aucune précision sur la forme que prend l'état de répartition, il s'agit d'un jugement, dans les deux cas où le juge procède à la répartition lui-même.

Le JEX, tranchant le principal statue sur les dépens et, le cas échéant, sur les demandes formulées au titre de l'article 700 C. pr. civ.

1523.32 Notification et voies de recours. La notification de la décision a lieu dans les conditions de droit commun de la procédure devant le JEX (v. s^s n° 0215.104).

De la même façon, aucune disposition n'excluant l'existence d'une voie de recours contre cette décision, elle est soumise au régime de droit commun des recours ouverts contre les décisions du JEX (C. pr. exéc., art. R. 121-19 à R. 121-21). Le jugement peut donc, toujours, être frappé d'un appel, dans un délai de quinze jours, lequel court à compter de la notification, sauf si les parties y ont renoncé (v. s^s n°s 0215.111 s.).

Ni le délai d'appel ni l'appel interjeté n'ont d'effet suspensif.

Rappelons qu'en droit commun, les décisions du JEX peuvent donner lieu, en cas d'appel, à une demande de sursis à exécution devant la juridiction du premier président (C. pr. exéc., art. R. 121-22 – v. s^s n° 0222.11). Aucune disposition ne paraît exclure le recours à cette disposition concernant le jugement de répartition.

Depuis l'entrée en vigueur du décret n° 2017-891 du 6 mai 2017[2], l'appel est jugé par la cour d'appel « *selon les règles applicables à la procédure prévue à l'article 905 du Code de procédure civile ou à la procédure à jour fixe* » (C. pr. exéc., art. R. 121-20).

Le jugement étant toujours susceptible d'appel, la voie de l'opposition est fermée.

1523.33 Paiement des créanciers. Dans tous les cas, les créanciers doivent recevoir paiement huit jours au plus tard « *après que la répartition est devenue définitive* ». À partir de l'expiration de ce délai, les sommes dues portent intérêt au taux légal (C. pr. exéc., art. R. 251-10, al. 2).

L'appel du jugement de répartition n'ayant pas d'effet suspensif, on pourrait penser que le paiement doit être fait dans les huit jours de sa notification, puisqu'il a dès ce moment force de chose jugée. Toutefois, la répartition doit être devenue définitive avant que le paiement intervienne. Ainsi, le terme « définitif » ne se rapporte pas au jugement, mais à la répartition elle-même. Or, ainsi qu'il a été exposé (v. s^s n° 1522.71), l'article R. 251-10 alinéas 2 et 3 paraît commun aux différents cas de répartition, englobant en particulier le projet de répartition préparé par l'agent chargé de la vente, cas dans lequel, selon l'article R. 251-5, « *à défaut de contestation dans le délai imparti, le projet devient définitif* ».

Lorsque l'état de répartition a été dressé par le juge à la suite d'une contestation, les fonds ont été consignés à la Caisse des dépôts et consignations, qui paiera les créanciers, en exécution de l'état de répartition.

Lorsque les fonds consignés s'avèrent insuffisants pour régler l'intégralité des créances et ont été répartis au marc l'euro entre les créanciers chirographaires, il leur est bien sûr réservé le droit de poursuivre le recouvrement du restant de leurs créances sur les autres biens de leur débiteur, ce que rappelle parfois le jugement.

1. C'est le sens de la solution retenue par la Cour de cassation en matière de distribution judiciaire de deniers issus d'une saisie immobilière : Civ. 2e, 25 sept. 2014, n° 13-15.597, P II, n° 192.

2. Décr. n° 2017-891, 6 mai 2017, relatif aux exceptions d'incompétence et à l'appel en matière civile, *JO* 10 mai, texte n° 113 applicable aux appels formés à compter du 1er septembre 2017, en vertu de son art. 53, II *bis*, issu de Décr. n° 2017-1227, 2 août 2017, modifiant les modalités d'entrée en vigueur du décret n° 2017-891 du 6 mai 2017 relatif aux exceptions d'incompétence et à l'appel en matière civile, *JO* 4 août, texte 10.

TITRE

153. La distribution des deniers en cas de procédure collective

SECTION 0

ORIENTEUR

153.00 Sommaire du titre.

Division. Après une présentation générale de la distribution de deniers en cas de procédure collective (chap. 1531), sera étudiée la procédure de répartition du produit de la vente (chap. 1532).

153.03 Bibliographie indicative.

Actualisables. *J.-Cl. Pr. coll.*, fasc. 2707, « Liquidation judiciaire – réalisation de l'actif – réalisations immobilières en liquidation judiciaire », août. 2020, mise à jour mai 2022, par P.-M. Le Corre – *J.-Cl. Pr. coll.*, « Liquidation judiciaire – Répartitions », fasc. 2720, juill. 2022, par Ph. Pétel et F. Legrand – *Lamy droit de l'exécution forcée*, 2020, étude 332, par P. Roussel-Galle.

Ouvrage. P.-M. Le Corre, Dalloz action *Droit et pratique des procédures collectives*, 2025/2026, n°s 591.00 s.

CHAPITRE
1531. Présentation générale

Edouard de Leiris
Conseiller à la Cour de cassation

SECTION 0
ORIENTEUR

1531.00 **Sommaire du chapitre.**

Division. Dans le cas d'une procédure collective, doivent être successivement étudiées la vente de l'immeuble (sect. 1), les spécificités de la procédure de distribution (sect. 2), ainsi que certaines dispositions particulières (sect. 3).

1531.01 **Textes applicables.**

• **C. com.,** art. L. 642-18, L. 622-21, R. 622-19, R. 643-3 à R. 643-15.

• **C. pr. exéc.,** art. L. 322-5, L. 322-6, L. 322-9, L. 322-12, R. 321-1, R. 322-10, R. 322-30 à R. 322-48, R. 322-59 à R. 322-72.

• **L. nº 2005-845, 26 juill. 2005,** dite de sauvegarde des entreprises, *JO* 27 juill., p. 12187.

• **Décr. nº 2005-1677, 28 déc. 2005,** pris en application de la loi nº 2005-845 du 26 juillet 2005 de sauvegarde des entreprises, *JO* 29 déc., p. 20324.

• **Ord. nº 2006-461, 21 avr. 2006,** réformant la saisie immobilière, *JO* 22 avr., p. 6072.

• **Décr. nº 2006-936, 27 juill. 2006,** relatif aux procédures de saisie immobilière et de distribution du prix d'un immeuble, *JO* 29 juill., p. 11316.
– mod. par Décr. nº 2009-160, 12 févr. 2009, pris pour l'application de l'ordonnance nº 2008-1345 du 18 décembre 2008, portant réforme du droit des entreprises en difficulté et modifiant les procédures de saisie immobilière et de distribution du prix d'un immeuble, *JO* 13 févr., p. 2596.
– et codifié au Code des procédures civiles d'exécution par Décr. nº 2012-783, 30 mai 2012, relatif à la partie réglementaire du Code des procédures civiles d'exécution, *JO* 31 mai, p. 9375 (*applicable au 1er juin 2012).*

• **Ord. nº 2008-1345, 18 déc. 2008,** portant réforme du droit des entreprises en difficulté, *JO* 19 déc., p. 19462.

• **Décr. nº 2009-160, 12 févr. 2009,** pris pour l'application de l'ordonnance nº 2008-1345 du 18 décembre 2008 portant réforme du droit des entreprises en difficulté et modifiant les procédures de saisie immobilière et de distribution du prix d'un immeuble, *JO* 13 févr., p. 2596.

1531.02 **Jurisprudence de référence.**

> Saisie immobilière. Office du juge de l'exécution. Unicité de la procédure. Postulation.

• **Cass., avis, 16 mai 2008,** nº 08-00.002, P, nº 3
* V. ss nos 0212.81, 1333.141, 1333.350, 1337.43, 1512.21, 1512.23, 1512.42, 1512.74, 1513.12, 1531.12

1º Le juge de l'exécution est tenu de trancher les contestations relatives à la validité des déclarations de créance soulevées au cours de l'audience d'orientation.

2º La saisie immobilière et la distribution du prix constituent les deux phases d'une même procédure.

3º Les déclarations de créance mentionnées aux articles 46 et 47 du décret nº 2006-936 du 27 juillet 2006 [devenus art. R. 322-12 et R. 322-13 C. pr. exéc.] doivent être faites par acte d'un avocat inscrit au barreau du tribunal de grande instance devant lequel la vente est poursuivie, les dispositions de la loi nº 71-1130 du 31 décembre 1971 demeurant en vigueur.

1531.03 **Bibliographie indicative.**
* V. bibliographie indicative ss nº 153.03.

1531.05 **Généralités.** Le jugement constatant la cessation des paiements ou ouvrant une procédure de sauvegarde, qu'il soit rendu par le tribunal de commerce, par le tribunal judiciaire, voire par le tribunal des activités économiques (TAE), expérimenté depuis le 1er janvier 2025, et qu'il intervienne sur la requête du débiteur, d'un créancier ou à l'initiative du procureur de la République, va modifier profondément la situation des créanciers de l'entreprise, qui vont désormais se trouver en présence d'un juge-commissaire et des organes de la procédure collective : administrateur, représentant des créanciers, représentant des salariés.

Lorsque la procédure collective aboutit à une liquidation judiciaire, et à la désignation d'un liquidateur, celui-ci a pour mission de réaliser l'actif de l'entreprise et de procéder à l'apurement du passif, ce qui implique la vente des immeubles et la distribution des deniers provenant de cette vente.

C'est alors que s'applique une procédure spécifique, distincte de celle de la distribution de droit commun.

SECTION 1
VENTE DE L'IMMEUBLE EN CAS DE PROCÉDURE COLLECTIVE

1531.11 **Vente de l'immeuble.** La question de la vente de l'immeuble d'un débiteur à l'égard duquel une procédure collective est ouverte, ou sera ouverte alors que le bien fait l'objet d'une saisie, emporte des conséquences spécifiques au regard de la distribution des sommes issues de cette vente, notamment, en raison de la règle de l'arrêt des poursuites posée à l'article L. 622-21 C. com.[1] En effet, il faut alors articuler les règles propres aux procédures collectives et celles régissant les procédures de distribution et trancher des questions de compétence entre les organes de la procédure collective et ceux de la vente judiciaire.

Ces questions se sont trouvées compliquées par la succession de plusieurs réformes importantes dans ces deux domaines :

– loi du 26 juillet 2005[2] dite de sauvegarde des entreprises ;

– décret du 28 décembre 2005[3] pris pour son application ;

– ordonnance du 21 avril 2006[4] relative à la procédure de saisie immobilière ;

– décret du 27 juillet 2006[5], pris pour son application ;

– ordonnance du 18 décembre 2008[6], portant réforme du droit des entreprises en difficulté ;

– décret du 12 février 2009[7], pris pour son application.

1531.12 **Réforme de la saisie immobilière.** L'ordonnance du 21 avril 2006 a totalement refondu la procédure de saisie immobilière, qui était jusqu'alors régie par les dispositions de l'Ancien Code de procédure civile, issues d'un décret-loi de 1938. La procédure de répartition des deniers, dite « *procédure d'ordre* », était de la compétence du TGI et d'un juge particulier dénommé « *juge aux ordres* ». La procédure telle que réformée en 2006 est placée sous l'égide du juge de l'exécution (JEX) et ses règles ont été codifiées au Code des procédures civiles d'exécution, partie législative (C. pr. exéc., art. L. 311-1 s.) et réglementaire (C. pr. exéc., art. R. 311-1 s.).

L'ordonnance de 2006 a rénové la procédure de répartition des deniers, en supprimant la notion d'ordre pour la remplacer par celle de « *distribution du prix* ». Elle l'a intégrée à la procédure de saisie elle-même, celle-ci étant définie par l'article L. 311-1 C. pr. exéc. comme une procédure qui « *tend à la vente forcée de l'immeuble du débiteur ou, le cas échéant, du tiers détenteur, en vue de la distribution de son prix* »[8]. Par un avis du 16 mai 2008, la Cour de cassation a indiqué que « *la saisie immobilière et la distribution du prix constituent les deux phases d'une même procédure* ». Cet avis a été confirmé par un arrêt de la deuxième chambre civile du 5 mai 2011[9].

La procédure de distribution instituée par la réforme se déroule principalement de façon extrajudiciaire, et repose sur le créancier poursuivant, qui assume la tâche de dresser un état de répartition des deniers et est chargé de parvenir à un accord en cas de contestation. Ce n'est qu'en cas d'échec de ces démarches extrajudiciaires, ou en cas de défaillance du créancier poursuivant, que le JEX pourra être saisi pour qu'il effectue lui-même la répartition. La procédure devant ce magistrat sera alors soumise aux mêmes règles de forme que celles applicables à la phase de saisie, notamment, la représentation par avocat y est obligatoire.

1. Les règles de la liquidation judiciaire ont un caractère d'ordre public et doivent être appliquées d'office : tel est le cas pour le dessaisissement de plein droit de ses biens pour le débiteur : Com. 28 juin 1994, n° 92-14.960, P IV, n° 239 – Com. 30 janv. 2007, n° 04-19.208, P IV, n° 14 – Com. 14 déc. 2010, n° 10-10.792, P IV, n° 201 – Com. 13 nov. 2013, n° 12-28.572, P IV, n° 165 – Com. 1er avr. 2014, n° 13-15.457, NP – Sur l'arrêt des poursuites : Com. 4 mars 2014, nos 13-17.216 et 13-10.534, P IV, n° 43.
2. L. n° 2005-845, 26 juill. 2005, préc.
3. Décr. n° 2005-1677, 28 déc. 2005, pris en application de la loi n° 2005-845 du 26 juillet 2005 de sauvegarde des entreprises, *JO* 29 déc., p. 20324.
4. Ord. n° 2006-461, 21 avr. 2006, réformant la saisie immobilière, *JO* 22 avr., p. 6072.
5. Décr. n° 2006-936, 27 juill. 2006, relatif aux procédures de saisie immobilière et de distribution du prix d'un immeuble, *JO* 29 juill., p. 11316.
6. Ord. n° 2008-1345, 18 déc. 2008, portant réforme du droit des entreprises en difficulté, *JO* 19 déc., p. 19462.
7. Décr. n° 2009-160, 12 févr. 2009, pris pour l'application de l'ordonnance n° 2008-1345 du 18 décembre 2008 portant réforme du droit des entreprises en difficulté et modifiant les procédures de saisie immobilière et de distribution du prix d'un immeuble, *JO* 13 févr., texte 13.
8. Cass., avis, 16 mai 2008, n° 08-00.002, P, n° 3.
9. Civ. 2e, 5 mai 2011, n° 10-14.066, P II, n° 105.

1531.13 **Loi applicable.** En raison de la succession de réformes mentionnées précédemment, la détermination de la loi applicable à la procédure de vente de l'actif des entreprises faisant l'objet d'une procédure collective n'est pas toujours aisée (v. s[s] n° 1411.91).

Il peut être retenu que, pour les **procédures collectives ouvertes après le 1er janvier 2006**[1] à l'égard d'un débiteur dont les biens ont été vendus au terme d'un cahier des charges déposé avant le 1er janvier 2007, la distribution reste soumise à l'ancien régime du décret de 1938 (ACPC, art. 749 s.).

Pour les **ventes ordonnées après le 1er janvier 2007**, en cas de procédure ouverte après le 1er janvier 2006 et donc soumises à la loi de sauvegarde du 26 juillet 2005, la vente sera régie par le décret du 28 décembre 2005 d'application de cette loi, tel que modifié par les articles 154 à 165 du décret du 27 juillet 2006 relatif à la saisie immobilière.

Pour les **procédures collectives ouvertes postérieurement au 15 février 2009**, soumises à l'ordonnance du 18 décembre 2008[2], « *les ventes d'immeubles ont lieu conformément aux articles 2204 à 2212 du Code civil*[3]*, à l'exception des articles 2206 et 2211*[4]*, sous réserve que ces dispositions ne soient pas contraires à celles du présent code* » (C. com., art. L. 642-18, issu de cette ordonnance). Le décret du 12 février 2009[5], pris pour l'application de cette ordonnance a tenté d'articuler au mieux procédure collective et règles de vente sur saisie immobilière.

Ce sont désormais les articles R. 642-27 à R. 642-29-2 C. com., tels que modifiés par le décret du 30 mai 2012[6], pour tenir compte de l'entrée en vigueur du Code des procédures civiles d'exécution, qui régissent les ventes par voie d'adjudication judiciaire. Ces dispositions renvoient à la procédure ordinaire de vente sur saisie immobilière sous réserve des dispositions figurant aux articles R. 642-29-2 C. com.

Le règlement des créanciers est régi par les articles R. 643-3 à R. 643-15 C. com.

1531.14 **Droit international privé.** En matière internationale, il a été jugé que « *la répartition entre les créanciers hypothécaires et privilégiés du produit de la vente judiciaire forcée d'un immeuble relève, en droit international privé commun, de la compétence des juridictions de l'État sur le territoire duquel s'est déroulée l'adjudication, y compris lorsque celle-ci porte sur les actifs immobiliers dépendant d'une procédure collective ouverte à l'étranger* »[7]. En conséquence, même lorsque la loi du pays qui régit la faillite détermine les règles d'admission des créances, c'est la loi du lieu de l'adjudication (c'est-à-dire la loi du lieu de situation de l'immeuble) qui gouverne le rang entre les créanciers.

1531.15 **Procédure de vente du bien en cas de procédure collective.** Pour tout ce qui concerne les manières de procéder à la vente de biens appartenant à un débiteur en liquidation judiciaire, il convient de se reporter au chapitre qui y est consacré, v. s[s] n°s 1412.00 s.

Le poursuivant sera généralement le liquidateur, même lorsque la saisie immobilière avait été engagée avant le jugement d'ouverture. L'article L. 642-18 C. com. prévoit en effet, que lorsque la saisie avait été suspendue par l'effet de l'ouverture de la procédure de sauvegarde, de redressement judiciaire ou de liquidation judiciaire, le liquidateur peut être subrogé dans les droits du créancier saisissant. Mais la procédure peut également être diligentée par certains créanciers. En effet, l'article L. 643-2 C. com. prévoit un droit de poursuite individuel réservé à certains créanciers titulaires d'un privilège spécial, dès lors qu'ils ont déclaré leur créance, si le liquidateur n'a pas entrepris la liquidation des biens grevés dans le délai de trois mois à compter du jugement qui ouvre ou prononce la liquidation.

1531.16 **Principe.** L'article L. 642-18 C. com. pose le principe que les **ventes d'immeubles** ont lieu suivant les formes prescrites en matière de saisie immobilière. Depuis l'ordonnance du 18 décembre 2008, la rédaction de ce texte est plus précise. Il dispose que les ventes d'immeubles doivent avoir lieu conformément aux articles L. 322-5 à L. 322-12 C. pr. exéc. « *à l'exception des articles L. 322-6 et L. 322-9* », lesquels sont écartés, parce qu'ils donnent pouvoir au « *créancier poursuivant* » de fixer la mise à prix, alors qu'en matière de procédure collective, c'est le juge-commissaire qui fixe la mise à prix. L'article R. 642-27 C. com. dispose : « *La vente par voie d'adjudication judiciaire est soumise aux dispositions des titres Ier et II du livre III du Code des procédures civiles d'exécution et*

1. Lorsque les ventes ont été ordonnées avant le 1er janvier 2006, elles sont soumises aux articles 125 à 131 du décret n° 85-1388 du 27 décembre 1985 (relatif au redressement et à la liquidation judiciaire des entreprises, *JO* 29 déc., p. 15281) et aux articles de l'Ancien Code de procédure civile (art. 673 s.).
2. Ord. n° 2008-1345, 18 déc. 2008, préc.
3. Codifiés à C. pr. exéc., art. L. 322-5 à L. 322-13, depuis l'entrée en vigueur de Ord. n° 2011-1895, 19 déc. 2011, relative à la partie législative du Code des procédures civiles d'exécution, *JO* 20 déc., p. 21464, le 1er juill. 2012.
4. Devenus C. pr. exéc., art. L. 322-6 et L. 322-9.
5. Décr. n° 2009-160, 12 févr. 2009, préc.
6. Décr. n° 2012-783, 30 mai 2012, relatif à la partie réglementaire du Code des procédures civiles d'exécution, *JO* 31 mai, p. 9375.
7. Com. 12 mars 2013, n° 11-27.748, P IV, n° 37 – Même solution pour les règles de conflit de lois énoncées à l'article 24 de la Convention sur l'exécution des jugements en matière civile et commerciale, signée à Rome le 3 juin 1930 entre la France et l'Italie : Civ. 1re, 11 juill. 2019, n°s 18-16.277 et 18-14.186, P ; *D.* 2019. 1493 ; *ibid.* 1956, obs. L. d'Avout.

dans la mesure où il n'y est pas dérogé par les dispositions du présent livre ».

Cette règle est d'ordre public.

L'assemblée plénière de la Cour de cassation a censuré une cour d'appel qui, pour déclarer irrecevable la demande en nullité présentée par un adjudicataire, avait énoncé que l'adjudicataire d'un immeuble est irrecevable à critiquer, quels qu'en soient les vices, les opérations préalables à l'adjudication dans laquelle il a enchéri ou surenchéri, alors que la nullité absolue résultant de la violation des formes prescrites par la loi pouvait être invoquée par tout intéressé, sans qu'il fût tenu de justifier d'un grief. La cour d'appel ne pouvait décider que les ordonnances du juge-commissaire, autorisant à la requête du syndic la vente des immeubles aux enchères publiques en l'étude d'un notaire, ont acquis, faute d'opposition ou de tierce opposition, l'autorité de la chose jugée [1].

SECTION 2
PROCÉDURE DE DISTRIBUTION EN CAS DE PROCÉDURE COLLECTIVE

1531.21 Répartition du produit de la vente. Selon l'article L. 642-18 C. com., dans son alinéa 5, « *le liquidateur répartit le produit des ventes et règle l'ordre entre les créanciers, sous réserve des contestations qui sont portées devant le juge de l'exécution* » [2].

Le liquidateur est donc chargé de procéder à la répartition des sommes issues de la vente de l'immeuble du débiteur en procédure collective. En cas de litige concernant cette répartition, en particulier l'ordre entre les créances, le JEX en connaît, de façon exclusive. Avant l'entrée en vigueur de l'ordonnance du 21 avril 2006, ce texte était identique, sous réserve de ce qu'il était prévu que les contestations étaient portées devant le TGI.

Par ailleurs, des questions de frontière se posent entre les attributions du liquidateur et celles des organes de la distribution dans les cas où la procédure de saisie immobilière avait été engagée avant le jugement d'ouverture de la procédure collective et où une procédure de distribution, ou d'ordre, selon la loi applicable, avait été ouverte avant la date de ce jugement.

1531.22 Compétence. Conflit de compétence dans le temps entre juge-commissaire et juge des ordres (ancien régime). Il n'y a aucun conflit de compétence lorsqu'une procédure de saisie immobilière a été engagée avant l'ouverture du redressement ou de la liquidation judiciaire mais que le bien n'a pas été vendu avant ce jugement d'ouverture : le débiteur est dessaisi de ses biens et les poursuites sont arrêtées. Celles-ci peuvent être reprises par le liquidateur judiciaire, qui est subrogé dans les droits du créancier saisissant pour les actes que celui-ci a réalisés, lesquels sont réputés effectués pour le compte du liquidateur. Ce dernier peut continuer la procédure de vente immobilière au stade où elle est parvenue au jour de son intervention et la conduira à son terme.

La difficulté, et donc le conflit éventuel entre juge de la saisie et liquidateur, intervient si l'adjudication a eu lieu ou a été publiée.

En l'état des anciens textes, l'arrêt des poursuites ne visant que les « voies d'exécution », quel sort devait-il être réservé à la procédure d'ordre ?

Il résulte de deux décisions de la Cour de cassation [3] que le juge des ordres, malgré la règle de l'arrêt des poursuites individuelles, demeure compétent soit pour achever le règlement de l'ordre en cours au moment de l'ouverture de la procédure collective, soit même pour procéder à ce règlement en vertu d'une réquisition qui lui serait adressée postérieurement, si le jugement d'adjudication sur saisie a été publié avant le jugement d'ouverture ; le jugement d'adjudication publié avant ce jugement d'ouverture est donc opposable à la procédure collective ; si les bordereaux de collocation n'ont pas été payés à la date d'ouverture de la procédure collective, le juge des ordres doit colloquer les seules créances inscrites qui ont été admises ainsi que celles visées à l'article L. 622-17 C. com. [4].

Cette jurisprudence ancienne a été ultérieurement réaffirmée, mais pour un litige encore soumis à la loi de 1985, dans sa rédaction issue de la loi du 10 juin 1994. Il a été jugé : « *À défaut d'avoir été publié avant le jugement d'ouverture, le jugement d'adjudication est inopposable à la procédure collective et la répartition du prix de vente de la créance relève de la compétence du liquidateur judiciaire* » [5].

Simplifiant cet état du droit, le décret n° 94-910 du 21 octobre 1994 [6] avait prévu que les procédures

1. Cass., ass. plén., 11 mai 1990, n° 89-12.144, P, n° 8 ; *Gaz. Pal.* 1990. Pan. 121 ; *D.* 1990. 533, note J. Prévault.
2. ANC^t^ C. com., art. L. 622-16 (mod. par L. n° 2005-845, 26 juill. 2005, et Ord. n° 2006-461, 21 avr. 2006).
3. Com. 12 juill. 1994, n° 92-14.090, P IV, n° 262 ; *Gaz. Pal.* 1995. Pan. 13 ; *D.* 1994. 569, rapp. J.-P. Rémery, note A. Honorat ; *Defrénois* 1995. 269, note J.-P. Sénéchal – Com. 23 janv. 1996, n° 92-21.642, P IV, n° 25 ; *D.* 1996. 425, note J. Prévault ; *D.* 1996. Somm. 282, note A. Honorat ; *Defrénois* 1996. 940, note J.-P. Sénéchal.
4. ANC^t^ C. com., art. L. 621-32 (mod. par L. n° 2005-845, 26 juill. 2005) – ANC^t^ L. n° 85-98, 25 janv. 1985, relative au redressement et à la liquidation judiciaire des entreprises, art. 40, *JO* 26 janv., p. 1097.
5. Com. 11 févr. 2014, n° 12-19.722, P IV, n° 34.
6. Décr. n° 94-910, 21 oct. 1994, pris pour l'application de la loi n° 94-475 du 10 juin 1994 relative à la prévention et au traitement des difficultés des entreprises, *JO* 22 oct., p. 15019.

d'ordre en cours au jour du jugement d'ouverture étaient interrompues par l'effet de jugement.

1531.23 Compétence. Conflit de compétence dans le temps entre juge-commissaire et juge de l'exécution (nouveau régime). Ces solutions sont encore modifiées sous l'empire de l'ordonnance du 21 avril 2006[1], réformant la saisie immobilière, qui conçoit la distribution comme une phase de la saisie, et de l'ordonnance du 18 décembre 2008[2], portant réforme du droit des entreprises en difficulté, entrée en vigueur le 12 février 2009. Ainsi, le nouvel article L. 622-21, II C. com. dispose : « [Le jugement d'ouverture] *arrête ou interdit également toute procédure d'exécution de la part de ces créanciers* [il s'agit des créanciers dont la créance est née antérieurement au jugement d'ouverture] *tant sur les meubles que sur les immeubles ainsi que toute procédure de distribution n'ayant pas produit un effet attributif avant le jugement d'ouverture* »[3].

L'article R. 622-19 alinéa 1er C. com. (issu de Décr. 28 déc. 2005) prévoit que les procédures de distribution du prix de vente d'un immeuble, en cours au jour du jugement d'ouverture, sont « *caduques* », le JEX étant compétent pour constater cette caducité et pour ordonner, en conséquence, la remise des fonds au liquidateur aux fins de répartition[4]. En revanche, lorsque la procédure de saisie immobilière a pris fin par l'effet de la remise du prix d'adjudication au créancier poursuivant, l'action en restitution des fonds, engagée par le liquidateur judiciaire sur le fondement des articles L. 622-21 et R. 622-19 C. com. ne relève plus de la compétence du JEX, mais exclusivement de celle du tribunal saisi de la procédure collective[5].

Cette solution vaut à la fois pour le redressement judiciaire (C. com., art. R. 631-20) et la liquidation judiciaire (C. com., art. R. 641-23).

L'article R. 622-19 C. com. prévoit que les fonds doivent être remis au mandataire judiciaire ou au liquidateur, le cas échéant par le séquestre qui par cette remise est libéré à l'égard des parties. La procédure doit donc être reprise par le mandataire ou le liquidateur, dès lors que le paiement résultant de l'état de répartition ne sera pas définitif ou irrévocable (en cas de répartition judiciaire).

1531.24 Indivision – Communauté. La situation à laquelle le juge des ordres ou le mandataire liquidateur est confronté est souvent celle des époux communs en bien en raison du régime matrimonial choisi ou d'un bien indivis par décision des époux. Les conditions dans lesquelles pourra se faire la vente d'un bien appartenant à un débiteur faisant l'objet d'une procédure collective, lorsque ce bien est un bien indivis ou de communauté ou lorsque ce bien constitue le logement familial, sont exposées aux nos 1411.100 s.

SECTION 3 Dispositions particulières

1531.31 Textes et droit local des départements du Bas-Rhin, Haut-Rhin, et Moselle. Le titre VII du livre VI du Code de commerce est relatif au redressement et à la liquidation judiciaire des entreprises « Dispositions dérogatoires particulières aux départements du Haut-Rhin, du Bas-Rhin et de la Moselle » (C. com., art. L. 670-1 à L. 670-8[6]). Depuis le 1er janvier 1986, la distribution des deniers dans les trois départements est assujettie au droit commun de la procédure collective[7]. En effet, l'article L. 670-8 C. com. dispose : « *Les dispositions de l'article 1er de la loi no 75-1256 du 27 décembre 1975 relative à certaines ventes de biens immeubles dans les départements du Haut-Rhin, du Bas-Rhin et de la Moselle cessent d'être applicables aux ventes forcées d'immeubles compris dans le patrimoine d'un débiteur ayant fait l'objet d'une procédure de redressement judiciaire ouverte postérieurement au 1er janvier 1986* » et l'article R. 670-4 du même code précise : « *Dans les départements du Bas-Rhin, du Haut-Rhin et de la Moselle, la répartition du produit des ventes et le règlement de l'ordre des créanciers par le liquidateur mentionnés au cinquième alinéa de l'article L. 642-18 sont exclusivement soumis aux dispositions prévues par le présent livre* ».

1531.32 Régimes spéciaux de l'outre-mer. Les collectivités d'outre-mer font l'objet dans le Code de commerce du livre neuvième intitulé « Dispositions relatives à l'outre-mer », qui, *d'une part*, renferme des dispositions d'ordre général, tendant à mettre en concordance le statut des procédures collectives avec les institutions nouvelles conférant aux collectivités d'outre-mer une certaine autonomie et créant une organisation spécifique sur les plans politique, administratif et judiciaire, et, *d'autre part*, confiant le soin d'adapter les réglementations métropolitaines.

En ce qui concerne plus spécialement le livre VI, titre II relatif au « *redressement et à la liquidation*

1. Ord. no 2006-461, 21 avr. 2006, préc.
2. Ord. no 2008-1345, 18 déc. 2008, préc.
3. Pour une application : Com. 8 juin 2010, no 09-68.591, P IV, no 109.
4. Com. 21 oct. 2020, no 19-15.171, P ; *D.* 2020. 2117 ; *ibid.* 2475, chron. S. Barbot.
5. Com. 6 mars 2024, no 22-22.465, B ; *D.* 2024. 1301, obs. A. Leborgne ; *AJDI* 2024. 557, obs. F. Colonna d'Istria.
6. Anct C. com., art. L. 628-1 à L. 628-8 (L. no 2005-845, 26 juill. 2005).
7. Colmar, 14 mai 1996, *JCP* 1997. IV. 1107 – Colmar, 17 févr. 1998, *JCP E* 2000. Pan. 157.

judiciaires des entreprises », les références des textes concernant les « *difficultés d'adaptation* » sont les suivantes :

– Saint-Pierre-et-Miquelon (C. com., art. L. 916-1) ;

– Mayotte (C. com., art. L. 920-1, L. 926-1 à L. 926-7) ;

– Nouvelle Calédonie (C. com., art. L. 930-1, L. 936-1 à L. 936-12) ;

– Polynésie Française (C. com., art. L. 940-1, L. 946-1 à L. 946-13) ;

– Îles Wallis et Futuna (C. com., art. L. 950-1, L. 956-1 à L. 956-9).

CHAPITRE

1532. Procédure de répartition du produit de la vente

EDOUARD DE LEIRIS
CONSEILLER À LA COUR DE CASSATION

SECTION 0
ORIENTEUR

1532.00 **Sommaire du chapitre.**

Division. Après une présentation rapide de la procédure de répartition du produit de la vente (sect. 1), seront présentés les mesures préalables à cette procédure (sect. 2), l'état de collocation (sect. 3), les contestations (sect. 4) puis son règlement définitif et sa clôture (sect. 5).

1532.01 **Textes applicables.**

• **C. com.,** art. L. 622-17, L. 625-8, L. 642-18, L. 643-1 s., L. 643-8, L. 644-3 s., R. 600-1 s., R. 621-21, R. 622-23, R. 643-3 s., R. 644-2 s.

1532.03 **Bibliographie indicative.**

* V. bibliographie indicative ss nº 153.03.

SECTION 1
PRÉSENTATION SYNTHÉTIQUE

1532.11 **Principes.** L'article L. 642-18 alinéa 5 C. com.[1] pose le principe que « *le liquidateur répartit le produit des ventes et règle l'ordre, sous réserve des contestations qui sont portées devant le juge de l'exécution* ».

Rappelons à cet égard :

1º que tous les créanciers participent à l'ordre, du fait que le jugement, qui a ouvert ou prononcé la liquidation judiciaire, a rendu exigible les créances non échues (C. com., art. L. 643-1[2]) ;

2º que les créances exprimées en monnaie étrangère sont converties en euros, suivant les cours du change à la date du jugement ;

3º que le passif est connu, en ce qui concerne les privilèges immobiliers et les hypothèques, par l'état des inscriptions délivré par le service de la publicité foncière ; celui-ci mentionne en effet les références utiles : noms des créanciers, titre de créance, montants dus, intérêts, *etc.*, et permet d'établir, par la collocation, l'ordre de préférence, et le rang respectif des créanciers inscrits (les créanciers chirographaires étant réglés au marc le franc).

Les règles spécifiques de la procédure de répartition sont énoncées en ce qui concerne la liquidation judiciaire aux articles R. 643-3 à R. 643-15 C. com. Elles sont rendues applicables, par renvoi d'article, à la procédure de sauvegarde, par l'article R. 626-36 alinéa 2, et au redressement judiciaire par l'article R. 631-35 (qui renvoie à C. com., art. R. 626-36), lorsqu'une vente d'immeuble a lieu.

1532.12 **Fonds à distribuer – Intérêts.** Le mandataire judiciaire détiendra donc des fonds provenant de la réalisation de l'actif, soit qu'il reprenne la procédure de distribution devenue caduque par l'effet du

1. ANCt C. com., art. L. 622-16 (mod. par L. nº 2005-845, 26 juill. 2005, dite de sauvegarde des entreprises, *JO* 27 juill., p. 12187, et Ord. nº 2006-461, 21 avr. 2006, réformant la saisie immobilière, *JO* 22 avr., p. 6072) – ANCt L. nº 85-98, 25 janv. 1985, relative au redressement et à la liquidation judiciaire des entreprises, art. 154, *JO* 26 janv., p. 1097.

2. Mod. par Ord. nº 2008-1345, 18 déc. 2008, portant réforme du droit des entreprises en difficulté, *JO* 19 déc., p. 19462 – ANCt C. com., art. L. 622-22 (L. 26 juill. 2005) – ANCt L. 25 janv. 1985, art. 160.

jugement d'ouverture, soit que cette procédure fasse suite à la vente du bien immobilier au cours de la procédure collective. En principe, ces fonds sont versés au compte de dépôt que le liquidateur a dû ouvrir à la Caisse des dépôts et consignations (CDC), représentée, dans chaque département par la direction départementale des Finances publiques, sur laquelle seront délivrés les mandats de paiement émis au profit des créanciers.

La CDC verse un intérêt, déterminé annuellement par le gouvernement, qui s'ajoute donc au capital, et qui augmente d'autant la somme à distribuer.

En ce qui concerne les créances, l'article L. 622-28 C. com.[1], dispose que « *le jugement d'ouverture arrête le cours des intérêts légaux et conventionnels, ainsi que de tous intérêts de retard et majorations* », à moins qu'il ne s'agisse « des *intérêts résultant de contrats de prêt conclus pour une durée égale ou supérieure à un an ou de contrats assortis d'un paiement différé d'un an ou plus* ». Le jugement d'ouverture n'arrête pas le cours des intérêts légaux et conventionnels, ainsi que tous les intérêts de retard et majorations, résultant de contrats de prêt conclus pour une durée égale ou supérieure à un an, la déclaration de la créance portant sur les intérêts à échoir, sauf à préciser que, selon l'article R. 622-23, 2° C. com. cette déclaration doit indiquer les modalités de calcul des intérêts dont le cours n'est pas arrêté, cette indication valant alors déclaration pour le montant ultérieurement arrêté, incluant le cas échéant les intérêts majorés[2].

Depuis la loi du 10 juin 1994, les personnes physiques co-obligées, ou ayant consenti une sûreté personnelle, ou ayant affecté ou cédé un bien en garantie, peuvent invoquer les dispositions de cet article. L'ordonnance du 12 mars 2014[3], entrée en vigueur le 1er juillet 2014, a ajouté que « *nonobstant l'article 1154 du Code civil* [devenu C. civ., art. 1343-2], *les intérêts échus de ces créances ne peuvent produire des intérêts* ».

La Cour de cassation a estimé que la règle édictée par l'ancien article 140 du décret du 27 décembre 1985[4] aux termes duquel, dans les trois mois de l'adjudication, l'adjudicataire verse au compte de dépôt ouvert par le liquidateur à la CDC la totalité du prix d'adjudication s'applique à l'exclusion de toute autre règle ; par conséquent, devait être écarté le privilège prévu par l'article L. 443-6 du CCH et de l'article 38 du décret-loi du 28 février 1852 concernant l'affectation du prix d'adjudication de l'immeuble au créancier ayant financé un projet immobilier[5].

1532.13 Formalités préalables à l'établissement des collocations. Dès la publication de la vente, le liquidateur requiert du service de la publicité foncière[6] l'état des inscriptions, conformément à l'article 2443 C. civ., en vue de régler l'ordre entre les créanciers et procéder à la distribution du prix (C. com., art. R. 643-4, al. 1er).

En cas de vente de gré à gré, le liquidateur agit soit d'office, soit est requis par l'acquéreur ou par tout intéressé. Avant de procéder à l'ouverture de l'ordre, il doit vérifier l'accomplissement, par l'acquéreur, du versement du prix à la CDC et des formalités de purge prescrites par les articles 2464 s. C. civ. (C. com., art. R. 643-4, al. 2). En effet, l'état hypothécaire sur publication de la vente peut réserver des surprises au liquidateur et notamment la présence de créanciers inscrits du chef d'un précédent propriétaire et titulaires d'un droit de suite.

1532.14 Créanciers titulaires d'un droit de suite ou d'une créance du chef de l'entrepreneur individuel. Les créanciers titulaires d'un droit de suite sont avertis par le liquidateur par lettre recommandée avec demande d'avis de réception qu'ils ont l'obligation de produire leur créance à la procédure d'ordre dans le délai de deux mois à compter de l'avertissement. Cet avis reproduit les deuxième et troisième alinéas de l'article R. 643-5 C. com., soit la mention des documents à fournir à l'appui de la production et la mention du délai de deux mois pour produire.

La production de ces créanciers, qui doit mentionner la sûreté inscrite sur le bien, doit être accompagnée :

– d'un décompte des sommes dues en principal, intérêts et accessoires ;

– de tous documents justificatifs.

À défaut de production dans le délai mentionné au premier alinéa, la sanction est sévère puisque le créancier est déchu du droit de participer à la distribution (C. com., art. R. 643-5, al. 3).

Ces mêmes règles sont applicables aux créanciers du chef de l'entrepreneur individuel à responsabilité limitée (EIRL), et désormais de l'entrepreneur indi-

1. ANCt C. com., art. L. 621-48 (L. n° 2005-845, 26 juill. 2005) – ANCt L. 25 janv. 1985, art. 55.
2. Com. 7 févr. 2024, n° 22-17.885, B ; *D.* 2024. 261 ; *ibid.* 1691, obs. F.-X. Lucas et P. Cagnoli ; *RTD com.* 2024. 422, obs. A. Martin-Serf.
3. Ord. n° 2014-326, 12 mars 2014, portant réforme de la prévention des difficultés des entreprises et des procédures collectives, *JO* 14 mars, p. 5249.
4. Décr. n° 85-1388, 27 déc. 1985, relatif au redressement et à la liquidation judiciaire des entreprises, *JO* 29 déc., p. 15281.
5. Com. 23 nov. 1999, n° 97-11.578, NP – DÉJÀ EN CE SENS : Com. 3 mai 1994, n° 92-13.099, NP.
6. Depuis l'entrée en vigueur, le 1er janvier 2013, de Ord. n° 2010-638, 10 juin 2010, portant suppression du régime des conservateurs des hypothèques, *JO* 11 juin, p. 10757, les conservateurs des hypothèques ont été remplacés par les services de la publicité foncière.

viduel, sur un bien affecté au patrimoine en cause en garantie d'une créance affectant un autre patrimoine.

1532.15 Établissement des collocations. Le liquidateur judiciaire établira un état de collocation, qui sera déposé au greffe et dont toute personne pourra prendre connaissance (C. com., art. R. 643-6). En l'absence de contestation, le liquidateur dressera un procès-verbal de clôture, qui constatera que l'état de collocation est devenu irrévocable, et qui sera déposé au greffe devant lequel s'est poursuivie la procédure collective.

À la différence de la procédure de droit commun, celle qui est conduite par le liquidateur ne devrait en principe motiver aucune contestation, en ce qui concerne le règlement du passif, du fait que normalement il a déjà été procédé, conformément aux articles L. 624-1 et L. 624-2 C. com.[1], à la vérification et à l'admission des créances, diligentées sous le contrôle du juge-commissaire, au vu de la liste des créances déclarées établie par le représentant des créanciers. Un état des créances vérifiées et admises est en définitive établi, au vu tant des décisions d'admission ou de rejet prises par le juge-commissaire, que de celles rendues sur les recours exercés contre ces décisions (C. com., art. R. 643-6, al. 1er).

Cet état, déposé au greffe, sera donc la base du règlement de l'ordre. Il devra cependant, éventuellement être complété, par la prise en compte :

1° des sommes dues pour frais de justice (frais de poursuite, frais de libération et frais de production), qui bénéficient d'un privilège (C. com., art. R. 643-10 et L. 641-13, II) ;

2° éventuellement, des créances des salariés, assorties, pour partie de leur montant, d'un super-privilège (C. trav., art. L. 3253-2) ;

3° des distributions de deniers, qui ont pu avoir lieu antérieurement, et auxquelles certains créanciers ont pu participer (les sommes perçues par eux seront déduites de leurs collocations).

Il convient de remarquer que la créance due à l'adjudicataire d'un immeuble, née de l'occupation sans droit ni titre de cet immeuble par le débiteur en liquidation judiciaire postérieurement à la signification du jugement d'adjudication, entre dans les prévisions de l'article L. 622-17 C. com., sans que la clause du cahier des conditions de vente mentionnant la présence du débiteur saisi dans les lieux puisse exonérer le vendeur de l'immeuble de son obligation de délivrance et dispenser en conséquence le liquidateur de prendre, de sa propre initiative, les mesures nécessaires à la libération des lieux[2].

1. ANCt C. com., art. L. 621-103 et L. 621-104 (L. n° 2005-845, 26 juill. 2005) – ANCt L. 25 janv. 1985, art. 99 s.
2. Com. 30 avr. 2005, n° 01-11.620, P IV, n° 73.

1532.16 Répartition en cas de liquidation judiciaire simplifiée. Il est dérogé aux règles qui vont être présentées dans le cas de la liquidation judiciaire simplifiée.

En application des articles L. 644-4, R. 644-2 et R. 644-3 C. com. à l'issue de la procédure de vérification et d'admission des créances (laquelle a lieu dans les conditions prévues par l'article L. 644-3), et de la réalisation des biens, le liquidateur fait figurer ses propositions de répartition sur l'état des créances, qui est déposé au greffe et fait l'objet d'une mesure de publicité au *Bulletin officiel des annonces civiles et commerciales (Bodacc)* ainsi que dans un support d'annonces légales. Toutefois, lorsqu'il apparaît que les sommes à répartir ne permettent que le paiement des créances nées régulièrement après le jugement d'ouverture pour les besoins du déroulement de la procédure ou de la période d'observation, ou en contrepartie d'une prestation fournie au débiteur pendant cette période, l'état complété ne fait l'objet que d'un dépôt au greffe, le liquidateur notifiant alors l'état à ces créanciers, par lettre recommandée avec demande d'avis de réception (LRAR) ou par voie électronique selon les modalités suivant lesquelles ils ont déclaré leur créance.

Tout intéressé, à l'exclusion du liquidateur, peut alors en prendre connaissance et, dans le mois suivant la publication de l'avis ou la notification du dépôt, former une réclamation devant le juge-commissaire. Les réclamations du débiteur ne peuvent concerner que les propositions de répartition et celles des créanciers ne peuvent pas être formées contre les décisions du juge-commissaire portées sur l'état des créances auxquelles ils ont été partie. Le juge-commissaire statue sur les contestations par une décision faisant l'objet des mêmes mesures de publicité que celle du dépôt et d'une notification par le greffe aux créanciers intéressés. Ceux-ci peuvent former un recours dans les délais et selon les formes prévus à l'article R. 621-21 C. com., c'est-à-dire par déclaration faite contre récépissé ou adressée par LRAR au greffe du tribunal, dans les dix jours de la communication ou de la notification, le ministère public pouvant également saisir le tribunal par requête motivée, dans les dix jours de la communication qui lui est faite de l'ordonnance.

En l'absence de réclamation, ou une fois celle-ci tranchée, selon le cas, par le juge-commissaire ou le tribunal, le liquidateur procède à la répartition conformément à ses propositions ou à la décision rendue.

SECTION 2
MESURES PRÉALABLES

1532.21 Législation. La législation spécifique se trouve aux articles R. 643-3 et suivants C. com.

Le liquidateur, avant d'établir l'état de collocation, doit prendre ou provoquer certaines mesures préalables, sans lesquelles la distribution des deniers ne pourrait avoir lieu.

1532.22 **Publication de la vente.** La répartition du prix de vente implique que cette vente ait acquis un caractère définitif et irrévocable et soit opposable aux tiers, c'est-à-dire que le jugement d'adjudication ou l'acte de vente ait été publié au service de la publicité foncière. Cette publication, effectuée par l'adjudicataire ou l'acquéreur doit intervenir dans les **deux mois** de leur date ; en cas d'appel, le délai court de l'arrêt confirmatif (C. com., art. R. 643-3). Passé ce délai, l'adjudicataire ou l'acquéreur sera considéré comme refusant de payer, et le liquidateur se trouvera alors admis à remettre le bien en vente, selon la procédure de réitération des enchères (ancienne procédure de « *folle enchère* »).

1532.23 **Consignation du prix dans les trois mois.** Le liquidateur est tenu d'ouvrir, à son nom, pour le compte de l'ordre, un compte de dépôt à la Caisse des dépôts et consignations.

L'adjudicataire doit, dans les **trois mois** de l'adjudication, verser à ce compte « *la totalité du prix de l'adjudication, y compris les intérêts au taux légal, à compter du jour où la vente est devenue définitive, jusqu'au jour du paiement* » puis procéder à la purge des inscriptions (C. com., art. R. 643-3).

Si le règlement n'est pas effectué dans le délai, le liquidateur adresse, par lettre recommandée avec avis de réception, à l'adjudicataire, une mise en demeure, indiquant qu'à défaut de paiement, il sera procédé à une revente de l'immeuble sur réitération des enchères.

Lorsque la vente a eu lieu de gré à gré, l'acquéreur, à moins qu'il n'en soit dispensé par l'accord des créanciers inscrits, fait procéder par le notaire rédacteur de l'acte de vente aux formalités de la purge des hypothèques, lequel notaire remet le prix de vente au liquidateur, dès sa perception, en vue de la consignation des fonds au compte de l'ordre[1].

1532.24 **État des inscriptions hypothécaires.** Le mandataire liquidateur devra lever un état hypothécaire, qui lui permettra de vérifier la situation exacte des inscriptions (C. com., art. R. 643-4) ; celle-ci peut en effet varier en cours de procédure, notamment à la suite de la radiation de créances payées, ou éteintes, par l'effet des inscriptions complémentaires, ou par le non-renouvellement de certaines sûretés.

1. Com. 28 juin 1994, n° 90-14.828, P IV, n° 238 ; *D.* 1994. 477, note A. Honorat ; *Defrénois* 1995. 172, note A. Honorat ; *Defrénois* 1996. 273, note J.-P. Sénéchal.

SECTION 3
ÉTAT DE COLLOCATION

1532.31 **État de collocation.** Le liquidateur, chargé de l'ordre, va dresser un état de collocation, qui constituera un projet de règlement (« *un règlement provisoire* »), qui deviendra le règlement définitif s'il n'est pas contesté par les créanciers auxquels il sera communiqué.

L'expression traditionnelle de « procédure d'ordre » fait référence au classement opéré entre les créances[2].

L'article R. 643-6 C. com. précise que « *le liquidateur dresse l'état de collocation au vu des inscriptions, des créances admises et des créances mentionnées à l'article L. 641-13* »[3]. Il résulte de l'article R. 643-5 C. com. que le créancier d'un propriétaire antérieur qui a régulièrement fait connaître au liquidateur l'existence de son droit de suite participe à la distribution de cette quote-part au même titre que les créanciers de la procédure[4].

Depuis l'entrée en vigueur, le 1er octobre 2021, de l'ordonnance du 15 septembre 2021[5] portant modification du livre VI du Code de commerce, ce classement, dans un premier temps défini temporairement par une ordonnance du 20 mai 2020[6], est fixé par les articles L. 622-17 et L. 643-8 C. com.[7].

L'état de collocation sera établi au vu de :

– l'état des inscriptions obtenu du service de la publicité foncière. Il se peut que l'état des créances ne soit pas conforme aux inscriptions, par exemple lorsque l'admission aura été faite à titre privilégié mais que, au jour de l'établissement de l'état de collocation, le créancier aura vu sa sûreté se périmer ;

– l'état des créances déclarées et admises, conformément aux dispositions de l'article L. 624-2 C. com.[8], sauf à fixer simplement le mode de calcul des intérêts restant à courir du jour du jugement d'ouverture jusqu'au paiement effectif, en vue de la

2. Pour un tableau de classement complet des créances, v. *J.-Cl. Pr. coll.*, « Liquidation judiciaire – Répartitions », fasc. 2720, par Ph. Pétel et F. Legrand.
3. Sous l'empire du décret du 27 décembre 1985, il était mentionné qu'il devait tenir compte de la liste des créances mentionnées à l'article 40 (anc[t] C. com., art. 621-32).
4. Com. 14 juin 2023, n° 21-15.864, B ; *D.* 2023. 1173 ; *RTD civ.* 2023. 694, obs. C. Gijsbers.
5. Ord. n° 2021-1192, 15 sept. 2021, portant réforme du droit des sûretés, *JO* 16 sept., texte 19.
6. Ord. n° 2020-596, 20 mai 2020, portant adaptation des règles relatives aux difficultés des entreprises et des exploitations agricoles aux conséquences de l'épidémie de covid-19, *JO* 21 mai, texte 8, art. 5, IV.
7. Ord. n° 2021-1193, 15 sept. 2021, portant modification du livre VI du Code de commerce, *JO* 16 sept., texte 21, art. 18 et 62.
8. ANC[t] C. com., art. L. 622-17 – ANC[t] L. 25 janv. 1985, art. 101.

fixation ultérieure du montant de la créance d'intérêts. Cette décision vaut admission[1]. Il est de principe en droit des entreprises en difficulté que les décisions d'admission sont irrévocables[2] et ont autorité de la chose jugée[3]. Les créanciers qui n'ont pas déclaré dans le délai de l'article L. 622-24 C. com. ne sont pas admis à la répartition, sauf relevé de forclusion (C. com., art. L. 622-26 [anc^t^art. L. 621-46, qui prévoyait en outre l'extinction des créances non déclarées]) ;

– la liste des créances postérieures impayées, visées à l'article L. 641-13.

Ces dernières créances bénéficient d'un rang privilégié. Cependant, il faut pour cela qu'elles aient été portées à la connaissance du mandataire judiciaire, de l'administrateur, ou du liquidateur au plus tard dans le délai de six mois à compter de la publication du jugement ouvrant ou prononçant la liquidation judiciaire ou, à défaut, dans le délai d'un an à compter de celle du jugement arrêtant le plan de cession (C. com., art. L. 641-13, III).

Parmi ces créances se trouvent les frais de radiation des inscriptions et poursuite de l'ordre (C. com., art. R. 643-10).

Il a été jugé qu'il résulte de l'article L. 641-13, II et III, C. com., dans sa rédaction antérieure à l'ordonnance n° 2008-1345 du 18 décembre 2008[4], que les créances hypothécaires priment les frais de justice postérieurs au jugement d'ouverture de la procédure collective, malgré les termes de l'article L. 643-8 qui dispose que les frais et dépens de la liquidation judiciaire sont distraits du montant de l'actif à distribuer[5]. La doctrine en déduit qu'il faut opérer un distinguo au sein des frais de justice, en réservant le privilège de tout premier rang aux seuls frais liés au bien faisant l'objet de la réalisation[6].

Le même arrêt a décidé que les créances de l'Association pour la gestion du régime de garantie des créances de salaire (AGS) sont légalement réputées être des créances antérieures, sans distinction de date de naissance, et que, lorsqu'elles bénéficient du privilège général des salaires, elles priment les créances hypothécaires, lorsqu'elles viennent sur la distribution du prix d'un immeuble. En application de l'article L. 625-8 C. com., l'AGS est investie, par l'effet de la subrogation dans les droits des salariés, du droit à recevoir un paiement qui, opéré sur les premières rentrées de fonds de la procédure collective et hors le classement des différentes créances sujettes à admission, ne constitue pas un paiement à titre provisionnel opéré sur le fondement de l'article L. 643-3 alinéa 1er de ce code et ne peut ainsi donner lieu à répétition[7].

Il a également été jugé, sous l'empire du droit antérieur à la loi de sauvegarde, que si une créance fait l'objet d'une instance judiciaire devant un juge du fond, le liquidateur ne peut l'inclure dans l'état de collocation tant qu'il n'a pas été statué définitivement sur ce litige, même à titre provisionnel, si le rang de cette créance est susceptible d'affecter l'ordre d'autres créances[8].

Le liquidateur arrêtera l'ordre lorsque les fonds à distribuer seront épuisés. Le dernier créancier pouvant être colloqué ne percevra éventuellement qu'un paiement partiel ; d'autres seront écartés de la collocation, comme ne venant pas en rang utile.

L'état de collocation en fera mention et réservera leurs droits à recouvrer leurs créances sur tous autres éléments du patrimoine de leur débiteur, comme ils aviseront.

Bien entendu, si au contraire il reste un reliquat non distribué, l'état de collocation prévoira sa restitution au débiteur.

Le liquidateur peut tenir une réunion et convoquer les créanciers inscrits, l'adjudicataire ou l'acquéreur : il s'agit d'une réunion de conciliation semblable à celle naguère pratiquée en droit commun par le juge des ordres (C. com., art. R. 643-6). L'article R. 643-15 C. com. prévoit qu'en cas de retour au liquidateur d'une lettre de notification qui n'a pu être remise à son destinataire, il doit procéder par voie de signification. Bien que ce texte ne vise que la « *notification* », il peut être considéré qu'il s'applique également à la convocation à laquelle le liquidateur procédera, le cas échéant pour tenir cette réunion, en vue de l'établissement de l'état de collocation[9].

1532.32 Créanciers chirographaires. Après la collocation des créanciers privilégiés et hypothécaires

1. Com. 26 oct. 1999, n° 96-12.958, P IV, n° 189 ; *Gaz. Pal.* 1999. Somm. 703 ; *Gaz. Pal.* 4 déc. 1999, p. 44 ; *Gaz. Pal.* 6 janv. 2000, p. 15 ; *D.* 2000. AJ 5, obs. V. A.-R. ; *LPA* 7 juin 2000, p. 24, note J.-L. Courtier ; *RJDA* 2000/1, n° 58.
2. Com. 14 oct. 1997, n° 95-15.544, P IV, n° 256 ; *Gaz. Pal.* 1998. Somm. 376 ; *Gaz. Pal.* 27 juin 1998, p. 10, note Massoni ; *D.* 1998. Somm. 96, note A. Honorat – Com. 11 sept. 2013, n° 11-17.201, P IV, n° 161 ; *D.* 2013. 2182 ; *JCP* 2013. 1730, note A.-S. Courdier-Cuisinier ; *RLDA* 2013, n° 86, p. 24, note A. Farache.
3. Com. 12 nov. 1991, n° 89-19.454, P IV, n° 342 ; *Gaz. Pal.* 1992. Pan. 93 ; *D.* 1992. Somm. 183, note A. Honorat.
4. Ord. n° 2008-1345, 18 déc. 2008, portant réforme du droit des entreprises en difficulté, *JO* 19 déc., p. 19462.
5. Com. 11 juin 2014, n° 13-17.997, P IV, n° 103 ; *Dict. perm. diff. entr.*, juill. 2014, p. 12, comm. L.-C. Henry.
6. *J.-Cl. Pr. coll.*, « Liquidation judiciaire – Répartitions », fasc. 2720, par Ph. Pétel et F. Legrand.
7. Com. 17 janv. 2024, n° 22-19.451, B ; *D.* 2024. 1691, obs. F.-X. Lucas ; *ibid.* 1793, obs. J.-J. Ansault ; *RTD civ.* 2024. 112, obs. H. Barbier.
8. Com. 7 févr. 2012, n° 10-25.930, P IV, n° 25.
9. EN CE SENS, P.-M. Le Corre, Dalloz action *Droit et pratique des procédures collectives*, 2021/2022, n° 591.321.

inscrits sur l'état, le solde des deniers à distribuer reviendra aux créanciers chirographaires, qui ont régulièrement produit et dont la créance a été vérifiée et admise. Comme il n'existe aucun droit de préférence entre eux, la répartition s'effectuera au marc l'euro de leurs créances (proportionnellement aux montants des créances), sous le couvert d'une collocation globale du solde disponible.

Le juge-commissaire n'est pas tenu de vérifier les créances chirographaires, lorsqu'il apparaît que les sommes à distribuer seront entièrement absorbées par les frais de justice et les créances privilégiées ou hypothécaires. Cette décision n'empêche pas l'ordre de produire effet quant à l'extinction des créances non déclarées [1], étant rappelé que le jugement d'ouverture rend exigibles toutes les créances du débiteur, même celles non échues, quelle que soit l'origine du terme, légale ou conventionnelle (C. com., art. L. 643-1 [2]).

Il est parfois difficile de distinguer entre créancier chirographaire et créancier privilégié, comme en témoigne un arrêt rendu dans l'affaire suivante : des époux se sont portés cautions hypothécaires du remboursement d'un prêt consenti à une société et ont affecté à cette garantie un immeuble qui a été ultérieurement vendu à la société, elle-même absorbée par une autre société. Cette dernière ayant été mise en redressement judiciaire puis en liquidation judiciaire, la banque a déclaré sa créance à titre chirographaire. Le juge-commissaire ayant ordonné la vente de l'immeuble, l'état de collocation établi par le liquidateur a écarté la banque de la distribution. La banque a contesté l'état de collocation devant le tribunal de grande instance (TGI) en faisant valoir qu'elle bénéficiait d'un droit de suite sur l'immeuble faute d'accomplissement des formalités de purge lors de la première vente intervenue et a demandé à être colloquée au premier rang hypothécaire sur le prix de la distribution. La Cour de cassation a censuré l'arrêt qui, pour rejeter la contestation de la banque de l'état de collocation, retient qu'en application de l'(ancien) article 2167 C. civ. [3], les deux sociétés sont devenues débiteurs hypothécaires de la banque, que l'ancien article L. 621-44 C. com. [4] impose au créancier de préciser, dans sa déclaration de créance, la nature du privilège ou de la sûreté dont sa créance est assortie et que le droit de suite conféré par l'(ancien) article 2166 C. civ. [5] au titulaire d'une hypothèque ne saurait faire échec aux dispositions d'ordre public de l'article L. 621-44 C. com. En statuant ainsi, alors, d'un côté, que la banque était devenue créancier chirographaire de la société, tiers détenteur, du fait de la fusion absorption et, de l'autre, qu'elle exerçait son droit de suite et de préférence sur l'immeuble hypothéqué dont la société tiers détenteur n'était devenue propriétaire que postérieurement à la constitution de l'hypothèque, ce dont il résultait qu'elle devait être colloquée, la cour d'appel a violé les textes susvisés [6].

1532.33 **Dépôt et notification.** Le liquidateur doit déposer l'état de collocation au greffe du tribunal devant lequel s'est déroulée la procédure collective (C. com., art. R. 643-6, al. 1er). Le greffier est dépositaire de l'ordre, dont toute personne peut obtenir communication et avoir connaissance.

Il doit procéder à deux formalités :

1° Il doit publier l'état des collocations par des inscriptions faites au *Bodacc* et dans les journaux d'annonces légales : le greffier avertit les créanciers et l'adjudicataire ou l'acquéreur du dépôt de l'état de collocation par une insertion dans un ou plusieurs supports d'annonces légales et par une insertion au *Bodacc* contenant l'indication du support d'annonces légales dans lequel a été faite la première insertion. Cette publication doit porter mention du délai de recours (C. com., art. R. 643-6, al. 2).

L'exigence de la mention du délai pour former la contestation implique que soit aussi mentionné le point de départ de ce délai ; à défaut de contenir une telle mention, l'avis ne fait pas courir le délai de contestation [7].

2° Sauf dispense donnée par le juge-commissaire, le greffier adresse en outre à chaque créancier colloqué et à chaque créancier inscrit sur l'immeuble, à domicile élu, une copie de l'état de collocation. Cette transmission doit mentionner les modalités du recours ouvert pour le contester (C. com., art. R. 643-6, al. 3). La référence faite par le texte aux **modalités** du recours est plus générale que celle figurant à l'alinéa 2 du même article, susmentionné, relative au **délai** de recours. Il aurait pu en être déduit que, faute de mentionner la forme du recours, le délai ne pouvait courir. Cependant la jurisprudence semble orientée différemment puisque la Cour de cassation a jugé que le délai de contestation à l'encontre de l'état de collocation est unique et qu'il court à compter de l'insertion au *Bodacc* avisant du dépôt de l'état et ne peut varier en fonction des notifications lesquelles ne sont pas obligatoires puisque le juge-commissaire

1. Com. 23 nov. 1999, no 97-16.870, P IV, no 208 ; *JCP E* 2000. IV. 63 ; *D.* 2000. 13, note A. Lienhard.
2. ANC[1] C. com., art. L. 622-22 (L. no 2005-845, 26 juill. 2005).
3. Devenu C. civ., art. 2462 (Ord. no 2006-346, 23 mars 2006).
4. Devenu C. com., art. L. 622-25 (L. no 2005-845, 26 juill. 2005).
5. Devenu C. civ., art. 2461 (Ord. no 2006-461, 21 avr. 2006).
6. Com. 10 mars 2004, no 02-16.474, P IV, no 47 ; *Gaz. Pal.* 2004. 1. Somm. 1401 ; *D.* 2004. AJ 1021 ; *D.* 2004. Somm. 2146, obs. P.-M. Le Corre ; *D.* 2004. Somm. 2710, obs. L. Aynès.
7. Com. 4 oct. 2005, no 04-12.491, P IV, no 202.

peut en dispenser le greffier. Cet arrêt précise par ailleurs, que la décision du juge-commissaire est ici discrétionnaire[1].

Le délai de recours est de trente jours à compter de l'insertion au *Bodacc* avisant du dépôt de l'état de collocation (C. com., art. R. 643-11, al. 1er).

3° L'état de collocation est adressé aux institutions mentionnées à l'article L. 143-11-4 du C. trav., devenu article L. 3253-14 (c'est-à-dire aux AGS), lorsqu'elles en auront fait la demande préalable (C. com., art. R. 643-6 *in fine*).

1532.34 **Absence de contestation – clôture de l'ordre.** En l'absence de contestation, dans le délai de trente jours, le liquidateur établit le règlement définitif (C. com., art. R. 643-7, al. 1er). Il dispose pour ce faire d'un délai de quinze jours courant de l'expiration du délai pour former contestation.

Il doit déposer le procès-verbal de clôture de l'ordre au greffe du tribunal devant lequel s'est déroulée la procédure de liquidation judiciaire. À compter de ce dépôt, la collocation des créanciers est définitivement arrêtée en capital et intérêts. Toutefois, les intérêts de la somme ainsi liquidée continuent de courir au bénéfice des créanciers au taux servi par la CDC (C. com., art. R. 643-7, al. 2).

La procédure est ensuite soumise aux articles R. 643-7 à R. 643-10 C. com., qui sera décrite plus loin (v. ss nos 1532.51 s.), le règlement définitif de l'ordre étant soumis à la même procédure qu'il intervienne après jugement de contestation ou en l'absence de contestation.

SECTION 4
CONTESTATIONS

1532.41 **Principe.** La possibilité de former des contestations à l'état de répartition effectué par le liquidateur est prévue à l'article L. 642-18 C. com., qui dispose, depuis l'entrée en vigueur de la réforme de la procédure de saisie immobilière, que celles-ci sont portées devant le juge de l'exécution (JEX).

Le régime de ces contestations est fixé par l'article R. 643-11 C. com.

1532.42 **Formalisme de la contestation.** Aux termes de l'article R. 643-11 C. com., les contestations doivent être formées dans le délai de trente jours à compter de la publication au *Bodacc* de l'avis de dépôt de l'état de collocation (v. ss n° 1532.33).

Les conditions de forme sont :

1° Une requête remise au greffe du JEX du tribunal judiciaire (TJ) dans le ressort duquel s'est déroulée la procédure collective. Ce juge est le juge de droit commun des difficultés de distribution des deniers, faisant suite à une mesure d'exécution. Il s'agit d'une compétence exclusive[2].

2° Comme toute requête, en l'absence de disposition particulière, celle-ci comporte les mentions exigées à peine de nullité par l'article 57 C. pr. civ.

Elle est, en outre, établie par un avocat, lequel doit être admis à postuler devant le tribunal judiciaire compétent (v. ss n° 1532.45) ; conformément au droit commun de la procédure civile, l'irrespect de cette exigence constitue une irrégularité pour vice de fond, qui n'entraîne l'annulation de la requête qu'en l'absence de couverture avant que le juge ne statue sur l'affaire ; cette couverture résulte notamment de la prise de conclusions par un avocat apte à postuler ; en application des articles 2241 et 2242 C. civ., la requête, qui équivaut à une demande en justice, interrompt le délai de contestation, pendant la durée de l'instance[3].

3° Une dénonciation de la contestation, dans les dix jours qui suivent, par acte de commissaire de justice, « *aux créanciers en cause* » et au liquidateur judiciaire. Cette dénonciation est prévue à peine d'irrecevabilité de la contestation.

Les « *créanciers en cause* », visés par le texte, sont bien évidemment le créancier dont la créance est contestée, mais aussi, selon un arrêt de la Cour de cassation du 16 septembre 2008, les créanciers qui lui sont postérieurs[4], à l'exclusion donc des créanciers d'un meilleur rang, dont les droits ne sont pas susceptibles d'être affectés par la contestation[5].

La dénonciation doit mentionner qu'un délai de quinze jours leur est imparti pour constituer avocat (C. com., art. R. 643-11, al. 2).

1532.43 **Qui peut contester ?** Le texte n'indique pas qui peut former une contestation. On peut supposer que toute personne justifiant d'un intérêt pourra le faire. Il s'agira bien sûr des créanciers colloqués, mais aussi ceux qui ne l'auraient pas été.

S'agissant du débiteur lui-même, il a été jugé que la règle du dessaisissement lui interdisait de faire appel seul du jugement portant attribution des som-

1. Com. 13 févr. 2007, n° 05-17.794, P IV, n° 35.

2. RAPPR. Com. 11 déc. 2007, n° 06-12.921, NP, retenant, sous l'empire de la législation antérieure à l'ordonnance du 21 avril 2006 réformant la procédure de saisie immobilière, que le juge-commissaire ne commettait aucun excès de pouvoir en jugeant que les contestations relatives à la répartition du prix de cession ressortissaient à la compétence exclusive du juge des ordres.
3. Com. 17 oct. 2018, n° 17-17.331, NP.
4. Com. 16 sept. 2008, n° 07-13.135, P IV, n° 153. Cette décision rendue sous l'empire de la législation antérieure à la loi de sauvegarde devrait être maintenue avec l'application des réformes ultérieures, celles-ci n'ayant pas fondamentalement modifié le régime de cette dénonciation.
5. Com. 25 sept. 2019, n° 17-17.211, NP.

mes issues de la vente d'un bien immobilier. La Cour de cassation a retenu « *qu'aucun droit propre faisant échec au dessaisissement n'autorise le débiteur en liquidation à contester seul l'attribution à un créancier du prix de l'adjudication d'un immeuble* »[1]. Il paraît pouvoir en être déduit que le débiteur ne pourrait pas davantage contester l'état de collocation dressé par le liquidateur[2].

1532.44 **Paiement et ordre partiels.** Malgré l'existence d'une contestation, l'article R. 643-12 C. com. permet au liquidateur de régler l'ordre et de délivrer les titres de paiement. Ce pouvoir paraît discrétionnaire. On doit considérer que le liquidateur n'y procédera qu'au cas où la contestation ne remet pas en cause les créances admises qui sont antérieures à celles qui font l'objet du litige et dont le paiement est en conséquence possible, leur admission étant irrévocable.

Le texte permet même le règlement des créances postérieures, pour autant que soit réservée une somme suffisante pour les créances contestées.

1532.45 **Jugement des contestations.** L'article R. 643-11 alinéa 3 C. com., depuis sa rédaction issue du décret du 30 mai 2012[3], qui tient compte de l'entrée en vigueur du Code des procédures civiles d'exécution dispose : « *Il est statué sur les contestations selon la procédure applicable devant le juge de l'exécution. Les articles R. 311-4, R. 311-6 premier alinéa et R. 311-7 du Code des procédures civiles d'exécution sont applicables* ».

Avant l'entrée en vigueur de la réforme de la saisie immobilière, la procédure se déroulait, à peu de chose près, comme en matière d'ordre judiciaire, référence étant faite aux articles 761 à 764 et 768 ACPC. Le jugement des contestations est maintenant soumis aux règles régissant la procédure devant le JEX.

Le renvoi au Code des procédures civiles d'exécution emporte les conséquences suivantes :

1° La représentation par avocat est obligatoire.

L'article R. 643-11 précise, du reste, que la dénonciation de la contestation doit avertir leur destinataire de ce qu'ils doivent constituer avocat dans le délai de quinze jours à compter de celle-ci.

2° Les prétentions et moyens des parties pendant le cours de la procédure sont formulés par le dépôt de conclusions signées d'un avocat (C. pr. exéc., art. R. 311-6, al. 1er).

3° Le jugement est susceptible d'appel dans le délai de quinze jours suivant la notification qui en est faite. Selon l'article R. 311-7 alinéa 2 C. pr. exéc., la notification des décisions est faite par voie de signification. L'appel est jugé selon la procédure à bref délai, laquelle est prévue aux articles 906 à 906-5 C. pr. civ. L'opposition est exclue (C. pr. exéc., art. R. 311-7).

De même qu'avant la réforme, l'application des règles de l'ancien Code de procédure civile était impérative[4], celles du Code des procédures civiles d'exécution le sont[5].

Si, sous le régime antérieur à la réforme de la procédure de saisie immobilière, la communication de la procédure au ministère public était d'ordre public[6] (ACPC, art. 762), cette obligation n'est plus expressément posée depuis l'entrée en vigueur de l'ordonnance du 21 avril 2006, le 1er janvier 2007.

1532.46 **Nature des litiges.** En théorie, les contestations formées contre l'état de collocation dressé par le liquidateur de la procédure collective ne peuvent porter que sur le montant de la somme à distribuer, l'ordre de préférence entre créanciers et le montant des collocations.

En pratique, la plupart des litiges concernent le montant des émoluments du liquidateur. Il arrive en effet que ces honoraires ne soient pas encore taxés lors de l'établissement de l'état de collocation. D'où un contentieux, qui se résout habituellement par la production par le liquidateur, en cours de procédure, de la taxe. L'enjeu est d'importance puisque la créance du liquidateur au titre de ses honoraires et émoluments bénéficie d'un rang privilégié (v. ss n° 1532.55).

Plus rares sont les conflits en matière de classement des privilèges mais des difficultés spécifiques demeurent.

Le contentieux sur les sommes allouées aux différents créanciers dans l'état de collocation est plus rare encore ; en effet, ainsi que nous l'avons précédemment indiqué, le liquidateur doit attribuer à chaque créancier la somme retenue par le juge-commissaire dans l'état des créances qu'il dresse. Quant au *quantum*, les jeux sont faits, ou presque, et les seules contestations qui demeurent concernent les intérêts.

1. Com. 13 nov. 2013, n° 13-11.921 et 12-28.572, P IV, n° 165 ; *D.* 2013. 2692 ; *RJDA* 2014. 52 ; *JCP E* 2014. 1001, p. 35, obs. C. Lebel ; *Procédures* 2014, n° 14, p. 19, obs. B. Rolland ; *Gaz. Pal.* 2014, n° 12-14, p. 25, obs. D. Voinot ; *RLDA* 2014, n° 89, actu. 4917, p. 24, obs. A. Farache.
2. Pour un avis contraire, *J.-Cl. Pr. coll.*, fasc. 2707, « Liquidation judiciaire – réalisation de l'actif – réalisations immobilières en liquidation judiciaire », n° 103, par P.-M. Le Corre.
3. Décr. n° 2012-783, 30 mai 2012, relatif à la partie réglementaire du code des procédures civiles d'exécution, JO 31 mai, texte 1.
4. Civ. 2e, 1er oct. 2009, n° 08-20.075, NP.
5. Pour un contentieux relatif à l'application des dispositions propres à la Polynésie française : Com. 31 mars 1998, n° 95-18.008, P IV, n° 120 ; *Gaz. Pal.* 1998. Pan. 155 ; *D.* 1998. Somm. 327, note A. Honorat ; *D.* 1998. Somm. 382, note S. Piedelièvre ; *JCP* 1998. 10105, rapp. J.-P. Rémery.
6. Com. 30 mars 2005, n° 03-19.029, P IV, n° 74.

Le classement des créanciers est donc l'essentiel, surtout en matière de procédure collective où le distinguo entre créance antérieure et créance postérieure au jugement d'ouverture est central[1].

SECTION 5

RÈGLEMENT DÉFINITIF – CLÔTURE

1532.51 **Introduction.** Après le jugement des contestations, le liquidateur procède comme il l'aurait fait en l'absence de contestation : il dresse un procès-verbal de clôture de l'ordre, portant répartition des sommes à distribuer ; il paie les créanciers colloqués selon l'ordre y figurant et fait radier les inscriptions prises sur le bien.

1532.52 **Le procès-verbal de clôture.** Lorsque le jugement qui a tranché les contestations n'est pas frappé d'appel, le liquidateur règle définitivement l'ordre des créances contestées et des créances postérieures dans le délai de huit jours de l'expiration du délai d'appel, en dressant le procès-verbal de clôture. Si un appel a été interjeté, il doit le faire dans les huit jours de la signification de l'arrêt statuant sur ce recours. Bien entendu, le liquidateur doit tenir compte des décisions prononcées sur les contestations. Ces délais ne sont pas assortis de sanctions (C. com., art. R. 643-13).

Le liquidateur dépose ce procès-verbal au greffe du tribunal devant lequel se déroule la procédure de liquidation judiciaire.

À compter de ce dépôt, la collocation des créanciers est définitivement arrêtée en capital et intérêts. Toutefois, les intérêts de la somme ainsi liquidée continuent de courir au bénéfice des créanciers au taux servi par la CDC (C. com., art. R. 643-7, al. 2).

Il est prévu qu'en cas d'adjudication sur réitération des enchères intervenant dans le cours de l'ordre et même après le règlement définitif, le liquidateur doit également modifier l'état de collocation, le montant des sommes dues aux créanciers inscrits au procès-verbal de l'ordre suivant les résultats de l'adjudication et effectuer les paiements correspondants (C. com., art. R. 643-14).

1532.53 **Nature du procès-verbal.** Il s'agit d'un procès-verbal de clôture, qui ne tranche aucun litige, et qui, en conséquence, n'a pas un caractère juridictionnel et n'est pas susceptible de voies de recours.

Son contenu, outre les indications habituelles, l'identification des parties, et le résumé de la procédure, comprend essentiellement :

1° l'état de collocation, tel qu'il a été communiqué aux créanciers ;

2° la mention que la publicité requise a bien été effectuée, que les avis ont effectivement été adressés aux créanciers, et qu'aucune contestation n'a été formulée ou bien que les contestations ont été jugées par un jugement dont les références et la teneur est rappelée ;

3° la clôture de l'ordre.

Le procès-verbal de clôture de l'ordre portant règlement définitif de la distribution du prix d'adjudication ou du prix de vente ne doit pas être confondu avec la clôture de la liquidation judiciaire, dont il ne constitue qu'un élément.

1532.54 **Paiement.** Le liquidateur paie les créanciers pour le montant fixé à l'état de collocation, par chèque tiré sur le compte de la CDC où sont consignés les fonds ; il a soin de se faire remettre une quittance, qui établira le paiement ; elle est nécessaire pour obtenir la radiation des inscriptions au service de la publicité foncière.

Que se passe-t-il si le liquidateur règle un créancier par erreur, lui attribuant un rang de préférence indu, au détriment d'un autre, qui le prime (par ex., le bénéficiaire du prêteur de deniers) ? Il était jugé que le créancier ainsi payé par erreur n'ayant rien reçu de plus que ce que lui devait son débiteur, le liquidateur ne pouvait obtenir la restitution de ce qu'il lui avait payé à tort, en exerçant l'action en répétition de l'indu[2]. Cette solution était la reprise d'un arrêt plus ancien : le paiement fait par erreur par une personne qui n'est pas la débitrice n'ouvre pas droit à répétition lorsque *l'accipiens* n'a reçu que ce que lui devait son débiteur et que le *solvens* a à se reprocher d'avoir payé sans prendre les précautions commandées par la prudence, ce qui est le cas lorsque le syndic a versé des fonds provenant de la vente d'un immeuble d'un débiteur en liquidation des biens à un créancier, sans prendre la précaution de respecter l'ordre des privilèges fixé par la loi[3]. Se fondant sur le principe de l'égalité des créanciers chirographaires, la jurisprudence permettait en revanche l'action en répétition de l'indu contre le chirogra-

1. Com. 17 janv. 1995, n° 92-16.941, P IV, n° 16 ; *Gaz. Pal.* 1995. Pan. 251 ; *D.* 1995. Somm. 216, note A. Honorato– V. ÉGAL. Com. 18 juin 2013, n° 12-14.493, P IV, n° 106 – Com. 7 oct. 2020, n° 19-12.996, P.

2. Com. 30 oct. 2000, n° 98-10.688, P IV, n° 169 ; *D.* 2000. AJ 430, obs. P. Pisoni ; *D.* 2001. 1527, note S. Pierre ; *D.* 2001. Somm. 620, obs. A. Honorat ; *D.* 2001. 1612, obs. V. Brémond ; *JCP* 2001. I. 298, n° 7, obs. M. Cabrillac ; *JCP* 2001. 315, n° 20, obs. Ph. Delebecque ; *Defrénois* 2001. 364, obs. J.-P. Sénéchal ; *RTD civ.* 2001. 142, obs. J. Mestre et B. Fages.

3. Com. 26 nov. 1985, n° 84-16.893, P IV, n° 281 ; *D.* 1986. IR 240, note A. Honorat.

phaire qui a reçu plus que sa part, même s'il n'a pas reçu plus que le montant de sa créance admise[1].

Cependant, depuis l'ordonnance du 12 mars 2014[2] relative à la prévention des difficultés des entreprises, qui s'applique aux procédures ouvertes à compter du 1er juillet 2014, l'article L. 643-7-1 C. com. dispose : « *Le créancier qui a reçu un paiement en violation de la règle de l'égalité des créanciers chirographaires ou par suite d'une erreur sur l'ordre des privilèges doit restituer les sommes ainsi versées* ». Il en résulte que, lorsqu'un paiement à un créancier privilégié a été effectué à la suite de l'omission sur l'état de collocation d'un créancier de meilleur rang, le liquidateur peut agir en restitution des sommes versées au créancier qui a reçu ce paiement, sans que puisse être opposée l'absence de contestation de l'état de collocation dans le délai d'un mois de la publicité de son dépôt[3].

En cas d'erreur dans l'établissement de l'ordre, la responsabilité du liquidateur peut être recherchée, mais comme pour toute action en responsabilité, la preuve d'un préjudice en lien avec le fait dommageable doit être établie[4].

1532.55 **Frais.** Les frais de radiation et de poursuite sont fixés par le liquidateur auquel ils sont versés et qui les insère dans l'ordre selon les règles prévues à l'article L. 641-13 C. com. (C. com., art. R. 643-10).

Il règle, à chaque créancier colloqué, en même temps que le principal et les intérêts, les frais de productions et de justice, qu'il liquide, et dont la distraction est le cas échéant admise au profit de l'avocat constitué (C. com., art. R. 643-10).

Le rang des frais de justice dans la collocation a évolué au fil des réformes.

Il avait été jugé que la créance d'émolument du mandataire liquidateur primait les créances hypothécaires antérieures, non en vertu du privilège dont bénéficient les frais de justice, mais en vertu de l'article L. 622-17 C. com.[5], comme née postérieurement au jugement d'ouverture[6] (le texte mentionnait alors que les frais de justice venaient en deuxième rang).

Cependant, il a ensuite été jugé qu'en cas de liquidation judiciaire, il résultait de l'article L. 621-32, II et III, C. com. dans sa rédaction antérieure à la loi de 2005, que les créances de frais de justice postérieurs au jugement d'ouverture étaient primées par les créances hypothécaires antérieures[7].

Avant l'entrée en vigueur de l'ordonnance de décembre 2008, la Cour de cassation avait jugé qu'il résultait de l'article L. 641-13, II et III, C. com.[8], dans sa rédaction antérieure à cette ordonnance, que les créances hypothécaires primaient les frais de justice postérieurs au jugement d'ouverture de la procédure collective[9]. À la suite des modifications apportées à l'article L. 641-13 C. com. par l'ordonnance de décembre 2008, il était considéré que ces frais de justice nés postérieurement au jugement d'ouverture venaient en tout premier rang, pour ce qui était des frais liés au bien réalisé, et juste après le super privilège mais avant les créances hypothécaires, pour les autres frais[10].

Ainsi qu'il a été exposé, depuis l'entrée en vigueur, le 1er octobre 2021, de l'ordonnance du 15 septembre 2021, le rang de la créance correspondant à des frais de justice nés régulièrement après le jugement d'ouverture pour les besoins du déroulement de la procédure est établi par la loi. *D'abord*, l'article L. 622-17 C. com., dans sa rédaction issue de cette ordonnance, prévoit que ces frais de justice priment les créances nées régulièrement après le jugement d'ouverture pour les besoins du déroulement de la procédure ou de la période d'observation ou en contrepartie d'une prestation fournie au débiteur pendant cette période et qui n'auraient pas été réglées à leur échéance, sauf exceptions limitativement énumérées[11]. *Ensuite*, l'article L. 643-8, dans cette même rédaction, place ces mêmes frais en 3e rang, précédés uniquement par les subsides prévus à l'article L. 631-11 C. com. et restés impayés (1er rang) et les créances garanties par le privilège établi aux articles L. 3253-2, L. 3253-4 et L. 7313-8 C. trav. (2e rang).

1532.56 **Procédure de radiation des inscriptions.** Le liquidateur doit déposer le procès-verbal de clôture au service de la publicité foncière pour obtenir la radiation des inscriptions.

Normalement, en payant les créanciers inscrits, il doit se faire remettre par eux des quittances donnant

1. Com. 11 févr. 2004, no 02-17.520, P IV, no 27 ; *RTD com.* 2005. 165, note A. Martin-Serf – Com. 12 mai 2009, no 08-11.421, P IV, no 68.
2. Ord. no 2014-326, 12 mars 2014, préc.
3. Com. 4 oct. 2023, no 22-15.456, B ; *D.* 2023. 1797 ; *RTD civ.* 2023. 942, obs. C. Gijsbers ; *RTD com.* 2024. 163, obs. A. Martin-Serf.
4. Com. 30 oct. 2007, no 06-17.595, NP.
5. ANCt C. com., art. L. 631-32 (L. no 2005-845, 26 juill. 2005).
6. Com. 31 mars 1998, no 95-18.008, P IV, no 120 ; *Gaz. Pal.* 1998. Pan. 155 ; *D.* 1998. Somm. 327, note A. Honorat ; *D.* 1998. Somm. 382, note S. Piedelièvre ; *JCP* 1998. 10105, rapp. J.-P. Rémery.
7. Com. 21 sept. 2010, no 09-68.604, P IV, no 139.
8. ANCt C. com., art. L. 621-32.
9. V. ÉGAL., Com. 11 juin 2014, no 13-17.997, P IV, no 103 (préc., v. ss no 1532.31).
10. Pour un examen approfondi de la question, V. P.-M. Le Corre, Dalloz action *Droit et pratique des procédures collectives*, 2021/2022, no 456.584.
11. Com. 6 mars 2024, no 22-23.993, B ; *D.* 2024. 476 ; *RTD com.* 2024. 427, obs. A. Martin-Serf.

mainlevée de leurs inscriptions et faire procéder à la radiation de celles-ci sans autre formalité.

L'article R. 643-8 C. com. prévoit que, dans le cas où les mainlevées n'ont pas été délivrées, le JEX doit être saisi.

Que la procédure collective ait été prononcée par le tribunal judiciaire ou le tribunal de commerce, le contentieux des radiations relève toujours du JEX (qui a remplacé le juge des ordres depuis le 1er janvier 2007). C'est le JEX du TJ devant lequel a lieu la procédure de liquidation judiciaire ou dans le ressort duquel cette procédure d'adjudication s'est déroulée qui est compétent.

Lorsque le liquidateur saisit le juge, il joint à sa demande **1°** l'état des inscriptions hypothécaires, **2°** l'état de collocation, **3°** le procès-verbal de clôture lorsqu'il a été établi, **4°** la justification du paiement par l'adjudicataire des frais taxés de la vente.

Lorsque l'adjudicataire saisit le JEX, il joint à sa demande un état des inscriptions, la justification de l'accomplissement des formalités de purge ou l'obtention de l'accord des créanciers inscrits pour l'en dispenser et la justification du paiement des frais préalables de vente.

La forme selon laquelle le JEX est saisi n'est pas précisée par le texte, mais la rédaction de l'article R. 643-8 suggère une saisine par requête. Du reste, avant de statuer le JEX doit informer de sa saisine les créanciers inscrits qui n'ont pas donné mainlevée. Le greffier les avise par lettre recommandée avec demande d'avis de réception. Ils disposent alors d'un délai de trente jours pour faire opposition, soit par déclaration au greffe, soit par lettre recommandée avec demande d'avis de réception (C. com., art. R. 643-8, al. 3).

S'il y a lieu, le juge tranche les éventuelles contestations et ordonne la radiation des inscriptions.

Cette saisine n'est obligatoire qu'en raison de l'exigence d'un acte authentique nécessaire pour les opérations à effectuer au service de la publicité foncière. La radiation pourra donc être effectuée sans formalité, si le liquidateur détient une quittance, ou autre acte authentique ayant valeur libératoire.

La décision du juge, saisi aux fins de radiation, comporte :

1° la constatation que la somme à distribuer a été consignée par l'adjudicataire, ou pour son compte, le libérant ainsi de son obligation de paiement du prix ;

2° en ce qui concerne les créanciers inscrits qui n'ont pas produit dans les délais impartis à la procédure collective de vérification et d'admission des créances, la mention qu'étant déchus de leurs droits, ils sont écartés de la distribution et qu'en conséquence leurs inscriptions sont radiées ;

3° en ce qui concerne les créanciers colloqués qui ont été payés, intégralement, la constatation de l'extinction de leurs créances et la radiation des inscriptions, désormais sans objet ;

4° en ce qui concerne les créanciers qui n'ont été que partiellement payés, en raison de l'insuffisance des fonds disponibles, due au paiement de créanciers prioritaires dans l'ordre de préférence, la constatation du paiement partiel, avec réserve des droits du créancier à recouvrer le solde de sa créance sur les autres éléments du patrimoine du débiteur, à ses risques et périls, et la radiation de l'inscription ;

5° en ce qui concerne les créanciers privilégiés ou hypothécaires, qui n'ont pu être ni colloqués ni payés, en raison de l'épuisement des sommes à distribuer, le juge prononcera la radiation de leurs inscriptions, en leur réservant la faculté de recouvrer leurs créances sur les autres biens de leur débiteur, s'il en existe, comme ils aviseront ; en effet, la disparition de la garantie de paiement constituée par l'hypothèque n'entraîne pas la disparition de la créance ; mais le créancier sera désormais en concours avec les chirographaires, dans le cadre d'une répartition au marc l'euro d'une éventuelle distribution de deniers par le liquidateur.

Une fois la décision rendue, le liquidateur fera radier les inscriptions en transmettant au service de la publicité foncière une expédition de procès-verbal de clôture, en y annexant les pièces justificatives (l'ordonnance du JEX prononçant la radiation ou l'acte par lequel les créanciers inscrits donnent mainlevée, v. C. com., art. R. 643-9).

TITRE

154. La distribution des deniers ne provenant pas d'une procédure d'exécution

SECTION 0

ORIENTEUR

Division. Seront présentés la procédure de distribution des deniers ne provenant pas d'une mesure d'exécution (chap. 1541), son déroulement (chap. 1542) et la distribution effectuée par le tribunal (chap. 1543).

154.00 Sommaire du titre.

CHAPITRE

1541. Présentation de la procédure de distribution de deniers

EDOUARD DE LEIRIS
CONSEILLER À LA COUR DE CASSATION

SECTION 0
ORIENTEUR

1541.00 **Sommaire du chapitre.**

Division. Après un bref rappel historique (sect. 1), seront présentés les caractères (sect. 2) et le domaine d'application (sect. 3) de la procédure de distribution des deniers.

1541.01 **Textes applicables.**

• **C. pr. civ.**, art. 1281-1 à 1281-12.

• **C. pr. exéc.**, art. R. 331-3.

• **Décr. n° 96-740, 14 août 1996,** instituant une procédure des deniers en dehors de toute procédure d'exécution et modifiant le Code de l'organisation judiciaire et le Nouveau Code de procédure civile, *JO* 23 août 1996, p. 12679.

• **Décr. n° 2006-936, 27 juill. 2006,** relatif aux procédures de saisie immobilière et de distribution du prix d'un immeuble, art. 111, *JO* 29 juill., p. 11316.

– mod. par **Décr. n° 2009-160, 12 févr. 2009,** pris pour l'application de l'ordonnance n° 2008-1345 du 18 décembre 2008, portant réforme du droit des entreprises en difficulté et modifiant les procédures de saisie immobilière et de distribution du prix d'un immeuble, *JO* 13 févr., p. 2596 ;

– et codifié au Code des procédures civiles d'exécution par **Décr. n° 2012-783, 30 mai 2012,** relatif à la partie réglementaire du Code des procédures civiles d'exécution, *JO* 31 mai, p. 9375 (*applicable au 1er juin 2012*).

1541.03 **Bibliographie indicative.**

Actualisables. *J.-Cl. Pr. civ.*, fasc. 2480, par N. Fricero et L. Llahi [anc. éd.] – Rép. pr. civ., *V° Distribution des deniers (meubles, aéronefs, bateaux, navires)*, par R. Martin et R. Bour, sept. 2017 (actu. oct. 2024) – *J.-Cl. Pr. civ., V°* Distribution des deniers, fasc. 1700-35, par C. Laporte, juill. 2020, actu R. Laher.

Ouvrages. P. Julien et G. Taormina, *Voies d'exécution et procédures de distribution*, 2e éd., « Manuel », LGDJ, 2010, nos 742 s. – R. Lauba, *Le contentieux de l'exécution*, 13e éd., LexisNexis-ENM, 2017, p. 853-857, nos 1473-1480.

Article. R. Laher, « Distribution des deniers – La procédure de distribution des deniers et la réforme de la justice civile », *Procédures* 2020. Étude 22.

* V. aussi bibliographie indicative ss n° 15.03.

SECTION 1
RAPPEL HISTORIQUE

1541.11 **Texte applicable.** La Cour de cassation a posé le principe général que tout détenteur de fonds, quelle que soit leur origine (en l'espèce, le prix de cession d'un office de notaire), entre les mains duquel il était fait opposition, devait ouvrir une procédure de distribution, afin de régler les créances ainsi produites[1]. Cette procédure était régie, antérieurement à la loi du 9 juillet 1991[2], portant réforme des procédures civiles d'exécution, par les articles 656 s. ACPC, relatifs à la procédure de distribution par contribution.

La réforme opérée par la loi du 9 juillet 1991 et le décret du 31 juillet 1992[3] ayant abrogé les articles 656 à 672 ACPC, relatifs à la procédure de distribution

1. Civ. 2e, 25 mars 1987, n° 85-10.504, P II, n° 72.
2. L. n° 91-650, 9 juill. 1991, portant réforme des procédures civiles d'exécution, *JO* 14 juill., p. 9228.
3. Décr. n° 92-755, 31 juill. 1992, instituant des nouvelles règles relatives aux procédures civiles d'exécution pour l'application de la loi n° 91-650 du 9 juillet 1991 portant réforme des procédures civiles d'exécution, *JO* 5 août, p. 10530.

par contribution, cette procédure n'était plus l'objet d'aucune réglementation. La Cour de cassation, consultée, avait émis, le 29 novembre 1993, un avis indiquant qu'« *il doit, dès lors, être considéré qu'en l'état des textes, les demandes de distribution par contribution qui, compte tenu des observations qui précèdent, ne relèvent plus des magistrats chargés des ordres et des distributions par contribution et ne relèvent pas des juges de l'exécution, ressortissent à la compétence du tribunal de grande instance, juridiction de droit commun* »[1].

Pour remédier à cette difficulté, un décret du 14 août 1996[2], a créé dans le Code de procédure civile, un titre II, « Les biens », un chapitre V intitulé « La distribution des deniers en dehors de toute procédure d'exécution » (C. pr. civ., art. 1281-1 à 1281-12). En fait, ce dernier s'inspire des dispositions du décret du 31 juillet 1992, relatives à la distribution des deniers provenant de mesures d'exécution forcée mobilières (C. pr. exéc., art. R. 251-1 à R. 251-5).

Le décret du 27 juillet 2006[3] (art. 111) a modifié l'article 1281-1 C. pr. civ. afin de rappeler que cette procédure n'est pas applicable à la distribution du prix des immeubles. Dans ce dernier cas, la procédure de distribution de prix a lieu devant le tribunal judiciaire et elle est soumise au même régime que la distribution du prix résultant d'une saisie immobilière, sous réserve de quelques aménagements (C. pr. exéc., art. R. 331-3). (Sur la procédure prévue pour la distribution du prix des immeubles saisis, v. s^{s} n°s 1511.00 s. à 1513.101 s.).

SECTION 2
CARACTÈRES DE LA PROCÉDURE

1541.21 Caractère non judiciaire. La nouvelle procédure de distribution des deniers procède du mouvement de « *déjudiciarisation* » qui sous-tend depuis les années 1980 la réforme des procédures d'exécution, et qui tend à limiter l'intervention du juge au cas où l'échec du mode amiable et consensuel oblige à le saisir d'un recours. Ce n'est que le désaccord des parties qui justifie l'immixtion du juge dans la récupération des fonds.

La responsabilité de la distribution repose sur une « *personne chargée de la distribution* » désignée séquestre des fonds en début de procédure par le président du tribunal judiciaire ou du tribunal de commerce, dans le champ de compétence de ce dernier.

1541.22 Caractère non obligatoire. L'article 1281-1 C. pr. civ. n'interdit pas de procéder à la répartition des deniers sans recourir à la procédure qu'il institue, les parties intéressées s'abstenant de saisir le juge. Il indique en effet que cette saisine intervient « *s'il y a lieu* », c'est-à-dire, si la distribution amiable n'est pas possible, ce qui est le cas, bien entendu, lorsqu'un accord n'a pu avoir lieu, mais aussi dans la mesure où il est impossible de l'utiliser, en raison de la présence de mineurs, d'incapables majeurs, de commerçants en liquidation judiciaire, ou d'indivisions, de successions non partagées, *etc.*

SECTION 3
DOMAINE D'APPLICATION

1541.31 En l'absence de procédure d'exécution. La procédure est subsidiaire. Elle n'est ouverte qu'en dehors de toute procédure d'exécution. Elle ne saurait donc s'appliquer en matière de saisie mobilière ou immobilière et vente forcée.

Elle n'a pas plus vocation à recevoir application si une décision de saisie conservatoire est intervenue avant la demande de distribution[4].

Elle s'applique, en revanche, en cas de vente volontaire de meubles corporels ou incorporels, par exemple en cas de vente d'un office notarial, d'une pharmacie, de parts sociales...

Ainsi qu'il a été dit, cette procédure ne s'applique pas à la distribution des deniers provenant d'une vente volontaire d'immeuble. Le décret du 27 juillet 2006 (art. 111) a modifié l'article 1281-1 C. pr. civ. pour le préciser. Dans ce cas, la procédure de distribution de prix a lieu devant le tribunal judiciaire, suivant le même régime que la distribution du prix résultant d'une saisie immobilière, sous réserve de quelques aménagements (C. pr. exéc., art. R. 331-3).

Elle ne peut porter que sur des deniers, c'est-à-dire une somme d'argent, peu important la provenance de ces deniers, et même si ceux-ci ne proviennent pas d'une vente.

Elle est cantonnée à une répartition effectuée entre les créanciers du propriétaire des fonds ; les bénéficiaires de la distribution doivent en conséquence « *produire* » les justificatifs utiles, quant à la certitude, l'exigibilité et la liquidité de leurs créances (au besoin, il est exigé de verser à la procédure leur titre exécutoire).

1. Cass. avis, 29 nov. 1993, n° 09-30.014, P, n° 17.
2. Décr. n° 96-740, 14 août 1996, instituant une procédure de distribution des deniers en dehors de toute procédure d'exécution et modifiant le Code de l'organisation judiciaire et le Nouveau Code de procédure civile, *JO* 23 août, p. 12679.
3. Décr. n° 2006-936, 27 juill. 2006, relatif aux procédures de saisie immobilière et de distribution du prix d'un immeuble, *JO* 29 juill., p. 11316.
4. T. com. Béziers, ord. prés., 8 oct. 2001, *Procédures* 2002. Comm. 30, note crit. C. Laporte.

1541.32 **Initiative de la procédure.** Le recours à la procédure est facultatif. Aucune condition particulière n'est exigée de la personne qui l'engage. L'article 1281-1 C. pr. civ. énonce que son initiative repose sur « *la partie la plus diligente* », qui peut être soit l'un des créanciers, soit le propriétaire ou détenteur des fonds à distribuer, c'est-à-dire le débiteur lui-même. Il pourrait même s'agir de l'acheteur, désireux par exemple d'obtenir au plus vite la mainlevée d'un nantissement grevant les biens vendus.

1541.33 **Cas particulier de la vente d'un fonds de commerce.** Selon l'article L. 143-21 C. com. : « *Tout tiers détenteur du prix d'acquisition d'un fonds de commerce chez lequel domicile a été élu doit en faire la répartition dans un délai de cent cinq jours à compter de la date de l'acte de vente.*

Toutefois, lorsque la déclaration mentionnée au premier alinéa du 3 et au 3 bis *de l'article 201 du code général des impôts n'a pas été déposée dans le délai prévu aux mêmes 3 et 3* bis, *le délai dans lequel la répartition des fonds doit être réalisée est prolongé de soixante jours.*

À l'expiration de ces délais, la partie la plus diligente peut se pourvoir en référé devant la juridiction compétente du lieu de l'élection du domicile, qui ordonne soit le dépôt à la Caisse des dépôts et consignations, soit la nomination d'un séquestre répartiteur ».

L'article R. 143-23 C. com.[1] dispose que pour l'application de l'article L. 143-21, il est procédé conformément aux articles 1281-2 s. C. pr. civ.

1. C'est le décret n° 2004-836 du 20 août 2004 portant modification de la procédure civile (*JO* 22 août, p. 15032) qui dans son article 58 a introduit cette disposition dans le décret du 14 août 1996. Depuis le décret n° 2007-431 du 25 mars 2007, relatif à la partie réglementaire du Code de commerce (*JO* 27 mars, p. 5648), qui a abrogé le décret de 1996, cette disposition est codifiée à l'article R. 143-23.

CHAPITRE

1542. Déroulement de la distribution

EDOUARD DE LEIRIS
CONSEILLER À LA COUR DE CASSATION

SECTION 0
ORIENTEUR

1542.00 Sommaire du chapitre.

Division. Le déroulement de la procédure de distribution des deniers ne provenant pas d'une procédure d'exécution suppose la désignation d'une personne chargée de la distribution (sect. 1) avant que la procédure de répartition puisse advenir (sect. 2).

1542.01 Textes applicables.

- **C. pr. civ.,** art. 762, 853, 860, 861, 1281-1 à 1281-12.
- **C. com.,** art. L. 721-3.

1542.03 Bibliographie indicative.

* V. bibliographie indicative s[s] n° 1541.03.

SECTION 1
DÉSIGNATION D'UNE PERSONNE CHARGÉE DE LA DISTRIBUTION

§ 1
Désignation par le tribunal

1542.11 Compétence du président du tribunal judiciaire ou du tribunal de commerce. L'article 1281-1 C. pr. civ. dispose que « *la partie la plus diligente peut se pourvoir en référé devant le président du tribunal judiciaire* » *aux fins de désignation d'une personne chargée de la distribution, qui « est séquestre des fonds, à moins que la consignation n'en soit ordonnée ».*

Cependant, l'article 1281-12 C. pr. civ. précise que : « *En matière commerciale, les compétences* [...] *sont exercées par le tribunal de commerce et par son président* ».

La compétence attribuée au tribunal de commerce et à son président sera déterminée selon les règles du Code de commerce déterminant la matière commerciale (C. com., art. L. 721-3). Pour l'essentiel, il s'agit, en substance, des litiges relatifs aux engagements professionnels entre commerçants et/ou artisans, ou concernant des actes de commerce par nature, des sociétés commerciales, opérateurs de banque et de change, opérations concernant la marine et la navigation, banque, change, *etc.*

1542.12 Compétence territoriale. Compétence est donnée au tribunal « *dans le ressort duquel demeure le débiteur* », sans tenir compte du lieu où se trouve le bien dont la valeur est distribuée (C. pr. civ., art. 1281-1).

1542.13 Procédure de référé. L'article 1281-1 C. pr. civ. indique qu'il est statué par le président en référé. Il s'agit d'un cas de référé par détermination de la loi, de sorte que les conditions habituelles du référé (défaut de contestation sérieuse, trouble manifestement illicite, etc.) n'ont pas à être remplies.

Quant à la **procédure**, la partie la plus diligente doit assigner les parties intéressées, c'est-à-dire à tout le moins la personne dont les fonds doivent être distribués par le séquestre répartiteur et le cas échéant les créanciers déjà connus. En l'absence de précision sur la procédure à suivre, il y a lieu de procéder selon le droit commun de la procédure de référé prévue aux articles 484 s. C. pr. civ.

Quant à la **représentation des parties par avocat**, elle s'impose, en application des articles 860 et

861 C. pr. civ., en cas de saisine du président du TJ, ou de l'article 853 C. pr. civ., en cas de saisine du président du tribunal de commerce, sauf dans le cas où le montant à distribuer est inférieur ou égal à 10 000 euros. En l'absence de représentation obligatoire, les parties peuvent se défendre elles-mêmes ou se faire représenter, devant le TJ, par l'une des personnes mentionnées à l'article 762 C. pr. civ. et, devant le tribunal de commerce, par toute personne de leur choix.

Il faut souligner que le président étant saisi « *en référé* » et non « *en la forme des référés* »[1] ou suivant la nouvelle « *procédure accélérée au fond* », sa décision ne devrait pas être revêtue de l'autorité de la chose jugée au principal.

1542.14 **Choix du séquestre.** L'article 1281-1 C. pr. civ. ne soumet cette nomination à aucune condition. Toutefois, selon l'article 1281-2 C. pr. civ., le juge doit dans tous les cas vérifier que le séquestre qu'il désigne « *offre des garanties de représentation de la somme mise en distribution* ». En effet, il peut arriver que le séquestre proposé par le demandeur, s'agissant du prix de vente d'un fonds de commerce par exemple, se révèle indélicat et détourne les fonds[2] ou encore, peut survenir la mise en redressement judiciaire de la banque choisie par les parties[3]. Afin d'éviter tout risque de non-représentation des sommes, le juge peut ordonner la consignation à la Caisse des dépôts et consignations.

Les arrêts rendus par la Cour de cassation mentionnent que ce séquestre est, non un simple dépositaire de fonds, mais un auxiliaire de justice occasionnel jouant un rôle essentiel dans la procédure de distribution et de répartition des fonds. Il appartient au juge des référés, même si un candidat lui est proposé par les parties, de s'assurer qu'il est majeur et doté de la capacité civile utile à sa mission.

Dans le silence de la loi, rien n'interdit la désignation d'une personne morale (société professionnelle d'officiers ministériels, agents d'affaires, juristes d'entreprise, établissement financier, *etc.*), dans la mesure où le statut légal ou réglementaire qui la régit n'empêche pas de le charger d'une telle mission.

1542.15 **Suites de la décision.** L'ordonnance par laquelle le président du TJ ou du T. com. statue sur la demande de désignation du séquestre le dessaisit. Il n'a en particulier pas à connaître des suites de cette désignation, sauf à être à nouveau saisi, dans l'hypothèse d'une difficulté. Certaines de ces difficultés sont spécialement envisagées, avec une saisine par le séquestre sur requête (v. s[s] n° 1542.52) ; en dehors de ces cas, telle une demande de changement du séquestre, la saisine devrait intervenir par assignation.

L'ordonnance est assortie de plein droit de l'exécution provisoire.

Le greffe notifie une copie de l'ordonnance par lettre simple au séquestre répartiteur et, s'il y a lieu, à la Caisse des dépôts et consignations.

La procédure ordinaire de référé étant applicable, la décision doit, pour le surplus, faire l'objet d'une signification et, en l'absence d'indication contraire, il y a lieu de considérer que l'appel est ouvert, sous réserve peut-être de l'application du taux de ressort, dans l'hypothèse où les sommes en distribution seraient inférieures à celui-ci (C. pr. civ., art. 490).

§ 2
Séquestre

1542.21 **Caractère spécifique.** Le Code civil, qui traite du séquestre aux articles 1955 s., distingue le séquestre conventionnel du séquestre judiciaire et précise que ce dernier est soumis à toutes les obligations qu'entraîne le séquestre conventionnel (C. civ., art. 1963), c'est-à-dire conserver et administrer le bien séquestré dans le cadre de la mission qui lui est confiée[4].

1542.22 **Rôle de répartition et honoraires.** L'article 1957 C. civ. énonce que « *le séquestre peut n'être pas gratuit* ». Le problème de sa rétribution se pose plus particulièrement lorsqu'il ne s'agit pas de conserver simplement les fonds en dépôt, mais lorsque le séquestre est chargé, comme c'est le cas ici, de faire produire les créances, d'établir un projet de répartition, de procéder en cas de contestation à des tentatives de conciliation, d'effectuer les paiements en fonction de la répartition, *etc.* Aux termes de l'article 1281-11 C. pr. civ., la rétribution du séquestre « *est prélevée sur les fonds à répartir et supportée par les créanciers au prorata de la somme qui revient à chacun d'eux* », ce qui montre bien qu'il ne dépend pas des parties en cause. Si la note d'honoraires qu'il présente est contestée dans son *quantum*, on peut penser que sa rétribution est fixée par le président du tribunal qui l'a commis dans le cadre classique d'une contestation sur taxation (C. pr. civ., art. 710 s.).

1542.23 **Statut du séquestre.** Le séquestre reste normalement en fonction jusqu'à la réalisation de

1. Sur la distinction avec cette autre procédure, v. M. Foulon et Y. Strickler, *Les référés en la forme*, « Hors collection », Dalloz, 2013.
2. Com. 11 janv. 1971, n° 69-12.440, P IV, n° 7.
3. Com. 4 mars 1997, n° 94-13.170, P IV, n° 64 ; *D.* 1997. IR 120 ; *Gaz. Pal.* 1997. 2. Pan. cass. 219.
4. Civ. 1re, 21 févr. 1995, n° 93-12.436, P I, n° 101 ; *Gaz. Pal.* 1995. 1. Pan. 223 ; *Defrénois* 1995. 1053, note Ph. Delebecque.

la répartition des fonds entre les créanciers ayant déclaré leurs titres, mais les parties qui estimeraient que ce séquestre ne respecte pas les exigences posées par les articles 1281 s. C. pr. civ., voire les obligations pesant sur un séquestre devraient avoir la faculté de demander au juge des référés la révocation du séquestre ou son remplacement. Dans le cas particulier de l'absence de projet de répartition dans le délai imparti, il est prévu que le tribunal est saisi en vue de la répartition judiciaire (C. pr. civ., art. 1281-9).

Le séquestre est responsable du dommage causé par ses erreurs ou par ses fautes. Il est ainsi personnellement responsable d'une erreur de fait ou de droit dans la libération erronée des fonds ou dans leur répartition.

1542.24 **Durée du séquestre.** La personne – officier ministériel, agent d'affaires ou autre – qui a accepté la mission de séquestre-répartiteur ne peut en être déchargée que lorsque la répartition des fonds a été effectuée, ou si elle s'avère impossible. Par exemple, la créance qui sert de base à la distribution, sur contestation du débiteur, est déclarée inexistante ou nulle, comme dans l'hypothèse de la mainlevée du fait que le litige, qui justifiait le séquestre, a disparu[1]. L'article 1960 C. civ., s'agissant d'un dépôt de fonds, subordonne la mainlevée du séquestre au consentement de toutes les parties intéressées, ou à une cause légitime.

SECTION 2
PROCÉDURE DE RÉPARTITION

1542.30 **Principe. Plan.** La procédure de répartition s'inspire de la procédure de distribution des deniers issus d'une mesure d'exécution mobilière, mais avec des assouplissements et des simplifications.

Le premier stade consiste dans la déclaration de leurs créances par les créanciers (§ 1), dans un délai déterminé – le défaut de déclaration étant sanctionné par une forclusion –, qui permet d'écarter les créanciers renonçants ou négligents.

Le deuxième stade comporte la rédaction du projet de répartition, lequel est notifié et deviendra définitif s'il n'est pas contesté (§ 2 et § 3).

Ce n'est que s'il n'est pas accepté que l'affaire revient devant le tribunal (§ 4 et § 5).

§ 1
Déclaration des créances

1542.41 **Avis aux créanciers.** Le séquestre envoie, à chaque créancier par lettre recommandée avec demande d'avis de réception (LRAR), un avis l'invitant à lui adresser, dans un délai d'un mois, une déclaration, indiquant notamment, outre la nature de la créance et, s'il y a lieu, le titre exécutoire, *d'une part*, « *un décompte des sommes réclamées en principal, intérêts et autres accessoires* », *d'autre part*, s'il y a lieu, « *les privilèges et sûretés attachés à la créance* », en joignant à la déclaration les documents justificatifs. La constitution d'un avocat n'est pas exigée.

1542.42 **Déchéance.** Le délai de déclaration d'un mois est individuel, et non collectif, et court de la réception de la lettre recommandée. Aucune forme n'est imposée à la déclaration de la créance.

Le défaut de déclaration de la créance dans le délai est sanctionné par la déchéance du droit de participer à la distribution (C. pr. civ., art. 1281-3, dern. al.).

Antérieurement à la réforme, en l'état de la rédaction de l'article 660 ACPC[2], la déchéance sanctionnait la non-production des documents justificatifs de la créance[3]. Désormais, l'article 1281-3 C. pr. civ. mentionne simplement : « *À défaut de production dans le délai* [...] » ; on en conclut que seule l'absence de déclaration dans le délai entraîne la déchéance, les justifications pouvant être fournies ultérieurement.

Ce même texte précise que la déchéance ne porte que sur le « *droit de participer à la distribution* », ce dont il se déduit que la créance n'est pas éteinte et peut être recouvrée par d'autres moyens.

1542.43 **Créancier non avisé.** Quel sort faut-il réserver au créancier qui n'aurait pas été avisé, faute pour le débiteur d'avoir informé le séquestre de son existence ou auquel la lettre aurait été adressée à une adresse erronée ? Il est permis de penser que ce créancier serait en droit de déclarer sa créance au cours de la procédure. Son intervention auprès du séquestre avant la notification de l'état de répartition et même au cours de la réunion de conciliation ne paraît pas poser de problème. En revanche, qu'en serait-il d'une intervention après que l'état de répartition est devenu définitif ? Si cette intervention a lieu avant paiement, le séquestre ne doit-il pas rouvrir la procédure ? En tout état de cause, une fois les paiements effectués, il semble que le créancier omis pourrait agir en responsabilité contre le séquestre ou le débiteur, selon le cas[4]. L'ouverture d'une action en répétition de l'indu est plus délicate, dès lors que le bénéficiaire du paiement est bien créancier du débiteur.

1. Civ. 1re, 31 mars 1971, no 70-11.134, P I, no 118 – Com. 13 nov. 1990, no 88-13.291, P IV, no 274.

2. Abr. par L. no 91-650, 9 juill. 1991.
3. Civ. 2e, 16 avr. 1986, no 84-15.035, P II, no 54.
4. Pour une discussion de cette situation, v. *J.-Cl. Pr. civ.*, fasc. 2480, § 37, par N. Fricero et L. Llahi.

§ 2
État de répartition

1542.51 État de répartition. Il est dressé par le séquestre seul, sans l'intervention de l'autorité judiciaire. Il tient compte des privilèges et droits de préférence.

Il doit être établi dans un délai de deux mois, qui court de la date du dernier avis aux créanciers (C. pr. civ., art. 1281-4). L'inobservation de ce délai n'est pas sanctionnée par la nullité de la procédure. Pour éviter tout incident, le séquestre peut demander la prorogation du délai au président du tribunal, en ayant soin d'indiquer les raisons de son retard (v. C. pr. civ., art. 1281-4 *in fine*). La saisine du président du TJ ou du T. com. se fait par simple requête, c'est-à-dire en l'espèce sans forme (rien ne permet en effet de considérer que le terme de requête est ici utilisé pour renvoyer au régime des ordonnances sur requêtes des articles 493 et suivants C. pr. civ.).

En cas de carence du séquestre (v. s[s] n° 1543.13), le tribunal, et non son président, peut être saisi directement (C. pr. civ., art. 1281-9).

1542.52 Notification de l'état de répartition – Destinataires. C'est une formalité essentielle, puisque la notification fait courir un délai de contestation à l'expiration duquel, si aucun recours n'a été intenté, la répartition proposée devient définitive et s'impose aux créanciers.

L'état de répartition est notifié au débiteur, dont les fonds sont distribués, et à chacun des créanciers, sans autre précision (C. pr. civ., art. 1281-4). Néanmoins, il faut admettre que la notification, pour plus de prudence, soit adressée même aux créanciers qui n'auraient pas déclaré leur créance, afin que ceux-ci soient informés du sort de leur créance, et, en cas d'erreur, puissent exercer un recours.

1542.53 Forme de la notification. Le séquestre procède par LRAR, qui, à peine de nullité, doit renfermer les mentions suivantes (C. pr. civ., art. 1281-4) :

1° l'indication du délai de quinze jours, imparti « *à compter de la réception de la lettre, pour soulever, par lettre recommandée avec demande d'avis de réception une contestation motivée, accompagnée des pièces justificatives nécessaires, auprès de la personne chargée de la distribution* » ;

2° « *à défaut de réponse dans le délai imparti, il est réputé avoir accepté le projet* », qui deviendra définitif si aucune contestation n'est soulevée.

Il y a lieu de considérer, compte tenu de la jurisprudence de la Cour de cassation relative aux nullités de procédure, que l'omission d'une de ces mentions constitue un vice de forme ne pouvant entraîner la nullité de la notification qu'en cas de grief[1]. Cependant, on peut se demander si l'omission de la mention du délai de recours ne pourrait pas conduire à considérer que le délai de contestation n'a pas couru, par analogie avec ce qui est décidé en matière de notification de décisions judiciaires, sur la base de l'article 680 C. pr. civ.[2]

§ 3
Absence de contestation : exécution de l'état de répartition

1542.61 Caractère définitif. L'état de répartition devient donc définitif si aucune contestation n'est soulevée auprès du séquestre, dans le délai de quinze jours suivant la dernière des notifications du projet de répartition. Il s'agit d'un délai individuel, et non collectif. Si la lettre recommandée ne parvient pas au destinataire, qui n'habite pas à l'adresse indiquée, ou dont la résidence est inconnue, il sera nécessaire de procéder par ministère de commissaire de justice. La prochaine opération est, en effet, le paiement des créanciers ; il est absolument nécessaire d'avoir la certitude que l'état est irrévocable. C'est la personne chargée de la distribution qui, ayant reçu l'accord unanime des créanciers déclarants, exécute elle-même l'état de répartition qu'elle a établi, sous sa responsabilité. Elle prélèvera le montant de sa rétribution, qui figurera au premier rang sur l'état de répartition.

1542.62 Paiement. Trois cas sont envisageables (C. pr. civ., art. 1281-5).

1542.63 1° Le séquestre répartiteur détient les fonds à répartir. Il doit alors effectuer les paiements aux créanciers dans les quinze jours de la date à laquelle l'état est devenu définitif. Doit-il payer des intérêts, qui alors s'ajoutent à la somme à distribuer ? Non, en principe, puisque le séquestre n'a pu en disposer, ni les consacrer à des placements et donc n'a pas été en état de tirer de ces capitaux un quelconque profit. C'est ainsi qu'une banque, qui détient en qualité de séquestre judiciaire, une somme revenant à une cliente à la suite d'une instance engagée par celle-ci, n'est pas tenue de verser des intérêts à compter de la date de mise sous séquestre[3]. Rappelons qu'en ce qui concerne le débiteur, à partir du

1. Cass., ch. mixte, 7 juill. 2006, n° 03-20.026, P, n° 6, ayant affirmé le caractère limitatif de l'énumération des nullités de fond prévues à l'article 117 C. pr. civ.
2. V. NOT. : Civ. 2e, 12 févr. 2004, n° 02-13.332, P II, n° 57 – Civ. 2e, 10 sept. 2009, n° 07-13.015, P II, n° 210 – Soc. 29 mai 2013, n° 12-13.357, P V, n° 140 – Civ. 2e, 15 avr. 2010, n° 09-148.72, NP – Civ. 2e, 14 nov. 2013, n° 12-25.454, P II, n° 220 – Cass., ass. plén., 8 avr. 2016, n° 14-18.821, P, n° 1.
3. Com. 29 avr. 1997, P IV, n° 107 ; *Gaz. Pal.* 1997. Pan. cass. 333 ; *LPA* 14 janv. 1998, p. 20, note J. Hesbert.

versement des fonds au séquestre désigné par le tribunal, il est lui-même libéré du paiement des intérêts, étant privé de la jouissance du capital[1].

1542.64 **2° Les fonds sont consignés à la Caisse des dépôts et consignations.** Les fonds sont à la disposition du répartiteur. Celui-ci notifie l'état de répartition à la Caisse, qui procède au paiement dans les quinze jours et qui verse des intérêts au taux fixé par son statut pour les consignations.

1542.65 **3° Les fonds se trouvent entre les mains d'un tiers détenteur.** Cette situation existe à la suite de circonstances particulières : prix de vente d'un fonds de commerce, opposition au paiement d'un chèque, débiteur décédé laissant des héritiers qui ne se sont pas manifestés ou dont le domicile est inconnu, *etc.* La solution la plus pratique, pour le séquestre répartiteur, est de faire ordonner la consignation à la Caisse des dépôts et consignations par le juge saisi en référé.

§ 4 Contestations : tentative de conciliation

1542.71 **Forme des contestations.** Les contestations doivent être faites par lettre recommandée avec demande d'avis de réception dans un délai de quinze jours à compter de la réception de la lettre de notification du projet de répartition (C. pr. civ., art. 1281-4).

En outre, le texte prévoit que la contestation doit être motivée et accompagnée des pièces justificatives nécessaires.

L'incidence d'un défaut de motivation reste sujette à discussion, de même que l'absence de production simultanée des pièces justificatives.

1542.72 **Caractère contradictoire.** Jusqu'à la notification du projet d'état de répartition, la procédure suivie par le séquestre n'avait aucun caractère contradictoire. Le séquestre répartiteur examine les déclarations de créance, les faisant compléter le cas échéant, puis, dans le projet, indique sa décision : irrecevabilité pour cause de déchéance, rejet total ou partiel, admission, fixation du montant. La contestation de cette décision va provoquer un débat contradictoire, auquel seront convoqués le débiteur et les créanciers opposants.

1542.73 **Tentative de conciliation.** La tentative de conciliation évitera de saisir directement le tribunal ; elle consistera dans une réunion, présidée par le séquestre, au cours de laquelle les contestations seront présentées, discutées, afin d'obtenir, soit un accord, qui permettra la mise sur pied d'un état de répartition définitif, soit de dresser un constat des questions litigieuses à faire trancher par le tribunal.

1542.74 **Convocation.** Après avoir fixé la date, l'heure et le lieu de la réunion, le séquestre répartiteur convoque les parties par lettre recommandée avec demande d'avis de réception (C. pr. civ., art. 1281-6).

La tentative de conciliation doit avoir lieu « *dans le mois suivant la première contestation* ».

Ce délai n'est pas assorti de sanction propre, mais on peut supposer qu'en cas d'inobservation, tout intéressé pourrait saisir le tribunal afin qu'il procède lui-même à la répartition, en application de l'article 1281-9 C. pr. civ., qui prévoit qu'« *à défaut de projet de répartition dans les délais impartis, il est procédé comme il est dit aux deuxième et troisième alinéas de l'article 1281-8* », c'est-à-dire consignation immédiate des sommes, si elles ne sont pas déjà consignées et possibilité de saisine du tribunal par la partie la plus diligente.

La convocation reproduit les termes du second alinéa de l'article 1281-7 C. pr. civ., qui énonce que « *la personne, régulièrement convoquée, qui ne se présente pas est réputée avoir accepté l'accord* ».

1542.75 **Présomption d'acceptation.** Ainsi, la non-comparution de la partie régulièrement convoquée (au besoin par exploit d'huissier, si la lettre recommandée n'a pu être remise) vaut présomption d'acceptation de l'accord qui interviendra. Elle ne pourra donc contester le procès-verbal de conciliation. Il peut être noté qu'une disposition similaire a été abrogée par le décret n° 2006-936 du 27 juillet 2006 relatif à la procédure de saisie immobilière[2] (art. 151), en ce qui concerne la distribution des sommes provenant d'une saisie mobilière.

§ 5 Accord

1542.81 **Constatation de l'accord.** Si les parties parviennent à un accord à l'issue de la réunion, celui-ci est constaté par un acte écrit (C. pr. civ., art. 1281-7), qui contiendra : l'énoncé des parties présentes ou représentées, ainsi que des absents, régulièrement convoqués, les termes de l'accord, et, s'il y a lieu, les rectifications à opérer sur le projet d'état de répartition. Le procès-verbal de conciliation sera signé par le séquestre, le débiteur, et les créanciers présents ; il y sera joint les accusés de réception des convocations, signées par les absents.

1. Civ. 1re, 17 févr. 1998, n° 95-19.305, P I, n° 64 ; *RTD civ.* 1998. 700, obs. P.-Y. Gautier.

2. Décr. n° 2006-936, 27 juill. 2006, relatif aux procédures de saisie immobilière et de distribution du prix d'un immeuble, *JO* 29 juill., p. 11316.

Copie de l'accord est remise aux parties présentes à la réunion de conciliation et est adressée à toutes les parties par lettre simple.

Il sera ensuite procédé au paiement des créances ainsi qu'il est exposé, dans les quinze jours de l'accord (v. s[s] n°s 1542.62 à 1542.65).

CHAPITRE

1543. Distribution effectuée par le tribunal

EDOUARD DE LEIRIS
CONSEILLER À LA COUR DE CASSATION

SECTION 0
ORIENTEUR

1543.00 Sommaire du chapitre.

Division. La distribution de deniers ne provenant pas d'une procédure d'exécution peut être effectuée par le tribunal. Seront étudiés la saisine (sect. 1), la procédure (sect. 2), les voies de recours (sect. 3) et les frais (sect. 4) de cette procédure.

1543.01 Textes applicables.

• **C. pr. civ.,** art. 1281-1 à 1281-12.

1543.03 Bibliographie indicative.

* V. bibliographie indicative s[s] n° 1541.03.

1543.04 Formulaire de procédure civile : renvois.

• *Distribution des deniers – Assignation en référé* (Assignation en référé à fin de répartition d'une somme d'argent en dehors de toute procédure d'exécution – C. pr. civ., art. 1281-1 à 1281-12)

• *Distribution des deniers – Notification du projet de répartition* (Notification du projet de répartition de prix en dehors de toute procédure d'exécution – C. pr. civ., art. R. 1281-4)

SECTION 1
SAISINE DU TRIBUNAL

1543.11 Présentation. Le tribunal peut être amené à procéder lui-même à la distribution des deniers dans deux situations : en cas de carence du séquestre à procéder dans les délais aux diligences qui lui incombent, *d'une part*, en cas d'incapacité à trouver un accord après la tentative de conciliation menée par le séquestre, *d'autre part*.

1543.12 Absence de conciliation. À défaut de conciliation, l'article 1281-8 C. pr. civ. indique que le séquestre dresse « *acte des points de désaccord* ». Par cette formulation un peu vague, il est prévu que le séquestre établisse une sorte de procès-verbal de non-conciliation, contenant les points à trancher et, par voie de conséquence, ce sur quoi les parties sont d'accord et qui n'est plus litigieux, ni contesté. Cet acte clôture la mission du séquestre. Il n'entre pas en effet dans la mission du séquestre de saisir du litige le tribunal : le soin d'y procéder est laissé aux créanciers. La procédure est en ceci différente de celle instituée en cas de distribution après saisie mobilière, dans laquelle la personne chargée de la vente doit saisir elle-même le juge de l'exécution. La différence s'explique notamment par l'absence de caractère contraignant de la procédure de distribution hors toute mesure d'exécution, dans laquelle les créanciers restent maîtres des diligences de nature à mettre en œuvre leurs droits.

1543.13 Carence du séquestre. La saisine directe du tribunal est également possible (C. pr. civ., art. 1281-9), lorsque le séquestre désigné fait preuve de négligence ou de carence, c'est-à-dire n'établit pas le projet d'état de répartition dans les délais impartis. Le pluriel utilisé par cet article, en ce qui concerne les délais, permet de considérer que tout délai imparti au séquestre pour effectuer une diligence autorise les personnes intéressées à saisir le tribunal.

SECTION 2
PROCÉDURE

1543.21 Procédure – Consignation des fonds. L'article 1281-8 C. pr. civ. prévoit que lorsque le séquestre dresse un acte des points de désaccord, il consigne immédiatement les fonds s'ils ne l'ont pas encore été. Cette obligation matérialise une forme de dessaisissement du séquestre. Par application de l'article 1281-9 C. pr. civ., cette obligation s'impose également lorsqu'en raison de la carence de ce dernier, la juridiction est saisie aux fins de répartition par le juge.

Pour le reste, les articles 1281-1 s. C. pr. civ. ne fixant aucune règle de procédure particulière, on doit en conclure que la saisine du tribunal, la comparution des parties, l'instruction de l'affaire et le jugement, sont soumis aux règles de droit commun.

Il faut cependant noter :

1° que n'importe quelle partie est recevable à assigner (le texte dit : « *la partie la plus diligente* ») ;

2° que devront être appelés en cause, outre le débiteur, toutes les parties intéressées, notamment celles présentes à la tentative de conciliation.

3° que le tribunal compétent doit être considéré comme étant celui qui avait désigné la personne chargée de la distribution.

On peut se demander si le séquestre pourrait saisir lui-même le tribunal. Il nous semble que cette solution serait contraire à l'esprit du texte, qui laisse entre les mains des intéressés la responsabilité de la poursuite de la procédure. En outre, ainsi que le relèvent deux auteurs [1], en l'absence de texte, de quel intérêt à agir pourrait se prévaloir le séquestre ?

La procédure ordinaire devant le TJ étant suivie, il s'agira de la procédure écrite, avec représentation obligatoire par avocat, sauf peut-être à estimer applicable la procédure orale, si les montants en jeu n'excèdent pas 10 000 euros (C. pr. civ., art. 760, 761 et 775).

En matière commerciale, la procédure sera orale et suivra les règles de droit commun propres à cette juridiction. En particulier, la représentation par avocat (sans postulation) est obligatoire, sauf lorsque la demande porte sur un montant inférieur ou égal à 10 000 euros, ce qui pourrait être compris comme dispensant de la représentation obligatoire les demandes tendant à la répartition entre créanciers d'une somme inférieure à ce montant.

Le tribunal statuera dans tous les cas par jugement, ce que confirme l'article 1281-10 C. pr. civ., qui fait référence au « *jugement de répartition* ».

1543.22 **Mission du tribunal – Paiement.** L'article 1281-5 C. pr. civ. charge le tribunal de « *procéder à la répartition* ». Pour ce faire, il appliquera les règles en matière de droit de préférence et de privilège.

Lorsqu'il est saisi à la suite d'un procès-verbal de désaccord, la question se pose de savoir si sa saisine est limitée aux points litigieux ou s'il doit procéder à la répartition dans sa globalité. Aucun texte ne limitant sa saisine, dès lors qu'il est invité à procéder à la répartition, il y a lieu de considérer que, sous réserve du respect des termes du litige qui lui est soumis, le juge est saisi de l'entière distribution et ne peut se borner à trancher les points contestés.

Le jugement devra être signifié, par la partie la plus diligente, à l'ensemble des parties afin qu'il puisse acquérir force de chose jugée (C. pr. civ., art. 500).

Lorsque la juridiction statue en premier ressort, aucun texte n'exclut l'exécution provisoire, de sorte qu'elle est donc de droit, sauf si le tribunal l'estime incompatible avec la nature de l'affaire (C. pr. civ., art. 514 et 514-1).

Toutefois, cette exécution provisoire de droit se trouve, pour l'essentiel, neutralisée dans ses effets, par la disposition selon laquelle le paiement des créanciers est effectué par la Caisse des dépôts et consignations dans un délai de quinzaine courant de la « *notification du jugement passé en force de chose jugée* » (C. pr. civ., art. 1281-10), exigence qui exclut la simple exécution par provision (C. pr. civ., art. 500) et qui a pour conséquence que le jugement ne devra être notifié à la Caisse des dépôts et consignations, en vue du paiement, qu'après expiration du délai d'appel ou après que la cour d'appel aura statué en cas d'appel exercé.

Le texte ne précise pas qui doit procéder à la notification à la Caisse des dépôts et consignations et sous quelle forme. Il peut être considéré que cette notification pourra être faite à l'initiative de toute partie. En l'absence de disposition spécifique, la notification devrait normalement prendre la forme d'une signification.

SECTION 3
VOIES DE RECOURS

1543.31 **Voies de recours.** Aucune disposition particulière n'étant édictée par les articles 1281-1 s. C. pr. civ., le droit commun s'appliquera purement et simplement en matière de voie de recours, de sorte que l'appel ne sera ouvert que si le montant du litige excède le taux de dernier ressort.

Aucun texte ne fermant le pourvoi, il y a lieu de considérer que le pourvoi est ouvert selon les règles de droit commun d'ouverture de cette voie de recours extraordinaire.

SECTION 4
FRAIS

1543.41 **Rémunération du séquestre.** Les frais de justice seront soumis aux règles de droit commun.

Le séquestre (C. pr. civ., art. 1281-11) établit un mémoire d'honoraires ; il est payé par privilège et

1. *J.-Cl. Pr. civ.*, fasc. 2480, par N. Fricero et L. Llahi [anc. éd.].

préférence, sa rémunération étant prélevée sur les fonds à distribuer.

Les honoraires du séquestre figureront donc en tête sur le projet d'état de répartition, et, ensuite, sur l'état devenu définitif, ou sur la répartition effectuée par le jugement. Ils sont taxés, le cas échéant, par le président du tribunal judiciaire, selon le droit commun (C. pr. civ., art. 710 s.).

LIVRE

16. LES MESURES D'EXÉCUTION CONTRE L'ÉTAT ET LES AUTRES PERSONNES MORALES DE DROIT PUBLIC

SECTION 0

ORIENTEUR

16.00 **Sommaire du livre.**

Division. Le principe général d'obligation du débiteur sur tous ses biens mobiliers ou immobiliers, présents ou à venir, posé par l'article 2284 C. civ. (C. civ., anc. art. 2092) et qui fonde la possibilité d'exercer à son encontre des voies d'exécution forcée, est limité par l'article L. 111-1 alinéa 3 C. pr. exéc., qui dispose que : « *L'exécution forcée et les mesures conservatoires ne sont pas applicables aux personnes qui bénéficient d'une immunité d'exécution* ». Cette immunité d'exécution bénéficie, traditionnellement, aux personnes publiques, en vertu, pour les personnes morales de droit français, des règles du droit administratif et, pour les personnes publiques étrangères, de celles du droit international privé. Les mécanismes sont différents, les logiques qui prévalent relativement imperméables entre elles et les solutions impossibles à comparer. D'où la nécessité d'étudier séparément les mesures d'exécution contre les personnes publiques françaises (titres 161 à 165) et les mesures d'exécution contre les personnes publiques étrangères (titre 166).

16.05 **Introduction. Généralités.** Si l'immunité d'exécution dont bénéficient les personnes publiques a pour effet de les faire échapper aux procédures d'exécution forcée de droit commun (v. titre 164), le créancier d'une obligation incombant à une personne morale de droit public n'est pas pour autant livré au bon vouloir de cette dernière. Un certain nombre de procédures, plus ou moins contraignantes, sont en effet à sa disposition pour que son droit ne demeure pas théorique. Ces procédures ont toutes pour objet d'assurer l'exécution des décisions de justice, de sorte que les mesures d'exécution contre les personnes publiques sont en réalité celles qui permettent d'obtenir l'exécution de la chose jugée contre ces dernières.

La parfaite exécution des décisions de justice conditionne l'effectivité du droit au juge et, partant, de l'État de droit dont la justice est à la fois un élément constitutif et une garantie. Rattachant cette obligation à la règle du procès équitable garantie par l'article 6 § 1 de la Convention européenne de sauvegarde des droits de l'homme et des libertés fondamentales (Conv. EDH), la Cour européenne des droits de l'homme a rappelé que : « *Le droit à un tribunal serait illusoire si l'ordre juridique interne d'un État contractant permettait qu'une décision judiciaire définitive et obligatoire reste inopérante au détriment d'une partie* »[1] et imposé aux États parties à la convention « *de se doter d'un arsenal juridique adéquat et suffisant pour assurer le respect des obligations* » afférentes à ce droit. Le Conseil constitutionnel a jugé pour sa part, dans sa décision du 6 mars 2015[2], que l'article 16 de la Déclaration des droits de l'homme et du citoyen de 1789 « *garantit le droit des personnes à exercer un recours juridictionnel effectif qui comprend celui d'obtenir l'exécution des décisions juridictionnelles* ».

Lorsqu'une décision de justice met une obligation à la charge d'une partie, son exécution représente non seulement le respect du droit du créancier de cette obligation, mais plus généralement le respect de l'autorité de la chose jugée. C'est pourquoi il ne s'agit jamais d'une question purement privée et que l'État doit prêter son concours pour assurer cette exécution, comme l'indique la formule exécutoire apposée sur toutes les décisions de justice (C. pr. civ., art. 502 – CJA, art. R. 751-1). La non-exécution des décisions de justice condamnant les personnes publiques apparaît d'autant plus inadmissible qu'elles doivent, en quelque sorte par nature, agir dans un intérêt général qui implique la soumission au droit et, par conséquent, à l'autorité chargée d'en assurer le respect.

Dès le début du XXe siècle, le Conseil d'État a imaginé des **sanctions juridiques** pour réprimer le plus efficacement possible le non-respect par les personnes publiques des décisions de justice.

La première en date fut l'assimilation de la violation de la chose jugée à la violation de la loi, dans le **recours pour excès de pouvoir**[3].

Vint ensuite l'affirmation que des mesures prises uniquement pour faire échec à l'autorité de la chose jugée sont constitutives d'un **détournement de pouvoir**[4] ; le principe affirmé à propos d'actes édictés pour priver de toute portée pratique une décision du Conseil d'État vaut également lorsque la « *décision ignorée ou méprisée* » émane d'un tribunal administratif ou d'une juridiction judiciaire. Peu importe l'origine de la décision. Il faut mais il suffit qu'il s'agisse d'une décision juridictionnelle exécutoire. Pour mémoire, on rappellera, cependant, que si la décision refusant de tirer toutes les conséquences de la chose jugée est susceptible d'un recours pour excès de pouvoir, il n'en va pas de même d'un document adressé à un tiers, par exemple, le préfet, dans lequel la personne publique tente de justifier sa position[5].

Mais l'annulation pour excès de pouvoir des actes par lesquels l'autorité administrative refuse d'exécuter ou ignore les décisions des juridictions est une sanction insuffisante en cas de mauvaise volonté persistante (par ex., faisant partie, selon le mot du professeur P. Weil, de la « *petite histoire du droit administratif* », une espèce où il n'a pas fallu moins de trois arrêts successifs du Conseil d'État s'échelonnant sur quatre années, pour briser la résistance d'un maire[6] – v. aussi, l'épopée du garde champêtre Fabrègues, à l'origine « *d'une bien petite affaire qui pose un bien gros problème* » pour Maurice Hauriou[7]). Dans ce cas, en effet, et même s'il peut y avoir autant d'excès de pouvoir que de refus d'exécuter, l'annulation, sans conséquence pratique, ne procure qu'une satisfaction platonique.

Par ailleurs, les raisons qui, dès l'arrêt *Blanco*[8], ont justifié l'application de règles spéciales aux per-

1. CEDH 19 mars 1997, Hornsby c/Grèce, req. n° 18357/91, *Rec. CEDH*-II ; *JCP* 1997. II. 22949, note O. Dugrip et F. Sudre ; *D.* 1998. 74 s., note N. Fricero ; *AJDA* 1997. 986 et 987, obs. J.-F. Flauss – POUR UNE SYNTHÈSE : N. Fricero, « Le droit européen à l'exécution des jugements », *Dr. et proc.* janv. 2001. 6 s. – V. AUSSI : CEDH, gr. ch., 28 juill. 1999, Immobiliare Saffi c/Italie, req. n° 22774/93, *Rec. CEDH*-V ; *D.* 1998. 74 – CEDH 31 mars 2005, Matheus c/France, req. n° 62740/00.
2. Cons. const. 6 mars 2015, n° 2015-455 QPC, *JO* 8 mars, p. 4313.
3. CE 8 juill. 1904, Botta, *DP* 1906. 3. 33, concl. J. Romieu ; *S.* 1905. 3. 83, note M. Hauriou.
4. CE, ass., 13 juill. 1962, Sieur Bréart de Boisanger, *Lebon* 484 ; *D.* 1962. 664, concl. Henry ; *AJDA* 1962. 549 s., chron. J.-L. Galabert et M. Gentot – J.-F. Lachaume, *Droit administratif. Les grandes décisions de la jurisprudence*, PUF, 1997, n° 8, p. 155 s.
5. CE 31 juill. 1996, Dpt de Paris c/Mme Frenais et Préfet de Paris, req. n° 101954, NP.
6. CE 24 janv. 1902, Noualhier, *S.* 1904. 3. 141.
7. CE 23 juill. 1909, et CE 22 juill. 1910, Fabrègues, *S.* 1911. 3. 121.
8. T. confl. 8 févr. 1873, *Lebon* ; *GAJA*, 24e éd., Dalloz, 2023, n° 1.

sonnes publiques en raison des spécificités de leurs missions, expliquent que les voies d'exécution applicables aux personnes privées ne le soient pas aux personnes publiques, dans la mesure où l'exécution d'une décision de justice ne saurait compromettre les autres intérêts généraux que la personne publique doit satisfaire, et notamment pas la priver des moyens d'assurer la continuité du service public.

Le souci croissant d'assurer une réelle effectivité aux décisions de justice condamnant des personnes publiques sans compromettre leurs missions essentielles a conduit le législateur et le juge à développer, dans la seconde moitié du XXe siècle, différents moyens de pression et de contrainte. Précisons tout d'abord que si l'essentiel des décisions de justice condamnant les personnes publiques émane des juridictions administratives, qui connaissent donc également des difficultés relatives à leur exécution, les personnes publiques peuvent également être justiciables des tribunaux judiciaires, pour la part de leur activité qui, pour résumer très grossièrement des critères de compétence beaucoup plus subtils, ne concerne pas directement les missions de service public qui sont les leurs. Les dispositifs existants auxquels peut recourir le bénéficiaire d'une décision de justice condamnant une personne morale de droit public et rencontrant des difficultés de la part de celle-ci à exécuter la décision sont de natures différentes, exerçant une pression croissante sur la personne publique débitrice : certains offrent au justiciable le secours d'autorités susceptibles d'exercer sur l'Administration réticente une autorité « morale », telles que le Conseil d'État ou le Défenseur des droits (titre 162) ; d'autres permettent au juge de faire usage de moyens de contrainte de nature à inciter, par la sanction pécuniaire qu'ils comportent, l'Administration à exécuter la décision (titre 163) ; les voies d'exécution forcée contre les personnes publiques permettent enfin d'obtenir l'exécution de la décision contre la volonté du débiteur (titre 164).

La résistance à l'exécution d'une décision de justice est susceptible de causer un préjudice au créancier qui peut en demander réparation aux personnes responsables, le débiteur au premier chef, mais également, sous certaines conditions, l'État lorsqu'il a manqué à son obligation d'assurer l'exécution de la chose jugée (titre 165). Les mesures d'exécution contre les personnes publiques étrangères correspondent à des problématiques très particulières qui justifient un traitement distinct (titre 166). Mais, avant d'examiner ces différentes voies permettant d'assurer l'exécution des décisions de justice à l'encontre des personnes morales de droit public, il convient de définir les caractéristiques générales de l'obligation d'exécuter (titre 161).

TITRE

161. Les caractères essentiels de l'obligation d'exécuter la chose jugée

SECTION 0

ORIENTEUR

161.00 **Sommaire du titre.**

Division. L'obligation d'exécuter la chose jugée sera étudiée dans son contenu (chap. 1611) et ses caractéristiques (chap. 1612).

161.03 **Bibliographie indicative.**

Pour avoir une vue synthétique des règles relatives à l'exécution des décisions de justice par les personnes publiques, on privilégiera, parmi une littérature abondante :

Actualisables. Rép. contentieux administratif, v° *Exécution des décisions de la juridiction administrative*, par J. Gourdou et A. Garcia, janv. 2009 (actu. janv. 2018) – *J.-Cl. Justice adm., V^is* Exécution des décisions – Dispositions applicables aux tribunaux administratifs et aux cours administratives d'appel ; Exécution des décisions – Dispositions applicables au Conseil d'État, 2005, fasc. 91 et 92, par O. Gohin – *J.-Cl. Justice adm., V°* Exécution des décisions, 2009, fasc. 90, par F. Lichère – *J.-Cl. Adm., V°* Exécution des jugements, 2010, fasc. 1112, par C. Guettier et A. Béal.

Ouvrages. D. Chabanol, *Code de justice administrative commenté*, 10e éd., Le Moniteur, 2022 – R. Chapus, *Droit du contentieux administratif*, 13e éd., Montchrestien, 2008 – L. Erstein et O. Simon, *L'exécution des décisions de la juridiction administrative*, Berger-Levrault, 2000 – R. Odent, *Contentieux administratif*, « Les cours de droit », vol. 3, 1976-1981, p. 1300 à 1308 – B. Pacteau, *Contentieux administratif*, 7e éd., PUF, 2004.

Thèses. H. Oberdorff, *L'exécution par l'Administration des décisions du juge administratif*, th. Paris II, 1981 – P. Planchet, *L'exécution des décisions de justice par les collectivités territoriales et leurs établissements publics*, th. Lyon, 1993, 450 p.

Articles. Agence judiciaire du Trésor, « Les décisions de justice rendues au profit de l'État ou contre l'État et leur exécution », *Les dossiers juridiques de l'Agence judiciaire du Trésor*, n° 29, min. chargé de l'Économie et des Finances, 1997 – J.-P. Costa, « L'exécution des décisions de justice », *AJDA*, n° spéc. 20 juin 1995, p. 227 s. – P. Delvolvé, « L'exécution des décisions de justice contre l'Administration », *EDCE* 1983-1984. 111 s. ; « L'exécution contre l'Administration », *La réforme des procédures civiles d'exécution, RTD civ.*, n° spéc., 1993. 151 s. – C. Guettier, « L'Administration et l'exécution des décisions de justice », *AJDA* 1999. 66 s. – J.-P. Lay, « L'exécution contre les collectivités locales des condamnations prononcées par le juge judiciaire », *Administrer* 1991. 5 s. – « Rapport du Conseil d'État sur l'exécution des décisions des juridictions administratives », *RFDA* 1990. 480 s. Chaque année, enfin, le rapport annuel du Conseil d'État, publié sur Internet, inclut un rapport sur l'exécution des décisions de la juridiction administrative, établi par la section du rapport et des études, devenue la section des études, de la prospective et de la coopération.

CHAPITRE
1611. Contenu de l'obligation

Pascal Trouilly
Conseiller d'État

Section 0
Orienteur

1611.00 Sommaire du chapitre.

Division. Le contenu de l'obligation dépend de la portée de la chose jugée. Elle résulte du dispositif mais aussi des motifs qui en sont le soutien nécessaire. Elle est parfois explicitée par le juge dans sa décision (v. s[s] n°s 1631.00 s.).

Les obligations résultant pour les personnes publiques des décisions de justice les concernant sont différentes selon qu'une décision administrative a été annulée en totalité ou en partie (sect. 1), que la personne publique a été condamnée à payer une somme d'argent (sect. 2) ou à faire ou ne pas faire quelque chose. Dans ce dernier cas, l'obligation ressort de la décision elle-même et n'appelle pas de commentaires particuliers. Enfin, les décisions de rejet ou de réformation n'appellent aucune mesure d'exécution.

La présente partie étant consacrée aux procédures permettant d'obtenir la parfaite exécution par les personnes publiques de la chose jugée à leur encontre, il n'entre pas dans son objet de décrire la portée de la chose jugée par les juridictions administratives. Nous nous limiterons par conséquent à une esquisse des traits généraux du contenu de l'obligation résultant d'une décision de justice en droit public, sans entrer dans les spécificités, nombreuses et parfois complexes, des différents contentieux qui en relèvent.

1611.03 Bibliographie indicative.

* V. bibliographie citée s[s] n° 161.03.

Section 1
Décisions d'annulation

1611.10 Plan. Les obligations qui résultent pour l'autorité qui a pris la décision de l'annulation de cette dernière découlent du principe selon lequel une décision annulée est censée n'avoir jamais existé et de l'application qu'en fait la jurisprudence pour en concilier la mise en œuvre avec le respect de la sécurité juridique (§ 1). Cette recherche d'un équilibre entre légalité et sécurité juridique est également au cœur de l'exercice par le juge de son pouvoir, relativement récent, de déroger à ce principe de rétroactivité (§ 2).

§ 1
Principe du caractère rétroactif de l'annulation contentieuse et ses conséquences

1611.21 Principe général. Les actes annulés sont réputés n'être jamais intervenus. L'annulation opère donc de façon rétroactive : non seulement l'acte n'existe plus mais encore il doit être considéré comme n'ayant jamais existé[1]. La mise en œuvre de ce principe pose de redoutables difficultés lorsque l'acte, bien que regardé comme nul en droit, n'en a pas moins produit des effets que sa disparition rétroactive implique en théorie d'effacer.

Parfois, l'annulation se suffit à elle-même et ne suppose aucune mesure d'exécution. Tel est le cas lorsque le remplacement de la décision annulée n'est pas nécessaire, l'annulation par le juge de la décision attaquée suffisant à rétablir l'ordonnancement juridique dans l'état qui doit être le sien. Il en va ainsi,

1. CE 26 déc. 1925, Rodière, req. n° 88369, *Lebon* 1065 ; *RD publ.* 1926. 32 s., concl. G. Cahen-Salvador ; *S.* 1925. 3. 49, note M. Hauriou – CE, ass., 10 déc. 1954, Cru et a., *Lebon* 659 ; *D.* 1955. 198 s., concl. A. Jacomet et note P. Weil.

par exemple, dans le cas où sont annulées l'interdiction d'une réunion, la dissolution d'une association ou une réglementation que l'autorité administrative n'était pas tenue d'édicter.

Mais il est des hypothèses beaucoup plus complexes où, de façon schématique (car il n'est pas question ici de faire le tour des subtilités de la jurisprudence), l'annulation oblige la personne publique intéressée :

– à remplacer la décision annulée ;

– mais aussi à reconstituer le passé en effaçant les effets qu'elle a pu produire avant son annulation ;

– voire à apprécier les conséquences à en tirer sur la situation de tiers, extérieurs au procès.

1611.22 **Remplacement de la décision annulée.** L'annulation d'une décision refusant de faire droit à une demande dont l'Administration était saisie a pour effet d'obliger l'Administration à statuer de nouveau sur la demande, dont elle est toujours saisie, sans que le demandeur ait à renouveler sa demande.

Deux règles générales régissent l'exercice par l'autorité administrative de sa compétence dans ce cas :

– d'abord, la nouvelle décision doit tenir compte des circonstances de droit et de fait existant à la date à laquelle elle intervient (ne sont évoqués ici que les principes généraux, à l'exclusion des règles particulières relatives à certains contentieux, tel que le contentieux de l'urbanisme...) même si ces circonstances ont évolué et conduisent la personne publique à prendre une décision dans le même sens que celle qui a été annulée[1] ;

– ensuite, la nouvelle décision doit respecter l'autorité absolue s'attachant aux annulations pour excès de pouvoir et aux motifs qui en constituent le fondement nécessaire (pour une ILLUSTRATION de la règle selon laquelle l'autorité absolue de la chose jugée s'attache au motif qui constitue le support nécessaire du dispositif d'un jugement d'annulation[2]). Pour déterminer dans quelle mesure le contenu de la décision est dicté par l'annulation contentieuse, il faut donc examiner les motifs du jugement ou de l'arrêt, étant précisé que le juge administratif n'hésite pas aujourd'hui, pour prévenir toute équivoque, à préciser dans le dispositif même de sa décision que l'Administration doit se conformer aux « *obligations énoncées* » dans les motifs et à expliciter de façon circonstanciée les conséquences de l'annulation[3].

Trois conséquences en découlent :

– une annulation motivée par un vice de compétence, de forme ou de procédure ne fait pas obstacle à ce que la personne publique prenne une décision au contenu identique à celle qui a été annulée ;

– une annulation découlant de la censure du motif sur lequel l'Administration avait fondé sa décision interdit l'intervention d'une décision fondée sur le même motif. Mais il peut exister d'autres motifs qui permettront à la personne publique de statuer dans le même sens que la décision annulée ;

– dans certains cas, enfin, l'annulation découlant de la constatation d'une illégalité interne interdira radicalement à la personne publique, sauf circonstance nouvelle, de prendre une décision identique. Tel est le cas, par exemple, lorsque l'octroi d'un avantage est subordonné à une seule condition que le juge a estimé remplie.

Enfin, il faut préciser que l'annulation du refus d'autorisation ne fait pas naître une autorisation implicite d'acceptation dans les cas où le régime juridique de l'autorisation le prévoit[4].

1611.23 **Reconstitution du passé.** L'effet rétroactif attaché à l'annulation de l'acte pris par la personne publique suppose parfois l'effacement des conséquences que la décision a emportées avant son annulation. Il en va ainsi, par exemple, lorsque la décision annulée a arrêté ou modifié le déroulement d'une situation administrative, la carrière d'un agent notamment. Dans ce type d'hypothèse, la situation affectée par la décision doit, pour que la chose jugée reçoive toute l'exécution qu'elle emporte, être reconstituée telle qu'elle serait si cette décision n'était jamais intervenue[5]. La règle, si elle est facile à énoncer, est,

1. POUR UN EXEMPLE de prise en compte par le JEX des circonstances de fait et de droit existantes à la date à laquelle il statue : CE 7 oct. 2013, Min. de l'Intérieur, req. n° 360972 : l'annulation d'un refus de visa de long séjour pour un motif tiré de la méconnaissance de la Convention de New York relative aux droits de l'enfant n'implique pas la délivrance de ce visa à l'étranger devenu majeur.
2. CE 19 nov. 1997, M. Sarroub, req. n° 187595, *Lebon ; Procédures* 1998, n° 71 ; *D.* 1998. 22 ; *Rev. crit. DIP* 1998. 51, note P. Lagarde.
3. V. PAR EX. : CE, ass., 29 juin 2001, M. Vassilikiotis, req. n° 213229, *Lebon* 303 ; *AJDA* 2001. 1051 ; *AJDA* 2001. 1046, chron. M. Guyomar, P. Collin ; *GACA*, 9e éd., Dalloz, 2024, n° 87 – CE 3 déc. 2010, Ste SMP technologie et association de tireurs et a., req. n° 332540, *Lebon* T. ; *AJDA* 2010. 2345.
4. EN MATIÈRE D'URBANISME : CE, sect., 7 déc. 1973, Entreprise Fayolle et fils, req. n° 88252, et Min. Agriculture et Développement Rural c/SCA des Nigritelles, req. n° 88106, *Lebon*.
5. ARRÊT DE PRINCIPE : CE 26 déc. 1925, P. Rodière, *Lebon* 1065 ; *DH* 1926. 70 ; *RD publ.* 1926. 32 s., concl. G. Cahen-Salvador – APPLICATION RÉCENTE : CE, sect., 8 avr. 2009, Chambre des métiers et de l'artisanat de la Moselle, req. n° 289314, *Lebon* : « Lorsque le juge administratif annule une décision ayant évincé un fonctionnaire d'un emploi unique, l'intéressé bénéficie, en exécution de cette annulation, d'un droit à réintégration dans l'emploi unique dont il a été écarté, sans que l'employeur puisse lui opposer la nomination de son successeur à ce poste. Dans le cas d'espèce, les décisions de révocation de l'intéressé et de *nomination de son successeur sont divisibles. Il en résulte que, s'il était loisible à l'intéressé de présenter, à l'occasion de sa demande tendant à l'annulation de la décision de révocation, des conclusions tendant à ce qu'il soit enjoint à son administration de le* ▶

on ne peut plus délicate à respecter (v. not. le contentieux, particulièrement abondant sur ce point, en matière de fonction publique lorsque, par exemple, il faut reconstituer, en termes financiers mais aussi sur le plan de l'avancement, la carrière d'un fonctionnaire illégalement évincé[1]).

1611.24 Répercussions de l'annulation sur d'autres décisions que celle qui a été annulée. Par le jeu naturel de sa rétroactivité, l'annulation peut imposer à la personne publique l'obligation de procéder à la révision de certaines situations et, en conséquence, au retrait et au remplacement de décisions autres que celle qui a été censurée. La difficulté est ici de concilier les exigences de la légalité avec l'impératif de sécurité juridique qui empêche que les droits acquis par les tiers soient remis en cause. Aussi bien le juge a-t-il consacré une jurisprudence nuancée faisant dépendre les solutions de la nature – réglementaire ou non – de l'acte annulé :

– l'annulation d'un règlement n'entraîne pas l'obligation de retirer les actes individuels pris en application de cet acte[2] et non attaqués eux-mêmes dans le délai du recours contentieux[3] ;

– quand l'annulation concerne un acte non réglementaire (acte individuel ou « d'espèce »), les décisions subséquentes ayant créé des droits ne peuvent être retirées que dans les conditions de droit commun du retrait des décisions créatrices de droit[4] (délai de quatre mois prévu à l'article L. 242-1 du Code des relations entre le public et l'administration [CRPA]) ;

– dans le régime antérieur à la décision *Département du Tarn-et-Garonne* du Conseil d'État du 4 avril 2014[5], l'annulation de l'acte détachable d'un contrat administratif n'impliquait pas nécessairement que le contrat soit annulé[6] : « *L'annulation d'un acte détachable d'un contrat n'implique pas nécessairement la nullité dudit contrat ; il appartient au juge de l'exécution, après avoir pris en considération la nature de l'illégalité commise, soit de décider que la poursuite de l'exécution du contrat est possible, éventuellement sous réserve de mesures de régularisation prises par la personne publique ou convenues entre les parties, soit, après avoir vérifié que sa décision ne portera pas une atteinte excessive à l'intérêt général, d'enjoindre à la personne publique de résilier le contrat, le cas échéant avec un effet différé, soit, eu égard à une illégalité d'une particulière gravité, d'inviter les parties à résoudre leurs relations contractuelles ou, à défaut d'entente sur cette résolution, à saisir le juge du contrat afin qu'il en règle les modalités s'il estime que la résolution peut être une solution appropriée* ». Le juge, saisi de conclusions tendant à ce que soient prescrites les mesures d'exécution qu'implique nécessairement l'annulation d'un acte détachable d'un contrat, était tenu d'assurer l'exécution de la chose jugée (par la décision ayant prononcé l'annulation de l'acte détachable) s'attachant tant au dispositif qu'aux motifs qui en sont le support nécessaire, sans pouvoir retenir un autre motif que celui retenu comme fondement de cette annulation[7] ;

– l'annulation ou la suspension du contrat de recrutement d'un agent public, qui a créé des droits pour son bénéficiaire, oblige l'Administration, sauf si le contrat présente un caractère fictif ou fraudu-

► *réintégrer dans son poste, il n'a cependant pas d'intérêt à agir pour demander l'annulation de la décision de nomination de son successeur sur ce même poste* », *Lebon* T. – POUR UNE SYNTHÈSE PRATIQUE : E. Gibert, « L'exécution des jugements d'annulation », *Gaz. cnes* 29 avr. 1993. 31 s.

1. J. Pavin, « Fonctionnaires irrégulièrement évincés, la jurisprudence *Deberles* en question », *AJDA* 2003. 2023.
2. Sur les principes de la détermination des actes pouvant être annulés, à condition qu'ils soient contestés dans les délais, par voie de conséquence de l'annulation d'un autre acte, v. CE sect., 30 déc. 2013, Mme Okosun, req. n° 367615.
3. CE 3 déc. 1954, Caussidery, *Lebon* 640 ; *D.* 1955. 204 s., note P. Weil – CE 1er avr. 1960, Quériaud, *Lebon* 245, concl. Henry.
4. CE, sect., 10 oct. 1997, Lugan, req. n° 170341, *Lebon ; AJDA* 1997. 952, chron. T.-X. Girardot ; *RFDA* 1998. 21, concl. V. Pécresse – CE, sect., 10 oct. 1997, Sté Strasbourg FM, req. n° 134766, *AJDA* 1997. 952 s., chron. T.-X. Girardot et F. Raynaud, concl. V. Pécresse ; *RFDA* 1998. 21 s., note G. Pellissier ; *LPA* 20 févr. 1998 – CE 10 mars 2004, Fabre, req. n° 235686, *Lebon* T. 732 : « *L'annulation de la liste d'aptitude aux fonctions de président de chambre régionale et territoriale des comptes n'entraîne pas par elle-même l'annulation des nominations prononcées au vu de cette liste et devenues définitives* » – CE 10 janv. 2007, Grass et a., req. n° 297864, *Lebon ; RFDA* 2007. 1071, concl. C. Vérot : « *Dès lors qu'est devenue définitive l'affectation par le ministre chargé de la Fonction publique des agents issus d'une promotion de l'École nationale d'administration dans les différents corps qu'ils ont choisis, qui a créé des droits à leur profit, l'annulation du classement de fin de scolarité de la promotion concernée est sans influence sur la situation individuelle de ces agents* » – CE 24 juill. 2009, Orfeuil, req. n° 303870 : « *L'annulation d'un arrêté établissant un tableau d'avancement pour une année donnée n'a pas d'effet sur les nominations prononcées sur son fondement dès lors qu'elles sont devenues définitives, faute d'avoir été contestées dans le délai du recours contentieux* » – En revanche, s'agissant de l'attribution de fréquence de radiodiffusion, si non seulement le rejet d'une candidature mais également l'attribution d'une fréquence ont été annulés, le Conseil supérieur de l'audiovisuel doit réattribuer la fréquence en cause en réexaminant les candidatures initialement déposées et non retenues, après avoir demandé aux candidats de les confirmer et le cas échéant de compléter leurs dossiers : CE 2 juin 2010, Assoc. Radio Horizon, req. nos 335075 et 335073, NP.
5. CE, ass., 4 avr. 2014, Dpt du Tarn-et-Garonne, req. n° 358994.
6. CE 21 févr. 2011, Sté Ophrys et Cté d'agglomération Clermont-Communauté, req. n° 337349, *Lebon ; AJDA* 2011. 356 ; *RDI* 2011. 277, obs. R. Noguellou ; *AJCT* 2011. 419, obs. F. Scanvic.
7. CE 21 févr. 2011, Sté Véolia-propreté et a., req. n° 335306, *Lebon* T. ; *AJDA* 2011. 1739, note M.-C. Vincent-Legoux.

leux, à rechercher les moyens de le régulariser ou, si cette régularisation n'est pas possible, de proposer à l'agent un emploi équivalent[1].

§ 2
Modulation dans le temps des effets de l'annulation contentieuse

1611.31 **Principe.** Le juge peut déroger au principe de l'effet rétroactif des annulations contentieuses et prévoir que tout ou partie des effets de l'acte annulé antérieurs à son annulation devront être regardés comme définitifs ou que l'annulation ne prendra effet qu'à une date ultérieure qu'il détermine « *s'il apparaît que cet effet rétroactif de l'annulation est de nature à emporter des conséquences manifestement excessives en raison tant des effets que cet acte a produits et des situations qui ont pu se constituer lorsqu'il était en vigueur que de l'intérêt général pouvant s'attacher à un maintien temporaire de ses effets* ». Cette décision est le résultat d'une mise en balance entre « *d'une part les conséquences de la rétroactivité de l'annulation pour les divers intérêts publics ou privés en présence et, d'autre part, les inconvénients que présenterait, au regard du principe de légalité et de droit des justiciables à un recours effectif, une limitation dans le temps des effets de l'annulation* »[2].

1611.32 **Applications.** Le Conseil d'État n'hésite pas à faire usage de ce pouvoir lorsque les circonstances le justifient[3]. Bien que, dans la plupart des cas, il soit appliqué à la détermination des effets dans le temps de l'annulation d'actes réglementaires[4], il peut aussi en être fait usage en ce qui concerne l'annulation d'actes individuels[5]. Enfin, bien que l'hypothèse soit très rare et tienne à des circonstances particulières, il n'est pas exclu que le juge fixe à une date postérieure à la lecture de sa décision l'effet d'une décision de rejet[6].

1. ANNULATION : CE, sect., 31 déc. 2008, Cavallo, req. n° 283256, *Lebon* 481 ; *AJDA* 2009. 142, chron. S.-J. Liéber et D. Botteghi ; *AJFP* 2009. 153, note G. Calley ; *RFDA* 2009. 89, concl. E. Glaser – SUSPENSION : CE 27 oct. 2010, Georges, req. n° 321469, *Lebon ; AJFP* 2011. 126 ; *AJCT* 2011. 38, obs. E. Aubin.
2. CE, ass., 11 mai 2004, Assoc. AC ! et a., req. n° 255886, *Lebon* 197, concl. C. Devys ; *RFDA* 2004. 438 note J.-H. Stahl et A. Courrèges ; *RFDA* 2004. 454, concl. C. Devys ; *AJDA* 2004. 1183, chron. C. Landais et F. Lénica ; *Dr. adm.* 2004. 8, note O. Dubos et F. Melleray.
3. SUR L'APPLICATION DE CETTE JURISPRUDENCE : J.-H. Stahl, « An I ap. AC ! : les suites de la modulation dans le temps des effets des annulations contentieuses, un an après l'arrêt *Association AC !* », *RJEP* oct. 2005. 355 – G. Pellissier, « Quatre ans d'application de la jurisprudence *Association AC* ! Un premier bilan à l'occasion de deux décisions du CE 5 mars 2008, *Sté TFI et Sté TMC et a., Sté NRJ 12 et Sté TFI* », *RJEP* août-sept 2008. 656 (req. nos 286273, 281451 et 284783).
4. Pour des décisions de 2008 à 2010 faisant usage de ce pouvoir de modulation, v. CE 21 nov. 2008, Assoc. des hôpitaux privés sans but lucratif et a., req. n° 305292, *Lebon* : annulation d'arrêtés du ministre de la Santé fixant les tarifs d'établissements privés de santé pour un motif de fond : la ▶ disparition immédiate et rétroactive « *porterait une atteinte manifestement excessive au fonctionnement du service public hospitalier et à la détermination du remboursement dont bénéficient les assurés sociaux* » : report au 1er mars 2009 et effets produits définitifs. – CE 19 déc. 2008, M. M…, req. n° 312553, *Lebon* : annulation de la disposition d'un décret créant auprès de certains tribunaux un pôle d'instruction, pour un vice de procédure : l'annulation risquant d'entraîner la nullité des mesures prises par les juges d'instruction : reporte les effets de l'annulation à quatre mois après. – CE 10 févr. 2010, M. Pérez, req. n° 329100, *Lebon ; AJDA* 2010. 561, note J.-D. Dreyfus ; *AJDA* 2010. 596, chron. S. Nicinski, P.-A. Jeanneney, E. Glaser ; *D.* 2010. 506, et les obs. ; *Cah. Cons. const.* 2011. 187, note A. Vidal-Naquet ; *Constitutions* 2010. 410, obs. P. de Baecke ; *RTD eur.* 2010. 975, chron. D. Ritleng, J.-P. Kovar et A. Bouveresse : annulation du décret du 19 décembre 2008 relatif au relèvement de certains seuils du Code des marchés publics en tant qu'il relève le seuil applicable aux marchés passés selon la procédure adaptée fixée à l'article 28 du même code : annulation à compter du 1er mai 2010, sous réserve des actions contentieuses engagées à la date de la présente décision contre les actes pris sur son fondement (afin de ne pas porter, eu égard au grand nombre de contrats concernés, une atteinte excessive à la sécurité juridique).
5. CE 12 déc. 2007, M. Sire, req. n° 296072, *Lebon* 471 ; *AJDA* 2008. 638, concl. M. Guyomar ; *D.* 2008. 1457, note P. Caille ; *AJFP* 2008. 172, note R. Gueguen : report à l'avenir des effets de l'annulation d'une décision de nomination d'un magistrat, qui est de nature à entraîner la nullité des jugements et procédures auxquels il a concouru : « *En l'espèce, compte tenu de la nature du motif d'annulation retenu et alors qu'aucun autre moyen n'est de nature à justifier l'annulation, la rétroactivité de cette dernière porterait, eu égard à la nature et à la durée des fonctions exercées par l'intéressé en qualité de procureur de la République près le tribunal de grande instance de Narbonne, une atteinte manifestement excessive au fonctionnement du service public de la justice* » – CE, sect., 30 déc 2010, M. Robert, req. n° 329513, *Lebon ; Constitutions* 2011. 385, obs. O. Le Bot : la nomination d'un magistrat en qualité d'avocat général près la Cour de cassation estannulée faute de consultation du Conseil supérieur de la magistrature (CSM), ainsi que, par voie de conséquence, celle du successeur de ce magistrat dans les fonctions qu'il occupait. Eu égard à l'intérêt général qui s'attache à l'autorité des décisions de justice auxquelles les intéressés ont concouru et à la nature du motif d'annulation retenu, etalors qu'aucun autre moyen n'est de nature à justifier ces annulations, l'effet rétroactif de ces dernières porterait une atteinte manifestement excessive au fonctionnement du service public de la justice.
6. CE, sect., 27 oct. 2006, Sté Techna SA, req. n° 260767, *Lebon ; AJDA* 2006. 2385, chron. C. Landais et F. Lenica ; *D.* 2007. 621, note P. Cassia ; *RFDA* 2007. 265, concl. F. Séners ; *RFDA* 2007. 596, chron. T. Rambaud et A. Roblot-Troizier ; *RTD civ.* 2007. 72, obs. P. Deumier. Il s'agissait en l'occurrence, après le rejet au fond du recours contre un décret dont l'exécution ▶

SECTION 2
DÉCISIONS PORTANT CONDAMNATION À PAYER UNE SOMME D'ARGENT

1611.41 Conformité aux mentions du dispositif. Il est assez aisé de déterminer les conséquences d'un jugement prononçant une condamnation. Par hypothèse, en effet, la décision définit explicitement l'obligation dont la personne publique condamnée doit s'acquitter. Pour être considérées comme ayant exécuté la décision de justice, les personnes publiques doivent donc se conformer strictement aux mentions du dispositif de la décision les ayant condamnées. Aussi bien, et alors même qu'elles ne peuvent pas payer ce qu'elles ne doivent pas, il ne leur appartient pas de rectifier de leur propre initiative, en leur faveur ou en leur défaveur les contradictions entre le dispositif et les motifs de la décision ou les éventuelles erreurs de calcul dont serait entaché le dispositif (pour une ILLUSTRATION de cette logique dans un contentieux de l'astreinte[1] ; autre illustration : sur le fait que l'erreur liée à la circonstance que le dispositif d'une décision ne reprenne pas une condamnation à des intérêts moratoires pourtant alloués au demandeur dans les motifs ne peut être réparée que par la voie de l'appel ou du recours en rectification d'erreur matérielle[2]). L'on rappellera à cet égard que :

– en contentieux administratif, la contradiction entre les motifs d'une décision de justice et le dispositif, doit être contestée devant le juge d'appel, le plus souvent, aujourd'hui, la cour administrative territorialement compétente ;

– en revanche, les erreurs de calcul dont pourrait être entachée la décision de condamnation sont justiciables d'un recours en rectification d'erreur matérielle[3] (pour une synthèse d'une jurisprudence nuancée, v. D. Pouyaud[4]).

1611.42 Intérêts moratoires[5]. L'obligation de payer qui pèse sur l'Administration englobe les intérêts dits « moratoires ». Les sommes qu'une personne publique est condamnée à payer sont en effet productrices d'intérêts légaux dans les conditions établies par la loi du 11 juillet 1975 que la condamnation ait été prononcée par une juridiction administrative ou par une juridiction judiciaire, y compris si le juge ne s'est pas prononcé explicitement sur ce point[6] (C. civ., art. 1231-7 [anc[t] C. civ., art. 1153-1][7]). Sauf si le juge en a décidé autrement, ces intérêts sont dus à compter du jour où la décision a été prononcée (même article), « *jusqu'à l'exécution de la décision, c'est-à-dire, en principe et sous réserve d'un délai anormalement long entre la liquidation et le paiement effectif, jusqu'à la date à laquelle la dette est liquidée* »[8].

Seules les condamnations à payer une somme d'argent à titre d'indemnité, ce qui englobe les frais non compris dans les dépens[9], peuvent donner lieu au versement d'intérêts moratoires. Tel n'est donc pas le cas d'une décision d'annulation pour excès de pouvoir d'une décision refusant de verser une aide ou une prime qui, si elle a des conséquences pécuniaires, n'a pas pour objet de condamner l'Administration à verser une somme d'argent.

1611.43 Majoration de cinq points. Le premier alinéa de l'article L. 313-3 C. mon. fin., issu de l'article 3 de la loi du 11 juillet 1975, attache de plein droit un taux majoré de cinq points par rapport au taux de l'intérêt légal aux condamnations pécuniaires non exécutées dans un délai de deux mois, qui court à compter du jour où cette exécution est obligatoire, c'est-à-dire, en ce qui concerne les décisions de la juridiction administrative, à compter du jour où elles sont notifiées (v. s[s] n° 1612.21)[10].

► avait été suspendue par le juge des référés, de différer l'entrée en vigueur du décret afin de ne pas priver les fabricants du régime transitoire qu'il prévoyait.

1. CE 30 mars 1994, Mme Loubet, req. n° 142026, *Lebon* 172.
2. CE 9 mai 2005, S[té] Nouvelle de travaux, req. n° 256912, *Lebon*.
3. PAR EX., CE 3 mars 1978, S[té] HLM de Paris, req. n° 98896, NP ; *RD publ.* 1979. 313 – CE 23 sept. 1961, Giacobbi, *Lebon* 529.
4. D. Pouyaud, « Le recours en rectification d'erreur matérielle devant les juridictions administratives », *RFDA* 1993. 721 s.
5. POUR AVOIR UNE VUE D'ENSEMBLE DE LA QUESTION, ON CONSULTERA : « Intérêts moratoires relatifs aux dettes et créances des collectivités publiques », *Les dossiers juridiques de l'AJT*, 1996, n° 3, min. Économie et Finances – S'agissant des décisions judiciaires, M. Lombard, « Les intérêts des condamnations prononcées en matière civile », *Gaz. Pal.* 1995. 1. Doctr. 562 s. – Et pour les décisions du juge administratif, l'arrêt de principe sur cette question : CE, sect., 16 janv. 1987, Ribot, req. n° 66309, *Lebon* 9, concl. J. Roux ; concl. publiées égal[t] *RFDA* 1987. 441 s.
6. Ce qui ne saurait cependant le dispenser de le faire s'il est saisi de conclusions EN CE SENS : CE 27 oct. 2010, S[té] Pradeau et Morin, req. n° 318023, *Lebon ; AJDA* 2010. 2080, obs. Grand.
7. CE 30 mars 1994, Mme Loubet, req. n° 142026, *Lebon* 172 – CE 4 nov. 1996, Melle Kerbache, req. n° 173691, *Lebon* 437 ; *RFDA* 1997. 199 – CE 18 juill. 2008, Mme Giffard, req. n° 307311, NP.
8. CE 8 juin 2011, S[té] SEG Fayat, req. n° 344394, *Lebon* T. – Un écart de quelques jours seulement entre ces deux dates ne constitue pas un délai anormalement long : CE 26 janv. 2011, Mme Huet, req. n° 332423.
9. CE 30 mars 1994, Mme Loubet, req. n° 142026, P (préc. s[s] prés[t] n°) – LA JURISPRUDENCE JUDICIAIRE EST DANS LE MÊME SENS : Soc. 2 mai 1989, n° 86-40.895, P V, n° 319 ; *RTD civ.* 1991. 350, obs. P. Jourdain.
10. POUR DES APPLICATIONS DE CES DISPOSITIONS PAR LE JUGE ADMINISTRATIF, V. : CE, ass., 23 mars 1984, Min. Commerce extérieur c/S[té] Alivar, req. n° 24832, *Lebon ; RTD eur.* 1984. 341 s., concl. R. Denoix de Saint-Marc – CE 8 juin 2011, S[té] SEG Fayat, req. n° 344394 (préc., v. s[s] n° 1611.42) – et PAR LE JUGE JUDICIAIRE : Civ. 3e, 3 juin 1992, n° 90-16.792, P III, n° 189 ; *JCP* 1992. II. 3678, n° 14 ; *JCP* 1994. II. 22221, note Enama ; *RTD civ.* 1992. 645, obs. R. Perrot.

Le second alinéa de l'article L. 313-3 C. mon. fin. donne au juge de l'exécution (JEX) le pouvoir, « *à la demande du débiteur ou du créancier, et en considération de la situation du débiteur,* [d']*exonérer celui-ci de cette majoration ou* [d']*en réduire le montant* ». Le Conseil d'État a jugé, à propos de cette disposition peu invoquée devant la juridiction administrative, que « *la demande d'exonération ou de réduction de l'augmentation forfaitaire prévue à cet article est examinée par le juge de l'exécution au regard de la situation du débiteur à la date à laquelle il statue, c'est-à-dire de sa capacité financière à régler les sommes qu'il doit en exécution d'une décision de justice. Le juge peut aussi prendre en considération le comportement du créancier lorsqu'il est susceptible d'avoir rendu plus difficile le règlement de la condamnation pécuniaire* »[1].

Il s'agissait en l'espèce d'une commune qui était en situation de régler intégralement les sommes dues en exécution d'une décision du Conseil d'État, qui n'apportait aucun élément justifiant qu'elle ne serait plus à même de régler ces sommes à la date de la décision du JEX, compte tenu des aides publiques reçues afin de lui permettre de régler le montant de sa condamnation et de sa capacité d'endettement, et qui avait déposé sur un compte à la Caisse des dépôts et consignations les aides publiques reçues, au lieu de les utiliser conformément à leur destination, laissant ainsi s'accroître le coût de la majoration des intérêts dont elle demande au JEX de l'exonérer. Malgré cela, le JEX a pris en compte le fait que l'emprunt requis pour payer le solde des sommes dues pèserait lourdement et pour de longues années sur les finances de la commune, qui a moins de 1 200 habitants, pour accorder une réduction de la somme due au titre des intérêts majorés.

La majoration prévue à l'article L. 313-3 C. mon. fin. ne s'applique qu'au taux de l'intérêt légal, et non au taux des intérêts moratoires contractuels[2].

1611.44 **Capitalisation.** La capitalisation des intérêts moratoires (intérêts des intérêts) est possible sur le fondement de l'article 1343-2 C. civ. (anc[t] C. civ., art. 1154), à condition qu'elle ait été expressément demandée et qu'elle porte sur au moins une année d'intérêts. Une fois demandée, elle n'a plus à l'être à chaque échéance annuelle ultérieure[3].

1. CE 16 déc. 2009, C^ne de Saint-Paul-en-Pareds, req. n° 309774, *Lebon* T. ; *AJDA* 2009. 2435, obs. S. Brondel.

2. CE 23 mai 2012, S^té SPIE SCGPM, req. n° 346352.
3. CE, sect., 13 déc. 2002, Cie d'assurances les Lloyd's de Londres et a. c/Min. Intérieur, req. n° 203429, *Lebon* 460.

CHAPITRE

1612. Caractéristiques générales de l'obligation d'exécuter la chose jugée

PASCAL TROUILLY
CONSEILLER D'ÉTAT

SECTION 0
ORIENTEUR

1612.00 Sommaire du chapitre.

Division. Il convient de distinguer le moment à partir duquel l'autorité concernée est dans l'obligation d'exécuter la décision de justice, date qui ne doit pas être confondue avec celle fixée par le juge pour marque le point de départ des effets de l'annulation, qui est relative au contenu de l'obligation et non à son opposabilité (sect. 1) de la portée de l'obligation (sect. 2).

1612.03 Bibliographie indicative.

* V. bibliographie citée s^s n° 161.03.

SECTION 1
POINT DE DÉPART DE L'OBLIGATION D'EXÉCUTER

1612.10 Plan. L'obligation d'exécuter naît à compter de la date à laquelle la décision de justice est opposable aux parties (§ 1), sans qu'il soit en principe besoin d'en faire la demande à l'Administration condamnée (§ 2).

§ 1
Opposabilité de la décision de justice

A.
Notification de la décision de justice

1612.21 Décisions du juge administratif. Si les décisions de la juridiction administrative acquièrent – pour celles qui en sont revêtues – autorité de la chose jugée dès leur lecture[1], elles ne s'imposent aux parties qu'à compter de leur notification, qui les rend exécutoires[2]. L'obligation d'exécuter la décision s'impose donc à compter de cette notification. La possibilité de mettre en œuvre utilement une procé-

1. CE, sect., 8 juill. 1998, Min. Budget, req. n° 142444, *Lebon* ; *RD publ.* 1998. 1239, concl. T.-X. Girardot – CE 18 janv. 1967, Élections municipales de Santa-Maria-di-Lota (Corse), req. n° 65719, *Lebon* 20 – CE, sect., 4 mars 1998, req. n° 193527, *Lebon*, concl. G. Bachelier.
2. CE 9 févr. 1955, C^ne de Joinville-le-Pont, *Lebon* 79 – CE 26 oct. 1966, D^lle Fourtet, *Lebon* 1094 – CE 13 mars 1968, Élections du maire et de l'adjoint de la commune de Talasani, req. n° 72329, *Lebon* 180 – CE 17 mai 1974, Élections municipales de Camelas, req. n° 93122, *Lebon* 292 – CE 16 oct. 1985, C^ne de la Garenne-Colombes, req. n° 43192, *Lebon* 679 – POUR UNE AFFIRMATION RÉCENTE : CE 8 juin 2011, S^té SEG Fayat, req. n° 344394 (préc., v. s^s n° 1611.42).

dure « *d'exécution forcée* » contre une personne publique implique donc que la décision lui ait bien été préalablement notifiée. Cette précision est importante en pratique car la notification des décisions du juge administratif est le fait du greffe de la juridiction. Pour éviter les déconvenues, celui qui a fait condamner une personne publique doit donc s'assurer auprès de la juridiction de la date à laquelle la notification a été faite. En outre, lorsque les enjeux le justifient, notamment parce que la personne publique a été condamnée à payer d'importantes sommes d'argent, il ne faut pas hésiter à recourir à une signification par voie d'huissier, le Conseil d'État admettant qu'elle emporte les mêmes effets que la notification par le greffe [1]. Il faut toutefois souligner que le développement de l'application Télérecours, depuis quelques années, atténue beaucoup ces difficultés éventuelles.

1612.22 **Décisions du juge judiciaire.** Aux termes de l'article 503 C. pr. civ. : « *Les jugements ne peuvent être exécutés contre ceux auxquels ils sont opposés qu'après leur avoir été notifiés, à moins que l'exécution n'en soit volontaire. En cas d'exécution au seul vu de la minute, la présentation de celle-ci vaut notification* ». Qu'il s'agisse d'agir contre une personne morale de droit privé ou contre une personne morale de droit public, aucune mesure d'exécution forcée ne peut donc être régulièrement entreprise avant signification par voie d'huissier ou (le cas est plus rare ici) notification par lettre recommandée avec demande d'avis de réception. Il en va ainsi même lorsque la décision à exécuter est assortie de l'exécution provisoire et a force de chose jugée [2] (ainsi, nullité d'une saisie attribution faite le jour de la signification de la décision dont l'exécution était poursuivie, les mentions des actes délivrés par l'huissier ne permettant pas de vérifier que la saisie avait été pratiquée après la signification [3]).

B. Incidence des voies de recours sur l'obligation d'exécuter

1° Décisions des juridictions administratives

1612.31 **Principe de l'effet non suspensif des voies de recours.** En principe, les voies de recours formées contre les jugements rendus par les tribunaux administratifs et les arrêts des cours administratives d'appel, appels et pourvois en cassation, sont dépourvues d'effet suspensif (CJA, art. L. 4). Il n'est que très rarement dérogé à ce principe de l'effet non suspensif des recours en matière administrative (sur le principe et les dérogations, v. R. Chapus [4]). La juridiction saisie du recours peut néanmoins ordonner le sursis à l'exécution du jugement ou de l'arrêt, si les moyens invoqués à son encontre apparaissent, en l'état de l'instruction, sérieux et de nature à justifier, outre l'annulation ou la réformation du jugement attaqué, le rejet des conclusions à fin d'annulation accueillies par ce jugement (CJA, art. R. 811-15, R. 821-5 : formulation adaptée au contrôle de cassation). Dans la plupart des cas, donc, même si le délai de la voie de recours n'est pas expiré, et même si cette dernière est exercée, la personne publique peut et doit exécuter la décision de justice l'ayant condamnée. Le Conseil d'État a ainsi rappelé « *qu'à la suite d'une éviction illégale d'un agent titulaire, annulée par le juge de l'excès de pouvoir, il incombe à l'Administration de prendre les mesures de réintégration que l'exécution de la décision du juge appelle nécessairement, même dans le cas où elle en a demandé la cassation* » [5].

1612.32 **Conséquences sur le comportement de la personne publique.** L'exécution de la décision de justice est donc parfaitement indépendante de l'exercice des voies de recours, précisément du fait du principe de l'effet non suspensif de ces dernières. Autrement dit, la personne publique doit exécuter les décisions qu'elle conteste par ailleurs. Il est notamment acquis en jurisprudence que ni l'exécution des jugements avant l'exercice de la voie de recours ouverte contre eux, ni *a fortiori* la manifestation de l'intention de les exécuter, ne valent acquiescement [6]. Selon la même logique, l'exécution du jugement postérieurement à l'exercice de la voie de recours ne saurait rendre cette dernière sans objet et provoquer un non-lieu à statuer [7] (le contentieux des refus de communication de documents administratifs, en application des dispositions de la loi du 17 juillet 1978, en offre une bonne illustration, puisqu'il a été jugé que si la communication spontanée du document fait logiquement perdre au recours son objet [8], il n'en va pas de même lorsqu'elle n'a été faite qu'en exécution d'une décision de justice [9]).

1. CE, ass., 23 mars 1984, Min. Commerce extérieur, req. n° 24832, *Lebon* 128.
2. Civ. 2e, 25 févr. 1998, n° 96-12.438, Lorrain c/Sté générale, P II, n° 60 ; *D. Affaires* 1998. 535 – S. Guinchard (dir.), Dalloz action *Droit et pratique de la procédure civile*, 2024/2025, nos 523.61 s., par N. Fricero.
3. TGI Pontoise, JEX, 26 juill. 2001, RG n° 2001/04620, Francilia c/Ets Dennery.
4. R. Chapus, *Droit du contentieux administratif*, 13e éd., Montchrestien, 2008, nos 1320 s., p. 1387 s.
5. CE 10 juin 2011, Min. Affaires étrangères c/Mme P, req. n° 342600, *Lebon* T. ; *AJDA* 2011. 1901, concl. D. Botteghi.
6. CE, sect., 15 oct. 1982, Épx Rode, req. n° 37626, *Lebon* 341 – CE, sect., 15 déc. 1961, Sté Schneider, *Lebon* 712.
7. CE 22 mai 1992, Mlle Zin Le Khalma, req. n° 106985, *Lebon* ; *JCP* 1992. IV. 229.
8. CE 27 avr. 2001, Zembout, req. n° 183391, NP.
9. CE 30 oct 1996, Centre de gestion de la fonction publique territoriale du Nord, req. n° 121127, *Lebon*.

Cette obligation n'exclut cependant pas toute tentation de l'Administration de faire le pari de l'inexécution, en cas de recours contre une décision les condamnant. Ainsi, dans son rapport sur l'exécution des décisions des juridictions administratives[1], le Conseil d'État a relevé que : « *La durée moyenne d'exécution des décisions de justice par l'Administration est sensiblement affectée par l'existence d'un recours en appel : le jugement de première instance est exécuté dans un délai de vingt et un mois en moyenne lorsqu'il n'est pas contesté et dans un délai de cinquante et un mois dans le cas inverse* ». Ces chiffres ne sont guère satisfaisants. Il faut dire que bon nombre de règles sont de nature à inciter les personnes publiques à ignorer la chose jugée en première instance voire à « *faire le pari de l'inexécution* ». Sans prétendre à l'exhaustivité, on peut citer à cet égard :

– s'agissant des condamnations à payer une somme d'argent, la règle selon laquelle la partie qui s'acquitte de l'indemnité à laquelle elle a été condamnée ne saurait réclamer les intérêts des sommes correspondantes au cas où en appel elle en a été partiellement ou totalement déchargée. Sans doute, une action en répétition de l'indu est-elle possible pour le remboursement du principal[2]. Mais la partie concernée n'est pas fondée à demander à son adversaire la condamnation à la réparation sous la forme d'intérêts au taux légal du préjudice subi par elle du fait du versement de la somme auquel elle était tenue en raison du caractère exécutoire du jugement (la solution est commune aux juridictions administratives[3] – et aux juridictions judiciaires[4]). Le Conseil d'État a réaffirmé récemment cette solution[5]. Il en va toutefois différemment en matière fiscale (LPF, art. L. 208) ;

– la jurisprudence selon laquelle lorsqu'une personne publique n'a pas exécuté la décision des premiers juges infirmée en appel, sa responsabilité ne saurait être engagée. Pour le Conseil d'État, en effet, si une faute a bien été commise, elle n'a pu causer un préjudice réparable car « *elle n'a pas pu porter atteinte à un droit définitivement acquis* » précise la Haute assemblée[6] ;

– dans la mesure où le bénéficiaire de la décision juridictionnelle de première instance présente une demande d'exécution, celle-ci sera examinée par le juge d'appel, conformément à l'article L. 911-4 du CJA. Or, le juge d'appel préférera souvent ne prononcer une éventuelle astreinte qu'après avoir, le cas échéant, confirmé le jugement ;

– la procédure de mandatement d'office prévue, en cas d'inexécution d'une décision juridictionnelle mettant à la charge de l'Administration le paiement d'une somme d'argent, par l'article L. 911-9 du CJA, ne concerne que les décisions passées en force de chose jugée. Elle n'est donc pas susceptible d'être mise en œuvre en vue de l'exécution d'un jugement non définitif.

Enfin, on ne peut ignorer que l'obligation mise à la charge des personnes publiques d'exécuter immédiatement les jugements exécutoires, sans attendre l'issue de la contestation qu'elles ont introduite n'est pas sans inconvénient pratique. Ainsi, si l'Administration exécute, comme elle le doit, le jugement ayant annulé l'éviction du service d'un fonctionnaire, il lui faudra revenir, si le recours aboutit, sur toutes les mesures qu'elle a prises[7].

Lorsque le juge d'appel infirme une condamnation prononcée en première instance, sa décision, dont l'expédition notifiée aux parties est revêtue de la formule exécutoire prévue à l'article R. 751-1 du CJA, permet par elle-même à l'Administration d'obtenir, au besoin d'office, le remboursement de sommes déjà versées en vertu de cette condamnation[8].

2°
Décisions de la juridiction judiciaire

1612.41 Voies de recours ordinaires. Aux termes de l'article 539 C. pr. civ. : « *Le délai de recours par une voie ordinaire suspend l'exécution du jugement. Le recours exercé dans le délai est également suspensif* ». Aussi bien, sous réserve que la décision ne bénéficie pas de l'exécution provisoire de droit ou que celle-ci n'ait pas été accordée par le premier juge, une personne publique n'est pas obligée de s'exécuter lorsqu'elle a fait appel ou lorsqu'elle a formé opposition[9]. Il ne faut toutefois pas se méprendre sur la portée de l'effet suspensif des voies de recours ordinaires. Le principe ne prive pas le bénéficiaire de la chose jugée en première instance des droits qu'il tire de la

1. *RFDA* 1990. 480 s., spéc. 489.
2. CE 5 avr. 1993, Cne de Jouques, req. no 119265, *Lebon* T. 950.
3. CE, sect., 4 mai 1984, Maternité régionale A. Pinard, req. no 26283, *Lebon* 165, concl. L. Dutheillet de Lamothe et chron. B. Lasserre et S. Hubac ; *AJDA* 1984. 430 s., note B. Pacteau ; *Rev. adm.* 1984. 376 s. – CE 3 juin 1987, SA Entreprise Charpinto, req. no 44909, *Lebon* 947.
4. Cass., ass. plén., 3 mars 1995, no 91-19.497, P, no 1 ; *D.* 1995. 249 s., concl. M. Jeol ; *JCP* 1995. II. 22482, note Ph. Delebecque ; *RTD civ.* 1995. 687, obs. R. Perrot.
5. CE, sect., 2 juin 2017, Cté de communes Auray Quiberon Terre Atlantique, req. no 397571.
6. CE 23 sept. 1983, Min. Intérieur c/Dridi, req. no 16032, *Lebon* T. 829 ; *Rev. adm.* 1984. 48 s., note B. Pacteau ; *D.* 1984. IR 206, obs. F. Moderne et P. Bon.
7. B. Pacteau, « Paradoxes et périls du principe de l'effet non suspensif de l'appel en contentieux administratif », *Mél. Chapus*, Montchrestien, 1992, p. 493 s.
8. CE 23 janv. 2012, Dpt des Bouches-du-Rhône, req. no 348725.
9. SUR L'EFFET SUSPENSIF : – DE L'APPEL : S. Guinchard (dir.), Dalloz action *Droit et pratique de la procédure civile*, 2024/2025, nos 643.11 à 643.13, par J. Pellerin, et DE L'OPPOSITION : nos 645.71 à 645.73, par D. d'Ambra.

décision. Ainsi, par exemple, en cas de confirmation pure et simple du jugement querellé, les condamnations devront être exécutées avec les intérêts. De même, si la personne publique est condamnée sous astreinte, la confirmation pure et simple du jugement – qui par hypothèse n'aura pas été exécuté – pourra conduire la personne publique à payer rétroactivement une somme importante. La Cour de cassation considère en effet que l'astreinte est due à compter du jour fixé par le jugement de première instance et non à compter de la date de l'arrêt d'appel confirmatif[1]. Il n'en va autrement que lorsque le jugement de première instance n'est pas exécutoire[2]. Ces règles sont connues et ne présentent aucune spécificité lorsqu'une personne publique est en cause. Tout au plus, faut-il signaler ici qu'elles ont conduit le Premier ministre à prendre une circulaire relative aux respects des décisions du juge judiciaire par l'État et ses établissements publics dont il ressort que : « *Le respect des décisions de justice par l'Administration est une garantie essentielle d'un État de droit qui doit les conduire à n'en interjeter appel qu'à bon escient* »[3].

1612.42 **Voies de recours extraordinaires.** En application des dispositions de l'article 579 C. pr. civ., le recours par une voie extraordinaire (le pourvoi en cassation, le recours en révision et la tierce-opposition) et le délai ouvert pour l'exercer ne sont pas suspensifs d'exécution, sauf si la loi en dispose autrement[4]. Aussi bien, le fait pour une personne publique de ne pas exécuter une décision du juge judiciaire en attendant l'issue d'une voie de recours extraordinaire est-elle une faute. S'agissant du pourvoi en cassation, on ajoutera que la personne publique demanderesse, qui n'a pas exécuté la décision querellée, s'expose à ce que son pourvoi soit retiré du rôle sur le fondement des dispositions de l'article 1009-1 C. pr. civ. Une telle mesure, certes coercitive, n'est en effet pas une procédure d'exécution forcée (ainsi, pour une affirmation explicite concernant il est vrai l'immunité d'exécution des États étrangers[5]).

1. PAR EX., Civ. 2e, 20 juin 1996, n° 94-14.012, P II, n° 168 ; *D.* 1996. IR 179 ; *RTD civ.* 1997. 509, obs. R. Perrot.
2. Civ. 2e, 11 juin 1997, n° 95-13.961, P II, n° 170 ; *Procédures* 1997, n° 173 ; *D.* 1997. 536, note P. Julien ; *RTD civ.* 1997. 743, obs. R. Perrot ; *RTD civ.* 1998. 733, obs. J. Normand.
3. Circ. Prem. min., 9 févr. 1995, relative au respect des décisions du juge judiciaire, *JO* 15 févr., p. 2522 ; *D.* 1995. 199.
4. SUR LE CARACTÈRE NON SUSPENSIF : DU POURVOI EN CASSATION, v. S. Guinchard (dir.), Dalloz action *Droit et pratique de la procédure civile*, 2024/2025, nos 653.351 s., par C. Fattaccini – DE LA TIERCE-OPPOSITION, v. S. Guinchard (dir.), Dalloz action *Droit et pratique de la procédure civile*, 2024/2025, nos 651.321 s., par D. d'Ambra – DU RECOURS EN RÉVISION, v. S. Guinchard (dir.), Dalloz action *Droit et pratique de la procédure civile*, 2024/2025, nos 652.241 s., par D. d'Ambra.

§ 2
Nécessité d'une demande ?

1612.51 **Condamnation à payer.** Lorsque l'État ou une autre personne morale de droit public est condamné par une décision de justice à payer une somme d'argent, il doit s'exécuter sans même qu'une demande soit formulée en ce sens par le bénéficiaire de la condamnation. Le paiement doit être spontané. Du reste, les intérêts moratoires courent dès que le jugement est exécutoire et « *même en l'absence de demande* »[6] (C. civ., art. 1153-1, réd. L. 5 juill. 1985 [devenu C. civ., art. 1231-7] – v. ss n° 1611.42). Le bénéficiaire de la chose jugée peut donc se contenter d'attendre le versement des sommes qui lui sont dues. En pratique, il a malgré tout intérêt à prendre l'initiative pour ne pas laisser accréditer l'idée qu'il s'est désintéressé des suites que comportait la décision de justice rendue à son profit. C'est en effet la demande qui va placer la personne publique en face de ses obligations et qui permettra le jour venu, si nécessaire, de caractériser sa faute tout en préservant les droits à indemnité du justiciable. C'est la logique qui a prévalu dans une espèce où, en ne prenant pas l'initiative de mettre l'intéressé en demeure de faire connaître s'il entendait obtenir le bénéfice immédiat du jugement rendu à son profit, l'Administration a commis une faute engageant sa responsabilité[7]. Mais, selon une jurisprudence il est vrai ancienne, les conséquences préjudiciables de cette faute peuvent être atténuées par l'attitude de l'intéressé qui s'est délibérément abstenu de demander l'exécution du jugement lui donnant gain de cause[8]. Une action du bénéficiaire de la chose jugée est d'autant plus opportune qu'aucun formalisme n'est imposé à cet égard. En pratique, cependant, pour des raisons de preuve, il vaut mieux privilégier la lettre recommandée avec demande d'avis de réception, voire le commandement de payer délivré par acte extrajudiciaire (sur la possibilité et les conséquences de la délivrance par voie d'huissier d'un commandement de payer à une personne publique). Une demande expresse est également opportune lorsque le justiciable veut obtenir, après réformation en appel ou après cassation, la restitution d'une somme qu'il a payée à la personne publique sur le fondement d'une décision de justice exécutoire. L'Administration doit les intérêts au taux légal de cette somme à compter

5. Civ., ord. 1er prés., 14 mars 1995, n° 94-14.924, P, n° 11.
6. CE sect., 16 janv. 1987, Ribot, req. n° 66309, *Lebon* 9, concl. J. Roux ; *AJDA* 1987. 97 s., chron. M. Azibert et M. de Boisdeffre ; *Rev. adm.* 1987. 145 s., note Ph. Terneyre ; *GACA*, 9e éd., Dalloz, 2024, n° 94.
7. CE 26 oct. 1966, Dlle Fourtet, *Lebon* 1094.
8. V. AUSSI, CE 21 nov. 1952, Min. Travaux publics c/Rullier, *Lebon* 528.

de la notification, qui la rend exécutoire, de la décision ouvrant droit à restitution, et ces intérêts courent jusqu'à l'exécution de la décision, c'est-à-dire, en principe et sous réserve d'un délai anormalement long entre la liquidation et le paiement effectif, jusqu'à la date à laquelle la dette est liquidée[1].

1612.52 **Annulation d'un acte.** Lorsque la décision de justice a annulé un acte pris par une personne publique, plusieurs cas se présentent :

– parfois, l'annulation de la décision attaquée suffit à rétablir l'ordonnancement juridique dans l'état qui doit être le sien. Il en va ainsi, par exemple, lorsque sont annulées l'interdiction d'une réunion, la dissolution d'une association ou une réglementation que l'autorité administrative n'était pas tenue d'édicter. Dans ce cas, il n'est pas utile de demander à la personne publique de tirer les conséquences de la chose jugée ;

– lorsque le remplacement de la décision annulée se réalise automatiquement, le bénéficiaire de la chose jugée peut également se dispenser d'agir. Ainsi, lorsque l'acte censuré avait modifié, abrogé ou retiré des normes antérieures, son annulation a pour conséquence mécanique la remise en vigueur de celles-ci (ainsi, l'annulation du retrait d'une autorisation en restitue le bénéfice à son titulaire, alors même qu'il s'agissait d'une autorisation tacite[2]) ;

– enfin, lorsque l'annulation de l'acte attaqué crée une obligation de redécider à la charge de la personne publique compétente, l'obligation de remplacer la décision annulée est généralement indépendante de toute demande. Ainsi, lorsque l'acte censuré avait été pris en conséquence d'une demande adressée à l'autorité administrative, cette dernière « *se trouve à nouveau saisie de plein droit* » sans que la demande doive être renouvelée[3] (il en va autrement si la décision annulée a été prise, non en conséquence de la demande, mais sur recours gracieux ou hiérarchique[4]).

Dans deux cas, toutefois, une **demande explicite** doit être faite :

– l'administré qui a obtenu d'un tribunal l'annulation du rejet d'une demande, d'un refus d'autorisation (d'un refus de délivrer un permis de construire par exemple) veut faire courir à l'encontre de la personne publique compétente les délais de décision implicite ;

– en application de l'article L. 600-2 C. urb., « *lorsqu'un refus opposé à une demande d'autorisation d'occuper ou d'utiliser le sol ou l'opposition à une déclaration de travaux régies par le présent Code a fait l'objet d'une annulation juridictionnelle, la demande d'autorisation ou la déclaration confirmée par l'intéressé ne peut faire l'objet d'un nouveau refus ou être assortie de prescriptions spéciales sur le fondement de dispositions d'urbanisme intervenues postérieurement à la date d'intervention de la décision annulée sous réserve que l'annulation soit devenue définitive et que la confirmation de la demande ou de la déclaration soit effectuée dans les six mois suivant la notification de l'annulation au pétitionnaire* ».

1. CE 8 juin 2011, S^té Seg Fayat, req. n° 344394 (préc., v. s^s n° 1611.42).
2. CE 15 déc. 1995, Assoc. centre antillo-guyanais pour la promotion de l'enfant, req. n° 133281, NP ; *Dr. adm.* avr. 1985, n° 209.
3. CE, sect., 7 déc. 1973, S^té des Nigritelles, req. n°s 88252 et 91237, *Lebon* 699 – CE 7 déc. 1973, Entreprise Fayolle, req. n° 88106, *Lebon* 703 ; *AJDA* 1974. 80 s, chron. J. Fourré et M. Boyon ; 85 s., note G.
4. CE 16 févr. 1994, Polyclinique Saint Pierre, req. n° 119544, *Lebon* 1133 ; *D.* 1995. 237, obs. F. Thiriez ; *RDSS* 1994. 447, obs. J.-M. de Forges ; *RD publ.* 1994. 1151 s., concl. R. Abraham.

SECTION 2

PORTÉE DE L'OBLIGATION D'EXÉCUTER LA CHOSE JUGÉE

1612.60 **Plan.** La portée de l'obligation d'exécuter la chose jugée est générale et absolue (§ 1). Le législateur peut néanmoins, sous certaines conditions, intervenir pour limiter certaines conséquences de la décision de justice (§ 2).

§ 1
Obligation générale et absolue

1612.71 **Généralités.** Dans la mesure où il y a obligation d'exécuter la chose jugée, qu'il s'agisse d'exécuter un jugement de condamnation notamment à des dommages et intérêts, ou de se conformer à un jugement annulant un acte administratif, cette obligation est absolue. Selon les termes du Professeur Chapus : « *La personne publique* [...] *condamnée doit absolument verser, par exemple, les sommes dont elle est déclarée débitrice. L'autorité administrative à qui il appartient de prendre les mesures dont une annulation pour excès de pouvoir impose l'édiction est absolument tenue de prendre ces mesures. En l'absence même d'injonction* [...], *l'obligation d'exécuter s'impose* ». L'Administration est donc tenue d'exécuter la chose jugée à son encontre comme elle est tenue d'assurer, au besoin par la force, l'exécution de toutes les décisions de justice, qu'elle y ait été ou non partie. Dans un État de droit, en effet, la puissance publique doit assurer le respect du droit, à la fois en rendant la justice par ses organes juridictionnels et en la réalisant matériellement par ses organes exécutifs. On ne comprendrait pas dès lors qu'elle puisse ne pas respecter ce qu'elle impose aux autres...

1612.72 **Toutes les décisions de justice.** Toutes les décisions juridictionnelles, quelle que soit la juridiction dont elles émanent, qu'elles aient ou non l'autorité de la chose jugée (ordonnances de référé ou ordonnances sur requête, rendues sur le fondement des dispositions de C. pr. civ., art. 145), qu'elles tranchent l'intégralité du litige ou soient rendues avant dire droit, s'imposent aux personnes publiques (v. à propos des décisions du juge des référés [1]). Il en va de même des décisions rendues par les juridictions étrangères à condition, bien sûr, qu'elles soient pourvues de l'*exequatur* [2], ou par les juridictions européennes (Cour européenne des droits de l'homme [CEDH], Cour de justice de l'Union européenne [CJUE]). Aujourd'hui, il n'y a plus guère que les décisions rendues par le Conseil d'État (saisi par le ministre intéressé) ou par la Cour de cassation (sur saisine de son procureur général), suite à un recours dans l'intérêt de la loi, qui soient susceptibles de n'avoir qu'une portée doctrinale à l'égard des personnes publiques. Mais l'hypothèse est marginale et vaut dans les mêmes termes à l'égard des personnes privées (sur ce recours mentionné ici simplement pour mémoire, devant les juridictions administratives, v. R. Chapus [3] – devant les juridictions judiciaires, v. L. Cadiet et E. Jeuland [4]).

1612.73 **Circonstances indifférentes.** Rien ne peut tempérer l'obligation qu'ont les personnes publiques d'exécuter pleinement les décisions de justice qui les frappent. Aucune considération, aucune excuse ne peut l'emporter sur l'obligation de se conformer à la chose jugée. Sont aussi souvent écartés par le juge qu'ils sont invoqués par l'Administration, les arguments tirés :

– **de la difficulté d'exécuter**, alors même que cette difficulté serait réelle, d'un point de vue matériel, intellectuel ou financier. Ainsi, lorsque l'exécution matérielle d'une décision de justice est impossible en raison des circonstances de fait (par ex. l'annulation du refus de la communication d'un document disparu le jour du prononcé de la décision juridictionnelle ne peut donner lieu à exécution), l'Administration engage sa responsabilité (ce qui prouve bien qu'elle n'est pas libérée de son obligation d'exécuter la chose jugée). De telles circonstances peuvent en revanche influer sur la détermination du « délai raisonnable » d'exécution évoqué ci-dessus. La Cour européenne des droits de l'homme a d'ailleurs jugé que les personnes publiques ne peuvent se soustraire à une condamnation pécuniaire en invoquant l'insuffisance de leurs crédits [5]. Le Conseil d'État est, sur ce point, du même avis [6] ;

– **des mérites de la décision de justice**, du fait, par exemple, qu'elle émane d'une juridiction manifestement incompétente (en doctrine, v. R. Odent [7]). Il n'est pas rare que l'Administration se fasse juge de la décision de justice et considère que les imperfections de celle-ci lui permettent de l'éluder purement et simplement, parfois ouvertement et brutalement (notamment lorsqu'elle émane des juridictions de l'ordre judiciaire réputées trop étrangères, à tout le moins trop indifférentes aux choses de l'Administration et à la logique du service public). Pourtant, la chose mal jugée reste la chose jugée. Et son autorité s'attache même aux décisions erronées, quels que soient les vices dont elles sont affectées (ainsi, pour des ILLUSTRATIONS devant le juge judiciaire [8]), la règle violée serait-elle d'ordre public [9]. En dehors des voies de recours, et une fois qu'elles ont été exercées ou que les délais d'exercice sont expirés, il est de principe, en effet, que la chose irrévocablement jugée couvre les erreurs – et toutes les erreurs – du jugement ;

– **de l'intervention d'un texte de loi** qui autoriserait, d'une façon générale, l'Administration à réviser les situations comparables à celle de celui qui bénéficie d'une décision juridictionnelle définitive [10] ou ouvrirait au justiciable de nouveaux droits [11] ou même modifierait les règles qui lui étaient applicables [12]. Autrement dit, et selon la formule du Président

1. CE, sect., 5 nov. 2003, Assoc. Convention vie et nature pour une écologie radicale, Assoc. pour la protection des animaux sauvages, req. n°s 259339, 259706 et 259751, *Lebon* 444, note F. Donnat et D. Casas ; *GACA*, 3e éd., Dalloz, 2011, n° 66 ; *AJDA* 2003. 2253, chron. F. Donnat et D. Casas ; 2225, P. Cassia ; *RFDA* 2004. 601, concl. F. Lamy ; *RTD eur.* 2004. 333, chron. D. Ritleng et 363, chron. J. Dutheil de La Rochère, N. Grief et E. Saulnier.
2. R. Odent, *Contentieux administratif*, Les cours de droit, 1976-1981, fasc. V, p. 1762, citant : CE 17 nov. 1972, Dame Vve Benabed, req. n° 86388, *Lebon* 731 – CE 9 févr. 1973, Dame Vve DTaleb Laid Ould Ali, req. n° 83236, *Lebon* 124 – CE, ass., 23 juill. 1974, Dame Vve Naoui Ben Abdallah, req. n° 81086, *Lebon* 428, concl. M. Morisot.
3. R. Chapus, *Droit du contentieux administratif*, 13e éd., Montchrestien, 2008, n°s 1500 s., p. 1351 s
4. L. Cadiet et E. Jeuland, *Droit judiciaire privé*, 12e éd., LexisNexis, 2023, n° 875, p. 722.
5. CEDH 23 oct. 2003, *Timofeyev c/Russie*, req. n° 58263/00, *JCP* 2004. II. 204, n° 8, obs. F. Sudre.
6. CE, sect., 25 sept. 1970, C^ne de Batz-sur-Mer, *Lebon* 540 ; *AJDA* 1971. 60 et 37, chron D. Labetoulle et J. Cabannes, jugeant que la modicité des ressources d'une commune n'est pas de nature à lui faire échapper à sa responsabilité.
7. R. Odent, *Contentieux administratif*, Les cours de droit, 1976-1981, fasc. V, p. 1768.
8. Civ. 2e, 7 janv. 1981, n° 79-14.839, P II, n° 1 ; *RTD civ.* 1981. 436 s., obs. J. Normand – Com. 14 nov. 1989, n° 88-17.188, P IV, n° 289 ; *JCP* 1990. IV. 14 ; *RTD com.* 1990. 588, obs. C. Champaud.
9. Com. 30 mai 1985, n° 84-11.526, P IV, n° 174.
10. CE, sect., 29 nov. 1963, Min. Anciens combattants c/Disset, *Lebon* 102.
11. CE, sect., 8 oct. 1965, Richard, *Lebon* 500.
12. CE, sect., 21 mai 1965, Joulia, *Lebon* 294.

Odent[1] : « *L'autorité qui s'attache à la chose jugée est intangible* » ;

– de l'opportunité qui pourrait exister à ne pas exécuter[2] ;

– **des droits acquis par les tiers** entre la prise de la décision par la personne publique et son annulation par le juge[3] ;

– **de considérations à « coloration juridique »** tendant, par exemple, à faire prévaloir le principe de légalité sur l'autorité de la chose jugée (ainsi, agent à réintégrer du fait d'une décision de justice définitive, exerçant une activité privée incompatible avec un emploi public – ou encore, agent à réintégrer suite à l'annulation de la décision l'évinçant du service, refusant le poste auquel il sera affecté[4]). L'exécution d'une décision qui s'impose à une personne publique ne constitue en effet jamais une illégalité (en doctrine, v. R. Odent[5]) ;

– **des exigences de la comptabilité publique ou du droit budgétaire** (indisponibilité des fonds, nécessité d'un mandatement global, insuffisance des crédits votés au budget, *etc.*). Dans la pratique, cette circonstance est souvent mise en avant par l'Administration. Mais il est admis depuis fort longtemps que la « légalité budgétaire » est inopposable aux administrés (rappr. de la logique qui a prévalu au stade, non de l'exécution de la condamnation, mais de la détermination de l'obligation à la dette, et entraîné la condamnation d'une commune à verser aux ayants droit d'un collaborateur bénévole du service public une somme approchant le montant de son budget annuel – autre cas où le ministre invoquait l'absence de crédits pour échapper à une condamnation[6] ...). Elle ne crée aucun droit et n'est susceptible d'être la source d'aucune charge dans leur patrimoine (v. à ce sujet G. Vedel et F. Rolin[7]). Ainsi que l'a parfaitement résumé J. Magnet[8] : « *Au contraire* [des règles du droit administratif...], *les règles de la comptabilité publique ne s'appliquent immédiatement qu'aux agents publics chargés de l'exécution des opérations financières et n'ont d'effet à l'égard d'autres personnes que par l'intermédiaire de ces agents* [...]. *Les droits et obligations de l'État et les autres organismes publics envers les organismes privés ou les particuliers n'ont pas pour fondement le budget : leurs créances résultent principalement des lois fiscales, leurs dettes des contrats passés par eux, des services faits pour eux ou des jugements rendus contre eux* » ;

– **de l'existence d'une saisie conservatoire autorisée par le juge judiciaire** au préjudice du créancier de la personne publique pour un montant inférieur à la condamnation prononcée par le juge administratif[9].

1612.74 Renonciation à la chose jugée contre les personnes publiques. Lorsqu'une décision de justice condamne une personne publique à payer une somme d'argent, le Conseil d'État admet que le bénéficiaire de la condamnation puisse y renoncer, et que la personne publique soit en droit d'opposer cette renonciation à son auteur[10]. Il faut y prendre garde même si bien sûr le justiciable ne peut être considéré comme ayant renoncé au bénéfice de la chose jugée que s'il en a manifesté la volonté, de manière si ce n'est expresse, au moins non équivoque. Ainsi, le fait pour une partie qui a eu partiellement gain de cause de demander à son adversaire l'exécution de ce qui a été jugé par une juridiction administrative n'emporte pas acquiescement à la décision[11]. De même, l'exécution d'un jugement de tribunal administratif avant sa contestation ne vaut pas renonciation à en interjeter appel[12]. S'agissant des décisions annulant des décisions prises par les personnes publiques, ce risque n'existe pas. La renonciation du justiciable qui a obtenu gain de cause est impossible « *eu égard aux effets qui s'attachent à l'annulation* [...] *d'un acte administratif* »[13]. Le contentieux de l'excès de pouvoir est, en effet, par nature, un contentieux d'ordre public. L'autorité absolue des arrêts d'annulation, qui n'est pas à la disposition des parties, s'oppose à ce que la personne publique puisse se prévaloir d'une quelconque renonciation à bénéficier de la chose jugée de la part de celui qui est parvenu à faire censurer un de ses actes qu'il soit réglementaire ou non.

1. R. Odent, *Contentieux administratif*, Les cours de droit, 1976-1981, fasc. I, p. 457.
2. CE 8 févr. 1961, Rousset, *Lebon* 85, concl. G. Braibant.
3. CE, ass., 10 déc. 1954, Cru et a., *Lebon* 659 ; *D.* 1955. 198 s., concl. Jacomet, note P. Weil.
4. CE 15 juill. 1955, Renteux, *Lebon* 446.
5. R. Odent, *Contentieux administratif*, Les cours de droit, 1976-1981, fasc. V, p. 1768.
6. CE 20 oct. 1961, Min. Travaux publics c/Muffat, *Lebon* 577 ; *AJDA* 1962. II. 304, obs. Drago.
7. G. Vedel, « La Cour des comptes et le juge administratif de droit commun », *Pages de doctrine*, LGDJ, 1980, vol. 2, p. 335 s. – CAA Paris, 27 sept. 1994, Sté Paris Globe Communication, req. nº 94PA00380, *Lebon* T. ; *D.* 1995. 397 s., note F. Rolin.
8. J. Magnet, *Éléments de comptabilité publique*, 5e éd., LGDJ, 2001, p. 27 s.
9. CE 6 nov. 1998, M. Sicret, req. nº 190470, NP.
10. CE 22 juin 1963, Min. Intérieur c/Darcel, *Lebon* 394 – CE 12 juin 1981, Mme Martin-Bouyer, req. nº 16369, NP ; *RD publ.* 1982. 239 – C. Blumann, *La renonciation en droit administratif français*, LGDJ, 1974, nº 461, p. 187.
11. CE 9 janv. 1981, Office HLM de la Mayenne, req. nº 11225, NP ; *RD publ.* 1981. 845.
12. CE, sect., 15 oct. 1982, Épx Rode, req. nº 37626, *Lebon* 341.
13. CE, sect., 13 juill. 1967, Min. Éducation nationale c/École privée des filles de la Pradelle, *Lebon* 339 ; *RD publ.* 1966. 187 s., concl. Bernard ; *RD publ.* 1967. 1205 s., chron. M. Waline – CE 19 déc. 1986, Min. Agriculture c/Binard, req. nº 66006, NP ; *Dr. adm.* 1987, nº 123 – C. Blumann, *La renonciation en droit administratif français*, LGDJ, 1974, nº 474, p. 192.

1612.75 Inapplicabilité de la prescription quadriennale aux condamnations à payer une somme d'argent. La prescription au terme d'un délai de quatre ans des créances sur l'État, les départements, les communes et les établissements publics, instituée par l'article 1er de la loi du 31 décembre 1968[1], relative à la prescription des créances sur l'État, les départements, les communes et les établissements publics – aux termes duquel : « *Sont prescrites, au profit de l'État, des départements et des communes, sans préjudice des déchéances particulières édictées par la loi et sous réserve des dispositions de la présente loi toutes créances qui n'ont pas été payées dans un délai de quatre ans à partir du 1er jour de l'année suivant celle au cours de laquelle les droits ont été acquis. Sont prescrites dans le même délai et sous la même réserve, les créances sur les établissements publics dotés d'un comptable public* » – ne s'applique pas aux dettes nées d'une obligation de payer une somme d'argent en exécution d'une décision de justice. Aux termes de l'article 7 alinéa 2 de la loi du 31 décembre 1968, en effet : « *En aucun cas, la prescription ne peut être invoquée par l'Administration pour s'opposer à l'exécution d'une décision passée en force de chose jugée* ». Cette réserve appelle trois précisions :

– **la notion de « *décision passée en force de chose jugée* »** est délicate à manier alors qu'on la retrouve dans la plupart des textes relatifs à l'exécution des décisions de justice par les personnes publiques. Lorsque la décision émane d'une juridiction de l'ordre judiciaire, les choses sont simples puisqu'il suffit de se reporter à l'article 500 C. pr. civ. selon lequel : « *A force de chose jugée le jugement qui n'est susceptible d'aucun recours suspensif d'exécution* » et à l'article 501 C. pr. civ. dont il ressort que le jugement est « exécutoire » à partir du moment où il est passé en force de chose jugée. Aussi bien, par exemple, un arrêt rendu par une cour d'appel, la décision d'un tribunal de grande instance, assortie de l'exécution provisoire[2], un jugement rendu en premier et dernier ressort par un tribunal d'instance ou une ordonnance de référé est une « *décision passée en force de chose jugée* » au sens de l'article 7 alinéa 2 de la loi du 31 décembre 1968. Lorsque la décision émane d'une juridiction de l'ordre administratif, les dispositions du Code de procédure civile ne sont « *d'aucun secours* ». Surtout, dans la mesure où, en principe, les voies de recours n'ont ici pas d'effet suspensif, la logique est radicalement différente de celle qui prévaut devant les juridictions judiciaires : une décision « *exécutoire* » n'a pas nécessairement « *force de chose jugée* ». De la jurisprudence, il se déduit que les jugements rendus en premier ressort (la plupart du temps ils émanent des tribunaux administratifs) sont « *passés en force de chose jugée* » lorsqu'ils sont « *devenus définitifs* », le délai d'appel étant expiré sans qu'il ait été mis à profit ou l'appel ayant été rejeté. De façon toute aussi certaine doivent être considérées comme « *passées en force de chose jugée* » les décisions susceptibles seulement d'un recours en cassation, soit qu'elles aient été rendues en premier et dernier ressort (par ex., les ordonnances de l'article L. 551-1 du CJA), soit qu'elles émanent des cours administratives d'appel[3] ;

– la règle prévue à l'alinéa 2 de l'article 7 de la loi du 31 décembre 1968 ne concerne que la créance née de la décision de justice elle-même et non de circonstances postérieures (telles que le refus ou le retard à exécuter). S'agissant des préjudices liés à ces circonstances, la prescription quadriennale exige qu'une action soit entreprise dans un délai de quatre ans ;

– enfin, la décision visée à l'article 7 alinéa 2 de la loi du 31 décembre 1968 est une décision dont il doit résulter une condamnation à payer à l'encontre de la personne publique. Si en effet l'action en paiement ou en réparation a été portée devant une juridiction incompétente ou a été déclarée irrecevable, le cours de la prescription (qui a été interrompu par l'introduction du recours) reprendra « *à partir du premier jour de l'année suivant celle au cours de laquelle la décision est passée en force de chose jugée* » (L. 31 déc. 1968, art. 2, al. dern.).

Le Conseil d'État a confirmé qu'il résultait des articles 1er et 7 de la loi du 31 décembre 1968 que l'Administration n'est pas fondée, pour justifier son refus de verser des sommes mises à sa charge, à opposer l'exception de prescription quadriennale à la demande du requérant tendant au paiement de ses créances[4].

La jurisprudence ne semble pas, à ce jour, avoir confirmé expressément la faculté, pour des personnes publiques condamnées au paiement d'une somme d'argent, d'invoquer le bénéfice de la prescription

1. L. no 68-1250, 31 déc 1968, relative à la prescription des créances sur l'État, les départements, les communes et les établissements publics, *JO* 3 janv. 1969.
2. EN CE SENS : CE, ass. avis, gén. sect. int., 3 juin 1999, req. no 363548, « Rapport public du Conseil d'État pour l'année 1999 », *EDCE* 1999. 210 et 211.
3. CE, ass., 27 oct. 1995, Mattio, req. no 150703, *Lebon* 359 ; *AJDA* 1996. 57 s., concl. J. Arrighi de Casanova ; *RF décentr.* 1996. 256 s., obs. B. Pacteau ; *RDI* 1996. 99, obs. H. Heugas-Darraspen et F. Schaufelberger – CE, sect., 5 nov. 2003, Assoc. Convention vie et nature pour une écologie radicale, Assoc. pour la protection des animaux sauvages, req. nos 259339, 259706 et 259751, *Lebon* 444 ; *GACA*, 3e éd., Dalloz, 2011, no 66 ; *AJDA* 2003. 2253, note F. Donnat et D. Casas [en matière de référé] ; 2003. 2225, tribune P. Cassia ; *RFDA* 2004. 601, concl. F. Lamy ; *RTD eur.* 2004. 333, chron. D. Ritleng et 363, chron. J. Dutheil de La Rochère, N. Grief et E. Saulnier.
4. CE 12 févr. 2020, M. Liboutry, req. nos 432598 et 432599, *Lebon* T ; *AJDA* 2020. 377 ; *AJFP* 2020. 289.

« *de droit commun* » prévue aujourd'hui par l'article L. 111-4 C. pr. exéc. Cette prescription de dix ans concerne « *l'exécution des titres exécutoires* » et l'article L. 111-3 du même code inclut parmi les titres exécutoires « *les décisions des juridictions de l'ordre judiciaire ou de l'ordre administratif lorsqu'elles ont force exécutoire* ». Toutefois, le rapporteur public a estimé, dans ses conclusions relatives à la décision du Conseil d'État du 12 février 2020, *M. Liboutry*, précitée, que : « *Ce délai de prescription de l'action en recouvrement forcé des créances,* [...] *ne trouve pas à s'appliquer dès lors que le débiteur de la créance est l'État, dont les biens, comme ceux des autres personnes publiques, sont insaisissables, et qui bénéficie d'une immunité qui interdit de mettre en œuvre à son encontre les voies d'exécution du droit privé* ».

1612.76 Absence de prescription. Décision annulant un acte. Lorsque la décision de justice oblige la personne publique non pas à payer une somme d'argent mais à revenir sur certains de ses actes ou à reprendre une décision, la logique est la même, alors qu'il n'existe pas de texte en ce sens (v. à titre d'ILLUSTRATION les motifs d'une décision du Conseil d'État : « *la circonstance que cinq années se soient écoulées entre le jugement dont l'exécution est demandée et la décision de refus est sans influence sur l'obligation qui pesait sur l'Administration de prendre les mesures nécessaires* [...] »[1]). L'inexécution de la chose jugée ne se prescrit pas.

1612.77 Délai pour contester les décisions de refus d'exécuter la chose jugée. Demander à l'Administration, c'est toujours la conduire à décider (de façon explicite, si elle répond à la sollicitation qui lui est adressée, ou implicitement, si elle garde le silence pendant deux mois). Aussi, le justiciable patient qui par démarches progressives et successives tente d'obtenir directement satisfaction de la personne publique, s'expose-t-il à ce que des décisions naissent qui pourront lui être opposées s'il ne les conteste pas dans le délai du recours contentieux. Pour limiter autant que faire se peut le piège que constitue alors la demande d'exécution et éviter que « *l'autorité de la chose décidée » par la personne publique prévale sur « l'autorité de la chose jugée* » par le tribunal, le pouvoir réglementaire a édicté des règles de forclusion particulièrement favorables à l'administré. Aujourd'hui :

– le délai du recours contentieux contre le refus administratif d'exécuter la chose jugée ne court que si la décision est explicite (CJA, art. R. 421-3, R. 911-2). La personne publique ne peut donc opposer à son vainqueur d'un jour aucune tardiveté si elle n'a pas expressément refusé de se conformer à la décision de justice ;

1. CE 8 mars 1996, Vincent, req. n° 090085, NP.

– la demande d'exécution présentée sur le fondement des articles R. 921-1-1 ou R. 931-2 du CJA, alors que le délai de recours contre le refus d'exécution n'est pas expiré interrompt ce délai (CJA, art. R. 911-3). Elle empêche donc le refus d'exécution, fût-il explicite, de devenir définitif, même s'il n'est pas directement contesté ;

– enfin et en tout état de cause, l'inexécution étant un comportement continu, l'expiration du délai de recours contentieux contre une décision expresse refusant d'exécuter une décision ne fait pas obstacle à ce que l'intéressé ressaisisse l'Administration d'une demande d'exécution et conteste le nouveau refus qu'elle lui opposerait.

§ 2

Intervention du législateur et exécution de la chose jugée

1612.81 Portée des lois de validation sur les décisions passées en force de chose jugée. Si le législateur peut intervenir pour mettre un acte administratif à l'abri d'un risque d'annulation contentieuse, en en reprenant le contenu dans une loi ou en neutralisant expressément un moyen pouvant conduire à son annulation, ce qui méconnaît déjà le principe de séparation des pouvoirs, il ne peut en aucun cas porter atteinte à l'indépendance des juridictions en privant d'effet des décisions passées en force de chose jugée[2]. Rappelons, ainsi qu'il a été dit ci-dessus (v. s^s n° 1612.75), que, pour le juge administratif, une décision passée en force de chose jugée est une décision qui n'est pas ou plus susceptible d'appel (un arrêt de cour administrative d'appel est ainsi une décision passée en force de chose jugée, alors même qu'il ferait l'objet d'un pourvoi en cassation[3]). Devant les juridictions judiciaires doit être considérée comme une décision passée en force de chose jugée : « *Toute décision judiciaire qui a statué en dernier ressort et qui n'est plus susceptible d'un recours ordinaire, même si elle peut faire l'objet ou fait effectivement l'objet d'un pourvoi en cassation* » (selon les motifs d'un arrêt de la chambre sociale de la Cour de cassation[4] – V. aussi, C. pr. civ., art. 500). Lorsque la loi de validation intervient en cours de procédure, la régularité d'une décision « *passée en force de chose jugée* » ne peut donc être appréciée au regard de la nouvelle réglementation.

2. Cons. const. 22 juill. 1980, n° 80-119 DC, *Rec. Cons. const.* 46, loi portant validation d'actes administratifs, *JO* 24 juill., p. 1868 ; *GDCC*, 15e éd., Dalloz, 2009, n° 21.
3. CE, ass., 27 oct. 1995, Mattio, req. n° 150703, *Lebon* 359 ; *AJDA* 1996. 56 s., concl. J. Arrighi de Casanova.
4. Soc. 19 juin 1963, Chantelouze, P IV, n° 515.

1612.82 Contrôle de la conventionnalité de la loi de validation. Par un avis et une décision rendus tous deux le 5 décembre 1997, le Conseil d'État siégeant dans sa formation la plus solennelle, l'Assemblée, a jugé qu'il appartenait au juge administratif de contrôler la compatibilité d'une loi de validation avec les stipulations de l'article 6 § 1 de la Convention européenne de sauvegarde des droits de l'homme et des libertés fondamentales relatives au droit à un procès équitable[1]. Il a ensuite réaffirmé ce contrôle et les conditions de compatibilité de la loi de validation avec la Conv. EDH en précisant que seuls d'impérieux motifs d'intérêt général pouvaient justifier l'intervention rétroactive du législateur en vue de modifier au profit de l'État les règles applicables à des procès en cours[2]. Le contrôle s'exerce également au regard des stipulations de l'article 1er du premier protocole additionnel à la Conv. EDH lorsque l'application de la loi aurait pour effet de porter atteinte à des biens au sens de cet article[3].

Les juridictions de l'ordre judiciaire ont également admis la possibilité d'écarter une loi de validation incompatible avec les exigences du procès équitable[4] (pour une application positive, la première à notre connaissance[5] – et surtout, reconnaissant l'inconventionnalité de l'article 29 de la loi du 19 janvier 2000 dite « loi Aubry II », validant la rémunération d'éducateurs sur la base d'heures d'équivalences prévues par une convention simplement agréée[6]).

Concrètement, donc, tout justiciable à qui une personne publique oppose une loi de validation est, aujourd'hui, en mesure de solliciter du juge qu'elle soit écartée notamment parce qu'elle n'est pas justifiée par une considération d'intérêt général « suffisante » ou « impérieuse », étant précisé à cet égard :

– que la pérennité du service public relève d'un « impérieux motif d'intérêt général » de nature à justifier l'intervention d'une loi de validation (ainsi, à propos du service public de la santé et de la protection sociale[7]) ;

– qu'en revanche, un intérêt exclusivement financier ne relève pas de l'intérêt général[8] ;

– que sous l'influence de la Cour européenne des droits de l'homme (CEDH) qui a jugé incompatible avec l'article 6 § 1 de la Convention européenne de sauvegarde des droits de l'homme et des libertés fondamentales une disposition législative qu'en 1994 le Conseil constitutionnel avait jugé conforme à la Constitution[9] (de façon générale, sur les nuances de la jurisprudence de la CEDH, v. J.-F. Flauss[10]), les juridictions de l'ordre interne font preuve d'une rigueur croissante qui ne peut que bénéficier aux justiciables qui poursuivent l'exécution de la chose jugée.

1612.83 Responsabilité sans faute de l'État pour rupture de l'égalité devant les charges publiques. Sauf si le texte l'exclut ou peut être interprété comme l'excluant, toutes les personnes qui auraient eu une chance sérieuse de bénéficier de la chose jugée peuvent engager la responsabilité sans faute de l'État du fait de la loi de validation[11]. La solution n'allait pas de soi mais n'a depuis jamais été remise en cause. Le préjudice doit non seulement être certain mais aussi, conformément aux conditions particulières de réparation sur le fondement de la responsabilité sans faute, anormal et spécial.

1. CE, ass., 5 déc. 1997, Mme Lambert, req. n° 140032, *Lebon ; AJDA* 1998. 149 s., concl. C. Bergeal ; *AJDA* 1998. 97, chron. T.-X. Girardot et F. Raynaud – CE, ass., 5 déc. 1997, Min. Éducation nationale, Recherche et Technologie c/Organisme de gestion du collège privé de l'abbaye de Saint-Sauveur le Vicomte, req. n° 188530, *Lebon ; RFDA* 1998. 160 s. concl. L. Touvet ; *AJDA* 1998. 97 s., chron. T.-X. Girardot et F. Raynaud – J. Le Gars, *LPA* 15 juin 1998, p. 10 s. ; *RD publ.* 1998. 11 s., chron. X. Prétot – et POUR UNE APPLICATION POSITIVE : CE 28 juill. 2000, M. Tête et Assoc. du collectif pour la garantie contre le racket, req. nos 202798 et 202872, *Lebon ; AJDA* 2000. 854, chron. M. Guyomar et 796 s., chron. P. Collin ; *RFDA* 2001. 121, concl. H. Savoie.
2. CE, ass., avis, 27 mai 2005, Provin, req. n° 277975, *Lebon* 212, concl. C. Devys ; *AJDA* 2005. 1455, chron. C. Landais et F. Lenica ; *AJFP* 2005. 205, note F. Berguin ; *RFDA* 2005. 1003, concl. C. Devys – CE 25 avr. 2007, Min. des Transports, de l'Équipement, du Tourisme et de la Mer c/Guy, req. n° 296661, *Lebon ; RFDA* 2007. 1019, concl. R. Keller.
3. CE, ass., 11 juill. 2001, Min. Défense c/M. Préaud, req. n° 219312, *Lebon* 345, concl. C. Bergeal ; *AJDA* 2001. 841, chron. M. Guyomar et P. Collin.
4. Soc. 15 févr. 1995, n° 94-12.310, P V, n° 58 : moyen opérant mais, en l'espèce, non fondé – Civ. 1re, 20 juin 2000, nos 98-19.319 et 97-22.394, P I, n° 191 ; *RFDA* 2000. 1189, concl. J. Sainte-Rose ; *D.* 2000. 341, obs. C. Rondey ; *RTD civ.* 2000. 670, obs. N. Molfessis ; 676, obs. R. Libchaber – B. Mathieu, note crit., « Une jurisprudence qui pèche par excès de timidité », *RFDA* 2000. 1201 s.
5. TGI Saintes, 21 févr. 1997, Crédit lyonnais c/Marquet et Leray, *Gaz. Pal.* 18-19 juill. 1997. 10 s.
6. Soc. 24 avr. 2001, n° 00-44.148, P V, n° 130 ; *BICC* 31 mai 2001, n° 536, concl. S. Kehrig ; *D.* 2001. 2445, note J. K. Adom ; *D.* 2001. 3012, obs. P. Fadeuilhe ; *RFDA* 2001. 1055, obs. J.-Y. Frouin et B. Mathieu.
7. Cass., ass. plén., 24 janv. 2003, nos 01-40.967 et 01-41.757, NP ; *GAJC*, 12e éd., Dalloz, 2007, n° 8 ; *AJDA* 2003. 209 ; *D.* 2003. 1648, note S. Paricard-Pioux ; *RDSS* 2003. 306, note D. Boulmier ; *RFDA* 2003. 470, note B. Mathieu.
8. Cons. const. 13 janv. 1994, n° 93-332 DC, loi relative à la santé publique et à la protection sociale, *Rec. Cons. const.* 21 ; *AJDA* 1996. 369 s., obs. O. Schrameck ; *D.* 1995. 289, obs. P. Gaïa ; 293, obs. E. Oliva ; *RFDA* 1995. 780, étude B. Mathieu.
9. CEDH 28 oct. 1999, Zielinski et a. c/France, req. nos 24846/94, 34165/96 à 34173/96, *AJDA* 2000. 533 s., obs. J.-F. Flauss ; *D.* 2000. Somm. 184, obs. N. Fricero ; *JCP* 2000. II, n° 203, obs. F. Sudre ; *RD publ.* 2000. 716 s., note G. Gonzalès ; *RFDA* 1999. 1254 s., note S. Bolle ; *RTD civ.* 2000. 436 s., obs. J.-P. Marguénaud ; 629, obs. R. Perrot.
10. J.-F. Flauss, *Procédures* 1998. 241 s.
11. CE, ass., 1er déc. 1961, Sieur Lacombe, *Lebon* 674 ; *D.* 1962. 89 s., concl. L. Dutheillet de Lamothe ; *AJDA* 1962. 24 s., chron. J.-L. Galabert et M. Gentot – CE 5 oct. 1977, Michel, req. n° 00285, *RD publ.* 1978. 919.

TITRE

162. Les procédés non juridictionnels contribuant à l'exécution de la chose jugée

SECTION 0

ORIENTEUR

162.00 **Sommaire du titre.**

Division. La procédure d'« *aide à l'exécution* » prévue par l'ancien article R. 931-2 du CJA ayant été supprimée par le décret du 6 avril 2017[1], deux dispositifs non juridictionnels contribuent aujourd'hui à l'exécution de la chose jugée.

Le premier correspond aux demandes d'éclaircissement que les administrations peuvent, depuis 1963, adresser à la section du rapport et des études du Conseil d'État, devenue la section des études, de la prospective et de la coopération (chap. 1621). Cette procédure a été déconcentrée, en 2015, au profit des présidents de tribunal administratif et de cour administrative d'appel, s'agissant des jugements et arrêts rendus par ces juridictions.

Le second procédé est la saisine du Défenseur des droits, au titre de la mission de veiller aux bonnes relations entre les administrations et les administrés, qui est dévolue à cette autorité constitutionnelle. L'utilisation de ce procédé par les justiciables est toutefois devenue marginale (chap. 1622).

1. Décr. nº 2017-493, 6 avr. 2017, modifiant le Code de justice administrative (partie réglementaire), *JO* 7 avr., texte 47.

CHAPITRE

1621. Demande d'éclaircissement présentée par l'Administration

PASCAL TROUILLY
CONSEILLER D'ÉTAT

SECTION 0
ORIENTEUR

1621.00 Sommaire du chapitre.

Division. Les causes de la mauvaise exécution ou de l'inexécution, par l'Administration, des décisions du juge administratif sont multiples. Parfois, la personne publique condamnée, animée par la meilleure volonté qui soit, est confrontée à des situations d'une redoutable complexité. La procédure d'éclaircissement, créée par le décret n° 63-766 du 30 juillet 1963[1], répond à cette préoccupation de l'Administration d'exécuter correctement la chose jugée (sect. 1). Depuis 2015, la section du rapport et des études du Conseil d'État, devenue la section des études, de la prospective et de la coopération, n'est plus compétente que pour une partie des demandes d'éclaircissement, la procédure ayant été déconcentrée au profit des présidents de juridictions (sect. 2).

1. Décr. n° 63-766, 30 juill. 1963, portant règlement d'administration publique pour l'application de l'ordonnance n° 45-1708 du 31 juillet 1945 et relatif à l'organisation et au fonctionnement du Conseil d'État, *JO* 1er août, p. 7107 (abr. le 1er janv. 2001).

SECTION 1
CARACTÉRISTIQUES GÉNÉRALES DE LA PROCÉDURE D'ÉCLAIRCISSEMENT

1621.11 Dispositions applicables. Selon les articles R. 921-1 et R. 931-1 du CJA, l'autorité administrative intéressée a la faculté de demander au Conseil d'État ou à un président de juridiction (pour la répartition des compétences, v. ss nos 1621.21 s.) de l'éclairer sur les modalités d'exécution d'une décision du juge administratif. Sont seules concernées les décisions annulant pour excès de pouvoir un acte administratif ou, dans un litige de pleine juridiction, rejetant tout ou partie des conclusions présentées en défense par une collectivité publique.

1621.12 Objet de la demande. La procédure a pour objectif d'éclairer l'Administration qui rencontre des difficultés d'exécution, notamment en présence d'une décision juridictionnelle non assortie d'une injonction, dont la portée peut sembler ambiguë, rendue dans une matière complexe ou encore faisant application d'une réglementation nouvelle. Les décisions juridictionnelles assorties d'une « *injonction préventive* » peuvent également faire l'objet d'une demande d'éclaircissement.

La demande d'éclaircissement ne doit pas être confondue avec la demande d'avis telle qu'elle est prévue par l'article R. 112-1 du CJA, ni avec le recours juridictionnel en interprétation que peut présenter l'autorité administrative. Lorsqu'une demande d'éclaircissement formulée par un ministre se révèle être une demande d'avis dans la mesure où elle concerne par exemple un problème général d'exécution et non l'exécution d'une décision particulière, elle peut, le cas échéant, être transmise la section administrative du Conseil d'État compétente. De la même façon, la procédure d'éclaircissement n'a pas pour objet de faire trancher les oppositions soulevées par l'exécution de la décision de justice entre différentes administrations. Quant au recours en interprétation, qui est de nature juridictionnelle, il ne concerne pas les conséquences à tirer de la décision, mais le sens de celle-ci et il n'est recevable que si cette décision présente une « *obscurité* » ou une « *ambiguïté* »[1].

Il est à noter que seules les décisions rendues par le juge administratif peuvent faire l'objet d'une demande d'éclaircissement. En aucun cas, cette procédure ne peut être mise en œuvre lorsque la personne publique a été condamnée par une juridiction de l'ordre judiciaire.

1621.13 Qualité pour déclencher la procédure. Si cette procédure est principalement utilisée par les ministres, les dispositions des articles R. 921-1 et R. 931-1 du CJA renvoient à la notion « *d'autorité intéressée* ». Ainsi, la section du rapport et des études du Conseil d'État, devenue la section des études, de la prospective et de la coopération, a admis par exemple, à plusieurs reprises, la recevabilité d'une demande formée par le président d'une autorité administrative indépendante (en l'occurrence, le Conseil supérieur de l'Audiovisuel). Une autorité administrative déconcentrée (préfet, par exemple) ou le président d'un établissement public peut également présenter une demande d'éclaircissement.

1621.14 Procédure suivie pour l'instruction de la demande. La demande d'éclaircissement n'est soumise à aucune condition de délai ni à aucune condition de forme. La section du rapport et des études, devenue la section des études, de la prospective et de la coopération, ou le président de juridiction instruit en général cette demande en quelques semaines, afin de ne pas retarder l'exécution de la chose jugée. Dans la mesure où la procédure d'éclaircissement n'est pas une procédure contentieuse, la demande de l'Administration n'est pas communiquée à la partie bénéficiaire de la décision de justice. *A fortiori*, celle-ci n'est pas invitée à produire des observations. S'agissant des demandes relevant de la compétence de la section du rapport et des études du Conseil d'État, devenue la section des études, de la prospective et de la coopération (v. s^s n°s 1621.21 s.), le « *comité restreint* » prévu à l'article R. 931-3 du CJA peut être saisi pour avis.

1621.15 Réponse. La réponse, qui peut résulter d'un dialogue engagé avec l'administration concernée ainsi qu'avec la formation de jugement ayant rendu la décision, indique de façon très précise les mesures d'exécution devant être mises en œuvre. Pour la Commission d'accès aux documents administratifs (CADA), la réponse donnée au ministre par la section du rapport et des études, devenue la section des études, de la prospective et de la coopération, est assimilée aux avis rendus par les sections administratives du Conseil d'État. Elle n'est donc pas communicable de plein droit, même à la partie bénéficiaire de la décision de justice. Le tribunal administratif de Paris a confirmé cette analyse de la CADA[2] et le pourvoi en cassation formé contre ce jugement n'a pas été admis par le Conseil d'État. Le contenu de la réponse à demande d'éclaircissement appartient donc à l'autorité administrative intéressée, laquelle peut toutefois en autoriser la communication à la partie bénéficiaire ou la publication totale ou partielle dans la partie consacrée à l'exécution des décisions de justice du rapport public annuel du Conseil d'État.

SECTION 2
RÉPARTITION DES COMPÉTENCES AU SEIN DE LA JURIDICTION ADMINISTRATIVE

§ 1
Déconcentration de la procédure d'éclaircissement

1621.21 Répartition de compétence entre les présidents de juridiction administrative et le Conseil d'État. De 2000 à 2015, seul le Conseil d'État était compétent, en vertu de l'article R. 931-1 alors applicable du CJA, pour éclairer « *l'autorité intéressée* » sur les modalités d'exécution de toute décision rendue par la juridiction administrative.

L'article 21 du décret du 15 septembre 2015[3] a modifié la partie réglementaire du Code de justice administrative afin de déconcentrer la procédure d'éclaircissement. Ce décret a introduit dans le Code de justice administrative un nouvel article, l'article R. 921-1, qui confie désormais au président de chaque juridiction le soin d'éclairer l'Administration, à la demande de celle-ci, sur les modalités d'exécution d'un jugement ou d'un arrêt rendu par cette juridiction. Le président peut toutefois, dans l'intérêt d'une bonne administration de la justice, renvoyer la demande d'éclaircissement à la section du rapport et des études du Conseil d'État, devenue la section des études, de la prospective et de la coopération. Par

1. CE, ass., 7 juill. 1950, Secrétaire d'État à la Présidence du Conseil, *Lebon* 427.

2. TA Paris, 20 sept. 2013, M. Danthony, req. n° 12115457/6-3.
3. Décr. n° 2015-1145, 15 sept. 2015, modifiant le Code de justice administrative (partie réglementaire), *JO* 17 sept., p. 16289.

ailleurs, le Conseil d'État demeure compétent, en vertu de la nouvelle rédaction de l'article R. 931-1 du code, pour éclairer l'Administration sur les modalités d'exécution de ses propres décisions et des décisions des juridictions administratives spécialisées.

Cette réforme a eu pour objectif principal de parachever la « *déconcentration* » du règlement des difficultés d'exécution, puisque les tribunaux administratifs et les cours administratives d'appel sont dotés depuis 1995 de pouvoirs d'injonction et d'astreinte leur permettant d'assurer, à la demande des requérants, l'exécution de leurs jugements et arrêts. Il avait d'ailleurs été observé que les administrations contactaient parfois les juridictions de manière informelle, afin d'obtenir des précisions sur la « *bonne manière* » d'exécuter la chose jugée. Le président de la juridiction ayant rendu la décision à exécuter est le plus à même, dans la majorité des cas, d'expliciter les conséquences à tirer de celle-ci. Il était attendu de cette « *déconcentration* » une augmentation significative du nombre de demandes d'éclaircissement posées par les autorités déconcentrées de l'État et les collectivités territoriales, susceptible de prévenir certains contentieux.

§ 2
Bilan de la réforme

1621.31 **Augmentation du nombre de demandes d'éclaircissement.** La réforme de 2015 semble avoir revivifié la procédure d'éclaircissement. Alors qu'entre 2010 et 2015, le nombre annuel de demandes d'éclaircissement a fluctué entre 2 et 11, 22 demandes d'éclaircissement, toutes juridictions confondues, ont été présentées par les administrations en 2016, 19 d'entre elles concernant des jugements ou arrêts des tribunaux administratifs et des cours administratives d'appel. Toutefois, seules 10 demandes ont été enregistrées en 2020. Pendant les années les plus récentes, un nombre significatif de demandes d'éclaircissement ont été enregistrées : 24 en 2021, 21 en 2022, 18 en 2023.

Une part significative des demandes d'éclaircissement émane des autorités déconcentrées de l'État, des collectivités territoriales et des établissements publics. La gamme des contentieux faisant l'objet de demandes d'éclaircissement s'est élargie, le contentieux des étrangers représentant notamment plus du quart de ces demandes.

À l'issue de cette réforme, les principes suivants peuvent être retenus :

– le président du tribunal administratif est seul compétent pour répondre à une demande d'éclaircissement d'un jugement rendu par ce tribunal, même lorsque ce jugement fait l'objet d'un appel ou d'un pourvoi en cassation ;

– le président de la cour administrative d'appel est seul compétent pour répondre à une demande d'éclaircissement d'un arrêt rendu par la cour, même lorsque cet arrêt fait l'objet d'un pourvoi en cassation ;

– la section du rapport et des études, devenue la section des études, de la prospective et de la coopération, est compétente pour répondre à une demande d'éclaircissement concernant l'exécution d'une décision du Conseil d'État statuant en premier et dernier ressort, ou statuant en tant que juge d'appel, ou réglant – au moins partiellement – une affaire au fond après cassation.

CHAPITRE
1622. Saisine du Défenseur des droits

Pascal Trouilly
Conseiller d'État

Section 0
Orienteur

1622.00 Sommaire du chapitre.

Division. Le Défenseur des droits est une « autorité constitutionnelle indépendante » récente[1], prévue par l'article 71-1 de la Constitution et la loi organique du 29 mars 2011[2]. Elle est le produit de la fusion de plusieurs autorités administratives existantes, dont le Médiateur de la République, institué par la loi du 3 janvier 1973[3]. La loi du 29 mars 2011[4], relative au Défenseur des droits, abroge les dispositions de la loi du 3 janvier 1973 et transfère à cette nouvelle autorité l'ensemble des droits et obligations du Médiateur de la République. Ces lois ont été complétées par un décret du 29 juillet 2011[5] relatif à la procédure applicable devant le Défenseur des droits. La fonction est occupée actuellement par Mme Claire Hédon.

Le Défenseur des droits a hérité, entre autres, des compétences du Médiateur de la République et de ses pouvoirs (sect. 1). Ses modalités de saisine ont cependant été simplifiées (sect. 2).

1622.01 Textes applicables.

• **L. org. n° 2011-333, 29 mars 2011,** relative au Défenseur des droits, *JO* 30 mars, p. 5497.

• **L. n° 2011-334, 29 mars 2011,** relative au Défenseur des droits, *JO* 30 mars, p. 5504.

• **Décr. n° 2011-904, 29 juill. 2011,** relatif à la procédure applicable devant le Défenseur des droits, *JO* 30 juill., p. 13020.

1622.03 Bibliographie indicative.

Article. D. Löhrer, « Le soutien du Défenseur des droits à l'exécution des décisions de justice », *RFDA* 2016. 727.

Section 1
Compétence et pouvoirs du Défenseur des droits

§ 1
Compétence du Défenseur des droits

1622.11 Compétence du Défenseur des droits en matière d'exécution des décisions de justice. Pas davantage que la loi du 3 janvier 1973 instituant un Médiateur de la République, la loi organique du 29 mars 2011 ne comporte de dispositions spécifiques à l'exécution des décisions de justice. Le Médiateur pouvait être saisi des difficultés que rencontraient les citoyens pour obtenir des personnes publiques l'exécution de décisions de justice les condamnant au titre de l'article 1er de la loi du 3 janvier 1973 qui prévoyait qu'il recevait « *les réclamations concernant, dans leurs relations avec les administrés, le fonctionnement des administrations de l'État, des collectivités publiques territoriales, des établissements publics et de tout autre organisme investi d'une mission de service public* ». L'article 4 de la loi organique du

1. Pour une analyse générale de cette nouvelle autorité et de ses pouvoirs : E. Matutano, « Une autorité constitutionnelle indépendante, le Défenseur des droits », *Dr. adm.* 2011, n° 8-9, p. 18.
2. L. org. n° 2011-333, 29 mars 2011, relative au Défenseur des droits, *JO* 30 mars, texte 1.
3. L. n° 73-6, 3 janv. 1973, instituant un médiateur, *JO* 4 janv.
4. L. n° 2011-334, 29 mars 2011, relative au Défenseur des droits, *JO* 30 mars.
5. Décr. n° 2011-904, 29 juill. 2011, relatif à la procédure applicable devant le Défenseur des droits, *JO* 30 juill., texte 26.

29 mars 2011 dispose que : « *Le Défenseur des droits est chargé : 1° De défendre les droits et libertés dans le cadre des relations avec les Administrations de l'État, les collectivités territoriales, les établissements publics et les organismes investis d'une mission de service public* ». Le droit d'obtenir la parfaite exécution des décisions de justice étant une composante du droit à un recours effectif et constituant, par suite, une liberté fondamentale[1], il ne fait guère de doutes qu'il entre dans la mission du Défenseur des droits comme il entrait dans celle du Médiateur de la République d'obtenir des personnes publiques la bonne exécution des décisions de justice les condamnant. Si le développement, depuis 1995, des injonctions ou des astreintes prononcées par les juridictions administratives a conduit à une diminution très sensible du nombre de saisines du Défenseur des droits concernant l'exécution des décisions, le rôle joué par cette Autorité demeure significatif et complémentaire de celui exercé par le juge lui-même.

1622.12 Toutes les décisions de justice. Le Défenseur des droits peut être saisi d'un cas d'inexécution d'une décision juridictionnelle, quel que soit l'ordre de juridiction dont émane la décision en cause. La décision doit, naturellement, être exécutoire.

1622.13 Personnes publiques concernées. Comme c'était déjà le cas pour le Médiateur de la République, l'intervention du Défenseur des droits est subordonnée à la condition que la décision de justice concerne directement l'une des personnes énumérées à l'article 4 de la loi organique du 29 mars 2011 : État, collectivités publiques territoriales, établissements publics, ainsi que « [...] *tout autre organisme investi d'une mission de service public* », ce qui étend sa compétence au-delà de la seule sphère des personnes publiques.

1622.14 Exclusion de certains différends. L'article 10 de la loi organique exclut tout d'abord de manière générale de la compétence du Défenseur des droits les « *différends susceptibles de s'élever entre les personnes publiques et organismes mentionnés au 1° de l'article 4* ». Une personne publique ou chargée d'un service public ne peut donc recourir au Défenseur des droits pour obtenir l'exécution d'une décision de justice condamnant une autre personne publique ou chargée d'un service public. Le Défenseur des droits agissant au titre du 1° de l'article 4 est essentiellement, comme l'était le Médiateur, le protecteur des administrés dans leurs relations avec les Administrations et non l'arbitre des conflits entre ces dernières.

Cet article dispose également qu'il « *ne peut être saisi ni ne peut se saisir, sauf au titre de ses compétences mentionnées au 3° du même article 4, des différends susceptibles de s'élever entre, d'une part, ces personnes publiques et organismes et, d'autre part, leurs agents, à raison de l'exercice de leurs fonctions* ». L'article 8 de la loi du 3 janvier 1973 comportait la même règle pour le Médiateur de la République, qui avait néanmoins considéré que ces dispositions ne faisaient pas obstacle à ce qu'il mette en œuvre ses pouvoirs pour assurer l'exécution d'une décision de justice, puisque le litige ayant été résolu par le juge, l'inexécution de la décision rendue au profit d'un agent d'un service public pose une question dont l'objet est distinct de celui qui avait provoqué la saisine du juge[2]. L'avenir dira si le Défenseur des droits fera la même interprétation de ces dispositions.

§ 2
Pouvoirs du Défenseur des droits pour assurer l'exécution d'une décision de justice

1622.21 Recommandations et publication d'un rapport. Comme le Médiateur de la République, le Défenseur des droits exerce ici essentiellement une autorité morale qui lui permet de faire entendre auprès des personnes publiques une voix plus forte, plus ferme et donc plus persuasive que celle du justiciable isolé. Ses pouvoirs sont identiques. Ils sont définis à l'article 25 de la loi organique : « *Le Défenseur des droits peut faire toute recommandation qui lui apparaît de nature à garantir le respect des droits et libertés de la personne lésée et à régler les difficultés soulevées devant lui ou à en prévenir le renouvellement.*

Il peut recommander de régler en équité la situation de la personne dont il est saisi.

Les autorités ou personnes intéressées informent le Défenseur des droits, dans le délai qu'il fixe, des suites données à ses recommandations.

À défaut d'information dans ce délai ou s'il estime, au vu des informations reçues, qu'une recommandation n'a pas été suivie d'effet, le Défenseur des droits peut enjoindre à la personne mise en cause de prendre, dans un délai déterminé, les mesures nécessaires. Lorsqu'il n'a pas été donné suite à son injonction, le Défenseur des droits établit un rapport spécial, qui est communiqué à la personne mise en cause. Le Défenseur des droits rend publics ce rapport et, le cas échéant, la réponse de la personne mise en cause, selon des modalités qu'il détermine ». Si ces pouvoirs ne sont pas aussi importants que ceux du juge ou du préfet en cas de condamnation à payer une somme d'argent, ils intègrent

1. Au sens de l'article L. 521-2 du CAJ : CE, réf., 4 mars 2010, req. n° 336700, *Lebon* T. ; *AJDA* 2010. 1206, note O. Le Bot ; *D.* 2010. 2868, obs. O. Boskovic, S. Corneloup, F. Jault-Seseke, N. Joubert et K. Parrot.

2. V. *Rapp. annuel du Médiateur pour l'année 1994*, p. 143.

une dimension de traitement en équité, absente des procédures plus contraignantes. Le Défenseur des droits ne peut, bien entendu, « *remettre en cause une décision juridictionnelle* » (L. org., art. 33).

Les recommandations constituent le mode d'interprétation privilégié du Défenseur des droits. Le prononcé d'une injonction ou l'élaboration d'un « *rapport spécial* » est beaucoup plus rare [1].

Notons également que « *le Défenseur des droits peut saisir l'autorité investie du pouvoir d'engager les poursuites disciplinaires des faits dont il a connaissance et qui lui paraissent de nature à justifier une sanction* » (L. org., art. 29), ce qui peut constituer une menace au cas où la difficulté d'exécuter tiendrait à la mauvaise volonté d'un agent.

1622.22 **Pouvoirs d'instruction.** Pour mener à bien ses missions, le Défenseur des droits dispose d'importants pouvoirs d'instruction et d'investigation. Si la plupart ne sont pas nécessaires pour obtenir l'exécution de la chose jugée, il est possible de signaler la possibilité de « *demander des explications à toute personne physique ou morale mise en cause devant lui. À cet effet, il peut entendre toute personne dont le concours lui paraît utile. Les personnes physiques ou morales mises en cause doivent faciliter l'accomplissement de sa mission. Elles sont tenues d'autoriser leurs agents et préposés à répondre à ses demandes. Ceux-ci sont tenus de répondre aux demandes d'explications qu'il leur adresse et de déférer à ses convocations. Les convocations doivent mentionner l'objet de l'audition* » (L. org., art. 18).

1622.23 **Opportunité de son action.** « *Le Défenseur des droits apprécie si les faits qui font l'objet d'une réclamation ou qui lui sont signalés appellent une intervention de sa part. Il indique les motifs pour lesquels il décide de ne pas donner suite à une saisine* ». (L. org., art. 24). Sa décision de ne pas donner suite à une demande n'est susceptible d'aucun recours [2].

1622.24 **Intervention dans le cadre d'une procédure juridictionnelle.** Le Défenseur des droits peut présenter, dans le cadre d'un contentieux d'exécution engagé devant la juridiction administrative par le bénéficiaire d'une décision, une intervention volontaire à l'appui de cette demande, sur le fondement de l'article 33 de la loi organique du 29 mars 2011 [3]. Cet article prévoit en effet que si le Défenseur des droits ne peut remettre en cause une décision juridictionnelle, « *les juridictions civiles, administratives et pénales peuvent, d'office ou à la demande des parties, l'inviter à présenter des observations écrites ou orales. Le Défenseur des droits peut lui-même demander à présenter des observations écrites ou à être entendu par ces juridictions ; dans ce cas, son audition est de droit* ».

SECTION 2

MODALITÉS DE SAISINE DU DÉFENSEUR DES DROITS

1622.31 **Moment de la saisine.** Le Défenseur des droits ne doit être saisi qu'en cas de difficultés rencontrées avec une Administration (au sens large). L'article 6 de la loi organique précise ainsi que la saisine intervenant sur le fondement du 1° de l'article 4 « *est précédée de démarches préalables auprès des personnes publiques ou des organismes mis en cause* ».

1622.32 **Saisine directe.** « *Le Défenseur des droits peut être saisi : 1° Par toute personne physique ou morale qui s'estime lésée dans ses droits et libertés par le fonctionnement d'une Administration de l'État, d'une collectivité territoriale, d'un établissement public ou d'un organisme investi d'une mission de service public* » (L. org., art. 5). Contrairement au Médiateur de la République, qui ne pouvait être saisi que par un parlementaire, les citoyens ont désormais un accès direct au Défenseur des droits. La personne doit bien entendu avoir un intérêt à l'exécution de la décision de justice.

1622.33 **Autres modes de saisine.** Le Défenseur des droits peut, comme son prédécesseur être saisi par un parlementaire, y compris par un représentant français au Parlement européen (L. org., art. 7). En revanche, à la différence du Médiateur, il peut s'autosaisir (L. org., art. 8).

1622.34 **Présentation de la demande.** La demande doit être formulée par écrit, « *en apportant toutes précisions utiles, les faits qu'elle invoque au soutien de sa réclamation* » et en produisant « *tous éléments de nature à justifier des démarches qu'il a préalablement accomplies auprès des personnes publiques ou des organismes mis en cause* » [4].

La demande n'est soumise à aucune autre formalité ; elle est gratuite (L. org., art. 6).

1622.35 **Absence de caractère suspensif.** La saisine du Défenseur des droits n'est, pas plus que ne l'était celle du Médiateur, ni un recours administratif ni un recours contentieux dont l'exercice interromprait les délais de recours. L'article 6 de la loi

1. Le Médiateur a eu recours une fois, en 1994, à la présentation au chef de l'État et au Parlement et à la publication au *Journal officiel*, d'un rapport spécial (affaire opposant M. Claude Niox, directeur de la caisse de crédit municipal de Nîmes, à la commune de Mennecy, dans l'Essonne, où il avait été détaché pour cinq ans) : *JO* 14 oct. 1994, p. 14588 s.
2. S'agissant du Médiateur de la République, v. CE 18 oct. 2006, M. et Mme Miller, req. n° 277597, *Lebon* 430 ; *D.* 2007. 2418, obs. B. Le Bars et S. Thomasset-Pierre. La solution est parfaitement transposable au Défenseur des droits.
3. L. org. n° 2011-333, 29 mars 2011, préc.
4. Décr. n° 2011-904, 29 juill. 2011, art. 1er.

organique l'indique très clairement : « *La saisine du Défenseur des droits n'interrompt ni ne suspend par elle-même les délais de prescription des actions en matière civile, administrative ou pénale, non plus que ceux relatifs à l'exercice de recours administratifs ou contentieux* ». S'agissant de l'exécution des décisions de justice, le risque de forclusion que pourrait comporter la méconnaissance de cette règle est faible puisqu'elle ne pourrait conduire qu'à faire obstacle à l'exercice d'un recours contentieux contre une décision expresse de refus d'exécuter qui serait devenue définitive, mais qui n'empêche de former une nouvelle demande d'exécution et de contester en temps utile le nouveau refus (v. s[s] n° 1612.77).

TITRE

163. Les moyens de contrainte à l'exécution (injonctions et astreintes)

SECTION 0
ORIENTEUR

163.00 Sommaire du titre.

Division. Le présent titre est consacré à l'étude des mesures dont dispose la juridiction pour inciter, voire contraindre, la personne publique à exécuter la chose jugée. Ces mesures ne permettent pas au justiciable d'obtenir directement ce que la personne publique a été condamnée à donner ou à faire, passant outre sa mauvaise volonté. Elles consistent à expliciter la portée de la décision de justice et à menacer de condamnations pécuniaires la personne qui refuse d'exécuter la décision. Elles peuvent désormais figurer dans la décision elle-même (chap. 1631) ou être prononcées après la décision, lorsqu'apparaît une difficulté d'exécution (chap. 1632).

CHAPITRE

1631. Détermination des mesures d'exécution dans la décision

Pascal Trouilly
Conseiller d'État

SECTION 0 ORIENTEUR

1631.00 **Sommaire du chapitre.**

Division. Les injonctions et astreintes peuvent être prononcées soit par le juge administratif (sect. 1), soit par le juge judiciaire (sect. 2).

1631.01 **Textes applicables.**

* Sur les injonctions prononcées par le juge administratif, v. s[s] n° 1631.20.

1631.02 **Jurisprudence de référence.**

> Caractère accessoire de l'astreinte. Droit à restitution en cas d'infirmation de la décision assortie d'astreinte.

• **Civ. 2e, 28 sept. 2000,** n° 98-16.175, P II, n° 134

* V. s[s] n°s 0222.32, 0412.52, 1631.130

L'astreinte est une mesure accessoire à la condamnation qu'elle assortit. Il s'ensuit que la réformation d'une décision assortie d'une astreinte entraîne de plein droit, pour perte de fondement juridique, l'anéantissement des décisions prises au titre de la liquidation de l'astreinte, fussent-elles passées en force de chose jugée, et ouvre dès lors droit, s'il y a lieu, à restitution.

1631.03 **Bibliographie indicative.**

L'abondante bibliographie relative à l'analyse de la loi du 8 février 1995 n'est plus d'actualité ; v., parmi beaucoup d'autres :

Actualisables. *J.-Cl. Civ., V°* Astreintes envers les personnes morales de droit public, fasc. 2145 (genèse) et fasc. 2147 (régime), par B. Pacteau. Pour des études plus récentes sur l'exercice par le juge administratif de ce pouvoir, on se reportera aux études générales sur l'exécution des décisions de justice citées s[s] n° 161.03, ainsi qu'au *J.-Cl. Adm., V°* Astreintes, 2011, fasc. 1114, par A. Béal.

Articles. D. Chabanol, « Un printemps procédural pour la juridiction administrative ? », *AJDA* 1995. 388 s. – R. Debbasch, « Le juge administratif et l'injonction : la fin d'un tabou », *JCP* 1996. I. 3924 – L. Dutheillet de Lamothe et G. Odinet, « Référé mesures utiles : la quadrature du cercle », *AJDA* 2016. 474 – J. Gourdou, « Les nouveaux pouvoirs du juge en matière d'injonction et d'astreinte (premières applications) », *RFDA* 1996. 333 s. – F. Moderne, « Sur le nouveau pouvoir d'injonction du juge administratif », *RFDA* 1996. 43 s. – J.-H. Stahl et D. Chauvaux, « Exécution des jugements : pouvoir d'injonction conféré au juge administratif », *AJDA* 1996. Chron. 115 s.

SECTION 1

INJONCTIONS ET ASTREINTES PRONONCÉES PAR LE JUGE ADMINISTRATIF

1631.10 **Plan.** La juridiction peut, même d'office depuis 2019[1] (L. 23 mars 2019, art. 40), dans la décision qu'elle rend, préciser les mesures que la personne publique doit prendre pour l'exécuter et assortir ces mesures d'une astreinte afin de garantir son exécution.

Toutes les décisions rendues par le juge administratif n'appellent pas de mesures d'exécution. Un jugement qui rejette une requête n'en implique normalement aucune[2]. De même, dans certains cas, un jugement qui prononce l'annulation d'une décision positive peut se suffire à lui-même : l'acte contesté disparaît de l'ordonnancement juridique et ne peut plus produire d'effet.

En revanche, lorsque l'exécution implique une action particulière, il peut être utile de la décrire et d'ordonner explicitement à l'Administration de faire ce qu'elle doit faire (§ 1) ainsi que de prévoir les moyens de faire pression sur elle pour qu'elle s'exécute (§ 2). Le (§ 3) sera consacré aux voies de recours contre ces décisions.

Enfin, il convient de relever qu'à côté de ses pouvoirs d'injonction, le juge administratif – plus précisément le Conseil d'État – précise parfois de manière extrêmement détaillée ce qu'il attend que l'Administration fasse en exécution de la décision[3], afin notamment d'éviter une annulation contentieuse qui pourrait porter une atteinte excessive aux intérêts généraux[4].

§ 1 Injonctions

1631.20 **Textes applicables.**

• **CJA**, art. L. 911-1

Lorsque sa décision implique nécessairement qu'une personne morale de droit public ou un organisme de droit privé chargé de la gestion d'un service public prenne une mesure d'exécution dans un sens déterminé, la juridiction, saisie de conclusions en ce sens, prescrit, par la même décision, cette mesure assortie, le cas échéant, d'un délai d'exécution.

La juridiction peut également prescrire d'office cette mesure.

• **CJA**, art. L. 911-2

Lorsque sa décision implique nécessairement qu'une personne morale de droit public ou un organisme de droit privé chargé de la gestion d'un service public prenne à nouveau une décision après une nouvelle instruction, la juridiction, saisie de conclusions en ce sens, prescrit par la même décision juridictionnelle que cette nouvelle décision doit intervenir dans un délai déterminé.

La juridiction peut également prescrire d'office l'intervention de cette nouvelle décision.

A. Compétence juridictionnelle

1° Procédures ordinaires

1631.31 **Juridictions administratives concernées.** Les textes ouvrant au juge la possibilité de prononcer une injonction à l'encontre d'une personne publique ne concernent que les tribunaux administratifs, les cours administratives d'appel et le Conseil d'État. Les juridictions administratives spéciales ne bénéficient donc pas de ce pouvoir, à l'exception du tribunal du stationnement payant : en vertu de l'article L. 2333-87-8-1 du CGCT, celui-ci peut prononcer une injonction, assortie le cas échéant d'une astreinte, à l'encontre d'une collectivité territoriale ou d'un établissement public de coopération intercommunale.

1631.32 **Juge unique.** Le magistrat statuant seul, en application de l'article R. 222-13 du CJA, est « *compétent pour connaître des conclusions dont est également saisi ce tribunal administratif à l'occasion des mêmes litiges, et qui tendent au prononcé d'une injonction* [...], *ou d'une astreinte* [...], *et pour liquider ultérieurement l'astreinte le cas échéant prononcée* »[5]. Ce pouvoir a été reconnu également au juge de la reconduite à la frontière[6]. Il appartient aussi, aujourd'hui, au magistrat désigné statuant sur la légalité de certaines obligations de quitter le territoire français.

2° Procédures d'urgence

1631.41 **Généralités.** La loi du 30 juin 2000[7] (codifiée aux articles L. 521-1 s. du CJA) a introduit

1. L. n° 2019-222, 23 mars 2019, de programmation 2018-2022 et de réforme pour la justice, *JO* 24 mars, texte 2.
2. V. PAR EX. : CE 13 juin 2001, Verdure, req. n° 211403, *Lebon* 261 ; *RFDA* 2002. 594, concl. D. Chauvaux – CE 27 mars 1995, Heulin, req. n° 104274, *Lebon* – CE 7 avr. 1995, Surry, req. n° 154129, *Lebon*.
3. CE 25 mars 2002, Caisse d'assurance-accidents agricole du Bas Rhin, req. n° 224055, *Lebon* 110.
4. CE, sect., 25 juin 2001, S[té] Toulouse Football club, req. n° 234363, *Lebon* 281 ; *AJDA* 2001. 887, note G. Simon ; *RFDA* 2003. 47, étude J.-M. Duval – CE, ass., 29 juin 2001, Vassilikiotis, req. n° 213229, *Lebon* 303 ; *GACA*, 9e éd., Dalloz, 2024, n° 87 ; *AJDA* 2001. 1046, chron. M. Guyomar et P. Collin – CE 27 juill. 2001, Titran, req. n° 222509, *Lebon* 411 ; *AJDA* 2001. 1046, chron. M. Guyomar et P. Collin – CE 5 mars 2003, Titran, req. n° 241325, *Lebon* 113 ; *AJDA* 2003. 1008, note S. Damarey.
5. CE 29 déc. 2000, M. Clouzeau, req. n° 225741, *Lebon ; RFDA* 2001. 250.
6. CE 22 févr. 2002, M. Dieng, req. n° 224496, *Lebon ; GACA*, 9e éd., Dalloz, 2024, n° 91 ; revenant sur la solution inverse posée par la décision ; *AJDA* 2002. 415, chron. M. Guyomar et P. Collin ; *RFDA* 2002. 1080, concl. D. Chauvaux – CE 3 nov. 1997, Préfet de police c/Mme Ben Guertouh, req. n° 175768, *Lebon* T ; *RDSS* 1998. 398, obs. F. Monéger ; *Quot. jur.* 5 mars 1998, n° 19.
7. L. n° 2000-597, 30 juin 2000, relative au référé devant les juridictions administratives, *JO* 1er juill., p. 9948.

dans le droit processuel administratif de véritables procédures d'urgence qui permettent au juge administratif de prendre dans de brefs délais, et sous certaines conditions, des mesures de suspension de l'exécution d'une décision administrative (CJA, art. L. 521-1), des mesures nécessaires à faire cesser une atteinte à une liberté fondamentale (CJA, art. L. 521-2), voire d'autres mesures utiles (CJA, art. L. 521-3). À ces référés de droit commun s'ajoutent des référés spécifiques à certaines procédures contentieuses. Dans tous les cas, les mesures d'injonction font partie des mesures que peut ordonner le juge des référés. Elles peuvent parfois tendre à assurer l'exécution de la chose jugée.

1631.42 **Référé-suspension.** Le juge du « référé-suspension » saisi sur le fondement des dispositions de l'article L. 521-1 du CJA peut adresser des injonctions, y compris lorsqu'il est saisi d'une demande de suspension d'une décision de rejet d'une demande[1], tout en prenant garde à ne pas créer de « *situation irréversible qui fasse ainsi perdre aux défendeurs le bénéfice d'un succès éventuel au fond* »[2]. Le Conseil d'État a rappelé récemment que le juge du référé-suspension ne pouvait prononcer que des injonctions à caractère provisoire[3].

Dans cette affaire, le juge des référés d'un tribunal administratif avait suspendu l'exécution du refus de l'Administration de faire procéder à l'enquête prévue par l'article 5-7 du décret du 28 mai 1982[4] relatif à l'hygiène et à la sécurité du travail ainsi qu'à la prévention médicale dans la fonction publique. Le Conseil d'État a jugé qu'en enjoignant à l'Administration de faire procéder à cette enquête, le juge des référés avait ordonné une mesure qui, ayant en tout point des effets identiques à ceux qui résulteraient de l'exécution par l'administration de la décision par laquelle le juge de l'excès de pouvoir viendrait, le cas échéant, à prononcer l'annulation de la décision de refus litigieuse, ne présentait pas un caractère provisoire et qu'il avait, en conséquence, méconnu l'étendue des pouvoirs qu'il tient des articles L. 511-1 et L. 521-1 du CJA.

1. CE, sect., 20 déc. 2000, Ouatah, req. nº 206745, *Lebon* 643 ; *AJDA* 2001. 146, chron. M. Guyomar et P. Collin ; *RFDA* 2001. 371, concl. F. Lamy – CE, sect., 18 janv. 2001, Cne de Venelles, req. nº 229247, *Lebon* 18 ; *GAJA*, 24e éd., Dalloz, 2023, nº 92 ; *GADD*, 2e éd., Dalloz, 2001, nº 40 ; *AJDA* 2001. 153, chron. M. Guyomar et P. Collin ; *D.* 2002. 2227, obs. R. Vandermeeren ; *RFDA* 2001. 378, concl. L. Touvet ; *RFDA* 2001. 681, note M. Verpeaux.
2. CE, sect., 28 févr. 2001, Philippart. et Lesage, req. nº 230112, concl. D. Chauvaux, *Lebon* ; *D.* 2002. 2225, obs. R. Vandermeeren ; *RFDA* 2001. 390, concl. D. Chauvaux.
3. CE 25 oct. 2015, Min. Travail c/Synd. départemental CGT des agents Direccte 77 et a, req. nº 386649.
4. Décr. nº 82-453, 28 mai 1982, relatif à l'hygiène et à la sécurité du travail ainsi qu'à la prévention médicale dans la fonction publique, *JO* 30 mai, p. 1737.

De même, le juge du référé-suspension ne peut, après avoir suspendu une mesure d'éviction d'un fonctionnaire, enjoindre à l'Administration de procéder à la réintégration juridique rétroactive de celui-ci[5].

L'injonction prononcée par le juge du référé-suspension peut être assortie d'une astreinte. Lorsque l'ordonnance demeure inexécutée malgré le prononcé de cette astreinte, celle-ci peut être liquidée par le juge du référé-suspension lui-même : une liquidation d'astreinte se rattache en effet à la même instance contentieuse que celle qui a été ouverte par la demande d'astreinte[6].

Il est à noter que lorsqu'est ordonnée par le juge des référés, statuant sur le fondement de l'article L. 521-1 du CJA, une mesure provisoire assortie d'une astreinte, l'intervention du jugement au principal, qui met fin à l'obligation d'exécuter cette mesure, prive, pour l'avenir, cette astreinte de base légale. Elle n'a, en revanche, pas pour effet de priver d'objet la demande de liquidation de cette astreinte pour la période comprise entre la fin du délai imparti pour exécuter la mesure ordonnée en référé et la notification à la personne soumise à l'astreinte du jugement rendu dans l'instance engagée au principal, dès lors que la mesure en cause n'a pas été exécutée dans cet intervalle, ou a été exécutée tardivement[7].

Lorsque le juge du référé-suspension n'a pas prononcé une injonction concomitamment à la suspension d'une décision administrative, ou lorsqu'il n'a pas assorti son injonction du prononcé d'une astreinte, le requérant a la possibilité, en cas d'inexécution de l'ordonnance par l'administration, de revenir devant le juge des référés pour lui demander de modifier son ordonnance et de compléter les mesures déjà ordonnées, sur le fondement de l'article L. 521-4 du CJA. Cette faculté a été confirmée par le Conseil d'État par une décision du 27 juillet 2015[8] jugeant que, « *si l'exécution d'une ordonnance prononçant la suspension d'une décision administrative sur le fondement de l'article L. 521-1 du Code de justice administrative peut être recherchée dans les conditions définies par les articles L. 911-4 et L. 911-5 du même code, l'existence de cette voie de droit ne fait pas obstacle à ce qu'une personne intéressée demande au juge des référés, sur le fondement de l'article L. 521-4 du même code, de compléter la mesure de suspension demeurée sans effet par une injonction et une astreinte destinée à en assurer l'exécution* ».

1631.43 **Référé-liberté.** L'article L. 521-2 du CJA permet au juge des référés d'ordonner, lorsque

5. CE 29 juin 2020, Université des Antilles, req. nº 432029.
6. CE 21 mai 2003, Petit, req. nos 252872 et 253384.
7. CE 24 mai 2017, Sté Investag Energie et a., req. nº 403569.
8. CE 27 juill. 2015, Assistance publique-Hôpitaux de Paris, req. nº 389007.

l'urgence le justifie, toutes mesures nécessaires à la sauvegarde d'une liberté fondamentale à laquelle une personne morale de droit public ou un organisme de droit privé chargé de la gestion d'un service public aurait porté, dans l'exercice d'un de ses pouvoirs, une atteinte grave et manifestement illégale. L'injonction fait partie des « *mesures nécessaires à la sauvegarde d'une liberté fondamentale* » que le juge des référés peut ordonner sur le fondement de ces dispositions [1].

Cette procédure d'urgence peut être utilisée, dans certains cas et si les conditions de sa mise en œuvre sont remplies, pour obtenir l'exécution de la chose jugée.

Le juge des référés du Conseil d'État a ainsi ordonné, sur le fondement de cet article, la restitution de son titre de séjour en cours de validité à un étranger faisant l'objet d'une expulsion dont l'exécution avait été suspendue en application de l'article L. 521-1 du CJA [2].

Il a également été jugé que la saisine d'un tribunal administratif selon la procédure prévue par l'article L. 911-4 du CJA pour obtenir l'exécution d'un jugement ne fait pas par elle-même obstacle à ce que l'intéressé présente au juge des référés de la juridiction d'appel une demande tendant à ce qu'il ordonne une mesure d'urgence susceptible d'avoir le même effet sur le fondement de l'article L. 521-2 du CJA.

Dans cette affaire, le Conseil d'État a estimé que la carence persistante de l'Administration à exécuter entièrement un jugement annulant une mesure de reconduite à la frontière prise à l'encontre d'un étranger en droit d'obtenir une carte de séjour portant la mention « *vie privée et familiale* » créait, compte tenu des motifs de cette annulation, une situation d'urgence au sens de l'article L. 521-2 du CJA. L'Administration s'était en effet bornée à délivrer à l'intéressé une autorisation provisoire de séjour et à la renouveler à plusieurs reprises, alors que ce document n'autorise pas un étranger à exercer une activité professionnelle ni à quitter le territoire français et à y revenir ensuite. Le défaut prolongé d'exécution de la chose jugée portait ainsi une atteinte grave et manifestement illégale [3] à l'exercice par l'intéressé des libertés reconnues aux étrangers en situation régulière.

Le Conseil d'État a jugé récemment que le refus de concours de la force publique opposé à un propriétaire est susceptible de revêtir, au sens des dispositions de l'article L. 521-2 du CJA, le caractère d'une atteinte grave à une liberté fondamentale et qu'en conséquence, le juge des référés saisi sur ce fondement peut, s'il estime que la condition d'urgence est remplie eu égard aux circonstances particulières invoquées devant lui par le propriétaire, et si le refus de concours est manifestement illégal, enjoindre au préfet d'accorder ce concours, une telle mesure étant seule susceptible de sauvegarder l'exercice effectif de la liberté fondamentale à laquelle il est porté atteinte. Le juge du référé-suspension ne peut quant à lui qu'enjoindre au préfet de réexaminer une demande de concours de la force publique [4].

Le juge du référé-liberté peut assortir les injonctions qu'il prononce d'une **astreinte** [5] et peut, comme le juge du référé-suspension, liquider, le cas échéant, cette astreinte. Il peut aussi être à nouveau saisi sur le fondement de l'article L. 521-4 du CJA, afin que l'injonction qu'il a déjà prononcée soit complétée par une astreinte.

Dans une décision récente [6], le Conseil d'État a jugé que l'exécution d'une ordonnance prise par le juge des référés, en application de l'article L. 521-2 du CJA, peut être recherchée dans les conditions posées par le livre IX du CJA relatif à l'exécution des décisions mais également sur le fondement de l'article L. 521-4 du même code qui permet à la personne intéressée de demander au juge des référés d'assurer l'exécution des mesures ordonnées demeurées sans effet par de nouvelles injonctions et une astreinte (pour une application en matière de référé-suspension). En revanche, il a estimé qu'il n'appartient pas au juge des référés de prononcer, de son propre mouvement, de telles mesures destinées à assurer l'exécution de celles qu'il avait déjà ordonnées, et a donc rejeté des conclusions tendant à ce qu'il « *s'assure de l'exécution* » de sa décision [7].

L'Administration peut prendre une mesure d'exécution différente de celle enjointe par le juge des référés si elle parvient à apporter des éléments établissant que la mesure prise « *a des effets au moins équivalents* » à celle initialement prononcée par le juge [8].

1631.44 Référé « mesures utiles ». L'article L. 521-3 du CJA donne au juge des référés la possibilité, « *en cas d'urgence et sur simple requête qui sera recevable même en l'absence de décision administrative préalable* [d'] *ordonner toutes autres mesures utiles*

1. CE, ord., 19 févr. 2009, Syndicat autonome de la fonction publique territoriale de la Réunion (SAFPTR), req. n° 324864, *Lebon* T.
2. CE, réf., 8 nov. 2001, Yilmaz Kaigisiz, req. n° 239734, *Lebon* 545.
3. CE, réf, 11 juin 2002, Aït Oubba, req n° 247649, *Lebon* T. ; *AJDA* 2002. 764 ; note L. Tavernier.
4. CE 1er juin 2017, SCI La Marne Fourmies, req. n° 406103.
5. POUR UN EX. RÉCENT, v. CE, réf., 9 nov. 2015, Assoc. musulmane El Fath, req. n° 394333.
6. CE 28 juill. 2017, Section française de l'Observatoire international des prisons, req. n° 410677.
7. CE 28 juill. 2017, req. n° 410677 (préc. s^s prés^t n°).
8. CE 27 mars 2023, Section française de l'Observatoire international des prisons, req. n° 452354, *Lebon* ; AJDA 2023. 884, chron. A. Goin ; *AJ pénal* 2023. 300, obs. J. Falxa.

sans faire obstacle à l'exécution d'aucune décision administrative ».

Saisi sur le fondement de cet article d'une demande qui n'est pas manifestement insusceptible de se rattacher à un litige relevant de la compétence du juge administratif, le juge des référés peut prescrire, à des fins conservatoires ou à titre provisoire, toutes mesures que l'urgence justifie, notamment sous forme d'injonctions adressées à l'administration, à la condition que ces mesures soient utiles et ne se heurtent à aucune contestation sérieuse[1]. Toutefois, en raison du caractère subsidiaire du référé régi par l'article L. 521-3 du CJA, le juge saisi sur ce fondement ne peut prescrire les mesures qui lui sont demandées lorsque leurs effets pourraient être obtenus par les procédures de référé régies par les articles L. 521-1 et L. 521-2. Par ailleurs, il ne saurait faire obstacle à l'exécution d'une décision administrative, même celle refusant la mesure demandée, à moins qu'il ne s'agisse de prévenir un péril grave[2]. Dans cette affaire, un détenu avait demandé au juge des référés d'un tribunal administratif d'enjoindre au directeur d'une maison d'arrêt, *d'une part*, de lui délivrer le matériel nécessaire à l'entretien de sa cellule et à son hygiène corporelle et, *d'autre part*, de respecter le règlement intérieur prévoyant trois douches par semaine pour les détenus. Le Conseil d'État a jugé que le juge des référés ne pouvait que rejeter les demandes dont il était saisi. En effet, dans le cadre de son office, le juge des référés « *mesures utiles* » ne peut, en raison du caractère subsidiaire de ce référé, prescrire les mesures qui lui sont demandées lorsque leurs effets pourraient être obtenus par les procédures de référé suspension ou de référé-liberté ou si cette mesure fait obstacle à l'exécution d'une décision administrative, même celle refusant la mesure demandée, à moins qu'il ne s'agisse de prévenir un péril grave.

Il a pu être ordonné, au titre de ces mesures, à un maire de prendre, dans les vingt-quatre heures, les mesures que l'article L. 480-2 C. urb. lui impose de prendre en cas de travaux de construction non autorisés (faire dresser un procès-verbal d'infraction, édicter un arrêté interruptif de travaux et en transmettre copie au procureur de la République), cette injonction permettant en l'occurrence d'assurer le respect d'une ordonnance du juge des référés suspendant l'exécution du permis de construire[3]. Il est vrai que, comme le soulignait le rapporteur public dans ses conclusions, cette procédure n'avait pu être utilisée ici que parce que le maire était en situation de compétence liée pour prendre ces mesures.

Le Conseil d'État a jugé récemment qu'alors même que le référé régi par l'article L. 521-3 du CJA revêt un caractère subsidiaire, l'étranger qui estime être dans une situation d'urgence immédiate ne lui permettant pas d'attendre une réponse de l'autorité administrative à la demande de rendez-vous rapproché qu'il a présentée, peut saisir le juge des référés sur le fondement de ces dispositions. S'il considère remplies les conditions qu'elles posent, le juge des référés peut enjoindre au préfet d'avancer la date précédemment proposée[4].

En matière de travaux publics, **l'office du juge des référés « mesures utiles »** est devenu particulièrement large. Ainsi, le juge des référés peut, pour prévenir ou faire cesser un dommage imputable à des travaux publics ou à un ouvrage public, enjoindre au responsable du dommage de prendre des mesures conservatoires destinées à faire échec ou mettre un terme à des dangers immédiats, en l'absence de contestation sérieuse tant sur l'imputabilité du dommage à ces travaux publics ou l'ouvrage public que sur la faute que commet la personne publique en s'abstenant, hors toute justification par un motif d'intérêt général ou par les droits des tiers, de prendre les mesures de nature à y mettre fin ou à en pallier les effets[5].

1631.45 **Référés spéciaux.** Les différents juges des référés intervenant dans des contentieux particuliers – référés précontractuels et contractuels (CJA, art. L. 551-1 s.) ; référé en matière fiscale (CJA, art. L. 552-1 et L. 552-2)[6] ; *etc.* – disposent également de ce pouvoir d'injonction.

B. Conditions de recevabilité

1631.51 **Conclusions accessoires.** Les conclusions aux fins d'injonction sont des conclusions accessoires, tendant à ce que la juridiction explicite les conséquences de ce qu'elle a jugé à titre principal. Par conséquent, des conclusions tendant directement à

1. CE 29 mai 2002, Synd. Lutte pénitentiaire, req. n° 247100, *Lebon* T. 877 – CE, sect., 27 mars 2015, Section française de l'Observatoire international des prisons, req. n° 385332, *Lebon*.
2. CE, sect., 5 février 2016, M. Benabdellah, req. n°s 393540 et 393541.
3. CE, sect., 6 févr. 2004, Masier, req. n° 256719, *Lebon* 45 ; *BJDU* 2004. 138, concl. J.-H. Stahl ; *D.* 2004. 678, et les obs. ; *RDI* 2004. 221, obs. P. Soler-Couteaux ; *RFDA* 2004. 1170, concl. J.-H. Stahl.
4. CE 1er juill. 2020, M. et Mme Labassi, req. n° 436288, *Lebon ; AJDA* 2020. 1382.
5. CE 5 juin 2020, Syndicat intercommunal des eaux de la Vienne, req. n° 435126, *Lebon ; AJDA* 2020. 1943 ; *RFDA* 2020. 1091, concl. G. Pellissier ; *ibid.* 1097, obs. B. Odent.
6. CE, sect., 25 avr. 2001, Min. Économie, Finances et Industrie c/SARL Janfin, req. n° 230166, *Lebon ; AJDA* 2001. 465, chron. M. Guyomar et P. Collin ; *GAJF*, 5e éd., 2009, n° 63 ; *RFDA* 2001. 837, concl. G. Bachelier ; *RFDA* 2002. 991, note J. Clerckx ; *LPA* 27 juill. 2001. 6 s., note J.-M. Février – V. AUSSI, du même jour, CE, sect., 25 avr. 2001, S^{té} Parfival, req. n° 213460, *Lebon*.

ce que de telles mesures soient édictées, indépendamment de toute exécution d'une décision de justice, demeurent irrecevables devant la juridiction administrative [1].

De même, si le juge prononce un non-lieu à statuer sur les conclusions principales aux fins d'annulation ou de suspension, du fait du retrait de la décision attaquée, il ne peut enjoindre à l'autorité administrative de procéder au réexamen de la demande (ce qu'elle doit en tout état de cause faire puisqu'elle en reste saisie) [2].

1631.52 Office spécifique du juge de pleine juridiction. Saisi d'un recours indemnitaire tendant à la réparation d'un préjudice imputable à un comportement fautif d'une personne publique, le juge administratif peut, en vertu de ses **pouvoirs de pleine juridiction** et lorsqu'il est saisi de conclusions en ce sens, enjoindre à la personne publique en cause de mettre fin à ce comportement ou d'en pallier les effets [3].

Dans cette affaire, le requérant avait demandé à un tribunal administratif de condamner une commune à réparer les préjudices résultant de la pollution d'un pâturage et de lui enjoindre de mettre à sa disposition une pâture saine et de mettre en conformité son réseau d'assainissement. Le tribunal administratif lui avait accordé une indemnité. En appel, la cour administrative d'appel avait réévalué le montant de cette condamnation, mais rejeté les conclusions à fins d'injonction. Le Conseil d'État annule partiellement l'arrêt en jugeant, de manière inédite, que « *lorsque le juge administratif statue sur un recours indemnitaire tendant à la réparation d'un préjudice imputable à un comportement fautif d'une personne publique et qu'il constate que ce comportement et ce préjudice perdurent à la date à laquelle il se prononce, il peut, en vertu de ses pouvoirs de pleine juridiction et lorsqu'il est saisi de conclusions en ce sens, enjoindre à la personne publique en cause de mettre fin à ce comportement ou d'en pallier les effets* ».

Plus récemment, cette faculté du juge du plein contentieux d'enjoindre à l'Administration de mettre fin à un comportement fautif et dommageable, qui se rapproche du pouvoir de prononcer des astreintes à titre principal, a été confirmée par le Conseil d'État [4].

1631.53 Demande en appel et devant le Conseil d'État s'il juge au fond. Les conclusions aux fins d'injonction peuvent être présentées pour la première fois en appel [5] ou devant le Conseil d'État dans le cadre d'un règlement de l'affaire au fond après cassation (en application des dispositions de CJA, art. L. 821-2), puisqu'il se substitue ce faisant au juge de renvoi.

1631.54 Possibilité pour le juge de prononcer d'office des injonctions. Les injonctions « préventives » des articles L. 911-1 et L. 911-2 du CJA ne pouvaient, jusqu'en 2019, être prononcées d'office par le juge. Elles devaient donc obligatoirement résulter de conclusions expresses des requérants, qui notamment préciser s'ils entendaient obtenir une décision dans un sens déterminé ou la fixation d'un délai pour statuer de nouveau sur leur demande. En effet, lorsque la demande d'injonction sous astreinte tend à ce que soit prescrite une mesure dans un sens déterminé, alors que l'exécution de la décision n'induit pas nécessairement une telle action, la demande était en principe irrecevable [6].

Le juge faisait cependant preuve d'une certaine mansuétude dans la lecture de ces conclusions et pouvait enjoindre à l'Administration de prendre une décision dans un certain délai alors même qu'il n'avait été saisi que de conclusions tendant à ce qu'il lui soit enjoint de prendre une décision dans un sens déterminé.

L'article 40 de la loi du 23 mars 2019 de programmation pour la justice a modifié la rédaction des articles L. 911-1 à L. 911-3 du CJA, ouvrant au juge administratif la faculté de prononcer d'office des injonctions et des astreintes, lorsqu'il statue dans un contentieux d'excès de pouvoir. Il s'agit naturellement d'une simple faculté et non d'une obligation.

Le **juge des référés prononçant la suspension d'une décision administrative de rejet,** sur le fondement de l'article L. 521-1 du CJA ou dans le cadre de la procédure dite du « *référé-liberté* » de l'article L. 521-2 du CJA (à propos d'un refus d'asile [7]), peut toujours, même en l'absence de conclusions expresses en ce

1. Comme l'a confirmé le Conseil d'État dans de nombreuses décisions : « [...] *hormis dans les cas prévus par la loi du 8 février 1995* [...] *il n'appartient pas au juge administratif d'adresser des injonctions à l'Administration* » (V. NOT. : CE 24 mai 1995, M. Gille, req. n° 124512, NP – CE 15 sept. 1995, C[ts] Morel, req. n° 148795, NP).
2. CE 30 mars 2009, Min. Immigration, Intégration, Identité nationale et Développement solidaire c/Mme Jeannin, req. n° 322405, *Lebon* T.
3. CE 27 juill. 2015, M. Baey, req. n° 367484 – A. Perrin, « Le renforcement de l'obligation d'agir des autorités de police », *AJDA* 2015. 2277.
4. CE, sect., Syndicat des copropriétaires du Monte Carlo Hill, req. n° 417167, *Lebon* et concl. ; *AJDA* 2020. 296, chron. C. Malverti et C. Beaufils ; RFDA 2020. 121, concl. G. Pellissier ; *ibid.* 333, note J. Petit.
5. CE 25 mars 1996, C[ne] Saint-François, req. n° 163909, NP.
6. CE 7 avr. 1995, Grekos, req. n° 95153, *Lebon* – CE 9 févr. 1996, Ricard et Université d'Aix-Marseille II, req. n°s 123709 et 124613, *Lebon* 682.
7. CE 15 févr. 2002, Hadda, req. n° 238547, *Lebon ; RFDA* 2002. 436.

sens[1], indiquer les obligations qui en découleront pour l'Administration (la jurisprudence antérieure à l'entrée en vigueur de la loi du 30 juin 2000 qui a substitué le référé-suspension au sursis à exécution était également en ce sens[2]). Il n'est en revanche pas tenu de le faire[3].

1631.55 Mesures susceptibles d'être prononcées par le juge. Le juge ne peut ordonner que les mesures qu'implique l'exécution effective et complète de la chose jugée par lui. Dès lors :

– L'injonction n'a en aucun cas vocation à « réparer » les préjudices que le requérant estime avoir subis.

Aussi bien, par exemple, l'annulation de la délibération par laquelle le jury d'un concours d'agrégation a fixé la liste des candidats admis à ce concours n'implique-t-elle ni la correction de la copie du requérant, ni son inscription sur la liste des candidats admissibles au titre de la session suivante d'examen, ni l'attribution d'un congé de formation pour préparer le nouveau concours[4]. De la même façon, l'annulation de l'ajournement d'un étudiant à un examen ne peut pas conduire le juge à enjoindre que cet étudiant soit admis dans l'année supérieure[5]. Enfin, mais on pourrait multiplier à loisir les exemples, l'annulation du licenciement d'un agent en fin de stage n'implique pas sa titularisation[6].

– Le juge ne peut en aucun cas, en prononçant une injonction, trancher un « litige distinct » de celui dont il a été saisi à titre principal.

Ainsi, par exemple, si même il appartient à l'autorité administrative de tirer toutes les conséquences d'une décision juridictionnelle annulant un acte réglementaire, l'exécution de cette décision n'implique pas que le juge, saisi sur le fondement des dispositions des articles L. 911-1 et L. 911-2 du CJA et de l'article L. 911-3 du même code, enjoigne à l'Administration de revenir sur les mesures individuelles prises en application de cet acte[7]. Toutefois, dans une décision plus récente[8], le Conseil d'État a jugé que si l'exécution d'un jugement annulant un acte réglementaire n'implique pas en principe que le juge enjoigne à l'administration de revenir sur les mesures individuelles prises en application de cet acte, l'annulation d'un acte réglementaire instituant une « *aide d'État* » en méconnaissance de l'obligation de notification préalable à la Commission européenne implique que l'État prenne toutes les mesures nécessaires pour assurer le recouvrement auprès des bénéficiaires de l'aide, selon le cas, des aides versées sur le fondement de ce régime illégal ou des intérêts calculés sur la période d'illégalité. Dès lors, lorsqu'il constate que les mesures nécessaires n'ont pas été prises, le juge prescrit, sur le fondement des dispositions du livre IX du CJA, les mesures d'exécution impliquées par l'annulation de cet acte réglementaire afin d'assurer la pleine effectivité du droit de l'Union.

De même, lorsqu'il enjoint au Premier ministre de prendre un décret, le Conseil d'État n'a pas à préciser ce que doit être le contenu de celui-ci (v. les motifs d'une décision du Conseil d'État)[9]. Autre exemple : la remise en cause de la revente d'un bien illégalement préempté est un litige distinct de celui de l'annulation de la décision de préemption[10].

Au cours des années récentes, l'injonction a pris parfois la forme d'une obligation de résultat, l'Administration étant libre de choisir les mesures les plus adéquates pour atteindre les résultats exigés[11].

Rappelons enfin qu'il ne peut être demandé au juge des référés, qui ne peut ordonner que des **mesures provisoires**, de mettre à la charge de l'Administra-

1. CE, sect., 28 févr. 2001, Philippart. et Lesage, req. n°s 230112 et 230520, *Lebon* T. ; *RFDA* 2001. 390, concl. D. Chauvaux ; *D.* 2002. 2225, obs. R. Vandermeeren. – CE 19 juin 2002, Barège, req. nº 234360, *Lebon* – CE 15 avr. 2005, S^té Socrate, req. nº 271600, *Lebon* T. ; *Contrats Marchés publ.* juin 2005, nº 39, obs. J.-P. Pietri.
2. CE, sect., 20 déc. 2000, Ouatah, req. nº 206745, *Lebon ; AJDA* 2001. 146, chron. M. Guyomar et P. Collin ; *RJF* 2001, nº 550 ; *LPA* mars 2001, nº 55, note F. Mallol ; *RFDA* 2001. 371, concl. F. Lamy – CE 27 juill. 2001, Min. Emploi et Solidarité c/Vedel, req. nº 232603, *Lebon ; RFDA* 2001. 1140.
3. CE 14 oct. 2002, C^ne du Lavandou, req. nº 244714, *Lebon* T. ; *AJDA* 2003. 40, note J.-P. Markus ; *RDI* 2003. 106, obs. P. Soler-Couteaux.
4. CE 30 déc. 1996, Barrière, req. nº 158142, *Lebon* T.
5. TA Rennes, 29 janv. 1996, Luquet de Saint-Germain, req. nº 953278, *Lebon ; RFDA* 1996. 350.
6. CAA Lyon, 4 mars 1997, C^ne d'Allauch c/Mme Catino, req. n°s 96LY01746 et 96LY02341, NP ; *RFDA* 1998. 471.
7. CE, avis sect., 13 mars 1998, Vindevogel, req. nº 190751, *Lebon*.
8. CE 15 avr. 2016, Assoc. Vent de Colère !, req. nº 393721 – L. Dutheillet de Lamothe et G. Odinet, « Aides d'État illégales, le vent ne l'emporte pas », *AJDA* 2016. 1178.
9. CE 21 mai 1997, Dobler, req. nº 173069, *Lebon* T.
10. CE, sect., 26 févr. 2003, M. et Mme Bour, req. nº 231558, *Lebon ; AJDA* 2003. 729, note F. Donnat et D. Casas ; *AJDI* 2004. 211, obs. A. Lévy ; *RDI* 2003. 377, obs. P. Soler-Couteaux ; 379, obs. P. Soler-Couteaux.
11. À propos du respect des seuils maximaux de pollution atmosphérique autorisés par le droit européen, v. CE 23 mars 2019, Assoc. Les Amis de la Terre France, req. nº 394254, *Lebon ; AJDA* 2018. 167, note A. Perrin et M. Deffairi ; ibid. 2017. 1426 ; *D.* 2017. 1474, et obs. ; *RFDA* 2017. 1135, note A. Van Lang ; *RTD eur.* 2018. 392, obs. A. Bouveresse : injonction au Premier ministre et au ministre chargé de l'Environnement de prendre toutes les mesures nécessaires pour que soient élaborés et mis en œuvre des plans permettant de ramener, pour ces zones, les concentrations en dioxyde d'azote et particules fines PM10 sous les valeurs limites dans le délai le plus court possible – S'agissant du respect des délais d'enregistrement des demandes d'asile, v. CE 31 juill. 2019, Assoc. La Cimade, req. nº 410347, *Lebon ; AJDA* 2019. 590, concl. G. Odinet ; *RTD eur.* 2019. 538, obs. D. Ritleng.

tion une obligation de faire qui aurait des effets en tous points identiques à ceux qui résulteraient de l'exécution par l'autorité administrative de la décision par laquelle le juge de l'excès de pouvoir viendrait, le cas échéant, à prononcer l'annulation de la décision [1] (v. s^s n° 1631.42).

1631.56 Exclusivité de la procédure d'ordonnancement de l'article 1er de la loi du 16 juillet 1980 pour obtenir l'exécution d'une condamnation à payer une somme d'argent. Le Conseil d'État juge que dès lors que le II de l'article 1er de la loi du 16 juillet 1980, reproduit à l'article L. 911-9 du CJA, permet au bénéficiaire d'une condamnation, en cas d'inexécution de la décision dans le délai prescrit, d'obtenir le mandatement d'office de la somme que la personne publique a été condamnée à lui verser par cette même décision, il n'y a pas lieu de faire droit à ses conclusions tendant à ce qu'il soit enjoint à cette personne de payer cette somme [2]. Certaines cours administratives d'appel ont toutefois adopté une solution différente. Par ailleurs, l'échec d'une demande de mandatement d'office autorise le bénéficiaire d'une condamnation à présenter une demande d'exécution en application du livre IX du CJA (v. s^s n°s 1642.00 s.)

1631.57 Injonction et séparation des ordres de juridiction. Dans un avis du 13 mars 1998 [3], le Conseil d'État a précisé que : « *Le pouvoir conféré par la loi au juge administratif, de prononcer à l'égard des personnes morales de droit public ou des organismes de droit privé chargé de la gestion d'un service public des injonctions, éventuellement assorties d'astreintes, aux fins d'assurer l'exécution de ses décisions, ne l'autorise pas à s'affranchir des règles de répartition des compétences entre les deux ordres de juridiction* ».

Ainsi, par exemple (il s'agit du cas sur lequel le Conseil d'État s'est prononcé dans son avis du 13 mars 1998), s'il appartient au juge administratif de connaître des recours pour excès de pouvoir dirigés contre les délibérations par lesquelles les collectivités ou les établissements publics qui exploitent ou concèdent le service public de l'assainissement (ou tout autre service public industriel et commercial) instituent la redevance et en fixent le tarif, il n'est pas compétent pour enjoindre la restitution d'une somme mise à la charge d'un usager et qui constitue la rémunération d'un service rendu. Une telle demande ressortit en effet à la compétence du tribunal judiciaire territorialement compétent.

De même, le juge administratif ne saurait enjoindre la réintégration d'un salarié protégé après l'annulation de l'autorisation de licenciement donnée à l'employeur par l'inspection du travail. Un tel contentieux relève en effet du conseil des prud'hommes.

C. Conditions de fond

1631.61 Circonstances de fait et de droit existant à la date à laquelle le juge se prononce. Quelle que soit la nature du contentieux principal, le juge de l'exécution statue en fonction des circonstances de droit et de fait qui existent à la date à laquelle il se prononce sur les modalités d'exécution de la décision. Il lui appartient donc de tenir compte, le cas échéant après une mesure d'instruction, d'un changement dans ces circonstances de nature à affecter les conditions d'obtention du droit dont se prévaut le demandeur [4]. Ainsi, une décision, par exemple de refus, peut avoir été annulée pour excès de pouvoir au motif qu'à la date à laquelle elle a été prise, l'intéressé avait droit à l'obtention de ce qu'il demandait, sans donner lieu au prononcé d'une injonction de prendre la décision demandée car, à la date à laquelle le juge se prononce sur ce point, l'une des conditions constitutives du droit n'est plus remplie. En voici quelques exemples :

– absence de changement dans la situation de droit ou de fait de l'intéressé (ce dont la chambre chargée de l'instruction s'est assurée en provoquant les observations des parties) ; par suite, et compte tenu des motifs de l'annulation, pour cause d'illégalité interne, injonction d'attribuer le visa dans le délai d'un mois [5] ;

– l'annulation du refus de mettre un local communal à la disposition d'un conseiller municipal minoritaire n'implique plus nécessairement que le maire revienne sur son refus, l'intéressé appartenant désormais, en conséquence de nouvelles élections, à la majorité du conseil municipal [6] ;

1. CE 9 juill. 2001, Min. Intérieur c/M. le Berre, req. n° 232818, *Lebon* T. ; *AJFP* 2002. 54 – CE 13 févr. 2006, C^ne de Fontenay-le-Comte, req. n° 285184, *Lebon* T. 1015 – CE 20 mai 2009, Min. Défense, req. n° 317098, *Lebon* ; *AJDA* 2009. 1623, note M.-C. Runavot.
2. CE 6 mai 1998, Lother, req. n° 141236, *Lebon* T. 1115 – CE 24 nov. 2003, S^té Le Cadoret, req. n° 250436, *Lebon* 945 – CE, sect., 27 oct. 2006, Dpt du Morbihan, req. n° 246931, *Lebon* 437 ; *AJDA* 2006. 2389, chron. C. Landais et F. Lenica – CE 6 avr. 2007, CHU de Nice, req. n° 276689, NP – CE 19 juill. 2010, S^té Audacieuse Gardiennage, req. n° 313770, NP.
3. CE 13 mars 1998, Mme Vindevogel, req. n° 197151, NP ; *Procédures* 1998, n° 158.
4. CE, sect., 30 nov. 1998, M. Berrad, req. n° 188350, *Lebon* ; *RFDA* 1999. 511 s., concl. F. Lamy et note C. Guettier ; *RFDA* 1999. 520, note C. Guettier ; *Rev. crit. DIP* 1999. 504, note N. Guimezanes.
5. CE 4 juill. 1997, Ép^x Bourezak, req. n° 156298, *Lebon* 278 ; *AJDA* 1997. 584 s., chron. D. Chauvaux et T.-X. Girardot ; *RFDA* 1997. 815 s., concl. R. Abraham et P. Wachsmann ; *RD publ.* 1998. 271 s.
6. CE 4 juill. 1997, Leveau, req. n° 156298, *Lebon* 278 ; *AJDA* 1997. 584 s., chron. D. Chavaux et T.-X. Girardot, concl. J.-H. Stahl ; *RFDA* 1997. 819 s.

– lorsqu'un agent contractuel a été illégalement licencié, le juge ne peut pas ordonner sa réintégration si le contrat est expiré, ni enjoindre à l'Administration de l'employer à nouveau pour la durée qui restait contractuellement à courir lorsqu'il a été licencié[1] ;

– en revanche, même si les dispositions ayant fondé l'annulation d'un refus de délivrer à un médecin une autorisation d'exercer ont été abrogées à la date à laquelle le juge doit statuer sur une demande d'injonction d'exécuter la décision d'annulation, l'obligation d'exécuter la chose jugée demeure dès lors que la délivrance de l'autorisation n'est pas impossible sous le nouveau régime[2].

1°
Jugement ou arrêt impliquant nécessairement une mesure d'exécution dans un sens déterminé (CJA, art. L. 911-1)

1631.71 Notion. Un jugement ou un arrêt implique « *nécessairement* » qu'une mesure d'exécution soit prise lorsque l'Administration se trouve, après l'intervention du juge, dans une situation de compétence totalement liée et n'a aucune liberté de choix quant à la décision que le respect de la chose jugée lui impose de prendre. Ainsi, particulièrement dans le contentieux de l'excès de pouvoir, la question de savoir si le jugement implique nécessairement une mesure d'exécution dans un sens déterminé dépend des motifs adoptés par le juge, qui doivent être fondés sur l'existence d'un droit pour le demandeur à obtenir la mesure sollicitée (droit qui, ainsi qu'il vient d'être dit, doit au surplus être toujours actuel). Plus précisément, l'annulation d'un acte administratif pour un vice de légalité externe (incompétence, procédure irrégulière, défaut de motivation, *etc.*) n'implique jamais que l'Administration soit tenue de prendre une décision dans un sens contraire. Et l'annulation pour un vice de légalité interne ne l'implique pas toujours.

1631.72 Exemples de jugement ou d'arrêt impliquant nécessairement une mesure d'exécution dans un sens déterminé. Si, le plus souvent, l'injonction tend à ordonner à l'Administration de prendre une décision, elle peut aussi se traduire par une obligation de faire ou de ne pas faire. Ainsi, par exemple, il a été jugé que :

– en cas d'annulation d'une sanction d'exclusion du service, l'agent public doit nécessairement être réintégré de plein droit dans ses fonctions à la date de son éviction et sa carrière doit en conséquence être reconstituée[3] ;

– l'annulation d'un refus implicite de réaliser des travaux permettant de mettre fin à un dommage de travaux publics peut conduire le juge à enjoindre à la personne publique (en l'espèce une commune) de les réaliser à bref délai[4] ;

– la condamnation à payer à un agent public des heures supplémentaires implique nécessairement le mandatement des sommes dues[5] ;

– l'annulation d'un blâme suppose obligatoirement qu'il n'en soit laissé aucune trace dans le dossier de l'agent[6] ;

– l'annulation d'une autorisation d'occupation du domaine public oblige l'Administration à mettre fin à l'occupation devenue illicite[7] ;

– l'annulation du refus d'inscrire à l'Université un étudiant implique nécessairement son inscription[8] ;

– l'annulation de l'ajournement d'un étudiant à un examen implique nécessairement que de nouvelles épreuves soient organisées à son usage[9] ;

– l'annulation, pour un motif tiré de la violation du principe d'égalité entre hommes et femmes, de la décision arrêtant la liste des personnes reçues à un concours administratif implique nécessairement que la requérante, compte tenu de son rang de classement déterminé par le jury, soit inscrite sur la liste définitive des candidats admis[10] ;

– l'annulation de la délibération d'un conseil municipal décidant de la création d'une allocation municipale et de la décision de publier une information à ce sujet sur le mobilier urbain de la commune implique nécessairement le retrait desdites affiches des panneaux municipaux (injonction faite au Maire de procéder à l'enlèvement complet des affiches dans un délai de quinze jours à compter de la notification du jugement sous astreinte de 300 francs par jour de retard à l'expiration de ce délai[11]) ;

1. CAA Nantes, 7 mai 1997, OPHLM de Saumur, req. nº 95NT00898, *Lebon* T. ; *Dr. adm.* 1997, nº 354.
2. CE 4 oct. 2010, Min. Santé et Sports c/Haidar, req. nº 329772, *Lebon* T.
3. CE 29 déc. 1995, Kavvadias, req. nº 129659, *Lebon* 477 ; *Procédures* 1996, nº 98 ; *AJDA* 1996. 115 s., chron. J.-H. Stahl et D. Chauvaux – CAA Paris, 20 févr. 1996, Rémy, req. nº 94PA02029, *Lebon* T. 998 ; *Dr. adm.* 1996, nº 226 – CE 25 mars 1996, Cne de Saint François, req. nº 136910, *Lebon* 101 ; *Dr. adm.* 1996, nº 327.
4. TA Lyon, 4 févr. 1998, M.-J. Guillot, *LPA* 5 août 1999. 24 s., concl. E. Kolbert.
5. TA Châlons-sur-Marne, 13 févr. 1996, Chonier, req. nº 92-693, *Lebon ; Dr. adm.* 1996, nº 283 ; *JCP* 1997. IV. 90.
6. CE 1er oct. 1997, Devron, req. nº 180495, *Lebon* T.
7. CE 24 mai 1995, Cne de Sanary-sur-Mer, req. nº 139227, NP.
8. TA Rennes, 28 sept. 1995, Melle Jehan et a., req. nº 951662, *Lebon* 584 ; *LPA* 3 avr. 1996, nº 48, concl. C. Gualeni.
9. TA Rennes, 29 janv. 1996, Luquet de Saint Germain, req. nº 953278, *Lebon ; RFDA* 1996. 350 ; *LPA* 31 juill. 1996, note G.
10. CE 11 mai 1998, Melle Aldige, req. nº 185049, *Lebon* T. ; *D.* 1998. IR 156 ; *RFDA* 1998. 1011, concl. H. Savoie.
11. TA Marseille, 7 avr. 1998, Préfet des Bouches du Rhône c/ Cne de Vitrolles, req. nº 98-1359 et a., *Lebon ; D.* 1998. 571, note H. Moutouh.

– l'annulation de la décision préfectorale retirant la décision acceptant la démission d'un maire autorise le juge à prescrire (conformément à la législation) le remplacement provisoire du maire démissionnaire par un adjoint[1] ;

– en matière de police des étrangers, l'annulation, pour méconnaissance des stipulations de l'article 8 de la Convention européenne de sauvegarde des droits de l'homme et des libertés fondamentales, d'un refus de visa, d'un refus de titre de séjour ou d'un refus d'abrogation d'une décision d'expulsion, implique, selon les cas, la délivrance de l'autorisation[2] ou l'abrogation de la décision d'expulsion. Comme l'a rappelé le Conseil d'État dans un avis rendu par sa section du contentieux : « *Il résulte* [...] *de la combinaison des stipulations de l'article 8 de la Convention européenne de sauvegarde des droits de l'homme et des libertés fondamentales et de l'article 12 bis de l'ordonnance du 2 novembre 1945 modifiée que, l'exécution du jugement ayant annulé un refus de titre de séjour, au motif que ce refus porte une atteinte excessive au droit du demandeur au respect de sa vie privée et familiale, implique au moins – sous réserve d'un changement dans les circonstances de droit ou de fait – la délivrance de la carte de séjour temporaire portant la mention* "vie privée et familiale" *prévue à l'article 12 bis de l'ordonnance du 2 novembre 1945, dans sa version issue de la loi du 11 mai 1998* »[3] ;

– le jugement annulant un refus de communication d'un document administratif en méconnaissance des dispositions de la loi du 17 juillet 1978 implique nécessairement que l'Administration communique ce document[4], sauf, bien sûr, s'il est avéré que le document n'existe plus au jour où le juge rend sa décision[5] ;

– l'annulation de la décision du Premier ministre refusant de prendre les mesures réglementaires indispensables à l'application de la loi implique l'édiction de telles mesures[6] ;

– l'annulation pour erreur manifeste d'appréciation d'un refus d'habiliter une association implique normalement la délivrance de l'habilitation demandée[7] ;

– injonction de cesser l'exploitation de documents en violation des droits d'auteur, en exécution de motifs constatant cette violation[8] ;

– l'annulation du refus implicite de prendre des mesures supplémentaires permettant d'infléchir la courbe des émissions de gaz à effet de serre produites sur le territoire national afin d'assurer sa compatibilité avec les objectifs de réduction de ces émissions tels que fixés à l'article L. 100-4 C. énergie et à l'annexe I du règlement (UE) n° 2018/842 du 30 mai 2018[9] implique nécessairement l'édiction de telles mesures[10].

De manière générale, lorsque l'octroi d'un titre ou d'un avantage est soumis à une seule condition légale et que le juge constate que l'Administration s'est livrée à une appréciation erronée de cette condition, celui-ci ne se borne pas à prescrire à l'Administration de prendre une nouvelle décision, mais lui enjoint d'accorder l'autorisation ou le titre sollicité[11].

La jurisprudence a précisé que l'annulation pour excès de pouvoir d'une décision administrative refusant une autorisation pour plusieurs motifs, dont certains n'ont pas été censurés par le juge, impliquait seulement que l'Administration procède à un nouvel examen de la demande et non qu'elle accorde l'autorisation sollicitée. Il en va ainsi alors même que le juge s'est fondé sur ce qu'il ne résultait pas de

1. CE, ass., 26 mai 1995, Etna et Min. des DOM-TOM, req. n°s 167914 et 168932, *Lebon* 213 ; *AJDA* 1995. 505, chron. J.-H. Stahl et D. Chauvaux ; *D.* 1995. 497, note D. Artus ; *RFDA* 1996. 66, concl. F. Scanvic.
2. CE 4 juill. 1997, M. et Mme Bourezak, req. n° 156298, *Lebon* 278 ; *AJDA* 1997. 584 s., chron. D. Chauvaux et T.-X. Girardot ; *RFDA* 1998. 815 s., concl. R. Abraham – Pour une synthèse des solutions dégagées dans le CONTENTIEUX DE L'ENTRÉE DU SÉJOUR ET DE LA SORTIE DU TERRITOIRE DES ÉTRANGERS : v. Y. Durmarque, « L'injonction de la loi du 8 février 1995 et le droit des étrangers », *LPA* juin 1998, n° 74.
3. CE, sect., avis, 30 nov. 1998, M. Berrad, req. n° 188350, *Lebon ; RDFA* 1999. 519 s., concl. F. Lamy et 520, note C. Guettier ; *Rev. crit. DIP* 1999. 504, note N. Guimezanes.
4. CE 12 juill. 1995, Domarchi, req. n° 161803, *Lebon* 988 ; *AJDA* 1996. 115 s., chron. J.-H. Stahl et D. Chauvaux.
5. CE 27 nov. 2000, Assoc. Comité tous frères, req. n° 188431, *Lebon* 559 ; *AJDA* 2001. 94 – CE 26 nov. 1986, Le Fellic c/ C^{ne} de Grigny, req. n° 73559, NP.
6. CE, sect., 26 juill. 1996, Assoc. lyonnaise de protection des locataires, req. n° 160515, *Lebon* 293 ; *RFDA* 1996. 768, concl. C. Maugüé – CE, ass., 28 mars 1997, Féd. des familles de France, req. n° 180490, NP ; *RFDA* 1998. 1165 s., concl. C. Maugüé ; *RDSS* 1997. 633, obs. F. Monéger.
7. CE 6 nov. 2000, Mouvement contre le racisme et pour l'amitié entre les peuples, req. n° 214512, *Lebon ; LPA* 1er févr. 2001. 19 s., concl. de Silva.
8. CE 27 avr. 2011, M. Fédida, req. n° 314577, *Lebon ; D.* 2011. 1945, obs. M.-C. de Montecler, note G. Lécuyer ; *AJCT* 2011. 520, obs. A. Chéron.
9. Règl. UE n° 2018/842, Parlement européen et Conseil, 30 mai 2018, relatif aux réductions annuelles contraignantes des émissions de gaz à effet de serre par les États membres de 2021 à 2030 contribuant à l'action pour le climat afin de respecter les engagements pris dans le cadre de l'accord de Paris et modifiant le règlement (UE) n° 525/2013 (texte présentant de l'intérêt pour l'EEE), *JOUE* L 156, 19 juin, p. 26.
10. CE 1er juill. 2021, C^{ne} de Grande-Synthe et a., req. n° 427301, *Lebon* avec concl. ; *AJDA* 2021. 2115, note H. Delzangles ; *D.* 2022. 963, obs. V. Monteillet et G. Leray ; *RFDA* 2021. 777, concl. S. Hoynck ; *RTD eur.* 2022. 600, obs. P. Thieffry.
11. Pour un refus d'agrément en vue d'adopter un enfant soumis à une unique condition légale portant sur les conditions d'accueil de l'enfant, v. CE 28 juill. 2006, Dpt des Yvelines c/Mme Senlis, req. n° 289621, *Lebon* T. 909.

l'instruction que l'Administration aurait pris la même décision en ne retenant que le ou les motifs qui n'ont pas été censurés[1].

Le contentieux des refus d'abrogation d'un acte réglementaire illustre très clairement lui aussi la prise en compte, pour le prononcé de l'injonction, du motif retenu par le juge. Il a été jugé que l'annulation d'une décision refusant d'abroger un arrêté réglementaire illégal – car entaché d'incompétence – impliquait nécessairement l'abrogation de cet acte, et l'annulation a donc été assortie d'une injonction en ce sens[2]. Toutefois, par une décision plus récente, le Conseil d'État a estimé que, compte tenu du motif retenu pour annuler un refus d'abrogation (en l'espèce, une rupture du principe d'égalité entre différents types de commerces), une telle annulation impliquait seulement que la demande d'abrogation soit réexaminée, afin que le ministre remédie à l'illégalité dont l'arrêté était entaché, soit en l'abrogeant, soit en en modifiant le champ d'application de manière à le rendre conforme aux exigences rappelées dans les motifs de sa décision[3].

Un changement de circonstances peut conduire à un « *glissement* » d'une injonction de l'article L. 911-1 à une injonction de l'article L. 911-2, comme le montre une décision du 7 octobre 2013[4]. En l'espèce, l'intéressé étant âgé de plus de dix-huit ans à la date de la décision du juge de l'exécution, les stipulations de la convention internationale relative aux droits de l'enfant, dont la violation avait fondé l'annulation du refus de visa, ne lui étaient plus applicables. Ainsi, l'exécution de l'arrêt attaqué n'impliquait plus nécessairement la délivrance du visa sollicité, mais seulement le réexamen par l'autorité administrative, à l'issue d'une nouvelle instruction, de la demande de visa.

Autrement dit, ainsi que le résume le rapporteur public, Gilles Pellisser, dans ses conclusions sur cette affaire, « *une injonction de prendre une décision dans un sens déterminé ne peut donc être prononcée que si deux conditions sont remplies : l'annulation doit être fondée sur un motif tiré de la méconnaissance d'un droit à obtenir l'édiction de cette décision ; les conditions pour bénéficier de ce droit doivent être toujours remplies à la date à laquelle la juridiction se prononce* ».

1631.73 Jugement ou arrêt n'impliquant pas nécessairement une mesure d'exécution dans un sens déterminé. Principalement en matière d'excès de pouvoir, le juge est parfois conduit à rejeter les conclusions aux fins d'injonction alors même qu'il fait droit au recours en annulation dont il est saisi. C'est le cas lorsque l'annulation n'interdit pas radicalement à l'Administration, même en l'absence de circonstances nouvelles, de prendre une décision identique de celle qui a été annulée. Concrètement, cela recouvre deux hypothèses :

– **l'annulation est motivée par une illégalité externe** (incompétence, vice de forme, ou irrégularité de procédure). Dans ce cas, l'annulation ne fait pas obstacle à ce que l'Administration prenne une décision identique à celle qui a été censurée – à condition bien sûr de respecter les règles de compétence ainsi que les formes et la procédure requises.

Ainsi, par exemple, l'annulation de la mesure d'éloignement d'un étranger, au motif que le refus de titre de séjour qui lui sert de fondement est entaché d'incompétence n'implique pas la délivrance de ce titre de séjour[5]. De la même façon, l'annulation, fondée sur un motif de forme, du refus du Conseil supérieur de l'audiovisuel de délivrer une fréquence dans le cadre de la loi du 30 septembre 1986 modifiée n'oblige pas celui-ci à l'attribuer à la société hors appel aux candidatures[6] (étant précisé que dans cette matière, la solution est la même lorsque l'annulation est prononcée pour un motif de fond[7]) ;

– l'annulation, dictée par des considérations de fond, n'empêche pas l'Administration de prendre une **décision dans le même sens que la décision annulée** s'il existe d'autres motifs qui lui permettent de le faire. Tel est le cas, notamment, lorsqu'un texte subordonne l'obtention d'un avantage à plusieurs conditions qui sont exigibles cumulativement.

Ainsi, par exemple, le fait qu'un refus de permis de construire fondé sur le non-respect des règles de hauteur des constructions a été annulé au motif que le projet du pétitionnaire ne dépassait pas la hauteur maximale autorisée n'interdit pas au maire d'opposer un nouveau refus fondé sur la méconnaissance des dispositions relatives au coefficient d'occupation des sols. C'est la raison pour laquelle, dans ce cas, les conclusions aux fins d'injonction sont rejetées[8] (solution identique suite à l'annulation du refus d'une autorisation de boisement[9]).

Selon la même logique, l'annulation d'un refus de renouvellement d'un professeur associé n'implique pas nécessairement que son renouvelle-

1. CE 27 oct. 2008, Min. Santé, req. n° 300789, *Lebon* T. 872 ; *AJDA* 2008. 2097.
2. CE 17 déc. 1999, Conseil des industries de défense française, req. n° 191514, *Lebon* T. 967.
3. CE 23 oct. 2013, Féd. des entreprises de boulangeries et pâtisseries françaises et a., req. n° 352561, *Lebon* T. 860.
4. CE 7 oct. 2013, Min. Intérieur c/M. et Mme Ousbaa, req. n° 360972, *Lebon* T. 631.
5. CE 6 juin 1997, Mitrovic, req. n° 176270, NP.
6. CE 29 juill. 1998, Sté Radio Pholie, req. n° 125291, *Lebon* T. 1113.
7. CE, sect., 13 déc. 2002, Sté Radio Monte-Carlo, req. n° 221827, *Lebon* ; *AJDA* 2003. 135, concl. D. Chauvaux.
8. TA Lyon, 29 mars 1996, SCI Begaz, *Lebon* 989.
9. TA Limoges, 25 janv. 1996, Épx Dechaise Martin, *RFDA* 1996. 349.

ment soit prononcé, la décision du juge ayant seulement pour effet de saisir de nouveau l'autorité compétente pour qu'elle statue[1].

Récemment, le Conseil d'État s'est prononcé sur les conséquences de l'annulation d'une décision procédant au retrait du bénéfice d'une indemnité indûment versée par une personne publique à l'un de ses agents au titre de sa rémunération. Eu égard à la possibilité donnée par les dispositions de l'article 37-1 de la loi du 12 avril 2000[2] – dans sa rédaction issue de l'article 94 de la loi du 28 décembre 2011[3] –, à l'Administration de demander le remboursement des sommes qui seront versées en application de la décision illégalement retirée, l'annulation par le juge du retrait de la décision illégale attribuant un avantage financier à l'agent au motif qu'il est intervenu postérieurement à l'expiration du délai de retrait n'implique pas nécessairement qu'il soit enjoint à l'Administration de verser les sommes correspondantes à l'agent si elles ne l'ont pas été, en tout ou partie, avant qu'intervienne le retrait. Il lui appartient seulement de lui enjoindre de réexaminer la situation de l'agent. De même, l'Administration n'est pas tenue de verser les sommes dues en application d'une décision illégale attribuant un avantage financier qu'elle ne peut plus retirer dès lors qu'elle pourrait les répéter dès leur versement en application des dispositions de l'article 37-1 de la loi du 12 avril 2000[4].

1631.74 **Injonction et intangibilité des ouvrages publics.** « *Lorsque le juge administratif est saisi d'une demande d'exécution d'une décision juridictionnelle dont il résulte qu'un ouvrage public a été implanté de façon irrégulière, il lui appartient, pour déterminer, en fonction de la situation de droit et de fait existant à la date à laquelle il statue, si l'exécution de cette décision implique qu'il ordonne la démolition de cet ouvrage de rechercher, d'abord, si, eu égard notamment aux motifs de la décision, une régularisation appropriée est possible ; que, dans la négative, il lui revient ensuite, de prendre en considération, d'une part, les inconvénients que la présence de l'ouvrage entraîne pour les divers intérêts publics ou privés en présence et notamment, le cas échéant, pour le propriétaire du terrain d'assiette de l'ouvrage, d'autre part, les conséquences de la démolition pour l'intérêt général, et d'apprécier, en rapprochant ces éléments, si la démolition n'entraîne pas une atteinte excessive à l'intérêt général* »[5]. Le juge administratif a récemment fait application de ces principes en ordonnant à une personne publique la suppression d'un ouvrage public mal planté dans un espace remarquable[6].

1631.75 **Influence de la chose jugée par le juge judiciaire.** Saisie de la contestation de la légalité d'un arrêté de reconduite à la frontière, pris sur le fondement de l'article 22 de l'ordonnance du 2 novembre 1945 alors en vigueur, à l'encontre d'un étranger ayant fait l'objet d'une mesure d'interdiction du territoire français prononcée par le juge pénal, la section du contentieux du Conseil d'État a précisé que le juge de l'excès de pouvoir doit « *au cas où il annule la décision préfectorale alors que l'étranger est toujours sous le coup de l'interdiction judiciaire, s'abstenir de prescrire toute mesure d'exécution de son jugement qui serait en contradiction avec cette interdiction judiciaire* »[7].

1631.76 **Obligation de prononcer l'injonction si les conditions sont remplies.** Lorsque les conditions sont remplies pour que le juge prescrive à l'autorité compétente la mesure demandée, il est tenu de le faire[8].

1631.77 **Délai d'exécution.** Lorsque les conditions légales sont réunies pour que le juge administratif prononce une injonction, il dispose d'une marge de manœuvre s'agissant de la fixation du délai dans lequel la personne publique devra s'être exécutée. Le plus souvent, le juge accorde à la personne publique un délai qui court à compter de la notification de sa décision. Dans les faits, rares sont les jugements ou arrêts qui enjoignent à la personne publique de s'exécuter immédiatement. Quant à la longueur du délai octroyé à la personne publique, elle varie selon les espèces, deux considérations semblant toujours guider le juge :

– la volonté d'exercer sur la personne publique condamnée une plus ou moins grande pression ;

– le temps raisonnable qu'il faut à la personne publique pour être en mesure d'exécuter complètement la décision de justice. On retrouve là l'idée du « *délai raisonnable* » pour exécuter ; idée répondant

1. CE 7 avr. 1995, Grekos, req. n° 095153, *Lebon* 159 ; *AJDA* 1996. 115, chron. J.-H. Stahl et D. Chauvaux.
2. L. n° 2000-321, 12 avr. 2000, relative aux droits des citoyens dans leurs relations avec les administrations, *JO* 13 avr., p. 5646.
3. L. n° 2011-1978, de finances rectificative pour 2011, *JO* 29 déc., p. 22510.
4. EN CE SENS, V. CE 28 mai 2014, M. Le Mignon et M. Communal, req. n°s 376501 et 376573, *Lebon* 143.
5. CE 29 janv. 2003, Syndicat interdépartemental de l'électricité et du gaz des Alpes Maritimes et commune de Clans c/ Mme Gasiglia, req. n° 245239, *Lebon* 21 ; *AJDA* 2003. 784, note P. Sablière ; *RFDA* 2003. 477, concl. C. Maugüé et 484, note C. Lavialle.
6. CE 20 mai 2011, C^té^ d'agglomération du lac du Bourget, req. n° 325552, *Lebon* ; *AJDA* 2011. 1891, note G. Eveillard ; *AJCT* 2011. 473, obs. J. Coronat.
7. CE, sect., 28 juill. 2000, Préfet de police c/M. Diagola, req. n° 210367, *Lebon* 340-342 ; *AJDA* 2000. 859, chron. M. Guyomar et 787 s., chron. P. Collin ; *RFDA* 2001. 1021, concl. P. Fombeur.
8. CE 30 nov. 1998, Berrad, req. n° 188350, *Lebon* 451 ; *RFDA* 1999. 511, concl. F. Lamy et 520, note C. Guettier ; *Rev. crit. DIP* 1999. 504, note N. Guimezanes.

à une considération de bon sens selon laquelle il ne peut être ordonné à une personne publique de faire ce qu'elle serait dans l'impossibilité objective de pouvoir faire.

2°
Jugement ou arrêt impliquant nécessairement que la personne publique prenne à nouveau une décision après instruction (CJA, art. L. 911-2)

1631.81 **Notion.** Lorsque l'exécution de la décision n'implique pas nécessairement l'adoption de mesures déterminées (il en est ainsi lorsque les conditions de l'article L. 911-1 du CJA ne sont pas remplies), l'Administration est ressaisie de plein droit de la demande initiale et doit statuer dans un « *délai raisonnable* »[1]. Les dispositions de l'article L. 911-2 du CJA permettent seulement au juge de rappeler à l'Administration cette obligation et de fixer ce délai raisonnable.

Le juge peut prononcer une injonction à effet différé lorsque l'annulation laisse à l'Administration la possibilité de prendre une nouvelle décision régulière, tout en précisant que si elle ne le fait pas, elle sera tenue d'exécuter dans le sens qu'il détermine : le Conseil d'État a ainsi jugé que « *l'annulation par une décision juridictionnelle d'un titre exécutoire pour un motif de régularité en la forme n'implique pas nécessairement, compte tenu de la possibilité d'une régularisation éventuelle par l'Administration, que les sommes perçues par l'Administration sur le fondement du titre ainsi dépourvu de base légale soient immédiatement restituées à l'intéressé* ». Ainsi, « *lorsqu'une juridiction est saisie de conclusions tendant à ce qu'il soit enjoint à l'Administration de restituer des sommes perçues sur le fondement d'un titre de perception ainsi annulé, il lui appartient de prescrire la mesure demandée en fixant le délai au terme duquel l'Administration devra restituer ces sommes, si elle n'a pas émis, avant l'expiration de ce délai, un nouveau titre de perception dans des conditions régulières* »[2].

Un changement de circonstances entre la date de la décision attaquée et annulée et la date à laquelle le juge se prononce peut exclure toute injonction, même de réexamen. Par exemple, à propos de la délivrance d'un visa de long séjour, le décès de la personne que des demandeurs de visas de long séjour au titre du regroupement familial entendaient rejoindre constitue une circonstance nouvelle qui fait obstacle à ce qu'il soit enjoint à l'administration tant de délivrer aux requérants les visas qu'ils avaient demandés que de réexaminer leur demande[3].

Si l'injonction de l'article L. 911-2 du CJA prend le plus souvent la forme d'une obligation de réexamen, conformément à la lettre de cet article, ce réexamen peut parfois correspondre en réalité à un primo-examen lorsque la demande de l'administré a été implicitement rejetée sans être examinée, ou estimée, à tort, irrecevable[4].

L'injonction de l'article L. 911-2 du CJA se traduit par une obligation de réexaminer soit une demande (demande de titre de séjour, demande d'autorisation d'urbanisme, *etc.*), soit une « *situation administrative* ». Dans cette seconde hypothèse, l'administration a pris spontanément une décision à l'égard d'une personne physique ou morale, sans être saisie préalablement par celle-ci : il peut s'agir, par exemple, d'une mesure de police (obligation de quitter le territoire français prise à l'encontre d'un étranger n'ayant pas sollicité de titre de séjour), ou d'une mise en disponibilité d'office d'un fonctionnaire[5].

Plus exceptionnellement, le réexamen peut s'apparenter à une nouvelle étude, par l'Administration, d'une question juridique. La décision 23 mars 2012[6], est très significative à cet égard. Était en cause le refus du Premier ministre d'adopter certains décrets en application d'un article de la loi de loi du 31 décembre 1990[7] instaurant la possibilité pour des personnes physiques ou morales de se constituer en sociétés de participations financières des professions libérales. Cette loi avait prévu la faculté, pour le pouvoir réglementaire, d'édicter, par des décrets en Conseil d'État propres à chaque profession, des règles particulières d'application de la loi lorsque le respect de l'indépendance des membres de la profession et des règles déontologiques la gouvernant l'exige. Le Conseil d'État juge que, alors même que l'intervention de mesures réglementaires ne conditionnait pas l'entrée en vigueur d'une disposition législative, dont l'application n'était pas manifestement impossible en l'absence de ces textes, le refus du pouvoir réglementaire de les prendre au-delà d'un délai raisonnable était illégal lorsqu'il se fondait sur un motif autre que la nécessité de telles mesures au regard des critères posés par la loi pour leur adoption. Il en déduit que, compte tenu des motifs de l'annulation, il incombe au gouvernement de se prononcer à nouveau sur la

1. TA Lyon, 29 mars 1995, SCI Pegaz, *Lebon* T. 989 ; *Dr. adm.* 1995. 454.
2. CE 11 déc. 2006, Mme Mas, req. n° 280696, *Lebon* 526 ; *AJDA* 2007. 433, note F. Blanco ; *AJDA* 2006. 2423.
3. CE 8 juin 2011, Gamraoui et Mme Guesmi, req. n° 322494, *Lebon* T. 1090.
4. POUR UN EX. RÉCENT, s'agissant d'une demande d'inscription sur la liste de qualification aux fonctions de professeur des universités, v. CE 11 févr. 2015, Mme Roux, req. n° 377470.
5. CE 18 déc. 2013, Mme Signouret, req. n° 362514.
6. CE 23 mars 2012, M. Bergeyron, req. n° 343962.
7. L. n° 90-1258, 31 déc. 1990, relative à l'exercice sous forme de sociétés des professions libérales soumises à un statut législatif ou réglementaire ou dont le titre est protégé et aux sociétés de participations financières de professions libérales, *JO* 5 janv., p. 216.

question de savoir si, s'agissant des professions libérales pour lesquelles aucun des décrets mentionnés par la loi n'était encore paru, il était nécessaire de prévoir des règles particulières. Une injonction est prononcée en ce sens, avec un délai de réexamen fixé à six mois.

Le juge précise parfois – notamment en référé – que le réexamen doit être effectué « *à la lumière des motifs* » de sa décision.

C'est l'autorité normalement compétente à la date à laquelle le juge statue qui doit procéder à une nouvelle instruction et adopter une nouvelle décision. Le juge désigne habituellement, dans l'injonction qu'il prononce, cette autorité. Les annulations de décisions administratives prises sur recours administratif préalable obligatoire impliquent que l'injonction de réexamen soit prononcée à l'égard de l'instance de recours[1]. En effet, l'exercice d'un recours administratif préalable obligatoire, qui donne lieu à une décision se substituant à la décision administrative initiale, a pour effet de dessaisir l'auteur de cette décision initiale[2].

En principe, l'injonction prononcée au titre de l'article L. 911-2 du CJA comporte un délai d'exécution : cet article invite expressément le juge à fixer ce délai. Le délai peut être fixé même en l'absence de conclusions en ce sens[3].

Quelques rares décisions se bornent toutefois à enjoindre à l'Administration de réexaminer une demande, sans fixer de délai[4].

Le délai de réexamen relève de l'appréciation souveraine du juge du fond, sous réserve de dénaturation[5]. Il peut varier de quelques jours, lorsqu'une injonction de réexamen est prononcée par le juge des référés[6], à plusieurs mois lorsque le réexamen s'avère complexe. Le délai tient compte de deux impératifs : *d'une part*, la nécessité de replacer rapidement le requérant dans une situation qui aurait dû être la sienne si l'administration n'avait commis aucune illégalité en examinant sa situation ou en se prononçant sur sa demande et, *d'autre part*, celle de permettre à l'administration de disposer d'un délai suffisant garantissant un véritable réexamen (lequel peut nécessiter, le cas échéant, l'engagement d'une nouvelle procédure avec par exemple, de nouvelles consultations d'organisme pour avis).

§ 2
Astreintes

1631.91 Définition. L'astreinte est « *une condamnation pécuniaire prononcée par le juge et destinée à vaincre la résistance d'un débiteur récalcitrant et à l'amener à exécuter une décision de justice* »[7].

Il s'agit d'un procédé de nature coercitive, qui n'a pas pour fonction de réparer le préjudice subi par les requérants du fait d'un retard dans l'exécution, préjudice qui peut être réparé par des intérêts moratoires et/ou par une indemnité. L'astreinte fait pression sur la personne tenue d'exécuter en la menaçant d'avoir à payer une somme d'argent proportionnelle au nombre de jours de retard si elle ne s'exécute pas.

1631.92 Pouvoir d'assortir la mesure d'injonction d'une astreinte. L'efficacité de l'injonction que peut prononcer, de manière préventive, le juge administratif, est renforcée par la faculté qui lui est ouverte de décider également d'une astreinte (qui n'est rien d'autre que la sanction pécuniaire du non-respect de l'injonction). Le Conseil d'État avait reconnu dans une décision d'Assemblée du 10 mai 1974 que « *la faculté reconnue aux juges de prononcer une astreinte, en vue de l'exécution tant de leurs décisions que des mesures d'instruction qui en sont le préalable, a le caractère d'un principe général du droit* »[8]. Aujourd'hui, ce pouvoir est prévu par l'article L. 911-3 qui dispose, dans sa rédaction issue de la loi du 23 mars 2019, que « *la juridiction peut assortir, dans la même décision, l'injonction prescrite en application des articles L. 911-1 et L. 911-2 d'une astreinte qu'elle prononce dans les conditions prévues au présent livre et dont elle fixe la date d'effet* ». Avant la modification introduite par cette loi, l'astreinte ne pouvait résulter que de conclusions présentées en ce sens par le requérant.

1631.93 Pouvoir d'appréciation de la juridiction. La décision de prononcer ou non l'astreinte sollicitée relève de l'appréciation de la juridiction saisie, appréciation que le juge de cassation ne contrôle d'ailleurs pas[9]. À la lumière de l'ensemble des circonstances de l'affaire, le juge appréciera si l'Administration s'inclinera sans faire de difficulté, ou bien

1. PAR EX., pour l'annulation d'une décision prise, sur RAPO, par la Commission nationale d'aménagement commercial, CE 5 févr. 2014, Sté Pludis, req. n° 367815.
2. CE 8 juill. 2005, Min. Santé c/Agence régionale de l'hospitalisation de Provence-Alpes-Côte d'Azur, req. n° 264366, *Lebon* T. 1030.
3. PAR EX., CAA Douai, 11 mai 2000, Conseil général du Nord, req. n° 96DA01316, *Lebon* T. 1177, retenant que la possibilité qui est offerte au juge d'assortir l'injonction de réexamen d'un délai d'exécution relève du seul pourvoir d'appréciation du juge.
4. PAR EX., s'agissant du réexamen d'une demande de visa : CE 15 déc. 2010, M. Abdellaoui, req. n° 334092.
5. CE 20 oct. 2004, Min. Agriculture c/Consorts Jaboulet, req. nos 266724, 267677, *Lebon* T. 853.
6. PAR EX., CE, ord. juge réf., 2 juill. 2003, Cne de Collioure, req. n° 257971.
7. Rép. pr. civ., v° *Astreinte*, par F. Guerchoun, nov. 2021 (actu. nov. 2024).
8. CE, ass., 10 mai 1974, Barre et Honnet, *Lebon* 276 ; *AJDA* 1974. 525, chron. M. Franc et M. Boyon.
9. CE 7 juill. 1999, Dame Phinoson, req. n° 191555, *Lebon* T.

s'il importe d'exercer sur elle une pression en fixant d'emblée une astreinte au cas où l'injonction ne serait pas suivie d'effets au terme du délai d'exécution qui lui aura été imparti (sur cette logique, v. C. Maugüé[1]). Au reste, en pratique, si les injonctions sont monnaie courante, les astreintes préventives restent, elles, relativement rares.

La date d'effet de l'astreinte est le plus souvent le jour où expire le délai assortissant l'injonction.

Le montant de l'astreinte dépendra de la volonté du juge d'exercer une pression plus ou moins forte sur la personne publique qu'il condamne (l'astreinte étant en tout état de cause indépendante des dommages et intérêts pouvant être alloués par ailleurs au requérant).

En principe, l'astreinte est provisoire. Il n'en va différemment que si le juge a expressément précisé son caractère définitif.

1631.94 Liquidation de l'astreinte. L'astreinte est liquidée en cas d'inexécution totale, partielle ou tardive. Elle est liquidée par la juridiction qui l'a prononcée, même si la décision est frappée d'appel[2]. Sur la liquidation, voir ci-dessous.

§ 3
Voies de recours

1631.101 Recours contre le prononcé d'une injonction et/ou d'une astreinte. Il a été jugé que, dès lors qu'une injonction faisait l'objet d'un article spécifique dans le dispositif du jugement de première instance, l'appel dirigé contre ce seul chef du dispositif, divisible du reste, était recevable[3]. Il en va de même du pourvoi en cassation[4].

1631.102 Voies de recours et respect de l'injonction et de l'astreinte prononcées par le juge. Dans la mesure où en matière administrative, les voies de recours n'ont pas d'effet suspensif, la personne publique doit, même si elle conteste la décision l'ayant condamnée, respecter l'injonction et/ou l'astreinte prononcée à son encontre.

Le jugement qui prononce une injonction d'exécution peut éventuellement faire l'objet, en appel, d'un sursis à exécution.

Par un arrêt du 13 décembre 2002, la cour administrative d'appel de Rennes[5] a jugé que les conclusions tendant au sursis à exécution de la partie du jugement prononçant une injonction et une astreinte étaient soumises au régime de l'article R. 811-17 du CJA qui s'applique lorsque la demande n'entre pas dans le champ des dispositions des articles R. 811-15 (sursis d'un jugement prononçant l'annulation d'une décision administrative) et R. 811-16 du CJA (sursis d'un jugement dont l'exécution expose le défendeur de première instance au risque de perte définitive de la somme d'argent qu'il a été condamné à payer).

Le sursis est alors subordonné à deux conditions tenant à ce que l'exécution de la décision de première instance attaquée risque d'entraîner des conséquences difficilement réparables et que les moyens énoncés dans la requête paraissent sérieux en l'état de l'instruction.

SECTION 2
INJONCTIONS ET ASTREINTES PRONONCÉES PAR LE JUGE JUDICIAIRE

1631.110 Plan. Seront successivement étudiées la possibilité pour le juge judiciaire de prononcer, dans le dispositif de sa condamnation, une injonction voire une astreinte à l'encontre de la personne publique ayant succombé (§ 1), puis les règles auxquelles ces mesures de commandement obéissent (§ 2).

1631.111 Bibliographie indicative.

Ouvrages. D. Cohen, *La Cour de cassation et la séparation des autorités administratives et judiciaires*, « Droit civil », Economica, 1999 – J. Tercinet, *Les tribunaux de l'ordre judiciaire, juges de l'action administrative*, th. Grenoble, 1974, p. 163 s.

Articles. P. Delvolvé, « L'exécution des décisions de justice contre l'Administration », *EDCE* 1983-1984. 111 s. – M.-C. Gauthier, « Les pouvoirs d'injonction et d'astreinte du juge judiciaire à l'encontre de l'Administration », *Courrier jur. fin.*, déc. 1995, n° 60, p. 1 s. – F. Moderne, « Étrangère au pouvoir du juge, l'injonction, pourquoi le serait-elle ? », *RFDA* 1990. 798 s.

1631.112 Généralités. L'autorité judiciaire est tenue par un certain nombre de textes, certes anciens, mais toujours de droit positif, qui lui interdisent de « *troubler les opérations des corps administratifs* »[6] et « *d'entreprendre sur les fonctions administratives* »[7]. Ces dispositions n'ont jamais été interprétées comme privant le juge judiciaire de la possibilité d'adresser

1. CE, sect., 26 juill. 1996, Assoc. lyonnaise de protection des locataires, req. n° 160515, *Lebon, RFDA* 1996. 768 s., spéc. 774 et 775, concl. C. Maugüé.
2. CE, sect., avis, 30 avr. 1997, *Lebon* T. ; *JO* 21 août, req. n° 185322, p. 12394 ; *AJDA* janv. 1998. 5 – CE 27 mars 2020, Ville de Marseille, req. n° 434228, *Lebon* T ; *AJDA* 2020. 1641.
3. CE 10 mai 1999, M. Laroze, req. n° 191752, NP.
4. CE 2 juill. 1999, M. Hirrsch-Marrie, req. n° 190474, *Lebon* T.
5. CAA Nantes, 13 déc. 2002, Ville de Rennes, Communauté d'agglomération de Rennes Métropole, req. n°s 02NT01384 et 02NT01590, *Lebon*.
6. L. 16-24 août 1790.
7. L. 16 fructidor, an III.

aux personnes publiques des injonctions en les assortissant, au besoin, d'astreintes. Après tout « *Donner l'ordre d'agir au titulaire d'une compétence administrative n'est pas agir à sa place* » (F. Moderne[1]). Et l'injonction est consubstantielle de l'activité juridictionnelle. Elle est une composante de l'*imperium* du juge, un complément indispensable de sa fonction de dire le droit. Quant à la faculté reconnue au juge judiciaire qui dispose du pouvoir d'injonction, de prononcer une astreinte en vue de l'exécution de sa décision, elle procède d'un principe général du droit et existe donc même sans texte[2].

§ 1 Possibilité pour le juge judiciaire de prononcer des injonctions et des astreintes à l'encontre des personnes publiques

1631.121 Compétence et pouvoirs du juge judiciaire. Lorsqu'il est compétent pour connaître des actes ou des activités d'une personne publique, le juge judiciaire peut toujours (sauf une exception à la portée de plus en plus incertaine, v. s[s] n° 1631.127) assortir sa condamnation d'une injonction voire d'une astreinte.

1631.122 Injonction et contrôle des activités privées des personnes publiques. Dès lors que la personne publique est attraite devant le juge judiciaire ou condamnée par lui en sa qualité de gestionnaire de son domaine privé, de gestionnaire d'un service public industriel et commercial ou de signataire d'une convention régie par le droit commun, elle peut faire l'objet d'une injonction, assortie, le cas échéant, d'une astreinte[3]. On trouve en jurisprudence des illustrations variées de ce principe. Ainsi, par exemple, le juge judiciaire a utilisé son pouvoir de commandement à l'encontre des personnes publiques aux fins d'assurer :

– la production de documents, à titre d'éléments de preuve, chacun étant tenu, conformément à l'article 10 C. civ. d'apporter son concours à la justice en vue de la manifestation de la vérité[4] ;

– la communication de données à un opérateur privé permettant de mettre fin à des pratiques anticoncurrentielles prohibées par l'ordonnance du 1er décembre 1986[5] relative à la liberté des prix et de la concurrence[6] ;

– la remise de bulletins de salaires à deux salariés[7] ;

– l'exécution de travaux sur le domaine privé afin de mettre fin à des dommages subis par une propriété privée[8] ;

– la prévention de la commission d'une voie de fait[9] ;

– la cessation de comportements constitutifs de voie de fait, le juge saisi ordonnant, par exemple, l'évacuation de locaux occupés, l'enlèvement de baraquements installés sur un terrain, la restitution d'objets mobiliers saisis, la libération de personnes arrêtées ou détenues[10] ;

– le paiement d'une indemnité d'expropriation non acquittée malgré la prise de possession du bien par la collectivité expropriante[11] ;

– le rétablissement d'un branchement d'eau exploité par un syndicat de communes, s'agissant d'une activité industrielle et commerciale[12].

1631.123 Disposition législative particulière. En matière contractuelle, le législateur a reconnu explicitement au juge judiciaire, dès 1991, la possibilité de prononcer à l'encontre des personnes publiques une injonction voire une astreinte. Selon l'article 3 de l'ordonnance du 7 mai 2009[13], relative aux procédures de recours applicables aux contrats de la commande publique (qui a succédé à la loi du 3 janvier 1991[14], relative à la transparence et à la régularité des procédures de marchés et soumettant la passa-

1. F. Moderne, « Étrangère au pouvoir du juge, l'injonction, pourquoi le serait-elle ? », *RFDA* 1990. 798 s.
2. CE, ass., 10 mai 1974, Sieurs Barre et Honnet, *Lebon* 276 ; *AJDA* 1974. 545, chron. M. Franc et M. Boyon, p. 525 s. ; *RTD civ.* 1974. 353 s., note J. Normand.
3. Soc. 5 nov. 1953, P V, n° 692 – Civ. 1re, 19 mars 1958, P I, n°s 158 et 159 – Civ. 1re, 3 oct. 1962, P I, n° 326 – Civ. 1re, 16 juill. 1986, n° 84-17.154, P I, n° 211.
4. Civ. 1re, 21 juill. 1987, n° 85-16.436, P I, n° 248 – Civ. 1re, 21 juin 1988, n° 86-19.658, P I, n° 201.
5. Ord. n° 86-1243, 1er déc. 1986, sur la liberté des prix et de la concurrence, *JO* 9 déc.
6. Paris, 18 mars 1993, *BICC* 26 mars 2003, n° 6 ; *AJDA* 1993. 652 s., note M. Bazex ; *RFDA* 1994. 81 s., note G. Drago.
7. Soc. 5 juill. 1984, n°s 82-41.551 et 82-41.552, P V, n° 296.
8. Civ. 2e, 29 avr. 1998, n° 94-14.139, P II, n° 140 ; *Procédures* juin 1998, n° 140 ; *JCP* 1998. IV. 2319.
9. T. confl. 28 févr. 1948, Vve Puget, *Lebon* 507 – T. confl. 25 mai 1950, S[té] nationale des entreprises de presse, *Lebon* 660 – T. confl. 17 déc. 1962, S[té] civile du domaine de Comteville, *Lebon* 830.
10. T. confl. 17 juin 1948, Manufacture de velours et peluches, *Lebon* 513 ; *D.* 1948. 377, note L. J. ; *RD publ.* 1948. 581, note M. Waline ; *S.* 1950. 3. 1, note A. Mathiot – T. confl. 17 mars 1949, S[té] Hôtel du Vieux Beffroi, *Lebon* 592 ; *D.* 1949. 209, concl. Delvolvé, note L. J. ; *JCP* 1949, n° 4997, note Georges ; S. 1950. 3. 1, note A. Mathiot – Civ. 1re, 4 nov. 1986, n° 85-10.826, P I, n° 251 ; *JCP* 1987. IV. 19.
11. Com. 17 avr. 1956, *JCP* 1956. II. 9330, note Vellieux.
12. Civ. 1re, 16 juill. 1986, n° 84-17.154, P I, n° 211.
13. Ord. n° 2009-515, 7 mai 2009, relative aux procédures de recours applicables aux contrats de la commande publique, *JO* 8 mai, p. 7796.
14. L. n° 91-3, 3 janv. 1991, relative à la transparence et à la régularité des procédures de marchés et soumettant la passation de certains contrats à des règles de publicité et de mise en concurrence, *JO* 5 janv.

tion de certains contrats à des règles de publicité et de mise en concurrence), le juge peut, à la demande du requérant, prendre les mesures provisoires tendant à ce qu'il soit ordonné à la personne morale responsable du manquement de se conformer à ses obligations et, le cas échéant, à ce que soit suspendue la procédure de passation du contrat ou l'exécution de toute décision qui s'y rapporte, sauf s'il estime, en considération de l'ensemble des intérêts en présence et notamment de l'intérêt public, que les conséquences négatives de ces mesures pourraient l'emporter sur leurs avantages. Le requérant peut également demander l'annulation des décisions qui se rapportent à la passation du contrat et la suppression des clauses ou prescriptions destinées à figurer dans le contrat et qui méconnaissent les obligations de publicité et de mise en concurrence (sur le régime procédural de ce « référé précontractuel », v. C. pr. civ., art. 1441-1 s., réd. Décr. 25 mars 2016[1] – sur ces textes, v. les commentaires de L. Cadiet[2] et aussi une application [elles sont rares] par le TGI de Paris[3]). Il ne faut pas se méprendre sur la portée de cette « *consécration législative* » de la possibilité pour le juge judiciaire de prononcer des injonctions avant la formation de conventions de droit privé auxquelles peuvent être parties des personnes publiques. Il ne s'agit que d'un rappel (explicable par l'adoption d'une rédaction parallèle à celle du texte applicable devant les juridictions administratives, CJA, art. L. 551-2) non d'une exception à une interdiction de principe qui serait en sens contraire.

1631.124 Injonction et contrôle par le juge judiciaire des activités administratives des personnes publiques. Les juridictions de l'ordre judiciaire connaissent parfois des activités des personnes publiques qui, en vertu du principe de séparation des autorités administratives et judiciaires, devraient être jugées par la juridiction administrative. Les fondements et les raisons de ces situations sont divers : lois créant un « *bloc de compétence* » au profit de la juridiction judiciaire (Ord. 1er déc. 1986[4], codifiée dans le Code du commerce – L. 31 déc. 1957[5], *etc.*), « *théories* » jurisprudentielles inspirées par le principe constitutionnel selon lequel l'autorité judiciaire est gardienne de la propriété et des libertés fondamentales (voie de fait, emprise irrégulière, *etc.*) ou, plus simplement encore, « *hasards* » de la procédure : on sait en effet que si le juge administratif vérifie d'office sa compétence, le droit judiciaire privé, au contraire, soumet l'exception d'incompétence fondée sur la séparation des pouvoirs au droit commun des exceptions d'incompétence et exige que celle-ci soit invoquée *in limine litis* et avant toute défense au fond (C. pr. civ., art. 74 et 75). Quant à la possibilité pour le juge judiciaire de relever d'office son incompétence, comme l'y autorise l'article 92 C. pr. civ., il s'agit d'une simple faculté laissée à sa discrétion (à ce sujet, v. A. Lanza[6]).

Dans toutes ces hypothèses, le juge judiciaire dispose du pouvoir de prononcer une injonction, voire une astreinte, à l'encontre de la personne publique qu'il condamne.

Voir, par exemple, s'agissant d'une injonction prononcée à la suite d'une voie de fait, la condamnation de l'Administration des douanes à payer sous astreinte une provision allouée par une décision antérieure, justifiée par le fait que « *s'agissant de l'astreinte fixée, aucun texte n'interdit au juge judiciaire de la prononcer contre une Administration publique dont il a estimé que le comportement était constitutif d'une voie de fait* »[7].

1631.125 Étendue de la compétence dont dispose le juge judiciaire. Elle est fonction de la compétence dont il dispose sur le litige principal. Ainsi, en matière d'emprise irrégulière, par exemple, le juge judiciaire ne peut connaître que des questions relatives à la réparation des préjudices causés, sans pouvoir se prononcer, s'il y a difficulté sérieuse, sur la régularité ou non de l'emprise. Aussi bien, ne peut-il enjoindre à la personne publique de mettre un terme à son emprise[8]. De même, l'article 136 alinéas 3 et 4 C. pr. pén. dont il résulte que les tribunaux judiciaires sont toujours exclusivement compétents pour statuer sur les actions en dommages et intérêts exercées contre les fonctionnaires personnellement ou contre les collectivités publiques dont ils relèvent en raison d'une atteinte « arbitraire » à la liberté individuelle ne permet pas aux tribunaux judiciaires d'apprécier si les décisions administratives à l'origine de l'atteinte à la liberté sont ou non légales[9]. Aussi bien, le juge judiciaire ne peut-il enjoindre à la personne publique à l'origine de l'atteinte arbitraire à la liberté individuelle de mettre un terme à cette atteinte : « *Le pouvoir d'adresser des*

1. Décr. n° 2016-360, 25 mars 2016, relatif aux marchés publics, *JO* 27 mars, texte 28.
2. L. Cadiet, « Les marchés publics devant le juge civil », *RFDA* 1993. 184 s.
3. TGI Paris, 5 nov. 1998, Médéric Prévoyance c/Commission des marchés de la caisse nationale Organic, *BJCP* 2000. 317 s., obs. C. Bergeal.
4. Ord. n° 86-1243, 1er déc. 1986, préc.
5. L. n° 57-1424, 31 déc. 1957, attribuant compétence aux tribunaux judiciaires pour statuer sur les actions en responsabilité des dommages causés par tout véhicule et dirigés contre une personne de droit public, *JO* 5 janv. 1958.
6. A. Lanza, « Le principe de séparation des autorités administratives et la réforme du Code de procédure civile », *AJDA* 1976. 179 s.
7. Com. 25 févr. 1992, n° 90-12.528, P IV, n° 91 ; *D.* 1992. 266, concl. M. Jeol.
8. T. confl. 29 mai 1967, Dame Vve Barsi et a. c/État, *Lebon* 653.
9. T. confl. 16 nov. 1964, Clément, *Lebon* 796 ; *AJDA* 1965. 221 s., chron. M. Puybasset et J.-P. Puissochet.

injonctions à l'Administration, qui permet de priver les décisions de celles-ci de leur caractère exécutoire, est [...] *(en effet) de même nature que celui consistant à annuler ou à réformer les décisions prises par elles dans l'exercice de ses prérogatives de puissance publique, pouvoir dont l'exercice relève de la seule compétence de la juridiction administrative, à l'exception des matières réservées par nature à l'autorité judiciaire* »[1]. En revanche, après avoir évalué les réparations dues en conséquence de l'illégalité commise par l'Administration, le juge judiciaire peut, pour garantir l'effectivité de sa décision, enjoindre à la personne publique, au besoin sous astreinte, de mandater sans délai les sommes auxquelles elle a été condamnée. Enfin, bien sûr, lorsque rien ne justifie que le juge judiciaire connaisse d'un acte ou du comportement de la personne publique, il ne suffit pas que le justiciable se contente de lui demander une injonction, voire une astreinte, pour que celui-ci soit compétent (pour une illustration de cette logique[2]). Tout cela est parfaitement cohérent : lorsqu'il est compétent, le juge judiciaire peut toujours adresser une injonction et/ou une astreinte à la personne publique qu'il condamne. Mais la demande d'injonction et/ou d'astreinte, qui se rattache à l'exercice des pouvoirs de la juridiction, est insusceptible, à elle seule, de justifier sa compétence.

Par un arrêt du 19 mars 2007[3], le Tribunal des conflits a précisé que les dispositions de la loi du 16 juillet 1980 qui, en cas de condamnation de l'État par une décision juridictionnelle au paiement d'une somme d'argent dont le montant est fixé par la décision elle-même, imposent d'ordonnancer cette somme dans un délai de quatre mois et prévoient, à défaut, son paiement par le comptable assignataire de la dépense, à la demande du créancier et sur présentation de la décision de justice, ne font pas obstacle à ce qu'un juge judiciaire assortisse une éventuelle condamnation de l'État d'une astreinte aux fins d'inciter au paiement rapide de la somme en cause. Cette solution est à comparer avec la jurisprudence du Conseil d'État rendue, sur la même question, à propos des condamnations prononcées par le juge administratif[4].

Le Tribunal des conflits, dans le même arrêt, a confirmé que l'immunité d'exécution dont bénéficie l'État, dont les biens et les créances sont insaisissables, si elle interdit au juge de prendre à son encontre des mesures d'exécution forcée ou des mesures conservatoires, ne s'oppose pas au prononcé d'une astreinte qui est le corollaire de tout pouvoir d'injonction et dont le seul effet est de mettre une somme à sa charge, en cas de retard dans l'exécution volontaire d'une décision de justice. Il en a déduit que le juge judiciaire, qui est compétent pour connaître d'une demande tendant à la réparation du préjudice causé par le fonctionnement défectueux des services de l'état civil des étrangers et tendant à ce que soient mises à la charge de l'État diverses sommes à titre d'indemnités, est également compétent pour prononcer une astreinte à son encontre.

1631.126 **Injonction et application effective du droit de l'Union européenne.** Pour la Cour de justice des Communautés européennes, désormais Cour de justice de l'Union européenne, le juge national, lorsqu'il est saisi de litiges où le droit communautaire est en cause, doit « *écarter l'application* » de toutes règles internes qui seraient « *le seul obstacle* » à ce qu'il prononce des mesures provisoires propres à assurer le respect du droit communautaire. Cela signifie, notamment, qu'il peut en toute occasion prononcer à l'encontre des personnes publiques (y compris dans le cadre du contrôle de leur « *gestion publique* ») des injonctions de faire ; et ce même si le droit national ne lui en reconnaît pas le pouvoir[5]. On ne peut manquer de le souligner d'autant que la Cour de cassation a déjà admis que le principe de l'application effective du droit communautaire permettait de neutraliser les exigences du principe de la séparation des pouvoirs en permettant au juge civil d'apprécier la légalité des actes réglementaires[6].

1631.127 **Exception liée à la présence d'un ouvrage public.** Après avoir longtemps jugé, comme d'ailleurs le Conseil d'État et le Tribunal des conflits, qu'un « *ouvrage public mal planté ne se détruit pas* » et par conséquent que les juridictions judiciaires ne pouvaient, alors même que l'implantation de l'ouvrage sur une propriété privée était constitutive d'une voie de fait, ordonner sa démolition, ni prescrire « *aucune mesure de nature à porter atteinte, sous quelque forme que ce soit, à son intégrité ou à son fonctionnement* » (la Cour de cassation[7] a fait sienne une jurisprudence qu'avait adoptée avant elle le Conseil d'État et

1. T. confl. 12 mai 1997, Préfet de Police de Paris c/TGI Paris, req. n° 03056, *Lebon* ; *RFDA* 1997. 523, concl. J. Arrighi de Casanova ; *RFDA* 1997. 514 s., rapp. Sargos ; *JCP* 1997. II. 22861 ; *AJDA* 1997. 575 s, note X. Prétot, D. Chauvaux et T.-X. Girardot ; *RD publ.* 1997. 667 s. ; *D.* 1997. 567, note A. Legrand ; *RTD civ.* 1998. 181, obs. J. Normand.
2. T. confl. 15 avr. 1991, Couach, req. n° 02649, *Lebon* 462 ; *RDI* 2000. 51, obs. B. Boubli ; 56, obs. Ph. Malinvaud.
3. T. confl. 19 mars 2007, Mme Madi, req. n° 3497.
4. CE 6 mai 1998, Lother, req. n° 141236 – CE 24 nov. 2003, Sté Le Cadoret, req. n° 250436, fasc. 1632 (préc., v. ss n° 1631.56).
5. CJCE 19 juin 1990, Factortame, aff. 213/89, *Rec. CJCE* II-2433 ; *AJDA* 1990. 832 s., obs. P. Le Mire ; *RFDA* 1990. 912 s., note J.-C. Bonichot ; *RMCUE* 1990. 591 s., note D. Simon et A. Barav.
6. Com. 6 mai 1996, n° 94-13.347, P IV, n° 125, *RFDA* 1996. 1161 s., note B. Seiller ; *AJDA* 1996. 1033, note M. Bazex.
7. Civ. 1re, 19 mars 1958, P I, nos 158 et 159 – Civ. 1re, 3 oct. 1962, P I, n° 326 – Civ. 1re, 16 juill. 1997, n° 95-20.744, P I, n° 167 ; *CJEG* 1997. 466 s., obs. O. Renard-Payen.

le Tribunal des conflits[1]). Aujourd'hui la Cour de cassation juge que « *si les juridictions de l'ordre judiciaire ne peuvent prescrire aucune mesure de nature à porter atteinte, sous quelque forme que ce soit, à l'intégrité ou au fonctionnement d'un ouvrage public, il en va autrement dans l'hypothèse où la réalisation de l'ouvrage procède d'un acte qui est manifestement insusceptible de se rattacher à un pouvoir dont dispose l'autorité administrative et qu'aucune procédure de régularisation appropriée n'a été engagée* »[2].

§ 2
Régime des injonctions et des astreintes prononcées par le juge judiciaire à l'encontre des personnes publiques

1631.130 **Renvoi.** Les injonctions et astreintes prononcées par le juge judiciaire obéissent aux mêmes règles, que la personne condamnée soit une personne publique ou une personne privée. Pour éviter d'inutiles redites, il est renvoyé ici aux développements consacrés par le présent ouvrage au régime des astreintes prononcées par le juge judiciaire (v. s^s^ n°s 0411.11 s. et 0412.05 s.). Pour l'anecdote, on relèvera que c'est la liquidation d'une astreinte prononcée contre une commune qui a donné l'occasion à la Cour de cassation d'affirmer de façon catégorique le **caractère accessoire de l'astreinte**, laquelle n'a de sens que si elle accompagne une décision de condamnation dont elle accroît la force contraignante[3].

1. Civ. 3e, 30 avr. 2003, nº 01-14.148, P III, nº 92 ; *D.* 2003. 1932, note S. Petit ; *AJDI* 2003. 613, obs. O. Abram ; *RDI* 2003. 571, obs. M. Bruschi ; *RFDA* 2003. 484, note C. Lavialle – T. confl. 6 mai 2002, M. et Mme Binet c/EDF, req. nº C3287, *Lebon* 544 ; *AJDA* 2002. 1229, note P. Sablière ; *JCP* II. 10170, concl. J. Duplat – CE 29 janv. 2003, Synd. départemental de l'électricité et du gaz des Alpes-Maritimes, req. nº 245239, *AJDA* 2003. 784, note P. Sablière – S. Brondel, « Le principe d'intangibilité des ouvrages publics : réflexions sur une évolution jurisprudentielle », *AJDA* 2003. 761.
2. Civ. 3e, 30 avr. 2003, nº 01-14.148, préc. s^s^ prés^t^ nº.
3. Civ. 2e, 28 sept. 2000, nº 98-16.175, P II, nº 134 ; *D.* 2000. IR 254, obs. R. Perrot ; *RTD civ.* 2000. 599 ; 899, obs. R. Perrot.

CHAPITRE

1632. Mesures d'exécution définies postérieurement à la décision

PASCAL TROUILLY
CONSEILLER D'ÉTAT

SECTION 0
ORIENTEUR

1632.00 **Sommaire du chapitre.**

Division. Le juge administratif comme le juge judiciaire disposent de pouvoirs pour contraindre la personne publique condamnée à exécuter leurs décisions. Ces pouvoirs et les modalités de leur saisine sont cependant différents, de sorte qu'il convient de distinguer les pouvoirs et modalités de saisine du juge administratif de l'exécution (sect. 1) de ceux du juge judiciaire de l'exécution (sect. 2).

1632.05 **Juge judiciaire ou juge administratif.** En principe, le juge de l'exécution (JEX) d'une décision émanant d'une juridiction administrative sera un juge administratif et le JEX d'une décision émanant d'une juridiction de l'ordre judiciaire sera un juge judiciaire. En tant que telle, la méconnaissance par une personne publique de la chose jugée n'est pas constitutive d'une voie de fait, de nature à justifier dans tous les cas la compétence du juge judiciaire[1] (ainsi un exemple où la poursuite de travaux après l'annulation d'une déclaration d'utilité publique ne constitue pas une voie de fait[2] et un autre où la poursuite de travaux par l'autorité expropriante après la cassation de l'ordonnance d'expropriation n'est pas une voie de fait[3]). En revanche, il y a voie de fait à exécuter d'office un acte administratif dont une

1. CE 22 déc. 1948, Bouladou, *Lebon* 491 – Civ. 1re, 20 nov. 1963, P I, no 504 ; *D.* 1964. 446, note D. Ruzié ; *JCP* 1964. II. 13771, note Escande.
2. RAPPR. LOGIQUE DE : T. confl. 25 janv. 1988, Fondation Cousteau et a. c/Sté Bouygues et Fondation Cousteau et a. c/Président du conseil général et Préfet de la Charente maritime, req. no 02518, 2 esp., *Lebon* ; *RFDA* 1990. 191 s., concl. M. Laroque.
3. Civ. 1re, 9 juin 1970, no 68-10.840, P I, no 194 ; *D.* 1971. 203, note Homont.

décision juridictionnelle a interdit l'exécution[1] ou à procéder à l'exécution forcée d'un acte méconnaissant une décision juridictionnelle[2].

Le juge compétent pour connaître des difficultés d'exécution d'une décision de justice est donc celui de l'ordre de juridiction ayant rendu la décision qui doit être exécutée. L'article L. 213-6 du COJ dispose d'ailleurs que le JEX (près le tribunal judiciaire) connaît des difficultés relatives aux titres exécutoires et des contestations qui s'élèvent à l'occasion de l'exécution forcée, même si elles portent sur le fond du droit « *à moins qu'elles n'échappent à la compétence des juridictions de l'ordre judiciaire* ». On peut concevoir, dans ces conditions, que le JEX soit confronté à une question préjudicielle dont la résolution ressortira à la compétence exclusive d'un juge relevant d'un autre ordre de juridiction que celui dont il dépend.

En ce qui concerne le juge administratif, le Conseil d'État[3] a rappelé que « *ni les dispositions de l'article L. 911-4 du Code de justice administrative, qui prévoient seulement que la juridiction administrative peut être saisie d'une demande d'exécution de ses propres décisions, ni aucune autre disposition ne permettent à une personne, partie à une instance devant l'autorité judiciaire, de saisir le tribunal administratif d'une demande tendant à l'exécution de la décision rendue par cette autorité* ». Une demande tendant à ce que le juge administratif ordonne à l'Administration d'exécuter une décision d'une juridiction judiciaire est donc irrecevable.

Les difficultés dont peuvent connaître les JEX concernent exclusivement l'application concrète de ce qui a été précédemment jugé. La notion n'englobe donc pas l'ensemble des litiges qui peuvent survenir pour que soient tirées toutes les conséquences de la chose jugée. En ce qui concerne ces litiges, les règles de compétence retrouvent à s'appliquer normalement, la question ne relevant pas de l'exécution de la chose jugée mais du point de savoir si la décision du juge judiciaire peut avoir autorité sur celle du juge administratif (et réciproquement).

Ainsi, par exemple, lorsque le juge administratif annule un acte détachable d'une convention de droit privé, c'est évidemment devant le juge judiciaire que la question des effets de l'annulation sur l'existence ou l'exécution du contrat se posera (ainsi d'un arrêt de la cour d'appel de Riom[4], cassé par un arrêt de la première chambre civile de la Cour de cassation[5] qui censure l'application de la théorie du mandat apparent, mais seulement eu égard aux faits de l'espèce). De même, la réintégration d'un salarié protégé suite à l'annulation par le juge administratif de l'autorisation de le licencier est une question relevant du Conseil de prud'hommes. En revanche, l'appréciation de la légalité du refus d'une personne publique d'exécuter la chose jugée par une juridiction judiciaire ressortit à la compétence du juge administratif, celui-ci n'ayant bien sûr pas le pouvoir de remettre en cause le bien-fondé de la condamnation.

Au sein de chaque ordre de juridiction, le juge compétent pour trancher la difficulté liée à l'exécution d'une décision de justice précédemment rendue à l'encontre d'une personne publique peut ne pas être celui qui a rendu cette décision. Lorsque la question relève des juridictions judiciaires, il faut (sauf rares exceptions) se tourner vers un juge bénéficiant en cette matière d'une compétence d'attribution : le JEX. Et devant les juridictions administratives, en cas d'appel, la difficulté liée à l'exécution d'un jugement relève de la juridiction d'appel et non du tribunal qui a rendu la décision.

SECTION 1
MESURES D'EXÉCUTION FIXÉES PAR LE JUGE ADMINISTRATIF

1632.11 Division. Dans l'ordre logique dans lequel elles se posent, les questions que toute personne qui n'a pas pu obtenir spontanément d'une personne publique l'exécution d'une décision de justice doit résoudre, avant de saisir le « *juge administratif de l'exécution* » (certains auteurs, dont F. Melleray[6], préférant parler, à ce stade de la procédure où le juge n'intervient plus à titre préventif mais curatif, de « *juge de l'inexécution* »), sont les suivantes :

– pourquoi agir ?

– quelle qualité pour agir ?

– devant qui agir ?

– quand agir ?

– comment agir ?

D'où l'étude :

– des conditions mises à la saisine du « *juge administratif de l'exécution* » (§ 1) ;

– des pouvoirs du « *juge administratif de l'exécution* » (§ 2) ;

– et des suites de la décision du « *juge administratif de l'exécution* » (§ 3).

1. T. confl. 10 déc. 1956, Guyard, *Lebon* 590 – T. confl. 28 mai 1962, Héritiers Gueriel, *Lebon* 820.
2. T. confl. 12 mai 1949, Sté Actual Élysées, *Lebon* 595.
3. CE 27 juill. 2009, Mme Giard, req. no 302110, *Lebon ; AJDA* 2009. 1525, obs. G. Royer.
4. Riom, 28 mars 1996, Mme Henriquès c/Cne de Moulins, et CE 27 nov. 1996, Cne de Moulins c/Mme Henriquès, req. no 124244, *Lebon* 465 ; *AJDA* 1998. 161 s., note E. Fatôme et L. Leveneur ; *RFDA* 1997. 354, concl. R. Schwartz.
5. Civ. 1re, 12 nov. 1998, no 96-16.407, NP ; *RFDA* 1999. 148, obs. D. Pouyaud.
6. F. Melleray, *LPA* 25 avr. 2006. 8.

1632.12 **Textes applicables.**

> En ce qui concerne les tribunaux administratifs et les cours administratives d'appel.

• **L. n° 80-539, 16 juill. 1980,** relative aux astreintes prononcées en matière administrative et à l'exécution des jugements par les personnes morales de droit public, *JO* 17 juill., p. 1799, art. 3 à 5.

• **CJA,** art. L. 911-4.

• **CJA,** art. R. 921-2 à R. 921-8.

> En ce qui concerne le Conseil d'État.

• **CJA,** art. L. 911-6 à L. 911-8 ;

• **CJA,** art. L. 911-5 (L. 16 juill. 1980, art. 2).

• **CJA,** art. R. 931-2 à R. 931-8.

> En ce qui concerne les principes communs à ces juridictions administratives.

• **CJA,** art. R. 911-1 à R. 911-4.

1632.13 **Bibliographie indicative.**

Tous les ouvrages consacrés en partie ou entièrement aux « *voies d'exécution contre les personnes publiques* » comportent des développements sur la possibilité ouverte au justiciable qui n'obtient pas l'exécution d'une décision rendue par la juridiction administrative de retourner devant le juge pour obtenir que des mesures de contrainte soient prises. On pourra s'y reporter utilement. Sur cette question essentielle, on privilégiera, malgré tout, les écrits portant sur la loi du 16 juillet 1980, et notamment :

> Loi du 16 juillet 1980 : premières analyses.

Actualisable. *J.-Cl. Civ., V°* Astreintes envers les personnes morales de droit public (genèse), fasc. 2145, par B. Pacteau.

Articles. E. Baraduc-Benabent, « L'astreinte en matière administrative », *D.* 1981. Chron. 95 s. – P. Bon, « Un progrès de l'État de droit : la loi du 16 juillet 1980 », *RD publ.* 1981. 5 s.

> Loi du 16 juillet 1980 : mise en œuvre du texte.

Actualisables. *J.-Cl. Adm., V°* Astreinte, fasc. 1114, par A. Béal – *J.-Cl. Civ., V°* Astreintes envers les personnes morales de droit public (régime), fasc. 2147, par B. Pacteau.

Articles. M. Azibert et M. De Boisdeffre, *AJDA* 1986. Chron. 686 s. – M. Dreiffus et A. Bombard, « Du pouvoir comminatoire au pouvoir de sanction : la liquidation de l'astreinte », *AJDA* 1998. 3 s. – J.-M. Galabert, « L'application par le Conseil d'État des dispositions de la loi du 16 juillet 1980 relatives aux astreintes », *Mél. Peiser*, PUG, 1995, 241 s. – B. Pacteau « La "chose décidée" contre la "chose jugée" dans le droit des astreintes administratives », *LPA* 13 juin 1990. 14 s. – L. Touvet et J.-H. Stahl, *AJDA* 1995. Chron. 104 s.

§ 1
Saisine du juge administratif de l'exécution

A.
Répartition des compétences au sein de la juridiction administrative

1632.21 **Règle générale.** La loi du 16 juillet 1980 avait conféré le pouvoir de prononcer des astreintes au seul Conseil d'État. Dans un souci d'efficacité, la loi du 8 février 1995 a mis fin à ce monopole et a réalisé au sein de la juridiction administrative une véritable « *déconcentration* » de la compétence d'exécution. Désormais, en vertu des dispositions des articles L. 911-4 et L. 911-5 du CJA, la juridiction normalement compétente pour se prononcer sur l'exécution est celle qui a rendu la décision. Une distinction doit donc être faite selon que la condamnation de la personne publique est le fait d'un tribunal administratif, d'une cour administrative d'appel ou d'une autre juridiction administrative.

1632.22 **Régimes d'astreinte spécifiques.** En définissant, à l'article L. 441-2-3-1 du CCH, un régime d'astreinte spécifique, applicable à la procédure de mise en œuvre du droit au logement opposable, le législateur a nécessairement exclu que le juge puisse prononcer, dans le cadre de cette procédure, une astreinte sur le fondement des dispositions générales de l'article L. 911-4 du CJA[1].

1632.23 **Jugements des tribunaux administratifs.** Selon l'article L. 911-4 du CJA : « *En cas d'inexécution d'un jugement ou d'un arrêt, la partie intéressée peut demander à la juridiction qui a rendu la décision d'en assurer l'exécution* ».

Le contenu de l'ancien second alinéa de cet article, qui était en réalité de nature réglementaire, figure désormais aux articles R. 921-2 et R. 921-3 du CJA.

Il en résulte que :

– les difficultés d'exécution d'un **jugement non frappé d'appel** relèvent du tribunal qui a rendu le jugement, y compris lorsqu'il est contesté par la voie d'un recours en tierce-opposition ;

– les difficultés d'exécution de tout **jugement frappé d'appel, même partiellement,** relèvent de la juridiction d'appel, y compris lorsque l'appel est irrecevable ou rejeté[2] ou que l'appelant s'en est désisté[3] ;

– enfin, alors même qu'il est compétent, le tribunal administratif peut toujours renvoyer la demande d'exécution au Conseil d'État (en pratique, l'hypo-

1. CE 10 févr. 2014, Min. Égalité, req. n° 361426.
2. CE, sect., 13 mars 1998, Mme Vindevogel, req. n° 190751, *Lebon* 78 ; *AJDA* 1998. 408, chron. F. Raynaud et P. Fombeur.
3. CE 30 janv. 2002, M. Houas, req. n° 199854, *Lebon.*

thèse est rare). Ce renvoi ne peut plus avoir lieu après que le président du tribunal administratif a ouvert la phase juridictionnelle[1]. L'article R. 921-3 du CJA le prévoit désormais expressément. Lorsqu'il est saisi à tort, le tribunal administratif a l'obligation de transmettre la requête à la juridiction compétente (à propos d'une demande d'astreinte de la compétence exclusive du Conseil d'État[2]).

1632.24 **Arrêts des cours administratives d'appel.** Il ressort des dispositions de l'article L. 911-4 du CJA qu'en cas d'inexécution d'un arrêt « *définitif* » la partie intéressée peut demander à la cour administrative d'appel qui a rendu la décision d'en assurer l'exécution. La circonstance qu'un arrêt de cour administrative d'appel – ou qu'un jugement de tribunal administratif – soit frappé d'un pourvoi en cassation est sans incidence sur la procédure d'aide à l'exécution qui reste de la compétence de ces derniers[3]. Ce n'est que dans le cas où le Conseil d'État, après cassation, utilise le pouvoir de juger l'affaire au fond, qu'il tient de l'article L. 821-2 du CJA, qu'il devient compétent pour se prononcer sur une éventuelle demande d'exécution. Ces principes ont été confirmés récemment par le Conseil d'État[4] et l'article R. 921-3 dispose désormais que, « *lorsque le jugement ou l'arrêt dont l'exécution est demandée a fait l'objet d'un pourvoi en cassation, le tribunal administratif ou la cour administrative d'appel demeure compétent pour se prononcer sur la demande d'exécution* [...] ».

Pour le reste, les règles sont identiques à celles qui s'appliquent devant les tribunaux administratifs.

1632.25 **Modification de la compétence *ratione loci* de la juridiction ayant rendu la décision à exécuter.** Entre le moment où un tribunal administratif (ou une cour administrative d'appel) rend une décision et le moment où le justiciable doit se tourner vers le JEX, la compétence territoriale de la juridiction s'étant prononcée peut avoir été modifiée. Cette circonstance est indifférente : le tribunal administratif (ou la cour administrative d'appel) compétent est celui qui a rendu le jugement (ou l'arrêt), la formation de jugement pouvant comprendre un ou plusieurs des « magistrats » qui avaient contribué à l'arrêt à exécuter, sans méconnaître le principe d'impartialité[5].

1. CE 19 juin 2009, Coatleven, req. n° 318341, *Lebon*.
2. CE 26 févr. 1993, Cohen, req. n° 127447, *Lebon* 971.
3. CE 27 oct. 1995, Mattio, req. n° 150703, *Lebon ; AJDA* 1996. 57, concl. J. Arrighi de Casanova ; *RDI* 1996. 99, obs. H. Heugas-Darraspen et F. Schaufelberger.
4. CE 24 févr. 2016, Fournaise, req. n° 391296.
5. CAA Paris, 23 nov. 2000, Sté MARC c/Cne de Morne-à-l'eau, req. n° 99PA03944, *Lebon ; LPA* 10 avr. 2001. 12 s. [sol. implicite dans l'arrêt, mais explicite dans les conclusions du commissaire du gouvernement V. Haremam].

1632.26 **Décisions des autres juridictions administratives : compétence du Conseil d'État.** Lorsque le justiciable est confronté à une difficulté d'exécution d'une décision du Conseil d'État ou d'une décision d'une juridiction administrative spécialisée, il doit se tourner vers le Conseil d'État. Après la loi du 8 février 1995, comme du temps de la loi du 16 juillet 1980, c'est à lui, en effet, qu'il revient, en application de l'article L. 911-5 du CJA, de prononcer une astreinte contre la personne publique récalcitrante (par ex., à propos du contentieux des ex-commissions départementales d'aide sociale[6] ; ou encore, en cas d'astreinte prononcée par le Conseil d'État – seul compétent pour ce faire – à l'encontre d'une agence régionale d'hospitalisation n'ayant pas exécuté un jugement de la commission interrégionale du contentieux de la tarification sanitaire et sociale[7]).

Précisons que le Conseil d'État n'assure pas l'exécution des décisions par lesquelles il se borne à rejeter un pourvoi en cassation : c'est la juridiction du fond qui assure, le cas échéant, l'exécution du jugement ou de l'arrêt, confirmé en cassation, qu'elle a rendu.

B. Parties au contentieux de l'exécution

1632.31 **Partie intéressée.** L'article L. 911-4 permet à « *la partie intéressée* » par l'exécution d'un jugement ou d'un arrêt de saisir le tribunal administratif ou la cour administrative d'appel qui l'a rendu pour en assurer l'exécution. Peuvent donc saisir le JEX toutes les parties à l'instance, y compris les intervenants, à condition d'y avoir un intérêt, ce qui n'est par exemple pas le cas d'une partie perdante.

Le Conseil d'État[8] a cependant admis que des « *personnes directement concernées* » par l'exécution de la décision pouvaient agir, alors même qu'elles n'étaient pas parties. La question peut en effet se poser pour des tiers ayant intérêt à l'exécution de décisions ayant annulé des actes réglementaires ou de portée générale les concernant.

Après avoir fait une application stricte de cette notion dans la décision par laquelle il l'a dégagée, en rejetant la demande de contribuables tendant à l'exécution d'un jugement annulant une délibération du

6. CE, sect., 5 mai 1995, Berthaux, req. n° 162283, *Lebon* 200 ; *AJDA* 1995. 653, note I. Muller ; *RDSS* 1995. 571, obs. P. Ligneau – CE 2 févr. 1996, Mme Bienne, req. n° 170154 – CE 17 mars 1997, Mme Esnauld, req. n° 170154 – CE 28 avr. 2004, Foyer-logement résidence Maurice Vialatte, req. n° 255932, *Lebon ; AJDA* 26 juill. 2004. 1541, note J.-P. Markus ; *RDSS* 2004. 672, concl. C. Devys.
7. CE 14 janv. 2000, CHU de Bapeaumes, req. n° 203964.
8. CE, sect., 13 nov. 1987, Mme Tusques et Marcaillou, req. n° 75473, *Lebon* 360, concl. J. Roux ; *AJDA* 1987. 715 s., chron. M. Azibert et M. de Boisdeffre ; *LPA* 12 déc. 1988. 7 s., note G. Brovelli.

conseil général accordant une subvention, au motif qu'ils n'avaient pas été à l'origine de l'annulation, il a assoupli sa position en admettant la recevabilité d'une demande d'astreinte émanant d'un requérant qui n'était pas partie au litige tranché par une décision juridictionnelle qui annulait des refus implicites de prendre les décrets d'application prévus à l'article 79 de la loi du 11 janvier 1984 et nécessaires à la titularisation des contractuels du ministère de l'Agriculture ayant vocation à être nommés dans un corps de titulaires de catégorie A, au motif qu'il avait lui-même vocation à être titularisé dans un emploi correspondant à un corps de catégorie A et était donc directement concerné par les décisions annulées[1].

De même, il a été jugé qu'une partie à la vente initialement projetée était recevable à demander l'exécution d'une décision annulant une préemption illégale, alors même qu'elle n'est pas à l'origine de cette annulation[2].

Il résulte de ces différentes décisions que sont considérées comme « directement concernées » les personnes pour lesquelles l'exécution de la décision constitue un profit immédiat et direct.

La même interprétation libérale de la notion de « partie intéressée » a été récemment retenue dans une décision d'Assemblée[3].

1632.32 **Risques encourus par le demandeur.** Si le juge administratif de l'exécution sait tenir compte du courroux légitime de celui qui se heurte à une résistance injustifiée de la part de la personne publique condamnée, il n'admet pas la chicane inspirée par un sentiment de vengeance. Celui qui sollicite une mesure d'exécution (dont l'astreinte) ne doit donc pas oublier l'éventualité, et le risque, d'une amende pour recours abusif. Conformément à la pratique qui prévaut devant la juridiction administrative, ces amendes ne sont toutefois prononcées que dans les cas extrêmes (rejet d'un second recours en rectification d'erreur matérielle après qu'un premier a échoué[4] ; amende de 5 000 francs pour une demande d'astreinte suite à l'annulation d'un refus d'inscription scolaire, la requête elle-même n'ayant été introduite que postérieurement à l'année scolaire concernée ![5]). Il faut rappeler à cet égard que le requérant peut toujours se désister de sa demande[6].

1632.33 **Saisine « d'office » de la section du contentieux du Conseil d'État.** L'article L. 911-5 du CJA confère au Conseil d'État le pouvoir de prononcer une « *astreinte d'office* ».

Depuis l'entrée en vigueur du décret du 6 avril 2017[7], l'article R. 931-6 du CJA organise cette procédure de la manière suivante : le président de la section du rapport et des études, devenue la section des études, de la prospective et de la coopération, peut, même s'il n'est pas saisi d'une demande d'exécution par une « *partie intéressée* », demander à l'Administration concernée de justifier de l'exécution d'une décision du Conseil d'État. Lorsqu'il estime que cette décision est inexécutée, il saisit le président de la section du contentieux. Celui-ci prononce par ordonnance l'ouverture de la procédure d'astreinte d'office. L'instruction et le jugement de l'affaire par la section du contentieux suivent alors le régime applicable aux demandes d'exécution présentées par une « *partie intéressée* ».

1632.34 **Personnes à l'encontre desquelles une mesure d'exécution peut être prononcée.** En matière d'excès de pouvoir, la mesure d'exécution peut être demandée et accordée contre une personne autre que celle dont émane l'acte annulé (implicitement[8]). Dans ce cas, la demande doit tout de même être correctement dirigée (par ex., refusant une astreinte envers l'État en vue de la communication de documents détenus par une Université contre laquelle le procès initial avait été intenté[9]). En plein contentieux indemnitaire, le débiteur de l'obligation est celui qui a été condamné par la décision à verser une somme d'argent, ou celui qui est subrogé dans ses droits et obligations.

Des astreintes peuvent être prononcées à l'encontre de personnes de droit privé à condition que l'Administration ne dispose pas des pouvoirs lui permettant d'atteindre le même résultat[10]. Tel est notam-

1. CE, sect., 27 janv. 1995, Melot, req. n° 155647, *Lebon* 52 ; *AJDA* 1995. 104 s., chron. L. Touvet et J.-H. Stahl ; *RD publ.* 1995. 535 s., concl. F. Scanvic – DANS LE MÊME SENS : v. CE 13 mars 2002, M. Benadhira, req. n° 233157 [annulation des délibérations d'un jury de concours] – ou : CE 16 juin 1997, M. Boerlen, req. n° 167410, *Lebon* T. 1021 [s'agissant de l'intégration dans le salaire d'agents contractuels d'une indemnité de résidence].
2. CE 28 avr. 2004, Union européenne pour la création des mosquées, req. n° 249430, *Lebon* T. 840 – Le vendeur initial ne peut cependant demander qu'à récupérer le bien, non à ce qu'il soit enjoint à la commune de le proposer à l'acquéreur évincé : CE 6 sept. 2006, France Télécom, req. n° 289822, *Lebon* T. ; *AJDA* 2007. 155, note S. Pérignon ; *RDI* 2006. 518, obs. P. Soler-Couteaux.
3. CE, ass., 10 juill 2020, Assoc. Les Amis de la Terre et a., req. n° 428409, *Lebon* avec concl. ; *AJDA* 2020. 1776, chron. C. Malverti et C. Beaufils ; *D.* 2021. 1004, obs. G. Leray et V. Monteillet ; *RFDA* 2020. 818, concl. S. Hoynck ; *RTD civ.* 2021. 199, obs. Ph. Théry ; *RTD eur.* 2021. 481, obs. D. Ritleng.
4. CE 17 mai 1993, Mascaro, req. n° 134547.
5. CE 25 avr. 1994, Di Lello, req. n° 110937.
6. CE 25 avr. 1990, Camara, req. n° 104750, *Lebon* 928 ; *Dr. adm.* 1990, n° 356.
7. Décr. n° 2017-493, 6 avr. 2017, modifiant le Code de justice administrative (partie réglementaire), *JO* 7 avr., texte 47.
8. CE, sect., 7 janv. 1994, Ép^x Ledou, req. n° 120263, *Lebon* 11 ; *AJDA* 1994. 255 s. ; *D.* 1995. 238, obs. F. Thiriez.
9. CE 27 nov. 1996, Dubois, req. n° 162668.
10. CE, sect., 13 juill. 1956, OPHLM du département de la Seine, req. n° 37656, *Lebon* 343.

ment le cas de demandes tendant à l'évacuation du domaine public[1] ou à la cessation de travaux.

Dans une décision récente[2], le Conseil d'État a confirmé que lorsqu'il qualifie de contravention de grande voirie des faits d'occupation irrégulière d'une dépendance du domaine public, il appartient au juge administratif, saisi d'un procès-verbal accompagné ou non de conclusions de l'Administration tendant à l'évacuation de cette dépendance, d'enjoindre au contrevenant de libérer sans délai le domaine public et, s'il l'estime nécessaire et au besoin d'office, de prononcer une astreinte. Il a toutefois précisé que les dispositions du chapitre premier du titre I du livre IX du Code de justice administrative ne s'appliquent qu'aux astreintes que, depuis la loi du 16 juillet 1980[3] en ce qui concerne le Conseil d'État, et la loi du 8 février 1995[4] en ce qui concerne les tribunaux administratifs et les cours administratives d'appel, ces juridictions peuvent prononcer à l'encontre d'une personne morale de droit public ou d'un organisme privé chargé de la gestion d'un service public. Elles ne sauraient en revanche s'appliquer lorsque le juge administratif, saisi par l'Administration en vue de mettre fin à l'occupation irrégulière d'une dépendance du domaine public, fait application du principe général selon lequel les juges ont la faculté de prononcer une astreinte en vue de l'exécution de leurs décisions.

C. Décisions dont peut connaître le juge administratif de l'exécution

1632.41 Décisions des juridictions administratives. Tous les jugements, arrêts et décisions des juridictions administratives (Conseil d'État, cours administratives d'appel, tribunaux administratifs, juridictions administratives spécialisées) sont susceptibles de faire l'objet de « *mesures d'exécution* ». Bien que l'article L. 911-4 évoque les « *jugements et les arrêts* », ces dispositions valent également pour assurer l'exécution des autres décisions de nature juridictionnelle émanant de la juridiction administrative, telles que les ordonnances prises par le juge des référés[5].

En revanche, le juge administratif ne peut assurer l'exécution d'une décision émanant d'une juridiction judiciaire[6].

1632.42 Mesures administratives prises par un magistrat. La saisine du juge administratif de l'exécution ne peut avoir pour objet que de surmonter les difficultés rencontrées pour obtenir l'application effective d'une décision juridictionnelle. Aussi bien, l'inexécution d'une mesure administrative n'est-elle pas susceptible de donner lieu à une demande d'injonction et/ou d'astreinte alors même qu'elle émane d'un magistrat. Il en a déjà été jugé pour l'ordonnance de taxation des honoraires d'un expert judiciaire[7].

1632.43 Transaction conclue par une personne publique. Eu égard à la lettre des textes, une demande d'astreinte ne peut être formée contre une personne publique pour la contraindre à exécuter une transaction ayant pour objet de prévenir un litige (ainsi, à propos de l'État[8]). Il serait normal que, sur ce point, la législation soit modifiée, les transactions régulièrement conclues ayant, conformément aux dispositions de l'article 2052 C. civ., autorité de la chose jugée à l'égard des parties signataires (en ce sens et de manière explicite, v. R. Chapus[9]), d'autant que le Conseil d'État a admis que les parties ayant conclu une transaction, peuvent, alors même qu'elles n'ont engagé aucune procédure juridictionnelle pour trancher un litige, saisir le juge administratif d'une demande tendant à homologuer cette transaction[10].

D. Autres règles de recevabilité de la demande

1632.51 Délais. Le délai de présentation d'une demande tendant à ce qu'un tribunal administratif ou une cour administrative d'appel prescrive les mesures nécessaires à l'exécution d'une décision définitive de cette juridiction est de trois mois à compter de la notification de cette décision, sauf décision explicite de refus d'exécution opposée par l'autorité administrative (CJA, art. R. 921-1-1). Depuis l'entrée

1. CE 4 févr. 2008, M. Peretti, req. n° 292956, *Lebon* T. ; *RDI* 2008. 342, obs. O. Févrot – CE 17 mars 2008, M. Najjar, req. n° 306461, *Lebon* T.
2. CE 15 oct. 2014, Voies navigables de France, req. n°s 338746 s.
3. L. n° 80-539, 16 juill. 1980, relative aux astreintes prononcées en matière administrative et à l'exécution des jugements par les personnes morales de droit public, *JO* 17 juill.
4. L. n° 95-125, 8 févr. 1995, relative à l'organisation des juridictions et à la procédure civile, pénale et administrative, *JO* 9 févr., p. 2175.
5. CE 29 oct. 2003, Mme Van Bentum Plasse c/M. Plasse, req. n° 259440, *Lebon* T. 718-721-943-956.
6. CE 23 févr. 1990, Mme Martinat, req. n° 109748, *Lebon* 933 – CE 16 oct. 1996, Bergerioux, req. n° 162479, *Lebon* T.
7. CE 10 avr. 1996, Le Nestour, req. n° C, NP ; *Dr. adm.* 1996, n° 233, obs. G. G.
8. CE 1er févr. 1984, Sté de promotions et de réalisations hospitalières, req. n° 49583, *Lebon* 32 ; *Dr. adm.* 1984, n° 127.
9. R. Chapus, *Droit du contentieux administratif*, 13e éd., Montchrestien, 2008, n° 1293-2, p. 1167.
10. CE, ass., 6 déc. 2002, Synd. intercommunal des établissements du second cycle du second degré de l'Haÿ-les-Roses, req. n° 249153, *Lebon* ; *GACA*, 9e éd., Dalloz, 2024, n° 95 ; *AJDA* 2003. 280 s., obs. F. Donnat et D. Casas ; *RFDA* 2003. 291, concl. G. Le Chatelier ; *RFDA* 2003. 302, note B. Pacteau.

en vigueur du décret du 6 avril 2017, c'est également, en vertu de l'article R. 931-2 du CJA, au terme d'un délai de trois mois que les parties intéressées peuvent demander au Conseil d'État de prescrire les mesures nécessaires à l'exécution d'une de ses décisions ou d'une décision rendue par une juridiction administrative spécialisée.

Toutefois, les demandes d'exécution des décisions ordonnant une mesure d'urgence peuvent être « *présentées sans délai* » (CJA, art. R. 921-1-1 et R. 931-2).

Par ailleurs, si la décision juridictionnelle a fixé à l'Administration un délai pour prendre les mesures d'exécution prescrites, la demande ne peut être présentée qu'à l'expiration de ce délai (CJA, art. R. 921-1-1 et R. 931-2), que celui-ci soit plus bref ou plus long que le délai de trois mois[1].

En l'état actuel de la jurisprudence, le « *délai d'attente* » imposé aux justiciables n'est pas réellement contraignant dans la mesure où les demandes prématurées se trouvent régularisées par l'arrivée du délai à son terme.

1632.52 Exclusivité de la procédure d'ordonnancement de l'article 1er de la loi du 16 juillet 1980 pour obtenir l'exécution d'une condamnation à payer une somme d'argent ? La jurisprudence selon laquelle dès lors que le II de l'article 1er de la loi du 16 juillet 1980, reproduit à l'article L. 911-9 du CJA, permet au bénéficiaire d'une condamnation, en cas d'inexécution de la décision dans le délai prescrit, d'obtenir le mandatement d'office de la somme que la personne publique a été condamnée à lui verser par cette même décision, il n'y a pas lieu de faire droit à ses conclusions, présentées sur le fondement des articles L. 911-1 et/ou L. 911-3 tendant à ce qu'il soit enjoint à cette personne de payer cette somme, éventuellement sous astreinte[2] (v. ss no 1631.56), s'applique également aux mesures d'exécution postérieurement à la décision, sur le fondement des articles L. 911-4 et L. 911-5, car la justification de l'irrecevabilité de ces demandes d'exécution, fondée sur l'existence d'une procédure spéciale d'exécution directe et plus efficace, puisqu'elle permet le paiement et non une mesure tendant à faire pression pour l'obtenir, est la même[3]. Toutefois, l'on peut observer que le Conseil d'État a prononcé à plusieurs reprises des astreintes *a posteriori* en vue de l'exécution de décisions juridictionnelles passées en force jugée condamnant l'Administration au paiement d'une somme d'argent[4].

1. CE 5 mai 2010, SA Menarini France, req. no 336136.
2. CE 6 mai 1998, Lother, req. no 141236, *Lebon* T. 1115.
3. CE 11 juill. 2012, Cts Delpech, req. no 349008.
4. S'AGISSANT DU PAIEMENT DES FRAIS IRRÉPÉTIBLES : CE 10 janv. 2005, M. Bouly, req. no 262139 – POUR UNE SOMME RÉPARANT UN PRÉJUDICE : CE 14 janv. 2005, Assoc. pour la protection des animaux sauvages, req. no 263996.

1632.53 Décision explicite de refus d'exécution. Si la demande d'exécution adressée à l'Administration a fait l'objet de la part de celle-ci d'une décision explicite de refus, cette décision doit être contestée dans le délai de deux mois à compter de sa notification, conformément au droit commun, ce qui implique que la notification mentionne les voies et délais de recours (CJA, art. R. 421-5). Le bénéficiaire de la décision doit en conséquence, soit contester ce refus devant le tribunal administratif, soit présenter une demande d'astreinte dans les deux mois suivant le refus, cette demande interrompant le délai de recours[5]. En revanche, en cas de silence gardé par l'autorité administrative sur cette demande, aucun délai n'est opposable au demandeur (CJA, art. R. 421-3, 3o et R. 921-2).

La forclusion évoquée ci-dessus ne fait cependant pas obstacle à ce qu'une nouvelle réclamation soit adressée à l'Administration et éventuellement contestée devant la juridiction compétente, dès lors que, s'agissant d'un comportement continu, le rejet d'une première demande d'exécution n'entraîne pas l'irrecevabilité de la deuxième demande.

1632.54 Sort des demandes en cas d'exécution avant que le juge statue. La saisine du « *juge administratif de l'exécution* » n'ayant pour objet que d'obtenir de la personne publique concernée l'exécution de la décision de justice (et non de la punir ou d'obtenir réparation des préjudices subis), les demandes d'injonctions et/ou d'astreintes sont naturellement rejetées lorsque :

– l'exécution était effective avant même l'introduction de la demande. Dans ce cas, la demande, sans objet dès son introduction, est rejetée comme irrecevable[6] ;

– l'exécution est postérieure à la demande mais antérieure à la date à laquelle le juge statue. Dans ce cas, l'exécution de la décision par la personne publique rend sans objet les conclusions de la requête, le juge prononçant alors un non-lieu[7].

Dans les deux cas, le résultat est le même puisqu'il n'est pas fait droit à la demande de mesure d'exécution formée par le justiciable. Mais l'essentiel, c'est-à-dire l'exécution de la décision de justice, est acquis. En pratique, cependant, la différence n'est pas négligeable. La personne publique qui a provoqué le non-lieu en accédant aux prétentions du requérant – c'est-à-dire dans l'hypothèse qui nous occupe, a exécuté le jugement – révèle qu'elle en admet le bien-fondé. Elle est donc une « *partie perdante* » au sens

5. CE 7 juill. 1999, Moullet, req. no 179042, *Lebon*.
6. CE 2 juill. 1982, Narboni, req. no 36744, *Lebon* 264.
7. CE 2 juill. 1982, Rouzaud, req. no 35367, *Lebon* 264 – CE 15 juin 1994, M. Bergeret, req. no 134299, NP – CE 8 déc. 2000, Assoc. Promouvoir, req. no 222665, *RFDA* 2001. 280.

des dispositions de l'article L. 761-1 du CJA et peut être condamnée au paiement des frais de l'instance[1].

1632.55 Formes de la requête. Les règles générales de présentation des recours juridictionnels devant les juridictions administratives s'appliquent à la saisine du « *juge administratif de l'exécution* ». Le justiciable doit prendre grand soin dans la formulation de ses demandes. Sans doute, le juge n'hésite-t-il pas à requalifier les requêtes dont il est saisi (ainsi d'une requête tendant à la délivrance d'un permis de construire après l'annulation du refus par le tribunal administratif interprétée comme une demande d'exécution[2] au sens de l'article L. 911-4 du CJA). Mais si l'on excepte l'hypothèse du prononcé d'office d'une astreinte par le Conseil d'État, le juge administratif de l'exécution ne peut, comme il est normal, aller au-delà de ce que le requérant lui a demandé. Tant devant les tribunaux administratifs et les cours administratives d'appel que devant le Conseil d'État depuis l'entrée en vigueur du décret du 6 avril 2017, la « *demande d'exécution* » formée sur le fondement des dispositions des articles L. 911-4 et L. 911-5 du CJA passe, avant de connaître un tour strictement contentieux, par une phase « *amiable* » pendant laquelle le président de la cour administrative d'appel ou du tribunal administratif saisi (ou le rapporteur désigné à cette fin) ou, s'agissant du Conseil d'État, le rapporteur désigné par le président de la section du rapport et des études, devenue la section des études, de la prospective et de la coopération, accomplit « *toute diligence qu'il juge utile pour assurer l'exécution de la décision juridictionnelle qui fait l'objet de la demande* ». Respectueuses de l'esprit des textes, les juridictions administratives prennent en compte toutes les demandes, qu'elles interviennent par simple lettre, même lorsque celles-ci sont confuses, ou par une requête détaillée et argumentée voire par une simple incidente dans un mémoire en défense produit devant la juridiction d'appel.

1632.56 Dispense du ministère d'avocat. La demande présentée devant le juge administratif de l'exécution pour obtenir le prononcé d'une injonction et/ou d'une astreinte *a posteriori* peut être formée sans recourir aux services d'un avocat – avocat à la Cour ou avocat aux Conseils (CJA, art. R. 911-4).

1632.57 Utilisation de Télérecours. Selon l'article R. 911-5 du CJA, issu du décret du 6 avril 2017, les demandes d'exécution des décisions rendues par les tribunaux administratifs, les cours administratives d'appel ou le Conseil d'État peuvent être présentées par le moyen de l'application informatique « Télérecours » mentionnée à l'article R. 414-1 du même code. Il ne s'agit donc pas d'une obligation pour les avocats concernés. La juridiction compétente ou la section du rapport et des études du Conseil d'État, devenue la section des études, de la prospective et de la coopération, peut, par le moyen de la même application, adresser à l'autorité administrative les communications et notifications nécessaires à l'exécution de la décision et informer le demandeur de la suite donnée à sa demande.

§ 2
Pouvoirs du juge administratif de l'exécution

1632.60 Plan. Le « *juge administratif de l'exécution* » peut expliquer, convaincre ou menacer. C'est la « *phase amiable* » de la procédure d'exécution, dite aussi « *phase administrative* » (A). Il peut ensuite, dans la « *phase juridictionnelle* » de la procédure, enjoindre, et, surtout, astreindre (B).

A.
Phase amiable de la procédure

1632.71 Tribunaux administratifs et cours administratives d'appel. Les articles R. 921-5 et R. 921-6 du CJA prévoient que le président de la juridiction saisie (ou le rapporteur désigné) accomplit toutes diligences pour assurer l'exécution et procède au classement lorsque la décision a été exécutée. La procédure est plus « *administrative* » que juridictionnelle (les qualificatifs ont été utilisés par le Conseil d'État lui-même[3]) et les pouvoirs dont le juge peut user ne sont pas réglementés par les textes. Généralement, le magistrat fait œuvre de « *pédagogie* » en utilisant les moyens les plus divers (lettre, entretien téléphonique, organisation de rendez-vous, *etc.*). En tout cas, à ce stade de la procédure, il ne s'agit ni de punir ni de commander, mais simplement d'aider, de convaincre ou de menacer selon les formes les plus appropriées.

Le caractère contradictoire de l'instruction ne s'applique pas à la phase administrative[4].

Lorsque le président de la juridiction estime qu'il a été procédé à l'exécution ou que la demande n'est pas fondée, il en informe le demandeur et procède au classement administratif de la demande.

1632.72 Conseil d'État. Depuis l'entrée en vigueur du décret du 6 avril 2017, les demandes d'exécution

1. CE 15 juin 1994, M. Bergeret, req. nº 134299, NP – CE 20 mai 1994, Mme Martel, req. nº 138070, *Lebon* 1128 – CE 27 mars 1996, Boulogne, req. nº 171745, *Lebon* T.
2. CAA Lyon, 1re ch., 8 oct. 1996, Min. Équipement, Logement et Tourisme c/Laffont, req. nos 95LY01106 et 96LY01778, *Lebon ; RFDA* 1997. 445.
3. *Rapport public 1997, EDCE*, nº 48, p. 234.
4. CE 21 nov. 2023, Min. de l'Intérieur et des Outre-mer c/ M. Souto, req. nº 466680, *Lebon ; AJDA* 2023. 2145.

présentées devant le Conseil d'État font également l'objet d'une « *phase administrative* ». Ainsi, conformément à l'article R. 931-3 du CJA, les demandes d'exécution présentées par les parties intéressées – ainsi que celles renvoyées au Conseil d'État par un tribunal administratif ou une cour administrative d'appel en application du dernier alinéa de l'article L. 911-4 – sont enregistrées par la section du rapport et des études, devenue la section des études, de la prospective et de la coopération. Le président de cette section désigne un rapporteur au sein de cette section. Il s'agit en pratique du « *délégué à l'exécution* ». Celui-ci peut accomplir toutes diligences pour assurer l'exécution de la décision juridictionnelle. La procédure est donc très proche de celle applicable aux tribunaux administratifs et aux cours administratives d'appel.

Une particularité doit toutefois être signalée : l'affaire peut, sur décision du président de la section du rapport et des études, être soumise pour avis à un « *comité restreint* » composé du président et du président adjoint de cette section, du rapporteur et de trois autres membres du Conseil d'État, dont un président de chambre.

B. Phase juridictionnelle de la procédure

1° Ouverture de la phase juridictionnelle

1632.81 Tribunaux administratifs et cours administratives d'appel. En application de l'article R. 921-6 du CJA, la phase contentieuse est ouverte, par ordonnance du chef de juridiction insusceptible de recours[1], de trois manières :

– **à l'initiative du requérant**, par la contestation dans le délai d'un mois de la décision de classement prise par le président de la juridiction ;

– **à l'initiative du président** s'il estime nécessaire de prescrire des mesures d'exécution par voie juridictionnelle, et notamment de prononcer une astreinte ;

– « *en tout état de cause à l'expiration d'un délai de six mois* » à compter de l'enregistrement de la demande d'exécution. Ce délai peut, depuis l'entrée en vigueur du décret du 15 septembre 2015[2], être prorogé, au maximum de quatre mois, lorsque le président estime que les diligences accomplies sont susceptibles de permettre, à court terme, l'exécution de la décision. Il informe alors le demandeur que la procédure juridictionnelle ne sera ouverte, le cas échéant, qu'à l'expiration de ce délai supplémentaire. Si, à l'expiration du délai de six mois, éventuellement prorogé, la décision est en cours d'exécution, il appartient à la juridiction d'en tirer les conséquences sur la demande.

Le Conseil d'État[3] a précisé que le président du tribunal administratif ou de la cour administrative d'appel était tenu de faire droit à la demande tendant à l'ouverture d'une procédure juridictionnelle présentée, sur le fondement de l'article R. 921-6 du CJA, par un justiciable dont la demande d'exécution formulée en application de l'article L. 911-4 du même code a fait l'objet d'un classement administratif, dès lors que cette demande a été présentée dans le mois qui suit la notification à l'intéressé de la décision de classement administratif. En revanche, si la demande d'ouverture de la procédure juridictionnelle est tardive, le président du tribunal administratif ou de la cour administrative d'appel doit la rejeter par une décision qui, dès lors qu'elle rejette définitivement la demande d'exécution, a le caractère d'une décision juridictionnelle contre laquelle sont ouvertes les voies de recours de droit commun identiques à celles prévues à l'encontre des décisions dont l'exécution est demandée. L'intéressé peut toutefois, s'il s'y croit fondé, présenter une nouvelle demande sur le fondement de l'article L. 911-4.

L'article R. 921-6 précise que l'affaire est instruite et jugée en urgence.

1632.82 Conseil d'État. La procédure, organisée par les articles R. 931-4 et R. 931-5 du CJA, dans leur rédaction issue du décret du 6 avril 2017, est proche de celle applicable aux tribunaux administratifs et aux cours administratives d'appel. La « *phase juridictionnelle* » est ouverte par ordonnance du président de la section du contentieux dans trois hypothèses :

– lorsqu'il estime nécessaire de prescrire des mesures d'exécution ;

– lorsque le demandeur conteste le classement administratif de sa demande (dans un délai d'un mois suivant la notification) ;

– à l'expiration d'un délai de six mois courant à compter de l'enregistrement de la demande d'exécution, si celle-ci n'a pas entre-temps été classée ou si la section du contentieux n'a pas déjà été saisie. Ce délai de six mois peut éventuellement être porté à dix mois lorsque le président de la section du rapport et des études, devenue la section des études, de la prospective et de la coopération, estime que l'exécution de la chose jugée est imminente.

Il convient de préciser que dans la première de ces trois hypothèses, le président de la section du rapport

1. Cela résulte des termes mêmes du texte : CE 29 déc. 2000, Colombeau, req. n° 222276, *AJDA* 2001. 895, concl. E. Mignon.
2. Décr. n° 2015-1145, 15 sept. 2015, modifiant le Code de justice administrative (partie réglementaire), *JO* 17 sept., texte 17.
3. CE 25 avr. 2007, Guerirem, req. n° 299850, *Lebon* ; *AJDA* 2007. 1199, concl. Y. Struillou.

et des études, devenue la section des études, de la prospective et de la coopération, adresse au président de la section du contentieux une note exposant les éléments de fait et de droit de l'affaire et décrivant les diligences accomplies par la section. Si le comité restreint a été saisi, la note indique également la composition dans laquelle le comité a siégé et le sens de l'avis qu'il a rendu.

L'ordonnance du président de la section du contentieux n'est pas susceptible de recours.

Après l'ouverture de la phase juridictionnelle, l'affaire est instruite par une chambre.

2° Détermination des mesures d'exécution

1632.91 **Décisions n'exigeant pas de mesures d'exécution particulières.** Le bon sens conduit le juge administratif de l'exécution à rejeter les demandes dont il est saisi alors que la décision rendue précédemment n'appelle pas de mesures d'exécution :

– soit qu'elle ait prononcé une annulation qui se suffit à elle-même[1] ;

– soit qu'elle ait rejeté le recours[2] ;

– soit que le jugement accordant satisfaction au requérant ait été infirmé au fond en appel. En raison de l'effet rétroactif de l'annulation prononcée, le requérant sera en effet réputé n'avoir jamais obtenu satisfaction et sa demande ne pourra être que rejetée[3]. En revanche, lorsque le juge d'appel annule un jugement pour cause d'irrégularité externe, tout en le confirmant sur le fond, après évocation, le justiciable sera en droit de demander l'exécution de la chose jugée en sa faveur[4] (ex. à propos d'une annulation et d'une évocation par la Commission centrale d'aide sociale[5]).

1632.92 **Décisions ne pouvant plus faire l'objet de mesures d'exécution.** Comme nous l'avons vu plus haut, le JEX statue en fonction des circonstances de fait et de droit existantes à la date à laquelle il se prononce. Il peut donc arriver qu'un changement des circonstances postérieur à la décision fasse obstacle à son exécution : disparition des documents dont la communication avait été ordonnée par le juge[6] ; changement de législation[7], voire validation législative[8] ; disparition de l'emploi sur lequel devait être réintégré un agent[9] ; agent ayant atteint l'âge de la retraite et ne pouvant donc plus être réintégré[10] ; sursis à exécution de travaux d'ores et déjà réalisés[11].

1632.93 **Litige distinct.** Si la demande déborde les limites de ce qui résulte nécessairement ou directement de la chose précédemment jugée, elle sera rejetée partiellement ou totalement. Le juge administratif de l'exécution ne doit en effet pas trancher un « *litige distinct* » de celui sur lequel il a déjà été statué.

Bien qu'elle ne soit pas spécifique au contentieux de l'exécution, cette notion de « *litige distinct* » y occupe une place importante car elle détermine l'étendue de l'office du JEX.

Le *Rapport annuel 2016* du Conseil d'État indique que le « *litige distinct* » se rencontre dans au moins quatre hypothèses :

– lorsque l'annulation d'une décision administrative n'implique aucune mesure d'exécution mais que l'Administration souhaite, pour des raisons d'opportunité, réitérer la décision illégale annulée : dans ce cas, l'Administration est seulement tenue de respecter l'autorité de la chose jugée, c'est-à-dire qu'elle ne doit pas entacher sa nouvelle décision de la même illégalité que celle qui a été censurée. Par construction même, la contestation de cette nouvelle décision est étrangère à l'office du JEX. À titre d'exemple, lorsque l'Administration décide de licencier à nouveau un agent public réintégré à la suite de l'annulation contentieuse d'un premier licenciement, la contestation de la légalité du second licenciement constitue un litige distinct du litige ayant conduit à l'annulation du premier ;

– lorsque l'annulation prononcée par le juge implique nécessairement l'adoption d'une mesure dans un sens déterminé, ce qui correspond au cas prévu à l'article L. 911-1 du CJA, le requérant peut invoquer devant le JEX la carence de l'Administra-

1. CE 12 avr. 1995, Bartolo, req. nº 156027, *Lebon* 990 ; *AJDA* 1995. 505 s., chron. J.-H. Stahl et D. Chauvaux.
2. CE, sect., 6 janv. 1995, Lacroix, req. nº 141237, *Lebon* 990 ; *Dr. adm.* 1995, nº 290.
3. CE, sect., 27 nov. 1985, Gindre, req. nº 65904, *Lebon* 738 ; *D.* 1986. IR 149, obs. F. Llorens.
4. CE, sect., 5 mai 1995, Mme Berthaux, req. nº 162283, *Lebon* 200 ; *AJDA* 1995. 653 s., note I. Muller ; *JCP* 1995. II. 22543, note J.-M. Breton.
5. CE 4 sept. 1995, Mme Perrin-Croquin, req. nº 163310, NP ; *RFD* 1996, nº 3, p. 119.
6. DISPARITION DE DOCUMENTS ADMINISTRATIFS : CE 25 nov. 1988, Coz, req. nº 91409, NP – CE 26 avr. 1993, Zamphiroff, req. nº 133267, NP – CE 22 mai 1996, Assoc. Erromardi, req. nº 157985, NP – CE 6 avr. 1998, M. Hani et école d'architecture de Strasbourg, req. nº 172610, NP. Dans la dernière décision citée, l'Administration concernée avait pourtant l'obligation de les conserver, ce qui peut ouvrir droit à une action en responsabilité.
7. CE 22 janv. 2003, Féd. française des masseurs kinésithérapeutes rééducateurs, Aupetit et a., req. nº 205476, *Lebon* T. ; *RDSS* 2000. 731, obs. L. Dubouis.
8. CE 21 juin 1995, Rosello, req. nº 163605, NP – V. AUSSI, dans le contentieux de la fonction publique : TA Strasbourg, 25 nov. 1997, Balard c/Université de Haute Alsace, req. nº 963048, inéd. ; *LPA* 25 mars 1998. 15 s., obs. F. Malvasio.
9. CE 28 févr. 1996, Mme Cartier, req. nº 152976, NP.
10. CE 6 mai 1988, Bellot, req. nºs 76779 et 83720, *Lebon* 884.
11. CE 4 nov. 1996, Bernado, req. nº 163617, NP.

tion ou l'adoption d'une mesure au contenu différent de celui imposé par le juge ; en revanche, la critique de la non-adoption de mesures qui, en réalité, excèdent ce qu'implique nécessairement la chose jugée, relève d'un litige distinct ;

– lorsque la décision juridictionnelle impose seulement le réexamen d'une demande ou d'une situation administrative, ce qui correspond au cas envisagé par l'article L. 911-2 du CJA. La contestation de la légalité de la nouvelle mesure prise par l'Administration constitue en principe un litige distinct du litige initial, de sorte que le JEX, s'il est saisi, se borne à vérifier l'adoption effective d'une mesure de réexamen et rejette les conclusions tendant au prononcé d'une injonction ou d'une astreinte [1] ;

– enfin, une quatrième hypothèse, plus spécifique, correspond aux conséquences de l'annulation d'un acte réglementaire. Celle-ci reste, en principe, sans incidence sur les autres actes, individuels ou réglementaires, pris entre-temps pour son application. Dès lors, le JEX ne peut enjoindre à l'Administration de revenir sur les mesures individuelles prises en application de cet acte [2]. Ces décisions individuelles doivent être elles-mêmes contestées devant le juge de l'excès de pouvoir.

Ainsi, il a été jugé que la contestation, devant le JEX, de la légalité d'une radiation de la liste des demandeurs d'emploi constituait un litige distinct de l'exécution d'une décision du Conseil d'État se prononçant uniquement sur l'exclusion de l'intéressé du bénéfice du revenu de remplacement [3] ou que la demande de restitution d'une cotisation d'impôt mise à la charge d'un contribuable correspondait à un litige distinct de l'exécution d'une décision du Conseil d'État annulant une circulaire relative à cette imposition [4]. Le contentieux de l'aménagement commercial a offert un autre exemple de litige distinct. Le Conseil d'État avait annulé le refus du ministre du Travail d'abroger un arrêté relatif à la fermeture hebdomadaire des points de vente de pain dans un département et avait enjoint en conséquence au ministre de procéder au réexamen de cette demande, « *après avoir vérifié l'existence ou non d'une majorité indiscutable de la profession en faveur de la fermeture au public un jour par semaine* ». Saisi d'une demande d'astreinte en vue d'assurer l'exécution de cette décision, il l'a rejetée, après s'être toutefois assuré de la réalité de cette vérification, en jugeant que la légalité du nouveau refus d'abrogation décidé par le ministre ne pouvait être contestée que par le biais d'un nouveau recours devant le juge de l'excès de pouvoir [5].

De manière plus nuancée, le Conseil d'État a jugé que lorsqu'une décision de justice enjoint à l'Administration, sous astreinte, de réintégrer un agent illégalement évincé dans l'emploi même qu'il occupait antérieurement et que l'autorité compétente prend une décision en ce sens, le juge de l'astreinte ne peut conclure à la non-exécution de l'injonction que s'il constate que la décision ordonnant sa réintégration n'a manifestement pas été suivie d'effets. En dehors de ce cas, la contestation par l'intéressé des modalités de sa réintégration et, par là même, du caractère effectif de celle-ci, constitue un litige distinct dont il n'appartient pas au JEX de connaître [6].

Par ailleurs, une exception notable à l'avis *Vindevogel* précité a été retenue par le Conseil d'État, dans l'hypothèse où l'Administration doit tirer toutes les conséquences de l'annulation d'un acte réglementaire pour méconnaissance du droit de l'Union européenne.

Ainsi, l'exécution de la décision annulant un arrêté instituant un mécanisme d'aide d'État en méconnaissance de l'obligation de notification de mécanisme à la Commission européenne implique que l'État exige des bénéficiaires des aides qui ont été accordées sur le fondement de l'arrêté annulé le paiement des intérêts y afférents. C'est donc, ici, la préoccupation de garantir l'effectivité du droit de l'Union européenne qui a conduit le Conseil d'État à retenir une interprétation large de l'office du JEX [7].

Malgré sa rigueur, le juge administratif de l'exécution n'est pas formaliste. Quand il le faut, pour déterminer les obligations de la personne publique, le juge s'appuiera sur les motifs du jugement à exécuter et qui en constituent le soutien nécessaire [8]. Il admet également que les conséquences nécessaires ou directes de la chose jugée puissent être implicites (le fait que le jugement à exécuter n'a pas explicitement prévu le droit aux intérêts au taux légal de la somme allouée n'exclut pas le prononcé d'une astreinte [9]).

1632.94 Mesures pouvant être ordonnées. Lorsque la difficulté d'exécution doit être tranchée par un tribunal administratif ou une cour administrative d'appel, la « *demande d'exécution* », qu'elle soit le fait du bénéficiaire de la chose jugée ou du magistrat qui a accompli en vain « *toutes les démarches utiles* », peut avoir pour objet d'obtenir le prononcé d'une **injonction** (et seulement d'une injonction). Aux termes de l'article L. 911-4 du CJA [10], en effet : « *Si le jugement ou l'arrêt dont l'exécution est demandée n'a*

1. CE 2 juill. 1982, Narboni, req. n° 36744, *Lebon* 264.
2. CE, avis, 13 mars 1998, Mme Vindevogel, req. n° 190751 (préc., v. ss n° 1632.23).
3. CE 7 oct. 2016, M. Cambessede, req. n° 398051.
4. CE 5 oct. 2016, Sté Red Bull on Premise et a., req. n° 398176.
5. CE 6 mai 2016, Sarl Belle des pains, req. n° 392066.
6. CE 13 juin 2016, Assistance publique-Hôpitaux de Paris, req. n° 396691.
7. CE 15 avr. 2016, Assoc. Vent de colère !, req. n° 393721.
8. PAR EX., CE 14 mai 1997, Chougny, req. n° 176427, *Lebon* T.
9. CE 30 mars 1994, Mme Loubet, req. n° 142026, *Lebon* 172.
10. ANCt C. trib. adm., art. L. 8-4, al. 3.

pas défini les mesures d'exécution, la juridiction saisie procède à cette définition. Elle peut fixer un délai d'exécution et prononcer une astreinte ».

S'agissant du Conseil d'État, si l'article L. 911-5 du CJA ne prévoit formellement que le prononcé d'une astreinte, l'article R. 931-2, issu du décret du 6 avril 2017, prévoit désormais que « *les parties intéressées peuvent demander au Conseil d'État de prescrire les mesures nécessaires à l'exécution d'une de ses décisions ou d'une décision d'une juridiction spéciale, en assortissant le cas échéant ces prescriptions d'une astreinte* ».

Dans la pratique, quelle que soit la juridiction concernée, les demandes d'exécution incluent presque toujours des conclusions à fin d'astreinte.

1632.95 **Pouvoirs du juge dans la définition des mesures nécessaires à l'exécution.** Lorsque la demande d'injonction est recevable, le juge doit encore apprécier ce que l'exécution de la chose jugée implique exactement. Si l'on se réfère aux formulations adoptées par la jurisprudence, seules les mesures qui sont une conséquence « *nécessaire* »[1] ou « *directe* »[2] du jugement peuvent être enjointes. La jurisprudence rejoint ici celle qui s'est développée pour le prononcé des « *injonctions et astreintes préventives* » par le juge de l'action principale, une distinction étant faite entre les jugements susceptibles de donner droit à des décisions déterminées et ceux qui obligent seulement à un nouvel examen de la situation de l'intéressé (v. s[s] n°s 1631.61 s.).

La définition des mesures d'exécution peut conduire la juridiction à interpréter la décision dont l'exécution est sollicitée : le Conseil d'État a jugé « *qu'il n'appartient pas en principe au juge, saisi sur le fondement des dispositions de l'article L. 911-4 du Code de justice administrative, d'une demande tendant à l'exécution d'une décision juridictionnelle d'interpréter cette décision ; que, toutefois, si cette décision est entachée d'une obscurité ou d'une ambiguïté qui, en rendant impossible la détermination de l'étendue des obligations qui incombent aux parties du fait de cette décision, font obstacle à son exécution, il lui revient alors de l'interpréter dans la mesure nécessaire pour en définir les mesures d'exécution* »[3].

En revanche, le JEX ne peut remettre en cause, sans méconnaître l'autorité de la chose jugée, les mesures d'exécution définies par la décision dont l'exécution est demandée : « *Si le juge de l'exécution saisi, sur le fondement des dispositions de l'article L. 911-4 du Code de justice administrative, d'une demande d'exécution d'une décision juridictionnelle comportant déjà des mesures d'exécution édictées sur le fondement de l'article L. 911-1 peut préciser la portée de ces mesures dans l'hypothèse où elles seraient entachées d'une obscurité ou d'une ambiguïté, éventuellement les compléter, notamment en fixant un délai d'exécution et en assortissant ces mesures d'une astreinte, il ne saurait en revanche les remettre en cause* »[4].

Le Conseil d'État a précisé que le contenu d'une injonction *a priori* devenue définitive ne peut être utilement contesté par l'Administration devant le JEX saisi en exécution de l'article L. 911-4 du CJA[5].

Dans sa décision *Mme Veysset* du 25 mars 2015[6], le Conseil d'État a confirmé qu'il résulte des articles L. 911-1 et L. 911-4 du CJA que lorsque la juridiction, dont l'exécution du jugement ou de l'arrêt est demandée, n'a pas précisé les mesures impliquées par sa décision, il appartient au JEX saisi sur le fondement de l'article L. 911-4 de les déterminer au regard des circonstances de fait et de droit existant à la date où il se prononce. Lorsque de pareilles mesures ont été déjà déterminées dans la décision en application de l'article L. 911-1 du CJA, le JEX peut en préciser la portée si elles s'avéreraient être obscures ou entachées d'ambiguïtés. Le cas échéant il pourra en prononcer de nouvelles en se plaçant à la date de sa décision. Toutefois, il ne pourra remettre en cause celles qui étaient précédemment prescrites ni méconnaître l'autorité s'attachant aux motifs constituant le soutien nécessaire au dispositif de la décision.

Le Conseil d'État a synthétisé également, dans cette décision *Mme Veysset*, les critères devant être pris en compte pour le prononcé éventuel d'une astreinte : il appartient au juge saisi sur le fondement de l'article L. 911-4 d'apprécier l'opportunité de compléter les mesures déjà prescrites, ou qu'il prescrit lui-même par la fixation d'un délai d'exécution et le prononcé d'une astreinte, suivi, le cas échéant, de la liquidation de celle-ci, en tenant compte tant des circonstances de droit et de fait existant à la date de sa décision que des diligences déjà accomplies par les parties tenues de procéder à l'exécution de la chose jugée ainsi que de celles qui sont encore susceptibles de l'être.

1632.96 **Pouvoir du juge dans la détermination des bénéficiaires de l'exécution.** Si les créanciers de la dette à laquelle la personne publique a été condamnée sont en général ceux désignés par la décision de justice, il peut en aller différemment dans le cas de subrogations légales de plein droit, que le JEX doit

1. CE 22 avr. 1992, Melle Iban, req. n° 108058, *Lebon* 1094 – CE 7 janv. 1994, Ép[x] Ledoux, *Lebon* 11.
2. CE 20 avr. 1984, Ribot, req. n° 49177, *Lebon* 156.
3. CE 23 nov. 2005, S[té] Eiffage, req. n° 271329, *Lebon ; Contrats Marchés publ.* janv. 2006, p. 23, obs. J.-P. Pietri.
4. CE 29 juin 2011, SCI La Lauzière et a., req. n° 327080, *Lebon ; AJDA* 2011. 2147, note M. Revert.
5. CE 6 mars 2015, C[ne] de Rodilhan, req. n° 377573.
6. CE 23 mars 2015, Mme Veysset, req. n° 366813.

faire jouer, alors même que la décision dont il assure l'exécution ne l'aurait pas mentionnée[1].

1632.97 Délai d'exécution. Lorsque les conditions légales sont réunies pour que le juge prononce une injonction, il dispose d'une grande marge de liberté pour fixer le délai dans lequel la personne publique devra s'être exécutée (CJA, art. L. 911-4). En pratique, les délais impartis par le juge administratif de l'exécution semblent plus courts que ceux qui sont habituellement décidés par le juge saisi de l'action principale (v. s^{s} n° 1631.77), ce qui n'a rien d'illogique dès lors que, lorsqu'elle est déterminée *a posteriori*, l'inexécution est déjà constatée.

3°
Astreinte

1632.101 Possibilité de prononcer une astreinte d'office. Le Code de justice administrative ne donne qu'au Conseil d'État (CJA, art. L. 911-5) le pouvoir de prononcer d'office une astreinte. S'agissant des autres juridictions administratives, seules des astreintes « préventives », accompagnant une injonction décidée concomitamment au jugement ou à l'arrêt, peuvent être prononcées d'office, et cela uniquement depuis 2019.

1632.102 Juge ayant le pouvoir de prononcer une astreinte. Devant les tribunaux administratifs et les cours administratives d'appel, l'astreinte ne peut être décidée que par une formation collégiale de jugement. Devant le Conseil d'État, elle peut l'être également par le président de la section du contentieux (CJA, art. L. 911-5), mais cette faculté ne semble pas avoir, en pratique, été utilisée.

1632.103 Juge des référés. Lorsque le juge des référés n'a pas prononcé une injonction ou lorsqu'il n'a pas assorti son injonction du prononcé d'une astreinte, le requérant a, en cas d'inexécution de l'ordonnance par l'Administration, deux options :

– soit présenter une demande d'exécution sur le fondement des articles L. 911-4 ou L. 911-5 du CJA ;

– soit revenir directement devant le juge des référés pour lui demander de modifier son ordonnance et de compléter les mesures déjà ordonnées, sur le fondement de l'article L. 521-4 du CJA. Cette faculté a été confirmée, s'agissant du juge du référé-suspension, par le Conseil d'État par une décision du 27 juillet 2015, *Assistance publique-Hôpitaux de Paris*[2], jugeant que « *si l'exécution d'une ordonnance prononçant la suspension d'une décision administrative sur le fondement de l'article L. 521-1 du Code de justice administrative peut être recherchée dans les conditions définies par les articles L. 911-4 et L. 911-5 du même code, l'existence de cette voie de droit ne fait pas obstacle à ce qu'une personne intéressée demande au juge des référés, sur le fondement de l'article L. 521-4 du même code, de compléter la mesure de suspension demeurée sans effet par une injonction et une astreinte destinée à en assurer l'exécution* ».

Dans une décision postérieure[3], le Conseil d'État a confirmé que cette solution s'appliquait également à l'exécution des ordonnances prises par le juge du référé-liberté : « *L'exécution d'une ordonnance prise par le juge des référés, en application de l'article L. 521-2 du Code de justice administrative, peut être recherchée dans les conditions posées par le livre IX du Code de justice administrative relatif à l'exécution des décisions mais également sur le fondement de l'article L. 521-4 du même code qui permet à la personne intéressée de demander au juge des référés d'assurer l'exécution des mesures ordonnées demeurées sans effet par de nouvelles injonctions et une astreinte* ». Il a précisé qu'il n'appartient pas, en revanche, au juge des référés de prononcer, de son propre mouvement, des mesures destinées à assurer l'exécution de celles qu'il avait déjà ordonnées.

1632.104 Pouvoirs d'appréciation du juge. Même lorsque les conditions mises au prononcé de l'astreinte sont réunies, le « juge administratif de l'exécution » s'est toujours reconnu un pouvoir d'appréciation quant au sens de sa décision. Ainsi, alors même que la décision de justice n'a pas été correctement ou complètement exécutée, la demande tendant au prononcé de l'astreinte est généralement rejetée lorsque, en considération des « *circonstances de l'espèce* », cette mesure apparaît « *inutile, impossible ou inopportune* ».

Le Conseil d'État a plusieurs fois refusé de prononcer une astreinte lorsque l'exécution de la chose jugée semblait entamée ou de la prononcer au service d'une exécution qui, si elle « *n'est pas achevée* », est « *en cours* » et dont il « *ne ressort d'aucune pièce du dossier qu'elle ne puisse être menée à bonne fin* »[4]. De la même façon, le juge administratif de l'exécution est traditionnellement réticent à prononcer une astreinte lorsque le bénéficiaire de la chose jugée a

1. V., PAR EX., s'agissant de la subrogation du fonds de garantie des victimes des actes de terrorisme et d'autres infractions dans les droits des victimes (C. pr. pén., art. 706-11) : CE 4 oct. 2010, M. et Mme L., req. n° 316310, *Lebon*.
2. CE 27 juill. 2015, Assistance publique-Hôpitaux de Paris, req. n° 389007.
3. CE 28 juill. 2017, Section française de l'Observatoire international des prisons, req. n° 410677.
4. CE 15 nov. 1985, Proust, req. n° 60393, *Lebon* 738 – PLUS RÉCEMMENT, CE 24 avr. 1992, Mme Tusques et M. Marcaillou, req. n°s 102486 et 113049, NP – CE, sect., 4 nov. 1994, El Abed El Alaoui, req. n° 149391, *Lebon* 493 ; *AJDA* 1995. 231 s., concl. R. Abraham ; *LPA* 19 juill. 1995. 35 s., note F. Priet ; *D.* 1995. 174, obs. F. Julien-Laferrière – CE 15 nov. 1996, *Fata*, req. n° 163526, NP.

lui-même manifesté peu d'empressement à coopérer à l'exécution de la décision dont il bénéficie (une requérante n'ayant pas répondu à l'invitation qui lui avait été faite de « *se présenter à la mairie en vue de sa réintégration* » est déboutée[1]), voire demande l'exécution sous astreinte dans le seul but de nuire à la partie perdante[2]. On peut également admettre que le juge répugne à prononcer une astreinte lorsque le tribunal administratif dont le jugement n'est pas exécuté s'était, comme l'a jugé par ailleurs le Conseil d'État, déclaré à tort compétent[3].

Conséquence logique de ce pouvoir d'appréciation, le juge de cassation ne contrôle pas sa mise en œuvre par les juges du fond[4].

1632.105 **Montant de l'astreinte.** Les textes n'ont fixé aucun taux ni minimal ni maximal de l'astreinte. Son montant est donc laissé à la seule **appréciation de la juridiction,** qui n'est pas liée par la demande. En pratique, le juge tient grand compte des circonstances de l'espèce, et a le souci que l'astreinte soit suffisamment lourde pour être dissuasive sans toutefois atteindre un montant tellement déraisonnable qu'elle en perdrait toute efficacité, et sans aucun doute également, toute crédibilité.

Ainsi, on a vu le Conseil d'État se contenter d'une astreinte très faible de 50 francs par jour (le litige portant sur le versement d'intérêts sur trois ans pour une somme principale de 2 000 francs[5]). Mais il faut également relever des condamnations beaucoup plus lourdes : le Conseil d'État est allé jusqu'à fixer à 10 000 euros par jour de retard une astreinte à l'encontre de l'État, manifestement réticent à exécuter une décision de justice[6].

Dans une décision d'assemblée très récente relative à la pollution atmosphérique, le taux de l'astreinte a été fixé à 10 millions d'euros par semestre de retard[7].

Le juge peut décider de prononcer une astreinte d'un montant supérieur à celui demandé par le requérant[8] ou d'un montant inférieur[9]. Il peut aussi fixer lui-même le taux de l'astreinte lorsque le requérant n'a pas chiffré sa demande d'astreinte[10].

1632.106 **Point de départ de l'astreinte.** Alors même que les décisions prononçant des astreintes interviennent, en pratique, au bout d'un délai assez long, alors que la personne publique a largement excédé le délai raisonnable dont elle dispose, en toute hypothèse, le juge administratif de l'exécution fait généralement bénéficier la personne publique récalcitrante d'un nouveau délai. Il est parfois très bref (quinze jours alors que le commissaire du gouvernement, C. Maugüé, avait proposé que l'astreinte prenne effet dès la notification du jugement la prononçant[11]). Dans d'autres cas, en considération des difficultés particulières de l'exécution, il est relativement long (six mois pour prendre un décret aux implications financières et administratives non négligeables[12] – quatre mois pour assurer le précompte de cotisation sociale en procédant à une retenue sur le traitement des agents – ils sont nombreux – du ministère de l'Éducation nationale[13]), voire six mois pour ramener les concentrations de polluants en deçà des seuils admis par le droit européen[14]. On peut toutefois estimer qu'en général le délai accordé est d'un ou deux mois ; tant les tribunaux administratifs, les cours administratives d'appel que le Conseil d'État tiennent à respecter la nature de l'astreinte, qui n'est ni une amende ni une pénalité ni une indemnité mais un moyen de pression en vue d'obtenir l'exécution. Une dernière chance doit donc être laissée à la personne publique.

1632.107 **Astreinte provisoire ou définitive.** L'astreinte prononcée par le juge administratif de l'exécution est provisoire ou définitive, étant précisé qu'elle doit être considérée comme provisoire si la juridiction n'a pas précisé qu'elle avait un caractère définitif (CJA, art. L. 911-6). Le prononcé d'une astreinte définitive est exceptionnel[15]. Cette solution présente un avantage puisque, lorsqu'elle est provisoire, le juge a toute latitude pour modérer l'astreinte, voire la supprimer lors de sa liquidation, alors que, lorsqu'elle est définitive, l'astreinte ne peut être modifiée ou supprimée que s'il est établi que l'inexécution de la décision « provient d'un cas fortuit ou de force majeure ».

1. CE 8 avr. 1994, Mme Céliane Balazi, req. n° 146287, NP.
2. CE 27 janv. 2011, Cne d'Issy-les-Moulineaux, req. n° 338839, NP, infligeant même au requérant une amende pour recours abusif.
3. CE 8 avr. 1994, Mme Latchoumaninchetty, req. nos 146183, 146187, 146203 et 146209, *Lebon* T. 1134 ; *Dr. adm.* 1994, n° 360, obs. S. D.
4. CE 7 juill. 1999, Mme Phinoson, req. n° 191555, *Lebon* T.
5. CE 30 mars 1994, Mme Loubet, req. n° 142026, *Lebon* 172 ; *LPA* 23 déc. 1994, note Gros.
6. CE 30 avr. 2014, Sté Hess Oil France, req. n° 372770.
7. CE 10 juill. 2020, Assoc. Les Amis de la Terre France, req. n° 428409, *Lebon* T ; *AJDA* 2020. 1447 ; *ibid.* 1776, chron. C. Malverti et C. Beaufils ; *D.* 2021. 1004, obs. G. Leray et V. Monteillet ; *Juris-Associations* 2021, n° 632, p. 33, étude S. Damarey ; *RFDA* 2020. 818, concl. S. Hoynck ; *RTD civ.* 2021. 199, obs. Ph. Théry ; *RTD eur.* 2021. 481, obs. D. Ritleng.
8. CE 19 juin 2013, Assoc. Mahra, req. n° 359608.
9. CE 23 mai 2012, Sté Spie SCGMP, req. n° 346352.
10. CE 22 oct. 2008, M. Berrahou, req. n° 308529.
11. CE, sect., 5 mai 1995, Mme Berthaux, req. n° 162283, *Lebon* ; *AJDA* 1995. 653, note I. Muller ; *RDSS* 1995. 571, obs. P. Ligneau.
12. CE 11 mars 1994, Soulat et Boivin, req. n° 144575, *Lebon* 115 ; *AJDA* 1994. 387 s., concl. M. Denis-Linton.
13. CE 24 juin 1998, Mutuelle autonome générale de l'éducation, req. n° 104605, *Lebon* ; *RFDA* 1998. 893.
14. CE, ass., 10 juill. 2020, Assoc. Les Amis de la Terre France et a., req. n° 428409 (préc., v. ss n° 1632.105).
15. POUR UN EXEMPLE D'ASTREINTE DÉFINITIVE : CAA Bordeaux, 12 juill. 2016, Lequesne c/Civen, req. n° 16BX01191.

§ 3
Suites de la décision prise par le juge administratif de l'exécution

1632.110 **Plan.** Une fois que le « *juge administratif de l'exécution* » est intervenu et qu'il a prononcé à l'encontre de la personne publique récalcitrante une injonction et/ou une astreinte, le bénéficiaire de la chose jugée a toutes les raisons d'espérer que la décision de justice qui lui est favorable trouvera enfin une traduction effective. Si tel n'est pas le cas, on peut concevoir que :

– l'astreinte soit liquidée (A) ;

– la Cour de discipline budgétaire et financière soit saisie (B).

A.
Liquidation de l'astreinte

1632.120 **Bibliographie indicative.**

Article. M. Dreiffus et A. Bombard, « Du pouvoir comminatoire au pouvoir de sanction : la liquidation de l'astreinte », *AJDA* 1998. 3 s.

1°
Compétence et recevabilité

1632.131 **Compétence exclusive du juge.** La liquidation de l'astreinte relève de la compétence exclusive du juge. L'Administration ne peut donc décider elle-même de liquider une astreinte. À notre connaissance, le Conseil d'État n'en a expressément jugé qu'à propos d'une mesure prononcée à l'encontre d'une personne privée [1]. Mais la solution vaut également, et pour les mêmes raisons, en cas de liquidation de l'astreinte prononcée à l'encontre des personnes publiques.

1632.132 **Juridiction compétente pour liquider l'astreinte.** L'article R. 921-7 du CJA dispose que c'est la juridiction qui a prononcé l'astreinte qui la liquide. Le **principe** a une portée générale et trouve à s'appliquer :

– même lorsque le jugement ou l'arrêt ayant décidé de l'astreinte est contesté. La demande de liquidation n'est en effet que le prolongement procédural de la demande tendant au prononcé même de l'astreinte. Aussi bien un tribunal administratif reste-t-il compétent pour statuer sur les conclusions tendant à ce que l'astreinte qu'il a prononcée soit liquidée, alors même que son jugement est frappé d'appel. Le Conseil d'État a précisé récemment que lorsqu'une cour administrative d'appel, saisie d'un appel contre le jugement du tribunal administratif ayant rejeté la demande de liquidation provisoire d'une astreinte que ce tribunal avait précédemment prononcée, se borne à prononcer une liquidation provisoire de l'astreinte sans en modifier le taux pour l'avenir, seul le tribunal est compétent pour procéder, d'office ou à la demande d'une partie, à une nouvelle liquidation de cette astreinte [2] ;

– y compris lorsque l'astreinte a été prononcée par le juge des référés, la question de la liquidation de celle-ci ne « *préjudiciant pas au principal* » [3]. La liquidation de l'astreinte par le juge des référés qui l'a prononcée ne nécessite pas l'ouverture d'une nouvelle procédure juridictionnelle (même décision).

Juge compétent au sein de la juridiction : la liquidation de l'astreinte doit être décidée par une formation collégiale, mais le président du tribunal administratif, statuant comme juge de l'exécution, peut constater par ordonnance prise sur le fondement du 3° de l'article R. 222-1 du CJA (qui donne aux présidents compétence pour constater par ordonnance un non-lieu à statuer) que la mesure prescrite a été entièrement exécutée et qu'il n'y a pas lieu de procéder à la liquidation de l'astreinte [4].

1632.133 **Saisine du juge.** La plupart du temps, la liquidation de l'astreinte intervient sur la sollicitation expresse du bénéficiaire de la chose jugée, qui n'a alors pas besoin de recourir aux services d'un avocat. Mais le juge peut aussi procéder d'office à la liquidation de l'astreinte qu'il a prononcée, fût-ce pour conclure à son inutilité [5]. Dès lors, lorsque le requérant déclare renoncer à la liquidation de l'astreinte, cette déclaration est analysée comme une renonciation à obtenir le versement des sommes devant résulter de cette liquidation et ne fait pas obstacle à ce que le juge prononce cette dernière [6]. En revanche, le JEX peut supprimer une astreinte provisoire lorsque la partie bénéficiaire renonce à poursuivre l'exécution de la décision ayant prononcé l'astreinte [7].

1. CE 24 juill. 1987, Brolin, req. n° 44897, *Lebon* 280 ; *AJDA* 1987. 666 s., concl. J. Marimbert ; *Rev. adm.* 1987. 455 s., note Ph. Terneyre.

2. CE 30 avr. 1997, Mme Marchal, req. n° 185322, *Lebon* T. 1022 – CE 28 mai 2001, Bandesapt, req. n° 230537, *Lebon* ; *GACA*, 9e éd., Dalloz, 2024, n° 92.
3. CE 14 nov. 1997, Communauté urbaine de Lyon, req. n° 165540, *Lebon* ; *AJDA* 1998. 60 s., concl. J. Arrighi de Casanova – CE 3 juin 2009, M. Huet, req. n° 313198 – V. ÉGAL. CE 21 mai 2003, Petit, req. nos 252872 et 253384.
4. CE 16 juill. 2014, Mme T., req. n° 362230.
5. CE 27 nov. 1996, Cne de Moulins c/Mme Henriquès, req. n° 124244, *Lebon* ; *AJDA* 1998. 161, note E. Fatôme et L. Leveneur ; *RFDA* 1997. 353, concl. R. Schwartz ; *RFDA* 1997. 352 s., concl. R. Schwartz ; *RFDA* 1997. 355, note D. Pouyaud – V. AUSSI, pour une réaffirmation de ce pouvoir de procéder d'office à la liquidation de l'astreinte en ce qui concerne le juge des référés : CE 3 juin 2009, M. Huet, préc. (v. s° n° 1632.132).
6. CE 16 févr. 2000, Viscontini, req. n° 147650, *Lebon* T.
7. CE 21 juill. 2017, Assoc. Lien en Roannais, req. n° 397129.

L'instruction des liquidations se fait selon la même procédure que la demande d'astreinte. Au Conseil d'État, elle est faite par la section du rapport et des études, devenue la section des études, de la prospective et de la coopération.

1632.134 **Procédure juridictionnelle.** La liquidation de l'astreinte intervient au terme d'une procédure juridictionnelle qui donne lieu à une audience. La juridiction doit prendre en compte, avant de liquider l'astreinte, tous les mémoires apportant des éléments nouveaux[1]. En l'absence de toute pièce nouvelle versée au dossier, elle n'est pas tenue de solliciter les observations de l'une ou l'autre des parties autrement qu'en les convoquant régulièrement à l'audience qui doit précéder la décision de liquidation de l'astreinte[2].

1632.135 **Exécution dans les délais : non-lieu à liquider l'astreinte.** Il n'y a bien entendu pas lieu à liquidation de l'astreinte si l'exécution est intervenue dans le délai imparti. Toutefois, ce non-lieu est toujours prononcé en l'état et une liquidation effective peut être ordonnée postérieurement s'il apparaît qu'en réalité, la décision n'a pas été exécutée[3].

1632.136 **Impossibilité de liquider une astreinte dont le point de départ ne peut être déterminé.** Il résulte des dispositions de l'article R. 921-6 du CJA que, lorsque la formation de jugement prononce une astreinte sans en fixer dans sa décision la date d'effet, le juge appelé à se prononcer sur sa liquidation n'est pas en mesure d'y procéder en l'absence de point de départ fixé par la décision juridictionnelle et permettant de déterminer la période sur laquelle l'astreinte doit être liquidée. Ainsi, une demande de liquidation d'une astreinte assortissant une injonction de procéder sans délai à l'enlèvement d'un bateau mais qui ne précise pas la date d'effet de l'astreinte ne peut qu'être rejetée[4].

2°
Décision de liquider l'astreinte

1632.141 **Pouvoir d'appréciation du juge.** On ne peut manquer de relever le très large pouvoir d'appréciation dont dispose le juge au stade de la liquidation de l'astreinte. Ainsi, par exemple :

– il n'y a pas lieu de liquider l'astreinte si l'action qu'il fallait entreprendre « *n'a pas abouti* » mais si la personne publique « *a justifié des diligences qui lui étaient demandées* »[5] ;

– l'astreinte ne sera pas forcément liquidée alors même que l'exécution n'a pas eu lieu dans le délai fixé qui devait la déclencher pourvu que l'exécution, même tardive, ait eu lieu entièrement[6] (cependant une hypothèse dans laquelle la liquidation a été normalement opérée alors que le dépassement du délai d'exécution n'avait été que de trois jours[7]). Étant libre du moment auquel il doit être procédé à la liquidation, le juge se reconnaît en effet le droit de tolérer des dépassements des délais d'exécution qu'il a lui-même imposés. La tendance la plus récente de la jurisprudence fait apparaître une rigueur croissante vis-à-vis de l'Administration qui n'apporte pas de justifications objectives de son retard ou de son inexécution[8].

Quand bien même l'exécution n'a pas eu lieu du tout, ou n'a pas eu lieu aussi complètement qu'il convenait, **le taux de l'astreinte peut toujours être atténué.** Il en va ainsi :

– lorsque le juge qui a prononcé l'astreinte a décidé qu'elle était définitive (le cas est rarissime) s'il est établi que l'inexécution provient d'un cas fortuit ou de force majeure ;

– lorsque l'astreinte est provisoire (comme c'est presque toujours le cas en fait), l'article L. 911-7 du CJA permet au juge de la modérer ou même de la « *supprimer* » et cela même en cas d'inexécution constatée (pour une illustration : le taux de l'astreinte ayant été réduit de moitié eu égard aux « *circonstances de l'espèce* » alors que le commissaire du gouvernement avait relevé que l'Administration s'était « *moquée du monde* »[9]). Le taux de l'astreinte peut

1. CE 3 juin 2009, M. Huet, req. n° 313198, préc. (v. s[s] n° 1632.132).
2. CE 11 janv. 2006, Dpt de la Haute-Corse, req. n° 262621, *Lebon* T.
3. CE 30 avr. 1997, M. Janky, req. n° 163040, NP.
4. CE 3 juin 2009, M. Huet, req. n° 313198, préc. (v. s[s] n° 1632.132).
5. CE 27 nov. 1996, C[ne] de Moulins c/Mme Henriquès, req. n° 124244, *RFDA* 1997. 352 s., concl. R. Schwartz, note D. Pouyaud ; *Dr. adm.* 1997, n°s 28, p. 27, note R. S. – FAISANT SUITE À L'ARRÊT : CE 7 oct. 1994, Ép[x] Lopez, req. n° 124244, *Lebon* 430, concl. R. Schwartz ; *RFDA* 1994. 1090, concl. et note D. Pouyaud ; *AJDA* 1994. 914 s., chron. L. Touvet et J.-H. Stahl.
6. CE 31 juill. 1996, Mme Appert, req. n° 162732, NP.
7. CE 15 déc. 1993, Mme Bastien, req. n° 119714, *Lebon* 972 – FAISANT SUITE À : CE 28 mai 1993, Mme Bastien, req. n° 119714, *Lebon* 972 ; *RFDA* 1994. 57 s., concl. D. Kessler.
8. V., PAR EX. : CE 27 sept. 2002, SCI Stephaur, req. n° 243338, *Lebon* ; *AJDA* 2003. 345, note P. Grosieux ; *D.* 2003. 1115, note R. Martin ; *RFDA* 2003. 370, étude T. Pez ; 386, note Y. Lequette – CE 17 déc. 2008, Synd. nat. des pharmaciens praticiens hospitaliers et praticiens hospitaliers universitaires, Féd. nat. des synd. de biologistes praticiens hospitaliers, req. n° 270327, *Lebon* – CE 10 avr. 2009, M. Bayrou, req. n° 299549, NP.
9. CE 16 oct. 1995, Mme Leportier, req. n° 137693, NP ; *JCP* 1995. II. 22588, concl. R. Schwartz – CE 5 sept. 2011, Min. Intérieur, req. n° 351710. Cette dernière décision rappelle qu'il ne peut en revanche remettre en cause les mesures décidées par le dispositif de la décision juridictionnelle dont l'exécution est demandée.

également être réduit lorsque l'exécution est intervenue postérieurement au délai imparti par la décision juridictionnelle ayant prononcé l'astreinte[1].

1632.142 **Influence d'un accord entre le bénéficiaire de la chose jugée et la personne publique.** Il a été jugé que la production par les parties d'un accord par lequel le requérant – en l'espèce il s'agissait d'un stagiaire illégalement évincé – renonçait à la réintégration à laquelle il avait droit en exécution du jugement, la commune lui allouant en contrepartie une indemnité, devait entraîner une décision de non-lieu s'agissant de la liquidation de l'astreinte (jurisprudence citée par J.-M. Galabert[2]).

1632.143 **Liquidation provisoire.** S'il constate que la décision n'a pas été exécutée, le juge prononcera une liquidation provisoire de l'astreinte calculée à compter de la date de notification de la décision d'astreinte et jusqu'au jour du délibéré. Cette liquidation ne clôt pas la procédure d'astreinte et la condamnation journalière continue à courir. Une nouvelle liquidation pourra intervenir ultérieurement et ce, jusqu'à exécution complète de la chose jugée[3]. Le juge peut même augmenter le taux de l'astreinte, après avoir procédé à une première liquidation provisoire, compte tenu de l'opposition persistante à l'exécution d'un jugement[4].

En cas d'exécution partielle, la liquidation est fréquemment provisoire, avec éventuellement un taux modéré si l'Administration a fait preuve d'une volonté d'exécuter[5]. Mais elle peut être aussi définitive, accompagnée d'une nouvelle astreinte pour la partie de l'exécution manquante, assortie d'un nouveau délai[6].

Dans les deux cas, la liquidation provisoire ne peut être remise en cause à l'occasion de la liquidation définitive de l'astreinte ou de la décision en prononçant une nouvelle[7].

1632.144 **Bénéficiaire de l'astreinte liquidée.** En matière civile, l'astreinte liquidée ne peut pas être partagée entre le créancier et le Trésor public. L'astreinte liquidée par le juge administratif, dont la fonction n'est pas de réparer un préjudice et qui ne saurait être confondue avec l'indemnité allouée, le cas échéant, à la victime d'une inexécution de la chose jugée, peut ne pas bénéficier au requérant lui-même.

L'article L. 911-8 du CJA dispose que « *la juridiction peut décider qu'une part de l'astreinte ne sera pas versée au requérant* » et que « *cette part est affectée au budget de l'État* ». Autrefois, cette part était affectée au fonds d'équipement des collectivités locales. Elle l'a été ensuite, entre au fonds de compensation pour la taxe sur la valeur ajoutée.

Dans sa décision du 6 mars 2015[8], le Conseil constitutionnel s'est prononcé, sur renvoi du Conseil d'État, sur la constitutionnalité de ces dispositions. Il était soutenu qu'en prévoyant la possibilité pour le juge de réduire le montant de l'astreinte due au requérant et l'affectation de la part non versée à l'intéressé au budget général de l'État, sans prévoir une autre possibilité d'affectation lorsque l'astreinte est prononcée à l'encontre de l'État, ces dispositions méconnaîtraient le droit à l'exécution des décisions juridictionnelles, composantes du droit au recours effectif protégé par l'article 16 de la Déclaration des droits de l'homme et du citoyen. Dans cette même décision, le Conseil constitutionnel, après avoir reconnu que l'article 16 de la Déclaration des droits de l'homme et du citoyen garantit « *le droit des personnes à exercer un recours juridictionnel effectif, qui comprend celui d'obtenir l'exécution des décisions juridictionnelles* », a estimé ensuite que l'article L. 911-8 était conforme à la Constitution. Il a constaté, dans un premier temps, « *qu'il résulte de la jurisprudence constante du Conseil d'État que le second alinéa de l'article L. 911-8 ne s'applique pas lorsque l'État est débiteur de l'astreinte décidée par une juridiction* ». Le Conseil d'État a en effet jugé que lorsqu'une astreinte a été prononcée à l'encontre de l'État, puis liquidée, le budget de l'État ne peut bénéficier d'une part du produit de cette astreinte : le requérant se voit accorder le versement soit de la totalité de l'astreinte liquidée[9], soit d'une partie seulement de celle-ci[10]. Puis, dans un second temps, et après avoir rappelé que « *l'astreinte est une mesure comminatoire qui a pour objet de contraindre son débiteur à exécuter une décision juridictionnelle* », le Conseil constitutionnel s'est fondé sur l'étendue du pouvoir d'appréciation du juge administratif en matière d'astreinte.

En général, le juge décide qu'une part substantielle du montant de l'astreinte liquidée sera versée à l'État.

1. POUR UN RETARD DE 331 JOURS : CE 28 juin 2017, Conseil national de l'Ordre des infirmiers, req. n° 374985.
2. J.-M. Galabert, « L'application par le Conseil d'État des dispositions de la loi du 16 juillet 1980 relatives aux astreintes », spéc. p. 259, *Mél. Peiser*, PUG, 1995, p. 241 s.
3. V. PAR EX., en matière d'éviction illégale d'un agent public : CE 11 oct. 1999, Geronimi, req. n° 201765, NP.
4. CE 22 nov. 1999, Lother, req. n° 141236, *Lebon* T. – CE 1er avr. 2019, M. Contant, req. n° 405532, *Lebon* T ; *AJDA* 2018. 1124 ; *AJFP* 2019. 80, et obs.
5. CE 21 avr. 2000, Jouanneaud, req. n° 190966, NP.
6. CE 25 nov. 1998, Mme Cantarel, req. n° 185095, NP.
7. CE 23 oct. 2009, Bodier, req. n° 310379, *Lebon* T. 907 ; *AJDA* 2009. 1978, obs. C. Biget.
8. Cons. const. 6 mars 2015, n° 2014-455 QPC, *JO* 8 mars, p. 4313.
9. CE 28 févr. 2001, Féd. fçaise des masseurs kinésithérapeutes rééducateurs et M. Aupetit et a., req. nos 205476 et 209474.
10. CE 30 mars 2001, Épx Ribstein, req. n° 185107.

(Pour une illustration dans un cas d'inexécution par un conseil régional : montant de l'astreinte liquidée, 702 000 francs partagés à raison de 10 % pour le requérant et de 90 % pour le fonds de compensation pour la taxe sur la valeur ajoutée[1] ou par une commune : astreinte liquidée pour la somme de 165 750 euros, les 9/10es étant alloués à l'État[2]).

Le Conseil d'État a jugé récemment que l'astreinte ayant pour finalité de contraindre la personne morale de droit public ou l'organisme de droit privé chargé de la gestion d'un service public à exécuter les obligations qui lui ont été assignées par une décision de justice, ces dispositions ne trouvent pas à s'appliquer lorsque l'État est débiteur de l'astreinte en cause. Dans ce dernier cas, lorsque cela apparaît nécessaire à l'exécution effective de la décision juridictionnelle, la juridiction peut, même d'office, après avoir recueilli sur ce point les observations des parties ainsi que de la ou des personne(s) morale(s) concernée(s), décider d'affecter cette fraction à une personne morale de droit public disposant d'une autonomie suffisante à l'égard de l'État et dont les missions sont en rapport avec l'objet du litige ou à une personne morale de droit privé, à but non lucratif, menant, conformément à ses statuts, des actions d'intérêt général également en lien avec cet objet[3]. Cette jurisprudence a été appliquée à plusieurs reprises au cours des années récentes[4].

1632.145 Obligation de motivation de la décision liquidant l'astreinte. Il résulte des dispositions des articles L. 9, L. 911-7 et L. 911-8 du CJA que la décision par laquelle la juridiction ayant prononcé une astreinte provisoire statue sur sa liquidation présente un caractère juridictionnel et doit par suite être motivée. En particulier, il appartient à la juridiction d'énoncer les motifs qui la conduisent, soit à ne pas faire droit aux moyens dont elle est saisie en vue d'une modulation de l'astreinte, soit à procéder d'office à une telle modulation[5].

1632.146 Voies de recours. Les voies de recours ouvertes contre les décisions prononçant la liquidation d'une astreinte sont celles ouvertes contre les décisions prononçant l'astreinte[6].

Le juge de cassation ne contrôle pas, sous réserve d'une dénaturation des faits qui ne peut être que très exceptionnelle, l'appréciation portée par les juges du fond sur l'opportunité de liquider l'astreinte et dans l'exercice de leur pouvoir de modération de l'astreinte[7].

1632.147 Recouvrement de l'astreinte liquidée. La condamnation à payer une astreinte liquidée ne peut pas faire l'objet d'une injonction du juge administratif dès lors que le bénéficiaire de la condamnation peut obtenir le mandatement d'office de la somme sur le fondement des dispositions de la loi du 16 juillet 1980[8] (sur le régime de la « contrainte au paiement » créée par la loi du 16 juillet 1980, v. ss nos 1642.05 s.).

B. Saisine de la Cour de discipline budgétaire et financière

1632.150 Renvoi. Lorsqu'il est procédé à la liquidation d'une astreinte prononcée par un tribunal administratif ou une cour administrative d'appel, copies du jugement ou de l'arrêt prononçant cette astreinte et de la décision qui la liquide sont adressées au ministère public près la Cour des comptes (CJA, art. R. 921-7). Il en va de même lorsque l'astreinte et sa liquidation sont décidées par le Conseil d'État (CJA, art. R. 931-8 – sur la nature, le régime et les conséquences de la saisine de la CDBF puis de la Cour des comptes, v. ss nos 1652.20 s.).

SECTION 2
SAISINE DU JUGE JUDICIAIRE DE L'EXÉCUTION

1632.160 Bibliographie indicative – Renvoi. (V. ss no 161.03).

La question des pouvoirs d'injonction et d'astreinte du juge judiciaire à l'encontre des personnes publiques se présente en effet de la même façon qu'elle se pose devant le juge saisi de l'action principale ou devant le JEX, après la condamnation. Les références utiles sont donc les mêmes.

1632.161 Quel juge judiciaire de l'exécution ? Soucieux de mettre fin à la dispersion du contentieux des voies d'exécution entre le tribunal de grande instance, le tribunal d'instance, le tribunal de commerce et les présidents de ces juridictions statuant en référé, le législateur (L. 9 juill. 1991[9], codifiée au

1. CE 6 mai 1998, Lother, req. no 148236, NP ; *Procédures* 1998, no 255.
2. CE 6 oct. 2010, Cne du Castellet, req. no 307683, *Lebon.*
3. CE, ass., 10 juill. 2020, Assoc. Les Amis de la Terre France et a., req. no 428409, préc. (v. ss nos 1632.105 et 1632.106).
4. V. PAR EX., pour l'affectation d'une fraction de l'astreinte liquidée à une association abritée par la Fondation de France : CE 21 sept. 2022, M. Assante et ANPIHM, req. no 383070, *AJDA* 2016. 883 ; *AJCT* 2016. 328, obs. M. Houser – Dans le contentieux de la pollution atmosphérique : CE 24 nov. 2023, Assoc. Les Amis de la Terre et a., req. no 428409, *Lebon ; AJDA* 2023. 2198.
5. CE 6 oct. 2010, Cne du Castellet, préc. (v. ss no 1632.144).
6. CE 21 mai 2003, M. Petit, req. no 252872, *Lebon*, en ce qui concerne une astreinte prononcée puis liquidée par le juge des référés.
7. CE 15 mars 2004, Sté Dauphin Adshel, req. no 259803, *Lebon.*
8. CE 6 mai 1998, Lother, req. no 141236, *Lebon ; Dr. adm.* 1998, no 255.
9. L. no 91-650, 9 juill. 1991, portant réforme des procédures civiles d'exécution, *JO* 14 juill., p. 9228.

Code des procédures civiles d'exécution[1] [C. pr. exéc., art. L. 213-4 s.]) a institué un juge unique – le JEX – qui dispose d'une compétence exclusive pour connaître des « *difficultés relatives aux titres exécutoires et des contestations liées à l'exécution forcée* » (sur la compétence du JEX, v. COJ, art. L. 213-5 et L. 213-6). Le JEX sera cependant moins couramment saisi lorsqu'est en cause une personne publique que lorsque l'inexécution est le fait d'une personne privée, notamment parce que la délivrance à une collectivité publique d'un commandement d'avoir à payer ou d'avoir à faire – à la supposer possible – n'est pas chose habituelle.

1632.162 Pouvoirs du juge de l'exécution à l'égard des personnes publiques. En principe, le juge judiciaire de l'exécution dispose à l'égard des personnes publiques des mêmes pouvoirs qu'à l'égard des personnes privées (sur les mesures d'exécution contre les personnes privées, v. s^s livre 2 du présent ouvrage, s^s n°s 02.00 s.).

1. Ord. n° 2011-1895, 19 déc. 2011, relative à la partie législative du Code des procédures civiles d'exécution, *JO* 20 déc., p. 21464.

TITRE

164. Les voies d'exécution forcée contre les personnes publiques

SECTION 0
ORIENTEUR

164.00 **Sommaire du titre.**

Division. Contrairement aux procédures étudiées jusqu'à présent, qui ont pour objet d'inciter, plus ou moins fortement, la personne publique à exécuter la décision, le présent titre est consacré aux mesures destinées à obtenir l'exécution même de la décision malgré le refus ou l'inaction du débiteur. Le principe général de l'impossibilité d'utiliser les voies d'exécution de droit commun contre les personnes publiques (chap. 1641) a conduit au développement de voies d'exécution forcée administratives (chap. 1642).

164.03 **Bibliographie indicative. Renvoi.**
On se reportera, là encore, aux ouvrages et articles relatifs à l'exécution des décisions de justice, cités s[s] n° 161.03.

CHAPITRE

1641. Impossibilité d'utiliser les voies d'exécution de droit commun

PASCAL TROUILLY
CONSEILLER D'ÉTAT

SECTION 0

ORIENTEUR

1641.00 **Sommaire du chapitre.**

Division. L'affirmation est ancienne, constante et ne doit pas surprendre (sect. 1). Il faut surtout préciser sa portée en déterminant les hypothèses qu'elle recouvre (sect. 2).

1641.02 **Jurisprudence de référence.**

> Immunité d'exécution des personnes publiques exerçant une activité industrielle et commerciale.

• **Civ. 1re, 21 déc. 1987,** n° 86-14.167, P I, n° 348

* V. ss nos 0142.06, 0142.11, 1641.11, 1641.32

Les biens n'appartenant pas à des personnes privées sont administrés et aliénés dans les formes et suivant les règles qui leur sont particulières ; s'agissant des biens appartenant à des personnes publiques, même exerçant une activité industrielle et commerciale, le principe général du droit suivant lequel leurs biens sont insaisissables ne permet pas de recourir aux voies d'exécution du droit privé ; il appartient seulement au créancier bénéficiaire d'une décision juridictionnelle passée en force de chose jugée et condamnant une personne publique au paiement d'une somme d'argent de mettre en œuvre les règles particulières.

> Incompétence du juge de l'exécution pour connaître de demandes tendant à remettre en cause le titre exécutoire en son principe.

• **Cass., avis, 16 juin 1995,** n° 09-50.008, P, n° 9

* V. ss nos 0212.51, 0214.24, 0942.87, 1321.32, 1641.54

Le juge de l'exécution ne peut être saisi de difficultés relatives à un titre exécutoire qu'à l'occasion des contestations portant sur les mesures d'exécution forcée engagées ou opérées sur le fondement de ce titre, et n'a pas compétence pour connaître de demandes tendant à remettre en cause le titre dans son principe, ou la validité des droits et obligations qu'il constate.

SECTION 1

PRINCIPE

1641.11 **Existence d'une règle non écrite.** De tout temps, la doctrine a affirmé l'existence d'une règle générale déduite des textes édictés dans des secteurs particuliers (pour un inventaire raisonné de ces textes, v. L. Jacquignon[1]) ou des jurisprudences rendues ponctuellement au bénéfice, par exemple, de l'État, des communes, des départements ou des établissements publics. Pour tous, celles-ci et ceux-là semblaient n'être que des illustrations particulières d'un principe non écrit de portée générale[2].

1. L. Jacquignon, « L'exécution forcée sur les biens des autorités et services publics », *AJDA* 1958. 71 s.
2. R. Bonnard, *Précis de droit administratif*, 3e éd., LGDJ, 1er janv. 1940, p. 683 et 684 – M. Hauriou, *Précis de droit administratif et de droit public*, 11e éd., Sirey, p. 900 à 904 – H. Berthelemy, *Traité élémentaire de droit administratif*, 12e éd., 1930, Librairie Arthur Rousseau, p. 605 et 606 – M. Waline, *Manuel élémentaire de droit administratif*, 4e éd., 1946, Recueil Sirey, p. 469 et 470 – De façon plus récente, P. Amselek, « Les établissements publics sans comptable public et le principe de l'insaisissabilité des biens des personnes publiques », *JCP* 1986. II. 3236 – Paris, 11 juill. 1984, SNCF c/Gard, *D.* 1995. 174 ; *AJDA* 1984. 625, note M. Bazex et R. Denoix de Saint-Marc – R. Ducos-Ader, « Le principe de l'insaisissabilité : un principe autonome et général du droit applicable à tous les établissements publics industriels et commerciaux », *Gaz. Pal.* 1986. II. Doctr. 474 s. – R. Odent, *Contentieux administratif*, 1976-1980, fasc. V, p. 1711 – P. Yolka, *La propriété publique, éléments pour une théorie*, LGDJ, 1997, p. 592 s.

D'ailleurs, le juge a fini par rattacher l'impossibilité d'utiliser les voies d'exécution du droit commun au principe général du droit suivant lequel « *les biens des personnes publiques sont insaisissables* ». Principe non écrit :

– solennellement « *révélé* » par la Cour de cassation[1] ;

– et utilisé à maintes reprises par le Conseil d'État, notamment dans ses formations consultatives[2].

1641.12 **Affirmation législative.** L'impossibilité de recourir aux voies d'exécution du droit privé contre les personnes publiques condamnées par une décision de justice a finalement été consacrée par le législateur. L'article L. 111-1 alinéa 3 C. pr. exéc.[3] dispose en effet que : « *L'exécution forcée et les mesures conservatoires ne sont pas applicables aux personnes qui bénéficient d'une immunité d'exécution* ». Sans doute, le texte ne précise-t-il pas qui sont ces personnes. Mais il est évident « *que ce sont celles-là mêmes qu'avait désignées la jurisprudence antérieure, c'est-à-dire les personnes publiques* », pour reprendre l'heureuse formule du Professeur Delvolvé[4]. Au surplus, l'article L. 2311-1 du Code général de la propriété des personnes publiques (CGPPP) dispose : « *Les biens des personnes publiques mentionnés à l'article L. 1* [sont ici visés les biens et les droits, à caractère mobilier ou immobilier, appartenant à l'État, aux collectivités territoriales et à leurs groupements ainsi qu'aux établissements publics] *sont insaisissables* ».

La Cour de cassation a précisé que l'insaisissabilité des biens des personnes publiques mentionnés à l'article 1er du CGPPP s'oppose à leur cession forcée dès lors que la propriété de ces biens participe au fonctionnement du service public en conférant un pouvoir de contrôle à la personne publique. Elle en a déduit que tel est le cas de la détention d'une participation, même minoritaire, dans une société ayant pour objet l'exécution d'une mission de service public consistant en l'exploitation d'un réseau autoroutier appartenant au domaine public, quel que soit le poids du droit de vote sur les décisions sociales résultant du caractère minoritaire de la participation[5].

1641.13 **Sanction juridictionnelle.** La règle selon laquelle les personnes publiques ne peuvent faire l'objet d'une procédure d'exécution forcée, selon les règles de droit commun, peut être sanctionnée devant toutes les juridictions. Mettant en cause le principe de la séparation des pouvoirs, sa méconnaissance est susceptible de donner lieu à un pourvoi en cassation pour excès de pouvoir, voie de recours très particulière qui permet de faire censurer tous les actes du juge, y compris les actes d'Administration judiciaire, voire simplement les motifs d'un jugement (sur ce pourvoi, v. L. Cadiet[6]).

1641.14 **Formule exécutoire.** Il n'y a sans doute pas de meilleure illustration de l'impossibilité d'utiliser les voies d'exécution du droit commun à l'encontre des personnes publiques que le libellé de la formule exécutoire dont sont assorties les décisions rendues par les juridictions administratives. Le recours aux voies d'exécution de droit commun y est en effet expressément réservé aux personnes physiques ou morales de droit privé : « *La République mande et ordonne au(x)* [indiquer soit le ou les ministres, soit le ou les préfets désignés par le jugement] *en ce qui le* (les) *concerne ou à tous huissiers de justice à ce requis en ce qui concerne les voies de droit commun, contre les parties privées, de pourvoir à l'exécution de la présente décision* » (CJA, art. R. 751-1). Les dispositions du décret du 12 juin 1947[7], relatif à la formule exécutoire dont sont revêtues les expéditions des arrêts et jugements rendus par les juridictions civiles, n'ont pas la même vertu pédagogique. Aucune distinction n'est faite, en effet, entre les mesures qui peuvent être pratiquées à l'encontre des personnes privées et celles qui peuvent être utilisées pour contraindre les personnes publiques.

1641.15 **Autres illustrations.** Deux autres « *privilèges de protection* » dont bénéficient les personnes publiques sont généralement présentés comme découlant de l'insaisissabilité de leurs biens (ainsi, R. Chapus[8]). Il s'agit :

– *d'une part* de la règle selon laquelle les débiteurs des personnes publiques ne peuvent compenser leurs dettes par les créances qu'ils ont sur elles[9], la com-

1. Civ. 1re, 21 déc. 1987, no 86-14.167, P I, no 348 ; *RFDA* 1988. 771 s., concl. L. Charbonnier, note B. Pacteau ; *JCP* 1989. II. 21183, note M. Nicod ; *CJEG* 1988. 107 s., note L. Richer ; *RTD civ.* 1989. 145 s., obs. R. Perrot – *GAJA*, 24e éd., Dalloz, 2023, **no 78** [11] – *R.* 1987, Doc. fr., p. 123 s., comm. P. Sargos – V. AUPARAVANT, qualifiant l'insaisissabilité de « *principe absolu de droit* » : Civ. 5 mai 1885, *S.* 1886. 1. 353, note E. Chavegrin ; *DP* 1885. 256.
2. CE, sect. fin., 30 janv. 1992, req. no 350083, *EDCE* 1992. 401 ; *GACE*, 3e éd., Dalloz, 2008, no 19, comm. Y. Claisse – CE, sect. TP avis, 6 févr. 1979, req. no 323971, *EDCE* 1979-1980. 216 : « *Les voies d'exécution du droit privé ne sauraient être utilisées à l'encontre tant des OPHLM que des OPAC* ».
3. Ord. no 2011-1895, 19 déc. 2011, relative à la partie législative du Code des procédures civiles d'exécution, *JO* 20 déc., p. 21464 (*applicable au 1er juin 2012*).
4. P. Delvolvé, « L'exécution contre l'Administration », *RTD civ.* 1993, no spéc., p. 152 s., spéc. 153.
5. Com. 21 janv. 2014, no 12-29.475, P IV, no 10.
6. L. Cadiet, *Droit judiciaire privé*, 2e éd., Litec, no 1674, 1998, p. 714 et 715.
7. Décr. no 47-1047, 12 juin 1947, relatif à la formule exécutoire, *JO* 13 juin.
8. R. Chapus, *Droit administratif général*, t. I, 13e éd., Montchrestien, 1999, no 199, p. 159.
9. PAR EX., CE 8 mars 1961, Ste R. Couzynet-Transocéanique, *Lebon* 162 – P. Amselek, « La compensation entre les dettes et les créances des personnes publiques », *RD publ.* 1988. 1485 s.

pensation s'analysant comme une voie d'exécution, puisque celui qui la pratique se paie lui-même ;

– *d'autre part* de la règle selon laquelle les personnes publiques ne peuvent faire l'objet d'une procédure de redressement ou de liquidation judiciaire (sur le fait que les personnes publiques ne peuvent se voir appliquer les procédures organisées par la loi du 25 janvier 1985[1] – au reste, l'article 2 de la loi du 25 janvier 1985[2] relative au redressement et à la liquidation judiciaire des entreprises, dans sa rédaction issue de la loi du 10 juin 1994[3] dispose que : « *Le redressement et la liquidation judiciaires sont applicables à tout commerçant, à tout artisan, à tout agriculteur et à toute personne morale de droit privé* »[4] – pour un ex. de responsabilité de l'État ne s'étant pas opposé à la mise en redressement judiciaire d'un établissement public[5]).

1641.16 **Hiérarchie des normes.** Le pouvoir réglementaire ne saurait déroger à la règle selon laquelle les voies d'exécution du droit privé ne peuvent être utilisées pour contraindre une personne publique à exécuter une décision de justice. *D'une part*, conformément à la jurisprudence du Conseil d'État et du Conseil constitutionnel, seul le législateur peut apporter des dérogations ou des limitations aux principes généraux du droit (du moins à ceux qui n'ont pas valeur constitutionnelle). *D'autre part*, et en tout état de cause, aux termes de l'article 34 de la Constitution, c'est à la loi qu'il revient de déterminer « *les principes fondamentaux* [...] *du régime de la propriété, des droits réels et des obligations civiles et commerciales* », principes dont relève sans doute l'insaisissabilité des biens (en ce sens, et de manière explicite, v. P. Amselek et concl. H. Savoie[6]).

1641.17 **Une loi pourrait-elle apporter, dans un domaine particulier, une exception à l'immunité d'exécution rappelée à l'article L. 111-1 alinéa 3 C. pr. exéc. ?** À notre connaissance le Conseil constitutionnel n'a pas encore eu l'occasion de se pencher sur la question de la valeur – constitutionnelle ou simplement législative – du principe de l'insaisissabilité des biens des personnes publiques. On peut malgré tout estimer qu'une disposition législative qui soumettrait les personnes publiques aux voies d'exécution du droit privé :

– ne serait pas, en elle-même et dans son principe, inconstitutionnelle (sur le fait que le principe d'insaisissabilité des biens des personnes publiques ne paraît pas être un principe de valeur constitutionnelle, v. P. Yolka[7]) ;

– à condition qu'elle réserve les hypothèses où la mesure d'exécution serait de nature à compromettre les relations internationales de la France avec un État étranger ou une organisation internationale et, surtout, la régularité et la continuité du fonctionnement du service public dont la personne publique saisie aurait la charge. La continuité du service public est en effet un principe de valeur constitutionnelle[8]. Et une loi est inconstitutionnelle lorsqu'elle a pour objet, à tout le moins pour effet, de porter atteinte ou de priver d'une garantie une exigence constitutionnelle (par ex., à propos de la loi relative à la constitution de droits réels sur le domaine public : « *Les mesures conservatoires ou d'exécution forcée* [...] *non plus que toute mesure de réalisation de sûreté ne sauraient avoir pour effet d'interrompre le fonctionnement du service public* »[9]).

SECTION 2
PORTÉE

1641.20 **Plan.** La mise en œuvre du principe de l'impossibilité de recourir aux voies d'exécution du droit privé pour obtenir l'exécution par une personne publique d'une décision de justice peut en effet s'avérer délicate si l'on n'a pas clairement à l'esprit les personnes qui peuvent, utilement, s'en prévaloir, les biens qu'il protège et les mesures qu'il prohibe. Le droit positif tient en trois affirmations :

– toutes les personnes publiques mais uniquement les personnes publiques (§ 1) ;

– tous les biens des personnes publiques mais uniquement les biens des personnes publiques (§ 2) ;

1. Paris, 15 févr. 1991, Centre national des bureaux régionaux de fret, *AJDA* 1991. 568 s., note D. Broussolle ; *Bull. Joly* 1991. 427 s., note J.-B. Auby ; *Gaz. Pal.* 1991. 1. 365, note J.-P. Marchi.
2. L. n° 85-98, 25 janv. 1985, relative au redressement et à la liquidation judiciaires des entreprises, *JO* 26 janv.
3. L. n° 94-475, 10 juin 1994, relative à la prévention et au traitement des difficultés des entreprises, *JO* 11 juin.
4. L. n° 85-98, 25 janv. 1985, art. 2, devenu C. com., art. L. 620-2.
5. TA Paris, 8 juill. 1997, Gpt Assedic de la région parisienne, *Dr. adm.* juin 1998, n° 220.
6. P. Amselek, « Les établissements publics sans comptable public et le principe de l'insaisissabilité des biens des personnes publiques », *JCP* 1986. II. 3236 – CE 9 févr. 2000, Me Perrin (es qualité) c/Trésorier payeur du Coteau-Catillon, req. n° 192271, *Lebon* ; *LPA* 30 août 2000. 4 s., concl. H. Savoie ; *D.* 2000. 136, obs. A. Lienhard ; *RTD com.* 2000. 724, obs. A. Martin-Serf.
7. P. Yolka, *La propriété publique*, LGDJ, 1997, p. 589 s.
8. Cons. const. 25 juill. 1979, n° 79-105 DC, *Rec. Cons. const.* 33, considérant n° 1 ; *GDCC*, 15e éd., Dalloz, 2009, n° 19 ; *GDELCC*, 2e éd., Dalloz, 2014, n° 24 ; *GADT*, 4e éd., Dalloz, 2008, nos 182-184 – P. Espuglas, *Conseil constitutionnel et service public*, LGDJ, 1994.
9. Cons. const. 21 juill. 1994, n° 94-346 DC, loi modifiant les dispositions de la loi n° 74-696 du 7 août 1974, relatives à la continuité du service public de la radio et de la télévision en cas de cessation concertée du travail, *Rec. Cons. const.* 96, consid. n° 9 ; *AJDA* 1994. 786, note G. Gondouin ; *D.* 1995. 347, obs. J. Pini ; *RDI* 1994. 427, obs. J.-B. Auby et C. Maugüé ; *RFDA* 1994. 1106, étude C. Lavialle ; *RTD civ.* 1995. 656, obs. F. Zenati.

– toutes les mesures d'exécution forcée mais uniquement les mesures d'exécution forcée (§ 3).

§ 1
Toutes les personnes publiques mais uniquement les personnes publiques

1641.31 **État, collectivités locales, établissements publics et personnes publiques innomées.** Toute puissance divisée contre elle-même est conduite à sa perte. Il est inconcevable, pour reprendre la formule imagée du Professeur Rivero, que le juge brandisse : « *La hache de guerre contre l'autorité qui la porte à la ceinture...* »[1]. Aussi bien, la prohibition des voies d'exécution du droit commun contre les biens de l'État a-t-elle très vite été affirmée par le juge judiciaire[2] et par le Conseil d'État, au moins dans ses formations consultatives[3]. Elle a été étendue, sans que cela suscite de réserve et de discussion :

– aux collectivités locales[4] ;

– et aux établissements publics[5].

Et même si, à notre connaissance, la solution n'a jamais été consacrée au contentieux, on admettra sans hésitation que l'insaisissabilité bénéficie également aux biens des personnes publiques innomées, telles que, par exemple, les groupements d'intérêt public (v. rapport du Conseil d'État, et pour une affirmation en doctrine, P. Yolka[6]).

1641.32 **Cas des établissements publics industriels et commerciaux (EPIC).** La question de l'impossibilité d'utiliser les voies d'exécution du droit privé à l'encontre des personnes publiques a été renouvelée par la création d'EPIC, dont non seulement l'activité, mais aussi le statut, sont profondément marqués par le droit commun.

À la suite des nationalisations de la Libération, c'est à propos de la société nationale des entreprises de presse (SNEP) que la controverse s'est formée. Après que des juridictions du fond aient rendu des décisions en sens contradictoires (pour un inventaire exhaustif des décisions émanant des juridictions de premier degré, v. P. Yolka[7]), la Cour de cassation a considéré que le statut d'établissement public de la SNEP impliquait l'insaisissabilité de ses deniers[8]. Mais dans les motifs de ses arrêts, la Cour de cassation retenait les spécificités de l'entreprise en insistant *d'une part* sur le fait que la SNEP était investie de prérogatives de puissance publique et, *d'autre part*, sur le fait qu'elle assurait la gestion d'un service public sans aucun but lucratif. Une partie de la doctrine a donc soutenu que cette solution était réservée à la SNEP, à tout le moins aux établissements publics industriels ou commerciaux présentant un « *haut degré d'administrativité* » et ne concernait pas les autres « *commerçants publics* »[9]. De son côté, en revanche, et même s'il n'avait pas eu à connaître de la question dans ses formations contentieuses, le Conseil d'État, considérait que les voies d'exécution du droit commun étaient impossibles à pratiquer contre tous les établissements publics, y compris les EPIC[10]. La Cour de cassation a confirmé cette solution en 1987 : « *Attendu qu'il résulte du premier de ces textes que les biens n'appartenant pas à des personnes privées sont administrés et aliénés dans les formes et suivant les règles qui leur sont particulières ; que, s'agissant des biens appartenant à des personnes publiques, même exerçant une activité industrielle et commerciale, le principe de l'insaisissabilité de ces biens ne permet pas de recourir aux voies d'exécution de droit privé ; qu'il appartient seulement au créancier bénéficiaire d'une décision juridictionnelle passée en force de chose jugée et condamnant une personne publique au paiement, même à titre de provision, d'une somme d'argent, de mettre en œuvre les règles particulières issues de la loi du 16 juillet 1980* »[11]. L'impossibilité d'utiliser les voies d'exécution du droit privé pour contraindre au respect d'une décision de justice concerne donc toutes les personnes publiques. La prohibition vaut pour

1. J. Rivero, « Le Huron au Palais Royal ou réflexions naïves sur le recours pour excès de pouvoir », *D.* 1962. Chron. 37 s.
2. T. civ. 16 thermidor, an X, *Metz*, *S.* 1791-an XII. 677 – Civ. 31 mars 1819, *Enregistrement contre Jousselin*, *S.* 1819. 1821. 51.
3. CE 12 août 1807 – CE 26 mai 1813, cités par R. Odent, *Contentieux administratif*, 1976-1981, fasc. V, p. 1711.
4. Req. 15 févr. 1938, *D.* 1938. 1. 126 – Civ. 1re, 5 janv. 1965, P I, no 14 ; *JCP* 1965. II. 14038, concl. R. Lindon – Civ. 2e, 16 déc. 1965, P II, no 1038 ; *JCP* 1966. IV. 14.
5. T. confl. 9 déc. 1899, *Assoc. synd. du Canal de Gignac*, *Lebon* 731, note M. Hauriou ; *S.* 1900. 3. 49 s. ; *GAJA*, 24e éd., Dalloz, 2023, no 7 – T. civ. Seine, 18 oct. 1933, *DP* 1934. 2. p. 65 s., note M. Waline.
6. V., *Les groupements d'intérêt public*, « Conseil d'État, section du rapport et des études », Doc. fr., 1996, p. 47, étude adoptée par l'assemblée générale du Conseil d'État le 27 juin 1996 – P. Yolka, *La propriété publique, éléments pour une théorie*, LGDJ, 1997, p. 592 s.
7. P. Yolka, *La propriété publique, éléments pour une théorie*, LGDJ, 1997, p. 586.
8. Civ. 9 juill. 1951, P, no 225 ; *D.* 1952. 141 s., note C. Blaevoët ; *S.* 1952. 1. 125 s., note R. Drago.
9. F. Marle, « À propos de quelques décisions de jurisprudence relatives à l'insaisissabilité des biens d'un établissement à caractère industriel et commercial », *Cah. doc. Jur.* 1950. Doctr. 550 s. – L. Jacquignon « L'exécution forcée sur les biens des autorités et services publics », *AJDA* 1958. 71 s. – DANS LE MÊME SENS et plus tard, v. Y. Gaudemet, *Gaz. Pal.* 1984. 2. Doctr. 565 s. – F.-C. Jeantet, « Emprunts français à l'étranger : domaines réservés à la loi française », *JCP* 1975. II. 2704 – R. Perrot, *Voies d'exécution*, Les cours de droit, 1978, p. 26.
10. CE, sect. TP avis, 6 févr. 1979, req. no 323971, *EDCE* 1979-1980. 216 : à propos des OPHLM et des OPAC – « Étude relative aux établissements publics nationaux », *EDCE* 1984-1985. 32.
11. Civ. 1re, 21 déc. 1987, no 86-14.167, P I, no 348.

tous les établissements publics, sans distinction selon leur nature, leur vocation ou leur organisation. Il importe toutefois de souligner que certains auteurs – et parmi les plus autorisés – continuent de critiquer la pertinence de la jurisprudence actuelle sur l'insaisissabilité des biens des entreprises publiques ayant pris la forme d'EPIC (à ce sujet v. Y. Gaudemet[1], B. Pacteau[2], D. Truchet [l'auteur se prononçant en faveur d'une intervention du législateur pour nuancer le principe de l'insaisissabilité des biens des personnes publiques ayant une activité industrielle et commerciale[3]] – v. aussi, S. Clamens[4], et en sens contraire, H. Moysan[5]).

1641.33 Insaisissabilité des biens des établissements publics. L'insaisissabilité des biens des établissements publics, sauf lorsqu'un texte législatif déroge à ce principe, concourt à la garantie implicite illimitée dont bénéficient ces personnes publiques et participe ainsi à un régime qui est susceptible d'être qualifié d'aide d'État au sens du droit de l'Union européenne[6].

1641.34 Personnes privées chargées d'une mission de service public. Puisque l'impossibilité d'utiliser les voies d'exécution du droit commun pour contraindre une personne publique à exécuter une décision de justice relève de la catégorie des « *privilèges à caractère personnel* », attachés à la qualité même de personne publique, il est logique que le juge judiciaire ait considéré que les biens des personnes privées gérant un service public sont saisissables. Il en a été ainsi jugé pour :

– une société d'économie mixte (SEM)[7] ;
– une caisse régionale d'assurance vieillesse[8] ;
– une association régie par la loi de 1901 et chargée de la formation professionnelle pour adultes[9].

La solution est la même lorsque la personne privée, sans agir au nom et pour le compte d'une personne publique, est chargée, sur le fondement d'un texte législatif, de recouvrer, au lieu et place de l'État, des sommes et de les redistribuer, dans un but d'intérêt général, conformément aux directives de la puissance publique. Notre droit répugne en effet à admettre, sauf dans des cas très particuliers, l'idée d'un « *patrimoine d'affectation* » susceptible de bénéficier d'une protection particulière (en ce sens, et de manière particulièrement topique : saisissabilité des sommes collectées et détenues par les collecteurs, associations de la loi 1901, au titre de la contribution obligatoire des employeurs à l'effort de construction – dispositif dit du 1 % patronal –, alors même que ces collecteurs en assurent la gestion et la redistribution sous le contrôle de l'autorité publique et ne sont autorisés à prélever sur les sommes collectées que des frais de gestion déterminés par la puissance publique elle-même[10]).

Tout cela est logique et conduit donc les personnes privées chargées d'une mission de service public qui tenteraient de se soustraire à l'exécution d'une décision de justice à être justiciables à la fois des procédures civiles d'exécution (comme toutes personnes physiques ou morales de droit privé) et de certaines « *voies d'exécution administratives* » telles que, par exemple, l'intervention du Défenseur des droits ou le prononcé par le juge administratif d'une injonction assortie, si nécessaire, d'une astreinte.

1641.35 Personnes privées à « *actionnariat public* ». Même si ici les illustrations jurisprudentielles sont plus rares (voir toutefois les solutions dégagées pour les SEM locales et rappelées ci-dessus), il ne fait pas de doute que les structures de droit privé dont des personnes publiques sont membres ou adhérentes (sociétés commerciales, associations régies par les dispositions de la loi du 1er juillet 1901...) sont soumises aux voies d'exécution du droit commun. Le critère organique au regard duquel doit être appréciée la portée du principe de l'insaisissabilité des biens des personnes publiques n'est pas en leur faveur. Sans doute, cette solution oblige-t-elle à faire une distinction entre les entreprises publiques constituées sous la forme d'EPIC et celles qui ont adopté le statut de personnes morales de droit privé ; différence de traitement que rien ne justifie ici (à ce sujet, v. Y. Gaudemet[11]) et qui, ainsi que l'avait souligné le Doyen Vedel dès les années 1950[12], se retourne « *contre les intérêts de leur exploitation* ». Le caractère insaisissable des biens des EPIC les prive en effet de

1. Y. Gaudemet, « L'entreprise publique à l'épreuve du droit public (domanialité publique, insaisissabilité, inarbitrabilité) », *Mél. Drago*, Economica, 1996, p. 259 s.
2. Civ. 1re, 21 déc. 1987, no 86-14.167, P I, no 348 ; *RFDA* 1988. 779 s.
3. D. Truchet, « Les personnes publiques disposent-elles, en droit français, de la liberté d'entreprendre ? », *D. Affaires* 1996. 734.
4. S. Clamens, « Vers la remise en cause du principe d'insaisissabilité des biens des personnes publiques », *AJDA* 2000. 767 s.
5. H. Moysan, *Le droit de propriété des personnes publiques*, LGDJ, 2001, p. 224 à 227.
6. À PROPOS DE CETTE QUALIFICATION, pour La Poste, v. CJUE 3 avr. 2014, aff. C-559/12 P.
7. Versailles, 2 juin 1986, Ricard c/Semava, *D.* 1987. 86, note J. Prévault – TGI Bourges, 20 avr. 1989, SCTB c/SEMIC, *Juris-Data* no 048714.
8. Civ. 2e, 15 nov. 1995, no 93-13.262, P II, no 284 ; *Dr. adm.* 1996. 1 s., obs. H. Moysan.
9. TGI Bobigny, 8e ch., 21 sept. 1993, AFPA c/Sté financière Haussmann, *Gaz. Pal.* 1994. Somm. 84.
10. Civ. 3e, 15 févr. 1983, no 81-15.794, P III, no 46 ; *RTD civ.* 1983. 601, obs. R. Perrot.
11. Y. Gaudemet, « L'entreprise publique à l'épreuve du droit public (domanialité publique, insaisissabilité, inarbitrabilité) », *Mél. Drago*, Economica, 1996, p. 259 s.
12. G. Vedel, « Le régime des biens des entreprises nationalisées », *CJEG* 1956, no 25, p. 29 s.

la possibilité de les donner volontairement en garantie à des tiers qui, par exemple, leur octroieraient des prêts. Le privilège laisse la place à une sujétion dont ils n'ont sans doute pas fini de subir les conséquences préjudiciables. Mais c'est la conséquence obligée de l'application du critère organique qui dicte aujourd'hui toutes les solutions jurisprudentielles en matière de procédure d'exécution.

§ 2
Tous les biens des personnes publiques mais uniquement les biens des personnes publiques

1641.41 **Nécessité de distinguer insaisissabilité des biens et domanialité publique.** L'insaisissabilité des biens des personnes publiques concerne sans distinction tous les biens appartenant aux personnes publiques, qu'il s'agisse de biens matériels, mobiliers ou immobiliers, de dépendances du domaine public ou du domaine privé, de deniers, de droits incorporels, de valeurs ou de créances. Elle n'est donc pas une composante du régime de l'inaliénabilité du domaine public. La doctrine n'a de cesse de le rappeler : « *Il n'est pas davantage possible de saisir un immeuble qu'une collectivité publique exploite à titre purement lucratif, comme ferait un particulier propriétaire, en le donnant en location dans les conditions du droit privé qu'il n'est possible de saisir un jardin public ou un tribunal* » (v. P. Amselek[1] – v. aussi H. Moysan[2], selon lequel la règle « *de l'insaisissabilité ne protège concrètement que les biens et valeurs composant le domaine privé alors même qu'elle concerne théoriquement l'ensemble des biens publics, en raison de son fondement organique* », l'auteur estimant que l'impossibilité de recourir aux voies d'exécution contre les dépendances du domaine public trouve son « fondement fonctionnel » dans la règle de l'inaliénabilité). Et le juge a déjà eu l'occasion d'affirmer que l'insaisissabilité n'est pas le corollaire de la domanialité publique : « *Attendu que les deniers publics sont insaisissables... que les deniers d'une commune sont publics, sans distinction d'origine et sans départ entre domaine public et domaine privé* »[3].

1641.42 **Biens appartenant à une personne publique mais mis à la disposition d'une personne morale de droit privé.** Les personnes publiques peuvent être conduites à mettre à la disposition d'une personne morale de droit privé un certain nombre de biens ou d'ouvrages nécessaires à l'exploitation d'un service public, dans le cadre d'un contrat d'affermage, par exemple, ou à une activité d'intérêt général, sur le fondement notamment d'une convention d'occupation du domaine public. L'hypothèse se rencontre de plus en plus fréquemment, les personnes publiques ayant aujourd'hui le souci de valoriser leur patrimoine. Il n'est pas douteux que ces biens sont insusceptibles d'être l'objet d'une mesure d'exécution forcée selon le droit commun. D'où la nécessité que la mise à disposition des biens d'une personne publique à une personne privée fasse toujours l'objet d'un inventaire précis et formel. En cas de difficulté, en effet, il ne nous semble pas faire de doute que ce sera à la personne saisie de prouver que le bien ne lui appartient pas et qu'il est insaisissable comme étant un élément du patrimoine d'une ou de plusieurs personnes publiques.

Le principe d'insaisissabilité des biens des personnes publiques s'oppose à ce que le titulaire d'un marché d'entreposage ait pu régulièrement faire usage des voies d'exécution ouvertes par l'article 1948 C. civ. pour contraindre le pouvoir adjudicateur au paiement des prestations correspondant à l'entreposage de matériaux lui appartenant[4].

1641.43 **Biens acquis ou construits par une personne privée « *pour le compte* » d'une personne publique.** Les contraintes budgétaires et opérationnelles amènent parfois les personnes publiques à recourir à des personnes morales de droit privé pour la conduite de projets d'intérêt général (ainsi, dans le cadre des opérations d'aménagement, il est fréquent que la collectivité maître d'ouvrage recoure à une société d'économie mixte) ou pour la réalisation d'un ouvrage ou de travaux publics. S'agissant du point de savoir si et dans quelle mesure la personne privée liée par contrat à une personne publique peut utilement se prévaloir du principe d'insaisissabilité des biens de cette dernière, une distinction nous semble devoir être faite entre deux situations juridiquement différentes :

– la personne privée est en mesure de se prévaloir d'un mandat au sens des dispositions des articles 1984 s. C. civ. ;

– la personne privée agit « *pour le compte de la personne publique* », sans toutefois pouvoir se prévaloir d'une convention de mandat. En droit administratif, la référence faite dans certains textes, dans certaines conventions ou dans certaines jurisprudences à la formule « *pour le compte* » est courante (par ex., la jurisprudence relative à la question de savoir si un contrat, conclu entre deux personnes privées, est un contrat administratif ou dans la loi

1. P. Amselek, « Les établissements publics sans comptable public et le principe de l'insaisissabilité des biens des personnes publiques », *JCP* 1986. II. 3286.
2. H. Moysan, *Le droit de propriété des personnes publiques*, LGDJ, 2001.
3. Civ. 2e, 16 déc. 1965, P II, no 1038.
4. CAA Paris, 24 oct. 2008, Fonds de développement des archipels, req. no 06PA03339.

du 12 juillet 1985 sur la maîtrise d'ouvrage public). Mais elle ne renvoie pas à la conception civiliste du mandat (sur cette question, on ne peut plus complexe, v. Y. Brard[1], A. Coudevylle[2], et surtout, T. Dal Farra[3] – v. aussi, M. Canedo[4]).

Dans le premier cas, le principe de l'insaisissabilité des biens des personnes publiques est susceptible de jouer. Il est de règle en effet que les actes accomplis par le mandataire produisent leurs effets exclusivement et directement dans le patrimoine du mandant (v. P. Malaurie et L. Aynès ; J. Huet[5]).

Il en va différemment dans la seconde hypothèse où l'utilisation de la formule « *pour le compte* » signifie seulement que les biens acquis ou les actes accomplis par la personne privée répondent à un intérêt général et produiront à terme des effets dans le patrimoine d'une personne publique.

Toute la difficulté est donc de déterminer si, au-delà des appellations adoptées par les parties et qui sont souvent trompeuses, la personne privée peut se prévaloir d'un mandat, au sens du Code civil, de la part d'une personne publique. Et, dans la négative, il faut apprécier à quelle date l'ouvrage ou le bien a intégré le patrimoine de la personne publique. Les questions, on le pressent, sont délicates.

1641.44 **Biens construits par un délégataire de service public.** La question de l'insaisissabilité des biens d'un délégataire de service public se pose différemment selon que le contrat les qualifie de « *biens de retour* » ou de « *biens de reprise* ». Les **biens de retour** ne peuvent certainement pas être saisis dans la mesure où une jurisprudence constante les considère comme étant, dès l'origine, la propriété de la personne publique délégante (opposition d'une commune à une saisie-exécution sur les biens d'une société délégataire ayant fait l'objet d'une déchéance[6]). La question est plus délicate en ce qui concerne les **biens de reprise** (sur cette question, v. H. Moysan[7]). Ceux-ci restent en effet la propriété du délégataire jusqu'au terme de la concession et ce n'est qu'à ce moment qu'ils peuvent devenir la propriété de la personne publique délégante, si cette dernière le souhaite. Propriété d'une personne privée, ces biens sont en principe saisissables à s'en tenir à la jurisprudence de la Cour de cassation qui, en tout domaine et en toute matière, invite à ne retenir qu'un critère organique. Mais même en l'absence de précédent jurisprudentiel en ce sens, il nous semble toutefois prudent de réserver l'atteinte au fonctionnement régulier et continu du service public dont le délégataire – par hypothèse saisi – aurait la charge.

1641.45 **Biens appartenant à une personne privée mais détenus par une personne publique.** On ne conçoit pas qu'une saisie puisse être pratiquée à l'encontre d'une personne étrangère à la dette. Mais si l'on ne peut saisir la chose d'autrui, on peut tout de même saisir autrui, soit qu'il détienne un bien meuble ou immeuble du débiteur, soit qu'il lui doive une somme d'argent. C'est là tout simplement la traduction de l'idée inscrite dans les articles 2284 et 2285 C. civ.[8] selon laquelle l'ensemble du patrimoine de celui qui s'est obligé répond de ses dettes. Il serait inconcevable qu'une personne privée bénéficie d'un privilège attaché à la personnalité publique pour la seule raison qu'un élément de son patrimoine, qu'il s'agisse d'un bien corporel ou d'un bien incorporel, est dans les mains d'une personne morale de droit public. Aussi bien, admet-on qu'une personne publique peut être mise en cause dans le cadre d'une procédure d'exécution forcée d'une décision de justice, en qualité de tiers saisi (à ce sujet, v. F. Flores[9]) sauf bien sûr lorsque le débiteur saisi est lui-même une personne publique (ainsi une espèce où le Trésor public, tiers saisi, détenait les fonds au nom d'une commune[10]) ou lorsqu'un texte existe en sens contraire (par ex., l'article 173 du décret du 27 décembre 1985 prohibant « *toute opposition* » sur les sommes versées à la Caisse des dépôts et consignations – sur les difficultés d'interprétation et d'application de ce texte, v. F. Derrida[11]). L'article 173 du décret du 27 décembre 1985 a été déclaré illégal par le Conseil d'État comme contraire à l'article 34 de la Constitution et à l'article 40 de la loi du 25 janvier 1985 modifiée par la loi du 10 juin 1994 et devenu l'article L. 621-32 C. com.[12], ce qui a fait couler beau-

1. Y. Brard, « Le mandat comme fondement des contrats administratifs entre personne privée », *JCP* 1981. II. 3022.
2. A. Coudevylle, « La notion de mandat en droit administratif », *AJDA* 1979. 7 s.
3. CE, ass., 14 avr. 1983, req. n° 333160, *GACE*, Dalloz, 1997, p. 201 s., obs. T. Dal Farra, avec les références citées.
4. M. Canedo, *Le mandat administratif*, LGDJ, 2001, p. 870.
5. P. Malaurie et L. Aynès, *Droit civil, les contrats spéciaux*, Cujas, 1992, n° 532, p. 279 – J. Huet, *Les principaux contrats spéciaux. Traité de droit civil*, LGDJ, 1996, n° 31202, p. 1021.
6. Civ. 26 mai 1965, *CJEG* 1966. 277.
7. H. Moysan, « Les biens des personnes privées gérant un service public sont saisissables », *Dr. adm.* 1996. 1 s., spéc. 3.
8. ANC[t] C. civ., art. 2092 et 2093 (Ord. n° 2006-346, 23 mars 2006).
9. F. Flores, « La personne publique tiers saisi », *Courrier jur. fin.* 1993. 1 s.
10. Req. 15 févr. 1938, Grenouiller, *DH* 1938. 1. 128, note Montarret.
11. Com. 22 avr. 1997, n° 94-21.412, P IV, n° 104 ; *LPA* 4 juill. 1997, note F. Derrida – Paris, 13 janv. 1998, *LPA* 16 mars 1998. 16 s., note F. Derrida.
12. CE 9 févr. 2000, Me Perrin (ès qualités) c/Trésorier payeur du Coteau-Catillon, req. n° 192271, *Lebon ; D.* 2000. 136, obs. A. Lienhard ; *RTD com.* 2000. 724, obs. A. Martin-Serf ; *LPA* 30 août 2000. 4 s., concl. H. Savoie – Désormais C. com., art. L. 622-17 (L. n° 2005-845, 26 juill. 2005, sauvegarde des entreprises).

coup d'encre (v. H. Croze et T. Moussa[1], B. Lagarde[2] et A. Lienhard[3]) après que la Cour de cassation ait donné plein effet à cet arrêt[4] (v. M.-A. Frison-Roche[5], A. Lienhard[6], A. Martin-Serf[7] et B. Rolland[8]). Finalement, le législateur a « *refait* » ce que le pouvoir réglementaire n'aurait pas dû faire : l'article L. 627-1 C. com.[9] interdit toute procédure d'exécution portant sur des sommes versées à la Caisse des dépôts et consignation (pour des critiques – virulentes – de la méthode, v. D. Bureau et N. Molfessis ; A. Lienhard)[10].

Il reste que si les personnes publiques peuvent être tiers saisis, elles ne sont pas des tiers saisis comme les autres. Aussi bien, lorsque le tiers saisi se trouve être l'État ou toute autre personne morale de droit public, des règles particulières trouvent-elles à s'appliquer :

– en matière de procédure, surtout lorsque la personne publique tiers saisi est dotée d'un comptable public (v. M. Dymant[11]) ;

– et sur le fond. Consulté par le gouvernement, le Conseil d'État a en effet réservé les hypothèses où la mesure d'exécution pratiquée dans les mains de la personne publique serait de nature à compromettre la régularité ou la continuité du service public dont celle-ci est chargée ou compromettrait les relations internationales de la France avec les États éventuellement concernés[12].

1641.46 **Biens corporels construits par une personne privée sur le domaine public.** Contrairement à une idée reçue, l'occupant du domaine public est propriétaire des ouvrages qu'il a pu être autorisé à construire ou à installer sur le domaine. On a tort en effet de considérer que la propriété des personnes publiques s'étend mécaniquement aux immeubles que l'occupant a été autorisé à édifier sur le domaine pour la durée de son titre. La jurisprudence sur ce point est claire[13]. Et la doctrine n'a de cesse de le rappeler[14]. Force est donc bien d'admettre que ces biens peuvent faire l'objet d'une procédure civile d'exécution entreprise à l'encontre de l'occupant privatif du domaine public. On doit en convenir même si ce dernier n'exerce pas sur les ouvrages, constructions et installations immobiliers qu'il a réalisés la plénitude des attributs de la propriété. S'il en a la maîtrise, c'est, en effet, seulement pendant la durée du titre domanial. Et il ne peut céder son autorisation – et les biens qu'il a édifiés sur son fondement – à un tiers sans obtenir l'agrément préalable du cessionnaire par la personne publique propriétaire du domaine. Tel est le principe. Au-delà deux observations doivent être faites :

– la loi du 25 juillet 1994[15] complétant le Code du domaine de l'État et relative à la constitution de droits réels sur le domaine public, codifiée aujourd'hui au sein du Code général de la propriété des personnes publiques (CGPPP, art. L. 2122-8), admet le recours à l'hypothèque pour garantir les emprunts contractés par l'occupant pour le financement de la réalisation des immeubles situés sur le domaine. Admettre l'hypothèque, c'est accepter la possibilité d'une cession forcée des ouvrages de l'occupant domanial à la demande du créancier hypothécaire. Ce dernier ne doit pas perdre de vue que, dans cette hypothèse, l'exécution du titre exécutoire dont il pourrait se prévaloir à l'encontre de l'occupant du domaine public répond à des règles particulières. Les textes confient en effet la conduite de la procédure à la personne publique propriétaire du domaine et qui a délivré le titre constitutif du « droit réel » (CGPPP, art. R. 2122-1 s.) ;

1. *JCP* 2000. II. 10314, note H. Croze et T. Moussa.
2. B. Lagarde, *LPA* 15 mars 2000. 19 s.
3. A. Lienhard, *D.* 2000. AJ 136.
4. Com. 26 avr. 2000, n° 97-16.953, P IV, n° 85 ; *BICC* 15 sept. 2000, n° 520 – et PAR LA SUITE, Com. 20 févr. 2001, n° 98-13.049, P IV, n° 43.
5. M.-A. Frison-Roche, « Les juges mettent en cause *"la réalité de la chose jugée"* », *Le Monde* 6 juin 2000. 22.
6. A. Lienhard, *D.* 2000. AJ 247.
7. *RTD com.* 2000. 724 s.
8. B. Rolland, « La lenteur de la faillite rattrapée par la rapidité de la Cour : réflexions sur l'annulation de l'article 173 du décret du 27 décembre 1985 », *LPA* 3 oct. 2000. 9 s.
9. Désormais C. com., art. L. 662-1 (L. n° 2005-845, 26 juill. 2005, sauvegarde des entreprises).
10. D. Bureau et N. Molfessis, « Le nouveau Code de commerce ? Une mystification », *D.* 2000. Chron. 361 s., spéc. 367 – A. Lienhard, « La légalité retrouvée de l'article 173 du décret du 27 décembre 1985 (ou les surprises de la codification à droit constant) », *D.* 2000. 34. Point de vue 3.
11. M. Dymant, « La saisie attribution au comptable public des centres de chèques postaux ou de la caisse nationale d'épargne : le décret du 31 juill. 1993 ou l'été du service public », *Rev. huiss.* 1993. 1208 s.
12. CE, ass., sect. fin. avis, 30 janv. 1992, req. n° 350083, *EDCE* 1992. 401 ; *GACE*, 1re éd., Dalloz, n° 36, p. 339 s., comm. Y. Claisse.
13. CE 8 janv. 1930, Cie générale des eaux, *Lebon* 16 – CE 4 mars 1991, Mme Palanque, req. n° 79528, *Lebon* T. ; *D.* 1992. Somm. 377, obs. P. Bon – CE 4 nov. 1994, Sté Héliantal, req. n° 107010, NP ; *CJEG* 1995. 513 s., note P. Sablière ; *RDI* 1995. 88, obs. J.-B. Auby et C. Maugüé – CE 27 févr. 1995, Secrétaire d'État à la Mer c/Torre, req. n° 139718, *Lebon ; RDI* 1995. 731, obs. J.-B. Auby et C. Maugüé ; *RFDA* 1996. 1127, concl. G. Bachelier ; *Dr. adm.* 1995, n° 262.
14. Y. Gaudemet, « L'occupant privatif du domaine public à l'épreuve de la loi », *Mél. Braibant*, Dalloz, p. 309 s. – J. Dufau, *Le domaine public*, 5e éd., t. II, Le Moniteur, 2001, n° 636 – E. Fatôme et P. Terneyre, « La loi du 25 juillet 1994 : observations complémentaires », *AJDA* 1994. 780 s – E. Fatôme, « À propos de l'apport en garantie des équipements publics », *AJDA* 2003. 21 s.
15. L. n° 94-631, 25 juill. 1994, complétant le code du domaine de l'Etat et relative à la constitution de droits réels sur le domaine public, *JO* 26 juill.

– le créancier poursuivant ne peut jamais ignorer que le Conseil constitutionnel, lorsqu'il a dû se prononcer sur la constitutionnalité de la loi relative à la constitution de droits réels sur le domaine public, a expressément indiqué que : « *Les mesures conservatoires ou d'exécution forcée* [...] *non plus que toute mesure de réalisation de sûreté (entreprise à l'encontre d'un occupant du domaine public) ne sauraient avoir pour effet d'interrompre le fonctionnement du service public* [...] »[1]. Le principe, formulé à propos des mesures d'exécution susceptibles d'être entreprises sur les biens des occupants du domaine public de l'État s'applique également, nous semble-t-il, aux procédures initiées contre les occupants du domaine public d'une collectivité territoriale ou d'un établissement public local.

1641.47 **Biens financés par crédit-bail.** Le bien financé par crédit-bail appartient, jusqu'au terme de la convention, à l'organisme de financement et à lui seul. Les termes de la loi du 2 juillet 1966[2] relative aux entreprises pratiquant le crédit-bail, codifiée ensuite au sein du Code monétaire et financier, l'indiquent. Et la logique du système l'implique : le bien financé par crédit-bail constitue en effet le gage du créancier. Deux cas de figure peuvent se présenter :

– lorsque la personne publique elle-même est crédit-bailleresse (le cas se présente, par exemple, lorsqu'une commune, sur le fondement de la législation sur l'interventionnisme économique, finance la construction de bâtiments adaptés au besoin d'une entreprise qu'elle souhaite accueillir sur son territoire – pour se convaincre de l'importance et des difficultés posées par cette pratique, v. P. Terneyre, C. Deves[3]), les biens financés par crédit-bail sont insusceptibles d'être saisis ou appréhendés conformément au droit commun, alors même qu'à l'issue de la convention la personne privée locataire possédera une option d'achat qui lui permettra d'en devenir propriétaire pour une valeur symbolique ;

– lorsque le crédit-bailleur est une personne morale de droit privé, par exemple, une Sofergie agréée pour financer par crédit-bail les investissements des collectivités locales de leurs établissements publics ou de leurs concessionnaires (sur le fondement des dispositions de l'article 87, II de la loi du 30 décembre 1986[4] portant loi de finances pour 1987), les biens sont assurément saisissables. Il importe toutefois de réserver les hypothèses dans lesquelles les mesures d'exécution forcée entreprises contre le crédit-bailleur porteront atteinte au fonctionnement régulier et continu du service public (rappr. la logique qui a prévalu à propos de la constitution de droits réels sur le domaine public de l'État[5] – v. aussi, dans le même sens, une autre décision du Conseil constitutionnel[6]).

§ 3
Toutes les mesures d'exécution forcée mais uniquement les mesures d'exécution forcée

1641.51 **Principe.** La règle de l'insaisissabilité des biens des personnes publiques trouve à s'appliquer quelle que soit la mesure d'exécution en cause, saisie-attribution (C. pr. exéc., art. L. 211-1), saisie-vente (C. pr. exéc., art. L. 221-1), saisie conservatoire (C. pr. exéc., art. L. 521-1), saisie-appréhension ou saisie-revendication de biens meubles corporels (C. pr. exéc., art. R. 222-1 à R. 222-25[7]), et saisie immobilière (ACPC, art. 673 s.[8]). C'est là une évidence sur laquelle il n'est guère besoin d'insister.

1641.52 **Inscription d'une hypothèque judiciaire sur les biens immobiliers.** C'est un principe constant qu'un droit réel ne peut être constitué sur le domaine public. Sans doute, le principe est-il généralement énoncé pour asseoir la règle suivant laquelle il ne peut y avoir création conventionnelle d'un droit réel sur le domaine public, sauf texte législatif le permettant[9]. Mais il ne fait pas de doute que l'exclusion s'applique également aux hypothèques d'origine judiciaire, y compris lorsqu'elles sont simplement conservatoires (v. Y. Gaudemet, C. de Lajarte[10]). Deux raisons militent en faveur de cette solution.

1. Cons. const. 21 juill. 1994, nº 94-346 DC, *Rec. Cons. const.* 96, consid. nº 9 ; *JO* 23 juill., p. 10635 ; *AJDA* 1994. 786, note G. Gondouin ; *D.* 1995. 347, obs. J. Pini ; *RDI* 1994. 427, obs. J.-B. Auby et C. Maugüé ; *RFDA* 1994. 1106, étude C. Lavialle ; *RTD civ.* 1995. 656, obs. F. Zenati.
2. L. nº 66-455, 2 juill. 1966, relative aux entreprises pratiquant le crédit-bail, *JO* 3 juill.
3. Ph. Terneyre, « Les collectivités publiques peuvent-elles être crédit-bailleurs ? », *Dr. et patr.* juin 1997. 24 s. – C. Deves, « Les aides à l'immobilier d'entreprise », *JCP E* 29 janv. 1998, Cah. dr. entr., p. 24 s.
4. L. nº 86-1317, 30 déc. 1986, de finances pour 1987, *JO* 31 déc.
5. Cons. const. 21 juill. 1994, nº 94-346 DC, préc. (v. s[s] nº 1641.46).
6. Cons. const. 22 août 2002, nº 2002-460 DC, loi d'orientation et de programmation pour la sécurité intérieure, *Rec. Cons. const.* 198 ; *D.* 2003. 1125, obs. D. Ribes ; *AJDA* 2002. 1059, note J.-Y. Chérot et J. Trémeau ; *D.* 2003. 1125, obs. D. Ribes ; *LPA* 2002, nº 182, p. 12, note J.-E. Schœttl.
7. Décr. nº 2012-783, 30 mai 2012, relatif à la partie réglementaire du Code des procédures civiles d'exécution, *JO* 31 mai, p. 9375.
8. Art. abrogé depuis le 1er janv. 2007, par Ord. 21 avr. 2006 et Décr. 27 juill. 2006.
9. CE 6 mai 1985, Assoc. Eurolat, req. nos 41589 et 41699, *Lebon* 141 ; *RFDA* 1986. 21, concl. B. Genevois.
10. Y. Gaudemet, « Hypothèque et domaines des personnes publiques », *D. Affaires* 1996. 33 s. – C. de Lajarte, « Du recours à l'hypothèque par un occupant privatif du domaine public », *Dr. et proc.* 2003. 145.

En premier lieu, quelle que soit l'origine de l'hypothèque, elle confère un droit réel à son titulaire et le droit réel peut faire l'objet d'une cession. Or, précisément, si l'on exclut la possibilité de constituer des droits réels sur le domaine public, c'est pour éviter que le domaine public ne soit démembré et qu'ayant fait l'objet d'un éclatement, il ne soit plus en mesure de rendre les services qu'on attend de son affectation.

En second lieu, et en toute hypothèse, il y a un conflit entre les intérêts du créancier, qui peut légitimement revendiquer le droit d'assortir sa créance de garanties, et les intérêts du domaine public, qui militent en faveur du maintien de son intégrité. Or le maintien de l'intégrité du domaine public, à raison de son affectation, est une considération trop puissante, de prime abord, pour qu'on puisse le faire céder devant les intérêts privés aussi légitimes soient ils, qui s'attachent aux paiements des créanciers. En aucune manière, donc, les biens relevant du domaine public ne peuvent faire l'objet d'une prise d'hypothèque, fût-ce en vertu d'une décision de justice ou à titre conservatoire.

1641.53 ***Quid* des dépendances du domaine privé ?** À la fin du XIXe siècle, la Cour de cassation a admis que les biens communaux relevant du domaine privé pouvaient faire l'objet d'une hypothèque judiciaire[1]. À notre connaissance, cette solution ne paraît pas avoir été remise en cause au moins par la Cour de cassation. Au reste, elle est présentée comme étant toujours d'actualité par une partie de la doctrine (E. Baraduc-Bénabent, J.-P. Lay[2]). Tout au plus, la doctrine insiste-t-elle sur la portée du droit conféré au bénéficiaire de l'hypothèque. Si le créancier dispose certainement du droit d'être payé, par préférence aux autres créanciers, lors de la vente du bien, en revanche, il ne saurait, quand bien même sa situation serait privilégiée par rapport aux autres créanciers de la collectivité, soumettre la commune à une vente forcée. L'on ne saurait ignorer toutefois que la question de savoir si un créancier peut prendre une hypothèque sur un bien appartenant à une personne publique n'est pas totalement tranchée. D'autres auteurs estiment en effet que la jurisprudence de la Cour de cassation telle qu'elle a été dégagée à la fin du XIXe siècle est aujourd'hui obsolète, notamment parce que l'article L. 311-9 C. communes aux termes duquel « *la vente des biens mobiliers ou immobiliers des communes, autres que ceux servant à l'usage public, peut être autorisée, sur la demande de tout créancier porteur d'un titre exécutoire, par arrêté du Préfet qui détermine les formes de la vente* » a été abrogé par l'article 21-I de la loi du 2 mars 1982 (v. à ce propos, P. Yolka[3] ; A. de Laubadère, J.-C. Venezia, Y. Gaudemet[4] ; Y. Gaudemet[5]). Dans une large mesure, donc, le débat reste ouvert (v. E. Fatôme[6]).

1641.54 **Commandement d'avoir à payer ou d'avoir à faire.** Si le principe de l'insaisissabilité des biens des personnes publiques permet de s'opposer à toute procédure d'exécution forcée, encore faut-il que la mesure en cause comporte en elle-même une possibilité d'exécution forcée. Aussi bien, sans nier, ni restreindre le principe, le juge judiciaire a-t-il déjà admis qu'un simple commandement – mesure préliminaire à des actes de poursuite – peut être délivré à l'encontre d'une personne publique[7]. L'on trouve toutefois des précédents en sens contraire[8]. Surtout, récemment amenée à préciser les cas dans lesquels le JEX qui ne peut être saisi de difficultés relatives à un titre exécutoire qu'à l'occasion des contestations portant sur les mesures d'exécution forcée engagées ou opérées sur le fondement de ce titre, la Cour de cassation a estimé que la signification d'un commandement était un « *acte d'exécution* » au sens de la loi du 9 juillet 1991 et caractérisait le début des hostilités[9]. L'on peut douter, dès lors, qu'un commandement d'avoir à payer ou d'avoir à faire puisse être régulièrement délivré à une personne publique sur le fondement d'un jugement la condamnant. Il ne faut toutefois pas exagérer l'importance de cette incertitude. Intéressant sur le plan théorique, le débat n'a que peu de conséquences pratiques. Dans les faits, la délivrance par voie d'huissier d'un commandement à une personne publique pose moins une question de légalité que d'utilité. À quoi bon, en effet, recourir à cette formalité qui ne saurait avoir les effets que lui attache le droit des procédures civiles d'exécution et qui n'est prévue dans aucune des « *voies d'exécution administrative* », seules susceptibles de contraindre les personnes publiques condamnées par une décision de justice ?

1. Req. 18 déc. 1893, *DP* 1894. II. 97, rapp. Marignan – Agen, 18 juill. 1892, *S.* 1894. 2. 1. note L. Michoud.
2. E. Baraduc-Bénabent, *L'exécution en nature des contrats des personnes publiques*, th. Paris II, 1979, p. 270 s. – J.-P. Lay, « L'exécution entre les collectivités locales des condamnations prononcées par le juge judiciaire », *Administrer* 1991. 15 s.
3. P. Yolka, *La propriété publique, éléments pour une théorie*, LGDJ, 1997, p. 583 s.
4. A. de Laubadère, J.-C. Venezia, Y. Gaudemet, *Traité de droit administratif*, t. I, 14e éd., LGDJ, 1996, n° 417, p. 293 et 294.
5. Y. Gaudemet, « Hypothèque et domaines des personnes publiques », *D. Affaires* 1996. 33 s. – « L'occupant privatif du domaine public à l'épreuve de la loi », *Mél. Braibant*, Dalloz, 1996, p. 309 s., spéc. p. 319 et 320.
6. E. Fatôme, « À propos de l'apport en garantie des équipements publics », *AJDA* 2003. 21 s.
7. T. civ. 18 oct. 1933, *D.* 1934. 2. 65 s., note M. Waline.
8. Nancy, 30 juin 1927, *Delegrange et Messager*, *JCP* 1927. II. 596.
9. Cass., avis, 16 juin 1995, n° 09-50.008, P, n° 9 ; *RTD civ.* 1995. 691 s., obs. R. Perrot.

1641.55 Saisies contrefaçon et saisies reproduction. Les textes protégeant la propriété littéraire, artistique et industrielle (CPI, art. L. 332-1 à L. 332-4) mettent à la disposition de ceux qui estiment être victimes d'actes de contrefaçon, la faculté de recourir à un certain nombre de « *saisies* » dont l'objet est simplement de se ménager un mode de preuve des agissements incriminés. Dans la mesure où l'objet de ces « *saisies* » (puisque tel est leur nom) n'est que de parvenir à une description de la contrefaçon, les biens litigieux étant laissés entre les mains du possesseur, rien ne s'oppose, nous semble-t-il, à ce qu'elles soient pratiquées à l'encontre de personnes publiques. Ces mesures ne portent, en effet, atteinte ni aux deniers, ni aux biens publics (pour une affirmation en doctrine, v. E. Bénabent[1] – pour une illustration en jurisprudence, au moins sur la question de la compétence pour connaître d'une « *saisie-contrefaçon* » pratiquée à l'encontre d'un établissement public, et non sur la licéité de la mesure[2]).

1. E. Bénabent, *L'exécution en nature des contrats des personnes publiques*, th. Paris II, 1979, p. 271.
2. T. confl. 6 janv. 1975, Ofrateme c/Jahan et a., req. nº 01995, *Lebon ; D.* 1975. 702 s., note Plouvin.

CHAPITRE

1642. Voies d'exécution forcée administratives

PASCAL TROUILLY
CONSEILLER D'ÉTAT

SECTION 0

ORIENTEUR

1642.00 **Sommaire du chapitre.**

Division. La principale voie d'exécution administrative est issue de l'article 1er de la loi du 16 juillet 1980. Ce dispositif n'est cependant applicable qu'à l'exécution des décisions de justice portant condamnation à payer une somme d'argent, fixant le montant de la condamnation et devenues définitives ou passées en force de chose jugée (sect. 1). Pour les autres décisions de justice qui, tout en étant exécutoires, ne remplissent pas ces conditions, il convient d'envisager d'autres voies d'exécution (sect. 2).

1642.02 **Jurisprudence de référence.**

> Responsabilité de l'État en cas de carence d'une collectivité locale à exécuter un jugement.

• **CE 18 nov. 2005,** *Sté fermière de Campoloro et Sté de gestion du port de Campoloro*, req. n° 271898, *Lebon*

* V. ss nos 0142.11, 1642.51, 1653.11

Le législateur a entendu donner au représentant de l'État, en cas de carence d'une collectivité territoriale à assurer l'exécution d'une décision juridictionnelle passée en force de chose jugée, et après mise en demeure à cet effet, le pouvoir de se substituer aux organes de cette collectivité afin de dégager ou de créer les ressources permettant la pleine exécution de cette décision de justice ; à cette fin, il lui appartient, sous le contrôle du juge, de prendre, compte tenu de la situation de la collectivité et des impératifs d'intérêt général, les mesures nécessaires ; qu'au nombre de ces mesures, figure la possibilité de procéder à la vente de biens appartenant à la collectivité dès lors que ceux-ci ne sont pas indispensables au bon fonctionnement des services publics dont elle a la charge ; si le préfet s'abstient ou néglige de faire usage des prérogatives qui lui sont ainsi conférées par la loi, le créancier de la collectivité territoriale est en droit de se retourner contre l'État en cas de faute lourde commise dans l'exercice du pouvoir de tutelle ; en outre, dans l'hypothèse où, eu égard à la situation de la collectivité, notamment à l'insuffisance de ses actifs, ou en raison d'impératifs d'intérêt général, le préfet a pu légalement refuser de prendre certaines mesures en vue d'assurer la pleine exécution de la décision de justice, le préjudice qui en résulte pour le créancier de la collectivité territoriale est susceptible d'engager la responsabilité de la puissance publique s'il revêt un caractère anormal et spécial.

1642.05 **Voie d'exécution spécifique.** L'existence de voies d'exécution administratives est la contrepartie du principe de l'insaisissabilité des biens (v. Teissier et Hauriou[1]), dès lors que la parfaite exécution

1. CE 17 juin 1904, Commission administrative de l'hospice du Saint-Esprit, *S.* 1906. 3. 119 s., concl. Teissier – CE 20 nov. 1908, Chambre de commerce de Rennes, *Lebon* 941 ; *S.* 1910. 3. 17 s., note M. Hauriou.

des décisions de justice, quelle que soit la partie condamnée, constitue l'un des postulats de l'État de droit. L'article 1er de la loi du 16 juillet 1980[1] relative aux astreintes prononcées en matière administrative et à l'exécution des jugements par les personnes morales de droit public (repris par CJA, art. L. 911-9), a institué une procédure de paiement forcé spécifique à l'exécution des décisions de justice contre les personnes publiques, tendant à permettre au justiciable d'obtenir directement le paiement des sommes qui lui sont dues, sans engager de procédure juridictionnelle. Il a été modifié à plusieurs reprises et en dernier lieu par l'article 17 de la loi du 12 avril 2000[2] relative aux droits des citoyens dans leurs relations avec les administrations. Son décret d'application a été pris le 20 mai 2008[3].

SECTION 1

DÉCISIONS DE JUSTICE FIXANT LE MONTANT DE LA CONDAMNATION ET DEVENUES DÉFINITIVES OU PASSÉES EN FORCE DE CHOSE JUGÉE

§ 1

Conditions générales

1642.11 Champ d'application. Aux termes de l'article 1er de la loi du 16 juillet 1980, citée par l'article L. 911-9 du CJA : « *Lorsqu'une décision juridictionnelle passée en force de chose jugée a condamné l'État au paiement d'une somme d'argent dont le montant est fixé par la décision elle-même, cette somme doit être ordonnancée dans un délai de deux mois à compter de la notification de la décision de justice.* »

1642.12 Décisions émanant des deux ordres de juridiction. La procédure de paiement forcé instituée par la loi du 16 juillet 1980 concerne l'exécution de toutes les décisions juridictionnelles, qu'elles émanent de l'ordre juridictionnel administratif ou judiciaire. La décision du juge de l'expropriation fixant, en application des articles L. 13-1 s. C. expr., les indemnités destinées à réparer le préjudice résultant de l'expropriation, constitue une décision juridictionnelle condamnant une collectivité locale au paiement d'une somme d'argent au sens des dispositions du premier alinéa du II de l'article 1er de la loi du 16 juillet 1980[4] relatives au mandatement d'office[5].

1642.13 Décisions passées en force de chose jugée. Renvoi. Sur la notion de décision passée en force de chose jugée, v. ss no 1612.75.

1642.14 Décisions accordant une provision. Les dispositions de l'article 1er de la loi du 16 juillet 1980 sont applicables aux décisions du juge des référés accordant une provision[6].

1642.15 Décisions fixant le montant de la condamnation. La décision doit fixer le montant de la somme à payer. Le plus souvent, la décision qui condamne une personne à payer une somme d'argent détermine elle-même le montant de la somme à payer. Dans ce cas, il n'y a aucune difficulté : la contrainte est susceptible de jouer pour le paiement de la condamnation principale mais aussi des intérêts, des frais de l'instance... Mais les choses ne sont pas toujours aussi simples. Parfois il y a condamnation mais le créancier ne pourra pas recourir à la procédure régie par l'article I de la loi du 16 juillet 1980. Il en va ainsi lorsque la décision mentionne les sommes dues dans ses attendus ou ses considérants et non dans son dispositif, renvoie la liquidation de la dette à d'autres décisions juridictionnelles ou non (par ex., chez le juge administratif le renvoi du justiciable devant la personne publique liquider l'indemnité selon les bases fixées dans les motifs[7]) ou comporte des dispositions alternatives (condamnation « *si mieux n'aime* » par la juridiction administrative ou « *conditionnelles* » comme en matière de fixation par le juge judiciaire des indemnités d'expropriation dues par les collectivités expropriantes).

1642.16 Condamnation au paiement d'une somme d'argent[8]. Cette procédure permet d'obtenir l'exécution de toutes les décisions de justice portant

1. L. no 80-539, 16 juill. 1980, relative aux astreintes prononcées en matière administrative et à l'exécution des jugements par les personnes morales de droit public, *JO* 17 juill., p. 1799 s.
2. L. no 2000-321, 12 avr. 2000, relative aux droits des citoyens dans leurs relations avec les administrations, *JO* 13 avr., p. 5646, art. 22-1.
3. Décr. no 2008-479, 20 mai 2008, relatif à l'exécution des condamnations pécuniaires prononcées à l'encontre des collectivités publiques, *JO* 23 mai, p. 8380.
4. L. no 80-539, 16 juill. 1980, relative aux astreintes prononcées en matière administrative et à l'exécution des jugements par les personnes morales de droit public, *JO* 17 juill.
5. CE 5 juill. 2010, Cne d'Angerville, req. no 309355, *Lebon* ; *AJDA* 2011. 168, note P. Caille ; *AJDI* 2011. 111, chron. S. Gilbert ; *RDI* 2010. 489, obs. R. Hostiou ; *AJCT* 2010. 88, obs. J.-F. Struillou.
6. L'article 17 de la loi no 2000-321 du 12 avril 2000, relative aux droits des citoyens dans leurs relations avec les Administrations, a modifié l'article 1er-I de la loi du 16 juillet 1980, pour étendre son champ d'application à ces décisions – POUR UNE APPLICATION V. CE 29 oct. 2010, Min. Alimentation c/ Sté Sofunag Environnement, req. no 338001, *Lebon*.
7. EX. : CE 27 sept. 1993, Mme Kerbache, req. no 116587, *Lebon* T. 855 : requérante renvoyée devant l'Administration pour qu'il soit procédé à la liquidation de l'indemnité à laquelle elle a droit sur les bases définies dans les motifs de la décision de justice.
8. SUR LA NOTION DE CONDAMNATION PÉCUNIAIRE, V. S. Niquège, « La notion de condamnation dans la jurisprudence administrative », *AJDA* 2008. 1528.

condamnation au paiement d'une somme d'argent, mais seulement de celles-là. Il a ainsi été jugé qu'elle ne s'appliquait pas à une autorisation donnée par le juge judiciaire, dans le cadre d'une procédure de redressement et la liquidation judiciaires des entreprises, de revendiquer une somme entre les mains d'une personne publique[1].

En revanche, elle s'applique à l'ensemble des condamnations prononcées, notamment « *au paiement des intérêts dont la décision de justice a fixé le point de départ et le taux, sans préjudice de l'obligation pour la collectivité publique de verser les intérêts dus en application de l'article 1153-1 du Code civil* [devenu C. civ., art. 1231-7] »[2].

1642.17 **Partie condamnée.** Le dispositif issu de la loi du 16 juillet 1980 ne s'applique qu'à l'État, les collectivités territoriales, les établissements publics, à l'exclusion des personnes publiques *sui generis* telles que la Banque de France ou les groupements d'intérêt public.

§ 2 Décisions de justice condamnant l'État

1642.20 **Plan.** On examinera successivement le délai dans lequel l'ordonnancement de la somme à laquelle l'État a été condamné doit intervenir (A) avant d'examiner le recours dont dispose le créancier auprès du comptable en cas de non-respect de ce délai (B).

1642.21 **Textes applicables.**

• **CJA,** art. L. 911-9, I (réd. L. n° 80-539, 16 juill. 1980, art. 1er, I).

• **Décr. n° 2008-479, 20 mai 2008,** relatif à l'exécution des condamnations pécuniaires prononcées à l'encontre des collectivités publiques, chap. I, *JO* 23 mai, p. 8380.

• **Circ. Prem. min., 20 mai 2008,** relative à l'exécution des condamnations pécuniaires prononcées contre l'État, NOR : PRMX0812416C, *JO* 23 mai, p. 7.

• **Circ. min. Intérieur, 16 oct. 1989,** sur l'exécution des décisions de justice par les collectivités territoriales et leurs établissements, *JO* 20 févr. 1990, p. 2143.

A. Délai dans lequel les sommes doivent être ordonnancées

1642.31 **Principe général.** La somme à laquelle l'État a été condamné par une décision juridictionnelle passée en force de chose jugée et dont le montant a été fixé par la décision elle-même doit être ordonnancée dans un **délai de deux mois** à compter de la notification de la décision de justice. Ce délai était de quatre mois dans la version initiale de la loi du 16 juillet 1980 ; il a été abaissé à deux mois par la loi du 12 avril 2000[3] relative aux droits des citoyens dans leurs relations avec les administrations.

Une précision s'impose à cet égard. La procédure générale d'exécution des dépenses publiques comprend quatre opérations successives : l'engagement, la liquidation, l'ordonnancement et le paiement[4]. Pour éviter les déconvenues, le créancier doit donc bien distinguer l'ordonnancement du paiement. L'ordonnancement est, selon l'article 32 du décret du 7 novembre 2012[5], relatif à la gestion budgétaire et comptable publique (texte qui a succédé au décret du 29 décembre 1962[6] portant règlement général sur la comptabilité publique), « *l'ordre, quelle qu'en soit la forme, donné par l'ordonnateur au comptable de payer une dépense* ». Il est prescrit soit directement par les ordonnateurs principaux (pour l'État il s'agit des ministres), soit par les ordonnateurs secondaires (directeurs régionaux des finances publiques, notamment). L'ordonnancement n'est donc pas la dernière étape de la procédure. Intervient en effet après l'ordonnateur, le comptable qui, avant de procéder au paiement, s'assure, sous sa seule responsabilité, que les conditions nécessaires à l'exécution régulière de la dépense publique sont réalisées. En pratique, donc, si même le législateur a prévu que l'ordonnancement de la dépense devait intervenir dans les deux mois de la notification de la décision, le créancier ne recevra pas effectivement les sommes qui lui sont dues dans ce délai. En moyenne, il devra patienter, selon les cas, entre deux et six semaines après le jour où l'ordonnance ou le mandat émis par l'ordonnateur aura été transmis au comptable.

1642.32 **Insuffisance de crédits.** Le deuxième alinéa du I de l'article 1er de la loi du 16 juillet 1980 dispose que : « *Si la dépense est imputable sur des crédits limitatifs qui se révèlent insuffisants, l'ordonnancement est fait dans la limite des crédits disponibles. Les ressources nécessaires pour les compléter sont dégagées dans les conditions prévues par l'ordonnance n° 59-2 du 2 janvier 1959 portant loi organique relative aux lois de finances. Dans ce cas, l'ordonnancement complémentaire doit être fait dans un délai de quatre mois à compter de la notification. À défaut d'ordonnancement dans les délais mentionnés aux alinéas ci-dessus, le comp-*

1. CE 12 déc. 2007, Min. Économie, Finances et Emploi, c/UGAP, req. n° 296345, *Lebon ; AJDA* 2005. 2410.
2. Décr. n° 2008-479, 20 mai 2008, reprenant une solution dégagée par CE 3 sept. 2007, M. Déchelotte, req. n° 293283, *Lebon ; AJDA* 2007. 1679.
3. L. n° 2000-321, 12 avr. 2000, préc.
4. Décr. n° 62-1587, 29 déc. 1962, portant règlement général sur la comptabilité publique, *JO* 30 déc., art. 28.
5. Décr. n° 2012-1246, 7 nov. 2012, relatif à la gestion budgétaire et comptable publique, *JO* 10 nov., p. 17713.
6. Décr. n° 62-1587, 29 déc. 1962, préc.

table assignataire de la dépense doit, à la demande du créancier et sur présentation de la décision de justice, procéder au paiement ». La loi organique du 1er août 2001[1], relative aux lois de finances, a succédé à l'ordonnance du 2 janvier 1959. Ce sont donc désormais les dispositions de cette loi qui sont applicables.

1642.33 Formes de l'ordonnancement. Les textes ne contiennent aucune règle particulière sur l'autorité compétente pour ordonnancer la dépense. Les règles habituelles s'appliquent donc. Pour éviter toute méprise de la part du créancier poursuivant (qu'une lecture rapide des textes pourrait déconcerter), on rappellera que :

– les ministres, ordonnateurs principaux de l'État, émettent des « *ordonnances de paiement* », qui sont soumises au contrôle exercé par les contrôleurs budgétaires et comptables ministériels (CBCM) ;

– les ordonnateurs secondaires de l'État (tout comme d'ailleurs les ordonnateurs des autres organismes publics) émettent, eux, des « *mandats de paiement* ».

1642.34 Informations du créancier sur la date de l'ordonnancement ou du mandatement. Ces informations sont prévues par le décret du 20 mai 2008 relatif à l'exécution des condamnations pécuniaires prononcées à l'encontre des collectivités publiques.

La date de l'ordonnancement ou de mandatement est portée à la connaissance du créancier par lettre recommandée avec demande d'avis de réception le jour de l'émission du titre. La même lettre comporte la désignation du comptable assignataire de la dépense (sur cette notion, v. ss no 1642.43). En cas d'insuffisance des crédits limitatifs sur lesquels la dépense est imputable, l'information est double :

– l'ordonnateur de la dépense doit aviser le créancier, par lettre recommandée avec demande d'avis de réception (LRAR), avant l'expiration du délai de deux mois à compter de la notification de la décision à l'État, du montant de la somme due qui fera l'objet d'une ordonnance ou d'un mandat de paiement ultérieur ;

– la date de l'ordonnancement ou du mandatement du solde des sommes dues (qui doit être émis dans un délai de quatre mois à compter de la notification de la décision de justice à l'État) est portée à la connaissance du créancier par LRAR le jour de l'émission du titre. Cette lettre désigne le comptable assignataire de la dépense.

Dans tous les cas, et afin d'éviter que les demandes de paiement direct soient formulées à tort et pour prévenir les risques de double paiement, l'article 3 du décret du 20 mai 2008 prévoit que le comptable assignataire est informé, de la même façon que le créancier, de la date à laquelle les sommes ont pu ou peuvent avoir été mandatées par l'ordonnateur.

B. Saisine du comptable en cas de non-respect du délai dans lequel les sommes doivent être ordonnancées

1642.41 Principe. L'article 1er, I de la loi du 16 juillet 1980[2] (CJA, art. L. 911-9 I, al. 3) dispose : « *À défaut d'ordonnancement, dans les délais mentionnés aux alinéas ci-dessus* [deux mois en principe ou quatre mois en cas d'insuffisance des crédits disponibles], *le comptable assignataire de la dépense doit, à la demande du créancier et sur présentation de la décision de justice, procéder au paiement* ». Au nom de la protection des créanciers de l'État, le législateur a donc dérogé à un principe fondamental du droit de la comptabilité publique : la séparation des ordonnateurs et des comptables. En principe, en effet, le comptable public ne peut jamais payer une dépense sans qu'un administrateur lui en ait donné l'ordre. C'est dire l'importance de la dérogation existant en matière d'exécution des décisions de justice.

1642.42 Saisine du comptable. Le créancier de l'État qui n'a pas reçu dans les deux (ou quatre mois en cas d'insuffisance des crédits) la lettre l'informant de la date de l'ordonnancement ou du mandatement de sa créance ainsi que de la désignation du comptable assignataire de la dépense peut saisir le comptable d'une demande de paiement sans ordonnancement ou mandatement préalable.

1642.43 Identification du comptable à saisir. Le créancier doit saisir le « *comptable assignataire de la dépense* ». La notion peut déconcerter, d'autant que le réseau des comptables publics est passablement complexe. Les « comptables assignataires » se distinguent des « comptables correspondants », suivant la part qu'ils prennent à l'exécution des opérations financières. Pour J. Magnet[3] : « *Les comptables assignataires sont ceux qui sont désignés pour exécuter les opérations et en assument corrélativement la responsabilité. Ils sont tenus d'en exercer eux-mêmes le contrôle, dans les conditions posées par le règlement général sur la comptabilité publique, mais l'exécution matérielle (encaissement et décaissement) peut en être faite par d'autres comptables, leurs correspondants, qui opèrent pour leur compte et sous leur responsabilité. Ainsi les impôts directs à la charge de contribuables qui ont quitté la circonscription où ils étaient imposés peuvent être*

1. L. org. no 2001-692, 1er août 2001, relative aux lois de finances, *JO* 2 août, p. 12480.

2. L. no 80-539, 16 juill. 1980, préc.
3. J. Magnet, *Les comptables publics*, « Systèmes », 2e éd., LGDJ, 1995, p. 12.

versés par eux à la caisse du comptable subordonné du Trésor de leur nouvelle résidence ; les dépenses payables en numéraire peuvent être réglées, sur visa des comptables assignataires, par les comptables des lieux où résident les bénéficiaires ».

Le premier alinéa de l'article 80 du décret du 7 novembre 2012 relatif à la gestion budgétaire et comptable publique dispose que « *dans les conditions fixées par arrêté du ministre chargé du Budget, les contrôleurs budgétaires et comptables ministériels sont comptables assignataires des ordres de payer, des dépenses sans ordonnancement et des ordres de recouvrer des ordonnateurs principaux* ». Ainsi, lorsque l'exécution d'une condamnation pécuniaire prononcée contre l'État par une juridiction incombe à un ministre, ordonnateur principal et défendeur à l'instance, ce qui est souvent le cas pour les litiges tranchés par le Conseil d'État et les cours administratives d'appel, plus rarement pour les tribunaux administratifs, le comptable public compétent pour mettre en œuvre le « *paiement direct* » est le contrôleur budgétaire et comptable ministériel.

La situation est plus complexe en ce qui concerne les condamnations pécuniaires devant être réglées par un ordonnateur secondaire. L'article 133 du décret du 7 novembre 2012 dispose que « *les ordres de payer et les dépenses sans ordonnancement des ordonnateurs secondaires sont assignés sur les comptables principaux de l'État désignés par le ministre chargé du budget* ». Les ordonnateurs secondaires sont notamment les préfets et les chefs des services déconcentrés de l'État. Le déploiement de l'application « Chorus » a entraîné la mise en place de plates-formes régionales, appelées « *centres de services partagés* ». L'arrêté du 23 décembre 2019 fixant l'assignation des dépenses et des recettes des ordonnateurs secondaires des services civils de l'État[1] comporte ainsi plusieurs tableaux annexes qui indiquent, en fonction du ministère concerné et du lieu d'implantation du centre de services partagés, le comptable assignataire. Par exemple, pour le centre de services partagés interministériel ayant son siège à Paris, le comptable assignataire est le directeur régional des finances publiques d'Île-de-France et du département de Paris.

De toute façon, même s'il est peu au fait des choses de l'Administration, le créancier n'a pas à craindre les conséquences de la règle selon laquelle il lui faut saisir le « *comptable assignataire de la dépense* ». En effet, le comptable saisi, s'il n'est pas « *assignataire de la dépense* » doit en aviser le créancier en même temps qu'il doit transmettre le dossier au comptable compétent[2].

1. Arr. 23 déc. 2019, fixant l'assignation des dépenses et des recettes des ordonnateurs secondaires des services civils de l'État, *JO* 26 déc. (NOR CPAE 1936305A).
2. Décr. nº 2008-479, 20 mai 2008, art. 4.

1642.44 Absence de formalisme. La loi du 16 juillet 1980 pose le principe du paiement direct des condamnations par le comptable assignataire, sur demande du bénéficiaire de la décision de justice. Mais elle n'apporte aucune précision quant à la nature et à la forme de cette demande, pas plus que d'ailleurs que les décrets pris pour son application. La circulaire du 7 juin 1989 relative à l'exécution des décisions de justice condamnant l'État au paiement d'une somme d'argent[3] précise à cet égard « *qu'il suffit d'une simple lettre du créancier, ou même, que ce dernier se présente, en personne, au guichet du comptable muni de l'expédition rendue en sa faveur, revêtue de la formule exécutoire* ».

1642.45 Pièces justificatives à joindre à la demande. L'article du décret du 20 mai 2008 dispose que la saisine du comptable par le créancier s'opère sur simple présentation d'une expédition de la décision à exécuter revêtue de la formule exécutoire. En pratique, dans la mesure où le comptable assignataire de la dépense doit vérifier, à peine d'engager sa responsabilité personnelle, que toutes les conditions posées par la loi sont réunies, il ne lui suffit pas de connaître le contenu de la décision à exécuter. Il doit aussi pouvoir apprécier l'exercice éventuel d'une voie de recours, notamment pour s'assurer que le jugement et/ou l'arrêt est revêtu de la « *force de chose jugée* ». Des justificatifs d'identité et un relevé d'identité bancaire doivent également être produits.

1642.46 Conséquences pour le créancier. Le bénéficiaire de la condamnation répondant aux exigences fixées par la loi du 16 juillet 1980 a tout à gagner à saisir le comptable. S'il le fait, il est certain d'être payé à bref délai. Lorsque le comptable saisi par le créancier est « *le comptable assignataire* », le paiement doit en effet intervenir dans le délai d'un mois. Si le comptable saisi n'est pas assignataire de la dépense, le dossier est, on l'a vu, automatiquement transmis au comptable compétent qui dispose lui aussi d'un mois à compter de sa saisine pour procéder au versement effectif des sommes.

1642.47 Conséquences pour l'ordonnateur. Le dispositif mis en place ne permet pas seulement au créancier d'obtenir le paiement des sommes qui lui sont dues. Il comporte également un aspect répressif, l'ordonnateur se voyant infliger des sanctions. Dans tous les cas, lorsque le comptable a procédé au paiement après y avoir été requis par le créancier, l'ordonnateur des crédits correspondants doit procéder à un ordonnancement de régularisation[4]. Concrè-

3. Circ. 7 juin 1989, relative à l'exécution des décisions de justice condamnant l'État au paiement d'une somme d'argent, *JO* 16 sept., p. 11717 ; *D.* 1989. 321 ; *JCP* 1989. III. 63142.
4. Décr. nº 2008-479, 20 mai 2008, art. 5.

tement, le comptable assignataire qui a effectué le paiement invite l'ordonnateur à lui produire, sans délai, l'ordonnance ou le mandat de régularisation accompagné de l'expédition de la décision de justice exécutée revêtue de la formule exécutoire. Le paiement ayant donné lieu à l'émission par le comptable d'un ordre de paiement, l'opération a en effet, été comptabilisée sur un compte d'attente. L'ordonnance ou le mandat doit être produit avant la clôture de l'exercice. Aussi bien, dans l'hypothèse où le mandat ou l'ordonnance de régularisation ne serait pas produit dans le délai d'un mois qui suit le paiement direct, le comptable doit-il informer sans délai les services centraux du ministère chargé du Budget afin que des solutions soient recherchées au niveau des Administrations centrales et, le cas échéant, qu'une imputation budgétaire soit donnée à la dépense en tout état de cause avant l'expiration de la période complémentaire (c'est-à-dire avant le 20 janvier de l'année $n + 1$). Tant que l'ordonnancement de régularisation n'a pas eu lieu, il est fait interdiction à l'ordonnateur intéressé d'engager de nouvelles dépenses sur le chapitre devant supporter le paiement de la condamnation.

§ 3 Décisions de justice condamnant une collectivité territoriale ou un établissement public

1642.50 Textes applicables.

- **Décr. n° 2008-479, 20 mai 2008,** relatif à l'exécution des condamnations pécuniaires prononcées à l'encontre des collectivités publiques, *JO* 23 mai, p. 8380, chap. II.
- **CGCT,** art. L. 1612-17.
- **CJA,** art. L. 911-9, II (L. n° 80-539, 16 juill. 1980, art. 1er, II).

1642.51 Généralités. Longtemps le juge administratif a refusé d'imposer à l'autorité de tutelle l'obligation d'inscrire au budget des collectivités locales les sommes correspondant à l'exécution des décisions de justice[1]. Parce que, selon M. Waline : « *Il serait peut-être imprudent de leur faire toujours entière confiance pour acquitter spontanément leurs dettes* »[2], le juge a hésité[3], puis évolué[4]. Aujourd'hui, la question est réglée par le législateur : la loi du 16 juillet 1980 a confié au représentant de l'État une double compétence d'inscription budgétaire *d'une part*, de mandatement d'office *d'autre part*. Globalement le dispositif mis en place est le même que pour l'État (v. ss nos 1642.20 s.). Les obligations mises à la charge des ordonnateurs des collectivités locales sont les mêmes que celles qui pèsent sur les ordonnateurs principaux et secondaires de l'État. Tout au plus faut-il relever que :

– si l'ordonnateur manque à ses obligations (non-respect des délais d'ordonnancement ou défaut d'information du créancier), l'autorité à saisir n'est pas le comptable mais le préfet ;

– lorsque les crédits existent et sont disponibles, le Préfet peut procéder au mandatement d'office sans même avoir à mettre en demeure la collectivité et sans intervention des chambres régionales des comptes[5] ;

– en cas d'absence ou d'insuffisance de crédits inscrits au budget, le préfet dispose d'un délai d'un mois à compter de la saisine du créancier pour mettre en demeure la collectivité locale de créer les ressources nécessaires ;

– une fois mise en demeure, la collectivité dispose d'un mois pour s'y conformer (ce délai est porté à deux mois lorsque la dette est égale ou supérieure à 5 % du montant de la section de fonctionnement du budget de la collectivité locale intéressée[6]) ;

– si sa mise en demeure reste sans effet, le préfet procède à l'inscription d'office de la somme due en dégageant les ressources nécessaires. Pour ce faire, il peut réduire les crédits affectés à d'autres dépenses et encore libres d'emploi, augmenter les recettes, ou même utiliser ces deux possibilités en même temps. Le Conseil d'État a admis que le préfet procède à la vente de biens immobiliers de la collectivité territoriale, sous réserve que le bien ne soit pas indispensable au bon fonctionnement des services publics dont la collectivité a la charge[7]. Il peut arriver ici que la somme en cause soit si importante que l'équilibre réel du budget soit mis en péril. Dans cette hypothèse (heureusement encore très rare), le préfet doit saisir la chambre régionale des comptes au titre de l'article L. 1612-5 du CGCT. La chambre élaborera un plan sur plusieurs années afin que la collectivité locale en cause honore la dette résultant de la décision de justice, éventuellement à l'aide de subventions exceptionnelles de l'État (CGCT, art. L. 2335-2) ;

– la décision du préfet modifiant le budget de la collectivité est notifiée à cette dernière qui peut la déférer à la censure de la juridiction administrative (sans que ce recours soit suspensif) ;

1. CE 28 mars 1853, Giraud, *Lebon* 353 – CE 4 août 1876, Ville de Besançon, *Lebon* 743.
2. M. Waline, *Manuel élémentaire de droit administratif*, 4e éd., Sirey, 1946, p. 470.
3. CE 26 juin 1908, Daraux, *S.* 1909. 3. 129, note M. Hauriou.
4. CE, ass., 24 mai 1943, Cne de Joinville-le-Pont, *D.* 1943. 74 – CE 31 mai 1950, Cts Roux, *Lebon* 321.
5. CE 23 déc. 1988, Ville de Romans sur Isère, req. n° 90014, *Lebon* 471 ; *AJDA* 1989. 267 s., obs. J. Moreau.
6. Décr. n° 2008-479, 20 mai 2008, art. 10.
7. CE, sect., 18 nov. 2005, Sté fermière de Campoloro et a., req. n° 271898, *Lebon ; AJDA* 2006. 137, chron. C. Landais et F. Lenica ; *AJDA* 2007. 1218, étude P. Cassia ; *RFDA* 2000. 1096, note P. Bon ; *RFDA* 2006. 341, note P. Bon.

– en toute hypothèse, si dans le délai de huit jours après cette notification l'ordonnateur n'a pas procédé au mandatement, le préfet y procède dans le délai d'un mois ;

– le paiement, stade ultime de la procédure, est le fait du comptable de la collectivité. Si la trésorerie est insuffisante, le comptable ne pourra pas payer. En général, sauf dans de rares cas de communes « *en cessation de paiement* », cette situation ne se prolonge pas indéfiniment et le blocage n'est que temporaire. Si les choses durent, le créancier devra se tourner, une nouvelle fois, vers le préfet qui pourra donner un ordre de priorité à son mandatement d'office (il n'existe pas de règle précise relative à l'ordre de priorité des créances qu'il incombe à l'ordonnateur de définir, sous sa responsabilité, en cas d'insuffisance de trésorerie. Par exemple, en cas de mandatement d'office, une circulaire interministérielle du 20 octobre 1988 prescrit aux préfets de veiller à ce que soient payées en premier lieu les dépenses de personnel et les annuités des emprunts[1]. Rien n'est dit donc des décisions de justice). Rappelons également que le comptable suspendra le paiement s'il ne possède pas comme pièce justificative la décision de justice revêtue de la formule exécutoire et qu'il s'assurera, dans tous les cas, du caractère libératoire du paiement dont il est chargé, c'est-à-dire qu'il paie à la bonne personne (ce qui peut le conduire à des vérifications passablement longues lorsque, par ex., une saisie a été pratiquée entre ses mains contre le bénéficiaire de la chose jugée, v. s[s] n° 1641.45).

Il faut ajouter que la responsabilité de l'État est susceptible d'être engagée, à l'égard de la collectivité locale mise en cause, si le préfet fait un usage abusif de ses prérogatives, ou (l'hypothèse est plus probable) à l'égard du créancier, si, au contraire, il refuse de les utiliser ou les utilise avec retard (v. s[s] n°s 1652.21 s.).

1642.52 Établissements publics. Les dispositions applicables aux établissements publics, qu'ils soient nationaux ou locaux, sont identiques à celles applicables aux collectivités territoriales, à ceci près que l'autorité vers laquelle le créancier doit se tourner n'est pas le préfet mais l'autorité de tutelle. On rappellera également que l'autorité de tutelle est susceptible d'engager sa responsabilité si elle n'utilise pas les prérogatives qui lui sont reconnues par la loi pour contraindre l'établissement public à s'acquitter promptement des sommes mises à sa charge par une décision de justice répondant aux conditions fixées par la loi du 16 juillet 1980 (v. s[s] n°s 1652.21 s.).

1. J.-L. Chartier et A. Doyelle, « Les chambres régionales des comptes et les collectivités en grave difficulté financière », *AJDA* 1992. 717 s.

§ 4
Conséquences de cette voie d'exécution forcée sur le prononcé d'astreinte

1642.61 Articulation entre la procédure de paiement forcé et la procédure d'astreinte. Le Conseil d'État a précisé l'articulation entre, *d'une part*, l'utilisation par le juge de ses pouvoirs d'injonction et d'astreinte et, *d'autre part*, la procédure de paiement forcé prévue par la loi du 16 juillet 1980, reprise à l'article L. 911-9 du CJA[2]. Dès lors que cette loi permet au requérant, en cas d'inexécution d'une décision passée en force de chose jugée condamnant une collectivité locale ou un établissement public au paiement d'une somme d'argent dont elle fixe le montant, d'obtenir le mandatement d'office de cette somme, il n'y a pas lieu de faire droit aux conclusions de ce requérant tendant à ce qu'il soit enjoint à la personne condamnée de payer cette somme.

Cette décision *Lother* concernait une demande d'injonction *a priori* destinée à garantir l'exécution d'une décision juridictionnelle condamnant une collectivité territoriale ou un établissement public et appelée à « *passer en force de chose jugée* » dès sa notification, donc de manière imminente. C'est cette hypothèse que l'on retrouve dans plusieurs autres décisions postérieures[3].

Mais la jurisprudence *Lother* a été appliquée ensuite à d'autres hypothèses, pour concerner progressivement l'ensemble des décisions juridictionnelles condamnant une personne publique au paiement d'une somme d'argent. Ainsi, elle a été étendue à l'hypothèse dans laquelle sont présentées, postérieurement à une décision juridictionnelle, des conclusions tendant au prononcé d'une astreinte *a posteriori*[4]. Les décisions passées en force de chose jugée et condamnant l'État au paiement d'une somme d'argent sont concernées également et ce sont alors les dispositions du I de l'article 1er de la loi du 16 juillet 1980 qui justifient cette solution[5]. Enfin, la jurisprudence *Lother* a même été appliquée par les tribunaux administratifs, sans que l'exercice éventuel d'une voie de recours, empêchant le jugement de passer en force de chose jugée, ne soit pris en compte. Le *Rapport public 2004* du Conseil d'État a souligné, à cet égard, que « *le renvoi opéré par l'article L. 911-9 du Code de justice administrative a pu entretenir l'idée qu'une condition de mise en œuvre de cette procédure, l'acquisition par la décision de condamnation de la force*

2. CE 6 mai 1998, M. Lother, req. n°s 141236 et 190092.
3. PAR EX., CE 24 nov. 2003, S[té] Le Cadoret, req. n° 250436 – OU CE 9 juill. 2010, S[té] Audacieuse Gardiennage, req. n° 313770.
4. CE 11 juill. 2012, Cts Delpech, req. n° 349008.
5. CE 30 janv. 2012, M. et Mme de Keguelin, req. n° 338681.

de chose jugée, était aussi une condition de l'obligation d'exécuter le jugement dès sa notification ».

Il convient toutefois de relever que certaines cours administratives d'appel ne font pas application de la jurisprudence *Lother*[1] et estiment que la procédure de paiement d'office n'est ni exclusive, ni même préalable, du prononcé d'une astreinte. Plusieurs décisions du Conseil d'État ont prononcé des astreintes *a posteriori* en vue de l'exécution de décisions juridictionnelles passées en force jugée et qui prononçaient des condamnations de l'administration au paiement d'une somme d'argent[2].

Le Conseil d'État a précisé récemment que lorsque le calcul de la somme due soulève une difficulté sérieuse, le bénéficiaire peut saisir la juridiction administrative d'une demande d'exécution tendant au prononcé d'une astreinte[3].

Par ailleurs, la cour administrative d'appel de Paris a estimé qu'en cas d'échec de la procédure de « *paiement forcé* » prévue à l'article L. 911-9 du CJA, du fait d'un refus, même implicite, du comptable public, le JEX pouvait prononcer une astreinte en vue d'assurer l'exécution d'une décision de justice[4]. Le Conseil d'État a retenu récemment la même solution[5].

SECTION 2 AUTRES DÉCISIONS DE JUSTICE EXÉCUTOIRES

§ 1 Décisions de justice condamnant l'État ou un établissement public national

1642.71 **État.** En l'état de notre droit, il n'existe aucune procédure permettant de contraindre l'État à payer une somme qu'une juridiction a mise à sa charge, lorsque la décision, fut-elle exécutoire, n'est pas définitive, passée en force de chose jugée ou ne détermine pas précisément le montant de la condamnation. Dans ces hypothèses, le paiement est spontané ou il n'est pas...

1642.72 **Établissement public de l'État.** Si l'on s'en tient aux textes, la solution est la même que pour l'État. Faute qu'une procédure ait été prévue, le créancier est démuni. Il n'est pas certain, malgré tout, qu'il faille en rester là. Bien au contraire : le créancier nous paraît pouvoir utilement se tourner vers l'autorité de tutelle de l'établissement concerné par l'exécution de la décision de justice. En effet, et même si en principe, l'autorité de tutelle ne détient (contrairement au supérieur hiérarchique) que les pouvoirs dont elle a été expressément investie par les lois et règlements[6], le Conseil d'État a admis, dans ses formations consultatives, que dans la mesure où les voies d'exécution du droit privé ne peuvent être utilisées à l'encontre des établissements publics, leurs créanciers doivent bénéficier, même en l'absence de texte, de la garantie de l'inscription et de l'ordonnancement d'office des dettes exigibles par l'autorité de tutelle[7] (la solution affirmée pour les OPAC et les OPHLM, établissements publics locaux, avant les lois de décentralisation nous semble avoir, de par sa motivation, une portée générale).

§ 2 Décisions de justice condamnant une collectivité territoriale ou un établissement public local

1642.80 **Textes applicables.**

> Sur les aspects procéduraux de la saisine par le créancier.

• **Décr. n° 95-945, 23 août 1995,** relatif aux chambres régionales des comptes, *JO* 27 août, p. 12717, art. 94 à 100.

> Inscription au budget.

• **CGCT,** art. L. 1612-15.

> Mandatement.

• **CGCT,** art. L. 1612-16.

1642.81 **Bibliographie indicative.**

Ouvrage. H.-M. Crucis, *Droit des contrôles financiers des collectivités territoriales*, Paris, *AJDA*/Le Moniteur, 1998, chap. 4.12, 5.41 et 5.75.

Articles. J.-Y. Bertucci et A. Doyelle, « Les questions de compétence et de recevabilité soulevées par le contrôle des actes budgétaires », *AJDA* 1995. 894 s. – J.-L. Chartier et A. Doyelle, « La notion de crédits disponibles pour le mandatement d'une dépense obligatoire », *AJDA* 1989. 684 s. ; « Dépenses obligatoires », *AJDA* 1991. 196 s. – A. Doyelle, « Les difficultés budgétaires et comptables de l'application des décisions de justice », *Gaz. cnes.* 9 nov. 1992. 72 s. – J.-C. Vignot, « L'inscription et le mandatement d'une dépense obligatoire devant les chambres régionales des comptes : pro-

1. CAA Marseille, 17 déc. 2012, Mme Clément, req. n° 12MA93999 – CAA Marseille, 3 juill. 2014, Mme Soleil, req. n° 14MA00822.
2. CE 10 janv. 2005, M. Bouly, req. n° 262139, s'agissant du paiement des frais irrépétibles – CE 14 janv. 2005, Assoc. pour la protection des animaux sauvages, req. n° 263996, pour une somme réparant un préjudice.
3. CE 25 oct. 2017, Sté JC Decaux France, req. nos 399407 et 404049.
4. CAA Paris, 23 mai 2016, Sté Mondial Protection, req. n° 15PA04570.
5. CE 12 févr. 2020, M. Liboutry, req. nos 432598 et 432599 ; *Lebon* T ; *AJDA* 2020. 377 ; *AJFP* 2020. 289.
6. CE 17 janv. 1913, Congrégation des sœurs de Saint-Régis, *Lebon* 72, concl. L. Corneille.
7. CE, sect. TP avis, 23 janv. 1979, req. n° 324152, NP ; *EDCE*, n° 31, p. 217.

cédure d'urgence ou requête au fond ? », *Gaz. cnes.* 6 janv. 1997. 28 s.

1642.82 Application de la procédure générale d'inscription et de mandatement des dépenses obligatoires des collectivités territoriales. Dans un avis rendu par sa section de l'intérieur le 5 janvier 1989, le Conseil d'État a estimé que lorsque la décision juridictionnelle ayant condamné une collectivité territoriale à payer une somme d'argent ne remplissait pas les conditions fixées par la loi du 16 juillet 1980 (décision non passée en force de chose jugée ou n'ayant pas fixé le montant de la condamnation), elle n'en constituait pas moins une dépense obligatoire. Le préfet peut donc mettre en œuvre la procédure organisée par les articles L. 1612-15 et L. 1612-16 du CGCT.

1642.83 Notion de dépenses obligatoires. Aux termes de l'article L. 1612-15 du CGCT : « *Ne sont obligatoires pour les collectivités territoriales que les dépenses nécessaires à l'acquittement des dettes exigibles et les dépenses pour lesquelles la loi l'a expressément décidé* » (v. pour les communes, CGCT, art. L. 2321-1 et L. 2321-2 – pour les départements, CGCT, art. L. 3321-1 – pour les régions, CGCT, art. L. 4321-1). Une dépense ne peut être regardée comme obligatoire et faire l'objet d'un mandatement d'office que si elle correspond à une dette échue, certaine, liquide, non sérieusement contestée dans son principe et dans son montant et découlant de la loi, d'un contrat, d'un délit, d'un quasi-délit ou de toute autre source d'obligations, ce qui inclut les condamnations pécuniaires résultant de décisions juridictionnelles [1]. S'agissant des décisions de justice exécutoires et condamnant une collectivité territoriale à payer une somme d'argent, la condition tirée de ce que la dépense doit être obligatoire dans son principe ne fait pas difficulté. Par « liquide », il faut entendre la dépense dont le mode de calcul n'est pas de nature à soulever d'interrogations sérieuses. La plupart du temps, ce n'est pas sur ce point non plus que le créancier connaîtra des difficultés. En pratique, s'agissant de l'hypothèse qui nous occupe, les discussions les plus délicates portent sur la contestation de la dette. Lorsqu'un recours a été introduit à l'encontre du jugement ou de l'arrêt à exécuter, cette condition laisse en effet place à une appréciation très subjective. On peut considérer qu'une dépense n'est pas sérieusement contestée, du simple fait que le jugement fait l'objet d'un appel (appel contre un jugement de tribunal judiciaire [TJ] bénéficiant de l'exécution provisoire [2] – appel contre un jugement de tribunal administratif [3]) ou d'un recours en cassation (recours en cassation devant le Conseil d'État contre un arrêt de cour administrative d'appel [4]). En pratique, on observe que les motifs de la contestation doivent être suffisamment (et apparemment) sérieux pour que la chambre régionale des comptes et/ou le préfet estime préférable d'attendre qu'elle ait été tranchée pour mettre en œuvre la procédure d'inscription et de mandatement d'office.

1642.84 Mandatement d'office des dépenses obligatoires. Lorsque les crédits disponibles sont suffisants pour que la dette soit honorée, seul le préfet est compétent pour intervenir. De façon schématique, l'article L. 1612-16 du CGCT dispose que :

– à défaut de mandatement de la dépense obligatoire (que constitue la décision de justice exécutoire ayant condamné la collectivité territoriale à payer une somme d'argent) par le maire, le président du conseil général ou le président du conseil régional, dans le mois suivant la mise en demeure qu'il en a été faite par le représentant de l'État dans le département, celui-ci y procède d'office ;

– le délai d'un mois est cependant de deux mois lorsque la dépense est égale ou supérieure à 5 % de la section de fonctionnement du budget primitif.

Si la collectivité connaît des difficultés de trésorerie, le représentant de l'État pourra fixer un ordre de priorité des paiements dans lequel, en général, la somme correspondant à l'exécution d'une décision de justice exécutoire prend un bon rang (sur ce point, v. s^s^ n° 1642.51).

En revanche, dans l'hypothèse où la dépense est impossible par suite de la **non-inscription au budget des crédits correspondants**, le représentant de l'État n'a d'autre solution que de mettre en œuvre la procédure d'inscription budgétaire des crédits selon la procédure prévue à l'article L. 1612-15.

1642.85 Inscription d'office au budget en cas d'insuffisance des crédits disponibles. Lorsque les crédits disponibles sur le chapitre sur lequel la somme mise à la charge de la collectivité par la décision de justice sont insuffisants, la procédure est plus lourde que lorsqu'il s'agit simplement de surmonter l'absence de mandatement par l'ordonnateur. Les choses se passent ainsi :

– La chambre régionale des comptes territorialement compétente, est saisie soit par le représentant

1. CE, sect., avis, 5 janv. 1989, *RFDA* 1990. 513 – CE 12 mars 1982, Sté pour le développement touristique de Pralognan-la-Vanoise, req. n° 17179, *Lebon* T. 553 – CE 11 déc. 1987, Cne de Pointe-à-Pitre, req. n° 26246, *Lebon* T. 626 – J. Verot, « Les dépenses obligatoires des collectivités territoriales décentralisées et de leurs établissements publics », *Rev. Trésor* 1987. 39 s.

2. CRC Île-de-France, avis, 24 mai 1994, *Rec. C. comptes* 224 – CRC Provence-Alpes-Côte-d'Azur, avis, 5 mai 1995, *Rec. C. comptes* 223.
3. CRC Réunion, avis, 24 nov. 1994, *Rec. C. comptes* 283.
4. CRC Provence-Alpes-Côte-d'Azur, avis, 1er janv. 1991, *Rec. C. comptes* 163 – CRC Auvergne, avis, 11 juill. 1991, *Rec. C. comptes* 230 – CRC Ile-de-France, avis, 18 mars 1993, *Rec. C. comptes* 179.

de l'État dans le département, soit par le comptable public concerné, soit par toute personne y ayant intérêt (l'hypothèse qui nous occupe est en effet le seul cas dans lequel les chambres régionales des comptes peuvent être saisies directement par des particuliers). La saisine de la chambre doit être « *motivée, chiffrée et appuyée de toutes les justifications utiles (pour apprécier l'exigibilité et le caractère obligatoire de la dépense), et notamment du budget voté et, le cas échéant, des décisions qui l'ont modifié* » (CGCT, art. R. 1612-32). Cette dernière exigence n'est pas posée à peine d'irrecevabilité. Au contraire même : l'article R. 1612-33 du CGCT prévoit que : « *Lorsque l'auteur de la demande n'a pu obtenir les documents budgétaires, le président de la chambre régionale des comptes se les fait communiquer par le représentant de l'État* ».

– Le président de la chambre saisie communique la demande au ministère public. Il en informe le représentant (il faut comprendre le pouvoir exécutif, le maire, le président du conseil général ou le président du conseil régional, selon les cas) de la collectivité mise en cause.

– Dans un premier temps, la chambre se prononce sur la recevabilité de la demande, notamment en contrôlant la qualité du demandeur et, lorsqu'elle est saisie par un particulier qui s'estime lésé, son intérêt à agir (qui doit être personnel, direct et certain).

– Par la suite, à supposer la demande recevable, la chambre régionale des comptes se prononce sur le caractère obligatoire ou non de la dépense et apprécie si les crédits inscrits sont suffisants pour sa couverture. Les textes prévoient qu'elle doit le faire dans le délai d'un mois à compter de sa saisine. Juridiquement, ce délai n'a qu'un caractère indicatif et n'est pas imparti à peine de dessaisissement ou d'irrégularité de la procédure. Au reste, dans les faits, les chambres dépassent souvent le délai d'un mois, soucieuses qu'elles sont de recueillir les observations de la collectivité et de la convaincre sans avoir à poursuivre la procédure. En tout cas, la chambre ne peut décider de surseoir à statuer, par exemple jusqu'à ce que l'appel ou le pourvoi en cassation qu'aurait introduit la collectivité ait été jugé[1].

– Si la chambre régionale des comptes constate que la dépense n'est pas obligatoire, elle notifie sa décision, qui est motivée, précise l'article R. 1612-36 du CGCT (et ne peut donc être implicite), à l'auteur de la demande, à la collectivité concernée et, s'il n'est pas l'auteur de la demande, au représentant de l'État. Celui qui cherche à recouvrer son dû n'a d'autre solution, alors, que de retourner devant le juge, l'acte par lequel la chambre régionale des comptes rejette la demande de constat de dépenses obligatoires étant une décision soumise au contrôle du juge administratif[2].

– Si la chambre régionale des comptes estime que les crédits inscrits sont suffisants pour couvrir la dépense jugée obligatoire, elle notifie sa décision dans les mêmes conditions que lorsqu'elle estime que la dépense n'est pas obligatoire. Mais dans ce cas, il suffit au demandeur de saisir le préfet pour obtenir le mandatement d'office de la somme (v. s^s n° 1642.84).

– Si la dépense est obligatoire et si la chambre constate l'absence ou l'insuffisance des crédits nécessaires à sa couverture, elle adresse une mise en demeure à la collectivité territoriale concernée.

Si dans un délai d'un mois, la collectivité a ouvert les crédits nécessaires (c'est-à-dire si l'organe collégial de la collectivité a délibéré pour modifier le budget), sa décision est transmise à la chambre régionale des comptes et au requérant dans les huit jours de son adoption.

Si au contraire la mise en demeure de la chambre n'est pas suivie d'effet, cette dernière demande au représentant de l'État d'inscrire la dépense au budget et propose, s'il y a lieu, la création de ressources ou la diminution de dépenses facultatives pour qu'elle puisse être acquittée sans affecter l'équilibre réel du budget. Le représentant de l'État dans le département règle et rend exécutoire le budget **rectifié en conséquence.** S'il s'écarte des propositions formulées par la chambre régionale des comptes, il assortit sa décision d'une motivation explicite. Le préfet n'est pas lié par l'appréciation du caractère obligatoire de la dépense faite **par la chambre régionale des comptes**[3]. À l'inverse, lorsque cette dernière estime que la dépense n'est pas obligatoire, le représentant de l'État est tenu de refuser l'inscription d'office au budget[4].

1642.86 **Recours contentieux.** La jurisprudence du Conseil d'État est venue préciser, au fil des contentieux, les **possibilités de recours dont disposent les différents intervenants** (préfet, chambre régionale des comptes et, bien sûr, créancier) si les décisions prises ne sont pas conformes à leurs intérêts, leurs attentes ou leur appréciation :

L'acte par lequel la chambre régionale des comptes rejette la demande de constat de dépenses obliga-

1. CRC Languedoc-Roussillon, 13 juill. 1989 – CRC Limousin, 20 sept. 1990.

2. CE 23 mars 1984, OGEC de Couéron, req. n° 56053, *Lebon ; AJDA* 1984. 353 s. ; *JCP* 1985. II. 20339, note J.-C. Balat ; *GADD*, 2e éd., Dalloz, 2001, n° 46 ; *GAJFin.*, 5e éd., Dalloz, 2007, n° 5.
3. CE 10 févr. 1988, Cne de Brives Charensac, req. nos 78230, 78805 et 78806, *Lebon ; AJDA* 1988. 279 s., concl. J. Roux ; *GADD*, 2e éd., Dalloz, 2001, n° 43.
4. CE 4 nov. 1988, Synd. mixte du collège de Val-de-Sarre, req. n° 69847, *Lebon* 395.

toires est une décision susceptible de recours devant le juge administratif[1].

En revanche, les mises en demeure adressées par la chambre régionale des comptes aux collectivités locales ne constituent pas des décisions faisant grief[2] même si elles sont susceptibles de retrait[3].

Enfin, pour mémoire, on rappellera qu'une chambre régionale des comptes n'est pas recevable à interjeter appel d'un jugement annulant un avis relatif à l'inscription d'office d'une dépense[4].

1642.87 Établissements publics locaux. Les règles applicables aux collectivités territoriales le sont également :

– aux établissements publics communaux et intercommunaux ;

– aux établissements publics départementaux et interdépartementaux ;

– aux établissements publics communs aux communes et aux départements ;

– aux établissements publics communs à des collectivités locales ou groupements de ces collectivités ou à des établissements publics ;

– aux établissements publics régionaux et interrégionaux.

On prendra garde toutefois que certains établissements publics locaux (les associations syndicales autorisées, par ex.), à l'égard desquels les chambres régionales des comptes n'ont pas une compétence pleine et entière (pour une synthèse sur cette question délicate v. J.-Y. Bertucci et A. Doyelle[5]) ne sont pas concernés par la procédure d'inscription d'office. À leur égard le préfet intervient directement, sans intervention de la chambre régionale des comptes, que les crédits disponibles soient suffisants ou non.

1. CE 23 mars 1984, OGEC de Couëron, req. n° 56053, *GADD*, 2e éd., Dalloz, 2001, n° 46 ; *GAJFin.*, 5e éd., Dalloz, 2007, n° 5 ; *AJDA* 1984. 353 s. ; *JCP* 1985. II. 20339, note J.-C. Balat.
2. CE 30 janv. 1987, Dpt de la Moselle, req. n° 70236, *Lebon ; AJDA* 1987. 217, concl. S. Hubac.
3. CE 2 oct. 1992, Min. Budget c/SA Crédit immobilier de la Somme, req. nos 100933 et 101039, *Lebon* 351.
4. CE 10 janv. 1986, CRC d'Île-de-France, req. n° 70253, *Lebon ; AJDA* 1986. 187 s., note J. Moreau.
5. J.-Y. Bertucci et A. Doyelle, « Les questions de compétence et de recevabilité soulevées par le contrôle des actes budgétaires », *AJDA* 1995. 894 s.

TITRE

165. Les responsabilités pour inexécution

SECTION 0

ORIENTEUR

165.00 Sommaire du titre.

Division. Lorsque l'inexécution d'une décision de justice lui cause un préjudice, le bénéficiaire de la décision de justice peut rechercher la responsabilité de la personne publique condamnée (chap. 1651). Il peut également se tourner – à tout le moins tenter de le faire – vers l'agent public fautif (chap. 1652), ou vers l'État, celui-ci étant responsable à la mesure des prérogatives dont il dispose pour contraindre les autres personnes publiques (établissements publics et collectivités territoriales) à respecter la chose jugée (chap. 1653).

CHAPITRE

1651. Mise en cause de la responsabilité de la personne publique condamnée

PASCAL TROUILLY
CONSEILLER D'ÉTAT

SECTION 0
ORIENTEUR

1651.00 Sommaire du chapitre.

Division. La mise en cause de la responsabilité d'une personne publique condamnée suppose la compétence de la juridiction administrative et l'application du droit administratif (sect. 1), la délimitation de la faute et du préjudice indemnisable (sect. 2). Cette responsabilité peut être atténuée ou exonérée et faire l'objet de voies de recours (sect. 3). Elle suit une procédure spécifique est soumise à prescription (sect. 4).

1651.03 Bibliographie indicative.

Ouvrage. P. Chauvin, *La responsabilité des personnes publiques du fait de l'inexécution des décisions de justice*, th. dactyl., Paris II, 1999, 572 p.

Articles. P.-L. Josse, « L'exécution forcée des décisions du juge administratif par la mise en jeu de la responsabilité pécuniaire du service public », *EDCE* 1953. 50 – A. Lefas, « Exécution tardive ou inexécution des décisions de justice par l'Administration », *EDCE* 1958. 84 s. – Dossier « Responsabilité administrative et exécution », *AJDA*, n° 42, 12 déc. 2022 : G. Hermitte, « Payez ! », p. 2382 ; S. Defix, « Appréhender le rôle de l'ordonnateur dans l'exécution des décisions indemnitaires », p. 2387 ; B. Mathieu, « Le rôle du comptable principal d'une collectivité territoriale dans l'exécution des décisions indemnitaires », p. 2392 ; N. Ferran, « Le recours en responsabilité au secours de l'exécution des ordonnances rendues dans le contentieux des conditions de détention ? », p. 2396 ; O. Bot, « La responsabilité fautive de l'administration pour non-exécution d'une décision de justice », p. 2402 ; L. Benezech, « L'inexécution d'une décision juridictionnelle, entre vouloir et pouvoir », p. 2407.

SECTION 1
COMPÉTENCE ET DROIT APPLICABLE

1651.11 Compétence de la juridiction administrative et application du droit administratif. On l'a déjà dit, la méconnaissance de la chose jugée n'est pas, en tant que telle, constitutive d'une voie de fait[1]. Aussi bien, la responsabilité de la personne publique qui refuse, retarde ou tente de se soustraire à l'exécution d'une décision de justice ne peut-elle être engagée que devant le juge administratif et selon les règles du droit administratif. La solution est la même que la décision émane d'une juridiction de l'ordre judiciaire ou d'une juridiction de l'ordre administratif.

SECTION 2
FAUTE ET PRÉJUDICE INDEMNISABLE

1651.21 Faute. Constituent des fautes de service engageant la responsabilité de la personne publique :

– l'inexécution de la chose jugée[2] ;
– l'exécution incomplète[3] ;
– ou l'exécution tardive[4].

1. CE 22 déc. 1948, Bouladou, *Lebon* 491 – Civ. 1re, 20 nov. 1963, P I, n° 504 ; *D.* 1964. 446, note D. Ruzié ; *JCP* 1964. II. 13771, note P. Escande.
2. CE 18 juill. 1947, Sté des Éts Rey Frères, *Lebon* 330 – CE 27 févr. 1948, Peyriguey, *Lebon* 97.
3. CE 22 mai 1939, Puybonnieux, *Lebon* 349.
4. CE 31 janv. 1936, Sté Lustria, Chapal et Cie, *Lebon* 148.

Bien évidemment, cette liste n'est pas limitative. Ainsi, par exemple, on qualifiera volontiers de fautif le fait pour la personne publique condamnée d'exiger de son créancier des garanties supplémentaires ou différentes de celles que le juge a lui-même décidées.

1651.22 **Délai raisonnable.** Même si l'obligation d'exécuter la chose jugée existe dès que la décision de justice a été notifiée, cette exécution, de la part d'une personne publique dont l'action est soumise à des procédures administratives, prend nécessairement un certain temps. Comme nous l'avons vu, les procédures susceptibles d'être mises en œuvre pour assurer l'exécution de la décision de justice (demande d'astreinte *a posteriori*, ordonnancement des sommes auxquelles la personne a été condamnée...) prévoient en général un délai d'exécution compris entre deux et quatre mois. L'appréciation par le juge administratif du caractère fautif de l'inexécution comporte également cette idée que l'inexécution n'est fautive que si elle s'est poursuivie au-delà d'un « délai raisonnable », dont la durée dépend des circonstances de chaque espèce[1].

Ainsi, par exemple, un délai de deux ans pour l'exécution d'un jugement d'une juridiction judiciaire a été jugé fautif par le Conseil d'État[2]. En revanche, le mandatement intervenu les 30 novembre 1974 et 28 avril 1975 pour une condamnation à verser une indemnité en date du 14 octobre 1974 n'a pas été jugé anormal pour l'État. Le retard n'a donc pas ouvert à l'intéressé la possibilité d'obtenir des dommages et intérêts compensatoires[3].

Le « *délai raisonnable* » varie selon la nature des affaires et la complexité des espèces. Et le bon sens est pour beaucoup dans les solutions retenues. Ainsi, en général, le versement d'une somme d'argent par une personne publique exige moins de temps que la reconstitution de la carrière d'un agent irrégulièrement évincé. Mais, en tout état de cause, le justiciable doit savoir qu'aucune mesure ne peut être mise en œuvre, aucune procédure n'est envisageable avant l'expiration d'un délai avoisinant les trois ou quatre mois, sauf lorsque le juge des référés a enjoint à l'Administration de prendre dans un délai très bref, compte tenu de l'urgence, certaines mesures.

1651.23 **Préjudice indemnisable.** L'inexécution ou l'exécution tardive des décisions juridictionnelles annulant un acte d'une personne publique est une faute susceptible de conduire à la condamnation de cette dernière au paiement de dommages et intérêts à hauteur des préjudices dont le requérant peut justifier. Ces préjudices doivent être **actuels** et **certains**. En cette matière, toutefois, le juge n'hésite pas à anticiper sur l'avenir et à exercer un effet de pression sur l'Administration en assortissant sa condamnation de la réserve explicite des droits de l'intéressé à une nouvelle indemnité si la chose jugée n'est pas promptement et correctement exécutée (ainsi pour des décisions rendues en matière de refus de réintégration d'un fonctionnaire évincé[4]). S'agissant du refus d'une personne publique d'exécuter une condamnation pécuniaire, le préjudice sera réparé par l'allocation des **intérêts moratoires**, d'abord au taux légal, puis au taux légal majoré de cinq points (v. s[s] n° 1611.43). Mais les intérêts moratoires ne « réparent » que le retard normal mis par un débiteur à s'acquitter de sa dette. Si le retard présente un caractère anormal, le bénéficiaire de la chose jugée peut obtenir la condamnation de la personne publique à des dommages et intérêts distincts des intérêts moratoires, on parle alors de **dommages-intérêts « *compensatoires* »**, selon l'ancien article 1153 dernier alinéa C. civ. (devenu C. civ., art. 1231-6), étant applicable devant les juridictions administratives (v. R. Odent, P. Terneyre[5]). Encore faut-il, pour que ces dommages et intérêts soient accordés que :

– *d'une part*, le retard de la personne publique à s'acquitter de sa dette présente un caractère anormal, procédant de son mauvais vouloir ou de graves négligences[6] ;

– *d'autre part*, le débiteur lésé puisse établir un préjudice indépendant du préjudice couvert par les intérêts moratoires, c'est-à-dire distinct de celui lié au fait de n'avoir pas disposé des sommes au moment prévu (par exemple, des difficultés de trésorerie qui l'auraient obligé à contracter des emprunts ou l'auraient mis en délicatesse avec des tiers, des fournisseurs notamment).

Lorsque ces conditions sont réunies (elles sont cumulatives), le juge administratif n'hésite pas à condamner lourdement la personne publique (v. ayant valeur de symbole, une décision allouant, sur le fondement du dernier alinéa de l'ancien article 1153 C. civ. (devenu C. civ., art. 1231-6) une somme six fois plus élevée que les dommages et intérêts dus à titre principal. Il est vrai que dix-huit années avaient passé depuis

1. PAR EX., CE 16 nov. 1960, Peyrat, *Lebon* 625 – CE 3 juin 1964, Curdel, *Lebon* 978 – CE 21 déc. 1977, Brinon-Cherbuliez, req. n° 94258, *Lebon* 532.
2. CE 3 mars 1976, Ép[x] Renaudin, req. n° 95652, *Lebon* 131.
3. CE 4 févr. 1981, Medjebeur, req. n° 10732, *Lebon* T. 902.
4. CE 29 juill. 1953, Soubirou-Bouey, *Lebon* 717 – CE 22 déc. 1955, Soubirou-Bouey, *Lebon* 707 – V. AUSSI, CE 8 févr. 1961, Rousset, *Lebon* 85, concl. G. Braibant.
5. R. Odent, *Contentieux administratif*, Les cours de droit, 1976-1980, t. 2, p. 1599 s. – Ph. Terneyre, *La responsabilité contractuelle des personnes publiques en droit administratif*, Economica, 1989, p. 90 s.
6. CE, sect., 13 nov. 1959, D[lle] Blanpied, *Lebon* 599.

le jour où ces dommages et intérêts auraient dû être versés[1]).

Bien évidemment, dans toutes ces hypothèses, le montant des dommages et intérêts est lié aux préjudices effectivement subis par le bénéficiaire de la chose jugée et n'est pas nécessairement équivalent à la dette mise à la charge de la personne publique par la décision de justice inexécutée.

SECTION 3
ATTÉNUATION OU EXONÉRATION DE RESPONSABILITÉ ET VOIE DE RECOURS

1651.31 Cause atténuante ou exonératoire de responsabilité. La responsabilité de l'Administration qui s'est abstenue d'exécuter une décision de justice peut être atténuée par l'attitude du bénéficiaire de la condamnation. Une décision ancienne retient ainsi que la responsabilité de l'Administration est atténuée par l'attitude du bénéficiaire qui s'est délibérément abstenu de demander l'exécution du jugement lui donnant gain de cause[2]. Il a toutefois été jugé plus récemment que l'obligation d'exécution, qui naît dès la notification de la décision juridictionnelle, n'est pas subordonnée à une demande de l'intéressé et que la responsabilité de l'Administration résultant du refus d'exécuter la chose jugée était donc entière[3]. Cela étant, le bénéficiaire de la chose jugée gagne toujours, surtout lorsque la décision juridictionnelle n'est pas assortie d'une injonction, à prendre l'initiative de demander expressément (par lettre recommandée avec demande d'avis de réception) à la personne publique condamnée de prendre les mesures qui s'imposent ou d'effectuer les paiements auxquels il a droit.

1651.32 Influence de l'exercice d'une voie de recours. En matière administrative, du fait de l'effet non suspensif des voies de recours, il est traditionnel d'affirmer que le report de l'exécution de la décision de justice jusqu'à ce que la juridiction d'appel se soit prononcée est une violation de la chose jugée. La personne publique commet donc une faute à ne pas exécuter la décision rendue en premier ressort. Dès lors, de deux choses l'une :

– **le jugement est confirmé en appel.** Alors le préjudice constitutif à l'inexécution sera calculé à compter du prononcé de la décision rendue par le premier juge[4] ;

– **le jugement dont l'exécution a été différée est infirmé en appel.** Dans ce cas, le Conseil d'État décide que la faute commise par la personne publique n'a pas causé un préjudice réparable car « *elle n'a pu porter atteinte à un droit définitivement acquis* » (à propos de jugements de tribunaux administratifs infirmés en appel par le Conseil d'État[5]). Cette solution risque d'inciter les personnes publiques à faire « *le pari de l'inexécution* » (v. s^s^ n°s 1612.32 s.).

SECTION 4
PROCÉDURE ET PRESCRIPTION

1651.41 Règles de procédure. Il n'existe pas de règles de procédure spécifiques aux actions introduites devant les juridictions administratives par les plaideurs qui veulent obtenir l'indemnisation des préjudices qu'ils ont subis ou continuent de subir du fait de l'inexécution, de l'exécution tardive ou de l'exécution incomplète d'une décision de justice rendue à l'encontre d'une personne publique. Elles suivent le régime général des recours en responsabilité pour faute. La requête doit donc être précédée, à peine d'irrecevabilité, d'une demande de décision préalable pour lier le contentieux. Enfin (et sans bien sûr que ces rappels épuisent la question de la procédure à suivre et des formes à respecter), la requête, qui, par hypothèse, tend à la condamnation d'une personne publique au paiement d'une somme d'argent doit être présentée par un avocat ou un avocat au Conseil d'État et à la Cour de cassation (CJA, art. R. 431-2), à moins que le défendeur soit une collectivité territoriale, un établissement public en relevant ou un établissement public de santé (CJA, art. R. 431-3, 5°). En revanche, le 6° de l'article R. 431-3 du même code, qui dispose que les dispositions de l'article R. 431-2 ne sont pas applicables « *aux demandes d'exécution d'un jugement définitif* » ne saurait être utilement invoqué dans l'hypothèse qui nous occupe. La dérogation ne concerne en effet que les demandes tendant au prononcé d'une injonction et/ou d'une astreinte par le « *juge administratif de l'exécution* » (v. s^s^ n° 1632.11).

1651.42 Connexité entre un recours indemnitaire et une demande d'exécution. Il a été admis

1. CE 2 mai 1962, Caucheteux et Desmonts, *Lebon* 291 ; *AJDA* 1962. 421 s., chron. J.-M. Galabert et M. Gentot ; *RD publ.* 1963. 279 s., note M. Waline – ET, POUR UNE APPLICATION PLUS RÉCENTE : CE 17 nov. 2008, Entreprise Aubelec, req. n° 294215, *Lebon.*
2. CE 26 oct. 1966, Min. Santé publique c/D^lle^ Fourtet, *Lebon* 1094.
3. CE 16 oct. 1985, C^ne^ de la Garenne-Colombes c/Sallot, req. n° 43192.
4. CE 13 juill. 1966, Préfet de police c/Dame Ximay, *Lebon* 1094 – CE 23 oct. 1968, Dame Février, *Lebon* 512.
5. CE 23 sept. 1983, Min. Intérieur c/Dridi, req. n° 16032, *Lebon* T. 829 ; *Rev. adm.* 1984. 48, note Pacteau ; *D.* 1984. IR 206, obs. Moderne et Bon – CE 27 janv. 1970, Min. Reconstruction c/Lannoy, *Lebon* 63 – CE 27 nov. 1970, Ville de Toulouse c/Anisset, req. n°s 67688 et 71869, *Lebon* 716.

récemment que les conclusions d'une demande présentée au Conseil d'État tendant à l'indemnisation du préjudice résultant du retard de l'Administration à exécuter une décision du Conseil d'État puissent être regardées comme connexes avec celles, présentées dans la même demande, tendant à ce que le Conseil d'État, juge de l'exécution, prononce une astreinte afin d'assurer l'exécution de sa décision [1]. Cette solution s'applique également aux actions présentées devant un tribunal administratif [2].

1651.43 **Prescription quadriennale.** Si l'action en exécution n'est pas soumise à la prescription quadriennale (v. ss no 1612.75), l'action en responsabilité tendant à la condamnation d'une personne publique à réparer les conséquences dommageables de l'inexécution de la chose jugée est soumise, comme toute action tendant à obtenir la mise en œuvre d'une créance contre une personne publique, à cette prescription.

1. CE 1er avr. 2015, Mme R. Menchon et M. F. Menchon, req. no 374536.

2. CE 31 mars 2014, M. El Kadiri, req. no 363627.

CHAPITRE

1652. Mise en cause de la responsabilité personnelle des agents publics

Pascal Trouilly
Conseiller d'État

Section 0
Orienteur

1652.00 **Sommaire du chapitre.**

Division. Dans la grande majorité des cas, les personnes publiques respectent les décisions prononcées par les juridictions. Le grand nombre de recours intentés par les particuliers devant la juridiction administrative – « *juge naturel* » des personnes publiques – prouve, s'il fallait en douter, que les justiciables ont confiance dans le fait que la décision sera exécutée. Il n'en est pas moins vrai que, parfois, des résistances « *inadmissibles* » se produisent. Or dans les faits, les résistances les plus durables sont généralement le fait d'élus ou d'administrateurs, pris en tant qu'individus, qui, usant et abusant de l'indépendance de l'Administration et de l'insaisissabilité des biens des personnes publiques, semblent prendre un malin plaisir à défier plus ou moins ouvertement les juridictions. D'où l'intérêt de la mise en cause de leur responsabilité personnelle qui peut être engagée cumulativement, alternativement ou successivement :

– devant les juridictions judiciaires (sect. 1) ;

– ou devant la Cour des comptes (sect. 2).

Section 1
Saisine de la juridiction judiciaire

1652.11 **Faute de service et faute personnelle.** Pour que la responsabilité des personnes physiques qui exercent les activités de l'Administration puisse être engagée au lieu et place ou en même temps que la responsabilité des personnes morales qui constituent l'Administration, il faut qu'une « *faute personnelle* » puisse être prouvée. Rappelons à cet égard que selon la définition donnée par le commissaire du gouvernement Lafferière[1], et qui peut être considérée comme étant toujours valable[2] :

– il y a faute de service si « *l'acte dommageable est impersonnel, s'il révèle un administrateur plus ou moins sujet à erreur* » ;

– il y a faute personnelle « *si l'acte dommageable révèle l'homme avec ses faiblesses, ses passions, ses imprudences* ».

La « *faute du service* » est insusceptible d'engager la responsabilité personnelle de l'agent. Il en va différemment :

– pour « *la faute purement personnelle* », qui ne peut engager que la responsabilité de l'auteur du dommage ;

– ou pour « *la faute personnelle* » qui peut engager la responsabilité de l'agent mais aussi de son Administration, soit parce qu'elle coexiste avec une faute de service (théorie du cumul de fautes[3]), soit parce qu'elle constitue en elle-même une faute personnelle et une faute de service (théorie du cumul de responsabilité[4]).

1. T. confl. 5 mai 1877, Laumonnier-Carriel, concl. L. Laferrière.
2. G. Braibant et B. Stirn, *Le droit administratif français*, 4e éd., Presses de Sciences Politiques et Dalloz, 1997.
3. CE 3 févr. 1911, Anguet, req. no 34922, *GAJA*, 18e éd., Dalloz, 2011, no 22.
4. CE 26 juill. 1918, Épx Lemonnier, req. nos 49595 et 55240, *Lebon* 761 ; *GAJA*, 24e éd., Dalloz, 2023, no 30.

1652.12 Faute personnelle et refus d'exécuter une décision de justice. La question se pose de savoir si la mauvaise volonté délibérée de ne pas exécuter ponctuellement une décision de justice (peu important qu'il s'agisse d'une décision de l'ordre judiciaire ou d'une décision rendue par une juridiction administrative) peut être qualifiée de « faute personnelle », au sens des jurisprudences précitées, et être de nature à engager la responsabilité de la personne publique elle-même mais également de l'agent à l'origine de la faute. Il n'appartient pas aux juridictions administratives d'en décider, car elles ne sont jamais juge de la responsabilité personnelle des fonctionnaires. Seuls les tribunaux judiciaires pourraient prononcer de telles condamnations. À notre connaissance, ils ne l'ont jamais fait. En revanche, la plupart des auteurs familiers des questions de l'Administration en admettent volontiers l'augure[1]. Et, en pratique, une telle action peut s'avérer être un utile moyen de pression, même si la solvabilité d'une personne physique est moins assurée que celle d'une personne morale. Dans sa note sous l'arrêt *Fabrègues*[2], Maurice Hauriou soulignait déjà que « *l'administrateur a sur l'Administration cette supériorité qu'il peut être livré au bras séculier* ».

1652.13 Absence d'incrimination pénale. Contrairement à ce qui existe dans de nombreux pays occidentaux (not. en Grande-Bretagne où le non-respect des décisions de justice est passible des rigueurs de l'action de « *contempt of court* »[3] ou en Espagne[4], où le refus constant et délibéré, de la part des autorités et des agents publics, d'exécuter les décisions de justice, constitue une infraction pénale [C. pén. espagnol, art. 410]), en France, aucun texte n'est susceptible d'être invoqué au soutien d'une action pénale qui serait introduite contre un agent ou un élu responsable de l'inexécution, de l'exécution tardive ou de l'exécution incomplète d'une décision de justice. Certaines juridictions du fond ont été tentées de solliciter les textes existants pour permettre aux juridictions répressives de connaître de ces comportements. Mais la Cour de cassation a toujours refusé de donner le moindre crédit à ces tentatives[5]. Le justiciable ne peut agir contre l'agent ou l'élu personnellement responsable du refus ou du retard à exécuter une décision de justice condamnant une personne publique que devant les juridictions civiles, sur le fondement de l'article 1240 C. civ. Dans les faits, bien sûr, la difficulté sera d'identifier le responsable.

1652.14 Cas particulier du comptable public. Dans un arrêt rendu par sa section du contentieux, le Conseil d'État a décidé que lorsque l'acte sur le fondement duquel est effectuée une dépense a été annulé par le juge de l'excès de pouvoir, le comptable public (en l'espèce, il s'agissait du comptable d'une commune) est tenu de cesser tout paiement. Aussi bien, le comptable ayant continué de payer des indemnités après l'annulation du texte qui les a instituées doit-il être mis en débet même s'il n'a pas été informé de l'annulation[6]. La solution est rigoureuse mais logique.

SECTION 2
SAISINE DE LA COUR DES COMPTES

1652.20 Plan. S'agissant de la question qui nous occupe, la Cour des comptes a repris depuis le 1er janvier 2023 les compétences de l'ancienne Cour de discipline budgétaire et financière (CDBF). Elle peut être saisie lorsqu'une astreinte a été prononcée du fait de l'inexécution ou de l'exécution tardive d'une décision juridictionnelle, ou lorsque l'ordonnateur de la personne publique condamnée n'a pas fait inscrire au budget les crédits ou n'a pas mandaté dans le délai imparti la somme à laquelle la personne publique a été condamnée.

Seront successivement examinés :

– le rôle joué par la Cour de discipline budgétaire et financière jusqu'en 2022 (§ 1) ;

– le dispositif en vigueur depuis le 1er janvier 2023 et ses applications (§ 2).

1652.21 Textes applicables.
L'entrée en vigueur, au 1er janvier 2023, de l'ordonnance nº 2022-408 du 23 mars 2022 relative au régime de responsabilité financière des gestionnaires publics[7] a eu notamment pour conséquence la disparition de la Cour de discipline budgétaire et financière (CDBF) au 31 décembre 2022.

1. *S.* 1911. 3. 121, note M. Hauriou ; *S.* 1913. 3. 121 – L. Duguit, *Les transformations du droit public*, Armand Colin, 1913, p. 218 – *RD publ.* 1913. 437 s, note G. Jeze – M. Waline, *Manuel élémentaire de droit administratif*, 4e éd., Sirey, 1946, p. 143 – V. AUSSI, les motifs de CE 31 janv. 1902, req. nº 01919, *Lebon* – T. confl. 8 nov. 1902, Gosson, cités par M. Gjidarra, *La fonction administrative contentieuse*, « Bibliothèque de science administrative », LGDJ, 1972, p. 324 – PLUS RÉCEMMENT, R. Chapus, *Droit du contentieux administratif*, 13e éd., Montchrestien, 2008, nº 1291, p. 1665.
2. CE 23 juill. 1909, et CE 22 juill. 1910, *S.* 1911. 3. 121 – Sur ce même arrêt, v. ss nº 16.05.
3. V. LES ILLUSTRATIONS DONNÉES dans *L'effectivité des décisions de justice, Travaux assoc. H. Capitant*, 1985, Economica, 1987.
4. G. Pellissier, « Aperçus sur le contentieux administratif espagnol », *RFDA* 2008. 825.
5. V. LES MOTIFS DE : Civ. 1re, 20 nov. 1963, P I, nº 504 ; *D.* 1964. 445, note D. Ruzié.
6. CE, sect., 8 juill. 1998, Min. Budget, req. nº 142444, *Lebon ; RD publ.* 1998. 1239 s., concl. et obs. T.-X. Girardot.
7. Ord. nº 2022-408, 23 mars 2022, relative au régime de responsabilité financière des gestionnaires publics, *JO* 24 mars, texte 4.

D'une façon générale, pour connaître l'organisation de la Cour des comptes, les personnes justiciables de la Cour, les infractions et sanctions, la procédure et les voies de recours dont sont susceptibles les arrêts de la Cour, on se reportera au livre III, titre 1, du Code des juridictions financières (CJF).

1652.22 Bibliographie indicative.

Outre le *Rapport annuel de la Cour de discipline budgétaire et financière*, publié en annexe du *Rapport annuel de la Cour des comptes*, on consultera utilement, pour aller plus loin, sur la question des prérogatives de la Cour en matière d'inexécution des décisions de justice, les articles suivants : T. Dogan, « La responsabilité financière du gestionnaire public en raison de l'inexécution d'une décision de justice », *AJCT* 2023. 423 – N. Péhau et L. Vergallo, « Des infractions financières pour que force reste à la loi ? », *AJDA* nº 34, 16 oct. 2023, p. 1832).

Actualisables. Rép. contentieux administratif, vº *Cour de discipline budgétaire et financière*, par S. Damarey, mars 2015 (actu mai 2017) ; – *J.-Cl. Adm.*, Vº Cour de discipline budgétaire et financière, fasc. 1270, 1996, par J.-P. Gastinel, sur la question de l'inapplication des décisions de justice, nºs 85 à 89, p. 13.

Ouvrage. H.-M. Crucis, *Droit des contrôles financiers des collectivités territoriales*, Le Moniteur, 1998, nºs 63 à 65, p. 545 à 547.

Articles. J. Boudine, « La responsabilité directe des élus locaux devant la Cour de discipline budgétaire et financière : article 78 de la loi du 29 janvier 1993 », *LPA* 1993. 7 s., spéc. 9 à 11 – H.-M. Crucis, « Gestion locale, exécutifs locaux, juridictions financières dans la loi du 29 janvier 1993 : les contrôles financiers entre prévention et répression », *RFDA* 1993. 1091 s., spéc. 1104 s. – C. Descheemaeker, « Les procédures d'exécution des décisions de justice : la menace de déféré en Cour de discipline budgétaire et financière », *Courrier jur. fin.* 1992, nºs 25 et 26 ; « La responsabilité personnelle des ordonnateurs des collectivités locales », *RFFP* 1993. 49 s.

§ 1 Rôle joué par la Cour de discipline budgétaire et financière jusqu'en 2022

1652.30 Textes applicables.

• **CJF,** anc. art. L. 313-7.

Toute personne mentionnée à l'article L. 312-1 dont les agissements auront entraîné la condamnation d'une personne morale de droit public ou d'un organisme de droit privé chargé de la gestion d'un service public à une astreinte en raison de l'inexécution totale ou partielle ou de l'exécution tardive d'une décision de justice sera passible d'une amende dont le minimum ne pourra être inférieur à 300 euros et dont le maximum pourra atteindre le montant du traitement ou salaire brut annuel qui lui était alloué à la date où la décision de justice aurait dû recevoir exécution.

• **CJF,** anc. art. L. 313-12.

Cet article, reproduit à l'article L. 911-10 du CJA, disposait qu'« *en cas de manquement aux dispositions de l'article 1er, 1 et 2, de la loi nº 80-539 du 16 juillet 1980 relative aux astreintes prononcées en matière administrative et à l'exécution des jugements par les personnes morales de droit public, les personnes visées à l'article L. 312-1 sont passibles de l'amende prévue à l'article L. 313-1* ».

1652.31 Compétence *ratione personae* de la Cour de discipline budgétaire et financière. D'une façon générale, en application des dispositions de l'article L. 312-1 du CJF, était justiciable de la CDBF :

– toute personne appartenant au cabinet d'un membre du gouvernement ;

– tout fonctionnaire ou agent civil ou militaire de l'État, des collectivités territoriales, de leurs établissements publics ainsi que des groupements des collectivités territoriales ;

– tout représentant, administrateur ou agent des autres organismes qui sont soumis soit au contrôle de la Cour des comptes, soit au contrôle d'une chambre régionale des comptes ;

– ainsi que tous ceux qui exercent, en fait, les fonctions des personnes désignées ci-dessus.

S'agissant des agissements ayant entraîné la condamnation d'une personne morale de droit public à l'astreinte instituée par la loi du 16 juillet 1980[1], étaient également justiciables de la Cour, en vertu de l'article L. 312-2 du CJF, à raison des actes accomplis dans l'exercice de leurs fonctions (et ce depuis la réforme opérée par la loi nº 93-122 du 29 janvier 1993, relative notamment à la prévention de la corruption[2]) :

– les présidents de conseil régional et, quand ils agissent dans le cadre des dispositions des articles L. 4132-3 à L. 4132-10, L. 4132-13, L. 4132-15, L. 4132-21, L. 4132-22, L. 4132-25, L. 4133-1, L. 4133-2, L. 4133-4 à L. 4133-8, L. 4231-1 à L. 4231-5 du CGCT, les vice-présidents et autres membres du conseil régional ;

– le président du conseil exécutif de Corse et, quand ils agissent dans le cadre des dispositions du dernier alinéa de l'article L. 4424-4 du CGCT, les conseillers exécutifs ;

– les présidents de conseil départemental et, quand ils agissent dans le cadre des dispositions des articles L. 3221-3 et L. 3221-7 du CGCT, les vice-présidents et autres membres du conseil départemental ;

– les maires et, quand ils agissent dans le cadre des dispositions des articles L. 2122-17 à L. 2122-20 et L. 2122-25 du CGCT, les adjoints et autres membres du conseil municipal ;

1. L. nº 80-539, 16 juill. 1980, relative aux astreintes prononcées en matière administrative et à l'exécution des jugements par les personnes morales de droit public, *JO* 17 juill., p. 1799 s.
2. L. nº 93-122, 29 janv. 1993, relative à la prévention de la corruption et à la transparence de la vie économique et des procédures publiques, *JO* 30 janv., p. 1588.

– les présidents élus de groupements de collectivités territoriales et, quand ils agissent par délégation du président, les vice-présidents et autres membres de l'organe délibérant du groupement.

1652.32 Saisine de la Cour de discipline budgétaire et financière. La CDBF, qui siégeait à la Cour des comptes, ne pouvait être saisie que par le procureur général près la Cour des comptes qui exerce le ministère public auprès d'elle. En principe, le procureur général agissait sur la dénonciation du président de l'Assemblée nationale, du président du Sénat, du Premier ministre, du ministre des Finances, des autres ministres intéressés, de la Cour des comptes, des chambres régionales des comptes ou même d'office. S'agissant de l'infraction consistant à avoir conduit au prononcé d'une astreinte à l'encontre d'une personne publique, il faut relever que :

– le bénéficiaire d'une décision de justice lésé par le refus, l'abstention ou le retard d'exécution peut se porter plaignant par l'intermédiaire du procureur général (sans qu'un formalisme particulier soit exigé ici) ;

– lorsqu'il est procédé à la liquidation d'une astreinte prononcée par un tribunal administratif ou une cour administrative d'appel, copie du jugement ou de l'arrêt prononçant cette astreinte et de la décision qui la liquide est adressée au ministère public près la CDBF (CJA, art. R. 921-7). Il en va de même lorsque l'astreinte et sa liquidation sont décidées par le Conseil d'État (CJA, art. R. 931-8).

1652.33 Amendes. D'une façon générale, la CDBF pouvait prononcer des amendes ayant un caractère exclusivement pénal et ne visant nullement à réparer un préjudice causé à l'État ou à la personne publique à l'encontre de laquelle une astreinte a été prononcée par le juge administratif. Ces amendes n'avaient pas davantage le caractère d'une sanction disciplinaire.

S'agissant de l'infraction consistant à avoir conduit au prononcé d'une astreinte à l'encontre d'une personne publique, le montant de l'amende était (CJF, anc. art. L. 313-7) :

– au minimum de 300 euros ;

– au maximum équivalent au montant du traitement ou du salaire brut annuel du coupable arrêté à la date à laquelle la décision de justice aurait dû recevoir exécution. Et « *lorsque les personnes ne perçoivent pas de traitement, le maximum de l'amende pourra atteindre le montant du traitement brut annuel correspondant à l'échelon le plus élevé afférent à l'emploi de directeur d'Administration centrale* » (CJF, art. L. 313-8).

Les décisions infligeant une amende ont été rarissimes : la CDBF a par exemple condamné, par une décision du 20 décembre 2001 publiée au *Journal officiel*, la présidente du conseil général de la Guadeloupe à une amende de 30 000 francs (4 573,47 euros) à la suite des décisions par lesquelles le Conseil d'État avait prononcé à l'encontre de la région de la Guadeloupe et liquidé à la somme de 799 500 francs une astreinte motivée par la non-exécution d'un jugement du tribunal administratif de Basse-Terre annulant la décision de licenciement du directeur des services financiers de la région[1].

La CDBF ne s'était prononcée qu'une seule fois sur l'application de l'article L. 313-12[2] du CJF et avait prononcé, en raison des circonstances de l'espèce, la relaxe des deux fonctionnaires mis en cause.

S'agissant des amendes que pouvait prononcer la CDBF en vertu de l'ancien article L. 313-12 du CJF, elles étaient :

– au minimum de 150 euros ;

– au maximum équivalent au montant du traitement ou du salaire brut annuel alloué à la personne sanctionnée à la date à laquelle le fait a été commis. « *Lorsque les personnes ne perçoivent pas de traitement, le maximum de l'amende pourra atteindre le montant du traitement brut annuel correspondant à l'échelon le plus élevé afférent à l'emploi de directeur d'Administration centrale* » (CJF, art. L. 313-8).

§ 2
Dispositif en vigueur depuis le 1er janvier 2023 et ses applications

1652.40 Texte applicable.

• **CJF**, art. L. 131-14, L. 131-16.

1652.41 Régime de responsabilité des gestionnaires publics. S'inscrivant dans le cadre du projet de transformation des juridictions financières dit « JF2025 », l'ordonnance n° 2022-408 du 23 mars 2022[3] a modifié le régime de responsabilité des gestionnaires publics. La mission de jugement de la Cour des comptes était structurée de longue date entre les jugements par la Cour des comptes et les chambres régionales et territoriales des comptes (CRTC) des comptes des organismes publics et, par là même des comptables publics, et les jugements par la CDBF des ordonnateurs.

1652.42 Création d'une septième chambre de la Cour des comptes dédiée au contentieux et d'une cour d'appel financière. La principale mesure de cette réforme consiste en la création d'un régime unifié de responsabilité des gestionnaires publics dans lequel les ordonnateurs et les comptables publics

1. CDBF 20 déc. 2001, n° 201201, M. Janky c/Région Guadeloupe et Mme Michaux-Chevry, *JO* 29 janv. 2002 ; *Lebon* 775 ; *GAJF*, 5e éd., 2007, Dalloz, n° 52 ; *AJDA* 2003. 1223, note N. Groper.
2. CDBF 11 févr. 1998, Hoirie O c/Établissement public d'aménagement des rives de l'Étang de Berre, *Lebon*.
3. Ord. n° 2022-408, 23 mars 2022, préc.

relèvent désormais d'une seule et unique chambre de la Cour des comptes, la 7e chambre, créée en 2021 qui gère l'intégralité de l'activité contentieuse[1]. Cette chambre contentieuse juge les affaires en première instance. Il est également institué une cour d'appel financière, présidée par le premier président de la Cour des comptes, composée de membres de la Cour et du Conseil d'État et de personnalités qualifiées désignées pour leur expérience dans le domaine de la gestion publique, le Conseil d'État demeurant la juridiction de cassation.

Ainsi, c'est cette 7e chambre qui remplace, depuis le 1er janvier 2023, la CDBF et exerce la mission de juger les infractions commises par les comptables publics, les ordonnateurs et plus largement les gestionnaires. L'article 3 de l'ordonnance du 23 mars 2022 a défini le nouveau régime de responsabilité des gestionnaires publics, le champ des justiciables, les infractions ainsi que les sanctions.

(1° S'agissant des **justiciables** devant la Cour des comptes, la liste reste globalement inchangée au regard de celle qui était applicable pour la CDBF (CJF, art. L. 131-1 et L. 131-2).

(2° S'agissant des **infractions en matière d'exécution des décisions de justice** antérieurement prévues aux anciens articles L. 313-7 et L. 313-12 du CJF, elles sont reprises, dans une rédaction plus épurée, dans un seul et même article, l'article L. 131-14 du CJF.

Ainsi sont passibles d'une amende, les justiciables mentionnés aux articles L. 131-1 et L. 131-4 du CJF :

« *1° Lorsque ses agissements entraînent la condamnation d'une personne morale de droit public ou d'un organisme de droit privé chargé de la gestion d'un service public à une astreinte en raison de l'inexécution totale ou partielle ou de l'exécution tardive d'une décision de justice ;*

2° En cas de manquement aux dispositions des I et II de l'article 1er de la loi n° 80-539 du 16 juillet 1980 relative aux astreintes prononcées en matière administrative et à l'exécution des jugements par les personnes morales de droit public ».

(3° Enfin, s'agissant des **sanctions**, l'article 3 de l'ordonnance a simplifié le régime des sanctions antérieurement prévues et a fixé un même quantum en cas d'infraction prévue à l'article L. 131-14 du CJF.

Ainsi, la Cour des comptes peut prononcer une amende d'un montant égal à six mois de rémunération annuelle de la personne sanctionnée à la date de l'infraction (CJF, art. L. 131-16). Par ailleurs, lorsque la personne qui a commis l'infraction ne perçoit pas une rémunération ayant le caractère de traitement ou de salaire, le montant de l'amende ne peut excéder la moitié de la rémunération annuelle correspondant à l'échelon le plus élevé afférent à l'emploi de directeur d'administration centrale (CJF, art. L. 131-17). En cas de cumul d'infractions, le montant de l'amende prononcée ne peut excéder le montant de celle encourue au titre de l'infraction passible de la sanction la plus élevée. Enfin, la Cour des comptes peut accorder une dispense de peine, lorsqu'il apparaît que le dommage causé est réparé et que le trouble causé par l'infraction a cessé (CJF, art. L. 131-19).

(4° En dernier lieu, s'agissant du **suivi de l'exécution des décisions de justice** par la Cour des comptes, l'obligation pour le juge administratif de transmettre les décisions procédant à la liquidation de l'astreinte demeure, puisque l'article 2 du décret n° 2022-1605 du 22 décembre 2022[2] a remplacé les mots « Cour de discipline budgétaire et financière » par les mots « Cour des comptes » aux articles R. 921-7 et R. 931-8 du CJA.

La Cour des comptes, depuis le 1er janvier 2023, a infligé des amendes à plusieurs ordonnateurs responsables de l'inexécution de décisions rendues par le juge administratif. Ainsi, par un arrêt du 31 mai 2023, *Commune d'Ajaccio*[3], elle a prononcé une amende à l'encontre d'un ancien maire d'Ajaccio qui avait refusé de tirer toutes les conséquences d'un jugement du tribunal du tribunal administratif de Bastia annulant la mesure d'éviction d'un agent. Dans cette affaire, plusieurs astreintes avaient déjà été décidées par le tribunal administratif, mais elles étaient restées sans effet.

Dans un arrêt du 10 juillet 2023, *Centre hospitalier Sainte-Marie*[4], la Cour des comptes a sanctionné d'anciens dirigeants et fonctionnaires d'un centre hospitalier pour leur responsabilité dans l'inexécution d'un jugement rendu, en matière de fonction publique, par le tribunal administratif de Martinique, en dépit de plusieurs astreintes prononcées par cette juridiction. Elle a souligné dans cet arrêt que la situation financière difficile d'un établissement public ne pouvait justifier l'inexécution d'une décision de justice.

1. Jusqu'en 2021, chaque chambre de la cour des comptes disposait de sa propre section contentieuse.

2. Décr. n° 2022-1605, 22 déc. 2022, portant application de l'ordonnance n° 2022-408 du 23 mars 2022 relative au régime de responsabilité financière des gestionnaires publics et modifiant diverses dispositions relatives aux comptables publics, *JO* 23 déc., texte 6.
3. C. comptes, 31 mai 2023, n° S-2023-06672, Cne d'Ajaccio, *Lebon*.
4. C. comptes, 10 juill. 2023, n° S-2023-0858, Centre hospitalier Sainte-Marie, *Lebon*.

CHAPITRE

1653. Mise en cause de la responsabilité de l'État

PASCAL TROUILLY
CONSEILLER D'ÉTAT

SECTION 0

ORIENTEUR

1653.00 **Sommaire du chapitre.**

Division. Les développements qui suivent portent sur la responsabilité de l'État du fait de la non-exécution ou de la mauvaise exécution d'une décision de justice condamnant une autre personne publique que l'État. Elle est fondée non sur l'obligation d'exécuter que la décision met à la charge d'une ou de plusieurs parties au litige, mais sur l'exercice des pouvoirs qu'il détient pour assurer la bonne exécution des décisions de justice. Il peut donner lieu à une responsabilité pour faute (sect. 1) ou sans faute (sect. 2).

1653.02 **Jurisprudence de référence.**

> Responsabilité de l'État pour refus du concours de la force publique.

• **CE 30 nov. 1923,** ***Couitéas***, req. n° 38284, *Lebon* 789

* V. s[s] n°s 0212.94, 0231.05, 0522.23, 1653.31

Le gouvernement français a toujours refusé [au sieur Couitéas] le concours de la force militaire d'occupation, reconnu indispensable pour réaliser cette opération de justice, en raison des troubles graves que susciterait l'expulsion de nombreux indigènes de terres dont ils s'estiment légitimes occupants depuis un temps immémorial. En prenant cette décision, pour les motifs et dans les circonstances ci-dessus rappelées, le gouvernement n'a fait qu'user des pouvoirs qui lui sont conférés en vue du maintien de l'ordre et de la sécurité publique dans un pays de protectorat.

Mais le justiciable nanti d'une sentence judiciaire dûment revêtue de la formule exécutoire est en droit de compter sur la force publique pour l'exécution du titre qui lui a été ainsi délivré ; si, comme il a été dit ci-dessus, le gouvernement a le devoir d'apprécier les conditions de cette exécution et le droit de refuser le concours de la force armée, tant qu'il estime qu'il y a danger pour l'ordre et la sécurité, le préjudice qui résulte de ce refus ne saurait, s'il excède une certaine durée, être une charge incombant normalement à l'intéressé, et il appartient au juge de déterminer la limite à partir de laquelle il doit être supporté par la collectivité ; la privation de jouissance totale et sans limitation de durée résultant, pour le requérant, de la mesure prise à son égard, lui a imposé, dans l'intérêt général, un préjudice pour lequel il est fondé à demander une réparation pécuniaire ; dès lors, c'est à tort que le ministre des affaires étrangères lui a dénié tout droit à indemnité.

> Responsabilité de l'État en cas de carence d'une collectivité locale à exécuter un jugement.

• **CE 18 nov. 2005,** *S[té] fermière de Campoloro et S[té] de gestion du port de Campoloro*, req. n° 271898

* V. s[s] n°s 0142.11, 1642.51, 1653.11

Le législateur a entendu donner au représentant de l'État, en cas de carence d'une collectivité territoriale à assurer l'exécution d'une décision juridictionnelle passée en force de chose jugée, et après mise en demeure à cet effet, le pouvoir de se substituer aux organes de cette collectivité afin de dégager ou de créer les ressources permettant la pleine exécution de cette décision de justice ; à cette fin, il lui appartient, sous le contrôle du juge, de prendre, compte tenu de la situation de la collectivité et des impératifs d'intérêt général, les mesures nécessaires ; qu'au nombre de ces mesures, figure la possibilité de procéder à la vente de biens appartenant à la collectivité dès lors que ceux-ci ne sont pas indispensables au bon fonctionnement des services publics dont elle a la charge ; si le préfet s'abstient ou néglige de faire usage des prérogatives qui lui sont ainsi conférées par la loi, le créancier de la collectivité territoriale est en droit de se retourner contre l'État en cas de faute lourde commise dans l'exercice du pouvoir de tutelle ; en outre, dans l'hypothèse où, eu égard à la situation de la collectivité, notamment à l'insuffisance de ses actifs, ou en raison d'impératifs d'intérêt général, le préfet a pu légalement refuser de prendre certaines mesures en vue d'assurer la pleine exécution de la décision de justice, le préjudice qui en résulte pour le créancier de la collectivité territoriale est susceptible d'engager la responsabilité de la puissance publique s'il revêt un caractère anormal et spécial.

SECTION 1 RESPONSABILITÉ POUR FAUTE

§ 1 Responsabilité pour faute dans l'exercice des pouvoirs de contrainte

1653.11 **Principe.** Lorsqu'une décision de justice a condamné une collectivité territoriale, un établissement public national ou un établissement public local à payer une somme d'argent, qu'il s'agisse de dommages-intérêts ou d'une astreinte liée au refus de se conformer à une obligation de faire ou de ne pas faire, l'État (selon les cas, le Préfet, les chambres régionales des comptes ou l'autorité ministérielle de tutelle) dispose de prérogatives importantes lui permettant de surmonter la non-inscription au budget des crédits adéquats ou, pire encore, l'absence de mandatement (v. s[s] n°s 1642.51 s.).

Tout comme l'État est responsable en cas de faute lourde dans la mise en œuvre des contrôles administratifs[1], financiers[2] ou de légalité[3] de sa compétence, l'État commet une faute en ne prenant aucune mesure réelle pour permettre l'exécution des décisions de justice rendues à l'encontre des autres personnes publiques.

Le Conseil d'État a jugé par la décision de section du 18 novembre 2005, *S[té] de gestion du port de Campoloro et a. c/Préfet de la Haute Corse*, que par les dispositions du II de l'article 1er de la loi du 16 juillet 1980 relative aux astreintes prononcées en matière administrative et à l'exécution des jugements par les personnes morales de droit public, le législateur a entendu donner au représentant de l'État, en cas de carence d'une collectivité territoriale à assurer l'exécution d'une décision juridictionnelle passée en force de chose jugée, et après mise en demeure à cet effet, le pouvoir de se substituer aux organes de cette collectivité afin de dégager ou de créer les ressources permettant la pleine exécution de cette décision de justice. À cette fin, il lui appartient, sous le contrôle du juge, de prendre, compte tenu de la situation de la collectivité et des impératifs d'intérêt général, les mesures nécessaires. Au nombre de ces mesures figure la possibilité de procéder à la vente de biens appartenant à la collectivité dès lors que ceux-ci ne sont pas indispensables au bon fonctionnement des services publics dont elle a la charge. Si le préfet s'abstient ou néglige de faire usage des prérogatives qui lui sont ainsi conférées par la loi, le créancier de la collectivité territoriale est en droit de se retourner contre l'État en cas de faute lourde commise dans l'exercice du pouvoir de tutelle[4].

1653.12 **Faute lourde.** Ainsi qu'il ressort très clairement de la décision précitée *Société fermière de Campoloro et a.*, la responsabilité de l'État n'est engagée, ici comme pour les autres cas d'ouverture de la responsabilité de l'État fondée sur l'exercice de ses pouvoirs de contrôle administratif, qu'en cas de faute lourde. La limitation de la responsabilité à une faute lourde permet d'éviter que la responsabilité des erreurs de la personne contrôlée soit mise à la charge du contrôleur.

1653.13 **Lien de causalité et préjudices indemnisables.** Le préjudice indemnisable est celui qui résulte de l'inaction fautive de l'État. Le dispositif de contrainte au paiement créé par la loi du 16 juillet 1980 (v. s[s] n°s 1642.05 s.) n'a ni pour objet ni pour effet de transférer à l'État la charge de la dette d'une personne publique née d'une décision de justice non exécutée. Cela dit, il est souvent difficile de faire la part, s'agissant du non-paiement d'une somme, entre ce qui relève de la faute du débiteur et ce qui relève de la faute de la personne qui n'a pas mis en œuvre les pouvoirs qui étaient les siens pour contraindre le débiteur à payer. La détermination de la responsabilité de l'État dépendra de l'évaluation des chances de succès de la mise en œuvre de ses pouvoirs.

Si le juge considère que l'exercice normal par l'État de ses pouvoirs aurait permis l'exécution de la décision de justice, il pourra le condamner à payer la somme fixée par la décision de justice[5]. De même, le

1. Retard dans la dissolution par le préfet d'un syndicat n'exerçant plus aucune activité : CE, sect., 6 oct. 2000, Min. Intérieur c/C[ne] de Saint-Florent et a., req. n° 205959, *Lebon* 395 ; *AJDA* 2001. 201, note M. Cliquennois ; *D.* 2002. 526, obs. D. de Béchillon ; *RFDA* 2001. 152, obs. P. Bon.
2. CONTRÔLE BANCAIRE : CE, ass., 30 nov. 2001, Min. Économie, Finances et Industrie c/Kéchichian et a., req. n° 219562, *Lebon* 587 ; *RFDA* 2002. 742, concl. A. Seban ; *JCP* 2002. II. 10042, note J.-J. Ménuret ; *AJDA* 2002. 133, chron. M. Guyomar et P. Collin ; *D.* 2003. 338, obs. H. Synvet ; *RTD com.* 2002. 353, obs. M. Cabrillac.
3. CE 21 juin 2000, Min. Équipement, Transport et Logement, c/C[ne] de Roquebrune-Cap-Martin, req. n° 202058, *Lebon* 236 ; *GADD*, 2e éd., Dalloz, 2001, n° 41 ; *RD publ.* 2000. 1257, concl. L. Touvet ; *D.* 2002. Somm. 526, obs. D. de Béchillon ; *RFDA* 2000. 888 ; *RDI* 2000. 553, obs. J. Morand-Deviller ; *RFDA* 2000. 1096, note P. Bon.
4. CE, sect., 18 nov. 2005, S[té] de gestion du port de Campoloro et a. c/Préfet de la Haute Corse, req. n° 271898, *Lebon* 515 ; *AJDA* 2006. 137, chron. C. Landais et F. Lenica ; *AJDA* 2007. 1218, étude P. Cassia ; *RFDA* 2006. 341, note P. Bon.
5. CE 29 oct. 2010, Min. Alimentation, Agriculture et Pêche c/ S[té] Sofunag Environnement, req. n° 338001, *Lebon* T.

préjudice imputable au retard du préfet dans l'inscription au budget d'un syndicat intercommunal des sommes nécessaires au paiement de la condamnation dans un délai très supérieur à celui – alors égal à quatre mois – imparti par l'article 1er de la loi du 16 juillet 1980[1] (CJA, art. L. 911-9) est égal au montant des intérêts moratoires dus sur les sommes que le syndicat avait été condamné à payer, calculés à partir de la date à laquelle le préfet aurait dû les mandater au lieu et place de l'autorité locale défaillante. Le taux de ces intérêts est celui de l'intérêt légal, majoré de cinq points deux mois après la notification de la décision[2].

Il s'agit donc bien, comme le montrent ces décisions, d'une appréciation du lien de causalité entre le préjudice résultant de la non-exécution de la décision de justice et la carence de l'État à exercer les compétences qui sont les siennes pour assurer l'exécution des décisions de justice, appréciation qui est bien entendu fonction des circonstances de chaque espèce.

1653.14 **Action récursoire.** L'État dont la responsabilité a été reconnue pour n'avoir pas assuré l'exécution d'une décision de justice peut, après avoir indemnisé le bénéficiaire de cette décision, exercer contre la personne publique rendue débitrice par la décision de justice, exercer une action récursoire pour obtenir le remboursement de ce qu'il a versé[3].

§ 2
Responsabilité pour faute du fait du fonctionnement du service public de la justice

1653.21 **Délai excessif de jugement.** Depuis la décision d'Assemblée du 28 juin 2002, *Garde des Sceaux, ministre de la Justice c/M. Magiera*[4], les délais excessifs de jugement sont susceptibles d'engager la responsabilité de l'État pour faute. Si le caractère excessif de la durée d'une procédure juridictionnelle s'apprécie de manière globale, jusqu'à l'exécution complète de la décision de justice, la responsabilité de l'État à raison du délai excessif de procédure n'ouvre droit à la réparation que des préjudices qui résultent du mauvais fonctionnement du service public de la justice, et non de ceux qui trouvent leur origine directe dans le comportement de l'Administration dans l'exécution de la décision juridictionnelle[5].

La répartition des responsabilités entre la personne à qui incombe en principe l'exécution de la décision de justice et l'État du fait du fonctionnement de la justice a été rappelée par le Conseil d'État dans une décision récente dont il ressort que si la responsabilité de l'État est susceptible d'être engagée en raison du fonctionnement défectueux du service public de la justice, un délai excessif dans l'exécution d'une décision juridictionnelle engage, en principe, la responsabilité de la personne à qui incombait cette exécution. Lorsque la carence de cette personne donne lieu à une procédure juridictionnelle d'exécution, celle-ci doit être jugée dans un délai raisonnable et une durée de jugement excessive engage également la responsabilité de l'État en raison du fonctionnement défectueux du service public de la justice[6].

Le Conseil d'État a estimé, par exemple, que la responsabilité de l'État pour dysfonctionnement du service public de la justice administrative était engagée dans un cas où la durée globale de la procédure juridictionnelle engagée pour obtenir l'exécution d'un jugement avait atteint trois ans et trois mois[7].

SECTION 2
RESPONSABILITÉ SANS FAUTE

1653.31 **Responsabilité pour rupture de l'égalité devant les charges publiques.** De même que le refus légitime de l'État de prêter son concours à l'exécution d'une décision de justice ou de tout autre titre exécutoire lorsqu'un intérêt général le justifie ouvre droit à une responsabilité sans faute de l'État sur le fondement de la rupture d'égalité devant les charges publiques[8], le refus justifié et par conséquent non fautif du préfet de mettre en œuvre les pouvoirs qu'il détient afin d'assurer la pleine exécution, par une collectivité territoriale, d'une décision de justice la condamnant ouvre droit, au profit du créancier, à une indemnisation du préjudice anormal et spécial qu'il subit du fait de cette rupture d'égalité devant les charges publiques.

Le Conseil d'État a ainsi précisé, par la décision précitée *Société fermière de Campoloro*, qu'en cas de refus régulier du préfet, « *eu égard à la situation de la collectivité, notamment à l'insuffisance de ses actifs, ou en raison d'impératifs d'intérêt général, le préjudice qui*

1. L. n° 80-539, 16 juill. 1980, relative aux astreintes prononcées en matière administrative et à l'exécution des jugements par les personnes morales de droit public, *JO* 17 juill.
2. TA Grenoble, 30 sept. 1996, Lafay et a., req. nos 952630 et 962137, *Lebon ; JCP* 1997. IV. 2190.
3. CE 29 oct. 2010, req. n° 338001 (préc., v. ss n° 1653.13).
4. CE 28 juin 2002, garde des Sceaux, min. Justice c/M. Magiera, req. n° 239575, *Lebon ; GACA*, 3e éd., Dalloz, 2011, n° 5 ; *D.* 2003. 23, note V. Holderbach-Martin ; *AJDA* 2002. 596, chron. F. Donnat et D. Casas ; *RFDA* 2002. 756, concl. F. Lamy ; *RFDA* 2003. 85, étude J. Andriantsimbazovina.
5. CE 26 mai 2010, Mafille, req. n° 316292, *Lebon* T. ; *AJDA* 2010. 1784, note S. Théron.
6. CE 23 juin 2014, M. W. et a., req. n° 369946.
7. CE 13 sept. 2017, Mme S., req. n° 398160.
8. CE, ass., 30 nov. 1923, Couitéas, req. nos 38284 et 48688, *Lebon* 789 ; *GAJA*, 24e éd., Dalloz, 2023, n° 37.

résulte de la non-exécution de la décision de justice pour le créancier de la collectivité territoriale est susceptible d'engager la responsabilité de la puissance publique s'il revêt un caractère anormal et spécial ». Cette responsabilité suit le régime juridique de droit commun de la responsabilité sans faute.

1653.32 Jurisprudence de la Cour européenne des droits de l'homme. La jurisprudence précitée du Conseil d'État, qui fait en quelque sorte de l'État le garant final de la bonne exécution des décisions de justice condamnant une personne publique, quelle qu'elle soit, rejoint la jurisprudence de la Cour européenne qui a condamné la France, au nom du **droit à un procès équitable**, à verser aux créanciers l'intégralité de la somme mise à la charge des collectivités territoriales en cause dans l'affaire dite du *port de Campoloro* par le tribunal administratif[1].

1. CEDH 26 sept. 2006, S[té] de gestion du port de Campoloro et S[té] fermière de Campoloro c/France, req. n° 57516/00, *D.* 2007. 545, note C. Hugon.

TITRE

166. Les mesures d'exécution contre les personnes publiques étrangères

SECTION 0 ORIENTEUR

166.00 Sommaire du titre.

Avertissement. Les développements à venir ne sont qu'une brève synthèse de la question des immunités d'exécution des personnes publiques étrangères, des jurisprudences et des controverses doctrinales qu'elle a suscitées. Pour de plus amples développements, on se reportera aux références bibliographiques citées s^s n° 166.03.

Division. Jusqu'à il y a peu, il n'était nul besoin d'invoquer l'immunité d'exécution puisque les personnes publiques étrangères étaient couvertes en amont par leur immunité de juridiction. Mais le recul de cette dernière (en tout cas l'affirmation de son caractère relatif) ainsi que l'essor de l'arbitrage dans le commerce international ont progressivement entraîné une modification du problème. L'immunité d'exécution, hier parent pauvre de la discipline, est aujourd'hui le rempart le plus sûr des personnes publiques étrangères contre leurs créanciers.

En pratique, le problème de l'immunité d'exécution se présente dans deux séries de situations :

– la première est celle où une partie privée ou une autre personne publique d'ailleurs, cherche à faire exécuter par la contrainte une décision rendue en sa faveur contre un État étranger ou l'une de ses émanations. La décision peut avoir été prise par une juridiction de l'État où l'exécution est demandée. Elle peut également être celle d'un juge étranger, ou d'un arbitre, après *exequatur*, étant précisé à cet égard que :

– en France, l'*exequatur* est une condition du caractère exécutoire de la sentence arbitrale ou du jugement étranger qui, sans elle, ne peut produire aucun effet sur le territoire national (pour une affirmation de ce principe[1]) ;

– qu'une personne publique étrangère soit en cause ou non, le contrôle exercé par le juge français au stade de l'*exequatur* est celui qu'impose habituellement la jurisprudence *Munzer*[2] ou l'article 1502 C. pr. civ.

La question de l'immunité d'exécution se pose également lorsque la mesure d'exécution est opérée contre une personne publique étrangère avant toute condamnation. Dans ce cas, les mobiles qui inspirent le créancier sont de deux sortes :

– prendre une mesure conservatoire, en attendant l'issue d'un contentieux en cours ou à venir ;

– déclencher le jeu d'une règle de compétence juridictionnelle permettant de saisir, pour régler le fond du litige, les tribunaux du pays où la mesure d'exécution forcée a été pratiquée.

Quels que soient les mobiles qui inspirent le créancier saisissant, deux cas peuvent se présenter : la personne publique étrangère bénéficie (chap. 1661) ou non (chap. 1662) d'une immunité d'exécution.

166.03 Bibliographie indicative.

Indépendamment des notes, souvent très complètes, publiées dans les chroniques de jurisprudence de la *Revue critique de droit international privé* et du *Journal de droit international (Clunet)*, et des développements consacrés à ce sujet dans les ouvrages et études générales consacrés aux voies

1. Civ. 1re, 24 mars 1998, n° 96-10.171, P I, n° 122 ; *JCP* 1998. II. 10155, obs. E. Kerckhove.
2. Civ. 1re, 7 janv. 1964, n° 62-12.438, Munzer, *JCP* 1964. II. 13590, note P. Ancel ; *Rev. crit. DIP* 1964. 344, note H. Batiffol ; *JDI* 1964. 302, note B. Goldman ; *GADIP*, 5e éd., Dalloz, 2006, n° 41.

d'exécution cités en bibliographie générale (v. s[s] n° 161.03), on consultera avec profit :

Actualisables. Rép. internat., v° *Immunités*, par C. Kessedjian, oct. 2017 (actu. mai 2024) – *J.-Cl. Int., V°* Immunités de juridiction et d'exécution, 1993, fasc. 581-50, par P. Bourel.

Ouvrages. M. Cosnard, *La soumission des États aux tribunaux internes (face à la théorie des immunités des États)*, Pedone, 1996 – J. Duffar, *Contribution à l'étude des privilèges et immunités des organisations internationales*, « Bibliothèque de droit international », LGDJ, 1982, p. 252 s. – P. Mayer, *Droit international privé*, 3e éd., Montchrestien, 2011, n°s 330 s., p. 201 s.

Articles. « L'immunité d'exécution de l'État étranger », *Actes du colloque du 22 avril 1988, Cahiers du CEDIN*, Montchrestien, 1990 – P. Bourel, « Aspects récents de l'immunité d'exécution des États et services publics étrangers », *Trav. Com. fr. DIP*, séance 30 nov. 1983, p. 133 s. ; « Arbitrage international et immunités des États étrangers : à propos d'une jurisprudence récente », *Rev. arb.* 1982. 119 s. – D. Foussard, « Entre *exequatur* et exécution forcée (de quelques difficultés théoriques et pratiques relatives à l'exécution des jugements étrangers) », *Communication au Comité de droit international privé en date du 26 mars 1997*, Pedone, Paris, 1999, p. 175 s. – C. Freyria, « Les limites de l'immunité de juridiction et d'exécution des États étrangers », *Rev. crit. DIP* 1951. 207 s. – D. Nedjar, « Tendances actuelles du droit international des immunités des États », *JDI* 1997. 59 s. – I. Pingel-Lenuzza, « Les immunités des États en droit français », *Dr. et prat. com. int.* 1996. 5 s. – H. Synvet, « Quelques réflexions sur l'immunité d'exécution de l'État étranger », *JDI* 1985. 865 s.

166.05 Généralités. L'immunité des États est issue du principe de droit international selon lequel un État ne peut être soumis à la juridiction d'un autre État (« *par in parem non habet imperium* »). Ce principe vise à garantir le respect de la souveraineté et de l'indépendance des États, ainsi que le bon déroulement des relations diplomatiques.

Comme dans la plupart des pays occidentaux, les États étrangers et les autres personnes publiques peuvent bénéficier en France d'une double immunité :

– une **immunité de juridiction** d'abord, qui a pour effet de soustraire la résolution des litiges les concernant à la compétence des tribunaux français ;

– une **immunité d'exécution**, ensuite, qui fait échec à la réalisation forcée sur leurs biens des décisions de justice qui auraient été prononcées à leur encontre, peu important que ces décisions émanent d'une juridiction étrangère ou d'une juridiction française d'ailleurs. Le sujet du présent ouvrage étant les voies d'exécution, nous ne traiterons que cette seconde immunité.

CHAPITRE

1661. Immunité d'exécution des personnes publiques étrangères : principe et limites

PASCAL TROUILLY
CONSEILLER D'ÉTAT

SECTION 0 ORIENTEUR

1661.00 **Sommaire du chapitre.**

Division. Celui qui bénéficie d'une condamnation juridictionnelle prononcée à l'encontre d'une personne publique étrangère et qui veut la faire exécuter sur le territoire français peut être confronté à deux types de situation :

– la personne publique en cause lui oppose un texte de droit interne (sect. 1) ;

– la personne publique est susceptible de bénéficier de la théorie jurisprudentielle de « *l'immunité d'exécution de l'État étranger* » (sect. 2).

1661.01 **Textes applicables.**

• **C. pr. exéc.,** art. L. 111-1-1 à L. 111-1-3.

1661.02 **Jurisprudence de référence.**

> États étrangers. Immunité d'exécution sauf affectation du bien saisi à une activité économique ou commerciale relevant du droit privé.

• **Civ. 1re, 14 mars 1984,** n° 82-12.462, *Eurodif*, P I, n° 98

* V. ss nos 0142.21, 1661.51, 1661.61

L'immunité d'exécution dont jouit l'État étranger est de principe, mais elle peut être exceptionnellement écartée. Il en est ainsi lorsque le bien saisi a été affecté à l'activité économique ou commerciale relevant du droit privé qui donne lieu à la demande en justice. N'a pas légalement justifié sa décision la cour d'appel qui, pour donner mainlevée de la saisie conservatoire de la créance d'un État étranger sur l'État français et le CEA, se borne à relever que cette créance porte sur les fonds dont ceux-ci sont débiteurs à l'égard de celui-là et qui doivent lui faire retour sans être grevés d'aucune affectation, puisque le gouvernement étranger décidera souverainement de leur utilisation dans l'exercice de ses compétences internes, et que dès lors, la créance porte sur des fonds publics et bénéficie de l'immunité d'exécution ; qu'en effet, la cour d'appel, qui avait constaté qu'en vertu d'accords internationaux liant les deux États la créance avait pour origine des fonds affectés par l'État étranger à la réalisation d'un programme commun, dont la rupture par l'État étranger donnait lieu à la demande, était tenue, pour trancher la question de l'immunité, de rechercher la nature de cette activité.

> Organismes publics distincts des états étrangers. Absence d'immunité d'exécution sauf caractère public de leurs biens.

• **Civ. 1re, 1er oct. 1985,** n° 84-13.605, *Sonatrach*, P I, n° 236

* V. ss nos 0142.21, 1661.46

À la différence des biens de l'État étranger, qui sont en principe insaisissables, sauf exceptions, notamment quand ils ont été affectés à l'activité économique ou commerciale de droit privé qui est à l'origine du titre du créancier saisissant, les biens des organismes publics, personnalisés ou non, distincts de l'État étranger, lorsqu'ils font partie d'un patrimoine que celui-ci a affecté à une activité principale relevant du droit privé, peuvent être saisis par tous les créanciers, quels qu'ils soient de cet organisme, sauf à cet organisme à établir le caractère public de ces biens.

> Renonciation à l'immunité d'exécution impliquée par un règlement d'arbitrage.

• **Civ. 1re, 6 juill. 2000,** n° 98-19.068, P I, n° 207

* V. ss n° 1661.73

L'engagement pris par un État signataire de la clause d'arbitrage d'exécuter la sentence dans les termes de l'article 24 du règlement d'arbitrage de la Chambre de commerce international implique renonciation de cet État à l'immunité d'exécution.

> Portée de l'immunité d'exécution des États étrangers.

• **Civ. 1re, 25 janv. 2005,** no 03-18.176, P I, no 39

* V. ss nos 0142.21, 1661.61

Selon les principes de droit international relatifs aux immunités, les États étrangers bénéficient, par principe, de l'immunité d'exécution. Il en est autrement lorsque le bien saisi se rattache, non à l'exercice d'une activité de souveraineté, mais à une opération économique, commerciale ou civile relevant du droit privé qui donne lieu à la demande en justice. L'acquisition de biens immobiliers en France par un État étranger, fussent-ils affectés au logement de son personnel diplomatique, ne constitue pas une prérogative ou un acte de souveraineté, mais seulement une opération habituelle de gestion relevant du droit privé. En conséquence, ayant constaté que les biens immobiliers acquis en France par un État étranger et saisis par le syndicat des copropriétaires n'étaient pas affectés aux services de l'Ambassade ou de ses annexes et ne constituaient pas la résidence de l'ambassadeur, puis ayant retenu que l'acquisition impliquait pour l'État étranger le paiement des charges de copropriété, de sorte que la créance du syndicat se rattachait à cette opération, une cour d'appel décide à bon droit que cet État ne peut opposer son immunité d'exécution.

> Immunités d'exécution. Immunité diplomatique.

• **Civ. 1re, 28 sept. 2011,** no 09-72.057, P I, no 153

* V. ss nos 0142.21, 06.09, 1661.61

L'immunité d'exécution dont bénéficient par principe les États étrangers est écartée lorsqu'il est établi que le bien concerné se rattache, non à l'exercice d'une activité de souveraineté, mais à une opération économique, commerciale ou civile relevant du droit privé. Mais une cour d'appel retient exactement, d'abord, que les fonds affectés aux missions diplomatiques bénéficient d'une présomption d'utilité publique, puis, que les comptes bancaires d'une ambassade sont présumés être affectés à l'accomplissement des fonctions de la mission diplomatique de sorte qu'il appartient au créancier qui entend les saisir de rapporter la preuve que ces biens sont utilisés pour une activité privée ou commerciale.

Les missions diplomatiques des États étrangers bénéficient, selon le droit international coutumier, pour le fonctionnement de la représentation de l'État accréditaire et les besoins de sa mission de souveraineté, d'une immunité d'exécution autonome à laquelle il ne peut être renoncé que de façon expresse et spéciale et cette immunité s'étend, notamment, aux fonds déposés sur les comptes bancaires de l'ambassade ou de la mission diplomatique.

Il doit donc être donné mainlevée de la saisie conservatoire, dès lors que les fonds de la mission diplomatique, faisant l'objet de la saisie, bénéficient de cette immunité et qu'aucune renonciation particulière et expresse à celle-ci n'est intervenue.

> Le droit international coutumier n'exige pas une renonciation autre qu'expresse à l'immunité d'exécution.

• **Civ. 1re, 13 mai 2015,** no 13-17.751, P I, no 107

* V. ss nos 0142.05, 0142.21, 1661.13, 1711.32

« Attendu que, pour confirmer le jugement du juge de l'exécution ayant prononcé la mainlevée des saisies, l'arrêt retient que, selon le droit international coutumier, les missions diplomatiques des États étrangers bénéficient, pour le fonctionnement de la représentation de l'État accréditaire et les besoins de sa mission de souveraineté, d'une immunité d'exécution autonome à laquelle il ne peut être renoncé que de façon expresse et spéciale ; qu'en l'espèce, la renonciation par la République du Congo dans la lettre d'engagement du 3 mars 1993 n'est nullement spéciale ;

Qu'en statuant ainsi, alors que le droit international coutumier n'exige pas une renonciation autre qu'expresse à l'immunité d'exécution, la cour d'appel a violé les règles susvisées. »

SECTION 1
EXISTENCE D'UN TEXTE

1661.11 **Principe.** Contrairement à ce qui existe dans d'autres pays occidentaux où les règles relatives à l'immunité d'exécution des personnes publiques étrangères ont été édictées par le pouvoir exécutif ou le pouvoir législatif, en France, tout est dans la jurisprudence (sur ce point, v. les développements substantiels de H. Synvet[1] – L. 9 juill. 1991, art. 1er, al. 3[2] [devenu C. pr. exéc., art. L. 111-1, al. 3[3]]). Le Conseil d'État a ainsi rattaché l'immunité d'exécution dont bénéficient les États étrangers aux règles coutumières du droit international[4]. Jusqu'à récemment (v. ss no 1661.12), ces règles étaient ponctuellement complétées de conventions internationales bilatérales ou de dispositions législatives de nature à faire échec aux procédures d'exécution diligentées contre les personnes publiques étrangères. Généralement de portée limitée, ces textes garantissent à la personne publique étrangère une immunité indépendante des évolutions et des nuances de la jurisprudence relative à « l'immunité d'exécution de l'État étranger » (v. ss nos 1661.30 s.). D'une certaine façon, dans le domaine qu'ils ont vocation à régir, ils restaurent des zones « d'immunité absolue ». On peut citer, à cet égard :

– l'article 22 de la **convention de Vienne du 18 avril 1961,** qui soustrait à toute mesure d'exécution forcée les locaux et les moyens de transport de la mission diplomatique[5] ;

1. H. Synvet, « Quelques réflexions sur l'immunité d'exécution de l'État étranger », *JDI* 1985. 865 s.
2. L. no 91-650, 9 juill. 1991, portant réforme des procédures civiles d'exécution, *JO* 14 juill., p. 9228.
3. Ord. no 2011-1895, 19 déc. 2011, relative à la partie législative du Code des procédures civiles d'exécution, *JO* 20 déc., p. 21464 (*applicable au 1er juin 2012*).
4. CE, sect., 14 oct. 2011, Mme Saheh et a., req. no 329788, *Lebon.*
5. Conv. Vienne, 18 avr. 1961, *JO* 17 avr. 1971, p. 3695.

– l'accord conclu entre la France et le Sénégal le 16 février 1974[1] dont l'article 1er prévoit que : « *Sans préjudice des immunités d'exécution applicables, la décision d'exequatur d'une décision judiciaire en matière civile, sociale et commerciale ne permet aucune mesure d'exécution sur le territoire de la République française ou sur le territoire de la République du Sénégal lorsque, dans l'État où la décision d'origine a été rendue, cette dernière n'est susceptible d'aucune exécution forcée contre cet État, les collectivités locales, les établissements publics et les sociétés nationales ou contre les sociétés d'économie mixte dont l'objet exclusif est l'exploitation d'une concession de service public* » ;

– l'article 61 de la **loi du 8 août 1994[2] portant diverses dispositions d'ordre économique et financier** d'où il ressort que : « *Les biens culturels prêtés par une puissance étrangère, une collectivité publique ou une institution culturelle étrangères, destinés à être exposés au public en France, sont insaisissables pour la période de leur prêt à l'État français ou à toute personne morale désignée par lui. Un arrêté conjoint du ministre de la Culture et du ministre des Affaires étrangères fixe, pour chaque exposition, la liste des biens culturels, détermine la durée du prêt et désigne les organisateurs de l'exposition* » (pour un ex. d'arrêté interministériel pris sur le fondement de ce texte, arr. 28 sept. 1994, relatif à l'insaisissabilité des biens culturels prêtés par la Fédération de Russie pour l'exposition « André Derain »[3]).

En revanche, une personne publique étrangère ne peut, pour échapper à une saisie ou à une autre mesure d'exécution forcée, se prévaloir des règles protectrices des personnes publiques françaises[4].

1661.12 Convention des Nations unies sur les immunités juridictionnelles des États et de leurs biens. Le 2 décembre 2004, l'Assemblée générale des Nations unies a adopté, au terme de très longs travaux menés depuis 1977 au sein de la Commission du droit international des Nations unies (CDI)[5], une convention sur les immunités juridictionnelles des États et de leurs biens, qui a pour objet de codifier les règles de droit international relatives aux immunités des États. La France a signé cette convention le 17 janvier 2007 après avoir activement participé à son élaboration, sans y apporter aucune réserve ou déclaration interprétative, ce qui montre son adhésion à son contenu. Le Parlement a autorisé sa ratification par la loi du 28 juin 2011[6]. Elle n'est pas encore entrée en vigueur, faute d'un nombre de signatures suffisant.

Comme le souligne M. Del Picchia dans son rapport précité fait au nom de la commission des affaires étrangères sur le projet de loi autorisant la ratification de cette convention du Sénat : « *La convention sur les immunités juridictionnelles des États et de leurs biens correspond à la pratique suivie par la France en la matière. En particulier, elle repose sur la théorie de l'immunité de juridiction restreinte de l'État, fondée sur la distinction entre les actes d'autorité et les actes de gestion, consacrée par la Cour de cassation. De même, les dispositions relatives à l'immunité d'exécution des États sont en harmonie avec la jurisprudence française. Les dispositions législatives peu nombreuses qui présentent un rapport direct avec la Convention des Nations unies sur les immunités juridictionnelles des États et de leurs biens n'auront a priori pas besoin d'être amendées*[7],

1. Publié par Décr. n° 94-142, 18 févr. 1994 *(entré en vigueur le 16 févr. 1994), Rev. crit. DIP* 1994. 413 s.
2. L. n° 94-679, 8 août 1994, portant diverses dispositions d'ordre économique et financier, *JO* 10 août.
3. *JO* 1er oct. 1994, p. 13909.
4. Civ. 1re, 7 déc. 1977, n° 76-13.591, P I, n° 466 ; *Rev. crit. DIP* 1978. 532, note P. Bourel.
5. Par une résolution n° 32/151 du 19 décembre 1977, l'Assemblée générale des Nations unies a, en effet, invité la Commission du droit international, organe subsidiaire de l'Assemblée générale composé d'experts élus par elle, à travailler sur le sujet des immunités juridictionnelles des États et de leurs biens, en vue de la codification et du développement progressif du droit international en la matière. La Commission de droit international (CDI) a adopté un projet en 1991, soumis par l'Assemblée générale à un groupe de travail. Par une résolution n° 55/150 du 12 décembre 2000, l'Assemblée générale a établi un comité spécial sur les immunités juridictionnelles des États et de leurs biens, ouvert à tous les États membres des Nations unies et aux États membres des institutions spécialisées, aux fins de poursuivre le travail effectué par les groupes de travail de la CDI, de consolider les points de convergence et de régler les questions en suspens. Ce groupe de travail a remis un rapport en mars 2004. La Convention adoptée par l'Assemblée générale le 2 décembre 2004 est donc le fruit d'une longue élaboration parvenue à un large consensus.
6. L. n° 2011-734, 28 juin 2011, autorisant la ratification de la convention des Nations unies sur les immunités juridictionnelles des États et de leurs biens, *JO* 29 juin, texte 1 – POUR UNE ANALYSE de l'élaboration de cette convention et de son contenu, nous renvoyons au rapport n° 73 (2010-2011) de M. Robert del Picchia, fait au nom de la commission des affaires étrangères du Sénat, déposé le 27 octobre 2010, et au rapport fait au nom de la commission des affaires étrangères par Mme E. Guigou, auxquels nous empruntons la plus grande partie des développements qui suivent.
7. Notamment pas l'article 1er alinéa 3 de la loi n° 91-650 du 9 juillet 1991 [devenu C. pr. exéc., art. L. 111-1, al. 3] (« [l]*'exécution forcée et les mesures conservatoires ne sont pas applicables aux personnes qui bénéficient d'une immunité d'exécution* »). La Convention vient en effet seulement compléter cette disposition législative en précisant les critères permettant de déterminer si un État étranger peut ou non bénéficier d'une immunité d'exécution dans une espèce donnée. Ni l'article 684 alinéa 2 du Code de procédure civile, tel que modifié par l'article 66 du décret n° 2005-1678 du 28 décembre 2005 relatif à la procédure civile, à certaines procédures d'exécution et à la procédure de changement de nom, aux termes duquel « *l'acte destiné à être notifié à un État étranger, à un agent diplomatique étranger en France ou à tout autre bénéficiaire de l'immunité de juridiction est remis au parquet et transmis par l'intermédiaire du ministre de la Justice aux fins de signifi-*▶

si l'on excepte l'article L. 153-1 du Code monétaire et financier pour lequel la conclusion est plus réservée[1] ». Il relève que « *la signature par la France de la convention n'a d'ailleurs été accompagnée d'aucune réserve ou déclaration interprétative* » et conclut que « *la France a toujours plaidé pour l'adoption d'une convention parce que, une fois ratifiée et entrée en vigueur, elle pourrait être appliquée directement par les tribunaux français, dont le travail serait facilité, et ainsi contribuer à assurer une meilleure sécurité juridique pour les entreprises françaises contractant avec des États étrangers* ».

1661.13 Intervention du législateur en 2016. L'article 59 de la loi du 9 décembre 2016[2], relative à la transparence, à la lutte contre la corruption et à la modernisation de la vie économique, dite « *loi Sapin II* », a clarifié le régime de l'immunité d'exécution à l'égard des biens des États étrangers. Il a introduit dans le Code des procédures civiles d'exécution les articles L. 111-1-1 à L. 111-1-3. L'article L. 111-1-1 prévoit que des mesures conservatoires ou des mesures d'exécution forcée ne peuvent être mises en œuvre sur un bien appartenant à un État étranger que sur autorisation préalable du juge par ordonnance rendue sur requête, ce qui exclut notamment la possibilité, pour une partie ayant obtenu l'*exequatur* d'une sentence arbitrale condamnant un État étranger de faire directement procéder à une mesure d'exécution sur des biens de cet État situés en France. L'article L. 111-1-2 C. pr. exéc. dispose que ces mesures conservatoires ou ces mesures d'exécution forcée visant un bien appartenant à un État étranger ne peuvent être autorisées par le juge que si l'une des conditions suivantes est remplie :

« *1° L'État concerné a expressément consenti à l'application d'une telle mesure ;*

2° L'État concerné a réservé ou affecté ce bien à la satisfaction de la demande qui fait l'objet de la procédure ;

3° Lorsqu'un jugement ou une sentence arbitrale a été rendu contre l'État concerné et que le bien en question est spécifiquement utilisé ou destiné à être utilisé par ledit État autrement qu'à des fins de service public non commerciales et entretient un lien avec l'entité contre laquelle la procédure a été intentée.

Pour l'application du 3°, sont notamment considérés comme spécifiquement utilisés ou destinés à être utilisés par l'État à des fins de service public non commerciales, les biens suivants :

a) Les biens, y compris les comptes bancaires, utilisés ou destinés à être utilisés dans l'exercice des fonctions de la mission diplomatique de l'État ou de ses postes consulaires, de ses missions spéciales, de ses missions auprès des organisations internationales, ou de ses délégations dans les organes des organisations internationales ou aux conférences internationales ;

b) Les biens de caractère militaire ou les biens utilisés ou destinés à être utilisés dans l'exercice des fonctions militaires ;

c) Les biens faisant partie du patrimoine culturel de l'État ou de ses archives qui ne sont pas mis ou destinés à être mis en vente ;

d) Les biens faisant partie d'une exposition d'objet d'intérêt scientifique, culturel ou historique qui ne sont pas mis ou destinés à être mis en vente ;

e) Les créances fiscales ou sociales de l'État ».

Enfin, l'article L. 111-1-3 C. pr. exéc. précise, à propos des biens relevant des missions diplomatiques, que des mesures conservatoires ou des mesures d'exécution forcée ne peuvent être mises en œuvre sur ces biens, y compris les comptes bancaires, utilisés ou destinés à être utilisés dans l'exercice des fonctions de la mission diplomatique des États étrangers ou de

► *cation par voie diplomatique, à moins qu'en vertu d'un règlement communautaire ou d'un traité international la transmission puisse être faite par une autre voie* ». « *Cette disposition réglementaire est en effet* », toujours selon le même rapport, « *parfaitement compatible avec l'article 22 de la Convention relatif à la signification ou notification des actes introductifs d'instance, qui prévoit une* "communication adressée par les voies diplomatiques au ministère des Affaires étrangères de l'État concerné" *en l'absence de convention internationale organisant un autre mode de transmission* ».

1. Pour l'auteur du rapport : « *Cette disposition du Code monétaire et financier est compatible avec la Convention dans la mesure où elle respecte le principe d'insaisissabilité des biens de l'État étranger détenus ou gérés par une banque centrale ou une autorité monétaire, inscrit aux articles 19 alinéa c) et 21 de la Convention, tout en assortissant ce principe d'une exception, permettant la saisie des biens que la banque centrale étrangère gère pour son propre compte et qu'elle affecte à une activité économique ou commerciale* ». Il n'est en revanche pas certain que l'article L. 153-1 du Code monétaire et financier soit pleinement compatible avec l'exception consacrée aux articles 18, alinéa b), et 19, alinéa b), et relative au cas où « *l'État a réservé ou affecté des biens à la satisfaction de la demande qui fait l'objet de cette procédure* » judiciaire. En effet, l'article L. 153-1 ne prévoit pas une telle exception et les formulations retenues : « *Ne peuvent être saisis* [...] » *et* « *Par exception aux dispositions du premier alinéa* [...] » paraissent s'opposer à toute saisie dans les mains d'une banque centrale étrangère, y compris dans l'hypothèse où l'État concerné aurait « *réservé ou affecté des biens à la satisfaction de la demande qui fait l'objet de cette procédure* » judiciaire, au sens des articles 18 et 19, alinéas b), précités. « *L'article L. 153-1 du Code monétaire et financier ne réserve pas non plus le cas du consentement de l'État étranger à une saisie dans les mains d'une banque centrale ou d'une autre autorité monétaire. En conséquence, afin d'assurer une parfaite compatibilité du droit français avec les dispositions de la Convention relatives à l'immunité d'exécution des États, il serait sans doute préférable de modifier l'article L. 153-1 du Code monétaire et financier afin d'y faire figurer toutes les exceptions prévues par les articles 18 et 19 de la Convention des Nations unies sur les immunités juridictionnelles des États et de leurs biens* ».
2. L. n° 2016-1691, 9 déc. 2016, relative à la transparence, à la lutte contre la corruption et à la modernisation de la vie économique, *JO* 10 déc., texte 2.

leurs postes consulaires, de leurs missions spéciales ou de leurs missions auprès des organisations internationales qu'en cas de renonciation expresse et spéciale des États concernés. Il est à noter que la Cour de cassation, dans son arrêt du 13 mai 2015[1], avait jugé que le droit international coutumier n'exige pas une renonciation autre qu'expresse à l'immunité d'exécution.

1661.14 Compatibilité de l'immunité avec le droit au juge (Convention européenne de sauvegarde des droits de l'homme et des libertés fondamentales, art. 6 § 1). Par définition, les immunités de juridiction et d'exécution portent atteinte au droit d'accès à un tribunal. La Cour européenne des droits de l'homme admet leur compatibilité avec l'article 6 § 1 de la Conv. EDH en raison de leur caractère exceptionnel et de ce qu'elles découlent de principes du droit international selon lesquels la souveraineté des États fait obstacle à ce qu'un État puisse être soumis à la juridiction d'un autre État[2]. Elle exige toutefois que l'immunité soit instituée dans un but légitime – ce qui est le cas de la souveraineté des États et de l'indépendance des organisations internationales – et proportionnée à sa finalité, ce qui implique d'une part qu'elle ne couvre que les actes relatifs à la finalité de l'immunité et qu'elle n'ait pas pour effet de priver totalement l'intéressé de toute voie pour faire valoir ses droits[3].

– La jurisprudence récente de la CEDH fait montre d'une sévérité accrue dans l'application des conditions de la conformité de ces immunités à l'article 6 § 1. Constatant « *que l'immunité absolue des États a subi depuis de nombreuses années une érosion certaine* » (§ 64), s'appuyant d'ailleurs sur la Convention sur les immunités juridictionnelles de 2004 des Nations unies, qui exclut les contrats de travail conclus entre un État et le personnel de ses missions diplomatiques à l'étranger, sauf exceptions limitativement énumérées, la Cour juge disproportionnée l'application de l'immunité dans des conflits du travail entre des États étrangers et leurs employés (personnel d'ambassade) qui n'exerçaient pas « *de fonctions particulières dans l'exercice de la puissance publique* » ou dont les fonctions ne faisaient pas naître « *un risque quelconque d'interférence avec les intérêts de l'État en matière de sécurité* » pour qu'ils puissent assigner en justice leur employeur[4].

– Ces arrêts ne remettent pas en cause le principe de la compatibilité de l'immunité des États avec l'article 6 § 1 de la Conv. EDH, mais ils rappellent que, comme toute dérogation à un droit fondamental, son application doit être strictement limitée aux finalités légitimes pour lesquelles elle a été instituée. Les immunités étant fondées sur le respect de la souveraineté des États, elle ne doit s'appliquer qu'aux contentieux dont l'objet est relatif à l'exercice, par les États, de leur puissance publique. Ce critère est également, comme on le verra, celui de la Cour de cassation (v. s[s] n° 1661.75).

1661.15 Immunité et responsabilité sans faute. L'immunité d'exécution dont bénéficie en France un État étranger est susceptible d'engager la responsabilité sans faute de l'État français si, du fait de cette immunité, une décision de justice n'a pu être exécutée et qu'il en est résulté un préjudice anormal et spécial. Ont ainsi été indemnisés sur le fondement de la responsabilité sans faute de l'État des employés de l'ambassade du Koweït à Paris qui n'avaient pu obtenir de l'État les employant le versement des sommes dues en vertu de leur contrat de travail, alors même qu'ils avaient obtenu des décisions de justice en leur faveur[5].

SECTION 2

JURISPRUDENCE RELATIVE À « L'IMMUNITÉ D'EXÉCUTION DE L'ÉTAT ÉTRANGER »

1661.20 Plan. On examinera successivement l'étendue de l'immunité d'exécution reconnue par les tribunaux à « *l'État étranger* » (§ 1) avant de rappeler, brièvement, les règles qui régissent sa mise en œuvre (§ 2).

§ 1

Étendue de l'immunité

1661.30 Plan. Lors de sa mise en œuvre par les tribunaux, l'immunité d'exécution soulève, la plupart du temps, trois séries de difficulté :

– quelles sont les personnes concernées par l'immunité d'exécution (A) ?

1. Civ. 1re, 13 mai 2015, n° 13-17.751, P I, n° 107.
2. « *L'octroi de l'immunité à un État dans une procédure civile poursuit le but légitime de respecter le droit international afin de favoriser la courtoisie et les bonnes relations entre États par le respect de la souveraineté d'un autre État* » (§ 52 – CEDH, gr. ch., 21 nov. 2001, Fogarty c/Royaume-Uni, req. n° 37112/97).
3. CEDH, gr. ch., 18 févr. 1999, Waite et Kennedy c/Allemagne, req. n° 26083/94, *Rec. CEDH*-I ; *RTDH* 2000. 77, obs. H. Tigroudja : immunité de juridiction de l'Agence spatiale européenne – CEDH, gr. ch., 21 nov. 2001, Al-Adsani c/ Royaume-Uni, req. n° 35763/97, *Rec. CEDH*-XI ; *AJDA* 2002. 500, chron. J.-F. Flauss ; *D.* 2003. 1246, chron. J.-F. Flauss ; *RSC* 2002. 149, obs. F. Massias : immunité de juridiction accordée au Koweït.
4. CEDH, gr. ch., 23 mars 2010, Cudak c/Lituanie, req. n° 15869/02, NP ; *AJDA* 2010. 2362, chron. J.-F. Flauss ; *JCP* 2010. 395, obs. C. Picheral – CEDH, gr. ch., 29 juin 2011, Sabeh El Leil c/France, req. n° 34869/05, NP ; *D.* 2011. 2434, obs. L. d'Avout et S. Bollée.
5. CE, sect., 14 oct. 2011, Mme Saheh et a., req. n° 329788, *Lebon*.

– à quelles mesures d'exécution s'étend le bénéfice de ce privilège (B) ?

– à quels biens cette immunité assure-t-elle une protection (C) ?

A. Personnes bénéficiant de l'immunité d'exécution

1661.41 **États.** Sur ce point, la jurisprudence est bien fixée. Peu importe la forme que l'État revêt ou le régime qu'il connaît. La seule condition requise pour que l'État puisse utilement invoquer l'immunité d'exécution est qu'il jouisse de la personnalité internationale[1]. Autrement dit, tout État ayant une souveraineté pleine et entière dans l'ordre international peut prétendre au bénéfice de ce privilège. Voilà pourquoi, la reconnaissance de l'État étranger par la communauté internationale n'est pas une condition de l'immunité, si sa souveraineté et son indépendance sont clairement établies (ainsi d'un arrêt dans lequel la Cour de cassation a accordé le bénéfice de l'immunité à la République nord-vietnamienne qui n'était pourtant pas, au moment du prononcé de la décision, « *officiellement reconnue* »[2]).

1661.42 **États disparus.** Dans un arrêt du 12 octobre 1999, la Cour de cassation a estimé que : « *Le droit international ne prévoyant aucune procédure spécifique pour déterminer si un État a disparu et s'il a un continuateur, l'arrêt attaqué qui s'est, à bon droit, fondé sur la position adoptée par la communauté internationale pour constater que la République socialiste fédérative de Yougoslavie avait disparu pour donner naissance à des États qui n'étaient pas ses successeurs, n'avait pas à rechercher si la République fédérale de Yougoslavie était ou non le seul continuateur de l'État disparu et pouvait, à ce titre, invoquer les immunités de juridiction et d'exécution. En conséquence, la cour d'appel a pu décider que les avoirs de l'État dissous et de sa banque centrale n'étaient pas susceptibles d'être couverts par lesdites immunités* »[3].

1661.43 **Souverains, chefs d'État étrangers, agents diplomatiques et consulaires.** Les représentants des États étrangers bénéficient eux aussi – et l'on comprend pourquoi – d'une immunité d'exécution. Mais celle-ci trouve sa source dans des conventions internationales multilatérales : la convention de Vienne de 1961 sur les relations diplomatiques et, accessoirement, la convention de Vienne de 1963, sur les relations consulaires. Les règles applicables sont différentes de celles qui concernent les États.

1661.44 **Organisations internationales.** L'immunité d'exécution que les organisations internationales peuvent opposer à leurs créanciers n'est pas non plus de même nature et n'obéit pas au même régime que celle qui protège les États étrangers. En général, elle trouve son fondement dans les dispositions des actes institutifs qui énoncent les principes de base en la matière, d'une convention conclue entre les États membres de l'organisation (protocole du 8 avril 1965, sur l'immunité des Communautés européennes) ou dans les accords bilatéraux dits de siège conclu entre l'organisation et l'État hôte de l'organisation (ex., accord Suisse-ONU, 15 avr. 1946 – accord France-UNESCO, 25 juin 1954), ou dans l'accord de siège (sur cette question v. C. Dominice, J. Duffar[4] – pour les agents d'une organisation internationale : à propos de l'Unesco[5] – sur la distinction entre l'immunité découlant des principes non écrits du droit international et l'immunité d'exécution diplomatique prévue par la convention de Vienne du 18 avril 1961[6]).

1661.45 **Collectivités locales et États fédérés.** La jurisprudence française a très tôt et très clairement refusé aux villes, départements, régions, cantons et à tout démembrement territorial de l'État, le bénéfice de l'immunité d'exécution. La jurisprudence est abondante en matière d'immunité de juridiction[7]. Mais elle vaut assurément, dans les mêmes termes et pour les mêmes raisons, au stade de l'exécution forcée.

1661.46 **Démembrements organiques des États étrangers.** Alors que pour l'État étranger, le bénéfice de l'immunité d'exécution est de principe (sauf exception), pour les organismes qui en dépendent, le principe est inverse : ils ne bénéficient pas, en principe, de ce privilège (sauf exception). L'immunité d'exécution de l'État bénéficie ainsi aux organismes publics qui, tout en en étant juridiquement distincts, n'en

1. Civ. 24 oct. 1932, *JDI* 1933. 644 ; *DP* 1933. 1. 196, note A. Gros.
2. Civ. 2 nov. 1971, n° 69-14.100, P I, n° 278 ; *Rev. crit. DIP* 1972. 310, note P. Bourel ; *JDI* 1972. 267, note R. Pinto ; *JCP* 1972. II. 16969, note D. Ruzié.
3. Civ. 1re, 12 oct. 1999, n° 97-14.827, P I, n° 262 ; *D.* 1999. IR 246.
4. C. Dominice, « L'immunité de juridiction et d'exécution des organisations internationales », *Rec. cours Académie dr. internat. La Haye* 1984. IV. 187 – J. Duffar, *Contribution à l'étude des privilèges et immunités des organisations internationales*, LGDJ, 1982.
5. Cass., avis, 8 déc. 1995, n° 09-50.014, P, n° 14 ; *BICC* 1er févr. 1995. 4 – Paris, 30 juin 1981, *Rev. crit. DIP* 1982. 129 – *J.-Cl. Int., V°* Principes communs aux organisations internationales – Statut juridique, fasc. 112-3.
6. Paris, 1re ch. A, 10 août 2000, Ambassade de la Fédération de Russie en France et a. c/Sté NOGA, *Gaz. Pal.* 10-12 juin 2001, p. 22 s., note A. de Geouffre de La Pradelle.
7. Civ. 24 oct. 1932, *JDI* 1933. 644 ; *DP* 1933. 1. 196, note A. Gros – CAA Paris, 5 nov. 1969, 2 arrêts, État de Hesse c/ Néger, *JCP* 1970. II. 1634, note D. Ruzié ; *Gaz. Pal.* 1970. 1. 194, note Sarraude – Paris, 29 janv. 1957, Bauer Marchal, *JCP* 1957. II. 9779, concl. R. Lindon.

sont que des émanations, dépourvus qu'ils sont d'autonomie et dont le patrimoine se confond avec celui de l'État[1]. Pour les autres, leurs biens sont en principe saisissables, sauf preuve contraire : « *À la différence des biens de l'État étranger, qui sont en principe insaisissables, sauf exception* [...], *les biens des organismes publics, personnalisés ou non, distincts de l'État étranger, lorsqu'ils font partis d'un patrimoine que celui-ci a affecté à une activité principale relevant du droit privé, peuvent être saisis par tous les créanciers, quels qu'ils soient, de cet organisme* »[2].

B. Mesures d'exécution forcée couvertes par l'immunité

1661.51 **Principe.** L'immunité d'exécution permet à son bénéficiaire de s'opposer aux diverses mesures de contrainte qui pourraient être prises par les tribunaux à l'encontre de ses biens. Ces mesures sont d'abord et bien sûr les voies d'exécution forcée contre les décisions de justice. Sont aussi couvertes par l'immunité les mesures conservatoires[3]. On admet également que l'ouverture d'une procédure collective est une voie d'exécution à l'égard de la personne publique étrangère dès lors, du moins, qu'elle est débitrice de la cause de la saisie et qu'elle se trouve, du fait de l'ouverture de la procédure, dessaisie (sur cette question délicate, v. P. Bourel[4]).

1661.52 **Illustrations négatives.** La jurisprudence refuse de considérer comme des mesures d'exécution prohibées contre les personnes publiques étrangères :

– l'action en *exequatur* d'une sentence arbitrale ou d'un jugement rendu par une juridiction étrangère[5] ;

– le retrait du rôle décidé par le Premier président de la Cour de cassation sur le fondement des dispositions de l'article 1009-1 C. pr. civ.[6].

1. À propos de la société nationale des pétroles du Congo : Civ. 1re, 6 févr. 2007, nº 04-13.107, NP ; et nº 04-13.108, P I, nº 52 ; *Rev. crit. DIP* 2008. 303, note M. Audit ; *RTD com.* 2008. 207, obs. Ph. Delebecque.
2. Civ. 1re, 1er oct. 1985, nº 84-13.605, P I, nº 236 ; *GADIP*, 5e éd., Dalloz, 2006, nos 65-66.
3. TGI Paris, 2 mai 1983, Caisse centrale de coopération économique c/Sté Midland Interne Serv. et État du Sénégal, *RGDIP* 1984. 513, note C. Rousseau – V. IMPLICITEMENT : Civ. 1re, 14 mars 1984, nº 82-12.462, *Eurodif*, P I, nº 98 ; *Rev. crit. DIP* 1984. 644, note J.-M. Bischoff ; *JDI* 1984. 598, note B. Oppetit ; *D.* 1984. 629, rapp. Fabre, note Robert ; *JCP* 1984. II. 20205, concl. P. Gulphe, note H. Synvet.
4. *J.-Cl. Int.*, *V°* Conflits de juridictions – Immunités de juridiction et d'exécution, fasc. 580-50, nos 217 s., p. 26 s., par P. Bourel.
5. Civ. 1re, 11 juin 1991, nº 90-11.282, P I, nº 193 ; *Rev. crit. DIP* 1992. 331, note P. Lagarde. ; *JDI* 1991. 1005, note E. Gaillard ; *Rev. arb.* 1991. 637, note Broches.

Le Conseil d'État a ainsi été saisi par un État étranger d'un recours pour excès de pouvoir dirigé contre le refus implicite du Premier ministre d'abroger les articles 1009-1, 1009-2 et 1009-3 C. pr. civ., en tant que ces dispositions, telles qu'interprétées par une jurisprudence constante de la Cour de cassation, prévoient que l'exécution d'une condamnation résultant d'une sentence arbitrale rendue en matière internationale peut faire l'objet d'une procédure de radiation du pourvoi à l'encontre d'un État étranger en dépit de l'immunité d'exécution dont bénéficie cet État étranger. Après avoir relevé que ces articles du Code de procédure civile ouvrent la faculté au premier président de la Cour de cassation ou à son délégué, sur demande du défendeur, de subordonner l'exercice du recours en cassation à la justification de l'exécution de la décision juridictionnelle contestée, il a jugé qu'une telle mesure ne constituait ni ne permettait, par elle-même, une exécution forcée de cette décision juridictionnelle. Il en a déduit que « *le moyen tiré de ce que ces articles méconnaîtraient les règles coutumières du droit public international relatives à l'immunité d'exécution, dont s'inspirent notamment les articles 18 et 24 de la Convention des Nations unies sur les immunités juridictionnelles des États et de leurs biens signée à New York le 2 décembre 2004 et qui prémunissent les États d'une telle exécution forcée à leur encontre, ne peut qu'être écarté* »[7].

C. Portée de l'immunité quant aux actes et aux biens de l'État étranger

1661.61 **Caractère relatif de l'immunité d'exécution des États étrangers.** Si le principe demeure l'immunité d'exécution attachée à la souveraineté de l'État étranger, la jurisprudence française admet désormais que les biens des États qui ne sont pas affectés à une fin de souveraineté peuvent faire l'objet d'une mesure de contrainte. Cette règle a été posée par la Cour de cassation dans un arrêt du 14 mars 1984 qui a souligné que l'immunité d'exécution de l'État étranger peut être écartée notamment « *lorsque le bien saisi a été affecté à l'activité économique ou commerciale relevant du droit privé qui donne lieu à la demande en justice* »[8].

6. Civ., ord. 1er prés., 14 mars 1995, nº 94-14.924, P, nº 11 – Civ., ord. 1er prés., 21 mars 1995, nº 94-13.452, P, nº 12 – Civ., ord. 1er prés., 7 févr. 1995, nº 94-16.330, P, nº 3.
7. CE 28 déc. 2018, État d'Ukraine, req. nº 418889 ; *Lebon* avec concl. ; *AJDA* 2019. 10.
8. Civ. 1re, 14 mars 1984, nº 82-12.462, Eurodif c/République islamique d'Iran, P I, nº 98 ; *Rev. crit. DIP* 1984. 644, note J.-M. Bischoff ; *JDI* 1984. 598, note B. Oppetit ; *D.* 1984. 629, rapp. Fabre, note Robert ; *JCP* 1984. II. 20205, concl. P. Gulphe, note H. Synvet – CE, sect., 14 oct. 2011, ▶

Ainsi, par exemple, la Cour de cassation, rappelant que : « *Selon les principes de droit international relatifs aux immunités, les États étrangers bénéficient, par principe, de l'immunité d'exécution ; qu'il en est autrement lorsque le bien saisi se rattache, non à l'exercice d'une activité de souveraineté, mais à une opération économique, commerciale ou civile relevant du droit privé qui donne lieu à la demande en justice* », a jugé « *que l'acquisition par l'État du Congo de biens immobiliers en France, fussent-ils affectés au logement de son personnel diplomatique, ne constitue pas une prérogative ou un acte de souveraineté mais seulement une opération habituelle de gestion relevant du droit privé ; qu'ayant constaté que les biens en cause n'étaient pas affectés aux services de l'Ambassade ou de ses annexes et n'étaient pas la résidence de l'ambassadeur, puis retenu que cette acquisition impliquait pour l'État du Congo le paiement des charges de copropriété de sorte que la créance du syndicat se rattachait à cette opération, la cour d'appel a, à bon droit, décidé que la République démocratique du Congo ne pouvait pas opposer son immunité d'exécution* »[1]. Tel n'est en revanche pas le cas des fonds déposés sur les comptes bancaires d'une ambassade ou d'une mission diplomatique, qui permettent leur fonctionnement : « *Attendu que selon le droit international coutumier, les missions diplomatiques des États étrangers bénéficient, pour le fonctionnement de la représentation de l'État accréditaire et les besoins de sa mission de souveraineté, d'une immunité d'exécution autonome à laquelle il ne peut être renoncé que de façon expresse et spéciale ; que cette immunité s'étend, notamment, aux fonds déposés sur les comptes bancaires de l'ambassade ou de la mission diplomatique* »[2].

Pour les organisations internationales, qui sont dépourvues de souveraineté, ce critère de l'acte de souveraineté ne peut s'appliquer[3]. Ce sont donc les conventions internationales et les accords de siège qui prévoient leur immunité d'exécution qui en déterminent les contours[4].

Cette immunité des États étrangers couvre non seulement les actes de puissance publique mais aussi ceux accomplis dans l'intérêt d'un service public[5].

C'est au créancier poursuivant de rapporter la preuve de ce que les biens saisis étaient affectés à une activité économique ou commerciale (pour une affirmation de ce principe[6]). Il existe en effet « une présomption d'affectation publique des biens » de l'État étranger (à l'inverse de la situation qui prévaut lorsque l'organisme public en cause est une émanation de cet État). L'arrêt précité de la Cour de cassation du 28 septembre 2011 en offre une illustration : « *L'arrêt retient exactement, d'abord, que les fonds affectés aux missions diplomatiques bénéficient d'une présomption d'utilité publique, puis, que les comptes bancaires d'une ambassade sont présumés être affectés à l'accomplissement des fonctions de la mission diplomatique de sorte qu'il appartient au créancier qui entend les saisir de rapporter la preuve que ces biens seraient utilisés pour une activité privée ou commerciale* ». En revanche, la preuve de l'affectation et de la destination des biens saisis peut se faire par tout moyen.

§ 2
Régime procédural de l'immunité

1661.71 Moyen susceptible d'être invoqué d'office par le juge. L'immunité d'exécution comme l'immunité de juridiction est une question dont le juge doit se saisir d'office, même si leurs bénéficiaires, non comparants, ne s'en prévalent pas[7]. La solution est logique : les intérêts en cause ne sont pas purement privés.

En 1999, pourtant, la Cour de cassation a décidé qu'en l'absence de traité international en la matière, les juges du fond n'ont pas à rechercher d'office si

► Mme Saheh et a., req. n° 329788, *Lebon* : le Conseil d'Etat juge dans le même sens que l'immunité d'exécution dont bénéficient les États pour les actes qu'ils accomplissent à l'étranger « *fait obstacle à la saisie de leurs biens, à l'exception de ceux qui ne se rattachent pas à l'exercice d'une mission de souveraineté* ».

1. Civ. 1re, 25 janv. 2005, n° 03-18.176, P I, n° 39 ; *D.* 2005. 616, concl. J. Sainte-Rose ; *Rev. crit. DIP* 2006. 123, note H. Muir Watt – V. AUSSI : Civ. 1re, 19 nov. 2008, n° 07-10.570, P II, n° 266 ; *D.* 2008. 3012, obs. I. Gallmeister ; *D.* 2009. 1168, obs. A. Leborgne : acquisition d'un immeuble pour loger un officier supérieur.
2. Civ. 1re, 28 sept. 2011, n° 09-72.057, P I, n° 153.
3. Civ. 1re, 28 oct. 2003, n° 01-16.927, P I, n° 212 ; *JCP* 2004. II. 10102, note J.-G. Mahinga ; *Rev. crit. DIP* 2004. 773, note S. Clavel.
4. POUR UNE APPLICATION D'UNE TELLE IMMUNITÉ CONVENTIONNELLE : v. Civ. 1re, 14 oct. 2009, n° 08-14.978, P I, n° 206 ; *D.* 2009. 2557, obs. V. Avena-Robardet : une cour d'appel qui constate qu'un accord signé entre le gouvernement de la République française et une organisation internationale (en l'occurrence l'accord du 26 novembre 1997, signé entre la France et la Ligue des États arabes, publié par décret du 18 septembre 2000 et relatif à l'établissement, à Paris, d'un bureau de la Ligue des États arabes et à ses privilèges et immunités sur le territoire français) limite expressément les cas dans lesquels les biens de cette organisation peuvent être saisis aux conséquences des conventions passées pour l'activité de son bureau, a pu en déduire que les biens de l'organisation étaient protégés par une immunité d'exécution lorsque l'obligation de l'organisation avait une autre cause, telle une condamnation pécuniaire sanctionnant une obligation contractuelle étrangère à l'activité du bureau lui-même et dès lors que les créanciers de l'organisation, qui disposaient d'autres voies pour faire exécuter la condamnation, n'étaient pas privés d'un accès au juge.
5. Civ. 1re, 27 avr. 2004, n° 01-12.442, P I, n° 114 ; *Rev. crit. DIP* 2005. 75, note H. Muir Watt ; *RTD civ.* 2004. 769, obs. Ph. Théry.
6. Paris, 8e ch., sect. B, 11 juin 1998, RG n° 97/07089.
7. Req. 23 janv. 1933, *S.* 1933. 1. 249, note C. Rousseau ; *JDI* 1934. 96 ; *Rev. crit. DIP* 1934. 935, note J.-P. Niboyet.

un État se prétendant successeur d'un autre bénéficie pour lui-même des immunités de juridiction et d'exécution. Ces immunités n'étant pas absolues, elles doivent être invoquées par l'État étranger qui s'y prétend fondé[1].

1661.72 Nature juridique du moyen permettant d'invoquer l'immunité d'exécution. Comme l'immunité de juridiction, l'immunité d'exécution s'analyse en un défaut de pouvoir du juge et non pas en une absence de compétence des tribunaux français[2]. Dans ces conditions, la personne publique étrangère qui, devant une juridiction française, prétend bénéficier de l'immunité doit opposer au juge une **fin de non-recevoir, éventuellement suivie d'un appel**, et non soulever une exception d'incompétence, puis former éventuellement un contredit[3].

1661.73 Renonciation à l'immunité. L'immunité d'exécution étant uniquement destinée à protéger ses bénéficiaires, il est admis que ceux-ci peuvent y renoncer[4]. Sur ce point, le parallélisme est parfait avec l'immunité de juridiction. En revanche, la différence est notable avec les règles de protection dont peuvent bénéficier les personnes publiques françaises qui sont, elles, d'ordre public et dont les intéressés ne peuvent disposer. S'agissant des personnes publiques étrangères, la renonciation peut être implicite, à condition toutefois qu'elle résulte d'actes manifestant de façon non équivoque et régulière la volonté de renoncer[5]. À cet égard, il était traditionnellement admis que ni l'acceptation d'une clause d'arbitrage, ni la renonciation à l'immunité de juridiction, n'emportaient par elles-mêmes renonciation à l'immunité d'exécution[6]. L'acceptation d'une clause d'arbitrage ne permettait même pas de faire présumer la renonciation à l'immunité d'exécution[7]. Dans un arrêt retentissant en date du 6 juillet 2000[8], la Cour de cassation a adopté la solution contraire (à propos d'un compromis d'arbitrage faisant référence au règlement d'arbitrage de la Chambre de commerce internationale). La question reste entière après cet arrêt de savoir sur quels biens une procédure d'exécution forcée peut être diligentée (tous les biens ou exclusion des biens affectés à des fins de souveraineté, comme dans l'affaire *Eurodif*, v. s[s] n° 1661.61).

1661.74 Influence de l'équité. De plus en plus souvent invoqué dans la mesure où l'immunité d'exécution sur le territoire français est de nature à priver définitivement le créancier de la possibilité de recouvrer son dû, le principe d'équité ne peut par lui-même remettre en cause l'immunité reconnue, par principe, aux États étrangers (pour une affirmation solennelle de ce principe[9]).

1661.75 Voies de recours. Indépendamment des voies de recours habituelles, la décision qui méconnaît l'immunité – d'exécution ou de juridiction – d'une personne publique étrangère est susceptible de faire l'objet d'un **recours pour excès de pouvoir**[10].

1. Civ. 1re, 12 oct. 1999, n° 97-14.827, P I, n° 262 ; *D.* 1999. IR 246.
2. Civ. 1re, 4 févr. 1986, n° 84-16.453, P I, n° 7 ; *JDI* 1987. 112, note J.-M. Jacquet.
3. Civ. 1re, 9 mars 2011, n° 10-10.044, P ; *D.* 2011. 889, obs. C. Tahri ; *Rev. crit. DIP* 2011. 716, note H. Gaudemet-Tallon ; *RTD civ.* 2011. 382, obs. Ph. Thery.
4. V. PAR EX., en ce qui concerne les conséquences de la renonciation d'un État à son immunité sur la possibilité de saisir les avoirs d'une société qui n'était pas « *statutairement dans une indépendance fonctionnelle suffisante pour bénéficier d'une autonomie de droit et de fait à l'égard de l'État* » : Civ. 1re, 14 nov. 2007, n° 04-15.388, P I, n° 355 ; *Rev. crit. DIP* 2008. 303, note M. Audit ; *RTD com.* 2008. 207, obs. Ph. Delebecque.
5. Paris, 21 avr. 1982, Eurodif, *Rev. crit. DIP* 1984. 101, note P. Mayer ; *JDI* 1983. 145, note B. Oppetit ; *Rev. arb.* 1982. 204 et 119, note P. Bourel.
6. P. Mayer, *Droit international privé*, Montchrestien, 1987, n° 339, p. 208.
7. Paris, 8e ch., sect. B, 11 juin 1998, RG n° 97/07089, Sté Creighton c/Min. Finances et min. Affaires municipales et Agriculture, du Gouvernement de l'État du Qatar.
8. Civ. 1re, 6 juill. 2000, n° 98-19.068, P I, n° 207 ; *D.* 2001. 2139, chron. J. Moury ; *RTD com.* 2001. 409, obs. E. Loquin ; *JDI* 2000. 1054, note I. Pingel-Lenuzza ; *JCP E* 2001. 223, note C. Kaplan et G. Cuniberti ; *Gaz. Pal.* 31 janv.-1er févr. 2001. 6, note S. Piedelièvre – E. Gaillard, *Bull. assoc. suisse de l'arbitrage* 2000, Chron. 471 – P. Théry, « Feu l'immunité d'exécution », *Gaz. Pal.* 10-12 juin 2001. 18 s.
9. Paris, 8e ch., sect. B, 11 juin 1998, RG n° 97/07089, Sté Creighton c/Min. Finances et min. Affaires municipales et Agriculture, du Gouvernement de l'État du Qatar.
10. Req. 5 févr. 1946, *S.* 1947. 1. 137, rapp. Castets – EN DOCTRINE, P. Mayer, *Droit international privé*, Montchrestien, 1987, n° 340, p. 209.

CHAPITRE

1662. Mise en œuvre de mesures d'exécution contre des personnes publiques étrangères

PASCAL TROUILLY
CONSEILLER D'ÉTAT

SECTION 0

ORIENTEUR

1662.00 **Sommaire du chapitre.**

Division. La mise en œuvre de mesures d'exécution contre des personnes publiques étrangères relève de la compétence des juridictions françaises (sect. 2) et obéit à des règles de fond (sect. 1).

1662.02 **Jurisprudence de référence.**

> Compétence internationale des juridictions françaises pour statuer sur la validité d'une saisie pratiquée en France distincte de la compétence pour connaître du fond du litige.

• **Civ. 1re, 11 févr. 1997,** no 94-21.500, P I, no 47

* V. ss nos 1662.21, 1711.08, 1711.213

Si les juridictions françaises sont seules compétentes pour statuer sur la validité d'une saisie pratiquée en France et apprécier, à cette occasion, le principe de la créance, elles ne peuvent se prononcer sur le fond de cette créance que si leur compétence est fondée sur une autre règle. Une cour d'appel, qui retient que, le litige ne présentant aucun rattachement avec la France, le juge compétent au fond était un juge étranger, décide, à bon droit, que le lieu de la saisie conservatoire pratiquée en France ne pouvait pas fonder la compétence internationale de la juridiction française pour connaître du fond du litige.

SECTION 1

RÈGLES DE FOND

1662.11 **Recours aux procédures civiles d'exécution.** Lorsqu'elles sont possibles, les procédures d'exécution forcée diligentées contre les personnes publiques étrangères sont soumises aux dispositions de la loi du 9 juillet 1991[1] et du décret du 31 juillet 1992[2] (désormais codifiés aux parties législative et réglementaire du Code des procédures civiles d'exécution[3]). Qu'il s'agisse de l'exécution d'une sentence arbitrale, d'une décision rendue par une juridiction étrangère, après *exequatur*, ou d'un jugement rendu par une juridiction judiciaire ou administrative (le cas est plus rare car le juge administratif est très réticent à admettre sa compétence lorsqu'est en cause une personne publique étrangère – pour une synthèse, v. E. Picard[4]), le principe est le même. Le créancier peut (et même doit) recourir aux procédures civiles d'exécution. Aucune des mesures d'exécution forcée contre les personnes publiques françaises n'est donc susceptible d'être mise en œuvre à l'encontre des personnes publiques étrangères.

1. L. no 91-650, 9 juill. 1991, portant réforme des procédures civiles d'exécution, *JO* 14 juill., p. 9228.
2. Décr. no 92-755, 31 juill. 1992, portant instituant de nouvelles règles relatives aux procédures civiles d'exécution pour l'application de la loi no 91-650 du 9 juillet 1991 portant réforme des procédures civiles d'exécution, *JO* 5 août, p. 10530.
3. Ord. no 2011-1895, 19 déc. 2011, relative à la partie législative du Code des procédures civiles d'exécution, *JO* 20 déc., p. 21464 – et Décr. no 2012-783, 30 mai 2012, relatif à la partie réglementaire du Code des procédures civiles d'exécution, *JO* 31 mai, p. 9375.
4. Rép. contentieux administratif, vo *Droit international : compétence du juge administratif*, par E. Picard, févr. 2008 (actu. oct. 2013), nos 8 s.

SECTION 2

COMPÉTENCE DES JURIDICTIONS FRANÇAISES

1662.21 Mesures conservatoires et compétence des tribunaux français pour connaître du litige au fond. Lorsque la mesure d'exécution est opérée contre une personne publique étrangère avant toute condamnation, les mobiles qui inspirent le créancier peuvent être étrangers à la volonté de se préserver, en recourant à une mesure conservatoire, des difficultés à venir une fois la décision rendue. En pratique, il peut poursuivre un autre objectif : déclencher le jeu d'une règle de compétence juridictionnelle permettant de saisir, pour régler le fond du litige, les tribunaux français.

Dans un arrêt *Nassibian*, la Cour de cassation avait jugé que les tribunaux français sont seuls compétents pour statuer sur l'instance en validité d'une saisie-arrêt pratiquée en France, et peuvent éventuellement se prononcer, à cette occasion, sur l'existence de la créance invoquée par le saisissant[1]. Pratiquée, à titre conservatoire, une saisie contre une personne publique étrangère, était donc de nature à rendre les tribunaux français compétents pour connaître du litige au fond.

Par la suite, la Cour de cassation a été amenée à préciser sa jurisprudence en subordonnant la compétence des juridictions françaises à l'absence de compétence exclusive d'une autre juridiction (« *Les tribunaux français, seuls compétents pour statuer sur l'instance en validité d'une saisie conservatoire pratiquée en France, peuvent éventuellement statuer sur l'existence de la créance invoquée par le saisissant, question préalable qui ne relève pas de la compétence exclusive d'une autre juridiction* »[2]).

Enfin, à l'invitation d'une doctrine autorisée (H. Synvet[3]) la Cour de cassation a abandonné la règle dite du « *forum arresti* » en précisant que : « *Si les juridictions françaises sont seules compétentes pour statuer sur la validité d'une saisie pratiquée en France et apprécier, à cette occasion, le principe de la créance, elles ne peuvent se prononcer sur le fond de cette créance que si leur compétence est fondée sur une autre règle* »[4]. Aussi bien, aujourd'hui, alors même qu'il a pu régulièrement pratiquer sur le territoire français à l'encontre d'une personne publique étrangère une mesure conservatoire, le créancier pourra-t-il être contraint d'aller devant les juridictions étrangères pour voir reconnaître le droit qui fonde son action.

1. Civ. 1re, 6 nov. 1979, nº 77-15.856, *Nassibian*, P I, nº 269 ; *JDI* 1980. 95, rapp. A. Ponsard ; *Rev. crit. DIP* 1980. 588, note G. Couchez ; *GADIP*, 5e éd., Dalloz, 2006, nos 59-60.
2. Civ. 1re, 18 nov. 1986, nº 85-11.404, P I, nº 267, *Rev. crit. DIP* 1987. 773 s., note H. Muir Watt.
3. H. Synvet, « Quelques réflexions sur l'immunité d'exécution de l'État étranger », *JDI* 1985. 865 s., spéc. 886.
4. Civ. 1re, 11 févr. 1997, nº 94-21.500, P I, nº 47 ; *GADIP*, 5e éd., Dalloz, 2006, nos 59-60.

LIVRE

17. LES PROCÉDURES CIVILES D'EXÉCUTION EN DROIT INTERNATIONAL PRIVÉ

SECTION 0

ORIENTEUR

17.00 Sommaire du livre.

Division. Parmi les procédures civiles d'exécution en droit international privé, on distingue les procédures individuelles d'exécution (chap. 1711) des procédures collectives d'exécution (chap. 1712).

CHAPITRE

1711. Procédures individuelles d'exécution

EMMANUEL GUINCHARD
PRINCIPAL LECTURER IN LAW À L'UNIVERSITÉ DE LIVERPOOL
JOHN MOORES (ROYAUME-UNI)

SECTION 0

ORIENTEUR

1711.00 **Sommaire du chapitre.**

Division. Seront successivement étudiées les questions communes aux mesures conservatoires et à l'exécution forcée (sect. 1), les mesures conservatoires (sect. 2) et l'exécution forcée (sect. 3).

1711.01 Textes applicables.

• **Règl. (UE) n° 1215/2012, Parlement et Conseil,** 12 déc. 2012, dit Bruxelles I *bis*, concernant la compétence judiciaire, la reconnaissance et l'exécution des décisions en matière civile et commerciale, *JOUE* L. 351, 20 déc., p. 1.

• **Règl. (CE) n° 864/2007, Parlement et Conseil,** 11 juill. 2007, sur la loi applicable aux obligations non contractuelles (Rome II), *JOUE* L. 119, 31 juill., p. 40.

• **Conv. Lugano,** 30 oct. 2007, dite Lugano II.

• **Règl. (CE) n° 44/2001, Conseil,** 22 déc. 2000, dit Bruxelles I, concernant la compétence judiciaire, la reconnaissance et l'exécution des décisions en matière civile et commerciale, *JOCE* L. 12, 16 janv. 2001, p. 1 s.

• **Conv. Lugano, 16 sept. 1988.**

• **Conv. Bruxelles, 27 sept. 1968.**

1711.02 Jurisprudence de référence.

> Compétence internationale des juridictions françaises pour statuer sur la validité d'une saisie pratiquée en France et compétence pour se prononcer sur le fond de la créance.

• **Civ. 1re, 17 janv. 1995,** n° 92-10.165, P I, n° 34

* V. ss nos 0625.42, 1711.213, 1711.216

Si les juridictions françaises sont seules compétentes pour statuer sur la validité d'une saisie pratiquée en France et apprécier, à cette occasion, le principe de la créance, elles ne peuvent se prononcer sur le fond de cette créance que si leur compétence est fondée sur une autre règle. Dès lors une cour d'appel énonce à juste titre que le lieu de la saisie ne peut fonder la compétence internationale pour connaître du fond d'un litige qui ne présente aucun rattachement avec la France.

> Autorisation des mesures conservatoires. Saisine du juge. Apparence de fondement de la créance et menace du recouvrement.

• **Civ. 1re, 16 avr. 1996,** n° 94-15.531, P I, n° 183

* V. ss nos 06.09, 1711.202, 1711.233

Le juge saisi d'une demande d'autorisation d'une mesure conservatoire portant sur des meubles dépendant d'une succession n'a pas le pouvoir d'appliquer la règle de conflit de lois gouvernant cette succession qui concerne le fond du litige. Il doit seulement apprécier l'apparence de fondement de la créance successorale invoquée, et l'existence de circonstances susceptibles d'en menacer le recouvrement.

> Compétence internationale des juridictions françaises pour statuer sur la validité d'une saisie pratiquée en France distincte de la compétence pour connaître du fond du litige.

• **Civ. 1re, 11 févr. 1997,** n° 94-21.500, P I, n° 47

* V. ss nos 1662.21, 1711.08, 1711.213

Si les juridictions françaises sont seules compétentes pour statuer sur la validité d'une saisie pratiquée en France et apprécier, à cette occasion, le principe de la créance, elles ne peuvent se prononcer sur le fond de cette créance que si leur compétence est fondée sur une autre règle. Une cour d'appel, qui retient que, le litige ne présentant aucun rattachement avec la France, le juge compétent au fond était un juge étranger, décide, à bon droit, que le lieu de la saisie conservatoire pratiquée en France ne pouvait pas fonder la compétence internationale de la juridiction française pour connaître du fond du litige.

> Droit à l'exécution effective des décisions de justice.

• **CEDH 19 mars 1997,** *Hornsby c/Grèce*, req. n° 18357/91

* V. ss nos 0101.11, 0133.06, 0211.51, 0231.05, 0251.151, 04.05, 0522.23, 1317.11, 16.05, 1711.252, 1711.304

40. La Cour rappelle sa jurisprudence constante selon laquelle l'article 6 par. 1 (art. 6-1) garantit à chacun le droit à ce qu'un tribunal connaisse de toute contestation relative à ses droits et obligations de caractère civil ; il consacre de la sorte le « droit à un tribunal », dont le droit d'accès, à savoir le droit de saisir un tribunal en matière civile, constitue un aspect (arrêt Philis c/Grèce du 27 août 1991, série A n° 209, p. 20, par. 59). Toutefois, ce droit serait illusoire si l'ordre juridique interne d'un État contractant permettait qu'une décision judiciaire définitive et obligatoire reste inopérante au détriment d'une partie. En effet, on ne comprendrait pas que l'article 6 par. 1 (art. 6-1) décrive en détail les garanties de procédure – équité, publicité et célérité – accordées aux parties et qu'il ne protège pas la mise en œuvre des décisions judiciaires ; si cet article (art. 6-1) devait passer pour concerner exclusivement l'accès au juge et le déroulement de l'instance, cela risquerait de créer des situations incompatibles avec le principe de la prééminence du droit que les États contractants se sont engagés à respecter en ratifiant la Convention (voir, mutatis mutandis, l'arrêt Golder c/ Royaume-Uni du 21 février 1975, série A n° 18, pp. 16-18, § 34-36). L'exécution d'un jugement ou arrêt, de quelque juridiction que ce soit, doit donc être considérée comme faisant partie intégrante du « procès » au sens de l'article 6 (art. 6) ; la Cour l'a du reste déjà reconnu dans les affaires concernant la durée de la procédure (voir, en dernier lieu, les arrêts Di Pede c/Italie et Zappia c/Italie du 26 septembre 1996, *Recueil des arrêts et décisions* 1996-IV, pp. 1383-1384, § 20-24, et pp. 1410-1411, § 16-20, respectivement).

> Mesure conservatoire. Dispense d'autorisation judiciaire pour le créancier qui se prévaut d'une sentence arbitrale.

• **Civ. 2e, 12 oct. 2006,** no 04-19.062, P II, no 270

* V. ss nos 0111.24, 0612.12, 0613.21, 1711.191

1o Est recevable l'action en nullité de la saisie introduite par le tiers saisi contre lequel une demande en paiement est formée à titre reconventionnel.

2o Le créancier qui se prévaut d'une sentence arbitrale peut pratiquer une saisie conservatoire, sans autorisation préalable du juge, en application de l'article 68 de la loi du 9 juillet 1991 [devenu art. L. 511-2 C. pr. exéc.], portant réforme des procédures civiles d'exécution.

> Saisie-attribution. Créance de restitution née d'un dépôt de fonds auprès d'une succursale située à l'étranger. Attribution au saisissant.

• **Civ. 2e, 14 févr. 2008,** no 05-16.167, P II, no 36

* V. ss nos 0921.24, 1711.13, 1711.285

La banque, qui a seule la personnalité morale, est dépositaire des fonds détenus dans une succursale située à l'étranger ; la circonstance que les fonds sont déposés dans une telle succursale est, pour l'application de la loi no 91-650 du 9 juillet 1991, sans incidence sur l'effet d'attribution, au profit du créancier saisissant, de la créance de somme d'argent à la restitution de laquelle est tenue la banque tiers-saisi en sa qualité de dépositaire.

> Voies d'exécution pratiquée hors de France. Pas de privilège de juridiction pour les plaideurs français.

• **Civ. 2e, 14 avr. 2010,** no 09-11.909, P II, no 91

* V. ss nos 0152.21, 1711.07, 1711.08

L'article 14 du Code civil, qui permet au plaideur français d'attraire un étranger devant les juridictions françaises, doit être exclu pour des demandes relatives à des voies d'exécution pratiquées hors de France. Dès lors, une cour d'appel qui retient que l'action en responsabilité intentée par un créancier français à l'encontre d'une banque étrangère découle directement des voies d'exécution pratiquées entre les mains de cette dernière à l'étranger en sa qualité de tiers saisi, en déduit à bon droit que le créancier ne peut pas se prévaloir de l'article 14 pour attraire la banque devant les tribunaux français, peu important que la régularité de la saisie litigieuse ne soit pas contestée.

> Saisie d'une créance libellée en monnaie étrangère.

• **Civ. 2e, 31 mars 2011,** no 10-12.269, P II, no 79

* V. ss nos 0621.53, 0812.61, 0832.52, 0923.142, 1711.210

La demande en paiement, faite après conversion d'une saisie conservatoire en saisie-attribution, emporte, par l'effet de la loi, attribution immédiate de la créance saisie jusqu'à concurrence du montant de la condamnation et des sommes dont le tiers saisi s'était reconnu débiteur en euros, y compris lorsque le tiers saisi avait déclaré détenir pour le compte du débiteur une créance libellée en monnaie étrangère correspondant à la contre-valeur en dollars US de la somme pour laquelle la saisie avait été autorisée.

> Titre exécutoire européen. Force exécutoire de la décision certifiée.

• **Civ. 2e, 6 janv. 2012,** no 10-23.518, P II, no 7

* V. ss nos 0112.211, 0811.51, 1711.267

Ayant relevé qu'une décision passée en force de chose jugée d'une juridiction allemande avait annulé un mandat d'exécution européen et retenu que conformément à l'article 11 du règlement européen no 805/2004, le certificat de titre exécutoire européen ne produisait ses effets que dans la limite de la force exécutoire de la décision dont une cour d'appel allemande avait certifié qu'elle n'était plus exécutoire, de sorte que la saisie-attribution n'avait plus de fondement juridique, la cour d'appel a ordonné, à bon droit, la mainlevée de la saisie-attribution.

1711.03 Bibliographie indicative.

Actualisables. *J.-Cl. Int.*, fasc. 581-21 et 582-30, par A. Huet – Rép. internat., vo *Voies d'exécution*, par Ph. Théry, janv. 2013 – Rép. internat., vo *Règlement no 2016/1103 sur les régimes matrimoniaux*, oct. 2017 (actu. mars 2022), par P. Lagarde ; *Règlement no 2016/1104 sur les effets patrimoniaux des partenariats enregistrés*, par P. Lagarde, oct. 2017 (actu. janv. 2019) ; *Règlement no 650/2012 sur les successions*, par P. Lagarde, sept. 2014 (actu. nov. 2023).

Ouvrages[1]. B. Ancel et Y. Lequette, *Grands arrêts de la jurisprudence française de droit international privé*, 5e éd., Dalloz, 2006 – F. Berlingieri, *Arrest of ships. A commentary on the 1952 and 1999 Arrest Conventions*, 4e éd., Informa, 2006 – G. Cuniberti, *Les mesures conservatoires portant sur des biens situés à l'étranger*, LGDJ, 2000 – G. Cuniberti, C. Normand et F. Cornette, *Droit international de l'exécution. Recouvrement des créances civiles et commerciales*, LGDJ, 2011 – H. Gaudemet-Tallon et M.-E. Ancel, *Compétence et exécution des jugements en Europe. Règlements 44/2001 et 1215/2012. Conventions de Bruxelles (1968) et de Lugano (1988 et 2007)*, 7e éd., LGDJ, 2024 – E. Guinchard (dir.), *Le nouveau règlement Bruxelles I* bis *– Règlement no 1215/2012 du 12 décembre 2012 concernant la compétence judiciaire, la reconnaissance et l'exécution des décisions en matière civile et commerciale*, Bruylant, 2014 – D. Pardoel, *Les conflits de lois en matière de cession de créance*, LGDJ, 1997 – H. Peroz, *La réception des jugements étrangers dans l'ordre juridique français*, LGDJ, 2005 – R. Perrot et Ph. Théry, *Procédures civiles d'exécution*, 3e éd., Dalloz, 2013.

Articles. G. Couchez, « Les incidences de la réforme des voies d'exécution sur le droit international privé », *Trav. Comité fr. DIP* 1995-1998, Pédone, 2000 – D. Foussard, « Entre *exequatur* et exécution forcée [de quelques difficultés théoriques et pratiques relatives à l'exécution des jugements étrangers] », *Trav. Comité fr. DIP* 1995-1998, Pédone, p. 175, spéc. p. 179.

Mémoire. E. Guinchard, *La conception française de la territorialité de l'exécution en danger*, mémoire DEA de droit

1. Les ouvrages dont le nom des auteurs figure en petites capitales en bibliographie seront cités par le seul nom des auteurs en petites capitales en notes de bas de page.

international privé, Madame le Professeur H. Gaudemet-Tallon (dir.), Paris II, 1998.

Blog. « Justice civile européenne. Brèves et commentaires », https://justicecivileeuropeenne.wordpress.com/ (version anglaise : « *European Civil Justice. Random news and comments* », https://europeanciviljustice.wordpress.com/).

1711.05 Principe directeur et construction européenne. Le principe directeur du droit international privé français des procédures individuelles d'exécution tient traditionnellement en un seul mot : la *territorialité*. Quelques signes de fragilité ont toutefois pu apparaître dans une période relativement récente (v. ss nos 1711.201 s. et 1711.283), même si la Cour de cassation a clairement réaffirmé en 2002 et en 2016 le principe de territorialité de l'exécution (v. ss no 1711.08). À vrai dire, dans le cadre européen du moins, un changement initié au seul niveau national ne modifierait probablement pas la donne profonde : une territorialité européenne (celle-ci étant une extraterritorialité au regard du droit français), associée à un droit européen de l'exécution, est en cours d'élaboration.

Plus précisément, la territorialité doit être progressivement interprétée en référence non au seul ordre juridique français mais à l'ordre juridique européen. En témoignent la possible extraterritorialité des mesures conservatoires prises par le juge compétent au fond en vertu du règlement Bruxelles I/I *bis* (v. ss no 1711.92) et la progressive entrée en vigueur de règlements qui, en supprimant l'*exequatur*, introduisent une nouvelle source de titres exécutoires émanant directement d'un autre État européen (v. ss no 1711.251). D'autres textes sont en préparation. L'objectif général de la Commission européenne est d'arriver à la suppression totale de l'*exequatur* en matière civile (v. not. le règlement Bruxelles I *bis* qui est entré en vigueur le 10 janvier 2015 [1]), parallèlement à la création de procédures d'exécution transfrontières.

Significatifs à cet égard sont les propos de l'ancien commissaire européen en charge du domaine « Justice et affaires intérieures » : à la question de savoir si la Communauté (devenue l'Union) européenne avait atteint ses limites quant à la construction d'un espace judiciaire européen en matière civile, et après avoir considéré la proposition relative aux obligations alimentaires comme inaugurant un nouveau type d'instruments précisément par ses dispositions relatives à l'exécution (au sens du droit interne), F. Frattini répond catégoriquement par la négative (« *the answer to the question raised in the title of this article must be a categorical "By no means"* » [2]).

Une première manifestation concrète de cette volonté a été donnée le 24 octobre 2006 avec la publication par la Commission d'un « Livre vert sur l'amélioration de l'exécution des décisions de justice au sein de l'Union européenne : la saisie des avoirs bancaires » [3] et de son document de travail [4], classiques préludes à une intervention normative dans le processus européen inspiré sur ce point par le modèle anglo-saxon. En l'occurrence, il s'agissait de créer une saisie européenne des avoirs bancaires. La procédure législative a débuté le 25 juillet 2011 avec la présentation d'une proposition de règlement portant création d'une ordonnance européenne de saisie conservatoire des comptes bancaires [5]. Elle s'est achevée avec l'adoption le 15 mai 2014 du règlement (UE) no 655/2014 du Parlement européen et du Conseil [6], portant création d'une procédure d'ordonnance européenne de saisie conservatoire des comptes bancaires, destinée à faciliter le recouvrement transfrontière de créances en matière civile et commerciale. Un second chantier a été ouvert avec

1. Régl. (UE) no 1215/2012, Parlement et Conseil, 12 déc. 2012, dit Bruxelles I *bis*, concernant la compétence judiciaire, la reconnaissance et l'exécution des décisions en matière civile et commerciale, *JOUE* L. 351, 20 déc., p. 1 – L'*exequatur* disparaît à l'article 39 : « *Une décision rendue dans un État membre et qui est exécutoire dans cet État membre jouit de la force exécutoire dans les autres États membres sans qu'une déclaration constatant la force exécutoire soit nécessaire* ». Mais le refus d'exécution dans un autre État membre n'est pas pour autant exclu (v. not. art. 46) – POUR UNE APPLICATION du champ d'application temporel de Bruxelles I *bis*, v. Civ. 1re, 4 avr. 2024, no 22-23.881, NP ; *Rev. crit. DIP* 2024. 516, note M. Barba.

2. F. Frattini, « *European Area of Civil Justice – Has the Community Reached the Limits ?* », *Zeitschrift für Europäisches Privatrecht*, 2006, p. 225, spéc. p. 235 *in fine*.
3. Livre vert *L'amélioration de l'exécution des décisions de justice au sein de l'Union européenne : la saisie des avoirs bancaires*, 24 oct. 2006, COM(2006) 618 final.
4. Doc. travail, SEC(2006) 1341.
5. Prop. Règl., Parlement et Conseil, 25 juill. 2011, COM(2011) 445 – Sur cette proposition, v. O. Fradin et C. Nourissat, « Recouvrement des créances en Europe. Une future ordonnance européenne de saisie conservatoire », *JCP* 2011. 1146 – E. Guinchard, « Le droit européen de l'exécution est né ! Présentation de la proposition de règlement portant création d'une ordonnance européenne de saisie conservatoire des comptes bancaires, destinée à faciliter le recouvrement transfrontière de créances en matière civile et commerciale », *RTD eur.* 2011. 871 – S. Piedelièvre, « Droit communautaire et saisie de comptes bancaires », *RD banc. fin.* 2011, no 172 – L. Sandrini, *Tutela cautelare in funzione di giudizi esteri*, Cedam, 2012, p. 417 ; M. Zwickel, « Vers un règlement sur la saisie bancaire européenne », *in* E. Guinchard et M. Douchy-Oudot, *La justice civile européenne en marche*, Dalloz, 2012, p. 233 – Sur l'ensemble de la question, v. G. Payan, *Droit européen de l'exécution en matière civile et commerciale*, Bruylant, 2012 – Sur l'état antérieur du débat, v. F. Georges, *La saisie de la monnaie scripturale*, Larcier, 2006, spéc. nos 268 s.
6. Règl. (UE) no 655/2014, Parlement et Conseil, 15 mai 2014, portant création d'une procédure d'ordonnance européenne de saisie conservatoire des comptes bancaires, *JOUE* L. 189/59, 27 juin – Sur cet instrument, v. ss nos 1711.231 s.

le Livre vert du 6 mars 2008 sur la transparence du patrimoine[1], dont l'objet est plus général et traduit donc une volonté d'harmoniser l'ensemble des voies d'exécution[2]. Une proposition de règlement sur la transparence du patrimoine et des propositions ultérieures visant à faciliter l'exécution des jugements[3] sont donc attendues pour les années à venir. Les propositions de la Commission européenne peuvent bien entendu être contrées par le Conseil et le Parlement européens – et elles l'ont parfois été – mais on ne peut s'empêcher de penser que sur le long terme la Commission semble l'emporter comme en atteste la disparition de l'*exequatur*, initialement avancée par la Commission en 1997 et qui aujourd'hui s'installe dans le droit positif. Ces développements doivent être suivis de très près, et c'est en les gardant à l'esprit qu'on présentera le droit actuel.

1711.06 **Source.** La territorialité de l'exécution du droit français est généralement présentée comme ayant pour fondement la notion de souveraineté internationale[4].

En réalité, au regard du droit international public, la territorialité « *ne concerne de façon certaine que la contrainte matérielle* »[5]. On en a déduit, s'inspirant des droits étrangers et transformant l'absence de certitude sur la portée exacte de la territorialité en certitude sur ses limites, qu'il n'existait aucune raison valable de s'opposer à l'introduction de l'extraterritorialité des opérations intellectuelles (ordre, autorisation du juge) en droit français[6], la prémisse étant que « *la matière* [de l'exécution forcée] *dépend uniquement du droit international public* »[7]. Ce postulat peut être contesté, non seulement parce que le caractère impératif de la coutume internationale n'est point assuré mais aussi parce que si l'on accepte de ne raisonner que sur la seule certitude du droit international public (le contraire étant par définition peu rigoureux), soit la territorialité des opérations matérielles, on méconnaît l'inadaptation du droit international public aux procédures civiles d'exécution, caractérisées par une contrainte d'abord juridique et non matérielle[8]. De sorte qu'on préférera considérer que le fondement de la territorialité de l'exécution se situe en droit public interne (à l'instar de L. d'Avout qui, reprenant l'argument relatif au caractère d'abord juridique de la contrainte, n'exclut pas pour autant par la suite une extraterritorialité[9]), à notre sens constitutionnel. La territorialité de l'exécution peut alors s'énoncer ainsi : « *La loi ou les organes (dont le juge) français sont seuls compétents, mais ne sont compétents que, pour les saisies conservatoires et exécutoires en France* »[10].

1711.07 **Conséquences.** Ainsi située à la première place dans notre hiérarchie des normes, sous réserve de la construction européenne, la territorialité de l'exécution inspire la résolution de toute question juridique relative à l'exécution en droit international. Par exemple, le privilège de juridiction conféré par l'article 14 C. civ. « *ne s'applique pas aux demandes relatives à des procédures conservatoires ou d'exécution* »[11], comme l'a rappelé la Cour de cassation à l'occasion d'une action en responsabilité engagée par un créancier français contre une banque étrangère relativement à une saisie-attribution pratiquée à l'étranger, action qui, selon la Cour, découle directe-

1. Livre vert *Exécution effective des décisions judiciaires dans l'Union européenne : la transparence du patrimoine des débiteurs*, COM(2008) 128 final.
2. V. E. Guinchard, « Vers le droit européen de l'exécution », *Lamy Droit de l'exécution forcée, Lettre d'actualités* mai 2007. 1 – EN CE SENS : P. Safar, « La transparence du patrimoine : une exigence pour l'efficacité de l'exécution forcée en Europe », « Droit des procédures internationales » (suppl. au *Dr. et proc.* mars-avr. 2009, p. 2).
3. L'exécution (au sens du droit interne) des jugements constitue l'un des trois chantiers prioritaires de la construction d'une procédure civile uniforme lancée fin 2013 : v. les propos de la directrice en charge de la Justice civile à la DG Justice, Mme Paraskevi Michou, *Lettre d'informations de l'Institut européen du droit (European Law Institute Newsletter)*, oct. 2013, p. 1.
4. COUCHEZ, p. 123 – Rép. internat., v° *Voies d'exécution*, par Ph. Théry, janv. 2013, n° 13.
5. P. Mayer, « Le droit international privé et le droit international public sous l'angle de la notion de compétence », *Rev. crit. DIP* 1979. 55, note 64.
6. CUNIBERTI, nos 16 s. – V. AUSSI H. Muir Watt, « Extraterritorialité des mesures conservatoires *in personam* ; à propos de l'arrêt de la Court of Appeal, Crédit suisse Fides Trust v/ Cuoghi », *Rev. crit. DIP* 1998. 27 s.
7. CUNIBERTI, n° 60. L'auteur est toutefois revenu, dix ans plus tard (huit ans pour la version publiée de sa thèse), sur une telle affirmation, admettant désormais une pluralité de conceptions de la territorialité de l'exécution : « *Le "droit commun" en la matière semble* être éminemment national » (« Le principe de territorialité des voies d'exécution », *JDI* 2008. 963, spéc. p. 982 [nous soulignons]). L'auteur rejoint ainsi sur ce point notre position et on ne peut que remarquer qu'en outre certains de ses arguments sont identiques aux nôtres (v. nos obs. ss Civ. 1re, 14 avr. 2010, BICI-CI, *Dr. et proc.* sept. 2010. 234).
8. E. Guinchard, « Réflexions autour de l'accueil de l'injonction *Mareva* par la Cour de cassation française », *Int'l Lis* 2005. 41.
9. L. d'Avout, *Sur les solutions du conflit de lois en droit des biens*, Economica, 2006, n° 164 – *Adde*, M. L. de Tejada, « La disparition de l'*exequatur* dans la circulation des décisions étrangères », th. Paris-II, 8 avr. 2011, n° 96 : « *L'obligation faite au bénéficiaire d'un jugement étranger d'intenter une procédure d'exequatur dans l'État requis pour pouvoir en obtenir l'exécution forcée est traditionnellement présentée comme une conséquence du principe, solidement attesté en droit international public, de la territorialité de la contrainte. Pareille affirmation constitue, à la vérité, un raccourci qui ne doit pas occulter le véritable fondement de droit interne* ».
10. E. GUINCHARD, mémoire DEA DIP, Paris II, sept. 1998.
11. Paris, 18 déc. 1996, *Rev. crit. DIP* 1997. 527, note M. Santa-Croce – PAR EX. AUSSI : TGI Paris, 29 juin 1988, *Rev. crit. DIP* 1990. 339, note B. Ancel.

ment de la voie d'exécution étrangère et se trouve donc soumise au principe selon lequel « *l'article 14 du Code civil, qui permet au plaideur français d'attraire un étranger devant les juridictions françaises, doit être exclu pour des demandes relatives à des voies d'exécution pratiquées hors de France* »[1]. De même, la soumission expresse d'un contrat à la loi anglaise et l'existence d'une clause attributive de juridiction en faveur des tribunaux anglais ne font pas obstacle à ce que, « *pour tout ce qui concerne les saisies, seules trouvent application les dispositions législatives françaises dès lors que c'est sur le territoire national qu'elles ont été pratiquées* »[2].

1711.08 Jurisprudence de la Cour de cassation. La Cour de cassation ne s'y est d'ailleurs pas trompée[3].

1. Civ. 1re, 14 avr. 2010, nº 09-11.909, P I, nº 91 ; *Dr. et proc.* sept. 2010. 234, obs. E. Guinchard (avec *erratum*, *Dr. et proc.* nov. 2010. 281) ; *Rev. crit. DIP* 2010. 510, note F. Marchadier. Ce dernier critique l'arrêt, estimant, sur le plan des principes, que « *l'étendue de la compétence internationale du juge français devrait normalement varier selon que l'action est dépendante de la validité et de la régularité de la saisie ou qu'elle en est au contraire indépendante* » et, au cas d'espèce, que « *le créancier recherchait la responsabilité de la banque sur le fondement du droit commun parce qu'elle avait fautivement participé à l'organisation de l'insolvabilité du débiteur saisi* » de telle sorte que « *l'appréciation de la faute ne s'effectue pas au déroulement de la saisie* » – *Adde*, G. Cuniberti, « Compétence internationale en matière de responsabilité du tiers-saisi. Interprétation extensive de la compétence exclusive du juge du lieu de l'exécution », *Lamy Droit de l'exécution forcée, Lettre d'actualités* juin 2010. 1.
2. Versailles, 13 mai 1986, *D.* 1987. Somm. 348, obs. B. Audit – V. AUSSI *J.-Cl. Int.*, fasc. 581-21, par A. Huet, nº 40 et les références – DANS LE MÊME SENS : Rép. internat., vº *Voies d'exécution*, par Ph. Théry, janv. 2013, nºs 18 et 19, qui estime en particulier que « *l'article R. 121-2* [C. pr. exéc.] *qui détermine la compétence territoriale du juge de l'exécution traduit cette particularité* », à savoir le fait que « *le principe d'extension des règles de compétence territoriale interne à la détermination de la compétence internationale des juridictions françaises* [...] *ne peut être appliqué aux voies d'exécution* » – CONTRA : Douai, 1er avr. 1999, Madoux, *JDI* 2000. 1030, note G. Cuniberti, et crit. PERROT et THÉRY, p. 34, note 4 ; Rép. internat., vº *Voies d'exécution*, par Ph. Théry, janv. 2013, nº 101 : « *M. Cuniberti approuve* [...] *cette décision car la saisie des rémunérations du droit français "n'est finalement qu'un préalable à l'exécution forcée". Pour l'auteur, "la notification par le greffier d'un acte de saisie* [qui] *est essentiellement comminatoire, l'employeur étant simplement enjoint (sic) de payer et l'acte n'étant pas susceptible d'exécution forcée propre"* [...]. *C'est raisonner comme si la mesure était dirigée contre l'employeur. La notification de l'acte de saisie à l'employeur n'est évidemment pas une mesure de contrainte à son égard mais à l'encontre du salarié qui va se trouver privé d'une partie de son salaire. En d'autres termes, la notification est seulement un élément d'une procédure d'exécution forcée contre le salarié. Le bien saisi – une créance de salaires versée par un employeur belge – étant localisé en Belgique, l'article 16 de la Convention* [art. 24Bruxelles I *bis*] *alors applicable imposait de recourir à une procédure de saisie en Belgique* ».

Elle a pu, éventuellement, dans quelques arrêts (v. ss nº 1711.285)[4], nier la conception française de la territorialité de l'exécution. Toutefois, il s'agit d'arrêts au plus minoritaires et elle a réaffirmé le principe de territorialité de l'exécution (tout en l'estimant non violé en l'espèce) en 2002[5], avant de réitérer en 2016 « *qu'en vertu du principe de l'indépendance et de la souveraineté respective des États, le juge français ne peut, sauf convention internationale ou législation communautaire l'y autorisant, ordonner ou autoriser une mesure d'exécution, forcée ou conservatoire, devant être accomplie dans un État étranger* »[6]. Fin 2020, la Cour de cassation, dans deux arrêts, se réfère à « *la règle de territorialité des procédures d'exécution découlant du principe de l'indépendance et de la souveraineté des États* »[7].

1711.09 Plan. La territorialité de l'exécution étant la règle en droit français, on pourrait croire que la

3. Entre de nombreuses décisions, v. Civ. 10 mars 1863, *S.* 1863. 1. 623 – Req. 19 mars 1872, *S.* 1872. 1. 238 – Civ. 12 mai 1931, *S.* 1932. 1. 137, rapport Casteil, note J.-P. Niboyet ; *JDI* 1932. 387, note J. Perroud ; *DP* 1933. 1. 60, note E. Silz – Civ. 7 mai 1952, *D.* 1952. 561, note G. Ripert ; *DMF* 1952. 463 – Civ. 1re, 4 mai 1976, nº 75-11.741, P I, nº 152 ; *Rev. crit. DIP* 1977. 352, note Mayer – Civ. 1re, 6 nov. 1979, nº 77-15.856, P I, nº 269 ; *JDI* 1980. 95, rapp. A. Ponsard ; *Rev. crit. DIP* 1980. 588, note G. Couchez – Civ. 2e, 29 févr. 1984, *Rev. crit. DIP* 1985. 545, note A. Sinay-Cytermann – Civ. 1re, 6 déc. 1989, *Rev. crit. DIP* 1990. 545, note G. Couchez – Civ. 1re, 11 févr. 1997, nº 94-21.500, P I, nº 47 ; *D.* 1997. IR 62 – Com. 5 janv. 1999, nº 93-19.688, P IV, nº 2 ; *Rev. crit. DIP* 1999. 137, rapp. J.-P. Rémery – Civ. 1re, 30 oct. 2006, nº 04-17.326, P I, nº 449 (v. ss nº 1712.53).
4. *Adde*, dans une certaine interprétation : Civ. 1re, 22 juin 1999, nº 96-22.546, P I, nº 208 ; *Rev. crit. DIP* 2000. 42, note G. Cuniberti (CONTRA : A. Huet, fasc. 581-21, nº 40 *in fine* ; Rép. internat., vº *Voies d'exécution*, par Ph. Théry, janv. 2013, nº 17 : « *L'annotateur avait déduit de la référence à la nécessité "d'apprécier la validité de la saisie dont connaissait la juridiction de l'Île Maurice" que les juridictions françaises s'estimaient compétentes pour statuer sur cette question et que la solution consacrée dans l'arrêt* Cyprien Fabre *était abandonnée. Il est plus probable que cette précision tend seulement à justifier le dessaisissement des juridictions françaises précisément parce que la question de la validité de la saisie ne pouvait être examinée que par la juridiction mauricienne* » et l'auteur de voir une confirmation dans l'arrêt Civ. 1re, 14 avr. 2010, nº 09-11.909, préc., v. ss nº 1711.07) – Sur l'évolution de la jurisprudence de la Cour de cassation, v. E. GUINCHARD, mémoire DEA DIP, Paris II, sept. 1998, nºs 99 s.
5. Civ. 2e, 30 janv. 2002, nº 99-21.278, NP ; *JCP E* 2003. 587, note G. Cuniberti – V. AUSSI ss nºs 1711.283 et 1711.284.
6. Civ. 2e, 21 janv. 2016, nº 15-10.193, P II, nº 20. La Cour approuva les juges du fond d'avoir considéré en conséquence que le juge français n'avait pas le pouvoir d'autoriser des mesures conservatoires portant sur un compte bancaire détenu en Espagne.
7. Civ. 2e, 10 déc. 2020, nºs 18-17.937 et 19-10.801, P ; *D.* 2021. 217, note L. d'Avout ; *RTD civ.* 2021.195, obs. Ph. Théry. Sur leur interprétation en apparence renouvelée du principe de territorialité de l'exécution, v. ss nº 1711.11.

matière échappe au droit international privé pour ne relever que du droit interne.

Toutefois, la présence d'un élément d'extranéité complique l'interprétation et l'application des textes de droit interne. Ce sont ces difficultés qu'il convient d'examiner, en étudiant les questions communes aux mesures conservatoires et à l'exécution forcée (sect. 1), puis les mesures conservatoires (sect. 2) et, enfin, l'exécution forcée (sect. 3) [1].

SECTION 1
QUESTIONS COMMUNES AUX MESURES CONSERVATOIRES ET À L'EXÉCUTION FORCÉE

§ 1
Localisation des biens

1711.11 **Introduction.** La règle du droit international privé français des voies d'exécution étant la territorialité, la localisation du bien apparaît primordiale. La Cour de cassation a cependant décidé, dans deux arrêts de fin 2020, après avoir rappelé le principe de la territorialité de l'exécution, et affirmé qu'une saisie-attribution ne peut produire effet que si le tiers saisi est établi en France, qu'est « *établi en France le tiers saisi, personne morale, qui soit y a son siège social, soit y dispose d'une entité ayant le pouvoir de s'acquitter du paiement d'une créance du débiteur saisi à son encontre* ». La portée de cette interprétation en apparence renouvelée du principe de territorialité de l'exécution reste à préciser : la Cour met-elle désormais l'accent sur le tiers saisi plutôt que sur le bien (interprétation au soutien de laquelle on pourrait avancer son affirmation selon laquelle la saisie-attribution constitue « *une mesure supposant l'exercice d'une contrainte sur le tiers saisi* », comme s'il s'agissait d'une mesure *in personam*) ou est-ce avec le sous-entendu que là où est établi le tiers saisi (même si ce n'est plus nécessairement à son seul siège) sont localisés les biens objet de la saisie [2] ?

1711.12 **Biens corporels.** Lorsqu'il s'agit d'un bien corporel, cette localisation ne soulève aucune difficulté, étant seulement précisé qu'est retenu le lieu de sa situation *effective* et non, par exemple, le pavillon d'un navire.

Dans le cas particulier toutefois de la saisie des véhicules terrestres à moteur par déclaration à la préfecture prévue aux articles L. 223-1 et R. 223-1 s. C. pr. exéc., la saisie est possible pour les véhicules immatriculés en France même s'ils ne sont pas effectivement sur le territoire et, inversement, elle ne peut jouer pour les véhicules immatriculés à l'étranger même s'ils sont en réalité sur le sol français [3].

1711.13 **Biens incorporels. Créances.** En revanche, dans l'hypothèse d'un bien incorporel, la localisation peut s'avérer plus complexe. Il en va ainsi de celle des créances de somme d'argent (lorsque la créance a trait à la restitution d'un bien corporel, elle doit être localisée au lieu de situation effective de ce bien [4]), dont la pertinence a cependant pu être contestée [5].

Après discussion [6], la doctrine majoritaire localise ces créances au domicile du tiers saisi [7]. La théorie de l'unité de la personnalité juridique de la banque s'applique dans le cadre des succursales étrangères de banques françaises [8].

1711.14 **Autres biens incorporels.** S'agissant d'un fonds de commerce, l'élément de rattachement de la loi de la vente forcée est le siège de ce fonds, étant précisé « *qu'en cas de pluralité d'établissements se trouvant situés dans plusieurs pays, il y a lieu d'appliquer à chacun d'entre eux la loi de l'État sur le territoire duquel il se trouve situé* », ce qui aboutit à une pluralité de ventes forcées [9].

En ce qui concerne les valeurs mobilières étrangères, elles peuvent faire l'objet d'une saisie des droits

1. Sur l'intérêt d'une distinction entre mesures conservatoires et exécution forcée en droit international privé, v. Rép. internat., v° *Voies d'exécution*, par Ph. Théry, janv. 2013, n°s 5 et 6.
2. Civ. 2e, 10 déc. 2020, n°s 18-17.937 et 19-10.801, P (préc., v. s[s] n° 1711.08) ; *D.* 2021. 217, note L. d'Avout ; *RTD civ.* 2021.195, obs. Ph. Théry.
3. Rép. internat., v° *Voies d'exécution*, par Ph. Théry, janv. 2013, n° 45, qui observe toutefois que « *les véhicules étrangers qui se trouvent en France pourraient faire l'objet d'une saisie par immobilisation* » – Sur la saisie des navires, en droit conventionnel et en droit commun, Rép. internat., v° *Saisie (droit maritime)*, par C. Navarre-Laroche, déc. 1999 (actu. oct. 2016).
4. *J.-Cl. Int.*, fasc. 582-30, par A. Huet, n° 45 – Anc. Rép. internat., v° *Saisie-arrêt*, par G. Mercier, n° 8.
5. G.-S. Hök, « Saisie de compte et de créance transfrontalière. Plaidoyer pour le rattachement au pouvoir de disposition du débiteur », *Rev. crit. DIP* 2006. 301, spéc. p. 319 s.
6. Anc. Rép. internat., v° *Saisie-arrêt*, par G. Mercier, n°s 5 s. et les références.
7. *J.-Cl. Int.*, fasc. 582-30, par A. Huet, n° 47 – Du même auteur, note s[s] TGI Nice, réf., 25 juill. 1980, *JDI* 1982. 163 – P. Lagarde, note s[s] Civ. 1re, 1er juill. 1981, *Rev. crit. DIP* 1982. 345 – Anc. Rép. internat., v° *Saisie*, par J. Patarin, n° 6 – J. Perroud, *JDI* 1932. 387, p. 391 – Rép. internat., v° *Voies d'exécution*, par Ph. Théry, janv. 2013, n°s 51 et 52 – Sur la localisation des créances en général, v. L. Ruet, *Les créances en droit international privé*, th. Paris II, 1989, n°s 251 s.
8. Civ. 2e, 14 févr. 2008, n° 05-16.167, P II, n° 36 (sur lequel v. s[s] n° 1711.285) – Sur le problème spécifique de la localisation des comptes bancaires, v. Ph. Théry, Rép. internat., v° *Voies d'exécution*, janv. 2013, n°s 54 s.
9. Anc. Rép. internat., v° *Saisie*, par J. Patarin, n° 28 – V. AUSSI *J.-Cl. Int.*, fasc. 582-30, par A. Huet, n° 46 – Rép. internat., v° *Voies d'exécution*, par Ph. Théry, janv. 2013, n° 47.

incorporels en France auprès de l'intermédiaire habilité qui tient le compte-titre dans lequel elles sont, le cas échéant, inscrites[1].

§ 2
Détermination des biens saisissables

1711.21 **Principe.** En vertu de la territorialité de l'exécution, la détermination des biens saisissables est soumise à la loi française lorsque les biens sont situés en France : le créancier peut ainsi saisir un bien insaisissable selon une loi étrangère (celle applicable au fond par exemple) dès lors que cette insaisissabilité ne se retrouve pas en droit français, et inversement[2].

1711.22 **Cas particulier du régime matrimonial.** La question de l'insaisissabilité ne doit pas être confondue avec celle de la poursuite du recouvrement d'une dette d'époux communs en biens sur ces derniers : la loi de la saisie s'applique à la première, la loi du régime matrimonial à la seconde[3].

§ 3
Immunités d'exécution

1711.31 **Aperçu (perspective européenne).** La Cour de justice a rendu en 2020 un intéressant arrêt[4] sur les relations entre l'immunité d'exécution et le règlement (UE) n° 1215/2012 (dit Bruxelles I *bis*)[5]. Selon elle, l'invocation de son immunité d'exécution par une organisation internationale ne constitue pas d'office un obstacle à l'application de Bruxelles I *bis* (pt 62). Elle ne fait donc pas obstacle à l'examen par le juge de sa compétence internationale au titre de ce règlement. La Cour estime en effet que « *la question de savoir si l'immunité invoquée par une organisation internationale s'oppose à la compétence de la juridiction saisie pour* [...] *adopter des mesures d'exécution contre une telle organisation intervient à un stade ultérieur, après la détermination de la compétence internationale de cette juridiction* » (pt 74), une position qui contraste avec celle de la Cour de cassation, mais que d'autres ont jugée bienvenue, arguant d'une différence entre les immunités de juridiction et d'exécution[6].

Cette immunité d'exécution ne s'avère en outre pas absolue et n'est reconnue que lorsque le litige concerne des actes de souveraineté accomplis *iure imperii*. Par conséquent, une action en référé, introduite devant une juridiction d'un État membre, dans le cadre de laquelle une organisation internationale (l'OTAN en bref) invoque son immunité d'exécution afin d'obtenir tant la mainlevée d'une saisie-arrêt conservatoire, exécutée dans un État membre autre que celui du for, que l'interdiction de pratiquer de nouveau une telle saisie sur le fondement de mêmes faits, et engagée parallèlement à une procédure au fond portant sur une créance résultant d'un non-paiement allégué de carburants fournis pour les besoins d'une opération de maintien de la paix assurée par cette organisation, relève de la notion de « matière civile ou commerciale » au sens de l'article 1er Bruxelles I *bis*, pour autant que cette action n'est pas exercée en vertu de prérogatives de puissance publique, ce qu'il appartient à la juridiction nationale d'apprécier (pt 69 et dispositif), mais que la Cour de justice laisse sous-entendre (pts 65 et 66 notamment, où la Cour rappelle que la finalité publique de certaines activités ne constitue pas, en soi, un élément suffisant pour qualifier ces activités comme étant accomplies *iure imperii*, dans la mesure où elles ne correspondent pas à l'exercice de pouvoirs exorbitants au regard des règles applicables dans les relations entre les particuliers).

Enfin, une telle action en référé ne relève pas de la compétence exclusive des juridictions de l'État membre dans lequel la saisie-arrêt conservatoire a été exécutée au sens de l'article 24, point 5, de Bruxelles I *bis*.

1711.32 **Aperçu (perspective nationale).** Les États étrangers bénéficient traditionnellement d'une immunité d'exécution. Celle-ci n'est aujourd'hui plus absolue. Le législateur a toutefois souhaité encadrer les conditions dans lesquelles les biens d'un État étranger peuvent être saisis. La loi du 9 décembre 2016[7] relative à la transparence, à la lutte contre la corruption et à la modernisation de la vie économique, a en

1. Sur ces intermédiaires, v. C. mon. fin., art. L. 542-1 – Sur la question, v. Rép. internat., v° *Voies d'exécution*, par Ph. Théry, janv. 2013, nos 49 s.
2. Antérieurement à la loi n° 91-650, 9 juill. 1991, portant réforme des procédures civiles d'exécution, et EN JURISPRUDENCE : Com. 7 mai 1952, *D.* 1952. 561, note G. Ripert – Versailles, 31 mars 1987, *JCP* 1987. V. 336 – EN DOCTRINE : H. Batiffol et P. Lagarde, *Droit international privé*, t. II, 7e éd., LGDJ, 1983, n° 710, note 6 – *J.-Cl. Int.*, fasc. 532-30, par A. Huet, nos 52 s. – Anc. Rép. internat., v° *Saisie-arrêt*, par G. Mercier, n° 36 – Anc. Rép. internat., v° *Saisie*, par J. Patarin, nos 13 s. – *CONTRA* : L. Ruet, *Les créances en droit international privé*, th. Paris II, 1989, nos 770 s.
3. Civ. 1re, 16 juin 1992, n° 91-10.931, NP ; *Rev. crit. DIP* 1993. 34, note F. Ameli.
4. CJUE 3 sept. 2020, Supreme Site Services GmbH, Supreme Fuels GmbH & Co KG, Supreme Fuels Trading Fze c/ Supreme Headquarters Allied Powers Europe [SHAPE], aff. C-186/19, *RTD eur.* 2020. 934, obs. B. Ancel ; *D.* 2021. 226, note D. Foussard ; *RTD civ.* 2021. 193, obs. Ph. Théry.
5. Sur le règlement (UE) n° 1215/2012 (dit Bruxelles I *bis*), v. ss n° 1711.51.
6. D. Foussard, *D.* 2021. 226, note, I, B.
7. L. n° 2016-1691, 9 déc. 2016, relative à la transparence, à la lutte contre la corruption et à la modernisation de la vie économique, *JO* 10 déc., texte 2.

effet inséré dans le Code des procédures civiles d'exécution les articles L. 111-1-1 à L. 111-1-3 [1]. *Premièrement*, le créancier doit obtenir l'autorisation préalable du juge de l'exécution (JEX) du tribunal judiciaire de Paris pour procéder à une mesure conservatoire, ou d'exécution forcée, sur un bien appartenant à un État étranger (C. pr. exéc., art. L. 111-1-1 et R. 111-1 [2]). *Deuxièmement*, le juge ne donnera cette autorisation que si l'une des conditions suivantes est remplie : 1° l'État concerné a expressément consenti à l'application d'une telle mesure, ce qui correspond à une codification de la jurisprudence de l'époque sur la renonciation à l'immunité d'exécution [3] ; 2° l'État concerné a réservé ou affecté ce bien à la satisfaction de la demande qui fait l'objet de la procédure ; 3° lorsqu'un jugement ou une sentence arbitrale a été rendu contre l'État concerné et que le bien en question est spécifiquement utilisé ou destiné à être utilisé par ledit État autrement qu'à des fins de service public non commerciales [4] et entretient un lien avec l'entité contre laquelle la procédure a été intentée [5] (C. pr. exéc., art. L. 111-1-2). Une règle particulière aux biens affectés à une mission diplomatique complète le dispositif. Elle reprend l'ancienne jurisprudence de la Cour de cassation, un temps redevenue d'actualité [6], sur la renonciation à l'immunité d'exécution en exigeant qu'elle soit à la fois expresse et spéciale [7] (C. pr. exéc., art. L. 111-1-3). Il importe de préciser que, selon la Cour de cassation, l'immunité d'exécution ne porte pas atteinte au droit d'accès à un tribunal en raison de la possible mise en œuvre de la responsabilité de l'État [8].

1. V. H. Herman et G. Hannotin, « Le nouveau régime applicable aux mesures conservatoires et mesures d'exécution prises contre des États étrangers issu de la loi Sapin 2 », *Gaz. Pal.* 9 mai 2017, p. 14 – C. Kieffer, « Le nouveau régime d'autorisation préalable en matière de mesures d'exécution et de mesures conservatoires sur les biens des États étrangers », *Dr. et proc.* 2017. 78 – H. Sarbourg, « Les prérequis de l'exécution forcée. L'absence d'immunité d'exécution », *in* « Regards croisés sur l'effectivité de l'exécution forcée. Actes du colloque du 22 novembre 2016 à Lyon », *Dr. et proc.* juin 2017, suppl., p. 15.
2. C. pr. exéc., art. R. 111-1 (créé par Décr. n° 2017-892, 6 mai 2017, portant diverses mesures de modernisation et de simplification de la procédure civile, *JO* 10 mai, texte n° 114) : « *Le juge de l'exécution du tribunal judiciaire de Paris est seul compétent pour statuer sur la demande d'autorisation prévue à l'article L. 111-1-1 et sur les contestations relatives aux mesures conservatoires et d'exécution forcée mobilières qu'il autorise, ainsi que pour connaître des procédures de saisie immobilière qu'il autorise, à l'exception des procédures d'exécution forcée sur les immeubles situés dans les départements du Bas-Rhin, du Haut-Rhin et de la Moselle* ».
3. Civ. 1re, 13 mai 2015, n° 13-17.751, P I, n° 107 : « *Le droit international coutumier n'exige pas une renonciation autre qu'expresse à l'immunité d'exécution* » (abandon de la condition de spécialité) – V. D. Alland et T. Fleury Graff, « Les limites de la renonciation par l'État à son immunité d'exécution », *Rev. crit. DIP* 2016. 1.
4. RAPPR. Civ. 1re, 19 nov. 2008, n° 07-10.570, P I, n° 266 ; *JCP* 2009. II. 10002, note L. d'Avout et L. Perreau-Saussine : l'immunité d'exécution connaît une exception « *lorsque le bien concerné se rattache, non à l'exercice d'une activité de souveraineté, mais à une opération économique, commerciale ou civile relevant du droit privé qui donne lieu à la demande en justice* ».
5. COMP. Civ. 2e, 4 sept. 2014, n° 13-14.060, NP (v. ss n° 1711.192).

SECTION 2
MESURES CONSERVATOIRES

1711.40 **Plan.** Seront envisagées successivement la question du titre nécessaire pour procéder à une saisie conservatoire, selon qu'elle se pose dans le cadre européen (§ 1) ou en droit commun (§ 2), puis les règles qui gouvernent le déroulement de la procédure (§ 3) et enfin les règles de conflit de lois et de juridictions applicables à l'action en responsabilité pour mesure conservatoire injustifiée (§ 4). Une place à part sera faite à l'ordonnance européenne de saisie conservatoire des comptes bancaires (§ 5).

§ 1
Titre nécessaire pour procéder à une mesure conservatoire dans le cadre européen

1711.51 **Textes applicables.** Dans le cadre européen, sont principalement applicables le règlement (UE) n° 1215/2012 du Parlement européen et du Conseil du 12 décembre 2012 concernant la compé-

6. Civ. 1re, 3 févr. 2021, n° 19-10.669, P : « *Selon le droit international coutumier, les missions diplomatiques des États étrangers bénéficient, pour le fonctionnement de la représentation de l'État accréditaire, d'une immunité d'exécution à laquelle il ne peut être renoncé que de façon expresse et spéciale* » – Mais v. Civ. 1re, 13 avr. 2023, n° 18-20.915, B ; *Rev. crit. DIP* 2024. 54, note L. Maaziz : « *Selon les principes du droit international coutumier reflétés par la Convention des Nations Unies du 2 décembre 2004 sur les immunités des États et de leurs biens, la renonciation expresse à l'immunité d'exécution, consentie par* [la République du Congo] *suffisait pour que les actifs en cause puissent faire l'objet d'une mesure d'exécution, peu important qu'ils aient consisté en des créances fiscales, sans que soit en outre requise une renonciation spéciale* ».
7. Civ. 1re, 28 mars 2013, n° 10-25.938, P I, n° 62.
8. Civ. 1re, 25 mai 2016, n° 15-18.646, P I, n° 120 : « *Le justiciable, qui se voit opposer le caractère absolu de l'immunité d'exécution d'une organisation internationale, dispose, par la mise en œuvre de la responsabilité de l'État, d'une voie de droit propre à rendre effectif son droit d'accès à un tribunal, de sorte que le seul fait de ne pouvoir saisir les fonds de la* [Banque des États de l'Afrique centrale], *en France, ne constituait pas, au préjudice de M. X, une restriction disproportionnée à ce droit, au regard du but légitime poursuivi par l'accord garantissant une immunité d'exécution à cette banque centrale pour faciliter l'accomplissement de ses missions* ».

tence judiciaire, la reconnaissance et l'exécution des décisions en matière civile et commerciale (dit Bruxelles I *bis*), le règlement (CE) n° 44/2001 du 22 décembre 2000, concernant la compétence judiciaire, la reconnaissance et l'exécution des décisions en matière civile et commerciale (ci-après règlement Bruxelles I), et la convention de Lugano du 30 octobre 2007, concernant la compétence judiciaire, la reconnaissance et l'exécution des décisions en matière civile et commerciale (dite Lugano II). Il existe un lien entre ces textes, puisque Bruxelles I *bis* remplace Bruxelles I, et Lugano II constitue l'extension de Bruxelles I aux pays de l'Association européenne de libre-échange (AELE), moyennant quelques modifications. Le couple Bruxelles I/Lugano II s'est lui-même substitué au couple convention de Bruxelles du 27 septembre 1968/convention de Lugano du 16 septembre 1988.

Plus exactement, et d'abord, Bruxelles I *bis* est applicable dans toute l'Union européenne [1] depuis le 10 janvier 2015 (art. 81). Il convient cependant de noter qu'il « *n'est applicable qu'aux actions judiciaires intentées, aux actes authentiques dressés ou enregistrés formellement et aux transactions judiciaires approuvées ou conclues à compter du 10 janvier 2015* » (art. 66.1). La date essentielle à considérer est donc celle de l'action en justice, suivant en cela la solution adoptée dans Bruxelles I. Toutefois, à la différence de ce dernier, ce principe ne souffre aucune exception, puisque l'article 66.2 précise que « *le règlement (CE) n° 44/2001 continue à s'appliquer aux décisions rendues dans les actions judiciaires intentées, aux actes authentiques dressés ou enregistrés formellement et aux transactions judiciaires approuvées ou conclues avant le 10 janvier 2015 qui entrent dans le champ d'application dudit règlement* ». En d'autres termes, le nouveau régime d'exécution des jugements étrangers, caractérisé par l'abolition de la procédure d'*exequatur*, ne bénéficie pas à une décision rendue après le 10 janvier 2015 dans une instance introduite antérieurement, et ce alors même que le chef de compétence utilisé serait identique dans Bruxelles I et Bruxelles I *bis*.

Bruxelles I est donc appelé à survivre pendant quelque temps. Ce règlement est entré en vigueur le 1er mars 2002. Si, initialement, Bruxelles I ne s'appliquait pas aux relations entre le Danemark et les autres États de la Communauté européenne (devenue l'Union européenne), ceci n'est plus le cas depuis le 1er juillet 2007, date d'entrée en vigueur de l'accord conclu entre l'ex-Communauté et le Danemark. Cet accord étend le règlement Bruxelles I à ce dernier État moyennant de légères modifications (dont aucune ne porte spécifiquement sur les mesures conservatoires) [2].

Ensuite, Lugano II est entrée en vigueur le 1er janvier 2010 entre l'Union européenne (y compris le Danemark qui a procédé à une ratification séparée) et la Norvège, le 1er janvier 2011 avec la Suisse, et le 1er mai 2011 avec l'Islande. L'adoption de Bruxelles I *bis* laisse envisager à terme à une convention dite Lugano III [3]. Il est à noter que la Commission européenne a rejeté le 4 mai 2021 la demande d'accession du Royaume-Uni à Lugano II (qui autrefois appliquait Lugano II en tant qu'État membre de l'Union européenne) [4]. Elle estime que « *la convention de Lugano est une mesure d'accompagnement du marché intérieur* [or le] *Royaume-Uni est un pays tiers sans lien particulier avec le marché intérieur* », de sorte

1. Le Royaume Uni et l'Irlande ont, à l'époque, notifié leur souhait de participer à l'adoption et à l'application de Bruxelles I *bis*. En vertu de son *opt-out*, le Danemark n'est pas lié par celui-ci ni soumis à son application. Toutefois, en vertu de l'accord du 19 octobre 2005 entre la Communauté européenne et le Royaume de Danemark sur la compétence judiciaire, la reconnaissance et l'exécution des décisions en matière civile et commerciale, le Danemark peut appliquer le contenu des modifications introduites par Bruxelles I *bis*, ce qu'il a déclaré faire par une lettre du 20 décembre 2012 à la Commission européenne (v. *JOUE* L. 79, 21 mars 2013, p. 4). Bruxelles I *bis* s'applique donc dans toute l'Union européenne (qui ne comprend plus aujourd'hui le Royaume-Uni, pour lequel Bruxelles I *bis* s'est appliqué à toute action introduite avant le 1er janvier 2021 : Accord sur le retrait du Royaume-Uni de Grande-Bretagne et d'Irlande du Nord de l'Union européenne et de la Communauté européenne de l'énergie atomique, *JOUE* L. 29, 31 janv. 2020, p. 7, art. 67). Ceci s'entend de Bruxelles I *bis* dans sa version consolidée. En effet, ce règlement a, avant même son entrée en vigueur, été modifié par le règlement (UE) n° 542/2014 du Parlement européen et du Conseil du 15 mai 2014 portant modification du règlement (UE) n° 1215/2012 en ce qui concerne les règles à appliquer relatives à la juridiction unifiée du brevet et à la Cour de justice Benelux (*JOUE* L. 163, 29 mai, p. 1-4). Le Royaume-Uni et l'Irlande ont, à l'époque, notifié leur souhait de participer à l'adoption et à l'application de ce règlement (sous la réserve susmentionnée pour le Royaume-Uni aujourd'hui). En vertu de son *opt-out*, le Danemark ne participe pas à l'adoption du règlement (UE) n° 542/2014 et n'est pas lié par celui-ci ni soumis à son application. Toutefois, en vertu de l'accord susmentionné de 2005, le Danemark peut appliquer le contenu des modifications introduites par le règlement (UE) n° 542/2014, ce qu'il a déclaré faire par une lettre du 2 juin 2014 à la Commission européenne (v. *JOUE* L. 240, 13 août, p. 1).

2. Accord entre la Communauté européenne et le Royaume de Danemark sur la compétence judiciaire, la reconnaissance et l'exécution des décisions en matière civile et commerciale, *JOUE* L. 299, 16 nov. 2005, p. 62 ; v. not. l'article 2.2 sur les quelques règles particulières aux relations avec le Danemark.

3. Sur ce sujet, v. S. Giroud, N. Meier et R. Rodriguez, « Le règlement Bruxelles I *bis*, un modèle pour une nouvelle convention de Lugano ? », *in* E. Guinchard (dir.), p. 419.

4. Commission européenne, « Évaluation de la demande d'accession du Royaume-Uni de Grande-Bretagne et d'Irlande du Nord à la convention de Lugano de 2007 », 4 mai 2021, https://ec.europa.eu/info/files/communication-assessment-application-united-kingdom-great-britain-and-northern-ireland-accede-2007-lugano-convention_fr.

que, comme pour les autres pays tiers, « *les conventions de La Haye devraient fournir le cadre de la coopération future entre l'Union européenne et le Royaume-Uni dans le domaine de la coopération judiciaire civile* ». Le 22 juin 2021, la Commission européenne s'exprimant au nom de l'Union européenne communiqua son refus de voir le Royaume-Uni adhérer à la convention Lugano II au dépositaire (la Suisse), qui la reçut le 28 juin 2021 et la publia le 1er juillet 2021[1]. Les deux parties en ont tiré conséquence sur le terrain de la convention de La Haye du 2 juillet 2019 sur la reconnaissance et l'exécution des jugements étrangers en matière civile ou commerciale[2].

Enfin, à ces trois textes fondamentaux il faut ajouter des **règlements à l'objet particulier.**

Ainsi, si les obligations alimentaires ont été régies jusqu'au 18 juin 2011 par Bruxelles I, celles découlant de relations de famille, de parenté, de mariage ou d'alliance le sont aujourd'hui par le règlement (CE) nº 4/2009 du Conseil, du 18 décembre 2008[3], relatif à la compétence, la loi applicable, la reconnaissance et l'exécution des décisions et la coopération en matière d'obligations alimentaires (ci-après **règlement « Aliments »**). Plusieurs précisions sur le champ d'application de ce règlement sont cependant nécessaires. En effet, diverses indications fournies par le règlement peuvent prêter à confusion. Ceci vaut pour son champ d'application tant spatial que temporel. **Champ d'application spatial** d'abord, puisque si le considérant 47 du règlement « Aliments » déclare que le Royaume-Uni ne participe pas à son application, cet État l'a en réalité appliqué jusqu'au 31 décembre 2020 (date de fin de la période de transition ouverte par le Brexit)[4]. Quant au Danemark, s'il ne participe pas à l'application du règlement, il en applique le contenu, dans la seule mesure toutefois où ce règlement modifie Bruxelles I (aujourd'hui Bruxelles I *bis*), ce qui écarte notamment les chapitres III et VII du règlement « Aliments »[5]. **Champ d'application temporel** ensuite, puisque si l'article 76 du règlement dispose qu'il « *s'applique* [...] *à compter du 18 juin 2011, sous réserve que le protocole de La Haye de 2007 soit applicable dans la Communauté à cette date* »[6], le règlement « Aliments » est en réalité applicable depuis le 18 juin 2011 alors même que ce Protocole n'est entré en vigueur que le 1er août 2013 (entre la Serbie et l'Union européenne, cette dernière ne s'entendant toutefois pas du Danemark et, même avant le 1er janvier 2021, du Royaume-Uni, qui ne sont donc pas liés par ce Protocole)[7]. En effet, l'Union européenne a décidé d'appliquer « *les règles du protocole à titre provisoire à partir du 18 juin 2011* [...] *si le protocole n'est pas entré en vigueur à cette date* »[8]. Le règlement « Aliments », qui vise à rétablir le principe de faveur dont bénéficie traditionnellement le créancier d'aliments[9], est donc en vigueur depuis 2011.

1. La communication de la Commission est disponible sur le site du Ministère suisse des affaires étrangères : https://www.eda.admin.ch/dam/eda/fr/documents/aussenpolitik/voelkerrecht/autres-conventions/Lugano2/20210701-LUG-ann-EU.pdf ; sur la notification à toutes les parties, voir https://www.eda.admin.ch/dam/eda/fr/documents/aussenpolitik/voelkerrecht/autres-conventions/Lugano2/20210701-LUG_fr.pdf (sur l'ensemble, voir https://europeanciviljustice.wordpress.com/2021/07/07/notification-to-switzerland-of-eu-refusal-of-uk-joining-lugano-ii/).
2. Convention sur la reconnaissance et l'exécution des jugements étrangers en matière civile ou commerciale, *JOUE* L. 187, 14 juill., p. 4. L'Union européenne (sauf le Danemark) a ratifié cette convention le 22 août 2022, en même temps que l'Ukraine, et elle est en conséquence entrée en vigueur le 1er septembre 2023. Le Royaume-Uni a ratifié la Convention le 27 juin 2024 et elle entrera en vigueur à son égard le 1er juillet 2025. Les relations entre cet ancien État membre et l'Union européenne seront donc régies (pour partie) par la convention de La Haye de 2019. Les autres États ayant ratifié cette convention sont : l'Uruguay (entrée en vigueur le 1er oct. 2024), l'Albanie et le Monténégro (entrée en vigueur le 1er mars 2026), et l'Andorre (entrée en vigueur le 1er juin 2026).
3. Règl. (CE) nº 4/2009, Conseil, 18 déc. 2008, relatif à la compétence, la loi applicable, la reconnaissance et l'exécution des décisions et la coopération en matière d'obligations alimentaires, *JOUE* L. 7, 10 janv. 2009, p. 1 s.
4. Décis. (CE) nº 2009/451, Commission, 8 juin 2009, sur l'intention du Royaume-Uni d'accepter le règlement (CE) nº 4/2009 du Conseil relatif à la compétence, la loi applicable, la reconnaissance et l'exécution des décisions et la coopération en matière d'obligations alimentaires, *JOUE* L. 149, 12 juin, p. 73 – Pour l'application jusqu'à la fin de la période transitoire, v. Accord sur le retrait du Royaume-Uni de Grande-Bretagne et d'Irlande du Nord de l'Union européenne et de la Communauté européenne de l'énergie atomique, art. 67.
5. Lettre du Danemark à la Commission européenne, 14 janv. 2009, *JOUE* L. 149, 12 juin, p. 80. Ajoutons que le Danemark, par lettre du 11 janv. 2012, a notifié à la Commission sa décision d'appliquer le contenu du règlement d'exécution (UE) nº 1142/2011 de la Commission établissant les annexes X et XI du règlement « Aliments » (*JOUE* L. 195, 18 juill. 2013, p. 1).
6. Poursuivant : « *À défaut, le présent règlement s'applique à compter de la date d'application dudit protocole dans la Communauté* ».
7. Sur l'état du Protocole, v. le site de la Conférence de La Haye : https://www.hcch.net/fr/instruments/conventions/status-table/?cid=133, et sur la réserve concernant le Danemark et le Royaume-Uni, v. https://www.hcch.net/fr/instruments/conventions/status-table/notifications/?csid=1065&disp=resdn.
8. Déclaration complète disponible sur le site de la Conférence de La Haye : https://www.hcch.net/fr/instruments/conventions/status-table/notifications/?csid=1065&disp=resdn. Cette déclaration a été faite en application de l'article 4 de la décision 2009/941/CE du Conseil du 30 novembre 2009, relative à la conclusion, par la Communauté européenne, du protocole de La Haye du 23 novembre 2007 sur la loi applicable aux obligations alimentaires.
9. E. Guinchard, « Le créancier d'aliments et le droit international privé de l'exécution », *AJ fam.* 2006. 92. Ce principe de faveur se traduit par la suppression de l'*exequatur* pour au moins une partie des décisions (v. ss nº 1711.251).

En droit patrimonial de la famille, il faut également signaler le règlement (UE) n° 650/2012 du Parlement européen et du Conseil, du 4 juillet 2012 [1], relatif à la compétence, la loi applicable, la reconnaissance et l'exécution des décisions, et l'acceptation et l'exécution des actes authentiques en matière de successions et à la création d'un certificat successoral européen (ci-après **règlement « Successions »**). Ce règlement est applicable depuis le 17 août 2015 dans tous les États membres de l'Union européenne, sauf le Danemark, l'Irlande et (même lorsqu'il était membre de l'Union européenne) le Royaume-Uni.

Doivent également être mentionnés le règlement (UE) n° 2016/1103 du Conseil du 24 juin 2016 [2], mettant en œuvre une coopération renforcée dans le domaine de la compétence, de la loi applicable, de la reconnaissance et de l'exécution des décisions en matière de régimes matrimoniaux (ci-après **règlement « Régimes matrimoniaux »**) [3], et le règlement (UE) n° 2016/1104 du Conseil du 24 juin 2016 [4], mettant en œuvre une coopération renforcée dans le domaine de la compétence, de la loi applicable, de la reconnaissance et de l'exécution des décisions en matière d'effets patrimoniaux des partenariats enregistrés (ci-après **règlement « Partenariats enregistrés »**), applicables à partir du 29 janvier 2019 [5].

L'étude sera centrée sur le règlement Bruxelles I *bis* – les divergences d'avec Bruxelles I, Lugano II et les règlements « Aliments », « Successions », « Régimes matrimoniaux » et « Partenariats enregistrés » étant,

1. Règl. (UE) n° 650/2012, Parlement et Conseil, 4 juill. 2012, relatif à la compétence, la loi applicable, la reconnaissance et l'exécution des décisions, et l'acceptation et l'exécution des actes authentiques en matière de successions et à la création d'un certificat successoral européen, *JOUE* L. 201, 27 juill., p. 107.
2. Règl. (UE) n° 2016/1103, Conseil, 24 juin 2016, mettant en œuvre une coopération renforcée dans le domaine de la compétence, de la loi applicable, de la reconnaissance et de l'exécution des décisions en matière de régimes matrimoniaux, *JOUE* L. 183, 8 juill., p. 1.
3. *Adde* rectificatif au Règl. (UE) n° 2016/1103, Conseil, 24 juin 2016, *JOUE* L. 113, 29 avr. 2017, p. 62.
4. Règl. (UE) n° 2016/1104, Conseil, 24 juin 2016, mettant en œuvre une coopération renforcée dans le domaine de la compétence, de la loi applicable, de la reconnaissance et de l'exécution des décisions en matière d'effets patrimoniaux des partenariats enregistrés, *JOUE* L. 183, 8 juill., p. 30.
5. Cette coopération renforcée entre la Belgique, la Bulgarie, la République tchèque, l'Allemagne, la Grèce, l'Espagne, la France, la Croatie, l'Italie, Chypre, le Luxembourg, Malte, les Pays-Bas, l'Autriche, le Portugal, la Slovénie, la Finlande et la Suède a été autorisée par l'article 1er de la décision (UE) n° 2016/954 du Conseil du 9 juin 2016 autorisant une coopération renforcée dans le domaine de la compétence, de la loi applicable, de la reconnaissance et de l'exécution des décisions en matière de régimes patrimoniaux des couples internationaux, concernant les questions relatives tant aux régimes matrimoniaux qu'aux effets patrimoniaux des partenariats enregistrés, *JOUE* L. 159, 16 juin, p. 16.

le cas échéant, indiquées au fil des développements – et plus précisément sur ses dispositions spécifiques [6] ayant trait aux *mesures conservatoires*. La possibilité pour le juge compétent au fond de prendre des mesures conservatoires sera ainsi étudiée dans le cadre des relations de l'article 35 du règlement Bruxelles I *bis* avec les autres dispositions du chapitre II (v. ss n° 1711.141).

A.
Articles 35 du règlement Bruxelles I *bis*, 31 du règlement Bruxelles I et de la convention de Lugano II, 14 du règlement « Aliments », et 19 des règlements « Successions », « Régimes matrimoniaux » et « Partenariats enregistrés »

1711.60 Présentation générale de l'article 35 et loi applicable. Plan. L'article 35 du règlement Bruxelles I *bis* dispose : « *Les mesures provisoires ou conservatoires prévues par la loi d'un État membre peuvent être demandées aux juridictions de cet État, même si les juridictions d'un autre État membre sont compétentes pour connaître du fond* ». Il reprend donc pour l'essentiel l'article 31 du règlement Bruxelles I / Lugano II, qui a repris *mutatis mutandis* l'article 24 des conventions de Bruxelles et de Lugano, et qui a lui-même été repris à l'article 14 du règlement « Aliments », à l'article 19 des règlements « Successions », « Régimes matrimoniaux » et « Partenariats enregistrés », ainsi qu'à l'article 90 § 1 du règlement (CE) n° 6/2002 du Conseil du 12 décembre 2001 [7], sur les dessins ou modèles communautaires : « *Les mesures provisoires ou conservatoires prévues par la loi d'un État membre peuvent être demandées aux autorités judiciaires de cet État, même si, en vertu du présent règlement, une juridiction d'un autre État membre est compétente pour connaître du fond* ». L'article 35, qui ne résout clairement que la question de la loi applicable aux mesures conservatoires (*lex fori* [8]), a donné lieu, dans ses versions antérieures, à un important contentieux, justifiant que l'on étudie tant son texte (1) que son contexte (2).

1°
Texte

1711.70 Deux questions principales. Plan. Les deux principales questions qui se sont posées concernent la notion de « *mesures provisoires et conservatoires* » (a), et la nature de la norme contenue dans l'article 35 (b).

6. Règl. (UE) n° 1215/2012, 12 déc. 2012, dit Bruxelles I *bis*, art. 35 et 40.
7. Règl. (CE) n° 6/2002, Conseil, 12 déc. 2001, sur les dessins ou modèles communautaires, *JOCE* L. 3, 5 janv., p. 1.
8. En conséquence, une réglementation nationale peut ne pas autoriser une action en référé relative à un recours portant sur une créance pécuniaire à l'égard de l'État ou d'une autorité publique (CJUE, 6 oct. 2021, aff. C-581/20 (TOTO), *Europe* n° 12, déc. 2021, comm. 466, L. Idot).

a.
Notion de mesures provisoires ou conservatoires

1711.81 **La notion de « mesures provisoires ou conservatoires » visée par l'article 35 n'est éclaircie ni par ce texte ni par un autre article du règlement.** Au mieux trouve-t-on aujourd'hui quelques précisions dans le considérant 25 du règlement Bruxelles I *bis*, qui insiste sur le caractère conservatoire de la mesure : « *La notion de mesures provisoires et conservatoires devrait englober, par exemple, les mesures conservatoires visant à obtenir des informations ou à conserver des éléments de preuve, visées aux articles 6 et 7 de la directive 2004/48/CE du Parlement européen et du Conseil du 29 avril 2004 relative au respect des droits de propriété intellectuelle. Elle ne devrait pas inclure de mesures ne revêtant pas un caractère conservatoire, telles que des mesures ordonnant l'audition d'un témoin. Ceci devrait s'entendre sans préjudice de l'application du règlement (CE) n° 1206/2001 du Conseil du 28 mai 2001 relatif à la coopération entre les juridictions des États membres dans le domaine de l'obtention des preuves en matière civile et commerciale* » (nous soulignons)[1]. Originellement privées de tout éclaircissement, au demeurant aujourd'hui dans un simple considérant (et non par exemple dans le nouvel article 2 relatif aux définitions de plusieurs termes-clefs utilisés dans le règlement), la doctrine et la jurisprudence se sont demandé comment comprendre la notion de mesures provisoires ou conservatoires. Cette question en recouvre deux : une de méthode, une de fond.

1711.82 **Une question de méthode** qui consiste à se demander comment s'opère la qualification de *mesures provisoires ou conservatoires* : de manière autonome ou par renvoi aux droits nationaux ? La doctrine s'est très majoritairement, voire unanimement, prononcée en fonction d'une interprétation autonome[2], et la Cour de justice a ainsi procédé dans son arrêt dit *Reichert II* du 26 mars 1992, où elle a déclaré qu'il y a lieu « *d'entendre par "mesures provisoires ou conservatoires" au sens de l'article 24* [aujourd'hui art. 35], *les mesures qui, dans les matières relevant du champ d'application de la convention, sont destinées à maintenir une situation de fait ou de droit afin de sauvegarder des droits dont la reconnaissance est par ailleurs demandée au juge du fond* »[3] (pt 34 de l'arrêt). Une qualification autonome a également été adoptée dans les arrêts *Van Uden*[4] et *Mietz*[5].

1711.83 **Une question de fond,** qui, concernant notre sujet, est la suivante : les saisies conservatoires, plus largement les mesures au sens de la loi française du 9 juillet 1991, aujourd'hui le Code des procédures civiles d'exécution, ainsi que les institutions étrangères équivalentes (*in rem* ou *in personam*, seule important ici la fonction, comme le montre le motif n° 34 de l'arrêt *Reichert II* précité) font-elles partie des *mesures provisoires ou conservatoires* au sens de l'article 35 ? La Cour de justice n'a pas, à notre connaissance, expressément répondu à cette question, mais la réponse semble positive comme le montrent, au cas par cas, les affaires *De Cavel*[6] et *Denilauler*[7] ainsi que la définition susmentionnée donnée dans l'arrêt *Reichert II*, et comme le pense d'ailleurs la quasi-totalité de la doctrine pour qui le véritable problème de l'article 35 concerne le référé-provision et les institutions étrangères analogues[8]. Cette dernière opinion trouve désormais un appui dans le considérant 25 Bruxelles I *bis* susmentionné qui insiste sur le caractère conservatoire que doit revêtir la mesure visée par l'article 35. Il serait surprenant que les saisies conservatoires notamment, au cœur des mesures conservatoires, en soient exclues. Un auteur a toutefois pu contester cette inclusion

1. Le considérant 25 ne se réfère pas expressément à l'article 35. Compte tenu du fait que le préambule aborde tel ou tel thème dans l'ordre numérique des articles, du moins pour les questions de compétence directe (comparer, pour l'accueil des décisions d'un autre État membre, le considérant 28 qui fait référence à l'article 54, avant le considérant 29 qui a trait aux articles 45 s.), on peut penser que c'est bien à l'article 35 qu'il fait référence. Si cette interprétation s'avère exacte, elle signifie que, comme les arrêts de la Cour de justice apportant une première définition des mesures provisoires ou conservatoires (v. s^s^ n° 1711.241), les restrictions apportées par le considérant 25 n'ont trait *qu'à* l'article 35, donc les seules mesures provisoires ou conservatoires prononcées par un juge incompétent au fond. Partageant cette conclusion, v. J.-F. Van Drooghenbroeck et C. De Boe, « Les mesures provisoires et conservatoires dans le règlement Bruxelles I *bis* », *in* E. Guinchard (dir.), p. 167, spéc. p. 173 et 175.
2. Pour une synthèse des arguments : F. J. Garcimartin Alferez, *El regimen de las medidas cautelares en el comercio internacional*, McGraw-Hill, 1996, n° 58.
3. CJCE 26 mars 1992, Reichert II, aff. C-261/90, *Rec. CJCE* I-0294 ; *Rev. crit. DIP* 1992. 714, note B. Ancel – Pour une application, à propos d'une mesure d'expertise sur le fondement de l'article 145 C. pr. civ. : Civ. 1re, 4 mai 2011, n° 10-13.712, NP ; *D.* 2012. 1228, obs. F. Jault-Seseke.
4. CJCE 17 nov. 1998, aff. C-391/95, *Rec. CJCE* I-07091 ; *D.* 2000. 378, note G. Cuniberti ; *Rev. arb.* 1999. 143, note H. Gaudemet-Tallon ; *JDI* 1999. 613, note A. Huet ; *Rev. crit. DIP* 1999. 340, note J. Normand – *Adde*, A. Marmisse et M. Wilderspin, « Le régime jurisprudentiel des mesures provisoires à la lumière des arrêts *Van Uden* et *Mietz* », *Rev. crit. DIP* 1999. 669.
5. CJCE 27 avr. 1999, Mietz, aff. C-99/96, *Rec. CJCE* I-02277 ; *Rev. crit. DIP* 1999. 761 – Et chron. A. Marmisse et M. Wilderspin (préc. s^s^ prés^t^ n°), *Rev. crit. DIP* 1999, spéc. 678 – *JDI* 2001. 682. obs. F. L.
6. CJCE 27 mars 1979, De Cavel, aff. 143/78, *Rec. CJCE* 1055 ; *Rev. crit. DIP* 1980. 621, note G. Droz.
7. CJCE 21 mai 1980, Denilauler, aff. 125/79, *Rev. crit. DIP* 1980. 801, note E. Mezger.
8. Par ex. : B.-R. Heiss, *Einstweiliger Rechtsschutz im europäischen Zivilrechtsverkehr (art. 24 EuGVÜ)*, Berlin, Duncker und Humblot, 1987, p. 92.

des mesures conservatoires au sens de la loi de 1991 dans les « *mesures provisoires ou conservatoires* » visées par l'article 35, dans la mesure où elles sont fortement liées aux saisies exécutoires, et proposé en conséquence de les rattacher à l'actuel article 24-5° qui accorde compétence exclusive en matière d'exécution à l'État membre du lieu d'exécution[1]. On invoque généralement à l'encontre de cette position l'interprétation stricte de l'article 24-5° et l'absence de distinction expresse dans la lettre de l'article 35.

b.

Norme de renvoi ou norme de compétence directe ?

1711.91 **En effet, « *l'article 24* [aujourd'hui art. 35] *est un texte étrange.* ***Quoique figurant dans les dispositions de la convention relatives à la compétence directe, il ne contient aucun critère de compétence* »[2], du moins ne le formule-t-il pas expressément.

Il a dès lors pu être interprété de deux manières différentes : soit comme une norme de renvoi au droit national, soit comme une norme de compétence directe. La lecture de l'article 35 comme une norme de renvoi rassemble la grande majorité des auteurs[3], à tel point qu'on a pu estimer le débat tranché[4], du moins eu égard à l'option principale, car le domaine du renvoi ainsi réalisé est loin de faire l'unanimité. Faut-il faire entrer dans le domaine du renvoi toutes les règles de compétence, ou n'accepter que les règles spécialement édictées pour les mesures conservatoires (si elles existent) ? Si l'on renvoie aux règles de fond, faut-il accepter les fors exorbitants, ceux-là mêmes que prohibe aujourd'hui l'article 5 Bruxelles I *bis* (anc. art. 3 Règl. Bruxelles I et Conv. Bruxelles 1968) ? Concernant cette dernière question, qui fut posée dans l'importante affaire *Van Uden* (préc.) et qui consiste à savoir si la prohibition de l'article 5 s'applique à l'article 35, la réponse n'est point certaine. *A priori*, elle est positive : l'article 5 n'est-il pas inclus dans une section 1 (du chapitre II, celui qui contient également l'article 35) intitulée « Dispositions générales » ? Mais le texte de l'article 5 § 1 est cependant clair : il ne vise que les sections 2 à 7, or l'article 35 constitue une section 10... Peut-être que la question ne se pose pas, tout simplement parce que l'article 35 ne constitue pas une norme de renvoi.

Pour une doctrine minoritaire en effet, l'article 35 contient implicitement un critère de compétence directe, à savoir le lieu d'exécution de la mesure conservatoire[5].

1711.92 **Débat non véritablement tranché par l'arrêt *Van Uden*.** La décision *Van Uden* ne clarifie toutefois pas complètement la difficulté relative à la question de la compétence directe. En effet, d'un côté, il est certain qu'elle n'interdit pas le jeu des fors exorbitants visés par l'article 5 Bruxelles I *bis* (pt 42 des motifs) – ce qui incite à considérer l'article 35 comme une norme de renvoi au droit national ; de l'autre la lecture de différents considérants (pts 39, 40 et 47 des motifs ; pt 4 du dispositif, qui rappellent que le juge du lieu de situation des biens est le mieux placé pour apprécier les circonstances conduisant à l'octroi d'une mesure conservatoire, exigent un lien de rattachement réel entre l'objet de la mesure sollicitée et la compétence territoriale du juge saisi) plaide en faveur du juge du lieu d'exécution de la mesure, soit l'opinion opposée[6].

Le seul enseignement certain qu'on peut tirer de cet arrêt est que la compétence en matière de mesures conservatoires sur le fondement de l'article 35 est, contrairement à celle fondée sur les articles relatifs à la compétence au fond, purement locale (en ce sens également, l'article 17 de la résolution de l'Association de droit international sur les mesures provisoires et conservatoires[7]) : les biens objets de la mesure sont situés ou doivent être situés sur le territoire du for du conservatoire[8]. La question a été aussitôt posée du sort des mesures *in personam* qui, officiellement, ne concernent que les personnes, et pour lesquelles la limitation territoriale fondée sur les biens n'a dans cette optique aucun sens. Du moins dans leur droit, car, à ce jour, la Cour de justice n'a réservé aucun sort distinct à ces mesures et le motif précité n° 34 de l'arrêt *Reichert II* en témoigne, mettant l'accent seulement sur la fonction, non sur les moyens. Dès lors, en l'absence de précision contraire, les limites posées dans les arrêts *Van Uden* et

1. V. Delaporte, « Les mesures provisoires et conservatoires en droit international privé », *Trav. Comité fr. DIP* 1987. 157.
2. Ph. Théry, « *Judex Gladii* (des juges et de la contrainte en territoire français) », *Mél. R. Perrot*, Dalloz, 1996, 489.
3. PAR EX. : GAUDEMET-TALLON et ANCEL, n° 356 – P. Gothot et D. Holleaux, *La convention de Bruxelles du 27 septembre 1968*, Jupiter, 1985, n° 202 – P. de Vareilles-Sommières, « La compétence internationale des tribunaux français en matière de mesures provisoires », *Rev. crit. DIP* 1996. 397, spéc. n° 22.
4. K. Kerameus, « *Provisional remedies in transnational litigation* », dans *Transnational aspects of procedural law*, t. III, Giuffrè Editore, 1998, n° 21.
5. PAR EX. : M. Virgos Soriano et F.-J. Garcimartin Alferez, *Derecho processal civil internacional*, Madrid, Civitas, 2000, n°s 349 et 350 *in limine* – Compte rendu par H. Muir Watt, *Rev. crit. DIP* 2001. 263 s.
6. Soulignant l'ambiguïté, H. Gaudemet-Tallon, note s^s *Van Uden* préc., *Rev. arb.* 1999. spéc. p 163 – Et, estimant qu'elle penche plus en faveur de la lecture comme norme de compétence directe, M. Virgos Soriano et F.-J. Garcimartin Alferez, *Derecho processal civil internacional*, préc. (v. s^s n° 1711.91), n° 351.
7. *JDI* 1997. 112.
8. POUR UN EX. : Civ. 1re, 11 déc. 2001, n° 00-18.547, P I, n° 313 ; *Rev. crit. DIP* 2002. 371, note H. Muir Watt ; *Gaz. Pal.* 21-23 juill. 2002, p. 30, note J.-P. Niboyet.

Mietz les concernent et ce n'est peut-être pas au droit européen de s'adapter à elles mais l'inverse. D'ailleurs la substitution terminologique opérée par le droit anglais, les injonctions *Mareva* étant remplacées par les « *freezing orders* », montre, si besoin était, qu'en réalité ce sont les biens qui sont visés : on ne « gèle » pas les personnes, mais les avoirs[1].

2°
Contexte

a.
Relations de l'article 35 avec le chapitre I

1711.101 **Article 35 et chapitre I.** Le chapitre I commence avec l'article 1er, qui traite aujourd'hui exclusivement du champ d'application matériel du règlement (hier seulement dans ses deux premiers paragraphes). Parlant du règlement sans exclusion et situé dans un chapitre à part placé en liminaire, il ne fait guère de doute que cet article concerne en principe l'article 35 : l'étendue du champ d'application matériel de ce dernier est définie par l'article premier. Les difficultés en revanche ont porté sur les modalités, mais après quelques incertitudes, la Cour de justice, consacrant l'autonomie du for du provisoire, a déclaré que c'est l'objet de la demande de mesures provisoires, non celui de la demande au fond, qui doit être pris en considération dans l'appréciation du champ d'application *ratione materiae*. Ainsi énonce-t-elle dans l'arrêt *Van Uden*, rendu sous l'empire de la convention de Bruxelles de 1968, que « *dans la mesure où l'objet d'une demande de mesures provisoires porte sur une question relevant du champ d'application matériel de la Convention du 27 septembre 1968, cette dernière s'applique et son article 24* [Règl. Bruxelles I *bis*, art. 35] *est susceptible de fonder la compétence du juge des référés* », étant précisé « *même si une procédure au fond a déjà été engagée ou peut l'être et même si cette procédure devait se dérouler devant des arbitres* » (pt 3 du dispositif ; v. aussi pt 34 des motifs).

Le chapitre I comporte, avec le règlement Bruxelles I *bis*, deux autres articles ayant trait aux définitions de termes-clefs par ailleurs utilisés. Ces définitions ne présentent pas de particularité relative aux mesures provisoires et conservatoires, excepté l'important article 2, *a* sur la notion de décision au sens du chapitre III. Compte tenu de son domaine d'application, cet article sera étudié à l'occasion des relations entre l'article 35 et le chapitre III (v. ss no 1711.161).

1. E. Guinchard, « Considérations générales sur les saisies spéciales dans les systèmes de *common law* : l'exemple du droit anglais », *in Les saisies spéciales*, EJT, 2009, p. 13, spéc. nos 43-44 et note 33.

b.
Relations de l'article 35 avec les autres articles du chapitre II

1711.111 **Article 35 et autres articles du chapitre II.** Ces relations peuvent être ordonnées autour de **quatre questions principales**, sachant que l'étude des relations entre l'article 35 et l'article 5 est renvoyée à celle de la nature de la norme édictée par l'article 35 (v. ss nos 1711.91 et 1711.92) et que la Cour de justice a consacré l'absence de hiérarchie entre l'article 35 et les autres articles du chapitre II (en particulier une hiérarchie en faveur des seconds, relatifs à la compétence au fond[2]).

L'article 35 peut-il jouer lorsque la compétence au fond appartient à un tribunal désigné par le chapitre II ?

L'article 35 nécessite-t-il que la compétence au fond appartienne à un tribunal désigné par le chapitre II ?

L'article 35 empêche-t-il les fors compétents au fond de prononcer des mesures conservatoires ?

L'article 35 concurrence-t-il les fors compétents au fond (problème du *forum arresti*) ?

i
L'article 35 peut-il jouer lorsque la compétence au fond appartient à un tribunal désigné par le chapitre II ?

1711.121 **La réponse est *a priori* à l'évidence positive, l'affirmation contraire privant de tout effet l'existence de l'article 35.** Ce fut même l'un des principaux avantages de son introduction, certains droits des six premiers États parties ne permettant pas, à l'époque au moins, à un juge incompétent au fond de prononcer des mesures conservatoires (ainsi le droit néerlandais[3]).

1711.122 **Articles 35 et 24.** La question a cependant pu se poser dans les relations de l'article 35 avec l'article 24[4] : l'article 35 peut-il jouer lorsque

2. CJUE, 6 oct. 2021, aff. C-581/20 (TOTO), pts 59 et 60. Elle en déduit qu'une « *juridiction d'un État membre saisie d'une demande de mesures provisoires ou conservatoires au titre de l'article 35 n'est pas tenue de se déclarer incompétente lorsque la juridiction d'un autre État membre, compétente pour connaître du fond, a déjà statué sur une demande ayant le même objet et la même cause et formée entre les mêmes parties* ». Pour un commentaire, *Europe* no 12, déc. 2021, comm. 466, L. Idot. Notons qu'en matière de litispendance un raisonnement axé sur la fonction (v. ss no 1711.92) conduit à considérer comme équivalents une saisie conservatoire prononcée sur un bien et un « *freezing order* » aboutissant à geler ce même bien.
3. G. Droz, *Compétence judiciaire et effets des jugements dans le marché commun (étude de la Convention de Bruxelles du 27 septembre 1968)*, Dalloz, 1972, no 333.
4. Règl. (CE) no 44/2001, 22 déc. 2000, Bruxelles I, et Conv. Lugano II, 30 oct. 2007, art. 22.

la demande principale relève de l'article 24 ? Il ne s'agit pas ici de savoir si l'article 24, 5° du règlement Bruxelles I *bis*, qui prévoit en matière d'exécution la compétence des tribunaux de l'État membre du lieu de l'exécution, inclut ou non dans sa notion d'exécution le prononcé de saisies conservatoires – il s'agit bien seulement du prononcé, et non de l'exécution, des saisies conservatoires, dans la mesure où l'article 35 ne vise que la *demande* de mesures provisoires ou conservatoires, et que l'article 24, 5° vise précisément l'exécution, sans distinction –, la première branche de l'alternative introduisant une distinction à laquelle ne procède pas le texte de l'article 35 et qui lui ôte corrélativement une partie de son intérêt : ceci concerne la qualification des notions visées par les articles 24, 5° et 35.

La question est de savoir si les compétences exclusives au fond énumérées par l'article 24 ne devraient pas également être exclusives quant aux mesures provisoires et conservatoires, autrement dit si l'article 35 peut jouer lorsque la demande principale relève de l'article 24. On pourrait en douter compte tenu du statut très particulier que revêt cet article dans le système aussi bien du règlement Bruxelles I *bis* que du règlement Bruxelles I et de la convention de Lugano II (et antérieurement des conventions de Bruxelles et de Lugano) [1]. En effet, il s'applique alors même que le règlement ne s'applique pas parce que le défendeur est domicilié hors l'Union européenne [2], n'est pas prorogeable [3], oblige le juge incompétent à se dessaisir d'office [4] et enfin, dans le cadre de l'accueil du jugement d'un autre État membre, son non-respect constitue un motif de refus de reconnaissance/d'exécution [5]. Cette place, si importante, n'oblige-t-elle pas à considérer que l'article 24 emporte également compétence exclusive quant aux mesures conservatoires ? Il nous semble qu'une réponse négative s'impose. En effet, si l'article 24 constituait une exception à l'article 35, le texte devrait le mentionner, comme il le fait dans les articles précités, or tel n'est pas le cas. En l'absence d'une telle mention, une interprétation littérale oblige à considérer qu'il n'est pas réservé par l'article 35 : celui-ci permet de demander des mesures conservatoires au juge local, même si un autre juge est compétent au fond en vertu du règlement, or l'article 24 assurément fait partie du règlement et rassemble des chefs de compétence au fond [6]. On peut d'ailleurs penser que le recours à l'article 35, bien loin de nuire aux compétences exclusives de l'article 24, peut assurer l'effectivité de la décision qui sera rendue au fond [7]. La Cour de justice a rendu un arrêt en ce sens en 2012, affirmant que « *l'article 22* [aujourd'hui Règl. Bruxelles I *bis*, art. 24, en l'espèce son point 4, mais on peut penser que la solution vaut pour l'article 24 en général], *qui concerne la compétence au fond, ne saurait, en principe, être interprété en ce sens qu'il puisse déroger audit article 31* [Règl. Bruxelles I *bis*, art. 35] *et, par conséquent, écarter son application* » [8]. La Cour vérifie toutefois ensuite que le jeu de l'article 35 préserve l'effet utile de l'article 24 point 4, ce qu'elle estime être le cas en l'espèce, notamment compte tenu de l'absence de risque de contrariétés de décisions, démarche qui s'inscrit dans la continuité de la jurisprudence *Van Uden* (pt 46), où la Cour souhaitait éviter le contournement des règles de compétence au fond par l'article 35, et donc assurer leur effet utile.

1711.123 Articles 35 et 25. La question s'est également posée à l'égard de l'article 25. Mais il faut distinguer. S'il s'avère certain que l'article 35 peut parfaitement s'appliquer en l'absence de toute exclusion en ce sens par les parties, la solution inverse divise la doctrine. La lettre même du texte – les juridictions nationales ont compétence « *même si les juridictions d'un autre État membre sont compétentes pour connaître du fond* » – plaide en faveur de l'impossibilité pour les parties d'exclure la compétence du juge local, aucune distinction n'étant faite selon le fondement de la compétence au fond [9]. D'un autre côté, l'article 25 soustrait expressément à la volonté des parties par exemple le jeu des compétences exclu-

1. EN CE SENS : L. Palsson, « *Interim Relief under the Brussels and Lugano Conventions* », *Liber Amicorum Kurt Siehr*, « Private Law *in* the International Arena », La Haye, TMC Asser Press, 2000, p. 621, spéc. p. 630.
2. Règl. (UE) n° 1215/2012, 12 déc. 2012, Bruxelles I *bis*, art. 6 ; Règl. (CE) n° 44/2001, 22 déc. 2000, Bruxelles I, et Conv. Lugano II, 30 oct. 2007, art. 4 § 1
3. Règl. (UE) n° 1215/2012, 12 déc. 2012, Bruxelles I *bis*, art. 25 § 4 et 26 § 1 ; Règl. (CE) n° 44/2001, 22 déc. 2000, Bruxelles I, et Conv. Lugano II, 30 oct. 2007, art. 23 § 5 et art. 24
4. Règl. (UE) n° 1215/2012, 12 déc. 2012, Bruxelles I *bis*, art. 27 ; Règl. (CE) n° 44/2001, 22 déc. 2000, Bruxelles I, et Conv. Lugano II, 30 oct. 2007, art. 25.
5. Règl. (UE) n° 1215/2012, 12 déc. 2012, Bruxelles I *bis*, art. 45, 1, *e*, ii, pour la reconnaissance et par renvoi de l'article 46 pour l'exécution ; Règl. (CE) n° 44/2001, 22 déc. 2000, Bruxelles I, et Conv. Lugano II, 30 oct. 2007, art. 35 § 1.
6. EN CE SENS PAR EX. : B. Audit, obs. s[s] Versailles, 29 juin 2000, *D.* 2002. 1390, spéc. 1391, b), § 2, *in fine*.
7. F. J. Garcimartin Alferez, « *El regimen de las medidas cautelares en el comercio internacional* », Mc Graw-Hill, 1996, F n° 85 – V. cep., pour une approche plus nuancée, distinguant selon les compétences énumérées par l'article 16 de la convention de Bruxelles / Lugano (aujourd'hui art. 24 Bruxelles I *bis* et art. 22 Lugano II) : O. Merkt, *Les mesures provisoires en droit international privé*, Zürich, Schulthess Polygraphisher Verlag AG, 1993, n° 304 (*in fine*).
8. CJUE 12 juill. 2012, aff. C-616/10, pt 40, *Rev. crit. DIP* 2013. 473, note E. Treppoz.
9. EN CE SENS : v. peut-être Paris, 19 mars 2003, Sidec, inéd., cité par A. Mourre et Y. Lahlou, « Chronique de droit international privé appliqué aux affaires », *RD aff. int.* 2003. 736.

sives de l'article 24, non la compétence en matière conservatoire de l'article 35.

La Cour de justice, dans une affaire où existait une clause attributive de juridiction (même si les parties s'opposaient sur son éventuelle extension aux mesures provisoires et conservatoires – question qui ultimement relève du juge national), a affirmé qu'une « *juridiction d'un État membre saisie d'une demande de mesures provisoires ou conservatoires au titre de l'article 35 n'est pas tenue de se déclarer incompétente lorsque la juridiction d'un autre État membre, compétente pour connaître du fond, a déjà statué sur une demande ayant le même objet et la même cause et formée entre les mêmes parties* ». Quelle que soit l'appréciation du juge national quant à la portée de la clause attributive de juridiction, et ultimement une demande de mesure provisoire et conservatoire, il semblerait qu'elle ne lie pas le juge d'un autre État membre statuant au titre de l'article 35 [1].

ii

L'article 35 nécessite-t-il que la compétence au fond appartienne à un tribunal désigné par le chapitre II ?

1711.131 **Une réponse négative,** contribuant à l'autonomie du for du provisoire par rapport aux autres dispositions du règlement (il peut jouer sans elles ; rappr. les relations entre cet article et l'article 1er), a été apportée sous l'empire de la convention de Bruxelles par la Cour de justice dans l'affaire *Van Uden*, où la compétence au fond appartenait à un tribunal arbitral. Remarquons toutefois que si l'article 35 peut jouer même si la compétence au fond appartient à un tribunal arbitral, la clause compromissoire peut aussi exclure son application [2]. Le règlement Bruxelles I *bis* a renforcé la réponse à la question ici posée, puisque la compétence au fond peut appartenir au tribunal d'un autre État membre, mais non nécessairement en vertu du règlement, c'est-à-dire concrètement de son chapitre II [3].

La question demeure en revanche entière lorsque c'est le tribunal d'un État tiers qui s'avère compétent au fond, mais on peut penser qu'elle serait résolue de la même manière, peut-être au nom des exigences du procès équitable, au moins dans l'hypothèse où ce tribunal n'est pas encore saisi et qu'aucune juridiction d'un État membre n'est susceptible d'être compétente (au fond). Précisons qu'en dehors des cas réservés par l'article 6 lui-même (à savoir l'art. 18 § 1, l'art. 21 § 2, et les art. 24 et 25), on pourrait penser que si aucune juridiction d'un État membre n'est compétente, c'est parce que le défendeur n'est pas domicilié dans un État membre [4]. Dès lors, l'article 35 peut-il jouer ? Si l'article 6 est véritablement considéré comme une « disposition générale » (titre de la section où il est inséré), la réponse devrait être négative (renvoi au droit national). Mais l'article 5 est également inséré dans cette section et pourtant, selon l'arrêt *Van Uden*, il ne s'applique pas à l'article 35 (autrement dit, les fors exorbitants peuvent jouer dans le cadre de cet article). Pourquoi en irait-il différemment de l'article 6, alors que manifestement les articles 5 et 6 traitent d'abord (et exclusivement pour l'article 5 d'après *Van Uden*) de la compétence au fond ?

iii

L'article 35 empêche-t-il les fors compétents au fond de prononcer des mesures conservatoires ?

1711.141 **La réponse est assurément négative :** « *Il est constant qu'une juridiction compétente pour connaître du fond d'une affaire conformément aux articles 2 et 5 à 18 de la convention* [aujourd'hui Règl. Bruxelles I *bis*, art. 4 et 7 à 26] *reste compétente pour ordonner les mesures provisoires ou conservatoires qui s'avèrent nécessaires* » (pt 19 de l'arrêt *Van Uden* ; et v. pt 1 du dispositif du même arrêt) [5].

Ceci est d'autant plus vrai que, et par contraste avec les mesures prises sur le seul fondement de l'article 35, la prise de mesures conservatoires par les juridictions compétentes au fond n'est soumise à aucune condition particulière, notamment quant à leur portée, qui peut être extraterritoriale (pt 22 des motifs et pt 1 du dispositif de *Van Uden*) [6]. Toute-

1. CJUE, 6 oct. 2021, aff. C-581/20 (TOTO), *Europe* n° 12, déc. 2021, comm. 466, L. Idot.
2. V. les motifs de : Versailles, 29 juin 2000, *D.* 2002. 1390, obs. B. Audit ; *JDI* 2003. 152, obs. A. Huet.
3. COMP. Régl. (CE) n° 44/2001, 22 déc. 2000, Bruxelles I, art. 31.
4. Rappelons ici que le règlement « Aliments » s'avère d'application dite universelle.
5. POUR UN EX. concernant l'article 23 du règlement (anc. art. 17 Conv. Bruxelles de 1968) : Orléans, 7 nov. 2002, *Rev. crit. DIP* 2003. 326, note B. Ancel.
6. Cette distinction semble avoir inspiré l'article 2603 du nouveau Code civil et commercial argentin. En effet, cet article distingue bien les mesures provisoires et conservatoires susceptibles d'être ordonnées par les juridictions argentines lorsqu'elles ont compétence au fond de celles qu'elles peuvent ordonner lorsque la compétence au fond appartient à un juge étranger ou en cas d'urgence (les juridictions argentines ont également compétence pour prononcer des mesures provisoires et conservatoires lorsqu'une décision étrangère doit être reconnue ou exécutée en Argentine d'après l'article 2603 c mais aucune précision supplémentaire quant à la localisation de l'objet ou du sujet de la mesure n'est alors donnée). Dans la première hypothèse, les mesures peuvent porter sur les biens et les personnes où qu'ils se trouvent (art. 2603 a), formulé de manière négative : il importe peu que ces biens ou personnes ne se situent pas en Argentine. Dans la seconde hypothèse, les biens et personnes se trouvent, ou peuvent se trouver (ce qui ne sera pas sans rappeler l'arrêt *Van Uden* sur l'une des conditions que le paiement à titre de provision d'une contre-prestation contractuelle doit remplir pour constituer ▶

fois, sous l'empire de Bruxelles I, si la compétence s'avère extraterritoriale, il n'en faut pas moins demander l'*exequatur* et rencontrer dès lors la restriction de l'arrêt *Denilauler*, du moins en appel (v. s[s] n°s 1711.161 et 1711.162 – pour une critique de la compétence extraterritoriale en matière de mesures conservatoires, au sens de la loi de 1991, aujourd'hui le Code des procédures civiles d'exécution [C. pr. exéc.], des juges compétents au fond, v. R. Perrot et Ph. Théry[1])[2]. Aujourd'hui, ces mesures conservatoires ordonnées par le juge compétent au fond bénéficient au contraire de la disparition de l'*exequatur* avec le règlement Bruxelles I *bis*, dont l'article 2 range expressément parmi les décisions bénéficiant du chapitre III « *les mesures provisoires ou les mesures conservatoires ordonnées par une juridiction qui, en vertu du présent règlement, est compétente au fond* », avec toutefois une importante exception (v. s[s] n° 1711.165).

iv

L'article 35 concurrence-t-il les fors compétents au fond (problème du forum arresti) ?

1711.151 **Principe.** L'article 35 du règlement ne permet pas au tribunal compétent pour prendre des mesures provisoires de statuer en outre au fond (il en va évidemment tout autrement lorsque le tribunal compétent en matière conservatoire l'est également au fond en vertu du règlement, mais il n'est alors plus question de *forum arresti*, sauf dans le cas particulier de l'article 7, 7° qui autorise le for de la saisie de la cargaison ou du fret en cas d'assistance maritime). En d'autres termes, il n'autorise pas le *forum arresti*. Ceci n'est pas posé explicitement par le règlement mais résulte du caractère limitatif des règles de compétence[3], conjugué à l'hostilité des textes européens envers ce chef de compétence considéré comme un for exorbitant (prohibition pour le Royaume-Uni indirectement au point c de l'alinéa concernant le Royaume-Uni dans l'annexe I du règlement Bruxelles I auquel renvoie son article 3[4] ; et si l'arrêt *Van Uden* n'interdit pas le jeu des fors exorbitants visés par l'article 5 dans le cadre de l'article 35, cela signifie seulement que les tribunaux qui seraient compétents sur ces fondements peuvent prononcer des mesures conservatoires, non statuer au fond : le renvoi aux règles nationales se fait uniquement dans le cadre de l'article 35, donc seulement par rapport aux mesures conservatoires), et sans compter la pensée de la doctrine la plus autorisée[5].

► une mesure provisoire au sens du droit européen : « *La mesure sollicitée ne porte que sur des avoirs déterminés du défendeur se situant, ou devant se situer, dans la sphère de la compétence territoriale du juge saisi* »), en Argentine (art. 2603 b). Il est à noter que le droit argentin ne va pas nécessairement plus loin que le droit européen, tout dépendant de l'interprétation que l'on se fait de ce dernier. Par exemple, la Cour de justice faisant référence au point 19 de l'arrêt *Van Uden* aux « *mesures provisoires ou conservatoires qui s'avèrent nécessaires* » (aux yeux du juge du fond), ceci peut être interprété de manière extrêmement large, sans aucune restriction territoriale quant à l'objet de ces mesures (même si leur localisation dans un autre État membre de l'Union européenne ne peut que faciliter l'exécution de la mesure compte tenu du chapitre III de Bruxelles I *bis*), rejoignant le texte exprès de l'article 2603 a. De même, il n'est pas exclu que l'article 35 Bruxelles I *bis* puisse être utilisé au soutien d'une procédure au fond devant un juge étatique étranger, comme il peut assurément l'être au soutien d'une procédure arbitrale (*Van Uden*), et l'on peut d'ailleurs estimer qu'il s'agit là d'une composante du droit à un procès équitable lorsque le tribunal étranger n'est pas encore saisi (et donc à même d'ordonner les mesures provisoires et conservatoires qui s'avèrent nécessaires) et qu'aucun juge d'un État membre de l'UE n'a compétence au fond (v. les éditions antérieures de cette contribution, et la présente version s[s] n° 1711.131). Le droit argentin a toutefois le mérite de répondre clairement à cette question, même s'il requiert une demande en ce sens du juge étranger (plutôt que des parties ou l'une d'entre elles).

1. PERROT et THÉRY, n°s 45 s., spéc. n° 46, p. 45, *in fine*.
2. Sur le conflit de décisions, v., concernant l'article 27-3 : CJCE 6 juin 2002, Italian Leather, aff. C-80/00, *Rev. crit. DIP* 2002. 713, note H. Muir Watt.

1711.152 **Dérogations.** Cependant, bien que sortant du cadre strict de l'article 35, et sans qu'il soit question de l'éventuelle « réhabilitation » des fors exorbitants mentionnés par l'article 5 dans l'hypothèse limite de l'article 6 § 2 (défendeur domicilié dans un État tiers), il paraît important de préciser que le *forum arresti* n'est pas totalement banni par le règlement Bruxelles I *bis* en raison de la possible existence de conventions spéciales. En effet, l'article 71 § 1 du règlement Bruxelles I *bis*[6] énonce, comme son prédécesseur l'article 71 du règlement Bruxelles I : « *Le présent règlement n'affecte pas les conventions auxquelles les États membres sont parties et qui, dans des matières particulières, règlent la compétence judiciaire, la reconnaissance ou l'exécution des décisions* ».

Se trouve ainsi réservé l'article 7 de la convention de Bruxelles du 10 mai 1952 pour l'unification de certaines règles sur la saisie conservatoire des navires de mer, article qui lui-même réserve (en déclarant de ne pas s'appliquer) les « *cas visés par les dispositions de la convention révisée sur la navigation du Rhin*

3. Sous-entendu : non expresses ; Règl. (UE) n° 1215/2012, 12 déc. 2012, Bruxelles I *bis*, art. 5 § 1 ; Régl. (CE) n° 44/2001, 22 déc. 2000, Bruxelles I, art. 3 § 1.
4. La liste des fors exorbitants nationaux, qui figurait initialement dans le texte même de la convention de Bruxelles de 1968 (art. 3), a été déplacée vers une annexe de Bruxelles I, et finalement en dehors du règlement et de ses annexes par Bruxelles I *bis*, de sorte qu'il convient de se référer pour ce dernier à la communication visée par l'article 5 § 2 et 76 § 1.
5. GAUDEMET-TALLON et ANCEL, n° 348 *in fine*.
6. Conv. Lugano II, 30 oct. 2007, art. 67, mais il n'est pas absolument identique : v. ce numéro *in fine*.

du 17 octobre 1868 »[1]. Or cet article 7 autorise le *forum arresti* soit en renvoyant au droit interne (mais en France le *forum arresti* a été abandonné : v. s[s] n° 1711.211), soit en l'encadrant[2]. Ce fut d'ailleurs une forte incitation, consacrée par une déclaration commune des États membres de la Communauté (devenue l'Union européenne) du 9 octobre 1978 et ayant donné lieu à un régime transitoire[3], pour certains États ayant adhéré à la convention de Bruxelles de 1968 (ou celle de Lugano) à ratifier la convention de 1952, ce qui était possible en raison de la formule très ouverte (« *sont ou seront parties* ») de l'article 57 des conventions : la convention de Bruxelles de 1968 contribua au succès de celle de 1952[4]. Aujourd'hui, ceci ne peut se renouveler en raison du seul présent de l'indicatif (« *sont* ») de l'article 71 § 1 du règlement Bruxelles I / Bruxelles I *bis*, ce qui pourrait désavantager les nouveaux entrants dans l'Union européenne qui ne seraient pas déjà parties à la convention de 1952[5]. Au contraire, la convention Lugano II précise à l'article 67.1 *in fine* qu'elle « *ne fait pas obstacle à ce que des parties contractantes puissent conclure de telles conventions* » (celles qui, dans des matières particulières, règlent la compétence judiciaire, la reconnaissance ou l'exécution des décisions).

1711.153 Trois observations finales doivent être faites. Précisons, d'abord, que le règlement Bruxelles I *bis* (comme le règlement Bruxelles I et la convention de Lugano II) permet l'application de la convention de 1952 « *même si le défendeur est domicilié sur le territoire d'un autre État membre non partie à cette convention* »[6] ; et que les décisions rendues sur le fondement de l'article 7 de la convention de 1952 bénéficient de la disparition de l'*exequatur* entérinée par le règlement Bruxelles I *bis*[7] comme elles bénéficient de l'*exequatur* ultra-simplifié du règlement Bruxelles I[8] et la convention de Lugano II[9].

L'*exequatur* ultra-simplifié de Lugano II est toutefois écarté dans l'hypothèse où l'État requis n'est pas partie à la convention de 1952 et que le défendeur réside dans cet État. Autrement dit, cet *exequatur* ultra-simplifié joue dans l'hypothèse où l'État d'accueil est lui-même partie à la convention de 1952 ou que le défendeur ne réside pas dans cet État (Conv., art. 67 § 4, qui constitue une spécificité de la convention de Lugano, et qui précise que la décision peut bénéficier du droit commun de l'État requis en matière d'accueil des jugements étrangers). Ce dernier article ajoute en outre que si la convention particulière est à conclure par l'Union européenne, cette dernière condition relative au domicile du défendeur dans l'État requis doit, dès lors que cet État est membre de l'UE, s'entendre comme le domicile du défendeur dans l'Union européenne quel que soit l'État membre.

1711.154 Portée de l'article 71 Bruxelles I *bis*. Ajoutons que la Cour de justice a déclaré, sachant qu'elle se reconnaît le droit d'interpréter la convention spéciale pour savoir si elle régit ou non telle question, que « *l'article 57* [Règl. Bruxelles I *bis*, art. 71] *doit être entendu comme écartant uniquement l'application des dispositions de la convention de Bruxelles* [Bruxelles I *bis*] *à des questions régies par une convention spéciale* », les autres questions, dans l'affaire celles de litispendance et de connexité, demeurant régies par la convention de Bruxelles[10] (aujourd'hui Bruxelles I *bis*). On remarquera qu'avec cet arrêt, le système de la convention de Bruxelles des règlements Bruxelles I et Bruxelles I *bis* sert de cadre aux dispositions de la convention spéciale, et on est alors très proche de l'opinion de P. Schlosser selon lequel « *les règles de compétence instituées par des conventions spéciales sont à considérer comme des règles de compétence de la convention même* »[11]. Cette jurisprudence a été poussée à son extrême par la Cour de justice, qui donne l'impression que l'exception (la convention particulière) doit confirmer la règle (le régime de Bruxelles) : « *S'il ressort des considérations qui précèdent que l'article 71 du règlement n° 44/2001* [art. 71 Bruxelles I *bis*] *prévoit, dans les matières réglées par des conventions spéciales, l'application de ces dernières, il n'en demeure pas moins que cette application ne saurait porter atteinte aux principes qui sous-tendent la coopération judiciaire en matière civile et commerciale au sein de*

1. Conv. Bruxelles, 10 mai 1952, art. 7, § 5.
2. Conv. Bruxelles, 10 mai 1952, art. 7 § 1, al. 3, cas a à f.
3. Conv. Bruxelles, 10 mai 1952, art. 54 *bis*.
4. A. Philip, préface à la première édition de l'ouvrage de F. Berlingieri, *Arrest of ships. A commentary on the 1952 arrest convention*, Lloyd's of London Press Ltd, 1992 – V. aussi P. Schlosser, « Rapport sur la convention d'adhésion de 1978 », *JOCE* C. 59, 5 mars 1979, n°s 121 et 131.
5. Sur celle-ci et concernant le *forum arresti*, v. Berlingieri, p. 273 s. (étant précisé que p. 278 l'auteur ne cite que l'article 25 de la convention d'adhésion de 1978 bien que l'article 57 ait été modifié en dernier lieu par l'article 19 de la convention d'adhésion de 1989, *Rev. crit. DIP* 1990. 178) – Rép. internat., v° *Saisie (droit maritime)*, par C. Navarre-Laroche, déc. 1999 (actu. oct. 2016) – Et surtout : C. Navarre-Laroche, *La saisie conservatoire des navires en droit français*, Éd. Moreux, 2001, p. 151 s., spéc. p. 154 s.
6. Règl. (UE) n° 1215/2012, 12 déc. 2012, Bruxelles I *bis* et Règl. (CE) n° 44/2001, 22 déc. 2000, Bruxelles I, art. 71 § 2, pt a – Conv. Lugano II, 30 oct. 2007, art. 67 § 2.
7. Règl. (UE) n° 1215/2012, 12 déc. 2012, Bruxelles I *bis*, art. 71 § 2, pt b.
8. Régl. (CE) n° 44/2001, 22 déc. 2000, Bruxelles I, art. 71 § 2, pt b.
9. Conv. Lugano II, 30 oct. 2007, art. 67 § 3.
10. CJCE 6 déc. 1994, Navire Maciej Rataj, aff. C-406/92, *Rec. CJCE* I-5439, pts 22 s. (spéc. 25) et 1 du dispositif ; *JDI* 1995. 469, obs. A. H. ; *Rev. crit. DIP* 1995. 588, note E. Tichadou ; *Cah. dr. eur.* 1997. 151, note H. Tagaras.
11. P. Schlosser, « Rapport sur la convention d'adhésion de 1978 », *JOCE* C. 59, 5 mars 1979, n° 240.

l'Union, tels que les principes, évoqués aux sixième, onzième, douzième et quinzième à dix-septième considérants du règlement n° 44/2001, de libre circulation des décisions en matière civile et commerciale, de prévisibilité des juridictions compétentes et, partant, de sécurité juridique pour les justiciables, de bonne administration de la justice, de réduction au maximum du risque de procédures concurrentes, ainsi que de confiance réciproque dans la justice au sein de l'Union »[1].

1711.155 **Future convention.** Notons enfin que la convention de 1952 a été réformée par une convention de Genève du 12 mars 1999 sur la saisie conservatoire des navires[2], cependant non encore en vigueur en France[3]. On observera notamment que son article 7 élargit le recours au *forum arresti*, tout en l'accompagnant, renouant ainsi avec l'expérience historique de l'Écosse, du *forum non conveniens*[4] dans les conditions suivantes : « *Si le droit de* [l'État du for d'arrêt] *le permet et si le tribunal d'un autre État se reconnaît compétent* » (et v. l'art. 7, al. 3, sur la possibilité ou l'obligation faite au tribunal qui décline sa compétence de fixer au créancier un délai pour engager la procédure au fond). Est également nouvelle la disposition du paragraphe 5 qui porte sur l'effet des décisions juridictionnelles (*adde*, § 6). Quant à la convention (modifiée) pour la navigation sur le Rhin de 1868, elle n'est plus réservée expressément par l'article 7 mais implicitement par l'article 10 alinéa 2.

Concernant l'article 71 Bruxelles I/Bruxelles I *bis*, la question est de savoir si la convention de 1999 constitue ou non une nouvelle convention, puisque l'on sait que cet article ne vaut que pour les conventions auxquelles les États membres sont déjà parties. Dans la mesure où la convention de 1999 vise à remplacer la convention de 1952, on peut soutenir qu'elle ne constitue pas véritablement une nouvelle convention au sens de l'article 71 (mais simplement la convention de 1952 refondue), du moins pour les États antérieurement parties à la convention de 1952, de la même manière que la Cour de justice a décidé que le règlement Bruxelles I remplaçait la convention de Bruxelles de 1968 pourtant seule visée dans le règlement « Insolvabilité » et alors même que les deux textes diffèrent considérablement sur la question de l'*exequatur* (v. s[s] n° 1712.76).

c.

Relations de l'article 35 avec le chapitre III

1711.161 **Convention de Bruxelles. *Exequatur*.** Sous l'empire de la convention de Bruxelles de 1968, il a été jugé qu'en principe les mesures conservatoires constituaient des décisions au sens de l'article 25 et étaient dès lors susceptibles de bénéficier de l'*exequatur* simplifié mis en place par le titre III. Toutefois, outre le respect des conditions de l'*exequatur*, deux restrictions importantes ont été posées. L'une, générale, l'a été par la Cour de justice dans son arrêt *Denilauler* du 21 mai 1980, qui refuse le bénéfice de la procédure simplifiée d'*exequatur* à une mesure prise dans le cadre d'une procédure *ex parte*, ce qui constitue l'hypothèse la plus fréquente[5]. L'autre, posée dans l'arrêt *Mietz* rendu par la Cour de justice le 27 avril 1999 (préc., v. s[s] n° 1711.82 *in fine*), concerne les mesures conservatoires prises sur le fondement de l'article 24 : dans le cas où l'*exequatur* d'une telle décision serait demandé, le juge requis doit vérifier que la mesure ordonnée est bien une mesure provisoire au sens de l'article 24, ce incluant les limites tenant à la compétence territoriale posées dans l'arrêt *Van Uden* (pts 47 s. et, pour l'application à l'espèce, pt 56), ce qui permet de comprendre rétroactivement l'insertion de dispositions ayant trait à la compétence territoriale dans la notion de mesure provisoire dans l'arrêt *Van Uden*[6], rendu quelques mois seulement avant l'arrêt *Mietz*, l'inclusion visant à éviter le reproche de violation du principe de non-contrôle, sauf exceptions limitativement énumérées par la convention, de la compétence du juge d'origine[7],

1. CJUE, gr. ch., 4 mai 2010, TNT Express Nederland BV c/ AXA Versicherung AG, aff. C-533/08, *Rec. CJUE* I-4107, pt 49 ; *RTD eur.* 2010. 428, obs. E. Guinchard.
2. V. F. Berlingieri, « Analyse de la convention du 12 mars 1999 sur la saisie conservatoire des navires », *DMF* 1999. 403 ; les travaux préparatoires sont reproduits dans BERLINGIERI, p. 481, spéc. p. 633.
3. La Convention est entrée en vigueur le 14 septembre 2011 et lie aujourd'hui treize États : l'Albanie, l'Algérie, le Bénin, la Bulgarie, le Congo, l'Équateur, l'Espagne, l'Estonie, la Lettonie, le Libéria, le Pérou, la République arabe syrienne, et la Turquie (Turkiye). La liste des États contractants peut être trouvée sur https://treaties.un.org/Pages/ViewDetails.aspx?src=IND&mtdsg_no=XII-8&chapter=12&clang=_fr.
4. Sur lequel v. A. Nuyts, *L'exception de* forum non conveniens. *Étude de droit international privé comparé*, Bruylant/LGDJ, 2003 – *Adde* : C. Chalas, *L'exercice discrétionnaire de la compétence juridictionnelle*, PUAM, 2000.
5. CJCE 21 mai 1980, Denilauler, aff. C-125/79, *Rec. CJCE* 1553 ; *Rev. crit. DIP* 1980. 787, note E. Mezger ; *JDI* 1980. 939, obs. A. Huet – En application de la jurisprudence *Denilauler*, et PAR EX., Paris, 8 juin 1995, *JDI* 1996. 145, obs. A. Huet [saisie conservatoire].
6. V. spéc. H. Gaudemet-Tallon, *Rev. arb.* 1999. 162 *in fine*.
7. Ce principe est cardinal et encore aujourd'hui au cœur du régime de reconnaissance et d'exécution des décisions d'un autre État membre de l'Union européenne : pour un exemple récent, v. CJUE 21 mars 2024, aff C-90/22, ECLI :EU :C :2024 :252, *Rev. crit. DIP* 2024. 741, note H. Gaudemet-Tallon : « *L'article 45* [Bruxelles I *bis*] *ne permet pas à une juridiction d'un État membre de refuser la reconnaissance d'une décision d'une juridiction d'un autre État membre au motif que cette dernière juridiction s'est déclarée compétente pour statuer sur une action introduite au titre d'un contrat de transport international, en méconnaissance d'une convention attributive de juridiction, au sens de l'article 25 de ce règlement, faisant partie de ce contrat* ».

reproche que la Cour esquive dans l'arrêt *Mietz* en disant qu'il s'agit seulement de « *limites à la possibilité de demander l'exequatur d'une décision rendue dans l'exercice de la compétence reconnue par l'article 24* » (pt 49). On ajoutera que la Cour (pt 55) institue, afin d'éviter un contournement des règles de la convention, une présomption en faveur d'une compétence fondée sur le droit national lorsque le juge d'origine n'a pas spécifié s'il était également le juge au fond en vertu de la convention.

1711.162 **Focus sur l'injonction *Mareva* (*exequatur*).** Par un arrêt du 30 juin 2004, la Cour de cassation française accueille pour la première fois l'injonction *Mareva* (devenue *freezing order*) [1]. En l'espèce, l'ancien dirigeant et actionnaire fondateur d'une entreprise canadienne aujourd'hui disparue, faisait, suite à la reconnaissance de sa culpabilité pour escroquerie, l'objet d'une injonction *Mareva* destinée à geler ses avoirs, quelle que soit leur localisation et pour une limite de plus de 400 millions de dollars canadiens. Ce sont les arrêts confirmatifs de la cour d'appel de Paris, accueillant cette injonction *Mareva* dans l'ordre juridique français [2], qui sont attaqués. Répondant à plusieurs moyens, la Haute juridiction affirme notamment que « *l'interdiction faite à la personne du débiteur de disposer en tout lieu de ses biens, dans la mesure où il s'agit de préserver les droits légitimes du créancier, ne saurait porter atteinte à un droit fondamental du débiteur, ni même indirectement, à une prérogative de souveraineté étrangère et, notamment, n'affecte pas, à la différence des injonctions dites* "anti-suit", *la compétence juridictionnelle de l'État requis* ». Le résultat paraît plutôt heureux mais l'argumentation s'avère fragile à divers égards. Par exemple, la cour n'adopte pas le même raisonnement vis-à-vis des deux types d'injonction : l'injonction *Mareva* vise officiellement la personne du débiteur et ne peut, par cela même, affecter qui que ce soit d'autre, alors qu'il n'en va pas de même pour l'injonction *anti-suit* (étant d'ailleurs précisé que l'incidente sur les injonctions *anti-suit* n'était pas commandée par les faits de l'espèce...) [3]. Surtout, l'accueil de la *Mareva* ne saurait s'arrêter à son principe. Or l'arrêt commenté ne comporte aucune indication sur les modalités. Certes, on a pu émettre diverses propositions [4] mais elles ne paraissent pas vraiment convaincantes [5]. Peut-être la véritable raison du silence de la Cour de cassation et des difficultés de la doctrine est-elle que l'accueil de la *Mareva* n'est point nécessaire : « *Pourquoi recherche-t-on l'exequatur en France d'une mesure dont ses partisans affirment qu'elle est efficace sans même circuler ?* » [6].

L'une des manières d'assurer néanmoins l'efficacité en France de l'injonction *Mareva* pourrait être l'astreinte, soit celle prononcée, lorsque cela est possible, par le juge français lorsque la décision étrangère en est dépourvue (v. s[s] n°s 1711.241 à 1711.244), soit celle octroyée par le juge étranger. C'est dans ce dernier cadre que la Cour de cassation a décidé que « *la condamnation au paiement d'une somme d'argent à titre de sanction du non-respect d'une injonction du juge étranger constitu*[e] *une décision de nature civile* » [7], ce qui en permet l'accueil en droit français. Ceci ne saurait surprendre dès lors que la sanction en cause était une simple astreinte, même si elle était élevée. Les *sanctions du contempt of court*, qui assurent l'efficacité de l'injonction *Mareva*, sont en effet variées, allant jusqu'à la prison, et la qualification ne peut que dépendre du cas d'espèce [8].

1711.163 **Règlement Bruxelles I. *Exequatur*.** Les restrictions à l'accueil de mesures conservatoires posées dans le cadre de la convention de Bruxelles de 1968 (v. s[s] n° 1711.161) perdent de leur intérêt pratique avec le règlement Bruxelles I, dès lors qu'en première instance la juridiction de l'*exequatur* est devenue une chambre d'enregistrement. C'est seulement en appel qu'elles retrouvent leur empire. La Cour de justice veille toutefois, d'une manière générale, à interpréter strictement les motifs de refus de reconnaissance ou d'*exequatur*. Ainsi, elle n'hésite pas, dans un arrêt du 23 octobre 2014, à contrôler l'interprétation qui peut être donnée de la réserve de l'ordre public international. Elle estime notamment que « *la simple invocation de conséquences économiques graves ne* [constitue pas un motif] *établissant*

1. Civ. 1re, 30 juin 2004, n° 01-03.248, P I, n° 191 ; *D.* 2004. 2743, note N. Bouche ; *Dr. et proc.* 2004. 346, obs. G. Cuniberti ; *Rev. crit. DIP* 2004. 815, note H. Muir Watt ; *RTD civ.* 2004. 549, obs. Ph. Théry ; *D.* 2005. 1267, obs. H. Chanteloup ; *JDI* 2005. 112, note G. Cuniberti ; *Gaz. Pal.* 14-15 janv. 2005. 28, note J.-P. Niboyet – *Adde* : *d'une part*, les conclusions de l'av. gén. J. Sainte-Rose, *JCP* 2004, n° 52-53, p. 2369 ; *d'autre part*, E. Guinchard, « Réflexions autour de l'accueil de l'injonction *Mareva* par la Cour de cassation française », *Int'l Lis* 2005. 41.
2. Paris, 5 oct. 2000 et 14 juin 2001, *Rev. crit. DIP* 2002. 704, note H. Muir Watt ; *Gaz. Pal.* 21-23 juill. 2002. 26, obs. J.-P. Niboyet.
3. La Cour a, depuis, mis fin à cette contradiction en autorisant, hors droit européen, les injonctions *anti-suit* : Civ. 1re, 14 oct. 2009, n°s 08-16.369 et 08.16-459, P I, n° 207 ; *JDI* 2010. 146, note S. Clavel.
4. G. Cuniberti, th. et notes préc. – *Adde* : sa contribution au *Lamy Droit de l'exécution forcée*, n° 730.75.
5. F. Georges, *La saisie de la monnaie scripturale*, Larcier, 2006, n° 227 – et E. Guinchard, « Réflexions autour de l'accueil de l'injonction *Mareva* par la Cour de cassation française », *Int'l Lis* 2005. 41, n°s 35 s.
6. Ph. Théry, *RTD civ.* 2004. 552.
7. Civ. 1re, 28 janv. 2009, n° 07-11.729, P I, n° 15 ; *JDI* 2009. 1237, note F. Marchadier.
8. Dans un arrêt de 2004 : Civ. 1re, 30 juin 2004, n° 01-03.248, préc. s[s] prés[t] n°, la Cour de cassation avait retenu une qualification pénale.

la violation de l'ordre public de l'État membre requis permettant de refuser la reconnaissance et l'exécution, dans cet État membre, d'une [décision prononçant des mesures provisoires et conservatoires] *rendue dans un autre État membre* » (pt 59 des motifs et pt 3 du dispositif)[1]. En l'espèce, une mesure conservatoire avait été ordonnée en Lituanie pour un montant de 58 millions d'euros et son accueil était demandé en Lettonie.

De même, elle a jugé, le 25 mai 2016, que « *la reconnaissance et l'exécution d'une ordonnance rendue par une juridiction d'un État membre* [ordonnance anglaise de mesures provisoires et conservatoires], *qui a été prononcée sans qu'un tiers dont les droits sont susceptibles d'être affectés par cette ordonnance ait été entendu, ne sauraient être considérées comme étant manifestement contraires à l'ordre public de l'État membre requis et au droit à un procès équitable au sens de* [l'art. 34, pt 1, du règlement Bruxelles I, lu à la lumière de l'art. 47 de la Charte des droits fondamentaux], *dans la mesure où il lui est possible de faire valoir ses droits devant cette juridiction* » (pt 54 des motifs et dispositif)[2].

Une fois l'*exequatur* obtenu, la saisie conservatoire doit être exécutée dans le délai prévu par le droit de l'État requis. Ainsi en a décidé la Cour de justice à propos d'une ordonnance italienne de saisie conservatoire ayant reçu l'*exequatur* en Allemagne mais non exécutée dans le délai d'un mois qui suit, contrairement à ce que dispose le Code de procédure civile allemand (section 929 (2) ZPO : « *L'exécution d'une ordonnance de saisie conservatoire n'est pas autorisée après l'expiration d'un délai d'un mois à compter de la date à laquelle l'ordre a été donné ou notifié à la partie à la demande de laquelle il a été émis* » – traduction de la Cour de justice, pt 7). En l'espèce, le créancier prétendait que le seul respect du droit italien en la matière, qui connaît un délai proche (trente jours), suffisait et qu'il avait été respecté puisque, dans les trente jours qui avaient suivi l'octroi de l'ordonnance en Italie (non son *exequatur* en Allemagne), des saisies-arrêts avaient été effectuées (on présume en Italie). Le créancier avait explicitement soutenu que le délai de droit allemand ne saurait devoir être respecté en sus du délai prévu par le droit italien, une thèse rejetée par la Cour de justice : lorsque l'ordonnance italienne devient exécutoire en Allemagne, conséquence de l'*exequatur*, le délai d'exécution allemand commence à courir, ce délai relevant de la notion d'exécution forcée et étant dès lors soumis à la loi du lieu de l'exécution[3].

1711.164 Règlement Bruxelles I. Reconnaissance (d'une décision refusant l'octroi d'une mesure conservatoire). La Cour de cassation a octroyé l'autorité de chose jugée en France à la décision d'un autre État membre rejetant une demande de saisie conservatoire sur un navire : « *Saisie d'une demande de mesure conservatoire préalablement rejetée par une décision rendue dans un autre État membre, qu'elle était tenue de reconnaître en vertu de l'article 33* [du règlement Bruxelles I], *c'est à bon droit que la cour d'appel, refusant de substituer son appréciation sur le bien-fondé de cette demande à celle déjà faite, a retenu* [en l'absence de fait nouveau invoqué devant elle] *qu'il ne pouvait être soutenu que la décision grecque n'aurait qu'une portée limitée au territoire grec* »[4].

1711.165 Règlement Bruxelles I *bis*. Disparition de l'*exequatur*. Il convient d'opérer ici une nette distinction entre les mesures conservatoires prononcées sur le fondement de l'article 35 (autrement dit, par un juge incompétent au fond) et celles ordonnées par le juge compétent au fond. En vertu de l'article 2, a) seules ces dernières bénéficient de la disparition de l'*exequatur*, en rentrant dans la définition des décisions bénéficiant du chapitre III : « *Aux fins du chapitre III, le terme "décision" englobe les mesures provisoires ou les mesures conservatoires ordonnées par une juridiction qui, en vertu du présent règlement, est compétente au fond* ». *A contrario*, les mesures conservatoires prononcées sur le fondement de l'article 35 ne bénéficient pas de la libre

1. CJUE 23 oct. 2014, flyLAL-Lithuanian Airlines AS, en liquidation c/Starptautiska – lidosta Riga VAS, Air Baltic Corporation AS, aff. C-302/13.
2. CJUE 25 mai 2016, Rūdolfs Meroni c/Recoletos Limited, aff. C-559/14 – Il est intéressant de noter que le contrôle exercé par la CJUE sur la notion d'ordre public international, autrefois domaine incontesté de l'État d'accueil, n'est aujourd'hui plus débattu. Pour un exemple récent de contrôle, hors champ des mesures provisoires et conservatoires, v. CJUE 4 oct. 2024, aff C-633/22, ECLI :EU :C :2024 :843, *RTD com.* 2024. 1037, note A. Marmisse-d'Abbadie d'Arrast : l'ordre public de l'État membre requis inclut l'article 11 de la Charte des droits fondamentaux sur la liberté de la presse et s'oppose à sa violation manifeste (ce qui se comprend probablement comme la nécessité de s'assurer que la réparation du dommage moral subi n'aille pas au-delà du strict nécessaire : v. *RTD com.* 2024. 1039, note A. Marmisse-d'Abbadie d'Arrast *in fine*, préc. p. 1037).
3. CJUE 4 oct. 2018, Società Immobiliare Al Bosco Srl, aff. C-379/17, *Rev. crit. DIP* 2019. 160, note D. Foussard (qui observe, p. 176, que la solution a vocation à subsister même en cas de disparition de l'exequatur, c'est-à-dire sous Bruxelles I *bis*, sous réserve cependant d'une importante adaptation puisque le point de départ du délai allemand, lorsque la saisie conservatoire a été initialement ordonnée dans un autre État membre, est l'*exequatur* qui par hypothèse disparaît, de sorte qu'un autre délai devra être imaginé, propre à la circulation transfrontière intra-européenne des ordonnances de saisie conservatoire et ménageant « *suffisamment les possibilités d'action du créancier* »).
4. Com. 8 mars 2011, n° 09-13.830, NP ; *Dr. et proc.* 2011. 179, obs. G. Cuniberti ; *JDI* 2011. 631, note G. Cuniberti ; *Rev. crit. DIP* 2012. 277, chron. M. Nioche.

circulation des décisions, ce que confirme le considérant 33 *in fine*.

Une importante exception à la disparition de l'*exequatur* pour les mesures conservatoires ordonnées par le juge compétent au fond est toutefois immédiatement prévue, puisque le terme de décision « *ne vise pas une mesure provisoire ou conservatoire ordonnée par une telle juridiction sans que le défendeur soit cité à comparaître, à moins que la décision contenant la mesure n'ait été signifiée ou notifiée au défendeur avant l'exécution* » (art. 2, a, *in fine*). En d'autres termes, la jurisprudence *Denilauler* est désormais codifiée. Ce régime restrictif, qui d'un point de vue formel est consacré à l'article 42.2 dans le dossier que le demandeur doit fournir à l'autorité de l'État requis, a été critiqué, et renforce l'intérêt de l'ordonnance européenne de saisie conservatoire qui cumule caractère unilatéral (préservant l'effet de surprise) et disparition de l'*exequatur* (même si elle n'est pas elle-même sans failles, v. s^s^ n° 1711.231). Pure coïncidence[1] ?

1711.166 **Injonction Mareva (chypriote) et saisie conservatoire (française).** L'injonction *Mareva* a pour objet d'empêcher que le débiteur ne cache ou dilapide ses avoirs en lui faisant interdiction de disposer de ses biens sous peine de sanctions civiles et pénales. Pour la Cour de cassation, approuvant la cour d'appel, « *cette mesure se distingue de la saisie conservatoire du droit français qui a pour but de garantir le recouvrement des créances, en ce que, contrairement à cette dernière, elle ne rend pas les biens concernés juridiquement indisponibles* ». Par conséquent, le juge français peut autoriser une saisie conservatoire sur les biens détenus en France par le débiteur et (déjà) « gelés » par l'injonction *Mareva* (devenu, en droit anglais, un « *freezing order* », terme révélateur de l'objet réel de la mesure). En particulier, « *les mesures conservatoires autorisées par le juge français ne contrari*[ent] *pas l'injonction ordonnée par le juge étranger et* [en] *l'absence d'identité d'objet, l'autorité de la chose jugée des décisions chypriotes, exécutoires en France, ne s'oppos*[e] *pas à d'autres mesures conservatoires portant sur les biens détenus en France par* » le débiteur[2]. En l'espèce, il ne semble pas que le juge chypriote ait ordonné, comme le fait souvent le juge anglais, le transfert des avoirs vers son pays par mesure de prudence (preuve, s'il en était besoin, que ce sont les biens qui sont avant tout visés par l'injonction *Mareva* sous la rhétorique de la mesure *in personam*). Il sera intéressant de voir ce que décidera alors la Cour de cassation pour trancher le dilemme cornélien dans lequel se trouveront les parties intéressées.

B. Articles 40 du règlement Bruxelles I *bis* et 18 du règlement « Aliments », articles 47 du règlement Bruxelles I et de la convention de Lugano II, 36 du règlement « Aliments », 54 du règlement « Successions », et 53 des règlements « Régimes matrimoniaux » et « Partenariats enregistrés »

1711.171 **Un recours aux mesures conservatoires admis et élargi. Bruxelles I, Lugano II, règlements « Aliments », « Successions », « Régimes matrimoniaux » et « Partenariats enregistrés ».** Sous l'empire de l'article 39 des conventions de Bruxelles et de Lugano, le demandeur pouvait automatiquement prendre des mesures conservatoires sur les biens de la partie contre laquelle l'exécution était demandée pendant le délai du recours contre l'ordonnance d'*exequatur* et, si ce recours était intenté, jusqu'à ce qu'il ait été statué sur lui[3]. L'octroi de l'*exequatur* en première instance était donc nécessaire (et on rappelle qu'aux termes des conventions de Bruxelles et de Lugano le contrôle opéré à cette occasion n'était pas purement formel).

Dans le cadre du règlement Bruxelles I et de la convention de Lugano II, le recours aux mesures conservatoires est élargi puisque « *rien n'empêche le requérant de demander qu'il soit procédé à des mesures provisoires, ou conservatoires, prévues par la loi de l'État membre requis, sans qu'il soit nécessaire que cette décision soit déclarée exécutoire* »[4], ce qui signifie, entre autres, que des mesures conservatoires sont également possibles « *si le recours est intenté contre une décision ayant refusé l'exequatur* », ce qui a été approuvé, de telles mesures pouvant être nécessaires pour précisément garantir l'exécution dans l'hypothèse où ce recours serait accueilli[5] (même si le contrôle purement formel opéré en première instance laisse penser que de telles hypothèses sont rares).

1. Si le créancier possède d'ores et déjà un titre exécutoire, il a tout intérêt à utiliser l'article 40 Bruxelles I *bis*, v. s^s^ n° 1711.172.
2. Civ. 1re, 3 oct. 2018, n° 17-20.296, P ; *Rev. crit. DIP* 2019. 215, note G. Cuniberti et S. Ménétrey.
3. Sur cet article : en doctrine, v. Gaudemet-Tallon et Ancel, n° 518 – C. Mamet-Rosenbaum, *Compétence judiciaire et exécution des jugements dans le grand espace juridique européen*, th. Paris II, 1994, n° 554 – En jurisprudence, CJCE 3 oct. 1985, Capelloni et Aquilini c/Pelkmans, aff. C-119/84, *Rec. CJCE* 3147 ; *Rev. crit. DIP* 1987. 130, note H. Gaudemet-Tallon ; *JDI* 1986. 471, note A. Huet – *Adde* : Civ. 2e, 9 janv. 1991, n° 89-15.487, P II, n° 7 ; *JCP* 1991. II. 21681, note J.-P. Rémery.
4. Régl. (CE) n° 44/2001, 22 déc. 2000, Bruxelles I, art. 47, al. 1er.
5. Gaudemet-Tallon et Ancel, n° 518.

En outre, l'article 47 a été interprété par les commentateurs, au nom de l'effet utile, comme valant dispense d'autorisation[1].

Une formulation quasi identique à celle de l'article 47 Bruxelles I et Lugano II se retrouve à l'article 36 du règlement « Aliments » (qui s'inscrit dans le cadre d'une section relative aux décisions rendues dans un État membre non lié par le protocole de La Haye de 2007, à l'égard desquelles l'*exequatur* est maintenu), à l'article 54 du règlement « Successions », et aux articles 53 des règlements « Régimes matrimoniaux » et « Partenariats enregistrés », avec toutefois la clarification dans ces dispositions que la déclaration constatant la force exécutoire emporte « *de plein droit* » l'autorisation de procéder à des mesures conservatoires (comp. art. 47, al. 2, Bruxelles I et Lugano II : « *La déclaration constatant la force exécutoire emporte l'autorisation de procéder à des mesures conservatoires* »).

1711.172 Un recours aux mesures conservatoires maintenu. Bruxelles I *bis* et règlement « Aliments ». Le règlement Bruxelles I *bis* maintient la possibilité de demander des mesures conservatoires bien qu'il fasse disparaître par ailleurs l'*exequatur*[2] : « *Une décision exécutoire emporte de plein droit l'autorisation de procéder aux mesures conservatoires prévues par la loi de l'État membre requis* »[3]. On relève la formulation particulièrement claire, qui signifie qu'il « *faut présumer que le créancier qui a une décision rendue dans un autre État membre remplit toutes les conditions pour l'adoption de mesures conservatoires* »[4]. La prise de mesures conservatoires sur le fondement de l'article 40 n'exige pas la notification du certificat (délivré par la juridiction d'origine) au défendeur préalablement à la première mesure d'exécution[5].

Le règlement « Aliments » comporte, au bénéfice des décisions rendues par un État membre lié par le protocole de La Haye de 2007 et qui y sont exécutoires (décisions à l'égard desquelles l'*exequatur* disparaît[6]), une disposition identique : « *Une décision exécutoire emporte de plein droit l'autorisation de procéder aux mesures conservatoires prévues par la loi de l'État membre d'exécution* »[7].

§ 2
Titre nécessaire pour procéder à une mesure conservatoire en droit commun

1711.180 Plan. En dehors du champ d'application du règlement de Bruxelles I/I *bis*, de la convention de Lugano, et sous réserve bien entendu de textes, notamment conventionnels, particuliers, il convient de distinguer selon que le créancier dispose d'un jugement étranger (au fond) (A) ou non (B).

A.
Absence d'autorisation du juge pour les biens situés en France lorsque le créancier dispose d'un jugement étranger

1711.191 Existence d'un jugement étranger. Lorsque le créancier dispose d'un jugement étranger (au fond) non revêtu de l'*exequatur*, c'est-à-dire d'une « *décision de justice qui n'a pas encore force exécutoire* » en France, il peut malgré tout procéder à une saisie conservatoire sans autorisation du juge en vertu de l'article L. 511-2 C. pr. exéc., qui offre également une telle dispense lorsque le créancier dispose d'un billet à ordre[8] ... Observons, cependant une jurisprudence contraire de la cour d'appel de Paris : « *Considérant qu'une décision définitive rendue par une juridiction étrangère mais non exécutoire en France faute d'obtention de l'exequatur, ne permet pas en France son exécution forcée ni la prise d'une mesure conservatoire au visa de l'article 68 de la loi du 9 juillet 1991, mais pour autant, en tant que fait juridique, vaut preuve d'un principe certain de créance entre les parties ; qu'il est donc possible pour son bénéficiaire de demander sur le fondement de ce titre et en vertu de l'article 67* [devenu C. pr. exéc., art. L. 511-1] *l'autorisation de pratiquer une mesure conservatoire contre le débiteur* »[9].

Il en va *a fortiori* ainsi lorsque ce jugement étranger a été exequaturé, c'est-à-dire que le créancier dispose d'un titre exécutoire[10].

1. Ainsi M.-L. Niboyet, « La révision de la convention de Bruxelles du 27 septembre 1968 par le règlement du 22 décembre 2000 », *Gaz. Pal.* 10-12 juin 2001. 15-16 – Pour une synthèse not. sur cette question, v. G. Cuniberti, « La mesure conservatoire pratiquée sur le fondement d'un jugement étranger : un nouveau défi de l'huissier de justice », *Dr. et proc.* 2004. 190.
2. Règl. (UE) n° 1215/2012, 12 déc. 2012, Bruxelles I *bis*, art. 39.
3. Règl. (UE) n° 1215/2012, 12 déc. 2012, Bruxelles I *bis*, art. 40.
4. F. Gascon Inchausti, « La reconnaissance et l'exécution des décisions dans le règlement Bruxelles I *bis* », *in* E. GUINCHARD (dir.), p. 205, n° 25.
5. Règl. (UE) n° 1215/2012, 12 déc. 2012, Bruxelles I *bis*, art. 43.3 in fine.
6. Règl. (CE) n° 4/2009, 18 déc. 2008, « Aliments », art. 17.
7. Règl. (CE) n° 4/2009, 18 déc. 2008, « Aliments », art. 18.
8. EN JURISPRUDENCE : Caen, JEX, 1er oct. 2004, *Gaz. Pal.* 14-15 janv. 2005. 32, note F.-X. Train (cette décision du JEX a été selon l'annotateur confirmée par la cour d'appel de Caen, mais cette confirmation n'en est pas vraiment une car entre-temps l'*exequatur* du jugement étranger avait été accordé) – EN DOCTRINE : COUCHEZ, p. 129 *in fine* – Rép. internat., v° *Voies d'exécution*, par Ph. Théry, janv. 2013, nos 113 *in fine* et 115 *in limine*.
9. Paris, 7 oct. 1999, RG n° 1999/04420.
10. Sur le droit antérieur et l'attitude divergente de la Cour de cassation et des juges du fond à propos du prétendu « effet de titre » du jugement étranger, v. E. GUINCHARD, mémoire DEA DIP, Paris II, sept. 1998, nos 101 s.

Ces principes valent également en matière arbitrale : « *En application de l'article* [1484 alinéa 1er C. pr. civ., anc. art. 1476 du même code[1]], *la sentence arbitrale a, dès qu'elle est rendue, l'autorité de la chose jugée relativement à la contestation qu'elle tranche ; qu'elle constitue une décision de justice au sens de* [l'article L. 511-2 C. pr. exéc.] *qui autorise une mesure purement conservatoire* »[2].

Cette jurisprudence a été confirmée par la Cour de cassation, qui a cassé la décision d'une cour d'appel ayant jugé qu'une sentence arbitrale ne constituait pas une décision de justice au sens de l'article L. 511-2 C. pr. exéc.[3].

1711.192 Caractères du jugement étranger. Le jugement étranger doit être précis en ce sens qu'il doit viser nommément, le cas échéant, l'entité publique dont les biens seront saisis. C'est du moins ce qui ressort d'une décision de la Haute juridiction – cependant non publiée au *Bulletin* – sur la notion d'État. Celle-ci ne recouvre pas ses sous-divisions territoriales, en l'espèce une Province de la République argentine, malgré la liberté reconnue à un État en droit international public de s'organiser en interne selon son bon vouloir d'où découle généralement le principe selon lequel la notion d'État dans l'ordre juridique international recouvre non seulement l'État en tant que personne de droit public interne, mais également l'ensemble des éventuelles personnes publiques qui le composent. Il en résulte qu'il s'avère impossible de procéder, sur le fondement de l'article L. 511-2 C. pr. exéc., à la saisie conservatoire du compte bancaire de ladite Province lorsque le titre ne vise que l'État. La mainlevée de saisies ainsi pratiquées en 2009 fut en conséquence ordonnée[4]. Ce n'est pas à dire que la saisie conservatoire sur le fondement d'un tel jugement étranger non exécutoire devient interdite, mais elle requiert désormais l'autorisation préalable du juge (C. pr. exéc., art. L. 511-1) : « *Ayant relevé que la décision de justice, sur le fondement de laquelle les saisies avaient été pratiquées, avait été rendue à l'encontre de la République Argentine et non de la province du Chubut et retenu que, faute de disposer d'une décision de justice visant cette dernière, le créancier ne pouvait se dispenser de l'autorisation préalable du juge de l'exécution, c'est à bon droit que la cour d'appel a ordonné la mainlevée de la mesure* »[5]. Cette décision, qui précède la réforme législative du droit de l'immunité d'exécution fin 2016 (v. ss no 1711.32), et qui trouve ses racines dans la jurisprudence sur les sociétés publiques (que les créanciers souhaitent voir considérer comme des) émanations d'État, pourrait s'expliquer par le caractère controversé des décisions américaines ayant condamné l'Argentine en la matière. Il reste qu'antérieurement la même Cour – il est vrai composée autrement puisqu'il s'agissait de la première chambre – rejeta le recours en cassation de la République argentine contre l'*exequatur* de (selon toute vraisemblance) la même décision américaine, de sorte que la société créancière s'avère aujourd'hui en mesure de procéder à des saisies exécutoires[6]. À moins bien entendu que la deuxième chambre n'applique sa doctrine à la saisie-attribution, restreignant ce faisant fortement les possibilités du créancier (puisqu'il devra s'assurer au préalable que les comptes saisis appartiennent à l'État central ou que son titre vise nommément telle ou telle province argentine ce qui implique sa modification en l'état actuel) et pouvant laisser l'impression que la Cour de cassation reprend d'une main (exécution) ce qu'elle donne de l'autre (*exequatur*).

1. L'article 1484 alinéa 1er C. pr. civ. s'applique en matière d'arbitrage interne et, par renvoi de l'article 1506 C. pr. civ., en matière d'arbitrage international. La nouvelle numérotation résulte du décret no 2011-48 du 13 janvier 2011, portant réforme de l'arbitrage (*JO* 14 janv., p. 777).
2. Dijon, 23 avr. 2002, confirmant TGI Chaumont, JEX, 31 janv. 2001, *Rev. arb.* 2002. 743, note M.-C. Rivier ; *JDI* 2003. 459, note G. Cuniberti – CONTRA, antérieurement : TGI Lyon, JEX, 25 janv. 1994, *Rev. arb.* 1994. 525, note M.-C. Rondeau-Rivier – POUR UNE SYNTHÈSE sur la sentence arbitrale au regard de l'article L. 511-2 C. pr. exéc. (anct L. 9 juill. 1991, art. 68) : v. M.-C. Rivier, « L'arbitrage et le droit des procédures civiles d'exécution », *Dr. et proc.* 2005. 198, spéc. nos 6 s.
3. Civ. 2e, 12 oct. 2006, no 04-19.062, P II, no 270.
4. Sur la mainlevée, en raison de l'absence de renonciation de la République argentine à son immunité d'exécution, d'autres saisies conservatoires pratiquées également en 2009 avant l'*exequatur* du jugement américain, v. Civ. 1re, 28 mars 2013, no 10-25.938, P I, no 62 ; *Rev. crit. DIP* 2013. 671, note H. Muir Watt.
5. Civ. 2e, 4 sept. 2014, no 13-14.060, NP.
6. Civ. 1re, 28 mai 2014, no 13-10.553, NP.

B. Nécessité d'une autorisation du juge français pour les biens situés en France en l'absence de jugement étranger

1711.201 Absence de jugement étranger. Effet territorial de l'autorisation. En vertu du principe de territorialité de l'exécution, le juge français est seul compétent mais n'est compétent que pour autoriser une saisie conservatoire sur des biens situés en France[7].

7. PAR EX. : TGI Lyon, JEX, 4 mai 1993, *D.* 1994. 55, note J.-P. Rémery – CONTRA : TGI Nîmes, 9 juin 1998, *D.* 1999. 301, note G. Cuniberti : cette dernière décision résulte d'une interprétation très contestable de la loi de 1991 (v. *J.-Cl. Pr. civ.*, fasc. 2045, par J. Normand, no 18 et les réf. – *Adde* A. Huet, fasc. 581-21, no 33).

1711.202 Absence de jugement étranger. Appréciation du principe de la créance (arrêt Denney). Le juge du provisoire doit apprécier le principe de la créance, l'apparence de fondement de celle-ci, en vertu de l'article L. 511-1 C. pr. exéc. Mais comment cette apparence doit-elle être appréciée ?

Dans certains cas, cela peut être relativement aisé. Ainsi si la créance est contractuelle et que ce contrat a été constaté par écrit. Ou si elle résulte de l'application de la convention de Vienne du 11 avril 1980 sur la vente internationale de marchandises, seulement toutefois lorsque celle-ci s'applique au titre de son article 1 (a), c'est-à-dire dans la mesure où la convention est directement applicable dans l'ordre juridique français et n'a pas été désignée par la règle de conflit de lois[1].

Dans un arrêt *Denney* du 16 avril 1996, la Cour de cassation déclare : « *Le juge saisi d'une demande d'autorisation d'une mesure conservatoire portant sur des meubles dépendant d'une succession doit seulement apprécier l'apparence de fondement de la créance successorale invoquée, et l'existence de circonstances susceptibles d'en menacer le recouvrement ; il n'est pas dans son pouvoir d'appliquer la règle de conflits de lois, qui concerne le fond du litige* »[2].

1711.203 Critique. Ce qui peut être critiqué : s'il est incontestable que le juge du provisoire n'a pas le pouvoir de statuer au fond, apparaît en revanche difficilement convainquant le cantonnement de la règle de conflit au fond.

En effet, comme l'écrit parfaitement M. de Vareilles-Sommières : « *L'apparence de fondement de la prétention du requérant devrait en bonne logique, s'apprécier en contemplation de la loi régissant cette prétention* [...]. *Et cette loi ne peut évidemment être identifiée que par la mise en œuvre de la règle de conflit. Dès lors, priver le juge requis du pouvoir d'appliquer la règle de conflit de lois, revient à l'empêcher d'identifier la loi au regard de laquelle sera appréciée l'apparence de fondement du droit à délivrance ou à restitution nécessaire au prononcé de l'autorisation* »[3]. Par conséquent, la condition d'existence d'un principe de la créance ne pourra être vérifiée et, partant, le juge ne pourra que refuser la demande d'autorisation de mesure conservatoire.

1. H. Muir Watt, *Justices* 1997, n° 8, p. 179.
2. Civ. 1re, 16 avr. 1996, n° 94-15.531, P I, n° 183 ; *Justices* 1997, n° 8, p. 175, chron. H. Muir Watt ; *RTD civ.* 1996. 717, chron. R. Perrot ; *Rev. crit. DIP* 1997. 715, note P. de Vareilles-Sommieres – V. ÉGAL., B. Audit, *JDI* 1997. 823 – COUCHEZ, p. 129 – CUNIBERTI, n° 384 – E. GUINCHARD, mémoire DEA DIP, Paris II, sept. 1998, nos 140 s. – Rép. internat., v° *Voies d'exécution*, par Ph. Théry, janv. 2013, n° 109.
3. P. Vareilles-Sommières, *Rev. crit. DIP* 1997. 715, n° 11.

1711.204 Portée de l'arrêt *Denney*. Telle est la conséquence concrète à laquelle risque de conduire cette jurisprudence qui, remarquons-le, n'est pas limitée à la seule saisie-revendication, en cause dans l'affaire, mais s'étend à toute mesure conservatoire, pourvu cependant qu'elle porte sur des meubles dépendant d'une succession.

Cette restriction montre peut-être que la Cour de cassation est consciente des conséquences très négatives de son arrêt pour les créanciers dans un procès international (ceux-ci ne pourraient-ils d'ailleurs pas invoquer l'arrêt *Hornsby* et son droit à l'exécution – v. ss n° 1711.252 – pour sanctionner une telle jurisprudence ?). Mais pourquoi alors adopter une telle jurisprudence et même l'étendre à d'autres mesures conservatoires que celles en cause dans l'affaire qui lui était soumise ?

Probablement consciente de ces difficultés, la Cour semble avoir fait un premier pas vers un revirement de jurisprudence en reprochant à une cour d'appel de ne pas avoir appliqué la (bonne) règle de conflit de lois dans une instance en référé : « *La cour d'appel* [...], *même statuant en référé, était tenue* [de] *faire application* [de la convention de La Haye du 4 mai 1971 sur la loi applicable aux accidents de la circulation routière] *pour déterminer la loi applicable au litige* »[4]. Si le juge du provisoire peut appliquer la règle de conflit de lois en matière de référé-expertise et référé-provision, pourquoi n'en irait-il pas de même en matière de mesures conservatoires ?

§ 3
Déroulement de la procédure

1711.210 Renvois. Le déroulement de la procédure d'une saisie conservatoire de créances peut soulever une difficulté relative au contenu de la déclaration que doit faire le tiers saisi en vertu de l'article R. 523-4 C. pr. exéc. Ce dernier renvoie toutefois à l'article L. 211-3 C. pr. exéc., qui a trait à la déclaration du tiers saisi dans le cadre d'une saisie-attribution. Nous renvoyons par conséquent l'examen des difficultés soulevées par cette déclaration dans le cadre international à l'étude de la saisie-attribution (v. ss nos 1711.270 s.). On se permettra seulement d'attirer l'attention sur l'importance de cette déclaration en cas de conversion ultérieure de la saisie conservatoire en saisie-attribution, puisque la saisie conservatoire rend indisponible la créance saisie et la demande de paiement, après conversion en saisie-attribution, emporte, par l'effet de la loi, attribution immédiate de la créance saisie jusqu'à concurrence du montant de la condamnation et des sommes dont le tiers saisi s'est reconnu débiteur en euros (dans sa déclaration lors de la procédure de saisie conservatoire), nonobstant une variation ultérieure du cours du

4. Civ. 1re, 18 nov. 2020, n° 19-17.924, P.

change par rapport à la monnaie étrangère dans laquelle est libellée la dette du tiers saisi envers le débiteur saisi [1].

On signalera en outre ici une décision relative à l'influence de l'achèvement d'une voie d'exécution étrangère sur un bien sur la saisie conservatoire du même bien en France. La Cour de cassation estime que la décision étrangère prononçant la saisie et la vente aux enchères publiques constitue, sous certaines conditions, un fait juridique produisant effet en France indépendamment de l'*exequatur* [2]. En l'espèce, il en résulte que le saisissant ne peut se prévaloir d'une créance privilégiée et ne peut dès lors saisir un navire n'appartenant plus à son débiteur.

1711.211 ***Forum arresti.*** En revanche, nous étudierons ici (en droit commun ; pour le droit européen, et ses relations avec diverses conventions internationales, v. s[s] n°s 1711.151 s.) une question redevenue d'actualité : celle du *forum arresti*. Comment se pose-t-elle ?

L'article R. 511-7 C. pr. exéc. dispose que le créancier ayant procédé à une saisie conservatoire mais ne disposant pas de titre exécutoire, doit, « *dans le mois qui suit l'exécution de la mesure, à peine de caducité, introdui*[re] *une procédure ou accompl*[ir] *les formalités nécessaires à l'obtention d'un titre exécutoire* ». Lorsqu'il est muni d'un jugement étranger, il lui suffit d'en demander l'*exequatur*. À défaut, il doit saisir les juridictions françaises, si elles sont internationalement compétentes d'après les règles normalement applicables. Dans le cas contraire, peut-on considérer que la seule mise en œuvre d'une saisie conservatoire en France constitue un élément de rattachement suffisant pour fonder la compétence internationale des tribunaux français pour trancher le litige au fond ? C'est la question du *forum arresti*.

1711.212 **Jurisprudence antérieure.** Le *forum arresti* fut consacré par l'arrêt *Nassibian* rendu par la Cour de cassation le 6 novembre 1979, qui affirmait « *que, par dérogation au principe qui étend à l'ordre international les règles internes de compétence territoriale, les tribunaux français sont seuls compétents pour statuer sur l'instance en validité d'une saisie-arrêt pratiquée en France, et qu'ils peuvent statuer éventuellement, à cette occasion, sur l'existence de la créance invoquée par le saisissant* » [3].

1711.213 **Revirement.** Cependant, par un arrêt *Strojexport* du 11 février 1997, la Haute juridiction revient sur la jurisprudence *Nassibian* [4].

Elle déclare en effet, à propos d'une saisie conservatoire, que « *si les juridictions françaises sont seules compétentes pour statuer sur la validité d'une saisie pratiquée en France et apprécier, à cette occasion, le principe de la créance, elles ne peuvent se prononcer sur le fond de cette créance que si leur compétence est fondée sur une autre règle* ».

Cet abandon du *forum arresti* par la Cour de cassation avait d'ailleurs été amorcé par l'affaire *Méridien Breckwoldt* [5], mais, comme le soulignait M. Lequette dans sa note, cet arrêt était à énigme en raison de l'ambiguïté de la solution consacrée [6]. La décision *Strojexport* met fin à toute hésitation.

Néanmoins, une conception extensive des actions qui ne concernent pas le fond a été adoptée, semblant ainsi limiter la portée de l'abandon du *forum arresti* [7].

1711.214 **Critique.** Cette nouvelle jurisprudence n'est pas à l'abri de la critique. Dès 1965, M. Bauer décrivait les graves inconvénients de l'absence de *forum arresti* : « *Lorsqu'une saisie-arrêt ou une saisie conservatoire a été ordonnée,* [...] *il faut accorder au demandeur la possibilité de demander une décision définitive, quant au fond, aux tribunaux du pays qui ont ordonné la mesure provisoire ou conservatoire, sinon il sera forcé de plaider dans un autre pays que celui où l'exécution forcée se produira nécessairement. De plus, si on l'envoie plaider quant au fond dans un autre pays, il n'est pas certain que la décision étrangère soit ultérieurement reconnue. Finalement, la solution proposée évitera les frais et pertes de temps causés par l'instance en exequatur* » [8] (on remarquera que pour M. Bauer le *forum arresti* n'est pas opportun mais nécessaire : « *il faut* »).

1. Civ. 2e, 31 mars 2011, n° 10-12.269, P II, n° 79 ; *Dr. et proc.* 2011. 182, obs. E. Putman ; *Rev. crit. DIP* 2012. 344, note C. Kleiner – *Adde*, S. Lootgieter, « La saisie-attribution d'une créance en monnaie étrangère », *Lamy Droit de l'exécution forcée, Lettre d'actualités* mai 2011, n° 55, p. 1, spéc. p. 3 : « *Le créancier qui procède directement à la saisie-attribution d'une créance en monnaie étrangère supportera seul le risque de change. Au contraire, celui qui fait d'abord une saisie conservatoire puis une conversion en saisie-attribution reportera ce risque sur les épaules du tiers saisi* [...] *qui devient responsable du risque de dépréciation de valeur de la créance saisie* ».
2. Com. 4 oct. 2005, n° 02-18.201, P IV, n° 189 ; *JDI* 2005. 601, note G. Cuniberti ; *Dr. et proc.* 2006. 103, obs. G. Cuniberti ; *Gaz. Pal.* 24-25 févr. 2006. 26, note M.-L. Niboyet.
3. Civ. 1re, 6 nov. 1979, n° 77-15.856, Nassibian, P I, n° 269 ; *JDI* 1980. 95, rapp. A. Ponsard ; *Rev. crit. DIP* 1980. 588, note G. Couchez – Ancel et Lequette, n°s 59-60.
4. Civ. 1re, 11 févr. 1997, n° 94-21.500, Strojexport, P I, n° 47 ; *D.* 1997. IR 62 ; *JCP* 1997. IV. 740 – Ancel et Lequette, n°s 59-60 – v. aussi H. Muir Watt, « Chronique de droit judiciaire international », *Justices* 1995-2, n°s 5 s. – E. Guinchard, mémoire DEA DIP, Paris II, sept. 1998, n°s 130 s.
5. Civ. 1re, 17 janv. 1995, n° 92-10.165, Méridien Breckwoldt, P I, n° 34 ; *JCP* 1995. II. 22430, note H. Muir Watt ; *Rev. crit. DIP* 1996. 133, note Y. Lequette.
6. Y. Lequette, *Rev. crit. DIP* 1996. 134.
7. Civ. 1re, 11 févr. 1997, n° 96-13.267, S[té] Latvian Shipping, P I, n° 48 ; *DMF* 1997. 616, note P. Bonassies.
8. M. Bauer, *Compétence judiciaire internationale des tribunaux civils français et allemands*, Dalloz, 1965, n° 99.

1711.215 Justification du revirement par la réforme des voies d'exécution ? Défavorisant l'exécution, l'arrêt *Strojexport* ne peut être justifié. Certes, on a pu soutenir qu'il s'expliquait par la loi du 9 juillet 1991 portant réforme des procédures civiles d'exécution. L'arrêt rendu dans l'affaire *Strojexport* par la cour d'appel de Paris le 2 novembre 1994[1] a ainsi, approuvé en cela par la Haute juridiction qui parle de motifs « surabondants » dans son arrêt, déduit de la substitution, opérée par cette loi, de la saisie-arrêt par la saisie-attribution, la disparition de la compétence des tribunaux français pour trancher un litige relatif à l'existence de la créance invoquée par une personne procédant à une saisie conservatoire. En effet, l'instance en validité qui caractérisait l'ancienne procédure ayant été supprimée, seule demeure, pour le saisissant dépourvu de titre exécutoire, l'obligation d'introduire une procédure afin de l'obtenir. Or cette procédure n'est plus de la compétence du JEX mais de celle du juge de droit commun. Autrement dit, la jurisprudence *Nassibian* était liée à la configuration particulière de la saisie-arrêt.

1711.216 Absence de justification. Comme des auteurs l'ont remarqué, ceci est pour le moins curieux dans la mesure où l'arrêt *Nassibian* lui-même étendait sa solution aux inscriptions provisoires d'hypothèques judiciaires sur des immeubles situés en France, alors que pour ces sûretés judiciaires « *il n'y avait aucune instance en validité comparable à celle qui, en matière de saisie-arrêt, créait un lien procédural particulier entre la mesure d'exécution et sa cause ; la contestation relevait en toute hypothèse d'une instance distincte* »[2]. En outre, c'est se méprendre sur la transposition au plan international des règles internes de compétence : seules les règles de compétence territoriale, non celles d'attribution, sont concernées. Par conséquent, la réforme des voies d'exécution ne semble pas pouvoir justifier un revirement sur la question du *forum arresti*.

1711.217 Justification du *forum arresti* par la réforme. M. Couchez a même affirmé que les nouveaux textes permettent davantage de justifier la jurisprudence *Nassibian* que de la condamner[3]. Il a ainsi remarqué que l'article 215 du décret d'application de la loi de 1991 (devenu. C. pr. exéc., art. R. 511-7) impose au créancier procédant à une saisie conservatoire sans pour autant être muni d'un titre exécutoire, d'engager une procédure afin d'obtenir ce dernier, et ce dans le délai d'un mois, à peine de caducité de la mesure : ce délai n'est-il pas trop bref pour saisir le tribunal étranger susceptible (ce qui signifie que cela ne peut être n'importe quel tribunal, auquel cas la règle du délai serait bien vite contournée) de connaître de l'instance au fond ?

1. Paris, 2 nov. 1994, resté inéd. selon ANCEL et LEQUETTE, p. 547, qui en donnent toutefois un aperçu.
2. H. Muir Watt, note préc. s[s] Civ. 1re, 17 janv. 1995, n° 92-10.165, Méridien Breckwoldt, n° 6 (v. s[s] n° 1711.213).
3. COUCHEZ, p. 133.

§ 4
Action en responsabilité pour mesure conservatoire injustifiée

1711.221 Droit européen (règlement Bruxelles I / I *bis* et convention de Lugano II). Compétence directe. La responsabilité pour mesure conservatoire injustifiée revêtant une nature extracontractuelle relève, quant à la compétence au fond, du juge du domicile du défendeur[4] ou de celui du lieu du fait dommageable[5]. En effet, interprétant de manière autonome la notion de « *matière délictuelle ou quasi-délictuelle* » figurant à l'article 5-3° de la convention de Bruxelles de 1968 (aujourd'hui Bruxelles I *bis*, art. 7-2), la Cour de justice estime qu'elle comprend « *toute demande qui vise à mettre en cause la responsabilité d'un défendeur et qui ne se rattache pas à la "matière contractuelle" au sens de l'article 5, point 1* [Bruxelles I *bis*, art. 7-1] »[6], ce qui s'avère assurément le cas en l'espèce[7]. L'article 7-2 permet ainsi de saisir le juge du lieu où la mesure injustifiée a été rendue, étant entendu concernant la localisation du dommage résultant de ce type de mesures, que « *le dommage provoqué par une mesure provisoire injustifiée se produit là où celle-ci a produit ses effets directs* »[8].

1711.222 Droit commun. Compétence directe. La compétence territoriale du JEX du lieu où sont situés les biens saisis est étendue à l'ordre international. En ce sens, *mutatis mutandis*, le célèbre arrêt *Cyprien Fabre*[9], qui a appliqué en droit international

4. Règl. (UE) n° 1215/2012, 12 déc. 2012, Bruxelles I *bis*, art. 4 – Règl. (CE) n° 44/2001, 22 déc. 2000, Bruxelles I, et Conv. Lugano II, 30 oct. 2007, art. 2.
5. Règl. (UE) n° 1215/2012, 12 déc. 2012, Bruxelles I *bis*, art. 7-2 – Règl. (CE) n° 44/2001, 22 déc. 2000, Bruxelles I, et Conv. Lugano II, 30 oct. 2007, art. 5-3.
6. CJCE 27 oct. 1998, La Réunion européenne SA c/Spliethoff's Bevrachtingskantoor BV, aff. C-51/97, *Rec. CJCE* I-06511, pt 22 ; *Rev. crit. DIP* 1999. 327, note H. Gaudemet-Tallon qui reprend le point 18 de son arrêt *Kalfelis* : CJCE 27 sept. 1988, Kalfelis, aff. C-189/87, *Rec. CJCE* 05565 ; *Rev. crit. DIP* 1989. 116, note H. Gaudemet-Tallon.
7. EN CE SENS, à propos de la convention de Lugano de 1988 – au contenu identique sur ce point –, v. O. Merkt, « Les mesures provisoires en droit international privé », *Études suisses de droit international*, vol. 86, Zürich, Schulthess Polygraphischer Verlag, 1993, n° 383 – Sur l'esquisse de définition de la matière contractuelle, CJCE 17 juin 1992, Jacob Handte, aff. C-26/91, *Rec. CJCE* 03967, spéc. pt 15 ; *Rev. crit. DIP* 1992. 729, note H. Gaudemet-Tallon.
8. O. Merkt, « Les mesures provisoires en droit international privé », n° 384 (préc. s[s] prés[t] n°).
9. Civ. 12 mai 1931, Cyprien Fabre (préc., v. s[s] n° 1711.08).

privé la règle de droit interne selon laquelle le juge compétent pour statuer sur la validité ou la nullité de la saisie a également compétence pour statuer sur une demande en dommages et intérêts en réparation du préjudice causé par cette saisie. Cette compétence, dictée par une volonté de proximité et de concentration du contentieux, avait toutefois été critiquée, dans un souci de rigueur du raisonnement internationaliste, par Niboyet dans sa note, au motif que « *les conflits dans l'espace conduisent à faire des différenciations que le droit interne ignore* [...]. *C'est ainsi que la compétence du tribunal étranger pour la saisie n'entraîne plus, selon nous, celle sur l'action en responsabilité du saisissant* »[1].

1711.223 Droit européen. Loi applicable. Le règlement (CE) n° 864/2007 du Parlement européen et du Conseil[2], sur la loi applicable aux obligations non contractuelles (Rome II), qui se substitue au droit international privé commun en raison de son application universelle, est entré en vigueur le 11 janvier 2009. Il régit la question de la loi applicable à une **action en responsabilité pour mesure conservatoire injustifiée**. En effet, son champ d'application couvre, à l'instar de Bruxelles I et Bruxelles I *bis*, la matière civile et commerciale. Il n'existe donc aucune raison pour exclure de Rome II l'action en responsabilité pour mesure conservatoire injustifiée prononcée dans le cadre de procédures individuelles d'exécution au motif que celles-ci relèvent de la puissance publique : elles ne peuvent être exclues de la matière civile et commerciale puisqu'elles rentrent déjà dans le champ d'application de Bruxelles I et I *bis*, qui leur consacre même des dispositions spécifiques (v. s[s] n°s 1711.51 s.). Il en va *a fortiori* ainsi de l'action en responsabilité, distincte de la mesure conservatoire. Devraient donc être rejetées les qualifications procédurales retenues par certains États membres.

En revanche, une difficulté a trait à l'identification de la disposition pertinente de Rome II. Si, selon la conception française, l'action en responsabilité pour mesure conservatoire injustifiée revêt généralement une nature quasi délictuelle, il n'existe malheureusement pas dans Rome II de disposition spécifique désignant la loi applicable à un tel quasi-délit, de sorte que si la question rentre dans le champ d'application de Rome II, sa résolution aboutit à appliquer la règle générale figurant à l'article 4, disposition qui renvoie à titre principal à la loi du lieu du dommage direct[3], mais pourrait donner lieu à débat, d'abord parce que le dommage n'est pas localisé, ensuite parce que la loi du dommage doit être écartée en cas de résidence habituelle commune des parties[4] ou de liens (manifestement) plus étroits avec un autre pays[5]. En pratique, la loi du lieu où la saisie a été pratiquée devrait le plus souvent trouver à s'appliquer en tant que loi du dommage, et l'article 4.3 pourrait être utilisé pour écarter l'application automatique de l'article 4.2 en permettant de revenir à la loi du lieu de la saisie[6].

1711.224 Droit commun. Loi applicable. Solution antérieure à Rome II. S'agissant d'un cas de responsabilité extracontractuelle, s'applique la loi du lieu du (quasi) délit, soit la loi du lieu où la saisie a été pratiquée : l'action en dommages-intérêts introduite en France contre un Français à raison d'une saisie qu'il avait indûment pratiquée sans mauvaise foi, ni dol, sur un navire étranger dans un port étranger, doit être appréciée au point de vue de l'existence et de la responsabilité encourue d'après la loi du pays où l'acte incriminé a été commis[7].

Rappr. la convention de Bruxelles du 10 mai 1952 pour l'unification de certaines règles sur la saisie conservatoire des navires de mer, dont l'article 6 semble ouvrir une option en renvoyant à « *la loi de l'État contractant dans le ressort dans lequel la saisie a été pratiquée ou demandée* », mais en réalité ne désigne que la première loi dans la mesure où seul le juge du lieu de la saisie est compétent pour l'ordonner[8].

J.-M. Reymond qui préconise la loi du lieu où la mesure conservatoire a été ordonnée (et non exercée, ce qui importe en pratique dans l'hypothèse d'une compétence extraterritoriale pour la saisie, comme dans le cadre du règlement Bruxelles I en ce qui concerne la compétence au fond : v. s[s] n° 1711.131) au motif que « *la responsabilité qu'elles font encourir au requérant – qui est censé l'avoir acceptée – peut*

1. J.-L. Niboyet, *S.* 1932. 1. 139.
2. Règl. (CE) n° 864-2007, Parlement et Conseil, 11 juin. 2007, sur la loi applicable aux obligations non contractuelles, (Rome II), *JOUE* L. 199, 31 juill., p. 40.
3. Règl. (CE) n° 864/2007, 11 juill. 2007, Rome II, art. 4.1.
4. Règl. (CE) n° 864/2007, 11 juill. 2007, Rome II, art. 4.2.
5. Règl. (CE) n° 864/2007, 11 juill. 2007, Rome II, art. 4.3.
6. Pour combler cette lacune tenant à l'absence de disposition spécifique dans Rome II, l'article 13 du règlement « OESC » déclare que le droit applicable à la responsabilité du créancier est le droit de l'État membre d'exécution (v. s[s] n° 1711.231).
7. Civ. 16 mai 1888, Cie La Bâloise c/Wallemberg et Cie La Foncière, *JDI* 1889. 664 – Pour quelques autres références EN CE SENS, et leur approbation, v. P. Bourel, *Les conflits de lois en matière d'obligations extracontractuelles*, LGDJ, 1961, p. 209 – Qui cite T. civ. Strasbourg, 28 janv. 1929, Stross c/Meyer, *JDI* 1929. 1131, note M. Nast (précisons que ce jugement n'applique la loi du lieu du délit que « *si l'auteur de l'acte illicite et la victime sont de nationalité différente* », mais cette réserve est aujourd'hui, bien entendu, totalement archaïque) – et Paris, 1er juill. 1959, Patino, *Rev. crit. DIP* 1960. 192, note P. Bourel – V. AUSSI *J.-Cl. Int.*, V° Sources extra-contractuelles des obligations. Domaine de la loi compétente, fasc. 553-2, par G. Légier, n°s 20 et 28 – Rép. internat., v° *Responsabilité civile*, par P. Bourel, déc. 1998 (actu. juill. 2022), n° 70 *in fine*.
8. Règl. (CE) n° 864/2007, 11 juill. 2007, Rome II, art. 4.

influer sur la décision d'admettre ou de rejeter la requête de mesures provisionnelles »[1].

Sur la monnaie de compte des dommages-intérêts pour procédure abusive, v. E. Putman[2] qui préconise la loi du for, approuvé en cela par G. Légier[3].

§ 5
Ordonnance européenne de saisie conservatoire des comptes bancaires

1711.231 Champ d'application. Après de nombreuses tractations, le règlement (UE) n° 655/2014 du Parlement européen et du Conseil[4], portant création d'une procédure d'ordonnance européenne de saisie conservatoire des comptes bancaires (« OESC »), destinée à faciliter le recouvrement transfrontière de créances en matière civile et commerciale, a été adopté le 15 mai 2014. Applicable depuis le 18 janvier 2017[5], il constitue un événement puisqu'il est le premier règlement européen dont l'objet porte sur le droit de l'exécution au sens du droit interne. Cette caractéristique explique probablement pour une grande partie le refus du Royaume-Uni, lorsqu'il était membre de l'Union européenne, de participer à l'adoption du règlement, rejoignant ce faisant le Danemark.

Le nouveau règlement instaure, en matière civile et commerciale et dans les seuls litiges transfrontières[6], une procédure facultative[7] permettant à un créancier d'éviter que le recouvrement ultérieur de sa créance pécuniaire ne soit mis en péril par le transfert ou le retrait de fonds détenus par ou pour le compte du débiteur sur un compte bancaire tenu dans un État membre[8] (art. 1.1).

La référence à la matière civile et commerciale est classique dans l'espace judiciaire civil européen. Elle vise à écarter expressément les matières fiscales, douanières, ou administratives ainsi que la responsabilité de l'État pour des actes ou des omissions commis dans l'exercice de la puissance publique (*acta jure imperii*). Elle n'est toutefois pas elle-même sans quelques exceptions, qui peuvent varier d'un règlement à l'autre et qui, pour le règlement « OESC », comprennent les régimes matrimoniaux (ou équivalents pour les relations réputées avoir des effets comparables au mariage), les testaments et les successions (y compris les obligations alimentaires résultant d'un décès), les procédures de faillite (au sens large du droit international privé), la sécurité sociale et l'arbitrage[9]. Des exceptions complémentaires, en rapport avec l'objet spécifique du règlement « OESC », sont également prévues, puisqu'il ne s'applique pas aux comptes bancaires qui, selon le droit de l'État membre dans lequel le compte est tenu, ne peuvent pas faire l'objet d'une saisie, ou aux comptes tenus en rapport avec le fonctionnement d'un système de paiement au sens du droit européen, ou encore aux comptes bancaires détenus par ou auprès des banques centrales agissant en leur qualité d'autorités monétaires.

La référence aux litiges transfrontières s'est imposée dès le départ compte tenu de l'échec de la Commission européenne dans sa volonté, lors de la négociation de règlements antérieurs, notamment le règlement instituant une procédure européenne d'injonction de payer (« IPE »)[10], de couvrir également les situations internes. Mais leur définition a considérablement évolué. Là où la Commission adoptait dans sa proposition une définition négative, le Conseil et le Parlement européen en sont revenus à une traditionnelle définition positive, et donc plus restrictive, du litige transfrontière. L'article 3 le définit ainsi : il s'agit d'un litige dans lequel, à la date à laquelle la demande de saisie conservatoire a été introduite auprès de la juridiction compétente pour délivrer l'OESC (il ne s'agit donc pas de n'importe quelle juridiction, la maîtrise des règles

1. J.-M. Reymond, « Mesures provisionnelles injustifiées ou effet suspensif en cas de recours infondé : quelle responsabilité ? », *Le droit en action*, Faculté de droit de Lausanne, 1996, p 414 – DANS LE MÊME SENS, O. Merkt, « Les mesures provisoires en droit international privé », n° 418 (préc., v. s^s n° 1711.221).
2. E. Putman, note s^s Civ. 1re, 4 déc. 1990, n° 88-11.949, *Rev. crit. DIP* 1992. 294, n° 3.
3. *J.-Cl. Int., V°* Sources extra-contractuelles des obligations. Domaine de la loi compétente, fasc. 553-2, par G. Légier, n° 107.
4. Règl. (UE) n° 655/2014, Parlement et Conseil, 15 mai 2014, portant création d'une procédure d'ordonnance européenne de saisie conservatoire des comptes bancaires, destinée à faciliter le recouvrement transfrontière de créances en matière civile et commerciale, *JOUE* L. 189/59, 27 juin – Pour un commentaire, v. G. Payan, « La nouvelle procédure européenne de saisie conservatoire des comptes bancaires », *Lamy Droit de l'exécution forcée, Lettre d'actualités* sept. 2014, n° 85 – Le règlement OESC doit être lu en conjonction avec le règlement d'exécution (UE) n° 2016/1823 de la Commission du 10 octobre 2016 établissant les formulaires mentionnés dans le règlement (UE) n° 655/2014 du Parlement européen et du Conseil portant création d'une procédure d'ordonnance européenne de saisie conservatoire des comptes bancaires, destinée à faciliter le recouvrement transfrontière de créances en matière civile et commerciale (*JOUE* L. 283, 19 oct., p. 1).
5. Règl. (UE) n° 655/2014, 15 mai 2014, art. 54.
6. Règl. (UE) n° 655/2014, 15 mai 2014, art. 2.
7. Règl. (UE) n° 655/2014, 15 mai 2014, art. 1.2.
8. Règl. (UE) n° 655/2014, 15 mai 2014, art. 1.1.
9. Règl. (UE) n° 655/2014, 15 mai 2014, art. 2.
10. Règl. (CE) n° 1896/2006, Parlement et Conseil, 12 déc. 2006, instituant une procédure européenne d'injonction de payer, *JOUE* L. 399, 30 déc., p. 1 – Une version légèrement modifiée de ce règlement, sans incidence sur le propos tenu au texte, est aujourd'hui en vigueur suite au règlement (UE) n° 2015/2421 du Parlement européen et du Conseil du 16 décembre 2015 modifiant le règlement (CE) n° 861/2007 instituant une procédure européenne de règlement des petits litiges et le règlement (CE) n° 1896/2006 instituant une procédure européenne d'injonction de payer (*JOUE* L. 341, 24 déc., p. 1), applicable depuis le 14 juillet 2017.

de compétence de l'article 6 étant requise), le compte bancaire visé est tenu dans un État membre autre que celui soit de la juridiction saisie de la demande d'OESC soit du domicile du créancier.

1711.232 **Procédure.** L'OESC est disponible aussi bien avant que le créancier n'engage une procédure au fond dans un État membre à l'encontre du prétendu débiteur (ou à tout moment au cours de cette procédure), qu'après que le créancier a obtenu, dans un État membre, une décision, une transaction judiciaire ou un acte authentique exigeant du débiteur le paiement de sa créance [1, 2]. La distinction entre ces deux hypothèses s'avère toutefois décisive au niveau de la procédure d'obtention de l'OESC [3]. Ainsi, dans la première hypothèse, compétence appartient aux juridictions de l'État membre qui sont compétentes pour statuer au fond conformément aux règles de compétence pertinentes applicables [4], soit à titre de principe celles figurant dans Bruxelles I *bis*. Toutefois, comme dans le règlement « IPE », une règle de compétence spécifique est édictée en faveur du défendeur consommateur qui a conclu un contrat, à des fins pouvant être considérées comme étrangères à son activité professionnelle, avec le créancier : ont seules compétence les juridictions de l'État membre de son domicile, dès lors bien entendu que l'OESC vise à garantir une créance concernant ce contrat [5]. Dans la seconde hypothèse, compétence appartient aux juridictions de l'État membre dans lequel la décision a été rendue ou la transaction judiciaire approuvée ou conclue [6] ; ou, s'il s'agit d'un acte authentique, aux juridictions désignées à cet effet dans l'État membre dans lequel l'acte a été établi [7]. Pareille dichotomie continue sur d'autres plans. Ainsi, alors que dans les deux hypothèses, le créancier doit remplir cette condition traditionnelle qu'est le *periculum in mora* [8], il ne doit prouver l'existence d'un *fumus boni juris* que dans la première (ce qui s'avère légitime puisqu'il ne dispose précisément pas de titre), et doit en outre alors introduire une procédure au fond dans les trente jours à compter de la date d'introduction de la demande d'OESC ou dans les quatorze jours de la date de délivrance de l'ordonnance si cette date est postérieure [9]. De même, dans la première hypothèse, le créancier doit *a priori* systématiquement fournir une garantie (ne pouvant en être dispensé qu'à titre exceptionnel par la juridiction), alors que dans la seconde le principe est plutôt inverse [10]. Un régime commun aux deux hypothèses figure toutefois à l'article 13 : celui de la responsabilité du créancier à l'égard du débiteur, le premier étant responsable de tout préjudice causé au second par l'OESC en raison de sa faute (présumée dans plusieurs hypothèses). De manière intéressante, l'article 13 ajoute que le droit applicable à la responsabilité du créancier est le droit de l'État membre d'exécution, une solution traditionnelle mais qui fait heureusement l'objet d'une disposition spécifique, le règlement « OESC » contrastant ici avec le règlement Rome II (qui, faute d'une règle spécifique à l'abus de saisie, renvoie nécessairement sur ce point à la règle générale de l'article 4, guère appropriée).

La demande d'OESC est introduite par voie de formulaire, selon une pratique courante dans l'espace judiciaire civil européen. Les indications usuelles sont requises [11] : nom et coordonnées des parties (avec, si possible, pour les personnes physiques, le numéro du passeport ou de la carte d'identité) ; le nom et l'adresse de la banque du débiteur (ou autre élément permettant son identification, tel que le code IBAN), à défaut une déclaration du créancier indiquant qu'une demande est introduite pour obtenir des informations relatives aux comptes en vertu de l'article 14, et une motivation indiquant les raisons pour lesquelles le créancier pense que le débiteur détient un compte auprès d'une banque dans un État membre déterminé (en réalité, cet article 14 exige que le créancier soit déjà en possession d'un titre, ce qui limite sérieusement l'effectivité de l'OESC car c'est probablement avant toute procédure au fond que l'OESC apparaît la plus nécessaire [12] ...) ; si possible

1. Règl. (UE) n° 655/2014, 15 mai 2014, 15 mai 2014, art. 5.
2. Le 7 novembre 2019, la CJUE a rendu sa première décision sur le règlement OESC. Elle porte notamment sur ses articles 4, pt 10, et 5, sous a), qui, selon la Cour, doivent être interprétés en ce sens, *d'une part*, qu'une injonction de payer, qui n'est pas exécutoire, ne relève pas de la notion d'« acte authentique » au sens de l'article 4 ; d'autre part, qu'une procédure d'injonction de payer en cours peut être qualifiée de « procédure au fond » au sens de l'article 5 : CJUE 7 nov. 2019, K. H. K. c/B. A. C., E. E. K., aff. C-555/18. Sur cet arrêt, v. G. Payan, *in* G. Payan (dir.), *Espace judiciaire civil européen. Arrêts de la CJUE et commentaires*, Bruylant, 2020, comm. 345, p. 1173.
3. À tel point que la première hypothèse pourrait paraître plus théorique que réelle si le créancier ne dispose pas d'ores et déjà des coordonnées de la banque du défendeur : v. les renseignements à fournir dans le formulaire de demande de l'OESC (art. 8) et l'impossibilité de recourir, en l'absence de titre, à la procédure de l'article 14 pour obtenir des informations relatives aux comptes du prétendu débiteur.
4. Règl. (UE) n° 655/2014, 15 mai 2014, art. 6.1.
5. Règl. (UE) n° 655/2014, 15 mai 2014, art. 6.2.
6. Règl. (UE) n° 655/2014, 15 mai 2014, art. 6.3.
7. Règl. (UE) n° 655/2014, 15 mai 2014, art. 6.4.
8. Règl. (UE) n° 655/2014, 15 mai 2014, art. 7.1.
9. Règl. (UE) n° 655/2014, 15 mai 2014, art. 10.
10. Règl. (UE) n° 655/2014, 15 mai 2014, art. 12.
11. Règl. (UE) n° 655/2014, 15 mai 2014, art. 8.
12. La nécessité d'obtenir des informations détaillées sur son cocontractant potentiel avant tout accord en sort renforcée, mais sa mise en œuvre peut être difficile, notamment pour un particulier. On note toutefois l'importante avancée (et avance) du droit français, qui, depuis le 24 décembre 2021, permet à l'huissier de justice d'obtenir des renseignements non seulement en présence d'un titre exécutoire mais « *d'une décision de justice autorisant une saisie conservatoire sur comptes bancaires* » (LPF, art. L. 151 A).

le numéro exact du ou des comptes devant faire l'objet de la saisie conservatoire ; le nom et l'adresse de la juridiction auprès de laquelle la demande est introduite ; le montant pour lequel l'OESC est demandée. Parmi les autres informations requises, on note une description de toutes les circonstances pertinentes justifiant la compétence de la juridiction délivrant l'OESC ou sa délivrance, une déclaration de bonne foi du créancier ainsi qu'une « *liste des éléments de preuve fournis par le créancier* ». Cette dernière exigence pourrait rappeler le règlement « IPE », qui n'exige pas la production de preuves, seulement leur description. Toutefois, le législateur européen a semble-t-il entendu les critiques émises à cet égard et l'article 8.3 précise que la « *demande est accompagnée de toutes les pièces justificatives utiles* ». Confirmant ce point crucial, l'article 9 nous apprend que la juridiction statue « *en se fondant sur les informations et les éléments de preuve fournis par le créancier dans ou avec sa demande* », mais qu'elle peut demander au créancier de fournir des éléments de preuve documentaires supplémentaires, sous réserve toutefois que cette possibilité soit offerte en droit national.

1711.233 Ordonnance européenne de saisie conservatoire. La juridiction saisie de la demande d'OESC examine si les conditions et exigences énoncées dans le règlement sont réunies et rend sa décision dans les dix jours si le créancier ne possède pas encore de titre et dans les cinq jours lorsque c'est le cas [1, 2]. Ces délais sont toutefois, en vertu de l'article 45, et en présence de circonstances exceptionnelles, prorogeables, sans alors de limitation de durée [3]. Le créancier peut faire appel dans les trente jours [4].

Concrètement, l'ordonnance de saisie conservatoire prend la forme d'un formulaire comprenant deux parties, la seconde plus complète que la première car elle est destinée aux seuls créancier et débiteur et non également à la banque [5]. La première partie vise, outre l'identification des intéressés (juridiction, parties et banque), celle du numéro de compte et la mention des obligations pesant sur la banque. La seconde partie tend à protéger le débiteur à travers, outre des informations sur les voies de recours dont il dispose, la description de l'objet du litige et du raisonnement qui a conduit la juridiction à délivrer l'ordonnance, l'indication du montant de la garantie éventuelle constituée par le créancier et le délai qui lui est éventuellement imparti pour engager une procédure au fond, et l'indication des éventuels documents qui doivent être traduits.

Une banque à laquelle une ordonnance de saisie conservatoire est adressée la met en œuvre sans tarder [6] en respectant les prescriptions du règlement, ainsi de la hiérarchie à respecter lorsque l'OESC porte sur plusieurs comptes détenus par le débiteur auprès d'une même banque et que les fonds détenus sur ces comptes excèdent le montant précisé dans l'ordonnance. Elle doit en outre procéder à une déclaration [7]. Les fonds saisis le demeurent à titre conservatoire jusqu'à ce que l'ordonnance soit révoquée ; ou que son exécution prenne fin ; ou jusqu'à ce qu'une saisie exécutoire ait pris effet en ce qui concerne les fonds faisant l'objet de l'ordonnance [8].

L'*exequatur* disparaît [9] (art. 22). En dehors même des avantages qu'apporte l'existence en soi d'une procédure uniforme à celui qui franchit les frontières au quotidien, le créancier obtient ainsi aujourd'hui avec le règlement OESC ce qui lui manque par ailleurs – puisque la célèbre jurisprudence *Denilauler* [10] a été codifiée dans le règlement Bruxelles I *bis* [11] –, à savoir le caractère unilatéral de la procédure d'obtention de la mesure conservatoire [12] couplé à la disparition de l'*exequatur*. L'OESC présente ici un net intérêt comparatif.

Mais des recours sont prévus en faveur du débiteur, soit contre l'ordonnance de saisie conservatoire et la demande est alors portée devant la juridiction compétente de l'État membre d'origine [13], soit contre l'exécution de l'ordonnance de saisie conservatoire et la demande est alors adressée à la juridiction compétente ou, lorsque le droit national le prévoit, à l'autorité d'exécution compétente de l'État membre d'exécution [14].

1. Règl. (UE) n° 655/2014, 15 mai 2014, art. 17 et 18.
2. L'article 17.4 déclare que l'OESC est délivrée pour le montant justifié par les éléments de preuve et déterminé selon le droit applicable à la créance sous-jacente. Ce recours à la règle de conflit de lois contraste avec l'arrêt *Denney* (Civ. 1re, 16 avr. 1996, n° 94-15.531, P I, n° 183), où la Cour de cassation déclare qu'il « *n'est pas dans son pouvoir* [au juge saisi d'une demande d'autorisation d'une mesure conservatoire] *d'appliquer la règle de conflits de lois, qui concerne le fond du litige* » (l'attendu avait cependant trait à une mesure conservatoire portant sur des meubles dépendant d'une succession, ce dernier domaine étant exclu du règlement (UE) n° 655/2014).
3. La Cour de justice a précisé, dès son premier arrêt sur le règlement OESC, et si tant est que la réponse ne paraissait pas évidente, que les vacances judiciaires ne relèvent pas de la notion de « circonstances exceptionnelles » au sens de l'article 45 : CJUE 7 nov. 2019, K. H. K. c/B. A. C., E. E. K., aff. C-555/18, (préc., v. s° n° 1711.232).
4. Règl. (UE) n° 655/2014, 15 mai 2014, art. 21.
5. Règl. (UE) n° 655/2014, 15 mai 2014, art. 19.
6. Règl. (UE) n° 655/2014, 15 mai 2014, art. 24.
7. Règl. (UE) n° 655/2014, 15 mai 2014, art. 25.
8. Règl. (UE) n° 655/2014, 15 mai 2014, art. 20.
9. Règl. (UE) n° 655/2014, 15 mai 2014, art. 22.
10. CJCE 21 mai 1980, aff. 125/79.
11. V. art. 2, a) *in fine* du règlement. Sur de possibles exceptions, v. J.-F. van Drooghenbroeck et C. de Boe, « Les mesures provisoires et conservatoires dans le règlement Bruxelles I *bis* », *in* E. Guinchard (dir.), spéc. n° 26.
12. Règl. (UE) n° 655/2014, 15 mai 2014, art. 11.
13. Règl. (UE) n° 655/2014, 15 mai 2014, art. 33.
14. Règl. (UE) n° 655/2014, 15 mai 2014, art. 34.

1711.234 Appréciation générale. Il reste à voir si le règlement « OESC », d'une importance théorique indéniable, constituera un succès en pratique. En effet, il comporte de nombreux renvois au droit national. On ne vise point ici le nécessaire (à ce stade de la construction européenne) renvoi général de l'article 46.1 au droit de l'État membre dans lequel la procédure se déroule. On vise en revanche les multiples renvois spécifiques, *inter alia* en matière de responsabilité de la banque pour manquement aux obligations qui lui incombent en vertu du règlement[1], de saisie conservatoire de comptes joints et de comptes de mandataire[2]), de montants exemptés de saisie conservatoire[3], de rang de l'ordonnance de saisie conservatoire[4], de possibilité pour la juridiction ayant délivré l'OESC de modifier ou révoquer de sa propre initiative l'ordonnance au motif que les circonstances ont changé[5], de droit des tiers de contester l'OESC ou son exécution[6] et de frais[7]. Ces renvois sont autant de lacunes, déjà présentes dans la proposition de 2011[8] et qui n'ont pas été comblées lors du processus législatif malgré un léger progrès (le droit d'interjeter appel en matière de voies de recours, qui relevait du droit national en vertu de l'article 37 de la proposition, est ainsi désormais garanti au même article du règlement). De sorte qu'on peut s'interroger et sur l'uniformité que le règlement « OESC » souhaite réaliser, minée par le nombre de renvois, et sur l'effectivité de la procédure instaurée, quelque peu compromise puisqu'un renvoi au droit national peut porter sur une question aussi essentielle que celle de la responsabilité de la banque pour manquement aux obligations qui lui incombent en vertu du règlement[9]. L'avantage que le nouveau règlement entend procurer en particulier au créancier s'en trouve d'autant diminué.

SECTION 3
EXÉCUTION FORCÉE

1711.240 Plan. Seront examinées ici les difficultés ayant trait au titre exécutoire (§ 1 et 2) et au déroulement de la procédure (§ 3 et 4). Les règles relatives à la distribution des deniers seront également présentées (§ 5). Au préalable toutefois, il convient d'aborder brièvement la question de l'astreinte.

1711.241 Astreinte (droit européen). Bruxelles I *bis*, Bruxelles I et convention de Bruxelles – Notion. En droit européen, l'astreinte fait l'objet d'une disposition spécifique : l'article 55 du règlement Bruxelles I *bis*, qui reprend l'article 49 du règlement Bruxelles I et de la convention Lugano II, qui reprenait lui-même l'article 43 des anciennes conventions de Bruxelles et de Lugano : « *Les décisions rendues dans un État membre condamnant à une astreinte ne sont exécutoires dans l'État membre requis que si le montant en a été définitivement fixé par la juridiction d'origine.* ». Cette disposition, qui ne s'applique que lorsque l'astreinte vise à assurer le respect d'un droit entrant dans le champ d'application matériel du règlement Bruxelles I *bis*[10], ne définit toutefois pas l'astreinte, ce qui soulève de nombreuses difficultés. Une partie de la doctrine francophone[11] souhaite, en effet, réserver la qualification d'astreinte aux seules astreintes du Benelux et de la France, excluant du bénéfice de l'article 55, et plus largement du champ d'application du règlement Bruxelles I *bis*, les astreintes notamment germaniques. Cette interprétation restrictive de l'article 55 se heurte à la version allemande du règlement, qui ne fait pas référence à l'astreinte mais bien à la *Zwangsgeld* (régie par le § 888 ZPO allemand). Au-delà de cet argument linguistique, cette thèse souffre d'un manque de considération pour la nature européenne du règlement, appelé à s'appliquer à travers une Europe marquée par sa diversité procédurale, ce qui nécessite, à titre de principe, une interprétation autonome des concepts employés même si ceux-ci ont un sens établi en droit national. La notion

1. Règl. (UE) n° 655/2014, 15 mai 2014, art. 26.
2. Règl. (UE) n° 655/2014, 15 mai 2014, art. 30.
3. Règl. (UE) n° 655/2014, 15 mai 2014, art. 31.
4. Règl. (UE) n° 655/2014, 15 mai 2014, art. 32.
5. Règl. (UE) n° 655/2014, 15 mai 2014, art. 35.1.
6. Règl. (UE) n° 655/2014, 15 mai 2014, art. 39.
7. Règl. (UE) n° 655/2014, 15 mai 2014, art. 42 à 44.
8. V. E. Guinchard, « Le droit européen de l'exécution est né ! Présentation de la proposition de règlement portant création d'une ordonnance européenne de saisie conservatoire des comptes bancaires, destinée à faciliter le recouvrement transfrontière de créances en matière civile et commerciale », *RTD eur.* 2011. 871.
9. Règl. (UE) n° 655/2014, 15 mai 2014, art. 26.
10. C'est ce qui ressort d'un arrêt CJUE 9 sept. 2015, Christophe Bohez c/Ingrid Wiertz, aff. C-4/14, *Rev. crit. DIP* 2016. 195, note G. Payan : « *L'article 1er du règlement* [Bruxelles I] *doit être interprété en ce sens que ce règlement ne s'applique pas à l'exécution dans un État membre d'une astreinte ordonnée dans une décision, rendue dans un autre État membre, relative au droit de garde et au droit de visite aux fins d'assurer le respect de ce droit de visite par le titulaire du droit de garde* » (*adde* pt 39 : « *L'astreinte dont l'exécution est demandée dans l'affaire au principal est une mesure accessoire visant à assurer la sauvegarde d'un droit qui relève non pas du champ d'application du règlement n° 44/2001, mais de celui du règlement n° 2201/2003* ») – Sur cette affaire, v. égal. s^s n° 1711.243.
11. PAR EX. : G. Cuniberti : « *My understanding was that "astreinte" is, in Europe, a remedy peculiar to France, Belgium and Luxembourg* », in « *ECJ rules on territorial scope of prohibitions to infringe community trade marks and coercive measures* », blog conflictoflaws.net, 1er sept. 2011. L'auteur oublie au demeurant les Pays-Bas, dont le droit a pourtant inspiré la convention Benelux sur l'astreinte introduisant celle-ci en Belgique et au Luxembourg.

d'astreinte doit donc recevoir une interprétation autonome, centrée, comme pour les mesures conservatoires au sens de l'article 35 (où ne sont pas distinguées les mesures *in rem* et *in personam*), sur la « fonction » de l'institution en cause, à savoir : la condamnation, ou menace de condamnation, d'une partie au versement d'une somme d'argent en vue de faire respecter une décision de justice rendue en matière civile et commerciale. Une telle interprétation conduit à inclure dans la notion d'astreinte au sens de l'article 55, plus largement dans le champ d'application du règlement Bruxelles I *bis*, une institution comme l'*Ordnungsgeld* du § 890 ZPO allemand, qui assure une fonction équivalente à l'astreinte française (elle vise à assurer le respect de la décision rendue par un juge), même si les modalités en sont fort différentes puisque puisant leur source en droit pénal. Or, la Cour de justice a d'ores et déjà inclus l'*Ordnungsgeld* dans le champ d'application de Bruxelles I (aujourd'hui Bruxelles I *bis*, dont les légères variations quant au champ d'application ne sont pas de nature à affecter cette jurisprudence), même si elle ne s'est pas encore prononcée sur la notion d'astreinte au regard de l'article 55 en particulier (cela ne lui était pas demandé par la juridiction de renvoi) [1] : « *la notion de "matière civile et commerciale", figurant à l'article 1*er *du règlement n*o *44/2001, doit être interprétée en ce sens que ce règlement s'applique à la reconnaissance et à l'exécution d'une décision d'une juridiction qui comporte une condamnation au versement d'une amende, en vue de faire respecter une décision judiciaire rendue en matière civile et commerciale* ». Cette décision est d'autant plus remarquable que, *d'une part*, l'origine pénale de l'*Ordnungsgeld* se traduit par le recours à la contrainte par corps en cas de non-paiement de l'amende, ou même d'emblée afin de mieux garantir l'exécution de la décision, ce dont la Cour a connaissance puisque le contenu de l'article 890 est rappelé dans son arrêt ; et, *d'autre part*, que la Cour rejette comme insuffisamment pertinent le fait que son recouvrement aura lieu d'office, par l'autorité publique, et qu'elle sera versée à l'État. Le critère essentiel est la condamnation, ou menace de condamnation plus exactement (puisque d'après l'article 890.2, dans la traduction donnée par la Cour, « *la condamnation doit être précédée d'un avertissement comminatoire fait, sur demande, par la juridiction de première instance s'il ne figure pas déjà dans le jugement qui a prononcé l'obligation* » en cause), au versement d'une somme d'argent en vue de faire respecter une décision judiciaire rendue en matière civile et commerciale. Le fait qu'il s'agisse d'une amende dans le vocabulaire juridique français (le terme d'amende a été utilisé par les traducteurs de la Cour) s'avère sans pertinence.

1711.242 Astreinte (droit européen). Bruxelles I *bis*, Bruxelles I et convention de Bruxelles – Régime. La Cour ne résout toutefois pas les difficultés concrètes nées d'une telle inclusion, comme la question du versement à l'État lorsque l'astreinte a vocation à être exécutée dans un État dont l'astreinte trouve son origine dans les dommages-intérêts (astreinte au sens français du terme notamment), de telle sorte qu'elle est versée à une partie privée. Certes, cela ne lui était pas demandé par la juridiction de renvoi, mais voilà bien un point crucial en pratique. En réalité, la difficulté s'avère beaucoup plus générale. En effet, en disposant que : « *Les décisions rendues dans un État membre condamnant à une astreinte ne sont exécutoires dans l'État membre requis que si le montant en a été définitivement fixé par la juridiction d'origine.* », l'article 55 signifie que c'est seulement « *après liquidation, et sous la forme d'une banale condamnation à paiement, que la décision du juge étranger peut circuler d'un État à l'autre* » [2]. Or la liquidation est une caractéristique du droit français, n'existant pas nécessairement dans les États voisins retenant pourtant une conception similaire de l'astreinte, ce qui conduit ces États soit à adapter en conséquence leur droit, ou leur pratique, soit à voir leurs astreintes rejetées (pour un ex., v. un arrêt de la cour d'appel de Versailles qui refuse « *de rendre exécutoire une décision belge ayant prononcé sous astreinte une interdiction d'utiliser certaines marques dès lors que les astreintes, même si elles étaient accessoires, n'étaient pas encore liquidées* » [3]). Cette faculté d'adaptation trouve cependant ses limites en cas d'exécution dans un État membre d'une astreinte relevant d'une conception opposée à celle retenue en droit local. Dans une telle hypothèse, la Cour impose à l'État d'accueil de procéder par équivalence : « *lorsque le droit national* [d'un État membre] *ne contient aucune mesure coercitive analogue à celle* [en l'espèce, une astreinte française] *prononcée par* [un tribunal des marques communautaires], *l'objectif auquel tend cette dernière devra être poursuivi par le tribunal compétent de cet État membre en recourant aux dispositions pertinentes du droit interne de ce dernier de nature à garantir de*

1. CJUE, gr. ch., 18 oct. 2011, Realchemie Nederland BV, aff. C-406/09, pt 44 et dispositif.

2. FOUSSARD, p. 175, spéc. p. 179 – V. AUSSI GAUDEMET-TALLON et ANCEL, n° 525, qui observe : « *Ces termes de montant "définitivement fixé" semblent bien signifier seulement que l'astreinte doit avoir été liquidée, mais non que la décision de liquidation soit nécessairement à l'abri de toute voie de recours* » – Rép. internat., v° *Voies d'exécution*, par Ph. Théry, janv. 2013, n° 27 – Sur l'assimilation des termes de montant « *définitivement fixé* » à une liquidation dans le cadre de la règle identique posée en matière familiale, v. ss n° 1711.243.

3. Versailles, 29 juin 2000, Dicophar c/Darley, A. Mourre, *RD aff. int.* 2001. 96.

manière équivalente le respect de ladite interdiction »[1]. On reste cependant quelque peu sur sa faim concernant la signification pratique de cette formulation au regard, par exemple, de l'exécution en France d'une astreinte germanique. Plusieurs propositions avaient été faites dans le cadre de la refonte du règlement Bruxelles I. Elles n'offraient malheureusement qu'une solution limitée au problème, qui ne peut être résolu que par la création d'une véritable astreinte européenne[2], et n'ont pas été reprises dans le règlement Bruxelles I *bis*[3]. Un article 54 a toutefois été inséré : « *Si une décision comporte une mesure ou une injonction qui est inconnue dans le droit de l'État membre requis, cette mesure ou injonction est adaptée autant que possible à une mesure ou une injonction connue dans le droit dudit État membre ayant des effets équivalents et poursuivant des objectifs et des intérêts similaires* ». L'article 54 ajoute que cette « *adaptation ne peut pas entraîner d'effets allant au-delà de ceux prévus dans le droit de l'État membre d'origine* » et que toute partie peut la contester devant une juridiction. L'article 54 et la jurisprudence de la Cour relèvent de la même philosophie classique de droit international privé, même si le premier va bien au-delà de la seule question de l'astreinte. Ils présentent le même défaut tenant à l'absence d'éclaircissement pratique.

Le règlement Bruxelles I *bis* met en revanche définitivement fin à un débat ancien. Il existe en effet une différence entre, d'un côté, les conventions de Bruxelles et de Lugano, et, de l'autre, le règlement Bruxelles I et la convention Lugano II. Ces derniers réputent l'*exequatur* déclaratif et non constitutif. Il en résulte que le point de départ de l'astreinte est le jour où le jugement étranger est devenu exécutoire dans son État d'origine et non le jour où il a obtenu l'*exequatur*[4]. Il en va *a fortiori* ainsi avec la disparition de l'*exequatur* dans le règlement Bruxelles I *bis*. Précisons enfin qu'il a été jugé qu'il était impossible, dans le cadre de la procédure unilatérale d'*exequatur* de la convention de Bruxelles, d'obtenir une astreinte[5]. Cette solution a logiquement survécu à la convention de Bruxelles dans le cadre de la convention de Lugano II et du règlement Bruxelles I. À ce dernier égard, la disparation de l'*exequatur* dans le règlement Bruxelles I *bis* rend cependant la question caduque.

1711.243 Astreinte (droit européen) – Règlement Bruxelles II *bis* et Bruxelles II *ter*. Le règlement (CE) n° 2201/2003 du Conseil, du 27 novembre 2003, relatif à la compétence, la reconnaissance et l'exécution des décisions en matière matrimoniale et en matière de responsabilité parentale abrogeant le règlement (CE) n° 1347/2000 (dit Bruxelles II *bis*)[6], applicable jusqu'au 31 juillet 2022, ne comportait pas de règle équivalente à l'article 55 du règlement Bruxelles I *bis* (sur ce dernier, v. s[s] n° 1711.241). La Cour de justice a toutefois créé, de manière prétorienne, une règle identique en décidant que « *dans le cadre du règlement n° 2201/2003, les décisions étrangères condamnant à une astreinte ne sont exécutoires dans l'État membre requis que si le montant en a été définitivement fixé par les tribunaux de l'État membre d'origine* »[7]. Ces termes de montant « *définitivement fixé* » renvoient à une liquidation, comme il résulte de la lecture des points 60 et 61 de l'arrêt : « *Il appartient au bénéficiaire de l'astreinte d'exploiter les voies procédurales ouvertes dans l'État membre d'origine pour obtenir un titre liquidant l'astreinte à son montant définitif. 61 Il résulte de ces considérations* [...] *que, dans le cadre du règlement n° 2201/2003, les décisions étrangères condamnant à une astreinte ne sont exécutoires dans l'État membre requis que si le montant en a été définitivement fixé par les tribunaux de l'État membre d'origine* » (*adde* point 57 : « *L'exigence, dans le cadre du règlement n° 2201/2003, d'une liquidation de l'astreinte préalablement à son exécution se concilie avec le caractère sensible que présente le droit de visite* »). La Cour considère que la liquidation de

1. CJUE, gr. ch., 12 avr. 2011, DHL Express, aff. C-235/09, pt 56 et dispositif, *Procédures* 2011, n° 227, note C. Nourissat.
2. V. E. Guinchard, « Nécessité et possibilité d'une astreinte européenne dans l'espace judiciaire civil », « Droit des procédures internationales », *Dr. et proc.* janv. 2010, p. 2.
3. Sur l'ensemble de la question, v. G. Payan, « Les astreintes dans le règlement Bruxelles I *bis*, permanence et perspectives », *in* E. GUINCHARD (dir.), p. 249, qui, dans une démarche prospective bienvenue, propose une solution sous la forme d'une directive en matière d'astreintes, prévoyant notamment que « *la somme due au titre de l'astreinte* [doit] *être intégralement versée à l'État membre d'origine* » (dont l'effectivité en Europe serait assurée par l'instauration d'un « *mécanisme permettant à l'autorité liquidant l'astreinte, dans l'État membre requis, d'en transférer le fruit à l'État membre d'origine, le cas échéant via la juridiction qui l'a prononcée* »), et suggérant en outre dans ses considérants que le produit de l'astreinte serve à « *alimenter un fonds de garantie créé, dans chaque État membre, au bénéfice* [...] *des créanciers d'aliments* » ou « *à financer l'aide juridictionnelle* », ce qui paraît particulièrement opportun en temps de crise économique (p. 277-278).
4. EN CE SENS : G. de Leval, « L'évanescence de l'*exequatur* dans l'espace judiciaire européen », *Studi dir diritto processuale civile in onore di Giuseppe Tarzia*, Milan, A. Giuffrè, 2005, p. 431, spéc. p. 433.
5. TGI Paris, 26 févr. 1980, *Rev. crit. DIP* 1980. 782, 2e ord., note H. Gaudemet-Tallon.
6. Règl. (CE) n° 2201/2003 du Conseil, dit « Bruxelles II *bis* », 27 nov. 2003, relatif à la compétence, la reconnaissance et l'exécution des décisions en matière matrimoniale et en matière de responsabilité parentale, abrogeant le règlement (CE) n° 1347/2000, *JOCE* L. 338, 23 déc., p. 1.
7. CJUE 9 sept. 2015, Christophe Bohez c/Ingrid Wiertz, aff. C-4/14 – Des difficultés similaires à celles posées dans le cadre de Bruxelles I *bis* (v. s[s] n° 1711.242) ne peuvent donc manquer de se poser.

l'astreinte revient au juge d'origine en tant que juge du fond dans la mesure où il ne s'agit pas seulement, dans l'affaire en cause, de constater le nombre de défauts de présentation de l'enfant mais également d'apprécier les raisons à l'origine de ces manquements (pt 59).

La Cour de justice a par ailleurs, dans le même arrêt, déclaré que « *le recouvrement d'une astreinte ordonnée par le juge de l'État membre d'origine qui a statué au fond sur le droit de visite aux fins d'assurer l'effectivité de ce droit relève du même régime d'exécution que la décision sur le droit de visite que garantit ladite astreinte et cette dernière doit, à ce titre, être déclarée exécutoire selon les règles définies par le règlement* [Bruxelles II *bis*] ».

Le règlement Bruxelles II *ter*[1], aujourd'hui applicable (depuis le 1er août 2022), ne contient pas plus que son prédécesseur, de disposition spécifique à l'astreinte.

1711.244 **Astreinte (droit commun).** En droit commun, le juge français (de l'exécution[2]) peut certainement assortir d'une astreinte le jugement étranger revêtu de l'*exequatur*[3], de la même manière que le juge français (de l'*exequatur* cette fois) peut, en vertu de la loi française applicable en tant que *lex fori*, assortir d'intérêts moratoires une condamnation prononcée par une juridiction étrangère qui en est dépourvue et qu'il vient d'exequaturer (les intérêts ne courant alors qu'à compter de la décision d'*exequatur* elle-même)[4].

Mais il existe une controverse en doctrine sur l'effet territorial ou extraterritorial de l'astreinte, ce qui n'est qu'une conséquence du débat sur sa nature. Ce dernier a d'abord été engagé sur le terrain des pouvoirs de l'arbitre[5], où il a été tranché dans un sens favorable à ce dernier comme en attestent, hier, une jurisprudence illustrée par un arrêt de la cour d'appel de Paris : « *Le prononcé d'astreintes* [...] *constitue un prolongement inhérent et nécessaire à la fonction de juger pour assurer une meilleure efficacité au pouvoir juridictionnel et ne caractérise ainsi aucun dépassement de la mission de l'arbitre* »[6] ; et, aujourd'hui, suite au décret n° 2011-48 du 13 janvier 2011 portant réforme de l'arbitrage[7], l'article 1468 C. pr. civ., qui dispose en matière d'arbitrage interne que : « *Le tribunal arbitral peut ordonner aux parties,* [...] *au besoin à peine d'astreinte, toute mesure conservatoire ou provisoire qu'il juge opportune* ». L'article 1468 C. pr. civ. est applicable en matière d'arbitrage international, sous réserve de la volonté contraire des parties, en vertu de l'article 1506 C. pr. civ.

Le débat s'est ensuite prolongé dans le domaine des jugements étrangers.

Ainsi, Dominique Foussard recommande de s'inspirer des solutions du droit conventionnel[8].

Pour notre part, nous inclinerions à penser qu'autant le principe de territorialité de l'exécution doit être scrupuleusement respecté en raison de sa source constitutionnelle, autant l'astreinte n'étant pas une mesure d'exécution *stricto sensu* même si elle contribue d'une manière importante à l'exécution, elle pourrait, *a priori*, bénéficier d'une certaine extraterritorialité. Il n'est cependant pas certain qu'une telle solution, à la supposer concevable, soit opportune : quel juge pourrait liquider ou modifier l'astreinte en fonction des circonstances ? Qu'adviendrait-il dans les États où cette institution est inconnue ou profite, non au créancier, mais à l'État ?

§ 1
Difficultés tenant au titre exécutoire quant à l'exigence d'un *exequatur* du jugement étranger

1711.251 **Nécessité de l'*exequatur* (et ses exceptions dans le cadre européen) et notion de décision pouvant recevoir *exequatur*.** Aucune exécution forcée de biens situés en France ne peut être entreprise sans un titre exécutoire (C. pr. exéc., art. L. 111-2). Par conséquent, une telle exécution ne peut être réalisée sur le fondement d'un jugement étranger : l'*exequa-*

1. Règl. (UE) n° 2019/1111, Conseil, 25 juin 2019, relatif à la compétence, la reconnaissance et l'exécution des décisions en matière matrimoniale et en matière de responsabilité parentale, ainsi qu'à l'enlèvement international d'enfants (refonte), *JOUE* L. 178, 2 juill., p. 1.
2. C. pr. exéc., art. L. 131-1 : « *Le juge de l'exécution peut assortir d'une astreinte une décision rendue par un autre juge si les circonstances en font apparaître la nécessité* » – V. Rép. internat., v° *Voies d'exécution*, par Ph. Théry, janv. 2013, n° 105.
3. PAR EX. : *J.-Cl. Int.*, fasc. 582-30, par A. Huet, n° 39.
4. Civ. 1re, 6 mars 2007, n° 04-17.127, P I, n° 96 ; *Rev. crit. DIP* 2007. 784, note R. Libchaber.
5. Entre C. Jarrosson, « Réflexions sur l'*imperium* », *Études P. Bellet*, Litec, 1991, p. 245 s., et Ph. Théry, « *Judex Gladii* (des juges et de la contrainte en territoire français) », *Mél. R. Perrot*, Dalloz, 1996, p. 489, nos 13 s. – V. AUSSI P. Fouchard, « L'arbitrage : les règles de procédure face aux problèmes économiques », *RID éco.* 1997. 251, nos 45 s.
6. Paris, 7 oct. 2004, Otor Participations, *Rev. arb.* 2005. 737, note E. Jeuland ; *JDI* 2005. 341, note A. Mourre et A. Pédone – Pour une synthèse sur (entre autres) les POUVOIRS DE L'ARBITRE EN MATIÈRE D'ASTREINTE, v., antérieurement au décret n° 2011-48 du 13 janvier 2011 portant réforme de l'arbitrage : M.-C. Rivier, « L'arbitrage et le droit des procédures civiles d'exécution », *Dr. et proc.* 2005. 198, spéc. nos 22 s.
7. POUR UN COMMENTAIRE AUTORISÉ : V. E. Gaillard et P. Laplasse, « Le nouveau droit de l'arbitrage français interne et international », *D.* 2011. 175.
8. FOUSSARD, p. 179 ; égal. ses réflexions, p. 184 – COMP., H. Muir Watt, « Extraterritorialité », préc. (v. ss n° 1711.06), *Rev. crit. DIP* 1998. 27 s., note 22.

tur est toujours nécessaire et la décision l'octroyant doit avoir force de chose jugée. En effet, « *seuls constituent des titres exécutoires* [...] *les actes et les jugements étrangers ainsi que les sentences arbitrales déclarées exécutoires par une décision non susceptible d'un recours suspensif d'exécution* » (C. pr. exéc., art. L. 111-2, al. 2[1]).

Cependant, d'importantes exceptions apparaissent progressivement en droit européen en raison du processus de fédéralisation. L'*exequatur* n'est ainsi point requis dans le cadre :

– du titre exécutoire européen (Règl. Parlement européen et Conseil, 21 avr. 2004[2], portant création d'un titre exécutoire européen pour les créances incontestées, art. 5). Plus de six ans après l'entrée en vigueur de ce règlement (21 octobre 2005), la Cour de cassation a rendu les premières décisions y relatives[3]. Ainsi, dans une décision *Extrucable*[4], elle tire les conséquences concrètes de la disparition de l'*exequatur* en rejetant le pourvoi contre un arrêt validant la saisie-attribution pratiquée sur le fondement d'une ordonnance italienne portant injonction de payer certifiée titre exécutoire européen, au motif que la cour d'appel n'a pas à vérifier si le débiteur avait été dûment informé dans la décision italienne des exigences de procédure relatives au recours, la décision certifiée en tant que titre exécutoire européen dans l'État d'origine étant reconnue et exécutée dans les autres États membres sans qu'une déclaration constatant la force exécutoire soit nécessaire et sans qu'il soit possible de contester sa reconnaissance, rendant ainsi irrecevable les contestations du demandeur ;

– de l'injonction de payer européenne non suivie d'opposition (Règl. Parlement européen et Conseil, 12 déc. 2006[5], instituant une procédure européenne d'injonction de payer, art. 19). La disparition de l'*exequatur* est toutefois subordonnée à la signification ou notification de l'injonction de payer européenne conformément aux normes dites minimales établies aux articles 13 à 15 du règlement[6] ;

– de la décision issue de la procédure européenne de règlement des petits litiges (Règl. Parlement européen et Conseil, 11 juill. 2007[7], instituant une procédure européenne de règlement des petits litiges, art. 20) ;

– de la décision rendue dans un État membre lié par le protocole de La Haye de 2007 sur la loi applicable aux obligations alimentaires (Règl. du Conseil du 18 déc. 2008[8], relatif à la compétence, la loi applicable, la reconnaissance et l'exécution des décisions et la coopération en matière d'obligations alimentaires, art. 17) ;

1. ANC[t] L. 9 juill. 1991, art. 3, al. 2 – POUR UNE APPLICATION : v. Civ. 2e, 9 oct. 2008, n° 07-15.328, NP ; *Procédures* 2008, n° 329, note R. Perrot : « *Attendu qu'un jugement étranger déclaré exécutoire par une décision non susceptible d'un recours suspensif d'exécution constitue un titre exécutoire ; Et attendu qu'ayant relevé que l'ordonnance d'exequatur, dont la société Caterpillar poursuivait l'exécution forcée, avait fait l'objet d'un appel déclaré irrecevable par une ordonnance d'un conseiller de la mise en état, ce dont il résultait qu'elle n'était plus susceptible d'un recours suspensif d'exécution, la cour d'appel a exactement retenu* [...] *que la validité du titre ne pouvait être remise en cause* » – Inversement, « *la décision étrangère qui rejette une demande de nullité du contrat de mariage et refuse d'interdire au mari de disposer de divers biens, produit ses effets en France indépendamment de toute déclaration d'exequatur dès lors qu'elle ne doit pas donner lieu à des actes d'exécution forcée en France* », Civ. 1re, 14 mai 2014, n° 13-11.711, NP.
2. Règl. (CE) n° 805-2004, Parlement et Conseil, 21 avr. 2004, portant création d'un titre exécutoire européen pour les créances incontestées, art. 5, *JOUE* L. 143, 30 avr., p. 15.
3. Il en va de même de la Cour de justice. Cette jurisprudence a cependant trait à la formation du titre exécutoire, non à son exécution, seule abordée dans ce chapitre, la Cour ayant notamment déclaré qu'un jugement par défaut prononcé à l'encontre d'un défendeur dont l'adresse est inconnue ne peut être certifié en tant que titre exécutoire européen : CJUE 15 mars 2012, G… c/Cornelius de Visser, aff. C-292/10, pts 67-68 et dispositif – V. ÉGAL. CJUE 17 déc. 2015, Imtech Marine Belgium NV c/Radio Hellenic SA, aff. C-300/14 (sur les art. 6 et 19 du règl. TEE) – CJUE 9 mars 2016, Ibrica Zulfikarpašiæ c/Slaven Gajer, aff. C-484/15 (non-certification comme TEE d'une ordonnance d'exécution adoptée par un notaire croate sur le fondement d'une facture établie unilatéralement par une partie et qui n'a pas fait l'objet d'une opposition) – CJUE 16 juin 2016, Pebros Servizi Srl c/Aston Martin Lagonda Ltd, aff. C-511/14 (caractère autonome des conditions selon lesquelles, en cas de jugement par défaut, une créance est réputée incontestée).
4. Civ. 2e, 22 févr. 2012, n° 10-28.379, P II, n° 36 ; *D.* 2012. 1464, note L. Maurin ; *Rev. crit. DIP* 2012. 910, avec note de M. Lopez de Tejada, p. 933.
5. Règl. (CE) n° 1896-2006, Parlement et Conseil, 12 déc. 2006, instituant une procédure européenne d'injonction de payer, *JOUE* L. 399, 30 déc., p. 1, art. 19 – Sur la version modifiée de ce règlement sans incidence sur le propos tenu au texte, v. ss n° 1711.231.
6. CJUE 4 sept. 2014, Eco cosmetics GmbH & Co. KG c/Virginie Laetitia Barbara Dupuy et Raiffeisenbank St. Georgen reg. Gen. mbH c/Tetyana Bonchyk, aff. jointes C-119/13 et C-120/13, dispositif – Sur cette affaire, v. concl. av. gén. Y. Bot, 9 avr. 2014 – E. Guinchard, *in* F. Picod (dir.), *Jurisprudence de la CJUE 2014. Décisions et commentaires*, Bruylant, 2015. 873 – Sur l'hypothèse où ce n'est qu'après la déclaration de force exécutoire d'une injonction de payer européenne que l'irrégularité tenant à l'absence de signification/notification conformément au règlement est révélée, v. ss n° 1711.268.
7. Règl. (CE) n° 861-2007, Parlement et Conseil, 11 juill. 2007, instituant une procédure européenne de règlement des petits litiges, *JOUE* L. 199, 31 juill., p. 1, art. 20 – Sur la version modifiée de ce règlement, sans incidence sur le propos tenu au texte v. ss n° 1711.231.
8. Règl. (CE) n° 4-2009, Conseil, 18 déc. 2008, relatif à la compétence, la loi applicable, la reconnaissance et l'exécution des décisions et la coopération en matière d'obligations alimentaires, *JOUE* L. 7, 10 janv. 2009, p. 1, art. 17.

– de la décision d'un autre État membre[1] rendue en matière civile et commerciale (Règl. Parlement européen et Conseil, 12 déc. 2012[2], concernant la compétence judiciaire, la reconnaissance et l'exécution des décisions en matière civile et commerciale, art. 39). Sous réserve du bénéfice de la disparition de l'*exequatur*, le jugement rendu dans un autre État membre doit répondre aux mêmes critères que ceux appliqués, en droit interne, pour déterminer si une décision rendue par une juridiction française permet au créancier d'en poursuivre l'exécution forcée sur les biens de son débiteur, de sorte qu'il doit, conformément à l'article L. 111-2 C. pr. exéc., constater, à l'encontre de ce dernier, une créance liquide et exigible[3] ;

– de la mesure de protection ordonnée dans un autre État membre (Règl. Parlement européen et Conseil, 12 juin 2013[4], relatif à la reconnaissance mutuelle des mesures de protection en matière civile, art. 4).

1. Il s'agit à l'évidence (texte et intention) du jugement d'un autre État membre. Ceci a toutefois été interprété libéralement par la Cour de justice. Dans le cadre d'un litige au sujet de l'exécution en Autriche d'une ordonnance « d'injonction de payer » émise par une juridiction anglaise sur le fondement de deux jugements prononcés en Jordanie, la Cour de justice décida qu'une telle injonction pouvait bénéficier du règlement Bruxelles I *bis* : « *Une ordonnance d'injonction de payer adoptée par une juridiction d'un État membre sur le fondement de jugements définitifs rendus dans un État tiers constitue une décision et jouit de la force exécutoire dans les autres États membres si elle a été rendue au terme d'une procédure contradictoire dans l'État membre d'origine et a été déclarée exécutoire dans celui-ci* » (CJUE 4 avr. 2022, aff. C-568/20, ECLI :EU :C :2022 :264, *Rev. crit. DIP.* 2023. 135, note H. Muir Watt). Il s'agit d'une remise en cause du principe *Exequatur sur exequatur ne vaut.* On notera, *d'une part*, qu'il ne s'agit pas d'une injonction de payer au sens du droit français, la traduction pouvant prêter à confusion ; *d'autre part*, que la Cour de justice rappelle dans le dispositif que le défendeur peut solliciter le refus d'exécution sur le fondement de l'article 46 du règlement Bruxelles I *bis*, ayant antérieurement expliqué que « *dans le cas où* [le défendeur] *parviendrait à établir, devant la juridiction saisie dans l'État membre requis, qu'il lui a été impossible, dans l'État membre d'origine, de contester au fond les prétentions ayant donné lieu aux jugements jordaniens faisant l'objet de l'ordonnance en cause au principal, cette juridiction pourrait refuser l'exécution de cette ordonnance en raison de son incompatibilité manifeste avec l'ordre public national. Il revient à la seule juridiction de renvoi de l'apprécier* » (pt 46).
2. Règl. (UE) n° 1215/2012, Parlement et Conseil, 12 déc. 2012, Bruxelles I bis, préc. – Sur la notion de matière civile et commerciale, v. l'article 1er du règlement ; et sur celle de décision, v. son article 2, a). Sur la disparition de l'*exequatur* dans Bruxelles I *bis*, v. F. Gascon Inchausti, « La reconnaissance et l'exécution des décisions dans le règlement Bruxelles I *bis* », *in* E. GUINCHARD (dir.), p. 205.
3. Civ. 2e, 2 déc. 2021, n° 20-14.092, P, qui invoque au soutien de cette solution l'article 41 du règlement Bruxelles I *bis*, selon lequel (notamment) une « *décision rendue dans un État membre et qui est exécutoire dans l'État membre requis est exécutée dans ce dernier dans les mêmes conditions qu'une décision rendue dans l'État membre requis* ».

La Cour de cassation a précisé la notion de décision pouvant recevoir l'*exequatur* : « *Constitue une décision pouvant recevoir exequatur toute intervention du juge qui produit des effets à l'égard des personnes ou sur les biens, droits ou obligations* »[5]. Elle considère en outre que l'action en *exequatur* est imprescriptible[6].

1711.252 ***Exequatur* et droit à l'exécution. Jurisprudence *Hornsby*.** L'arrêt *Hornsby* rendu le 19 mars 1997 par la Cour européenne des droits de l'homme[7] affirme un « droit à l'exécution » : « *L'exécution d'un jugement ou arrêt, de quelque juridiction que ce soit, doit être considérée comme faisant partie intégrante du "procès" au sens de l'article 6* ». Tous les commentateurs ont relevé l'importance du droit à l'exécution ainsi accordé : « *Avec la décision du 19 mars 1997, l'exécution du jugement devient une exigence autonome de l'article 6 § 1* »[8]. La plupart ont également remarqué la richesse potentielle de ses implications[9]. Ceci est d'autant plus exact que la décision bénéficiant du nouveau droit peut émaner « *de quelque juridiction que ce soit* ». En l'occurrence, il s'agissait d'une juridiction administrative, mais ce pourrait être une juridiction civile, ce que n'ont effectivement pas manqué de relever les divers auteurs. Néanmoins,

4. Règl. (UE) n° 606/2013, Parlement et Conseil, 12 juin 2013, relatif à la reconnaissance mutuelle des mesures de protection en matière civile, *JOUE* L. 181, 29 juin, p. 4.
5. Civ. 1re, 17 oct. 2000, n° 98-19.913, CMC c/Soc. Barney's Inc., P I, n° 245 ; *Rev. crit. DIP* 2001. 121, note J.-P. Rémery et H. Muir Watt ; *JDI* 2001. 859, note G. Cuniberti ; *Gaz. Pal.* 10-12 juin 2001. 50, note M.-L. Niboyet – *Adde* : sur la notion d'acte authentique au sens de l'article 50 de la conv. de Bruxelles de 1968, Aix-en-Provence, 2 mars 2000, Frahuil, *Rev. crit. DIP* 2001. 163, note G. Légier.
6. Civ. 1re, 11 janv. 2023, n° 21-21.168, B ; *JDI* 2023. 922, note M. Barba ; *Rev. crit. DIP* 2023. 674, note V. Richard et G. Cuniberti : « *Si les règles de prescription de l'État d'origine sont susceptibles d'affecter le caractère exécutoire du jugement et, par conséquent, l'intérêt à agir du demandeur à l'exequatur et si celles de l'État requis sont susceptibles d'affecter l'exécution forcée du jugement déclaré exécutoire, en revanche, l'action en* exequatur *elle-même n'est soumise à aucune prescription* ».
7. CEDH 19 mars 1997, Hornsby c/Grèce, req. n° 18357/91, n° 147 ; *JDI* 1998. 185, obs. H. Ascensio ; *JCP* 1997. II. 22949, note O. Dugrip et F. Sudre ; *AJDA* 1997. 986, obs. J.-F. Flauss ; *RGDP* 1998. 230, obs. J.-F. Flauss ; *D.* 1998. 74, note N. Fricero ; *RTD civ.* 1997. 1009, obs. J.-P. Marguénaud et J. Raynard ; *JCP* 1998. I. 107, chron. F. Sudre – V. AUSSI S. Guinchard, « Le procès équitable : droit fondamental ? », *AJDA* 1998. 191 s., n° spécial.
8. CEDH 19 mars 1997, Hornsby c/Grèce, req. n° 18357/91, *D.* 1998. 74, note N. Fricero n° 5.
9. CEDH 19 mars 1997, Hornsby c/Grèce, req. n° 18357/91, *JCP* 1997. II. 22949, note O. Dugrip et F. Sudre, nos 12 s. – *CONTRA* : S. Guinchard, *AJDA* 1998. 205, n° spécial, art. préc. ss prést n° : « *Le droit fondamental à l'exécution d'une décision de justice existe déjà en droit français, en conformité avec la jurisprudence européenne* ».

leurs études se limitent au droit interne[1]. « *Pourtant, cette restriction ne ressort pas de la formulation utilisée par la Cour. Pourquoi dès lors ne pas envisager un droit à l'exécution de la décision d'une juridiction étrangère [statuant sur des droits civils], un droit à l'exécution en droit international privé ?* »[2]. Malgré quelques résistances[3], c'est précisément aujourd'hui la position de la Cour européenne des droits de l'homme : l'article 6, qui garantit le droit au procès équitable, s'applique à l'exécution des jugements tant nationaux qu'étrangers. La Cour l'a rappelé par exemple dans l'affaire *Negrepontis-Giannisis*[4] : « *En matière de contestation dont l'issue est déterminante pour des droits de caractère civil, l'article 6 de la Convention s'applique aussi bien à l'exécution des jugements nationaux*[5] *qu'à l'exécution des jugements étrangers*[6] ».

Le débat porte plutôt sur la portée exacte de cette jurisprudence, qui souffre d'un manque de systématisation. En l'état actuel, à l'égard de la décision d'un État non partie à la Convention de sauvegarde des droits de l'homme et libertés fondamentales (Conv. EDH)[7], si le droit à l'exécution transfrontière d'un jugement conduit à un contrôle des conditions de l'*exequatur*[8], ce compris la condition *primus inter pares* qu'est le respect de l'ordre public international[9], il ne remet pas en cause l'institution même de l'*exequatur*. La Cour européenne des droits de l'homme considère certes que « *le refus d'accorder l'exequatur des jugements du tribunal* [étranger] *a représenté une ingérence dans le droit au procès équitable du requérant* », mais cette ingérence peut être justifiée[10]. La Conv. EDH impose au contraire l'*exequatur*, seul moyen pour les États de ne pas violer cette convention, engageant ainsi leur responsabilité, en donnant force exécutoire à un jugement qui lui est contraire[11]. C'est précisément la solution de principe qu'a adoptée, à l'encontre d'un État tiers à la Conv. EDH, la Cour européenne des droits de l'homme dans l'arrêt *Pelligrini c/Italie*[12], où les juridictions italiennes ont dû vérifier la régularité de la procédure suivie devant les juridictions étrangères (celles du Vatican) : « *Le Vatican n'a pas ratifié la Convention et, du reste, la requête est dirigée contre l'Italie : la tâche de la Cour consiste donc non pas à examiner si l'instance devant les juridictions ecclésiastiques était conforme à l'article 6 de la Convention, mais si les juridictions italiennes, avant de donner l'exequatur à ladite déclaration de nullité, ont dûment vérifié que la procédure y relative remplissait les garanties de l'article 6 ; un tel contrôle s'impose, en effet, lorsque la décision dont on demande l'exequatur émane des juridictions d'un pays qui n'applique pas la Convention. Pareil contrôle est d'autant plus nécessaire lorsque l'enjeu de l'exequatur est capital pour les parties* ».

La question reste cependant ouverte pour les relations entre États parties à la Conv. EDH. Une affaire

1. Il en va de même de l'arrêt de la Cour et des opinions qui suivent, qui n'envisagent pas, au moins expressément, la question sous un angle international.
2. E. Guinchard, mémoire DEA DIP, Paris II, sept. 1998, n°s 55 et 56.
3. L. d'Avout, note s^s^ CEDH 28 juin 2007, Wagner, req. n° 76240/01, *JDI* 2008. 183, qui n'admet l'intervention de la CEDH dans les relations privées internationales au mieux qu'au cas par cas, et considère le droit à l'exécution en matière internationale comme un « *rêve* ». Il ne s'agit là que d'une application particulière d'une opposition plus générale à l'influence de la Convention sur le droit international privé. S'il convient de ne pas remettre en cause l'esprit de tolérance qui sous-tend, par hypothèse presque, le droit international privé, il nous semble cependant illusoire de croire que la Convention peut rester sans influence sur les relations privées internationales qui, dans notre monde actuel, s'accroissent sans cesse. L'évolution de la société est un facteur régulièrement pris en considération par la CEDH.
4. CEDH 3 mai 2011, Negrepontis-Giannisis, req. n° 56759/08, *Rev. crit. DIP* 2011. 817, obs. P. Kinsch, § 89.
5. CEDH 19 mars 1997, Hornsby c/Grèce, req. n° 18357/91, *Rec. CEDH*-II.
6. CEDH 20 juill. 2001, Pellegrini c/Italie, req. n° 30882/96, *Rec. CEDH*-VIII.
7. Sur cette question en général, v. E. D'Alessandro, « *The impact of Article 6 of the European convention of Human rights on the enforcement of foreign judgments rendered in a non contracting State* », *ZZPInt.* 2010, vol. 15, p. 171.
8. Dans l'arrêt CEDH 29 avr. 2008 [req. n° 18648/04, McDonald c/France, *Rev. crit. DIP* 2008. 830, note P. Kinsch], portant sur l'*exequatur* en France d'un jugement américain, la Cour affirme : « *L'article 6 implique un contrôle des règles de compétence en vigueur dans les États contractants aux fins de s'assurer que celles-ci ne portent pas atteinte à un droit protégé par la Convention* ». En l'espèce, il s'agissait des règles de compétence internationale indirecte de la France (jeu de l'article 15 C. civ.).
9. CEDH 3 mai 2011, Negrepontis-Giannisis, req. n° 56759/08, préc. s^s^ prés^t^ n°. La Cour considère notamment que « *l'interprétation par le juge* [national] *de la notion d'ordre public* [international, puisqu'il s'agit des conditions de l'*exequatur*] *ne doit pas être faite de manière arbitraire et disproportionnée* » (§ 90), ce qu'elle juge malheureusement être le cas en l'espèce, d'où une condamnation de l'État contractant. L'affaire avait trait à l'accueil d'une décision américaine en Grèce.
10. Comme ce fut le cas en l'espèce : CEDH 29 avr. 2008, McDonald c/France, req. n° 18648/04, *Rev. crit. DIP* 2008. 830, note P. Kinsch, spéc. p. 838-840.
11. E. Guinchard, mémoire DEA DIP, Paris II, sept. 1998, n°s 59 s. ; « Procès équitable (Conv. EDH, art. 6) et droit international privé », A. Nuyts and N. Watté (dir.), *International civil litigation in Europe and relations with third States*, Bruylant, 2005, p. 199.
12. CEDH 20 juill. 2001, Pelligrini c/Italie, req. n° 30882/96, *RTD civ.* 2001. 986, obs. J.-P. Marguénaud ; *RTDH* 2002. 463, note J.-P. Costa ; *Rev. crit. DIP* 2004. 106, note L.-L. Christians – V., entre autres, J.-F. Flauss, « L'*exequatur* des jugements étrangers et l'ordre public procédural : le point de vue de Strasbourg », *LPA* 18 avr. 2002, p. 11 – L. Sinopoli, « Droit au procès équitable et *exequatur* : Strasbourg sonne les cloches à Rome », *Gaz. Pal.* 21-23 juill. 2002, p. 2.

Dinu montre que l'*exequatur* n'est pas en soi condamné par la Conv. EDH, seulement et potentiellement ses modalités ce compris sa préparation, alors même qu'on pourrait penser que dans les relations entre États contractants (comme c'était le cas) les droits fondamentaux sont par hypothèse respectés par l'État d'origine (et s'ils ne le sont pas, la saisine de la Cour européenne des droits de l'homme peut avoir lieu dans les mêmes conditions qu'en matière purement interne), de sorte que l'*exequatur* apparaisse contraire au droit à l'exécution d'un jugement étranger[1]. La question revêt une importance particulière pour les États membres de l'Union européenne dans le cadre précisément de celle-ci : la disparition totale de l'*exequatur* est-elle compatible avec la Conv. EDH ?[2] Dans l'affaire *Dinu*, étaient en cause deux États aujourd'hui membres de l'Union européenne (France et Roumanie), mais il s'agissait d'une convention internationale, non du droit européen, et à l'époque des faits la Roumanie n'était pas encore membre de la Communauté européenne (devenue l'Union européenne). *Quid* du droit européen et plus précisément des instruments précités (v. s[s] n° 1711.251) et ceux à venir qui suppriment l'*exequatur ?* La Cour européenne des droits de l'homme (quatrième section) a pris en 2014, à une très courte majorité (quatre voix contre trois), une décision favorable au droit de l'Union européenne assouplissant drastiquement le régime de l'*exequatur* et dont le raisonnement peut laisser présager une attitude également favorable aux règlements ayant supprimé l'*exequatur* : « *Eu égard à* [...], *en particulier l'intérêt qu'avaient les juridictions lettonnes* [*i.e.* de l'État requis] *d'assurer l'exécution des obligations juridiques découlant du statut de membre de l'Union européenne* [*i.e.* le règlement Bruxelles I et son *exequatur* ultra-simplifié], *la Cour considère qu'en écartant les moyens du requérant par une simple référence au fait qu'il n'avait pas fait appel du jugement du tribunal de district de Limassol* [absence d'appel dans l'État d'origine], *le sénat de la Cour suprême de Lettonie a tenu suffisamment compte des droits de l'intéressé au titre de l'article 6 § 1 de la Convention* »[3]. Cette décision a été confirmée le 23 mai 2016 par la Grande chambre, qui estima, par seize voix contre une, qu'il n'y avait pas eu violation de l'article 6 § 1 de la Convention, notamment parce que « *dans les circonstances particulières de la cause, la Cour ne constate pas d'insuffisance manifeste de protection des droits fondamentaux de nature à renverser la présomption de protection équivalente* » (§ 125). La Grande chambre ne donne pas pour autant un blanc-seing au droit de l'Union européenne, le comportement du requérant ayant joué un rôle déterminant dans sa décision comme en atteste l'extrait suivant : « [...] *la Cour suprême* [de la Lettonie, État requis] *a tacitement présumé soit que cette charge* [de la preuve de l'existence et de la disponibilité d'un recours dans l'État d'origine au sens de l'article 34, point 2, du règlement Bruxelles I[4]] *pesait sur la partie défenderesse soit que le requérant avait effectivement disposé d'un tel recours. Cette attitude, qui traduit une application littérale et automatique de l'article 34, point 2, du règlement Bruxelles I, pourrait en théorie constituer une insuffisance manifeste susceptible de renverser la présomption de protection équivalente des droits de la défense protégés par l'article 6 § 1. Toutefois, dans les circonstances particulières de la présente affaire, la Cour considère que tel n'est pas le cas, même si cette défaillance est regrettable.* [En effet] *le droit chypriote offrait au requérant après qu'il eut appris l'existence du jugement une possibilité tout à fait réaliste de recours malgré le temps écoulé depuis le prononcé de ce jugement. En vertu du droit et de la jurisprudence chypriotes, lorsque le défendeur contre lequel un jugement a été rendu par défaut forme une opposition contre ce jugement et soutient, de manière défendable, qu'il n'a pas été correctement cité devant le juge du fond, la juridiction saisie a l'obligation – et non pas seulement le droit – d'annuler le jugement rendu par*

1. CEDH 4 nov. 2008, Dinu, req. n° 6152/02, « Droit des procédures internationales », suppl. au *Dr. et proc.* mars-avr. 2009, n° 16, obs. N. Fricero. La Cour, dans l'affaire *Dinu*, ne remet pas du tout en cause la procédure même d'*exequatur.* Ceci ne lui était, il est vrai, pas expressément demandé. Mais il lui aurait été possible de franchir ce pas, ne serait-ce que par une incidente, compte tenu de la lenteur (près de dix ans) avec laquelle les autorités françaises et roumaines – tenues de collaborer dans le cadre de la convention de New York de 1956 sur le recouvrement des aliments à l'étranger – ont sollicité l'*exequatur*, cette lenteur caractérisée érigeant la nécessité de l'*exequatur* en véritable obstacle au droit à l'exécution. Notons que le contexte alimentaire n'est pas étranger à la décision de la Cour, le paiement de la pension alimentaire étant nécessaire pour faire face aux besoins quotidiens d'un mineur (§ 55). Pour une autre affaire ayant trait à la même convention de New York et ayant également abouti à la condamnation de la France, v. CEDH 18 nov. 2010, Romańczyk c/ France, req. n° 7618/05, *Rev. crit. DIP* 2011. 675, note L. d'Avout, où il s'agissait d'exécuter un jugement polonais.
2. La question prend toute son importance en cas de disparition de l'*exequatur* au sens substantiel du terme, et non seulement au sens procédural, c'est-à-dire en cas d'absence totale de contrôle spécifique du jugement étranger en raison de son origine à quelque stade procédural que l'on se situe. À cet égard, il n'est pas entièrement certain que le règlement Bruxelles I *bis* ait aboli l'*exequatur* au sens le plus fort du terme. Nul doute cependant qu'il s'agit là de l'objectif ultime.
3. CEDH 25 févr. 2014, affaire Avotinš c/Lettonie, req. n° 17502/07.
4. Cet article dispose : « *Une décision n'est pas reconnue si :* [...] *2) l'acte introductif d'instance ou un acte équivalent n'a pas été signifié ou notifié au défendeur défaillant en temps utile et de telle manière qu'il puisse se défendre, à moins qu'il n'ait pas exercé de recours à l'encontre de la décision alors qu'il était en mesure de le faire* ».

défaut [...]. *En l'espèce,* [...] *le requérant a disposé d'un temps suffisant entre le 16 juin 2006 (date à laquelle il a eu accès à l'intégralité du dossier de l'affaire dans les locaux du tribunal de première instance et pu prendre connaissance de la teneur du jugement chypriote) et le 31 janvier 2007 (date de l'audience du Sénat de la Cour suprême) pour exercer un recours devant les instances chypriotes. Or, pour des raisons connues de lui seul, il n'a pas même tenté de le faire* » (§ 121-122). La qualité du requérant a également joué un rôle déterminant dans la décision de la Cour [1]. La portée exacte de cet important arrêt appellerait cependant des commentaires allant bien au-delà de cette contribution. On se permettra simplement les quelques remarques suivantes. Si la suppression de l'*exequatur* peut être justifiée au regard de la Conv. EDH parce que les deux États parties sont membres de l'Union européenne, et donc parties à la Conv. EDH, pourquoi alors cette suppression est-elle limitée aux États membres de l'Union européenne ? Pourquoi l'Union ne supprime-t-elle pas, unilatéralement, l'*exequatur* au regard des autres États parties à la Conv. EDH [2] ? D'une manière plus générale, si on ne peut exclure, en soi, la compatibilité d'une disparition totale de l'*exequatur* avec la Conv. EDH, ce ne peut être qu'à condition que les exigences du procès équitable soient scrupuleusement respectées dans le cadre des instruments européens déjà adoptés (v. s[s] n° 1711.251) [3] et de ceux à venir, et que l'Union adhère elle-même à la Conv. EDH afin que les justiciables puissent saisir la Cour européenne des droits de l'homme en cas de manquement à ses obligations, adhésion aujourd'hui heureusement en cours suite à l'entrée en vigueur du traité de Lisbonne le 1er décembre 2009 mais qui en pratique rencontre quelques difficultés.

1711.253 Juge de l'*exequatur* et juge de l'exécution. L'*exequatur* est conféré par le juge de l'*exequatur*, ou autre entité chargée de conférer l'*exequatur*, et non par le JEX [4].

Sur la compétence respective entre le juge de l'*exequatur* et le JEX :

– compétence, hors droit européen (il s'agissait d'une décision gabonaise), du seul juge de l'*exequatur* pour statuer sur la demande tendant à obtenir l'exécution forcée en France d'un jugement étranger portant condamnation pécuniaire, dont le payement a certes déjà été réalisé mais sans être, selon le demandeur, pleinement satisfactoire, de telle sorte qu'il y a contestation sur l'exécution [5] ;

– compétence, en droit européen, du JEX pour révoquer l'*exequatur* d'une décision d'un autre État membre de l'Union européenne au motif que cette décision a déjà été exécutée dans l'État membre d'origine (par ex., par voie de compensation), et, plus généralement, pour un motif autre que ceux indiqués aux articles 34 et 35 du règlement Bruxelles I, cette compétence du JEX découlant de l'incompétence du juge de l'*exequatur* dans une telle hypothèse [6] ;

– compétence du juge de l'*exequatur* pour, en vertu de la loi française applicable en tant que *lex fori*, assortir d'intérêts moratoires une condamnation prononcée par une juridiction étrangère qui en est dépourvue et qu'il vient d'*exequaturer* (les intérêts ne courant alors qu'à compter de la décision d'*exequatur* elle-même) [7] ;

– compétence du seul JEX pour accorder un délai de grâce [8].

1711.254 Jugement exequaturé et jugement français. Exceptionnellement, deux titres exécutoires inconciliables peuvent être simultanément en vigueur en France : un jugement étranger exequaturé et un jugement français. La Cour de cassation a tranché un tel conflit entre deux jugements de divorce en prenant comme critère l'accession à l'autorité de chose jugée, il

1. « *Le requérant, qui exerçait la profession de consultant en investissement, aurait dû être conscient des conséquences juridiques de l'acte de reconnaissance de dette qu'il avait signé. Cet acte était régi par la loi chypriote, il concernait une somme d'argent empruntée par le requérant à une société chypriote et il contenait une clause de choix du for en faveur des tribunaux chypriotes. Dès lors, le requérant aurait dû veiller à connaître les modalités d'une éventuelle procédure devant les juridictions chypriotes* » (§ 124).
2. E. Guinchard, « Procès équitable (Conv. EDH, art. 6) et droit international privé », A. Nuyts and N. Watté (dir.), *International civil litigation in Europe and relations with third States*, Bruylant, 2005, p. 199, spéc. n° 48.
3. Ce qui ne semble pas évident : v. F. Ferrand, « Le titre exécutoire européen ou les possibles tensions entre jugement sans frontières et procès équitable », *Mél. Révillard, Defrénois* 2007. 107 – E. Guinchard, « L'Europe, la procédure civile et le créancier : l'injonction de payer européenne et la procédure européenne de règlement des petits litiges », *RTD com.* 2008. 465, spéc. n°s 25-26.
4. COUCHEZ, p. 125, interprétant *a contrario* l'article L. 311-11 COJ, abr., mais le principe demeure – Pour une application en matière arbitrale : v. Orléans, 5 oct. 2000, *Rev. crit. DIP* 2001. 354, note H. Muir Watt.
5. Civ. 1re, 19 nov. 1996, n° 94-19.552, P I, n° 403 ; *Rev. crit. DIP* 1997. 94, note B. Ancel.
6. SUR CETTE INCOMPÉTENCE DU JUGE DE L'*EXEQUATUR* : CJUE, 4e ch., 13 oct. 2011, Prism Investments, aff. C-139/10, pt 43 et dispositif, *JCP* 2012. 84, note A. Devers ; *D.* 2012. 1228, obs. F. Jault.-Seseke. La Cour entend expressément préserver la rapidité de l'exequatur en reportant toute discussion pour un motif non prévu au règlement, si bien fondé qu'il puisse apparaître (en l'espèce, la compensation était en réalité contestée), à cette phase ultérieure qu'est l'exécution proprement dite, avec compétence corrélative du juge de l'exécution local (pt 40 *in limine*), soit, à titre de principe et en France, du JEX dans l'acception technique que revêt ce terme en droit français.
7. Civ. 1re, 6 mars 2007, n° 04-17.127, P I, n° 96 ; *Rev. crit. DIP* 2007. 784, note R. Libchaber.
8. Paris, 9 mars 1995, *Rev. crit. DIP* 1995. 735, note H. Muir Watt.

est vrai dans le cadre particulier que représente la convention franco-algérienne du 27 août 1964[1].

§ 2
Difficultés tenant au titre exécutoire quant aux événements pouvant affecter le jugement étranger *exequaturé* ou dispensé d'*exequatur*

1711.261 **Prescription.** Le jugement *exequaturé*, le créancier dispose d'un titre exécutoire lui permettant de pratiquer une saisie-exécution, du moins tant que la condamnation revêtue de l'*exequatur* n'est pas prescrite, une question régie par la loi française[2].

1711.262 **Caducité et loi étrangère.** Toutefois, ce titre peut être remis en cause en cas de caducité de l'*exequatur* : l'exécution forcée est alors « *paralysée* »[3]. La caducité peut être l'effet de la loi étrangère, hypothèse exceptionnelle sur laquelle aucun arrêt de la Cour de cassation ne semble s'être prononcé, du moins après l'*exequatur*[4].

1. Civ. 1re, 9 janv. 1996, no 93-19.098, P I, no 20 ; *Rev. crit. DIP* 1996. 719, note H. Muir Watt – V. AUSSI, sur le conflit de décisions, EN JURISPRUDENCE : Civ. 1re, 24 nov. 1998, no 94-20.382, M. Mohamed A., NP ; *Rev. crit. DIP* 1999. 527, note G. Cuniberti – ET, EN DOCTRINE : H. Muir Watt, « La rencontre dans l'espace de figures hybrides (variations autour du conflit international de décisions) », *RG proc.* 1998. 711 ; *RGDP* 1999. 291 – M.-L. Niboyet-Hoegy, note ss Civ. 1re, 11 févr. 1997, no 95-11.402, P I, no 51 ; *JDI* 1997. 1026, spéc. 1032-1033 – et, du même auteur, « Les conflits de procédures », *Trav. com. fr. DIP* 1995-1998, A. Pédone, 2000, p. 71 s.
2. Sur l'application de la loi française à cette question (« *le litige était né de l'exécution en France d'une décision étrangère déclarée exécutoire et, comme telle, soumise à la loi française quant à la prescription* ») : Civ. 1re, 19 mars 1991, no 89-18.337, P I, no 94 ; *Rev. crit. DIP* 1992. 108, note B. Ancel – V. AUSSI FOUSSARD, p. 189 – POUR DES DÉCISIONS SIMILAIRES, v. Civ. 2e, 19 nov. 2009, no 08-20.501, NP (« *le litige étant né de l'exécution en France d'une décision étrangère déclarée exécutoire et, comme telle, soumise à la loi française quant à la prescription* ») – Civ. 1re, 4 nov. 2015, no 14-11.881, P I, no 270 (« *difficulté d'exécution d'une décision étrangère déclarée exécutoire en France, de sorte que l'exécution du jugement rendu en Allemagne pouvait être poursuivie pendant le délai prévu* [en droit français, en l'espèce l'article L. 111-4 C. pr. exéc.] *courant à compter de la décision d'exequatur pour la dette globale représentant le montant des arrérages capitalisés à cette date* ») – Civ. 1re, 11 janv. 2023, no 21-21.168, B ; *JDI* 2023. 922, note M. Barba ; *Rev. crit. DIP* 2023. 674, note V. Richard et G. Cuniberti (les règles de prescription « *de l'État requis sont susceptibles d'affecter l'exécution forcée du jugement déclaré exécutoire* ») – En doctrine, v. FOUSSARD, p. 189, et « Prescription et exécution des condamnations étrangères », *Rev. crit. DIP* 2016. 453.
3. FOUSSARD, p. 183.
4. FOUSSARD, p. 183, note 32 et COMP. note 33, avant l'*exequatur.*

Surtout, elle peut résulter d'une autre décision étrangère.

1711.263 **Caducité automatique du jugement d'*exequatur* en cas d'anéantissement, dans son pays d'origine, de la décision étrangère exequaturée.** En effet, dans l'hypothèse où la décision étrangère revêtue de l'*exequatur*, est anéantie par une seconde décision émanant du même État, la Haute juridiction a rendu possible une caducité automatique du jugement d'*exequatur* : « *Une nouvelle décision prononcée dans l'État d'origine et anéantissant celle déclarée exécutoire en France rendrait caduque, faute d'objet, la décision d'*exequatur »[5].

1711.264 **Critique.** Cette solution peut cependant être vivement contestée. En effet, considérons quelque peu ce à quoi conduit l'affirmation d'une caducité automatique du jugement d'*exequatur* : à un jugement étranger qui, bien qu'obtenu par fraude et rendu en violation de notre ordre public, par exemple, pourra néanmoins rendre caduque une décision française postérieure... C'est dire « *qu'il n'est pas raisonnable que la normativité hypothétique et contestable du jugement étranger puisse entraîner la caducité d'un jugement français* »[6], ce qui rend nécessaire, pour Melle Peroz, l'*exequatur* du second jugement étranger, et ce dans tous les cas[7]. Et c'est cet *exequatur* qui entraînera la caducité de plein droit du premier jugement d'*exequatur.*

1711.265 **Critique complémentaire.** Nous approuvons pleinement la conclusion à laquelle aboutit Mlle Peroz. Cependant, il nous semble qu'une explication, quelque peu différente, soit également concevable.

En effet, par la décision du juge français se prononçant sur l'*exequatur*, les organes d'exécution français ont reçu un ordre : soit d'exécution (le créancier devant toutefois prendre l'initiative de la voie d'exécution), si l'*exequatur* est conféré au jugement étranger, soit de non-exécution (malgré la volonté contraire du créancier), dans l'hypothèse inverse. Dans les deux cas, l'ordre émane du juge français de l'*exequatur* : il est seul compétent pour autoriser ou interdire au créancier de pratiquer une saisie exécutoire fondée sur un jugement étranger dès lors qu'elle est destinée à être réalisée en France. Par conséquent, lorsque ce juge a donné l'ordre de procéder à une exécution forcée, comment peut-on concevoir qu'un

5. Civ. 1re, 31 janv. 1990, no 87-17.813, P I, no 28 ; *Rev. crit. DIP* 1990. 748, note C. Kessedjian – Antérieurement, Civ. 1re, 12 nov. 1986, no 84-16.606, P I, no 261 ; *Rev. crit. DIP* 1987. 750, note C. Kessedjian – Civ. 2e, 27 avr. 1988, no 86-14.541, P II, no 98 ; *Rev. crit. DIP* 1989. 521, note C. Kessedjian – Sur la question, FOUSSARD, p. 183 – E. GUINCHARD, mémoire DEA DIP, Paris II, sept. 1998, nos 116 s. – PEROZ, nos 428 s.
6. PEROZ, no 444.
7. PEROZ, no 444.

juge étranger ordonne l'arrêt de la saisie, ce à quoi aboutit l'affirmation d'une caducité automatique du jugement d'*exequatur* dans les circonstances que l'on sait ? Pourquoi, d'ailleurs, alors que le créancier doit se plier aux contraintes de la territorialité de l'exécution, le débiteur, lui, peut y échapper ?

1711.266 **Solution proposée.** L'*exequatur* de la seconde décision étrangère est donc nécessaire. Mais, préventivement, il paraîtrait judicieux de suspendre l'octroi de l'*exequatur* au premier jugement étranger, ou d'exiger une garantie suffisante, dès lors qu'il existe un risque d'anéantissement de celui-ci dans son système d'origine à raison d'une procédure engagée avant l'achèvement de la procédure d'*exequatur* en France. La Cour de cassation pourrait s'engager dans cette voie[1]. Cette solution existe déjà, au stade de l'appel il est vrai, dans le cadre européen (pour le règlement Bruxelles I, v. l'art. 46)[2].

Cette tendance ne peut qu'être approuvée, compte tenu de la multiplication prévisible des difficultés liées à l'anéantissement du jugement étranger dans son État d'origine avec l'admission aujourd'hui de la possibilité de faire exécuter jusqu'à son terme un jugement étranger *provisoire*[3].

1711.267 **Caducité automatique du titre exécutoire européen en cas d'anéantissement, dans son pays d'origine, de la décision étrangère certifiée titre exécutoire européen (TEE).** Dans un arrêt du 6 janvier 2012[4], la Cour de cassation consacre, en matière de TEE, une solution similaire à celle connue en droit commun de l'effet des jugements étrangers. En effet, elle décide que l'annulation du titre exécutoire d'origine, certifié TEE par la juridiction d'origine, justifie la mainlevée de la saisie-attribution pratiquée sur le fondement du TEE, et ce malgré l'absence de retrait formel du certificat même de TEE. Elle approuve en outre la cour d'appel d'avoir condamné la demanderesse au pourvoi au paiement de dommages-intérêts pour abus de son droit d'agir en justice, en l'occurrence pour avoir maintenu son appel, alors qu'elle savait qu'elle ne disposait d'aucun titre exécutoire définitif justifiant la procédure de saisie attribution[5]. La disparition de l'*exequatur* profite donc autant au « *créancier* » (lorsque la décision d'origine est certifiée TEE par la juridiction d'origine) qu'au « *débiteur* » (lorsque la décision d'origine est annulée dans l'État d'origine), ce qui paraît plus juste (même si le « *débiteur* » est légèrement avantagé puisqu'il n'a pas à obtenir le retrait formel du certificat même de TEE) et contraste avec la situation prévalant en droit commun.

1711.268 **Invalidité de la déclaration de force exécutoire d'une injonction de payer européenne (IPE) non notifiée conformément au règlement « IPE ».** L'IPE non suivie d'opposition bénéficie de la disparition de l'*exequatur*. Toutefois, la Cour de justice, dans un arrêt du 4 septembre 2014, subordonne cette disparition à la signification ou notification de l'IPE conformément aux normes dites minimales établies aux articles 13 à 15 du règlement[6]. Lorsque ce n'est qu'après la déclaration de force exécutoire d'une IPE qu'une telle irrégularité tenant à l'absence de signification/notification conformément au règlement est révélée, la Cour décide que « *le défendeur doit avoir la possibilité de dénoncer cette irrégularité, laquelle doit, si elle est dûment démontrée, entraîner l'invalidité de cette déclaration de force exécutoire* » (pt 49 et dispositif). La question se pose immédiatement de savoir selon quelle voie le défendeur pourra faire valoir ses droits. La Cour estime d'abord que la procédure de réexamen n'est pas disponible dans une telle hypothèse car elle n'intervient, ainsi que l'intitulé même de l'article 20 du règlement « IPE » l'indique, que « *dans des cas exceptionnels* » prévus de manière limitative à cet article[7]. Or le défaut de signification ou de notification ne fait pas partie de ces situations exceptionnelles (pt 44). La Cour observe ensuite, plus généralement, que le

1. Civ. 1re, 21 mai 1997, n° 95-17.200, NP ; *Rev. crit. DIP* 1998. 306 ; et, surtout, la note de Mme Muir Watt, *Rev. crit. DIP* 1998. 307, spéc. nos 6 s. – COMP. avec le régime des sentences arbitrales : E. Gaillard, « L'exécution des sentences annulées dans leur pays d'origine », *JDI* 1998. 645 s.
2. Pour un ex. [de refus] d'application : v. Paris, 6 déc. 2001, *Rev. crit. DIP* 2002. 362, note E. Pataut.
3. Sur cette admission, COUCHEZ, p. 134 – Sur la nécessaire application de la loi française à la question des restitutions et du droit éventuel à réparation en cas de caducité du jugement d'*exequatur*, expressément, FOUSSARD, p. 190.
4. Civ. 2e, 6 janv. 2012, n° 10-23.518, P II, n° 7 ; *Dr. et proc.* 2012. 137, obs. G. Cuniberti.
5. Et que son adversaire âgé de 80 ans avait dû subir ces inutiles tracas judiciaires. La requérante a été condamnée à payer 800 euros.
6. CJUE 4 sept. 2014, Eco cosmetics GmbH & Co. KG c/Virginie Laetitia Barbara Dupuy et Raiffeisenbank St. Georgen reg. Gen. mbH c/Tetyana Bonchyk, aff. jointes C-119/13 et C-120/13 dispositif (signalé sur http://justicecivileeuropeenne.wordpress.com/2014/09/16/important-arret-de-la-cour-de-justice-sur-linjonction-de-payer-europeenne/) – Sur cet arrêt, v. E. Guinchard, *in* F. Picod (dir.), *Jurisprudence de la CJUE 2014. Décisions et commentaires*, Bruylant, 2015. 873 – G. Payan, « Notification d'une injonction de payer européenne : conséquences procédurales du non-respect des "normes minimales" établies dans le règlement CE n° 1896/2006 », *Lexbase hebdo, éd. privée*, 16 oct. 2014, n° 587.
7. POUR UN EXEMPLE D'INTERPRÉTATION STRICTE (et justifiée en l'espèce) de l'article 20, v. CJUE 22 oct. 2015, Thomas Cook Belgium NV c/Thurner Hotel GmbH, aff. C-245/14 : « *L'article 20, paragraphe 2, du règlement* [IPE] *s'oppose* [...] *à ce qu'un défendeur, qui s'est vu notifier, conformément à ce règlement, une injonction de payer européenne soit fondé à demander le réexamen de cette injonction en faisant valoir que la juridiction d'origine s'est déclarée à tort compétente en se fondant sur des informations prétendument fausses fournies par le demandeur dans le formulaire de demande de cette injonction de payer* ».

règlement « *reste muet quant aux éventuelles voies de recours qui s'offrent au défendeur* » dans l'hypothèse considérée (pt 46). En application de l'article 26, elle en déduit que cette question ressort du droit national (pt 47). Cet arrêt est important car il tente de rééquilibrer les droits des parties. Le règlement « IPE » penche en effet nettement en faveur de ceux du demandeur, créancier prétendu, puisque le législateur européen a brisé la cohérence interne du modèle non documentaire de l'injonction de payer qu'il a lui-même sélectionné sur l'autel de l'efficacité en ne garantissant pas l'information du défendeur. En renvoyant au législateur national, qui trouve ici une légitimité à agir[1], en palliant dans toute la mesure de sa compétence les défaillances du législateur européen, l'arrêt du 4 septembre 2014 est donc bienvenu. Il ne saurait cependant remplacer une révision du règlement IPE[2], ne serait-ce que parce que renvoyer au droit national sur un point aussi important ruine quelque peu l'intérêt même d'une procédure uniforme, et que, dans l'immédiat, le défendeur risque d'ignorer de quel recours exactement il dispose.

À cet égard, on note le silence de la section pertinente du Code de procédure civile (C. pr. civ., art. 1424-1 s.). Dans la mesure où, en matière de réexamen dans des cas exceptionnels, l'article 1424-15 renvoie à la juridiction compétente pour l'opposition, c'est-à-dire celle ayant délivré l'IPE, peut-être faut-il retourner également devant cette juridiction dans l'hypothèse ici envisagée. L'avocat général Y. Bot s'était prononcé en ce sens : « *Le règlement n° 1896/2006 [...] s'oppose à une application par analogie de son article 20 à un cas dans lequel l'injonction de payer européenne n'a pas été notifiée ou n'a pas été notifiée de manière valable au défendeur. Afin de garantir le respect des droits de la défense, ce dernier doit disposer d'une voie de recours indépendante devant la juridiction d'origine lui permettant de démontrer qu'il n'a pas reçu notification de cette injonction et, le cas échéant, d'en faire constater l'invalidité* » (nous soulignons)[3]. Un éclaircissement serait bienvenu, ce compris sur les formes à respecter (en notant le renvoi ici aussi aux formes de l'opposition en cas de réexamen), et une modification des mentions dans l'acte de signification de l'IPE (C. pr. civ., art. 1424-5) par ajout du nouveau recours préconisé.

Le droit allemand prévoit, à la section 1092a ZPO, une voie de recours au sens de l'arrêt du 4 septembre 2014. Dans son cadre, le juge saisi est obligé de déclarer la nullité de l'injonction de payer européenne (qui n'a pas été signifiée ou notifiée au défendeur ou qui l'a été en méconnaissance des normes minimales prévues aux articles 13 à 15 du règlement CE n° 1896/2006 du 12 décembre 2006). La Cour de justice a considéré cette obligation comme étant parfaitement compatible avec le droit européen[4].

§ 3
Particularités quant au déroulement de la procédure et difficultés tenant à la déclaration du tiers saisi dans la saisie-attribution

1711.270 Caractère immédiat de la déclaration. Plan. Dans le cadre du déroulement de la saisie-attribution, « *le tiers saisi est tenu de déclarer au créancier l'étendue de ses obligations à l'égard du débiteur ainsi que les modalités qui pourraient les affecter et, s'il y a lieu, les cessions de créances, délégations ou saisies antérieures* » (C. pr. exéc., art. L. 211-3), et ce « sur-le-champ », sous peine de sanctions (C. pr. exéc., art. R. 211-4 et R. 211-5)[5].

En droit international, deux difficultés ont été relevées par la doctrine et la jurisprudence concernant la réalisation de cette obligation déclarative : l'une a trait à l'existence de succursales du tiers saisi à l'étranger (A), l'autre à l'hypothèse d'une cession de créance objet de la saisie (B).

A.
Difficultés tenant à l'existence de succursales à l'étranger

1711.281 Question. « *Lorsque la saisie est pratiquée entre les mains d'un établissement habilité par la loi à tenir des comptes de dépôt, l'établissement est tenu de déclarer le solde du ou des comptes du débiteur au jour de la saisie* » (C. pr. exéc., art. L. 162-1), étant précisé que « *l'acte de saisie rend indisponibles l'ensem-*

1. Sur la rupture de la cohérence interne du modèle choisi, et la légitimité du législateur national à se substituer au législateur européen (et ses limites), v. E. Guinchard, « L'injonction de payer européenne à la recherche de son succès », *in* « L'effectivité du recouvrement en Europe », suppl. *Dr. et proc.* nov. 2010. 46, n°s 8 et 9.
2. Une occasion a, à cet égard, été manquée lors de la (modeste) réforme du règlement IPE fin 2015 par le règlement (UE) n° 2015/2421 du Parlement européen et du Conseil du 16 décembre 2015 modifiant le règlement (CE) n° 861/2007 instituant une procédure européenne de règlement des petits litiges et le règlement (CE) n° 1896/2006 instituant une procédure européenne d'injonction de payer (*JOUE* L. 341, 24 déc., p. 1), applicable depuis le 14 juillet 2017 – Sur le caractère technique de la révision du règlement IPE, v. E. Guinchard, « Réforme législative adoptée pour le règlement RPL et réforme jurisprudentielle à venir pour le règlement IPE ? », *RTD eur.* 2016. 435 ; « Vers une réforme faussement technique du règlement RPL et superficielle du règlement IPE ? », *RTD eur.* 2014. 479.
3. Concl. Y. Bot, 9 avr. 2014, s^s^ aff. jointes C-119/13 à C-121/13, pt 52.
4. CJUE 5 déc. 2024, aff. C-389/23, ECLI :EU :C :2024 :1001, pts 52 s., et dispositif.
5. V. PAR EX. : D. Mondolini, « L'obligation déclarative du tiers saisi dans la saisie-attribution », *JCP E* 1998. 1026, n°s 1 s.

ble des comptes du débiteur qui représentent des créances de sommes d'argent » (C. pr. exéc., art. R. 211-19).

Cette déclaration, doit-elle être étendue, lorsque le tiers saisi a son siège en France, mais également des succursales à l'étranger, aux comptes du débiteur situés dans ces dernières ?

1711.282 Jurisprudence sur la saisie-arrêt. Cette question s'était déjà posée à propos de l'ancienne saisie-arrêt et, par un arrêt *Cotunav* rendu le 30 mai 1985, la chambre commerciale de la Cour de cassation avait déclaré que « *la saisie-arrêt s'exerce sur l'ensemble des sommes dont le tiers saisi est débiteur envers le saisi* », en déduisant que la déclaration affirmative de la saisie-arrêt pratiquée contre une banque, tiers saisi, en France, doit inclure les sommes déposées par le saisi dans une succursale étrangère de celle-ci [1].

1711.283 Survie de l'ancienne jurisprudence. Mais cette jurisprudence est-elle transposable à la saisie-attribution ? En effet, l'arrêt *Cotunav* ayant été rendu sous l'empire de la saisie-arrêt, aujourd'hui remplacée, entre autres, par la saisie-attribution, on pourrait douter de la survie de la solution qu'il consacre. Toutefois, s'il existe de nettes différences entre l'ancienne et la nouvelle procédures, le principe d'une déclaration du tiers saisi, ses conséquences et sa sanction demeurent (même si, par ex., le fondement de la sanction n'est plus la responsabilité civile mais l'article R. 211-5 C. pr. exéc.). Or la loi n'a pas expressément réglé la question du contenu de cette déclaration en cas de succursale à l'étranger d'une banque tiers saisi : le problème demeure donc entier et la jurisprudence antérieure conserve toute sa valeur. C'est ainsi à juste titre qu'un JEX parisien a transposé la jurisprudence issue de l'arrêt *Cotunav* à la saisie-attribution [2]. Cette décision fut confirmée en appel [3] et finalement la Cour de cassation rejeta le pourvoi : « *C'est sans excéder ses pouvoirs ni violer le principe de la territorialité des procédures d'exécution que la cour d'appel a retenu que la banque, tiers saisi, devait déclarer l'ensemble des sommes dues au débiteur dès lors que celles-ci sont dues par la personne morale elle-même, peu important la localisation en France ou à l'étranger des succursales, elles-mêmes non constituées en sociétés distinctes, dans lesquelles les comptes sont tenus* » [4].

1711.284 Secret bancaire. Dans l'affaire *Cotunav*, la succursale en cause était en Suisse, pays, au moins à l'époque, d'un strict secret bancaire : le tiers saisi devait-il respecter la loi de police suisse ou l'ordre du juge français ? Pour M. Kinsch, il importe manifestement de prendre en considération la loi de police étrangère et d'écarter ainsi la sanction française [5]. La Cour de cassation, dans son arrêt précité du 30 janvier 2002, a toutefois rejeté un moyen similaire relatif au droit monégasque, décision critiquée sur ce point par ses commentateurs : notamment G. Cuniberti, selon lequel la prise en considération de la loi de police étrangère, dans la mesure où celle-ci constitue un obstacle avéré, devrait constituer un motif légitime autorisant le tiers saisi à ne pas fournir les renseignements demandés [6] ; J.-M. Delleci, qui parle d'un « choix impossible » entre soit déclarer les avoirs à l'étranger et s'exposer dans le pays de la succursale en cause à des poursuites pénales et sanctions parfois très importantes, soit ne pas déclarer ces avoirs et encourir en France une condamnation aux causes de la saisie [7]. On a pu au contraire approuver la Haute juridiction : « *La créance étant localisée en France* [siège de la banque], *n'est-il pas naturel d'admettre que la banque française soit tenue de fournir les renseignements exigés par la loi française ? La lecture de textes "classiques" sur le secret bancaire (ex. art. 47 de la Loi fédérale suisse sur les banques et les caisses d'épargne ou art. 308 du Code pénal monégasque) ne permet d'ailleurs pas de conclure que la violation du secret soit flagrante* » [8]. Cette dernière n'est toutefois justement pas exclue. Doit-on alors considérer qu'il s'agit d'un risque inhérent à la création d'une succursale au contraire d'une filiale ?

1711.285 Au-delà de la déclaration : l'effet attributif. La jurisprudence susmentionnée de 1985/2002 n'avait trait qu'à la déclaration du tiers saisi, non à l'effet attributif de la saisie-attribution [9]. La Cour de cassation a toutefois pu estimer « *que la banque, qui a seule la personnalité morale, est dépositaire des fonds détenus dans une succursale située à l'étranger et que la*

1. Com. 30 mai 1985, *Cotunav*, *Rev. crit. DIP* 1986. 329, note H. Batiffol – V. AUSSI F. Ameli, *La saisie-arrêt en droit international privé*, thèse, Paris I, 1990, n°s 417 s. – Rép. internat., v^o^ *Monnaie*, par D. Carreau et C. Kleiner, juin 2017 – COUCHEZ, p. 136 – CUNIBERTI, n° 299 – E. GUINCHARD, mémoire DEA DIP, Paris II, sept. 1998, n°s 123 s. – *J.-Cl. Int.*, fasc. 582-30, par A. Huet, n° 59 – P. Kinsch, *Le fait du Prince étranger*, LGDJ, 1994, n° 89, note 68 – Anc. Rép. internat., v^o^ *Saisie-arrêt*, par G. Mercier, n° 63 – D. Mondolini, « L'obligation déclarative du tiers saisi dans la saisie-attribution », *JCP E* 1998. 1026, n° 4 – H. Muir Watt, « Extraterritorialité », (préc. v. s^s^ n° 1711.06), *Rev. crit. DIP* 1998. 27 s., n°s 10 et 17 – B. Nicod, note s^s^ Civ. 1re, 18 nov. 1986, n° 85-11.404, *BCD, JCP* 1987. II. 20909.
2. TGI Paris, JEX, 28 sept. 1998, *Gaz. Pal.* 8 oct. 1998, p. 37, flash – EN CE SENS, expressément, COUCHEZ, p. 136 – Aussi, implicitement, D. Mondolini, « L'obligation déclarative du tiers saisi dans la saisie-attribution », *JCP E* 1998, 1026, n° 4.
3. Paris, 16 sept. 1999, RG n° 1998/25704.
4. Civ. 2e, 30 janv. 2002, n° 99-21.278, NP ; *JCP E* 2003. 587, note G. Cuniberti.
5. P. Kinsch, *Le fait du Prince étranger*, LGDJ, 1994, n° 89, note 68.
6. CUNIBERTI, n°s 7 s.
7. J.-M. Delleci, « Secret bancaire et procédures civiles d'exécution », *Gaz. Pal.* 27-29 juin 2004, p. 21, spéc. p. 22.
8. Ph. Théry, anc. Rép. internat., v^o^ *Voies d'exécution*, n° 59.
9. TGI Paris, JEX, 24 juin 2004, *Dr. et proc.* 2005. 35, obs. O. Salati.

circonstance que les fonds sont déposés dans une telle succursale est [...] sans incidence sur l'effet d'attribution au profit du créancier saisissant de la créance de somme d'argent à la restitution de laquelle est tenue la banque tiers-saisi en sa qualité de dépositaire »[1]. La portée exacte de cette jurisprudence reste toutefois à préciser, même si l'argumentation utilisée incline à penser qu'il s'agit d'une simple question de localisation des créances plutôt que d'un abandon du principe de territorialité de l'exécution[2]. Cette jurisprudence renforce en tout cas les préoccupations des établissements bancaires, ici encore susceptibles d'être pris entre deux feux dès lors du moins qu'on admet que « *malgré l'absence de personnalité morale, la succursale réponde de ses engagements propres, mais de ceux-là seulement* »[3], exposant le tiers saisi à un risque de double paiement. La solution proposée consiste alors à « *suspendre les effets de la saisie pratiquée en second lieu en attendant le dénouement de la première* »[4]. Ce principe ne peut toutefois être appliqué unilatéralement par les juridictions françaises que si c'est la seconde saisie qui est faite au siège en France, rien n'obligeant l'État étranger à accepter cette solution. En outre, celle-ci devrait être assortie de quelques limites, notamment temporelles.

B. Difficultés tenant à la cession de la créance objet de la saisie

1711.291 **Information du tiers saisi.** Une seconde série de difficultés relatives au contenu de la déclaration du tiers saisi a trait à l'hypothèse d'une cession de la créance objet de la saisie. En effet, ce tiers est tenu, sous peine de sanction, de déclarer les cessions de créance intervenues (v. s[s] n° 1711.270).

Or il peut se poser un problème d'information du tiers saisi lorsque la loi applicable à l'opposabilité de la cession de créance au débiteur cédé n'exige aucune notification de celle-ci (en droit français, c'est notamment le cas de la cession *Dailly*). Dans cette hypothèse, peut-on considérer que l'ignorance d'une cession de créance opposable aux tiers par le débiteur cédé constitue un « *motif légitime* » au sens de l'article R. 211-5 C. pr. exéc. ?

« *Une réponse positive ne semble faire aucun doute. Le contraire reviendrait à faire peser sur la tête du débiteur cédé le paiement de sa dette envers le cessionnaire et le paiement de la dette du cédant à l'égard du créancier saisissant* »[5].

1711.292 **Relations cessionnaire-tiers saisissant.** Les difficultés soulevées par l'hypothèse d'une cession de créance objet de la saisie ne sont toutefois pas épuisées par la résolution du problème de l'information du tiers saisi : il peut également exister un conflit entre le cessionnaire et le tiers saisissant (et la déclaration du tiers saisi vise précisément à ce « *que les choses soient claires dès l'exécution de la mesure* »[6]).

Il est résolu par le principe d'antériorité, comme en droit interne[7] (D. Pardoel propose toutefois de soumettre le principe d'antériorité à une application cumulative de la loi du for et de celle applicable à la publicité de la cession[8]).

En d'autres termes, si la cession de créance est devenue opposable aux tiers avant l'acte de saisie, elle ne figure plus dans le patrimoine du débiteur saisi, mais dans celui du cessionnaire qui pourra ainsi s'opposer à la revendication du tiers saisissant. Dans le cas inverse, la créance a été immédiatement attribuée au saisissant (C. pr. exéc., art. L. 211-2) et n'a pu, par conséquent, être cédée.

1711.293 **Loi applicable à la publicité de la cession de créance.** Cette application de la maxime « *prior tempore, potior jure* » suppose de savoir quand la transmission de la créance est devenue opposable aux tiers. À cet égard, la solution devrait être fournie par la loi du domicile du tiers saisi, que la cession de créance relève du droit européen (Règl. du Parlement européen et du Conseil du 17 juin 2008 sur la loi applicable aux obligations contractuelles [Rome I][9]) ou du droit commun[10].

1. Civ. 2e, 14 févr. 2008, n° 05-16.167, P II, n° 36 ; *D.* 2008. 2567, obs. S. Bollée ; *JDI* 2008. 1100, note S. Bollée ; *Lamy Droit de l'exécution forcée, Lettre d'actualités* mai 2008, p. 1, éclairage par G. Cuniberti ; *Procédures* 2008, n° 141, note R. Perrot ; *RD banc. fin.* 2008, n° 78, note S. Piedelièvre – G. Cuniberti, « Le principe de territorialité des voies d'exécution », *JDI* 2008. 963.
2. Pour Ph. Théry, anc. Rép. internat., v° *Voies d'exécution*, n° 56, il n'y a aucun doute : « *Quoique l'on ait soutenu l'opinion contraire* (G. Cuniberti) [il est impossible] *d'interpréter les arrêts qui ont admis la saisie au siège de la banque lorsque le compte avait été ouvert dans une succursale étrangère comme un abandon du principe de territorialité des saisies. La créance saisie est localisée en France parce que la banque débitrice y a son siège* » – DANS LE MÊME SENS, cet ouvrage, v. s[s] n° 0921.25, *in fine* (par E. de Leiris).
3. Ph. Théry, Rép. internat., v° *Voies d'exécution*, janv. 2013, n° 57.
4. Ph. Théry, Rép. internat., v° *Voies d'exécution*, janv. 2013, n° 58.
5. D. PARDOEL, *Les conflits de lois en matière de cession de créance*, LGDJ, 1997, n° 582, note 1050, p. 300.
6. COUCHEZ, p. 137.
7. COUCHEZ, p. 137 – PARDOEL, n° 581.
8. PARDOEL, n° 607.
9. Règl. (CE) n° 593-2008, Parlement et Conseil, 17 juin 2008, *JOUE* L. 177/6, 4 juill., p. 6 ; remplaçant, à compter du 17 décembre 2009, conv. Rome, 19 juin 1980, sur la loi applicable aux obligations contractuelles.
10. Rép. internat., v° *Voies d'exécution*, par Ph. Théry, janv. 2013, n° 63, et les références – Not. A. Sinay-Cytermann, « Les conflits concernant l'opposabilité des transferts de créance », *Rev. crit. DIP* 1992. 35, spéc. n°s 20 s.

1711.294 **Portée d'une thèse.** Un auteur[1] a pu contester, sur un plan plus général, l'appréhension par la doctrine de la question de la loi applicable aux relations entre le cessionnaire et les tiers sous le seul angle de la détermination de la loi applicable à l'opposabilité de la cession de créance. Cependant, il semble que cette doctrine n'entraîne aucune conséquence dans le cas particulier de la saisie (« *Le domicile du débiteur cédé est très certainement adapté au conflit opposant le cessionnaire au créancier saisissant* »[2]).

§ 4
Particularités quant au déroulement de la procédure et incidents

1711.301 **Voie d'exécution.** Il faut distinguer ici entre les incidents relatifs à la voie d'exécution elle-même et ceux relatifs au fond du droit qui se posent à l'occasion d'une voie d'exécution[3].

En effet, en ce qui concerne les premiers, en vertu du principe de territorialité de l'exécution, le juge et la loi français sont nécessairement compétents[4]. Le droit européen consacre ce principe de territorialité à l'article 24-5 Bruxelles I *bis* (Bruxelles I, art. 22-5), édictant une compétence exclusive, en matière d'exécution des décisions, en faveur des juridictions de l'État membre du lieu de l'exécution. La Cour de justice considère toutefois que cet article est d'interprétation stricte et vise seulement « *les actions qui visent à faire trancher une contestation relative au recours à la force, à la contrainte ou à la dépossession de biens meubles et immeubles en vue d'assurer la mise en œuvre matérielle des décisions et des actes* »[5].

1711.302 **Fond du droit. Solution européenne.** En revanche, s'agissant des incidents ayant trait au fond du droit, on peut hésiter sur la compétence du juge français, dès lors du moins que la question ne relèverait pas, si elle faisait l'objet d'une action autonome, de la compétence des juridictions françaises.

En droit européen, la Cour de justice, dans son arrêt du 4 juillet 1985[6], rendu à propos de la convention de Bruxelles mais applicable selon toute vraisemblance au règlement Bruxelles I/I *bis* en raison de l'identité des règles en cause, a refusé toute prorogation de compétence, en énonçant « *qu'il résulte de la spécificité du lien exigé par l'article 16* [art. 22 Bruxelles I et art. 24 Bruxelles I *bis*] *qu'une partie ne saurait se prévaloir de la compétence que le n° 5 de cet article attribue aux tribunaux du lieu de l'exécution pour saisir ces tribunaux, par voie d'exception, d'un litige qui relève des tribunaux d'un autre État contractant en vertu de l'article 2. L'utilisation, à une telle fin, de l'action en opposition à exécution est contraire à la répartition des compétences entre le juge du domicile du défendeur et le juge du lieu de l'exécution, voulue par la convention* » (attendu 17).

1711.303 **Critiques d'un annotateur.** Cet arrêt a néanmoins été vivement critiqué par M. Huet, partisan d'une « *concentration des différends devant un même juge* »[7]. D'abord, M. Huet a invoqué « *l'objectif réel de l'article 16 :* [...] *si l'article 16-5° donne une compétence exclusive "en matière d'exécution des décisions aux tribunaux de l'État contractant du lieu d'exécution" c'est parce que le jugement à intervenir sera forcément exécuté en ce lieu ; or c'est aussi en ce même lieu que doit nécessairement produire effet une décision statuant sur l'existence d'une créance lorsque cette créance constitue le fondement d'une action relevant de l'article 16-5°* »[8].

Ensuite, M. Huet a fait état du « *système de l'article 16* »[9] : l'article 16 et l'article 2 constituent deux systèmes autonomes, de sorte qu'un tribunal saisi à titre principal sur l'un de ces articles peut aussi statuer, à titre incident, sur une question qui normalement relève de l'autre article.

1. Pardoel, n° 600.
2. Pardoel, n° 602 – Sur l'ambiguïté et la rareté de la jurisprudence en la matière, Pardoel, n°s 591 s. – comp., sur cette jurisprudence, A. Sinay-Cytermann, « Les conflits concernant l'opposabilité des transferts de créance », *Rev. crit. DIP* 1992. 35, spéc. n°s 20 s.
3. Sur ce qu'une contestation de la validité du titre exécutoire n'est pas comparable à un incident au fond, v. Rép. internat., v° *Voies d'exécution*, par Ph. Théry, janv. 2013, n° 92.
4. par ex., dans le cadre européen : CJCE 4 juill. 1985, AS Autoteile c/Mahé, aff. C-220/84, *Rec. CJCE* I-2267 ; *Rev. crit. DIP* 1986. 147, note E. Mezger ; *JDI* 1986. 449, note A. Huet – v. aussi *J.-Cl. Int.*, fasc. 581-21, par A. Huet, n°s 36 s. ; et, du même auteur, fasc. 582-30, n° 59 – Rép. internat., v° *Voies d'exécution*, par Ph. Théry, janv. 2013, n° 83.
5. CJUE, 9 déc. 2021, aff. C-242/20 (Hrvatske Sume), pt 31. Elle en déduit que le recouvrement, sur le fondement de l'enrichissement sans cause, d'un montant indûment versé lors d'une procédure d'exécution qui a été ultérieurement invalidée, ne relève pas de l'article 24-5 Bruxelles I *bis* (pt 32 et dispositif), et ce alors même qu'une telle action en répétition de l'indu avait été engagée en raison de l'expiration du délai dans lequel la restitution des sommes indûment versées lors d'une procédure d'exécution forcée peut être réclamée dans le cadre de cette même procédure d'exécution, sans qu'il y ait négligence du requérant (le délai était forclos puisqu'il est d'un an à compter du jour de l'exécution or l'arrêt invalidant définitivement la procédure d'exécution est intervenu plusieurs années plus tard). On note que l'absence « *de toute demande d'exécution forcée* » semble avoir joué un rôle déterminant dans le raisonnement de la Cour (v. le pt 36).
6. CJCE 4 juill. 1985, aff. C-220/84, *Rec. CJCE* I-2267 (préc., v. s^s^ n° 1711.301).
7. A. Huet, *JDI* 1986. 453.
8. A. Huet, *JDI* 1986. 452.
9. A. Huet, *JDI* 1986. 452.

Enfin, l'annotateur a rappelé les affirmations de la Cour elle-même selon lesquelles les besoins de l'économie de procédure sont à la base de l'ensemble de la Convention.

1711.304 Appréciations postérieures. Mme Gaudemet-Tallon [1] (l'auteur s'interroge toutefois [2] sur la conciliation entre l'interprétation de M. Huet et l'article 3 des conventions de Bruxelles et Bruxelles I / 5 Bruxelles I *bis* prohibant le *forum arresti* en tant que compétence exorbitante) et M. Théry [3] ont relevé que les faits de l'espèce avaient probablement été déterminants dans la décision de la Cour, ce qui contribue à relativiser celle-ci.

M. Théry [4] a également remarqué que puisque l'exécution forcée ne peut être entreprise qu'avec un titre exécutoire, auquel efficacité est reconnue *prima facie*, le créancier sera toujours défendeur à l'incident : il pourra dès lors invoquer le bénéfice de l'article 18 de la Convention de Bruxelles (devenu, depuis, l'article 24 du règlement Bruxelles I et, aujourd'hui, l'article 26 du règlement Bruxelles I *bis*), selon lequel, outre les cas où sa compétence résulte d'autres dispositions de cette convention, « *le juge d'un État contractant devant lequel le défendeur comparaît est compétent* » (dès lors que cette comparution n'a pas pour objet de contester la compétence de ce juge et que cette dernière ne porte pas atteinte à l'éventuelle compétence exclusive d'une autre juridiction au sens de l'article 22 du règlement Bruxelles I ou 24 du règlement Bruxelles I *bis*).

On peut ajouter aux divers arguments présentés la jurisprudence de la Cour européenne des droits de l'homme qui, avant même l'arrêt *Hornsby* [5] (v. ss no 1711.252) et son droit à l'exécution, incluait dans l'exigence du délai raisonnable du procès la phase d'exécution du jugement [6], ce qui peut s'avérer difficilement réalisable en cas de sursis à statuer du juge français.

1711.305 Droit commun. *A fortiori*, en droit commun, où une telle jurisprudence européenne n'existe pas, et à défaut également d'arrêt de la Cour de cassation (les arrêts, au demeurant contestables, ayant conduit à un revirement de jurisprudence sur la question du *forum arresti* – v. ss no 1711.216 – ont exclusivement trait aux mesures conservatoires et non à l'exécution forcée [7]), le juge français devrait pouvoir statuer sur le fond, soit par le biais d'une compréhension large de l'article 49 C. pr. civ. [8], soit par celui de l'opposition à l'exécution [9].

§ 5
Procédures de distribution des deniers

1711.311 Compétence des juridictions du lieu de l'adjudication. Les voies d'exécution forment un tout et, de la même manière qu'en début de procédure la détermination des biens saisissables relève de l'État de la saisie, les procédures de distribution du prix de vente des biens saisis en France relèvent de la compétence des tribunaux et de la loi français. La Cour de cassation a rappelé ce principe, quant à la compétence juridictionnelle, en matière immobilière : « *La répartition entre créanciers hypothécaires et privilégiés du produit de la vente judiciaire forcée d'un immeuble relève, en droit international privé commun, de la compétence des juridictions de l'État sur le territoire duquel s'est déroulée l'adjudication, en raison des liens étroits qui unissent la procédure de distribution à celle de vente* » [10].

1. Gaudemet-Tallon et Ancel, no 136.
2. Gaudemet-Tallon et Ancel, no 136.
3. Rép. internat., vo *Voies d'exécution*, par Ph. Théry, janv. 2013, no 87.
4. Rép. internat., vo *Voies d'exécution*, par Ph. Théry, janv. 2013, no 88.
5. CEDH 19 mars 1997, Hornsby c/Grèce, req. no 18357/91.
6. CEDH 26 oct. 1988, Martins Moreira, req. no 11371/85 – Et CEDH 23 mars 1994, Silvia Pontes, req. no 14940/89.
7. Rép. internat., vo *Voies d'exécution*, par Ph. Théry, janv. 2013, no 90.
8. Rép. internat., vo *Voies d'exécution*, par Ph. Théry, janv. 2013, no 91.
9. Foussard, p. 181-182.
10. Com. 12 mars 2013, nos 11-27.748 et 11-27.749, P IV, no 37 ; *Rev. crit. DIP* 2013. 649, rapport du conseiller J.-P. Rémery et note L. d'Avout. La Cour ajoute immédiatement : « *Y compris lorsque celle-ci porte sur des actifs immobiliers dépendant d'une procédure collective ouverte à l'étranger* ». En l'espèce, l'*exequatur* en France d'un jugement italien de faillite avait permis la saisie de biens immobiliers à Nice et leur vente par les syndics italiens dans une affaire où le règlement « Insolvabilité » ne s'appliquait pas – Sur la saisie immobilière en droit international privé, v. F. Leclerc, « La saisie immobilière et le droit international privé », *in* C. Albiges (dir.), *La saisie immobilière. Approches transversales*, « Thèmes et commentaires », Dalloz, 2014 – Sur la nécessité de l'*exequatur* du jugement étranger de faillite pour procéder à une saisie, v. ss no 1712.41.

CHAPITRE
1712. Procédures collectives d'exécution

EMMANUEL GUINCHARD
PRINCIPAL LECTURER IN LAW À L'UNIVERSITÉ DE LIVERPOOL JOHN MOORES (ROYAUME-UNI)

SECTION 0 ORIENTEUR

1712.00 Sommaire du chapitre.

Division. Seront distingués le droit international privé commun des procédures civiles d'exécution à travers la jurisprudence française (sect. 1) et le droit international privé à travers les deux règlements « Insolvabilité » (sect. 2).

1712.01 Textes applicables.

• **Règl. (CE) nº 1346/2000, Conseil, 29 mai 2000,** dit « Insolvabilité », relatif aux procédures d'insolvabilité, *JO* L. 160, 30 juin, p. 1 s.

• **Règl. (UE) nº 2015/848, Parlement européen et Conseil, 20 mai 2015,** dit « Insolvabilité *bis* », relatif aux procédures d'insolvabilité, *JO* L. 141, 5 juin, p. 19 s.

1712.02 Jurisprudence de référence.

> Trois conditions de l'*exequatur.*

• **Civ. 1re, 20 févr. 2007,** nº 05-14.082, *Cornelissen*, P I, nº 68
* V. ss nos 0121.142, 1712.51

Pour accorder l'*exequatur* hors de toute convention internationale, le juge français doit s'assurer que trois conditions sont remplies, à savoir la compétence indirecte du juge étranger, fondée sur le rattachement du litige au juge saisi, la conformité à l'ordre public international de fond et de procédure et l'absence de fraude à la loi ; le juge de l'*exequatur* n'a donc pas à vérifier que la loi appliquée par le juge étranger est celle désignée par la règle de conflit de lois française.

1712.03 Bibliographie indicative.

Actualisables. *J.-Cl. Int.*, fasc. 572-85, « Procédure collective – Loi applicable – Règlement (CE) nº 1346/2000 du 29 mai 2000 et règlement (UE) nº 2015/848 du 20 mai 2015 relatifs aux procédures d'insolvabilité », 2018, par M.-H. Monsèrié-Bon ; fasc. 572-90, « Redressement et liquidation judiciaires – Procédures collectives en droit international – Règles de droit commun », 2014 [actu sept. 2019], par L. C. Henry – Rép. internat., vº *Faillite*, par H. Synvet, déc. 1998 (actu. sept. 2020) – Rép. européen, vº *Insolvabilité*, par J.-L. Vallens, janv. 2018 (actu. mars 2025).

Ouvrages[1]. A. LEANDRO, *Il ruolo della lex consursus nel regolamento comunitario delle procedure di insolvenza*, Cacucci, Bari, Italie, 2008 – J.-P. RÉMERY, *La faillite internationale*, PUF, 1996 – D. ROBINE et F. JAULT-SESEKE (dir.), *L'effet international de la faillite : une réalité ?*, Dalloz, 2004 – M. TROCHU, *Conflits de lois et de juridictions en matière de faillite*, Sirey, 1967.

Thèse. N. PIMBLIS, *La faillite dans les relations internationales*, th. Paris XI, 1992.

Articles et contributions. D. Bureau, « La fin d'un îlot de résistance. Le règlement du Conseil relatif aux procédures d'insolvabilité », *Rev. crit. DIP* 2002. 613 – G. Grasmann, « Effets nationaux d'une procédure d'exécution collective étrangère », *Rev. crit. DIP* 1990. 421 – F. Jault-Seseke et D. Robine, « Le règlement 2015/848 : le vin nouveau et les vieilles outres », *Rev. crit. DIP* 2016. 21 – N. Kayser, « *A study of the european convention on insolvency proceedings* », *Annales de droit luxembourgeois* 1997. 237 – G. Khairallah, « Les faillites concurrentes », *Trav. Comité fr. DIP* 1993-1995. 157 – J. Lemontey, « Actualités du droit international de la

1. Les ouvrages dont le nom des auteurs figure en petites capitales en bibliographie seront cités par le seul nom des auteurs en petites capitales en notes de bas de page.

faillite », *Trav. Comité fr. DIP*, 1986-1988. 85 – A. Martin-Serf, « La faillite internationale : une réalité économique pressante, un enchevêtrement juridique croissant », *JDI* 1995. 31 – V. Marquette et C. Barbé, « Les procédures d'insolvabilité extracommunautaires. Articulation des dispositions du règlement n° 1346-2000 et du droit commun des États membres », *JDI* 2006. 511 – M.-E. Mathieu-Bouyssou, « Aperçu des règles de droit judiciaire privé relatives aux procédures d'insolvabilité européennes après le règlement communautaire n° 1346-2000 », *D.* 2002. 2245 – M. Menjucq, « Règlement (CE) n° 1346/2000 du 29 mai 2000 relatif aux procédures d'insolvabilité », *in* L. Cadiet, E. Jeuland et S. Amrani-Mekki (dir.), *Droit processuel civil de l'Union européenne*, LexisNexis, 2011, p. 125 – S. Poillot-Peruzzetto, « Le créancier et la "faillite européenne" : commentaire de la Convention des Communautés européennes relative aux procédures d'insolvabilité », *JDI* 1997. 757 – P. Roussel-Galle, « De quelques pistes d'interprétation du règlement (CE) n° 1346-2000 sur les procédures d'insolvabilité : la circulaire du 15 décembre 2006 », *JDI* 2008. 133 – J.-L. Vallens, « Questions procédurales de droit international privé et de droit européen », *Redressement et liquidation judiciaires : questions procédurales, LPA* 1998, n° 129, p. 4 ; « La mise en œuvre du règlement communautaire sur les procédures d'insolvabilité : questions de procédure », *D.* 2003. 1421 – P. Wautelet, « Règlement (UE) n° 2015/848 du Parlement européen et du Conseil du 20 mai 2015 relatif aux procédures d'insolvabilité », *in Droit judiciaire européen et international* (dir. P. Moreau, coord. J.-F. van Drooghenbroeck), La Charte, 2021, p. 725.

Blog. « Justice civile européenne – Brèves et commentaires », https://justicecivileeuropeenne.wordpress.com/ (version anglaise : « *European Civil Justice – Random news and comments* », https://europeanciviljustice.wordpress.com/).

1712.05 Procédures collectives et théories en présence. Les procédures collectives longtemps exclusivement visées par le droit international privé concernent la faillite au sens traditionnel de ce terme en la matière (redressement et liquidation judiciaires des entreprises, sauvegarde des entreprises). Mais l'émergence progressive d'un contentieux international en matière de surendettement, sur la base de l'article L. 711-2 C. consom. qui permet l'application de la procédure française de surendettement aux débiteurs de nationalité française domiciliés hors de France et qui ont contracté des dettes non professionnelles auprès de créanciers établis en France[1], amène à se demander si la notion de procédure collective ne pourrait pas désormais recouvrir également la procédure française relative au surendettement des particuliers. En ce sens pourrait être invoqué le premier arrêt (et ils sont encore rares) rendu par la Cour de cassation en matière de surendettement international des particuliers déclarant que ses « *effets sont du même ordre que ceux d'une procédure collective en cas d'insolvabilité* »[2]. Certains sont en outre favorables à une telle extension, dans son principe du moins (les modalités restant à préciser[3]). La procédure de traitement du surendettement des particuliers ne ressortirait pas pour autant du règlement « Insolvabilité » (ou « Insolvabilité *bis* ») dans la mesure où elle n'est pas visée dans ses annexes[4].

Quelle que soit l'étendue de la notion, le droit international des procédures collectives se caractérise par **l'opposition de deux grandes théories : celle de l'unité et de l'universalité et celle de la pluralité et de la territorialité des faillites.**

Selon la première, le droit de prononcer la faillite appartient au seul tribunal du domicile du débiteur et la procédure, ainsi concentrée, déploie ses effets dans tous les pays où le débiteur possède des biens[5].

1. Selon l'article R. 711-2 C. consom., « *le débiteur de nationalité française domicilié hors de France peut saisir la commission de surendettement du lieu d'établissement de l'un de ses créanciers établis en France* ».

2. Civ. 1re, 10 juill. 2001, n° 00-04.104, P I, n° 210 ; *CCC* nov. 2001. 26, note G. Raymond ; *RTD com.* 2001. 985, obs. G. Paisant ; *Gaz. Pal.* 21-23 juill. 2002, p. 31, et chron. M.-N. Jobard-Bachellier, p. 13 : « *Il résulte de l'article R. 333-2 du Code de la consommation* [aujourd'hui art. R. 712-13 du même code : *"Hormis le cas prévu à l'article R. 711-2, la commission compétente est celle du domicile du débiteur"*] *qu'en matière de surendettement, le juge français est compétent lorsque le débiteur demeure sur le territoire national, situation que l'article L. 333-3-1* [devenu L. 711-2 pour le premier alinéa et R. 711-2 pour le second] *du même code ne concerne pas ;* […] *la circonstance que la dette résulterait d'un contrat de crédit soumis à une loi étrangère ne saurait faire obstacle à l'application de la loi* [sur le] *surendettement des particuliers, dont les effets sont du même ordre que ceux d'une procédure collective en cas d'insolvabilité et qui s'imposent au même titre aux créanciers nationaux et aux créanciers étrangers* » – *Adde*, reprenant cette formulation, Civ. 1re, 20 déc. 2001, n° 01-04.024, NP, et Civ. 1re, 30 janv. 2002, n° 01-04.064, NP.

3. V. NOT. : M.-N. Jobard-Bachellier, « L'élaboration d'un régime de surendettement international : emprunts au régime de la "faillite" internationale ? », *Gaz. Pal.* 26-27 févr. 2003. 27 ; « Les procédures de surendettement et de faillite internationales ouvertes dans la Communauté européenne », *Rev. crit. DIP* 2002. 491 – Sur l'ensemble de la question, et dans le MÊME SENS, v. M. Jude, *Le droit international privé des procédures de surendettement des particuliers*, PUAM, 2003 – et note ss Civ. 1re, 2 oct. 2002, n° 01-04.025, NP ; *Rev. crit. DIP* 2003. 113.

4. Civ. 2e, 17 mars 2016, n° 14-26.868, P : « *Les procédures de traitement du surendettement des particuliers ne sont pas au nombre de celles auxquelles s'applique le règlement (CE) n° 1346/2000 du Conseil du 29 mai 2000 relatif aux procédures d'insolvabilité ; qu'ayant exactement énoncé qu'elle n'avait pas à décider du sort de la demande de M. X… au regard de ce règlement, mais uniquement au regard des conditions fixées par les articles L. 330-1 et suivants* [aujourd'hui, art. L. 711-1 s.] *du Code de la consommation sur le traitement des situations de surendettement, c'est sans encourir les griefs du moyen que la cour d'appel a statué comme elle l'a fait* » – Sur les procédures visées dans les annexes des règlements « Insolvabilité » et « Insolvabilité *bis* », v. ss nos 1712.71 et 1712.81.

5. TROCHU, p. 11 s.

Dans le cadre de la seconde, une faillite ne peut entraîner des effets en dehors des frontières de l'État où elle est prononcée : il existe donc autant de faillites potentielles que d'États où le débiteur possède des biens[1].

1712.06 Droit international privé commun et droit international privé européen. Entre ces deux systèmes, tant la jurisprudence française, exprimant le droit international privé commun, que le droit européen – soit aujourd'hui le règlement (UE) n° 2015/848[2] du Parlement européen et du Conseil du 20 mai 2015 relatif aux procédures d'insolvabilité – adoptent une solution intermédiaire, mais qui penche cependant de plus en plus vers la **théorie de l'universalité**. Manifeste à cet égard est l'arrêt rendu par la première chambre civile de la Cour de cassation le 19 novembre 2002, qui reconnaît pour la première fois le principe d'universalité de la faillite (tout en ayant conscience que sa réalisation dépend de son acceptation par les ordres juridiques étrangers, condition qui en pratique semble loin d'être toujours remplie[3])[4]. S'inscrivant dans cette lignée, la Cour de cassation a jugé qu'un juge-commissaire n'excède pas ses pouvoirs en autorisant, dans le cadre d'une liquidation judiciaire ouverte en France, la vente d'un immeuble du débiteur situé en territoire étranger « *sans vérifier au préalable que la liquidation puisse produire ses effets dans cet État, dont la réaction quant à la possibilité d'une réalisation effective de la vente n'a pas à être anticipée* »[5].

1712.07 Exclusion de la faillite du champ d'application des règlement Bruxelles I *bis* et convention Lugano II. Le règlement Bruxelles I *bis*, comme avant lui le règlement Bruxelles I et la convention de Bruxelles de 1968, et la convention de Lugano II, comme avant elle la convention de Lugano de 1988, n'abordent point la faillite. La Cour de justice, dans une jurisprudence *Gourdain c/Nadler*[6], a interprété l'exclusion en question comme visant les actions dérivant directement de la faillite et s'insérant étroitement dans le cadre d'une procédure collective. Deux illustrations, en sens contraire, peuvent être données. Dans un premier arrêt[7], la Cour considère une action, ayant pour objet une demande en dommages et intérêts pour responsabilité délictuelle ou quasi délictuelle, « *qui, d'une part, peut être introduite par le créancier lui-même [individuellement], de telle sorte qu'elle ne relève pas de la compétence exclusive du syndic, et, d'autre part, est indépendante de l'ouverture d'une procédure d'insolvabilité* [pouvant être intentée avant, pendant ou après le déroulement de cette procédure], *ne saurait être considérée comme étant une conséquence directe et indissociable d'une telle procédure* » (pt 36) par cela même que, dans l'affaire soumise à la Cour, cette action a été intentée par le syndic dans l'intérêt des créanciers. Cette dernière circonstance démontre certes l'existence d'un lien avec la procédure d'insolvabilité, mais « *c'est l'intensité du lien existant entre une action juridictionnelle et la procédure d'insolvabilité qui est déterminante pour décider si l'exclusion énoncée à l'article 1er, paragraphe 2, sous b), du règlement* » Bruxelles I trouve à s'appliquer (pt 30). Pour les raisons susmentionnées, la Cour estime que cette intensité n'est pas suffisante (le fondement juridique de l'action relevant des règles communes du droit civil et commercial et non des règles dérogatoires spécifiques aux procédures d'insolvabilité), de sorte que l'exclusion ne s'applique pas et que l'action est soumise à Bruxelles I (dispositif).

Dans un second arrêt[8], la Cour de justice décide qu'une action en constatation de l'existence de créances aux fins de leur enregistrement dans le cadre d'une procédure d'insolvabilité est exclue du champ d'application du règlement Bruxelles I *bis* (la Cour en déduit que l'article 29 Bruxelles I *bis* ne s'applique pas à cette action, allant jusqu'à préciser « *ni même par analogie* »). Si la solution paraissait évidente, la justification avancée apparaît quelque peu singulière : l'action « *dérive directement d'une procédure d'insolvabilité, s'y insère étroitement et trouve son origine dans le droit des procédures d'insolvabilité* » (pt 38), ce qui a été critiqué au motif que « *la Cour suggère l'existence d'une*

1. TROCHU, p. 47 s.
2. Règl. (UE) n° 2015/848, Parlement et Conseil, 20 mai 2015, relatif aux procédures d'insolvabilité, *JOUE* L. 141, 5 juin, p. 19 – Ce règlement doit être complété, en droit européen, par le règlement d'exécution (UE) n° 2017/1105, Commission, 12 juin 2017 établissant les formulaires visés dans le règlement (UE) 2015/848 du Parlement européen et du Conseil relatif aux procédures d'insolvabilité (*JOUE* L. 160, 22 juin, p. 1) ; et, en droit français, par les articles L. 690-1 à L. 696-1, et R. 690-1 à R. 695-4 C. com.
3. Sur l'absence de reconnaissance par un tribunal suisse du jugement ayant prononcé en France une liquidation judiciaire et dès lors son inopposabilité au banquier suisse : Versailles, 20 mars 2008, BNP Paribas Suisse, *Rev. crit. DIP* 2008. 649 , note L. d'Avout.
4. Civ. 1re, 19 nov. 2002, n° 00-22.334, Banque Worms, P I, n° 275 ; *D.* 2003. 797, note G. Khairallah ; *JDI* 2003. 132, note P. Roussel-Galle ; *RTD com.* 2003. 169, note J.-L. Vallens – Pour une invocation du principe d'universalité de la faillite en faveur de la compétence des tribunaux français : Com. 21 mars 2006, n° 04-17.869, P IV, n° 74 ; *Rev. crit. DIP* 2007. 105, note G. Khairallah.
5. Com. 29 mai 2019, n° 18-14.844, P.
6. CJCE 22 févr. 1979, Gourdain c/Nadler, aff. 133/78, pt 4, *Rec. CJCE* 00733 ; *Rev. crit. DIP* 1979. 657, note J. Lemontey.
7. CJUE 6 févr. 2019, NK (curateur aux faillites de PI Gerechtsdeurwaarderskantoor BV et de PI) c/BNP Paribas Fortis NV), aff. C-535/17.
8. CJUE 18 sept. 2019, Skarb Państwa Rzeczypospolitej Polskiej – Generalny Dyrektor Dróg Krajowych i Autostrad c/Stephan Riel, aff. C-47/18, *Rev. crit. DIP* 2020. 139, note L. Pailler.

troisième condition en même temps que le cumul nécessaire des trois conditions quand celui-ci était déjà incertain s'agissant des deux premières » [1].

La Cour de cassation, appliquant la jurisprudence *Gourdain c/Nadler*, a jugé que l'exclusion de la faillite du règlement Bruxelles I / I *bis* ne s'appliquait point à l'action en recouvrement d'une créance d'une société en liquidation judiciaire [2], au contraire de l'action en comblement du passif social [3].

SECTION 1
DROIT INTERNATIONAL PRIVÉ COMMUN (JURISPRUDENCE FRANÇAISE)

1712.11 Absence de codification et champ d'application. À une époque où les réformes législatives du droit interne de la faillite se succèdent rapidement [4], le droit international privé commun reste essentiellement jurisprudentiel, ce qui a été regretté dans la mesure où cela crée « *une incertitude juridique défavorable aux investissements étrangers* » [5]. L'intérêt d'une codification s'accroît au regard de la grande importance économique actuelle de plusieurs États non européens, importance qui redonne *a priori* un intérêt certain à un droit international privé commun qui avait perdu une bonne partie de son champ d'application avec l'entrée en vigueur du règlement européen. L'interprétation de ce dernier pourrait toutefois conduire à fortement nuancer cette affirmation, puisque la Cour de justice estime que « *les juridictions de l'État membre sur le territoire duquel s'est ouverte la procédure d'insolvabilité sont compétentes pour connaître d'une action révocatoire fondée sur l'insolvabilité contre un défendeur n'ayant pas son domicile sur le territoire d'un État membre* » [6]. Le dispositif de cette décision s'avère pour l'instant soigneusement limité aux actions révocatoires. Toutefois, le raisonnement de la Cour laisse présager l'extension d'une telle solution bien au-delà de la question qui lui était posée. Si effectivement ce devait être le cas, de sorte que le règlement Insolvabilité s'applique à toutes les relations avec un État tiers dès lors que le débiteur a le centre de ses intérêts principaux dans un État membre, le droit international privé commun français « *devrait désormais essentiellement s'appliquer aux procédures collectives dans lesquelles le débiteur dispose d'un établissement en France et de son siège hors de l'Union ou aux très rares cas dans lesquels un demandeur français se prévaudrait du privilège de juridiction fondé sur la nationalité française, énoncé par l'article 14 du Code civil, pour demander l'ouverture d'une procédure à l'égard d'un débiteur ne disposant pas du centre de ses intérêts principaux dans l'Union ni même d'un établissement en France* » [7].

§ 1
Ouverture en France d'une faillite : conflit de juridictions

1712.21 Siège ou établissement en France. Les tribunaux français se reconnaissent compétence pour ouvrir en France une faillite dans au moins trois situations (sous réserve qu'un jugement étranger de faillite n'ait pas été exequaturé, v. s^s^ n° 1712.53).

Deux d'entre elles résultent de l'article R. 600-1 C. com., selon lequel : « *Le tribunal territorialement compétent pour connaître* [de la faillite] *est celui dans le ressort duquel le débiteur, personne morale, a son siège ou le débiteur, personne physique, a déclaré l'adresse de son entreprise ou de son activité. À défaut de siège en territoire français, le tribunal compétent est celui dans le ressort duquel le débiteur a le centre principal de ses intérêts en France* » [8].

Ainsi, les tribunaux français sont compétents lorsque l'entreprise du débiteur a son siège en France, étant précisé qu'il s'agit toujours du siège réel, et non statutaire [9], ou lorsque s'y trouve un établisse-

1. L. Pailler, *Rev. crit. DIP* 2020. 144 *in limine*.
2. Com. 24 mai 2005, n° 03-14.099, P IV, n° 108 ; *Dr. et proc.* 2005. 341, obs. G. Cuniberti ; *Rev. crit. DIP* 2005. 489, note D. Bureau ; *D.* 2005. 2394, note G. Kessler ; *D.* 2005. 1553, obs. A. Lienhard ; *JDI* 2006. 191, note P. Roussel-Galle – V. Com. 18 déc. 2007, n° 06-17.610, P IV, n° 266 ; *Rev. crit. DIP* 2008. 339, note D. Bureau.
3. Com. 5 mai 2004, n° 01-02.041, P IV, n° 82 ; *D.* 2004. 1796, note J.-L. Vallens ; *Rev. crit. DIP* 2005. 104, note D. Bureau.
4. Pour un propos particulièrement critique à l'occasion des textes de 2014, v. P. Pétel ; « Entreprises en difficulté : encore une réforme ! », *JCP* 2014. Doctr. 667, spéc. n° 1 : « *Que peut faire, face à la multiplication des défaillances d'entreprises, un Gouvernement dont la marge de manœuvre monétaire, douanière, financière, fiscale et politique est inexistante ou très réduite ? Des lois. Uniquement des lois. Au demeurant, l'ancienne majorité ne s'était pas privée d'avoir recours à ce levier résiduel et dérisoire* ».
5. J.-L. Vallens, « Une réforme efficace et mesure du livre VI du Code de commerce », *Lamy Droit de l'exécution forcée Lettre d'actualités* avr. 2014, p. 1, spéc. p. 8.
6. CJUE 16 janv. 2014, R. Schmid c/L. Hertel, aff. C-328/12, *JCP* 24 févr. 2014. 253, note F. Mélin ; L. d'Avout et S. Bollée, « Chronique de droit du commerce international (août 2013-juill. 2014) », *D.* 2014. 1967 ; *Rev. crit. DIP* 2014. 670, note D. Bureau – Sur le champ d'application du règlement « Insolvabilité », v. s^s^ n° 1712.71.
7. F. Mélin, note préc. s^s^ prés^t^ n°.
8. Il est ajouté : « *Toutefois, en cas de changement de siège de la personne morale dans les six mois ayant précédé la saisine du tribunal, le tribunal dans le ressort duquel se trouvait le siège initial demeure seul compétent. Ce délai court à compter de l'inscription modificative au registre du commerce et des sociétés du siège initial* » – COMP. règlement « Insolvabilité *bis* » (v. s^s^ n° 1712.81).
9. Civ. 1re, 21 juill. 1987, n° 85-18.504, P I, n° 242 ; *D.* 1988. 169, note J.-P. Rémery.

ment secondaire (en cas de pluralité d'établissements secondaires du débiteur en France, c'est le principal de ces établissements qui est retenu[1]).

Il faut préciser que lorsque la faillite a été ouverte par les tribunaux français au siège de l'entreprise, elle a normalement vocation à s'étendre à l'étranger, visant ainsi l'ensemble des biens du débiteur quelle que soit leur localisation géographique, ce qui est une application de la théorie de l'universalité. La réalisation de cette vocation est néanmoins subordonnée à la coopération des organes étrangers.

1712.22 **Articles 14 et 15 du Code civil.** La dernière hypothèse dans laquelle un tribunal français est assurément compétent pour ouvrir une faillite en France résulte du jeu de l'article 14 C. civ. (créancier français) ou de son article 15 (débiteur français).

En effet, si on a pu critiquer ces textes, il reste, comme on l'a remarqué[2], qu'ils font toujours partie du droit positif – en application de l'article 14[3] – en application de l'article 15[4].

1712.23 **Autres chefs de compétence ?** Hormis les trois types de situation précédemment examinés, existe-t-il d'autres hypothèses de compétence internationale des tribunaux français ?

Une jurisprudence ancienne[5] admet la compétence du juge français pour ouvrir la faillite d'un débiteur qui, par exemple, conclut un marché en France. On peut cependant douter aujourd'hui de la validité de cette jurisprudence qui consacre des chefs de compétence internationale bien fragiles[6].

1712.24 **Compétence dérivée.** Lorsque les tribunaux français ont ouvert une faillite, notamment au siège de l'entreprise, ils peuvent « étendre » celle-ci à d'autres personnes, même affectées d'un élément d'extranéité (domicile ou siège à l'étranger par exemple), en vertu de la transposition au plan international des articles relatifs aux sanctions pécuniaires et personnelles, à l'instar de l'action en responsabilité pour insuffisance d'actif (C. com., art. L. 651-1[7]). Cette transposition était déjà connue antérieurement[8].

1. Outre le texte lui-même, v. Com. 11 avr. 1995, n° 92-20.032, P IV, n° 126 ; *D.* 1995. 640, note M. Vasseur ; *Rev. crit. DIP* 1995. 742, note B. Oppetit.
2. Rép. internat., v° *Faillite*, par H. Synvet, déc. 1998 (actu. sept. 2020), n° 23 – V. AUSSI la réaction similaire de P. Lagarde sur la question du champ d'application des articles 14 et 15 : *Trav. Comité fr. DIP* 1986-1988. 192.
3. Civ. 2e, 12 juin 1962, *JDI* 1963. 1056, note B. Goldman – Com. 19 mars 1979, n° 77-13.943, P IV, n° 104 ; *Rev. crit. DIP* 1981. 524, note P. Lagarde.
4. Civ. 2e, 7 juin 1962, *JDI* 1963. 106, note A. Ponsard.
5. TROCHU, p. 82, notes 3 à 5.
6. RÉMERY, p. 46 s. – Rép. internat., v° *Faillite*, par H. Synvet, déc. 1998 (actu. sept. 2020), n° 24.

§ 2
Ouverture en France d'une faillite : conflit de lois

1712.31 **Loi de la faillite. Domaine.** La compétence internationale directe des tribunaux français emporte application de la loi française pour décider des conditions d'ouverture, de déroulement, et de clôture de la procédure de faillite (on remarquera que dans le cadre de cette procédure tous les créanciers, sans distinction de nationalité ou de réciprocité, sont admis à produire[9]).

De même, c'est la loi de la faillite qui régit les effets du jugement de faillite. Ainsi, c'est la loi de la faillite qui décide, si les poursuites individuelles sont suspendues (en France, il a été jugé, en matière arbitrale, que la suspension est « *d'ordre public international* »[10]), la mesure du dessaisissement[11] ... La Cour de cassation a ainsi décidé que « *l'annulation, la révocation ou l'inopposabilité, prononcées à la requête des organes d'une procédure collective, d'actes passés par le débiteur avant l'ouverture de celle-ci et estimés préjudiciables aux créanciers est une conséquence de la procédure et, à ce titre, relève, en droit international privé commun, du domaine de la loi qui la régit, y compris après exequatur en France du jugement d'ouverture* »[12] et « *y compris en ce qui concerne les délais pour agir* »[13]. Cette loi va également régir les éventuelles modalités de remboursement (dont le taux d'intérêt légal), ce qui en l'espèce conduisait à l'application de la loi allemande à l'obligation de rembourser la plus-value fictive[14].

La loi de la faillite se caractérise enfin par son pouvoir d'attraction, c'est-à-dire qu'elle est souvent étendue à des matières normalement soumises à une loi propre. Par exemple, « *les conditions aux-*

7. ANCt C. com., art. L. 624-2 (et V. AUSSI ANCt C. com., art. L. 624-1, L. 624-4 et L. 624-5 [art. abr. par L. n° 2005-845, 26 juill. 2005, de sauvegarde des entreprises] – ANCt L. n° 85-98, 25 janv. 1985, art. 178, 181 et 182).
8. PAR EX. : Com. 16 juill. 1981, n° 80-12.722, P IV, n° 318 ; *Rev. crit. DIP* 1982. 124, note J. Lemontey, à propos de l'action en comblement de passif de L. n° 67-563, 13 juill. 1967, art. 99.
9. Com. 14 mai 1996, n° 94-16.186, P IV, n° 131 ; *D.* 1996. 585, note M. Vasseur ; *Rev. crit. DIP* 1996. 475, rapp. J.-P. Rémery – PAR EX., dans la même affaire : T. com. Paris, 23 juill. 1991, *D.* 1992. 232, note J.-P. Rémery – Paris, 8 juill. 1992, *D.* 1992. 476, note M. Vasseur.
10. Civ. 1re, 8 mars 1988, n° 86-12.015, P I, n° 65 ; *Rev. arb.* 1989. 473, note B. Ancel – Civ. 1re, 5 févr. 1991, n° 89-14.382, P I, n° 44 ; *Rev. arb.* 1991. 625, note L. Idot.
11. Civ. 1re, 10 juill. 1990, n° 87-17.082, P I, n° 195.
12. Com. 2 oct. 2012, n° 11-14.406, P IV, n° 176, *Rev. crit. DIP* 2013. 201, note D. Bureau.
13. Com. 2 oct. 2012, n° 10-18.005, P IV, n° 175, *Rev. crit. DIP* 2013. 201, note D. Bureau.
14. Com. 2 oct. 2012, n° 11-14.406, P, préc. ss prést n°.

quelles peuvent être revendiquées des marchandises vendues avec réserve de propriété sont, en cas de redressement judiciaire de l'acheteur, déterminées par la loi de la procédure collective quelle que soit la loi régissant la validité et l'opposabilité, en général, de la clause de propriété réservée »[1].

1712.32 Renvoi. Pour d'autres hypothèses de conflits de lois, v. spéc., Rép. internat., v° *Faillite*, par H. Synvet, déc. 1998 (actu. sept. 2020), n°s 30 à 71.

§ 3
Accueil en France d'un jugement étranger de faillite non exequaturé

1712.40 Annonce de plan. Lorsqu'un jugement étranger ouvre une faillite à l'étranger, on peut s'interroger sur les effets d'une telle décision en France. Ceux-ci diffèrent selon que le jugement étranger en France n'a pas été ou a été *exequaturé* (sur la notion de décision pouvant recevoir *exequatur*, v. s[s] n° 1711.251).

1712.41 Absence de force exécutoire. Le jugement étranger non exequaturé n'a pas de force exécutoire en France puisque c'est précisément l'*exequatur* qui la lui confère. En conséquence, le syndic étranger ne peut procéder à des actes d'exécution forcée[2].

1712.42 Absence d'autorité de chose jugée. Le jugement étranger de faillite non exequaturé n'a pas non plus autorité de chose jugée, contrairement à ce que l'on pourrait supposer compte tenu du droit commun de l'effet des jugements étrangers, selon lequel un jugement étranger constitutif, ce qu'est le jugement de faillite, possède *de plano* autorité de chose jugée.

En conséquence, et d'abord, la décision étrangère de faillite « *ne peut produire en France aucun effet de dessaisissement du débiteur, ni de suspension des poursuites individuelles* »[3].

Ensuite, les tribunaux français peuvent toujours prononcer en France le redressement judiciaire du débiteur, dès lors du moins qu'un chef de compétence le leur permet (sur ces chefs de compétence, v. s[s] n°s 1712.21 s.)[4].

1. Civ. 1re, 8 janv. 1991, n° 89-16.741, P I, n° 9 ; *JDI* 1991. 993, note A. Jacquemont ; *D.* 1991. 276, note J.-P. Rémery – COMP. Com. 8 janv. 2002, n° 98-20.181, NP ; *Rev. crit. DIP* 2002. 328, note D. Bureau : recours, critiqué, à la notion de loi de police pour appliquer la loi française, loi de la faillite.
2. Civ. 1re, 25 févr. 1986, n° 84-14.208, P I, n° 38 ; *JDI* 1988. 425, note A. Jacquemont ; *JCP* 1987. II. 20776, note J.-P. Rémery ; *Rev. crit. DIP* 1987. 589, note H. Synvet.
3. Civ. 1re, 24 mars 1998, n° 96-10.171, P I, n° 122 ; *JCP* 1998. II. 10155, note E. Kerckhove.
4. Com. 11 avr. 1995, n° 92-20.032, P IV, n° 126 ; *Rev. crit. DIP* 1995. 742, note B. Oppetit ; *D.* 1995. 640, note M. Vasseur.

1712.43 Pouvoirs du syndic étranger. Finalement, le seul effet incontesté du jugement étranger de faillite non exequaturé consiste à reconnaître au syndic étranger le pouvoir d'ester en justice et, en particulier, de demander l'*exequatur*[5].

Il a également été admis que le syndic étranger pouvait se voir remettre les fonds déposés par le failli en banque, mais cette solution a été prise dans le cadre conventionnel et on peut douter de sa généralisation[6].

En conséquence du nombre très limité des effets du jugement étranger de faillite n'ayant pas reçu l'*exequatur*, il paraît essentiel de solliciter l'*exequatur* au plus vite, ce qui peut se faire par voie incidente[7]. On peut cependant remarquer que la jurisprudence de la Cour de cassation sur la portée de l'*exequatur* oblige à nuancer cette opinion (v. s[s] n° 1712.54).

§ 4
Accueil en France d'un jugement étranger de faillite exequaturé

1712.51 Conditions de l'*exequatur*. Les conditions de l'*exequatur* sont celles du droit commun des jugements étrangers telles qu'elles résultent initialement de la jurisprudence *Munzer*[8], et aujourd'hui de l'arrêt *Cornelissen*, qui supprime le contrôle de la loi applicable : « *Pour accorder l'exequatur hors de toute convention internationale, le juge français doit s'assurer que trois conditions sont remplies, à savoir la compétence indirecte du juge étranger, fondée sur le rattachement du litige au juge saisi, la conformité à l'ordre public international de fond et de procédure et l'absence de fraude à la loi ; le juge de l'exequatur n'a donc pas à vérifier que la loi appliquée par le juge étranger est celle désignée par la règle de conflit de lois française* »[9]. Ces conditions sont interprétées libéralement. La Cour de cassation[10] a

5. IMPLICITEMENT, Civ. 1re, 25 févr. 1986, n° 84-14.208, P (préc. s[s] n° 1712.41).
6. TGI Paris, 15 juin 1988, *JDI* 1990. 423, note J. Mattout – Rép. internat., v° *Faillite*, par H. Synvet, déc. 1998 (actu. sept. 2020), n° 78.
7. Com. 10 janv. 2018, n° 16-20.416, P IV, n° 2 ; *Rev. crit. DIP* 2019. 177, note L. d'Avout : « *L'*exequatur *aux fins de reconnaissance ou d'exécution d'un jugement étranger peut être demandé par voie incidente dans une instance qui n'a pas pour objet principal ce jugement, y compris pour la première fois en appel lorsque la partie défenderesse n'a pas été constituée en première instance* ».
8. Civ. 1re, 7 janv. 1964, Munzer – Sur cet arrêt, ANCEL ET LEQUETTE, n° 41 et les références.
9. Civ. 1re, 20 févr. 2007, n° 05-14.082, P I, n° 68 ; *Rev. crit. DIP* 2007. 420, note B. Ancel et H. Muir-Watt ; *LPA* 22 mai 2007, p. 15, note C. Lecuyer-Thieffry.
10. Civ. 1re, 11 févr. 2015, n° 14-10.074, NP ; *Rev. crit. DIP* 2015. 891, note L. Usunier , qui s'interroge sur le sens exact et l'opportunité de l'arrêt relativement à l'équivalent à la motivation de la décision étrangère.

ainsi considéré qu'un litige se rattachait de manière caractérisée aux États-Unis d'Amérique dès lors que la décision étrangère visait deux époux ayant détourné à leur profit l'actif d'une société ayant son siège en Arizona et dont l'un d'entre eux était le dirigeant, alors que toutes les parties (dont les époux défendeurs) avaient la nationalité française et étaient établies en France, où la faillite de la société demanderesse avait en outre été ouverte. La Cour a également jugé dans cette affaire que l'ordre public international avait été respecté, tant d'un point de vue procédural que substantiel : quant à la procédure, parce que les pièces produites aux débats devant le juge américain servaient d'équivalent à la motivation de sa décision ; quant au fond, car la règle relative au dessaisissement du débiteur en faillite n'avait pas été violée, l'action devant la juridiction américaine ayant certes été exercée par la société en faillite en son nom propre, mais avec l'accord du liquidateur. La Haute juridiction avait précédemment considéré que l'ordre public international français avait été respecté dans le cas d'une décision étrangère ayant ouvert une procédure collective à l'égard d'un non-commerçant[1] ; ou dans celui d'un jugement étranger ayant appliqué le droit espagnol permettant une période suspecte d'une durée supérieure à dix-huit mois (vingt-trois en l'espèce) ou frappant de nullité, à l'égard de toute personne même de bonne foi, tous les actes de disposition et d'administration postérieurs à la date à laquelle rétroagissent les effets de la faillite[2]. La Cour de cassation a considéré qu'était d'ordre public international le principe selon lequel tout créancier doit déclarer sa créance[3]. En revanche, elle a déclaré non contraire à la conception française de l'ordre public international « *l'absence d'extinction de la créance pour défaut de déclaration à la procédure collective du débiteur principal* », à propos d'une société mise en redressement judiciaire sous l'empire de la loi belge de 1997 qui ne prévoyait pas que la créance non déclarée dans le délai fixé par le jugement déclaratif était éteinte mais seulement que le créancier était un créancier défaillant, non compris dans les répartitions, de sorte que la caution pouvait être poursuivie en France, nonobstant l'absence de déclaration par la banque de sa créance à la procédure collective belge[4].

1. Com. 18 janv. 2000, n° 97-11.906, Pehrsson c/Kinlan, P IV, n° 17 ; *Rev. crit. DIP* 2000. 442, note D. Bureau ; *D. Affaires* 2000. 105, obs. J. Faddoul ; *JDI* 2001. 539, note S. Poillot-Peruzetto.
2. Com. 5 févr. 2002, n° 98-22.683, P IV, n° 24 – Com. 5 févr. 2002, n° 98-22.682, P IV, n° 25 ; *JDI* 2003. 476, note P. Roussel-Galle ; sur le premier, V. AUSSI *Gaz. Pal.* 19-20 févr. 2003, note M.-L. Niboyet.
3. Civ. 1re, 29 sept. 2004, n° 02-16.754, P I, n° 215 ; *JDI* 2005. 378, obs. F. Mélin ; *Rev. crit. DIP* 2005. 322, note J.-P. Remery.

On relèvera simplement que l'*exequatur* d'un jugement étranger de faillite ne semble être admis que dans le cas où la faillite a été ouverte au lieu du siège du débiteur[5].

1712.52 Faillites concurrentes. Encore faut-il qu'une procédure n'ait pas déjà été ouverte en France. Dans cette dernière hypothèse, qualifiée de « *faillites concurrentes* », la Cour de cassation, réitérant une solution ancienne[6], décide que tous les créanciers, sans discrimination, peuvent produire à la faillite française[7].

Faut-il alors prendre en considération l'existence de la faillite étrangère et, notamment, tenir compte des dividendes déjà touchés à l'étranger ? Cette difficulté ne semble pas avoir été tranchée par la Cour de cassation, d'où l'émergence d'une variété de théories[8].

1712.53 Effets de l'*exequatur*. Exequaturée, la décision étrangère de faillite a force exécutoire et autorité de chose jugée en France. Il en résulte que le juge français ne peut plus ouvrir une faillite locale, que le débiteur est dessaisi et que le syndic étranger peut poursuivre l'exécution forcée sur ses biens. Ainsi l'*exequatur* d'un jugement italien de faillite permet-il la saisie de biens immobiliers à Nice et leur vente par les syndics italiens[9]. La même affaire constitue en outre une illustration du principe selon lequel les voies d'exécution utilisées sont celles du droit français si les biens sont en France, puisque la Cour de cassation, après s'être référée aux « *actifs immobiliers dépendant d'une procédure collective ouverte à l'étranger* », déclare que leur « *réalisation doit suivre les formes imposées par la loi du lieu de leur situation* » (compétence de la loi française pour la saisie de biens

4. Com. 16 oct. 2007, n° 06-14.681, P IV, n° 218 ; *Rev. crit. DIP* 2008. 289, note D. Bureau ; *Gaz. Pal.* 23-24 janv. 2008, p. 27, note F. Mélin.
5. RÉMERY, p. 62-63 – Sur l'appréciation d'un rattachement suffisant avec le for d'origine : Com. 18 janv. 2000, n° 97-11.906, P, préc. s^s^ prés^t^ n°.
6. Civ. 11 mars 1913, *JDI* 1913. 910, note T. Perroud.
7. Com. 19 janv. 1988, n° 86-11.080, P IV, n° 47 ; *D.* 1988. 565, note J.-P. Rémery – Com. 14 mai 1996, n° 94-16.186, P IV, n° 131 ; *D.* 1996. 585, note M. Vasseur – V. s^s^ n° 1712.31.
8. G. Khairallah, « Les faillites concurrentes », *Trav. Comité fr. DIP* 1993-1995, p. 157 – PIMBLIS, P. 674 s.
9. V. les faits ayant donné lieu à Com. 12 mars 2013, n°s 11-27.748 et 11-27.749, P IV, n° 37 ; *Rev. crit. DIP* 2013. 649, rapp. Conseiller J.-P. Rémery et note L. d'Avout. À noter que le règlement « Insolvabilité » était inapplicable, la procédure de faillite ayant été ouverte avant son entrée en vigueur, et qu'il y a eu subrogation des syndics dans les droits du créancier individuel ayant engagé à l'origine la procédure de saisie immobilière (la publication des commandements de saisie intervenant après l'*exequatur*) – Sur la saisie immobilière en droit international privé, v. F. Leclerc, « La saisie immobilière et le droit international privé », *in* « La saisie immobilière. Approches transversales », *in* C. Albiges (dir.), La saisie immobilière. Approches transversales, « Thèmes et commentaires », Dalloz, 2014.

en France)[1]. Cet arrêt part enfin du postulat de la compétence des juridictions françaises pour une procédure de saisie en France pour affirmer que les procédures de distribution du prix de vente des biens ainsi saisis relèvent également de la compétence des tribunaux français : « *La répartition entre créanciers hypothécaires et privilégiés du produit de la vente judiciaire forcée d'un immeuble relève, en droit international privé commun, de la compétence des juridictions de l'État sur le territoire duquel s'est déroulée l'adjudication, en raison des liens étroits qui unissent la procédure de distribution à celle de vente, y compris lorsque celle-ci porte sur des actifs immobiliers dépendant d'une procédure collective ouverte à l'étranger* ». Elle approuva donc la cour d'appel d'avoir « *retenu que la procédure d'ordre n'était que le prolongement de celle de saisie* » et, par ce seul motif, justifié la compétence du juge des ordres du tribunal de grande instance de Nice.

Il convient de préciser que le jugement étranger exequaturé déploie ses effets tels qu'ils sont prévus par la loi étrangère : c'est une faillite étrangère qui se déroule en France[2]. Les conflits de lois seront, par conséquent rares[3].

1712.54 **Portée de l'*exequatur*.** En principe, l'*exequatur* n'a d'effet que pour l'avenir. C'est ainsi que la Cour de cassation a pu décider qu'une compensation intervenue entre le prononcé du jugement étranger de faillite et son *exequatur* était définitive[4].

Toutefois, dans son arrêt précité du 25 février 1986 (v. s[s] n° 1712.41), la première chambre civile de la Cour de cassation a déclaré inopposable à la masse des créanciers une inscription provisoire d'hypothèque survenue avant le jugement d'*exequatur*. C'est donc une certaine rétroactivité de l'*exequatur* qui est consacrée, même si ce caractère rétroactif est soumis à différentes conditions : notamment, l'effet recherché, qui n'est que « pris en considération » doit être prévu par la loi étrangère sans être contraire à l'ordre public international ; en outre, il ne s'agit, selon la Cour, que de « *certains* » effets. Cet arrêt a été implicitement confirmé par la première chambre civile de la Cour de cassation[5]. On relèvera cependant que dans ces deux derniers arrêts, les mesures prises (inscription provisoire d'hypothèque judiciaire et saisie conservatoire) l'ont été après le jugement étranger de faillite. Dans l'hypothèse où il en irait autrement, c'est-à-dire avant le jugement étranger de faillite, « *les effets du jugement étranger sont sans incidence* » : la rétroactivité de l'*exequatur* est donc limitée dans le temps[6].

SECTION 2
DROIT INTERNATIONAL PRIVÉ EUROPÉEN

1712.60 **Plan.** Le droit international privé européen est aujourd'hui constitué par le règlement (UE) n° 2015/848 du Parlement européen et du Conseil du 20 mai 2015 relatif aux procédures d'insolvabilité (règlement dit « Insolvabilité *bis* »), qui a remplacé depuis le 26 juin 2017 le règlement (CE) n° 1346/2000 du Conseil du 29 mai 2000 relatif aux procédures d'insolvabilité (règlement dit « Insolvabilité »)[7]. Dans la mesure où le règlement « Insolvabilité *bis* » (§ 2) reprend pour une grande partie son prédécesseur, celui-ci sera présenté en premier (§ 1).

§ 1
Règlement (CE) n° 1346/2000 « Insolvabilité »

1712.71 **Le règlement « Insolvabilité » : champ d'application.** En vertu de son article 1er, le règlement « *s'applique aux procédures collectives fondées sur l'insolvabilité du débiteur qui entraînent le dessaisissement partiel ou total de ce débiteur ainsi que la désignation d'un syndic* », procédures dont l'on trouve une liste à l'annexe A. Il s'agit, pour la France, de la sauvegarde, du redressement judiciaire et de la liquidation judiciaire[8]. L'article 1er alinéa 2 réserve cepen-

1. ANTÉRIEUREMENT, v. Civ. 1re, 30 oct. 2006, n° 04-17.326, P I, n° 449 : « *La cour d'appel a justement relevé que si la décision suisse* [...] *ayant force exécutoire en France autorisait* [l'Office des poursuites et des faillites suisse] *à poursuivre dans ce pays l'exécution des biens de Mme X..., il ne pouvait agir qu'en respectant les voies d'exécution régies par la loi du for de sorte que l'OPF* [...] *ne pouvait solliciter l'expulsion de Mme X... avant de poursuivre, selon les procédures du droit français de la saisie immobilière, la vente de l'appartement qu'elle occupait* ».
2. Civ. 1re, 6 juin 1990, n° 88-19.922, P I, n° 136 ; *D.* 1991. 137, note J.-P. Rémery ; *Rev. crit. DIP* 1993. 425, note M.-N. Jobard-Bachellier – Civ. 1re, 10 juill. 1990, n° 87-17.082, P I, n° 195 – PIMBLIS, p. 653 s.
3. En particulier, Rép. internat., v° *Faillite*, par H. Synvet, déc. 1998 (actu. sept. 2020), n°s 102 s.
4. Civ. 26 juin 1905, *DP* 1905. 1. 513, concl. M.-A. Baudoin, note E.-E. Thaller.
5. Civ. 1re, 22 févr. 2000, n° 96-20.567, Transitas Internationale Spediteur, P I, n° 51 ; *Rev. crit. DIP* 2000. 778, note B. Ancel et H. Muir Watt ; *JDI* 2000. 107, note M. Raimon – V. AUSSI note J.-P. Rémery s[s] Civ. 1re, 17 nov. 1999, n° 97-20.624, S[té] Artransac, P I, n° 305 ; *Rev. crit. DIP* 2000. 432, spéc. p. 439.
6. Civ. 1re, 17 nov. 1999, n° 97-20.624, P, préc. s[s] prés[t] n°.
7. Règl. (CE) n° 1346/2000, Conseil, 29 mai 2000, relatif aux procédures d'insolvabilité, *JOCE* L. 160, 30 juin, p. 1.
8. Règl. d'exécution (UE) n° 663/2014, Conseil, 5 juin 2014, remplaçant les annexes A, B et C du règlement (CE) n° 1346/2000 relatif aux procédures d'insolvabilité. L'annexe A énumère les procédures d'insolvabilité visées à l'article 2, pt a), du règlement (qui se réfère lui-même à l'article 1er), l'annexe B les procédures de liquidation visées à l'article 2, pt c) et l'annexe C énumère les syndics visés à son article 2, pt b). La seule procédure française visée dans l'annexe B est la liquidation judiciaire. Quant à la liste C, elle se réfère, pour la France, au mandataire judiciaire, au liquidateur, à l'administrateur judiciaire et au commissaire à l'exécution du plan.

dant un certain nombre de secteurs (entreprises d'assurance, établissements de crédit, *etc.*) [1].

D'un point de vue spatial, le règlement « Insolvabilité » ne concerne point les relations avec le Danemark ou les situations juridiques purement internes à un État membre [2]. En revanche, il s'applique au moins à certaines relations avec des États tiers. La Cour de justice a en effet déclaré que « *les juridictions de l'État membre sur le territoire duquel s'est ouverte la procédure d'insolvabilité sont compétentes pour connaître d'une action révocatoire fondée sur l'insolvabilité contre un défendeur n'ayant pas son domicile sur le territoire d'un État membre* » [3]. Le dispositif de cette décision, qui étend le champ d'application généralement reconnu au règlement « Insolvabilité », ce qui n'est pas sans rappeler l'arrêt *Owusu* [4] rendu à propos de la convention de Bruxelles du 27 septembre 1968 (futur règlement Bruxelles I, puis Bruxelles I *bis*), s'avère pour l'instant soigneusement limité aux actions révocatoires. Toutefois, le raisonnement de la Cour laisse présager l'extension d'une telle solution. Certes, la Cour rappelle que « *l'application de plusieurs dispositions du règlement suppose la présence d'éléments se rattachant au territoire ou à l'ordre juridique de deux États membres au moins, comme c'est le cas de l'article 5, paragraphe 1, du règlement, lequel prévoit une règle portant sur les droits réels de tiers sur des biens du débiteur qui se trouvent, au moment de l'ouverture de la procédure, sur le territoire d'un "autre État membre", ou des dispositions du chapitre III du règlement, portant sur les "procédures secondaires d'insolvabilité", qui ne visent que les procédures secondaires ayant été ouvertes dans un autre État membre* » (pt 22 des motifs). Toutefois, elle relève aussitôt que « *d'autres dispositions du règlement, comme les articles 6 et 14 de celui-ci, ne contiennent pas de telles restrictions expresses* », voire n'auraient pas de sens si le règlement « Insolvabilité » ne s'appliquait pas aux relations entre un État membre et un État tiers [5] (pt 23). Elle estime qu'il n'existe pas plus de restrictions implicites : en ce qui concerne « *les dispositions du règlement qui ne prévoient pas expressément un élément d'extranéité impliquant au moins deux États membres, force est de constater que les objectifs poursuivis par le règlement, tels qu'ils ressortent notamment de ses considérants, ne militent pas non plus en faveur d'une interprétation étroite du champ d'application du règlement, supposant la présence nécessaire d'un tel élément* » (pt 24). La Cour vise en particulier le considérant 12, selon lequel « *les procédures d'insolvabilité principales dans l'État membre où se situe le centre des intérêts principaux du débiteur* [...] *ont une portée universelle et visent à inclure tous les actifs du débiteur* ». Elle conclut son raisonnement de principe (avant de passer à la question spécifique des actions révocatoires) en déclarant qu'une « *limitation du champ d'application du règlement à des situations impliquant nécessairement au moins deux États membres ne résulte pas non plus des objectifs spécifiques propres à l'article 3, paragraphe 1, du règlement* ». L'ensemble de ces éléments amène donc à penser que la portée de cette décision, qualifiée « *de grand principe* » [6], est destinée à être beaucoup plus étendue que ne le laisse supposer la lettre du dispositif. Si la Cour de justice devait effectivement généraliser sa nouvelle jurisprudence, de sorte que le règlement « Insolvabilité » s'applique « *dès lors que le débiteur dispose du centre de ses intérêts principaux dans un État de l'Union même si le seul élément d'extranéité se rapporte à un État tiers à l'Union, le* [droit international privé commun français] *devrait désormais essentiellement s'appliquer aux procédures collectives dans lesquelles le débiteur dispose d'un établissement en France et de son siège hors de l'Union ou aux très rares cas dans lesquels un demandeur français se prévaudrait du privilège de juridiction fondé sur la nationalité française, énoncé par l'article 14 du Code civil, pour demander l'ouverture d'une procédure à l'égard d'un débiteur ne disposant pas du centre de ses intérêts principaux dans l'Union ni même d'un établissement en France* » [7].

1712.72 Compétence directe. Principes. Le règlement [8] donne compétence aux tribunaux de l'État membre où se trouve le centre des intérêts principaux du débiteur : c'est la procédure principale, qui

1. POUR UN EXEMPLE DE SOCIÉTÉ DONT LA FAILLITE NE RELÈVE PAS DU RÈGLEMENT EUROPÉEN en raison de la nature de son activité, v. Com. 2 oct. 2012, nº 11-14.406, P IV, nº 176, et Com. 2 oct. 2012, nº 10-18.005, P IV, nº 175 ; *Rev. crit. DIP* 2013. 201, note D. Bureau , à propos d'une entreprise (établie en Allemagne) vraisemblablement d'investissement au sens de l'article 1.2 du règlement (fourniture de services impliquant la détention de fonds ou de valeurs mobilières de tiers). Dans cette hypothèse, le droit international privé commun s'applique par défaut.
2. POUR UN RAPPEL DE L'INAPPLICABILITÉ DU RÈGLEMENT À UNE SITUATION INTERNE : Com. 21 févr. 2012, nº 11-18.027, P V, nº 44.
3. CJUE 16 janv. 2014, Schmid, aff. C-328/12, *JCP* 24 févr. 2014. 253, note F. Mélin ; L. d'Avout et S. Bollée, « Chronique de droit du commerce international (août 2013-juill. 2014) », *D.* 2014. 1967 ; *Rev. crit. DIP* 2014. 670, note D. Bureau.
4. CJCE 1er mars 2005, Owusu, aff. C-281/02.
5. La Cour pense à « *l'article 44, paragraphe 3, sous a), du règlement* [qui] *dispose que celui-ci n'est pas applicable, dans tout État membre, dans la mesure où il est incompatible avec les obligations en matière de faillite résultant d'une convention conclue antérieurement à son entrée en vigueur par cet État membre avec un ou plusieurs États tiers. Or, cette disposition serait en principe superflue si le règlement en cause ne s'appliquait pas aux relations entre un État membre et un État tiers* » (pt 23).
6. L. d'Avout, « Chronique de droit du commerce international (août 2013-juill. 2014) », *D.* 2014. 1967.
7. F. Mélin, note préc. ss prést nº.
8. Règl. CE 1346/2000, 29 mai 2000, art. 3, al. 1er.

a vocation à traiter de l'ensemble des actions qui dérivent directement de la faillite et s'y insèrent étroitement, telles les actions révocatoires fondées sur l'insolvabilité[1] (pour lesquelles la compétence de ces juridictions s'avère même exclusive[2]). Ce centre est présumé être le siège statutaire jusqu'à preuve du contraire. Le contrôle exercé par la société mère n'est pas déterminant : « *Lorsqu'une société exerce son activité sur le territoire de l'État membre où est situé son siège social, le fait que ses choix économiques soient ou puissent être contrôlés par une société mère établie dans un autre État membre ne suffit pas pour écarter la présomption* »[3]. La présomption serait en revanche renversée si une société n'exerçait aucune activité dans l'État membre de son siège statutaire.

1. CJCE 12 févr. 2009, aff. C-339/07, spéc. points 19 s., *Europe* 2009, n° 175, note L. Idot – À L'INVERSE, « *ne relève pas de la compétence du tribunal ayant ouvert la procédure d'insolvabilité une action en responsabilité pour concurrence déloyale par laquelle il est reproché au cessionnaire d'une branche d'activité acquise dans le cadre d'une procédure d'insolvabilité, de s'être présenté à tort comme assurant la distribution exclusive d'articles fabriqués par le débiteur* », CJUE 9 nov. 2017, Tünkers France, Tünkers Maschinenbau GmbH c/Expert France, aff. C-641/16 – La Cour de cassation a adopté une conception plutôt stricte des actions connexes en refusant de considérer l'action du salarié fondée sur le transfert du contrat de travail au sens de l'article L. 1224-1 C. trav. comme dérivant directement d'une procédure d'insolvabilité, malgré le contexte très clair de cette action. Elle relève notamment que « *le bénéfice de cette disposition ne requiert pas l'ouverture préalable d'une procédure d'insolvabilité,* [...] *que l'exercice d'une telle action ne requiert pas l'intervention d'un syndic* [...] *et ne tend pas au remboursement partiel des créanciers* » (Soc. 8 déc. 2021, n° 20-13.905, B ; *Rev. crit. DIP* 2023. 103, note E. Farnoux).
2. CJUE 14 nov. 2018, Wiemer & Trachte GmbH, en liquidation, c/Zhan Oved Tadzher, aff. C-296/17, *Rev. crit. DIP* 2019. 476, note D. Bureau : « *La compétence des juridictions de l'État membre sur le territoire duquel la procédure d'insolvabilité a été ouverte* [au titre de l'article 3, alinéa 1er], *pour statuer sur une action révocatoire fondée sur l'insolvabilité et dirigée contre un défendeur ayant son siège statutaire ou son domicile dans un autre État membre, est une compétence exclusive* ». Le syndic ne pourra donc saisir d'autres tribunaux – Pour un autre exemple de compétence exclusive des juridictions de l'État membre sur le territoire duquel une procédure d'insolvabilité a été ouverte sur le fondement de l'article 3, paragraphe 1, du règlement « Insolvabilité », v. CJUE 4 déc. 2019, UB c/VA, Tiger SCI, WZ, en qualité de syndic de la faillite de UB, Banque patrimoine et immobilier SA, aff. C-493/18, *Rev. crit. DIP* 2020. 545, note E. Farnoux, à propos d'une action en inopposabilité (à la masse des créanciers) de la vente d'un bien immeuble ainsi que de l'hypothèque consentie sur celui-ci, action introduite par le syndic désigné par ces juridictions. La Cour précise, de manière intéressante par rapport à la règle traditionnelle en matière d'immeubles (compétence exclusive des juridictions de l'État membre du lieu de situation de l'immeuble) que la circonstance que cette action porte sur des biens immeubles qui se trouvent sur le territoire d'un autre État membre ne modifie pas le raisonnement (pt 33).

Ces considérations sont d'autant plus importantes que la procédure principale doit être reconnue par les autres États membres sans qu'un contrôle de la compétence soit possible.

Notons en outre que la détermination de ce centre n'est pas affectée par son déplacement sur le territoire d'un autre État membre après l'introduction de la demande mais avant l'intervention de la procédure[4]. Selon la Cour de justice, « *dans la circonstance où le siège statutaire d'une société a été transféré d'un État membre vers un autre État membre, la juridiction, saisie ultérieurement audit transfert, d'une demande d'ouverture d'une procédure d'insolvabilité dans l'État membre d'origine ne peut écarter la présomption selon laquelle le centre des intérêts principaux de cette société est situé au lieu du nouveau siège statutaire et considérer que le centre de ces intérêts demeurait, à la date à laquelle elle a été saisie, dans cet État membre d'origine, bien que cette société n'y eût plus d'établissement, que s'il résulte d'autres éléments objectifs et vérifiables par les tiers que, néanmoins, le centre effectif de direction et de contrôle de ladite société ainsi que de la gestion de ses intérêts s'y trouvait encore à cette date* »[5].

La procédure principale concrétise la théorie de l'unité mais celle-ci n'est pas pour autant totalement retenue puisque si ce débiteur possède un établissement dans un autre État membre, les juridictions de cet État sont compétentes pour ouvrir une procédure dite secondaire, qui ne peut toutefois être qu'une procédure de liquidation et dont les effets sont limités aux biens locaux[6].

Il reste qu'une pluralité de procédures est concevable, dès lors qu'en vertu de l'article 16 § 2 l'accueil du jugement étranger ouvrant une faillite principale n'empêche pas l'ouverture d'une faillite secondaire. Celle-ci est même en un sens facilitée, sans être imposée, puisque selon l'article 27, il n'est nul besoin de prouver l'insolvabilité du débiteur à l'occasion de son ouverture. D'où certaines règles ayant trait à la coordination entre faillite principale et faillite(s) secondaire(s), notamment en matière de mesures conservatoires. À ce dernier égard se rattache l'article 38, selon lequel « *lorsque la juridiction d'un État*

3. CJCE 2 mai 2006, Eurofood, aff. C-341/04 *Rec. CJCE* I-3813 ; *Europe* 2006, n° 230, note L. Idot ; *JCP* 2006. II. 10089, note M. Menjucq – *Adde* : D. Dammann, « L'application du règlement (CE) n° 1346-2000 après les arrêts *Staubitz-Schreiber* et *Eurofood* de la CJCE », *D.* 2006. 1752.
4. CJCE 17 janv. 2006, Staubitz-Schreiber, aff. C-1/04, *Rec. CJCE* I-701 ; *JDI* 2006. 652, note B. Volders et V. Rétornaz – *Adde* : D. Dammann, « L'application du règlement CE n° 1346-2000 après les arrêts *Staubitz-Schreiber* et *Eurofood* de la CJCE », *D.* 2006. 1752.
5. CJUE, ord., 24 mai 2016, Leonmobili Srl et Gennaro Leone c/Homag Holzbearbeitungssysteme GmbH e. a., aff. C-353/15, *Rev. crit. DIP* 2016. 692, note L. d'Avout.
6. Règl. CE 1346/2000, 29 mai 2000, art. 3, al. 2 et 3.

membre compétente en vertu de l'article 3, paragraphe 1 [*i.e.* la juridiction ayant ouvert la procédure principale d'insolvabilité], *désigne un syndic provisoire en vue d'assurer la conservation des biens du débiteur, ce syndic provisoire est habilité à demander toute mesure de conservation ou de protection sur les biens du débiteur qui se trouvent dans un autre* [souligné par nous] *État membre prévue par la loi de cet État, pour la période séparant la demande d'ouverture d'une procédure d'insolvabilité de la décision d'ouverture* ».

La Cour de justice s'est également penchée sur cette question de **l'articulation entre procédures principale et secondaire d'insolvabilité.** Elle a notamment décidé que « *le praticien de l'insolvabilité de la procédure d'insolvabilité principale peut déplacer les actifs du débiteur hors du territoire d'un État membre autre que celui de la procédure d'insolvabilité principale alors qu'il a connaissance de l'existence, d'une part, de créances de travail détenues par des créanciers locaux sur le territoire de cet autre État membre, reconnues par des décisions de justice, et, d'autre part, d'une saisie conservatoire d'actifs décidée par une juridiction du travail de ce dernier État membre* »[1].

1712.73 Compétence directe. Compétence dérivée (rejet). Le 15 décembre 2011[2], la Cour de justice condamna un chef de compétence dérivée découlant du droit national, en l'occurrence le droit français, en ces termes : « *Dans l'hypothèse où une société, dont le siège statutaire est situé sur le territoire d'un État membre, est visée par une action tendant à lui étendre les effets d'une procédure d'insolvabilité ouverte dans un autre État membre à l'encontre d'une autre société établie sur le territoire de ce dernier État, la seule constatation de la confusion des patrimoines de ces sociétés ne suffit pas à démontrer que le centre des intérêts principaux de la société visée par ladite action se trouve également dans ce dernier État. Il est nécessaire, pour renverser la présomption selon laquelle ce centre se trouve au lieu du siège statutaire, qu'une appréciation globale de l'ensemble des éléments pertinents permette d'établir que, de manière vérifiable par les tiers, le centre effectif de direction et de contrôle de la société visée par l'action aux fins d'extension se situe dans l'État membre où a été ouverte la procédure d'insolvabilité initiale* ». L'argumentation utilisée par la Cour de justice laisse à penser que la condamnation vaut pour l'ensemble des chefs de compétence dérivée.

1. CJUE 4 avr. 2024, aff. C-765/22 et C-772/22, ECLI :EU :C :2024 :331, *Rev. crit. DIP* 2024. 526, note L. Larribère. Dans ce même arrêt, elle ajoute que « *le praticien de l'insolvabilité de la procédure d'insolvabilité secondaire peut exercer une action révocatoire contre un acte qui a été accompli par le praticien de l'insolvabilité de la procédure d'insolvabilité principale* ».
2. CJUE 15 déc. 2011, Rastelli, aff. C-191/10, *Rev. crit. DIP* 2012. 435, note G. Khairallah – En conséquence de quoi, la Cour de cassation cassa l'arrêt de la cour d'appel d'Aix-en-Provence : Com. 10 mai 2012, nº 09-12.642, P IV, nº 97.

1712.74 Compétence directe. Concurrence. Que décider dans l'hypothèse d'une saisine parallèle en ouverture d'une procédure principale d'insolvabilité de juridictions relevant de plusieurs États membres ? La question a été tranchée par la Cour de cassation dans un arrêt de 2014. Les faits étaient simples. Un débiteur demanda en 2007 à un tribunal français d'ouvrir à son égard une procédure de liquidation judiciaire, ce qui lui fut refusé au motif que, contrairement à sa prétention, le centre de ses intérêts principaux se trouvait en Allemagne et non en France. Le débiteur forma contredit, mais la cour d'appel rejeta son recours en 2013 au motif différent qu'une procédure d'insolvabilité avait déjà été ouverte à son égard en Allemagne en 2008. La Cour de cassation rejette le pourvoi, déclarant « *qu'en présence d'une décision ayant ouvert la procédure principale d'insolvabilité dans un État membre de l'Union européenne et d'une instance en cours devant une juridiction d'un autre État membre en vue de l'ouverture d'une procédure identique à l'égard du même débiteur, le conflit se résout en faveur de la décision d'ouverture déjà intervenue qui doit être internationalement reconnue, et non en fonction des dates respectives de saisine des juridictions ou par application de la loi désignée par l'article 15 du règlement* [« Insolvabilité »], *lequel, ne concernant que les instances relatives à un bien ou un droit dont le débiteur est dessaisi, ne vise pas l'instance en ouverture de la procédure* »[3].

1712.75 Loi applicable. En principe, « *la loi applicable à la procédure d'insolvabilité et à ses effets*[4] *est celle de l'État membre sur le territoire duquel la procédure est ouverte* » (Règl. (CE) 29 mai 2000, art. 4, al. 1er[5] –

3. Com. 27 mai 2014, nº 13-14.956, P IV, nº 95 ; obs. M. Menjucq, *in* G. Bourdeaux, M. Menjucq et C. Nourissat, « Chronique de droit du commerce international », *JCP* 2014. Doctr. 977, nº 11. La Haute juridiction ajoute que la cour d'appel n'était saisie d'aucun moyen de nature à faire obstacle, par application de l'article 26 du règlement, à la reconnaissance de plein droit de la décision allemande.
4. Pour une interprétation de cette notion de « *procédure d'insolvabilité et* [de] *ses effets* », v. CJUE 21 nov. 2019, CeDe Group AB c/KAN sp. zo.o., en faillite, aff. C-198/18, *Rev. crit. DIP* 2020.545, note E. Farnoux, où la Cour considère qu'une action en paiement de marchandises livrées en exécution d'un contrat conclu avant l'ouverture d'une procédure d'insolvabilité, lorsque cette action est exercée par le syndic d'une société en faillite établie dans un État membre contre l'autre société cocontractante établie dans un autre État membre, ne relève pas de cette notion (pt 37 et dispositif), de sorte que l'article 4 du règlement « Insolvabilité » n'est pas applicable à cette action. La Cour observe notamment, au soutien de sa décision, que cette action, *d'une part*, peut être exercée en dehors de toute procédure d'insolvabilité et, *d'autre part*, peut l'être par le créancier lui-même de telle sorte qu'elle ne relève pas de la compétence exclusive du syndic.
5. V. CJUE 10 déc. 2015, aff. C-594/14, *Rev. crit. DIP* 2016. 544, note P. Nabet.

v. aussi art. 28). On mesure en conséquence l'importance des règles de compétence directe, d'autant que cette loi possède un large champ d'application, qui couvre notamment la question de la suspension des poursuites individuelles à l'exception des instances en cours [1], ou les règles relatives à la nullité, à l'annulation ou à l'inopposabilité des actes préjudiciables à l'ensemble des créanciers [2, 3]. À cet égard existe cependant une exception concernant les instances en cours, précisée par l'article 15 : « *Les effets de la procédure d'insolvabilité sur une instance en cours concernant un bien ou un droit dont le débiteur est dessaisi sont régis exclusivement par la loi de l'État membre dans lequel cette instance est en cours* ». Sont toutefois réservés les droits réels des tiers [4], la compensation [5] et la réserve de propriété [6]. De même, les articles 8 à 11 énumèrent des lois particulières applicables aux effets de la procédure d'insolvabilité sur telle ou telle institution (systèmes de paiement et marchés financiers, contrat de travail, *etc.* [7]).

Relativement à l'article 13 sur les actes préjudiciables, qui constitue une dérogation à l'article 4 alinéa 2, pt m), lorsque celui qui a bénéficié d'un acte préjudiciable à l'ensemble des créanciers apporte la preuve que cet acte est soumis à la loi d'un autre État membre que l'État d'ouverture, et que cette loi ne permet en l'espèce, par aucun moyen, d'attaquer cet acte, la Cour de justice a décidé que la forme et le délai dans lesquels le bénéficiaire d'un acte préjudiciable à la masse des créanciers doit soulever une exception en vertu de cet article, pour s'opposer à une action tendant à la révocation de cet acte selon les dispositions de la *lex fori concursus*, ainsi que la question de savoir si cet article peut également être appliqué d'office par la juridiction compétente, le cas échéant après l'expiration du délai imparti à la partie concernée, relèvent du droit procédural de l'État membre sur le territoire duquel le litige est pendant. Ce droit ne doit toutefois pas être moins favorable que celui régissant des situations similaires soumises au droit interne (principe d'équivalence) et ne pas rendre impossible en pratique ou excessivement difficile l'exercice des droits conférés par le droit de l'Union (principe d'effectivité) [8]. La Cour précise que la partie sur laquelle pèse la charge de la preuve doit prouver que, lorsque la *lex causae* permet d'attaquer un acte considéré comme étant préjudiciable, les conditions requises pour qu'un recours introduit contre cet acte puisse être accueilli, différentes de celles prévues par la *lex fori concursus*, ne sont pas concrètement réunies. L'article 13 peut également être valablement invoqué lorsque les parties à un contrat, qui ont leur siège dans un seul et même État membre, sur le territoire duquel sont également localisés tous les autres éléments pertinents de la situation concernée, ont désigné comme loi applicable à ce contrat celle d'un autre État membre, à condition que ces parties n'aient pas choisi cette loi d'une façon frauduleuse ou abusive, ce qu'il incombe à la juridiction de renvoi de vérifier [9]. Dans la lignée de cette jurisprudence, la Cour de justice a rappelé que l'article 13 vise à protéger la confiance légitime de celui qui a bénéficié d'un acte préjudiciable à l'ensemble des créanciers, en prévoyant que cet acte restera régi, même après l'ouverture d'une procédure d'insolvabilité, par le droit qui lui était applicable à la date à laquelle il a été réalisé. Considérant (en particulier) qu'une partie à un contrat qui a bénéficié d'un paiement, effectué par son cocontractant ou par un tiers, en exécution de ce contrat, ne saurait raisonnablement être tenue de prévoir qu'une procédure d'insolvabilité sera éventuellement ouverte à l'égard de ce cocontractant ou de ce tiers et, le cas échéant, dans quel État membre celle-ci le sera, la Cour en déduit que « *l'article 13 du règlement (CE) n° 1346/2000 [...] et l'article 12, paragraphe 1, sous b), du règlement (CE) n° 593/2008 [...] (Rome I), doivent être interprétés en ce sens que la loi applicable au contrat en vertu de ce dernier règlement régit également le paiement effectué par un tiers en exécution de l'obligation contractuelle de paiement de l'une des parties au contrat, lorsque, dans le cadre d'une procédure d'insolvabilité, ce paiement est contesté en tant qu'acte préjudiciable à l'ensemble des créan-*

1. Règl. CE 1346/2000, 29 mai 2000, art. 4, al. 2, pt f.
2. Règl. CE 1346/2000, 29 mai 2000, art. 4, al. 2, pt m.
3. POUR UNE APPLICATION de l'article 4 § 2, m, v. Com. 16 févr. 2016, n° 14-10.378 P, *Rev. crit. DIP* 2016. 556, note D. Bureau : « *La loi slovaque, en tant que loi applicable à la procédure d'insolvabilité* [...] *devait être consultée pour déterminer si l'ouverture d'une telle procédure pouvait remettre en cause une saisie-attribution pratiquée antérieurement en France, sauf à* [...] *établir, conformément à l'article 13 du règlement (CE) n° 1346/2000, que la loi française, applicable au lieu de saisie, en particulier l'article L. 632-2, alinéa 2, du Code de commerce, ne permettrait, en l'espèce, par aucun moyen, d'attaquer cet acte* ».
4. Règl. CE 1346/2000, 29 mai 2000, art. 5 – POUR UN EXEMPLE D'APPLICATION, v. Civ. 1re, 28 sept. 2022, nos 20-21.627 et 20-21.628, NP ; *Rev. crit. DIP*. 2023. 245, note D. Bureau : après avoir rappelé les termes de l'article 5 du règlement (CE) n° 1346/2000, elle en déduit que le jugement anglais d'ouverture de la procédure d'insolvabilité ne constitue pas, au sens de l'article 2234 C. civ., « *une impossibilité de poursuivre la réalisation des hypothèques sur des immeubles du débiteur situés en France, de sorte que, plus de deux ans s'étant écoulés entre le dernier acte interruptif de prescription et les commandements de payer, la créance était prescrite* ».
5. Règl. CE 1346/2000, 29 mai 2000, art. 6.
6. Règl. CE 1346/2000, 29 mai 2000, art. 7.
7. V. ÉGAL. Règl. CE 1346/2000, 29 mai 2000, art. 13 à 15.
8. CJUE 8 juin 2017, Vinyls Italia SpA, en faillite c/Mediterranea di Navigazione SpA, aff. C-54/16.
9. CJUE 8 juin 2017, Vinyls Italia SpA, en faillite c/Mediterranea di Navigazione SpA, aff. C-54/16.

ciers »[1]. Le point était d'importance dans l'affaire car il semble que la loi néerlandaise applicable au contrat ne permettait pas d'attaquer le paiement, de sorte que les deux conditions d'application de l'article 13 étaient réunies et la loi allemande de la procédure principale (selon laquelle l'action en restitution du paiement n'était pas prescrite) mise à l'écart.

Ici aussi, le système de l'unité doit donc céder la place à des considérations inspirées par le système de la pluralité. La Cour de justice a en apporté une confirmation supplémentaire à l'occasion d'une affaire mettant en cause l'article 32, paragraphe 2, du règlement n° 1346/2000. En l'espèce, le syndic de la procédure principale (autrichienne) soutenait que cet article instaure en sa faveur un droit sui generis de production des créances, qui ne serait soumis à aucun délai. Il mettait en outre en avant le caractère trop strict du délai prévu par la loi de la procédure secondaire (slovène), soit trois mois, au regard de la complexité de la faillite en cause (l'une des plus importantes d'Autriche), privant de tout effet utile cet article 32 (pts 21 et 22). La Cour estime toutefois que « *la production, dans une procédure d'insolvabilité secondaire, de créances déjà produites dans la procédure d'insolvabilité principale, par le syndic de cette dernière procédure, est soumise aux dispositions relatives aux délais de production des créances et aux conséquences des productions tardives [rejet], prévues par la loi de l'État d'ouverture de cette procédure secondaire* » (pt 42 et dispositif)[2].

1712.76 **Effets des jugements.** Le règlement réalise en matière d'effets des jugements étrangers un progrès majeur par rapport au droit international privé commun puisqu'en vertu de l'article 16 toute décision ouvrant une procédure d'insolvabilité, qu'elle soit principale ou secondaire, est reconnue de plein droit dans tous les autres États membres (même ceux où le débiteur du fait de sa qualité n'est pas susceptible de faire l'objet d'une procédure d'insolvabilité), dès lors qu'elle produit ses effets dans l'État d'ouverture. Cette faveur s'étend aux décisions relatives au déroulement et à la clôture de la procédure d'insolvabilité rendues par la juridiction de l'État d'ouverture, au concordat approuvé par cette juridiction[3], aux décisions relatives aux mesures conservatoires prises après la demande d'ouverture[4], ainsi qu'à celles « *qui dérivent directement de la procédure d'insolvabilité et qui s'y insèrent étroitement, même si elles sont rendues par une autre juridiction* »[5,6].

Quant à l'*exequatur* de ces décisions, toujours en vertu de l'article 25, il relève de la procédure simplifiée de la convention de Bruxelles de 1968. D'après le texte, il s'agit bien de la convention, et non du règlement Bruxelles I qui l'a remplacé en 2002 (*a fortiori* du règlement Bruxelles I *bis* applicable depuis début 2015) : dans la mesure où Bruxelles I (*a fortiori* Bruxelles I *bis*) diffère fondamentalement de la convention en ce qui concerne précisément l'*exequatur*, il semble *a priori* que la lettre du texte doit être respectée, faute de quoi l'équilibre du règlement n° 1346/2000 serait remis en cause. C'est en ce sens qu'avait pris parti la circulaire du 17 mars 2003 relative à l'entrée en vigueur du règlement n° 1346/2000 du 29 mai 2000 relatif aux procédures d'insolvabilité. Mais ce texte avait été remplacé par une circulaire de 2006[7] qui ne reprenait précisément pas le point V de la circulaire de 2003, de sorte que le doute demeurait sur l'opinion du ministère de la Justice[8]. Quelle que fut cette opinion, elle ne liait d'ailleurs évidemment pas les tribunaux. Surtout, depuis 2007, la convention de Bruxelles de 1968 n'est plus du tout en vigueur dans son champ d'applica-

1. CJUE 22 avr. 2021, ZM, agissant en qualité de syndic d'Oeltrans Befrachtungsgesellschaft mbH, c/E. A. Frerichs, aff. C-73/20, not. pts 25, 33 et dispositif.
2. CJUE, 25 nov. 2021, NK, en sa qualité de syndic de la faillite d'Alpine BAU GmbH, en présence de Alpine BAU GmbH, Salzbourg – succursale de Celje, en faillite, aff. C-25/20.
3. Règl. CE 1346/2000, 29 mai 2000, art. 25 § 1, al. 1er.
4. Règl. CE 1346/2000, 29 mai 2000, art. 25 § 1, al. 3.
5. Règl. CE 1346/2000, 29 mai 2000, art. 25 § 1, al. 2.
6. Pour une application, v. CJUE 4 déc. 2019, UB c/VA, Tiger SCI, WZ, *en qualité de syndic de la faillite de UB, Banque patrimoine et immobilier SA*, aff. C-493/18, *Rev. crit. DIP* 2020. 545, note E. Farnoux : « *L'article 25, paragraphe 1, du règlement n° 1346/2000 doit être interprété en ce sens qu'une décision par laquelle une juridiction de l'État membre d'ouverture autorise le syndic à engager une action dans un autre État membre, quand bien même celle-ci relèverait de la compétence exclusive de cette juridiction, ne saurait avoir pour effet de conférer une compétence internationale aux juridictions de cet autre État membre* ». La Cour explique en effet, aux points 38 et 39, que l'article 25, paragraphe 1, ne saurait aboutir à une remise en cause du caractère exclusif de la compétence internationale des juridictions de l'État membre d'ouverture de la procédure d'insolvabilité pour connaître des actions qui dérivent directement de cette procédure et qui s'y insèrent étroitement ; et que « *cet article prévoit un système simplifié de reconnaissance et d'exécution des décisions d'ouverture et non pas un mécanisme d'attribution de compétence internationale au profit d'une autre juridiction que celle qui bénéficie d'une compétence exclusive au titre de l'article 3, paragraphe 1* ».
7. Circ. DACS n° 2006-19, 15 déc. 2006, relative au Règl. (CE) n° 1346-2000, 29 mai 2000, relatif aux procédures d'insolvabilité, *BOMJ* n° 2007-01, 28 févr.
8. P. Roussel-Galle, « De quelques pistes d'interprétation du règlement (CE) n° 1346-2000 sur les procédures d'insolvabilité : la circulaire du 15 décembre 2006 », *JDI* 2008. 133, spéc. nos 21 et 22 – V. AUSSI J.-L. Vallens, note ss Com. 27 juin 2006, n° 03-19.863, P IV, n° 149 ; *D.* 2006. 2257, spéc. p. 2264, qui relève la position isolée de la France et en appelle à la CJCE ou au Conseil de l'UE pour éclaircir de manière uniforme ce point aux importantes conséquences pratiques. La réponse a finalement été donnée par la CJUE.

tion initial (qui excluait la faillite) : faut-il maintenir en vigueur une convention qui n'est plus applicable dans son champ d'application initial ?[1] C'est une réponse négative que donne la Cour de justice dans l'affaire *German Graphics*[2], conduisant à l'époque à l'application de l'*exequatur* ultra-simplifié de Bruxelles I dans le cadre du règlement Insolvabilité. Par analogie, la disparition de l'*exequatur* consacrée par le règlement Bruxelles I *bis* s'applique également au règlement « Insolvabilité », au moins pour les actions intentées après le 10 janvier 2015. En effet, la question de savoir si, en matière d'insolvabilité, on doit suivre les règles de Bruxelles I *bis* sur son propre champ d'application temporel (v. s[s] n° 1711.51) pour les actions introduites avant le 10 janvier 2015 mais ayant donné lieu à une décision ultérieure, reste ouverte. Son importance doit cependant être relativisée car les motifs de rejet, au contraire de la procédure proprement dite, relèvent du règlement n° 1346/2000 lui-même[3]. Communs à l'*exequatur* et à la reconnaissance, ils ont trait principalement à l'ordre public (contrariété manifeste[4]). À ce dernier égard, la CJCE, transposant expressément sa jurisprudence *Krombach* relative à la convention de Bruxelles, considère qu'est d'ordre public international le droit fondamental de tout individu d'être entendu[5]. La Cour de cassation considère, similairement, que « *l'impossibilité pour un créancier domicilié dans un État membre autre que celui d'ouverture de la procédure principale d'insolvabilité de contester effectivement dans l'État d'ouverture, la compétence assumée par ses juridictions* » (la vérification de cette compétence par les juges de l'État d'accueil étant prohibée par le règlement) constitue une méconnaissance du droit d'accès au juge, sanctionnée par le rejet, au titre de l'article 26 (ordre public), de la décision d'ouverture dans l'État membre d'accueil[6]. Quant aux autres décisions, elles sont régies par la convention de Bruxelles de 1968, mais « *pour autant que cette convention soit applicable* »[7]. Il faut aujourd'hui comprendre le règlement Bruxelles I *bis*.

Les conséquences pratiques de ces dispositions sont importantes[8] puisque, notamment, les créanciers qui auraient, grâce aux voies d'exécution et surtout après l'ouverture d'une procédure principale, reçu satisfaction, que ce soit totalement ou partiellement, doivent en principe restituer ce qu'ils ont obtenu au syndic[9].

§ 2
Règlement (UE) n° 2015/848 « Insolvabilité *bis* »

1712.81 **Le règlement « Insolvabilité *bis* ».** Le règlement « Insolvabilité *bis* » s'inspire fortement du règlement « Insolvabilité », tout en tenant compte de la jurisprudence y relative. Il diffère de son prédécesseur principalement sur les points suivants.

Premièrement, **son champ d'application a été élargi** en ce qu'il s'applique à davantage de procédures nationales. Ainsi, en vertu de l'annexe A (à laquelle renvoie l'article 1er), il s'applique, pour la France, à la sauvegarde, à la sauvegarde accélérée, à la sauvegarde financière accélérée, au redressement judiciaire et à la liquidation judiciaire[10].

Deuxièmement, **le nouveau règlement vise à éviter le « *tourisme de la faillite* ».** Ceci se manifeste à de nombreux égards, à l'instar de la définition du centre des intérêts principaux, qui correspond au lieu où le débiteur gère habituellement ses intérêts et qui est vérifiable par des tiers (dont les créanciers), ou de la mise à l'écart, en cas de transfert du siège statutaire dans un autre État membre au cours des trois mois précédant la demande d'ouverture d'une procédure d'insolvabilité, de la présomption selon laquelle le centre des intérêts principaux d'une société est le lieu du siège statutaire[11]. L'article 3.1 pose en effet, en ses alinéas 2 à 4, pour déterminer la compétence internationale aux fins de l'ouverture d'une procédure d'insolvabilité, des présomptions de localisation du centre des intérêts principaux du débiteur qui sont réfragables, c'est-à-dire valables « *jusqu'à preuve du contraire* ». Toutefois, elles ne seront pas

1. DANS UN SENS NÉGATIF : v. M. Smith de Bruin, *Transnational Litigation. Jurisdiction and Procedure*, Thomson Round Hall, Irlande, 2008, n° 12-190 *in limine*.
2. CJCE 10 sept. 2009, German Graphics Graphische Maschinen, aff. C-292/08, *Europe* 2009, n° 390, note L. Idot ; *Procédures* 2009, n° 360, note C. Nourissat ; *D.* 2009. 2782, note J.-L. Vallens.
3. POUR UNE APPLICATION, Civ. 1re, 6 juill. 2016, n° 15-14.664, P.
4. Règl. CE 1346/2000, 29 mai 2000, art. 26 – V. ÉGAL., Règl. CE 1346/2000, 29 mai 2000, art. 25, al. 3, par exemple, mais ces motifs de rejet tenant à la protection des libertés individuelles et du secret postal auraient pu être rangés sous la bannière de l'ordre public
5. CJCE 2 mai 2006, Eurofood, aff. C-341/04, *Rec. CJCE* I-3813 ; *Europe* 2006, n° 230, note L. Idot ; *JCP* 2006. II. 10089, note M. Menjucq – *Adde* : D. Dammann, « L'application du règlement CE n° 1346-2000 après les arrêts *Staubitz-Schreiber* et *Eurofood* de la CJCE », *D.* 2006. 1752.
6. Com. 15 févr. 2011, n° 09-71.436, P IV, n° 27 : en l'espèce, la Cour rejette le pourvoi au motif que le droit italien offrait une telle possibilité.
7. Règl. CE 1346/2000, 29 mai 2000, art. 25 § 2.
8. PAR EX. : CJUE 21 janv. 2010, Probud, aff. C-444/07 : l'ouverture d'une faillite en Pologne interdit à un créancier de pratiquer des voies d'exécution en Allemagne où n'avait pas été ouverte une procédure secondaire d'insolvabilité.
9. Règl. CE 1346/2000, 29 mai 2000, art. 20.
10. Règl. (UE) n° 2018/946, Parlement et Conseil, 4 juill. 2018, remplaçant les annexes A et B du règlement (UE) 2015/848 relatif aux procédures d'insolvabilité, *JOUE* L. 171, 6 juill., p. 1.
11. Règl. UE 2015/848, 20 mai 2015, art. 3.

pour autant écartées facilement, comme l'illustre un arrêt de la Cour selon lequel la présomption que l'article 3 prévoit, au sujet d'une personne physique n'exerçant pas une profession libérale ou toute autre activité d'indépendant, en faveur de la résidence habituelle, n'est pas renversée du seul fait que l'unique bien immobilier de cette personne est situé en dehors de l'État membre de résidence habituelle[1].

Troisièmement, le règlement « Insolvabilité *bis* » **vise à accroître les chances de restructuration de l'entreprise** en restreignant le nombre de procédures secondaires, sans pour autant léser les créanciers locaux : le praticien de l'insolvabilité de la procédure principale peut prendre l'engagement unilatéral de garantir aux créanciers locaux le même traitement que si une procédure d'insolvabilité secondaire avait été ouverte[2]. En particulier, il s'engage, lors de la répartition des actifs locaux, ou des produits provenant de leur réalisation, à respecter les droits de répartition et de priorité prévus par le droit national, qui auraient été conférés aux créanciers si une procédure d'insolvabilité secondaire avait été ouverte dans cet État membre.

Quatrièmement, le nouveau règlement innove en insérant un chapitre V consacré au **groupe de sociétés**[3], les mots-clefs étant **coopération et coordination.**

Enfin, la **création et l'interconnexion de registres d'insolvabilité** avaient été prévues pour 2019[4], mais du retard avait été pris. L'interconnexion a finalement été réalisée via la page internet suivante : https://webgate.ec.europa.eu/iri/index.html;IRI_-SESSIONID=3RPKruzr_i_c6SyWaMQCuzsnnt5ScJqICwMFxCa2ZWOTCTTNDY68!193457478?lang=fr.

1. CJUE 16 juill. 2020, MH, NI c/OJ, Novo Banco SA, aff. C-253/19.
2. Règl. UE 2015/848, 20 mai 2015, art. 36.
3. Règl. UE 2015/848, 20 mai 2015, art. 56 s.
4. Règl. UE 2015/848, 20 mai 2015, art. 24 et 25.

Principales abréviations utilisées

	signifie
A.	arrêté
abr.	abrogé
ACPC	ancien Code de procédure civile
Actu.	Actualités, aussi partie « Actualités » (dans divers recueils et revues)
aff.	affaire
AJDA	*Actualité juridique de droit administratif*
AJDI	*Actualité juridique de droit immobilier*
AJPI	*Actualité juridique de la propriété immobilière*
AJ pénal	*Actualité juridique pénal*
al.	alinéa
AN	Assemblée nationale
anc.	ancien
anc^{t}	anciennement
Ann. Loyers	*Annales des loyers*
Ann. propr. ind.	*Annales de la propriété industrielle*
art.	article
ass.	assemblée
ass. plén.	assemblée plénière
assoc.	association
B	arrêt publié au *Bulletin civil* (depuis mi-juin 2021) ou au *Bulletin criminel* (depuis fin juin 2021) de la Cour de cassation
BICC	*Bulletin d'information de la Cour de cassation*
BRDA	*Bulletin rapide de droit des affaires* (Francis Lefebvre)
Bull. avoués	*Bulletin des avoués*
Bull. civ.	*Bulletin des arrêts de la Cour de cassation* (chambres civiles)
Bull. crim.	*Bulletin des arrêts de la Cour de cassation* (chambre criminelle)
Bull. Joly	*Bulletin Joly* (mensuel d'information des sociétés)
CASF	Code de l'action sociale et des familles
Cass., ass. plén.	Cour de cassation, assemblée plénière
Cass., ch. mixte	Cour de cassation, chambre mixte
Cass., ch. réunies	Cour de cassation, chambres réunies
C. assur.	Code des assurances
C. aviation	Code de l'aviation civile
CCAPEX	Commission de coordination des actions de prévention des expulsions locatives
C. caisses épargne	Code des caisses d'épargne
CCE	*Revue Communication commerce électronique*
C. civ.	Code civil
C. consom.	Code de la consommation
C. douanes	Code des douanes
C. expr.	Code de l'expropriation
C. mon. fin.	Code monétaire et financier
COJ	Code de l'organisation judiciaire
C. pén.	Code pénal
C. pens. retr. marins	Code des pensions de retraite des marins français du commerce, de pêche ou de plaisance
C. pr. civ.	Code de procédure civile
C. pr. civ. loc.	Code de procédure civile local
C. pr. exéc.	Code des procédures civiles d'exécution
C. pr. pén.	Code de procédure pénale
CPI	Code de la propriété intellectuelle

CRPA	Code des relations entre le public et l'Administration
C. rur.	Code rural
CSP	Code de la santé publique
C. trav.	Code du travail
C. trib. adm. (anc.)	ancien Code des tribunaux administratifs et des cours administratives d'appel (devenu Code de justice administrative)
CA	cour d'appel
Cah. jurisp.	*Cahiers de jurisprudence* (ville ou région)
Civ. 1re	Cour de cassation, première chambre civile
Civ. 2^{e}	Cour de cassation, deuxième chambre civile
Civ. 3^{e}	Cour de cassation, troisième chambre civile
Com.	Cour de cassation, chambre commerciale
Crim.	Cour de cassation, chambre criminelle
CCH	Code de la construction et de l'habitation
CE	Conseil d'État
CGCT	Code général des collectivités territoriales
CGI	Code général des impôts
CGPPP	Code général de la propriété des personnes publiques
ch.	chambre
chron.	chronique, aussi partie « Chronique » (dans divers recueils et revues)
Circ.	circulaire
CJA	Code de justice administrative
CJCE	Cour de justice des Communautés européennes
CJEG	Cahiers juridiques de l'électricité et du gaz
C^{ne}	Commune
coll.	collection
comp.	comparer
Cons. const.	Conseil constitutionnel
Cons. prudh'	Conseil de prud'hommes
CONTRA	solution contraire
CCC	*Contrats, concurrence, consommation*
CSS	Code de la sécurité sociale
Cts	Consorts
D.	*Dalloz-Sirey (Recueil)*
Décr.	décret
D. Affaires	*Dalloz Affaires*
DA	*Dalloz analytique*
déc.	décision
Defrénois	(voir *Répertoire du notariat Defrénois*)
DH	*Dalloz hebdomadaire*
Dic. perm. diff. entr.	*Dictionnaire permanent des difficultés des entreprises*
Dir.	directive
Doc. fr.	La Documentation française
DMF	Droit maritime français
doctr.	doctrine, aussi partie « Doctrine » (dans divers recueils et revues)
DP	*Dalloz périodique*
Dr. adm.	Droit administratif
Dr. et patr.	*Droit et patrimoine*
Dr. et proc.	*Droit et procédures* (ancienne *Revue des huissiers*), depuis le 1er janv. 2001
Dr. fisc.	*Revue Droit social*
Dr. pénal	*Droit pénal*
Dr. soc.	*Droit social*
Dr. sociétés	*Droit des sociétés*
éd.	édition
$Ép^{x}$	époux(se)
esp.	espèce
fasc.	Fascicule
Ficoba	Fichier des comptes bancaires et assimilés
GACE	*Grands avis du Conseil d'État (Dalloz)*
GADIP	*Grands arrêts de la jurisprudence française de droit international privé (Dalloz)*
GADT	*Grands arrêts de droit du travail (Dalloz)*
GAJA	*Grands arrêts de la jurisprudence administrative (Dalloz)*
GDCC	*Grandes décisions du Conseil constitutionnel (Dalloz)*
GDELCC	*Grandes délibérations du Conseil constitutionnel (Dalloz)*
Gaz. Pal.	*Gazette du Palais*
ibid.	*ibidem* (au même endroit)
imp.	important(e)
impl.	implicite(ment)
Inf. rap. copr.	Informations rapides de la copropriété
IR	partie « Informations rapides » (dans le *Recueil Dalloz*)

J.-Cl.	Juris-Classeur
J.-Cl. (Civ., Pr. civ., etc.)	*Juris-Classeur (Civil, Procédure civile, Pénal, etc.)*
JAF	Juge aux affaires familiales
JCP E	*Juris-Classeur Périodique, édition entreprise* (depuis 1984)
JCP	*Juris-Classeur Périodique, édition générale*
JDI	*Journal du droit international* (Clunet)
JEX	Juge de l'exécution
JME	Juge de la mise en état
JO	*Journal officiel* (Lois et décrets)
JOAN Q IJO Sénat Q	*Journal officiel* (réponses ministérielles à questions écrites)
jur.	jurisprudence
Jurinpi	*Jurinpi* (banque de données juridiques de l'Inpi)
Juris-Data	*Juris-Data* (banque de données juridiques)
Justices	*Justices*
L.	loi
Lamy	Lamy
Lebon	*Recueil des décisions du Conseil d'État*
loc. cit.	*loco citato*
Loyers et copr.	*Loyers et copropriété*
LPA	*Les Petites affiches*
LPF	Livre des procédures fiscales
min.	ministre (ministère)
mod. par	modifié par
$n^{o(s)}$	numéro(s)
NP	non publié (au *Bulletin civil*, pour les arrêts de la Cour de cassation; au *Lebon* pour les arrêts du Conseil d'État)
obs.	observation
op. cit.	*opere citato*
Ord.	ordonnance
p.	page(s)
P	arrêt qui sera publié dans un recueil non encore paru (au *Bulletin civil*, pour les arrêts de la Cour de cassation, avant la mi-juin 2021 ; au *Lebon* pour les arrêts du Conseil d'État)
pan.	panorama
Pandectes	*Pandectes françaises* (Recueil périodique de jurisprudence et législation)
PIBD	*Propriétés industrielles – Bulletin documentaire*
Procédures	*Procédures*
Propr. ind.	*Revue Propriété industrielle*
Propr. intell.	*Revue Propriétés intellectuelles*
Quot. jur.	*Quotidien juridique*
rapp.	Rapport
R.	*Rapport annuel de la Cour de cassation*
rappr.	Rapprocher de –
RCJPP	*Revue des commissaires de justice – Pratique et perspectives*
RD banc. et bourse	*Revue de droit bancaire et de la bourse* (devenue en 2000, *Revue de droit bancaire et financier)*
RD banc. fin.	*Revue de droit bancaire et financier*
RD rur.	*Revue de droit rural*
RDI	*Revue de droit immobilier*
RDIP	*Revue de droit international privé*
RDP	*Revue du droit public et de la science politique en France et à l'étranger*
RD prop.	*Revue du droit de la propriété industrielle*
RDSS	*Revue de droit sanitaire et social*
réd.	rédaction
réf.	référé
Règl.	règlement
Rép. civ.	*Répertoire civil* (Encyclopédie Dalloz)
Rép. communautaire	*Répertoire communautaire* (Encyclopédie Dalloz)
Rép. internat.	*Répertoire de droit international* (Encyclopédie Dalloz)
Rép. min.	réponse ministérielle (à question écrite)
Rép. pr. civ.	*Répertoire de procédure civile Dalloz*
Req.	Cour de cassation, chambre des requêtes
Rev. conc. consom.	*Revue de la concurrence et de la consommation*
Rev. crit. DIP	*Revue critique de droit international privé*
Rev. huiss.	*Revue des huissiers*
Rev. loyers	*Revue des loyers*
Rev. prat. rec.	*Revue pratique du recouvrement (depuis 2020 : ancienne revue Droit et procédure)*
Rev. proc. coll.	*Revue des procédures collectives*
Rev. sociétés	*Revue des sociétés*
RF aff. soc.	*Revue française des affaires sociales*
RFD const.	*Revue française de droit constitutionnel*

RFDA *Revue française de droit administratif*
RFN *Revue fiscale notariale*
RG n° numéro d'inscription au registre du greffe
RGAT *Revue générale des assurances terrestres*
RGDI publ. *Revue générale de droit international public*
RGDP *Revue générale des procédures*
RID comp. *Revue internationale de droit comparé*
RID éco. *Revue internationale de droit économique*
RJ com. *Revue de jurisprudence commerciale*
RJAL *Revue juridique d'Alsace et de Lorraine*
RJDA *Revue de jurisprudence de droit des affaires*
RJS *Revue de jurisprudence sociale*
RRJ *Revue de recherche juridique et de droit prospectif*
RSC *Revue de science criminelle et de droit pénal comparé*
RTD civ. *Revue trimestrielle de droit civil*
RTD com. *Revue trimestrielle de droit commercial*
RTDH *Revue trimestrielle des droits de l'Homme*

S. *Sirey (Recueil)*
s. suivant(s)
Soc. Cour de cassation, chambre sociale
somm. sommaire
s^s sous (v. sous –)
$S^{té}$ société

t. tome
T. civ. tribunal civil
T. com. tribunal de commerce
T. confl. Tribunal des conflits
TPBR tribunal paritaire des baux ruraux
TA tribunal administratif
TGI tribunal de grande instance
TI tribunal d'instance
TJ tribunal judiciaire

V. voir
v° (pluriel *v^{is}*) *Verbo* (pluriel *Verbis*)
vol. volume

Table des matières

Index thématique alphabétique

Les nombres renvoient aux numéros des paragraphes et non aux pages.

Les mots ou groupes de mots en caractères gras constituent les entrées « principales » de l'index thématique ; les mots ou groupes de mots en caractères maigres et précédés d'une puce, les entrées « secondaires » ; les mots ou groupes de mots en caractères maigres et précédés d'un tiret, les entrées « tertiaires ».

Les mots ou groupes de mots en caractères italiques, commençant par une lettre capitale et précédés d'une flèche « > » indiquent un renvoi à une entrée principale. Par exemple, la mention « > V. *Revendication mobilière (action de droit commun)* » sous le mot « **Action en revendication** » indique que le lecteur est invité à se reporter à l'entrée principale **Revendication mobilière (action de droit commun).** Les mots ou groupes de mots en caractères italiques, commençant par une lettre minuscule et précédés d'une flèche « > » indiquent un renvoi à une entrée secondaire située sous la même entrée principale que celle dans laquelle on se trouve. Par exemple, la mention « > V. *état de distribution* », sous l'entrée secondaire « • paiement des créanciers » située sous l'entrée principale « **Administration forcée des immeubles en Alsace-Moselle** » indique que le lecteur est invité à se reporter à l'entrée secondaire « • état de distribution » située sous la même entrée principale « **Administration forcée des immeubles en Alsace-Moselle** ».

Parfois la puce précédant une entrée secondaire est remplacée par une flèche de renvoi « > ». Dans ce cas, le lecteur est invité à se reporter à l'entrée principale ou secondaire indiquée.

La mention « V. ce mot » renvoie le lecteur au mot ou groupe de mots qui précède ladite mention. Ainsi, l'entrée tertiaire « > *origine des fonds de l'enchérisseur*, V. ce mot » sous l'entrée secondaire « • garantie de paiement » dans l'entrée principale « **Audience d'adjudication de l'immeuble vendu sur saisie** » renvoie à l'entrée secondaire « • origine des fonds de l'enchérisseur ».

A

J

L

Saisie-appréhension sur injonction du juge de l'exécution

Saisie-attribution (droit commun)

Saisie conservatoire de créance de somme d'argent

Saisie conservatoire de droits incorporels

Saisie conservatoire de meubles corporels

Saisie des rémunérations du travail (réforme au 01/07/2025 – droit transitoire)

Saisie des rémunérations du travail (réforme au 01/07/2025)

Saisie-vente d'un aéronef

Saisie-vente de bien placé dans un coffre-fort

PHOTOCOMPOSITION
SCM • Toulouse

Certifié PEFC
Ce produit est issu de forêts gérées durablement, de sources recyclées et contrôlées
PEFC/18-32-195 www.pefc-france.org

723988 – (I) – OSB – T 31 – SCM – (HCH)
Achevé d'imprimer en août 2025 par LEGO S.p.A.
Dépôt légal : septembre 2025
Imprimé en Italie